U0497712

# 隋書
# 舊唐書

上海古籍出版社
上海書店

# 隋書

# 隋書目錄

唐太尉揚州都督監修國史上柱國趙國公臣長孫無忌等撰

隋書目錄考證

臣映斗按隋即隨字與古隋字音徒果切者不同胡三省通鑑注曰隋即春秋隨國爲楚所滅以爲縣秦漢屬南陽郡晉屬義陽郡後分置隨郡梁曰隨州後入西魏楊忠從周太祖以功封隨國公子堅襲爵受周禪遂以隨爲國號又以周齊不遑寧處去辶作隋以辶訓走故也臣召南按改隨作隋當在文帝即位之後此紀於父封隨公帝襲隨公進爵隨王並作隋字於稱帝始作隋字可謂確實字蓋史官追改耳通鑑及綱目於隨公隨王並作隨

李穆子渾○目錄渾譌軍

秦孝王俊子浩○目錄浩譌皓

御機從兄雄亮○目錄譌分雄亮爲兩人名

韓擒○目錄有虎字按本傳不增虎字

高勱○目錄勱譌勵按本傳及北史俱作勱

獨孤楷○目錄楷譌諧按本傳及北史俱作楷

李孝貞○目錄作李元操按本傳李孝貞字元操開皇初爲犯廟諱於是稱字傳仍作李孝貞

張奫○目錄奫譌作大淵二字

劉元進○目錄進譌振

陶模○目錄模譌謨

劉士儁○目錄士譌仕

王頍○目錄頍譌頻

常得志尹式劉善經祖君彥孔德紹劉斌○已上六傳目錄遺脫今增

高祖外家呂氏○目錄遺脫今增

襄城王恪妃○目錄無恪字按本傳有

華陽王楷妃○目錄無楷字按本傳有

陸讓母○目錄讓譌襄

挹怛○目錄怛譌恒下衍國字從本傳刪正

契丹室韋○目錄契丹下附注靺鞨臣映斗按靺鞨前卷自有傳彼傳云西北與契丹相接契丹傳僅云其俗頗與靺鞨同非附傳也今刪

隋書卷一

唐　特　進　臣　魏　徵　上

帝紀第一

高祖上

高祖文皇帝姓楊氏諱堅弘農郡華陰人也漢太尉震八代孫鉉仕燕爲北平太守鉉生元壽後魏代爲武川鎮司馬子孫因家焉元壽生太原太守惠嘏嘏生平原太守烈烈生寧遠將軍禎禎生忠忠即皇考也皇考從周太祖起義關西賜姓普六茹氏位至柱國大司空隋國公薨贈太保謚曰桓皇妣呂氏以大統七年六月癸丑夜生高祖於馮翊般若寺紫氣充庭有尼來自河東謂皇妣曰此兒所從來甚異不可於俗間處之尼將高祖舍於別館躬自撫養皇妣嘗抱高祖忽見頭上角出徧體鱗起皇妣大駭墜高祖於地尼自外入見曰已驚我兒致令晚得天下爲人龍頷額上有玉柱入頂目光外射有文在手曰王長上短下沈深嚴重初入太學雖至親昵不敢狎也年十四京兆尹薛善辟爲功曹十五以太祖勳授散騎常侍車騎大將軍儀同三司封成紀縣公十六遷驃騎大將軍加開府周太祖見而歎曰此兒風骨不似代間人明帝即位授右小宮伯進封大興郡公帝嘗遣善相者趙昭視之昭詭對曰不過作柱國耳既而陰謂高祖曰公當爲天下君必大誅殺而後定善記鄙言武帝即位遷左小宮伯出爲隋州刺史進位大將軍後徵還遇皇妣寢疾三年晝夜不離左右代稱純孝宇文護執政尤忌高祖屢將害焉大將軍侯伏侯壽等匡護得免其後襲爵隋國公武帝聘高祖長女爲皇太子妃益加禮重齊王憲言於帝曰普六茹堅相貌非常臣每見之不覺自失恐非人下請早除之帝曰此止可爲將耳內史王軌驟言於帝曰皇太子非社稷主普六茹堅貌有反相帝不悅曰必天命有在將若之何高祖甚懼深自晦匿建德中率水軍三萬破齊師於河橋明年從帝平齊進位柱國宇文憲破齊任城王高湝於冀州除定州總管先是定州城西門久閉不行齊文宣帝時或請開之以便行路帝不許曰當有聖人來啓之及高祖至而開焉莫不驚異尋轉亳州總管宣帝即位以后父徵拜上柱國大司馬大象初遷大後丞右司武俄轉大前疑每巡幸恒委居守時帝爲刑經聖制其法深刻高祖以法令滋章非興化之道切諫不納高祖位望益隆帝頗以爲忌帝有四幸姬並爲皇后諸家爭寵數相毀譖帝每忿怒謂后曰必族滅爾家因召高祖

命左右曰若色動卽殺之高祖既至容色自若乃止大象二年五月以高祖爲揚州總管將發暴有足疾不果行乙未帝崩時靜帝幼沖未能親理政事內史上大夫鄭譯御正大夫劉昉以高祖皇后之父衆望所歸遂矯詔引高祖入總朝政都督內外諸軍事周氏諸王在藩者高祖悉恐其生變稱趙王招將嫁女於突厥爲詞以徵之丁未發喪庚戌周帝拜高祖假黃鉞左大丞相百官總已而聽焉以正陽宮爲丞相府以鄭譯爲長史劉昉爲司馬具置寮佐宣帝時刑政苛酷羣心崩駭莫有固志至是高祖大崇惠政法令清簡躬履節儉天下悅之六月趙王招陳王純越王盛代王達滕王逌並至于長安相州總管尉遲迥自以重臣宿將志不能平遂舉兵東夏趙魏之士從者若流旬日之間衆至十餘萬又宇文胄以滎州石愻以建州席毗以沛郡毗弟叉羅以兗州皆應於迥迥遣子質於陳請援高祖命上柱國鄖國公韋孝寬討之雍州牧畢王賢及趙陳等五王以天下之望歸於高祖因謀作亂高祖執賢斬之寢趙王等之罪因詔五王劍履上殿入朝不趨用安其心七月陳將陳紀蕭摩訶等寇廣陵吳州總管于顗轉擊破之廣陵人杜喬生聚衆反刺史元義討平之韋孝寬破尉遲迥於相州傳首闕下餘黨悉平初迥之亂也鄖州總管司馬消難據州響應淮南州縣多同之命襄州總管王誼討之消難奔陳荊郢羣蠻乘釁作亂命亳州總管賀若誼討平之先是上柱國王謙爲益州總管既見幼主在位政由高祖遂起巴蜀之衆以匡復爲辭高祖方以東夏山南爲事未遑致討謙進兵屯劍閣陷始州至是乃命行軍元帥上柱國梁睿討平之傳首闕下巴蜀阻險人好爲亂於是更開平道毀劍閣之路立銘垂誡焉五王陰謀滋甚高祖齎酒肴以造趙王第欲觀所爲趙王伏甲以宴高祖高祖幾危賴元胄以濟語在胄傳於是誅趙王招越王盛九月以世子勇爲洛州總管東京小冢宰壬子周帝詔曰假黃鉞使持節左大丞相都督內外諸軍事上柱國大冢宰隋國公堅感山河之靈應星辰之氣道高雅俗德協幽顯釋巾登仕搢紳傾屬開物成務朝野承風受詔先皇弼諧寡薄合天地而生萬物順陰陽而撫四夷近者內有艱虞外聞妖寇以鷹鸇之志運帷帳之謀行兩觀之誅掃萬里之外遐邇清肅實所賴焉四海之廣百官之富俱禀大訓咸餐至道治定功成棟梁斯託神猷盛德莫二於時可授大丞相罷左右丞相之官餘如故冬十月壬申詔贈高祖曾祖烈

爲柱國太保都督徐兗等十州諸軍事徐州刺史隋國公謚曰康祖禎爲柱國太傅都督陝蒲等十三州諸軍事同州刺史隋國公謚曰獻考忠爲上柱國太師大冢宰都督冀定等十三州諸軍事雍州牧誅陳王純癸酉上柱國鄖國公韋孝寬卒十一月辛未誅代王達滕王逌十二月甲子周帝詔曰天大地大合其德者聖人一陰一陽調其氣者上宰所以降神載挺陶鑄羣生代蒼蒼之功成巍巍之業假黃鉞使持節大丞相都督內外諸軍事上柱國大冢宰隋國公應百代之期當千齡之運家隆台鼎之盛門有翊贊之勤心同伊尹必致堯舜情類孔丘憲章文武爰初入仕風流映世公卿仰其軌物搢紳謂爲師表入處禁闈出居藩政芳猷茂績問望彌遠往平東夏人情未安燕南趙北實爲天府擁節杖旄任當連率柔之以德導之以禮畏之若神仰之若日芳風美迹歌頌獨存淮海榛蕪多歷年代作鎮南鄙選衆惟賢威震殊俗化行黔首任掌鈞陳職司邦政國之大事朝寄更深鑾駕巡遊留臺務廣周公陝西之任僅可爲倫漢臣關內之重未足相況及天崩地坼先帝升遐朕以眇年奄經荼毒親受顧命保乂皇家姦人乘隙潛圖宗社無君之意已成竊發之期有日英規潛運大略川迴匡國庇人罪人斯得兩河遘亂三魏稱兵半天之下洶洶鼎沸祖宗之基已危生人之命將殆安陸作釁南通吳越蜂飛蠆聚江漢騷然巴蜀鴟張飆將問鼎秦塗更阻漢門重閉晝籌帷帳建出師車諸將禀其謀壯士感其義不違時日咸得清蕩九功遠被七德允諧百僚師師四門穆穆光景照臨之地風雲去來之所允武允文幽明同德驟山驟水遐邇歸心使朕繼踵上皇無爲以治聲高宇宙道格天壤伊尹輔殷霍光佐漢方之蔑如也昔營丘曲阜地多諸國重耳小白錫用殊禮蕭何優贊拜之儀番君越公侯之爵姬劉以降代有令謨宜崇典禮憲章自昔可授相國總百揆去都督內外諸軍事大冢宰之號進公爵爲王以隋州之崇業鄖州之安陸城陽溫州之宜人應州之平靖上明順州之淮南士州之永川昌州之廣昌安昌申州之義陽淮安息州之新蔡建安豫州之汝南臨潁廣寧初安蔡州之蔡陽郢州之漢東二十郡爲隋國劍履上殿入朝不趨贊拜不名備九錫之禮加璽紱遠遊冠相國印綠綟綬位在諸侯王上隋國置丞相已下一依舊式高祖再讓不許乃受王爵十郡而已詔進皇祖考爵並爲王夫人爲王妃辛巳司馬消難以陳師寇江州刺史成休寧擊却

之大定元年春二月壬子令曰已前賜姓皆復其舊是日周帝詔曰伊周作輔不辭殊禮之錫桓文爲霸允應異物之典所以表格天之勳彰不代之業相國隋王前加典策式昭大禮固守謙光綸言未綍宜申顯命一如往旨王功必先人賞存後已退讓爲本誠乖朕意宜命百辟盡詣王宮衆心克感必令允納如有表奏勿復以聞癸丑文武百官詣闕敦勸高祖乃受甲寅策曰咨爾假黃鉞使持節大丞相都督內外諸軍事上柱國大冢宰隋王天覆地載藉人事以財成日往月來由王道而盈昃五氣陶鑄萬物流形誰代上玄之工斯則大聖而已曰惟先正翊亮皇朝種德積善載誕上相精采不代風骨異人匡國濟時除凶撥亂百神奉職萬國宅心殷相以先知悟人周輔乃弘道於代方斯蔑如也今將授王典禮其敬聽朕命朕以不德早承丕緒上靈降禍夙遭愍凶妖醜覬覦密圖社稷宮省之內疑慮驚心公受命先皇志在匡弼輯諧內外潛運機衡姦人懾憚謀用丕顯俾贅旒之危爲太山之固是公重造皇室作霸之基也伊我祖考之代任寄已深入掌禁兵外司藩政文經武略久播朝野戎軒大舉長驅晉魏平陽震熊羆之勢冀部耀貔豹之威初平東夏人情未一叢臺之北易水之南西距井陘東至滄海比數千里舉袂如帷委以連城建旌杖節敎因其俗刑用輕典如泥從印猶草隨風此又公之功也吳越不賓多歷年代淮海之外時非國有爰整其旅出鎭於亳武以威物文以懷遠羣盜自奔外戶不閉人黎慕義襁負而歸自北之風化行南國此又公之功也宣帝御寓任重宗臣入典八屯外司九伐禁衞勤巡警之務治兵得蒐狩之禮此又公之功也鑾駕遊幸頻委留臺文武注意軍國諮禀萬事咸理反顧無憂此又公之功也朕在諒闇公實總已磐石之宗姦回者衆招引無賴連結羣小往者國哀甫爾已創陰謀積惡數旬昆吾方稔泣誅磬甸宗廟以寧此又公之功也尉迥猖狂稱兵鄴邑欲長戟而指北闕強弩而圍南斗憑陵三魏之間震驚九州之半聚徒百萬悉成蛇豕淇水洹水一飲而竭人之死生翻繫凶豎壽之長短不由司命公乃戒彼鷹揚出車練卒誓蒼兕於河朔建瓴水於東山口授兵書手畫行陣量敵制勝指日尅期諸將遵其成旨壯士感其大義輕死忘生轉鬬千里旗鼓奮發如火燎毛立黃變漳河之水京觀比爵臺之峻百城氛祲一旦廓清此又公之功也青土連率跨據東秦藉負海之饒倚連山之險望三輔而將逐鹿指六國

而願連雞風雨之兵助鬼爲虐本根既拔枝葉自隕屈法申恩示以大信此又公之功也申部殘賊充斥一隅蠅飛蟻聚攻州略地播以玄澤迷更知反服而舍之無費遺鏃此又公之功也宇文胄親則宗枝外藩巖邑影響鄴賊有同就燥迫脅吏人叛換城戍偏師討蹴遂入網羅束之武牢有同囹圄事窮將軍如伏國刑此又公之功也檀讓席毗擁衆河外陳韓梁鄭宋衞鄒魯村落成梟獍之墟人庶爲豺狼之餌強以陵弱大則吞小城有晝閉巷無行人授律出師隨機掃定讓既授首毗亦梟懸此又公之功也司馬消難與國親姻作鎭安陸性多嗜欲意好貪聚屬城子女劫掠靡餘部入貨財多少具罄擅誅刺舉之使專殺儀台之臣懼罪畏威動而內叛蠶食郡縣鴆毒華夷聞有王師自投南裔帝唐崇山之罰僅可方此大漢流禦之刑是亦相匹逋逃入藪荊郢用安此又公之功也王謙在蜀翻爲厲階閉劍閣之門塞靈關之宇自謂五丁復起萬夫莫向分閫推轂嘗不踰時風馳席卷一舉大定擒斬兇惡掃地無遺此又公之功也陳項因循僞業自擅金陵屢遣醜徒趑趄江北公指麾藩鎭無不摧殄方置文深之柱非止尉佗之拜此又公之功也公有濟天下之勤重之以明德始於辟命屈已登庸素業清徽聲掩廊廟雄規神略氣蓋朝野序百揆而穆四門恥一匡之舉九合尊賢崇德尚齒貴功錄舊旌善興亡繼絕寬猛相濟彝倫攸敘敦睦帝親崇奬王室星象不拆陰陽自調玄冥祝融如奉太公之召雨師風伯似應成王之宰祥風嘉氣解石搖林瑞獸異禽遊園鳴闕至功至德可大可久盡品物之和究杳冥之極朕又聞之昔者明王設官胙土營丘四履得征五侯參墟寵章異其禮物故藩屏作固垂拱責成沉嘿巖廊不下堂席公道高往烈賞薄前王朕以眇身託于兆人之上求諸故實甚用懼焉往加大典憲章在昔謙以自牧未應朝禮日月不居便已隔歲時談物議其謂朕何今進授相國總百揆以申州之義陽等二十郡爲隋國今命使持節太傅上柱國杞國公椿大宗伯大將軍金城公趙煚授相國印綬相國禮絕百辟任總羣官舊職常典宜與事革昔堯臣大尉舜佐司空姬旦相周霍光輔漢不居藩國唯在天朝其以相國總百揆去衆號焉上所假節大丞相大冢宰印綬又加九錫其敬聽朕後命以公執律脩德愼獄恤刑爲其訓範人無異志是用錫公大輅戎輅各一玄牡二駟公勤心地利所寶人天崇本務農公私殷阜是用錫公袞冕之服赤舄

副焉公樂以移風雅以變俗遐邇胥悅天地咸和是用錫公軒懸之樂六佾之舞公仁風德教覃及海隅荒忽幽遐迴首內向是用錫公朱戶以居公水鏡人倫銓衡庶職能官流詠遺賢必舉是用錫公納陛以登公執鈞於內正性率下犯義無禮罔不屏黜是用錫公武賁之士三百人公〔各本闕〕是用錫公鈇鉞各一公威嚴夏日精厲秋霜猾夏必誅顧眄天壤掃清姦宄折衝無外是用錫公彤弓一彤矢百盧弓十盧矢千惟公孝通神明肅恭祀典尊嚴如在情切幽明是用錫公秬鬯一卣珪瓚副焉隋國置丞相以下一遵舊式往欽哉其敬循往策祗服大典簡恤爾庶功對揚我太祖之休命於是建臺置官景辰詔王冕十有二旒建天子旌旗出警入蹕乘金根車駕六馬備五時副車置旄頭雲罕樂舞八佾設鍾虡宮懸王妃爲王后長子爲太子前後三讓乃受俄而周帝以衆望有歸乃下詔曰元氣肇闢樹之以君有命不恒所輔惟德天心人事選賢與能盡四海而樂推非一人而獨有周德將盡妖孽遞生骨肉多虞藩維構釁影響同惡過半區宇或小或大圖帝圖王則我祖宗之業不絕如線相國隋王叡聖自天英華獨秀刑法與禮儀同運文德共武功俱遠愛萬物其如己任兆庶以爲憂手運璣衡躬命將士芟夷姦宄刷蕩氛祲化通冠帶威震幽遐虞舜之大功二十未足相比姬發之合位三五豈可足論況木行已謝火運既興河洛出革命之符星辰表代終之象煙雲改色笙簧變音獄訟咸歸謳歌盡至且天地合德日月貞明故以稱大爲王照臨下土朕雖寡昧未達變通幽顯之情皎然易識今便祗順天命出遜別宮禪位於隋一依唐虞漢魏故事高祖三讓不許遣兼太傅上柱國杞國公椿奉冊曰咨爾相國隋王粵若上古之初爰啓清濁降符授聖爲天下君事上帝而理兆人和百靈而利萬物非以區宇之富未以宸極爲尊大庭軒轅以前驪連赫胥之日咸以無爲無欲不將不迎遐哉其詳不可聞已厥有載籍遺文可觀聖莫逾於堯美未過於舜堯得太尉已作運衡之篇舜遇司空便敘精華之竭彼褰裳脫屣貳宮設饗百辟歸禹若帝之初斯蓋上則天時不敢不授下祇天命不可不受湯代於夏武革於殷干戈揖讓雖復異揆應天順人其道靡異自漢迄晉有魏至周天曆逐獄訟之歸神鼎隨謳歌之去道高者稱帝錄盡者不王與夫文祖神宗無以別也周德將盡禍難頻興宗戚姦回咸將竊發顧瞻宮闕將圖宗社藩維連率逆亂相尋搖蕩三方不合如礪蛇行鳥攫投足無所王受天明命叡德在躬救頹運之艱匡墜地之業拯大川之溺撲燎原之火除羣凶於城社廓妖氛於遠服至德合於造化神用洽於天壤八極九野萬方四裔圓首方足罔不樂推往歲長星夜掃經天晝見八風比夏后之作五緯同漢帝之聚除舊之徵昭然在上近者赤雀降祉玄龜效靈鍾石變音蛟魚出穴布新之貺煥焉在下九區歸往百靈協贊人神屬望我不獨知仰祇皇靈俯順人願今敬以帝位禪於爾躬天祚告窮天祿永終於戲王宜允執厥和儀刑典訓升圓丘而敬蒼昊御皇極而撫黔黎副率土之心恢無疆之祚可不盛歟遣大宗伯大將軍金城公趙煚奉皇帝璽紱百官勸進高祖乃受焉

開皇元年二月甲子上自相府常服入宮備禮卽皇帝位於臨光殿設壇於南郊遣使柴燎告天是日告廟大赦改元京師慶雲見易周氏官儀依漢魏之舊以柱國相國司馬渤海郡公高熲爲尚書左僕射兼納言相國司錄沁源縣公虞慶則爲內史監兼吏部尚書相國內郎咸安縣男李德林爲內史令上開府漢安縣公韋世康爲禮部尚書上開府義寧縣公元暉爲都官尚書開府民部尚書昌國縣公元巖爲兵部尚書上儀同司宗長孫毗爲工部尚書上儀同司會楊尚希爲度支尚書上柱國雍州牧邗國公楊惠爲左衛大將軍乙丑追尊皇考爲武元皇帝廟號太祖皇妣爲元明皇后遣八使巡省風俗景寅脩廟社立王后獨孤氏爲皇后王太子勇爲皇太子丁卯以大將軍金城郡公趙煚爲尚書右僕射上開府濟陽侯伊婁彥恭爲左武候大將軍己巳以周帝爲介國公邑五千戶爲隋室賓旌旗車服禮樂一如其舊上書不爲表答表不稱詔周氏諸王盡降爲公辛未以皇弟同安郡公爽爲雍州牧乙亥封皇弟邵國公慧爲滕王同安公爽爲衛王皇子鴈門公廣爲晉王俊爲秦王秀爲越王諒爲漢王以上柱國并州總管申國公李穆爲太師上柱國鄧國公竇熾爲太傅上柱國幽州總管任國公于翼爲太尉觀國公田仁恭爲太子太師武德郡公柳敏爲太子太保濟南郡公孫恕爲太子少傅開府蘇威爲太子少保丁丑以晉王廣爲并州總管以陳留郡公楊智積爲蔡王興城郡公楊靜爲道王戊寅以官牛五千頭分賜貧人三月辛巳高平獲赤雀太原獲蒼烏長安獲白雀各一宣仁門槐樹連理衆枝內附壬午白狼國獻方物甲申太白晝見乙酉又晝見以上柱國元景山爲安州總管丁亥詔犬馬器玩口味不得獻上戊子弛山澤之禁以上開府當亭縣公賀若弼爲楚州總管和州刺史新義縣公韓擒虎爲廬州總管己丑盩厔縣獻連理樹植之宮庭辛卯以上柱國神武郡公竇毅爲定州總管戊戌以太子少保蘇威兼納言吏部尚書餘官如故庚子詔曰自古帝王受終革代建侯錫爵多與運遷朕應籙受圖君臨海內載懷沿革事有不同然則前帝後王俱在兼濟立功立事爵賞仍行苟利於時其致一揆何謂物我之異無計今古之殊其前代品爵悉可依舊丁未梁主蕭巋使其太宰蕭巖司空劉義來賀四月辛巳大赦壬午太白歲星晝見戊戌太常散樂並放爲百姓禁雜樂百戲辛丑陳散騎常侍韋鼎兼通直散騎常侍王瑳來聘于周至而上已受禪致之介國是月發稽胡脩築長城二旬而罷五月戊子封邗國公楊雄爲廣平王永康郡公楊弘爲河間王辛未介國公薨上舉哀於朝堂以其族人洛嗣焉六月癸未詔以初受天命赤雀降祥五德相生赤爲火色其郊及社廟衣服冠之儀而朝會之服旗幟犧牲盡令尚赤戎服以黃秋七月乙卯上始服黃百寮畢賀庚午靺鞨酋長貢方物八月壬午廢東京官突厥阿波可汗遣使貢方物甲午遣行軍元帥樂安公元諧擊吐谷渾於青海破而降之九月戊申戰亡之家遣使賑給庚午陳將周羅睺攻陷胡墅蕭摩訶寇江北辛未以越王秀爲益州總管改封爲蜀王壬申以上柱國薛國公長孫覽上柱國宋安公元景山並爲行軍元帥以伐陳仍命尚書左僕射高熲節度諸軍突厥沙鉢略可汗遣使貢方物是月行五銖錢冬十月乙酉百濟王扶餘昌遣使來賀授昌上開府儀同三司帶方郡公戊子行新律壬辰行幸岐州十一月乙卯以永昌郡公竇榮定爲右武候大將軍丁卯遣兼散騎侍郎鄭撝使於陳己巳有流星聲如隤牆光燭于地十二月戊寅以申州刺史爾朱敞爲金州總管甲申以禮部尚書韋世康爲吏部尚書己丑以柱國元袞爲廓州總管興勢郡公衛玄爲淮州總管庚子至自岐州壬寅高麗王高陽遣使朝貢授陽大將軍遼東郡公太子太保柳敏卒

二年春正月癸丑幸上柱國王誼第庚申幸安成長公主第陳宣帝殂子叔寶立辛酉置河北道行臺尚書省於并州以晉王廣爲尚書令置河南道行臺尚書省於洛州以秦王俊爲尚書令置西南道行臺尚書省於益州以蜀王秀爲尚書令戊辰陳遣使請和歸我胡墅辛未高麗百濟並遣使貢方物甲戌詔舉賢良二月己丑詔高熲等班師庚寅以晉王廣爲左武衛大將軍秦王俊爲右武衛大將軍餘官並如故辛卯幸趙國公獨孤陀第庚子京師雨土三月戊申開渠引杜陽水於三畤原四月丁丑以寧州刺史竇榮定爲左武候大將軍庚寅大將軍韓僧壽破突厥於雞頭山上柱國李充破突厥於河北山五月戊申以上柱國開府長孫平爲度支尚書己酉旱上親省囚徒其日大雨己未高寶寧寇平州突厥入長城庚申以豫州刺史皇甫績爲都官尚書壬戌太尉任國公于翼薨甲子改傳國璽曰受命璽六月壬午以太府卿蘇孝慈爲兵部尚書雍州牧衛王爽爲原州總管甲申使使弔於陳國乙酉上柱國李充破突厥於馬邑戊子以上柱國叱李長叉爲蘭州總管辛卯以上開府爾朱敞爲徐州總管景申詔曰朕祗奉上玄君臨萬國屬生人之敝處前代之宮常以爲作之者勞居之者逸改創之事心未遑也而王公大臣陳謀獻策咸云羲農以降至于姬劉有當代而屢遷無革命而不徙曹馬之後時見因循乃末代之晏安非往聖之宏義此城從漢彫殘日久屢爲戰場舊經喪亂今之宮室事近權宜又非謀筮從龜瞻星揆日不足建皇王之邑合大衆所聚論變通之數具幽顯之情同心固請詞情深切然則京師百官之府四海歸向非朕一人之所獨有苟利於物其可違乎且殷之五遷恐人盡死是則以吉凶之土制長短之命謀新去故如農望秋雖暫劬勞其究安宅今區宇寧一陰陽順序安安以遷勿懷胥怨龍首山川原秀麗卉物滋阜卜食相土宜建都邑定鼎之基永固無窮之業在斯公私府宅規模遠近營構資費隨事條奏仍詔左僕射高熲將作大匠劉龍鉅鹿郡公賀婁子幹太府少卿高龍叉等創造新都秋八月癸巳以左武候大將軍竇榮定爲秦州總管十月癸酉皇太子勇屯兵咸陽以備胡庚寅上疾愈享百寮於觀德殿賜錢帛皆任其自取盡力而出辛卯以營新都副監賀婁子幹爲工部尚書十一月景午高麗遣使獻方物十二月辛未上講武於後園甲戌上柱國竇毅卒景子名新都曰大興城乙酉遣沁源公虞慶則屯弘化備胡突厥寇周槃行軍總管達奚長儒擊之爲虜所敗景戌賜國子生經明者束帛丁亥親錄囚徒

三年春正月庚子將入新都大赦天下禁大刀長矟癸亥高麗遣使來朝二月己巳朔日有蝕之壬申宴北道勳人癸酉陳遣兼散騎常侍賀徹兼通直散騎常侍蕭褒來聘突厥寇邊甲戌涇陽獲毛龜癸未以左衛大將

軍李禮成爲右武衞大將軍三月丁未上柱國鮮虞縣公謝慶恩卒己酉以上柱國達奚長儒爲蘭州總管景辰雨常服入新都京師醴泉出丁巳詔購求遺書於天下庚申宴百寮班賜各有差癸亥城榆關夏四月己巳上柱國建平郡公于義卒庚午吐谷渾寇臨洮洮州刺史皮子信死之辛未高麗遣使來朝壬申以尚書右僕射趙煚兼內史令丁丑以滕王瓚爲雍州牧己卯衞王爽破突厥於白道庚辰行軍總管陰壽破高寶寧於黃龍甲申旱上親祈雨於國城之西南景戌詔天下勸學行禮以濟北郡公梁遠爲汶州總管己丑陳郢州城主張子譏遣使請降上以和好不納辛卯遣兼散騎常侍薛舒兼通直散騎常侍王劭使於陳癸巳上親雩甲午突厥遣使來朝五月癸卯行軍總管李晃破突厥於摩那渡口甲辰高麗遣使來朝乙巳梁太子蕭琮來賀遷都丁未靺鞨貢方物戊申幽州總管陰壽卒辛酉有事於方澤壬戌行軍元帥竇榮定破突厥及吐谷渾於涼州景寅赦黃龍死罪已下六月庚午以衞王爽子集爲遂安郡王戊寅突厥遣使請和庚辰行軍總管梁遠破吐谷渾於爾汗山斬其名王壬申以晉州刺史燕榮爲青州總管己丑以河間王弘爲寧州總管乙未幸安成長公主第秋七月辛丑以豫州刺史周搖爲幽州總管壬戌詔曰行仁蹈義名教所先厲俗敦風宜見褒獎往者山東河表經此妖亂孤城遠守多不自全濟陰太守杜猷身陷賊徒命懸寇手郡省事范臺玫傾產營護免其戮辱眷言誠節實有可嘉宜超恒賞用明沮勸臺玫可大都督假湘州刺史丁卯日有蝕之八月丁丑靺鞨貢方物己卯以右武衞大將軍李禮成爲襄州總管壬午遣尚書左僕射高熲出寧州道內史監虞慶則出原州道並爲行軍元帥以擊胡戊子上有事於太社九月壬子幸城東觀稼穀癸丑大赦天下冬十月甲戌廢河南道行臺省以秦王俊爲秦州總管十一月己酉發使巡省風俗因下詔曰朕君臨區宇深思治術欲使生人從化以德代刑求草萊之善旌閭里之行民間情僞咸欲備聞已詔使人所在賑恤揚鑣分路將遍四海必令爲朕耳目如有文武才用未爲時知宜以禮發遣朕將銓擢其有志節高妙越等超倫亦仰使人就加旌異令一行一善奬勸於人遠近官司遐邇風俗巨細必紀還日奏聞庶使不出戶庭坐知萬里庚辰陳遣散騎常侍周墳通直散騎常侍袁彥來聘陳主知上之貌異世人使彥畫像持去甲午罷天下諸郡閏十二月乙卯遣兼散騎常侍曹令則通直散騎常侍魏澹使於陳戊午以上柱國竇榮定爲右武衞大將軍刑部尚書蘇威爲民部尚書

四年春正月甲子日有蝕之己巳有事於太廟辛未有事於南郊壬申梁王蕭巋來朝甲戌大射於北苑十日而罷壬午齊州水辛卯渝州獲獸似麞一角同蹄壬辰班新曆二月乙巳上餞梁王於霸上丁未靺鞨貢方物突厥蘇尼部男女萬餘人來降庚戌幸隴州突厥可汗阿史那玷率其屬來降夏四月己亥勑總管刺史父母及子年十五已上不得將之官庚子以吏部尚書虞慶則爲尚書右僕射瀛州刺史楊尚希爲兵部尚書毛州刺史劉仁恩爲刑部尚書甲辰以上柱國叱李長叉爲信州總管丁未宴突厥高麗吐谷渾使者於大興殿丁巳以上大將軍賀婁子幹爲榆關總管五月癸酉契丹主莫賀弗遣使請降拜大將軍景子以柱國馮昱爲汾州總管乙酉以汴州刺史呂仲泉爲延州總管六月庚子降囚徒乙巳以鴻臚卿乙弗寔爲冀州總管上柱國豆盧勣爲夏州總管壬子開渠自渭達河以通運漕戊午秦王俊來朝秋七月景寅陳遣兼散騎常侍謝泉兼通直散騎常侍賀德基來聘八月甲午遣十使巡省天下戊戌衞王爽來朝是日以秦王俊納妃宴百寮班賜各有差壬寅上柱國太傅鄧國公竇熾薨丁未宴秦王官屬賜物各有差壬子享陳使乙卯陳將夏侯苗請降上以通和不納九月甲子幸襄國公主第乙丑幸霸水觀漕渠賜督役者帛各有差己巳上親錄囚徒庚午契丹內附甲戌駕幸洛陽關內饑也癸未太白晝見冬十一月壬戌遣兼散騎常侍薛道衡通直散騎常侍豆盧寔使於陳癸亥以榆關總管賀婁子幹爲雲州總管

五年春正月戊辰詔行新禮三月戊午以尚書左僕射高熲爲左領軍大將軍上柱國宇文忻爲右領軍大將軍夏四月甲午契丹主多彌遣使貢方物壬寅上柱國王誼謀反伏誅乙巳詔徵山東馬榮伯等六儒戊申車駕至自洛陽五月甲申詔置義倉梁主蕭巋殂其太子琮嗣立遣上大將軍元契使于突厥阿波可汗秋七月庚申陳遣兼散騎常侍王話兼通直散騎常侍阮卓來聘丁丑以上柱國宇文慶爲涼州總管壬午突厥沙鉢略上表稱臣八月景戌沙鉢略可汗遣子庫合眞特勤來朝甲辰河南諸州水遣民部尚書邳國公蘇威賑給之戊申有流星數百四散而下己酉幸栗園九月丁巳至自栗園乙丑改鮑陂曰杜陂霸水爲滋水陳將湛文徹寇和州儀同三司費寶首獲之景子遣兼散騎常侍李若兼通直散騎常侍崔君贍使於陳冬十月壬辰以上柱國楊素爲信州總管朔州總管吐萬緒爲徐州總管十一月甲子以上大將軍源雄爲朔州總管丁卯晉王廣來朝十二月丁未降囚徒戊申以上柱國達奚長儒爲夏州總管

六年春正月甲子党項羌內附庚午班曆於突厥辛未以柱國韋洸爲安州總管壬申遣民部尚書蘇威巡省山東二月乙酉山南荊浙七州水遣前工部尚書長孫毗賑恤之景戌制刺史上佐每歲暮更入朝上考課丁亥發丁男十一萬脩築長城二旬而罷乙未以上柱國崔弘度爲襄州總管庚子大赦天下三月己未洛陽男子高德上書請上爲太上皇傳位皇太子上曰朕承天命撫育蒼生日旰孜孜猶恐不逮豈學近代帝王事不師古傳位於子自求逸樂者哉癸亥突厥沙鉢略遣使貢方物夏四月己亥陳遣兼散騎常侍周磻兼通直散騎常侍江椿來聘秋七月辛亥河南諸州水乙丑京師雨毛如馬鬉尾長者二尺餘短者六七寸八月辛卯關內七州旱免其賦稅遣散騎常侍裴豪兼通直散騎常侍劉顗聘于陳戊申上柱國太師申國公李穆薨閏月己酉以河州刺史段文振爲蘭州總管丁卯皇太子鎭洛陽辛未晉王廣秦王俊並來朝景子上柱國郕國公梁士彥上柱國杞國公宇文忻柱國舒國公劉昉以謀反伏誅上柱國許國公宇文善坐事除名九月辛巳上素服御射殿詔百寮射賜梁士彥三家資物景戌上柱國宋安郡公元景山卒庚子以上柱國李詢爲隰州總管辛丑詔大象已來死事之家咸命賑恤冬十月己酉以河北道行臺尚書令并州總管晉王廣爲雍州牧餘官如故兵部尚書楊尚希爲禮部尚書癸丑置山南道行臺尚書省於襄州以秦王俊爲尚書令景辰以芳州刺史駱平難爲疊州刺史衞州總管周法尚爲黃州總管甲子甘露降于華林園

七年春正月癸巳有事于太廟乙未制諸州歲貢三人二月丁巳祀朝日于東郊己巳陳遣兼散騎常侍王亨兼通直散騎常侍王眘來聘壬申車駕幸醴泉宮是月發丁男十萬餘脩築長城二旬而罷夏四月己酉幸晉王第庚戌於揚州開山陽瀆以通運漕突厥沙鉢略可汗卒其子雍虞閭嗣立是爲都藍可汗癸亥頒青龍符於東方總管刺史西方以騶虞南方以朱雀北方以玄武甲戌遣兼散騎常侍楊同兼通直散騎常侍崔儦使于陳以民部尚書蘇威爲吏部尚書五月乙亥朔日有蝕之己卯雨石于武安滏陽間十餘里秋七月己丑衞王爽薨上發喪於門下外省八月景午以懷州刺史源雄爲朔州總管庚申梁主蕭琮來朝九月乙酉梁安平王蕭巖掠於其國以奔陳辛卯廢梁國曲赦江陵以梁主蕭琮爲柱國封莒國公冬十月庚申行幸同州以先帝所居降囚徒癸亥幸蒲州景寅宴父老上極權曰此間人物衣服鮮麗容止閑雅良由仕宦之鄉陶染成俗也十一月甲午幸馮翊親祠故社父老對詔失旨上大怒免其縣官而去戊戌至自馮翊

隋書卷一考證

高祖紀上代爲武川鎭司馬○代當作世唐諱後倣此

爲人龍頷額上有玉柱入頂○監本龍頷訛龍顏玉柱訛五柱從北史改

帝嘗遣善相者趙昭視之○臣召南按北史作善相者來和以藝術傳証之來和是也北史出於是書之後故訂正其失耳

越王盛代王達○監本訛作越王達代王盛下文又作誅越王盛代王達兩名互異臣映斗按周書及北史俱載越野王名盛代奰王名達從之改正

俾贅旒之危○一本贅訛綴臣映斗按詩商頌爲下國綴旒箋以與諸侯會同結定其心如旌旗之旒縿著焉又公羊傳君若贅旒然注旒旗旒贅繫屬之辭以斿旒喻者爲下所執持東西是綴旒與贅旒意正相反不可混也

泣誅磬甸○監本磬作罄按禮記文王世子公族其刑有死罪則磬於甸人今改正

尉迥猖狂○臣映斗按尉迥即尉遲迥見前已後多作尉迥魏書官氏志西方尉遲氏後改爲尉氏今仍本文以見姓氏因革

方置文深之柱○臣宗萬按深當作淵唐諱後漢書馬援字文淵注廣州記曰援到交阯立銅柱爲漢之極界

盧弓十盧矢千○左傳王賜晉旅弓矢千旅通作盧

景辰○景當作丙唐諱後倣此

錄盡者不王○監本作祿一本作籙從宋本改

王宜允執厥和○和當從書經作中隋諱嫌名

以陳留郡公楊智積爲蔡王○監本蔡訛察從宋本改

韓擒虎○唐諱虎此乃後人所加後倣此

興勢郡公○監本勢訛執從閣本改

# 隋書卷二

唐　特　進　臣　魏　徵　上

## 帝紀第二

### 高祖下

八年春正月乙亥陳遣散騎常侍袁雅兼通直散騎常侍周止水來聘二月庚子鎭星入東井辛酉陳人寇硤州三月辛未上柱國隴西郡公李詢卒壬申以成州刺史姜須達爲會州總管甲戌遣兼散騎常侍程尚賢兼通直散騎常侍韋惲使于陳戊寅詔曰昔有苗不賓唐堯薄伐孫皓僭虐晉武行誅有陳竊據江表逆天暴物朕初受命陳頊尚存思欲教之以道不以龔行爲令往來脩睦望其遷善時日無幾釁惡已聞厚納叛亡侵犯城戍勾吳閩越肆厥殘忍于時王師大舉將一車書陳頊反地收兵深懷震懼責躬請約俄而致殞矜其喪禍仍詔班師叔寶承風因求繼好載佇克念共敦行李每見珪璪入朝輶軒出使何嘗不殷勤曉喻戒以惟新而狼子之心出而彌野威侮五行怠棄三正誅翦骨肉夷滅才良據手掌之地恣溪壑之險劫奪閭閻資產俱竭驅蹙內外勞役弗已徵責女子擅造宮室日增月益止足無期帷薄嬪嬙有逾萬數寶衣玉食窮奢極侈淫聲樂飲俾晝作夜斬直言之客滅無罪之家剖人之肝分人之血欺天造惡祭鬼求恩歌儛衢路酣醉宮閫盛粉黛而執干戈曳羅綺而呼警蹕躍馬振策從旦至昏無所經營馳走不息負甲持仗隨逐徒行追而不及即加罪譴自古昏亂罕或能比介士武夫饑寒力役筋髓罄於土木性命俟於溝渠君子潛逃小人得志家家隱殺戮各各任聚斂天災地孽物怪人妖衣冠鉗口道路以目傾心翹足誓告於我日月以冀文奏相尋重以背德違言搖蕩疆埸巴峽之下海澨已西江北江南爲鬼爲蜮死隴窮發掘之酷生居極攘敓之苦抄掠人畜斷截樵蘇市井不立農事廢寢歷陽廣陵窺覦相繼或謀圖城邑或劫剝吏人晝伏夜遊鼠竄狗盜彼則羸兵敝卒來必就擒此則重門設險有勞藩捍天之所覆無非朕臣每關聽覽有懷傷惻有梁之國我南藩也其君入朝潛相招誘不顧朕恩士女深迫胥之悲城府致空虛之歎非直朕居人上懷此無忘既而百辟屢以爲言兆庶不堪其請豈容對而不誅忍而不救近日秋始謀欲弔人益部樓船盡令東鶩便有神龍數十騰躍江流引伐罪之師向金陵之路船住則龍止船行則龍去三日之內三軍皆覩豈非蒼旻愛人幽明展事降神先路協贊軍威以上天之靈助戡定之力便可出師授律應機誅殄在斯舉也永清吳越其將士糧仗水陸資須期會進止一準別勑秋八月丁未河北諸州饑遣吏部尚書蘇威賑恤之九月丁丑宴南征諸將頒賜各有差癸巳嘉州言龍見冬十月己亥太白出西方己未置淮南行臺省於壽春以晉王廣爲尚書令辛酉陳遣兼散騎常侍王琬兼通直散騎常侍許善心來聘拘留不遣甲子將伐陳有事於太廟命晉王廣秦王俊清河公楊素並爲行軍元帥以伐陳於是晉王廣出六合秦王俊出襄陽清河公楊素出信州荊州刺史劉仁恩出江陵宜陽公王世積出蘄春新義公韓擒虎出廬江襄邑公賀若弼出吳州落叢公燕榮出東海合總管九十兵五十一萬八千皆受晉王節度東接滄海西拒巴蜀旌旗舟楫橫亘數千里曲赦陳國有星孛于牽牛十一月丁卯車駕餞師詔購陳叔寶位上柱國萬戶公乙亥行幸定城陳師誓衆景子幸河東十二月庚子至自河東

九年春正月己巳白虹夾日辛未賀若弼拔陳京口韓擒虎拔陳南豫州癸酉以尚書右僕射虞慶則爲右衞大將軍景子賀若弼敗陳師於蔣山獲其將蕭摩訶韓擒虎進師入建鄴獲其將任蠻奴獲陳主叔寶陳國平合州三十郡一百縣四百癸巳遣使持節巡撫之二月乙未廢淮南行臺省景申制五百家爲鄉正一人百家爲里長一人丁酉以襄州總管韋世康爲安州總管夏四月己亥幸驪山親勞旋師乙巳三軍凱入獻俘於太廟拜晉王廣爲太尉庚戌上御廣陽門宴將士頒賜各有差辛亥大赦天下己未以陳都官尚書孔範散騎常侍王瑳王儀御史中丞沈觀等邪佞於其主以致亡滅皆投之邊裔辛酉以信州總管楊素爲荊州總管吏部侍郎宇文弼爲刑部尚書宗正少卿楊异爲工部尚書壬戌詔曰往以吳越之野羣黎塗炭干戈方用積習未寧今率土大同含生遂性太平之法方可流行凡我臣僚澡身浴德開通耳目宜從茲始喪亂已來緬將十載君無君德臣失臣道父有不慈子有不孝兄弟之情或薄夫婦之義或違長幼失序尊卑錯亂朕爲帝王志存愛養時有臻道不敢寧息內外職位遐邇黎人家家自修人人克念使不軌不法蕩然俱盡兵可立威不可不戢刑可助化不可專行禁衞九重之餘鎭守四方之外戎旅軍器皆宜停罷代路既夷羣方無事武力之子俱可學文人間甲仗悉皆除毀有功之臣降情文藝家門子姪各守一經令海內翕然高山仰止京邑庠序爰及州縣生徒受業升進於朝未有灼然明經高第此則教訓不篤考課未精明勸所由隆茲儒訓官府從宦丘園素士心迹相表寬弘爲念勿爲跼促乖我皇猷朕君臨區宇於茲九載開直言之路披不諱之心形於顏色勞於興寢自頃逞藝論功昌言乃衆推誠切諫其事甚疎公卿士庶非所望也各啓至誠匡茲不逮見善必進有才必舉無或噤嘿退有後言頒告天下咸悉此意閏月甲子以安州總管韋世康爲信州總管丁丑頒木魚符於總管刺史雌一雄一己卯以吏部尚書蘇威爲尚書右僕射六月乙丑以荊州總管楊素爲納言丁丑以吏部侍郎盧愷爲禮部尚書時朝野物議咸願登封秋七月景午詔曰豈可命一將軍除一小國遐邇注意便謂太平以薄德而封名山用虛言而干上帝非朕攸聞而今以後言及封禪宜即禁絕八月壬戌以廣平王雄爲司空冬十一月壬辰考使定州刺史豆盧通等上表請封禪上不許庚子以右衞大將軍虞慶則爲右武候大將軍右領軍將軍李安爲右領軍大將軍甲寅降囚徒十二月甲子詔曰朕祗承天命清蕩萬方百王衰敝之後兆庶澆浮之日聖人遺訓掃地俱盡制禮作樂今也其時朕情存古樂深思雅道鄭衞淫聲魚龍雜戲樂府之內盡以除之今欲更調律呂改張琴瑟且妙術精微非因教習工人代掌止傳糟粕不足達神明之德論天地之和區域之間奇才異藝天知神授何代無哉蓋晦迹於非時俟昌言於所好宜可搜訪速以奏聞庶覩一藝之能共就九成之業仍詔太常牛弘通直散騎常侍許善心祕書丞姚察通直郎虞世基等議定作樂己巳以黃州總管周法尚爲永州總管

十年春正月乙未以皇孫昭爲河南王楷爲華陽王二月庚申幸并州夏四月辛酉至自并州五月乙未詔曰魏末喪亂寓縣瓜分役車歲動未遑休息兵士軍人權置坊府南征北伐居處無定家無完堵地罕包桑恆爲流寓之人竟無鄉里之號朕甚愍之凡是軍人可悉屬州縣墾田籍帳一與民同軍府統領宜依舊式罷山東河南及北方緣邊之地新置軍府六月辛酉制人年五十免役收庸癸亥以靈州總管王世積爲荊州總管浙江刺史元胄爲靈州總管秋七月癸卯以納言楊素爲內史令庚戌上親錄囚徒辛亥高麗遼東郡公高陽卒壬子吐谷渾遣使來朝八月壬申遣柱國襄陽郡公韋洸上開府東萊郡公王景並持節巡撫嶺南百越皆服冬十月甲子頒木魚符於京師官五品已上戊辰以永州總管周法尚爲桂州總管十一月辛卯幸國學頒賜各有差景午契丹遣使朝貢辛丑有事於南郊是月婺州人汪文進會稽人高智慧蘇州人沈玄懀皆舉兵反自稱天子署置百官樂安蔡道人蔣山李稜饒州吳代華永嘉沈孝徹泉州王國慶餘杭楊寶英交趾李春等皆自稱大都督攻陷州縣詔上柱國內史令越國公楊素討平之

十一年春正月丁酉以平陳所得古器多爲妖變悉命毀之辛丑高麗遣使朝貢景午皇太子妃元氏薨上舉哀於文思殿二月戊午吐谷渾遣使貢方物以大將軍蘇孝慈爲工部尚書景子以臨潁令劉曠治術尤異擢爲莒州刺史己卯突厥遣使獻七寶盌辛巳晦日有蝕之三月壬午遣通事舍人若干治使于吐谷渾癸未以幽州總管周搖爲壽州總管朔州總管吐萬緒爲夏州總管夏四月戊午突厥雍虞閭可汗遣其特勒來朝五月甲子高麗遣使貢方物癸卯詔百官悉詣朝堂上封事乙巳以右衞將軍元旻爲左衞大將軍秋七月己丑以柱國杜彥爲洪州總管八月壬申幸栗園滕王瓚薨乙亥至自栗園上柱國沛國公鄭譯卒十二月景辰靺鞨遣使貢方物

十二年春正月壬子以蘇州刺史皇甫績爲信州總管宣州刺史席代雅爲廣州總管二月己巳以蜀王秀爲內史令兼右領軍大將軍漢王諒爲雍州牧右衞大將軍夏四月辛卯以壽州總管周搖爲襄州總管五月辛亥廣州總管席代雅卒秋七月乙巳尚書右僕射邳國公蘇威禮部尚書容城縣侯盧愷並坐事除名壬戌幸昆明池其日還宮己巳有事於太廟壬申晦日有蝕之八月甲戌制天下死罪諸州不得便決皆令大理覆治乙亥幸龍首池癸巳制宿衞者不得輒離所守丁酉上柱國夏州總管楚國公豆盧勣卒戊戌上親錄囚徒九

月丁未以工部尚書楊异爲吳州總管冬十月丁丑以遂安王集爲衞王壬午有事于太廟至太祖神主前上流涕嗚咽悲不自勝十一月辛亥有事於南郊壬子宴百寮頒賜各有差己未上柱國新義郡公韓擒虎卒庚申以豫州刺史權武爲潭州總管甲子百寮大射於武德殿十二月癸酉突厥遣使來朝乙酉以上柱國內史令楊素爲尚書右僕射己酉吐谷渾靺鞨並遣使貢方物

十三年春正月乙巳上柱國郇國公韓建業卒景午契丹奚霫室韋並遣使貢方物壬子親祀感帝己未以信州總管韋世康爲吏部尚書壬戌行幸岐州二月景子詔營仁壽宮丁亥至自岐州戊子宴考使於嘉則殿己卯立皇孫暕爲豫章王戊子晉州刺史南陽郡公賈悉達隰州總管撫寧郡公韓延等以賄伏誅己丑制坐事去官者配流一年丁酉制私家不得隱藏緯候圖讖夏四月癸未制戰亡之家給復一年五月癸亥詔人間有撰集國史臧否人物者皆令禁絕秋七月戊申靺鞨遣使貢方物壬子左衞大將軍雲州總管鉅鹿郡公賀婁子幹卒丁巳幸昆明池戊辰晦日有蝕之九月景辰降囚徒庚申以邵國公楊綸爲滕王乙丑以柱國杜彥爲雲州總管冬十月乙卯上柱國華陽郡公梁彥先卒

十四年夏四月乙丑詔曰在昔聖人作樂崇德移風易俗於斯爲大自晉氏播遷兵戈不息雅樂流散年代已多四方未一無由辨正賴上天鑒臨明神降福拯茲塗炭安息蒼生天下大同歸於治理遺文舊物皆爲國有比命所司總令研究正樂雅聲詳考已訖宜卽施用見行者停人間音樂流僻日久棄其舊體競造繁聲浮宕不歸遂以成俗宜加禁約務存其本五月辛酉京師地震關內諸州旱六月丁卯詔省府州縣皆給公廨田不得治生與人爭利秋七月乙未以邳國公蘇威爲納言八月辛未關中大旱人饑上率戶口就食於洛陽九月己未以齊州刺史樊子蓋爲循州總管丁巳以基州刺史崔仲方爲會州總管冬閏十月甲寅詔曰齊梁陳往皆創業一方綿歷年代旣宗祀廢絕祭奠無主興言矜念良以愴然莒國公蕭琮及高仁英陳叔寶等宜令以時脩其祭祀所須器物有司給之乙卯制外官九品已上父母及子年十五已上不得將之官十一月壬戌制州縣佐吏三年一代不得重任癸未有星孛于角亢十二月乙未東巡狩

十五年春正月壬戌車駕次齊州親問疾苦景寅旅王符山庚午上以歲旱祠太山以謝愆咎大赦天下二月景辰收天下兵器敢有私造者坐之關中緣邊不在其例丁巳上柱國蔣國公梁睿卒三月己未至自東巡狩望祭五嶽海瀆丁亥幸仁壽宮營州總管韋藝卒夏四月己丑朔大赦天下甲辰以趙州刺史楊達爲工部尚書丁未以開府儀同三司韋沖爲營州總管五月癸酉吐谷渾遣使朝貢丁亥制京官五品已上佩銅魚符六月戊子詔鑿底柱庚寅相州刺史豆盧通貢綾文布命焚之於朝堂乙未林邑遣使來貢方物辛丑詔名山大川未在祀典者悉祠之秋七月乙丑晉王廣獻毛龜甲戌遣邳國公蘇威巡省江南戊寅至自仁壽宮辛巳制九品已上官以理去職者聽並執笏冬十月戊子以吏部尚書韋世康爲荊州總管十一月辛酉幸溫湯乙丑至自溫湯十二月戊子勑盜邊糧一升已上皆斬並籍沒其家己丑詔文武官以四考交代

十六年春正月丁亥以皇孫裕爲平原王筠爲安成王嶷爲安平王恪爲襄城王該爲高陽王韶爲建安王煚爲潁川王夏五月丁巳以懷州刺史龐晃爲夏州總管蔡陽縣公姚辯爲靈州總管六月甲午制工商不得進仕并州大蝗辛丑詔九品已上妻五品已上妾夫亡不得改嫁秋八月景戌詔決死罪者三奏而後行刑冬十月己丑幸長春宮十一月壬子至自長春宮

十七年春二月癸未太平公史萬歲擊西寧羌平之庚寅幸仁壽宮庚子上柱國王世積討桂州賊李光仕平之壬寅河東王昭納妃宴羣臣頒賜各有差三月景辰詔曰分職設官共理時務班位高下各有等差若所在官人不相敬憚多自寬縱事難克舉諸有殿失雖備科條或據律乃輕論情則重不卽決罪無以懲肅其諸司論屬官若有愆犯聽於律外斟酌決杖辛酉上親錄囚徒癸亥上柱國彭國公劉昶以罪伏誅庚午遣治書侍御史柳彧皇甫誕巡省河南河北夏四月戊寅頒新曆壬午詔曰周曆告終羣凶作亂釁起蕃服毒被生人朕受命上玄廓清區宇聖靈垂祐文武同心申明公穆鄖襄公孝寬廣平王雄蔣國公睿楚國公勣齊國公熲越國公素魯國公慶則新寧公長乂宜陽公世積趙國公羅雲隴西公詢廣業公景眞昌公振沛國公譯項城公子相鉅鹿公子幹等登庸納揆之時草昧經綸之日丹誠大節心盡帝圖茂績殊勳力宣王府宜弘其門緒與國同休其世子世孫未經州任者宜量才升用庶享榮位世祿無窮五月宴百寮於玉女泉頒賜各有差己巳蜀王秀來朝高麗遣使貢方物甲戌以左衞將軍獨孤羅雲爲涼州總管閏月己卯羣鹿入殿門馴擾侍衞之內秋七月丁丑桂州人李代賢反遣右武候大將軍虞慶則討平之丁亥上柱國并州總管秦王俊坐事免以王就第戊戌突厥遣使貢方物八月丁卯荊州總管上庸郡公韋世康卒九月甲申至自仁壽宮庚寅上謂侍臣曰禮主於敬皆當盡心黍稷非馨貴在祗肅廟庭設樂本以迎神齋祭之日觸目多感當此之際何可爲心在路奏樂禮未爲允羣公卿士宜更詳之冬十月丁未頒銅獸符於驃騎車騎府戊申道王靜薨庚申詔曰五帝異樂三王殊禮皆隨事而有損益因情而立節文仰惟祭享宗廟瞻敬如在罔極之感情深茲日而禮畢升路鼓吹發音還入宮門金石振響斯則哀樂同日心事相違情所不安理實未允宜改茲往式用弘禮教自今已後享廟日不須備鼓吹殿庭勿設樂懸辛未京師大索十一月丁亥突厥遣使來朝十二月壬子上柱國右武候大將軍魯國公虞慶則以罪伏誅

十八年春正月辛丑詔曰吳越之人往承敝俗所在之處私造大船因相聚結致有侵害其江南諸州人間有船長三丈已上悉括入官二月甲辰幸仁壽宮乙巳以漢王諒爲行軍元帥水陸三十萬伐高麗三月乙亥以柱國杜彥爲朔州總管夏四月癸卯以蔣州刺史郭衍爲洪州總管五月辛亥詔畜猫鬼蠱毒厭魅野道之家投於四裔六月景寅下詔黜高麗王高元官爵秋七月壬申詔以河南八州水免其課役景子詔京官五品已上總管刺史以志行修謹清平幹濟二科舉人九月己丑漢王諒師遇疾疫而旋死者十八九庚寅勑舍客無公驗者坐及刺史縣令辛卯至自仁壽宮冬十一月甲戌上親錄囚徒癸未有事於南郊十二月庚子上柱國夏州總管任城郡公王景以罪伏誅是月自京師至仁壽宮置行宮十有二所

十九年春正月癸酉大赦天下戊寅大射武德殿宴賜百官二月己亥晉王廣來朝辛丑以并州總管長史宇文弢爲朔州總管甲寅幸仁壽宮夏四月丁酉突厥利可汗內附達頭可汗犯塞遣行軍總管史萬歲擊破之六月丁酉以豫章王暕爲內史令秋八月癸卯上柱國尚書左僕射齊國公高熲坐事免辛亥上柱國皖城郡公張威卒甲寅上柱國城陽郡公李徹卒九月乙丑以太常卿牛弘爲吏部尚書冬十月甲午以突厥利可汗爲啓人可汗築大利城處其部落庚子以朔州總管宇文弢爲代州總管十二月乙未突厥都藍可汗爲部下所殺丁丑星霣於勃海

二十年春正月辛酉朔上在仁壽宮突厥高麗契丹並遣使貢方物癸亥以代州總管宇文弢爲吳州總管二月己巳以上柱國崔弘度爲原州總管丁丑無雲而雷三月辛卯熙州人李英林反遣行軍總管張衡討平之夏四月壬戌突厥犯塞以晉王廣爲行軍元帥擊破之乙亥天有聲如瀉水自南而北六月丁丑秦王俊薨秋八月老人星見九月丁未至自仁壽宮癸丑吳州總管楊异卒冬十月己未太白晝見乙丑皇太子勇及諸子並廢爲庶人殺柱國太平縣公史萬歲己巳殺左衞大將軍五原郡公元旻十一月戊子天下地震京師大風雪以晉王廣爲皇太子十二月戊午詔東宮官屬不得稱臣於皇太子辛巳詔曰佛法深妙道教虛融咸降大慈濟度羣品凡在含識皆蒙覆護所以雕鑄靈相圖寫眞形率土瞻仰用申誠敬其五嶽四鎭節宣雲雨江河淮海浸潤區域並生養萬物利益兆人故建廟立祀以時恭敬敢有毀壞偷盜佛及天尊像嶽鎭海瀆神形者以不道論沙門壞佛像道士壞天尊者以惡逆論

仁壽元年春正月乙酉朔大赦改元以尚書右僕射楊素爲尚書左僕射納言蘇威爲尚書右僕射丁酉徙河南王昭爲晉王突厥寇恒安遣柱國韓洪擊之官軍敗績以晉王昭爲內史令辛丑詔曰君子立身雖云百行唯誠與孝最爲其首故投主殉節自古稱難殞身王事禮加二等而代俗之徒不達大義至於致命戎旅不入兆域虧孝子之意傷人臣之心興言念此每深愍歎且入廟祭祀並不廢闕何止墳塋獨在其外自今已後戰亡之徒宜入墓域二月乙卯朔日有蝕之辛巳以上柱國獨孤楷爲原州總管三月壬辰以豫章王暕爲揚州總管夏四月以浙州刺史蘇孝慈爲洪州總管五月己丑突厥男女九萬口來降壬辰驟雨震雷大風拔木宜君湫水移於始平六月癸丑洪州總管蘇孝慈卒乙卯遣十六使巡省風俗乙丑詔曰儒學之道訓教生人識父子君臣之義知尊卑長幼之序升之於朝任之以職故能贊理時務弘益風範朕撫臨天下思弘德教延集學徒崇建庠序開進仕之路佇賢儁之人而國學胄子垂將千數州縣諸生咸亦不少徒有名錄空度歲時未有德爲代範才任國用良由設學之理多而未精今宜簡省明加獎勵於是國子學唯留學生七十人太學四門及州縣學並廢其日頒舍利於諸州秋七月戊戌改

國子爲太學九月癸未以柱國杜彥爲雲州總管十一月己丑有事於南郊壬辰以賁州刺史衞玄爲遂州總管

二年春二月辛亥以荆州刺史侯莫陳穎爲桂州總管宗正楊祀爲荆州總管三月己亥幸仁壽宮壬寅以齊州刺史張喬爲潭州總管夏四月庚戌岐雍二州地震秋七月景戌詔內外官各舉所知戊子以原州總管獨孤楷爲益州總管八月己巳皇后獨孤氏崩九月景戌至自仁壽宮壬辰河南北諸州大水遣工部尚書楊達賑恤之乙未上柱國襄州總管金水郡公周搖卒隴西地震冬十月壬子曲赦益州管內癸丑以工部尚書楊達爲納言閏月甲申詔尚書左僕射楊素與諸術者刊定陰陽舛謬己丑詔曰禮之爲用時義大矣黃琮蒼璧降天地之神粢盛牲食展宗廟之敬正父子君臣之序明婚姻喪紀之節故道德仁義非禮不成安上治人莫善於禮自區宇亂離綿歷年代王道衰而變風作微言絕而大義乖與代推移其弊日甚至於四時郊祀之節文五服麻葛之隆殺是非異說踳駮殊塗致使聖教凋訛輕重無準朕祗承天命撫臨生人當洗滌之時屬干戈之代克定禍亂先運武功删正彝典日不暇給今四海乂安五戎勿用理宜弘風訓俗導德齊禮綴往聖之舊章興先王之茂則尚書左僕射越國公楊素尚書右僕射邳國公蘇威吏部尚書奇章公牛弘內史侍郎薛道衡祕書丞許善心內史舍人虞世基著作郎王劭或任居端揆博達古今或器推令望學綜經史委以裁緝實允僉議可並修定五禮壬寅葬獻皇后於太陵十二月癸巳上柱國益州總管蜀王秀廢爲庶人交州人李佛子舉兵反遣行軍總管劉方討平之

三年春正月己卯原州總管比陽縣公龐晃卒戊子以大將軍蔡陽郡公姚辯爲左武候大將軍夏四月癸卯詔曰哀哀父母生我劬勞欲報之德昊天罔極但風樹不靜嚴敬莫追霜露既降感思空切六月十三日是朕生日宜令海內爲武元皇帝元明皇后斷屠六月甲午詔曰禮云至親以朞斷蓋以四時之變易萬物之更始故聖人象之其有三年加隆爾也但家無二尊母爲厭降是以父存喪母還服于朞者服之正也豈容朞內而更小祥然三年之喪而有小祥者禮云朞祭禮也朞而除喪道也以是之故雖未再朞而天地一變不可不祭不可不除故有練焉以存喪祭之本然朞喪有練於理未安雖云十一月而練乃無所法象非朞非時豈可除祭而儒者徒擬三年之喪立練禫之節可謂苟存其變而失其本欲漸於奪乃薄於喪致使子則冠練去絰黃裹縓緣絰則布葛在躬麤服未改豈非經哀尚存子情已奪親疎失倫輕重顛倒乃不順人情豈聖人之意也故知先聖之禮廢於人邪三年之喪尚有不行之者至於祥練之節安能不墜者乎禮云父母之喪無貴賤一也而大夫士之喪父母乃貴賤異服然則禮壞樂崩由來漸矣所以晏平仲之斬麤縗其老謂之非禮滕文公之服三年其臣咸所不欲蓋由王道既衰諸侯異政將踰越於法度惡禮制之害己乃滅去篇籍自制其宜遂至骨肉之恩輕重從俗無易之道隆殺任情況孔子沒而微言隱秦滅學而經籍焚者乎有漢之興雖求儒雅人皆異說義非一貫又近代亂離唯務兵革其於典禮時所未遑夫禮不從天降不從地出乃人心而已者謂情緣於恩也故恩厚者其禮隆情輕者其禮殺聖人以是稱情立文別親疎貴賤之節自臣子道消上下失序莫大之恩逐情而薄莫重之禮與時而殺此乃服不稱喪容不稱服非所謂聖人緣恩表情制禮之義也然喪與易也寧在於戚則禮之本也禮有其餘未若於哀則情之實也今十一月而練者非禮之本非情之實由是言之父存喪母不宜有練但依禮十三月而祥中月而禫庶以合聖人之意達孝子之心秋七月丁卯詔曰日往月來唯天所以運序山鎮川流唯地所以宣氣運序則寒暑無差宣氣則雲雨有作故能成天地之大德育萬物而爲功況一人君于四海睹物欲運獨見致治不藉羣才未之有也是以唐堯欽明命羲和以居岳虞舜叡德升元凱而作相伊尹鼎俎之媵爲殷之阿衡呂望漁釣之夫爲周之尚父此則鳴鶴在陰其子必和風雲之從龍虎賢哲之應聖明君德不回臣道以正故能通天地之和順陰陽之序豈不由元首而有股肱乎自王道衰人風薄居上莫能公道以御物爲下必踵私法以希時上下相蒙君臣義失義失則政乖政乖則人困蓋同德之風難嗣離德之軌易追則任者不休休者不任則衆口鑠金戮辱之禍不測是以行歌避代辭位灌園卷而可懷黜而無慍放逐江湖之上沈赴河海之流所以自潔而不悔者也至於閭閻秀異之士鄉曲博雅之儒言足以佐時行足以勵俗遺棄於草野堙滅而無聞豈勝道哉所以覽古而歎息者也方今區宇一家煙火萬里百姓乂安四夷賓服豈是人功實乃天意朕惟夙夜祗懼將所以上嗣明靈是以小心勵己日慎一日以黎元在念憂兆庶未康以庶政爲懷慮一物失所雖求傳巖莫見幽人徒想崆峒未聞至道唯恐商歌於長夜抱關於夷門遠跡犬羊之間屈身僮僕之伍其令州縣搜揚賢哲皆取明知今古通識治亂究政教之本達禮樂之源不限多少不得不舉限以三旬咸令進路徵召將送必須以禮八月壬申上柱國檢校幽州總管落叢郡公燕榮以罪伏誅九月壬戌置常平官甲子以營州總管韋沖爲民部尚書十二月癸酉河南諸州水遣納言楊達賑恤之

四年春正月景辰大赦甲子幸仁壽宮乙丑詔賞罰支度事無巨細並付皇太子夏四月乙卯上不豫六月庚申大赦天下有星入月中數日而退長人見於鴈門秋七月乙未日青無光八日乃復己亥以大將軍段文振爲雲州總管甲辰上以疾甚臥於仁壽宮與百寮辭訣並握手歔欷丁未崩於大寶殿時年六十四遺詔曰嗟乎自昔晉室播遷天下喪亂四海不一以至周齊戰爭相尋年將三百故割疆土者非一所稱帝王者非一人書軌不同生人塗炭上天降鑒爰命於朕用登大位豈關人力故得撥亂反正偃武脩文天下大同聲教遠被此又是天意欲寧區夏所以昧旦臨朝不敢逸豫一日萬幾留心親覽晦明寒暑不憚劬勞匪曰朕躬蓋爲百姓故也王公卿士每日闕庭刺史以下三時朝集何嘗不罄竭心府誡敕殷勤義乃君臣情兼父子庶藉百寮智力萬國歡心欲令率土之人永得安樂不謂遘疾彌留至於大漸此乃人生常分何足言及但四海百姓衣食不豐教化政刑猶未盡善興言念此唯以留恨朕今年踰六十不復稱天但筋力精神一時勞竭如此之事本非爲身止欲安養百姓所以致此人生子孫誰不愛念既爲天下事須割情勇及秀等並懷悖惡既知無臣子之心所以廢黜古人有言知臣莫若於君知子莫若於父若令勇秀得志共治國家必當戮辱徧於公卿酷毒流於人庶今惡子孫已爲百姓黜屏好子孫足堪負荷大業此雖朕家事理不容隱前對文武侍衞具已論述皇太子廣地居上嗣仁孝著聞以其行業堪成朕志但令內外羣官同心戮力以此共治天下朕雖瞑目何所復恨但國家事大不可限以常禮既葬公除行之自昔今宜遵用不勞改定凶禮所須纔令周事務從節儉不得勞人諸州總管刺史已下宜各率其職不須奔赴自古哲王因人作法前帝後帝沿革隨時律令格式或有不便於事者宜依前敕脩改務當政要嗚呼敬之哉無墜朕命乙卯發喪河間楊柳四株無故黃落既而花葉復生八月丁卯梓宮至自仁壽宮景子殯于大興前殿冬十月己卯合葬於太陵同墳而異穴上性嚴重有威容外質木而內明敏有大略初得政之始羣情不附諸子幼弱內有六王之謀外致三方之亂握强兵居重鎮者皆周之舊臣上推以赤心各展其用不踰朞月克定二邊未及十年平一四海薄賦斂輕刑罰內脩制度外撫戎夷每旦聽朝日昃忘倦居處服翫務存節儉令行禁止上下化之開皇仁壽之間丈夫不衣綾綺而無金玉之飾常服率多布帛裝帶不過以銅鐵骨角而已雖嗇於財至於賞賜有功亦無所愛惜乘輿四出路逢上表者則駐馬親自臨問或潛遣行人採聽風俗吏治得失人間疾苦無不留意嘗遇關中饑遣左右視百姓所食有得豆屑雜糠而奏之者上流涕以示羣臣深自咎責爲之撤膳不御酒肉者殆將一朞及東拜太山關中戶口就食洛陽者道路相屬上敕斥堠不得輒有驅逼男女參厠於仗衞之間逢扶老攜幼者輒引馬避之慰勉而去至艱險之處見負擔者遽令左右扶助之其有將士戰沒必加優賞仍令使者就加勞問自强不息朝夕孜孜人庶殷繁帑藏充實雖未能臻於至治亦足稱近代之良主然天性沉猜素無學術好爲小數不達大體故忠臣義士莫得盡心竭辭其草創元勳及有功諸將誅夷罪退罕有存者又不悅詩書廢除學校唯婦言是用廢黜諸子逮于暮年持法尤峻喜怒不常過於殺戮嘗令左右送西域朝貢使出玉門關其人所經之處或受牧宰小物饋遺鸚鵡麖皮馬鞭之屬上聞而大怒又詣武庫見署中蕪穢不治於是執武庫令及諸受遺者出開遠門外親自臨決死者數十人又往往潛令人賂遺令史府史有受者必死無所寬貸議者以此少之

史臣曰高祖龍德在田奇表見異晦明藏用故知我者希始以外戚之尊受託孤之任與能之議未爲當時所許是以周室舊臣咸懷憤惋既而王謙固三蜀之阻不踰朞月尉迥舉全齊之衆一戰而亡斯乃非止人謀抑亦天之所贊也乘茲機運遂遷周鼎于時蠻夷猾夏荆揚未一劬勞日昃經營四方樓船南邁則金陵失險驃騎北指則單于款塞職方所載並入疆理禹貢所圖咸受正朔雖晉武之克平吳會漢宣之推亡固存比義論功不能尚也七德既敷九歌已洽要荒咸暨尉候無警於是躬節儉平徭賦倉廩實法令行君子咸樂其生小

人各安其業强無陵弱衆不暴寡人物殷阜朝野歡娛二十年間天下無事區宇之內晏如也考之前王足以參蹤盛烈但素無術學不能盡下無寬仁之度有刻薄之資暨乎暮年此風逾扇又雅好符瑞暗於大道建彼維城權侔京室皆同帝制靡所適從聽哲婦之言惑邪臣之說溺寵廢嫡託付失所滅父子之道開昆弟之隙縱其尋斧翦伐本枝墳土未乾子孫繼踵屠戮松檟纔列天下已非隋有惜哉迹其衰怠之源稽其亂亡之兆起自高祖成於煬帝所由來遠矣非一朝一夕其不祀忽諸未為不幸也

隋書卷二考證

高祖紀下陳國平合州三十○臣召南按北史作州四十以地理志証之北史是也志言陳氏制揚之域州四十二郡一百九縣四百三十八紀言州四十郡一百縣四百皆畧舉大數耳

已未○一本作癸已臣興斗按上書壬子下書壬戌中間無由得癸已從監本作已未

皖城郡公○監本皖作晥按前漢書地理志後漢書郡國志俱作晥或作睆馬援傳攻沒皖城作皖

隋書卷三

唐　特　進　臣　魏　徵　上

帝紀第三

煬帝上

煬皇帝諱廣一名英小字阿麼高祖第二子也母曰文獻獨孤皇后上美姿儀少敏慧高祖及后於諸子中特所鍾愛在周以高祖勳封鴈門郡公開皇元年立為晉王拜柱國并州總管時年十三尋授武衛大將軍進位上柱國河北道行臺尚書令大將軍如故高祖令項城公歆安道公李徹輔導之上好學善屬文沉深嚴重朝野屬望高祖密令善相者來和徧視諸子和曰晉王眉上雙骨隆起貴不可言既而高祖幸上所居第見樂器絃多斷絕又有塵埃若不用者以為不好聲妓善之上尤自矯飾當時稱為仁孝嘗觀獵遇雨左右進油衣上曰士卒皆霑濕我獨衣此乎乃令持去六年轉淮南道行臺尚書令其年徵拜雍州牧內史令八年冬大舉伐陳以上為行軍元帥及陳平執陳湘州刺史施文慶散騎常侍沈客卿市令陽慧朗刑法監徐析尚書都令史暨慧以其邪佞有害於民斬之右闕下以謝三吳於是封府庫資財無所取天下稱賢進位太尉賜輅車乘馬袞冕之服玄珪白璧各一復拜并州總管俄而江南高智慧等相聚作亂徙上為揚州總管鎮江都每歲一朝高祖之祠太山也領武候大將軍明年歸藩後數載突厥寇邊復為行軍元帥出靈武無虜而還及太子勇廢立上為皇太子是月當受冊高祖曰吾以大興公成帝業令上出舍大興縣其夜烈風大雪地震山崩民舍多壞壓死者百餘口仁壽初奉詔巡撫東南是後高祖每避暑仁壽宮恒令上監國四年七月高祖崩上即皇帝位於仁壽宮八月奉梓宮還京師并州總管漢王諒舉兵反詔尚書左僕射楊素討平之九月乙巳以備身將軍崔彭為左領軍大將軍十一月乙未幸洛陽景申發丁男數十萬掘塹自龍門東接長平汲郡抵臨清關度河至浚儀襄城達於上洛以置關防癸丑詔曰乾道變化陰陽所以消息沿創不同生靈所以順敘若使天意不變施化何以成四時人事不易為政何以釐萬姓易不云乎通其變使民不倦變則通通則久有德則可久有功則可大朕又聞之安安而能遷民用丕變是故姬邑兩周如武王之意殷人五徙成湯后之業若不因人順天功業見乎變愛人治國者可不謂歟然雒邑自古之都王畿之內天地之所合陰陽之所和控以三河固以四塞水陸通貢賦等故漢祖曰吾行天下多矣唯見雒陽自古皇王何嘗不留意所不都者蓋有由焉或以九州未一或以困其府庫作雒之制所以未暇也我有隋之始便欲創茲懷雒日復一日越暨于今念茲在茲興言感哽朕肅膺寶曆纂臨萬邦遵而不失心奉先志今者漢王諒悖逆毒被山東遂使州縣或淪非所此由關河懸遠兵不赴急加以并州移戶復在河南周遷殷人意在於此況復南服遐遠東夏殷大因機順動今也其時羣司百辟僉諧厥議但成周墟塉弗堪葺宇今可於伊雒營建東京便即設官分職以為民極也夫宮室之制本以便生上棟下宇足避風露高臺廣廈豈曰適形故傳云儉德之共侈惡之大宣尼有云與其不遜也寧儉豈謂瑤臺瓊室方為宮殿者乎土階采椽而非帝王者乎是知非天下以奉一人乃一人以主天下也民惟國本本固邦寧百姓足孰與不足今所營搆務從節儉無令雕墻峻宇復起於當今欲使卑宮菲食將貽於後世有司明為條格稱朕意焉十二月乙丑以右武衛將軍來護兒為右驍衛大將軍戊辰以柱國李景為右武衛大將軍以右衛率周羅睺為右武候大將軍

大業元年春正月壬辰朔大赦改元立妃蕭氏為皇后改豫州為溱州洛州為豫州廢諸州總管府景申立晉王昭為皇太子丁酉以上柱國宇文述為左衛大將軍上柱國郭衍為左武衛大將軍延壽公于仲文為右衛大將軍已亥以豫章王暕為豫州牧戊申發八使巡省風俗下詔曰昔者哲王之治天下也其在愛民乎既富而教家給人足故能風淳俗厚遠至邇安治定功成率由斯道朕嗣膺寶曆撫育黎獻夙夜戰兢若臨川谷雖則聿遵先緒弗敢失墜永言政術多有缺然況以四海之遠兆民之衆未獲親臨問其疾苦每慮幽仄莫舉寃屈不申一物失所乃傷和氣萬方存罪責在朕躬所以寤寐增歎而夕惕載懷者也今既布政惟始宜有寬大可分遣使人巡省方俗宣揚風化薦拔淹滯申達幽枉孝悌力田給以優復鰥寡孤獨不能自存者量加賑濟義夫節婦旌表門閭高年之老加其版授並依別條賜以粟帛篤疾之徒給侍丁者雖有侍養之名曾無賙贍之實明加檢校使得存養若有名行顯著操履修絜及學業才能一藝可取咸宜訪採將身入朝所在州縣以禮發遣其有蠹政害人不便於時者使還之日具錄奏聞已酉以吳州總管宇文弼為刑部尚書二月已卯以尚書左僕射楊素為尚書令三月丁未詔尚書令楊素納言楊達將作大匠宇文愷營建東京徙豫州郭下居人以實之戊申詔曰聽採輿頌謀及庶民故能審政刑之得失是知昧旦思治欲使幽枉必達彝倫有章而牧宰任稱朝委苟為徼幸以求考課虛立殿最不存治實綱紀於是弗理寃屈所以莫申關河重阻無由自達朕故建立東京躬親存問今將巡歷淮海觀省風俗眷求讜言徒繁詞翰而鄉校之內闕爾無聞恇然夕惕用忘興寢其民下有知州縣官人政治苛刻侵害百姓背公徇私不便於民者宜聽詣朝堂封奏庶乎四聰以達天下無寃又於皁澗營顯仁宮採海內奇禽異獸草木之類以實園苑徙天下富商大賈數萬家於東京辛亥發河南諸郡男女百餘萬開通濟渠自西苑引穀洛水達于河自板渚引河通于淮庚申遣黃門侍郎王弘上儀同於士澄往江南採木造龍舟鳳艒黃龍赤艦樓船等數萬艘夏四月癸亥大將軍劉方擊林邑破之五月庚戌民部尚書義豐侯韋冲卒六月甲子熒惑入太微秋七月丁酉制戰亡之家給復十年景午滕王綸衛王集並奪爵徙邊閏七月甲子以尚書令楊素為太子太師安德王雄為太子太傅河間王弘為太子太保景子詔曰君民建國教學為先移風易俗必自茲始而言絕義乖多歷年代進德脩業其道寖微漢採坑焚之餘不絕如綫晉承板蕩之運掃地將盡自時厥後軍國多虞雖復黌宇時建示同愛禮函丈或陳殆為虛器遂使紆青拖紫非以學優製錦操刀類多牆面上陵下替綱維靡立雅缺道消實由於此朕纂承洪緒思弘大訓將欲尊師重道用闡厥繇講信修睦敦獎名教方今宇宙平一文軌攸同十步之內必有芳草四海之中豈無奇秀諸在家及見入學者若有篤志好古耽悅典墳學行優敏堪膺時務所在採訪具以名聞即當隨其器能擢以不次若研精經術未願進仕者可依其藝業深淺門蔭高卑雖未升朝並量準給祿庶夫恂恂善誘不日成器濟濟盈朝何遠之有其國子等學亦宜申明舊制教習生徒具為課試之法以盡砥礪之道八月壬寅上御龍舟幸江都以左武衛大將軍郭衍為前軍右武衛大將軍李景為後軍文武官五品已上給樓船九品以上給黃蔑舳艫相接二百餘里冬十月已丑赦江淮已南揚州給復五年舊總管內給復三年十一月已未以大將軍崔仲方為禮部尚書

二年春正月辛酉東京成賜監督者各有差以大理卿梁毗為刑部尚書丁卯遣十使併省州縣二月景戌詔尚書令楊素吏部尚書牛弘大將軍宇文愷內史侍郎虞世基禮部侍郎許善心制定輿服始備輦路及五時副車上常服皮弁十有二琪文官弁服佩玉五品已上給犢車通幰三公親王加油絡武官平巾幘袴褶三品已上給瓟槊下至胥吏服色皆有差非庶人不得戎服戊戌置都尉官三月庚午車駕發江都先是太府少卿何稠太府丞雲定興盛脩儀仗於是課州縣送羽毛百姓求捕之網羅被水陸禽獸有堪氅毦之用者殆無遺類至是而成夏四月庚戌上自伊闕陳法駕備千乘萬騎入於東京辛亥上御端門大赦免天下今年租稅癸丑以冀州刺史楊文思為民部尚書五月甲寅金紫光祿大夫兵部尚書李通坐事免乙卯詔曰旌表先哲式存饗祀所以優禮賢能顯彰遺愛朕永鑒前脩尚想名德何嘗不興歎九原屬懷千載其自古以來賢人君子有能樹聲立德佐世匡時博利殊功有益於人者並宜營立祠宇以時致祭墳壟之處不得侵踐有司量為條式稱朕意焉六月壬子以尚書令太子太師楊素為司徒進封豫章王暕為齊王秋七月癸丑以衛尉卿衛玄為工部尚書庚申制百官不得計考增級必有德行功能灼然顯著者擢之壬戌擢藩邸舊臣鮮于羅等二十

七人官爵有差甲戌皇太子昭薨乙亥上柱國司徒楚國公楊素薨八月辛卯封皇孫倓爲燕王侗爲越王侑爲代王九月乙丑立秦孝王俊子浩爲秦王冬十月戊子以靈州刺史段文振爲兵部尚書十二月庚寅詔曰前代帝王因時創業君民建國禮尊南面而歷運推移年世永久丘壟殘毀樵牧相趨塋兆堙蕪封樹莫辨興言淪滅有愴于懷自古已來帝王陵墓可給隨近十戶蠲其雜役以供守視

三年春正月癸亥勑并州逆黨已流配而逃亡者所獲之處卽宜斬決景子長星竟天出於東壁二旬而止是月武陽郡上言河水清二月己丑彗星見於奎掃文昌歷大陵五車北河入太微掃帝坐前後百餘日而止三月辛亥車駕還京師壬子以大將軍姚辯爲左屯衞將軍癸丑遣羽騎尉朱寬使於流求國乙卯河間王弘薨夏四月庚辰詔曰古者帝王觀風問俗皆所以憂勤兆庶安集遐荒自蕃夷內附未遑親撫山東經亂須加存卹今欲安輯河北巡省趙魏所司依式甲申頒律令大赦天下關內給復三年壬辰改州爲郡改度量權衡並依古式改上柱國已下官爲大夫甲午詔曰天下之重非獨治所安帝王之功豈一士之畧自古明君哲后立政經邦何嘗不選賢與能收採幽滯周稱多士漢號得人常想前風載懷欽佇朕負扆夙興冕旒待旦引領巖谷寘以周行冀與羣才共康庶績而彙茅寂寞投竿罕至豈美璞韜采未值良工將介石在懷確乎難拔永鑒前哲憮然興歎凡厥在位譬諸股肱若濟巨川義同舟楫豈得保茲寵祿晦爾所知優游卒歲甚非謂也祈大夫之舉善良史以爲至公臧文仲之蔽賢尼父譏其竊位求諸往古非無褒貶宜思進善用匡寡薄夫孝悌有聞人倫之本德行敦厚立身之基或節義可稱或操履清潔所以激貪厲俗有益風化强毅正直執憲不撓學業優敏文才美秀並爲廊廟之用實乃瑚璉之資才堪將畧則拔之以禦侮膂力驍壯則任之以爪牙爰及一藝可取亦宜採錄衆善畢舉與時無棄以此求治庶幾非遠文武有職事者五品已上宜依令十科舉人有一於此不必求備朕當待以不次隨才升擢其見任九品已上官者不在舉送之限景申車駕北巡狩丁酉以刑部尚書宇文弢爲禮部尚書戊戌勑百司不得踐暴禾稼其有須開爲路者有司計地所收卽以近倉酬賜務從優厚己亥次赤岸澤以太牢祭故太師李穆墓五月丁巳突厥啓民可汗遣子拓特勒來朝戊午發河北十餘郡丁男鑿太行山達于并州以通馳道景寅啓民可汗遣其兄子毗黎伽特勒來朝辛未啓民可汗遣使請自入塞奉迎輿駕上不許癸酉有星孛于文昌上將星皆動搖六月辛巳獵於連谷丁亥詔曰聿追孝饗德莫至焉崇建寢廟禮之大者然則質文異代損益殊時學滅坑焚經典散逸憲章湮墜廟堂制度師說不同所以世數多少莫能是正連室異宮亦無準定朕獲奉祖宗欽承景業永惟嚴配思隆大典於是詢謀在位博訪儒術咸以爲高祖文皇帝受天明命奄有區夏拯羣飛於四海革凋敝於百王恤獄緩刑生靈皆遂其性輕徭薄賦比屋各安其業恢夷宇宙混壹車書東漸西被無思不服南征北怨俱荷來蘇駕毳乘風歷代所弗至辮髮左衽聲教所罕及莫不厥角關塞頓顙闕庭譯靡絕時書無虛月韜戈偃武天下晏如嘉瑞休徵表裏禔福猗歟偉歟無得而名者也朕又聞之德厚者流光治辨者禮縟是以周之文武漢之高光其典章特立謚號斯重豈非緣情稱述卽崇顯之義乎高祖文皇帝宜別建廟宇以彰巍巍之德仍遵月祭用表蒸蒸之懷有司以時創造務合典制又名位既殊禮亦異等天子七廟事著前經諸侯二昭義有差降故其以多爲貴王者之禮今可依用貽厥後昆戊子次榆林郡丁酉啓民可汗來朝己亥吐谷渾高昌並遣使貢方物甲辰上御北樓觀漁于河以宴百寮秋七月辛亥啓民可汗上表請變服襲冠帶詔啓民贊拜不名位在諸侯王上甲寅上於郡城東御大帳其下備儀衞建旌旗宴啓民及其部落三千五百人奏百戲之樂賜啓民及其部落各有差景子殺光祿大夫賀若弼禮部尚書宇文弢太常卿高熲尚書左僕射蘇威坐事免發丁男百餘萬築長城西距榆林東至紫河一旬而罷死者十五六八月壬午車駕發榆林乙酉啓民飾廬清道以候乘輿帝幸其帳啓民奉觴上壽宴賜極厚上謂高麗使者曰歸語爾王當早來朝見不然者吾與啓民巡彼土矣皇后亦幸義城公主帳己丑啓民可汗歸蕃癸巳入樓煩關壬寅次太原詔營晉陽宮九月己未次濟源幸御史大夫張衡宅宴享極歡己巳至于東都壬申以齊王暕爲河南尹開封府儀同三司癸酉以民部尚書楊文思爲納言

四年春正月乙巳詔發河北諸郡男女百餘萬開永濟渠引沁水南達于河北通涿郡庚戌百寮大射於允武殿丁卯賜城內居民米各十石壬申以太府卿元壽爲內史令鴻臚卿楊玄感爲禮部尚書癸酉以工部尚書衞玄爲右候衞大將軍大理卿長孫熾爲民部尚書二月己卯遣司朝謁者崔毅使突厥處羅致汗血馬三月辛酉以將作大匠宇文愷爲工部尚書壬戌百濟倭赤土迦邏舍國並遣使貢方物乙丑車駕幸五原因出塞巡長城景寅遣屯田主事常駿使赤土致羅罽夏四月景午以離石之汾源臨泉鴈門之秀容爲樓煩郡起汾陽宮癸丑以河內太守張定和爲左屯衞大將軍乙卯詔曰突厥意利珍豆啓民可汗率領部落保附關塞遵奉朝化思改戎俗頻入謁覲屢有陳請以氈牆毳幕事窮荒陋上棟下宇願同比屋誠心懇切朕之所重宜於萬壽戍置城造屋其帷帳牀褥已上隨事量給務從優厚稱朕意焉五月壬申蜀郡獲三足烏張掖獲玄狐各一秋七月辛巳發丁男二十餘萬築長城自榆林谷而東乙未左翊衞大將軍宇文述破吐谷渾於曼頭赤水八月辛酉親祠恒岳河北道郡守畢集大赦天下車駕所經郡縣免一年租調九月辛未徵天下鷹師悉集東京至者萬餘人戊寅彗星出於五車掃文昌至房而滅辛巳詔免長城役者一年租賦冬十月景午詔曰先師尼父聖德在躬誕發天縱之姿憲章文武之道命世膺期蘊茲素王而頹山之歎忽踰於千祀盛德之美不存於百代永惟懿範宜有優崇可立孔子後爲紹聖侯有司求其苗裔錄以申上辛亥詔曰昔周王下車首封唐虞之胄漢帝承曆亦命殷周之後皆所以褒立先代憲章在昔朕嗣膺景業旁求雅訓有一弘益欽若令典以爲周兼夏殷文質大備漢有天下車書混一魏晉沿襲風流未遠並宜立後以存繼絕之義有司可求其胄緒列聞乙卯頒新式於天下

五年春正月景子改東京爲東都癸未詔天下均田戊子上自東都還京師己丑制民間鐵叉搭鉤穳刃之類皆禁絕之太守每歲密上屬官景迹二月戊戌次于閺鄉詔祭古帝王陵及開皇功臣墓庚子制魏周官不得爲蔭辛丑赤土國遣使貢方物戊申車駕至京師景辰宴耆舊四百人於武德殿頒賜各有差己未上御崇德殿之西院愀然不悅顧謂左右曰此先帝之所居實用增感情所未安宜於此院之西別營一殿壬戌制父母聽隨子之官三月己巳車駕西巡河右庚午有司言武功男子史永遵與從父昆弟同居上嘉之賜物一百段米二百石表其門閭乙亥幸扶風舊宅夏四月己亥大獵於隴西壬寅高昌吐谷渾伊吾並遣使來朝乙巳次狄道党項羌來貢方物癸亥出臨津關渡黃河至西平陳兵講武五月乙亥上大獵於拔延山長圍周亘二千里庚辰入長寧谷壬午度星嶺甲申宴羣臣於金山之上景戌梁浩亹御馬度而橋壞斬朝散大夫黃亘及督役者九人吐谷渾主率衆保覆袁川帝分命內史元壽南屯金山兵部尚書段文振北屯雪山太僕卿楊義臣東屯琵琶峽將軍張壽西屯泥嶺四面圍之渾主伏允以數十騎遁出遣其名王詐稱伏允保車我真山壬辰詔右屯衞大將軍張定和往捕之定和挺身挑戰爲賊所殺亞將柳武建擊破之斬首數百級甲午其仙頭王被圍窮蹙率男女十餘萬口來降六月丁酉遣左光祿大夫梁默右翊衞將軍李瓊等追渾主皆遇賊死之癸卯經大斗拔谷山路隘險魚貫而出風霰晦冥與從官相失士卒凍死者太半景午次張掖辛亥詔諸郡學業該通才藝優洽膂力驍壯超絕等倫在官勤奮堪理政事立性正直不避强禦四科舉人壬子高昌王麴伯雅來朝伊吾吐屯設等獻西域數千里之地上大悅癸丑置西海河源鄯善且末等四郡景辰上御觀風行殿盛陳文物奏九部樂設魚龍曼延宴高昌王吐屯設於殿上以寵異之其蠻夷陪列者三十餘國戊午大赦天下開皇已來流配悉放還鄉晉陽逆黨不在此例隴右諸郡給復一年行經之所給復二年秋七月丁卯置馬牧於青海渚中以求龍種無效而止九月癸未車駕入長安冬十月癸亥詔曰優德尚齒載之典訓尊事乞言義彰膠序鬻熊爲師取非筋力方叔元老克壯其猷朕永言稽古用求至治是以龐眉黃髮更令收敘務簡秩優無虧藥膳庶等臥治佇其弘益今歲耆老赴集者可於近郡處置年七十以上疾患沉滯不堪居職卽給賜帛送還本郡其官至七品已上者量給廩以終厥身十一月景子車駕幸東都

六年春正月癸亥朔旦有盜數十人皆素冠練衣焚香持華自稱彌勒佛入自建國門監門者皆稽首既而奪衞士仗將爲亂齊王暕遇而斬之於是都下大索與相連坐者千餘家丁丑角抵大戲於端門街天下奇伎異藝畢集終月而罷帝數微服往觀之己丑倭國遣使貢方物二月乙巳武賁郎將陳稜朝請大夫張鎮州擊流求破之獻俘萬七千口頒賜百官乙卯詔曰夫帝圖草創王業艱難咸仗股肱叶同心德用能拯厥頹運克膺大寶然後疇庸茂賞開國承家誓以山河傳之不朽近代喪亂四海未一茅土妄假名實相乖歷茲永久莫能懲革皇運之初百度伊始猶循舊貫未暇改作今天下

交泰文軌攸同宜率遵先典永垂大訓自今已後唯有功勳乃得賜封仍令子孫承襲景辰改封安德王雄爲觀王河間王子慶爲郇王庚申徵魏齊周陳樂人悉配太常三月癸亥幸江都宮甲子以鴻臚卿史祥爲左驍衞大將軍夏四月丁未宴江淮已南父老頒賜各有差六月辛卯室韋赤土並遣使貢方物壬辰鴈門賊帥尉文通聚衆三千保於莫壁谷遣鷹揚楊伯泉擊破之甲寅制江都太守秩同京尹冬十月壬申刑部尚書梁毗卒壬子民部尚書銀青光祿大夫長孫熾卒十二月己未左光祿大夫吏部尚書牛弘卒辛酉朱崖人王萬昌舉兵作亂遣隴西太守韓洪討平之

七年春正月壬寅左武衞大將軍光祿大夫眞定侯郭衍卒二月己未上升釣臺臨楊子津大宴百寮頒賜各有差庚申百濟遣使朝貢乙亥上自江都御龍舟入通濟渠遂幸于涿郡壬午詔曰武有七德先之以安民政有六本興之以教義高麗高元虧失藩禮將欲問罪遼左恢宣勝略雖懷伐國仍事省方今往涿郡巡撫民俗其河北諸郡及山西山東年九十已上者版授太守八十者授縣令三月丁亥右光祿大夫左屯衞大將軍姚辯卒夏四月庚午至涿郡之臨朔宮五月戊子以武威太守樊子蓋爲民部尚書秋大水山東河南漂沒三十餘郡民相賣爲奴婢冬十月乙卯底柱山崩偃河逆流數十里戊午以東平太守吐萬緒爲左屯衞大將軍十二月己未西面突厥處羅多利可汗來朝上大悅接以殊禮于時遼東戰士及餽運者塡咽於道晝夜不絕苦役者始爲羣盜甲子敕都尉鷹揚與郡縣相知追捕隨獲斬決之

隋書卷三考證

煬帝紀上宣尼有云以其不遜也寧儉○論語奢則不孫儉則固與其不孫也寧固

于士澄○闕本于訛干

會歠有堪氊毦之用者○監本毦訛毦 臣啾斗 按毦仍吏切從耳毛與莫報切之毦從目毛者異蜀志諸葛亮傳備好結毦又諸葛亮與吳主書所送白毦薄少毦與珥同蓋羽毛飾也後漢書輿服志輒有吉陽筩諸馬之文附馬左右赤珥流蘇

祈大夫之橐善○按祈大夫祁奚也左傳作祁

上大獵於拔延山○北史無拔字 臣召南 按地理志西平郡化隆縣有拔延山此紀是也北史脫耳

置西海河源鄯善且末等四郡○監本善訛普末訛未各本皆訛 臣啾斗 按本書地理志鄯善郡注大業五年平吐谷渾置并置且末西海河源總四郡

# 隋書卷四

唐　特　進　臣　魏　徵　上

## 帝紀第四

### 煬帝下

八年春正月辛巳大軍集于涿郡以兵部尚書段文振爲左候衞大將軍壬午下詔曰天地大德降繁霜於秋令聖哲至仁著甲兵於刑典故知造化之有肅殺義在無私帝王之用干戈蓋非獲已版泉丹浦莫匪龔行取亂覆昏咸由順動況乎甘野誓師夏開承大禹之業商郊問罪周發成文王之志永監前載屬當朕躬粵我有隋誕膺靈命兼三才而建極一六合而爲家提封所漸細柳盤桃之外聲教爰暨紫舌黃枝之域遠至邇安罔不和會功成治定於是乎在而高麗小醜迷昏不恭崇聚勃碣之間荐食遼獩之境雖復漢魏誅戮巢窟暫傾亂離多阻種落還集萃川藪於往代播實繁以迄今睠彼華壤翦爲夷類歷年永久惡稔既盈天道禍淫亡徵已兆亂常敗德非可勝圖掩慝懷姦惟日不足移告之嚴未嘗面受朝覲之禮莫肯躬親誘納亡叛不知紀極充斥邊垂亟勞烽候關柝以之不靜生人爲之廢業在昔薄伐已漏天網既緩前禽之戮未即後服之誅曾不懷恩翻爲長惡乃兼契丹之黨虔劉海戍習靺鞨之服侵軼遼西又青丘之表咸脩職貢碧海之濱同稟正朔遂復敓攘琛賮遏絕往來虐及弗辜誠而遇禍輶軒奉使爰曁海東旌節所次途經藩境而擁塞道路拒絕王人無事君之心豈爲臣之禮此而可忍孰不可容且法令苛酷賦斂煩重強臣豪族咸執國鈞朋黨比周以之成俗賄貨如市冤枉莫伸重以仍歲災凶比屋饑饉兵戈不息徭役無期力竭轉輸身塡溝壑百姓愁苦爰誰適從境內哀惶不勝其弊迴首面內各懷性命之圖黃髮稚齒咸興酷毒之歎省俗觀風爰屆幽朔弔人問罪無俟再駕於是親總六師用申九伐拯厥阽危協從天意殄茲逋穢克嗣先謨今宜授律啓行分麾屆路掩勃澥而雷震歷夫餘以電埽比戈按甲誓旅而後行先令五申必勝而後戰左第一軍可鏤方道第二軍可長岑道第三軍可海冥道第四軍可蓋馬道第五軍可建安道第六軍可南蘇道第七軍可遼東道第八軍可玄菟道第九軍可扶餘道第十軍可朝鮮道第十一軍可沃沮道第十二軍可樂浪道右第一軍可黏蟬道第二軍可含資道第三軍可渾彌道第四軍可臨屯道第五軍可候城道第六軍可提奚道第七軍可踏頓道第八軍可肅愼道第九軍可碣石道第十軍可東暆道第十一軍可帶方道第十二軍可襄平道凡此衆軍先奉廟略駱驛引途總集平壤莫非如豺如貔之勇百戰百勝之雄顧眄則山岳傾頹叱吒則風雲騰鬱心德攸同爪牙斯在朕躬馭元戎爲其節度涉遼而東循海之右解倒懸於遐裔問疾苦於遺黎其外輕齎遊闕隨機赴響卷甲銜枚出其不意又滄海道軍舟艫千里高颿電逝巨艦雲飛橫斷浿江逕造平壤島嶼之望斯絕坎井之路已窮其餘被髮左衽之人控弦待發微盧彭濮之旅不謀同辭杖順臨逆人百其勇以此衆戰勢等摧枯然則王者之師義存止殺聖人之教必也勝殘天罰有罪本在元惡人之多僻脅從罔治若高元泥首轅門自歸司寇卽宜解縛焚櫬弘之以恩其餘臣人歸朝奉順咸加慰撫各安生業隨才任用無隔夷夏營壘所次務在整肅芻蕘有禁秋毫勿犯布以恩宥喻以禍福若其同惡相濟抗拒官軍國有常刑俾無遺類明加曉示稱朕意焉總一百一十三萬三千八百號二百萬其餽運者倍之癸未第一軍發終四十日引師乃盡旌旗亘千里近古出師之盛未之有也乙未以右候衞大將軍衞玄爲刑部尚書甲辰內史令元壽卒二月甲寅詔曰朕觀風燕裔問罪遼濱文武叶力爪牙思奮莫不執銳勤王捨家從役罕蓄倉廩之資兼損播殖之務朕所以夕惕愀然慮其匱乏雖復素飽之衆情在忘私悅使之人宜從其厚諸行從一品以下佽飛募人以上家口郡縣宜數存問若有糧食乏少皆宜賑給或雖有田疇貧弱不能自耕種可於多丁富室勸課相助使夫居者有斂積之豐行役無顧後之慮壬戌司空京兆尹光祿大夫觀王雄薨三月辛卯兵部尚書左候衞大將軍段文振卒癸巳上御師甲午臨戎于遼水橋戊戌大軍爲賊所拒不果濟右屯衞大將軍左光祿大夫麥鐵杖武賁郎將錢士雄孟金叉等皆死之甲午車駕度遼大戰于東岸擊賊破之進圍遼東乙未大頓見二大鳥高丈餘皜身朱足遊泳自若上異之命工圖寫并立銘頌五月壬午納言楊達卒于時諸將各奉旨不敢赴機既而高麗各城守攻之不下六月己未幸遼東責怒諸將止城西數里御六合城七月壬寅宇文述等敗績于薩水右屯衞將軍薛世雄死之九軍並陷將帥奔還亡者二千餘騎癸卯班師九月庚辰上至東都己丑詔曰軍國異容文武殊用匡危拯難則霸德攸興化人成俗則王道斯貴時方擾亂屠販可以登朝世屬隆平經術然後升士豐都爰肇儒服無預于周行建武之朝功臣不參于吏職自三方未一四海交爭不遑文教唯尚武功設官分職罕以才授班朝治人乃由勳敘莫非拔足行陣出自勇夫斆學之道既所不習政事之方故亦無取是非暗于在己威福專於下吏貪冒貨賄不知紀極蠹政害民實由於此自今已後諸授勳官者並不得回授文武職事庶遵彼更張取類於調瑟求諸名製不傷于美錦若吏部輒擬用者御史卽宜糾彈冬十月甲寅工部尚書宇文愷卒十一月己卯以宗女華容公主嫁于高昌王辛巳光祿大夫韓壽卒甲申敗將宇文述于仲文等並除名爲民斬尚書右丞劉士龍以謝天下是歲大旱疫人多死山東尤甚密詔江淮南諸郡閱視民間童女姿質端麗者每歲貢之

九年春正月丁丑徵天下兵募民爲驍果集于涿郡壬午賊帥杜彥冰王潤等陷平原郡大掠而去辛卯置折衝果毅武勇雄武等郎將官以領驍果乙未平原李德逸聚衆數萬稱阿舅賊劫掠山東靈武白榆妄稱奴賊劫掠牧馬北連突厥隴右多被其患遣將軍范貴討之連年不能剋戊戌大赦己亥遣代王侑刑部尚書衞玄鎭京師辛丑以右驍騎將軍李渾爲右驍衞大將軍二月己未濟北人韓進洛聚衆數萬爲羣盜壬午復宇文述等官爵又徵兵討高麗三月景子濟陰人孟海公起兵爲盜衆至數萬丁丑發丁男十萬城大興戊寅幸遼東以越王侗民部尚書樊子蓋留守東都庚子北海人郭方頂聚徒爲盜自號盧公衆至三萬攻陷郡城大掠而去夏四月庚午車駕度遼壬申遣宇文述楊義臣趣平壤五月丁丑熒惑入南斗己卯濟北人甄寶車聚衆萬餘寇掠城邑六月乙巳禮部尚書楊玄感反於黎陽景辰玄感逼東都河南贊務裴弘策拒之反爲賊所敗戊辰兵部侍郎斛斯政奔于高麗庚午上班師高麗犯

後軍勅右武衛大將軍李景爲後拒遣左翊衛大將軍宇文述左候衛將軍屈突通等馳傳發兵以討玄感秋七月己卯令所在發人城縣府驛癸未餘杭人劉元進舉兵反衆至數萬八月壬寅左翊衛大將軍宇文述等破楊玄感於閿鄉斬之餘黨悉平癸卯吳人朱燮晉陵人管崇擁衆十萬餘自稱將軍寇江左甲辰制驍果之家蠲免賦稅丁未詔郡縣城去道過五里已上者徙就之戊申制盜賊籍沒其家乙卯賊帥陳瑱等衆三萬攻陷信安郡辛酉司農卿光祿大夫葛國公趙元淑以罪伏誅九月己卯濟陰人吳海流東海人彭孝才並舉兵爲盜衆數萬庚辰賊帥梁慧尚率衆四萬陷蒼梧郡甲午車駕次上谷以供費不給上大怒免太守虞荷等官丁酉東陽人李三兒向但子舉兵作亂衆至萬餘閏月己巳幸博陵庚午上謂侍臣曰朕昔從先朝周旋於此年甫八歲日月不居倏經三紀追惟平昔不可復希言未卒流涕嗚咽侍衛者皆泣下沾襟冬十月丁丑賊帥呂明星率衆數千圍東郡武賁郎將費青奴擊斬之乙酉詔曰博陵昔爲定州地居衝要先皇歷試所基王化斯遠故以道冠豳風義高姚邑朕巡撫氓庶爰屆茲邦瞻望郊廛緬懷敬止思所以宣播德澤覃被下人崇紀顯號式光令緒可改博陵爲高陽郡赦境內死罪已下給復一年於是召高祖時故吏皆量材授職壬辰以納言蘇威爲開府儀同三司朱燮管崇推劉元進爲天子遣將軍吐萬緒魚俱羅討之連年不能剋齊人孟讓王薄等衆十餘萬據長白山攻剽諸郡清河賊張金稱衆數萬渤海賊帥格謙自號燕王孫宣雅自號齊王衆各十萬山東苦之丁亥以右候衛將軍郭榮爲右候衛大將軍十一月己酉右候衛將軍馮孝慈討張金稱於清河反爲所敗孝慈死之十二月甲申車裂玄感弟朝請大夫積善及黨與十餘人仍焚而揚之丁亥扶風人向海明舉兵作亂稱皇帝建元白烏遣太僕卿楊義臣擊破之

十年春正月甲寅以宗女爲信義公主嫁於突厥曷娑那可汗二月辛未詔百寮議伐高麗數日無敢言者戊子詔曰竭力王役致身戎事咸由徇義莫匪勤誠委命草澤棄骸原野興言念之每懷愍惻往年出車問罪將屆遼濱廟算勝略具有進止而諒惛凶罔識成敗高熲愎佷本無智謀臨三軍猶兒戲視人命如草芥不遵成規坐貽撓退遂令死亡者衆不及埋藏今宜遣使人分道收葬設祭於遼西郡立道場一所恩加泉壤庶弭窮魂之冤澤及枯骨用弘仁者之惠辛卯詔曰黃帝五十二戰成湯二十七征方乃德施諸侯令行天下盧芳小盜漢祖尚且親戎隗囂餘燼光武猶自登隴豈不欲除暴止戈勞而後逸者哉朕纂成寶業君臨天下日月所照風雨所沾孰非我臣獨隔聲教蕞爾高麗僻居荒表鴟張狼噬侮慢不恭抄竊我邊陲侵軼我城鎮是以去歲出軍問罪遼碣殪長蛇於玄菟戮封豕於襄平扶餘衆軍風馳電逝追奔逐北徑踰沮水滄海舟楫衝賊腹心焚其城郭汙其宮室高元伏鑕泥首送款軍門尋請入朝歸罪司寇朕以許其改過乃詔班師而長惡靡悛宴安鴆毒此而可忍孰不可容便可分命六師百道俱進朕當親執武節臨御諸軍秣馬丸都觀兵遼水順天誅於海外救窮民於倒懸征伐以正之明德以誅之止除元惡餘無所問若有識存亡之分悟安危之機翻然北首自求多福必其同惡相濟抗拒王師若火燎原刑茲無赦有司便宜宣布咸使知聞丁酉扶風人唐弼舉兵反衆十萬推李弘爲天子自稱唐王三月壬子行幸涿郡癸亥次臨渝宮親御戎服禡祭黃帝斬叛軍者以釁鼓夏四月辛未彭城賊張大虎聚衆數萬保懸薄山爲盜遣榆林太守董純擊破斬之甲午車駕次北平五月庚子詔舉郡孝悌廉潔各十人壬寅賊帥宋世謨陷琅邪郡庚申延安人劉迦論舉兵反自稱皇王建元大世六月辛未賊帥鄭文雅林寶護等衆三萬陷建安郡太守楊景祥死之秋七月癸丑車駕次懷遠鎮乙卯曹國遣使貢方物甲子高麗遣使請降囚送斛斯政上大悅八月己巳班師庚午右衛大將軍左光祿大夫鄭榮卒冬十月丁卯上至東都己丑還京師十一月景申支解斛斯政於金光門外乙巳有事於南郊己酉賊帥司馬長安破長平郡乙卯離石胡劉苗王舉兵反自稱天子以其弟六兒爲永安王衆至數萬將軍潘長文討之不能剋是月賊帥王德仁擁衆數萬保林慮山爲盜十二月壬申上如東都其日大赦天下戊子入東都庚寅賊帥孟讓衆十餘萬據都梁宮遣江都郡丞王世充擊破之盡虜其衆

十一年春正月甲午朔大宴百寮突厥新羅靺鞨畢大辭訶咄傳越烏那曷波臘吐火羅俱慮建忽論靺鞨訶多沛汗龜茲疏勒于闐安國曹國何國穆國畢衣密失范延伽折契丹等國並遣使朝貢戊戌武賁郎將高建毗破賊帥顏宣政於齊郡虜男女數千口乙卯大會蠻夷設魚龍曼延之樂頒賜各有差二月戊辰賊帥楊仲緒率衆萬餘攻北平滑公李景破斬之庚午詔曰設險守國著自前經重門禦暴事彰往策所以宅土寧邦禁邪固本而近代戰爭居人散逸田疇無伍郛郭不脩遂使遊惰實繁寇敵未息今天下平一海內晏如宜令人悉城居田隨近給使強弱相容力役兼濟穿窬無所厝其姦宄萑蒲不得聚其逋逃有司具爲事條務令得所景子上谷人王須拔反自稱漫天王國號燕賊帥魏刁兒自稱歷山飛衆各十餘萬北連突厥南寇趙五月丁酉殺右驍衛大將軍光祿大夫郕公李渾將作監光祿大夫李敏並族滅其家癸卯賊帥司馬長安破西河郡己酉幸太原避暑汾陽宮秋七月己亥淮南人張起緒舉兵爲盜衆至三萬辛丑光祿大夫右禦衛大將軍張壽卒八月乙丑巡北塞戊辰突厥始畢可汗率騎數十萬謀襲乘輿義成公主遣使告變壬申車駕馳幸鴈門癸酉突厥圍城官軍頻戰不利上大懼欲率精騎潰圍而出民部尚書樊子蓋固諫乃止齊王暕以後軍保于崞縣甲申詔天下諸郡募兵於是守令各來赴難九月甲辰突厥解圍而去丁未曲赦太原鴈門郡死罪已下冬十月壬戌上至于東都丁卯彭城人魏騏驎聚衆萬餘爲盜寇魯郡壬申賊帥盧明月聚衆十餘萬寇陳汝間東海賊帥李子通擁衆度淮自號楚王建元明政寇江都十二月乙卯賊帥王須拔破高陽郡十二月戊寅有大流星如斛墜明月營破其衝車庚辰詔民部尚書樊子蓋發關中兵討絳郡賊敬盤陀柴保昌等經年不能剋譙郡人朱粲擁衆數十萬寇荊襄僭稱楚帝建元昌達漢南諸郡多爲所陷焉

十二年春正月甲午鴈門人翟松柏起兵於靈丘衆至數萬轉攻傍縣二月己未眞臘國遣使貢方物甲子夜有二大鳥似鵰飛入大業殿止于御幄至明而去癸亥東海賊盧公暹率衆萬餘保于蒼山夏四月丁巳顯陽門災癸亥魏刀兒所部將甄翟兒復號歷山飛衆十萬轉寇太原將軍潘長文討之反爲所敗長文死之五月景戌朔日有蝕之既癸巳大流星隕于吳郡爲石壬午上於景華宮徵求螢火得數斛夜出遊山放之光徧巖谷秋七月壬戌民部尚書光祿大夫濟北公樊子蓋卒甲子幸江都宮以越王侗光祿大夫段達太府卿元文都檢校民部尚書韋津右武衛將軍皇甫無逸右司郎盧楚等總留後事奉信郎崔民象以盜賊充斥於建國門上表諫不宜巡幸上大怒先解其頤乃斬之戊辰馮翊人孫華自號總管舉兵爲盜高涼通守洗珤徹舉兵作亂嶺南溪洞多應之己巳熒惑守羽林月餘乃退車駕次汜水奉信郎王愛仁以盜賊日盛諫上請還西京上怒斬之而行八月乙巳賊帥趙萬海衆數十萬自恒山寇高陽壬子有大流星如斗出王良閣道聲如隤牆癸丑大流星如甕出羽林九月丁酉東海人杜伏威揚州沈覓敵等作亂衆至數萬右禦衛將軍陳稜擊破之戊午有二枉矢出北斗魁委曲蛇形注於南斗壬戌安定人荔非世雄殺臨涇令舉兵作亂自號將軍冬十月己丑開府儀同三司左翊衛大將軍光祿大夫許公宇文述薨十二月癸未鄱陽賊操天成舉兵反自號元興王建元始興攻陷豫章郡乙酉以右翊衛大將軍來護兒爲開府儀同三司行左翊衛大將軍壬辰鄱陽人林士弘自稱皇帝國號楚建元太平攻陷九江廬陵郡唐公破甄翟兒於西河虜男女數千口

十三年春正月壬子齊郡賊杜伏威率衆度淮攻陷歷陽郡景辰勃海賊竇建德設壇於河間之樂壽自稱長樂王建元丁丑辛巳賊帥徐圓朗率衆數千破東平郡弘化人劉企成聚衆萬餘人爲盜傍郡苦之二月壬午朔方人梁師都殺郡丞唐世宗據郡反自稱大丞相遣銀青光祿大夫張世隆擊之反爲所敗戊子賊帥王子英破上谷郡己丑馬邑校尉劉武周殺太守王仁恭舉兵作亂北連突厥自稱定楊可汗庚寅賊帥李密翟讓等陷興洛倉越王侗遣武賁郎將劉長恭光祿少卿房崱擊之反爲所敗死者十五六庚子李密自號魏公稱元年開倉以振羣盜衆至數十萬河南諸郡相繼皆陷焉壬寅劉武周破武賁郎將王智辯于桑乾鎮智辯死之三月戊午廬江人張子路舉兵反遣右禦衛將軍陳稜討平之丁丑賊帥李通德衆十萬寇廬江左屯衛將軍張鎭州擊破之夏四月癸未金城校尉薛舉率衆反自稱西秦霸王建元秦興攻陷隴右諸郡己丑賊帥孟讓夜入東都外郭燒豐都市而去癸巳李密陷迴洛東倉丁酉賊帥房憲伯陷汝陰郡是月光祿大夫裴仁基淮陽太守趙佗等並以衆叛歸李密五月辛酉夜有流星如甕墜於江都甲子唐公起義師於太原景寅突厥數千寇太原唐公擊破之秋七月壬子熒惑守積屍景辰武威人李軌舉兵反攻陷河西諸郡自稱涼王建元安樂八月辛巳唐公破武牙郎將宋老生於霍邑斬之九月己丑帝括江都人女寡婦以配從兵是月武陽郡丞元寶藏以郡叛歸李密與賊帥李文相攻陷黎陽倉彗星見於營室冬十月丁亥太原楊世洛聚衆萬餘人

寇掠城邑景申羅令蕭銑以縣反鄱陽人董景珍以郡反迎銑於羅縣號爲梁王攻陷傍郡戊戌武賁郎將高毗敗濟北郡賊甄寶車於嶂山十一月景辰唐公入京師辛酉遥尊帝爲太上皇立代王侑爲帝改元義寧上起宫丹陽將遜于江左有烏鵲來巢幄帳驅不能止熒惑犯太微有石自江浮入于揚子日光四散如流血上甚惡之

二年三月右屯衞將軍宇文化及武賁郎將司馬德戡元禮監門直閣裴虔通將作少監宇文智及武勇郎將趙行樞鷹揚郎將孟景內史舍人元敏符璽郎李覆牛方裕千牛左右李孝本弟孝質直長許弘仁薛世良城門郎唐奉義醫正張愷等以驍果作亂入犯宫闈上崩于温室時年五十蕭后令宫人撤牀簀爲棺以埋之化及發後右禦衞將軍陳稜奉梓宫於成象殿葬吳公臺下發斂之始容貌若生衆咸異之大唐平江南之後改葬雷塘初上自以藩王次不當立每矯情飾行以釣虛名陰有奪宗之計時高祖雅信文獻皇后而性忌妾媵皇太子勇內多嬖幸以此失愛帝後庭有子皆不育之示無私寵取媚於后大臣用事者傾心與交中使至第無貴賤皆曲承顔色申以厚禮婢僕往來者無不稱其仁孝又常私入宫掖密謀於獻后楊素等因機構扇遂成廢立自高祖大漸暨諒闇之中烝淫無度山陵始就即事巡遊以天下承平日久士馬全盛慨然慕秦皇漢武之事乃盛治宫室窮極侈靡召募行人分使絶域諸蕃至者厚加禮賜有不恭命以兵擊之盛興屯田於玉門柳城之外課天下富室益市武馬匹直十餘萬富强坐是凍餒者十家而九帝性多詭譎所幸之處不欲人知每之一所輒數道置頓四海珍羞殊味水陸必備焉求市者無遠不至郡縣官人競爲獻食豐厚者進擢疎儉者獲罪姦吏侵漁內外虛竭頭會箕斂人不聊生于時軍國多務日不暇給帝方驕怠惡聞政事寃屈不治奏請罕決又猜忌臣下無所專任朝臣有不合意者必構其罪而族滅之故高熲賀若弼先皇心膂參謀帷幄張衡李金才藩邸惟舊績著經綸或惡其直道或忿其正議求其無形之罪加以丹頸之誅其餘事君盡禮謇謇匪躬無辜無罪橫受夷戮者不可勝紀政刑弛紊賄貨公行莫敢正言道路以目六軍不息百役繁興行者不歸居者失業人饑相食邑落爲墟上不知恤也東西遊幸靡有定居每以供費不給逆收數年之賦所至唯與後宫流連耽湎惟日不足招迎姥媪朝夕共肆醜言又引少年令與宫人穢亂不軌不遜以爲娛樂區宇之內盜賊蜂起劫掠從官屠陷城邑近臣互相掩蔽隱賊數不以實對或有言賊多者輒大被詰責各求苟免上下相蒙每出師徒敗亡相繼戰士盡力必不加賞百姓無辜咸受屠戮黎庶憤怨天下土崩至於就擒而猶未之寤也

史臣曰煬帝爰在弱齡早有令聞南平吳會北却匈奴昆弟之中獨著聲績於是矯情飾貌肆厥姦回故得獻后鍾心文皇革慮天方肇亂遂登儲兩踐峻極之崇基承丕顯之休命地廣三代威振八紘單于頓顙越裳重譯赤仄之泉流溢于都內紅腐之粟委積於塞下負其富强之資思逞無厭之欲狹殷周之制度尚秦漢之規摹恃才矜己傲狠明德內懷險躁外示凝簡盛冠服以飾其姦除諫官以掩其過淫荒無度法令滋章教絶四維刑參五虐鋤誅骨肉屠剿忠良受賞者莫見其功爲戮者不知其罪驕怒之兵屢動土木之功不息頻出朔方三駕遼左旌旗萬里徵稅百端猾吏侵漁人不堪命乃急令暴條以擾之嚴刑峻法以臨之甲兵威武以董之自是海內騷然無聊生矣俄而玄感肇黎陽之亂匈奴有鴈門之圍天子方棄中土遠之揚越姦宄乘釁强弱相陵關梁閉而不通皇輿往而不反加之以師旅因之以饑饉流離道路轉死溝壑十八九焉於是相聚萑蒲蝟毛而起大則跨州連郡稱帝稱王小則千百爲羣攻城剽邑流血成川澤死人如亂麻炊者不及析骸食者不遑易子茫茫九土並爲麋鹿之場慘慘黎黔俱充蛇豕之餌四方萬里簡書相續猶謂鼠竊狗盜不足爲虞上下相蒙莫肯念亂振蜉蝣之羽窮長夜之樂土崩魚爛貫盈惡稔普天之下莫匪仇讎左右之人皆爲敵國終然不悟同彼望夷遂以萬乘之尊死於一夫之手億兆靡感恩之士九牧無勤王之師子弟同就誅夷骸骨棄而莫掩社稷顛隕本枝殄絶自肇有書契以迄于茲宇宙崩離生靈塗炭喪身滅國未有若斯之甚也書曰天作孽猶可違自作孽不可逭傳曰吉凶由人祆不妄作又曰兵猶火也不戢將自焚觀隋室之存亡斯言信而有徵矣

隋書卷四考證

煬帝紀下寇數未息○監本數訛歎從宋本改按數與攘同詩大雅寇攘式內書費誓無敢寇攘踰垣牆

萑蒲不得聚其逋逃○左傳鄭國多盜取人于萑苻之澤又澤之萑蒲舟鮫守之苻蒲通

史臣論遠之揚越○監本揚訛楊按書禹貢淮海維揚州又晉書地理志春秋元命苞云牽牛流爲揚州分爲越國以爲江南氣躁勁厥性輕揚亦曰州界多水水經揚也

# 隋書卷五

唐　特　進　臣　魏　徵　上

## 帝紀第五

### 恭帝

恭皇帝諱侑元德太子之子也母曰韋妃性聰敏有氣度大業三年立爲陳王後數載徙爲代王邑萬戶及煬帝親征遼東令於京師總留事十一年從幸晉陽拜太原太守尋鎮京師義兵入長安尊煬帝爲太上皇奉帝纂業

義寧元年十一月壬戌上即皇帝位於大興殿詔曰王道喪亂天步不康古往今來代有其事屬之於朕逢此百罹彼蒼者天胡寧斯忍禍祿之歲夙遭憫凶孺子之辰太上播越興言感動實疚于懷太尉唐公膺期作宰時稱舟楫大拯橫流糾合義兵翼戴皇室與國休戚再匡區夏爰奉明詔弼予幼冲顯命光臨天威咫尺對揚尊號悼心失圖一人在遠三讓不遂僶俛南面厝身無所苟利社稷莫敢或違俯從羣議奉遵聖旨可大赦天下改大業十三年爲義寧元年十一月十六日昧爽以前大辟罪以下皆赦除之常赦所不免者不在赦限甲子以光祿大夫大將軍太尉唐公爲假黃鉞使持節大都督內外諸軍事尚書令大丞相進封唐王景寅詔曰朕惟孺子未出深宫太上遠巡追蹤穆滿時逢多難委當尊極辟不獲免恭己臨朝若涉大川罔知所濟撫躬永歎憂心孔棘民之情僞曾未之聞王業艱難載云其易賴股肱戮力上宰賢良匡佐冲人輔其不逮軍國機務事無大小文武設官位無貴賤憲章賞罰咸歸相府庶績其凝責成斯屬遜聽前史茲爲典故因循仍舊非曰徒言所存至公無爲讓德己巳以唐王子隴西公建成爲唐國世子敦煌公爲京兆尹改封秦公元吉爲齊公食邑各萬戶太原置鎮北府乙亥張掖康老和舉兵反十二月癸未薛舉自稱天子寇扶風秦公爲元帥擊破之丁亥桂陽人曹武徹舉兵反建元通聖丁酉義師擒驍衞大將軍屈突通於閿鄉虜其衆數萬乙巳賊帥張善安陷廬江郡

二年春正月丁未詔唐王劒履上殿入朝不趨贊拜不名加前後羽葆鼓吹壬戌將軍王世充爲李密所敗河內通守孟善誼武賁郎將王辯楊威劉長恭梁德董智通皆死之庚戌河陽郡尉獨孤武都降於李密三月景辰右屯衞將軍宇文化及殺太上皇於江都宮右禦衞將軍獨孤盛死之齊王暕趙王杲燕王倓光祿大夫開府儀同三司行右翊衞大將軍宇文協金紫光祿大夫內史侍郎虞世基銀青光祿大夫御史大夫裴蘊通議大夫行給事郎許善心皆遇害化及立秦王浩爲帝自稱大丞相朝士文武皆受其官爵光祿大夫宿公麥才折衝郎將朝請大夫沈光同謀討賊夜襲化及營反爲所害戊辰詔唐王備九錫之禮加璽紱遠遊冠綠綟綬位在諸侯王上唐國置丞相已下一依舊式五月乙巳朔詔唐王冕十有二旒建天子旌旗出警入蹕金根車駕備五時副車置旄頭雲罕車儛八佾設鍾虡宮懸王后王子王女爵命之號一遵舊典戊午詔曰天禍隋國大行太上皇遇盜江都酷甚望夷釁深驪北憫予小子奄迷丕愆哀號承感心情糜潰仰惟荼毒仇復靡申形影相弔罔知啓處相國唐王膺期命世扶危拯溺自北徂南東征西怨總九合於一匡決百勝於千里糾率夷夏大庇氓黎保乂朕躬繄王是賴德侔造化功格蒼旻兆庶歸心曆數斯在屈爲人臣載違天命在昔虞夏揖讓相推苟非重華誰堪命禹當今九服崩離三靈改卜大運去矣請避賢路兆謀布德顧己莫能私僮命駕須歸藩國予本代王及予而代天之所廢豈期如是庶憑稽古之聖以誅四凶幸値惟新之恩預充三恪雪寃恥於皇祖守禋祀爲孝孫朝聞夕殞及泉無恨今遵故事遜於舊邸庶官羣辟改事唐朝宜依前典趨上尊號若釋重負感泰兼懷假手真人俾除醜逆濟濟多士明知朕意仍勑有司凡有表奏皆不得以聞是日上遜位於大唐以爲酅國公武德二年夏五月崩時年十五

史臣曰恭帝年在幼冲遭家多難一人失德四海土崩羣盜蜂起豺狼塞路南巢遂往流彘不歸既鍾百六之期躬踐數終之運謳歌有屬笙鏞變響雖欲不遵堯舜之迹其庸可得乎

隋書卷五考證

恭帝紀敦煌公爲京兆尹○唐書高祖已起兵太宗初拜右領軍大都督封敦煌郡公諱其名

# 隋書卷六

唐太尉揚州都督監修國史上柱國趙國公臣長孫無忌等撰

## 志第一

### 禮儀一

唐虞之時祭天之屬爲天禮祭地之屬爲地禮祭宗廟之屬爲人禮故書云命伯夷典朕三禮所以彌綸天地經緯陰陽辨幽賾而洞幾深通百神而節萬事殷因於夏有所損益旁垂祇訓以勸生靈商辛無道雅章湮滅周公救亂弘制斯文以吉禮敬鬼神以凶禮哀邦國以賓禮親賓客以軍禮誅不虔以嘉禮合姻好謂之五禮故曰禮經三百威儀三千未有入室而不由戶者也成康由之而刑厝不用自犬戎弒后遷周削弱禮失樂微風凋俗敝仲尼預蜡賓而歎曰丘有志焉禹湯文武成王周公未有不謹於禮者也於是緝禮典樂欲救時弊君棄不顧道鬱不行故敗國喪家亡人必先廢其禮昭公娶孟子而諱姓楊侯竊女色而傷人故曰婚姻之禮廢則淫僻之罪多矣羣飲而逸不知其郵鄉飲酒之禮廢則爭鬭之獄繁矣魯侯逆五廟之祀漢帝罷三年之制喪祭之禮廢則骨肉之恩薄矣諸侯下堂於天子五伯召君於河陽朝聘之禮廢則侵陵之漸起矣秦氏以戰勝之威并吞九國盡收其儀禮歸之咸陽唯採其尊君抑臣以爲時用至於退讓起於趨步忠孝成於動止華葉靡舉鴻纖並損甚芻狗之棄路若章甫之遊越儒林道盡詩禮爲煙漢高祖既平秦亂初誅項羽枚賞元勳未遑朝制羣臣飲酒爭功或拔劍擊柱高祖患之叔孫通言曰儒者難與進取可與守成於是請起朝儀而許焉猶曰度吾能行者爲之微習禮容皆知順軌若祖述文武憲章洙泗則良由不暇自畏之也武帝典典制而愛方術至於鬼神之祭流宕不歸世祖中興明皇纂位祀明堂襲冠冕登靈臺望雲物得其時制百姓悅之而朝廷憲章其來已舊或得之於升平之運或失之於凶荒之年而世載遐邈風流訛舛必有人情將移禮意殷周所以異軌秦漢於焉改轍至於增輝風俗廣樹隄防非禮威嚴亦何以尙譬山祇之有嵩岱海若之有滄溟餙以涓塵不貽伊敗而高堂生於所傳士禮亦謂之儀弘暢人情粉飾行事洎西京以降用相裁準咸稱當世之美自有周旋之節黃初之詳定朝儀太始之削除乖謬則宋書言之備矣梁武始命羣儒裁成大典吉禮則明山賓凶禮則嚴植之軍禮則陸璉賓禮則賀瑒嘉禮則司馬褧帝又命沈約周捨徐勉何佟之等咸在參詳陳武克平建業多準梁舊仍詔尙書左丞江德藻員外散騎常侍沈洙博士沈文阿中書舍人劉師知等或因行事隨時取捨後齊則左僕射陽休之度支尙書元修伯鴻臚卿王晞國子博士熊安生在周則蘇綽盧辯宇文弢並習於儀禮者也平章國典以爲時用高祖命牛弘辛彥之等採梁及北齊儀注以爲五禮云

禮曰萬物本乎天人本乎祖所以配上帝也秦人蕩六籍以爲煨燼祭天之禮殘缺儒者各守其所見物而爲之義焉一云祭天之數終歲有九祭地之數一歲有二圓丘方澤三年一行若圓丘方澤之年祭天有九祭地有二若天不通圓丘之祭終歲有八地不通方澤之祭終歲有一此則鄭學之所宗也一云唯有昊天無五精之帝而一天歲二祭壇位唯一圓丘之祭卽是南郊南郊之祭卽是圓丘日南至於其上以祭天春又一祭以祈農事謂之二祭無別天也五時迎氣皆是祭五行之人帝太皞之屬非祭天也天稱皇天亦稱上帝亦直稱帝五行人帝亦得稱上帝但不得稱天故五時迎氣及文武配祭明堂皆祭人帝非祭天也此則王學之所宗也梁陳以降以迄于隋議者各宗所師故郊丘互有變易梁南郊爲圓壇在國之南高二丈七尺上徑十一丈下徑十八丈其外再壝四門常與北郊間歲正月上辛行事用一特牛祀天皇上帝之神於其上以皇考太祖文帝配禮以蒼璧制幣五方上帝五官之神太一天一日月五星二十八宿太微軒轅文昌北斗三台老人風伯司空雷電雨師皆從祀其二十八宿及雨師等座有坎五帝亦如之餘皆平地器以陶匏席用槀秸太史設柴壇於景地皇帝齋於萬壽殿乘玉輅備大駕以行禮禮畢變服通天冠而還北郊爲方壇於北郊上方十丈下方十二丈高一丈四面各有陛其外爲壝再重與南郊間歲正月上辛以一特牛祀后地之神於其上以德后配禮以黃琮制幣五官之神先農五岳沂山嶽山白石山霍山無閭山蔣山四海四瀆松江會稽江錢塘江四望皆從祀太史設埋坎於壬地焉天監三年左丞吳操之啓稱傳云啓蟄而郊郊應立春之後尙書左丞何佟之議今之郊祭是報昔歲之功而祈今年之福故取歲首上辛不拘立春之先後周冬至於圓丘大報天也夏正又郊以祈農事故有啓蟄之說自晉太始二年并圓丘方澤同於二郊是知今之郊禋禮兼祈報不得限以一途也帝曰圓丘自是祭天先農卽是祈穀但就陽之位故在郊也冬至之夜陽氣起於甲子旣祭昊天宜在冬至祈穀時可依古必須啓蟄在一郊壇分爲二祭自是冬至謂之祀天啓蟄名爲祈穀何佟之又啓案鬯者盛以六彝覆以畫冪備其文飾施之宗廟今南北二郊儀注有裸旣乖尙質謂宜革變博士明山賓議以爲表記天子親耕粢盛秬鬯以事上帝蓋明堂之裸耳郊不應裸帝從之又有司以爲祀竟器席相承還庫請依典燒埋之佟之等議案禮祭器敝則埋之今一用便埋費而乖典帝曰薦藉輕物陶匏賤器方還付庫容復穢惡但敝則埋之蓋謂四時祭器耳自是從有司議燒埋之四年佟之云周禮天曰神地曰祇今天不稱神地不稱祇天橫題宜曰皇天座地橫宜曰后地座又南郊明堂用沉香取本天之質陽所宜也北郊用上和香以地於人親宜加雜馥帝並從之五年明山賓稱伏尋制旨周以建子祀天五月祭地殷以建丑祀天六月祭地夏以建寅祀天七月祭地自頊代以來南北二郊同用夏正詔更詳議山賓以爲二儀並尊三朝慶始同以此日二郊爲允并請迎五帝於郊皆以始祖配饗及郊廟受福唯皇帝再拜明上靈降祚臣下不敢同也詔並依議六年議者以爲北郊有岳鎭海瀆之座而又有四望之座疑爲煩重儀曹郎朱异議曰望是不卽之名豈容局於星海拘於岳瀆明山賓曰舜典云望于山川春秋傳曰江漢沮漳楚之望也而今北郊設岳鎭海瀆又立四望竊謂煩黷宜省徐勉曰岳瀆是山川之宗至於望祀之義不止於岳瀆也若省四望於義爲非議久不能決至十六年有事北郊帝復下其議於是八座奏省四望松江浙江五湖等座其鍾山白石既土地所在並留如故七年帝以一獻爲質三獻則文事天之道理不應然詔下詳議博士陸瑋明山賓禮官司馬褧以爲宗祧三獻義兼臣下上天之禮主在帝王約理申義一獻爲允自是天地之祭皆一獻始省大尉亞獻光祿終獻又太常丞王僧崇稱五祀位在北郊圓丘不宜重設帝曰五行之氣天地俱有故宜兩從僧崇又曰風伯雨師卽箕畢星矣而今南郊祀箕畢二星復祭風師雨師恐繁祀典帝曰箕畢自是二十八宿之名風師雨師自是箕畢星下隸兩祭非嫌十一年太祝牒北郊止有一海及二郊相承用柒俎盛牲素案承玉又制南北二郊壇下衆神之座悉以白茅詔下詳議八座奏禮云觀天下之物無可以稱其德則知郊祭爲俎理不應柒又藉用白茅禮無所出皇天大帝座旣用俎則知郊有俎義於是改用素俎并北郊置四海座五帝以下悉用蒲席藁薦并以素俎又帝曰禮祭月於坎良由月是陰義今五帝天神而更居坎又禮云祭日於壇祭月於坎並是別祭不關在郊故得各從陰陽而立壇坎兆於南郊就陽之義居於北郊就陰之義旣云就陽義與陰異星月與祭理不爲坎八座奏曰五帝之義不應居坎良由齊代圓丘小而且峻邊無安神之所今丘形旣大易可取安請五帝座悉於壇上外域二十八宿及雨師等座悉停爲坎自是南北二郊悉無坎位矣十七年帝以威仰魄寶俱是天帝於壇則尊於下則卑且南郊所祭天皇其五帝別有明堂之祀不煩重設又郊祀二十八宿而無十二辰於義闕然於是南郊始除五帝祀加十二辰座與二十八宿各於其方而爲壇

陳制亦以間歲正月上辛用特牛一祀天地於南北二郊永定元年武帝受禪修南郊圓壇高二丈二尺五寸上廣十丈柴燎告天明年正月上辛有事南郊以皇考德皇帝配除十二辰座加五帝位其餘準梁之舊北郊爲壇高一丈五尺廣八丈以皇妣昭后配從祀亦準梁舊及文帝天嘉中南郊改以高祖配北郊以德皇帝配天太中大夫領大著作攝太常卿許亨奏曰昔梁武帝云天數五地數五五行之氣天地俱有故南北郊內並祭五祀臣按周禮以血祭社稷五祀鄭玄云陰祀自血起貴氣臭也五祀五官之神也五神主五行隸於地故與埋沈疈辜同爲陰祀既非煙柴無關陽祭故何休云周爵五等者法地有五行也五神位在北郊圓丘不宜重設制曰可亨又奏曰梁武帝議箕畢自是二十八宿之名風師雨師自是箕畢下隸非卽星也故郊雩之所皆兩祭之臣案周禮大宗伯之職云槱燎祀司中司命風師雨師鄭衆云風師箕也雨師畢也詩云月離于畢俾滂沱矣如此則風伯雨師卽箕畢星矣而今南郊祀箕畢二星復祭風伯雨師恐乖祀典制曰若郊設星位

任卽除之亨又奏曰梁儀注曰一獻爲質三獻爲文事天之事故不三獻臣案周禮司樽所言三獻施於宗祧而鄭注一獻施於羣小祀今用小祀之禮施於天神大帝梁武此義爲不通矣且樽爼之物依於質文拜獻之禮主於虔敬今請凡郊丘祀事準於宗祧三獻爲允制曰依議廢帝光大中又以昭后配北郊及宣帝卽位以南北二郊卑下更議增廣久而不決至太建十一年尙書祠部郎王元規議曰案前漢黃圖上帝壇徑五丈高九尺后土壇方五丈高六尺梁南郊壇上徑十一丈下徑十八丈高二丈七尺北郊壇上方十丈下方十二丈高一丈卽日南郊壇廣十丈高二丈二尺五寸北郊壇廣九丈三尺高一丈五寸今議增南郊壇上徑十二丈則天大數下徑十八丈取於三分益一高二丈七尺取三倍九尺之堂北郊壇上方十丈以則地義下至十五丈亦取二分益一高一丈二尺亦取二倍漢家之數禮記云爲高必因丘陵爲下必因川澤因名山升中于天因吉土饗帝于郊周官云冬日至祠天於地上之圓丘夏日至祭地於澤中之方丘祭法云燔柴於泰壇祭天也瘞埋於泰折祭地也記云至敬不壇埽地而祭於其質也以報覆燾持載之功爾雅亦云丘言非人所造爲古圓方兩丘並因見有而祭本無高廣之數後世隨事遷都而建立郊禮或有地吉而未必有丘或有見丘而不必廣絜故有築建之法而制丈尺之儀愚謂郊祀事重圓方二丘高下廣狹旣無明文但五帝不相沿三王不相襲今謹述漢梁并卽日三代壇不同及更增修丈尺如前聽旨尙書僕射臣繕左戶尙書臣元饒左丞臣周確舍人臣蕭淳儀曹郎臣沈客卿周元規議詔遂依用後主嗣立無意典禮之事加舊儒碩學漸以凋喪至於朝亡竟無改作後齊制圓丘方澤並三年一祭謂之禘祀圓丘在國南郊丘下廣輪二百七十尺上廣輪四十六尺高四十五尺三成成高十五尺上中二級四面各一陛下級方維八陛周以三壝去丘五十步中壝去內壝外壝去中壝各二十五步皆通八門又爲大營於外壝之外輪廣三百七十步其營壍廣一十二尺深一丈四面各通一門又爲燎壇於中壝之外當丘之景地廣輪三十六尺高三尺四面各有陛方澤爲壇在國北郊廣輪四十尺高四尺面各一陛其外爲三壝相去廣狹同圓丘壝外大營廣輪三百二十步營壍廣一十二尺深一丈四面各通一門又爲瘞坎於壇之壬地中壝之外廣深一丈二尺圓丘則以蒼璧束帛正月上辛祀昊天上帝於其上以高祖神武皇帝配五精之帝從祀於其中丘面皆內向日月五星北斗二十八宿司中司命司人司祿風師雨師靈星於下丘爲衆星之位遷於內壝之中合用蒼牲九夕牲之旦太尉告廟陳幣於神武廟訖埋於兩楹間焉皇帝初獻太尉亞獻光祿終獻司徒獻五帝司空獻日月五星二十八宿太常丞已下薦衆星方澤則以黃琮束帛夏至之日禘崐崙皇地祇於其上以武明皇后配其神州之神社稷岱岳沂鎮會稽鎮云云山亭亭山蒙山羽山嶧山崧岳霍岳衡鎮荆山內方山大別山敷淺原山桐柏山陪尾山華岳太岳鎮積石山龍門山江山岐山荆山嶓冢山壺口山雷首山底柱山析城山王屋山西傾朱圉山鳥鼠同穴山熊耳山敦物山蔡蒙山梁山岷山武功山太白山恒岳醫無閭山鎮陰山白登山碣石山太行山狼山封龍山漳山宜務山闕山方山苟山狹龍山淮水東海泗水沂水淄水濰水江水南海漢水穀水洛水伊水漾水沔水河水西海黑水澇水渭水涇水酆水濟水北海松水京水桑乾水漳水呼沲水衞水洹水延水並從祀其神州位在青陛之北甲寅地社位赤陛之西未地稷位白陛之南庚地自餘並內壝之內內向各如其方合用牲十二儀同圓丘其後諸儒定禮圓丘改以冬至云其南北郊則歲一祀皆以正月上辛南郊爲壇於國南廣輪三十六尺高九尺四面各一陛爲三壝內壝去壇二十五步中壝外壝相去如內壝四面各通一門又爲大營於外壝之外廣輪二百七十步營壍廣一丈深八尺四面各一門又爲燎壇於中壝之外景地廣輪二十七尺高一尺八寸四面各一陛祀所感帝靈威仰於壇以高祖神武皇帝配禮用四圭有邸幣各如方色其上帝及配帝各用騂特牲一儀燎同圓丘其北郊則爲壇如南郊壇爲瘞坎如方澤坎祀神州神於其上以武明皇后配禮用兩圭有邸各用黃牲一儀瘞如北郊

後周憲章姬周祭祀之式多依儀禮司量掌爲壇之制圓丘三成成崇一丈二尺深二丈上徑六丈十有二階每等十有二節在國陽七里之郊圓壝徑三百步內壝半之方一成下崇一丈徑六丈八尺上崇五尺方四丈八方方一階階十級級一尺方丘在國陰六里之郊丘一成八方下崇一丈方六丈八尺上崇五尺方四丈方一階尺一級其壝八面徑百二十步內壝半之南郊爲方壇於國南五里其崇一丈二尺其廣四丈其壝方百二十步內壝半之神州之壇崇一丈方四丈在北郊方丘之右其壝如方丘其祭圓丘及南郊並正月上辛圓丘則以其先炎帝神農氏配昊天上帝於其上五方上帝日月內官中官外官衆星並從祀皇帝乘蒼輅戴玄冕備大駕而行預祭者皆蒼服南郊以始祖獻侯莫那配所感帝靈威仰於其上北郊方丘則以神農配后地之祇神州則以獻侯莫那配焉其用牲之制祀昊天上帝祭皇地祇及五帝日月五星十二辰四望五官各以其方色毛宗廟以黃社稷以黝散祭祀用純表狢磔禳用麗

高祖受命欲新制度乃命國子祭酒辛彦之議定祀典爲圓丘於國之南太陽門外道東二里其丘四成各高八尺一寸下成廣二十丈再成廣十五丈又三成廣十丈四成廣五丈再歲冬至之日祀昊天上帝於其上以太祖武元皇帝配五方上帝日月五星內官四十二座次官一百三十六座外官一百一十一座衆星三百六十座並皆從祀上帝日月在丘之第二等北斗五星十二辰河漢內官在丘第三等二十八宿中官在丘第四等外官在內壝之內衆星在內壝之外其牲上帝配帝用蒼犢二五帝日月用方色犢各一五星已下用羊豕各九爲方丘於宮城之北十四里其丘再成成高五丈下成方十丈上成方五丈夏至之日祭皇地祇於其上以太祖配神州迎州冀州戎州拾州柱州營州咸州陽州九州山海川林澤丘陵墳衍原隰並皆從祀地祇及配帝在壇上用黃犢二神州九州神座於第二等八陛之間神州東南方迎州南方冀州戎州西南方拾州西方柱州西北方營州北方咸州東北方陽州東方各用方色犢一九州山海已下各依方面八陛之間其冀州山林川澤丘陵墳衍於壇之南少西加羊豕各九南郊爲壇於國之南太陽門外道西一里去宮十里壇高七尺廣四丈孟春上辛祠所感帝赤熛怒於其上以太祖武元皇帝配其禮四圭有邸牲用騂犢二北郊孟冬祭神州之神以太祖武元皇帝配牲用犢二凡大祀齋官皆於其晨集尙書省受誓戒散齋四日致齋三日祭前一日晝漏上水五刻到祀所沐浴著明衣咸不得聞見衰絰哭泣昊天上帝五方上帝日月皇地祇神州社稷宗廟等爲大祀星辰五祀四望等爲中祀司中司命風師雨師及諸星諸山川等爲小祀大祀養牲在滌九旬中祀三旬小祀一旬其牲方色難備者聽以純色代告祈之牲者不養祭祀犧牲不得捶扑其死則埋之初帝旣受周禪恐黎元未愜多說符瑞以耀之其或造作而進者不可勝計仁壽元年冬至祠南郊置昊天上帝及五方天帝位並于壇上如封禪禮板曰維仁壽元年歲次作噩嗣天子臣諱敢昭告于昊天上帝璇璣運行大明南至臣蒙上天恩造羣靈降福撫臨率土安養兆人顧惟虛薄德化未暢夙夜憂懼不敢荒怠天地靈祇降錫休瑞鏡發區宇昭彰耳目爰始登極蒙授龜圖遷都定鼎醴泉出地平陳之歲龍引舟師省俗巡方展禮東岳盲者得視瘖者得言復有躄人忽然能步自開皇已來日近北極行於上道晷度延長天啓太平獸見一角改元仁壽楊樹生松石魚彰合符之徵玉龜顯永昌之慶山圖石瑞前後繼出皆載臣姓名褒紀國祚經典諸緯爰及玉龜文字義理遞相符會宮城之內及在山谷石變爲玉不可勝數桃區一嶺盡是琉璃黃銀出於神山碧玉生於瑞巘多楊山響三稱國興連雲山聲萬年臨國野蠶降天仍住池沼神鹿入苑頻賜引導騶虞見質遊驎在野鹿角生於楊樹龍湫出於荆谷慶雲發彩壽星垂耀宮殿樓閣咸出靈芝山澤川原多生寶物威香散馥零露凝甘敦煌烏山黑石變白弘祿巖嶺石華遠照玄狐玄豹白兎白狼赤雀蒼烏野蠶天豆嘉禾合穗珍木連理神瑞休徵洪恩景福降賜無疆不可具紀此皆昊天上帝爰降明靈矜愍蒼生寧靜海內故錫茲嘉慶咸使安樂豈臣微誠所能上感虔心奉謝敬薦玉帛犧齊粢盛庶品燔祀于昊天上帝皇考太祖武元皇帝配神作主大業元年孟春祀感帝孟冬祀神州改以高祖文帝配其餘並用舊禮十年冬至祀圓丘帝不齋于次詰朝備法駕至便行禮是日大風帝獨獻上帝三公分獻五帝禮畢御馬疾驅而歸

明堂在國之陽梁初依宋齊其祀之法猶依齊制禮有不通者武帝更與學者議之舊齊儀郊祀帝皆以袞冕至天監七年始造大裘而明堂儀注猶云袞服十年儀曹郞朱异以爲禮大裘而冕祭昊天上帝五帝亦如之良由天神高遠義須誠質今從汎祭五帝理不容文於是改服大裘异又以爲齊儀初獻樽彝明堂貴質不應三獻又不應象樽禮云朝踐用太樽鄭云太樽瓦也記又云有虞氏瓦樽此皆在廟所用猶以質素況在明堂禮不容象今請改用瓦樽庶合文質之衷又曰宗廟貴文故庶羞百品天義尊遠則須簡約今儀注所薦與廟不異卽理徵事如爲未允請自今明堂肴膳準二部但帝之爲名本主生育成歲之功實爲顯著非如昊天義絕言象雖曰同郊復應微異若水土之品蔬果之屬猶

宜以薦止用梨棗橘栗四種之果薑蒲葵韭四種之菹粳稻黍粱四種之米自此以外郊所無者請並從省除初博士明山賓制儀注明堂祀五帝行禮先自赤帝始异又以爲明堂既汎祭五帝不容的有先後東階而升宜先春帝請改從青帝始又以爲明堂籩豆等器皆以彫飾尋郊祀貴質改用陶匏宗廟貴文誠宜彫俎明堂之禮既方郊爲文則不容陶匏比廟爲質又不應彫俎斟酌二途須存厥衷請改用純漆异又以舊儀明堂祀五帝先酌鬱鬯灌地求神及初獻清酒次醑終醊禮畢太祝取俎上黍肉當御前以授請依郊儀止一獻清酒且五帝天神不可求之於地二郊之祭並無黍肉之禮並請停灌及授俎法又以爲舊明堂皆用太牢案記云郊用特牲又云天地之牛角繭栗五帝既曰天神理無三牲之祭而毛詩我將篇云祀文王於明堂有維羊維牛之說良由周監二代其義貴文明堂方郊未爲極質故特用三牲止爲一代之制今斟酌百王義存通典蔬果之薦雖符周禮而牲牢之用宜遵夏殷請自今明堂止用特牛既合質文之中又見貴誠之義帝並從之先是帝欲有改作乃下制旨而與羣臣切磋其義制曰明堂準大戴禮九室八牖三十六戶以茅蓋屋上圓下方鄭玄據援神契亦云上圓下方又云八窻四達明堂之義本是祭五帝神九室之數未見其理若五堂而言雖當五帝之數向南則背叶光紀向北則背赤熛怒東向西向又亦如此於事殊未可安且明堂之祭五帝則是總義在郊之祭五帝則是別義宗祀所配復應有室若專配一室則是義非配五若皆配五則便成五位以理而言明堂本無有室朱异以爲月令天子居明堂左个右个聽朔之禮既在明堂今若無室則於義成闕制曰若如鄭玄之義聽朔必在明堂於此則人神混淆莊敬之道有廢春秋云介居二大國之間此言明堂左右个者謂所祀五帝堂之南又有小室亦號明堂分爲三處聽朔既三處則有左右之義在營域之內明堂之外則有个名故曰明堂左右个也以此而言聽朔之處自在五帝堂之外人神有別差無相干其議是非莫定初尙未改十二年太常丞虞爵復引周禮明堂九尺之筵以爲高下修廣之數堂崇一筵故階高九尺漢家制度猶遵此禮故張衡云度堂以筵者也鄭玄以廟寢三制既同俱應以九尺爲度制曰可於是毀宋太極殿以其材構明堂十二間基準太廟以中央六間安六座悉南向東來第一青帝第二赤帝第三黃帝第四白帝第五黑帝配帝總配享五帝在阼階東上西向大殿後爲小殿五間以爲五佐室焉

陳制明堂殿屋十二間中央六間依齊制安六座四方帝各依其方黃帝居坤維而配饗坐依梁法武帝時以德帝配文帝時以武帝配廢帝已後以文帝配牲以太牢粢盛六飯鉶羹果蔬備薦焉後齊採周官考工記爲五室周採漢三輔黃圖爲九室各存其制而竟不立

高祖平陳收羅杞梓郊丘宗社典禮粗備唯明堂未立開皇十三年詔命議之禮部尙書牛弘國子祭酒辛彥之等定議事在弘傳後檢校將作大匠事宇文愷依月令文造明堂木樣重檐複廟五房四達丈尺規矩皆有準憑以獻高祖異之命有司於郭內安業里爲規兆方欲崇建又命詳定諸儒爭論莫之能決弘等又條經史正文重奏時非議既多久而不定又議罷之及大業中愷又造明堂議及樣奏之煬帝下其議但令於霍山採木而建都興役其制遂寢終隋代祀五方上帝止於明堂恒以季秋在雩壇上而祀其用幣各於其方人帝各在天帝之左太祖武元皇帝在太昊南西向五官在庭亦各依其方牲用犢十二皇帝太尉司農行三獻禮于青帝及太祖自餘有司助奠祀五官於堂下行一獻禮有燎其省牲進熟如南郊儀

隋書卷六考證

禮儀志一　命伯夷典朕三禮○一本夷作𡰥一本作尼當由𡰥字之訛𡰥夷通

天櫝題宜曰皇天座地櫝宜曰厚地座○宋本櫝作攢　按左傳昭元年注禜祭爲營櫝

二十八宿及雨師等座悉停爲坎自是南北二郊悉無坎位矣○宋本閣本無悉停爲坎自是南北二郊十字臣映斗按此十字於文非贅仍之

十七年帝以威仰魄寶俱是天帝於壇則尊於下則卑且南郊所祭天皇其五帝別有明堂之祀不煩重設○監本闕仰魄寶俱是五字又闕明堂之祀不五字俱從宋本補

# 隋書卷七

唐太尉揚州都督監修國史上柱國趙國公臣長孫無忌等撰

## 志第二

### 禮儀二

春秋龍見而雩梁制不爲恒祀四月後旱則祈雨行七事一理冤獄及失職者二賑鰥寡孤獨者三省繇輕賦四舉進賢良五黜退貪邪六命會男女恤怨曠七徹膳羞弛樂懸而不作天子又降法服七日乃祈社稷七日乃祈山林川澤常興雲雨者七日乃祈羣廟之主于太廟七日乃祈古來百辟卿士有益於人者七日乃大雩祈上帝徧祈所有事者大雩禮立圓壇於南郊之左高及輪廣四丈周十二丈四陛牲用黃牯牛一祈五天帝及五人帝於其上各依其方以太祖配位於青帝之南五官配食於下七日乃去樂又徧祈社稷山林川澤就故地處大雩國南除地爲墠舞童六十四人祈百辟卿士於雩壇之左除地爲墠舞童六十四人皆袨服爲八列各執羽翳每列歌雲漢詩一章而畢旱而祈澍則報以太牢皆有司行事唯雩則不報若郡國縣旱請雨則五事同時並行一理冤獄失職二賑鰥寡孤獨三省傜役四進賢良五退貪邪守令皆潔齋三日乃祈社稷七日不雨更齋祈如初三變仍不雨復齋祈其界內山林川澤常興雲雨者祈而澍亦各有報陳氏亦因梁制祈而澍則報以少牢武帝時以德皇帝配文帝時以武帝配廢帝卽位以文帝配青帝牲用黃牯牛而以清酒四升洗其首其壇墠配饗歌舞皆如梁禮天子不親奉則太宰太常光祿行三獻禮其法皆採齊建武二年事也梁陳制諸祠官皆給除穢氣藥先齋一日服之以取清潔天監九年有事雩壇武帝以爲雨既類陰而求之正陽其謬已甚東方既非盛陽而爲生養之始則雩壇應在東方祈晴亦宜此地於是遂移於東郊十年帝又以雩祭燔柴以火祈水於理爲乖儀曹郎朱异議曰案周宣雲漢之詩毛注有瘞埋之文不見有燔柴之說若以五帝必柴今明堂又無其事於是停用柴從坎瘞典十一年帝曰四望之祀頃來遂絕宜更議復朱异議鄭衆云四望謂日月星海鄭玄云謂五岳四鎮四瀆尋二鄭之說互有不同竊以望是不卽之名凡厥遙祭皆有斯目豈容局於星漢拘於海瀆請命司天有關水旱之義爰有四海名山大川能興雲致雨一皆備祭帝從之又揚州主簿顧協又云禮仲夏大雩春秋龍見而雩則雩常祭也水旱且又禱之謂宜式備斯典太常博士亦從協議祠部郎明巖卿以爲祈報之祀已備郊禋沿革有時不必同揆帝從其議依舊不改大同五年又築雩壇於藉田兆內有祈禜則齋官寄藉田省云

後齊以孟夏龍見而雩祭太微五精帝於夏郊之東爲圓壇廣四十五尺高九尺四面各一陛爲三壝外營相去深淺幷燎壇一如南郊於其上祈穀實以顯宗文宣帝配青帝在甲寅之地赤帝在景巳之地黃帝在巳未之地白帝在庚申之地黑帝在壬亥之地面皆內向藉以藁秸配帝在青帝之南小退藉以莞席牲以騂其儀同南郊又祈禱者有九焉一曰雩二曰南郊三曰堯廟四曰孔顏廟五曰社稷六曰五岳七曰四瀆八曰滏口九曰豹祠水旱癘疫皆有事焉無牲皆以酒脯棗栗之饌若建午建未建申之月不雨則使三公祈五帝於雩壇禮用玉幣有燎不設金石之樂選伎工端潔善謳詠者使歌雲漢詩於壇南自餘同正雩南郊則使三公祈五天帝於郊壇有燎座位如雩五人帝各在天帝之左其儀如郊禮堯廟則遣使祈於平陽孔顏廟則遣使祈於國學如堯廟社稷如正祭五岳遣使祈於岳所四瀆如祈五岳滏口如祈堯廟豹祠如祈滏口

隋雩壇國南十三里啓夏門外道左高一丈周百二十尺孟夏之月龍星見則雩五方上帝配以五人帝於上以太祖武元帝配饗五官從配於下牲用犢十各依方色京師孟夏後旱則祈雨理冤獄失職存鰥寡孤獨賑困乏掩骼埋胔省徭役進賢良舉直言退佞諂黜貪殘命有司會男女恤怨曠七日乃祈岳鎮海瀆及諸山川能興雲雨者又七日乃祈社稷及古來百辟卿士有益於人者又七日乃祈宗廟及古帝王有神祠者又七日乃脩雩祈神州又七日仍不雨復從岳瀆已下祈如初典秋分已後不雩但禱而已皆用酒脯初請後二旬不雨者卽徙市禁屠皇帝御素服避正殿減膳撤樂或露坐聽政百官斷傘扇令人家造土龍雨澍則命有司報州郡尉祈雨則理冤獄存鰥寡孤獨掩骼埋胔潔齋祈于社七日乃祈界內山川能興雨者徙市斷屠如京師祈而澍亦各有報霖雨則禜京城諸門三禜不止則祈山川岳鎮海瀆社稷又不止則祈宗廟神州報以太牢州郡縣苦雨亦各禜其城門不止則祈界內山川及祈報用羊豕

禮天子每以四立之日及季夏乘玉輅建大旂服大裘各於其方之近郊爲兆迎其帝而祭之所謂燔柴於泰壇掃地而祭者也春迎靈威仰者三春之始萬物稟之

而生莫不仰其靈德服而畏之也夏迎赤熛怒者火色熛怒其靈炎至明盛也秋迎白招拒者招集拒大也言秋時集成萬物其功大也冬迎叶光紀者叶拾光華紀法也言冬時收拾光華之色伏而藏之皆有法也中迎含樞紐者含容也樞機有闔闢之義紐者結也言土德之帝能含容萬物開闔有時紐結有法也然此五帝之號皆以其德而名焉梁陳後齊後周及隋制度相循皆以其時之日各於其郊迎而以太皞之屬五人帝配祭並以五官三辰七宿於其方從祀焉

梁制迎氣以始祖配牲用特牛一其儀同南郊天監七年尚書左丞司馬筠等議以昆蟲未蟄不以火田鳩化爲鷹罻羅方設仲春之月祀不用牲止珪璧皮幣斯又事神之道可以不殺明矣況今祀天豈容尚此請夏初迎氣祭不用牲帝從之八年明山賓議曰周官祀昊天以大裘祀五帝亦如之頃代郊祀之服皆用袞冕是以前奏迎氣祀五帝亦服袞冕愚謂迎氣祀五帝亦宜用大裘禮俱一獻帝從之陳迎氣之法皆因梁制

後齊五郊迎氣爲壇各於四郊又爲黃壇於未地所祀天帝及配帝五官之神同梁其玉帛牲各以其方色其儀與南郊同帝及后各以夕牲日之旦太尉陳幣告請其廟以就配焉其從祀之官位皆南陛之東西向壇上設饌畢太宰丞設饌於其座亞獻畢太常少卿乃於其所獻事畢皆撤又云立春前五日於州大門外之東造青土牛兩頭耕夫犂具立春有司迎春於東郊登青幡於青牛之傍焉

後周五郊壇其崇及去國如其行之數其廣皆四丈其方俱百二十步內壝皆半之祭配皆同後齊星辰七宿岳鎮海瀆山林川澤丘陵墳衍亦各於其方配郊而祀之其星辰爲壇崇五尺方二丈岳鎮爲埳方二丈深二尺山林已下亦爲埳壇崇三尺埳深一尺俱方一丈其儀頗同南郊冢宰亞獻宗伯終獻禮畢

隋五時迎氣青郊爲壇國東春明門外道北去宮八里高八尺赤郊爲壇國南明德門外道西去宮十三里高七尺黃郊爲壇國南安化門外道西去宮十二里高七尺白郊爲壇國西開遠門外道南去宮八里高九尺黑郊爲壇宮北十一里丑地高六尺並廣四丈各以四方立日黃郊以季夏土王日祀其方之帝各配以人帝以太祖武元帝配五官及星三辰七宿亦各依其方從祀其牲依方色各用犢二星辰加羊豕各一其儀同南郊其岳瀆鎮海各依五時迎氣日遣使就其所祭之以太牢

晉江左以來乃至宋齊相承始受命之主皆立六廟虛太祖之位宋武初爲宋王立廟於彭城但祭高祖已下四世中興二年梁武初爲梁公曹文思議天子受命之日便祭七廟諸侯始封卽祭五廟祠部郎謝廣等並駮之遂不施用乃建臺於東城立四親廟并妃郗氏而爲五廟告祠之禮並用太牢其年四月卽皇帝位謝廣又議以爲初祭是四時常祭首月既不可移易宜依前剋日於東廟致齋帝從之遂於東城時祭訖遷神主於太廟始自皇祖太中府君皇祖淮陰府君皇高祖濟陰府君皇曾祖中從事史府君皇祖特進府君并皇考以爲三昭三穆凡六廟追尊皇考爲文皇帝皇妣爲德皇后廟號太祖皇祖特進以上皆不追尊擬祖遷於上而太祖之廟不毀與六親廟爲七皆同一堂共庭而別室春祀夏礿秋嘗冬烝并臘一歲凡五謂之時祭三年一禘五年一祫謂之殷祭禘以夏祫以冬皆以功臣配其儀頗同南郊又有小廟太祖太夫人廟也非嫡故別立廟皇帝每祭太廟訖乃詣小廟亦以一太牢如太廟禮天監三年尚書左丞何佟之議曰禘於首夏物皆未成故爲小祫於秋冬萬物皆成其禮尤大司勳列功臣有六皆祭於大烝知祫尤大乃及之也近代禘祫並不及功臣有乖典制宜改詔從之自是祫祭乃及功臣是歲都令史王景之列自江左以來郊廟祭祀帝已入齋百姓尚哭以爲乖禮佟之等奏案禮國門在皐門外今之籬門是也今古殊制若禁凶服不得入籬門爲太遠宜以六門爲斷詔曰六門之內士庶甚多四時烝嘗俱斷其哭若有死者棺器須來既許其大而不許其細也到齋日宜去廟二百步斷哭四年何佟之議案禮未祭一日大宗伯省牲鑊祭日之晨君親牽牲麗碑後代有冒暗之防而人主猶必親奉故有夕牲之禮頃代人君不復躬牽相承丹陽尹牽牲於古無取宜依以未祭一日之暮太常省牲視鑊祭日之晨使太尉牽牲出入也少牢饋食殺牲於廟門外今儀注詣厨烹牲謂宜依舊帝可其奏佟之又曰鄭玄云天子諸侯之祭禮先有祼尸之事乃迎牲今儀注乃至薦熟畢太祝方執珪瓚祼地違謬若斯又近代人君不復躬行祼禮太尉既攝位實宜親執其事而越使卑賤太祝甚乖舊典愚謂祭日之辰宜使太尉先行祼獻乃後迎牲帝曰祼尸本使神有所附今既無尸祼將安設佟之曰如馬鄭之意祼雖獻尸而義在求神今雖無尸求神之義恐不可闕帝曰此本因尸以祀神今若無尸則宜立寄求之所祼義乃定佟之曰祭統云獻之屬莫重於祼今既存尸卒食之獻則祼鬯之求實不可闕又送神更祼經紀無文宜依禮革奏未報而佟之卒後明山賓復申其理帝曰佟之既不復存宜從其議也自是始使太尉代太祝行祼而又牽牲太常任昉又以未明九刻呈牲又加太尉祼酒三刻施饌間中五刻行儀不辦近者臨祭從事實以二更至未明三刻方辦明山賓議謂九刻已疑太早況二更非復祭旦帝曰夜半子時卽是晨始宜取三更省牲餘依儀注又有司以爲三牲或離杙依制埋瘞犧羊死則不埋請議其制司馬褧等議以爲牲死則埋必在滌矣謂三牲在滌死悉宜埋帝從之五年明山賓議樽彝之制祭圖唯有三樽一曰象樽周樽也二曰山罍夏樽也三曰著樽殷樽也徒有彝名竟無其器直酌象樽之酒以爲珪瓚之實竊尋祼重於獻不容共樽宜循彝器以備大典案禮器有六彝春祠夏礿祼用雞彝鳥彝王以珪瓚初祼后以璋瓚亞祼故春夏兩祭俱用二彝今古禮殊無復亞祼止循其二春夏雞彝秋冬牛彝庶禮物備也帝曰雞是金禽亦主巽位但金火相伏用之通夏於義爲疑山賓曰臣愚管不奉明詔則終年乖舛案鳥彝是南方之物則主火位木生於火宜以鳥彝春夏兼用帝從之七年舍人周捨以爲禮玉輅以祀金輅以賓則祭日應乘玉輅詔下其議左丞孔休源議玉輅既有明文而儀注金輅當由宋齊乖謬宜依捨議帝從之又禮官司馬筠議自今大事遍告七廟小事止告一室於是議以封禪南北郊祀明堂巡省四方御臨戎出征皇太子加元服寇賊平蕩築宮立闕纂戎戒嚴解嚴合十一條則遍告七廟講武脩宗廟明堂臨軒封拜公王四夷款化貢方物諸公王以愆削封及詔封王紹襲合六條則告一室帝從之九年詔簠簋之實以藉田黑黍十二年詔曰祭祀用洗匜中水盥仍又滌爵爵以禮神宜窮精潔而一器之內雜用洗手外可詳議於是御及三公應盥及洗爵各用一匜十六年四月詔曰夫神無常饗饗于克誠所以西鄰礿祭實受其福宗廟祭祀猶有牲牢無益至誠有累冥道自今四時烝嘗外可量代八座議以大脯代一元大武八座又奏既停宰殺無復省牲之事請立省饌儀其衆官陪列並同省牲帝從之十月詔曰今雖無復牲腥猶有脯脩之類卽之幽明義爲未盡可更詳定悉薦時蔬左丞司馬筠等參議大餅代大脯餘悉用蔬菜帝從之又舍人朱异議二廟祀相承止有一鉶羹蓋祭祀之禮應有兩羹相承止於一鉶卽禮爲乖請加熬油蓴羹一鉶帝從之於是起至敬殿景陽臺立七廟座月中再設淨饌自是訖於臺城破諸廟遂不血食普通七年祔皇太子所生丁貴嬪神主于小廟其儀未祔前先脩埳室改塗其日有司行掃除開埳室奉皇考太夫人神主於坐奠制幣訖衆官入自東門位定祝告訖撤幣埋於兩楹間有司遷太夫人神主於上又奉穆貴嬪神主於下陳祭器如時祭儀禮畢納神主閉于埳室陳制立七廟一歲五祠謂春夏秋冬臘也每祭共以一太牢始祖以三牲首餘唯骨體而已五歲再殷殷大祫而合祭也初文帝入嗣而皇考始興昭烈王廟在始興國謂之東廟天嘉四年徙東廟神主祔于梁之小廟改曰國廟祭用天子儀

後齊文襄嗣位猶爲魏臣置王高祖秦州使君王曾祖太尉武貞公王祖太師文穆公王考相國獻武王凡四廟文皇帝受禪置六廟曰皇祖司空公廟皇祖吏部尚書廟皇祖秦州使君廟皇祖文穆皇帝廟太祖獻武皇帝廟世宗文襄皇帝廟爲六廟獻武已下不毀已上則遞毀並同廟而別室既而遷神主於太廟文襄文宣並太祖之子文宣初疑其昭穆之次欲別立廟衆議不同至二年秋始祔太廟春祠夏礿秋嘗冬烝皆以孟月并臘凡五祭禘祫如梁之制每祭室一太牢始以皇后預祭河清定令四時祭廟禘祭及元日廟庭並設庭燎二所

王及五等開國執事官散官從三品已上皆祀五世五等散品及執事官散官正三品已下從五品已上祭三世三品已上牲用一太牢五品已下少牢執事官正六品已下從七品已上祭二世用特牲正八品已下達於庶人祭於寢牲用特豚或亦祭祖禰諸廟悉依其宅堂之制其間數各依廟多少爲限其牲皆子孫見官之牲

後周之制思復古之道乃右宗廟而左社稷置太祖之廟并高祖已下二昭二穆凡五親盡則遷其有德者謂之祧廟亦不毀閔帝受禪追尊皇祖爲德皇帝文王爲文皇帝廟號太祖擬已上三廟遞遷至太祖不毀其下相承置二昭二穆爲五焉明帝崩廟號世宗武帝崩廟號高祖並爲祧廟而不毀其時祭各於其廟祫禘則於太祖廟亦以皇后預祭其儀與後齊同所異者皇后亞獻訖后又薦加豆之籩其實菱芡芹菹兎醢冢宰終獻訖皇后親撤豆降還板位然後太祝撤焉

高祖既受命遣兼太保宇文善兼太尉李詢奉策詣同

州告皇考桓王廟兼用女巫同家人之禮上皇考桓王尊號爲武元皇帝皇妣尊號爲元明皇后奉迎神主歸于京師犧牲尚赤祭用日出是時帝崇建社廟改周制左宗廟而右社稷宗廟未言始祖又無受命之祧自高祖已下置四親廟同殿異室而已一曰皇高祖太原府君廟二曰皇曾祖康王廟三曰皇祖獻王廟四曰皇考太祖武元皇帝廟擬祖遷於上而太祖之廟不毀各以孟月饗以太牢四時薦新於太廟有司行事而不出神主祔祭之禮並準時饗其司命戶以春竈以夏門以秋行以冬各於享廟日中霤則以季夏祀黄郊日各命有司祭於廟西門道南牲以少牢三年一祫以孟冬遷主未遷主合食於太祖之廟五年一禘以孟夏其遷主各食於所遷之廟未遷之主各於其廟禘祫之月則停時饗而陳諸瑞物及伐國所獲珍奇於廟庭及以功臣配饗并以其日使祀先代王公帝堯於平陽以契配帝舜於河東咎繇配夏禹於安邑伯益配殷湯於汾陰伊尹配文王武王於澧渭之郊周公召公配漢高帝於長陵蕭何配各以一太牢而無樂配者饗於廟庭大業元年煬帝欲遵周法營立七廟詔有司詳定其禮禮部侍郎攝太常少卿許善心與博士褚亮等議曰謹案禮記天子七廟三昭三穆與太祖之廟而七鄭玄注曰此周制也七者太祖及文王武王之祧與親廟四也殷則六廟契及湯與二昭二穆也夏則五廟無太祖禹與二昭二穆而已玄又據王者禘其祖之所自出而立四廟案鄭玄義天子唯立四親廟并始祖而爲五周以文武爲受命之祖特立二祧是爲七廟王肅注禮記尊者尊統上卑者尊統下故天子七廟諸侯五廟其有殊功異德非太祖而不毀不在七廟之數案王肅以爲天子七廟是通百代之言又據王制之文天子七廟諸侯五廟大夫三廟降二爲差是則天子立四親廟又立高祖之父高祖之祖并太祖而爲七周有文武姜嫄合爲十廟漢諸帝之廟各立無迭毀之義至元帝時貢禹匡衡之徒始建其禮以高帝爲太祖而立四親廟是爲五廟唯劉歆以爲天子十廟諸侯五廟降殺以兩之義七者其正法可常數也宗不在數內有功德則宗之不可預毀爲數也是以班固稱考論諸儒之義劉歆博而篤矣光武即位建高廟於雒陽乃立南頓君以上四廟就祖宗而爲七至魏初高堂隆爲鄭學議立親廟四太祖武帝猶在四親之內乃虛置太祖及二祧以待後代至景初間乃依王肅更立五世六世祖就四親而爲六廟晉武受禪博議宗祀自文帝以上六世祖征西府君而宣帝亦序於昭穆未升太祖故祭止六也江左中興賀循知禮至於寢廟之儀皆依魏晉舊事宋武帝初受晉命爲王依諸侯立親廟四即位之後增嗣五世祖相國掾府君六世祖右北平府君止於六廟逮身歿主升從昭穆猶太祖之位也降及齊梁守而弗革加崇迭毀禮無違舊臣等又案姬周自太祖已下皆別立廟至於禘祫俱合食於太祖是以炎漢之初諸廟各立歲時嘗享亦隨處而祭所用廟樂皆象功德而歌儛焉至光武乃總立一堂而羣主異室斯則新承寇亂欲從約省自此以來因循不變伏惟高祖文皇帝睿哲玄覽神武應期受命開基垂統聖嗣當文明之運定祖宗之禮且損益不同沿襲異趣時王所制可以垂法自歷代以來雜用王鄭二義若尋其指歸校以優劣康成止論周代非謂經通子雍總貫皇王事兼長遠今請依據古典崇建七廟受命之祖宜別立廟祧百代之後爲不毀之法至於鑾駕親奉中孝享於高廟有司行事竭誠敬於羣主俾夫規模可則嚴祀易遵表有功而彰明德大復古而貴能變臣又案周人立廟亦無處置之文據冢人職而言之先王居中以昭穆爲左右阮忱撰禮圖亦從此議漢京諸廟既遠又不序禘祫今若依周制理有未安雜用漢儀事難全採謹詳立別圖附之議末其圖太祖高祖各一殿準周文武二祧與始祖而三餘並分室而祭始祖及二祧之外從迭毀之法詔可未及創制既營建洛邑帝無心京師乃於東都固本里北起天經宮以遊高祖衣冠四時致祭於三年有司奏請準前議於東京建立宗廟帝謂秘書監柳䛒曰今始祖及二祧已具今後子孫處朕何所又下詔唯議別立高祖之廟屬有行役遂復停寢

自古帝王之興皆稟五精之氣每易姓而起以致太平必封乎太山所以告成功也封訖而禪乎梁甫梁甫者太山之支山卑下者也能以其道配成高德故禪乎梁甫亦以告太平也封禪者高厚之謂也天以高爲尊地以厚爲德增太山之高以報天也厚梁甫之基以報地也明天之所命功成事就有益於天地若天地之更高厚云記曰王者因天事天因地事地因名山升中于天而鳳凰降龜龍格齊桓公既霸而欲封禪管仲言之詳矣秦始皇既黜儒生而封太山禪梁甫其封事皆祕之不可得而傳也漢武帝頗採方士之言造爲玉牒而編以金繩封廣九尺高一丈二尺光武中興聿遵其故晉宋齊梁及陳皆未遑其議後齊有巡狩之禮并登封之儀竟不之行也開皇十四年羣臣請封禪高祖不納晉王廣又率百官抗表固請帝命有司草儀注於是牛弘辛彥之許善心姚察虞世基等創定其禮奏之帝逡巡其事曰此事體大朕何德以堪之但當東狩因拜岱山耳十五年春行幸兗州遂次岱岳爲壇如南郊又壝外爲柴壇飾神廟展宮懸於庭爲埋坎二於南門外又陳樂設位於青帝壇如南郊帝服衮冕乘金輅備法駕而行禮畢遂詣青帝壇而祭焉

開皇十四年閏十月詔東鎮沂山南鎮會稽山北鎮醫無閭山冀州鎮霍山並就山立祠東海於會稽縣界南海於南海鎮南並近海立祠及四瀆吳山並取側近巫一人主知灑掃並命多蒔松柏其霍山雩祀日遣使就焉十六年正月又詔北鎮於營州龍山立祠東鎮晉州霍山鎮若脩造並準西鎮吳山造神廟大業中煬帝因幸晉陽遂祭恒岳其禮頗採高祖拜岱宗儀增置二壇命道士女官數十人於壝中設醮十年幸東都過祀華岳築場於廟側事乃不經蓋非有司之定禮也

禮天子以春分朝日於東郊秋分夕月於西郊漢法不俟二分於東西郊常以郊泰時旦出竹宮東向揖日其夕西向揖月魏文譏其煩褻似家人之事而以正月朝日于東門之外前史又以爲非時及明帝泰和元年二月丁亥朝日于東郊八月己丑夕月于西郊始合於古後周以春分朝日於國東門外爲壇如其郊用特牲青幣青圭有邸皇帝乘青輅及祀官俱青冕執事者青弁司徒亞獻宗伯終獻燔燎如圓丘秋分夕月於國西門外爲壇於坎中方四丈深四尺燔燎禮如朝日

開皇初於國東春明門外爲壇如其郊每以春分朝日又於國西開遠門外爲坎深三尺廣四丈爲壇於坎中高一尺廣四尺每以秋分夕月牲幣與周同

凡人非土不生非穀不食土穀不可偏祭故立社稷以主祀古先聖王法施於人則祀之故以勾龍主社周棄主稷而配焉歲凡再祭蓋春求而秋報列於中門之外外門之內尊而親之與先祖同也然而古今既殊禮亦異制故左社稷而右宗廟者得質之道也右社稷而左宗廟者文之道也梁社稷在太廟西其初蓋晉元帝建武元年所創有太社帝社太稷凡三壇門墻並隨其方色每以仲春仲秋并令郡國縣祠社稷先農縣又兼祀靈星風伯雨師之屬及臘又各祠社稷于壇百姓則二十五家爲一社其舊社及人稀者不限其家春秋祠水旱禱祈祠具隨其豐約其郡國有五岳者置宰祝三人及有四瀆若海應祠者皆以孟春仲冬祠之舊太社廩犧吏牽牲司農省牲太祝吏讚牲天監四年明山賓議以爲案郊廟省牲日則廩犧令牽牲太祝令讚牲祭之日則太尉牽牲郊特牲云社者神地之道國主社稷義實爲重今公卿貴臣親執盛禮而令微吏牽牲頗爲輕末且司農省牲又非其義太常禮官實當斯職禮祭社稷無親事牽之文謂宜以太常省牲廩犧令牽牲太祝令讚牲帝唯以太祝讚牲爲疑又以司農省牲於理似傷犧吏執紖即事成卑議以太常丞牽牲餘依明議於是遂定至大同初又加官社官稷并前爲五壇焉

陳制皆依梁舊而帝社以三牲首餘以骨體薦菜盛爲六飯粳以敦稻以牟黄粱以簠白粱以簋黍以瑚粢以璉又令太史署常以二月八日於署庭中以太牢祠老人星兼祠天皇大帝太一日月五星鉤陳北極北斗三台二十八宿大人星子孫星都四十六坐凡應預祠享之官亦太醫給除穢氣散藥先齊一日服之以自潔其儀本之齊制

後齊立太社帝社太稷三壇於國方每仲春仲秋月之元辰及臘各以一太牢祭焉皇帝親祭則司農卿省牲進熟司空亞獻司農終獻後周社稷皇帝親祀則冢宰亞獻宗伯終獻

開皇初社稷並列於含光門內之右仲春仲秋吉戊各以一太牢祭焉牲色用黑孟冬下亥又臘祭之州郡縣二仲月並以少牢祭百姓亦各爲社又於國城東南七里延興門外爲靈星壇立秋後辰令有司祠以一少牢

古典有天子東耕儀江左未暇至宋始有其典梁初籍田依宋齊以正月用事不齋不祭天監十二年武帝以爲啓蟄而耕則在二月節內書云以殷仲春籍田理在建卯於是改用二月又國語云王即齋宮與百官御事並齋三日乃有沐浴祼饗之事前代當以耕而不祭故闕此禮國語又云稷臨之太史讚之則知耕籍應有先農神座兼有讚述耕旨今籍田應散齋七日致齋三日兼於耕所設先農神座陳薦羞之禮讚辭如社稷法又日齊代舊事籍田使御史乘馬車載耒耜於五輅後禮云親載耒耜措于參保介之御間則置所乘輅上若以今輅與古不同則宜升之次輅以明慎重而遠在餘處於義爲乖且御史掌視尤爲輕省今宜以侍中奉耒耜載於象輅以隨木輅之後普通二年又於籍田於建康北岸築兆域大小列種梨柏便殿及齋官省如南北郊

別有望耕臺在壇東帝親耕畢登此臺以觀公卿之推伐又有祈年殿云

北齊藉於帝城東南千畝內種赤粱白穀大豆赤黍小豆黑穄麻子小麥色別一頃自餘一頃地中通阡陌作祠壇於陌南阡西廣輪三十六尺高九尺四陛三壝四門又爲大營於外又設御耕壇於阡東陌北每歲正月上辛後吉亥使公卿以一太牢祠先農神農氏於壇上無配饗祭訖親耕先祠司農進穜稑之種六宮主之行事之官并齋設齋省於壇所列宮懸又置先農坐於壇上衆官朝服司空一獻不燎祠訖皇帝乃服通天冠青紗袍黑介幘佩蒼玉黃綬青帶袜舄備法駕乘木輅耕官具朝服從殿中監進御耒於壇南百官定列帝出便殿升耕壇南陛即御座應耕者各進於列帝降自南陛至耕位釋劒執耒三推三反升壇即坐耕官一品五推五反二品七推七反三品九推九反藉田令帥其屬以牛耕終千畝以青箱奉穜稑種跪呈司農詣耕所灑之穫訖司農省功奏事畢皇帝降之便殿更衣饗宴禮畢班賚而還

隋制於國南十四里啓夏門外置地千畝爲壇孟春吉亥祭先農於其上以后稷配牲用一太牢皇帝服衮冕備法駕乘金根車禮三獻訖因耕司農授耒皇帝三推訖執事者以授應耕者各以班五推九推而司徒帥其屬終千畝播殖九穀納于神倉以擬粢盛穰稾以餉犧牲云

周禮王后蠶於北郊而漢法皇后蠶於東郊魏遵周禮蠶于北郊吳韋昭制西蠶頌則孫氏亦有其禮矣晉太康六年武帝楊皇后蠶于西郊依漢故事江左至宋孝武大明四年始於臺城西白石里爲西蠶設兆域置大殿七間又立蠶觀自是有其禮

後齊爲蠶坊於京城北之西去皇宮十八里之外方千步蠶宮方九十步牆高一丈五尺被以棘其中起蠶室二十七口別殿一區置蠶宮令丞佐史皆宦者爲之路西置皇后蠶壇高四丈方二丈四出階廣八尺置先蠶壇於桑壇東南大路東橫路之南壇高五尺方二丈四出階廣五尺外兆方四十步面開一門有綠襜襦褠衣黃履以供蠶母每歲季春穀雨後吉日使公卿以一太牢祀先蠶黃帝軒轅氏於壇上無配如祀先農禮訖皇后因親桑於桑壇備法駕服鞠衣乘重翟帥六宮升桑壇東陛即御座女尚書執筐女主衣執鉤立壇下皇后降自東陛執筐者處右執鉤者居左蠶母在後乃躬桑三條訖升壇即御座內命婦以次就桑鞠衣五條展衣七條褖衣九條以授蠶母還蠶室初授世婦灑一簿領預桑者並復本位后乃降壇還便殿改服設勞酒班賚而還

後周制皇后乘翠輅率三妃三㚤御媛御婉三公夫人三孤內子至蠶所以一太牢親祭進奠先蠶西陵氏神禮畢降壇昭化嬪亞獻淑嬪終獻因以公桑焉

隋制於宮北三里爲壇高四尺季春上巳皇后服鞠衣乘重翟率三夫人九嬪內外命婦以一太牢制幣祭先蠶於壇上用一獻禮祭訖就桑位於壇南東面尚功進金鉤典制奉筐皇后採三條反鉤命婦各依班採五條九條而止世婦亦有蠶母受公桑灑訖還依位皇后乃還宮自後齊後周及隋其典大抵多依晉議然亦時有損益矣

禮仲春以玄鳥至之日用太牢祀于高禖漢武帝年二十九乃得太子甚喜爲立禖祠於城南祀以特牲因有其祀晉惠帝元康六年禖壇石中破爲二詔問石毀今應復不博士議禮無高禖置石之文未知造設所由既已毀破可無改造更下西府博議而賊曹屬束皙議以石在壇上蓋主道也祭器弊則埋而置新今宜埋而更造不宜遂廢時此議不用後得高堂隆故事魏青龍中造立此石詔更鐫石令如舊制高禖壇上埋破石入地一丈案梁太廟北門內道西有石文如竹葉小屋覆之宋元嘉中脩廟所得陸澄以爲孝武時郊禖之石然則江左亦有此禮矣

後齊高禖爲壇於南郊傍廣輪二十六尺高九尺四陛三壝每歲春分玄鳥至之日皇帝親帥六宮祀青帝於壇以太昊配而祀高禖之神以祈子其儀青帝北方南向配帝東方西向禖神壇下東陛之南西向禮用青珪束帛牲共以一太牢祀日皇帝服衮冕乘玉輅皇后服褘衣乘重翟皇帝初獻降自東陛皇后亞獻降自西陛並詣便坐夫人終獻上嬪獻于禖神訖帝及后並詣欑位乃送神皇帝皇后及羣官皆拜乃撤就燎禮畢而還

隋制亦以玄鳥至之日祀高禖於南郊壇牲用太牢一

舊禮祀司中司命風師雨師之法皆隨其類而祭之兆風師於西方者就秋風之勁而不從箕星之位兆司中司命於南郊以天神是陽故兆於南郊也兆雨師於北郊者就水位在北也

隋制於國城西北十里亥地爲司中司命司祿三壇同壝祀以立冬後亥國城東北七里通化門外爲風師壇祀以立春後丑國城西南八里金光門外爲雨師壇祀以立夏後申壇皆三尺牲以一少牢

昔伊耆氏始爲蜡蜡者索也古之君子使人必報之故周法以歲十二月合聚萬物而索饗之仁之至義之盡也其祭法四方各自祭之若不成之方則闕而不祭後周亦存其典常以十一月祭神農氏伊耆氏后稷氏田畯鱗羽蠃毛介水墉坊郵表畷獸猫之神於五郊五方上帝地祇五星列宿蒼龍朱雀白獸玄武五人帝五官之神岳鎮海瀆山林川澤丘陵墳衍原隰各分其方合祭之日月五方皆祭之上帝地祇神農伊耆人帝於壇上南郊則以神農既蜡無其祀三辰七宿則爲小壇於其側岳鎮海瀆山林川澤丘陵墳衍原隰則各爲坎餘則於平地皇帝初獻上帝地祇神農伊耆及人帝冢宰亞獻宗伯終獻上大夫獻三辰五官后稷田畯岳鎮海瀆中大夫獻七宿山林川澤已下自天帝人帝田畯羽毛之類牲幣玉帛皆從燎地祇郵表畷之類皆從埋祭畢皇帝如南郊便殿致齋明日乃蜡祭于南郊如東郊儀祭訖又如黃郊便殿致齋明日乃祭祭訖又如西郊便殿明日乃祭祭訖又如北郊便殿明日蜡祭訖還宮

隋初因周制定令亦以孟冬下亥蜡百神臘宗廟祭社稷其方不熟則闕其方之蜡焉又以仲冬祭名源川澤於北郊用一太牢祭井於社宮用一少牢季冬藏冰仲春開冰並用黑牡秬黍於冰室祭司寒神開冰加以桃弧棘矢開皇四年十一月詔曰古稱臘者接也取新故交接前周歲首今之仲冬建冬之月稱蜡可也後周用夏后之時行姬氏之蜡考諸先代於義有違其十月行蜡者停可以十二月爲臘於是始革前制

後齊正月晦日中書舍人奏祓除年暮上臺東宮奏擇吉日詣殿堂貴臣與師行事所須皆移尚書省備設云

後主末年祭非其鬼至於躬自鼓儛以事胡天鄴中遂多淫祀茲風至今不絕後周欲招來西域又有拜胡天制皇帝親焉其儀並從夷俗淫僻不可紀也

隋書卷七考證

禮儀志二并妃郗氏而爲五廟○監本郗訛郄各本同

臣映斗按梁書高祖皇后郗氏齊建武中殂高祖進位梁公詔贈后爲梁公妃又姓譜郗音希郗鑒郗超之姓從郗郄當作郤郤讀之姓從郤坊本多訛

丹陽尹○一本陽作楊一本訛杜按史記楚世家與秦戰丹陽索隱此丹陽在漢中唐元和志周成王封熊繹于荆丹陽之地後移枝江亦曰丹陽前漢地理志丹陽郡注故鄣郡武帝更名屬有丹陽縣後漢郡國志丹陽郡屬有丹陽城晉書地理志丹陽郡統縣十一有丹楊注丹楊山多赤柳在西也隋書地理志丹陽郡注自東晉已後置郡曰揚州平陳詔並平蕩耕墾更於石頭城置蔣州統江寧當塗溧水三縣江寧注又云梁置丹陽郡及南丹陽郡陳省南丹陽郡平陳又廢丹陽郡以秣陵建康同夏三縣入焉大業初置丹陽郡有蔣山唐書地理志潤州丹陽郡武德三年以江都郡之延陵縣地置取潤浦爲州名有丹陽縣注本曲阿地臣映斗按楚之丹陽在漢中與枝江漢之丹陽乃秦鄣郡東晉而後屢析更置沿革廣狹不同而名則一唯丹楊山之楊作楊餘並當作陽有作楊與揚者並訛隋書各本互異前後不同故辯之於此餘俱改正

隋書卷八

唐太尉揚州都督監脩國史上柱國趙國公臣長孫無忌等撰

志第三

禮儀三

陳永定三年七月武帝崩新除尚書左丞庾持稱晉宋以來皇帝大行儀注未祖一日告南郊太廟奏策奉謚梓宮將登轀輬侍中版奏已稱某謚皇帝遣奠出於陛階下方以此時乃讀哀策而前代策文猶云大行皇帝請明加詳正國子博士領步兵校尉知儀禮沈文阿等謂應劭風俗通前帝謚未定臣子稱大行以別嗣主近檢梁儀自梓宮將登轀輬版奏皆稱某謚皇帝登轀輬伏尋今祖祭已奉策謚哀策既在庭遣祭不應猶稱大行且哀策篆書藏於玄宮謂依梁儀稱謚以傳無窮詔可之

天嘉元年八月癸亥尚書儀曹請今月晦皇太后服安吉君禫除儀注沈洙議謂至親朞斷加降故再朞而再周之喪斷二十五月但重服不可頓除故變之以纖縞創巨不可便愈故稱之以祥禫禫者淡也所以漸祛其情至加父在爲母出適後之子則屈降之以朞朞而除服無復衰麻緣情有本同之義許以心制心制既無杖

經可除不容復改玄綅既是心憂則無所更淡其心也且禫杖朞者十五月已有禫制今申其免懷之感故斷以再周止二十五月而已所以宋元嘉立義心喪以二十五月爲限大明中王皇后父喪又申明其制齊建元中太子穆妃喪亦同用此禮唯王儉古今集記云心制終二十七月又爲王逡所難何佟之儀注用二十五月而除案古循今宜以再周二十五月爲斷今皇太后於安吉君心喪之期宜除於再周無復心禫之禮詔可之

隋制諸岳崩瀆竭天子素服避正寢撤膳三日遣使祭崩竭之山川牲用太牢

皇帝本服大功已上親及外祖父母皇后父母諸官正一品喪皇帝不視事三日皇帝本服五服內親及嬪百官正二品已上喪並一舉哀太陽虧國忌日皇帝本服小功緦麻親百官三品已上喪皇帝皆不視事一日

皇太后皇后爲本服五服內諸親及嬪一舉哀皇太子爲本服五服之內親及東宮三師三少宮臣三品已上一舉哀

梁天監元年齊臨川獻王所生妾謝墓被發不至埏門蕭子晉傅重諮禮官何佟之佟之議以爲改葬服緦見柩不可無服故也此止侵墳土不及於椁可依新宮火處三日哭假而已帝以爲得禮二年何佟之議追服三年無禫尚書議並以佟之言爲得

又二年始興王嗣子喪博士管咺議使國長從服緦麻

四年掌凶禮嚴植之定儀注以亡月遇閏後年中祥疑所附月帝曰閏盖餘分月節則各有所隸若節屬前月則宜以前月爲忌節屬後月則宜以後月爲忌祥逢閏則宜取遠日

又四年安成國刺稱廟新建欲剋今日遷立所生吳太妃神主國王既有妃喪欲使臣下代祭明山賓議以爲不可宜待王妃服竟親奉盛禮

五年貴嬪母車喪議者疑其儀明山賓以爲貴嬪既居母憂皇太子出貴嬪別第一舉哀以申聖情庶不乖禮帝從之

又五年祠部郎司馬褧牒貴嬪母車亡應有服制謂宜唯公子爲母麻衣之制既葬而除帝從之

六年申明葬制凡墓不得造石人獸碑唯聽作石柱記名位而已

七年安成王慈太妃喪周捨牒使安成始興諸王以成服日一日爲位受弔帝曰喪無二主二王既在遠嗣子宜祭攝事周捨牒嗣子著細布衣絹領帶單衣用十五升葛凡有事及歲時節朔望並於靈所朝夕哭三年不聽樂

十四年舍人朱异議禮年雖未及成人已有爵命者則不爲殤封陽侯年雖中殤已有拜封不應殤服帝可之於是諸王服封陽侯依成人之服

大同六年皇太子啓謹案下殤之小功不行婚冠嫁三嘉之禮則降服之大功理不得有三嘉今行三嘉之禮竊有小疑帝曰禮云大功之末可以冠子父小功之末可以冠子嫁子娶婦已雖小功既卒哭可以冠娶妻下殤之小功則不可晉代蔡謨謝沈丁纂馮懷等遂云降服大功可以嫁女宋代裴松之何承天又云女有大功之服亦得出嫁范堅荀伯子等雖復率意致難亦未能折太始六年虞龢立議大功之末乃可娶婦于時博詢咸同龢議齊永明十一年有大司馬長子之喪武帝子女同服大功左丞顧杲之議云大功之末非直皇女嬪降無疑皇子娉納亦在非疑凡此諸議皆是公背正文務爲通耳徐爰王文憲並云朞服降爲大功皆不可以婚嫁於義乃爲不乖而又不釋其意天監十年信安公主當出適而有臨川長子大功之慘具論此義粗已詳悉太子今又啓審大功之末及下殤之小功行婚冠嫁三吉之事案禮所言下殤小功本是期服故不得有三吉之禮況本服是期降爲大功理當不可人間行者是用鄭玄逆降之義雜記云大功之末可以冠子嫁子此謂本服大功子則小功踰月以後於情差輕所以許有冠嫁此則小功之末通得取婦前所云大功之末可以冠子嫁子此是簡出大功之身不得取婦故有小功之末可以冠子嫁子非直子得冠嫁亦得取婦故有出沒婚禮國之大典宜有畫一今宗室及外戚不得復輒有干啓禮官不得輒爲曲議可依此以爲法

後齊定令親王公主太妃妃及從三品已上喪者借白鼓一面喪畢進輸王郡公主太妃儀同三司已上及令僕皆聽立凶門柏歷三品已上及五等開國通用方相四品已下達於庶人以魌頭旌則一品九旒二品三品七旒四品五品五旒六品七品三旒八品已下達于庶人唯旐而已其建旐三品已上及開國子男其長至軫四品五品至輪六品至于九品至較勳品達于庶人不過七尺

王元軌子欲改葬祖及祖母列上未知所服邢子才議曰禮改葬緦麻鄭玄注臣爲君子爲父妻爲夫唯三人而已然嫡曾孫承重者曾祖父母祖父母改葬既並三年之服皆應服緦而止言三人若非遺漏便是舉其略耳

開皇初高祖思定典禮太常卿牛弘奏曰聖教陵替國章殘缺漢晉爲法隨俗因時未足經國庇人弘風施化且制禮作樂事歸元首江南王儉偏隅一臣私撰儀注多違古法就廬非東階之位凶門豈設重之禮兩蕭累代舉國遵行後魏及齊風牛本隔殊不尋究遙相師祖故山東之人浸以成俗西魏已降師旅弗遑賓嘉之禮盡未詳定今休明啓運憲章伊始請據前經革茲俗弊詔曰可弘因奏徵學者撰儀禮百卷悉用東齊儀注以爲準亦微採王儉禮脩畢上之詔遂班天下咸使遵用焉其喪紀上自王公下逮庶人著令皆爲定制無相差越正一品薨則鴻臚卿監護喪事司儀令示禮制二品已上則鴻臚丞監護司儀丞示禮制五品已上薨卒及三品已上有朞親已上喪並掌儀一人示禮制官人在職喪聽斂以朝服有封者斂以冕服未有官者白帢單衣婦人有官品者亦以其服斂棺內不得置金銀珠玉諸重一品懸鬲六五品已上四五品已下二輀車三品已上油幰朱絲絡網施襈兩箱畫龍幰竿諸末垂六旒蘇七品已上油幰施襈兩箱畫雲氣垂四旒蘇八品已下達於庶人鼈甲車無幰襈旒蘇畫飾執紼一品五十人三品已上四十人四品三十人並布幘深衣三品已上四引四披六鐸六翣五品已上二引二披四鐸四翣九品已上二鐸二翣四品已上用方相七品已上用魌頭在京師葬者去城七里外三品已上立碑螭首龜趺趺上高不得過九尺七品已上立碣高四尺圭首方趺若隱淪道素孝義著聞者雖無爵奏聽立碣

三年及朞喪不數閏大功已下數之以閏月亡者祥及忌日皆以閏所附之月爲正

凶服不入公門朞喪已下不解官者在外曹禰縿紗帽若重喪被起者皁絹下帬帽若入宮殿及須朝見者冠服依百官例

齊衰心喪已上雖有奪情並終喪不弔不賀不預宴朞喪未練大功未葬不弔不賀並終喪不預宴小功已下假滿依例居五服之喪受冊及之職儀衞依常式唯鼓樂從而不作若以戎事不用此制自秦兼天下朝覲之禮遂廢及周封蕭詧爲梁王訖於隋恒稱藩國始有朝見之儀梁王之朝周入畿大冢宰命有司致積其餼五牢米九十筥醯醢各三十五甕酒十八壺米禾各五十車薪蒭各百車既至大司空設九儐以致館梁王束帛乘馬設九介以待之禮成而出明日王朝受享於廟既致享大冢宰又命公一人玄冕乘車陳九儐以束帛乘馬致食于賓及賓之從各有差致食訖又命公一人弁服乘車執贄設九儐以勞賓王設九介迎於門外明日朝服乘車還贄于公公皮弁迎於大門授贄受贄並於堂之中楹又明日王朝服設九介乘車備儀衞以見于公事畢公致享明日三孤一人又執贄勞于梁王明日王還贄又明日王見三孤如見三公明日卿一人又執贄勞王王見卿又如三孤於是三公三孤六卿又各饋賓並屬官之長爲使牢米束帛同三公

開皇四年正月梁主蕭巋朝于京師次於郊外詔廣平王楊雄吏部尚書韋世康持節以迎衞尉設次於驛館雄等降就便幕巋服通天冠絳紗袍端珽立於東階下西面文武陪侍如其國雄等立於門右東面巋攝內史令柳顧言出門請事世康曰奉詔勞于梁帝顧言入告巋出迎於館門之外西面再拜持節者導雄與巋俱入至于庭下巋北面再拜受詔訖雄等乃出於館門外道右東向巋送於門外西面再拜及奉見高祖冠通天冠服絳紗袍御大輿殿如朝儀巋服遠遊冠朝服以入君臣並拜禮畢而出

古者天子征伐則宜于社造于祖類于上帝還亦以牲徧告梁天監初陸璉議定軍禮遵其制帝曰宜者請征討之宜造者稟謀於廟類者奉天時以明伐並明不敢自專陳幣承命可也璉不能對嚴植之又爭之於是告用牲幣反亦如之

後齊天子親征纂嚴則服通天冠文物充庭有司奏更衣乃入冠武弁弁左貂附蟬以出誓訖擇日備法駕乘木輅以造于廟載遷廟主於齋車以俟行次宜于社有司以毛血釁軍鼓載帝社石主於車以俟行次擇日陳六軍備大駕類于上帝次擇日祈后土神州岳鎮海瀆源川等乃爲坎盟督將列牲於坎南北首有司坎前讀盟文割牲耳承血皇帝受牲耳偏授大將乃寘于坎又歃血歃偏又以寘坎禮畢埋牲及盟書又卜日建牙旗於壇祭以太牢及所過名山大川使有司致祭將届戰所卜剛日備玄牲列軍容設柴於辰地爲壇而禡祭大司馬奠矢有司奠毛血樂奏大濩之音禮畢徹牲柴燎戰前一日皇帝禱祖司空禱社戰勝則各報以太牢又以太牢賞用命戰士于祖引功臣入旌門即神庭而授販焉又罰不用命于社即神庭行戮訖振旅而還格廟誥社訖擇日行飲至禮文物充庭有司執簡紀年號月

朔陳六師凱入格廟之事飲至策勳之美因述其功不替賞典焉

隋制行幸所過名山大川則有司致祭岳瀆以太牢山川以少牢親征及巡狩則類上帝宜社造廟還禮亦如之將發軔則軷祭其禮有司於國門外委土爲山象設埋埳有司刳羊陳俎豆駕將至委奠幣薦脯醢加羊於軷西首又奠酒解羊幷饌埋於埳駕至太僕祭兩軹及軌前乃飲授爵遂轢軷上而行

大業七年征遼東煬帝遣諸將於薊城南桑乾河上築社稷二壇設方壝行宜社禮帝齋於臨朔宮懷荒殿預告官及侍從各齋于其所十二衞士並齋帝衮冕玉輅備法駕禮畢御金輅服通天冠還宮又於宮南類上帝積柴於燎壇設高祖位於東方帝服大裘以冕乘玉輅祭奠玉帛並如宜社諸軍受胙畢帝就位觀燎乃出又於薊城北設壇祭馬祖於其上亦有燎又於其日使有司幷祭先牧及馬步無鐘鼓之樂衆軍將發帝御臨朔宮親授節度每軍大將亞將各一人騎兵四十隊隊百人置一纛十隊爲團團有偏將一人第一團皆青絲連明光甲鐵具裝青纓拂建狻猊旗第二團絳絲連朱犀甲獸文具裝赤纓拂建貔貅旗第三團白絲連明光甲鐵具裝素纓拂建辟邪旗第四團烏絲連玄犀甲獸文具裝建纓拂建六駮旗前部鼓吹一部大鼓小鼓及鼙長鳴中鳴等各十八具㭊鼓金鉦各二具後部鐃吹一部鐃二面哥簫及笳各四具節鼓一面吳吹篳篥橫笛各四具大角十八具又步卒八十隊分爲四團團有偏將一人第一團每隊給青隼盪幡一第二團每隊黃隼盪幡一第三團每隊白隼盪幡一第四團每隊蒼隼盪幡一長矟弩及甲毦等各稱兵數受降使者一人給二馬軺車一乘白獸幡及節各一騎吏三人車輻白從十二人承詔慰撫不受大將制戰陣則爲監軍軍將發候大角一通步卒第一團出營東門東向陣第二團出營南門南向陣第三團出營西門西向陣第四團出營北門北向陣陣四面團營然後諸團嚴駕立大角三通則鐃鼓俱振騎第一團引行隊間相去各十五步次第二團次前部鼓吹次弓矢一隊合二百騎建蹲獸旗兕槊二張大將在其下次誕馬二十匹次大角次後部鐃次第三團次第四團次受降使者次及輜重戎車散兵等亦有四團第一輜重出收東面陣分爲兩道夾以行第二輜重出收南面陣夾以行第三輜重出收西面陣夾以行第四輜重出收北面陣夾以行亞將領五百騎建騰豹旗殿軍後至營則第一團騎陣於東面第二團騎陣於南面鼓吹翊大將居中騎馬南向第三團騎陣於西面第四團騎陣於北面合爲方陣四團外向步卒翊輜重入於陣內以次安營營定四面陣者引騎入營亞將率驍騎遊奕督察其安營之制以車外布間設馬槍次施兵幕內安雜畜事畢大將亞將各一就牙帳其馬步隊與軍中散兵交爲兩番五日而代於是每日遣一軍發相去四十里連營漸進二十四日續發而盡首尾相繼鼓角相聞旌旗亘九百六十里天子六軍次發兩部前後先置又亘八十里通諸道合三十軍亘一千四十里諸軍各以帛爲帶長尺五寸闊二寸題其軍號爲記御營內者合十二衞三臺五省九寺並分隸內外前後左右六軍亦各題其軍號不得自言臺省王公已下至于兵丁廝隸悉以帛爲帶綴于衣領名軍記帶諸軍並給幡數百有事使人交相去來者執以行不執幡而離本軍者他軍驗軍記帶知非部兵則所在斬之是歲也行幸望海鎮於禿黎山爲壇祀黃帝行禡祭詔太常少卿韋霽博士褚亮奏定其禮皇帝及諸預祭臣近侍官諸軍將皆齋一宿有司供帳設位爲埋埳神坐西北內壝之外建二旗於南門外以熊席設帝軒轅神坐於壝之外冑弓矢於坐側建槊於坐後皇帝出甲次入門羣官定位皆再拜奠禮畢還宮

隋制常以仲春用少牢祭馬祖於大澤諸預祭官皆於祭所致齋一日積柴於燎壇禮畢就燎仲夏祭先牧仲秋祭馬社仲冬祭馬步並於大澤皆以剛日牲用少牢如祭馬祖埋而不燎

開皇二十年太尉晉王廣北伐突厥四月己未次於河上禡祭軒轅黃帝以太牢制幣陳甲兵行三獻之禮

後齊命將出征則太卜詣太廟灼靈龜授鼓旗於廟皇帝陳法駕服衮冕至廟拜於太祖徧告訖降就中階引上將操鉞授柯曰從此上至天將軍制之又操斧授柯曰從此下至泉將軍制之將軍旣受斧鉞對曰國不可從外理軍不可從中制臣旣受命有鼓旗斧鉞之威願無一言之命於臣帝曰苟利社稷將軍裁之將軍就車載斧鉞而出皇帝推轂度閫曰從此以外將軍制之

周大將出征遣太祝以羊一祭所過名山大川明帝武成元年吐谷渾寇邊帝常服乘馬遣大司馬賀蘭祥於太祖之廟司憲奉鉞進授大將大將拜受以授從者禮畢出受甲兵

隋制皇太子親戎及大將出師則以豭豘一釁鼓皆告社廟受斧鉞訖不得反宿於家開皇八年晉王廣將伐陳內史令李德林攝太尉告于太祖廟禮畢又命有司宜于太社

古者三年練兵入而振旅至於春秋蒐獮亦以講其事焉梁陳時依宋元嘉二十五年蒐宣武場其法置行軍殿於幕府山南岡幷設王公百官幕先獵一日遣馬騎布圍右領軍將軍督右左領軍將軍督左大司馬董正諸軍獵日侍中三奏一奏搥一鼓爲嚴三嚴訖引仗爲小駕鹵簿皇帝乘馬戎服從者悉絳衫幘黃麾警蹕鼓吹如常儀獵訖宴會享勞比校多少戮一人以懲亂法會畢還宮

後齊常以季秋皇帝講武於都外有司先萊野爲場爲二軍進止之節又別墠於北場輿駕停觀遂命將簡士教衆爲戰陣之法凡爲陣少者在前長者在後其還則長者在前少者在後長者持弓矢短者持旌旗勇者持鉦鼓刀楯爲前行戰士次之槊者次之弓箭爲後行將帥先教士目使習見旌旗指麾之蹤發起之意旗臥則跪教士耳使習金鼓動止之節聲鼓則進鳴金則止教士心使知刑罰之苦賞賜之利教士手使習持五兵之使戰鬬之備教士足使習跪及行列嶮泥之塗前五日皆請兵嚴於場所依方色建旗爲和門都墠之中及四角皆建五采牙旗應講武者各集於其軍戒鼓一通軍士皆嚴備二通將士貫甲三通步軍各爲直陣以相俟大將各處軍中立旗鼓下有司陳小駕鹵簿皇帝武弁乘革輅大司馬介冑乘奉引入行殿百司陪列位定二軍迭爲客主先舉爲客後舉爲主從五行相勝法爲陣以應之

後齊春蒐禮有司規大防建獲旗以表獲車蒐前一日命布圍領軍將軍一人督左甄護軍將軍一人督右甄大司馬一人居中節制諸軍天子陳小駕服通天冠乘木輅詣行宮將親禽服戎服鈒戟者皆嚴武衞張甄圍旗鼓相望銜枚而進甄常開一方以令三驅圍合吏奔騎令曰鳥獸之肉不登於俎者不射皮革齒牙骨角毛羽不登於器者不射甄合大司馬鳴鼓促圍衆軍鼓譟鳴角至期處而止大司馬屯北旌門二甄帥屯左右旌門天子乘馬從南旌門入親射禽謁者以獲車收禽載還陳於獲旗之北王公已下以次射禽皆送旗下事畢大司馬鳴鼓解圍復屯殿中郎中率其屬收禽以實獲車天子還行宮命有司每禽擇取三十一日乾豆二曰賓客三日充君之庖其餘即於圍下量犒將士禮畢改服鈒者韜刀而還夏苗秋獮冬狩禮皆同河淸中定令每歲十二月半後講武至晦遂除二軍兵馬右入千秋門左入萬歲門並至永巷南下至昭陽殿北二軍交一軍從西上閤一軍從東上閤並從端門南出閶闔門前橋南戲射並訖送至城南郭外罷

後齊三月三日皇帝常服乘輿詣射所升堂即坐皇太子及羣官坐定登歌進酒行爵皇帝入便殿更衣以出驊騮令進御馬有司進弓矢帝射訖還御坐射懸侯又畢羣官乃射五埒一品二品三十發（一發調馬十發射下十發射上三發射麞三發射帖三發射獸頭）三品二十五發（一發調馬五發射下十發射上三發射麞三發射帖三發射獸頭）四品二十發（一發調馬五發射下八發射上二發射麞二發射帖二發射獸頭）五品十五發（一發調馬四發射下五發射上二發射麞二發射帖一發射獸頭）侍官御仗已上十發（一發調馬四發射下五發射上）季秋大射皇帝備大駕常服御七寶輦射七埒正三品已上第一埒一品五十發（一發調馬十五發射下二十五發射上三發射麞三發射帖三發射獸頭）二品四十六發（一發調馬十五發射下二十二發射上二發射麞三發射帖三發射獸頭）從三品四品第二埒三品四十二發（一發調馬十二發射下二十二發射上二發射麞二發射帖三發射獸頭）四品三十七發（一發調馬十一發射下十九發射上一發射麞二發射帖三發射獸頭）五品第三埒三十二發（一發調馬九發射下十七發射上一發射麞二發射帖二發射獸頭）六品第四埒二十七發（一發調馬八發射下十六發射上一發射麞一發射帖）七品第五埒二十一發（一發調馬六發射下十二發射上一發射麞一發射帖）八品第六埒十六發（一發調馬四發射下九發射上一發射麞一發射帖）九品第七埒十發（一發調馬三發射下四發射上一發射麞一發射帖）大射置大將（太尉公爲之）射司馬各一人錄事二人七埒各置埒將射正參軍各一人埒士四人威儀一人乘白馬以導的別參軍一人懸侯下府參軍一人又各置令史埒士等員以司其事

後周仲春教振旅大司馬建大麾於萊田之所鄉稍之官以旂物鼓鐸鉦鐃各帥其人而致誅其後至者建麾於後表之中以集衆庶質明偃麾誅其不及者乃陳徒騎如戰之陣大司馬北面誓之軍中皆聽鼓角以爲進止之節田之日於所萊之北建旗爲和門諸將帥徒騎序入其門有司居門以平其人卽入而分其地險野則徒前而騎後易野則騎前而徒後卽陣皆坐乃設驅逆騎有司表貉於陣前以太牢祭黃帝軒轅氏於狩地爲墠建二旗列五兵於坐側行三獻禮遂蒐田致禽以祭社仲夏教茇舍如振旅之陣遂以苗田如蒐法致禽以享礿仲秋教練兵如振旅之陣遂以獮田如蒐法致禽以祀方仲冬教大閱如振旅之陣遂以狩田如蒐法致禽以享烝

孟秋迎太白候太白夕見於西方先見三日大司馬戒

朞遂建旗於陽武門外司空除壇兆有司薦毛血登歌奏昭夏在位者拜事畢出其日中後十刻六軍士馬俱介冑集旗下左右武伯督十二帥嚴街侍臣文武俱介冑奉迎樂師撞黃鐘右五鐘皆應皇帝介冑警蹕以出如常儀而無鼓角出國門而軷祭至則舍於次太白未見五刻中外皆嚴皇帝就位六軍鼓譟行三獻之禮每獻鼓譟如初獻事訖燔燎賜胙畢鼓譟而還

隋制大射祭射侯於射所用少牢軍人每年孟秋閱戎具仲冬教戰法及大業三年煬帝在榆林突厥啓民及西域東胡君長並來朝貢帝欲誇以甲兵之盛乃命有司陳冬狩之禮詔虞部量拔延山南北周二百里並立表記前狩二日兵部建旗於表所五里一旗分為四十軍軍萬人騎五千匹前一日諸將各帥其軍集於旗下鳴鼓後至者斬詔四十道使並揚旗建節分申佃令即留軍所監獵布圍圍闕南面方幘而前帝服紫袴褶黑介幘乘闟豬車其飾如木輅重轂漫輪蚪龍繞轂漢東京鹵簿所謂獵車者也駕六黑騮太常陳鼓笳鐃簫角於帝左右各百二十百官戎服騎從鼓行入圍諸將並鼓行越圍乃設驅逆騎千有二百圍豬停軔有司斂大綏王公已下皆整弓矢陳於駕前有司又斂小綏乃驅獸出過於帝前初驅過有司整御弓矢以前待詔再驅過備身將軍奉進弓矢三驅過帝乃從禽鼓吹皆振坐而射之每驅必三獸以上帝發抗大綏次王公發則抗小綏次諸將發射之無鼓驅逆之騎乃止然後三軍四夷百姓皆獵凡射獸自左膘而射之達于右腢為上等達右耳本為次等自左髀達于右䯚為下等羣獸相從不得盡殺已傷之獸不得重射又逆向人者不射其面出表者不逐之佃將止虞部建旗於圍內從駕之鼓及諸軍鼓俱振卒徒皆譟諸獲禽者獻於旗所致其左耳大獸公之以供宗廟使歸薦腊于京師小獸私之

齊制季冬晦選樂人子弟十歲以上十二以下為侲子合二百四十人一百二十人赤幘皁褠衣執鞞一百二十人赤布袴褶執鞞角方相氏黃金四目熊皮蒙首玄衣朱裳執戈揚楯又作窮奇祖明之類凡十二獸皆有毛角鼓吹令率之中黃門行之冗從僕射將之以逐惡鬼于禁中其日戊夜三唱開諸里門儺者各集被服器仗以待事戊夜四唱開諸城門二衛皆嚴上水一刻皇帝常服即御座王公執事官第一品已下從六品已上陪列預觀儺者鼓譟入殿西門徧於禁內分出二上閤作方相與十二獸儛戲喧呼周徧前後鼓譟出殿南門分為六道出於郭外

隋制季春晦儺磔牲於宮門及城四門以禳陰氣秋分前一日禳陽氣季冬傍磔大儺亦如之其牲每門各用羝羊及雄雞一選侲子如後齊冬八隊二時儺則四隊問事十二人赤幘褠衣執皮鞭工人二十二人其一人方相氏黃金四目蒙熊皮玄衣朱裳其一人為唱師著皮衣執棒鼓角各十有司預備雄雞羝羊及酒於宮門為坎未明鼓譟以入方相氏執戈揚楯周呼鼓譟而出合趣顯陽門分詣諸城門將出諸祝師執事預副牲匈磔之於門酌酒禳祝舉牲并酒埋之

後齊制日蝕則太極殿西廂東向堂東廂西向各設御座羣官公服晝漏上水一刻內外皆嚴三門者閉中門單門者掩之蝕前三刻皇帝服通天冠即御座直衞如常不省事有變聞鼓音則避正殿就東堂服白袷單衣侍臣皆赤幘帶劍升殿侍諸司各於其所赤幘持劍出戶向日立有司各率官屬並行宮內諸門掖門屯衞太社鄴令以官屬圍社守四門以朱絲繩繞繫社壇三匝太祝令陳辭責社太史令二人走馬露版上尚書門司疾上之又告清都尹鳴鼓如嚴鼓法日光復圓止奏解嚴

後魏每攻戰剋捷欲天下知聞迺書帛建於竿上名為露布其後相因施行開皇中迺詔太常卿牛弘太子庶子裴政撰宣露布禮及九年平陳元帥晉王以驛上露布兵部奏請依新禮宣行承詔集百官四方客使等並赴廣陽門外服朝衣各依其列內史令稱有詔在位者皆拜宣訖拜蹈舞者三又拜郡縣亦同

隋書卷八考證

禮儀志三三品二十五發注十發射上三發射鞶○監本脫上三發射四字從宋本增

# 隋書卷九

唐太尉揚州都督監修國史上柱國趙國公臣長孫無忌等撰

## 志第四

### 禮儀四

周大定元年靜帝遣兼太傅上柱國杞國公椿大宗伯大將軍金城公煚奉皇帝璽紱策書禪位于隋司錄虞慶則曰請設壇於東第博士何妥議以為受禪登壇以告天也故魏受漢禪設壇於繁昌為在行旅郊壇乃闕至如漢高在汜光武在鄗盡非京邑所築壇自晉宋揖讓皆在都下莫不並就南郊更無別築之義又後魏即位登朱雀觀周帝初立受朝於路門雖自我作古皆非禮也今即府為壇恐招後誚議者從之二月甲子椿等乘象輅備鹵簿持節率百官至門下奉策入次百官文武朝服立于門南北面高祖冠遠遊冠府寮陪列記室入白禮曹導高祖府寮從出大門東廂西向椿奉策書煚奉璽紱出次節導而進高祖揖之入門而左椿等入門而右百官隨入庭中椿南向讀冊書畢進授高祖高祖北面再拜辭不奉詔上柱國李穆進諭朝旨又與百官勸進高祖不納椿等又奉策書進而敦勸高祖再拜俯受策以授高熲受璽以授虞慶則退就東階位使者與百官皆北面再拜搢笏三稱萬歲有司請備法駕高祖不許改服紗帽黃袍入幸臨光殿就閤內服袞冕乘小輿出自西序如元會儀禮部尚書以案承符命及祥瑞牒進東階下納言跪御前以聞內史令奉宣詔大赦改元日開皇是日命有司奉冊祀于南郊

後齊將崇皇太后則太尉以玉帛告圓丘方澤以幣告廟皇帝乃臨軒命太保持節太尉副之設九儐命使者受璽綬冊及節詣西上閤其日昭陽殿文物具陳臨軒訖使者就位持節及璽綬稱詔二侍中拜進受節及冊璽綬以付小黃門黃門以詣閤皇太后服褘衣處昭陽殿公主及命婦陪列於殿皆拜小黃門以節綬入女侍中受以進皇太后皇太后興受以授左右復坐反節於使者使者受節出冊皇后如太后之禮

後齊冊皇太子則皇帝臨軒司徒為使司空副之太子服遠遊冠入至位使者入奉冊讀訖皇太子跪受冊於使以授中庶子又受璽綬於尚書以授庶子稽首以出就冊則使者持節至東宮宮臣內外官定列皇太子階東西面若幼則太師抱之主衣二人奉空頂幘服從以受冊明日拜章表於東宮殿庭中庶子中舍人乘軺車奉章詣朝堂謝擇日齋於崇正殿服冕乘石山安車謁廟擇日羣臣上禮又擇日會明日三品以上牋賀

冊諸王以臨軒日上水一刻吏部令史乘馬齎召版詣王第王乘高車鹵簿至東掖門止乘軺車既入至席尚書讀冊訖以授王又授章綬事畢乘軺車入鹵簿乘高車詣闔門伏闕表謝報訖拜廟還第就第則鴻臚卿持節吏部尚書授冊侍御史授節使者受而出乘軺車持節詣王第入就西階東面王入立於東階西面使者讀冊博士讀版王俛伏興進受冊章綬茅土俛伏三稽首還本位謝如上儀在州鎮則使者受節冊乘軺車至州如王第

諸王三公儀同尚書令五等開國太妃妃公主恭拜冊軸一枚長二尺以白練衣之用竹簡十二枚六枚與軸等六枚長尺二寸文出集書書皆篆字哀冊贈冊亦同諸王五等開國及鄉男恭拜以其封國所在方取社壇方面土包以白茅內青箱中函方五寸以青塗飾封授之以為社

隋臨軒冊命三師諸王三公並陳車輅餘則否百司定列內史令讀冊訖受冊者拜受出又引次受冊者如上儀若冊開國郊社令奉茅土立於仗南西面每受冊訖授茅土焉

後齊皇帝加元服以玉帛告圓丘方澤以幣告廟擇日臨軒中嚴羣官位定皇帝著空頂介幘以出太尉盥訖升脫空頂幘以黑介幘奉加訖太尉進太保之右北面讀祝訖太保加冕侍中繫玄紘脫絳紗袍加袞服事畢太保上壽羣官三稱萬歲皇帝入溫室移御坐會而不上壽後日文武羣官朝服上禮酒十二鍾米十二囊牛十二頭又擇日親拜圓丘方澤謁廟

皇太子冠則太尉以制幣告七廟擇日臨軒有司供帳於崇正殿中嚴皇太子空頂幘公服出立東階之南西面使者入立西階之南東面皇太子受詔訖入室盥櫛出南面使者進揖詣冠席西面坐光祿卿盥訖詣太子前疏櫛使者又盥奉進賢三梁冠至太子前東面祝脫空頂幘加冠太子興入室更衣出又南面就席光祿卿盥櫛使者又盥祝脫三梁冠加遠遊冠太子又入室更衣設席中楹之西使者揖就席南面光祿卿洗爵酌醴使者詣席前北面祝太子拜受醴即席坐祭之啐之奠爵降階復本位西面三師三少及在位羣官拜事訖又擇日會宮臣又擇日謁廟

隋皇太子將冠前一日皇帝齋於大興殿皇太子與賓贊及預從官齋於正寢其日質明有司告廟各設筵於阼階皇帝袞冕入拜即御座賓揖皇太子進升筵西向坐贊冠者坐櫛設纚賓盥訖進加緇布冠贊冠進設頍纓賓揖皇太子適東序衣玄衣素裳以出贊冠者又坐櫛賓進加遠遊冠改服訖賓又受冕太子適東序改服以出賓揖皇太子南面立賓進受醴進筵前北面立祝皇太子拜受觶賓復位東面答拜贊冠者奉饌於筵前皇太子祭奠禮畢降筵進當御東面拜納言承詔詣太子戒訖太子拜贊冠者引太子降自西階賓少進字之贊冠者引皇太子進立於庭東面諸親拜訖贊冠者拜太子皆答拜與賓贊俱復位納言承詔降令有司致禮

賓贊又拜皇帝降復阼階拜皇太子已下皆拜皇帝出更衣還宮皇太子從至閤因入見皇后拜而還

後齊皇帝納后之禮納采問名納徵訖告圓丘方澤及廟如加元服是日皇帝臨軒命太尉為使司徒副之持節詣皇后行宮東向奉璽綬冊以授中常侍皇后受冊於行殿使者出與公卿以下皆拜有司備迎禮太保太尉受詔而行主人公服迎拜於門使者入升自賓階東面主人升自阼階西面禮物陳於庭設席於兩楹間童子以璽書版升主人跪受送使者拜于大門之外有司先於昭陽殿兩楹間供帳為同牢之具皇后服大嚴繡衣帶綬珮加幜女長御引出升畫輪四望車女侍中負璽陪乘鹵簿如大駕皇帝服袞冕出升御座皇后入門大鹵簿住門外小鹵簿入到東上閤施步鄣降車席道以入昭陽殿前至席位姆去幜皇后先拜後起皇帝後拜先起帝升自西階詣同牢坐與皇后俱坐各三飯訖又各酳二爵一巹奏禮畢皇后興南面立皇帝御太極殿王公已下拜皇帝興入明日后展衣於昭陽殿拜表謝又明日以榛栗棗脩見皇太后於昭陽殿擇日羣官上禮又擇日謁廟皇帝使太尉先以太牢告而後徧見羣廟

皇太子納妃禮皇帝遣使納采有司備禮物會畢使者受詔而行主人迎于大門外禮畢會於聽事其次問名納吉並如納采納徵則使司徒及尚書令為使備禮物而行請期則以太常宗正卿為使如納采親迎則太尉為使三日妃朝皇帝於昭陽殿又朝皇后於宣光殿擇日羣官上禮佗日妃還又佗日皇太子拜閤

隋皇太子納妃禮皇帝臨軒使者受詔而行主人俟於廟使者執鴈主人迎拜於大門之東使者入升自西階立於楹間南面納采訖乃行問名儀事畢主人請致禮於從者禮有幣馬其次擇日納吉如納采又擇日以玉帛乘馬納徵又擇日告期又擇日命有司以特牲告廟冊妃皇太子將親迎皇帝臨軒醮而誡曰往迎爾相承我宗事勗帥以敬對曰謹奉詔既受命羽儀而行主人几筵於廟妃服褕翟立於東房主人迎於門外西面拜皇太子答拜主人揖皇太子先入主人升立於阼階西面皇太子升進當房戸前北面跪奠鴈俛伏興拜降出妃父少進西面戒之母於西階上施衿結帨及門內施鞶申之出門妃升輅乘以几姆加幜皇太子乃御輪三周御者代之皇太子出大門乘輅羽儀還宮妃三日雞鳴夙興以朝奠笲於皇帝皇帝撫之又奠笲於皇后皇后撫之席於戸牖間妃立於席西祭奠而出

後齊娉禮一曰納采二曰問名三曰納吉四曰納徵五曰請期六曰親迎皆用羔羊一口鴈一隻酒黍稷稻米麪各一斛自皇子王已下至於九品皆同流外及庶人則減其半納徵皇子王用玄三匹纁二匹束帛十匹大璋一（第一品已下至從三品用璧玉四品已下皆無）獸皮二（第一品已下至從五品用豹皮二六品已下至從九品用鹿皮）錦綵六十匹（一品錦綵四十匹二品三十匹三品二十匹四品雜綵十六匹五品十匹六品七品五匹）絹二百匹（一品一百四十匹二品一百二十匹三品一百匹四品八十匹五品六十匹六品七品五十匹八品九品三十匹）羔羊一口羊四口犢二頭酒黍稷稻米麪各十斛（一品至三品減羊二口酒黍稷稻米麪各減六斛四品五品減一犢酒黍稷稻米麪又減二斛六品已下無犢酒黍稷稻米麪各一斛）諸王之子已封未封禮皆同第一品新婚從車皇子百乘一品五十乘第二第三品三十乘第四第五品二十乘第六第七品十乘八品達於庶人五乘各依其秩之節

梁大同五年臨城公婚公夫人於皇太子妃為姑姪進見之制議者互有不同令曰纁鴈之儀既稱合於二姓酒食之會亦有姻不失親若使榛栗腶修贄饋必舉副笄編珈盛飾斯備不應婦見之禮獨以親闕頃者敬進醯醴已傳婦事之則而奉盤沃盥不行侯服之家是知繁省不同質文異世臨城公夫人於妃既是姑姪宜停省

後齊將講於天子先定經於孔父廟置執經一人侍講二人執讀一人擿句二人錄義六人奉經二人講之旦皇帝服通天冠玄紗袍乘象輅至學坐廟堂上講訖還便殿改服絳紗袍乘象輅還宮講畢以一太牢釋奠孔父配以顏回列軒懸樂六佾舞行三獻禮畢皇帝服通天冠絳紗袍升阼即坐宴畢還宮皇太子每通一經亦釋奠乘石山安車三師乘車在前三少從後而至學焉

梁天監八年皇太子釋奠周捨議以為釋奠仍會既惟大禮請依東宮元會太子著絳紗袍樂用軒懸預升殿坐者皆服朱衣帝從之又有司以為禮云凡為人子者升降不由阼階案今學堂凡有三階愚謂客若降等則從主人之階今先師在堂義所尊敬太子宜登阼階以明從師之義若釋奠事訖宴會之時無復先師之敬太子升堂則宜從西階以明不由阼義吏部郎徐勉議鄭玄云由命士以上父子異宮宮室既異無不由阼階之禮請釋奠及宴會太子升堂並宜由東階若輿駕幸學自然中陛又檢東宮元會儀注太子升崇正殿不欲東西階責東宮典儀列云太子元會升自西階此則相承為謬請自今東宮大公事太子升崇正殿並由阼階其預會賓客依舊西階

大同七年皇太子表其子寧國臨城公入學時議者以與太子有齒胄之義疑之侍中尚書令臣敬容尚書僕射臣纘尚書臣僧旻臣之遴臣筠等以為參點並事宣尼回路同諮泗水鄒魯稱盛洙汶無譏師道既光得一資敬無虧亞貳況於兩公而云不可制曰可

後齊制新立學必釋奠禮先聖先師每歲春秋二仲常行其禮每月旦祭酒領博士已下及國子諸學生已上大學四門博士升堂助教已下大學諸生階下拜孔揖顏日出行事而不至者記之為一負雨霑服則止學生每十日給假皆以景日放之郡學則於坊內立孔顏廟博士已下亦每月朝云

隋制國子寺每歲以四仲月上丁釋奠於先聖先師年別一行鄉飲酒禮州郡學則以春秋仲月釋奠州郡縣亦每年於學一行鄉飲酒禮學生皆乙日試書景日給假焉

梁元會之禮未明庭燎設文物充庭臺門闕禁衛皆嚴有司各從其事太階東置白獸樽羣臣及諸蕃客並集各從其班而拜侍中奏中嚴王公卿尹各執珪璧入拜侍中乃奏外辦皇帝服袞冕乘輿以出侍中扶左常侍扶右黃門侍郎一人執曲直華蓋從至階降輿納舄升坐有司御前施奉珪藉王公以下至阼階脫舄劍升殿席南奉贄珪璧畢下殿納舄佩劍詣本位主客郎徙珪璧於東廂帝興入從御坐於西壁下東向設皇太子王公已下位又奏中嚴皇帝服通天冠升御坐王公上壽禮畢食食畢樂伎奏太官進御酒主書賦黃甘逮二品已上尚書騶騎引計吏郡國各一人皆跪受詔侍中讀五條詔計吏每應諾訖令陳便宜者聽詣白獸樽以次還坐宴樂罷皇帝乘輿以入皇太子朝則遠遊冠服乘金輅鹵簿以行預會則劍履升坐會訖先興天監六年詔曰頃代以來元日朝畢次會羣臣則移就西壁下東向坐求之古義王者讌萬國唯應南面何更居東面於是御座南向以西方為上皇太子以下在北壁坐者悉西邊東向尚書令以下在南方坐者悉東邊西向舊元日御座東向酒壺在東壁下御座既南向乃詔壺於南蘭下又詔元日受五等贄珪璧並量付所司周捨案周禮冢宰大朝覲贊玉幣尚書古之冢宰頃王者不親撫玉則不復須冢宰贊助尋尚書主客曹郎既冢宰隸職今元日五等奠玉既竟請以主客郎受鄭玄注覲禮云既受之後出付玉人於外漢時少府職主珪璧請主客受玉付少府掌帝從之又尚書僕射沈約議正會儀注御出乘輿至太極殿前納舄升階奪路寢之設本是人君居處不容自敬宮室案漢氏則乘小車升殿請自今元正及大公事御宜乘小輿至太極階仍乘版輿升殿制可

陳制先元會十日百官並習儀注令僕已下悉公服監之設庭燎街闕城上殿前皆嚴兵百官各設部位而朝宮人皆於東堂隔綺疏而觀宮門既無籍外人但絳衣者亦得入觀是日上事人發白獸樽自餘亦多依梁禮云

後齊正日侍中宣詔慰勞州郡國使詔牘長一尺三寸廣一尺雌黃塗飾上寫詔書三計會日侍中依儀勞郡國計吏問刺史太守安不及穀價麥苗善惡人間疾苦又班五條詔書於諸州郡國使人寫以詔牘一枚長二尺五寸廣一尺三寸亦以雌黃塗飾上寫詔書正會日依儀宣示使人歸以告刺史二千石一曰政在正身在愛人去殘賊擇良吏正決獄平徭賦二曰人生在勤勤則不匱其勸率田桑無或煩擾三曰六極之人務加寬養必使生有以自救沒有以自給四曰長吏華浮奉客以求小譽逐末捨本政之所疾宜謹察之五曰人事意氣干亂奉公外內溷淆綱維不設所宜糾劾正會日侍中黃門宣詔勞諸郡上計勞訖付紙遣陳土宜字有脫誤者呼起席後立書迹濫劣者飲墨水一升文理孟浪無可取者奪容刀及席既而本曹郎中考其文迹才辭可取者錄牒吏部簡同流外三品敍元正大饗百官一品已下流外九品已上預會一品已下正三品已上開國公侯伯散品公侯及特命之官下代刺史並升殿從三品已下從九品已上及奉正使人比流官者在階下勳品已下端門外

隋制正旦及冬至文物充庭皇帝出西房即御座皇太子鹵簿至顯陽門外入賀復詣皇后御殿拜賀訖還宮皇太子朝訖羣官客使入就位再拜上公一人詣西階解劍升賀降階帶劍復位而拜有司奏諸州表羣官在位者又拜而出皇帝入東房有司奏行事訖乃出西房坐定羣官入就位上壽訖上下俱拜皇帝舉酒上下舞蹈三稱萬歲皇太子預會則設坐於御東南西向羣臣上壽畢入解劍以升會訖先興

後齊元日中宮朝會陳樂皇后褘衣乘輿以出於昭陽殿坐定內外命婦拜皇后興妃主皆跪皇后坐妃主皆起長公主一人前跪拜賀禮畢皇后入室乃移幄坐於

西廂皇后改服褕狄以出坐定公主一人上壽訖就坐御酒食賜爵並如外朝會

隋儀如後齊制而又有皇后受羣臣賀禮則皇后御坐而內侍受羣臣拜以入承令而出羣臣拜而罷

後齊皇太子月五朝未明二刻乘小輿出爲三師降至承華門升石山安車三師軺車在前三少在後自雲龍門入皇帝御殿前設拜席位至柏閤齋帥引洗馬中庶子從至殿前席南北面再拜

天保元年皇太子監國在西林園冬會羣議皆東面二年於北城第內冬會又議東面吏部郎陸卬疑非禮魏收改爲西面邢子才議欲依前日凡禮有同者不可令異詩說天子至於大夫皆乘四馬況以方面之少何可皆不同乎若太子定西面者王公卿大夫士復何面邪南面人君正位今一官之長無不南面太子聽政亦南面坐議者言皆晉舊事太子在東宮西面爲避尊位非爲向臺殿也子才以爲東晉博議依漢魏之舊太子普臣四海不以爲嫌又何疑於東面禮世子絕旁親世子冠於阼冢子生接以太牢漢元著令太子絕馳道此皆禮同於君又晉王公世子攝命臨國乘七旒安車駕用三馬禮同三公近宋太子乘象輅皆有同處不以爲嫌況東面者君臣通禮獨何爲避明爲向臺所以然也近皇太子在西林園在於殿猶且東面於北城非宮殿之處更不得邪諸人以東面爲尊宴會須避案燕禮燕義君位在東賓位則在西君位在阼階故有武王踐阼篇不在西也禮乘君之車不敢曠左君在惡空其位左亦在東不在西也君在阼夫人在房鄭注人君尊東也前代及今皇帝宴會接客亦東堂西面若以東面爲貴皇太子以儲后之禮監國之重別第宴臣賓自得申其正位禮者皆東宮臣屬公卿接宴覲禮而已若以西面爲卑實是君之正位太公不肯北面說丹書西面則道之西面乃尊也君位南面有東有西何可皆避且事雖少異有可相比者周公臣也太子子也周公爲冢宰太子爲儲貳明堂尊於別第朝諸侯重於宴臣賓南面貴於東面臣疎於子冢宰輕於儲貳周公攝政得在明堂南面朝諸侯今太子監國不得於別第異宮東面宴客情所未安且君行以太子監國君宴不以公卿爲賓明父子無嫌君臣有嫌案儀注親王受詔冠婚皇子女皆東面今不約王公南面而獨約太子何所取邪議者南尊改就西面轉君位更非合禮方面既少難爲節文東西二面君臣通用太子宜然於禮爲允魏收議云去天保初皇太子監國冬會羣官於西園都亭坐從東面義取於向中宮臺殿故也二年於宮冬會坐乃東面收竊以爲疑前者逐有別議議者同之邢尚書以前定東面之議復申本懷此乃國之大禮無容不盡所見收以爲太子東宮位在於震長子之義也案易八卦正位向中皇太子今居北城於宮殿爲東北南面而坐於義爲背也前者立議據東宮爲本又案東宮舊事太子宴會多以西面爲禮此又成證非徒言也不言太子常無東南二面之坐但用之有所至如西園東面所不疑也未知君臣車服有同異之議何爲而發就如所云但知禮有同者不可令異不知禮有異者不可令同苟別君臣同異之禮恐重紙累札書不盡也子才竟執東面收執西面援引經據大相往復其後竟從西面爲定時議又疑宮吏之姓與太子名同子才又謂曰案曲禮大夫士之子不與世子同名鄭注云若先之生亦不改漢法天子登位布名於天下四海之內無不咸避案春秋經衞石惡出奔晉在衞侯衎卒之前衎卒其子惡始立明石惡於長子同名諸侯長子在一國之內與皇太子於天子禮亦不異鄭言先生不改蓋以此義衞石惡宋向戌皆與君同名春秋不譏皇太子雖有儲貳之重未爲海內所避何容便改人姓然事有消息不得皆同於古宮吏至微而有所犯朝名從事亦是難安宜聽出宮尚書更補佗職制曰可

後周制正之二日皇太子南面列軒懸宮官朝賀及開皇初皇太子勇準故事張樂受朝宮臣及京官北面稱慶高祖誚之是後定儀注西面而坐唯宮臣稱慶臺官不復總集煬帝之爲太子奏降章服宮官請不稱臣詔許之

後齊立春日皇帝服通天冠青介幘青紗袍佩蒼玉青帶青袴青襪舄而受朝於太極殿尚書令等坐定三公郎中詣席跪讀時令訖典御酌酒卮置郎中前郎中拜還席伏飲禮成而出立夏季夏立秋讀令則施御座於中楹南向立冬如立春於西廂東向各以其時之色服儀並如春禮

後齊每策秀孝中書策秀才集書策考貢士考功郎中策廉良皇帝常服乘輿出坐於朝堂中楹秀孝各以班草對其有脫誤書濫孟浪者起立席後飲墨水脫容刀

後齊宴宗室禮皇帝常服別殿西廂東向七廟子孫皆公服無官者單衣介幘集神武門宗室尊卑次于殿庭七十者二人扶拜八十者扶而不拜升殿就位皇帝與宗室伏皇帝坐乃興拜而坐尊者南面卑者北面皆以西爲上八十者一坐再至進絲竹之樂三爵畢宗室避席待詔而後復位乃行無算爵

正晦汎舟則皇帝乘輿鼓吹至行殿升御坐乘版輿以與王公登舟置酒非預汎者坐於便幕

仲春令辰陳養老禮先一日三老五更齋於國學皇帝進賢冠玄紗袍至璧雍入總章堂列宮懸王公已下及國老庶老各定位司徒以羽儀武賁安車迎三老五更于國學並進賢冠玄服黑舄素帶國子生黑介幘青衿單衣乘馬從以至皇帝釋劍執珽迎於門內三老至門五更去門十步則降車以入皇帝拜三老五更攝齊答拜皇帝揖進三老在前五更在後升自右階就筵三老坐五更立皇帝升堂北面公卿升自左階北面三公授几杖卿正履國老庶老各就位皇帝拜三老羣臣皆拜不拜五更乃坐皇帝西面肅拜五更進珍羞酒食親袒割執醬以饋執爵以酳以次進五更又設酒醢於國老庶老皇帝升御坐三老乃論五孝六順典訓大綱皇帝虛躬請受禮畢而還又都下及外州人年七十已上賜鳩杖黃帽有勑賜給不爲常也

後周保定三年陳養老之禮以太傅燕國公于謹爲三老有司具禮擇日高祖幸太學以食之事見謹傳

隋書卷九考證

禮儀志四奠笲於皇帝皇帝撫之又奠笲於皇后皇后撫之○一本笲俱訛笄按笲符袁切竹器儀禮士昏禮舅坐撫之興答拜婦還又拜降階受笲服脩升進北面拜奠於席禮記婦執笲棗栗段脩以見

# 隋書卷十

唐太尉揚州都督監修國史上柱國趙國公臣長孫無忌等撰

## 志第五

### 禮儀五

輿輦之別蓋先王之所以列等威也然隨時而變代有不同梁初尚遵齊制其後武帝既議定禮儀乃漸有變革始永明中步兵校尉伏曼容奏宋大明中尚書左丞荀萬秋議金玉二輅並建碧旂象革木輅並建赤旂非時運所上又非五方之色今五輅五牛及五色幡旗並請準齊所尚青色時議所駁不行及天監三年乃改五輅旗同用赤而旒不異以從行運所尚也七年帝曰據禮玉輅以祀金輅以賓而今大祀並乘金輅詔下詳議周捨以爲金輅以之齋車本不關於祭祀於是改陵廟皆乘玉輅大駕則太僕卿御法駕則奉車郎馭其餘四輅則使人執轡以朱絲爲之執者武冠朱衣又齊永明制玉輅上施重屋棲寶鳳皇綴金鈴鑷珠璫玉蜯佩四角金龍銜五綵旄又畫麒麟頭加於馬首者十二年帝皆省之初齊武帝造大小輦並如軺車但無輪轂下橫轅軛梁初漆畫代之後帝令上可加笨輦形如犢車自茲始也中方八尺左右開四望金爲龍首飾其五末謂轅轂頭及衡端也金鸞棲軛其下施重層以空青雕鏤爲龍鳳象漆木橫前名爲望板其下交施三十六橫小輿形似軺車金裝漆畫但施八橫元正大會乘出上殿西堂舉哀亦乘之行則從後一名輿車羊車一名輦其上如軺小兒衣青布袴褶五辮髻數人引之時名羊車小史漢氏或以人牽或駕果下馬梁貴賤通得乘之名曰牽子

畫輪車一乘駕牛乘用如齊制舊史言之詳矣

衣書車十二乘駕牛漢皁蓋朱裏過江加綠油幢朱絲絡青交路黃金塗五末一曰副車梁朝謂之衣書車

皇太子鸞輅駕三馬左右騑朱班輪倚獸較伏鹿軾九旒畫降龍青蓋畫幡文輈黃金塗五末近代亦謂之鸞輅即象輅也梁東宮初建及太子釋奠元正朝會則乘之以畫輪爲副若常乘畫輪以軺衣書車爲副畫輪車上開四望綠油幢朱繩絡兩箱裏飾以錦黃金塗五末

二千石四品已上及列侯皆給軺車駕牛伏兔箱青油幢朱絲絡轂輞皆黑漆天監二年令三公開府尚書令則給鹿幡軺施耳後戶皁輞尚書僕射左右光祿大夫侍中中書監令祕書監則給鳳轄軺後戶皁輞領護國子祭酒太子詹事尚書侍中列卿散騎常侍給聊泥軺無後戶漆輪車騎驃騎及諸王除刺史帶將軍給龍雀軺以金銀飾御史中丞給方蓋軺形如小傘

諸王三公有勳德者皆特加皁輪車駕牛形如犢車但烏漆輪轂黃金雕裝上加青油幢朱絲絡通幰或四望上臺三夫人亦乘之以揭幢涅幰爲副王公加禮者給油幢絡車駕牛朱輪華轂天監二年令上臺六宮長公主公主諸王太妃妃皆乘清油輿幢通幰車揭幢涅幰爲副釆女皇女諸王嗣子侯夫人皆乘赤油揭幢車以涅幰爲副侍女直乘涅幰之乘諸王三公並乘通幰平乘車竹箕子壁仰櫝楡爲輞如今犢車帊轝幰通覆上

方州刺史並乘通幰平肩輿從橫施八橫亦得金渡裝較天子至于下賤通乘步輿方四尺上施隱膝以及襻舉之無禁限載輿亦如之但不施脚以其就席便也優禮者入輿以升殿司徒謝朏以脚疾優之

五牛旗左青赤右白黑黄居其中蓋古之五時副車也舊有五色立車五色安車合十乘名爲五時車建旗十二各如車色立車則正豎其旗安車則斜注馬亦隨五時之色白馬則朱其鬣尾左右騑驂金𤩽鏤錫黄屋左纛如金根之制行則從後名五時副車晉過江不恒有事則權以馬車代之建旗其上後但以五色木牛象車豎旗於牛背使人輿之旗常纏不舒唯天子親戎乃舒其旆周遷以爲晉武帝平吳後造五牛之旗非過江始爲也

指南車大駕出爲先啓之乘漢初置俞兒騎並爲先驅左太冲曰俞騎騁路指南司方後廢其騎而存其車

記里車駕牛其中有木人執槌車行一里則打一槌

鼓吹車上施層樓四角金龍銜旒蘇羽葆凡鼓吹陸則樓車水則樓船在殿庭則畫笥簴爲樓樓上有翔鷺棲烏或爲鵠形

陳承梁末王琳縱火延燒車府至天嘉元年勑守都官尚書寶安侯到仲舉議造玉金象革木等五輅及五色副車皆金薄交龍爲輿倚較文獸伏軾虯首銜軛左右吉陽筩鸞雀立衡㯂文畫轓綠油蓋黄紋裏相思橑金華末斜注旂旗於車之左各依方色加棨戟於車之右韜以黻繡之衣獸頭幡長丈四尺懸於戟杪玉輅正副同駕六馬餘輅皆駕四馬馬並黄金爲叉髦插以翟尾玉爲鏤錫又以綵畫赤油長三尺廣八寸繫兩軸頭古曰飛軨改以綵畫蛙蟆幡綴兩軸頭即古飛軨遺象也五輅兩箱後皆用玳瑁爲鵾翅加以金銀雕飾故俗人謂之金鵾車兩箱之裏衣以紅錦金花帖釘上用紅紫錦爲後檐青紋純帶夏用簟冬用綺繡褥此後漸修具依梁制

後魏天興初詔議曹郎董謐撰朝饗儀始制軒冕未知古式多違舊章孝文帝時儀曹令李韶更奏詳定討論經籍議改正之唯備五輅各依方色其餘車輦猶未能具至熙平九年明帝又詔侍中崔光與安豐王延明博士崔瓚採其議大造車服定制五輅並駕五馬皇太子乘金輅朱蓋赤質四馬三公及王朱屋青表制同於輅名曰高車駕三馬庶姓王侯及尚書令僕已下列卿已上並給軺車駕用一馬或乘四望通幰車駕一牛自斯以後條章粗備北齊咸取用焉其後因而著令並無增損

王庶姓王儀同三司已上親公主雉尾扇紫傘皇宗及三品已上官青傘朱裏其青傘碧裏達於士人不禁

正從第一品執事官散官及儀同三司諸公主得乘油色朱絡網車車牛飾得用金塗及純銀二品三品得乘卷通幰車車牛飾用金塗四品已下七品已上得乘偏幰車車牛飾用銅

周氏設六官置司輅之職以掌公車之政辨其名品與其物色

皇帝之輅十有二等一曰蒼輅以祀昊天上帝二曰青輅以祀東方上帝三曰朱輅以祀南方上帝及朝日四曰黄輅以祭地祇中央上帝五曰白輅以祀西方上帝及夕月六曰玄輅以祀北方上帝及感帝祭神州此六輅通漆之而已不用他物爲飾皆疏面旒就以方色俱十有二（疏面刻皮當顱）七曰玉輅以享先皇加元服納后八曰碧輅以祭社稷享諸先帝大貞於龜食三老五更享食諸侯及耕藉九曰金輅以祀星辰祭四望視朔大射賓射饗羣臣巡犧牲養國老十曰象輅以望秩羣祀視朝燕諸侯及羣臣燕射養庶老適諸侯家巡省臨太學幸道法門十一曰革輅以巡兵即戎十二曰木輅以田獵行鄉畿此六輅又以六色漆而畫之用玉碧金象革物以飾諸末皆錫面金鉤就以五采俱十有二（錫面鏤金當顱鉤以屬勒鞶纓）

皇后之車亦十二等一曰重翟以從皇帝（重翟羽爲車蕃）祀郊禖享先皇朝皇太后二曰厭翟以祭陰社（次其羽也）三曰翟輅以採桑（翟羽飾之）四曰翠輅以從皇帝見賓客（翠羽飾之）五曰雕輅以歸寧（刻諸末也）六曰篆輅以臨諸道法門（篆諸飾也）六輅皆錫面朱總（總以朱絲爲之置馬勒直兩耳與兩鑣也）金鉤七曰蒼輅以適命婦家八曰青輅九曰朱輅十曰黄輅十一曰白輅十二曰玄輅五時常出入則供之六輅皆疏面繢總（以畫繒爲之）

諸公之輅九方輅（各象方之色）碧輅篆輅皆錫面鞶纓九就金鉤象輅犀輅貝輅革輅篆輅木輅皆疏面鞶纓九就凡就皆以朱白蒼三采諸侯自方輅而下八又無碧輅諸伯自方輅而下七又無金輅諸子自方輅而下六又無象輅諸男自方輅而下五又無犀輅凡就各如其命

諸公夫人之輅車九厭翟翟輅翠輅皆錫面朱總金鉤雕輅篆輅皆勒面（刻黑白韋爲當顱）繢總朱輅黄輅白輅玄輅皆雕面（刻漆韋爲當顱）鷖總（總青黑色繒其著如朱總）諸侯夫人自翟輅而下八諸伯夫人自翠輅而下七諸子夫人自雕輅而下六諸男夫人自篆輅而下五鞶纓就數各視其君

公孤卿大夫皆以中之色乘祀輅士乘祀車

三公之輅車九祀輅犀輅貝輅篆輅木輅夏篆夏縵墨車輚車自篆已上金塗諸末疏錫鞶纓金鉤木輅已下銅飾諸末疏鞶纓皆九就三孤自祀輅而下八無犀輅六卿自祀輅而下七又無貝輅上大夫自祀輅而下六又無篆輅中大夫自祀輅而下五又無木輅下大夫自祀輅而下四又無夏篆士車三祀車墨車輚車凡就各如其命之數自孤下就以朱綠二采

三妃三公夫人之輅九篆輅朱輅黄輅白輅玄輅皆勒面繢總夏篆夏縵墨車輚車皆雕面鷖總三妣三孤內子自朱輅已下八六嬪六卿內子自黄輅而下七上媛婦中大夫孺人自玄輅而下五下媛婦大夫孺人自夏篆而下四御婉士婦人自夏縵而下三其鞶纓就各以其等皆簟第漆之君以赤卿大夫士以玄君駕四三輈六轡卿大夫駕三二騑五轡士駕二一騑四轡

輅之制重輪重較而加耳焉皇帝皇后之輅輿廣六尺有六寸輪高七尺畫輪轂輞衡以雲牙箱軾以虡文虡內畫以雜獸獸伏軾鹿倚較諸侯及夫人命夫命婦之輅車廣六尺有二寸輪崇六尺有六寸畫轂以雲牙軾以虡文虡內畫以雲華鹿倚較士不畫后夫人內子已下同去獸與鹿

凡旗太常畫三辰（日月五星）旂畫青龍（皇帝升龍諸侯交龍）旟畫朱雀旌畫黄麟旗畫白獸旐畫玄武皆加雲其旜物在軍亦書其事號加之以雲氣徽幟亦如之（通帛爲旜雜帛爲物在軍亦書其人官與姓名之事號徽幟亦書之但畫其所書之例）旌節又畫白獸而析羽於其上

司常掌旗物之藏通帛之旗六以供郊丘之祀一曰蒼旗二曰青旗三曰朱旗四曰黄旗五曰白旗六曰玄旗畫繢之旗六以充玉輅之等一曰三辰之常二曰青龍之旗三曰朱鳥之旟四曰黄麟之旌五曰白獸之旗六曰玄武之旐皆左建旗而右建闟戟又有繼旗四以施軍旅一曰麾以供軍將二曰旞以供師帥三曰旐以供旅帥四曰旆以供倅長諸公方輅碧輅建旂金輅建旟象輅建物木輅建旐諸侯自金輅而下如諸公之旗諸伯自象輅而下如諸侯之旗諸子自犀輅而下如諸伯之旗諸男自象輅而下如諸子之旗三公犀輅貝輅篆輅建旜木輅建旐夏篆夏縵及輚車建物孤卿已下各以其輅建其旗

旌杠皇帝六刃諸侯五刃大夫四刃士三刃

旐皇帝曳地諸侯及軹大夫及轂士及軫几注毛於杠首曰綏析羽曰旌全羽曰旞其幓皇帝諸侯加以弧𩨨闟戟方六尺而被之以黻唯皇帝諸侯輅建焉（闟戟杠綢與旗同）

車之蓋圓以象天輿方以象地輪輻三十以象日月蓋橑二十有八以象列宿設和鸞以節趨行被旗旐以表貴賤其取象也大其彰德也明是以王者尚之

皇帝皇后在喪之車五一曰木車初喪乘之二曰素車卒哭乘之三曰藻車既練乘之四曰駹車祥而乘之五曰漆車禫而乘之及平齊得其輿輅藏於中府盡不施用至大象初遣鄭譯閱視武庫得魏舊物取尤異者並加雕飾分給六宮有乾象輦羽葆圓蓋畫日月五星二十八宿天街雲罕山林奇怪及遊麟飛鳳朱雀玄武騶虞青龍駕二十四馬以給天中皇后助祭則乘又有大樓輦車龍輈十二加以玉飾四轂六衡方輿圓蓋金雞樹羽寶鐸旒蘇鸞雀立衡六螭龍銜軛建太常畫升龍日月駕二十牛又有象輦左右金鳳白鹿仙人羽葆旒蘇金鈴玉佩初駕二象後以六駝代之并有遊觀小樓等輦駕十五馬車等合十餘乘皆魏天興中之所制也宣帝至是咸復御之復令天下車皆以渾成木爲輪

開皇元年內史令李德林奏周魏輿輦乖制請皆廢毀高祖從之唯留魏太和時儀曹令李韶所制五輅齊天保所遵用者又留魏熙平中太常卿穆紹議皇后之輅其從祭則御金根車親桑則御雲母車並駕四馬歸寧則御紫罽車遊行則御安車弔問則御紺罽軿車並駕三馬於後著令制五輅

玉輅青質以玉飾諸末重箱盤輿左青龍右白虎金鳳翅畫虡文鳥獸黄屋左纛金鳳在軾前八鸞在衡二鈴在軾龍輈前設鄣塵青蓋黄裏繡飾博山鏡子樹羽輪皆朱斑重牙左建旗十有二旒皆畫升龍其長曳地右載闟戟長四尺廣三尺黻文旂首金龍頭銜結綬及鈴綏駕蒼龍金𤩽方釳插翟尾五隼鏤錫鞶纓十有二就（錫馬當顱鏤金爲之鞶馬大帶纓馬鞅皆以五彩飾之就成也一帀爲一就）祭祀納后則供之

金輅赤質以金飾諸末左建旟右建闟戟（旟畫鳥隼）餘與玉輅同駕赤騮朝覲會同饗射飲至則供之

象輅黄質以象飾諸末左建旌右建闟戟（旌畫黄麟）駕黄騮行道則供之

革輅白質鞔之以革左建旗右建闟戟（旗畫白獸）駕白駱巡

守臨兵事則供之

木輅漆之左建旟右建闟戟旟畫龜蛇駕黑駵田獵則供之

五輅之蓋旌旗之質及鞶纓皆從輅之色蓋之裏俱用黃其鏤錫五輅同

安車飾重輿曲壁紫油纁朱裏通幰朱絲絡網朱鞶纓朱覆髮具絡駕赤駵臨幸則供之

四望車制同犢車金飾青油纁朱裏通幰拜陵臨弔則供之

皇后皇太后重翟青質金飾諸末朱輪金根朱牙其箱飾以重翟羽青油纁朱裏通幰繡紫帷朱絲絡網繡紫絡帶八鑾在衡鏤錫鞶纓十二就金𩍐方釳插翟尾朱總總以朱爲之如馬纓而小著馬勒在兩耳兩鑣也駕蒼龍受冊從郊禖享廟則供之

厭翟赤質金飾諸末輪畫朱牙其箱飾以次翟羽紫油纁朱裏通幰紅錦帷朱絲絡網紅錦絡帶其餘如重翟駕赤駵親桑則供之

翟車黃質金飾諸末輪畫朱牙其車側飾以翟羽黃油纁黃裏通幰白紅錦帷朱絲絡網白紅錦絡帶其餘如重翟駕黃駵歸寧則供之諸鞶纓之色皆從車質

安車赤質金飾紫通幰朱裏駕四馬臨幸及弔則供之

皇太子金輅赤質金飾諸末重較箱畫虡文鳥獸黃屋伏鹿軾龍輈金鳳一在軾前設鄣塵朱蓋黃裏輪畫朱牙左建旂九旒右載闟戟旂首金龍頭銜結綬及鈴綏駕赤駵四八鑾在衡二鈴在軾金𩍐方釳插翟尾五隼鏤錫鞶纓九就從祀享正冬大朝納妃則乘之

軺車金飾諸末紫通幰朱裏駕一馬五日常朝及朝饗宮臣出入行道乘之

四望車金飾諸末紫油纁通幰朱裏朱絲絡網駕一馬弔臨則乘之

公及一品象輅黃質以象飾諸末建旟畫以鳥隼受冊告廟升壇上任親迎及葬則乘之

侯伯及二品三品革輅白質以革飾諸末建旗畫熊獸受冊告廟親迎及葬則乘之

子男及四品木輅黑質以漆飾之建旐畫以龜蛇受冊告廟親迎及葬則乘之

象輅已下旒及就數各依爵品雖依禮製名未及創造開皇三年閏十二月並詔停造而盡用舊物至九年平陳又得輿輦舊著令者以付有司所不載者並皆毀棄雖從儉省而於禮多闕十四年詔又以見所乘車輅因循近代事非經典令更議定於是命有司詳考故實改造五輅及副玉輅青質祭祀乘之金輅赤質朝會禮還乘之象輅黃質臨幸乘之革輅白質戎事乘之木輅玄質耕藉乘之五輅皆朱斑輪龍輈重輿建十二旒並畫升龍左建闟戟旂旒與輅同色樊纓十有二就王五等開國第一第二品及刺史輅朱質朱蓋斑輪左建旂旂畫龍一升一降右建闟戟第三第四品輅朱質朱蓋左建旜通帛爲之旂旜皆赤其旒及樊纓就數各依其品大業元年更製車輦五輅之外設副車詔尚書令楚公楊素吏部尚書奇章公牛弘工部尚書安平公宇文愷內史侍郎虞世基禮部侍郎許善心太府少卿何稠朝請郎閻毗等詳議奏決於是審擇前朝故事定其取捨云

玉輅禋祀所用飾以玉白虎通云玉輅大輅也周禮巾車氏所掌鏤錫樊纓十有再就建太常十有二旒虞氏謂之鸞車夏后氏謂之鉤車殷謂之大輅周謂之乘輅大戴禮著其形式上蓋如規象天二十八橑象列星下方輿象地三十輻象一月前視則覩鸞和之聲側觀則覩四時之運昔成湯用而郊祀因有山車之瑞亦謂桑根車蔡邕獨斷論漢制度凡乘輿車皆有六馬羽蓋金瓜黃屋左纛鏤𩍐方釳重轂繁纓黃繒爲蓋裏也左纛以旄牛尾建於竿上其大如斗立于左騑也鏤𩍐高闊各五寸上如傘形施於髮上而插翟尾也方釳當顱蓋馬冠也繁纓膺前索也重轂重施轂也應劭漢官大輅龍旂畫龍於旂上也董巴志謂爲瑞山車秦謂金根卽殷輅矣司馬彪志亦云漢備五輅或謂德車其所駕馬皆如方色唯晉太常卿摯虞獨疑大輅謂非玉輅摯虞之說理實可疑而歷代通儒混爲玉輅詳其施用義亦不殊左建太常案釋名日月爲常畫日月於旗端言常明也又云自夏始也奚仲爲夏車正加以旂常於是旂就有差用明尊卑之別也董巴所述全明漢制天子建太常十二斿曳地日月升龍象天明也今之玉輅參用舊典消息取捨裁其折中以青爲質玉飾其末重箱盤輿左龍右獸金鳳翅畫虡文鞕左立纛金鳳一在軾前八鑾在衡二鈴在軾龍輈之上前設鄣塵青蓋黃裏繡游帶金博山綴以鏡子下垂八佩樹四十葆羽鞕皆朱斑重牙復轄左建太常十有二旒皆畫升龍日月其長曳地右載闟戟長四尺闊三尺黻文旗首金龍頭銜鈴及綬垂以結綬駕蒼龍金𩍐方釳插翟尾五隼鏤錫鞶纓十有二就皆五綵罽以爲文飾天子祭祀納后則乘之馭士二十八人餘輅準此

副車案蔡邕獨斷五輅之外乃復設五色安車立車各一乘皆駕四馬是爲五時副車俗人名曰五帝車者蓋副車也故張良狙擊秦皇帝誤中副車漢家制度亦備副車司馬彪云德車駕六後駕四是爲副車魏志亦云天子命太祖駕金根六馬設五時副車江左乃闕至梁始備開皇中不置副車平陳得之毀而弗用至是復並設之副玉輅色及旗章一同正輅唯降二等駕用四馬馭士二十四人餘四副準此

金輅案尚書卽綴輅也周官金輅鏤錫繁纓九就建大旂以賓同姓以封夫禮窮則通下得通於上也故天子乘之接賓宴同姓諸侯受而出封是以漢太子諸王皆乘金輅及安車並朱斑輪倚獸較伏鹿軾黑櫎文畫藩青蓋金華施橑朱畫轅金塗飾非皇子爲王不錫此乘皆左右騑駕三馬旂九旒畫降龍皇孫乘綠車亦駕之魏晉制太子及諸王皆駕四馬依摯虞議天子金輅次在第二又云金輅以朝象輅以賓則是晉用輅與周異矣宋起居注泰始四年尚書令建安王休仁議天子之元子士也故齒胄於辟雍欲使知教而後尊不得生而貴矣既命之後禮同上公故天子賜之金輅但減旂章爲等級象及革木賜異姓諸侯在朝卿士亦準斯例此則皇太子及帝子王者通得乘之自晉過江王公以下車服卑雜唯有太子禮秩崇異又乘山石安車義不經見事無所出賜金輅者此爲古制降乘輿二等駕用四馬唯天子五輅通駕六馬旟旌旗旐並十二旒左建旟案爾雅錯革鳥曰旟郭璞云此謂全剝鳥皮毛置之竿上也舊說刻爲革鳥孫叔敖云革急也言畫急疾鳥於旒上也周官所謂鳥隼爲旟亦是急義今之金輅赤質黃金飾諸末左建旟畫飛隼右建闟戟鞶輿鳳翅等並同玉輅駕赤駵臨朝會同饗射飲至則用之皇太子輅古者金飾宋齊以來並乘象輅宇文愷閻毗奏案宋大明六年初備五輅有司奏云泰改周輅創制金根漢魏因循其形莫改而金玉二輅雕飾略同造次瞻覩殆無差別若錫於東儲在禮嫌重非所以崇峻陛級表示等威今皇太子宜乘象輅碧旂九葉進不斥尊退不逼下酌時沿古於禮爲中觀宋此義乃無副車新置五輅金玉同體至象已下卽爲差降所以太子不得乘金輅欲示等威故令給象今取周禮之名依漢家之制天子五輅形飾並同旒及繁纓例皆十二黃屋左纛金根重轂無不悉同唯應五方色以爲殊耳若用此輅給於太子革木畫皆不可何況金象者乎既製副車駕用四馬至於金輅自有等差春秋之義降下以兩今天子金輅駕用六馬十二旒太子金輅駕用四馬降龍九旒制頗同於副車又有旌旗之別并嫡皇孫及親王等輅並給金輅而減其雕飾合於古典臣謂非嫌制曰可於是太子金輅赤質制同副車具體而小亦駕四馬馭士二十八人皇嫡孫金輅綠質降太子一等去盤輿重轂轅上起箱末以金飾旌長七刃七旒駕用四馬馭士一十八人親王金輅以赤爲質餘同於皇嫡孫唯在其國及納妃親迎則給之常朝則乘象輅

象輅案尚書卽先輅也周禮象輅朱繁纓五就建大赤以朝異姓以封左建旌案爾雅注旄首曰旌許愼所說游車載旌廣雅云天子旌高九刃諸侯七刃大夫五刃周書王會張羽鳧旌禮記云龍旂九旒天子之旌也今象輅以黃爲質象飾諸末左建旌畫綠麟右建闟戟駕黃駵祀后土則用之

革輅案釋名天子車也周禮革輅龍勒條纓五就建大白用之卽戎以封四衞古者革輓而漆之更無他飾又有戎輅之革廣車之革闕車之革輕車之革此皆兵車所謂五戎然革輅亦名戎輅天子在軍所乘廣車橫陣車也闕車補闕車也飾並以革故師供革車各以其革摯虞議云革輅第四左建旗案釋名熊獸爲旗周官龍旂九旒以象大火今革輅白質鞔之以革左建旗畫騶虞右建闟戟駕白駱巡守臨兵則用之三品已下並乘革輅朱色爲質馭士十六人

木輅案尚書卽次輅也周官木輅緇樊鵠纓建麾以畋以封藩國晉摯虞云畋輅第五唯宋泰始詔乘木輅以耕稼徐爰釋疑略曰天子五輅晉遷江左闕其三唯有金輅以郊木輅卽戎宋大明時始備其數

凡五輅之蓋旌旗之質及鞶纓皆從方色蓋裏並黃雕飾如一沈約曰金象革木禮圖不載其形今旒數羽葆並同玉輅左建旐案周官龜蛇爲旐釋名云龜知氣兆之吉凶也許愼云旐有四斿以象營室今木輅黑質漆之左建旐畫玄武右建闟戟駕黑駵畋獵用之四品方伯乘木輅赤質駕士十四人

安車案禮卿大夫致事則乘之其制如輜軿蔡邕獨斷有五色安車皆畫輪重轂今畫輪重輿曲壁紫油幢絳裏通幰朱絲絡網赤鞶纓駕四馬省問臨幸則乘之皇太子安車斑輪赤質制略同乘輿亦駕四馬

四望車案晉中朝大駕鹵簿四望車駕牛中道東宮舊儀皇太子及妃皆有畫輪四望車今四望車制同犢車黃金飾青油幢朱裏紫通幰紫絲網駕一牛拜陵臨弔

則用之皇太子四望車綠油幢青通幰朱絲絡網

耕根車案沈約云親幸耕籍御之三蓋車一名芝車又名耕根車置耒耜於軾上卽潘岳所謂紺轅屬於黛耜者也開皇無之駕出親耕則乘木輅蓋依宋泰始之故事也今耕根車以青爲質三重施蓋羽葆雕裝並同玉輅駕六馬其軾平以青囊盛耒而加於上籍千畝行三推禮則親乘焉

羊車案晉司隸校尉劉毅奏護軍羊琇私乘者也開皇無之至是始置焉其制如軺車金寶飾紫錦幰朱絲網馭童二十八皆兩鬟髻服青衣取年十四五者爲謂之羊車小史駕以果下馬其大如羊

屬車案古者諸侯貳車九乘秦滅九國兼其車服故爲八十一乘漢遵不改武帝祠太一甘泉則盡用之明帝上原陵又用之法駕三十六乘小駕十二乘開皇中大駕十二乘法駕減半大業初屬車備八十一乘並如犢車紫通幰朱絲絡網黃金飾駕一牛在鹵簿中單行正道至三年二月帝嫌其多問起部郎閻毗毗曰臣共宇文愷參詳故實此起於秦遂爲後式故張衡賦云屬車九九是也次及法駕三分減一此漢制也故文帝紀奉天子法駕迎代邸如淳曰屬車三十六乘是也又據宋孝建時有司奏議晉遷江左唯設五乘尚書令建平王宏曰八十一乘無所準憑江左五乘儉不中禮但帝王旂旒之數皆用十二今宜準此設十二乘開皇平陳因以爲法令憲章往古大駕依秦法駕依漢小駕依宋以爲差等帝曰大駕宜用三十六法駕宜用十二小駕除之可也

輦案釋名人所輦也漢成帝遊後庭則乘之徐爰釋問云天子御輦侍中陪乘今輦制象軺車而不施輪通幰朱絡飾以金玉用人荷之

副輦加笨制如犢車亦通幰朱絡謂之蓬輦自梁武帝始也

輿案說文云箯竹輿也周官曰周人上輿漢室制度以雕玉爲之方徑六尺今輿制如輦而但小耳宮苑宴私則御之

小輿幰方形同幄帳自閤出升正殿則御之

軺車案六韜一名遙車蓋言遙遠四顧之車也漢武帝迎申公弟子二人乘軺傳從此又是馳傳車也晉氏鹵簿御史軺車行中道晉公卿禮秩云尚書令軺黑耳後戶今軺車青通幰駕二馬王侯入學五品朝婚通給之司隸刺史及縣令詔使品第六七則並駕一馬

犢車案魏武書贈楊彪七香車二乘用牛駕之蓋犢車也長沙耆舊傳曰劉壽常乘通幰車今犢車通幰自王公已下至五品已上並給乘之三品已上青幰朱裏五品已上紺幰碧裏皆白銅裝唯有慘及弔喪者則不張幰而乘鐵裝車六品已下不給任自乘犢車弗許施幰初五品已上乘偏幰車其後嫌其不美停不行用以亘幰代之三品已上通幰車則青壁一品軺車油幰朱網唯車輅一等聽勑始得乘之

馬珂三品已上九子四品七子五品五子

皇后重翟車案周禮正后亦有五輅一曰重翟二曰厭翟三曰安車四曰翟車五曰輦車漢制后法駕乘重翟車今重翟青質金飾諸末畫輪金根朱牙重轂其箱飾以重翟羽青油幢朱裏通幰紫繡帷朱絲絡紫繡帶八鑾在衡鏤鍚鞶纓十有二就金𠊱方釳插翟尾朱總綴於馬勒及兩金鑣之上駕蒼龍受冊從祀郊禖享廟則供之

厭翟赤質金飾諸末朱輪畫朱牙其箱飾以次翟羽紫油幢朱裏通幰紅錦帷朱絲絡網紅錦帶其餘如重翟駕赤騮採桑則供之

翟車黃質金飾諸末輪畫朱牙其箱飾以翟羽黃油幢黃裏通幰白紅錦帷朱絲絡網白紅錦帶其餘如重翟駕黃騮歸寧則供之諸鞶纓之色皆從車質

安車金飾紫通幰朱裏駕四馬臨幸及弔則供之

輦車金飾同於蓬輦通幰斑輪駕用四馬宮苑近行則乘之皇后屬車三十六乘初宇文愷閻毗奏定請減乘輿之半禮部侍郎許善心奏駮曰謹案周禮后備六服并設五輅采章之數並與王同屬車之制不應獨異又宋孝建時議定輿輦天子屬車十有二乘至大明元年九月有司奏皇后副車未有定式詔下禮官議正其數博士王燮之議鄭玄云后象王立六宮亦正寢而燕寢五推其所立每與王同謂十二乘通關爲允宋帝從之遂爲後式今請依乘輿不須差降制曰可

三妃乘翟車以赤爲質駕二馬九嬪已下並乘犢車青幰朱絡網

皇太子妃乘翟車以赤爲質駕三馬畫輈金飾犢車爲副紫幰朱絡網良娣已下並乘犢車青幰朱裏

三公夫人公主王妃並犢車紫幰朱網絡五品已上命婦並乘青幰與其夫同

隋書卷十考證

禮儀志五金𠊱鏤鍚○監本鍚訛錫按詩經鉤膺鏤鍚傳鏤鍚有金鏤其鍚也箋眉上曰鍚刻金飾之今當盧也疏以鏤金加於馬面之鍚左傳鍚鸞和鈴昭其聲也注鍚在馬額陸德明音義鍚音羊 臣映斗 按鍚金旁從易與金錫之錫金旁從易音昔者各爲一字音義並殊詩箋所謂當盧卽下文之當顱詩疏所謂馬面之鍚卽下文之鍚面本卷鍚字甚多率訛作錫今悉改正

三曰旝○各本作旛通考作旝音伐

行道則供之○通考行道作祀后土

駕白駱○監本駱訛輅宋本同 臣映斗 按上文是革輅所駕之馬爾雅白馬黑鬣駱則爲白駱無疑通考作白騮孫炎爾雅注騮赤色也詩經集傳赤身黑鬣曰騮無由稱白騮也

張良狙擊○監本狙訛徂史記留侯世家作狙注服虔曰伺也候也

羊車晉司隸校尉劉毅奏護軍羊琇私乘者也開皇無之至是始置焉○ 臣映斗 按周禮攷工記羊車二柯有參分柯之一注羊善也若今定張車宮中所用晉書輿服志羊車一名輦車又衞玠傳少時乘羊車於洛陽市北史齊武成帝以斛律金舊老每朝賜羊車上殿本志亦載羊車一名輦漢氏或以人牽或駕果下馬然則羊車之制古矣

隋書卷十一

唐太尉揚州都督監脩國史上柱國趙國公臣長孫無忌等撰

志第六

禮儀六

梁制乘輿郊天祀地禮明堂祠宗廟元會臨軒則黑介幘通天冠平冕俗所謂平天冠者也其制玄表朱綠裏廣七寸長尺二寸加於通天冠上前垂四寸後垂三寸前圓而後方垂白玉珠十有二旒其長齊肩以組爲纓各如其綬色傍垂黈纊充耳珠以玉瑱其衣皁上絳下前三幅後四幅衣畫而裳繡衣則日月星辰山龍華蟲火宗彝畫以爲繢裳則藻粉米黼黻以爲繡凡十二章素帶廣四寸朱裏以朱綠裨飾其側中衣以絳緣領袖赤皮爲韠蓋古之韍也絳袴襪赤舄佩白玉垂朱黃大綬黃赤縹紺四采革帶帶劒緄帶以組爲之如綬色黃金辟邪首爲帶鐍而飾以白玉珠又有通天冠高九寸前加金博山述黑介幘絳紗袍皁緣中衣黑舄是爲朝服元正賀畢還儲更衣出所服也其釋奠先聖則皁紗袍絳緣中衣絳袴襪黑舄臨軒亦服衮冕未加元服則空頂介幘拜陵則箋布單衣介幘又有五梁進賢冠遠遊平上幘武冠單衣黑介幘宴會則服之

單衣白帢以代古之疑衰皮弁爲弔服爲羣臣舉哀臨喪則服之

天監三年何佟之議公卿以下祭服裏有中衣卽今之中單也案後漢輿服志明帝永平二年初詔有司採周官禮記尚書乘輿服從歐陽說公卿以下服從大小夏侯說祭服絳緣領袖爲中衣絳袴襪示其赤心奉神今中衣絳緣足有所明無俟於袴既非聖法謂不可施遂依議除之

四年有司言平天冠等一百五條自齊以來隨故而毀未詳所送何佟之議禮祭服敝則焚之於是並燒除之其珠玉以付中署

七年周捨議詔旨以王者衮服宜畫鳳皇以示差降按禮有虞氏皇而祭深衣而養老鄭玄所言皇則是畫鳳皇羽也又按禮所稱雜服皆以衣定名猶如衮冕則是衮衣而冕明有虞言皇者是衣名非冕明矣畫鳳之旨事實灼然制可又王僧崇云今祭服三公衣身畫獸其腰及袖又有青獸形與獸同義應是蜼卽宗彝也兩袖各有禽鳥形類鸞鳳似是華蟲今畫宗彝卽是周禮但鄭玄云蜼蝸屬昂鼻長尾是獸之輕小者謂宜不得同獸尋冕服無鳳應改爲雉又裳有圓花於禮無礙疑是畫師加葩蕊耳藻米黼黻並乖古制今請改正并去圓花帝曰古文日月星辰此以一辰攝三物也山龍華蟲又以一山攝三物也藻火粉米又以藻攝三物也是爲九章今衮服畫龍則宜應畫鳳明矣孔安國云華者花也則爲花非疑若一向畫雉差降之文復將安寄鄭義是所未允又帝曰禮王者祀昊天上帝則大裘而冕祀五帝亦如之又云莞席之安而蒲越槀秸之用斯皆至敬無文貴誠重質今郊用陶匏與古不異而大裘蒲秸獨不復存其於質敬恐有未盡且一獻爲質其劒佩之飾及公卿所著冕服可共詳定五經博士陸璋等並云

祭天猶存掃地之質而服章獨取黼黻爲文於義不可今南郊神座皆用莞席此獨莞類未盡質素之理宜以稾秸爲下藉蒲越爲上席又司服云王祀昊天服大裘明諸臣禮不得同自魏以來皆用衮服今請依古更制大裘制可瑋等又尋大裘之制唯鄭玄注司服云大裘羔裘也既無所出未可爲據案六冕之服皆玄上纁下今宜以玄繒爲之其制式如裘其裳以纁皆無文繡冕則無旒詔可又乘輿宴會服單衣黑介幘舊三日九日小會初出乘金輅服之八年帝改去還皆乘輦服白紗帽

九年司馬筠等參議禮記玉藻云諸侯玄冕以祭裨冕以朝雜記又云大夫冕而祭於公弁而祭於己今之尚書上異公侯下非卿士止有朝衣本無冕服但既預齋祭不容同在於朝宜依太常及博士諸齋官例著皁衣絳襈中單竹葉冠若不親奉則不須入廟帝從之

十一年尚書參議按禮跣韈事由燕坐屨不宜陳尊者之側今則極敬之所莫不皆跣清廟崇嚴既絕恒禮凡有履行者應皆跣韈詔可

陳永定元年武帝即位徐陵白所定乘輿御服皆採梁之舊制又以爲冕旒後漢用白玉珠晉過江服章多闕遂用珊瑚雜珠飾以翡翠侍中顧和奏今不能備玉珠可用白琁從之蕭驕子云白琁蜯珠是也帝曰形制依此今天下初定務從節儉應用繡織成者並可彩畫金色宜塗珠玉之飾任用蜯也至天嘉初悉改易之定令具依天監舊事然亦往往改革今不同者皆隨事於注言之不言者蓋無所改制云

皇太子金璽龜鈕朱綬三百二十首朝服遠遊冠金博山佩瑜玉翠綏垂組朱衣絳紗袍皁緣白紗中衣白曲領帶鹿盧劒火珠首素革帶玉鉤燮獸頭鞶囊其大小會祠廟朔望五日還朝皆朝服常還上宮則朱服若釋奠則遠遊冠玄朝服絳緣中單絳袴袜玄舄講則著介幘又有三梁進賢冠其侍祀則平冕九旒衮衣九章白紗絳緣中單絳繒韠赤舄絳韈若加元服則中舍執冕從皇太子舊有五時朝服自天監之後則朱服在上省則烏帽永福省則白帽云

諸王金璽龜鈕纁朱綬一百六十首朝服遠遊冠介幘朱衣絳紗袍皁緣中衣素帶黑舄佩山玄玉垂組大帶獸頭鞶腰劒若加餘官則服其加官之服

開國公金章龜鈕玄朱綬二百四十首朝服紗朱衣進賢三梁冠佩山玄玉獸頭鞶腰劒

開國侯伯金章龜鈕青朱綬一百二十首朝服紗朱衣進賢三梁冠佩水蒼玉獸頭鞶腰劒

開國子男金章龜鈕青綬二百首朝服紗朱衣進賢三梁冠佩水蒼玉獸頭鞶腰劒

縣鄉亭關內關中及名號侯金印龜鈕紫綬朝服進賢二梁冠獸頭鞶腰劒關內關中及名號侯則珪鈕

關外侯銀印珪鈕青綬朝服進賢二梁冠獸頭鞶腰劒

諸王嗣子金印珪鈕紫綬八十首朝服進賢二梁冠佩山玄玉獸頭鞶腰劒

開國公侯嗣子銀印珪鈕青綬八十首朝服進賢二梁冠佩水蒼玉獸頭鞶腰劒

太宰太傅太保司徒司空金章龜鈕紫綬八十首朝服進賢三梁冠佩山玄玉獸頭鞶腰劒陳令加有相國丞相服制同

大司馬大將軍太尉諸位從公者金章龜鈕紫綬八十首朝服武冠佩山玄玉獸頭鞶腰劒直將軍則不帶劒

凡公及位從公言以將軍及以左右光祿開府儀同者各隨本位號其文則曰某位號儀同之章

五等諸侯助祭郊廟皆平冕九旒青玉爲珠有前無後各以其綬色爲組纓旁垂黈纊衣玄上纁下畫山龍已下九章備五采大佩赤舄絇屨尚書無章綬品秩悉以餘官總司其任服則餘官之服猶執笏紫荷其在都坐則東面最上

尚書令僕射尚書銅印墨綬朝服納言幘進賢冠佩水蒼玉尚書則無印綬腰劒紫荷執笏陳尚書令僕射金章龜鈕紫綬八十首獸頭鞶尚書無印綬及鞶餘並同梁

侍中散騎常侍通直常侍員外常侍朝服武冠貂蟬侍中左插常侍右插皆腰劒佩水蒼玉其員外常侍不給佩舊至尊朝會登殿侍中常侍夾御御下輿則扶左右侍中驂乘則不帶劒

中書監令祕書監銅印墨綬朝服進賢兩梁冠佩水蒼玉腰劒獸頭鞶陳制銀章龜鈕青綬八十首獸頭鞶腰劒餘同梁

左右光祿大夫皆與加金章紫綬同其但加金紫者謂之金紫光祿但加銀青者謂之光祿大夫陳令有特進進賢二梁冠朝服佩水蒼玉腰劒梁令不載

光祿太中中散大夫太常光祿弘訓太僕太僕廷尉宗正大鴻臚大司農少府大匠諸卿丹陽尹太子保傅大長秋太子詹事銀章龜鈕青綬獸頭鞶朝服進賢冠二梁佩水蒼玉卿大夫助祭則冠平冕五旒黑玉爲飾有前無後各以其綬采爲組纓旁垂黈纊衣玄上纁下畫華蟲七章皆佩五采大佩赤舄絇屨陳宮卿改云慈訓餘皆同梁又有大舟卿服章同

驃騎車騎衛將軍中軍冠軍輔國將軍四方中郎將金章紫綬中郎將則青綬朝服武冠佩水蒼玉陳令鎮衛驃騎車騎中軍中衛中撫軍中權四征四鎮四安四翊四平將軍金章獸鈕其冠軍四方中郎將金章豹鈕並紫綬八十首獸頭鞶朝服武冠佩水蒼玉自中軍已下諸將軍及冠軍四方中郎將並官不給佩

領護軍中領護軍五營校尉銀印青綬朝服武冠佩水蒼玉獸頭鞶其屯騎夾御日假給佩餘校不給陳令領護金章龜鈕紫綬八十首中領護銀章龜鈕青綬八十首其五營校尉銀印珪鈕青綬八十首官不給佩餘並同梁

弘訓衛尉衛尉陳宮卿云慈訓服同諸卿但武冠司隸校尉陳無官服左右衛驍騎游擊前左右後軍將軍龍驤寧朔建威振威奮威揚威廣威武威建武振武奮武揚武廣武等將軍積弩積射强弩將軍監軍銀章青綬朝服武冠佩水蒼玉獸頭鞶驍游已下並不給佩驍游夾侍日假給陳令左右衛銀章龜鈕不給劒左右驍騎游擊雲騎游騎前左右後軍將軍左右中郎將銀印珪鈕餘服飾同梁亦官不給佩其驍游雲騎夾御日假給其積弩積射强弩銅印環鈕墨綬帶劒餘服同梁又有忠武軍師武臣爪牙龍騎雲麾鎮兵翊師宣惠宣毅智威仁威勇威信威嚴威智武仁武勇武信武嚴武金章豹鈕紫綬八十首官不給輕車鎮朔武旅貞毅朔威寧遠安遠征遠振遠宣遠等將軍金章貔鈕紫綬並獸頭鞶朝服武冠佩水蒼玉

國子祭酒皁朝服進賢二梁冠佩水蒼玉

御史中丞都水使者銀印墨綬朝服進賢二梁冠獸頭鞶腰劒佩水蒼玉陳中丞銀章龜鈕青綬八十首二梁冠餘同梁其都水陳改爲大舟卿

謁者僕射銅印環鈕墨綬八十首朝服高山冠獸頭鞶佩服在諸卿中見水蒼玉腰劒

諸軍司銀章龜鈕青綬朝服武冠獸頭鞶

給事中黃門侍郎散騎通直員外散騎侍郎奉朝請太子中庶子庶子武衛將軍武騎常侍朝服武冠腰劒陳令庶子已上簪筆其武衛不劒正直夾御白布袴褶

中書侍郎朝服進賢一梁冠腰劒冗從僕射太子衛率銅印墨綬獸頭鞶朝服武冠陳衛率銀章龜鈕青綬不劒冗從銅印環鈕墨綬腰劒餘並同梁

武賁中郎將羽林監銅印環鈕墨綬朝服武冠獸頭鞶腰劒其在陛列及備鹵簿著毦尾絳紗縠單衣

護匈奴中郎將護羌戎夷蠻越烏丸西域校尉銀印珪鈕青綬朝服武冠獸頭鞶陳令無此官其庶子鎮蠻寧蠻平戎西戎校尉平越中郎將服章同

安夷撫夷護軍州郡國都尉奉車駙馬騎都尉諸護軍銀印珪鈕青綬獸頭鞶朝服武冠陳安遠鎮蠻護軍州郡國都尉奉車駙馬騎都尉諸護軍服章同無餘文

州刺史銅印墨綬獸頭鞶腰劒絳朝服進賢二梁冠陳銅章龜鈕青綬餘同梁

郡國太守相內史銀章龜鈕青綬獸頭鞶單衣介幘加中二千石依卿尹冠服劒佩

尚書左右丞祕書丞銅印環鈕黃綬獸爪鞶朝服進賢一梁冠

尚書祕書著作郎太子中舍人洗馬舍人朝服進賢一梁冠腰劒

諸王友文學朱服進賢一梁冠陳令諸王師服同

治書侍御史侍御史朝服腰劒法冠治書侍御史則有銅印環鈕墨綬陳又有殿中蘭臺侍御史朝服法冠腰劒簪筆

諸博士給皁朝服進賢兩梁冠佩水蒼玉

太學博士正限八人著佩限外六人不給

廷尉律博士無佩並簪筆

國子助教皁朝服進賢一梁冠簪筆

公府長史獸頭鞶諸卿尹丞黃綬獸爪鞶簪筆

諸縣署令秩千石者獸爪鞶銅印環鈕墨綬朝服進賢兩梁冠長史朱服諸卿尹丞建康令玄服

公府掾屬主簿祭酒朱服進賢一梁冠公府令史亦同

領護軍長史朱服獸頭鞶諸軍長史單衣介幘獸頭鞶

諸卿部丞獄丞並皁朝服一梁冠黃綬獸爪鞶簪筆

太子保傅詹事丞皁朝服一梁冠簪筆獸爪鞶黃綬

郡國相內史丞長史單衣介幘長史獸頭鞶其丞黃綬獸爪鞶

諸縣署令長相單衣介幘獸頭鞶銅印環鈕墨綬朝服進賢一梁冠諸署令朱衣武冠州都大中正郡中正單衣介幘

太子門大夫獸頭鞶陵令長獸爪鞶銅印環鈕墨綬朝服進賢一梁冠令長朱服率更家令僕朝服兩梁冠獸頭鞶腰劒

黃門諸署令僕長丞朱服進賢一梁冠銅印環鈕墨綬丞黃綬黃門冗從僕射監太子寺人監銅印環鈕墨綬朝服武冠獸頭鞶

公府司馬領護軍司馬諸軍司馬護匈奴中郎將護羌戎夷蠻越烏丸戊己校尉長史司馬銅印環鈕墨綬獸頭鞶朝服武冠諸軍司馬單衣平巾幘長史介幘陳令公府司馬領護軍司馬諸軍司馬鎮安蠻安遠護軍蠻戎越校尉中郎將長史司馬其服章與梁官同

公府從事中郎朱服進賢一梁冠諸將軍開府功曹主簿單衣介幘革帶廷尉建康正監平銅印環鈕墨綬皁零辟朝服法冠獸爪鞶

左右衛司馬銅印環鈕墨綬單衣帶平巾幘獸頭鞶

諸府參軍單衣平巾幘

諸州別駕治中從事主簿西曹從事玄朝服進賢一梁冠簪筆常公事單衣介幘朱衣

直閤將軍朱服武冠銅印珪鈕青綬獸頭鞶

直閤將軍諸殿主帥朱服武冠正直絳衫從則裲襠衫

諸開國郎中令大農公傅中尉銅印環鈕青綬朝服進賢兩梁冠中尉武冠皆獸頭鞶

諸開國三將軍銅印環鈕青綬朝服武冠限外者不給印（陳制墨綬餘並同梁）

開國掌書中尉司馬陵廟食官廄牧長典醫典府丞銅印常侍侍郎世子庶子謁者中大夫舍人不給印典書典祠學官令典膳丞長銅印限外者不給印

左右常侍侍郎典衛中尉司馬朝服武冠典書典祠學官令朝服進賢一梁冠餘悉朱服一梁冠（常侍侍郎典書典祠學官令簪筆腰劍）

太子衛率率更家令丞銅印環鈕黃綬皁朝服進賢一梁冠獸爪鞶

太子常從武賁督銅印環鈕墨綬朝服武冠獸爪鞶

殿中將軍員外將軍朱服武冠

州郡國都尉司馬銅印環鈕墨綬朱服武冠獸頭鞶

諸謁者朝服高山冠

中書通事舍人門下令史主書典書令史門下朝廷局書令史太子門下通事守舍人主書典守舍人二宮齋內職左右職局齋幹已上朱服武冠

殿中內外局監太子內外監殿中守舍人銅印環鈕朱服武冠

內外監典事書吏朱服進賢一梁冠內監朝廷人領局典事外監統軍隊諸詳發遣局典事武冠外監及典事書吏悉著朱衣唯正直及齋監并受使不在例其東宮內外監殿典事書吏依臺格五校三將軍主事內監主事外監主事三校主事朱服武冠

尚書都令史都水參事門下書令史集書中書尚書祕書署作掌書主書主圖主譜典客令史書令史監令僕射省事蘭臺殿中蘭臺謁都令史公府令史書令史太子導客次客守舍人及諸省典事朱衣進賢一梁冠

尚書都筭度支筭左右校吏朱服進賢一梁冠

諸縣署丞太子諸署丞王公侯諸署及公主家令丞僕銅印環鈕黃綬朱服進賢一梁冠太官太醫丞武冠

諸縣尉銅印環鈕單衣介幘黃綬獸爪鞶節騎郎朱服武冠其在陛列及備鹵簿者髦尾絳紗縠單衣御節郎黃鉞郎朝服赤介幘簪筆典儀唱警唱奏事持兵主麾等諸職公事及備鹵簿朱服武冠殿中中郎將校尉都尉銀印珪鈕青綬朱服武冠獸頭鞶

城門候銅印環鈕墨綬朱服武冠獸頭鞶

部曲督司馬吏部曲將銅印環鈕朱服武冠司馬吏假墨綬獸爪鞶

太中中散諫議大夫議郎中郎郎中舍人朱服進賢一梁冠

諸門郎僕射佐吏東宮門吏其郎朱服僕射皁零辟朝服進賢冠吏却非冠佐吏著進賢冠

總章協律銅印環鈕艾綬獸爪鞶朱服武冠

黃門後閤舍人主書齋帥監食主食主客扶侍鼓吹朱服武冠鼓吹進賢冠齋帥墨綬獸頭鞶

殿中司馬銅印環鈕墨綬朱服武冠獸頭鞶

總章監鼓吹監銅印環鈕艾綬朱服武冠

諸四品將兵都尉牙門將崇毅材官折難輕騎揚烈威遠寧遠宣威光威驤威烈威虜平戎綏遠綏狄綏邊綏戎獸威威武烈威毅武奮武討寇討虜殄難討難討夷厲威橫野陵江鷹揚執訊蕩寇蕩虜蕩難蕩逆殄虜掃虜掃難掃逆掃寇厲鋒武奮武牙廣野領兵滿五十人給銀章不滿五十除板而已不給章朱服武冠以此官爲刺史太守皆青綬（此條已下皆陳制與梁不同）

典儀但帥典儀正帥朱衣武冠其本資有殿但正帥得帶艾綬獸頭鞶殿但帥正帥艾綬獸頭鞶朱服武冠殿帥羽儀帥員外帥朱衣武冠

威雄猛烈振信勝略風力光等十威將軍武猛略勝力毅健烈威銳勇等十武將軍並銀章熊鈕青綬獸頭鞶武冠朝服

猛毅烈威銳震進智威勝駿等十猛將軍銀章羆鈕青綬獸頭鞶武冠朝服

壯武勇烈猛銳威毅志意力等十壯將軍驍雄桀猛烈武勇銳名勝迅等十驍將軍雄猛威明烈信武勇毅壯健等十雄將軍並銀章羔鈕青綬獸頭鞶武冠朝服

忠勇烈猛銳壯毅捍信義勝等十忠將軍明智略遠勇烈威勝進銳毅等十明將軍光烈明英遠勝銳命勇武野等十光將軍飈勇猛烈銳奇決起略勝出等十飈將軍並銀章鹿鈕青綬獸頭鞶武冠朝服

龍驤武視雲旗風烈電威雷音馳銳進銳羽騎突騎折衝冠武和戎安壘起猛英果掃虜掃狄武銳摧鋒開遠略遠貞威決勝清野堅銳輕銳拔山雲勇振旅等三十號將軍銀印菟鈕青綬獸頭鞶朝服武冠

超武鐵騎樓船宣猛樹功剋狄平虜稜威戎昭威戎伏波雄戟長劍衝冠雕騎佽飛勇騎破敵剋敵威虜前鋒武毅開邊招遠全威破陣蕩寇殄虜橫野馳射等三十號將軍銅印環鈕墨綬獸頭鞶朝服武冠并左十二件將軍除並假給章印綬板則止朱服武冠而已（其勳選除亦給章印）

建威牙門期門已下諸將軍並銅印環鈕墨綬獸頭鞶朱服武冠板則無印綬止冠服而已其在將官以功次轉進應署建威已下諸號不限板除悉給印綬（若武官署位轉進登上條九品馳射已上諸戎號亦不限板除悉給印綬）

千人督校督司馬武賁督牙門將騎督督守將兵都尉太子常從督別部司馬假司馬假銅印環鈕朱服武冠墨綬獸頭鞶

武猛中郎將校尉都尉銅印環鈕朱服武冠其以此官爲千人司馬道賁督已上及司馬皆假墨綬獸頭鞶（已上陳制梁所無及不同者）

陛長甲僕射主事吏將騎廷上五牛旗假吏武賁在陛列及備鹵簿服錦文衣武冠髦尾陛長者假銅印環鈕墨綬獸頭鞶

假旄頭羽林在陛列及備鹵簿服絳單衣上著韋畫腰襦假旄頭輿輦迹禽前驅由基強弩司馬給絳科單衣武冠其本位佩武猛都尉已上印者假墨綬別部司馬已下假墨綬並獸頭鞶

殿中冗從武賁殿中武賁持鈒戟冗從武賁假青綬絳科單衣武冠（陳令絳科單衣其本位職佩武猛都尉等印假鞶綬依前條）

持椎斧武騎武賁五騎傳詔武賁殿中羽林太官嘗食武賁稱飯宰人諸宮嘗食武賁假墨綬給絳褠武冠（其佩武猛都尉等位印皆依上條假鞶綬之例）其在陛列及備鹵簿五騎武賁服錦文衣髦尾宰人服離支衣領軍捉刃人烏總帽袴褶皮帶

絓是羽葆毦鼓吹悉改著進賢冠外給系毦鼓吹著武冠

諸官鼓吹尚書廊下都坐門下使守藏守閤殿中威儀騶武賁常直殿門雲龍門者門下左右部武賁羽林騶給傳事者諸導騶門下中書守閤尚書門下武賁羽林騶蘭臺五曹節藏僕射廊下守閤威儀發符騶都水使者廊下守給騶謁者威儀騶諸宮謁者騶絳褠武冠衣服如舊大誰天門士皁科單衣樊噲冠衛士涅布褠却敵冠

諸將軍使持節都督執節史朱衣進賢一梁冠（自此條已下皆陳制梁所無）

持節節史單衣介幘其纂戎戒嚴時同使持節制假節節史單衣介幘（凡節趺以石爲之持節皆刻爲犛蟠形假節及給鑾夷節皆刻爲狗頭趺）

諸王典籤帥單衣平巾幘（典籤書吏袴褶平巾幘）

諸王書佐單衣介幘

公府書佐朱衣進賢冠

諸王國舍人司理謁者閤下令史中衛都尉朱衣進賢一梁冠司理假銅印謁者高山冠令史已下武冠

太子太傅五官功曹主簿皁朝服進賢一梁冠

太子二傅門下主記錄事功曹書佐門下書佐記室帳下督都督省事法曹書佐太傅外都督皁衣進賢一梁冠

太子妃家令絳朝服進賢一梁冠

太子三校二將積弩殿中將軍衣服皆與上宮官同

太子正員司馬督題閤監（銅印墨綬）三校內主事主章扶侍守舍人衣帶仗局服飾衣局珍寶朝廷主衣統奏事幹內局內幹朱衣武冠

諸公府御屬及省事錄尚書省事太子門下及內外監丞典事導客筭書吏次功典書函書典經五經典書諸守宮舍人市買清慎食官督內直兵吏宣華崇賢二門舍人諸門吏朱衣進賢一梁冠

太子妃傳令朱衣武冠執刀烏信幡

太子二傅騎吏立衣赤幘武冠常行則袴褶執儀齋帥殿帥典儀帥傳令執刀戟主蓋扇麾繖殿上持兵車郎扶車注疏萌床齋閤食司馬唱導飯主食殿前帥殿前威儀武賁威儀散給使閤將鼓吹士帥副武冠絳褠案輗小輿持車軺車給使平巾幘黃布袴褶赤屬帶

太子諸門將涅布褠樊噲冠

太子鹵簿戟吏赤幘武冠絳褠廉帥整陣禁防平巾幘白布袴褶鞾角五音帥長麾青布袴褶岑帽絳絞帶都伯平巾幘黃布袴褶

文官曹幹白紗單衣介幘尚書二臺曹幹亦同

武官問訊將士給使平巾幘白布袴褶

通天冠高九寸正豎頂少斜却乃直下鐵爲卷梁前有展筩冠前加金博山述乘輿所常服

遠遊冠制似通天而前無山述有展筩橫于冠前皇太子及王者後諸王服之諸王加官者自服其官之冠服唯太子及王者後常冠焉太子則以翠羽爲緌綴以白珠其餘但青絲而已

進賢冠古緇布冠遺象也斯蓋文儒者之服前高七寸後高三寸長八寸有五梁三梁二梁一梁之別五梁唯天子所服其三梁已下爲臣高卑之別云

武冠一名武弁一名大冠一名繁冠一名建冠今人名曰籠冠即古惠文冠也天子元服亦先加大冠今左右侍臣及諸將軍武官通服之侍中常侍則加金璫附蟬焉插以貂尾黃金爲飾云

高山冠一名側注高九寸鐵爲卷梁制似通天頂直豎不斜無山述展筩高山者取其矜莊賓遠中外謁者僕射服之

法冠一名柱後或謂之獬豸冠高五寸以縰爲展筩鐵爲柱卷取其不曲撓也侍御史廷尉正監平凡執法官皆服之

鶡冠猶大冠也加雙鶡尾豎插兩邊故以名焉武賁中郎將羽林監節騎郎在陛列及鹵簿者服之

長冠一名齋冠高七寸廣三寸漆纚爲之制加版以竹爲裏漢高祖微時以竹皮爲此冠所謂劉氏冠後除竹用漆纚焉司馬彪曰長冠楚制也人間或謂之鵲尾冠非也後代以爲祭服尊敬之也至天監三年祠部郎沈宏議案竹葉冠是高祖爲亭長時所服安可緣代爲祭服哉禮士弁祭於公請令太常丞博士奉齋之服宜改用爵弁明山賓同宏議司馬褧云若必遵三王則懼所改非一長冠謂宜仍舊案今之宗丞博士之服未有可非帝竟不改

建華冠以鐵爲柱卷貫大銅珠九枚祀天地五郊明堂舞人服之

樊噲冠廣九寸高七寸前後出各四寸制似平冕凡殿門司馬衛士服之

却敵冠高四寸通長四寸後高三寸制似進賢冠凡宮殿門衛士服之

却非冠高五寸制似長冠宮殿門吏僕射冠之

幘尊卑貴賤皆服之文者長耳謂之介幘武者短耳謂之平上幘各稱其冠而制之尚書介僕射尚書幘收方三寸名曰納言未冠童子幘無屋施假髻者示未成人也

幍傅子云先未有歧荀文若巾觸樹成歧時人慕之因而弗改今通爲慶弔之服白紗爲之或單或裌初婚冠送餞亦服之

中國子生服白紗爲之晉太元中國子生見祭酒博士單衣角巾執經一卷以代手版宋末闕其制齊立學太尉王儉更造今形如之

帽自天子下及士人通冠之以白紗者名高頂帽皇太子在上省則烏紗在永福省則白紗又有綃皁雜紗爲之高屋下帬蓋無定準

袴褶近代服以從戎今纂嚴則文武百官咸服之車駕親戎則縛袴不舒散也中官紫褶外官絳褶腰皮帶以代鞶革

笏中世以來唯八座尚書執笏笏者白筆綴其頭以紫囊裹之其餘公卿但執手版荷紫者以紫生爲裌囊綴之服外加於左肩周遷云昔周公負成王制此衣至今以爲朝服蕭驕子云名契囊案趙充國傳云張子孺持囊簪筆事孝武帝張晏云囊契囊也近臣負囊簪筆從備顧問有所記也

入殿門有籠冠者著之有纓則下之緣廂行得提衣省閤內得著履烏紗帽入齋閤及橫度殿庭不得人提衣及捉服飾入閤則執手板自攝衣几席不得入齋正閤介幘不得上正殿及東西堂儀仗繖扇有幰牽車不得入臺門臺官問訊皇太子亦皆朱服著襪謁諸王單衣幘庶姓單衣帢詣三公必衣帢至黃閤下履過閤還著履

古者君臣佩玉尊卑有序綬者所以貫佩相承受也又上下施韍如蔽膝貴賤亦各有殊五霸之後戰兵不息佩非兵器韍非戰儀於是解去佩韍留其繫襚而已韍佩既廢秦乃以采組連結於襚轉相結受又謂之綬漢承用之至明帝始復制佩而漢末又亡絕魏侍中王粲識其形乃復造焉今之佩粲所制也

皇后謁廟服袿襡大衣蓋嫁服也謂之褘衣皁上皁下親蠶則青上縹下皆深衣制隱領袖緣以絛首飾則假髻步搖俗謂之珠松是也簪珥步搖以黃金爲山題貫白珠爲文相繆八爵九華熊獸赤羆天鹿辟邪南山豐大特六獸諸爵獸皆以翡翠爲華綬佩同乘輿

貴妃貴嬪貴姬是爲三夫人金章龜鈕紫綬八十首佩于闐玉獸頭鞶

淑媛淑儀淑容昭華昭儀昭容脩華脩儀脩容是爲九嬪金章龜鈕青綬八十首獸頭鞶佩采瓄玉

婕妤容華充華承徽列榮五職亞九嬪銀印珪鈕艾綬獸頭鞶

美人才人良人三職散位銅印環鈕墨綬獸頭鞶

皇太子妃金璽龜鈕纁朱綬一百六十首佩瑜玉獸頭鞶

良娣銀印珪鈕佩采瓄玉青綬八十首獸爪鞶

保林銀印珪鈕佩水蒼玉青綬八十首獸爪鞶

諸王太妃妃諸長公主公主封君金印龜鈕紫綬八十首佩山玄玉獸頭鞶

開國公侯太夫人銀印珪鈕青綬八十首佩水蒼玉獸頭鞶

公主三夫人大手髻七鏌蔽髻九嬪及公夫人五鏌世婦三鏌其長公主得有步搖公主封君已上皆帶綬以綵組爲緄帶各以其綬色金辟邪首爲帶玦

公特進列侯卿校中二千石夫人紺繒幗黃金龍首銜白珠魚須擿長一尺爲簪珥入廟佐祭者皁絹上下助蠶者縹絹上下皆深衣制緣自二千石夫人已上至皇后皆以蠶衣爲朝服

自晉左遷中原禮儀多缺後魏天興六年詔有司始制冠冕各依品秩以示等差然未能皆得舊制至太和中方考故實正定前謬更造衣冠尚不能周洽及至熙平二年太傅清河王懌黃門侍郎韋廷祥等奏定五時朝服準漢故事五郊衣幘各如方色焉及後齊因之河清中改易舊物著令定制云

乘輿平冕黑介幘垂白珠十二旒飾以五采玉以組爲纓色如其綬黈纊玉笄白玉璽黃赤綬五采黃赤縹綠紺純黃質長二丈九尺五百首廣一尺二寸小綬長三尺二寸與綬同采而首半之衮服皁衣絳裳裳前三幅後四幅織成爲之十二章緣絳中單織成緄帶朱紱佩白玉帶鹿盧劍絳袴襪赤舄未加元服則空頂介幘又有通天金博山冠則絳紗袍皁緣中單其五時服則五色介幘進賢五梁冠五色紗袍又有遠遊五梁冠並不通于下四時祭廟圓丘方澤明堂五郊封禪大雩出宮行事正旦受朝及臨軒拜王公皆服衮冕之服還宮及齋則服通天冠藉田則冠冕璪十二旒佩蒼玉黃綬青帶青襪青舄拜陵則黑介幘白紗單衣釋奠則服通天金博山冠玄紗袍春分朝日則青紗朝服青舄秋分夕月則白紗朝服緗舄俱冠五梁進賢冠合朔服通天金博山冠絳紗袍季秋講武出征告廟冠武弁黃金附蟬左貂鶡類宜社武弁朱衣纂嚴升殿服通天金博山冠絳紗袍入溫涼室冠武弁右貂附蟬絳紗服征還飲至服通天冠廟中遣上將則衮冕還宮則通天金博山冠賞祖罰社則武弁左貂附蟬元日冬至大小會皆通天金博山冠四時畋出宮服通天冠並赤舄明堂則五時俱通天冠各以其色服東西堂舉哀服白帢

天子六璽文曰皇帝行璽封常行詔勑則用之皇帝之璽賜諸王書則用之皇帝信璽下銅獸符發諸州征鎭兵下竹使符拜代徵召諸州刺史則用之並白玉爲之方一寸二分螭獸鈕天子行璽封拜外國則用之天子之璽賜諸外國書則用之天子信璽發兵外國若徵召外國及有事鬼神則用之並黃金爲之方一寸二分螭獸鈕又有傳國璽白玉爲之方四寸螭獸鈕上交五螭螭隱起鳥篆書文曰受天之命皇帝壽昌凡八字在六璽外唯封禪以封石函又有督攝萬機印一鈕以木爲之長一尺二寸廣二寸五分背上爲鼻鈕鈕長九寸厚一寸廣七分腹下隱起篆書爲督攝萬機凡四字此印常在內唯以印籍縫用則左右郎中度支尚書奏取印訖輸內

皇太子平冕黑介幘垂白珠九旒飾以三采玉以組爲纓色如其綬金璽朱綬四采赤黃縹紺綬朱質長二丈一尺三百二十首廣九寸小綬長三尺二寸與綬同色而首半之衮服同乘輿而九章絳紱佩瑜玉玉具劍火珠標首絳袴襪赤舄非謁廟則不服未加元服則空頂黑介幘雙童髻雙玉導中舍人執遠遊冠以從其遠遊三梁冠黑介幘翠緌纓絳紗袍皁緣中單黑舄大朝所服亦服進賢三梁冠黑介幘皁朝服絳緣中單玄舄爲宮臣舉哀白帢單衣烏皮履未加元服則素服

皇太子璽黃金爲之方一寸龜鈕文曰皇太子璽宮中大事用璽小事用門下典書坊印

諸公卿平冕黑介幘青珠爲旒上公九三公八諸卿六以組爲纓色如其綬衣皆玄上纁下三公山龍八章降皇太子一等九卿藻火六章唯郊祀天地宗廟服之

遠遊三梁諸王所服其未冠則空頂黑介幘開國公侯伯子男及五等散爵未冠者通加之

進賢冠文官二品已上並三梁四品已上並兩梁五品已下流外九品已上皆一梁致事者通著委貌冠主兵官及侍臣通著武弁侍臣加貂璫御史大理著法冠諸謁者太子中導客舍人著高山冠宮門僕射殿門吏亭長太子率更寺宮門督太子內坊察非吏諸門吏等皆著却非冠羽林武賁著鶡冠錄令已下尚書以上著納言幘又有赤幘卑賤者所服救日蝕文武官皆免冠著赤介幘對朝服賤者平巾赤幘示威武以助於陽也止雨亦服之請雨則服緗幘東耕則服青幘凡人則服綠幘

印綬二品已上並金章紫綬三品銀章青綬三品已上凡是五省官及中侍中省皆爲印不爲章四品得印者銀印青綬五品六品得印者銅印墨綬四品已下凡是開國子男及五等散品名號侯皆爲銀章不爲印七品八品九品得印者銅印黃綬金銀章印及銅印並方一寸皆龜鈕東西南北四藩諸國王章上藩用中金中藩用

下金下藩用銀並方寸龜鈕佐官唯公府長史尚書二丞給印綬六品已下九品已上唯當曹爲官長者給印餘自非長官雖位尊並不給

諸王纁朱綬四采赤黃縹紺純朱質纁文織長二丈一尺二百四十首廣九寸開國郡縣公散郡縣公玄朱綬四采玄赤縹紺朱質玄文織長一丈八尺百八十首廣八寸開國縣侯伯散縣侯伯青朱綬四采青赤白縹朱質青文織長一丈六尺百四十首廣七寸開國縣子男散縣子男名號侯開國鄉男素朱綬三采青赤白朱質白文織長一丈四尺百二十首廣六寸一品二品紫綬三采紫黃赤純紫質長一丈八尺百八十首廣八寸三品四品青綬三采青白紅純青質長一丈六尺百四十首廣七寸五品六品墨綬二采青紺純紺質長一丈四尺百首廣六寸七品八品九品黃綬二采黃白純黃質長一丈二尺六十首廣五寸官品從第二已上小綬閒得施玉環凡綬先合單紡爲一絲絲四爲一扶扶五爲一首首五成一文采純爲質首多者絲細首少者絲麤官有綬者則有紛皆長八尺廣三寸各隨綬色若服朝服則佩綬服公服則佩紛官無綬者不合佩紛

鞶囊二品已上金縷三品金銀縷四品銀縷五品六品綵縷七八九品綵縷獸爪鞶官無印綬者並不合佩鞶囊及爪

一品玉具劍佩山玄玉二品金裝劍佩水蒼玉三品及開國子男五等散品名號侯雖四五品並銀裝劍佩水蒼玉侍中已下通直郎已上陪位則像劍帶真劍者入宗廟及升殿若在仗內皆解劍一品及散郡公開國公侯伯皆雙佩二品三品及開國子男五等散品名號侯皆雙佩綬亦如之

百官朝服公服皆執手板尚書錄令僕射吏部尚書手板頭復有白筆以紫皮裹之名曰笏朝服綴紫荷錄令左僕射左荷右僕射吏部尚書右荷七品已上文官朝服皆簪白筆正王公侯伯子男卿尹及武職並不簪朝服冠幘各一絳紗單衣白紗中單皁領袖皁襈革帶曲領方心蔽膝白筆舄襪兩綬劍佩簪導鉤䚢爲具服七品已上服也公服冠幘紗單衣深衣革帶假帶履襪鉤䚢謂之從省服八品已下流外四品已上服也

流外五品已下九品已上皆著褠衣爲公服

皇后璽綬佩同乘輿假髻步搖十二鈿八雀九華助祭朝會以褘衣祠郊禖以褕狄小宴以闕狄親蠶以鞠衣禮見皇帝以展衣宴居以褖衣六服俱有蔽膝織成緄帶皇太后皇后璽並以白玉爲之方一寸二分螭獸鈕文各如其號璽不行用有令則太后以宮名衞尉印皇后則以長秋印

內外命婦從五品已上蔽髻唯以鈿數花釵多少爲品秩二品已上金玉飾三品已下金飾內命婦左右昭儀三夫人視一品假髻九鈿金章紫綬服褕翟雙佩山玄玉九嬪視三品五鈿蔽髻銀章青綬服鞠衣佩水蒼玉世婦視四品三鈿銀印青綬服展衣無佩八十一御女視五品一鈿銅印墨綬服褖衣又有宮人女官服制第二品七鈿蔽髻服闕翟三品五鈿鞠衣四品三鈿展衣五品一鈿褖衣六品褖衣七品青紗公服俱大首髻八品九品俱青紗公服偏髾髻

皇太子妃璽綬佩同皇太子假髻步搖九鈿服褕翟從蠶則青紗公服

皇太子妃璽以黃金方一寸龜鈕文曰皇太子妃之璽若有封書則用內坊印

郡長公主公主王國太妃妃纁朱綬髻章服佩同內命婦一品郡長君七鈿蔽髻玄朱綬闕翟章佩與公主同郡君縣主佩水蒼玉餘與郡長君同太子良娣視九嬪服縣主青朱綬餘與良娣同女侍中五鈿假金印紫綬服鞠衣佩水蒼玉縣君銀章青朱綬餘與女侍中同太子孺人同世婦太子家人子同御女鄉主鄉君素朱綬佩水蒼玉餘與御女同外命婦章印綬佩皆如其夫若夫假章印綬佩妻則不假一品二品七鈿蔽髻服闕翟三品五鈿服鞠衣四品五鈿服展衣五品一鈿服褖衣內外命婦宮人女官從蠶則各依品次還著蔽髻皆服青紗公服如外命婦綬帶鞶囊皆準其夫公服之例百官之母詔加太夫人者朝服公服各與其命婦服同

後周設司服之官掌皇帝十二服祀昊天上帝則蒼衣蒼冕祀東方上帝及朝日則青衣青冕祀南方上帝則朱衣朱冕祭皇地祇祀中央上帝則黃衣黃冕祀西方上帝及夕月則素衣素冕祀北方上帝祭神州社稷則玄衣玄冕享先皇加元服納后朝諸侯則象衣象冕十有二章日月星辰山龍華蟲六章在衣火宗彝藻粉米黼黻六章在裳凡十二等享諸先帝大貞於龜食三老五更享諸侯耕籍則服袞冕自龍已下凡九章十二等宗彝已下五章在衣藻火已下四章在裳衣重宗彝祀星辰祭四望視朔大射饗羣臣巡犧牲養國老則服山冕八章十二等衣裳各四章衣重火與宗彝羣祀視朝臨太學入道法門宴諸侯與羣臣及燕射養庶老適諸侯家則服鷩冕七章十二等衣三章裳四章衣重三章袞山鷩三冕皆裳重黼黻俱十有二等通以升龍爲領褾冕通十有二旒巡兵即戎則服韋弁謂以韎韋爲弁又以爲裳衣也田獵行鄉畿則服皮弁謂以鹿子皮爲弁白布衣而素裳也皇帝凶服斬衰（父母之喪上下達）其弔服錫衰以哭三公緦衰以哭諸侯（皆十五升抽其半錫者浣其布不浣其縷哀在內緦者浣其縷不浣其布哀在外也）疑衰以哭大夫（十四升）皆素弁（加爵弁之數）環經（一服纓經）凡大疫大荒大災則素服縞冠（凡疫病荒饑年災水旱也）

諸公之服九一曰方冕二曰袞冕九章宗彝已上五章在衣藻已下四章在裳三曰山冕八章衣裳各四章衣重宗彝爲九等四曰鷩冕七章衣三章裳四章衣重火與宗彝五曰火冕六章衣裳各三章衣重宗彝及藻裳重黻六曰毳冕五章衣三章裳二章衣重藻粉米裳重黼黻山冕已下俱九等皆以山爲領褾冕俱九旒七曰韋弁八曰皮弁九曰玄冠

諸侯服自方冕而下八無袞冕山冕八章衣裳各四章鷩冕七章衣三章裳四章衣重宗彝火冕六章衣裳各三章衣重藻裳重黼毳冕五章衣三章裳二章衣重粉米裳重黼黻鷩冕已下俱八等皆以華蟲爲領褾冕俱八旒

諸伯服自方冕而下七又無山冕鷩冕七章衣三章裳四章火冕六章衣裳各三章裳重黻毳冕五章衣三章裳二章裳重黼黻火冕已下俱七等皆以火爲領褾冕俱七旒

諸子服自方冕而下六又無鷩冕火冕六章衣裳各三章毳冕五章衣三章裳二章裳重黻毳冕已下俱六等皆以宗彝爲領褾冕俱六旒

諸男服自方冕而下五又無火冕毳冕五章衣三章裳二章以藻爲領褾冕五旒

三公之服九一曰祀冕二曰火冕六章衣裳各三章衣重宗彝與藻裳重黻三曰毳冕五章衣三章裳二章衣重藻與粉米裳重黼黻四曰藻冕四章衣裳俱二章衣重藻與粉米裳重黼黻五曰繡冕三章衣一章裳二章衣重粉米裳重黼黻俱九等皆以宗彝爲領褾六曰爵弁七曰韋弁八曰皮弁九曰玄冠

三孤之服自祀冕而下八無火冕毳冕五章衣三章裳二章衣重粉米裳重黼黻藻冕四章衣裳各二章衣重藻與粉米裳重黼黻俱八等皆以藻爲領褾繡冕三章衣一章裳二章衣重粉米裳重黼黻爲八等

公卿之服自祀冕而下七又無毳冕藻冕四章衣裳各二章衣重粉米裳重黼黻爲七等皆以粉米爲領褾各七繡冕三章衣一章裳二章衣重粉米裳重黼黻爲七等

上大夫之服自祀冕而下六又無藻冕繡冕三章衣一章裳二章衣重粉米裳重黼爲六等

中大夫之服自祀冕而下五又無皮弁繡冕三章衣一章裳二章衣重粉米爲五等

下大夫之服自祀冕而下四又無爵弁繡冕三章衣一章裳二章衣重粉米爲四等

上之服三一曰祀弁二曰爵弁三曰玄冠（玄冠皆玄衣其裳上士以玄中士以黃下士雜裳謂前玄後黃也）庶士之服一玄冠（庶士庶人在官府史之屬其服緇衣裳）後令文武俱著常服冠形如魏帢無簪有纓其凶服皆與庶人同其弔服諸侯於其卿大夫錫衰同姓緦衰於士疑衰其當事則弁經否則皮弁公卿大夫之弔服錫衰弁經皮弁亦如士之弔服疑衰素裳當事弁經否則徒弁

皇后衣十二等其翟衣六從皇帝祀郊禖享先皇朝皇太后則服翬衣（素質五色）祭陰社朝命婦則服褕衣（青質五色）祭羣小祀受獻繭則服鷩衣（赤色）采桑則服鳪衣（黃色）從皇帝見賓客聽女教則服鵫衣（白色）食命婦歸寧則服翙衣（玄色）俱有十二等以翬雉爲領褾各有二臨婦學及法道門命婦有時見命婦則蒼衣春齋及祭還則青衣夏齋及祭還則朱衣采桑齋及采桑還則黃衣秋齋及祭還則素衣冬齋及祭還則玄衣自青衣而下其領褾以相生之色

諸公夫人九服其翟衣雉皆九等俱以褕雉爲領褾各九自褕衣已下五曰褕衣鷩衣鳪衣鵫衣翙衣幷朱衣黃衣素衣玄衣而九自朱衣而下其領褾亦同用相生之色

諸侯夫人自鷩而下八其翟衣雉皆八等俱以鷩雉爲領褾無褕衣

諸伯夫人自鳪而下七其翟衣雉皆七等俱以鳪雉爲領褾又無鷩衣

諸子夫人自鵫而下六其翟衣俱以鵫雉爲領褾又無鳪衣

諸男夫人自翙而下五其翟衣雉皆五等俱以翙雉爲領褾又無鵫衣

三妃三公夫人之服九一曰鳪衣二曰鵫衣三曰翙衣四曰青衣五曰朱衣六曰黃衣七曰素衣八曰玄衣九曰髾衣（似髮）華皆九樹其雉衣亦皆九等以鳪雉爲領褾

各九三妃三孤之內子自鶡衣而下八雉衣皆八等以鶡雉爲領褾各八

六嬪六卿之內子自翙衣而下七雉衣皆七等以翙雉爲領褾各七

上媛上大夫之孺人自青衣而下六

中媛中大夫之孺人自朱衣而下五

下媛下大夫之孺人自黃衣而下四

御婉士之婦人自素衣而下三

中宮六尚一曰緅衣（其色赤而微玄）諸命秩之服曰公服其餘常服曰私衣皇后華皆有十二樹諸侯之大夫亦皆以命數爲之節三妃三公夫人已下又各依其命一命再命者又俱以三爲節

皇后及諸侯夫人之服皆舄履三妃三公夫人已下翟衣則舄其餘皆屨舄履各如其裳之色

皇后之凶服斬衰齊衰降旁朞已下弔服爲妃嬪三公之夫人孤卿內子之喪錫衰（錫者十五升去其半無事其縷有事其布哀在內也）爲諸侯夫人之喪緦衰（緦亦十五升去其半有事其縷無事其布哀在外也）爲媛御婉及夫人孺人士之婦人之喪疑衰（疑衰十四升疑於吉）皆吉笄無首（象笄去首飾）太陰虧則素服（蕩天下之陰事）諸侯之夫人及三妃與三公之夫人已下凶事則五衰（自緦已上皆服之）其弔諸侯夫人於卿之內子大夫孺人錫衰於己之同姓之臣緦衰於士之婦人疑衰皆吉笄無首其三妃已下及媛三公夫人已下及孺人其弔服錫衰御婉及士之婦人弔服疑衰疑衰同笄（九族已下皆骨笄）

韠皇帝三章龍火山諸侯二章去龍卿大夫一章以山皆織絲以成之

皇帝八璽有神璽有傳國璽皆寶而不用（神璽明受之於天傳國璽明受之於運）皇帝負扆則置神璽於筵前之右置傳國璽於筵前之左又有六璽其一皇帝行璽封命諸侯及三公用之其二皇帝之璽與諸侯及三公書用之其三皇帝信璽發諸夏之兵用之其四天子行璽封命蕃國之君用之其五天子之璽與蕃國之君書用之其六天子信璽徵蕃國之兵用之六璽皆白玉爲之方一寸五分高寸螭獸鈕皇后璽文曰皇后之璽白玉爲之方寸五分高寸麟鈕三公諸侯皆金印方寸二分高八分龜鈕七命已上銀四命已上銅皆龜鈕三命已上銅印銅鼻其方皆寸其高六分文曰某公官之印

皇帝之組綬以蒼以青以朱以黃以白以玄以纁以紅以紫以緅以碧以綠十有二色諸公九色自黃以下諸侯八色自白以下諸伯七色自玄以下諸子六色自纁已下諸男五色自紅已下三公之綬如諸公三孤之綬如諸侯六卿之綬如諸伯上大夫之綬如諸子中大夫之綬如諸男下大夫綬自紫已下士之綬自緅已下其璽印之綬亦如之

保定四年百官始執笏常服上焉宇文護始命袍加下襴宣帝卽位受朝於路門初服通天冠絳紗袍羣臣皆服漢魏衣冠大象元年制冕二十四旒衣服以二十四章爲準二年下詔天臺近侍及宿衛之官皆著五色衣以錦綺繢繡爲緣名曰品色衣有大禮則服冕內外命婦皆執笏其拜俛伏方典

隋書卷十一考證

禮儀志六著皁衣絳襈○宋本皁作帛按本志諸博士皁朝服從皁爲是

黑玉爲飾○監本黑玉二字闕從宋本補飾一本作珠

其在陛牙及備鹵簿者○臣映斗按周禮王會同之舍設梐枑梐枑亦作陛牙又本志下文其在陛列及備鹵簿者又作陛列各仍本文以備參考

猛毅烈威銳震進智威勝駿等十猛將軍○臣映斗按十猛謂以猛字分冠下十字之首如猛毅猛烈是也十字不當有兩威字疑是虎字唐諱虎作武又訛武作威耳

大誰天門士○按漢書注大誰卒主問非常之人云姓名是誰有大誰長

佩于寘玉○按本傳作于闐山多美玉抱朴子仙藥卷云得于闐國白玉俱作闐前漢游俠傳闐門注師古古曰闐與寘同

# 隋書卷十二

唐太尉揚州都督監修國史上柱國趙國公臣長孫無忌等撰

## 志第七

## 禮儀七

高祖初卽位將改周制乃下詔曰宣尼制法云行夏之時乘殷之輅弈葉共遵理無可革然三代所尚衆論多端或以爲所建之時或以爲所感之瑞或當其行色因以從之今雖夏數得天歷代通用漢尚於赤魏尚於黃驪馬玄牲已弗相踵明不可改建寅歲首常服於黑朕初受天命赤雀來儀兼姬周已還於茲六代三正迴復五德相生總以言之並宜火色垂衣已降損益可知尚色雖殊常兼前代其郊丘廟社可依衮冕之儀朝會衣裳宜盡用赤昔丹烏木運姬有大白之旂黃星土德曹乘黑首之馬在祀與戎其尚恒異今之戎服皆可尚黃在外常所著者通用雜色祭祀之服須合禮經宜集通儒更可詳議太子庶子攝太常少卿裴正奏曰竊見後周制冕加爲十二既與前禮數乃不同而色應五行又非典故謹案三代之冠其名各別六等之冕承用區分璪玉五采隨班異飾都無迎氣變色之文唯月令者起于秦代乃有青旂赤玉白駱黑衣與四時而色變全不言於弁冕五時冕色禮既無文稽於正典難以經證且後魏已來制度咸闕天興之歲草創繕修所造車服多參胡制故魏收論之稱爲違古是也周氏因襲將爲故事大象承統咸取用之輿輦衣冠甚多迂怪今皇隋革命憲章前代其魏周輦輅不合制者已勑有司盡令除廢然衣冠禮器尚且兼行乃有立夏衮衣以赤爲質迎秋平冕用白成形既越典章須革其謬謹案續漢書禮儀志云立春之日京都皆著青衣秋夏悉如其色逮于魏晉迎氣五郊行禮之人皆同此制考尋故事唯幘從衣色今請冠及冕色並用玄唯應著幘者任依漢晉制曰可於是定令採用東齊之法乘輿衮冕垂白珠十有二旒以組爲纓色如其綬黈纊充耳玉笄玄衣纁裳衣山龍華蟲火宗彝五章裳藻粉米黼黻四章衣重宗彝裳重黼黻爲十二等衣褾領織成升龍白紗內單黼領青褾襈裾革帶玉鉤䚢大帶素帶朱裏紕其外上以朱下以綠韍隨裳色龍火山三章鹿盧玉具劍火珠鏢首白玉雙佩玄組雙大綬六采玄黃赤白縹綠純玄質長二丈四尺五百首廣一尺小雙綬長二尺六寸色同大綬而首半之間施三玉環朱韈赤舄舄加金飾祀圓丘方澤感帝明堂五郊雩蜡封禪朝日夕月宗廟社稷藉田廟遣上將征還飲至元服納后正月受朝及臨軒拜王公則服之通天冠加金博山附蟬十二首施珠翠黑介幘玉簪導絳紗袍深衣製白紗內單皁領褾襈裾絳紗蔽膝白假帶方心曲領其革帶劍佩綬舄與上同若未加元服則雙童髻空頂黑介幘雙玉導加寶飾朔日受朝元會及冬會諸祭還則服之武弁金附蟬平巾幘餘服具服講武出征四時蒐狩大射禡類宜社賞祖罰社纂嚴則服之黑介幘白紗單衣烏皮履拜陵則服之白紗帽白練裙襦烏皮履視朝聽訟及宴見賓客皆服之白帢白紗單衣烏皮履舉哀則服之神璽寶而不用受命璽封禪則用之皇帝行璽封命諸侯及三師三公則用之皇帝之璽賜諸侯及三師三公書則用之皇帝信璽徵諸夏兵則用之天子行璽封命蕃國之君則用之天子之璽賜蕃國之君書則用之天子信璽徵蕃國兵則用之常行詔勅則用內史門下印皇帝臨臣之喪三品已上服錫衰五等諸侯緦衰四品已下疑衰

皇太子衮冕垂白珠九旒青纊充耳犀笄玄衣纁裳衣山龍華蟲火宗彝五章裳藻粉米黼黻四章織成爲之白紗內單黼領青褾襈裾革帶金鉤䚢大帶素帶不朱裏亦紕以朱綠韍隨裳色火山二章玉具劍火珠鏢首瑜玉雙佩朱組雙大綬四采赤白縹紺純朱質長一丈八尺三百二十首廣九寸小雙綬長二尺六寸色同大綬而首半之間施二玉環朱韈赤舄以金飾侍從皇帝祭祀及謁廟元服納妃則服之

遠遊三梁冠加金附蟬九首施珠翠黑介幘纓翠緌犀簪導絳紗袍白紗內單皁領褾襈裾白假帶方心曲領絳紗蔽膝韈舄其革帶劍佩綬與上同未冠則雙童髻空頂黑介幘雙玉導加寶飾謁廟還宮元日朔日入朝釋奠則服之

遠遊冠公服絳紗單衣革帶金鉤䚢假帶方心紛長六尺四寸廣二寸四分色同其綬金縷鞶囊韈履五日常朝則服之

白帢單衣烏皮履爲宮臣舉哀則服之

皇太子璽宮內大事用之小事用左右庶子印

皇太子臨弔三師三少則錫衰宮臣四品已上緦衰五品已下疑衰

衮冕青珠九旒以組爲纓色如其綬（自此已下纓皆如之）服九章同皇太子王國公開國公初受冊執贄入朝祭親迎則服之三公助祭者亦服之

鷩冕（侯八旒伯七旒）服七章衣華蟲火宗彝三章裳藻粉米黼黻四章（八旒者重宗彝）侯伯初受冊執贄入朝祭親迎則服之

毳冕（子六旒男五旒）服五章衣宗彝藻粉米三章裳黼黻二章（六旒者裳重黻）子男初受冊執贄入朝祭親迎則服之

絺冕（三品七旒四品六旒五品五旒）服三章（七旒者衣粉米一章爲三重裳黼黻二章各二重六旒者減黼一重五旒又減黻一重）正三品已下從五品已上助祭則服之

自王公已下章服皆繡爲之祭服冕皆簪導青纊充耳玄衣纁裳白紗內單黼領（絺冕已下內單青領）青褾襈裾革帶鉤䚢大帶（王三公及公侯伯子男素帶不朱裏皆紕其外上以朱下以綠正三品已下從五品已上素帶）

紕其垂外以玄內以黃紐約皆用青組朱韍凡韍皆隨裳色鷩毳火山二章絺山一章劒佩綬韈赤舄

爵弁玄纓無旒從九品已上助祭則服之其制服簪導玄衣纁裳無章白絹內單青領褾襈裾革帶大帶練帶紕其垂內外以緇紐約用青組爵韠韈赤履武弁平巾幘諸武職及侍臣通服之侍臣加金璫附蟬以貂爲飾侍左者左珥右者右珥

遠遊三梁冠黑介幘諸王服之

進賢冠黑介幘文官服之從三品已上三梁從五品已上兩梁流內九品已上一梁

法冠一名獬豸冠鐵爲柱其上施珠兩枚爲獬豸角形法官服之

高山冠謁者服之

却非冠門者及禁防伺非服之

黑介幘平巾黑幘應服者並上下通服之庖人則綠幘

白帢白紗單衣烏皮履上下通服之

委貌冠未冠則雙童髻空項黑介幘皆深衣青領烏皮履國子太學四門生服之

朝服亦名具服冠幘簪導白筆絳紗單衣白紗內單皁領袖皁襈革帶鉤假帶曲領方心絳紗蔽膝韈舄綬劒佩從五品已上陪祭朝饗拜表凡大事則服之六品已下從七品已上去劒佩綬餘並同自餘公事皆從公服亦名從省服

冠幘簪導絳紗單衣革帶鉤艓假帶方心韈履紛鞶囊從五品已上服之

絳褠衣公服褠衣卽單衣之不垂胡也袖狹形直如褠內餘同從省流外五品已下九品已上服之

綬王纁朱綬四采赤黃縹紺純朱質纁文織長一丈八尺二百四十首廣九寸公玄朱綬四采玄赤縹紺純朱質玄文織長一丈八尺二百四十首廣九寸侯伯青朱綬四采青赤白縹純朱質青文織長一丈六尺百八十首廣八寸子男素朱綬三采青赤白純朱質白文織成一丈四尺百四十首廣七寸正從一品綠綟綬四采綠紫黃赤純綠質長一丈八尺二百四十首廣九寸從三品已上紫綬三采紫黃赤純紫質長一丈六尺百八十首廣八寸銀青光祿大夫朝議大夫及正從四品青綬三采青白紅純青質長一丈四尺百四十首廣七寸正從五品墨綬二采青紺純紺質長一丈四尺百首廣六寸自王公已下皆有小雙綬長二尺六寸色同大綬而首半之正從一品施二玉環已下不合其有綬者則有紛皆長六尺四寸廣二寸四分各隨其綬色

鞶囊二品已上金縷三品金銀縷四品及開國男銀縷五品綵縷官無綬者則不合佩紛一品及五等諸侯並佩山玄玉五品已上佩水蒼玉

年高致仕及以理去官被召謁見皆服前官從省服州郡秀孝試見之日皆假進賢一梁冠絳公服

隱居道素之士被召入謁見者黑介幘白單衣革帶烏皮履

左右衞左右武衞左右武候大將軍領左右大將軍並武弁絳朝服劒佩綬侍從則平巾幘紫衫大口袴褶金玳瑁裝兩襠甲唯左右武衞大將軍執赤檉杖左右衞左右武衞左右武候將軍領左右將軍左右監門衞將軍太子左右衞左右宗衞左右內等率左右監門郎將及諸副率並武弁絳朝服劒佩綬侍從則平巾幘紫衫大口袴金裝兩襠甲唯左右武衞將軍太子左右宗衞率執白檀杖

直閤將軍直寢直齋太子直閤武弁絳朝服劒佩綬侍從則平巾幘絳衫大口袴褶銀裝兩襠甲

皇后首飾花十二樹皇太子妃公主王妃三師三公及公夫人一品命婦並九樹侯夫人二品命婦並八樹伯夫人三品命婦並七樹子夫人世婦及皇太子昭訓四品已上官命婦並六樹男夫人五品命婦五樹女御及皇太子良娣三樹自皇后已下小花並如大花之數并兩博鬢也

皇后褘衣深青織成爲之爲翬翟之形素質五色十二等青紗內單黼領羅縠褾襈蔽膝隨裳色用翟爲章三等大帶隨衣色朱裏紕其外上以朱錦下以綠錦紐約用青組以青衣革帶青韈舄舄加金飾白玉佩玄組綬章采尺寸與乘輿同祭及朝會凡大事則服之

鞠衣黃羅爲之應服者皆同其蔽膝大帶及衣革帶舄隨衣色餘與褘衣同唯無雉親蠶則服之應服者皆以助祭

青衣青羅爲之制與鞠衣同去花大帶及佩綬以禮見皇帝則服之

朱衣緋羅爲之制如青衣宴見賓客則服之

皇太后服與皇后同皇太后璽不行用若封令書則用宮官之印

皇后璽不行用若封令書則用內侍之印

皇太子妃褕翟青織成爲之爲搖翟之形青質五色九等青紗內單黼領羅縠褾襈蔽膝隨衣色以搖翟爲章三等大帶隨衣色不朱裏紕其外上以朱錦下以綠錦紐約用青組以青衣革帶青韈舄舄加金飾瑜玉佩純朱綬章采尺寸與皇太子同助祭朝會凡大事則服之亦有鞠衣

皇太子妃璽不行用若封書則用典內之印

公主王妃三師三公及公侯伯夫人服褕翟繡爲之公主王妃三師三公及公夫人爲九等侯夫人八等伯夫人七等助祭朝會凡大事則服之亦有鞠衣

子男夫人服闕翟緋羅爲之刻赤繒爲翟形不繡綴於服上子夫人六等男夫人五等助祭朝會凡大事則服之亦有鞠衣

諸王公侯伯子男之母與妃夫人同其郡縣君各視其夫及子若郡縣君品高及無夫子者準品

嬪及從三品已上官命婦青服制與褕翟同青羅爲之唯無雉助祭朝會凡大事則服之亦有鞠衣

世婦及皇太子昭訓從五品已上官命婦服青服助祭從蠶朝會凡大事則服之

女御及皇太子良媛朱服制與青服同去佩綬助祭從蠶朝會凡大事則服之

六尚朱絲布公服助祭從蠶朝會凡大事則服之

六司六典及皇太子三司三典三掌青紗公服助祭從蠶朝會凡大事則服之

佩綬嬪同九卿世婦及皇太子昭訓同五品公主王妃同諸王三師三公五等國夫人及從五品已上官命婦皆準其夫無夫者準品定令訖

高祖元正朝會方御通天服郊丘宗廟盡用龍袞衣大裘毳絺皆未能備至平陳得其器物衣冠法服始依禮具然皆藏御府弗服用焉百官常服同於匹庶皆著黃袍出入殿省高祖朝服亦如之唯帶加十三環以爲差異蓋取於便事及大業元年煬帝始詔吏部尚書牛弘工部尚書宇文愷兼內史侍郎虞世基給事郎許善心儀曹郎袁朗等憲章古制創造衣冠自天子逮于胥皁服章皆有等差若先所有者則因循取用弘等議定乘輿服合八等焉

大裘之冕案周禮大裘之冕無旒三禮衣服圖大裘而冕王祀昊天上帝及五帝之服至秦除六冕唯留玄冕漢明帝永平中方始創制董巴志云漢六冕同制皆闊七寸長尺二寸前圓後方於是遂依此爲大裘冕制青表朱裏不施旒纊不通於下其大裘之服案周官注羔裘也其制準禮圖以羔正黑者爲之取同色繒以爲領袖其裳用纁而無章飾絳韈赤舄祀圓丘感帝封禪五郊明堂雩禜皆服之

袞冕之制案禮玉藻十有二旒大戴禮云冕而加旒以蔽明也琇纊塞耳以蔽聽也又禮含文嘉前後邃延不視邪也加以黈纊不聽讒也三王之冕既不通制故夫子云行夏之時服周之冕今以釆綖貫珠爲旒十二邃延者出冕前後而下垂之旒齊於髆纊齊於耳組爲纓玉笄導其爲服之制案釋名云袞卷也謂畫龍於上也是時虞世基奏曰後周故事升日月於旌旗乃闕三辰而章無十二但有山龍華蟲作繪宗彝藻火粉米黼黻乃與三公不異開皇中就裏欲生分別故衣重宗彝裳重黼黻合重二物以就九章爲十二等但每一物上下重行袞服用九鷩服用七今重此三物乃非典故且周氏執謙不敢負於日月所以綴此三象唯施太常天王袞衣章乃從九但天子譬日德在照臨辰爲帝位月主正后負此三物合德齊明自古有之理應無惑周執謙道昧未可依重用宗彝又乖法服今準尚書予欲觀古人之服日月星辰山龍華蟲作會宗彝藻火粉米黼黻絺繡具依此於左右髆上爲日月各一當後領下而爲星辰又山龍九物各重行十二又近代故實依尚書大傳山龍純青華蟲純黃作會宗彝純黑藻純白火純赤以此相間而爲五采鄭玄議已自非之云五采相錯非一色也今並用織成於繡五色錯文準孔安國衣質以玄加山龍華蟲火宗彝等並織成爲五物裳織以纁加藻粉米黼黻之四衣裳通數此爲九章兼上三辰而備十二也衣褾領上各帖升龍漢晉以來率皆如此既是先王法服不可乖於夏制徵而用之理將爲允墨勑曰可承以單衣又案董巴輿服志宗廟冕服云絳領袖爲內單衣又車服雜記曰天子釋奠郊祭而單衣以絳緣今用白紗爲內單黼領絳褾青裾及襈革帶玉鉤艓大帶朱裏紕其外紐約用組上加朱韍又案說文韠韍也所以蔽前禮記曰有虞氏韍夏后氏山殷火周龍章鄭玄曰冕之韍也舜始作之以尊祭服禹湯至周增以文飾禮記曰君朱韠鄭曰韠象裳色今依白武通注以蔽裳前上闊一尺象天數也下闊二尺象地數也長三尺象三才也加龍章山火以備三代之法也於是制袞冕之服玄衣纁裳合九章爲十二等白紗內單黼領青褾襈革帶玉鉤艓大帶韍鹿盧玉具劒火珠鏢首白玉雙佩玄組大小綬朱韈赤舄舄以金飾宗廟社稷籍田方澤朝日夕月遣將授律征還飲至加元服納后正冬受朝臨軒拜爵皆服之

通天冠之制案董巴志冠高九寸形正豎頂少邪却後乃下直爲鐵卷梁前有高山故禮圖或謂之高山冠也晉起居注成帝咸和五年制詔殿內曰平天通天冠並不能佳可更修理之雖在禮無文故知天子所冠其來久矣又徐氏輿服注曰通天冠高九寸黑介幘金博山

徐爰亦曰博山附蟬謂之金顏今制依此不通於下僞天子元會臨軒服之其服絳紗袍深衣製白紗內單皁領褾裾襈絳紗蔽膝白假帶方心曲領其劍佩綬舄革帶皆與上同元冬饗會諸祭還則服之四時視朔則內單領襈各隨其方色唯秋方色白以緣代之

遠遊冠之制案漢雜事曰太子諸王服之故淮南子曰楚莊王冠通梁組纓注云通梁遠遊也晉令皇太子諸王給遠遊冠徐氏雜注曰天子雜服遠遊五梁太子諸王三梁董巴志曰制如通天有展筩橫之幘上今制依此天子加金博山九首施珠翠黑介幘金緣以承之翠緌纓犀簪導太子親王加金附蟬宗室王去附蟬並不通於庶姓其乘輿遠遊冠服白紗單衣承以帬襦烏皮履拜山陵則服之

武弁之制案徐爰宋志謂籠冠是也禮圖曰武士服之董巴輿服志云諸常侍內常侍加黃金附蟬毦尾謂之惠文冠今制天子金博山三公已上玉冠枝四品已上金枝侍臣加附蟬毦豐貂文官七品已上毦白筆八品已下及武官皆不毦筆其乘輿武弁之服衣裳綬如通天之服講武出征四時蒐狩大射禡類宜社賞祖罰社纂嚴皆服之

弁之制案五經通義高五寸前後玉飾詩云璯弁如星董巴曰以鹿皮爲之尚書顧命四人綦弁執戈故知自天子至于執戈通貴賤矣魏臺訪議曰天子以五采玉珠十二飾之命參準此通用烏漆紗而爲之天子十二琪皇太子及一品九琪二品八琪三品七琪四品六琪五品五琪六品已下無琪唯文官服之不通武職案禮圖有結纓而無笄導少府少監何稠請施象牙簪導詔許之弁加簪導自茲始也乘輿鹿皮弁服緋大襦白羅帬金烏皮履革帶小綬長二尺六寸色同大綬而首半之間施三玉環白玉佩一隻視朝聽訟則服之凡弁服自天子已下內外九品已上弁皆以烏爲質並衣袴褶五品已上以紫六品已下以絳宿衞及在仗內加兩襠螣蛇絳褠衣連裳典謁贊引流外冗吏通服之以縵後制鹿皮弁以賜近臣

帽古野人之服也董巴云上古穴居野處衣毛帽皮以此而言不施衣冠明矣案宋齊之間天子宴私著白高帽士庶以烏其制不定或有卷荷或有下帬或有紗高屋或有烏紗長耳後周之時咸著突騎帽如今胡帽垂帬覆帶蓋索髮之遺象也又文帝項有瘤疾不欲人見每常著焉相魏之時著而謁帝故後周一代將爲雅服小朝公宴咸許戴之開皇初高祖常著烏紗帽自朝貴已下至于冗吏通著入朝今復制白紗高屋帽其服練帬襦烏皮履宴接賓客則服之

白帢案傅子魏太祖以天下凶荒資財乏匱擬古皮弁裁縑帛以爲之蓋自魏始也梁令天子爲朝臣等舉哀則服之今亦準此其服白紗單衣承以帬襦烏皮履舉哀臨喪則服之

幘案董巴云起於秦人施於武將初爲絳帕以表貴賤爲至漢孝文時乃加以高顏孝元帝額有壯髮不欲人見乃始進幘又董偃召見綠幘傳韝東觀記云詔賜段熲赤幘大冠一具故知自上已下至于皁隸及將帥等皆通服之今天子畋獵御戎文官出遊田里武官自一品已下至于九品并流外吏色皆同烏廚人以綠卒及馭人以赤舉輦人以黃駕五輅人逐其車色承遠遊進賢者施以掌導謂之介幘承武弁者施以笄導謂之平巾其乘輿黑介幘之服紫羅褶南布袴玉梁帶紫絲鞋長靿韈畋獵豫遊則服之

皇太子服六等袞冕九旒朱組纓青纊充耳犀簪導紺衣纁裳去日月星辰爲九章白紗內單黼黻領青褾襈裾革帶金鉤鰈大帶蔽二章玉具劍侍從祭祀及謁廟加元服納妃則服之據晉咸寧四年故事衣色用玄改用紺舊章用織成降以繡玉具劍故事以火珠鏢首改以白珠開皇中皇太子冕同天子貫白珠及仁壽元年煬帝爲太子以白珠太逼表請從青珠於是太子袞冕與三公王等皆青珠九旒旒短不及髆降天子二寸

遠遊冠金附蟬加寶飾珠翠九首珠纓翠緌犀簪導絳紗袍白紗內單皁領褾襈裾白假帶方心曲領絳紗蔽膝韈舄革帶劍佩綬同袞冕未冠則雙童髻空頂黑介幘雙玉導加寶飾珠翠二首謁廟還元日朔旦入朝釋奠則服之

始後周采用周禮皇太子朝賀皆袞冕九章服開皇初自非助祭皆冠遠遊冠至此牛弘奏云皇太子冬正大朝請服袞冕帝問給事郎許善心曰太子朝謁著遠遊冠有何典故對曰晉令皇太子給五時朝服遠遊冠至宋泰始六年更議儀注儀曹郎丘仲起議案周禮公自袞冕已下至卿大夫之玄冕皆其朝聘之服也伏尋古之公侯尚得服袞以入朝見況皇太子儲副之尊謂宜式遵盛典服袞朝賀兼左丞陸澄議服冕以朝實著經典自秦除六冕之制後漢始備古章魏晉以來非祀宗廟不欲令臣下服於袞冕位爲公者必加侍官故太子入朝因亦不著但承天作副禮絕羣后宜遵前王之令典革近代之陋制皇太子朝請服冕自宋以下始定此儀至梁簡文之爲太子嫌於上逼還冠遠遊下及於陳皆依此法後周之時亦言服袞入朝至于開皇復遵魏晉故事臣謂袞冕之服章玉雖差一日而觀頗欲相類臣子之道義無上逼故晉武帝太始三年詔太宰安平王孚著侍內之服四年又賜趙燕樂安王等散騎常侍之服自斯以後台鼎貴臣並加貂璫武弁故皇太子遂著遠遊謙不逼尊於理爲允帝曰善竟用開皇舊式

遠遊三梁冠從省服絳紗單衣革帶金鉤艓假帶方心佩一隻紛長六尺四寸闊二寸四分色同於綬金縷鞶囊白韈烏皮履金飾五日常朝則服之

鹿皮弁九琪服絳羅襦白羅帬革帶履韈佩紛如從省服在宮聽政則服之

平巾黑幘玉冠枝金花飾犀簪導紫羅褶南布袴玉梁帶長靿韈侍從田狩則服之

白帢素單衣烏皮履爲宮臣舉哀弔喪則服之

諸王三公已下爲服之制袞冕九章服三公攝祭及諸王初受冊贄入朝助祭親迎則服之綬各依其色

鷩冕案禮圖王祭先公及卿之服天子九旒用玉二百一十六侯伯服以助祭七旒用玉八十新制依此服七章三品及公侯助祭則服之

毳冕案禮圖王祀四望山川之服天子七旒用玉百六十八子男服以助祭五旒用玉五十新制依此服五章四品及伯助祭則服之

絺冕案禮圖王者祭社稷五祀之服天子五旒用玉百二十孤卿服以助祭四旒用玉三十二新制依此服三章五品及子男助祭則服之

玄冕案禮圖王祭羣小祀及視朝服天子四旒用玉三十二諸侯服以祭其宗廟三旒用玉十八新制依此服三章通給庶姓一品已下五品已上自製于家祭其私廟三品省衣粉米加三重裳黼黻加二重四品減黼一重五品減黻一重禮自玄冕以上加旒一等天子祭祀節級服之

開皇以來天子唯用袞冕自鷩之下不施於尊具依前式而六等之冕皆有黈纊黃緜爲之其大如橘自皇太子以下三犀導青纓爵弁案董巴志同於爵形一名冕有收持笄所謂夏收殷冔者也祠天地五郊明堂雲翹舞人服之禮云朱干玉戚冕而舞大夏此之謂也禮圖云士助君祭服之色如爵頭無旒有纊新制依此角爲簪導衣青裳纁並縵無章六品已下皆通服之

遠遊冠服王所服也衣裳內單如皇太子佩山玄玉金章龜鈕宋孝建故事亦謂之璽今文曰印又並歸於官府身不自佩例以銅易之大綬四采小綬同色施二玉環玉具劍烏皮舄加金飾唯帝子宗室封國王者服之

進賢冠案漢官云平帝元始五年令公卿列侯冠三梁二千石兩梁千石以下一梁梁別貴賤自漢始也董巴釋曰如緇布冠文儒之服也前高七寸而却後高三寸而立王莽之時以幘承之新制依此內外文官通服之三品已上三梁五品已上兩梁九品已上一梁用明金皁之等也其朝服亦名具服絳紗單衣白紗內單玄領裾襈袖革帶金鉤艓假帶曲領方心絳紗蔽膝白韈烏皮舄雙佩綬如遠遊之色自一品已下五品已上衣服盡同而綬依其品陪祭朝饗拜表凡大事皆服之六品七品去劍佩綬八品九品去白筆內單而用履代舄其五品已上一品已下又有公服亦名從省服並烏皮履去曲領內單白筆蔽膝開皇故事亦去鞶囊佩綬何稠請去大綬而偏垂一小綬綴於獸頭鞶囊獨一隻佩正當於後詔從之一品已下五品已上同

高山冠案董巴志云一曰側注謁者僕射之所服也胡伯始以爲齊王冠秦滅齊以賜謁者傅子曰魏明帝以高山冠似通天乃毀變其形除去卷筩令如介幘幘上加物以象山峯行人使者通皆服之新制參用其事形如進賢冠前加三峯以象魏制謁者大夫已下服之梁依其品

獬豸冠案禮圖曰法冠也一曰柱後惠文如淳注漢官曰惠蟬也細如蟬翼今御史服之禮圖又曰獬豸冠高五寸秦制也法官服之董巴志曰獬豸神羊也蔡邕云如麟一角應劭曰古有此獸主觸不直故執憲者爲冠以象之秦滅楚以其冠賜御史此即是也開皇中御史戴却非冠而無此色新制又以此而代却非御史大夫以金治書侍御史以犀侍御史已下用䴥羊角獨御史司隸服之

巾案方言云巾趙魏間通謂之承露郭林宗傳曰林宗嘗行遇雨巾沾角折又袁紹戰敗幅巾渡河此則野人及軍旅服也制有二等今高人道士所著是林宗折角庶人農夫常服是袁紹幅巾故事用全幅皁而向後襆髮俗人謂之襆頭自周武帝裁爲四腳今通於貴賤矣

簪導案釋名云簪建也所以建冠於髮也一曰笄笄係

也所以拘冠使不墜也導所以導擽鬢髮使入巾幘之裏也今依周禮天子以玉笄而導亦如之又史記曰平原君誇楚爲玳瑁簪班固與弟書云今遺仲升以黑犀簪士燮集云遺功曹史貢皇太子通天犀導故知天子獨得用玉降此通用玳瑁及犀今並準是唯弁用白牙笄導焉

貂蟬案漢官侍內金蟬左貂金取剛固蟬取高潔也董巴志曰內常侍右貂金璫銀附蟬內書令亦同此今宦者去貂內史令金蟬右貂納言金蟬左貂開皇時加散騎常侍在門下者皆有貂蟬至是罷之唯加常侍聘外國者特給貂蟬還則輸納於內省

白筆案徐氏雜注云古者貴賤皆執笏有事則書之故常簪筆今之白筆是遺象也魏略曰明帝時大會而史簪筆今文官七品已上通服之武職雖貴皆不毦也

纓案儀禮曰天子朱纓諸侯丹組纓今冕天子已下皆朱纓又尉繚子曰天子玄纓諸侯素纓別尊卑也今不用素並從冠色焉

佩案禮天子佩白玉董巴司馬彪云君臣佩玉尊卑有序所以章德也今參用杜夔之法天子白玉太子瑜玉王山玄玉自公已下皆水蒼玉

綬案禮天子玄組綬侯伯朱組綬大夫純組綬世子綦組綬漢官云蕭何爲相國佩綠綬公侯紫卿二千石青令長千石黑今大抵準此天子以雙綬六采玄黃赤白縹綠純玄質長二丈四尺五百首闊一尺雙小綬長二尺六寸色同大綬而首半之間施四玉環開皇用三今加一皇太子朱雙綬四采赤白縹紺純朱質長一丈八尺三百二十首闊九寸雙小綬長一尺六寸色同大綬而首半之間施三玉環開皇用二今加一三公綠綟綬四采綠黃縹紫純綠質黃文織之長一丈八尺二百四十首闊九寸與親王綬俱施二玉環諸王纁朱綬四采赤黃縹紺純朱質纁文織之長一丈八尺二百四十首闊九寸公玄朱綬四采赤縹玄紺純朱質玄文織之長一丈八尺二百四十首闊九寸侯伯青朱綬四采青赤白縹純朱質青文織之長一丈六尺百八十首闊八寸子男素朱綬三采青赤白純朱質素文織之長一丈四尺百四十首闊七寸二品已上纁紫綬四采纁紫赤黃純紫質纁文織之長一丈四尺百四十首闊八寸三品紺紫綬四采紫紺黃縹純紫質紺文織之長一丈六尺百八十首闊八寸四品青綬三采青白紅純青質長一丈四尺百四十首闊七寸五品墨綬二采青紺純純質長一丈二尺百二十首闊六寸自王公已下皆有小綬二枚色同大綬而首半之正從一品施二玉環凡有綬者皆有紛並長六尺四寸闊二寸四分隨於綬色

鞶囊案禮男鞶革女鞶絲東觀書詔賜鄧遵獸頭鞶囊一枚班固與弟書遺仲升獸頭旁囊金錯鉤也古佩印皆貯懸之故有囊稱或帶於旁故班氏謂爲旁囊綬印鈕也今雖不佩印猶存古制有佩綬者通得佩之無佩則不令採梁陳東齊制品極尊者以金織成二品以上服之次以銀織成三品已上服之下以綖織成五品已上服之分爲三等

革帶案禮博二寸禮圖曰璫綴於革帶阮諶以爲有章印則於革帶佩之東觀記楊賜拜太常詔賜自所著革帶故知形制尊卑不別今博三寸半加金鏤𨱅螳蜋鉤以相拘帶自大裘至於小朝服皆用之

劒案漢自天子至于百官無不佩刀蔡謨議曰大臣優禮皆劒履上殿非侍臣解之蓋防刃也近代以木未詳所起東齊著令謂爲象劒言象於劒周武帝時百官燕會並帶刀升座至開皇初因襲舊式朝服登殿亦不解焉十二年因蔡徵上事始制凡朝會應登殿坐者劒履俱脫其不坐者敕召奏事及須升殿亦就席解劒乃登納言黃門內史令侍郎舍人既夾侍之官則不脫其劒皆真刃非假既合舊典弘制依定又準晉咸康元年定令故事自天子已下皆衣冠帶劒今天子則玉具火珠鏢首餘皆玉鏢首唯侍臣帶劒上殿自王公以下非殊禮引升殿皆就席解而後升六品以下無佩綬者皆不帶

曲領案釋名在單衣內襟領上橫以雍頸七品已上有內單者則服之從省服及八品已下皆無

珽案禮天子搢珽方正於天下也又五經異義天子笏曰珽珽直無所屈也今制準此長尺二寸方而不折以球玉爲之

笏案禮諸侯以象大夫魚須文竹士以竹本象可也凡有指畫於君前受命書於笏笏畢用也五經要義曰所以記事防忽忘禮圖云度二尺有六寸中博二寸其殺六分去一晉宋以來謂之手板此乃不經今還謂之笏以法古名自西魏以降五品已上通用象牙六品已下兼用竹木

履舄案圖云複下曰舄單下曰履夏葛冬皮近代或以重皮而不加木失於乾腊之義今取乾腊之理以木重底冕服者色赤冕衣者色烏履同烏色諸非侍臣皆脫而升殿凡舄唯冕服及具服著之履則諸服皆用唯褶服以靴靴胡履也取便於事施於戎服

諸建華鵕鸃鷩冠委貌長冠樊噲却敵巧士術氏却非等前代所有皆不採用

皇后服四等有褘衣鞠衣青服朱服

褘衣深青質織成領袖文以翬翟五采重行十二等首飾花十二鈿小花毦十二樹并兩博鬢素紗內單黼領羅縠褾襈色皆以朱蔽膝隨裳色以緅爲緣用翟三章大帶隨衣裳飾以朱綠之錦青緣革帶青韈舄舄以金飾白玉佩玄組綬章采尺寸同於乘輿祭及朝會凡大事皆服之

鞠衣黃羅爲質織成領袖小花十二樹蔽膝革帶及舄隨衣色餘準褘衣親蠶服也

青服去花大帶及佩綬金飾履禮見天子則服之

朱服制如青服宴見賓客則服之

有金璽盤螭鈕文曰皇后之璽冬正大朝則并黃琮各以笥貯進於座隅

皇太后服同於后服而貴妃以下並亦給印

貴妃德妃淑妃是爲三妃服褕翟之衣首飾花九鈿并二博鬢金章龜鈕文從其職紫綬一百二十首長一丈七尺金縷織成獸頭鞶囊佩于窴玉

順儀順容順華修儀修容修華充儀充容充華是爲九嬪服闕翟之衣首飾花八鈿并二博鬢金章龜鈕文從其職紫綬一百首長一丈七尺金縷織成獸頭鞶囊佩采瓄玉

婕妤銀縷織成獸頭鞶囊首飾花七鈿他如嬪服

美人才人服鞠衣首飾花六鈿并二博鬢銀印珪鈕文從其職青綬八十首長一丈六尺綵縷織成獸爪鞶囊佩水蒼玉

寶林服展衣首飾花五鈿并二博鬢銀印環鈕文如其職艾綬八十首長一丈六尺鞶囊佩玉同於婕妤

承衣刀人采女皆服褖衣無印綬參準宋泰始四年及梁陳故事增損用之

皇太子妃服褕翟之衣青質五采織成爲搖翟以備九章首飾花九鈿并二博鬢金璽龜鈕文如其職素紗內單黼領羅褾襈色皆用朱蔽膝二章大帶同褘衣青綠革帶朱韈青舄舄加金飾佩瑜玉纁朱綬一百六十首長二丈獸頭鞶囊凡大禮見皆服之唯侍親桑則用鞠衣之服花鈿佩綬與褕衣同準宋孝建二年故事而增損之

良娣鞠衣之服銀印珪鈕文如其職佩采瓄玉青綬八十首長一丈六尺獸爪鞶囊餘同世婦

保林八子展衣之服銅印環鈕文如其職佩水蒼玉艾綬八十首長一丈六尺獸爪鞶囊自良娣等準宋大明六年故事而損益之

諸王太妃妃長公主公主三公夫人一品命婦褕翟之服繡爲九章首飾花九鈿佩山玄玉獸頭鞶囊綬同夫色

公夫人縣主二品命婦亦服褕翟繡爲八章首飾八鈿侍從親桑同用鞠衣自此之下佩皆水蒼玉

侯伯夫人三品命婦亦服褕翟繡爲七章首飾七鈿

子夫人四品命婦服闕翟之衣刻赤繒爲翟綴於服上以爲六章首飾六鈿

男夫人五品命婦亦服闕翟之衣刻繒爲翟綴於服上以爲五章首飾五鈿若當從侍親桑皆同鞠衣議既定帝幸修文殿覽之乃令何稠起部郎閻毗等造樣上呈二年總了始班行焉軒冕之盛貫古今矣三年正月朔旦大陳文物時突厥染干朝見慕之請襲冠冕帝不許明日率左光祿大夫褥但特勤阿史那職御左光祿大夫特勤阿史那伊順右光祿大夫意利發史蜀胡悉等並拜表固請衣冠帝大悅謂弘等曰昔漢制初成方知天子之貴今衣冠大備足致單于解辮此乃卿之功也弘愷善心世基何稠閻毗等賜帛各有差並事出優厚是後師旅務殷車駕多行幸百官行從唯服袴褶而軍旅間不便至六年後詔從駕涉遠者文武官等皆戎衣貴賤異等雜用五色五品已上通着紫袍六品已下兼用緋綠胥吏以青庶人以白屠商以皁士卒以黃

卓彼上天宮室混成玄戈居其左上將居其右弧矢揚威羽林置陳易曰天垂象聖人則之昔軒轅氏之有天下也以師兵爲營衛降至三代其儀大備西漢武帝每上甘泉則列鹵簿車千乘騎萬匹其居前殿則植戟懸楯以戒不虞其所由來者尚矣

梁武受禪于齊侍衛多循其制正殿便殿閣及諸門上下各以直閤將軍等直領又置刀釤御刀御楯之屬直御左右兼有御仗鋋矟赤氅角抵勇士青氅衛仗長刀刀劒細仗羽林等左右二百七十六人以分直諸門行則儀衛左右又有左右夾轂蜀客楯劒格獸羽林八從遊盪十二不從遊盪直從細射廉察刀戟腰弩大弩等隊凡四十九隊亦分直諸門上下行則量爲儀衛東西掖端大司馬東西華承明大通等門又各二隊及防殿

三隊雖行幸不從又有八馬遊盪馬左右夾轂左右馬百騎等各二隊及騎官閱武馬容雜伎馬容及左右馬騎直隊行則侍衞左右分爲警衞車駕晨夜出入及涉險皆作函鹵簿應宿衞軍騎皆執兵持滿各當其所保護方面天明及度險乃奏解函撾鼓而依常列乘輿行則有大駕法駕小駕大駕以郊饗上天臨馭九伐法駕以祭方澤祀明堂奉宗廟藉千畝小駕以敬園陵親蒐狩大駕則公卿奉引大將軍驂乘太僕馭法駕小駕皆侍中驂乘奉車郎馭公卿不引其餘行幸送往勞旋則槊仗近讌則隊仗三駕法天二仗法地其動也參天而兩地也陳氏承梁亦無改革

齊文宣受禪之後警衞多循後魏之儀及河清中定令宮衞之制左右各有羽林郎十二隊又有持鈒隊鋋槊隊長刀隊細仗隊楯鎩隊雄戟隊格獸隊赤氅隊角抵隊羽林隊步遊盪隊馬遊盪隊又左右各武賁十隊左右翊各四隊又步遊盪馬遊盪左右各三隊是爲武賁又有直從武賁左右各六隊在左者爲前驅隊在右者爲後拒隊又有募員武賁隊强弩隊左右各一隊在左者皆左衞將軍總之在右者皆右衞將軍總之以備警衞其領軍中領將軍侍從出入則著兩襠甲手執檉杖左右衞將軍將軍則兩襠甲手執檉杖侍從左右則有千牛備身左右備身刀劍備身之屬兼有武威熊渠鷹揚等備身三隊皆領左右將軍主之宿衞左右而戎服執仗兵有斧鉞弓箭刀矟旌旗皆囊首五色節文旆悉赭黃天子御正殿唯大臣夾侍兵仗悉在殿下郊祭鹵簿則督將平巾幘緋衫甲大口袴

後周警衞之制置左右宮伯掌侍衞之禁各更直於內小宮伯貳之臨朝則分在前侍之首並金甲各執龍環金飾長刀行則夾路車左右中侍掌御寢之禁皆金甲左執龍環右執獸環長刀並飾以金次左右侍陪中侍之後並銀甲左執鳳環右執麟環長刀次左右前侍掌御寢南門之左右並銀甲左執師子環右執象環長刀次左右後侍掌御寢北門之左右並銀甲左執犀環右執兕環長刀左右騎侍立於寢之東西階並銀甲左執羆環右執熊環長刀十二人兼執師子彤楯列左右侍之外自左右侍以下刀並以銀飾左右宗侍陪左右前侍之後夜則衞於寢庭之中皆服金塗甲左執豹環右執貔環長刀並金塗飾十二人兼執師子彤楯列於左右騎侍之外自左右中侍已下皆行則兼帶黃弓矢巡田則常服帶短刀如其長刀之飾左右庶侍掌非皇帝所御門閤之禁並服金塗甲左執解豸環右執麟環長劒並金飾十二人兼執師子彤楯列於左右宗侍之外行則兼帶皓弓矢左右勳侍掌陪左右庶侍而守出入則服金塗甲左執吉良環右執狰環長劒十二人兼執師子彤楯列於左右庶侍之外行則兼帶盧弓矢巡田則與左右庶侍俱常服佩短劒如其長劒之飾諸侍官大駕則俱侍中駕及露寢半之小駕三分之一左右武伯掌內外衞之禁令兼六率之士皇帝臨軒則備三仗於庭服金甲執金釦杖立於殿上東西階之側行則列兵於帝之左右從則服金甲被繡袍左右小武伯各二人貳之服執同於武伯分立於大武伯下及露門之左右塾行幸則加錦袍左右武賁率掌武賁之士其隊器服皆玄以四色飾之各總左右持鈒之隊皇帝臨露寢則立於左右三仗第一行之南北出則分在隊之先後其副率貳之左右旅賁率掌旅賁士其隊器服皆青以朱爲飾立於三仗第二行之南北其副率貳之左右射聲率掌射聲之士其器服皆朱以黃爲飾立於三仗第三行之南北其副率貳之左右驍騎率掌驍騎之士器服皆黃以皓爲飾立於三仗第四行之南北其副率貳之左右羽林率掌羽林之士其隊器服皆皓以玄爲飾立於三仗第五行之南北其副率貳之左右遊擊率掌遊擊之士其器服皆玄以青爲飾其副率貳之武賁已下六率通服金甲師子文袍執銀釦檀杖副率通服金甲獸文袍各有倅長帥長相次陪列行則引前倅長通服銀甲豹文袍帥長通服銀甲鶡文袍自副率已下通執獸環銀飾長刀凡大駕則盡行中駕及露寢則半之小駕半中駕常行軍旅則衣色尚烏

高祖受命因周齊宮衞微有變革戎服臨朝大仗則領左右大將軍二人分在左右廂左右直寢左右直齋左右直後千牛備身左右備身等夾侍供奉於左右及坐後左右衞大將軍左右直閤將軍以次左右衞將軍各領儀刀爲十二行內四行親衞行別以大都督領次外四行勳衞以帥都督領次外四行翊衞以都督領行各二人執金花師子楯稍刀一百四十人分左右帶橫刀後監門直長十二人左青龍旗右白獸旗左右武衞開府各領三仗六行在大仗內行別六十人大都督一人領之帥都督一人後之大駕則執黃麾仗其次戟二十四左青龍幢右白獸幢罕畢各一鈒金二十四金節十二道蓋獸又絳引幡朱幢爲持鈒前隊應蹕大都督二人領之在御前橫街南左右武衞大將軍領大仗左右廂各六行行別三百六十人大都督一人領之及大業四年煬帝北巡出塞行宮設六合城方一百二十步高四丈二尺六合以木爲之方六尺外面一方有板離合爲之塗以青色壘六板爲城高三丈六尺上加女牆板高六尺開南北門又於城四角起樓敵二門觀門樓檻皆丹青綺畫又造六合殿千人帳載以槍車車載六合三板其車輪解合交叉即爲馬槍每車上張幕幕下張平一弩傅矢五人更守兩車之門施車輪馬槍皆外其轅以爲外圍次內布鐵菱次內施蟄鞬每一蟄鞬中施弩牀長六尺闊三尺牀桄陛插鋼錐皆長五寸謂之蝦鬚皆施機關張則錐皆外向其牀上施旋機弩以繩連弩機人從外來觸繩則弩機旋轉向觸所而發其外又以矰周圍行宮二丈一鈴一柱柱舉矰去地二尺五寸當行宮南北門施槌磬連矰以機發之有人觸矰則衆鈴發響槌擊兩磬以知所警名爲擊磬八年征遼又造鉤陳以木板連如帳子張之則綺文卷之則直焉帝御營與賊城相對夜中設六合城周迴八里城及女垣合高十仞上布甲士立仗建旗又四隅有闕面別一觀觀下開三門其中施行殿殿上容侍臣及三衞仗合六百人一宿而畢望之若眞高麗旦忽見謂之爲神焉

隋書卷十二考證

禮儀志七法冠一名獬豸冠○臣映斗按豸當作廌左傳南冠而縶注南冠楚冠疏秦滅楚以其冠賜近臣御史服之異物志獬廌一角見人鬬觸不直者聞人爭咋不正者豸池爾反爾雅有足曰蟲無足曰豸然漢書已訛廌爲豸矣

今準尚書予欲觀古人之服○按尚書服作象

烏漆紗○監本烏訛焉從宋本改又漆宋本作桼廣韻桼俗漆字又木名山海經剛山多桼木

般鼻○監本鼻作哻臣映斗按哻音汗坊本多以哻作鼻今改正

隋書卷十三

唐太尉揚州都督監修國史上柱國趙國公臣長孫無忌等撰

志第八

音樂上

夫音本乎太始而生於人心隨物感動播於形氣形氣既著協於律呂宮商克諧名之爲樂樂者樂也聖人因百姓樂已之德正之以六律文之以五聲詠之以九歌舞之以八佾實升平之冠帶王化之源本記曰感於物而動故形於聲夫人者兩儀之播氣而性情之所起也恣其流湎往而不歸是以五帝作樂三王制禮摽舉人倫削平淫放其用之也動天地感鬼神格祖考諧邦國樹風成化象德昭功啓萬物之情通天下之志若夫升降有則宮商垂範禮踰其制則尊卑乖樂失其序則親疎亂禮定其象樂平其心外敬內和合情飾貌猶陰陽以成化若日月以爲明也記曰大夫無故不撤縣士無故不撤琴瑟聖人造樂導迎和氣惡情屛退善心興起伊耆有葦籥之音伏犧有網罟之詠葛天八闋神農五弦事與功偕其來已尚黃帝樂曰咸池帝嚳曰六英帝顓頊曰五莖帝堯曰大章帝舜曰簫韶禹曰大夏殷湯曰護武王曰武周公曰勺教之以風賦弘之以孝友大禮與天地同節大樂與天地同和禮意風猷樂情膏潤傳曰如有王者必世而後仁成康化致升平刑厝而不用也古者天子聽政公卿獻詩秦人有作罕聞斯道漢高祖時叔孫通爰定篇章用祀宗廟唐山夫人能楚聲又造房中之樂武帝裁音律之響定郊丘之祭頗雜謳謠非全雅什漢明帝時樂有四品一曰大予樂郊廟上陵之所用焉則易所謂先王作樂崇德殷薦之上帝以配祖考者也二曰雅頌樂辟雍饗射之所用焉則孝經所謂移風易俗莫善於樂者也三曰黃門鼓吹樂天子宴羣臣之所用焉則詩所謂坎坎鼓我蹲蹲儛我者也其四曰短簫鐃歌樂軍中之所用焉黃帝時岐伯所造以建武揚德風敵勵兵則周官所謂王師大捷則令凱歌者也又採百官詩頌以爲登歌十月吉辰始用烝祭董卓之亂正聲咸蕩漢雅樂郎杜夔能曉樂事八音七始靡不兼該魏武平荊州得夔使其刊定雅律魏有先代古樂自夔始也自此迄晉用相因循永嘉之寇盡淪胡羯於是樂人南奔穆皇羅鐘磬苻堅北敗孝武獲登歌晉氏不綱魏圖將霸道武克中山太武平統萬或得其宮懸或收其古樂于時經營是迫雅器斯寢孝文頗爲詩歌以勖在位謠俗流傳布諸音律大臣馳騁漢魏

旁羅宋齊功成奮豫代有制作莫不各揚廟舞自造郊歌宣暢功德輝光當世而移風易俗浸以陵夷梁武帝本自諸生博通前載未及下車意先風雅爰詔凡百各陳所聞帝又自糾擿前違裁成一代周太祖發跡關隴躬安戎狄羣臣請功成之樂式遵周舊依三材而命管承六典而揮文而下武之聲豈姬人之唱登歌之奏叶鮮卑之音情動於中亦人心不能已也昔仲尼返魯風雅斯正所謂有其藝而無其時高祖受命惟新八州同貫制氏全出於胡人迎神猶帶於邊曲及顏何驟請頗涉雅音而繼想聞韶去之彌遠若夫二南斯理八風揚節順序旁通妖淫屏棄宮徵流唱翺翔率舞弘仁義之道安性命之眞君子益厚小人無悔非大樂之懿其孰能與於此者哉是以舜詠南風而虞帝昌紂歌北鄙而殷王滅大樂不紊則王政在焉故錄其不相因襲以備于志周官大司樂一千三百三十九人漢郊廟及武樂三百八十人煬帝矜奢頗玩淫曲御史大夫裴蘊揣知帝情奏括周齊梁陳樂工子弟及人間善聲調者凡三百餘人並付太樂倡優猥雜咸來萃止其哀管新聲淫弦巧奏皆出鄴城之下高齊之舊曲云

梁氏之初樂緣齊舊武帝思弘古樂天監元年遂下詔訪百寮曰夫聲音之道與政通矣所以移風易俗明貴辨賤而韶護之稱空傳咸英之實靡託魏晉以來陵替滋甚遂使雅鄭混淆鐘石斯謬天人缺九變之節朝讌失四懸之儀朕昧旦坐朝思求厥旨而舊事匪存未獲釐正寤寐有懷所爲歎息卿等學術通明可陳其所見於是散騎常侍尚書僕射沈約奏答曰竊以秦代滅學樂經殘亡至于漢武帝時河間獻王與毛生等共採周官及諸子言樂事者以作樂記其內史丞王定傳授常山王禹劉向校書得樂記二十三篇與禹不同向別錄有樂歌詩四篇趙氏雅琴七篇師氏雅琴八篇龍氏雅琴百六篇唯此而已晉中經簿無復樂書別錄所載已復亡逸案漢初典章滅絕諸儒捃拾溝渠牆壁之間得片簡遺文與禮事相關者即編次以爲禮皆非聖人之言月令取呂氏春秋中庸表記防記緇衣皆取子思子樂記取公孫尼子檀弓殘雜又非方幅典誥之書也禮既是行己經邦之切故前儒不得不補綴以備事用樂書事大而用緩自非逢欽明之主制作之君不見詳議漢氏以來主非欽明樂既非人臣急事故言者寡陛下以至聖之德應樂推之符實宜作樂崇德殷薦上帝而樂書淪亡尋案無所宜選諸生分令尋討經史百家凡樂事無大小皆別纂錄乃委一舊學撰爲樂書以起千載絕文以定大梁之樂使五英懷慚六莖興愧是時對樂者七十八家咸多引流略浩蕩其詞皆言樂之宜改不言改樂之法帝既素善鍾律詳悉舊事遂自制定禮樂又立爲四器名之爲通通受聲廣九寸宣聲長九尺臨岳高一寸二分每通皆施三絃一曰玄英通應鍾絃用一百四十二絲長四尺七寸四分差強黃鍾絃用二百七十絲長九尺大呂絃用二百五十二絲長八尺四寸三分差弱二曰青陽通太簇絃用二百四十絲長八尺夾鐘絃用二百二十四絲長七尺五寸弱姑洗絃用一百四十二絲長七尺一寸一分強三曰朱明通中呂絃用一百九十九絲長六尺六寸六分弱蕤賓絃用一百八十九絲長六尺三寸二分強林鐘絃用一百八十絲長六尺四寸四曰白藏通夷則絃用一百六十八絲長五尺六寸二分弱南呂絃用一百六十絲長五尺三寸二分大強無射絃用一百二十九絲長四尺九寸一分強因以通聲轉推月氣悉無差違而還相得中又制爲十二笛黃鍾笛長三尺八寸大呂笛長三尺六寸大簇笛長三尺四寸夾鐘笛長三尺二寸姑洗笛長三尺一寸中呂笛長二尺九寸蕤賓笛長二尺八寸林鐘笛長二尺七寸夷則笛長二尺六寸南呂笛長二尺五寸無射笛長二尺四寸應鍾笛長二尺三寸用笛以寫通聲飲古鍾玉律并周代古鍾並皆不差於是被以八音施以七聲莫不和韻是時北中郎司馬何佟之上言案周禮王出入則奏王夏尸出入則奏肆夏牲出入則奏昭夏今樂府之夏唯變王夏爲皇夏蓋緣秦漢以來稱皇故也而齊氏仍宋儀注迎神奏昭夏皇帝出入奏永至牲出入更奏引牲之樂其爲舛謬莫斯之甚請下禮局改正周捨議以爲禮王入奏王夏太祭祀與朝會其用樂一也而漢制皇帝在廟奏永至樂朝會之日別有皇夏二樂有異於禮爲乖宜除永至還用皇夏又禮尸出入奏肆夏賓入大門奏肆夏則所設惟在人神其與迎牲之樂不可濫也宋季失禮頓虧舊則神入廟門遂奏昭夏乃以牲牢之樂用接祖考之靈斯皆前代之深疵當今所宜改也時議又以爲周禮云若樂六變天神皆降神居上玄去還怳忽降則自至迎則無所可改迎爲降而送依前式又周禮云若樂八變則地祇皆出可得而禮地宜依舊爲迎神並從之又以明堂設樂大略與南郊不殊惟壇堂異名而無就燎之位明堂則徧歌五帝其餘同於郊式焉初宋齊代祀天地祭宗廟準漢祠太一后土盡用宮懸又太常任昉亦據王肅議云周官以六律五聲八音六舞大合樂以致鬼神以和邦國以諧兆庶以安賓客以悅遠人是謂六同一時皆作今六代舞獨分用之不厭人心遂依肅議祀祭郊廟備六代樂至是帝曰周官分樂饗祀虞書止鳴兩懸求之於古無宮懸之議何事人禮縟事神禮簡也天子襲袞而至敬不文觀天下之物無可以稱其德者則以少爲貴矣大合樂者是使六律與五聲克諧八音與萬舞合節耳豈謂致鬼神祇用六代樂也其後即言分樂序之以祭以享此乃曉然可明肅則失其旨矣推檢載籍初無郊禋宗廟徧舞六代之文唯明堂位曰禘祀周公於太廟朱干玉戚冕而舞大武皮弁素積裼而舞大夏納夷蠻之樂於太廟言廣魯於天下也夫祭尚於敬無使樂繁禮黷是以季氏逮闇而祭繼之以燭有司跛倚其爲不敬大矣他日祭子路與焉質明而始晏朝而退孔子聞之曰誰謂由也不知禮乎若依肅議郊既有迎送之樂又有登歌各頌功德徧以六代繼之出入方待樂終此則乖於仲尼韙晏朝之意矣於是不備宮懸不徧舞六代逐所應須即設懸則非宮非軒非判非特宜以至敬所應施用耳宗廟省迎送之樂以其閟宮靈宅也齊永明中舞人冠幘並簪筆帝曰筆笏蓋以記事受言舞不受言何事簪筆豈有身服朝衣而足綦讌履於是去筆又晉及宋齊懸鍾磬大準相似皆十六架黃鍾之宮北方北面編磬起西其東編鍾其東衡大於鎛不知何代所作其東鎛鍾太簇之宮東方西面起北蕤賓之宮南方北面起東姑洗之宮西方東面起南所次皆如此面設建鼓於四隅懸內四面各有柷敔帝曰著晉宋史者皆言太元元嘉四年四廂金石大備今檢樂府止有黃鍾姑洗蕤賓太簇四格而已六律不具何謂四廂備樂之文其義焉在於是除去衡鍾設十二鎛鍾各依辰位而應其律每一鎛鍾則設編鍾磬各一虡合三十六架植建鼓於四隅元正大會備用之乃定郊禋宗廟及三朝之樂以武舞爲大壯舞取易云大者壯也正大而天地之情可見也以文舞爲大觀舞取易云大觀在上觀天之神道而四時不忒也國樂以雅爲稱取詩序云言天下之事形四方之風謂之雅雅者正也止乎十二則天數也乃去階步之樂增撤食之雅焉衆官出入宋元徽三年儀注奏肅咸樂齊及梁初亦同至是改爲俊雅取禮記司徒論選士之序者而升之學曰俊士也二郊太廟明堂三朝同用焉皇帝出入宋孝建二年秋起居注奏永至齊及梁初亦同至是改爲皇雅取詩皇矣上帝臨下有赫也二郊太廟同用皇太子出入奏胤雅取詩君子萬年永錫爾胤也王公出入奏寅雅取尚書周官三公弘化寅亮天地也上壽酒奏介雅取詩君子萬年介爾景福也食舉奏需雅取易雲上於天需君子以飲食宴樂也撤饌奏雍雅取禮記大饗客出以雍撤也並三朝用之牲出入宋元徽二年儀注奏引牲齊及梁初亦同至是改爲滌雅取禮記帝牛必在滌三月也薦毛血宋元徽三年儀注奏嘉薦齊及梁初亦同至是改爲牷雅取春秋左氏傳牲牷肥腯也北郊明堂太廟並同用降神及迎送宋元徽三年儀注奏昭夏齊及梁初亦同至是改爲諴雅取尚書至諴感神也皇帝飲福酒宋元徽三年儀注奏嘉胙至齊不改梁初改爲永胙至是改爲獻雅取禮記祭統尸飲五洗玉爵獻卿今之福酒亦古獻之義也北郊明堂太廟同用就燎位宋元徽三年儀注奏昭遠齊及梁不改就埋位齊永明六年儀注奏隸幽至是燎埋俱奏禋雅取周禮大宗伯以禋祀祀昊天上帝也其辭並沈約所製今列其歌詩二十曲云

俊雅歌詩三曲四言

設官分職　髦俊攸俟　髦俊伊何　貴德尚齒
唐乂咸事　周寧多士　區區衞國　猶賴君子
漢之得人　帝猷乃理

開我八襲　闢我九重　珩佩流響　纓紱有容
袞衣前邁　列辟雲從　義兼東序　事美西雍
分階等肅　異列齊恭

重列北上　分庭異陛　百司揚職　九賓相禮
齊宋舅甥　魯衞兄弟　思皇藹藹　羣龍濟濟
我有嘉賓　實惟愷悌

皇雅三曲五言

帝德實廣運　車書靡不賓　執瑁朝羣后
垂旒御百神　八荒重譯至　萬國婉來親
華蓋拂紫微　勾陳繞大一　容裔被緹組
參差羅罕畢　星回照以爛　天行徐且謐
清蹕朝萬寓　端冕臨正陽　青絇黃金繶
袞衣文繡裳　既散華蟲采　復流日月光

胤雅一曲四言

自昔殷代　哲王迭有　降及周成　惟器是守
上天乃眷　大梁既受　灼灼重明　仰承元首
體乾作貳　命服斯九　置保置師　居前居後

前星北耀　克隆萬壽

寅雅一曲三言

禮莫違　樂具舉　延藩辟　朝帝所　執桓蒲
列齊莒　垂衮毳　紛容與　升有儀　降有序
齊簪紱　忘笑語　始矜嚴　終酣醑

介雅三曲五言

百福四象初　萬壽三元始　拜獻惟衮職
同心協卿士　北極永無窮　南山何足擬
壽隨百禮洽　慶與三朝升　惟皇集繁祉
景福互相仍　申錫永無遺　穰簡必來應
百味既含馨　六飲莫能尚　玉罍信湛湛
金巵頗搖漾　敬舉發天和　祥祉流嘉貺

需雅八曲七言

實體平心待和味　庶羞百品多爲貴
或鼎或鼒宣九沸　楚桂胡鹽芼芳卉
加籩列俎彫且蔚
五味九變兼六和　令芳甘旨庶且多
三危之露九期禾　圓案方丈粲星羅
皇舉斯樂同山河
九州上腴非一族　玄芝碧樹壽華木
終朝采之不盈掬　用拂腥羶和九穀
既甘且飫致遐福
人欲所大味爲先　興和盡敬咸在旃
碧鱗朱尾獻嘉鮮　紅毛綠翼墜輕翾
臣拜稽首萬斯年
擊鍾以俟惟大國　況乃御天流至德
侑食斯舉揚盛則　其禮不愆儀不忒
風猷所被深且塞
膳夫奉職獻芳滋　不麛不夭咸以時
調甘適苦別澠淄　其德不爽受福釐
於焉逸豫永無期
備味斯饗惟至聖　咸降人神禮爲盛
或風或雅流歌詠　負鼎言歸啓殷命
悠悠四海同茲慶
道我六穗羅八珍　洪鼎自爨匪勞薪
荆包海物必來陳　滑甘滫瀡味和神
以斯至德被無垠

雍雅三曲四言

明明在上　其儀有序　終事靡愆　收鉶撤俎
乃升乃降　和樂備舉　天德莫違　人謀是與
敬行禮達　茲焉讌語
我餕惟阜　我肴孔庶　嘉味既克　食旨斯飫
屬厭無爽　沖和在御　擊壤齊歡　懷生等豫
蒸庶乃粒　寔由仁恕
百司警列　皇在在陛　既飫且醑　卒食成禮
其容穆穆　其儀濟濟　凡百庶僚　莫不愷悌
奄有萬國　抑由天啓

滌雅一曲四言

將修盛禮　其儀孔熾　有腯斯牲　國門是置
不黎不瘠　靡愆靡忌　呈肌獻體　永言昭事
俯休皇德　仰綏靈志　百福具膺　嘉祥允洎
駿奔伊在　慶覃遐嗣

牷雅一曲四言

反本興敬　復古昭誠　禮容宿設　祀事孔明
華俎待獻　崇碑麗牲　充哉繭握　肅矣簪纓
其嘗既啓　我豆既盈　庖丁遊刃　葛盧驗聲
多祉攸集　景福來并

諴雅一曲三言 南郊降神用

懷忽慌　瞻浩蕩　盡誠潔　致虔想　出杳冥
降無象　皇情肅　具僚仰　人禮盛　神途敞
僾明靈　申敬饗　感蒼極　洞玄壤

諴雅一曲三言 北郊迎神用

地德溥　崐丘峻　揚羽翟　鼓應朄　出尊祇
展誠信　招海瀆　羅岳鎮　惟福祉　咸昭晉

諴雅一曲四言 南北郊明堂太廟送神同用

我有明德　馨非稷黍　牲玉孔備　嘉薦惟旅
金懸宿設　和樂具舉　禮達幽明　敬行罇俎
鼓鍾云送　遐福是與

獻雅一曲四言

神宮肅肅　天儀穆穆　禮獻既同　膺此釐福
我有馨明　無愧史祝

禋雅一曲四言 就燎

紫宮昭煥　太一微玄　降臨下土　尊高上天
載陳珪璧　式備牲牷　雲孤清引　栒虡高懸
俯昭象物　仰致高煙　肅彼靈祉　咸達皇虔

禋雅一曲四言 就瘞

盛樂斯舉　協徵調宮　靈饗慶洽　祉積化融
八變有序　三獻已終　坎牲瘞玉　酬德報功
振垂成呂　投壤生風　道無虛致　事由感通
於皇盛烈　比祚華嵩

普通中薦蔬之後改諸雅歌勑蕭子雲製詞既無牲牢遂省滌雅牷雅云

南郊舞奏黃鍾取陽始化也北郊舞奏林鍾取陰始化也明堂宗廟所尚者敬蘋蘩是爲敬之名復有陰主之義故同奏焉其南北郊明堂宗廟之禮加有登歌今又列其歌詩一十八曲云

南郊皇帝初獻奏登歌二曲三言

暾既明　禮告成　惟聖祖　主上靈　爵已獻
罍又盈　息羽籥　展歌聲　僾如在　結皇情
禮容盛　樽俎列　玄酒陳　陶匏設　獻清旨
致虔潔　王既升　樂已闋　降蒼昊　垂芳烈

北郊皇帝初獻奏登歌二曲四言

方壇既埳　地祇已出　盛典弗愆　羣望咸秩
乃升乃獻　敬成禮卒　靈降無兆　神饗載謐
允矣嘉祚　其升如日
至哉坤元　寔惟厚載　躬茲奠饗　誠交顯晦
或升或降　搖珠動佩　德表成物　慶流皇代
純嘏不愆　祺福是賚

宗廟皇帝初獻奏登歌七曲四言

功高禮洽　道尊樂備　三獻具舉　百司在位
誠敬罔愆　幽明同致　茫茫億兆　無思不遂
蓋之如天　容之如地
殷兆玉筐　周始邠王　於赫文祖　基我大梁
肇土七十　奄有四方　帝軒百祀　人思未忘
永言聖烈　祚我無疆
有夏多罪　殷人塗炭　四海倒懸　十室思亂
自天命我　殲凶殄難　既躍乃飛　言登天漢
爰饗爰祀　福祿攸贊
犧象既飾　罍俎斯具　我鬱載馨　黃流乃注
峩峩卿士　駿奔是務　佩上鳴階　纓還拂樹
悠悠億兆　天臨日煦
猗與至德　光被黔首　鑄鎔蒼昊　甄陶區有
肅恭三獻　對揚萬壽　比屋可封　含生無咎
匪徒七百　天長地久
有命自天　於皇后帝　悠悠四海　莫不來祭
繁祉具膺　八神聳衞　福至有兆　慶來無際
播此餘休　于彼荒裔
祀典昭潔　我禮莫違　八簋充室　六龍解騑
神宮肅肅　靈寢微微　嘉薦既饗　景福攸歸
至德光被　洪祚載輝

明堂徧歌五帝登歌五曲四言

歌青帝辭

帝居在震　龍德司春　開元布澤　含和尚仁
羣居既散　歲云陽止　飭農分地　人粒惟始
雕梁繡栱　丹楹玉墀　靈威以降　百福來綏

歌赤帝辭

炎光在離　火爲威德　執禮昭訓　持衡受則
靡草既凋　溫風以至　嘉薦惟旅　時羞孔備
齊醍在堂　笙鏞在下　匪惟七百　無絕終始

歌黃帝辭

鬱彼中壇　含靈闡化　迴環氣象　輪無輟駕
布德焉在　四序將收　音宮數五　飯稷驂駵
宅屏居中　旁臨外宇　升爲帝尊　降爲神主

歌白帝辭

神在秋方　帝居西皓　允茲金德　裁成萬寶
鴻來雀化　參見火邪　幕無玄鳥　菊有黃華
載列笙磬　式陳彝俎　靈罔常懷　惟德是與

歌黑帝辭

德盛乎水　玄冥紀節　陰降陽騰　氣凝象閉
司智莅坎　駕鐵衣玄　祁寒坼地　晷度迴天
悠悠四海　駿奔奉職　祚我無疆　永隆人極

太祖太夫人廟舞歌

閟宮肅肅　清廟濟濟　於穆夫人　固天攸啓
祚我梁德　膺斯盛禮　文褕達翬　重檐丹陛
飾我俎彝　潔我粢盛　躬事奠饗　推尊盡敬
悠悠萬國　具承茲慶　大孝追遠　兆庶攸詠

太祖太夫人廟登歌

光流者遠　禮貴彌申　嘉饗云備　盛典必陳
追養自本　立愛惟親　皇情乃慕　帝服來尊
駕齊六轡　旗耀三辰　感茲霜露　事彼冬春
以斯孝德　永被蒸民

大壯舞奏夷則大觀舞奏姑洗取其月王也二郊明堂太廟三朝並同用今亦列其歌詩二曲云

大壯舞歌一曲四言

高高在上　實愛斯人　眷求聖德　大拯彝倫
率土方燎　如火在薪　惵惵黔首　暮不及晨
朱光啓耀　兆發穹旻　我皇鬱起　龍躍漢津
言屆牧野　電激雷震　闕鞏之甲　彭濮之人
或貔或武　漂杵浮輪　我邦雖舊　其命維新
六伐乃止　七德必陳　君臨萬國　遂撫八寅

大觀舞歌一曲四言

皇矣帝烈　大哉興聖　奄有四方　受天明命
居上不怠　臨下惟敬　舉無愆則　動無失正
物從其本　人遂其性　昭播九功　肅齊八柄
寬以惠下　德以爲政　三趾晨儀　重輪夕映
棧壑忘阻　梯山匪夐　如日有恒　與天無竟
載陳金石　式流舞詠　咸英部夏　於茲比盛

相和五引

角引

萌生觸發歲在春　咸池始奏德尚仁
惉懘以息和且均

徵引

執衡司事宅離方　滔滔夏日火德昌
八音備舉樂無疆

宮引

八音資始君五聲　興此和樂感百精
優遊律呂被咸英

商引

司秋紀兌奏西音　激揚鍾石和瑟琴
風流福被樂愔愔

羽引

玄英紀運冬冰折　物爲音本和且悅
窮高測深長無絕

普通中薦蔬以後勑蕭子雲改諸歌辭爲相和引則依五音宮商角徵羽爲第次非隨月次也

舊三朝設樂有登歌以其頌祖宗之功烈非君臣之所獻也於是去之三朝第一奏相和五引第二衆官入奏俊雅第三皇帝入閤奏皇雅第四皇太子發西中華門奏胤雅第五皇帝進王公發足第六王公降殿同奏寅雅第七皇帝入儲變服第八皇帝變服出儲同奏皇雅第九公卿上壽酒奏介雅第十太子入預會奏胤雅十一皇帝食舉奏需雅十二撤食奏雍雅十三設大壯武舞十四設大觀文舞十五設雅歌五曲十六設俳伎十七設鼙舞十八設鐸舞十九設拂舞二十設巾舞并白紵二十一設舞盤伎二十二設舞輪伎二十三設刺長追花幢伎二十四設受猾伎二十五設車輪折脰伎二十六設長蹻伎二十七設須彌山黃山三峽等伎二十八設跳鈴伎二十九設跳劍伎三十設擲倒伎三十一設擲倒案伎三十二設青絲幢伎三十三設一繖花幢伎三十四設雷幢伎三十五設金輪幢伎三十六設白獸幢伎三十七設擲蹻伎三十八設獮猴幢伎三十九設啄木幢伎四十設五案幢呪願伎四十一設辟邪伎四十二設青紫鹿伎四十三設白武伎作訖將白鹿來迎下四十四設寺子遵安息孔雀鳳凰文鹿胡舞登連上雲樂歌舞伎四十五設緣高絙伎四十六設變黃龍弄龜伎四十七皇太子起奏胤雅四十八衆官出奏俊雅四十九皇帝興奏皇雅自宋齊已來三朝有鳳凰銜書伎至是乃下詔曰朕君臨南面道風蓋闕嘉祥時至爲媿已多假令巢侔軒閣集同昌戶猶當顧循寡德推而不居況於名實頓爽自欺耳目一日元會太樂奏鳳凰銜書伎至乃舍人受書升殿跪奏誠復興乎前代率由自遠內省懷慙彌與事篤可罷之天監四年掌賓禮賀瑒請議皇太子元會出入所奏帝命別制養德之樂瑒謂宜名元雅迎送二傳亦同用之取禮一有元良萬國以貞之義明山賓嚴植之及徐勉等以爲周有九夏梁有十二雅此並則天數爲一代之曲今加一雅便成十三瑒又疑東宮所奏舞帝下其議瑒以爲天子爲樂以賞諸侯之有德者觀其舞知其德況皇儲養德春宮式瞻攸屬謂宜備大壯大觀二舞以宣文武之德帝從之於是改皇太子樂爲元貞奏二舞是時禮樂制度粲然有序其後臺城淪沒簡文帝受制於侯景景以簡文女溧陽公主爲妃請帝及主母范淑妃宴于西州奏梁所常用樂景儀同索超世亦在宴筵帝潸然屑涕景興曰陛下何不樂也帝強笑曰丞相言索超世聞此以爲何聲景曰臣且不知何獨超世自此樂府不修風雅咸盡矣及王僧辯破侯景諸樂並送荊州經亂工器頗闕元帝詔有司補綴纔備荊州陷沒周人不知采用工人有知音者並入關中隨例沒爲奴婢

鼓吹宋齊並用漢曲又充庭用十六曲高祖乃去四曲留其十二合四時也更制新歌以述功德其第一漢曲朱鷺改爲木紀謝言齊謝梁升也第二漢曲思悲翁改爲賢首山言武帝破魏軍於司部肇王迹也第三漢曲艾如張改爲桐柏山言武帝牧司王業彌章也第四漢曲上之回改爲道亡言東昏喪道義師起樊鄧也第五漢曲擁離改爲忱威言破加湖元勳也第六漢曲戰城南改爲漢東流言義師克魯山城也第七漢曲巫山高改爲鶴樓峻言平郢城兵威無敵也第八漢曲上陵改爲昏主恣淫慝言東昏政亂武帝起義平九江姑孰大破朱雀伐罪弔人也第九漢曲將進酒改爲石首局言義師平京城仍廢昏定大事也第十漢曲有所思改爲期運集言武帝應籙受禪德盛化遠也十一漢曲芳樹改爲於穆言大梁闡運君臣和樂休祚方遠也十二漢曲上邪改爲惟大梁言梁德廣運仁化洽也天監七年將有事太廟詔曰禮云齋日不樂今親奉始出宮振作鼓吹外可詳議八座丞郎參議請輿駕始出鼓吹從而不作還宮如常儀帝從之遂以定制初武帝之在雍鎮有童謠云襄陽白銅蹄反縛揚州兒識者言白銅蹄謂馬也白金色也及義師之興實以鐵騎揚州之士皆面縛果如謠言故即位之後更造新聲帝自爲之詞三曲又令沈約爲三曲以被絃管帝既篤敬佛法又制善哉大樂大歡天道仙道神王龍王滅過惡除愛水斷苦轉等十篇名爲正樂皆述佛法又有法樂童子伎童子倚歌梵唄設無遮大會則爲之陳初武帝詔求宋齊故事太常卿周弘讓奏曰齊氏承宋咸用元徽舊式宗祀朝饗奏樂俱同唯北郊之禮頗有增益皇帝入壝門奏永至飲福酒奏嘉胙太尉亞獻奏凱容埋牲奏隸幽帝還便殿奏休成衆官並出奏肅成此乃元徽所闕永明六年之所加也唯送神之樂宋孝建二年秋起居注云奏肆夏永明中改奏昭夏帝遂依之是時並用梁樂唯改七室舞辭今列之云

皇祖步兵府君神室奏凱容舞辭

於赫皇祖　宮牆高嶷　邁彼厥初　成茲峻極
緜樂簡簡　閟寢翼翼　裸饗若存　惟靈靡測

皇祖正員府君神室奏凱容舞辭

昭哉上德　浚彼洪源　道光前訓　慶流後昆
神猷緬邈　清廟斯存　以享以祀　惟祖惟尊

皇祖懷安府君神室奏凱容舞辭

選辰崇饗　飾禮嚴敬　靡愛牲牢　兼馨粢盛
明明列祖　龍光遠映　肇我王風　形斯舞詠

皇高祖安成府君神室奏凱容舞辭

道遙積慶　德遠昌基　永言祖武　致享從思
九章停列　八舞迴墀　靈其降止　百福來綏

皇曾祖太常府君神室奏凱容舞辭

肇迹帝基　義標鴻篆　恭惟載德　瓊源方闡
享薦三清　筵陳四璉　增我堂構　式敷帝典

皇祖景皇帝神室奏景德凱容舞辭

皇祖執德　長發其祥　顯仁藏用　懷道韜光
寧斯閟寢　合此蕭薌　永昭貽厥　還符翦商

皇考高祖武皇帝神室奏武德舞辭

悉哉聖祖　撫運升離　道周經緯　功格玄祗
方軒邁扈　比舜陵嬀　緝熙是詠　欽明在斯
雲雷遘屯　圖南共舉　大定揚越　震威衡楚
四奧宅心　九疇還敘　景星出翼　非雲入呂
德暢容辭　慶昭羽綴　於穆清廟　載揚徽烈
嘉玉既陳　豐盛斯潔　是將是享　鴻猷無絕

天嘉元年文帝始定圜丘明堂及宗廟樂都官尚書到仲舉權奏衆官入出皆奏肅成牲入出奏引犧上毛血奏嘉薦迎送神奏昭夏皇帝入壇奏永至皇帝升陛奏登歌皇帝初獻及太尉亞獻光祿勳終獻並奏宣烈皇帝飲福酒奏嘉胙就燎位奏昭遠還便殿奏休成至太建元年定三廟之樂採梁故事第一奏相和五引各隨王月則先奏其鍾唯衆官入奏俊雅林鍾作太蔟參應之取其臣道也鼓吹作皇帝出閤奏皇雅黃鍾作太蔟夾鍾姑洗大呂皆應之鼓吹作皇太子入至十字陛奏胤雅太蔟作南呂參應之取其二月少陽也皇帝延王公登奏寅雅夷則作夾鍾應之取其月法也皇帝入宁變服奏皇雅黃鍾作林鍾參應之鼓吹作皇帝出宁及升座皆奏皇雅並如變服之作上壽酒奏介雅太蔟作南呂參應之取其陽氣盛長萬物輻湊也食舉奏需雅蕤賓作大呂參應之取火主於禮所謂食我以禮也撤饌奏雍雅無射作中呂參應之取其津潤已竭也武舞奏大壯夷則作夾鍾參應之七月金始王取其堅斷也鼓吹引而去來文舞奏大觀姑洗作應鍾參應之三月萬物必榮取其布惠者也鼓吹引而去來衆官出奏俊雅蕤賓作林鍾夷則南呂無射應鍾太蔟參應之鼓吹作皇帝起奏皇雅黃鍾作林鍾夷則南呂無射參應之鼓吹作祠用宋曲宴準梁樂蓋取人神不雜也制曰可五年詔尚書左丞劉平儀曹郎張崔定南北郊及明堂儀注改天嘉中所用齊樂盡以部爲名工就位定協律校尉舉麾太樂令跪贊云奏懋部之樂降神奏通部牲入出奏潔部帝入壇及還便殿奏穆部帝初再拜舞七德工執干楯曲終復綴出就懸東繼舞九序工執羽籥獻爵於天神及太祖之座奏登歌帝飲福酒奏嘉部就望燎奏報部至六年十一月侍中尚書左僕射建昌侯徐陵儀曹郎中沈罕奏來年元會儀注稱舍人蔡景歷奉勑先會一日太樂展宮懸高絙五案於殿庭客入奏相和五引帝出黃門侍郎舉麾於殿上掌故應之舉於階下奏康部之樂詔延王公登奏變部奉珪璧訖初引下殿奏亦如之帝興入便殿奏穆部更衣又出奏亦如之帝舉酒奏綏部進膳奏侑部帝御茶果太常丞跪請

進舞七德繼之九序其鼓吹雜伎取晉宋之舊微更附益舊元會有黃龍變文鹿師子之類太建初定制皆除之至是蔡景歷奏悉復設焉其制鼓吹一部十六人則簫十三人笳二人鼓一人東宮一部降三人簫減二人笳減一人諸王一部又降一人減簫一庶姓一部又降一人復減簫一及後主嗣位耽荒於酒視朝之外多在宴筵尤重聲樂遣宮女習北方簫鼓謂之代北酒酣則奏之又於清樂中造黃鸝留及玉樹後庭花金釵兩臂垂等曲與幸臣等製其歌詞綺豔相高極於輕薄男女唱和其音甚哀

隋書卷十三考證

音樂志上殷湯曰葭○按大濩湯樂名周禮作濩韻會亦作護

苻堅北敗○監本苻作符按晉書載記苻洪世爲四戎酋長始其家池中蒲生長五丈五節如竹形時咸謂之蒲家因以爲氏洪後以讖文有艸付應王又堅生背有艸付字遂改姓苻氏當作苻

取禮記司徒論選士之序者而升之學曰俊士也○按禮記王制序當作秀

取詩君子萬年永錫爾胤也○按詩經大雅爾當作祚

取尚書周官三公弘化寅亮天地也○按尚書周官三當作貳

取禮記祭統尸飲五洗玉爵獻卿○按禮記祭統洗字上當有君字

不黎不庮○監本庮作瘉按禮記內則牛夜鳴則庮字作庮周禮內饔句同庮作庮

盡誠絜○監本誠作諴按郭茂倩樂府詩集作誠今從之

禮貴彌申○各本申訛巾按樂府詩集作申從之

遂撫八夤○監本夤作寅按淮南子九州之外有八夤八夤之外有八紘從作夤

白銅蹄謂馬也○監本脫蹄字按樂府詩集序白銅蹄謂馬也今從增

隋書卷十四

唐太尉揚州都督監修國史上柱國趙國公臣長孫無忌等撰

志第九

音樂中

齊神武霸跡肇創遷都于鄴猶曰人臣故咸遵魏典及文宣初禪尚未改舊章宮懸各設十二鎛鍾於其辰位四面並設編鍾磬各一簨簴合二十架設建鼓於四隅郊廟朝會同用之其後將有創革尚樂典御祖珽自言舊在洛下曉知舊樂上書曰魏氏來自雲朔肇有諸華樂操土風未移其俗至道武帝皇始元年破慕容寶于中山獲晉樂器不知采用皆委棄之天興初吏部郎鄧彥海奏上廟樂創制宮懸而鍾管不備樂章既闕雜以簸邏迴歌初用八佾作始皇之舞至太武帝平河西得沮渠蒙遜之伎賓嘉大禮皆雜用焉此聲所興蓋苻堅之末呂光出平西域得胡戎之樂因又改變雜以秦聲所謂秦漢樂也至永熙中錄尚書長孫承業共臣先人太常卿瑩等斟酌繕修戎華兼采至於鍾律煥然大備自古相襲損益可知今之創制請以爲準珽因采魏安豐王延明及信都芳等所著樂說而定正聲始具宮懸之器仍雜西涼之曲樂名廣成而舞不立號所謂洛陽舊樂者也武成之時始定四郊宗廟三朝之樂羣臣入出奏肆夏牲入出薦毛血並奏昭夏迎送神及皇帝初獻禮五方上帝並奏高明之樂爲覆燾之舞皇帝入壇門及升壇飲福酒就燎位還便殿並奏皇夏以高祖配饗奏武德之樂爲昭烈之舞裸地奏登歌其四時祭廟及禘祫皇六世祖司空五世祖吏部尚書高祖秦州刺史曾祖太尉武貞公祖文穆皇帝諸神室並奏始基之樂爲恢祚之舞高祖神武皇帝神室奏武德之樂爲昭烈之舞文襄皇帝神室奏文德之樂爲宣政之舞顯祖文宣皇帝神室奏文正之樂爲光大之舞肅宗孝昭皇帝神室奏文明之樂爲休德之舞其入出之儀同四郊之禮今列其辭云

大禘圜丘及北郊歌辭

夕牲羣臣入門奏肆夏樂辭

肇應靈序　奄字黎人　乃朝萬國　爰徵百神
祇展方望　幽顯咸臻　禮崇聲協　贊列珪陳
翼差鱗次　端笏垂紳　來趨動色　式贊天人

迎神奏高明樂辭（登歌辭同）

惟神監矣（北郊云惟祇監矣）　皇靈肅止　圓璧展事（北郊云方琮展事）　成文卽始（北郊云卽陰成理）　士備八能　樂合六變（北郊云樂合八變）　風淒伊雅　光華襲薦　宸衞騰景　靈駕霏煙　嚴壇生白　綺席凝玄

牲出入奏昭夏辭

剛柔設位　惟皇配之　言肅其禮　念暢在茲
飾牲舉獸　載歌且舞　旣捨伊腯　致精靈府
物色惟典　齋沐加恭　宗族咸暨　罔不率從

薦毛血奏昭夏辭（羣臣出奏肆夏進熟羣臣入奏肆夏辭同初入）

展禮上月　肅事應時　蘭栗爲用　交暢有期
弓矢斯發　盆簝將事　圓神致祀（北郊云方祇致祀）　率由先志　和以鑾刀　臭以血膋　至哉敬矣　厥義孔高

進熟皇帝入門奏皇夏辭

帝敬昭宣　皇誠肅致　玉帛齊軌　屏攝咸次
三垓上列（北郊云重垓上列）　四陛旁升（北郊云分陛旁升）　龍陳萬騎　鳳動千乘　神儀天藹　晬容離曜　金根停軫　奉光先導

皇帝升丘奏皇夏辭（壇上登歌辭同）

紫壇雲暧（北郊云層壇雲暧）　紺幄霞褰（北郊云嚴幄霞褰）　我其陟止　載致其虔　百靈竦聽　萬國咸仰　人神咫尺　玄應肹蠁

皇帝初獻奏高明樂辭

上下眷　旁午從　爵以質　獻以恭　咸斯暢
樂惟雍　孝敬闡　臨萬邦

皇帝奠爵訖奏高明樂覆燾之舞辭

自天子之　會昌神道　丘陵肅事（北郊云方澤祇事）　克光天保　九關洞開　百靈環列　八樽呈備　五聲投節

皇帝獻太祖配饗神座奏武德之樂昭烈之舞辭（皇帝小退當昊天上帝神座前奏皇夏辭同上皇夏）

配神登聖　主極尊靈　敬宣昭燭　咸達窅冥
禮弘化定　樂贊功成　穰穰介福　下被羣生

皇帝飲福酒奏皇夏之樂（皇帝詣東陛還坐又奏皇夏辭同初入門）

皇心緬且感　吉蠲奉至誠　赫哉光盛德
乾巛詔百靈　報福歸昌運　承祐播休明
風雲馳九域　龍蛟躍四溟　浮幕呈光氣
儷象燭華精　護武方知恥　韶夏僅同聲

送神降丘南陛奏高明樂辭（皇帝之望燎位又奏皇夏辭同上皇夏）

獻享畢　懸佾周　神之駕　將上遊（北郊云將下遊）　超斗極（北郊云超荒極）　絕河流（北郊云懸昆丘）　懷萬國　寧九州　欣帝道　心顧留　帀上下　荷皇休

紫壇既燎奏昭夏樂辭（皇帝自望燎還本位奏皇夏辭同上皇夏）

玄黃覆載　元首照臨　合德致禮　有契其心
敬申事闋　潔誠云報　玉帛載升（北郊云牲玉載陳）　棫樸斯燎　寥廓幽暧　播以馨香　皇靈惟鑒　降福無疆

皇帝還便殿奏皇夏辭（羣臣出奏肆夏辭同上肆夏祠感帝用丘圜辭）

天大親嚴　匪敬伊孝　永言肆饗　宸明增耀
陽丘既暢（北郊云陰澤云暢）　大典逾光　乃安斯息　欽若舊章　天迴地旋　鳴鑾引警　且萬且億　皇曆惟永

五郊迎氣樂辭

青帝降神奏高明樂辭

歲云獻　谷風歸　斗東指　鴈北飛　電鞭激
雷車遠　虹旌靡　青龍馭　和氣洽　具物滋
緐降止　應帝期

赤帝降神奏高明樂辭

婺女司旦中呂宣　朱精御節離景延
根荄俊茂溫風發　柘火風水應炎月
執衡長物德孔昭　赤旂霞曳會今朝

黃帝降神奏高明樂辭

居中帀五運　乘衡畢四時　含養資羣物
協德固皇基　嘽緩契王風　持載符君德
艮辰動靈駕　承祀昌邦國

白帝降神奏高明樂辭

風涼露降馳景颺寒精　山川搖落平秩在西成
蓋藏成積蒸人被嘉祉　從享來儀鴻休溢于祀

黑帝降神奏高明樂辭

虹藏雉化告寒　冰壯地坼年殫
日次月紀方極　九州萬邦獻力
叶光是紀歲窮　微陽潛兆方融
天子赫赫明聖　享神降福惟敬

祠五帝於明堂樂歌辭

先祀一日夕牲羣官入自門奏肆夏

國陽崇祀　嚴恭有聞　荒華胥暨　樂我大君
晃瑞有列　禽帛恭敘　羣后師師　威儀容與
執禮辨物　司樂考章　率由靡墜　休有烈光

太祝令迎神奏高明樂覆燾舞辭

祖德光　國圖昌　祇上帝　禮四方　闢紫宮
洞華闕　龍獸奮　風雲發　飛朱雀　從玄武
攜日月　帶雷雨　耀宇內　溢區中　眷帝道

感皇風　帝道康　皇風扇　粢盛列　椒糈薦
神且寧　會五精　歸福祿　幸閟亭
太祖配饗奏武德樂昭烈舞辭 五方天帝奏高明之樂饗燕之舞辭同迎氣
我惟我祖　自天之命　道被歸仁　時屯啓聖
運鍾千祀　授手萬姓　夷兇掩虐　匡頹翼正
載經載營　庶士咸寧　九功以洽　七德兼盈
丹書入告　玄玉來呈　露甘泉白　雲郁河清
聲教咸往　舟車畢會　仁加有形　化洽無外
嚴親惟重　陟配惟大　旣祐斯歆　率土攸賴
牲出入奏昭夏樂辭
孝饗不匱　精絜臨年　滌牢委溢　形色博牷
于以用之　言承歆祀　肅肅威儀　敢不敬止
載飾載省　維牛維羊　明神有察　保茲萬方
薦血毛奏昭夏辭 羣臣出奏肆夏進熟羣臣入奏肆夏同上肆夏辭
我將宗祀　貪獻厥誠　鞠躬如在　側聽無聲
薦色斯純　呈氣斯臭　有滌有濯　惟神其祐
五方來格　一人多祉　明德惟馨　於穆不已
進熟皇帝入門奏皇夏辭 皇帝升壇奏皇夏辭同
象乾上構　儀巛下基　集靈崇祖　永言孝思
室陳簠豆　庭羅懸佾　夙夜畏威　保茲貞吉
彝貴其夜　歌重其升　降斯百祿　惟饗惟應
皇帝初獻奏高明樂覆燾舞辭
度几筵　闢牖戶　禮上帝　感皇祖　酌惟絜
滌以清　薦心款　達神明
皇帝祼獻奏高明樂覆燾舞辭
帝精來降　應我明德　禮殫義展　流祉邦國
旣受多祉　實賚孝敬　祀竭其誠　荷天休命
皇帝飲福酒奏皇夏辭
恭祀洽　盛禮宣　英猷燭曆景
廣澤同深泉　上靈鍾百福　羣神歸萬年
月軌咸梯岫　日域盡浮川　瑞鳥飛玄扈
潛鱗躍翠漣　皇家膺寶曆　兩地復參天
太祀送神奏高明樂覆燾舞辭
青陽奏　發朱明　歌西皓　唱玄冥　大禮罄
廣樂成　神心懌　將遠征　飾龍駕　矯鳳旍
指閶闔　憩層城　出溫谷　邁炎庭　跨西汜
過北溟　忽萬億　耀光精　比電騖　與雷行
嗟皇道　懷萬靈　固王業　震天聲
皇帝還便殿奏皇夏辭
文物備矣　聲明有章　登薦唯肅　禮邁前王
皀齊云終　折旋告罄　穆穆旒冕　蘊誠畢敬
屯衞按部　鑾蹕迴途　蹔留紫殿　將及清都
享廟樂辭
先祀一日夕牲羣臣入奏肆夏辭
霜淒雨暢　忝哉帝心　有敬其祀　肅事惟歆
昭昭車服　濟濟衣簪　鞠躬貢酎　磬折奉琛
差以五列　和以八音　式祗王度　如玉如金
迎神奏高明登歌樂辭
日卜惟吉　辰擇其良　奕奕清廟　翽翽周張
大呂爲角　應鍾爲羽　路鼗陰竹　德歌昭舞
祀事孔明　百神允穆　神心乃顧　保茲介福
牲出入奏昭夏樂辭
大祀云事　獻奠有儀　旣歌旣展　贊顧迎犧
執從伊竦　翦飾惟慄　俟用於庭　將升於室
且握且騂　以致其誠　惠我貽頌　降祉千齡
薦血毛奏昭夏辭 三公出奏肆夏進熟羣臣入奏肆夏辭同
恤彼遐慨　悠然永思　留連七享　纏綿四時
神升睍沈　靡聞靡見　陰陽載俟　臭聲兼薦
祖考其鑒　言萃王休　降神敷錫　百福是由
進熟皇帝入北門奏皇夏樂辭
齊居嚴殿　夙駕層闕　車輅垂彩　旒袞騰輝
聳誠載仰　翹心有慕　洞洞自形　斤斤表步
閟宮有邃　神道依俙　孝心緬邈　爰屬爰依
太祀祼地奏登歌樂辭 皇帝詣東陛奏皇夏升殿又奏皇夏辭同
太室窅窅　神居宿設　鬱鬯惟芬　珪璋惟絜
彝斝應時　龍蒲代用　藉茅無咎　福祿攸降
端感會事　儼思修禮　齊齊勿勿　俄俄濟濟
皇帝升殿殿上作登歌樂辭
我祠我祖　永惟厥先　炎農肇聖　靈祉蟬聯
霸圖中造　帝業方宣　道昌基構　撫運承天
奄家六合　爰光八埏　尊神致禮　孝思惟纏
寒來暑反　惕薦在年　匪敬伊慕　備物不愆
設簴設業　鞉鼓塡塡　辟公在位　有容伊虔
登歌啓佾　下管應懸　厥容無爽　幽明肅然
誠帀厚地　和達穹玄　旣調風雨　載協山川
周庭有列　湯孫永延　敎聲惟被　邁後光前
皇帝初獻皇祖司空公神室奏始基樂恢祚舞辭
克明克俊　祖武惟昌　業弘營土　聲被海方
有流厥德　終耀其光　明神幽贊　景祚攸長
皇帝初獻皇祖吏部尚書神室奏始基樂恢祚舞辭
顯允盛德　隆我前構　璠源彌潟　瓊根愈秀
誕惟有族　丕緒克茂　大業崇新　洪基增舊
皇帝初獻皇祖秦州使君神室奏始基樂恢祚舞辭
祖德丕顯　明喆知機　豹變東國　鵲起西歸
禮申官次　命歿朝衣　敬思孝享　多福無違
皇帝獻太祖太尉武貞公神室奏始基樂恢祚舞辭
兆靈有業　潛德無聲　韜光戢耀　貫幽洞冥
道弘舒卷　施博藏行　緬追歲事　夜遽不寧
皇帝獻皇祖文穆皇帝神室奏始基樂恢祚舞辭
皇皇祖德　穆穆其風　語嘿自己　明叡在躬
荷天之錫　聖表克隆　高山作矣　實祚其崇
離光旦旦　載煥載融　感薦惟永　神保無窮
皇帝獻高祖神武皇帝神室奏武德樂昭烈舞辭
天造草昧　時難糾紛　執拯斯溺　靡救其焚
大人利見　緯武經文　顧指維極　吐吸風雲
開天闢地　峻岳夷海　寘工掩迹　上德不宰
神心有應　龍化無待　義征九服　仁兵告凱
上平下成　靡或不寧　匪王伊帝　偶極崇靈
享親則孝　絜祀惟誠　禮備樂序　肅贊神明
皇帝獻文襄皇帝神室奏文德樂宣政舞辭
聖武丕基　叡文顯統　眇哉神啓　鬱矣天縱
道則人弘　德云邁種　昭眞咸敍　崇深畢綜
自中徂外　經朝庇野　政反淪風　威還缺雅
旁作穆穆　格于上下　維享維宗　來鑒來假
皇帝獻顯祖文宣皇帝奏文正樂光大舞辭
玄曆已謝　蒼靈告期　圖璽有屬　揖讓惟時
龍升獸變　弘我帝基　對揚穹昊　寔啓雍熙
欽若皇猷　永懷王度　欣賞斯穆　威刑允措
軌物俱宜　憲章咸布　俗無邪指　下歸正路
茫茫九域　振以乾綱　混通華裔　配括天壤
作禮視德　列樂傳響　薦祀惟虔　衣冠載仰
皇帝還東壁飲福酒奏皇夏樂辭
孝心翼翼　率禮兢兢　時洗時薦　或降或升
在堂在戶　載湛載凝　多品多奠　備物攸膺
蘭芬敬挹　玉俎恭承　受祭之祜　如彼岡陵
送神奏高明樂辭
仰櫋桷　慕衣冠　禮云罄　祀將闋　神之駕
紛弈弈　乘白雲　無不適　窮昭域　極幽塗
歸帝祉　眷皇都
皇帝詣便殿奏皇夏樂辭 羣官出奏肆夏辭同
禮行斯畢　樂奏以終　受嘏先退　載暢其衷
鑾軒徇轍　麾旌復路　光景徘徊　絃歌顧慕
靈之相矣　有錫無疆　國圖日競　家曆天長
元會大饗協律不得升陛黃門舉麾於殿上今列其歌
辭云
賓入門四箱奏肆夏辭
昊蒼眷命　興王統天　業高帝始　道邈皇先
禮成化穆　樂合風宣　賓朝皇夏　揚對穹玄
皇帝出閤奏皇夏樂辭
夏正肇旦　周物克庭　具僚在位　俛伏無聲
大君穆穆　宸儀動晬　日煦天迴　萬靈胥萃
皇帝當扆羣臣奉賀奏皇夏辭
天子南面　乾覆離明　三千咸列　萬國塡幷
猶從禹會　如次湯庭　奉茲一德　上下和平
皇帝入宁變服黃鍾太簇二箱奏皇夏辭
我應天曆　四海爲家　協同內外　混一戎華
鑾蓋龍馬　風乘雲車　夏章夷服　其會如麻
九賓有儀　八音有節　肅肅於位　欽和在列
四序氤氳　三光昭晰　君哉大矣　軒唐比轍
皇帝變服移幄坐於西箱帝出升御坐姑洗奏皇夏辭
皇運應籙　廓定區寓　受終以文　構業以武
堯昔命舜　舜亦命禹　大人馭歷　重規沓矩
欽明在上　昭納八賓　從靈體極　誕聖窮神
化生羣品　陶育蒸人　展禮肆樂　協此元春
王公奠璧奏肆夏辭
萬方咸暨　三揖以申　垂旒馮玉　五瑞交陳
拜稽有章　升降有節　聖皇負扆　虞唐比烈
上壽黃鍾箱奏上壽曲辭
仰三光　奏萬壽　人皇御六氣　天地同長久
皇太子入至坐位酒至御殿上奏登歌辭
大齊統曆　道化光明　馬圖呈寶　龜籙告靈
百蠻非眾　八荒非逖　同作堯人　俱包禹迹 其一
天覆地載　成以四時　惟皇是則　比大於茲
羣星拱極　眾川赴海　萬寓駿奔　一朝咸在 其二
齊之以禮　相趨帝庭　應規蹈矩　玉色金聲
動之以樂　和風四布　龍申鳳舞　鸞歌麟步 其三
食至御前奏食舉樂辭
三端正啓　萬方觀禮　具物充庭　二儀合體
百華照曉　千門洞晨　或華或裔　奉贄惟新
悠悠亘六合　員首莫不臣　仰施如雨　睎和猶

春　風化表笙鏞　歌謳被琴瑟　誰言文軌異
今朝混爲一其一
彤庭爛景　丹陛流光　懷黃綰白　鵷鷺成行
文贊百揆　武鎮四方　折衝鼓雷電　獻替協陰
陽　大矣哉　道邁上皇　陋五帝　狹三王　窮
禮物　該樂章　序冠帶　垂衣裳其二
天壤和　家國穆　悠悠萬類咸孕育　契冥化
侔大造　靈効珍　神歸寶　輿雲氣　飛龍蒼
麟一角　鳳五光　朱雀降　黃玉表　九尾馴
三足擾　化之定　至矣哉　瑞感德　四方來其三
囹圄空　水火菽粟　求賢振滯棄珠玉　衣不靡
宮以卑　當陽端嘿　垂拱無爲　云云萬有　其
樂不訾其四
嗟此舉時　逢至道　肖形咸自持　賦命無傷夭
行氣進皇輿　遊龍服帝阜　聖主寧區宇　乾坤
永相保其五
牧野征　鳴條戰　大齊家萬國　拱揖應終禪
奧主廓清都　大君臨赤縣　高居深視　當扆正
殿　旦暮之期今一見其六
兩儀分　牧以君　陶有象　化無垠　大齊德
邈誰羣　超鳳火　冠龍雲　露以絜　風以薰
榮光至　氣氤氳其七
神化遠　人物協　寒暑調　風雨燮　披泥檢
受圖諜　圖諜啓　期運昌　分四序　綴三光
延寶祚　眇無疆其八
惟皇道　升平日　河水清　海不溢　雲千呂
風入律　驅黔首　入仁壽　與天高　並地厚其九
刑以厝　頌聲揚　皇情邈　眷汾襄　岱山高
配林壯　亭亭聳　云云望　旆葳蕤　駕騤騤
列金闕　奠玉龜其十
文舞將作先設階步辭
我后降德　肇峻皇基　搖鈴大號　振鐸命期
雲行雨洽　天臨地持　茫茫區宇　萬代一時
文來武肅　成定於茲　象容則舞　歌德言詩
鏘鏘金石　列列匏絲　鳳儀龍至　樂我雍熙
文舞辭
皇天有命　歸我大齊　受茲華玉　爰錫玄珪
奄家環海　實子蒸黎　圖開寶匣　檢封芝泥
無思不順　自東徂西　教南暨朔　罔敢或攜
比日之明　如天之大　神化斯洽　率土無外

眇眇舟車　華戎畢會　祠我春秋　服我冠帶
儀協震象　樂均天籟　蹈武在庭　其容藹藹
武舞將作先設階步辭
大齊統曆　天鑒孔昭　金人降汎　火鳳來巢
眇均虞德　干戚降苗　夙沙攻主　歸我軒朝
禮符揖讓　樂契咸韶　蹈揚惟序　律度時調
武舞辭
天眷橫流　宅心玄聖　祖功宗德　重光襲映
我皇恭己　誕膺靈命　宇外斯燭　域中咸鏡
悠悠率土　時惟保定　微微動植　莫違其性
仁豐庶物　施洽羣生　海寧洛變　契此休明
雅宣茂烈　頌紀英聲　鏗鍠鍾鼓　掩抑簫笙
歌之不足　舞以禮成　鑠矣王度　緬邈千齡
皇帝入鍾鼓奏皇夏辭
禮終三爵　樂奏九成　允也天子　穹壤和平
載色載笑　反寢宴息　一人有祉　百神奉職
鼓吹二十曲皆改古名以敍功德第一漢朱鷺改名水
德謝言魏謝齊興也第二漢思悲翁改名出山東言神
武帝戰廣阿創大業破爾朱兆也第三漢艾如張改名
戰韓陵言神武滅四胡定京洛遠近賓服也第四漢上
之回改名殄關隴言神武遣侯莫陳悅誅賀拔岳定關
隴平河外漢北款秦中附也第五漢擁離改名滅山胡
言神武屠劉蠡升高車懷殊俗蠕蠕來向化也第六漢
戰城南改名立武定言神武立魏主天下既安而能遷
於鄴也第七漢巫山高改名戰芒山言神武斬周十萬
之衆其軍將脫身走免也第八漢上陵改名禽蕭明言
梁遣兄子貞陽侯來寇彭宋文襄帝遣太尉清河王岳
一戰禽殄俘馘萬計也第九漢將進酒改名破侯景言
文襄遣清河王岳摧殄侯景克復河南也第十漢君馬
黃改名定汝潁言文襄遣清河王岳禽周大將軍王思
政於長葛汝潁悉平也第十一漢芳樹改名克淮南言
文襄遣清河王岳南翦梁國獲其司徒陸法和克壽春
合肥鍾離淮陰盡取江北之地也第十二漢有所思改
名嗣丕基言文宣帝統纘大業也第十三漢稚子班改
名聖道洽言文宣克隆堂構無思不服也第十四漢聖
人出改名受魏禪言文宣應天順人也第十五漢上邪
改名平瀚海言蠕蠕盡部落入寇武州之塞而文宣命
將出征平殄北荒滅其國也第十六漢臨高臺改名服
江南言文宣道洽無外梁主蕭繹來附化也第十七漢
遠如期改名刑罰中言孝昭帝舉直措枉獄訟無怨也

第十八漢石留行改名遠夷至言時主化霑海外西夷
諸國遣使朝貢也第十九漢務成改名嘉瑞臻言時主
應期河清龍見符瑞總至也第二十漢玄雲改名成禮
樂言時主功成化洽制禮作樂也古又有黃雀釣竿二
曲略而不用並議定其名被於鼓吹諸州鎮戍各給鼓
吹樂多少各以大小等級爲差諸王爲州皆給赤鼓赤
角皇子則增給吳鼓長鳴角上州刺史皆給青鼓青角
中州已下及諸鎮戍皆給黑鼓黑角樂器皆有衣並同
鼓色
雜樂有西涼鼙舞清樂龜茲等然吹笛彈琵琶五絃及
歌舞之伎自文襄以來皆所愛好至河清以後傳習尤
盛後主唯賞胡戎樂耽愛無已於是繁手淫聲爭新哀
怨故曹妙達安未弱安馬駒之徒至有封王開府者遂
服簪纓而爲伶人之事後主亦自能度曲親執樂器悅
翫無倦倚絃而歌別採新聲爲無愁曲音韻窈窕極於
哀思使胡兒閹官之輩齊唱和之曲終樂闋莫不隕涕
雖行幸道路或時馬上奏之樂往哀來竟以亡國
周太祖迎魏武入關樂聲皆闕恭帝元年平荊州大獲
梁氏樂器以屬有司及建六官乃詔曰六樂尚矣其聲
歌之節舞蹈之容寂寥已絕不可得而詳也但方行古
人之事可不本於茲乎自宜依準制其歌舞祀五帝日
月星辰於是有司詳定郊廟祀五帝日月星辰用黃帝
樂歌大呂舞雲門祭九州社稷水旱雩禜用唐堯樂歌
應鍾舞大咸祀四望饗諸侯用虞舜樂歌南呂舞大韶
祀四類幸辟雍用夏禹樂歌函鍾舞大夏祭山川用殷
湯樂歌小呂舞大護享宗廟用周武王樂歌夾鍾舞大
武皇帝出入奏皇夏賓出入奏肆夏牲出入奏昭夏蕃
國客出入奏納夏有功臣出入奏章夏皇后進羞奏深
夏宗室會聚奏族夏上酒宴樂奏陔夏諸侯相見奏驁
夏皇帝大射歌騶虞諸侯歌貍首大夫歌采蘋士歌采
蘩雖著其文竟未之行也及閔帝受禪居位日淺明帝
踐阼雖革魏氏之樂而未臻雅正天和元年武帝初造
山雲舞以備六代南北郊雩壇太廟禘祫俱用六舞南
郊則大夏降神大護獻熟次作大武正德武德山雲之
舞北郊則大護降神大夏獻熟次作大武正德武德山
雲之舞雩壇以大武降神正德獻熟次作大夏大護武
德山雲之舞太廟祫禘則大武降神山雲獻熟次作正
德大夏大護武德之舞時享太廟以山雲降神大夏獻
熟次作武德之舞拜社以大護降神大武獻熟次作正
德之舞五郊朝日以大夏降神大護獻熟神州夕月籍

田以正德降神大護獻熟建德二年十月甲辰六代樂
成奏於崇信殿羣臣咸觀其宮懸依梁三十六架朝會
則皇帝出入奏皇夏皇太子出入奏肆夏王公出入奏
驁夏五等諸侯正日獻玉帛奏納夏宴族人奏族夏大
會至尊執爵奏登歌十八曲食舉奏深夏舞六代大夏
大護大武正德武德山雲之舞於是正定雅音爲郊廟
樂創造鍾律頗得其宜宣帝嗣位郊廟皆循用之無所
改作今採其辭云
員丘歌辭
降神奏昭夏
重陽禋祀大報天　景午封壇肅且圜
孤竹之管雲和弦　神光未下風肅然
王城七里通天臺　紫微斜照影徘徊
連珠合璧重光來　天策蹔轉鉤陳開
皇帝將入門奏皇夏
旌迴外壝　蹕靜郊門　千乘按轡　萬騎雲屯
藉茅无咎　掃地惟尊　揖讓展禮　衡璜節步
星漢就列　風雲相顧　取法於天　降其永祚
俎入奏昭夏
日至大禮　豐犧上辰　牲牢修牧　繭栗毛純
俎豆斯立　陶匏以陳　大報反命　居陽兆日
六變鼓鍾　三和琴瑟　俎奇豆偶　惟誠惟質
奠玉帛奏昭夏
員玉已奠　蒼幣斯陳　瑞形成象　璧氣含春
禮從天數　智總員神　爲祈爲祀　至敬咸遵
皇帝升壇奏皇夏
七星是仰　八陛有憑　就陽之位　如日之升
思虔肅肅　施敬繩繩　祝史陳信　玄象斯格
惟類之典　惟靈之澤　幽顯對揚　人神咫尺
皇帝初獻作雲門之舞
獻以誠　鬱以清　山罍舉　沈齊傾　惟尚饗
洽皇情　降景福　通神明
皇帝初獻配帝作雲門之舞
長丘遠歷　大電遙源　弓藏高隴　鼎沒寒門
人生于祖　物本於天　尊神配德　迄用康年
皇帝初獻及獻配帝畢奏登歌
歲之祥　國之陽　蒼靈敬　翠雲長　象爲飾
龍爲章　乘長日　坯蟄戶　列雲漢　迎風雨
六呂歌　雲門舞　省滌濯　奠牲牷　鬱金酒
鳳凰樽　迴天睠　顧中原

皇帝飲福酒奏皇夏

國命在禮　君命在天　陳誠惟肅　飲福惟虔
洽斯百禮　福以千年　鈎陳掩映　天駟徘徊
彤禾飾竿　翠羽承罍　受斯茂祉　從天之來

撤奠奏雍樂

禮將畢　樂將闌　迴日轡　動天關　翠鳳搖
和鸞響　五雲飛　三步上　風爲馭　雷爲車
無轍迹　有煙霞　暢皇情　休靈命　雨留甘
雲餘慶

帝就望燎位奏皇夏

六典聯事　九司咸則　率由舊章　於焉允塞
掌禮移次　燔柴在焉　煙升玉帛　氣歛牲牷
休氣馨香　膋芳昭晰　翼翼虔心　明明上徹

帝還便座奏皇夏

玉帛禮畢　人神事分　嚴承乃睠　瞻仰迴雲
輦路千門　王城九軌　式道移候　司方迴指
得一惟清　於萬斯寧　受茲景命　于天告成

方澤歌辭

降神奏昭夏

報功陰澤　展禮玄郊　平琮鎮瑞　方鼎升庖
調歌絲竹　縮酒江茅　聲舒鍾鼓　器質陶匏
列耀秀華　凝芳都荔　川澤茂祉　丘陵容衞
雲飾山罍　蘭浮汎齊　日至之禮　歆茲大祭

奠玉奏昭夏

日若厚載　欽明方澤　敢以敬恭　陳之玉帛
德包含養　功藏靈迹　斯箱既千　子孫則百

初獻奏登歌辭　舞詞同員丘

質明孝敬　求陰順陽　壇有四陛　琮爲八方
牲牷蕩滌　蕭合馨香　和鑾戾止　振鷺來翔
威儀簡簡　鍾鼓喤喤　聲和孤竹　韻入空桑
封中雲氣　坎上神光　下元之主　功深蓋藏

望坎位奏皇夏

司筵撤席　掌禮移次　迴顧封壇　恭臨坎位
瘞玉埋俎　藏芬歛氣　是曰就幽　成斯地意

祀五帝歌辭

奠玉帛奏皇夏辭

嘉玉惟芳　嘉幣惟量　成形依禮　稟色隨方
神班有次　歲禮惟常　威儀抑抑　率由舊章

初獻奏皇夏

惟令之月　惟嘉之辰　司壇宿設　掌史誠陳
敢用明禮　言功上神　鈎陳旦闢　閶闔朝分
旒垂象冕　樂奏山雲　將迴霆策　暫轉天文
五運周環　四時代序　鱗次玉帛　循迴樽俎
神其降之　介福斯許

皇帝初獻青帝奏雲門辭

甲在日　鳥中星　禮東后　奠蒼靈　樹春旗
命青史　候鴈還　東風起　歌木德　舞震宮
泗濱石　龍門桐　孟之月　陽之天　億斯慶
兆斯年

皇帝初獻配帝奏舞

帝出于震　蒼德於神　其明在日　其位居春
勞以定國　功以施人　言從配祀　近取諸身

皇帝初獻赤帝奏雲門舞

招搖指午樹南宮　日月相會實沈中
離光布政動溫風　純陽之月樂炎精
赤雀丹書飛送迎　朱紱絳鼓罄虔誠
萬物含養各長生

皇帝獻配帝奏舞

以炎爲政　以火爲宮　位司南陸　享配離壇
三和實俎　百味浮蘭　神其茂豫　天步艱難

皇帝初獻黃帝奏雲門舞

三光儀表正　四氣風雲同　戊己行初曆
黃鍾始變宮　平琮禮內鎮　陰管奏司中
齋壇芝曄曄　清野桂馮馮　夕牢芬六鼎
安歌韻八風　神光乃超忽　佳氣恒葱葱

皇帝初獻配帝舞

四時咸一德　五氣或同論　猶吹鳳凰管
尚對梧桐園　器圜居土厚　位總配神尊
始知今奏樂　還用我雲門

皇帝初獻白帝奏雲門舞

肅靈兌景　承配秋壇　雲高火落　露白蟬寒
帝律登年　金精行令　瑞獸霜輝　祥禽雪映
司藏肅殺　萬保咸宜　厥田上上　收功在斯

皇帝初獻配帝奏舞

金行秋令　白帝朱宣　司正五雉　歌肅九川
執文之德　對越彼天　介以福祉　君子萬年

皇帝初獻黑帝奏雲門舞

北辰爲政玄壇　北陸之祀員官　宿設玄圭浴蘭
坎德陰風御寒　次律將迴窮紀　微陽欲動細泉
管猶調於陰竹　聲未入於春弦　待歸餘於送曆
方履慶於斯年

皇帝初獻配帝奏舞

地始坼　虹始藏　服玄玉　居玄堂　沐蕙氣
浴蘭湯　匏器潔　水泉香　陟配彼　福無疆
君欣欣　此樂康

宗廟歌辭

皇帝入廟門奏皇夏

肅肅清廟　巖巖寢門　歆器防滿　金人戒言
應朄懸鼓　崇牙樹羽　階變升歌　庭紛象舞
閑安象設　緝熙清奠　春鮪初登　新萍先薦
僾然入室　儼乎其位　悽愴履之　非寒之謂

降神奏昭夏

永惟祖武　潛慶靈長　龍圖革命　鳳曆歸昌
功移上墋　德耀中陽　清廟肅肅　猛虡煌煌
曲高大夏　聲和盛唐　牲牷蕩滌　蕭合馨香
和鑾戾止　振鷺來翔　永敷萬國　是則四方

俎入皇帝升階奏皇夏

年祥辯日　上協龜言　奉酎承列　來庭駿奔
彤禾飾斝　翠羽承樽　敬殫如此　恭惟執燔

皇帝獻皇高祖奏皇夏

慶緒千重秀　鴻源萬里長　無時猶戢翼
有道故韜光　盛德必有後　仁義終克昌
明星初肇慶　大電久呈祥

皇帝獻皇曾祖德皇帝奏皇夏

克昌光上烈　基聖穆西藩　崇仁高涉渭
積德被居原　帝圖張往迹　王業茂前樽
重芬德陽廟　疊慶壽陵園　百靈光祖武
千年福孝孫

皇帝獻皇祖太祖文皇帝奏皇夏

雄圖屬天造　宏略遇羣飛　風雲猶聽命
龍躍遂乘機　百二當天險　三分拒樂推
函谷風塵散　河陽氛霧晞　濟弱淪風起
扶危頹運歸　地紐崩還正　天樞落更追
原祠乍超忽　畢隴或綿微　終封三尺劍
長卷一戎衣

皇帝獻文宣皇太后奏皇夏

月靈興慶　沙祥發源　功參禹迹　德贊堯門
言容典禮　褕狄徽章　儀形溫德　令問昭陽
日月不居　歲時晼晚　瑞雲纏心　閟宮惟遠

皇帝獻閔皇帝奏皇夏

龍圖基代德　天步屬艱難　謳歌還受瑞
揖讓乃登壇　升輿芒刺重　入位據關寒
卷舒雲汎濫　游揚日浸微　出鄭終無反
居桐竟不歸　祀夏今惟舊　尊靈諡更追

皇帝獻明皇帝奏皇夏

若水逢降君　窮桑屬惟政　丕哉馭帝籙
鬱矣當天命　方定五雲官　先齊八風令
文昌氣似珠　太史河如鏡　南宮學已開
東觀書還聚　文辭金石韵　毫翰風飈豎
清室桂馮馮　齋房芝詡詡　寧思玉管笛
空見靈衣舞

皇帝獻高祖武皇帝奏皇夏

南河吐雲氣　北斗降星辰　百靈咸仰德
千年一聖人　書成紫微動　律定鳳凰馴
六軍命西土　甲子陳東鄰　戎衣此一定
萬里更無塵　煙雲同五色　日月並重輪
流沙既西靜　盤木又東臣　凱樂聞朱鴈
鐃歌見白麟　今爲六代祀　還得九疑賓

皇帝還東壁飲福酒奏皇夏

禮殫裸獻　樂極休成　長離前掞　宗祀文明
縮酌浮蘭　澄罍合鬯　磬折禮容　旋回靈貺
受釐徹俎　飲福移樽　惟光惟烈　文子文孫

皇帝還便坐奏皇夏

庭闋四始　筵終三薦　顧步階墀　徘徊餘奠
六龍矯首　七萃警途　鼓移行漏　風轉相烏
翼翼從事　綿綿四時　惟神降嘏　永言保之

太祖輔魏之時高昌款附乃得其伎教習以備饗宴之禮及天和六年武帝罷掖庭四夷樂其後帝娉皇后於北狄得其所獲康國龜茲等樂更雜以高昌之舊並於大司樂習焉採用其聲被於鍾石取周官制以陳之

明帝武成二年正月朔旦會羣臣於紫極殿始用百戲武帝保定元年詔罷之及宣帝即位而廣召雜伎增修百戲魚龍漫衍之伎常陳殿前累日繼夜不知休息好令城市少年有容貌者婦人服而歌舞相隨引入後庭與宮人觀聽戲樂過度遊幸無節焉武帝以梁鼓吹熊羆十二案每元正大會列於懸間與正樂合奏宣帝時革前代鼓吹制爲十五曲第一改漢朱鷺爲玄精季言魏道陵遲太祖肇開王業也第二改漢思悲翁爲征隴西言太祖起兵誅侯莫陳悅掃清隴右也第三改漢艾如張爲迎魏帝言武帝西幸太祖奉迎宅關中也第四

改漢上之回爲平寶秦言太祖擁兵討秦悉禽斬也第五改漢擁離爲復恒農言太祖攻復陝城關東震肅也第六改漢戰城南爲克沙苑言太祖俘斬齊十萬眾於沙苑神武脫身至河單舟走免也第七改漢巫山高爲戰河陰言太祖破神武於河上斬其將高敖曹莫多婁貸文也第八改漢上陵爲平漢東言太祖命將平隨郡安陸俘馘梟討也第九改漢將進酒爲取巴蜀言太祖遣軍平定蜀地也第十改漢有所思爲拔江陵言太祖命將禽蕭繹平南土也第十一改漢芳樹爲受魏禪言閔帝受終於魏君臨萬國也第十二改漢上邪爲宣重光言明帝入承大統載隆皇道也第十三改漢君馬黃爲哲皇出言高祖以聖德繼天天下向風也第十四改漢稚子班爲平東夏言高祖親率六師破齊禽齊主於青州一舉而定山東也第十五改古聖人出爲禽明徹言陳將吳明徹侵軼徐部高祖遣將盡俘其眾也宣帝晨出夜還恒陳鼓吹嘗幸同州自應門至赤岸數十里間鼓樂俱作祈雨仲山還令京城士女於衢巷奏樂以迎之公私頓敝以至於亡

高祖既受命定令宮懸四面各二虡通十二鎛鍾爲二十虡虡各一人建鼓四人柷敔各一人歌琴瑟簫筑箏搊箏臥箜篌小琵琶四面各十八人在編磬下笙竽長笛橫笛簫篳篥箎塤四面各八人在編鍾下舞各八佾宮懸簨簴金五博山飾以旒蘇樹羽其樂器應漆者天地之神皆朱宗廟加五色漆畫天神懸內加雷鼓地祇加靈鼓宗廟加路鼓登歌鍾一虡磬一虡各一人歌四人兼琴瑟簫笙竽橫笛箎塤各一人其漆畫及博山旒蘇樹羽與宮懸同登歌人介幘朱連裳烏皮履宮懸及下管人平巾幘朱連裳凱樂人武弁朱褠衣履韈文舞進賢冠絳紗連裳帛內單皁領袖襈烏皮韈左執籥右執翟二人執纛引前在舞人數外衣冠同舞人武弁朱褠衣烏皮履三十二人執戈龍楯三十二人執戚龜二人執旍居前二人執鼗二人執鐸二人執鐃二人執錞四人執弓矢四人執殳四人執戟四人執矛自旍已下夾引並在舞人數外衣冠同舞人

皇帝宮懸及登歌與前同應漆者皆五色漆畫懸內不設鼓

皇太子軒懸去南面設三鎛鍾於辰丑申三建鼓亦如之其登歌去兼歌者減二人其簨虡金三博山樂器漆者皆朱漆之其餘與宮懸同

大鼓小鼓大駕鼓吹並朱漆畫大鼓加金鐲凱樂及節鼓飾以羽葆其長鳴中鳴橫吹皆五采衣幡緋掌畫交龍五采腳大角幡亦如之大鼓長鳴工人皁地苣文金鉦棡鼓小鼓中鳴吳橫吹工人青地苣文凱樂工人武弁朱褠衣橫吹緋地苣文並爲帽袴褶大角工人平巾幘緋衫白布大口袴內宮鼓樂服色皆準此

皇太子鐃及節鼓朱漆畫飾以羽葆餘鼓吹並朱漆大鼓小鼓無金鐲長鳴中鳴橫吹五采衣幡緋掌畫蹲獸五采腳大角幡亦如之大鼓長鳴橫吹工人紫帽緋袴褶金鉦棡鼓小鼓鍾鳴工人青帽青袴褶鐃吹工人武弁朱褠衣大角工人平巾幘緋衫白布大口袴

正一品鐃及節鼓朱漆畫飾以羽葆餘鼓吹並朱漆長鳴中鳴橫吹五采衣幡緋掌畫蹲獸五采腳大角幡亦如之大鼓長鳴橫吹工人紫帽赤布袴褶金鉦棡鼓小鼓中鳴工人青帽青布袴褶鐃吹工人武弁朱褠衣大角工人平巾幘緋衫白布大口袴三品以上朱漆鐃飾以五采騶哄工人武弁朱褠衣餘同正一品四品鐃及工人衣服同三品餘鼓皆綠沈金鉦棡鼓大鼓工人青帽青布袴褶

開皇二年齊黃門侍郎顏之推上言禮崩樂壞其來自久今太常雅樂並用胡聲請馮梁國舊事考尋古典高祖不從曰梁樂亡國之音奈何遣我用邪是時尚因周樂命工人齊樹提檢校樂府改換聲律益不能通俄而柱國沛公鄭譯奏上請更修正於是詔太常卿牛弘國子祭酒辛彥之國子博士何妥等議正樂然論謬既久音律多乖積年議不定高祖大怒曰我受天命七年樂府猶歌前代功德邪命治書侍御史李諤引弘等下將罪之諤奏武王克殷至周公相成王始制禮樂斯事體大不可速成高祖意稍解又詔求知音之士集尚書參定音樂譯云考尋樂府鍾石律呂皆有宮商角徵羽變宮變徵之名七聲之內三聲乖應每恒求訪終莫能通先是周武帝時有龜茲人曰蘇祗婆從突厥皇后入國善胡琵琶聽其所奏一均之中間有七聲因而問之答云父在西域稱爲知音代相傳習調有七種以其七調勘校七聲冥若合符一曰娑陁力華言平聲即宮聲也二曰雞識華言長聲即南呂聲也三曰沙識華言質直聲即角聲也四曰沙侯加濫華言應聲即變徵聲也五曰沙臘華言應和聲即徵聲也六曰般贍華言五聲即羽聲也七曰俟利建華言斛牛聲即變宮聲也譯因習而彈之始得七聲之正然其就此七調又有五旦之名旦作七調以華言譯之旦者則謂均也其聲亦應黃鍾太簇林鍾南呂姑洗五均已外七律更無調聲譯遂因其所捻琵琶絃柱相飲爲均推演其聲更立七均合成十二以應十二律律有七音音立一調故成七調十二律合八十四調旋轉相交盡皆和合仍以其聲考校太樂所奏林鍾之宮應用林鍾爲宮乃用黃鍾爲宮應用南呂爲商乃用太簇爲商應用應鍾爲角乃取姑洗爲角故林鍾一宮七聲二聲並戾其十一宮七十七音例皆乖越莫有通者又以編懸有八因作八音之樂七音之外更立一聲謂之應聲譯因作書二十餘篇以明其指至是譯以其書宣示朝廷并立議正之時邳國公世子蘇夔亦稱明樂駁譯曰韓詩外傳所載樂聲感人及月令所載五音所中並皆有五不言變宮變徵又春秋左氏所云七音六律以奉五聲準此而言每宮應立五調不聞更加變宮變徵二調爲七調七調之作所出未詳譯答之曰周有七音之律漢書律曆志天地人及四時謂之七始黃鍾爲天始林鍾爲地始太簇爲人始是爲三始姑洗爲春蕤賓爲夏南呂爲秋應鍾爲冬是爲四時四時三始是以爲七今若不以二變爲調曲則是冬夏聲闕四時不備是故每宮須立七調眾從譯議譯又與夔俱云案今樂府黃鍾乃以林鍾爲調首失君臣之義清樂黃鍾宮以小呂爲變徵乖相生之道今請雅樂黃鍾宮以黃鍾爲調首清樂去小呂還用蕤賓爲變徵眾皆從之夔又與譯議欲累黍立分正定律呂時以音律久不通譯夔等一朝能爲之以爲樂聲可定而何妥舊以學聞雅爲高祖所信高祖素不悅學不知樂妥又恥己宿儒不逮譯等欲沮壞其事乃立議非十二律旋相爲宮曰經文雖道旋相爲宮恐是直言其理亦不通隨月用調是以古來不取若依鄭玄及司馬彪須用六十律方得和韻今譯唯取黃鍾之正宮兼得七始之妙義非止金石諧韻亦乃簨虡不繁可以享百神可以合萬舞矣而又非其七調之義曰近代書記所載縵樂鼓琴吹笛之人多云三調三調之聲其來久矣請存三調而已時牛弘總知樂事弘不能精知音律又有識音人萬寶常修洛陽舊曲言幼學音律師於祖孝徵知其上代修調古來周之璧翣殷之崇牙懸八用七盡依周禮備矣所謂正聲又近前漢之樂不可廢也是時競爲異議各立朋黨是非之理紛然淆亂或欲令各修造待成擇其善者而從之妥恐樂成善惡易見乃請高祖張樂試之遂先說曰黃鍾者以象人君之德及奏黃鍾之調高祖曰滔滔和雅甚與我心會妥因陳用黃鍾一宮不假餘律高祖大悅班賜妥等修樂者自是譯等議寢

隋書卷十四考證

音樂志中盆簝將事○監本盆作瓮宋本作瓮按周禮地官牛人凡祭祀供其牛牲之互盆簝以待事從之

和以鑾刀○按詩經小雅執其鸞刀鑾作鸞

睟容離曜○監本睟訛晬按孟子睟然見於面左思魏都賦魏國先生有睟其容皆作睟字彙晬音歲生子一歲也

惕厲在年○監本惕訛愓按禮記行容惕惕音商與怵惕之惕異

顯揩維極○監本維作惟樂府一本作維臣映斗按辭意當謂四維八極今從維

賓入門四箱奏肆夏辭○各本皆作箱已下多箱字或作廂或作箱互異按儀禮公食大夫禮公許賓升公揖退於箱注箱東至之處爾雅室有東西廂曰廟無東西廂曰寢前漢書周昌傳呂后側耳東箱聽注師古曰正寢之東西室皆曰箱言似箱篋之形鼂錯傳錯趨避東箱顏會廂通箱

受圖諜啟○一本諜作牒按後漢書張衡傳子長諜之牒爛然有第劉勰文心雕龍百官詢事則有關刺解諜注諜亦作牒書板也則諜與牒通

諸州鎮戍○監本戍訛戌按戍音恕說文從人從戈人荷戈以戍戌音恤從戊從一戊土於四方無正位寄位於戌故加一爲戌象土也

# 隋書卷十五

唐太尉揚州都督監修國史上柱國趙國公臣長孫無忌等撰

## 志第十

### 音樂下

開皇九年平陳獲宋齊舊樂詔於太常置清商署以管之求陳太樂令蔡子元于普明等復居其職由是牛弘奏曰臣聞周有六代之樂至韶武而已秦始皇改周舞曰五行漢高帝改韶舞曰文始以示不相襲也又造武德自表其功故高帝廟奏武德文始五行之舞又作昭容禮容增演其意昭容生於武德蓋猶古之韶也禮容

生於文始矯秦之五行也文帝又作四時之舞故孝景帝立追述先功采武德舞作昭德舞被之管弦薦於太宗之廟孝宣采昭德舞爲盛德舞更造新歌薦於武帝之廟據此而言遞相因襲縱有改作並宗於韶至明帝時東平獻王采文德舞爲大武之舞薦于光武之廟漢末大亂樂章淪缺魏武平荆州獲杜夔以爲軍謀祭酒使創雅樂時散騎侍郎鄧靜善詠雅歌樂師尹胡能習宗祀之曲舞師馮肅曉知先代諸舞總練研精復於古樂自夔始也文帝黃初改昭容之樂爲昭業樂武德之舞爲武頌舞文始之舞爲大韶舞五行之舞爲大武舞明帝初公卿奏上太祖武皇帝樂曰武始之舞高祖文皇帝樂曰咸熙之舞又製樂舞名曰章斌之舞有事於天地宗廟及臨朝大饗並用之晉武帝泰始二年遣傅玄等造行禮及上壽食舉歌詩張華表曰按漢魏所用雖詩章辭異興廢隨時至其韻逗曲折並繫於舊一皆因襲不敢有所改也九年荀勗典樂使郭夏宋識造正德大豫之舞改魏昭武舞曰宣武舞羽籥舞曰宣文舞江左之初典章堙紊賀循爲太常卿始有登歌之樂大寧末阮孚等又增益之咸和間鳩集遺逸鄴沒胡後樂人頗復南度東晉因之以具鍾律太元間破苻永固又獲樂工楊蜀等閑練舊樂於是金石始備尋其設懸音調並與江左是同慕容垂破慕容永於長子盡獲苻氏舊樂垂息爲魏所敗其鍾律令李佛等將大樂細伎奔慕容德於鄴德遷都廣固子超嗣立其母先沒姚興超以太樂伎一百二十人詣興贖母及宋武帝入關悉收南度永初元年改正德舞曰前舞大武舞曰後舞文帝元嘉九年太樂令鍾宗之更調金石至十四年典書令奚縱復改定之又有凱容宣業之舞齊代因而用之蕭子顯齊書志曰宋孝建初朝議以凱容舞爲韶舞宣業舞爲武德舞據韶爲言宣業卽是古之大武非武德也故志有前舞凱容歌辭後舞凱容歌辭者矣至于梁初猶用凱容宣業之舞後改爲大壯大觀焉今人猶喚大觀爲前舞故知樂名雖隨代而改聲韻曲折理應常同前克荆州得梁家雅曲今平蔣州又得陳氏正樂史傳相承以爲合古且觀其曲體用聲有次請修緝之以備雅樂其後魏洛陽之曲據魏史云太武平赫連昌所得更無明證後周所用者皆是新造雜有邊裔之聲戎音亂華皆不可用請悉停之制曰制禮作樂聖人之事也功成化洽方可議之今宇內初平正化未洽遽有變革我則未暇晉王廣又表請帝乃許之牛弘遂因鄭譯之舊又請依古五聲六律旋相爲宮雅樂每宮但一調唯迎氣奏五調謂之五音縵樂用七調祭祀施用各依聲律尊卑爲次高祖猶憶妥言注弘奏下不許作旋宮之樂但作黃鍾一宮而已於是牛弘及祕書丞姚察通直散騎常侍許善心儀同三司劉臻通直郎虞世基等更共詳議曰後周之時以四聲降神雖采周禮而年代深遠其法久絕不可依用謹案司樂凡樂圜鍾爲宮黃鍾爲角太蔟爲徵姑洗爲羽舞雲門以祭天函鍾爲宮太蔟爲角姑洗爲徵南呂爲羽舞咸池以祭地黃鍾爲宮大呂爲角太蔟爲徵圜鍾爲羽舞韶以祀宗廟馬融曰圜鍾應鍾也賈逵鄭玄曰圜鍾夾鍾也鄭玄又云此樂無商聲祭尚柔剛故不用也干寶云不言商商爲臣王者自謂故置其實而去其名若曰有天地人物無德以主之謙以自牧也先儒解釋旣莫知適從然此四聲非直無商又律管乖次以其爲樂無克諧之理今古事異不可得而行也按東觀書馬防傳太子丞鮑鄴等上作樂事下防防奏言建初二年七月鄴上言天子食飲必順于四時五味而有食舉之樂所以順天地養神明求福應也今官雅樂獨有黃鍾而食舉樂但有太蔟皆不應月律恐傷氣類可作十二月均各應其月氣公卿朝會得聞月律乃能感天和氣宜應詔下太常評焉太常上言作樂器直錢百四十六萬奏寢今明詔復下臣防以爲可須上天之明時因歲首之嘉月發太蔟之律奏雅頌之音以迎和氣其條貫甚具遂獨施行起於十月爲迎氣之樂矣又順帝紀云陽嘉二年冬十月庚午以春秋爲辟雍隸太學隨月律十月作應鍾三月作姑洗元和以來音戾不調修復黃鍾作樂器如舊典據此而言漢樂宮懸有黃鍾均食舉太蔟均止有二均不旋相爲宮亦以明矣計從元和至陽嘉二年纔五十歲用而復止驗黃帝聽鳳以制律呂尚書曰予欲聞六律五聲周禮有分樂而祭此聖人制作以合天地陰陽之和自然之理乃云音戾不調斯言誣之甚也今梁陳雅曲並用宮聲按禮五聲十二律還相爲宮盧植云十二月三管流轉用事當用事者爲宮宮君也鄭玄曰五聲宮商角徵羽其陽管爲律陰管爲呂布十二辰更相爲宮始自黃鍾終於南呂凡六十也皇侃疏還相爲宮者十一月以黃鍾爲宮十二月以大呂爲宮正月以太蔟爲宮餘月放此凡十二管各備五聲合六十聲五聲成一調故十二調此卽釋鄭義之明文無用商角徵羽爲別調之法矣樂稽耀嘉曰東方春其聲角樂當宮於夾鍾餘方各以其中律爲宮若有商角之理不得云宮於夾鍾也又云五音非宮不調五味非甘不和又動聲儀宮唱而商和是謂善本太平之樂也周禮奏黃鍾歌大呂以祀天神鄭玄以黃鍾之鍾大呂之聲爲均調也故崔靈恩云六樂十二調亦不獨論商角徵羽也又云凡六樂者皆文之以五聲播之以八音故知每曲皆須五聲八音錯綜而能成也禦寇子云師文鼓琴命宮而總四聲則慶雲浮景風翔唯韓詩云聞其宮聲使人溫厚而寬大聞其商聲使人方廉而好義及古有清角清徵之流此則當聲爲曲今以五引爲五聲迎氣所用者是也餘曲悉用宮聲不勞商角徵羽何以得知荀勗論三調爲均首者得正聲之名明知雅樂悉在宮調已外徵羽角自爲謠俗之音耳且西涼龜茲雜伎等曲數既多故得隸於衆調調各別曲至如雅樂少須以宮爲本歷十二均而作不可分配餘調更成雜亂也其奏大抵如此帝並從之故隋代雅樂唯奏黃鍾一宮郊廟饗用一調迎氣用五調舊工更盡其餘聲律皆不復通或有能爲蕤賓之宮者享祀之際肆之竟無覺者弘又修皇后房內之樂據毛萇侯芭孫毓故事皆有鍾聲而王肅之意乃言不可又陳統云婦人無外事而陰教尚柔柔以靜爲體不宜用於鍾弘等採肅統以取正焉高祖龍潛時頗好音樂常倚琵琶作歌二首名曰地厚天高託言夫妻之義因卽取之爲房內曲命婦人并登歌上壽並用之職在宮內女人教習之初後周故事懸鍾磬法七正七倍合爲十四蓋準變宮變徵凡爲七聲有正有倍而爲十四也長孫紹遠引國語泠州鳩云武王伐殷歲在鶉火自鶉及駟七位故也既以七同其數而以律和其聲於是有七律又引尚書大傳謂之七始其注云謂黃鍾林鍾太蔟南呂姑洗應鍾蕤賓也歌聲不應此者皆去之然據一均言也宮商角徵羽爲正變宮變徵爲和加倍而有十四焉又梁武帝加以濁倍三七二十一而同爲架雖取繁會聲不合古又後魏時公孫崇設鍾磬正倍參懸之弘等並以爲非而據周官小胥職懸鍾磬半之爲堵全之爲肆鄭玄曰鍾磬編懸之二八十六而在一虡鍾一堵磬一堵謂之肆又引樂緯宮爲君商爲臣君臣皆尊各置一副故加十四而懸十六又據漢成帝時犍爲水濱得石磬十六枚此皆懸八之義也懸鍾磬法每虡準之懸八用七不取近周之法懸七也又參用儀禮及尚書大傳爲宮懸陳布之法北方北向應鍾起西磬次之黃鍾次之鍾次之大呂次之皆東陳一建鼓在其東東鼓東方西向太蔟起北磬次之夾鍾次之鍾次之姑洗次之皆南陳一建鼓在其南東鼓南方北向中呂起東鍾次之蕤賓次之磬次之林鍾次之皆西陳一建鼓在其西西鼓西方東向夷則起南鍾次之南呂次之磬次之無射次之皆北陳一建鼓在其北西鼓其大射則撤北面而加鉦鼓祭天用雷鼓雷鼗祭地用靈鼓靈鼗宗廟用路鼓路鼗各兩設在懸內又準儀禮宮懸四面設鎛鍾十二虡各依辰位又甲景庚壬位各設鍾一虡乙丁辛癸位各陳磬一虡共爲二十虡其宗廟殿庭郊丘社並同樹建鼓于四隅以象二十四氣依月爲均四箱同作蓋取毛傳詩云四懸皆同之義古者鎛鍾據儀禮擊爲節檢而無合曲之義又大射有二鎛皆亂擊焉乃無成曲之理依後周以十二鎛相生擊之聲韻克諧每鎛鍾建鼓各一人每鍾磬簨簴各一人歌二人執節一人琴瑟箏筑各一人每鍾虡竽笙簫笛塤篪各一人懸內柷敔各一人柷在東敔在西二舞各八佾樂人皆平巾幘絳褠衣樂器並采周官參之梁代擇用其尤善者其簨簴皆金五博山飾以崇牙樹羽旒蘇其樂器應漆者天地之神皆朱漆宗廟及殿庭則五色漆畫晉宋故事箱別各有柷敔既同時戛之今則不用又周官大司樂奏黃鍾歌大呂舞雲門以祀天神奏太蔟歌應鍾舞咸池以祭地祇奏姑洗歌南呂舞大韶以祀四望奏蕤賓歌函鍾舞大夏以祭山川奏夷則歌小呂舞大濩以享先妣奏無射歌夾鍾舞大武以享先祖此乃周制立二王三恪通已爲六代之樂至四時祭祀則分而用之以六樂配十二調一代之樂則用二調矣隋去六代之樂又無四望先妣之祭今既與古祭法有別乃以神祇位次分樂配焉奏黃鍾歌大呂以祀圓丘黃鍾所以宣六氣也耀魄天神最爲尊極故奏黃鍾以祀之奏太蔟歌應鍾以祭方澤太蔟所以贊陽出滯崑崙厚載之重故奏太蔟以祀之奏姑洗歌南呂以祀五郊神州姑洗所以滌絜百物五郊神州天地之次故奏姑洗以祀之奏蕤賓歌函鍾以祀宗廟蕤賓所以安靜神人祖宗有國之本故奏蕤賓以祀之奏夷則歌小呂以祭社稷先農夷則所以詠歌九穀貴在秋成故奏夷則以祀之奏無射歌夾鍾以祭巡狩方嶽無射所以示人軌物觀風望秩故奏無射以祀之同用文武二舞其圓丘降神六變方澤降神八變宗廟禘祫降神九變皆用昭夏其餘祭享皆一變又周禮王出奏王夏尸出奏肆夏叔孫通法迎神奏嘉至今亦隨事立名皇帝入出

皆奏皇夏羣官入出皆奏肆夏食舉上壽奏需夏迎送神奏昭夏薦獻郊廟奏諴夏宴饗殿上奏登歌并文舞武舞合爲八曲古有宮商角徵羽五引梁以三朝元會奏之今改爲五音其聲悉依宮商不使差越唯迎氣於五郊降神奏之月令所謂孟春其音角是也通前爲十三曲并內宮所奏天高地厚二曲於房中奏之合十五曲其登歌法準禮郊特牲歌者在上匏竹在下大戴云清廟之歌懸一磬而尚拊搏又在漢代獨登歌者不以絲竹亂人聲近代以來有登歌五人別升於上絲竹一部進處階前此蓋尚書戛擊鳴球搏拊琴瑟以詠祖考來格之義也梁武樂論以爲登歌者頌祖宗功業檢禮記乃非元日所奏若三朝大慶百辟俱陳升工籍殿以詠祖考君臣相對便須涕洟以此說非通還以嘉慶用之後周登歌備鍾磬琴瑟階上設笙管今遂因之合於儀禮荷瑟升歌及笙入立於階下間歌合樂是燕餘之事矣登歌法十有四人鍾東磬西工各一人琴瑟箏筑各一人并歌者三人執節七人並坐階上笙竽簫笛塤篪各一人並立階下悉進賢冠絳公服斟酌古今參而用之祀神宴會通行之若有大祀臨軒陳於階壇之上若冊拜王公設宮懸不用登歌釋奠則唯用登歌而不設懸古者人君食皆用當月之調以取時律之聲使不失五常之性調暢四體令得時氣之和故鮑鄴上言天子食飲必順四時有食舉樂所以順天地養神明可作十二月均感天和氣此則殿庭月調之義也祭祀既已分樂臨軒朝會並用當月之律正月懸太蔟之均乃至十二月懸大呂之均欲感君人情性允協陰陽之序也又文舞六十四人並黑介幘冠進賢冠絳紗連裳內單皁褾領襈裾革帶烏皮履十六人執翿十六人執帗十六人執旄十六人執羽左手皆執籥二人執纛引前在舞人數外衣冠同舞人武舞六十四人並服武弁朱褠衣革帶烏皮履左執朱干右執大戚依朱干玉戚之文二人執旌居前二人執鼗二人執鐸金錞二四人輿二人作二人執鐃次之二人執相在左二人執雅在右各工一人作自旌以下夾引並在舞人數外衣冠同舞人周官所謂以金錞和鼓金鐲節鼓金鐃止鼓金鐸通鼓也又依樂記象德擬功初來就位總干而山立思君道之難也發揚蹈厲威而不殘也舞亂皆坐四海咸安也武始而受命再成而定山東三成而平蜀道四成而北狄是通五成而江南是拓六成復綴以闡太平高祖曰不須象功德直象事可也然竟用之近代舞出入皆作樂謂之階步咸用肆夏今亦依定即周官所謂樂出入奏鍾鼓也又魏晉故事有矛俞弩俞及朱儒導引今據尚書直云干羽禮文稱羽籥干戚今文舞執羽籥武舞執干戚其矛俞弩俞等蓋漢高祖自漢中歸巴俞之兵執仗而舞也既非正典悉罷不用十四年三月樂定祕書監奇章縣公牛弘祕書丞北絳郡公姚察通直散騎常侍虞部侍郎許善心兼內史舍人虞世基儀同三司東宮學士饒陽伯劉臻等奏曰臣聞蕢桴土鼓由來斯尚雷出地奮著自易經邃古帝王經邦馭物揖讓而臨天下者禮樂之謂也秦焚經典樂書亡缺爰至漢興始加鳩採祖述增廣緝成朝憲魏晉相承更加論討沿革之宜備於故實永嘉之後九服崩離燕石苻姚遞據華土此其戎乎何必伊川之上吾其左衽無復微管之功前言往式於斯而盡金陵建社朝士南奔帝則皇規粲然更備與內原隔絕三百年於茲矣伏惟明聖膺期會昌在運今南征所獲梁陳樂人及晉宋旗章宛然俱至曩代所不服者今悉服之前朝所未得者今悉得之化洽功成於是乎在臣等伏奉明詔詳定雅樂博訪知音旁求儒彥研校是非定其去就取爲一代正樂具在本司於是并撰歌辭三十首詔並令施用見行者皆停之其人間音樂流僻日久棄其舊體者並加禁約務存其本先是高祖遣內史侍郎李元操直內史省盧思道等列清廟歌辭十二曲令齊樂人曹妙達於太樂教習以代周歌其初迎神七言象元基曲獻奠登歌六言象頌盃曲送神禮畢五言象行天曲至是弘等但改其聲合於鍾律而辭經勑定不敢易之至仁壽元年煬帝初爲皇太子從饗于太廟聞而非之乃上言曰清廟歌辭文多浮麗不足以述宣功德請更議定於是制詔吏部尚書奇章公弘開府儀同三司領太子洗馬柳顧言祕書丞攝太常少卿許善心內史舍人虞世基禮部侍郎蔡徵等更詳故實創製雅樂歌辭其祠圓丘皇帝入至版位定奏昭夏之樂以降天神升壇奏皇夏之樂受玉帛登歌奏昭夏之樂皇帝降南陛詣罍洗洗爵訖升壇並奏皇夏初升壇俎入奏昭夏之樂皇帝初獻奏諴夏之樂皇帝既獻作文舞之舞皇帝飲福酒作需夏之樂皇帝反爵於坫還本位奏皇夏之樂武舞出作肆夏之樂送神作昭夏之樂就燎位還大次並奏皇夏

圜丘降神奏昭夏辭

肅祭典　協良辰　具嘉薦　俟皇臻　禮方成
樂已變　感靈心　迴天睠　闢華闕　下乾宮
乘精氣　御祥風　望爟火　通田燭　膺介圭
受瑄玉　神之臨　慶陰陽　煙衢洞　宸路深
善既福　德斯輔　流鴻祚　徧區寓

皇帝升壇奏皇夏辭

於穆我君　昭明有融　道濟區域　功格玄穹
百神警衛　萬國承風　仁深德厚　信洽義豐
明發思政　勤憂在躬　鴻基惟永　福祚長隆

登歌辭

德深禮大　道高饗穆　就陽斯恭　陟配惟肅
血膋升氣　冕裘標服　誠感清玄　信陳史祝
祇承靈貺　載膺多福

皇帝初獻奏諴夏辭

肇禋崇祀　大報尊靈　因高盡敬　掃地推誠
六宗隨兆　五緯陪營　雲和發韻　孤竹揚清
我粢既絜　我酌惟明　元神是鑒　百祿來成

皇帝既獻奏文舞辭

皇矣上帝　受命自天　睿圖作極　文教遐宣
四方監觀　萬品陶甄　有苗斯格　無得稱焉
天地之經　和樂具舉　休徵咸萃　要荒式序
正位履端　秋霜春雨

皇帝飲福酒奏需夏辭

禮以恭事　薦以饗時　載清玄酒　備絜薌萁
迴旒分爵　思媚軒墀　惠均撤俎　祥降受釐
十倫以具　百福斯滋　克昌厥德　永祚鴻基

武舞辭

御曆膺期　乘乾表則　成功戡亂　順時經國
兵暢五材　武弘七德　憬彼遐裔　化行充塞
三道備舉　二儀交泰　情發自中　義均莫大
祀敬恭肅　鍾鼓繁會　萬國斯歡　兆人斯賴
享茲介福　康哉元首　惠我無疆　天長地久

送神奏昭夏辭

享序洽　祀禮施　神之駕　嚴將馳　奔精驅
長離耀　牲煙達　潔誠照　騰日馭　鼓電鞭
辭下土　升上玄　瞻寥廓　杳無際　澹羣心
留餘惠

皇帝就燎還大次並奏皇夏辭同上

五郊歌辭五首（迎送神登歌與圜丘同）

青帝歌辭奏角音

震宮初動　木德惟仁　龍精戒旦　鳥曆司春
陽光煦物　溫風先導　巖處載驚　膏田已冒
犧牲豐潔　金石和聲　懷柔備禮　明德惟馨

赤帝歌辭奏徵音

長嬴開序　炎上爲德　執禮司萌　持衡御國
重離得位　芒種在時　含櫻薦實　木槿垂蕤
慶賞既行　高明可處　順時立祭　事昭福舉

黃帝歌辭奏宮音

爰稼作土　順位稱坤　孕金成德　履艮爲尊
黃本內色　宮實聲始　萬物資生　四時咸紀
靈壇汎埽　盛樂高張　威儀孔備　福履無疆

白帝歌辭奏商音

西成肇節　盛德在秋　三農稍已　九穀行收
金氣肅殺　商威飂戾　嚴風鼓莖　繁霜隕蔕
厲兵詰暴　勑法慎刑　神明降嘏　國步惟寧

黑帝歌辭奏羽音

玄英啓候　冥陵初起　虹藏於天　雉化於水
嚴關重閉　星迴日窮　黃鍾動律　廣莫生風
玄樽示本　天產惟質　恩覃外區　福流景室

感帝奏諴夏辭（迎送神登歌與圜丘同）

禘祖垂典　郊天有章　以春之孟　於國之陽
繭栗惟誠　陶匏斯尚　人神接禮　明幽交暢
火靈降祚　火曆載隆　烝哉帝道　赫矣皇風

雩祭奏諴夏辭（迎送神登歌與圜丘同）

朱明啓候時載陽　肅若舊典延五方
嘉薦以陳盛樂奏　氣序和平資靈祐
公田既雨私亦濡　人殷俗富政化敷

蜡祭奏諴夏辭（迎送神登歌與圜丘同）

四方有祀　八蜡酬功　收藏既畢　榛葛送終
使之必報　祭之斯索　三時告勞　一日爲澤
神祇必來　鱗羽咸致　惟義之盡　惟仁之至
年成物阜　罷役息人　皇恩已洽　靈慶無垠

朝日夕月歌詩二首（迎送神登歌與圜丘同）

朝日奏諴夏辭

扶木上朝暾　嵫山沉暮景　寒來遊晷促
暑至馳輝永　時和合璧耀　俗泰重輪明
執圭盡昭事　服冕罄虔誠

夕月奏諴夏辭

澄輝燭地域　流耀鏡天儀　曆草隨弦長
珠胎逐望虧　成形表蟾兔　竊藥資王母
西郊禮既成　幽壇福惟厚

方丘歌辭四首（唯此四者與餘並同圜丘）

迎神奏昭夏辭

柔功暢　陰德昭　陳瘞典　盛玄郊　篚羃清

膋鬯馥　皇情虔　具寮肅　笙頌合　鼓鼗會

出桂旗　屯孔蓋　敬如在　肅有承　神胥樂

慶福膺

奠玉帛登歌

道惟生育　器乃包藏　報功稱範　殷薦有常

六瑚已饋　五齊流香　貴誠尚質　敬洽義彰

神祚惟永　帝業增昌

皇地祇歌辭奏誠夏辭

厚載垂德　昆丘主神　陰壇吉禮　北至良辰

瘞水呈絜　牲栗表純　樽壺夕視　幣玉朝陳

羣望咸秩　精靈畢臻　祚流於國　祉被於人

送神歌辭奏昭夏辭

奠既徹　獻已周　竦靈駕　逝遠遊　洞四極

帀九縣　慶方流　祉恒遍　埋玉氣　掩牲芬

晰神理　顯國文

神州奏誠夏辭 迎送神登歌與方丘同

四海之內　一和之壤　地曰神州　物賴生長

咸池既降　泰折斯饗　牲牷尚黑　珪玉寔兩

九寓載寧　神功克廣

社稷歌辭四首 迎送神登歌與方丘同

春祈社奏誠夏辭

厚地開靈　方壇崇祀　達以風露　樹之松梓

勾萌既甲　芟柞伊始　恭祈粢盛　載膺休祉

春祈稷奏誠夏辭

粒食興教　播厥有先　尊神致絜　報本惟虔

瞻揄東耒　望杏開田　方憑戩福　佇詠豐年

秋報社奏誠夏辭

北牖申禮　單出表誠　豐犧入薦　華樂在庭

原隰既平　泉流又清　如雲已望　高廩斯盈

秋報稷奏誠夏辭

人天務急　農亦勤止　或蓘或蔉　惟虋惟芑

涼風戒時　歲云秋矣　物成則報　功施必祀

先農奏誠夏辭 迎送神登歌與方丘同

農祥晨晰　土膏初起　春原俶載　青壇致祀

斂蹕長阡　迴旌外壝　房俎飾薦　山罍沈滓

親事朱紘　躬持黛耜　恭神務穡　受釐降祉

先聖先師奏誠夏辭

經國立訓　學重教先　三墳肇冊　五典留篇

開鑿理著　陶鑄功宣　東膠西序　春誦夏弦

芳塵載仰　祀典無騫

太廟歌辭

迎神歌辭

務本興教　尊神體國　霜露感心　享祀陳則

官聯式序　奔走在庭　几筵結慕　祼獻惟誠

嘉樂載合　神其降止　永言保之　錫以繁祉

登歌辭

孝熙嚴祖　師象敬宗　惟皇肅事　有來雝雝

雕梁霞複　繡栭雲重　觀德自感　奉璋伊恭

彝斝畫飾　羽綴有容　升歌發藻　景福來從

俎入歌辭 郊丘社廟同

祭本用初　祀由功舉　駿奔咸會　供神有序

明酌盈樽　豐犧實俎　幽金既薦　繽錯維旅

享由明德　香非稷黍　載流嘉慶　克固鴻緒

皇高祖太原府君神室歌辭

締基發祥　肇源興慶　迺仁迺哲　克明克令

肅宣國圖　善流人詠　開我皇業　七百同盛

皇曾祖康王神室歌辭

皇條俊茂　帝系靈長　豐功疊軌　厚利重光

福由善積　代以德彰　嚴恭盡禮　承錫無疆

皇祖獻王神室歌辭

盛才必達　丕基增舊　涉渭同符　遷邠等構

弘風邁德　義高道富　神鑒孔昭　王猷克懋

皇考太祖武元皇帝神室歌辭

深仁冥著　至道潛敷　皇矣太祖　耀名天衢

翦商隆祚　奄宅隋區　有命既集　誕開靈符

飲福酒歌辭 郊丘社廟同

神道正直　祀事有融　肅雝備禮　莊敬在躬

羞嬪已具　奠醑將終　降祥惟永　受福無窮

送神歌辭

饗禮具　利事成　佇旒晃　肅簪纓　金奏終

玉俎撤　盡孝敬　窮嚴絜　人祇分　哀樂半

降景福　憑幽贊

元會皇帝出入殿庭奏皇夏辭 郊丘社廟同

深哉皇度　粹矣天儀　司陛整蹕　式道先馳

八屯霧擁　七萃雲披　退揚進揖　步矩行規

勾陳乍轉　華蓋徐移　羽旗照耀　珪組陸離

居高念下　處安思危　照臨有度　紀律無虧

皇太子出入奏肆夏辭

惟熙帝載　式固王猷　體乾建本　是曰孟侯

馳道美漢　寢門稱周　德心既廣　道業惟優

傳保斯導　賢才與遊　瑜玉發響　畫輪停輈

皇基方峻　七鬯恒休

食舉歌辭八首

燔黍設教禮之始　五味相資火爲紀

平心和德在甘旨　牢羞既陳鍾石俟

以斯而御揚盛軌

養身必敬禮食昭　時和歲阜庶物饒

鹽梅既濟鼎鉉調　特以膚腊加臐膮

威儀濟濟懋皇朝

饔人進羞樂侑作　川潛之膾雲飛臛

甘酸有宜芬勺藥　金敦玉豆盛交錯

御鼓既聲安以樂

王食惟后膳必珍　芳菲既絜重秬新

是能安體又調神　荆包畢至海貢陳

用之有節德無垠

嘉羞入饋猶化謐　沃土名滋帝臺實

陽華之菜雕陵栗　鼎俎芬芳豆籩溢

通幽致遠車書一

道高物備食多方　山膚既善水豢良

桓蒲在位簨業張　加籩折俎爛成行

恩風下濟道化光

禮以安國仁爲政　具物必陳饔牢盛

罝罘斤斧順時令　懷生熙熙皆得性

於茲宴喜流嘉慶

皇道四達禮樂成　臨朝日舉表時平

甘芳既飫醑以清　揚休玉巵正性情

隆我帝載永明明

上壽歌辭

俗已乂　時又良　朝玉帛　會衣裳　基同北辰

久　壽共南山長　黎元鼓腹樂未央

宴羣臣登歌辭

皇明馭歷　仁深海縣　載擇良辰　式陳高宴

顒顒卿士　昂昂侯甸　車旗煜爚　衣纓蔥蒨

樂正展懸　司宮飾殿　三揖稱禮　九賓爲傳

圓鼎臨碑　方壺在面　鹿鳴成曲　嘉魚入薦

筐篚相輝　獻酬交徧　飲和飽德　恩風長扇

文舞歌辭

天眷有屬　后德惟明　君臨萬寓　昭事百靈

濯以江漢　樹之風聲　罄地必歸　窮天皆至

六戎仰朔　八蠻請吏　烟雲獻彩　龜龍表異

緝和禮樂　燮理陰陽　功由舞見　德以歌彰

兩儀同大　日月齊光

武舞歌辭

惟皇御寓　惟帝乘乾　五材並用　七德兼宣

平暴夷險　拯溺救燔　九域載安　兆庶斯賴

續地之厚　補天之大　聲隆有截　化覃無外

鼓鍾既奮　干戚攸陳　功高德重　政謐化淳

鴻休永播　久而彌新

大射登歌辭

道謐金科照　時乂玉條明　優賢饗禮洽

選德射儀成　鑾旗鬱雲動　寶軑儼天行

巾車整三乏　司裘飾五正　鳴球響高殿

華鐘震廣庭　烏號傳昔美　淇衞著前名

揖讓皆時傑　升降盡朝英　附枝觀體定

杯水覩心平　豐觚既來去　燔炙復從橫

欣看禮樂盛　喜遇黃河清

凱樂歌辭三首

述帝德

於穆我后　睿哲欽明　膺天之命　載育羣生

開元創曆　邁德垂聲　朝宗萬寓　祗事百靈

煥乎皇道　昭哉帝則　惠政滂流　仁風四塞

淮海未賓　江湖背德　運籌必勝　濯征斯克

八荒霧卷　四表雲褰　雄圖盛略　邁後光前

寰區已泰　福祚方延　長歌凱樂　天子萬年

述諸軍用命

帝德遠覃　天維宏布　功高雲天　聲隆韶濩

惟彼海隅　未從王度　皇赫斯怒　元戎啓路

桓桓猛將　赳赳英謨　攻如燎髮　戰似摧枯

救茲塗炭　克彼妖逋　塵清兩越　氣靜三吳

鯨鯢已夷　封疆載闢　班馬蕭蕭　歸旌奕奕

雲臺表効　司勳紀績　業並山河　道固金石

述天下太平

阪泉軒德　丹浦堯勳　始實以武　終乃以文

嘉樂聖主　大哉爲君　出師命將　廓定重氛

書軌既并　干戈是戢　弘風設教　政成人立

禮樂聿興　衣裳載緝　風雲自美　嘉祥爰集

皇皇聖政　穆穆神猷　牢籠虞夏　度越姬劉

日月比曜　天地同休　永清四海　長帝九州

皇后房內歌辭

至順垂典　正內弘風　母儀萬國　訓範六宮
求賢啓化　進善宣功　家邦載序　道業斯融

大業元年煬帝又詔修高廟樂曰古先哲王經國成務莫不因人心而制禮則天明而作樂昔漢氏諸廟別所樂亦不同至於光武之後始立共堂之制魏文承運初營廟寢太祖一室獨爲別宮自茲之後兵車交爭制作規模日不暇給伏惟高祖文皇帝功侔造物道濟生靈享薦宜殊樂舞須別今若月祭時饗既與諸祖共庭至於舞功獨於一室交違禮意未合人情其詳議以聞有司未及陳奏帝又以禮樂之事總付祕書監柳顧言少府副監何稠著作郎諸葛潁祕書郎袁慶隆等增多開皇樂器大益樂員郊廟樂懸並令新製顧言等後親帝復難於改作其議竟寢諸郊廟歌辭亦並依舊制唯新造高祖廟歌九首今亡又遣祕書省學士定殿前樂工歌十四首終大業世每舉用焉帝又詔博訪知鍾律歌管者皆追之時有曹士立裴文通唐羅漢常寶金等雖知操弄雅鄭莫分然總付太常詳令刪定議修一百四曲其五曲在宮調黃鍾也一曲應調大呂也二十五曲商調太蔟也一十四曲角調姑洗也一十三曲變徵調蕤賓也八曲徵調林鍾也二十五曲羽調南呂也一十三曲變宮調應鍾也其曲大抵以詩爲本參以古調漸欲播之弦歌被之金石仍屬戎車不遑刊正禮樂之事竟無成功焉自漢至梁陳樂工其大數不相踰越及周并齊隋并陳各得其樂工多爲編戶至六年帝乃大括魏齊周陳樂人子弟悉配太常並於關中爲坊置之其數益多前代顧言等又奏仙都宮內四時祭享還用太廟之樂歌功論德別製其辭七廟同院樂依舊式又造饗宴殿庭宮懸樂器布陳簨簴大抵同前而於四隅各加二建鼓三案又設十二鎛鍾鎛別鍾磬二架各依辰位爲調合三十六架至於音律節奏皆依雅曲意在演令繁會自梁武帝之始也開皇時廢不用至是又復焉高祖時宮懸樂器唯有一部殿庭饗宴用之平陳所獲又有二部宗廟郊丘分用之至是並於樂府藏而不用更造三部五郊二十架工一百四十三人廟庭二十架工一百五十人饗宴二十架工一百七人舞郎各二等並一百三十二人顧言又增房內樂益其鍾磬奏議曰房內樂者主爲王后弦歌諷誦而事君子故以房室爲名燕禮鄉飲酒禮亦取而用也故云用之鄉人焉用之邦國焉文王之風由近及遠鄉樂以感人須存雅正既不設鍾鼓義無四懸何以取正於婦道也磬師職云燕樂之鍾磬鄭玄曰燕樂房內樂也所謂陰聲金石備矣以此而論房內之樂非獨弦歌必有鍾磬也內宰職云正后服位詔其禮樂之儀鄭玄云薦撤之禮當與樂相應薦撤之言雖施祭祀其入出賓客理亦宜同請以歌鍾歌磬各設二虡土革絲竹並副之并升歌下管總名房內之樂女奴肄習朝燕用之制曰可於是內宮懸二十虡其鎛鍾十二皆以大磬充去建鼓餘飾並與殿庭同皇太子軒懸去南面設三鎛鍾於辰丑申三建鼓亦如之編鍾三虡編磬三虡共三鎛鍾爲九虡其登歌減者二人簨簴金三博山樂器應漆者朱漆之其二舞用六佾其雅樂鼓吹多依開皇之故雅樂合二十器今列之如左

金之屬二一曰鎛鍾每鍾懸一簨簴各應律呂之音卽黃帝所命伶倫鑄十二鍾和五音者也二曰編鍾小鍾也各應律呂大小以次編而懸之上下皆八合十六鍾懸於一簨簴

石之屬一曰磬用玉若石爲之懸如編鍾之法

絲之屬四一曰琴神農制爲五弦周文王加二弦爲七者也二曰瑟二十七弦伏羲所作者也三曰筑十二弦四曰箏十三弦所謂秦聲蒙恬所作者也

竹之屬三一曰簫十六管長二尺舜所造者也二曰篪長尺四寸八孔蘇公所作者也三曰笛凡十二孔漢武帝時丘仲所作者也京房備五音有七孔以應七聲黃鍾之笛長二尺八寸四分四釐有奇其餘亦上下相次以爲長短

匏之屬二一曰笙二曰竽並女媧之所作也笙列管十九於匏內施簧而吹之竽大三十六管

土之屬一曰塤六孔暴辛公之所作者也

革之屬五一曰建鼓夏后氏加四足謂之足鼓殷人柱貫之謂之楹鼓周人懸之謂之懸鼓近代相承植而貫之謂之建鼓蓋殷所作也又棲翔鷺於其上不知何代所加或曰鵠也取其聲揚而遠聞或曰鷺鼓精也越王勾踐擊大鼓於雷門以厭吳晉時移於建康有雙鷺哾鼓而飛入雲或曰皆非也詩云振振鷺鷺于飛鼓咽咽醉言歸古之君子悲周道之衰頌聲之輟飾鼓以鷺存其風流未知孰是靈鼓靈鼗並八面雷鼓雷鼗六面路鼓路鼗四面鼓以桴擊鼗貫其中而手搖之又有節鼓不知誰所造也

木之屬二一曰柷如桶方二尺八寸中有椎柄連底動之令左右擊以節樂二曰敔如伏獸背有二十七鉏鋙以竹長尺橫櫟之以止樂焉

簨簴所以懸鍾磬橫曰簨飾以鱗屬植曰簴飾以贏及羽屬簨加木板於上謂之業殷人刻其上爲崇牙以挂懸周人畫繒爲翣戴之以璧垂五采羽於其下樹於簨簴之角近代又加金博山於簨上垂流蘇以合采羽五代相因同用之

始開皇初定令置七部樂一曰國伎二曰清商伎三曰高麗伎四曰天竺伎五曰安國伎六曰龜茲伎七曰文康伎又雜有疏勒扶南康國百濟突厥新羅倭國等伎其後牛弘請存鞞鐸巾拂等四舞與新伎並陳因稱四舞按漢魏以來並施於宴饗鞞舞漢巴渝舞也至章帝造鞞舞辭云關東有賢女魏明代漢曲云明明魏皇帝鐸舞傳玄代魏辭云振鐸鳴金成公綏賦云鞞鐸舞庭八音並陳是也拂舞者沈約宋志云吳舞吳人思晉化其辭本云白符鳩是也巾舞者公莫舞也伏滔云項莊因舞欲劒高祖項伯紓長袖以扞其鋒魏晉傳爲舞焉檢此雖非正樂亦前代舊聲故梁武報沈約云鞞鐸巾拂古之遺風楊泓云此舞本二八人桓玄卽真爲八佾後因而不改齊人王僧虔已論其事平陳所得者猶充八佾於懸內繼二舞後作之爲失斯大檢四舞由來其實已久請並在宴會與雜伎同設於西涼前奏之帝曰其聲音節奏及舞悉宜依舊惟舞人不須捉鞞拂等及大業中煬帝乃定清樂西涼龜茲天竺康國疏勒安國高麗禮畢以爲九部樂器工衣創造既成大備於茲矣清樂其始卽清商三調是也並漢來舊曲樂器形制并歌章古辭與魏三祖所作者皆被於史籍屬晉朝遷播夷羯竊據其音分散苻永固平張氏始於涼州得之宋武平關中因而入南不復存於內地及平陳後獲之高祖聽之善其節奏曰此華夏正聲也昔因永嘉流於江外我受天明命今復會同雖賞逐時遷而古致猶在可以此爲本微更損益去其哀怨考而補之以新定律呂更造樂器其歌曲有陽伴舞曲有明君并契其樂器有鍾磬琴瑟擊琴琵琶箜篌筑箏節鼓笙笛簫篪塤等十五種爲一部工二十五人

西涼者起苻氏之末呂光沮渠蒙遜等據有涼州變龜茲聲爲之號爲秦漢伎魏太武既平河西得之謂之西涼樂至魏周之際遂謂之國伎今曲項琵琶豎頭箜篌之徒並出自西域非華夏舊器楊澤新聲神白馬之類生於胡戎胡戎歌非漢魏遺曲故其樂器聲調悉與書史不同其歌曲有永世樂解曲有萬世豐舞曲有于寘佛曲其樂器有鍾磬彈箏搊箏臥箜篌豎箜篌琵琶五絃笙簫大篳篥小篳篥橫笛腰鼓齊鼓擔鼓銅拔貝等十九種爲一部工二十七人

龜茲者起自呂光滅龜茲因得其聲呂氏亡其樂分散後魏平中原復獲之其聲後多變易至隋有西國龜茲齊朝龜茲土龜茲等凡三部開皇中其器大盛於閭閈時有曹妙達王長通李士衡郭金樂安進貴等皆妙絕弦管新聲奇變朝改暮易持其音技估衒公王之間舉時爭相慕尚高祖病之謂羣臣曰聞公等皆好新變所奏無復正聲此不祥之大也自家形國化成人風勿謂天下方然公家家自有風俗矣存亡善惡莫不繫之樂感人深事資和雅公等對親賓宴飲宜奏正聲聲不正何可使兒女聞也帝雖有此勑而竟不能救焉煬帝不解音律略不關懷後大製豔篇辭極淫綺令樂正白明達造新聲創萬歲樂藏鉤樂七夕相逢樂投壺樂舞席同心髻玉女行觴神仙留客擲磚續命鬭雞子鬭百草汎龍舟還舊宮長樂花及十二時等曲掩抑摧藏哀音斷絕帝悅之無已謂幸臣曰多彈曲者如人多讀書讀書多則能撰書彈曲多卽能造曲此理之然也因語明達云齊氏偏隅曹妙達猶自封王我今天下大同欲貴汝宜自修謹六年高昌獻聖明樂曲帝令知音者於館所聽之歸而肄習及客方獻先於前奏之胡夷皆驚焉其歌曲有善善摩尼解曲有婆伽兒舞曲有小天又有疏勒鹽其樂器有豎箜篌琵琶五弦笙笛簫篳篥毛員鼓都曇鼓荅臘鼓腰鼓羯鼓雞婁鼓銅拔貝等十五種爲一部工二十人

天竺者起自張重華據有涼州重四譯來貢男伎天竺卽其樂焉歌曲有沙石疆舞曲有天曲樂器有鳳首箜篌琵琶五弦笛銅鼓毛員鼓都曇鼓銅拔貝等九種爲一部工十二人

康國起自周代帝娉北狄爲后得其所獲西戎伎因其聲歌曲有戢殿農和正舞曲有賀蘭鉢鼻始末奚波地農惠鉢鼻始前拔地惠地等四曲樂器有笛正鼓加鼓銅拔等四種爲一部工七人

疏勒安國高麗並起自後魏平馮氏及通西域因得其伎後漸繁會其聲以別於太樂疏勒歌曲有亢利死讓樂舞曲有遠服解曲有監曲樂器有豎箜篌琵琶五弦笛簫篳篥荅臘鼓腰鼓羯鼓雞婁鼓等十種爲一部工十二人

安國歌曲有附薩單時舞曲有末奚解曲有居和祇樂器有箜篌琵琶五弦笛簫篳篥雙篳篥王鼓和鼓銅拔等十種爲一部工十二人

高麗歌曲有芝栖舞曲有歌芝栖樂器有彈箏臥箜篌竪箜篌琵琶五弦笛笙簫小篳篥桃皮篳篥腰鼓齊鼓擔鼓貝等十四種爲一部工十八人

禮畢者本出自晉太尉庾亮家亮卒其伎追思亮因假爲其面執翳以舞象其容取其謚以號之謂之爲文康樂每奏九部樂終則陳之故以禮畢爲名其行曲有單交路舞曲有散花樂器有笛笙簫箎鈴槃鞞腰鼓等七種三懸爲一部工二十二人

始齊武平中有魚龍爛漫俳優朱儒山車巨象拔井種瓜殺馬剝驢等奇怪異端百有餘物名爲百戲周時鄭譯有寵於宣帝奏徵齊散樂人並會京師爲之蓋秦角抵之流者也開皇初並放遣之及大業二年突厥染干來朝煬帝欲誇之總追四方散樂大集東都初於芳華苑積翠池側帝帷宮女觀之有舍利先來戲於場內須臾跳躍激水滿衢黿鼉龜鼇水人蟲魚徧覆于地又有大鯨魚噴霧翳日倏忽化成黃龍長七八丈聳踊而出名曰黃龍變又以繩繫兩柱相去十丈遣二倡女對舞繩上相逢切肩而過歌舞不輟又爲夏育扛鼎取車輪石臼大甕器等各於掌上而跳弄之并二人戴竿其上有舞忽然騰透而換易之又有神鼇負山幻人吐火千變萬化曠古莫儔染干大駭之自是皆於太常教習每歲正月萬國來朝留至十五日於端門外建國門內綿亘八里列爲戲場百官起棚夾路從昏達旦以縱觀之至晦而罷伎人皆衣錦繡繒綵其歌舞者多爲婦人服鳴環佩飾以花毦者殆三萬人初課京兆河南製此衣服而兩京繒錦爲之中虛三年駕幸榆林突厥啓民朝于行宮帝又設以示之六年諸夷大獻方物突厥啓民以下皆國主親來朝賀乃於天津街盛陳百戲自海內凡有奇伎無不總萃崇侈器翫盛飾衣服皆用珠翠金銀錦罽絺繡其營費鉅億萬關西以安德王雄總之東都以齊王暕總之金石匏革之聲聞數十里外彈弦擪管以上一萬八千人大列炬火光燭天地百戲之盛振古無比自是每年以爲常焉

故事天子有事於太廟備法駕陳羽葆以入于次禮畢升車而鼓吹並作開皇十七年詔曰昔五帝異樂三王殊禮皆隨事而有損益因情而立節文仰惟祭享宗廟瞻敬如在罔極之感情深茲日而禮畢升路鼓吹發音還入宮門金石振響斯則哀樂同日心事相違情所不安理實未允宜改茲往式用弘禮敎自今以後享廟日不須設鼓吹殿庭勿設樂懸在廟內及諸祭並依舊其王公已下祭私廟日不得作音樂至大業中煬帝制宴饗設鼓吹依梁爲十二案案別有錞于鉦鐸軍樂鼓吹等一部案下皆熊羆貙豹騰倚承之以象百獸之舞其大駕鼓吹並朱漆畫大駕鼓吹小鼓加金鐲羽葆鼓鐃鼓節鼓皆五采重蓋其羽葆鼓仍飾以羽葆長鳴中鳴大小橫吹五采衣幡緋掌畫交龍五采腳大角幡亦如之大鼓長鳴大橫吹節鼓及橫吹後笛簫篳篥笳桃皮篳篥等工人服皆緋地苣文爲袍袴及帽金鉦棡鼓其鉦鼓皆加八角紫繖小鼓中鳴小橫吹及橫吹後笛簫篳篥笳桃皮篳篥等工人服並青地苣文袍袴及帽羽葆鼓鐃及歌簫笳工人服並武弁朱褠衣革帶大角工人平巾幘緋衫白布大口袴其鼓吹督帥服與大角同以下準督帥服亦如之

棡鼓一曲十二變與金鉦同夜警用一曲俱盡次奏大鼓大鼓一十五曲供大駕一十二曲供皇太子一十曲供王公等小鼓九曲供大駕三曲供皇太子及王公等

長鳴色角一百二十具供大駕三十六具供皇太子十八具供王公等

次鳴色角一百二十具供大駕十二具供皇太子一十具供王公等

大角第一曲起捉馬第二曲被馬第三曲騎馬第四曲行第五曲入陣第六曲收軍第七曲下營皆以三通爲一曲其辭並本之鮮卑

鐃鼓十二曲供大駕六曲供皇太子三曲供王公等其樂器有鼓并歌簫笳

大橫吹二十九曲供大駕九曲供皇太子七曲供王公其樂器有角節鼓笛簫篳篥笳桃皮篳篥小橫吹十二曲供大駕夜警則十二曲俱用其樂器有角笛簫篳篥笳桃皮篳篥

隋書卷十五考證

音樂志下千寶○監本千作于按姓譜千寶系出潁川朱大夫千犨之後漢末有千吉

朱儒導引○按左傳侏儒侏儒使我敗于邾禮記及優侏儒優雜子女朱當作侏

惟蘴惟芑○按詩經大雅作惟穈惟芑

親事朱紘○各本紘俱訛弦按禮記昔者天子爲籍千畝冕而朱紘躬秉耒從改紘

涉渭同符○監本渭訛魏樂府本作渭按詩經大雅涉渭爲亂取厲取鍛傳正絕流曰亂

# 隋書卷十六

唐太尉揚州都督監修國史上柱國趙國公臣長孫無忌等撰

## 律曆志第十一

### 律曆上

自夫有天地焉有人物焉樹司牧以君臨懸政教而成務莫不擬乾坤之大象稟中和以建極揆影響之幽賾成律呂之精微是用範圍百度財成萬品昔者淳古葦籥創覩人籟之源女媧笙簧仍昭鳳律之首後聖廣業稽古彌崇伶倫含少乃擅比竹之工虞舜韶華方傳刻玉之美是以書稱叶時月正日同律度量衡又曰予欲聞六律五聲八音七始詠以出納五言此皆候金常而列管憑璿璣以運鈞統三極之元紀七衡之響可以作樂崇德殷薦上帝故能動天地感鬼神和人心移風俗考得失徵成敗者也粵在夏商無聞改作其於周禮典同則掌六律六同之和以辨天地四方陰陽之聲以爲樂器景王鑄鍾問律於伶州鳩對曰夫律者所以立鈞出度鈞有五則權衡規矩準繩咸備故詩曰尹氏太師執國之鈞天子是禆俾衆不迷是也太史公律書云王者制事立物法度軌則一稟於六律爲萬事之本其於兵械尤所重焉故云望敵知吉凶聞聲效勝負百王不易之道也及秦氏滅學其道寖微漢室初興丞相張蒼首言音律未能審備孝武帝創置協律之官司馬遷言律呂相生之次詳矣及王莽之際考論音律劉歆條奏班固因志之蔡邕又記建武以後言律呂者司馬紹統採而續之炎歷將終而天下大亂樂工散亡器法湮滅魏武始獲杜夔使定音律夔依當時尺度權備典章及晉武受命遵而不革至泰始十年光祿大夫荀勖奏造新度更鑄律呂元康中勖子藩復嗣其事未及成功屬永嘉之亂中朝典章咸没於石勒及帝南遷皇度草昧禮容樂器掃地皆盡雖稍加採掇而多所淪胥終于恭安竟不能備宋錢樂之衍京房六十律更增爲三百六十梁博士沈重述其名數後魏周齊時有論者今依班志編錄五代聲律度量以志于篇云

漢志言律一曰備數二曰和聲三曰審度四曰嘉量五曰衡權自魏晉已降代有沿革今列其增損之要云

#### 備數

五數者一十百千萬也傳曰物生而後有象滋而後有數是以言律者云數起於建子黃鍾之律始一而每辰三之歷九辰至酉得一萬九千六百八十三而五數備成以爲律法又參之終亥凡歷十二辰得十有七萬七千一百四十七而辰數該矣以爲律積以成法除該積得九寸即黃鍾宮律之長也此則數因律起律以數成故可歷管萬事綜覈氣象其算用竹廣二分長三寸正策三廉積二百一十六枚成六觚乾之策也負策四廉積一百四十四枚成方坤之策也觚方皆經十二天地之大數也是故探賾索隱鉤深致遠莫不用焉一十百千萬所同由也律度量衡歷率其別用也故體有長短檢之以度則不失毫釐物有多少受之以器則不失圭撮量有輕重平之以權衡則不失黍絫聲有清濁協之以律呂則不失宮商三光運行紀以曆數則不差晷刻事物糅見御之以率則不乖其本故幽隱之情精微之變可得而綜也夫所謂率者有九流焉一曰方田以御田疇界域二曰粟米以御交質變易三曰衰分以御貴賤廩稅四曰少廣以御積冪方圓五曰商功以御功程積實六曰均輸以御遠近勞費七曰盈朒以御隱雜互見八曰方程以御錯糅正負九曰句股以御高深廣遠皆乘以散之除以聚之齊同以通之今有以貫之則算數之方盡於斯矣古之九數圓周率三圓徑率一其術疏舛自劉歆張衡劉徽王蕃皮延宗之徒各設新率未臻折衷宋末南徐州從事史祖沖之更開密法以圓徑一億爲一丈圓周盈數三丈一尺四寸一分五釐九毫二秒七忽朒數三丈一尺四寸一分五釐九毫二秒六忽正數在盈朒二限之間密率圓徑一百一十三圓周三百五十五約率圓徑七周二十二又設開差冪開差立兼以正圓參之指要精密算氏之最者也所著之書名爲綴術學官莫能究其深奧是故廢而不理

#### 和聲

傳稱黃帝命伶倫斷竹長三寸九分而吹以爲黃鍾之宮曰含少次制十二管以聽鳳鳴以別十二律比雌雄之聲以分律呂上下相生因黃鍾爲始虞書云叶時月

正日同律度量衡夏禹受命以聲爲律以身爲度周禮樂器以十二律爲之度數司馬遷律書云黃鍾長八寸七分之一太蔟長七寸七分二林鍾長五寸七分三應鍾長四寸三分二此樂之三始十二律之本末也班固司馬彪律志黃鍾長九寸聲最濁太蔟長八寸林鍾長六寸應鍾長四寸七分四釐強聲最清鄭玄禮月令注蔡邕月令章句及杜夔荀勗等所論雖尺有增損而十二律之寸數並同漢志京房又以隔八相生一始自黃鍾終於中呂十二律畢矣中呂上生黃鍾不滿九寸謂之執始下生去滅上下相生終於南事更增四十八律以爲六十其依行在辰上生包育隔九編於冬至之後分焉遲內其數遂滅應鍾之清宋元嘉中太史錢樂之因京房南事之餘引而伸之更爲三百律終於安運長四寸四分有奇總合舊爲三百六十律日當一管宮徵旋韻各以次從何承天立法制議云上下相生三分損益其一蓋是古人簡易之法猶如古曆周天三百六十五度四分之一後人改制皆不同焉而京房不悟謬爲六十承天更設新率則從中呂還得黃鍾十二旋宮聲韻無失黃鍾長九寸太蔟長八寸二釐林鍾長六寸一釐應鍾長四尺七分九釐強其中呂上生所益之分還得十七萬七千一百四十七復十二辰參之數梁初因晉宋及齊無所改制其後武帝作鍾律緯論前代得失其略云案律呂京馬鄭蔡至蕤賓並上生大呂而班固律曆志至蕤賓仍以次下生若從班義夾鍾唯長三寸七分有奇律若過促則夾鍾之聲成一調中呂復去調半是過於無調仲春孟夏正相長養其氣舒緩不容短促求聲索實班義爲乖鄭玄又以陰陽六位次第相生若如玄義陰陽相逐生者止是升陽其降陽復將何寄就筮數而論乾主甲壬而左行坤主乙癸而右行故陰陽得有升降之義陰陽從行者眞性也六位升降者象數也今鄭迺執象數以配眞性故言比而理窮云九六相生了不釋十二氣所以相通鄭之不思亦已明矣案京房六十準依法推迺自無差但律呂所得或五或六此一不例也而分焉上生乃復遲內上生盛變盛變仍復上生分居此二不例也房妙盡陰陽其當有以若非深理難求便是傳者不習比勅詳求莫能辨正聊以餘日試推其旨參校舊器及古夾鍾玉律更制新尺以證分毫制爲四器名之爲通四器絃間九尺臨岳高一寸二分黃鍾之絃二百七十絲長九尺以次三分損益其一以生十二律之絃絲數及絃長各以律本所建之月

五行生王終始之音相次之理爲其名義名之爲通通施三絃傳推月氣悉無差舛卽以夾鍾玉律命之則還相中又制爲十二笛以寫通聲其夾鍾笛十二調以飲玉律又不差異山謙之記云殿前三鍾悉是周景王所鑄無射也遣樂官以今無射新笛飲不相中以夷則笛飲則聲韻合和端門外鍾亦案其銘題定皆夷則其西廂一鍾天監中移度東以今笛飲乃中南呂驗其鐫刻乃是太蔟則下今笛二調重勑太樂丞斯宣達令更推校鍾定有鑿處表裏皆然借訪舊識迺是宋泰始中使張永鑿之去銅既多故其調嘽下以推求鍾律便可得而見也宋武平中原使將軍陳傾致三鍾小大中各一則今之太極殿前二鍾端門外一鍾是也案西鍾銘則云清廟撞鍾秦無清廟此周制明矣又一銘云太蔟鍾徵則林鍾宮所施也京房推用似有由也檢題既無秦漢年代直云夷則太蔟則非秦漢明矣古人性質故作僮僕字則題而言彌驗非近且夫驗聲改政則五音六律非可差舛工守其音儒執其文歷年永久隔而不通無論樂奏求之多缺假使具存亦不可用周頌漢歌各敘功德豈容復施後王以濫名實今率詳論以言所見并詔百司以求厥中未及改制遇侯景亂陳氏制度亦無改作西魏廢帝元年周文攝政又詔尚書蘇綽詳正音律綽時得宋尺以定諸管草創未就會閔帝受禪政由冢宰方有齊寇事竟不行後掘太倉得古玉斗按以造律及衡其事又多湮沒至開皇初詔太常牛弘議定律呂於是博徵學者序論其法又未能決遇平江右得陳氏律管十有二枚並以付弘遣曉音律者陳山陽太守毛爽及太樂令蔡子元于普明等以候節氣作律譜時爽年老以白衣見高祖授淮州刺史辭不赴官因遣協律郎祖孝孫就其受法弘又取此管吹而定聲既天下一統異代器物皆集樂府曉音律者頗議考覈以定鍾律更造樂器以被皇夏十四曲高祖與朝賢聽之曰此聲滔滔和雅令人舒緩然萬物人事非五行不生非五行不成非五行不滅故五行用火尺其事火重用金尺則兵用木尺則喪用土尺則亂用水尺則律呂合調天下和平魏及周齊貪布帛長度故用土尺今此樂聲是用水尺江東尺短於土長於水俗間不知者見玉作名爲玉尺見鐵作名爲鐵尺詔施用水尺律樂其前代金石並鑄毀之以息物議至仁壽四年劉焯上啓於東宮論張冑玄曆兼論律呂其大旨曰樂主於音音定於律音不以律不可克諧度律均鍾於是乎在但律終小

呂數復黃鍾舊計未精終不復始故漢代京房妄爲六十而宋代錢樂之更爲三百六十考禮詮次豈有得然化未移風將恐由此匪直長短失於其差亦自管圍乖於其數又尺寸意定莫能詳考既亂管絃亦乖度量焯皆校定庶有明發其黃鍾管六十三爲實以次每律減三分以七爲寸法約之得黃鍾長九寸太蔟長八寸一分四釐林鍾長六寸應鍾長四寸二分八釐七分之四其年高祖崩煬帝初登未遑改作事遂寢廢其書亦亡大業二年乃詔改用梁表律調鍾磬八音之器比之前代最爲合古其制度文議并毛爽舊律並在江都淪喪

律管圍容黍

漢志云黃鍾圍九分林鍾圍六分大蔟圍八分續志及鄭玄並云十二律空皆徑三分圍九分後魏安豐王依班固志林鍾空圍六分及太蔟空圍八分作律吹之不合黃鍾商徵之聲皆空圍九分乃與均鍾器合開皇九年平陳後牛弘辛彥之鄭譯何妥等參考古律度各依時代制其黃鍾之管俱徑三分長九寸度有損益故聲有高下圓徑長短與度而差故容黍不同今列其數云

晉前尺黃鍾容黍八百八粒

梁法尺黃鍾容八百二十八

梁表尺黃鍾三其一容九百二十五其一容九百一十其一容一千一百二十

漢官尺黃鍾容九百三十九

古銀錯題黃鍾籥容一千二百

宋氏尺卽鐵尺黃鍾凡二其一容一千二百其一容一千四十七

後魏前尺黃鍾容一千一百一十五

後周玉尺黃鍾容一千二百六十七

後魏中尺黃鍾容一千五百五十五

後魏後尺黃鍾容一千八百一十九

東魏尺黃鍾容二千八百六十九

萬寶常水尺律母黃鍾容黍一千三百二十

梁表鐵尺律黃鍾副別者其長短及口空之圍徑並同而容黍或多或少皆是作者旁庣其腹使有盈虛

候氣

後齊神武霸府田曹參軍信都芳深有巧思能以管候氣仰觀雲色嘗與人對語卽指天曰孟春之氣至矣人往驗管而飛灰已應每月所候言皆無爽又爲輪扇二十四埋地中以測二十四氣每一氣感則一扇自動他扇並住與管灰相應若符契焉開皇九年平陳後高祖

遣毛爽及蔡子元于普明等以候節氣依古於三重密屋之內以木爲案十有二具每取律呂之管隨十二辰位置于案上而以土埋之上平於地中實葭莩之灰以輕緹素覆律口每其月氣至與律冥符則灰飛衝素散出于外而氣應有早晚灰飛有多少或初入月其氣卽應或至中下旬間氣始應者或灰飛出三五夜而盡或終一月纔飛少許者高祖異之以問牛弘弘對曰灰飛半出爲和氣吹灰全出爲猛氣吹灰不能出爲衰氣和氣應者其政平猛氣應者其臣縱衰氣應者其君暴高祖駁之曰臣縱君暴其政不平非月別而有異也今十二月律於一歲內應並不同安得暴君縱臣若斯之甚也弘不能對令爽等草定其法爽因稽諸故實以著于篇名曰律譜其略云臣爽按黃帝遣伶倫氏取竹于嶰谷聽鳳阿閣之下始造十二律焉乃致天地氣應是則數之始也陽管爲律陰管爲呂其氣以候四時其數以紀萬物云隸首作數蓋律之本也夫一十百千萬億兆者引而申焉曆度量衡出其中矣故有虞氏用律和聲鄒衍改之以定五始正朔服色亦由斯而別也夏正則人殷正則地周正則天孔子曰吾得夏時焉謂得氣數之要矣漢初興也而張蒼定律乃推五勝之法以爲水德實因戰國官失其守後秦滅學其道寖微蒼補綴之未獲詳究及孝武創制乃置協律之官用李延年以爲都尉頗解新聲變曲未達音律之源故其服色不得而定也至于元帝自曉音律郎官京房亦達其妙因使韋玄成等雜試問房房自敘云學焦延壽用六十律相生之法以上生下皆三生二以下生上皆三生四陽下生陰陰上生陽乃還相爲宮之正法也於後劉歆典領條奏著其始末理漸研精班氏漢志盡歆所出也司馬彪志並房所出也至于後漢尺度稍長魏代杜夔亦制律呂以之候氣灰悉不飛晉光祿大夫荀勗得古銅管校夔所制長古四分方知不調事由其誤乃依周禮更造古尺用之定管聲韻始調左晉之後漸又訛謬至梁武帝時猶有汲冢玉律宋蒼梧時鑽爲橫吹然其長短厚薄大體具存臣先人栖誠學算於祖暅問律於何承天沈研三紀頗達其妙後爲太常丞典司樂職乃取玉管及宋太史尺並以聞奏詔付大匠依樣制管自斯以後律又飛灰侯景之亂臣兄喜於太樂得之後陳宣帝詔荊州爲質俄遇梁元帝敗喜沒於周適欲上聞陳武帝立遂又以十二管衍爲六十律私候氣序並有徵應至太建時喜爲吏部尚書欲以聞奏會宣帝崩後主嗣立

出喜爲永嘉內史遂留家內胎諸子孫陳亡之際竟並遺失今正十二管在太樂者陽下生陰始於黃鍾陰上生陽終於中呂而一歲之氣畢於此矣中呂上生執始執始下生去滅終於南事六十律候畢於此矣仲冬之月律中黃鍾黃鍾者首於冬至陽之始也應天之數而長九寸十一月氣至則黃鍾之律應所以宣養六氣緝和九德也自此之後並用京房律準長短宮徵次日而用凡十二律各有所攝引而申之至于六十亦由八卦衍而重之以爲六十四也相生者相變始黃鍾之管下生林鍾以陽生陰故變也相攝者相通如中呂之管攝於物應以母權子故相變者異時而各應相通者同月而繼應應有早晚者非正律氣乃子律相感寄母中應也其律大業末於江都淪喪

律直日

宋錢樂之因京房南事之餘更生三百律至梁博士沈重鍾律議曰易以三百六十策當朞之日此律曆之數也淮南子云一律而生五音十二律而爲六十音因而六之故三百六十音以當一歲之日律曆之數天地之道也此則自古而然矣重乃依淮南本數用京房之術求之得三百六十律各因月之本律以爲一部以一部律數爲母以一中氣所有日爲子以母命子隨所多少各一律所建日辰分數也以之分配七音則建日冬至之聲黃鍾爲宮太蔟爲商林鍾爲徵南呂爲羽姑洗爲角應鍾爲變宮蕤賓爲變徵五音七聲於斯和備其次日建律皆依次類運行當日者各自爲宮而商徵亦以次從以考聲徵氣辨識時序萬類所宜各順其節自黃鍾終於壯進一百五十律皆三分損一以下生自依行終於億兆二百九律皆三分益一以上生唯安運一律爲終不生其數皆取黃鍾之實十七萬七千一百四十七爲本以九三爲法各除其實得寸分及小分餘皆委之卽各其律之長也修其律部則上生下生宮徵之次也今略其名次云

黃鍾
包育 含微 帝德 廣運 下濟 剋終
執始 握鑒 持樞 黃中 通聖 潛升
殷普 景盛 滋萌 光被 咸亨 迺文
迺聖 微陽 分動 生氣 雲繁 鬱湮
升引 屯結 開元 質未 優昧 遒建
玄中 玉燭 調風
右黃鍾一部三十四律每律直三十四分日之三十一

大呂
荄動 始贊 大有 坤元 輔時 匡弼
分否 又繁 唯微 橐望 庶幾 執義
秉強 陵陰 侶陽 識沈 緝熙 知道
適時 權變 少出 阿衡 同雲 承明
善述 休光
右大呂一部二十七律每律直一日及二十七分日之三

太蔟
未知 其己 義建 亭毒 條風 湊始
時息 達生 匏奏 初角 少陽 柔橈
商音 屈齊 扶弱 承齊 動植 咸擢
兼山 止速 隨期 龍躍 勾芒 調序
青要 結蕚 延數 刑晉 辨秩 東作
贊揚 顯滯 俶落
右大蔟一部三十四律

夾鍾
明庶 協侶 陰贊 風從 布政 萬化
開時 震德 乘條 芬芳 散朗 淑氣
風馳 佚喜 蘩黨 四隙 種生 恣性
逍遙 仁威 爭南 旭旦 晨朝 生遂
犨分 絜新
右夾鍾一部二十七律

姑洗
南授 懷來 考神 方顯 攜角 洗陳
變虞 擢穎 嘉氣 始升 鄉雲 媚嶺
疏道 路時 日旅 實沈 炎風 首節
桑條 方結 刑始 方齊 物華 革夷
茂實 登明 壯進下生安運 依行上生包育
少選 道從 朱獻 揚庭 含貞
右姑洗一部三十四律

中呂
朱明 啓運 景風 初綏 羽物 斯奮
南中 離春 率農 有程 南訛 敬致
相趣 內貞 朱草 含輝 屈軼 曜疇
已氣 清和 物應 戒蕤 荒落 貞軫
天庭 祚周
右中呂一部二十七律

蕤賓
南事京房終律 謐靜 則選 布萼 滿贏
潛動 盛變 寶安 懷遠 聲曁 軌同
海水 息診 離躬 安壯 崇明 遠眺
升中 鳳藹 朝陽 制時 瑞通 鶉火
乂茨 高簇 其煌
右蕤賓一部二十七律

林鍾
謙侍 崇德 循道 方壯 陰升 靡慝
去滅 華鎖 朋慶 雲布 均任 仰成
寬中 安度 德均 無蹇 禮溢 智深
任肅 純恪 歸嘉 美音 溫風 候節
蕤華 繡嶺 物無 否與 景口 曜井
日煥 重輪 財華
右林鍾一部三十四律

夷則
升商 清爽 氣精 陰德 白藏 御敘
鮮刑 貞剋 金天 劉獮 會道 歸仁
陰侶 去南 陽消 柔辛 延乙 和庚
靡卉 萎晉 分積 孔脩 九德 咸蓋
僉惟 俾乂
右夷則一部二十七律

南呂
白呂 捐秀 斂實 素風 勁物 酋稔
結躬 肥遯 嬴中 晟陰 抗節 威遠
有截 歸期 中德 王猷 允塞 蓐收
擣辔 搖落 未卯 質隨 分滿 道心
貞堅 蓄止 歸藏 夷汙 均義 悅使
亡勞 九有 光賁
右南呂一部三十四律

無射
思沖 懷謙 恭儉 休老 恤農 銷祥
閉奄 降婁 藏邃 日在 旋春 閹藏
明奎 鄰齊 軌衆 大蓄 畜斂 下濟
息肩 無邊 期保 延年 秋深 野色
玄月 澄天
右無射一部二十七律

應鍾
分焉 祖微 據始 功成 乂定 靜謐
遲內 無爲 而乂 姑射 凝晦 動寂
應微 未育 萬機 萬壽 無疆 地久
天長 脩復 遲時 方制 無休 九野
八荒 億兆 安運
右應鍾一部二十八律

審度

史記曰夏禹以身爲度以聲爲律禮記曰丈夫布手爲尺周官云璧羨起度鄭司農云羨長也此璧徑尺以起度量易緯通卦驗十馬尾爲一分淮南子云秋分而禾蔈定蔈定而禾熟律數十二蔈而當一粟十二粟而當一寸蔈者禾穗芒也說苑云度量權衡以粟生一粟爲一分孫子算術云蠶所生吐絲爲忽十忽爲秒十秒爲豪十豪爲氂十氂爲分此皆起度之源其文舛互唯漢志度者所以度長短也本起黃鍾之長以子穀秬黍中者一黍之廣度之九十黍爲黃鍾之長一黍爲一分十分爲一寸十寸爲一尺十尺爲一丈十丈爲一引而五度審矣後之作者又憑此說以律度量衡並因秬黍散爲諸法其率可通故也黍有大小之差年有豐耗之異前代量校每有不同又俗傳訛替漸致增損今略諸代尺度一十五等并異同之說如左

一周尺

漢志王莽時劉歆銅斛尺

後漢建武銅尺

晉泰始十年荀勗律尺爲晉前尺

祖沖之所傳銅尺

徐廣徐爰王隱等晉書云武帝泰始九年中書監荀勗校太樂八音不和始知爲後漢至魏尺長於古四分有餘勗乃部著作郎劉恭依周禮制尺所謂古尺也依古尺更鑄銅律呂以調聲韻以尺量古器與本銘尺寸無差又汲郡盜發魏襄王冢得古周時玉律及鍾磬與新律聲韻闇同于時郡國或得漢時故鍾吹新律命之皆應梁武鍾律緯云祖沖之所傳銅尺其銘曰晉泰始十年中書考古器揆校今尺長四分半所校古法有七品一曰姑洗玉律二曰小呂玉律三曰西京銅望臬四曰金錯望臬五曰銅斛六曰古錢七曰建武銅尺姑洗微強西京望臬微弱其餘與此尺同銘八十二字此尺者勗新尺也今尺者杜夔尺也雷次宗何胤之二人作鍾律圖所載荀勗校量古尺文與此銘同而蕭吉樂譜謂爲梁朝所考七品謬也今以此尺爲本以校諸代尺云

二晉田父玉尺

梁法尺實比晉前尺一尺七氂

世說稱有田父於野地中得周時玉尺便是天下正尺荀勗試以校尺所造金石絲竹皆短校一米梁武帝鍾律緯稱主衣從上相承有周時銅尺一枚古玉律八枚

檢主衣周尺東昏用爲章信尺不復存玉律一口蕭餘定七枚夾鍾有昔題刻迺制爲尺以相參驗取細毫中黍積次訓定今之最爲詳密長祖冲之尺校半分以新尺制爲四器名爲通又依新尺爲笛以命古鍾按刻夷則以笛命飲和韻夷則定合案此兩尺長短近同

三梁表尺實比晉前尺一尺二分二釐一毫有奇

蕭吉云出於司馬法梁朝刻其度於影表以測影案此卽奉朝請祖暅所算造銅圭影表者也經陳滅入朝大業中議以合古乃用之調律以制鍾磬等八音樂器

四漢官尺實比晉前尺一尺三分七毫

晉時始平掘地得古銅尺

蕭吉樂譜云漢章帝時零陵文學史奚景於泠道縣舜廟下得玉律度爲此尺傅暢晉諸公讚云荀勗造鍾律時人並稱其精密唯東留阮咸譏其聲高後始平掘地得古銅尺歲久欲腐以校荀勗今尺短校四分時人以咸爲解此兩尺長短近同

五魏尺杜夔所用調律比晉前尺一尺四分七釐魏陳留王景元四年劉徽注九章云王莽時劉歆斛尺弱於今尺四寸五釐比魏尺其斛深九寸五分五釐卽晉荀勗所云杜夔尺長於今尺四分半是也

六晉後尺實比晉前尺一尺六分二釐

蕭吉云晉氏江東所用

七後魏前尺實比晉前尺一尺二寸七釐

八中尺實比晉前尺一尺二寸一分一釐

九後尺實比晉前尺一尺二寸八分一釐卽開皇官尺及後周市尺

後周市尺比玉尺一尺九分三釐

開皇官尺卽鐵尺一尺二寸

此後魏初及東西分國後周未用玉尺之前雜用此等尺甄鸞算術云周朝市尺得玉尺九分二釐或傳梁時有誌公道人作此尺寄入周朝云與多鬚老翁周太祖及隋高祖各自以爲謂已周朝人間行用及開皇初著令以爲官尺百司用之終于仁壽大業中人間或私用之

十東魏尺實比晉前尺一尺五寸八毫

此是魏中尉元延明累黍用半周之廣爲尺齊朝因而用之魏收魏史律曆志云公孫崇永平中更造新尺以一黍之長累爲寸法尋太常卿劉芳受詔脩樂以秬黍中者一黍之廣卽爲一分而中尉元匡以一黍之廣度黍二縫以取一分三家紛競久不能決大和十九年高祖詔以一黍之廣用成分體九十之黍黃鍾之長以定銅尺有司奏從前詔而芳尺同高祖所制故遂典脩金石迄武定未有論律者

十一蔡邕銅籥尺

後周玉尺實比晉前尺一尺一寸五分八釐

從上相承有銅籥一以銀錯題其銘曰籥黃鍾之宮長九寸空圍九分容秬黍一千二百粒稱重十二銖兩之爲一合三分損益轉生十二律祖孝孫云相承傳是蔡邕銅籥後周武帝保定中詔遣大宗伯盧景宣上黨公長孫紹遠岐國公斛斯徵等累黍造尺從橫不定後因修倉掘地得古玉斗以爲正器據斗造律度量衡因用此尺大赦改元天和百司行用終於大象之末其律黃鍾與蔡邕古籥同

十二宋氏尺實比晉前尺一尺六分四釐

錢樂之渾天儀尺

後周鐵尺

開皇初調鍾律尺及平陳後調鍾律水尺此宋代人間所用尺傳入齊梁陳以制樂律與晉後尺及梁時俗尺劉曜渾天儀尺略相依近當由人間恒用增損訛替之所致也周建德六年平齊後卽以此同律度量頒于天下其後宣帝時達奚震及牛弘等議曰竊惟權衡度量經邦懋軌誠須詳求故實考校得衷謹尋今之鐵尺是太祖遣尚書故蘇綽所造當時檢勘用爲前周之尺驗其長短與宋尺符同卽以調鍾律并用均田度地今以上黨羊頭山黍依漢書律曆志度之若以大者稠累依數滿尺實於黃鍾之律須撼乃容若以中者累尺雖復小稀實於黃鍾之律不動而滿計此二事之殊良由消息未善其於鐵尺終有一會且上黨之黍有異他鄉其色至烏其形圓重用之爲量定不徒然正以時有水旱之差地有肥瘠之異取黍大小未必得中案許愼解秬黍體大本異於常疑今之大者正是其中累百滿尺卽是會古實籥之外纔剩十餘此恐圍徑或差造律未妙就如撼動取滿論理亦通今勘周漢古錢大小有合宋氏渾儀尺度無舛又依淮南累粟十二成寸明先王制法索隱鉤深以律計分義無差異漢書食貨志云黃金方寸其重一斤今鑄金校驗鐵尺爲近依文據理符會處多且平齊之始已用宣布今因而爲定彌合時宜至於玉尺累黍以廣爲長累既有剩實復不滿尋訪古今恐不可用其晉梁尺量過爲短小以黍實管彌復不容據律調聲必致高急且八音克諧明王盛範同律度量哲后通規臣等詳校前經斟量時事謂用鐵尺於理爲便未及詳定高祖受終牛弘辛彥之鄭譯何妥等久議不決既平陳上以江東樂爲善曰此華夏舊聲雖隨俗改變大體猶是古法祖孝孫云平陳後廢周玉尺律便用此鐵尺律以一尺二寸卽爲市尺

十三開皇十年萬寶常所造律呂水尺實比晉前尺一尺一寸八分六釐今太樂庫及內出銅律一部是萬寶常所造名水尺律說稱其黃鍾律當鐵尺南呂倍聲南呂黃鍾羽也故謂之水尺律

十四雜尺趙劉曜渾天儀土圭尺長於梁法尺四分三釐實比晉前尺一尺五分

十五梁朝俗間尺長於梁法尺六分三釐短於劉曜渾儀尺二分實比晉前尺一尺七分一釐梁武鍾律緯云宋武平中原送渾天儀土圭云是張衡所作驗渾儀銘題是光初四年鑄土圭是光初八年作並是劉曜所制非張衡也制以爲尺長今新尺四分三釐短俗間尺二分新尺謂梁法尺也

## 嘉量

周禮㮚氏爲量鬴深尺內方尺而圜其外其實一鬴其臀一寸其實一豆其耳三寸其實一升重一鈞其聲中黃鍾槩而不稅其銘曰時文思索允臻其極嘉量既成以觀四國永啓厥後茲器維則春秋左氏傳曰齊舊四量豆區鬴鍾四升曰豆各自其四以登於鬴六斗四升也鬴十則鍾六十四斗也鄭玄以爲方尺積千寸比九章粟米法少二升八十一分升之二十二祖冲之以算術考之積凡一千五百六十二寸半方寸而圜其外減傍一釐八毫其徑一尺四寸一分四毫七秒二忽有奇而深尺卽古斛之制也九章商功法程粟一斛積二千七百寸米一斛積一千六百二十寸菽合麻麥一斛積二千四百三十寸此據精麤爲率使價齊而不等其器之積寸也以米斛爲正則同于漢志孫子算術曰六粟爲圭十圭爲秒十秒爲撮十撮爲勺十勺爲合應劭曰圭者自然之形陰陽之始四圭爲撮孟康曰六十四黍爲圭漢志曰量者龠合升斗斛也所以量多少也本起於黃鍾之龠用度數審其容以子穀秬黍中者千有二百實其龠以井水準其槪十龠爲合十合爲升十升爲斗十斗爲斛而五量嘉矣其法用銅方尺而圜其外旁有庣焉其上爲斛其下爲斗左耳爲升右耳爲合龠其狀似爵以縻爵祿上三下二參天兩地圜而函方左一右二陰陽之象也其圜象規其重二鈞備氣物之數合萬有一千五百二十也聲中黃鍾始於黃鍾而反覆焉其斛銘曰律嘉量斛方尺而圜其外庣旁九釐五毫冪百六十二寸深尺積一千六百二十寸容十斗祖冲之以圓率考之此斛當徑一尺四寸三分六釐一毫九秒三忽庣旁一分九毫有奇劉歆庣旁少一釐四毫有奇歆數術不精之所致也

魏陳留王景元四年劉徽注九章商功曰當今大司農斛圓徑一尺三寸五分五釐深一尺積一千四百四十一寸十分之三王莽銅斛於今尺爲深九寸五分五釐徑一尺三寸六分八釐七毫以徽術計之於今斛爲容九斗七升四合有奇此魏斛大而尺長王莽斛小而尺短也

梁陳依古齊以古升五升爲一斗後周武帝保定元年辛巳五月晉國造倉獲古玉升暨五年乙酉冬十月詔改制銅律度遂致中和累黍積龠同茲玉量與衡度無差准爲銅升用頒天下內徑七寸一分深二寸八分重七斤八兩天和二年丁亥正月癸酉朔十五日戊子校定移地官府爲式此銅升之銘也其玉升銘曰維大周保定元年歲在重光月旅蕤賓晉國之有司修繕倉廩獲古玉升形制典正若古之嘉量太師晉國公以聞勅納於天府暨五年歲在協洽皇帝迺詔稽準繩考灰律不失圭撮不差累黍遂鎔金寫之用頒天下以合太平權衡度量今若以數計之玉升積玉尺一百一十寸八分有奇斛積一千一百八十五分七釐三毫九秒又甄鸞算術云玉升一升得官斗一升三合四勺此玉升大而官斗小也以數計之甄鸞所據後周官斗積玉尺九十七寸有奇斛積九百七十七寸有奇後周玉斗并副金錯銅斗及建德六年金錯題銅斗實同以秬黍定量以玉稱權之一升之實皆重六斤十三兩開皇以古斗三升爲一升大業初依復古斗

## 衡權

衡者平也權者重也衡所以任權而均物平輕重也其道如底以見準之正繩之直左旋見規右折見矩其在天也佐助旋機斟酌建指以齊七政故曰玉衡權者銖兩斤鈞石也以稱物平施知輕重也古有黍絫錘錙鐶鉤鋝鎰之目歷代差變其詳未聞前志曰權本起於黃鍾之重一龠容千二百黍重十二銖兩之爲兩二十四銖爲兩十六兩爲斤三十斤爲鈞四鈞爲石五權謹矣其制以義立之以物鈞之其餘大小之差以輕重爲宜圜而環之令之肉倍好者周旋亡端終而復始亡窮已也權與物鈞而生衡衡運生規規圓生矩矩方生繩繩

直生準準正則衡平而鈞權矣是爲五則備于鈞器以爲大範案趙書石勒十八年七月造建德殿得圓石狀如水碓其銘曰律權石重四鈞同律度量衡有辛氏造續咸議是王莽時物後魏景明中并州人王顯達獻古銅權一枚上銘八十一字其銘云律權石重四鈞又云黃帝初祖德帀于虞虞帝始祖德帀于辛歲在大梁龍集戊辰直定天命有人據土德受正號即眞改正建丑長壽隆崇同律度量衡稽當前人龍在己巳歲次實沈初班天下萬國永遵子子孫孫享傳億年此亦王莽所制也其時大樂令公孫崇依漢制先修稱尺及見此權以新稱稱之重一百二十斤新稱與權合若符契於是付崇調樂孝文時一依漢志作斗尺

梁陳依古稱齊以古稱一斤八兩爲一斤周玉稱四兩當古稱四兩半開皇以古稱三斤爲一斤大業中依復古稱

## 隋書卷十六考證

律歷志上女媧笙篁○篁字疑應作簧各本並同仍之

七始詠以出納五言○臣召南按漢書律歷志引尚書作七始詠是也此志應作詠詠訓二字相似而轉寫誤耳七始之說詳於漢志

夫律者所以立鈞出度○國語原文作立均是也此志數處並作鈞又引詩秉國之均亦作鈞理不可解

所著之書名爲綴術○臣召南按經籍志有綴術六卷不言撰人當即祖冲之所著也南史祖冲之傳作注九章造綴述數十篇則訛以術爲述字

殿前三鐘悉是周景王所鑄無射也○臣召南按三代樂器流傳最遠者莫如此事左傳昭二十一年天王將鑄無射孔疏曰秦滅周其鐘徙於長安歷漢魏晉常在長安及劉裕滅姚泓又移於江東歷宋齊梁陳時鐘猶在東魏使魏收聘梁收作聘遊賦云珍是淫器無射在懸是也及開皇九年平陳又遷於西京置太常寺時人悉得見之至十五年敕毀之可爲此文之証

於劉曜渾儀尺二分○臣召南按於字上當有短字此句實連上文長於梁法尺六分三氂也各本俱自爲行又脫短字遂不可解今移正

# 隋書卷十七

唐太尉揚州都督監修國史上柱國趙國公臣長孫無忌等撰

## 律曆志第十二

### 律曆中

夫曆者紀陰陽之通變極往數以知來可以迎日授時先天成務者也然則懸象著明莫大於二曜氣序環復無信於四時日月相推而明生矣寒暑迭進而歲成焉遂能成天地之文極乾巛之變天數五地數五五位相乘而各有合天數二十有五地數三十凡天地之數五十有五所以成變化而行鬼神也乾之策二百一十有六巛之策一百四十有四凡三百六十以當期之日也至乃陰陽迭用剛柔相摩四象既陳八卦成列此乃造文之元始創曆之厥初者歟洎乎炎帝分八節軒轅建五部少昊以鳳鳥司曆顓頊以南正司天陶唐則分命和仲夏后乃備陳鴻範湯武革命咸率舊章然文質既殊正朔斯革故天子置日官諸侯有日御以和萬國以叶三辰至於寒暑晦明之徵陰陽生殺之數啓閉升降之紀消息盈虛之節皆應躔次而不淫遂得該浹生靈堪輿天地開物成務致遠鉤深周德既衰史官廢職疇人分散禨祥莫理秦兼天下頗推五勝自以獲水德之瑞以十月爲正漢氏初興多所未暇百有餘載猶行秦曆至于孝武改用夏正時有古曆六家學者疑其紕繆劉向父子咸加討論班固因之採以爲志光武中興未能詳考逮于永平之末乃復改行四分七十餘年儀式方備其後復命劉洪蔡邕共修律曆司馬彪用之以續班史當塗受命亦有史官韓翊創之於前楊偉繼之於後咸遵劉洪之術未及洪之深妙中左兩晉迭有增損至於西涼亦爲蔀法事迹糺紛未能詳記宋氏元嘉何承天造曆迄于齊末相仍用之梁武初興因循齊舊天監中年方改行宋祖冲之甲子元曆陳武受禪亦無創改後齊文宣用宋景業曆西魏入關行李業興曆逮於周武帝乃有甄鸞造甲寅元曆遂參用推步焉大象之初太史上士馬顯又上景寅元曆便即行用迄于開皇四年乃改用張賓曆十七年復行張胄玄曆至于義寧今采梁天監以來五代損益之要以著于篇云

梁初因齊用宋元嘉曆天監三年下詔定曆員外散騎侍郎祖暅奏曰臣先在晉已來世居此職仰尋黃帝至今十二代曆元不同周天斗分疏密亦異當代用之各垂一法宋大明中臣先人考古法以爲正曆垂之于後事皆符驗不可改張八年暅又上疏論之詔使太史令將匠道秀等候新舊二曆氣朔交會及七曜行度起八年十一月訖九年七月新曆密舊曆疏暅乃奏稱史官今所用何承天曆稍與天乖緯緒參差不可承案被詔付靈臺與新曆對課疏密前期百日并又再申始自去冬終于今朔得失之効並已月別啓聞夫七曜運行理數深妙一失其源則歲積彌爽所上脫可施用宜在來正至九年正月用祖冲之所造甲子元曆頒朔至大同十年制詔更造新曆以甲子爲元六百一十九爲章歲一千五百三十六爲日法一百八十三年冬至差一度月朔以遲疾定其小餘有三大二小未及施用而遭侯景亂遂寢陳氏因梁亦用祖冲之曆更無所創改

後齊文宣受禪命散騎侍郎宋景業叶圖讖造天保曆景業奏依握誠圖及元命包言齊受籙之期當魏終之紀得乘三十五以爲蔀應六百七十六以爲章文宣大悅乃施用之期曆統曰上元甲子至天保元年庚午積十一萬五百六算外章歲六百七十六度法二萬三千六百六十斗分五千七百八十七曆餘十六萬二千二百六十一至後主武平七年董峻鄭元偉立議非之曰宋景業移閏於天正退命於冬至交會之際承二大之後三月之交妄減平分臣案景業學非探賾識殊深解有心改作多依舊章唯寫子換母頗有變革妄誕穿鑿不會眞理乃使日之所在差至八度節氣後天閏先一月朔望虧食既未能知其表裏遲疾之曆步又不可以傍通妄設平分虛退冬至虛退則日數減於周年平分妄設故加時差於異日五星見伏有違二旬遲疾逆留或乖兩宿軌蓰之術妄刻水旱今上甲寅元曆並以六百五十七爲率二萬二千三百三十八爲蔀五千四百六十一爲斗分甲寅歲甲子日爲元紀又有廣平人劉孝孫張孟賓二人同知曆事孟賓受業於張子信並棄舊事更制新法又有趙道嚴準晷影之長短定日行之進退更造盈縮以求虧食之期劉孝孫以百一十九爲章八千四十七爲紀九百六十六爲歲餘甲子爲上元命日度起虛中張孟賓以六百一十九爲章四萬八千九百爲紀九百四十八爲日法萬四千九百四十五爲斗分元紀共命法略旨遠日月五星並從斗十一起盈縮轉度陰陽分至與漏刻相符共日影俱合循轉無窮上拒春秋下盡天統日月虧食及五星所在以二人新法考之無有不合其年訖于敬禮及曆家豫刻日食疏密六月戊申朔太陽虧劉孝孫言食於卯時張孟賓言食於申時鄭元偉董峻言食於辰時宋景業言食於巳時至日食乃於卯辰之間其言皆不能中爭論未定遂屬國亡

西魏入關尚行李業興正光曆法至周明帝武成元年始詔有司造周曆於是露門學士明克讓麟趾學士庾季才及諸日者採祖暅舊議通簡南北之術自斯已後頗覩其謬故周齊並時而曆差一日克讓儒者不處日官以其書下于太史及武帝時甄鸞造天和曆上元甲寅至天和元年丙戌積八十七萬五千七百九十二算外章歲三百九十一蔀法二萬三千四百六十日法二十九萬一百六十朔餘十五萬三千九百九十一斗分五千七百三十一會餘九萬三千五百一十六曆餘一十六萬八百三十冬至斗十五度參用推步終於宣政元年大象元年太史上士馬顯等又上景寅元曆抗表奏曰臣案九章五紀之旨三統四分之說咸以節宣發歛考詳晷緯布政授時以爲皇極者也而乾維難測斗憲易差盈縮之期致舛咎徵之道斯應寧止虵或乘龍水能沴火因亦玉羊掩曜金雞喪精王化關以盛衰有國由其隆替曆之時義於斯爲重自炎漢已還迄於有魏運經四代事涉千年日御天官不乏於世命元班朔互有沿改驗近則疊璧應辰經遠則連珠失次義難循舊其在茲乎大周受圖膺籙牢籠萬古時夏乘殷斟酌前代曆變壬子元用甲寅高祖武皇帝索隱探賾盡性窮理以爲此曆雖行未臻其妙爰降詔旨博訪時賢并敕太史上士馬顯等更事刊定務得其宜然術藝之士各封異見凡所上曆合有八家精麤踳駁未能盡善去年冬孝宣皇帝乃詔臣等監考疏密更令同造謹案史曹舊簿及諸家法數棄短取長共定今術開元發統肇自景寅至於兩曜虧食五星伏見參校積時最爲精密庶鐵炭輕重無失寒燠之宜灰箭飛浮不爽陰陽之度上元景寅至大象元年己亥積四萬一千五百五十四算上日法五萬三千五百六十三亦名蔀會法章歲四百四十八斗分三千一百六十七蔀法一萬二千九百九十二章中爲章會法日法五萬三千五百六十三曆餘二萬九千六百九十三會日百七十三會餘一萬六千六百一十九冬至日在斗十二度小周餘盈縮積其曆術別推入蔀會分用陽率四百九十九陰率九每十二月下各有日月蝕轉分推步加減之乃爲定蝕大小餘而求加時之正其術施行時高祖作輔方行禪代之事欲以符命曜于天下道士張賓揣知上意自云玄相洞曉星曆因盛言有代謝之徵又稱上儀表非人臣相

由是大被知遇，恒在幕府。及受禪之初，擢賓爲華州刺史，使與儀同劉暉、驃騎將軍董琳、索盧縣公劉祜、前太史上士馬顯、太學博士鄭元偉、前保章上士任悅、開府掾張徹、前盪邊將軍張膺之、校書郎衡洪建、太史監候粟相、太史司曆郭翟、劉宜、兼算學博士張乾敘、門下參人王君瑞、荀隆伯等，議造新曆，仍令太常卿盧賁監之。賓等依何承天法，微加增損，四年二月撰成奏上。高祖下詔曰：「張賓等存心算數，通洽古今，每有陳聞，多所啓沃。畢功表奏，具已披覽。使後月復育，不出前晦之宵，前月之餘，罕留後朔之旦。減朓就朒，懸殊舊準。月行表裏，厥途乃異，日交弗食，由循陽道。驗時轉算，不越纖毫，逖聽前修，斯祕未啓。有一於此，寔爲精密，宜須天下，依法施用。」張賓所造曆法，其要：以上元甲子已巳來，至開皇四年歲在甲辰，積四百一十二萬九千一算上。

蔀法一十萬二千九百六十

章歲四百二十九

章月五千三百六

通月五百三十七萬二千二百九

日法一十八萬一千九百二十

斗分二萬五千六十三

會月一千二百九十七

會率二百二十一

會數一百一十半

會分一十一億八千七百二十五萬八千一百八十九

會日法四千二十萬四千三百二十

會日百七十三

餘五萬六千一百四十三

小分一百一十

交法五億一千二百一十萬四千八百

交分法二千八百一十五

陰陽曆一十三

餘十一萬二百六十三

小分二千三百二十八

朔差二

餘五萬七千九百二十一

小分九百七十四

蝕限一十二

餘八萬一千三百三

小分四百三十三半

定差四萬四千五百四十八

周日二十七

餘一十萬八百五十九（亦名少大法）

木精曰歲星，合率四千一百六萬三千八百八十九

火精曰熒惑，合率八千二十九萬七千九百二十六

土精曰鎮星，合率三千八百九十二萬五千四百一十三

金精曰太白，合率六千一十一萬九千六百五十五

水精曰辰星，合率一千一百九十三萬一千一百二十五。

張賓所創之曆既行，劉孝孫與冀州秀才劉焯，並稱其失，言學無師法，刻食不中，所駮凡有六條：其一云，何承天不知分閏之有失，而用十九年之七閏。其二云，賓等不解宿度之差改，而冬至之日守常度。其三云，連珠合璧，七曜須同，乃以五星別元。其四云，賓等唯知日氣餘分恰盡，而爲立元之法，不知日月不合，不成朔旦冬至。其五云，賓等但守立元定法，不須明有進退。其六云，賓等唯識轉加大餘二十九以爲朔，不解取日月合會准以爲定。此六事微妙，曆數大綱，聖賢之通術，而暉未曉，此寔管窺之謂也。若乃驗影定氣，何氏所優，賓等推測，去之彌遠。合朔順天，何氏所劣，賓等依據，循彼迷蹤。蓋是失其菁華，得其糠粃者也。又云：「魏明帝時，有尚書郎楊偉，修景初曆，乃上表立義，駮難前非，云加時後天，食不在朔。然觀楊偉之意，故以食朔爲真，未能詳之，而制其法。至宋元嘉中，何承天著曆，其上表云：『月行不定，或有遲疾，合朔月食，不在朔望，亦非曆之意也。』然承天本意，欲立合朔之術，遭皮延宗飾非致難，故事不得行。至後魏獻帝時，有龍宜弟復修延興之曆，又上表云：『日食不在朔，而習之不廢，據春秋書食，乃天之驗朔也。』此三人者，前代善曆，皆有其意，未正其書。但曆數所重，唯在朔氣。朔爲朝會之首，氣爲生長之端，朔有告餼之文，氣有郊迎之典，故孔子命曆而定朔旦冬至，以爲將來之範。今孝孫曆法，並按明文，以月行遲疾，定其合朔，欲令食必在朔，不在晦二之日也。縱使頻月一小三大，得天之統。」大抵其法有三，今列之云：

第一，勘日食證恒在朔。引詩云：「十月之交，朔日辛卯，日有食之。」今以甲子元曆術推算，符合不差。春秋經書日食三十五，二十七日食，經書有朔，推與甲子元曆不差。八食，經書並無朔字。左氏傳云：「不書朔，官失之也。」公羊傳云：「不言朔者，食二日也。」穀梁傳云：「不言朔者，食晦也。」今以甲子元曆推算，俱是朔日。丘明受經夫子，於理尤詳，公羊、穀梁，皆臆說也。

春秋左氏隱公三年二月己巳，日有食之。（推合己巳朔）

莊公十八年春三月，日有食之。（推合壬子朔）

僖公十二年三月庚午，日有食之。（推合庚午朔）

十五年夏五月，日有食之。（推合癸未朔）

襄公十五年秋八月丁巳，日有食之。（推合丁巳朔）

前後漢及魏晉四代所記日食，朔晦及先晦，都合一百八十一，今以甲子元曆術推之，並合朔日而食。

前漢合有四十五食（三食並先晦一日，三十二食並皆晦日，十食並是朔日）

後漢合有七十四食（三十七食並皆晦日，三十七食並皆朔日）

魏合有十四食（四食並皆晦日，十食並皆朔日）

晉合有四十八食（二十五食並皆晦日，二十三食並皆朔日）

第二，勘度差變驗。

尚書云：「日短星昴，以正仲冬。」即是唐堯之時，冬至之日，日在危宿，合昏之時，昴正午。案竹書紀年，堯元年丙子。今以甲子元曆術推算，得合堯時冬至之日，合昏之時，昴星正午。漢書武帝太初元年丁丑歲，洛下閎等考定太初曆，冬至之日，日在牽牛初。今以甲子元曆術算，即得斗末牛初矣。晉時有姜岌，又以月食驗於日度，知冬至之日，日在斗十七度。宋文帝元嘉十年癸酉歲，何承天考驗乾度，亦知冬至之日，日在斗十七度。雖言冬至後上三日，前後通融，只合在斗十七度。但堯年漢日，所在既殊，唯晉及宋，所在未改，故知其度，理有變差。至今大隋甲辰之歲，考定曆數，象以稽天，道知冬至之日，日在斗十三度。

第三，勘氣影長驗。

春秋緯命曆序云：「魯僖公五年正月壬子朔旦冬至。」今以甲子元曆術推算，得合不差。宋書元嘉十年，何承天以土圭測影，知冬至已差三日。詔使付外考驗，起元嘉十三年爲始，畢元嘉二十年，八年之中，冬至之日，恒與影長之日差校三日。今以甲子元曆術推算，但是冬至之日，恒與影長之符合不差。詳之如左：

十三年景子

天正十八日曆注冬至

十五日影長

即是今曆冬至日

十四年丁丑

天正二十九日曆注冬至

二十六日影長

即是今曆冬至日

十五年戊寅

天正十一日曆注冬至

陰無影可驗

今曆八日冬至

十六年己卯

天正二十一日曆注冬至

十八日影長

即是今曆冬至日

十七年庚辰

天正二日曆注冬至

十月二十九日影長

即是今曆冬至日

十八年辛巳

天正十三日曆注冬至

十一日影長

即是今曆冬至日

十九年壬午

天正二十九日曆注冬至

陰無影可驗

今曆二十二日冬至

二十年癸未

天正六日曆注冬至

三日影長

即是今曆冬至日

于時新曆初頒，賓有寵於高祖，劉暉附會之，被升爲太史令。二人叶議，共短孝孫，言其非毀天曆，率意迂恠，焯又妄相扶證，惑亂時人。孝孫、焯等，竟以他事斥罷。後賓死，孝孫爲掖縣丞，委官入京，又上，前後爲劉暉所詰，事寢不行。仍留孝孫直太史，累年不調，寓宿觀臺。乃抱其書，弟子輿櫬，來詣闕下，伏而慟哭。執法拘以奏之，高祖異焉，以問國子祭酒何妥。妥言其善，即日擢授大都督，遣與賓曆比校短長。先是信都人張胄玄，以算術直太史，久未知名。至是與孝孫共短賓曆，異論鋒起，久之不定。至十四年七月，上令參問日食事。楊素等奏：「太史凡奏日食二十有五，唯一晦三朔，依剋而食，尚不得其時，又不知所起，他皆無驗。胄玄所剋，前後妙衷，時起分數，合如符契。孝孫所剋，驗亦過半。」於是高祖引孝孫、胄玄等，親自勞徠。孝孫因請先斬劉暉，乃可定曆。高祖不懌，又罷之。俄而孝孫卒，楊素、牛弘等傷惜之，又薦胄玄。上召見之，胄玄因言日長景短之事，高祖大悅，賞賜甚厚。

令與參定新術劉焯聞胄玄進用又增損孝孫曆法更名七曜新術以奏之與胄玄之法頗相乖爽袁充與胄玄害之焯又罷至十七年胄玄曆成奏之上付楊素等校其短長劉暉與國子助教王頍等執舊曆術迭相駮難與司曆劉宜援據古史影等駮胄玄云命曆序僖公五年天正壬子朔旦日至左氏傳僖公五年正月辛亥朔日南至張賓曆天正壬子朔冬至合命曆序差傳一日張胄玄曆天正壬子朔合命曆序差傳一日三日甲寅冬至差命曆序二日差傳三日成公十二年命曆序天正辛卯朔旦日至張賓曆天正辛卯朔冬至合命曆序張胄玄曆天正辛卯朔合命曆序二日壬辰冬至差命曆序一日昭公二十年春秋左氏傳二月己丑朔日南至準命曆序庚寅朔旦日至張賓曆天正庚寅朔冬至竝合命曆序差傳一日張胄玄曆天正庚寅朔合命曆序差傳一日二日辛卯冬至差命曆序一日差傳二日宜案命曆序及春秋左氏傳竝閏餘盡之歲皆須朔旦冬至若依命曆序勘春秋三十七食合處至多若依左傳合者至少是以知傳爲錯今張胄玄信情置閏命曆序及傳氣朔竝差又宋元嘉冬至影有七張賓曆合者五差者二亦在前一日張胄玄曆合者三差者四在後一日元嘉十二年十一月甲寅朔十五日戊辰冬至日影長張賓曆合戊辰冬至張胄玄曆己巳冬至差後一日十三年十一月己酉朔二十六日甲戌冬至日影長張賓曆癸酉冬至差前一日張胄玄曆合甲戌冬至十五年十一月丁卯朔十八日甲申冬至日影長二曆竝合甲申冬至十六年十一月辛酉朔二十九日己丑冬至日影長張賓曆合己丑冬至張胄玄曆庚寅冬至差後一日十七年十一月乙酉朔十日甲午冬至日影長張賓曆合甲午冬至張胄玄曆乙未冬至差後一日十八年十一月己卯朔二十一日己亥冬至日影長張賓曆合己亥冬至張胄玄曆庚子冬至差後一日十九年十一月癸卯朔三日乙巳冬至日影長張賓曆甲辰冬至差前一日張胄玄曆合乙巳冬至又周從天和元年丙戌至開皇十五年乙卯合得冬夏至日影一十四賓曆合得者十差者四三差前一日一差後一日張胄玄曆合者五差者九八差後一日一差前一日天和二年十一月戊戌朔三日庚子冬至日影長張賓曆合庚子冬至張胄玄曆辛丑冬至差後一日三年十一月壬辰朔十四日乙巳冬至日影長張賓曆合乙巳冬至張胄玄曆景午冬至差後一日建德元年十一月己亥朔二十九日丁卯冬至日影長張賓曆丙寅冬至差前一日張胄玄曆合丁卯冬至二年五月丙寅朔三日戊辰夏至日影短張賓曆己巳夏至差後一日張胄玄曆庚午夏至差後二日三年十一月戊午朔二十日丁丑冬至日影長張賓曆合丁丑冬至張胄玄曆戊寅冬至差後一日六年十一月庚午朔二十三日壬辰冬至日影長張賓曆合壬辰冬至張胄玄曆癸巳冬至差後一日宣政元年十一月甲午朔五日戊戌冬至日影長兩曆竝合戊戌冬至開皇四年十一月己未朔十一日己巳冬至日影長張賓曆合己巳冬至張胄玄曆庚午冬至差後一日五年十一月甲寅朔二十二日乙亥冬至日影長張賓曆甲戌冬至差前一日張胄玄曆合庚辰冬至七年五月乙亥朔九日癸未夏至日影短張賓曆壬午夏至差前一日張胄玄曆合癸未夏至十一月壬申朔十四日乙酉冬至日影長張賓曆合乙酉冬至張胄玄曆丙戌冬至差後一日十一年十一月己卯朔二十八日丙午冬至日影長張賓曆合丙午冬至張胄玄曆丁未冬至差後一日十四年十一月辛酉朔旦冬至張賓曆合十一月辛酉朔旦冬至張胄玄曆十一月辛酉朔二日壬戌冬至差後一日建德四年四月大乙酉朔三十日甲寅月晨見東方張賓曆四月大乙酉朔三十日甲寅月晨見東方張胄玄曆四月小乙酉朔五月大甲寅朔月晨見東方宜案影極長爲冬至影極短爲夏至二至自古史分可勘者二十四其二十一有影三有至日無影見行曆合一十八差者六旅騎尉張胄玄曆合者八差者一十六二差後二日一十四差後一日又開皇四年在洛州測冬至影與京師二處進退絲毫不差周天和已來案驗竝在後更檢得建德四年晦朔東見張胄玄曆五月朔日月晨見東方今十七年張賓曆閏七月張胄玄曆閏五月又審至以定閏胄玄曆至既不當故知置閏必乖見行曆四月五月頻大張胄玄曆九月十月頻大爲胄玄朔弱頻大在後晨故朔日殘月晨見東方宜又案開皇四年十二月十五日癸卯依曆月行在鬼三度時加酉月在卯上食十五分之九虧起西北今伺候一更一籌起食東北角十五分之十至四籌還生至二更一籌復滿五年六月三十日依曆太陽虧日在七星六度加時在午少强上食十五分之一半强虧起西南角今伺候日乃在午後六刻上始食虧起西北角十五分之六至未後一刻還生至五刻復滿六年六月十五日依曆太陰虧加時酉在卯上食十五分之九半弱虧起西南當其時陰雲不見月至辰巳雲裏見月已食三分之二虧從東北卽還雲合至巳午間稍生至午後雲裏蹔見已復滿十月三十日丁丑依曆太陽虧日在斗九度時加在辰少弱上食十五分之九强虧起東北角今候所見日出山一丈辰二刻始食虧起正西食三分之二辰後二刻始生入巳時三刻上復滿十年三月十六日癸卯依曆月行在氐七度時加戌月在辰太半上食十五分之七半强虧起東北今候月初出卯南帶半食出至辰初三分可食二分許漸生辰未巳復滿見行曆九月十六日庚子月行在胃四度時加丑月在未半强上食十分之三半强虧起正東今伺候月以午後二刻食起正東須臾如南至未正上食南畔五分之四漸生入申一刻半復滿十二年七月十五日己未依曆月行在室七度時加戌月在辰太强上食十五分之十二半弱虧起西北今伺候一更三籌起西北上食准三分之二强與曆注同十三年七月十六日依曆月在申半强上食十五分之半弱虧起西南十五日夜從四更候月五更一籌起東北上食半强入雲不見十四年七月一日依曆時加巳弱上食十五分之十二半强至未後三刻日乃食虧起西北食半許入雲不見食頃暫見猶未復生因卽雲鄣十五年十一月十六日庚午依曆月行在井十七度時加亥月在巳半上食十五分之九半强虧西北其夜一更四籌後月在辰上起食虧東南至二更三籌月在巳上食三分之二許漸生至三更一籌月在丙上復滿十六年十一月十六日乙丑依曆月行在井十七度時加丑月在未太弱上食十五分之十二半弱虧起東南十五日夜伺候至三更一籌月在丙上雲裏見已食十五分之三許虧起正東至丁上食既後從東南生至四更三籌月在未末復滿而胄玄不能盡中迭相駮難高祖惑焉踰時不決會通事舍人顏慜楚上書云漢落下閎改顓頊曆作太初曆云後八百歲此曆差一日語在胄玄傳高祖欲神其事遂下詔曰朕應運受圖君臨萬寓思欲興復聖教恢弘令典上順天道下授人時搜揚海內廣延術士旅騎尉張胄玄理思沉敏術藝宏深懷道白首來上曆法令與太史舊曆竝加勘審仰觀玄象參驗璿璣胄玄曆數與七曜符合太史所行乃多疏舛羣官博議咸以胄玄爲密太史令劉暉司曆郭翟劉宜驍騎尉任悅往經修造致此乖謬通直散騎常侍領太史令庾季才太史丞邢儁司曆郭遠曆博士蘇粲曆助教傅儁成珍等旣是職司須審疎密遂虛行此曆無所發明論暉等情狀已合科罪方共飾非護短不從正法季才等附下罔上義實難容於是暉等四人元造詐者竝除名季才等六人容隱姦慝俱解見任胄玄所造曆法付有司施行擢拜胄玄爲員外散騎侍郎領太史令胄玄進袁充互相引重各擅一能更爲延譽胄玄言充曆妙極前賢充言胄玄曆術冠於今古胄玄學祖沖之兼傳其師法自茲厥後尅食頗中其開皇十七年所行曆術命冬至起虛五度後稍覺其疎至大業四年劉焯卒後乃敢改法命起虛七度諸法率更有增損朔終義寧今錄戊辰年所定曆術著之于此云自甲子元至大業四年戊辰百四十二萬七千六百四十四年算外

章歲四百一十　章閏百五十一

章月五千七十一　日法千一百四十四

月法三萬三千七百八十三

辰法二百八十六

歲分一千五百五十七萬二千九百六十三

度法四萬二千六百四十

沒分五百一十九萬一千三百一十一

沒法七萬四千五百二十一

周天分一千五百五十七萬四千四百六十六

斗分一萬八百六十六　氣法四十六萬九千四十

氣時法一萬六百六十　周日二十七

日餘一千四百一十三　周通七萬二百九

周法二千五百四十八

推積月術

置入元巳來至所求年以章月乘之如章歲得一爲積月餘爲閏餘閏餘三百九十七已上若冬至不在其月加積月一

推月朔弦望術

以月法乘積月如法得一爲積日餘爲小餘以六十去積日餘爲大餘命以甲子算外爲所求年天正月朔日天正月者建子月也今爲去年十一月凡朔小餘五百四十七已上其月大加大餘七小餘四百三十七太凡四分一爲少二爲半三爲太小餘滿日法去之從大餘滿六十去之命如前爲上弦日又加得望下弦後月朔朔餘滿五百三十七其月大減者小餘

推二十四氣術

以月法乘閏餘又以章歲乘朔小餘加之如氣法得一爲日命朔筭外爲冬至日不盡者以十一約之爲日分求次氣加日十五日分九千三百一十五小分一小分滿八從日分一日分滿度法從日一如月大小去之日

不滿月算外爲次氣日其月無中氣者爲閏

| 二十四氣 | 損益率 | 盈縮數 |
| --- | --- | --- |
| 冬至十一月中 | 益七十 | 縮初 |
| 小寒十二月節 | 益三十五 | 縮七十 |
| 大寒十二月中 | 益三十五 | 縮百五 |
| 立春正月節 | 益二十 | 縮百三十 |
| 雨水正月中 | 益二十 | 縮百六十 |
| 啓蟄二月節 | 益三十五 | 縮百九十 |
| 春分二月中 | 損五十五 | 縮二百二十五 |
| 清明三月節 | 損三十五 | 縮百七十 |
| 穀雨三月中 | 損四十 | 縮百二十五 |
| 立夏四月節 | 損三十 | 縮八十五 |
| 小滿四月中 | 損五十五 | 縮五十五 |
| 芒種五月節 | 益六十五 | 盈初 |
| 夏至五月中 | 益五十五 | 盈六十五 |
| 小暑六月節 | 益四十 | 盈百二十 |
| 大暑六月中 | 益二十五 | 盈百六十 |
| 立秋七月節 | 益五 | 盈百八十五 |
| 處暑七月中 | 益三十 | 盈百九十 |
| 白露八月節 | 益四十 | 盈二百二十 |
| 秋分八月中 | 益六十 | 盈二百六十 |
| 寒露九月節 | 損五十五 | 盈二百 |
| 霜降九月中 | 損五十 | 盈百四十五 |
| 立冬十月節 | 損四十五 | 盈九十五 |
| 小雪十月中 | 損四十 | 盈五十 |
| 大雪十一月節 | 損十 | 盈十 |

求朔望入氣盈縮術

以入氣日算乘損益率如十五得一餘八已上從一以損益盈縮數爲定盈縮其入氣日十五算者如十六得一餘半法已上亦從一以下皆准此

推土王術

如分至日二十七日分一萬六千七百六十七小分九小分滿四十從日分一滿去如前卽分至後土始王日

推沒日術

其氣有小分者以水乘日分內小分又以十五乘之以減沒分無小分者以百二十乘日分以減之滿沒法爲日不盡爲日分以其氣去朔日加之去命如前

求次沒加日六十九日分四萬九千三百七十二日分滿沒法從日去命如前

推入遲疾曆術

以周通去朔積日餘以周法乘之滿周通又去之餘滿周法得一日餘爲日餘卽所求年天正朔算外夜半入曆日及餘

求次月

大月加二日小月加一日日餘皆千一百二十五滿周日及日餘去之

求次日加一滿去如前

求朔望加時入曆術

以四十九乘朔小餘滿二十二得一爲日餘不盡爲小分以加夜半入曆日及餘分

求次月加日一餘二千四百八十六小分二十一滿去如前卽次月入曆日及餘

求望加日十四日餘千九百四十九小分二十一半滿去如前爲望入曆日及餘

| 曆日轉分轉法 | 益損率 | 盈縮積分 | 差法 |
| --- | --- | --- | --- |
| 一日六百一 退六 | 益二百四十八 | 盈初 | 五千六百 |
| 二日五百九十五 退七 | 益二百一十八 | 盈六十萬五千一百五十九 | 五千五百四十 |
| 三日五百八十八 退八 | 益一百七十九 | 盈一百一十四萬一千六百七十八 | 五千四百七十 |
| 四日五百八十 退九 | 益一百四十二 | 盈一百五十九萬八千一百一十七 | 五千三百九十 |
| 五日五百七十一 退九 | 益一百三 | 盈一百九十六萬三千三十六 | 五千三百 |
| 六日五百六十二 退九 | 益六十二 | 盈二百二十一萬四千九百九十五 | 五千二百一十 |
| 七日五百五十三 退十 | 益二十二 | 盈二百三十六萬三千九百九十四 | 五千一百二十 |
| 八日五百四十三 退十 | 損二十三 | 盈二百三十四萬三十三 | 五千二十 |
| 九日五百三十三 退九 | 損六十八 | 盈二百三十八萬一千六百七十二 | 四千九百二十 |
| 十日五百二十四 退八 | 損一百八 | 盈二百二十萬八千九百一十一 | 四千八百三十 |
| 十一日五百一十六 退七 | 損一百四十四 | 盈一百九十三萬三千一百九十 | 四千七百五十 |
| 十二日五百九 退七 | 損一百七十六 | 盈一百五十六萬五千九百四十七 | 四千六百八十 |
| 十三日五百二 退六 | 損二百七 | 盈一百一十八萬八千六百二十八 | 四千六百一十 |
| 十四日四百九十六 進二 | 損二百三十四 | 盈五十九萬一千二百二十七 | 四千五百五十 |
| 十五日四百九十八 進六 | 益二百二十五 | 縮四千八百一十四 | 四千五百七十 |
| 十六日五百四 進七 | 益一百九十八 | 縮五十七萬七千九百七十五 | 四千六百四十 |
| 十七日五百一十一 進八 | 益一百六十七 | 縮一百八萬二千四百九十六 | 四千七百 |
| 十八日五百一十九 進八 | 益一百三十一 | 縮一百五十萬六千九百三十七 | 四千七百八十 |
| 十九日五百二十七 進九 | 益九十五 | 縮一百八十三萬九千八百五十八 | 四千八百六十 |
| 二十日五百三十六 進九 | 益五十四 | 縮二百八萬二千一百五十九 | 四千九百五十 |
| 二十一日五百四十五 進十 | 益十四 | 縮二百二十一萬九千七百 | 五千四十 |
| 二十二日五百五十五 進九 | 損三十一 | 縮二百二十五萬五千一百八十一 | 五千一百四十 |
| 二十三日五百六十四 進九 | 損七十一 | 縮二百一十七萬六千二百六十二 | 五千二百四十 |
| 二十四日五百七十三 進八 | 損一百一十二 | 縮一百九十九萬四千三百八十三 | 五千三百二十 |
| 二十五日五百八十一 進八 | 損一百四十八 | 縮一百七十萬九千五百四十四 | 五千四百 |
| 二十六日五百八十九 進六 | 損一百八十四 | 縮一百二十三萬二千一百八十五 | 五千四百八十 |
| 二十七日五百九十五 進五 | 損二百一十六 | 縮八十六萬五千三百六 | 五千五百四十 |
| 二十八日六百 進一 | 損二百三十二 | 縮三十二萬八千七百八十七 | 五千五百九十 |

推朔望加時定日及小餘術

以入曆日餘乘所入曆日損益率以損益盈縮積分如差法而一爲定積分如差法乃與入氣定盈縮皆以盈減縮加本朔望小餘不足減者加日法乃減之加時在往日加之滿日法者去之則在來日餘爲定小餘無食者不須氣盈縮

角十二度　亢九度　氐十五度　房五度

心五度　尾十八度　箕十一度
東方七宿七十五度
斗二十六度　牛八度　女十二度　虛十度
危十七度　室十六度　壁九度
北方七宿九十八度
奎十六度　婁十二度　胃十四度　昴十一度
畢十六度　觜二度　參九度
西方七宿八十度
井三十三度　鬼四度　柳十五度　星七度
張十八度　翼十八度　軫十七度
南方七宿百一十二度

推日度術

置入元至所求年以歲分乘之爲通實滿周天分去之餘如度法而一爲積度不盡爲度分命度以虛七度宿次去之經斗去其分度不滿宿度以虛七度宿次去之經斗去其分度不滿宿算外即所求年天正冬至日所在度及分以冬至去朔日以減分度數分不足減者減度一加度法乃減之命如前即天正朔前夜半日所在度及分（須求朔共度者用去定用日數減之俟後所須）

求次月大月加度三十小月加度二十九宿次去去其分

求次日加度一去命如前

求朔望加時日所在度術

各以定小餘乘章歲滿十一爲度分以加其前夜半度分滿之去如前（凡朔加時日月同度）

求轉分以千四十約度分不盡爲小分

求望加時月所在度術

置望加時日所在度及分加度一百八十二轉分二十五小分七百五十三小分滿千四十從轉分一轉分滿四十一從度去命如前經斗去轉分十小分四百六十六

求月行遲疾日轉定分術

以夜半入曆日餘乘轉差滿周法得一爲變差以進加退減日轉分爲定分

推朔望夜半月定術

以定小餘乘所入曆日轉定分滿日法得一爲分分滿四十一爲度各以減加時月所在度即各其前夜半定度

求次日以日轉定分加轉分滿四十一從度去命如前

朔日不用前加

推五星術

木數千七百萬八千三百三十二四分
火數三千三百二十五萬六千二十六
土數千六百一十二萬一千七百六十七
金數二千四百八十九萬八千四百一十七
水數四百九十四萬一千九十八
木終日三百九十八（日分三萬七千六百一十二四分）
火終日七百七十九（日分三萬九千四百六十六）
土終日三百七十八（日分三千八百四十七）
金終日五百八十三（日分三萬九千二百九十七晨見伏三百二十七日分同）
水終日百一十五（日分三萬七千四百九十八晨見伏六十三日分同）
（夕見伏二百五十六日　夕見伏五十二日）

求星見術

置通實各以數去之餘以減數其餘如度法得一爲日不盡爲日分即所求年天正冬至後晨平見日及分（其金水以夕見伏日去之得者餘爲夕平見日及分）

求平見月日置冬至去朔日數及分各以冬至後日數及分加之分滿度法從日起天正月依大小去之不滿月者爲去朔日命日算卯即星見所在月日及分

求後見各以終日及分加之滿去如前（其金水各以晨夕加之滿去如前加晨得夕加夕得晨）

木平見在春分前者以三千三百四十乘去大寒後日數以加平見分滿法之以爲定見日及分立秋後者以四千二百乘去寒露日加之滿同前春分至清明均加四日後至立夏五日以後至芒種加六日均至立秋小雪前者以七千四百乘去寒露日數以減平見日分冬至後者以八千三百乘去大寒後十日數以減之小雪至冬至均減八日爲定見日數初見伏去日各十四度

火平見在雨水前以二萬六千八百八十乘去大寒日數在立夏後以萬三千四百四十乘去立秋日數以見日分滿去如前雨水至立夏均加二十九日小雪前以萬一千五百八十乘去處暑日數冬至後以三萬四千三百八十乘去大寒日數滿去如前以減之小雪至冬至均減二十五日初見伏去日各十七度

土平見在處暑前以萬二千三百七十乘去大暑日數白露後以八千三百四十乘去霜降日數以加見日分滿如前處暑至白露均加九日小寒前以四千九百八十乘去霜降日數小寒至立春均減九日立春後減八日啓蟄後去七氣別去一至穀雨去三夏至後十日去一至大暑去盡初見伏去日各十七度

金晨平見在立春前者以四千一百二十乘去小滿後以乘去夏至日數以加見日分滿均加三日立秋前以乘去冬至日數滿去如前以減之立秋至小雪均減三日夕平見在啓蟄前以六千三百九十乘去小雪日數清明後以六千二百九十乘去芒種日數滿去如前以減之啓蟄至清明均減九日處暑前以六千二百九十乘去夏至日數寒露以六千二百九十乘去大雪日數以加之處暑至寒露均加九日初伏去日各十一度

水晨平見在雨水後立夏前者應見不見啓蟄至雨水去日十八度外四十六度內晨有木火土金一星已上者見無者不見立夏至小滿去日度如前晨有木火土金一星已上者見無者亦不見從霜降至小雪加一日冬至至小寒減四日立春至雨水減三日冬至前一去三二去二三去一夕平見在處暑後霜降前者應見不見立秋至處暑夕有星去日如前者見無者亦不見霜降至立冬夕有星去日如前者見無者亦不見從穀雨至夏至減二日初見伏去日各十七度

行五星法

置星定見之前夜半日所在宿度算及分各以定見日分加其分滿度法從又以星初見去日度數晨減夕加之滿去如前即星初見所在度及分

求次日各加一日所行度及分有小分者各日數爲母小分滿其母去從分分滿度法從度（其行有益疾遲者副置一日行分各以其分疾遲損乃加之）留者因前退則減之伏不注度順行出斗去其分退行入斗先加分（訖皆以千四十約分爲大分以四十一爲母）

木初見順日行萬六百一十八分日益遲六十分一百一十四日行十九度萬三千八百三十二分而留二十六日乃退日六千一百一分八十四日退十二度八百四分又留二十五日三萬七千六百一十二分小分四乃順初日行三千八百三十七分日益疾六十分百一十四日行十九度萬三千七百一十八分而伏

土初見順日行三千八百一十四分八十三日行七度萬八千八十二分而留二十八日乃退日二千五百六十三分百日退六度四百六十分又留三十七日三千八百四十七分乃順日三千八百一十三分八十三日行七度萬七千九百九十九分如初乃伏

火初見已後各如其法

損益（日度各一）　冬至初　二百四十一日
行百六十三度
二日損一　盡百二十八日　百七十七日
行九十九度（盡百六十一日同）
三日損一　盡百八十二日　百七十日
行九十二度（盡百八十八日同）
三日益一　盡二百二十七日　百八十三日
行一百五度
二日益一　盡二百四十九日　百九十四日
行百一十六度
一日益一　盡三百一十日　二百五十五日
行百七十七度（盡三百四十七日同）
二日損一　盡三百六十五日　復二百四十一日
行百七十七度

見在雨水前以見去小寒日數小滿後以去大暑日數三約之所得減日爲定日雨水至小滿均去二十日爲定日已前皆前疾日數及度數（各計冬至後日數依損益之爲定日數及度數）（以度法乘定度如定日得一即平行一日分不盡爲小分）大寒至立秋差行餘平行處暑至白露皆去定皆度六日白露至寒露初日行半度四十日行二十度餘日及餘度續同前（置日數減一以三十乘之）（加平行一日分爲初日分）差行者日益遲六十分各盡其日度而遲初日行二萬六百分日益遲百分六十日行二十四度三萬五千六百四十分（其前去度六者此遲初日加四千二百六十四分六十日行三十度分同）而留十三日（前去日者分日於二留奇從後留）乃退日萬二千八十二分六十日退十七度四十分又留十二日三萬九千四百六十六分又順遲初日行萬四千七百分日益疾百分六十日行二十四度分同前（此遲在立秋至秋分加一日行分四千二百六十四十日行四十度分同前）而後疾

損益　冬至初　二百一十四日
行百三十六度
一日損一　盡三十七日　百七十七日
行九十九度
二日損一　盡五十五日　一百六十七日
行八十九度（盡七十九日同）
三日益一　盡百四十日　百八十四日
行百六度
一日益一　盡百九十日　二百三十七日
行百五十九度
一日益一　盡二百日　二百五十七日
行百七十九度
一日益一　盡二百一十日　二百六十七日
行百八十九度（盡二百五十九日同）

二日損一　盡三百六十五日　復二百一十四日
行百三十六度
後遲加六度者此後疾去度爲定度已前皆後疾日數及度數其在立夏至小暑至立秋盡四十日行二十度計餘日及度從前法前法皆平行求行分亦如前各盡其日度而伏

金晨初見乃退日半度十日退五度而留九日乃順遲差行先遲日益五百分四十日行三十度小暑前以去芒種日數十日減一度立冬後以去大雪日數十日減一度小暑至立冬均減三度爲定度大雪至芒種不加減求初日以三十乘度法四十得一爲平分又以三十九乘二百五十以減半分爲初日行分平行日一度十五日行十五度小寒後十日益日度各一至雨水二十一日行二十一度均至春分後十日減一至小滿復十五日行十五度其後六日減一至處暑日及度皆盡至霜降後四日益一至復十五日行十五度疾百七十日行二百四度前順遲減度者計減數益此度爲定度求一日行度分者以百七十日日一度以減定度餘乘度法加百七十得一爲一日平行度分晨伏東方

夕初見順疾百七十日行二百四度夏至前以見去小滿日數六日加一度大暑後以去立秋日數五日加一度夏至至大暑均加五度爲定度白露至清明差行先度日益遲百分清明至白露平行求一日平行同晨疾求差行以五十乘百六十九加之爲初日行度分平行日一度十五日行十五度冬至後十日減日度各一至啓蟄九日行九度均至夏至後五日益一至大暑復十五日行十五度均至立秋後六日益一至寒露二十五日日行五度後六日減一至大雪復十五日行十五度均至冬至順遲差行先疾日益五百分四十日行三十度前加度者此依數減之求一日行分如晨遲唯減者爲加之又留九日乃退日半度十日退五度而夕伏西方

水晨初見留六日順遲日行萬六百六十分四日行一度大寒至雨水不須此遲行平行日一度十日行十度大寒後二日去日度各一盡二十日日及度俱盡疾日行一度三萬八千三百七十六分十日行十九度前無遲行者減此分萬二千七百九十二分十日行十六度晨伏東方

夕初見順疾日行一度三萬八千三百七十六分十日行十九度小暑至白露減萬二千七百九十二分十日行十六度平行日一度十日行十度大暑後二日去日度各一盡二十日日及度俱盡遲行日萬六百六十分四日行一度疾減萬二千七百九十二分者不須此遲又留六日夕伏西方

推交會術

會通千六十四萬六千七百二十九

朔差九十萬七千五十七

望差四十五萬三千五百二十八半

單數五百三十二萬三千三百六十四半

時法三萬二千六百四

望數五百七十七萬六千八百九十三

外限四百八十六萬九千八百三十六

內限千一十九萬三千二百半

中限五百六十四萬九千四百四半

大限千三十二萬六百八十九

推入交法

以會通去積月餘以朔望差乘之滿會通又去之餘爲所求年天正朔入交餘

求望數加之滿如前

求次月以朔差加之滿去如前

推交道內外及先後去交術

其朔望在啓蟄前以一千三百八十乘去小寒日數在穀雨前以乘去芒種日數爲氣差以加之啓蟄至穀雨均加六萬三千六百滿會通之餘爲定餘其小寒至春分立夏至芒種朔值盈二時已下皆半氣差而加之二時已上皆不加朔入交餘如望差數已下中限已上有星伏木土去見十日外火去見四十日外金晨伏去見二十二日外有一星者不加氣差朔望在白露前者以九百乘去小暑日數在立冬後者以千七百七十乘去大雪日數以減之白露至立冬均減五萬五千不足減者加會通乃減之餘爲定餘朔入交餘如外限內限已上單數大限已上有星伏如前者不減氣差定餘不滿單數者爲在外滿去之餘在內其餘如望差已下外限已上望則月食在內者朔則日食其餘如望差已下者卽爲去先交餘如外限已上者以減單數餘爲去後交餘如時法得一然爲去交時數

推月食加時術

置食定日小餘三之如辰法得一辰命以子算外卽所在辰不盡爲時餘四之如法無所得爲辰初一爲少二爲半三爲太又不盡者三之如法得一爲强以并少爲少强并半爲半强并太爲太强得二强者爲少弱并少爲半弱并半爲太弱并太爲辰末此加時謂食四時月在衞也

推日食四時術

置食定日小餘秋三月內道去交八時已上加二十四十二時以加四十八春三月內道去交七時已上加二十四乃以三乘之如辰法得一辰以命子算外卽所在辰不盡爲時餘副置時餘仲辰不滿半辰減半辰已上云半辰季辰者直加半辰孟辰者減辰法餘加半辰爲差率

又置去交時數三以下加三六已下加二九已下加一九已上依數十二已上從十二以乘差率如十四得一爲時差子半至卯半午半至酉半以加時餘卯半至午半酉半至子半以減時餘加之滿辰法去之進一辰餘爲定時餘乃如月食法子午卯酉爲仲辰戌丑未爲季寅申巳亥爲孟日出前入後各二時外不注日食三乘氣時法得一命子算外爲時

求外道日食法

去交一時內者食夏去交二時內加時在南方三辰者食若去至十二時內去交六時內者亦食若去春分三日內後交二時內秋分三日內先交二時內者亦食先交二時內值盈二時外及後交二時內值縮二時外亦食諸志交三時內星伏如前者食

求內道日不食法

加時南方三辰五月朔先交十三時外六月朔後交十三時外不食啓蟄至穀雨先交十三時值縮加時在未以西者不食處暑至霜降後交十三時外值盈加時在巳以東者不食

求月食分

春後交秋先交冬後交皆去不食餘一時不足去者食既餘以三萬二百三十五爲法得一爲不食分不盡者半法已上爲半强已下爲半弱以減十五餘爲食分

推日食分術

在秋分前者以去夏至日數乘二千以減去交餘餘爲不食餘不足減者反減十八萬四千餘爲不食餘亦減望差爲定法其交值縮並不減望差直以望差爲定法在啓蟄後者以去夏至日數乘千五百以減之秋分至啓蟄均減十八萬四千不足減者如前大寒至小滿去後交五時外皆去不食餘一時時差減者先交減之後交加之不足減者食既值加先交減之不足減者食

求所起內道西北虧東北外道西南虧東南十三分以上正左起虧皆據甚時月則行上起

| 氣 | 日出 | 日入 |
| --- | --- | --- |
| 冬至 | 辰六十八刻之五十 | 申七刻分刻之四十 |
| 小寒 | 辰三十二分 | 申七刻四十八分 |
| 大寒 | 卯八刻四十九分 | 酉一分 |
| 小雪立春 | 卯七刻二十九分 | 酉五十二分 |
| 立冬啓蟄 | 卯六刻二十五分 | 酉一刻五十一分 |
| 霜降雨水 | 卯五刻十三分 | 酉三刻七分 |
| 寒露春分 | 卯三刻五十五分 | 酉四刻十五分 |
| 秋分清明 | 卯二刻四十七分 | 酉五刻四十三分 |
| 白露穀雨 | 卯一刻二十八分 | 酉六刻五十一分 |
| 處暑立夏 | 卯二十八分 | 酉七刻五十三分 |
| 立秋小滿 | 寅八刻三分 | 戌十七分 |
| 大暑芒種 | 寅七刻三十六分 | 戌四十四分 |
| 小暑夏至 | 寅七刻四十分 | 戌五十分 |

求日出入所在術

以所入氣辰刻及分與後氣辰刻及分相減餘乘入氣日算如十五得一以損益所入氣辰刻及分爲定刻

隋書卷十七考證

律歷志中唐堯之時冬至之日日在危宿○臣召南按元史云以堯典中星考之其時冬至日在女虛之交此說較密又此志云大隋甲辰冬至之日日在斗十三度元史云漢元和二年冬至日在斗二十一度晉太元九年退在斗十七度宋元嘉十年在斗十四度末梁大同十年在斗十二度隋開皇十八年猶在斗十二度大約歷家步推愈久愈密耳

十三年景子○各本俱作丙子非也唐諱丙作景全志皆然今改正

影等駁胄玄云○臣召南按文義應作暉等卽劉暉也各本俱作影等疑訛

隋書卷十八

唐太尉揚州都督監修國史上柱國趙國公臣長孫無忌等撰

## 律曆志第十三

### 律曆下

開皇二十年袁充奏日長影短高祖因以曆事付皇太子遣更研詳著日長之候太子徵天下曆算之士咸集于東宮劉焯以太子新立復增脩其書名曰皇極曆駁正胄玄之短太子頗嘉之未獲考驗焯爲太學博士負其精博志解胄玄之印官不滿意又稱疾罷歸至仁壽四年焯言胄玄之誤於皇太子其一曰張胄玄所上見行曆日月交食星度見留雖未盡善得其大較官至五品誠無所愧但因人成事非其實錄就而討論違舛甚衆其二曰胄玄弦望晦朔違古且疏氣節閏候乖天爽命時不從子半晨前別爲後日日躔莫悟緩急月逡妄爲兩種月度之轉輒遺盈縮交會之際意造氣差七曜之行不循其道月星之度行無出入應黃反赤當近更遠虧食乖準陰陽無法星端不協珠璧不同盈縮失倫行度愆序去極晷漏應有而無食分先後彌爲煩碎測今不審考古莫通立術之疏不可紀極今隨事糾駮凡五百三十六條其三曰胄玄以開皇五年與李文琮於

張賓曆行之後本州貢舉即齎所造曆擬以上應其曆在鄉陽流布散寫甚多今所見行與焯前曆不異玄前擬獻年將六十非是忽迫倉卒始爲何故至京未幾即變同焯曆與舊懸殊焯作於前玄獻於後捨已從人異同暗會且孝孫因焯冑玄後附孝孫曆術之文又皆是孝孫所作則元本偷竊事甚分明恐冑玄推諱故依前曆爲駮凡七十五條并前曆本俱上其四曰玄爲史官自奏虧食前後所上多與曆違今算其乖舛有一十三事又前與太史令劉暉等校其疎密五十四事云五十三條新計後爲曆應密於舊見用算推更疎於本今糾發并前凡四十四條其五曰冑玄於曆未爲精通然孝孫初造皆有意徵天推步事必出生不是空文徒爲臆斷其六曰焯以開皇三年奉勅修造顧循記注自許精微秦漢以來無所與讓尋聖人之迹悟曩哲之心測七曜之行得三光之度正諸氣朔成一曆象會通今古符允經傳稽於庶類信而有徵冑玄所違焯法皆合冑玄所闕今則盡有臬括始終謂爲總備仍上啓曰自木鐸寢聲緒言成燼羣生蕩析諸夏沸騰曲技雲浮疇官雨絕曆紀廢壞千百年矣焯以庸鄙謬荷甄擢專精藝業躭翫數象自力羣儒之下冀覩聖人之意開皇之初奉勑修撰性不諧物功不克終猶被冑玄竊爲已法未能盡妙協時多爽尸官亂日實玷皇猷請徵冑玄答驗其長短焯又造曆家同異名曰稽極大業元年著作郎王劭諸葛穎二人因入侍宴言劉焯善曆推步精審證引陽明帝曰知之久矣仍下其書與冑玄參校冑玄駮難云焯曆有歲率月率而立定朔月有三大三小案歲率月率者平朔之章歲章月也以平朔之率而求定朔值三小者猶似減三五爲十四值三大者增三五爲十六也校其理實並非十五之正故張衡及何承天創有此意爲難者執數以校其率率皆自敗故不克成今焯爲定朔則須除其平率然後爲可互相駮難是非不決焯又罷歸四年駕幸汾陽宮太史奏曰日食無效帝召焯欲行其曆袁充方幸於帝左右冑玄共排焯曆又會焯死曆竟不行術士咸稱其妙故錄其術云

甲子元距大隋仁壽四年甲子稱一百萬八千八百四十算

歲率六百七十六

月率八千三百六十一

朔日法千二百四十二

朔實三萬六千六百七十七

旬周六十

朔晨百三半

日干元五十二

日限十一

盈汎十六

虧總十七

推經朔術

置入元距所求年月率乘之如歲率而一爲積月不滿爲閏衰朔實乘積月滿朔日法得一爲積日不滿爲朔餘旬周去積日不盡爲日即所求年天正經朔日及餘求上下弦望加經朔日七餘四百七十五小即上弦經日及餘又加得望下弦及後月朔就徑求望者加日十四餘九百五十半下弦加日二十二餘百八十四餘九百五十半下弦加五十九每月加閏衰二十大即各其月閏衰也凡月建子爲天正建丑爲地正建寅爲人正即以人正爲正月統求所起本於天正若建歲曆從正月始氣候月星所值節度雖有前却並亦隨之其前地正爲十二月天正爲十一月并諸氣度皆屬往年其日之初亦從星起晨前多少俱歸昨日若氣在夜半之後量影以後日爲正諸因加者各以其餘減法殘者爲全餘若所因之餘滿全餘以上皆增全一而加之減其全餘即因餘少於全餘者不增全加皆得所求分度亦爾凡日不全爲餘積以成餘者曰秒度不全爲分積以成分者曰篾其有不成秒曰麼不成篾曰幺其分餘秒篾皆一爲小二爲半三爲大四爲全加滿全者從一其三分者一爲少二爲太若加者秒篾成法分餘滿法從日度一百度有所滿則從去之而日命以日辰者滿旬周則亦除命有連分餘秒篾者亦隨全而從去其日度雖滿而分秒不滿者未可從去仍依本數若減者秒篾不足減分餘一加法而減之分餘不足減者加所從去或前日度乃減之即其名有總而日度全及分餘共者須相加除當皆連全及分餘共加除之若須相乘有分餘者母必通全內子乘訖報除或分餘相并母不同者子乘而并之母相乘爲法其并滿法從一爲全此即齊同之也既除爲分餘而有不成若例有秒篾法乘而又法除得秒篾數已爲秒篾及正有分餘而所不成不復須者須過半從一無半棄之若分餘其母不等須變相通以彼所法之母乘此而分餘而此母除之得彼所須之子所有秒篾者亦法乘不滿此母又除而得其數麼幺亦然其所除去而有不盡全則謂之不盡亦曰不如其不成全全乃爲不滿分餘秒篾更曰不成凡以數相減而有小及半太須相加減同於分餘法者皆以其母三四除其氣度日法以半及太大本率二三乘之少小即須因所除之數隨其分餘而加減焉秋分後春分前爲盈汎春分後秋分前爲虧總須取其數汎總爲名指用其時春分爲主虧日分後盈日分前凡所不見皆放於此

氣日法四萬六千六百四十四

歲數千七百三萬六千四百六十六半

度準三百四十八

約率九

氣辰三千八百八十七

餘通八百九十七

秒法四十八

麽法五

推氣術

半閏衰乘朔實又準度乘朔餘加之如約率而一所得滿氣日法爲去經朔日不滿爲氣餘以去經朔日即天正月冬至恒日定餘乃如夜數之半者減日一滿者因前皆爲定日命日甲子算外即定冬至日其餘如半氣辰千九百四十三半以下者爲氣加子半後也過以上先加此數乃氣辰而一命以辰算外即氣所在辰十二辰外爲子初以後餘也又十二乘辰餘四爲小太亦曰少

五爲半少　六爲半

七爲半太　八爲大少亦曰太

九爲太　十爲大太

十一爲窮辰少

其又不成法者半以上爲進以下爲退退以配前爲強進以配後爲弱即初不成一而有退者謂之沾辰初成十一而有進者謂之窮辰未旦其名有重者則於間可以加之命辰通用其餘辨日分辰而判諸日因別亦皆準此因冬至有減日者還加之每加日十五餘萬一百九十秒三十七即各次氣恒日及餘諸月齊其閏衰如求冬至法亦即其月中氣恒日去經朔數其求後月節氣恒日如次之求前節者減之

| 月 | 氣 | 躔衰 | 衰總 | 陟降率 | 遲速數 |
|---|---|---|---|---|---|
| 十一月 | 大雪 | | | | |
| | 冬至中 | 增二十八 | 先端 | 陟五十 | 速本 |
| 十二月 | 小寒節 | 增二十四 | 先二十八 | 陟五十三 | 速五十 |
| | 大寒中 | 增二十 | 先五十二 | 陟三十六 | 速九十三 |
| 正月 | 立春節 | 增二十 | 先七十二 | 陟三十六 | 速一百二十九 |
| | 雨水中 | 增二十四 | 先九十二 | 陟四十三 | 速一百六十五 |
| 二月 | 驚蟄節 | 增二十八 | 先一百一十六 | 陟五十 | 速二百 |
| | 春分中 | 損二十八 | 先一百四十四 | 陟五十 | 速二百五十八 |
| 三月 | 清明節 | 損二十四 | 先一百一十六 | 降四十三 | 速二百八 |
| | 穀雨中 | 損二十 | 先九十二 | 降三十六 | 速一百六十五 |
| 四月 | 立夏節 | 損二十 | 先七十二 | 降三十六 | 速一百二十九 |
| | 小滿中 | 損二十四 | 先五十二 | 降四十三 | 速九十三 |
| 五月 | 芒種節 | 損二十八 | 先後端 | 降五十 | 速五十 |
| | 夏至中 | 增二十八 | 後端 | 降五十 | 遲九十 |
| 六月 | 小暑節 | 增二十 | 後五十二 | 陟三十六 | 遲九十三 |
| | 大暑中 | 增二十 | 後五十二 | 陟三十六 | 遲九十三 |
| 七月 | 立秋節 | 增二十 | 後七十二 | 陟三十六 | 遲一百二十九 |
| | 處暑中 | 增二十四 | 後九十二 | 陟四十四 | 遲一百六十九 |
| 八月 | 白露節 | 增二十八 | 後一百一十六 | 陟五十 | 遲二百八 |
| | 秋分中 | 損二十八 | 後一百四十四 | 陟五十 | 遲二百五十八 |
| 九月 | 寒露節 | 損二十四 | 後一百一十六 | 陟四十三 | 遲二百八 |
| | 霜降中 | 損二十 | 後九十二 | 降三十六 | 遲一百六十三 |
| 十月 | 立冬節 | 損二十 | 後七十二 | 降三十六 | 遲一百二十九 |
| | 小雪中 | 損二十四 | 後五十二 | 降四十三 | 遲九十三 |
| 十一月 | 大雪節 | 損二十八 | 後二十八 | 降五十 | 遲五十 |
| | 冬至 | | | | |

推每日遲速數術

見求所在氣陟降率并後氣率半之以日限乘而汎總除得氣末率又日限乘二率相減之殘汎總除爲總差其總差亦日限乘而汎總除爲別差率前少者以總差減末率爲初率乃別差加之前多者即以總差加末率皆爲氣初日陟降數以別差前多者日減前少者日加初數得每日數所曆推定氣日隨算其數陟加降減其遲速爲各遲速數其後氣無同率及有數同者皆因前末以末數爲初率加總差爲末率及差漸加初率爲每日數通計其秒調而御之求月朔弦望應平會日所入遲速各置其經餘爲辰以入氣辰減之乃日限乘日內辰爲入限以乘其氣前多之末率前少之初率日限而一爲總率其前多者入限減汎總之殘乘總差汎總而一爲入差并於總差入限乘倍日限除以總率前少者入限再乘差別日限自乘倍而除亦加總率皆爲總數乃以陟加降減其氣遲速數爲定即速加遲減其經餘各其月平會日所入遲速定日及餘求每日所入先後各置其氣躔衰與衰總皆以餘通乘之所乃躔衰如陟降衰總如遲速數亦如求遲速法即得每所入先後及定數

求定氣其每日所入先後數即爲氣餘其所曆日皆以先加之以後減之隨算其日通准其餘滿一恒氣即爲二至後一氣之數以加二如法用別其日而命之又算其次每相加命各得其定氣日及餘也亦以其先後已通者先減後加其恒氣即次氣定日及餘亦因別其日命以甲子各得所求

求土王距四立各四氣外所入先後加減滿二日餘八千一百五十四秒十麽除所滿日外即土始王日

求候日定氣即初候日也三除恒氣各爲平候日餘亦以所入先後數爲氣餘所曆之日皆以先加後減隨計其日通準其餘每滿其平以加氣日而命之即得次候日亦算其次每相加命又得末候及次氣日

| 氣 | 初候 | 次候 | 末候 | 夜半漏 | 昏去中星 |
|---|---|---|---|---|---|
| 冬至 | 武始交 | 芸始生 | 荔挺出 | 二十七刻分四十二 | 八十二度轉分四十七 |
| 小寒 | 蚯蚓結 | 麋角解 | 水泉動 | 二十七刻二十六 | 八十三度十六 |
| 大寒 | 鴈北向 | 鵲始巢 | 雉始雊 | 二十六刻七十六 | 八十五度六 |
| 立春 | 雞始乳 | 東風解凍 | 蟄蟲始振 | 二十五刻九十八半 | 八十七度四十九 |
| 雨水 | 魚上冰 | 獺祭魚 | 鴻鴈來 | 二十四刻九十六十半 | 九十一度四十八 |
| 驚蟄 | 始雨水 | 桃始華 | 倉庚鳴 | 二十三刻七十十半 | 九十六度三 |
| 春分 | 鷹化爲鳩 | 玄鳥至 | 雷始發聲 | 二十二刻五十 | 一百度三十七半 |
| 清明 | 電始見 | 蟄蟲咸動 | 蟄蟲啓戶 | 二十一刻二十二十半 | 百五度二十一 |
| 穀雨 | 桐始華 | 田鼠爲鴽 | 虹始見 | 二十刻三半 | 百九度二十九 |
| 立夏 | 萍始生 | 戴勝降桑 | 螻蟈鳴 | 十九刻一半 | 一百十三度二十五 |
| 小滿 | 蚯蚓出 | 王瓜生 | 苦菜秀 | 十八刻二十三 | 一百十六度十九 |
| 芒種 | 靡草死 | 小暑至 | 螳蜋生 | 十七刻六十九 | 一百十八度十八 |
| 夏至夜半刻十四分 | 鵙始鳴 | 反舌無聲 | 鹿角解 | 十七刻五十七 | 一百十八度四十 |
| 小暑 | 蟬始鳴 | 半夏生 | 木堇榮 | 十七刻六十九 | 一百十八度十八 |
| 大暑 | 溫風至 | 蟋蟀居壁 | 鷹乃學習 | 十八刻二十三 | 一百十六度十九 |
| 立秋 | 腐草爲螢 | 土潤溽暑 | 涼風至 | 十九刻一半 | 一百十三度二十五 |
| 處暑 | 白露降 | 寒蟬鳴 | 鷹祭鳥 | 二十刻三 | 百九度三十九 |

|  |  |  |  |  |  |
|---|---|---|---|---|---|
| 白露 | 天地始肅 | 暴風至 | 鴻鴈來 | 二十一刻二十三十 | 百五度二十一 |
| 秋分 | 玄鳥歸 | 羣鳥養羞 | 雷始收聲 | 二十二刻五十 | 百度二十七半 |
| 寒露 | 蟄蟲附戶 | 殺氣盛 | 陽氣始衰 | 二十三刻七十七十 | 九十六度三 |
| 霜降 | 水始涸 | 鴻鴈來賓 | 雀入大水爲蛤 | 二十四刻九十六十 | 九十一度三十六 |
| 立冬 | 菊有黃華 | 豺祭獸 | 水始冰 | 二十五刻九十八十 | 八十七度三 |
| 小雪 | 地始凍 | 雉入大水爲蜃 | 虹藏不見 | 二十六刻九十六 | 八十五度六 |
| 大雪 | 冰益壯 | 地始坼 | 鶡旦鳴 | 二十七刻二十六 | 八十三度十六 |

倍夜半之漏得夜刻也以減百刻不盡爲晝刻每減晝刻五以加夜刻即其晝爲日見夜爲不見刻數刻分以百爲母

求日出入辰刻十二除百刻十二除百刻得辰刻數爲法半不見刻以半辰加之爲日出實又加日出見刻爲日入實如法而一命子算外即所在辰不滿法爲刻及分

求辰前餘數氣朔日法乘夜半刻百而一即其餘也

求每日刻差每氣準爲十五日全刻二百二十五爲法其二至各前後於二分而數因相加減間皆六氣各盡於四立爲三氣至與前日爲一乃每日增太又各二氣每日增少其末之氣每日增少之小而末六日不加而裁焉二望至前後一氣之末日終於十少二氣初日稍增爲十二半終於二十大三氣初日二十一終於三十少四立初日三十一終於三十五太五氣亦稍增初日三十六太終四十一少末氣初日四十一少終於四十二每氣前後累算其數又百八十乘爲實各汎總乘法而除得其刻差隨而加減夜刻而半之各得入氣夜之半刻其分後十五日外累算盡日乃副置之百八十乘虧總除爲其所因數以減上位不盡爲所加也不全日者隨辰率之

求晨去中星加周度一各昏去中星減之不盡爲辰去度

求每日度差準日因增加裁累算所得百四十三之四百而一亦百八十乘汎總除爲度差數滿轉法爲度隨日加減各得所求分後氣間亦求準外與前求刻至前加減皆因日數逆算求之亦可因至向背其刻各減夏加而度各加夏減若至前以入氣減氣間不盡者因後氣而反之以不盡日累算乘除所定從後氣而逆以加減皆得其數此但畧校其總若精存于稽極云

轉終日二十七餘千二百五十五

終法二千二百六十三

終實六萬二千三百五十六

終全餘千八

轉法五十二

篾法八百九十七

閏限六百七十六

推入轉術終實去積日不盡以終法乘而又去不如終實者滿終法得一日不滿爲餘即其年天正經朔夜半入轉日及餘

求次日加一日每日滿轉終則去之且二十八日者加全餘爲夜半入初日餘

求弦望皆因朔加其經日各得夜半所入日餘

求次月加大月二日小月一日皆及全餘亦其夜半所入

求經辰所入朔弦望經餘變從轉不成爲秒加其夜半所入皆其辰入日及餘因朔辰所入每加日七餘八百六十五秒千一百六十十大秒滿日法成餘亦得上弦望下弦次朔經辰所入徑求者加望日十四餘千七百三十一秒千七十九半下弦日二十二餘三百三十四秒八百九十七小次朔日一餘二千二百八秒九百一十七亦朔望各增日一減其全餘望五百三十一秒百六十二半朔五十四秒三百二十五

求月平應會日所入以月朔弦望會日所入遲速定數亦變從轉餘乃速加遲減其經辰所入餘即各平會所入日餘

| 轉日 | 速分 | 違差 | 加減 | 朓朒積 |
|---|---|---|---|---|
| 一日 | 七百六十四 | 消七 | 加六十八 | 朓初 |
| 二日 | 七百五十七 | 消八 | 加六十一 | 朓百二十三 |
| 三日 | 七百四十九 | 消十一 | 加五十三 | 朓二百四十四 |
| 四日 | 七百四十八 | 消十二 | 加四十二 | 朓三百三十一 |
| 五日 | 七百二十六 | 消十三 | 加三十一 | 朓四百八 |
| 六日 | 七百一十三 | 消十三 | 加十八 | 朓四百六十四 |
| 七日 | 七百 | 消十三加五減秒太 | 九分八加二減 | 朓四百九十六 |
| 八日 | 六百八十八 | 消十四 | 減七 | 朓五百五 |
| 九日 | 六百七十四 | 消十四 | 減二十一 | 朓四百九十二 |
| 十日 | 六百六十 | 消十二 | 減三十四 | 朓四百五十四 |
| 十一日 | 六百四十八 | 消九 | 減四十六 | 朓三百九十一 |
| 十二日 | 六百三十九 | 消七 | 減五十五 | 朓三百七 |
| 十三日 | 六百三十二 | 消六 | 減六十二 | 朓二百七 |
| 十四日 | 六百二十六 | 息二 | 減五十六減七加十六二加 | 朓九十四 |
| 十五日 | 六百二十八 | 息七 | 加六十六 | 朒二十八 |
| 十六日 | 六百三十五 | 息九 | 加五十九 | 朒百四十八 |
| 十七日 | 六百四十四 | 息十一 | 加五十 | 朒二百五十六 |
| 十八日 | 六百五十五 | 息十一 | 加三十九 | 朒三百四十七 |
| 十九日 | 六百六十六 | 息十三 | 加二十九 | 朒四百一十九 |
| 二十日 | 六百七十九 | 息十四 | 加十六 | 朒四百七十一 |
| 二十一日 | 六百九十三 | 息十三 | 加三六加減大三減 | 朒五百 |
| 二十二日 | 七百五 | 息十四 | 減十七 | 朒五百五當日自見爲五 |
| 二十三日 | 七百二十九 | 息十三 | 減二十三 | 朒四百八十七 |
| 二十四日 | 七百三十一 | 息十二 | 減三十六 | 朒四百四十六 |
| 二十五日 | 七百四十四 | 息十 | 減四十八 | 朒三百八十 |
| 二十六日 | 七百五十四 | 息七 | 減五十八 | 朒二百九十三 |

二十七日 七百六十一 息五篾四 減六十五 朒百八十八

二十八日 七百六十六篾 平 五息四消 減七十 三十八少終餘四十二太全餘 朒七十

推朔弦望定日術

各以月平會所入之日加減限限并後限而半之為通率又二限相減為限衰前多者以入餘減終法殘乘限衰終法而一并於限衰而半之前少者半入餘乘限衰亦終法而一皆加通率入餘乘之日法而一所得為平會加減限數其限數又別從轉餘為變餘朓減朒加本入餘限前多者朓以減與未減朒以加與未加皆減終法并而半之以乘限衰前少者亦朓朒各并二入餘半之以乘限衰皆終法而一加於通率變餘乘之日法而一所得以朓減朒加限數加減朓朒積而定朓朒乃朓減朒加其平會日所入餘滿若不足進退之即朔弦望定日及餘不滿晨前數者借減日算命甲子算外各其日也不減與減朔日立算與後月同若俱無立算者月大其定朔算後加所借減算閏衰限滿閏限定朔無中氣者為閏滿之前後在分前若近春分後秋分前而或月有二中者皆量置其朔不必依定其後無同限者亦因前多以通率數為半衰而減之前少即為通率其加減變餘進退日者分為一日隨餘初末如法求之所得并以加減限數凡分餘秒篾事非因舊文不著母者皆十為法若法當求數用相加減而更不過通遠率少數微者則不須算其入七百餘二千一十一十四日餘千七百五十九二十一日餘千五百七二十八日始終餘以下為初數各減終法以上為末數其初末數皆加減相返其要各為九分初則七日八分十四日七分二十一日六分二十八日五分末則七日一分十四日二分二十一日三分二十八日四分雖初稍弱而末微强餘差止一理勢兼舉皆今有轉差各隨其數若恒算所求七日與二十一日得初衰數而末初加隱而不顯且數與平行正等亦初末有數而恒算所無其十四日二十八日既初末數存而虛衰亦顯其數當去恒法不見

求朔弦望之辰所加

定餘半朔辰五十一大以下為加子過以上加此數乃朔辰而一亦命以子十二算外又加子初以後其求入辰强弱如氣

求入辰法度

度法四萬六千六百四十四

周數千七百三萬七千七十六

周分萬二千一十六

轉十三

篾三百五十五

周差六百九半

在日謂之餘通在度謂之篾法亦氣為日法為度法隨事名異其數本同女末接虛謂之周分變周從轉謂之轉晨昏所距日在黃道中準度赤道計之

斗二十六 牛八 女十二 虛十

危十七 室十六 壁九

北方玄武七宿九十八度

奎十六 婁十三 胃十四 昴十一

畢十六 觜三 參九

西方白虎七宿八十度

井三十三 鬼四 柳十五 星七

張十八 翼十八 軫十七

南方朱雀七宿百一十二度

角十二 亢九 氐十五 房五

心五 尾十八 箕十一

東方蒼龍七宿七十五度

前皆赤道度其數常定紘帶天中儀極攸準

推黃道術 準冬至所在為赤道度後於赤道四度為限初數九十七每限增一以終百七其三度少弱平乃初限百九亦每限增一終百一十九春分所在因百一十九每損一又終百九亦三度少弱平乃初限百七每限損一終九十七夏至所在又加冬至後法得秋分冬至所在數各以數乘其限度百八而一累而總之即皆黃道度也度有分者前輩之宿有前卻度亦依體數逐差遷道不常定準令為度見步天行歲久差多隨術而變

斗二十四 牛七 女十一半 虛十

危十七 室十七 壁十

北方九十六度半

奎十七 婁十三 胃十五 昴十一

畢十五半 觜二 參八

西方八十一度半

井三十 鬼四 柳十四半 星七

張十七 翼十九 軫十八

南方一百九度半

角十三 亢十 氐十六 房五

心五 尾十七 箕十

東方七十六度半

前見黃道度步日所行月與五星出入循此

推月道所行度術

準交定前後所在度半之亦於赤道四度為限初十一每限損一以終於一其三度强平乃初限數一每限增一亦終十一為交所在即因十一每限損一以終於一亦三度强平又初限數一每限增一終於十一復至交半返前表裏仍因十一增損如道得後交及交半數各積其數百八十而一即道所行每與黃道差數其月在表半後交前損增加交後半前損加增減於黃道其月在裏各返之即得月道所行度其限未盡四度以所直

行數乘入度四而一若月在黃道度增損於黃道之表裏不正當於其極可每日準去黃道度增損於黃道而計去赤道之遠近準上黃道之率以求之道伏相消朓朒互補則可知也積交差多隨交爲正其五星先候在月表裏出入之漸又格以黃儀準求其限若不可推明者依黃道命度

推日度術

置入元距所求年歲數乘之爲積實周數去之不盡者滿度法得積度不滿爲分以冬至餘減分命積度以黃道起於虛一宿次除之不滿宿算外即所求年天正冬至夜半日所在度及分

求年天正定朔度

以定朔日至冬至每日所入先後餘爲分日爲度加分以減冬至度即天正定朔夜半日在所度分亦去朔日乘衰總已通者以至前定氣除之又如上求差加以并去朔日乃減度亦即天正定朔日所在度皆日爲度餘爲分其所入先後及衰總用增損者皆分前增分後損其平日之度

求次日

每日所入先後分增損度以加定朔度得夜半

求弦望

去定朔每日所入分累而增損去定朔日乃加定朔度亦得其夜半

求次月

曆算大月三十日小月二十九日每日所入先後分增損其月以加前朔度即各夜半所在至虛去周分

求朔弦望辰所加

各以度準乘定餘約率而一爲平分又定餘乘其日所入先後分日法而一乃增損其平分以加其夜半即各辰所加其分皆篾法約之爲轉分不成爲篾凡朔辰所加者皆爲合朔日月同度

推月而與日同度術

各以朔平會加減限數加減朓朒爲平會朓朒以加減定朔度準乘約率除以加減定朔辰所加日度即平會辰日所在又平會餘乘度準約率除減其辰所在爲平會夜半日所在乃以四百六十四半乘平會餘亦以周差乘朔實除從之以減夜半日所在即月平會夜半所在三十七半乘平會餘增其所減以加減半得月平會辰平行度五百二乘朓朒亦以周差乘朔實除而從之朓減朒加其平行即月定朔辰所在度而與日同若即以平會朓朒所得分加減平會辰所在亦得同度

求月弦望定辰度

各置其弦望辰所加日度及分加上弦度九十一轉分十六篾三百一十三望度百八十二轉分三十二篾六百二十六下弦度二百七十三轉分四十二皆至虛去轉周求之

定朔夜半入轉

經朔夜半所入準於定朔日有增損者亦以一日加減之否者因經朔爲定

其因定求朔次日弦望次月夜半者如於經月法爲之

推月轉日定分術

以夜半入轉餘乘逡差終法而一爲見差以息加消減其日逡分爲月每日所行逡定分

求次日

各以逡定分加轉分滿轉法從度皆其夜半因日轉若各加定日皆得朔弦夜半月所在定度其就辰加以求夜半各以逡分消者定餘乘差終法除并差而半之息者半定餘以乘差終法而一皆加所減乃以定餘乘之日法而一各減辰所加度亦得其夜半度因夜半亦如此求逡分以加之亦得辰所加度諸轉可初以逡分及差爲篾而求其次皆訖乃除爲轉分因經朔夜半求定辰度者以定辰去經夜半減而求其增損數乃以數求逡定分加減其夜半亦各定辰度

求月晨昏度

如前氣與所求每日夜之半夜以逡定分乘之百而一爲晨分減逡定分爲昏分除爲轉度望前以昏後以晨加夜半定度得所在求晨昏中星各以度數加夜半定度即中星度其朔弦望以百刻乘定餘滿日法得一刻即各定辰近入刻數皆減其夜半漏不盡爲晨初刻不滿者屬昨日

復月五千四百五十八

交月二千七百二十九

交率四百六十五

交數五千九百二十三

交法七百三十五萬六千三百六十六

會法五十七萬七千五百三十

交復日二十七　餘二百六十三
　秒三千四百三十五

交日十三　餘七百五十三
　秒四千六百七十九

交限日十三　餘三百五十五
　秒四百七十三半

望差日一　餘百九十七
　秒四千二百五十

朔差日二　餘三百九十五
　秒二千四百八十八

會限百五十八　餘六百七十六
　秒五十半

會日百七十三　餘三百八十四
　秒二百八十三

推月行入交表裏術

置入元積月復月去之不盡交率乘而復去不如復月者滿交月去之爲在裏數不滿爲在表數即所求年天正經入交表裏數

求次月

以交率加之滿交月去之前表者在裏前裏者在表

| 入交日 | 去交衰 | 衰積 |
| --- | --- | --- |
| 一日 | 進十四 | 衰始 |
| 二日（餘百九十八以下食限） | 進十二 | 十四 |
| 三日 | 進十一半 | 二十七 |
| 四日 | 進九半 | 三十八半 |
| 五日 | 進七 | 三十八 |
| 六日 | 進四 | 五十五 |
| 七日 | 進五分四進强退一分一退弱 | 五十九 |
| 八日 | 退二 | 六十一（六十又一分一分當日限） |
| 九日 | 退五 | 五十八 |
| 十日 | 退八 | 五十三 |
| 十一日 | 退十半 | 四十五 |
| 十二日 | 退十二半 | 四十四半 |
| 十三日（餘五百五十五以上食限） | 退十三半 | 二十二 |
| 十四日 | 退十四小（三退强二退弱） | 八半 |

推月入交日術

以朔實乘表裏數爲交實滿交法爲日不滿者交數而一成餘不爲杪命日算外即其經朔月平入交日餘

求望以望差加之滿交日去之則月在表裏與朔同不滿者與朔返其月食者先交與當月朔後交與月朔表裏同

求次月朔差加月朔所入滿交日去之表裏與前月進不滿者與前月同

求經朔望入交常日

以月入氣朔望平會日遲速定數速加遲減其平入交日餘爲經交常日及餘

求定朔望入交定日

以交率乘定朓朒交數而一所得以朓減朒加常日餘即定朔望所入定日餘其去交如望差以交限以上者月食月在衰者日食

推日入會術

會法除交實爲日不滿者如交率爲餘不成爲杪命日算外即經朔日入平會日及餘

求望加望日及餘次月加經朔其表裏皆準入交求入會常日以交數乘月入氣朔望所平會日遲逆速定數交率而一以速加遲減其入平會日餘即所入常日餘亦以定朓朒而朓朒加其常日餘即日定朔望所入會日及餘皆滿會日去之其朔望去會如望以下會限以上者亦月食月在日道裏則日食

求月定朔望入交定日夜半

交率乘定餘交數而一以減定朔望所入定日餘即其夜半所定入

求次日

以每日遲速數分前增分後損定朔所入定日餘以加其日各得所入定日及餘

求次月

加定朔大月二日小月一日皆餘九百七十八杪二千四百八十八各以一月遲速數分前增分後損其所加爲定其入七日餘九百九十七杪二千三百三十九半以下者進其入此以上盡全餘二百四十四杪三千五百八十三半者退其入十四日如交餘及杪以下者退其入此以上盡全餘四百八十九杪千二百四十四者進而復也其要爲五分初則七日四分十四日三分末則七日後一日十四日後二分雖初强末弱衰率有檢

求月入交去日道皆同其數以交餘爲杪積以後衰并去交衰半之爲通數進則杪積減衰法以乘衰交法除而并衰以半之退者半杪積以乘衰交法而一皆加通數杪積乘交法除所得以進退衰積十而一爲度不滿者求其强弱則月去日道數月朔望入交如限以上減交日殘爲去後交數如望差以即爲去先交數有全日同爲餘各朔辰而一得去交辰其月在日道裏日應食而有不食者月在日不應食而亦有食者

推應食不食術

朔先後在夏至十日內去交十二辰少二十日內十二辰半一月內十二辰大閏四月六月十二辰以上加南方三辰若朔在夏至二十日內去交十三辰以加辰申半以南四辰閏四月六日亦加四辰穀雨後處暑前加三辰清明後白露前加巳半以西未半以東二辰春分前加午一辰皆去交十三辰半以上者並或不食

推不應食而食術

朔在夏至前後一月內去交二辰四十六日內一辰半以加二辰又一月內亦一辰半加三辰及加四辰與四十六日內加三辰穀雨後處暑前加巳少後未太前淸明後白露前加二辰春分後秋分前加一辰皆去交半辰以下者並得食

推月食多少術

望在分後以去夏至氣數三之其分前又以去分氣數位而加分後者皆又以十加去交辰位而并并之減其去交餘爲不食定餘乃以減望差殘者九十六而一不滿者求其强弱亦如氣辰法以十五爲限命之即各月食多少

推日食多少術

月在內者朔在夏至前後二氣加南二辰增去交餘二辰太加三辰增一辰少加四辰增太三氣內加二辰增

一辰加三辰增太加四辰增少四氣內加二辰增太加
辰及五氣內加二辰增小自外所加辰立夏後立秋前
依本其四氣內加四辰五氣內加三辰六氣內加二辰
六氣內加二辰者亦依平自外所加之北諸辰各依其
去立夏立秋白露數隨其依平辰辰北每辰以其數三
分減去交餘雨水後霜降前又半其去二分日數以加
二分去二立之日乃減去交餘其在冬至前後更以去
霜降雨水日數三除之以加霜降雨水當氣所得之數
而減去交餘皆爲定不食餘以減望差乃如月食法月
在外者其去辰數若日氣所繫之限止一而無等次者
加所去交辰一卽爲食數若限有等次加別繫同者隨
所去交辰數而返其衰以少爲多以多爲少亦加其一
以爲食數皆以十五爲限乃以命之卽各日之所食多
少凡日食月行黃道躰所映蔽大較正交如累璧漸減
則有差在內食分多在外無損雖外全而月下內損而
更高交淺則閼遥交深則相搏而不淹因遥而蔽多所
觀之地又偏所食之時亦別月居外道此不見虧月外
之人反以爲食交分正等同在南方冬損則多夏虧乃
少假均冬夏早晚又殊處南辰躰則高居東西傍而下
視有邪正理不可一由準率若實而違古史所詳事有
紛互今故推其梗槩求者知其指歸苟地非於陽城皆
隨所而漸異然月食以月行虛道暗氣所衝日有暗氣
天有虛道正黃道常與日對如鏡居下魄耀見陰名日
暗虛奄月則食故稱當月月食當星星亡雖夜半之辰
子午相對正隔於地虛道卽虧既月兆日光當午更耀
時亦隔地無廢禀明諒以天光神妙應感玄通正當夜
半何害虧禀月由虛道表裏俱食日之與月躰同勢等
校其食分月盡爲多容或形差微增虧數疎而不漏綱
要克舉

推日食所在辰術

置定餘倍日限克減之月在裏三乘朔辰爲法除之所
得以艮巽坤乾爲次命艮算外不滿法者半法減之無
可減者爲前所減之殘爲後前則因餘後者減法各爲
其率乃以十加去交辰三除之以乘率十四而一爲差
其朔所在氣二分前後一氣內卽爲定差近冬至以去
寒露驚蟄近夏至淸明白露氣數倍而三除去交辰謂
增之近冬至艮巽以加坤乾以減近夏至艮巽以減坤
乾以加其差爲定差乃艮以坤加巽以乾減定餘月在
外直三除去交辰以乘率十四而一亦爲定差艮坤以
減巽乾以加定餘皆爲食餘如氣求入辰法卽日食所
在辰及小大其求辰刻以辰克乘辰餘朔辰而一得刻
及分若食近朝夕者以朔所入氣日之出入刻校食所
在知食見否之少多所在辰爲正見

推月食所在辰術

三日阻減望定餘半望之所入氣日不見刻朔日法乘
之百而一所得若食餘與之等以下又以此所得減朔
日法其殘食餘與之等以上爲食正見數其食餘亦朔
辰而一如求加辰所在又如前求刻校之月在衝辰食
日月食既有起訖晚早亦或變常進退皆於正見前後
十二刻半候之

推日月食起訖辰術

準其食分十五分爲率全以下各爲衰十四分以上以
一爲衰以盡於五分每因前衰每降一分積衰增二以
加於前以至三分每積增四二分每增四二分增六一
分增十九皆累算爲各衰三百爲率各衰減之各以其
殘乘朔日法皆率而一所得爲食衰數其率全卽以朔
日法爲衰數以衰數加減食餘其減者爲起加者爲訖
數亦如氣
求入辰法及求刻以加減食所刻等得起訖晚早之辰
與校正見多少之數史書虧復起訖不同今以其全一
辰爲率

推月食所起術

月在景者其正南則起右上虧左上若正東月自日上
邪北而下其在東南維前東向望之初不正橫月高日
下乃月稍西北日漸東南過於維後南向望之月更北
日差西南以至於午之後亦南望之月欹西北日復東
南西南維後西向而望月爲東北日則西南正西自日
北下邪虧而亦後不正橫月高日下若食十二以上起
右虧左其正東起上近虧下而北午前則漸自上邪下
維西起西北虧東南維北起西南虧東北午後則稍從
下傍下維東起西南虧東北維北虧東南在東則以上
爲東在西則以下爲西月在外者其正南起右下虧左
上在正東月自日南邪下而映維北則月微東南日返
西維西南日稍移東北以至於午月南日北過午之後
月稍東南日更西北維北月有西南日復東北正西月
自日下邪南而上皆準此體以定起虧隨其所處每用
不同其月之所食皆依日虧起每隨類反之皆與日食
限同表裏而與日返其逆順上勢過其分

五星

歲爲木　熒惑爲火　鎭爲土
太白金　辰爲水

木數千八百六十萬五千四百六十八
伏半平八十三萬六千八百四十八
復日三百九十八餘四萬一千一百五十六
歲一殘日三十三萬餘二萬九千七百三十九半
見去日十四度
平見在春分前以四乘去立春日小滿前又三乘去春
分日增春分所乘者白露後亦四乘去寒露日小暑加
七日小雪前以八乘去寒露日冬至後以八乘去立春
日爲減小雪至冬至減七日
見初日行萬一千八百一十八分益遲七十分百一十
日行十八度分四萬七百三十八而留二十八日乃逆
日退六千四百三十六分八十七日退十二度二百四
又留二十八日初日行四千一百八十八分日益疾七
十分百一十日亦行十八度分四萬七百三十八而伏
火數三千六百三十七萬七千五百九十五
伏半平三百三十七萬九千三百二十七半
復日七百七十九餘四萬一千九百一十九
歲再殘日四十九餘萬九千一百六
見去日十六度
平見在雨水前以十九乘去大寒日淸明前又十八乘
去雨水日增雨水所乘者夏至後以十六乘去處暑日
小滿後又十五日寒露前以十八乘去白露日小雪前
又十七乘去寒露所乘者大雪後二十九乘去大寒日
爲減小雪至大雪減二十五日
見初在冬至則二百三十六日行百五十八度以後日
度隨其日數增損各一盡三十日一日半損一又八十
六日二日損一復三十八日同又十五日三日損一復
十二日同又三十九日三日增一又二十四日二日增
一又五十八日增一復三十三日同又三十日二日損
一還終至冬至二百三十六日行百五十八度其立春
盡春分夏至盡立夏八日減一日春分至立夏減六日
立秋至秋分減五度各其初行日及度數白露至寒露
初日行半度四十日行二十度以其殘日及度計充前
數皆差行日益遲二十分各盡其日度乃遲初日行分
二萬二千六百六十九日益遲一百一十分六十一日
行二十五度分萬五千四百九初減度五者於此初日
加分三千八百二十三箆十七以遲日爲母盡其遲日
行三十度分同而留十三日
前減日分於二留乃逆日退分萬二千五百二十六六
三日退十六度分四萬二千八百三十四又留十三日
而行初日萬六千六十九日益疾百一十分六十一日
行二十五度分萬五千四百九立秋盡秋分增行度五
加初日分同前更疾在冬至則二百一十三日行百三
十五度盡三十六日一日損一又二十日二日損一復
二十四日同又五十四日三日增一又十二日二日
增一又四十二日一日增一又十四日一日增一半又
十二日增一復四十五日同又一百六日二日損一亦
終冬至二百一十三日行百三十五度
前增行度五者於此亦減五度爲疾日及數其立夏盡
夏至日亦日行半度六十日行三十度夏至盡立秋亦
初日行半度四十日行二十度其殘亦計充如前皆差
行日盡益疾二十分各盡其日度而伏
土數千七百六十三萬五千五百九十四
伏半平八十六萬四千九百九十五
復日三百七十八餘四千一百六十二
歲一殘日十二餘三萬九千三百九十九半
見去日十六度半
平見在大暑前以七乘去小滿日寒露後九乘去小雪
日爲加大暑至寒露加八日小寒前以九乘去小雪日
雨水後以四乘去小滿日立春後又三乘去雨水日增
雨水所乘者爲減小寒至立春減八日
見日行分四千三百六十四八十日行七度分二萬七
千六百一十二而留三十九日乃逆日退分二千八百
二十百三日退六度分萬五百九十六又留三十九日
亦行分日四千三百六十四八十日行七度分二萬七
千六百一十二而伏
金數二千七百二十三萬六千二百八
晨伏半平百九十五萬七千一百四
復日五百八十三餘四萬二千七百五十六
歲一殘日二百一十八餘三萬一千三百四十九半
夕見伏二百五十六日
晨見伏三日二十七日餘與復同
見去日十一度
夕平見在立秋前以六乘去芒種日秋分後以五乘去
小雪日小雪後又四乘去大雪日增小雪所乘者爲加
立秋至秋分加七日立春前以五乘去大雪日雨水前
又四乘去立春日增立春所乘者淸明後以六乘去芒
種日爲減雨水至淸明減七日
晨平見在小寒前以六乘去冬至日立春前又五乘去

小寒日增小寒所乘者芒種前以六乘去夏至日立夏前又五乘去芒種日增芒種所乘者爲加立春至立夏加五日小暑前以六乘去夏至立秋前又五乘去小暑日增小暑所乘者大雪後以六乘去冬至日立冬後又五乘去大雪日增大雪所乘者爲減立秋至立冬減五日

夕見百七十一日行二百六度其穀雨至小滿寒露皆十日加一度小滿至白露加三度乃十二日行十二度冬至後十二日減日度各一雨水盡見夏至日度七夏至後六日增一大暑至立秋還日度十二至寒露日度二十二後六日減一自大雪盡冬至又日度十二而遲日益遲五百二十分初日行分二萬三千七百九十一篾三十四行日爲母四十三日行三十二度

前加度者此依減之留九日乃逆日退太半度九日退六度而夕伏晨見日退太半度九日退六度復留九日而行日益疾五百二十分初日行分四萬五千六百三十一篾三十四四十三行三十二度芒種至小暑大雪至立冬十五日減一度小暑至立冬減二度又十二日行十二度冬至後十五日增日一驚蟄至春分日度十七後十五日減一盡夏至還日度十二後六日減一至白露日度皆盡霜降後五日增一盡冬至又日度十二乃疾百七十一日行二百度前減者此亦加之而晨伏

水數五百四十萬五千六

晨伏半平七十九萬九十九

復日百一十五餘四萬九百四十六

夕見伏五十一日

晨見伏六十四日餘與復同

見去日十七度

夕應見在秋及小雪前者不見其白露前立冬後時有見者

晨應見在春及小滿前者不見其驚蟄前立冬後時有見者

夕見日行一度太十二日行二十度小暑至白露行度半十二日行十八度及八日行八度大暑後二日去度一訖十六日而日度俱盡而遲日行半度四日行二度益遲日行少半度三日行一度前行度半者去此益遲乃留四日而夕伏晨見留四日爲日行少半度三日行一度大寒至驚蟄無此行更疾日行半度四日行二度又日行八度亦大寒後二日去度一訖十六日亦日度俱盡疾日行一度太十二日行二十度初無遲者此行度半十二日行十八度而晨伏

推星平見術

各以伏半減積半實乃以其數去之殘返減數滿氣日法爲日不滿爲餘卽所求年天正冬至後平見日餘金水滿晨見伏日者去之晨平見求平見月日以冬至去定朔日餘加其後日及餘滿復日又去起天正月依定大小朔除之不盡算外日卽星見所在求後平見因前見去其歲一再皆以殘日加之亦可其復日金水準以晨夕見伏日加晨得晨

求常見日以轉法除所得加減者爲日其不滿以餘通乘之爲餘并日皆加減平見日餘卽爲常見日及餘

求定見日以其先後已通者先減後加常見日卽得定見日餘

求星見所在度

置星定見其日夜半所在宿度及分以其日先後餘分前加分後減氣日法而乘定見餘氣日法而一所得加夜半度分乃以星初見去日度數晨減夕加之卽星初見所在宿度及分

求次日

各加一日所行度及分其有益疾遲者則置一日行分各以其分疾增損乃加之有篾者滿法從分其母有不等齊而進退之留卽因前逆則依減入虛去分逆出光加皆以篾法除爲轉分其不盡者仍謂之篾各得每日所在知去日度增以日所入先後分定之諸行星度求水其外內準月行增損黃道而步之不明者依黃道而求所去日度先後分亦分明前加後減其金火諸日度計數增損定之者其日少度多以日減度之殘者與日多度少之度皆度法乘之日數而一所得爲分不滿篾以日數爲母日少者以分并減之一度日多者直爲度分卽皆一日平行分其差行者皆減所行日數一乃半其益疾益遲分而乘之益疾以減益遲以加一日平行分皆初日所行分有計日加減而日數不滿未得成度者以氣日法若度法乘見已所行日卽日數除之所得以增損其氣日疾法爲日及度其不成者亦卽爲篾其木火土晨有見而夕有伏金水卽夕見還夕伏晨見卽晨伏然火之初行及後疾距冬至日計日增損日度者皆當先置從冬至日餘數累加於位上以知其去冬至遠近乃以初見與後疾初日去冬至日數而增損定之而後依其所直日度數行之也

隋書卷十八考證

律曆志下衞士咸稱其妙故錄其術云○臣召南按劉焯所造皇極曆隋世竝未施行卽唐初傅仁均造戊寅曆亦但祖述張胄元成法未嘗用焯所定而此志空存其說別爲一卷猶晉志於乾象黃初二歷之後附以姜笈所造三紀甲子元歷也

躔衰○臣召南按躔衰之名始此卽日度之盈縮等差也唐開元歷議其八日躔盈縮略例曰北齊張子信積候合朔加時覺日行有入氣差然損益未得其正至劉焯立盈縮躔衰術與四序升降麟德歷因之更名躔差焯術於春分前一日最急後一日最舒秋分前一日最舒後一日最急舒急同於二至而中間一日平行其說非是按焯所立法不無過差然太陽之行自有盈縮冬至爲盈之極夏至爲縮之極後世推步日躔盈縮者皆本焯說而益加精詳焯之功亦大矣哉

# 隋書卷十九

唐太尉揚州都督監修國史上柱國趙國公臣長孫無忌等撰

## 天文志第十四

### 天文上

若夫法紫微以居中擬明堂而布政依分野而命國體衆星而効官動必順時教不違物故能成變化之道合陰陽之妙爰在庖犧仰觀俯察謂以天之七曜二十八星周於穹圖之度以麗十二位也在天成象示見吉凶五緯入房啓姬王之肇跡長星孛斗鑒宋人之首亂天意人事同乎影響自夷王下堂而見諸侯赧王登臺而避責記曰天子微諸侯僭於是師兵吞滅僵仆原野秦氏以戰國之餘怙茲凶暴小星交鬭長彗橫天漢高祖驅駕英雄墾除災害五精從歲七重暈畢含樞曾緬道不虛行自西京創制多歷年載世祖中興當塗馭物金行水德祇奉靈命玄兆著明天人不遠昔者滎河獻籙溫洛呈圖六爻摛範三光宛備則星官之書自黃帝始高陽氏使南正重司天北正黎司地帝堯乃命羲和欽若昊天夏有昆吾殷有巫咸周之史佚宋之子韋魯之梓慎鄭之禆竈魏有石氏齊有甘公皆能言天文察微變者也漢之傳天數者則有唐都李尋之倫光武時則有蘇伯況郎雅光並能參伍天文發揚善道補益當時監垂來世而河洛圖緯雖有星占星官之名未能盡列後漢張衡爲太史令鑄渾天儀總序經星謂之靈憲其大略曰星也者體生於地精發於天紫宮爲帝皇之居太微爲五帝之坐在野象物在朝象官居其中央謂之北斗動係於占寔司王命四布於方爲二十八星日月運行歷示休咎五緯經次用彰禍福則上天之心於是見矣中外之官常明者百有二十可名者三百二十爲星二千五百微星之數萬一千五百二十庶物蠢動咸得繫命而衡所鑄之圖遇亂堙滅星官名數今亦不存三國時吳太史令陳卓始立甘氏石氏巫咸三家星官著於圖錄并注占贊總有二百五十四官一千二百八十三星并二十八宿及輔官附坐一百八十二星總二百八十三官一千五百六十五星宋元嘉中太史令錢樂之所鑄渾天銅儀以朱黑白三色用殊三家而合陳卓之數高祖平陳得善天官者周墳并得宋氏渾儀之器乃命庾季才等參校周齊梁陳及祖暅孫僧化官私舊圖刊其大小正彼疎密依準三家星位以爲蓋圖旁摛始分甄表常度并具赤黃二道內外兩規懸象著明纏離攸次星之隱顯天漢昭回宛若穹蒼將爲正範以墳爲太史令墳博考經書勤於教習自此太史觀生始能識天官煬帝又遣宮人四十人就太史局別詔袁充教以星氣業成者進內以參占驗云史臣於觀臺訪渾儀見元魏太史令晁崇所造者以鐵爲之其規有六其外四規常定一象地形二象赤道其餘象二極其內二規可以運轉用合八尺之管以窺星度周武帝平齊所得隋開皇三年新都初成以置諸觀臺之上大唐因而用焉馬遷天官書及班氏所載妖星暈珥雲氣虹蜺存其大綱未能備舉自後史官更無紀錄春秋傳曰公既視朔遂登觀臺凡分至啓閉必書雲物神道司存安可誣也今略舉其形名占驗次之經星之末云

#### 天體

古之言天者有三家一曰蓋天二曰宣夜三曰渾天蓋天之說卽周髀是也其本庖犧氏立周天曆度其所傳則周公受於殷商周人志之故曰周髀髀股也股者表也其言天似蓋笠地法覆槃天地各中高外下北極之下爲天地之中其地最高而滂沲四隤三光隱映以爲晝夜天中高於外衡冬至日之所在六萬里北極下地高於外衡下地亦六萬里外衡高於北極下地二萬里天地隆高相從日去地恒八萬里日麗天而平轉分冬

夏之間日所行道爲七衡六間每衡周徑里數各依筭術用句股重差推晷影極游以爲遠近之數皆得於表股也故曰周髀又周髀家云天圓如張蓋地方如棋局天旁轉如推磨而左行日月右行天左轉故日月實東行而天牽之以西沒譬之於蟻行磨石之上磨左旋而蟻右去磨疾而蟻遲故不得不隨磨以左迴焉天形南高而北下日出高故見日入下故不見天之居如倚蓋故極在人北是其證也極在天之中而今在人北所以知天之形如倚蓋也日朝出陰中暮入陰中陰氣暗冥故從沒不見也夏時陽氣多陰氣少陽氣光明與日同暉故日出即見無蔽之者故夏日長也冬時陰氣多陽氣少陰氣暗冥掩日之光雖出猶隱不見故冬日短也漢末揚子雲難蓋天八事以通渾天其一云日之東行循黃道晝中規牽牛距北極北百一十度東井距北極南七十度并百八十度周三徑一二十八宿周天當五百四十度今三百六十度何也其二曰春秋分之日正出在卯入在酉而晝漏五十刻即天蓋轉夜當倍晝今夜亦五十刻何也其三曰日入而星見日出而不見即斗下見日六月不見日六月北斗亦當見六月不見六月今夜常見何也其四曰以蓋圖視天河起斗而東入狼弧間曲如輪今視天河直如繩何也其五曰周天二十八宿以蓋圖視天星見者當少不見者當多今見與不見等何出入無冬夏而兩宿十四星當見不以日長短故見有多少何也其六曰天至高也地至卑也日託天而旋可謂至高矣縱人目可奪水與景不可奪也今從高山上以水望日日出水下影上行何也其七曰視物近則大遠則小今日與北斗近我而小遠我而大何也其八曰視蓋橑與車輻間近杠轂即密益遠益踈今北極爲天杠轂二十八宿爲天橑輻以星度度天南方次地星間當數倍今交密何也其後桓譚鄭玄蔡邕陸績各陳周髀考驗天狀多有所違逮梁武帝於長春殿講義別擬天體全同周髀之文蓋立新義以排渾天之論而已宣夜之書絕無師法唯漢祕書郎郗萌記先師相傳云天了無質仰而瞻之高遠無極眼瞀精絕故蒼蒼然也譬之旁望遠道之黃山而皆青俯察千仞之深谷而窈黑夫青非真色而黑非有體也日月衆星自然浮生虛空之中其行其止皆須氣焉是以七曜或逝或住或順或逆伏見無常進退不同由乎無所根繫故各異也故辰極常居其所而北斗不與衆星西沒也晉成帝咸康中會稽虞喜因宣夜之說作安天論以爲天高窮於無窮地深測於不測天確乎在上有常安之形地魄焉在下有居靜之體當相覆冒方則俱方圓則俱圓無方圓不同之義也其光曜布列各自運行猶江海之有潮汐萬品之有行藏也葛洪聞而譏之曰苟辰宿不麗於天天爲無用便可言無何必復云有之而不動乎由此而談葛洪可謂知言之選也喜族祖河間相虞聳又立穹天論云天形穹隆如雞子幕其際周接四海之表浮乎元氣之上譬如覆奩以抑水而不沒者氣充其中故也日繞辰極沒西還東而不出入地中天之有極猶蓋之有斗也天北下於地三十度極之傾在地卯酉之北亦三十度人在卯酉之南十餘萬里故斗極之下不爲地中當對天地卯酉之位耳日行黃道繞極極北去黃道百一十五度南去黃道六十七度二至之所舍以爲長短也吳太常姚信造昕天論云人爲靈蟲形最似天今人頤前侈臨匈而項不能覆背近取諸身故知天之體南低入地北則偏高也又冬至極低而天運近南故日去人遠而斗去人近北天氣至故水寒也夏至極起而天運近北而斗去人遠日去人近南天氣至故蒸熱也極之立時日行地中淺故夜短天去地高故晝長也極之低時日行地中深故夜長天去地下故晝短也自虞喜虞聳姚信皆好奇徇異之說非極數談天者也前儒舊說天地之體狀如鳥卵天包地外猶殼之裹黃周旋無端其形渾渾然故曰渾天又曰天表裏有水兩儀轉運各乘氣而浮載水而行漢王仲任據蓋天之說以駁渾儀云舊說天轉從地下過今掘地一丈輒有水天何得從水中行乎甚不然也日隨天而轉非入地夫人目所望不過十里天地合矣實非合也遠使然耳今視日入非入也亦遠耳當日入西方之時其下之人亦將謂之爲中也四方之人各以其近者爲出遠者爲入矣何以明之今試使一人把大炬火夜行於平地去人十里火光滅矣非火滅也遠使然耳今日西轉不復見是火滅之類也日月不圓也望視之所以圓者去人遠也夫日火之精也月水之精也水火在地不圓在天何故圓丹陽葛洪釋之曰渾天儀注云天如雞子地如中黃孤居於天內天大而地小天表裏有水天地各乘氣而立載水而行周天三百六十五度四分度之一又中分之則半覆地上半繞地下故二十八宿半見半隱天轉如車轂之運也諸論天者雖多然精於陰陽者少張平子陸公紀之徒咸以爲推步七曜之道以度曆象昏明之證候校以四八之氣考以漏刻之分占晷影之往來求形驗於事情莫密於渾象也張平子既作銅渾天儀於密室中以漏水轉之與天皆合如符契也崔子玉爲其碑銘曰數術窮天地制作侔造化高才偉藝與神合契蓋由於平子渾儀及地動儀之有驗故也若天果如渾者則天之出入行於水中爲必然矣故黃帝書曰天在地外水在天外水浮天而載地者也又易曰時乘六龍夫陽爻稱龍龍者居水之物以喻天天陽物也又出入水中與龍相似故比以龍也聖人仰觀俯察審其如此故晉卦坤上離下以證日出於地也又明夷之卦離下坤上以證日入於地也又需卦乾下坎上此亦天入水中之象也天爲金金水相生之物也天出入水中當有何損而謂爲不可乎然則天之出入水中無復疑矣又今視諸星出於東者初但去地小許耳漸而西行先經人上後遂轉西而下焉不旁旋也其先在西之星亦稍下而沒無北轉者日之出入亦然若謂天磨石轉者衆星日月宜隨天而迴初在於東次經於南次到於西次及於北而復還於東不應橫過去也今日出於東冉冉轉上及其入西亦復漸漸稍下都不繞邊北去了了如此王生必固謂爲不然者疏矣今日徑千里其中足以當小星之數十也若日以轉遠之故但當光曜不能復來照及人耳宜猶望見其體不應都失其所在也日光既盛其體又大於星今見極北之小星而不見日之在北者明其不北行也若日以轉遠之故不復可見其比入之間應當稍小而日方入之時反乃更大此非轉遠之徵也王生以火炬喻日吾亦將借子之矛以刺子之楯焉把火之人去人轉遠其光轉微而日月自出至入不漸小也王生以火喻之謬矣又日之入西方視之稍稍去初尚有半如橫破鏡之狀須臾淪沒矣若如王生之言日轉北去者其北都沒之頃宜先如豎破鏡之狀不應如橫破鏡也如此言之日入北方不亦孤孑乎又月之光微不及日遠矣月盛之時雖有重雲蔽之不見月體而夕猶朗然是月光猶從雲中而照外也日若繞西及北者其光故應如月在雲中之狀不得夜便大暗也又日入則星月出焉明知天以日月分主晝夜相代而照也若日常出者不應日亦入而星月出也又案河洛之文皆云水火者陰陽之餘氣也夫言餘氣則不能生日月可知也顧當言日精生火者可耳若水火是日月所生則亦何得盡如日月之圓乎今火出於陽燧陽燧圓而火不圓也水出於方諸方諸方而水不方也又陽燧可以取火於日而無取日於火之理此則日精之生火明矣方諸可以取水於月無取月於水之道此則月精之生水了矣王生又云遠故視之圓若審然者月初生之時及既虧之後何以視之不圓乎而日食或上或下從側而起或如鉤至盡若遠視見圓不宜見其殘缺左右所起也此則渾天之體信而有徵矣宋何承天論渾天象體曰詳尋前說因觀渾儀研求其意有悟天形正圓而水居其半地中高外卑水周其下言四方者東曰暘谷日之所出西曰濛汜日之所入莊子又云北溟有魚化而爲鳥將徙於南溟斯亦古之遺記四方皆水證也四方皆水謂之四海凡五行相生水生於金是故百川發源皆自山出由高趣下歸注於海日爲陽精光曜炎熾一夜入水所經焦竭百川歸注足以相補故旱不爲減浸不爲益又云周天三百六十五度三百四分之七十五天常西轉一日一夜過周一度南北二極相去一百一十六度三百四分度之六十五彊即天經也黃道衺帶赤道春分交於奎七度秋分交於軫十五度冬至斗十四度半彊夏至井十六度半從北極扶天而南五十五度彊則居天四維之中最高處也即天頂也其下則地中也自外與王蕃大同王蕃渾天說具於晉史舊說渾天者以日月星辰不問春秋冬夏晝夜晨昏上下去地中皆同無遠近列子曰孔子東遊見兩小兒闘問其故一小兒曰我以日始出去人近而日中時遠也一小兒曰我以爲日初出遠而日中時近也言初出近者曰日初出大如車蓋及其日中裁如盤蓋此不爲遠者小近者大乎言日初出遠者曰日初出時滄滄涼涼及其中時熱如探湯此不爲近者熱遠者涼乎桓譚新論云漢長水校尉平陵關子陽以爲日之去人上方遠而四傍近何以知之星宿昏時出東方其間甚疎相離丈餘及夜半在上方視之甚數相離一二尺以準度望之逾益明白故知天上之遠於傍也日爲天陽火爲地陽地陽上升天陽下降今置火於地從傍與上診其熱遠近殊不同焉日中正在上覆蓋人人當天陽之衝故熱於始出時又新從太陰中來故復涼於其西在桑榆間也桓君山曰子陽之言豈其然乎張衡靈憲曰日之薄地闇其明也由闇視明明無所屈是以望之若大方其中天地同明明還自奪故望之若小火當夜而揚光在晝則不明也月之於夜與日同而差微晉著作郎陽平束晳字廣微以爲傍方與上方等傍視則天體存於側故日出時視日大也日無小大而所存者有伸厭厭而形小伸而體大蓋其理也又日始出時色

白者雖大不甚始出時色赤者其大則甚此終以人目之惑無遠近也且夫置器廣庭則函牛之鼎如釜堂崇十仞則八尺之人猶短物有陵之非形異也夫物有惑心形有亂目誠非斷疑定理之主故仰遊雲以觀日月常動而雲不移乘船以涉水水去而船不徙矣安岌云余以爲子陽言天陽下降日下熱束晳言天體存於目則日大頗近之矣渾天之體圓周之徑詳之於天度驗之於晷影而紛然之說由人目也參伐初出在旁則其間疏在上則其間數以渾驗之度則均也旁之與上理無有殊也夫日者純陽之精也光明外曜以眩人目故人視日如小及其初出地有遊氣以厭日光不眩人目卽日赤而大也無遊氣則色白大不甚矣地氣不及天故一日之中晨夕日色赤而中時日色白地氣上升蒙蒙四合與天連者雖中時亦赤矣日與火相類火則體赤而炎黃日赤宜矣然日色赤者猶火無炎也光衰失常則爲異矣梁奉朝請祖暅曰自古論天者多矣而羣氏糾紛至相非毀竊覽同異稽之典經仰觀辰極傍矚四維覩日月之升降察五星之見伏校之以儀象覆之以晷漏則渾天之理信而有徵輒遺衆說附渾儀云考靈曜先儒求得天地相去十七萬八千五百里以晷影驗之失於過多既不顯求之術而虛設其數蓋夸誕之辭宜非聖人之旨也學者多因其說而未之革豈不知尋其理歟抑未能求其數故也王蕃所考校之前說不啻減半雖非揆格所知而求之以理誠未能遙趣其實蓋近密乎輒因王蕃天高數以求冬至春分日高及南戴日下去地中數法令表高八尺與冬至影長一丈三尺各自乘并而開方除之爲法天高乘表高爲實實如法得四萬二千六百五十八里有奇卽冬至日高也以天高乘冬至影長爲實實如法得六萬九千三百二十里有奇卽冬至南戴日下去地中數也求春秋分數法令表高及春秋分影長五尺三寸九分各自乘并而開方除之爲法因冬至日高實而以法除之得六萬七千五百二里有奇卽春秋分日高也以天高乘春秋分影長實實如法而一得四萬五千四百七十九里有奇卽春秋分南戴日下去地中數也南戴日下所謂丹穴也推北極里數法夜於地中表南傅地遙望北辰細星之末令與表端參合以人目去表數及表高各自乘并而開方除之爲法天高乘表高數爲實實如法而一卽北辰細星高地數也天高乘人目去表爲實實如法卽去北戴極下之數也北戴斗極爲空桐

日去赤道表裏二十四度遠寒近暑而中和二分之日去天頂三十六度日去地中四時同度而有寒暑者地氣上騰天氣下降故遠日下而寒近日下而暑非有遠近也猶火居上雖遠而炎在傍雖近而微視日在傍而大居上而小者仰矚爲難平觀爲易也由視有夷險非遠近之効也今懸珠於百仞之上或置之於百仞之前從而觀之則大小殊矣先儒弗斯取驗虛繁翰墨夷途頓轡雄辭析辯不亦迂哉今大寒在冬至後二氣者寒積而未消也大暑在夏至後二氣者暑積而未歇也寒暑均和乃在春秋分後二氣者寒暑積而未平也譬之火始入室而未甚溫弗事加薪久而逾熾既已遷之猶有餘熱也

## 渾天儀

案虞書舜在琁璣玉衡以齊七政則考靈曜所謂觀玉儀之遊昏明主時乃命中星者也琁璣中而星未中爲急急則日過其度月不及其宿琁璣未中而星中爲舒舒則日不及其度月過其宿琁璣中而星中爲調調則風雨時庶草蕃蕪而五穀登萬事康也所言琁璣者謂渾天儀也故春秋文耀鉤云唐堯卽位羲和立渾儀而先儒或因星官書北斗第二星名琁第三星名璣第五星名玉衡仍七政之言卽以爲北斗七星載筆之官莫之或辨史遷班固猶且致疑馬季長創謂璣衡爲渾天儀鄭玄亦云其轉運者爲璣其持正者爲衡皆以玉爲之七政者日月五星也以璣衡視其行度以觀天意也故王蕃云渾天儀者羲和之舊器積代相傳謂之璣衡其爲用也以察三光以分宿度者也又有渾天象者以著天體以布星辰而渾象之法地當在天中其勢不便故反觀其形地爲外匡於已解者無異在內詭狀殊體而合於理可謂奇巧然斯二者以考於天蓋密矣又云古舊渾象以二分爲一度周七尺三寸半而莫知何代所造今案虞喜云洛下閎爲漢孝武帝於地中轉渾天定時節作太初曆或其所製也漢孝和帝時太史揆候皆以赤道儀與天度頗有進退以問典星待詔姚崇等皆曰星圖有規法日月實從黃道官無其器至永元十五年詔左中郎將賈逵乃始造太史黃道銅儀至桓帝延熹七年太史令張衡更以銅製以四分爲一度周天一丈四尺六寸一分亦於密室中以漏水轉之令司之者閉戶而唱之以告靈臺之觀天者琁璣所加某星始見某星已中某星今沒皆如合符蕃以古製局小以布星辰相去稠概不得了察張衡所作又復傷大難可轉移蕃今所作以三分爲一度周一丈九寸五分四分之三長古法三尺六寸五分四分分之一減衡法亦三尺六寸五分四分分之一渾天儀法黃赤道各廣一度有半故今所作渾象黃赤道各廣四分半相去七寸二分又云黃赤二道相共交錯其間相去二十四度以兩儀準之二道俱三百六十五度有奇又赤道見者常一百八十二度半彊又南北考之天見者亦一百八十二度半彊是以知天之體圓如彈丸南北極相去一百八十二度半彊也而陸績所作渾象形如鳥卵以施二道不得如法若使二道同規則其間相去不得滿二十四度若令相去二十四度則黃道當長於赤道又兩極相去不翅八十二度半彊案績說云天東西徑三十五萬七千里直徑亦然則績意亦以天爲正圓也器與言謬頗爲乖僻然則渾天儀者其制有機有衡既動靜兼狀以效二儀之情又周旋衡管用考三光之分所以揆正宿度準步盈虛求古之遺法也則先儒所言圓規徑八尺漢候臺銅儀蔡邕所欲寢伏其下者是也梁華林重雲殿前所置銅儀其制則有雙環規相並間相去三寸許正豎當子午其子午之間應南北極之衡各合而爲孔以象南北樞植楗於前後以屬焉又有單橫規高下正當渾之半皆周帀分爲度數署以維辰之位以象地又有單規斜帶南北之中與春秋二分之日道相應亦周帀分爲度數而署以維辰並相連著屬楗植而不動其裏又有雙規相並如外雙規內徑八尺周二丈四尺而屬雙軸軸兩頭出規外各二寸許合兩爲一內有孔圓徑二寸許南頭入地下注於外雙規南樞孔中以象南極北頭出地上入於外雙規北樞孔中以象北極其運動得東西轉以象天行其雙軸之間則置衡長八尺通中有孔圓徑一寸當衡之半兩邊有關各注著雙軸衡既隨天象東西轉運又自於雙軸間得南北低仰所以準驗辰曆分考次度其於揆測唯所欲爲之者也檢其鐫題是僞劉曜光初六年史官丞南陽孔挺所造則古之渾儀之法者也而宋御史中丞何承天及太中大夫徐爰各著宋史咸以爲卽張衡所造其儀略舉天狀而不綴經星七曜魏晉喪亂沉沒西戎義熙十四年宋高祖定咸陽得之梁尚書沈約著宋史亦云然皆失之遠矣後魏道武天興初命太史令晁崇修渾儀以觀星象十有餘載至明元永興四年壬子詔造太史候部鐵儀以爲渾天法考琁璣之正其銘曰於皇大代配天比祚赫赫明明聲烈遐布爰造茲器考正宿度貽法後葉永垂典故其製並以銅鐵唯誌星度以銀錯之南北柱曲抱雙規東西柱直立下有十字水平以植四柱十字之上以龜負雙規其餘皆與劉曜儀大同卽今太史候臺所用也

## 渾天象

渾天象者其制有機而無衡梁末祕府有以木爲之其圓如丸其大數圍南北兩頭有軸徧體布二十八宿三家星黃赤二道及天漢等別爲橫規環以匡其外高下管之以象地南軸頭入地柱於南植以象南極北軸頭出於地上注於北植以象北極正東西運轉昏明中星既其應度分至氣節亦驗在不差而已不如渾儀別有衡管測揆日月分步星度者也吳太史令陳苗云先賢制木爲儀名曰渾天卽此之謂耶由斯而言儀象二器遠不相涉則張衡所造蓋亦止在渾象七曜而何承天莫辨儀象之異亦爲乖矣宋文帝以元嘉十三年詔太史更造渾儀太史令錢樂之依案舊說采效儀象鑄銅爲之五分爲一度徑六尺八分少周一丈八尺二寸六分少地在天內不動立黃赤二道之規南北二極之規布列二十八宿北斗極星置日月五星於黃道上爲之杠軸以象天運昏明中星與天相符梁末置於文德殿前至如斯制以爲渾儀儀則內闕衡管以爲渾象而地不在外是參兩法別爲一體就器用而求猶渾象之流外內天地之狀不失其位也吳時又有葛衡明達天官能爲機巧改作渾天使地居于天中以機動之天動而地上以上應晷度則樂之之所放述也到元嘉十七年又作小渾天二分爲一度徑二尺二寸周六尺六寸安二十八宿中外官星備足以白青黃等三色珠爲三家星其日月五星悉居黃道亦象天運而地在其中宋元嘉所造儀象器開皇九年平陳後並入長安大業初移於東都觀象殿

## 蓋圖

晉侍中劉智云顓頊造渾儀黃帝爲蓋天然此二器皆古之所制但傳說義者失其用耳昔者聖王正曆明時作圓蓋以圖列宿極在其中迴之以觀天象分三百六十五度四分度之一以定日數日行於星紀轉迴右行故圓規之以爲日行道欲明其四時所在故於春也則以青爲道於夏也則以赤爲道於秋也則以白爲道於冬也則以黑爲道四季之末各十八日則以黃爲道蓋圖已定仰觀雖明而未可正昏明分晝夜故作渾儀以象天體今案自開皇已後天下一統靈臺以後魏鐵渾

天儀測七曜盈縮以蓋圖列星坐分黃赤二道距二十八宿分度而莫有更爲渾象者矣仁壽四年河間劉焯造皇極曆上啓於東宮論渾天云璿璣玉衡正天之器帝王欽若世傳其象漢之孝武詳考律曆糾洛下閎鮮于妄人等共所營定逮于張衡又尋述作亦其體制不異閎等雖閎制莫存而衡造有器至吳時陸績王蕃並要修鑄績小有異蕃乃事同宋有錢樂之魏初晁崇等總用銅鐵小大有殊規域經模不異蕃造觀蔡邕月令章句鄭玄注考靈曜勢同衡法迄今不改焯以愚管留情推測見其數制莫不違爽失之千里差若毫氂大象一乖餘何可驗況赤黃均度月無出入至所恒定氣不別衡分刻本差輪迴守故其爲疏謬不可復言亦既由理不明致使異家間出蓋及宣夜三說並驅平昕安穹四天騰沸至當不二理唯一揆豈容天體七種殊說又影漏去極就渾可推百骸共體本非異物此眞已驗彼僞自彰豈朗日未暉爝火不息理有而闕詎不可悲者也昔蔡邕自朔方上書曰以八尺之儀度知天地之象古有其器而無其書常欲寢伏儀下案度成數而爲立說邕以負罪朔裔書奏不許邕若蒙許亦必不能邕才不踰張衡衡本豈有遺思也則有器無書觀不能悟焯今立術改正舊渾又以二至之影定去極晷漏并天地高遠星辰運周所宗有本皆有其率祛今賢之巨惑稽往哲之羣疑豁若雲披朗如霧散爲之錯綜數卷已成待得影差謹更啓送又云周官夏至日影尺有五寸張衡鄭玄王蕃陸績先儒等皆以爲影千里差一寸言南戴日下萬五千里表影正同天高乃異考之算法必爲不可寸差千里亦無典說明爲意斷事不可依今交愛之州表北無影計無萬里南過戴日是千里一寸非其實差焯今說渾以道爲率道里不定得差乃審既大聖之年升平之日釐改羣謬斯正其時請一水工并解算術士取河南北平地之所可量數百里南北使正審時以漏平地以繩隨氣至分同日度影得其差率里卽可知則天地無所匿其形辰象無所逃其數超前顯聖効象除疑請勿以人廢言不用至大業三年勑諸郡測影而焯尋卒事遂寢廢

## 地中

周禮大司徒職以土圭之法測土深正日景以求地中此則渾天之正說立儀象之大本故云日南則景短多暑日北則景長多寒日東則景夕多風日西則景朝多陰日至之景尺有五寸謂之地中天地之所合也四時之所交也風雨之所會也陰陽之所和也然則百物阜安乃建王國焉又考工記匠人建國水地以縣置槷以縣眂以景爲規識日出之景與日入之景晝參諸日中之影夜考之極星以正朝夕案土圭正影經文闕畧先儒解說又非明審祖暅錯綜經注以推地中其法曰先驗昏旦定刻漏分辰次乃立儀表於準平之地名曰南表漏刻上水居日之中更立一表於南表影末名曰中表夜依中表以望北極樞而立北表令參相直三表皆以縣準定乃觀三表直者其立表之地卽當子午之正三表曲者地偏僻每觀中表以知所偏中表在西則立表處在地中之西當更向東求地中若中表在東則立表處在地中之東也當更向西求地中取三表直者爲地中之正又以春秋二分之日旦始出東方半體乃立表於中表之東名曰東表令東表與日及中表參相直是日之夕日入西方半體又立表於中表之西名曰西表亦從中表西望西表及日參相直乃觀三表直者卽地南北之中也若中表差近南則所測之地在卯酉之南中表差在北則所測之地在卯酉之北進退南北求三表直正東西者則其地處中居卯酉之正也

## 晷景

昔者周公測晷景於陽城以參考曆紀其於周禮在大司徒之職以土圭之法測土深正日景以求地中日至之景尺有五寸則天地之所合四時之所交百物阜安乃建王國然則日爲陽精玄象之著然者也生靈因之動息寒暑由其遞代觀陰陽之升降揆天地之高遠正位辨方定時考閏莫近於茲也古法簡畧旨趣難究術家考測互有異同先儒皆云夏至立八尺表於陽城其影與土圭等案尚書考靈曜稱日永景尺五寸日短景尺三寸易通卦驗曰冬至之日樹八尺之表日中視其晷景長短以占和否夏至景一尺四寸八分冬至一丈三尺周髀云成周土中夏至景一尺六寸冬至景一丈三尺五寸劉向鴻範傳曰夏至景長一尺五寸八分冬至一丈三尺一寸四分春秋二分景七尺三寸六分後漢四分曆魏景初曆宋元嘉曆大明祖冲之曆皆與考靈曜同漢魏及宋所都皆別四家曆法候景則齊且緯候所陳恐難依據劉向二分之景直以率推非因表候定其長短然尋晷景尺丈雖有大較或地域不改而分寸參差或南北殊方而長短維一蓋術士未能精驗馮古所以致乖今刪其繁雜附於此云梁天監中祖暅造八尺銅表其下與圭相連圭上爲溝置水以取平正揆測日晷求其盈縮至大同十年大史令虞劆又用九尺表格江左之景夏至一尺三寸二分冬至一丈三尺七分立夏立秋二尺四寸五分春分秋分五尺三寸九分陳氏一代唯用梁法齊神武以洛陽舊器並徙鄴中以暨文宣受終竟未考驗至武平七年訖于景禮始薦劉孝孫張孟賓等於後主劉張建表測景以考分至之氣草創未就仍遇朝亡周自天和以來言曆者紛紛復出亦驗二至之景以考曆之精麤及高祖踐極之後大議造曆張胄玄兼明揆測言日長之瑞有詔司存而莫能考决至開皇十九年袁充爲太史令欲成胄玄舊事復表曰隋興已後日景漸長開皇元年冬至之景長一丈二尺七寸二分自爾漸短至十七年冬至景一丈二尺六寸三分四年冬至在洛陽測景長一丈二尺八寸八分二年夏至景一尺四寸八分自爾漸短至十六年夏至景一尺四寸五分其十八年冬至陰雲不測元年十七年十八年夏至亦陰雲不測周官以土圭之法正日景日至之景尺有五寸鄭玄云冬至之景一丈三尺今十六年夏至之景短於舊五分十七年冬至之景短於舊三寸七分日去極近則景短而日長去極遠則景長而日短行內道則去極近行外道則去極遠堯典云日短星昴以正仲冬據昴星昬中則知堯時仲冬日在須女十度以曆數推之開皇以來冬至日在斗十一度與唐堯之代去極俱近謹案元命包云日月出內道璇璣得其常天帝崇靈聖王初功京房別對曰太平日行上道升平日行次道霸代日行下道伏惟大隋啓運上感乾元景短日長近古希有是時廢庶人勇晉王廣初爲太子充奏此事深合時宜上臨朝謂百官曰景長之慶天之祐也今太子新立當須改元宜取日長之意以爲年號由是改開皇二十一年爲仁壽元年此後百工作役並加程課以日長故也皇太子率百官詣闕陳賀案日徐疾盈縮無常充等以爲祥瑞大爲議者所貶又考靈曜周髀張衡靈憲及鄭玄注周官並云日影於地千里而差一寸案宋元嘉十九年壬午使使往交州測影夏至之日影出表南三寸二分何承天遙取陽城云夏至一尺五寸計陽城去交州路當萬里而影實差一尺八寸二分是六百里而差一寸也又梁大同中二至所測以八尺表率取之夏至當一尺一寸七分彊後魏信都芳注周髀四術稱永平元年戊子當梁天監之七年見洛陽測影又見公孫崇集諸朝士共觀祕書影同是夏至日其中影皆長一尺五寸八分以此推之金陵去洛南北畧當千里而影差四寸則二百五十里而影差一寸也況人路迂迴山川登降方於鳥道所校彌多則千里之言未足依也其揆測參差如此故備論之

## 漏刻

昔黃帝創觀漏水制器取則以分晝夜其後因以命官周禮挈壺氏則其職也其法總以百刻分于晝夜冬至晝漏四十刻夜漏六十刻夏至晝漏六十刻夜漏四十刻春秋二分晝夜各五十刻日未出前二刻半而明既沒後二刻半乃昬減夜五刻以益晝漏謂之昬旦漏刻皆隨氣增損冬夏二至之間晝夜長短凡差二十刻每差一刻爲一箭冬至互起其首凡有四十一箭晝有朝有禺有中有晡有夕夜有甲乙丙丁戊昬旦有星中每箭各有其數皆所以分時代守更其作役漢興張蒼因循古制猶多疎闊及孝武考定星曆下漏以追天度亦未能盡其理劉向鴻範傳記武帝時所用法云冬夏二至之間一百八十餘日晝夜差二十刻大率二至之後九日而增損一刻焉至哀帝時又改用晝夜一百二十刻尋亦寢廢至王莽竊位又遵行之光武之初亦以百刻九日加減法編於甲令爲常符漏品至和帝永元十四年霍融上言官曆率九日增減一刻不與天相應或時差至二刻半不如夏曆漏刻隨日南北爲長短乃詔用夏曆漏刻依日行黃道去極每差二度四分爲增減一刻凡用四十八箭終於魏晉相傳不改宋何承天以月蝕所在當日之衝考驗日宿知移舊六度冬至之日其影極長測量晷度知冬至移舊四日前代諸漏春分晝長秋分晝短差過半刻皆由氣日不正所以而然遂議造漏法春秋二分昬旦晝夜漏各五十五刻齊及梁初因循不改至天監六年武帝以晝夜百刻分配十二辰辰得八刻仍有餘分乃以晝夜爲九十六刻一辰有全刻八焉至大同十年又改用一百八刻依尚書考靈曜晝夜三十六頃之數因而三之冬至晝漏四十八刻夜漏六十刻夏至晝漏七十刻夜漏三十八刻春秋二分晝漏六十刻夜漏四十八刻昬旦之數各三刻先令祖暅爲漏經皆依渾天黃道日行去極遠近爲用箭日率陳文帝天嘉中亦命舍人朱史造漏依古百刻爲法周齊因循魏漏晉宋梁大同並以百刻分于晝夜隋初用周朝尹公正馬顯所造漏經至開皇十四年鄜州司馬袁充上晷影漏刻充以短影平儀均十二辰立表隨日影所指辰刻以驗漏水之節十二辰刻互有多少時正前後刻亦不同其二至二分用箭辰刻之法今列之

云

冬至日出辰正　入申正　晝四十刻
夜六十刻　子丑亥各二刻　寅戌各六刻
卯酉各十三刻　辰申各十四刻　巳未各十刻
午八刻
右十四日改箭

春秋二分日出卯正　入酉正　晝五十刻
夜五十刻　子四刻　丑亥七刻　寅戌九刻
卯酉十四刻　辰申九刻　巳未七刻　午四刻
右五日改箭

夏至日出寅正　入戌正　晝六十刻
夜四十刻　子八刻　丑亥十刻　寅戌十四刻
卯酉十三刻　辰申六刻　巳未二刻　午二刻
右一十九日加減一刻改箭

袁充素不曉渾天黃道去極之數苟役私智變改舊章其於施用未爲精密開皇十七年張胄玄用後魏渾天鐵儀測知春秋二分日出卯酉之北不正當中與何承天所測頗同皆日出卯三刻五十五分入酉四刻二十五分晝漏五十刻一十分夜漏四十九刻四十分晝夜差六十分刻之四十仁壽四年劉焯上皇極曆有日行遲疾推二十四氣皆有盈縮定日春秋分定日去冬至各八十八日有奇去夏至各九十三日有奇二分定日晝夜各五十刻又依渾天黃道驗知冬至夜漏五十九刻一百分刻之八十六晝漏四十刻一十四分夏至晝漏五十九刻八十六分夜漏四十刻一十四分冬夏二至之間晝夜差一十九刻一百分刻之七十二胄玄及焯漏刻並不施用然其法制皆著在曆術推驗加時最爲詳審大業初耿詢作古欹器以漏水注之獻于煬帝帝善之因令與宇文愷依後魏道士李蘭所修道家上法稱漏制造稱水漏器以充行從又作候景分箭上水方器置於東都乾陽殿前鼓下司辰又作馬上漏刻以從行辨時刻揆日晷下漏刻此二者測天地正儀象之本也晷漏沿革今古大殊故列其差以補前闕

經星中宮

北極五星鉤陳六星皆在紫宮中北極辰也其紐星天之樞也天運無窮三光迭耀而極星不移故曰居其所而衆星共之賈逵張衡蔡邕王蕃陸績皆以北極紐星爲樞是不動處也祖暅以儀準候不動處在紐星之末猶一度有餘北極大星太一之座也第一星主月太子也第二星主日帝王也第三星主五星庶子也所謂第一星者最赤明者也北極五星最爲尊也中星不明主不用事右星不明太子憂鉤陳後宮也太帝之正妃也太帝之坐也北四星曰女御宮八十一御妻之象也鉤陳口中一星曰天皇太帝其神曰耀魄寶主御羣靈秉萬神圖抱極樞四星曰四輔所以輔佐北極而出度授政也太帝上九星曰華蓋蓋所以覆蔽太帝之坐也又九星直曰杠蓋下五星曰五帝內坐設敘順帝所居也客犯紫宮中坐大臣犯主華蓋杠旁六星曰六甲可以分陰陽而紀節候故在帝旁所以布政教而授人時也極東一星曰柱下史主記過古者有左右史此之象也柱史北一星曰女史婦人之微者主傳漏故漢有侍史傳舍九星在華蓋上近河賓客之館主胡人入中國客星守之備姦使亦曰胡兵起傳舍南河中五星曰造父御官也一曰司馬或曰伯樂星亡馬大貴西河中九星如鉤狀曰鉤星伸則地動天一一星在紫宮門右星南天帝之神也主戰鬬知人吉凶者也太一一星在天一南相近亦天帝神也主使十六神知風雨水旱兵革饑饉疾疫災害所生之國也紫宮垣十五星其西蕃七東蕃八在北斗北一曰紫微太帝之坐也天子之常居也主命主度也一曰長垣一曰天營一曰旗星爲蕃衞備蕃臣也宮闕兵起旗星直天子出自將宮中兵東垣下五星曰天柱建政教懸圖法之所也常以朔望日懸禁令於天柱以示百司周禮以正歲之月懸法象魏此之類也門內東南維五星曰尚書主納言夙夜諮謀龍作納言此之象也尚書西二星曰陰德陽德主周急振無宮門左星內二星曰大理主平刑斷獄也門外六星曰天牀主寢舍解息燕休西南角外二星曰內廚主六宮之飲食主后夫人與太子宴飲東北維外六星曰天廚主盛饌北斗七星輔一星在太微北七政之樞機陰陽之元本也故運乎天中而臨制四方以建四時而均五行也魁四星爲琁璣杓三星爲玉衡又象號令之主又爲帝車取乎運動之義也又魁第一星曰天樞二曰琁三曰璣四曰權五曰玉衡六曰開陽七曰搖光一至四爲魁五至七爲杓樞爲天琁爲地璣爲人權爲時玉衡爲音開陽爲律搖光爲星石氏云第一曰正星主陽德天子之象也二曰法星主陰刑女主之位也三曰令星主禍害也四曰伐星主天理伐無道五曰殺星主中央助四旁殺有罪六曰危星主天倉五穀七曰部星亦曰應星主兵又云一主天二主地三主火四主水五主土六主木七主金又曰一主秦二主楚三主梁四主吳五主趙六主燕七主齊魁中四星爲貴人之牢曰天理也輔星傅乎開陽所以佐斗成功也又曰主危正矯不平又曰丞相之象也七政星明其國昌不明國殃斗旁欲多星則安斗中少星則人恐上天下多訟法者無星二十日有輔星明而斗不明臣彊主弱斗明輔不明主彊臣弱也杓南三星及魁第一星皆曰三公宣德化調七政和陰陽之官也

文昌六星在北斗魁前天之六府也主集計天道一曰上將大將建威武二曰次將尚書正左右三曰貴相太常理文緒四曰司祿司中司隸賞功進五曰司命司怪太史主滅咎六曰司寇大理佐理寶所謂一者起北斗魁前近內階者也明潤大小齊天瑞臻文昌北六星曰內階天皇之陛也相一星在北斗南相者總領百司而掌邦教以佐帝王安邦國集衆事也其明吉太陽守一星在相西大將大臣之象也主戒不虞設武備也非其常兵起西北四星曰勢勢腐刑人也天牢六星在北斗魁下貴人之牢也主愆過禁暴淫太微天子庭也五帝之坐也亦十二諸侯府也其外蕃九卿也一曰太微爲衡衡主平也又爲天庭理法平辭監升授德列宿受符諸神考節舒情稽疑也南蕃中二星間曰端門東曰左執法廷尉之象也西曰右執法御史大夫之象也執法所以舉刺凶姦者也左執法之東左掖門也右執法之西右掖門也東蕃四星南第一曰上相其北東太陽門也第二星曰次相其北中華東門也第三星曰次將其北東太陰門也第四星曰上將所謂四輔也西蕃四星南第一星曰上將其北西太陽門也第二星曰次將其北中華西門也第三星曰次相其北西太陰門也第四星曰上相亦四輔也東西蕃有芒及搖動者諸侯謀天子也執法移則刑罰尤急月五星所犯中坐成刑月五星入太微軌道吉西南角外三星曰明堂天子布政之宮也明堂西三星曰靈臺觀臺也主觀雲物察符瑞候災變也左執法東北一星曰謁者主贊賓客也謁者東北三星曰三公內坐朝會之所居也三公北三星曰九卿內坐主治萬事九卿西五星曰內五諸侯內侍天子不之國者也辟雍之禮得則太微諸侯明黃帝坐一星在太微中含樞紐之神也天子動得天度止得地意從容中道則太微五帝坐明坐以光黃帝坐不明人主求賢士以輔法不然則奪勢又曰太微五坐小弱青黑天子國亡四帝坐四星四星夾黃帝坐東方星蒼帝靈威仰之神也南方星赤帝熛怒之神也西方星白帝招距之神也北方星黑帝叶光紀之神也五帝坐北一星曰太子帝儲也太子北一星曰從官侍臣也帝坐東北一星曰幸臣屏四星在端門之內近右執法屏所以壅蔽帝庭也執法主刺舉臣尊敬君上則星光明潤澤郎位十五星在帝坐東北一曰依烏郎位也周官之元士漢官之光祿中散諫議郎三署郎中是其職也或曰今之尚書也郎位主衞守也其星明大臣有劫主又曰客犯上其星不具后死幸臣誅客星入之大臣爲亂郎將一星在郎位北主閱具所以爲武備也武賁一星在太微西蕃北下台南靜室旄頭之騎官也常陳七星如畢狀坐北天子宿衞武賁之士以設彊毅也星搖動天子自出明則武兵用微則武兵弱三台六星兩兩而居起文昌列招搖太微一曰天柱三公之位也在天曰三台主開德宣符也西近文昌二星曰上台爲司命主壽次二星曰中台爲司中主宗東二星曰下台爲司祿主兵所以昭德塞違也又曰三台爲天階太一躡以上下一曰泰階上星爲天子下星爲女主中階上星爲諸侯三公下星爲卿大夫下階上星爲士下星爲庶人所以和陰陽而理萬物也其星有變各以所主占之君臣和集如其常度南四星曰內平近職執法平罪之官也中台之北一星曰大尊貴戚也下台南一星曰武賁衞官也攝提六星直斗杓之南主建時節伺禨祥攝提爲楯以夾擁帝席也主九卿明大三公恣客星入之聖人受制西三星曰周鼎主流亡大角一星在攝提間大角者天王座也又爲天棟正經紀北三星曰帝席主宴獻酬酢梗河三星在大角北梗河者天矛也一曰天鋒主胡兵又爲喪故其變動應以兵喪也星亡其國有兵謀招搖一星在其北一曰矛楯主胡兵占與梗河畧相類也招搖與北斗杓間曰天庫星去其所則有庫開之祥也招搖欲與棟星梗河北斗相應則胡常來受命於中國招搖明而不正胡不受命玄戈二星在招搖北玄戈所主與招搖同或云主北夷客星守之胡大敗天槍三星在北斗杓東一曰天鉞天之武備也故在紫宮之左所以禦難也女牀三星在其北後宮御也主女事天棓五星在女牀北天子先驅也主忿爭與刑罰藏兵亦所以禦難也槍棓皆以備非常也一星不具國兵起東七星曰扶筐盛桑之器主勸蠶也七公七星在招搖東天之相也三公之象主七政貫索九星在其前賤人之牢也一曰連索一曰連營一曰天牢主法律禁暴彊也牢口一星爲門欲其開也九星皆明天下獄煩七星見小赦五星

大赦動則斧鑕用中空則更元漢志云十五星天紀九星在貫索東九卿也九河主萬事之紀理怨訟也明則天下多辭訟亡則政理壞國紀亂散絕則地震山崩織女三星在天紀東端天女也主果蓏絲帛珍寶也王者至孝神祇咸喜則織女星俱明天下和平太星怒角布帛貴東足四星曰漸臺臨水之臺也主晷漏律呂之事西之五星曰輦道王者嬉遊之道也漢輦道通南北宮象也左右角間二星曰平道之官平道西一星曰進賢主卿相舉逸才角北二星曰天田亢北六星曰亢池亢舟航也池水也主送往迎來氐北一星曰天乳主甘露房中道一星曰歲守之陰陽平房西二星南北列曰天福主乘輿之官若禮巾車公車之政主祠事東咸西咸各四星在房心北日月五星之道也房之戶所以防淫佚也星明則吉暗則凶月五星犯守之有陰謀東咸西三星南北列曰罰星主受金贖鍵閉一星在房東北近鉤鈐主關籥天市垣二十二星在房心東北主權衡主聚衆一曰天旗庭主斬戮之事也市中星衆潤澤則歲實星稀則歲虛熒惑守之戮不忠之臣又曰若怒角守之戮者臣殺主彗星除之爲徙市易都客星入之兵大起出之有貴喪市中六星臨箕曰市樓市府也主市價律度其陽爲金錢其陰爲珠玉變見各以所主占之北四星曰天斛主量者也斛西北二星曰列肆主寶玉之貨市門左星內二星曰車肆主衆賈之區帝坐一星在天市中候星西天庭也光而潤則天子吉威令行微小凶大人當之候一星在帝坐東北主伺陰陽也明大輔臣彊四夷開候細微則國安亡則主失位移則主不安宦者四星在帝坐西南侍主刑餘之人也星微則吉明則凶非其常宦者有憂斗五星在宦者南主平量仰則天下斛不平覆則歲穰宗正二星在帝坐東南宗大夫也彗星守之若失色宗正有事客星守動則天子親屬有變客星守之貴人死宗星二在候星東宗室之象帝輔血脉之臣也客星守之宗人不和東北二星曰帛度東北二星曰屠肆各主其事天江四星在尾北主太陰江星不具天下津河關道不通明若動搖大水出大兵起參差則馬貴熒惑守之有立王客星入之河津絕天籥八星在南斗杓西主關閉建星六星在南斗北亦曰天旗天之都關也爲謀事爲天鼓爲天馬南二星天庫也中央二星市也鈇上二星旗跗也斗建之間三光道也星動則人勞月暈之蛟龍見牛馬疫月五星犯之大臣相譖臣謀主亦爲關梁不通有大水東南四星曰狗國主鮮卑烏丸沃且熒惑守之外夷爲變太白逆守之其國亂客星犯守之有大盜其王且來狗國北二星曰天雞主候時天弁九星在建星北市官之長也主列肆闤闠若市籍之事以知市珍也星欲明吉彗星犯守之糴貴囚徒起兵河鼓三星旗九星在牽牛北天鼓也主軍鼓主鈇鉞一曰三武主天子三將軍中央大星爲大將軍左星爲左將軍右星爲右將軍左星南星也所以備關梁而距難也設守阻險知謀徵也旗卽天鼓之旗所以爲旌表也左旗九星在鼓左旁鼓欲正直而明色黃光澤將吉不正爲兵憂也星怒馬貴動則兵起曲則將失計奪勢旗星戾亂相陵旗端四星南北列曰天桴桴鼓桴也星不明漏刻失時前近河鼓若桴鼓相直皆爲桴鼓用離珠五星在須女北須女之藏府也女子之星也星非故後宮亂客星犯之後宮凶虛北二星曰司命北二星曰司祿又北二星曰司危又北二星曰司非司命主舉過行罰滅不祥司祿增年延德故在六宗北犯司危主驕佚亡下司非以法多就私瓠瓜五星在離珠北主陰謀主後宮主果食明則歲熟微則歲惡后失勢非其故則山搖谷多水旁五星曰敗瓜主種天津九星梁所以度神通四方也一星不備津關道不通星明動則兵起如流沙死人亂麻微而參差則馬貴若死星亡若從河水爲害或曰水賊稱王也東近河邊七星曰車府主車之官也車府東南五星曰人星主靜衆庶柔遠能邇一曰臥星主防淫其南三星內析東南四星曰杵臼主給軍糧客星入之兵起天下聚米天津北四星如衡狀曰奚仲古車正也騰蛇二十二星在營室北天蛇星主水蟲星明則不安客星守之水雨爲災水物不收王良五星在奎北居河中天子奉車御官也其四星曰天駟旁一星曰王良亦曰天馬其星動爲策馬車騎滿野亦曰王良梁爲天橋主御風雨水道故或占津梁其星移有兵亦曰馬病客星守之橋不通前一星曰策王良之御策也主天子僕在王良旁若移在馬後是謂策馬則車騎滿野閣道六星在王良前飛道也從紫宮至河神所乘也一曰閣道主道里天子遊別宮之道也亦曰閣道所以扞難滅咎也一曰王良旗一曰紫宮旗亦所以爲旌表而不欲其動搖旗星者兵所用也傳路一星在閣道南旁別道也備閣道之敗復而乘之也一曰大僕主禦風雨亦遊從之義也東壁北十星曰天廄主馬之官若今驛亭也主傳令置驛逐漏馳騖謂其行急疾與晷漏競馳天將軍十二星在婁北主武兵中央大星天之大將也外小星吏士也大將星搖兵起大將出小星不具兵發南一星曰軍南門主誰何出入大陵八星在胃北陵者墓也大陵卷舌之口曰積京主大喪也積京中星絕則諸侯有喪民多疾兵起粟聚少則粟散星守之有土功大陵中一星曰積尸明則死人如山天船九星在大陵北居河中一曰舟星主度所以濟不通也亦主水旱不在漢中津河不通中四星欲其均明卽天下大安不則兵若喪客彗星出入之爲大水有兵中一星曰積水候水災昴西二星曰天街三光之道主伺候關梁中外之境天街西一星曰月卷舌六星在北主口語以知佞讒也曲者吉直而動天下有口舌之害中一星曰天讒主巫醫五車五星三柱九星在畢北五車者五帝車舍也五帝坐也主天子五兵一曰主五穀豐耗西北大星曰天庫主太白主秦次東北星曰獄主辰星主燕趙次東星曰天倉主歲星主魯衞次東南星曰司空主塡星主楚次西南星曰卿星主熒惑主魏五星有變皆以其所主而占之三柱一曰三泉一曰休一曰旗五車星欲均明闊狹有常也天子得靈臺之禮則五車三柱均明中有五星曰天潢天潢南三星曰咸池魚囿也月五星入天潢兵起道不通天下亂易政咸池明有龍墮死猛獸及狼害人若兵起五車南六星曰諸王察諸侯存亡西五星曰厲石金若客星守之兵動北八星曰八穀主候歲八穀一星亡一穀不登天關一星在五車南亦曰天門日月所行也主邊事主開閉芒角有兵五星守之貴人多死東井鉞前四星曰司怪主候天地日月星辰變異及鳥獸草木之妖明主聞災修德保福也司怪西北九星曰坐旗君臣設位之表也坐旗西四星曰天高臺榭之高主遠望氣象天高西一星曰天河主察山林妖變南河北河各三星夾東井一曰天高天之闕門主關梁南河曰南戍一曰南宮一曰陽門一曰越門一曰權星主火北河一曰北戍一曰北宮一曰陰門一曰胡門一曰衡星主水兩河戍間日月五星之常道也河戍動搖中國兵起南河三星曰闕丘主宮門外象魏也五諸侯五星在東井北主刺舉戒不虞又曰理陰陽察得失亦曰主帝心一曰帝師二曰帝友三曰三公四曰博士五曰太史此五者常爲帝定疑議星明大潤澤則天下大治角則禍在中五諸侯南三星曰天樽主盛饘粥以給酒食之正也積薪一星在積水東供給庖廚之正也水位四星在東井東主水衡客星若水火守犯之百川流溢軒轅十七星在七星北軒轅黃帝之神黃龍之體也后妃之主士職也一曰東陵一曰權星主雷雨之神南大星女主也次北一星妃也次將軍也其次諸星皆次妃之屬也女主南小星女御也左一星少民少后宗也右一星大民太后宗也欲其色黃小而明也軒轅右角南三星曰酒旗酒官之旗也主饗宴飲食五星守酒旗天下大酺有酒肉財物賜若爵宗室酒旗南二星曰天相丞相之象也軒轅西四星曰權權者烽火之權也邊亭之警候權北四星曰內平少微四星在太微西士大夫之位也一名處士亦天子副主或曰博士官一曰主衞掖門南第一星處士第二星議士第三星博士第四星大夫明大而黃則賢士舉也月五星犯守之處士女主憂宰相易南四星曰長垣主界域及胡夷熒惑入之胡入中國太白入之九卿謀

隋書卷十九考證

天文志上其所傳則周公受於殷商○臣召南按周髀算經本文周公問於商高云云則其人姓商名高通於數學據晉志及此志則殷時早有周髀之術而所謂商高者似卽殷商之後能傳其術者耳或疑此殷商當作商高然不容兩志並訛且下文卽曰周人志之故曰周髀知殷商二字不訛

故從沒不見也○晉志無從字此從字疑衍

當有何損而謂不可乎○按晉志此文下尚有弘桓君山一段此節去耳

紫宮垣下五星○臣召南按下字係十字之訛志言紫宮垣十五星其西蕃七東蕃八也晉志可証

五主趙六主燕○晉志作五主燕六主趙

則太微五帝坐明坐以光○臣召南按晉志作則太微五帝坐明以光是也此志明坐以光坐字疑衍

列招搖太微○晉志作列抵太微

九河主萬事之紀○臣召南按九河應作九卿

氐北一星曰天乳○氐字各本俱訛作兵今改正

中央二星市也鈇上二星旗跗也○臣召南按晉志云中央二星市也鈇鑕也上二星旗跗也據此則此志鈇字下脫鑕也二字

天弁九星○晉志作天辯以步天歌証之此是

天津九星梁所以度神通四方也○臣召南按梁字上有脫文以晉志証之當云天津九星橫河中一曰天漢一曰天江主四瀆津梁云云也此志實脫十五字存疑於此

隋書卷二十

唐太尉揚州都督監修國史上柱國趙國公臣長孫無忌等撰

# 天文志第十五

## 天文中

### 二十八舍

東方角二星爲天關其間天門也其內天庭也故黃道經其中七曜之所行也左角爲天田爲理主刑其南爲太陽道右角爲將主兵其北爲太陰道蓋天之三門猶房之四表其星明大王道太平賢者在朝動搖移徙王者行亢四星天子之內朝也總攝天下奏事聽訟理獄錄功者也一曰疏廟主疾疫星明大輔納忠天下寧人無疾疫動則多疾氐四星王者之宿宮后妃之府休解之房前二星適也後二星妾也將有繇役之事氐先動星明大則臣奉度人無勞房四星爲明堂天子布政之宮也亦四輔也下第一星上將也次次將也次次相也上星上相也南二星君位北二星夫人位又爲四表中間爲天衢之大道爲天闕黃道之所經也南間曰陽環其南曰太陽北間曰陰間其北曰太陰七曜由乎天衢則天下平和由陽道則主旱喪由陰道則主水兵亦曰天駟爲天馬主車駕南星曰左驂次左服次右服次右驂亦曰天廐又主開閉爲畜藏之所由也房星明則王者明驂星大則兵起星離則人流又北二小星曰鉤鈐房之鈐鍵天之管籥主閉藏鍵天心也王者孝則鉤鈐明近房天下同心遠則天下不和王者絕後房鉤鈐間有星及踈坼則地動河清心三星天王正位也中星曰明堂天子位爲大辰主天下之賞罰天下變動心星見祥星明大天下同暗則主暗前星爲太子其星不明太子不得代後星爲庶子後星明庶子代心星變黑大人有憂直則王失勢動則國有憂急角搖則有兵離則人流尾九星後宮之場妃后之府上第一星后也次三星夫人次星嬪妾第三星傍一星名曰神宮解衣之內室尾亦爲九子星色欲均明大小相承則後宮有叙多子孫星微細暗后有憂疾踈遠后失勢動搖則君臣不和天下亂就聚則大水箕四星亦後宮妃后之府亦曰天津一曰天雞主八風凡日月宿在箕東壁翼軫者風起又主口舌主客蠻夷胡貉故蠻胡將動先表箕焉星大明直則穀熟內外有差就聚細微天下憂動則蠻夷有使來離徙則人流動不出三日大風

北方南斗六星天廟也丞相太宰之位主褒賢進士稟授爵祿又主兵一曰天機南二星魁天梁也中央二星天相也北二星杓天府庭也亦爲天子壽命之期也將有天子之事占於斗斗星盛明王道平和爵祿行芒角動搖天子愁兵起移徙其臣逐牽牛六星天之關梁主犧牲事其北二星一曰即路一曰聚火又曰上一星主道路次二星主關梁次三星主南越搖動變色則占之星明大王道昌關梁通牛貴怒則馬貴不明失常穀不登細則牛賤中星移上下牛多死小星亡牛多疫又曰牽牛星動爲牛災須女四星天之少府也須賤妾之稱婦職之卑者也主布帛裁製嫁娶星明天下豐女功昌國充富小暗則國藏虛動則有嫁娶出納裁製之事虛二星冢宰之官也主北方主邑居廟堂祭祀祝禱事又主死喪哭泣危三星主天府天庫架屋餘同虛占星不明客有誅動則王者作宮殿有土功墳墓四星屬危之下主死喪哭泣爲墳墓也星不明天下旱動則有喪營室二星天子之宮也一曰玄宮一曰清廟又爲軍糧之府及土功事星明國昌小不明祠祀鬼神不享國家多疾動則有土功兵出野離宮六星天子之別宮主隱藏休息之所東壁二星主文章天下圖書之秘府也主土功星明王者興道術行國多君子星失色大小不同王者好武經士不用圖書隱星動則有土功離徙就聚爲田宅事

西方奎十六星天之武庫也一曰天豕亦曰封豕主以兵禁暴又主溝瀆西南大星所謂天豕目亦曰大將欲其明若帝淫佚政不平則奎有角角動則有兵不出年中或有溝瀆之事又曰奎中星明水大出婁三星爲天獄主苑牧犧牲供給郊祀亦爲興兵聚衆星明天下平和郊祀大享多子孫動則有聚衆星直則有執主之命者就聚國不安胃三星天之廚藏主倉廩五穀府也明則和平倉實動則有輸運事就聚則穀貴人流昴七星天之耳目也主西方主獄事又爲旄頭胡星也又主喪昴畢間爲天街天子出旄頭罕畢以前驅此其義也黃道之所經也昴明則天下牢獄平昴六星皆明與大星等大水七星黃兵大起一星亡爲兵喪搖動有大臣下獄及白衣之會大而數盡動若跳躍者胡兵大起一星獨跳躍餘不動者胡欲犯邊境也畢八星主邊兵主弋獵其大星曰天高一曰邊將主四夷之尉也星明大則遠夷來貢天下安失色則邊亂一星亡爲兵喪動搖邊城兵起有讒臣離徙天下獄亂就聚法令酷附耳一星在畢下主聽得失伺愆邪察不祥星盛則中國微有盜賊邊候驚外國反鬭兵連年若移動佞讒行兵大起邊尤甚月入畢多雨觜觿三星爲三軍之候行軍之藏府主葆旅收斂萬物明則軍儲盈將得勢動而明盜賊羣行葆旅起動移將有逐者參十星一曰參伐一曰大辰一曰天市一曰鈇鉞主斬刈又爲天獄主殺伐又主權衡所以平理也又主邊城爲九譯故不欲其動也參白獸之體其中三星橫列三將也東北曰左肩主左將西北曰右肩主右將東南曰左足主後將軍西南曰右足主偏將軍故黃帝占參應七將中央三小星曰伐天之都尉也主胡鮮卑戎狄之國故不欲明七將皆明大天下兵精也王道缺則芒角張伐星明與參等大臣皆謀兵起參星失色軍散參芒角動搖邊候有急天下兵起又曰有斬伐之事參星移客伐主參左足入玉井中兵大起秦大水若有喪山石爲怪參星差戾王臣貳

南方東井八星天之南門黃道所經天之亭候主水衡事法令所取平也王者用法平則井星明而端列鉞一星附井之前主伺淫奢而斬之故不欲其明明與井齊則用鉞大臣有斬者以欲殺也月宿井有風雨輿鬼五星天目也主視明察姦謀東北星主積馬東南星主積兵西南星主積布帛西北星主積金玉隨變占之中央爲積尸主死喪祠祀一曰鈇質主誅斬鬼星明大穀成不明人散動而光上賦斂重徭役多星徙人愁政令急鬼質欲其忽忽不明則安明則兵起大臣誅柳八星天之廚宰也主尚食和滋味又主雷雨若女主驕奢一曰天相一曰天庫一曰注又主木功星明大臣重愼國安廚食具注舉首王命興輔佐出星直天下謀伐其主星就聚兵滿國門七星七星一名天都主衣裳文繡又主急兵守盜賊故欲明星明王道昌闇則賢良不處天下空天子疾動則兵起離則易政張六星主珍寶宗廟所用及衣服又主天廚飲食賞賚之事星明則王者行五禮得天之中動則賞賚離徙天下有逆人就聚有兵翼二十二星天之樂府主俳倡戲樂又主夷狄遠客負海之賓星明大禮樂興四夷賓動則蠻夷使來離徙則天子舉兵軫四星主冢宰輔臣也主車騎主載任有軍出入皆占於軫又主風主死喪軫星明則車駕備動則車騎用離徙天子憂就聚兵大起轄星傅軫兩傍主王侯左轄爲王者同姓右轄爲異姓星明兵大起遠軫凶軫轄舉南蠻侵車無轄國主憂長沙一星在軫之中主壽命明則主壽長子孫昌

右四方二十八宿并輔官一百八十二星

星官在二十八宿之外者

庫樓十星其六大星爲庫南四星爲樓在角南一曰天庫兵車之府也旁十五星三三而聚者柱也中央四小星衡也主陳兵又曰天庫空則兵四合東北二星曰陽門主守隘塞也南門二星在庫樓南天之外門也主守兵平星二星在庫樓北平天下之法獄事廷尉之象也天門二星在平星北亢南七星曰折威主斬殺頓頑二星在折威東南主考囚情狀察詐僞也騎官二十七星在氐南若天子武賁主宿衛東端一星騎陣將軍騎將也南三星車騎車騎之將也陣車三星在騎官東北革車也積卒十二星在房心南主爲衞也他星守之近臣誅從官二星在積卒西北龜五星在尾南主卜以占吉凶傅說一星在尾後傅說主章祝巫官也章請號之聲也主王后之內祭祀以祈子孫廣求胤嗣詩云克禋克祀以弗無子此之象也星明大王者多子孫魚一星在尾後河中主陰事知雲雨之期也星不明則魚多亡若魚少動搖則大水暴出出漢中則大魚多死杵三星在箕南杵給庖舂客星入杵臼天下有急糠一星在箕舌前杵西北鼈十四星在南斗南鼈爲水蟲歸太陰有星守之白衣會主有水令農丈人一星在南斗西南老農主稼穡也狗二星在南斗魁前主吠守天田九星在牛南羅堰九星在牽牛東岠馬也以壅畜水潦灌溉溝渠也九坎九星在牽牛南坎溝渠也所以導達泉源疏瀉瀛溢通溝洫也九坎間十星曰天池一曰三池一曰天海主灌溉事九坎東列星北一星曰齊齊北二星曰趙趙北一星曰鄭鄭北一星曰越越東二星曰周周東南北列二星曰秦秦南二星曰代代西一星曰晉晉北一星曰韓韓北一星曰魏魏西一星曰楚楚南一星曰燕其星有變各以其國秦代東三星南北列曰離瑜離圭衣也瑜玉飾皆婦人之服星也虛南二星曰哭哭東二星曰泣泣哭皆近墳墓泣南十三星曰天壘城如貫索狀主北夷丁零匈奴敗臼四星在虛危南知凶災他星守之飢兵起危南二星曰蓋屋主治宮室之官也虛梁四星在蓋屋南主園陵寢廟非人所處故曰虛梁室南六星曰雷電室西南二星曰土功吏主司過度壁南二星曰土公土公西南五星曰礔礰礔礰南四星曰雲雨皆在壘壁北羽林四十五星在營室南一曰天軍主軍騎又主翼王也壘壁陣十二星在羽林北羽林之垣壘也主軍位爲營壅也三星有在天軍中者皆爲兵起熒惑太白辰星尤甚北落師門一星在羽林南北者宿在北方也落天之蕃落也師衆也師門猶軍門也長安城

北門曰北落門以象北也主非常以候兵有星守之虜入塞中兵起北落西北有十星曰天錢北落西南一星曰天綱主武帳北落東南九星曰八魁主張禽獸客星入之多盜賊八魁西北三星曰鈇鑕一曰鈇鉞有星入之皆爲大臣誅奎南七星曰外屏外屏南七星曰天溷厠也屏所以障之也天溷南一星曰土司空主水土之事故又知禍殃也客星入之多土功天下大疾婁東五星曰左更山虞也主澤藪竹木之屬亦主仁智婁西五星曰右更牧師也主養牛馬之屬亦主禮義二更秦爵名也天倉六星在婁南倉穀所藏也星黃而大歲熟西南四星曰天庾積廚粟之所也天囷十三星在胃南囷倉廩之屬也主給御糧也星見則囷倉實不見卽虛天廩四星在昴南一曰天廥主畜黍稷以供饗祀春秋所謂御廩此之象也天苑十六星在昴畢南天子之苑囿養禽獸之所也主馬牛羊星明則牛馬盈希則死苑西六星曰芻藁以供牛馬之食也一曰天積天子之藏府也星盛則歲豐穰希則貨財散苑南十三星曰天園植菓菜之所也畢附耳南八星曰天節主使臣之所持者也天節下九星曰九州殊口曉方俗之官通重譯者也畢柄西五星曰天陰參旗九星在參西一曰天旗一曰天弓主司弓弩之張候變禦難玉井四星在參左足下主水漿以給廚西南九星曰九游天子之旗也玉井東南四星曰軍井行軍之井也軍井未達將不言渴名取此也屏二星在玉井南屏爲屏風客星入之四足蟲大疾天厠四星在屏東溷也主觀天下疾病天矢一星在厠南色黃則吉他色皆凶軍市十三星在參東南天軍貿易之市使有無通也野鷄一星主變怪在軍市中軍市西南二星曰丈人丈人東二星曰子子東二星曰孫東井西南四星曰水府主水之官也東井南垣之東四星曰四瀆江河淮濟之精也狼一星在東井東南狼爲野將主侵掠色有常不欲變動也角而變色動搖盜賊萌胡兵起人相食躁則人主不靜不居其宮馳騁天下北七星曰天狗主守財弧九星在狼東南天弓也主備盜賊常向於狼弧矢動移不如常者多盜賊胡兵大起狼弧張害及胡天下乖亂又曰天弓張天下盡兵主與臣相謀弧南六星爲天社昔共工氏之子句龍能平水土故祀以配社其精爲星老人一星在弧南一曰南極常以秋分之旦見于景春分之夕而沒于丁見則化平主壽昌亡則君危代天常以秋分候之南郊柳南六星曰外廚廚南一星曰天紀主禽獸之齒稷五星在七星南稷農正也取乎百穀之長以爲號也張南十四星曰天廟天子之祖廟也客星守之祠官有憂翼南五星曰東區蠻夷星也軫南三十二星曰器府樂器之府也青丘七星在軫東南蠻夷之國號也青丘西四星曰土司空主界域亦曰司徒土司空北二星曰軍門主營候豹尾威旗

自攝提至此大凡二百五十四官一千二百八十三星幷二十八宿輔官名曰經星常宿遠近有度小大有差苟或失常實表災異

天漢起東方經尾箕之間謂之漢津乃分爲二道其南經傳說魚天籥天弁河鼓其北經龜貫箕下次絡南斗魁左旗至天津下而合南道乃西南行又分夾匏瓜絡人星杵造父騰蛇王良傳路閣道北端太陵天船卷舌而南行絡五車經北河之南入東井水位而東南行絡南河闕丘天狗天紀天稷在七星南而沒

## 天占

鴻範五行傳曰清而明者天之體也天忽變色是謂易常天裂陽不足是謂臣強下將害上國後分裂其下之主當之天開見光流血滂滂天裂見人兵起國亡天鳴有聲至尊憂且驚皆亂國之所生也

漢惠帝二年天開東北長三十餘丈廣十餘丈後有呂氏變亂

晉惠帝大安二年天中裂穆帝升平五年又裂廣數丈並有聲如雷其後皆有兵革之應

## 七曜

日循黃道東行一日一夜行一度三百六十五日有奇而周天行東陸謂之春行南陸謂之夏行西陸謂之秋行北陸謂之冬行以成陰陽寒暑之節是故傳云日爲太陽之精主生養恩德人君之象也又人君有瑕必露其慝以告示焉故日月行有道之國則光明人君吉昌百姓安寧日變色有軍軍破無軍喪侯王其君無德其臣亂國則日赤無光日失色所臨之國不昌日晝昏行人無影到暮不止者上刑急下人不聊生不出一年有大水日晝昏烏烏羣鳴國失政日中烏見主不明爲政亂國有白衣會日中有黑子黑氣黑雲乍三乍五臣廢其主日食陰侵陽臣掩君之象有亡國有死君有大水日食見星有殺君天下分裂王者修德以禳之

月者陰之精也其形圓其質清日光照之則見其明日光所不照則謂之魄故月望之日日月相望人居其間盡覩其明故形圓也二弦之日日照其側人觀其傍故半明半魄也晦朔之日日照其表人在其裏故不見也其行有遲疾其極遲則日行十二度強極疾則日行十四度半強遲則漸疾疾極漸遲二十七日半強而遲疾一終矣又月行之道斜帶黃道十三日有奇在黃道表又十三日有奇在黃道裏表裏極遠者去黃道六度二十七日有奇陰陽一終張衡云對日之衝其大如日日光不照謂之闇虛闇虛逢月則月食值星則星亡今曆家月望行黃道則值闇虛矣值闇虛有表裏深淺故食有南北多少月爲太陰之精以之配日女主之象也以之比德刑罰之義列之朝廷諸侯大臣之類故君明則月行依度臣執權則月行失道大臣用事兵刑失理則月行乍南乍北女主外戚擅權則或進或退月變色將有殃月晝明姦邪並作君臣爭明女主失行陰國兵強中國饑天下謀僭數月重見國以亂亡

歲星曰東方春木於人五常仁也五事貌也仁虧貌失逆春令傷木氣則罰見歲星歲星盈縮以丌舍命國丌所居久丌國有德厚五穀豐昌不可伐丌對爲衝歲乃有殃歲星安靜中度吉盈縮失次丌國有變不可舉事用兵又曰人主出象也色欲明光潤澤德合同又曰進退如度姦邪息變色亂行主無福又主福主大司農主齊吳主司天下諸侯人君之過主歲五穀赤而角丌國昌赤黃而沉丌野大穰

熒惑曰南方夏火禮也視也禮虧視失逆夏令傷火氣罰見熒惑熒惑法使行無常出則有兵入則兵散以舍命國爲亂爲賊爲疾爲喪爲饑爲兵居國受殃環繞勾已芒角動搖變色乍前乍後乍左乍右丌殃愈甚丌南丈夫北女子喪周旋止息乃爲死喪寇亂丌野亡地丌失行而速兵聚丌下順之戰勝又曰熒惑主大鴻臚主死喪主司空又爲司馬主楚吳越以南又司天下羣臣之過司驕奢亡亂妖孽主歲成敗又曰熒惑不動兵不戰有誅將丌出色赤怒逆行成鉤已戰凶有圍軍鉤已有芒角如鋒刃人主無出宮下有伏兵芒大則人民怒君子邉邉小人浪浪不有亂臣則有大喪人欺吏吏欺王又爲外則兵內則理政爲天子之理也故曰雖有明天子必視熒惑所在丌入守犯太微軒轅營室房心主命惡之

填星曰中央季夏土信也思心也仁義禮智以信爲主貌言視聽以心爲政故四星皆失填乃爲之動動而盈侯王不寧縮有軍不復所居之宿國吉得地及女子有福不可伐去之失地若有女憂居宿久國福厚易則薄失次而上二三宿曰盈有主命不成不乃大水失次而下曰縮后戚丌歲不復不乃天裂若地動一曰填爲黃帝之德女主之象主德厚安危存亡之機司天下女主之過又曰天子之星也天子失信則填星大動

太白曰西方秋金義也言也義虧言失逆秋令傷金氣罰見太白太白進退以候兵高埤遲速靜躁見伏用兵皆象之吉丌出西方失行夷狄敗出東方失行中國敗未盡期日過參天病其對國若經天天下革人更王是謂亂紀人民流亡晝與日爭明強國弱小國強女主昌又曰太白大臣其號上公也大司馬位謹候此

辰星曰北方冬水智也聽也智虧聽失逆冬令傷水氣罰見辰星辰星見主刑主廷尉主燕趙又爲燕趙代以北宰相之象亦爲殺伐之氣戰鬭之象又曰軍於野辰星爲偏將之象無軍爲刑事和陰陽應丌時不和出失丌時寒暑失丌節邦當大饑當出不出是謂擊卒兵大起在於房心間地動亦曰辰星出入躁疾常主夷狄又曰蠻夷出星亦主刑法之得失色黃而小地大動

凡五星有色大小不同各依丌行而順時應節色變有類凡青皆比參左肩赤比心大星黃比參右肩白比狼星黑比奎大星不失本色而應丌四時者吉色害丌行凶

凡五星所出所行所直之辰其國爲得位者歲星以德熒惑有禮填星有福太白兵強辰星陰陽和所行所直之辰順其色而有角者勝其色害者敗居實有德也居虛無德也色勝位行勝色行得盡勝之營室爲清廟歲星廟也心爲明堂熒惑廟也南斗爲文太室填星廟也亢爲疏廟太白廟也七星爲員官辰星廟也五星行至其廟謹候丌命

凡五星盈縮失位丌精降于地爲人歲星降爲貴臣熒惑降爲童兒歌謠嬉戲填星降爲老人婦女太白降爲仕夫處於林麓辰星降爲婦人吉凶之應隨其象告

凡五星木與土合爲內亂饑與水合爲變謀而更事與火合爲饑爲旱與金合爲白衣之會合鬭國有內亂野有破軍爲水太白在南歲星在北名曰牡年穀大熟太白在北歲星在南年或有或無火與金合爲爍爲喪不可舉事用兵從軍爲軍憂離之軍却出太白陰分宅出其陽偏將戰與土合爲憂主孼與水合爲北軍用兵舉事大敗一曰火與水合爲焠不可舉事用兵土與木合爲壅沮不可舉事用兵有覆軍下師一曰爲變謀更事必爲旱與金合爲疾爲白衣會爲內兵國亡地與木合

國饑水與金合爲變謀爲兵憂入太白中而上出破軍殺將客勝下出客亡地視旗所指㠯命破軍環繞太白若與鬬大戰客勝

凡木火土金與水鬬皆爲戰兵不在外皆爲內亂

凡同舍爲合相陵爲鬬二星相近其殃大相遠無傷七寸㠯內必之

凡月蝕五星其國亡歲以饑熒惑以亂填以殺太白以彊國戰辰以女亂

凡五星入月其野有逐相太白將僇

凡五星所聚其國王天下從歲㠯義從熒惑㠯禮從填㠯重從太白㠯兵從辰㠯法各㠯其事致天下也三星若合是謂驚立絕行其國外內有兵天喪人民改立侯王四星若合是謂太陽其國兵喪並起君子憂小人流五星若合是謂易行有德受慶改立王者奄有四方子孫蕃昌亡德受殃離其國家滅其宗廟百姓離去被滿四方五星皆大其事亦大皆小事亦小

凡五星色其圜白爲喪爲旱赤中不平爲兵爲憂青爲水黑爲疾疫爲多死黃爲吉皆角赤犯我城黃地之爭白哭泣聲青有兵憂黑有水五星同色天下偃兵百姓安寧歌儛以行不見災疾五穀蕃昌

凡五星爲政緩則不行急則過分逆則占熒惑緩則不入急則不出違道則占填緩則不還急則過舍逆則占太白緩則不出急則不入逆則占辰星緩則不出急則不入非時則占五星不失行則年穀豐昌

凡五星分天之中則于東方中國積于西方外國用兵者利辰星不出太白爲客其出太白爲主出而與太白不相從及各出一方爲格野有軍不戰五星爲五德之主其行或入黃道裏或出黃道表猶月行出有陰陽也終出入五常不可以算數求也其東行曰順西行曰逆順則疾逆則遲通而率之終爲東行矣不東不西曰留與日相近而不見曰伏伏與日同度曰合其留行逆順掩合犯法陵變色芒角凡其所主皆以時政五常五官五事之得失而見其變木火土三星行遲夜半經天其初皆與日合度而後順行漸遲追日不及晨見東方行去日稍遠朝時近中則留留經旦過中則逆行逆行至夕時近中則又留留而又順先遲漸速以至于夕伏西方乃更與日合

金水二星行速而不經天自始與日合之後行速而先日夕見西方去日前稍遠夕時欲近南方則漸遲遲極則留留而近日則逆行而合日在于日後晨見東方逆極則留留而後遲遲極去日稍遠旦時欲近南方則速行以追日晨伏于東方復與日合此五星合見遲速逆順留行之大經也昏旦者陰陽之大分也南方者太陽之位而天地之經也七曜行至陽位當天之經則虧昃留逆而不居焉此天之常道也三星經天二星不經天三天兩地之道也

凡五星見伏留行逆順遲速應曆度者爲得其行政合于常違曆錯度而失路盈縮者爲亂行亂行則爲妖星彗孛而有亡國革政兵饑喪亂之禍云

古曆五星並順行秦曆始有金火之逆又甘石並時自有差異漢初測候乃知五星皆有逆行其後相承罕能察至後魏末淸河張子信學藝博通尤精曆數因避葛榮亂隱於海島中積三十許年專以渾儀測候日月五星差變之數以算步之始悟日月交道有表裏遲速五星見伏有感召向背言日行在春分後則遲秋分後則速合朔月在日道裏則日食若在日道外雖交不虧月望值交則虧不問表裏又月行遇木火土金四星向之則速背之則遲五星行四方列宿各有所好惡所居遇其好者則留多行遲見早遇其惡者則留少行速見遲與常數並差少者差至五度多者差至三十許度其辰星之行見伏尤異晨應見在雨水後立夏前夕應見在處暑後霜降前者並不見啓蟄立夏立秋霜降四氣之內晨夕去日前後三十六度內十八度外有木火土金一星者見無者不見後張胄玄劉孝孫劉焯等依此差度爲定入交食分及五星定見定行與天密會皆古人所未得也梁奉朝請祖暅天監中受詔集古天官及圖緯舊說撰天文錄三十卷逮周氏克梁獲庾季才爲太史令撰靈臺祕苑一百二十卷占驗益備今略其雜星瑞星妖星客星流星及雲氣名狀次之於此云

瑞星

一曰景星如半月生於晦朔助月爲明或曰星大而中空或曰有三星在赤方氣與青方氣相連黃星在赤方氣中亦名德星二曰周伯星黃色煌煌然所見之國大昌三曰含譽光耀似彗喜則含譽射

星雜變

一曰星晝見若星與日並出名曰嫁女星與日爭光武且弱文且強女子爲王在邑爲喪在野爲兵又曰臣有姦心上不明臣下從橫大水浩洋又曰星晝見虹不滅臣人生明星奪日光天下有立王二曰恒星不見恒星者在位人君之類不見者象諸侯之背畔不佐王者奉順法度無君之象也又曰恒星不見主不嚴法度消又曰天子失政諸侯橫暴又曰常星列宿不見象中國諸侯微滅也三曰星鬬星鬬天下大亂四曰星搖星搖人衆將勞五曰星隕大星隕下陽失其位災害之萌也又曰衆星墜人失其所也凡星所墜國易政又曰星墜當其下有戰場天下亂期三年又曰奔星之所墜其下有兵列宿之所墜滅家邦衆星之所墜衆庶亡又曰填星墜海水泆黃星騁海水躍又曰黃星墜海水傾亦曰驍星墜而渤海決星隕如雨天子微諸侯力政五伯代興更爲盟主衆暴寡大并小又曰星辰附離天猶庶人附離王者也王者失道綱紀廢下將畔去故星畔天而隕以見其象國有兵凶則星墜爲鳥獸天下將亡則星墜爲飛蟲天下大兵則星墜爲金鐵天下有水則星墜爲土國主亡有兵則星墜爲草木兵起國主亡則星墜爲沙星墜爲人而言者善惡如其言又曰國有大喪則星墜爲龍

妖星

妖星者五行之氣五星之變各見其方以爲殃灾各以其日五色占知何國吉凶決矣行見無道之國失禮之邦爲兵爲饑水旱死亡之徵也又曰凡妖星所出形狀不同爲殃如一其出不過一年若三年必有破國屠城其君死天下大亂兵士亂行戰死於野積尸從橫餘殃不盡爲水旱兵飢疾疫之殃又曰凡妖星出見長大灾深期遠短小灾淺期近三尺至五尺期百日五尺至一丈期一年一丈至三丈期三年三丈至五丈期五年五丈至十丈期七年十丈以上期九年審以察之其灾必應彗星世所謂掃星本類星末類彗小者數寸長或竟天見則兵起大水主掃除除舊布新有五色各依五行本精所主史臣案彗體無光傅日而爲光故夕見則東指晨見則西指在日南北皆隨日光而指頓挫其芒或長或短光芒所及則爲灾又曰孛星彗之屬也偏指曰彗芒氣四出曰孛孛者孛然非常惡氣之所生也內不有大亂則外有大兵天下合謀闇蔽不明有所傷害晏子曰君若不改孛星將出彗星何懼乎由是言之災甚於彗

歲星之精流爲天棓天槍天猾天衝國皇反登一曰天棓一名覺星或曰天格本類星末銳長四丈主滅兵主奮爭又曰天棓出其國凶不可舉事用兵又曰期三月必有破軍拔城又曰天棓見女主用事其本者爲主人二曰天槍主捕制或曰攙雲如牛槍雲如馬或曰如槍左右銳長數丈天攙本類星末銳長丈三曰天猾主招亂又曰人主自恣逆天暴物則天猾起四曰天衝狀如人蒼衣赤首不動主滅位又曰衝星出臣謀主武卒發又曰天衝抱極泣帝前血濁霧下天下兗五曰國皇或曰機星散爲國皇國皇之星大而赤類南極老人星也主滅姦主內寇難見則兵起天下急或云去地一二丈如炬火狀（後客星內亦有國皇名同而占狀異）六曰反登主夷分皆少陽之精司徒之類青龍七宿之域有謀反若恣虐爲害主失春政者以出時衝爲期皆主君徵也

熒惑之精流爲析旦蚩尤旗昭明司危天攙一曰析旦或曰昭旦主弱之符又曰析旦橫出參權百尺爲相誅滅二曰蚩尤旗或曰旋星散爲蚩尤旗或曰蚩尤旗五星盈縮之所生也狀類彗而後曲象旗或曰四望無雲獨見赤雲蚩尤旗也或曰蚩尤旗如箕可長二丈末有星又曰亂國之王衆邪並積有雲若植藋竹長黃上白下名曰蚩尤旗主誅逆國又曰帝將怒則蚩尤旗出又曰虐王反度則蚩尤旗出或曰本類星而後委曲其像旗旛可長二三丈見則王者旗鼓大行征伐四方兵大起不然國有大喪三曰昭明者五星變出於西方名曰昭明金之氣也又曰赤彗分爲昭明昭明滅光象如太白七芒故以爲起霸之徵或曰機星散爲昭明又曰西方有星望之去地可六丈而有光其類太白數動察之中赤是謂西方之野星名曰昭明出則兵大起其出也下有喪出南方則西方之邦失地或曰昭明如太白不行主起有德又曰西方有星大而白有角目下視之名曰昭明金之精出則兵大起若守房心國有喪必有屠城昭明下則爲天狗所下者大戰流血四曰司危或曰機星散爲司危又曰白彗之氣分爲司危司危平以爲乖爭之徵或曰司危星大有毛兩角又曰司危星類太白數動察之而赤司危出強國盈主擊強侯兵也又曰司危見則主失法期八年豪傑起天子以不義失國有聲之臣行主德也又曰司危見則其下國相殘賊又曰司危星出正西西方之野星去地可六丈大而白類大白一曰見兵起強又曰司危出則非其下有兵衝不利五曰天攙其狀白小數動是謂攙星一名斬星天攙主殺時又曰天攙見女主用事者其本爲主人又曰天攙出其下相攙爲饑爲兵赤地千里枯骨籍籍亦曰天攙出其國內亂又曰太陽之精赤烏七宿之域有謀反恣虐爲害主失夏政

塡星之精流爲五殘六賊獄漢大賁昭星絀流茀星旬

始擊咎一曰五殘或曰旋星散爲五殘亦曰蒼彗散爲五殘故爲毀敗之徵或曰五殘五分亦曰一本而五枝也期九年姦與三九二十七大亂不可禁又曰五殘者五行之變出於東方五殘木之氣也一曰五鋒又曰五殘星出正東東方之野星狀類辰星可去地六七丈大而白主乖亡或曰東方有星望之去地可六丈大而赤察之中青或曰星表青氣如暈有毛其類歲星是謂東方之野星名曰五殘出則兵大起其出也下有喪出北則東方之邦失地又曰五殘出四蕃虛天子有急兵或曰五殘大而赤數動察之有青又曰五殘出則兵起二曰六賊者五行之氣出於南方或曰六賊火之氣也或曰六賊星形如彗又曰南方有星望之可去地六丈赤而數動察之有光其類熒惑是謂南方之野星名曰六賊出則兵起其國亂其出也下有喪出東方則南方之邦失地又曰六賊星見出正南南方之星去地可六丈大而赤數動有光三曰獄漢一曰咸漢或曰權星散爲獄漢又曰咸漢者五行之氣出於北方水之氣也獄漢青中赤表下有三彗從橫主逐王刺王又曰北方有星望之可去地六丈大而赤數動察之中青黑其類辰星是謂北方之野星名曰咸漢出則兵起其下有喪出西方則北方之邦失地又曰獄漢動諸侯驚出則陰橫四曰大賁主暴衡五曰炤星主滅邦六曰紬流動天下教主伏逃又曰紬流主自理無所逃七曰茀星在東南本有星末類茀所當之國實受其殃八曰旬始或曰樞星散爲旬始或曰五星盈縮之所生也亦曰旬始妖氣又曰旬始蚩尤也又曰旬始出於北斗旁狀如雄雞其怒青黑象伏鼈又曰黃慧分爲旬始旬始者今起也狀如雄雞土含陽以文白接精象雞故以爲立主之題期十年聖人起代又曰旬始主爭兵主亂主招橫又曰旬始照其下必有滅王五姦爭作暴骨積骸以子續食見則臣亂兵作諸侯爲虐又曰常以戊戌日視五車及天軍天庫中有奇怪曰旬始狀如鳥有喙而見者則兵大起攻戰當其首者破死又曰出見北斗聖人受命天子壽王者有福九曰擊咎出臣下主一曰臣禁主主大兵又曰土精斗七星之域以長四方司空之位有謀反恣虐者占如上

太白之精散爲天杵天柎伏靈大敗司姦天狗天殘卒起一曰天杵主牂羊二曰天柎主擊殃三曰伏靈主傾覆伏靈出天下亂復人四曰大敗主鬬衞或曰大敗出擊咎謀五曰司姦主見妖六曰天狗亦曰五星氣合之變出西南金火氣合名曰天狗或曰天狗星有毛旁有短彗下如狗形者主徵兵主討賊亦曰天狗流五將鬬又曰西北方有星長三丈而出水金氣交名曰天狗亦曰西北三星大而白名曰天狗見則大兵起天下饑人相食又曰天狗所下之處必有大戰破軍殺將伏尸流血天狗食之皆期一年中二年遠三年各以其所下之國以占吉凶（後流星內天狗名同占狀小異）七曰天殘主貪殘八曰卒起卒起見禍無時諸變有萌臣運柄又曰少陰之精大司馬之類白獸七宿之域有謀反若恣虐爲害主失秋政者期如上占禍亦應之

辰星之精散爲枉矢破女拂樞滅寶繞廷驚理大奮祀一曰枉矢或曰塡星之變爲枉矢又曰機星散爲枉矢亦曰枉矢五星盈縮之所生也弓弩之像也類大流星色蒼黑蛇行望之如有毛目長數匹著天主反萌主射愚又曰黑彗分爲枉矢枉矢者射是也枉矢見謀反之兵合射所誅亦爲以亂伐亂又曰人君暴專已則有枉矢動亦曰枉矢類流星望之有尾目長可一匹布皎皎著天見則大兵起大將出弓弩用期三年曰枉矢所觸天下之所伐射滅之象也二曰破女破女若見君臣皆誅主勝之符三曰拂樞拂樞動亂駭擾無調時又曰拂樞主制時四曰滅寶滅寶起相得之又曰滅寶主伐之五曰繞廷繞廷主亂孽六曰驚理驚理主相署七曰大奮祀大奮祀主招邪或曰大奮祀出主安之太陰之精玄武七宿之域有謀反若恣虐爲害主失冬政者期如上占禍亦應之又曰五精潛潭皆以類逆所犯行失時指下臣承類者乘而害之皆滅亡之徵也入天子宿主滅諸侯五百謀

離妖

一曰天鋒天鋒彗象矛鋒者也主從橫天下從橫則天鋒星見二曰燭星狀如太白其出也不行見則不久而滅或曰主星上有三彗上出燭星所出邑反又曰燭星所燭者城邑亂又曰燭星所出有大盜不成三曰蓬星一名王星狀如夜火之光多即至四五少即一二亦曰蓬星在西南修數丈左右兌出而易處又曰有星其色黃白方不過三尺名曰蓬星又曰蓬星狀如粉絮見則天下道術士當有出者布衣之士貴天下大平五穀成又曰蓬星出北斗諸侯有奪地以地亡有兵起星所居者期不出三年又曰蓬星出太微中天子立王四曰長庚狀如一匹布著天見則兵起五曰四塡星出四隅去地六丈餘或曰四塡去地可四丈或曰四塡星大而赤去地二丈當以夜半時出四塡星見十月而兵起又曰四塡星見四隅皆爲兵起其下六曰地維臧光地維臧光者五行之氣出於四季土之氣也又曰有星出大而赤去地二三丈如月始出謂之地維臧光四隅有星望之可去地四丈而赤黃搖動其類塡星是謂中央之野星出於四隅名曰地維臧光出東北隅天下大水出東南隅天下大旱出西南隅則有兵起出西北隅則天下亂兵大起又曰地維臧光見下有亂者亡有德者昌七曰女帛女帛者五星氣合變出東北水木氣合也又曰東北有星長三丈而出名曰女帛見則天下兵起若有大喪又東北有大星出名曰女帛見則天下有大喪八曰盜星盜星者五星氣合之變出東南火木氣合也又曰東南有星長三丈而出名曰盜星見則天下有大盜多寇賊九曰積陵積陵者五星氣合之變出西北金水氣合也又曰西南有星長三丈名曰積陵見則天下隕霜兵大起五穀不成人饑十曰端星端星者五星氣合之變出與金木水火合於四隅又四隅有星大而赤察之中黃數動長可四丈此土之氣劾於四季名曰四隅端星所出兵大起十一曰昏昌有星出西北氣青赤以環之中赤外青名曰昏昌見則天下兵起國易政先起者昌後起者亡高十丈亂一年高二十丈亂二年高三十丈亂三年十二曰莘星有星出西北狀如有環二名山勤一星見則諸侯有失地西北國十三曰白星有如星非星狀如削瓜有勝兵名曰白星白星出爲男喪十四曰菟昌西北菟昌之星有赤青環之有殃有青爲水此星見則天下改易十五曰格澤狀如炎火又曰格澤星也上黃下白從地而上下大上銳見則不種而穫又曰不有土功必有大客鄰國來者期一年二年又曰格澤氣赤如火炎炎中天上下同色東西絙天若於南北長可四五里此熒惑之變見則兵起其下伏尸流血期三年十六曰歸邪狀如星非星如雲非雲或曰有兩赤彗上向上有蓋狀如氣下連星或曰見必有歸國者十七曰濛星夜有赤氣如牙旗長短四面西南最多又曰刀星亂之象又曰徧天薄雲四方生赤黃氣長三尺乍見乍沒尋皆消滅又曰刀星見天下有兵戰鬬流血或曰徧天薄雲四方合有八氣蒼白色長三尺乍見乍沒漢京房著風角書有集星章所載妖星皆見於月旁互有五色方雲以五寅日見各五星所生云

天槍星生箕宿中　天根星生尾宿中　天荊星生心宿中　眞若星生房宿中　天猿星生氐宿中　天樓星生亢宿中　天垣星生左角宿中

皆歲星所生也見以甲寅日其星咸有兩青方在其旁

天陰星生軫宿中　晉若星生翼宿中　官張星生張宿中　天惑星生七宿中　天雀星生柳宿中　赤若星生鬼宿中　蚩尤星生井宿中

皆熒惑之所生也出在景寅日有兩赤方在其旁

天上　天伐　從星　天樞　天翟　天沸　荊彗

皆鎮星之所生也出在戊寅日有兩黃方在其旁

若星生參宿中　帚星生觜宿中　若彗星生畢宿中　竹彗星生昴宿中　牆星生胃宿中　榬星生婁宿中　白藋星生奎宿中

皆太白之所生也出在庚寅日有兩白方在其旁

天美星生壁宿中　天毚星生室宿中　天杜星生危宿中　天麻星生虛宿中　天林星生女宿中　天高星生牛宿中　端下星生斗宿中

皆辰星之所生也出以壬寅日有兩黑方在其旁

已前三十五里即五行之氣所生皆出月左右方氣之中各以其所生星將出不出日數期候之當其未出之前而見見則有水旱兵喪饑亂所指亡國失地王死破軍殺將

客星

客星者周伯老子王蓬絮國皇溫星凡五星皆客星也行諸列舍十二國分野各在其所臨之邦所守之宿以占吉凶周伯大而色黃煌煌然見其國兵起若有喪天下饑衆庶流亡去其鄉（瑞星中名狀與此同而占異）老子明大色白淳淳然所出之國爲饑爲凶爲善爲惡爲喜爲怒常出見則兵大起人主有憂王者以赦除咎則災消王蓬絮狀如粉絮拂拂然見則其國兵起若有喪白衣之會其邦饑亡又曰王蓬絮星色青而熒熒然所見之國風雨不如節焦旱物不生五穀不成登蝗蟲多國皇星出而大其色黃白望之有芒角見則兵起國多變若有水饑人主惡之衆庶多疾溫星色白而大狀如風動搖常出四隅出東南天下有兵將軍出於野出東北當有千里暴兵出西北亦如之出西南其國兵喪並起若有大水人饑又曰溫星出東南爲大將軍服屈不能發者出於東北暴骸三千里出西亦然

凡客星見其分若留止即以其色占吉凶星大事大星小事小星色黃得地色白有喪色青有憂色黑有死色赤有兵各以五色占之皆不出三年又曰客星入列宿中外官者各以其所出部舍官名爲其事所之者爲其

謀其下之國皆受其禍以所守之舍爲其期以五氣相賊者爲其使

流星

流星天使也自上而降曰流自下而升曰飛大者曰奔奔亦流星也星大者使大星小者使小聲隆隆者怒之象也行疾者期速行遲者期遲大而無光者衆人之事小而光者貴人之事大而光者其人貴且衆也乍明乍滅者賊敗成也前大後小者恐憂也前小後大者喜事也蛇行者姦事也往疾者往而不返也長者其事長久也短者事疾也奔星所墜其下有兵無風雲有流星見良久間乃入爲大風發屋折木小流星百數四面行者庶人流移之象流星異狀名占不同今略古書及荆州占所載云

流星之尾長二三丈暉然有光竟天其色白者主使也色赤者將軍使也流星有光其色黃白者從天墜有音如炬熛火下地野雉盡鳴斯天保也所墜國安有喜若水流星其色青赤名曰地鴈其所墜者起兵流星有光青赤其長二三丈名曰天鴈軍之精華也其國起兵將軍當從星所之流星暉然有光白長竟天者人主之星也主將相軍從星所之凡星如甕者爲發謀起事大如桃者爲使事流星大如缶其光赤黑有喙者名曰梁星其所墜之鄉有兵君失地

飛星大如缶若甕後皎然白前卑後高此謂頓頑其所從者多死亡削邑而不戰有飛星大如缶若甕後皎然白前卑後高搖頭乍上乍下此謂降石所下民食不足飛星大如缶若甕後皎然白星滅後白者曲環如車輪此謂解銜其國人相斬爲爵祿此謂自相齧食有飛星大如缶若甕其後皎然白長數丈星滅後白者化爲雲流下名曰大滑所下有流血積骨有飛星大如缶若甕後皎白縵縵然長可十餘丈而委曲名曰天刑一曰天飾將軍均封疆

天狗狀如大奔星色黃有聲其止地類狗所墜望之如火光炎炎衝天其上銳其下圓如數頃田處或曰星有毛旁有短彗下有狗形者或曰星出其狀赤白有光下即爲天狗一曰流星有光見人面墜無音若有足者名曰天狗其色白其中黃黃如遺火狀主候兵討賊見則四方相射千里破軍殺將或曰五將鬬人相食所往之鄉有流血其君失地兵大起國易政戒守禦餘占同前

營頭有雲如壞山墮所謂營頭之星所墮其下覆軍流血千里亦曰流星晝隕名營頭

雲氣

瑞氣

一曰慶雲若煙非煙若雲非雲郁郁紛紛蕭索輪囷是謂慶雲亦曰景雲此喜氣也太平之應一曰昌光赤如龍狀聖人起帝受終則見

妖氣

一曰虹蜺日旁氣也斗之亂精主惑心主內淫主臣謀君天子詘后妃顓妻不一二曰牂雲如狗赤色長尾爲亂君爲兵喪

隋書卷二十考證

天文志中疏瀉瀛溢○瀛溢晉志作盈溢是

其星有變○其字監本訛作冀今從別本改正臣召南按齊趙鄭越周秦代晉韓魏楚燕十二星名晉志無此志始詳列郎步天歌所謂十二諸國在下陳也又雷電土功吏土公霹靂雲雨天錢鈇質外屏天溷土司空左更右更芻藁天陰屏廁天矢皆晉志所不載蓋星名至後世而詳備耳

翼南五星曰東區○臣召南按東區應作東甌步天歌可證此志及晉志並作東區蓋刊本訛脫偏旁耳

七星爲員官辰星廟也○臣召南按員官應作員宮與清廟明堂文太室疏廟一例晉志可證也今本史記漢書及此志俱作員官蓋訛

太白降爲仕夫○晉志作壯夫當是

名曰牡年○晉志作名曰牝牡年

凡五星爲政○晉志作歲政又熒惑緩則不入急則不出晉志作緩則不出急則不入

喜則含譽射○臣召南按此文下晉志有四曰格澤一段此志刪之而入其名於後文雜妖與天鋒燭星一類其義精於晉志

# 隋書卷二十一

唐太尉揚州都督監修國史上柱國趙國公臣長孫無忌等撰

## 天文志第十六

### 天文下

十煇

周禮眡祲氏掌十煇之法以觀妖祥辨吉凶一曰祲謂陰陽五色之氣祲淫相侵或曰抱珥背璚之屬如虹而短是也二曰象謂雲如氣成形象雲如赤烏夾日以飛之類是也三曰鑴日旁氣刺日形如童子所佩之鑴也四曰監謂雲氣臨在日上也五曰闇謂日月蝕或日光暗也六曰瞢謂瞢瞢不光明也七曰彌謂白虹彌天而貫日也八曰序謂氣若山而在日上或曰冠珥背璚重疊次序在于日旁也九曰隮謂暈氣也或曰虹也詩所謂朝隮于西者也十曰想謂氣五色有形想也青饑赤兵白喪黑憂黃熟或曰想思也赤氣爲人獸之形可思而知其吉凶自周已降術士間出今採其著者而言之

日君乘土而王其政太平則日五色又曰或黑或青或黃師破又曰遊氣蔽天日月失色皆是風雨之候也若天氣清靜無諸遊氣日月不明乃爲失色或天氣下降地氣未升厚則日紫薄則日赤若於夜則月白皆將雨也或天氣未降地氣上升厚則日黃薄則日白若於夜則月赤將旱且風赤爲日月暈之候雨少而多陰或天氣已降地氣又升上下未交則日青若於夜則月綠色將寒候也或天地氣雖交而未密則日黑若於夜則月青將雨不雨變爲雺霧暈背虹蜺又曰沉陰日月俱無光晝不見日夜不見星皆有雲鄣之兩敵相當陰相圖議也日曚曚光士卒內亂日薄赤見日中烏將軍出旌旗舉此不祥必有敗亡又曰數日俱出若鬬天下兵大戰日鬬下有拔城日戴者形如直狀其上微起在日上爲戴戴者德也國有喜也一云立日上爲戴青赤氣抱在日上小者爲冠國有喜事青赤氣小而交於日下爲纓青赤氣小而圓一二在日下左右者爲紐青赤氣如小半暈狀在日上爲負負者得地爲喜又曰青赤氣長而斜倚日傍爲戟青赤氣圓而小在日左右爲珥黃白者有喜又曰有軍日有一珥爲喜在日西西軍戰勝在日東東軍戰勝南北亦如之無軍而珥爲拜將又日旁如半環向日爲抱青赤氣如月初生背日者爲背又曰背氣青赤而曲外向爲叛象分爲反城璚者如帶璚在日四方青赤氣長而立日旁爲直日旁有一直敵在一旁欲自立從直所擊者勝日旁有二直三抱欲自立者不成順抱擊者勝殺將氣形三抱在日四方爲提青赤氣橫在日上下爲格氣如半暈在日下爲承承者臣承君也又曰日下有黃氣三重若抱名曰承福人主有吉喜且得地青白氣如履在日下者爲履日旁抱五重戰順抱者勝日一抱一背爲破走抱者順氣也背者逆氣也兩軍相當順抱擊逆者勝故曰破走日抱且兩珥一虹貫抱至日順虹擊者勝日重抱內有璚順抱擊者勝亦曰軍內有欲反者日重抱左右二珥有白虹貫抱順抱擊勝得二將有三虹得三將日抱黃白潤澤內赤外青天子有喜有和親來降者軍不戰敵降軍罷色青將喜赤將兵爭白將有喪黑將死日重抱且背順抱擊者勝得地若有罷師日重抱抱內外有璚兩珥順抱擊者勝破軍軍中不和不相信日旁有氣圓而周帀內赤而外青名爲暈日暈者軍營之像周環帀日無厚薄敵與軍勢齊等若無軍在外天子失御民多叛日暈有玉色有喜不得玉色有憂

凡占兩軍相當必謹審日月暈氣知其所起留止遠近應與不應疾遲大小厚薄長短抱背爲多少有無實虛久亟密疎澤枯相應等者勢等近勝遠疾勝遲大勝小厚勝薄長勝短抱勝背多勝少有勝無實勝虛久勝亟密勝疎澤勝枯重背大破重抱爲和親抱多親者益多背爲不和分離相去背於內者離於內背於外者離於外也

凡占分離相去赤內青外以和相去青內赤外以惡相去日暈明久內赤外青外人勝內青外赤內人勝內黃外青黑內人勝外黃內青黑外人勝外白內青外人勝內白外青內人勝內黃外青外人勝內青外黃內人勝日暈周帀東北偏厚厚爲軍福在東北戰勝西南戰敗日暈黃白不鬬兵未解青黑和解分地色黃土功動人不安日色黑有水陰國盛日暈七日無風雨兵大作不可起衆大敗不及日蝕日暈而明天下有兵兵罷無兵兵起不戰日暈始起前滅而後成者後成面勝日暈有兵在外者主人不勝日暈內赤外青羣臣親外外赤內青羣臣親內其身外其心日有朝夕暈是謂失地主人必敗日暈而珥主有謀軍在外外軍有悔日暈抱珥上將軍易日暈而珥如井幹者國亡有大兵交日暈上西將軍易兩敵相當日暈兩珥平等俱起而色同軍勢等色厚潤澤者賀喜日暈有直珥爲破軍貫至日爲殺將日暈員且戴國有喜戰從戴所擊者勝得地日暈而珥背左右如大車輞者兵起其國亡城兵滿野而城復歸日暈暈內有珥一抱所謂圍城者在內內人則勝日暈有重抱後有背戰順抱者勝得地有軍日暈有一抱抱爲順貫暈內在日西西軍勝有軍日暈有一背背爲逆在日西東軍勝餘方放此日暈而背兵起其分失城日暈有背背爲逆有降叛者有反城在日東東有叛餘方放此日暈背氣在暈內此爲不和分離相去其色青外赤內節臣受王命有所之日暈上下有兩背無兵兵起有兵兵入日暈四背在暈內名曰不和有內亂日暈而四背如大車輞者四提設其國衆在外有反臣日暈四提必有大將出亡者日暈有四背璚其背端盡出暈

者反從內起日暈而兩珥在外有聚雲在內與外不出三日城圍出戰日暈有背珥直而有虹貫之者順虹擊之大勝得地日暈有白虹貫暈至日從虹所指戰勝破軍殺將日暈有虹貫暈不至日戰從貫所擊之勝得小將日暈有一虹貫暈內順虹擊者勝殺將日暈二白虹貫暈有戰客勝日重暈有四五白虹氣從內出外以此圍城主人勝城不拔又日重暈攻城圍邑不拔日暈二重其外淸內濁不散軍會聚日暈三重有拔城日交暈無厚薄交爭力勢均厚者勝日交暈人主左右有爭者兵在外戰日在暈上軍罷交暈貫日天下有破軍死將日交暈而爭者先衰不勝卽兩敵相向交暈至日月順以戰勝殺將一法日在上者勝日有交者赤青如暈狀或如合背或正直交者偏交也兩氣相交也或相貫穿或相向或相背也交主內亂軍內不和日交暈如連環爲兩軍兵起君爭地日有三暈軍分爲三日方暈而上下聚二背將敗人亡日暈若井垣若車輪二國皆兵亡又日有軍日暈不帀半暈在東東軍勝在西西軍勝南北亦如之日暈如車輪半暈在外者罷日半暈東向者西夷羌胡來入國半暈西向者東夷人欲反入國半暈北向者南夷人欲反入國半暈南向者北夷人欲反入國又日軍在外月暈師上其將戰必勝月暈黃色將軍益秩祿得位月暈有兩珥白虹貫之天下大戰月暈而珥兵從珥攻擊者利月暈有蜺雲乘之以戰從蜺所往者大勝月暈虹蜺直指暈至月者破軍殺將

雜氣

天子氣內赤外黃正四方所發之處當有王者若天子欲有遊往處其地亦先發此氣或如城門隱隱在氣霧中恒帶殺氣森森然或如華蓋在氣霧中或有五色多在晨昏見或如千石倉在霧中恒帶殺氣或如高樓在霧氣中或如山鎮蒼帝起青雲扶日赤帝起赤雲扶日黃帝起黃雲扶日白帝起白雲扶日黑帝起黑雲扶日或日氣象青衣人無手在日西天子之氣也敵上氣如龍馬或雜色鬱鬱衝天者此帝王之氣不可擊若在吾軍戰必大勝凡天子之氣皆多上達於天以王相日見

凡猛將之氣如龍兩軍相當若氣發其上則其將猛銳或如虎在殺氣中猛將欲行動亦先發此氣若無行動亦有暴兵起或如火烟之狀或白如粉沸或如火光之狀夜照人或白而赤氣繞之或如山林竹木或紫黑如門上樓或上黑下赤狀似黑旌或如張弩或如埃塵頭銳而卑本大而高兩軍相當敵軍上氣如囷倉正白見日逾明或青白如膏將勇大戰氣發漸漸如雲變作此形將有深謀

凡氣上與天連軍中有貞將或云賢將

凡軍勝氣如堤如坂前後磨地此軍士衆彊盛不可擊軍上氣如火光將軍勇士卒猛好擊戰不可擊軍上氣如山堤山上若林木將士驍勇軍上氣如埃塵粉沸其色黃白旌旗無風而颺揮揮指敵此軍必勝敵上有白氣粉沸如樓繞以赤氣者兵銳營上氣黃白色重厚潤澤者勿與戰兩敵相當有氣如人持斧向敵戰必大勝兩敵相當上有氣如蛇舉首向敵者戰勝敵上氣如一匹帛者此雍軍之氣不可攻望敵上氣如覆舟雲如牽牛有白氣出似旌幟在軍上有雲如鬬雞赤白相隨在氣中或發黃氣皆將士精勇不可擊軍營上有赤黃氣上達於天亦不可攻

凡軍營上五色氣上與天連此天應之軍不可擊其氣上小下大其軍日增益士卒軍上氣如堤以覆其軍上前赤後白此勝氣若覆吾軍急往擊之大勝夫氣銳黃白團團而潤澤者敵將勇猛且士卒能彊戰不可擊雲如日月而赤氣繞之如日月暈狀有光者所見之地大勝不可攻

凡雲氣有獸居上者勝軍上有氣如塵埃前下後高者將士精銳敵上氣如乳武豹伏者難攻軍上恒有氣者其軍難攻軍上雲如華蓋者勿往與戰雲如旌旗如蜂向人者勿與戰兩軍相當敵上有雲如飛鳥徘徊其上或來而高者兵精銳不可擊軍上雲如馬頭低尾仰勿與戰軍上雲如狗形勿與戰望四方有氣如赤鳥在烏氣中如烏人在赤氣中如赤杵在烏氣中如人十十五五或如旌旗在烏氣中有赤氣在前者敵人精悍不可當敵上有雲如山不可說有雲如引素如陣前銳或一或四黑色有陰謀赤色饑青色兵有反黃色急去

凡氣上黃下白名曰善氣所臨之軍欲求和退若氣出北方求退向北其衆死散向東則不可信終能爲害向南將死敵上氣四廢枯散或如馬肝色如死灰色或類偃蓋或類偃魚皆爲將敗軍上氣乍見乍不見如霧起此衰氣可擊上大下小士卒日減

凡軍營上十日無氣發則軍必勝而有赤白氣乍出卽滅外聲欲戰其實欲退散黑氣如壞山墮軍上者名曰營頭之氣其軍必敗軍上氣昏發連夜夜照人則軍士散亂軍上氣半而絕一敗再絕再敗三絕三敗在東發白氣者災深軍上氣中有黑雲如牛形或如馬形者此是旄解之氣軍必敗敵上氣如粉如塵者勃勃如烟或五色雜亂或東西南北不定者其軍欲敗軍上氣如羣羊羣猪在氣中此衰氣擊之必勝軍上有赤氣炎炎於天則將死士衆亂赤光從天流下入軍軍亂將死彼軍上有蒼氣須臾散去擊之必勝在我軍上須自堅守軍有黑氣如牛形或如馬形從氣霧中下漸漸入軍名曰天狗下食血則軍破軍上氣或如羣鳥亂飛或如懸衣如人相隨或紛紛如轉蓬或如揚灰或雲如卷席如匹布亂穰者皆爲敗徵氣乍見乍沒乍聚乍散如霧之始起爲敗氣氣如繫牛如人臥如敗車如雙蛇如飛鳥如決堤垣如壞屋如人相指如人無頭如驚鹿相逐如兩鷄相向皆爲敗氣

凡降人氣如人十十五五皆叉手低頭又云如人叉手相向白氣如羣鳥趣入屯營連結百餘里不絕而能徘徊須臾不見者當有他國來降氣如黑山以黃爲緣者欲降服敵上氣青而高漸黑者將欲死散軍上氣如燔生草之烟前雖銳後必退黑氣臨營或聚或散如烏將宿敵人畏我心意不定終必逃背逼之大勝

凡白氣從城中南北出者不可攻城不可屠城中有黑雲如星名曰軍精急解圍去有突兵出客敗城上白氣如旌旗或青雲臨城有喜慶黃雲臨城有大喜慶青色從中南北出者城不可攻或氣如青色如牛頭觸人者城不可屠城中氣出東方其色黃此太一城白氣從中出青氣從城北入反向還者軍不得入攻城圍邑過旬雷雨者爲城有輔疾去之勿攻城上氣如烟火主人欲出戰其氣無極者不可攻城上氣如雙蛇者難攻赤氣如杵形從城中向外者內兵突出主人戰勝城上有雲分爲兩彗狀攻不可得赤氣在城上黃氣四面繞之城中大將死城降城上赤氣如飛鳥如敗車及無雲氣士卒必散城營中有赤黑氣如貍皮班及赤者並亡城上氣上赤而下白色或城中氣聚如樓出見於外城皆可屠城營上有雲如衆人頭赤色下多死喪流血城上氣如灰城可屠氣出而北城可尅其氣出復入城中人欲逃亡其氣出而覆其軍軍必病氣出而高無所止用日久長有白氣如蛇來指城可急攻白氣從城指營宜急固守攻城若雨霧日死風至兵勝日色無光爲日死雲氣如雄雉臨城其下必有降者濛氛圍城而入城者外勝得入有雲如立人五枚或如三牛邊城圍

凡軍上有黑氣渾渾圓長赤氣在其中其下必有伏兵白氣粉沸起如樓狀其下必有藏兵無歿皆不可輕擊伏兵之氣如幢節狀在烏雲中或如赤杵在烏雲中或如烏人在赤雲中

凡暴兵氣白如瓜蔓連結部隊相逐須臾罷而復出至八九來而不斷急賊卒至宜防固之白氣如仙人衣千萬連結部隊相逐罷而復興如是八九者當有千里兵來視所起備之黑雲從敵上來之我軍上欲襲我敵人告發宜備不宜戰壬子日候四望無雲獨見赤雲如旌旗其下有兵起若偏四方者天下盡有兵若四望無雲獨見黑雲極天天下兵大起半天半起三日內有雨災解敵欲來者其氣上有雲下有氛零中天而下敵必至雲氣如旌旗賊兵暴起暴兵氣如人持刀楯雲如人赤色所臨城邑有卒兵至驚怖須臾去赤氣如人持節兵來未息雲如方虹有暴兵赤雲如火者所向兵至天有白氣狀如匹布經丑未者天下多兵

凡戰氣青白如膏將勇大戰氣如人無頭如死人臥敵上氣如丹蛇赤氣隨之必大戰殺將四望無雲見赤氣如狗入營其下有流血

凡連陰十日晝不見日夜不見月亂風四起欲雨而無雨名曰蒙臣謀君故曰久陰不雨臣謀主霧氣若晝若夜其色青黃更相掩冒乍合乍散臣謀君逆者喪山中冬霧十日不解者欲崩之候視四方常有大雲五色具者其下有賢人隱也青雲潤澤蔽日在西北爲舉賢良雲氣如亂穰大風將至視所從來避之雲甚潤而厚大雨必暴至四始之日有黑雲氣如陣厚重大者多雨氣若霧非霧衣冠不雨而濡見則其城帶甲而趣日出沒時有雲橫截之白者喪烏者驚三日內雨者各解有黑氣入營者兵相殘有赤青氣入營者兵弱有雲如蛟龍所見處將軍失魄有雲如鵲尾來蔭國上三日亡有雲如日月暈赤色其國凶青白色有大水有雲狀如龍行國有大水人流亡有雲赤黃色四塞終日竟夜照地者大臣縱恣有雲如氣昧而濁賢人去小人在位

凡白虹者百殃之本衆亂所基霧者衆邪之氣陰來冒陽

凡遇四方盛氣無向之戰甲乙日青氣在東方丙丁日赤氣在南方庚辛日白氣在西方壬癸日黑氣在北方戊己日黃氣在中央四季戰當此日氣背之吉日中有黑氣君有小過而臣不諫又掩君惡而揚君善故日中有黑氣不明也

凡白虹霧姦臣謀君擅權立威晝霧夜明臣志得申夜霧晝明臣志不申霧終日終時君有憂色黃小而白言

兵喪青言疾黑有暴水赤有兵喪黃言土功或有大風

凡夜霧白虹見臣有憂晝霧白虹見君有憂虹頭尾至地流血之象

凡霧氣不順四時逆相交錯微風小雨爲陰陽氣亂之象從寅至辰巳上周而復始爲逆者不成積日不解晝夜昏暗天下欲分離

凡霧四合有虹各見其方隨四時色吉非時色凶氣色青考更相掩覆乍合乍散臣欲謀君爲逆者不成自亡

凡霧氣四方俱起百步不見人名曰晝昏不有破國必有同門

凡天地四方昏濛若下塵十日五日以上或一日或一時雨不霑衣而有土名曰霾故曰天地霾君臣乖大旱

凡海傍蜃氣象樓臺廣野氣成宮闕北夷之氣如牛羊羣畜穹閭南夷之氣類舟船幡旗自華以南氣下黑上赤嵩高三河之郊氣正赤恒山之北氣青勃碣海岱之間氣皆正黑江淮之間氣皆白東海氣如圓簦附漢河水氣如引布江漢氣勁如杼濟水氣如黑㹠渭水氣如狼白尾淮南氣如帛少室氣如白兎青尾恒山氣如黑牛青尾東夷氣如樹西夷氣如室屋南夷氣如闍臺或類舟船陣雲如立垣杼軸雲類軸摶兩端兌杓雲如繩居前亘天其半半天其蛪者類闕旗故鉤雲勾曲諸此雲見以五色占而澤摶密其見動人及有兵必起合鬭其直雲氣如三匹帛廣前兌後大軍行氣也韓雲如布趙雲如牛楚雲如日宋雲如車魯雲如馬衛雲如犬周雲如車輪秦雲如行人魏雲如鼠鄭齊雲如絳衣越雲如龍蜀雲如囷車氣乍高乍下往往而聚騎氣卑而布卒氣摶前卑後高者疾前方而高後兌而卑者却其氣平者其行徐前高後卑者不止而返校騎之氣正蒼黑長數百丈遊兵之氣如彗埽一云長數百丈無根本喜氣上黃下白怒氣上下赤憂氣上下黑土功氣黃白徙氣白

凡候氣之法氣初出時若雲非雲若霧非霧髣髴若可見初出森森然在桑榆上高五六尺者是千五百里外平視則千里舉目望則五百里仰瞻中天則百里內平望桑榆間二千里登高而望下屬地者三千里

凡欲知我軍氣常以甲巳日及庚子辰戌午未亥日及八月十八日去軍十里許登高望之可見依別記占之百人以上皆有氣

凡占災異先推九宮分野六壬日月不應陰霧風雨而陰霧者乃可占對敵而坐氣來甚卑下其陰覆人上掩溝蓋道者是大賊必至敵在東日出候在南日中候在西日入候在北夜半候王相色吉囚死色凶

凡軍上氣高勝下厚勝薄實勝虛長勝短澤勝枯我軍在西賊軍在東氣西厚東薄西長東短西高東下西澤東枯則知我軍必勝

凡氣初出似甑上氣勃勃上升氣積爲霧霧爲陰陰氣結爲虹蜺暈珥之屬

凡氣不積不結散漫一方不能爲災必須和雜殺氣森森然疾起乃可論占軍上氣安則軍安氣不安則軍不安氣南北則軍南北氣東西則軍亦東西氣散則爲軍破敗

候氣常以平旦下晡日出沒時處氣以見知大占期內有大風雨久陰則災不成故風以散之陰以諫之雲以幡之雨以猒之

五代災變應

梁武帝天監元年八月壬寅熒惑守南斗占曰糴貴五穀不成大旱多火災吳越有憂宰相死是歲大旱米斗五千人多餓死其二年五月尚書范雲卒

二年五月丙辰月犯心占曰有亂臣不出三年有亡國其四年交州刺史李凱舉兵反七月丙子太白犯軒轅大星

四年六月壬戌歲星晝見占曰歲色黃潤立竿影見大熟是歲大穰米斛三十又曰星與日爭光武且弱文且彊自此後帝崇尚文儒躬自講說終於太清不修武備八月庚子老人星見占曰老人星見人主壽昌自此後每年恒以秋分後見於參南至春分而伏武帝壽考之象云

七年九月己亥月犯東井占曰有水災其年京師大水

十年九月丙申天西北隆隆有聲赤氣下至地占曰天狗也所往之鄉有流血其君失地其年十二月馬仙琕大敗魏軍斬馘十餘萬剋復朐山城十二月壬戌朔日食在牛四度

十三年二月丙午太白失行在天關占曰津梁不通又兵起其年塡星守天江占曰有江河塞有決溢有土功其年大發軍衆造浮山堰以遏淮水至十四年塡星移去天江而堰壞奔流決溢

十四年十月辛未太白犯南斗

十七年閏八月戊辰月行掩昴

普通元年春正月丙子日有食之占曰日食陰侵陽陽不克陰也爲大水其年七月江淮海溢九月乙亥有星辰見東方光爛如火占曰國皇見有內難有急兵反叛其三年義州刺史文僧朗以州叛

四年十一月癸未朔日有食之太白晝見

六年三月丙午歲星入南斗庚申月食五月己酉太白晝見六月癸未太白經天九月壬子太白犯右執法

七年正月癸卯太白歲星在牛相犯占曰其國君凶易政明年三月改元大赦

大通元年八月甲申月掩塡星十月癸酉又掩之占曰有大喪天下無王國易政其後中大通元年九月癸巳上又幸同泰寺捨身王公以一億萬錢奉贖十月己酉還宮大赦改元中大通三年太子薨皆天下無主易政及大喪之應

中大通元年閏月壬戌熒惑犯鬼積尸占曰有大喪有大兵破軍殺將其二年蕭玩帥衆援巴州爲魏梁州軍所敗玩被殺

四年七月甲辰星隕如雨占曰星隕陽失其位災害之象萌也又曰星隕如雨人民叛下有專討又曰大人憂其後侯景發亂帝以憂崩人衆奔散皆其應也

五年正月己酉長星見

六年四月丁卯熒惑在南斗占曰熒惑出入留舍南斗中有賊臣謀反天下易政更元其年十二月北梁州刺史蘭欽舉兵反後年改爲大同元年

大同三年三月乙丑歲星掩建星占曰有反臣其年會稽山賊起其七年交州刺史李賁舉兵反

五年十月辛丑彗出南斗長一尺餘東南指漸長一丈餘十一月乙卯至婁滅占曰天下有謀王者其八年正月安成民劉敬躬挾左道以反黨與數萬其九年李賁僭稱皇帝於交州

太清二年五月兩月見占曰其國亂必見於亡國

三年正月壬午熒惑守心占曰王者惡之乙酉太白晝見占曰不出三年有大喪天下革政更王彊國弱小國彊三月丙子熒惑又守心占曰大人易政主去其宮又曰人饑亡海內哭天下大潰是年帝爲侯景所幽崩七月九江大饑人相食十四年九月戊午月在斗掩歲星占曰天下亡君其後侯景篡殺

簡文帝大寶元年正月丙寅月晝光見占曰月晝光有隱謀國雄逃又云月晝明姦邪竝作擅君之朝其後侯景篡殺皆國亂亡君大喪更政之應也

元帝承聖三年九月甲午月犯心中星占曰有反臣王者惡之有亡國其後三年帝爲周軍所俘執陳氏取國梁氏以亡

陳武帝永定三年九月辛卯朔月入南斗占曰月入南斗大人憂一曰太子殃後二年帝崩太子昌在周爲質文帝立後昌還國爲侯安都遣盜迎殺之

三年五月丙辰朔日有食之占曰日食君傷又曰日食帝德消六月庚子塡星鉞與太白并占太白與塡合爲疾爲內兵

文帝天嘉元年五月辛亥熒惑犯右執法占曰大臣有憂執法者誅後四年司空侯安都賜死

九月癸丑彗星長四尺見芒指西南占曰彗星見則敵國兵起得本者勝其年周將獨孤盛領衆趣巴湘侯瑱襲破之

二年五月己酉歲星守南斗六月丙戌熒惑犯東井七月乙丑熒惑入鬼中戊辰熒惑犯斧質十月熒惑行在太微右掖門內

三年閏二月己丑熒惑逆行犯上相甲子太白犯五車塡星七月太白犯輿鬼八月癸卯月犯南斗丙午月犯牽牛庚申太白入太微十一月丁丑月犯畢左股辛巳熒惑犯歲星戊子月犯角庚寅月入氐

四年六月癸丑太白犯右執法七月戊子熒惑犯塡星八年甲午熒惑犯軒轅大星丁未太白犯房九月戊寅熒惑入太微犯右執法癸未太白入南斗占曰太白入斗天下大亂將相謀反國易政又曰君死不死則廢又曰天下受爵祿其後安成王爲太傅廢少帝而自立改官受爵之應也辛卯熒惑犯左執法十一月辛酉熒惑犯右執法甲戌月犯畢左股

五年正月甲子月犯畢大星奎丁卯月犯星四月庚子太白歲星合在奎金在南木在北相去二尺許壬寅月入氐又犯熒惑太白歲星又合在婁相去一尺許癸卯月犯房上星五月庚午熒惑逆行二十一日犯氐東南西南星占曰月有賊臣又曰人主無出廊廟間有伏兵又曰君死有赦後二年少帝廢之應也六月丙申月犯亢七月戊寅月犯畢大星閏十月庚申月犯牽牛丙子又犯左執法十一月乙未月食畢大星

六年正月己亥大白犯熒惑相去二寸占曰其野有兵喪改立侯王三月丁卯日入後衆星未見有流星白色大如斗從太微間南行尾長尺餘占曰有兵與喪四月丁巳月犯軒轅占曰女主有憂五月丁亥大白犯軒轅占曰女主失勢又曰四方禍起其後年少帝廢廢後慈訓太后崩六月己未月犯氐辛酉有彗長可丈餘占曰

陰謀姦宄起一曰宮中火起後安成王錄尚書都督中外諸軍事廢少帝而自立陰謀之應八月戊辰月掩畢太星丙子月與太白並光芒相著在太微西蕃南三尺所九月辛巳熒惑犯左執法癸未太白犯右執法辛卯犯左執法乙巳月犯上相太白犯熒惑其夜月又犯太白占曰其國內外有兵喪改立矦王明年帝崩又少帝廢之應也

七年二月庚午日無光烏見占曰王者惡之其日庚午吳楚之分野四月甲子日有交暈白虹貫之是月癸酉帝崩

廢帝天康元年五月庚辰月犯軒轅女御大星占曰女主憂後年慈訓太后崩癸未月犯左執法

光大元年正月甲寅月犯軒轅大星占曰女主當之八月戊寅月食哭星占曰有喪泣事明年太后崩臨海王薨哭泣之應也壬午鎮星辰星合於軫九月戊午辰星太白相犯占曰改立矦王己未月犯歲星占曰國亾君十二月辛巳月又犯歲星辛卯月犯建星占曰大人惡之

二年正月戊申月掩歲星占曰國亾君五月乙未月犯太白六月丙寅太白犯右執法壬子客星見氐東八月庚寅月犯太微九月庚戌太白逆行與塡星合在角占曰爲白衣之會又曰所合之國爲亾地爲疾兵戊午太白晝見占曰太白晝見國更政易王十一月丙午歲星守右執法甲申月犯太微東南星戊子太白入氐十二月甲寅慈訓太后廢帝爲臨海王太建二年四月薨皆其應也

宣帝太建七年四月丙戌有星孛于大角占曰人主亾五月庚辰熒惑犯右執法壬子又犯右執法

十年二月癸亥日上有背占曰其野失地有叛兵甲子吳明徹軍敗於呂梁將卒並爲周軍所虜來年淮南之地盡沒于周十月癸卯月食熒惑占曰國敗君亾大兵起破軍殺將來年三月吳明徹敗於呂梁十三年帝崩敗國亾君之應也

十一年四月己丑歲星太白辰星合于東井

十二年二月壬寅白虹見西方占曰有喪其後十三年帝崩十月戊午月犯牽牛吳越之野占曰其國亾君有憂後年帝崩辛酉歲星犯執法十二月癸酉辰星在太白上甲戌辰星太白交相掩占曰大兵在野大戰辛巳孛星見西南占曰有兵喪明年帝崩始興王叔陵作亂

後主至德元年正月壬戌蓬星見占曰必有亾國亂臣後帝於太皇寺捨身作奴以祈冥助不恤國政爲施文慶等所惑以至國亾

魏普泰元年十月歲星熒惑塡星太白聚於觜參色甚明大占曰當有王者興其月齊高祖起於信都至中興二年春而破爾朱兆遂開霸業

魏武定四年九月丁未高祖圍玉壁城有星墜於營衆驢皆鳴占曰破軍殺將高祖不豫五年正月丙午崩

齊文宣帝天保元年十二月甲申熒惑犯房北頭第一星及鉤鈐占曰大臣有反者其二年二月壬申太尉彭樂謀反誅

八年二月己亥歲星守少微經六十三日占曰五官亂五月癸卯歲星犯太微上將占曰大將憂大臣死其十年五月誅諸元宗室四十餘家乾明元年誅楊遵彥等皆五官亂大將憂大臣死之應也

八年七月甲辰月掩心星占曰人主惡之十年十月帝崩

九年二月熒惑犯鬼質占曰斧質用有大喪三月甲午熒惑犯軒轅占曰女主惡之其十年五月誅魏氏宗室十月帝崩斧質用有大喪之應也

十年六月庚子塡星犯井鉞與太白并占曰子爲玄枵齊之分野君有戮死者大臣誅斧鉞用其明年二月乙巳太師常山王誅尚書令楊遵彥右僕射燕子獻領軍可朱渾天和侍中宋欽道等八月壬午廢少帝爲濟南王

廢帝乾明元年三月甲午熒惑入軒轅占曰女主凶後太寧二年四月太后崩

肅宗皇建三年四月丙子日有食之子爲玄枵齊之分野七月乙丑熒惑入鬼中戊辰犯鬼質占曰有大喪十一月帝以暴疾崩

武成帝河清元年七月乙亥太白犯輿鬼占曰有兵謀誅大臣斧質用其年十月壬申冀州刺史平秦王高歸彥反段孝先討禽斬之於都市又其二年殺太原王紹德皆斧質用之應也八月甲寅月掩畢占曰其國君死大臣有誅者有邊兵大戰破軍殺將其十月平秦王歸彥以反誅其三年周師與突厥入并州大戰城西伏屍流血百餘里皆其應也

四年正月己亥太白犯熒惑相去二寸在奎甲辰太白熒惑歲星合在婁占曰甲爲齊三星若合是謂驚立絕行其分有兵喪改立矦王國易政三月戊子孛星見占曰除舊布新有易王至四月傳位於太子改元

後主天統元年六月壬戌彗星見於文昌長數寸入文昌犯上將然後經紫微宮西垣入危漸長一丈餘指室壁後百餘日在虛危滅占曰有大喪有亾國易政其四年十二月太上皇崩

三年五月戊寅甲夜西北有赤氣竟天夜中始滅十月丙午天西北頻有赤氣占曰有大兵大戰後周武帝總衆來伐大戰有大兵之應也

四年六月彗星見東井占曰大亂國易政七月孛星見房心白如粉絮大如斗東行八月入天市漸長四丈犯瓠瓜歷虛危入室犯離宮九月入奎至婁而滅孛者孛亂之氣也占曰兵喪並起國大亂易政大臣誅其後太上皇崩至武平二年七月領軍庫狄伏連治書侍御史王子宜受琅邪王儼旨矯詔誅錄尚書淮南王和士開於南臺伏連等即日伏誅右僕射馮子琮賜死此國亂之應也

五年二月戊辰歲星逆行掩太微上將占曰天下大驚四輔有誅者五月甲午熒惑犯鬼積尸甲齊也占曰大臣誅兵大起斧質用有大喪至武平二年九月誅琅邪王儼三年五月誅右丞相咸陽王斛律明月四年七月誅蘭陵王長恭皆懿親名將也四年十月又誅崔季舒等此斧質用之應也

武平三年八月癸未塡星歲星太白合於氐宋之分野占曰其國內外有兵喪改立矦王其四年十月陳將吳明徹寇彭城右僕射崔季舒國子祭酒張雕黃門裴澤郭遵尚書左丞封孝琰等諫車駕不宜北幸并州帝怒並誅之內外兵喪之應也九月庚申月在婁食既至旦不復占曰女主凶其三年八月廢斛律皇后立穆后四年又廢胡后爲庶人十一月乙亥天狗下西北占曰其下有大戰流血後周武帝攻晉州進兵平并州大戰流血

三年十二月辛丑日食歲星占曰有亾國至七年而齊亾

四年五月癸巳熒惑犯右執法占曰大將死執法者誅若有罪其年誅右丞相斛律明月明年誅蘭陵王長恭後年誅右僕射崔季舒皆大將死執法誅之應也

周閔帝元年五月癸卯太白犯軒轅占曰太白行軒轅中大臣出令又曰皇后失勢辛亥熒惑犯東井北端第二星占曰其國亂又曰大旱其年九月冢宰護逼帝遜位幽於舊邸月餘殺崩司會李植軍司馬孫恒及宮伯乙弗鳳等被誅害其冬大旱皆大臣出令大臣死之應也

明帝二年三月甲午熒惑入軒轅占曰王者惡之女主凶其月皇后獨孤氏崩六月庚子塡星犯井鉞與太白并占曰傷成於鉞君有戮死者其年太師宇文護進食帝遇毒崩

武帝保定元年九月乙巳客星見於翼十月甲戌日有食之戊寅熒惑犯太微上將合爲一

二年閏正月癸巳太白入昴二月壬寅熒惑犯太微上相三月壬午熒惑犯左執法七月乙亥太白犯輿鬼九月戊辰日有食之既十一月壬午熒惑犯歲星於危南

三年三月乙丑朔日有食之九月甲子熒惑犯太微上將占曰上將誅死十月壬辰熒惑犯左執法

四年二月庚寅朔日有食之甲午熒惑犯房右驂三月己未熒惑又犯房右驂占曰上相誅車馳人走天下兵起其年十月冢宰晉公護率軍伐齊十二月柱國庸公王雄力戰死之遂班師兵起將死之應也八月丁亥朔日有蝕之

五年正月辛卯白虹貫日占曰爲兵喪甲辰太白熒惑塡星合於婁六月庚申彗星出三台入文昌犯上將後經紫宮西垣入危漸長一丈餘指室壁後百餘日稍短長二尺五寸在虛危滅齊之分野七月辛巳朔日有食之

天和元年正月己卯日有食之十月乙卯太白晝見

二年正月癸酉朔日有食之五月己丑歲星與熒惑合在井宿相去五尺井爲秦分占曰其國有兵爲饑旱大臣匿謀下有反者若亾地閏六月丁酉歲星太白合在柳相去一尺七寸柳爲周分占曰爲內兵又曰主人凶憂失城是歲陳湘州刺史華皎率衆來附遣衛公直將兵援之因而南伐九月衛公直與陳將淳于量戰于沌口王師失利元定韋世沖以步騎數千先度遂沒陳七月庚戌太白犯軒轅大星相去七寸占曰女主失勢大臣當之又曰西方禍起其十一月癸丑太保許公宇文貴薨大臣當之驗也十月辛卯有黑氣一大如杯在日中甲午又加一經六日乃滅占曰臣有蔽主之明者十一月戊戌朔日有食之庚子熒惑犯鉤鈐去之六寸占曰王者有憂又曰車騎驚三公謀

三年三月己未太白犯井北轅第一星占曰將軍惡之其七月壬寅隋公楊忠薨四月辛巳太白入輿鬼犯積尸占曰大臣誅又曰亂臣在內有屠城六月甲戌彗見東井長一丈上白下赤而銳漸東行至七月癸卯在鬼

北八寸所乃滅占曰爲兵國政崩壞又曰將軍死大臣誅七月己未客星見房心白如粉絮大如斗漸大東行八月入天市長如匹所復東行犯河鼓右將癸未犯瓠瓜又入室犯離宮九月壬寅入奎稍小壬戌至婁北一尺所滅凡六十九日占曰兵起若有喪白衣會爲饑旱國易政又曰兵犯外城大臣誅

四年二月戊辰歲星逆行掩太微上將占曰天下大驚國不安四輔有誅必有兵革天下大赦庚午有流星大如斗出左攝提流至天津滅有聲如雷五月癸巳熒惑犯輿鬼甲午犯積尸占曰午秦也大臣有誅兵大起後三年太師大冢宰晉國公宇文護以不臣誅皆其應也五年正月乙巳月在氐暈有白虹長丈所貫之而有彗相連接規北斗第四星占曰大兵起大戰將軍死於野時北齊將斛律明月寇邊於汾北築城自華谷至於龍門其明年正月詔齊公憲率師禦之三月己酉憲自龍門度汾水拔其新築五城兵起大戰之應也

六年二月己丑夜有蒼雲廣三丈經天自戌加辰四月甲寅朔日有蝕之己卯熒惑逆行犯輿鬼占曰有兵喪大臣誅兵大起其月又率師取齊宜陽等九城六月齊將攻陷汾州六月庚辰熒惑太白合在張宿相去一尺占曰主人兵不勝所合國有殃

建德元年三月丙辰熒惑太白合壁占曰其分有兵喪不可舉事用兵必受其殃又曰改立矦王有德者興無德者亾其月誅晉公護護子譚公會莒公至崇業公靜等大赦癸亥詔以齊公憲爲大冢宰是其驗也七月丙午辰與太白合於井相去七寸占曰其下之國必有重德致天下後四年上師師平齊致天下之應也九月己酉月犯心中星相去一寸占曰亂臣在傍不出五年下有亾國後周武伐齊平之有亾國之應也

二年二月辛亥白虹貫日占曰臣謀君不出三年又曰近臣爲亂後年七月衛王直在京師舉兵反癸亥熒惑掩鬼西北星占曰大賊在大人之側又曰大臣有誅四月己亥太白掩西北星壬寅又掩東北星占曰國有憂大臣誅六月丙辰月犯心中後二星占曰亂臣在傍不出三年有亾國又曰人主惡之九月癸酉太白犯左執法占曰大臣有憂執法者誅若有罪十一月壬子太白掩塡星在尾占曰塡星爲女主尾爲後宮明年皇太后崩

三年二月戊午客星大如桃青白色出五車東南三尺所漸東行稍長二尺所至四月壬辰入文昌丁未入北斗魁中後出魁漸小凡見九十三日占曰天下兵起車騎滿野人主有憂又曰天下有亂兵大起臣謀主其七月乙酉衛王直在京師舉兵反討擒之廢爲庶人至十月始州民王鞅擁衆反討平之四月乙卯星孛於紫宮垣外大如拳赤白指五帝座漸東南行稍長一丈五尺五月甲子至上台北滅占曰天下易政無德者亾後二年武帝率六軍滅齊十一月丙子歲星與太白相犯光芒相及在危占曰其野兵人主凶失其城邑危齊之分野後二年宇文神舉攻拔陸渾等五城十二月庚寅月犯歲星在危相去二寸占曰其邦流亾不出三年辛卯月行在營室食太白占曰其國以兵亾將軍戰死營室衛也地在齊境後齊亾入周

四年三月甲子月犯軒轅大星占曰女主有憂又五官有亂

五年十月庚戌熒惑犯太微西蕃上將星占曰天下不安上將誅若有罪其上

六年二月皇太子巡撫西土仍討吐谷渾八月至伏俟城而旋吐谷渾寇邊天下不安之應也六月庚午熒惑入鬼占曰有喪旱其七月京師旱十月戊午歲星犯大陵又己未庚申月連暈規昴畢五車及參占曰兵起爭地又曰王自將兵又曰天下大赦癸亥帝率衆攻晉州是日虹見晉州城上首向南尾入紫宮長十餘丈庚午克之丁卯夜白虹見長十餘丈頭在南尾入紫宮中占曰其下兵戰流血又曰若無兵必有大喪至六年正月平齊與齊軍大戰十一月稽胡反齊王討平之

七年四月先此熒惑入太微宮二百日犯東蕃上相西蕃上將句已往還至此月甲子出端門占曰爲大臣代主又曰臣不臣有反者又曰必有大喪後宣武繼崩高祖以大運代起十月癸卯月食熒惑在斗占曰國敗其君亾兵大起破軍殺將斗爲吳越之星陳之分野十一月陳將吳明徹侵呂梁徐州總管梁士彥出軍與戰不利明年三月鄖公王軌討擒陳將吳明徹俘斬三萬餘人十一月甲辰晡時日中有黑子大如杯占曰君有過而臣不諫人主惡之十二月癸丑流星大如月西流有聲蛇行屈曲光照地占曰兵大起下有戰場戊辰平旦有流星大如三斗器色赤出紫宮凝著天乃北下占曰人主去其宮殿是月營州刺史高寶寧據州反其明年五月帝摠戎北伐後年武帝崩

宣政元年正月丙子月食昴占曰有白衣之會又曰匈奴侵邊其月突厥寇幽州殺略吏人五月帝摠戎北伐六月帝疾甚還京次雲陽而崩六月壬午癸丑木火金三星合在井占曰其國霸又曰其國外內有兵喪改立矦王是月幽州人盧昌期據范陽反改立王矦兵喪之驗也七月辛丑月犯心前星占曰太子惡之若失位後靜帝立爲天子不終之徵也丙辰熒惑太白合在七星相去二尺八寸所占曰君憂又曰其國有兵改立王矦有德興無德亡後年改置四輔官傳位太子改立王矦之應也己未太白犯軒轅大星占曰女主凶後二年宣帝崩楊后令其父隋公爲大丞相總軍國事隋氏受命廢后爲樂平公主餘四后悉廢爲比丘尼八月庚辰太白入太微占曰爲天下驚又曰近臣起兵大臣相殺國有憂其後趙陳等五王爲執政所誅大臣相殺之應也九月丁酉熒惑入太微西掖門庚申犯左執法相去三寸占曰天下不安大臣有憂又曰執法者誅若有罪是月汾州稽胡反討平之十一月突厥寇邊圍酒泉殺略吏人明年二月殺柱國鄖公王軌皆其應也十二月癸未熒惑入氐守犯之三十日占曰天子失其宮又曰賊臣在內下有反者又曰國君有繫餓死若毒死者靜帝禪位隋高祖幽殺之

宣帝大成元年正月丙午癸丑日皆有背占曰臣爲逆有反叛邊將去之又曰卿大夫欲爲主其後隋公作霸尉遲王謙司馬消難各舉兵反

大象元年四月戊子太白歲星辰星合在井占曰是謂驚立是謂絕行其國內外有兵喪改立王公又曰其國可霸修德者彊無德受殃其五月趙陳越代滕五王並入國後二年隋王受命宇文氏宗族相繼誅滅六月丁卯有流星一大如雞子出氐中西北流有尾迹長一丈所入月中卽滅占曰不出三年人主有憂又曰有亡國靜帝幽閉之應也己丑有流星一大如斗色青有光明照地出營室抵壁入濁七月壬辰熒惑掩房北頭第一星占曰亡君之誡又曰將軍爲亂王者惡之大臣有反者天子憂其十二月帝親御驛馬日行三百里四皇后及文武侍衛數百人並乘驛以從房爲天駟熒惑主亂此宣帝亂道德馳騁車騎將亡之誡八月辛巳熒惑犯南斗第五星占曰且有反臣道路不通破軍殺將尉遲王謙等起兵敗亡之徵也九月己酉太白入南斗魁中占曰天下有大亂將相謀反國易政又曰君死不死則疾又曰天下爵祿皆高祖受命羣臣分爵之徵也十月壬戌歲星犯軒轅大星占曰女主憂若失勢周自宣政元年熒惑太白從歲星聚東井大象元年四月太白歲星辰星又聚井十月歲星守軒轅其年又守翼東井秦分翼楚分漢東爲楚地軒轅后族隋以后族興於秦地之象而周之后妃失勢之徵也乙酉熒惑在虛與塡星合占曰兵大起將軍爲亂大人惡之是月相州段德舉謀反伏誅其明年三月杞公宇文亮舉兵反擒殺之

二年四月乙丑有星大如斗出天厨流入紫宮抵鉤陳乃滅占曰有大喪兵大起將軍戮又曰臣犯上主有憂其五月帝崩隋公執國政大喪臣犯主之應趙王越王以謀執政被誅又荆豫襄三州諸蠻反尉遲王謙司馬消難各舉兵畔不從執政終以敗亡皆大兵起將軍戮之應也五月甲辰有流星一大如三斗器出太微端門流入翼色青白光明照地聲若風吹幡旗占曰有立王若徙王又曰國失君其月己酉帝崩劉昉矯制以隋公受遺詔輔政終受天命立王徙王失君之應也七月壬子歲星太白合於張有流星大如斗出五車東北流光明燭地九月甲申熒惑歲星合于翼

靜帝大定元年正月乙酉歲星逆行守右執法熒惑掩房北第一星占曰房爲明堂布政之宮無德者失之二月甲子隋王稱尊號

高祖文皇帝開皇元年三月甲申太白晝見占曰太白經天晝見爲臣彊爲革政四月壬午歲星晝見占曰大臣彊有逆謀王者不安其後劉昉等謀反伏誅十一月己巳有流星聲如隤牆光燭地占曰流星有光有聲名曰天保所墜國安有喜其九年平陳天下一統五年八月戊申有流星數百四散而下占曰小星四面流行者庶人流移之象也其九年平陳江南士人悉播遷入京師

八年二月庚子塡星入東井占曰塡星所居有德利以稱兵其年大舉伐陳克之十月甲子有星孛于牽牛占曰臣殺君天下合謀又曰內不有大亂則外有大兵牛吳越之星陳之分野後年陳氏滅

九年正月己巳白虹夾日占曰白虹銜日臣有背主又曰人主無德者亡是月滅陳

十四年十一月癸未有彗星孛于虛危及奎婁齊魯之分野其後魯公虞慶則伏法齊公高熲除名

十九年十二月乙未星霣於渤海占曰陽失其位災害之萌也又曰大人憂

二十年十月太白晝見占曰大臣彊爲革政爲易王右僕射楊素熒惑高祖及獻后勸廢嫡立庶其月乙丑廢皇太子勇爲庶人明年改元皆陽失其位及革政易王之

驗也

仁壽四年六月庚午有星入于月中占曰有大喪有大兵有亡國有破軍殺將七月乙未日青無光八日乃復占曰主勢奪又曰日無光有死王甲辰上疾甚丁未宮車晏駕漢王諒反楊素討平之皆兵喪亡國死王之應

煬帝大業元年六月甲子熒惑入太微占曰熒惑爲賊爲亂入宮宮中不安

三年三月辛亥長星見西方竟天干歷奎婁角亢而沒至九月辛未轉見南方亦竟天又干角亢頻掃太微帝座干犯列宿唯不及參井經歲乃滅占曰去穢布新天所以去無道建有德見久者災深星大者事大行遲者期遠兵大起國大亂而亡餘殃爲水旱饑饉土功疾疫其後築長城討吐谷渾及高麗兵戎歲駕略無寧息水旱饑饉疾疫土功相仍而有羣盜並起邑落空虛九年五月禮部尚書楊玄感於黎陽舉兵反丁未熒惑逆行入南斗色赤如血如三斗器光芒震耀長七八尺於斗中句已而行占曰有反臣道路不通國大亂兵大起斗吳越分野玄感父封於越後徙封楚地又次之天意若曰使熒惑句已之除其分野至七月宇文述討平之其兄弟悉梟首車裂斬其黨與數萬人其年朱燮管崇亦於吳郡擁衆反此後羣盜屯聚剽略郡縣屍橫草野道路不通齎詔勑使人皆步涉夜行不敢遵路

十一年六月有星孛于文昌東南長五六寸色黑而銳夜動搖西北行數日至文昌去宮四五寸不入却行而滅占曰爲急兵其八月突厥圍帝於鴈門從兵悉馮城禦寇矢及帝前七月熒惑守羽林占曰衞兵反十二月戊寅大流星如斛墜賊盧明月營破其衝輣壓殺十餘人占曰奔星所墜破軍殺將其年王充擊盧明月城破之

十二年五月丙戌朔日有食之既占曰日食既人主亡陰侵陽下伐上其後宇文化及等行弒逆癸巳大流星隕于吳郡爲石占曰有亡國有死王有大戰破軍殺將其後大軍破逆賊劉元進于吳郡斬之八月壬子有大流星如斗出王良閣道聲如隤牆癸丑大流星如甕出羽林九月戊午有枉矢二出北斗魁委曲蛇形注於南斗占曰主以兵去天之所伐亦曰以亂代亂執矢者不正後二年化及弒帝僭號王充亦於東都弒恭帝篡號鄭皆弒逆無道以亂代亂之應也

十三年五月辛亥大流星如甕墜於江都占曰其下有大兵戰流血破軍殺將六月有星孛于太微五帝座色黃赤長三四尺所數日而滅占曰有亡國有殺君明年三月宇文化及等弒帝也十一月辛酉熒惑犯太微日光四散如流血占曰賊入宮主以急兵見伐又曰臣逆君明年三月化及等殺帝諸王及幸臣並被戮

隋書卷二十一考證

天文志下謂陰陽五色之氣祲淫相侵○晉志作浸淫當是

謂雲如氣成形象○按晉志作雲氣成形象此如字疑衍各本並同仍之

六月庚子塡星鉞與太白并占○臣召南按文義鉞字上應有在井二字言土星在井鉞與金星合并耳占字下應有曰字各本並脫訛也

五年正月甲子月犯畢大星奎丁卯月犯星○臣召南按奎字衍既云月犯畢大星卽不當言奎也或疑奎字當在丁卯月犯星字之上亦非丁卯後於甲子三日月當自酉而申而未不得逆退至戌也星字上上另有脫字耳

## 隋書卷二十二

唐太尉揚州都督監修國史上柱國趙國公臣長孫無忌等撰

### 志第十七

### 五行上

易以八卦定吉凶則庖儀所以稱聖也書以九疇論休咎則大禹所以爲明也春秋以災祥驗行事則仲尼所以垂法也天道以星象示廢興則甘石所以先知也是以祥符之兆可得而言妖訛之占所以徵驗夫神則陰陽不測天則教人遷善均乎影響殊致同歸漢時有伏生董仲舒京房劉向之倫能言災異顧盼六經有足觀者劉向曰君道得則和氣應休徵生君道違則乖氣應咎徵發夫天有七曜地有五行五事愆違則天地見異況於日月星辰乎況於水火金木土乎若梁武之降號伽藍齊文宣之盤遊市里陳則蔣山之鳥呼曰奈何周則陽武之魚集空而鬬隋則鵲巢黼帳火炎門闕豈唯天道亦曰人妖則祥眚呈形于何不至亦有脫略政教張羅罇糈崇信巫史重增愆罰昔懷王事神而秦兵逾進萇弘尚鬼而諸侯不來性者生之靜也欲者心之使也置情攸往引類同歸雀乳於空城之側鴝飛于鼎耳之上短長之制既曰由人黔隧崇山同車共軫必有神道裁成倚伏一則以爲殃釁一則以爲休徵故曰德勝不祥而義厭不惠是以聖王常由德義消伏災咎也

洪範五行傳曰木者東方威儀容貌也古者聖王垂則天子穆穆諸侯皇皇登輿則有鸞和之節降車則有佩玉之度田狩則有三驅之制飲食則有享獻之禮無事不出境此容貌動作之得節所以順木氣也如人君違時令失威儀田獵馳騁不反宮室飲食沉湎不顧禮制縱欲恣睢出入無度多發繇役以奪人時增賦稅以奪人財則木不曲直

齊後主武平五年鄴城東青桐樹有如人狀京房易傳曰王德衰下人將起則有木生爲人狀是時後主怠於國政耽荒酒色威儀不肅馳騁無度大發繇役盛修宮室後二歲而亡木不曲直之效也

七年宮中有樹大數圍夜半無故自拔齊以木德王無故自拔亡國之應也其年齊亡

開皇八年四月幽州人家以白楊木懸竈上積十餘年忽生三條皆長三尺餘甚鮮茂仁壽二年春盩厔人以楊木爲屋梁生三條長二尺京房易傳曰妃后有顓木仆反立斷枯復生獨孤后專恣之應也

仁壽元年十月蘭州楊樹上松生高三尺六節十二枝宋志曰松不改柯易葉楊者危脆之木此永久之業將集危亡之地也是時帝惑讒言幽廢冢嫡初立晉王爲皇太子天戒若曰皇太子不勝任永久之業將致危亡帝不悟及帝崩太子立是爲煬帝竟以亡國

仁壽四年八月河間柳樹無故枯落旣而花葉復生京房易飛候曰木再榮國有大喪是歲宮車晏駕

洪範五行傳曰金者西方萬物旣成殺氣之始也古之王者興師動衆建立旗鼓以誅殘賊禁暴虐安天下殺伐必應義以順金氣如人君樂侵陵好攻戰貪城邑之賂以輕百姓之命人皆不安外內騷動則金不從革

陳禎明二年五月東冶鐵鑄有物赤色大如斗自天墜鎔所隆隆有聲鐵飛破屋而四散燒人家時後主與隋雖結和好遣兵度江掩襲城鎮將士勞敝府藏空竭東冶者陳人鑄兵之所鐵飛爲變者金不從革之應天戒若曰陳國小而兵弱當以和好爲固無鑄兵而黷武以害百姓後主不悟又遣僞將陳紀任蠻奴蕭摩訶數寇江北百姓不堪其役及隋師度江而二將降款卒以滅亡

洪範五行傳曰火者南方陽光爲明也人君向南蓋取象也昔者聖帝明王負扆攝袂南面而聽斷天下攬海內之雄俊積之於朝以續聰明推邪佞之僞臣投之于野以通壅塞以順火氣夫不明之君惑於讒口白黑雜揉代相是非衆邪並進人君疑惑棄法律間骨肉殺太子逐功臣以孽代宗則火失其性

梁天監元年五月有盜入南北掖燒神武門總章觀時帝初卽位而火燒觀闕不祥之甚也旣而太子薨皇孫不得立及帝暮年惑於朱异之口果有侯景之亂宮室多被焚燒天誡所以先見也

普通二年五月琬琰殿火延燒後宮三千餘間中大通元年朱雀航華表災明年同泰寺災大同三年朱雀門災水沴火也是時帝崇尚佛道宗廟牲牷皆以麪代之又委萬乘之重數詣同泰寺捨身爲奴令王公已下贖之初陽爲不許後爲嘿許方始還宮天誡若曰梁武爲國主不遵先王之法而淫於佛道橫多糜費將使其社稷不得血食也天數見變而帝不悟後竟以亡及江陵之敗闔城爲賤隸焉卽捨身爲奴之應也

陳永定三年重雲殿災

東魏天平二年十一月閶闔門災是時齊神武作宰而大野拔斬樊子鵠以州來降神武聽讒而殺之司空元暉免逐功臣大臣之罰也

武定五年八月廣宗郡火燒數千家

後齊後主天統三年九龍殿災延燒西廊四年昭陽宣光瑤華三殿災延燒龍舟是時讒言任用正士道消祖孝徵作歌謠斛律明月以誅死讒夫昌邪勝正之應也京房易傳曰君不思道厥妖火燒宮

開皇十四年將祠泰山令使者致石像神祠之所未至數里野火欻起燒像碎如小塊時帝頗信讒言猜阻骨肉滕王瓚失志而死創業功臣多被夷滅故天見變而帝不悟其後太子勇竟被廢戮

大業十二年顯陽門災舊名廣陽則帝之姓名也國門之崇顯號令之所由出也時帝不遵法度驕奢荒怠裴蘊虞世基之徒阿諛順旨掩塞聰明宇文述以讒邪顯進忠諫者咸被誅戮天戒若曰信讒害忠則除廣陽也

洪範五行傳曰水者北方之藏氣至陰也宗廟者祭祀之象也故天子親耕以供粢盛皇后親蠶以供祭服敬之至也發號施令十二月咸得其氣則水氣順如人君簡宗廟不禱祀逆天時則水不潤下

梁天監二年六月太末信安安豐三縣大水春秋考異郵曰陰盛臣逆人悲則水出河決是時江州刺史陳伯之益州刺史劉季連舉兵反叛師旅數興百姓愁怨臣

道人悲之應也

六年八月建康大水濤上御道七尺七年五月建康又大水是時數興師旅以拒魏軍十二年四月建康大水是時大發卒築浮山堰以遏淮水勞役連年百姓悲怨之應也

中大通五年五月建康大水御道通船京房易飛候曰大水至國賤人將貴蕭棟侯景僭稱尊號之應也

後齊河清二年十二月兗趙魏三州大水天統三年并州汾水溢讖曰水者純陰之精陰氣洋溢者小人專制是時和士開元文遙趙彥深專任之應也

武平六年八月山東諸州大水京房易飛候曰小人踊躍無所畏忌陰不制於陽則涌水出是時羣小用事邪佞滿朝閹豎嬖倖伶人封王此其所以應也

開皇十八年河南八州大水是時獨孤皇后干預政事濫殺宮人放黜宰相楊素頗專水陰氣臣妾盛彊之應也

仁壽二年河南河北諸州大水京房易傳曰顓事有智誅罰絕理則厥災水亦由帝用刑嚴急臣下有小過帝或親臨斬決又先是柱國史萬歲以忤旨被戮誅罰絕理之應也

大業三年河南大水漂沒三十餘郡帝嗣位以來未親郊廟之禮簡宗廟廢祭祀之應也

洪範五行傳曰土者中央爲內事宮室臺榭夫婦親屬也古者自天子至於士宮室寢居大小有差高卑異等骨肉有恩故明王賢君修宮室之制謹夫婦之別加親戚之恩敬父兄之禮則中氣和人君肆心縱意大爲宮室高爲臺榭雕文刻鏤以疲人力淫泆無別妻妾過度犯親戚侮父兄中氣亂則稼穡不成

齊後主武平四年山東飢是時大興土木之功於仙都苑又起宮於邯鄲窮侈極麗後宮侍御千餘人皆寶衣玉食逆中氣之咎也

煬帝大業五年燕代齊魯諸郡飢先是建立東都制度崇侈又宗室諸王多遠徙邊郡

洪範五行傳曰貌之不恭是謂不肅則下不敬陰氣勝故厥咎狂厥罰常雨厥極惡時則有服妖時則有龜孽有鷄禍有下體生上體之痾有青眚青祥惟金沴木

貌不恭

侯景僭即尊號升圓丘行不能正履有識者知其不免景尋敗

梁元帝既平侯景破蕭紀而有驕矜之色性又沉猜由是臣下離貳即位三年而爲西魏所陷帝竟不得其死

陳後主每祀郊廟必稱疾不行建寧令章華上奏諫曰拜三妃以臨軒祀宗廟而稱疾非祗肅之道後主怒而斬之又引江總孔範等內宴無復尊卑之序號爲狎客專以詩酒爲娛不恤國政祕書監傅縡上書諫曰人君者恭事上帝子愛下人省嗜慾遠邪佞未明求衣日旰忘食是以澤被區宇慶流子孫陛下頃來酒色過度不虔郊廟大神專媚淫昏之鬼小人在側宦豎擅權惡誠直如仇讎視時人如草芥後宮曳羅綺廄馬餘菽粟百姓流離轉屍蔽野神怒人怨衆叛親離臣恐東南王氣自斯而盡後主不聽驕恣日甚未幾而國滅

陳司空侯安都自以有安社稷之功驕矜日甚每侍宴酒酣輒箕踞而坐嘗謂文帝曰何如作臨川王時又借華林園水殿與妻妾賓客置酒於其上帝甚惡之後竟誅死

東魏武定五年後齊文襄帝時爲世子屬神武帝崩祕不發喪朝魏帝於鄴魏帝宴之文襄起儛及嗣位又朝魏帝於鄴侍宴而惰有識者知文襄之不免後果爲盜所害

神武時司徒高昂嘗詣相府將直入門門者止之昂怒引弓射門者神武不之罪尋爲西魏所殺

後齊後主爲周師所迫至鄴集兵斛律孝卿勸後主親勞將士宜流涕慷慨以感激之人當自奮孝卿授之以辭後主然之及對衆嘿無所言因赧然大笑左右皆哂將士怒曰身尚如此吾輩何急由是皆無戰心俄爲周師所虜

煬帝自負才學每驕天下之士嘗謂侍臣曰天下當謂朕承藉餘緒而有四海耶設令朕與士大夫高選亦當爲天子矣謂當世之賢皆所不逮書云謂人莫己若者亡帝自矜己以輕天下能不亡乎帝又言習吳音其後竟終於江都此亦魯襄公終於楚宮之類也

常雨水

梁天監七年七月雨至十月乃霽洪範五行傳曰陰氣彊積然後生水雨之災時武帝頻年興師是歲又大舉北伐諸軍頗捷而士卒罷敝百姓怨望陰氣畜積之應也

陳太建十二年八月大雨霪霖時始興王叔陵驕恣陰氣盛彊之應也明年宣帝崩後主立叔陵刺後主於喪次宮人救之僅而獲免叔陵出閤就東府作亂後主令蕭摩訶破之死者千數

東魏武定五年秋大雨七十餘日元瑾劉思逸謀殺後齊文襄之應也

後齊河清三年六月庚子大雨晝夜不息至甲辰山東大水人多餓死是歲突厥寇并州陰戎作梗此其應也

天統三年十月積陰大雨胡太后淫亂之所感也

武平七年七月大霖雨水滂人戶流亡是時駱提婆韓長鸞等用事小人專政之罰也

後周建德三年七月霖雨三旬時衞刺王直潛謀逆亂屬帝幸雲陽宮以其徒襲肅章門尉遲運逆拒破之其日雨霽

大雨雪

梁普通二年三月大雪平地三尺洪範五行傳曰庶徵之常雨也然尤甚焉雨陰也雪又陰畜積甚盛也皆妾不妾臣不臣之應時義州刺史文僧朗以州叛於魏臣不臣之應也

大同三年七月青州雪害苗稼是時交州刺史李賁舉兵反僭尊號置百官擊之不能克

十年十二月大雪平地三尺是時邵陵王綸湘東王繹武陵王紀並權侔人主頗爲驕恣皇太子甚惡之帝不能抑損上天見變帝又不悟及侯景之亂諸王各擁彊兵外有赴援之名內無勤王之實委棄君父自相屠滅國竟以亡

東魏興和二年五月大雪時後齊神武作宰發卒十餘萬築鄴城百姓怨思之徵也

武定四年二月大雪人畜凍死道路相望時後齊霸政而步落稽舉兵反寇亂數州人多死亡

後齊河清二年二月大雪連雨南北千餘里平地數尺繁霜晝下是時突厥木杵可汗與周師入并州殺掠吏人不可勝紀

天統二年十一月大雪三年正月又大雪平地二尺武平三年正月又大雪是時馮淑妃陸令萱內制朝政陰氣盛積故天變屢見雷雨不時

陳太建元年七月大雨震萬安陵華表又震慧日寺刹瓦官寺重閣門下一女子震死京房易飛候曰雷雨霹靂丘陵者逆先人令爲火殺人者人君用讒言殺正人時蔡景歷以奸邪任用右僕射陸繕以讒毀獲譴發病而死

十年三月震武庫時帝好兵頻年北伐內外虛竭將士勞敝既克淮南又進圖彭汴毛喜切諫不納由是吳明徹諸軍皆沒遂失淮南之地武庫者兵器之所聚也而震之天戒若曰宜戢兵以安百姓帝不悟又大興軍旅其年六月又震太皇寺刹莊嚴寺露槃重陽閣東樓鴻臚府門太皇莊嚴二寺陳國奉佛之所重陽閣每所遊宴鴻臚賓客禮儀之所在而同歲震者天戒若曰國威已喪不務修德後必有恃佛道耽宴樂棄禮儀而亡國者陳之君臣竟不悟至後主之代災異屢起懼而於太皇寺捨身爲奴以祈冥助不恤國政耽酒色棄禮法不修鄰好以取敗亡

齊武平元年夏震丞相段孝先南門柱京房易傳曰震擊貴臣門及屋者不出三年佞臣被誅後歲和士開被戮

木冰

東魏武定四年冬天雨木冰洪範五行傳曰陰之盛而凝滯也木者少陽貴臣象也將有害則陰氣脅木木先寒故得雨而冰襲之木冰一名介介者兵之象也時司徒侯景制河南及神武不豫文襄懼其爲亂而徵之景因舉兵反豫州刺史高元成襄州刺史李密廣州刺史暴顯並爲景所執辱貴臣有害之應也其後左僕射慕容紹宗與景戰於渦陽俘斬五萬

後齊天保二年雨木冰三日初清河王岳爲高歸彥所譖是歲以憂死

武平元年冬雨木冰明年二月又木冰時錄尚書事和士開專政其年七月太保琅邪王儼矯詔殺之領軍大將軍庫狄伏連尚書右僕射馮子琮並坐儼賜死九月儼亦遇害

六年七年頻歲春冬木冰其年周師入晉陽因平鄴都後主走青州貴臣死散州郡被兵者不可勝數

大雨雹

梁中大通元年四月大雨雹洪範五行傳曰雹陰脅陽之象也時帝數捨身爲奴拘信佛法爲沙門所制

陳太建二年六月大雨雹十年四月又大雨雹十三年九月又雨雹時始興王叔陵驕恣陰結死士圖爲不逞帝又寵遇之故天三見變帝不悟及帝崩叔陵果爲亂逆

服妖

後齊婁后臥疾寢衣無故自舉俄而后崩

文宣帝末年衣錦綺傅粉黛數爲胡服微行市里粉黛者婦人之飾陽爲陰事君變爲臣之象也及帝崩太子嗣位被廢爲濟南王又齊氏出自陰山胡服者將反初服也錦綵非帝王之法服微服者布衣之事齊亡之效

也

後主好令宮人以白越布折額狀如髽幗又爲白蓋此二者喪禍之服也後主果爲周武帝所滅父子同時被害

武平時後主於苑內作貧兒村親衣襤褸之服而行乞其間以爲笑樂多令人服烏衣以相執縛後主果爲周所敗被虜於長安而死妃后窮困至以賣燭爲業

後周大象元年服冕二十有四旒車服旗鼓皆以二十四爲節侍衞之官服五色雜以紅紫令天下車以大木爲輪不施輻朝士不得佩綬婦人墨粧黃眉又造下帳如送終之具令五皇后各居其一實宗廟祭器於前帝親讀版而祭之又將五輅載婦人身率左右步從又倒懸鷄及碎瓦於車上觀其作聲以爲笑樂皆服妖也帝尋暴崩而政由於隋周之法度皆悉改易

開皇中房陵王勇之在東宮及宜陽公王世積家婦人所服領巾制同槊幡軍幟婦人爲陰臣象也而服兵幟臣有兵禍之應矣勇竟以遇害世積坐伏誅

### 鷄禍

開皇中有人上書言頻歲已來鷄鳴不鼓翅類腋下有物而妨之翮不得舉肘腋之臣當爲變矣書奏不省京房易飛候曰鷄鳴不鼓翅國有大害其後大臣多被夷滅諸王廢黜太子幽廢

大業初天下鷄多夜鳴京房易飛候曰鷄夜鳴急令又云昏而鳴百姓有事人定鳴多戰夜半鳴流血漫漫及中年已後軍國多務用度不足於是急令暴賦責成守宰百姓不聊生矣各起而爲盜戰爭不息屍骸被野

### 龜孽

開皇中掖庭宮每夜有人來挑宮人宮司以聞帝曰門衞甚嚴人何從而入當是妖精耳因戒宮人曰若逢但斫之其後有物如人夜來登牀宮人抽刀斫之若中枯骨其物落牀而走宮人逐之因入池而沒明日帝令涸池得一龜徑尺餘其上有刀迹殺之遂絕龜者水居而靈陰謀之象晉王詔媚宮掖求嗣之應云

### 青眚青祥

陳禎明二年四月羣鼠無數自蔡洲岸入石頭淮至青塘兩岸數日死隨流出江近青祥也京房易飛候曰鼠無故羣居不穴衆聚者其君死未幾而國亡

### 金沴木

陳天嘉六年秋七月儀賢堂無故自壓近金沴木也時帝盛修宮室起顯德等五殿稱爲壯麗百姓失業故木失其性也儀賢堂者禮賢尚齒之謂無故自壓天戒若曰帝好奢侈不能用賢使能何用虛名也帝不悟明年竟崩

禎明元年六月宮內水殿若有刀鋸斫伐之聲其殿因無故而倒七月朱雀航又無故自沉時後主盛修園囿不虞宗廟水殿者遊宴之所朱雀航者國門之大路而無故自壞天戒若曰宮室毀津路絕後主不悟竟爲隋所滅宮廟爲墟

後齊孝昭帝將誅楊愔乘車向省入東門幰竿無故自折帝甚惡之歲餘而崩

河清三年長廣郡聽事梁忽剥若人狀太守惡而削去之明日復然長廣帝本封也木爲變不祥之兆其年帝崩

武平七年秋穆后將如晉陽向北宮辭胡太后至宮內門所乘七寶車無故陷入於地牛没四足是歲齊滅后被虜於長安

後周建德六年青城門無故自崩青者東方色春宮之象也時皇太子無威儀禮節青城門無故自崩者皇太子不勝任之應帝不悟明年太子嗣位果爲無道周室危亡實自此始

大業中齊王暕於東都起第新構寢堂其栿無故而折時上無太子天下皆以暕次當立公卿屬望暕遂驕恣呼術者令相又爲厭勝之事堂栿無故自折木失其性奸謀之應也天見變以戒之暕不悟後竟得罪於帝

洪範五行傳曰言之不從是謂不乂厥咎僭厥罰常陽厥極憂時則有詩妖時則有毛蟲之孽時則有犬禍故有口舌之痾有白眚白祥惟木沴金

### 言不從

梁武陵王紀僭卽帝位建元曰天正永豐侯蕭撝曰王不克矣昔桓玄年號大亨有識者以爲二月了而玄之敗實在仲春今曰天正正之爲文一止其能久乎果一年而敗

後齊文宣帝時太子殷當冠詔令邢子才爲制字子才字之曰正道帝曰正一止也吾兒其替乎子才請改帝不許曰天也因顧謂常山王演曰奪時任汝愼無殺也及帝崩太子嗣位常山果廢之而自立殷尋見害

武成帝時左僕射和士開言於帝曰自古帝王盡爲灰土堯舜桀紂竟亦何異陛下宜及少壯恣意歡樂一日可以當千年無爲自勤約也帝悅其言彌加淫侈士開旣導帝以非道身又擅權竟爲御史中丞所殺

武平中陳人寇彭城後主發言憂懼侍中韓長鸞進曰縱失河南猶得爲龜茲國子淮南今没何足多慮人生幾何時但爲樂不須憂也帝甚悅遂耽荒酒色不以天下爲虞未幾爲周所滅

武平七年後主爲周師所敗走至鄴自稱太上皇傳位於太子恒改元隆化時人離合其字曰降死竟降周而死

周武帝改元爲宣政梁主蕭巋離合其字爲宇文亡日其年六月帝崩

宣帝在東宮時不修法度武帝數撻之及嗣位摸其痕而大罵曰死晚也年又改元爲大象蕭巋又離合其字曰天子冢明年而帝崩

開皇初梁王蕭琮改元爲廣運江陵父老相謂曰運之爲字軍走也吾君當爲軍所走乎其後琮朝京師而被拘留不反其叔父巖掠居人以叛梁國遂廢

文帝名皇太子曰勇晉王曰英秦王曰俊蜀王曰秀開皇初有人上書曰勇者一夫之用又千人之秀爲英萬人之秀爲俊斯乃布衣之美稱非帝王之嘉名也帝不省時人呼楊姓多爲嬴者或言於上曰楊英反爲嬴殃帝聞而不懌遽改之其後勇俊秀皆被廢黜煬帝嗣位終失天下卒爲楊氏之殃

煬帝卽位號年曰大業識者惡之曰於字離合爲大苦末也尋而天下喪亂率土遭荼炭之酷焉

煬帝常從容謂祕書郎虞世南曰我性不欲人諫若位望通顯而來諫我以求當世之名者彌所不耐至於卑賤之士雖少寬假然卒不置之於地汝其知之時議者以爲古先哲王之馭天下也明四目達四聰懸敢諫之鼓立書謗之木以開言者之路猶恐忠言之不至由是澤敷四海慶流子孫而帝惡直言讎諫士其能久乎竟逢殺逆

### 旱

梁天監元年大旱米斗五千人多餓死洪範五行傳曰若持亢陽之節興師動衆勞人過度以起城邑不顧百姓臣下悲怨然而心不能從故陽氣盛而失度陰氣沉而不附陽氣盛旱災應也初帝起兵襄陽破張沖敗陳伯之及平建康前後連戰百姓勞敝及卽位後復與魏交兵不止之應也

陳太建十二年春不雨至四月先是周師掠淮北始興王叔陵等諸軍敗績淮北之地皆没於周蓋其應也

東魏天平四年并肆汾建晉絳秦陝等諸州大旱人多流散是歲齊神武與西魏戰於沙苑敗績死者數萬

東魏武定二年冬春旱先是西魏師入洛陽神武親帥軍大戰於邙山死者數萬

後齊天保九年夏大旱先是大發卒築長城四百餘里勞役之應也

乾明元年春旱先是發卒數十萬築金鳳聖應崇光三臺窮極侈麗不恤百姓亢陽之應也

河清二年四月并晉已西五州旱是歲發卒築軹關突厥二十萬衆毀長城寇恒州

後主天統二年春旱是時大發卒起大明宮

開皇四年已後京師頻旱時遷都龍首建立宮室百姓勞敝亢陽之應也

大業四年燕代緣邊諸郡旱時發卒百餘萬築長城帝親巡塞表百姓失業道殣相望

八年天下旱百姓流亡時發四海兵帝親征高麗六軍凍餒死者十八九

十三年天下大旱時郡縣鄉邑悉遣築城發男女無少長皆就役

### 詩妖

梁天監三年六月八日武帝講於重雲殿沙門誌公忽然起儛歌樂須臾悲泣因賦五言詩曰樂哉三十餘年悲哉五十裏但看八十三子地妖災起佞臣作欺妄賊臣滅君子若不信吾語龍時侯賊起且至馬中間銜悲不見喜梁自天監至于大同三十餘年江表無事至太清二年臺城陷帝享國四十八年所言五十裏也太清元年八月十三而侯景自懸瓠來降在丹陽之北子地帝惑朱异之言以納景景之作亂始自戊辰之歲至午年帝憂崩十年四月八日誌公於大會中又作詩曰兀尾狗子始著狂欲死不死齧人傷須臾之間自滅亡患在汝陰死三湘橫尸一旦無人藏侯景小字狗子初自懸瓠來降懸瓠則古之汝南也巴陵南有地名三湘卽景奔敗之所

天監中茅山隱士陶弘景爲五言詩曰夷甫任散誕平叔坐談空不意昭陽殿忽作單于宮及大同之季公卿唯以談玄爲務夷甫平叔朝賢也侯景作亂遂居昭陽殿

大同中童謠曰青絲白馬壽陽來其後侯景破丹陽乘白馬以青絲爲羈勒

陳初有童謠曰黃班青驄馬發自壽陽涘來時冬氣末去日春風始其後陳主果爲韓擒所敗擒本名擒虎黃

班之謂也破建康之始復乘青驄馬往反時節皆相應

陳時江南盛歌王獻之桃葉之詞曰桃葉復桃葉度江不用檝但度無所苦我自迎接汝晉王伐陳之始置營桃葉山下及韓擒度江大將任蠻奴至新林以導北軍之應

陳後主造齊雲觀國人歌之曰齊雲觀寇來無際畔功未畢而爲隋師所虜

禎明初後主作新歌詞甚哀怨令後宮美人習而歌之其辭曰玉樹後庭花花開不復久時人以歌讖此其不久兆也

齊神武始移都于鄴時有童謠云可憐青雀子飛入鄴城裏作窠猶未成舉頭失鄉里寄書與婦母好看新婦子魏孝靜帝者清河王之子也后則神武之女鄴都宮室未備即逢禪代作窠未成之效也孝靜尋崩文宣以后爲太原長公主降於楊愔時婁后尚在故言寄書於婦母新婦子斥后也

武定中有童謠云百尺高竿摧折水底燃燈燈滅高者齊姓也澄文襄名五年神武崩摧折之應七年文襄遇盜所害澄滅之徵也

天保中陸灋和入國書其屋壁曰十年天子爲尚可百日天子急如火周年天子迭代坐時文宣帝享國十年而崩廢帝嗣立百餘日用替厥位孝昭即位一年而崩此其效也

武平元年童謠曰狐截尾你欲除我我除你其年四月隴東王胡長仁謀遣刺客殺和士開事露返爲士開所譖死

二年童謠曰和士開七月三十日將你向南臺小兒唱訖一時拍手云殺却至七月二十五日御史中丞琅邪王儼執士開送於南臺而斬之是歲又有童謠曰七月刈禾傷早九月喫餻正好十月洗蕩飯甕十一月出却趙老七月士開被誅九月琅邪王遇害十一月趙彥深出爲西兗州刺史

武平末童謠曰黃花勢欲落清樽但滿酌時穆后母子淫僻干預朝政時人患之穆后小字黃花尋逢齊亡欲落之應也

鄴中又有童謠曰金作埽帚玉作把淨埽殿屋迎西家未幾周師入鄴

周初有童謠曰白楊樹頭金雞鳴秖有阿舅無外甥靜帝隋氏之甥既遜位而崩諸舅彊盛

周宣帝與宮人夜中連臂蹋蹀而歌曰自知身命促把燭夜行遊帝即位二年而崩

開皇十年高祖幸并州宴秦孝王及王子相帝爲四言詩曰紅顏詎幾玉貌須臾一朝花落白髮難除明年後歲誰有誰無明年而子相卒十八年而秦孝王薨

大業十一年煬帝自京師如東都至長樂宮飲酒大醉因賦五言詩其卒章曰徒有歸飛心無復因風力令美人再三吟詠帝泣下霑襟侍御者莫不歔欷帝因幸江都復作五言詩曰求歸不得去眞成遭箇春鳥聲爭勸酒梅花笑殺人帝以三月被弒即遭春之應也是年盜賊蜂起道路隔絶帝懼遂無還心帝復夢二豎子歌曰住亦死去亦死未若乘船度江水由是築居丹陽將居焉功未就而帝被弒

大業中童謠曰桃李子鴻鵠遶陽山宛轉花林裏莫浪語誰道許其後李密坐楊玄感之逆爲吏所拘在路逃叛潛結羣盜自陽城山而來襲破洛口倉後復屯兵苑內莫浪語密也宇文化及自號許國尋亦破滅誰道許者蓋驚疑之辭也

毛蟲之孽

梁武帝中大同元年邵陵王綸在南徐州卧內方晝有貍鬬於欄上墮而獲之太清中遇侯景之亂將兵援臺城至鍾山有蟄熊無何至齧綸所乘馬毛蟲之孽也綸尋爲王僧辯所敗亡至南陽爲西魏所殺

中大同中每夜狐鳴闕下數年乃止京房易飛候曰野獸羣鳴邑中且空虛俄而國亂丹陽死喪略盡

陳禎明初狐入牀下捕之不獲京房易飛候曰狐入君室室不居未幾而國滅

東魏武定三年九月豹入鄴城南門格殺之五年八月豹又上銅爵臺京房易飛候曰野獸入邑及至朝廷若道上官府門有大害君亡是歲東魏師敗於玉壁神武遇疾崩

後齊武平二年有兎出廟社之中京房易飛候曰兎入王室其君亡案廟者祖宗之神室也後五歲周師入鄴後主東奔

武平末并肆諸州多狼而食人洪範五行傳曰狼貪暴之獸大體以白色爲主兵之表也又似犬近犬禍也京房易傳曰君將無道害將及人去之深山以全身厭妖狼食人時帝任用小人競爲貪暴殘賊人物食人之應尋爲周軍所滅兵之象也

武平中朔州府門外無何有小兒脚跡又擁土爲城雉之狀時人怪而察之乃狐媚所爲漸流至并鄴與武定三年同占是歲南安王思好起兵於北朔直指并州爲官軍所敗鄭子饒羊法暠等復亂山東

犬禍

後齊天保四年鄴中及頓丘並有犬與女子交洪範五行傳曰異類不當交而交誖亂之氣犬交人爲犬禍犬禍者亢陽失衆之應也時帝不恤國政恩澤不流於其國

後主時犬爲開府儀同雌者有夫人郡君之號給兵以奉養食以粱肉藉以茵蓐天奪其心爵加於犬近犬禍也天意若曰卿士皆類犬後主不悟遂以取滅

後周保定三年有犬生子腰已後分爲兩身二尾六足犬猛畜而有爪牙將士之象也時宇文護與侯伏侯龍恩等有謀懷貳犬體後分此其應也

大業元年鴈門百姓間犬多去其主羣聚於野形頓變如狼而噉噬行人數年而止五行傳曰犬守禦者也而今去其主臣下不附之象形變如狼狼色白爲主兵之應也其後帝窮兵黷武勞役不息天戒若曰無爲勞役守禦之臣將叛而爲害帝不悟遂起長城之役續有西域遼東之舉天下怨叛及江都之變並宿衞之臣也

白眚白祥

梁大同二年地生白毛長二尺近白祥也孫盛以爲勞人之異先是大發卒築浮山堰功費鉅億功垂就而復潰者數矣百姓厭役吁嗟滿道

齊河清元年九月滄洲及長城之下地多生毛或白或黑長四五寸近白祥也時北築長城內興三臺人苦勞役

開皇六年七月京師雨毛如髮尾長者三尺餘短者六七寸京房易飛候曰天雨毛其國大飢是時關中旱米粟涌貴

後齊天統初岱山封禪壇玉璧自出近白祥也岱山王者易姓告代之所玉璧所用幣而自出將有易姓者用幣之象其後齊亡地入于周及高祖受周禪天下一統焚柴太山告祠之應也

武平三年白水巖下青石壁傍有文曰齊亡走人改之爲上延後主以爲嘉瑞百寮畢賀後周師入國後主果棄鄴而走

開皇十七年石隕於武安滏陽間十餘洪範五行傳曰石自高隕者君將有危殆也後七載帝崩

開皇末高祖於宮中埋二小石於地以誌置牀之所未幾變爲玉劉向曰玉者至貴也賤將爲貴之象及大業末盜皆僭名號

大業十三年西平郡有石文曰天子立千年百寮稱賀有識者尤之曰千年萬歲者身後之意也今稱立千年者禍在非遠明年而帝被殺

木沴金

梁大同十二年曲阿建陵隧口石麒麟動木沴金也動者遷移之象天戒若曰園陵無主石麟將爲人所徙也後竟國亡

後齊河清四年殿上石自起兩兩相擊哇孟以爲石陰類下人象殿上石自起者左右親人離叛之應及周師東伐寵臣尉相願乞扶貴和兄弟韓建業之徒皆叛入周

梁大同十二年正月送辟邪二于建陵左雙角者至陵所右獨角者將引於車上振躍者三車兩轅俱折因換車未至陵二里又躍者三每一振則車側人莫不聳奮去地三四尺車輪陷入土三寸木沴金也劉向曰失衆心令不行言不從以亂金氣也石爲陰臣象也臣將爲變之應梁武暮年不以政事爲意君臣唯講佛經談玄而已朝綱紊亂令不行言不從之咎也其後果致侯景之亂

周建德元年濮陽郡有石像郡官令載向府將刮取金在道自躍投地如此者再乃以大繩縛著車壁又絶繩而下時帝既滅齊又事淮南征伐不息百姓疲敝失衆心之應也

隋書卷二十二考證

五行志上鷸飛于鼎耳之上○按書序高宗祭成湯有飛雉升鼎耳而雊祖已訓諸王作高宗肜日爾雅鷸雉　臣映斗按本文以鷸代雉唐諱嫌名也

其替乎○各本替訛瞀按爾雅釋言替廢也从替與瞀異瞀即僣字與僭同

有蟄熊無何至齧綸所乘馬○兩舊本蟄訛摯　臣映斗按庾信哀江南賦蟄熊傷馬正謂此事又淮南子熊羆蟄藏今從元本作蟄

時宇文護與侯伏侯龍恩有謀懷貳○監本伏作住一本侯伏侯作佚伏俟一本龍恩無恩字　臣映斗按周書晉蕩公護本傳邙山之役護率衆先鋒爲敵人所圍都督侯伏侯龍恩挺身扞禦方得免今從改正

隋書卷二十三

唐太尉揚州都督監修國史上柱國趙國公臣長孫無忌等撰

志第十八

五行下

洪範五行傳曰視之不明是謂不知厥咎舒厥罰常燠厥極疾時則有草妖時則有羽蟲之孽故有羊禍故有目疾有赤眚赤祥惟水沴火

常燠

後齊天保八年三月大熱人或暍死劉向五行傳曰視不明用近習賢者不進不肖不退百職廢壞庶事不從其過在政教舒緩時帝狂躁荒淫無度之應

草妖

高祖時上黨有人宅後每夜有人呼聲求之不得去宅一里所但見人參一本枝葉峻茂因掘去之其根五尺餘具體人狀呼聲遂絕蓋草妖也視不明之咎時晉王陰有奪宗之計諂事親要以求聲譽譖皇太子高祖惑之人參不當言有物憑之上黨黨與也親要之人乃黨晉王而譖太子高祖不悟聽邪言廢無辜有罪用因此而亂也

羽蟲之孽

梁中大同元年邵陵王綸在南徐州坐廳事有野鳥如鵲數百飛屋梁上彈射不中俄頃失所在京房易飛候曰野鳥入君室其邑虛君亡之他方後綸爲湘東王所襲竟致奔亡爲西魏所殺

侯景在梁將受錫命陳備物於庭有野鳥如山鵲赤觜集於冊書之上鵂鶹鳴於殿與中大同元年同占景尋敗將亡入海中爲羊鵾所殺

陳後主時蔣山有衆鳥鼓翼而鳴曰奈何帝京房易飛候曰鳥鳴門闕如人音邑且亡蔣山吳之望也鳥於上鳴吳空虛之象及陳亡建康爲墟又陳未亡時有一足鳥集于殿庭以觜畫地成文曰獨足上高臺盛草變爲灰獨足者叔寶獨行無衆之應盛草成灰者陳政蕪穢被隋火德所焚除也叔寶至長安館於都水臺上高臺之義也

後齊孝昭帝即位之後有雉飛上御座占同中大同元年又有鳥止於後園其色赤形似鴨而有九頭其年帝崩

天統三年九月萬春鳥集仙都苑京房易飛候曰非常之鳥來宿於邑中邑有兵周師入鄴之應也

武成胡后生後主初有梟升后帳而鳴梟不孝之鳥不祥之應也後主嗣位胡后淫亂事彰遂幽后於北宮焉

武平七年有鸛巢太極殿又巢并州嘉陽殿雉集晉陽宮御座獲之京房易飛候曰鳥無故巢居君門及殿屋上邑且虛其年國滅

周大象二年二月有禿鶖集洛陽宮太極殿其年帝崩後宮常虛

開皇初梁主蕭琮新起後有鵂鳥集其帳隅未幾琮入朝被留於長安梁國遂廢

大業末京師宮室中恒有鴻鴈之類無數翔集其間俄而長安不守

十三年十一月烏鵲巢帝帳幄驅不能止帝尋逢弒

羊禍

開皇十二年六月繁昌楊悅見雲中二物如羝羊黃色大如新生犬鬭而墜悅獲其一數旬失所在近羊禍也洪範五行傳曰君不明逆火政之所致也狀如新生犬者羔類也雲體掩蔽邪佞之象羊國姓羔羊子也皇太子勇既升儲貳晉王陰毀而被廢黜二羔鬭一羔墜之應也

恭帝義寧二年麟遊太守司馬武獻羊羔生而無尾時議者以爲楊氏子孫無後之象是歲煬帝被殺於江都恭帝遜位

赤眚赤祥

梁天監十五年七月荊州市殺人而身不僵首墮于地動口張目血如竹箭直上丈餘然後如雨細下是歲荊州大旱近赤祥冤氣之應

陳太建十四年三月御座幄上見一物如車輪色正赤尋而帝患無故大叫數聲而崩

至德三年十二月有赤物隕于太極殿前初下時鐘皆鳴又嘗進白飲忽變爲血又有血霑殿階瀝瀝然至御榻尋而國滅

後齊河清二年太原雨血劉向曰血者陰之精傷害之象僵尸之類也明年周師與突厥入并州大戰城西伏屍百餘里京房易飛候曰天雨血染衣國亡君戮亦後主亡國之應

四月三月有物隕於殿庭色赤形如數斗器衆星隨者如小鈴四月婁太后崩

武平中有血點地自咸陽王斛律明月宅而至于太廟大將社稷之臣也後主以讒言殺之天戒若曰殺明月則宗廟隨而覆矣後主不悟國祚竟絕

洪範五行傳曰聽之不聰是謂不謀厥咎急厥罰常寒厥極貧時則有鼓妖有魚孽有蝝禍有黑眚黑祥惟火沴水

寒

東魏武定四年二月大寒人畜凍死者相望於道京房易飛候曰誅過深當燠而寒是時後齊神武作相先是爾朱文暢等謀害神武事泄伏誅諸與交通者多有濫死

河清元年歲大寒京房易傳曰有德遭險茲謂逆命厥異寒讖曰殺無罪其寒必異是時帝淫於文宣李后因生子后愧恨不舉之帝大怒於后前殺其子太原王紹德后大哭帝倮后而撻殺之投于水中良久乃蘇冤酷之應

梁天監三年三月六年三月並隕霜殺草京房易傳曰興兵妄誅謂亡法厥罰霜是時大發卒拒魏軍於鍾離連兵數歲

大同三年六月朐山隕霜

陳太建十年八月隕霜殺稻菽是時大興師選衆遣將吳明徹與周相拒於呂梁

鼓妖

梁天監四年十一月天清朗西南有電光有雷聲二易曰鼓近以雷霆霆近鼓妖洪範五行傳曰雷霆託於雲猶君之託於人也君不恤於天下故兆人有怨叛之心也是歲交州刺史李凱舉兵反

十九年九月西北隱隱有聲如雷赤氣下至地是歲盜殺東莞琅邪二郡守以朐山引魏軍

中大通六年十二月西南有聲如雷其年北梁州刺史蘭欽舉兵反

陳太建二年十二月西北有聲如雷其年湘州刺史華皎舉兵反

齊天保四年四月西南有聲如雷是時帝不恤天下興師旅

後周建德六年正月西方有聲如雷未幾吐谷渾寇邊

開皇十四年正月旦廓州連雲山有聲如雷是時五羌反叛侵擾邊鎮

二十年無雲而雷京房易飛候曰國將易君下人不靜小人先命國凶有甲兵後數歲帝崩漢王諒舉兵反徙其黨數十萬家

大業中滏陽石鼓頻歲鳴其後天下大亂兵戎並起

魚孽

梁大同十年三月帝幸朱方至四瀆中及玄武湖魚皆驤首見於上若望乘輿者帝入宮而沒洪範五行傳曰魚陰類也下人象又有鱗甲兵之應也下人將舉兵圍宮而睥睨乘輿之象也後果有侯景之亂

齊神武武平七年相州鸛鵲泊魚盡飛去而水涸洪範五行傳曰急之所致魚陰類下人象也晏子曰河伯以水爲國以魚爲百姓水涸魚飛國亡人散之象明年而國亡

後周大象元年六月陽武有鯉魚乘空而鬭猶臣下興起小人從之而鬭也明年帝崩國失政尉迥起兵相州高祖遣兵擊敗之

開皇十七年大興城西南四里有袁村設佛會有老翁皓首白帬襦衣來食而去衆莫識追而觀之行二里許不復見但有一陂中有白魚長丈餘小魚從者無數人爭射之或弓折弦斷後竟中之剖其腹得秔飯始知此魚向老翁也後數日漕渠暴溢射人皆溺死

大業十二年淮陽郡驅人入子城鑿斷羅郭至女垣之下有穴其中得鯉魚長七尺餘昔魏嘉平四年魚集武庫屋上王肅以爲魚生於水而亢於屋水之物失其所也邊將殆棄甲之變後果有東關之敗是時長白山賊寇掠河南月餘賊至城下郡兵拒之反爲所敗男女死者萬餘人

蟲妖

梁大同初大蝗籬門松栢葉皆盡洪範五行傳曰介蟲之孽也與魚同占京房易飛候曰食祿不益聖化天視以蟲蟲無益於人而食萬物也是時公卿皆以虛澹爲美不親職事無益食物之應也

後齊天保八年河北六州河南十二州蝗畿人皆祭之帝問魏尹丞崔叔瓚曰何故蟲叔瓚對曰五行志云土功不時則蝗蟲爲災今外築長城內修三臺故致災也帝大怒毆其頰擢其髮溷中物塗其頭役者不止九年山東又蝗十年幽州大蝗洪範五行傳曰刑罰暴虐貪饕不厭興師動衆取城修邑而失衆心則蟲爲災是時帝用刑暴虐勞役不止之應也

後周建德二年關中大蝗

開皇十六年并州蝗時秦孝王俊裒刻百姓盛修邸第後竟獲譴死

蝝禍

開皇末渭南有沙門三人行頭陀法於人場圃之上夜見大豕來詣其所小豕從者十餘謂沙門曰阿練我欲得賢聖道然猶負他一命言罷而去賢聖道者君上之

所行也皇太子勇當嗣業行君上之道而被囚廢之象也一命者言爲煬帝所殺

開皇末渭南有人寄宿他舍夜中聞二豕對語其一日歲將盡阿爺明日殺我供歲何處避之一荅曰可向水北姊家因相隨而去天將曉主人覓豕不得意是宿客而詰之宿客言狀主人如其言而得豕其後蜀王秀得罪帝將殺之平樂公主每匡救得全後數年而帝崩歲盡之應

黑眚黑祥

梁承聖三年六月有黑氣如龍見于殿內近黑祥也黑周所尚之色今見於殿內周師入梁之象其年爲周所滅帝亦遇害

陳太建五年六月西北有黑雲屬地散如猪者十餘洪範五行傳曰當有兵起西北時後周將王軌軍於呂梁明年擒吳明徹軍皆覆沒

火沴水

後齊河清元年四月河濟清襄楷曰河諸侯之象應濁反清諸侯將爲天子之象是後十餘歲隋有天下

大業三年武陽郡河清數里鏡澈十二年龍門又河清後二歲大唐受禪

陳太建十四年七月江水赤如血自建康西至荊州禎明中江水赤自方州東至海洪範五行傳曰火沴水也法嚴刑酷傷水性也五行變節陰陽相干氣色繆亂皆敗亂之象也京房易占曰水化爲血兵且起是時後主初卽位用刑酷暴之應其後爲隋師所滅

禎明二年四月郢州南浦水黑如墨黑水在關中而今淮南水黑荊揚州之地陷於關中之應

後周大象元年六月咸陽池水變爲血與陳太建十四年同占是時刑罰嚴急未幾國亡

洪範五行傳曰思心不容是謂不聖厥咎霿厥罰常風厥極凶短折有脂夜之妖有華孽有牛禍有心腹之痾有黃眚黃祥木金水火沴土

常風

梁天監六年八月戊戌大風折木京房易飛候曰角日疾風天下昬不出三月中兵必起是歲魏軍入鍾離

承聖三年十一月癸未帝閱武於南城北風大急普天昬闇洪範五行傳曰人君瞀亂之應時帝既平侯景公卿咸勸帝反丹陽帝不從又多猜忌有瞀亂之行故天變應之以風是歲爲西魏滅

陳天嘉六年七月癸未大風起西南吹倒靈臺候樓洪範五行傳以爲大臣專恣之咎時太子冲幼安成王頊專政帝不時抑損明年崩皇太子嗣位頊遂廢之

太建十二年六月壬戌大風吹壞皐門中闥十二年九月夜又風發屋拔樹始興王叔陵專恣之應

至德中大風吹倒朱雀門

禎明三年六月丁巳大風自西北激濤水入石頭淮是時後主任司馬申誅戮忠諫沈客卿施文慶專行邪僻江總孔範等崇長淫縱杜塞聰明瞀亂之咎

後齊河清二年大風三旬乃止時帝初委政佞臣和士開專恣日甚

天統三年五月大風晝晦發屋拔樹天變再見而帝不悟明年帝崩後主詔內外表奏皆先詣士開然後聞徹趙郡王叡馮翊王潤按士開驕恣不宜仍居內職反爲士開所譖叡竟坐死士開出入宮掖生殺在口尋爲琅邪王嚴所誅

七年三月大風起西北發屋拔樹五日乃止時高阿那瓌駱提婆等專恣之應

開皇二十年十一月京都大風發屋拔樹秦隴壓死者千餘人地大震鼓皆應淨刹寺鍾三鳴佛殿門鎖自開銅像自出戶外鍾鼓自鳴者近鼓妖也揚雄以爲人君不聰爲衆所惑空名得進則鼓妖見時獨孤皇后干預政事左僕射楊素權傾人主帝聽二人之讒而黜僕射高熲廢太子勇爲庶人晉王釣虛名而見立思心瞀亂陰氣盛之象也鎖及銅像並金也金動木震之水沴金之應洪範五行傳曰失衆心甚之所致也高熲楊勇無罪而咸廢黜失衆心也

仁壽二年西河有胡人乘騾在道忽爲迴風所飄并一車上千餘尺乃墜皆碎焉京房易傳曰衆逆同志至德乃潛厥異風後二載漢王諒在并州潛謀逆亂車及騾騎之象也升空而墜顛隕之應也天戒若曰無妄動車騎終當覆敗而諒不悟及高祖崩諒發兵反州縣響應衆至數十萬月餘而敗

夜妖

梁承聖二年十月丁卯大風晝晦天地昬暗近夜妖也京房易飛候曰羽日風天下昬人大疾不然多寇盜三年爲西魏所

陳禎明三年正月朔旦雲霧晦冥入鼻辛酸後主昬昧近夜妖也洪範五行傳曰王失中臣下彊盛以蔽君明則雲陰是時北軍臨江柳莊任蠻奴並進中款後主惑佞臣孔範之言而昬闇不能用以致覆敗

東魏武定四年冬大霧六日晝夜不解洪範五行傳曰晝而晦冥若夜者陰侵陽臣將侵君之象也明年元瑾劉思逸謀殺大將軍之應

周大象二年尉迥敗於相州坑其黨與數萬人於遊豫園其處每聞鬼夜哭聲洪範五行傳曰哭者死亡之表近夜妖也鬼而夜哭者將有死亡之應京房易飛候曰鬼夜哭國將亡明年周氏王公皆見殺周室亦亡

仁壽中仁壽宮及長城之下數聞鬼哭尋而獻后及帝相次而崩於仁壽宮

大業八年楊玄感作亂於東都尚書樊子蓋坑其黨與於長夏門外前後數萬洎于末年數聞其處鬼哭有呻吟之聲與前同占其後王世充害越王侗于洛陽

華孽

後齊武平元年槐華而不結實槐三公之位也華而不實萎落之象至明年錄尚書事和士開伏誅隴東王胡長仁太保琅邪王儼皆遇害左丞相段韶薨

陳後主時有張貴妃孔貴嬪並有國色稱爲妖豔後主惑之寵冠宮掖每充侍從詩酒爲娛一入後庭數旬不出荒淫侈靡莫知紀極府庫空竭頭會箕斂天下怨叛將士離心敵人鼓行而進莫有死戰之士女德之咎也及敗亡之際後主與孔姬俱投於井隋師執張貴妃而戮之以謝江東洪範五行傳曰華者猶榮華容色之象也以色亂國故謂華孽

齊後主有寵姬馮小憐慧而有色能彈琵琶尤工歌儛後主惑之拜爲淑妃選綵女數千爲之羽從一女之飾動費千金帝從禽於三堆而周師大至邊吏告急相望於道帝欲班師小憐意不已更請合圍帝從之由是遲留而晉州遂陷後與周師相遇於晉州之下坐小憐而失機者數矣因而國滅齊之士庶至今咎之

牛禍

梁武陵王紀祭城隍神將烹牛忽有赤蛇繞牛口牛禍也象類言之又爲龍蛇之孽魯宣公三年郊牛之口傷時以爲天不享棄宣公也五行傳曰逆君道傷故有龍蛇之孽是時紀雖以赴援爲名而實妄自尊亢思心之咎神不享君道傷之應果爲元帝所敗

後齊武平二年并州獻五足牛牛禍也洪範五行傳曰牛事應宮室之象也帝尋大發卒於仙都苑穿池築山樓殿間起窮華極麗功始就而國亡

後周建德六年陽武有獸三狀如水牛一黃一赤一黑赤者與黑者鬬久之黃者自傍觸之黑者死黃赤俱入于河近牛禍也黑者周之所尚色死者滅亡之象後數載周果滅而隋有天下旗牲尚赤戎服以黃

大業初恒山有牛四腳膝上各生一蹄其後建東都築長城開溝洫

心腹之痾

陳禎明三年隋師臨江後主從容而言曰齊兵三來周師再來無弗摧敗彼何爲者都官尚書孔範曰長江天塹古以爲限隔南北今日北軍豈能飛度耶臣每患官卑彼若度來臣爲太尉矣後主大悅因奏妓縱酒賦詩不輟心腹之痾也存亡之機定之俄頃君臣旰食不暇後主已不知懼孔範從而蕩之天奪其心曷能不敗陳國遂亡範亦遠徙

齊文宣帝嘗宴於東山投杯赫怒下詔西伐極陳甲兵之盛既而泣謂羣臣曰黑衣非我所制卒不行有識者以帝精魄已亂知帝祚之不永帝後竟得心疾耽荒酒色性忽狂暴數年而崩

武成帝丁太后憂緋袍如故未幾登三臺置酒作樂侍者進白袍帝大怒投之臺下未幾而崩

黃眚黃祥

梁大同元年天雨土二年天雨灰其色黃近黃祥也京房易飛候曰聞善不及茲謂有知厥異黃厥咎聾厥災不嗣蔽賢絕道之咎也時帝自以爲聰明博達惡人勝己又篤信佛法捨身爲奴絕道蔽賢之罰也

大寶元年正月天雨黃沙二年簡文帝夢丸土而吞之尋爲侯景所廢以土囊壓之而斃諸子遇害不嗣之應也

陳後主時夢黃衣人圍城後主惡之遶城橘樹盡伐去之隋高祖受禪之後上下通服黃衣未幾隋師攻圍之應也

後周大象二年正月天雨黃土移時乃息與大同元年同占時帝昬狂滋甚期年而崩至于靜帝用遜厥位絕道不嗣之應也

開皇二年京師雨土是時帝懲周室諸侯微弱以亡天下故分封諸子並爲行臺專制方面失土之故有土氣之祥其後諸王各謀爲逆亂京房易飛候曰天雨土百姓勞苦而無功其時營都邑後起仁壽宮頹山堙谷丁匠死者大半

裸蟲之孽

梁大清元年丹陽有莫氏妻生男眼在頂上大如兩歲兒墜地而言曰兒是旱疫鬼不得住母曰汝當令我得

過疫鬼曰有上官何得自由毋可急作絳帽故當無憂
毋不暇作帽以絳繫髮自是旱疫者二年揚徐兗豫尤
甚莫氏鄉鄰多以絳免他土效之無驗
大寶二年京口人於藏兒年五歲登城西南角大樓打
鼓作長檛鼓兵象也是時侯景亂江南
陳永定三年有人長三丈見羅浮山通身潔白衣服楚
麗京房占曰長人見亡後二歲帝崩
後主爲太子時有婦人突入東宮而大言曰畢國主後
主立而作終之應也
至德三年八月建康人家婢死埋之九日而更生有牧
牛人聞而出之
禎明二年有船下忽聞人言曰明年亂視之得死嬰兒
長二尺而無頭明年陳滅
齊天保中臨漳有婦人產子二頭共體是後政由姦佞
上下無別兩頭之應也
後主時有桑門貌若狂人見烏則向之作禮見沙門則
歐辱之烏周色也未幾齊爲周所吞滅除佛法
後周保定三年有人產子男陰在背上如尾兩足指如
獸爪陰不當生於背而生于背者陰陽反覆君臣顛倒
之象人足不當有爪而有爪者將致擾人之變也是時
晉蕩公宇文護專擅朝政征伐自己陰懷簒逆天戒若
曰君臣之分已倒矣將行擾噬之禍帝見變而悟遂誅
晉公親萬機躬節儉克平齊國號爲高祖轉禍爲福之
效也
武帝時有強練者佯狂持一瓠至晉蕩公護門而擊破
之曰身尚可苦矣時護專政因朝太后帝擊殺之發
兵捕其諸子皆備楚毒而死強練又行乞於市人或遺
之粟麥輒以無底帒受之因大笑曰盛空未幾周滅高
祖移都長安城爲墟矣
開皇六年霍州有老翁化爲猛獸
七年相州有桑門變爲蛇尾繞樹而自抽長二丈許
仁壽四年有人長數丈見於應門其迹長四尺五寸其
年帝崩
大業元年鴈門人房回安母年百歲額上生角長二寸
洪範五行傳曰婦人陰象也角兵象也下反上之應是
後天下果大亂陰戎圍帝於鴈門
四年鴈門宋谷村有婦人生一肉卵大如斗埋之後數
日所埋處雲霧晝合從地雷震而上視之洞穴失卵所
在
六年趙郡李來王家婢產一物大如卵

六年正月朔旦有盜衣白練帬襦手持香花自稱彌勒
佛出世入建國門奪衞士仗將爲亂齊王暕遇而斬之
後三年楊玄感作亂引兵圍洛陽戰敗伏誅
八年有澄公者若狂人於東都大叫唱賊帝聞而惡之
明年玄感舉兵圍洛陽
十二年澄公又叫賊李密逼東都孟讓燒豐東都市而
去
九年帝在高陽唐縣人宋子賢善爲幻術每夜樓上有
光明能變作佛形自稱彌勒出世又懸大鏡於堂上紙
素上畫爲蛇爲獸及人形有人來禮謁者轉側其鏡遺
觀來生形像或映見紙上蛇形子賢輒告云此罪業也
當更禮念又令禮謁乃轉人形示之遠近惑信日數百
千人遂潛謀作亂將爲無遮佛會因舉兵欲襲擊乘輿
事泄鷹揚郎將以兵捕之夜至其所遶其所居但見火
坑兵不敢進郎將曰此地素無坑止妖妄耳及進無復
火矣遂擒斬之并坐其黨與千餘家其後復有桑門向
海明於扶風自稱彌勒佛出世潛謀逆亂人有歸心者
輒獲吉夢由是人皆惑之三輔之士翕然稱爲大聖因
舉兵反衆至數萬官軍擊破之京房易飛候曰妖言動
衆者茲謂不信路無人行不出三年起兵自是天下大
亂路無人行
木金水火沴土
梁天監五年十一月京師地震木金水火沴土也洪範
五行傳曰臣下盛將動而爲害京房易飛候曰地動以
冬十一月者其邑饑亡時交州刺史李凱舉兵反明年
霜歲儉人饑
普通三年正月建寧地震是時義州刺史文僧朗以州
叛
六年十二月地震京房易飛候曰地冬動有音以十二
月者其邑有行兵是時帝令豫章王琮將兵北伐
中大通五年正月建康地震京房易飛候曰地以春動
歲不昌是歲大水百姓饑饉
大同三年十一月建康地震京房易飛候曰地震以十
一月邑有大喪及饑亡明年霜爲災百姓饑
三月十月建康地震是歲會稽山賊起
七年二月建康地震是歲交州人李賁舉兵逐刺史蕭
諮
九年閏正月地震李賁自稱皇帝署置百官
太清三年四月建康地再震時侯景自爲大丞相錄尚
書帝所須不給是月以憂憤崩

陳永定二年五月建康地震時王琳立蕭莊於郢州
太建四年十一月地震陳寶應反閩中
禎明元年正月地震施文慶沈客卿專恣之應也
東魏武定二年十一月西河地陷而且然京房易妖占
曰地自陷其君亡祖暅曰火陽精也地者陰主也地然
越陰之道行陽之政臣下擅恣終以自害時後齊神武
作宰而侯景專擅河南後二歲神武果崩景遂作亂而
自取敗亡之應
後齊河清二年并州地震和士開專恣之應
後周建德二年涼州地頻震城郭多壞地裂出泉京房
易妖占曰地分裂羌夷叛時吐谷渾頻寇河西
開皇十四年五月京師地震京房易飛候曰地動以夏
五月人流亡是歲關中飢帝令百姓就糧於關東
仁壽二年四月岐雍地震京房易飛候曰地動以夏四
月五穀不熟人大飢
三年梁州就谷山崩洪範五行傳曰崩散落背叛不事
上之類也梁州爲漢地明年漢王諒舉兵反
大業七年砥柱山崩壅河逆流數十里劉向洪範五行
傳曰山者君之象水者陰之表人之類也天戒若曰君
人擁威重將崩壞百姓不得其所時帝與遼東之師百
姓不堪其役四海怨叛帝不能悟卒以滅亡
洪範五行傳曰皇之不極是謂不建厥咎瞀厥罰常陰
厥極弱時則有射妖則有龍蛇之孽則有馬禍
雲陰
開皇二十年十月久陰不雨劉向曰王者失中臣下彊
盛而蔽君明則雲陰是時獨孤后遂與楊素陰譖太子
勇廢爲庶人
射妖
東魏武定四年後齊神武作宰親率諸軍攻西魏於玉
壁其年十一月帝不豫班師將士震懼皆曰韋孝寬以
定功弩射殺丞相西魏下令國中曰勁弩一發凶身自
殞神武聞而惡之其疾暴增近射妖也洪範五行傳曰
射者兵戎禍亂之象氣逆天則禍亂將起神武行殿中
將軍曹魏諫曰王以死氣逆生氣爲客不利主人則可
帝不從頓軍五旬頻戰沮衂又聽孤虛之言於城北斷
汾水起土山其處天險千餘尺功竟不就死者七萬氣
逆天之咎也其年帝崩明年王思政擾河南
武平後主自并州還鄴至八公嶺夜與左右歌而行有
一人忽發狂意後主以爲狐媚伏草中彎弓而射之傷
數人幾中後主後主執而斬之其人不自覺也狐而能

媚獸之妖妄也時帝不恤國政專與內人閹豎酣歌爲
樂或衣繿褸衣行乞爲娛此妖妄之象人又射之兵戎
禍亂之應也未幾而國滅
龍蛇之孽
梁天監二年北梁州潭中有龍鬭濆霧數里龍蛇之孽
洪範五行傳曰龍獸之難害者也天之類君之象天氣
害君道傷則龍亦害鬭者兵革之象也京房易飛候曰
衆心不安厥妖龍鬭是時帝初即位而有陳伯之劉季
連之亂國內危懼
普通五年六月龍鬭于曲阿王陂因西行至建陵城所
經之處樹木皆折開數十丈與天監二年同占經建陵
而樹木折者國有兵革之禍園陵殘毀之象時帝專以
講論爲務不從耕戰將輕而卒惰君道既傷故有龍孽
之應帝殊不悟至太清元年黎州水中又有龍鬭波浪
涌起雲霧四合而見白龍南走黑龍隨之其年侯景以
兵來降帝納之而無備國人皆懼俄而難作帝以憂崩
大同十年夏有龍夜因雷而墮延陵人家井中明旦視
之大如驢將以戟刺之俄見庭中及室中各有大蛇加
數百斛船家人奔走洪範五行傳曰龍陽類貴象也上
則在天下則在地不當見庶人邑里室家井中幽深之
象也諸侯且有幽執之禍皇不建之咎也後侯景反果
幽殺簡文于酒庫宗室王侯皆幽死
陳太建十一年正月龍見南兗州池中與梁大同十年
同占未幾後主嗣位驕淫荒怠動不得中其後竟以國
亡身被幽執
東魏武安元年有大蛇見武牢城是時北豫州刺史高
仲密妻李氏慧而艷世子澄悅之仲密內不自安遂以
武牢叛陰引西魏大戰於河陽神武爲西兵所窘僅而
獲免死者數千
後齊天保九年有龍長七八丈見齊州大堂占同大同
十年時常山長廣二王權重帝不思抑損明年帝崩太
子殷嗣立常山王演果廢帝爲濟南王幽而害之
河清元年龍見濟州浴堂中占同天保九年先是平秦
王歸彥受昭帝遺詔立太子百年爲嗣而歸彥遂立長
廣王湛是爲武成帝而廢百年爲樂陵王竟以幽死
大統四年貴鄉人伐枯木得一黃龍折腳死於孔中齊
稱木德龍君象木枯龍死不祥之甚其年武成崩
武平三年龍見邯鄲井中其氣五色屬天又見汲郡佛
寺涸井中占同河清元年後主竟降周後被誅
武平七年并州招遠樓下有赤蛇與黑蛇鬭數日赤蛇

死赤齊尚色黑周尚色闕而死滅亡之象也後主任用邪佞與周師連兵於晉州之下委軍於孽臣高阿那肱竟啓敵人皇不建之咎也後主遂爲周師所虜

琅邪王儼壞北宮中白馬浮圖石趙時澄公所建見白蛇長數丈迴旋失所在時儼專誅失中之咎也見變不知戒以及於難

後周建德五年黑龍墜於亳州而死龍君之象黑周所尚色墜而死不祥之甚時皇太子不才帝每以爲慮宣臣王軌宇文孝伯等驟請廢立帝不能用後二歲帝崩太子立虐殺齊王及孝伯等因而國亡

仁壽四年龍見代州總管府井中其龍或變爲鐵馬甲士彎弓上射之象變爲鐵馬近馬禍也彎弓上射又近射妖諸侯將有兵革之變以致幽囚也是時漢王諒潛謀逆亂故變兵戒之諒不悟遂興兵反事敗廢爲庶人幽囚數年而死

馬禍

侯景僭尊號於江南每將戰其所乘白馬長鳴蹀足者輒勝垂頭者輒不利西州之役馬卧不起景拜請且箠之竟不動近馬禍也洪範五行傳曰馬者兵象將有寇戎之事故馬爲怪景因此大敗

陳太建五年衡州馬生角洪範五行傳曰馬生角兵之象敗亡之表也是時宣帝遣吳明徹出師呂梁與周師拒連兵數歲衆軍覆没明徹竟爲周師所虜

天保中廣宗有馬兩耳間生角如羊尾京房易傳曰天子親伐則馬生角四年契丹犯塞文宣帝親御六軍以擊之

大業四年太原廄馬死者大半帝怒遣使案問主者曰每夜廄中馬無故自驚因而致死帝令巫者視之巫者知帝將有遼東之役因希旨言曰先帝令楊素史萬歲取之將鬼兵以伐遼東也帝大悅因釋主者洪範五行傳曰逆天氣故馬多死是時帝每歲巡幸北事長城西通且末國內虛耗天戒若曰除廄馬無事巡幸帝不悟遂至亂

十一年河南扶風三郡並有馬生角長數寸與天保初同占是時帝頻歲親征高麗

義寧元年帝在江都宮龍廄馬無故而死旬日死至數百匹與大業四年同占

隋書卷二十三考證

五行志下孟讓燒豐東都市而去○各本俱無東字本紀孟讓夜入東都外郭燒豐都市而去豐下亦無東字當是衍

詩交州刺史李凱舉兵反○閣本李凱作李軌按梁書武帝紀作李凱

先是平秦王歸彥受昭帝遺詔立太子百年爲嗣○監本秦訛齊按北齊書高歸彥封平秦王

# 隋書卷二十四

唐太尉揚州都督監修國史上柱國趙國公臣長孫無忌等撰

## 志第十九

### 食貨

王者量地以制邑度地以居人總土地所生料山澤之利式遵行令敬授人時農商趣向各本事業書稱懋遷有無言穀貨流通咸得其所者也周官太府掌九貢九賦之法王之經用各有等差所謂取之有道用之有節故能養百官之政勗戰士之功救天災服方外活國安人之大經也爰自軒頊至于堯舜皆因其所利而勸之因其所欲而化之不奪其時不窮其力輕其征薄其賦此五帝三皇不易之教也古語曰善爲人者愛其力而成其財若使之不以道斂之如不及財盡則怨力盡則叛昔禹制九等而康歌興周人十一而頌聲作於是東周遷洛諸侯不軌魯宣初稅畝鄭產爲丘賦先王之制靡有孑遺秦氏起自西戎力正天下驅之以刑罰棄之以仁恩以太半之收長城絕於地脉以頭會之斂屯戍窮於嶺外漢高祖承秦凋敝十五稅一中元繼武府庫彌殷世宗得之用成雄俊開邊擊胡蕭然咸罄宮宇捫於天漢巡遊跨於海表旱歲除道凶年嘗秣戶口以之減半盜賊以之公行於是譎詭賦稅異端俱起賦及童亂算至舡車光武中興聿遵前事成賦單薄足稱經遠靈帝開鴻都之牓通賣官之路公卿州郡各有等差漢之常科土貢方物帝又遣先輸中署名爲導行天下賄成人受其敝自魏晉二十一帝宋齊十有五主雖用度有衆寡租賦有重輕大抵不能傾人產業道闕政亂隋文帝既平江表天下大同躬先儉約以事府帑開皇十七年戶口滋盛中外倉庫無不盈積所有賚給不踰經費京司帑屋既充積於廊廡之下高祖遂停此年正賦以賜黎元煬皇嗣守鴻基國家殷富雅愛宏玄肆情方騁初造東都窮諸巨麗帝昔居藩翰親平江左兼以梁陳曲折以就規摹曾雉踰芒浮橋跨洛金門象闕咸竦飛觀頹巖塞川構成雲綺移嶺樹以爲林藪包芒山以爲苑囿長城御河不計於人力運驢武馬指期於百姓天下死於役而家傷於財既而一討渾庭三駕遼澤天子親伐師兵大舉飛糧輓秣水陸交至疆埸之所傾敗勞師之所殂殞雖復太半不歸而每年興發比屋良家之子多赴於邊陲分離哭泣之聲連響於州縣老弱耕稼不足以充飢餒婦工紡績不足以贍資裝九區之內鸞和歲動從幸宮掖常十萬人所有供須皆仰州縣租賦之外一切徵斂趣以周備不顧元元吏因割剝盜其太半遐方珍膳必供庖廚翔禽毛羽用爲玩飾買以供官千倍其價人愁不堪離棄室宇長吏扣扉而達曙猛犬迎吠而終夕自燕趙跨於齊韓江淮入於襄鄧東周洛邑之地西秦隴山之右僭僞交侵盜賊充斥宮觀鞠爲茂草鄉亭絕其煙火人相噉食十而四五關中癘疫炎旱傷稼代王開永豐之粟以振饑人去倉數百里老幼雲集吏在貪殘官無攸次咸資鏹貨動移旬月頓卧墟野欲返不能死人如積不可勝計雖復皇王撫運天祿有終而隋氏之亡亦由於此馬遷爲平準書班固述食貨志上下數千載損益粗舉自此史官曾無槪見夫厥初生人食貨爲本聖王割廬井以業之通貨財以富之富而教之仁義以之興貧而爲盜刑罰不能止故爲食貨志用編前書之末云

晉自中原喪亂元帝寓居江左百姓之自拔南奔者並謂之僑人皆取舊壤之名僑立郡縣往往散居無有土著而江南之俗火耕水耨土地卑濕無有蓄積之資諸蠻陬俚洞霑沐王化者各隨輕重收其賧物以裨國用又嶺外酋帥因生口翡翠明珠犀象之饒雄於鄉曲者朝廷多因而署之以收其利歷宋齊梁陳皆因而不改其軍國所須雜物隨土所出臨時折課市取乃無恒法定令列州郡縣制其任土所出以爲徵賦其無貫之人不樂州縣編戶者謂之浮浪人樂輸亦無定數任量准所輸終優於正課焉都下人多爲諸王公貴人左右佃客典計衣食客之類皆無課役官品第一第二佃客無過四十戶第三品三十五戶第四品三十戶第五品二十五戶第六品二十戶第七品十五戶第八品十戶第九品五戶其佃穀皆與大家量分其典計官品第一第二置三人第三第四置二人第五第六及公府參軍殿中監監軍長史司馬部曲督關外侯材官議郎已上一人皆通在佃客數中官品第六已上幷得衣食客三人第七第八二人第九品及轝輦跡禽前驅由基彊弩司馬羽林郎殿中冗從武賁殿中武賁持椎斧武騎武賁持鈒冗從武賁命中武賁武騎一人客皆注家籍其課丁男調布絹各二丈絲三兩綿八兩祿絹八尺祿綿三兩二分租米五石祿米二石丁女並半之男女年十六已上至六十爲丁男年十六亦半課年十八正課六十六免課女以嫁者爲丁若在室者年二十乃爲丁其男丁每歲役不過二十日又率十八人出一運丁役之其田畝稅米二斗蓋大率如此其度量斗則三斗當今一斗稱則三兩當今一兩尺則一尺二寸當今一尺其倉京都有龍首倉卽石頭津倉也臺城內倉南塘倉常平倉東西太倉東宮倉所貯總不過五十餘萬在外有豫章倉釣磯倉錢塘倉並是大貯備之處自餘諸州郡臺傳亦各有倉大抵自侯景之亂國用常褊京官文武月別唯得廩食多遙帶一郡縣官而取其祿秩焉揚徐等大州比令僕班寧桂等小州比參軍班丹陽吳郡會稽等郡同太子詹事尚書班高涼晉康等小郡三班而已大縣六班小縣兩轉方至一班品第既殊不可妄載州郡縣祿米絹布絲綿當處輸臺傳倉庫若給刺史守令等先准其所部文武人物多少由敕而裁凡如此祿秩既通所部兵士給之其家所得蓋少諸王諸主出閤就第婚冠所須及衣裳服飾幷酒米魚鮭香油紙燭等並官給之王及主婿外祿者不給解任還京仍亦公給云

魏自永安之後政道陵夷寇亂實繁農商失業官有徵代皆權調於人猶不足以相資奉乃令所在迭相糾發百姓愁怨無復聊生尋而六鎮擾亂相率內徙寓食於齊晉之郊齊神武因之以成大業魏武西遷連年戰爭河洛之間又並空竭天平元年遷都於鄴出粟一百三十萬石以振貧人是時六坊之衆從武帝而西者不能萬人餘皆北徙並給常廩春秋二時賜帛以供衣服之費常調之外逐豐稔之處折絹糴粟以充國儲於諸州緣河津濟皆官倉貯積以擬漕運於滄瀛幽青四州之境傍海置鹽官以煑鹽每歲收錢軍國之資得以周贍自是之後倉廩充實雖有水旱凶饑之處皆仰開倉以振之元象興和之中頻歲大穰穀斛至九錢是時法網寬弛百姓多離舊居闕於徭賦神武乃命孫騰高隆之分括無籍之戶得六十餘萬於是僑居者各勒還本屬是後租調之入有加焉及文襄嗣業侯景背叛河南之地困於兵革尋而侯景亂梁乃命行臺辛術略有淮南

之地其新附州郡羈縻輕稅而已及文宣受禪多所創革六坊之內徙者更加簡練每一人必當百人任其臨陣必死然後取之謂之百保鮮卑又簡華人之勇力絶倫者謂之勇夫以備邊要始立九等之戶富者稅其錢貧者役其力北興長城之役南有金陵之戰其後南征諸將頻歲陷沒士馬死者以數十萬計重以修創臺殿所役甚廣而帝刑罰酷濫吏道因而成姦豪黨兼并戶口益多隱漏舊制未娶者輸半牀租調陽翟一郡戶至數萬籍多無妻有司劾之帝以爲生事由是姦欺尤甚戶口租調十亡六七是時用度轉廣賜與無節府藏之積不足以供乃減百官之祿撤軍人常廩併省州郡縣鎮戍之職又制刺史守宰行兼者並不給幹以節國之費用焉天保八年議徙冀定瀛無田之人謂之樂遷於幽州范陽寬鄉以處之百姓驚擾屬以頻歲不熟米糴踊貴矣廢帝乾明中尚書左丞蘇珍芝議修石鼈等屯歲收數萬石自是淮南軍防糧廩充足孝昭皇建中平州刺史嵇曄建議開幽州督亢舊陂長城左右營屯歲收稻粟數十萬石北境得以周贍又於河內置懷義等屯以給河南之費自是稍止轉輸之勞至河清三年定令乃命人居十家爲比鄰五十家爲閭里百家爲族黨男子十八以上六十五以下爲丁十六已上十七已下爲中六十六已上爲老十五已下爲小率以十八受田輸租調二十充兵六十免力役六十六退田免租調京城四面諸坊之外三十里內爲公田受公田者三縣代遷內執事官一品已下逮于羽林武賁各有差其外畿郡華人官第一品已下羽林武賁已上各有差職事及百姓請墾田者名爲受田奴婢受田者親王止三百人嗣王止二百人第二品嗣王已下及庶姓王止一百五十人正三品已上及王宗止一百人七品已上限止八十人八品已下至庶人限止六十人奴婢限外不給田者皆不輸其方百里外及州人一夫受露田八十畝婦四十畝奴婢依良人限數與在京百官同丁牛一頭受田六十畝限止四年又每丁給永業二十畝爲桑田其中種桑五十根榆三根棗五根不在還受之限非此田者悉入還受之分土不宜桑者給麻田如桑田法率人一牀調絹一疋綿八兩凡十斤綿中折一斤作絲墾租二石義租五斗奴婢各准良人之半牛調二尺墾租一斗義租五升墾租送臺義租納郡以備水旱墾租皆依貧富爲三梟其賦稅常調則少者直出上戶中者及中戶多者及下戶上梟輸遠處中梟輸次遠下梟輸當州倉三年一校焉租入臺者五百里內輸粟五百里外輸米入州鎮者輸粟人欲輸錢者准上絹收錢諸州郡皆別置富人倉初立之日准所領中下戶口數得支一年之糧逐當州穀價賤時斟量割當年義租充入穀貴下價糶之賤則還用所糶之物依價糴貯每歲春月各依鄉土早晚課人農桑自春及秋男二十五已上皆布田畝桑蠶之月婦女十五已上皆營蠶桑孟冬刺史聽審邦教之優劣定殿最之科品人有人力無牛或有牛無力者須令相便皆得納種使地無遺利人無遊手焉緣邊城守之地堪墾食者皆營屯田置都使子使以統之一子使當田五十頃歲終考其所入以論褒貶是時頻歲大水州郡多遇沉溺穀價騰踊朝廷遣使開倉從貴價以糶之而百姓無益饑饉尤甚重以疾疫相乘死者十四五焉至大統中又毀東宮造修文偃武隆基嬪嬙諸院起玳瑁樓又於遊豫園穿池周以列館中起三山構臺以象滄海幷大修佛寺勞役鉅萬計財用不給乃減朝士之祿斷諸曹糧膳及九州軍人常賜以供之武平之後權幸並進賜與無限加之旱蝗國用轉屈乃料境內六等富人調令出錢而給事黃門侍郎顏之推奏請立關市邸店之稅開府鄧長顒贊成之後主大悅於是以其所入以供御府聲色之費軍國之用不豫焉未幾而亡

後周太祖作相創制六官載師掌任土之法辨夫家田里之數會六畜車乘之稽審賦役斂弛之節制畿疆修廣之域頒施惠之要審牧產之政司均掌田里之政令凡人口十已上宅五畝口九以上宅四畝口五已下宅二畝有室者田百四十畝丁者田百畝司賦掌功賦之政令凡人自十八以至六十有四與輕癃者皆賦之其賦之法有室者歲不過絹一疋綿八兩粟五斛丁者半之其非桑土有室者布一疋麻十斤丁者又半之豐年則全賦中年半之下年三之皆以時徵焉若艱凶札則不徵其賦司役掌力役之政令凡人自十八以至五十有九皆任於役豐年不過三旬中年則二旬下年則一旬凡起徒役無過家一人其人有年八十者一子不從役百年者家不從役廢疾非人不養者一人不從役若凶札又無力征掌鹽掌四鹽之政令一曰散鹽煮海以成之二曰盬鹽引池以化之三曰形鹽物地以出之四曰飴鹽於戎以取之凡盬鹽形鹽每地爲之禁百姓取之皆稅焉司倉掌辨九穀之物以量國用國用足即蓄其餘以待凶荒不足則止餘用足則以粟貸人春頒之秋斂之

閔帝元年初除市門稅及宣帝即位復興入市之稅武帝保定元年改八丁兵爲十二丁兵率歲一月役建德二年改軍士爲侍官募百姓充之除其縣籍是後夏人半爲兵矣宣帝時發山東諸州增一月功爲四十五日役以起洛陽宮幷移相州六府於洛陽稱東京六府

武帝保定二年正月初於蒲州開河渠同州開龍首渠以廣溉灌高祖登庸罷東京之役除入市之稅是時尉迥王謙司馬消難相次叛逆興師誅討賞費鉅萬及受禪又遷都發山東丁毀造宮室仍依周制役丁爲十二番匠則六番及頒新令制人五家爲保保有長保五爲閭閭四爲族皆有正畿外置里正比閭正黨長比族正以相檢察焉男女三歲已下爲黃十歲已下爲小十七已下爲中十八已上爲丁丁從課役六十爲老乃免自諸王已下至于都督皆給永業田各有差多者至一百頃少者至四十畝其丁男中男永業露田皆遵後齊之制並課樹以桑榆及棗其園宅率三口給一畝奴婢則五口給一畝丁男一牀租粟三石桑土調以絹絁麻土以布絹絁以疋加綿三兩布以端加麻三斤單丁及僕隸各半之未受地者皆不課有品爵及孝子順孫義夫節婦並免課役京官又給職分田一品者給田五頃每品以五十畝爲差至五品則爲田三頃六品二頃五十畝其下每品以五十畝爲差至九品爲一頃外官亦各有職分田又給公廨田以供公用

開皇三年正月帝入新宮初令軍人以二十一成丁減十二番每歲爲二十日役減調絹一疋爲二丈先是尚依周末之弊官置酒坊收利鹽池鹽井皆禁百姓採用至是罷酒坊通鹽池鹽井與百姓共之遠近大悅是時突厥犯塞吐谷渾寇邊軍旅數起轉輸勞敝帝乃令朔州總管趙仲卿於長城以北大興屯田以實塞下又於河西勒百姓立堡營田積穀京師置常平監是時山東尚承齊俗機巧姦僞避役惰遊者十六七四方疲人或詐老詐小規免租賦高祖令州縣大索貌閱戶口不實者正長遠配而又開相糾之科大功已下兼令析籍各爲戶頭以防容隱於是計帳進四十四萬三千丁新附一百六十四萬一千五百口高熲又以人間課輸雖有定分年常徵納除注恒多長吏肆情文帳出沒復無定薄難以推校乃爲輸籍定樣請徧下諸州每年正月五日縣令巡人各隨便近五黨三黨共爲一團依樣定戶上下帝從之自是姦無所容矣時百姓承平日久雖數遭水旱而戶口歲增諸州調物每歲河南自潼關河北自蒲坂達于京師相屬於路晝夜不絶者數月帝既躬履儉約六宮咸服澣濯之衣乘輿供御有故敝者隨令補用皆不改作非享燕之事所食不過一肉而已有司嘗進乾薑以布袋貯之帝用爲傷費大加譴責後進香復以氈袋因笞所司以爲後誡焉由是內外率職府帑充實百官祿賜及賞功臣皆出於豐厚焉九年陳平帝親御朱雀門勞凱旋師因行慶賞自門外夾道列布帛之積達于南郭以次頒給所費三百餘萬段帝以江表初定給復十年自餘諸州並免當年租賦十年五月又以宇內無事益寬徭賦百姓年五十者輸庸停防十一年江南又反越國公楊素討平之師還賜物甚廣其餘出師命賞亦莫不優隆十二年有司上言庫藏皆滿帝曰朕既薄賦於人又大經賜用何得爾也對曰用處常出納處常入略計每年賜用至數百萬段曾無減損於是乃更闢左藏之院構屋以受之下詔曰既富而教方知廉恥寧積於人無藏府庫河北河東今年田租三分減一兵減半功調全免時天下戶口歲增京輔及三河地少而人衆衣食不給議者咸欲從就寬鄉其年冬帝命諸州考使議之又令尚書以其事策問四方貢士竟無長算帝乃發使四出均天下之田其狹鄉每丁纔至二十畝老小又少焉十三年帝命楊素出於岐州北造仁壽宮素遂夷山堙谷營構觀宇崇臺累榭宛轉相屬役使嚴急丁夫多死疲敝顚仆者推填坑坎覆以土石因而築爲平地死者以萬數宮成帝行幸焉時方暑月而死人相次於道素乃一切焚除之帝頗知其事甚不悅及入新宮遊觀乃喜又謂素爲忠後帝以歲暮晚日登仁壽殿周望原隰見宮外燐火彌漫又聞哭聲令左右觀之報曰鬼火帝曰此等工役而死既屬年暮魂魄思歸耶乃令灑酒宣敕以咒遣之自是乃息

開皇三年朝廷以京師倉廩尚虛議爲水旱之備於是詔於蒲陝虢熊伊洛鄭懷邵衛汴許汝等水次十三州置募運米丁又於衛州置黎陽倉洛州置河陽倉陝州置常平倉華州置廣通倉轉相灌注漕關東及汾晉之粟以給京師又遣倉部侍郎韋瓚向蒲陝以東募人能於洛陽運米四十石經砥柱之險達于常平者免其征戍其後以渭水多沙流有深淺漕者苦之四年詔曰京邑所居五方輻湊重關四塞水陸艱難大河之流波瀾東注百川海瀆萬里交通雖三門之下或有危慮若發自小平陸運至陝還從河水入於渭川兼及上流控引

汾晉舟車來去爲益殊廣而渭川水力大小無常流淺沙深卽成阻閡計其途路數百而已動移氣序不能往復汎舟之役人亦勞止朕君臨區宇興利除害公私之弊情甚愍之故東發潼關西引渭水因藉人力開通漕渠量事程功易可成就已令工匠巡歷渠道觀地理之宜審終久之義一得開鑿萬代無毀可使官及私家方舟巨舫晨昏漕運沿泝不停旬日之功堪省億萬誠知時當炎暑動致殷勤然不有暫勞安能永逸宣告人庶知朕意焉於是命宇文愷率水工鑿渠引渭水自大興城東至潼關三百餘里名曰廣通渠轉運通利關內賴之諸州水旱凶饑之處亦便開倉賑給五年五月工部尚書襄陽縣公長孫平奏曰古者三年耕而餘一年之積九年作而有三年之儲雖水旱爲災而人無菜色皆由勸導有方蓄積先備故也去年亢陽關內不熟陛下哀愍黎元甚於赤子運山東之粟置常平之官開發倉廩普加賑賜少食之人莫不豐足鴻恩大德前古未比其強宗富室家道有餘者皆競出私財遞相賙贍此乃風行草偃從化而然但經國之理須存定式於是奏令諸州百姓及軍人勸課當社共立義倉收穫之日隨其所得勸課出粟及麥於當社造倉窖貯之卽委社司執帳檢校每年收積勿使損敗若時或不熟當社有饑饉者卽以此穀賑給自是諸州儲峙委積其後關中連年大旱而青兗汴許曹亳陳仁譙豫鄭洛伊潁邳等州大水百姓饑饉高祖乃命蘇威等分道開倉賑給又命司農丞王亶發廣通之粟三百餘萬石以拯關中又發故城中周代舊粟賤糶與人買牛驢六千餘頭分給尤貧者令往關東就食其遭水旱之州皆免其年租賦十四年關中大旱人饑上幸洛陽因令百姓就食從官並准見口賑給不以官位爲限明年東巡狩因祠泰山是時義倉貯在人間多有費損十五年二月詔曰本置義倉止防水旱百姓之徒不思久計輕爾費損於後乏絶又北境諸州異於餘處雲夏長靈鹽蘭豐鄯涼甘瓜等州所有義倉雜種並納本州若人有旱儉少糧先給雜種及遠年粟十六年正月又詔秦疊成康武文芳宕旭洮岷渭紀河廓豳隴涇寧原敷丹延綏銀扶等州社倉並於當縣安置二月又詔社倉准上中下三等稅上戶不過一石中戶不過七斗下戶不過四斗其後山東頻年霖雨杞宋陳亳曹戴譙潁等諸州達于滄海皆困水災所在沉溺十八年天子遣使將水工巡行川源相視高下發隨近丁以疏導之困乏者開倉賑給前後用穀五百餘石遭水之處租調皆免自是頻有年矣

開皇八年五月高熲奏諸州無課調處及課州管戶數少者官人祿力乘前已來恒出隨近之州但判官本爲牧人役力理出所部請於所管戶內計戶徵稅帝從之先是京官及諸州並給公廨錢迴易取利以給公用至十四年六月工部尚書安平郡公蘇孝慈等以爲所在官司因循往昔以公廨錢物出舉興生唯利是求煩擾百姓敗損風俗莫斯之甚於是奏皆給地以營農迴易取利一皆禁止十七年十一月詔在京及在外諸司公廨在市迴易及諸處興生並聽之唯禁出舉收利云

煬帝卽位是時戶口益多府庫盈溢乃除婦人及奴婢部曲之課男子以二十二成丁始建東都以尚書令楊素爲營作大監每月役丁二百萬人徙洛州郭內人及天下諸州富商大賈數萬家以實之新置興洛及迴洛倉又於皁澗營顯仁宮苑囿連接北至新安南及飛山西至澠池周圍數百里課天下諸州各貢草木花果奇禽異獸於其中開渠引穀洛水自苑西入而東注于洛又自板渚引河達于淮海謂之御河河畔築御道樹以柳又命黃門侍郎王弘上儀同於士澄往江南諸州採大木引至東都所經州縣遞送往返首尾相屬不絶者千里而東都役使促迫僵仆而斃者十四五焉每月載死丁東至城皁北至河陽車相望於道時帝將事遼碣增置軍府掃地爲兵自是租賦之入益減矣又造龍舟鳳艒黃龍赤艦樓船篾舫募諸水工謂之殿脚衣錦行縢執青絲纜挽船以幸江都帝御龍舟文武官五品已上給樓船九品已上給黃篾舫舳艫相接二百餘里所經州縣並令供頓獻食豐辦者加官爵乏者譴至死又盛修車輿輦輅旌旗羽儀之飾課天下州縣凡骨角齒牙皮革毛羽可飾器用堪爲氅毦者皆責焉徵發倉卒朝命夕辦百姓求捕網罟徧野水陸禽獸殆盡猶不能給而買於豪富蓄積之家其價騰踊是歲翟雉尾一直十縑白鷺鮮半之乃使屯田主事常駿使赤土國致羅剎又使朝請大夫張鎭州擊流求俘虜數萬士卒深入蒙犯瘴癘餒疾而死者十八九又以西域多諸寶物令裴矩往張掖監諸商胡互市啖之以利勸令入朝自是西域諸蕃往來相繼所經州郡疲於送迎糜費以萬萬計明年帝北巡狩又興衆百萬北築長城西距榆林東至紫河緜亙千餘里死者太半四年發河北諸郡百餘萬衆引沁水南達於河北通涿郡自是以丁男不供始以婦人從役五年西巡河右西域諸胡佩金玉被錦罽焚香奏樂迎候道左帝乃令武威張掖士女盛飾縱觀衣服車馬不鮮者州縣督課以誇示之其年帝親征吐谷渾破之於赤水慕容佛允委其家屬西奔青海帝駐兵不出遇天霖雨經大斗拔谷士卒死者十二三焉馬驢十八九於是置河源郡積石鎭又於西域之地置西海鄯善且末等郡謫天下罪人配爲戍卒大開屯田發西方諸郡運糧以給之道里懸遠兼遇寇抄死亡相續六年將征高麗有司奏兵馬已多損耗詔又課天下富人量其貲產出錢市武馬塡元數限令取足復點兵具器仗皆令精新濫惡則使人便斬於是馬匹至十萬七年冬大會涿郡分江淮南兵配驍衞大將軍來護兒別以舟師濟滄海舳艫數百里並載軍糧期與大兵會平壤是歲山東河南大水漂沒四十餘郡重以遼東覆敗死者數十萬因屬疫疾山東尤甚所在皆以徵斂供帳軍旅所資爲務百姓雖困而弗之恤也每急徭卒賦有所徵求長吏必先賤買之然後宣下乃貴賣與人旦暮之間價盈數倍裒刻徵斂取辦一時強者聚而爲盜弱者自賣爲奴婢九年詔又課關中富人計其貲產出驢往伊吾河源且末運糧多者至數百頭每頭價至萬餘又發諸州丁分爲四番於遼西柳城營屯往來艱苦生業盡罄盜賊四起道路隔絶隴右牧馬盡爲奴賊所掠楊玄感乘虛爲亂時帝在遼東聞之遽歸于高陽郡及玄感平帝謂侍臣曰玄感一呼而從者如市益知天下人不欲多多則爲賊不盡誅後無以示勸乃令裴蘊窮其黨與詔郡縣坑殺之死者不可勝數所在驚駭舉天下之人十分九爲盜賊皆盜武馬始作長槍攻陷城邑帝又命郡縣置督捕以討賊益遣募人征遼馬少不充八馱而許爲六馱又不足聽半以驢充在路逃者相繼執獲皆斬之而莫能止帝不懌遇高麗執送叛臣斛斯政遣使求降發詔赦之囚政至于京師於開遠門外磔而射殺之遂幸太原爲突厥圍於鴈門突厥尋散遽還洛陽募益驍果以充舊數是時百姓廢業屯集城堡無以自給然所在倉庫猶大充牣吏皆懼法莫肯賑救由是益困初皆剝樹皮以食之漸及於葉皮葉皆盡乃煑土或擣藁爲末而食之其後人乃相食十二年帝幸江都是時李密據洛口倉聚衆百萬越王侗與段達等守東都東都城內糧盡布帛山積乃以絹爲汲綆然布以爨代王侑與衞玄守京師百姓饑饉亦不能救義師入長安發永豐倉以振之百姓方蘇息矣

晉自過江凡貨賣奴婢馬牛田宅有文券率錢一萬輸估四百入官賣者三百買者一百無文券者隨物所堪亦百分收四名爲散估歷宋齊梁陳如此以爲常以此人競商販不爲田業故使均輸欲爲懲勵雖以此爲辭其實利在侵削又都西有石頭津東有方山津各置津主一人賊曹一人直水五人以檢察禁物及亡叛者其荻炭魚薪之類過津者並十分稅一以入官其東路無禁貨故方山津檢察甚簡淮水北有大市百餘小市十餘所大市備置官司稅斂既重時甚苦之

梁初唯京師及三吳荊郢江湘梁益用錢其餘州郡則雜以穀帛交易交廣之域全以金銀爲貨武帝乃鑄錢肉好周郭文曰五銖重如其文而又別鑄除其肉郭謂之女錢二品並行百姓或私以古錢交易有直百五銖五銖女錢太平百錢定平一百五銖雉錢五銖對文等號輕重不一天子頻下詔書非新鑄二種之錢並不許用而趣利之徒私用轉甚至普通中乃議盡罷銅錢更鑄鐵錢人以鐵賤易得並皆私鑄及大同已後所在鐵錢遂如丘山物價騰貴交易者以車載錢不復計數而唯論貫商旅姦詐因之以求利自破嶺以東八十爲百名曰東錢江郢已上七十爲百名曰西錢京師以九十爲百名曰長錢中大同元年天子乃詔通用足陌詔下而人不從錢陌益少至于末年遂以三十五爲百云

陳初承梁喪亂之後鐵錢不行始梁末又有兩柱錢及鵝眼錢于時人雜用其價同但兩柱重而鵝眼輕私家多鎔錢又間以錫鐵兼以粟帛爲貨至文帝天嘉五年改鑄五銖初出一當鵝眼之十宣帝大建十一年又鑄大貨六銖以一當五銖之十與五銖並行後還當一人皆不便乃相與訛言曰六銖錢有不利縣官之象未幾而帝崩遂廢六銖而行五銖竟至陳亡其嶺南諸州多以鹽米布交易俱不用錢云

齊神武霸政之初承魏猶用永安五銖遷鄴已後百姓私鑄體制漸別遂各以爲名有雍州青赤梁州生厚緊錢吉錢河陽生澀天柱赤牽之稱冀州之北錢皆不行交貿者皆絹布神武帝乃收境內之銅及錢仍依舊文更鑄流之四境未幾之間漸復細薄姦僞競起文宣受禪除永安之錢改鑄常平五銖重如其文其錢甚貴且制造甚精至乾明皇建之間往往私鑄鄴中用錢有赤熟青熟細眉赤生之異河南所用有青薄鉛錫之別青齊徐兗梁豫州輩類各殊武平已後私鑄轉甚或以生鐵和銅至于齊亡卒不能禁後周之初尚用魏錢及武帝保定元年七月乃更鑄布泉之錢以一當五與五銖

並行時梁益之境又雜用古錢交易河西諸郡或用西域金銀之錢而官不禁建德三年六月更鑄五行大布錢以一當十大收商估之利與布泉錢並行四年七月又以邊境之上人多盜鑄乃禁五行大布不得出入四關布泉之錢聽入而不聽出五年正月以布泉漸賤而人不用遂廢之初令私鑄者絞從者遠配爲戶齊平已後山東之人猶雜用齊氏舊錢至宣帝大象元年十一月又鑄永通萬國錢以一當十與五行大布及五銖凡三品並用高祖既受周禪以天下錢貨輕重不等乃更鑄新錢背面肉好皆有周郭文曰五銖而重如其文每錢一千重四斤二兩是時錢既新出百姓或私有鎔鑄三年四月詔四面諸關各付百錢爲樣從關外來勘樣相似然後得過樣不同者即壞以爲銅入官詔行新錢已後前代舊錢有五行大布永通萬國及齊常平所在用以貿易不止四年詔仍依舊不禁者縣令奪半年祿然百姓習用既久尚猶不絕五年正月詔又嚴其制自是錢貨始一所在流布百姓便之是時見用之錢皆須和以錫鑞錫鑞既賤求利者多私鑄之錢不可禁約其年詔乃禁出錫鑞之處並不得私有採取十年詔晉王廣聽於揚州立五鑪鑄錢其後姦狡稍漸磨鑪錢郭取銅私鑄又雜以錫錢遞相放效錢遂輕薄乃下惡賤之禁京師及諸州邸肆之上皆令立榜置樣爲准不中樣者不入於市十八年詔漢王諒聽於并州立五鑪鑄錢是時江南人間錢少晉王廣又聽於鄂州白紵山有銅鉚處錮銅鑄錢於是詔聽置十鑪鑄錢又詔蜀王秀聽於益州立五鑪鑄錢是時錢益濫惡乃令有司括天下邸肆見錢非官鑄者皆毀之其銅入官而京師以惡錢貿易爲吏所執有死者數年之間私鑄頗息大業已後王綱弛紊巨姦大猾遂多私鑄錢轉薄惡初每千猶重二斤後漸輕至一斤或翦鐵鍱裁皮糊紙以爲錢相雜用之貨賤物貴以至於亡

隋書卷二十四考證

食貨志汎舟之役○監本汎作操閣本作汎按左傳秦輸粟於晉自雍及絳相繼命之曰汎舟之役

又造龍舟鳳艒○舊本艒訛䑽按通雅艒取其寬容乎榻即艎屬王濬造連舫方百二十步開四門得馳馬赤艦類

隋書卷二十五

唐太尉揚州都督監修國史上柱國趙國公臣長孫無忌等撰

志第二十

刑法

夫刑者制死生之命詳善惡之源翦亂除暴禁人爲非者也聖王仰視法星旁觀習坎彌縫五氣取則四時莫不先春風以播恩後秋霜而動憲是以宣慈惠愛導其萌芽刑罰威怒隨其肅殺仁恩以爲情性禮義以爲綱紀養化以爲本明刑以爲助上有道刑之而無刑上無道殺之而不勝也記曰教之以德齊之以禮則人有格心教之以政齊之以刑則人有遯心而始乎勸善終乎禁暴以此字人必兼刑罰至於時逢交泰政稱忠厚美化與車軌攸同至仁與嘉祥間出歲布平典年垂簡憲昭然如日月望之者不迷曠乎如大路行之者不惑刑者甲兵焉鈇鉞焉刀鋸鑽鑿鞭扑夏楚陳乎原野而肆諸市朝其所由來亦已久矣若夫龍官之歲鳳紀之前結繩而不違不令而人畏五帝畫象殊其衣服三王肉刑刻其膚體若重華之眚災肆赦文命之刑罰三千而都君卹刑尚奉唐堯之德高密泣罪猶懷虞舜之心殷因以降去德茲遠若紂能遵成湯不造炮烙設刑兼禮守位依仁則西伯斂轡化爲田叟周王立三剌以不濫弘三宥以開物成康以四十二年之間刑厝不用薰風潛暢頌聲遐舉越裳重譯萬里來歸若乃魯接燕齊荆鄰鄭晉時之所尚資乎辯舌國之所恃不在威刑是以纔鼓夷蒐宣尼致誚既鑄刑辟叔向貽書夫渤澥之浸沾濡千里列國之政豈周之膏潤者歟秦氏僻自西戎初平區夏于時投戈棄甲仰恩祈惠乃落嚴霜於政教揮流電於邦國棄灰偶語生愁怨於前毒網凝科害肌膚於後玄鉞肆於朝市赭服飄於路衢將閭有一劍之哀茅焦請列星之數漢高祖初以三章之約以慰秦人孝文躬親玄默遂疎天網孝宣樞機周密法理詳備選于定國爲廷尉黃霸以爲廷平每以季秋之後諸所請讞帝常幸宣室齋居決事明察平恕號爲寬簡光武中興不移其舊是以二漢羣后罕聞殘酷魏武造易鈇之科明皇施減死之令中原凋敝吳蜀三分哀矜折獄亦所未暇晉氏平吳九州寧一乃命賈充大明刑憲內以平章百姓外以和協萬邦寔曰輕平稱爲簡易是以宋齊方駕轥其餘軌若乃刑隨喜怒道睽正直布憲擬於秋荼設網踰於朝脛恣興夷翦取快情靈若隋高祖之揮刃無辜齊文宣之輕刀臠割此謂匹夫私讐非關國典孔子曰刑亂及諸政政亂及諸身心之所詣則善惡之本原也彪約所製無刑法篇臧蕭之書又多漏略是以撮其遺事以至隋氏附于篇云

梁武帝承齊昏虐之餘刑政多僻既即位乃制權典依周漢舊事有罪者贖其科凡在官身犯罰金鞭杖杖督之罪悉入贖停罰其臺省令史士卒欲贖者聽之時欲議定律令得齊時舊郎濟陽蔡法度家傳律學云齊武時刪定郎王植之集注張杜舊律合爲一書凡一千五百三十條事未施行其文殆滅法度能言之於是以爲兼尚書刪定郎使損益植之舊本以爲梁律天監元年八月乃下詔曰律令不一實難去弊殺傷有法昏墨有刑此蓋常科易爲條例至如三男一妻懸首造獄事非慮內法出恒鈞前王之律後王之令因循創附良各有以若遊辭費句無取於實錄者宜悉除之求文指歸可適變者載一家爲本用衆家以附景丁俱有則去丁以存景若景丁二事注釋不同則二家兼載咸使百司議其可不取其可安以爲標例宜云某等如干人同議以此爲長則定以爲梁律留尚書比部悉使備文若班下州郡止撮機要可無二門侮法之弊法度又請曰魏晉撰律止關數人今若皆諮列位恐緩而無決於是以尚書令王亮侍中王瑩尚書僕射沈約吏部尚書范雲長兼侍中柳惲給事黃門侍郎傅昭通直散騎常侍孔藹御史中丞樂藹太常丞許懋等參議斷定定爲二十篇一曰刑名二曰法例三曰盜劫四曰賊叛五曰詐僞六曰受賕七曰告劾八曰討捕九曰繫訊十曰斷獄十一曰雜十二曰戶十三曰擅興十四曰毀亡十五曰衞宮十六曰水火十七曰倉庫十八曰廄十九曰關市二十曰違制其制刑爲十五等之差棄市已上爲死罪大罪梟其首其次棄市刑二歲已上爲耐罪言各隨伎能而任使之也有髠鉗五歲刑笞二百收贖絹男子六十疋又有四歲刑男子四十八疋又有三歲刑男子三十六疋又有二歲刑男子二十四疋罰金一兩已上爲贖罪贖死者金二斤男子十六疋贖髠鉗五歲刑笞二百者金一斤十二兩男子十四疋贖四歲刑者金一斤八兩男子十二疋贖三歲刑者金一斤四兩男子十疋贖二歲刑者金一斤男子八疋罰金十二兩者男子六疋罰金八兩者男子四疋罰金四兩者男子二疋罰金二兩者男子一疋罰金一兩者男子二丈女子各半之五刑不簡正于五罰五罰不服正于五過以贖論故爲此十五等之差又制九等之差有一歲刑半歲刑百日刑鞭杖二百鞭杖一百鞭杖五十鞭杖三十鞭杖二十鞭杖一十有八等之差一曰免官加杖督一百二曰免官三曰奪勞百日杖督一百四曰杖督一百五曰杖督五十六曰杖督三十七曰杖督二十八曰杖督一十論加者上就次當減者下就次凡繫獄者不即答款應加測罰不得以人士爲隔若人士犯罰違扞不款宜測罰者先參議牒啓然後科行斷食三日聽家人進粥二升女及老小一百五十刻乃與粥滿千刻而止囚有械杻升械及鉗並立輕重大小之差而爲定制其鞭有制鞭法鞭常鞭凡三等之差制鞭生革廉成法鞭生革去廉常鞭熟靼不去廉皆作鶴頭紐長一尺一寸梢長二尺七寸廣三寸靶長二尺五寸杖皆用生荆長六尺有大杖法杖小杖三等之差大杖大頭圍一寸三分小頭圍八分半法杖圍一寸三分小頭五分小杖圍一寸一分小頭極杪諸督罰大罪無過五十三十小者二十當笞二百以上者笞半餘半後決中分鞭杖老小於律令當得鞭杖罰者皆半之其應得法鞭杖者以熟靼鞭小杖過五十者稍行之將吏已上及女人應有罰者以罰金代之其以職員應罰及律令指名制罰者不用此令其問事諸罰皆用熟靼鞭小杖其制鞭制杖法鞭法杖自非特詔皆不得用詔鞭杖在京師者皆於雲龍門行女子懷孕者勿得決罰其謀反降叛大逆已上皆斬父子同產男無少長皆棄市母妻姊妹及應從坐棄市者妻子女妾同補奚官爲奴婢貲財沒官劫身皆斬妻子補兵遇赦降死者黵面爲劫字髠鉗補冶鎖士終身其下又讁運配材官冶士尚方鎖士皆以輕重差其年數其重者或終身士人有禁錮之科亦有輕重爲差其犯清議則終身不齒耐罪囚八十已上十歲已下及孕者盲者侏儒當械繫者及郡國太守相都尉關中侯以上亭侯已上之父母妻子及所生坐非死罪除名之罪二千石已上非檻徵者並頌繫之丹陽尹月一詣建康縣令三官參共錄獄察斷枉直其尚書當錄人之月者與尚書參共錄之大凡定罪二千五百二十九條二年四月癸卯法度表上新律又上令三十卷科三十卷帝乃以法度守廷尉卿詔班新律於天下三年八月建康女子任提女坐誘口當死其子景慈對鞫辭云母實行此是時法官虞僧虬啓稱案子之事親有隱無犯直躬證父仲尼爲非景慈素無防閑之道死有明目之據陷親極刑傷和損俗凡乞鞫不審降罪一等豈得避五歲之刑忽死母之命景慈宜加罪辟詔流于交州至是復有徒流之

罪其年十月甲子詔以金作權典宜在蠲息於是除贖罪之科武帝敦睦九族優借朝士有犯罪者皆諷羣下屈法申之百姓有罪皆案之以法其緣坐則老幼不免一人亡逃則舉家質作人旣窮急姦宄益深後帝親謁南郊秣陵老人遮帝曰陛下爲法急於黎庶緩於權貴非長久之術誠能反是天下幸甚帝於是思有以寬之舊獄法夫有罪逮妻子子有罪逮父母十一年正月壬辰乃下詔曰自今捕讁之家及罪應質作若年有老小者可停將送十四年又除黥面之刑帝銳意儒雅疏簡刑法自公卿大臣咸不以鞫獄留意姦吏招權巧文弄法貨賄成市多致枉濫大率二歲刑已上歲至五千人是時徒居作者具五任其無任者著升械若疾病權解之是後囚徒或有優劇大同中皇太子在春宮視事見而愍之乃上疏曰臣以比時奉敕權親京師雜事切見南北郊壇材官車府太官下省左裝等處上啓並請四五歲已下輕囚助充使役自有刑均罪等憊目不異而甲付錢署乙配郊壇錢署三所於辛爲劇郊壇六處在役則優今聽獄官詳其可否舞文之路自此而生公平難遇其人流泉易啓其齒將恐玉科重輕全關墨綬金書去取更由丹筆愚謂宜詳立條制以爲永准帝手敕報曰頃年已來處處之役唯資徒讁逐急充配若科制繁細義同簡約切須之處終不可得引例興訟紛紜方始防杜姦巧自是爲難更當別思取其便也竟弗之從是時王侯子弟皆長而驕蹇不法武帝年老厭於萬機又專精佛戒每斷重罪則終日弗懌嘗遊南苑臨川王宏伏人於橋下將欲爲逆事覺有司請誅之帝但泣而讓曰我人才十倍於爾處此恒懷戰懼爾何爲者我豈不能行周公之事念汝愚故也免所居官頃之還復本職由是王侯驕橫轉甚或白日殺人於都街劫賊亡命咸於王家自匿薄暮塵起則剝掠行路謂之打稽武帝深知其弊而難於誅討十一年十月復開贖罪之科中大同元年七月甲子詔自今犯罪非大逆父母祖父母勿坐自是禁網漸疎百姓安之而貴戚之家不法尤甚矣尋而侯景逆亂及元帝卽位懲前政之寬且帝素苛刻及周師至獄中死囚且數千人有司請皆釋之以充戰士帝不許並令棒殺之事未行而城陷敬帝卽位刑政適陳矣

陳氏承梁季喪亂刑典疎闊及武帝卽位思革其弊乃下詔曰朕聞唐虞道盛設畫象而不犯夏商德衰雖孥戮其未備洎乎末代綱目滋繁矧屬亂離憲章遺紊朕始膺寶曆思廣政樞外可搜舉良才刪改科令羣僚博議務存平簡於是稍求得梁時明法吏令與尚書刪定郎范泉參定律令又勑尚書僕射沈欽吏部尚書徐陵兼尚書左丞宗元饒兼尚書左丞賀朗參知其事制律三十卷令律四十卷採酌前代條流冗雜綱目雖多博而非要其制唯重淸議禁錮之科若縉紳之族犯虧名敎不孝及內亂者發詔弃之終身不齒先與士人爲婚者許妻家奪之其獲賊帥及士人惡逆免死付治聽將妻入役不爲年數又存贖罪之律復父母緣坐之刑自餘篇目條綱輕重簡繁一用梁法其有贓驗顯然而不款則上測立立測者以土爲垛高一尺上圓劣容囚兩足立鞭二十笞三十訖著兩械及杻上垛一上測七刻日再上三七日上測七日一行鞭凡經杖合一百五十得度不承者免死其髡鞭五歲刑降死一等鎖二重其五歲刑已下並鎖一重五歲四歲刑若有官准當二年餘並居作其三歲刑若有官准當二年餘一年贖若公坐過誤罰金其二歲刑有官者贖論一歲刑無官亦贖論寒庶人准決鞭杖囚並著械徒並著鎖不計階品死罪將決乘露車著三械加壺手至市脫手械及壺手焉當刑於市者夜須明雨須晴晦朔八節六齊月在張心日並不得行刑廷尉寺爲北獄建康縣爲南獄並置正監平又制常以三月侍中吏部尚書尚書三公郎部都令史三公錄寃局令御史中丞侍御史蘭臺令史親行京師諸獄及冶署理察囚徒寃枉文帝性明察留心刑政親覽獄訟督責羣下政號嚴明是時承寬政之後功臣貴戚有非法帝咸以法繩之頗號峻刻及宣帝卽位優借文武之士崇簡易之政上下便之其後政令旣寬刑法不立又以連年北伐疲人聚爲劫盜矣後主卽位信任讒邪羣下縱恣鬻獄成市賞罰之命不出于外後主性猜忍疾忌威令不行左右有忤意者動至夷戮百姓怨叛以至於滅

齊神武文襄並由魏相尚用舊法及文宣天保元年始命羣官刊定魏朝麟趾格是時軍國多事政刑不一決獄定罪罕依律文相承謂之變法從事淸河房超爲黎陽郡守有趙道德者使以書屬超超不發書棒殺其使文宣於是令守宰各設棒以誅屬請之使後都官郎中宋軌奏曰昔曹操懸棒威於亂時今施之太平未見其可若受使請賕猶致大戮身爲枉法何以加罪於是罷之旣而司徒功曹張老上書稱大齊受命已來律令未改非所以創制垂法革人視聽於是始命羣官議造齊律積年不成其決獄猶依魏舊是時刑政尚新吏皆奉法自六年之後帝遂以功業自矜恣行酷暴昏狂酗醟任情喜怒爲大鑊長鋸剉碓之屬並陳於庭意有不快則手自屠裂或命左右臠噉以逞其意時僕射楊遵彥乃令憲司先定死罪囚置于仗衞之中帝欲殺人則執以應命謂之供御囚經三月不殺者則免其死帝嘗幸金鳳臺受佛戒多召死囚編籧篨爲翅命之飛下謂之放生墜皆致死帝視以爲歡笑時有司折獄又皆酷法訊囚則用車輻𣃁杖夾指壓踝又立之燒犂耳上或使以臂貫燒車釭旣不勝其苦皆致誣伏七年豫州檢使白摽爲左丞盧斐所劾乃於獄中誣告斐受金文宣知其姦罔詔令按之果無其事乃敕八座議立案劾格負罪不得告人事於是挾姦者畏糾乃先加誣訟以擬當格吏不能斷又妄相引大獄動至十人多移歲月然帝猶委政輔臣楊遵彥彌縫其闕故時議者竊云主昏於上政淸於下孝昭在蕃已知其失卽位之後將加懲革未幾而崩武成卽位思存輕典大寧元年乃下詔曰王者所用唯在賞罰賞貴適理罰在得情然理容進退事涉疑似盟府司勳或有開塞之路三尺律令未窮畫一之道想文王之官人念宣尼之止訟刑賞之宜思獲其所自今諸應賞罰皆賞疑從重罰疑從輕又以律令不成頻加催督河淸三年尚書令趙郡王叡等奏上齊律十二篇一曰名例二曰禁衞三曰婚戶四曰擅興五曰違制六曰詐僞七曰鬬訟八曰賊盜九曰捕斷十曰毀損十一曰廐牧十二曰雜其定罪九百四十九條又上新令四十卷大抵採魏晉故事其制刑名五一曰死重者轘之其次梟首並陳屍三日無市者列於鄉亭顯處其次斬刑殊身首其次絞刑死而不殊凡四等二曰流刑謂論犯可死原情可降鞭笞各一百髡之投于邊裔以爲兵卒未有道里之差其不合遠配者男子長徒女子配舂並六年三曰刑罪卽耐罪也有五歲四歲三歲二歲一歲之差凡五等各加鞭一百其五歲者又加笞八十四歲者六十三歲者四十二歲者二十一歲者無笞並鎖輸左校而不髡無保者鉗之婦人配舂及掖庭織四曰鞭有一百八十六十五十四十之差凡五等五曰杖有三十二十十之差凡三等大凡爲十五等當加者上就次當減者下就次贖罪舊以金皆代以中絹死一百疋流九十二匹刑五歲七十八匹四歲六十四匹三歲五十匹二歲三十六匹各通鞭笞論一歲無笞則通鞭二十四匹鞭杖每十贖絹一匹至鞭百則絹十匹無絹之鄉皆准絹收錢自贖笞十已上至死又爲十五等之差當加減次如正決法合贖者謂流內官及爵秩比視老小閹癡幷過失之屬犯罰絹一匹及杖十已上皆名爲罪人盜及殺人而亡者卽懸名注籍甄其一房配驛戶宗室則不注盜及不入奚官不加害刑自犯流罪已下合贖者及婦人犯刑已下侏儒篤疾癃殘非犯死罪皆頌繫之罪刑年者鎖無鎖以枷流罪已上加杻械死罪者桁之決流刑鞭笞者鞭其背五十一易執鞭人鞭鞘皆用熟皮削去廉稜鞭瘡長一尺笞者笞臀而不中易人杖長三尺五寸大頭徑二分半小頭徑一分半決三十已下杖者長四尺大頭徑三分小頭徑二分在官犯罪鞭杖十爲一負閑局六負爲一殿平局八負爲一殿繁局十負爲一殿加於殿者復計爲負焉赦日則武庫令設金雞及鼓於閶闔門外之右勒集囚徒於闕前撾鼓千聲釋枷鎖焉又列重罪十條一曰反逆二曰大逆三曰叛四曰降五曰惡逆六曰不道七曰不敬八曰不孝九曰不義十曰內亂其犯此十者不在八議論贖之限是後法令明審科條簡要又敕仕門之子弟常講習之齊人多曉法律蓋由此也其不可爲定法者別制權令二卷與之並行後平秦王高歸彥謀反須有約罪律無正條於是遂有別條權格與律並行大理明法上下比附欲出則附依輕議欲入則附從重法姦吏因之舞文出沒至于後主權幸用事有不附之者陰中以法綱紀紊亂卒至于亡

周文帝之有關中也霸業初基典章多闕大統元年命有司斟酌今古通變可以益時者爲二十四條之制奏之七年又下十二條制十年魏帝命尚書蘇綽總三十六條更損益爲五卷班於天下其後以河南趙肅爲廷尉卿撰定法律肅積思累年遂感心疾而死乃命司憲大夫拓拔迪掌之至保定三年三月庚子乃就謂之大律凡二十五篇一曰刑名二曰法例三曰祀享四曰朝會五曰婚姻六曰戶禁七曰水火八曰興繕九曰衞宫十曰市廛十一曰鬬競十二曰劫盜十三曰賊叛十四曰毀亡十五曰違制十六曰關津十七曰諸侯十八曰廐牧十九曰雜犯二十曰詐僞二十一曰請求二十二曰告言二十三曰逃亡二十四曰繫訊二十五曰斷獄大凡定罪一千五百三十七條其制罪一曰杖刑五自十至五十二曰鞭刑五自六十至于百三曰徒刑五徒一年者鞭六十笞十徒二年者鞭七十笞二十徒三年者鞭八十笞三十徒四年者鞭九十笞四十徒五年者

鞭一百笞五十四曰流刑五流衛服去皇畿二千五百里者鞭一百笞六十流要服去皇畿三千里者鞭一百笞七十流荒服去皇畿三千五百里者鞭一百笞八十流鎮服去皇畿四千里者鞭一百笞九十流蕃服去皇畿四千五百里者鞭一百笞一百五曰死刑五一曰磬二曰絞三曰斬四曰梟五曰裂五刑之屬各有五合二十五等不立十惡之目而重惡逆不道大不敬不孝不義內亂之罪凡惡逆肆之三日盜賊羣攻鄉邑及入人家者殺之無罪若報讐者告於法而自殺之不坐經爲盜者注其籍唯皇宗則否凡死罪枷而拲流罪枷而梏徒罪枷鞭罪桎杖罪散以待斷皇族及有爵者死罪已下鎖之徒已下散之獄成將殺者書其姓名及其罪於拲而殺之市唯皇族與有爵者隱獄其贖杖刑五金一兩至五兩贖鞭刑五金六兩至十兩贖徒刑五一年金十二兩二年十五兩三年一斤二兩四年一斤五兩五年一斤八兩贖流刑一斤十二兩俱役六年不以遠近爲差等贖死罪金二斤鞭者以一百爲限加笞者合二百止應加鞭笞者皆先笞後鞭婦人當笞者聽以贖論徒輸作者皆任其所能而役使之杖十已上當加者上就次數滿乃坐當減者死罪流蕃服蕃服已下俱至徒五年五年已下各以一等爲差盜賊及謀反大逆降叛惡逆罪當流者皆甄一房配爲雜戶其爲賊盜事發逃亡者懸名注配若再犯徒三犯鞭者一身永配下役應贖金者鞭杖十收中絹一疋流徒者依限歲收絹十二疋死罪者一百疋其贖刑死罪五旬流刑四旬徒刑三旬鞭刑二旬杖刑一旬限外不輸者歸於法貧者請而免之大凡定法一千五百三十七條班之天下其大略滋章條流苛密比於齊法煩而不要又初除復讐之法犯者以殺論時晉公護將有異志欲寬政以取人心然闇於知人所委多不稱職旣用法寬弛不足制姦子弟僚屬皆竊弄其權百姓愁怨控告無所武帝性甚明察自誅護後躬覽萬機雖骨肉無所縱捨用法嚴正中外肅然自魏晉相承死罪其重者妻子皆以補兵魏虜西涼之人沒入名爲隸戶魏武入關隸戶皆在東魏後齊因之仍供厮役建德六年齊平後帝欲施輕典於新國乃詔凡諸雜戶悉放爲百姓自是無復雜戶其後又以齊之舊俗未改昏政賊盜姦宄頗乖憲章其年又爲刑書要制以督之其大抵持仗羣盜一匹以上不持仗羣盜五匹以上監臨主掌自盜二十匹以上盜及詐請官物三十匹以上正長隱五戶及丁以上及地頃以上皆死自餘依大律由是澆詐頗息焉宣帝性殘忍暴戾自在儲貳惡其叔父齊王憲及王軌宇文孝伯等及卽位並先誅戮由是內外不安俱懷危懼帝又恐失衆望乃行寬法以取衆心宣政元年八月詔制九條宣下州郡大象元年又下詔曰高祖所立刑書要制用法深重其一切除之然帝荒淫日甚惡聞其過誅殺無度疏斥大臣又數行肆赦爲姦者皆輕犯刑法政令不一下無適從於是又廣刑書要制而更峻其法謂之刑經聖制宿衞之官一日不直罪至削除逃亡者皆死而家口籍沒上書字誤者科其罪鞭杖皆百二十爲度名曰天杖其後又加至二百四十又作霹靂車以威婦人其決人罪云與杖者卽一百二十多打者卽二百四十帝既酣飲過度嘗中飲有下士楊文祐白宮伯長孫覽求歌曰朝亦醉暮亦醉日日恒常醉政事日無次鄭譯奏之帝怒命賜杖二百四十而致死後更令中士皇甫猛歌猛歌又諷諫鄭譯又以奏之又賜猛杖一百二十是時下自公卿內及妃后咸加棰楚上下愁怨及帝不豫而內外離心各求苟免隋高祖爲相又行寬大之典删略舊律作刑書要制旣成奏之靜帝下詔頒行諸有犯罪未科決者並依制處斷

高祖既受周禪開皇元年乃詔尚書左僕射渤海公高熲上柱國沛公鄭譯上柱國淸河郡公楊素大理前少卿平源縣公常明刑部侍郎保城縣公韓濬比部侍郎李諤兼考功侍郎柳雄亮等更定新律奏上之其刑名有五一曰死刑二有絞有斬二曰流刑三有一千里千五百里二千里應配者一千里居作二年一千五百里居作二年半二千里居作三年應住居作者三流俱役三年近流加杖一百一等加三十三曰徒刑五有一年一年半二年二年半三年四曰杖刑五自五十至于百五曰笞刑五自十至于五十而蠲除前代鞭刑及梟首轘裂之法其法徒之罪皆減從輕唯大逆謀反叛者父子兄弟皆斬家口沒官又置十惡之條多採後齊之制而頗有損益一曰謀反二曰謀大逆三曰謀叛四曰惡逆五曰不道六曰大不敬七曰不孝八曰不睦九曰不義十曰內亂犯十惡及故殺人獄成者雖會赦猶除名其在八議之科及官品第七以上犯罪皆例減一等其品第九已上犯者聽贖應贖者皆以銅代絹贖銅一斤爲一負負十爲殿笞十者銅一斤加至杖百則十斤徒一年贖銅二十斤每等則加銅十斤三年則六十斤矣流一千里贖銅八十斤每等則加銅十斤二千里則百斤矣二死皆贖銅百二十斤犯私罪以官當徒者五品已上一官當徒二年九品已上一官當徒一年當流者三流同比徒三年若犯公罪者徒各加一年當流者各加一等其累徒過九年者流二千里定訖詔頒之曰帝王作法沿革不同取適于時故有損益夫絞以致斃斬則殊形除惡之體於斯已極梟首轘身義無所取不益懲肅之理徒表安忍之懷鞭之爲用殘剝膚體徹骨侵肌酷均臠切雖云遠古之式事乖仁者之刑梟轘及鞭並令去也貴礪帶之書不當徒罰廣軒冕之蔭旁及諸親流役六年改爲五載刑徒五歲變從三祀其餘以輕代重化死爲生條目甚多備於簡策宜班諸海內爲時軌範雜格嚴科並宜除削先施法令欲人無犯之心國有常刑誅而不怒之義措而不用庶或非遠萬方百辟知吾此懷自前代相承有司訊考皆以法外或有用大棒束杖車輻鞵底壓踝杖桄之屬楚毒備至多所誣伏雖文致於法而每有枉濫莫能自理至是盡除苛慘之法訊囚不得過二百枷杖大小咸爲之程品行杖者不得易人帝又以律令初行人未知禁故犯法者衆又下吏承苛政之後務鍛鍊以致人罪乃詔申敕四方敦理辭訟有枉屈縣不理者令以次經郡及州省仍不理乃詣闕申訴有所未愜聽撾登聞鼓有司錄狀奏之帝又每季親錄囚徒常以秋分之前省閱諸州申奏罪狀三年因覽刑部奏斷獄數猶至萬條以爲律尚嚴密故人多陷罪又敕蘇威牛弘等更定新律除死罪八十一條流罪一百五十四條徒杖等千餘條定留唯五百條凡十二卷一曰名例二曰衞禁三曰職制四曰戶婚五曰廄庫六曰擅興七曰盜賊八曰鬬訟九曰詐僞十曰雜律十一曰捕亡十二曰斷獄自是刑網簡要疏而不失於是置律博士弟子員斷決大獄皆先牒明法定其罪名然後依斷五年侍官慕容天遠糾都督田元冒請義倉事實而始平縣律生輔恩舞文陷天遠遂更反坐帝聞之乃下詔曰人命之重懸在律文刊定科條俾令易曉分官命職恒選循吏小大之獄理無疑舛而因襲往代別置律官報判之人推其爲首殺生之柄常委小人刑罰所以未清威福所以妄作爲政之失莫大於斯其大理律博士尚書刑部曹明法州縣律生並可停廢自是諸曹決事皆令具寫律文斷之六年敕諸州長史已下行參軍已上並令習律集京之日試其通不又詔免尉迥王謙司馬消難三道逆人家口之配沒者悉官酬贖使爲編戶因除孥戮相坐之法又命諸州囚有處死不得馳驛行決高祖性猜忌素不悅學既任智而獲大位因以文法自矜明察臨下恒令左右覘視內外有小過失則加以重罪又患令史贓汙因私使人以錢帛遺之得犯立斬每於殿廷打人一日之中或至數四嘗怒問事揮楚不甚卽命斬之十年尚書左僕射高熲治書侍御史柳彧等諫以爲朝堂非殺人之所殿庭非決罰之地帝不納熲等乃盡詣朝堂請罪曰陛下子育羣生務在去弊而百姓無知犯者不息致陛下決罰過嚴皆臣等不能有所裨益請自退屏以避賢路帝於是顧謂領左右都督田元曰吾杖重乎元曰重帝問其狀元舉手曰陛下杖大如指捶楚人三十者比常杖數百故多致死帝不懌乃令殿內去杖欲有決罰各付所由後楚州行參軍李君才上言帝寵高熲過甚上大怒命杖之而殿內無杖遂以馬鞭笞殺之自是殿內復置杖未幾怒甚又於殿庭殺人兵部侍郎馮基固諫帝不從竟於殿庭行決帝亦尋悔宣慰馮基而怒羣僚之不諫者十二年帝以用律者多致踳駁罪同論異詔諸州死罪不得便決悉移大理案覆事盡然後上省奏裁十三年改徒及流並爲配防十五年制死罪者三奏而後決十六年有司奏合川倉粟少七千石命斛律孝卿鞫問其事以爲主典所竊復令孝卿馳驛斬之沒其家爲奴婢鬻粟以塡之是後盜邊糧者一升已上皆死家口沒官上又以典吏久居其職肆情爲姦諸州縣佐史三年一代經任者不得重居之十七年詔又以所在官人不相敬憚多自寬縱事難克舉諸有殿失雖備科條或據律乃輕論情則重不卽決罪無以懲肅其諸司屬官若有愆犯聽於律外斟酌決杖於是上下相驅迭行捶楚以殘暴爲幹能以守法爲懦弱是時帝意每尚慘急而姦回不止京市白日公行掣盜人間强盜亦往往而有帝患之問羣臣斷禁之法楊素等未及言帝曰朕知之矣詔有能糾告者沒賊家產業以賞糾人時月之間內外寧息其後無賴之徒候富人子弟出路者而故遺物於其前偶拾取則擒以送官而取其賞大抵被陷者甚衆帝知之乃命盜一錢已上皆棄市行旅皆晏起晚宿天下懍懍焉此後又定制行署取一錢已上聞見不告言者坐至死自此四人共盜一榱桷三人同竊一瓜事發卽時行決有數人劫執事而謂之曰吾豈求財者邪但爲枉人來耳而爲我奏至尊自古以來體國正法未有盜一錢而死也而不爲我以聞吾更來而屬無類矣帝聞之爲停盜取一錢棄市之法帝嘗發怒六月棒殺人大

理少卿趙綽固爭曰季夏之月天地成長庶類不可以此時誅殺帝報曰六月雖曰生長此時必有雷霆天道既於炎陽之時震其威怒我則天而行有何不可遂殺之大理掌固來曠上封事言大理官司恩寬帝以曠爲忠直遣每旦於五品行中參見曠又告少卿趙綽濫免徒囚帝使信臣推驗初無阿曲帝又怒曠命斬之綽因固爭以爲曠不合死帝乃拂衣入閤綽又矯言臣更不理曠自有他事未及奏聞帝命引入閤綽再拜請曰臣有死罪三臣爲大理少卿不能制馭掌固使曠觸挂天刑死罪一也囚不合死而臣不能死爭死罪二也臣本無他事而妄言求入死罪三也帝解顏會獻皇后在坐帝賜綽二金盃酒飲訖并以盃賜之曠因免死配徒廣州帝以年齡晚暮尤崇尚佛道又素信鬼神二十年詔沙門道士壞佛像天尊百姓壞岳瀆神像皆以惡逆論帝猜忌二朝臣僚用法尤峻御史監師於元正日不劾武官衣劒之不齊者或以白帝帝謂之曰爾爲御史何縱捨自由命殺之諫議大夫毛思祖諫又殺之左領軍府長史考校不平將作寺丞以諫麥䴵遲晚武庫令以署庭荒蕪獨孤師以受蕃客鸚鵡帝察知並親臨斬決仁壽中用法益峻帝既喜怒不恒不復依準科律時楊素正被委任素又稟性高下公卿股慄不敢措言素於鴻臚少卿陳延不平經蕃客館庭中有馬屎又庶僕氈上樗蒱旋以白帝帝大怒曰主客令不灑掃庭內掌國以私戲汙敗官氈罪狀何以加此皆於西市棒殺而榜棰陳延殆至於斃大理寺丞楊遠劉子通等性愛深文每隨牙奏獄能承順帝旨帝大悅並遣於殿庭三品行中供奉每有詔獄專使主之候帝所不快則案以重抵無殊罪而死者不可勝原遠又能附楊素每於塗中接候而以囚名白之皆隨素所爲輕重其臨終赴市者莫不塗中呼枉仰天而哭越公素侮弄朝權帝亦不之能悉煬帝即位以高祖禁網深刻又敕脩律令除十惡之條時升稱皆小舊二倍其贖銅亦加二倍爲差杖百則三十斤矣徒一年者六十斤每等加三十斤爲差三年則一百八十斤矣流無異等贖二百四十斤二死同贖三百六十斤其實不異開皇舊制暨門子弟不得居宿衞近侍之官先是蕭巖以叛誅崔君綽坐連庶人勇事家口籍沒巖以中宮故君綽緣女入宮愛幸帝乃下詔革前制曰罪不及嗣既弘至孝之道恩由義斷以勸事君之節故羊鮒從戮彌見叔向之誠季布立勳無預丁公之禍用能樹聲往代貽範將來朕虛已爲政思遵舊典推心待物每從寬政六位成象美厥含弘一眚掩德甚非謂也諸犯罪被戮之門朞已下親仍令合仕聽預宿衞近侍之官三年新律成凡五百條爲十八篇詔施行之謂之大業律一曰名例二曰衞宮三曰違制四曰請求五曰戶六曰婚七曰擅興八曰告劾九曰賊十曰盜十一曰鬬十二曰捕亡十三曰倉庫十四曰廐牧十五曰關市十六曰雜十七曰詐僞十八曰斷獄其五刑之內降從輕典者二百餘條其枷杖決罰訊囚之制並輕於舊是時百姓久厭嚴刻喜於刑寬後帝乃外征四夷內窮嗜慾兵革歲動賦斂滋繁有司皆臨時迫脅苟求濟事憲章遐棄賄賂公行窮人無告聚爲盜賊帝乃更立嚴刑敕天下竊盜已上罪無輕重不待聞奏皆斬百姓轉相羣聚攻剽城邑誅罰不能禁帝以盜賊不息乃益肆淫刑九年又詔爲盜者籍沒其家自是羣賊大起郡縣官人又各專威福生殺任情矣及楊玄感反帝誅之罪及九族其尤重者行轘裂梟首之刑或磔而射之命公卿已下臠噉其肉百姓怨嗟天下大潰及恭帝卽位獄訟有歸焉

隋書卷二十五考證

刑法志乃先加誣訟以擬當格○監本當作賞臣昳斗按當格謂有當於令格非有賞格也從宋本改

非犯死罪皆頌繫之○監本頌訛訟宋本作頌按前漢刑法志年八十以上八歲以下當鞫繫者頌繫之注頌與容同謂寬容之不桎梏也

其贖杖刑五○監本脫杖字從宋本增

# 隋書卷二十六

唐太尉揚州都督監修國史上柱國趙國公臣長孫無忌等撰

## 志第二十一

### 百官上

易曰天尊地卑乾坤定矣卑高既陳貴賤位矣是以聖人法乾坤以作則因卑高以垂教設官分職錫珪胙土由近以制遠自中以統外內則公卿大夫士外則公侯伯子男咸所以協和萬邦平章百姓允釐庶績式敘彝倫其由來尚矣然古今異制文質殊途或以龍表官或以雲紀職放勛卽分命四子重華乃爰置九官夏倍於虞殷倍於夏周監二代沿革不同其道既文置官彌廣逮于戰國戎馬交馳雖時有變革然猶承周制秦始皇廢先王之典焚百家之言創立朝儀事不師古始罷封侯之制立郡縣之官太尉主五兵丞相總百揆又置御史大夫以貳於相自餘衆職各有司存漢高祖除暴寧亂輕刑約法而職官之制因於嬴氏其間同異抑亦可知光武中興聿遵前緒唯廢丞相與御史大夫而以三司綜理衆務洎于叔世事歸臺閣論道之官備員而已魏晉繼及大抵略同爰及宋齊亦無改作梁武受終多循齊舊然而定諸卿之位各配四時置戎秩之官百有餘號陳氏繼梁不失舊物高齊創業亦遵後魏臺省位號與江左稍殊所有節文備詳於志有周創據關右日不暇給洎乎克清江漢爰議憲章酌酆鎬之遺文置六官以綜務詳其典制有可稱焉高祖踐極百度伊始復廢周官還依漢魏唯以中書爲內史侍中爲納言自餘庶僚頗有損益煬帝嗣位意存稽古建官分職率由舊章大業三年始行新令于時三川定鼎萬國朝宗衣冠文物足爲壯觀既而以人從欲待下若讎號令日改官名月易尋而南征不復朝廷播遷圖籍注記多從散逸今之存錄者不能詳備焉

梁武受命之初官班多同宋齊之舊有丞相太宰太傅太保大將軍大司馬太尉司徒司空開府儀同三司等官諸公及位從公開府者置官屬有長史司馬諮議參軍掾屬從事中郎記室主簿列曹參軍行參軍舍人等官其司徒則有左右二長史又增置左西掾一人自餘僚佐同於二府有公則置無則省而司徒無公唯省舍人餘官常置開府儀同三司位次三公諸將軍左右光祿大夫優者則加之同三公置官屬

特進舊位從公武帝以鄧禹列侯就第特進奉朝請是特引見之稱無官定體於是革之

尚書省置令左右僕射各一人又置吏部祠部度支左戶都官五兵等六尚書左右丞各一人吏部刪定三公比部祠部儀曹虞曹主客度支殿中金部倉部左戶駕部起部屯田都官水部庫部功論中兵外兵騎兵等郎二十二人令史百二十八人書令史百三十八人

尚書掌出納王命敷奏萬機令總統之僕射副令又與尚書分領諸曹令闕則左僕射爲主其祠部尚書多不置以右僕射主之若左右僕射並闕則置尚書僕射以掌左事置祠部尚書以掌右事然則尚書僕射祠部尚書不恒置矣又有起部尚書營宗廟宮室則權置之事畢則省以其事分屬都官左戶二尚書左右丞各一人佐令僕射知省事左掌臺內分職儀禁令報人章督錄近道文書章表奏事糾諸不法右掌臺內藏及廬舍凡諸器用之物督錄遠道文書章表奏事凡諸尚書文書詣中書省者密事皆以挈囊盛之封以左丞印自晉以後八座及郎中多不奏事天監元年詔曰自禮闈陵替歷茲永久郎署備員無取職事糠秕文案貴尚虛閑空有趨墀之名了無握蘭之實曹郎可依昔奏事自是始奏事矣三年置侍郎視通直郎其郎中在職勤能滿二歲者轉之又有五都令史與左右丞共知所司舊用人常輕九年詔曰尚書五都職參政要非但總領衆局亦乃方軌二丞頃雖求才未臻妙簡可革用士流每盡時彥庶同持領秉此羣目於是以都令史視奉朝請其年以太學博士劉納兼殿中都司空法曹參軍劉顯兼吏部都太學博士孔虔孫兼金部都司空法曹參軍蕭軌兼左戶都宣毅墨曹參軍王顒兼中兵都五人並以才地兼美首膺茲選矣駕部又別領車府署庫部領南北武庫二署令丞

門下省置侍中給事黃門侍郎各四人掌侍從左右擯相威儀盡規獻納糾正違闕監令嘗御藥封璽書侍郎中高功者在職一年詔加侍中祭酒與侍郎高功者一人對掌禁令公車太官太醫等令驊騮廐丞

集書省置散騎常侍通直散騎常侍各四人員外散騎常侍無員散騎侍郎通直郎各四人又有員外散騎侍郎給事中奉朝請常侍侍郎掌侍從左右獻納得失省諸奏聞文書意異者隨事爲駮集錄比詔比璽爲諸優文策文平處諸文章詩頌常侍高功者一人爲祭酒與侍郎高功者一人對掌禁令糾諸逋違

騎馬奉車車騎三都尉並無員駙馬以加尚公主者無班秩

散騎常侍通直散騎常侍員外散騎常侍舊並爲顯職與侍中通官宋代以來或輕或雜其官漸替天監六年革選詔曰在昔晉初仰惟盛化常侍侍中並奏帷幄員外常侍特爲清顯陸始名公之胄位居納言曲蒙優禮方有斯授可分門下二局委散騎常侍尚書案奏分曹入集書通直常侍本爲顯爵員外之選宜參舊准人數依正員格自是散騎視侍中通直視中丞員外視黃門郎

中書省置監令各一人掌出內帝命侍郎四人高功者一人主省內事又有通事舍人主事令史等員及置令

史以丞其事通事舍人舊入直閤內梁用人殊重簡以才能不限貲地多以他官兼領其後除通事直日中書舍人

祕書省置監丞各一人郎四人掌國之典籍圖書著作郎一人佐郎八人掌國史集注起居著作郎謂之大著作梁初周捨裴子野皆以他官領之又有撰史學士亦知史書佐郎爲起家之選

御史臺梁國初建置大夫天監元年復曰中丞置一人掌督司百寮皇太子已下其在宮門行馬內違法者皆糾彈之雖在行馬外而監司不糾亦得奏之專道而行逢尚書丞郎亦得停駐其尚書令僕御史中丞各給威儀十八人其八人武冠絳韝執青儀囊在前囊題云宜官吉以受辭訴一人緗衣執鞭杖依列行七人唱呼入殿引喤至階一人執儀囊不喤屬官治書侍御史二人掌舉劾官品第六已下分統侍御史侍御史九人居曹掌知其事糾察不法殿中御史四人掌殿中禁衞內又有符節令史員

謁者臺僕射一人掌朝覲賓饗之事屬官謁者十人掌奉詔出使拜假朝會擯贊高功者一人爲假史掌差次謁者

諸卿梁初猶依宋齊皆無卿名天監七年以太常爲太常卿加置宗正卿以大司農爲司農卿三卿是爲春卿加置太府卿以少府爲少府卿加置太僕卿三卿是爲夏卿以衞尉爲衞尉卿廷尉爲廷尉卿將作大匠爲大匠卿三卿是爲秋卿以光祿勳爲光祿卿大鴻臚爲鴻臚卿都水使者爲太舟卿三卿是爲冬卿凡十二卿皆置丞及功曹主簿而太常視金紫光祿大夫統明堂二廟太史太祝廩犧太樂鼓吹乘黃北館典客館等令丞及陵監國學等又置協律校尉總章校尉監掌故樂正之屬以掌樂事太樂又有清商署丞太史別有靈臺丞詔以爲陵監之名不出前誥且宗廟憲章既備典禮園寢職司理不容異諸正陵先立監者改爲令於是陵置令矣

國學有祭酒一人博士二人助教十人太學博士八人又有限外博士員天監四年置五經博士各一人舊國子學生限以貴賤帝欲招來後進五館生皆引寒門儁才不限人數大同七年國子祭酒到溉等又表立正言博士一人位視國子博士置助教二人

宗正卿位視列曹尚書主皇室外戚之籍以宗室爲之

司農卿位視散騎常侍主農功倉廩統太倉導官籍田上林令又管樂遊北苑丞左右中部三倉丞荚庫荻庫箸庫丞湖西諸屯主天監九年又置勸農謁者視殿中御史

太府卿位視宗正掌金帛府帑統左右藏令上庫丞掌太倉南北市令關津亦皆屬焉

少府卿位視尚書左丞置材官將軍左中右尚方甄官平水署南塘邸稅庫東西冶中黃細作炭庫紙官柴署等令丞

太僕卿位視黃門侍郎統南馬牧左右牧龍廐內外廐丞又有弘訓太僕亦置屬官

衞尉卿位視侍中掌宮門屯兵卿每月丞每旬行宮徼糾察不法統武庫令公車司馬令又有弘訓衞尉亦置屬官

廷尉卿梁國初建曰大理天監元年復改爲廷尉有正監平三人元會廷尉三官與建康三官皆法冠玄衣朝服以監東西中華門手執方木長三尺方一寸謂之執方四年置胄子律博士位視員外郎

大匠卿位視太僕掌土木之工統左右校諸署

光祿卿位視太子中庶子掌宮殿門戶統守宮黃門華林園暴室等令又有左右光祿金紫光祿太中中散等大夫並無員以養老疾

鴻臚卿位視尚書左丞掌導護贊拜

太舟卿梁初爲都水臺使者一人參軍事二人河堤謁者八人七年改焉位視中書郎列卿之最末者也主舟航堤渠

大長秋主諸宮者以司宮闈之職統黃門中署奚官暴室華林等署領軍護軍左右衞驍騎游騎等六將軍是爲六軍又有中領中護資輕於領護又左右前後四將軍左右中郎將屯騎步騎越騎長水射聲等五營校尉武賁冗從羽林三將軍積射强弩二軍殿中將軍武騎之職皆以分司丹禁侍衞左右天監六年置左右驍騎左右游擊將軍位視二衞改舊驍騎曰雲騎游擊曰游騎降左右驍游一階又置朱衣直閤將軍以經爲方牧者爲之其以左右驍游帶領者量給儀從

太子太傅一人位視尚書令少傅一人位視左僕射天監初又置東宮常侍皆散騎常侍爲之

詹事位視中護軍任總宮朝二傅及詹事各置丞功曹主簿五宮家令率更令僕各一人家令自宋齊已來清流者不爲之天監六年帝以三卿陵替乃詔革選家令視通直常侍率更僕視黃門三等皆置丞中大通三年以昭明太子妃居金華宮又置金華家令

左右衞率各一人位視御史中丞各有丞左率領果毅統遠立忠建寧陵鋒夷冠祚德等七營右率領崇榮永吉崇和細射等四營二率各置殿中將軍十人員外將軍十人正員司馬四人又有員外司馬督官其屯騎步兵翊軍三校尉各一人謂之三校旅賁中郎將冗從僕射各一人謂之二將左右積弩將軍各一人門大夫一人視謁者僕射

中庶子四人高功者一人爲祭酒行則負璽前後部護駕

中舍人四人高功者一人與中庶子祭酒共掌其坊之禁令又有通事守舍人典事守舍人典法守舍人員

庶子四人掌侍從左右獻納得失高功者一人與高功舍人共掌其坊之禁令

舍人十六人掌文記通事舍人二人視南臺御史多以餘官兼職典經局洗馬八人位視通直郎置典經守舍人典事守舍人員又有外監殿局內監殿局導客局齋內局主璽主衣扶侍等局門局錫庫局內廐局中藥藏局食官局外廐局車廐局等各置有司以承其事

皇弟皇子府置師長史司馬從事中郎諮議參軍及掾屬中錄事中記室中直兵等參軍功曹史錄事記室中兵等參軍文學主簿正參軍行參軍長兼行參軍等員嗣王府則減皇弟皇子府師友文學長兼行參軍蕃王府則又減嗣王從事中郎諮議參軍掾屬錄事記室中兵參軍等員自此以下則並不登二品

王國置郎中令將軍常侍官又置典祠令廟長陵長典醫丞典府丞典書令學官令食官長中尉侍郎執事中尉司馬謁者典衞令舍人中大夫大農等官嗣王國則唯置郎中令中尉常侍大農等員蕃王則無常侍自此以下並不登二品

諸王皆假金獸符第一至第五左竹使符第一至第十左諸公侯皆假銅獸符竹使符第一至第五名山大澤不以封鹽鐵金銀銅錫及竹園別都宮室園圃皆不以屬國

諸王言曰令境內稱之曰殿下公侯封郡縣者言曰教境內稱之曰第下自稱皆曰寡人相以下公文上事皆詣典書世子主國其文書表疏儀式如臣而不稱臣文書下羣官皆言告諸王公侯國官皆稱臣上於天朝皆稱陪臣有所陳皆曰上疏其公文曰言事

五等諸公位視三公班次之開國諸侯位視孤卿重號將軍光祿大夫班次之開國諸伯位視九卿班次之開國諸子位視二千石班次之開國諸男位視比二千石班次之公已下各置相典祠典書令典衞長一人而伯子典書謂之長典衞謂之丞男典祠謂之長典書謂之丞無典衞諸公已下臺爲選置相掌知百姓事典祠已下自選補上諸列侯食邑千戶已上置家丞庶子員不滿千戶則但置庶子員

州刺史二千石受拜之明日辭宮廟而行州置別駕治中從事各一人主簿西曹議曹從事祭酒從事部傳從事文學從事各因其州之大小而置員

郡置太守置丞國曰內史郡丞三萬戶以上置佐一人縣爲國曰相大縣爲令小縣爲長皆置丞尉郡縣置吏亦各準州法以大小而制員郡縣吏有書僮有武吏有醫有迎新逆故等員亦各因其大小而置焉

建康舊置獄丞一人天監元年詔依廷尉之官置正平監革選士流務使任職又令三官更直一日分受罪繫事無小大悉與令籌若有大事共詳三人具辨脫有同異各立議以聞尚書水部郎袁孝然議曹郎孔休源並爲之位視給事中

天監初武帝命尚書刪定郎濟陽蔡法度定令爲九品秩定帝於品下注一品秩爲萬石第二第三爲中二千石第四第五爲二千石至七年革選徐勉爲吏部尚書定爲十八班以班多者爲貴同班者則以居下者爲劣

丞相太宰太傅太保大司馬大將軍太尉司徒司空爲十八班

諸將軍開府儀同三司左右光祿開府儀同三司爲十七班

尚書令太子太傅左右光祿大夫爲十六班

尚書左僕射太子少傅尚書僕射右僕射中書監特進領護軍將軍爲十五班

中領護軍吏部尚書太子詹事金紫光祿大夫太常卿爲十四班

中書令列曹尚書國子祭酒宗正太府卿光祿大夫爲十三班

侍中散騎常侍左右衞將軍司徒左長史衞尉卿爲十二班

御史中丞尚書吏部郎祕書監通直散騎常侍太子左右二衞率左右驍騎左右游擊太中大夫皇弟皇子師司農少府廷尉卿太子中庶子光祿卿爲十一班

給事黃門侍郎員外散騎常侍皇弟皇子府長史太僕

大匠卿太子家令率更令僕揚州別駕中散大夫司徒右長史雲騎游騎皇弟皇子府司馬朱衣直閤將軍爲十班

尚書左丞鴻臚卿中書侍郎國子博士太子庶子揚州中從事皇弟皇子公府從事中郎太舟卿大長秋皇弟皇子府諮議嗣王府長史前左右後四軍嗣王府司馬庶姓公府長史司馬爲九班

祕書丞太子中舍人司徒左西掾司徒屬皇弟皇子友散騎侍郎尚書右丞南徐州別駕皇弟皇子公府掾屬皇弟皇子單爲二衞司馬嗣王庶姓公府從事中郎左右中郎將嗣王庶姓公府諮議皇弟皇子之庶子府長史司馬蕃王府長史司馬庶姓持節府長史司馬爲八班

五校東宮三校皇弟皇子之庶子府中錄事中記室中直兵參軍南徐州中從事皇弟皇子之庶子府蕃王府諮議爲七班

太子洗馬通直散騎侍郎司徒主簿尚書侍郎著作郎皇弟皇子府功曹史五經博士皇弟皇子府錄事記室中兵參軍皇弟皇子荆江雍郢南兗五州別駕領護軍長史司馬嗣王庶姓公府掾屬南臺治書侍御史廷尉三官謁者僕射太子門大夫嗣王庶姓公府中錄事中記室中直兵參軍庶姓府諮議爲六班

尚書郎中皇弟皇子文學及府主簿太子太傅少傅丞皇弟皇子湘豫司益廣青衡七州別駕皇弟皇子荆江雍郢南兗五州中從事嗣王庶姓荆江雍郢南兗五州別駕太常丞皇弟皇子國郎中令三將東宮二將嗣王府功曹史庶姓公府錄事記室中兵參軍皇弟皇子之庶子府蕃王府中錄事中記室中直兵參軍爲五班

給事中皇弟皇子府正參軍中書舍人建康三官皇弟皇子北徐北兗梁交南梁五州別駕皇弟皇子湘豫司益廣青衡七州別駕中從事嗣王庶姓湘豫司益廣青衡七州別駕嗣王庶姓荆江雍郢南兗五州中從事宗正太府衞尉司農少府廷尉太子詹事等丞積射彊弩將軍太子左右積弩將軍皇弟皇子國大農嗣王國郎中令嗣王庶姓公府主簿皇弟皇子之庶子府蕃王府功曹史皇弟皇子之庶子府蕃王府錄事記室中兵參軍爲四班

太子舍人司徒祭酒皇弟皇子公府祭酒員外散騎侍郎皇弟皇子府行參軍太子太傅少傅五官功曹主簿二衞司馬公車令胄子律博士皇弟皇子越桂寧霍四州別駕皇弟皇子北徐北兗梁交南梁五州中從事嗣王庶姓北徐北兗梁交南梁五州別駕湘豫司益廣青衡七州中從事嗣王庶姓公府正參軍皇弟皇子之庶子府蕃王府曹主簿武衞將軍光祿丞皇弟皇子國中尉太僕大匠丞嗣王國大農蕃王國郎中令庶姓持節府中錄事中記室中直兵參軍北館令爲三班

祕書郎著作佐郎揚南徐州主簿嗣王庶姓公府祭酒皇弟皇子單爲領護詹事二衞等五官功曹主簿太學博士皇弟皇子國常侍奉朝請國子助教皇弟皇子越桂寧霍四州中從事皇弟皇子荆江雍郢南兗五州主簿嗣王庶姓越桂寧霍四州別駕嗣王庶姓北徐北兗梁交南梁五州中從事鴻臚丞尚書五都令史武騎常侍材官將軍明堂二廟帝陵令嗣王府庶姓公府行參軍皇弟皇子之庶子府正參軍蕃王國大農庶姓持節府錄事記室中兵參軍庶姓持節府功曹史爲二班

揚南徐州西曹祭酒從事皇弟皇子國侍郎嗣王國常侍揚南徐州議曹從事東宮通事舍人南臺侍御史太舟丞二衞殿中將軍太子二率殿中將軍皇弟皇子之庶子府蕃王府行參軍蕃王國中尉皇弟皇子湘豫司益廣青衡七州主簿皇弟皇子荆雍郢南兗四州西曹祭酒議曹從事皇弟皇子江州西曹從事祭酒議曹祭酒部傳從事嗣王庶姓越桂寧霍四州中從事嗣王庶姓荆江雍郢南兗五州主簿庶姓持節府主簿汝陰巴陵二國郎中令太官太樂太市太史太醫太祝東西冶左右尚方南北武庫車府等令爲一班

位不登二品者又爲七班皇弟皇子府長兼參軍皇弟皇子國三軍嗣王國侍郎蕃王國常侍揚南徐州文學從事殿中御史庶姓持節府除正參軍太子家令丞二衞殿中員外將軍太子二率殿中員外將軍鎮蠻安遠護軍度支校尉等司馬皇弟皇子北徐北兗梁交南梁五州主簿皇弟皇子湘豫司益廣青衡七州西曹祭酒議曹從事皇弟皇子荆雍郢三州從事史江州議曹從事南兗州文學從事嗣王庶姓湘豫司益廣青衡七州主簿嗣王庶姓荆雍郢南兗四州西曹祭酒議曹從事嗣王庶姓江州西曹從事祭酒部傳從事勸農謁者汝陰巴陵二王國大農郡公國郎中令爲七班

皇弟皇子國典書令嗣王國三軍蕃王國侍郎領護詹事五官功曹皇弟皇子府參軍督護嗣王府長兼參軍庶姓公府長兼參軍庶姓持節府板正參軍皇弟皇子越桂寧霍四州主簿皇弟皇子北徐北兗梁交南梁五州西曹祭酒議曹從事嗣王庶姓北徐北兗梁交南梁五州主簿嗣王庶姓湘豫司益廣青衡七州西曹祭酒議曹從事皇弟皇子豫司益廣青五州文學從事湘衡二州從事嗣王庶姓荆霍郢三州從事史江州議曹從事南兗州文學從事汝陰巴陵二王國中尉皇弟皇子之庶子縣侯國郎中令郡公國大農縣公國郎中令爲六班

皇弟皇子國三令嗣王國典書令蕃王國三軍皇弟皇子公府東曹督護嗣王府庶姓公府參軍督護皇弟皇子之庶子長兼參軍蕃王府長兼參軍二衞正員司馬督太子二率正員司馬督領護主簿詹事主簿二衞功曹太常五官功曹石頭戍軍功曹庶姓持節府行參軍皇弟皇子越桂寧霍四州西曹祭酒議曹從事皇弟皇子北徐北兗梁交南梁五州文學從事嗣王庶姓越桂寧霍四州主簿嗣王庶姓北徐北兗梁交南梁五州西曹祭酒議曹從事嗣王庶姓豫司益廣青五州文學從事湘衡二州從事汝陰巴陵二王國常侍郡公國中尉縣侯國郎中令皇弟皇子府功曹督護爲五班

嗣王國三令蕃王國典書令嗣王府功曹督護庶姓公府東曹督護皇弟皇子之庶子府參軍督護蕃王府參軍督護二衞員外司馬督太子二率員外司馬督二衞主簿太常主簿宗正等十一卿五官功曹石頭戍軍主簿庶姓持節府板行參軍皇弟皇子越桂寧霍四州文學從事嗣王庶姓越桂寧霍四州西曹祭酒議曹從事嗣王庶姓北徐北兗梁交南梁五州文學從事汝陰巴陵二王國侍郎縣公國中尉爲四班

蕃王國三令皇弟皇子之庶子府蕃王府功曹督護宗正等十一卿主簿庶姓持節府長兼參軍嗣王庶姓越桂寧霍四州文學從事郡公國侍郎爲三班

庶姓持節府參軍督護汝陰巴陵二王國典書令縣公國侍郎爲二班

庶姓持節府功曹督護汝陰巴陵二王國三令郡公國典書令爲一班

又著作正令史集書正令史尚書度支三公正令史函典書殿中外監齊東堂監尚書都官左降正令史諸州鎮監石頭城監瑯邪城監東宮外監殿中守舍人齊監東宮典經守舍人上庫令太社令細作令導官令平水令太官市署丞正廚丞酒庫丞柴庶丞太樂庫丞別局校丞清商丞太史丞太醫二丞中藥藏丞東冶小庫等三丞作堂金銀局丞木局丞北武庫二丞南武庫二丞東宮食官丞上林丞湖西塼屯丞茭萿庫丞紋絹簟席丞國子典學材官司馬宣陽等諸門候東宮導客守舍人運署謁者都水左右二裝五城謁者石城宣城陽新屯謁者南康建安晉安伐船謁者晉安練葛屯主爲三品蘊位又門下集書主事通正令史中書正令史尚書正令史尚書監籍正令史都正令史殿中內監題閤婚局監東宮門下通事守舍人東宮典書守舍人東宮內監殿中守舍人題閤監乘黃令右藏令籍田令廩犧令梅根諸冶令典客館令太官四丞庫丞太樂令東冶大庫丞左尚方五丞右尚方四丞東宮衞庫丞司農左右中部倉丞廷尉律博士公府舍人諸州別署監山陰獄丞爲三品勳位其州二十三並列其高下選擬略視內職郡守及丞各爲十班縣制七班用人各擬內職云

又詔以將軍之名高卑舛雜命更加釐定於是有司奏置一百二十五號將軍以鎮衞驃騎車騎爲二十四班內外通用四征東南西北止施外四中軍衞撫護止施內爲二十三班八鎮東南西北止施在外左右前後止施在內爲二十二班八安東西南北止施在外左右前後止施在內爲二十一班四平東南西北四翊左右前後爲二十班凡十五號爲一品是爲重號將軍忠武軍師爲十九班武臣爪牙龍騎雲麾爲十八班代舊前後左右四將軍鎮兵翊師宣惠宣毅爲十七班代舊四中郎十號爲一品智威仁威勇威信威嚴威爲十六班代舊征虜智武仁武勇武信武嚴武爲十五班代舊冠軍十號爲一品所謂五德將軍者也輕車征遠鎮朔武旅貞毅爲十四班代舊輔國凡將軍加大者唯至貞毅而已通進一階優者方得比加位從公凡督府置長史司馬諮議諸曹有錄事記室等十八曹天監七年更置中錄事中記室中直兵參軍各一人寧遠明威振遠電耀威耀爲十三班代舊寧朔十號爲一品武威武騎武猛壯武飈武爲十二班電威馳銳追鋒羽騎突騎爲十一班十號爲一品折衝冠武和戎安壘猛烈爲十班掃狄雄信掃虜武銳摧鋒爲九班十號爲一品略遠貞威決勝開遠光野爲八班厲鋒銳討狄蕩虜蕩夷爲七班十號爲一品武毅鐵騎樓船宣猛樹功爲六班克狄平虜討夷平狄威戎爲五班十號爲一品伏波雄戟長劒衝冠雕騎爲四班佽飛安克戎綏狄威虜爲三班十號爲一品前鋒武毅開邊招遠金威爲二班綏虜蕩寇殄虜橫野馳射爲一班十號爲一品凡十品二十四班亦以班多爲貴其制品十取其盈數班二十四以法氣序制簿悉以大號居後以爲遷法自小遷大也前史所記以位得從公故將軍之名次于台槐之下至是備其班品敘於百司之外其不登二品應須軍號者有牙門代舊建威期門代舊建武爲八班候騎

代舊振威熊渠代舊振武爲七班中堅代舊奮威典戎代舊奮武爲六班戈船代舊揚威繡衣代舊揚武爲五班執訊代舊廣威彷陣代舊廣武爲四班鷹揚爲三班陵江爲二班偏將軍裨將軍爲一班凡十四號別爲八班以象八風所施甚輕又有武安鎮遠雄義擬車騎爲二十四班四撫擬東南西北爲二十三班四寧擬東南西北四鎮爲二十二班四威擬東南西北四征爲二十一班四綏擬東南西北四平爲二十班凡十九號爲一品安遠安邊擬忠武軍師爲十九班輔義安沙衛海撫河擬武臣等四號爲十八班平遠撫朔寧沙航海擬鎮兵等四號爲十七班凡十號爲一品翊海朔野拓遠威河龍幕擬智威等五號爲十六班威隴安漠綏邊寧寇梯山擬智武等五號爲十五班凡十號爲一品寧境綏河明信明義威漠擬輕車等五號爲十四班安隴向義宣節振朔候律擬寧遠等五號爲十三班凡十號爲一品平寇定遠陵海寧隴振漠擬武威等五號爲十二班馳義橫朔明節執信懷德擬電威等五號爲十一班凡十號爲一品撫邊定隴綏關立信奉義擬折衝等五號爲十班綏隴寧邊定朔立節懷威擬掃狄等五號爲九班凡十號爲一品懷關靜朔掃寇寧河安朔擬略遠等五號爲八班揚化超隴執義來化度嶂擬厲鋒等五號爲七班凡十號爲一品平河振隴雄邊橫沙寧關擬武毅等五號爲六班懷信宣義弘節浮遼鑿空擬克狄等五號爲五班凡十號爲一品扞海欸塞歸義陵河明信擬伏波等五號爲四班奉忠守義弘信仰化立義擬伏飛等五號爲三班凡十號爲一品綏方奉正承化浮海度河擬前鋒等五號爲二班懷義奉信歸誠懷澤伏義擬綏虜等五號爲一班凡十號爲一品大凡一百九號將軍亦爲十品二十四班正施於外國及大通三年有司奏曰天監七年改定將軍之名有因有革普通六年又置百號將軍更加刊正雜號之中微有移異大通三年奏移寧遠班中明威將軍進輕車班中以輕車班中征遠度入寧遠班中又置安遠將軍代貞武宣遠代明烈其戎夷之號亦加附擬選序則依此承用遂以定制轉則進一班黜則退一班班即階也同班以優劣爲前後有鎮衛驃騎車騎同班四中四征同班八鎮同班八安同班四平四翊同班忠武軍師同班武臣爪牙龍騎雲麾冠軍同班鎮兵翊師宣惠宣毅四將軍東南西北四中郎將同班智威仁威勇威信威嚴威同班智武仁武勇武信武嚴武同班謂爲五德將軍輕車鎮朔武旅貞毅明威同班寧遠安遠征遠振遠宣遠同班威雄威猛威烈威振威信威勝威略威風威力威光同班武猛武略武勝武力武毅武健武烈武威武鋭武勇同班猛毅猛烈猛威猛鋭猛震猛進猛智猛威猛勝猛駿同班壯武壯勇壯烈壯猛壯鋭壯盛壯毅壯志壯意壯力同班驍雄驍桀驍猛驍烈驍武驍勇驍鋭驍名驍勝驍迅同班雄猛雄威雄明雄烈雄信雄武雄勇雄毅雄壯雄健同班忠勇忠烈忠猛忠鋭忠壯忠毅忠捍忠信忠義忠勝同班明智明略明遠明勇明烈明威明勝明進明鋭明毅同班光烈光明光英光遠光勝光鋭光命光勇光戎光野同班飈勇飈猛飈烈飈鋭飈奇飈決飈起飈略飈勝飈出同班龍驤武視雲旗風烈電威雷音馳鋭追鋭羽騎突騎同班折衝冠武和戎安壘超猛英果掃虜掃狄武鋭摧鋒同班開遠略遠貞威決勝清野堅鋭輕鋭拔山雲勇振旅同班超武鐵騎樓船宣猛樹功克狄平虜稜威昭威威戎同班伏波雄戟長劒衝冠雕騎佽飛勇騎破敵克敵威虜同班前鋒武毅開邊招遠金威破陣蕩寇殄虜橫野馳射同班牙門期門同班候騎熊渠同班中堅典戎同班執訊行陣同班伏武懷奇同班偏將軍裨將軍同班凡二百四十號爲四十四班又雍州置寧蠻校尉廣州置平越中郎將北涼南秦置西戎校尉南秦梁州置平戎校尉寧州置鎮蠻校尉西陽南新蔡晉熙廬江等郡置鎮蠻護軍武陵郡置安遠護軍巴陵郡置度支校尉皆立府隨府主號輕重而不爲定其將軍施於外國者雄義鎮遠武安同班擬鎮衛等三號四撫同班擬四征四威同班擬四安四綏同班擬四平安遠安邊同班擬忠武等號撫河衛海安沙輔義同班擬武臣等號航海寧沙撫朔平遠同班擬鎮兵等號龍幕威河和戎拓遠朔野翊海同班擬智威等號梯山寧寇綏邊安漠威隴五號同班擬智武等號威漠明義昭信綏河寧境同班擬輕車等號候律振朔宣節向義安隴同班擬寧遠等號振漠寧隴陵海安遠平寇同班擬威雄等號懷德執信明節橫朔馳義同班擬武猛等號安朔寧河掃寇靜朔懷關同班擬驍雄等號度嶂奉化康義超隴揚化同班擬猛烈等號寧關橫沙雄邊振隴平河同班擬忠勇等號鑿空浮遼弘節宣義懷信同班擬明智等號明信陵河歸義欸塞扞海同班擬光烈等號立義仰化弘信守義奉忠同班擬飈勇等號奉誠立誠建誠顯誠義誠同班擬龍驤等號尉遼寧渤綏嶺威塞通侯同班擬折衝等號掃荒威荒定荒開荒理荒同班擬開遠等號奉節歸節建節效節伏節同班擬超武等號渡河陵海承化奉正綏方同班擬伏波等號伏義懷澤歸誠奉信懷義同班擬前鋒等號凡一百二十五將軍二十八班並施外國戎號準于中夏焉大同四年魏彭城王爾朱仲遠來降以爲定洛大將軍仍使其北討故名云

陳承梁皆循其制官而又置相國位列丞相上并丞相太宰太傅太保大司馬大將軍並以爲贈官定令尚書置五員郎二十一員其餘並遵梁制爲十八班而官有清濁自十二班以上並詔授表啓不稱姓從十一班至九班禮數復爲一等又流外有七班此是寒微士人爲之從此班者方得進登第一班其親王起家則爲侍中若加將軍方得有佐史無將軍則無府止有國官皇太子冢嫡者起家封王依諸王起家餘子並封公起家中書郎諸王子并諸侯世子起家給事三公子起家員外散騎侍郎令僕子起家祕書郎若員滿亦爲板法曹雖高半階望終祕書郎下次令僕子起家著作佐郎亦爲板行參軍此外有揚州主簿太學博士王國侍郎奉朝請嗣王行參軍並起家官未合發詔諸王公參佐等官仍爲清濁或有選司補用亦有府牒即授者不拘年限去留隨意在府之日唯賓遊宴賞時復脩參吏無餘事若隨府王在州其僚佐等或亦得預催督若其驅使便有職務其衣冠子弟多有脩立非氣類者唯利是求暴物亂政皆此之類國之政事並由中書省有中書舍人五人領主事十人書吏二百人書吏不足并取助書分掌二十一局事各當尚書諸曹並爲上司總國內機要而尚書唯聽受而已被委此官多擅威勢其庶姓爲州若無將軍者謂之單車郡縣官之任代下有迎新送故之法餉饋皆百姓出並以定令其所制品秩今列之云

相國丞相太宰太傅太保大司馬大將軍太尉司徒司空開府儀同三司已上秩萬石巴陵王汝陰王後尚書令已上秩中二千石品並第一中書監尚書左右僕射特進太子二傅左右光祿大夫已上中二千石品並第二中書令侍中散騎常侍領護軍吏部尚書列曹尚書金紫光祿大夫光祿大夫已上並中二千石左右衛將軍御史中丞已上二千石大后衛尉太僕少府三卿太常宗正太府衛尉司農少府廷尉光祿大匠太僕鴻臚太舟等卿太子詹事國子祭酒已上中二千石揚州刺史凡單車刺史加督進一品都督進二品不論持節假節揚州徐州加督進二品右光祿已下加都督第一品尚書令下南徐東揚州刺史皇弟皇子封國王世子品並第三通直散騎常侍員外散騎常侍黃門侍郎已上二千石祕書監中二千石左右驍騎左右游擊等將軍太子中庶子已上二千石太子左右衛率二千石朱衣直閤雲騎游騎將軍中書侍郎已上千石尚書左右丞尚書吏部侍郎郎中已上六百石尚書郎中與吏部郎同列今品同太子三卿大中中散大夫司徒左右長史已上千石諸王師依減秩之例國子博士千石荊江南兗郢湘雍等州刺史六州加督進在第三品東揚州下加都督進在第二品右光祿下嗣王蕃王郡公縣公等世子品並第四祕書丞明堂太廟帝陵等令已上六百石散騎侍郎前左右後軍將軍左右中郎將已上千石大長秋二千石太子中舍人庶子六百石豫益廣衡等州青州領冀州北兗北徐等州梁州領南秦州司南梁交越桂霍寧等十五州加督進在第四品雍州下加都督進在第三品南徐州下不言秩丹陽尹中二千石會稽太守二千石加督進在第四品雍州下加都督進在第三品南徐州下諸郡若督及都督皆以此差次爲例吳郡吳興二太守二千石侯世子不言秩皇弟皇子府諮議參軍八百石皇弟皇子府板諮議參軍不言秩皇弟皇子府長史千石皇弟皇子府板長史不言秩皇弟皇子府司馬千石皇弟皇子府板司馬不言秩皇弟皇子公府從事中郎六百石品並第五通直散騎侍郎千石著作郎六百石步兵射聲長水越騎屯騎五校尉並千石太子洗馬六百石太子步兵翊軍屯騎三校尉並秩同臺校司徒左西掾屬並本秩四百石依減秩例皇弟皇子友依減秩例皇弟皇子公府屬本秩四百石依減秩例五經博士六百石子男世子不言秩萬戶以上郡太守內史相嗣王府皇弟皇子之庶子府諮議參軍六百石板者不言秩嗣王府皇弟皇子之庶子府長史司馬並八百石嗣王府官減正王府一階其板長史司馬並不言秩庶姓公府諮議參軍六百石與嗣王府同其板者並不言秩庶姓公府長史司馬並八百石其板者並不言秩嗣王庶姓公府從事中郎六百石皇弟皇子府中錄事參軍板府中錄事參軍中記室參軍板中記室參軍中直兵參軍板中直兵參軍揚州別駕中從事皇弟皇子南徐荊江南兗郢湘雍州別駕中從事並不言秩品並第六給事中六百石員外散騎侍郎祕書著作佐郎並四百石依減秩例奉車駙馬都尉武賁中郎將羽林監冗從僕射已上並六百石謁者僕射千石南臺治書侍御史六百石太子舍人二百石依減秩例太子門大夫六百石太子旅賁中郎將冗從僕射並秩同臺將司徒主簿依減秩例司徒祭酒不言秩領護軍長史司馬廷尉正監平並六百石皇弟皇子府錄事記室中兵等參軍板錄事記室中兵等參軍功曹史主簿公府祭酒並不言秩皇弟皇子文學依減秩例嗣王庶姓公府掾屬並本秩四百石依減秩例太子二傅丞並六百石蕃王府諮議參軍四百石蕃王府板諮議參軍不言秩蕃王府長史司馬並六百石板者並不言秩庶姓持節府諮議參軍四百石庶姓非公不持節將軍置長史六百石庶姓持節府板諮議參軍不言秩庶姓持節府長史司馬並六百石板者皆不言秩嗣王府皇弟皇子之庶子及庶姓公府中錄事中記室中直兵參軍及板中錄事中記室中直兵參軍並不言秩不滿萬戶太守內史相二千石丹陽會

稽吳郡吳興及萬戶郡丞並六百石建康令千石建康正監平秩同廷尉品並第七中書通事舍人依減秩例積射强弩武衞等將軍公車令太子左右積弩將軍並六百石奉朝請武騎常侍依減秩例太后三卿十二卿大長秋等丞並六百石左右衞司馬不言秩太子詹事丞冑子律博士並六百石皇弟皇子府正參軍板正參軍行參軍板行參軍嗣王府皇弟皇子之庶子府錄事記室中兵參軍板錄事記室中兵參軍功曹史主簿庶姓非公不持節諸將軍置主簿庶姓公府錄事記室中兵參軍板錄事記室中兵參軍主簿嗣王庶姓公府祭酒蕃王府中錄事記室直兵參軍板中錄事記室直兵參軍庶姓持節府中錄事記室直兵參軍及板中錄事記室直兵參軍太子太傅五官功曹史主簿少傅五官功曹史主簿已上並不言秩太學博士六百石國子助教司樽郎安蠻戎越校尉中郎將府等長史六百石蠻戎越等府佐無定品自隨主軍號輕重小府減大府一階蠻戎越校尉中郎將等府板長史不言秩蠻戎越校尉中郎將等司馬六百石板者不言秩庶姓南徐荊江南兗郢湘雍等州別駕中從事不言秩不滿萬戶已下郡丞六百石五千戶已上縣令相千石皇弟皇子國郎中令大農中尉並六百石品並第八左右二衞殿中將軍不言秩南臺侍御史依減秩例東宮通事舍人不言秩材官將軍六百石太子左右二衞率殿中將軍及丞嗣王府皇弟皇子之庶子府正參軍板正參軍行參軍板行參軍庶姓公府正參軍板正參軍蕃王府錄事記室中兵等參軍板錄事記室中兵等參軍功曹史主簿正參軍板正參軍行參軍板行參軍庶姓持節府錄事記室中兵等參軍板錄事記室中兵等參軍功曹史主簿庶姓豫益廣衡青冀北兗北徐梁秦司南徐等州別駕中從事史揚州主簿西曹及祭酒議曹二從事南徐州主簿西曹祭酒議曹二從事皇弟皇子諸州主簿西曹已上並不言秩不滿五千戶已下縣令相六百石皇弟皇子國常侍侍郎不言秩嗣王國郎中令大農中尉並四百石嗣王國常侍不言秩蕃王國郎中令大農殿中並二百石品並第九又有戎號擬官自一品至于九品凡二百三十七鎮衞驃騎車騎等三號將軍擬官品第一比秩中二千石四中軍撫衞權四征東南西北八鎮東南西北左右前後等十六號將軍擬官品第二秩中二千石八安左前右後東南西北四翊左前右後四平東南西北等十六號將軍擬官品第三秩中二千石忠武軍師武臣爪牙龍騎雲麾冠軍鎮兵翊師宣惠宣毅等將軍四中郎將智仁勇信嚴等五威五武將軍合二十五號擬官品第四秩中二千石輕車鎮朔武旅貞毅明威等將軍凡將軍加大者至此加大通進一階寧安征振宣等五遠將軍寧蠻校尉雍州小府蠻越校尉中郎將隨府主軍號輕重若單作則減刺史一階若有將軍減將軍一階合十八號擬官品第五威雄猛烈震信略勝風力光等十威武猛略勝力毅健烈威銳勇等十武猛毅烈威震銳進智勝駿等十猛壯武勇烈猛銳威力毅志意等十壯驍雄桀猛烈武勇銳名勝迅等十驍雄猛威明烈信武勇毅壯健等十雄忠勇烈猛銳壯毅捍信義勝等十忠明智略遠勇烈威銳毅勝進等十明光烈明英遠勝銳命勇戎野等十光飈勇烈猛銳奇決起勝略出等十飈將軍平越中郎廣梁南秦南梁寧等州小府西戎平戎鎮蠻三校尉等擬官一百四號品第六並千石龍驤武視雲旗風烈電威雷音馳銳追銳羽騎突騎折衝冠武和戎安壘超猛英果掃虜掃狄武銳摧鋒開遠略遠貞威決勝清野堅銳輕車拔山雲勇振旅等將軍擬官三十號品第七並六百石超武鐵騎樓船宣猛樹功克狄平虜稜威戎昭威戎伏波雄戟長劍衝冠雕騎佽飛勇騎破敵克敵威虜等將軍鎮蠻護軍西陽南新蔡晉熙廬江郡小府鎮蠻安遠護軍度支校尉隨府主號輕重若單作則減太守內史相一階若有將軍減一階安遠護軍度支校尉巴陵郡丞等擬官二十三號品第八並六百石前鋒武毅開邊招遠金威破陣蕩寇殄虜橫野馳射等將軍擬官十號品第九並四百石諸將起自第六品已下板則無秩其雖除不領兵領兵不滿百人并除此官而爲州郡縣者皆依本條減秩二千石減爲千石千石降爲六百石自四百石降而無秩其州郡縣自各以本秩論凡板將軍皆降除一品諸依此減降品秩其應假給章印各依舊差不貶奪其封爵亦爲九等之差郡王第一品秩萬石嗣王蕃王開國郡縣公第二品開國郡縣侯第三品開國縣伯第四品並視中二千石開國子第五品開國男第六品並視二千石湯沐食侯第七品鄉亭侯第八品並視千石關中關外侯第九品視六百石

陳依梁制年未滿三十者不得入仕唯經學生策試得第諸州光迎主簿西曹左奏及經爲挽郎得仕其諸郡唯正王任丹陽尹經迎得出身庶姓尹則不得必有奇才異行殊勳別降恩旨敘用者不在常例其相知表啓通舉者每有之亦無年常考校黜陟之法既不爲此式所以勤惰無辨凡選官無定期隨闕即補多更互遷官未必即進班秩其官唯論清濁從濁官則微清則勝於轉若有遷授或由別勅但移轉一人爲官則諸官多須改動其用官式吏部先爲白牒錄數十人名吏部尙書與參掌人共署奏勅或可或不可其不用者更銓量奏請若勅可則付選更色別量貴賤內外分之隨才補用以黃紙錄名八座通署奏可即出付典名而典以名帖鶴頭板整威儀送往得官之家其有特發詔授官者即宣付詔誥局作詔章草奏聞敕可黃紙寫出門下門下答詔請付外施行又畫可付選司行召得詔官者不必皆須待召但聞詔出明日即與其親入謝後詣尚書上省拜受若拜王公則臨軒

隋書卷二十六考證

百官志上二十二人○閣本作二十三人

猛毅猛烈猛威猛銳猛震猛進猛智猛威猛勝猛駿○內猛威重複下文十猛將軍除猛字亦止有九字與禮儀志同無考

# 隋書卷二十七

唐太尉揚州都督監修國史上柱國趙國公臣長孫無忌等撰

## 志第二十二

### 百官中

後齊制官多循後魏置太師太傅太保是爲三師擬古上公非勳德崇者不居次有大司馬大將軍是爲二大並典司武事次置太尉司徒司空是爲三公三師二大三公府三門當中開黃閤設內屛各置長史司馬諮議參軍從事中郎掾屬主簿錄事功曹記室戶曹金曹中兵外兵騎兵長流城局刑獄等參軍事東西閤祭酒及參軍事法墨田水鎧集士等曹行參軍兼左戶右戶行參軍長兼行參軍參軍督護等員司徒則加有左右長史三公下次有儀同三司加開府者亦置長史已下官屬而減記室倉城局田水鎧士等七曹各一人其品亦每官下三府一階三師二大置佐史則同太尉府乾明中又置丞相河清中分爲左右亦各置府僚云

特進左右光祿金紫銀青等光祿大夫用人俱以舊德就閑者居之自一品已下從九品已上又有驃騎車騎衞四征四鎮中軍鎮軍撫軍翊軍四安冠軍輔國龍驤鎮遠安遠建忠建節中堅中壘振威奮威廣德弘義折衝制勝伏波陵江輕車樓船勁武昭勇明威顯信度遼橫海踰岷越嶂戎昭武毅雄烈恢猛揚麾耀鋒蕩邊開城靜漠綏戎平越殄夷飛騎隼擊武牙武奮清野橫野偏裨等將軍以褒賞勳庸

尚書省置令僕射吏部殿中祠部五兵都官度支等六尚書又有錄尚書一人位在令上掌與令同但不糾察令則彈糾見事與御史中丞更相廉察僕射職爲執法置二則爲左右僕射皆與令同左糾彈而右不糾彈錄令僕射總理六尚書事謂之都省其屬官左丞掌吏部考功主爵殿中儀曹三公祠部主客左右中兵左右外兵都官二千石度支左右戶十七曹并彈糾見事又主營轄臺中有違失者兼糾駮之右丞各一人掌駕部虞曹屯田起部都兵比部水部膳部倉部金部庫部十一曹亦管轄臺中又主凡諸用度雜物脂燈筆墨幃帳唯不彈糾餘悉與左同并都令史八人共掌其事其六尚書分統列曹吏部統吏部掌褒崇選補等事考功掌考第及秀孝貢士等事主爵掌封爵等事三曹殿中統殿中掌駕行百官留守名帳宮殿禁衞供御衣倉等事儀曹掌吉凶禮制事三公掌五時讀時令諸曹囚帳斷罪赦日建金雞等事駕部掌車輿牛馬廐牧等事四曹祠部統祠部掌祠部醫藥死喪贈賜等事主客掌諸蕃雜客等事虞曹掌地圖山川遠近園囿田獵殺膳雜味等事屯田掌籍田諸州屯田等事起部掌諸興造工匠等事五曹祠部無尚書則右僕射攝五兵統左中兵掌諸郡督告身諸宿衞官等事右中兵掌畿內丁帳事力蕃兵等事左外兵掌河南及潼關已東諸州丁帳及發召征兵等事右外兵掌河北及潼關已西諸州所典與左外同都兵掌鼓吹太樂雜戶等事五曹都官統都官掌畿內非違得失事二千石掌畿外得失等事比部掌詔書律令勾檢等事水部掌舟船津梁公私水事膳部掌侍官有司禮食肴饌等事五曹度支統度支掌計會凡軍國損益事役糧廩等事倉部掌諸倉帳出入等事左戶掌天下計帳戶籍等事右戶掌天下公私田宅租調等事金部掌權衡量度內外諸庫藏文帳等事庫部掌凡是戎仗器用所須事六曹凡二十八曹吏部三公郎中各二人餘並一人凡三十部中吏部儀曹三公虞曹都官二千石比部左戶各量事置掌故主事員門下省掌獻納諫正及司進御之職侍中給事黃門侍郎各六人錄事四人通事令史主事令史八人統局六領左右局領左右各二人掌知朱華閤內諸事宣傳已下白衣齋子已上皆主之左右直長四人尚食局典御二人總知御膳事丞監各四人尚藥局典御及丞各二人總知御藥事侍御師尚藥監各四人主衣局都統子統各二人掌御衣服玩等事齋帥局齋帥四人掌鋪設灑掃事殿中局殿中監四人掌駕前奏引行事制請修補東耕則進耒耜中書省管司王言及司進御之音樂監令各一人侍郎四人并司伶官西涼部直長伶官西涼四部伶官龜茲四部伶官清商部直長伶官清商四部又領舍人省掌署勅行下宣旨勞問中書舍人主書各十人祕書省典司經籍監丞各一人郎中四人校書郎十二

人正字四人又領著作省郎二人佐郎八人校書郎二人

集書省掌諷議左右從容獻納散騎常侍通直散騎常侍各六人諫議大夫七人散騎侍郎六人員外散騎常侍二十人通直散騎侍郎六人給事中六人員外散騎侍郎一百二十人奉朝請二百四十人又領起居省散騎常侍通直散騎常侍散騎侍郎通直散騎侍郎各一人校書郎二人

中侍中省掌出入門閤中侍中二人中常侍中給事中各四人又有中尚藥典御及丞并中謁者僕射各二人中尚食局典御丞各二人監四人內謁者局統丞各一人

御史臺掌察糾彈劾中丞一人治書侍御史二人侍御史八人殿中侍御史檢校御史各十二人錄事四人領符節署令一人符璽郎中四人

都水臺管諸津橋使者二人參事十人又領都尉合昌坊城等三局尉皆分司諸津橋

謁者臺掌凡諸吉凶公事導相禮儀事僕射二人謁者三十人錄事一人

太常光祿衞尉宗正太僕大理鴻臚司農太府是爲九寺置卿少卿丞各一人各有功曹五官主簿錄事等員

太常掌陵廟羣祀禮樂儀制天文術數衣冠之屬其屬官有博士(四人)協律郎(二人掌監調律呂音樂)八書博士(二人)等員統諸陵(掌守衞山陵等事)太廟(掌郊廟社稷等事)太樂(掌諸樂及行禮節奏等事)衣冠(掌冠幘舃履之屬等事)鼓吹(掌百戲鼓吹樂人等事)太祝(掌郊廟贊祝祭祀衣服等事)太史(掌天文地動風雲氣色律曆卜筮等事)太醫(掌醫藥等事)廩犧(掌養犧牲供祭羣祀等事)太宰(掌諸神祀烹宰行禮事)等署令丞而太廟兼領郊祠(掌五郊羣神事)崇虛(掌五岳四瀆神祀在京及諸州道士簿帳等事)二局丞太樂兼領清商部丞(掌清商音樂等事)鼓吹兼領黃戶局丞(掌供樂人衣服)太史兼領靈臺(掌天文觀候)太卜(掌諸卜筮)二局丞

光祿寺掌諸膳食帳幕器物宮殿門戶等事統守宮(掌凡張設等事)太官(掌食膳事)宮門(掌諸門籥事)供府(掌供御衣服玩弄之事)肴藏(掌器物鮭味等事)清漳(主酒歲二萬石春秋中半)華林(掌禁籞林木等事)等署宮門署置僕射六人以司其事餘各有令丞又領東園局丞員(掌諸凶具)

衞尉寺掌禁衞甲兵統城門寺置校尉二人以司其職(掌宮殿城門并諸倉庫管籥等事)又領公車(掌尚書所不理有枉屈經判奏聞)武庫(掌甲兵及吉凶儀仗)衞士(掌京城及諸門兵士)等署令武庫又有修故局丞(掌領匠修故甲等事)

太宗正寺掌宗室屬籍統皇子王國諸王國諸長公主家

太僕寺掌諸車輦馬牛畜產之屬統驊騮(掌御馬及諸鞍乘)左右龍左右牝(掌駝馬)駝牛(掌飼駝騾驢牛)司羊(掌諸羊)乘黃(掌諸輦輅)車府(掌諸雜車)等署令丞驊騮署又有奉承直長二人左龍署有左龍局右龍署有右龍局左牝署有左牝局右牝署有右牝局駝牛署有典駝特牛牸牛三局司羊署有特羊牸羊局諸局並有都尉寺又領司訟典腊出入等三局丞

大理寺掌決正刑獄正監評各一人律博士四人明法掾二十四人檻車督二人掾十人獄丞掾各二人司直明法各十人

鴻臚寺掌蕃客朝會吉凶弔祭統典客典寺司儀等署令丞典客署又有京邑薩甫二人諸州薩甫一人典寺署有僧祇部丞一人司儀署又有奉禮郎三十人

司農寺掌倉市薪菜園池果實統平準太倉鉤盾典農導官梁州水次倉石濟水次倉藉田等署令丞而鉤盾又別領大囿上林遊獵柴草池藪苜蓿等六部丞典農署又別領山陽平頭督亢等三部丞導官署又有御細部麴麪部典庫部等倉督員

太府寺掌金帛府庫營造器物統左中右三尚方左藏司染諸冶東西道署黃藏右藏細作左校甄官等署令丞左尚方又別領別局樂器器作三局丞中尚方又別領別局涇州絲局雍州絲局定州紬綾局四局丞右尚方又別領別局丞司染署又別領京坊河東信都三局丞諸冶東道又別領滏口武安白間三局丞諸冶西道又別領晉陽冶泉部大邪原仇四局丞甄官署又別領石窟丞

國子寺掌訓教胄子祭酒一人亦置功曹五官主簿錄事員領博士五人助教十人學生七十二人太學博士十人助教二十人太學生二百人四門學博士二十人助教二十人學生三百人

長秋寺掌諸宮闈卿中尹各一人(並用宦者)丞二人亦有功曹五官主簿錄事員領中黃門掖庭晉陽宮中山宮園池中宮僕奚官等署令丞又有暴室局丞其中黃門又有冗從僕射及博士四人掖庭晉陽中山各有宮教博士二人中山署又別有麪豆局丞園池署又別有桑園部丞中宮僕署又別有乘黃局教尉細馬車都督車府部丞奚官署又別有染局丞

將作寺掌諸營建大匠一人丞四人亦有功曹主簿錄事員若有營作則立將副將長史司馬主簿錄事等各一人又領軍主副幢主副等

昭玄寺掌諸佛教置大統一人統一人都維那三人亦置功曹主簿員以管諸州郡縣沙門曹

領軍府將軍一人掌禁衞宮掖朱華閤外凡守衞官皆主之輿駕出入督攝仗衞中領軍亦同有長史司馬功曹五官主簿錄事釐其府事又領左右衞領左右等府

左右衞府將軍各一人掌左右廂所主朱華閤以外各武衞將軍二人貳之皆有司馬功曹主簿錄事釐其府事其御仗屬官有御仗正副都督御仗五職御仗等員其直盪屬官有直盪正副都督直入正副都督勳武前鋒正副都督勳武前鋒五藏等員直衞屬官有直衞正副都督翊衞正副都督前鋒正副都督等員直突屬官有直突都督勳武前鋒散都督等員直閤屬官有朱衣直閤直閤將軍直寢直齋直後之屬又有武騎雲騎將軍各一人驍騎遊擊前後左右等四軍將軍左右中郎將各五人步兵越騎射聲屯騎長水等校尉奉車都尉等各十人武賁中郎將羽林監各十五人冗從僕射三十人騎都尉六十人積弩積射强弩等將軍及武騎常侍各二十五人殿中將軍五十人員外將軍一百人殿中司馬督五十人員外司馬督一百人

領左右府有領左右將軍領千牛備身又有左右備身正副都督左右備身五職左右備身員又有刀劍備身正副都督刀劍備身五職刀劍備身員又有備身正副督備身五職員

護軍府將軍一人掌四中關津輿駕出則護駕中護軍亦同有長史司馬功曹五官主簿錄事釐其府事其屬官東西南北四中府皆統之四府各中郎將一人長史司馬錄事參軍統府錄事各一人又有統府直兵及功曹倉曹中兵外兵騎兵長流城局等參軍各一人法田鎧等曹行參軍各一人又領諸關尉津尉

行臺在令無文其官置令僕射其尚書丞郎皆隨權制而置員焉其文未詳

太子太師太傅太保是爲三師掌師範訓導輔翊皇太子少師少傅少保是爲三少各一人掌奉皇太子以觀三師之德出則三師在前三少在後

詹事總東宮內外衆務事無大小皆統之府置丞功曹五官主簿錄事員領家令率更令僕等三寺左右衞二坊三寺各置丞二坊各置司馬俱有功曹主簿以承其事

家令領食官典倉司藏等署令丞又領內坊令丞(掌知閤內諸事)其食官又別領器局酒局二丞典倉又別領園丞司藏又別領仗庫典作二局丞率更領中盾署令丞各一人(掌周衞禁防漏刻鍾鼓)僕寺領廐牧署令丞署又別有車輿局丞

左右衞坊率各領騎官備身正副都督騎官備身五職騎官備身員又有內直備身正副都督內直備身五職內直備身員又有備身正副都督備身五職員又有直閤直前直後員又有旅騎屯衞典軍等校尉各二人騎尉三十人

門下坊中庶子中舍人通事守舍人主事守舍人各四人又領殿內典膳藥藏齋帥等局殿內局有內直監二人副直監四人典膳藥藏局監丞各二人藥藏又有侍醫四人齋帥局齋帥內閤帥各二人

典書坊庶子四人舍人二十八人又領典經坊洗馬八人守舍人二人門大夫坊門大夫主簿各一人并統伶官西涼二部伶官清商二部

自諸省臺府寺各因其繁簡而置吏有令史書令史書吏之屬又各置曹兵以共其役其員因繁簡而立其餘主司專其事者各因事立名條流甚衆不可得而具也

王位列大司馬上(非親王則位在三公下)置師一人餘官大抵與梁制不異其封內之調盡以入臺三分食一公已下四分食一

皇子王國置郎中令大農中尉常侍各一人侍郎二人上中下三將軍各一人上中大夫各二人防閤四人典書典祠學官典衞等令各一人齋帥四人食官廐牧長各一人典醫丞二人典府丞一人執書二人謁者四人舍人十人等員諸王國則加有陵長廟長常侍各一人而無中將軍員上中大夫各減一人諸公又減諸王防閤齋帥典醫丞等員諸侯伯子男國又減諸公國將軍大夫員諸公主則置家令丞主簿錄事等員

司州置牧屬官有別駕從事史治中從事史州都主簿西曹書佐記室戶曹功曹金曹租曹兵曹騎曹都官法曹部郡等從事員(主簿置史西曹已下各置掾史)又領西東市署令丞及統清都郡諸畿郡

清都郡置尹丞中正功曹主簿督郵五官門下督錄事主記議及功曹記室戶田金租兵騎賊法等曹掾中部掾等員

鄴臨漳成安三縣令各置丞中正功曹主簿門下督錄事主記議及功曹記室戶田金租兵騎賊法等曹掾員

鄴又領右部南部西部三尉又領十二行經途尉凡一

百三十五里里置正臨漳又領左部東部二尉左部管九行經途尉凡一百一十四里里置正成安又領後部北部二尉後部管十一行經途尉七十四里里置正清都郡諸縣令已下官員悉與上上縣同諸畿郡太守已下悉與上上郡同

上上州刺史置府屬官有長史司馬錄事功曹倉曹中兵等參軍事及掾史主簿及掾記室掾史外兵騎兵長流城局刑獄等參軍事及掾史參軍事及法墨田鎧集士等曹行參軍及掾史右戶掾史行參軍長兼行參軍督護統府錄事統府直兵箱錄事等員州屬官有別駕從事史治中從事史州都光迎主簿主簿西曹書佐市令及史祭酒從事史部郡從事早服從事典籤及史門下督省事都錄事及史箱錄事及史朝直刺姦記室掾戶曹田曹金曹租曹兵曹左戶等掾史等員

上上州府州屬官佐史合三百九十三人上中州減上上州十人上下州減上中州十人中上州減上下州五十一人中中州減中上州十人中下州減中中州十人下上州減中下州五十人下中州減下上州十人下下州減下中州十人

上上郡太守屬官有丞中正光迎功曹光迎主簿功曹主簿五官省事錄事及西曹戶曹金曹租曹兵曹集曹等掾佐太學博士助教太學生市長倉督等員合屬官佐史二百一十二人上中郡減上上郡五人上下郡減上中郡五人中上郡減上下郡四十五人中中郡減中上郡五人中下郡減中中郡五人下上郡減中下郡四十人下中郡減下上郡二人下下郡減下中郡二人

上上縣令屬官有丞中正光迎功曹光迎主簿功曹主簿錄事及西曹戶曹金曹租曹兵曹等掾市長等員合屬官佐史五十四人上中縣減上上縣五人上下縣減上中縣五人中上縣減上下縣六人中中縣減中上縣五人中下縣減中中縣一人下上縣減中下縣一人下中縣減下上縣一人下下縣減下中縣一人

自州郡縣各因其大小置白直以供其役

三等諸鎮置鎮將副將長史錄事參軍倉曹中兵長流城局等參軍事鎧曹行參軍市長倉督等員

三等戍置戍主副掾隊主副等員

官一品每歲祿八百匹二百匹爲一秩從一品七百匹一百七十五匹爲一秩

二品六百匹一百五十匹爲一秩從二品五百匹一百二十五匹爲一秩

三品四百匹一百匹爲一秩從三品三百匹七十五匹爲一秩

四品二百四十匹六十匹爲一秩從四品二百匹五十匹爲一秩

五品一百六十匹四十匹爲一秩從五品一百二十匹三十匹爲一秩

六品一百匹二十五匹爲一秩從六品八十匹二十匹爲一秩

七品六十匹十五匹爲一秩從七品四十匹十匹爲一秩

八品三十六匹九匹爲一秩從八品三十二匹八匹爲一秩

九品二十八匹七匹爲一秩從九品二十四匹六匹爲一秩

祿率一分以帛一分以粟一分以錢事繁者優一秩平者守本秩閑者降一秩長兼試守者亦降一秩官非執事不朝拜者皆不給祿又自一品已下至於流外勳品各給事力一品至三十人下至於流外勳品或以五人爲等或以四人三人二人一人爲等繁者加一等平者守本力閑者降一等焉

州郡縣制祿之法刺史守令下車各前取一時之秩

上上州刺史歲秩八百匹與司州牧同上中上下各以五十匹爲差中上降上下一百匹中中及中下亦以五十匹爲差下上降中下一百匹下中下下亦各以五十匹爲差

上郡太守歲秩五百匹降清都尹五十匹上中上下各以五十匹爲差中上降上下四十匹中中及中下各以三十匹爲差下上降中下四十匹下中下下各以二十匹爲差

上上縣歲秩一百五十匹與鄴臨漳成安三縣同上中上下各以十四匹爲差中上降上下三十四匹中中及中下各以五匹爲差下上降中下二十四匹下中下下各以十匹爲差

州自長史已下逮于史吏郡縣自丞已下逮于掾佐亦皆以帛爲秩郡有尉者尉減丞之半皆以其所出常調課之其鎮將戍主軍主副幢主副逮于掾史亦各有差矣

諸州刺史守令已下幹及力皆聽敕乃給其幹出所部之人一幹輸絹十八匹幹身放之力則以其州郡縣白直充

三師王二大（大司馬大將軍）三公爲第一品

開府儀同三司開國郡公爲從一品

儀同三司太子三師特進尚書令驃騎車騎將軍（二將軍加大者在開國郡公下）衞將軍（加大者在太子太師上）四征將軍（加大者次衞大將軍）左右光祿大夫散郡公開國縣公爲第二品

尚書僕射（置二左右居上）中書監四鎮（加大者次四征）中鎮撫軍將軍（三將軍武職罷任者爲之）領軍（加大者在尚書令下）護軍翊軍將軍金紫光祿大夫散縣公開國縣侯爲從二品

吏部尚書四安將軍中領護太常光祿衞尉卿太子三少中書令太子詹事侍中列曹尚書四平將軍大宗正大僕大理鴻臚司農太府卿清都尹三等上州刺史左右衞將軍祕書監銀青光祿大夫散縣侯開國縣伯爲第三品

散騎常侍三等中州刺史司徒左長史四方中郎將四護（匈奴羌戎夷蠻越）中郎將國子祭酒御史中丞中侍中長秋卿將作大匠冠軍將軍太尉長史領左右將軍武衞將軍太子左右衞率輔國將軍四護校尉太中大夫龍驤將軍三等上郡太守散縣伯爲從第三品

鎮遠安遠將軍太常光祿衞尉少卿尚書吏部郎中給事黃門侍郎太子中庶子司徒右長史司空長史太宗正太僕大理鴻臚司農太府少卿三公府司馬中常侍中尹城門校尉武騎雲騎驍騎遊擊將軍（已前上階）建忠建節將軍通直散騎常侍諸開府長史中大夫三等下州刺史三等鎮將諸開府司馬開國縣子爲第四品

中堅中壘將軍尚書左丞三公府諮議參軍事司州別駕從事史三等上州長史太子三卿前左右後軍將軍中書侍郎太子庶子三等中郡太守左右備身刀劍備身備身衞仗直盪等正都督三等上州司馬（已前上階）振威奮武將軍諫議大夫尚書右丞諸開府諮議參軍司州治中從事史左右中郎將步兵越騎射聲屯騎長水校尉朱衣直閤直閤將軍太子騎官備身內直備身等正都督三等鎮副將散縣子爲從第四品

廣德弘義將軍太子備身直入直衞等正都督領左右三等中州長史三公府從事中郎祕書丞皇子友國子博士散騎侍郎太子中舍人員外散騎常侍三等中州司馬（已前上階）折衝制勝將軍主衣都統尚食尚藥二典御太子旅騎屯衞典軍校尉領護府長史司馬諸開府從事中郎開國縣男爲第五品

伏波陵江將軍三等下州長史三公府掾屬著作郎通直散騎侍郎太子洗馬左右備身刀劍備身御使直塗等副都督左右直長中尚食中尚藥典御三等下州司馬（已前上階）輕車樓船將軍駙馬都尉翊衞正都督直寢直齋奉車都尉都水使者諸開府掾屬崇聖歸義歸正歸命歸德侯清都郡丞治書侍御史鄴臨漳成安三縣令中給事中三等下郡太守大理司直太子直閤二衞隊主太子騎官內直備身副都督開國鄉男散縣男爲從第五品

勁武昭勇將軍尚書諸曹郎中中書舍人三公府主簿錄事參軍事皇子郎中令三公府功曹記室戶倉中兵三等上州別駕從事史四中府三等鎮守長史三公府參軍事皇子文學謁者僕射（已前上階）明威顯信將軍太子備身副都督四中府司馬武賁中郎將羽林監冗從僕射直入副都督千牛備身大理正監評侍御師諸開府錄事功曹記室倉中兵等曹參軍事三等上州錄事參軍事治中從事史三等上郡丞三等上縣令太子內直監平準署令爲第六品

度遼橫海將軍直突都督三等中州別駕從事史三公府列曹參軍事給事中太子門大夫三等上州功倉中兵等參軍事皇子大農騎都尉直後符璽郎中三等中州錄事參軍事（已前上階）踰岷越嶂將軍直衞副都督三等中州從事史諸開府主簿列曹參軍事三等中州功倉中兵等參軍事太子舍人三寺丞太子直前太子副直監太子諸隊主爲從第六品

戎昭武毅將軍勳武前鋒正都督三公府東西閤祭酒三等下州別駕從事史三等上州府主簿列曹參軍事三等下州錄事參軍事四中府錄事參軍事王公國郎中令積弩積射將軍員外散騎侍郎皇子中尉三公府參軍事列曹行參軍（已前上階）雄烈恢猛將軍翊衞副都督諸開府東西閤祭酒參軍事列曹行參軍三等下州功倉中兵參軍事四中府功倉中兵參軍事三等中州府主簿列曹參軍事二衞府司馬詹事府丞左右備身五職三等鎮錄事參軍事六寺丞祕書郎中著作佐郎太子侍醫太子騎尉太子騎官備身五職三等中郡丞三等中縣令爲第七品

揚麾曜鋒將軍勳武前鋒副都督強弩將軍三公府行參軍三等上州參軍事列曹行參軍三等下州府主簿列曹參軍事四中府列曹參軍事王公國大農長秋將作寺丞太子二率坊司馬三等鎮倉中兵參軍事（已前上階）蕩邊開域將軍勳武前鋒散都督太學博士皇子常侍太常博士武騎常侍左右備身刀劍備身五職（都將別統軍主）

幢主三等中州參軍事列曹行參軍諸開府行參軍奉朝請國子助教公車京邑二市署令三等鎮列曹參軍事三縣丞侍御史尚食尚藥丞齋帥中尚食中尚藥丞太子直後二衞隊副前鋒正都督太子騎官備身太子內直備身五職已見前諸戍主軍主爲從第七品

靜漠綏戎將軍協律郎三等上州行參軍三等下州參軍事列曹參軍事四中府列曹行參軍侯伯國郎中令殿中將軍皇子侍郎已前上階平越殄夷將軍刀劍備身五職已見前前鋒副都督太子內直備身主書殿中侍御史太子典膳藥藏丞太子齋帥三等中州行參軍王公國中尉三等鎮鎧曹行參軍三等下郡丞三等下縣令爲第八品

飛騎隼擊將軍三公府長兼左右戶行參軍長兼行參軍門下錄事尚書都令史檢校御史諸署令諸開府典籤中謁者僕射中黃門冗從僕射已前上階武牙武奮將軍備身御仗五職宮門署僕射太子備身五職侯伯國大農皇子上中下將軍皇子上中大夫王公國常侍諸開府長兼左右戶行參軍諸開府長兼行參軍員外將軍勳武前鋒五職司州及三等上州典籤太子諸隊副諸戍諸軍副清都郡丞爲從第八品

清野將軍子男國郎中令諸署內謁者局統三等上州長兼行參軍中黃門太子內坊令公主家令皇子防閤典書令四門博士大理律博士校書郎三公府參軍督護都水參軍事七部尉諸郡尉已前上階橫野將軍王公國侍郎侯伯國中尉謁者太子三寺丞諸開府參軍督護殿中司馬督御仗太子食官中省典倉等令太子備身平準公車丞三等中州典籤爲第九品

偏將軍諸宮教博士太子司藏廐牧令太子校書諸署別局都尉諸尉諸關津尉三等上州參軍督護三等中州長兼行參軍祕書省正字皇太子三令王公國上中下將軍及上中大夫諸署令諸縣丞已前上階裨將軍領軍護軍府太常光祿衞尉寺詹事府等功曹五官奉禮郎子男國大農小黃門員外司馬督太學助教諸幢主邏逆尉中侍中省錄事三等下州典籤尚書門下中書等省盤師爲從第九品

流內比視官十三等第一領人酋長視從第三品第一不領人酋長視第四品第二領人酋長第一領人庶長視從第四品諸州大中正第二不領人酋長第一不領人庶長視第五品諸州中正畿郡邑中正第三領人酋長第二領人庶長視從第五品第三不領人酋長第二不領人庶長視第六品第三領人庶長視從第六品第三不領人庶長視第七品司州州都主簿國子學生視從第七品諸州州都督簿司州西曹書佐淸都郡中正功曹視第八品司州列曹從事諸州西曹書佐諸郡中正功曹淸都郡主簿視從第八品司州部郡從事諸州祭酒從事史視第九品諸州部郡從事司州守從事諸郡主簿司州武猛從事視從第九品

周太祖初據關內官名未改魏號及方隅粗定改創章程命尚書令盧辯遠師周之建職置三公三孤以爲論道之官次置六卿以分司庶務其所制班序

內命謂王朝之臣三公九命三孤八命六卿七命上大夫六命中大夫五命下大夫四命上士三命中士再命下士一命

外命謂諸侯及其臣諸公九命諸侯八命諸伯七命諸子六命諸男五命諸公之孤卿四命侯之孤卿公之大夫三命子男之孤卿侯伯之大夫公之上士再命子男之大夫公之中士侯伯之上士一命公之下士侯伯之中士下士子男之士不命其制祿秩下士一百二十五石中士已上至於上大夫各倍之上大夫是爲四千石卿二分孤三分公四分各益其一公因盈數爲一萬石其九秩一百二十石八秩至於七秩每二秩六分而下各去其一二秩俱爲四十石凡頒祿視年之上下畝至四釜爲上年上年頒其正三釜爲中年中年頒其半二釜爲下年下年頒其一無年爲凶荒不頒祿六官所制如此制度既畢太祖以魏恭帝三年始命行之所設官名訖於周末多有改更並具盧傳不復重序云

隋書卷二十七考證

百官志中駝牛署有典駝特牛牸牛三局○舊本牸訛特臣映斗按牸牝牛特牡牛蓋牡牛牝牛各爲一局以特孳乳而後蕃息孔叢子子欲速富當畜五牸字典無牸字

左尚方又別領別局樂器器作三局丞○南監本無下別字閣本注宋刻無別字按下文亦有別領別局仍之

又別有乘黃局敎尉○按敎疑作校

# 隋書卷二十八

唐太尉揚州都督監修國史上柱國趙國公臣長孫無忌等撰

## 志第二十三

### 百官下

高祖既受命改周之六官其所制名多依前代之法置三師三公及尚書門下內史祕書內侍等省御史都水等臺太常光祿衞尉宗正太僕大理鴻臚司農太府國子將作等寺左右衞左右武衞左右武候左右領左右監門左右領軍等府分司統職焉

三師不主事不置府僚蓋與天子坐而論道者也

三公參議國之大事依後齊置府僚無其人則闕祭祀則太尉亞獻司徒奉俎司空行掃除其位多曠皆攝行事尋省府及僚佐置公則坐於尚書都省朝之衆務總歸於臺閣

尚書省事無不總置令左右僕射各一人總吏部禮部兵部都官度支工部等六曹事是爲八座屬官左右丞各一人都事八人分司管轄吏部尚書統吏部侍郎二人主爵侍郎一人司勳侍郎二人考功侍郎一人禮部尚書統禮部祠部侍郎各一人主客膳部侍郎各二人兵部尚書統兵部職方侍郎各二人駕部庫部侍郎各一人都官尚書統都官侍郎二人刑部比部侍郎各一人司門侍郎二人度支尚書統戶部侍郎各二人金部倉部侍郎各一人工部尚書統工部屯田侍郎各二人虞部水部侍郎各一人凡三十六侍郎分司曹務直宿禁省如漢之制

門下省納言二人給事黃門侍郎四人錄事通事令史各六人又有散騎常侍通直散騎常侍各四人諫議大夫七人散騎侍郎四人員外散騎常侍六人通直散騎侍郎四人並掌部從朝直又有給事二十人員外散騎侍郎二十人奉朝請四十人並掌同散騎常侍等兼出使勞問統城門尚食尚藥符璽御府殿內等六局城門局校尉二人直長四人尚食局典御二人直長四人食醫四人尚藥局典御二人侍御醫直長各四人醫師四十人符璽御府殿內局監各二人直長各四人

內史省置監令各一人尋廢監置令二人侍郎四人舍人八人通事舍人十六人主書十人錄事四人

祕書省監丞各一人郎四人校書郎十二人正字四人錄事二人領著作太史二曹著作曹置郎二人佐郎八人校書郎正字各二人太史曹置令丞各二人司曆二人監候四人其曆天文漏刻視祲各有博士及生員

內侍省內侍內常侍各二人內給事四人內謁者監六人內寺伯二人內謁者十二人寺人六人伺非八人並用宦者領內尚食掖庭宮闈奚官內僕內府等局尚食置典御及丞各二人餘各置令丞皆二人其宮闈內僕則加置丞各一人掖庭又有宮教博士二人

御史臺大夫一人治書侍御史二人侍御史八人殿內侍御史監察御史各十二人錄事二人後魏延昌中王顯有寵於宣武爲御史中尉請革選御史此後踵其事每一中尉則更置御史自開皇後始自吏部選用仍依舊入直禁中

都水臺使者及丞各二人參軍三十人河堤謁者六十人錄事二人領掌船局都水尉二人又領諸津上津每尉一人丞二人中津每尉丞各一人下津每典作一人津長四人

太常光祿衞尉宗正太僕大理鴻臚司農太府等九寺並置卿少卿各一人太僕等加少卿一人各置丞太常衞尉宗正大理鴻臚將作二人光祿太僕各三人司農五人太府六人主簿太府四人餘寺各二人錄事各二人光祿則加至三人司農太府則各四人等員

太常寺又有博士四人協律郎二人奉禮郎十六人統郊社太廟諸陵太祝衣冠太樂淸商鼓吹太醫太卜廩犧等署各置令並一人太樂太醫則各加至二人丞各一人郊社太樂鼓吹則各至二人郊社署又有典瑞四人太祝署有太祝二人太樂署淸商署各有樂師員太樂八人淸商二人鼓吹署有哄師二人太醫署有主藥二人醫師二百人藥園師二人醫博士二人助教二人按摩博士二人祝禁博士二人等員太卜署有卜師二十人相師十人男覡十六人女巫八人太卜博士各二人相博士助教各一人等員

光祿寺統太官肴藏良醞掌醢等署各置令太官三人肴藏良醞各二人掌醢一人丞太官八人肴藏掌醢各二人良醞四人大官又有監膳十二人良醞有掌醞五十人掌醢有掌醢十人等員

衞尉寺統公車武庫守宮等署各置令公車一人武庫守宮各二人丞公車一人武庫二人等員

宗正寺不統署

太僕寺又有獸醫博士員一百二十人統驊騮乘黃龍廐車府典牧牛羊等署各置令二人乘黃車府則各減二人丞二人乘黃則一人典牧牛羊則各三人等員

大理寺不統署又有正監評各一人司直十人律博士八人明法二十人獄掾八人

鴻臚寺統典客司儀崇玄三署各置令二人崇玄則惟置一人典客署又有掌客十人司儀有掌儀二十人等員

司農寺統太倉典農平準廩市鈎盾華林上林導官等

署各置令二人鉤盾上林則加至三人華林惟置一人太倉又有米廩督二人
穀倉督四人鹽倉督二人京市有肆長四十人導官有御細倉
督二人麴麪倉督二人等員
太府寺統左藏左尚方內尚方右尚方司染右藏黃藏
掌治甄官等署各置令二人左右尚方則加至二人黃藏則惟置一人丞四人左尚
則八人右尚則六人黃藏則一人等員
國子寺元隸太常祭酒一人屬官有主簿錄事各一人統國子太
學四門書算學各置博士國子太學四門各五人書算各二人助教國子太學
四門各五人書算各二人學生國子一百四十人太學四門各三百六十人書四十人算八十人等
員
將作寺大匠一人丞主簿錄事各二人統左右校署令各二人
丞左校四人右校三人各有監作左校十二人右校八人等員
左右衞左右武衞左右武候各大將軍一人將軍二人竝有
長史司馬錄事功倉兵騎等曹參軍法曹鎧曹行參軍
各一人行參軍左右衞左右武候各六人左右武衞各八人等員
左右衞掌宮掖禁禦督攝仗衞又各有直閤將軍六人直
寢十二人直齋直後各十五人竝掌宿衞侍從奉車都尉六人掌
馭副車武騎常侍十人殿內將軍二十人員外將軍二十人殿
內司馬督二十人員外司馬督四十人竝以參軍府朝出使
勞問左右衞又各統親衞置開府左勳衞開府左翊一開府二開府三開府
四開府及武衞武候領軍東宮領兵開府準此府置開府一人有長史司馬錄事
及倉兵等曹參軍法曹行參軍各一人行參軍三人又有儀
同府武衞武候領軍東宮領兵儀同皆準此儀同已下置員同開府但無
行參軍員諸府皆領軍坊每坊東宮軍坊準此置坊主一人佐二人
每鄉團東宮鄉團準此置團主一人佐二人左右武衞府無置閤已
下員但領外軍宿衞
左右武候掌車駕出先驅後殿晝夜巡察執捕姦非烽
候道路水草所置巡狩師田則掌其營禁右加置司辰
師四人漏刻生一百十人
左右領左右府各大將軍一人將軍二人掌侍衞左右供御
兵仗領千牛備身十二人掌執千牛刀備身左右十二人掌
供御弓箭備身六十人掌宿衞侍從各置長史司馬錄事
及倉兵二曹參軍事鎧曹行參軍各二人等員
左右監門府各將軍一人掌宮殿門禁及守衞事各置郎
將二人校尉直長各三十人長史司馬錄事及倉兵曹參軍鎧
曹行參軍各一人行參軍四人等員
左右領軍府各掌十二軍籍帳差科辭訟之事不置將
軍唯有長史司馬掾屬及錄事功倉戶騎兵等曹參軍
法鎧等曹行參軍各一人行參軍十六人等員又置明法四人
隸於法司掌律令輕重

行臺省則有尚書令僕射左右任置兵部兼吏部禮部度支兼都官工
部尚書及丞左右任置各一人都事四人有考功兼吏部司勳部爵
禮部兼祠部主客膳部兵部兼職方駕部庫部刑部兼都官司門度
支兼倉部戶部兼比部金部工部屯田兼水部虞部侍郎各一人
每行臺置食貨農圃武器百工監副監各一人各置丞
食貨四人農圃六人武器二人百工四人錄事食貨農圃百工各二人武器一人等員
太子置太師太傅太保少師少傅少保開皇初置詹事
二年定令罷之
門下坊置左庶子二人內舍人四人錄事二人主事令
史四人統司經宮門內直典膳藥藏齋帥等六局司經
置洗馬四人校書六人正字二人宮門置大夫二人內
直置監副監各二人監殿舍人四人典膳藥藏竝置監
丞各二人藥藏又有侍醫四人齋帥置四人
典書坊右庶子二人舍人通事舍人各八人錄事二人
主事令史四人內坊典內及丞各二人丞直四人錄事
一人內廐置尉二人掌內車輿之事
家令掌刑法食膳倉庫什物奴婢等事率更令掌伎樂漏刻僕掌宗族親疏車輿騎乘
各一人三寺各置丞家令二人寺各一人錄事家令二人寺各一人家令領
食官典倉司藏三署令各一人丞食官二人典倉一人司藏三人僕寺領
廐牧令一人員
左右衞各置率一人副率二人掌宮中禁衞各置長史
司馬及錄事功倉兵騎兵等曹參軍事法曹鎧曹行參
軍各一人行參軍四人員又各有直閤四人直寢八人直
齋直後各十人
左右宗衞制官如左右衞各掌以宗人侍衞加置行參
軍二人而無直閤直寢直齋直後等員
左右虞候各置開府一人掌斥候伺非長史已下如左
右衞而無錄事參軍員減行參軍一人
左右內率副率各一人掌領備身已上禁內侍衞供奉
兵仗又無功騎兵法等曹及行參軍員餘與虞候同有
千牛備身八人掌執千牛刀備身左右八人掌供奉弓
箭備身二十人掌宿衞侍從
左右監門各率一人副率二人掌諸門禁長史已下同
內率府而各有直長十人
高祖又採後周之制置上柱國柱國上大將軍大將軍
上開府儀同三司開府儀同三司上儀同三司儀同三
司大都督帥都督都督總十一等以酬勤勞又有特進
左右光祿大夫金紫光祿大夫銀青光祿大夫朝議大
夫朝散大夫竝爲散官以加文武官之德聲者竝不理
事六品已下又有翊軍等四十三號將軍品凡十六等

爲散號將軍以加汎授居曹有職務者爲執事官無職
務者爲散官凡上柱國已下爲散實官軍爲散號官諸
省及左右衞武候領左右監門府爲內官自餘爲外官
國王郡王國公郡公縣公侯伯子男凡九等皇伯叔昆
弟皇子爲親王置師友各一人文學二人嗣王則無師友長史
司馬諮議參軍事掾屬各一人主簿二人錄事功曹記
室戶倉兵等曹騎兵城局等參軍事東西閤祭酒各一
人參軍事四人法田水鎧士等曹行參軍各一人行參
軍六人長兼行參軍八人典籤二人
上柱國嗣王郡王無主簿錄事參軍東西閤祭酒長兼
行參軍等員而加參軍事爲五人行參軍爲十二人柱
國又無騎兵參軍事水曹行參軍等員而減參軍事行
參軍各一人上大將軍又無諮議參軍事田曹鎧曹行
參軍員又減行參軍一人大將軍又無掾屬員又減參
軍事二人上開府又無法曹士曹行參軍參軍事員開
府又無典籤員減行參軍二人上儀同又無功曹城局
參軍事員又減行參軍二人儀同又無倉曹員減行參
軍三人
三師三公置府佐與柱國同若上柱國任三師三公唯
從上柱國置王公已下三品已上又竝有親信帳內各
隨品高卑而制員
諸王置國官有令大農各一人尉各二人典衞各八人
常侍各二人侍郎各四人廟長學官長各一人食官廐
牧長丞各一人典府長丞各一人舍人各四人等員上
柱國柱國公減典衞二人無侍郎員侯伯又減典衞二
人食官廐牧長各一人子男又減尉典衞常侍舍人各
一人上大將軍大將軍公同柱國子男其侯伯減公典
衞侍郎廐牧丞各一人子男無令無典衞又減舍人一
人上開府開府公同大將軍子男其侯伯又無常侍無
食官廐牧丞子男又無侍郎廐牧長上儀同儀同公同
開府子男其侯伯又無尉無學官長子男又無廐長食
官長二王後置國官與諸王同郡王與上柱國公同國
公無上開府已上官者與開府公同散郡公與儀同侯
伯同散縣公與儀同子男同大長公主長公主公主竝
置家令丞各一人主簿謁者舍人各二人等員郡主唯
減主簿員
雍州置牧屬官有別駕贊務州都郡正主簿錄事西曹
書佐金戶兵法士等曹從事部郡從事武猛從事等員
并佐史合五百二十四人
京兆郡置尹丞正功曹主簿金戶兵法士等曹佐等員

并佐史合二百四十四人
大興長安縣置令丞正功曹主簿西曹金戶兵法士曹
等員并佐史合一百四十七人
上上州置刺史長史司馬錄事參軍事功曹戶兵等曹
參軍事法士曹等行參軍行參軍典籤州都光初主簿
郡正主簿西曹書佐祭酒從事部郡從事倉督市令丞
等員并佐史合三百二十三人
上中州減上州吏屬十二人
上下州減上中州十六人
中上州減上下州二十九人
中中州減中上州二十人
中下州減中中州二十人
下上州減中下州三十二人
下中州減下上州十五人
下下州減下中州十二人
郡置太守丞尉正光初功曹光初主簿縣正功曹主簿
西曹金戶兵法士等曹市令等員并佐史合一百四十
六人
上中郡減上上郡吏屬五人
上下郡減上中郡四人
中上郡減上下郡十九人
中中郡減中上郡六人
中下郡減中中郡五人
下上郡減中下郡十九人
下中郡減下上郡五人
下下郡減下中郡六人
縣置令丞尉正光初功曹光初主簿功曹主簿西曹金
戶兵法士等曹佐及市令等員合九十九人
上中縣減上上縣吏屬四人
上下縣減上中縣五人
中上縣減上下縣十人
中中縣減中上縣五人
中下縣減中中縣五人
下上縣減中下縣十二人
下中縣減下上縣六人
下下縣減下中縣五人
州置總管者列爲上中下三等總管刺史加使持節
鎮置將副戍置主副關置令丞其制官屬各立三等之
差
同州總監副監各一人置二丞統食貨農圃二監副監

岐州亦置監副監諸冶亦置三等監各有丞員鹽池置總監副監丞等員管東西南北面等四監亦各置副監及丞隴右牧置總監副監丞以統諸牧其驊騮牧及二十四軍馬牧每牧置儀同及尉大都督帥都督等員驢騾牧置帥都督及尉原州羊牧置大都督并尉原州駝牛牧置尉又有皮毛監副監及丞錄事又鹽州牧監置監及副監置丞統諸羊牧牧置尉苑川十二馬牧每牧置大都督及尉各一人帥都督二人沙苑羊牧置尉二人緣邊交市監及諸屯監每監置監副監各一人畿內者隸司農自外隸諸州焉

五嶽各置令又有吳山令以供其洒掃

三師王三公爲正一品

上柱國郡王國公開國郡縣公爲從一品

柱國太子三師特進尚書令左右光祿大夫開國侯爲正二品

上大將軍尚書左右僕射雍州牧金紫光祿大夫爲從二品

大將軍吏部尚書太常光祿衞尉等三卿太子三少納言內史令左右衞左右武衞左右武候領左右等大將軍禮部兵部都官度支工部尚書宗正太僕大理鴻臚司農太府等六卿上州刺史京兆尹祕書監銀青光祿大夫開國伯爲正三品

上開府儀同三司散騎常侍左右衞武衞武候領左右監門等將軍國子祭酒御史大夫將作大匠中州刺史親王師朝議大夫爲從三品

驃騎將軍開府儀同三司太常光祿衞尉等三少卿太子左右衞宗衞內等率尚書吏部侍郎給事黃門侍郎太子左庶子宗正太僕大理鴻臚司農太府等少卿下州刺史已前上階內史侍郎太子右庶子通直散騎常侍左右監門郎將朝散大夫開國子爲正四品

上儀同三司尚書左丞太子左右衞宗衞內等副率左右監門率上郡太守雍州別駕親王府長史太子家令率更令僕內侍城門校尉已前上階尚書右丞上鎮將軍雍州贊務直閤將軍親王府司馬諫議大夫爲從四品

車騎將軍儀同三司內常侍祕書丞國子博士散騎侍郎太子內舍人太子左右監門副率員外散騎常侍上州長史親王府諮議參軍事開國男已前上階尚食尚藥典御上州司馬爲正五品

著作郎通直散騎侍郎中郡太守直寢太子洗馬中州長史奉車都尉已前上階都水使者治書侍御史大興長安令大理司直直齋太子直閤京兆郡丞中州司馬中鎮將上鎮副內給事駙馬都尉親王友員外散騎侍郎爲從五品

翊軍翊師將軍尚書諸曹侍郎內史舍人下郡太守大都督親王府掾屬下州長史已前上階四征將軍征東征南征西征北三將軍內軍鎮軍撫軍大理正監評千牛備身左右左右監門校尉內尚食典御符璽監御府監殿內監太子內直監下州司馬下鎮將中鎮副爲正六品

四平將軍平東平南平西平北四將軍前軍後軍左軍右軍通事舍人親王文學帥都督左右領軍府長史太子直寢親王府主簿親王府錄事參軍事太子門大夫給事上縣令已前上階冠軍輔國二將軍太子舍人直後三寺丞親王府功曹記室倉戶曹參軍事城門直長太子直齋太子副直監太子典內左右領軍府司馬下鎮副爲從六品

鎮遠安遠二將軍員外散騎侍郎御醫左右衞武衞武候領左右等府長史親衞親王府諸曹參軍事已前上階建威寧朔二將軍六寺丞祕書郎著作佐郎太子千牛備身太子備身左右尚食尚藥左右監門等直長太子通事舍人左右衞武衞武候領左右等府司馬都督太子典膳藥藏等監太子齋帥上戍主爲正七品

寧遠振威二將軍左右監門府長史太子左右衞宗衞等率左右虞候左右內率等府長史符璽御府殿內等直長上州錄事參軍事左右領軍府掾屬親王府東西閤祭酒中縣令上郡丞太子親衞將作丞勳衞親王府參軍事上鎮長史已前上階伏波輕車二將軍太學太常二博士武騎常侍奉朝請國子助教親王府諸曹行參軍太子直後太子左右監門直長大興長安縣丞太子侍醫侍御史太史令上州諸曹參軍事左右監門府太子左右衞左右宗衞左右虞候左右內率等司馬上鎮司馬爲從七品

宣威明威二將軍協律郎都水丞殿內將軍太子左右監門率府長史別將下縣令中郡丞中州錄事參軍事上上州諸曹行參軍事親王府行參軍左右領軍府錄事參軍事中鎮長史太子內坊丞太子勳衞已前上階襄威厲威二將軍殿內御史掖庭宮闈二令上署令公車郊社太廟太祝平準太樂驊騮武庫典客鉤盾左藏太倉左尚方右尚方司染典農京市太官鼓吹太子左右監門率府司馬中州諸曹參軍事左右衞武衞武候等府錄事參軍事左右領軍府諸曹參軍事內尚食丞中戍主上戍副爲正八品

威戎討寇二將軍四門博士主書門下錄事尚書都事監察御史內謁者監上關令中署令太醫右藏黃藏乘黃龍廐衣冠守宮華林上林掌治導官左校右校牛羊典牧下郡丞下州錄事參軍事中州諸曹行參軍備身左右衞武衞武候領左右等府諸曹參軍事左右領軍府諸曹行參軍太子左右衞宗衞率等府錄事參軍事下鎮長史太子翊衞已前上階盪寇盪難二將軍親王府長兼行參軍及典籤員外將軍統軍太子三寺丞中關令奚官內僕二令下署令諸陵崇玄大卜車府清商司儀肴藏良醞掌醢甄官廩犧上津尉下州諸曹參軍事左右衞武衞武候等府諸曹行參軍領左右府鎧曹行參軍左右監門太子左右衞宗衞等率左右虞候左右內率等府諸曹參軍事掌船局都尉上鎮諸曹參軍事上縣丞上郡尉爲從八品

殄寇殄難二將軍太學助教太子備身大理寺律博士諸校書郎都水參軍事內史錄事內謁者令內寺伯中縣丞下關令中津尉下州諸曹行參軍上州行參軍左右監門府鎧曹行參軍太子左右衞宗衞虞候府等諸曹行參軍太子左右內率府鎧曹行參軍左右領軍府行參軍中鎮諸曹參軍事上鎮士曹行參軍中郡尉已前上階掃寇掃難二將軍殿內司馬督太子食官典倉司藏等令尚食尚醫軍主太史掖庭宮闈局等丞上署令太子左右監門率府諸曹參軍事中州行參軍左右衞武衞武候等府行參軍上州典籤下戍主上關丞太子典膳藥藏等局丞下郡尉典客署掌客司辰師爲正九品

曠野橫野二將軍掖庭局宮教博士太祝太子廄牧令太子校書下縣丞中署丞左右監門率府鎧曹行參軍下州行參軍中州典籤左右監門府太子左右衞宗衞虞候率府等行參軍正字太子內坊丞直中關上津丞下鎮諸曹參軍事中鎮士曹行參軍上縣尉已前上階偏裨二將軍四門助教書算學博士奉禮郎員外司馬督幢主奚官內僕等局丞下署丞下州典籤內謁者局丞中津丞中縣尉太子正字太史監候太官監膳御府局監事左右校及掖庭監作太史司曆諸樂師爲從九品

又有流內視品十四等

行臺尚書令爲視正二品

上總管行臺尚書僕射爲視從二品

中總管行臺諸曹尚書爲視正三品

下總管爲視從三品

行臺尚書左右丞爲視從四品

同州總監隴右牧總監爲視從五品

行臺諸曹侍郎爲視正六品

上柱國嗣王郡王柱國府長史司馬諮議參軍事鹽池總監同州隴右牧總副監王二王後國令爲視從六品

上大將軍大將軍府長史司馬上柱國嗣王郡王柱國府掾屬嗣王文學公國令王二王後大農尉典衞爲視正七品

上開府開府府長史司馬上大將軍大將軍府掾屬上柱國嗣王郡王柱國府諸曹參軍事鹽池總副監鹽州牧監諸屯監國子學生侯伯國令公國大農尉典衞雍州薩保爲視從七品

上儀同儀同府長史司馬上大將軍大將軍府諸曹參軍事上柱國嗣王郡王柱國府參軍事諸曹行參軍行臺諸監同州諸監鹽池四面監皮毛監岐州監同州總監隴右牧監等丞諸大冶監雍州州都主簿子男國令侯伯國大農尉典衞王二王後國常侍爲視正八品

行臺尚書都事上開府開府府諸曹參軍事上大將軍大將軍府參軍事諸曹行參軍上柱國嗣王郡王柱國府行參軍五岳四瀆吳山等令鹽池四面副監諸皮毛副監行臺諸副監諸屯副監諸中冶監諸緣邊交市監鹽池總監丞諸州州都主簿雍州西曹書佐諸曹從事京兆郡正功曹太學生子男國大農典衞爲視從八品

開府府法曹行參軍上儀同儀同府諸曹參軍事上大將軍大將軍府行參軍上柱國嗣王郡王柱國府典籤同州諸副監岐州副監諸小冶監鹽州牧監丞諸大冶監丞諸緣邊交市副監諸郡正功曹京兆郡主簿諸州西曹書佐祭酒從事雍州部郡從事公國常侍王二王後國侍郎公主家令諸州胡二百戶已上薩保爲視正九品

儀同府法曹行參軍上開府開府府行參軍上大將軍大將軍府典籤上儀同儀同府行參軍上開府開府府典籤行臺諸監丞鹽池四面監丞皮毛監丞諸中冶監丞四門學生諸郡主簿諸州部郡從事雍州武猛從事大興長安縣正功曹主簿侯伯子男國常侍公國侍郎爲視從九品

又有流外勳品二品三品四品五品六品七品八品九品之差又視流外亦有視勳品視二品視三品視四品視五品視六品視七品視八品視九品之差極於胥吏矣皆無上下階云

京官正一品祿九百石其下每以百石爲差至正四品是爲三百石從四品二百五十石其下每以五十石爲差至正六品是爲百石從六品九十石以下每以十石

爲差至從八品是爲五十石食封及官不判事者幷九品皆不給祿其給皆以春秋二季刺史太守縣令則計戶而給祿各以戶數爲九等之差大州六百二十石其下每以四十石爲差至於下下則三百石大郡三百四十石其下每以三十石爲差至於下下則百石大縣百四十石其下每以十石爲差至於下下則六十石其祿唯及刺史二佐及郡守縣令

三年四月詔尚書左僕射掌判吏部禮部兵部三尚書事御史糾不當者兼糾彈之尚書右僕射掌判都官度支工部三尚書事又知用度餘皆依舊尋改度支尚書爲戶部尚書都官尚書爲刑部尚書諸曹侍郎及內史舍人並加爲從五品增置通事舍人十二員通舊爲二十四員廢光祿寺及都水臺入司農廢衞尉入太常尚書省廢鴻臚亦入太常罷大理寺監評及律博士員加置正爲四人罷郡以州統縣改別駕贊務以爲長史司馬舊周齊州郡縣職自州都郡正已下皆州郡將縣令至而調用理時事至是不知時事直謂之鄉官別置品官皆吏部除授每歲考殿最刺史縣令三年一遷佐官四年一遷佐官以曹爲名者並改爲司六年尚書省二十四司各置員外郎一人以司其曹之籍帳侍郎闕則釐其曹事吏部又別置朝議通議朝請朝散給事承奉儒林文林等八郎武騎屯騎驍騎游騎飛騎旅騎雲騎羽騎八尉其品則正六品以下從九品以上上階爲郎下階爲尉散官番直常出使監檢罷門下省員外散騎常侍奉朝請通事令史員及左右衞殿內將軍司馬督武騎常侍等員

十二年復置光祿衞尉鴻臚等寺諸州司以從事爲名者改爲參軍

十三年復置都水臺國子寺罷隸太常又改寺爲學

十四年諸省各置主事令史員改九等州縣爲上中中下下凡四等

十五年罷州縣鄉官

十六年內侍省加置內主事員二十人以承門閤

十八年置備身府

二十年改將作寺爲監以大匠爲太監初加置副監

仁壽元年改都水臺爲監更名使者爲監罷國子學唯立太學一所置博士五人從五品學生七十二人

三年監門府又置門候一百二十人

煬帝卽位多所改革三年定令品自第一至于第九唯置正從而除上下階罷諸總管廢三師特進官分門下太僕二司取殿內監名以爲殿內省幷尚書門下內史祕書以爲五省增置謁者司隸二臺幷御史爲三臺分太府寺爲少府監改內侍省爲長秋監國子學爲國子監將作寺爲將作監幷都水監總爲五監改左右衞爲左右翊衞左右備身爲左右騎衞左右武衞依舊名改領軍爲左右屯衞加置左右禦改左右武候爲左右候衞是爲十二衞又改領左右府爲左右備身府左右監門依舊名凡十六府其朝之班序以品之高卑爲列品同則以省府爲前後省府同則以局署爲前後焉

尚書省六曹各侍郎一人以貳尚書之職又增左右丞階與六侍郎並正四品諸曹侍郎並改爲郎又改吏部爲選部郎戶部爲人部郎禮部爲儀曹郎兵部爲兵曹郎刑部爲憲部郎工部爲起部郎以異六侍郎之名廢諸司員外郎而每增置一曹郎各爲二員都司郎各一人品同曹郎掌都事之職以都事爲正八品分隸六尚書諸司主事並去令史之名其令史隨曹閑劇而置每十令史置一主事不滿十者亦置一以其餘四省三臺亦皆曰令史九寺五監諸衞府則皆曰府史後又改主客郎爲司蕃郎尋又每減一郎置承務郎一人同員外之職

舊都督已上至上柱國凡十一等及八郎八尉四十三號將軍官皆罷之幷省朝議大夫自一品至九品置光祿從一品左右光祿左正二品右從二品金紫正三品銀青光祿從三品正議正四品通議從四品朝請正五品朝散從五品等九大夫建節正六品奮武從六品宣惠正七品綏德從七品懷仁正八品守義從八品奉誠正九品立信從九品等八尉以爲散職開皇中以開府儀同三司爲四品散實官至是改爲從一品同漢魏之制位次王公門下省減給事黃門侍郎員置二人去給事之名移吏部給事郎名爲門下之職位次黃門下置員四人從五品省讀奏案廢散騎常侍通直散騎常侍諫議大夫散騎侍郎等常員改符璽監爲郎置員二人爲從六品加錄事階爲正八品以城門殿內尚食尚藥御府等五局隸殿內省十二年又改納言爲侍內內史省減侍郎員爲二人減內史舍人員爲四人加置起居舍人員二人從六品次舍人下改通事舍人員爲謁者臺職減主書員置四人加爲正八品十二年改內史爲內書

殿內省置監正四品少監從四品丞從五品各一人掌諸供奉又有奉車都尉十二人掌進御輿馬統尚食尚藥尚衣尚舍尚乘尚輦等六局各置奉御二人正五品皆置直長以貳之正七品尚食直長六人又有食醫員尚藥直長四人又有侍御醫司醫醫佐員尚衣卽舊御府也改名之有直長四人尚舍卽舊殿中局也改名之有直長八人尚乘局置左右六閑一左右飛黃閑二左右吉良閑三左右龍媒閑四左右騊駼閑五左右駃騠閑六左右天苑閑有直長十四人又有奉乘十人尚輦有直長四人又有掌輦六人城門置校尉一人降爲正五品後又改校尉爲城門郎置員四人從六品自殿內省隸爲門下省官

祕書省降監爲從二品增置少監一人從四品增著作郎階爲正五品減校書郎爲十人改太史局爲監進令階爲從五品又減丞爲一人置司辰師八人增置監候爲十人其後又改監少監爲令少令增祕書郎爲從五品加置佐郎四人從六品以貳郎之職降著作郎階爲從五品又置儒林郎十人正七品掌明經待問唯詔所使文林郎二十人從八品掌撰錄文史檢討舊事此二郎皆上在藩已來直司學士增校書郎員四十人加置楷書郎員三十人從九品掌抄寫御書

御史臺增治書侍御史爲正五品省殿內御史員增監察御史員十六人加階爲從七品開皇中御史直宿禁中至是罷其制又置主簿錄事員各二人五年又降大夫階爲正四品減治書侍御史爲從五品增侍御史爲正七品爲掌侍從糾察其臺中簿領皆治書侍御史主之後又增置御史從九品等又省

謁者臺大夫一人從四品五年改爲正四品掌受詔勞問出使慰撫持節察授及受冤枉而申奏之駕出對御史引駕置司朝謁者二人以貳之從五品屬官有丞一人主簿錄事各一人等員又有通事謁者二十人從六品卽內史通事舍人之職也次有議郎二十四人通直三十六人將事謁者三十人謁者七十人皆掌出使其後廢議郎通直將事謁者謁者等員而置員外郎八十員等詔門下內史御史司隸謁者五司監受表以爲恒式不復專謁者矣尋又置散騎郎從五品二十人承議郎正六品通直郎從六品各三十人宣德郎正七品宣義郎從七品各四十人徵事郎從八品將仕郎從八品常從郎正九品奉信郎從九品各五十人是爲正員並得祿當品又各有散員郎無員無祿尋改常從爲登仕奉信爲散從自散騎已下皆主出使量事大小據品以發之

司隸臺大夫一人正四品掌諸巡察別駕二人從五品分察畿內一人案東都一人案京師刺史十四人正六品巡察畿外諸郡從事四十人副刺史巡察其所掌六條一察品官以上理正能不二察官人貪殘害政三察豪強姦猾侵害下人及田宅踰制官司不能禁止者四察水旱蟲災不以實言枉徵賦役及無災妄蠲免者五察部內賊盜不能窮逐隱而不申者六察德行孝悌茂才異行隱不貢者每年二月乘軺巡郡縣十月入奏置丞從六品主簿從八品錄事從九品各一人後又罷司隸臺而留司隸從事之名不爲常員臨時選京官清明者權攝以行

光祿已下八寺卿皆降爲從三品少卿各加置二人爲從四品諸寺上署令並增爲正六品中署令爲從六品下署令爲正七品始開皇中署司唯典掌受納至是署令爲判首取二卿判丞唯知勾檢令闕丞判五年寺丞並增爲從五品

太常寺罷太祝署而留太祝員八人屬寺後又增爲十人奉禮減置六人太廟署又置陵室丞守視陵室改樂師爲正樂置十人太卜又省博士員置太卜卜正二十人以掌其事太醫又置醫監五人正十人罷衣冠清商二署

太僕減驊騮署入殿內尚乘局改龍廄曰典廄署有左右駁皁二廄加置主乘司庫司廩官罷牛羊署

大理寺丞改爲勾檢官增正員爲六人分判獄事置司直十六人降爲從六品後加至二十人又置評事四十八人掌頗同司直正九品

鴻臚寺改典客署爲典蕃署初煬帝置四方館於建國門外以待四方使者後罷之有事則置名隸鴻臚寺量事繁簡臨時損益東方曰東夷使者南方曰南蠻使者西方曰西戎使者北方曰北狄使者各一人掌其方國及互市事每使者署典護錄事敍職敍儀監府監置互市監及副參軍各一人錄事主綱紀敍職掌其貴賤立功合敍者敍儀掌小大次序監府掌其貢獻財貨監置掌安置其駝馬船車并糾察非違互市監及副掌互市參軍事出入交易

司農但統上林太倉鉤盾導官四署罷典農華林二署而以平準京市隸太府

太府寺既分爲少府監而但管京都市五署及平準左右藏等凡八署京師東市曰都會西市曰利人東都東市曰豐都南市曰大同北市曰通遠及改諸令爲監唯市署曰令

國子監依舊置祭酒加置司業一人從四品丞三人加爲從六品幷置主簿錄事各一人國子學置博士正五

品助教從七品員各一人學生無常員太學博士助教各二人學生五百人先是仁壽元年省國子祭酒博士置太學博士員五人爲從五品總知學事至是太學博士降爲從六品

將作監改太監少監爲大匠少匠丞加爲從六品統左右校及甄官署五年又改大匠爲大監正四品少匠爲少監正五品十三年又改監少監爲令少令丞加品至從五品

少府監置監從三品少監從四品各一人丞從五品二人統左尚右尚內尚司織司染鎧甲弓弩掌冶等署復改監少監爲令少令併司織司染爲織染署廢鎧甲弓弩二署

都水監改爲使者增爲正五品丞爲從七品統舟檝河渠二署舟檝署每津置尉一人五年又改使者爲監四品加置少監爲五品後又改監少監爲令從三品少令從四品

長秋監置令一人正四品少令一人從五品丞二人正七品並用士人改內常侍爲內承奉置二人正五品給事爲內承直置四人從五品並用官者罷內謁者官領掖庭宮闈奚官等三署並參用士人後又置內謁者員

十二衞各置大將軍一人將軍二人總府事并統諸鷹揚府改驃騎爲鷹揚郎將正五品車騎爲鷹揚副郎將從五品大都督爲校尉帥都督爲旅帥都督爲隊正增置隊副以貳之改三衞爲三侍其直閤將軍直寢奉車都尉駙馬都尉直齋別將統軍軍主幢主之屬並廢以武候府司辰師員隸爲太史局官其軍士左右衞所領名爲驍騎左右驍衞所領名豹騎左右武衞所領名熊渠左右屯衞所領名羽林左右禦衞所領名射聲左右候衞所領名佽飛而總號衞士每衞置護軍四人掌副貳將軍將軍無則一人攝尋改護軍爲武賁郎將正四品而置武牙郎將六人副焉從四品諸衞皆置長史從五品又有錄事參軍司倉兵騎鎧等員翊衞又加有親侍鷹揚府每府置鷹揚郎將一人正五品副鷹揚郎將一人從五品各有司馬及兵倉兩司其府領親勳武三侍非翊衞府皆無三侍鷹揚每府置越騎校尉二人掌騎士步兵校尉二人領步兵並正六品外軍鷹揚官並同左右候衞增置察非掾二人專糾彈之事五年又改副郎將並爲鷹擊郎將

左右領左右府改爲左右備身府各置備身郎將一人又各置直齋二人以貳之並正四品掌侍衞左右統千牛左右司射左右各十六人並正六品（千牛掌執千牛刀宿衞司射掌供御弓箭）置長史正六品錄事司兵倉騎參軍等員並正八品有折衝郎將各三人正四品掌領驍果又各置果毅郎將以領之以貳之從四品其驍果置左右雄武府雄武郎將以領之以武勇郎將爲副員同鷹揚鷹擊有司兵司騎二局並置參軍事左右監門府改將軍爲郎將各置一人正四品直閤各六人正五品置官屬並同備身府又增左右門尉員一百二十人正六品置門候員二百四十人正七品並分掌門禁守衞

門下坊減內舍人洗馬員各置二人減侍醫置二人改門大夫爲宮門監正字爲正書

典書坊改太子舍人爲管記舍人減置四人改通事舍人爲宣令舍人爲八員家令改爲司府令內坊承直改爲典直

左右衞率改爲左右侍率正四品改親衞爲功曹勳衞爲義曹翊衞爲良曹罷直齋直閤員

左右宗衞率改爲左右武侍率正四品

左右虞候開府改爲左右虞候率正四品并置副率

左右內率降爲正五品千牛備身改爲司仗左右備身左右改爲主射左右各員八人

左右監門率改爲宮門將降爲正五品監門直長改爲直事置六十人

開皇中置國王郡王國公郡公縣公侯伯子男爲九等者至是唯留王公侯三等餘並廢之

王府諸司參軍更名諸司屬參軍則直以屬爲名改國令爲家令自餘以國爲名者皆去之

行宮所在皆立總監以司之上宮正五品中宮從五品下宮正七品隴右諸牧置左右牧監各一人以司統之

罷州置郡郡置太守上郡從三品中郡正四品下郡從四品京兆河南則俱爲尹並正三品罷長史司馬置贊務一人以貳之（京兆河南從四品上郡正五品中郡從五品下郡正六品）次置東西曹掾（京兆河南從五品上郡正六品中郡從六品下郡正七品）主簿司功倉戶兵法士曹等書佐各因郡之大小而爲增減改行參軍爲行書佐舊有兵處則刺史帶諸軍事以統之至是別置都尉副都尉都尉正四品領兵與郡不相知副都尉正五品又置京輔都尉從三品立府於潼關主兵領邊并置副都尉從四品又置諸防主副官掌同諸鎮大興長安河南洛陽四縣令並增爲正五品諸縣皆以所管閑劇及衝要以爲等級丞主簿如故其後諸郡各加置通守一人位次太守京兆河南則謂之內史又改郡贊務爲丞位在通守下縣尉爲縣正尋改正爲戶曹法曹分司以丞郡之六司河南洛陽長安大興則加置功曹而爲三司司各二人郡縣佛寺改爲道場道觀改爲玄壇各置監丞京都諸坊改爲里皆省除里司官以主其事帝自三年定令之後驟有制置制置未久隨復改易其餘不可備知者蓋史之闕文云

# 隋書卷二十九

唐太尉揚州都督監修國史上柱國趙國公臣長孫無忌等撰

## 志第二十四

### 地理上

自古聖王之受命也莫不體國經野以爲人極上應躔次下裂山河分疆畫界建都錫社是以放勛御曆修職貢者九州文命會同執玉帛者萬國洎乎殷遷夏鼎周黜殷命雖質文之用不同損益之途或革而封建之制率由舊章於是分土惟三列爵惟五千里以制幾甸九服以別要荒十國爲連連有帥倍連爲卒卒有正皆所以式固鴻基蕃屏王室興邦致化康俗庇人者歟周德既衰諸侯力政干戈日用戎馬生郊彊陵弱衆暴寡魯滅於楚鄭滅於韓田氏篡齊六卿分晉其餘弑君亡國不得守其社稷者不可勝數逮于七雄競逐二帝爭彊疆埸之事一彼一此秦始皇據百二之巖險奮六世之餘烈力爭天下蠶食諸侯在位二十餘年遂乃削平寓內懲周氏之微弱恃狙詐以爲彊蔑棄經典罷侯置守子弟無立錐之地功臣無尺土之賞身沒而區宇幅裂及子而社稷淪胥漢高祖挺神武之宏圖掃清禍亂矯秦皇之失策封建王侯並跨州連邑有踰古典而郡縣之制無改於秦逮于孝武務勤遠略南兼兩越東定三韓通邛筰之險塗斷匈奴之右臂雖聲教遠洎而人亦勞止昭宣之後罷戰務農戶口既其滋多郡縣亦有增置至于平帝郡國一百有三戶一千二十三萬光武中興承王莽之餘弊兵戈不戢饑疫薦臻率土遺黎十纔一二乃併省郡縣四百餘所明章之後漸至滋繁郡縣之數有加曩日逮炎靈數盡三國爭彊兵革屢興戶口減半有晉太康之後文軌方同大抵編戶二百六十餘萬尋而五胡逆亂二帝播遷東晉洎于宋齊僻陋江左苻姚之與劉石竊據中原事跡糾紛難可具紀梁武帝除暴寧亂奄有舊吳天監十年有州二十三郡三百五十縣千二十二其後務恢境宇頻事經略開拓閩越克復淮浦平俚洞破牂柯又以舊州遐闊多有析置大同年中州一百七郡縣亦稱於此既而侯景構禍臺城淪陷墳籍散逸注記無遺郡縣戶口不能詳究逮于陳氏土宇彌蹙西亡蜀漢北喪淮肥威力所加不出荊揚之域州有四十二郡唯一百九縣四百三十八戶六十萬後齊承魏末喪亂與周人抗衡雖開拓淮南而郡縣僻小天保之末總加併省洎乎國滅州九十有七郡一百六十縣三百六十五戶三百三萬周氏初有關中百度草創遂乃訓兵教戰務穀勸農南清江漢西兼巴蜀卒能以寡擊衆戡定彊鄰及于東夏削平多有省廢大象二年通計州二百一十一郡五百八縣一千一百二十四高祖受終惟新朝政開皇三年遂廢諸郡洎于九載廓定江表尋以戶口滋多析置州縣煬帝嗣位又平林邑更置三州既而併省諸州尋即改州爲郡乃置司隸刺史分部巡察五年平定吐谷渾更置四郡大凡郡一百九十縣一千二百五十五戶八百九十萬七千五百四十六口四千六百一萬九千九百五十六墾田五千五百八十五萬四千四十一頃其邑居道路山河溝洫沙磧鹹鹵丘陵阡陌皆不預焉東西九千三百里南北萬四千八百一十五里東南皆至於海西至且末北至五原隋氏之盛極於此也

京兆郡（開皇三年置雍州城東西十八里一百一十五步南北十五里一百七十五步東面通化春明延興三門南面啓夏明德安化三門西面延平金光開遠三門北面光化一門里一百六市二大業三年改州爲郡故名焉置尹）統縣二十二戶三十萬八千四百九十九〇

大興（開皇三年置後周舊郡置縣曰萬年高祖龍潛封號大興故至是改焉有長樂宮有後魏杜城縣西霸城縣西魏山北縣並後周廢）長安（帶郡有仙都福陽太平等宮有關官有舊長安城）始平（故置扶風郡開皇三年郡廢）武功（後周置武功郡建德中郡廢有永豐渠普濟渠）盩厔（後周置周南郡及恒州又有倉城溫湯二縣尋並廢有司竹園有宜壽仙遊文山鳳皇等宮有關官有太一山有溫湯）醴泉（後魏曰寧夷西魏置寧夷郡後周改爲秦郡後廢又川新畤甘泉二縣入焉開皇十八年改縣名醴泉有甘泉水波水涇水有九嵕山溫秀嶺）上宜（開皇十七年置有舊莫西縣十八年改名好畤大業二年廢入焉）鄠（有甘泉宮有終南山有澇水）藍田（後周置藍田郡尋廢郡及白鹿玉山二縣入焉有關官有滋水）新豐（有溫湯）華原（後魏置北雍州西魏改爲宜州又置北地郡尋改爲通川郡開皇初郡廢大業初州廢及土門縣入焉有沮水頻山）宜君（舊置宜君郡開皇初郡廢有清水）同官　鄭（後魏置東雍州并華山郡西魏改曰華州開皇初郡廢大業初州廢有少華山）渭南（後魏置渭南郡西魏分置靈源中源二縣後周郡及二縣並廢入焉有步壽宮）萬年　高陵（後魏曰高陸大業初改焉）三原（後周置建忠郡建德初郡廢）涇陽（舊置咸陽縣開皇初廢有茂農渠）雲陽（後周置雲陽郡開皇初郡廢有涇水五龍水甘水走馬水）富平（舊置北地郡後周改曰中華郡尋廢有荊山）華陰（有興德宮有關官有京輔都尉有白渠有華山）

馮翊郡後魏置華州西魏改曰同州統縣八戶九萬一千五百七十二○馮翊後魏曰華陰西魏改爲武鄉置武鄉郡開皇初郡廢大業初改名馮翊置馮翊郡有沙苑韓城開皇十八年置有關官有梁山有鬼谷郃陽朝邑後魏曰南五泉西魏改焉有長春宮有關官有朝坂澄城後魏置澄城郡後周併五泉縣入焉開皇初郡廢蒲城舊置南北二白水西魏改爲蒲城置白水郡開皇初郡廢下邽舊置延壽郡開皇初郡廢大業初併蓮勺縣入焉有金氏陂白水有五龍山馬蘭山

扶風郡舊置岐州統縣九戶九萬二千二百二十三○雍後魏置秦平郡西魏改爲岐山郡開皇三年郡廢大業初置扶風郡有岐陽宮岐山後周曰三龍縣開皇十六年改名焉又有後魏周城縣後周廢有岐山陳倉後魏曰宛川西魏改曰陳倉後周置顯州尋州縣俱廢開皇十八年置曰陳倉有陳倉山有關官虢後魏置武都郡西魏改縣曰洛邑後周置朔州州尋廢郡開皇初廢大業初改縣爲虢郿舊曰平陽縣西魏改曰郿城後周廢入周城縣開皇十八年改周城爲渭濱大業二年改爲郿又後周置雲州建德中廢有安仁宮鳳泉宮有太白山五丈原普閏大業初置有仁壽宮有漆水岐水杜水汧源西魏置隴東郡及汧陰縣後改縣曰杜陽後周又曰汧陰開皇三年郡廢五年縣改曰汧源又有西魏東秦州後改爲隴州大業三年州廢有關官有隴山汧山汧水汧陽舊置汧陽郡後周罷南由後魏置西魏改爲鎮後周復置縣又有舊長蛇縣開皇末廢有關官有盤龍山

安定郡舊置涇州統縣七戶七萬六千二百八十一○安定鶉觚舊置趙平郡後周廢郡并以宜祿縣入焉大業初分置靈臺縣二年廢陰盤後魏置平涼郡開皇初郡廢有盧水朝那西魏置安武郡及析置安武縣開皇三年郡縣並廢入焉良原大業初置臨涇大業初置初曰湫谷尋改焉華亭大業初置有隴水芮水

北地郡後魏置豳州西魏改爲寧州大業初復曰豳州統縣六戶七萬六百九十○定安舊置趙興郡開皇初郡廢大業初置北地郡羅川舊曰陽周開皇中改焉又西魏置顯州後周廢有橋山彭原舊曰彭陽後魏置西北地郡有洛蟠城西魏置蔚州有豐城西魏置雲州後周二州並廢開皇初郡廢十八年改縣曰彭原有珊瑚水襄樂後魏置襄樂郡後周廢又西魏置燕州後周廢又有子午山新平舊曰白土西魏置豳州開皇四年改縣爲新平大業初州廢三水西魏置恒州尋廢

上郡後魏置東秦州後改爲北華州西魏改爲敷州大業二年改爲鄜城郡後改爲上郡統縣五戶五萬三千四百八十九○洛交開皇三年置大業三年置上郡內部舊置敷州及內部郡開皇三年郡廢大業初州廢三川舊名長城西魏改焉又有利仁縣尋廢入焉鄜城後魏曰敷城大業初改焉洛川有鄜水

雕陰郡西魏置綏州大業初改爲上州統縣十一戶三萬六千一十八○上縣西魏置安寧郡與安寧綏德安人三縣同置開皇初郡廢改安人爲吉萬大業初置雕陰郡廢安寧吉萬二縣入焉又後周置義良縣亦廢入焉大斌西魏置仍立安政郡開皇初廢有平水延福西魏置曰延陵開皇中改焉儒林後周置銀州開皇三年改名焉大業初州廢眞鄉西魏置後周置眞鄉郡開皇初郡廢開光舊置開光郡開皇三年郡廢有同水銀城後周置曰石城後改名焉城平西魏置開疆西魏置有後魏撫寧郡開皇三年郡廢撫寧西魏置綏德西魏置

延安郡後魏置東夏州西魏改爲延州置總管府開皇中府廢統縣十一戶五萬三千九百三十九○膚施大業三年置及置延安郡有豐林山豐林後魏置曰廣武及偏城郡開皇初郡廢十八年改爲豐林大業初又併沃野縣入焉魏平後魏置并立朔方郡後周廢郡併朔方和政二縣入焉金明有治官有清水臨眞有西魏神木郡眞川縣後周郡廢大業初廢眞川入焉延川西魏置曰文安及置文安郡開皇初郡廢改縣爲延川延安西魏置又置義鄉縣大業中廢義鄉入焉因城後魏置後周廢尋又置義川西魏置汾州義川郡後改州爲丹州後周改縣爲丹陽開皇初郡廢改縣曰義川又廢樂川郡入大業初州廢又廢雲巖縣入焉汾川舊曰安平後周改曰汾川大業初廢門山縣入焉咸寧舊曰永寧西魏改爲太平開皇中改爲咸寧

弘化郡西魏置朔州後周廢開皇十六年置慶州統縣七戶五萬二千四百七十三○合水開皇十六年置大業初置弘化郡馬嶺大業初置華池仁壽初置又西魏置蔚州後周廢歸德西魏置恒州後周廢有離水洛源大業初置有博水洱水弘化開皇十八年置弘州大業初州廢弘德大業初置

平涼郡舊置原州後周置總管府大業初府廢統縣五戶二萬七千九百九十五○平高後魏置太平郡後改爲平高開皇初郡廢大業初置平涼郡有關官有笄頭山百泉後魏置長城郡及黃石縣西魏改黃石爲長城開皇初郡廢大業初縣改爲百泉平涼後周置有可藍山會寧西魏置會州後周廢開皇十六年置縣默亭

朔方郡後魏置夏州後周置總管府大業初府廢統縣三戶一萬一千六百七十三○巖綠西魏置弘化郡開皇初廢大業初置朔方郡寧朔後周置長澤西魏置闡熙郡又有後魏大安郡及置長州開皇三年郡廢又廢山鹿新昌二縣入焉大業三年州廢

鹽川郡西魏置西安州後改爲鹽州統縣一戶三千七百六十三○五原後魏置郡曰大興西魏改爲五原後又爲大興開皇初郡廢大業初置鹽川郡

靈武郡後魏置靈州後周置總管府大業元年府廢統縣六戶一萬二千三百三十○迴樂後周置帶普樂郡又西魏置臨河郡開皇元年改臨河郡曰新昌三年郡並廢大業初置靈武郡弘靜開皇十一年置有賀蘭山懷遠後周置仍立懷遠郡開皇三年郡廢靈武後周置曰建安後又置歷城郡開皇三年郡廢十八年改建安爲廣潤仁壽元年改名焉鳴沙後周置會州尋廢開皇十九年置環州又鳴沙縣大業三年州廢有關官豐安開皇十年置

榆林郡開皇二十年置勝州統縣三戶二千三百三十○榆林開皇六年置大業初置郡富昌開皇十年置金河開皇三年置曰陽壽及置油雲縣又置榆關總管五年改置雲州總管十八年改陽壽曰金河二十年雲州移二縣俱廢仁壽二年又置金河縣帶關

五原郡開皇五年置豐州仁壽元年置總管府大業元年府廢統縣三戶二千三百三十○九原開皇五年置大業初置郡永豐開皇五年置安化開皇十一年置

天水郡舊置秦州後周置總管府大業初府廢統縣六戶五萬二千一百三十○上邽故曰上邽帶天水郡開皇初郡廢大業初復置郡縣改名焉有漾水冀城後周曰冀城縣廢入黃瓜縣大業初改曰冀城有石鼓崖清水後魏置及置清水郡開皇初郡廢有關官有分水嶺秦嶺後魏置曰伯陽縣開皇中改焉隴城舊曰略陽置略陽郡開皇三年郡廢縣改曰河陽六年改曰隴城成紀舊廢後周置有龍馬城仙人峽

隴西郡舊渭州統縣五戶一萬九千二百四十七○襄武帶隴西郡舊城內陶置南安郡開皇初郡廢改爲武陽十年改名焉渭源有鳥鼠山有渭水障後魏置西魏置廣安郡後周郡廢長川後魏置安陽郡領安陽烏水二縣西魏改曰北秦州後又改曰交州開皇三年郡廢十八年改州曰紀州安陽曰長川大業初州廢又廢烏水入焉

金城郡開皇初置蘭州總管府大業初府廢統縣二戶六千八百一十八○金城舊縣曰子城帶金城郡開皇初郡廢大業初改縣爲金城置金城郡有關官狄道後魏置臨洮郡龍城縣後周皆廢又後魏置武始郡開皇初廢有白石山

枹罕郡舊置河州統縣四戶一萬三千一百五十七○枹罕舊置枹罕郡開皇初郡廢大業初置郡有關官有鳳林山龍支後魏曰北金城西魏改焉有唐述山大夏有金紐山水池後魏曰覃川後周改焉

澆河郡後周武帝逐吐谷渾以置廓州總管府開皇初府廢統縣二戶二千二百四十○河津後周置洮河郡領洮河廣威安戎三縣開皇初郡廢併三縣入焉大業初置澆河郡有溢水達化後周置達化郡開皇初郡廢併綏遠縣入焉有連雲山

西平郡舊置鄯州統縣二戶三千一百一十八○湟水舊曰西都後周置樂都郡開皇初郡廢十八年改縣曰湟水又有舊浩亹縣又西魏置龍居路倉二縣並後周廢大業初置西平郡有土樓山化隆舊魏曰廣威西魏置澆河郡後周廢郡仁壽初改爲化隆有拔延山湟水盧水

武威郡舊置涼州後周置總管府大業初府廢統縣四戶一萬一千七百五○姑臧舊置武威郡開皇初郡廢大業初復置武威郡又後魏置武安郡襄武縣並西魏廢又舊有顯美縣後周廢有茅五山昌松後魏置昌松郡後周廢郡以揟次縣入焉開皇初改縣爲永世後改曰昌松又有後魏安郡後周改置白山縣尋廢有白山番和後魏置番和郡後周郡廢置鎮開皇中爲縣又併力乾安寧廣城障燕支五縣之地入焉有燕支山允吾後魏置曰廣武及置廣武郡開皇初郡廢改縣曰邑次尋改爲廣武後又改爲邑次大業初改爲允吾有青巖山

張掖郡西魏置西涼州尋改曰甘州統縣三戶六千一百二十六○張掖舊曰永平縣後周置張掖郡開皇初郡廢十七年縣改爲酒泉大業初改爲張掖郡又有臨松縣後周廢有甘峻山臨松山合黎山有玉石澗大柳谷刪丹後魏曰山丹又有西郡永寧縣西魏郡廢縣改爲弱水後周省入山丹大業改爲刪丹又後周置金山縣尋廢入焉有祁山有鹽池有弱水福祿舊置酒泉郡開皇初郡廢仁壽中以置肅州大業初州尋廢又後周置樂涫縣尋廢有祁連山崆峒山崑崙山有石渠

敦煌郡舊置瓜州統縣三戶七千七百七十九○敦煌舊置敦煌郡後周併效穀壽昌二郡入焉又併敦煌鳴沙平康效穀東鄉龍勒六縣爲鳴沙縣開皇初郡廢大業置敦煌郡改鳴沙爲敦煌有神沙山三危山有流沙常樂後魏置常樂郡後周併涼興大至冥安閏泉合爲涼興縣開皇初郡廢縣改爲常樂有關官玉門後魏置會稽郡後周廢郡併會稽新鄉延興爲會稽縣開皇中改爲玉門併得後魏玉門郡地

鄯善郡大業五年平吐谷渾置在鄯善城即古樓蘭城也并置且末西海河源總四郡有蒲昌海鄯善水統縣二顯武濟遠

且末郡置在古且末城有且末水薩毗澤統縣二肅寧伏戎

西海郡置在古伏俟城即吐谷渾國都有西王母石窟青海鹽池統縣二宣德威定

河源郡置在古赤水城有曼頭城積石山河所出有七烏海統縣二遠化赤水

周禮職方氏正西曰雍州上當天文自東井十度至柳八度爲鶉首於辰在未得秦之分野考其舊俗前史言之詳矣化於姬德則閑田而興讓習於嬴敵則相稽而反脣斯豈土壤之殊乎亦政教之移人也京兆王都所在俗具五方人物混淆華戎雜錯去農從商爭朝夕之利游手爲事競錐刀之末貴者崇侈靡賤者薄仁義豪彊者縱橫貧窶者窘蹙桴鼓屢驚盜賊不禁此乃古今之所同焉自京城至於外郡得馮翊扶風是漢之三輔其風大抵與京師不異安定北地上郡隴西天水金城於古爲六郡之地其人性猶質直然尚儉約習仁義勤於稼穡多畜牧無復寇盜矣雕陰延安弘化連接山胡性多木彊皆女淫而婦貞蓋俗然也平涼朔方鹽川靈武榆林五原地接邊荒多尚武節亦習俗然焉河西諸郡其風頗同並有金方之氣矣

漢川郡舊置梁州統縣八戶一萬一千九百一十○南鄭舊置漢川郡開皇初郡廢大業初置郡又西魏置白雲縣至是併入焉有黃牛山龍岡山西舊曰嶓冢大業初改焉有關官有定寧山百牢山街亭山嶓冢山有漢水褒城開皇初曰褒內仁壽元年因失印更給改名焉有關官有女郎山城固興勢舊置儻城郡開皇初郡廢西鄉舊曰豐寧置洋州及洋川郡開皇初郡廢大業初廢州改縣曰西鄉又舊有懷昌郡後周廢爲懷昌縣至是入焉有洋水黃金難江後周置集州及平桑郡開皇初郡廢大業初州廢

西城郡梁置梁州尋改曰南梁州西魏改置東梁州尋改爲金州置總管府開皇初府廢統縣六戶一萬四千三百四十一○金川梁初曰上廉後曰吉陽西魏改曰吉安後周以西城入焉舊有金城吉安二郡開皇初並廢十八年改縣爲吉安大業三年改曰金川置西城郡又後周置洵州尋廢有焦陵山石泉舊曰永樂置晉昌郡西魏改郡曰魏昌尋改永樂曰石泉析置魏寧縣後周省魏昌郡入中城郡又省魏寧縣入石泉縣洵陽舊置洵陽郡開皇初郡廢有洵水安康舊曰寧都齊置安康郡後魏置東梁州後蕭詧改直州開皇初郡廢大業初州廢縣改曰安康黃土西魏置涓陽郡後周改郡置縣曰長岡後郡省入甲郡縣曰黃土併赤石甲臨江三縣入焉開皇初郡廢豐利梁置南上洛郡西魏改郡曰豐利後周省郡入上津郡以熊川陽川二縣入豐利後又廢上津郡入甲郡有天心水

房陵郡西魏置光遷國後周國廢置遷州大業初改名房州統縣四戶七千一百六○光遷舊曰房陵置新城郡梁末置岐州後周郡縣並改爲光遷又有舊綏州開皇初與郡並廢大業初置房陵郡有房山霍水永清舊曰大洪後周改焉有照珠山百武山沮水洑水竹山梁曰安城西魏改焉置羅州開皇十八年改曰房州大業初州廢有花林山懸鼓山上庸梁曰新豐西魏改焉後周改曰孔陽開皇十八年復曰上庸

清化郡舊置巴州統縣十四戶一萬六千五百三十九○化成梁曰梁廣仍置歸化郡後周改縣曰化成開皇初郡廢大業初置清化郡曾口梁置清化梁置曰伏彊有木門郡開皇三年郡廢七年縣改曰清化有伏彊山清水盤道梁置曰難江西魏改焉有龍腹山永穆梁置曰永康又有萬榮郡開皇初郡廢十八年縣改名焉歸仁梁置曰平州縣後周改曰同昌開皇中改名焉始寧梁置并置遂寧郡開皇初郡廢有始寧山其章梁置恩陽梁置曰義陽開皇末改長池後周置曰曲細開皇末改焉符陽舊置其章郡開皇初廢白石有文山安固梁置後周置蓬州大業初州廢有大蓬山伏虞梁置曰宣漢及置伏虞郡開皇初郡廢十八年改焉

通川郡梁置萬州西魏曰通川統縣七戶一萬二千六百二十四○通川梁曰石城置東關郡開皇初郡廢大業初置通川郡三岡梁置新安郡西魏改郡曰新寧開皇初郡廢石鼓西魏置遷州後周廢州置臨清郡開皇初郡廢東鄉西魏置石州後周廢州置三巴郡開皇初郡廢宣漢西魏置并州及永昌郡開皇三年郡廢五年州廢西流後魏曰漢興西魏改焉又置開州及周安萬安江會三郡後周省江會入周安開皇初郡並廢大業初州廢萬世後周置及置萬世郡開皇初郡廢

宕渠郡梁置渠州統縣六戶一萬四千三十五○流江後魏置縣及置流江郡開皇初郡廢大業初置宕渠郡賨城舊曰始安開皇十八年改焉鄰水梁置縣并置鄰州後魏改鄰山郡開皇初郡廢宕渠梁置并置境陽郡開皇初郡廢咸安梁置曰綏安開皇末改名焉墊江西魏置縣及容川谷山郡後周改為魏安縣開皇初郡廢十八年縣改名焉漢陽郡後魏曰南秦州西魏曰成州統縣三戶一萬九百八十五○上祿舊置仇池郡後魏置倉泉縣後周廢階陵豐川建平城階四縣入焉開皇初郡廢大業初置漢陽郡改縣曰上祿有百頃堆潭水西魏置潭水郡後周郡廢并廢甘若相山武定三縣入焉長道後魏置漢陽郡後周郡廢又省水南縣入焉開皇初郡廢十八年改曰長道臨洮郡後周武帝逐吐谷渾以置洮陽郡尋立洮州開皇初郡廢統縣十一戶二萬八千九百七十一○美相後周置縣及置洮陽郡開皇初郡廢併洮陽縣入焉大業初置洮郡疊川後周置疊州開皇四年置總管府大業元年府廢有洮水流水合川後周置仍立西疆郡開皇初郡廢有白嶺山樂川後周置歸政開皇二年置仍立疊澤郡三年郡廢又後周立弘州及開遠河濱二郡開皇初州郡並廢洮源後周置曰金城并立旭州又置通義郡開皇初郡廢十八年縣改為美俗大業初州廢縣改名焉洮陽後周置曰廣恩并置洮陽郡開皇初郡廢仁壽元年改為洮陽臨潭後周曰汎潭開皇十一年改名焉臨洮西魏置曰溢樂并置岷州及同和郡開皇初郡廢大業初州廢更名縣曰臨洮又後周置祐川郡基城縣尋郡縣俱廢有岷山崆峒山當夷後周置又立洪和郡及博陵郡及博陵寧入二縣開皇初併入利政後周置洮城郡尋廢宕昌郡後周置宕昌國天和元年置宕州總管府開皇四年府廢統縣三戶六千九百九十六○良恭後周置初曰陽宕置宕昌郡開皇初郡廢十八年改名焉大業初置宕昌郡和戎後周置有良恭山懷道後周置甘松郡開皇初郡廢武都郡西魏置武州統縣七戶一萬七百八十○將利舊曰石門西魏改曰安育後周改曰將利置武都郡後改曰永都郡開皇初郡廢大業初置武都郡又有東平縣後周併入焉有河池水建威後魏置白水郡後廢改為白水縣西魏復立郡改為綏戎後周郡廢改為建威縣并廢洪化縣入焉又西魏有孔堤郡及縣後周並廢覆津後魏初曰散當置武階郡西魏又置覆津縣及置萬郡統赤方接難五部三縣後周一郡三縣并散當並廢入焉開皇初武階郡又廢盤堤西魏置曰南五部縣後改名焉并入武陽郡及茄蘆縣後周郡廢縣并入焉長松西魏置初曰建昌置文州及廬北郡開皇初郡廢十八年縣改曰長松大業初州廢曲木西魏置正西西魏置同昌郡西魏逐吐谷渾置鄧州開皇七年改曰扶州統縣八戶一萬二千二百四十八○尚安西魏置縣及鄧寧郡開皇初郡廢大業初置同昌郡有黑木鉗川西魏置有鉗川山有白水帖夷西魏置又置昌寧郡開皇三年郡廢同昌西魏置有鄧至山云鄧艾所至故名焉嘉誠後周置縣并龍涸郡及扶州總管府開皇初府廢三年郡廢七年州廢有雪山封德後魏置又立芳州有深泉郡開皇初郡廢又省理定縣入焉大業初州廢常芬後周置及立恒香郡開皇初郡廢有弱水金崖後周置河池郡後魏置南岐州後周改曰鳳州統縣四戶一萬一千二百二○梁泉舊曰故道後魏置郡曰固道縣曰涼泉尋改曰梁泉西魏改郡曰歸真後周廢郡又廢龍安商樂二縣入大業初置郡兩當後魏置及立兩當郡開皇初郡廢河池後魏曰廣化并置廣化郡開皇初郡廢仁壽初縣改名焉又後魏置思安縣大業初省入有河池水同谷舊曰白石置廣業郡西魏改曰同谷後周置康州開皇初郡廢大業初州廢又有泥陽縣西魏廢順政郡後魏置東益州梁為武興蕃王國西魏改為興州統縣四戶四千二百

六十一○順政舊曰略陽西魏置郡曰順政縣曰漢曲又置仇池縣後改曰靈道開皇初郡廢十八年縣改名焉大業初置郡又省靈道縣併入鳴水西魏置曰落叢并置落叢郡開皇初郡廢六年縣改為廚北八年改曰鳴水長舉西魏置又立盤頭郡後周廢郡有鳳溪水修城舊置修城郡縣曰廣長後周郡廢又廢下辯縣入仁壽初縣改名焉又西魏置柏樹縣後周廢義城郡後魏立益州世號小益州梁曰黎州西魏復曰益州又改曰利州置總管府大業初府廢統縣七戶一萬五千九百五十○綿谷舊曰興安置晉壽郡開皇初郡廢十八年縣改名焉大業初置郡又有華陽郡梁置華州西魏並廢有龍門山益昌義城西魏置葭萌後魏曰晉安置新巴郡開皇初郡廢十八年縣改名焉大業初又併恩金縣入焉岐坪景谷舊曰白水置平興郡後周省東洛郡入開皇初郡廢縣改名平興十八年改曰景谷大業初又省魚盤縣入焉有關官有木馬山良珠山有漢水嘉川舊置宋熙郡開皇初廢平武郡西魏置龍州統縣四戶五千四百二十○江油後魏置江油郡開皇三年郡廢大業初置郡有關官馬盤後魏置馬盤郡開皇三年郡廢平武梁末李文智自立為藩王西魏廢為縣有涪水瀑水方維舊曰泰興置建陽郡開皇初郡廢縣改名焉汶山郡後周置汶州開皇初改曰蜀州尋為會州置總管府大業初府廢統縣十一戶二萬四千一百五十九○汶山舊曰廣陽梁改為汶山都尉置繩州北部郡後周改曰汶州開皇初廢仁壽元年改名焉北川後周置有龍泉水鴈門山汶川後周置汶山郡開皇初郡廢有關官交川開皇初置有關官通化開皇初置曰金川仁壽初改名焉左封後周置曰廣年郡開皇初郡廢仁壽初縣改名焉又周置翼州大業初廢有汶山平康後周置有羊陽山翼水後周置曰龍求及置清江郡開皇初郡廢縣改曰清江十八年又改名焉翼針後周置及翼針郡開皇初郡廢有石鏡山江源後周置通軌後周置縣及單州并單川榮鄉二郡開皇初郡廢四年州廢有甘松山普安郡梁置南梁州後改為安州西魏改為始州統縣七戶三萬一千三百五十一○普安舊曰南安西魏改曰普安置普安郡開皇初郡廢大業初置郡焉永歸舊曰白水西魏改焉黃安舊曰華陽西魏改焉置黃原郡開皇初郡廢陰平宋置北陰平郡西魏置龍州西魏改郡為陰平又名縣焉後周郡廢江油郡改曰靜龍曰陰平開皇初郡廢梓潼舊曰安壽西魏置潼州郡開皇初郡廢大業初縣改名焉有五婦山武連舊曰武功置輔劍郡西魏改郡曰安都縣曰武連開皇初郡廢臨津舊曰胡原開皇七年改焉金山郡西魏置潼州開皇五年改曰綿州統縣七戶三萬六千九百六十三○巴西舊曰涪置巴西郡後魏改縣曰巴西開皇初郡廢大業初置金山郡有鹽井昌隆有雲臺山涪城舊置始平郡西魏改郡為涪城後周又改曰安城開皇初郡廢改縣曰安城十六年改為涪城魏城西魏置萬安舊曰房亭西魏改名焉置萬安郡開皇初郡廢神泉舊曰西充國開皇六年改名焉金山舊置益昌晉興二縣西魏省晉興入益昌後周別置金山開皇四年省益昌入金山新城郡梁末置新州開皇末改曰梓州統縣五戶三萬七百二十七○郪舊曰伍城西魏改曰昌城仍置新城郡開皇初郡廢大業初置新城郡改縣名焉射洪西魏置射江後周改名焉鹽亭西魏置鹽亭郡開皇初郡廢大業初有高渠縣併入焉通泉舊曰通泉置西宕渠郡西魏改郡曰光漢縣入焉飛烏開皇中置巴西郡梁置南梁州西魏置隆州統縣十戶四萬一千六百四○閬內梁置北巴西郡後魏平蜀置巴西郡開皇初郡廢大業初置巴西郡有盤龍山天柱山靈山南部舊曰南充國梁曰南部西魏置新安郡後周郡廢蒼溪舊曰漢昌皇末改名焉南充舊曰安漢

置宕渠郡開皇十八年縣改名焉相如梁置梓潼郡後魏郡廢西水梁置掌天水郡西魏改曰金遷開皇初郡廢晉城舊曰西充國梁置木蘭郡西魏郡廢改縣名焉有閬水奉國梁置白馬義陽二郡開皇初郡廢并義陽縣入焉儀隴梁置隆城郡開皇初郡廢大寅梁置遂寧郡後周置遂州仁壽二年置總管府大業初府廢統縣三戶一萬二千六百二十二○方義梁曰小溪置東遂寧郡西魏改名焉後周改郡曰石山開皇初郡廢大業初置遂寧郡焉又置懷化郡開皇初郡廢長江舊曰巴興西魏改名焉青石舊曰晉興西魏改名焉置懷化郡開皇初郡廢涪陵郡西魏置合州開皇末改曰涪州統縣三戶九千九百二十一○石鏡舊曰墊江置宕渠郡西魏改郡曰石鏡開皇初郡廢大業初置涪陵郡漢初梁置新興郡西魏改郡曰清居開皇初郡廢名縣曰漢初赤水開皇八年置巴郡梁置楚州開皇初改曰渝州統縣三戶一萬四千四百二十三○巴舊置巴郡後周廢積墊江二縣入焉開皇初郡廢大業初置巴郡江津舊曰江州縣西魏改為江陽置七門郡開皇初郡廢十八年縣改名焉涪陵舊曰漢平置涪陵郡開皇初郡廢十三年縣改名焉巴東郡梁置信州後周置總管府大業元年府廢統縣十四戶二萬一千三百七十○人復舊置巴東郡西魏改曰人復開皇初郡廢大業初置巴東郡有鹽井白鹽山雲安舊曰朐䏰後周改焉置安鄉郡後改曰萬川開皇初郡廢南浦後周置安鄉郡後改郡曰萬川開皇初郡廢十八年縣改名焉梁山西魏置梁山有高溪大昌後周置永昌郡尋廢北井縣入焉秭歸後周置長寧郡開皇初郡廢巫山舊置建平郡開皇初郡廢巴東舊曰歸鄉梁置信陵郡後周改郡為巫山開皇末又改名焉新浦後周置安郡開皇初郡廢盛山梁曰漢豐西魏改曰永寧開皇末曰盛山臨江梁置臨江郡後周置臨州開皇初郡廢大業初州廢有平都山彭溪武寧後周置南都郡後改郡曰懷德縣曰武寧開皇初郡廢石城開皇初置大業初州廢務川開皇末置蜀郡舊置益州開皇三年置總管府大業元年府廢統縣十三戶十萬五千五百八十六○成都舊置蜀郡又有新都郡并廢新繁入焉始康郡後周郡廢開皇初廢雙流舊曰廣都置寧蜀郡後周郡廢仁壽元年改名焉新津後周置犍為郡開皇初郡廢大業初又廢犍為縣入焉晉原舊曰江原及置江原郡後周郡廢改名焉清城舊置齊基郡後周廢郡有鳴鵠山清城九隴舊曰晉壽梁置東益州後周州廢置九隴郡開皇初郡廢仁壽初改縣曰九隴郫西魏分置溫江縣開皇初省入焉玄武舊置伍城郡後周廢郡有金山天彭門綿竹舊置晉熙郡後周廢郡改名焉雒舊曰新都後周改名焉陽安舊曰牛鞞後周改名焉平泉西魏置金泉西魏置臨邛郡舊置雅州統縣九戶二萬三千三百四十八○嚴道西魏置蒙山郡大業置臨邛郡開皇初郡廢十三年改曰蒙山有邛來山

名山舊曰蒙山開皇十三年改名焉始陽盧山仁壽末置依政西魏置臨邛郡大業初置邛州初廢臨邛舊置臨邛郡開皇初郡廢有火井蒲江西魏置曰廣定蒲原郡開皇初郡廢仁壽初改名焉蒲溪西魏置沈黎後周置黎州仁壽中置縣仁壽末州廢漢源大業初置眉山郡西魏曰眉州後周曰青州又改曰嘉州大業二年又改曰眉州統縣八戶二萬三千七百九十九○龍游後周置平羌郡開皇初郡廢九年改縣為峨眉及平羌縣十年改名焉大業初置眉山郡平羌後周置平羌郡開皇初郡廢仍置平羌縣夾江開皇三年置峨眉開皇十三年置有峨眉山綏山通義舊曰齊通置通義郡西魏改曰眉州開皇初郡廢仁壽元年改為通義大業初州廢青神後周置青神郡開皇初郡廢丹稜後周置齊樂郡開皇中改名焉洪雅開皇十三年置隆山郡西魏置陵州統縣五戶一萬一千四十二○仁壽梁置懷仁郡西魏改郡曰普寧開皇初郡廢十八年改焉貴平西魏置又立和仁郡後周又廢可曇平井二縣入焉井研始建開皇十一年置有鐵山隆山舊曰犍為置江陽郡後周省州西魏改焉資陽郡西魏置資州統縣九戶二萬五千七百二十五○盤石後周置縣及資中郡開皇初郡廢大業初置資陽郡內江後周置曰中江開皇初郡廢威遠開皇初置大牢安岳後周置普慈郡開皇初郡廢普慈安居後周置隆康瀘川郡梁置瀘州仁壽中置總管府大業初府廢統縣五戶一千八百二○瀘川舊曰江陽開皇初郡廢大業初州廢富世後周置洛源郡開皇初郡廢江安舊曰漢安開皇十八年改名焉合江後周置綿水梁置有綿溪犍為郡梁置戎州統縣四戶四千八百五十九○僰道後周置外江大業初改曰犍為郡開邊開皇六年置南溪梁置廣及縣後周改名焉越嶲郡後周置嚴州開皇六年改曰西寧州十八年又改曰嶲州統縣六戶七千四百四十八○越嶲帶郡邛都舊置邛都郡開皇初郡廢蘇祗舊置亮善郡開皇初郡廢有孫水邛部舊置邛部郡開皇初郡廢可泉臺登舊置臺郡開皇初郡廢泉舊宣化郡開皇初廢有嶲山牂柯郡開皇初置牂州統縣二○牂柯帶郡賓化黔安郡後周置黔州不帶郡統縣二戶一千四百六十○彭水開皇十三年置有伏牛山出鹽井涪川開皇五年置

梁州於天官上應參之宿。周時梁州以併雍部。及漢又析置益州。在禹貢自漢川以下諸郡，皆其封域。漢中之人質朴無文，不甚趨利，性嗜口腹，多事田漁，雖蓬室柴門，食必兼肉。好祀鬼神，尤多忌諱，家人有死，輒離其故宅。崇重道教，猶有張魯之風焉。每至五月十五日，必以酒食相饋，賓旅聚會，有甚於三元。傍南山雜有獠戶，富室者頗參夏人為婚，衣服居處言語，殆與華不別。西城房陵清化通川宕渠地皆連接風俗頗同漢陽臨洮宕昌武都同昌河池順政義城平武汶山皆連雜氏羌人尤勁悍性多質直皆務於農事工習獵射於書計非其長矣蜀郡臨邛眉山隆山資陽瀘川巴東遂寧巴西新城金山普安犍爲越嶲牂柯黔安得蜀之舊域其地四塞山川重阻水陸所湊貨殖所萃蓋一都之會也昔劉備資之以成三分之業自金行喪亂四海沸騰李氏據之於前譙氏依之於後當梁氏將亡武陵憑險而取敗後周之末王謙負固而速禍故孟門不祀古人所以誡焉其風俗大抵與漢中不別其人敏慧輕急貌多蕞陋頗慕文學時有斐然多溺於逸樂少從宦之士或至耆年白首不離鄉邑人多工巧綾錦雕鏤之妙殆侔於上國貧家不務儲蓄富室專於趨利其處家室則女勤作業而士多自閑聚會宴飲尤足意錢之戲小人薄於情禮父子率多異居其邊野富人多規固山澤以財物雄使夷獠故輕爲姦藏權傾州縣此亦其舊俗乎又有獽狿蠻賨其居處風俗衣冠飲食頗同於獠而亦與蜀人相類

隋書卷二十九考證

地理志上南由注西魏改爲鎮後周復置縣○監本鎮字闕復置訛改爲從宋本補改

水池注後魏曰覃州○宋本作蕈川當是

新津注大業初又廢僰道縣入焉○監本僰訛僰　臣宗萬按禮記王制屏之遠方西曰僰說文僰爲犍爲蠻夷從人在棘中作棘或作僰今作僰從人不從火也下同

# 隋書卷三十

唐太尉揚州都督監修國史上柱國趙國公臣長孫無忌等撰

## 志第二十五

### 地理中

河南郡舊置洛州大業元年移都改曰豫州東面三門北曰上春中曰建陽南曰永通南面二門東曰長夏正南曰建國里一百三市三年改爲郡置尹　統縣十八戶二十萬二千二百三十○河南帶郡有關官有郟山有澶水　洛陽有漢已來舊都後魏置司州東魏改曰洛州後周置東京六府洛州總管開皇元年改六府置東京尚書省其年廢東京尚書省二年廢總管置河南道行臺省三年廢行臺以洛州刺史領總監十四年於金墉城別置總監煬帝即位廢省置河南縣東魏遷鄴改爲宜遷縣後周復曰河南大業元年徙入新都又東魏置洛陽郡河陰縣開皇初郡並廢又析置伊川縣大業初河陰伊川二縣併入焉　閿鄉舊曰湖城開皇十六年改焉有王澗金鳩澗秦山　桃林開皇十六年置有上陽宮有淄水　陝後魏置陝州弘農郡後周又置崤郡開皇初郡並廢大業初州廢又置弘農宮有常平倉溫湯有砥柱　熊耳後周置及同軌郡開皇初郡廢入有崤有天柱山大頭山　澠池後周置河南郡開皇初郡廢後周大象中置崤縣大業初廢入焉有硤石山穀水　新安後周置中州及東垣縣開皇初州廢又尋廢東垣縣入焉開皇十六年置穀州仁壽四年州廢又大業初改名新安有治官有魏山強山缺門山孝水澗水金谷水　偃師舊廢開皇十六年置有都尉府有首陽山鄒山轘轅山　鞏後齊廢開皇十六年復有洛口倉有興洛倉有天陵山　宜陽後魏置宜陽郡後周改曰熊州後周又置九曲縣開皇初郡廢十八年改洛昌曰洛水大業初又改曰宜陽郡廢入焉　壽安後魏置甘棠縣仁壽四年置又東魏置金門郡後周郡廢有福昌宮有金門山女几山太陰山熊耳山有顯仁宮有慈澗　陸渾東魏置伊川郡領南陸渾縣開皇初改曰伏流大業初改曰陸渾又有廢東魏北荊州後周改曰和州開皇初又改曰伊州大業初州廢又有東魏東亭縣尋廢有方山三塗山孤山大陽山　伊闕舊曰新城東魏置新城郡開皇初郡廢十八年縣改名焉有伊闕山母澗　興泰初置大業　緱氏舊廢後魏置東魏置開皇初又置有緱氏山軒轅山景山大嶺山有鹿蹄山壘山鍾山　嵩陽後魏置陽城郡東魏分置嵩陽郡後周置陽城郡開皇六年改曰武林十八年改曰輪氏大業元年改曰嵩陽　陽城後魏置潁陽東魏置陽城郡後周改曰潁川郡十六年置陽城郡開皇初郡廢大業初州廢有嵩高山少室山潁水四年廢又後魏置康城縣仁壽四年廢入焉有箕山嵩山荊山崿山

滎陽郡舊置鄭州開皇十六年置管州大業初復曰鄭州　統縣十一戶十六萬九百六十四○管城舊曰中牟東魏置廣武郡開皇初郡廢改中牟曰內牟十六年析置管城十八年改內牟曰圃田入焉後魏置北豫州後周改曰滎州開皇初郡廢　汜水舊曰成皋東魏置成皋郡大業初置武牢都尉府有周山天陵山　滎澤開皇四年置曰廣武仁壽元年改名焉　原武六年置　陽武開皇十六年置　圃田開皇十六年置後齊廢　浚儀東魏置梁州後周改曰汴州開皇初郡廢大業初州廢有陳留郡後周改曰汴州開皇初州廢有酸棗　酸棗後齊廢開皇六年復有關官有大業初廢入焉　新鄭後齊廢開皇十六年復置　滎陽舊曰成皋郡開皇初郡廢有卷縣入焉有京索水梧桐澗　開封東魏置開封郡後齊廢

梁郡舊置梁州後周改曰宋州大業初置梁郡　統縣十三戶十五萬五千四百七十七○宋城舊曰睢陽置梁郡開皇初郡廢十八年縣改名焉大業初又置梁郡有北新安郡尋廢　襄邑後魏置陽夏郡開皇初郡廢又後齊廢十六年復　寧陵後魏置陽夏郡開皇初郡廢又大業初州廢　穀熟後齊廢開皇十六年復置　虞城後齊廢開皇十六年復置後魏又改名焉又後齊置沛郡後齊廢　陳留後魏置陳留郡後齊廢開皇六年復大業初廢入焉又有小黃縣後齊廢　下邑舊曰考城後魏置北梁郡後齊郡廢爲城安　考城後魏置陽夏郡東魏曰考陽郡又改名已氏開皇十八年改爲北譙郡後齊並廢入焉　楚丘後魏置已氏縣開皇四年又置已氏六年復置　碭山後魏置安陽縣開皇十八年改曰碭山有魚山　柘城舊曰柘縣後周改曰柘城　圉城舊曰圉後齊廢開皇十六年復置

譙郡後魏置南兗州後周改曰亳州開皇元年置總管府　統縣六戶七萬四千八百一十七○譙舊曰小黃置陳留郡開皇初郡廢改爲譙又有分黃城縣大業三年改爲並入焉　城父舊置城父郡後魏改曰馬頭郡開皇初郡廢十八年改爲城父入焉有梅城縣大業初並入焉　鄼舊置鄼郡後齊改爲鄼縣開皇初郡廢又有梁州下邑並廢入焉　谷陽後魏置馬頭郡後齊省入蘄又梁置蘄州後周改曰渦陽　山桑後魏置渦陽郡十八年改爲北新安郡又梁改曰西徐州後魏改曰譙州開皇初郡廢　臨渙後魏置臨渙郡又後齊置蒙郡開皇初郡廢又置夏丘郡東魏又改曰靈壁郡後齊郡別置

濟陰郡後魏置西兗州後周改曰曹州　統縣九戶十四萬九百四十八○濟陰後魏置沛郡後齊郡廢黃縣後魏置開皇十八年改爲蒙澤大業初廢入焉　外黃後齊省開皇六年分置蒙澤縣大業初廢入焉　濟陽後魏置成安縣又開皇十六年置首城縣大業初廢入焉　成武後齊置永昌郡開皇初郡廢　冤句　乘氏　定陶　單父後魏曰離狐置北濟陰郡後齊郡廢開皇十六年分置昌邑縣大業初併入　金鄉開皇六年更置名單父

襄城郡東魏置北荊州後周改曰和州開皇初改爲伊州大業初改曰汝州　統縣八戶十萬五千九百一十七○承休舊曰汝原置汝北郡後周郡廢大業初改縣曰承休　梁舊置汝北郡後齊廢有溫泉　郟城舊曰龍山東魏置南陽郡開皇初改曰汝南日輔城大業初改曰郟城又置順陽郡開皇三年郡廢　汝源　陽翟東魏置陽翟郡開皇初郡廢有九山又有鈞臺　汝南有後魏汝北郡後齊廢及魯陽郡開皇初廢有魯陽山　魯山後魏置魯陽郡後周置南郡開皇初郡廢　犨城舊曰魏置開皇十八年改焉有滍水　大業初州廢又有應山　武陽　汝墳

潁川郡舊置鄭州東魏改曰潁州後周改曰許州　統縣十四戶十九萬五千六百四十○潁川舊曰長社置潁川郡開皇初郡廢　襄城舊置襄城郡後周置汝州開皇初郡廢大業初州廢　葉後周置南襄州開皇初郡廢　北舞舊置定陵郡開皇初郡廢十六年置　郾城開皇十六年置　臨潁　尉氏後齊廢開皇六年復　長葛開皇六年置　許昌後齊廢開皇十六年置　繁昌　濦強

汝南郡後魏置豫州後周改曰舒州尋復曰豫州東魏置行臺後周置總管府　統縣十一戶十五萬二千七百八十五○汝陽舊曰上蔡置汝南郡開皇初郡廢又置保城縣大業初並廢入焉　城陽舊置城陽郡後齊廢有鴻郤陂　真陽舊置楚州後魏置義陽郡開皇初郡廢十八年改爲真陽　新息舊置東豫州後魏改曰淮州開皇初郡廢　褒信宋改曰包信大業初改　上蔡後魏置臨汝縣　新蔡舊置廣寧郡後齊廢開皇初郡廢又置　平輿舊置蔡陽郡及蔡州開皇初郡廢大業初州廢　朗山舊置安昌郡開皇初郡廢　吳房後魏置遂寧郡後齊改爲吳房大業初省入焉　西平後魏置襄城郡後周改曰文城郡開皇初郡廢

淮陽郡開皇十六年置陳州　統縣十戶十二萬七千一百四○宛丘後魏曰項置陳郡開皇初縣改名宛丘又後魏析置臨蔡縣大業初併臨蔡縣入焉又後魏析置　西華舊曰長平開皇初改曰淮陽又有臨蔡縣　扶樂開皇十六年置　溵水舊曰汝陽後周改曰溵水　太康舊置陽夏郡後齊廢大業初廢　鹿邑舊曰武平開皇十八年改名焉　項城後魏置揚州後周改曰陳州開皇初郡廢　南頓舊置南頓郡　鮦陽舊曰新蔡後齊廢

汝陰郡舊置潁州　統縣五戶六萬五千九百二十六○汝陰舊置汝陰郡開皇初郡廢　潁陽梁置陳留郡及陳州開皇初郡廢　清丘梁曰許昌置潁川郡開皇初郡廢十八年改名焉　潁上開皇十八年改名焉　下蔡梁置沛郡後齊改爲淮陽郡大業初廢

上洛郡舊置洛州後周改爲商州　統縣五戶一萬五百一十六○上洛舊置上洛郡開皇初郡廢有熊耳山洛水丹水　商洛舊置有關官　洛南舊置拒陽郡開皇初郡廢　豐陽後周置豐陽郡開皇初郡廢又有淯水　上津舊置上洛郡西魏置南洛州又改爲上州有天柱山

弘農郡大業三年置　統縣四戶二萬七千四百六十六○弘農舊曰西弘農郡後周廢大業初又置　盧氏後魏置　長泉　朱陽

淅陽郡西魏置淅州　統縣七戶三萬七千二百五十○南鄉　內鄉　丹水　武當　均陽　安福　鄖鄉

南陽郡舊置荊州開皇初改爲鄧州　統縣八戶七萬七千五百二十○穰　新野　南陽　課陽　順陽　冠軍　菊潭　新城

淯陽郡西魏置蒙州　統縣三戶一萬七千九百○武川　向城　方城

淮安郡(後魏置東荊州西魏改爲淮州開皇五年又改爲顯州)統縣七戶四萬六千八百四十○比陽(帶郡後魏曰陽平開皇七年改爲饒良大業初又改焉又有後魏城陽縣置殷州城陽郡開皇初郡並廢其縣尋省又有昭越縣大業初改爲同光尋廢又有東南陽郡西魏改爲南郭郡後周廢又有比陽故縣置西郢州西魏改爲鴻州後周廢爲眞昌郡開皇初郡廢大業初縣廢)平氏(舊置漢廣郡開皇初郡廢有淮水)眞昌(舊曰北平開皇九年改焉)顯岡(舊置舞陰郡開皇初郡廢)臨舞(東魏置及置期城郡開皇初郡廢又有東舞陽縣開皇十八年改爲昆木大業初廢)慈丘(後魏曰江夏併置江夏郡開皇初郡廢更置慈丘於其北境後魏有鄭州潘州濛州及襄城周康二郡上蔡青山霍山三縣並開皇初廢有比水)桐柏(梁置曰淮安并立華州又立上川郡西魏改州爲淮州後改爲純州尋廢開皇初郡廢更名縣曰桐柏又梁置西義陽郡西魏置淮陽郡及輔州後周州郡並廢又置淮南縣開皇末改爲油水大業初廢又有大義郡後周置開皇初廢有桐柏山)

豫州於禹貢爲荊州之地其在天官自氐五度至尾九度爲大火於辰在卯宋之分野屬豫州自柳九度至張十六度爲鶉火於辰在午周之分野屬三河則河南淮之星次亦豫州之域豫之言舒也言稟平和之氣性理安舒也洛陽得土之中賦貢所均故周公作洛此焉攸在其俗尚商賈機巧成俗故漢志云周人之失巧僞趨利賤義貴財此亦自古然矣滎陽古之鄭地梁郡梁孝故都邪僻傲蕩舊傳其俗今則好尚稼穡重於禮文其風皆變於古譙郡濟陰襄城潁川汝南淮陽汝陰其風頗同南陽古帝鄉搢紳所出自三方鼎立地處邊疆戎馬所萃失其舊俗上洛弘農本與三輔同俗自漢高發巴蜀之人定三秦遷巴之渠率七姓居於商洛之地由是風俗不改其壤其人自巴來者風俗猶同巴郡淅陽清陽亦頗同其俗云

東郡(開皇九年置杞州十六年改爲滑州大業二年爲兗州)統縣九戶十二萬一千九百五○白馬(舊置東郡後齊併涼城縣入焉大業初復置郡)靈昌(開皇十六年置)衞南(開皇十六年置大業初廢西濮陽入焉又有後魏平昌長樂二縣後齊並廢)濮陽(開皇十六年分置昆吾縣大業初入焉)封丘(後齊廢開皇十六年復)匡城(後齊曰長垣開皇十六年改焉)胙城(舊曰東燕開皇十八年改焉)韋城(開皇十六年置十六年分置長垣縣大業初省入焉)離狐

東平郡(後周置魯州尋廢開皇十年置鄆州)統縣六戶八萬六千九十○鄆城(後周置曰清澤又置高平郡開皇初郡廢改縣曰萬安十八年改曰鄆城大業初置郡併廩丘入焉)鄄城(舊置濮陽郡開皇初郡廢十六年置濮州大業初州廢有關官)須昌(開皇十六年置有梁山)宿城(後齊曰須昌開皇十六年改焉舊置東平郡後齊並廢)雷澤(舊曰城陽後齊廢開皇十六年置曰雷澤又分置臨濮縣大業初併入焉有歷山雷澤)鉅野(舊廢開皇十六年復又置乘丘縣大業初廢入焉)

濟北郡(舊置濟州)統縣九戶十萬五千六百六十○盧(舊置郡開皇初廢六年分置濟北縣大業初省入焉尋置郡有關官有成過倉有魚山遊仙山)范(後齊廢開皇十六年置)陽穀(開皇十六年置)東阿(有浮山狼水)平陰(開皇十四年置曰榆山大業初改焉)長清(開皇十四年置又有東太原郡後齊廢)濟北(開皇十四年置曰時平大業初改焉)壽張

肥城(宋置濟北郡後齊廢後周置肥城郡尋廢又復開皇初又廢)

武陽郡(後周置魏州)統縣十四戶二十一萬三千三十五○貴鄉(東魏置又有平邑縣後齊廢開皇十六年又置大業初置武陽郡并省玄邑縣入焉有檉山)元城(後齊廢開皇六年復又置馬陵縣大業初廢入焉有沙麓山)繁水(舊曰昌樂置昌樂郡東魏郡廢後周又置舊有魏城縣後齊廢開皇初廢郡六年置縣曰繁水大業初廢昌樂縣入焉)魏(後齊廢開皇六年復十六年析置漳陰縣大業初省入焉)莘(舊曰陽平後齊改曰樂平開皇六年復曰陽平八年改曰清邑十六年置莘州大業初州廢改縣名莘又廢莘亭縣入焉後周置武陽郡開皇初廢)頓丘(後齊省開皇六年置又有舊陰安縣後齊廢)觀城(舊曰衞國開皇六年改)臨黃(後魏置後齊省開皇六年置後十六年分置河上縣大業初省入焉)武陽(後齊省後周置)武水(開皇十六年置)館陶(舊置毛州大業初州廢又有舊陽平郡開皇初廢)堂邑(開皇六年置)冠氏(開皇六年置)聊城(舊置南冀州及平原郡未幾州廢開皇初郡廢十六年置博州大業初州廢)

渤海郡(開皇六年置棣州大業二年爲滄州)統縣十戶十二萬二千九百九○陽信(帶郡)樂陵(舊置樂陵郡開皇初郡廢十六年分置南津縣大業初廢入焉)滴河(開皇十六年置又有後魏濕沃縣後齊廢有關官)厭次(後齊廢開皇十六年復)蒲臺(開皇十六年置)饒安(舊置滄州浮陽郡開皇初郡廢大業初州廢)無棣(開皇六年置)鹽山(舊曰高成開皇十六年又置浮水縣十八年改高成曰鹽山大業初省浮水入焉有鹽山峽山)南皮　清池(舊曰浮陽開皇十八年改)

平原郡(開皇九年置德州)統縣九戶十三萬五千八百二十二○安樂(舊置平原郡開皇初郡廢大業初復又開皇十六年置繹幕縣至是廢入焉又有後魏高縣後齊廢有關官)平原(後齊併鄃縣入焉有關官又後魏置東青州置未久而廢)將陵(開皇十六年置)平昌(後魏置東安郡後齊廢并以重平縣入焉)般(後齊省開皇十六年復)長河(舊曰廣川後齊省開皇六年復置仁壽初改名焉)弓高(舊廢開皇十六年置)東光(舊置勃海郡開皇初郡廢九年置觀州大業初州廢又併安陵入焉有天胎山)胡蘇(舊廢開皇十六年置)

兗州於禹貢爲濟河之地其於天官自軫十二度至氐四度爲壽星於辰在鄭之分野兗州蓋取沇水爲名亦曰兗兗之爲言端也言陽精端端故其氣纖殺也東郡東平濟北武陽平原等郡得其地焉兼得鄒魯齊衞之交舊傳太公唐叔之教亦有周孔遺風今此數郡其人尚多好儒學性質直懷義有古之風烈矣

信都郡(舊置冀州)統縣十二戶十六萬八千七百一十八○長樂(舊曰信都帶長樂郡後齊廢扶柳縣入焉開皇初郡廢分信都置長樂縣十六年又分長樂置澤城縣大業初廢信都及澤城入焉置信都郡)堂陽(舊縣後齊廢開皇十六年復)衡水(開皇十六年置)棗彊(舊縣後齊廢索盧廣川二縣入焉)武邑(舊縣後齊廢開皇六年置并得後齊觀津縣地十六年分武彊置昌亭縣大業初廢入焉)武彊(舊置武邑郡後齊郡廢又廢武遂縣入焉)南宮(舊縣後齊廢開皇六年復)斌彊　鹿城(舊曰鄡後齊改曰安國開皇六年改爲安定十八年改開皇十六年又置曼城大業初廢入)下博　蓨(舊曰修開皇五年改十六年分置觀津縣大業初廢)阜城

清河郡(後周置貝州)統縣十四戶三十萬六千五百四十四○清河(舊曰武城置清河郡開皇初郡廢改名焉仍別置武城縣十六年置夏津縣大業初廢入置清河郡)清陽(舊曰清河縣後齊省貝丘入焉改爲貝丘開皇六年改爲清陽又有後魏侯城縣後齊省以入武城亦入焉)武城(舊曰東武城開皇初改武城爲清河縣於此置武城)歷亭(開皇十六年分武城置焉)漳南(開皇六年置曰東陽十八年改爲漳南有後魏故索盧城後齊以入棗彊至是入)鄃(舊廢開皇十六年置)臨清(後齊廢開皇六年復又十六年置沙丘縣大業初廢入焉)清泉(後齊廢千童縣入開皇十六年置貝丘縣大業二年廢入)清平(開皇六年置曰貝丘十六年改曰清平)高唐(後魏置南清河郡後齊郡廢)經城(後齊廢開皇六年置十六年分置府城縣大業初省入焉)宗城(舊曰廣宗仁壽元年改)博平(開皇六年置靈縣大業初省入)茌平(後齊廢開皇初復)

魏郡(後魏置相州東魏改曰司州後周又改曰相州置六府宣政初府移洛以置總管府未幾府廢)統縣十一戶十二萬二百二十七○安陽(周大象初置相州及魏郡因改名鄴開皇初郡廢十年復名安陽分置相縣鄴還復舊大業初廢相入焉置魏郡有韓陵山)鄴(東魏都後周平齊置相州大象初縣隨州徙安陽此改爲靈芝縣開皇十年又改焉)臨漳(東魏置)成安(後齊置)靈泉(後周置有龍山)堯城(開皇十年置名長樂十八年改焉)洹水(後周置)滏陽(後周置開皇十年置慈州大業初州廢)臨水(有慈石山鼓山滏山)林慮(後魏置林慮郡後齊郡廢後又置開皇初郡廢又分置淇陽縣十六年置巖州大業初州廢又廢淇陽入焉有林慮徂仙人臺洹水)臨淇(東魏置尋廢開皇十六年復有淇水)

汲郡(東魏置義州後周爲衞州)統縣八戶十一萬一千七百二十一○衞(舊曰朝歌置汲郡後周又分置修武郡開皇初郡並廢十六年又置清淇縣大業初置汲郡改朝歌縣曰衞廢清淇入焉有朝陽山同山有紂朝歌城比干墓)汲(東魏僑置七郡十八縣後齊省以置伍城郡後周廢爲伍城縣開皇六年改焉)隋興(開皇六年置後析置陽源縣大業初併入焉有倉巖山)黎陽(後魏置黎陽郡後周置黎州開皇初州郡並廢十六年又置黎州大業初罷有倉有關官有大伾山枉人山)內黃(舊廢開皇六年置十六年分置繁陽縣大業初廢入)湯陰(舊廢開皇六年又置有博望岡)臨河(開皇六年置)澶水(開皇十六年置)

河內郡(舊置懷州)統縣十戶十三萬三千六百六十○河內(舊曰野王置河內郡開皇初郡廢十六年縣改焉有軹縣大業初廢入尋置郡有大行有丹水有絺城)溫(舊廢開皇十六年置古溫城)濟源(開皇十六年置舊有沁水縣後齊廢入有孔山母山有濟水淇水古原城)河陽(舊廢開皇十六年置有盟津有古河陽城冶)安昌(舊曰州縣置武德郡開皇初郡廢十八年縣改爲邢丘大業初改名安昌又廢懷縣入焉舊有平高縣後齊廢)王屋(舊曰長平後周改焉後又置懷州及平齊廢州置王屋郡開皇初郡廢有王屋山齊子嶺有軹關)獲嘉(後周置修武郡開皇初郡廢十六年置殷州大業初州廢)新鄉(開皇初年置有關官舊有獲嘉縣後齊廢)修武(後魏置修武後齊併入焉開皇十六年析置武陟大業初併入焉又有東魏廣寧郡後周廢)共城(舊曰共後齊廢開皇六年復置曰共城有共山白鹿山)

長平郡(舊曰建州開皇初改爲澤州)統縣六戶五萬四千九百一十三○丹川(舊曰高都後齊置長平高都二郡後周併爲高平郡開皇初郡廢十八年改爲丹川大業初置長平郡有太行山)沁水(舊置廣寧郡後齊郡廢縣改爲永寧開皇十八年改焉有輔山)端氏(後魏置安平郡開皇初郡廢有巨峻山泰川水)濩澤(有嶕嶢山濩澤山)高平(舊曰平高齊末改焉又併泫氏縣入焉有關官)陵川(開皇十六年置)

上黨郡(後周置潞州)統縣十戶十二萬五千五十七○上黨(舊置上黨郡開皇初郡廢有壺關縣大業初復置郡廢壺關入焉有羊頭山抱犢山)長子(後齊廢開皇九年置曰寄氏縣十八年改爲長子舊有屯留樂陽二縣後齊廢有濁漳水堯水)潞城(開皇十六年置有黃阜山)屯留(後齊廢開皇十六年復)襄垣(舊置襄垣郡後齊郡廢後周置韓州大業初州廢有鹿臺山)黎城(後魏以潞縣被誅遺人置十八年改名黎城有積布山松門嶺)涉(後魏廢開皇十八年復有崇山)鄉(石勒置武鄉郡後魏去武字開皇初郡廢十六年分置榆社縣大業初廢又有後魏南垣州尋改豐州後周廢)銅鞮(有舊涅縣後魏改爲陽城開皇十八年改爲甲水大業初省入有銅鞮水)沁源(後魏置縣及義寧郡開皇初郡廢十六年置沁州又義寧縣十八年改爲和川大業初州廢又廢和川縣入)

河東郡(後魏曰秦州後周改曰蒲州)統縣十戶十五萬七千七十八○河東(舊曰蒲坂縣置河東郡開皇初郡廢十六年析置河東縣大業初置河東郡併蒲坂入有酒官有首山有嬀汭水)桑泉(開皇十六年置有三疑山)汾陰(舊置汾陰郡開皇初郡廢有龍門山)龍門(後魏置龍門郡開皇初郡廢)芮城(舊置曰安戎後周改焉又置永樂郡後省入焉有關官)安邑(開皇十六年置虞州大業初州廢有鹽池銀冶)夏(舊置安邑郡開皇初郡廢有巫咸山稷山虞坂)河北(舊置河北郡開皇初郡廢有關官有砥柱山有傳巖)猗氏(西魏改曰桑泉後周復焉)虞鄉(後魏曰安定西魏改曰南解又改曰綏化又曰虞鄉有石錐山百梯山百徑山)

絳郡(後魏置東雍州後周改曰絳州)統縣八戶七萬一千八百七十六○正平(舊曰臨汾置正平郡開皇初郡廢十八年縣改名焉大業初置絳州又有後魏南絳郡後周廢郡又併南絳縣入小鄉縣開皇十八年改曰汾東大業初省入焉)翼城(後魏置曰北絳縣并置北絳郡後齊廢新安縣并南絳郡入焉開皇初郡廢十八年改爲翼城有烏嶺山東涇山有澮山)絳(舊置絳郡開皇初郡廢後周置晉州建德五年廢)曲沃(後周置建德六年廢有絳山橋山)稷山(後魏曰高涼開皇十八年改焉有後魏龍門郡開皇初廢又有後周勳州置總管後改曰絳州開皇初移)聞喜(有景山有董澤陂)垣(後魏置邵郡及白水縣後周置邵州改白水爲亳城開皇初郡廢大業初州廢改爲垣縣又省後魏所置清廉縣及後周所置蒲原縣入焉有黑山)太平(後魏置後齊省臨汾縣入焉有關官)

文城郡(東魏置南汾州後周改爲汾州後齊爲西汾州後周平齊置總管府開皇四年府廢十六年改爲耿州後復爲汾州)統縣四戶二萬二千三百○吉昌(後魏曰定陽縣并置定陽郡開皇初郡廢十八年縣改名焉大業初置文城郡有風山)文城(後魏置有石門山)伍城(後魏置曰刑軍縣後改爲伍城後又置伍城郡開皇初郡廢又廢後魏平昌縣入焉大業初又廢大寧縣入焉)昌寧(後魏置并內陽郡開皇初郡廢有壺口山崿山)

臨汾郡(後魏置唐州改曰晉州後周置總管府開皇初府廢)統縣七戶七萬一千八百七十四○臨汾(後魏曰平陽并置平陽郡開皇初改郡爲平河改縣爲臨汾尋郡廢又有東魏西河敷城北伍城定陽等五郡後周廢爲西河定陽二郡開皇初郡並廢又有後魏永安縣開皇初改爲西河大業初省又有舊襄城縣後齊省有姑射山)襄陵(後魏大武禽赫連昌乃分置禽昌縣後齊併襄陵入禽昌縣大業初又改爲襄陵)冀氏(後魏置冀氏郡領冀氏合陽二縣後齊郡廢又廢合陽入焉)楊　霍邑(後魏曰永安并置永安郡開皇初郡廢十六年置汾州十八年改爲呂州縣曰霍邑大業初州廢有霍山有彘水)汾西(後魏曰臨汾并置汾西郡開皇初郡廢十八年縣改爲汾西又有後周新城縣開皇十年省入)岳陽(後魏置曰安澤大業初改焉)

龍泉郡(後周置汾州開皇四年置西汾州總管五年改爲隰州總管大業初府廢)統縣五戶二萬五千八百三十○隰川(後周置縣初曰長壽又置龍泉郡開皇初郡廢縣改曰隰川大業初置郡)永和(後周置曰臨河縣及臨河郡開皇初郡廢十八年縣改名焉有關官)樓山(後周置曰歸化開皇十八年改名焉有北石樓山有孔山)石樓(舊置吐京郡及吐京縣開皇初郡廢十八年縣改名)蒲(後周置伍城郡及石城郡石城縣周末並廢又有後魏平昌縣開皇中改曰蒲川大業初廢入焉)

西河郡(後魏置汾州後齊置南朔州後周改曰介州)統縣六戶六萬七千三百五十一○隰城(舊置西河郡開皇初郡廢大業初復有隱泉山)介休(後魏置定陽郡平昌縣後周改郡曰介休以介休縣入焉開皇初郡廢十八年縣改曰介休)永安(有雀鼠谷)平遙(開皇十六年析置清世縣大業初廢入焉又後魏置蔚州後周廢有鹿臺山)靈石(開皇十年置有介山)

有嶠巖山 綿上開皇十六年置有沁水 離石郡後齊置西汾州後周改爲石州統縣五戶二萬四千八十一○離石後齊曰昌化置懷政郡後周改曰離石郡及縣又置寧鄉縣開皇初郡廢大業初置郡併寧鄉入縣 修化後周置曰窟胡并置窟胡郡開皇初郡廢改爲修化又後周置盧山縣大業初併入焉 定胡後周置及置定胡郡開皇初郡廢有關官 平夷後周置 太和後周置曰烏突及置烏突郡開皇初郡廢尋改焉有湫水 鴈門郡後周置肆州開皇五年改爲代州置總管府大業初府廢統縣五戶四萬二千五百二十○鴈門舊曰廣武置鴈門郡開皇初郡廢十八年改曰鴈門大業初置鴈門郡有關官有長城有頭山有夏屋山 繁畤後魏置并置繁畤郡後周郡縣并廢開皇十八年復置縣有東魏武州及吐京新安三郡寄在城中後齊改爲北靈州尋廢有長城滹沱水派水唐山 崞後魏置曰石城縣東魏置廓州有廣安永定建安三郡寄山城後齊廢郡改爲北顯州後周廢開皇十年置廉州十八年改縣曰平寇大業初改爲崞縣又有雲中城東魏僑置恒州尋廢有無京山崞山有土城 五臺舊曰慮虒久廢後魏置曰驢夷大業初改焉有五臺山 靈丘後魏置靈丘郡後齊省莎泉縣入焉後周置蔚州又立大昌縣開皇初郡廢縣併入焉大業初州廢 馬邑郡舊置朔州開皇初置總管府大業初府廢統縣四戶四千六百七十四○善陽後齊置縣曰招遠郡曰廣安開皇初郡廢大業初縣改曰善陽置代郡尋曰馬邑又有後魏桑乾郡後齊以置朔州及廣寧郡後周郡廢大業初州廢 神武後魏置神武郡後齊改曰太平後周罷郡有桑乾山 雲內後魏立平齊郡尋廢後齊改曰太平縣後周改曰雲中開皇初改曰雲內有後魏都置司州又有後齊安遠臨塞威遠臨陽等郡屬北恒州後周並廢有紇真山白登山武周山有㶟水 開陽舊曰長寧後齊置齊德長寧二郡後周廢齊德郡開皇初郡廢十九年縣改曰開陽 定襄郡開皇五年置雲州總管府大業元年府廢統縣一戶三百七十四○大利大業初置帶郡有長城有陰山有紫河 樓煩郡大業四年置統縣三戶二萬四千四百二十七○靜樂舊曰岢嵐開皇十八年改爲汾源大業四年改焉有長城有汾陽宮有關官有管涔山天池汾水 臨泉後齊置曰蔚汾大業四年改焉 秀容舊置肆州後齊又置平寇縣後周州徙鴈門開皇初置新興郡銅川縣郡尋廢十年廢平寇縣十八年置忻州大業初州廢又廢銅川有程侯山繫舟山有嵐水 太原郡後齊并州置省立別宮後周置并州六府後置總管廢六府開皇二年置河北道行臺九年改置爲總管府大業初府廢統縣十五戶十七萬五千三○晉陽後齊置曰龍山帶太原郡開皇初郡廢十年改縣曰晉陽十六年又置清源縣大業初省入焉有龍山蒙山 太原舊曰晉陽帶郡開皇十年分置陽直縣大業初省入焉有晉陽宮有晉水 交城開皇十六年置 汾陽舊曰陽曲開皇六年改爲陽直十六年又改名焉復分置孟縣大業初廢有摩笄山 文水舊曰受陽開皇十年改焉有文水沁水 祈後齊廢開皇中復 壽陽開皇十年改州南受陽縣爲文水分州東故壽陽置壽陽有鷲巖 榆次後齊曰中都開皇中改焉 太谷舊曰陽邑開皇十八年改焉 樂平舊置樂平郡開皇初廢郡十六年分置遼州及東山縣大業初廢州及東山縣有皋洛山有清漳水 和順舊曰梁榆開皇十年改有九京山 遼山後魏曰遼陽後齊省開皇十年置改名焉十六年屬遼州并置交漳縣大業初廢州并罷交漳入焉有其轆水 平城開皇十六年置有徐水 石艾有蒙山 盂開皇十六年置曰原仇大業初改焉有白鹿山 襄國郡開皇十六年置邢州統縣七戶十萬五千八百七十三○龍岡舊曰襄國開皇九年改名焉十六年又置青山縣大業初省入焉有黑山有澧水 南和舊置北廣平郡後齊省入廣平郡後周分置南和郡開皇初郡廢十六年置任縣大業初廢入平鄉 沙

河開皇十六年置有礬山 鉅鹿後齊廢開皇六年置南蠻縣後廢入焉 內丘有千言山 栢仁有礬山 武安郡後周置洺州統縣八戶十一萬八千五百九十五○永年舊曰廣平置廣平郡後齊廢北廣平郡及曲梁廣平二縣入開皇初郡廢復置廣平後改曰雞澤仁壽元年改廣平爲永年大業初置武安郡又併雞澤縣入 肥鄉東魏省開皇十年復 清漳開皇十六年置 平恩 洺水舊曰斥漳後齊省入平恩開皇六年分置曲周大業初廢入焉 武安開皇十年分置陽邑縣大業初廢入焉有榆溪有關與山有寖水 邯鄲東魏廢開皇十六年復置陟鄉大業初省入焉 臨洺舊曰易陽後齊廢入襄國縣置襄國郡後周改爲易陽縣別置襄國縣開皇六年改易陽爲邯鄲十年改邯鄲爲臨洺開皇初郡廢有紫山狗山塔山 趙郡開皇十六年置欒州大業三年改爲趙州統縣十一戶十四萬八千一百五十六○平棘舊置趙郡開皇初省有宋子縣後齊廢大業初置趙郡廢宋子縣入焉 贊皇開皇十六年置有孔子嶺有白溝 元氏舊縣後齊廢開皇六年置十六年分置靈山縣大業初廢入焉有靈山 高邑 慶陶舊曰慶遙開皇六年改爲陶 欒城舊縣後齊廢開皇十六年復 大陸舊曰廣阿置殷州及南鉅鹿郡後改爲南趙郡改州爲趙州開皇十六年分置欒州仁壽元年改爲象城大業初州廢縣改爲大陸又開皇十六年所置大陸縣亦廢入焉 栢鄉開皇十六年置有嵖崿山 房子舊縣後齊省開皇六年復有贊皇山有彭水 稾城後齊廢下曲陽入焉改爲稾城縣置鉅鹿郡開皇初郡廢十年置廉州十八年改爲稾城縣大業初州廢又開皇十六年置栢鄉縣亦廢入焉 鼓城舊曰曲陽後齊廢開皇十六年分置昔陽縣十八年改爲鼓城十六年又置廉平縣大業初併入 恒山郡後周置恒州統縣八戶十七萬七千五百七十一○真定舊置常山郡開皇初郡廢十六年分置常山縣大業初置恒山郡省常山入焉 滋陽開皇六年置十六年又置王亭縣大業初省入焉有大茂山歲山 行唐 石邑舊縣後齊改曰井陘開皇六年改焉十六年析置鹿泉縣大業初併入有封龍山抱犢山 九門後齊廢開皇六年復大業初又併新市縣入焉有許春壘 井陘後齊廢石邑以置井陘開皇六年復石邑縣分置井陘十六年於井陘置井州及置葦澤縣大業初廢州并廢葦澤縣及蒲吾縣入焉 房山開皇十六年置 靈壽後周置蒲吾郡開皇初郡廢 博陵郡舊置定州後周置總管府尋罷統縣十戶十萬二千八百一十七○鮮虞舊曰盧奴置鮮虞郡後齊廢盧奴入安喜開皇初郡廢以置鮮虞縣大業初置博陵郡又廢安喜入焉有盧水 北平舊置北平郡後齊廢又併望都蒲陰二縣來入開皇六年又置望都大業初又廢有都山伊祈山有濡水 唐舊縣後齊廢開皇十六年復有堯山郎山中山 恒陽舊曰上曲陽後齊去上字開皇六年改爲石邑七年改曰恒陽有恒山有恒陽溪有范水 新樂開皇十六年置有黃山 隋昌後魏曰魏昌後齊廢開皇十六年復仍改焉 毋極 義豐開皇六年置舊有安國縣後齊廢 深澤後齊廢開皇六年復 安平後齊置博陵郡開皇初廢十六年置深州大業初州廢 河間郡舊置瀛州統縣十三戶十七萬三千八百八十三○河間舊置河間郡開皇初郡廢大業初復置郡併武垣縣入焉 文安有狐狸淀 樂壽舊曰樂城開皇十八年改爲廣城仁壽初改焉 東城舊曰東州後齊廢開皇十六年置後改名焉 景城舊曰成平開皇十八年改焉 高陽舊置高陽郡開皇初郡廢十六年置蒲州大業初州廢并任丘縣入焉 鄚有易城縣後齊廢開皇中置永寧縣大業初廢入焉 博野舊曰博陸後魏改爲博野後齊廢蠡吾縣入焉有君子淀 清苑舊曰樂鄉後齊省樊與北新城清苑樂鄉入永寧改名焉開皇十八年改爲清苑 長蘆開皇初置并立漳河郡郡尋廢十六年置景州大業初州廢 平舒舊置章武郡開皇初廢 魯城開皇十六年置 饒陽開皇十六年分置安平蕪蔞二縣大業初省入焉

涿郡舊置幽州後齊置東北道行臺後周平齊改置總管府大業初府廢統縣九戶八萬四千五十九○薊舊置燕郡開皇初廢大業初置涿郡 良鄉 安次 涿舊置范陽郡開皇初郡廢 固安舊曰故安開皇六年改焉 雍奴 昌平舊置東燕州及平昌郡後周州郡並廢又置平昌郡開皇初郡廢又省萬年縣入焉有關官有長城 懷戎後齊置北燕州領長寧永豐二郡後周去北字開皇初郡廢大業初州廢有喬山歷陽山大小翮山有㶟水涿水阪泉水 潞舊置漁陽郡開皇初廢 上谷郡開皇元年置易州統縣六戶三萬八千七百○易開皇初置黎郡尋廢十六年置縣大業初置上谷郡舊有故安縣後齊廢有駮牛山五迴嶺有易水徐水 淶水舊曰遒縣後周廢開皇元年以范陽爲遒更置范陽於此六年改爲固安八年廢十年又置爲永陽十八年改爲淶水 遒舊范陽居此俗號小范陽開皇初改爲遒 遂城舊曰武遂後魏置南營州淮營州置五郡十一屬建德郡襄平新昌屬遼東郡永樂屬浪郡富平帶方永安屬營丘郡後齊唯留昌黎一郡領永樂新昌二縣餘並省開皇元年州移三年郡廢十八年改爲遂城有龍山 永樂舊曰北平後周改名焉有郎山 飛狐後周置曰廣昌仁壽初改焉有栗山有巨馬河 漁陽郡開皇六年徙玄州於此并立總管府大業初府廢統縣一戶三千九百二十五○無終後齊置漁陽郡後周又廢徐無縣入焉大業初置漁陽郡有長城有燕山無終山有泃河如河庚水灅水藍水有海 北平郡舊置平州統縣一戶二千二百六十九○盧龍舊置北平郡領新昌朝鮮二縣後齊省朝鮮入新昌又省遼西郡并所領海陽縣入肥如開皇六年又省肥如入新昌十八年改名盧龍大業初置北平郡有長城有關官有臨渝宮有覆舟山有碣石有玄水盧水溫水閏水龍鮮水巨梁水有海 安樂郡舊置安州後周改爲玄州開皇十六年州徙尋置檀州統縣二戶七千五百九十九○燕樂後魏置廣陽郡領大興方城燕樂三縣後齊廢郡以大興方城入焉大業初置安樂郡有長城有沽河 密雲後魏置密雲郡領白檀要陽密雲三縣後齊廢郡及二縣入密雲又有舊安樂郡領安市土垠二縣後齊廢土垠入安市後周廢安市入密雲縣開皇初郡廢有長城有桃花山螺山有漁水 遼西郡舊置營州開皇初置總管府大業初府廢統縣一戶七百五十一○柳城後魏置營州於和龍城領建德冀陽昌黎遼東樂浪營丘等郡龍城大興永樂帶方定荒石城廣都陽武襄平新昌平剛柳城富平等縣後齊唯留建德冀陽二郡永樂帶方龍城大興等縣其餘並廢開皇元年唯留建德一郡龍城一縣其餘並廢尋又廢郡改縣爲龍山十八年改爲柳城大業初置遼西郡有帶方山禿黎山雞鳴山松山有渝水白狼水

冀州於古堯之都也舜分州爲十二冀州析置幽并其於天文自胃七度至畢十一度爲大梁屬冀州自尾十度至南斗十一度爲析木屬幽州自危十六度至奎四度爲娵訾屬并州自柳九度至張十六度爲鶉火屬三河則河內河東也準之星次本皆冀州之域帝居所在故其界尤大至夏廢幽并入焉得唐之舊矣信都清河河間博陵恒山趙郡武安襄國其俗頗同人性多敦厚務在農桑好尚儒學而傷於遲重前代稱冀幽之士鈍如椎蓋取此焉俗重氣俠好結朋黨其相赴死生亦出於仁義故班志述其土風悲歌忼慨椎剽掘冢亦自古

之所患焉前諺云仕官不偶遇冀部實弊此也魏郡鄴都所在浮巧成俗彫刻之工特云精妙士女被服咸以奢麗相高其性所尚習得京洛之風矣語曰魏郡清河天公無奈何斯皆輕狡所致汲郡河內得殷之故壤考之舊說有紂之餘教汲又衛地習仲由之勇故漢之官人得以便宜從事其多行殺戮本以此焉今風俗頗移皆向於禮矣長平上黨人多重農桑性尤朴直蓋少輕詐河東絳郡文城臨汾龍泉西河土地沃少塉多以是傷於儉嗇其俗剛強亦風氣然乎太原山川重複實一都之會本雖後齊別都人物殷阜然不甚機巧俗與上黨頗同人性勁悍習於戎馬離石鴈門馬邑定襄樓煩涿郡上谷漁陽北平安樂遼西皆連接邊郡習尚與太原同俗故自古言勇俠者皆推幽并云然涿郡太原自前代以來皆多文雅之士雖俱曰邊郡然風教不爲比也

北海郡舊置青州後周置總管府開皇十四年府廢統縣十戶十四萬七千八百四十五○益都[illegible]安平西安並後齊廢大業初廢高陽時水入焉 千乘舊置樂安郡開皇初郡廢 博昌[illegible]入焉 壽光開皇十六年[illegible]縣大業初廢[illegible] 臨朐[illegible]縣大業初改曰臨朐有逢山汶山穆陵山大[illegible] 都昌[illegible] 北海舊曰下密置北[illegible]郡廢十六年分[illegible] 營丘後齊廢開皇十六年復有叢角山女節[illegible] 下密[illegible]改名焉有鐵山有濰水 齊郡舊曰齊州統縣十戶十五萬二千三百二十三○歷城舊置濟南郡開皇初[illegible]茌縣入焉有舜山華[illegible] 祝阿[illegible] 臨邑 臨濟開皇六年[illegible]臨濟別置[illegible] 鄒平[illegible]開皇十八年改名焉 章丘舊曰[illegible]縣大[illegible]廢有東陵山長白山龍盤山 長山[illegible]郡廢又十六年置濟[illegible]武疆曰長山大業初[illegible] 高苑[illegible]改爲會城大業初改焉 亭山舊曰[illegible]皇十[illegible] 淄川舊曰貝丘置東清[illegible]年置淄州十八年[illegible] 東萊郡舊置光州開皇五年改曰萊州統縣九戶九萬三千五百五十一○掖舊置東萊郡後齊[illegible]初廢郡大業初復[illegible] 盧鄉舊曰長廣仁壽元年改名焉有明堂山 即墨後齊及不其[illegible]廢不其入焉有[illegible] 黃[illegible]廢開皇十六年復又[illegible]置牟州大業初州廢 觀陽[illegible]入長廣郡開皇初郡廢 牟平有牟[illegible]金山九日山 文登[illegible]山 高密郡舊置膠州開皇五年改爲密州統縣七戶七萬一千九百二十

○諸城舊曰東武置高密郡開皇初郡廢十八年縣改名焉大業初復置郡有烽火山東莞後齊併姑幕縣入焉有箕山濰水郚城舊置平昌郡後齊廢郡置琅邪縣廢朱虛入焉大業初改名郚城安丘開皇十六年置曰牟山大業初改名并省安昌入焉高密後齊廢淳于縣入焉膠西舊曰黔陬置平昌郡開皇初郡廢十六年置縣曰膠西大業初又以黔陬入焉琅邪開皇十六年置曰豐泉大業初改焉有徐山盧山鄣日山膠水

周禮職方氏正東曰青州其在天官自須女八度至危十五度爲玄枵於辰在子齊之分野吳札觀樂聞齊之歌曰泱泱乎大風也哉國未可量也在漢之時俗彌侈泰織作冰紈綺繡純麗之物號爲冠帶衣履天下始太公以尊賢尚智爲教故士庶傳習其風莫不矜于功名依於經術闊達多智志度舒緩其爲失也夸奢朋黨言與行謬齊郡舊曰濟南其俗好教飾子女淫哇之音能使骨騰肉飛傾詭人目俗云齊倡本出此也祝阿縣俗賓婚大會餚饌雖豐至於蒸膾嘗之而已多則謂之不敬共相誚責此其異也大抵數郡風俗與古不殊男子多務農桑崇尚學業其歸于儉約則頗變舊風東萊人尤朴魯故特少文義

隋書卷三十考證

地理志中陳留以下注○監本闕復十六年析置新里縣大業十一字又闕黃縣後齊廢入有睢水溴水十一字下邑闕下字考城注闕考陽置北梁郡後齊郡縣並廢十二字又闕縣開皇十八年以重名改曰考城十三字楚丘注闕譙郡後齊郡縣並廢八字又闕氏六年改曰楚丘七字又闕碭山二字注又闕後魏置曰安陽開皇十八年改十二字俱從閣本補

滳河○監本滳訛滴　臣昳斗按滳音商水名从商與涓滴之滴从啇音的者異滳河即今山東武定府之商河縣也注濕沃縣漢書濕作溼一本作隰

茌平○一本茌作茬

和順注有九京山○按禮記檀弓趙文子曰是全要領以從先大夫于九京也注九京山名在今絳州晉大夫墓地在九京京即原字古作京又文子與叔譽觀于九原

毋極○監本毋訛母按毋極即今無極縣唐書地理志無極注無本作毋萬歲通天二年更

# 隋書卷三十一

唐太尉揚州都督監修國史上柱國趙國公臣長孫無忌等撰

## 志第二十六

### 地理下

彭城郡舊置徐州後齊置東南道行臺後周立總管府開皇七年行臺廢大業四年府廢統縣十一戶一十三萬二百三十二○彭城舊置郡後周併沛及南陽平二郡入開皇初郡廢大業初後置郡有呂梁山徐山蘄梁置蘄郡後齊置仁州又析置龍亢郡開皇初郡廢大業初州廢穀陽後齊置穀陽郡開皇初郡廢又有已吾義城二縣後齊併以爲臨淮縣大業初併入焉沛留後齊廢開皇十六年復有微山黃山豐蕭舊置沛郡後齊廢爲承高縣開皇六年改爲龍城十八年改爲臨沛大業初改曰蕭有相山滕舊曰蕃置蕃郡後齊廢開皇十六年改曰滕郡蘭陵舊曰承置蘭陵郡開皇初郡廢十六年分承置鄫州及蘭陵縣大業初州廢又併蘭陵鄫城二縣入焉尋改承爲蘭陵有抱犢山符離後齊置睢南郡開皇初郡廢有竹邑縣梁置睢州開皇三年州廢又廢竹邑入焉有女山定陶山方與後齊廢開皇十六年復

魯郡舊兗州大業二年改爲魯郡統縣十戶十二萬四千一十九○瑕丘舊廢開皇十三年復帶郡任城舊置高平郡開皇初廢鄒有鄒山承匡山曲阜舊曰魯郡後齊改郡爲任城開皇三年郡廢四年改縣曰汶陽十六年改名曲阜泗水開皇十六年置有陪尾山尼丘山防山有洙泗水平陸後齊曰樂平開皇十六年改焉龔丘後齊曰平原縣開皇十六年改焉梁父有龜山博城舊曰博置泰山郡後齊改郡曰東平又併博陵牟入焉開皇初郡廢十六年改縣曰汶陽尋改曰博城有奉高縣開皇六年改曰岱山大業初州廢又廢岱山縣入焉有岱山玉符山嬴開皇十六年分置牟城縣大業初併入焉有艾山有淄水

琅邪郡舊置北徐州後周改曰沂州統縣七戶六萬三千四百二十三○臨沂舊曰即丘帶郡開皇初郡廢十六年分置臨沂大業初併即丘入焉有大嗣山費顓臾舊曰南武陽開皇十八年改名焉又有南城縣後齊廢有開明山新泰後齊廢蒙陰縣入焉沂水舊置南青州及東安郡後周改州爲莒州開皇初郡廢改縣曰東安十六年又改曰沂水大業初州廢東安後齊廢開皇十六年復有松山莒舊置東莞郡後齊廢後置義唐郡開皇初廢

東海郡梁置南北二青州東魏改爲海州統縣五戶二萬七千八百五十八○朐山舊曰朐置琅邪郡後周改縣曰朐山郡曰朐山開皇初郡廢大業初復帶郡有朐山羽山東海舊置廣饒縣及東海郡後齊分廣饒置東海縣開皇初廢郡及東海縣仁壽元年改廣饒曰東海有謝祿山鬱林山漣水舊曰襄賁置東海郡東魏改曰海安開皇初郡廢縣又改焉沭陽梁置潼陽郡東魏改曰沭陽郡置縣曰懷文後周改縣曰沭陽開皇初郡廢懷仁梁置南北二青州東魏廢州立義唐郡及懷仁縣開皇初郡廢

下邳郡後魏置南徐州梁改爲東徐州東魏又改曰東楚州陳改爲安州後周改爲泗州統縣七戶五萬二千七十○宿豫舊置宿豫郡開皇初郡廢大業初置下邳郡又梁置朔陽臨沭二郡後齊置晉寧郡尋並廢夏丘後齊置并置夏丘郡尋立潼州後周改州爲宋州縣曰晉陵開皇初郡廢十八年州廢縣復曰夏丘又東魏置臨潼郡睢陵縣後齊改郡爲潼郡又梁置潼州後齊改曰睢州尋廢亦入潼郡開皇初郡縣並廢徐城梁置高平郡東魏又併梁東平陽平清河陽義四郡爲高平縣又併梁朱沛循儀安豐三郡置朱沛縣又有安遠郡後齊廢後周又併朱沛入高平開皇初郡廢十八年更名徐城淮陽梁置淮陽郡東魏併綏化呂梁二郡置綏化縣後周改縣爲淮陽開皇初郡廢又有梁臨清天水浮陽三郡東魏併爲甬城縣後齊改曰文城縣後周又改爲臨清開皇三年省入焉下邳梁曰歸政置武州下邳郡東魏改縣爲下邳置郡不改州曰東徐後周改州爲邳州開皇初郡廢大業初州廢有嶧山磬石山良城梁置武安郡開皇初郡廢十一年縣更名曰良城有徐山郯舊置郡開皇初廢

禹貢海岱及淮惟徐州彭城魯郡琅邪東海下邳得其地焉在於天文自奎五度至胃六度爲降婁於辰在戌其在列國則楚宋及魯之交考其舊俗人頗勁悍輕剽其士子則挾任節氣好尚賓遊此蓋楚之風焉大抵徐兗同俗故其餘諸郡皆得齊魯之所尚莫不賤商賈務稼穡尊儒慕學得洙泗之俗焉

江都郡梁置南兗州後齊改爲東廣州陳復曰南兗後周改爲吳州開皇九年改爲揚州置總管府大業初府廢統縣十六戶十一萬五千五百二十四○江陽舊曰廣陵後齊置廣陵江陽二郡開皇初郡廢十八年改縣爲邗江大業初更名江陽有江都宮揚子宮有陵湖江都自梁及隋或廢或置海陵梁置海陵郡開皇初郡廢又併建陵縣入尋析置江浦縣大業初省入寧海開皇初併如皐縣入高郵梁析置竹塘三歸二縣及置廣業郡尋以有嘉禾爲神農郡開皇初郡廢又併竹塘三歸臨澤三縣入焉安宜梁置陽平郡及東莞郡開皇初郡廢又廢石鱉縣入焉有白馬湖山陽舊置山陽郡開皇初郡廢十二年置楚州大業初州廢有後魏淮陰郡東魏改爲淮州後齊併魯富陵立盧恩縣後周改曰壽張又僑立東平郡開皇元年改郡爲淮陰并立楚州尋廢郡更改縣曰淮陰大業初州廢縣併入焉盱眙舊魏置盱眙郡陳置北譙州尋省開皇初郡廢又併考城直瀆陽城三縣入有都梁山鹽城後齊置射陽郡陳改曰鹽城開皇初郡廢清流舊曰頓丘置新昌郡及南譙州開皇初改爲滁州郡廢又廢樂鉅高塘二縣入頓丘改曰新昌十八年又改爲清流大業初州廢有白鷴山曲亭山全椒梁曰北譙置北譙郡後齊改郡爲臨滁後周又曰北譙開皇初郡廢改縣爲滁水大業初改名焉有銅官山九關山六合舊曰尉氏置秦郡後齊置秦州後周改州曰方州改郡曰六合開皇初郡廢四年改尉氏曰六合省堂邑方山二縣入焉大業初州廢又後齊置瓦梁郡陳廢有瓜步山六合山永福舊曰沛梁置涇城東陽二郡陳廢州併二郡爲沛郡後周改沛郡爲石梁郡改沛縣曰石梁縣省橫山縣入焉開皇初郡廢大業初改縣曰永福有香山永福山句容有茅山浮山四平山延陵舊置南徐州南東海郡梁改曰蘭陵郡陳又改爲東海開皇九年州郡並廢又廢丹徒縣入焉十五年置潤州大業初州廢有句驪山黃鵠山蒜山長塘湖曲阿有武進縣梁改爲蘭陵開皇九年併入

鍾離郡後齊曰西楚州開皇二年改曰豪州統縣四戶三萬五千一十五○鍾離舊置郡開皇初郡廢大業中復置郡定遠舊曰東城梁改曰定遠置臨濠郡後齊改曰廣安郡開皇初郡廢又有舊九江郡後齊廢爲曲陽縣縣尋廢又有梁置安州侯景亂廢化明故曰睢陵置濟陰郡後齊改縣曰池南陳復曰睢陵後周改爲昭義開皇初郡廢大業初縣改名焉塗山舊曰當塗後齊改曰馬頭置郡曰荊山開皇初改縣曰塗山廢郡有當塗山

淮南郡舊曰豫州後魏曰揚州梁曰南豫州東魏曰揚州陳又曰豫州後周曰揚州開皇九年曰壽州置總管府大業元年府廢統縣四戶三萬四千二百七十八○壽春舊有淮南梁郡北譙汝陰等郡開皇初並廢并廢梁縣入焉大業初置南郡有八公山門溪安豐梁置陳留安豐二郡開皇初並廢有芍陂霍丘梁置安豐郡東魏廢開皇十九年置縣名焉長平梁置北陳郡開皇初廢又併西華縣入

弋陽郡梁置光州統縣六戶四萬一千四百三十三○光山舊置光城郡開皇初郡廢十八年置縣焉大業初置光陽郡又有舊黃川郡梁廢樂安梁置宋安郡及宋安光城二縣又有豐安郡開皇三年並廢入焉有弋陽山浮光山金山錫山定城後齊置南郡州後廢入南北二弋陽縣後又省北弋陽入南弋陽改爲定遠焉又後魏置弋陽郡及有梁東新蔡縣後周改爲淮南郡又後齊置齊安新蔡二郡及廢舊義州立東光城郡至開皇初五郡及郢州並廢殷城舊曰包信開皇初改名焉梁置義城郡及建州并所領平高新蔡新城三郡開皇初並廢有太蘇山南松山固始梁曰蓼縣後齊改名焉置北建州尋廢州置新蔡郡後周改置澮州開皇初州郡並廢入又改縣爲固始有安陽郡期思陳置邊城郡開皇初郡廢改縣名焉有後齊光化郡亦廢入焉有大州山

蘄春郡後齊置羅州後周改曰蘄州開皇初置總管府九年府廢統縣五戶三萬四千六百九十○蘄春舊曰蘄陽梁改曰蘄水後齊改曰齊昌置齊昌郡開皇十八年改爲蘄春開皇初郡廢有安山浠水舊置永安郡開皇初郡廢有石鼓山蘄水舊曰蘄春梁改名焉有鼓吹山有蘄水黃梅舊曰永興開皇初改曰新蔡十八年改名焉有黃梅山羅田梁置義州義城郡開皇初並廢

廬江郡梁置南豫州又改爲合州開皇初改爲廬州統縣七戶四萬一千六百三十二○合肥梁曰汝陰置汝陰郡後齊分置北陳郡開皇初郡廢縣改名焉廬江齊置廬江郡梁置相州後齊州廢開皇初郡廢有冶甫山上薄山三公山聖山藍家山襄安梁曰蘄開皇初改焉有龜山紫微山亞父山牛陽山白石山四鼎山慎東魏置平梁郡陳曰梁郡開皇初郡廢有浮闍山霍山梁置霍州及岳安郡岳安縣後齊州廢開皇初郡廢縣改名焉灊水梁置北沛郡及新蔡縣開皇初郡廢又廢新蔡入焉有壁星山開化梁置有衡山九公山蹋鼓山天山多智山

同安郡梁置豫州後改曰晉州後齊改曰江州陳又曰晉州開皇初曰熙州統縣五戶二萬一千七百六十六○懷寧舊置晉熙郡開皇初郡廢大業三年置同安郡宿松梁置高塘郡開皇初郡廢改縣曰高塘十八年又改名焉有雷水太湖開皇初改爲晉熙十八年復改名焉望江陳置大雷郡開皇十一年改曰義鄉十八年改名焉同安舊曰樅陽并置樅陽郡開皇初郡廢十八年縣改名焉有浮度山

歷陽郡後齊立和州統縣二戶八千二百五十四○歷陽舊置歷陽郡開皇初郡廢大業初復置郡烏江梁置江都郡後齊改爲齊江郡陳又改爲臨江郡周改爲同江郡開皇初郡廢大業初置歷陽郡有六合山

丹陽郡自東晉已後置郡曰揚州平陳詔並平蕩耕墾更於石頭城置蔣州統縣三戶二萬四千一百二十五○江寧梁置丹陽郡及南丹陽郡陳省南丹陽郡平陳又廢丹陽郡并以秣陵建康同夏三縣入焉大業初置丹陽郡有蔣山當塗舊置淮南郡平陳廢郡并襄垣平湖樊昌西鄉入焉有天門山楚山溧水舊曰溧陽開皇九年廢丹陽郡入十八年改焉有槠山廬山楚山

宣城郡舊置南豫州平陳改爲宣州統縣六戶一萬九千九百七十九○宣城舊曰宛陵置宣城郡平陳郡廢仍併懷安寧國當塗逡遒四縣入焉大業初置郡有敬亭山涇平陳省安吳南陽二縣入焉有蓋山陵陽山南陵梁置併置南陵郡陳置北江州平陳州郡並廢并所管石城臨城定陵故治南陵五縣入焉秋浦舊曰石城平陳廢開皇十九年置改名焉永世平陳廢開皇十二年又置有疊光山綏安舊曰石封改名焉梁末立大梁郡又改爲陳留平陳郡廢省大德故鄣安吉原鄉四縣入焉

毗陵郡平陳置常州統縣四戶一萬七千五百九十九○晉陵舊置晉陵郡平陳郡廢大業初置郡有橫山江陰梁置及置江陰郡平陳廢郡及利城梁豐縣入焉有毗陵山無錫有九龍山義興舊曰陽羨置義興郡平陳郡廢改縣名焉又廢義鄉國山臨澤三縣入焉有計山洞庭山

吳郡陳置吳州平陳改曰蘇州大業初復曰吳州統縣五戶一萬八千三百七十七○吳舊置吳郡平陳郡廢大業初復置有首山橫山華山黃山姑蘇山太湖昆山梁置平陳廢開皇十八年復常熟舊曰南沙梁置信義郡平陳廢并所領海陽前京信義海虞興國南

沙入焉有虞山烏程舊置吳興郡平陳郡廢并東遷縣入焉仁壽中置湖州大業初州廢有雉山長城平陳廢仁壽二年復有卞山

會稽郡梁置東揚州陳初省尋復平陳改曰吳州置總管府大業初府廢置越州統縣四戶二萬二百七十一○會稽舊置會稽郡平陳郡廢又廢山陰永興上虞始寧四縣入大業初置郡有稷山重山會稽山句章平陳併餘姚鄞鄮三縣入有太白山方山剡有桐柏山諸暨有浣溪太農湖

餘杭郡平陳置杭州仁壽中置總管府大業初府廢統縣六戶一萬五千三百八十○錢唐舊置錢唐郡平陳郡廢并所領新城縣入大業三年置餘杭郡有栗山石甑山臨平湖富陽有石頭山雞籠山餘杭有由拳山全鵝山於潛有天目山石鏡山有桐溪鹽官有蜀山武康平陳廢仁壽二年復有封嵎山青山白鶴山

新安郡平陳置歙州統縣三戶六千一百六十四○休寧舊曰海寧開皇十八年改名焉大業初置郡歙平陳廢十一年復黟平陳廢十一年復

東陽郡平陳置婺州統縣四戶一萬九千八百五○金華舊曰長山置金華郡平陳郡廢又廢建德太末豐安三縣入改爲吳寧縣十二年改曰東陽十八年改名焉大業初置東陽郡有長山龍山樓山丘山有赤松澗永康烏傷有香山歡山信安有江山悲思廣有定陽溪

永嘉郡開皇九年置處州十二年改曰括州統縣四戶一萬五百四十二○括蒼平陳置縣大業初置永嘉郡有縉雲山括蒼山永嘉舊曰永寧置永嘉郡平陳郡廢縣改名焉有芙蓉山松陽臨海舊曰章安置臨海郡平陳郡廢縣改名焉有赤山天台山

建安郡陳置閩州仍廢後又置豐州平陳改曰泉州大業初改曰閩州統縣四戶一萬二千四百二十○閩舊曰東候官置晉安郡平陳郡廢縣改曰原豐十二年改曰閩大業初置建安郡有代山飛山建安舊置建安郡平陳郡廢南安舊曰晉安置南安郡平陳郡廢縣改名焉又置蕭田縣尋廢入焉龍溪梁置開皇十二年併蘭水綏安二縣入焉

遂安郡仁壽三年置睦州統縣三戶七千三百四十三○雉山舊置新安郡平陳廢爲新安縣大業初縣改名焉置遂安郡有仙壇山遂安平陳廢仁壽中復桐廬平陳廢仁壽中復有白石山

鄱陽郡梁置吳州陳廢平陳置饒州統縣三戶一萬一百二○鄱陽舊置鄱陽郡平陳郡廢又有銀城縣廢入焉大業初復置郡餘干弋陽舊曰葛陽開皇十二年改有弋水

臨川郡平陳置撫州統縣四戶一萬九百○臨川舊置臨川郡平陳郡廢大業三年復置郡有銅山黃山有蔘水南城有五章山崇仁梁置巴山郡領大豐新安巴山新建興平豐城西寧七縣平陳郡縣並廢以置縣焉邵武開皇十二年置

廬陵郡平陳置吉州統縣四戶二萬三千七百一十四○廬陵舊置廬陵郡平陳廢大業初復置泰和平陳置曰西昌十一年省東昌入更名焉安復舊置安成郡平陳郡廢縣改曰安成十八年又曰安復有更生山長嶺新淦有玉笥山

南康郡開皇九年置虔州統縣四戶一萬一千一百六十八○贛舊曰南康置南康郡平陳郡廢大業初縣改名焉尋置郡有儲山有贛水虔化舊曰寧都開皇十八年改名焉有石鼓山雩都舊廢平陳置有金雞山君山南康舊曰贛大業初改名焉有廩山上洛山贛山

宜春郡平陳置袁州統縣三戶一萬一百一十六○宜春舊曰宜陽開皇十一年廢吳平縣入十八年改名焉大業初置郡有盧溪淪水萍鄉有宜春江新喻

豫章郡平陳置洪州總管府大業初府廢統縣四戶一萬二千二十一○豫章舊置豫章郡平陳郡廢大業初復置郡豐城平陳廢十二年置曰廣豐仁壽初改名焉建昌開皇九年省并永修豫章新吳四縣入焉建城有然石

南海郡舊置廣州梁陳並置都督府平陳置總管府仁壽元年置番州大業初府廢統縣十五戶三萬七千四百八十二○南海舊置南海郡平陳郡廢又分置番禺縣尋廢入焉大業初置郡曲江舊置始興郡平陳郡廢十六年又廢須陽縣入焉有玉山銀山始興齊曰正階梁改名焉又置安遠郡置東衡州平陳改郡置大庾縣又於此置廣州總管開皇末移向南海又十六年廢大庾入焉翁源梁置陳又置清遠郡平陳郡廢增城舊置東官郡平陳廢有羅浮山寶安樂昌梁置曰梁化又分置平石縣開皇十二年省平石入十八年改名焉四會舊置綏建郡又有樂昌郡平陳二郡並廢大業初又併始昌二縣入焉化蒙大業初廢威城縣入焉清遠舊置清遠郡又分置威正恩洽浮護等四縣平陳並廢以置清遠縣又齊康郡至是亦廢入焉舍洭梁置衡州陽山郡平陳州改曰洭州廢郡二十年州廢有堯山政賓舊置東官郡平陳郡廢懷集新會舊置新會郡平陳郡廢又併盆允永昌新建熙潭化召懷集六縣入爲封州十一年改爲允州後又改爲岡州大業初州廢并廢封樂縣入有社山義寧開皇十年廢新夷初賓二縣入又有始康縣廢入封平大業初又廢封平入焉有茂山

龍川郡平陳置循州總管府大業初府廢統縣五戶六千四百二十○歸善帶郡有歸化山懷安山河源開皇十一年省龍川縣入焉又有新豐縣十八年改曰休吉大業初省入焉有龍山亢山有修江博羅興寧海豐有黑龍山有漲海

義安郡梁置東揚州後改曰瀛州及陳州廢平陳置潮州統縣五戶二千六十六○海陽舊置義安郡平陳郡廢大業初置郡有鳳皇山程鄉潮陽海寧有龍溪山萬川舊曰昭義大業初改名焉

高涼郡梁置高州統縣九戶九千九百一十七○高涼舊置高涼郡平陳廢大業初復置連江梁置連江郡平陳郡廢梁又置封縣開皇十八年改爲義封梁又置南巴郡平陳郡廢爲南巴縣大業初二縣並廢入電白梁置電白郡平陳郡廢又有海昌郡廢入焉杜原舊曰杜陵梁置杜陵郡又有永寧宋康二郡平陳並廢爲縣十八年改杜陵曰杜原宋康曰義康大業二年二縣並廢入杜原海安舊曰齊安置齊安郡平陳郡廢開皇十八年改縣名焉陽春梁置陽春郡平陳郡廢石龍舊置羅州高興郡平陳郡廢大業初州廢吳川茂名

信安郡平陳置端州統縣七戶一萬七千七百八十七○高要舊置高要郡平陳郡廢大業初置信安郡有定山端溪舊置晉康郡平陳郡廢有端水樂城開皇十二年廢文招悅成二縣入平興舊置宋隆郡領初寧建熙穆崇德召興崇化南安等縣平陳郡廢并所領縣入焉又梁置梁泰郡及縣平陳郡廢縣改曰清泰大業初廢入焉新興梁置新州新寧郡平陳郡廢大業初州廢又廢索盧縣入焉博林大業初廢撫納縣入銅陵有流南縣開皇十八年改曰南流又有西城縣大業初廢入

永熙郡梁置瀧州統縣六戶一萬四千三百一十九○瀧水舊置開陽縣平原羅陽等郡平陳郡並廢以名縣開皇十八年改平原曰瀧水維陽縣爲正義大業初廢永熙郡開陽正義俱廢入焉懷德舊曰梁德置梁德郡平陳郡廢十八年改名懷德良德陳置曰務德後改名焉安遂梁置建州廣熙郡尋廢州大業初廢永業梁置永業郡尋改爲縣後省開皇十六年又置永熙大業初併安南縣入

蒼梧郡梁置成州開皇初改爲封州統縣四戶四千五百七十八○封川梁曰梁信置梁信郡平陳郡廢十八年改爲封川大業初又廢封興縣入焉都城開皇十二年省威成晉化二縣入焉蒼梧舊置蒼梧郡平陳郡廢封陽

始安郡梁置桂州平陳置總管府大業元年府廢統縣十五戶五萬四千五百一十七○始安舊置始安梁化二郡平陳郡並廢大業初廢興安縣入焉平樂有日山荔浦建陵陽朔象隋化義熙舊曰齊熙置齊熙黃水二郡及東寧州平陳郡並廢十八年改州曰融州縣曰義熙大業初州廢并廢臨牂黃水二縣入焉龍城梁置馬平開皇十二年置象州大業初州廢桂林大業初併西寧縣入焉陽壽有馬平桂林象鄙陽等四郡平陳並廢又有淮陽縣開皇十八年改曰陽壽大業初省入焉富川舊置臨賀樂梁二郡平陳並廢置賀州大業初州廢又置臨賀綏越蕩山三縣入焉龍平梁置靜州梁壽靜慰二郡平陳並廢又置歸化縣大業初州廢又廢歸化安樂博勞三縣入焉豪靜梁置開江武城二郡陳置逍遙郡平陳郡並廢又有猛陵開江二縣大業初並廢入焉

永平郡平陳置藤州統縣十一戶三萬四千四十九○永平舊置永平郡平陳郡廢大業置郡武林有鸞石山隋建開皇十九年置安基梁置建陵郡平陳郡廢隋安開皇十九年置普寧舊曰陰石梁置陰石郡平陳郡廢改縣爲奉化開皇十九年又改名焉戎成梁置曰遂成開皇十一年改名焉有農山寧人開皇十五年置曰安人十八年改名焉有壽原山淳人開皇十九年置大賓開皇十五年置賀川開皇十九年置又陳置建陵綏越蒼梧永建等四郡平陳並廢

鬱林郡梁置定州後改爲南定州平陳改爲尹州大業初改爲鬱州統縣十二戶五萬九千二百○鬱林舊置鬱林郡平陳郡廢大業初又置郡又廢武平龍山懷澤布山四縣入鬱平領方梁置領方郡平陳郡廢阿林石南陳置石南郡平陳郡廢桂平梁置桂平郡平陳郡廢大業初又廢皇化縣入馬度安成梁置安成郡平陳郡廢寧浦舊置寧浦郡梁分立簡陽郡平陳郡廢置簡州十八年改爲緣州大業二年州廢樂山梁置樂陽郡平陳改爲樂陽縣十八年改名焉嶺山梁置嶺山郡平陳改爲嶺縣十八年改爲嶺山大業初併武緣縣入有武緣山宣化舊置晉興郡平陳廢爲縣開皇十八年改名焉

合浦郡舊置越州大業初改爲祿州尋改爲合州統縣十一戶二萬八千六百九十○合浦舊置合浦郡平陳郡廢大業初置郡南昌北流大業初廢陸川縣入封山大業初廢廉昌縣入定川舊立定川郡平陳郡廢龍蘇舊置龍蘇郡平陳郡廢大業初又併大廉縣入海康梁大通中割番州合浦立高州尋又分立合州大同末以合肥爲合州此置南合州平陳以此爲合州置海東縣大業初州廢又廢擒落羅阿雷川三縣入抱成舊曰抱并置郡平陳郡廢十八年改曰抱成隋康舊曰齊康置齊康郡平陳郡廢縣改名焉扇沙舊有椹縣開皇十八年改爲椹川大業初廢入鐵杷開皇十年置

珠崖郡梁置崖州統縣十戶一萬九千五百○義倫帶郡感恩顏盧毗善昌化有藤山吉安延德寧遠澄邁武德有扶山

寧越郡梁置安州開皇十八年改曰欽州統縣六戶一萬二千六百七十○欽江舊置宋壽郡平陳郡廢開皇十八年改曰欽江大業初置寧越郡安京舊置安京郡平陳郡廢有羅浮山有武郎江內亭舊置宋廣郡平陳郡廢十七年曰新化縣十八年改名焉南賓開皇十八年置遵化開皇二十年置海安梁置曰安平置黃州及寧海郡平陳郡廢十八年改州曰玉州大業初州廢其年又省海平玉山二縣入

交趾郡舊曰交州統縣九戶三萬五十六○宋平舊置宋平郡平陳郡廢大業初置交趾郡龍編舊置交趾郡平陳郡廢朱鳶舊置武平郡平陳郡廢隆平舊曰武定置武平郡平陳郡廢開皇十八年縣改名焉平道舊曰國昌開皇十二年改名焉交趾嘉寧舊置興州新昌郡平陳郡廢十八年改曰峰州大業初州廢新昌安人舊曰臨西開皇十八年改名焉

九真郡梁置愛州統縣七戶一萬六千一百三十五○九真帶郡有陽山堯山移風舊置九真郡平陳郡廢胥浦隆安舊曰高安開皇十八年改名焉軍安舊曰常樂開皇十六年改名焉日南

日南郡梁置德州開皇十八年改曰驩州統縣八戶九千九百一十五○九德帶郡咸驩浦陽越常金寧梁置利州開皇十八年改爲智州大業初州廢交谷梁置明州大業初州廢安遠光安舊曰西安開皇十八年改名焉

比景郡大業元年平林邑置蕩州尋改爲郡統縣四戶一千八百一十五○比景朱吾壽泠西捲

海陰郡大業元年平林邑置農州尋改爲郡統縣四戶一千一百○新容眞龍多農安樂

林邑郡大業元年平林邑置沖州尋改爲郡統縣四戶一千二百二十○象浦金山交江南極

揚州於禹貢爲淮海之地在天官自斗十二度至須女七度爲星紀於辰在丑吳越得其分野江南之俗火耕水耨食魚與稻以漁獵爲業雖無蓄積之資然而亦無饑餒其俗信鬼神好淫祀父子或異居此大抵然也江都弋陽淮南鍾離蘄春同安廬江歷陽人性並躁勁風氣果決包藏禍害視死如歸戰而貴詐此則其舊風也自平陳之後其俗頗變尚淳質好儉約喪紀婚姻率漸於禮其俗之敝者稍愈於古焉丹陽舊京所在人物本盛小人率多商販君子資於官祿市廛列肆埒於二京人雜五方故俗頗相類京口東通吳會南接江湖西連都邑亦一都會也其人本並習戰號爲天下精兵俗以五月五日爲鬬力之戲各料强弱相敵事類講武宣城毗陵吳郡會稽餘杭東陽其俗亦同然數郡川澤沃衍有海陸之饒珍異所聚故商賈並湊其人君子尚禮庸庶敦龐故風俗澄清而道教隆洽亦其風氣所尚也豫章之俗頗同吳中其君子善居室小人勤耕稼衣冠之人多有數婦暴面市廛競分銖以給其夫及舉孝廉更要富者前妻雖有積年之勤子女盈室猶見放逐以避後人俗少爭訟而尚歌舞一年蠶四五熟勤於紡績亦有夜浣紗而旦成布者俗呼爲雞鳴布新安永嘉建安遂安鄱陽九江臨川廬陵南康宜春其俗又頗同豫章而廬陵人龐淳率多壽考然此數郡往往畜蠱而宜春偏甚其法以五月五日聚百種蟲大者至蛇小者至蝨合置器中令自相啖餘一種存者留之蛇則曰蛇蠱蝨

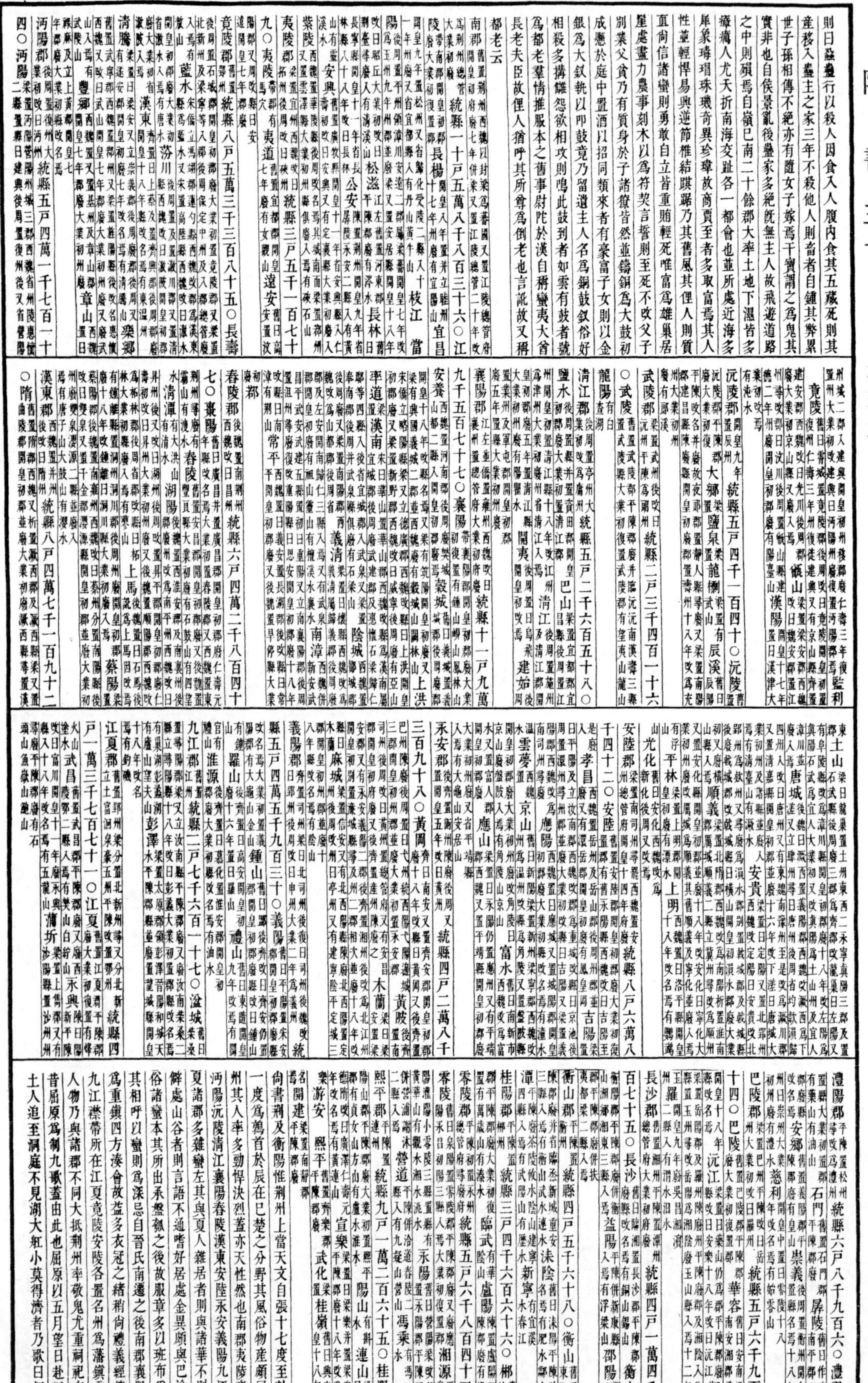

則曰𧑒蠱行以殺人因食入人腹內食其五藏死則其產移入蠱主之家三年不殺他人則畜者自鍾其弊累世子孫相傳不絕亦有隨女子嫁焉干寶謂之爲鬼其實非也自侯景亂後蠱家多絕旣無主人故飛遊道路之中則殞焉自嶺已南二十餘郡大率土地下濕皆多瘴癘人尤夭折南海交趾各一都會也並所處近海多犀象瑇瑁珠璣奇異珍瑋故商賈至者多取富焉其人性並輕悍易興逆節椎結踑踞乃其舊風其俚人則質直尚信諸蠻則勇敢自立皆重賄輕死唯富爲雄巢居崖處盡力農事刻木以爲符契言誓則至死不改父子別業父貧乃有質身於子諸獠皆然並鑄銅爲大鼓初成懸於庭中置酒以招同類來者有豪富子女則以金銀爲大釵執以叩鼓竟乃留遺主人名爲銅鼓釵俗好相殺多搆讎怨欲相攻則鳴此鼓到者如雲有鼓者號爲都老羣情推服本之舊事尉陀於漢自稱蠻夷大酋長老夫臣故俚人猶呼其所尊爲倒老也言訛故又稱都老云

南郡舊置荊州西魏以封梁爲蕃國又置江陵總管府開皇初府廢七年併梁又置江陵總管二十年改爲荊州總管大業初廢統縣一十戶五萬八千八百三十六○江陵帶南郡開皇初郡廢大業初復置郡長楊開皇八年置并立睢州十七年州廢有宜陽山宜昌開皇九年置松州又省鷄化受陵二縣入十一年州廢又省宜都縣入有丹山黃牛山枝江當陽後周置平州領漳川安遠二郡屬梁蕃開皇七年改爲玉州九年州郡並廢梁又置安居縣開皇十八年改日昭丘大業初改日荊臺尋廢入有清溪山松滋江左舊置河東郡平陳郡廢有涔水長林舊日長寧縣開皇十一年省長林縣入十八年改日長林公安陳置荊州開皇九年省孱陵永安二縣入有黃山有靈溪水安興舊置廣牧縣開皇十一年省安興縣入仁壽初改日安興又有定襄縣大業初廢入紫陵西魏置華陵縣後周改名焉其城南面梁置郡州又置雲澤縣大業初州縣俱廢入焉有硤石山

夷陵郡梁置宜州西魏改日拓州後周改日硤州統縣三戶五千一百七十九○夷陵帶郡有馬穴夷道舊置宜都郡開皇七年廢有女觀山遠安舊日高安置汶陽郡又周改縣日安遠開皇七年郡廢

竟陵郡舊置郢州統縣八戶五萬三千三百八十五○長壽後周置石城郡開皇初郡廢大業初置竟陵郡又梁置北新州及梁寧等八郡後周保定中州及八郡總管廢入焉有敖山藍水宋僑立馮翊郡蓮勺縣西魏改郡爲漢東縣爲藍水又宋置高陸縣西魏改日激水開皇初郡廢大業初省激水入焉有唐水溳川後周置及置溳川郡又置清縣西魏改日激陂開皇初郡廢大業初省激陂入焉漢東齊置日上蔡及置齊興郡後周郡廢開皇十八年縣改名焉有東溫州清騰梁置日梁安又立崇義郡後周廢郡後周又有遂安郡開皇初廢七年改名焉有清騰山樂鄉舊置武寧郡西魏置郡州又梁置旌陽縣後改名惠懷西魏又改日武山開皇七年郡廢大業初州廢又廢武山入焉有武陵山豐鄉西魏置又置基州及章山郡開皇七年郡廢大業初州廢章山西魏置日麻及立上黃郡開皇七年郡廢大業初縣改名焉

沔陽郡後周置復州大業初改日沔州統縣五戶四萬一千七百一十四○沔陽梁置沔陽營陽州城三郡西魏省州陵惠懷二縣置縣日建興後周置復州後又省營陽州城二郡入建興開皇初州移郡廢仁壽三年復置州大業初改建興日沔陽州郡廢焉監利竟陵舊日霄城置竟陵郡後周改日竟陵開皇初置復州仁壽三年州徙建興又有京山縣齊置建安郡西魏改日光川後周郡廢大業初京山縣又廢入焉甑山梁置梁安郡西魏改日魏安郡置江州尋改郡日汶川後周置甑山縣建德二年州廢開皇初郡廢有陽臺山漢陽開皇十七年置日漢津大業初改焉有沌水

沅陵郡開皇九年置辰州統縣五戶四千一百四十○沅陵舊置沅陵郡平陳郡廢大業初復郡大鄉梁置鹽泉梁置龍檦梁置有武山辰溪舊日辰陽平陳改名并廢故夜郎郡置靜人縣尋廢又梁置南陽郡建昌縣陳廢縣開皇初廢郡置壽州十八年改爲充州大業初州廢有郎溪

武陵郡梁置武州後改日沅州平陳改爲朗州統縣二戶三千四百一十六○武陵舊置武陵郡平陳郡廢并臨沅沅南漢壽三縣置武陵縣大業初復置武陵郡有望夷山龍山龍陽有白查湖

清江郡後周置亭州大業初改爲庸州統縣五戶二千六百五十八○鹽水後周置資田郡開皇初郡廢大業初置清江郡巴山梁置宜都郡宜昌縣後周置江州開皇初置清江縣十八年改江州爲津州大業初州廢省清江入焉清江後周置施州及清江郡開皇初郡廢五年置清江縣大業初州廢有陽瞿水開夷後周置日烏飛開皇初改焉建始後周置業州及軍屯郡開皇初郡廢五年置縣大業初州廢

襄陽郡江左並僑置雍州西魏改日襄州置總管府大業初府廢統縣十一戶九萬九千五百七十七○襄陽帶襄陽郡開皇初郡廢大業初復置有鍾山峴山鳳林山安養西魏置河南郡後周廢樊城山都二縣入開皇初郡廢焉穀城舊日義城置義城郡後周廢郡開皇十八年改縣名焉又梁有筑陽縣開皇初廢又梁有興國義城二郡並西魏廢有穀城山闘林山上洪宋僑立略陽縣梁又立德廣郡西魏改縣日上洪開皇初郡廢又梁置新野郡西魏改日威寧後周廢有亞山率道梁置漢南宋日華山置華山郡西魏改縣爲漢南屬宜城郡後周廢武建郡及惠懷石梁歸仁鄀等四縣入後省宜城郡入武泉又梁置奉南郡後周并武泉縣俱廢有石梁山陰城西魏置鄀城郡後周廢又梁置南陽郡西魏改爲山都郡後周省義清梁置日褱縣西魏改爲義清屬歸義郡後周廢郡及左安開南歸仁三縣入焉又有武泉郡開皇初廢有祖山靈山有檀溪水襄水南漳西魏併昌平武安武建五縣置初日重陽又立南襄陽郡後周置沮州尋廢復改重陽縣日思安開皇初郡廢十八年改縣日南漳有荊山常平西魏置日義安置長湖郡後改縣日常平開皇初郡廢又後魏置早停縣大業初廢

春陵郡後魏置南荊州西魏改日昌州統縣六戶四萬二千八百四十七○棗陽舊日廣昌并置廣昌郡開皇初郡廢仁壽元年縣改名焉大業初置春陵郡又西魏置東荊州尋廢有霸山有溲水春陵舊置安昌郡開皇初郡廢又後魏置豐貞縣大業初廢有石鼓山有四望水清潭有大洪山有清水湖陽後魏置西淮安郡西魏改郡爲南平州西魏改日昇州後又改日湖州大業初州廢又後魏置郡開皇初郡廢仁壽初改日湖陽上馬梁置上馬郡後魏置日石馬因改爲上馬郡開皇初郡廢蔡陽後魏置南雍州西魏改日蔡州分置蔡陽縣開皇初郡並廢大業初州廢又後魏置襄州後改雙泉郡州及南陽縣開皇十八年改鍾離日淛川大業初廢入焉有鍾離縣後周改淛川郡有唐子山大鼓山有溲水又蔡陽郡有雙泉灈源二縣並廢入焉

漢東郡西魏置并州後改日隋州統縣八戶四萬七千一百九十二○隋舊置隋郡開皇初郡廢大業初廢灄州又曲陵郡西魏又析置灄西郡及灄西縣梁又置漢東郡土山梁日龍巢置土州東西二永寧眞陽三郡及置石武縣後周廢三郡爲齊郡改龍巢日左陽又有阜陂縣後周改爲漳川縣開皇初郡廢十八年改左陽爲眞陽石武爲宜人大業初又改眞陽爲土山州及宜人漳川並廢入焉唐城梁置下溠戍後魏日西淮安郡西魏置義陽郡又改爲下溠郡開皇初郡廢十六年改爲唐城縣四州入焉又置清嘉縣開皇初郡廢十六年改下溠日唐城大業初州廢又有業州及諸縣並廢入焉有清臺山有灄水安貴梁置日定陽又置北郢州西魏改定陽日安貴改北郢州爲郢州又尋廢爲湞水郡別置乾城縣及乾城郡後廢戢城郡改戢城爲湞水郡開皇初郡廢大業初州廢山又廢橫山縣入焉順義梁置北隨郡西魏改爲南陽郡又析置淮南郡後周改爲順義二縣立冀州尋改爲順州又置安化縣開皇初郡並廢十八年改安化日寧化大業初州廢改順義其舊順義及寧化並廢入焉有浮山平林梁置上明郡開皇初郡廢有溧水上明西魏置日洛平縣開皇十八年改名焉有鸚鵡山光化舊日安化西魏改爲新化後周又改焉

安陸郡梁置南司州尋罷西魏置安州總管府開皇十四年府廢統縣八戶六萬八千四十二○安陸舊置安陸郡置安陸縣開皇初郡廢大業初復置郡有舊永陽縣西魏改日吉陽至是廢入孝昌西魏置岳州及岳山郡後周州郡並廢有漫岳郡開皇初廢有鳳皇岡吉陽梁置日平陽及立汝南郡西魏改郡爲重城改縣日京池後周置漫州尋州郡並廢大業初改縣日吉陽又梁置義陽郡西魏改爲司州尋廢應陽西魏置日應城縣又置城陽郡開皇初郡廢大業初縣改名焉有漳水雲夢西魏置溫州後改縣爲角陵又置盤陂縣開皇初京山舊日新陽梁置新州尋改爲溫州改縣日京山富水西魏舊日南新市開皇初郡廢大業初州廢角陵日京山京山開皇初州郡並廢又有平靖縣開皇初郡廢應山梁置日永陽又有平靖縣開皇初郡廢

永安郡後齊置衡州陳廢後周又置開皇五年改日黃州統縣四戶二萬八千三百九十八○黃岡齊日南安又置齊安郡開皇初郡廢十八年改縣日黃岡又後齊置黃陂後齊置南司州後周改日黃州置總管府又有安昌縣廢之木蘭梁日梁安置梁安郡後周改爲北江州後齊置湘州二郡後周改爲北江州又有建寧陰平定城三郡開皇初並廢又有北西陽縣西陽二州總管府後周置義陽二郡西魏置安郡平陳郡又有永安郡義陽二州總管陳廢郡開皇初郡開皇初別置信安縣又有北齊置信安及二郡後周以爲亭州又有建寧陰平定城三州麻城梁置信安縣後周改日亭州開皇初州廢有大龜山安居山入焉

義陽郡齊置司州梁日北司州後復日司州大業二年爲義州統縣五戶四萬五千九百三十○義陽舊日平陽置宋安郡開皇初郡廢縣改名焉有大龜山有鍾山舊日齊安仍置齊安郡開皇初郡廢縣改日鍾山羅山後齊置日高安開皇初改焉有九年改日東隨開皇九年改焉有禮山舊日東隨開皇九年改焉有淮源後齊置日慕化置淮安郡開皇初郡廢大業初縣改名焉有油水

九江郡舊置江州統縣二戶七千六百一十七○湓城舊日柴桑置尋陽郡梁又立汝南縣平陳郡廢又廢汝南柴桑二縣立尋陽縣十八年改日彭蠡大業初置郡縣改名焉有巢湖彭蠡湖有廬山望夫山彭澤梁置太原郡領晉陽和城天平陳郡廢平陳郡縣並廢置龍城縣開皇十八年改名有釣磯

江夏郡舊置郢州梁分置北新州平陳改置鄂州又分置北新州統縣四戶一萬三千七百七十一○江夏舊置江夏郡平陳郡廢大業初復置有峰立富川泉豪五州平陳改置鄂州武昌舊置武昌郡平陳郡廢又廢西陵鄂二縣入焉有樊山白紵山永興陳日陽新平陳改名焉有富川開皇十一年廢永興縣入十八年改名焉有五龍山蒲圻梁置上隽郡又有沙陽縣置沙州州又有火山永興新平陳郡廢有石頭山漁獄山鮑山

澧陽郡平陳置松州尋改爲澧州統縣六戶八千九百六○澧陽平陳置縣大業初置郡有藥山有油山石門舊置石門郡平陳郡廢孱陵舊日作塘平陳郡廢又梁置南平郡平陳郡廢安鄉舊置義陽郡後周置衡州開皇中郡廢有皇山改名焉崇義後周置縣名焉十八年改州日崇州大業初州廢有澧水慈利開皇中置日零陵十八年改名焉有始零山

巴陵郡梁置巴州平陳改日岳州大業初改日羅州統縣五戶六千九百三十四○巴陵舊置巴陵郡平陳郡廢大業初復置郡華容舊日安南梁置南安郡平陳郡廢尋廢開皇十八年改名焉沅江梁置日藥山仍爲郡平陳郡廢又梁置岳陽郡及羅州平陳廢郡及湘陰入岳陽縣置玉州尋改岳陽爲湘陰廢玉山縣入焉十二年廢湘陰開皇十八年改日安樂十八年改日沅江羅開皇九年廢吳昌湘濱二縣入有汨水汨水州

長沙郡舊置湘州平陳置潭州總管府大業初府廢統縣四戶一萬四千二百七十五○長沙舊日臨湘置長沙郡平陳郡廢縣改名焉有銅山錫山衡山舊置衡陽郡平陳郡廢併衡東湘西三縣入焉有浮梁山邵陽舊置邵陵郡平陳郡廢并東湘三縣入焉益陽有浮梁山湘鄉平陳郡廢併扶夷都梁二縣入焉

衡山郡平陳置衡州統縣四戶五千六十八○衡山舊置湘東郡平陳郡廢并省臨烝新城重安三縣入焉有衡山武水連水湘陰舊日沫陽平陳改名焉有肥水鄖水湘潭平陳廢茶陵攸水陰山建寧四縣入焉有歷山武陽山有歷水新寧有宜溪耒水春江

桂陽郡平陳置郴州統縣三戶四千六百六十六○郴舊置桂陽郡平陳郡廢大業初復置有萬歲山有漆水臨武有華陰山盧陽平陳置盧陽郡平陳郡廢有漆水

零陵郡平陳置永州總管府尋廢統縣五戶六千八百四十五○零陵舊日泉陵置零陵郡平陳郡廢又廢應陽永昌祁陽三縣入焉大業初復置郡湘源平陳廢洮陽零陵三縣置縣有洮水永陽舊日營陽梁改名焉置永陽郡平陳郡廢黃華山有觀水湘水洮水

營道平陳併泠道舂陵營浦謝沐二縣入焉有九疑山營山馮乘有馮水

熙平郡平陳置連州統縣九戶一萬二百六十五○桂陽梁置陽山郡平陳郡廢大業初置熙平郡有貞女山方山有盧水淮水陽山有湞水連山梁置日廣德隋改日廣澤仁壽元年改名焉有黃連山宜樂梁置日梁樂并置梁樂郡平陳郡廢十八年改爲宜樂游安熙平舊置齊樂郡平陳郡廢武化梁置桂嶺舊日興安開皇十八年改名開建梁置南靜郡平陳郡廢

尚書荊及衡陽惟荊州上當天文自張十七度至軫十一度爲鶉首於辰在巳楚之分野其風俗物產頗同揚州其人率多勁悍決烈蓋亦天性然也南郡夷陵竟陵沔陽沅陵清江襄陽春陵漢東安陸永安義陽九江江夏諸郡多雜蠻左其與夏人雜居者則與諸華不別其僻處山谷者則言語不通嗜好居處全異頗與巴渝同俗諸蠻本其所出承盤瓠之後故服章多以斑布爲飾其相呼以蠻則爲深忌自晉氏南遷之後南郡襄陽皆爲重鎭四方湊會故益多衣冠之緒稍尙禮義經籍焉九江襟帶所在江夏竟陵安陸各置名州爲藩鎭重寄人物乃與諸郡不同大抵荊州率敬鬼尤重祠祀之事昔屈原爲制九歌蓋由此也屈原以五月望日赴汨羅土人追至洞庭不見湖大紅小莫得濟者乃歌曰何由

得渡湖因爾鼓櫂爭歸競會亭上習以相傳爲競渡之戲其迅檝齊馳櫂歌亂響喧振水陸觀者如雲諸郡率然而南郡襄陽尤甚二郡又有牽鉤之戲云從講武所出楚將伐吳以爲教戰流遷不改習以相傳鉤初發動皆有鼓節羣譟歌謠振驚遠近俗云以此厭勝用致豐穰其事亦傳于他郡梁簡文之臨雍部發教禁之由是頗息其死喪之紀雖無被髮袒踊亦知號叫哭泣始死卽出屍於中庭不留室內斂畢送至山中以十三年爲限先擇吉日改入小棺謂之拾骨拾骨必須女壻蠻重女壻故以委之拾骨者除肉取骨棄小取大當葬之夕女壻或三數十人集會於宗長之宅著芒心接䍦名曰茅綏各執竹竿長一丈許上三四尺許猶帶枝葉其行伍前却皆有節奏歌吟叫呼亦有章曲傳云盤瓠初死置之於樹乃以竹木刺而下之故相承至今以爲風俗隱諱其事謂之刺北斗既葬設祭則親疎咸哭哭畢家人既至但歡飲而歸無復祭哭也其左人則又不同無衰服不復魄始死置屍館舍鄰里少年各持弓箭遶屍而歌以箭扣弓爲節其歌詞說平生樂事以至終卒大抵亦猶今之挽歌歌數十闋乃衣衾棺斂送往山林別爲廬舍安置棺柩亦有於村側瘞之待二三十喪總葬石窟長沙郡又雜有夷蜒名曰莫徭自云其先祖有功常免徭役故以爲名其男子但著白布褌衫更無巾袴其女子青布衫班布帬通無鞋屩婚嫁用鐵鈷鏻爲聘財武陵巴陵零陵桂陽澧陽衡山熙平皆同焉其喪葬之節頗同於諸左云

隋書卷三十一　考證

地理志下延陵注蒜山○監本蒜作蒜按文選顏延年侍遊蒜山詩注蒜山在潤州西二里又千祿字書俗亦作蒜

丹陽郡注置郡曰揚州○監本闕郡字又更於石頭城置蔣州元本闕於字從閩本補

句章注平陳併餘姚鄞鄮三縣入○監本鄮訛鄮前漢地理志會稽郡鄮注莽曰海治孟康曰音貿後漢郡國志亦有鄮臣𠇍斗按今浙江寧波府慈谿奉化鄞鄮故地

郴注有溱水○監本溱訛漆臣𠇍斗按說文溱水出桂陽臨武卽此水也漆音膝波浪也

# 隋書卷三十二

唐太尉揚州都督監修國史上柱國趙國公臣長孫無忌等撰

## 志第二十七

### 經籍一 經

夫經籍也者機神之妙旨聖哲之能事所以經天地緯陰陽正紀綱弘道德顯仁足以利物藏用足以獨善學之者將殖焉不學者將落焉大業崇之則成欽明之德匹夫克念則有王公之重其王者之所以樹風聲流顯號美教化移風俗何莫由乎斯道故曰其爲人也溫柔敦厚詩教也疏通知遠書教也廣博易良樂教也絜靜精微易教也恭儉莊敬禮教也屬辭比事春秋教也遭時制宜質文迭用應之以通變通變之以中庸中庸則可久通變則可大其教有適其用無窮實仁義之陶鈞誠道德之橐籥也其爲用大矣隨時之義深矣言無得而稱焉故曰不疾而速不行而至今之所以知古後之所以知今其斯之謂也是以大道方行俯龜象而設卦後聖有作仰鳥跡以成文書契已傳繩木棄而不用史官既立經籍於是興焉夫經籍也者先聖據龍圖握鳳紀南面以君天下者咸有史官以紀言行言則左史書之動則右史書之故曰君舉必書懲勸斯在考之前載則三墳五典八索九丘之類是也下逮殷周史官尤備紀言書事靡有闕遺則周禮所稱太史掌建邦之六典八法八則以詔王治小史掌邦國之志定世繫辨昭穆內史掌王之八柄策命而貳之外史掌王之外令及四方之志三皇五帝之書御史掌邦國都鄙萬民之治令以贊冢宰此則天子之史凡有五焉諸侯亦各有國史分掌其職則春秋傳晉趙穿弒靈公太史董狐書曰趙盾殺其君以示於朝宣子曰不然對曰子爲正卿亡不越境反不討賊非子而誰齊崔杼弒莊公太史書曰崔杼弒其君崔子殺之其弟嗣書死者二人其弟又書乃舍之南史聞太史盡死執簡以往聞既書矣乃還楚靈王與右尹子革語右史倚相趨而過王曰此良史也能讀三墳五典八索九丘然則諸侯史官亦非一人而已皆以記言書事太史總而裁之以成國家之典不虛美不隱惡故得有所懲勸遺文可觀則左傳稱周志國語有鄭書之類是也暨夫周室道衰紀綱散亂國異政家殊俗褒貶失實隳紊舊章孔丘以大聖之才當傾頹之運歎鳳鳥之不至惜將墜於斯文乃述易道而刪詩書修春秋而正雅頌壞禮崩樂咸得其所自哲人萎而微言絕七十子散而大義乖戰國縱橫眞僞莫辨諸子之言紛然淆亂聖人之至德喪矣先王之要道亡矣陵夷踳駮以至于秦秦政奮豺狼之心剗先代之迹焚詩書坑儒士以刀筆吏爲師制挾書之令學者逃難竄伏山林或失本經口以傳說漢氏誅除秦項未及下車先命叔孫通草綿蕝之儀救擊柱之弊其後張蒼治律曆陸賈撰新語曹參薦蓋公言黃老惠帝除挾書之律儒者始以其業行於民間猶以去聖既遠經籍散逸簡札錯亂傳說紕繆遂使書分爲二詩分爲三論語有齊魯之殊春秋有數家之傳其餘互有踳駮不可勝言此其所以博而寡要勞而少功者也武帝置太史公命天下計書先上太史副上丞相開獻書之路置寫書之官外有太常太史博士之藏內有延閣廣內祕室之府司馬談父子世居太史探采前代斷自軒皇逮于孝武作史記一百三十篇詳其體制蓋史官之舊也至于孝成祕藏之書頗有亡散乃使謁者陳農求遺書於天下命光祿大夫劉向校經傳諸子詩賦步兵校尉任宏校兵書太史令尹咸校數術太醫監李柱國校方技每一書就向輒撰爲一錄論其指歸辨其訛謬敘而奏之向卒後哀帝使其子歆嗣父之業乃徙溫室中書於天祿閣上歆遂總括羣篇撮其指要著爲七略一曰集略二曰六藝略三曰諸子略四曰詩賦略五曰兵書略六曰術數略七曰方技略大凡三萬三千九十卷王莽之末又被焚燒光武中興篤好文雅明章繼軌尤重經術四方鴻生鉅儒負袠自遠而至者不可勝算石室蘭臺彌以充積又於東觀及仁壽閣集新書校書郎班固傅毅等典掌焉並依七略而爲書部固又編之以爲漢書藝文志董卓之亂獻帝西遷圖書縑帛軍人皆取爲帷囊所收而西猶七十餘載兩京大亂埽地皆盡魏氏代漢采掇遺亡藏在祕書中外三閣魏祕書郎鄭默始制中經祕書監荀勗又因中經更著新簿分爲四部總括羣書一曰甲部紀六藝及小學等書二曰乙部有古諸子家近世子家兵書兵家術數三曰丙部有史記舊事皇覽簿雜事四曰丁部有詩賦圖讚汲冢書大凡四部合二萬九千九百四十五卷但錄題及言盛以縹囊書用緗素至於作者之意無所論辯惠懷之亂京華蕩覆渠閣文籍靡有孑遺東晉之初漸更鳩聚著作郎李充以勗舊簿校之其見存者但有三千一十四卷充遂總沒衆篇之名但以甲乙爲次自爾因循無所變革其後中朝遺書稍流江左宋元嘉八年祕書監謝靈運造四部目錄大凡六萬四千五百八十二卷元徽元年祕書丞王儉又造目錄大凡一萬五千七百四卷儉又別撰七志一曰經典志紀六藝小學史記雜傳二曰諸子志紀今古諸子三曰文翰志紀詩賦四曰軍書志紀兵書五曰陰陽志紀陰陽圖緯六曰術藝志紀方技七曰圖譜志紀地域及圖書其道佛附見合九條然亦不述作者之意但於書名之下每立一傳而又作九篇條例編乎首卷之中文義淺近未爲典則齊永明中祕書丞王亮監謝朏又造四部書目大凡一萬八千一十卷齊末兵火延燒祕閣經籍遺散梁初祕書監任昉躬加部集又於文德殿內列藏衆書華林園中總集釋典大凡二萬三千一百六卷而釋氏不豫焉梁有祕書監任昉殷鈞四部目錄又文德殿目錄其術數之書更爲一部使奉朝請祖暅撰其名故梁有五部目錄普通中有處士阮孝緒沈靜寡慾篤好墳史博采宋齊已來王公之家凡有書記參校官簿更爲七錄一曰經典錄紀六藝二曰記傳錄紀史傳三曰子兵錄紀子書兵書四曰文集錄紀詩賦五曰技術錄紀數術六曰佛錄七曰道錄其分部題目頗有次序割析辭義淺薄不經梁武敦悅詩書下化其上四境之內家有文史元帝克平侯景收文德之書及公私經籍歸于江陵大凡七萬餘卷周師入郢咸自焚之陳天嘉中又更鳩集考其篇目遺闕尚多其中原則戰爭相尋干戈是務文教之盛苻姚而已宋武入關收其圖籍府藏所有纔四千卷赤軸青紙文字古拙後魏始都燕代南略中原粗收經史未能全具孝文徙都洛邑借書於齊祕府之中稍以充實暨於爾朱之亂散落人間後齊遷鄴頗更搜聚迄於天統武平校寫不輟後周始基關右外逼彊鄰戎馬生郊日不暇給保定之始書止八千後稍加增方盈萬卷周武平齊先封書府所加舊本纔至五千隋開皇三年祕書監牛弘表請分遣使人搜訪異本每書一卷賞絹一匹校寫既定本卽歸主於是民間異書往往間出及平陳已後經籍漸備檢其所得多太建時書紙墨不精書亦拙惡於是總集編次存爲古本召天下工書之士京兆韋霈南陽杜頵等於祕書內補續殘缺爲正副二本藏于宮中其餘以實祕書內外之閣凡三萬餘卷煬帝卽位祕閣之書限寫五十副本分爲三品上品紅瑠璃軸中品紺瑠璃軸下品漆軸於東都觀文殿東西廂構屋以貯之東屋藏甲乙西屋藏丙丁又聚魏已來古跡名畫於殿後起二臺東曰妙楷臺藏古跡西曰寶臺藏古畫又於內道場集道佛經別撰目錄大唐武德五年克平僞鄭盡收其圖

書及古跡焉命司農少卿宋遵貴載之以船泝河西上將致京師行經底柱多被漂沒其所存者十不一二其目錄亦為所漸濡時有殘缺今考見存分為四部合條為一萬四千六百六十六部有八萬九千六百六十六卷其舊錄所取文義淺俗無益教理者並刪去之其舊錄所遺辭義可采有所弘益者咸附入之遠覽馬史班書近觀王阮志錄挹其風流體制削其浮雜鄙俚離其疏遠合其近密約文緒義凡五十五篇各列本條之下以備經籍志雖未能研幾探賾窮極幽隱庶乎弘道設教可以無遺闕焉夫仁義禮智所以治國也方技數術所以治身也諸子為經籍之鼓吹文章乃政化之黼黻皆為治之具也故列之於此志云

歸藏十三卷晉太尉參軍薛貞注 周易二卷魏文侯師卜子夏傳殘缺梁六卷 周易十卷漢魏郡太守京房章句 周易八卷漢曲臺長孟喜章句殘缺梁十卷又有漢單父長費直注周易四卷亡 周易九卷後漢大司農鄭玄注梁又有漢南郡太守馬融注周易一卷亡 周易五卷漢荊州牧劉表章句梁有漢荊州五業從事宋忠注周易十卷亡 周易十一卷漢司空荀爽注 周易十卷魏衛將軍王肅注 周易十卷魏尚書郎王弼注六十四卦六卷韓康伯注繫辭以下三卷王弼又撰易略例一卷梁有魏大司農卿董遇注周易十卷魏散騎常侍荀煇注周易十卷亡 周易十卷吳太常姚信注 周易四卷晉儒林從事黃穎注梁有十卷今殘缺 周易九卷吳侍御史虞翻注 周易十五卷吳鬱林太守陸績注 周易十卷晉散騎常侍干寶注 周易三卷晉驃騎將軍王廙注殘缺梁有十卷 周易八卷晉著作郎張璠注殘缺梁有十卷 周易馬鄭二王四家集解十卷 ○周易荀爽九家注十卷 ○周易楊氏集二王注五卷梁有集馬鄭二王解十卷亡 周易十卷蜀才注梁有齊安參軍費元珪注周易九卷謝氏注周易八卷尹濤注周易六卷亡 周易十卷後魏司徒崔浩注 周易十卷梁處士何胤注梁有臨海令伏曼容注周易八卷侍中朱异集注周易一百卷又周易集注三十卷亡 周易七卷姚規注 周易十三卷崔覲注 周易十三卷傅氏注 周易一帙十卷盧氏注 周易繫辭二卷晉桓玄注 周易繫辭二卷晉西中郎將謝萬等注 周易繫辭二卷晉太常韓康伯注 周易繫辭二卷梁太中大夫宋褰注又有宋東陽太守卞伯玉注繫辭二卷亡 周易繫辭二卷荀柔之注 周易集注繫辭二卷梁有宋太中大夫徐爰注繫辭二卷亡 周易音一卷東晉太子前率徐邈撰 周易音一卷東晉尚書郎李軌弘範撰 周易音一卷范氏撰 周易幷注音七卷祕書學士陸德明撰 周易盡神論一卷魏司空鍾會撰梁有周易無互體論三卷鍾會撰亡 周易象論三卷晉尚書郎欒肇撰 周易卦序論一卷晉司徒右長史楊乂撰 周易統略五卷晉少府卿鄒湛撰 周易論二卷晉馮翊太守阮渾撰 周易論一卷晉荊州刺史宋岱撰梁有擬周易說八卷范氏撰周易宗塗四卷干寶撰周易問難二卷王氏撰周易問答一卷揚州從事徐伯珍撰周易難王輔嗣義一卷晉揚州刺史顧夷等撰周易雜論十四卷亡 周易義一卷宋陳令范歆撰 ○周易玄品二卷 ○周易論十卷齊中書郎周顒撰梁有三十卷亡 ○周易論四卷范氏撰 周易統例十卷崔覲撰 周易文義一卷干寶撰 周易乾坤義一卷齊步兵校尉劉瓛撰梁又有齊臨沂令李玉之梁釋法通等乾坤義各一卷亡 周易大義二十一卷梁武帝撰 周易幾義一卷梁南平王撰梁有周易疑通五卷宋中散大夫何譔之撰周易四德例一卷劉瓛撰亡 周易大義一卷梁有周易錯八卷京房撰周易日月變例六卷虞翻陸績撰周易卦象數旨六卷東晉樂安亭侯李顒撰周易爻一卷馬楷撰亡 周易大義二卷陸德明撰 周易釋序義三卷 ○周易開題義十卷梁蕃撰 周易問二十卷 ○周易義疏十九卷宋明帝集羣臣講梁又有國子講易議六卷宋明帝集羣臣講易義疏二十卷齊永明國學講周易講疏二十六卷又周易義三卷沈林撰亡 周易講疏三十五卷梁武帝撰 周易講疏十六卷梁五經博士褚仲都撰 周易義疏十四卷梁都官尚書蕭子政撰 周易繫辭義疏三卷蕭子政撰 周易講疏三十卷陳諮議參軍張譏撰 周易文句義二十卷梁有擬周易義疏十三卷 周易義疏十六卷陳尚書左僕射周弘正撰 周易私記二十卷 ○周易講疏十三卷國子祭酒何妥撰 周易繫辭義疏二卷劉瓛撰 周易繫辭義疏一卷梁武帝撰 周易繫辭義疏二卷蕭子政撰梁有周易乾坤三象周易新圖各一卷又周易普玄圖八卷薛景和撰周易大演通統一卷顏氏撰 周易譜一卷

右六十九部五百五十一卷通計亡書合九十四部八百二十九卷

昔宓羲氏始畫八卦以通神明之德以類萬物之情蓋因而重之為六十四卦及乎三代實為三易夏曰連山殷曰歸藏周文王作卦辭謂之周易周公又作爻辭孔子為彖象繫辭文言序卦說卦雜卦而子夏為之傳及秦焚書周易獨以卜筮得存唯失說卦三篇後河內女子得之漢初傳易者有田何何授丁寬寬授田王孫王孫授沛人施讎東海孟喜琅邪梁丘賀由是有施孟梁丘之學又有東郡京房自云受易於梁國焦延壽別為京氏學嘗立後罷後漢施孟梁丘京氏凡四家並立而傳者甚眾漢初又有東萊費直傳易其本皆古字號曰古文易以授琅邪王璜璜授沛人高相相以授子康及蘭陵母將永故有費氏之學行於人間而未得立後漢陳元鄭眾皆傳費氏之學馬融又為其傳以授鄭玄玄作易注荀爽又作易傳魏代王肅王弼並為之注自是費氏大興高氏遂衰梁丘施氏高氏亡於西晉孟氏京氏有書無師梁陳鄭玄王弼二注列於國學齊代唯傳鄭義至隋王注盛行鄭學寖微今殆絕矣歸藏漢初已亡案晉中經有之唯載卜筮不似聖人之旨以本卦尚存故取貫於周易之首以備殷易之缺

古文尚書十三卷漢臨淮太守孔安國傳 今字尚書十四卷孔安國傳 尚書十一卷馬融注 尚書九卷鄭玄注 尚書十一卷王肅注 尚書十五卷晉祠部郎謝沈撰 集解尚書十一卷李顒注 集釋尚書十一卷宋給事中姜道盛注 古文尚書舜典一卷晉豫章太守范甯注梁有尚書十卷范甯注亡 尚書亡篇序一卷梁五經博士劉叔嗣注梁有尚書二十一卷劉叔嗣注又有尚書新集序一卷亡 尚書逸篇二卷 ○古文尚書音一卷徐邈撰梁有尚書音五卷孔安國鄭玄李軌徐邈等撰 今文尚書音一卷祕書學士顧彪撰 尚書大傳三卷鄭玄注 大傳音二卷顧彪撰 尚書洪範五行傳論十一卷漢光祿大夫劉向注 尚書駁議五卷王肅撰梁有尚書義問三卷鄭玄王肅及晉五經博士孔晁撰尚書釋問四卷魏侍中王粲撰尚書王氏傳問二卷范順問吳太尉劉毅荅亡 尚書新釋二卷李顒撰 尚書百問一卷齊太學博士顧歡撰 尚書大義二十卷梁武帝撰 尚書百釋三卷梁國子助教巢猗撰 尚書義三卷巢猗撰 尚書義疏十卷梁國子助教費甝撰梁有尚書義疏四卷晉樂安王友伊說撰亡 尚書義疏三十卷蕭詧司徒蔡大寶撰 尚書義注三卷呂文優撰 尚書義疏七卷 ○尚書述義二十卷國子助教劉炫撰 尚書疏二十卷顧彪撰 尚書閏義一卷 ○尚書義三卷劉先生撰 尚書釋問一卷虞氏撰 尚書文外義一卷顧彪撰

右三十二部二百四十七卷通計亡書合四十一部共二百九十六卷

書之所興蓋與文字俱起孔子觀書周室得虞夏商周四代之典刪其善者上自虞下至周為百篇編而序之遭秦滅學至漢唯濟南伏生口傳二十八篇又河內女子得泰誓一篇獻之伏生作尚書傳四十一篇以授同郡張生張生授千乘歐陽生歐陽生授同郡兒寬寬授歐陽生之子世世傳之至曾孫歐陽高謂之尚書歐陽之學又有夏侯都尉受業於張生以授族子始昌始昌傳族子勝為大夏侯之學勝傳從子建別為小夏侯之學故有歐陽大小夏侯三家並立訖漢東京相傳不絕而歐陽最盛初漢武帝時魯恭王壞孔子舊宅得其末孫惠所藏之書字皆古文孔安國以今文校之得二十五篇其泰誓與河內女子所獻不同又濟南伏生所誦有五篇相合安國並依古文開其篇第以隸古字寫之合成五十八篇其餘篇簡錯亂不可復讀並送之官府安國又為五十八篇作傳會巫蠱事起不得奏上私傳其業於都尉朝朝授膠東庸生謂之尚書古文之學而未得立後漢扶風杜林傳古文尚書同郡賈逵為之作訓馬融作傳鄭玄亦為之注然其所傳唯二十九篇又雜以今文非孔舊本自餘絕無師說晉世祕府所存有古文尚書經文今無有傳者及永嘉之亂歐陽大小夏侯尚書並亡濟南伏生之傳唯劉向父子所著五行傳是其本法而又多乖戾至東晉豫章內史梅賾始得安國之傳奏之時又闕舜典一篇齊建武中吳姚興方於大桁市得其書奏上比馬鄭所注多二十八字於是始列國學梁陳所講有孔鄭二家齊代唯傳鄭義至隋孔鄭並行而鄭氏甚微自餘所存無復師說又有尚書逸篇出於齊梁之間考其篇目似孔壁中書之殘缺者故附尚書之末

韓詩二十二卷漢常山太傅韓嬰薛氏章句 韓詩翼要十卷漢侯苞傳 韓詩外傳十卷梁有韓詩譜二卷詩神泉一卷漢有道徵士趙曄撰亡 毛詩二十卷漢河間太守毛萇傳鄭氏箋梁有毛詩十卷馬融注亡 毛詩二十卷王肅注梁有毛詩二十卷鄭玄王肅合注毛詩二十卷謝沈注毛詩二十卷晉兗州別駕江熙注亡 集注毛詩二十四卷梁桂州刺史崔靈恩注梁有毛詩序一卷梁隱居先生陶弘景注亡 毛詩箋音證十卷後魏太常卿劉芳撰梁有毛詩音十六卷徐邈等撰毛詩音二卷徐邈撰毛詩音隱一卷干氏撰亡 毛詩并注音八卷祕書學士魯世達撰 毛詩譜三卷吳太常卿徐整撰 毛詩譜二卷太叔求及劉炫注 謝氏毛詩譜鈔一卷梁有毛詩雜議難十卷漢侍中賈逵撰亡 毛詩義問十卷魏太子文學劉楨撰 毛詩義駁八卷王肅撰 毛詩奏事一卷王肅撰梁有毛詩問難二卷王肅撰亡 毛詩駁一卷魏司空王基撰殘缺梁五卷又有毛詩荅問駁譜合八卷又毛詩釋義十卷謝沈撰毛詩義四卷毛詩箋傳是非二卷並魏祕書郎劉璠撰毛詩荅雜問七卷吳侍中韋昭侍中朱育等撰毛詩義注四卷亡 毛詩異同評十卷晉長沙太守孫毓撰 難孫氏毛詩評四卷晉徐州從事陳統撰梁有毛詩表隱二卷陳統撰亡 毛詩拾遺一卷郭璞撰梁又有毛詩略四卷亡 毛詩辯異三卷晉給事郎楊乂撰梁有毛詩背隱義二卷宋中散大夫徐廣撰毛詩引辨一卷宋奉朝請孫暢之撰毛詩釋一卷宋金紫光祿大夫何偃撰毛詩檢漏義二卷梁給事郎謝曇濟撰毛詩總集六卷毛詩隱義十卷並梁處士何胤撰亡 毛詩異義二卷楊乂撰梁有毛詩雜義五卷楊乂撰毛詩義疏十卷謝沈撰毛詩雜義四卷晉江州刺史殷仲堪撰毛詩義疏五卷張氏撰亡 毛詩集解敘義一卷顧歡等撰 毛詩序義二卷宋通直郎雷次宗撰梁有毛詩義一卷雷次宗撰毛詩序注一卷宋交州刺史阮珍之撰毛詩序義七卷孫暢之撰亡 毛詩集小序一卷劉炫注 毛詩序義疏一卷劉瓛等撰殘缺梁三卷梁有毛詩篇次義一卷劉瓛撰毛詩雜義注三卷亡 毛詩發題序義一卷梁武帝撰 毛詩大義十一卷梁武帝撰梁有毛詩十五卷國風義二十卷梁簡文撰 毛詩大義十三卷 ○毛詩草木蟲魚疏二卷烏程令吳郡陸璣撰 毛詩義疏二十卷舒援撰 毛詩誼府三卷後魏安豐王元延明撰 毛詩義疏二十八卷蕭巋散騎常侍沈重撰 毛詩義疏二十卷 ○毛詩義疏二十九卷 ○毛詩義疏十卷 ○毛詩義疏十一卷 ○毛詩義疏二十八卷 ○毛詩述義四十卷國子助教劉炫撰 毛詩章句義疏四十卷魯世達撰 毛詩釋疑一卷梁有毛詩圖三卷毛詩孔子經圖十二卷毛詩古聖賢圖二卷亡 業詩二十卷宋奉朝請業遵注

右三十九部四百四十二卷通計亡書合七十六部六百八十三卷

詩者所以導達心靈歌詠情志者也故曰在心為志發言為詩上古人淳俗樸情志未惑其後君尊於上臣卑於下面稱為諂目諫為謗故誦美譏惡以諷刺之初但歌詠而已後之君子因被管絃以存勸戒夏殷已上詩多不存周氏始自后稷而公劉克篤前烈太王肇基王迹文王光昭前緒武王克平殷亂成王周公化至太平誦美盛德蹤武相繼幽厲板蕩怨刺並興其後王澤竭而詩亡魯太師摯次而錄之孔子刪詩上采商下取魯凡三百篇至秦獨以為諷誦不滅漢初有魯人申公受詩於浮丘伯作詁訓是為魯詩齊人轅固生亦傳詩是

爲齊詩燕人韓嬰亦傳詩是爲韓詩終於後漢三家並立漢初又有趙人毛萇善詩自云子夏所傳作詁訓傳是爲毛詩古學而未得立後漢有九江謝曼卿善毛詩又爲之訓東海衞敬仲受學於曼卿先儒相承謂之毛詩序子夏所創毛公及敬仲又加潤益鄭衆賈逵馬融並作毛詩傳鄭玄作毛詩箋齊詩魏代已亡魯詩亡於西晉韓詩雖存無傳之者唯毛詩鄭箋至今獨立又有業詩奉朝請業遵所注立義多異世所不行

周官禮十二卷馬融注周官禮十二卷鄭玄注周官禮十二卷王肅注周官禮十二卷伊說注周官禮十二卷干寶注梁又有周官寧朔新書八卷晉燕王師王懋約撰亡集注周官禮二十卷崔靈恩注禮音三卷劉昌宗撰周官禮異同評十二卷晉司空長史陳劭撰周官禮駁難四卷孫略撰梁有周官駁難三卷孫琦問干寶駁晉散騎常侍虞喜撰周官禮義疏四十卷沈重撰周官禮義疏十九卷○周官禮義疏十卷○周官禮義疏九卷周官分職四卷○周官禮圖十四卷梁有郊祀圖二卷亡儀禮十七卷鄭玄注儀禮十七卷王肅注梁有李軌劉昌宗音各一卷鄭玄音二卷亡儀禮義疏見二卷○儀禮義疏六卷○喪服經傳一卷馬融注喪服經傳一卷鄭玄注喪服經傳一卷王肅注喪服經傳一卷晉給事中袁準注集注喪服經傳一卷晉廬陵太守孔倫撰喪服經傳一卷陳銓注集注喪服經傳一卷宋太中大夫裴松之撰略注喪服經傳一卷雷次宗注集注喪服經傳二卷宋丞相諮議參軍蔡超宗注梁又有喪服經傳一卷宋徵士劉道拔注亡集解喪服經傳二卷齊東平太守田僧紹解喪服義疏二卷梁步兵校尉五經博士賀瑒撰梁又有喪服經傳義疏五卷齊散騎郎司馬瓛撰喪服經傳義疏二卷齊給事中樓幼瑜撰喪服經傳義疏一卷劉瓛撰喪服經傳義疏一卷齊徵士沈麟士撰喪服經傳義疏一卷梁尚書左丞何佟之撰亡喪服傳一卷梁通直郎裴子野撰喪服文句義疏十卷陳國子助教皇侃撰喪服義十卷陳國子祭酒謝嶠撰喪服義鈔三卷梁有喪服經傳隱義一卷亡喪服要記一卷王肅注喪服要記一卷蜀丞相蔣琬撰梁有喪服變除圖五卷吳齊王傅射慈撰亡喪服要集二卷晉征南將軍杜預撰又有喪服要記二卷晉侍中劉逵撰亡喪服儀一卷晉太保衞瓘撰梁有喪服要六卷晉司空賀循撰喪服要問六卷劉德明撰喪服三十一卷宋員外郎散騎庾蔚之撰喪服要問二卷張耀撰喪服雜問六卷崔凱撰喪服雜記二十卷伊氏撰喪服釋疑二十卷孔智撰亡漢荊州刺史劉表新定禮一卷○喪服要略一卷晉太學博士環濟撰喪服要略二卷○喪服制要一卷徐氏撰喪服譜一卷鄭玄注喪服譜一卷晉開府儀同三司蔡謨撰喪服譜一卷賀循撰喪服變除一卷晉散騎常侍葛洪撰凶禮一卷晉廣陵相孔衍撰喪服要記十卷賀循撰梁有喪服要記宋員外常侍庾蔚之注又喪服世要一卷庾蔚之撰喪服集議十卷宋撫軍司馬費沈撰喪服古今集記三卷齊太尉王儉撰喪服世行要記十卷齊光祿大夫王逸撰喪服答要難一卷袁祈撰喪服記十卷王氏撰喪服五要一卷嚴氏撰駁喪服經傳一卷卜氏傳喪服疑問一卷樊氏撰喪服圖一卷王儉撰喪服圖一卷賀遊撰喪服圖一卷崔逸撰梁有喪服祥禫雜議二十九卷喪服雜議故事二十一卷又戴氏喪服五家要記圖譜五卷喪服君臣圖儀一卷亡五服圖一卷○五服圖儀一卷○喪服禮圖一卷○五服略例一卷○喪服要問一卷○喪服問答目十三卷皇侃撰喪服假寧制三卷○喪禮五服七卷大將軍袁憲撰論喪服決一卷○喪禮鈔三卷王隆伯撰大戴禮記十三卷漢信都王太傅戴德撰梁有諡法三卷後漢安南太守劉熙注亡夏小正一卷戴德撰禮記十卷漢北中郎將盧植注禮記二十卷漢九江太守戴聖撰鄭玄注禮記三十卷王肅注梁有禮記十二卷業遵注亡禮記寧朔新書八卷王懋約注梁有二十卷月令章句十二卷漢左中郎將蔡邕撰禮記音義隱一卷謝氏撰禮記音二卷宋中散大夫徐爰撰梁有鄭玄王肅射慈射貞孫毓繆炳音一卷蔡謨東晉安北諮議參軍曹耽國子助教尹毅李軌員外郎范宣音各二卷徐邈音三卷劉昌宗音五卷亡禮記音義隱七卷○禮記三十卷魏祕書監孫炎注禮略二卷○禮記要鈔十卷緱氏撰梁有禮義四卷魏侍中鄭小同撰摭遺別記一卷樓幼瑜撰亡禮記新義疏二十卷賀瑒撰梁有義疏三卷宋豫章郡丞雷肅之撰亡禮記義疏九十九卷皇侃撰禮記講疏四十八卷皇侃撰禮記義疏四十卷沈重撰禮記義十卷何氏撰禮記義疏三十八卷○禮記疏十一卷○禮記大義十卷梁武帝撰禮記文外大義二卷祕書學士褚暉撰禮大義十卷○禮記義證十卷劉芳撰禮大義章七卷○喪禮雜義三卷○禮記中庸傳二卷宋散騎常侍戴顒撰中庸講疏一卷梁武帝撰私記制旨中庸義五卷○禮記略解十卷庾氏撰禮記評十一卷劉雋撰石渠禮論四卷戴聖撰梁有群儒疑義十二卷戴聖撰禮論三百卷宋御史中丞何承天撰禮論條牒十卷宋太尉參軍任預撰禮論帖三卷任預撰梁四卷禮論鈔二十卷庾蔚之撰禮論要鈔十卷王儉撰梁三卷禮論要鈔一百卷賀瑒撰禮論鈔六十九卷○禮論要鈔十卷梁有齊御史中丞荀萬秋鈔略二卷尚書儀曹郎丘季彬論五十八卷議一百三十卷統六卷亡禮論答問八卷宋中散大夫徐廣撰禮論答問十三卷徐廣撰禮答問二卷徐廣撰殘缺梁十一卷禮答問六卷庾蔚之撰禮答問三卷王儉撰梁有晉益壽令吳商禮難十二卷雜義十二卷又禮議雜記故事十三卷喪雜事二十卷宋光祿大夫傅隆議二卷祭法五卷亡禮答問十二卷○禮雜問十卷范甯撰禮答問十卷何佟之撰梁二十卷禮雜問十卷○禮雜答問八卷○禮雜答問六卷○禮雜問答鈔一卷何佟之撰問禮俗十卷董勛撰問禮俗九卷董子弘撰答問雜儀二卷任預撰禮義答問八卷王儉撰禮疑義五十二卷梁護軍周捨撰制旨革牲大義三卷梁武帝撰禮樂義十卷○禮祕義三卷○三禮目錄一卷鄭玄撰梁有陶弘景注一卷亡三禮義宗三十卷崔靈恩撰三禮宗略二十卷元延明撰三禮大義十三卷○三禮大義四卷○三禮雜大義三卷梁有司馬法三卷李氏議記三卷又郊丘議三卷魏太尉蔣濟撰祭法五卷又明堂議三卷王肅撰雜祭法六卷晉太司空中郎盧諶撰祭典三卷晉安北將軍范汪撰七廟議一卷又後養議五卷干寶撰雜鄉射等議三卷晉太尉庾亮撰逆降義三卷宋特進顏延之撰逆降義一卷田僧紹撰分明士制三卷何承天撰釋疑二卷郭鴻撰荅問四卷徐廣撰荅問五十卷何循撰又荅問十卷亡三禮圖九卷鄭玄及後漢侍中阮諶等撰周室王城明堂宗廟圖一卷祁諶撰梁又有冠服圖一卷五宗圖一卷月令圖一卷亡

右一百三十六部一千六百二十二卷通計亡書合二百一十一部二千一百八十六卷

自大道既隱天下爲家先王制其夫婦父子君臣上下親疏之節至于三代損益不同周衰諸侯僭忒惡其害己多被焚削自孔子時已不能具至秦而頓滅漢初有高堂生傳十七篇又有古經出於淹中而河間獻王好古愛學收集餘燼得而獻之合五十六篇並威儀之事而又得司馬穰苴兵法一百五十五篇及明堂陰陽之記並無敢傳之者唯古經十七篇與高堂生所傳不殊而字多異自高堂生至宣帝時后蒼最明其業乃爲曲臺記蒼授梁人戴德及德從兄子聖沛人慶普於是有大戴小戴慶氏三家並立後漢唯曹元傳慶氏以授其子襃然三家雖存並微相傳不絕漢末鄭玄傳小戴之學後以古經校之取其於義長者作注爲鄭氏學其喪服一篇子夏先傳之諸儒多爲注解今又別行而漢時有李氏得周官周官蓋周公所制官政之法上於河間獻王獨闕冬官一篇獻王購以千金不得遂取考工記以補其處合成六篇奏之至王莽時劉歆始置博士以行於世河南緱氏及杜子春受業於歆因以教授是後馬融作周官傳以授鄭玄玄作周官注漢初河間獻王又得仲尼弟子及後學者所記一百三十一篇獻之時亦無傳之者至劉向考校經籍檢得一百三十篇向因第而敘之而又得明堂陰陽記三十三篇孔子三朝記七篇王氏史氏記二十一篇樂記二十三篇凡五種合二百十四篇戴德刪其煩重合而記之爲八十五篇謂之大戴記而戴聖又刪大戴之書爲四十六篇謂之小戴記漢末馬融遂傳小戴之學融又足月令一篇明堂位一篇樂記一篇合四十九篇而鄭玄受業於融又爲之注今周官六篇古經十七篇小戴記四十九篇凡三種唯鄭注立於國學其餘並多散亡又無師說

樂社大義十卷梁武帝撰樂論三卷梁武帝撰梁有樂義十一卷武帝集朝臣撰亡樂論一卷衞尉少卿蕭吉撰古今樂錄十二卷陳沙門智匠撰樂書七卷後魏丞相士曹行參軍信都芳撰樂雜書三卷○樂元一卷魏僧撰管絃記十卷凌秀撰樂要一卷何妥撰樂部一卷○春官樂部五卷梁有宋元嘉正聲伎錄一卷張解撰亡樂府聲調六卷岐州刺史沛國公鄭譯撰樂府聲調三卷鄭譯撰樂經四卷○琴操三卷晉廣陵相孔衍撰琴操鈔二卷○琴操鈔一卷○琴譜四卷戴氏撰琴經一卷○琴說一卷○琴曆頭簿一卷○新雜漆調絃譜一卷○樂譜四卷○樂譜集二十卷蕭吉撰樂略四卷○樂律義四卷沈重撰鍾律義一卷○樂簿十卷○齊朝曲簿一卷○大隋總典簿一卷○推七音二卷并尺法樂論事一卷○樂事一卷○正聲伎雜等曲簿一卷○太常寺曲名一卷○太常寺曲簿十一卷○歌曲名五卷○歷代樂名一卷○鍾磬志二卷公孫崇撰樂懸一卷何晏等撰議樂懸圖一卷○鍾律緯辯宗見一卷○當管七聲二卷魏僧撰黃鍾律一卷梁有鍾律緯六卷梁武帝撰亡

右四十二部一百四十二卷通計亡書合四十六部二百六十三卷

樂者先王所以致神祇和邦國諧百姓安賓客悅遠人所從來久矣周人存六代之樂曰雲門咸池大部大夏大護大武其後衰微崩壞及秦而頓滅漢初制氏雖紀其鏗鏘鼓舞而不能通其義其後竇公河間獻王常山王張禹咸獻樂書魏晉已後雖加損益去正轉遠事在聲樂志今錄其見書以補樂章之闕

春秋經十三卷吳衞將軍士燮注春秋左氏長經二十卷漢侍中賈逵章句春秋左氏解詁三十卷賈逵撰春秋左氏傳解誼三十一卷漢九江太守服虔注春秋左氏傳三十卷王肅注春秋左氏傳三十卷董遇章句春秋左氏傳義注十八卷孫毓注春秋左氏傳十二卷魏司徒王朗撰春秋左氏經傳集解三十卷杜預撰春秋杜氏服氏注春秋左傳十卷殘缺春秋左氏傳音三卷魏中散大夫嵇康撰梁有服虔杜預音三卷魏高貴鄉公春秋左氏傳音三卷曹耽音尚書左人郎荀訥等音四卷亡春秋左氏傳音三卷李軌撰春秋左氏傳音三卷徐邈撰春秋釋訓一卷賈逵撰春秋左氏經傳朱墨列一卷賈逵撰春秋釋例十卷漢公車徵士潁容撰梁有春秋左氏傳條例九卷漢大司農鄭衆撰春秋左氏膏肓釋痾十卷服虔撰梁有春秋漢議駁二卷服虔撰亡駁何氏漢議二卷鄭玄撰春秋成長說九卷服虔撰梁有春秋左氏達義一卷漢司徒掾王玢撰亡春秋塞難三卷服虔撰梁有春秋雜議難五卷漢少府孔融撰春秋左氏釋駁一卷王朗撰亡春秋說要十卷魏樂平太守麋信撰春秋釋例十五卷杜預撰梁有春秋釋例引序一卷齊正員郎杜乾光撰亡春秋左氏傳評二卷杜預撰春秋條例十一卷晉太尉劉寔撰梁有春秋公羊達義三卷劉寔撰亡春秋經例十二卷晉方範撰梁有春秋釋滯十卷晉尚書左丞殷興撰春秋釋難三卷晉護軍范堅撰亡春秋左氏傳條例二十五卷○春秋義例十卷○春秋左傳例苑十九卷梁有春秋經傳說例疑隱一卷吳略撰春秋左氏分野一卷春秋十二公名一卷鄭玄撰亡春秋左氏經傳通解四卷王述之撰春秋左氏傳賈服異同略五卷孫毓撰春秋左氏函傳義十五卷干寶撰春秋左氏區別三十卷宋尚書功論郎何貞撰春秋文苑六卷○春秋叢林十二卷○春秋義林一卷○春秋大夫辭三卷○春秋嘉語六卷○春秋左氏諸大夫世譜十三卷○春

秋五辯二卷(梁五經博士沈宏撰)春秋辯證六卷○春秋旨通十卷(王述之撰)春秋經傳解六卷(崔靈恩撰)春秋申先儒傳論十卷(崔靈恩撰)春秋左氏傳立義十卷(崔靈恩撰)劉寔等集解春秋序一卷○春秋序論二卷(干寶撰)春秋序一卷(賀道養注)春秋序一卷(崔靈恩撰)春秋序一卷(田元休注)春秋左傳杜預序集解一卷(劉炫注)○春秋左氏經傳義略二十五卷(陳國子博士沈文阿撰)王元規續沈文阿春秋左氏傳義略十卷○春秋義略三十卷(陳右軍將軍張沖撰)春秋左氏義略八卷○春秋五十凡義疏二卷○春秋左氏傳述義四十卷(東京太學博士劉炫撰)春秋序義疏一卷(梁有春秋發題一卷梁簡文帝撰春秋左氏圖十卷漢太子太傅嚴彭祖撰古今春秋盟會地圖一卷亡)春秋公羊傳十二卷(嚴彭祖撰)春秋公羊解詁十一卷(漢諫議大夫何休注)春秋公羊經傳十三卷(晉散騎常侍王愆期注梁有春秋公羊傳十二卷晉河南太守高龍注春秋公羊傳十四卷孔衍集解春秋公羊音李軌晉徵士江淳撰各一卷)春秋繁露十七卷(漢膠西相董仲舒撰)春秋決事十卷(董仲舒撰)春秋決疑論一卷○春秋左氏膏肓十卷(何休撰)春秋穀梁廢疾三卷(何休撰)春秋漢議十三卷(何休撰)駁何氏漢議二卷(鄭玄撰梁有漢議駁二卷服虔撰亡)駁何氏漢議序一卷○春秋公羊墨守十四卷(何休撰)春秋公羊例序五卷(刁氏撰)春秋公羊諡例一卷(何休撰梁有春秋公羊傳條例一卷何休撰春秋公羊傳問荅五卷荀爽問魏安平太守徐欽荅春秋公羊論二卷晉車騎將軍庾翼問王愆期荅亡)春秋公羊解序一卷(鮮于公撰)春秋公羊疏十二卷○春秋穀梁傳十三卷(吳僕射唐固注梁有春秋穀梁傳十五卷漢諫議大夫尹更始撰亡)春秋穀梁傳十二卷(魏樂平太守麋信注)穀梁傳十卷(晉堂邑太守張靖注梁有春秋穀梁傳十三卷晉給事郎徐乾注春秋穀梁傳十卷胡訥集解亡)春秋穀梁傳十六卷(程闡撰)春秋穀梁傳十四卷(孔衍撰)春秋穀梁傳十二卷(徐邈撰)春秋穀梁傳十四卷(段肅注疑漢人)春秋穀梁傳五卷(孔君指訓殘缺梁十四卷)春秋穀梁傳十二卷(范甯集解梁有穀梁音一卷亡)春秋穀梁傳四卷(殘缺張程孫劉四家集解)糜信理何氏漢議二卷(魏人撰)春秋穀梁傳義十卷(徐邈撰)春秋議十卷(何休撰)徐邈荅春秋穀梁義三卷○薄叔玄問穀梁義二卷(梁四卷)春秋穀梁傳例一卷(范甯撰)春秋公羊穀梁傳十二卷(晉博士劉兆撰)春秋穀梁廢疾三卷(何休撰鄭玄釋張靖箋)春秋公羊穀梁二傳評三卷○春秋三家經本訓詁十二卷(賈逵撰梁有三家經二卷亡)春秋三傳論十卷(魏大長秋韓益撰)春秋經合三傳十卷(潘叔度撰)春秋成奪十卷(潘叔度撰)春秋二傳評十卷(胡訥撰梁有春秋集三師難三卷春秋集三傳經解十卷胡訥撰今亡)春秋土地名三卷(晉裴秀客京相璠等撰)春秋外傳國語二十卷(賈逵注)春秋外傳國語二十一卷(虞翻注)春秋外傳章句一卷(王肅撰梁二十一卷)春秋外傳國語二十二卷(韋昭注)春秋外傳國語二十卷(晉五經博士孔晁注)春秋外傳國語二十一卷(唐固注梁有春秋古今盟會地圖一卷亡)

右九十七部九百八十三卷(通計亡書合一百三十部一千一百九十卷)

春秋者魯史策書之名昔成周微弱典章淪廢魯以周公之故遺制尚存仲尼因其舊史裁而正之或婉而成章以存大順或直書其事以示首惡故有求名而亡欲蓋而彰亂臣賊子於是大懼其所褒貶不可具書皆口授弟子弟子退而異說左丘明恐失其真乃為之傳遭秦滅學口說尚存漢初有公羊穀梁鄒氏夾氏四家並行王莽之亂鄒氏無師夾氏亡初齊人胡母子都傳公羊春秋授東海嬴公嬴公授東海孟卿孟卿授魯人眭孟眭孟授東海嚴彭祖魯人顏安樂故後漢公羊有嚴氏顏氏之學與穀梁三家並立漢末何休又作公羊解說而左氏漢初出於張蒼之家本無傳者至文帝時梁太傅賈誼為訓詁授趙人貫公其後劉歆典校經籍考而正之欲立於學諸儒莫應至建武中尚書令韓歆請立而未行時陳元最明左傳又上書訟之於是乃以魏郡李封為左氏博士後羣儒蔽固者數廷爭之及封卒遂罷然諸儒傳左氏者甚眾永平中能為左氏者擢高第為講郎其後賈逵服虔並為訓解至魏遂行於世晉時杜預又為經傳集解穀梁范甯注公羊何休注左氏服虔杜預注俱立國學然公羊穀梁但試讀文而不能通其義後學三傳通講而左氏唯傳服義至隋杜氏盛行服義及公羊穀梁浸微今殆無師說

古文孝經一卷(孔安國傳梁末亡逸今疑非古本)孝經一卷(鄭氏注梁有馬融鄭眾注孝經二卷亡)孝經一卷(王肅解梁有魏散騎常侍蘇林吏部尚書何晏光祿大夫劉邵孫氏等注孝經各一卷亡)孝經解讚一卷(韋昭解)孝經默注一卷(徐整注)集解孝經一卷(謝萬集)集議孝經一卷(晉中書郎荀昶撰亡)集議孝經一卷(晉東陽太守袁敬仲集梁有孝經皇義一卷宋均撰又存晉給事中楊泓處士虞槃佐孫氏東陽太守殷仲文晉陵太守殷叔道丹陽尹車胤孔光各注孝經一卷荀昶注孝經二卷宋何承天費沈齊光祿大夫王玄載國子博士明僧紹梁五經博士嚴植之尚書功論郎曹思文羽林監江係之江逸等注孝經各一卷釋慧始注孝經一卷陶弘景集注孝經一卷諸葛循孝經序一卷亡)孝經一卷(釋慧琳注梁有晉穆帝時晉孝經一卷武帝時送總明館孝經講議各一卷宋大明中東宮講齊永明三年東宮講齊永明中諸王講及賀瑒講議孝經義疏各一卷齊臨沂令李玉之為始興王講孝經義疏二卷亡)孝經義疏十八卷(梁武帝撰梁有皇太子講孝經義三卷天監八年皇太子講孝經義一卷梁簡文孝經義疏五卷蕭子顯孝經義疏一卷亡)孝經敬愛義一卷(梁吏部尚書蕭子顯撰)孝經私記四卷(無名先生撰)孝經義一卷○孝經義疏一卷(趙景韶撰)孝經義疏三卷(皇侃撰)孝經私記二卷(周弘正撰)古文孝經述義五卷(劉炫撰)孝經講疏六卷(徐孝克撰)孝經義一卷(梁揚州文學從事太史叔明撰梁有孝經玄孝經圖各一卷孝經孔子圖二卷亡)國語孝經一卷

右十八部合六十三卷(通計亡書合五十九部一百一十四卷)

夫孝者天之經地之義人之行自天子達於庶人雖尊卑有差及乎行孝其義一也先王因之以治國家化天下故能不嚴而順不肅而成斯實生靈之至德王者之要道孔子既敘六經題目不同指意差別恐斯道離散故作孝經以總會之明其枝流雖分本萌於孝者也遭秦焚書為河間人顏芝所藏漢初芝子貞出之凡十八章而長孫氏博士江翁少府后蒼諫議大夫翼奉安昌侯張禹皆名其學又有古文孝經與古文尚書同出而長孫有閨門一章其餘經文大較相似篇簡缺解又有衍出三章并前合為二十二章孔安國為之傳至劉向典校經籍以顏本比古文除其繁惑以十八章為定鄭眾馬融並為之注又有鄭氏注相傳或云鄭玄其立義與玄所注餘書不同故疑之梁代安國及鄭氏二家並立國學而安國之本亡於梁亂陳及周齊唯傳鄭氏至隋祕書監王劭於京師訪得孔傳送至河間劉炫炫因序其得喪述其議疏講於人間漸聞朝廷後遂著令與鄭氏並立儒者諠諠皆云炫自作之非孔舊本而祕府又先無其書又云魏氏遷洛未達華語孝文帝命侯伏侯可悉陵以夷言譯孝經之旨教于國人謂之國語孝經今取以附此篇之末

論語十卷(鄭玄注梁有古文論語十卷鄭玄注又王肅虞翻譙周等注論語各十卷亡)論語九卷(鄭玄注晉散騎常侍虞喜讚)集解論語十卷(何晏集)集注論語六卷(晉太保衛瓘注梁有論語補闕二卷宋明帝補衛瓘闕亡)論語集義八卷(晉尚書左中兵郎崔豹集梁十卷)論語十卷(晉著作郎李充注)集解論語十卷(晉廷尉孫綽解梁有盈氏及孟釐注論語各十卷亡)集解論語十卷(晉兗州別駕江熙解)論語七卷(盧氏注梁有晉國子博士梁覬益州刺史袁喬尹毅司徒左長史張憑及陽惠明宋新安太守孔澄之齊員外郎虞遐及許容曹思文注釋僧智略解梁太史叔明集解陶弘景集注論語各十卷又論語音二卷徐邈等撰亡)論語難鄭一卷(梁有古論語義注譜一卷徐氏撰論語隱義注三卷論語義注三卷亡)論語難鄭一卷○論語標指一卷(司馬氏撰)論語雜問一卷○論語孔子弟子目錄一卷(鄭玄撰)論語體略二卷(晉太傅主簿郭象撰)論語旨序三卷(晉衛尉繆播撰)論語釋疑三卷(王弼撰)論語釋一卷(張憑撰)論語釋疑十卷(晉尚書郎欒肇撰梁有論語釋駁三卷王肅撰論語駁序二卷欒肇撰論語隱一卷郭象撰論語藏集解一卷應琛撰論語釋一卷曹毗撰論語君子無所爭一卷庾亮撰論語釋一卷李充撰論語釋一卷庾翼撰論語義一卷王濛撰又蔡系論語釋一卷張隱論語釋一卷郭原通鄭一卷王氏修鄭錯一卷姜處道論釋一卷亡)論語別義十卷(范廙撰梁有論語疏八卷宋司空法曹張略等撰新書對張論十卷虞喜撰)論語義疏十卷(褚仲都撰)論語義疏十卷(皇侃撰)論語述義十卷(劉炫撰)論語義疏八卷○論語講疏文句義五卷(徐孝克撰殘缺)論語義疏二卷(張沖撰梁有論語義注圖十二卷亡)孔叢七卷(陳勝博士孔鮒撰梁有孔志十卷梁太尉參軍劉被撰亡)孔子家語二十一卷(王肅解梁有當家語二卷魏博士張融撰亡)孔子正言二十卷(梁武帝撰)爾雅三卷(漢中散大夫樊光注梁有漢劉歆犍為文學中黃門李巡爾雅各三卷亡)爾雅七卷(孫炎注)爾雅五卷(郭璞注)集注爾雅十卷(梁黃門郎沈旋注)爾雅音八卷(祕書學士江漼撰梁有爾雅音二卷孫炎郭璞撰)爾雅圖十卷(郭璞撰梁有爾雅圖讚二卷郭璞撰亡)廣雅三卷(魏博士張揖撰梁有四卷)廣雅音四卷(祕書學士曹憲撰)小爾雅一卷(李軌略解)方言十三卷(漢揚雄撰郭璞注)釋名八卷(劉熙撰)辯釋名一卷(韋昭撰)五經音十卷(徐邈撰)五經正名十二卷(劉炫撰)○白虎通六卷○五經異義十卷(後漢太尉祭酒許慎撰)五經然否論五卷(晉散騎常侍譙周撰)五經拘沈十卷(晉高涼太守楊方撰)五經大義三卷(戴逵撰梁有通五經五卷王氏撰五經咨疑八卷周楊撰五經異同評一卷賀瑒撰五經祕表要三卷亡)五經大義十卷(後周縣伯中大夫樊文深撰)經典大義十二卷(沈文阿撰)五經大義五卷(何妥撰)五經通義八卷(梁九卷)五經義六卷(梁七卷梁又有五經義略一卷亡)五經要義五卷(梁十七卷雷氏撰)五經析疑二十八卷(邯鄲綽撰)五經宗略二十三卷(元延明撰)五經雜義六卷(孫暢之撰)長春義記一百卷(梁簡文帝撰)大義九卷○遊玄桂林九卷(張譏撰)六經通數十卷(梁舍人鮑泉撰)七經義綱二十九卷(樊文深撰)七經論三卷(樊文深撰)質疑五卷(樊文深撰)經典玄儒大義序錄二卷(沈文阿撰)玄義問荅二卷○六藝論一卷(鄭玄撰)聖證論十二卷(王肅撰)鄭志十一卷(魏侍中鄭小同撰)鄭記六卷(鄭玄弟子撰)謚法三卷(劉熙撰)謚法十卷(梁特進中軍將軍沈約撰)謚法五卷(梁太府賀瑒撰)江都集禮一百二十六卷

右七十三部七百八十一卷(通計亡書合一百一十六部一千二十七卷)

論語者孔子弟子所錄孔子既敘六經講於洙泗之上門徒三千達者七十其與夫子應荅及私相講肄言合於道或書之於紳或事之無厭仲尼既沒遂緝而論之謂之論語漢初有齊魯之說其齊人傳者二十二篇魯人傳者二十篇齊則昌邑中尉王吉少府宋畸御史大夫貢禹尚書令五鹿充宗膠東庸生魯則常山都尉龔奮長信少府夏侯勝韋丞相節侯父子魯扶卿前將軍蕭望之安昌侯張禹並名其學張禹本授魯論晚講齊論後遂合而考之刪其煩惑除去齊論問王知道二篇從魯論二十篇為定號張侯論當世重之周氏包氏為之章句馬融又為之訓又有古論語與古文尚書同出章句煩省與魯論不異唯分子張為二篇故有二十一篇孔安國為之傳漢末鄭玄以張侯論為本參考齊論古論而為之注魏司空陳羣太常王肅博士周生烈皆為義說吏部尚書何晏又為集解是後諸儒多為之注齊論遂亡古論先無師說梁陳之時唯鄭玄何晏立於國學而鄭氏甚微周齊鄭學獨立至隋何鄭並行鄭氏

盛於人間其孔叢家語並孔氏所傳仲尼之旨爾雅諸書解古今之意并五經總義附于此篇

河圖二十卷（梁河圖洛書二十四卷目錄一卷亡）河圖龍文一卷○易緯八卷（鄭玄注梁有九卷）尚書緯三卷（鄭玄注梁六卷）尚書中候五卷（鄭玄注梁有八卷今殘缺）詩緯十八卷（魏博士宋均注梁十卷）禮緯三卷（鄭玄注亡）禮記默房二卷（宋均注梁有三卷鄭玄注亡）樂緯三卷（宋均注梁有樂五鳥圖一卷亡）春秋災異十五卷（郗萌撰梁有春秋緯三十卷宋均注春秋內事四卷春秋包命二卷春秋祕事十一卷書易詩孝經春秋河洛緯祕要一卷五帝鉤命決圖一卷亡）孝經勾命決六卷（宋均注）孝經援神契七卷（宋均注）孝經內事一卷（梁有孝經雜緯十卷宋均注孝經元命包一卷孝經古祕援神二卷孝經古祕圖一卷孝經左右握二卷孝經左右契圖一卷孝經雌雄圖三卷孝經異本雌雄圖二卷孝經分野圖一卷孝經內事圖二卷孝經內事星宿講堂七十二弟子圖一卷又口授圖一卷又論語讖八卷宋均注孔老讖十二卷老子河洛讖一卷尹公讖四卷劉向讖二卷雜讖書二十九卷堯戒舜禹一卷孔子王明鏡一卷郭文金雌記一卷王子年歌一卷嵩高道士歌一卷亡）

右十三部合九十二卷（通計亡書合三十二部共一百三十二卷）

易曰河出圖洛出書然則聖人之受命也必因積德累業豐功厚利誠著天地澤被生人萬物之所歸往神明之所福饗則有天命之應蓋龜龍銜負出於河洛以紀易代之徵其理幽昧究極神道先王恐其惑人祕而不傳說者又云孔子既敘六經以明天人之道知後世不能稽同其意故別立緯及讖以遺來世其書出於前漢有河圖九篇洛書六篇云自黃帝至周文王所受本文又別有三十篇云自初起至于孔子九聖之所增演以廣其意又有七經緯三十六篇並云孔子所作并前合爲八十一篇而又有尚書中候洛罪級五行傳詩推度災汜曆樞含神務孝經勾命決援神契雜讖等書漢代有郗氏袁氏說漢末郎中郗萌集圖緯讖雜占爲五十篇謂之春秋災異宋均鄭玄並爲讖律之注然其文辭淺俗顛倒舛謬不類聖人之旨相傳疑世人造爲之後或者又加點竄非其實錄起王莽好符命光武以圖讖興遂盛行於世漢時又詔東平王蒼正五經章句皆命從讖俗儒趨時益爲其學篇卷第目轉加增廣言五經者皆憑讖爲說唯孔安國毛公王璜賈逵之徒獨非之相承以爲祇妄亂中庸之典故因漢魯恭王河間獻王所得古文參而考之以成其義謂之古學當世之儒又非毀之竟不得行魏代王肅推引古學以難其義王弼杜預從而明之自是古學稍立至宋大明中始禁圖讖梁天監已後又重其制及高祖受禪禁之踰切煬帝卽位乃發使四出搜天下書籍與讖緯相涉者皆焚之爲吏所糾者至死自是無復其學祕府之內亦多散亡今錄其見存列于六經之下以備異說

三蒼三卷（郭璞注秦相李斯作蒼頡篇漢揚雄作訓纂篇後漢郎中賈魴作滂喜篇故曰三蒼梁有蒼頡二卷後漢司空杜林注亡）埤蒼三卷（張揖撰梁有廣蒼一卷樊恭撰亡）急就章一卷（漢黃門令史游撰）急就章二卷（崔浩撰）急就章三卷（豆盧氏撰）吳章二卷（陸機撰）小學篇一卷（晉下邳內史王義撰）少學九卷（楊方撰）始學一卷○勸學一卷（蔡邕撰有司馬相如凡將篇班固太甲篇在昔篇崔瑗飛龍篇蔡邕聖皇篇黃初篇吳章篇蔡邕女史篇合八卷又幼學二卷朱育撰始學十二卷吳郎中項峻撰又月儀十二卷亡）發蒙記一卷（晉著作郎束皙撰）啓蒙記三卷（晉散騎常侍顧愷之撰）啓疑記三卷（顧愷之撰）千字文一卷（梁給事郎周興嗣撰）千字文一卷（梁國子祭酒蕭子雲注）千字文一卷（胡肅注）篆書千字文一卷○演千字文五卷○草書千字文一卷○古今字詁三卷（張揖撰梁有難字一卷錯誤字一卷並張揖撰異字二卷朱育撰字屬一卷賈魴撰亡）雜字解詁四卷（魏掖庭右丞周氏撰梁有解文字七卷周成撰雜字義訓音六卷古今字苑十卷曹侯彥撰亡）雜字指一卷（後漢太子中庶子郭顯卿撰）字指二卷（晉朝議大夫李彤撰梁有單行字四卷李彤撰又字偶五卷亡）說文十五卷（許慎撰梁有演說文一卷庾儼默注亡）說文音隱四卷○字林七卷（晉弦令呂忱撰）字林音義五卷（宋揚州督護吳恭撰）古今字書十卷○字書三卷○字書十卷○字統二十一卷（楊承慶撰）玉篇三十一卷（陳左將軍顧野王撰）字類敘評三卷（侯洪泊撰）要字苑一卷（宋豫章太守謝康樂撰梁有常用字訓一卷殷仲堪撰要用字對誤四卷梁輕車參軍鄒誕生撰亡）要用雜字三卷（鄒里撰梁有文字要記三卷王義撰亡）俗語難字一卷（祕書少監王劭撰）雜字要三卷（密州行參軍李少通撰）文字整疑一卷○正名一卷○文字集略六卷（梁文貞處士阮孝緒撰）今字辯疑三卷（李少通撰）異字同音一卷（梁有釋字同音三卷宋散騎常侍吉文甫撰）字宗三卷（薛立撰）文字譜一卷（梁有古今文字序一卷劉歆撰文字通略一卷焦子明撰亡）文字辯嫌一卷（彭立撰）辯字一卷（戴規撰）雜字音一卷○借音字一卷○音書考源一卷○聲韻四十一卷（周研撰）聲類十卷（魏左校令李登撰）韻集十卷○韻集六卷（晉安復令呂靜撰）四聲韻林二十八卷（張諒撰）韻集八卷（段弘撰）羣玉典韻五卷（梁有文章音韻二卷王該撰又五音韻五卷亡）韻略一卷（楊林之撰）脩續音韻決疑十四卷（李槩撰）纂韻鈔十卷○四聲指歸一卷（劉善經撰）四聲一卷（梁太子少傅沈約撰）四聲韻略十三卷（夏侯詠撰）音譜四卷（李槩撰）韻英三卷（釋靜洪撰）通俗文一卷（服虔撰）訓俗文字略一卷（後齊黃門郎顏之推撰）證俗音字略六卷（梁有詁幼二卷顏延之撰廣詁幼一卷宋給事中荀楷撰亡）文字音七卷（晉蕩昌長王延撰梁有纂文三卷亡）翻真語一卷（王延撰）真言鑒誡一卷○字書音同異一卷○敘同音義三卷○河洛語音一卷（王長孫撰）國語十五卷○國語十卷○鮮卑語五卷○國語物名四卷（後魏侯伏侯可悉陵撰）國語真歌十卷○國語雜物名三卷（侯伏侯可悉陵撰）國語十八傳一卷○國語御歌十一卷○鮮卑語十卷○國語號令四卷○國語雜文十五卷○鮮卑號令一卷（周武帝撰）雜號令一卷○古文官書一卷（後漢議郎衛敬仲撰）古今奇字一卷（郭顯卿撰）六文書一卷○四體書勢一卷（晉長水校尉衛恒撰）雜體書九卷（釋正度撰）古今八體六文書法一卷○古今篆隸雜字體一卷（蕭子政撰）古今文等書一卷○篆隸雜體書二卷○文字圖二卷○古今字圖雜錄一卷（祕書學士曹憲撰）婆羅門書一卷（梁有扶南胡書一卷）外國書四卷○秦皇東巡會稽刻石文一卷○一字石經周易一卷（梁有三卷）一字石經尚書六卷（梁有今字石經鄭氏尚書八卷亡）一字石經魯詩六卷（梁有毛詩二卷亡）一字石經儀禮九卷○一字石經春秋一卷（梁有一卷）一字石經公羊傳九卷○一字石經論語一卷（梁有二卷）一字石經典論一卷○三字石經尚書九卷（梁有十三卷）三字石經尚書五卷○三字石經春秋三卷（梁有十二卷）

右一百八部四百四十七卷（通計亡書合一百三十五部五百六十九卷）

孔子曰必也正名乎名謂書字名不正則言不順言不順則事不成說者以爲書之所起起自黃帝蒼頡比類象形謂之文形聲相益謂之字著於竹帛謂之書故有象形諧聲會意轉注假借處事六義之別古者童子示而不誑六年教之數與方名十歲入小學學書計二十而冠始習先王之道故能成其德而任事然自蒼頡訖于漢初書經五變一曰古文卽蒼頡所作二曰大篆周宣王時史籀所作三曰小篆秦時李斯所作四曰隸書程邈所作五曰草書漢初作秦世既廢古文始用八體有大篆小篆刻符摹印蟲書署書殳書隸書漢時以六體教學童有古文奇字篆書隸書繆篆蟲鳥并藁書楷書懸針垂露飛白等二十餘種之勢皆出於上六書因事生變也魏世又有八分書其字義訓讀有史籀篇蒼頡篇三蒼埤蒼廣蒼等諸篇章訓詁說文字林音義聲韻體勢等諸書自後漢佛法行於中國又得西域胡書能以十四字貫一切音文省而義廣謂之婆羅門書與八體六文之義殊別今取以附體勢之下又後魏初定中原軍容號令皆以夷語後染華俗多不能通故錄其本言相傳教習謂之國語今取以附音韻之末又後漢鐫刻七經著於石碑皆蔡邕所書魏正始中又立一字石經相承以爲七經正字後魏之末齊神武執政自洛陽徙于鄴都行至河陽值岸崩遂沒于水其得至鄴者不盈太半至隋開皇六年又自鄴京載入長安置於祕書內省議欲補緝立于國學尋屬隋亂事遂寢廢營造之司因用爲柱礎貞觀初祕書監臣魏徵始收聚之十不存一其相承傳拓之本猶在祕府并秦帝刻石附於此篇以備小學

凡六藝經緯六百二十七部五千三百七十一卷（通計亡書合九百五十部七千二百九十卷）

傳曰玉不琢不成器人不學不知道古之君子多識而不窮畜疑以待問學不踰等教不陵節言約而易曉師逸而功倍且耕且養三年而成一藝自孔子沒而微言絕七十子喪而大義乖學者離羣索居各爲異說至于戰國典文遺棄六經之儒不能究其宗旨多立小數一經至數百萬言致令學者難曉虛誦問答脣腐齒落而不知益且先王設教以防人欲必本於人事折之中道上天之命略而罕言方外之理固所未說至後漢好圖讖晉世重玄言穿鑿妄作日以滋生先王正典雜之以祇妄大雅之論汨之以放誕陵夷至于近代去正轉疎無復師資之法學不心解專以浮華相尚豫造雜難擬爲讎對遂有芟角反對互從等諸翻競之說馳騁煩言以紊彝敘譊譊成俗而不知變此學者之蔽也班固列六藝爲九種或以緯書解經合爲十種

隋書卷三十二考證

經籍志一言則左史書之動則右史書之○臣映斗按禮記玉藻動則左史書之言則右史書之後人引用往往互易云

周易講疏十三卷注國子祭酒何妥撰○監本何妥訛何安南監本訛何晏惟閣本作何妥按妥本傳歷國子祭酒撰周易講疏十三卷

毛詩義問十卷注魏太子文學劉楨撰○監本楨訛禎按魏志劉楨字公幹爲司空軍謀祭酒掾屬五官將文學

毛詩草木蟲魚疏二卷注烏程令吳郡陸璣撰○監本璣訛機按宋晁公武郡齋讀書志毛詩草本鳥獸蟲魚疏二卷吳陸璣撰或題曰陸機非也

右一百三十六部一千六百二十二卷注通計亡書合二百一十一部二千一百八十六卷○監本脫合字按前後俱合亡書統算此亦合現存書與亡書統算部卷乃符增合字

隋書卷三十三

唐太尉揚州都督監修國史上柱國趙國公臣長孫無忌等撰

志第二十八

經籍二（史）

史記一百三十卷（目錄一卷漢中書令司馬遷撰）史記八十卷（宋南中郎外兵參軍裴駰注）史記音義十二卷（宋中散大夫徐野民撰）史記音三卷（梁輕車錄事參軍鄒誕生撰）古史考二十五卷（晉義陽亭侯譙周撰）漢書一百一十五卷（漢護軍班固撰太山太守應劭集解）漢書集解音義二十四卷（應劭撰）漢書音訓一卷（服虔撰）漢書音義七卷（韋昭撰）漢書音二卷（梁尋陽太守劉顯撰）漢書音二卷（夏侯詠撰）漢書音義十二卷（國子博士蕭該撰）漢書音十二卷（廢太子勇命包愷等撰）漢書集注十三卷（晉灼撰）漢書注一卷（齊金紫光祿大夫陸澄撰）漢書續訓三卷（梁北平諮議參軍韋稜撰）漢書訓纂三十卷（陳吏部尚書姚察撰）漢書集解一卷（姚察撰）論前漢事一卷（蜀丞相諸葛亮撰）漢書駁議二卷（晉安北將軍劉寶撰）定漢書疑二卷（姚察撰）漢書敘傳五卷（項岱撰）漢疏四卷（梁有漢書孟康音九卷劉孝標注漢書一百四十卷陸澄注漢書一百二卷梁元帝注漢書一百一十五卷並亡）東觀漢記一百四十三卷（起光武記注至靈帝長水校尉劉珍等撰）後漢書一百三十卷（無帝紀吳武陵太守謝承撰）後漢記六十五卷（本一百卷梁有今殘缺晉散騎常侍薛瑩撰）續漢書八十三卷（晉祕書監司馬彪撰）後漢書十七卷（本九十七卷今殘缺晉少府卿華嶠撰）後漢書八十五卷（本一百二十二卷晉祠部郎謝沈撰）後漢南記四十五卷（本五十五卷今殘缺晉江州從事張瑩撰）後漢書九十五卷（本一百卷晉祕書監袁山松撰）後漢書九十七卷（宋太子詹事范曄撰）後漢書一百二十五卷（范曄本梁剡令劉昭注）後漢書音一卷（後魏太常劉芳撰）范漢音訓三卷（陳宗道先生臧競撰）范漢音三卷（蕭該撰）後漢書讚論四卷（范曄撰）漢書纘十八卷（范曄撰梁有蕭子顯後漢書一百卷王韶後漢林二百卷韋闡後漢音二卷亡）魏書四十八卷（晉司空王沈撰）吳書二十五卷（韋昭撰本五十五卷梁有今殘缺）吳紀九卷（晉太學博士環濟撰晉有張勃吳錄三十卷亡）三國志六十五卷（敘錄一卷晉太子中庶子陳壽撰宋太中大夫裴松之注）魏志音義一卷（盧宗道撰）論三國志九卷（何常侍撰）三國評志三卷（徐衆撰梁有三國志序評三卷晉著作佐郎王濤撰亡）晉書八十六卷（本九十三卷今殘缺晉著作郎王隱撰）晉書二十六卷（本四十四卷訖明帝今殘缺晉散騎常侍虞預撰）晉書十卷（未成本十四卷今殘缺晉中書郎朱鳳撰訖元帝）晉中興書七十八卷（起東晉宋湘東太守何法盛撰）晉書三十六卷（宋臨川內史謝靈運撰）晉書一百一十卷（齊徐州主簿臧榮緒撰）晉書十一卷（本一百二卷梁有今殘缺蕭子雲撰）晉史草三十卷（梁蕭子顯撰梁有鄭忠晉書七卷沈約晉書一百一十一卷庾銑東晉新書七卷亡）宋書六十五卷（宋中散大夫徐爰撰）宋書六十五卷（齊冠軍錄事參軍孫嚴撰）宋書一百卷（梁尚書僕射沈約撰梁有宋大明中所撰宋書六十一卷亡）齊書六十卷（梁吏部尚書蕭子顯撰）齊紀十卷（劉陟撰）齊紀二十卷（沈約撰梁有江淹齊史十三卷亡）梁書四十九卷（梁中書郎謝吳撰本一百卷）梁史五十三卷（陳領軍大著作郎許亨撰）梁書帝紀七卷（姚察撰）通史四百八十卷（梁武帝撰起三皇訖梁）後魏書一百三十卷（後齊僕射魏收撰）後魏書一百卷（著作郎魏彥深撰）陳書四十二卷（訖宣帝陳吏部尚書陸瓊撰）周史十八卷（未成吏部尚書牛弘撰）

右六十七部三千八十三卷（通計亡書合八十部四千三十卷）

古者天子諸侯必有國史以紀言行後世多務其道彌繁夏殷以上左史記言右史記事周則太史小史內史外史御史分掌其事而諸侯之國亦置史官又春秋國語引周志鄭書之說推尋事迹似當時記事各有職司後又合而撰之總成書記其後陵夷衰亂史官放絕秦滅先王之典遺制莫存至漢武帝時始置太史公命司馬談為之以掌其職時天下計書皆先上太史副上丞相遺文古事靡不畢臻談乃據左氏國語世本戰國策楚漢春秋接其後事成一家之言談卒其子遷又為太史令嗣成其志上自黃帝訖于炎漢合十二本紀十表八書三十世家七十列傳謂之史記遷卒以後好事者亦頗著述然多鄙淺不足相繼至後漢扶風班彪綴後傳數十篇并譏正前失彪卒明帝命其子固續成其志以為唐虞三代世有典籍史遷所記乃以漢氏繼於百王之末非其義也故斷自高祖終於孝平王莽之誅為十二紀八表十志六十九傳潛心積思二十餘年建初中始奏表及紀傳其十志竟不能就固卒後始命曹大家續成之先是明帝召固為蘭臺令史與諸先輩陳宗尹敏孟冀等共成光武本紀擢固為郎典校祕書固撰後漢事作列傳載記二十八篇其後劉珍劉毅劉陶伏無忌等相次著述東觀謂之漢記及三國鼎峙魏氏及吳並有史官晉時巴西陳壽刪集三國之事唯魏帝為紀其功臣及吳蜀之主並皆為傳仍各依其國部類相從謂之三國志壽卒後梁州大中正范頵表奏其事帝詔河南尹洛陽令就壽家寫之自是世有著述皆擬班馬以為正史作者尤廣一代之史至數十家唯史記漢書師法相傳並有解釋三國志及范曄後漢雖有音注既近世之作並讀之可知梁時明漢書有劉顯韋稜陳時有姚察隋代有包愷蕭該並為名家史記傳者甚微今依其世代聚而編之以備正史

紀年十二卷（汲冢書并竹書同異一卷）漢紀三十卷（漢祕書監荀悅撰）後漢紀三十卷（袁彥伯撰）後漢紀三十卷（張璠撰）獻帝春秋十卷（袁曄撰）魏氏春秋二十卷（孫盛撰）魏紀十二卷（左將軍陰澹撰）漢魏春秋九卷（孔舒元撰）晉紀四卷（陸機撰）晉紀二十三卷（干寶撰訖愍帝）晉紀十卷（晉前軍諮議曹嘉之撰）漢晉陽秋四十七卷（訖愍帝晉滎陽太守習鑿齒撰）晉紀十一卷（訖明帝晉荊州別駕鄧粲撰）晉陽秋三十二卷（訖哀帝孫盛撰）晉紀二十三卷（宋中散大夫劉謙之撰）晉紀十卷（宋吳興太守王韶之撰）晉紀四十五卷（宋中散大夫徐廣撰）續晉陽秋二十卷（宋永嘉太守檀道鸞撰）續晉紀五卷（宋新興太守郭季產撰）宋略二十卷（梁通直郎裴子野撰）宋春秋二十卷（梁吳興令王琰撰）齊春秋三十卷（梁奉朝請吳均撰）齊典五卷（王逸撰）齊典十卷三十國春秋三十一卷（梁湘東世子蕭方等撰）戰國春秋二十卷（李槩撰）梁典三十卷（劉璠撰）梁典三十卷（陳始興王諮議何之元撰）梁撮要三十卷（陳征南諮議陰僧仁撰）梁後略十卷（姚最撰）梁太清紀十卷（梁長沙蕃王蕭韶撰）淮海亂離志四卷（蕭世怡撰敘梁末侯景之亂）齊紀三十卷（紀後齊事崔子發撰）齊志十卷（後齊事王劭撰）

右三十四部六百六十六卷

自史官放絕作者相承皆以班馬為準起漢獻帝雅好典籍以班固漢書文繁難省命潁川荀悅作春秋左傳之體為漢紀三十篇言約而事詳辯論多美大行於世至晉太康元年汲郡人發魏襄王冢得古竹簡書字皆科斗發冢者不以為意往往散亂帝命中書監荀勖令和嶠撰次為十五部八十七卷多雜碎怪妄不可訓知唯周易紀年最為分了其周易上下篇與今正同紀年皆用夏正建寅之月為歲首起自夏殷周三代王事無諸侯國別唯特記晉國起自殤叔次文侯昭侯以至曲沃莊伯盡晉國滅獨記魏事下至魏哀王謂之今王蓋魏國之史記也其著書皆編年相次文意大似春秋經諸所記事多與春秋左氏扶同學者因之以為春秋則古史記之正法有所著述多依春秋之體今依其世代編而敘之以見作者之別謂之古史

周書十卷（汲冢書似仲尼刪書之餘）古文瑣語四卷（汲冢書）春秋前傳十卷（何承天撰）春秋前雜傳九卷（何承天撰）春秋後傳三十一卷（晉著作郎樂資撰）戰國策三十二卷（劉向錄）戰國策二十一卷（高誘撰注）戰國策論一卷（漢京兆尹延篤撰）楚漢春秋九卷（陸賈撰）古今注八卷（伏無忌撰）越絕記十六卷（子貢撰）吳越春秋十二卷（趙曄撰）吳越春秋削繁五卷（楊方撰）吳越春秋十卷（皇甫遵撰）吳越記六卷○南越志八卷（沈氏撰）○小史八卷○漢靈獻二帝紀三卷（漢侍中劉芳撰殘缺梁有六卷）山陽公載記十卷（樂資撰）漢末英雄記八卷（王粲撰殘缺梁有十卷）九州春秋十卷（司馬彪撰記漢末事）魏武本紀四卷（梁并曆五卷）魏尚書八卷（孔衍撰梁十卷成）魏晉世語十卷（晉襄陽令郭頒撰）魏末傳二卷（梁又有魏末傳并魏氏大事六卷亡）呂布本事一卷（毛范撰）晉諸公讚二十一卷（晉祕書監傅暢撰）晉後略記五卷（晉下邳太守荀綽撰）晉書鈔三十卷（梁豫章內史張緬撰）晉書鴻烈六卷（張氏撰）宋中興伐逆事二卷○宋拾遺十卷（梁少府卿謝綽撰）左史六卷（李槩撰）魏國統二十卷（梁祚撰）梁帝紀七卷○梁太清錄八卷○梁承聖中興略十卷（劉仲威撰）梁末代紀一卷○梁皇帝實錄三卷（周興嗣撰記武帝事）梁皇帝實錄五卷（梁中書郎謝吳撰記元帝事）棲鳳春秋五卷（臧嚴撰）陳王業曆一卷（陳中書郎趙齊旦撰）史要十卷（漢桂陽太守衛颯撰約史記要言以類相從）典略八十九卷（魏郎中魚豢撰）史漢要集二卷（晉祠部郎王蔑撰抄史記入春秋者不錄）三史略二十九卷（吳太子太傅張溫撰）史記正傳九卷（張瑩撰）後漢略二十五卷（張緬撰）漢皇德紀三十卷（漢有道徵士侯瑾撰起光武至沖帝）洞紀四卷（韋昭撰記庖犧已來至漢建安二十七年）續洞紀一卷（臧榮緒撰）帝王世紀十卷（皇甫謐撰起三皇盡漢魏）帝王世紀音四卷（虞綽撰）帝王本紀十卷（來奧撰）續帝王世紀十卷（何茂材撰）十五代略一卷（吉文甫撰起庖犧至晉）帝王要略十二卷（環濟撰紀帝王及天官地理喪服）周載八卷（東晉臨賀太守孟儀撰略記前代下至秦本三十卷今亡）漢書鈔三十卷（晉散騎常侍葛洪撰）拾遺錄二卷（偽秦姚萇方士王子年撰）王子年拾遺記十卷（蕭綺撰）華夷帝王世紀三十卷（楊曄撰）正史削繁九十四卷（阮孝緒撰）童悟十二卷○帝王世錄一卷（甄鸞撰）先聖本紀十卷（劉縚撰）年曆帝紀三十卷（姚恭撰）帝王諸侯世略十一卷○王霸記三卷（潘傑撰）歷代記三十二卷○隋書六十卷（未成祕書監王劭撰）

右七十二部九百一十七卷（通計亡書合七十三部九百三十九卷）

自秦撥去古文篇籍遺散漢初得戰國策蓋戰國遊士記其策謀其後陸賈作楚漢春秋以述誅鋤秦項之事又有越絕相承以為子貢所作後漢趙曄又為吳越春秋其屬辭比事皆不與春秋史記漢書相似蓋率爾而作非史策之正也靈獻之世天下大亂史官失其常守博達之士愍其廢絕各記聞見以備遺亡是後羣才景慕作者甚眾又自後漢已來學者多鈔撮舊史自為一書或起自人皇或斷之近代亦各其志而體制不經又有委巷之說迂怪妄誕真虛莫測然其大抵皆帝王之事通人君子必博采廣覽以酌其要故備而存之謂之雜史

趙書十卷（一曰二石集記石勒事偽燕太傅長史田融撰）二石傳二卷（晉北中郎參軍王度撰）二石偽治時事二卷（王度撰）漢之書十卷（常璩撰）華陽國志十二卷（常璩撰梁有蜀平記十卷蜀漢偽官故事一卷亡）燕書二十卷（記慕容儁事偽燕尚書范亨撰）南燕錄五卷（記慕容德事偽燕尚書郎張詮撰）南燕錄六卷（記慕容德事偽燕中書郎王景暉撰）南燕書七卷（遊覽先生撰）燕志十卷（記馮跋事魏侍中高閭撰）秦書八卷（何仲熙撰記苻健事）秦記十一卷（宋殿中將軍裴景仁撰梁雍州主簿席惠明注）秦紀十卷（記姚萇事魏左民尚書姚和都撰）涼記八卷（記張軌事偽燕右僕射張諮撰）○涼書十卷（記張軌事偽涼大將軍從事中郎劉景撰）西河記二卷（記張重華事晉侍御史喻歸撰）涼記十卷（記呂光事偽涼著作佐郎段龜龍撰）涼書十卷（高道讓撰）涼書十卷（沮渠國史）托跋涼錄十卷○敦煌實錄十卷（劉景撰）十六國春秋一百卷（魏崔鴻撰）纂錄一十卷○戰國春秋二十卷（李槩撰）漢趙記十卷（和苞撰）吐谷渾記二卷

宋新亭侯段國撰梁有翟遼書二卷諸國略記二卷永嘉後纂年記二卷段業傳一卷亡天啓紀十卷記梁元帝子諝據湘州事

右二十七部三百三十五卷通計亡書合三十三部三百四十六卷

傳曰不有君子其能國乎自晉永嘉之亂皇綱失馭九州君長據有中原者甚衆或推奉正朔或假名竊號然其君臣忠義之節經國字民之務蓋亦勤矣而當時臣子亦各記錄後魏克平諸國據有嵩華始命司徒崔浩博采舊聞綴述國史諸國記注盡集祕閣爾朱之亂並皆散亡今舉其見在謂之霸史

穆天子傳六卷汲冢書郭璞注○漢獻帝起居注五卷○晉泰始起居注二十卷李軌撰○晉咸寧起居注十卷李軌撰○晉泰康起居注二十一卷李軌撰○晉元康起居注一卷梁有永平元康永寧起居注六卷又有惠帝起居注二卷永嘉建興起居注十三卷亡○晉建武大興永昌起居注九卷梁有二十卷○晉咸和起居注十六卷李軌撰○晉咸康起居注二十二卷○晉建元起居注四卷○晉永和起居注十七卷梁有二十四卷○晉升平起居注十卷○晉隆和興寧起居注五卷○晉咸安起居注三卷○晉泰和起居注六卷梁十卷○晉寧康起居注六卷○晉泰元起居注二十五卷梁五十四卷○晉隆安起居注十卷○晉元興起居注九卷○晉義熙起居注十七卷梁三十四卷○晉元熙起居注二卷○晉起居注三百一十七卷宋北徐州主簿劉道會撰梁有三百二十二卷○流別起居注三十七卷梁有晉宋起居注鈔五十一卷先朝起居注二十卷亡○宋永初起居注十卷○宋景平起居注三卷○宋元嘉起居注五十五卷梁六十卷○宋孝建起居注十二卷○宋大明起居注十五卷梁三十四卷又有景和起居注四卷明帝在藩注三卷亡○宋泰始起居注十九卷梁二十三卷○宋泰豫起居注四卷梁有宋成徽起居注二卷昇明起居注六卷亡○齊永明起居注二十五卷梁有三十四卷又有建元起居注十二卷隆昌延興建武起居注四卷中興起居注四卷亡○梁大同起居注十卷○後魏起居注三百三十六卷○陳永定起居注八卷○陳天嘉起居注二十三卷○陳天康光大起居注十卷○陳太建起居注五十六卷○陳至德起居注四卷○後周太祖號令三卷○隋開皇起居注六十卷○南燕起居注一卷

右四十四部一千一百八十九卷

起居注者錄紀人君言行動止之事春秋傳曰君舉必書書而不法後嗣何觀周官內史掌王之命遂書其副而藏之是其職也漢武帝有禁中起居注後漢明德馬后撰明帝起居注然則漢時起居似在宮中為女史之職然皆零落不可復知今之存者有漢獻帝及晉代已來起居注皆近侍之臣所錄晉時又得汲冢書有穆天子傳體制與今起居正同蓋周時內史所記王命之副也近代已來別有其職事在百官志今依其先後編而次之其僞國起居唯南燕一卷不可別出附之於此

漢武帝故事二卷○西京雜記二卷○漢魏吳蜀舊事八卷○晉朝雜事二卷○晉宋舊事一百三十五卷○晉要事三卷○晉故事四十三卷○晉建武故事一卷○晉咸和咸康故事四卷晉孔愉撰○晉修復山陵故事五卷車灌撰○交州雜事九卷記士燮及陶璜事○晉八王故事十卷○晉四王起事四卷晉廷尉盧綝撰○大司馬陶公故事三卷○郗太尉為尚書令故事三卷○桓玄僞事三卷○晉東宮舊事十卷○秦漢已來舊事十卷○尚書大事二十卷范汪撰○沔南故事三卷應思遠撰○天正舊事三卷釋亡名撰○皇儲故事二卷○梁舊事三十卷內史侍郎蕭大圜撰○東宮典記七十卷左庶子宇文愷撰○開業平陳記二十卷

右二十五部四百四卷

古者朝廷之政發號施令百司奉之藏于官府各修其職守而弗忘春秋傳曰吾視諸故府則其事也周官御史掌治朝之法太史掌萬民之約契與質劑以逆邦國之治然則百司庶府各藏其事太史之職又總而掌之漢時蕭何定律令張蒼制章程叔孫通定儀法條流派別制度漸廣晉初甲令已下至九百餘卷晉武帝命車騎將軍賈充博引羣儒刪采其要增律十篇其餘不足經遠者為法令施行制度者為令品式章程者為故事各還其官府搢紳之士撰而錄之遂成篇卷然亦隨代遺失今據其見存謂之舊事篇

漢官解詁三篇漢新汲令王隆撰胡廣注○漢官五卷應劭注○漢官儀十卷應劭撰○漢官典職儀式選用二卷漢衞尉蔡質撰梁有荀攸魏官儀一卷韋昭官儀職訓一卷亡○晉公卿禮秩故事九卷傅暢撰○晉新定儀注十四卷梁有徐宣瑜晉官品一卷荀綽百官表注十六卷干寶司徒儀一卷宋職官記九卷晉百官儀服錄五卷大興二年定官品事五卷百官品九卷亡○百官階次一卷○齊職儀五十卷齊長水校尉王珪之撰梁有王珪之齊儀四十九卷亡○梁勳選格一卷○職官要錄三十卷陶藻撰○梁選簿三卷徐勉撰○梁官品格一卷○百官階次三卷○新定將軍名一卷○吏部用人格一卷○官族傳十四卷何晏撰○百官春秋五十卷王秀道撰○百官春秋二十卷○魏晉百官名五卷○晉百官名三十卷○晉官屬名四卷○陳百官簿狀二卷○陳將軍簿一卷○新定官品二十卷梁沈約撰○梁尚書職制儀注四十一卷○職令古今百官注十卷郭演撰

右二十七部三百三十六卷通計亡書合三十六部四百三十三卷

古之仕者名書於所臣之策各有分職以相統治周官冢宰掌建邦之六典而御史數凡從政者然則冢宰總六卿之屬以治其政御史掌其在位名數先後之次焉今漢書百官表列衆職之事記在位之次蓋亦古之制也漢末王隆應劭等以百官表不具乃作漢官解詁漢官儀等書是後相因正史表志無復百僚在官之名矣搢紳之徒或取官曹名品之書撰而錄之別行於世宋齊已後其書益繁而篇卷零疊易為亡散又多瑣細不足可紀故刪其見存可觀者編為職官篇

漢舊儀四卷衞敬仲撰梁有衞敬仲漢中興儀一卷亡○晉新定儀注四十卷晉安成太守傅瑗撰○晉雜儀注十一卷○晉尚書儀十卷○甲辰儀五卷江左撰○封禪儀六卷○宋儀注十卷○宋儀注二十卷○宋尚書雜注十八卷本二十卷○宋東宮儀記二十三卷宋新安太守張鏡撰○徐爰家儀一卷○東宮新記二十卷蕭子雲撰○梁吉禮儀注十卷明山賓撰○梁賓禮儀注九卷賀瑒撰案梁明山賓撰吉儀注二百六卷錄六卷嚴植之撰凶儀注四百七十九卷錄四十五卷陸璉撰軍儀注一百九十卷錄二卷司馬褧撰嘉儀注一百一十二卷錄三卷並亡存者唯士吉及賓合十九卷○皇典二十卷梁豫章太守丘仲孚撰○雜凶禮四十二卷何胤撰梁有何胤士喪儀注九卷亡○雜儀注一百八十卷○陳尚書雜儀注五百五十卷○陳吉禮一百七十一卷○陳賓禮六十五卷○陳軍禮六卷○陳嘉禮一百二卷○後魏儀注五十卷○後齊儀注二百九十卷○雜嘉禮三十八卷○國親皇太子序親簿一卷○隋朝儀禮一百卷牛弘撰○大漢輿服志一卷魏博士董巴撰○魏晉謚議十三卷何晏撰○汝南君諱議二卷○決疑要注一卷摯虞撰○車服雜注一卷徐廣撰○禮儀制度十三卷王逡之撰○古今輿服雜事二十卷梁周遷撰○晉鹵簿圖一卷○鹵簿儀二卷○陳鹵簿圖一卷○齊鹵簿儀一卷○諸衞左右廂旗圖樣十五卷○內外書儀四卷謝元撰○書儀二卷蔡超撰○書筆儀二十一卷謝朏撰○宋長沙檀太妃薨弔答書十二卷○弔答儀十卷王儉撰○書儀十卷王弘撰○皇室儀十三卷鮑行卿撰○吉書儀二卷王儉撰○書儀疏一卷周捨撰○新儀三十卷鮑泉撰○文儀二卷梁修端撰○趙李家儀十卷錄一卷李穆叔撰○書儀十卷唐瑾撰○言語儀一卷○嚴植之儀二卷○邇儀四卷馬樞撰○婦人書儀八卷○僧家書儀五卷釋曇瑗撰○要典雜事五十卷

右五十九部二千二十九卷通計亡書合六十九部三千九十四卷

儀注之興其所由來久矣自君臣父子六親九族各有上下親疏之別養生送死弔恤賀慶則有進止威儀之數唐虞已上分之為三在周因而為五周官宗伯所掌吉凶賓軍嘉以佐王安邦國親萬民而太史執書以協事之類是也是時典章皆具可履而行周衰諸侯削除其籍至秦又焚而去之漢興叔孫通定朝儀武帝時始祀汾陰后土成帝時初定南北之郊節文漸具後漢又使曹褒定漢儀是後相承世有制作然猶以舊章殘缺各遵所見彼此紛爭盈篇滿牘而後世多故事在通變或一時之制非長久之道載筆之士刪其大綱編于史志而或傷於淺近或失於未達不能盡其旨要遺文餘事亦多散亡今聚其見存以為儀注篇

律本二十一卷杜預撰○漢晉律序注一卷晉僮長張斐撰○雜律解二十一卷張斐撰案梁有杜預雜律七卷亡○晉宋齊梁律二十卷蔡法度撰○梁律二十卷梁義興太守蔡法度撰○後魏律二十卷○北齊律十二卷目一卷○陳律九卷范泉撰○周律二十五卷○周大統式三卷○隋律十二卷○隋大業律十一卷○晉令四十卷目錄一卷○梁令三十卷錄一卷○梁科三十卷○北齊令五十卷○北齊權令二卷○陳令三十卷范泉撰○陳科三十卷范泉撰○隋開皇令三十卷目一卷○隋大業令三十卷○漢朝議駮三十卷應劭撰案梁建武律令故事一卷應劭律略論五卷亡○晉雜議十卷○晉彈事十卷○南臺奏事二十二卷○漢名臣奏事三十卷○魏王奏事十卷○魏名臣奏事四十卷目一卷陳壽撰○魏臺雜訪議三卷高堂隆撰○魏廷尉決事十卷○晉駮事四卷○晉雜制六十卷○晉刺史六條制一卷○齊五服制一卷○陳新制六十卷

右三十五部七百一十二卷通計亡書合三十八部七百三十六卷

刑法者先王所以懲罪惡齊不軌者也書述唐虞之世五刑有服而夏后氏正刑有五科條三千周官司寇掌三典以刑邦國司刑掌五刑之法麗萬民之罪太史又以典法逆于邦國內史執國法以考政事春秋傳曰在九刑不忘然則刑書之作久矣蓋藏于官府懼人之知爭端而輕於犯及其末也肆情越法刑罰僭濫至秦重之以苛虐先王之正刑滅矣漢初蕭何定律九章其後漸更增益令甲已下盈溢架藏晉初賈充杜預刪而定之有律有令有故事梁時又取故事之宜於時者為梁科後齊武帝時又於麟趾殿刪正刑典謂之麟趾格後周太祖又命蘇綽撰大統式隋則律令格式並行自律已下世有改作事在刑法志漢律久亡故事駮議又多零失今錄其見存可觀者編為刑法篇

三輔決錄七卷漢太僕趙岐撰摯虞注○海內先賢傳四卷魏明帝時撰○四海耆舊傳一卷○海內士品一卷○先賢集三卷○兗州先賢傳一卷○徐州先賢傳一卷○徐州先賢傳贊九卷劉義慶撰○海岱志二十卷齊前將軍記室崔蔚祖撰○交州先賢傳三卷晉范瑗撰○益部耆舊傳十四卷陳長壽撰○續益部耆舊傳二

卷○諸國清賢傳一卷○魯國先賢傳二卷晉大司農白褒撰 楚國先賢傳贊十二卷晉張方撰 汝南先賢傳五卷魏周斐撰 陳留耆舊傳二卷漢議郎圈稱撰 陳留耆舊傳一卷魏散騎侍郎蘇林撰 陳留先賢像贊一卷陳英宗撰 陳留志十五卷東晉剡令江敞撰 濟北先賢傳一卷○廬江七賢傳二卷○東萊耆舊傳一卷王基撰 襄陽耆舊記五卷習鑿齒撰 會稽先賢傳七卷謝承撰 會稽後賢傳記二卷鍾離岫撰 會稽典錄二十四卷虞預撰 會稽先賢像贊五卷○漢世要記一卷○吳先賢傳四卷吳左丞相陸凱撰 東陽朝堂像讚一卷晉南平太守留叔先撰 豫章烈士傳三卷徐整撰 豫章舊志三卷晉會稽太守熊默撰 豫章舊志後撰一卷熊欣撰 零陵先賢傳一卷○長沙舊傳讚三卷晉臨川王郎中劉彧撰 桂陽先賢書贊一卷吳左中郎張勝撰 武昌先賢志二卷宋天門太守郭緣生撰 蜀文翁學堂像題記二卷○聖賢高士傳贊三卷嵇康撰周續之注 高士傳六卷皇甫謐撰 逸士傳一卷皇甫謐撰 逸民傳七卷張顯撰 高士傳二卷虞槃佐撰 至人高士傳讚二卷晉廷尉卿孫綽撰 ○高隱傳十卷阮孝緒撰 高隱傳十卷○高僧傳六卷虞孝敬撰 止足傳十卷○續高士傳七卷周弘讓撰 孝子傳讚三卷王韶之撰 孝子傳十五卷晉輔國將軍蕭廣濟撰 孝子傳十卷宋員外郎鄭緝之撰 孝子傳八卷師覺授撰 孝子傳二十卷宋躬撰 孝子傳畧二卷○孝德傳三十卷梁元帝撰 孝友傳八卷○曾參傳一卷○忠臣傳三十卷梁元帝撰 顯忠錄二十卷梁元帝撰 丹陽尹傳十卷梁元帝撰 英蕃可錄二卷張萬賢撰邵武侯新注 高才不遇傳四卷後齊劉晝撰 良吏傳十卷鍾岏撰 海內名士傳一卷○正始名士傳三卷袁敬仲撰 江左名士傳一卷劉義慶撰 竹林七賢論二卷晉太子中庶子戴逵撰 七賢傳五卷孟氏撰 文士傳五十卷張隱撰 列士傳二卷劉向撰 陰德傳二卷宋光祿大夫范晏撰 東方悼善傳十一卷○雜傳三十六卷任昉撰本一百四十七卷亡 雜傳四十卷賀蹤撰本七十卷亡 雜傳十九卷陸澄撰 雜卷十一卷○玄晏春秋三卷皇甫謐撰 孔子弟子先儒傳十卷○李氏家傳一卷○桓任家傳一卷○王朗王肅家傳一卷○太原王氏家傳二十三卷○褚氏家傳一卷褚覬等撰 薛常侍家傳一卷○江氏家傳七卷江祚等撰 庾氏家傳一卷庾斐撰 裴氏家傳四卷裴松之撰 虞氏家記五卷虞覽撰 曹氏家傳一卷曹毗撰 范氏家傳一卷范汪撰 紀氏家紀一卷紀友撰 韋氏家傳一卷○何顒使君家傳一卷○明氏家訓一卷偽燕衛尉明岌撰 明氏世錄六卷梁信武記室明粲撰 陸史十五卷○王氏江左世家傳二十卷王褒撰 孔氏家傳五卷○崔氏五門家傳二卷崔氏撰 暨氏家傳一卷○周齊王家傳一卷姚氏撰 尒朱家傳二卷王氏撰 周氏家傳一卷○令狐氏家傳一卷○新舊傳四卷○漢南家傳三卷○何氏家傳三卷○童子傳二卷王瑱之撰 幼童傳十卷劉昭撰 訪來傳十卷梁奭撰 懷舊志九卷梁元帝撰 知己傳一卷盧思道撰 全德志一卷梁元帝撰 同姓名錄一卷梁元帝撰 列女傳十五卷劉向撰曹大家注 列女傳七卷趙母注 列女傳八卷高氏撰 列女傳頌一卷劉歆撰 列女傳頌一卷曹植撰 列女傳讚一卷繆襲撰 列女後傳十卷項原撰 列女傳六卷皇甫謐撰 列女傳七卷綦毋邃撰 列女傳要錄三卷○女記十卷杜預撰 美婦人傳六卷○妬記二卷虞通之撰 道人善道開傳一卷康泓撰 名僧傳三十卷釋寶唱撰 高僧傳十四卷釋僧祐撰 江東名德傳三卷釋法進撰 法師傳十卷王巾撰 衆僧傳二十卷裴子野撰 薩婆多部傳五卷釋僧祐撰 梁故草堂法師傳一卷○尼傳二卷皎法師撰 法顯傳二卷○法顯行傳一卷○梁武皇帝大捨三卷嚴昺撰 列仙傳讚三卷劉向撰鬷續孫綽讚 列仙傳讚二卷劉向撰晉郭元祖讚 列仙傳十卷葛洪撰 說仙傳一卷朱思祖撰 養性傳二卷○漢武內傳三卷○太元真人東鄉司命茅君內傳一卷弟子李遵撰 清虛真人王君內傳一卷弟子華存撰 清虛真人裴君內傳一卷○正一真人三天法師張君內傳一卷○太極左仙公葛君內傳一卷○仙人馬君陰君內傳一卷○仙人許遠遊傳一卷○靈人辛玄子自序一卷○劉君內記一卷王珍撰 陸先生傳一卷孔稚珪撰 列仙讚序一卷郭元祖撰 集仙傳十卷○洞仙傳十卷○王喬傳一卷○關令內傳一卷鬼谷先生撰 南嶽夫人內傳一卷○蘇君記一卷周季通撰 嵩高寇天師傳一卷○華陽子自序一卷○太上真人內記一卷李氏撰 道學傳二十卷○宣驗記三十卷劉義慶撰 應驗記一卷宋光祿大夫傅亮撰 冥祥記十卷王琰撰 列異傳三卷魏文帝撰 感應傳八卷王延秀撰 古異傳三卷宋永嘉太守袁王壽撰 甄異傳三卷晉西戎主簿戴祚撰 述異記十卷祖沖之撰 異苑十卷宋給事劉敬叔撰 續異苑十卷○搜神記三十卷干寶撰 搜神後記十卷陶潛撰 靈鬼志三卷荀氏撰 志怪二卷祖台之撰 志怪四卷孔氏撰 神錄五卷劉之遴撰 齊諧記七卷宋散騎侍郎東陽無疑撰 續齊諧記一卷吳均撰 幽明錄二十卷劉義慶撰 補續冥祥記一卷王曼穎撰 漢武洞冥記一卷郭氏撰 嘉瑞記三卷陸瓊撰 祥瑞記三卷○符瑞記十卷許善心撰 靈異錄十卷○靈異記十卷○研神記十卷蕭繹撰 旌異記十五卷侯君素撰 近異錄二卷劉質撰 鬼神列傳一卷謝氏撰 志怪記三卷殖氏撰 舍利感應記三卷王劭撰 真應記十卷○周氏冥通記一卷○集靈記二十卷顏之推撰 冤魏志三卷顏之推撰

右二百一十七部，一千二百八十六卷。通計亡書，合二百一十九部，一千五百三卷。

古之史官必廣其所記非獨人君之舉周官外史掌四方之志則諸侯史記兼而有之春秋傳曰虢仲虢叔王季之穆勳在王室藏於盟府臧紇之叛季孫命太史召掌惡臣而盟之周官司寇凡大盟約涖其盟書登于天府太史內史司會六官皆受其貳而藏之是則王者誅賞具錄其事昭告神明百官史臣皆藏其書故自公卿諸侯至于羣士善惡之迹畢集史職而又閭胥之政凡聚衆庶書其敬敏任卹者族師每月書其孝悌睦婣有學者黨正歲書其德行道藝者而入之於鄉大夫鄉大夫三年大比考其德行道藝舉其賢者能者而獻其書王再拜受之登于天府內史貳之是以窮居側陋之士言行必達皆有史傳自史官曠絕其道廢壞漢初始有丹書之約白馬之盟武帝從董仲舒之言始舉賢良文學天下計書先上太史善惡之事靡不畢集司馬遷班固撰而成之股肱輔弼之臣扶義俶儻之士皆有記錄而操行高潔不涉於世者史記獨傳夷齊漢書但述楊王孫之儔其餘皆畧而不記又漢時阮倉作列仙圖劉向典校經籍始作列仙列士列女之傳皆因其志尚率爾而作不在正史後漢光武始詔南陽撰作風俗故沛三輔有耆舊節士之序魯廬江有名德先賢之讚郡國之書由是而作魏文帝又作列異以序鬼物奇怪之事嵇康作高士傳以敘聖賢之風因其事類相繼而作者甚衆名目轉廣而又雜以虛誕怪妄之說推其本源蓋亦史官之末事也載筆之士刪採其要焉魯沛三輔序贊並亡後之作者亦多零失今取其見存部而類之謂之雜傳

山海經二十三卷郭璞注 水經三卷郭璞注 黃圖一卷記三輔宮觀陵廟明堂辟雍郊畤等事 洛陽記四卷○洛陽記一卷陸機撰 洛陽宮殿簿一卷○洛陽圖一卷晉懷州刺史楊佺期撰 述征記二卷郭緣生撰 西征記二卷戴延之撰 婁地記一卷吳顧啓期撰 風土記三卷晉平西將軍周處撰 吳興記三卷山謙之撰 吳郡記一卷顧夷撰 京口記二卷宋太常卿劉損撰 南徐州記二卷山謙之撰 會稽土地記一卷朱育撰 會稽記一卷賀循撰 隋王入沔記六卷宋侍中沈懷文撰 荊州記三卷宋臨川王侍郎盛弘之撰 神壤記一卷記滎陽山水黃閔撰 豫章記一卷雷次宗撰 蜀王本記一卷楊雄撰 三巴記一卷譙周撰 珠崖傳一卷偽燕聘晉使蓋泓撰 陳留風俗傳三卷圈稱撰 鄴中記二卷晉國子助教陸翽撰 春秋土地名三卷晉裴秀客京相璠撰 衡山記一卷宋居士撰 遊名山志一卷謝靈運撰 聖賢冢墓記一卷李彤撰 佛國記一卷沙門釋法顯撰 遊行外國傳一卷沙門釋智猛撰 交州以南外國傳一卷○十洲記一卷東方朔撰 神異經一卷東方朔撰張華注 異物志一卷後漢議郎楊孚撰 南州異物志一卷吳丹陽太守萬震撰 蜀志一卷東京武平太守常寬撰 發蒙記一卷束晳撰載物產之異 地理書一百四十九卷陸澄合山海經已來一百六十家以為此書澄本之外其舊事並多零失見存別部自行者唯四十二家今列之於上 三輔故事二卷晉世撰 湘州記二卷庾仲雍撰 吳郡記二卷顧夷撰 日南傳一卷○江記五卷庾仲雍撰 漢水記五卷庾仲雍撰 居名山志一卷謝靈運撰 西征記一卷戴祚撰 廬山南陵雲精舍記一卷○永初山川古今記二十卷齊都官尚書劉澄之撰 元康三年地記六卷○司州記二卷○并帖省置諸郡舊事一卷○地記二百五十二卷梁任昉增陸澄之書八十四家以為此記其所增舊書亦多零失見存別部行者唯十二家今列之於上 山海經圖讚二卷郭璞注 山海經音二卷○水經四十卷酈善長注 廟記一卷○地理書抄二十卷陸澄撰 地理書抄九卷任昉撰 地理書抄十卷劉黃門撰 洛陽伽藍記五卷後魏楊衒之撰 荊南地志二卷蕭世誠撰 巴蜀記一卷○交州異物志一卷楊孚撰 元康六年戶口簿記三卷○元嘉六年地記三卷○九州郡縣名九卷○扶南異物志一卷朱應撰 臨海水土物志一卷沈瑩撰 益州記三卷李氏撰 湘州記一卷郭仲彥撰 湘州圖副記一卷○四海百川水源記一卷釋道安撰 京師寺塔記十卷錄一卷劉璆撰 華山精舍記一卷張光祿撰 南雍州記六卷鮑至撰 京師寺塔記二卷釋曇景撰 張騫出關志一卷○外國傳五卷釋曇景撰 歷國傳二卷釋法盛撰 西京記三卷○京師錄七卷○尋江源記一卷○後園記一卷○江表行記一卷○淮南記一卷○古來國名二卷○十三州志十卷闞駰撰 慧生行傳一卷○宋武北征記一卷戴氏撰 林邑國記一卷○涼州異物志一卷○閩象傳二卷闞先生撰 司州山川古今記三卷劉澄之撰 江圖一卷張氏撰 江圖二卷劉氏撰 廣梁南徐州記五卷虞孝敬撰 水飾圖二十卷○陳闖傳一卷○北荒風俗記二卷○諸蕃風俗記二卷○男女二國傳一卷○突厥所出風俗事一卷○古今地譜二卷○輿地志三十卷陳顧野王撰 序行記十卷姚最撰 魏永安記三卷溫子昇撰 國都城記二卷○周地圖記一百九卷○冀州圖經一卷○齊州圖經一卷○齊州記四卷李叔布撰 幽州圖經一卷○魏聘使行記六卷○聘北道里記三卷江德藻撰 李諧行記一卷○聘遊記三卷劉師知撰 朝覲記六卷○封君義行記一卷李繪撰 輿駕東行記一卷薛泰撰 北伐記七卷諸葛穎撰 巡撫揚州記七卷諸葛穎撰 ○大魏諸州記二十一卷○并州入朝道里記一卷蔡允恭撰 趙記十卷○代都畧記三卷○世界記五卷釋僧祐撰 州郡縣簿七卷○大隋翻經婆羅門法師外國傳五卷○隋區宇圖志一百二十九卷○隋西域圖三卷裴矩撰 隋諸州圖經集一

百卷(郎蔚之撰)○隋諸郡土俗物產一百五十一卷○西域道里記一卷○諸蕃國記十七卷○方物志二十卷(許善心撰)

并州總管內諸州圖一卷

右一百三十九部一千四百三十二卷(通計亡書合一百四十部一千四百三十四卷)

昔者先王之化民也以五方土地風氣所生剛柔輕重飲食衣服各有其性不可遷變是故疆理天下物其土宜知其利害達其志而通其欲齊其政而修其教故曰廣谷大川異制人居其間異俗書錄禹別九州定其山川分其圻界條其物產辨其貢賦斯之謂也周則夏官司險掌建九州之圖周知山林川澤之阻達其道路地官誦訓掌方志以詔觀事以知地俗春官保章以星土辨九州之地所封之域以觀祅祥秋官職方掌天下之圖地辨四夷八蠻九貉五戎六狄之人與其財用九穀六畜之數周知利害辨九州之國使同其貫司徒掌邦之土地之圖與其人民之數以佐王擾邦國周知九州之域廣輪之數辨其山林川澤丘陵墳衍原隰之名物及土會之法然則其事分在衆職而冢宰掌建邦之六典實總其事太史以典逆冢宰之治其書蓋亦總為史官之職漢初蕭何得秦圖書故知天下要害後又得山海經相傳以為夏禹所記武帝時計書既上太史郡國地志固亦在焉而史遷所記但述河渠而已其後劉向略言地域丞相張禹使屬朱貢條記風俗班固因之作地理志其州國郡縣山川夷險時俗之異經星之分風氣所生區域之廣戶口之數各有攸敘與古禹貢周官所記相埒是後載筆之士管窺末學不能及遠但記州郡之名而已晉世摯虞依禹貢周官作畿服經其州郡及縣分野封略事業國邑山陵水泉鄉亭城道里土田民物風俗先賢舊好靡不具悉凡一百七十卷今亡而學者因其經歷並有記載然不能成一家之體齊時陸澄聚一百六十家之說依其前後遠近編而為部謂之地理書任昉又增陸澄之書八十四家謂之地記陳時顧野王抄撰衆家之言作輿地志隋大業中普詔天下諸郡條其風俗物產地圖上于尚書故隋代有諸郡物產土俗記一百三十一卷區宇圖志一百二十九卷諸州圖經集一百卷其餘記注甚衆今任陸二家所記之內而又別行者各錄在其書之上自餘次之於下以備地理之記焉

世本王侯大夫譜二卷○世本二卷(劉向撰)世本四卷(宋衷撰)

漢氏帝王譜三卷(梁有宋譜四卷劉湛百家譜二卷亡)齊帝譜屬十卷○百家集譜十卷(王儉撰梁有王逡之續儉百家譜四卷南族譜二卷百家譜拾遺一卷又有齊梁帝譜四卷梁帝譜十三卷亡)百家譜三十卷(王僧孺撰)百家譜集鈔十五卷(王僧孺撰)百家譜二十卷(賈執撰)百家譜十五卷(傅昭撰)百家譜世統十卷○百家譜鈔五卷○姓氏英賢譜一百卷(賈執撰梁有王司空新集諸州譜十一卷又別有諸姓譜一百一十六卷益州譜四十卷關東關北譜三十三卷梁武帝總責境內十八州譜六百九十卷亡)後魏辯宗錄二卷(元暉業撰)後魏皇帝宗族譜四卷○魏孝文列姓族牒一卷○後齊宗譜一卷○益州譜三十卷○冀州姓族譜二卷○洪州諸姓譜九卷○吉州諸姓譜八卷○江州諸姓譜十一卷○諸州雜譜八卷○袁州諸姓譜八卷○揚州譜鈔五卷○京兆韋氏譜二卷○謝氏譜一十卷○楊氏血脈譜二卷○楊氏家譜狀并墓記一卷○楊氏枝分譜一卷○楊氏譜一卷○北地傅氏譜一卷○蘇氏譜一卷○述系傳一卷(姚最撰)氏族要狀十五卷○姓苑一卷(何氏撰)復姓苑一卷○齊永元中表簿五卷○竹譜一卷○錢譜一卷(顧烜撰)錢圖一卷

右四十一部三百六十卷(通計亡書合五十三部一千二百八十卷)

氏姓之書其所由來遠矣書稱別生分類傳曰天子建德因生以賜姓周家小史定繫世辨昭穆則亦史之職也秦兼天下剗除舊迹公侯子孫失其本繫漢初得世本敘黃帝已來祖世所出而漢又有帝王年譜後漢有鄧氏官譜晉世摯虞作族姓昭穆記十卷齊梁之間其書轉廣後魏遷洛有八氏十姓咸出帝族又有三十六族則諸國之從魏者九十二姓世為部落大人者並為河南洛陽人其中國士人則第其門閥有四海大姓郡姓州姓縣姓及周太祖入關諸姓子孫有功者並令為其宗長仍撰譜錄紀其所承又以關內諸州為其本望其鄧氏官譜及族姓昭穆記晉亂已亡自餘亦多遺失今錄其見存者以為譜系篇

七略別錄二十卷(劉向撰)七略七卷(劉歆撰)晉中經十四卷(荀勖撰)晉義熙已來新集目錄三卷○宋元徽元年四部書目錄四卷(王儉撰)今書七志七十卷(王儉撰)梁天監六年四部書目錄四卷(殷鈞撰)梁東宮四部目錄四卷(劉遵撰)梁文德殿四部目錄四卷(劉孝標撰)七錄十二卷(阮孝緒撰)魏闕書目錄一卷○陳祕閣圖書法書目錄一卷○陳天嘉六年壽安殿四部目錄四卷○陳德教殿四部目錄四卷○陳承香殿五經史記目錄二卷○開皇四年四部目錄四卷○開皇八年四部書目錄四卷○香廚四部目錄四卷○隋大業正御書目錄九卷○法書目錄六卷○雜儀注目錄四卷○雜撰文章家集敘十卷(荀勖撰)文章志四卷(摯虞撰)續文章志二卷(傅亮撰)晉江左文章志三卷(宋明帝撰)宋世文章志二卷(沈約撰)書品二卷○名手畫錄一卷○正流論一卷

右三十部二百一十四卷

古者史官既司典籍蓋有目錄以為綱紀體制堙滅不可復知孔子刪書別為之序各陳作者所由韓毛二詩亦皆相類漢時劉向別錄劉歆七略剖析條流各有其部推尋事迹疑則古之制也自是之後不能辨其流別但記書名而已博覽之士疾其渾漫故王儉作七志阮孝緒作七錄並皆別行大體雖準向歆而遠不逮矣其先代目錄亦多散亡今總其見存編為簿錄篇

凡史之所記八百一十七部一萬三千二百六十四卷(通計亡書合八百七十四部一萬六千五百五十八卷)

夫史官者必求博聞強識疏通知遠之士使居其位百官衆職咸所貳焉是故前言往行無不識也天文地理無不察也人事之紀無不達也內掌八柄以詔王治外執六典以逆官政書美以彰善記惡以垂戒範圍神化昭明令德窮聖人之至賾詳一代之亹亹自史官廢絕久矣漢氏頗循其舊班馬因之魏晉已來其道逾替南董之位以祿貴遊政駿之司罕因才授故梁世諺曰上車不落則著作體中何如則祕書於是尸素之儔盱衡延閣之上立言之士揮翰蓬茨之下一代之記至數十家傳說不同聞見舛駁理失中庸辭乖體要致令允恭之德有闕於典墳忠肅之才不傳於簡策斯所以為蔽也班固以史記附春秋今開其事類凡三十種別為史部

隋書卷三十三考證

經籍志二 漢皇德紀三十卷注漢有道徵士侯瑾撰○監本瑾訛謹按後漢文苑傳侯瑾字子瑜

涼書十卷注沮渠國史○監本沮訛泪按晉書載記沮渠蒙遜為北涼

交州雜事九卷注記士燮及陶璜事○監本璜訛黃按晉書陶璜傳孫皓時璜為蒼梧太守遂陷交趾因用為交州刺史璜有謀策開置三郡及九真屬國三十餘縣入晉封宛陵侯

條流派別○監本派訛泒按泒音孤水名與流派之派匹卦切者異

# 隋書卷三十四

唐太尉揚州都督監修國史上柱國趙國公臣長孫無忌等撰

## 志第二十九

### 經籍三 子

晏子春秋七卷(齊大夫晏嬰撰)曾子二卷(目一卷魯國曾參撰)子思子七卷(魯穆公師孔伋撰)公孫尼子一卷(尼似孔子弟子)孟子十四卷(齊卿孟軻撰趙岐注)孟子七卷(鄭玄注)孟子七卷(劉熙注梁有孟子九卷綦毋邃撰亡)孫卿子十二卷(楚蘭陵令荀況撰梁有王孫子一卷亡)董子一卷(戰國時董無心撰)魯連子五卷(錄一卷魯連齊人不仕稱為先生)新語二卷(陸賈撰)賈子十卷(錄一卷漢梁太傅賈誼撰)鹽鐵論十卷(漢廬江府丞桓寬撰)新序三十卷(錄一卷劉向撰)說苑二十卷(劉向撰)揚子法言十五卷(解一卷揚雄撰李軌注梁有揚子法言六卷侯芭注亡)揚子法言十三卷(宋衷撰)揚子太玄經九卷(宋衷注梁有揚子太玄經九卷揚雄自作章句亡)揚子太玄經十卷(陸績宋衷撰)揚子太玄經十卷(蔡文邵注梁有揚子太玄經十四卷虞翻注揚子太玄經十三卷陸凱注揚子太玄經七卷王肅注亡)桓子新論十七卷(後漢六安丞桓譚撰)潛夫論十卷(後漢處士王符撰梁有王逸正部論八卷後漢侍中王逸撰後序十二卷後漢司隸校尉應奉撰周生子要論一卷錄一卷魏侍中周生烈撰亡)中鑒五卷(荀悅撰)魏子三卷(後漢會稽人魏朗撰梁有文檢六卷似後漢末人作亡)牟子二卷(後漢太尉牟融撰)典論五卷(魏文帝撰)徐氏中論六卷(魏太子文學徐幹撰梁目一卷)王子正論十卷(王肅撰梁有去伐論集三卷王粲撰亡)杜氏體論四卷(魏幽州刺史杜恕撰梁有新書五卷王基撰周子九卷吳中書郎周昭撰亡)顧子新語十二卷(吳太常顧譚撰通語十卷晉尚書左丞殷典撰典語十卷典語別二卷並吳中夏督陸景撰亡)譙子法訓八卷(譙周撰梁有譙子五教志五卷亡)袁子正論十九卷(袁準撰梁又有袁子正書二十五卷袁準撰孫氏成敗志三卷孫毓撰古今通論二卷松滋令王嬰撰蔡氏化清經十卷蔡洪撰通經二卷晉丞相從事中郎王長元撰亡)新論十卷(晉散騎常侍夏侯湛撰梁有揚子物理論十六卷揚子大元經十四卷並晉徵士揚泉撰新論十卷晉金紫光祿大夫華譚撰洪梅子新論一卷亡)志林新書三十卷(虞喜撰梁有廣林二十四卷又後林十卷虞喜撰干子十八卷干寶撰閼論二卷晉江州從事蔡韶撰顧子十卷晉揚州主簿顧夷撰亡)要覽十卷(晉郡儒林祭酒呂竦撰)正覽六卷(梁太子詹事周捨撰梁有三統五德論二卷曹思文撰亡)諸葛武侯集誡二卷○衆賢誡十三卷○女篇一卷○女鑒一卷○婦人訓誡集十一卷○婦姒訓一卷○曹大家女誡一卷○貞順志一卷

右六十二部五百三十卷(通計亡書合六十七部六百九卷)

儒者所以助人君明教化者也聖人之教非家至而戶說故有儒者宣而明之其大抵本於仁義及五常之道黃帝堯舜禹湯文武咸由此則周官太宰以九兩繫邦國之人其四曰儒是也其後陵夷衰亂儒道廢闕仲尼祖述前代修正六經三千之徒並受其義至于戰國孟軻子思荀卿之流宗而師之各有著述發明其指所謂中庸之教百王不易者也俗儒為之不顧其本苟欲譁衆多設問難便辭巧說亂其大體致令學者難曉故曰

博而寡要

鬻子一卷 周文王師鬻熊撰 老子道德經二卷 周柱下史李耳撰漢文帝時河上公注梁有戰國時河上丈人注老子經二卷漢長陵三老毋丘望之注老子二卷漢隱士嚴遵注老子二卷虞翻注老子二卷亡 老子道德經二卷 王弼注梁有老子道德經二卷張嗣注老子道德經二卷蜀才注亡 老子道德經二卷 鍾會注梁有老子道德經二卷晉太傅羊祜解釋老子經二卷東晉江州刺史王尚述注老子二卷晉郎中程韶集解老子二卷邯鄲氏注老子二卷常氏傳老子二卷孟氏注老子二卷盈氏注亡 老子道德經二卷音一卷 晉尚書郎孫登注 老子道德經二卷 劉仲融注梁有老子道德經二卷巨生解老子道德經二卷晉西中郎將袁眞注老子道德經二卷張憑注老子道德經二卷釋惠琳注老子道德經二卷釋惠嚴注老子道德經二卷王玄載注亡 老子道德經二卷 盧景裕撰 老子音一卷 李軌撰梁有老子音一卷晉散騎常侍戴逵撰亡 老子四卷 梁曠撰 老子指歸十一卷 嚴遵注 老子指趣三卷 毋丘望之撰 老子義綱一卷 顧歡撰梁有老子道德論二卷何晏撰老子序次一卷葛仙公撰老子雜論一卷何王等注老子私記十卷梁簡文帝撰老子玄示一卷韓壯撰老子玄譜一卷晉柴桑令劉遺民撰老子玄機三卷宗塞撰老子幽易五卷又老子志一卷山琮撰亡 老子義疏一卷 顧歡撰梁有老子義疏一卷釋慧觀撰亡 老子義疏五卷 孟智周私記 老子義疏四卷 韋處玄撰 老子講疏六卷 梁武帝撰 老子義疏九卷 戴詵撰 老子節解二卷○老子章門一卷○文子十二卷 文子老子弟子七略有九篇梁七錄十卷亡 鶡冠子三卷 楚之隱人 列子八卷 鄭之隱人列禦寇撰東晉光祿勳張湛注 莊子二十卷 梁漆園吏莊周撰晉散騎常侍向秀注本二十卷今闕梁有莊子十卷東晉議郎崔譔注亡 莊子十六卷 司馬彪注本二十一卷今闕 莊子三十卷目一卷 晉太傅主簿郭象注梁七錄三十三卷 集注莊子六卷 梁有莊子三十卷晉丞相參軍李頤注莊子十八卷孟氏注錄一卷亡 莊子音一卷 李軌撰 莊子音三卷 徐邈撰 莊子集音三卷 徐邈撰 莊子注音一卷 司馬彪等撰 莊子音三卷 郭象注梁有向秀莊子音一卷 莊子外篇雜音一卷○莊子內篇音義一卷○莊子講疏十卷 梁簡文帝撰本二十卷今闕 莊子講疏二卷 張機撰亡 莊子講疏八卷○莊子文句義二十八卷 本三十卷今闕梁有莊子義疏十卷又莊子義疏三卷宋處士李叔之撰亡 莊子內篇講疏八卷 周弘正撰 莊子義疏八卷 戴詵撰 南華論二十五卷 梁曠撰本三十卷 南華論音三卷○莊成子十二卷 梁有瑗子一卷今亡 玄言新記明莊部二卷 梁澡撰 守白論一卷○任子道論十卷 魏河東太守任嘏撰梁有渾輿經一卷魏安成令桓威撰亡 唐子十卷 吳唐滂撰梁有蘇子七卷晉北中郎參軍蘇彥撰宣子二卷晉宣城令宣聘撰陸子十卷陸雲撰亡 杜氏幽求新書二十卷 杜夷撰 抱朴子內篇二十一卷音一卷 葛洪撰梁有顧道士新書論經三卷晉方士顧谷撰亡 孫子十二卷 孫綽撰 符子二十卷 東晉員外郎符朗撰梁有賀子述言十卷宋太學博士賀道養撰少子五卷晉司徒左長史張融撰梁有養生論三卷嵇康撰攝生論二卷晉河內太守阮侃撰無宗論四卷聖人無情論六卷亡 夷夏論一卷 顧歡撰梁二卷又有談棠三卷亡 簡文談疏六卷 晉簡文帝撰 無名子一卷 張太衡撰 玄子五卷○遊玄桂林二十一卷目一卷 張譏撰 廣成子十三卷 商洛公撰張太衡注疑近人作

右七十八部合五百二十五卷

道者蓋爲萬物之奧聖人之至賾也易曰一陰一陽之謂道又曰仁者見之謂之仁智者見之謂之智百姓日用而不知夫陰陽者天地之謂也天地變化萬物蠢生則有經營之迹至於道者精微淳粹而莫知其體處陰與陰爲一在陽與陽不二仁者資道以成仁道非仁之謂也智者資道以爲智道非智之謂也百姓資道而日用而不知其用也聖人體道成性清虛自守爲而不恃長而不宰故能不勞聰明而人自化不假修營而功自成其玄德深遠言象不測先王懼人之惑置于方外六經之義是所罕言周官九兩其三曰師蓋近之矣然自黃帝以下聖哲之士所言道者傳之其人世無師說漢時曹參始薦蓋公能言黃老文帝宗之自是相傳道學衆矣下士爲之不推其本苟以異俗爲高狂狷爲尚迂誕譎怪而失其眞

管子十九卷 齊相管夷吾撰 商君書五卷 秦相衞鞅撰梁有申子三卷韓相申不害撰亡 愼子十卷 戰國時處士愼到撰 韓子二十卷目一卷 韓非撰梁有韓氏新書三卷漢御史大夫鼂錯撰亡 正論六卷 漢大尚書崔寔撰梁有法論十卷劉邵撰政論五卷魏侍中劉廙撰阮子正論五卷魏清河太守阮武撰亡 世要論十二卷 魏大司農桓範撰梁有二十卷又有陳子要言十四卷吳豫章太守陳融撰蔡司徒難論五卷晉三公令史黃命撰亡

右六部合七十二卷

法者人君所以禁淫慝齊不軌而輔於治者也易著先王明罰飭法書美明于五刑以弼五教周官司寇掌建國之三典以佐王刑邦國詰四方司刑以五刑之法麗萬民之罪是也刻者爲之則杜哀矜絕仁愛欲以威劫爲化殘忍爲治乃至傷恩害親

鄧析子一卷 析鄭大夫 尹文子二卷 尹文周之處士遊齊稷下 士操一卷 魏文帝撰梁有刑聲論一卷亡 人物志三卷 劉邵撰梁有士緯新書十卷姚信撰又姚氏新書二卷與士緯相似九州人士論一卷魏司空盧毓撰通古人論一卷亡

右四部合七卷

名者所以正百物敍尊卑列貴賤各控名而責實無相僭濫者也春秋傳曰古者名位不同節文異數孔子曰名不正則言不順言不順則事不成周官宗伯以九儀之命正邦國之位辨其名物之類是也拘者爲之則苛察繳繞滯於析辭而失大體

墨子十五卷目一卷 宋大夫墨翟撰 隨巢子一卷 巢似墨翟弟子 胡非子一卷 非似墨翟弟子梁有田俅子一卷亡

右三部合一十七卷

墨者強本節用之術也上述堯舜夏禹之行茅茨不翦糲粱之食桐棺三寸貴儉兼愛嚴父上德以孝示天下右鬼神而非命漢書以爲本出淸廟之守然則周官宗伯掌建邦之天神地祇人鬼肆師掌立國祀及兆中廟中之禁令是其職也愚者爲之則守於節儉不達時變推心兼愛而混於親疎也

鬼谷子三卷 皇甫謐注鬼谷子周世隱於鬼谷梁有補闕子十卷湘東鴻烈十卷並元帝撰亡 鬼谷子三卷 樂一注

右二部合六卷

從橫者所以明辯說善辭令以通上下之志者也漢書以爲本出行人之官受命出疆臨事而制故曰誦詩三百使于四方不能專對雖多亦奚以爲周官掌交以節與幣巡邦國之諸侯及萬姓之聚導王之德意志慮使辟行之而和諸侯之好達萬民之說諭以九稅之利九儀之親九牧之維九禁之難九戎之威是也佞人爲之則便辭利口傾危變詐至於賊害忠信覆邦亂家

尉繚子五卷 梁并錄六卷尉繚梁惠王時人 尸子二十卷目一卷 梁十九卷秦相衞鞅上客尸佼撰其九篇亡魏黃初中續 呂氏春秋二十六卷 秦相呂不韋撰高誘注 淮南子二十一卷 漢淮南王劉安撰許愼注 淮南子二十一卷 高誘注 論衡二十九卷 後漢徵士王充撰梁有洞序九卷錄一卷應奉撰亡 風俗通義三十一卷 錄一卷應劭撰梁三十卷 仲長子昌言十二卷 錄一卷漢尚書郎仲長統撰 蔣子萬機論八卷 蔣濟撰梁有篤論四卷杜恕撰芻蕘論五卷鍾會撰梁有諸葛子五卷吳太傅諸葛恪撰亡 傅子百二十卷 晉司隸校尉傅玄撰嘿記三卷吳大鴻臚張儼撰裴氏新言五卷吳大鴻臚裴玄撰梁有新義十八卷吳太子中庶子劉廞撰析言論二十卷晉議郎張顯撰桑丘先生書二卷晉征南軍師楊偉撰亡 時務論十二卷 楊偉撰梁有古世論十七卷桓子一卷秦子三卷吳秦菁撰劉子十卷何子五卷亡 立言六卷 蘇道撰梁有孔氏說林二卷孔衍撰亡 抱朴子外篇三十卷 葛洪撰梁有五十一卷 金樓子二十卷 梁元帝撰 博物志十卷 張華撰 張公雜記一卷 張華撰梁有五卷與博物志相似小小不同又有雜記十卷何氏撰亡 雜記十一卷 張華撰梁有子林二十卷孟儀撰亡 廣志二卷 郭義恭撰 部略十五卷○博覽十三卷○諫林五卷 晉陵令何望之撰 述政論十三卷 陸澄撰 古今注三卷 崔豹撰 古今訓十一卷 張顯撰 古今善言三十卷 宋車騎將軍范泰撰 善諫二卷 宋領軍長史虞通之撰 欽文十三卷 陸澄撰 政論十三卷 陸澄撰 記聞二卷 宋後軍參軍徐益壽撰 新舊傳四卷○釋俗語八卷 劉霽撰 稱謂五卷 後周大將軍盧辯撰 備遺記三卷○纂要一卷 戴安道撰亦云顏延之撰 方類六卷○俗說三卷 沈約撰梁五卷 雜說二卷 沈約撰 袖中記二卷 沈約撰 袖中略集一卷 沈約撰 珠叢一卷 沈約撰 採璧三卷 梁中書舍人庾肩吾撰 物始十卷 謝吳撰 宜覽二十二卷○玉府集八卷○鴻寶十卷○顯用九卷○墳典三十卷 盧辯撰 玉燭寶典十二卷 著作郎杜臺卿撰 典言四卷 後魏人李穆叔撰 典言四卷 後齊中書郎荀士遜等撰 補文六卷○四時錄十二卷○正訓二十卷○內訓二十卷○雜略十三卷○清神三卷○前言八卷○會林五卷○對林十卷○道言六卷 吮羅美撰 衞志三卷○述伎藝一卷○諸書要略一卷 魏彥深撰 文府五卷 梁有文章義府三十卷 語對十卷 朱澹遠撰 語麗十卷 朱澹遠撰 對要三卷○雜語三卷○衆書事對三卷○廊廟五格二卷 王彬撰 名數八卷○新言四卷 裴立撰 善說五卷○君臣相起發事三卷○物重名五卷○眞注要錄一卷○天地體二卷○雜事鈔二十四卷○雜書鈔四十四卷○子抄三十卷 梁黃門侍郎庾仲容撰 子鈔二十卷 梁有子鈔十五卷沈約撰亡 論集八十六卷 殷仲堪撰梁九十六卷梁又有雜論五十八卷雜論十三卷亡 皇覽一百二十卷 繆卜等撰梁六百八十卷梁又有皇覽一百二十三卷何承天合皇覽五十卷徐爰合皇覽目四卷又有皇覽抄二十卷梁特進蕭琛抄亡 帝王集要三十卷 崔安撰 類苑一百二十卷 梁征虜刑獄參軍劉孝標撰梁七錄八十二卷 華林遍略六百二十卷 梁綏安令徐僧權等撰 要錄六十卷○壽光書苑二百卷 梁尚書左丞劉杳撰 科錄七十卷 元暉撰 書圖泉海二十卷 陳張式撰 聖壽堂御覽三百六十卷○長洲玉鏡二百三十八卷○書鈔一百七十四卷○釋氏譜十五卷○內典博要三十卷○淨住子二十卷 齊竟陵王蕭子良撰 因果記十卷○歷代三寶記三卷 費長房撰 眞言要集十卷○義記二十卷 蕭子良撰 感應傳八卷 晉尚書郎王延秀撰 衆僧傳二十卷 裴子野撰 高僧傳六卷 虞孝敬撰 皇帝菩薩清淨大捨記三卷 謝吳撰亡 寶臺四法藏目錄一百卷 大業中撰 玄門寶海一百二十卷 大業中撰

右九十七部合二千七百二十卷

雜者兼儒墨之道通衆家之意以見王者之化無所不冠者也古者司史歷記前言往行禍福存亡之道然則雜者蓋出史官之職也放者爲之不求其本材少而多學言非而博是以雜錯漫羨而無所指歸

氾勝之書二卷 漢議郎氾勝之撰 四人月令一卷 後漢大尚書崔寔撰 禁苑實錄一卷○齊民要術十卷 賈思勰撰 春秋濟世六常擬議五卷 楊瑾撰梁有陶朱公養魚法卜式養羊法養豬法月政畜牧栽種法各一卷亡

右五部一十九卷

農者所以播五穀藝桑麻以供衣食者也書敍八政其一曰食二曰貨孔子曰所重民食周官冢宰以九職任萬民其一曰三農生九穀地官司稼掌巡邦野之稼而辨穜稑之種周知其名與其所宜地以爲法而懸于邑閭是也鄙者爲之則弃君臣之義徇耕稼之利而亂上下之序

燕丹子一卷 丹燕王喜太子梁有青史子一卷又宋玉子一卷錄一卷楚大夫宋玉撰羣英論一卷郭頒撰語林十卷東晉處士裴啓撰亡 雜語五卷○郭子三卷 東晉中郎郭澄之撰 雜對語三卷○要用語對四卷○文對三卷○瑣語一卷 梁金紫光祿大夫顧協撰 笑林三卷 後漢給事中邯鄲淳撰 笑苑四卷○解頤二卷 楊松玢撰 世說八卷 宋臨川王劉義慶撰 世說十卷 劉孝標注梁有俗說

一卷亡小說十卷梁武帝勑安右長史殷芸撰梁目三十卷小說五卷○邇說
一卷梁南臺治書伏挺撰辯林二十卷蕭賁撰辯林二卷席希秀撰瑣林
七卷周獸門學士陰顥撰古今藝術二十卷○雜書鈔十三卷○
座右方八卷庾元威撰座右法一卷○魯史欹器圖一卷儀同
劉徽注器準圖三卷後魏丞相士曹行參軍信都芳撰水飾一卷

右二十五部合一百五十五卷

小說者街說巷語之說也傳載輿人之誦詩美詢于芻蕘古者聖人在上史爲書瞽爲詩工誦箴諫大夫規誨士傳言而庶人謗孟春徇木鐸以求歌謠巡省觀人詩以知風俗過則正之失則改之道聽塗說靡不畢紀周官誦訓掌道方志以詔觀事道方慝以詔辟忌以知地俗而職方氏掌道四方之政事與其上下之志誦四方之傳道而觀衣物是也孔子曰雖小道必有可觀者焉致遠恐泥

司馬兵法三卷齊將司馬穰苴撰孫子兵法二卷吳將孫武撰魏武帝注梁三卷孫子兵法一卷魏武王凌集解孫武兵經二卷張子尚注鈔孫子兵法一卷魏太尉賈詡鈔梁有孫子兵法二卷孟氏解詁孫子兵法二卷吳處士沈友撰又孫子八陣圖一卷亡吳起兵法一卷賈詡注吳孫子牝八變陣圖二卷○續孫子兵法二卷魏武帝撰孫子兵法雜占四卷梁有諸葛亮兵法五卷又慕容氏兵法一卷亡皇帝兵法一卷宋武帝所傳神人書梁有雜兵注二十四卷兵法序二卷亡太公六韜五卷梁六卷周文王師姜望撰太公陰謀一卷梁六卷梁又有太公陰謀三卷魏武帝解太公陰符鈐錄一卷○太公金匱二卷○太公兵法二卷梁三卷太公兵法六卷梁有太公雜兵書六卷○太公伏符陰陽謀一卷○黃帝兵法孤虛雜記一卷○太公三宮兵法一卷梁有太一三宮兵法立成圖二卷太公書禁忌立成集二卷○太公枕中記一卷○周書陰符九卷○周呂書一卷○黃石公內記敵法一卷○黃石公三略三卷下邳神人撰成氏注梁又有黃石公記三卷黃石公略注三卷黃石公三奇法一卷梁有兵書一卷張良經與三略往往同亡黃石公五壘圖一卷○黃石公陰謀行軍祕法一卷梁有黃石公祕經二卷大將軍兵法一卷○黃石公兵書三卷○兵書接要十卷魏武帝撰梁有兵書接要別本五卷又有兵書要論七卷亡兵法接要三卷魏武帝撰三宮用兵法一卷○兵書略要九卷魏武帝撰梁有兵要二卷魏武帝兵法一卷梁有魏時羣臣表伐吳策一卷諸州策四卷軍令八卷尉繚子兵書一卷兵林六卷東晉江都相孔衍撰兵林一卷○玄女戰經一卷○武林一卷王略撰黃帝問玄女兵法四卷梁三卷秦戰鬬一卷○梁主兵法一卷○梁武帝兵書鈔一卷○梁武帝兵書要鈔一卷○玉韜十卷梁元帝撰金韜十卷○金策十九卷○兵書要略五卷後周齊王宇文憲撰兵書七卷○兵書要術四卷伍景志撰兵記八卷司馬彪撰一本二十卷兵書要序十卷趙氏撰兵法五卷○雜兵書十卷梁有雜兵書八卷三家兵法要集三卷戎畧機品二卷亡大將軍一卷○雜兵圖二卷○兵畧五卷○軍勝見十卷許昉撰戎決十三卷許昉撰陣圖一卷○陰策二十二卷大都督劉祐撰陰策林一卷○承神兵書二十卷○貟人水鏡十卷○戰畧二十六卷金城公趙煚撰金海三十卷蕭吉撰兵書二十五卷○雜撰陰陽兵書五卷莫珍寶撰黃帝兵法雜要決一卷○黃帝軍出大師年命立成一卷○黃帝複姓符二卷許昉撰梁有辟兵法一卷黃帝太一兵歷一卷○黃帝蚩尤風后行軍祕術二卷梁有黃帝蚩尤兵法一卷亡老子兵書一卷○吳有道占出軍決勝負事一卷梁二卷又黃帝出軍雜用決十二卷風氣占軍決勝戲二卷太史令全範撰對敵權變一卷吳氏撰對敵占風一卷梁有黃帝夏氏占氣六卷兵法風氣等占三卷亡對敵權變逆順一卷○兵法權儀一卷○六甲孤虛雜決一卷梁有孫子戰鬬六甲兵法一卷六甲孤虛兵法一卷○孤虛法十卷梁有兵法遁甲孤虛斗中城法九卷兵書雜占十卷梁有兵法日月風雲背向雜占十二卷兵法三卷虛占三卷京氏征伐軍候八卷兵書雜歷八卷○太一兵書一十一卷梁二十卷兵法內術二卷○兵法要決九卷闕一軍國要畧一卷○兵法要錄二卷○用兵撮要二卷○用兵要術一卷○用兵祕法雲氣占一卷○五家兵法一卷○兵法三家軍占祕要一卷李行撰氣經上部占一卷○天大芒霧氣占一卷○鬼谷先生占氣一卷○五行候氣占災一卷○乾坤氣法一卷○雜匈奴占一卷漢武帝王朔注對敵占一卷○雜占八卷梁有推元嘉十二年日時兵法二卷逆推元嘉五十年太歲計用兵法一卷兵殺歷一卷○馬槊譜一卷梁二卷梁有騎馬都格一卷騎馬變圖一卷馬射譜一卷亡碁勢四卷梁有衛藝畧序五卷孫暢之撰圖碁勢七卷湘東太守徐泓撰齊高碁圖二卷圍碁九品序錄五卷范汪等撰圍碁勢二十九卷晉趙王倫舍人馬朗等撰碁品叙畧三卷建元永明碁品二卷宋員外殿中將軍褚思莊撰天監碁品一卷梁尚書僕射柳惲撰亡雜博戲五卷○投壺經一卷○梁東宮撰太一博法一卷○雙博法一卷○皇博法一卷梁有大小博法一卷投壺經四卷投壺變一卷晉左光祿大夫虞潭撰投壺道一卷郝冲撰擊壤經一卷亡象經一卷周武帝撰博塞經一卷邵編撰碁勢十卷沈敞撰碁勢十卷二卷成碁勢十卷王子冲撰碁勢八卷○碁圖勢十卷○碁九品序錄一卷范汪等注碁後九品序一卷袁遵撰圍碁品一卷梁武帝撰碁品序一卷陸雲撰碁法一卷梁武帝撰彈碁譜一卷徐廣撰二儀十博經一卷○象經一卷王褒注象經三卷王裕注象經一卷何妥注象經發題義一卷

右一百三十三部五百一十二卷

兵者所以禁暴靜亂者也易曰古者弦木爲弧剡木爲矢弧矢之利以威天下孔子曰不教人戰是謂棄之周官大司馬掌九法九伐以正邦國是也然皆動之以仁行之以義故能誅暴靜亂以濟百姓下至三季恣情還欲爭伐尋常不撫其人設變詐而滅仁義至乃百姓離叛以致於亂

周髀一卷趙嬰注周髀一卷甄鸞重述周髀圖一卷○靈憲一卷張衡撰渾天象注一卷吳散騎常侍王蕃撰渾天義二卷○渾天圖一卷石氏渾天圖一卷○渾天圖記一卷梁有昕天論一卷姚信撰安天論六卷虞喜撰天圖一卷原天論一卷神光內抄一卷定天論三卷○天儀說要一卷陶弘景撰玄圖一卷○石氏星簿經讚一卷○星經二卷○甘氏四七法一卷○巫咸五星占一卷○天儀說要一卷陶弘景撰錄軌象以頌其章一卷內有圖天文集占十卷晉太史令陳卓定天文要集四十卷晉太史令韓楊撰天文要集四卷○天文要集三卷○天文集占十卷梁百卷梁有石氏甘氏天文占各八卷天文占六卷李暹撰天文占一卷○天文占氣書一卷○天文集要鈔二卷○天文書二卷梁有雜天文書二十五卷雜天文橫占一卷○天文橫圖一卷高文洪撰天文集占圖十一卷梁有天文五行圖十二卷天文雜占十六卷亡天文錄三十卷梁奉朝請祖暅撰天文志十二卷吳雲撰天文志雜占一卷吳雲撰梁有天文雜占十五卷亡天文十二卷史崇注天文十二次圖一卷梁有天宮宿野圖一卷亡婆羅門天文經二十一卷婆羅門捨仙人所說婆羅門竭伽仙人天文說三十卷○婆羅門天文一卷○陳卓四方宿占一卷梁四卷黃帝五星占一卷○五星占一卷丁迥撰五星占一卷梁有五星集占六卷日月五星集占十卷五星占一卷陳卓撰五星犯列宿占六卷○雜星書一卷○星占二十八卷孫僧化等撰星占一卷梁有石氏星經七卷陳卓記又石氏星官十九卷又星經七卷郭歷撰亡天官星占十卷陳卓撰梁天官星占二十卷吳襲撰星占八卷梁又有星占十八卷中星經簿十五卷梁有星官簿讚十三卷又有星書三十四卷雜家星占六卷論星一卷亡著明集十卷○雜星圖五卷○天文外宮占八卷○雜星占七卷○雜星占十卷○海中星占一卷梁有論星一卷星圖海中占一卷○解天命星宿要決一卷○摩登伽經說星圖一卷○星圖二卷梁有星書圖七卷彗星占一卷○妖星流星形名占一卷○太白占一卷○流星占一卷○石氏星占一卷吳襲撰候雲氣一卷○星官次占一卷○彗孛占一卷○二十八宿二百八十三官圖一卷○荊州占二十卷宋通直郎劉叡撰梁二十二卷翼氏占風一卷○日月暈三卷梁日月暈圖二卷孝經內記二卷○京氏釋五星災異傳一卷○京氏日占圖三卷○夏氏日旁氣一卷許氏撰梁四卷日食茀候占一卷○魏氏日旁氣圖一卷○日旁雲氣圖五卷○天文占雲氣圖一卷梁有雜望氣經八卷候氣占一卷章賢十二時雲氣圖二卷天文洪範日月變一卷○洪範占二卷梁有洪範五行星歷四卷黃道晷景占一卷梁有晷景記二卷月行黃道圖一卷梁有日月交會圖鄭玄注一卷又日月本文位圖一卷月暈占一卷○日月食暈占四卷○日食占一卷○日月薄蝕圖一卷○日變異食占一卷○日月暈珥雲氣圖占一卷梁有君失政大雲雨日月占二卷二十八宿十二次一卷○二十八宿分野圖一卷○五緯合雜一卷○五星合雜說一卷○垂象志一百四十八卷○太史注記六卷○靈臺祕苑一百一十五卷太史令庾季才撰

右九十七部合六百七十五卷

天文者所以察星辰之變而參於政者也易曰天垂象見吉凶書稱天視自我人視天聽自我人聽故曰王政不修謫見于天日爲之蝕后德不修謫見于天月爲之蝕其餘孛彗飛流見伏陵犯各有其應周官馮相掌十有二歲十有二月十有二辰十日二十有八星之位辨其叙事以會天位是也小人爲之則指凶爲吉謂惡爲善是以數術錯亂而難明

四分曆三卷梁四分曆三卷漢修曆人李梵撰又有三統曆法三卷劉歆撰亡趙隱居四分曆一卷○魏甲子元三統曆一卷○姜氏三紀曆一卷○曆序一卷姜氏撰乾象曆三卷吳太子太傅闞澤撰梁有乾象曆五卷漢會稽都尉劉洪等注又有闞澤注五卷又乾象五星幻術一卷亡曆術一卷吳太史令吳範撰景初曆三卷晉楊偉撰梁有景初曆術二卷景初曆法三卷又一本五卷並楊偉撰并景初曆畧要二卷亡景初壬辰元曆一卷楊冲撰正曆四卷晉太常劉智撰河西甲寅元曆一卷涼太史趙歐撰甲寅元曆序一卷趙歐撰宋元嘉曆二卷何承天撰梁又有元嘉曆統二卷元嘉中論曆事六卷元嘉曆疏一卷元嘉二十六年度日景數一卷亡曆術一卷何承天撰梁有驗日食法三卷何承天撰又有論頻月合朔法五卷雜曆七卷曆法集十卷又曆術十卷京氏要集曆術四卷姜岌撰亡曆術一卷崔浩撰神龜壬子元曆一卷後魏護軍將軍祖瑩撰魏後元年甲子曆一卷○壬子元曆一卷後魏校書郎李業興撰甲寅元曆序一卷趙歐撰魏武定曆一卷○齊甲子元曆一卷宋氏撰宋景業曆一卷景業撰後齊散騎常侍周天和年曆一卷甄鸞撰甲子元曆一卷李業興撰周大象年曆一卷王琛撰曆術一卷王琛撰壬辰元曆一卷○甲午紀曆術一卷○新造曆法一卷○開皇甲子元曆一卷○曆術一卷華州刺史張賓撰七曜本起三卷後魏甄叔遵撰七曜小甲子元曆一卷○七曜曆術一卷梁七曜曆法四卷七曜要術一卷○七曜曆法一卷○推七曜曆一卷○五星曆術一卷○天圖曆術一卷○陳永定七曜曆四卷○陳天嘉七曜曆七卷○陳天康二年七曜曆一卷○陳光大元年七曜曆二卷○陳光大二年七曜曆一卷○陳太建年七曜曆十三卷○陳至德年七曜曆二卷○陳禎明年七曜曆二卷○開皇七曜年曆一卷○仁壽二年七曜曆一卷○七曜曆經四卷張賓撰春秋去交分曆一卷○曆日義說一卷○律曆注解一卷○龍曆草

一卷○推漢書律曆志術一卷○推曆法一卷崔隱居撰 曆疑質讖序二卷○興和曆疏二卷○七曜曆數筭經一卷趙𢾾撰 筭元嘉曆術一卷○七曜曆疏一卷李業興撰 七曜義疏一卷李業興撰 七曜術筭二卷甄鸞撰 七曜曆疏五卷太史令張胄玄撰 陰陽曆術一卷趙𢾾撰梁有新氣長曆二卷皇甫謐撰曆章句二卷月令七十二候一卷三五曆說圖一卷亡 雜注一卷○曆注一卷○曆記一卷○雜曆二卷○雜曆術一卷梁三基注一卷 推太史注記六卷○太史記注六卷○見行曆一卷○八家曆一卷○漏刻經一卷何承天撰梁有後漢待詔太史霍融何承天楊偉等撰三卷亡 漏刻經一卷祖暅撰 漏刻經一卷梁中書舍人朱史撰 漏刻經一卷梁伏撰梁有天監五年修漏刻事一卷亡 漏刻經一卷陳太史令宋景撰 雜漏刻法十一卷皇甫洪澤撰 晷漏經一卷○九章術義序一卷○九章筭術十卷劉徽撰 九章筭術二卷徐岳甄鸞重述 九章筭術一卷李遵義疏 九九筭術二卷楊淑撰 九章別術二卷○九章筭經二十九卷徐岳甄鸞等撰 九章筭經二卷徐岳注 九章六曹筭經一卷○九章重差圖一卷劉徽撰 九章推圖經法一卷張峻撰 綴術六卷○孫子筭經二卷○趙𢾾筭經一卷○夏侯陽筭經二卷○張丘建筭經二卷○五經筭術錄遺一卷○五經筭術一卷○筭經異義一卷張纘撰 張去斤筭疏一卷○筭法一卷○黃鍾筭法三十八卷○筭律呂法一卷○衆家筭陰陽法一卷○婆羅門筭法三卷○婆羅門陰陽筭曆一卷○婆羅門筭經三卷

右一百部二百六十三卷

曆數者，所以揆天道，察昬明，以定時日，以處百事，以辨三統，以知阨會，吉隆終始，窮理盡性，而至於命者也。易曰：「先王以治曆明時。」書敘：「朞三百有六旬有六日，以閏月定四時成歲。」春秋傳曰：「先王之正時也，履端於始，舉正於中，歸餘於終。」又曰：「閏以正時，時以序事，事以厚生，生民之道，其在周官，則亦太史之職。」小人爲之，則壞大爲小，削遠爲近，是以道術破碎而難知。

黃帝飛鳥曆一卷張衡撰 黃帝四神曆一卷吳範撰 黃帝地曆一卷○黃帝斗曆一卷○黃石公北斗三奇法一卷○風角集要占十二卷○風角要占三卷梁八卷京房撰 風角占三卷梁有侯公領中風角占四卷亡 風角總占要決十一卷梁有風角總集一卷風角雜占要決十二卷亡 風角雜占四卷梁有風角雜占十卷亡 風角要集十卷○風角要集六卷梁十一卷 風角要集一卷○風角要候十一卷翼奉撰 風角書十二卷梁十卷 風角七卷章仇太翼撰 風角占候四卷梁有風角雜兵候十三卷亡 風角鏡歷占二卷呂氏撰 風角要候一卷章仇太翼撰 兵法風角式一卷○戰鬭風角鳥情三卷梁有風角五音六情經十三卷風角兵候十二卷亡 風角鳥情一卷翼氏撰 風角鳥情二卷儀同臨孝恭撰 陰陽風角相動法一卷梁有風角迴風卒起占五卷風角地辰一卷風角望氣八卷風雷集占一卷 五音相動法二卷○五音相動法一卷梁有風角五音占五卷京房撰亡 風角五音圖二卷○風角雜占五音圖五卷翼氏撰梁十三卷京房撰翼奉撰亡 黃帝九宮經一卷○九宮經三卷鄭玄注梁有黃帝四部九宮五卷亡 九宮行棊經三卷鄭玄注 九宮行棊經三卷○九宮行棊法一卷房氏撰 九州行棊立成法一卷王琛撰 九宮行棊雜法一卷○九宮行棊法一卷○行棊新術一卷○九宮行棊鈔一卷○九宮推法一卷○三元九宮立成二卷○九宮要集一卷豆盧晃撰 九宮經解二卷李氏注 九宮圖一卷○九宮變圖一卷○九宮八卦式蟠龍圖一卷○九宮郡縣錄一卷○九宮雜書十卷梁有太一九宮雜占十二卷亡 射侯二卷○太一飛鳥曆一卷王琛撰 太一飛鳥曆一卷○太一飛鳥曆二卷○太一十精飛鳥曆一卷○太一飛鳥立成一卷○太一飛鳥雜決捕盜賊法一卷○太一三合五元要決一卷梁有黃帝太一雜書十六卷黃帝太一度厄祕術八卷太一帝記法八卷太一雜用十四卷太一雜要七卷雜太一經八卷亡 太一龍首式經一卷董氏注梁三卷梁又有式經三十三卷亡 太一經二卷宋琨撰 太一式雜占十卷梁二十卷 太一九宮雜占十卷○黃帝飛鳥曆一卷○黃帝集靈三卷○黃帝絳圖一卷○黃帝龍首經二卷○黃帝式經三十六用一卷書氏撰 黃帝式用當陽經二卷○黃帝奄心圖一卷○玄女式經要法一卷○黃帝陰陽遁甲六卷○遁甲決一卷吳相伍子胥撰 遁甲文一卷伍子胥撰 遁甲經要鈔一卷○遁甲萬一決二卷○遁甲九元九局立成法一卷○遁甲肘後立成囊中祕一卷葛洪撰 遁甲囊中經一卷○遁甲囊中經疏一卷○遁甲立成六卷○遁甲敘三元玉曆立成一卷郭引遠撰 遁甲立成一卷○遁甲立成法一卷臨孝恭撰 遁甲穴隱祕處經一卷○黃帝九元遁甲一卷王琛撰 黃帝出軍遁甲式法一卷○遁甲法一卷○遁甲術一卷○陽遁甲用局法一卷臨孝恭撰 雜遁甲鈔四卷○三元遁甲上圖一卷○三元遁甲圖三卷○遁甲九宮八門圖一卷○遁甲開山圖三卷榮氏撰 遁甲返覆圖一卷葛洪撰 遁甲年錄一卷○遁甲支手決一卷○遁甲肘後立成一卷○遁甲行日時一卷○遁甲孤虛記一卷伍子胥撰 遁甲孤虛注一卷○東方朔歲占一卷○斗中孤虛圖一卷○孤虛占一卷○遁甲九宮亭亭白姦書一卷○戰鬭博戲等法一卷○玉女反閉局法三卷○逆刺一卷京房撰 逆刺占一卷○逆刺總決一卷○壬子決一卷○鳥情占一卷王喬撰 鳥情逆占一卷○鳥情書二卷○鳥情雜占禽獸語一卷○占鳥情二卷○六情決一卷王琛撰 六情鳥音內祕一卷焦氏撰 孝經元辰決二卷○孝經元辰二卷○元辰本屬經一卷○推元辰厄會一卷○元辰事一卷○元辰救生削死法一卷○推元辰要祕次序一卷 元辰章用二卷○雜推元辰要祕立成六卷○元辰立成譜一卷○方正百對一卷京房撰 晉災祥一卷京房撰 災祥集七十六卷○地形志八十七卷庾季才撰 海中仙人占災祥書三卷○周易占事十二卷漢魏郡太守京房撰 遁甲三卷梁有遁甲經十卷遁甲正經五卷太一遁甲一卷亡 遁甲要用四卷葛洪撰 遁甲祕要一卷葛洪撰 遁甲要一卷葛洪撰 遁甲三十三卷後魏信都芳撰 三元遁甲六卷許昉撰 三元遁甲六卷陳員外散騎常侍劉毗撰 三元遁甲二卷梁太一遁甲一卷遁甲三元三卷 三元九宮遁甲二卷梁有遁甲三元三卷亡 三正遁甲一卷杜仲撰 遁甲三十五卷○遁甲時下決三十三卷○陰陽遁甲十四卷○遁甲正經三卷梁五卷 遁甲經十卷○遁甲開山圖一卷梁遁甲開山經圖一卷 遁甲九星曆一卷○遁甲三奇三卷○遁甲推時要一卷○遁甲三元九甲立成一卷○雜遁甲五卷梁九卷遁甲經外篇一百卷六甲隱圖并遁甲圖二卷亡 陽遁甲九卷釋智海撰 陰遁甲九卷○武王須臾二卷○六壬式經雜占九卷梁有六壬式經三卷亡 六壬釋兆六卷○破字要決一卷○桓安吳式經一卷梁有雜式占五卷式經雜要決式立成各九卷式王曆伍子胥式經章句起射覆式越相范蠡玉式各二卷亡 光明符十二卷錄一卷梁簡文帝撰 龜經一卷晉掌卜大夫史蘇撰有史蘇龜經十卷梁龜決一卷葛洪撰管郭近要決龜音色九宮書龜序各一卷龜卜要決龜圖五行九親各四卷又龜親經三十卷周子曜撰亡 史蘇沉思經一卷○龜卜五兆動搖決一卷○周易占十二卷京房撰梁周易妖占十三卷京房撰 周易守林三卷京房撰 周易集林十二卷京房撰七錄云伏萬壽撰 周易飛候九卷京房撰梁有周易飛候六日七分八卷亡 周易飛候六卷京房撰 周易四時候四卷京房撰 周易錯卦七卷京房撰 周易混沌四卷京房撰 周易委化四卷京房撰 周易逆刺占災異十二卷京房撰 周易占一卷張浩撰 周易雜占十三卷○周易雜占十一卷○周易雜占九卷尚廣撰梁有周易雜占八卷武靖撰亡 易林十六卷焦贛撰梁又本三十二卷 易林變占十六卷焦贛撰 易林二卷費直撰梁五卷 易內神筮二卷費直撰梁有周易筮占林五卷費直撰亡 易新林一卷後漢方士許峻等撰梁十卷 易災條二卷許峻撰 易決一卷許峻撰梁有易雜占七卷許峻撰又易要決三卷亡 周易通靈決二卷魏少府丞管輅撰 周易通靈要決一卷管輅撰 周易集林律曆一卷虞翻撰梁有周易筮占二十四卷晉徵士徐苗撰亡 周易新林四卷郭璞撰梁有周易雜占十卷葛洪撰亡 周易新林九卷郭璞撰梁有周易林五卷郭璞撰亡 易洞林三卷郭璞撰 周易新林一卷○周易新林二卷○易林三卷魯洪度撰 周易林十卷梁周易林三十三卷錄一卷 易讚林二卷○易立成林二卷郭氏撰 易立成四卷○易玄成一卷○周易立成占三卷顏氏撰 神農重卦經二卷○文王幡音一卷○易三備三卷○易三備一卷○易占三卷○易射覆二卷○易射覆一卷○周易孔子通覆決三卷顏氏撰 易林要決一卷○易要決二卷梁有周易曆周易初學筮要法各一卷 周易髓腦二卷○易腦經一卷鄭氏撰 周易玄品二卷○易律曆一卷虞翻撰 易曆七卷○易曆決疑二卷○周易卦林一卷○洞林三卷梁元帝撰 連山三十卷梁元帝撰 雜筮占四卷○五兆筭經一卷○十二靈棊卜經一卷梁有管公明筭占書一卷五行雜卜經十卷亡 京君明推偷盜書一卷○天皇大神氣君注曆一卷○太史公萬歲曆一卷○千歲曆祠一卷任氏撰 萬歲曆祠二卷○萬年曆二十八宿人神一卷○六甲周天曆一卷孫僧化撰 六十甲子曆八卷○曆祀一卷○田家曆十二卷○三合紀饑穰一卷○師曠書三卷○海中仙人占災祥書三卷○東方朔占二卷○東方朔書二卷○東方朔書鈔二卷○東方朔曆一卷○東方朔占候水旱下人善惡一卷梁有擇日書十卷太歲所在占善惡書一卷亡 雜忌曆二卷魏光祿勳高堂隆撰 百忌大曆要鈔一卷○百忌曆術一卷○百忌通曆法一卷梁有雜百忌五卷亡 曆忌新書十二卷○太史百忌曆圖一卷梁有太史百忌一卷亡 雜殺曆九卷梁有秦災異一卷後漢中郎郗萌撰後漢災異十五卷晉災異簿二卷宋災異簿四卷雜妖一卷破書玄武書契各一卷亡 二儀曆頭堪餘一卷○堪餘曆二卷○注曆堪餘一卷○地節堪餘二卷○堪餘曆注一卷○堪餘四卷○大小堪餘曆術一卷梁大小堪餘三卷 四序堪餘二卷殷紹撰梁堪餘天赦有書七卷雜堪餘四卷亡 八會堪餘一卷○雜要堪餘一卷○元辰五羅筭一卷○孝經元辰四卷梁有五行元辰厄會十三卷孝經元辰會九卷孝經元辰決一卷亡 元辰曆一卷○雜元辰祿命二卷○涉河祿命三卷梁有五行祿命厄會十卷亡 乾坤氣法一卷許𢙨撰 易通統卦驗玄圖一卷○易通統圖二卷○易新圖序一卷○易通統圖一卷○易八卦命錄斗內圖一卷郭璞撰 易斗圖一卷郭璞撰 易八卦斗內圖二卷○八卦內圖二卷梁有周易八卦五行圖周易斗中八卦絕命圖周易斗中八卦推遊年圖各一卷亡 周易分野星圖一卷○皋百事略一卷○五姓歲月禁忌一卷○皋百事要一卷○嫁娶經四卷○陰陽婚嫁書四卷○雜陰陽婚嫁書三卷○婚嫁書二卷○婚嫁黃籍科一卷○六合婚嫁曆一卷梁六合婚嫁書及圖各一卷 嫁娶迎書四卷○雜婚嫁書六卷○嫁娶陰陽圖二卷○陰陽嫁娶圖二卷○雜嫁娶房內圖術四卷○九天嫁娶圖一卷○六甲貫胎書一卷○產乳書二卷○產經一卷○推產婦何時產法一卷王琛撰 推產法一卷○雜產書六卷○生產符儀一卷○產圖二卷○雜產圖四卷○拜官書三卷○臨官冠帶書一卷○

仙人務子傳神通黃帝登壇經一卷○壇經一卷四等撰登壇經三卷○五姓登壇圖一卷○登壇文一卷梁有二公地基一卷雜地基立成五卷八神圖二卷十二屬神圖一卷亡沐浴書一卷梁有裁衣書一卷亡占夢書三卷京房撰占夢書一卷崔元撰竭伽仙人占夢書一卷○占夢書一卷周宣等撰新撰占夢書十七卷并目錄夢書十卷○解夢書二卷○海中仙人占體瞤及雜吉凶書三卷○海中仙人占吉凶要略二卷○雜占夢書一卷梁有師曠占五卷東方朔占七卷黃帝太一雜占十卷和菟鳥鳴書王喬解鳥語經嚏書耳鳴書目瞤書各一卷董仲舒請禱圖三卷亡竈經十四卷梁簡文帝撰梁又有祠竈書一卷六甲祀書二卷又有太玄禁經白獸七變經墨子枕中五行要記淮南萬畢經淮南變化術陶朱變化術各一卷三五步剛三十卷五行變化墨子五卷淮南中經四卷六甲隱形圖五卷太史公素王妙義二卷亡瑞應圖二卷○瑞圖讚二卷梁有孫柔之瑞應圖記孫氏瑞應圖贊各三卷亡祥瑞圖十一卷○祥瑞圖八卷侯亶撰芝英圖一卷○祥異圖十一卷○災異圖一卷○地動圖一卷○張掖郡玄石圖一卷高堂隆撰張掖郡玄石圖一卷孟衆撰梁有晉玄石圖一卷晉德易天圖二卷亡天鏡二卷○乾坤鏡二卷梁天鏡地鏡日月鏡四規鏡經各一卷地鏡圖六卷亡望氣書七卷○雲氣占一卷梁望氣相山川寶藏祕記一卷仙寶劍經二卷亡地形志八十卷庾季才撰宅吉凶論三卷○相宅圖八卷○五姓墓圖一卷梁有冢書黃帝葬山圖各四卷五音相墓書五卷五音圖墓書九十一卷五姓圖山龍及科墓葬不傳各一卷雜相墓書四十五卷亡相書四十六卷○相經要錄二卷蕭吉撰相經三十卷鍾武隸撰相書十一卷樊許唐氏武王相書一卷雜相書九卷相書圖七卷亡相手板經六卷梁相手板經受版圖韋氏相板印法指略鈔魏征東將軍程申伯相印法各一卷亡大智海四卷○白澤圖一卷○相馬經一卷梁有伯樂相馬經闕中銅馬法周穆王八馬圖齊侯大夫甯戚相牛經王良相牛經高堂隆相牛經淮南八公相鵠經浮丘公相鶴書相鴨經相雞經相鵝經相貝經祖暅權衡記稱物重率術各二卷劉潛泉圖記三卷亡

右二百七十二部合一千二十二卷

五行者金木水火土五常之形氣者也在天為五星在人為五藏在目為五色在耳為五音在口為五味在鼻為五臭在上則出氣施變在下則養人不倦故傳曰天生五材廢一不可是以聖人推其終始以通神明之變為卜筮以考其吉凶占百事以觀於來物覩形法以辨其貴賤周官則分在保章馮相卜師筮人占夢眡祲而太史之職實司總之小數者纔得其十一便以細事相亂以惑於世

黃帝素問九卷梁八卷黃帝甲乙經十卷音一卷梁十二卷黃帝八十一難二卷梁有黃帝衆難經一卷呂博望注亡黃帝鍼經九卷梁有黃帝鍼灸經十二卷徐悅龍銜素鍼并孔穴蝦蟇圖三卷雜鍼經四卷程天祚鍼經六卷灸經五卷曹氏灸方七卷秦承祖偃側雜鍼灸經三卷亡徐叔嚮鍼灸要鈔一卷○玉匱鍼經一卷○赤烏神鍼經一卷○岐伯經十卷○脈經十卷王叔和撰脈經二卷梁脈經十四卷又脈生死要訣二卷又脈經六卷黃公興撰脈經六卷秦承祖撰脈經十卷康普思撰亡黃帝流注脈經一卷梁有明堂流注六卷亡明堂孔穴五卷梁明堂孔穴二卷新撰鍼灸穴一卷亡明堂孔穴圖三卷○明堂孔穴圖三卷梁有偃側圖八卷又偃側圖二卷神農本草八卷梁有神農本草五卷神農本草屬物二卷神農明堂圖一卷蔡邕本草七卷華佗弟子吳普本草六卷陶隱居本草十卷隨費本草九卷秦承祖本草六卷王季璞本草經三卷李譡之本草經談道術本草經鈔各一卷宋大將軍參軍徐叔嚮本草病源合藥要鈔五卷徐叔嚮等四家體療雜病本草要鈔十卷王末鈔小兒用藥本草二卷甘濬之癰疽耳眼本草要鈔九卷陶弘景本草經集注七卷趙贊本草經一卷本草經輕行本草經利用各一卷亡神農本草四卷雷公集注甄氏本草三卷○桐君藥錄三卷梁有雲麾將軍徐滔新集藥錄四卷李譡之藥錄六卷藥法四十二卷藥律三卷藥性藥對各二卷藥目三卷神農採藥經二卷藥忌一卷太清草木集要二卷陶隱居撰張仲景方十五卷仲景後漢人梁有黃素藥方二十五卷亡華佗方十卷吳普撰佗後漢人梁有華佗內事五卷又耿奉方六卷亡集略雜方十卷○雜藥方一卷梁有雜藥方四十六卷雜藥方十卷○寒食散論二卷梁有寒食散湯方二十卷寒食散方一十卷皇甫謐曹歙論寒食散方二卷寒食散對療一卷釋道洪撰解寒食散方二卷釋智斌撰梁解散論二卷解寒食散論二卷梁有徐叔嚮解寒食散方六卷釋慧義寒食解雜論七卷亡雜散方八卷梁有解散方解散論各十三卷徐叔嚮解散消息節度八卷范氏解散方七卷釋慧義解散方一卷亡湯丸方十卷○雜丸方十卷梁有百病膏方十卷雜湯丸散酒煎薄帖膏湯婦人少小方九卷羊中散雜湯丸散酒方一卷療下湯丸散方十卷石論一卷○醫方論七卷梁有張仲景辨傷寒十卷療傷寒身驗方徐方伯辨傷寒各一卷傷寒總要二卷支法存申蘇方五卷王叔和論病六卷張仲景評病要方一卷徐叔嚮談道述徐悅體療雜病疾源三卷甘濬之癰疽部黨雜病疾源三卷府藏要三卷亡肘後方六卷葛洪撰梁二卷陶弘景補闕肘後百一方九卷亡姚大夫集驗方十二卷○范陽東方一百五卷錄一卷范汪撰梁一百七十六卷梁又有阮河南藥方十六卷阮文叔撰釋僧深藥方三十卷孔中郎雜藥方二十九卷宋建平王典術一百二十卷羊中散藥方三十卷羊欣撰褚澄雜藥方二十卷齊吳郡太守褚澄撰亡秦承祖藥方四十卷見三卷梁有陽眄藥方二十八卷夏侯氏藥方七卷王季琰藥方一卷徐叔嚮雜療方二十二卷徐叔嚮雜病方六卷李譡之藥方一卷徐文伯藥方二卷亡胡洽百病方二卷梁有治卒病方一卷徐奘要方一卷無錫令徐奘撰遼東備急方三卷都尉臣廣上殷荊州要方一卷殷仲堪撰亡俞氏療小兒方四卷梁有范氏療婦人藥方十一卷徐叔嚮療少小百病雜方三十七卷療少小雜方二十卷療少小雜方二十九卷范氏療小兒藥方一卷王末療小兒雜方十七卷亡徐嗣伯落年方三卷梁有徐叔嚮療腳弱雜方八卷徐文伯辨腳弱方一卷甘濬之療癰疽金創要方十四卷甘濬之療癰疽毒惋雜病方三卷甘伯齊療癰疽金創方十五卷亡陶氏效驗方六卷梁五卷梁又有療目方五卷甘濬之療耳眼方十四卷神枕方一卷雜戎狄方一卷宋武帝撰摩訶出胡國方十卷摩訶胡沙門撰又范曄上香方一卷雜香膏方一卷亡彭祖養性經一卷○養生要集十卷張湛撰玉房祕決十卷○墨子枕內五行紀要一卷梁有神枕方一卷疑此即是如意方十卷○練化術一卷○神仙服食經十卷○雜仙餌方八卷○服食諸雜方二卷梁有仙人水玉酒經一卷老子禁食經一卷○崔氏食經四卷○食經十四卷梁有食經二卷又食經十九卷劉休食方一卷齊冠軍將軍劉休撰亡食饌次第法一卷梁有黃帝雜飲食忌二卷四時御食經一卷梁有太官食經五卷又太官食法二十卷食法雜酒食要方白酒并作物法十二卷家政方十二卷食圖四時酒要方白酒方七日麯酒法雜酒食要法雜藏釀法雜酒食要法酒并飲食方鮭及鐺蟹方羹臛法䐑膢朐法北方生醬法各一卷亡療馬方一卷梁有伯樂療馬經一卷疑與此同黃帝素問八卷全元越注脈經二卷徐氏撰華佗觀形察色并三部脈經一卷○脈經決二卷徐氏新撰脈經鈔二卷許建吳撰黃帝素問女胎一卷○三部四時五藏辨診色決事脈一卷○脈經略一卷○辨病形證七卷○五藏決一卷○論病源候論五卷目一卷吳景賢撰服石論一卷○癰疽論方一卷○五藏論五卷○瘧論并方一卷○神農本草經三卷○本草經四卷蔡英撰藥目要用二卷○本草經略一卷○本草二卷徐大山撰本草經類用三卷○本草音義三卷姚最撰本草音義七卷甄立言撰本草集錄二卷○本草鈔四卷○本草雜要決一卷○本草要方三卷甘濬之撰依本草錄藥性三卷錄一卷靈秀本草圖六卷原平仲撰芝草圖一卷○入林採藥法二卷○太常採藥時月一卷○四時採藥及合目錄四卷○藥錄二卷李密撰諸藥異名八卷沙門行矩撰本十卷今闕諸藥要性二卷○種植藥法一卷○種神芝一卷○藥方二卷徐文伯撰解散經論并增損寒食節度一卷○張仲景療婦人方二卷○徐氏雜方一卷○少小方一卷○療小兒丹法一卷○徐大山試驗方二卷○徐文伯療婦人瘕一卷○徐大山巾箱中方三卷○藥方五卷徐嗣伯撰墮年方二卷徐大山撰效驗方三卷徐氏撰雜要方一卷○玉函煎方五卷葛洪撰小品方十二卷陳延之撰千金方三卷范世英撰徐王方五卷○徐王八世家傳效驗方十卷○徐氏家傳祕方二卷○藥方五十七卷後齊李思祖撰本百一十卷稟丘公論一卷○太一護命石寒食散二卷宋尚撰皇甫士安依諸方撰一卷○序服石方一卷○服玉方法一卷○劉涓子鬼遺方十卷龔慶宣撰療癰經一卷○療三十六瘻方一卷○王世榮單方一卷○集驗方十卷姚僧垣撰集驗方十二卷○備急草要方三卷許澄撰藥方二十一卷徐辨卿撰名醫集驗方六卷○名醫別錄三卷陶氏撰刪繁方十三卷謝士秦撰吳山居方三卷○新撰藥方五卷○療癰疽諸瘡方二卷秦政應撰單複要驗方二卷釋莫滿撰釋道洪方一卷○小兒經一卷○散方二卷○雜散方八卷○療百病雜丸方三卷釋曇鸞撰療百病散三卷○雜湯方十卷成毅撰雜療方十三卷○雜藥酒方十五卷○趙婆療瀑方一卷○議論備豫方一卷于法開撰扁鵲陷冰丸方一卷○扁鵲肘後方三卷○療消渴衆方一卷謝南郡撰論氣治療方一卷釋曇鸞撰梁武帝所服雜藥方一卷○大略丸五卷○靈壽雜方二卷○經心錄方八卷宋侯撰黃帝養胎經一卷○療婦人產後雜方三卷○黃帝明堂偃人圖十二卷○黃帝鍼灸蝦蟇忌一卷○明堂蝦蟇圖一卷○鍼灸圖要決一卷○鍼灸圖經十一卷本十八卷十二人圖一卷○鍼灸經一卷○扁鵲偃側鍼灸圖三卷○流注鍼經一卷○曹氏灸經一卷○偃側人經二卷秦承祖撰華佗枕中灸刺經一卷○謝氏鍼經一卷○殷元鍼經一卷○要用孔穴一卷○九部鍼經一卷○釋僧匡鍼灸經一卷○三奇六儀鍼要經一卷○黃帝十二經脈明堂五藏人圖一卷○老子石室蘭臺中治癩符一卷○龍樹菩薩藥方四卷○西域諸仙所說藥方二十三卷目一卷本二十五卷香山仙人藥方十卷○西錄波羅仙人方三卷○西域名醫所集要方四卷本十二卷婆羅門諸仙藥方二十卷○婆羅門藥方五卷○耆婆所述仙人命論方二卷目一卷本三卷乾陀利治鬼方十卷○新錄乾陀利治鬼方四卷本五卷闕伯樂治馬雜病經一卷○治馬經三卷俞極撰亡治馬經四卷○治馬經目一卷○治馬經圖二卷○馬經孔穴圖一卷○雜撰馬經一卷○治馬牛駝騾等經三卷目一卷香方一卷宋明帝撰雜香方五卷○龍樹菩薩和香法二卷○食經三卷馬琬撰會稽郡造海味法一卷○論服餌一卷○海南王食經并目百六十五卷大業中撰膳羞養療二十卷○金匱錄二十三卷目一卷京里先生撰練化雜術一卷陶隱居撰玉衡隱書七十卷目一卷周弘讓撰太清諸丹集要四卷陶隱居撰雜神丹方九卷○合丹大師口訣一卷○合丹節度四卷陶隱居撰合丹要略序一卷孫文韜撰仙人金銀經并長生方一卷○狐剛子萬金決二卷葛仙公撰雜仙方一卷○神仙服食經十卷○神仙服食神祕方二卷○神仙服食藥方十卷抱朴子撰神仙餌金丹沙祕方一卷○衛叔卿服食雜方一卷○金丹藥方四卷○雜神仙丹經十卷○雜神仙黃白法十二卷○神仙雜方十五卷○神仙服食雜方十卷○神仙服食方五卷○服食諸雜方二卷○服餌方三卷陶隱居撰真人九丹經一卷○太極真人九轉還丹經一卷○練寶法二十五卷目三卷本四十卷闕太清璇璣文七卷沖子陵陽子說黃金祕法一卷○神方二卷○狐子雜決三卷○太山八景神丹經一卷○太清神丹中經一卷○養生注十一卷目一卷養生術一卷翟平撰龍樹菩薩養性方一卷○引氣圖一卷○道引圖三卷立一坐一臥一養身經一卷○養生要術一卷○養生服食禁忌一卷○養生傳二卷○帝王養生要方二卷蕭吉撰素女祕道經一卷并玄女經素女方一卷○彭祖養性一卷○郯子說陰陽經一卷○序房內祕術一卷葛氏撰玉房祕決八卷○徐太山房

內祕要一卷○新撰玉房祕決九卷○四海類聚方二千六百卷○四海類聚單要方三百卷

右二百五十六部合四千五百一十卷

醫方者所以除疾疢保性命之術者也天有陰陽風雨晦明之氣人有喜怒哀樂好惡之情節而行之則和平調理專壹其情則溺而生疢是以聖人原血脉之本因鍼石之用假藥物之滋調中養氣通滯解結而反之於素其善者則原脉以知政推疾以及國周官醫師之職掌聚諸藥物凡有疾者治之是其事也鄙者爲之則反本傷性故曰有疾不治恒得中醫

凡諸子合八百五十三部六千四百三十七卷

易曰天下同歸而殊塗一致而百慮儒道小說聖人之教也而有所偏兵及醫方聖人之政也所施各異世之治也列在衆職下至衰亂官失其守或以其業遊說諸侯各崇所習分鑣並騖若使總而不遺折之中道亦可以興化致治者矣漢書有諸子兵書數術方伎之畧今合而敘之爲十四種謂之子部

隋書卷三十四考證

經籍志三四時御食經一卷注鯷腰胸法○監本鯷訛鯷從宋本改

# 隋書卷三十五

唐太尉揚州都督監修國史上柱國趙國公臣長孫無忌等撰

## 志第三十

### 經籍四　集　道經　佛經

楚辭十二卷并目錄後漢校書郎王逸注 楚辭三卷郭璞注梁有楚辭十一卷宋何偃刪王逸注亡 楚辭九悼一卷楊穆撰 參解楚辭七卷皇甫遵訓撰 楚辭音一卷徐邈撰 楚辭音一卷宋處士諸葛氏撰 楚辭音一卷孟奧撰 楚辭音一卷釋道騫撰 離騷草木疏二卷劉杳撰

右十部二十九卷通計亡書合十一部四十卷

楚辭者屈原之所作也自周室衰亂詩人寢息諂佞之道興諷刺之辭廢楚有賢臣屈原被讒放逐乃著離騷八篇言己離別愁思中心自明無罪因以諷諫冀君覺悟卒不省察遂赴汨羅死焉弟子宋玉痛惜其師傷而和之其後賈誼東方朔劉向揚雄嘉其文彩擬之而作蓋以原楚人也謂之楚辭然其氣質高麗雅致清遠後之文人咸不能逮始漢武帝命淮南王爲之章句旦受詔食時而奏之其書今亡後漢校書郎王逸集屈原已下迄於劉向逸又自爲一篇并敘而注之今行於世隋時有釋道騫善讀之能爲楚聲音韻清切至今傳楚辭者皆祖騫公之音

楚蘭陵令荀況集一卷殘缺梁二卷 楚大夫宋玉集三卷○漢武帝集一卷梁二卷 漢淮南王集一卷梁二卷又有賈誼集四卷晁錯集三卷漢弘農都尉枚乘集二卷錄各一卷亡 漢中書令司馬遷集一卷○漢太中大夫東方朔集二卷梁有漢光祿大夫吾丘壽王集二卷亡 漢文園令司馬相如集一卷○漢膠西相董仲舒集一卷梁二卷又有漢太常孔臧集二卷亡 漢騎都尉李陵集二卷梁有漢丞相魏相集二卷錄一卷左馮翊張敞集一卷錄一卷亡 漢諫議大夫王褒集五卷○漢諫議大夫劉向集六卷梁有漢射聲校尉陳湯集二卷丞相韋玄成集二卷亡 漢諫議大夫谷永集二卷梁有涼州刺史杜鄴集二卷騎都尉李尋集二卷亡 漢司空師丹集一卷梁三卷錄一卷 漢光祿大夫息夫躬集一卷○漢太中大夫揚雄集五卷○漢太中大夫劉歆集五卷○漢成帝班婕妤集一卷梁有班昭集三卷王莽建新大尹崔篆集一卷保成師友唐林集一卷中謁者史岑集二卷後漢東平王蒼集五卷桓譚集五卷亡 後漢司隸從事馮衍集五卷○後漢徐令班彪集二卷梁五卷又有司徒掾陳元集一卷王隆集二卷雲陽令朱勃集二卷後漢處士梁鴻集二卷亡 後漢車騎從事杜篤集一卷○後漢車騎司馬傅毅集二卷梁五卷 後漢大將軍護軍司馬班固集十七卷梁有魏郡太守黃香集二卷亡 後漢長岑長崔駰集十卷○後漢侍中賈逵集一卷梁二卷 後漢校書郎劉騊駼集一卷梁二卷錄一卷又有樂安相李尤集五卷大鴻臚韋章集二卷亡 後漢濟北相崔瑗集六卷梁五卷 後漢劉珍集二卷錄一卷 後漢河間張衡集十一卷梁十二卷又一本十四卷又有郎中籍順集二卷錄二卷後漢太傅胡廣集二卷錄一卷亡 後漢黃門郎葛龔集六卷梁五卷本七卷 後漢司空李固集十二卷梁十卷 後漢南郡太守馬融集九卷梁有外黃令高彪集二卷錄一卷王逸集二卷錄一卷司徒掾桓驎集二卷錄一卷亡 後漢徵士崔琦集一卷梁二卷錄一卷又有鄧炎集二卷錄二卷陳相邊韶集一卷錄一卷益州刺史朱穆集二卷錄一卷亡 後漢京兆尹延篤集一卷梁二卷錄一卷又有司農卿皇甫規集五卷太常卿張奐集二卷錄一卷王延壽集三卷五原太守崔寔集二卷錄一卷上計趙壹集二卷錄一卷亡 後漢諫議大夫劉陶集三卷梁二卷錄一卷又有外黃令張升集二卷錄一卷侯瑾集二卷盧植集二卷議郎康品集二卷亡 後漢司空荀爽集一卷梁三卷錄一卷 後漢野王令劉梁集三卷梁二卷錄一卷又有鄭玄集二卷錄一卷亡 後漢左中郎將蔡邕集十二卷梁有二十卷錄一卷又有尚書令士孫瑞集二卷亡 後漢太山太守應劭集二卷梁四卷又有別部司馬張超集五卷亡 後漢少府孔融集九卷梁十卷錄一卷 後漢侍御史虞翻集二卷梁三卷錄一卷 後漢討虜長史張紘集一卷梁二卷錄一卷梁有後漢處士禰衡集二卷錄一卷亡 後漢尚書右丞潘勗集二卷梁有錄一卷亡 後漢丞相倉曹屬阮瑀集五卷梁有錄一卷亡 魏太子文學徐幹集五卷梁有錄一卷亡 魏太子文學應瑒集一卷梁有五卷錄一卷亡 後漢丞相軍謀掾陳琳集三卷梁十卷錄一卷 魏太子文學劉楨集四卷錄一卷 後漢丞相主簿繁欽集十卷梁錄一卷亡 後漢丞相主簿楊修集一卷梁二卷錄一卷 後漢侍中王粲集十一卷梁有魏國郎中令路粹集二卷錄一卷行御史大夫袁渙集五卷錄一卷魏國奉常王修集二卷亡 後漢尚書丁儀集一卷梁二卷錄一卷 後漢黃門郎丁廙集一卷梁二卷錄一卷又有婦人後漢黃門郎秦嘉妻徐淑集一卷後漢董祀妻蔡文姬集一卷傅石甫妻孔氏集一卷亡 魏武帝集二十六卷梁三十卷錄一卷梁又有武皇帝逸集十卷亡 魏武帝集新撰十卷○魏文帝集十卷梁二十三卷 魏明帝集七卷梁五卷或九卷錄一卷梁又有高貴鄉公集四卷亡 魏陳思王曹植集三十卷梁又有司徒華歆集二卷亡 魏司徒王朗集三十四卷梁三十卷又司徒陳羣集五卷亡 魏給事中邯鄲淳集二卷梁有錄一卷又有劉廙集二卷侍中吳質集五卷新城太守孟達集三卷魏徵士管寧集三卷錄一卷亡 魏光祿勳高堂隆六卷梁十卷錄一卷又有光祿勳劉邵集二卷錄一卷亡 魏散騎常侍繆襲集五卷梁有錄一卷又有散騎常侍王象集一卷光祿大夫韋誕集三卷錄一卷散騎常侍麋元集五卷游擊將軍卞蘭集二卷錄一卷隰陽侯李康集二卷錄一卷陳郡太守孫該集二卷錄一卷尚書傅巽集二卷錄一卷亡 魏章武太守殷褒集一卷梁二卷 魏司空王昶集五卷梁有錄一卷 魏衛將軍王肅集五卷梁有錄一卷又有桓範集二卷中領軍曹羲集五卷錄一卷亡 魏尚書何晏集十一卷梁十卷錄一卷 魏衛尉卿應璩集十卷梁有錄一卷又有王弼集五卷錄一卷中書令劉劭集二卷太常卿傅嘏集二卷錄一卷樂安太守夏侯惠集二卷錄一卷亡 魏校書郎杜摯集二卷梁有毌丘儉集二卷錄一卷征東軍司馬江奉集二卷亡 魏太常夏侯玄集三卷梁有車騎將軍鍾毓集五卷錄一卷亡 魏步兵校尉阮籍集十卷梁十三卷錄一卷 魏中散大夫嵇康集十三卷梁十五卷錄一卷又有魏徵士呂安集二卷錄一卷亡 魏司徒鍾會集九卷梁十卷錄一卷 魏汝南太守程曉集二卷梁錄一卷 蜀丞相諸葛亮集二十五卷梁二十四卷又有蜀司徒許靖集二卷錄一卷征北將軍夏侯霸集二卷亡 吳輔義中郎將張溫集六卷梁有士燮集五卷亡 吳偏將軍駱統集十卷梁有錄一卷又有太子少傅薛綜集三卷錄一卷亡 吳選曹尚書暨豔集二卷梁三卷錄一卷又有姚信集二卷錄一卷謝承集四卷今亡 吳人揚厚集二卷梁錄一卷又有 吳丞相陸凱集五卷梁有錄一卷 吳侍中胡綜集二卷梁有錄一卷又有東觀令華覈集五卷錄一卷亡 吳侍中張儼集一卷梁二卷錄一卷又有韋昭集二卷錄一卷亡 吳中書令紀騭集三卷梁有錄一卷又有陸景集一卷亡 晉宣帝集五卷梁有錄一卷 晉文帝集三卷○齊王攸集二卷梁三卷 晉王沈集五卷梁有鄭袤集二卷亡 晉宗正嵇喜集一卷殘缺梁二卷錄一卷 晉散騎常侍應貞集一卷梁五卷 晉司隸校尉傅玄集十五卷梁五十卷錄一卷亡 晉著作郎成公綏集九卷殘缺梁十卷又有裴秀集三卷錄一卷亡 晉金紫光祿大夫何禎集一卷梁五卷又有袁準集二卷錄一卷亡 晉少傅山濤集九卷梁五卷錄一卷又一本十卷齊奉朝請裴津注又有向秀集二卷錄一卷平原太守阮种集二卷錄一卷阮侃集五卷錄一卷亡 晉大傅羊祜集一卷殘缺梁二卷錄一卷又有蔡玄通集五卷太宰賈充集五卷錄一卷荀勗集三卷錄一卷亡 晉征南將軍杜預集十八卷○晉輔國將軍王濬集一卷殘缺梁二卷錄一卷 晉徵仕皇甫謐集二卷錄一卷 晉侍中程咸集三卷梁有光祿大夫劉毅集二卷錄一卷晉侍中庾峻集二卷錄一卷亡 晉巴西太守郤正集一卷○晉散騎常侍薛瑩集三卷梁又有散騎常侍陶濬集二卷錄一卷亡 晉通事郎江偉集六卷梁有宣舒集五卷散騎常侍曹志集二卷錄一卷鄭湛集三卷錄一卷亡 晉汝南太守孫毓集六卷○晉處士楊泉集二卷錄一卷梁有司徒王渾集五卷冀州刺史王深集五卷亡 晉徵士閔鴻集三卷梁有光祿大夫裴楷集二卷錄一卷亡 晉司空張華集十卷錄一卷 晉尚書僕射裴頠集九卷梁有太子中庶子許孟集三卷錄一卷太宰何劭集二卷錄一卷光祿大夫劉頌集三卷錄一卷劉寔集二卷錄一卷亡 晉散騎常侍王佑集三卷錄一卷梁有晉驃騎將軍王濟集二卷亡 華嶠集八卷梁二卷 晉祕書丞司馬彪集四卷梁三卷錄一卷又有尚書庾儵集二卷錄一卷國子祭酒謝衡集二卷亡 晉漢中太守李虔集一卷梁二卷錄一卷 晉司隸校尉傅咸集十七卷梁三十卷錄一卷又有太子中庶子袁據集二卷錄一卷劉寶集三卷亡 晉馮翊太守孫楚集六卷梁十二卷錄一卷 晉散騎常侍夏侯湛集十卷梁有錄一卷又有弋陽太守夏侯淳集二卷散騎侍郎王讚集五卷亡 晉衛尉卿石崇集六卷梁有錄一卷 晉尚書郎張敏集二卷梁五卷又有黃門郎伏偉集一卷亡 晉黃門郎潘岳集十卷○晉太常卿潘尼集十卷○晉頓丘太守歐陽建集二卷梁有宗正劉許集二卷錄一卷散騎常侍李重集二卷光祿大夫樂廣集二卷錄一卷阮渾集三卷錄一卷亡 晉侍中嵇紹集二卷錄一卷梁有錢唐令楊建集九卷長沙相盧彥集五卷左長史楊乂集三卷錄一卷 晉尚書盧播集一卷梁二卷錄一卷又有欒肇集五卷錄一卷南中郎長史應亨集二卷亡 晉國子祭酒杜育集二卷○晉太常卿摯虞集九卷梁十卷錄一卷又秘書監繆徵集二卷錄一卷亡 晉齊王府記室左思集二卷梁有五卷錄一卷又有晉豫章太守夏靖集二卷錄一卷吳王文學鄭豐集二卷錄一卷大司馬東曹掾張翰集二卷錄一卷清河王文學陳略集二卷錄一卷揚州從事陸沖集二卷錄一卷亡 晉平原內史陸機集十四卷梁四十七卷錄一卷亡 晉清河太守陸雲集十二卷梁十卷錄一卷又有少府丞孫拯集二卷錄一卷亡 晉中書郎張載集七卷梁一本二卷錄一卷 晉黃門郎張協集三卷梁四卷錄一卷 晉著作郎束晳集七卷梁五卷錄一卷又有征南司馬曹攄集三卷錄一卷散騎常侍江統集十卷錄一卷著作郎胡濟集五卷錄一卷亡 晉中書令卞粹集一卷梁五卷又有光祿勳閭丘沖集二卷錄一卷亡 晉太傅從事中郎庾敳集一卷梁五卷錄一卷又有太子中舍人阮瞻集二卷錄一卷太子洗馬阮修集二卷錄一卷廣威將軍裴邈集二卷錄一卷亡 晉太傅郭象集二卷梁五卷錄一卷又有廣州刺史嵇含集十卷錄一卷亡 晉安豐太守

孫惠集八卷梁十一卷錄一卷又有松滋令蔡洪集二卷錄一卷亡晉平北將軍牽秀集四卷梁三卷錄一卷又有車騎從事中郎蔡克集二卷錄一卷游擊將軍索靖集三卷隴西太守閻纂集二卷錄一卷秦州刺史張輔集二卷錄一卷交阯太守殷巨集二卷錄一卷太子洗馬陶佐集五卷錄一卷東晉鄱陽太守虞溥集二卷錄一卷益陽令吳商集五卷仲長敖集二卷晉太常卿劉弘集三卷錄一卷開府山簡集二卷錄一卷兗州刺史宗岱集二卷侍中王峻集二卷錄一卷濟陽內史王曠集五卷錄一卷亡晉散騎常侍棗嵩集一卷梁二卷錄一卷又有襄陽太守棗腆集二卷錄一卷亡晉太尉劉琨集九卷梁十卷劉琨別集十二卷○晉司空從事中郎盧諶集十卷梁有錄一卷晉祕書丞傅暢集五卷梁有錄一卷又有晉明帝集五卷錄一卷簡文帝集五卷錄一卷孝武帝集二卷錄一卷彭城王紘集二卷譙烈王集九卷錄一卷亡晉會稽王司馬道子集八卷梁九卷又有鎮東從事中郎傅毅集五卷亡晉衡陽內史曾瓌集三卷梁四卷錄一卷又有驃騎將軍顧榮集五卷錄一卷亡晉司空賀循集十八卷梁二十卷錄一卷又有散騎常侍張抗集二卷錄一卷車騎長史賈彬集三卷錄一卷亡晉光祿大夫衞展集十二卷梁十五卷又有東晉太尉荀組集三卷錄一卷亡晉祕書郎張委集九卷梁五卷又有關內侯傅瑗集一卷光祿大夫周顗集二卷錄一卷亡晉太常謝鯤集六卷梁二卷晉驃騎將軍王廙集十卷梁三十四卷錄一卷又有華譚集二卷亡晉御史中丞熊遠集十二卷梁五卷錄一卷又有湘州秀才谷儉集一卷大鴻臚周嵩集三卷錄一卷亡晉弘農太守郭璞集十七卷梁十卷錄一卷晉張駿集八卷殘缺晉大將軍王敦集十卷梁有吳興太守沈充集二卷散騎常侍傅純集二卷錄一卷亡晉光祿大夫梅陶集九卷梁二十卷錄一卷又有金紫光祿大夫荀遂集二卷錄一卷亡晉散騎常侍王覽集九卷梁五卷又有晉著作佐郎王濤集五卷錄一卷廷尉卿阮放集十卷錄一卷宗正卿張俊集五卷錄一卷汝南太守應碩集二卷金紫光祿大夫張闓集二卷錄一卷揚州從事陸沈集二卷錄一卷驃騎將軍卞壼集二卷錄一卷光祿勳鍾雅集一卷衞尉卿劉超集二卷衞將軍褚裒集五卷錄一卷光祿大夫荀崧集一卷亡晉大將軍溫嶠集十卷梁錄一卷晉侍中孔坦集十七卷梁五卷錄一卷又有臧沖集一卷晉鎮南大將軍應詹集五卷亡晉太僕卿王嶠集八卷梁有衞尉荀闓集一卷鎮北將軍劉隗集二卷晉大司馬陶侃集二卷錄一卷亡晉丞相王導集十一卷梁十卷錄一卷晉太尉郗鑒集十卷錄一卷晉太尉庾亮集二十一卷梁二十卷錄一卷又有虞預集十卷錄一卷平越司馬黃整集十卷錄一卷亡晉護軍長史庾堅集十三卷梁十卷錄一卷晉司空庾冰集七卷梁二十卷錄一卷晉給事中庾闡集九卷梁十卷錄一卷晉著作郎王隱集十卷梁二十卷錄一卷晉散騎常侍干寶集四卷梁五卷晉太常卿殷融集十卷梁有衞尉張虞集十卷光祿大夫諸葛恢集五卷錄一卷亡晉車騎將軍庾翼集二十二卷梁二十卷錄一卷晉司空何充集四卷梁五卷又有御史中丞郝默集五卷征西諮議甄述集十卷武昌太守徐彥則集十卷亡晉散騎常侍王愆期集七卷梁十卷錄一卷又有司徒左長史王濛集五卷丹陽尹劉惔集二卷錄一卷益州刺史袁喬集七卷亡晉尚書令顧和集五卷梁有錄一卷又有尚書僕射劉遐集五卷徵士江淳集三卷錄一卷吳興太守荀述集一卷平南將軍賀翹集五卷李軌集八卷亡晉李充集二十二卷梁十五卷錄一卷晉司徒蔡謨集十七卷梁四十三卷晉揚州刺史殷浩集四卷梁五卷錄一卷又有吳興孝廉鈕滔集五卷錄一卷宣城內史劉系之集五卷錄一

卷亡庾赤王集四卷○晉尋陽太守庾純集八卷梁有驃騎司馬王修集二卷錄一卷衞將軍謝尚集十卷錄一卷青州刺史王俠集二卷亡晉西中郎將王胡之集十卷梁五卷錄一卷晉中書令王洽集五卷錄一卷梁有宜春令范保集七卷徵士范宣集十卷錄一卷建安太守丁纂集四卷錄一卷亡晉金紫光祿大夫王羲之集九卷梁十卷錄一卷晉散騎常侍謝萬集十六卷梁十卷晉司徒長史張憑集五卷梁有錄一卷梁有高涼太守楊方集二卷亡晉徵士許詢集三卷梁八卷錄一卷晉征西將軍張望集十卷梁十二卷錄一卷晉餘姚令孫統集二卷梁九卷錄一卷又有晉陵令戴元集三卷錄一卷亡晉衞尉卿孫綽集十五卷梁二十五卷晉太常江逌集九卷梁有謝沈集十卷亡晉李顒集十卷錄一卷晉光祿勳曹毗集十卷梁十五卷錄一卷又有郡主簿王虔集五卷亡晉沙門支遁集八卷梁十三卷又有劉彧集十六卷亡張重華酒泉太守謝艾集七卷梁八卷又有撫軍長史蔡系集二卷護軍將軍江彬集五卷錄一卷亡晉范汪集一卷梁十卷晉尚書僕射王述集八卷梁又有王度集五卷錄一卷中領軍庾龢集二卷錄一卷將作大匠喻希集一卷吳興太守孔嚴集十一卷錄一卷亡晉大司馬桓溫集十一卷梁有四十三卷又有桓溫要集二十卷錄一卷豫章太守車灌集五卷錄一卷亡晉尚書僕射王坦之集七卷梁五卷錄一卷亡晉左光祿王彪之集二十卷梁有錄一卷晉中書郎郗超集九卷梁十卷又有南中郎桓嗣集五卷平固令邵毅集五卷錄一卷晉苻堅丞相王猛集九卷錄一卷梁有顧夷集太學博士滕輔集五卷錄一卷亡五卷散騎常侍鄭襲集四卷撫軍掾劉暢集一卷亡晉太常卿韓康伯集十六卷梁有黃門郎范啓集四卷豫章太守王恪集十卷零陵太守陶混集七卷海鹽令祖撫集三卷吳興太守殷康集五卷錄一卷亡晉太傅謝安集十卷梁十卷錄一卷又有中軍參軍孫嗣集三卷錄一卷司徒左長史劉袞集三卷亡晉御史中丞孔欣時集八卷梁七卷晉伏滔集十一卷幷目錄梁五卷錄一卷晉滎陽太守習鑿齒集五卷○晉祕書監孫盛集五卷殘缺梁十卷錄一卷晉東陽太守袁宏集十五卷梁二十卷錄一卷又有晉黃門郎顧淳集一卷尋陽太守熊鳴鵠集十卷車騎司馬謝韶集三卷金紫光祿大夫王獻之集十卷錄一卷瑯邪內史袁質集二卷錄一卷太宰從事中郎袁邵集五卷錄一卷車騎長史謝朗集六卷錄一卷車騎將軍謝顒集十卷錄一卷亡晉新安太守郗愔集四卷殘缺梁五卷又有吳郡功曹陸法之集十九卷亡晉太常卿王珉集十卷梁錄一卷晉中散大夫羅含集三卷梁有太宰長史庾蒨集二卷大司馬參軍庾悠之集三卷司徒右長史庾凱集二卷亡晉國子博士孫放集一卷殘缺梁十卷晉聘士殷叔獻集四卷幷目錄梁三卷錄一卷晉湘東太守庾肅之集十卷梁錄一卷又有晉北中郎參軍蘇彥集十卷太子左率王肅之集三卷錄一卷黃門郎王徽之集八卷徵士謝敷集五卷錄一卷太常卿孔汪集十卷徵士陳統集七卷太常王愷集十五卷右將軍王忱集五卷錄一卷太常殷允集十卷亡晉徵士戴逵集九卷殘缺梁十卷錄一卷又有晉光祿大夫孫康集十卷尚書左丞徐禪集六卷亡晉太子前率徐邈集九卷幷目錄梁二十卷錄一卷晉給事中徐乾集二十一卷幷目錄梁二十卷錄一卷又有晉冠軍將軍張玄之集五卷錄一卷員外常侍荀世之集八卷袁崧集十卷黃門郎桓邈之集五卷驃騎參軍卞湛集五卷金紫光祿大夫褚爽集十六卷錄一卷亡晉豫章太守范甯集十六卷梁有晉餘杭令范弘之集六卷亡晉司徒王珣集十一卷幷目錄梁十卷錄一

卷亡晉處士薄蕭之集九卷梁十卷又有晉安北參軍薄要集九卷薄邕集七卷延陵令唐邁之集十一卷錄一卷亡晉孫恩集五卷梁有晉殿中將軍傅綽集十五卷驍騎將軍弘戎集十六卷御史中丞魏叔齊集十五卷司徒右長史劉寧之集五卷亡晉臨海太守辛德遠集五卷梁四卷又有晉車騎參軍何瑾之集十一卷太保王恭集五卷錄一卷殷覬集十卷錄一卷亡晉荊州刺史殷仲堪集十二卷幷目錄梁十卷錄一卷亡晉驃騎長史謝景重集一卷○晉桓玄集二十卷梁有晉丹陽令卞範之集五卷錄一卷光祿勳卞承之集十卷錄一卷亡晉東陽太守殷仲文集七卷梁五卷晉司徒王謐集十卷錄一卷梁有晉光祿大夫伏系之集十卷錄一卷亡晉右軍參軍孔璠集二卷○晉衞軍諮議湛方生集十卷錄一卷晉光祿大夫祖台之集十六卷梁二十卷晉通直常侍顧愷之集七卷梁二十卷晉太常卿劉瑾集九卷梁五卷晉左僕射謝混集三卷梁五卷晉祕書監滕演集十卷錄一卷晉司徒長史王誕集二卷梁有晉太尉參議劉簡之集十卷亡晉丹陽太守袁豹集八卷梁十卷錄一卷又有晉臨江太守殷遵集五卷錄一卷興平令荀軌集五卷亡晉西中郎長史羊徽集九卷梁十卷錄一卷晉國博士周祇集十一卷梁十卷錄一卷又有晉相國主簿殷闡集十卷錄一卷太常傅迪集十卷亡晉始安太守卞裕集十三卷梁十五卷又有晉韋公藝集六卷亡晉毛伯成集一卷○晉沙門支曇諦集六卷○晉沙門釋惠遠集十二卷○晉姚萇沙門釋僧肇集一卷○晉王茂畧集四卷○晉曹毗集四卷○晉宗欽集二卷梁有晉中軍功曹殷曠之集五卷太學博士殷覬說集十三卷征西主簿丘道護集五卷錄一卷柴桑令劉遺民集五卷錄一卷郭澄之集十卷徵士周祗之集一卷孔瓌集九卷亡晉江州刺史王凝之妻謝道韞集二卷梁有婦人晉司徒王渾妻鍾夫人集五卷晉武帝左九嬪集四卷晉太宰賈充妻李扶集一卷晉武平都尉陶融妻陳窈集一卷晉都水使者妻陳玢集五卷晉海西令劉臻妻陳婉集七卷晉劉柔妻王邵之集十卷晉散騎常侍傅伉妻辛蕭集一卷晉松陽令鈕滔母孫瓊集二卷晉成公道賢妻龐馥集一卷晉宣城太守何殷妻徐氏集一卷亡宋武帝集十二卷梁二十卷錄一卷宋孝武帝集二十五卷梁三十一卷錄一卷又有宋廢帝景和集十卷錄一卷明帝集三十三卷亡宋長沙王道憐集十卷錄一卷梁有宋臨川王道規集四卷錄一卷亡宋臨川王義慶集八卷○宋江夏王義恭集十一卷梁十五卷錄一卷又有江夏王集別本十五卷宋衡陽王義季集十卷錄一卷亡宋南平王鑠集五卷梁有宋竟陵王誕集二十卷建平王休祐集十卷新渝惠侯義宗集十二卷散騎常侍劉柔之集二十卷亡宋豫章太守謝瞻集三卷梁有宋征虜將軍沈林子集七卷亡宋太常卿孔琳之集九卷幷目錄梁十卷錄一卷宋王叔之集七卷梁十卷錄一卷宋太中大夫徐廣集十五卷錄一卷宋祕書監盧繁集一卷殘缺梁十卷錄一卷宋侍中孔甯子集十一卷幷目錄梁十五卷錄一卷宋建安太守卞瓘集十卷梁十卷宋太常卿蔡廓集九卷幷目錄梁十卷錄一卷又有宋王韶之集二十四卷亡宋尚書令傅亮集三十一卷梁二十卷錄一卷又有宋征南長史孫康集十卷左軍長史范述集三卷亡宋太常卿鄭鮮之集十三卷梁二十卷錄一卷宋徵士陶潛集九卷梁五卷錄一卷宋又有張野集十卷宋零陵令陶階集八卷東莞太守張元瑾集八卷光祿大夫王曇首集二卷錄一卷亡

太常卿范泰集十九卷梁二十卷錄一卷宋中書郎荀昶集十四卷梁十五卷錄一卷又有卞伯玉集五卷錄一卷中散大夫羊欣集九卷亡宋司徒王弘集一卷梁二十卷錄一卷又有宋金紫光祿大夫沈演集十卷廣平太守范凱集八卷亡宋沙門釋惠琳集五卷梁九卷錄一卷又有宋范曇集十四卷亡宋司徒府參軍謝惠連集六卷梁五卷錄一卷又有宋太常謝弘微集二卷亡宋臨川內史謝靈運集十九卷梁二十卷錄一卷宋給事中丘深之集七卷梁十五卷又有義成太守祖企之集五卷荊州西曹孫韶集十卷殷淳集二卷揚州刺史殷景仁集九卷國子博士姚濤之集二十卷錄一卷周祗集十一卷亡殷闡之集一卷○宋徵士宗景集十六卷梁十五卷宋徵士雷次宗集十六卷梁二十九卷錄一卷宋奉朝請伍緝之集十二卷梁有宋南平王主簿衞令元集八卷范曄集十五卷錄一卷撫軍諮議范廣集一卷右光祿大夫王敬集五卷錄一卷任豫集六卷宋御史中丞何承天集二十卷梁三十二卷亡宋太中大夫裴松之集十三卷梁二十一卷又有王韶之集十九卷宋光祿大夫江湛集四卷錄一卷亡宋太尉袁淑集十一卷幷目錄梁十卷錄一卷宋祕書監王微集十卷梁有錄一卷又有宋太子舍人王僧謙集二卷金紫光祿大夫王僧綽集一卷征北行參軍顧邁集二十卷魚復令陳超之集十卷平南將軍何長瑜集八卷亡宋員外郎荀雍集二卷梁四卷又有宋國子博士范演集八卷錢唐令顧昱集六卷臨成令韓睿之集八卷南陽太守沈亮之集七卷國子博士孔欣集九卷臨海太守江立叔集四卷尚書郎劉馥集十一卷太子中舍人張演集八卷南昌令蔡耶之集三卷太學博士顧雅集十三卷巴東太守孫仲之集十一卷太尉諮議參軍謝元集一卷南海太守陸展集九卷鄱陽令山謙之集十二卷廣州刺史楊希集九卷員外常侍周始之集十一卷主客郎羊崇集六卷太子舍人孔景亮集三卷亡宋中書郎袁伯文集十一卷幷目錄梁有宋丞相諮議蔡超集七卷亡宋東中郎長史孫緬集八卷幷目錄梁十一卷又有宋賀道養集十卷太子洗馬謝登集六卷新安太守張鏡集十卷兼中書舍人褚詮之集八卷錄一卷亡宋特進顏延之集二十五卷梁三十卷又有顏延之逸集一卷亡宋東揚州刺史顏竣集十四卷幷目錄宋大司馬錄事顏測集十一卷幷目錄宋護軍將軍王僧達集十卷梁有錄一卷又有國子博士羊戎集十卷江寧令蘇寶生集四卷兗州別駕范義集十二卷吳興太守劉瑀集七卷本郡孝廉劉氏集九卷亡宋會稽太守張暢集十二卷殘缺梁十四卷錄一卷又有宋司空何尚之集十卷亡宋吏部尚書何偃集十九卷梁十六卷又有盧江太守周朗集八卷亡宋侍中沈懷文集十二卷殘缺梁十六卷宋北中郎長史江智深集九卷幷目一卷宋太子中庶子殷琰集七卷梁又有宋武陵太守袁顗集八卷荀欽明集六卷安北參軍王詡之集五卷越騎校尉戴法興集四卷亡宋黃門郎虞通之集十五卷梁二十卷宋司徒左長史沈勃集十五卷梁二十卷宋金紫光祿大夫謝莊集十九卷梁十五卷又有宋金紫光祿大夫謝協集三卷三巴校尉張悅集十一卷揚州從事賀顧集十一卷領軍長史孔邁之集八卷撫軍參軍賀弼集十六卷本州秀才劉逵集二卷亡宋建平王景素集十卷○宋征虜記室參軍鮑照集十卷梁六卷又有宋武康令沈懷遠集十九卷裴駰集六卷刪定郎劉緄集五卷宜都太守費修集十卷亡宋太中大夫徐爰集六卷梁十卷又有宋驃騎司馬孫勃集六卷右光祿大夫張永集十卷陽羨令趙繹集十六卷亡宋庾蔚之集十六卷梁二十卷又有太子中舍人徵不就王素集十六卷亡宋豫章太守劉愔集八卷梁十卷又有宋起部郎費鏡集二十卷光祿大夫孫奠集

十一卷、太尉從事中郎蔡頤集三卷、司空劉緬集二十卷錄一卷、青州刺史明僧暠集十三卷、吳興太守蕭惠開集七卷、沈宗之集十卷、大司農張辯集十六卷、金紫光祿大夫王僧達集十五卷錄一卷、郭坦之集五卷、會稽主簿辛湛之集八卷、太子舍人朱年集二卷、東海王常侍鮑德遠集六卷、會稽郡丞張緩集六卷，亡。宋寧國令劉奢集七卷○宋江州從事吳邁遠集一卷殘缺。梁八卷，亡。宋宛朐令湯惠休集三卷梁四卷。又有南海太守孫奉伯集十卷、右將軍成元範集十卷、奉朝請虞喜集十一卷、延陵令唐思賢集十五卷、戴凱之集六卷，亡。宋司徒袁粲集十一卷并目錄。梁九卷，又有婦人奉氏集一卷、宋後宮司儀韓蘭英集四卷，亡。齊文帝集一卷殘缺。梁十一卷，又有齊晉安王子懋集四卷錄一卷、隨王子隆集七卷，亡。齊竟陵王子良集四十卷梁又有齊聞喜公蕭遙欣集十一卷、領軍諮議劉祥集十卷，亡。齊太宰褚彥回集十五卷梁又有齊黃門侍郎崔祖思集二十卷、中軍佐鍾蹈集十二卷、餘杭令丘巨源集十卷錄一卷，亡。齊太尉王儉集五十一卷梁六十卷。又有齊東海太守謝顥集十六卷、謝瀹集十卷、豫州刺史劉善明集十卷、侍中褚賁集十二卷、徵士劉虬集二十四卷、司徒主簿徵不就庾易集十卷、顧歡集三十卷、劉瓛集三十卷、射聲校尉劉璡集三卷，亡。齊中書郎周顒集八卷梁十六卷。又有齊左侍郎鮑鴻集二十卷錄一卷、淮州秀才卞彬集十卷、正員郎劉懷慰集十卷錄一卷、永嘉太守江山圖集十卷、驃騎記室參軍荀憲集十一卷，亡。齊前軍參軍虞羲集九卷殘缺。梁十一卷，又有平陽令韋沈集十卷、車騎參軍任文集十一卷錄一卷、卞鑠集十六卷、婁幼瑜集六十六卷、長水校尉祖冲之集五十一卷，亡。齊中書郎王融集十卷○齊吏部郎謝朓集十二卷○謝朓逸集一卷梁又有王巾集十一卷，亡。齊司徒左長史張融集二十七卷梁十卷。又有張融玉海集十卷、大澤集十卷、金波集六十卷，又有齊羽林監虞韶集十卷、黃門郎王僧祐集十卷、太常卿劉悛集二十卷錄一卷、祕書王寂集五卷，亡。齊金紫光祿大夫孔稚珪集十卷○齊後軍法曹參軍陸厥集八卷梁十卷。齊太尉徐孝嗣集十卷梁七卷。又有侍中劉驃集一十一卷、通直常侍裴昭明集九卷、虞炎集七卷、吏部郎劉瑱集十卷、梁國從事中郎劉繪集十一卷，亡。齊侍中袁彖集五卷并錄。齊中書郎江奐集九卷并錄。齊平西諮議宗躬集十三卷○齊太子舍人沈驎士集六卷○梁武帝集二十六卷梁三十二卷。梁武帝詩賦集二十卷○梁武帝雜文集九卷○梁武帝別集目錄二卷○梁武帝淨業賦三卷○梁簡文帝集八十五卷陸罩撰。并錄。梁元帝集五十二卷○梁元帝小集十卷○梁昭明太子集二十卷梁有晉安成王集三十卷，亡。梁岳陽王詧集十卷○梁王蕭歸集十卷○梁邵陵王綸集六卷○梁武陵王紀集八卷○梁蕭琮集七卷梁又有安成煬王集五卷，亡。梁司徒諮議宗史集九卷并錄。梁國子博士丘遲集十卷并錄。梁十一卷，又有謝朏集十五卷，亡。梁金紫光祿大夫江淹集九卷梁二十卷。江淹後集十卷○梁尚書僕射范雲集十一卷并錄。梁太常卿任昉集三十四卷梁有晉安太守謝纂集十卷、撫軍將軍柳憕集二十卷、中護軍柳惲集十二卷、豫州刺史柳惔集六卷、尚書令柳忱集十三卷、義興郡丞何偃集三卷、撫軍中兵參軍韋溫集十卷、鎮西錄事參軍到沿集十一卷、太子洗馬劉苞集十卷、南徐州秀才諸葛璩集十卷，亡。梁特進沈約集一百一卷并錄。梁又有謝綽集十一卷，亡。梁中軍府諮議王僧孺集三十卷○梁尚書左丞范縝集十一卷○梁護軍將軍周捨集二十卷梁有祕書張纘金河集六十卷、劉歊集八卷、玄貞處士劉訏集一卷，亡。梁蕭洽集二卷○梁隱居先生陶弘景集三十卷○陶弘景內集十五卷○梁徵士魏道徵集三卷○梁黃門郎張率集三十八卷○梁南徐州治中王冏集三卷○梁都官尚書江革集六卷○梁奉朝請吳均集二十卷○梁光祿大夫庾曇隆集十卷并錄。梁儀同三司徐勉前集三十五卷○徐勉後集十六卷并序錄。梁吏部郎王錫集七卷并錄。梁尚書左僕射王暕集二十一卷○梁平西刑獄參軍劉孝標集六卷○梁鴻臚卿裴子野集十四卷○梁仁威府長史司馬褧集九卷○梁蕭子暉集九卷○梁始興內史蕭子範集十三卷○梁建陽令江洪集二卷○梁鎮西府記室鮑幾集八卷○梁尚書祠部郎虞嚼集十卷○梁新田令費昶集三卷○梁蕭機集二卷○梁東陽郡丞謝瑱集八卷○梁通直郎謝琛集五卷○梁仁威記室何遜集七卷梁有安西記室劉緩集四卷、沙門釋智藏集五卷，亡。梁太常卿陸倕集十四卷○梁廷尉卿劉孝綽集十四卷○梁都官尚書劉孝儀集二十卷○梁太子庶子劉孝威集十卷○梁東陽太守王揖集五卷○梁黃門郎陸雲公集十卷○梁國子祭酒蕭子雲集十九卷○梁征西府長史楊朓集十一卷并錄。梁太子洗馬王筠集十一卷并錄。王筠中書集十一卷并錄。王筠臨海集十一卷并錄。王筠左佐集十一卷并錄。王筠尚書集九卷并錄。梁西昌侯蕭深藻集四卷并錄。梁中書郎任孝恭集十卷○梁平北府長史鮑泉集一卷○梁雍州刺史張纘集十一卷并錄。梁尚書僕射張綰集十一卷并錄。梁度支尚書庾肩吾集十卷○梁太常卿劉之遴前集十一卷○劉之遴後集二十一卷○梁豫章世子侍讀謝郁集五卷○梁安成蕃王蕭欣集十卷○梁中書舍人朱超集一卷○梁護軍將軍甄玄成集十卷并錄。梁散騎常侍沈君攸集十三卷○梁臨安恭公主集三卷武帝女。梁征西記室范靖妻沈滿願集三卷○梁太子洗馬徐悱妻劉令嫺集三卷○後魏孝文帝集三十九卷○後魏司空高允集二十一卷○後魏司農卿李諧集十卷○後魏太常卿盧元明集十七卷○後魏司空祭酒袁躍集十三卷○後魏著作佐郎韓顯宗集十卷○後魏散騎常侍溫子昇集三十九卷○後魏太常卿陽固集三卷○北齊特進邢子才集三十一卷○北齊尚書僕射魏收集六十八卷○北齊儀同劉逖集二十六卷○後周明帝集九卷○後周趙王集八卷○後周滕簡王集八卷○後周儀同宗懍集十二卷并錄。後周沙門釋忘名集十卷○後周小司空王褒集二十一卷并錄。後周少傅蕭撝集十卷○後周開府儀同庾信集二十一卷并錄。陳後主集三十九卷○陳後主沈后集十卷○陳大匠卿杜之偉集十二卷○陳金紫光祿大夫周弘讓集九卷○陳周弘讓後集十二卷○陳侍中沈炯前集七卷○陳沈炯後集十三卷○陳沙門釋標集二卷○陳沙門釋洪偃集八卷○陳沙門釋瑗集六卷○陳沙門釋靈裕集四卷○陳尚書僕射周弘正集二十卷○陳鎮南府司馬陰鏗集一卷○陳左衛將軍顧野王集十九卷○陳沙門策上人集五卷○陳尚書左僕射徐陵集三十卷○陳右衛將軍張式集十四卷○陳尚書度支郎張正見集十四卷○陳司農卿陸琰集二卷○陳少府卿陸玢集十卷○陳光祿卿陸瑜集十一卷并錄。陳護軍將軍蔡景歷集五卷○陳沙門釋暠集六卷○陳御史中丞褚玠集十卷○陳安右府諮議司馬君卿集二卷○陳著作佐郎張仲簡集一卷○煬帝集五十五卷○王胄集一卷○武陽太守盧思道集三十卷○金州刺史李元操集十卷○蜀王府記室辛德源集三十卷○太尉楊素集十卷○懷州刺史李德林集十卷○吏部尚書牛弘集十二卷○司隸大夫薛道衡集三十卷○國子祭酒何妥集十卷○祕書監柳䛒集五卷○開府江總集三十卷○江總後集二卷○記室參軍蕭愨集九卷○著作郎魏彥深集三卷○著作郎諸葛潁集十四卷○劉子政母祖氏集九卷○著作郎王胄集十卷

右四百三十七部，四千三百八十一卷。通計亡書，合八百八十六部，八千一百二十六卷。

別集之名，蓋漢東京之所創也。自靈均已降，屬文之士衆矣，然其志尚不同，風流殊別。後之君子，欲觀其體勢，而見其心靈，故別聚焉，名之爲集。辭人景慕，並自記載，以成書部。年代遷徙，亦頗遺散。其高唱絕俗者，略皆具存，今依其先後，次之於此。

文章流別集四十一卷梁六十卷，志二卷，論二卷，摯虞撰。文章流別志論二卷摯虞撰。文章流別本十二卷謝混撰。續文章流別三卷孔甯撰。集苑四十五卷梁六十卷。集林一百八十一卷宋臨川王劉義慶撰。梁二百卷。集林鈔十一卷○集鈔十卷沈約撰。梁有集鈔四十卷，丘遲撰，亡。集略二十卷○撰遺六卷梁又有零集三十六卷，亡。翰林論三卷李充撰。梁五十四卷。文苑一百卷孔逭撰。文苑鈔三十卷○文選三十卷梁昭明太子撰。詞林五十八卷○文海五十卷○吳朝士文集十卷梁十三卷。又有漢書文府三卷，亡。巾箱集七卷梁有文章志錄雜文八卷，謝沈撰；又名士雜文八卷，亡。婦人集二十卷梁有婦人集三十卷，殷淳撰。又有婦人集十一卷，亡。婦人集鈔二卷○雜文十六卷爲婦人作。文選音三卷蕭該撰。文心彫龍十卷梁兼東宮通事舍人劉勰撰。文章始一卷姚察撰。梁有文章始一卷，任昉撰；四代文章記一卷，吳郡功曹張防撰，亡。賦集九十二卷謝靈運撰。梁又有賦集五十卷，宋新渝惠侯撰；賦集四十卷，宋明帝撰；樂器賦十卷、伎藝賦六卷，亡。賦集鈔一卷○賦集八十六卷後魏祕書丞崔浩撰。續賦集十九卷殘缺。歷代賦十卷梁武帝撰。皇德瑞應賦頌一卷梁十六卷。五都賦六卷并錄。張衡及左思撰。雜都賦十一卷梁雜都賦十六卷。又東都賦一卷，孔逭作；二京賦音二卷，李軌、綦毋邃撰；齊都賦二卷并音，左思撰；相風賦七卷，傅玄等撰；迦維國賦二卷，晉右軍行參軍虞幹紀撰；遂志賦十卷、乘輿赭白馬賦二卷，亡。述征賦一卷○神雀賦一卷後漢傅毅撰。雜賦注本三卷梁有郭璞注子虛上林賦一卷，薛綜注張衡二京賦二卷，晁矯注二京賦一卷，武巽注二京賦二卷，張載及晉侍中劉逵、晉懷令衛瓘注左思三都賦三卷，綦毋邃注三都賦三卷，項氏注幽通賦，蕭廣濟注木玄虛海賦一卷，徐爰注射雉賦一卷，亡。獻賦十八卷○圍碁賦一卷○觀象賦一卷梁武帝撰。洛神賦一卷孫壑注。枕賦一卷張居祖撰。二都賦音一卷李軌撰。百賦音十卷宋御史褚詮之撰。梁有賦音二卷，郭徵之撰；雜賦圖十七卷，亡。大隋封禪書一卷○上封禪書二卷梁有雜封禪文八卷，秦帝刻石文一卷，宋會稽太守褚淡撰，亡。集雅篇五卷○靖恭堂頌一卷晉涼王李暠撰。梁有頌集二十卷，王僧綽撰；木連理頌二卷，太元十九年羣臣上，亡。詩集五十卷謝靈運撰。梁五十一卷。又有宋侍中張敷、袁淑補謝靈運詩集一百卷，又詩集百卷并例錄二卷，顏峻撰；詩集四十卷，宋明帝撰；雜詩七十九卷，江邃撰；雜詩二十卷，宋太子洗馬劉和注；二晉雜詩二十卷；古今五言詩美文五卷，荀綽撰；詩鈔十卷，亡。詩集鈔十卷謝靈運撰。梁有雜詩鈔十卷錄一卷，謝靈運撰，亡。古詩集九卷○六代詩集鈔四卷梁有雜言詩鈔五卷，謝朏撰，亡。詩英九卷謝靈運集。梁十卷。又有文章英華三十卷，梁昭明太子撰，亡。今詩英八卷○古今詩苑英華十九卷梁昭明太子撰。詩纘十三卷○衆詩英華一卷○詩類六卷○玉臺新詠十卷徐陵撰。百志詩九卷干寶撰。梁五卷。又有古遊仙詩一卷，應貞注應璩百一詩八卷，百一詩二卷，晉蜀郡太守李彪撰，亡。齊釋奠會詩一十卷○齊讌會詩十七卷○青溪詩三十卷齊讌會作。梁有魏晉宋雜祖餞讌會詩集二十一部，一百四十三卷，亡。今略其數。西府新文十一卷并錄。梁蕭淑撰。百國詩四十三卷○文林館詩府八卷後齊文林館作。詩評三卷鍾嶸撰。或曰詩品。古樂府八卷○文會詩三卷陳仁威記室徐伯陽撰。五岳七星迴文詩一卷梁有雜詩圖一卷，亡。毛伯成詩一卷伯成，東晉征西將軍。春秋寶藏詩四卷張湛撰。江淹擬古一卷羅潛注。樂府歌辭鈔一卷○歌錄十卷○古歌錄鈔二卷○晉歌章八卷梁十卷。吳聲歌辭曲一卷梁二卷。又有樂府歌詩二十卷，秦伯文撰；樂府歌詩十二卷，樂府三校歌詩十卷，樂府歌辭九卷，太樂歌詩八卷，歌辭四卷，張永記；魏讌樂歌辭七卷，晉歌章十卷，又晉歌詩十八卷，晉讌樂歌辭十卷，荀勖撰；宋太始祭高禖歌辭十一卷，齊三調雅辭五卷，古今九代歌詩七卷，張湛撰；三調相和歌辭五卷，三調詩吟錄六卷，奏鞞鐸舞曲二卷，管絃錄一卷，伎錄一卷，太樂備問鍾鐸律奏舞歌四卷，郝生撰；迴文集十卷，謝靈運撰；又迴文詩八卷，織錦迴文詩一卷，苻堅秦州刺史竇氏妻蘇氏作；頌集二十卷，王僧綽撰；木連理頌二卷，晉太元十九年羣臣上；又有鼓吹、清商、樂府、讌樂、高禖、鞞、鐸等歌辭舞錄，凡十部。陳郊廟歌辭三卷并錄。徐陵撰。樂府新歌十卷秦王記室崔子發撰。樂府新歌二卷秦王司馬殷僧首撰。古今箴銘集十四卷張湛

撰錄一卷梁有箴集十六卷雜誡箴二十四卷女箴一卷女史箴圖一卷又有銘集十一卷又陸少玄撰佛像雜銘十三卷釋僧祐撰箴器雜銘五卷亡眾賢誡集十卷殘缺梁有誡林三卷綦毋邃撰四帝誡三卷王誕撰雜家誡七卷諸家雜誡九卷集誡二十二卷亡諸葛武侯誡一卷○女誡一卷曹大家撰女鑒一卷梁有女訓十六卷婦人訓誡集十一卷并錄梁十卷宋司空徐湛之撰娣姒訓一卷馬少胄撰貞順志一卷○讚集五卷謝莊撰畫讚五卷漢明帝殿閣畫魏陳思王讚梁五十卷又有誄集十三卷謝莊撰亡七集十卷謝靈運集七林十卷梁十二卷錄二卷卞景撰梁又有七林三十卷音一卷亡七悟一卷顏之推撰梁有弔文集六卷錄一卷弔文二卷亡碑集二十九卷○雜碑集二十九卷○雜碑集二十二卷梁有碑集十卷謝莊撰釋氏碑文三十卷梁元帝撰雜碑二十二卷碑文十五卷晉將作大匠陳勰撰碑文十卷車灌撰又有羊祜墮淚碑一卷桓宣武碑十卷長沙景王碑文三卷荊州雜碑三卷雍州雜碑四卷廣州刺史碑十二卷義興周許碑一卷太原王氏家碑誄頌讚銘集二十六卷諸寺碑文四十六卷釋僧祐撰雜祭文六卷衆僧行狀四十卷釋僧祐撰亡設論集二卷劉楷撰梁有設論集三卷東晉人撰客難集二十卷亡論集七十三卷○雜論十卷○明眞論一卷晉兗州刺史宗岱撰東西晉興亡論一卷○陶神論五卷○正流論一卷○黃芳引連珠一卷○梁武連珠一卷沈約注梁武帝制旨連珠十卷梁邵陵王綸注梁武帝制旨連珠十卷陸緬注梁有設論連珠十卷謝靈運撰連珠集五卷陳證撰連珠十五卷又連珠一卷陸機撰何承天注又班固典引一卷蔡邕注亡梁代雜文三卷○詔集區分四十一卷後周獸門學士宗幹撰魏朝雜詔二卷梁有漢高祖手詔一卷亡錄魏吳二志詔二卷梁有三國詔誥十卷亡晉咸康詔四卷○晉朝雜詔九卷梁有晉雜詔百卷錄一卷又有晉雜詔二十八卷錄一卷又晉詔六十卷晉文王武帝雜詔十二卷亡錄晉詔十四卷梁有晉武帝詔十二卷成帝詔草十七卷康帝詔草十卷建元直詔三卷永和副詔九卷升平隆和興寧副詔十卷泰元咸寧寧康副詔二十二卷隆安直詔五卷元興大亨副詔三卷亡晉義熙詔十卷梁有義熙副詔十卷義熙以來至于大明詔三十卷晉宋雜詔四卷又晉宋雜詔八卷王韶之撰又雜詔十四卷班五條詔十卷亡宋永初雜詔十三卷梁有詔集百卷起漢訖宋武帝詔四卷宋元熙詔令五卷永初二年五年詔三卷永初以來中書雜詔二十卷亡宋孝建詔一卷梁有宋景平詔三卷亡宋元嘉副詔十五卷梁有宋元嘉詔六十二卷又宋孝武詔五卷宋大明詔七十卷宋永光景和詔五卷宋泰始泰豫詔二十二卷宋義嘉僞詔一卷宋元徽詔十二卷宋昇明詔四卷亡齊雜詔十卷○齊中興二年詔三卷梁有齊建元詔五卷永明詔三卷武帝中詔十卷齊隆昌延興建武詔九卷齊建武二年副詔九卷梁天監元年至七年詔十二卷天監九年十年詔二卷亡後魏詔集十六卷○後周雜詔八卷○雜詔八卷○雜赦書六卷○陳天嘉詔草三卷○霸朝集三卷李德林撰皇朝詔集九卷○皇朝陳事詔十三卷梁有雜九錫文四卷亡上法書表一卷虞和撰梁中表十一卷梁邵陵王撰梁有漢名臣奏三十卷魏名臣奏三十卷陳長壽撰魏雜事七卷晉諸公奏十一卷雜表奏駁三十五卷漢丞相匡衡大司馬王鳳奏五卷劉隗奏五卷孔羣奏二十二卷晉金紫光祿大夫周閔奏事四卷晉中丞劉邵奏事六卷中丞司馬無忌奏事十三卷中丞虞谷奏事六卷中丞高崧奏事五卷又諸彈事等十四部亡雜露布十二卷梁有雜檄文十七卷魏武帝露布文九卷亡山公啓事三卷○范甯啓事三卷梁十卷梁有雜薦文十二卷薦文集七卷亡善文五十卷杜預撰雜集一卷殷仲堪撰梁魏周齊陳皇朝聘使雜啓九卷○政道集十卷○書集八十八卷晉散騎常侍王履撰梁八十卷亡書林十卷○雜逸書六卷梁二十二卷徐爰撰應璩書林八卷夏赤松撰抱朴君書一卷葛洪撰蔡司徒書三卷蔡漢撰前漢雜筆十卷吳晉雜筆九卷吳朝文二十四卷李氏家書八卷晉左將軍王鎮惡與劉丹陽書一卷亡後周與齊軍國書二卷○高澄與侯景書一卷○策集一卷殷仲堪撰策集六卷梁有孝秀對策十二卷亡宋元嘉策孝秀文十卷○誹諧文三卷○誹諧文十卷袁淑撰梁有續誹諧文集十卷又有誹諧文一卷沈宗之撰任子春秋一卷杜嵩撰博陽秋一卷宋零陵令辛邕之撰亡法集百七卷梁沙門釋寶唱撰

右一百七部二千二百一十三卷通計亡書合二百四十九部五千二百二十四卷

總集者以建安之後辭賦轉繁衆家之集日以滋廣晉代摯虞苦覽者之勞倦於是採擿孔翠芟剪繁蕪自詩賦下各爲條貫合而編之謂爲流別是後又集總鈔作者繼軌屬辭之士以爲覃奧而取則焉今次其前後并解釋評論總於此篇

凡集五百五十四部六千六百二十二卷通計亡書合一千一百四十六部一萬三千三百九十卷

文者所以明言也古者登高能賦山川能祭師旅能誓喪紀能誄作器能銘則可以爲大夫言其因物騁辭情靈無擁者也唐歌虞詠商頌周雅敘事緣物紛綸相襲自斯已降其道彌繁世有澆淳時移治亂文體遷變邪正或殊宋玉屈原激清風於南楚嚴鄒枚馬陳盛藻於西京平子豔發於東都王粲獨步於漳滏爰逮晉氏見稱潘陸並黼藻相輝宮商間起清辭潤乎金石精義薄乎雲天永嘉已後玄風既扇辭多平淡文寡風力降及江東不勝其弊宋齊之世下逮梁初靈運高致之奇延年錯綜之美謝玄暉之藻麗沈休文之富溢煇煥斌蔚辭義可觀梁簡文之在東宮亦好篇什清辭巧製止乎衽席之間彫琢蔓藻思極閨闈之內後生好事遞相放習朝野紛紛號爲宮體流宕不已訖于喪亡陳氏因之未能全變其中原則兵亂積年文章道盡後魏文帝頗效屬辭未能變俗例皆淳古齊宅漳濱辭人間起高言累句紛紜絡繹清辭雅致是所未聞後周草創干戈不戢君臣戮力專事經營風流文雅我則未暇其後南平漢沔東定河朔訖于有隋四海一統采荊南之杞梓收會稽之箭竹辭人才士總萃京師屬以高祖少文煬帝多忌當路執權逮相擯壓於是握靈蛇之珠韞荊山之玉轉死溝壑之內者不可勝數草澤怨刺於是興焉古者陳詩觀風斯亦所以關乎盛衰者也班固有詩賦略凡五種今引而伸之合爲三種謂之集部

凡四部經傳三千一百二十七部三萬六千七百八卷通計亡書合四千一百九十一部四萬九千四百六十七卷

經戒三百一部九百八卷○餌服四十六部一百六十七卷○房中十三部三十八卷○符錄十七部一百三卷

右三百七十七部一千二百一十六卷

道經者云有元始天尊生於太元之先稟自然之氣沖虛凝遠莫知其極所以說天地淪壞劫數終盡略與佛經同以爲天尊之體常存不滅每至天地初開或在玉京之上或在窮桑之野授以祕道謂之開劫度人然其開劫非一度矣故有延康赤明龍漢開皇是其年號其間相去經四十一億萬載所度皆諸天仙上品有太上老君太上丈人天眞皇人五方天帝及諸仙官轉共承受世人莫之豫也所說之經亦稟元一之氣自然而有非所造爲亦與天尊常在不滅天地不壞則蘊而莫傳劫運若開其文自見凡八字盡道體之奧謂之天書字方一丈八角垂芒光輝照耀驚心眩目雖諸天仙不能省視天尊之開劫也乃命天眞皇人改轉天音而辯析之自天眞以下至于諸仙展轉節級以次相授諸仙得之始授世人然以天尊經歷年載始一開劫受法之人得而寶祕亦有年限方始傳授上品則年久下品則年近故今授道者經四十九年始得授人推其大旨蓋亦歸於仁愛清靜積而修習漸致長生自然神化或白日登仙與道合體其受道之法初受五千文籙次受三洞籙次受洞玄籙次受上清籙籙皆素書紀諸天曹官屬佐吏之名有多少又有諸符錯在其間文章詭怪世所不識受者必先潔齋然後齎金環一并諸贄幣以見於師師受其贄以籙授之仍剖金環各持其半云以爲約弟子得籙緘而佩之其潔齋之法有黃籙玉籙金籙塗炭等齋爲壇三成每成皆置緜蕝以爲限域傍各開門皆有法象齋者亦有人數之限以次入于緜蕝之中魚貫面縛陳說愆咎告白神祇晝夜不息或一二七日而止其齋數之外有人者並在緜蕝之外謂之齋客但拜謝而已不面縛焉而又有諸消災度厄之法依陰陽五行數術推人年命書之如章表之儀并具贄幣燒香陳讀云奏上天曹請爲除厄謂之上章夜中於星辰之下陳設酒脯餅餌幣物歷祀天皇太一祀五星列宿爲書如上章之儀以奏之名之爲醮又以木爲印刻星辰日月於其上吸氣執之以印疾病多有愈者又能登刃入火而焚勅之使刃不能割火不能熱而又有諸服餌辟穀金丹玉漿雲英蠲除滓穢之法不可殫記云自上古黃帝帝嚳夏禹之儔並遇神人咸受道籙年代既遠經史無聞焉推尋事迹漢時諸子道書之流有三十七家大旨皆去健羨處沖虛而已無上天官符籙之事其黃帝四篇老子二篇最得深旨故言陶弘景者隱於句容好陰陽五行風角星算修辟穀導引之法受道經符籙武帝素與之遊及禪代之際弘景取圖讖之文合成景梁字以獻之由是恩遇甚厚又撰登眞隱訣以證古有神仙之事又言神丹可成服之則能長生與天地永畢帝令弘景試合神丹竟不能就乃言中原隔絕藥物不精故也帝以爲然敬之尤甚然武帝弱年好事先受道法及卽位猶自上章朝士受道者衆三吳及邊海之際信之踰甚陳武世居吳興故亦奉焉後魏之世嵩山道士寇謙之自云嘗遇眞人成公興後遇太上老君授謙之爲天師而又賜之雲中音誦科誡二十卷又使玉女授其服氣導引之法遂得辟穀氣盛體輕顏色鮮麗弟子十餘人皆得其術其後又遇神人李譜云是老君玄孫授其圖籙眞經劾召百神六十餘卷及銷鍊金丹雲英八石玉漿之法太武始光之初奉其書而獻之帝使謁者奉玉帛牲牢祀嵩岳迎致其餘弟子於代都東南起壇宇給道士百二十餘人顯揚其法宣布天下太武親備法駕而受符籙焉自是道業大行每帝卽位必受符籙以爲故事刻天尊及諸仙之象而供養焉遷洛已後置道場於南郊之傍方二百步正月十月之十五日並有道士哥人百六人拜而祠焉後齊武帝遷鄴遂罷之文襄之世更置館宇選其精至者使居焉後周承魏崇奉道法每帝受籙如魏之舊尋與佛法俱滅開皇初又興高祖雅信佛法於道士蔑如也大業中道士以術進者甚衆其所以講經由以老子爲本次講莊子及靈寶昇玄之屬其所衆經或言傳之神人篇卷非一自云天尊姓樂名靜信例皆淺俗故世甚疑之其術業優者行諸符禁往往神驗而金丹玉液長生之事歷代糜費不可勝紀竟無效焉今考其經目之數附之於此

大乘經六百一十七部二千七十六卷五百五十八部一千六百九十七卷經五十九部三百七十九卷疏小乘經四百八十七部八百五十二卷○雜經三百八十部七百一十六卷雜經目殘缺其見數如此疑經一百七十二部三百三十六卷○大乘律五十二部九十一卷○小乘律八十部四百七十二卷七十七部四百九十卷律二部二十三卷講疏雜律二十七部四十六卷○大乘論三

十五部一百四十一卷三十部九十四卷論十五部四十七卷疏小乘論四十一部五百六十七卷二十一部四百九十一卷論十部七十六卷講疏雜論五十一部四百三十七卷三十二部二百九十九卷論九部一百三十八卷講疏記二十部四百六十四卷

右一千九百五十部六千一百九十八卷

佛經者西域天竺之迦維衞國淨飯王太子釋迦牟尼所說釋迦當周莊王之九年四月八日自母右脇而生姿貌奇異有三十二相八十二好捨太子位出家學道勤行精進覺悟一切種智而謂之佛亦曰佛陀亦曰浮屠皆胡言也華言譯之爲淨覺其所說云人身雖有生死之異至於精神則恒不滅此身之前則經無量身矣積而修習精神清淨則佛道天地之外四維上下更有天地亦無終極然皆有成有敗一成一敗謂之一劫自此天地已前則有無量劫矣每劫必有諸佛得道出世教化其數不同今此劫中當有千佛自初至于釋迦已七佛矣其次當有彌勒出世必經三會演說法藏開度衆生由其道者有四等之果一曰須陁洹二曰斯陁含三曰阿那含四曰阿羅漢至羅漢者則出入生死去來隱顯而不爲累阿羅漢已上至菩薩者深見佛性以至成道每佛滅度遺法相傳有正象末三等淳醨之異年歲遠近亦各不同末法已後衆生愚鈍無復佛教而業行轉惡年壽漸短經數百千載間乃至朝生夕死然後有大水大火大風之災一切除去之而更立生人又歸淳朴謂之小劫每一小劫則一佛出世初天竺中多諸外道並事水火毒龍而善諸變幻釋迦之苦行也是諸邪道並來嬲惱以亂其心而不能得及佛道成盡皆摧伏並爲弟子弟子男曰桑門譯言息心而總曰僧譯言行乞女曰比丘尼皆剃落鬚髮釋累辭家相與和居治心修淨行乞以自資而防心攝行僧至二百五十戒尼五百戒俗人信憑佛法者男曰優婆塞女曰優婆夷皆去殺盜婬妄言飲酒是謂五誡釋迦在世教化四十九年乃至天龍人鬼並來聽法弟子得道以百千萬億數然後於拘尸那城娑羅雙樹間以二月十五日入般涅槃涅槃亦曰泥洹譯言滅度亦言常樂我淨初釋迦說法以人之性識根業各差故有大乘小乘之說至是謝世弟子大迦葉與阿難等五百人追共撰述綴以文字集載爲十二部後數百年有羅漢菩薩相繼著論贊明其義然佛所說我滅度後正法五百年像法一千年末法三千年其義如此推尋典籍自漢已上中國未傳或云久以流布遭秦之世所以堙滅其後張騫使西域蓋聞有浮屠之敎哀帝時博士弟子秦景使伊存口授浮屠經中土聞之未之信也後漢明帝夜夢金人飛行殿庭以問於朝而傅毅以佛對帝遣郎中蔡愔及秦景使天竺求之得佛經四十二章及釋迦立像并與沙門攝摩騰竺法蘭東還愔之來也以白馬負經因立白馬寺於洛城雍門西以處之其經緘于蘭臺石室而又畫像於清涼臺及顯節陵上章帝時楚王英以崇敬佛法聞西域沙門齎佛經而至者甚衆永平中法蘭又譯十住經其餘傳譯多未能通至桓帝時有安息國沙門安靜齎經至洛翻譯最爲通解靈帝時有月支沙門支讖天竺沙門竺佛朔等並翻佛經而支讖所譯泥洹經二卷學者以爲大得本旨漢末太守竺融亦崇佛法三國時有西域沙門康僧會齎佛經至吳譯之吳主孫權甚大敬信魏黃初中中國人始依佛戒剃髮爲僧先是西域沙門來此譯小品經首尾乖舛未能通解甘露中有朱仕行者往西域至于闐國得經九十章晉元康中至鄴譯之題曰放光般若經太始中有月支沙門竺法護西遊諸國大得佛經至洛翻譯部數甚多佛敎東流自此而盛石勒時常山沙門衞道安性聰敏誦經日至萬餘言以胡僧所譯維摩法華未盡深旨精思十年心了神悟乃正其乖舛宣揚解釋時中國紛擾四方隔絕道安乃率門徒南遊新野欲令玄宗所在流布分遣弟子各趨諸方法性詣揚州法和入蜀道安與慧遠之襄陽後至長安苻堅甚敬之道安素聞天竺沙門鳩摩羅什思通法門勸堅致之什亦聞安令問遙拜致敬姚萇弘始二年羅什至長安時道安卒後已二十載矣什深慨恨什之來也大譯經論道安所正與什所譯義如一初無乖舛初晉元熙中新豐沙門智猛策杖西行到華氏城得泥洹經及僧祇律東至高昌譯泥洹爲二十卷後有天竺沙門曇摩羅讖復齎胡本來至河西沮渠蒙遜遣使至高昌取猛本欲相參驗未還而蒙遜破滅姚萇弘始十年猛本始至長安譯爲三十卷曇摩羅讖又譯金光明等經時胡僧至長安者數十輩惟鳩摩羅什才德最優其所譯則維摩法華成實論等諸經及曇無讖所譯金光明曇摩羅讖所譯泥洹等經並爲大乘之學而什又譯十誦律天竺沙門佛陀耶舍譯長阿含經及四方律兜法勒沙門雲摩難提譯增一阿含經曇摩耶舍譯阿毗曇論並爲小乘之學其餘經論不可勝記自是佛法流通極於四海矣東晉隆安中又有罽賓沙門僧伽提婆譯增一阿含經及中阿含經義熙中沙門支法領從于闐國得華嚴經三萬六千偈至金陵宣譯又有沙門法顯自長安遊天竺經三十餘國隨有經律之處學其書語譯而寫之還至金陵與天竺禪師跋羅參共辯定謂僧祇律學者傳之齊梁及陳並有外國沙門然所宣譯無大名部可爲沙門者梁武大崇佛法於華林園中總集釋氏經典凡五千四百卷沙門寶唱撰經目錄又後魏時太武帝西征長安以沙門多違佛律羣聚穢亂乃詔有司盡坑殺之焚破佛像長安僧徒一時殲滅自餘征鎭豫聞詔書亡匿得免者十一二文成之世又使修復熙平中遣沙門慧生使西域采諸經律得一百七十部永平中又有天竺沙門菩提留支大譯佛經與羅什相埒其地持十地論並爲大乘學者所重後齊遷鄴佛法不改至周武帝時蜀郡沙門衞元嵩上書稱僧徒猥濫武帝出詔一切廢毀開皇元年高祖普詔天下任聽出家仍令計口出錢營造經像而京師及并州相州洛州等諸大都邑之處並官寫一切經置于寺內而又別寫藏于祕閣天下之人從風而靡競相景慕民間佛經多於六經數十百倍大業時又令沙門智果於東都內道場撰諸經目分別條貫以佛所說經爲三部一曰大乘二曰小乘三曰雜經其餘似後人假託爲之者別爲一部謂之疑經又有菩薩及諸深解奧義贊明佛理者名之爲論及戒律並有大小及中三部之別又所學者錄其當時行事名之爲記凡十一種今舉其其大數列於此篇

右道佛經二千三百二十九部七千四百一十四卷

道佛者方外之敎聖人之遠致也俗士爲之不通其指多離以迂怪假託變幻亂於世斯所以爲弊也故中庸之敎是所罕言然亦不可誣也故錄其大綱附于四部之末

大凡經傳存亡及道佛六千五百二十部五萬六千八百八十一卷

隋書卷三十五考證

經籍志四右十部二十九卷注通計亡書十一部四十卷○監本脫合字今增已上一類統算現存書十部三十卷再加梁有楚辭十一卷通計亡書合十一部四十一卷右少算一卷

祕書監梛晉集五卷○監本晉譌晢按康熙字典晉郎辟字北齊所造也

# 隋書卷三十六

唐 特 進 臣 魏 徵 上

## 列傳第一

### 后妃

夫陰陽肇分乾坤定位君臣之道斯著夫婦之義存焉陰陽和則裁成萬物家道正則化行天下由近及遠自家刑國配天作合不亦大乎興亡是繫不亦重乎是以先王愼之正其本而嚴其防後之繼體靡克聿脩甘心柔曼之容罔念幽閑之操成敗攸屬安危斯在故皇英降而虞道隆任姒歸而姬宗盛妹妲致夏殷之釁褒趙結周漢之禍爰歷晉宋寔繁有徒皆位以寵升榮非德進恣行淫僻莫顧禮儀爲梟爲鴟敗不旋踵後之伉儷宸極正位居中罕蹈平易之塗多遵覆車之轍雎鳩之德千載寂寥牝雞之晨殊邦接響窈窕淑女靡有求於寤寐鏗鏘環珮鮮克嗣於徽音永念前脩歎深彤管覽載籍於既往考行事於當時存亡得失之機蓋亦多矣故述皇后列傳所以垂戒將來然后妃之制夏殷以前略矣周公定禮內職始備列焉秦漢以下代有沿革品秩差次前史載之詳矣齊梁以降歷魏暨周廢置益損參差不一周宣嗣位不率典章衣褘翟稱中宮者凡有五夫人以下略無定數高祖思革前弊大矯其違唯皇后正位傍無私寵婦官稱號未詳備焉開皇二年著內宮之式略依周禮省減其數嬪三員掌教四德視正三品世婦九員掌賓客祭祀視正五品女御三十八員掌女工絲枲視正七品又採漢晉舊儀置六尚六司六典遞相統攝以掌宮掖之政一曰尚宮掌導引皇后及閨閣廩賜管司令三人掌圖籍法式糾察宣奏典琮三人掌琮璽器翫二曰尚儀掌禮儀教學管司樂三人掌音律之事典贊三人掌導引內外命婦朝見三曰尚服掌服章寶藏管司飾三人掌簪珥花嚴典櫛三人掌巾櫛膏沐四曰尚食掌進膳先嘗管司醫二人掌方藥卜筮典器三人掌樽彝器皿五曰尚寢掌幃帳牀褥管司筵三人掌鋪設灑掃典執三人掌扇傘燈燭六曰尚工掌營造百役管司製三人掌衣服裁縫典會三人掌財帛出入六尚各三員視從九品六司視勳品六典視流外二品初文獻皇后功參歷試外預朝政內擅宮闈懷嫉妒之心虛嬪妾之位不設三妃防其上逼自嬪以下置六十員加又抑損服章降其品秩至文獻崩後始置貴人三員增嬪至九員世婦二十七員御女八十一員貴人等關掌宮闈之務六尚已下皆分隸焉煬帝時后妃

嬪御無釐婦職唯端容麗飾陪從醼遊而已帝又參詳典故自製嘉名著之於令貴妃淑妃德妃是爲三夫人品正第一順儀順容順華脩儀脩容脩華充儀充容充華是爲九嬪品正第二婕妤一十二員品正第三美人才人一十五員品正第四是爲世婦寶林二十四員品正第五御女二十四員品正第六采女三十七員品正第七是爲女御總一百二十以敘於宴寢又有承衣刀人皆趨侍左右並無員數視六品已下時又增置女官準尚書省以六局管二十四司一曰尚宮局管司言掌宣傳奏啓司簿掌名錄計度司正掌格式推罰司闈掌門閤管鑰二曰尚儀局管司籍掌經史教學紙筆几案司樂掌音律司賓掌賓客司贊掌禮儀贊相導引三曰尚服局管司璽掌琮璽符節司衣掌衣服司飾掌湯沐巾櫛翫弄司仗掌仗衛戎器四曰尚食局管司膳掌膳羞司醞掌酒醴醯醢司藥掌醫巫藥劑司饎掌廩餼柴炭五曰尚寢局管司設掌牀席帷帳鋪設灑掃司輿掌輿輦繖扇執持羽儀司苑掌園籞種植蔬菜瓜果司燈掌火燭六曰尚工局管司製掌營造裁縫司寶掌金玉珠璣錢貨司綵掌繒帛司織掌織染六尚二十二司員各二人唯司樂司膳員各四人每司又置典及掌以貳其職六尚十人品從第五司二十八人品從第六典二十八人品從第七掌二十八人品從第九女使流外量局閑劇多者十人已下無定員數聯事分職各有司存焉

文獻獨孤皇后河南雒陽人周大司馬河內公信之女也信見高祖有奇表故以后妻焉時年十四高祖與后相得誓無異生之子后初亦柔順恭孝不失婦道后姊爲周明帝后長女爲周宣帝后貴戚之盛莫與爲比而后每謙卑自守世以爲賢及周宣帝崩高祖居禁中總百揆后使人謂高祖曰大事已然騎獸之勢必不得下勉之高祖受禪立爲皇后突厥嘗與中國交市有明珠一篋價值八百萬幽州總管陰壽白后市之后曰非我所須也當今戎狄屢寇將士罷勞未若以八百萬分賞有功者百寮聞而畢賀高祖甚寵憚之上每臨朝后輒與上方輦而進至閤乃止使宦官伺上政有所失隨則匡諫多所弘益候上退朝而同反燕寢相顧欣然后早失二親常懷感慕見公卿有父母者每爲致禮焉有司奏以周禮百官之妻命於王后憲章在昔請依古制后曰以婦人與政或從此漸不可開其源也不許后每謂諸公主曰周家公主類無婦德失禮於舅姑離薄人骨肉此不順事爾等當誡之大都督崔長仁后之中外兄弟也犯法當斬高祖以后之故欲免其罪后曰國家之事焉可顧私長仁竟坐死后異母弟陀以猫鬼巫蠱呪詛於后坐當死后三日不食爲之請命曰陀若蠹政害民者妾不敢言今坐爲妾身敢請其命陀於是減死一等后每與上言及政事往往意合宮中稱爲二聖后頗仁愛每聞大理決囚未嘗不流涕然性尤妬忌後宮莫敢進御尉遲迥女孫有美色先在宮中上於仁壽宮見而悅之因此得幸后伺上聽朝陰殺之上由是大怒單騎從苑中而出不由徑路入山谷間二十餘里高熲楊素等追及上扣馬苦諫上太息曰吾貴爲天子而不得自由高熲曰陛下豈以一婦人而輕天下上意少解駐馬良久中夜方始還宮后俟上於閤內及上至后流涕拜謝熲素等和解之上置酒極歡后自此意頗衰折初后以高熲是父之家客甚見親禮至是聞熲謂己爲一婦人因此銜恨又以熲夫人死其妾生男益不善之漸加譖毀上亦每事唯后言是用后見諸王及朝士有妾孕者必勸上斥之時皇太子多內寵妃元氏暴薨后意太子愛妾雲氏害之由是諷上黜高熲竟廢太子立晉王廣皆后之謀也仁壽二年八月甲子月暈四重己巳太白犯軒轅其夜后崩於永安宮時年五十葬於太陵其後宣華夫人陳氏容華夫人蔡氏俱有寵上頗惑之由是發疾及危篤謂侍者曰使皇后在吾不及此云

宣華夫人陳氏陳宣帝之女也性聰慧姿貌無雙及陳滅配掖庭後選入宮爲嬪時獨孤皇后性妬後宮罕得進御唯陳氏有寵晉王廣之在藩也陰有奪宗之計規爲內助每致禮焉進金蛇金駝等物以取媚於陳氏皇太子廢立之際頗有力焉及文獻皇后崩進位爲貴人專房擅寵主斷內事六宮莫與爲比及上大漸遺詔拜爲宣華夫人初上寢疾於仁壽宮也夫人與皇太子同侍疾平旦出更衣爲太子所逼夫人拒之得免歸於上所上怪其神色有異問其故夫人泫然曰太子無禮上恚曰畜生何足付大事獨孤誠誤我意謂獻皇后也因呼兵部尚書柳述黃門侍郎元巖曰召我兒述等將呼太子上曰勇也述巖出閣爲勅書訖示左僕射楊素素以其事白太子太子遣張衡入寢殿遂令夫人及後宮同侍疾者並出就別室俄聞上崩而未發喪也夫人與諸後宮相顧曰事變矣皆色動股慄晡後太子遣使者齎金合子帖紙於際親署封字以賜夫人夫人見之惶懼以爲鴆毒不敢發使者促之於是乃發見合中有同心結數枚諸宮人咸悅相謂曰得免死矣陳氏恚而却坐不肯致謝諸宮人共逼之乃拜使者其夜太子烝焉及煬帝嗣位之後出居仙都宮尋召入歲餘而終時年二十九帝深悼之爲製神傷賦

容華夫人蔡氏丹陽人也陳滅之後以選入宮爲世婦容儀婉嫕上甚悅之以文獻皇后故希得進幸及后崩漸見寵遇拜爲貴人參斷宮掖之務與陳氏相亞上寢疾加號容華夫人上崩後自請言事亦爲煬帝所烝

煬帝蕭皇后梁明帝巋之女也江南風俗二月生子者不舉后以二月生由是季父岌收而養之未幾岌夫妻俱死轉養舅氏張軻家然軻甚貧窶后躬親勞苦煬帝爲晉王時高祖將爲王選妃於梁遍占諸女諸女皆不吉巋迎后於舅氏令使者占之曰吉於是遂策爲王妃后性婉順有智識好學解屬文頗知占候高祖大善之帝甚寵敬焉及帝嗣位詔曰朕祗承丕緒憲章在昔爰建長秋用承饗薦妃蕭氏夙稟成訓婦道克脩宜正位軒闈式弘柔教可立爲皇后帝每遊幸后未嘗不隨從時后見帝失德心知不可不敢厝言因爲述志賦以自寄其詞曰承積善之餘慶備箕箒於皇庭恐脩名之不立將負累於先靈迺夙夜而匪懈實寅懼於玄冥雖自彊而不息亮愚蒙之所滯思竭節於天衢才追心而弗逮寔庸薄之多幸荷隆寵之嘉惠賴天高而地厚屬王道之升平均二儀之覆載與日月而齊明迺春生而夏長等品物而同榮願立志於恭儉私自競於誡盈孰有念於知足苟無希於濫名惟至德之弘深情不邇於聲色感懷舊之餘恩求故劍於宸極叨不世之殊盼謬非才而奉職何寵祿之踰分撫胸襟而未識雖沐浴於恩光內慙惶而累息顧微躬之寡昧思令淑之良難實不遑於啓處將何情而自安若臨深而履薄心戰慄其如寒夫居高而必危慮處滿而防溢知恣夸之非道乃攝生於沖謐嗟寵辱之易驚尚無爲而抱一履謙光而守志且願安乎容膝珠簾玉箔之奇金屋瑤臺之美雖時俗之崇麗蓋吾人之所鄙愧絺綌之不工豈絲竹之喧耳知道德之可尊明善惡之由己蕩囂煩之俗慮乃伏膺於經史綜箴誡以訓心觀女圖而作軌遵古賢之令範冀福祿之能綏時循躬而三省覺今是而昨非嗤黃老之損思信爲善之可歸慕周姒之遺風美虞妃之聖則仰先哲之高才貴至人之休德質菲薄而難蹤心恬愉而去惑乃平生之耿介實禮義之所遵雖生知之不敏庶積行以成仁懼達人之蓋寡謂何求而自陳誠素志之難寫同絕筆於獲麟及帝幸江都臣下離貳有宮人白后曰外聞人人欲反后曰任汝奏之宮人言於帝帝大怒曰非所宜言遂斬之後人復白后曰宿衞者往往偶語謀反后曰天下事一朝至此勢已然無可救也何用言之徒令帝憂煩耳自是無復言者及宇文氏之亂隨軍至聊城化及敗沒於竇建德突厥處羅可汗遣使迎后於洛州建德不敢留遂入於虜庭大唐貞觀四年破滅突厥乃以禮致之歸于京師

史臣曰二后帝未登庸早儷宸極恩隆好合始終不渝文獻德異鳲鳩心非均一擅寵移嫡傾覆宗社惜哉書曰牝雞之晨惟家之索高祖之不能敦睦九族抑有由矣蕭后初歸藩邸有輔佐君子之心煬帝得不以道便謂人無忠信父子之間尚懷猜阻夫婦之際其何有焉暨乎國破家亡竄身無地飄流異域良足悲矣

隋書卷三十六考證

后妃傳六尚二十二司員各二人惟司樂司膳員各四人○臣瓌按此合算得四十八人下文云司二十八人云云疑誤

# 隋書卷三十七

唐 特 進 臣 魏 徵 上

## 列傳第二

李穆 子渾 穆兄子詢 詢弟崇 崇子敏

李穆字顯慶自云隴西成紀人漢騎都尉陵之後也陵沒匈奴子孫代居北狄其後隨魏南遷復歸汧隴祖斌以都督鎮高平因家焉父文保早卒及穆貴贈司空穆風神警俊倜儻有奇節周太祖首建義旗穆便委質釋褐統軍永熙末奉迎魏武帝授都督封永平縣子邑三百戶又領鄉兵累以軍功進爵爲伯從太祖擊齊師於芒山太祖臨陣墮馬穆突圍而進以馬策擊太祖而詈之授以從騎潰圍俱出賊見其輕侮謂太祖非貴人遂緩之以故得免既而與穆相對泣顧謂左右曰成我事者其此人乎卽令撫慰關中所至克定擢授武衞將軍儀同三司進封安武郡公增邑一千七百戶賜以鐵券恕其十死尋加開府領侍中初芒山之敗穆以驄馬授太祖太祖於是廐內驄馬盡以賜之封穆姊妹皆爲郡縣君宗從舅氏頒賜各有差轉太僕從于謹破江陵增邑千戶進位大將軍擊曲沔蠻破之授原州刺史拜嫡子惇爲儀同三司穆以二兄賢遠並爲佐命功臣而子

弟布列清顯穆深懼盈滿辭不受拜太祖不許俄遷雍州刺史兼小冢宰周元年增邑三千戶通前三千七百戶又別封一子爲升遷伯穆讓兄子孝軌許之宇文護執政穆兄遠及其子植俱被誅穆當從坐先是穆知植非保家之主每勸遠除之遠不能用及遠臨刑泣謂穆曰顯慶吾不用汝言以至於此將復奈何穆以此獲免除名爲民及其子弟亦免官植弟浙州刺史基當坐戮穆請以二子代基之命護義而兩釋焉未幾拜開府儀同三司直州刺史復爵安武郡公武成中子弟免官爵者悉復之尋除少保進位大將軍歲餘拜小司徒進位柱國轉大司空奉詔築通洛城天和中進爵申國公持節綏集東境築武申旦郛慈澗崇德安民交城鹿盧等諸鎭建德初拜太保歲餘出爲原州總管數年進位上柱國轉并州總管大象初加邑至九千戶拜大左輔總管如故高祖作相尉迥之作亂也遣使招穆穆鎖其使上其書穆子士榮以穆所居天下精兵處陰勸穆反穆深拒之乃奉十三環金帶於高祖蓋天子之服也穆尋以天命有在密表勸進高祖既受禪下詔曰公既舊德且又父黨敬惠來旨義無有違便以今月十三日恭膺天命俄而穆來朝高祖降坐禮之拜太師贊拜不名眞食成安縣三千戶於是穆子孫雖在襁褓悉拜儀同其一門執象笏者百餘人穆之貴盛當時無比穆上表乞骸骨詔曰朕初臨寓內方藉嘉猷養老乞言實懷虛想七十致仕本爲常人至若呂尚以期頤佐周張蒼以華皓相漢高才命世不拘恒禮遲得此心留情規訓公年既耆舊筋力難煩今勒所司敬蠲朝集如有大事須共謀謨別遣侍臣就第詢訪時太史奏云當有移都之事上以初受命甚難之穆上表曰帝王所居隨時興廢天道人事理有存焉始自三皇暨夫兩漢有一世而屢徙無革命而不遷曹馬同洛水之陽魏周共長安之內此之四代蓋聞之矣曹則三家鼎立馬則四海尋分有魏及周甫得平定事乃不暇非曰師古往者周運將窮禍生華裔廟堂冠帶屢覩姦回士有包藏人稀柱石四海萬國皆縱豺狼不叛不侵百城罕一伏惟陛下膺期誕聖秉籙受圖始晦君人之德俯從將相之重內翦羣兇崇朝大定外誅巨猾不日肅清變大亂之民成太平之俗百靈符命兆庶謳歌幽顯樂推日月填積方屈箕潁之志始順內外之請自受命神宗弘道設教陶冶與陰陽合德覆育共天地齊旨萬物開闢之初八表光華之且視聽以革風俗且移至若帝室天居未議經𠞰非所謂發明大造光贊惟新自漢已來爲喪亂之地爰從近代累葉所都未嘗謀龜問筮瞻星定鼎何以副聖主之規表大隋之德竊以神州之廣福地之多將爲皇家興廟建寢上玄之意當別有之伏願遠順天人取決卜筮時改都邑光宅區夏任子來之民垂無窮之業應神宮於辰極順和氣於天壤理康物阜永隆長世臣日薄桑榆位高軒冕經邦論道自顧缺然丹赤所懷無容噤嘿上素嫌臺城制度迮小又宮內多鬼祅蘇威嘗勸遷上不納遇太史奏狀意乃惑之至是省穆表上曰天道聰明已有徵應太師民望復抗此請則可矣遂從之歲餘下詔曰禮制凡品不拘上智法備小人不防君子太師上柱國申國公器宇弘深風猷遐曠社稷佐命公爲稱首位極帥臣才爲人傑萬頃不測百鍊彌精乃無伯玉之非豈有顏回之貳故以自居寥廓弗關憲綱然王者作教惟旌善人去法弘道示崇年德自今已後雖有愆罪但非謀逆縱有百死終不推問開皇六年薨于第年七十七遺令曰吾荷國恩年宦已極啓足歸泉無所復恨竟不得陪玉鑾於岱宗預金泥於梁甫眷眷光景其在斯乎詔遣黃門侍郎監護喪事賵馬四匹粟麥二千斛布絹一千匹贈使持節冀定趙相瀛毛魏衛洛懷十州諸軍事冀州刺史謚曰明賜以石槨前後部羽葆鼓吹轀輬車百寮送之郭外詔遣太常卿牛弘齎哀冊祭以太牢孫筠嗣筠父惇字士獻穆長子也仕周官至安樂郡公鳳州刺史先穆卒筠初以穆功拜儀同開皇八年以嫡孫襲爵仁壽初叔父渾忿其慳嗇陰遣兄子善衡賊殺之求盜不獲高祖大怒盡禁其親族初筠與從父弟瞿曇有隙時渾有力遂證瞿曇殺之瞿曇竟坐斬而善衡獲免四年議立嗣邳公蘇威奏筠不義骨肉相殺請絕其封上不許惇弟怡官至儀同早卒贈渭州刺史怡弟雅少有識量周保定中屢以軍功封西安縣男拜大都督天和中從元定征江西時諸軍失利遂沒於陳後得歸國拜開府儀同三司領左右軍其年從太子西征吐谷渾雅率步騎二千督軍糧於洮河爲賊所躡相持數日雅患之遂與僞和虜備稍解縱奇兵擊破之賜奴婢百口封一子爲侯後拜齊州刺史俄徵還京數載授瀛州刺史高祖作相鎭靈州以備胡還授大將軍遷荊州總管加邑八百戶開皇初進爵爲公雅弟恒官至益州刺史封陽曲侯恒弟榮官至合州刺史長城縣公榮弟直官至車騎將軍歸政縣侯直弟雄官至柱國密國公驃騎將軍雄弟渾最知名

渾字金才穆第十子也姿貌瓌偉美鬚髯起家周左侍上士尉迥反於鄴時穆在并州高祖慮其爲迥所誘遣渾乘驛往布腹心穆遽令渾入京奉熨斗於高祖曰願執威柄以熨安天下也高祖大悅又遣渾詣韋孝寬所而述穆意焉適遇平鄴以功授上儀同三司封安武郡公開皇初進授象城府驃騎將軍晉王廣出藩渾以驃騎領親信從往揚州仁壽元年從左僕射楊素爲行軍總管出夏州北三百里破突厥阿勿俟斤於納遠川斬首五百級進位大將軍拜左武衛將軍領太子宗衛率初穆孫筠卒高祖議立嗣渾規欲紹之謂其妻兄太子左衛率宇文述曰若得襲封當以國賦之半每歲奉公述利之因入白皇太子曰立嗣以長不則以賢今申明公嗣絕徧觀其子孫皆無賴不足以當榮寵唯金才有勳於國謂非此人無可以襲封者太子許之竟奏高祖封渾爲申國公以奉穆嗣大業初轉右驍衛將軍六年有詔追改穆封爲郕國公渾仍襲焉累加光祿大夫九年遷右驍衛大將軍渾既紹父業日增豪侈後房曳羅綺者以百數二歲之後不以俸物與述述大恚之因醉迺謂其友人于象賢曰我竟爲金才所賣死且不忘渾亦知其言由是結隙後帝討遼東有方士安伽陀自言曉圖讖謂帝曰當有李氏應爲天子勸盡誅海內凡姓李者述知之因誣構渾於帝曰伽陀之言信有徵矣臣與金才夙親聞其情趣大異常日數共李敏善衡等日夜屏語或終夕不寐渾大臣也家代隆盛身捉禁兵不宜如此願陛下察之帝曰公言是矣可覓其事述乃遣武賁郎將裴仁基表告渾反卽日發宿衛千餘人付述掩渾等家遣左丞元文都御史大夫裴蘊雜治之案問數日不得其反狀以實奏聞帝不納更遣述窮治之述入獄中召出敏妻宇文氏謂之曰夫人帝甥也何患無賢夫李敏金才名當祅讖國家殺之無可救也夫人當自求全若相用語身當不坐敏妻曰不知所出惟尊長教之述曰可言李家謀反金才嘗告敏云汝應圖籙當爲天子今主上好兵勞擾百姓此亦天亡隋時也正當共汝取之若復度遼吾與汝必爲大將每軍二萬餘兵固以五萬人矣又發諸房子姪內外親婭並募從征吾家子弟決爲主帥分領兵馬散在諸軍伺候間隙首尾相應吾與汝前發襲取御營子弟響起各殺軍將一日之間天下足定矣述口自傳授令敏妻寫表封云上密述持入奏之曰已得金才反狀并有敏妻密表帝覽之泣曰吾宗社幾傾賴親家公而獲全耳於是誅渾敏等宗族三十二人自餘無少長皆徙嶺外渾從父兄威開皇初以平蠻功官至上柱國黎國公

詢字孝詢父賢周大將軍詢沉深有大略頗涉書記仕周納言上士俄轉內史上士兼掌吏部以幹濟聞建德三年武帝幸雲陽宮拜司衛上士委以留府事周衛王直作亂焚肅章門詢於內益火故賊不得入帝聞而善之拜儀同三司遷長安令累遷英果中大夫屢以軍功加位大將軍賜爵平高郡公高祖爲丞相尉迥作亂遣韋孝寬擊之以詢爲元帥長史委以心膂軍至永橋諸將不一詢密啓高祖請重臣監護高祖遂令高熲監軍與熲同心協力唯詢而已及平尉迥進位上柱國改封隴西郡公賜帛千匹加以口馬開皇元年引杜陽水灌三畤原詢督其役民賴其利尋檢校襄州總管事歲餘拜隰州總管數年以疾徵還京師中使顧問不絕卒於家時年四十九上悼惜者久之謚曰襄有子元方嗣

崇字永隆英果有籌算膽力過人周元年以父賢勳封迴樂縣侯時年尚小拜爵之日親族相賀崇獨泣下賢怪而問之對曰無勳於國而幼少封侯當報主恩不得終於孝養是以悲耳賢由此大奇之起家州主簿非其所好辭不就官求爲將兵都督隨宇文護伐齊以功最擢授儀同三司尋除小司金大夫治軍器監建德初遷少侍伯大夫轉少承御大夫攝太子宮正周武帝平齊引參謀議以勳加授開府封襄陽縣公邑一千戶尋改封廣宗縣公轉太府中大夫歷工部中大夫還右司馭高祖爲丞相遷左司武上大夫加授上開府儀同大將軍尋爲懷州刺史進爵郡公加邑至二千戶尉迥反遣使招之崇初欲相應後知叔父穆以并州附高祖慨然太息曰合家富貴者數十人值國有難竟不能扶傾繼絕復何面目處天地間乎韋孝寬亦疑之與俱臥起其兄詢時爲元帥長史每諷諭之崇由是亦歸心焉及破尉惇拜大將軍既平尉迥授徐州總管尋進位上柱國開皇三年除幽州總管突厥犯塞崇輒破之奚霫契丹等懾其威略爭來內附其後突厥大爲寇掠崇率步騎三千拒之轉戰十餘日師人多死遂保於砂城突厥圍之城本荒廢不可守禦曉夕力戰又無所食每夜出掠賊營復得六畜以繼軍糧突厥畏之厚爲其備每夜中結陣以待之崇軍苦饑出輒遇敵死亡略盡遲明奔還城者尚且百許人然多傷重不堪更戰突厥意欲降之遣使謂崇曰若來降者封爲特勒崇知必不免令其士卒曰崇喪師徒罪當死今日効命以謝國家待看吾死

且可降賊方便散走努力還鄉若見至尊道崇此意乃挺刃突賊復殺二人賊亂射之卒于陣年四十八贈豫鄎申永滄亳六州諸軍事豫州刺史謚曰壯子敏嗣

敏字樹生高祖以其父死王事養宮中者久之及長襲爵廣宗縣公起家左千牛美姿儀善騎射歌舞管絃無不通解開皇初周宣帝后封樂平公主有女娥英妙擇婚對勅貴公子弟集弘聖宮者日以百數公主親在帷中並令自序并試技藝選不中者輒引出之至敏而合意竟爲姻媾敏假一品羽儀禮如尚帝之女後將侍宴公主謂敏曰我以四海與至尊唯一女夫當爲汝求柱國若授餘官汝愼無謝及進見上上親御琵琶遣敏歌舞既而大悅謂公主曰李敏何官對曰一白丁耳上因謂敏曰今授汝儀同敏不答上曰不滿爾意邪今授汝開府敏又不謝上曰公主有大功於我我何得向其女婿而惜官乎今授卿柱國敏乃拜而蹈舞遂於坐發詔授柱國以本官宿衞後避諱改封經城縣公邑一千戶歷蒲豳金華敷州刺史多不莅職常留京師往來宮內侍從遊宴賞賜超於功臣後幸仁壽宮以爲岐州刺史大業初轉衞尉卿樂平公主之將薨也遺言於煬帝曰妾無子息唯有一女不自憂死但深憐之今湯沐邑乞廻與敏帝從之竟食五千戶攝屯衞將軍楊玄感反後城大興敏之策也轉將作監從征高麗領新城道軍將加光祿大夫十年帝復征遼東遣敏於黎陽督運時或言敏一名洪兒帝疑洪字當讖嘗面告之冀其引決敏由是大懼數與金才善衞等屛人私語宇文述知而奏之竟與渾同誅年三十九其妻宇文氏後數月亦賜鴆而終

## 梁睿

梁睿字恃德安定烏氏人也父禦西魏太尉睿少沉敏有行檢周太祖時以功臣子養宮中者數年其後命諸子與睿遊處同師共業情契甚歡七歲襲爵廣平郡公累加儀同三司邑五百戶尋爲本州大中正魏恭帝時加開府改封爲五龍郡公拜渭州刺史周閔帝受禪徵爲御伯未幾出爲中州刺史鎭新安以備齊齊人來寇睿輒挫之帝甚嘉歎拜大將軍進爵蔣國公入爲司會後從齊王憲拒齊將斛律明月於雒陽每戰有功還小冢宰武帝時歷數州刺史涼安二州總管俱有惠政進位柱國高祖總百揆代王謙爲益州總管行至漢川而謙反遣兵攻始州睿不得進高祖命睿爲行軍元帥率行軍總管于義張威達奚長儒梁昇石孝義步騎二十萬討之時謙遣開府李三王等守通谷睿使張威擊破之擒數千人進至龍門謙將趙儼秦會擁衆十萬據嶮爲營周亘三十里睿令將士銜枚出自間道四面奮擊力戰破之蜀人大駭睿鼓行而進謙將敬豪守劒閣梁巖拒平林並懼而來降謙又令高阿那瓌達奚碁等以盛兵攻利州聞睿將至碁分兵據開遠睿顧謂將士曰此虜據要欲過吾兵勢吾當出其不意破之必矣遣上開府拓拔宗趣劒閣大將軍宇文敻詣巴西大將軍趙達水軍入嘉陵睿遣張威王倫賀若震于義韓相貴阿那惠等分道攻碁自午及申破之碁奔歸于謙睿進逼成都謙令達奚碁乙弗虔城守親率精兵五萬背城結陣睿擊之謙不利將入城碁虔以城降拒謙不內謙將麾下三十騎遁走新都令王寶執之睿斬謙于市劒南悉平進位上柱國總管如故賜物五千段奴婢一千口金二千兩銀三千兩食邑千戶睿時威振西川夷獠歸附唯南寧酋帥爨震恃遠不賓睿上疏曰竊以遠撫長駕王者令圖易俗移風有國恒典南寧州漢世牂柯之地近代已來分置興古雲南建寧朱提四郡戶口殷衆金寶富饒二河有駿馬明珠益寧出鹽井犀角晉太始七年以益州曠遠分置寧州至僞梁南寧州刺史徐文盛被湘東徵赴荆州屬東夏尚阻未遑遠略土民爨瓚遂竊據一方國家遙授刺史其子震相承至今而震臣禮多虧貢賦不入每年奉獻不過數十匹馬其處去益路止一千朱提北境卽與戎州接界如聞彼人苦其苛政思被皇風伏惟大丞相匡贊聖朝寧濟區宇絕後光前方垂萬代闢土服遠今正其時幸因平蜀士衆不煩重與師旅押獠既訖卽請略定南寧自盧戎已來軍糧須給過此卽於蠻夷徵稅以供兵馬其寧州朱提雲南西爨並置總管州鎭計彼熟蠻租調足供城防倉儲一則以肅蠻夷二則裨益軍國今謹件南寧州郡縣及事意如別有大都督杜神敬昔曾使彼具所諳練今并送往書未答又請曰竊以柔遠能邇著自前經拓土開疆王者所務南寧州漢代牂柯之郡其地沃壤多是漢人既饒寶物又出名馬今若往取仍置州郡一則遠振威名二則有益軍國其處與交廣相接路乃非遙漢代開此本爲討越之計伐陳之日復是一機以此商量決謂須取高祖深納之然以天下初定恐民心不安故未之許後竟遣史萬歲討平之並因睿之策也睿威惠兼著民夷悅服聲望逾重高祖陰憚之薛道衡從軍在蜀因入接宴說睿曰天下之望已歸于隋密令勸進高祖大悅及受禪顧待彌隆睿復上平陳之策上善之下詔曰公英風震動妙算縱橫清蕩江南宛然可見循環三復但以欣然公既上才若總戎律一舉大定固在不疑但朕初臨天下政道未洽恐先窮武事未爲盡善昔公孫述隗囂漢之賊也光武與其通和稱爲皇帝尉佗之於高祖初猶不臣孫皓之答晉文書尚云白或尋款服或卽滅亡王者體大義存遵養雖陳國來朝未盡藩節如公大略誠須責罪尚欲且緩其誅宜知此意淮海未滅必與師旅若命承襲終當相屈想以身許國無足致辭也睿乃止焉睿時見突厥方彊恐爲邊患復陳鎭守之策十餘事上書奏之曰竊以戎狄作患其來久矣防邊之道自古爲難所以周無上算漢收下策以其倏來忽往雲屯霧散彊則騁其犯塞弱又不可盡除故也今皇祚肇興宇內寧一唯有突厥種類尚爲邊梗此臣所以廢寢與食寤寐思之昔匈奴未平去病辭老先零尚在充國自劾臣才非古烈而志追昔士謹件安置北邊城鎭烽候及人馬糧貯戰守事意如別謹并圖上呈伏惟裁覽上嘉歎久之答以厚意睿時自以周代舊臣久居重鎭內不自安屢請入朝於是徵還京師及引見上爲之興命睿上殿握手極歡睿退謂所親曰功遂身退今其時也遂謝病於家闔門自守不交當代上賜以版輿每有朝覲必令三衞輿上殿睿初平王謙之始自以威名太盛恐爲時所忌遂大受金賄以自穢由是勳簿多不以實詣朝堂稱屈者前後百數上令有司案驗其事主者多獲罪睿惶懼上表陳謝請歸大理上慰諭遣之十五年從上至洛陽而卒時年六十五諡曰襄子洋嗣官歷嵩徐二州刺史武賁郎將大業六年詔追改封睿爲戴公命以洋襲焉

史臣曰李穆梁睿皆周室功臣高祖王業初基俱受腹心之寄故穆首登師傅睿終膺殊寵覩其見機而動抑亦民之先覺然方魏朝之貞烈有愧王陵比晉室之忠臣終慙徐廣穆之子孫特爲隆盛朱輪華轂凡數十人見忌當時禍難遄及得之非道可不戒歟

隋書卷三十七考證

李穆傳穆讓兄子孝軌○一本無孝字按北史穆請廻授賢子孝軌有孝字

李敏○監本傳前又有孝敏二字一行按李渾李詢李崇李敏前已注李穆下崇傳末又云子敏嗣不當復列今刪

及長襲爵廣宗縣公○監本無縣字按李崇傳改封廣宗縣公敏襲父爵不當脫縣字今增

梁睿傳昔匈奴未平去病辭老○各本同臣映斗按前漢書霍去病傳上爲治第令視之對曰匈奴不滅無以家爲也辭老疑作辭第

# 隋書卷三十八

唐　特　進　臣　魏　徵　上

## 列傳第三

### 劉昉

劉昉博陵望都人也父孟良大司農從魏武入關周太祖以爲東梁州刺史昉性輕狡有姦數周武帝時以功臣子入侍皇太子及宣帝嗣位以技佞見狎出入宮掖寵冠一時授大都督遷小御正與御正中大夫顏之儀並見親信及帝不悆召昉及之儀俱入卧內屬以後事帝瘖不復能言昉見靜帝幼沖不堪負荷然昉素知高祖又以后父之故有重名於天下遂與鄭譯謀引高祖輔政高祖固讓不敢當昉曰公若爲當速爲之如不爲昉自爲也高祖乃從之及高祖爲丞相以昉爲司馬時宣帝弟漢王贊居禁中每與高祖同帳而坐昉飾美妓進於贊贊甚悅之昉因說贊曰大王先帝之弟時望所歸孺子幼沖豈堪大事今先帝初崩羣情尚擾王且歸第待事寧之後入爲天子此萬全之計也贊時年未弱冠性識庸下聞昉之說以爲信然遂從之高祖以昉有定策之功拜上大將軍封黃國公與沛國公鄭譯皆爲心膂前後賞賜鉅萬出入以甲士自衞朝野傾矚稱爲黃沛時人爲之語曰劉昉牽前鄭譯推後昉自恃其功頗有驕色然性麤疏溺於財利富商大賈朝夕盈門于時尉迥起兵高祖令韋孝寬討之至武陟諸將不一高祖欲遣昉譯一人往監軍因謂之曰須得心膂以統大軍公等兩人誰當行者昉自言未嘗爲將譯又以母老爲請高祖不懌而高熲請行遂遣之由是恩禮漸薄又王謙司馬消難相繼而反高祖憂之忘寢與食昉逸遊縱酒不以職司爲意相府事物多所遺落高祖深銜之以高熲代爲司馬是後益見疏忌及受禪進位柱國改封舒國公閑居無事不復任使昉自以佐命元功中被

疎遠甚不自安後遇京師饑上令禁酒昉使妾賃屋當壚沽酒治書侍御史梁毗劾奏昉曰臣聞處貴則戒之以奢持滿則守之以約昉既位列羣公秩高庶尹縻爵稍久厚祿已淹正當戒滿歸盈鑒斯止足何乃規麴蘖之潤競錐刀之末身昵酒徒家爲逋藪若不糾繩何以肅厲有詔不治昉鬱鬱不得志時柱國梁士彥宇文忻俱失職忿望昉並與之交數相來往士彥妻有美色昉因與私通士彥不之知也情好彌協遂相與謀反許推士彥爲帝後事泄上窮治之昉自知不免默無所對下詔誅之曰朕君臨四海慈愛爲心加以起自布衣入升皇極公卿之內非親則友位雖差等情皆舊人護短全長恒思覆育每殷勤戒約言無不盡天之曆數定於杳冥豈慮苞藏之心能爲國家之害欲使其長守富貴不觸刑書故也上柱國郕國公梁士彥上柱國杞國公宇文忻柱國舒國公劉昉等朕受命之初並展勤力酬勳報效榮高祿重待之既厚愛之實隆朝夕宴言備知朕意但心如谿壑志等豺狼不荷朝恩忽謀逆亂士彥爰始幼來恒自誣罔稱有相者云其應籙年過六十必據九五初平尉迥暫臨相州已有反心彰於行路朕即遣人代之不聲其罪入京之後逆意轉深忻昉之徒言相扶助士彥許率僮僕尅期不遠欲於蒲州起事即斷河橋捉黎陽之關塞河陽之路劫調布以爲牟甲募盜賊而爲戰士就食之人亦云易集輕忽朝廷嗤笑官人自謂一朝奮發無人當者其第二子剛每常苦諫第三子叔諧固深勸奬朕既聞知猶恐枉濫乃授晉部之任欲驗蒲州之情士彥得以欣然云是天贊忻及昉等皆賀時來忻往定鄴城自矜不已位極人臣猶恨賞薄云我欲反何慮不成怒色忿言所在流布朕深念其功不計其禮任以武候授以領軍寄之爪牙委之心膂忻密爲異計樹黨宮闈多奏親友入參宿衞朕推心待物言必依許爲而弗止心迹漸彰仍解禁兵令其改悔而志規不逞愈結於懷乃與士彥情意偏厚要請神明誓不負約俱營賊逆逢則交謀委彥河東自許關右蒲津之事即望從征兩軍結東西之旅一舉合連橫之勢然後北破晉陽還圖宗社昉入佐相府便爲非法三度事發二度其婦自論常云姓是卯金刀名是一萬日劉氏應王爲萬日天子朕訓之導之示其利害每加寬宥望其修改口請自新志存如舊亦與士彥情好深重逆節姦心盡探肝鬲嘗共士彥論太白所犯問東井之間思秦地之亂訪軒轅之裏願宮掖之災唯待蒲坂事興欲在關內應接殘賊之策千端萬緒惟忻及昉名位並高寧肯北面曲躬臣於士彥乃是各懷不遜圖成亂階一得擾攘之基方逞吞并之事人之姦詐一至於此雖國有常刑罪在不赦朕載思草創咸著厥誠情用愍然未忍極法士彥忻昉身爲謀首叔諧贊成父意義實難容並已處盡士彥忻昉兄弟叔姪特恕其命有官者除名士彥小男女忻母妻女及小男並放士彥叔諧妻妾及資財田宅忻昉妻妾及資財田宅悉沒官士彥昉兒年十五以上遠配上儀同薛摩兒是士彥交舊上柱國府戶曹參軍事裴石達是士彥府寮反狀逆心巨細皆委薛摩兒聞語仍相應和俱不申陳宜從大辟問即承引頗是恕心可除名免死朕握圖當籙六載於斯政事徒勤淳化未洽興言軫念良深歎憤臨刑至朝堂宇文忻見高熲向之叩頭求哀昉勃然謂忻曰事形如此何叩頭之有於是伏誅籍沒其家後數日上素服臨射殿盡取昉忻士彥三家資物置於前令百寮射取之以爲鑒誡云

## 鄭譯

鄭譯字正義滎陽開封人也祖瓊魏太常父道邕魏司空譯頗有學識兼知鍾律善騎射譯從祖開府文寬尚魏平陽公主則周太祖元后之妹也主無子太祖令譯後之由是譯少爲太祖所親恒令與諸子遊集年十餘歲嘗詣相府司錄李長宗長宗於衆中戲之譯斂容謂長宗曰明公位望不輕瞻仰斯屬輒相狎無乃喪德也長宗甚異之文寬後誕二子譯復歸本生周武帝時起家給事中士拜銀青光祿大夫轉左侍上士與儀同劉昉恒侍帝側譯時喪妻帝命譯尚梁安固公主及帝親總萬機以爲御正下大夫俄轉太子宮尹時太子多失德內史中大夫烏丸軌每勸帝廢太子而立秦王由是太子恒不自安其後詔太子西征吐谷渾太子乃陰謂譯曰秦王上愛子也烏丸軌上信臣也今吾此行得無扶蘇之事乎譯曰願殿下勉著仁孝無失子道而已勿爲他慮太子然之既破賊譯以功最賜爵開國子邑三百戶後坐褻狎皇太子帝大怒除名爲民太子復召之譯戲狎如初因言於太子曰殿下何時可得據天下太子悅而益昵之及帝崩太子嗣位是爲宣帝超拜開府內史下大夫封歸昌縣公邑一千戶委以朝政俄遷內史上大夫進封沛國公邑五千戶以其子善願爲歸昌公元琮爲永安縣男又監國史譯頗專權時帝幸東京譯擅取官材自營私第坐是復除名爲民劉昉數言於帝帝復召之顧待如初詔領內史事初高祖與譯有同學之舊譯又素知高祖相表有奇傾心相結至是高祖爲宣帝所忌情不自安嘗在永巷私於譯曰久願出藩公所悉也敢布心腹少留意焉譯曰以公德望天下歸心欲求多福豈敢忘也謹即言之時將遣譯南征譯請元帥帝曰卿意如何譯對曰若定江東自非懿戚重臣無以鎮撫可令隋公行且爲壽陽總管以督軍事帝從之乃下詔以高祖爲揚州總管譯發兵俱會壽陽以伐陳行有日矣帝不悆遂與御正下大夫劉昉謀引高祖入受顧託既而譯宣詔文武百官皆受高祖節度時御正中大夫顏之儀與宦者謀引大將軍宇文仲輔政仲已至御坐譯知之遽率開府楊惠及劉昉皇甫績柳裘俱入仲與之儀見譯等愕然逡巡欲出高祖因執之於是矯詔復以譯爲內史上大夫明日高祖爲丞相拜譯柱國相府長史治內史上大夫事及高祖爲大冢宰總百揆以譯兼領天官都府司會總六府事出入臥內言無不從賞賜玉帛不可勝計每出入以甲士從拜其子元璹爲儀同時尉迥王謙司馬消難等作亂高祖逾加親禮俄而進位上柱國恕以十死譯性輕險不親職務而贓貨狼籍高祖陰疏之然以其有定策功不忍廢放陰勑官屬不得白事於譯譯猶坐廳事無所關預譯懼頓首求解職高祖寬諭之接以恩禮及上受禪以上柱國公歸第賞賜豐厚進子元璹爵城皋郡公邑二千戶元珣永安男追贈其父及亡兄二人並爲刺史譯自以被疏陰呼道士章醮以祈福助其婢奏譯厭蠱左道上謂譯曰我不負公此何意也譯無以對譯又與母別居爲憲司所劾由是除名下詔曰譯嘉謀良策寂爾無聞鬻獄賣官沸騰盈耳若留之於世在人爲不道之臣戮之於朝入地爲不孝之鬼有累幽顯無以置之宜賜以孝經令其熟讀仍遣與母共居未幾詔譯參撰律令復授開府隆州刺史請還治疾有詔徵之見於醴泉宮上賜宴甚歡因謂譯曰貶退已久情相矜愍於是復爵沛國公位上柱國上顧謂侍臣曰鄭譯與朕同生共死間關危難興言念此何日忘之譯因奉觴上壽上令內史令李德林立作詔書高熲戲謂譯曰筆乾譯答曰出爲方岳杖策言歸不得一錢何以潤筆上大笑未幾詔譯參議樂事譯以周代七聲廢缺自大隋受命禮樂宜新更脩七始之義名曰樂府聲調凡八篇奏之上嘉美焉俄遷岐州刺史在職歲餘復奉詔定樂於太常前後所論樂事語在音律志上勞譯曰律令則公定之音樂則公正之禮樂律令公居其三良足美也於是還岐州開皇十一年以疾卒官時年五十二上遣使弔祭焉謚曰達子元璹嗣煬帝初立五等悉除以譯佐命元功詔追改封譯莘公以元璹襲元璹初爲驃騎將軍後轉武賁郎將數以軍功進位右光祿大夫遷右候衞將軍大業末出爲文城太守及義兵起義將張倫略城至文城元璹以城歸之

## 柳裘

柳裘字茂和河東解人齊司空世隆之曾孫也祖惔梁尚書左僕射父明太子舍人義興太守裘少聰慧弱冠有令名在梁仕歷尚書郎駙馬都尉梁元帝爲魏軍所逼遣裘請和於魏俄而江陵陷遂入關中周明武間自麟趾學士累遷太子侍讀封昌樂縣侯後除天官府都上士宣帝即位拜儀同三司進爵爲公轉御飾大夫及帝不悆留侍禁中與劉昉韋謩皇甫績同謀引高祖入總萬機高祖固讓不許裘進曰時不可再機不可失今事已然宜早定大計天與不取反受其咎如更遷延恐貽後悔高祖從之進位上開府拜內史大夫委以機密及尉迥作亂天下騷動并州總管李穆頗懷猶豫高祖令裘往喻之裘見穆盛陳利害穆甚悅遂歸心於高祖後以奉使功賜綵三百匹金九環帶一腰時司馬消難阻兵安陸又令喻之未到而消難奔陳高祖即令裘隨便安集淮南賜馬及雜物開皇元年進位大將軍拜許州刺史在官清簡吏民懷之復轉曹州刺史其後上思裘定策功欲加榮秩將徵之顧問朝臣曰曹州刺史何當入朝或對曰即今冬也帝乃止裘尋卒高祖傷惜者久之謚曰安子惠童嗣

## 皇甫績 韋謩

皇甫績字功明安定朝那人也祖穆魏隴東太守父道周湖州刺史雍州都督績三歲而孤爲外祖韋孝寬所鞠養嘗與諸外兄博奕孝寬以其惰業督以嚴訓愍績孤幼特捨之績歎曰我無庭訓養於外氏不能克躬勵己何以成立深自感激命左右自杖三十孝寬聞而對之流涕於是精心好學略涉經史周武帝爲魯公時引爲侍讀建德初轉宮尹中士武帝嘗避暑雲陽宮時宣帝爲太子監國衞刺王作亂城門已閉百寮多有遁者績聞難赴之於玄武門遇皇太子太子下樓執績手悲喜交集帝聞而嘉之遷小宮尹宣政初錄前後功封義陽縣男拜畿伯下大夫累轉御正下大夫宣帝崩高祖總已績有力焉語在鄭譯傳加位上開府轉內史中大夫進封郡公邑千戶尋拜大將軍開皇元年出爲豫州

刺史增邑通前二千五百戶尋拜都官尚書後數載轉晉州刺史將之官稽首而言曰臣實庸鄙無益於國每思犯難以報國恩今僞陳尚存以臣度之有三可滅上問其故積答曰大吞小一也以有道伐無道二也納叛臣蕭巖於我有詞三也陛下若命鷹揚之將臣請預戎行展絲髮之効上嘉其壯志勞而遣之及陳平拜蘇州刺史高智慧等作亂江南州民顧子元發兵應之因以攻積相持八旬子元素感積恩於冬至日遣使奉牛酒積遺子元書曰皇帝握符受籙合極通靈受揖讓於唐虞弃干戈於湯武東踰蟠木方朔所未窮西盡流沙張騫所不至玄漠黃龍之外交臂來王葱嶺榆關之表屈膝請吏曩者僞陳獨阻聲教江東士民困於荼毒皇天輔仁假手朝廷聊申薄伐應時瓦解金陵百姓死而復生吳會臣民白骨還肉唯當懷音感德行歌擊壤豈宜自同吠主翻成反噬卿非吾民何須酒禮吾是隋將何容外交易子析骸未能相告況是足食足兵高城深塹坐待強援綽有餘力何勞踵輕敝之俗作虛僞之辭欲阻誠臣之心徒惑驍雄之志以此見期必不可得卿宜善思活路曉諭黎元能早改迷失道非遠子元得書於城下頓首陳謝楊素援兵至合擊破之拜信州總管十二州諸軍事俄以病乞骸骨詔徵還京賜以御藥中使相望顧問不絕卒於家時年五十二謚曰安子偲嗣大業之世官至尚書主爵郎韋謩者京兆人也仕周內史大夫高祖以謩有定策之功累遷上柱國封晉安郡公開皇初卒於蒲州刺史

盧賁

盧賁字子徵涿郡范陽人也父光周開府燕郡公賁略涉書記頗解鍾律周武帝時襲爵燕郡公邑一千九百戶後歷魯陽太守太子小宮尹儀同三司平齊有功增邑四百戶轉司武上士時高祖爲大司武賁知高祖爲非常人深自推結宣帝嗣位加開府及高祖初被顧託羣情未一乃引賁置於左右高祖將之東第百官皆不知所去高祖潛令賁部伍仗衞因召公卿而謂曰欲求富貴者當相隨來往往偶語欲有去就賁嚴兵而至衆莫敢動出崇陽門至東宮門者拒不內賁諭之不去瞋目叱之門者遂却既而高祖得入賁恒典宿衞後承間進說曰周歷已盡天人之望實歸明公願早應天順民也天與不取反受其咎高祖甚然之及受禪命賁清宮因典宿衞賁於是奏改周代旗幟更爲嘉名其青龍騶虞朱雀玄武千秋萬歲之旗皆賁所制也尋拜散騎常侍兼太子左庶子左領軍右將軍時高熲蘇威共掌朝政賁甚不平之柱國劉昉時被疏忌賁因諷昉及上柱國元諧李詢華州刺史張賓等謀出熲威五人相與輔政又以晉王上之愛子謀行廢立復私謂皇太子曰賁將數謁殿下恐爲上所譴願察區區之心謀泄上窮治其事昉等委罪於賓賁公卿奏二人坐當死上以龍潛之舊不忍加誅並除名爲民賓未幾卒歲餘賁復爵位檢校太常卿賁以古樂宮懸七八損益不同歷代通儒議無定準於是上表曰殷人以上通用五音周武克殷得鶉火天駟之應其音用七漢與加應鍾故十六枚而在一簴鄭玄注周禮二八十六簴此則七八之義其來遠矣然世有沿革用捨不同至周武帝復改懸七以林鍾爲宮夫樂者治之本也故移風易俗莫善於樂是以吳札觀而辯興亡然則樂也者所以動天地感鬼神情發於聲治亂斯應周武以林鍾爲宮蓋將亡之徵也且林鍾之管卽黃鍾下生之義黃鍾君也而生於臣明爲皇家九五之應又陰者臣也而居君位更顯國家登極之祥斯實冥數相符非關人事伏惟陛下握圖御寓道邁前王功成作樂煥乎曩策臣聞五帝不相沿樂三王不相襲禮此蓋隨時改制而不失雅正者也上竟從之卽改七懸八以黃鍾爲宮詔賁與儀同楊慶和刪定周齊音律未幾拜郢州刺史尋轉虢州刺史後遷懷州刺史決沁水東注名曰利民渠又派入溫縣名曰溫潤渠以溉舄鹵民賴其利後數年轉齊州刺史民饑穀米踊貴閉人糶而自糶之坐是除名爲民後從幸洛陽上從容謂賁曰我始爲大司馬時卿以布腹心於我及總百揆頻繁左右與卿足爲恩舊卿若無過者位與高熲齊坐與凶人交構由是廢黜言念疇昔之恩復當牧伯之位何乃不思報効以至於此吾不忍殺卿是屈法申私耳賁俯伏陳謝詔復本官後數日對詔失旨又自敘功績有怨言上大怒顧謂羣臣曰吾將與賁一州觀此不可復用後皇太子爲其言曰此輩並有佐命之功雖性行輕險誠不可棄上曰我抑屈之全其命也微劉昉鄭譯及賁柳裘皇甫績等則我不至此然此等皆反覆子也當周宣帝時以無賴得幸及帝大漸顏之儀等請以宗王輔政此輩行詐顧命於我我將爲治又欲亂之故昉謀大逆於前譯爲巫蠱於後如賁之徒皆不滿志任之則不遜致之則怨自難信也非我棄之衆人見此或有竊議謂我薄於功臣斯不然矣蘇威進曰漢光武欲全功臣皆以列侯奉朝請至尊仁育復用此道以安之上曰然遂廢於家是歲卒年五十四

史臣曰高祖肇基王業昉譯實啓其謀當軸執鈞物無異論不能忘身急病以義斷恩方乃慮難求全偷安懷祿暨夫帝遷明德義非簡在鹽梅之寄自有攸歸言追昔欵內懷觖望恥居吳耿之末羞與絳灌爲伍事君盡禮旣闕於宿心不愛其親遽彰於物議其在周也靡忠貞之節其奉隋也愧竭命之誠非義掩其前功畜怨興其後釁而望不陷刑辟保貴全生難矣柳裘皇甫績盧賁因人成事協規不二大運光啓莫參樞要斯固在人欲其悅己在我欲其罵人理自然也晏嬰有言一心可以事百君百心不可以事一君於昉譯見之矣

隋書卷三十八考證

史臣贊昉謀大逆於前譯爲巫蠱於後○通鑑考異曰按譯以開皇元年坐巫蠱廢昉以六年坐謀反誅盧賁傳誤也

# 隋書卷三十九

唐　特　進　臣　魏　徵　上

## 列傳第四

### 于義 子宣道　宣敏

于義字慈恭河南雒陽人也父謹從魏武帝入關仕周官至太師因家京兆義少矜嚴有操尚篤志好學大統末以父功賜爵平昌縣伯邑五百戶起家直閤將軍其後改封廣都縣公周閔帝受禪增邑六百戶累遷安武太守專崇德惠不尚威刑有郡民張善安王叔兒爭財相訟義曰太守德薄不勝任之所致非其罪也於是取家財倍與二人喩而遣去善安等各懷恥愧移貫他州於是風教大洽其以德化人皆此類也進封建平郡公明武世歷西兗瓜邵三州刺史數從征伐進位開府宣帝嗣位政刑日亂義上疏諫時鄭譯劉昉以恩倖當權謂義不利於己先惡之於帝帝覽表色動謂侍臣曰于義謗訕朝廷也御正大夫顏之儀進曰古先哲王立誹謗之木置敢諫之鼓猶懼不聞過于義之言不可罪也帝乃解及高祖作相王謙構逆高祖將擊之問將於高熲熲答曰于義素有經略可爲元帥高祖初然之劉昉進曰梁睿位望素重不可居義之下高祖乃止於是以睿爲元帥以義爲行軍總管諫將達奚惎擁衆據開遠義將左軍擊破之尋拜潼州總管賜奴婢五百口雜綵三千段超拜上柱國時義兄翼爲太尉弟智兄子仲文竝上柱國大將軍已上十餘人稱爲貴戚歲餘以疾免職歸於京師數月卒時年五十贈豫州刺史謚曰剛賻物千段粟米五百石子宣道宣敏竝知名

宣道字元明性謹密不交非類仕周釋褐左侍上士以父功賜爵成安縣男邑二百戶後轉小承御上士高祖爲丞相引爲外兵曹尋拜儀同及踐阼遷內史舍人進爵爲子丁父憂水漿不入口者累日獻皇后命中使敦諭歲餘起令視事免喪拜車騎將軍兼左衞長史舍人如故後六歲遷太子左衞副率進位上儀同卒年四十二子志寧早知名出繼叔父宣敏

宣敏字仲達少沉密有才思年十一詣周趙王招王命之賦詩宣敏爲詩甚有幽貞之志王大奇之坐客莫不嗟賞起家右侍上士遷千牛備身高祖踐阼拜奉車都尉奉使撫慰巴蜀及還上疏曰臣聞開盤石之宗漢室於是惟永建維城之固周祚所以靈長昔秦皇置牧守而罷諸侯魏后暱諂邪而疎骨肉遂使宗社移於他族神器傳於異姓此事之明甚於觀火然山川設險非親勿居且蜀土沃饒人物殷阜西通邛僰南屬荊巫周德之衰茲土遂成戎首炎政失御此物使爲禍先是以明者防於無形治者制其未亂方可慶隆萬世年逾七百伏惟陛下日角龍顏膺樂推之運參天貳地居揖讓之期億兆宅心百神受職理須樹建藩屏封植子孫繼周漢之宏圖改秦魏之覆軌抑近習之權勢崇公族之本枝但三蜀三齊古稱天險分王戚屬今正其時若使利建合宜封樹得所巨猾息其非望姦臣杜其邪謀盛業洪基同天地之長久英聲茂實齊日月之照臨臣雖學謝多聞然情深體國輒申管見戰灼惟深帝省表嘉之謂高熲曰于氏世有人焉竟納其言遣蜀王秀鎮於蜀宣敏常以盛滿之誡昔賢所重每懷靜退著述志賦以見其志焉未幾卒官時年二十九

### 陰壽 子世師　骨儀

陰壽字羅雲武威人也父嵩周夏州刺史壽少果烈有武幹性謹厚敦然諾周世屢以軍功拜儀同從武帝平齊進位開府賜物千段奴婢百口女樂二十人及高祖爲丞相引壽爲掾尉迥作亂高祖以韋孝寬爲元帥擊之令壽監軍時孝寬有疾不能親總戎事每臥帳中遣婦人傳教命三軍綱紀皆取決於壽以功進位上柱國

尋以行軍總管鎮幽州卽拜幽州總管封趙國公時有高寶寧者齊氏之疎屬也爲人桀黠有籌算在齊久鎮黃龍及齊滅周武帝拜爲營州刺史甚得華夷之心高祖爲丞相遂連結契丹靺鞨舉兵反高祖以中原多故未遑進討以書諭之而不得開皇初又引突厥攻圍北平至是令壽率步騎數萬出盧龍塞以討之寶寧求救於突厥時衞王爽等諸將數道北征突厥不能援寶寧弃城奔于磧北黃龍諸縣悉平壽班師留開府成道昂鎮之寶寧遣其子僧伽率輕騎掠城下而去尋引契丹靺鞨之衆來攻道昂苦戰連日乃退壽患之於是重購寶寧又遣人陰間其所親任者趙世模王威等月餘世模率其衆降寶寧復走契丹爲其麾下趙脩羅所殺北邊遂安賜物千段未幾卒官贈司空子世師嗣

世師少有節槩性忠厚多武藝弱冠以功臣子拜儀同累遷驃騎將軍煬帝嗣位領東都兵工監後三歲拜張掖太守先是吐谷渾及党項羌屢爲侵掠世師至郡有來寇者親自捕擊輒擒斬之深爲戎狄所憚入爲武賁郎將遼東之役出襄平道明年帝復擊高麗以本官爲涿郡留守于時盜賊蜂起世師逐捕之往往剋捷及帝還大加賞勞拜樓煩太守時帝在汾陽宮世師聞始畢可汗將爲寇勸帝幸太原帝不從遂有鴈門之難尋遷左翊衞將軍與代王留守京師及義軍至世師自以世荷隋恩又藩邸之舊遂勒兵拒守月餘城陷與京兆郡丞骨儀等見誅時年五十三

骨儀京兆長安人也性剛鯁有不可奪之志開皇初爲侍御史處法平當不爲勢利所回煬帝嗣位遷尚書右司郎于時朝政漸亂濁貨公行凡當樞要之職無問貴賤竝家累金寶天下士大夫莫不變節而儀勵志守常介然獨立帝嘉其清苦超拜京兆郡丞公方彌著時刑部尚書衞玄兼領京兆內史頗行詭道輒爲儀所執正玄雖不便之不能傷也及義兵至而玄恐禍及己遂稱老病無所干預儀與世師同心叶契父子竝誅其後遂絕世師有子弘智等以年幼獲全

## 竇榮定

竇榮定扶風平陵人也父善周太僕季父熾開皇初爲太傅榮定沈深有器局容貌瓌偉美鬚髯便弓馬魏文帝時爲千牛備身周太祖見而奇之授平東將軍賜爵宜君縣子邑三百戶後從太祖與齊人戰於北邙周師不利榮定與汝南公宇文神慶帥精騎二千邀擊之齊師乃却以功拜上儀同後從武元皇帝引突厥木杆侵齊之井州賜物三百段襲爵永富縣公邑千戶進位開府除忠州刺史從武帝平齊加上開府拜前將軍佽飛中大夫其妻則高祖姊安成長公主也高祖少小與之情契甚厚榮定亦知高祖有人君之表尤相推結及高祖作相領左右宮伯使鎮守天臺總統露門內兩廂仗衞常宿禁中遇尉迥初平朝廷頗以山東爲意乃拜榮定爲洛州總管以鎮之前後賜縑四千匹西涼女樂一部高祖受禪來朝京師上顧謂羣臣曰朕少惡輕薄性相近者唯竇榮定而已賜馬三百匹部曲八千戶而遣之坐事除名高祖以長公主之故尋拜右武候大將軍上數幸其第恩賜甚厚每令尚食局日供羊一口珍味稱是以佐命功拜上柱國寧州刺史未幾復爲右武候大將軍尋除秦州總管賜吳樂一部突厥沙鉢略寇邊以爲行軍元帥率九總管步騎三萬出涼州與虜戰於高越原兩軍相持其地無水士卒渴甚至刺馬血而飲死者十有二三榮定仰天太息俄而澍雨軍乃復振於是進擊數挫其鋒突厥憚之請盟而去賜縑萬匹進爵安豐郡公增邑千六百戶復封子憲爲安康郡公賜縑五千匹歲餘拜右武衞大將軍俄轉左武衞大將軍上欲以爲三公榮定上書曰臣每觀西朝衞霍東都梁鄧幸託葭莩位極台鉉寵積驕盈必致傾覆向使前賢少自貶損遠避權勢推而不居則天命可保何覆宗之有臣每覽前修實爲畏懼上於是乃止前後賞賜不可勝計開皇六年卒時年五十七上爲之廢朝令左衞大將軍元旻監護喪事賻縑三千匹上謂侍臣曰吾每欲致榮定於三事其人固讓不可今若贈之重違其志於是贈冀州刺史陳國公謚曰懿子抗嗣抗美容儀性通率長於巧思父卒之後恩遇彌隆所賜錢帛金寶亦以鉅萬抗官至定州刺史復檢校幽州總管煬帝卽位漢王諒構逆以爲抗與通謀由是除名以其弟慶襲封陳公焉慶亦有姿儀性和厚頗工草隸初封永富郡公官至河東太守衞尉卿大業之末出爲南郡太守爲盜賊所害慶弟璡亦工草隸頗解鍾律官歷潁川南郡扶風太守

## 元景山

元景山字珤岳河南洛陽人也祖燮魏安定王父琰宋安王景山少有器局幹略過人周閔帝時從大司馬賀蘭祥擊吐谷渾以功拜撫軍將軍其後數從征伐累遷儀同三司賜爵文昌縣公授亹川防主後與齊人戰於北邙斬級居多加開府遷建州刺史進封宋安郡公邑三千戶從武帝平齊每戰有功拜大將軍改封平原郡公邑二千戶賜女樂一部帛六千匹奴婢二百五十口牛羊數千治亳州總管先是州民王迥洛張季眞等聚結亡命每爲劫盜前後牧守不能制景山下車逐捕之迥洛季眞挺身奔江南擒其黨與數百人皆斬之法令明肅盜賊屏迹稱爲大治陳人張景遵以淮南內屬爲陳將任蠻奴所攻破其數柵景山發譙潁兵援之蠻奴引軍而退徵爲候正宣帝嗣位從上柱國韋孝寬經略淮南鄖州總管宇文亮謀圖不軌以輕兵襲孝寬孝寬窘迫未得整陣爲亮所薄景山率鐵騎三百出擊破之斬亮傳首以功拜亳州總管高祖爲丞相尉迥稱兵作亂榮州刺史宇文胄與迥通謀陰以書諷動景山景山執其使封書詣相府高祖甚嘉之進位上大將軍司馬消難之以鄖州入陳也陳遣將樊毅馬傑等來援景山率輕騎五百馳赴之毅等懼掠居民而遁景山追之一日一夜行三百餘里與毅戰於漳口二合皆剋毅等退保甑山鎮其城邑爲消難所陷者悉平之拜安州總管進位柱國前後賜帛三千匹時桐柏山蠻相聚爲亂景山復擊平之高祖受禪拜上柱國明年大舉伐陳以景山爲行軍元帥率行軍總管韓延呂哲出漢口遣上開府鄧孝儒將勁卒四千攻陳甑山鎮陳人遣其將陸綸以舟師來援孝儒逆擊破之陳將魯達陳紀以兵守溳口景山復遣兵擊走之陳人大駭甑山沌陽二鎮守將皆棄城而遁景山將濟江會陳宣帝卒有詔班師景山大著威名甚爲敵人所憚後數載坐事免卒于家時年五十五贈梁州總管賜縑千匹謚曰襄子成壽嗣成壽便弓馬起家千牛備身以上柱國世子拜儀同後爲秦王庫眞車騎煬帝嗣位徵爲左親衞郎將楊玄感之亂也從刑部尚書衞玄擊之以功進位正議大夫拜西平通守

## 源雄

源雄字世略西平樂都人也祖懷父纂俱爲魏隴西王雄少寬厚偉姿儀在魏起家祕書郎尋加征討將軍屬其父爲高氏所誅雄脫身而遁變姓名西歸長安周太祖見而器之賜爵隴西郡公後從武帝伐齊以功授開府改封朔方郡公拜冀州刺史時以突厥寇邊徙雄爲平州刺史以鎮之未幾檢校徐州總管及高祖爲丞相尉迥作亂時雄家累在相州迥潛以書誘之雄卒不顧高祖遺雄書曰公妻子在鄴城雖言離隔賊徒翦滅聚會非難今日已後不過數旬之別遲能開慰無以累懷徐部大蕃東南襟帶密邇吳寇特須安撫藉公英略委以邊謀善建功名用副朝委也迥遣其將畢義緒據蘭陵席毗陷昌慮下邑雄遣徐州刺史劉仁恩擊義緒儀同劉弘李琰討席毗悉平之陳人見中原多故遣其將陳紀蕭摩訶任蠻奴周羅睺樊毅等侵江北西自江陵東距壽陽民多應之攻陷城鎮雄與吳州總管于顗揚州總管賀若弼黃州總管元景山等擊走之悉復故地東潼州刺史曹孝達據州作亂雄遣兵襲斬之進位上大將軍拜徐州總管後數歲轉懷州刺史尋遷朔州總管突厥有來寇掠雄輒捕斬之深爲北夷所憚伐陳之役高祖下冊書曰於戲唯爾上大將軍朔方公雄識悟明允風神果毅往牧徐方時逢寇逆建旗馬邑安撫北蕃嘉謀絕外境之虞挺劒息韋韝之望沙漠以北俱荷威恩呂梁之間罔不懷惠但江淮蕞爾有陳僭逆今將董率戎旅清彼東南是用命爾爲行軍總管往欽哉於是從秦王俊出信州道及陳平以功進位上柱國賜子崇爵端氏縣伯褒爲安化縣伯賜物五千段復鎮朔州二歲上表乞骸骨徵還京師卒于家時年七十子崇嗣官至儀同大業中自上黨贊治入爲尚書虞部郎及天下盜起將兵討北海與賊力戰而死贈正議大夫

## 豆盧勣

豆盧勣字定東昌黎徒河人也本姓慕容燕北地王精之後也中山敗歸魏北人謂歸義爲豆盧因氏焉祖萇魏柔玄鎮大將父寧柱國太保勣初生時周太祖親幸寧家稱慶時遇新破齊師太祖因字之曰定東勣聰悟有器局少受業國子學略涉文藝魏大統十二年太祖以勣勳臣子封義安縣侯周閔帝受禪授稍伯下大夫開府儀同三司改封丹陽郡公邑千五百戶明帝時爲左武伯中大夫勣自以經業未通請解職遊露門學帝嘉之勑以本官就學未幾齊王憲納勣妹爲妃恩禮逾厚會武帝嗣位拜邛州刺史未之官渭源燒當羌因饑饉作亂以勣有才略轉渭州刺史甚有惠政華夷悅服德澤流行大致祥瑞鳥鼠山俗呼爲高武隴其下渭水所出其山絕壁千尋由來乏水諸羌苦之勣馬足所踐忽飛泉湧出有白烏翔至廳前乳子而後去又白狼見於襄武民爲之謠曰我有丹陽山出玉漿濟我民夷神烏來翔百姓因號其泉爲玉漿泉後丁父艱毀瘁過禮天和二年授邵州刺史襲爵楚國公復徵爲天官府司會歷信夏二州總管相州刺史以母憂還京宣帝大象二年拜利州總管進位上大將軍月餘拜柱國高祖爲

丞相益州總管王謙作亂，勣嬰城固守。謙遣其將達奚惎高阿那肱乙弗虔等衆十萬攻之，起土山，鑿城爲七十餘穴，堰江水以灌之。勣時戰士不過二千，晝夜相拒，經四旬，勢漸迫，勣於是出奇兵擊之，斬數千級，降二千人。梁睿軍且至，賊因而解去。高祖遣開府趙仲卿勞之，詔曰勣器識優長氣調英遠總馭藩部風化已行巴蜀稱兵奄來圍逼入守出戰大摧凶醜貞節雄規厥功甚茂可使持節上柱國賜一子爵中山縣公開皇二年突厥犯塞以勣爲北道行軍元帥以備邊歲餘拜夏州總管上以其家世貴盛勳效克彰甚重之後爲漢王諒納勣女爲妃恩遇彌厚七年詔曰上柱國楚國公勣蜀人寇亂之日稱兵犯順固守金湯隱如敵國嘉猷大節其勞已多可食始州臨津縣邑千戶十年以疾徵還京師詔諸王並至勣第中使顧問道路不絕其年卒時年五十五上悼惜者久之特加賵贈鴻臚監護喪事謚曰襄子賢嗣官至顯州刺史大理少卿武賁郎將賢弟毓

毓字道生少英果有氣節漢王諒出鎮并州毓以妃兄爲王府主簿從趙仲卿北征突厥以功授儀同三司及高祖崩煬帝即位徵諒入朝諒納諮議王頍之謀發兵作亂毓苦諫不從因謂弟懿曰吾匹馬歸朝自得免禍此乃身計非爲國也今且僞從以思後計毓兄顯州刺史賢言於帝曰臣弟毓素懷志節必不從亂但逼兇威不能克遂臣請從軍與毓爲表裏諒不足圖也帝以爲然許之賢密遣家人齎勑書至毓所與之計議諒出城將往介州令毓與總管屬朱濤留守毓謂濤曰漢王構逆敗不旋踵吾豈坐受夷滅孤負家國邪當與卿出兵拒之濤驚曰王以大事相付何得有是語因拂衣而去毓追斬之時諒司馬皇甫誕前以諫諒被囚毓於是出誕與之協計及開府盤石侯宿勤武開府宇文永昌儀同成端長孫愷車騎安成侯元世雅原武令皇甫文顯等閉城拒諒部分未定有人告諒諒襲擊之毓見諒至紿其衆曰此賊軍也諒攻城南門毓時遣稽胡守堞稽胡不識諒射之箭下如雨諒復至西門守兵皆并州人素識諒即開門納之毓遂見害時年二十八及諒平煬帝下詔曰褒顯名節有國通規加等飾終抑推令典毓深識大義不顧姻親出於萬死首建奇策去逆歸順徇義忘身追加榮命宜優恒禮可贈大將軍封正義縣公賜帛二千匹謚曰愍子願師嗣尋拜儀同三司大業初行新令五等並除未幾帝復下詔曰故大將軍正義愍公毓臨節能固捐生殉國成爲令典沒世不忘象賢無墜德隆必祀改封雍丘愍侯復以願師承襲大業末授千牛左右

通字平東勣之兄也一名會弘厚有器局在周少以父功賜爵臨貞縣侯邑千戶尋授大都督俄遷儀同三司大冢宰宇文護引之令督親信兵改封沃野縣公邑四千七百戶後加開府歷武賁中大夫北徐州刺史及高祖爲丞相尉迥作逆遣其所署莒州刺史烏丸尼率衆來攻通逆擊破之賜物八百段進位大將軍開皇初進爵南陳郡公尋徵入朝以本官典宿衞歲餘出拜定州刺史後轉相州刺史尚高祖妹昌樂長公主自是恩禮漸隆遷夏州總管洪州總管所在之職並稱寬惠十七年卒官年五十九謚曰安有子寬

## 賀若誼

賀若誼字道機河南洛陽人也祖伏連魏雲州刺史父統右衞將軍誼性剛果有幹略在魏以功臣子賜爵容城縣男累遷直閤將軍大都督通直散騎常侍尚食典御周太祖據有關中引之左右常使詣杏城屬茹茹種落攜貳屯於河表誼因譬以禍福誘令歸附降者萬餘口太祖深奇之賜金銀百兩齊遣其舍人楊暢結好於茹茹太祖恐其并力爲邊境之患使誼聘茹茹誼因啗以厚利茹茹信之遂與周連和執暢付誼大祖嘉之拜車騎大將軍儀同三司略陽公府長史周閔帝受禪除司射大夫改封霸城縣子轉左宮伯尋加開府後歷靈邵二州刺史原信二州總管俱有能名其兄敦爲金州總管以讒毀伏誅坐是免職武帝親總萬機召誼治熊州刺史平齊之役誼率兵出函谷先據洛陽即拜洛州刺史進封建威縣侯齊范陽王高紹義之奔突厥也誼以兵追之戰於馬邑遂禽紹義以功進位大將軍高祖爲丞相拜亳州總管馳驛之部西過司馬消難東拒尉迥申州刺史李慧反誼討之進爵范陽郡公授上大將軍開皇初入爲右武候將軍河間王弘北征突厥以誼爲副元帥軍還轉左武候大將軍坐事免歲餘拜華州刺史俄轉敷州刺史改封海陵郡公復轉涇州刺史時突厥屢爲邊患朝廷以誼素有威名拜靈州刺史進位柱國誼時年老而筋力不衰猶能重鎧上馬甚爲北夷所憚數載上表乞骸骨優詔許之誼家富於財於郊外構一別廬多植果木每邀賓客列女樂遊集其間卒于家時年七十七子舉襲爵庶長子協官至驃騎將軍協弟祥奉車都尉祥弟與車騎將軍誼兄子弼別有傳

史臣曰于義賓榮定等或南陽姻亞或豐邑舊遊運屬時來俱宣力用以勞定國以功懋賞保其祿位貽厥子孫析薪克荷崇基弗墜盛矣豆盧毓遇屯剝之機亡身殉義陰世師遭天之所廢捨命不渝使夫死者有知足以無愧君親矣

隋書卷三十九考證

元景山傳治亳州總管○治疑作除

# 隋書卷四十

唐 特 進 臣 魏 徵 上

## 列傳第五

梁士彥 子剛 梁默

梁士彥字相如安定烏氏人也少任俠不仕州郡性剛果喜正人之是非好讀兵書頗涉經史周世以軍功拜儀同三司武帝將有事東夏聞其勇決自扶風郡守除九曲鎮將進位上開府封建威縣公齊人甚憚焉尋遷熊州刺史後從武帝拔晉州進位柱國除使持節晉絳二州諸軍事晉州刺史及帝還後齊後主親總六軍而圍之獨守孤城外無聲援衆皆震懼士彥慷慨自若賊盡銳攻之樓堞皆盡城雉所存尋仞而已或短兵相接或交馬出入士彥謂將士曰死在今日吾爲爾先於是勇烈齊奮呼聲動地無不一當百齊師少却乃令妻妾軍民子女晝夜修城三日而就帝率六軍亦至齊師解圍營於城東十餘里士彥見帝持帝鬚而泣曰臣幾不見陛下帝亦爲之流涕時帝以將士疲倦意欲班師士彥叩馬諫曰今齊師遁衆心皆動因其懼也而攻之其勢必舉帝從之大軍遂進帝執其手曰余之有晉州爲平齊之基若不固守則事不諧矣朕無前慮惟恐後變善爲我守之及齊平封郕國公進位上柱國雍州主簿宣帝即位除東南道行臺使持節徐州總管三十二州諸軍事徐州刺史與烏丸軌擒陳將吳明徹裴忌於呂梁別破黃陵略定淮南地高祖作相轉亳州總管二十四州諸軍事尉迥之反也以爲行軍總管從韋孝寬擊之至河陽與迥軍相對令家僮梁默等數人爲前鋒士彥以其徒繼之所當皆破乘勝至草橋迥衆復合進戰大破之及圍鄴城攻北門而入馳啓西門納宇文忻之兵及迥平除相州刺史高祖忌之未幾徵還京師閑居無事自恃元功甚懷怨望遂與宇文忻劉昉等謀作亂將率僮僕於享廟之際因車駕出圖以發機復欲於蒲州起事略取河北捉黎陽關塞河陽路劫調布以爲牟甲募盜賊以爲戰士其甥裴通豫知其謀而奏之高祖未發其事授晉州刺史欲觀其意士彥欣然謂昉等曰天也又請儀同薛摩兒爲長史高祖從之後與公卿朝謁高祖令左右執士彥忻昉等於行間詰之曰爾等欲反何敢發此意初猶不伏捕薛摩兒適至於是庭對之摩兒具論始末云第二子剛垂泣苦諫第三子叔諧曰作猛獸要須成斑士彥失色顧謂摩兒曰汝殺我於是伏誅時年七十二有子五人操字孟德出繼伯父官至上開府義鄉縣公長寧王府驃騎早卒剛字永固弱冠授儀同以平尉迥勳加開府擊突厥有功進位上大將軍通政縣公涇州刺史士彥之誅也以諫獲免徙瓜州叔諧官至上儀同廣平縣公車騎將軍志遠爲安定伯務爲建威伯皆坐士彥誅梁默者士彥之蒼頭驍武絕人士彥每從征伐常與默陷陣仕周致位開府開皇末以行軍總管從楊素北征突厥進位大將軍漢王諒之反也復以行軍總管從楊素討平之加授柱國大業五年從煬帝征吐谷渾遇賊力戰而死贈光祿大夫

## 宇文忻

宇文忻字仲樂本朔方人徙京兆祖莫豆于魏安平公父貴周大司馬許國公忻幼而敏慧爲兒童時與羣輩遊戲輒爲部伍進止行列無不用命有識者見而異之年十二能左右馳射驍捷若飛恒謂所親曰自古名將唯以韓白衞霍爲美談吾察其行事未足多尚若使與僕並時不令豎子獨擅高名也其少小慷慨如此年十八從周齊王憲討突厥有功拜儀同三司賜爵興固縣公韋孝寬之鎮玉壁也以忻驍勇請與同行屢有戰功加位開府驃騎將軍進爵化政郡公邑二千戶從武帝伐齊攻拔晉州齊後主親馭六軍兵勢甚盛帝憚之欲旋師忻諫曰以陛下之聖武乘敵人之荒縱何往不克若使齊人更得令主君臣協力雖湯武之勢未易平也今主暗臣愚兵無鬭志雖有百萬之衆實爲陛下奉耳帝從之戰遂大克及帝攻陷并州先勝後敗帝爲賊所窘左右皆殲帝挺身而遁諸將多勸帝還忻勃然而進曰自陛下克晉州破高緯乘勝逐北以至於此致令僞主奔波關東響振自古行兵用師未有若斯之盛也昨日破城將士輕敵微有不利何足爲懷丈夫當死中求生敗中取勝今者破竹其勢已成奈何棄之而去帝納其言明日復戰遂拔晉陽及齊平進位大將軍賜物千

段尋與烏丸軌破陳將吳明徹於呂梁進位柱國賜奴婢二百口除豫州總管高祖龍潛時與忻情好甚協及爲丞相恩顧彌隆尉迥作亂以忻爲行軍總管從韋孝寬擊之時兵屯河陽諸軍莫敢先進帝令高熲馳驛監軍與熲密謀進取者唯忻而已迥遣子惇盛兵武陟忻先鋒擊走之進臨相州迥遣精甲三千伏於野馬岡欲邀官軍忻以五百騎襲之斬獲略盡進至草橋迥又拒守忻率奇兵擊破之直趨鄴下迥背城結陣與官軍大戰官軍不利時鄴城士女觀戰者數萬人忻與高熲李詢等謀曰事急矣當以權道破之於是擊所觀者大譟而走轉相騰藉聲如雷霆忻乃傳呼曰賊敗矣衆軍復振齊力急擊之迥軍大敗及平鄴城以功加上柱國賜奴婢二百口牛馬羊萬計高祖顧謂忻曰尉迥傾山東之衆運百萬之師公舉無遺策戰無全陣誠天下之英傑也進封英國公增邑三千戶自是以後每參帷幄出入臥內禪代之際忻有力焉後拜右領軍大將軍恩顧彌重忻妙解兵法馭戎齊整當時六軍有一善事雖非忻所建在下輒相謂曰此必英公法也其見推服如此後改封杞國公上嘗欲令忻率兵擊突厥高熲言於上曰忻有異志不可委以大兵乃止忻既佐命功臣頻經將領有威名於當世上由是微忌焉以譴去官忻與梁士彥昵狎數相往來士彥時亦怨望陰圖不軌忻謂士彥曰帝王豈有常乎相扶卽是公於蒲州起事我必從征兩陣相當然後連結天下可圖也謀洩伏誅年六十四家口籍沒忻兄善弘厚有武藝仕周官至上柱國許國公高祖受禪遇之甚厚拜其子頵爲上儀同及忻誅竝廢于家善未幾卒頵至大業中爲司農少卿及李密逼東都叛歸於密忻弟愷別有傳

## 王誼

王誼字宜君河南洛陽人也父顯周鳳州刺史誼少慷慨有大志便弓馬博覽羣言周閔帝時爲左中侍上士時大冢宰宇文護執政勢傾王室帝拱默無所關預有朝士於帝側微爲不恭誼勃然而進將擊之其人惶懼請罪乃止自是朝士無敢不肅歲餘遷御正大夫丁父艱毀瘁過禮廬於墓側負土成墳歲餘起拜雍州別駕固讓不許武帝卽位授儀同累遷內史大夫封楊國公從帝伐齊至并州帝既入城反爲齊人所敗左右多死誼率麾下驍雄赴之帝賴以全濟時帝以六軍挫衄將班師誼固諫帝從之及齊平授相州刺史未幾復徵爲大內史汾州稽胡爲亂誼率兵擊之帝弟越王盛譙王儉雖爲總管竝受誼節度其見重如此及平賊而還賜物五千段封一子開國公帝臨崩謂皇太子曰王誼社稷臣宜處以機密不須遠任也皇太子卽位是爲宣帝憚誼剛正出爲襄州總管及高祖爲丞相轉爲鄭州總管司馬消難舉兵反高祖以誼爲行軍元帥率四總管討之軍次近郊消難懼而奔陳于時北至商洛南拒江淮東西二千餘里巴蠻多叛共推渠帥蘭雒州爲主雒州自號河南王以附消難北連尉迥誼率行軍總管李威馮暉李遠等分討之旬月皆平高祖以誼前代舊臣甚加禮敬遣使勞問冠蓋不絕以第五女妻其子奉孝尋拜大司徒誼自以與高祖有舊亦歸心焉及上受禪顧遇彌厚上親幸其第與之極歡太常卿蘇威立議以爲戶口滋多民田不贍欲減功臣之地以給民誼奏曰百官者歷世勳賢方蒙爵土一旦削之未見其可如臣所慮正恐朝臣功德不建何患人田有不足上然之竟寢威議開皇初上將幸岐州誼諫曰陛下初臨萬國人情未洽何用此行上戲之曰吾昔與公位望齊等一朝屈節爲臣或當恥愧是行也震揚威武欲以服公心耳誼笑而退尋奉使突厥上嘉其稱旨進封郢國公未幾其子奉孝卒踰年誼上表言公主少請除服御史大夫楊素劾誼曰臣聞喪服有五親疎異節喪制有四降殺殊文王者之所常行故曰不易之道也是以賢者不得踰不肖者不得不及而儀同王奉孝既尚蘭陵公主奉孝以去年五月身喪始經一周而誼便請除釋竊以雖曰王姬終成下嫁之禮公則主之猶在移天之義況復三年之喪自上達下及朞釋服在禮未詳然夫婦則人倫攸始喪紀則人道至大苟不重之取笑君子故鑽燧改火責以居喪之速朝祥暮歌譏以忘哀之早然誼雖不自彊爵位已重欲爲無禮其可得乎乃薄俗傷教爲父則不慈輕禮易喪致婦於無義若縱而不正恐傷風俗請付法推科有詔勿治然恩禮稍薄誼頗怨望或告誼謀反上令案其事主者奏誼有不遜之言實無反狀上賜酒而釋之于時上柱國元諧亦頗失意誼數與相往來言論醜惡胡僧告之公卿奏誼大逆不道罪當死上見誼愴然曰朕與公舊爲同學甚相憐愍將奈國法何於是下詔曰誼有周之世早豫人倫朕共遊庠序遂相親好然性懷險薄巫覡盈門鬼言怪語稱神道聖朕受命之初深存戒約口云改悔心實不悛乃說四天王神道誼應受命書有誼讖天有誼星桃鹿二川岐州之下歲在辰巳興帝王之業密令卜問伺殿省之災又說其身是明王信用左道所在詿誤自言相表當王不疑此而赦之將或爲亂禁暴除惡宜伏國刑上復令大理正趙綽謂誼曰時命如此將若之何於是賜死於家時年四十六

## 元諧

元諧河南雒陽人也家代貴盛諧性豪俠有氣調少與高祖同受業於國子甚相友愛後以軍功累遷大將軍及高祖爲丞相引致左右諧白高祖曰公無黨援譬如水間一堵牆大危矣公其勉之尉迥作亂遣兵寇小鄉令諧擊破之及高祖受禪上顧諧笑曰水間牆竟何如也於是賜宴極歡進位上大將軍封樂安郡公邑千戶奉詔參修律令時吐谷渾寇涼州詔諧爲行軍元帥率行軍總管賀婁子幹郭竣元浩等步騎數萬擊之上勑諧曰公受朝寄總兵西下本欲自寧疆境保全黎庶非是貪無用之地害荒服之民王者之師意在仁義渾賊若至界首者公宜曉示以德臨之以教誰敢不服也時賊將定城王鍾利房率騎三千度河連結党項諧率兵出鄯州趣青海邀其歸路吐谷渾引兵拒諧相遇於豐利山賊鐵騎二萬與諧大戰諧擊走之賊駐兵青海遣其太子可博汗以勁騎五萬來掩官軍諧逆擊敗之追奔三十餘里俘斬萬計虜大震駭於是移書諭以禍福其名王十七人公侯十三人各率其所部來降上大悅下詔曰褒善疇庸有聞前載諧識用明達神情警悟文規武略譽流朝野申威拓土功成疆埸深謀大節實簡朕心加禮延代宜隆賞典可柱國別封一子縣公諧拜寧州刺史頗有威惠然剛愎好排詆不能取媚於左右嘗言於上曰臣一心事主不曲取人意上曰宜終此言後以公事免時上柱國王誼有功於國與諧俱無任用每相往來胡僧告諧誼謀反上按其事無逆狀上慰諭而釋之未幾誼伏誅諧漸被疎忌然以龍潛之舊每預朝請恩禮無虧及上大宴百寮諧進曰陛下威德遠被臣請突厥可汗爲候正陳叔寶爲令史上曰朕平陳國以伐罪弔人非欲誇誕取威天下公之所奏殊非朕心突厥不知山川何能警候叔寶昏醉寧堪驅使諧默然而退後數歲有人告諧與從父弟上開府滂臨澤侯田鸞上儀同祁緒等謀反上令案其事有司奏諧謀令祁緒勒党項兵卽斷巴蜀時廣平王雄左僕射高熲二人用事諧欲譖去之云左執法星動已四年矣狀一奏高熲必死又言太白犯月光芒相照主殺大臣楊雄必當之諧嘗與滂同謁上諧私謂滂曰我是主人殿上者賊也因令滂望氣滂曰彼雲似蹲狗走鹿不如我輩有福德雲上大怒諧滂鸞緒竝伏誅籍沒其家

## 王世積

王世積闡熙新囶人也父雅周使持節開府儀同三司世積容貌魁岸腰帶十圍風神爽拔有傑人之表在周有軍功拜上儀同封長子縣公高祖爲丞相尉迥作亂從韋孝寬擊之每戰有功拜上大將軍高祖受禪進封宜陽郡公高熲美其才能甚善之嘗密謂熲曰吾輩俱周之臣子社稷淪滅其若之何熲深拒其言未幾授蘄州總管平陳之役以舟師自蘄水趣九江與陳將紀瑱戰於蘄口大破之既而晉王廣已平丹陽世積於是移書告諭遣千金公權始璋略取新蔡陳江州司馬黃偲棄城而遁始璋入據其城世積繼至陳豫章太守徐璒廬陵太守蕭廉潯陽太守陸仲容巴山太守王誦太原太守馬頲齊昌太守黃正始安成太守任瓘等及鄱陽臨川守將竝詣世積降以功進位柱國荆州總管賜絹五千段加之寶帶邑三千戶後數歲桂州人李光仕作亂世積以行軍總管討平之上遣都官員外郎辛凱卿馳勞之及還進位上柱國賜物二千段上甚重之世積見上性忌刻功臣多獲罪由是縱酒不與執政言及時事上以爲有酒疾舍之宮內令醫者療之世積詭稱疾愈始得就第及起遼東之役世積與漢王竝爲行軍元帥至柳城遇疾疫而還拜涼州總管令騎士七百人送之官未幾其親信安定皇甫孝諧有罪吏捕之亡抵世積世積不納由是有憾孝諧竟配防桂州事總管令狐熙熙又不之禮甚困窮因徼幸上變稱世積嘗令道人相其貴不道人答曰公當爲國主謂其妻曰夫人當爲皇后又將之涼州其所親謂世積曰河西天下精兵處可以圖大事也世積曰涼州土曠人稀非用武之國由是被徵入朝按其事有司奏左衞大將軍元旻右衞大將軍元胄左僕射高熲竝與世積交通受其名馬之贈世積竟坐誅旻胄等免官拜孝諧爲上大將軍

## 虞慶則

虞慶則京兆櫟陽人也本姓魚其先仕於赫連氏遂家靈武代爲北邊豪傑父祥周靈武太守慶則幼雄毅性倜儻身長八尺有膽氣善鮮卑語身被重鎧帶兩鞬左右馳射本州豪俠皆敬憚之初以弋獵爲事中便折節讀書常慕傅介子班仲升爲人仕周釋褐中外府行參軍稍遷外兵參軍事襲爵沁源縣公宣政元年授儀同大將軍除并州總管長史二年授開府時稽胡數爲反

叛越王盛內史下大夫高熲討平之將班師熲與盛謀須文武幹略者鎭遏之表請慶則於是卽拜石州總管甚有威惠境內淸肅稽胡慕義而歸者八千餘戶開皇元年進位大將軍遷內史監吏部尚書京兆尹封彭城郡公營新都總監二年冬突厥入寇慶則爲元帥討之部分失所士卒多寒凍墮指者千餘人偏將達奚長儒率騎兵二千人別道邀賊爲虜所圍甚急慶則案營不救由是長儒孤軍獨戰死者十八九上不之責也尋遷尚書右僕射後突厥主攝圖將內附請一重臣充使於是上遣慶則詣突厥所攝圖恃彊初欲亢禮慶則責以往事攝圖不服其介長孫晟又說諭之攝圖及弟葉護皆拜受詔因卽稱臣朝貢請永爲藩附初慶則出使高祖勅之曰我欲存立突厥彼送公馬但取五三匹攝圖見慶則贈馬千匹又以女妻之上以慶則勳高皆無所問授上柱國封魯國公食任城縣千戶詔以彭城公迴授第二子義高祖平陳之後幸晉王第置酒會羣臣高熲等奉觴上壽上因曰高熲平江南虞慶則降突厥可謂茂功矣楊素曰皆由至尊威德所被慶則曰楊素前出兵武牢硤石若非至尊威德亦無克理遂與互相長短御史欲彈之上曰今日計功爲樂宜不須劾上觀羣臣宴射慶則進曰臣蒙賚酒食令盡樂御史在側恐醉而被彈上賜御史酒因遣之出慶則奉觴上壽極歡上謂諸公曰飲此酒願我與諸公等子孫常如今日世守富貴九年轉爲右衞大將軍尋改爲右武候大將軍開皇十七年嶺南人李賢據州反高祖議欲討之諸將二三請行皆不許高祖顧謂慶則曰位居宰相爵乃上公國家有賊遂無行意何也慶則拜謝恐懼上乃遣焉爲桂州道行軍總管以婦弟趙什柱爲隨府長史什柱先與慶則愛妾通恐事彰乃宣言曰慶則不欲此行遂聞於上先是朝臣出征上皆宴別禮賜遣之及慶則南討辭上上色不悅慶則由是怏怏不得志暨平賢至潭州臨桂鎭慶則觀眺山川形勢曰此誠險固加以足糧若守得其人攻不可拔遂使什柱馳詣京奏事觀上顏色什柱至京因告慶則謀反上案驗之慶則於是伏誅拜什柱爲柱國慶則子孝仁幼豪俠任氣起家拜儀同領晉王親信坐父事除名煬帝嗣位以藩邸之舊授候衞長史兼領金谷監監禁苑有巧思頗稱旨九年伐遼授都水丞充使監運頗有功然性奢華以駱駝負函盛水養魚而自給十一年或告孝仁謀圖不軌遂誅之其弟澄道東宮通事舍人坐除名

元胄

元胄河南洛陽人也魏昭成帝之六代孫祖順魏濮陽王父雄武陵王胄少英果多武藝美鬚眉有不可犯之色周齊王憲見而壯之引致左右數從征伐官至大將軍高祖初被召入將受顧託先呼胄次命陶澄竝委以腹心恒宿臥內及爲丞相每典軍在禁中又引弟威俱入侍衞周趙王招知高祖將遷周鼎乃要高祖就第趙王引高祖入寢室左右不得從唯楊弘與胄兄弟坐於戶側趙王謂其二子員貫曰汝當進瓜我因刺殺之及酒酣趙王欲生變以佩刀子刺瓜連啗高祖將爲不利胄進曰相府有事不可久留趙王訶之曰我與丞相言汝何爲者叱之使却胄瞋目憤氣扣刀入衞趙王問其姓名胄以實對趙王曰汝非昔事齊王者乎誠壯士也因賜之酒曰吾豈有不善之意邪卿何猜警如是趙王僞吐將入後閤胄恐其爲變扶令上坐如此者再三趙王稱喉乾命胄就廚取飲胄不動會滕王逌後至高祖降階迎之胄與高祖耳語曰事勢大異可速去高祖猶不悟謂曰彼無兵馬復何能爲胄曰兵馬悉他家物一先下手大事便去胄不辭死死何益耶高祖復入坐胄聞屋後有被甲聲遽請曰相府事殷公何得如此因扶高祖下牀趣而去趙王將追之胄以身蔽戶王不得出高祖及門胄自後而至趙王恨不時發彈指出血及誅趙王賞賜不可勝計高祖受禪進位上柱國封武陵郡公邑三千戶拜左衞將軍尋遷右衞大將軍高祖從容曰保護朕躬成此基業元胄功也後數載出爲豫州刺史歷亳淅二州刺史時突厥屢爲邊患朝廷以胄素有威名拜靈州總管北夷甚憚焉後復徵爲右衞大將軍親顧益密嘗正月十五日上與近臣登高時胄下直上令馳召之及胄見上謂曰公與外人登高未若就朕勝也賜宴極歡晉王廣每致禮焉房陵王之廢也胄豫其謀上正窮治東宮事左衞大將軍元旻苦諫楊素乃譖之上大怒執旻於仗胄時當下直不去因奏曰臣不下直者爲防元旻耳復以此言激怒上上遂誅旻賜胄帛千匹蜀王秀之得罪胄坐與交通除名煬帝卽位不得調慈州刺史上官政坐事徙嶺南將軍丘和亦以罪廢胄與和有舊因數從之遊胄嘗酒酣謂和曰上官政壯士也今徙嶺表得無大事乎因自拊腹曰若是公者不徙然矣和明日奏之胄竟坐死於是徵政爲驍衞將軍拜和代州刺史

史臣曰昔韓信愆垓下之期則項王不滅英布無淮南之舉則漢道未隆以二子之勳庸咸憤怨而菹戮況乃無古人之殊績而懷悖逆之心者乎梁士彥宇文忻皆一時之壯士也遭雲雷之會竝以勇略成名遂貪天之功以爲己力報者倦矣施者未厭將生厲階求逞其欲及茲顚墜自取之也王誼元諧王世積虞慶則元胄或契闊艱厄或綢繆恩舊將安將樂漸見遺忘內懷怏怏矜伐不已雖時主之刻薄亦言語以速禍乎然高祖佐命元功鮮有終其天命配享淸廟寂寞無聞斯蓋草創帝圖事出權道本異同心故久而逾薄其牽牛蹊田雖則有罪奪之非道能無怨乎皆深文巧詆致之刑辟高祖沉猜之心固已甚矣求其餘慶不亦難哉

# 隋書卷四十一

唐　特　進　臣　魏　徵　上

## 列傳第六

### 高熲

高熲字昭玄一名敏自云渤海蓨人也父賓背齊歸周大司馬獨孤信引爲寮佐賜姓獨孤氏及信被誅妻子徙蜀文獻皇后以賓父之故吏每往來其家賓後官至鄀州刺史及熲貴贈禮部尚書渤海公熲少明敏有器局略涉書史尤善詞令初孩孺時家有柳樹高百許尺亭亭如蓋里中父老曰此家當出貴人年十七周齊王憲引爲記室武帝時襲爵武陽縣伯除內史上士尋遷下大夫以平齊功拜開府尋從越王盛擊隰州叛胡平之高祖得政素知熲彊明又習兵事多計略意欲引之入府遣邗國公楊惠諭意熲承旨欣然曰願受驅馳縱令公事不成熲亦不辭滅族於是爲相府司錄時長史鄭譯司馬劉昉竝以奢縱被疏高祖彌屬意於熲委以心膂尉迥之起兵也遣子惇率步騎八萬進屯武陟高祖令韋孝寬擊之軍至河陽莫敢先進高祖以諸將不一令崔仲方監之仲方辭父在山東時熲又見劉昉鄭譯竝無去意遂自請行深合上旨遂遣熲熲受命便發遣人辭母云忠孝不可兩兼歔欷就路至軍爲橋於沁水賊於上流縱大栰熲預爲木狗以禦之旣度焚橋而戰大破之遂至鄴下與迥交戰仍共宇文忻李詢等設策因平尉迥軍還侍宴於臥內上撤御帷以賜之進位柱國改封義寧縣公遷相府司馬任寄益隆高祖受禪拜尚書左僕射兼納言進封渤海郡公朝臣莫與爲比上每呼爲獨孤而不名也熲深避權勢上表遜位讓於蘇威上欲成其美聽解僕射數日上曰蘇威高蹈前朝熲能推舉吾聞進賢受上賞寧可令去官於是命熲復位俄拜左衞大將軍本官如故時突厥屢爲寇患詔熲鎭遏緣邊及還賜馬百餘匹牛羊千計領新都大監制度多出於熲熲每坐朝堂北槐樹下以聽事其樹不依行列有司將伐之上特命勿去以示後人其見重如此又拜左領軍大將軍餘官如故母憂去職二旬起令視事熲流涕辭讓優詔不許開皇二年長孫覽元景山等伐陳令熲節度諸軍會陳宣帝薨熲以禮不伐喪奏請班師蕭巖之叛也詔熲綏集江漢甚得人和上嘗問熲取陳之策熲曰江北地寒田收差晚江南土熱水田早熟量彼收穫之際微徵士馬聲言掩襲彼必屯兵禦守足得廢其農時彼旣聚兵我便解甲再三若此賊以爲常後更集兵彼必不信猶豫之頃我乃濟師登陸而戰兵氣益倍又江南土薄舍多竹茅所有儲積皆非地窖密遣行人因風縱火待彼修立復更燒之不出數年自可財力俱盡上行其策由是陳人益敝九年晉王廣大舉伐陳以熲爲元帥長史三軍諮稟皆取斷於熲及陳平晉王欲納陳主寵姬張麗華熲曰武王滅殷戮妲己今平陳國不宜取麗華乃命斬之王甚不悅及軍還以功加授上柱國進爵齊國公賜物九千段定食千乘縣千五百戶上因勞之曰公伐陳後人言公反朕已斬之君臣道合非靑蠅所間也熲又遜位詔曰公識鑒通遠器略優深出參戎律廓淸淮海入司禁旅實委心腹自朕受命常典機衡竭誠陳力心迹俱盡此則天降良輔翊贊朕躬幸無詞費也其優獎如此是後右衞將軍龐晃及將軍盧賁等前後短熲於上上怒之皆被疏黜因謂熲曰獨孤公猶鏡也每被磨瑩皎然益明未幾尚書都事姜曄楚州行參軍李君才竝奏稱水旱不調罪由高熲請廢黜之二人俱得罪而去親禮逾密上幸幷州留熲居守及上還京賜縑五千匹復賜行宮一所以爲莊舍其夫人賀拔氏寢疾中使顧問絡繹不絕上親幸其第賜錢百萬絹萬匹復賜以千里馬上嘗從容命熲

與賀若弼言及平陳事熲曰賀若弼先獻十策後於蔣山苦戰破賊臣文吏耳焉敢與大將軍論功帝大笑時論嘉其有讓尋以其子表仁取太子勇女前後賞賜不可勝計時熒惑入太微犯左執法術者劉暉私言於熲曰天文不利宰相可修德以禳之熲不自安以暉言奏之上厚加賞慰突厥犯塞以熲爲元帥擊賊破之又出白道進圖入磧遣使請兵近臣緣此言熲欲反上未有所答熲亦破賊而還時太子勇失愛於上潛有廢立之意謂熲曰晉王妃有神憑之言王必有天下若之何熲長跪曰長幼有序其可廢乎上默然而止獨孤皇后知熲不可奪陰欲去之初夫人卒后言於上曰高僕射老矣而喪夫人陛下何能不爲之娶上以后言謂熲熲流涕謝曰臣今已老退朝之後唯齋居讀佛經而已雖陛下垂哀之深至於納室非臣所願上乃止至是熲愛妾產男上聞之極歡后甚不悅上問其故后曰陛下當復信高熲邪始陛下欲爲熲娶熲心存愛妾面欺陛下今其詐已見陛下安得信之上由是踈熲會議伐遼東熲固諫不可上不從以熲爲元帥長史從漢王征遼東遇霖潦疾疫不利而還后言於上曰熲初不欲行陛下彊遣之妾固知其無功矣又上以漢王年少專委軍於熲熲以任寄隆重每懷至公無自疑之意諒所言多不用甚銜之及還諒泣言於后曰兒幸免高熲所殺上聞之彌不平俄而上柱國王世積以罪誅當推覈之際乃有宮禁中事云於熲處得之上欲成熲之罪聞此大驚時上柱國賀若弼吳州總管宇文弼刑部尚書薛冑民部尚書斛律孝卿兵部尚書柳述等明熲無罪上逾怒皆以之屬吏自是朝臣莫敢言者熲竟坐免以公就第未幾上幸秦王俊第召熲侍宴熲歔欷悲不自勝獨孤皇后亦對之泣左右皆流涕上謂熲曰朕不負公公自負也因謂侍臣曰我於高熲勝兒子雖或不見常似目前自其解落瞑然忘之如本無高熲不可以身要君自云第一也頃之熲國令上熲陰事稱其子表仁謂熲曰司馬仲達初託疾不朝遂有天下公今遇此焉知非福於是上大怒囚熲於內史省而鞫之憲司復奏熲他事云沙門眞覺嘗謂熲云明年國有大喪尼令暉復云十七十八年皇帝有大厄十九年不可過上聞而益怒顧謂羣臣曰帝王豈可力求孔子以大聖之才作法垂世寧不欲大位邪天命不可耳熲與子言自比晉帝此何心乎有司請斬熲上曰去年殺虞慶則今茲斬王世積如更誅熲天下其謂我何於是除名爲民熲初爲僕射其母誡之曰汝富貴已極但有一斫頭耳爾宜慎之熲由是常恐禍變及此熲歡然無恨色以爲得免於禍煬帝卽位拜爲太常時詔收周齊故樂人及天下散樂熲奏曰此樂久廢今若徵之恐無識之徒棄本逐末遞相教習帝不悅帝時侈靡聲色滋甚又起長城之役熲甚病之謂太常丞李懿曰周天元以好樂而亡殷鑒不遙安可復爾時帝遇啓民可汗恩禮過厚熲謂太府卿何稠曰此虜頗知中國虛實山川險易恐爲後患復謂觀王雄曰近來朝廷殊無綱紀有人奏之帝以爲謗訕朝政於是下詔誅之諸子徙邊熲有文武大略明達世務及蒙任寄之後竭誠盡節進引貞良以天下爲已任蘇威楊素賀若弼韓擒等皆熲所推薦各盡其用爲一代名臣自餘立功立事者不可勝數當朝執政將二十年朝野推服物無異議治致昇平熲之力也論者以爲眞宰相及其被誅天下莫不傷惜至今稱寃不已所有奇策密謀及損益時政熲皆削藁世無知者其子盛道官至莒州刺史徙柳城而卒次弘德封應國公晉王府記室次表仁封勃海郡公徙蜀郡

## 蘇威 子夔

蘇威字無畏京兆武功人也父綽魏度支尚書威少有至性五歲喪父哀毀有若成人周太祖時襲爵美陽縣公仕郡功曹大冢宰宇文護見而禮之以其女新興主妻焉見護專權恐禍及己逃入山中爲叔父所逼卒不獲免然威每屏居山寺以諷讀爲娛未幾授使持節車騎大將軍儀同三司改封懷道縣公武帝親總萬機拜稍伯下大夫前後所授並辭疾不拜有從父妹者適河南元雄雄先與突厥有隙突厥入朝請雄及其妻子將甘心焉周遂遣之威曰夷人昧利可以賂動遂標賣田宅罄家所有以贖雄論者義之宣帝嗣位就拜開府高祖爲丞相高熲屢言其賢高祖亦素重其名召之及至引入臥內與語大悅居月餘威聞禪代之議遁歸田里高熲請追之高祖曰此不欲預吾事且置之及受禪徵拜太子少保追贈其父爲邳國公邑三千戶以威襲焉俄兼納言民部尚書威上表陳讓詔曰舟大者任重馬駿者遠馳以公有兼人之才無辭多務也威乃止初威父在西魏以國用不足爲征稅之法頗稱爲重既而歎曰今所爲者正如張弓非平世法也後之君子誰能弛乎威聞其言每以爲已任至是奏減賦役務從輕典上悉從之漸見親重與高熲參掌朝政威見宮中以銀爲幔鉤因盛陳節儉之美以諭上上爲之改容彫飾舊物悉命除毀上嘗怒一人將殺之威入閤進諫不納上怒甚將自出斬之威當上前不去上避之而出威又遮止上拂衣而入良久乃召威謝曰公能若是吾無憂矣於是賜馬二匹錢十餘萬尋復兼大理卿京兆尹御史大夫本官悉如故治書侍御史梁毗以威領五職安繁戀劇無舉賢自代之心抗表劾威上曰蘇威朝夕孜孜志存遠大舉賢有闕何遽迫之顧謂威曰用之則行舍之則藏唯我與爾有是夫因謂朝臣曰蘇威不值我無以措其言我不得蘇威何以行其道楊素才辯無雙至若斟酌古今助我宣化非威之匹也蘇威若逢亂世南山四皓豈易屈哉其見重如此未幾拜刑部尚書解少保御史大夫之官後京兆尹廢檢校雍州別駕時高熲與威同心協贊政刑大小無不籌之故革運數年天下稱治俄轉民部尚書納言如故屬山東諸州民饑上令威賑卹之後二載遷吏部尚書歲餘兼領國子祭酒隋承戰爭之後憲章踳駮上令朝臣釐改舊法爲一代通典律令格式多威所定世以爲能九年拜尚書右僕射其年以母憂去職柴毀骨立上勑威曰公德行高人情寄殊重大孝之道蓋同俯就必須抑割爲國惜身朕之於公爲君爲父宜依朕旨以禮自存未幾起令視事固辭優詔不許明年上幸幷州命與高熲同總留事俄追詣行在所使決民訟威子夔少有盛名於天下引致賓客四海士大夫多歸之後議樂事夔與國子博士何妥各有所持於是夔妥俱爲一議使百僚署其所同朝廷多附威同夔者十八九妥恚曰吾席間函丈四十餘年反爲昨暮兒之所屈也遂奏威與禮部尚書盧愷吏部侍郎薛道衡尚書右丞王弘考功侍郎李同和等共爲朋黨省中呼王弘爲世子李同和爲叔言二人如威之子弟也復言威以曲道任其從父弟徹肅等罔冒爲官又國子學請蕩陰人王孝逸爲書學博士威屬盧愷以爲其府參軍上令蜀王秀上柱國虞慶則等雜治之事皆驗上以宋書謝晦傳中朋黨事令威讀之威惶懼免冠頓首上曰謝已晚矣於是免威官爵以開府就第知名之士坐威得罪者百餘人未幾上曰蘇威有德行者但爲人所誤耳命之通籍歲餘復爵邳公拜納言從祠太山坐不敬免俄而復位上謂羣臣曰世人言蘇威詐清家累金玉此妄言也然其性很戾不切世要求名太甚從己則悅違之必怒此其大病耳尋令持節巡撫江南得以便宜從事過會稽踰五嶺而還時突厥都藍可汗屢爲邊患復使威至可汗所與結和親可汗卽遣使獻方物以勤勞進位大將軍仁壽初復拜尚書右僕射上幸仁壽宮以威總留後事及上還御史奏威職事多不理請推之上怒詰責威威拜謝上亦止後上幸仁壽宮不豫皇太子自京師來侍疾詔威留守京師煬帝嗣位加上大將軍及長城之役威諫止之高熲賀若弼等之誅也威坐與相連免官歲餘拜魯郡太守俄召還參預朝政未幾拜太常卿其年從征吐谷渾進位左光祿大夫帝以威先朝舊臣漸加委任後歲餘復爲納言與左翊衛大將軍宇文述黃門侍郎裴矩御史大夫裴蘊內史侍郎虞世基參掌朝政時人稱爲五貴及遼東之役以本官領左武衛大將軍進位光祿大夫賜爵房陵侯其年進封房公威以年老上表乞骸骨上不許復以本官參掌選事明年從征遼東領右禦衛大將軍楊玄感之反也帝引威帳中懼見於色謂威曰此小兒聰明得不爲患乎威曰夫識是非審成敗者乃所謂聰明玄感麤踈非聰明者必無所慮但恐寖成亂階耳威見勞役不息百姓思亂微以此諷帝帝竟不寤從還至涿郡詔威安撫關中以威孫尚輦直長儇爲副其子鴻臚少卿夔先爲關中簡黜大使一家三人俱奉使關右三輔榮之歲餘帝下手詔曰玉以潔潤丹紫莫能渝其質松表歲寒霜雪莫能凋其采可謂溫仁勁直性之然乎房公威器懷溫裕識量弘雅早居端揆備悉國章先皇舊臣朝之宿齒棟梁社稷弼諧朕躬守文奉法卑身率禮昔漢之三傑輔惠帝者蕭何周之十亂佐成王者邵奭國之寶器其在得賢參燮台階具瞻斯允雖復事藉論道終期獻替銓衡時務朝寄爲重可開府儀同三司餘並如故威當時見尊重朝臣莫與爲比後從幸鴈門爲突厥所圍朝廷危懼帝欲輕騎潰圍而出威諫曰城守則我有餘力輕騎則彼之所長陛下萬乘之主何宜輕脫帝乃止突厥俄亦解圍而去車駕至太原威言於帝曰今者盜賊不止士馬疲敝願陛下還京師深根固本爲社稷之計帝初然之竟用宇文述等議遂往東都時天下大亂威知帝不可改意甚患之屬帝問侍臣盜賊事宇文述曰盜賊信少不足爲虞威不能詭對以身隱於殿柱帝呼威而問之威對曰臣非職司不知多少但患其漸近帝曰何謂也威曰他日賊據長白山今者近在滎陽汜水帝不悅而罷尋屬五月五日百寮上饋多以珍翫威獻尚書一部微以諷帝帝彌不平後復問伐遼東事威對願赦羣盜遣討高麗帝益怒御史大夫裴蘊希旨令白衣張行本奏威昔在高陽典選濫授人官畏

怯突厥請還京師帝令案其事及獄成下詔曰威立性朋黨好爲異端懷挾詭道徼幸名利詆訶律令謗訕臺省昔歲薄伐奉述先志凡預切問各盡胷臆而威不以開懷遂無對命啓沃之道其若是乎資敬之義何其甚薄於是除名爲民後月餘有人奏威與突厥陰圖不軌者大理簿責威威自陳奉事二朝三十餘載精誠微淺不能上感咎釁彰罪當萬死帝憫而釋之其年從幸江都宮帝將復用威裴蘊虞世基奏言昏耄羸疾帝乃止宇文化及之弒逆也以威爲光祿大夫開府儀同三司化及敗歸於李密未幾密敗歸東都越王侗以爲上柱國邳公王充僭號署太師威自以隋室舊臣遭逢喪亂所經之處皆與時消息以求容免及大唐秦王平王充坐於東都閶闔門內威請謁見稱老病不能拜起王遣人數之曰公隋朝宰輔政亂不能匡救遂令品物塗炭君弒國亡見李密王充皆拜伏舞蹈今既老病無勞相見也尋歸長安至朝堂請見又不許卒於家時年八十八威治身清儉以廉慎見稱每至公議惡人異己雖或小事必固爭之時人以爲無大臣之體所修格令章程並行於當世然頗傷苛碎論者以爲非簡久之法及大業末年尤多征役至於論功行賞威每承望風旨輒寢其事時羣盜蜂起郡縣有表奏詣闕者又訶詰使人令減賊數故出師攻討多不克捷由是爲物議所譏子夔

夔字伯尼小聰敏有口辯八歲誦詩書兼解騎射年十三從父至尚書省與安德王雄馳射賭得雄駿馬而歸十四詣學與諸儒論議詞致可觀見者莫不稱善及長博覽羣言尤以鍾律自命初不名夔其父改之頗爲有識所哂起家太子通事舍人楊素甚奇之素每戲威曰楊素無兒蘇夔無父後與沛國公鄭譯國子博士何妥議樂因而得罪議寢不行著樂志十五篇以見其志數載遷太子舍人後加武騎尉仁壽末詔天下舉達禮樂之源者晉王昭時爲雍州牧舉夔應之與諸州所舉五十餘人謁見高祖望夔謂侍臣唯此一人稱吾所舉於是拜晉王友煬帝嗣位遷太子洗馬轉司朝謁者以父免職夔亦去官後歷尚書職方郎燕王司馬遼東之役夔領宿衞以功拜朝散大夫時帝方勤遠略蠻夷朝貢前後相屬帝嘗從容謂宇文述虞世基等曰四夷率服觀禮華夏鴻臚之職須歸令望寧有多才藝美儀容可以接對賓客者爲之乎咸以夔對帝然之卽日拜鴻臚少卿其年高昌王麴伯雅來朝朝廷妻以公主夔有雅望令主婚焉其後弘化延安等數郡盜賊蜂起所在屯結夔奉詔巡撫關中突厥之圍鴈門也夔領城東面事夔爲弩樓車廂獸圈一夕而就帝見而善之以功進位通議大夫坐父事除名爲民復丁母憂不勝哀而卒時年四十九

史臣曰齊公霸圖伊始早預經綸魚水冥符風雲玄感正身直道竭諸與運心同契合言聽計從東夏克平南國底定參謀帷幄決勝千里高祖既復禹迹思布堯心舟楫是寄鹽梅斯在兆庶賴以康寧百寮資而輯睦年將二紀人無間言屬高祖將廢儲宮由忠信而得罪逮煬帝方逞浮侈以忤時而受戮若使遂無猜釁克終厥美雖未可參蹤稷契足以方駕蕭曹繼之實難惜矣邳公周道云季方事幽貞隋室龍興首應旌命綢繆任遇窮極榮寵久處機衡多所損益罄竭心力知無不爲然志尚清儉體非弘曠好同惡異有乖直道不存易簡未爲通德歷事二帝三十餘年雖廢黜當時終稱遺老君邪而不能正言國亡而情均衆庶子違汝弼徒聞其語疾風勁草未見其人禮命闕於興王抑亦此之由也夔志識沉敏方雅可稱若天假之年足以不虧堂構矣

# 隋書卷四十二

唐　特　進　臣　魏　徵　上

## 列傳第七

### 李德林

李德林字公輔博陵安平人也祖壽湖州戶曹從事父敬族歷太學博士鎮遠將軍魏孝靜帝時命當世通人正定文籍以爲內校書別在直閣省德林幼聰敏年數歲誦左思蜀都賦十餘日便度高隆之見而嗟歎遍告朝士云若假其年必爲天下偉器鄴京人士多就宅觀之月餘日中車馬不絕年十五誦五經及古今文集日數千言俄而該博墳典陰陽緯候無不通涉善屬文辭覈而理暢魏收嘗對高隆之謂其父曰賢子文筆終當繼溫子昇隆之大笑曰魏常侍殊已嫉賢何不近比老彭乃遠求溫子年十六遭父艱自駕靈輿反葬故里時正嚴冬單衰跣足州里人物由是敬慕之博陵豪族有崔諶者僕射之兄因休假還鄉車服甚盛將從其宅詣德林赴弔相去十餘里從者數十騎稍稍減留比至德林門纔餘五騎云不得令李生怪人熾灼德林居貧轗軻母氏多疾方留心典籍無復宦情其後母病稍愈逼令仕進任城王湝爲定州刺史重其才召入州館朝夕同遊殆均師友不爲君民禮數嘗語德林云竊聞蔽賢蒙顯戮久令君沈滯吾獨得潤身朝廷縱不見尤亦懼明靈所譴於是舉秀才入鄴于時天保八年也王因遺尚書令楊遵彥書云燕趙固多奇士此言誠不爲謬今歲所貢秀才李德林者文章學識固不待言觀其風神器宇終爲棟梁之用至如經國大體是賈生晁錯之儔彫蟲小技殆相如子雲之輩今雖唐虞君世俊乂盈朝然修大廈者豈厭夫良材之積也吾嘗見孔文舉薦禰衡表云洪水橫流帝思俾乂以正平比夫大禹常謂擬論非倫今以德林言之便覺前言非大遵彥卽命德林製讓尚書令表援筆立成不加治點因大相賞異以示吏部郎中陸卬卬云已大見其文筆浩浩如長河東注比來所見後生制作乃涓澮之流耳卬仍命其子乂與德林周旋戒之曰汝每事宜師此人以爲模楷時遵彥銓衡深慎選舉秀才擢第罕有甲科德林射策五條考皆爲上授殿中將軍既是西省散員非其所好又以天保季世乃謝病還鄉闔門守道乾明初遵彥奏追德林入議曹皇建初下詔搜揚人物復追赴晉陽撰春思賦一篇代稱典麗是時長廣王作相居守在鄴勅德林還京與散騎常侍高元海等參掌機密王引授丞相府行參軍未幾而王卽帝位授奉朝請寓直舍人省河清中授員外散騎侍郎帶齋帥仍別直機密省天統初授給事中直中書參掌詔誥尋遷中書舍人武平初加通直散騎侍郎又勑與中書侍郎宋士素副侍中趙彥深別典機密尋丁母艱去職勺飲不入口五日因發熱病遍體生瘡而哀泣不絕諸士友陸騫宋士素名醫張子彥等爲合湯藥德林不肯進遍體洪腫數日間一時頓差身力平復諸人皆云孝感所致太常博士巴叔仁表上其事朝廷嘉之纔滿百日奪情起復德林以羸病屬疾請急罷歸魏收與陽休之論齊書起元事勑集百司會議收與德林書曰前者議文總諸事意小如混漫難可領解今便隨事條列幸爲留懷細加推逐凡言或者皆是敵人之議既聞人說因而探論耳德林復書曰卽位之元春秋常義謹按魯君息姑不稱卽位亦有元年非獨卽位得稱元年也議云受終之元尚書之古典謹案大傳周公攝政一年救亂二年伐殷三年踐奄四年建侯衞五年營成周六年制禮作樂七年致政成王論者或以舜禹受終是爲天子然則周公以臣禮而死此亦稱元非獨受終爲帝也蒙示議文扶病省覽荒情迷識暫得發蒙當世君子必無橫議唯應閣筆贊成而已輒謂前二條有益於議仰見議中不錄謹以寫呈收重遺書曰惠示二事感佩殊深以魯公諸侯之事昨小爲疑息姑不書卽位舜禹亦不言卽位息姑雖攝尚得書元舜禹之攝稱元理也周公居攝乃云一年救亂似不稱元自無大傳不得尋討一之與元其事何別更有所見幸請論之德林答曰攝之與相其義一也故周公攝政孔子曰周公相成王魏武相漢曹植曰如虞翼唐或云高祖身未居攝灼然非理攝者專賞罰之名古今事殊不可以體爲斷陸機見舜肆類上帝班瑞羣后便云舜有天下須格於文祖也欲使晉之三主異於舜攝竊以爲舜若堯死獄訟不歸便是夏朝之益何得不須格於文祖也若使用王者之禮便曰卽眞則周公負扆朝諸侯霍光行周公之事皆眞帝乎斯不然矣必知高祖與舜攝不殊不得從士衡之謬或以爲書元年者當時實錄非追書也大齊之興實由武帝謙匿受命豈直史也比觀論者聞追舉受命之元多有河漢但言追數受命之歲情或安之似所怖者元字耳事類朝三是許其一年不許其元年也案易黃裳元吉鄭玄注云如舜試天子周公攝政是以試攝不殊大傳雖無元字一之與元無異義矣春秋不言一年一月者欲使人君體元以居正蓋史之婉辭非一與元別也漢獻帝死劉備自尊崇陳壽蜀人以魏爲漢賊寧肯蜀主未立已云魏武受命乎士衡自尊本國誠如高議欲使三方鼎峙同爲霸名習氏漢晉春秋意在是也至司馬炎兼并許其帝號魏之君臣吳人並以爲戮賊亦寧肯當塗之世云晉有受命之徵史者編年也故魯號紀年墨子又云吾見百國春秋史又有無事而書年者是重年驗也若欲高祖事事謙沖卽須號令皆推魏氏便是編魏年紀魏事此卽魏末功臣之傳豈復皇朝帝紀者也陸機稱紀元立斷或以正始或以嘉平束皙議云赤雀白魚之事恐晉朝之議是并論受命之元非止代終之斷也公議云陸機不論元者是所未喻願更思之陸機以刊木著於虞書龕黎見於商典以蔽晉朝正始嘉平之議斯又謬矣唯可二代相涉兩史並書必不得以後朝創業之迹斷入前史若然則世宗高祖皆天保以前唯入魏氏列傳不作齊朝帝紀可乎此既不可彼復何證是時中書侍郎杜臺卿上世祖武成皇帝頌齊主以爲未盡善令和士開以頌示德林宣旨云臺卿此文未當朕意以卿有大才須叙盛德卽宜速作急進本也德林乃上頌十六章并序文多不載武成覽頌善之賜名馬一匹三年祖孝

徵入爲侍中尚書左僕射趙彥深出爲兗州刺史朝士有先爲孝徵所待遇者間德林云是彥深黨與不可仍掌機密孝徵曰德林久滯絳衣我常恨彥深待賢未足內省文翰方以委之尋當有佳處分不宜妄說尋除中書侍郎仍詔修國史齊主留情文雅召入文林館又令與黃門侍郎顏之推二人同判文林館事五年勑令與黃門侍郎李孝貞中書侍郎李若別掌宣傳尋除通直散騎常侍兼中書侍郎隆化中假儀同三司承光中授儀同三司及周武帝克齊入鄴之日勑小司馬唐道和就宅宣旨慰喻云平齊之利唯在於爾朕本畏爾逐齊王東走今聞猶在大以慰懷宜即入相見道和引之入內遣內史宇文昂訪問齊朝風俗政教人物善惡即留內省三宿乃歸仍遣從駕至長安授內史上士自此以後詔誥格式及用山東人物一以委之武帝嘗於雲陽宮作鮮卑語謂羣臣云我常日唯聞李德林名及見其與齊朝作詔書移檄我正謂其是天上人豈言今日得其驅使復爲我作文書極爲大異神武公紇豆陵毅答曰臣聞明王聖主得麒麟鳳凰爲瑞是聖德所感非力能致之瑞物雖來不堪使用如李德林來受驅策亦陛下聖德感致有大才用無所不堪勝於麒麟鳳凰遠矣武帝大笑曰誠如公言宣政末授御正下大夫大象初賜爵成安縣男宣帝大漸屬高祖初受顧命邘國公楊惠謂德林曰朝廷賜令總文武事經國任重非羣才輔佐無以克成大業今欲與公共事必不得辭德林聞之甚喜乃答云德林雖庸愞微誠亦有所在若曲相提獎必望以死奉公高祖大悅即召與語劉昉鄭譯初矯詔召高祖受顧命輔少主總知內外兵馬事諸衞既奉勑並受高祖節度鄭譯劉昉議欲授高祖冢宰鄭譯自攝大司馬劉昉又求小冢宰高祖私問德林曰欲何以見處德林云即宜作大丞相假黃鉞都督內外諸軍事不爾無以壓衆心及發喪便即依此以譯爲相府長史帶內史上大夫昉但爲丞相府司馬譯昉由是不平以德林爲丞相府屬加儀同大將軍未幾而三方構亂指授兵畧皆與之參詳軍書羽檄朝夕填委一日之中動逾百數或機速競發口授數人文意百端不加治點鄖公韋孝寬爲東道元帥師次永橋爲沁水泛漲兵未得度長史李詢上密啓云大將梁士彥宇文忻崔弘度並受尉遲迥餽金軍中慅慅人情大異高祖得詢啓深以爲憂與鄭譯議欲代此三人德林獨進計云公與諸將並是國家貴臣未相伏馭今以挾令之威使得之耳安知後所遣者能盡腹心前所遣人獨致乖異又取金之事虛實難明即令換易彼將懼罪恐其逃逸便須禁錮然則鄖公以下必有驚疑之意且臨敵代將自古所難樂毅所以辭燕趙括以之敗趙如愚所見但遣公一腹心明於智畧爲諸將舊來所信服者速至軍所使觀其情僞縱有異志必不敢動丞相大悟曰若公不發此言幾敗大事即令高熲馳驛往軍所爲諸將節度竟成大功凡厥謀謨多此類也進授丞相府從事內郎禪代之際其相國總百揆九錫殊禮詔策牋表璽書皆德林之辭也高祖登阼之日授內史令初將受禪虞慶則勸高祖盡滅宇文氏高熲楊惠亦依違從之唯德林固爭以爲不可高祖作色怒云君讀書人不足平章此事於是遂盡誅之自是品位不加出於高虞之下唯依班例授上儀同進爵爲子開皇元年勑令與太尉任國公于翼高熲等同修律令事訖奏聞別賜九環金帶一腰駿馬一匹賞損益之多也格令班後蘇威每欲改易事條德林以爲格式已頒義須畫一縱令小有踳駮非過蠹政害民者不可數有改張威又奏置五百家鄉正即令理民間辭訟德林以爲本廢鄉官判事爲其里閭親戚剖斷不平今令鄉正專治五百家恐爲害更甚且今時吏部總選人物天下不過數百縣於六七百萬戶內詮簡數百縣令猶不能稱其才乃欲於一鄉之內選一人能治五百家者必恐難得又即時要荒小縣有不至五百家者復不可令兩縣共管一鄉勑令內外羣官就東宮會議自皇太子以下多從德林議蘇威又言廢郡德林語之云修令時公何不論廢郡爲便今令纔出其可改乎然高熲同威之議稱德林很戾多所固執由是高祖盡依威議五年勑令撰錄作相時文翰勒成五卷謂之霸朝雜集序其事曰竊以陽烏垂曜微藿傾心神龍騰舉飛雲觸石聖人在上幽顯冥符故稱比屋可封萬物斯覩臣皇基草昧便豫驅馳遂得參可封之民爲萬物之一其爲嘉慶固以多也若夫帝臣王佐應運挺生接踵於朝諒有之矣而班爾之妙曲木變容朱藍所染素絲改色二十二臣功成盡美二十八將効力於時種德積善豈皆比於稷契計功稱伐非悉類於耿賈書契已還立言立事質非殆庶何世無之蓋上稟睿后旁資羣傑牧商鄙賤居鈞幽微化爲侯王皆由此也有教無類童子羞於霸功見德思齊狂夫成於聖業治世多士亦因此焉煙霧可依騰蛇與蛟龍俱遠棲息有所蒼蠅同騏驥之速因人成事其功不難自此而談雖非上智事受命之主委質爲臣遇高世之才連官接席皆可以翊亮天地流名鐘鼎何必蒼頡造書伊尹制命公旦操筆老聃爲史方可敘帝王之事談人鬼之謀乎至若臣者本慚賓實非勳非德厠軒冕之流無學無才處藝文之職若不逢休運非遇天恩光大含弘博約文禮萬官百辟才忝兼人收拙里閭退仕鄉邑不種東陵之瓜豈過南陽之掾安得出入閭闔之闈趨走太微之庭履天子之階侍聖皇之側樞機帷幄霑及榮寵者也昔歲木行將季諒闇在辰火運肇興羣官總己有周典八柄之所大隋納百揆之日兩朝文翰臣兼掌之時溥天之下三方構亂軍國多務朝夕填委簿領紛紜羽書交錯或速均發弩或事大滔天或日有萬幾或幾有萬事皇帝內明外順經營區宇吐無窮之術運不測之神幽贊兩儀財成萬類咨謀臺閣曉喻公卿訓率士之濱責反常之賊三軍奉律戰勝攻取之方萬國承風安上治民之道讓受終之禮報羣臣之令有憲章古昔者矣有隨事作故者矣千變萬化譬彼懸河寸陰尺日不棄光景大則天壤不遺小則毫毛無失遠尋三古未聞者盡聞遜聽百王未見者皆見發言吐論即成文章臣染翰操牘書記而已昔放勛之化老人覩而未知孔丘之言弟子聞而不達愚情稟聖多必乖舛加以奏閤趨墀盈懷滿袖手披目閱堆案積几心無別慮筆不暫停或畢景忘餐或連宵不寐以勤補拙不遑自處其有詞理踈謬遺漏闕疑皆天旨訓誘神筆改定運籌建策通幽達冥從命者獲安違命者悉禍懸測萬里指期來事常如目見因乃神知變大亂而致太平易可誅而爲淳粹化成道洽其在人文盡出聖懷用成典誥並非臣意所能至此伯禹矢謨成湯陳誓漢光數行之札魏武接要之書濟時拯物無以加也屬神器大寶將遷明德天道人心同謨歸往周靜南面每詔褒揚在位諸公各陳本志璽書表奏羣情賜委臣寰海之內忝曰一民樂趨之誠切於黎獻欣然從命輒不敢辭比夫潘勗之冊魏王阮籍之勸晉后道高前世才謝往人內手捫心夙宵慚惕檄書露板及以諸文有臣所作之有臣潤色之唯是愚思所奏定者雖詞乖黼藻而理歸霸德文有可忽事不可遺前奉勑旨集納麓已還至於受命文筆當時制述條目甚多今日收撰畧爲五卷云爾高祖省讀訖明旦謂德林曰自古帝王之興必有異人輔佐我昨讀霸朝集方知感應之理昨宵恨夜長不能早見公面必令公貴與國始終於是追贈其父恆州刺史未幾上曰我本意欲深榮之復贈定州刺史安平縣公諡曰孝以德林襲焉德林既少有才名重以貴顯凡製文章動行於世或有不知者謂爲古人焉德林以梁士彥及元諧之徒頻有逆意大江之南抗衡上國乃著天命論上之其辭曰粤若邃古玄黃肇闢帝王神器歷數有歸生其德者天應其時者命確乎不變非人力所能爲也龍圖鳥篆號諡遺跡疑而難信缺而未詳者靡得而明焉其在典文煥乎緗素欽明至德莫盛於唐虞貽謀長世莫過於文武大隋神功積於文王天命顯於唐叔昔邑姜方娠夢帝謂己余命而子曰虞將與之唐而蕃育其子孫及生有文在其手曰虞遂以命之成王滅唐而封太叔又唐叔之封也箕子曰其後必大易曰崇高富貴莫大於帝王老子謂域內四大王居一焉此則名虞與唐美兼二聖將令其後必大終致唐虞之美蕃育子孫用享無窮之祚逮皇家建國初號大興箕子必大之言於茲乃驗天之眷命懸屬聖朝重耳區區豈足云也有娀玄鳥商以興焉姜嫄巨跡周以興焉邑姜夢帝隋以興焉古今三代靈命如一本枝種德奕葉丕基佐高帝而滅楚立宣皇以定漢東京大尉關西孔子生感遺鱣之集殄降巨鳥之奇累仁積善大申休命太祖挺生庇民匡主立殊勳於魏室建盛業於周朝啓翼軫之國肇炎精之紀爰受厥命陟配彼天皇帝載誕之初神光滿室具興王之表韞大聖之能或氣或雲蔭映於廊廟如天如日臨照於軒冕內明外順自險獲安豈非萬福扶持百祿攸集有周之末朝野騷然降志執均鎮衞宗社明神饗其德上帝付其民誅姦逆於九重行神化於四海于斯時也尉迥據有齊累世之都乘新國易亂之俗驅馳蛇豕連合縱橫地逌九州陷三民則十分擁六王謙乘連率之威憑全蜀之險與兵舉衆震蕩江山鴆毒巴庸蠶食秦楚此二虜也窮凶極逆非欲割洪溝之地閉劍閣之門皆將長戟强弩睥睨宸極從漳河而達負海連岱岳而距華陽迫脅荊蠻吐納江漢佐鬪嫁禍紛若蝟毛縣骨履腸問不容礪爾乃奉殪戎之命運先天之畧不出戶庭推轂分閫一麾以定三方數旬而清萬國蕩滌天壤之速規摹指畫之神造化以來弗之聞也光熙前緒罔有不服煙雲改色鐘石變音三靈顧望萬物影響未運告盡褰裳克讓天歷在躬推而弗有百辟庶尹四方岳牧稽圖讖之文順億兆之請披肝瀝膽晝歌夜吟方屈箕潁之高式允幽明之願基命宥密如恒如升推帝居歆郟業垂統殊徽號改服色建都邑敘彝倫薄賦輕徭愼刑

恤獄除繁苛之政興清靜之風去無用之官省相監之職奇才間出盛德無隱星精雲氣共趨走於堦墀山神海靈咸變理於臺閣東漸日谷西被月川教暨北濱之表聲加南海之外悠悠沙漠區域萬里蠢蠢百蠻莫之與競五帝所不化三王所未賓屈膝頓顙盡爲臣妾殊方異類書契不傳梯山越海貢琛奉贄欣欣如也巢居穴處化以宮室不火不粒訓以庖廚禮樂合天地之同律呂節寒暑之候制作詳垂衣之後淳粹得神農之前遨遊文雅之場出入杳冥之極合神謨鬼通幽洞微羣物歲成含生日用飲和氣以自得沐玄澤而不知也丹雀爲史玄龜載書甘露自天醴泉出地神禽異獸珍木奇草望風覲海應化歸風備休祥於圖牒罄幽遐而戾止猶且父天子民兢兢翼翼至矣大矣七十四帝曷可同年而語哉若夫天下之重不可妄據故唐之許由夏之伯益懷道立事入授而弗可也軒初四帝周餘六王藉世因基自取而不得也孟軻稱仲尼之德過於堯舜著述成帝者之事弟子備王佐之才黑不代蒼泣麟歎鳳栖栖汲汲雖聖達而莫許也豈尤則黃帝抗衡共工則黑帝勍敵項羽誅秦摧漢宰割神州角逐爭驅盡威力而無就也其餘欻起妖妄曾何足數賊子逆臣所以爲亂皆由不識天道不悟人謀牽逐鹿之邪說謂飛鳧而爲鼎若使四凶爭八元之誠三監同九臣之志韓信彭越深明帝子之符孫述隗囂妙識眞人之出尉迥同謳歌之類王謙比獄訟之民福祿蟬聯胡可窮也而違天逆物獲罪人神嗚呼此前事之大戒矣誅夷烹醢歷代其尤僭逆凶邪時煩獄吏其可不戒愼哉蓋積惡既成心自絕於善道物類相感理必至於誅戮天奪其魄鬼惡其盈故也大帝聰明羣臣正直耳目監於率土賞罰參於國朝輔助一人覆育兆庶豈有食人之祿受人之榮包藏禍心而不殲盡者也必當執法未處其罪司命已除其籍自古明哲慮遠防微執一心持一德立功坐樹上書削藁位尊而心逾下祿厚而志彌約寵盛思之以懼道高守之以恭克念於此則姦回不至事乃畏天豈惟愛禮謙光滿覆義在知幾吉凶由人妖不自作衆星拱極在天成象夙沙則主雖愚蔽民盡知歸有苗則始爲跋扈終而大服漢南諸國見一面以從殷河西將軍率五郡以歸漢故能招信順之助保太山之安彼陳國者盜竊江外民少一郡地減半州遇受命之主逢太平之日自可獻土銜璧乞同溥天乃復養喪家之疹遵顛覆之軌越趄吳越仍爲匪民雖時屬大道偃兵舞鐵然國家當混一之運金陵是殄滅之期有命不恒斷可知矣防風之戮元龜匪遥孫皓之侯守株難得迷而未覺諒可愍焉斯故未辯昊天之心不閑君子之論也

德林自隋有天下每贊平陳之計八年車駕幸同州德林以疾不從勑書追之書後御筆注云伐陳事意宜自隨也時高頻因使入京上語頻曰德林若患未堪行宜自至宅取其方畧高祖以之付晉王廣後從駕還在途中高祖以馬鞭南指云待平陳訖會以七寶莊嚴公使自山東無及之者及陳平授柱國郡公實封八百戶賞物三千段晉王廣已宣勑訖有人說高頻曰天子畫策晉王及諸將戮力之所致也今乃歸功於李德林諸將必當憤惋且後世觀公有若虛行頻入言之高祖乃止初大象末高祖以逆人王謙宅賜之文書已出至地官府忽復改賜崔謙上語德林曰夫人欲得將與其舅於公無形迹不須爭之可自選一好宅若不稱意當爲營造并覓莊店作替德林乃奏取逆人高阿那肱衞國縣市店八十堰爲王謙宅替九年車駕幸晉陽店人上表訴稱地是民物高氏強奪於內造舍上命有司料還價直遇追蘇威自長安至奏云高阿那肱是亂世宰相以諂媚得幸枉取民地造店賃之德林誣調妄奏自入李圓通馮世基等又進云此店收利如食千戶請計日追贓上因責德林德林請勘逆人文簿及本換宅之意上不聽乃悉追店給所住者自是益嫌之十年虞慶則等於關東諸道巡省使還并奏云五百家鄉正專理辭訟不便於民黨與愛憎公行貨賄上仍令廢之德林復奏云此事臣本以爲不可然置來始爾復卽停廢政令不一朝成暮毀深非帝王設法之義臣望陛下若於律令輒欲改張卽以軍法從事不然者紛紜未已高祖遂發怒大詬云爾欲將我作王莽邪初德林稱父爲太尉諮議以取贈官李元操與陳茂等陰奏之曰德林之父終於校書妄稱諮議上甚銜之至是復廷議忤意因數之曰公爲內史典朕機密比不可豫計議者以公不弘耳寧自知乎朕方以孝治天下恐斯道廢闕故立五敎以弘之公言孝由天性何須立敎然則孔子不當說孝經也又調罔取店妄加父官朕實忿之而未能發今當以一州相遣耳因出爲湖州刺史德林拜謝曰臣不敢復望內史令請預散參待陛下登封告成一觀盛禮然後收拙丘園死且不恨上不許轉懷州刺史在州逢亢旱課民掘井溉田空致勞擾竟無補益爲考司所貶歲餘卒官時年六十一贈大將軍廉州刺史謚曰文及將葬勑令羽林百人并鼓吹一部以給喪事贈物三百段粟千石祭以太牢德林美容儀善談吐齊天統中兼中書侍郎於賓館受國書陳使江總目送之曰此卽河朔之英靈也器量沈深時人未能測唯任城王湝趙彥深魏收陸卬大相欽重延譽之言無所不及德林少孤未有字魏收謂之曰識度天才必至公輔吾輒以此字卿從官以後卽典機密性重愼嘗云古人不言溫樹何足稱也少以才學見知及位望稍高頗傷自任爭名之徒更相譖毀所以運屬興王功參佐命十餘年間竟不徙級所撰文集勒成八十卷遭亂亡失見五十卷行於世勑撰齊史未成有子曰百藥博涉多才詞藻清贍釋巾太子通事舍人後遷太子舍人尚書禮部員外郎襲爵安平縣公桂州司馬煬帝恐其初不附已以爲步兵校尉大業末轉建安郡丞

史臣曰德林幼有操尚學富才優譽重鄴中聲飛關右王基締構叶贊謀猷羽檄交馳絲綸間發文誥之美時無與二君臣體合自致靑雲不患莫己知豈徒言也

隋書卷四十二考證

李德林傳龕黎見於商典○書經西伯戡黎作戡按戡與龕通楊子重黎篇劉龕南陽

防風之戮元龜匪遥○宋本防作房按魯語禹致群神於會稽之山防風氏後至防音房

待平陳訖會以七寶莊嚴公○監本莊作裝按蕭子良文菩薩至意堅强所期者大不以爲苦故得自然宮殿七寶房舍早得成佛唐書藝文志大莊嚴論文疏三十卷王僧孺懺悔禮佛文百福莊嚴萬福周集又後漢書劉寬傳伺當朝會裝嚴已訖臣映斗按七寶莊嚴自是借用佛經語從莊爲得若劉寬傳直謂裝束嚴辦耳

# 隋書卷四十三

唐 特 進 臣 魏 徵 上

## 列傳第八

河間王弘 子慶

河間王弘字辟惡高祖從祖弟也祖愛敬早卒父元孫少孤隨母郭氏養於舅族及武元皇帝與周太祖建義關中元孫時在鄴下懼爲齊人所誅因假外家姓爲郭氏元孫死齊爲周所幷弘始入關與高祖相得高祖哀之爲買田宅弘性明悟有文武幹略數從征伐累遷開府儀同三司高祖爲丞相常置左右委以心腹高祖詣周趙元宅將及於難弘時立於戶外以衞高祖尋加上開府賜爵永康縣公及上受禪拜大將軍進爵郡公尋贈其父爲柱國尚書令河間郡公其年立弘爲河間王拜右衞大將軍歲餘進授柱國時突厥屢爲邊患以行軍元帥率衆數萬出靈州道與虜相遇戰大破之斬數千級賜物二千段出拜寧州總管進位上柱國弘在州治尚清淨甚有恩惠後數載徵還京師未幾拜蒲州刺史得以便宜從事時河東多盜賊民不得安弘奏爲盜者百餘人投之邊裔州境帖然號爲良吏每晉王廣入朝弘輒領揚州總管及晉王歸藩弘復還蒲州在官十餘年風敎大洽煬帝嗣位徵還拜太子太保歲餘薨大業六年追封郇王子慶嗣

慶傾曲善候時變帝時猜忌骨肉滕王綸等皆被廢放唯慶獲全累遷滎陽郡太守頗有治績及李密據洛口倉滎陽諸縣多應密慶勒兵拒守密頻遣攻之不能克歲餘城中糧盡兵勢日蹙密因遺慶書曰自昏狂嗣位多歷歲年剝割生民塗炭天下璿室瑤臺之麗未極驕奢糟丘酒池之荒非爲娛亂今者共舉義旗勦翦兇虐八方同德萬里俱來莫不期入關以亡秦爭渡河而滅紂東窮海岱南泊江淮凡厥遺人承風慕義唯滎陽一郡王獨守迷夫微子紂之元兄族實爲重項伯籍之季父戚乃非疎然猶去朝歌而入周背西楚而歸漢豈不眷戀宗祊留連骨肉但識寶鼎之將移知神器之先改而王之先代家住山東本姓郭氏乃非楊族止爲宿與隋朝先有勳舊遂得預霑盤石名在葭莩婁敬之與漢高殊非血胤呂布之於董卓良異天親芝焚蕙歎事不同此又王之昏主心若豺狼讐忿同胞有逾沉閼惟勇及諒咸罄甸師況乃族類爲非何能自保爲王計者莫若舉城從義開門送款安若太山高枕而臥長守富貴足爲美談乃至子孫必有餘慶今王世充屢被摧蹙自救無聊偷存晷漏詎能支久段達韋津東都自固何暇圖人世充朝亡達便夕滅又江都荒湎流宕忘歸內外崩離人神怨憤上江米船皆被抄截士卒饑餒半蔽不充事切析骸義均煮弩舉烽火於驪山諸侯莫至浮膠船於漢水還日未期王獨守孤城絕援千里餱糧之計僅有月餘敝卒之多纔盈數百有何恃賴欲相拒抗求枯魚於市肆卽事非虛因歸鴈以運糧竟知何日然城中豪傑王之腹心思殺長吏將爲內啓正恐禍生匕首釁發蕭墻空以七尺之軀懸賞千金之購可爲寒心可爲酸鼻者也幸能三思自求多福于時江都敗問亦至

慶得書遂降于密改姓爲郭氏密爲王世充所破復歸東都更爲楊氏越王侗不之責也及侗稱制拜宗正卿世充將篡慶首爲勸進世充旣僭僞號降爵郇國公慶復爲郭氏世充以兄女妻之署滎州刺史及世充將敗慶欲將其妻同歸長安其妻謂之曰國家以妾奉箕箒於公者欲以申厚意結公心耳今叔父窮迫家國阽危而公不顧婚姻孤負付屬爲全身之計非妾所能責公也妾若至長安則公家一婢耳何用妾爲願得送還東都君之惠也慶不許其妻遂沐浴靚粧仰藥而死慶歸大唐爲宜州刺史郇國公復姓楊氏其嫡母元太妃老兩目失明王世充以慶叛已而斬之

## 楊處綱

楊處綱高祖族父也生長北邊少習騎射在周嘗以軍功拜上儀同高祖受禪賜其父鍾葵爲柱國尚書令義城縣公以處綱襲焉授開府督武候事尋爲太子宗衞率轉左監門郎將後數載起授右領軍將軍處綱雖無才藝而性質直在宮彊濟亦爲當時所稱尋拜蒲州刺史吏民悅之進位大將軍後遷秦州總管卒官諡曰恭弟處榮官至雒州刺史漢王諒之反也朝廷以爲有二心廢錮不齒

## 楊子崇

楊子崇高祖族弟也父盆生贈荊州刺史子崇少好學涉獵書記有風儀愛賢好士開皇初拜儀同以車騎將軍恒典宿衞後爲司門侍郎煬帝嗣位累遷候衞將軍坐事免未幾復令檢校將軍事從帝幸汾陽宮子崇知突厥必爲寇屢請早還京師帝不納尋有鴈門之圍及賊退帝怒之曰子崇怯愞妄有陳請驚動我衆心不可居爪牙之寄出爲離石郡太守治有能名自是突厥屢寇邊塞胡賊劉六兒復擁衆劫掠郡境子崇上表請兵鎭遏帝復大怒下書令子崇巡行長城子崇出百餘里四面路絕不得進而歸時百姓饑饉相聚爲盜子崇前後捕斬數千人歲餘朔方梁師都馬邑劉武周等各稱兵作亂郡中諸胡復相嘯聚子崇患之言欲朝集遂與心腹數百人自孟門關將還京師輜重半濟遇河西諸縣各殺長吏叛歸師都道路隔絕子崇退歸離石所將左右旣聞太原有兵起不復入城遂各叛去子崇悉收叛者父兄斬之後數日義兵夜至城下城中豪傑復出應之城陷子崇爲讐家所殺

## 觀德王雄 弟達

觀德王雄初名惠高祖族子也父納仕周歷八州刺史儀城縣公賜姓叱呂引氏雄美姿儀有器度雍容閑雅進止可觀周武帝時爲太子司旅下大夫帝幸雲陽宮衞王直作亂以其徒襲肅章門雄逆拒破之進位上儀同封武陽縣公邑千戶累遷右司衞上大夫大象中進爵邘國公邑五千戶高祖爲丞相雍州牧畢王賢謀作難雄時爲別駕知其謀以告高祖賢伏誅以功授柱國雍州牧仍領相府虞候周宣帝葬備諸王有變令雄率六千騎送至陵所進位上柱國高祖受禪除左衞將軍兼宗正卿俄遷右衞大將軍參預朝政進封廣平王食邑五千戶以邘公別封一子雄請封弟士貴朝廷許之或奏高熲朋黨者上詰雄於朝雄對曰臣忝衞宮闈朝夕左右若有朋附豈容不知至尊欽明睿哲萬機親覽熲用心平允奉法而行此乃愛憎之理惟陛下察之高祖深然其言雄時貴寵冠絕一時與高熲虞慶則蘇威稱爲四貴雄寬容下士朝野傾屬高祖惡其得衆陰忌之不欲其典兵馬乃下冊書拜雄爲司空曰維開皇九年八月朔壬戌皇帝若曰於戲惟爾上柱國左衞大將軍宗正卿廣平王風度寬弘位望隆顯爰司禁旅緜歷十載入當心腹外任爪牙驅馳軒陛勤勞著績念舊庸勳禮秩加等公輔之寄民具爾瞻宜竭迺誠副茲名實是用命爾爲司空往欽哉光應寵命得不愼歟外示優崇實奪其權也雄無職務乃閉門不通賓客尋改封淸漳王仁壽初高祖曰淸漳之名未允聲望命職方進地圖上指安德郡以示羣臣曰此號足爲名德相稱於是改封安德王大業初授太子太傅及元德太子薨檢校鄭州刺史事歲餘授懷州刺史尋拜京兆尹帝親征吐谷渾詔雄總管澆河道諸軍及還改封觀王上表讓曰臣早逢興運預班末屬有命有時藉風雲之會無才無德濫公卿之首蒙先皇不次之賞荷陛下非分之恩久忝台槐常慮盈滿豈可仍叨匪服重竊鴻名臣實面牆敢緣往例臣誠昧寵交懼身責昔劉賈封王豈備三階之任曹洪上將寧超五等之爵況臣衮章踰於帝子京尹亞於皇枝錫土作藩鈕金開國於臣何以自處存物謂其乖分是以瀝款執愚祈恩固守伏願陛下曲留慈照特鑒丹誠頻觸宸嚴伏增流汗優詔不許遼東之役檢校左翊衞大將軍出遼東道次瀘河鎭遘疾而薨時年七十一帝爲之廢朝鴻臚監護喪事有司考行請諡曰懿帝曰王道高雅俗德冠生人乃賜諡曰德贈司徒襄國武安渤海淸河上黨河間濟北高密濟陰長平等十郡太守子恭仁位至吏部侍郎恭仁弟綝性和厚頗有文學歷義州刺史淮南太守及父薨起爲司隸大夫遼東之役帝令綝於臨海頓別有所督楊玄感之反也玄感弟玄縱自帝所逃赴其兄路逢綝綝避人偶語久之旣別而復相就者數矣司隸刺史劉休文奏之時綝兄吏部侍郎恭仁將兵於外帝以是寢之未發其事綝憂懼發病而卒綝弟續仕至散騎侍郎

雄弟達字士達少聰敏有學行仕周官至儀同內史下大夫遂寧縣男高祖受禪拜給事黃門侍郎進爵爲子時吐谷渾寇邊詔上柱國元楷爲元帥達爲司馬軍還兼吏部侍郎加開府歲餘轉內史侍郎出爲鄯鄭趙三州刺史俱有能名平陳之後四海大同上差品天下牧宰達爲第一賜雜綵五百段加以金帶擢拜工部尚書加位上開府達爲人弘厚有局度楊素每言曰有君子之貌兼君子之心者唯楊達耳獻皇后及高祖山陵制度達並參豫焉煬帝嗣位轉納言仍領營東都副監帝甚信重之遼東之役領右武衞將軍進位左光祿大夫卒於師時年六十二帝歎惜者久之贈吏部尚書始安侯諡曰恭贈物三百五十段

史臣曰高祖始遷周鼎衆心未附利建同姓維城宗社是以河間觀德咸啓山河屬乃葭莩地非寵逼故高位厚秩與時終始楊慶二三其德志在苟生變本宗如反掌棄慈母如遺跡及身而絕宜其然矣觀王位登台衮慶流後嗣保茲寵祿實仁厚之所致乎

# 隋書卷四十四

唐　特　進　臣　魏　徵　上

## 列傳第九

### 滕穆王瓚 嗣王綸

滕穆王瓚字恒生一名慧高祖母弟也周世以太祖軍功封竟陵郡公尚武帝妹順陽公主自右中侍上士遷御伯中大夫保定四年改爲納言授儀同瓚貴公子又尚公主美姿儀好書愛士甚有令名於當世時人號曰楊三郎武帝甚親愛之平齊之役諸王咸從留瓚居守帝謂之曰六府事殷一以相付朕將遂事東方無西顧之憂矣其見親信如此宣帝卽位遷吏部中大夫加上儀同未幾帝崩高祖入禁中將總朝政令廢太子勇召之欲有計議瓚素與高祖不協聞召不從曰作隋國公恐不能保何乃更爲族滅事邪高祖作相遷大將軍尋拜大宗伯典脩禮律進位上柱國邵國公瓚見高祖執政羣情未一恐爲家禍陰有圖高祖之計高祖每優容之及受禪立爲滕王後拜雍州牧上數與同坐呼爲阿三後坐事去牧以王就第瓚妃宇文氏先時與獨孤皇后不平及此鬱鬱不得志陰有呪詛上命瓚出之瓚不忍離絕固請上不得已從之宇文氏竟除屬籍瓚由是忤旨恩禮更薄開皇十一年從幸栗園暴薨時年四十二人皆言其遇鴆以斃子綸嗣

綸字斌籀性弘厚美姿容頗解鍾律高祖受禪封邵國公邑八千戶明年拜邵州刺史晉王廣納妃於梁詔綸致禮焉甚爲梁人所敬綸以穆王之故當高祖之世每不自安煬帝卽位尤被猜忌綸憂懼不知所爲呼術者王琛而問之琛答曰王相祿不凡乃因曰滕卽騰也此字足爲善應有沙門惠恩崛多等頗解占候綸每與交通常令此三人爲度星法有人告綸怨望呪詛帝命黃門侍郎王弘窮治之弘見帝方怒遂希旨奏綸厭蠱惡逆坐當死帝令公卿議其事司徒楊素等曰綸希冀國災以爲身幸原其性惡之由積自家世惟皇運之始四海同心在於孔懷彌須叶力其先乃離阻大謀棄同卽異父悖於前子逆於後非直覬覦朝廷便是圖危社稷爲惡有狀其罪莫大刑茲無赦抑有舊章請依前律帝以公族不忍除名爲民徙始安諸弟散徙邊郡大業七年親征遼東綸欲上表請從軍自効爲郡司所遏未幾復徙朱崖及天下大亂爲賊林仕弘所逼携妻子竄于儋耳後歸大唐爲懷化縣公綸弟坦字文籀初封竟陵郡公坐綸徙長沙坦弟猛字武籀徙衡山猛弟溫字明籀初徙零陵溫好學解屬文旣而作零陵賦以自寄其辭哀思帝見而怒之轉徙南海溫弟詵字弘籀前亦徙零陵帝以其脩謹襲封滕王以奉穆王嗣大業末薨於江都

### 道悼王靜

道悼王靜字賢籀滕穆王瓚之子也出繼叔父嵩嵩在周代以太祖軍功賜爵興城公早卒高祖踐位追封道王諡曰宣以靜襲焉卒無子國除

### 衞昭王爽 嗣王集

衞昭王爽字師仁小字明達高祖異母弟也周世在襁

穉中以太祖軍功封同安郡公六歲而太祖崩爲獻皇后之所鞠養由是高祖於諸弟中特寵愛之十七爲內史上士高祖執政拜大將軍秦州總管未之官轉授蒲州刺史進位柱國及受禪立爲衞王尋遷雍州牧領左右將軍俄遷右領軍大將軍權領并州總管歲餘進位上柱國轉涼州總管爽美風儀有器局治甚有聲其年以爽爲行軍元帥步騎七萬以備胡出平涼無虜而還明年大舉北伐又爲元帥河間王弘豆盧勣竇榮定高熲虞慶則等分道而進俱受爽節度爽親率李元節等四將出朔州遇沙鉢略可汗於白道接戰大破之虜獲千餘人驅馬牛羊鉅萬沙鉢略可汗中重創而遁高祖大悅賜爽眞食梁安縣千戶六年復爲元帥步騎十五萬出合川突厥遁逃而返明年徵爲納言高祖甚重之未幾爽寢疾上使巫者薛榮宗視之云衆鬼爲厲爽令左右驅逐之居數日有鬼物來擊榮宗榮宗走下階而斃其夜爽薨時年二十五贈太尉冀州刺史子集嗣

集字文會初封遂安王尋襲封衞王煬帝時諸侯王恩禮漸薄猜防日甚集憂懼不知所爲乃呼術者俞普明章醮以祈福助有人告集呪詛憲司希旨鍛成其獄奏集惡逆坐當死天子下公卿議其事楊素等曰集密懷左道厭蠱君親公然呪詛無慙幽顯情滅人理事悖先朝是君父之罪人非臣子之所赦請論如律時滕王綸坐與相連帝不忍加誅乃下詔曰綸集以附萼之華猶子之重縻之好爵匪由德進正應與國升降休戚是同乃包藏妖禍誕縱邪僻在三之義愛敬俱淪急難之情孔懷頓滅公卿議旣如此覽以潸然雖復王法無私恩從義斷但法隱公族禮有親親致之極辟情所不忍於是除名爲民遠徙邊郡遇天下大亂不知所終

蔡王智積

蔡王智積高祖弟整之子也整周明帝時以太祖軍功賜爵陳留郡公尋授開府車騎大將軍從武帝平齊至并州力戰而死及高祖作相贈柱國大司徒冀定瀛相懷衞趙貝八州刺史高祖受禪追封蔡王謚曰景以智積襲焉又封其弟智明爲高陽郡公智才爲開封縣公尋拜智積爲開府儀同三司授同州刺史儀衞資送甚盛頃之以脩謹聞高祖善之在州未嘗嬉戲遊獵聽政之暇端坐讀書門無私謁有侍讀公孫尚儀山東儒士府佐楊君英蕭德言並有文學時延於座所設唯餅果酒纔三酌家有女妓唯年節嘉慶奏於太妃之前其簡靜如此昔高祖龍潛時景王與高祖不睦其太妃尉氏又與獨孤皇后不相諧以是智積常懷危懼每自貶損高祖知其若是亦哀憐之人或勸智積治產業者智積曰昔平原露朽財帛苦其多也吾幸無可露何更營乎有五男止教讀論語孝經而已亦不令交通賓客或問其故智積答曰卿非知我者其意恐兒子有才能以致禍也開皇二十年徵還京第無他職任闔門自守非朝覲不出煬帝卽位滕王綸衞王集並以讒構得罪高陽公智明亦以交遊奪爵智積逾懼大業七年授弘農太守委政寮佐清淨自居及楊玄感作亂自東都引軍而西智積謂官屬曰玄感聞大軍將至欲西圖關中若成其計則根本固矣當以計縻之使不得進不出一旬自可擒耳及玄感軍至城下智積登陴詈辱之玄感怒甚留攻之城門爲賊所燒智積乃更益火賊不得入數日宇文述等援軍至合擊破之十二年從駕江都寢疾帝時疎薄骨肉智積每不自安及遇患不呼醫臨終謂所親曰吾今日始知得保首領沒於地矣時人哀之有子道玄

史臣曰周建懿親漢開盤石內以敦睦九族外以輯寧億兆深根固本崇奬王室安則有以同其樂衰則有以恤其危所由來久矣魏晉以下多失厥中不遵王度各徇所私抑之則勢齊於匹夫抗之則權侔於萬乘矯枉過正非一時也得失詳乎前史不復究而論焉高祖昆弟之恩素非篤睦閨房之隙又不相容至于二世承基其弊愈甚是以滕穆暴薨人皆竊議蔡王將沒自以爲幸唯衞王養於獻后故任遇特隆而諸子遷流莫知死所悲夫其錫以茅土稱爲盤石行無甲兵之衞居與甿隸爲伍外內無虞顚危不暇時逢多難將何望焉

隋書卷四十四考證

滕穆王瓚子綸字斌籀○北史籀作籍臣映斗按本傳綸弟坦字文籀猛字武籀溫字明籀洸字弘籀則綸字斌籀當非譌也

隋書卷四十五

唐　特　進　臣　魏　徵　上

列傳第十

文四子

高祖五男皆文獻皇后之所生也長曰房陵王勇子儼次煬帝次秦孝王俊子浩次庶人秀次庶人諒

房陵王勇字晛地伐高祖長子也周世以太祖軍功封博平侯及高祖輔政立爲世子拜大將軍左司衞封長寧郡公出爲雒州總管東京小冢宰總統舊齊之地後徵還京師進位上柱國大司馬領內史御正諸禁衞皆屬焉高祖受禪立爲皇太子軍國政事及尚書奏死罪已下皆令勇參決之上以山東民多流冗遣使按檢又欲徙民北實邊塞勇上書諫曰竊以導俗當漸非可頓革戀土懷舊民之本情波迸流離蓋不獲已有齊之末主闇時昏周平東夏繼以威虐民不堪命致有逃亡非厭家鄉願爲羈旅加以去年三方逆亂賴陛下仁聖區宇肅清鋒刃雖屏瘡痍未復若假以數歲沐浴皇風逃竄之徒自然歸本雖北夷猖獗嘗犯邊烽今城鎭峻峙所在嚴固何待遷配以致勞擾臣以庸虛謬當儲貳寸誠管見輒以塵聞上覽而嘉之遂寢其事是後時政不便多所損益上每納之上嘗從容謂羣臣曰前世皇王溺於嬖幸廢立之所由生朕傍無姬侍五子同母可謂眞兄弟也豈若前代多諸內寵孽子忿諍爲亡國之道邪勇頗好學解屬詞賦性寬仁和厚率意任情無矯飾之行引明克讓姚察陸開明等爲之賓友勇嘗文飾蜀鎧上見而不悅恐致奢侈之漸因而誡之曰我聞天道無親唯德是與歷觀前代帝王未有奢華而得長久者汝當儲后若不上稱天心下合人意何以承宗廟之重居兆民之上吾昔日衣服各留一物時復看之以自警戒今以刀子賜汝宜識我心其後經冬至百官朝勇勇張樂受賀高祖知之問朝臣曰近聞至節內外百官相率朝東宮是何禮也太常少卿辛亶對曰於東宮是賀不得言朝高祖曰改節稱賀正可三數十人逐情各去何因有司徵召一時普集太子法服設樂以待之東宮如此殊乖禮制於是下詔曰禮有等差君臣不雜爰自近代聖教漸虧俯仰逐情因循成俗皇太子雖居上嗣義兼臣子而諸方岳牧正冬朝賀任土作貢別上東宮事非典則宜悉停斷自此恩寵始衰漸生疑阻時高祖令選宗衞侍官以入上臺宿衞高熲奏稱若盡取強者恐東宮宿衞太劣高祖作色曰我有時行動宿衞須得雄毅太子毓德東宮左右何須強武此極敝法甚非我意如我商量恒於交番之日分向東宮上下團伍不別豈非好事我熟見前代公不須仍踵舊風蓋疑高熲男尚勇女形於此言以防之也勇多內寵昭訓雲氏尤稱嬖幸禮匹於嫡勇妃元氏無寵嘗遇心疾二日而薨獻皇后意有他故甚責望勇自是雲昭訓專擅內政后彌不平頗遣人伺察求勇罪過晉王知之彌自矯飾姬妾但備員數唯共蕭妃居處皇后由是薄勇愈稱晉王德行其後晉王來朝車馬侍從皆爲儉素敬接朝臣禮極卑屈聲名籍甚冠於諸王臨還揚州入內辭皇后因進言曰臣鎭守有限方違顏色臣子之戀實結于心一辭階闥無由侍奉拜見之期杳然未日因哽咽流涕伏不能興皇后亦曰汝在方鎭我又年老今日之別有切常離又泫然泣下相對歔欷王曰臣性識愚下常守平生昆弟之意不知何罪失愛東宮恒蓄盛怒欲加屠陷每恐讒譖生於投杼鴆毒遇於杯勺是用勤憂積念懼履危亡皇后忿然曰晛地伐漸不可耐我爲伊索得元家女望隆基業竟不聞作夫妻專寵阿雲使有如許豚犬前新婦本無病痛忽爾暴亡遣人投藥致此夭逝事已如是我亦不能窮治何因復於汝處發如此意我在尚爾我死後當魚肉汝乎每思東宮竟無正嫡至尊千秋萬歲之後遣汝等兄弟向阿雲兒前再拜問訊此是幾許大苦痛邪晉王又拜嗚咽不能止皇后亦悲不自勝此別之後知皇后意移始構奪宗之計因引張衡定策遣褒公宇文述深交楊約令喻旨於越國公素具言皇后此語素瞿然曰但不知皇后如何必如所言吾又何爲者後數日素入侍宴微稱晉王孝悌恭儉有類至尊用此揣皇后意皇后泣曰公言是也我兒大孝順每聞至尊及我遣內使到必迎於境首言及違離未嘗不泣又其新婦亦大可憐我使婢去常與之同寢共食豈若晛地伐共阿雲相對而坐終日酣宴昵近小人疑阻骨肉我所以益憐阿麽者常恐晴地殺之素旣知意因盛言太子不才皇后遂遺素金始有廢立之意勇頗知其謀憂懼計無所出聞新豐人王輔賢能占候召而問之輔賢曰白虹貫東宮門太白襲月皇太子廢退之象也以銅鐵五兵造諸厭勝又於後園之內作庶人村屋宇卑陋太子時於中寢息布衣草褥冀以當之高祖知其不安在仁壽宮使楊素觀勇素至東宮偃息未入勇束帶待之故久不進以激怒勇勇銜之形於言色素還言勇怨望恐有他變願深防察高祖聞素譖毀甚疑之皇

后又遣人伺覘東宮纖介事皆聞奏因加媒蘖構成其罪高祖惑於邪議遂疎忌勇乃於玄武門達至德門量置候人以伺動靜皆隨事奏聞又東宮宿衞之人侍官已上名籍悉令屬諸衞府有健兒者咸屏去之晉王又令段達私於東宮幸臣姬威遺以財貨令取太子消息密告楊素於是內外諠謗過失日聞段達脅姬威曰東宮罪過主上皆知之矣已奉密詔定當廢立君能告之則大富貴威遂許諾九月壬子車駕至自仁壽宮翌日御大興殿謂侍臣曰我新還京師應開懷歡樂不知何意翻邑然愁苦吏部尚書牛弘對曰由臣等不稱職故至尊憂勞高祖既數聞讒譖疑朝臣皆具委故有斯問冀聞太子之愆弘爲此對大乖本旨高祖因作色謂東宮官屬曰仁壽宮去此不遠而令我每還京師嚴備仗衞如入敵國我爲患利不脫衣臥昨夜欲得近厠故在後房恐有警急還移就前殿豈非爾輩欲壞我國家邪於是執唐令則等數人付所司訊鞫令楊素陳東宮事狀以告近臣素顯言之曰臣奉勅向京令皇太子檢校劉居士餘黨太子奉詔乃作色奮厲骨肉飛騰語臣云居士黨盡伏法遣我何處窮討爾作右僕射委寄不輕自檢校之何關我事又云若大事不遂我先被誅今作天子竟乃令我不如諸弟一事以上不得自由因長歎迴視云我大覺身妨高祖曰此兒不堪承嗣久矣皇后恒勸我廢之我以布素時生復是長子望其漸改隱忍至今勇昔從南兗州來語衞王云阿孃不與我一好婦女亦是可恨因指皇后侍兒曰是皆我物此言幾許異事其婦初亡卽以斗帳安餘老嫗新婦初亡我深疑使馬嗣明藥殺我曾責之便懟曰會殺元孝矩此欲害我而遷怒耳初長寧誕育朕與皇后共抱養之自懷彼此連遣來索且雲定興女在外私合而生想此由來何必是其體胤昔晉太子取屠家女其兒卽好屠割今儻非類便亂宗社又劉金驎諂佞人也呼定興作親家翁定興愚人受其此語我前解金驎者爲其此事勇嘗引曹妙達共定興女同讌妙達在外說云我今得勸妃酒直以其諸子偏庶畏人不服故逆縱之欲收天下之望耳我雖德慙堯舜終不以萬姓付不肖子也我恒畏其加害如防大敵今欲廢之以安天下左衞大將軍五原公元旻諫曰廢立大事天子無二言詔旨若行後悔無及讒言罔極惟陛下察之旻辭直爭强聲色俱厲上不答是時姬威又抗表告太子非法高祖謂威曰太子事跡宜皆盡言威對曰皇太子由來共臣語唯意在驕奢欲

得從樊川以至于散關總規爲苑兼云昔漢武帝將起上林苑東方朔諫之賜朔黃金百斤幾許可笑我實無金輒賜此等若有諫者正當斬之不過殺百許人自然永息前蘇孝慈解左衞率皇太子奮髯揚肘曰大丈夫會當有一日終不忘之決當快意又宮內所須尚書多執法不與便怒曰僕射以下吾會戮一二人使知慢我之禍又於苑內築一小城春夏秋冬作役不輟營起亭殿朝造夕改每云至尊嗔我多側庶高緯陳叔寶豈是孽子乎嘗令師姥卜吉凶語臣曰至尊忌在十八年此期促矣高祖泫然曰誰非父母生乃至於此我有舊使婦女令看東宮奏我云勿令廣平王至皇太子處東宮憎婦亦廣平敎之元贊亦知其陰惡勸我於左藏之東加置兩隊初平陳後宮人好者悉配春坊如聞不知厭足於外更有求訪朕近覽齊書見高歡縱其兒子不勝忿憤安可効尤邪於是勇及諸子皆被禁錮部分收其黨與楊素舞文巧詆鍛鍊以成其獄勇由是遂敗居數日有司承素意奏言左衞元旻身備宿衞常曲事於勇情存附託在仁壽宮裴弘將勇書於朝堂與旻題封云勿令人見高祖曰朕在仁壽宮有纖小事東宮必知疾於驛馬怪之甚久豈非此徒耶遣武士執旻及弘付法治其罪先是勇嘗從仁壽宮參起居還塗中見一枯槐根幹蟠錯大且五六圍顧左右曰此堪作何器用或對曰古槐尤堪取火于時衞士皆佩火燧勇因令匠者造數千枚欲以分賜左右至是獲於庫又藥藏局貯艾數斛亦搜得之大將爲怪以問姬威威曰太子此意別有所在比令長寧王已下詣仁壽宮還每嘗急行一宿便至恒飼馬千匹云徑往捉城門自然餓死素以威言詰勇勇不服曰竊聞公家馬數萬匹勇忝備位太子有馬千匹乃是反乎素又發洩東宮服翫似加琱飾者悉陳之於庭以示文武羣官爲太子之罪高祖遣將諸物示勇以誚詰之皇后又責之罪高祖使使責問勇勇不服太史令袁充進曰臣觀天文皇太子當廢上曰玄象久見矣羣臣無敢言者於是使人召勇勇見使者驚曰得無殺我耶高祖戎服陳兵御武德殿集百官立於東面諸親立於西面引勇及諸子列於殿庭命薛道衡宣廢勇之詔曰太子之位實爲國本苟非其人不可虛立自古儲副或有不才長惡不悛仍令守器皆由情溺寵愛失於至理致使宗社傾亡蒼生塗地由此言之天下安危繫乎上嗣大業傳世豈不重哉皇太子勇地則居長情所鍾愛初登大位卽建春宮冀德業日新隆茲負荷

而性識庸闇仁孝無聞昵近小人委任姦佞前後愆釁難以具紀但百姓者天之百姓朕恭天命屬當安育雖欲愛子實畏上靈豈敢以不肖之子而亂天下勇及其男女爲王公主者並可廢爲庶人顧惟兆庶事不獲已興言及此良深愧歎令薛道衡謂勇曰爾之罪惡人神所棄欲求不廢其可得耶勇再拜而言曰臣合尸之都市爲將來鑒誡幸蒙哀憐得全性命言畢泣下流襟既而舞蹈而去左右莫不憫默又下詔曰自古以來朝危國亂皆邪臣佞媚凶黨扇惑致使禍及宗社毒流兆庶若不標明典憲何以肅清天下左衞大將軍五原郡公元旻任掌兵衞委以心膂陪侍左右恩寵隆渥乃包藏姦伏離間君親崇長厲階最爲魁首太子左庶子唐令則策名儲貳位長宮寮諂曲取容音技自進躬執樂器親敎內人贊成驕侈導引非法太子家令鄒文騰專行左道偏被親昵心腹委付鉅細關知占問國家希覬災禍左衞率司馬夏侯福內事諂諛外作威勢凌侮上下褻濁宮闈典膳監元淹謬陳愛憎開示怨隙妄起訕謗潛行離阻進引妖巫營事厭禱前吏部侍郎蕭子寶往居省閣舊非宮臣禀性浮躁用懷輕險進畫姦謀要射榮利經營閒構開造禍端前主璽下士何竦假託玄象妄說妖怪志圖禍亂心在速發兼制奇器異服皆竦規摹增長驕奢糜費百姓凡此七人爲害乃甚並處斬妻妾子孫皆悉沒官車騎將軍閻毗東郡公崔君綽游騎尉沈福寶瀛州民章仇太翼等四人所爲之事皆是悖惡論其狀迹罪合極刑但朕情存好生未能盡戮可並特免死各決杖一百身及妻子資財田宅悉可沒官副將作大匠高龍叉豫追番丁輒配東宮使役營造亭舍進入春坊率更令晉文建通直散騎侍郎判司農少卿事元衡料度之外私自出給慮破丁功擅割園地並處盡於是集羣官于廣陽門外宣詔以戮之廣平王雄答詔曰至尊爲百姓割骨肉之恩廢黜無德實爲大慶天下幸甚乃移勇於內史省立晉王廣爲皇太子仍以勇付之復囚於東宮賜楊素物三千段元胄楊約並千段楊難敵五百段皆鞫勇之功賞也時文林郎楊孝政上書諫曰皇太子爲小人所誤宜加訓誨不宜廢黜上怒撻其胷尋而貝州長史裴肅表稱庶人罪黜已久當克己自新請封一小國高祖知勇之黜也不允天下之情乃徵肅入朝具陳廢立之意時勇自以廢非其罪頻請見上面申冤屈而皇太子遏之不得聞奏勇於是升樹大叫聲聞於上冀得引見素因奏言勇情志昏亂爲癲

鬼所著不可復收上以爲然卒不得見素誣陷經營構成其罪類皆如此高祖寢疾於仁壽宮徵皇太子入侍醫藥而姦亂宮闈事聞於高祖高祖抵牀曰枉廢我兒因遣追勇未及發使高祖暴崩秘不發喪遽收柳述元巖繫於大理獄僞爲高祖勅書賜庶人死追封房陵王不爲立嗣勇有十男雲昭訓生長寧王儼平原王裕安城王筠高良娣生安平王嶷襄城王恪王良媛生高陽王該建安王韶成姬生潁川王煚後宮生孝實孝範

長寧王儼勇長子也誕乳之初以報高祖高祖曰此卽皇太孫何乃生不得地雲定興奏曰天生龍種所以因雲而出時人以爲敏對六歲封長寧郡王勇敗亦坐廢黜上表乞宿衞辭情哀切高祖覽而憫焉楊素進曰伏願聖心同於螫手不宜復留意煬帝踐極儼常從行卒於道實鴆之也諸弟分徙嶺外仍勅在所皆殺焉

秦孝王俊字阿祗高祖第三子也開皇元年立爲秦王二年春拜上柱國河南道行臺尚書令雒州刺史時年十二加右武衞大將軍領關東兵三年遷秦州總管隴右諸州盡隸焉俊仁恕慈愛崇敬佛道請爲沙門上不許六年遷山南道行臺尚書令伐陳之役以爲山南道行軍元帥督三十總管水陸十餘萬屯漢口爲上流節度陳將周羅睺荀法尚等以勁兵數萬屯鸚鵡洲總管崔弘度請擊之俊慮殺傷不許羅睺亦相率而降於是遣使奉章詣闕垂泣謂使者曰謬當推轂愧無尺寸之功以此多慚耳上聞而善之授揚州總管四十四州諸軍事鎭廣陵歲餘轉并州總管二十四州諸軍事初頗有令問高祖聞而大悅下書獎勵焉其後俊漸奢侈違犯制度出錢求息民吏苦之上遣使按其事與相連坐者百餘人俊猶不悛於是盛治宮室窮極侈麗俊有巧思每親運斤斧工巧之器飾以珠玉爲妃作七寶羃籬又爲水殿香塗粉壁玉砌金階梁柱楣棟之間周以明鏡間以寶珠極榮飾之美每與賓客妓女絃歌於其上俊頗好內妃崔氏性妬甚不平之遂於瓜中進毒俊由是遇疾徵還京師上以其奢縱免官以王就第左武衞將軍劉昇諫曰秦王非有他過但費官物營廨舍而已臣謂可容上曰法不可違昇固諫上忿然作色昇乃止其後楊素復進諫曰秦王之過不應至此願陛下詳之上曰我是五兒之父若如公意何不別制天子兒律以周公之爲人尚誅管蔡我誠不及周公遠矣安能虧法乎卒不許俊疾篤未能起遣使奉表陳謝上謂其使曰我戮力關塞創茲大業作訓垂範庶臣下守之而不失

汝爲吾子而欲敗之不知何以責汝俊慚怖疾甚大都督皇甫統上表請復王官不許歲餘以疾篤復拜上柱國二十年六月薨於秦邸上哭之數聲而已俊所爲侈麗之物悉命焚之勑送終之具務從儉約以爲後法也王府僚佐請立碑上曰欲求名一卷史書足矣何用碑爲若子孫不能保家徒與人作鎮石耳妃崔氏以毒王之故下詔廢絕賜死於其家子浩崔氏所生也庶子曰湛羣臣議曰春秋之義母以子貴子以母貴貴旣如此罪則可知故漢栗姬有罪其子便廢郭后被廢其子斯黜大旣然矣小亦宜同今秦王二子母皆罪廢不合承嗣於是以秦國官爲喪主俊長女永豐公主年十二遭父憂哀慕盡禮免喪遂絕魚肉每至忌日輒流涕不食有開府王延者性忠厚領親信兵十餘年俊甚禮之及俊有疾延恒在閤下衣不解帶俊薨勺飲不入口者數日羸頓骨立上聞而憫之賜以御藥授驃騎將軍典宿衞俊葬之日延號慟而絕上嗟異之令通事舍人弔祭焉詔葬延於俊墓側煬帝卽位立浩爲秦王以奉孝王嗣封湛爲濟北侯後以浩爲河陽都尉楊玄感作逆之際左翼衞大將軍宇文述勒兵討之至河陽修啓於浩浩復詣述營兵相往復有司劾浩以諸侯交通內臣竟坐廢免宇文化及殺逆之始立浩爲帝化及敗於黎陽北走魏縣自僭僞號因而害之湛驍果有膽烈大業初爲滎陽太守坐浩免亦爲化及所害

庶人秀高祖第四子也開皇元年立爲越王未幾徙封於蜀拜柱國益州刺史總管二十四州諸軍事二年進位上柱國西南道行臺尚書令本官如故歲餘而罷十二年又爲內史令右領軍大將軍尋復出鎮於蜀秀有膽氣容貌瓌偉美鬚髯多武藝甚爲朝臣所憚上每謂獻皇后曰秀必以惡終我在當無慮至兄弟必反兵部侍郎元衡使於蜀秀深結於衡以左右爲請旣還京師請益左右上不許大將軍劉噲之討西爨也高祖令上開府楊武通將兵繼進秀使嬖人萬智光爲武通行軍司馬上以秀任非其人譴責之因謂羣臣曰壞我法者必在子孫乎譬如猛獸物不能害反爲毛間蟲所損食耳於是遂分秀所統秀漸奢侈違犯制度車馬被服擬於天子及太子勇以讒毀廢晉王廣爲皇太子秀意甚不平皇太子恐秀終爲後變陰令楊素求其罪而譖之仁壽二年徵還京師上見不與語明日使使切讓之秀謝曰忝荷國恩出臨藩岳不能奉法罪當萬死皇太子及諸王流涕庭謝上曰頃者秦王糜費財物我以父道訓之今秀蠹害生民當以君道繩之於是付執法者開府慶整諫曰庶人勇旣廢秦王已薨陛下兒子無多何至如是然蜀王性甚耿介今被重責恐不自全上大怒欲斷其舌因謂羣臣曰當斬秀於市以謝百姓乃令楊素蘇威牛弘柳述趙綽等推治之太子陰作偶人書上及漢王姓字縛手釘心令人埋之華山下令楊素發之又作檄文曰逆臣賊子專弄威柄陛下唯守虛器一無所知陳甲兵之盛云指期問罪置秀集中因以聞奏上曰天下寧有是耶於是廢爲庶人幽內侍省不得與妻子相見令給獠婢二人驅使與相連坐者百餘人秀旣幽逼憤懣不知所爲乃上表曰臣以多幸聯慶皇枝蒙天慈鞠養九歲榮貴唯知富樂未嘗憂懼輕恣愚心陷茲刑網負深山岳甘心九泉不謂天恩尚假餘漏至如今者方知愚心不可縱國法不可犯撫膺念咎自新莫及猶望分身竭命少答慈造但以靈祇不祐福祿消盡夫婦抱思不相勝致只恐長辭明世永歸泉壤伏願慈恩賜垂矜憫殘息未盡之間希與瓜子相見請賜一穴令骸骨有所瓜子卽其愛子也上因下詔數其罪曰汝地居臣子情兼家國庸蜀要重委以鎮之汝乃干紀亂常懷惡樂禍睥睨二宮佇望災釁容納不逞結構異端我有不和汝便覘候望我不起便有異心皇太子汝兄也次當建立汝假託妖言乃云不終其位妄稱鬼怪又道不得入宮自言骨相非人臣德業堪承重器妄道清城出聖欲以己當之詐稱益州龍見託言吉兆重述木易之姓更治成都之宮妄說禾乃之名以當八千之運橫生京師妖異以證父兄之災妄造蜀地徵祥以符巳身之籙汝豈不欲得國家惡也天下亂也輒造白玉之珽又爲白羽之箭文物服飾豈似有君鳩集左道符書厭鎮漢王於汝親則弟也乃畫其形像書其姓名縛手釘心枷鏁杻械仍云請西岳華山慈父聖母神兵九億萬騎收楊諒魂神閉在華山下勿令散蕩我之於汝親則父也復云請西岳華山慈父聖母賜爲開化楊堅夫妻迴心歡喜又畫我形像縛首撮頭仍云請西岳神兵收楊堅魂神如此形狀我今不知楊諒楊堅是汝何親也包藏凶慝圖謀不軌逆臣之迹也希父之災以爲身幸賊子之心也懷非分之望肆毒心於兄悖弟之行也嫉妬於弟無惡不爲無孔懷之情也違犯制度壞亂之極也多殺不辜豺狼之暴也剝削民庶酷虐之甚也唯求財貨市井之業也專事妖邪頑嚚之性也弗克負荷不材之器也凡此十者滅天理逆人倫汝皆爲之不祥之甚也欲免禍患長守富貴其可得乎後復聽與其子同處煬帝卽位禁錮如初宇文化及之弒逆也欲立秀爲帝羣議不許於是害之幷其諸子

庶人諒字德章一名傑開皇元年立爲漢王十二年爲雍州牧加上柱國右衞大將軍歲餘轉左衞大將軍十七年出爲幷州總管上幸溫湯而送之自山以東至于滄海南拒黃河五十二州盡隸焉特許以便宜不拘律令十八年起遼東之役以諒爲行軍元帥率衆至遼水遇疾疫不利而還十九年突厥犯塞以諒爲行軍元帥竟不臨戎高祖甚寵愛之諒自以所居天下精兵處以太子讒廢居常怏怏陰有異圖遂諷高祖云突厥方強太原卽爲重鎮宜修武備高祖從之於是大發工役繕治器械貯納於幷州招傭亡命左右私人殆將數萬王頍者梁將王僧辯之子也少倜儻有奇略爲諒咨議參軍蕭摩訶者陳氏舊將二人俱不得志每鬱鬱思亂並爲諒所親善及蜀王以罪廢諒愈不自安會高祖崩徵之不赴遂發兵反總管司馬皇甫誕切諫諒怒收繫之王頍說諒曰王所部將吏家屬盡在關西若用此等卽宜長驅深入直據京都所謂疾雷不及掩耳若但欲割據舊齊之地宜任東人諒不能專定乃兼用二策唱言曰楊素反將誅之聞喜人總管府兵曹裴文安說諒曰井陘以西是王掌握之內山東士馬亦爲我有宜悉發之分遣羸兵屯守要路仍令隨方略地率其精銳直入蒲津文安請爲前鋒王以大軍繼後風行電擊頓於霸上咸陽以東可指麾而定京師震擾兵不暇集上下相疑羣情離駭我卽陳兵號令誰敢不從旬日之間事可定矣諒大悅於是遣所署大將軍余公理出大谷以趣河陽大將軍綦良出滏口以趣黎陽大將軍劉建出井陘以略燕趙柱國喬鍾葵出鴈門署文安爲柱國紇單貴王聃大將軍茹茹天保侯莫陳惠直指京師未至蒲津百餘里諒忽改圖令紇單貴斷河橋守蒲州而召文安文安至曰兵機詭速本欲出其不意王旣不行文安又退使彼計成大事去矣諒不對以王聃爲蒲州刺史裴文安爲晉州薛粹爲絳州梁菩薩爲潞州韋道正爲韓州張伯英爲澤州煬帝遣楊素率騎五千襲王聃紇單貴於蒲州破之於是率步騎四萬趣太原諒使趙子開守高壁楊素擊走之諒大懼拒素於蒿澤屬天大雨諒欲旋師王頍諫曰楊素懸軍士馬疲弊王以銳卒親戎擊之其勢必舉今見敵而還示人以怯阻戰士之心益西軍之氣願王必勿還也諒不從退守清原素進擊之諒勒兵與官軍大戰死者萬八千人諒退保幷州楊素進兵圍之諒窮蹙降於素百寮奏諒罪當死帝曰朕終鮮兄弟情不忍言欲屈法恕諒一死於是除名爲民絕其屬籍竟以幽死子顥因而禁錮宇文化及弒逆之際遇害

史臣曰高祖之子五人莫有終其天命異哉房陵資於骨肉之親篤以君臣之義經綸締構契闊夷險撫軍監國凡二十年雖三善未稱而視膳無闕恩寵旣變讒言間之顧復之慈頓隔於人理父子之道遂滅於天性隋室將亡之效衆庶皆知之矣慎子有言曰一兔走街百人逐之積兔於市過者不顧豈其無欲哉分定故也房陵分定久矣高祖一朝易之開逆亂之源長覬覦之望又維城肇建崇其威重恃寵而驕厚自封殖進之旣踰制退之不以道俊以憂卒實此之由俄屬天步方艱讒人已勝尺布斗粟莫肯相容秀窺岷蜀之阻諒起晉陽之甲成茲亂常之釁蓋亦有以動之也棠棣之詩徒賦有鼻之封無期或幽囚於囹圄或顚殞於鴆毒本根旣絕枝葉畢剪十有餘年宗社淪陷自古廢嫡立庶覆族傾宗者多矣考其亂亡之禍未若有隋之酷詩曰殷鑒不遠在夏后之世後之有國有家者可不深戒哉

隋書卷四十五考證

房陵王勇傳孽子忿諍○按正韻諍亦音爭訟也後漢劉聖公傳衆理諍訟晉書王沈釋時論鬭葺勇敢於饕諍注叶平聲

因加媟蘗○監本蘗作蘖按史記司馬遷報任安書隨而媒孽其短師古注孽如麴蘗之蘖

# 隋書卷四十六

唐　特　進　臣　魏　徵　上

## 列傳第十一

趙煚

趙煚字賢通天水西人也祖超宗魏河東太守父仲懿尚書左丞煚少孤養母至孝年十四有人伐其父墓中樹者煚對之號慟因執送官見魏右僕射周惠達長揖不拜自述孤苦涕泗交集惠達爲之隕涕歎息者久之及長深沉有器局略涉書史周太祖引爲相府參軍事尋從破洛陽及太祖班師煚請留撫納亡叛太祖從之

煚於是帥所領與齊人前後五戰，斬郡守鎮將縣令五人，虜獲甚衆，以功封平定縣男，邑三百戶。累轉中書侍郎。閔帝受禪，遷陝州刺史。蠻酋向天王聚衆作亂，以兵攻信陵、秭歸。煚勒所部五百人，出其不意，襲擊破之，二郡獲全。時周人於江南岸置安蜀城以禦陳，屬霖雨數旬，城頽者百餘步。蠻酋鄭南鄉叛，引陳將吳明徹欲掩安蜀。議者皆勸煚益脩守禦，煚曰：「不然，吾自有以安之。」乃遣使說誘江外生蠻向武陽，令乘虛掩襲所居，獲其南鄉父母妻子。南鄉聞之，其黨各散，陳兵遂退。明年，吳明徹屢爲寇患，煚勒兵禦之，前後十六戰，每挫其鋒。獲陳裨將覃冏、王足子、吳朗等三人，斬首百六十級。以功授開府儀同三司，遷荊州總管長史。入爲民部中大夫。武帝出兵鞏洛，欲收齊河南之地。煚諫曰：「河南洛陽，四面受敵，縱得之，不可以守。請從河北，直指太原，傾其巢穴，可一舉以定。」帝不納，師竟無功。尋從上柱國于翼率衆數萬，自三鵶道以伐陳，克陳十九城而還。以讒毀功不見錄，除益州總管長史。未幾，入爲天官司會，累遷御正上大夫。煚與宗伯斛斯徵素不協，徵後出爲齊州刺史，坐事下獄，自知罪重，遂踰獄而走。帝大怒，購之甚急。煚上密奏曰：「徵自以負罪深重，懼死遁逃，若不北竄匈奴，則南投吳越。徵雖愚陋，久歷清顯，奔彼敵國，無益聖朝。今者炎旱爲災，可因茲大赦。」帝從之。徵賴而獲免，煚卒不言。高祖爲丞相，加上開府，復拜天官都司會。俄遷大宗伯。及踐阼，煚授璽紱，進位大將軍，賜爵金城郡公，邑二千五百戶，拜相州刺史。朝廷以煚曉習故事，徵拜尚書右僕射。視事未幾，以忤旨，尋出爲陝州刺史，俄轉冀州刺史，甚有威德。煚嘗有疾，百姓奔馳，爭爲祈禱，其得民情如此。冀州俗薄，市井多姦詐，煚爲銅斗鐵尺，置之於肆，百姓便之。上聞而嘉焉，頒告天下，以爲常法。嘗有人盜煚田中蒿者，爲吏所執。煚曰：「此乃刺史不能宣風化，彼何罪也。」慰諭而遣之，令人載蒿一車以賜盜者。盜者愧恧，過於重刑。其以德化民，皆此類也。上幸洛陽，煚來朝，上勞之曰：「冀州大藩，民用殷實，卿之爲政，深副朕懷。」開皇九年卒，時年六十八。子義臣嗣，官至太子洗馬，後同楊諒。

## 趙芬

趙芬字士茂，天水西人也。父演，周秦州刺史。芬少有辯智，頗涉經史。周太祖引爲相府鎧曹參軍，歷記室，累遷熊州刺史。撫納降附，得二千戶，加開府儀同三司。大冢宰宇文護召爲中外府掾，俄遷吏部下大夫。芬性彊濟，所居之職，皆有聲績。武帝親總萬機，拜內史下大夫，轉少御正。芬明習故事，每朝廷有所疑議，衆不能決者，芬輒爲評斷，莫不稱善。後爲司會。申國公李穆之討齊也，引爲行軍長史，封淮安縣男，邑五百戶。復出爲淅州刺史，轉東京小宗伯，鎮洛陽。高祖爲丞相，尉迥與司馬消難陰謀往來，芬察知之，密白高祖，由是深見親委。遷東京左僕射，進爵郡公。開皇初，罷東京官，拜尚書左僕射，與郢國公王誼修律令。俄兼內史令，上甚信任之。未幾，以老病出拜蒲州刺史，加金紫光祿大夫，仍領關東運漕，賜錢百萬、粟五千石而遣之。後數年，上表乞骸骨，徵還京師，賜以二馬軺車、几杖被褥，歸于家。皇太子又致巾帔。後數年卒，上遣使致祭，鴻臚監護喪事。子元恪嗣，官至揚州總管司馬，左遷候衞長史。少子元楷，與元恪皆明幹世事。元楷大業中爲歷陽郡丞，與廬江郡丞徐仲宗俱竭百姓之產，以貢于帝。仲宗遷南郡丞，元楷超拜江都郡丞，兼領江都宮使。

## 楊尚希

楊尚希，弘農人也。祖眞，魏天水太守。父承賓，商、直、淅三州刺史。尚希齠齔而孤。年十一，辭母請受業長安。涿郡盧辯見而異之，令入太學，專精不倦，同輩皆共推伏。周太祖嘗親臨釋奠，尚希時年十八，令講孝經，詞旨可觀。太祖奇之，賜姓普六茹氏，擢爲國子博士。累轉舍人。仕明、武世，歷太學博士、太子宮尹、計部中大夫，賜爵高都縣侯，東京司憲中大夫。宣帝時，令尚希撫慰山東、河北，至相州而帝崩。與相州總管尉迥發喪於館。尚希出謂左右曰：「蜀公哭不哀而視不安，將有他計。吾不去，將及於難。」遂夜中從捷徑而遁。遲明，迥方覺，令數十騎自驛路追之，不及，遂歸京師。高祖以尚希宗室之望，又背迥而至，待之甚厚。及迥屯兵武陟，遣尚希督宗室兵三千人鎮潼關。尋授司會中大夫。高祖受禪，拜度支尚書，進爵爲公。歲餘，出爲河南道行臺兵部尚書，加銀青光祿大夫。尚希時見天下州郡過多，上表曰：「自秦幷天下，罷侯置守，漢、魏及晉，邦邑屢改。竊見當今郡縣，倍多於古，或地無百里，數縣並置，或戶不滿千，二郡分領。具寮以衆，資費日多，吏卒又倍，租調歲減。清幹良才，百分無二，動須數萬，如何可覓？所謂民少官多，十羊九牧。琴有更張之義，瑟無膠柱之理。今存要去閑，併小爲大，國家則不虧粟帛，選舉則易得賢才，敢陳管見，伏聽裁處。」帝覽而嘉之，於是遂罷天下諸郡。尋拜瀛州刺史，未之官，奉詔巡省淮南。還除兵部尚書，俄轉禮部尚書，授上儀同。尚希性弘厚，兼以學業自通，甚有雅望，爲朝廷所重。上時每旦臨朝，日側不倦，尚希諫曰：「周文王以憂勤損壽，武王以安樂延年。願陛下舉大綱，責成宰輔，繁碎之務，非人主所宜親也。」上懽然曰：「公愛我者。」尚希素有足疾，上謂之曰：「蒲州出美酒，足堪養病，屈公臥治之。」於是出拜蒲州刺史，仍領本州宗團驃騎。尚希在州甚有惠政，復引瀵水，立隄防，開稻田數千頃，民賴其利。開皇十年，卒官，時年五十七。謚曰平。子旻嗣，後改封丹水縣公，官至安定縣丞。

## 長孫平

長孫平字處均，河南洛陽人也。父儉，周柱國。平美容儀，有器幹，頗覽書記。仕周，釋褐衞王侍讀。時武帝逼於宇文護，謀與衞王誅之，王前後常使平往來通意於帝。及護伏誅，拜開府、樂部大夫。宣帝卽位，置東宮官屬，以平爲小司寇，與小宗伯趙芬分掌六府。高祖龍潛時，與平情好欵洽，及爲丞相，恩禮彌厚。尉迥、王謙、司馬消難並稱兵內侮，高祖深以淮南爲意。時賀若弼鎮壽陽，恐其懷二心，遣平馳驛往代之。弼果不從，平麾壯士執弼送于京師。開皇三年，徵拜度支尚書。平見天下州縣多罹水旱，百姓不給，奏令民間每秋家出粟麥一石已下，貧富差等，儲之閭巷，以備凶年，名曰義倉。因上書曰：「臣聞國以民爲本，民以食爲命，勸農重穀，先王令軌。古者三年耕而餘一年之積，九年作而有三年之儲，雖水旱爲災，而民無菜色，皆由勸導有方，蓄積先備者也。去年亢陽，關右饑餧，陛下運山東之粟，置常平之官，開發倉廩，普加賑賜，大德鴻恩，可謂至矣。然經國之道，義資遠算，請勒諸州刺史、縣令，以勸農積穀爲務。」上深嘉納。自是州里豐衍，民多賴焉。後數載，轉工部尚書，名爲稱職。時有人告大都督邴紹非毀朝廷爲憒憒者，上怒，將斬之。平進諫曰：「川澤納汙，所以成其深，山岳藏疾，所以就其大。臣不勝至願，願陛下弘山海之量，茂寬裕之德。鄙諺曰：『不癡不聾，未堪作大家翁。』此言雖小，可以喻大。邴紹之言，不應聞奏，陛下又復誅之，臣恐百代之後，有虧聖德。」上於是赦紹，因勑羣臣，誹謗之罪，勿復以聞。其後突厥達頭可汗與都藍可汗相攻，各遣使請援。上使平持節宣諭，令其和解，賜縑三百匹、良馬一匹而遣之。平至突厥所，爲陳利害，遂各解兵。可汗贈平馬二百匹。及還，平進所得馬，上盡以賜之。未幾，遇譴，以尚書檢校汴州事。歲餘，除汴州刺史。其後歷許、貝二州，俱有善政。鄴都俗薄，舊號難治，前後刺史多不稱職。朝廷以平所在善稱，轉相州刺史，甚有能名。在州數年，會正月十五日，百姓大戲，畫衣裳爲鍪甲之象，上怒而免之。俄而念平鎮淮南時事，進位大將軍，拜太常卿，判吏部尚書事。仁壽中卒，謚曰康。子師孝，性輕狡，好利，數犯法。上以其不克負荷，遣使弔平，國官。師孝後爲渤海郡主簿。屬大業之季，政教陵遲，師孝恣行貪濁，一郡苦之。後爲王世充所害。

## 元暉

元暉字叔平，河南洛陽人也。祖琛，魏恒、朔二州刺史。父翌，尚書左僕射。暉鬚眉如畫，進止可觀，頗好學，涉獵書記。少得美名於京下，周太祖見而禮之，命與諸子遊處，每同席共硯，情契甚厚。弱冠，召補相府中兵參軍，尋遷武伯下大夫。于時突厥屢爲寇患，朝廷將結和親，令暉齎綿綵十萬使于突厥。暉說以利害，申國厚禮，可汗大悅，遣其名王隨獻方物。俄拜儀同三司、賓部下大夫。保定初，大冢宰宇文護引爲長史。會齊人來結盟好，以暉多才辯，與千乘公崔睦俱使于齊。還，振威中大夫。武帝之娉突厥后也，令暉致禮焉。加開府，轉司憲大夫。及平關東，使暉安集河北，封義寧子，邑四百戶。高祖總百揆，加上開府，進爵爲公。開皇初，拜都官尚書，兼領太僕。奏請決杜陽水溉三畤原，旣舄鹵之地數千頃，民賴其利。明年，轉左武候將軍，太僕卿如故。尋轉兵部尚書，監漕渠之役。未幾，坐事免。頃之，拜魏州刺史，頗有惠政。在任數年，以疾去職。歲餘，卒于京師，時年六十。上嗟悼久之，勑鴻臚監護喪事，謚曰元。子肅嗣，官至光祿少卿。肅弟仁器，性明敏，官至日南郡丞。

## 韋師

韋師字公穎，京兆杜陵人也。父瑱，周驃騎大將軍。師少沉謹，有至性。初就學，始讀孝經，捨書而歎曰：「名教之極，其在茲乎！」少丁父母憂，居喪盡禮，州里稱其孝行。及長，略涉經史，尤工騎射。周大冢宰宇文護引爲中外府記室，轉賓曹參軍。師雅知諸蕃風俗及山川險易，其有夷狄朝貢，師必接對，論其國俗，如視諸掌，夷人驚服，無敢隱情。齊王憲爲雍州牧，引爲主簿，本官如故。及武帝親總萬機，轉少府大夫。及平高氏，詔師安撫山東。徙爲賓部大夫。高祖受禪，拜吏部侍郎，賜爵井陘侯，邑五百戶。數年，遷河北道行臺兵部尚書。詔爲山東河南十八州安撫大使，奏事稱旨，賜錢三百萬，兼領晉王廣司馬。其族人世康爲吏部尚書，與師素懷勝負。于時晉王爲雍州牧，盛存望第，以司空楊雄、尚書左僕射高熲並爲州都督引師爲主簿而世康弟世約爲法曹從事世康恚恨不能食又恥世約在師之下召世約數之曰汝何故爲從事遂杖之後從上幸醴泉宮上名師與左僕射高熲上柱國韓擒等於臥內賜宴令各敘舊事以爲笑樂平陳之役以本官領元帥掾陳國府藏悉委於師秋毫無所犯稱爲清白後上爲長寧王儼納其女爲妃除汴州刺史甚有治名卒官謚曰定子德政嗣大業中仕至給事郎

楊异

楊异字文殊弘農華陰人也祖鈞魏司空父儉侍中异美風儀沉深有器局髫齔就學日誦千言見者奇之九歲丁父憂哀毀過禮殆將滅性及免喪之後絕慶弔閉戶讀書數年之間博涉書記周閔帝時爲寧都太守甚有能名賜爵昌樂縣子後數以軍功進爲侯高祖作相行濟州事及踐阼拜宗正少卿加上開府蜀王秀之鎮益州也朝廷盛選綱紀以异方直拜益州總管長史賜錢二十萬縑三百匹馬五十匹而遣之尋還西南道行臺兵部尚書數載復爲宗正少卿未幾擢拜刑部尚書歲餘出除吳州總管甚有能名時晉王廣鎮揚州詔令异每歲一與王相見評論得失規諷疑闕數載卒官時年六十二子虔遜

蘇孝慈 兄子沙羅

蘇孝慈扶風人也父武周兗州刺史孝慈少沉謹有器幹美容儀周初爲中侍上士後拜都督聘于齊以奉使稱旨遷大都督其年又聘于齊還授宣納上士後從武帝伐齊以功進位開府賜爵文安縣公邑千五百戶尋改封臨水縣公增邑千二百戶累遷工部上大夫高祖受禪進爵安平郡公拜太府卿于時王業初基百度伊始徵天下工匠纖微之巧無不畢集孝慈總其事世以爲能俄遷大司農歲餘拜兵部尚書待遇踰密時皇太子勇頗知時政上欲重宮官之望多令大臣領其職於是拜孝慈爲太子右衛率尚書如故明年上於陝州置常平倉轉輸京下以渭水多沙流乍深乍淺漕運者苦之於是決渭水爲渠以屬河令孝慈督其役渠成上善之又領太子右庶子轉授左衛率仍判工部民部二尚書稱爲幹理數載進位大將軍轉工部尚書率如故先是以百寮供費不足臺省府寺咸置廨錢收息取給孝慈以爲官民爭利非興化之道上表請罷之請公卿以下給職田各有差上並嘉納焉開皇十八年將廢太子憚其在東宮出爲淅州刺史太子以孝慈去甚不平形於言色其見重如此仁壽初遷洪州總管俱有惠政其後桂林山越相聚爲亂詔孝慈爲行軍總管擊平之其年卒官有子會昌孝慈兄子沙羅字子粹父順周眉州刺史沙羅仕周釋褐都督後從韋孝寬破尉迥以功授開府儀同三司封通秦縣公開皇初蜀王秀鎮益州沙羅以本官從拜資州刺史八年冉尨羌作亂攻汶山金川二鎮沙羅率兵擊破之授邛州刺史後數載檢校利州總管事從史萬歲擊西爨累戰有功進位大將軍賜物千段尋檢校益州總管長史會越巂人王奉舉兵作亂沙羅從段文振討平之賜奴婢百口會蜀王秀廢吏案奏沙羅云王奉爲奴所殺秀迺詐稱左右斬之又調熟獠令出奴婢沙羅隱而不奏由是除名卒於家有子康

李雄

李雄字毗盧趙郡高邑人也祖楷魏太中大夫父徽伯齊陝州刺史陷于周雄因隨軍入長安雄少慷慨有大志家世並以學業自通雄獨習騎射其兄子旦讓之曰棄文尚武非士大夫之素業雄答曰竊覽自古誠臣貴仕文武不備而能濟其功業者鮮矣雄雖不敏頗觀前志但不守章句耳既文且武兄何病焉子旦無以應之周太祖時釋褐輔國將軍從達奚武平漢中定興州又討汾州叛胡錄前後功拜驃騎大將軍儀同三司閔帝受禪進爵爲公遷小賓部其後復從達奚武與齊人戰於芒山諸軍大敗雄所領獨全武帝時從陳王純迎后於突厥進爵奚伯拜硤州刺史數歲徵爲本府中大夫尋出爲涼州總管長史從滕王逌破吐谷渾於青海以功加上儀同宣帝嗣位從軍總管韋孝寬略定淮南雄以輕騎數百至硤口說下十餘城拜豪州刺史高祖總百揆徵爲司會中大夫以淮南之功加位上開府及受禪拜鴻臚卿進爵高都郡公食邑二千戶後數年晉王廣出鎮并州以雄爲河北行臺兵部尚書上謂雄曰吾兒既少更事未多以卿兼文武才今推誠相委吾無北顧之憂矣雄頓首而言曰陛下不以臣之不肖寄臣以重任臣雖愚固心非木石謹當竭誠效命以答鴻恩歔欷流涕上慰諭而遣之雄當官正直侃然有不可犯之色王甚敬憚吏民稱焉歲餘卒官子公挺嗣

張煚 劉仁恩 郭均 馮世基 厙狄嶔

張煚字士鴻河間鄚人也父羨少好學多所通涉仕魏爲蕩難將軍從武帝入關累遷銀青光祿大夫周太祖引爲從事中郎賜姓叱羅氏歷司職大夫雍州治中雍州刺史儀同三司賜爵虞鄉縣公復入爲司成中大夫典國史周代公卿類多武將唯羨以素業自通甚爲當時所重後以年老致仕于家及高祖受禪欽其德望以書徵之曰朕初臨四海思存政術舊齒名賢實懷勤佇儀同昔在周室德業有聞雖云致仕猶克壯年卽宜入朝用副虛想及謁見勅令勿拜扶升殿上降榻執手與之同坐宴語久之賜以几杖會遷都龍首羨上表勸以儉約上優詔答之俄而卒時年八十四贈滄州刺史謚曰定撰老子莊子義名曰道言五十二篇煚好學有父風在魏釋褐奉朝請遷員外侍郎周太祖引爲外兵曹閔帝受禪加前將軍明武世歷膳部大夫冢宰司錄賜爵北平縣子邑四百戶宣帝時加儀同進爵爲伯高祖爲丞相煚深自推結高祖以其有幹用甚親遇之及受禪拜尚書右丞進爵爲侯俄遷太府少卿領營新都監丞丁父憂去職柴毀骨立未朞起令視事固讓不許授儀同三司襲爵虞鄉縣公增邑通前千五百戶尋遷太府卿拜民部尚書晉王廣爲揚州總管授煚司馬加銀青光祿大夫煚性和厚有識度甚有當時之譽後拜冀州刺史晉王廣頻表請之復爲晉王長史檢校蔣州事及晉王爲皇太子復爲冀州刺史進位上開府吏民悅服稱爲良二千石仁壽四年卒官時年七十四子慧寶官至絳郡丞開皇時有劉仁恩者不知何許人也倜儻有文武幹用初爲毛州刺史治績號天下第一擢拜刑部尚書又以行軍總管從楊素伐陳與素破陳將呂仲肅於荊門仁恩之計居多授上大將軍甚有當時之譽馮翊郭均上黨馮世基並明悟有幹畧相繼爲兵部尚書代人厙狄嶔性弘厚有局度官至民部尚書此四人俱顯名於當世然事行闕落史莫能詳

史臣曰二趙明習故事當世所推及居端右無聞殊績固知人之才器各有分限大小異宜不可踰量長孫平諫赦誹謗之罪可謂仁人之言高祖悅而從之其利亦已博矣元暉以明敏顯達韋師以清白成名楊尚希楊异宗室之英譽望隆重蘇孝慈李雄張煚內外所履咸稱貞幹並任開皇之初蓋當時之選也

隋書卷四十六考證

趙芬傳復出爲淅州刺史○閣本淅譌浙按本書地理志豫部有淅陽郡注西魏置淅州大業初置淅陽郡外無浙州之名

長孫平傳遣使弔平國官○按北史無國官二字

韋師傳于時晉王爲雍州牧盛存第望以司空楊雄尚書左僕射高熲並爲州都督○監本存作有宋本作存臣映斗按盛存第望謂晉王存注于門第望族若作盛有第望則是謂晉王盛有第望謬矣又楊譌揚按楊雄卽高祖從子觀德王雄也

# 隋書卷四十七

唐　特　進　臣　魏　徵　上

## 列傳第十二

韋世康 弟洸 藝 沖 從父弟壽

韋世康京兆杜陵人也世爲關右著姓祖旭魏南幽州刺史父夐隱居不仕魏周二代十徵不出號爲逍遙公世康幼而沉敏有器度年十歲州辟主簿在魏弱冠爲直寢封漢安縣公尚周文帝女襄樂公主授儀同三司後仕周自典祠下大夫歷沔硤二州刺史從武帝平齊授司州總管長史于時東夏初定百姓未安世康綏撫之士民胥悅歲餘入爲民部中大夫進位上開府轉司會中大夫尉迥之作亂也高祖憂之謂世康曰汾絳舊是周齊分界因此亂階恐生搖動今以委公善爲吾守因授絳州刺史以雅望鎮之闔境清肅世康性恬素好古不以得喪于懷在州嘗慨然有止足之志與弟子書曰吾生因緒餘夙霑纓弁驅馳不已四紀於茲亟登袞命頻莅方岳志除三惑心慎四知以不貪而爲寶處膏脂而莫潤如斯之事頗爲時悉今耄雖未及壯年已謝霜早梧楸風先蒲柳眼闇更劇不見細書足疾彌增非可趨走祿豈須多防滿則退年不待暮有疾便辭況孃春秋已高溫凊宜奉晨昏有闕罪在我躬今世穆世文並從戎役吾與世沖復嬰遠任陟岵瞻望此情彌切桓山之悲倍深常戀意欲上聞乞遵養禮未訪汝等故遣此及與言遠慕感咽難勝諸弟報以事恐難遂於是乃止在任數年有惠政奏課連最擢爲禮部尚書世康寡嗜欲不慕貴勢未嘗以位望矜物聞人之善若己有之亦不顯人過咎以求名譽尋進爵上庸郡公加邑至二千五百戶其年轉吏部尚書餘官如故四年丁母憂去職未朞起令視事世康固請乞終私制上不許世康之在吏部選用平允請托不行開皇七年將事江南議重

方鎮拜襄州刺史坐事免未幾授安州總管尋遷爲信州總管十三年入朝復拜吏部尚書前後十餘年間多所進拔朝廷稱爲廉平嘗因休暇謂子弟曰吾聞功遂身退古人常道今年將耳順志在懸車汝輩以爲云何子福嗣答曰大人澡身浴德名立官成盈滿之誡先哲所重欲追蹤二疎伏奉尊命後因侍宴世康再拜陳讓曰臣無尺寸之功位亞台鉉今犬馬齒衰不益明時恐先朝露無以塞責願乞骸骨退避賢能上曰朕夙夜庶幾求賢若渴冀與公共治天下以致太平今之所請深乖本望縱令筋骨衰謝猶屈公臥治一隅於是出拜荊州總管時天下唯置四大總管并揚益三州並親王臨統唯荊州委於世康時論以爲美世康爲政簡靜百姓愛悅合境無訟十七年卒于州時年六十七上聞而痛惜之贈賻甚厚贈大將軍謚曰文世康性孝友初以諸弟位並隆貴獨季弟世約宦途不達共推父時田宅盡以與之世多其義長子福子官至司隸別駕次子福嗣仕至內史舍人後以罪黜楊玄感之作亂也以兵逼東都福嗣從衞玄戰於城北軍敗爲玄感所擒令作文檄辭甚不遜尋背玄感還東都帝銜之不已車裂於高陽少子福獎通事舍人在東都與玄感戰沒

洸字世穆性剛毅有器幹少便弓馬仕周釋褐主寢上士數從征伐累遷開府賜爵衞國縣公邑千二百戶高祖爲丞相從季父孝寬擊尉迥於相州以功拜柱國進封襄陽郡公邑二千戶時突厥寇邊皇太子屯咸陽令洸統兵出原州道與虜相遇擊破之尋拜江陵總管未幾以母疾徵還俄拜安州總管伐陳之役領行軍總管及陳平拜江州總管率步騎二萬略定九江陳豫章太守徐璒據郡持兩端洸遣開府呂昂長史馮世基以兵相繼而進既至城下璒僞降其夜率所部二千人襲擊昂昂與世基合擊大破之擒璒於陣高梁女子洗氏率衆迎洸遂進圖嶺南上遺洸書曰公鴻勳大業名高望重率將戎旅撫慰彼方風行電掃咸行稽服若使干戈不用兆庶獲安方副朕懷是公之力至廣州說陳渝州都督王猛下之嶺表皆定上聞而大悅許以便宜從事洸所綏集二十四州拜廣州總管歲餘番禺夷王仲宣聚衆爲亂以兵圍洸洸勒兵拒之中流矢而卒贈上柱國賜綿絹萬段謚曰敬子協嗣協字欽仁好學有雅量起家著作佐郎後轉祕書郎開皇中其父在廣州有功上令協齎詔書勞問未至而父卒上以其父身死王事拜協柱國後歷定息秦三州刺史皆有能名卒官

藝字世文少受業國子周武帝時數以軍功致位上儀同賜爵脩武縣侯邑八百戶授左旅下大夫出爲魏郡太守及高祖爲丞相尉迥陰圖不軌朝廷微知之遣藝季父孝寬馳往代迥孝寬將至鄴因詐病止傳舍從迥求藥以察其變迥遣藝迎孝寬孝寬問迥所爲藝黨於迥不以實答孝寬怒將斬之藝懼乃言迥反狀孝寬於是將藝西遁每至亭驛輒盡驅傳馬而去復謂驛司曰蜀公將至宜速具酒食迥尋遣騎追孝寬追人至驛輒逢盛饌又無馬遂遲留不進孝寬與藝由是得免高祖以孝寬故弗問藝之罪加授上開府仍從孝寬擊迥及破尉惇平相州皆有力焉以功進位上大將軍改封武威縣公邑千戶以脩武縣侯別封一子高祖受禪進封魏興郡公歲餘拜齊州刺史爲政清簡士庶懷惠在職數年遷營州總管藝容貌瓌偉每夷狄參謁必整儀衞盛服以見之獨坐滿一榻番人畏懼莫敢仰視而大治產業與北夷貿易家資鉅萬頗爲清論所譏開皇十五年卒官時年五十八謚曰懷

沖字世沖少以名家子在周釋褐衞公府禮曹參軍後從大將軍元定渡江伐陳爲陳人所虜周武帝以幣贖而還之帝復令沖以馬千匹使於陳以贖開府賀拔華等五十人及元定之柩而還沖有辭辯奉使稱旨累遷少御伯下大夫加上儀同于時稽胡屢爲寇亂沖自請安集之因拜汾州刺史高祖踐阼徵爲兼散騎常侍進位開府賜爵安固縣侯歲餘發南汾州胡千餘人北築長城在塗皆亡上呼沖問計沖曰夷狄之性易爲反覆皆由牧宰不稱之所致也臣請以理綏靜可不勞兵而定上然之因命沖綏懷叛者月餘皆至並赴長城上下書勞勉之尋拜石州刺史甚得諸胡歡心以母憂去職俄而起爲南寧州總管持節撫慰復遣柱國王長述以兵繼進沖上表固讓詔曰西南夷裔屢有生梗每相殘賊朕甚愍之已命戎徒清撫邊服以開府器幹堪濟識略英遠軍旅事重故以相任知在艱疚日月未多金革奪情蓋有通式宜自抑割卽膺往旨沖既至南寧渠帥爨震及西爨首領皆詣府參謁上大悅下詔褒揚之其兄子伯仁隨沖在府掠人之妻士卒縱暴邊人失望上聞而大怒令蜀王秀治其事益州長史元巖性方正案沖無所寬貸沖竟坐免其弟太子洗馬世約譖巖於皇太子上謂太子曰古人有沽酒酸而不售者爲噬犬耳今何用世約乎適累汝也世約遂除名後數載令沖檢校括州事時東陽賊帥陶子定吳州賊帥羅慧方並聚衆爲亂攻圍婺州永康烏程諸縣沖率兵擊破之改封義豐縣侯檢校泉州事尋拜營州總管沖容貌都雅寬厚得衆心懷撫靺鞨契丹皆能致其死力奚霫畏懼朝貢相續高麗嘗入寇沖率兵擊走之仁壽中高祖爲豫章王暕納沖女爲妃徵拜民部尚書未幾卒時年六十六少子挺最知名

壽字世齡父孝寬周上柱國鄖國公壽在周以貴公子早有令譽爲右侍上士遷千牛備身趙王爲雍州牧引爲主簿尋遷少御伯武帝親征高氏拜京兆尹委以後事以父軍功賜爵永安縣侯邑八百戶高祖爲丞相以其父平尉迥拜壽儀同三司進封滑國公邑五千戶俄以父喪去職高祖受禪起令視事尋遷恒毛二州刺史頗有治名開皇十年以疾徵還卒于家時年四十二謚曰定仁壽中高祖爲晉王廣納其女爲妃以其子保巒嗣壽弟霽位至太常少卿安邑縣伯津位至內史侍郎判民部尚書事世康從父弟操字元節剛簡有風槩仕周致位上開府光州刺史高祖爲丞相以平尉迥功進位柱國封平桑郡公歷青荊二州總管卒官謚曰靜

## 柳機 子述　機弟旦　肅　從弟雄亮　從子謇之　族弟昂　昂子調

柳機字匡時河東解人也父慶魏尚書左僕射機偉儀容有器局頗涉經史年十九周武帝時爲魯公引爲記室及帝嗣位自宣納上士累遷少納言太子宮尹封平齊縣公從帝平齊拜開府轉司宗中大夫宣帝時遷御正上大夫機見帝失德屢諫不聽恐禍及己託於鄭譯陰求出外於是拜華州刺史及高祖作相徵還京師時周代舊臣皆勸禪讓機獨義形於色無所陳請俄拜衞州刺史及踐阼進爵建安郡公邑二千四百戶徵爲納言機性寬簡有雅望然當近侍無所損益又好飲酒不親細務在職數年復出爲華州刺史奉詔每月朝見尋轉冀州刺史後徵入朝以其子述尚蘭陵公主禮遇益隆初機在周與族人文成公昂俱歷顯要及此機昂並爲外職楊素時爲納言方用事因上賜宴素戲機曰二柳俱摧孤楊獨聳坐皆歡笑機竟無言未幾還州前後作牧俱稱寬惠後數年以疾徵還京師卒於家時年五十六贈大將軍青州刺史謚曰簡子述嗣

柳述字業隆性明敏有幹略頗涉文藝少以父蔭爲太子親衞後以尚主之故拜開府儀同三司內史侍郎上於諸壻中特所寵敬歲餘判兵部尚書事丁父艱去職未幾起攝給事黃門侍郎事襲爵建安郡公仁壽中判吏部尚書事述雖職務修理爲當時所稱然不達大體暴於馭下又怙寵驕豪無所降屈楊素時稱貴倖朝臣莫不讋憚述每陵侮之數於上前面折素短判事有不合素意素或令述改之輒謂將命者曰語僕射道尚書不肯素由是銜之俄而楊素亦被疏忌不知省務述任寄踰重拜兵部尚書參掌機密述自以無功可紀過叨匪服抗表陳讓上許之令攝兵部尚書上於仁壽宮寢疾述與楊素黃門侍郎元巖等侍疾宮中時皇太子無禮於陳貴人上知而大怒因令述召房陵王述與元巖出外作勅書楊素聞之與皇太子協謀便矯詔執述巖二人持以屬吏及煬帝嗣位述竟坐除名與公主離絕徙述于龍川郡公主請與述同徙帝不聽事見列女傳述在龍川數年復徙寧越遇瘴癘而死時年三十九

旦字匡德工騎射頗涉書籍起家周左侍上士累遷兵部下大夫頃之益州總管王謙起逆拜爲行軍長史從梁睿討平之以功授儀同三司開皇元年加授開府封新城縣男遷授掌設驃騎歷羅淅魯三州刺史並有能名大業初拜龍川太守民居山洞好相攻擊旦爲開設學校大變其風帝聞而善之下詔褒美四年徵爲太常少卿攝判黃門侍郎事卒官年六十一子燮官至河內掾

肅字匡仁少聰敏閑於占對起家周齊王文學武帝見而異之召拜宣納上士高祖作相引爲賓曹參軍開皇初授太子洗馬陳使謝泉來聘以才學見稱詔肅宴接時論稱其華辯轉太子內舍人遷太子僕太子廢坐除名爲民大業中帝與段達語及庶人罪惡之狀達云柳肅在宮大見疎斥帝問其故答曰學士劉臻嘗進章仇大翼於宮中爲巫蠱事肅知而諫曰殿下帝之冢子位當儲貳誡在不孝無患見疑劉臻書生鼓搖唇舌適足以相詿誤願殿下勿納之庶人不懌他日謂臻曰汝何故漏洩使柳肅知之令面折我自是後言皆不用帝曰肅橫除名非其罪也召守禮部侍郎轉工部侍郎大見親任每行幸遼東常委之於涿郡留守十一年卒時年六十二

雄亮字信誠父檜仕周華陽太守遇黃衆寶作亂攻陷華陽檜爲賊所害雄亮時年十四哀毀過禮陰有復讎之志武帝時衆寶率其所部歸於長安帝待之甚厚雄亮手斬衆寶于城中請罪闕下帝特原之尋治梁州總管記室遷湖城令累遷內史中大夫賜爵汝陽縣子司馬消難作亂江北高祖令雄亮聘于陳以結鄰好及還會高祖受禪拜尚書考功侍郎尋遷給事黃門侍郎尚

書省凡有奏事雄亮多所駁正深爲公卿所憚俄以本官檢校太子左庶子進爵爲伯秦王俊之鎮隴右也出爲秦州總管府司馬領山南道行臺左丞卒官時年五十一有子贊

謇之字公正父蔡年周順州刺史謇之身長七尺五寸儀容甚偉風神爽亮進止可觀爲兒童時周齊王憲嘗遇謇之於塗異而與語大奇之因奏入國子以明經擢第拜宗師中士尋轉守廟下士武帝嘗有事大廟謇之讀祝文音韻清雅觀者屬目帝善之擢爲宣納上士及高祖作相引爲田曹參軍仍諮典籤事開皇初拜通事舍人尋遷內史舍人歷兵部司勳二曹侍郎朝廷以謇之有雅望善談謔又飲酒至石不亂由是每梁陳使至輒令謇之接對後遷光祿少卿出入十餘年每參掌敷奏會吐谷渾來降朝廷以宗女光化公主妻之以謇之兼散騎常侍送公主於西域俄而突厥啓明可汗求結和親復令謇之送義成公主於突厥謇之前後奉使得二國所贈馬千餘匹雜物稱是皆散之宗族家無餘財仁壽中出爲肅州刺史尋轉息州刺史俱有惠政後二歲以母憂去職煬帝踐阼復拜光祿少卿大業初啓民可汗自以內附遂畜牧於定襄馬邑間帝使謇之諭令出塞及還奏事稱旨拜黃門侍郎時元德太子初薨朝野注望皆以齊王當立帝方重王府之選大業三年車駕還京師拜爲齊王長史帝法服臨軒備儀衛令齊王立於西朝堂之前北面遣吏部尚書牛弘內史令楊約左衛大將軍宇文述等從殿廷引謇之詣齊王所西面立牛弘宣勑謂齊王曰我昔階緣恩寵啓封晉陽出藩之初時年十二先帝立我於西朝堂乃令高熲虞慶則元旻等從內送王子相於我于時誡我曰以汝幼沖未更世事今令子相作輔於汝事無大小皆可委之無得昵近小人疏遠子相若從我言者有益於社稷成立汝名行如不用此言唯國及身敗無日矣吾受勑之後奉以周旋不敢失墜微子相之力吾無今日矣若與謇之從事一如子相也又勑謇之曰今以卿作輔於齊善思匡救之理副朕所望若齊王德業脩備富貴自當鍾卿一門若有不善罪亦相及時齊王正擅寵左右放縱喬令則之徒深見昵狎謇之雖知其罪失不能匡正及王得罪謇之竟坐除名帝幸遼東召謇之檢校燕郡事及帝班師至燕郡坐供頓不給配戍嶺南卒於洭口時年六十子威明

昻字千里父敏有高名好禮篤學治家如官仕周歷職淸顯開皇初爲太子太保昻有氣識幹局過人周武帝時爲大內史賜爵文城郡公致位開府當塗用事百寮皆出其下宣帝嗣位稍被疎遠然不離本職及高祖爲丞相深自結納高祖大悅之以爲大宗伯昻受拜之日遂得偏風不能視事高祖受禪昻疾愈加上開府拜潞州刺史昻見天下無事可以勸學行禮因上表曰臣聞帝王受命建學制禮故能移旣往之風成惟新之俗自魏道將謝分割九區關右山東久爲戰國各逞權詐俱殉干戈賦役繁重刑政嚴急蓋救焚拯溺無暇從容非朝野之願以至於此曉世因循遂成希慕俗化澆敝流宕忘反自非天然上哲挺生於時則儒雅之道經禮之制衣冠民庶莫肯用心世事所以未淸執物由茲而壞伏惟陛下稟靈上帝受命昊天合三陽之期膺千祀之運往者周室頹毀區宇沸騰聖策風行神謀電發端坐廊廟蕩滌萬方俯順幽明君臨四海擇萬古之典無善不爲改百王之弊無惡不盡至若因情緣義爲其節文故以三百三千事高前代然下土黎獻尚未盡行臣謬蒙獎策從政藩部人庶軌儀實見多闕儒風以墜禮教猶微是知百姓之心未能頓變仰惟深思遠慮情念下民漸被以儉使至於道臣恐業淹事緩動延年世若行禮勸學道教相催必當靡然向風不遠而就家知禮節人識義方比屋可封輒謂非遠上覽而善之因下詔曰建國重道莫先於學尊主庇民莫先於禮自魏氏不競周齊抗衡分四海之民鬬二邦之力遞爲强弱多歷年所務權詐而薄儒雅重干戈而輕俎豆民不見德唯爭是聞朝野以機巧爲師文吏用深刻爲法風澆俗敝化之然也雖復建立庠序兼啓黌塾業非時貴道亦不行其間服膺儒術蓋有之矣彼衆我寡未能移俗然其維持名教獎飾彝倫微相弘益賴斯而已王者承天休咎隨化有禮則祥瑞必降無禮則妖孽興起人稟五常性靈不一有禮則陰陽合德無禮則禽獸其心治國立身非禮不可朕受命於天財成萬物去華夷之亂求風化之宜戒奢崇儉率先百辟輕徭薄賦冀以寬弘而積習生常未能懲革閭閻士庶吉凶之禮動悉乖方不依制度執憲之職似塞耳而無聞蒞民之官猶蔽目而不察宣揚朝化其若是乎古人之學且耕且養今者民丁非役之日農畝時候之餘若敦以學業勸以經禮自可家慕大道人希至德豈止知禮節識廉恥父慈子孝兄恭弟順者乎始自京師爰及州郡宜祗朕意勸學行禮自是天下州縣皆置博士習禮焉昻在州甚有惠政數年卒官子調起家祕書郎尋轉侍御史左僕射楊素嘗於朝堂見調因獨言曰柳條通體弱獨搖不須風調斂板正色曰調信無取者公不當以爲侍御史調信有可取不應發此言公當具瞻之秋樞機何可輕發素甚奇之煬帝嗣位累遷尚書左司郎時王綱不振朝士多贓貨唯調淸素守常爲時所美然於幹用非其所長

史臣曰韋氏自居京兆代有人物世康昆季餘慶所鍾或入處禮闈或出總方岳朱輪接軫旟旆成陰在周曁隋勳庸並茂盛矣建安風韻閑雅望重當時述恃寵驕人終致傾敗旦屢有惠政肅每存誠讜雄亮名節自立忠正見稱謇之神情開爽頗爲疎放文城歷仕二朝咸見推重獻書高祖遂興學校言能弘道其利博哉

隋書卷四十七考證

柳機○注增昻子調從本傳

隋書卷四十八

唐　特　進　臣　魏　徵　上

列傳第十三

楊素 弟約 從父文思 文紀

楊素字處道弘農華陰人也祖暄魏輔國將軍諫議大夫父敷周汾州刺史沒於齊素少落拓有大志不拘小節世人多未之知唯從叔祖魏尚書僕射寬深異之每謂子孫曰處道當逸羣絕倫非常之器非汝曹所逮也後與安定牛弘同志好學研精不倦多所通涉善屬文工草隸頗留意於風角美鬚髯有英傑之表周大冢宰宇文護引爲中外記室後轉禮曹加大都督武帝親總萬機素以其父守節陷齊未蒙朝命上表申理帝不許至於再三帝大怒命左右斬之素乃大言曰臣事無道天子死其分也帝壯其言由是贈敷爲大將軍謚曰忠壯拜素爲車騎大將軍儀同三司漸見禮遇帝命素爲詔書下筆立成詞義兼美帝嘉之顧謂素曰善自勉之勿憂不富貴素應聲荅曰臣但恐富貴來逼臣臣無心圖富貴及平齊之役素請率父麾下先驅帝從之賜以竹策曰朕方欲大相驅策故用此物賜卿從齊王憲與齊人戰於河陰以功封淸河縣子邑五百戶其年授司城大夫明年復從憲拔晉州憲屯兵雞棲原齊王以大軍至憲懼而宵遁爲齊兵所躡衆多敗散素與驍將十餘人盡力苦戰憲僅而獲免其後每戰有功及齊平加上開府改封成安縣公邑千五百戶賜以粟帛奴婢雜畜從王軌破陳將吳明徹於呂梁治東楚州事封弟愼爲義安侯陳將樊毅築城於泗口素擊走之夷毅所築宣帝卽位襲父爵臨貞縣公以弟約爲安成公尋從韋孝寬徇淮南素別下盱眙鍾離及高祖爲丞相素深自結納高祖甚器之以素爲汴州刺史行至洛陽會尉迥作亂滎州刺史宇文冑據武牢以應迥素不得進高祖拜素大將軍發河內兵擊冑破之遷徐州總管進位柱國封清河郡公邑二千戶以弟岳爲臨貞公高祖受禪加上柱國開皇四年拜御史大夫其妻鄭氏性悍素忿之曰我若作天子卿定不堪爲皇后鄭氏奏之由是坐免上方圖江表先是素數進取陳之計未幾拜信州總管賜錢百萬錦千段馬二百匹而遣之素居永安造大艦名曰五牙上起樓五層高百餘尺左右前後置六拍竿並高五十尺容戰士八百人旗幟加於上次曰黃龍置兵百人自餘平乘舴艋等各有差及大舉伐陳以素爲行軍元帥引舟師趣三硤軍至流頭灘陳將戚欣以青龍百餘艘屯兵數千人守狼尾灘以遏軍路其地險峭諸將患之素曰勝負大計在此一舉若晝日下船彼則見我灘流迅激制不由人則吾失其便乃以夜掩之素親率黃龍數千艘銜枚而下遣開府王長襲引步卒從南岸擊欣別柵令大將軍劉仁恩率甲騎趣白沙北岸遲明而至擊之欣敗走悉虜其衆勞而遣之秋毫不犯陳人大悅素率水軍東下舟艫被江旌甲曜日素坐平乘大船容貌雄偉陳人望之懼曰淸河公卽江神也陳南康內史呂仲肅屯岐亭正據江峽於北岸鑿巖綴鐵鎖三條橫截上流以遏戰船素與仁恩登陸俱發先攻其柵仲肅軍夜潰素徐去其鎖仲肅復據荊門之延洲素遣巴蜑卒千人乘五牙四艘以柏檣碎賊十餘艦遂大破之俘甲士二千餘人仲肅僅以身免陳主遣其信州刺史顧覺鎭安蜀城荊州刺史陳紀鎭公安皆懼而退走巴陵以東無敢守者湘州刺史岳陽王陳叔愼遣使請降素下至漢口與秦孝王會及還拜荊州總管進爵郢國公邑三千戶眞食長壽縣千戶以其子玄感爲儀同玄獎爲淸河郡公賜物萬段粟萬石加以金寶又賜陳主妹及女妓十四人素言於上曰里名勝母曾子不入逆人王誼前封於郢臣不願與之同於是改封

越國公尋拜納言歲餘轉內史令俄而江南人李稜等聚衆爲亂大者數萬小者數千共相影響殺害長吏以素爲行軍總管帥衆討之賊朱莫問自稱南徐州刺史以盛兵據京口素率舟師入自揚子津進擊破之晉陵顧世興自稱太守與其都督鮑遷等復來拒戰素逆擊破之執遷虜三千餘人進擊無錫賊帥葉略又平之吳郡沈玄懀沈傑等以兵圍蘇州刺史皇甫績頻戰不利素率衆援之玄懀勢迫走投南沙賊帥陸孟孫素擊孟孫於松江大破之生擒孟孫玄懀黟歙賊帥沈雪沈能據柵自固又攻拔之浙江賊帥高智慧自號東揚州刺史船艦千艘屯據要害兵甚勁素擊之自旦至申苦戰而破智慧逃入海素躡之從餘姚泛海趣永嘉智慧來拒戰素擊走之擒獲數千人賊帥汪文進自稱天子據東陽署其徒蔡道人爲司空守樂安進討悉平之又破永嘉賊帥沈孝徹於是步道向天台指臨海郡逐捕遺逸寇前後百餘戰智慧遁守閩越上以素久勞於外詔令馳傳入朝加子玄感官爲上開府賜綵物三千段素以餘賊未殄恐爲後患又自請行乃下詔曰朕憂勞百姓日旰忘食一物失所情深納隍江外狂狡妄構妖逆雖經殄除民未安堵猶有賊首凶魁逃亡山洞恐其聚結重擾蒼生內史令上柱國越國公素識達古今經謀長遠比曾推轂舊著威名宜任以大兵總爲元帥宣布朝風振揚威武擒翦叛亡慰勞黎庶軍民事務一以委之素復乘傳至會稽先是泉州人王國慶南安豪族也殺刺史劉弘據州爲亂諸亡賊皆歸之自以海路艱阻非北人所習不設備伍素泛海掩至國慶遑遽棄州而走餘黨散入海島或守溪洞素分遣諸將水陸追捕乃密令人謂國慶曰爾之罪狀計不容誅唯有斬送智慧可以塞責國慶於是執送智慧斬於泉州自餘支黨悉來降附江南大定上遣左領軍將軍獨孤陀至浚儀迎勞比到京師問者日至拜素子玄獎爲儀同賜黃金四十斤加銀瓶實以金錢縑三千段馬二百匹羊二千口公田百頃宅一區代蘇威爲尚書右僕射與高熲專掌朝政素性疎而辯高下在心朝臣之內頗推高熲敬牛弘厚接薛道衡視蘇威蔑如也自餘朝貴多被陵轢其才藝風調優於高熲至於推誠體國處物平當有宰相識度不如熲遠矣尋令素監營仁壽宮素遂夷山堙谷督役嚴急作者多死宮側時聞鬼哭之聲及宮成上令高熲前視奏稱頗傷綺麗大損人丁高祖不悅素憂懼計無所出即於北門啓獨孤皇后曰帝王法有離宮別館今天下太平造此一宮何足損費后以此理諭上上意乃解於是賜錢百萬緡絹三千段十八年突厥達頭可汗犯塞以素爲靈州道行軍總管出塞討之賜物二千段黃金百斤先是諸將與虜戰每慮胡騎奔突皆以戎車步騎相參轝鹿角爲方陣騎在其內素謂人曰此乃自固之道非取勝之方也於是悉除舊法令諸軍爲騎陣達頭聞之大喜曰此天賜我也因下馬仰天而拜率精騎十餘萬而至素奮擊大破之達頭被重創而遁殺傷不可勝計羣虜號哭而去優詔褒揚賜縑二萬匹及萬釘寶帶加子玄感位大將軍玄獎玄縱積善並上儀同素多權略乘機赴敵應變無方然大抵馭戎嚴整有犯軍令者立斬之無所寬貸每將臨寇輒求人過失而斬之多者百餘人少不下十數流血盈前言笑自若及其對陣先令一二百人赴敵陷陣則已如不能陷陣而還者無問多少悉斬之又令三二百人復進還如向法將士股慄有必死之心由是戰無不勝稱爲名將素時貴倖言無不從其從素征伐者微功必錄至於他將雖有大功多爲文吏所譴卻故素雖嚴忍士亦以此願從焉二十年晉王廣爲靈朔道行軍元帥素爲長史王卑躬以交素及爲太子素之謀也仁壽初代高熲爲尚書左僕射賜良馬百匹牝馬二百匹奴婢百口其年以素爲行軍元帥出雲州擊突厥連破之突厥退走率騎追躡至夜而及之將復戰恐賊越逸令其騎稍後於是親將兩騎并降突厥二人與虜並行不之覺也候其頓舍未定趣後騎掩擊大破之自是突厥遠遁磧南無復虜庭以功進子玄感位爲柱國玄縱爲淮南郡公賞物二萬段及獻皇后崩山陵制度多出於素上善之下詔曰君爲元首臣則股肱共治萬姓義同一體上柱國尚書左僕射仁壽宮大監越國公素志度恢弘機鑒明遠懷佐時之略包經國之才王業初基霸圖肇建策名委質受脤出師擒翦凶魁克平鋐鄭頻承廟算揚旌江表每稟戎律長驅塞陰南指而吳越肅清北臨而獯獫摧服自居端揆參贊機衡當朝正色直言無隱論文則詞藻縱橫語武則權奇間出既文且武唯朕所命任使之處夙夜無怠獻皇后奄離六宮遠日云及塋兆安厝委素經營然葬事依禮唯卜泉石至如吉凶不由於此素義存奉上情深體國欲使幽明俱泰寶祚無窮以爲陰陽之書聖人所作禍福之理特須審慎乃徧歷川原親自占擇纖介不善即更尋求志圖元吉孜孜不已心力備盡人靈協贊遂得神皋福壤營建山陵論素此心事極誠孝豈與夫平戎定寇比其功業非唯廊廟之器實是社稷之臣若不加褒賞何以申茲勸勵可別封一子義康郡公邑萬戶子子孫孫承襲不絕餘如故并賜田三十頃絹萬段米萬石金鉢一實以金銀鉢一實以珠并綾錦五百段時素貴寵日隆其弟約從父文思弟文紀及族父异並尚書列卿諸子無汗馬之勞位至柱國刺史家僮數千後庭妓妾曳綺羅者以千數第宅華侈制擬宮禁有鮑亨者善屬文殷胄者工草隸並江南士人因高智慧沒爲家奴親戚故吏布列清顯素之貴盛近古未聞煬帝初爲太子忌蜀王秀與素謀之構成其罪後竟廢黜朝臣有違忤者雖至誠體國如賀若弼史萬歲李綱柳彧等素皆陰中之若有附會及親戚雖無才用必加進擢朝廷靡然莫不畏附唯兵部尚書柳述以帝壻之重數於上前面折素大理卿梁毗抗表上言素作威作福上漸疎忌之後因出勑曰僕射國之宰輔不可躬親細務但三五日一度向省評論大事外示優崇實奪之權也終仁壽之末不復通判省事上賜王公以下射素箭爲第一上手以外國所獻金精盤價直鉅萬以賜之四年從幸仁壽宮宴賜重疊及上不豫素與兵部尚書柳述黃門侍郎元巖等入閤侍疾時皇太子入居大寶殿慮上有不諱須預防擬乃手自爲書封出問素素錄出事狀以報太子宮人誤送上所上覽而大恚所寵陳貴人又言太子無禮上遂發怒欲召庶人勇太子謀之於素素矯詔追東宮兵士帖上臺宿衛門禁出入並取宇文述郭衍節度又令張衡侍疾上以此日崩由是頗有異論漢王諒反遣茹茹天保來據蒲州燒斷河橋又遣王聃子率數萬人并力拒守素將輕騎五千襲之潛於渭口宵濟遲明擊之天保敗走聃子懼而以城降有詔徵還初素將行也計日破賊皆如所量帝於是以素爲并州道行軍總管河北安撫大使率衆數萬討諒時晉絳呂三州並爲諒城守素各以二千石縻之而去諒遣趙子開擁衆十餘萬策絕徑路屯據高壁布陳五十里素令諸將以兵臨之自引奇兵潛入霍山緣崖谷而進直指其營一戰破之殺傷數萬諒所署介州刺史梁脩羅屯介休聞素至懼棄城而走進至清原去并州三十里諒率其將王世宗趙子開蕭摩訶等衆且十萬來拒戰又擊破之擒蕭摩訶諒退保并州素進兵圍之諒窮蹙而降餘黨悉平帝遣素弟脩武公約齎手詔勞素曰我有隋之御天下也于今二十有四年雖復外夷侵叛而內難不作脩文偃武四海晏然朕以不天銜恤在疚號天叩地無所逮及朕本以藩王謬膺儲兩復以庸虛纂承洪業天下者先皇之天下也所以戰戰兢兢弗敢失墜況復神器之重生民之大哉賊諒包藏禍心自幼而長羊質獸心假託名譽不奉國諱先圖叛逆違君父之命成莫大之罪誑惑良善委任姦回稱兵內侮毒流百姓私假署置擅相謀戮小加大少凌長民怨神怒衆叛親離爲惡不同同歸于亂朕寡兄弟猶未忍及言是故開關門而侍寇戢干戈而不發朕聞之天生蒸民爲之置君仰惟先旨每以子民爲念朕豈得枕伏苫廬頓而不救也大義滅親春秋高義周旦以誅二叔漢啓乃戮七藩義在茲乎事不獲已是以授公戎律問罪太原且逆子賊臣何代不有豈意今者近出家國所歎荼毒甫爾便及此事由朕不能和兄弟不能安蒼生德澤未弘兵戈先動賊亂者止一人塗炭者乃衆庶非唯寅畏天威亦乃孤負付囑薄德厚恥愧乎天下公乃先朝功臣勳庸克茂至如皇基草創百物惟始便匹馬歸朝誠識兼至汴部鄭州風卷秋籜荆南塞北若火燎原早建殊勳夙著誠節及獻替朝端具瞻惟允爰弼朕躬以濟時難昔周勃霍光何以加也賊乃竊據蒲州關梁斷絕公以少擊衆指期平殄高壁據嶮抗拒官軍公以深謀出其不意霧廓雲除冰消瓦解長驅北邁直趨巢窟晉陽之南蟻徒數萬諒不量力欲猶舉斧公以稜威外討發憤於內忘身殉義親當矢石兵刃蹔交魚潰鳥散僵屍蔽野積甲若山諒遂守窮城以拒鈇鉞公董率驍勇四面攻圍使其欲戰不敢求走無路智力俱盡面縛軍門斬將搴旗伐叛柔服元惡既除東夏清晏嘉庸茂績於是乎在昔武安平趙淮陰定齊豈若公遠而不勞速而克捷者也朕殷憂諒闇不得親御六軍未能問道於上庠遂使劬勞於行陣言念于此無忘寢食公乃建累世之元勳執一心之確志古人有言曰疾風知勁草世亂有誠臣公得之矣方乃銘之常鼎豈止書勳竹帛哉功績克諧哽歎無已稍冷公如宜軍旅務殷殊當勞慮故遣公弟指宣往懷迷塞不次素上表陳謝曰臣自惟虛薄志不及遠州郡之職敢憚劬勞卿相之榮無階覬望然時逢昌運王業惟始雖涓流赴海誠心屢竭輕塵集岳功力蓋微徒以南陽里閭豐沛子弟高位重爵榮顯一時遂復入處朝端出總戎律受文武之任預帷幄之謀豈臣才能實由恩澤欲報之德義極昊天伏惟陛下照重離之明養繼天之德收臣於疎遠照臣以光曄南服降枉道之書春官奉肅成之旨然草

木無識尚榮枯候時況臣有心實自効無路晝夜迴徨寢食慙惕常懼朝露奄至虛負聖慈賊諒包藏禍心有自來矣因幸國哀便肆凶逆興兵晉代搖蕩山東陛下拔臣於凡流授臣以戎律掌心膂之寄稟平亂之規蕭王赤心人皆以死漢皇大度天下爭歸妖寇廓清豈臣之力曲蒙使臣弟約齎詔書問勞高旨峻筆有若天臨洪恩大澤便同海運悲欣慙懼五情振越雖百殞微軀無以一報其月還京師因從駕幸洛陽以素領營東京大監以平諒之功拜其子萬石仁行姪玄挺皆儀同三司賚物五萬段綺羅千匹諒之妓妾二十人大業元年遷尚書令賜東京甲第一區物二千段尋拜太子太師餘官如故前後賞錫不可勝計明年拜司徒改封楚公眞食二千五百戶其年卒官諡曰景武贈光祿大夫太尉公弘農河東絳郡臨汾文城河內汲郡長平上黨西河東郡太守給轀車班劒四十人前後部羽葆鼓吹粟麥五千石物五千段鴻臚監護喪事帝又下詔曰夫銘功彝器紀德豐碑所以垂名迹於不朽樹風聲於沒世故楚景武公素茂績元勳勠勞王室竭盡誠節叶贊朕躬故以道邁三傑功參十亂未臻遐壽遽戢清徽春秋遞代方縣歲祀武播彤篆用圖勳德可立碑宰隧以彰盛美素嘗以五言詩七百字贈番州刺史薛道衡詞氣宏拔風韻秀上亦爲一時盛作未幾而卒道衡歎曰人之將死其言也善豈若是乎有集十卷素雖有建立之策及平楊諒功然特爲帝所猜忌外示殊禮內情甚薄太史言隋分野有大喪因改封於楚楚與隋同分欲以此厭當之素寢疾之日帝每令名醫診候賜以上藥然密問醫人恒恐不死素又自知名位已極不肯服藥亦不將愼每語弟約曰我豈須更活耶素貪冒財貨營求產業東西二京居宅侈麗朝毀夕復營繕無已爰及諸方都會處邸店水磑并利田宅以千百數時議以此鄙之子玄感嗣別有傳諸子皆坐玄感誅死

約字惠伯素異母弟也在童兒時嘗登樹墮地爲查所傷由是竟爲宦者性好沉靜內多譎詐好學強記素友愛之凡有所爲必先籌於約而後行之在周末以素軍功賜爵安成縣公拜上儀同三司高祖受禪授長秋卿久之爲邵州刺史入爲宗正少卿轉大理少卿時皇太子無寵而晉王廣規欲奪宗以素幸於上而雅信約於是用張衡計遣宇文述大以金寶賂遺於約因通王意說之曰夫守正履道固人臣之常致反經合義亦達者之令圖自古賢人君子莫不與時消息以避禍患公之兄弟功名蓋世當塗用事有年歲矣朝臣爲足下家所屈辱者可勝數哉又儲宮以所欲不行每切齒於執政公雖自結於人主而欲危公者固亦多矣主上一旦棄羣臣公亦何以取庇今皇太子失愛於皇后主上素有廢黜之心此公所知也今若請立晉王在賢兄之口耳誠能因此時建大功王必鎭銘於骨髓斯則去累卵之危成太山之安也約然之因以白素素本凶險聞之大喜乃撫掌而對曰吾之智思殊不及此賴汝起予約知其計行復謂素曰今皇后之言上無不用宜因機會早自結託則匪唯長保榮祿傳祚子孫又晉王傾身禮士聲名日盛躬履節儉有主上之風以約料之必能安天下兄若遲疑一旦有變令太子用事恐禍至無日矣素遂行其策太子果廢及晉王入東宮引約爲左庶子改封修武縣公進位大將軍及素被高祖所疎出約爲伊州刺史入朝仁壽宮遇高祖崩遺約入朝易留守者縊殺庶人勇然後陳兵集衆發高祖凶問煬帝聞之曰令兄之弟果堪大任卽位數日拜內史令約有學術兼達時務帝甚任之後數載加位右光祿大夫後帝在東都令約詣京師享廟行至華陰見其兄墓遂枉道拜哭爲憲司所劾坐是免官未幾拜淅陽太守其兄子玄感時爲禮部尚書與約恩義甚篤旣愴分離形於顏色帝謂之曰公比憂瘁得非爲叔邪玄感再拜流涕曰誠如聖旨帝亦思約廢立功由是徵入朝未幾卒以素子玄挺後之

文思字溫才素從叔也父寬魏左僕射周小冢宰文思在周年十一拜車騎大將軍儀同三司散騎常侍尋以父功封新豐縣子邑五百戶天和初治武都太守十姓獠反文思討平之復治冀州事党項羌叛文思率州兵討平之進擊資中武康隆山生獠及東山獠竝破之後從陳王攻齊河陰城又從武帝攻拔晉州以勳進授上儀同三司改封永寧縣公增邑至千戶壽陽劉叔仁作亂從清河公宇文神舉討之戰於埤井在陣生擒叔仁又別從王誼破賊於鯉魚柵其後累以軍功遷果毅右旅下大夫高祖爲丞相從韋孝寬拒尉迥於武陟迥遣其將李儁圍懷州與行軍總管宇文述擊走之破尉惇平鄴城皆有功進授上大將軍改封洛川縣公尋拜隆州刺史開皇元年進爵正平郡公加邑二千戶後爲魏州刺史甚有惠政及去職吏民思之爲立碑頌德轉冀州刺史煬帝嗣位徵爲民部尚書轉納言改授右光祿大夫從幸江都宮以足疾不堪趨奏復授民部尚書加位左光祿大夫卒官時年七十諡曰定初文思當襲父爵自以非嫡遂讓封於弟文紀當世多之

文紀字溫範少剛正有器局在周襲爵華山郡公邑二千七百戶自右侍上士累遷車騎大將軍儀同三司安州總管長史將兵迎陳降將李瑗於齊安與陳將周法尚軍遇擊走之以功進授開府入爲虞部下大夫高祖爲丞相改封汾陰縣公從梁睿討王謙以功進授上大將軍前後增邑三千戶拜資州刺史入爲宗正少卿坐事除名後數載復其爵位拜熊州刺史改封上明郡公除宗正卿兼給事黃門侍郎判禮部尚書事仁壽二年遷荊州總管歲餘卒官時年五十八諡曰恭

史臣曰楊素少而輕俠倜儻不羈兼文武之資包英奇之略志懷遠大以功名自許高祖龍飛將清六合許以腹心之寄每當推轂之重掃妖氛於牛斗江海無波摧驍騎於龍庭匈奴遠遁考其夷凶靜亂功臣莫居其右覽其奇策高文足爲一時之傑然專以智詐自立不由仁義之道阿諛時主高下其心營構離宮陷君於奢侈謀廢冢嫡致國於傾危終使宗廟丘墟市朝霜露究其禍敗之源實乃素之由也幸而得死子爲亂階墳土未乾闔門菹戮丘隴發掘宗族誅夷則知積惡餘殃信非徒語多行無禮必自及其斯之謂歟約外示溫柔內懷狡筭爲蛇畫足終傾國本俾無遺育宜哉

隋書卷四十八考證

楊素傳左右前後置六拍竿○北史拍竿作檣竿

素遣巴蜑卒千人乘五牙四艘以柏檣碎賊十餘艦○北史柏檣作檣竿

文思傳文思字溫才○北史作文思字溫仁

# 隋書卷四十九

唐　特　進　臣　魏　徵　上

## 列傳第十四

牛弘

牛弘字里仁安定鶉觚人也本姓尞氏祖熾郡中正父允魏侍中工部尚書臨涇公賜姓爲牛氏弘初在襁褓有相者見之謂其父曰此兒當貴善愛養之及長鬚貌甚偉性寬裕好學博聞在周起家中外府記室內史上士俄轉納言上士專掌文翰甚有美稱加威烈將軍員外散騎侍郎修起居注其後襲封臨涇公宣政元年轉內史下大夫進位使持節大將軍儀同三司開皇初遷授散騎常侍秘書監弘以典籍遺逸上表請開獻書之路曰經籍所興由來尚矣爻畫肇於庖羲文字生於蒼頡聖人所以弘宣教導博通古今揚於王庭肆於時夏故堯稱至聖猶考古道而言舜其大智尚觀古人之象周官外史掌三皇五帝之書及四方之志武王問黃帝顓頊之道太公曰在丹書是知握符御曆有國有家者曷嘗不以詩書而爲教因禮樂而成功也昔周德旣衰舊經紊棄孔子以大聖之才開素王之業憲章祖述制禮刊詩正五始而修春秋闡十翼而弘易道治國立身作範垂法及秦皇馭寓吞滅諸侯任用威力事不師古始下焚書之令行偶語之刑先王墳籍掃地皆盡本旣先亡從而顚覆臣以圖讖言之經典盛衰信有徵數此則書之一厄也漢興改秦之弊敦尚儒術建藏書之策置校書之官屋壁山巖往往間出外有太常太史之藏內有延閣秘書之府至孝成之世亡逸尚多遣謁者陳農求遺書於天下詔劉向父子讎校篇籍漢之典文於斯爲盛及王莽之末長安兵起宮室圖書竝從焚燼此則書之二厄也光武嗣興尤重經誥未及下車先求文雅於是鴻生鉅儒繼踵而集懷經負帙不遠斯至肅宗親臨講肆和帝數幸書林其蘭臺石室鴻都東觀秘牒塡委更倍於前及孝獻移都吏民擾亂圖書縑帛皆取爲帷囊所收而西裁七十餘乘屬西京大亂一時燔蕩此則書之三厄也魏文代漢更集經典皆藏在秘書內外三閣遣秘書郎鄭默刪定舊文時之論者美其朱紫有別晉氏承之文籍尤廣晉秘書監荀勗定魏內經更著新簿雖古文舊簡猶云有缺新章後錄鳩集已多足得恢弘正道訓範當世屬劉石憑陵京華覆滅朝章闕典從而失墜此則書之四厄也永嘉之後寇竊競興因河據洛跨秦帶趙論其建國立家雖傳名號憲章禮樂寂滅無聞劉裕平姚收其圖籍五經子史纔四千卷皆赤軸青紙文字古拙僭僞之盛莫過二秦以此而論足可明矣故知衣冠軌物圖畫記注播遷之餘皆歸江左晉宋之際學藝爲多齊梁之間經史彌盛宋秘書丞王儉依劉氏七畧撰爲七志梁人阮孝緒亦爲七錄總其書數三萬餘卷及侯景渡江破滅梁室秘省經籍雖從兵火其文德殿內書史宛然猶存蕭繹據有江陵遣將破平侯景收文德之書及公私典籍重本七萬餘卷悉送荊州故江表圖書因斯盡萃於繹矣及周師入郢繹悉焚之於外城所收十纔一二此則書之五厄也後魏

爰自幽方遷宅伊洛日不暇給經籍闕如周氏創基關右戎車未息保定之始書止八千後加收集方盈萬卷高氏據有山東初亦採訪驗其本目殘缺猶多及東夏初平獲其經史四部重雜三萬餘卷所益舊書五千而已今御書單本合一萬五千餘卷部帙之間仍有殘缺比梁之舊目止有其半至於陰陽河洛之篇醫方圖譜之說彌復爲少臣以經書自仲尼已後迄于當今年踰千載數遭五厄興集之期屬膺聖世伏惟陛下受天明命君臨區宇功無與二德冠往初自華夏分離彝倫攸斁其間雖霸王遞起而世難未夷欲崇儒業時或未可今土宇邁於三王民黎盛於兩漢有人有時正在今日方當大弘文教納俗升平而天下圖書尚有遺逸非所以仰協聖情流訓無窮者也臣史籍是司寢興懷懼昔陸賈奏漢祖云天下不可馬上治之故知經邦立政在於典謨矣爲國之本莫此攸先今秘藏見書亦足披覽但一時載籍須令大備不可王府所無私家乃有然士民殷雜求訪難知縱有知者多懷恡惜必須勒之以天威引之以微利若猥發明詔兼開購賞則異典必臻觀閣所積重道之風超於前世不亦善乎伏願天鑒少垂照察上納之於是下詔獻書一卷賚縑一匹一二年間篇籍稍備進爵奇章郡公邑千五百戶三年拜禮部尚書奉勅修撰五禮勒成百卷行于當世弘請依古制修立明堂上議曰竊謂明堂者所以通神靈感天地出教化崇有德孝經曰宗祀文王於明堂以配上帝祭義云祀于明堂教諸侯孝也黃帝曰合宮堯曰五府舜曰總章布政興治由來尚矣周官考工記云夏后氏世室堂修二七廣四修一鄭玄注云修四十步其廣益以四分修之一則堂廣十七步半也殷人重屋堂修七尋四阿重屋鄭云其修七尋廣九尋也周人明堂度九尺之筵南面七筵五室凡室二筵鄭云此三者或舉宗廟或舉王寢或舉明堂互言之明其同制也馬融王肅干寶所注與鄭亦異今不具出漢司徒馬宮議云夏后氏世室室顯於堂故命以室殷人重屋屋顯於堂故命以屋周人明堂堂大於夏室故命以堂夏后氏益其堂之廣百四十四尺周人明堂以爲兩序間大夏后氏七十二尺若據鄭玄之說則夏室大於周堂如依馬宮之言則周堂大於夏室後王轉文周大爲是但宮之所言未詳其義此皆去聖久遠禮文殘缺先儒解說家異人殊鄭注玉藻亦云宗廟路寢與明堂同制王制曰寢不踰廟明大小是同今依鄭玄注每室及堂止有一丈八尺四壁之外四尺有餘若以宗廟論之祫享之時周人旅酬六尸并后稷爲七先公昭穆二尸先王昭穆二尸合十一尸三十六王及君北面行事於二丈之堂愚不及此若以正寢論之便須朝宴據燕禮諸侯宴則賓及卿大夫脫屨升坐是知天子宴則三公九卿並須升堂燕義又云席小卿次上卿言皆侍席止於二筵之間豈得行禮者以明堂論之總享之時五帝各於其室設青帝之位須於太室之內少北西面太昊從食坐於其西近南北面祖宗配享者又於青帝之南稍退西面丈八之室神位有三加以簠簋籩豆牛羊之俎四海九州美物咸設復須席工升歌出罇反坫揖讓升降亦以隘矣據茲而說近是不然案劉向別錄及馬宮蔡邕等所見當時有古文明堂禮王居明堂禮明堂圖明堂大圖明堂陰陽太山通義魏文侯孝經傳等並說古明堂之事其書皆亾莫得而正今明堂月令者鄭玄云是呂不韋著春秋十二紀之首章禮家鈔合爲記蔡邕王肅云周公所作周書內有月令第五十三卽此也各有證明文多不載束晳以爲夏時之書劉瓛云不韋鳩集儒者尋于聖王月令之事而記之不韋安能獨爲此記今案不得全稱周書亦未可卽爲秦典其內雜有虞夏殷周之法皆聖王仁恕之政也蔡邕具爲章句又論之曰明堂者所以宗祀其祖以配上帝也夏后氏曰世室殷人曰重屋周人曰明堂東曰青陽南曰明堂西曰總章北曰玄堂內曰太室聖人南面而聽向明而治人君之位莫不正焉故雖有五名而主以明堂也制度之數各有所依堂方一百四十四尺巛之策也屋圓楣徑二百一十六尺乾之策也太廟明堂方六丈通天屋徑九丈陰陽九六之變且圓蓋方覆九六之道也八闥以象卦九室以象州十二宮以應日辰三十六戶七十二牖以四戶八牖乘九宮之數也戶皆外設而不閉示天下以不藏也通天屋高八十一尺黃鍾九九之實也二十八柱布四方四方七宿之象也堂高三尺以應三統四向五色各象其行水闊二十四丈象二十四氣於外以象四海王者之大禮也觀其模範天地則象陰陽必據古文義不虛出今若直取考工不參月令青陽總章之號不得而稱九月享帝之禮不得而用漢代二京所建與此說悉同建安之後海內大亂京邑焚燒憲章泯絕魏氏三方未平無聞興造晉則侍中裴頠議曰尊祖配天其義明著而廟宇之制理據未分宜可直爲一殿以崇嚴父之祀其餘雜碎一皆除之宋齊已還咸率茲禮此乃世之通儒時無思術前王盛事於是不行後魏代都所造出自李沖三三相重合爲九室簷不覆基房間通街穿鑿處多迄無可取及遷宅洛陽更加營構五九紛競遂至不成宗配之事於焉靡託今皇猷遐闡化覃海外方建大禮垂之無窮弘等不以庸虛謬當議限今檢明堂必須五室者何尚書帝命驗曰帝者承天立五府赤曰文祖黃曰神升白曰顯紀黑曰玄矩蒼曰靈府鄭玄注曰五府與周之明堂同矣且三代相沿多有損益至於五室確然不變夫室以祭天天實有五若立九室四無所用布政視朔自依其辰鄭司農云十二月分在青陽等左右之位不云居室鄭玄亦言每月於其時之堂而聽政焉禮圖畫个皆在堂偏是以須爲五室明堂必須上圓下方者何孝經援神契曰明堂者上圓下方八窻四達布政之宮禮記盛德篇曰明堂四戶八牖上圓下方五經異義稱講學大夫淳于登亦云上圓下方鄭玄同之是以須爲圓方明堂必須重屋者何案考工記夏言九階四旁兩夾窻門堂三之二室三之一殷周不言者明一同夏制殷言四阿重屋周承其後不言屋制亦盡同可知也其殷人重屋之下本無五室之文鄭注云五室者亦據夏以知之明周不云重屋因殷則有灼然可見禮記明堂位曰太廟天子明堂言魯爲周公之故得用天子禮樂魯之太廟與周之明堂同又曰復廟重檐刮楹達嚮天子之廟飾鄭注復廟重屋也據廟既重屋明堂亦不疑矣春秋文公十三年太室屋壞五行志曰前堂曰太廟中央曰太室屋其上重者也服虔亦云太室太廟太室之上屋也周書作洛篇曰乃立太廟宗宮路寢明堂咸有四阿反坫重亢重廊孔晁注曰重亢累棟重廊累屋也依黃圖所載漢之宗廟皆爲重屋此去古猶近遺法尚在是以須爲重屋明堂必須爲辟雍者何禮記盛德篇云明堂者明諸侯尊卑也外水曰辟雍明堂陰陽錄曰明堂之制周圜行水左旋以象天內有太室以象紫宮此明堂有水之明文也然馬宮王肅以爲明堂辟雍太學同處蔡邕盧植亦以爲明堂靈臺辟雍太學同實異名邕云明堂者取其宗祀之清貌則謂之清廟取其正室則曰太室取其堂則曰明堂取其四門之學則曰太學取其周水圜如璧則曰璧雍其實一也其言別者五經通義曰靈臺以望氣明堂以布政辟雍以養老教學三者不同袁準鄭玄亦以爲別歷代所疑豈能輒定今據郊祀志云欲治明堂未曉其制濟南人公玉帶上黃帝時明堂圖一殿無壁蓋之以茅水圜宮垣天子從之以此而言其來則久漢中元二年起明堂辟雍靈臺於洛陽並別處然明堂亦有璧水李尤明堂銘云流水洋洋是也以此須有辟雍夫帝王作事必師古昔今造明堂須以禮經爲本形制依於周法度數取於月令遺闕之處參以餘書庶使該詳沿革之理其五室九階上圓下方四阿重屋四旁兩門依考工記孝經說堂方一百四十四尺屋圓楣徑二百一十六尺太室方六丈通天屋徑九丈八闥二十八柱堂高三尺四向五色依周書月令論殿垣方在內水周如外水內徑三百步依太山盛德記觀禮經仰觀俯察皆有則象足以盡誠上帝祗配祖宗弘風布教作範於後矣弘等學不稽古輒申所見可否之宜伏聽裁擇上以時事草創未遑制作竟寢不行六年除太常卿九年詔改定雅樂又作樂府歌詞撰定圓丘五帝凱樂并議樂事弘上議云謹案禮五聲六律十二管還相爲宮周禮奏黃鍾歌大呂奏太簇歌應鍾皆是旋相爲宮之義蔡邕明堂月令章句曰孟春月則太簇爲宮姑洗爲商蕤賓爲角南呂爲徵應鍾爲羽大呂爲變宮夷則爲變徵他月倣此故先王之作律呂也所以辯天地四方陰陽之聲揚子雲曰聲生於律律生於辰故律呂配五行通八風歷十二辰行十二月循環轉運義無停止譬如立春木王火相立夏火王土相季夏餘分土王金相立秋金王水相立冬水王木相還相爲宮者謂當其王月名之爲宮今若十一月不以黃鍾爲宮十二月不以太簇爲宮便是春木不王夏土不相豈不陰陽失度天地不通哉劉歆鍾律書云春宮秋律百卉必彫秋宮春律萬物必榮夏宮冬律雨雹必降冬宮夏律雷必發聲以斯而論誠爲不易且律十二今直爲黃鍾一均唯用七律以外五律竟復何施恐失聖人制作本意故須依禮作還相爲宮之法上曰不須作旋相爲宮且作黃鍾一均也弘又論六十律不可行謹案續漢書律曆志元帝遣韋玄成問京房於樂府房對受學故小黃令焦延壽六十律相生之法以上生下皆三生二以下生上皆三生四陽下生陰陰上生陽終於中呂而十二律畢矣中呂上生執始執始下生去滅上下相生終於南事六十律畢矣十二律之變至於六十猶八卦之變至於六十四也冬至之聲以黃鍾爲宮太簇爲商姑洗爲角林鍾爲徵南呂爲羽應鍾爲變宮蕤賓爲變徵此聲氣之元五音之正也故各統一日其餘以次運行當日者各自爲宮而商徵以類從焉房又曰竹聲不可以度調故作準以定數準之狀

如瑟長一丈而十三絃隱間九尺以應黃鍾之律九寸中央一絃下畫分寸以爲六十律清濁之節執始之類皆房自造房云受法於焦延壽未知延壽所承也至元和年待詔候鍾殷彤上言官無曉六十律以準調音者故待詔嚴嵩具以準法教其子宣願召宣補學官主調樂器大史丞弘試宣十二律其二中其四不中其六不知何律宣遂罷自此律家莫能爲準施絃嘉平年東觀召典律者太子舍人張光問準意光等不知歸閱舊藏乃得其器形制如房書猶不能定其絃緩急故史官能辨清濁者遂絕其可以相傳者唯大榷常數及候氣而已據此而論京房之法漢世已不能行沈約宋志曰詳案古典及今音家六十律無施於樂禮云十二管還相爲宮不言六十封禪書云大帝使素女鼓五十絃瑟而悲破爲二十五絃假令六十律爲樂得成亦所不用取大樂必易大禮必簡之意也又議曰案周官云大司樂掌成均之法鄭衆注云均調也樂師主調其音三禮義宗稱周官奏黃鍾者用黃鍾爲調歌大呂者用大呂爲調奏者謂堂下四懸歌者謂堂上所歌但一祭之間皆用二調是知據宮稱調其義一也明六律六呂迭相爲宮各自爲調今見行之樂用黃鍾之宮乃以林鍾爲調與古典有違晉內書監荀勗依典記以五聲十二律還相爲宮之法制十二笛黃鍾之笛正聲應黃鍾下徵應林鍾以姑洗爲清角大呂之笛正聲應大呂下徵應夷則以外諸均例皆如是然今所用林鍾是勗下徵之調不取其正先用其上於理未通故須改之上甚善其議詔弘與姚察許善心何妥虞世基等正定新樂事在音律志是後議置明堂詔弘條上故事議其得失事在禮志上甚敬重之時楊素恃才矜貴輕侮朝臣唯見弘未嘗不改容自肅素將擊突厥詣太常與弘言別弘送素至中門而止素謂弘曰大將出征故來敘別何相送之近也弘遂揖而退素笑曰奇章公可謂其智可及其愚不可及也亦不以屑懷尋授大將軍拜吏部尚書時高祖又令弘與楊素蘇威薛道衡許善心虞世基崔子發等并召諸儒論新禮降殺輕重弘所立議衆咸推服之仁壽二年獻皇后崩王公已下不能定其儀注楊素謂弘曰公舊學時賢所仰今日之事決在於公弘了不辭讓斯須之間儀注悉備皆有故實素歎曰衣冠禮樂盡在此矣非吾所及也弘以三年之喪祥禫具有降殺期服十一月而練者無所象法以聞於高祖高祖納焉下詔除朞練之禮自弘始也弘在吏部其選舉先德行而後文才務在審慎雖致停緩所有進用並多稱職吏部侍郎高孝基鑒賞機晤清慎絕倫然爽俊有餘迹似輕薄時宰多以此疑之唯弘深識其真推心委任隋之選舉於斯爲最時論彌服弘識度之遠煬帝之在東宮也數有詩書遺弘弘亦有答及嗣位之後嘗賜弘詩曰晉家山吏部魏世盧尚書莫言先哲異奇才並佐余學行敦時俗道素乃沖虛納言雲閣上禮儀皇運初彝倫欣有敘垂拱事端居其同被賜詩者至於文詞讚揚無如弘美大業二年進位上大將軍三年改爲右光祿大夫從拜恒岳壇場珪幣墠時牲牢並弘所定還下太行煬帝嘗引入內帳對皇后賜以同席飲食其禮遇親重如此弘謂其諸子曰吾受非常之遇荷恩深重汝等子孫宜以誠敬自立以答恩遇之隆也六年從幸江都其年十一月卒於江都郡時年六十六帝傷惜之賵贈甚厚歸葬安定贈開府儀同三司光祿大夫文安侯謚曰憲弘榮寵當世而車服卑儉事上盡禮待下以仁訥於言而敏於行上嘗令其宣勑弘至階下不能言退還拜謝云並忘之上曰傳語小辯故非宰臣任也愈稱其質直大業之世委遇彌隆性寬厚篤志於學雖職務繁雜書不釋手隋室舊臣始終信任悔吝不及唯弘一人而已有弟曰弼好酒而酗嘗因醉射殺弘駕車牛弘來還宅其妻迎謂之曰叔射殺牛矣弘聞之亦無所怪問直答云作脯坐定其妻又曰叔忽射殺牛大是異事弘曰已知之矣顏色自若讀書不輟其寬和如此有文集十三卷行於世長子方大亦有學業官至內史舍人次子方裕性凶險無人心從幸江都與裴虔通等同謀弒逆事見司馬德戡傳

史臣曰牛弘篤好墳籍學優而仕有淡雅之風懷曠遠之度採百王之損益成一代之典章漢之叔孫不能尚也綢繆省闥三十餘年夷險不渝始終無際雖開物成務非其所長然澂之不清混之不濁可謂大雅君子矣子實不才崇基不構干紀犯義以墜家風惜哉

隋書卷四十九考證

牛弘傳本姓尞氏○北史尞作遼

據燕禮諸侯宴則賓及卿大夫脫屨升坐○監本屨作屐儀禮燕禮賓反入及卿大夫皆說屨升就席禮記鄉飲酒義降說屨升坐今改屨

五九紛競遂至不成○監本九譌鬼臣璣斗按魏書禮志初世宗永平延昌中欲建明堂而議者或云五室或云九室頻屬年飢遂寢至是復議之詔從五室及元議執政遂改營九室值世亂不成宗廟之禮迄無所設是五九紛競也

從拜恒嶽壇場珪幣墠時牲牢並弘所定還下太行帝嘗引入內帳對皇后賜以同席飲食○舊本太行作太常臣璣斗按作太行則文勢屬下作太常則文勢連上存參

# 隋書卷五十

唐　特　進　臣　魏　徵　上

## 列傳第十五

### 宇文慶

宇文慶字神慶河南洛陽人也祖金殿魏征南大將軍仕歷五州刺史安吉侯父顯和夏州刺史慶沉深有器局少以聰敏見知周初受業東觀頗涉經史既而謂人曰書足記姓名而已安能久事筆硯爲腐儒之業于時文州民夷相聚爲亂慶應募從征賊據保巖谷徑路懸絕慶束馬而進襲破之以功授都督衞王直之鎮山南也引爲左右慶善射有膽氣好格猛獸直甚壯之稍遷車騎大將軍儀同三司柱國府掾及誅宇文護慶有謀焉進授驃騎大將軍加開府後從武帝攻河陰先登攀堞與賊短兵接戰良久中石乃墜絕而後蘇帝勞之曰卿之餘勇可以賈人也復從武帝拔晉州其後齊師大至慶與宇文憲輕騎而覘卒與賊相遇爲賊所窘憲挺身而遁慶退據汾橋衆賊爭進慶引弓射之所中人馬必倒賊乃稍却及破高緯拔高壁克并州下信都禽高湝功並居最周武帝詔曰慶勳庸早著英望華遠出內之績簡在朕心戎車自西俱總行陣東夏蕩定實有茂功高位縟禮宜崇榮冊於是進位大將軍封汝南郡公邑千六百戶尋以行軍總管擊延安反胡平之拜延州總管俄轉寧州總管高祖爲丞相復以行軍總管南征江表師次白帝徵還以勞進位上大將軍高祖與慶有舊甚見親待令督丞相軍事委以心腹尋加柱國開皇初拜左武衞將軍進位上柱國數年出除涼州總管歲餘徵還不任以職初上潛龍時嘗從容與慶言及天下事上謂慶曰天元實無積德視其相貌壽亦不長加以法令繁苛耽恣聲色以吾觀之殆將不久又復諸侯微弱各令就國曾無深根固本之計羽翮既翦何能及遠哉尉迥貴戚早著聲望國家有釁必爲亂階然智量庸淺子弟輕佻貪而少惠終致亡滅司馬消難反覆之虜亦非池內之物變成俄頃但輕薄無謀未能爲害不過自竄江南耳庸蜀險隘易生艱阻王謙愚蠢素無籌略但恐爲人所誤不足爲虞未幾上言皆驗及此慶恐上遺忘不復收用欲見舊蒙恩顧具錄前言爲表而奏之曰臣聞智侔造化二儀無以隱其靈明同日月萬象不能藏其狀先天弗違實聖人之體道未萌見兆諒達節之神機伏惟陛下特挺生知徇齊誕御懷五岳其猶輕吞八荒而不梗蘊妙見於胸襟運奇謨於掌握臣以微賤早逢天眷不以庸下親蒙推赤所奉成規纖毫弗舛尋惟聖慮妙出蓍龜驗一人之慶有徵實天子之言無戲臣親聞親見實榮實喜上省表大悅下詔曰朕之與公本來親密懷抱委曲無所不盡話言歲久尚能記憶今覽表奏方悟昔談何謂此言遂成實錄古人之先知禍福明可信也朕言之驗自是偶然公乃不忘彌表誠節深感至意嘉尚無已自是上每加優禮卒于家子靜禮初爲太子千牛備身尋尚高祖女廣平公主授儀同安德縣公邑千五百戶後爲熊州刺史先慶卒子協歷武賁郎將右翊衞將軍宇文化及之亂遇害協弟晶字婆羅門大業之世少養宮中後爲千牛左右煬帝甚親昵之每有遊宴晶必侍從至於出入臥內伺察六宮往來不限門禁其恩倖如此時人號曰宇文三郎晶與宮人淫亂至於妃嬪公主亦有醜聲蕭后言於帝晶聞而懼數日不敢見其兄協因奏曰晶今已壯不可在宮掖帝曰晶安在協曰在朝堂帝不之罪因召入待之如初宇文化及弒逆之際晶時在玄覽門覺變將入奏爲門司所遏不得時進會日暝宮門閉退還所守俄而難作晶與五十人赴之爲亂兵所害

### 李禮成

李禮成字孝諧隴西狄道人也涼王暠之六世孫祖延實魏司徒父彧侍中禮成年七歲與姑之子蘭陵太守榮陽鄭顥隨魏武帝入關顥母每謂所親曰此兒平生未嘗迴顧當爲重器耳及長沉深有行檢不妄通賓客魏大統中釋褐著作郎遷太子洗馬員外散騎常侍周受禪拜平東將軍散騎常侍于時貴公子皆競習弓馬被服多爲軍容禮成雖善騎射而從容儒服不失素望遷州刺史時朝廷有所徵發禮成度以蠻夷不可擾擾必爲亂上表固諫周武帝從之伐齊之役從帝圍晉陽

禮成以兵擊南門齊將席毗羅率精甲數千拒帝禮成力戰擊退之加開府進封冠軍縣公拜北徐州刺史未幾徵爲民部中大夫禮成妻竇氏早沒知高祖有非常之表遂聘高祖妹爲繼室情契甚歡及高祖爲丞相進位上大將軍遷司武上大夫委以心膂及受禪拜陝州刺史進封絳郡公賞賜優洽尋徵爲左衞將軍遷右武衞大將軍歲餘出拜襄州總管稱有惠政後數載復爲左衞大將軍時突厥屢爲寇患緣邊要害多委重臣由是拜寧州刺史歲餘以疾徵還京師終於家其子世師官至度支侍郎

## 元孝矩 弟褒

元孝矩河南洛陽人也祖脩義父子均並爲魏尚書僕射孝矩西魏時襲爵始平縣公拜南豐州刺史時見周太祖專政將危元氏孝矩每慨然有興復社稷之志陰謂昆季曰昔漢氏有諸呂之變朱虛東牟卒安劉氏今宇文之心路人所見顛而不扶焉用宗子盍將圖之爲兄則所遏孝矩乃止其後周太子爲兄子晉公護娶孝矩妹爲妻情好甚密及閔帝受禪護總百揆孝矩之寵益隆及護誅坐徙蜀數載徵還京師拜益州總管司馬轉司憲大夫高祖重其門地娶其女爲房陵王妃及高祖爲丞相拜少冢宰進位柱國賜爵洵陽郡公時房陵王鎭洛陽及上受禪立爲皇太子令孝矩代鎭既而立其女爲皇太子妃親禮彌厚俄拜壽州總管賜孝矩璽書曰揚越氛祲侵軼邊鄙爭桑興役不識大猷以公志存遠略今故鎭邊服懷柔以禮稱朕意焉時陳將任蠻奴等屢寇江北復以孝矩領行軍總管屯兵於江上後數載自以年老筋力漸衰不堪軍旅上表乞骸骨轉涇州刺史高祖下書曰知執謙撝請歸初服恭膺寶命實賴元功方欲委裘寄以分陝何容便請高蹈獨爲君子者乎若以邊境務煩即宜徙節涇郡養德臥治也在州歲餘卒官年五十九謚曰簡子無竭嗣孝矩兄子文都見誠節傳孝矩大弟雅字孝方有文武幹用開皇中歷左領左右將軍集沁二州刺史封順陽郡公季弟褒最知名

褒字孝整便弓馬少有成人之量年十歲而孤爲諸兄所鞠養性友悌善事諸兄諸兄議欲別居褒泣諫不得家素富多金寶褒無所受脫身而出爲州里所稱及長寬仁大度涉獵書史仕周官至開府北平縣公趙州刺史及高祖爲丞相從韋孝寬擊尉迥以功超拜柱國進封河間郡公邑二千戶開皇二年拜安州總管歲餘徙原州總管有商人爲賊所劫其人疑同宿者而執之褒察其色寃而辭正遂捨之商人詣闕訟褒受金縱賊上遣使窮治之使者簿責褒曰何故利金而捨盜也褒便即引咎初無異詞使者與褒俱詣京師遂坐免官其盜尋發於他所上謂褒曰公朝廷舊人位望隆重受金捨盜非善事何至自誣也對曰臣受委一州不能息盜賊臣之罪一也州民爲人所謗不付法司懸即放免臣之罪二也牽率愚誠無顧形迹不恃文書約束至令爲物所疑臣之罪三也臣有三罪何所逃責臣又不言受賂使者復將有所窮究然則縲紲橫及良善重臣之罪是以自誣上歎異之稱爲長者十四年以行軍總管屯兵備邊遼東之役復以行軍總管從漢王至柳城而還仁壽初嘉州夷獠爲寇褒率步騎二萬擊平之煬帝即位拜齊州刺史尋改爲齊郡太守吏民安之及興遼東之役郡官督事者前後相屬有西曹掾當行詐疾褒詰之掾理屈褒杖之掾遂大言曰我將詣行在所欲有所告褒大怒因杖百餘數日而死坐是免官卒於家時年七十三

## 郭榮

郭榮字長榮自云太原人也父徽魏大統末爲同州司馬時武元皇帝爲刺史由是與高祖有舊徽後官至洵州刺史安城縣公及高祖受禪拜太僕卿數年卒官榮容貌魁岸外疎內密與其交者多愛之周大冢宰宇文護引爲親信護察榮謹厚擢爲中外府水曹參軍時齊寇屢侵護令榮於汾州觀賊形勢時汾州與姚襄鎭相去懸遠榮以爲二城孤迥勢不相救請於州鎭之間更築一城以相控攝護從之俄而齊將段孝先攻陷姚襄汾州二城唯榮所立者獨能自守護作浮橋出兵度河與孝先戰孝先於上流縱大筏以擊浮橋護令榮督便水者引取其筏以功授大都督護又以稽胡數爲寇亂使榮綏集之榮於上郡延安築周昌弘信廣安招遠咸寧等五城以遏其要路稽胡由是不能爲寇武帝親總萬機拜宣納中士後從帝平齊以戰功賜馬二十匹縑絹六百段封平陽縣男遷司水大夫榮少與高祖親狎情契極歡嘗與高祖夜坐月下因從容謂榮曰吾仰觀玄象俯察人事周歷已盡我其代之榮深自結納宣帝崩高祖總百揆召榮撫其背而笑曰吾言驗未即拜相府樂曹參軍俄以本官復領蕃部大夫高祖受禪引爲內史舍人以龍潛之舊進爵蒲城郡公加位上儀同累遷通州刺史仁壽初西南夷獠多叛詔榮領八州諸軍事行軍總管率兵討之歲餘悉平賜奴婢三百餘口煬帝即位入爲武候驃騎將軍以嚴正聞後數歲黔安首領田羅騶阻清江作亂夷陵諸郡民夷多應者詔榮擊平之遷左候衞將軍從帝西征吐谷渾拜銀青光祿大夫遼東之役以功進位左光祿大夫明年帝復事遼東榮以爲中國疲敝萬乘不宜屢動乃言於帝曰戎狄失禮臣下之事臣聞千鈞之弩不爲鼷鼠發機豈有親辱大駕以臨小寇帝不納復從軍攻遼東城榮親蒙矢石晝夜不釋甲胄百餘日帝每令人窺諸將所爲知榮如是帝大悅每勞勉之九年帝至東都謂榮曰公年德漸高不宜久涉行陣當與公一郡任所選也榮不願違離頓首陳讓辭情哀苦有感帝心於是拜爲右候衞大將軍後數日帝謂百寮曰誠心純至如郭榮者固無比矣其見信如此楊玄感之亂帝令馳守太原明年復從帝至柳城遇疾帝令存問動靜中使相望卒於懷遠鎭時年六十八帝爲之廢朝贈兵部尚書謚曰恭贈物千段有子福善

## 龐晃

龐晃字元顯榆林人也父虯周驃騎大將軍晃少以良家子刺史杜達召補州都督周太祖既有關中署晃大都督領親信兵常置左右晃因從居關中後遷驃騎將軍襲爵比陽侯衞王直出鎭襄州晃以本官從尋與長湖公元定擊江南孤軍深入遂沒於陣數年衞王直遣晃弟車騎將軍元儁齎絹八百匹贖焉乃得歸朝拜上儀同賜綵二百段復事衞王時高祖出爲隨州刺史路經襄陽衞王令晃詣高祖晃知高祖非常人深自結納及高祖去官歸京師晃迎見高祖於襄邑高祖甚歡晃因白高祖曰公相貌非常名在圖籙九五之日幸願不忘高祖笑曰何妄言也頃之有一雄雉鳴於庭高祖命晃射之曰中則有賞然富貴之日持以爲驗晃既射而中高祖撫掌大笑曰此是天意公能感之而中也因以二婢賜之情契甚密武帝時晃爲常山太守高祖爲定州總管屢相往來俄而高祖轉亳州總管將行意甚不悅晃因白高祖曰燕代精兵之處今若動衆天下不足圖也高祖握晃手曰時未可也晃亦轉爲車騎將軍及高祖爲揚州總管奏晃同行既而高祖爲丞相進晃位開府命督左右甚見親待及踐阼謂晃曰射雉之符今日驗不晃再拜曰陛下應天順民君臨寓內猶憶曩日之言不勝慶躍上笑曰公之此言何得忘也尋加上開府拜右衞將軍進爵爲公邑千五百戶河間王弘之擊突厥也晃以行軍總管從至馬邑迂路出賀蘭山擊賊破之斬首千餘級晃性剛悍時廣平王雄當塗用事勢傾朝廷晃每陵侮之嘗於軍中臥見雄不起雄甚銜之復與高熲有隙二人屢譖晃由是宿衞十餘年官不得進出爲懷州刺史數歲遷原州總管仁壽中卒官年七十二高祖爲之廢朝贈物三百段米三百石謚曰敬子長壽頗知名官至驃騎將軍

## 李安

李安字玄德隴西狄道人也父蔚仕周爲朔燕恒三州刺史襄武縣公安美姿儀善騎射周天和中釋褐右侍上士襲爵襄武公俄授儀同少師右上士高祖作相引之左右遷職方中大夫復拜安弟悊爲儀同安叔父梁州刺史璋時在京師與周趙王謀害高祖誘悊爲內應悊謂安曰寢之則不忠言之則不義失忠與義何以立身安曰丞相父也其可背乎遂陰白之及趙王等伏誅將加官賞安頓首而言曰兄弟無汗馬之勞過蒙獎擢合門竭節無以酬謝不意叔父無狀爲兇黨之所蠱惑覆宗絕嗣其甘若薺蒙全首領爲幸實多豈可將叔父之命以求官賞於是俯伏流涕悲不自勝高祖爲之改容曰我爲汝特存璋子乃命有司罪止璋身高祖亦爲安隱其事而不言尋授安開府進封趙郡公悊上儀同黃臺縣男高祖即位授安內史侍郎轉尚書左丞黃門侍郎平陳之役以爲楊素司馬仍領行軍總管率蜀兵順流東下時陳人屯白沙安謂諸將曰水戰非北人所長今陳人依險泊船必輕我而無備以夜襲之賊可破也諸將以爲然安率衆先鋒大破陳師高祖嘉之詔書勞曰陳賊之意自言水戰爲長險隘之間彌謂官軍所憚開府親將所部夜動舟師摧破賊徒生擒虜衆益官軍之氣破賊人之膽副朕所委聞以欣然進位上大將軍除郢州刺史數日轉鄧州刺史安請爲內職高祖重違其意除左領左右將軍俄遷右領軍大將軍復拜悊開府儀同三司備身將軍兄弟俱典禁衞恩信甚重八年突厥犯塞以安爲行軍總管從楊素擊之安別出長川會虜度河與戰破之仁壽元年出安爲寧州刺史悊爲衞州刺史安子瓌悊子瑋始自襁褓乳養宮中至是年八九歲始命歸家其見親顧如是高祖嘗言及作相時事因愍安兄弟滅親奉國乃下詔曰先王立教以義斷恩割親愛之情盡事君之道用能弘獎大節體此至公往者周歷既窮天命將及朕登庸惟始王業初基承此澆季實繁姦宄上大將軍寧州刺史趙郡公李安其

叔璋潛結藩枝，扇惑猶子，包藏不逞，禍機將發。安與弟開府儀同三司、衞州刺史、黃臺縣男悊，深知逆順，披露丹心，因謀旣彰，罪人斯得。朕每念誠節，嘉之無已，懋庸冊賞，宜不踰時。但以事涉其親，猶有疑惑，欲使安等名教之方，自處有地。朕常爲思審，遂致淹年。今更詳按聖典，求諸往事，父子天性，誠孝猶不並立，況復叔姪恩輕，情禮本有差降，忘私奉國，深得正理，宜錄舊勳，重弘賞命。」於是拜安、悊俱爲柱國，賜縑各五千匹，馬百匹，羊千口。復以悊爲備身將軍，進封順陽郡公。安謂親族曰：「雖家門獲全，而叔父遭禍，今奉此詔，悲愧交懷。」因歔欷悲感，不能自勝。先患水病，於是疾甚而卒，時年五十三。謚曰懷。子瓊嗣。少子孝恭，最有名。悊後坐事除名，配防嶺南，道病卒。

史臣曰：宇文慶等龍潛惟舊，疇昔親姻，或素盡平生之言，或早有腹心之託，霑雲雨之餘潤，照日月之末光，騁步天衢，與時升降，高位厚秩，貽厥後昆，優矣。畠幼養宮中，未聞教義，煬帝愛之，不以禮，其能不及於此乎！安、悊之於高祖，未有君臣之分，陷其骨肉，使就誅夷，大義滅親，所聞異於此矣。雖有悲悼，何損於譽。

隋書卷五十考證

李禮成傳官至度支侍郎○監本侍郎作郎中，閣本作侍郎。臣映斗按：隋志度支尙書統度支、戶部侍郎各二人，通典亦云隋氏諱忠，不置郎中，惟置侍郎爲尙書郎耳。

元孝矩弟褒以功超拜柱國○監本超譌復。臣映斗按：上文褒官至開府、北平縣公、趙州刺史，未嘗爲柱國，宜爲超拜，非復拜也，從閣本改。

# 隋書卷五十一

唐　特　進　臣　魏　徵　上

## 列傳第十六

### 長孫覽 從子熾　熾弟晟

長孫覽字休因，河南雒陽人也。祖稚，魏太師、假黃鉞、上黨文宣王。父紹遠，周小宗伯、上黨郡公。覽性弘雅，有器量，略涉書記，尤曉鍾律。魏大統中，起家東宮親信。周明帝時，爲大都督。武帝在藩，與覽親善，及卽位，彌加禮焉，超拜車騎大將軍。每公卿上奏，必令省讀。覽有口辯，聲氣雄壯，凡所宣傳，百僚屬目，帝每嘉歎之。覽初名善，帝謂之曰：「朕以萬機委卿先覽。」遂賜名焉。及誅宇文護，以功進封薛國公。其後歷小司空，從平齊，進位柱國，封第二子寬管國公。宣帝時，進位上柱國、大司徒，俄歷同、涇二州刺史。高祖爲丞相，轉宜州刺史。開皇二年，將有事於江南，徵爲東南道行軍元帥，統八總管出壽陽，水陸俱進。師臨江，陳人大駭。會陳宣帝卒，覽欲以乘釁遂滅之，監軍高熲以禮不伐喪而還。上常命覽與安德王雄、上柱國元諧、李充、左僕射高熲、右衞大將軍虞慶則、吳州總管賀若弼等同宴，上曰：「朕昔在周朝，備展誠節，但苦猜忌，每致寒心。爲臣若此，竟何情賴！朕之於公，義則君臣，恩猶父子。朕當與公共享終吉，罪非謀逆，一無所問。朕亦知公至誠，特付太子，宜數參見之，庶得漸相親愛。柱臣素望，實屬於公，宜識朕意。」其恩禮如此。又爲蜀王秀納覽女爲妃。其後以母憂去職，歲餘，起令復位。俄轉涇州刺史，所在並有政績。卒官。子洪嗣，仕歷宋、順、臨三州刺史，司農少卿，北平太守。

熾字仲光，上黨文宣王稚之曾孫也。祖裕，魏太常卿、冀州刺史。父兕，周開府儀同三司、熊絳二州刺史、平原侯。熾性敏慧，美姿儀，頗涉羣書，兼長武藝。建德初，武帝尙道法，尤好玄言，求學兼經史、善於談論者，爲通道館學士，熾應其選，與英俊並遊，通涉彌博。建德二年，授雍州倉城令，尋轉盩厔令，頻宰二邑，考績連最。遷崤郡守，入爲御正上士。高祖作相，擢爲丞相府功曹參軍，加大都督，封陽平縣子，邑二百戶，遷稍伯下大夫。其年，王謙反，熾從信州總管王長述泝江而上，以熾爲前軍，破謙一鎭，定楚、合等五州，擒僞總管荊山公元振，以功拜儀同三司。及高祖受禪，熾率官屬先入清宮，卽日授內史舍人、上儀同三司。尋以本官攝判東宮右庶子，出入兩宮，甚被委遇，加以處事周密，高祖每稱美之。授左領軍長史，持節使於東南道三十六州，廢置州郡，巡省風俗。還授太子僕，加諫議大夫，攝長安令，與大興令梁毗俱爲稱職。然毗以嚴正聞，熾以寬平顯，爲政不同，部內各化。尋領右常平監，遷雍州贊治，改封饒良縣子，遷鴻臚少卿。後數歲，轉太常少卿，進位開府儀同三司，復持節爲河南道二十八州巡省大使，於路授吏部侍郎。大業元年，遷大理卿，復爲西南道大使，巡省風俗。擢拜戶部尙書。吐谷渾寇張掖，令熾率精騎五千擊走之，追至青海而還，以功授銀青光祿大夫。六年，幸江都宮，留熾於東都居守，仍攝左候衞將軍事。其年卒官，時年六十二，謚曰靜。子安世，通事謁者。

晟字季晟，性通敏，略涉書記，善彈工射，趫捷過人。時周室尙武，貴遊子弟咸以相矜，每共馳射，時輩皆出其下。年十八，爲司衞上士。初未知名，人弗之識也，唯高祖一見，深嗟異焉，乃攜其手而謂人曰：「長孫郎武藝逸羣，適與其言，又多奇略，後之名將，非此子耶？」宣帝時，突厥攝圖請婚于周，以趙王招女妻之。然周與攝圖各相誇競，妙選驍勇以充使者，因遣晟副汝南公宇文神慶送千金公主至其牙。前後使人數十輩，攝圖多不禮，見晟而獨愛焉，每共遊獵，留之竟歲。嘗有二鵰飛而爭肉，因以兩箭與晟曰：「請射取之。」晟乃彎弓馳往，遇鵰相攫，遂一發而雙貫焉。攝圖喜，命諸子弟貴人皆相親友，冀昵近之，以學彈射。其弟處羅侯號突利設，尤得衆心，而爲攝圖所忌，密託心腹，陰與晟盟。晟與之遊獵，因察山川形勢，部衆强弱，皆盡知之。時高祖作相，晟以狀白高祖。高祖大喜，遷奉車都尉。至開皇元年，攝圖曰：「我周家親也，今隋公自立而不能制，復何面目見可賀敦乎？」因與高寶寧攻陷臨渝鎭，約諸面部落謀共南侵。高祖新立，由是大懼，修築長城，發兵屯北境，命陰壽鎭幽州，虞慶則鎭幷州，屯兵數萬人以爲之備。晟先知攝圖、玷厥、阿波、突利等叔姪兄弟各統强兵，俱號可汗，分居四面，內懷猜忌，外示和同，難以力征，易可離間，因上書曰：「臣聞喪亂之極，必致升平，是故上天啓其機，聖人成其務。伏惟皇帝陛下當百王之末，膺千載之期，諸夏雖安，戎場尙梗，興師致討，未是其時，棄於度外，又復侵擾。故宜密運籌策，漸以攘之，計失則百姓不寧，計得則萬代之福。吉凶所係，伏願詳思。臣於周末，忝充外使，匈奴倚伏，實所具知。玷厥之於攝圖，兵强而位下，外名相屬，內隙已彰，鼓動其情，必將自戰。又處羅侯者，攝圖之弟，姦多而勢弱，曲取於衆心，國人愛之，因爲攝圖所忌，其心殊不自安，迹示彌縫，實懷疑懼。又阿波首鼠，介在其間，頗畏攝圖，受其牽率，唯强是與，未有定心。今宜遠交而近攻，離强而合弱，通使玷厥，說合阿波，則攝圖迴兵，自防右地。又引處羅，遣連奚、霫，則攝圖分衆，還備左方。首尾猜嫌，腹心離阻，十數年後，承釁討之，必可一舉而空其國矣。」上省表大悅，因召與語。晟復口陳形勢，手畫山川，寫其虛實，皆如指掌。上深嗟異，皆納用焉。因遣太僕元暉出伊吾道，詣玷厥，賜以狼頭纛，謬爲欽敬，禮數甚優。玷厥使來，引居攝圖使上。反間旣行，果相猜貳。授晟車騎將軍，出黃龍道，齎幣賜奚、霫、契丹等，遣爲鄉導，得至處羅侯所，深布心腹，誘令內附。二年，攝圖四十萬騎自蘭州入，至于周盤，破達奚長儒軍，更欲南入，玷厥不從，引兵而去。時晟又說染干詐告攝圖曰：「鐵勒等反，欲襲其牙。」攝圖乃懼，迴兵出塞。後數年，突厥大入，發八道元帥分出拒之。阿波至涼州，與竇榮定戰，賊帥累北。時晟爲偏將，使謂之曰：「攝圖每來，戰皆大勝。阿波纔入，便卽致敗，此乃突厥之恥，豈不內愧於心乎？且攝圖之與阿波，兵勢本敵。今攝圖日勝，爲衆所崇，阿波不利，爲國生辱。攝圖必當因以罪歸於阿波，成其夙計，滅北牙矣。願自量度，能禦之乎？」阿波使至，晟又謂之曰：「今達頭與隋連和，而攝圖不能制。可汗何不依附天子，連結達頭，相合爲强，此萬全之計。豈若喪兵負罪，歸就攝圖，受其戮辱耶？」阿波納之，因留塞上，使人隨晟入朝。時攝圖與衞王軍遇，戰於白道，敗走至磧，聞阿波懷貳，乃掩北牙，盡獲其衆而殺其母。阿波還無所歸，西奔玷厥，乞師十餘萬，東擊攝圖，復得故地，收散卒數萬，與攝圖相攻。阿波頻勝，其勢益張。攝圖又遣使朝貢，公主自請改姓，乞爲帝女，上許之。四年，遣晟副虞慶則使于攝圖，賜公主姓爲楊氏，改封大義公主。攝圖奉詔，不肯起拜，晟進曰：「突厥與隋俱是大國天子，可汗不起，安敢違意。但可賀敦爲帝女，則可汗是大隋女壻，奈何無禮，不敬婦公乎？」攝圖乃笑謂其達官曰：「須拜婦公，我從之耳。」於是乃拜詔書。使還稱旨，授儀同三司、左勳衞車騎將軍。七年，攝圖死，遣晟持節拜其弟處羅侯爲莫何可汗，以其子雍閭爲葉護可汗。處羅侯因晟奏曰：「阿波爲天所滅，與五六千騎在山谷間，伏聽詔旨，當取之以獻。」乃召文武議焉。樂安公元諧曰：「請就彼梟首，以懲其惡。」武陽公李充曰：「請生將入朝，顯戮以示百姓。」上謂晟曰：「於卿何如？」晟對曰：「若突厥背誕，須齊之以刑。今其昆弟自相夷滅，阿波之惡非負國家，因其困窮，取而爲戮，恐非招遠之道，不如兩存之。」上曰：「善。」八年，處羅侯死，遣晟往弔，仍齎陳國所獻寶器以賜雍閭。十三年，流人楊欽亡入突厥，詐言彭城公劉昶共宇文氏女謀欲反隋，稱遣其來密告公主。雍閭信之，乃不修職貢。又遣晟出使，微觀察焉。公主見晟，乃言辭不遜，又遣所私胡人安遂迦共欽計議，扇惑雍閭。晟至京師，具以狀奏。又遣晟往索欽，雍閭欲勿與，謬荅曰：「檢校客內，無此色人。」晟乃貨其達官，知欽所在，夜掩獲之，以示雍閭，因發公主私事，國人大恥。雍閭執遂迦等，並以付晟。上大喜，加授開府，仍遣入藩，涖殺大義公主。雍閭又表請婚，僉議將許之。晟又奏曰：「臣觀雍閭反覆無信，特共玷厥有隙，所以依倚國家，縱與爲婚終當必叛今若得尚公主承藉威靈玷厥染干必又受其徵發强而更反後恐難圖且染干者處羅侯之子也素有誠款于今兩代臣前與相見亦乞通婚不如許之招令南徙兵少力弱易可撫馴使敵雍閭以爲邊捍上曰善又遣慰喻染干許尚公主十七年染干遣五百騎隨晟來逆女以宗女封安義公主以妻之晟說染干率衆南徙居度斤舊鎭雍閭疾之亟來抄略染干伺知動靜輒遣奏聞是以賊來每先有備十九年染干因晟奏雍閭作反具欲打大同城詔發六總管並取漢王節度分道出塞討之雍閭大懼復共達頭同盟合力掩襲染干大戰于長城下染干敗績殺其兄弟子姪而部落亡散染干與晟獨以五騎逼夜南走至旦行百餘里收得數百騎乃相與謀曰今兵敗入朝一降人耳大隋天子豈禮我乎玷厥雖來本無冤隙若往投之必相存濟晟知其懷貳乃密遣從者入伏遠鎭令其舉烽染干見四烽俱發問晟曰城上然烽何也晟紿之曰城高地迥必遙見賊來我國家法若賊少舉二烽來多舉三烽大逼舉四烽使見賊多而又近耳染干大懼謂其衆曰追兵已逼且可投城旣入鎭晟留其達官執室以領其衆自將染干馳驛入朝帝大喜進授左勳衞驃騎將軍持節護突厥晟遣降虜覘候雍閭知其牙內屢有災變夜見赤虹光照數百里天狗隕雨血三日流星墜其營內有聲如雷每夜自驚言隋師且至並遣奏知仍請出討突厥都速等歸染干前後至者男女萬餘口晟安置之由是突厥悅附尋以染干爲意利彌豆啓人可汗賜射於武安殿選善射者十二人分爲兩朋啓人曰臣由長孫大使得見天子今日賜射願入其朋許之給晟箭六侯發皆入鹿啓人之朋竟勝時有鳶羣飛上曰公善彈爲我取之十發俱中並應丸而落是日百官獲賚晟獨居多尋遣領五萬人於朔州築大利城以處染干安義公主死持節送義城公主復以妻之晟又奏染干部落歸者旣衆雖在長城之內猶被雍閭抄略往來辛苦不得寧居請徙五原以河爲固於夏勝兩州之間東西至河南北四百里掘爲橫壍令處其內任情放牧免於抄略人必自安上並從之二十年都藍大亂爲其部下所殺晟因奏請曰今王師臨境戰數有功賊內攜離其主被殺乘此招誘必並來降請遣染干部下分頭招慰上許之果盡來附達頭恐怖又大集兵詔晟部領降人爲秦川行軍總管取晉王廣節度出討達頭與王相抗晟進策曰突厥飲泉易可行毒因取諸藥毒水上流達頭人畜飲之多死於是大驚曰天雨惡水其亡我乎因夜遁晟追之斬首千餘級俘百餘口六畜數千頭王大喜引晟入內同宴極歡有突厥達官來降時亦預坐說言突厥之內大畏長孫總管聞其弓聲謂爲霹靂見其走馬稱爲閃電王笑曰將軍震怒威行域外遂與雷霆爲比一何壯哉師旋授上開府儀同三司復遣還大利城安撫新附仁壽元年晟表奏曰臣夜登城樓望見磧北有赤氣長百餘里皆如雨足下垂被地謹驗兵書此名灑血其下之國必且破亡欲滅匈奴宜在今日詔楊素爲行軍元帥晟爲受降使者送染干北伐二年軍次北河值賊帥思力俟斤等領兵拒戰晟與大將軍梁默擊走之轉戰六十餘里賊衆多降晟又教染干分遣使者往北方鐵勒等部招攜取之三年有鐵勒思結伏利具渾斛薩阿拔僕骨等十餘部盡背達頭請來降附達頭衆大潰西奔吐谷渾晟送染干安置于磧口事畢入朝遇高祖崩匿喪未發煬帝引晟於大行前委以內衙宿衞知門禁事卽日拜左領軍將軍遇楊諒作逆勑以本官爲相州刺史發山東兵馬與李雄等共經略之晟辭曰有男行布今在逆地忽蒙此任情所不安帝曰公著勤誠朕之所悉今相州之地本是齊都人俗澆浮易可播擾儻生變動賊勢卽張思所以鎭之非公莫可公體國之深終不可以兒害義故用相委公其勿辭於是遣捉相州諒破追還轉武衞將軍大業三年煬帝幸榆林欲出塞外陳兵耀武經突厥中指于涿郡仍恐染干驚懼先遣晟往諭旨稱述帝意染干聽之因召所部諸國奚霫室韋等種落數十酋長咸萃晟以牙中草穢欲令染干親自除之示諸部落以明威重乃指帳前草曰此根大香染干遽嗅之曰殊不香也晟曰天子行幸所在諸侯躬親灑掃耘除御路以表至敬之心今牙中蕪穢謂是留香草耳染干乃悟曰奴罪過奴之骨肉皆天子賜也得効筋力豈敢有辭特以邊人不知法耳賴將軍恩澤而教導之將軍之惠奴之幸也遂拔所佩刀親自芟草其貴人及諸部爭放效之乃發榆林北境至于其牙又東達于薊長三千里廣百步舉國就役而開御道帝聞晟策乃益嘉焉後除淮陽太守未赴任復爲右驍衞將軍五年卒時年五十八帝深悼惜之賵贈甚厚後突厥圍鴈門帝歎曰向使長孫晟在不令匈奴至此晟好奇計務功名性至孝居憂毀瘠爲朝士所稱貞觀中追贈司空上柱國齊國公謚曰獻少子無忌嗣其長子行布亦多謀略有父風起家漢王諒庫直甚見親狎後遇諒於并州起逆率衆南拒官軍乃留行布城守遂與豆盧毓等閉門拒諒城陷遇害次子恒安以兄功授鷹揚郎將

史臣曰長孫氏爰自代陰來儀京洛門傳鍾鼎家誓山河漢代八王無以方其茂績張氏七葉不能譬此重光覽獨擅雄辨幟早稱爽俊俱司禮閣並統師旅且公且侯文武不墜晟體資英武兼包奇略因機制變懷彼戎夷傾巢盡落屈膝稽顙塞垣絕鳴鏑之旅渭橋有單于之拜惠流邊朔功光王府保茲爵祿不亦宜乎

隋書卷五十二

唐　特　進　臣　魏　徵　上

列傳第十七

韓擒 弟僧壽 洪

韓擒字子通河南東垣人也後家新安父雄以武烈知名仕周官至大將軍洛虞等八州刺史擒少慷慨以膽略見稱容貌魁岸有雄傑之表性又好書經史百家皆略知大旨周太祖見而異之令與諸子遊集後以軍功拜都督新安太守稍遷儀同三司襲爵新義郡公武帝伐齊齊將獨孤永業守金墉城擒說下之進平范陽加上儀同拜永州刺史陳人逼光州擒以行軍總管擊破之又從宇文忻平合州高祖作相遷利州刺史陳將甄慶任蠻奴蕭摩訶等共爲聲援頻寇江北前後入界擒屢挫其鋒陳人奪氣開皇初高祖潛有吞并江南之志以擒有文武才用夙著聲名於是拜爲廬州總管委以平陳之任甚爲敵人所憚及大舉伐陳以擒爲先鋒擒率五百人宵濟襲采石守者皆醉擒遂取之進攻姑孰半日而拔次於新林江南父老素聞其威信來謁軍門晝夜不絕陳人大駭其將樊巡魯世眞田瑞等相繼降之晉王廣上狀高祖聞而大悅宴賜羣臣晉王遣行軍總管杜彥與擒合軍步騎二萬陳叔寶遣領軍蔡徵守朱雀航聞擒將至衆懼而潰任蠻奴爲賀若弼所敗棄軍降於擒擒以精騎五百直入朱雀門陳人欲戰蠻奴撝之曰老夫尚降諸君何事衆皆散走遂平金陵執陳主叔寶時賀若弼亦有功乃下詔於晉王曰此二公者深謀大略東南逋寇朕本委之靜地恤民悉如朕意九州不一已數百年以名臣之功成太平之業天下盛事何用過此聞以欣然實深慶快平定江表二人之力也賜物萬段又下優詔於擒弼曰申國威於萬里宣朝化於一隅使東南之民俱出湯火數百年寇旬日廓清專是公之功也高名塞於宇宙盛業光於天壤逖聽前古罕聞其匹班師凱入誠知非遠相思之甚寸陰若歲及至京弼與擒爭功於上前弼曰臣在蔣山死戰破其銳卒擒其驍將震揚威武遂平陳國韓擒略不交陣豈臣之比擒曰本奉明旨令臣與弼同時合勢以取僞都弼乃敢先期逢賊遂戰致令將士傷死甚多臣以輕騎五百兵不血刃直取金陵降任蠻奴執陳叔寶據其府庫傾其巢穴弼至夕方扣北掖門臣啓關而納之斯乃救罪不暇安得與臣相比上曰二將俱合上勳於是進位上柱國賜物八千段有司劾擒放縱士卒淫汙陳宮坐此不加爵邑先是江東有謠歌曰黃斑青驄馬發自壽陽涘來時冬氣末去日春風始皆不知所謂擒本名豹平陳之際又乘青驄馬往反時節與歌相應至是方悟其後突厥來朝上謂之曰汝聞江南有陳國天子乎對曰聞之上命左右引突厥詣擒前曰此是執得陳國天子者擒厲然顧之突厥惶恐不敢仰視其有威容如此別封壽光縣公食邑千戶以行軍總管屯金城禦備胡寇卽拜涼州總管俄徵還京上宴之內殿恩禮殊厚無何其鄰母見擒門下儀衞甚盛有同王者母異而問之其中人曰我來迎王忽然不見又有人疾篤忽驚走至擒家曰我欲謁王左右問曰何王也答曰閻羅王擒子弟欲撻之擒止之曰生爲上柱國死作閻羅王斯亦足矣因寢疾數日竟卒時年五十五子世諤嗣世諤倜儻驍捷有父風楊玄感之作亂也引世諤爲將每戰先登及玄感敗爲吏所拘時帝在高陽送詣行所世諤日令守者市酒殽以酣暢揚言曰吾死在朝夕不醉何爲漸以酒進守者守者狎之遂飲令致醉世諤因得逃奔山賊不知所終

僧壽字玄慶擒母弟也亦以勇烈知名周武帝時爲侍伯中旅下大夫高祖得政從韋孝寬平尉迥每戰有功授大將軍封昌樂公邑千戶開皇初拜安州刺史時擒爲廬州總管朝廷不欲同在淮南轉爲熊州刺史後轉蔚州刺史進爵廣陵郡公尋以行軍總管擊突厥於雞頭山破之後坐事免數歲復拜蔚州刺史突厥甚憚之十七年屯蘭州以備胡明年遼東之役領行軍總管還檢校靈州總管事從楊素擊突厥破之進位上柱國改封江都郡公煬帝卽位又改封新蔡郡公自是之後不復任用大業五年從幸太原有京兆人達奚通妾王氏能清歌朝臣多相會觀之僧壽亦豫焉坐是除名尋令復位八年卒於京師時年六十五有子孝基

洪字叔明擒季弟也少驍勇善射膂力過人仕周侍伯上士後以軍功拜大都督高祖爲丞相從韋孝寬破尉迥於相州加上開府甘棠縣侯邑八百戸高祖受禪進爵爲公尋授驃騎將軍開皇九年平陳之役授行軍總管及陳平晉王廣大獵於蔣山有猛獸在圍中衆皆懼洪馳馬射之應弦而倒陳氏諸將列觀於側莫不歎服焉王大喜賜縑百匹尋以功加柱國拜蔣州刺史數歲轉廉州刺史時突厥屢爲邊患朝廷以洪驍勇檢校朔州總管事尋拜代州總管仁壽元年突厥達頭可汗犯塞洪率蔚州刺史劉隆大將軍李藥王拒之遇虜於恒安衆寡不敵洪四面搏戰身被重瘡將士沮氣虜悉衆圍之矢下如雨洪僞與虜和圍少解洪率所領潰圍而出死者大半殺虜亦倍洪及藥王除名爲民隆竟坐死煬帝北巡至長安見白骨被野以問侍臣侍臣曰往者韓洪與虜戰處也帝憫然傷之收葬骸骨命五郡沙門爲設佛供拜洪隴西太守未幾朱崖民王萬昌作亂詔洪擊平之以功加位金紫光祿大夫領郡如故俄而萬昌弟仲通復叛又詔洪討平之師未旋遇疾而卒時年六十三

賀若弼

賀若弼字輔伯河陽雒陽人也父敦以武烈知名仕周爲金州總管宇文護忌而害之臨刑呼弼謂之曰吾必欲平江南然此心不果汝當成吾志且吾以舌死汝不可不思因引錐刺弼舌出血誡以愼口弼少慷慨有大志驍勇便弓馬解屬文博涉書記有重名於當世周齊王憲聞而敬之引爲記室未幾封當亭縣公遷小内史周武帝時上柱國烏丸軌言於帝曰太子非帝王器臣亦嘗與賀若弼論之帝呼弼問之弼知太子不可動搖恐禍及己詭對曰皇太子德業日新未覩其闕帝嘿然弼既退軌讓其背己弼曰君不密則失臣臣不密則失身所以不敢輕議也及宣帝嗣位軌竟見誅弼乃獲免尋與韋孝寬伐陳攻拔數十城弼計居多拜壽州刺史改封襄邑縣公高祖爲丞相尉迥作亂鄴城恐弼爲變遣長孫平馳驛代之高祖受禪陰有幷江南之志訪可任者高熲曰朝臣之内文武才幹無若賀若弼者高祖曰公得之矣於是拜弼爲吳州總管委以平陳之事弼忻然以爲己任與壽州總管源雄並爲重鎭弼遺雄詩曰交河驃騎幕合浦伏波營勿使騏驎上無我二人名獻取陳十策上稱善賜以寶刀開皇九年大舉伐陳以弼爲行軍總管將渡江酹酒而咒曰弼親承廟略遠振國威伐罪弔民除兇翦暴上天長江鑒其若此如使福善禍淫大軍利涉如事有乖違得葬江魚腹中死且不恨先是弼請緣江防人每交代之際必集歷陽於是大列旗幟營幕被野陳人以爲大兵至悉發國中士馬旣知防人交代其衆復散後以爲常不復設備及此弼以大軍濟江陳人弗之覺也襲陳南徐州拔之執其刺史黃恪軍令嚴肅秋毫不犯有軍士於民間沽酒者弼立斬之進屯蔣山之白土岡陳將魯達周智安任蠻奴田瑞樊毅孔範蕭摩訶等以勁兵拒戰田瑞先犯弼軍弼擊走之魯達等相繼遞進弼軍屢却弼揣知其驕士卒且惰於是督厲將士殊死戰遂大破之麾下開府員明擒摩訶至弼命左右牽斬之摩訶顏色自若弼釋而禮之從北掖門而入時韓擒已執陳叔寶弼至呼叔寶視之叔寶惶懼流汗股慄再拜弼謂之曰小國之君當大國卿拜禮也入朝不失作歸命侯無勞恐懼旣而弼恚恨不獲叔寶功在韓擒之後於是與擒相詢挺刃而出上聞弼有功大悅下詔褒揚語在韓擒傳晉王以弼先期決戰違軍命於是以弼屬吏上驛召之及見迎勞曰克定三吳公之功也命登御坐賜物八千段加位上柱國進爵宋國公眞食襄邑三千戸加以寶劒寶帶金甕金盤各一幷雉尾扇曲蓋雜綵二千段女樂二部又賜陳叔寶妹爲妾拜右領軍大將軍尋轉右武候大將軍弼時貴盛位望隆重其兄隆爲武都郡公弟東爲萬榮郡公並刺史列將弼家珍玩不可勝計婢妾曳綺羅者數百時人榮之弼自謂功名出朝臣之右每以宰相自許既而楊素爲右僕射弼仍將軍甚不平形於言色由是免官弼怨望愈甚後數年下弼獄上謂之曰我以高熲楊素爲宰相汝每倡言云此二人惟堪啗飯耳是何意也弼曰熲臣之故人素臣之舅子臣並知其爲人誠有此語公卿奏弼怨望罪當死上惜其功於是除名爲民歲餘復其爵位上亦忌之不復任使然每宴賜遇之甚厚開皇十九年上幸仁壽宮讌王公詔弼爲五言詩詞意憤怨帝覽而容之嘗遇突厥入朝上賜之射突厥一發中的上曰非賀若弼無能當此於是命弼弼再拜祝曰臣若赤誠奉國者當一發破的如其不然發不中也既射一發而中上大悅顧謂突厥曰此人天賜我也煬帝之在東宮嘗謂弼曰楊素韓擒史萬歲三人俱稱良將優劣如何弼曰楊素是猛將非謀將韓擒是鬭將非領將史萬歲是騎將非大將太子曰然則大將誰也弼拜曰唯殿下所擇弼意自許爲大將及煬帝嗣位尤被疎忌大業三年從駕北巡至榆林帝時爲大帳其下可坐數千人召突厥啓民可汗饗之弼以爲大侈與高熲宇文㢸等私議得失爲人所奏竟坐誅時年六十四妻子爲官奴婢羣從徙邊子懷亮慷慨有父風以柱國世子拜儀同三司坐弼爲奴俄亦誅死

史臣曰夫天地未泰聖哲啓其機疆埸尚梗爪牙宜其力周之方邵漢室韓彭代有其人非一時也自晉衰微中原幅裂區宇分隔將三百年陳氏憑長江之地險恃金陵之餘氣以爲天限南北人莫能窺高祖爰應千齡將一函夏賀若弼慷慨申必取之長策韓擒奮發賈餘勇以爭先勢甚疾雷鋒踰駭電隋氏自此一戎威加四海稽諸天道或時有廢興考之人謀實二臣之力其俶儻英略賀若居多武毅威雄韓擒稱重方於晉之王杜勳庸綽有餘地然賀若功成名立矜伐不已竟顚殞於非命亦不密以失身若念父臨終之言必不及於斯禍矣韓擒累世將家威聲動俗敵國既破名遂身全幸也廣陵甘棠咸有武藝驍勇膽略並爲當時所推赳赳干城難兄難弟矣

隋書卷五十二考證

韓擒傳○臣映斗按韓擒本名擒虎唐諱虎遂去之宋本皆仍其舊監本或增虎字而本傳俱不增考八代史書諱字甚多隋書如虎賁虎衛虎候虎牙虎牢諱爲武賁武衛武候武牙武牢白虎諱爲白獸騎虎亦諱爲騎獸又如世諱爲代丙諱爲景淵諱爲泉爲深民諱爲人爲萌他如王世充王世積諱爲王充王積既不勝其改保無不必改而誤改者今仍其元本以存固實因考其畧以例其餘焉

先是江東有謠歌曰黃班青驄馬發自壽陽涘來時冬氣末去日春風始皆不知所謂擒本名豹平陳之際又乘青驄馬往反時節與歌相應至是方悟○臣映斗按本書五行志引此云擒本名擒虎黃班之謂也北史云禽本名武禽擒本通諱虎爲武別見甚多若以虎爲豹於義何居後漢書序班氏之先與楚同姓令尹子文之後也子文初生棄於夢中而虎乳之楚人謂虎班其子以爲號黃班正合虎形韓擒字子通既不聞名豹豹亦不當有黃班之稱隋書本傳各本皆作豹姑仍其字要當以北史爲正未可稱韓擒虎爲韓豹也

隋書卷五十三

唐 特進臣魏徵 上

列傳第十八

達奚長儒

達奚長儒字富仁代人也祖俟魏定州刺史父慶驃騎大將軍儀同三司長儒少懷節操膽烈過人十五襲爵樂安公魏大統中起家奉車都尉周太祖引爲親信以質直恭勤授大都督數有戰功假輔國將軍累遷使持節撫軍將軍通直散騎常侍平蜀之役恒爲先鋒攻城野戰所當必破之除車騎大將軍儀同三司增邑三百戸天和中除渭南郡守遷驃騎大將軍開府儀同三司從帝平齊遷上開府進爵成安郡公邑千二百戸別封一子縣公宣政元年除左前軍勇猛中大夫後與烏丸軌圍陳將吳明徹於呂梁陳遣驍將劉景率勁勇七千來爲聲援軌令長儒逆拒之長儒於是取車輪數百繫以大石沉之清水連轂相次以待景軍景至船艦礙輪不得進長儒乃縱奇兵水陸俱發大破之俘數千人及獲吳明徹以功進位大將軍尋授行軍總管北巡沙塞卒與虜遇接戰大破之高祖作相王謙舉兵於蜀沙氏上柱國楊永安扇動利興武文沙龍等六州以應謙詔長儒擊破之謙二子自京師亡歸其父長儒並捕斬之高祖受禪進位上大將軍封蘄春郡公邑二千五百戸開皇二年突厥沙鉢略可汗幷弟葉護及潘那可汗衆十餘萬寇掠而南詔以長儒爲行軍總管率衆二千擊之遇於周槃衆寡不敵軍中大懼長儒慷慨神色愈烈爲虜所衝突散而復聚且戰且行轉鬭三日五兵咸盡士卒以拳敺之手皆見骨殺傷萬計虜氣稍奪於是解去長儒身被五瘡通中者二其戰士死傷者十八九突厥本欲大掠秦隴既逢長儒兵皆力戰虜意大沮明日於戰處焚屍慟哭而去高祖下詔曰突厥猖狂輒犯邊塞犬羊之衆彌亘山原而長儒受任北鄙式遏寇賊所部之内少將百倍以晝通宵四面抗敵凡十有四戰所向必摧兇徒就戮過半不反鋒刃之餘亡魂竄迹自非英威奮發奉國情深撫御有方士卒用命豈能以少破衆若斯之偉言念勳庸宜隆名器可上柱國餘勳迴授一子其戰亡將士皆贈官三轉子孫襲之其年授寧州刺史尋轉鄜州刺史母憂去職長儒性至孝水漿不入口五日毀悴過禮殆將滅性天子嘉歎起爲夏州總管三州六鎭都將事匈奴憚之不敢窺塞以病免又除襄州總管在職二年轉蘭州總管高祖遣涼州總管獨孤

羅原州總管元褒靈州總管賀若誼等發卒備胡皆受長儒節度長儒率衆出祁連山北西至蒲類海無虜而還復轉荊州總管三十六州諸軍事高祖謂之曰江陵要害國之南門今以委公朕無慮也歲餘卒官謚曰威子嵩大業時官至太僕少卿

## 賀婁子幹

賀婁子幹字萬壽本代人也隨魏氏南遷世居關右祖道成魏侍中太子太傅父景賢右衞大將軍子幹少以驍武知名周武帝時釋褐司水上士稱爲强濟累遷小司水以勤勞封思安縣子俄授使持節儀同大將軍大象初領軍器監尋除秦州刺史進爵爲伯及尉迥作亂子幹與宇文司錄從韋孝寬討之遇賊圍懷州子幹與宇文述等擊破之高祖大悅手書曰逆賊尉迥敢遣蟻衆作寇懷州公受命誅討應機蕩滌聞以嗟讚不易可言丈夫富貴之秋正在今日善建功名以副朝望也其後每戰先登及破鄴城與崔弘度逐迥至樓上進位上開府封武川縣公邑三千戶以思安縣伯別封子皎開皇元年進爵鉅鹿郡公其年吐谷渾寇涼州子幹以行軍總管從上柱國元諧擊之功最優詔褒美高祖慮邊塞未安卽令子幹鎭涼州明年突厥寇蘭川子幹率衆拒之至可洛峐山與賊相遇賊衆甚盛子幹阻川爲營賊軍不得水數日人馬甚敝縱擊大破之於是冊授子幹爲上大將軍曰於戲敬聽朕命唯爾器量閑明志情强果任經武將勤績有聞往歲凶醜未寧屢驚疆埸拓土靜亂殊有厥勞是用崇玆賞典加此車服往欽哉祇承榮冊可不愼歟徵授營新都副監尋拜工部尚書其年突厥復犯塞以行軍總管從竇榮定擊之子幹別路破賊斬首千餘級高祖嘉之遣通事舍人曹威齎優詔勞勉之子幹請入朝詔令馳驛奉見吐谷渾復寇邊西方多被其害命子幹討之馳驛至河西發五州兵入掠其國殺男女萬餘口二旬而還高祖以隴西頻被寇掠甚患之彼俗不設村塢勑子幹勒民爲堡營田積穀以備不虞子幹上書曰比者凶寇侵擾蕩滅之期匪朝伊夕伏願聖慮勿以爲懷今臣在此觀機而作不得準詔行事且隴西河右土曠民稀邊境未寧不可廣爲田種比見屯田之所獲少費多虛役人功卒逢踐暴屯田疎遠者請皆廢省但隴右之民以畜牧爲事若更屯聚彌不獲安只可嚴謹斥候豈容集人聚畜請要路之所加其防守但使鎭戍連接烽候相望民雖散居必謂無慮高祖從之俄而虜寇岷洮二州子幹勒兵赴之賊聞而遁去高祖以子幹曉習邊事授榆關總管十鎭諸軍事歲餘拜雲州刺史甚爲虜所憚後數年突厥雍虞閭遣使請降并獻羊馬詔以子幹爲行軍總管出西北道應接之還拜雲州總管以突厥所獻馬百匹羊千口以賜之乃下書曰自公守北門風塵不警突厥所獻還以賜公母憂去職朝廷以榆關重鎭非子幹不可尋起視事十四年以病卒官時年六十高祖傷惜者久之賻縑千匹米麥千斛贈懷魏等四州刺史謚曰懷子善柱嗣官至黔安太守子幹兄詮亦有才器位至銀青光祿大夫鄯純深三州刺史北地太守東安郡公

## 史萬歲

史萬歲京兆杜陵人也父靜周滄州刺史萬歲少英武善騎射驍捷若飛好讀兵書兼精占候年十五值周齊戰於芒山萬歲時從父入軍旗鼓正相望萬歲令左右趣治裝急去俄而周師大敗其父由是奇之武帝時釋褐侍伯上士及平齊之役其父戰沒萬歲以忠臣子拜開府儀同三司襲爵太平縣公尉迥之亂也萬歲從梁士彥擊之軍次馮翊見羣鴈飛來萬歲謂士彥曰請射行中第三者既射之應弦而落三軍莫不悅服及與迥軍相遇每戰先登鄴城之陣官軍稍卻萬歲謂左右曰事急矣吾當破之於是馳馬奮擊殺數十人衆亦齊力官軍乃振及迥平以功拜上大將軍爾朱勣以謀反伏誅萬歲頗相關涉坐除名配敦煌爲戍卒其戍主甚驍武每單騎深入突厥中掠取羊馬輒大剋獲突厥無衆寡莫之敢當其人深自矜負數罵辱萬歲萬歲患之自言亦有武用戍主試令馳射而工戍主笑曰小人定可萬歲請弓馬復掠突厥中大得六畜而歸戍主始善之每與同行輒入突厥數百里名讋北夷竇榮定之擊突厥也萬歲詣轅門請自効榮定數聞其名見而大悅因遣人謂突厥曰士卒何罪過令殺之但當各遣一壯士決勝負耳突厥許諾因遣一騎挑戰榮定遣萬歲出應之萬歲馳斬其首而還突厥大驚不敢復戰遂引軍而去由是拜上儀同領車騎將軍平陳之役又以功加上開府及高智慧等作亂江南以行軍總管從楊素擊之萬歲率衆二千自東陽別道而進踰嶺越海攻陷溪洞不可勝數前後七百餘戰轉鬬千餘里寂無聲問者十旬遠近皆以萬歲爲沒萬歲以水陸阻絕信使不通乃置書竹筒中浮之於水汲者得之以言於素素大悅上其事高祖嗟歎賜其家錢十萬還拜左領軍將軍先是南寧夷爨翫來降拜昆州刺史既而復叛遂以萬歲爲行軍總管率衆擊之入自蜻蛉川經弄凍次小勃弄大勃弄至于南中賊前後屯據要害萬歲皆擊破之行數百里見諸葛亮紀功碑銘其背曰萬歲之後勝我者過此萬歲令左右倒其碑而進度西二河入渠濫川行千餘里破其三十餘部虜獲男女二萬餘口諸夷大懼遣使請降獻明珠徑寸於是勒石頌美隋德萬歲遣使馳奏請將翫入朝詔許之爨翫陰有二心不欲詣闕因賂萬歲以金寶萬歲於是捨翫而還蜀王時在益州知其受賂遣使將索之萬歲聞而悉以所得金寶沉之於江索無所獲以功進位柱國晉王廣虛衿敬之待以交友之禮上知爲所善令萬歲督晉府軍事明年爨翫復反蜀王秀奏萬歲受賂縱賊致生邊患無大臣節上令窮治其事事皆驗罪當死上數之曰受金放賊重勞士馬朕念將士暴露寢不安席食不甘味卿豈社稷臣也萬歲曰臣留爨翫者恐其州有變留以鎭撫臣還至瀘水詔書方到由是不將入朝實不受賂上以萬歲心有欺隱大怒曰朕以卿爲好人何乃官高祿重翻爲國賊也顧有司曰明日將斬之萬歲懼而服罪頓首請命左僕射高熲左衞大將軍元旻等進曰史萬歲雄略過人每行兵用師之處未嘗不身先士卒尤善撫御將士樂爲致力雖古名將未能過也上意少解於是除名爲民歲餘復官爵尋拜河州刺史復領行軍總管以備胡開皇末突厥達頭可汗犯塞上令晉王廣及楊素出靈武道漢王諒與萬歲出馬邑道萬歲率柱國張定和大將軍李藥王楊義臣等出塞至大斤山與虜相遇達頭遣使問曰隋將爲誰候騎報史萬歲也突厥復問曰得非敦煌戍卒乎候騎曰是也達頭聞之懼而引去萬歲馳追百餘里乃及擊大破之斬數千級逐北入磧數百里虜遁逃而還楊素害其功因譖萬歲云突厥本降初不爲寇來於塞上畜牧耳遂寢其功萬歲數抗表陳狀上未之悟會上從仁壽宮初還京師廢皇太子窮東宮黨與上問萬歲所在萬歲實在朝堂楊素見上方怒因曰萬歲謁東宮矣以激怒上上謂爲信然令召萬歲時所將士卒在朝稱冤者數百人萬歲謂之曰吾今日爲汝極言於上事當決矣既見上言將士有功爲朝廷所抑詞氣憤厲忤於上上大怒令左右撲殺之既而悔追之不及因下詔罪萬歲曰柱國太平公萬歲拔擢委任每總戎機往以南寧逆亂令其出討而昆州刺史爨翫包藏逆心爲民興患朕備有成勑令將入朝萬歲乃多受金銀違勑令住致爨翫尋爲反逆更勞師旅方始平定所司檢校罪合極刑捨過念功恕其性命年月未久卽復本官近復總戎進討蕃裔突厥達頭可汗領其兇衆欲相拒抗既見軍威便卽奔退兵不血刃賊徒瓦解如此稱捷國家盛事朕欲成其勳庸復加襃賞而萬歲定和通簿之日乃懷姦詐妄稱逆面交兵不以實陳懷反覆之方弄國家之法若竭誠立節心無虛罔者乃爲良將至如萬歲懷詐要功便是國賊朝憲難虧不可再捨死之日天下士庶聞者識與不識莫不冤惜之萬歲爲將不治營伍令士卒各隨所安無警夜之備虜亦不敢犯臨陣對敵應變無方號爲良將有子懷義

## 劉方 馮昱 王撝 李充 楊武通 陳永貴 房兆

劉方京兆長安人也性剛決有膽氣仕周承御上士尋以戰功拜上儀同高祖爲丞相方從韋孝寬破尉迥於相州以功加開府賜爵河陰縣侯邑八百戶高祖受禪進爵爲公開皇三年從衞王爽破突厥於白道進位大將軍其後歷甘瓜二州刺史尚未知名仁壽中會交州俚人李佛子作亂據越王故城遣其兄子大權據龍編城其別帥李普鼎據烏延城左僕射楊素言方有將帥之略上於是詔方爲交州道行軍總管以度支侍郎敬德亮爲長史統二十七營而進方法令嚴肅軍容齊整有犯禁者造次斬之然仁而愛士有疾病者親自撫養長史敬德亮從軍至尹州疾甚不能進留之州館分別之際方哀其危篤流涕嗚咽感動行路其有威惠如此論者稱爲良將至都隆嶺遇賊二千餘人來犯官軍方遣營主宋纂何貴嚴願等擊破之進兵臨佛子先令人諭以禍福佛子懼而降送於京師其有桀黠者恐於後爲亂皆斬之尋授驩州道行軍總管以尚書右丞李綱爲司馬經略林邑方遣欽州刺史甯長眞驩州刺史李暈上開府秦雄以步騎出越常方親率大將軍張愻司馬李綱舟師趣比景高祖崩煬帝卽位大業元年正月軍至海口林邑王梵志遣兵守險方擊走之師次闍黎江賊據南岸立柵方盛陳旗幟擊金鼓賊懼而潰既度江行三十里賊乘巨象四面而至方以弩射象象中瘡却蹂其陣王師力戰賊奔於柵因攻破之俘馘萬計於是濟區粟度六里前後逢賊每戰必擒進至大緣江賊據險爲柵又擊破之逕馬援銅柱南行八日至其國都林邑王梵志棄城奔海獲其廟主金人汙其宮室刻石紀功而還士卒腳腫死者十四五方在道遇患而卒帝甚傷惜之乃下詔曰方肅承廟略恭行天討飲冰遄邁視險若夷摧鋒直指出其不意鯨鯢盡殪巢穴咸傾役

不再勞肅清海外致身王事誠績可嘉可贈上柱國盧國公子通仁嗣開皇時有馮昱王檦李充楊武通陳永貴房兆俱爲邊將名顯當時昱檦並不知何許人也昱多權略有武藝高祖初爲丞相以行軍總管與王誼李威等討叛蠻平之拜柱國開皇初又以行軍總管屯乙弗泊以備胡突厥數萬騎來掩之昱力戰累日衆寡不敵竟爲虜所敗亡失數千人殺虜亦過當其後備邊數年每戰常大克捷檦驍勇善射高祖以其有將帥才每以行軍總管屯兵江北禦陳寇數有戰功爲陳人所憚伐陳之役及高智慧反攻討皆有殊績官至柱國白水郡公充隴西成紀人也少慷慨有英略開皇中頻以行軍總管擊突厥有功官至上柱國武陽郡公拜朔州總管甚有威名爲虜所憚後有人譖其謀反徵還京師上譴怒之充性素剛遂憂憤而卒武通弘農華陰人性果烈善馳射數以行軍總管討西南夷每有功封白水郡公拜左武衛大將軍時党項羌屢爲邊患朝廷以其有威名歷岷蘭二州總管以鎮之後與周法尚討嘉州叛獠法尚軍初不利武通率數千人爲賊斷其歸路武通於是束馬懸車出賊不意頻戰破之賊知其孤軍無援傾部落而至武通轉鬬數百里爲賊所拒四面路絶武通輕騎接戰墜馬爲賊所執殺而噉之永貴隴右胡人也本姓白氏以勇烈知名高祖甚親愛之數以行軍總管鎮邊每戰必單騎陷陣官至柱國蘭利二州總管封北陳郡公兆代人也本姓屋引氏剛毅有武略頻爲行軍總管擊胡以功官至柱國徐州總管並史失其事

史臣曰長儒等結髮從戎俱有驍雄之略總統師旅各擅禦侮之功長儒以步卒二千抗十萬之虜師殲矢盡勇氣彌厲壯哉子幹西涉清海北臨玄塞胡夷懾憚烽候無警亦有可稱萬歲實懷智勇善撫士卒人皆樂死師不疲勞北卻匈奴南平夷獠兵鋒所指威驚絶域論功杖氣犯忤貴臣偏聽生姦死非其罪人皆痛惜有李廣之風焉劉方號令無私治軍嚴肅克翦林邑遂清南海徼外百蠻無思不服凡此諸將志烈過人出當推轂之重入受爪牙之寄雖馬伏波之威行南裔趙充國之聲動西羌語事論功各一時也

隋書卷五十四

唐　特　進　臣　魏　徵　上

# 列傳第十九

## 王長述

王長述京兆霸城人也祖羆魏太尉父慶遠周淮州刺史長述幼有儀範年八歲周太祖見而異之曰王公有此孫足爲不朽解褐員外散騎侍郎封長安縣伯累遷撫軍將軍銀青光祿大夫太子舍人長述早孤少爲祖羆所養及羆薨居喪過禮有詔褒異之免喪襲封扶風郡公邑三千戶除中書舍人修起居注改封龍門郡公從于謹平江陵有功增邑五百戶周受禪又增邑通前四千七百戶拜賓部大夫出爲晉州刺史轉玉壁總管長史尋授司憲大夫出拜廣州刺史甚有威惠吏人懷之在任數年蠻夷歸之者三萬餘戶朝議嘉之就拜大將軍後歷襄仁二州總管並有能名及高祖爲丞相授信州總管部內夷獠猶有未賓長述討平之進位上大將軍王謙作亂益州遣使致書於長述因執其使上其書又陳取謙之策上大悅前後賜黃金五百兩授行軍總管率衆討謙以功進位柱國開皇初復獻平陳之計修營戰艦爲上流之師上善其能頻加賞勞下書曰每覽高策深相嘉歎命將之日當以公爲元帥也後數歲以行軍總管擊南寧未至道病卒上甚傷惜之令使者弔祭贈上柱國冀州刺史諡曰莊子謨嗣弟軌大業末東郡通守少子文楷起部郎

## 李衍

李衍字拔豆遼東襄平人也父弼周太師衍少專武藝慷慨有志略周太祖時釋褐千牛備身封懷仁縣公加開府改封普寧縣公遷義州刺史尋從韋孝寬鎮玉壁城數與賊戰敵人憚之及平齊以軍功進授大將軍改封眞鄉郡公拜左宮伯賜雜綵三百匹奴婢二十口賜子仲威爵浮陽郡公後歷安鄜二州刺史及王謙作亂高祖以衍爲行軍總管從梁睿擊平之進位上大將軍賜縑二千匹開皇元年又以行軍總管討叛蠻平之進位柱國賜帛二千匹尋檢校利州總管事明年突厥犯塞以行軍總管率衆討之不見虜而還轉介州刺史後數年朝廷將有事江南詔衍於襄州道營戰船及大舉伐陳授行軍總管從秦王俊出襄陽道以功賜帛三千匹米六百石拜安州總管頗有惠政歲餘以疾還京師卒於家時年五十七子仲威嗣衍弟子長雅尚高祖女襄國公主襲父綸爵爲河陽郡公開皇初拜將軍散騎常侍歷內史侍郎河州刺史檢校秦州總管衍從孫密別有傳

## 伊婁謙

伊婁謙字彥恭本鮮卑人也其先代爲酋長隨魏南遷祖信中部太守父靈相隆二州刺史謙性忠直善辭令仕魏爲直閤將軍周受禪累遷宣納上士使持節車騎大將軍武帝將伐齊引入內殿從容謂曰朕將有事戎馬何者爲先謙對曰愚臣誠不足以知大事但僞齊僭擅跋扈不恭沈溺倡優耽昏麴蘗其折衝之將斛律明月已斃讒人之口上下離心道路仄目若命六師臣之願也帝大笑因使謙與小司寇拓拔偉聘齊觀釁帝尋發兵齊王知之令其僕射陽休之責謙曰貴朝盛夏徵兵馬首何向謙荅曰僕憑式之始未聞興師設復西增白帝之城東益巴丘之戍人情恒理豈足怪哉謙參軍高遵以情輸於齊遂拘留謙不遣帝克并州召謙勞之曰朕之舉兵本俟卿還不圖高遵中爲叛逆乖朕宿心遵之罪也乃執遵付謙任令報復謙頓首請赦之帝曰卿可聚衆唾面令知愧也謙跪曰以遵之罪又非唾面之責帝善其言而止謙竟待遵如初其寬厚仁恕皆此類也尋賜爵濟陽縣伯累遷前驅中大夫大象中進爵爲侯加位開府高祖作相授亳州總管俄徵還京既平王謙謙恥與逆人同名因爾稱字高祖受禪以彥恭爲左武候將軍俄拜大將軍進爵爲公數年出爲澤州刺史清約自處甚得人和以疾去職吏人攀戀行數百里不絶數歲卒於家時年七十子傑嗣

## 田仁恭

田仁恭字長貴平涼長城人也父弘周大司空仁恭性寬仁有局度在周以明經爲掌式中士後以父軍功賜爵鶉陰子大冢宰宇文護引爲中外兵曹後數載復以父功拜開府儀同三司遷中外府掾從護征伐數有戰功改封襄武縣公邑五百戶從武帝平齊加授上開府進封浙陽郡公增邑二千戶拜幽州總管宣帝時進爵鴈門郡公高祖爲丞相徵拜小司馬進位大將軍從韋孝寬破尉遲迥於相州拜柱國高祖受禪進上柱國拜太子太師甚見親重嘗幸其第宴飲極歡禮賜殊厚奉詔營廟社進爵觀國公增邑通前五千戶未幾拜右武衞大將軍歲餘卒官時年四十七贈司空諡曰敬子世師嗣次子德懋在孝義傳時有玉城郡公王景鮮虞縣公謝慶恩並官至上柱國大義公辛遵及其弟韶並官至柱國高祖以其俱佐命功臣特加崇貴親禮與仁恭等事皆亡失云

## 元亨

元亨字德良一名孝才河南洛陽人也父季海魏司徒馮翊王遇周齊分隔季海遂仕長安亨時年數歲與母李氏在洛陽齊神武帝以亨父在關西禁錮之其母則魏司空李沖之女也素有智謀遂詐稱凍餒請就食於滎陽齊人以其去關西尙遠老婦弱子不以爲疑遂許之李氏陰託大豪李長壽攜亨及孤姪八人潛行草間得至長安周太祖見而大悅以亨功臣子甚優禮之亨年十二魏恭帝在儲宮引爲交友釋褐千牛備身大統末襲爵馮翊王邑千戶授拜之日悲慟不能自勝俄遷通直散騎常侍歷武衞將軍動州刺史改封平涼王周閔帝受禪例降爲公明武時歷隴州刺史御正大夫小司馬宣帝時爲洛陽刺史高祖爲丞相遇尉遲迥作亂洛陽人梁康邢流水等舉兵應迥旬日之間衆至萬餘州治中王文舒潛與梁康相結將圖亨亨陰知其謀乃選關中兵得二千人爲左右執文舒斬之以兵襲擊梁康邢流水皆破之高祖受禪徵拜太常卿增邑七百戶尋出爲衞州刺史加大將軍衞土俗薄亨以威嚴鎮之在職八年風化大洽後以老病表乞骸骨吏人詣闕上表請留臥治上嗟歎者久之其年亨以篤疾重請還京上令使者致醫藥問動靜相望於道歲餘卒於家時年六十九諡曰宣

## 杜整

杜整字皇甫京兆杜陵人也祖盛魏直閤將軍潁川太守父闢渭州刺史整少有風槩九歲丁父憂哀毀骨立事母以孝聞及長驍勇有膂力好讀孫吳兵法魏大統末襲爵武鄉侯周太祖引爲親信後事宇文護子中山公訓甚被親遇俄授都督明帝時爲內侍上士累遷儀同三司拜武州刺史從武帝平齊加上儀同進爵平原縣公邑千戶入爲動曹中大夫高祖爲丞相進位開府及受禪加上開府進封長廣郡公俄拜左武衞將軍在職數年以母憂去職起令視事開皇六年突厥犯塞詔遣魏王爽總戎北伐以整爲行軍總管兼元帥長史至合川無虜而還整密進取陳之策上善之於是以行軍總管鎮襄陽尋病卒時年五十五高祖聞而傷之贈帛四百匹米四百石諡曰襄子楷嗣官至開府整弟肅亦少有志行開皇初爲通直散騎常侍北地太守

## 李徹

李徹字廣達朔方巖綠人也父和開皇初爲柱國徹性

剛毅有器幹偉容儀多武藝大冢宰宇文護引爲親信尋拜殿中司馬累遷奉車都尉護以徹謹厚有才具甚禮之護子中山公訓爲蒲州刺史護令徹以本官從焉未幾拜車騎大將軍儀同三司武帝時從皇太子西征吐谷渾以功賜爵同昌縣男邑三百戶從帝拔晉州及帝班師徹與齊王憲屯鷄栖原齊王高緯以大軍至憲引兵西上以避其鋒緯遣其驍將賀蘭豹子率勁騎躡憲戰於晉州城北憲師敗徹與楊素宇文慶等力戰憲軍賴以獲全復從帝破齊師於汾北乘勝下高壁拔晉陽擒高湝於冀州俱有力焉錄前後功加開府別封蔡陽縣公邑千戶宣帝即位從韋孝寬略定淮南每爲先鋒及淮南平即授淮州刺史安集初附甚得其歡心高祖受禪加上開府轉雲州刺史歲餘徵爲左武衞將軍及晉王廣之鎭并州也朝廷妙選正人有文武才幹者爲之寮佐上以徹前代舊臣數持軍旅詔徹總晉王府軍事進爵齊安郡公時蜀王秀亦鎭益州上謂侍臣曰安得文同王子相武如李廣達者乎其見重如此明年突厥沙鉢略可汗犯塞上令衞王爽爲元帥率衆擊之以徹爲長史遇虜於白道行軍總管李充言於爽曰周齊之世有同戰國中夏力分其來久矣突厥每侵邊諸將輒以全軍爲計莫能死戰由是突厥勝多敗少所以每輕中國之師今者沙鉢略悉國內之衆屯據要險必輕我而無備精兵襲之可破也爽從之諸將多以爲疑唯徹獎成其計請與同行遂與充率精騎五千出其不意掩擊大破之沙鉢略棄所服金甲潛草中而遁以功加上大將軍沙鉢略因此屈膝稱藩未幾沙鉢略爲阿拔所侵上疏請援以徹爲行軍總管率精騎一萬赴之阿拔聞而遁去及軍還復領行軍總管屯平涼以備胡寇封安道郡公開皇十年進位柱國及晉王廣轉牧淮海以徹爲揚州總管司馬改封德廣郡公尋從封城陽郡公其後突厥犯塞徹復領行軍總管擊破之左僕射高熲之得罪也以徹素與熲相善因被疏忌不復任使後出怨言上聞而召之入臥內賜宴言及平生因遇鴆而卒大業中其妻宇文氏爲孽子安遠誣以呪詛伏誅

崔彭

崔彭字子彭博陵安平人也祖楷魏殷州刺史父謙周荊州總管彭少孤事母以孝聞性剛毅有武略工騎射善周官尚書略通大義周武帝時爲侍伯上士累轉門正上士及高祖爲丞相周陳王純鎭齊州高祖恐純爲變遣彭以兩騎徵純入朝彭未至齊州三十里因詐病止傳舍遣人謂純曰天子有詔書至王所彭苦疾不能强步願王降臨之純疑有變多將從騎至彭所彭出傳舍迎之察純有疑色恐不就徵因詐純曰王可避人將密有所道純麾從騎彭又曰將宣詔王可下馬純遽下彭顧其騎士曰陳王不從詔徵可執也騎士因執而鎖之彭乃大言曰陳王有罪詔徵入朝左右不得輒動其從者愕然而去高祖見而大悅拜上儀同及踐阼遷監門郎將兼領右衞長史賜爵安陽縣男數歲轉車騎將軍俄轉驃騎恒典宿衞性謹密在省闥二十餘年每當上在仗危坐終日未嘗有怠惰之容上甚嘉之上每謂彭曰卿當上日我寢處自安又嘗曰卿弓馬固以絕人頗知學不彭曰臣少愛周禮尚書每於休沐之暇不敢廢也上曰試爲我言之彭因說君臣戒慎之義上稱善觀者以爲知言後加上開府遷備身將軍上嘗宴達頭可汗使者於武德殿有鴿鳴於梁上上命彭射之既發而中上大悅賜錢一萬及使者反可汗復遣使於上曰請得崔將軍一與相見上曰此必善射聞於虜庭所以來請耳遂遣之及至匈奴中可汗召善射者數十人因擲肉於野以集飛鳶遣其善射者射之多不中復請彭射之彭連發數矢皆應弦而落突厥相顧莫不歎服可汗留彭不遣百餘日上賂以繒綵然後得歸仁壽末進爵安陽縣公邑二千戶煬帝即位遷左領軍大將軍從幸洛陽彭督後軍時漢王諒初平餘黨往往屯聚令彭率衆數萬鎭遏山東復領慈州事帝以其清賜絹五百匹未幾而卒時年六十三帝遣使弔祭贈大將軍諡曰肅子寶德嗣

史臣曰王長述等或出總方岳或入司禁旅咸著聲績以功名終有以取之也伊婁謙志量弘遠不念舊惡請赦高遵之罪有國士之風焉崔彭巡警巖廊毅然難犯禦侮之寄有足稱乎

隋書卷五十四考證

崔彭傳及踐阼○監本阼作祚按曲禮踐阼臨祭祀疏作主人階天子祭祀升阼階

# 隋書卷五十五

唐　特進臣魏徵上

## 列傳第二十

### 杜彥

杜彥雲中人也父遷屬葛榮之亂徙家於豳彥性勇果善騎射仕周釋褐左侍上士後從柱國陸通擊陳將吳明徹於土州破之又擊叛蠻尅倉堆白楊二柵并斬其渠帥進平郢州賊帥樊志以戰功拜大都督尋遷儀同治隆山郡事明年拜隴州刺史賜爵永安縣伯高祖爲丞相從韋孝寬擊尉迥於相州每戰有功賜物三千段奴婢三十口進位上開府改封襄武縣侯拜魏郡太守開皇初授丹州刺史進爵爲公後六歲徵爲左武衞將軍平陳之役以行軍總管與新義公韓擒相繼而進軍至南陵賊屯據江岸彥遣儀同樊子蓋率精兵擊破其柵獲船六百餘艘度江擊南陵城拔之擒其守將許翼進至新林與擒合軍及陳平賜物五千段粟六千石進位柱國賜子寶安爵昌陽縣公高智慧等之作亂也復以行軍總管從楊素討之別解江州圍智慧餘黨往往屯聚保投溪洞彥水陸兼進攻錦山陽父若石壁四洞悉平之皆斬其渠帥賊李陁擁衆數千據彭山彥襲擊破之斬陁傳其首又擊徐州宜豐二洞悉平之賜奴婢百餘口拜洪州總管甚有治名歲餘雲州總管賀婁子幹卒上悼惜者久之因謂侍臣曰榆林國之重鎭安得子幹之輩乎後數日上曰吾思可以鎭榆林者莫過杜彥於是徵拜雲州總管突厥來寇彥輒擒斬之北夷畏憚胡馬不敢至塞後數年朝廷復追錄前功賜子寶虔爵承縣公十八年遼東之役以行軍總管從漢王至營州上以彥曉習軍旅令總統五十營事及還拜朔州總管突厥復寇雲州上令楊素擊走之是後猶恐爲邊患以彥素爲突厥所憚復拜雲州總管未幾以疾徵還卒時年六十子寶虔大業末文城郡丞

### 高勱

高勱字敬德渤海蓨人也齊太尉清河王岳之子也幼聰敏美風儀以仁孝聞爲齊祖所愛年七歲襲爵清河王十四爲青州刺史歷右衞將軍領軍大將軍祠部尚書開府儀同三司改封樂安王性剛直有才幹甚爲時人所重斛律明月雅敬之每有征伐則引之爲副遷侍中尚書右僕射及後主爲周師所敗勱奉太后歸鄴時宦官放縱儀同苟子溢尤稱寵幸勱將斬之以徇太后救之乃釋劉文殊竊謂勱曰子溢之徒言成禍福何得如此勱攘袂曰今者西寇日侵朝貴多叛正由此輩弄權致使衣冠解體若得今日殺之明日受誅無所恨也文殊甚愧旣至鄴勱勸後主五品已上家累悉置三臺之上因脅之曰若戰不捷則燒之北輩惜妻子必當死戰可敗也後主不從遂棄鄴東遁勱恒後殿爲周軍所得武帝見之與語大悅因問齊亡所由勱發言流涕悲不自勝帝亦爲之改容授開府儀同三司高祖爲丞相謂勱曰齊所以亡者由任邪佞公父子忠良聞於鄰境宜善自愛勱再拜謝曰勱亡齊末屬世荷恩榮不能扶危定傾以致淪覆旣蒙獲宥恩幸已多況復濫叨名位致速官謗高祖甚器之以勱檢校揚州事後拜楚州刺史民安之先是城北有伍子胥廟其俗敬鬼祈禱者必以牛酒至破產業勱歎曰子胥賢者豈宜損百姓乎乃告諭所部自此遂止百姓賴之七年轉光州刺史上取陳五策又上表曰臣聞夷凶翦暴王者之懋功取亂侮亡往賢之雅誥是以苗民逆命爰興兩階之舞有扈不賓終召六師之伐皆所以寧一寓內匡濟羣生者也自昔晉氏失馭天網絕維群凶於焉蝟起三方因而鼎立陳氏乘其際運拔起細微藉項縱其長蛇竊據吳會叔寶肆其昏虐毒被金陵數年已來荒悖滋甚牝雞司旦昵近姦回尚方役徒積骸千數疆埸防守長戍三年或微行暴露沉湎王侯之宅或奔馳駿騎顚墜康衢之首有功不賞無辜獲戮烽燧日警未以爲虞耽淫靡嫚不知紀極天厭亂德妖實人興或空裏時有大聲或行路共傳鬼怪或刳人肝以祠天狗或自捨身以厭妖訛民神怨憤災異荐發天時人事昭然可知臣以庸才猥蒙朝寄頻歷藩任與其鄰接密邇仇讐知其動靜天討有罪此卽其時若戎車雷動戈船電邁臣雖駑怯請效鷹犬高祖覽表嘉之荅以優詔及大舉伐陳以勱爲行軍總管從宜陽公王世積下陳江州以功拜上開府賜物三千段隴右諸羌數爲寇亂朝廷以勱有威名拜洮州刺史下車大崇威惠民夷悅附其山谷間生羌相率詣府稱謁前後至者數千餘戶豪猾屏迹路不拾遺在職數年稱爲治理後遇吐谷渾來寇勱遇疾不能拒戰賊遂大掠而去憲司奏勱亡失戶口又言受羌饋遺竟坐免官後卒於家時年五十六子士廉最知名

### 尒朱敞

尒朱敞字乾羅秀容契胡人尒朱榮之族子也父彥伯官至司徒博陵王齊神武帝韓陵之捷盡誅尒朱氏敞小隨母養於宮中及年十二自竇而走至于大街見童

兒擧戲者敵解所著綺羅金翠之服易衣而遁追騎尋至初不識敵便執綺衣兒比究問知非會日已暮由是得免遂入一村見長孫氏媼踞胡床而坐敵再拜求哀長孫氏慜之藏於複壁三年購之愈急迹且至長孫氏曰事急矣不可久留資而遣之遂詐爲道士變姓名隱嵩山畧涉經史數年之間人頗異之嘗獨坐巖石之下泫然而歎曰吾豈終於此乎伍子胥獨何人也於是間行徵服西歸於周太祖見而禮之拜大都督行臺郎中封靈壽縣伯邑千五百戶遷通直散騎常侍轉車騎大將軍儀同三司進爵爲侯保定中遷使持節驃騎大將軍開府儀同三司天和中增邑五百戶歷信臨熊潼四州刺史進爵爲公武帝東征上表求從許之攻城陷陣所當皆破進位上開府除南光州刺史入爲護軍大將軍歲餘轉膠州刺史於是迎長孫氏及弟置於家厚資給之高祖受禪改封邊城郡公黜安蠻叛命敵討平之師旋拜金州總管尋轉徐州總管在職數年號爲明肅民吏懼之後以年老上表乞骸骨賜二馬軺車歸於河內卒於家時年七十二子最嗣

## 周搖

周搖字世安其先與後魏同源初爲普乃氏及居洛陽改爲周氏曾祖拔拔祖右六肱俱爲北平王父恕延歷行臺僕射南荆州總管搖少剛果有武藝性謹厚動遵法度仕魏官至開府儀同三司周閔帝受禪賜姓車非氏封金水郡公歷鳳楚二州刺史吏民安之從帝平齊每戰有功超授柱國進封夔國公未幾拜晉州總管時高祖爲定州總管文獻皇后自京師詣高祖路經搖所主禮甚薄既而白后曰公廨甚富於財限法不敢輒費又王臣無得効私其質直如此高祖以其奉法每嘉之及爲丞相徙封濟北郡公尋拜豫州總管高祖受禪復姓周氏開皇初突厥寇邊燕薊多破其患前總管李崇爲虜所殺上思所以鎮之臨朝曰無以加周搖者拜爲幽州總管六州五十鎮諸軍事搖修鄣塞謹斥候邊民以安後六載徙爲壽州初自以年老乞骸骨上召之既引見上勞之曰公積行累仁歷仕三代克終富貴保茲遐壽良足善也賜坐褥歸於第歲餘終于家謚曰恭時年八十四

## 獨孤楷

獨孤楷字修則不知何許人也本姓李氏父屯從齊神武帝與周師戰于沙苑齊師敗績因爲柱國獨孤信所擒配爲士伍給使信家漸得親近因賜姓獨孤氏楷少謹厚便弄馬槊爲宇文護執刀累轉車騎將軍其後數從征伐賜爵廣阿縣公邑千戶拜右侍下大夫周末從韋孝寬平淮南以功賜子景雲爵西河縣公高祖爲丞相進授開府每督親信兵及受禪拜右監門將軍進封汝陽郡公數歲遷右衛將軍仁壽初出爲原州總管時蜀王秀鎮益州上徵之猶豫未發朝廷恐秀生變拜楷益州總管馳傳代之秀果有異志楷諷諭久之乃就路楷察秀有悔色因勒兵爲備秀至興樂去益州四十餘里將反襲楷密令左右覘所爲知楷不可犯而止楷在益州甚有惠政蜀中父老于今稱之煬帝即位轉并州總管遇疾喪明上表乞骸骨帝曰公先朝舊臣歷職二代高風素望臥以鎮之無勞躬親簿領也遣其長子凌雲監省郡事其見重如此數載轉長平太守未視事而卒謚曰恭子凌雲平雲彥雲皆不知名楷弟盛見誠節傳

## 乞伏慧

乞伏慧字令和馬邑鮮卑人也祖周魏銀青光祿大夫父纂金紫光祿大夫並爲第一領民酋長慧少慷慨有大節便弓馬好鷹犬齊文襄帝時爲行臺左丞加蕩寇將軍累遷右衛將軍太僕卿自永寧縣公封宜民郡王其兄貴和又以軍功爲王一門二王稱爲貴顯周武平齊授使持節開府儀同大將軍拜佽飛右旅下大夫轉熊渠中大夫高祖爲丞相從韋孝寬擊尉惇於武陟所當皆破授大將軍賜物八百段及平尉迥進位柱國賜爵西河郡公邑三千戶賚物二千三百段請以官爵讓兄朝廷不許論者義之高祖受禪拜曹州刺史曹土舊俗民多姦隱戶口簿帳恒不以實慧下車按察得戶數萬遷涼州總管先是突厥屢爲寇抄慧於是嚴警烽燧遠爲斥候虜亦素憚其名竟不入境歲餘轉齊州刺史得隱戶數千遷壽州總管其年左轉杞州刺史在職數年遷徐州總管時年逾七十上表求致仕不許俄轉荆州總管又領潭桂二州總管三十一州諸軍事其俗輕剽慧躬行樸素以矯之風化大洽曾見人以簺捕魚者出絹買而放之其仁心如此百姓美之號其處曰西河公簺轉秦州總管煬帝即位爲天水太守大業五年征吐谷渾郡濱西境民苦勞役又遇帝西巡坐爲道不整獻食疏薄帝大怒命左右斬之見其無髮乃釋除名爲民卒於家

## 張威

張威不知何許人也父琛魏弘農太守威少倜儻有大志善騎射膂力過人在周數從征伐位至柱國京兆尹封長壽縣公邑千戶王謙作亂高祖以威爲行軍總管從元帥梁睿擊之軍次通谷謙守將李三王擁勁兵拒守睿以威爲先鋒三王閉壘不戰威令人詈侮以激怒之三王果出陣威令壯士奮擊三王軍潰大兵繼至於是擒斬四千餘人進至開遠謙將趙儼衆十萬連營三十里威鑿山通道自西嶺攻其背儼遂敗走追至成都與謙大戰威將中軍及謙平進位上柱國拜瀘州總管高祖受禪歷幽洛二州總管改封晉熙郡公尋拜河北道行臺僕射後督晉王軍府事數年拜青州總管賜錢八十萬米五百石雜綵三百段威在青州頗治產業遣家奴於民間鬻蘆菔根其奴緣此侵擾百姓上深加譴責坐廢於家後從上祠太山至洛陽上謂威曰自朕之有天下每委公以重鎮可謂推赤心矣何乃不修名行唯利是視豈直孤負朕心亦且累卿名德因問威曰公所執笏今安在威頓首曰臣負罪虧憲無顏復執謹藏於家上曰可持來威明日奉笏以見上曰公雖不遵法度功效實多朕不忘之今還公笏於是復拜洛州刺史後封晥城郡公尋轉相州刺史卒官有子植大業中至武賁郎將

## 和洪

和洪汝南人也少有武力勇烈過人周武帝時數從征伐以戰功累遷車騎大將軍儀同三司時龍州蠻任公忻李國立等聚衆爲亂刺史獨孤善不能禦朝議以洪有武畧代善爲刺史月餘擒公忻國立皆斬首梟之餘黨悉平從帝攻河陰洪力戰陷其西門帝壯之賞物千段復從帝平齊進位上儀同賜爵北平侯邑八百戶拜左勳曹下大夫柱國王軌之擒吳明徹也洪有功焉加位開府遷折衝中大夫尉迥作亂相州以洪爲行軍總管從韋孝寬擊之軍至河陽迥遣兵圍懷州洪與總管宇文述等擊走又破尉惇於武陟及平相州每戰有功拜柱國封廣武郡公邑二千戶前後賜物萬段奴婢五十口金銀各百挺牛馬百匹時東夏初平物情尚梗高祖以洪有威名令領冀州事甚得人和數歲徵入朝爲漕渠總管監轉拜泗州刺史屬突厥寇邊詔洪爲北道行軍總管擊走虜至磧而還後遷徐州總管卒時年六十四

## 侯莫陳穎

侯莫陳穎字遵道代人也與魏南遷世爲列將父崇魏周之際歷職顯要官至大司空穎少有器量風神警發爲時輩所推魏大統末以父軍功賜爵廣平侯累遷開府儀同三司周武帝時從滕王逌擊龍泉文城叛胡與柱國豆盧勣各帥兵分路而進穎懸軍五百餘里破其三柵先是稽胡叛亂輒畧邊人爲奴婢至是詔胡敢有壓匿良人者誅籍沒其妻子有人言爲胡村所隱匿者勣將誅之穎謂勣曰將在外君命有所不行諸胡固非悉反但相迫脅爲亂耳大兵臨之首亂者知懼脅從者思降今漸加撫慰自可不戰而定如即誅之轉相驚恐爲難不細未若召其渠帥以隱匿者付之令自歸首則羣胡可安勣從之羣胡感悅爭來降附北土以安遷司武加振威中大夫高祖爲丞相拜昌州刺史會受禪竟不行加上開府進爵昇平郡公俄拜延州刺史數年轉陳州刺史平陳之役以行軍總管從秦王俊出魯山道屬陳將荀法尚陳紀降穎與行軍總管段文振度江安集初附尋拜饒州刺史未之官遷瀛州刺史甚有惠政在職數年坐與秦王俊交通免官百姓將送者莫不流涕因相與立碑頌穎清德未幾檢校汾州事俄拜邢州刺史仁壽中吏部尚書牛弘持節巡撫山東以穎爲第一高祖嘉歎優詔褒揚時朝廷以嶺南刺史縣令多貪鄙蠻夷怨叛妙簡清吏以鎮撫之於是徵穎入朝及進見上與穎言及平生以爲歡笑數日進位大將軍拜桂州總管十七州諸軍事賜物而遣之及到官大崇恩信民夷悅服溪洞生越多來歸附煬帝即位穎兄梁國公芮坐事徙邊朝廷恐穎不自安徵歸京師數年拜恒山太守其年嶺南閩越多不附帝以穎前在桂州有惠政爲南土所信伏復拜南海太守後四歲卒官謚曰定子虔會最知名

史臣曰杜彥東夏南服屢有戰功作鎮荆垂胡塵不起高勱死亡之際志氣懍然疾彼姦邪致茲餘慶尒朱敞幼有權奇終能止足崇基墜而復構不亦仁且智乎周搖以質實見知獨孤以恤人流譽乞伏慧能以國讓侯莫陳所居治理或知牧人之道或蹊仁義之路皆有可稱焉慧以供帳不厚至於放黜並結髮登朝出入三代終享祿位不夭性齡蓋其任心而行不爲矯飾之所致也

隋書卷五十六

唐　特　進　臣　魏　徵　上

列傳第二十一

盧愷

盧愷字長仁涿郡范陽人也父柔終於魏中書監愷性孝友神情爽悟略涉書記頗解屬文周齊王憲引爲記室其後襲爵容城伯邑千一百戶從憲伐齊愷說柏杜鎭下之遷小吏部大夫增邑七百戶染工上士王神歡者嘗以賂自進冢宰宇文護擢爲計部下大夫愷諫曰古者登高能賦可爲大夫求賢審官理須詳愼今神歡出自染工更無殊異徒以家富自通遂與搢紳並列實恐惟鵜之刺聞之外境護竟寢其事建德中增邑二百戶歲餘轉內史下大夫武帝在雲陽宮勑諸屯簡老牛欲以享士愷進諫曰昔田子方贖老馬君子以爲美談向奉明勑欲以老牛享士有虧仁政帝美其言而止轉禮部大夫爲聘陳使副先是行人多從其國禮及愷爲使一依本朝陳人莫能屈四年秋李穆攻拔軹關柏崖二鎭命愷作露布帝讀之大悅曰盧愷文章大進荀景倩故是令君之子尋授襄州總管司錄轉治中大象元年徵拜東京吏部大夫開皇初加上儀同三司除尚書吏部侍郎進爵爲侯仍攝尚書左丞每有敷奏侃然正色雖逢喜怒不改其常帝嘉愷有吏幹賜錢二十萬并賚雜綵三百匹加散騎常侍八年上親考百寮以愷爲上愷固讓不敢受高祖曰吏部勤幹舊所聞悉今者上考僉議攸同當仁不讓何愧之有皆在朕心無勞飾讓歲餘拜禮部尚書攝吏部尚書事會國子博士何妥與右僕射蘇威不平奏威陰事愷坐與相連上以愷屬吏憲司奏愷曰房恭懿者尉遲迥之黨不當仕進威愷二人曲相薦達累轉爲海州刺史又吏部預選者甚多愷不卽授官皆注色而遣威之從父弟徹肅二人並以鄉正徵詣吏部徹文狀後至而先任用肅左足攣蹇才用無算愷以威故授朝請郎愷之朋黨事甚明白上大怒曰愷敢將天官以爲私惠愷免冠頓首曰皇太子將以通事舍人蘇夔爲舍人夔卽蘇威之子臣以夔未當遷固啓而止臣若與威有私豈當如此上曰蘇威之子朝廷共知卿乃固執以徼身倖至所不知者便行朋附姦臣之行也於是除名爲百姓未幾卒于家自周氏以降選無淸濁及愷攝吏部與薛道衡陸彥師等甄別士流故涉黨固之譖遂及於此子義恭嗣

令狐熙

令狐熙字長熙燉煌人也代爲西州豪右父整仕周官至大將軍始豐二州刺史熙性嚴重有雅量雖在私室終日儼然不妄通賓客凡所交結必一時名士博覽羣書尤明三禮善騎射頗知音律起家以通經爲吏部上士尋授都督輔國將軍轉夏官府都上士俱有能名以母憂去職殆不勝喪其父戒之曰大孝在於安親義不絕嗣吾今見存汝又隻立何得過爾毀頓貽吾憂也熙自是稍加饘粥服闋除小駕部復丁父憂非杖不起人有聞其哭聲莫不爲之下泣河陰之役詔令墨縗從事還授職方下大夫襲爵彭陽縣公邑二千一百戶及武帝平齊以留守功增邑六百戶進位儀同歷司勳吏部二曹中大夫甚有當時之譽高祖受禪之際熙以本官行納言事尋除司徒左長史加上儀同進爵河南郡公時吐谷渾寇邊以行軍長史從元帥元諧討之以功進位上開府會蜀王秀出鎭於蜀綱紀之選咸屬正人以熙爲益州總管長史未之官拜滄州刺史時山東承齊之弊戶口簿籍類不以實熙曉論之令自歸首至者一萬戶在職數年風教大洽稱爲良二千石開皇四年上幸洛陽熙來朝吏民恐其遷易悲泣於道及熙復還百姓出境迎謁歡叫盈路在州獲白烏白麞嘉麥甘露降於庭前柳樹八年徙爲河北道行臺度支尚書吏民追思相與立碑頌德及行臺廢授并州總管司馬後徵爲雍州別駕尋爲長史遷鴻臚卿後以本官兼吏部尚書往判五曹尚書事號爲明幹上甚任之及上祠太山還次汴州惡其殷盛多有姦俠於是以熙爲汴州刺史下車禁游食抑工商民有向街開門者杜之船客停於郭外星居者勒爲聚落僑人逐令歸本其有滯獄並決遣之令行禁止稱爲良政上聞而嘉之顧謂侍臣曰鄴都天下難理處也勑相州刺史豆盧通令習熙之法其年來朝考績爲天下之最賜帛三百匹頒告天下上以嶺南夷越數爲反亂徵拜桂州總管十七州諸軍事許以便宜從事刺史以下官得承制補授給帳內五百人賜帛五百匹發傳送其家累改封武康郡公熙至部大弘恩信其溪洞渠帥更相謂曰前時總管皆以兵威相脅今者乃以手教相諭我輩其可違乎於是相率歸附先是州縣生梗長吏多不得之官寄政于總管府熙悉遣之爲建城邑開設學校華夷感敬稱爲大化時有寧猛力者與陳後主同日生自言貌有貴相在陳日已據南海平陳後高祖因而撫之卽拜安州刺史然驕倨恃其阻險未嘗參謁熙手書諭之申以交友之分其母有疾熙復遣以藥物猛力感之詣府請謁不敢爲非熙以州縣多有同名者於是奏改安州爲欽州黃州爲峯州利州爲智州德州爲驩州東寧爲融州上皆從之在職數年上表曰臣忝寄嶺表四載于茲犬馬之年六十有一才輕任重愧懼兼深常願收拙避賢稍免官謗然所管遐曠綏撫尤難雖近能頓革夷風頗亦漸識皇化但臣夙患消渴比更增甚筋力精神轉就衰邁昔在壯齒猶不如人況今年疾俱侵豈可猶當重寄請解所任優詔不許賜以醫藥熙奉詔令交州渠帥李佛子入朝佛子欲爲亂請至仲冬上道熙意在羈縻遂從之有人詣闕訟熙受佛子賂而捨之上聞而固疑之旣而佛子反問至上大怒以爲信然遣使者鎖熙詣闕熙性素剛鬱鬱不得志行至永州憂憤發病而卒時年六十三上怒不解於是沒其家財及行軍總管劉方擒佛子送於京師言熙實無贓貨上乃悟於是召其四子聽預仕焉少子德棻最知名

薛胄

薛胄字紹玄河東汾陰人也父端周蔡州刺史胄少聰明每覽異書便曉其義常歎訓注者不會聖人深旨輒以意辯之諸儒莫不稱善性慷慨志立功名周明帝時襲爵文城郡公累遷上儀同尋拜司金大夫後加開府高祖受禪擢拜魯州刺史未之官檢校廬州總管事尋除兗州刺史及到官繫囚數百胄剖斷旬日便了囹圄空虛有陳州人向道力者僞作高平郡守將之官胄遇諸塗察其有異將留詰之司馬王君馥固諫乃聽詣郡旣而悔之卽遣主簿追禁道力有部人徐俱羅者嘗任海陵郡守先是已爲道力僞代之比至秩滿公私不悟俱羅遂語君馥曰向道力以經代俱羅爲郡使君豈容疑之君馥以俱羅所陳又固請胄胄呵君馥曰吾已察知此人詐也司馬容姦當連其坐君馥乃止遂往收之道力懼而引僞其發姦摘伏皆此類也時人謂爲神明先是兗州城東沂泗二水合而南流泛濫大澤中胄遂積石堰之使決令西注陂澤盡爲良田又通轉運利盡淮海百姓賴之號爲薛公豐兗渠胄以天下太平登封告禪帝王盛烈遂遣博士登太山觀古跡撰封禪圖及儀上之高祖謙讓不許後轉郢州刺史前後俱有惠政徵拜衛尉卿尋轉大理卿持法寬平名爲稱職後遷刑部尚書時左僕射高熲稍被疏忌及王世積之誅也熲事與相連上因此欲成熲罪胄明雪之正議其獄由是忤旨械繫之久而得免檢校相州事甚有能名會漢王諒作亂并州遣僞將綦良東略地攻逼慈州刺史上官政請援於胄胄畏諒兵鋒不敢拒良又引兵攻胄胄欲以計却之遣親人魯世範說良曰天下事未可知胄爲人臣去就須得其所何遽相攻也良於是釋去進圖黎陽及良爲史祥所攻棄軍歸胄朝廷以胄懷貳心鎖詣大理相州吏人素懷其恩詣闕理胄者百餘人胄竟坐除名配防嶺南道病卒有子筠獻並知名

宇文㢸

宇文㢸字公輔河南洛陽人也其先與周同出祖直力覲魏鉅鹿太守父珎周宕州刺史㢸慷慨有大節博學多通仕周爲禮部上士嘗奉使鄧至國及黑水龍涸諸羌前後降附三十餘部及還奉詔修定五禮書成奏之賜公田十二頃粟百石累遷少吏部擢八人爲縣令皆有異績時以爲知人轉內史都上士武帝將出兵河陽以伐齊謀及臣下㢸進策曰齊氏建國于今累葉雖曰無道藩屏之寄尚有其人今之用兵須擇其地河陽衝要精兵所聚盡力攻圍恐難得志如臣所見彼汾之曲戍小山平攻之易拔用武之地莫過於此願陛下詳之帝不納師竟無功建德五年大舉伐齊卒用㢸計㢸於是募三輔豪俠少年數百人以爲別隊從帝攻拔晉州身被三瘡苦戰不息帝奇而壯之後從帝平齊以功拜上儀同封武威縣公邑千五百戶賜物千五百段奴婢百五十口馬牛羊千餘頭拜司州總管司錄宣帝嗣位遷左守廟大夫時突厥寇甘州帝令侯莫陳昶率兵擊之㢸爲監軍㢸謂昶曰黠虜之勢來如激矢去若絕絃若欲追躡良爲難及且宜選精騎直趣祁連之西賊若收軍必自蓼泉之北此地險隘兼復下濕度其人馬三日方度緩轡追討何慮不及彼勞我逸破之必矣若邀此路眞上策也昶不能用之西取合黎大軍行遲虜已出塞其年㢸又率兵從梁士彥攻拔壽陽尋改封安樂縣公增邑六百戶賜物六百段加以口馬除滄州刺史俄轉南司州刺史後司馬消難之奔陳也㢸追之不及遇陳將樊毅戰於漳口自旦及午三戰三捷虜獲三千人除黃州刺史尋轉南定州刺史開皇初以前功封平昌縣公加邑一千二百戶入爲尚書右丞時西羌內附詔㢸持節安集之置鹽澤蒲昌二郡而還遷尚書左丞當官正色爲百寮所憚三年突厥寇甘州以行軍司馬從元帥竇榮定擊破之還除太僕少卿轉吏部侍郎平陳之役楊素出信州道令㢸持節爲諸軍節度仍領行軍總管劉仁恩之破陳將呂仲肅也㢸有謀焉加開府

擢拜刑部尚書領太子虞候率上嘗親臨釋奠㢸與博士論議詞致清遠觀者屬目上大悅顧謂侍臣曰朕今覩周公之制禮見宣尼之論孝實慰朕心於是頒賜各有差時朝廷以晉陽爲重鎭并州總管必屬親王其長史司馬亦一時高選前長史王韶卒以㢸有文武幹用出爲并州長史俄以父艱去職尋詔起之十八年遼東之役授元帥漢王府司馬仍尋領行軍總管軍還之後歷朔代吳三州總管皆有能名煬帝卽位徵拜刑部尚書仍持節巡省河北還除泉州刺史歲餘復拜刑部尚書尋轉禮部尚書㢸旣以才能著稱歷職顯要聲望甚重物議時談多見推許帝頗忌之時帝漸好聲色尤勤遠略㢸謂高熲曰昔周天元好聲色而國亡以今方之不亦甚乎又言長城之役幸非急務有人奏之竟坐誅死時年六十二天下寃之所著辭賦二十餘萬言爲尚書孝經注行於時有子儉瑗

張衡

張衡字建平河內人也祖嶷魏河陽太守父光周萬州刺史衡幼懷志尚有骨鯁之風年十五詣太學受業研精覃思爲同輩所推周武帝居太后憂與左右出獵衡露髮輿櫬扣馬切諫帝嘉焉賜衣一襲馬一匹擢拜漢王侍讀衡又就沈重受三禮略究大旨累遷掌朝大夫高祖受禪拜司門侍郎及晉王廣爲河北行臺衡歷刑部度支二曹郎後以臺廢拜并州總管掾及王轉牧揚州衡復爲掾王甚親任之衡亦竭慮盡誠事之奪宗之計多衡所建也以母憂去職歲餘起授揚州總管司馬賜物三百段開皇中熙州李英林聚衆反署置百官以衡爲行軍總管率步騎五萬人討平之拜開府賜奴婢一百三十口物五百段金銀雜畜稱是及王爲皇太子拜衡右庶子仍領給事黃門侍郎煬帝嗣位除給事黃門侍郎進位銀青光祿大夫俄遷御史大夫甚見親重大業三年帝幸榆林郡還至太原謂衡曰朕欲過公宅可爲朕作主人衡於是馳至河內與宗族具牛酒帝上太行開直道九十里以抵其宅帝悅其山泉留宴三日因謂衡曰往從先皇拜太山之始途經洛陽瞻望於此深恨不得相過不謂今日得諧宿願衡俯伏辭謝奉觴上壽帝益歡賜其宅傍田三十頃良馬一匹金帶縑綵六百段衣一襲御食器一具衡固讓帝曰天子所至稱幸者蓋爲此也不足爲辭衡復獻食於帝帝令頒賜公卿下至衛士無不霑洽衡以藩邸之舊恩寵莫與爲比頗自驕貴明年帝幸汾陽宮宴從官特賜絹五百匹帝欲大汾陽宮令衡與紀弘整具圖奏之衡承間進諫曰比年勞役繁多百姓疲敝伏願留神稍加折損帝意甚不平後嘗目衡謂侍臣曰張衡自謂由其計畫令我有天下也時齊王暕失愛於上帝密令人求暕罪失有人譖暕違制將伊闕令皇甫詡從之汾陽宮又錄前幸涿郡及祠恒岳時父老謁見者衣冠多不整帝譴衡以憲司皆不能舉正出爲榆林太守明年帝復幸汾陽宮衡督役築樓煩城因而謁帝帝惡衡不損瘦以爲不念咎因謂衡曰公甚肥澤宜且還郡衡復之榆林俄而勑衡督役江都宮有人詣衡訟宮監者衡不爲理還以訟書付監其人大爲監所困禮部尚書楊玄感使至江都其人詣玄感稱寃玄感因以衡爲不可及與衡相見未有所言又先謂玄感曰薛道衡眞爲枉死玄感具上其事江都丞王世充又奏衡頻減頓具帝於是發怒鎖衡詣江都市將斬之久而乃釋除名爲民放還田里帝每令親人覘衡所爲八年帝自遼東還都衡妾言衡怨望謗訕朝政竟賜盡于家臨死大言曰我爲人作何物事而望久活監刑者塞耳促令殺之義寧中以死非其罪贈大將軍南陽郡公謚曰忠有子希玄

楊汪

楊汪字元度本弘農華陰人也曾祖順徙居河東父琛儀同三司及汪貴追贈平鄉縣公汪少凶疎好與人羣鬬拳所毆擊無不顚踣長更折節勤學專精左氏傳通三禮解褐周冀王侍讀王甚重之每曰楊侍讀德業優深孤之穆生也其後問禮於沈重受漢書於劉臻二人推許之曰吾弗如也由是知名累遷夏官府都上士及高祖居相引知兵事遷掌朝下大夫高祖受禪賜爵平鄉縣伯邑二百戶歷尚書司勳兵部二曹侍郎秦州總管長史名爲明幹遷尚書左丞坐事免後歷荆洛二州長史每聽政之暇必延生徒講授時人稱之數年高祖謂諫議大夫王達曰卿爲我覓一好左丞達遂私於汪曰我當薦君爲左丞若事果當以良田相報也汪以達所言奏之達竟以獲罪卒拜汪爲尚書左丞汪明習法令果於剖斷當時號爲稱職煬帝卽位守大理卿汪視事二日帝將親省囚徒其時繫囚二百餘人汪通宵究審詰朝而奏曲盡事情一無遺誤帝甚嘉之歲餘拜國子祭酒帝令百寮就學與汪講論天下通儒碩學多萃焉論難鋒起皆不能屈帝令御史書其問答奏之省而大悅賜良馬一匹大業中爲銀青光祿大夫及楊玄感反河南贊治裴弘策出師禦之戰不利弘策出還遇汪而屛人交語旣而留守樊子蓋斬弘策以狀奏汪帝疑之出爲梁郡通守後李密逼東都其徒頻寇梁郡汪勒兵拒之頻挫其鋭煬帝崩王世充推越王侗爲主徵拜吏部尚書頗見親委及世充僭號汪復用事世充平以凶黨誅死

史臣曰盧愷諫說可稱令狐熙所居而治薛冑執憲平允宇文㢸聲望攸歸張衡以鯁正立名楊汪以學業自許然皆有善始鮮克令終九仞之基俱傾於一簣惜哉夫忠爲令德施非其人尚或不可況託足邪徑而又不得其人者歟語曰無爲權首將受其咎又曰無始禍無召亂張衡旣召亂源實爲權首動不以順其能不及於此乎

隋書卷五十六考證

史臣贊九仞之基俱傾於一匱○按匱與簣通前漢王莽傳綱紀咸張成在一匱

# 隋書卷五十七

唐　特　進　臣　魏　徵　上

## 列傳第二十二

### 盧思道 從父兄昌衡

盧思道字子行范陽人也祖陽烏魏祕書監父道亮隱居不仕思道聰爽俊辯通侻不羈年十六遇中山劉松松爲人作碑銘以示思道思道讀之多所不解於是感激閉戶讀書師事河間邢子才後思道復爲文以示劉松松又不能甚解思道乃喟然歎曰學之有益豈徒然哉因就魏收借異書數年之間才學兼著然不持操行好輕侮人齊天保中魏史未出思道先已誦之由是大被笞辱前後屢犯因而不調其後左僕射楊遵彥薦之於朝解褐司空行參軍長兼員外散騎侍郎直中書省文宣帝崩當朝文士各作挽歌十首擇其善者而用之魏收陽休之祖孝徵等不過得三首唯思道獨得八首故時人稱爲八米盧郎後漏洩省中語出爲丞相西閤祭酒歷太子舍人司徒錄事參軍每居官多被譴辱後以擅用庫錢免歸於家嘗於薊北悵然感慨爲五言詩以見意人以爲工數年復爲京畿主簿歷主客郎給事黃門侍郎待詔文林館周武帝平齊授儀同三司追赴長安與同輩陽休之等數人作聽蟬鳴篇思道所爲詞意淸切爲時人所重新野庾信徧覽諸同作者而深歎美之未幾以母疾還鄉遇同郡祖英伯及從兄昌期宋護等舉兵作亂思道預焉周遣柱國宇文神舉討平之罪當法已在死中神舉素聞其名引出之令作露布思道援筆立成文無加點神舉嘉而宥之後除掌教上士高祖爲丞相遷武陽太守非其好也爲孤鴻賦以寄其情曰余志學之歲自鄉里遊京師便見識知音歷受羣公之眷年登弱冠甫就朝列談者過誤遂竊虛名通人楊令君邢特進已下皆分庭致禮倒屣相接翦拂吹噓長其光價而才本駑拙性實疎懶勢利貨殖淡然不縈雖籠絆朝市且三十載而獨往之心未始去懷抱也攝生舛和有少氣疾分符坐嘯作守東原洪河之湄沃野彌望囂務旣屛魚鳥爲鄰有離羣之鴻爲羅者所獲野人馴養貢之於余置諸池庭朝夕賞翫旣用銷憂兼以輕疾大易稱鴻漸於陸羽儀盛也揚子曰鴻飛冥冥騫翥高也淮南云東歸碣石違溽暑也平子賦曰南寓衡陽避祁寒也若其雅步淸音遠心高致鵷鸞以降罕見其儔而鎩翮牆陰偶影獨立唼喋秕粺雞鶩爲伍不亦傷乎余五十之年忽焉已至永言身事慨然多緒乃爲之賦聊以自慰云其詞曰惟此孤鴻擅奇羽蟲實稟淸高之氣遠生遼碣之東毨毛將落和鳴順風壯冰云厚矯翅排空出島嶼之緜邈犯霜露之溟濛驚絓魚之密網畏落鴈之虛弓若其斗柄東指女夷司月乃遙集於寒門遂輕舉於玄闕至如天高氣肅搖落在時旣嘯儔於淮浦亦弄吭於江湄摩赤霄以凌厲乘丹氣之威夷邇商飆之嫋嫋翫陽景之遲遲彭蠡方春洞庭初綠理翮整翰羣浮侶浴振雪羽而臨風掩霜毛而候旭釁江湖之菁藻飫原野之菽粟行離離而高逝響噰噰而相續潔齊國之氷紈皓密山之華玉若乃晨沐淸露安趾徐步夕息芳洲延頸乘流違寒競逐浮沉水宿避暑言歸絕漠雲飛望玄鵠而爲侶比朱鷺而相依倦天衢之冥漠降河渚之芳菲忽値羅人設網虞者懸機永辭寥廓蹈迹重圍始則窘束籠樊憂憚刀俎靡軀絕命恨失其所終乃馴狎園庭栖託池籞稻粱爲惠恣其容與於是翕羽宛頸屛氣銷聲滅煙霞之高想悶江海之幽情何時驤首奮翼上凌太淸騫翥鼓舞遠薄層城惡禽視而不貴小鳥顧而相輕安控地而無恥豈沖天之復榮若夫圖南之羽偉而去美栖睫之蟲微而不賤各遂性於天壤弗企懷以交戰不聽咸池之樂不饗太牢之薦

四晨雞而共飲偶野鳧以同膳匪揚聲以顯聞寧校體而求見聊寓形乎沼沚且夷心於濾淀齊榮辱以晏如承君子之餘聘開皇初以母老表請解職優詔許之思道自恃才地多所陵轢由是官途淪滯既而又著勞生論指切當時其詞曰莊子曰大塊勞我以生誠哉斯言也余年五十嬴老云至追惟疇昔勤矣厥生乃著茲論因言時云爾罷郡屏居有客造余者少選之頃盱衡而言曰生者天地之大德人者有生之最靈所以作配兩儀稱貴羣品妍蚩愚智之辯天懸壤隔行已立身之異入海登山今吾子生於右地九葉卿族天授俊才萬夫所仰學綜流略慕孔門之游夏辭窮麗則擬漢日之卿雲行藏有節進退以禮不諂不驕無慍無懌偃仰貴賤之間從容語默之際何其裕也下走所欣美焉余莞爾而笑曰未之思乎何所言之過也子其清耳請爲左右陳之夫人之生也皆未若無生在余之生勞亦勤止紈綺之年伏膺教義規行矩步從善而登巾冠之後濯纓受著纏鑣仁義籠絆朝市失翹陸之本性喪江湖之遠情淪此風波溺於倒蹟憂勞總至事非一緒何則地胄高華既致嫌於管庫才識美茂亦受嫉于愚庸篤學强記聾瞽於焉側目清言河瀉木訥所以疾心豈徒蠱惜春漿鴟怯腐鼠相江都而永歎傳長沙而不歸固亦魯值臧倉楚逢靳尚趙壹爲之哀歌張升於是慟哭有齊之季不遇休明申脰就鞅屏迹無地段珪張讓金貝是視賈謐郭淮腥臊可饜淫刑以逞禍近池魚耳聽惡來之讒足踐龍逢之血周氏末葉仍值僻王歙笏升階汗流浹背莒客之踵躋焦原匹茲非險齊人之手執馬尾方此未危若乃羊腸句注之道據鞍振策武落雞田之外櫛風沐雨三旬九食不敢稱弊此之爲役蓋其小小者耳今泰運肇開四門以穆冕旒司契於上夔龍佐命於下岐伯善卷恥狗幽憂卞隨務光悔從木石余年在秋方已迫知命情禮宜退不獲晏安一葉從風無損鄧林之攢植雙鳧退飛不虧渤澥之游泳耕田鑿井晚息晨興候南山之朝雲擊北堂之明月汜勝九穀之書觀其節制崔實四人之令奉以周旋晨荷蓑笠白屋黃冠之伍夕談穀稼霑體塗足之倫濁酒盈罇高歌滿席恍兮惚兮天地一指此野人之樂也子或以是羨余乎客曰吾子之事既聞之矣佗人有心又請論其梗槩余荅曰雲飛泥沉卑高異等圓行方止動息殊致是以摩霄運海輕尉羅於藪澤五衢四照忽斤斧於山林余晚値昌辰遂其弱尚觀人事之隕穫覩時路之邅危玄冬修夜靜言長想可以累歎悼心流涕酸鼻人之百年脆促已甚奔駒流電不可爲辭頑慕周章數紀之內窮通榮辱事無足道而有識者鮮無識者多禍隘凡近輕險躁薄居家則人面獸心不孝不義出門則諂諛讒佞無愧無恥退身知足忘伯陽之炯戒陳力就列弃周任之格言悠悠遠古斯患已積迄於近代此蠹尤深范卿撝讓之風搢紳不嗣夏書昏墊之罪執政所安朝露未晞小車盈董石之巷夕陽且落皁蓋塡閻寶之里皆如脂如韋俯僂匍匐噉惡求媚舐痔自親美言諂笑助其愉樂詐泣佞哀恤其喪紀近通旨酒遠貢文蛇艷姬美女委如脫屣金銑玉華弃同遺跡及鄧通失路一簪之賄無餘梁冀就誅五侯之貴將起向之求官買職晚謁晨趨刺促望塵之舊遊伊優上堂之夜客始則亡魂褫魄若牛兄之遇獸心戰色沮似葉公之見龍俄而抵掌揚眉高視闊步結侶弃廉公之第攜手哭聖卿之門華轂生塵來如激矢雀羅蹔設去等絕絃飴蜜非甘山川未阻千變萬化鬼出神入爲此者皆衣冠士族或有藝能不恥不仁不畏不義靡愧友朋莫慙妻子外呈厚貌內蘊百心繇是則紆青佩紫牧州典郡冠幘切人厚自封殖妍歌妙舞列鼎撞鍾耳倦絲桐口飫珍旨雖素論以爲非而時宰之不責末俗蚩蚩如此之敝余則違時薄宦屏息窮居甚恥驅馳深畏乾没心若死灰不營勢利家無儋石不費囊錢偶影聯官將數十載駑拙致笑輕生所以告勞也眞人御宇斲雕爲朴人之榮辱時反邕熙風力上宰內敷文教方邵重臣外揚武節被之大道洽以淳風舉必以才爵無濫授棄斯首鼠不預衣簪阿黨比周掃地俱盡輕薄之儔滅影竄迹礫石變成瑜瑾莨莠化爲芝蘭曩之扇俗攪時駭耳蔽目今悉不聞不見莫余敢侮易曰聖人作而萬物覩斯之謂乎歲餘被徵奉詔郊勞陳使頃之遭母憂未幾起爲散騎侍郎奏內史侍郎事于時議置六卿將除大理思道上奏曰省有駕部寺留太僕省有刑部寺除大理斯則重畜產而賤刑名誠爲未可又陳殿庭非杖罰之所朝臣犯笞罪請以贖論上悉嘉納之是歲卒于京師時年五十二上甚惜之遣使弔祭焉有集三十卷行於時子赤松大業中官至河東長史

昌衡字子均父道虔魏尚書僕射昌衡小字龍子風神澹雅容止可法博涉經史工草行書從弟思道小字釋奴宗中俱稱英妙故幽州爲之語曰盧家千里釋龍奴子年十七魏濟陰王元暉業召補太尉參軍事兼外兵參軍齊氏受禪歷平恩令太子舍人每爲僕射祖孝徵所薦遷尚書金部郎孝徵每曰吾用盧子均爲尚書郎自謂無愧幽州矣其後兼散騎侍郎迎勞周使武帝平齊授司玉中士與大宗伯斛斯徵修禮令開皇初拜尚書祠部侍郎高祖嘗大集羣下令自陳功績人皆競進昌衡獨無所言左僕射高熲目而異之陳使賀徹周濆相繼來聘朝廷每令昌衡接對之未幾出爲徐州總管長史甚有能名吏部尚書蘇威考之曰德爲人表行爲士則論者以爲美談嘗行至浚儀所乘馬爲佗牛所觸因致死牛主陳謝求還價直昌衡謂之曰六畜相觸自關常理此其人情也君何謝拒而不受性寬厚不校皆此類也轉壽州總管長史總管宇文述甚敬之委以州務歲餘遷金州刺史仁壽中奉詔持節爲河南道巡省大使及還以奉使稱旨授儀同三司賜物三百段昌衡自以年在懸車表乞骸骨優詔不許大業初徵爲太子左庶子行詣洛陽道卒時年七十二子寶素寶胤

## 李孝貞

李孝貞字元操趙郡柏人人也父希禮齊信州刺史世爲著姓孝貞少好學能屬文在齊釋褐司徒府參軍事簡靜不妄通賓客與從兄儀曹郎中騷太子舍人季節博陵崔子武范陽盧詢祖爲斷金之契後以射策甲科拜給事中于時黃門侍郎高乾和親要用事求婚於孝貞孝貞拒之由是有隙陰譖之出爲太尉府外兵參軍後歷中書舍人博陵太守司州別駕復兼散騎常侍聘周使副還除給事黃門侍郎周武帝平齊授儀同三司少典祀下大夫宣帝即位轉吏部下大夫高祖爲丞相迴尉作亂相州孝貞從韋孝寬擊之以功授上儀同三司開皇初拜馮翊太守爲犯廟諱於是稱字後數歲遷蒙州刺史吏民安之自此不復留意於文筆人問其故慨然歎曰五十之年倏焉而過鬢垂素髮筋力已衰宦意文情一時盡矣悲夫然每暇日輒引賓客絃歌對酒終日爲歡徵拜內史侍郎與內史李德林參典文翰然孝貞無幹劇之用頗稱不理上譴怒之勑御史劾其事由是出爲金州刺史卒官所著文集二十卷行於世有子允玉孝貞弟孝威亦有雅望大業中官至大理少卿

## 薛道衡 從弟孺

薛道衡字玄卿河東汾陰人也祖聰魏濟州刺史父孝通常山太守道衡六歲而孤專精好學年十三講左氏傳見子產相鄭之功作國僑贊頗有詞致見者奇之其後才名益著齊司州牧彭城王浟引爲兵曹從事尚書左僕射弘農楊遵彥一代偉人見而嗟賞授奉朝請吏部尚書隴西辛術與語歎曰鄭公業不亡矣河東裴讞目之曰自鼎遷河朔吾謂關西孔子罕値其人今復遇薛君矣武成作相召爲記室及卽位累遷太尉府主簿歲餘兼散騎常侍接對周陳二使武平初詔與諸儒修定三禮除尚書左外兵郎陳使傅縡聘齊以道衡兼主客郎接對之縡贈詩五十韻道衡和之南北稱美魏收曰傅縡所謂以蚓投魚耳待詔文林館與范陽盧思道安平李德林齊名友善復以本官直中書省尋拜中書侍郎仍參太子侍讀後主之時漸見親用于時頗有附會之譏後與侍中斛律孝卿參預政事道衡具陳備周之策孝卿不能用及齊亡周武引爲御史二命士後歸鄉里自州主簿入爲司祿上士高祖作相從元帥梁睿擊王謙攝陵州刺史大中定授儀同攝邛州刺史高祖受禪坐事除名河間王弘北征突厥召典軍書還除內史舍人其年兼散騎常侍聘陳主使道衡因奏曰江東蕞爾一隅僭擅遂久實由永嘉已後華夏分崩劉石苻姚慕容赫連之輩妄竊名號尋亦滅亡魏氏自北徂南未遑遠略周齊兩立務在兼并所以江表逋誅積有年祀陛下聖德天挺光膺寶祚比隆三代平一九州豈容使區區之陳久在天網之外臣今奉使請責以稱藩高祖曰朕且含養置之度外勿以言辭相折識朕意焉江東雅好篇什陳主尤愛雕蟲道衡每有所作南人無不吟誦焉及八年伐陳授淮南道行臺尚書吏部郎兼掌文翰王師臨江高熲夜坐幕下謂之曰今段之舉克定江東已不君試言之道衡答曰凡論大事成敗先須以至理斷之禹貢所載九州本是王者封域後漢之季羣雄競起孫權兄弟遂有吳楚之地晉武受命尋卽吞併永嘉南遷重此分割自爾已來戰爭不息否終斯泰天道之恒郭璞有云江東偏王三百年還與中國合今數將滿矣以運數而言其必克一也有德者昌無德者亡自古興滅皆由此道主上躬履恭儉憂勞庶政叔寶峻宇雕牆酣酒荒色上下離心人神同憤其必克二也爲國之體在于任寄彼之公卿備員而已拔小人施文慶委以政事尚書令江總唯事詩酒本非經略之才蕭摩訶任蠻奴是其大將一夫之用耳其必克三也我有道而大彼無德而小量其甲士不過十萬西自巫峽東至滄海分之則勢懸而力弱聚之則守此而失彼其必克四也席捲之勢其在不疑熲忻然曰君言成敗事理分明吾今豁然矣本以才學相期不意籌略乃爾還除吏

部侍郎後坐抽擢人物有言其黨蘇威任人有意故者除名配防嶺表晉王廣時在揚州陰令人諷道衡從揚州路將奏留之道衡不樂王府用漢王諒之計遂出江陵道而去尋有詔徵還直內史省晉王由是銜之然愛其才猶頗見禮後數歲授內史侍郎加上儀同三司道衡每至構文必隱坐空齋蹋壁而臥聞戶外有人便怒其沉思如此高祖每曰薛道衡作文書稱我意然誡之以迂誕後高祖善其稱職謂楊素牛弘曰道衡老矣驅使勤勞宜使其朱門陳戟於是進位上開府賜物百段道衡辭以無功高祖曰爾久勞階陛國家大事皆爾宣行豈非爾功也道衡久當樞要才名益顯太子諸王爭相與交高熲楊素雅相推重聲名籍甚無競一時仁壽中楊素專掌朝政道衡既與素善上不欲道衡久知機密因出檢校襄州總管道衡久蒙驅策一旦違離不勝悲戀言之哽咽高祖愴然改容曰爾光陰晚暮侍奉誠勞朕欲令爾將攝兼撫萌俗今爾之去朕如斷一臂於是賚物三百段九環金帶并時服一襲馬十匹慰勉遣之在任清簡吏民懷其惠煬帝嗣位轉潘州刺史歲餘上表求致仕帝謂內史侍郎虞世基曰道衡將至當以祕書監待之道衡既至上高祖文皇帝頌其詞曰太始太素荒茫造化之初天皇地皇杳冥書契之外其道絕其迹遠言談所不詣耳目所不追至於入穴登巢鶉居鷇飲不殊於羽族取類於毛羣亦何貴於人靈何用於心識羲軒已降爰暨唐虞則乾象而施法度觀人文而化天下然後帝王之位可重聖哲之道爲尊夏后殷周之國禹湯文武之主功濟生民聲流雅頌然陵替於三五慙德於干戈秦居閏位任刑名爲政本漢執靈圖雜霸道而爲業當塗興而三方峙典午末而四海亂九州封域窟穴鯨鯢之羣五都遺黎蹴踏戎馬之足雖玄行定嵩洛木運據崤函未正滄海之流詎息昆山之燎叶千齡之旦暮當萬葉之一朝者其在大隋乎粤若高祖文皇帝誕聖降靈則赤光照室韜神晦迹則紫氣騰天龍顏日角之奇玉理珠衡之異著在圖籙彰乎儀表而帝系靈長神基崇峻類邠岐之累德異豐沛之勃起俯膺歷試納揆賓門位長六卿望高百辟猶重華之爲太尉若文命之任司空蒼歷將盡率土糜沸玉弩驚天金鉦照野姦雄挺禍據河朔而連海岱猾長縱惡杜白馬而塞成皋庸蜀逆命憑銅梁之險鄖黃背誕引金陵之寇三川已震九鼎將飛高祖龍躍鳳翔濡足授手應赤伏之符受玄狐之籙命百下百勝之將動九天九地之師平共工而殄蚩尤翦猰貐而戮鑿齒不煩二十八將無假五十二征曾未踰時妖逆咸殄廓氛霧於區宇出黎元於塗炭天柱傾而還正地維絕而更紐殊方稽顙識牛馬之內向樂師伏地懼鍾石之變聲萬姓所以樂推三靈於是改卜壇場已備猶弘五讓之心億兆難違方從四海之請光臨寶祚展禮郊丘舞六代而降天神陳四圭而饗上帝乾坤交泰品物咸亨酌前王之令典改易徽號因庶萌之子來移創都邑天文上當朱鳥地理下據黑龍正位辨方揆景於日月內宮外座取法於辰象懸政教於魏闕朝羣后於明堂除舊布新移風易俗天街之表地脈之外獯獫孔熾其來自久橫行十萬樊噲於是失辭提步五千李陵所以陷沒周齊兩盛競結旄頭娉狄后於漠北未足息其侵擾傾珍藏於山東不能止其貪暴炎靈啓祚聖皇馭寓運天策於帷扆播神威於沙朔柳室氈裘之長皆爲臣隸瀚海蹛林之地盡充沙苑三吳百越九江五湖地分南北天隔內外談黃旗紫蓋之氣恃龍蟠獸據之險恒有僭僞之君妄竊帝王之號時經五代年移三百爰降皇情永懷大道愍彼黎獻獨爲匪人今上利建在唐則哲居代地憑宸極天縱神武受脤出車一舉平定於是八荒無外九服大同四海爲家萬里爲宅乃休牛散馬偃武修文自華夏亂離緜積年代人造戰爭之具家習澆僞之風聖人之遺訓莫存先王之舊典咸墜爰命秩宗刊定五禮申勑太子改正六樂玉帛樽俎之儀節文乃備金石匏革之奏雅俗始分而留心政術垂神聽覽早朝晏罷廢寢忘食憂百姓之未安懼一物之失所行先王之道夜思待旦革百王之獘朝不及夕見一善事喜彰於容旨聞一愆犯歎深於在予薄賦輕徭務農重穀倉廩有紅腐之積黎萌無阻飢之慮天性弘慈聖心惻隱恩加禽獸胎卵於是獲全仁霑草木牛羊所以勿踐至於憲章重典刑名大辟申法而屈情決斷於俄頃故能彝倫攸敘上下齊肅左右絕諂諛之路縉紳無勢力之門小心翼翼敬事於天地終日乾乾誠慎於亢極陶黎萌於德化致風俗於太康公卿庶尹遐邇岳牧僉以天平地成千載之嘉會登封降禪百王之盛典宜其金泥玉檢展禮介丘飛聲騰實常爲稱首天子爲而不恃成而不居沖旨凝邈固辭弗許而雖休勿休上德不德更乃潔誠岱岳遜謝愆咎方知六十四卦謙撝之道爲尊七十二君告成之義爲小巍巍蕩蕩無得以稱焉而深誠至德感達於穹壤和氣薰風充溢於宇宙二儀降福百靈薦祉日月星象風雲草樹之祥山川玉石鱗介羽毛之瑞歲見月彰不可勝紀至于振古所未有圖籍所不載目所不見耳所未聞古語稱聖人作萬物覩神靈滋百寶用此其效矣既而遊心姑射脫屣之志已深鑄鼎荊山升天之駕遂遠凡在黎獻共惟帝臣慕深考妣哀纏弓劍塗山幽峻無復玉帛之禮長陵寂寞空見衣冠之遊若乃降精熛怒飛名帝籙開運握圖創業垂統聖德也撥亂反正濟國寧人六合八紘同文共軌神功也玄酒陶匏雲和孤竹禋祀上帝尊極配天大孝也偃伯戢戈正禮裁樂納民壽域驅俗福休至政也張四維而臨萬寓侔三皇而竝五帝豈直錙銖周漢幺麽魏晉而已雖五行之舞每陳於清廟九德之歌無絕于樂府而玄功暢洽不局於形器懿業遠大豈盡於揄揚臣輕生多幸命偶興運趨事紫宸驅馳丹陛一辭天闕奄隔鼎湖空有攀龍之心徒懷蓐蟻之意庶憑毫翰敢希贊述昔堙海之禽不增于大地泣河之士非益於洪流盡其心之所存忘其力之所及輒緣斯義不覺斐然乃作頌曰悠哉邃古邈矣季世四海九州萬王千帝三代之後其道逾替爰逮金行不勝其獘戎狄猾夏羣凶縱慝竊號淫名十有餘國怙威逞暴悖禮亂德五嶽塵飛三象霧塞玄精啓曆發迹幽方并吞寇僞獨擅雄強載祀二百比祚前王江湖尚阻區域未康句吳閩越河朔渭涘九縣瓜分三方鼎跱狙詐不息干戈競起東夏雖平亂離瘼矣五運叶期千年肇旦赫矣高祖人靈攸贊聖德迥生神謀獨斷癉惡彰善夷凶靜難宗伯撰儀太史練日孤竹之管雲和之瑟展禮上玄飛煙太一珪璧朝會山川望秩占揆星景移建邦畿下憑赤壤上叶紫微布政衢室懸法象魏帝宅天府固本崇威甸河瀚海龍荒狼望種落陸梁時犯亭障皇威遠懾帝德遐暢稽顙歸誠稱臣內向吳越提封斗牛星象積有年代自稱君長大風未繳長鯨漏網授鉞天人豁然清蕩戴日戴斗太平太蒙禮教周被書軌大同復禹之跡成舜之功禮以安上樂以移風憂勞庶積矜育黔首三面解羅萬方引咎納民軌物驅時仁壽神化隆平生靈熙阜虔心恭己奉天事地協氣橫流休徵紹至壇場望幸云亭虛位推而不居聖道彌粹齊跡姬文登發嗣聖道類漢光傳莊寶命知來藏往玄覽幽鏡鼎業靈長洪基隆盛崆峒問道汾射窅然御辯遐逝乘雲上仙哀纏率土痛感穹玄流澤萬葉用教百年尚相歔圖永惟聖則道洽幽顯仁霑動植爻象不陳乾坤將息微臣作頌用申罔極帝覽之不悅顧謂蘇威曰道衡致美先朝此魚藻之義也於是拜司隸大夫將置之罪道衡不悟司隸刺史房彥謙素相善知必及禍勸之杜絕賓客卑辭下氣而道衡不能用會議新令久不能決道衡謂朝士曰向使高熲不死令決當久行人有奏之帝怒曰汝憶高熲邪付執法者勘之道衡自以非大過促憲司早斷暨於奏日冀帝赦之敕家人具饌以備賓客來候者及奏帝令自盡道衡殊不意未能引訣憲司重奏縊而殺之妻子徙且末時年七十天下冤之有集七十卷行於世有子五人收最知名出繼族父孺孺清貞孤介不交流俗涉歷經史有才思雖不爲大文所有詩詠詞致清遠開皇中爲侍御史揚州總管司功參軍每以方直自處府寮多不便之及滿轉清陽令襄城郡掾卒官所經竝有惠政與道衡偏相友愛收初生卽以爲孺後養於孺宅至於成長殆不識本生太常丞胡仲操曾在朝堂就孺借刀子割爪甲孺以仲操非雅士竟不與之其不肯妄交清介獨行皆此類也道衡兄子邁官至選部郎從父弟道實官至禮部侍郎離石太守竝知名於世從子德音有雋才起家爲游騎尉佐魏澹修魏史史成遷著作佐郎及越王侗稱制東都王世充之僭號也軍書羽檄皆出其手世充平以罪伏誅所有文筆多行於時

史臣曰二三子有齊之季皆以辭藻著聞爰歷周隋咸見推重李稱一代俊偉薛則時之令望握靈蛇以俱照聘逸足以竝驅文雅縱橫金聲玉振靜言揚榷盧居二子之右李薛紆青拖紫思道官塗寥落雖窮通有命抑亦不護細行之所致也

隋書卷五十七考證

盧思道傳時人稱爲八米盧郎○一本米作采按西齋叢語關中語歲以六米七米八米分上中下言在穀取八米取數多也

縕鏁仁義○閣本鏁譌巢按漢書敘傳貫仁義之羈絆繫名聲之韁鎖縕鏁與韁鎖同

薛道衡傳兼撫萌俗○按萌與氓通楊雄書願陛下少留意於未亂未戰以遏邊萌之禍晉楷魏德論侯民非復漢萌尺土非復漢有

史臣贊思道官塗寥落○監本宦作官從南監本改

# 隋書卷五十八

唐　特　進　臣　魏　徵　上

## 列傳第二十三

### 明克讓

明克讓字弘道平原鬲人也父山賓梁侍中克讓少好儒雅善談論博涉書史所覽將萬卷三禮禮論尤所研精龜筴歷象咸得其妙年十四釋褐湘東王法曹參軍時舍人朱异在儀賢堂講老子克讓預焉堂邊有脩竹异令克讓詠之克讓覽筆輒成其卒章曰非君多愛賞誰貴此貞心异甚奇之仕歷司徒祭酒尚書都官郎中散騎侍郎兼國子博士中書侍郎梁滅歸于長安周明帝引爲麟趾殿學士俄授著作上士轉外史下大夫出爲衞王友歷漢東南陳二郡守武帝即位復徵爲露門學士令與太史官屬正定新曆拜儀同三司累遷司調大夫賜爵歷城縣伯邑五百戶高祖受禪拜太子內舍人轉率更令進爵爲侯太子以師道處之恩禮甚厚每有四方珍味輒以賜之于時東宮盛徵天下才學之士至於博物洽聞皆出其下詔與太常牛弘等修禮議樂當朝典故多所裁正開皇十四年以疾去官加通直散騎常侍卒年七十上甚傷惜焉賻物五百段米三百石太子又贈絹布二千匹錢十萬朝服一具給棺槨著孝經義疏一部古今帝代記一卷文類四卷續名僧記一卷集二十卷子餘慶官至司門郎越王侗稱制爲國子祭酒

### 魏澹

魏澹字彥深鉅鹿下曲陽人也祖鸞魏光州刺史父季景齊大司農卿稱爲著姓世以文學自業澹年十五而孤專精好學博涉經史善屬文詞采贍逸齊博陵王濟聞其名引爲記室及琅邪王儼爲京畿大都督以澹爲鎧曹參軍轉殿中侍御史尋與尚書左僕射魏收吏部尚書陽休之國子博士熊安生同修五禮又與諸學士撰御覽書成除殿上郎中中書舍人復與李德林俱修國史周武帝平齊授納言中士及高祖受禪出爲行臺禮部侍郎尋爲散騎常侍聘陳主使還除太子舍人廢太子勇深禮遇之屢加優錫令注庾信集復撰笑苑詞林集世稱其博物數年遷著作郎仍爲太子學士高祖以魏收所撰書褒貶失實平繪爲中興書事不倫序詔澹別成魏史澹自道武下及恭帝爲十二紀七十八傳別爲史論及例一卷并目錄合九十二卷澹之義例與魏收多所不同其一曰臣聞天子者繼天立極終始絕名故穀梁傳曰太上不名曲禮曰天子不言出諸侯不生名諸侯尚不生名況天子乎若爲太子少須書名良由子者對父生稱父前子名禮之意也是以桓公六年九月丁卯子同生傳曰舉以太子之禮杜預注云桓公子莊公也十二公唯子同是嫡夫人之長子備用太子之禮故史書之於策即位之日尊成君而不名春秋之義聖人之微旨也至如馬遷周之太子並皆言名漢之儲兩俱沒其諱以尊漢卑周臣子之意也竊謂雖立此理恐非其義何者春秋禮記太子必書名天王不言出此仲尼之褒貶皇王之稱謂非當時與異代遂爲優劣也班固范曄陳壽王隱沈約參差不同尊卑失序至於魏收諱儲君之名書天子之字過又甚焉今所撰史諱皇帝名書太子字欲以尊君卑臣依春秋之義也其二曰五帝之聖三代之英積德累功乃文乃武賢聖相承莫過周室名器不及后稷追謚止於三王此即前代之茂實後人之龜鏡也魏氏平文以前部落之君長耳太祖遠追二十八帝並極崇高違堯舜憲章越周公典禮但道武出自結繩未師典誥當須南董直筆裁而正之反更飾非言是觀過所謂決渤澥之水復去隄防襄陵之災未可免也但力微天女所誕靈異絕世尊爲始祖得禮之宜平文昭成雄據塞表英風漸盛圖南之業基自此始長孫斤之亂也兵交御座太子授命昭成獲免道武此時后緡方娠宗廟復存社稷有主大功大孝寔在獻明此之三世稱謚可也自茲以外未之敢聞其三曰臣以爲南巢桀亡牧野紂滅斬以黃鉞懸首白旗幽王死於驪山厲王出奔於彘未嘗隱諱直筆書之欲以勸善懲惡貽誡將來者也而太武獻文並皆非命前史立紀不異天年言論之間頗露首尾殺主害君莫知名姓逆臣賊子何所懼哉君子之過如日月之食圓首方足孰不瞻仰況復兵交御坐矢及王屋而可隱沒者乎今所撰史分明直書不敢迴避且隱桓之死閔昭殺逐丘明據實敘於經下況復懸隔異代而致依違哉其四曰周道陵遲不勝其敝楚子親問九鼎吳人來徵百牢無君之心實彰行路夫子刊經皆書曰卒自晉德不競宇宙分崩或帝或王各自署置當其生日聘使來往略如敵國及其終也書之曰死便同庶人存沒頓殊能無懷愧今所撰史諸國凡處華夏之地者皆書曰卒同之吳楚其五曰壺遂發問馬遷答之義已盡矣後之述者仍未領悟董仲舒司馬遷之意本云尚書者隆平之典春秋者撥亂之法興衰理異制作亦殊治定則直敘欽明世亂則辭兼顯晦分路命家不相依放故云周道廢春秋作焉堯舜盛尚書載之是也漢興以來改正朔易服色臣力誦聖德仍不能盡余所謂述故事而君比之春秋謬哉然則紀傳之體出自尚書不學春秋明矣而范曄云春秋者文既總略好失事形今之擬作所以爲短紀傳者史班之所變也網羅一代事義周悉適之後學此焉爲優故繼而述之觀曄此言豈直非聖人之無法又失馬遷之意旨孫盛自謂鑽仰具體而放之魏收云魯史既修達者貽則子長自拘紀傳不存師表蓋泉源所由地非企及雖復遜辭畏聖亦未思紀傳所由來也澹又以爲司馬遷創立紀傳以來述者非一人無善惡皆爲立論計在身行迹具在正書事既無奇不足懲勸再述乍同銘頌重敘唯覺繁文案丘明亞聖之才發揚聖旨言君子曰者無非甚泰其間尋常直書而已今所撰史竊有慕焉可爲勸戒者論其得失其無損益者所不論也澹所著魏書甚簡要大矯收繪之失上覽而善之未幾卒時年六十五有文集三十卷行於世子信言頗知名澹弟彥玄有文學歷揚州總管府記室洧州司馬有子滿行

### 陸爽　侯白

陸爽字開明魏郡臨漳人也祖順宗魏南青州刺史父槩之齊霍州刺史爽少聰敏年九歲就學日誦二千餘言齊尚書僕射楊遵彥見而異之曰陸氏代有人焉年十七齊司州牧清河王岳召爲主簿擢殿中侍御史俄兼治書累轉中書侍郎及齊滅周武帝聞其名與陽休之袁叔德等十餘人俱徵入關諸人多將輜重爽獨載書數千卷至長安授宣納上士高祖受禪轉太子內直監尋遷太子洗馬與左庶子宇文愷等撰東宮典記七十卷朝廷以其博學有口辯陳人至境常令迎勞開皇十一年卒官時年五十三贈上儀同宣州刺史賜帛百匹子法言敏學有家風釋褐承奉郎初爽之爲洗馬嘗奏高祖云皇太子諸子未有嘉名請依春秋之義更立名字上從之及太子廢上追怒爽云我孫製名寧不自解陸爽乃爾多事扇惑於勇亦由此人其身雖故子孫並宜屏黜終身不齒法言竟坐除名爽同郡侯白字君素好學有捷才性滑稽尤辯俊舉秀才爲儒林郎通侻不恃威儀好爲誹諧雜說人多愛狎之所在之處觀者如市楊素甚狎之素嘗與牛弘退朝白謂素曰日之夕矣素大笑曰以我爲牛羊下來邪高祖聞其名召與語甚悅之令於祕書修國史每將擢之高祖輒曰侯白不勝官而止後給五品食月餘而死時人傷其薄命著旌異記十五卷行於世

### 杜臺卿

杜臺卿字少山博陵曲陽人也父弼齊衞尉卿臺卿少好學博覽書記解屬文仕齊奉朝請歷司空西閤祭酒司徒戶曹著作郎中書黃門侍郎性儒素每以雅道自居及周武帝平齊歸于鄉里以禮記春秋講授子弟開皇初被徵入朝臺卿嘗采月令觸類而廣之爲書名玉燭寶典十二卷至是奏之賜絹二百匹臺卿患聾不堪吏職請修國史上許之拜著作郎十四年上表請致仕勑以本官還第數載終於家有集十五卷撰齊記二十卷並行於世無子有兄蕤學業不如臺卿而幹局過之仕至開州刺史子公瞻少好學有家風卒於安陽令公瞻子之松大業中爲起居舍人

### 辛德源

辛德源字孝基隴西狄道人也祖穆魏平原太守父子馥尚書右丞德源沉靜好學年十四解屬文及長博覽書記少有重名齊尚書僕射楊遵彥殿中尚書辛術皆一時名士見德源並虛襟禮敬因同薦之於文宣帝起家奉朝請後爲兼員外散騎侍郎聘梁使副後歷馮翊華山二王記室中書侍郎劉逖上表薦德源曰弱齡好古晚節逾厲枕藉六經漁獵百氏文章綺豔體調清華恭慎表於閨門謙撝著於朋執實後進之辭人當今之雅器必能效節一官騁足千里由是除員外散騎侍郎累遷比部郎中復兼通直散騎常侍聘于陳及還待詔文林館除尚書考功郎中轉中書舍人及齊滅仕周爲宣納上士因取急詣相州會尉迥作亂以爲中郎德源辭不獲免遂亡去高祖受禪不得調者久之隱於林慮山鬱鬱不得志著幽居賦以自寄文多不載德源素與武陽太守盧思道友善時相往來魏州刺史崔彥武奏德源潛爲交結恐其有姦計由是謫令從軍討南寧歲餘而還祕書監牛弘以德源才學顯著奏與著作郎王劭同修國史德源每於務隙撰集注春秋三傳三十卷注揚子法言二十三卷蜀王秀聞其名而引之居數歲奏以爲掾後轉諮議參軍卒官有集二十卷又撰政訓內訓各二十卷有子素臣正臣並學涉有文義

### 柳䛒

柳䛒字顧言本河東人也永嘉之亂徙家襄陽祖惔梁侍中父暉都官尚書䛒少聰敏解屬文好讀書所覽將萬卷仕梁釋褐著作佐郎後蕭詧據荊州以爲侍中領

國子祭酒吏部尚書及梁國廢拜開府通直散騎常侍尋遷內史侍郎以無吏幹去職轉晉王諮議參軍王好文雅招引才學之士諸葛潁虞世南王胄朱瑒等百餘人以充學士而謩爲之冠王以師友處之每有文什必令其潤色然後示人嘗朝京師還作歸藩賦命謩爲序詞甚典麗初王屬文爲庾信體及見謩已後文體遂變仁壽初引謩爲東宮學士加通直散騎常侍檢校洗馬甚見親待每召入臥內與之宴謔謩尤俊辯多在侍從有所顧問應答如響性又嗜酒言雜誹諧由是彌爲太子之所親狎以其好內典令撰法華玄宗爲二十卷奏之太子覽而大悅賞賜優洽儕輩莫與爲比煬帝嗣位拜祕書監封漢南縣公帝退朝之後便命入閤言宴諷讀終日而罷帝每與嬪后對酒時逢興會輒遣命之至與同榻共席恩若友朋帝猶恨不能夜召於是命匠刻木偶人施機關能坐起拜伏以像於謩帝每在月下對酒輒令宮人置之於座與相酬酢而爲歡笑從幸揚州遇疾卒年六十九帝傷惜者久之贈大將軍謚曰康撰晉王北伐記十五卷有集十卷行於世

## 許善心

許善心字務本高陽北新城人也祖茂梁太子中庶子始平天門二郡守散騎常侍父亨仕梁至給事黃門侍郎在陳歷羽林監太中大夫衞尉卿領大著作善心九歲而孤爲母范氏所鞠養幼聰明有思理所聞輒能誦記多聞默識爲當世所稱家有舊書萬餘卷皆徧通涉十五解屬文牋上父友徐陵陵大奇之謂人曰才調極高此神童也起家除新安王法曹太子詹事江總舉秀才對策高第授度支郎中轉侍郎補撰史學士禎明二年加通直散騎常侍聘於隋遇高祖伐陳禮成而不獲反命累表請辭上不許留縶賓館及陳亡高祖遣使告之善心衰服號哭於西階之下藉草東向經三日敕書唁焉明日有詔就館拜通直散騎常侍賜衣一襲善心哭盡哀入房改服復出北面立垂涕再拜受詔明日乃朝伏泣於殿下悲不復興上顧左右曰我平陳國唯獲此人既能懷其舊君即是我誠臣也敕以本官直門下省賜物千段皁馬二十匹從幸太山還授虞部侍郎十六年有神雀降於含章闥高祖召百官賜讌告以此瑞善心於座請紙筆製神雀頌其詞曰臣聞觀象則天乾元合其德觀法審地域大表其尊雨施雲行四時所以生殺川流岳立萬物於是裁成出震乘離之君紀鳳司厤之后玉鏈玉斗而降金版金縢以傳並陶冶性靈含煦動植眇玄珠於赤水寂明鏡乎虛堂莫不景福氤氳嘉貺雜集馳聲南董越響雲韶粵我皇帝之君臨闔大方抗太極負鳳邸據龍圖不言行焉攝提建指不肅清焉喉鈐啟閉括地復夏截海翦商就望體其尊登咸昌其會縣區浹宇遐至邇安騰實飛聲直暢傍施無體之禮威儀布政之宮無聲之樂綴兆總章之觀上庠養老躬問百年下土字民心爲百姓月棲日浴熱坂寒門吹鱗沒羽之荒赤蛇青馬之裔解辮請吏側衽承風豈止呼韓北場頻勒狼居之岫熄愼南境近表不耐之城故使天弗愛道地寧吝寶川岳展異幽明効靈狎素游頳團膏漱醴半景赤莩歷虧盈足足懷仁般般擾義祥祐之來若此升隆之化如彼而登封盛典云亭佇白檢之儀致治成功柴燎靡玄珪之告雖奉常定禮武騎草文天子抑而未行推而不有允恭克讓其在斯乎七十二君信蔑如也故神禽顯貢玄應特昭白爵主鐵豸之奇赤爵銜丹書之貴班固神爵之頌履武戴文曹植嘉爵之篇棲庭集牖未若未飛武帳來賀文檐刷采青蒲將翱赤劉玉几朝御取翫軒楯之間金門旦闢兼留鸞翟之鑒終古曠世未或前聞福召宜徵得之茲日歲次上章律諧大呂玄枵會節玄英統時至尊未明求衣晨興於含章之殿爰有瑞爵翱翔而下載行載止當扆宁而徐前來集來儀承軒墀而顧步夫瑞者符也明主之休徵雀者爵也聖人之大寶謹案考異郵云軒轅有黃爵赤頭立日傍占云土精之應又禮稽命徵云祭祀合其宜則黃爵集昔漢集泰畤之殿魏下文昌之宮一見雍丘之祠三入平東之府並旁觀迴矚事陋人微奚足稱矣抑又聞之不刳胎剖卵則鸞鳳馴鳴不漉浸焚源則螭龍盤蜿是知陛下止殺故飛走宅心皇慈好生而浮潛育德臣面奉綸綍垂示休祥預承嘉宴不勝藻躍李虔僻處西土陸機少長東隅微臣慙於往賢逢時盛乎曩代輒竭庸瑣敢獻頌云太素式肇大德資生功玄不器道要無名質文鼎革沿習因成祥圖瑞史赫赫明明天保大定於鑠我君武義通武文敎惟文橫塞宇宙旁凝射汾軒物重造姚風再薰燠發王策昭彰帝道御地七神飛天五老山祇吐祕河靈孕寶黑羽升壇青鱗伏阜丹烏流火白雉從風棲阿德劭鳴岐祚隆未如神爵近賀王宮五靈何有百福攸同孔圖獻赤荀文表白節節奇音行行端跡化玉䕷辰銜環陛戟上天之命明神所格經應在旃伊臣預焉永緝章素方流管絃頌歌不足蹈舞無宣臣拜稽首億萬斯年頌成奏之高祖甚悅曰我見神雀共皇后觀之今旦召公等入適述此事善心於座始知即能成頌文不加點筆不停毫常聞此言今見其事因賜物二百段十七年除祕書丞于時祕藏圖籍尚多淆亂善心放阮孝緒七錄更製七林各爲總敘冠於篇首又於部錄之下明作者之意區分其類例焉又奏追李文博陸從典等學者十許人正定經史錯謬仁壽元年攝黃門侍郎二年加攝太常少卿與牛弘等議定禮樂祕書丞黃門並如故四年留守京師高祖崩于仁壽宮煬帝祕喪不發先易留守官人出除嚴州刺史逢漢王諒反不之官大業元年轉禮部侍郎奏薦儒者徐文遠爲國子博士包愷陸德明褚徽魯世達之輩並加品秩授爲學官其年副納言楊達爲冀州道大使以稱旨賜物五百段左衞大將軍宇文述每旦借本部兵數十人以供私役常半日而罷攝御史大夫梁毗奏劾之上方以腹心委述初付法推千餘人皆稱被役經二十餘日法官候伺上意乃言役不滿日其數雖多不合通計縱令有實亦當無罪諸兵士聞之更云初不被役上欲釋之付議虛實百寮咸議爲虛善心以爲述於仗衞之所抽兵私役雖不滿日闕於宿衞與常役所部情狀乃殊又兵多下番散還本府分道追至不謀同辭今殆一月方始翻覆姦狀分明此何可捨蘇威楊汪等二十餘人同善心之議其餘皆議免罪煬帝可免罪之奏後數月述譖善心曰陳叔寶卒善心與周羅睺虞世基袁充蔡徵等同往送葬善心爲祭文謂爲陛下敢於今日加叔寶尊號召問有實自援古例事得釋而帝甚惡之又太史奏帝即位之年與堯時符合善心議以國哀甫爾不宜稱賀述諷御史劾之左遷給事郎降品二等四年撰方物志奏之七年從至涿郡帝方自御戎以東討善心上封事忤旨免官其年復徵爲守給事郎九年攝左翊衞長史從度遼授建節尉帝嘗言及高祖受命之符因問鬼神之事勑善心與崔祖濬撰靈異記十卷初善心父撰著梁史未就而歿善心述成父志修續家書其序傳末述制作之意曰謹案太素將萌洪荒初判乾儀資始辰象所以正時巛載厚生品物於焉播氣參三才而育德肖二統而降靈有人民焉樹之君長有貴賤矣爲其宗極保上天之聰命膺下土之樂推莫不執太方振長策感召風雲驅馳英俊干戈揖讓取之也殊功鼎玉龜符成之也一致革命刱制竹素之道稍彰紀事記言筆墨之官漸著炎農以往存其名而漏其迹黃軒以來晦其文而顯其用登丘納麓具訓誥及典謨貫鼎入房傳夏正與殷祀洎辨方正位論時訓功南北左右兼四名之別檮杌乘車擅一家之稱國惡雖諱君舉必書故賊子亂臣天下大懼元龜明鏡昭然可察及三郊遷襲五勝相沿俱稱百谷之王並以四海自任重光累德何世無哉逮有梁之君臨天下江左建國莫斯爲盛受命在於一君纘統傳乎四主克昌四十八載餘祚五十六年武皇帝出自諸生爰升寶曆拯百王之弊救萬姓之危反澆季之末流登上皇之獨道朝多君子野無遺賢禮樂必備憲章咸舉弘深慈於不殺濟大忍於無刑蕩蕩巍巍可爲稱首屬陰戎入頳羯胡侵洛沸騰墋黷三季所未聞掃地滔天一元之巨厄廊廟有序翦成狐兔之場珪帛有儀碎夫犬羊之手福善積而身禍仁義在而國亡豈天道歟豈人事歟嘗別論之在序論之卷先君昔在前代早懷述作凡撰齊書爲五十卷梁書紀傳隨事勒成及闕而未就者目錄注爲一百八卷梁室交喪墳籍銷盡冢壁皆殘不準無所盜帷囊同毀陳農何以求秦儒既坑先王之道將墜漢臣徒請尸授之文亦絕所撰之書一時亡散有陳初建詔爲史官補闕拾遺心識口誦依舊目錄更加修撰且成百卷已有六帙五十八卷上祕閣訖善心早嬰荼蓼弗荷薪構大建之末頻抗表聞至德之初蒙授史任方顧油素採訪門庭記錄俯勵弱才仰成先志而單宗少强近虛室類原顏退屏無所交遊棲遲不求進益假班嗣之書徒聞其語給王隱之筆未見其人加以庸瑣涼能孤陋末學忝職郎署兼撰陳史致此書延時未即成績禎明二年以臺郎入聘值本邑淪覆佗鄉播遷行人失時將命不復望都亭而長慟還別館而懸壺家史舊書在後焚蕩今止有六十八卷在又並缺落失次自入京已來隨見補葺略成七十卷四帝紀八卷后妃一卷三太子錄一卷爲一帙十卷宗室王侯列傳一帙十卷具臣列傳二帙二十卷外戚傳一卷孝德傳一卷誠臣傳一卷文苑傳二卷儒林傳二卷逸民傳一卷數術傳一卷藩臣傳一卷合一帙十卷止足傳一卷列女傳一卷權幸傳一卷羯賊傳二卷逆臣傳二卷叛臣傳二卷敘傳論述一卷各一帙十卷凡稱史臣者皆先君所言下稱名案者並善心補闕別爲敘論一篇託于敘傳之末十年又從至懷遠鎭加授朝散大夫突厥圍鴈門攝左親衞武賁郎將領江南兵宿衞殿省駕幸江都郡追敘前勳授通議大夫詔還本品行給事郎十四年化及弒逆之日隋官盡詣朝堂謁賀善心獨不至許弘仁馳告之

曰天子已崩宇文將軍攝政合朝文武莫不咸集天道人事自有代終何預於叔而低徊若此善心怒之不肯隨去弘仁反走上馬泣而言曰將軍於叔全無惡意忽自求死豈不痛哉還告唐奉義以狀白化及遣人就宅執至朝堂化及令釋之善心不舞蹈而出化及目送之曰此人大負氣命捉將來罵云我好欲放你敢如此不遜其黨輒牽曳因遂害之時年六十一及越王稱制贈左光祿大夫高陽縣公謚曰文節善心母范氏梁太子中舍人孝才之女少寡養孤博學有高節高祖知之勅尚食每獻時新常遣分賜嘗詔范入內侍皇后講讀封永樂郡君及善心遇禍范年九十有二臨喪不哭撫柩曰能死國難我有兒矣因臥不食後十餘日亦終

李文博

博陵李文博性貞介鯁直好學不倦至於敎義名理特所留心每讀書至治亂得失忠臣烈士未嘗不反覆吟翫開皇中爲羽騎尉特爲吏部侍郎薛道衡所知恒令在聽事帷中披檢書史幷察己行事若遇治政善事卽抄撰記錄如選用疎謬卽委之臧否道衡每得其語莫不欣然從之後直秘書內省典校墳籍守道居貧晏如也雖衣食乏絶而清操逾厲不妄通賓客恒以禮法自處儕輩莫不敬憚焉道衡知其貧每延于家給以資費文博商畧古今治政得失如指諸掌然無吏幹稍遷校書郎後出爲縣丞遂得下考數歲不調道衡爲司隸大夫遇之於東都尚書省甚嗟愍之遂奏爲從事因爲齊王司馬李綱曰今日遂遇文博得奏用之以爲歡笑其見賞知音如此在洛下曾詣房玄齡相送於衢路玄齡謂之曰公生平志尚唯在正直今旣得爲從事故應有會素心比來激濁揚清所爲多少文博遂奮臂厲聲曰夫清其流者必潔其源正其末者須端其本今治源混亂雖日免十貪郡守亦何所益其瞽直疾惡不知忌諱皆此類也于時朝政浸壞人多贓賄唯文博不改其操論者以此貴之遭離亂播遷不知所終初文博在內校書虞世基子亦在其內盛飾容服而未有所却文博因從容問之年紀答云十八文博乃謂之曰昔賈誼當此之年議論何事君今徒事儀容故何爲者又秦孝王妃生男高祖大喜頒賜羣官各有差文博家道屢空人謂其悅乃云賞罰之設功過所歸今王妃生男於羣官何事乃妄受賞也其循名責實錄過計功必使賞罰不濫功過無隱者皆爾文博本爲經學後讀史書於諸子及論尤所該洽性長議論亦善屬文著治道集十卷大行於世

史臣曰明克讓魏澹等或博學洽聞詞藻贍逸旣稱燕趙之俊寔曰東南之美所在見寶咸取祿位雖無往非命蓋亦道有存焉澹之魏書時稱簡正條例詳密足傳於後此外諸子各有記述雖道或小大皆志在立言美矣

# 隋書卷五十九

唐　特　進　臣　魏　徵　上

## 列傳第二十四

### 煬三子

煬帝三男蕭皇后生元德太子昭子燕王倓越王侗齊王暕蕭嬪生趙王杲

元德太子昭煬帝長子也生而高祖命養宮中三歲時於玄武門弄石師子高祖與文獻后至其所高祖適患腰痛舉手憑后昭因避去如此者再三高祖歎曰天生長者誰復教乎由是大奇之高祖嘗謂曰當爲爾娶婦昭應聲而泣高祖問其故對曰漢王未婚時恒在至尊所一朝娶婦便則出外懼將違離是以啼耳上歎其有至性特鍾愛焉年十二立爲河南王仁壽初徙爲晉王拜內史令兼左衛大將軍後三年轉雍州牧煬帝卽位便幸雒陽宮昭留守京師大業元年帝遣使者立爲皇太子昭有武力能引強弩性謙沖言色恂恂未嘗忿怒有深嫌可責者但云大不是所膳不許多品帷席極於儉素臣吏有老父母者必親問其安否歲時皆有惠賜其仁愛如此明年朝於雒陽後數月將還京師願得少留帝不許拜請無數體素肥因致勞疾帝令巫者視之云房陵王爲祟未幾而薨詔內史侍郎虞世基爲哀冊文曰維大業二年七月癸丑朔二十三日皇太子薨于行宮粤三年五月庚辰朔六日將遷座于莊陵禮也蜄綍宵載鶴關曉闢肅文物以具陳儼賓從其如昔皇帝悼離方之就晦嗟震宮之虧象顧守器以長懷臨登餕而興想先遠戒日占謀允從庭燎徹祖階卮收重抗銘旌以啓路動徐輪於振容揆行度名累德彰謚爰詔史冊式遵典志俾濬哲之徽猷播長久乎天地其辭曰宸基峻極帝緒會昌體元襲聖儀耀重光氣秀春陸神華少陽居周軼誦處漢韜莊有縱生知誕膺惟睿性道淵曰幾深綺歲降迹大成俯情多藝樹親建國命懿作藩威褩先路烏奕渠門肅服有紀分器惟尊風高楚殿雅盛梁園睿后膺儲天人叶順本茂條遠基崇體峻改王參墟奄有唐晉在貴能謙居沖益慎封畿千里閶闔九重神州王化禁旅軍容瞻言偃草高視折衝帷扆清祕親賢允屬泛景鳳瀾飛華螭玉揮翰泉涌敷言藻縟式是便煩思謀啓沃洪惟積德豐衍繁祉粤自天孫光升元子綠車逮事翠緌奉祀肅穆滿容儀形讓齒禮樂交暢愛敬兼資優游養德恭己承儀南山聘隱東序尊師有粹神儀深穆其度顯顯觀德溫溫審諭炯戒齊箴留連主賦入監出撫日就月將沖情玉裕令問金相宜叙景福永作元良神理冥漠天道難究仁不必壽善或愆祐遽瑤山之頹壞忽桂宮之毀構痛結幽明悲纏宇宙慟皇情之深憫摧具僚其如疚嗚呼哀哉廻環氣朔荏苒居諸沾零露於瑤圃下申霜於玉除夜漏盡兮空階曙曉月懸兮帷殿虛嗚呼哀哉將寧甫竈長違望苑渡渭涘於造舟遵長平之修坂望鶴駕而不追顧龍樓而日遠嗚呼哀哉永隔存歿長分古今去榮華於人世卽潛隧之幽深霏夕煙而稍起慘落景而將沈聽哀挽之悽楚雜灌木之悲吟紛徒御而流袂欲纓弁以霑衿嗚呼哀哉九地黃泉千年白日雖金石之能久終天壤乎長畢敢圖芳於篆素永飛聲而騰實帝深追悼有子三人韋妃生恭皇帝大劉良娣生燕王倓小劉良娣生越王侗

燕王倓字仁安敏慧美姿儀煬帝於諸孫中特所鍾愛常置左右性好讀書尤重儒素非造次所及有若成人良娣早終每至忌日未嘗不流涕嗚咽帝由是益以奇之宇文化及弒逆之際倓覺變欲入奏恐露其事因與梁公蕭鉅千牛宇文晶等穿芳林門側水竇而入至玄武門詭奏曰臣卒中惡命懸俄頃請得面辭死無所恨冀以見帝爲司宮者所遏竟不得聞俄而難作爲賊所害時年十六

越王侗字仁謹美姿儀性寬厚大業二年立爲越王帝每巡幸侗常留守東都楊玄感作亂之際與民部尚書樊子蓋拒之及玄感平朝於高陽拜高陽太守俄以本官復留守東都十三年帝幸江都復令侗與金紫光祿大夫段達太府卿元文都攝民部尚書韋津右武衞將軍皇甫無逸等總留臺事宇文化及之弒逆也文都等議以侗元德太子之子屬最爲近於是乃共尊立大赦改元曰皇泰謚帝曰明廟號世祖追尊元德太子爲孝成皇帝廟號世宗尊其母劉良娣爲皇太后以段達爲納言右翊衞大將軍攝禮部尚書王世充亦納言左翊衞大將軍攝吏部尚書元文都內史令左驍衞大將軍盧楚亦內史令皇甫無逸兵部尚書右武衞大將軍郭文懿內史侍郎趙長文黃門侍郎委以機務爲金書鐵券藏之宮掖于時雒陽稱段達等爲七貴未幾宇文化及立秦王子浩爲天子來次彭城所經城邑多從逆黨侗懼遣使者蓋琮馬公政招懷李密密遂遣使請降侗大悅禮其使甚厚卽拜密爲太尉尚書令魏國公令拒化及下書曰我大隋之有天下於茲三十八載高祖文皇帝聖畧神功載造區夏世祖明皇帝則天法地混一華戎東暨蟠木西通細柳前蹤丹徼後越幽都日月之所臨風雨之所至圓首方足禀氣食茅莫不盡入提封皆爲臣妾加以寶貺畢集靈瑞咸臻作樂制禮移風易俗智周寰海萬物咸受其賜道濟天下百姓用而不知世祖往因歷試統臨南服自居皇極順茲望幸所以往歲省方展禮肆覲停鑾駐蹕按駕清道八屯如昔七萃不移豈意釁起非常逮於軒陛災生不意延及冕旒奉諱之日五情崩隕攀號荼毒不能自勝且聞之自古代有屯剝賊臣逆子無世無之至如宇文化及世傳庸品其父述往屬時來早霑厚遇賜以婚媾置之公輔位尊九命祿重萬鍾禮極人臣榮冠世表徒承海嶽之恩未有涓塵之益化及以此下材夙蒙顧盼出入外內奉望階墀昔陪藩國統領禁衞及從升皇祚陪列九卿但本性兇狠恣其貪穢或交結惡黨或侵掠貨財事重刑篇狀盈獄簡在上不遺簪履恩加草芥應至死辜每蒙恕免三經除解尋復本職再徙邊裔仍卽追還生成之恩昊天罔極獎擢之義人事罕聞化及梟鏡爲心禽獸不若縱毒興禍傾覆行宮諸王兄弟一時殘酷痛暴行路世不忍言有窮之在夏時犬戎之於周代釁辱之極亦未是過朕所以刻骨崩心飲膽嘗血瞻天視地無處容身今王公卿士庶寮百辟咸以大寶鴻名不可顚墜元兇巨猾須早夷殄翼戴朕躬嗣守寶位顧惟寡薄志不逮此今者出黼扆而杖旄鉞釋衰麻而擐甲胄銜冤誓衆忍淚治兵指日遄征以平大盜且化及僞立秦王之子幽遏比於囚拘其身自稱霸相專擅擬於九五履踐禁御據有宮闈昂首揚眉初無慙色衣冠朝望外懼兇威志士誠臣內皆憤怨以我義師順彼天道梟夷醜族匪夕伊朝太尉尚書令魏公丹誠內發宏畧外舉率勤王之師討違天之逆果毅爭先熊羆競逐金鼓振聾若

火焚毛鎩刃縱橫如湯沃雪魏公志在匡濟投袂前驅朕親御六軍星言繼進以此衆戰以斯順舉擘山可以動射石可以入況擁此人徒皆有離德京都侍衞西憶鄉家江左淳民南思邦邑比來表書駱驛人信相尋若王師一臨舊章暫覩自應解甲倒戈冰消葉散且聞化及自恣天奪其心殺戮不辜挫辱人士莫不道路以目號天蹋地朕今復讎雪恥梟轘者一人拯溺救焚所哀者士庶唯天鑒孔殷祐我宗社億兆感義俱會朕心梟戮元兇策勳飲至四海交泰稱朕意焉兵衞軍機並受魏公節度密見使者大悅北面拜伏臣禮甚恭密遂東拒化及七貴頗不協陰有相圖之計未幾元文都盧逸郭文懿趙長文等爲世充所殺皇甫無逸遁歸長安世充詣侗所陳謝辭情哀苦侗以爲至誠命之上殿被髮爲盟誓無貳志自是侗無所關預侗心不能平遂與記室陸士季謀圖世充事不果而止及世充破李密衆望益歸之遂自爲鄭王總百揆加九錫備法物侗不能禁也段達雲定興等十人入見於侗曰天命不常鄭王功德甚盛願陛下揖讓告禪遵唐虞之迹侗聞之怒曰天下者高祖之天下東都者世祖之東都若隋德未衰此言不可發必天命有改亦何論於禪讓公等或先朝舊臣績宣上代或勤王立節身服軒冕忽有斯言朕復當何所望神色懍然侍衞者莫不流汗既而退朝對良娣而泣世充更使人謂侗曰今海內未定須得長君待四方乂安復子明辟必若前盟義不違負侗不得已遜位於世充遂被幽於含涼殿世充僭僞號封爲潞國公邑五千戶月餘宇文儒童裴仁基等謀誅世充復尊立侗事泄並見害世充兄世惲因勸世充害侗以絕民望世充遣其姪行本齎鴆詣侗所曰願皇帝飲此酒侗知不免請與母相見不許遂布席焚香禮佛咒曰從今以去願不生帝王尊貴之家於是仰藥不能時絕更以帛縊之世充僞謚爲恭皇帝

齊王暕字世朏小字阿孩美容儀疎眉目少爲高祖所愛開皇中立爲豫章王邑千戶及長頗涉經史尤工騎射初爲內史令仁壽中拜揚州總管沿淮以南諸軍事煬帝卽位進封齊王增邑四千戶大業二年帝初入東都盛陳鹵簿暕爲軍導尋轉豫州牧俄而元德太子薨朝野注望咸以暕當嗣帝又勅吏部尚書牛弘妙選官屬公卿由是多進子弟明年轉雍州牧尋徙河南尹開府儀同三司元德太子左右二萬餘人悉隸於暕寵遇益隆自樂平公主及諸戚屬競來致禮百官稱謁塡咽道路暕頗驕恣昵近小人所行多不法遣喬令則劉虔安裴該皇甫諶庫狄仲錡陳智偉等求聲色狗馬令則等因此放縱訪人家有女者輒矯暕命呼之載入暕宅因緣藏隱恣行淫穢而後遣之仲錡智偉二人詣隴西撾炙諸胡責其名馬得數匹以進於暕暕令還主仲錡等詐言王賜將歸於家暕不之知也又樂平公主嘗奏帝言柳氏女美者帝未有所答久之主復以柳氏進於暕暕納之其後帝問主柳氏女所在主曰在齊王所帝不悅暕於東都營第大門無故而崩聽事栿中折識者以爲不祥其後從帝幸榆林暕督後軍步騎五萬恒與帝相去數十里而舍會帝於汾陽宮大獵詔暕以千騎入圍暕大獲麋鹿以獻而帝未有得也乃怒從官皆言爲暕左右所遏獸不得前帝於是發怒求暕罪失時制縣令無故不得出境有伊闕令皇甫詡幸於暕違禁將之汾陽宮又京兆人達奚通有妾王氏善歌貴遊宴聚多或要致於是展轉亦出入王家御史韋德裕希旨劾暕帝令甲士千餘大索暕第因窮治其事暕妃韋氏者民部尚書沖之女也早卒暕遂與妃姊元氏婦通遂產一女外人皆不得知陰引喬令則於第內酬宴令則稱慶脫暕帽以爲歡樂召相工令徧視後庭相工指妃姊曰此產子者當爲皇后王貴不可言時國無儲副暕自謂次當得立又以元德太子有三子內常不安陰挾左道爲厭勝之事至是事皆發帝大怒斬令則等數人妃姊賜死暕府寮皆斥之邊遠時趙王杲猶在孩孺帝謂侍臣曰朕唯有暕一子不然者當肆諸市朝以明國憲也暕自是恩寵日衰雖爲京尹不復關預時政帝恒令武賁郎將一人監其府事暕有微失武賁輒奏之帝亦常慮暕生變所給左右皆以老弱備員而已暕每懷危懼心不自安又帝在江都宮元會暕具法服將朝無故有血從裳中而下又坐齋中見羣鼠數十至前而死視皆無頭暕意甚惡之俄而化及作亂兵將犯蹕帝聞顧謂蕭后曰得非阿孩邪其見疏忌如此化及復令人捕暕暕時尚臥未起賊既進暕驚曰是何人莫有報者暕猶謂帝令捕之因曰詔使且緩兒不負國家賊於是曳至街而斬之及其二子亦遇害暕竟不知殺者爲誰時年三十四有遺腹子政道與蕭后同入突厥處羅可汗號爲隋王中國人沒入北蕃者悉配之以爲部落以定襄城處之及突厥滅歸于大唐授員外散騎侍郎

趙王杲小字季子年七歲以大業九年封趙王尋授光祿大夫拜河南尹從幸淮南詔行江都太守事杲聰令美容儀帝有所製詞賦杲多能誦之性至孝常見帝風動不進膳杲亦終日不食又蕭后當灸杲先請試炷后不許之杲泣請曰后所服藥皆蒙嘗之今灸願聽嘗炷悲咽不已后竟爲其停灸由是尤愛之後遇化及反杲在帝側號慟不已裴虔通使賊斬之於帝前血湔御服時年十二

史臣曰元德太子雅性謹重有君人之量降年不永哀哉齊王敏慧可稱志不及遠頗懷驕僭故煬帝疎而忌之心無父子之親貌展君臣之敬身非積善國有餘殃至令趙及燕越皆不得其死悲夫

隋書卷五十九考證

煬三子○監本於下注孫恭皇帝燕王倓越王侗臣映斗按恭皇帝已入帝紀此本無傳今刪燕王倓越王侗俱係元德太子昭之子亦不當列於前今移注元德太子昭之下乃與傳次相合

越王侗傳化及梟鏡爲心○監本鏡作獍閣本作鏡按史記封禪書祠黃帝用一梟破鏡注梟鳥名食母鏡獸名食父黃帝欲絕其類使百物祠皆用之顏氏家訓吳均集有破鏡賦

# 隋書卷六十

唐 特 進 臣 魏 徵 上

## 列傳第二十五

### 崔仲方

崔仲方字不齊博陵安平人也祖孝芬魏荊州刺史父宣猷周小司徒仲方少好讀書有文武才幹年十五周太祖見而異之令與諸子同就學時高祖亦在其中由是與高祖少相款密後以明經爲晉公宇文護參軍事尋轉記室遷司玉大夫與斛斯徵柳敏等同修禮律後以軍功授平東將軍銀青光祿大夫賜爵石城縣男邑三百戶時武帝陰有滅齊之志仲方獻二十策帝大奇之後與少內史趙芬刪定格式尋從帝攻晉州齊之亞將崔景嵩請爲內應仲方與段文振等登城應接遂下晉州語在文振傳又令仲方說翼城等四城下之授儀同進爵范陽縣侯後以行軍長史從郯公王軌禽陳將吳明徹於呂梁仲方計策居多宣帝嗣位爲少內史奉使淮南而還會帝崩高祖爲丞相與仲方相見握手極懽仲方亦歸心焉其夜上便宜十八事高祖並嘉納之又見衆望有歸陰勸高祖應天受命高祖從之及受禪上召仲方與高熲議正朔服色事仲方曰晉爲金行後魏爲水周爲木皇家以火承木得天之統又聖躬載誕之初有赤光之瑞車服旗牲並宜用赤又勸上除六官請依漢魏之舊上皆從之進位上開府尋轉司農少卿進爵安固縣公令發丁三萬於朔方靈武築長城東至黃河西拒綏州南至勃出嶺綿亘七百里明年上復令仲方發丁十五萬於朔方已東緣邊險要築數十城以遏胡寇丁父艱去職未期起爲虢州刺史上書論取陳之策曰臣謹案晉太康元年歲在庚子晉武平吳至今開皇六年歲次景午合三百七載春秋寶乾圖云王者三百年一蠲法今三百之期可謂備矣陳氏草竊起於景子至今景午又子午爲衝陰陽之忌昔史趙有言曰陳顓頊之族爲水故歲在鶉火以滅又云周武王克商封胡公滿於陳至魯昭公九年陳災裨竈曰歲五及鶉火而後陳亡楚剋之楚祝融之後也爲火正故復滅陳陳承舜後舜承顓頊雖太歲左行歲星右轉鶉火之歲陳族再亡戊午之年嬀虞運盡語迹雖殊考事無別皇朝五運相承感火德而王國號爲隋與楚同分楚是火正午爲鶉火未爲鶉首申爲實沈酉爲大梁既當周秦晉趙之分若當此分發兵將得歲之助以今量古陳滅不疑臣謂午未申酉正是數極蓋聞天時不如地利地利不如人和況主聖臣良兵強國富動植迴心人神叶契陳既主昏於上民讟於下險無百二之固衆非九國之師夏癸殷辛尚不能立獨此島夷而稽天討伏度朝廷自有宏謨但芻蕘所見冀申螢爝今唯須武昌已下蘄和滁方吳海等州更帖精兵密營渡計益信襄荊基郢等州速造舟楫多張形勢爲水戰之具蜀漢二江是其上流水路衝要必爭之所賊雖於流頭荊門延州公安巴陵隱磯夏首蘄口盆城置船然終聚漢口峽口以水戰大決若賊必以上流有軍令精兵赴援者下流諸將卽須擇便橫渡如擁衆自衞上江水軍鼓行以前雖恃九江五湖之險非德無以爲固徒有三吳百越之兵無恩不能自立上覽而大悅轉基州刺史徵入朝仲方因面陳經畧上善之賜以御袍袴并雜綵五百段進位開府而遣之及大舉伐陳以仲方爲行軍總管率兵與秦王會及陳平坐事免未幾復位後數載轉會州總管時諸羌猶未賓附詔令仲方擊之與賊三十餘戰紫祖四鄰望方涉題干碉小鐵圍山白男王弱水等諸部悉平賜奴婢一百三十口黃金三十斤雜物稱是仁壽初授代州總管在職數年被徵入朝會上崩漢王諒餘黨據呂州不下煬帝令周羅睺攻之中流矢卒乃令仲方

代總其衆月餘拔之進位大將軍拜民部尚書尋轉禮部尚書後三載坐事免尋爲國子祭酒轉太常卿朝廷以其衰老出拜上郡太守未幾以母憂去職歲餘起爲信都太守上表乞骸骨優詔許之尋卒於家時年七十六子民壽官至定陶令

## 于仲文 兄顗 從父弟璽

于仲文字次武建平公義之兄子父實周大左輔燕國公仲文少聰敏髫齓就學耽閱不倦其父異之曰此兒必興吾宗矣九歲嘗於雲陽宮見周太祖太祖問曰聞兒好讀書書有何事仲文對曰資父事君忠孝而已太祖甚嗟歎之其後就博士李祥受周易三禮略通大義及長倜儻有大志氣調英拔當時號爲名公子起家爲趙王屬尋遷安固太守有任杜兩家各失牛任得一牛兩家俱認州郡久不能決益州長史韓伯儁曰于安固少聰察可令決之仲文曰此易解耳於是令二家各驅牛羣至乃放所認者遂向任氏羣中又陰使人微傷其牛任氏嗟惋杜家自若仲文於是訶詰杜氏杜氏服罪而去始州刺史屈突尚宇文護之黨也先坐事下獄無敢繩者仲文至郡窮治遂竟其獄蜀中爲之語曰明斷無雙有于公不避强禦有次武未幾徵爲御正下大夫封延壽郡公邑二千五百戶數從征伐累勳授儀同三司宣帝時爲東郡太守高祖爲丞相尉迥作亂遣將檀讓收河南之地復使人誘致仲文仲文拒之迥怒其不同己遣儀同宇文威攻之仲文迎擊大破威衆斬首五百餘級以功授開府迥又遣其將宇文冑渡石濟宇文威鄒紹自白馬二道俱進復攻仲文賊勢逾盛人情大駭郡人赫連僧伽敬子哲率衆應迥仲文自度不能支棄妻子將六十餘騎開城西門潰圍而遁爲賊所追且戰且行所從騎戰死者十七八仲文僅而獲免達於京師迥於是屠其三子一女高祖見之引入臥內爲之下泣賜綵五百段黃金二百兩進位大將軍領河南道行軍總管給以鼓吹馳傳詣洛陽發兵以討檀讓時韋孝寬拒迥於永橋仲文詣孝寬有所計議時總管宇文忻頗有自疑之心因謂仲文曰公新從京師來觀執政意何如也尉迥誠不足平正恐事寧之後更有藏弓之慮仲文懼忻生變因謂之曰丞相寬仁大度明識有餘苟能竭誠必心無貳仲文在京三日頻見三善以此爲觀非尋常人也忻曰三善如何仲文曰有陳萬敵者新從賊中來即令其弟難敵召募鄉曲從軍討賊此其有大度一也上士宋謙奉使勾檢謙緣此別求他罪丞相責之曰入網者自可推求何須別訪以虧大體此其不求人私二也言及仲文妻子未嘗不潸泫此其有仁心三也忻自此遂安仲文軍至汴州之東倪塢與迥將劉子昂劉浴德等相遇進擊破之軍次蓼隄去梁郡七里讓擁衆數萬仲文以羸師挑戰讓悉衆來拒仲文僞北讓軍頗驕於是遣精兵左右翼擊之大敗讓軍生獲五千餘人斬首七百級進攻梁郡迥守將劉子寬棄城遁走仲文追擊禽斬數千人子寬僅以身免初仲文在蓼隄諸將皆曰軍自遠來士馬疲敝不可決勝仲文令三軍趣食列陳大戰既而破賊諸將皆請曰前兵疲不可交戰竟而剋勝其計安在仲文笑曰吾所部將士皆山東人果於速進不宜持久乘勢擊之所以制勝諸將皆以爲非所及也進擊曹州獲迥所署刺史李仲康及上儀同房勁檀讓以餘衆屯城武別將高士儒以萬人屯永昌仲文詐移書州縣曰大將軍至可多積粟讓謂仲文未能卒至方槌牛享士仲文知其怠選精騎襲之一日便至遂拔城武迥將席毗羅衆十萬屯於沛縣將攻徐州其妻子在金鄉仲文遣人詐爲毗羅使者謂金鄉城主徐善淨曰檀讓明日午時到金鄉將宣蜀公令賞賜將士金鄉人謂爲信然皆喜仲文簡精兵僞建迥旗幟倍道而進善淨望見仲文軍且至以爲檀讓乃出迎謁仲文執之遂取金鄉諸將皆勸屠之仲文曰此城是毗羅起兵之所當寬其妻子其兵可自歸如即屠之彼望絕矣衆皆稱善於是毗羅恃衆來薄官軍仲文背城結陣去軍數里設伏於麻田中兩陣纔合伏兵發俱曳柴鼓譟塵埃張天毗羅軍大潰仲文乘之賊皆投洙水而死爲之不流獲檀讓檻送京師河南悉平毗羅匿滎陽人家執斬之傳首闕下勒石紀功樹於泗上入朝京師高祖引入臥內宴享極歡賜雜綵千餘段妓女十人拜柱國河南道大行臺屬高祖受禪不行未幾其叔父太尉翼坐事下獄仲文亦爲吏所簿於獄中上書曰臣闔春生夏長天地平分之功子孝臣誠人倫不易之道曩者尉迥逆亂所在影從臣任處關河地居衝要嘗膽枕戈誓以必死迥時購臣位大將軍邑萬戶臣不顧妻子不愛身命冒白刃潰重圍三男一女相繼淪沒披露肝膽馳赴闕庭蒙陛下授臣以高官委臣以兵革于時河南兇寇狼顧鴟張臣以羸兵八千掃除氛祲摧劉寬於梁郡破檀讓於蓼隄平曹州復東郡安城武定永昌解亳州圍殄徐州賊席毗十萬之衆一戰土崩河南蟻聚之徒應時戡定當羣兇問鼎之際黎元乏主之辰臣第二叔翼先在幽州總馭燕趙南鄰羣寇北捍旄頭內外安撫得免罪戾臣第五叔智建旗黑水與王謙爲鄰式遏蠻陬鎮綏蜀道臣兄顗作牧淮南坐制勍敵乘機勦定傳首京師王謙竊據二江叛換三蜀臣第三叔義受脤廟庭龔行天討自外父叔兄弟皆當文武重寄或銜命危難之間或侍衞鉤陳之側合門誠款冀有可明伏願下泣辜之恩降雲雨之施追草昧之始錄涓滴之功則寒灰更然枯骨生肉不勝區區之至謹冒死以聞上覽表并翼俱釋之未幾詔仲文率兵屯白狼塞以備胡明年拜行軍元帥統十二總管以擊胡出服遠鎮遇虜破之斬首千餘級六畜巨萬計於是從金河出白道遣總管辛明瑾元滂賀蘭志呂楚段諸等二萬人出盛樂道趣那頡山至護軍川北與虜相遇可汗見仲文軍容齊肅不戰而退仲文率精騎五千踰山追之不及而還上以尚書文簿繁雜吏多姦計令仲文勘錄省中事其所發摘甚多上嘉其明斷厚加勞賞焉上每憂轉運不給仲文請決渭水開漕渠上然之使仲文總其事及伐陳之役拜行軍總管以舟師自章山出漢口陳郢州刺史荀法尚魯山城主誕法澄鄧沙彌等請降秦王俊皆令仲文以兵納之高智慧等作亂江南復以行軍總管討之時三軍乏食米粟踊貴仲文私糶軍糧坐除名明年復官爵率兵屯馬邑以備胡數旬而罷晉王廣以仲文有將領之才每常屬意至是奏之乃令督晉王軍府事後突厥犯塞晉王爲元帥以仲文將前軍大破賊而還仁壽初拜太子右衞率煬帝即位遷右翊衞大將軍參掌文武選事後帝討吐谷渾進位光祿大夫甚見親幸遼東之役仲文率軍指樂浪道軍次烏骨城仲文簡羸馬驢數千置於軍後既而率衆東過高麗出兵掩襲輜重仲文迴擊大破之至鴨綠水高麗將乙支文德詐降來入其營仲文先奉密旨若遇高元及文德者必擒之至是文德來仲文將執之時尚書右丞劉士龍爲慰撫使固止之仲文遂捨文德尋悔遣人紿文德曰更有言議可復來也文德不從遂濟仲文選騎渡水追之每戰破賊文德遺仲文詩曰神策究天文妙算窮地理戰勝功既高知足願云止仲文答書諭之文德燒柵而遁時宇文述以糧盡欲還仲文議以精銳追文德可以有功述固止之仲文怒曰將軍仗十萬之衆不能破小賊何顏以見帝且仲文此行也固無功矣述因厲聲曰何以知無功仲文曰昔周亞夫之爲將也見天子軍容不變此決在一人所以功成名遂今者人各其心何以赴敵初帝以仲文有計畫令諸軍諮稟節度故有此言由是述等不得已而從之遂行東至薩水宇文述以兵餒退歸師遂敗績帝以屬吏諸將皆委罪於仲文帝大怒釋諸將獨繫仲文仲文憂恚發病困篤方出之卒於家時年六十八撰漢書刊繁三十卷略覽二十卷有子九人欽明最知名

顗字元武身長八尺美鬚眉周大冢宰宇文護見而器之妻以季女尋以父勳賜爵新野郡公邑三千戶授大都督遷車騎大將軍儀同三司其後累以軍功授上開府歷左右宮伯郢州刺史大象中以水軍總管從韋孝寬經略淮南顗率開府元紹貴上儀同毛猛等以舟師自潁口入淮陳防主潘深棄柵而走進與孝寬攻拔壽陽復引師圍硤石守將許約懼而降顗乃拜東廣州刺史尉迥之反也時總管趙文表與顗素不協顗將圖之因臥閤內詐得心疾謂左右曰我見兩三人至我前者輒大驚即欲斫之不能自制也其有賓客候問者皆令去左右顗漸稱危篤文表往候之令從者至大門而止文表獨至顗所顗欻然而起抽刀斫殺之因唱言曰文表與尉迥通謀所以斬之其麾下無敢動者時高祖以尉迥未平慮顗復生邊患因而勞勉之即拜吳州總管陳將錢茂和率數千人襲江陽顗逆擊走之陳復遣將陳紀周羅睺燕合兒等襲顗顗拒之而退賜綵數百段高祖受禪文表弟詣闕稱兄無罪上令案其事大傅竇熾等議顗當死上以門著勳績特原之貶爲開府後襲爵燕國公邑萬六千戶尋以疾免開皇七年拜澤州刺史數年免職卒於家子世虔嗣

璽字伯符父翼仕周爲上柱國幽州總管任國公高祖爲丞相尉迥作亂遣人誘翼翼鎖其使送之長安高祖甚悅及高祖受禪翼入朝上爲之降榻握手極歡數日拜爲太尉歲餘卒謚曰穆璽少有器幹仕周起家右侍上士尋授儀同領右羽林遷少胥附武帝時從齊王憲破齊師於洛陽以功賜爵豐寧縣子邑五百戶尋從帝平齊加開府改封黎陽縣公邑千二百戶授職方中大夫及宣帝嗣位轉右勳曹中大夫尋領右忠義高祖爲丞相加上開府及受禪進位大將軍拜汴州刺史甚有能名上聞而善之優詔褒揚賜帛百匹尋加上大將軍進爵郡公轉邵州刺史在州數年甚有恩惠後檢校江陵總管州人張願等數十人詣闕上表請留璽上嘉歎良久令還邵州父老相賀尋還洛州刺史復爲熊州刺史並有惠政以疾徵還京師仁壽末卒于家謚曰靜有

子志本

## 段文振

段文振北海期原人也祖壽魏滄州刺史父威周洮河甘渭四州刺史文振少有膂力膽氣過人性剛直明達時務初爲宇文護親信護知其有幹用擢授中外府兵曹後武帝攻齊海昌王尉相貴於晉州其亞將侯子欽崔景嵩爲內應文振杖槊登城與崔仲方等數十人先登文振隨景嵩至相貴所拔佩刃劫之相貴不敢動城遂下帝大喜賜物千段進拔文侯華谷高壁三城皆有力焉及攻并州陷東門而入齊安德王延宗懼而出降錄前後勳將拜高秩以讒毀獲譴因授上儀同賜爵襄國縣公邑千戶進平鄴都又賜綺羅二千匹從滕王逌擊稽胡破之歷相州別駕揚州總管長史入爲天官都上士從韋孝寬經略淮南俄而尉迥作亂時文振老母妻子俱在鄴城迥遣人誘之文振不顧歸於高祖高祖引爲丞相掾領宿衞驃騎司馬消難之奔陳也高祖令文振安集淮南還除衞尉少卿兼內史侍郎尋以行軍長史從達奚震討叛蠻平之加上開府歲餘遷鴻臚卿衞王爽北征突厥以文振爲長史坐勳簿不實免官後爲石河二州刺史甚有威惠遷蘭州總管改封龍崗縣公突厥犯塞以行軍總管擊破之逐北至居延塞而還九年大舉伐陳以文振爲元帥秦王司馬別領行軍總管及平江南授揚州總管司馬尋轉并州總管司馬以母憂去職未幾起令視事固辭不許後數年拜雲州總管尋爲大僕卿十九年突厥犯塞文振以行軍總管拒之遇達頭可汗於沃野擊破之文振先與王世積有舊初文振北征世積遺以駝馬北還世積以罪被誅文振坐與交關功遂不錄明年率衆出靈州道以備胡無虜而還越嶲蠻叛文振擊平之賜奴婢二百口仁壽初嘉州獠作亂文振以行軍總管討之引軍山谷間爲賊所襲前後阻險不得相救軍遂大敗文振復收散兵擊其不意竟破之文振性素剛直無所降下初軍次益州謁蜀王秀貌頗不恭秀甚銜之及此奏文振師徒喪敗右僕射蘇威與文振有隙因而譖之坐是除名及秀廢黜文振上表自申理高祖慰諭之授大將軍尋拜靈州總管煬帝即位徵爲兵部尚書待遇甚重從征吐谷渾文振督兵屯雪山連營三百餘里東接楊義臣西連張壽合圍渾主於覆袁川以功進位右光祿大夫帝幸江都以文振行江都郡事文振見高祖時容納突厥啓民居于塞內妻以公主賞賜重疊及大業初恩澤彌厚文振以狼子野心恐爲國患乃上表曰臣聞古者遠不間近夷不亂華周宣外攘戎狄秦帝築城萬里蓋遠圖良筭弗可忘也竊見國家容受啓民資其兵食假以地利如臣愚計竊又未安何則夷狄之性無親而貪弱則歸投彊則反噬蓋其本心也臣學非博覽不能遠見且聞晉朝劉曜梁代侯景近事之驗衆所共知以臣量之必爲國患如臣之計以時喻遣令出塞外然後明設烽候緣邊鎮防務令嚴重此乃萬歲之長策也時兵曹郎斛斯政專掌兵事文振知政險薄不可委以機要屢言於帝帝並弗納及遼東之役授左候衞大將軍出南蘇道在道疾篤上表曰臣以庸微幸逢聖世濫蒙獎擢榮冠儕伍而智能無取叨竊已多言念國恩用忘寢食常思効其鳴吠以報萬分而攝養乖方疾患遂篤抱此深愧永歸泉壤不勝餘恨輕陳管穴竊見遼東小醜未服嚴刑遠降六師親勞萬乘但夷狄多詐深須防擬口陳降欵心懷背叛詭伏多端勿得便受水潦方降不可淹遲唯願嚴勒諸軍星馳速發水陸俱前出其不意則平壤孤城勢可拔也若傾其本根餘城自剋如不時定脫遇秋霖深爲艱阻兵糧又竭彊敵在前靺鞨出後遲疑不決非上策也後數日卒於師帝省表悲歎久之贈光祿大夫尚書右僕射北平侯謚曰襄賜物一千段粟麥二千石威儀鼓吹送至墓所有子十人長子詮官至武牙郎將次綸少以俠氣聞文振弟文操大業中爲武賁郎將性甚剛嚴帝令督秘書省學士時學士頗存儒雅文操輒鞭撻之前後或至千數時議者鄙之

史臣曰仲方兼資文武雅有籌筭伐陳之策信爲深遠矣聲績克舉夫豈徒言哉仲文博涉書記以英略自許尉迥之亂遂立功名自茲厥後屢當推轂遼東之役實喪師徒斯乃大樹將顚蓋亦非戰人之罪也文振少以膽略見重終懷壯夫之志時進讜言頻稱諒直其取高位厚秩良有以也

# 隋書卷六十一

唐 特 進 臣 魏 徵 上

## 列傳第二十六

宇文述 雲定興

宇文述字伯通代郡武川人也本姓破野頭役屬鮮卑俟豆歸後從其主爲宇文氏父盛周上柱國述少驍銳便弓馬年十一時有相者謂述曰公子善自愛後當位極人臣周武帝時以父軍功起家拜開府述性恭謹沈密周大冢宰宇文護甚愛之以本官領護親信及帝親總萬機召爲左宮伯累遷英果中大夫賜爵博陵郡公尋改封濮陽郡公高祖爲丞相尉迥作亂相州述以行軍總管率步騎三千從韋孝寬擊之軍至河陽迥遣將李儁攻懷州述別擊儁軍破之又與諸將擊尉惇於永橋述先鋒陷陳俘馘甚衆平尉迥每戰有功超拜上柱國進爵褒國公賜縑三千匹開皇初拜右衞大將軍平陳之役復以行軍總管率衆三萬自六合而濟時韓擒賀若弼兩軍趣丹陽述進據石頭以爲聲援陳主既擒而蕭瓛蕭巖據東吳之地擁兵拒守述領行軍總管元契張默言等討之水陸兼進落叢公燕榮以舟師自海至亦受述節度上下詔曰公鴻勳大業名高望重奉國之誠久所知悉金陵之寇既已淸蕩而吳會之地東路爲遙蕭巖蕭瓛並在其處公率將戎旅撫慰彼方振揚國威宣布朝化以公明略乘勝而往風行電掃自當稽服若使干戈不用黎庶獲安方副朕懷公之力也陳永新侯陳君範自晉陵奔瓛并軍合勢見述軍且至瓛懼立柵於晉陵城東又絕塘道留兵拒述瓛自義興入太湖圖掩述後述進破其柵迴兵擊瓛大敗之斬瓛司馬曹勒叉前軍復陷吳州瓛以餘衆保包山燕榮擊破之述進至奉公埭蕭巖陳君範等以會稽請降述許之二人面縛路左吳會悉平以功拜一子開府賜物三千段拜安州總管時晉王廣鎭揚州甚善於述欲述近已因奏爲壽州刺史總管王時陰有奪宗之志請計於述述曰皇太子失愛已久令德不聞於天下大王仁孝著稱才能蓋世數經將領深有大功主上之與內宮咸所鍾愛四海之望實歸於大王然廢立者國家之大事處人父子骨肉之間誠非易謀也然能移主上者唯楊素耳素之謀者唯其弟約述雅知約請朝京師與約相見共圖廢立晉王大悅多齎金寶資述入關述數請約盛陳器玩與之酣暢因而共博每佯不勝所齎金寶盡輸之約所得既多稍以謝述述因曰此晉王之賜令述與公爲歡樂耳約大驚曰何爲者述因爲王申意約然其說退言於素素亦從之於是素每與述謀事晉王與述情好益密命述子士及尚南陽公主前後賞賜不可勝計及晉王爲皇太子以述爲左衞率舊令率官第四品上以述素貴遂進率品爲第三其見重如此煬帝嗣位拜左衞大將軍改封許國公大業三年加開府儀同三司每冬正朝會輒給鼓吹一部從幸榆林時鐵勒契弊歌稜攻敗吐谷渾其部攜散遣使請降求救帝令述以兵屯西平之臨羌城撫納降附吐谷渾見述擁強兵懼不敢降遂西遁述領鷹揚郎將梁元禮張峻崔師等追之至曼頭城攻拔之斬三千餘級乘勝至赤水城復拔之其餘黨走屯丘尼川述進擊大破之獲其王公尚書將軍二百人前後虜男女四千口而還渾主南走雪山其故地皆空帝大悅明年從帝西幸巡至金山登燕支述每爲斥候時渾賊復寇張掖進擊走之還至江都宮勑述與蘇威常典選舉參預朝政述時貴重委任與蘇威等其親愛則過之帝所得遠方貢獻及四時口味輒見班賜中使相望於道述善於供奉俯仰折旋容止便辟宿衞者咸取則焉又有巧思凡有所裝飾皆出人意表數以奇服異物進獻宮掖由是帝彌悅焉時述貴倖言無不從勢傾朝廷左衞將軍張瑾與述連官嘗有評議偶不中意述張目叱之瑾惶懼而走文武百寮莫敢違忤然性貪鄙知人有珍異之物必求取之富商大賈及隴右諸胡子弟述皆接以恩意呼之爲兒由是競加餽遺金寶累積後庭曳羅綺者數百家僮千餘人皆控良馬被服金玉述之寵遇當時莫與爲比及征高麗述爲扶餘道軍將臨發帝謂述曰禮七十者行役以婦人從公宜以家累自隨古稱婦人不入軍謂臨戰時耳至於營壘之間無所傷也項籍虞姬即其故事述與九軍至鴨綠水糧盡議欲班師諸將皆異同述又不測帝意會乙支文德來詣其營述先與于仲文俱奉密旨令誘執文德既而緩縱文德逃歸語在仲文傳述內不自安遂與諸將度水追之時文德見述軍中多飢色欲疲述衆每鬭便北述一日之中七戰皆捷既恃驟勝又內逼羣議於是遂進東濟薩水去平壤城三十里因山爲營文德復遣使僞降請述曰若旋師者當奉高元朝行在所述見士卒疲敝不可復戰又平壤險固卒難致力遂因其詐而還衆半濟賊擊後軍於是大潰不可禁止九軍敗績一日一夜還至鴨綠水行四百五十里初度遼九軍三十萬五千人及還至遼東城唯二千七百人帝

大怒以述等屬吏至東都除名爲民明年帝有事遼東復述官爵待之如初從至遼東與將軍楊義臣率兵復臨鴨綠水會楊玄感作亂帝召述班師令馳驛赴河陽發諸郡兵以討玄感時玄感逼東都聞述軍將至懼而西遁將圖關中述與刑部尚書衞玄左禦衞將軍來護兒武衞將軍屈突通等躡之至閿鄉皇天原與玄感相及述與來護兒列陣當其前遣屈突通以奇兵擊其後大破之遂斬玄感傳首行在所賜物數千段復從東征至懷遠而還突厥之圍鴈門帝懼述請潰圍而出樊子蓋固諫不可帝乃止及圍解車駕次太原議者多勸帝還京師帝有難色述因奏曰從官妻子多在東都便道向洛陽自潼關而入可也帝從之是歲至東都述又觀望帝意勸幸江都帝大悅述於江都遇疾中使相望帝將親臨視之羣臣苦諫乃止遂遣司宮魏氏問述曰必有不諱欲何所言述二子化及智及時並得罪於家述因奏曰化及臣之長子早預藩邸願陛下哀憐之帝聞泫然曰吾不忘也及薨帝爲之廢朝贈司徒尚書令十郡太守班劒四十人轀輬車前後部鼓吹謚曰恭帝令黃門侍郎裴矩祭以太牢鴻臚監護喪事子化及別有傳

雲定興者附會於述初定興女爲皇太子勇昭訓及勇廢除名配少府定興先得昭訓明珠絡帳私賂於述自是數共交遊定興每時節必有賂遺并以音樂干述述素好著奇服炫耀時人定興爲製馬韉於後角上缺方三寸以露白色世輕薄者爭放學之謂爲許公缺勢又遇天寒定興曰入內宿衞必當耳冷述曰然乃製襆頭巾令深袙耳又學之名爲許公袙勢述大悅曰雲兄所作必能變俗我聞作事可法故不虛也後帝將事四夷大造兵器述薦之因勑少府工匠並取其節度述欲爲之求官謂定興曰兄所製器仗並合上心而不得官者爲長寧兄弟猶未死耳定興曰此無用物何不勸上殺之述因奏曰房陵諸子年並成立今欲動兵征討若將從駕則守掌爲難若留一處又恐不可進退無用請早處分帝從之因鴆殺長寧又遣以下七弟分配嶺表仍遣間使於路盡殺之五年大閱軍實帝稱甲仗爲佳述奏曰並雲定興之功也擢授少府丞尋代何稠爲少監轉衞尉少卿遷左禦衞將軍仍知少府事十一年授左屯衞大將軍凡述所薦達皆至大官趙行樞以太常樂戶家財億計述謂爲兒多受其賄稱其驍勇起家爲折衝郎將

郭衍

郭衍字彥文自云太原介休人也父以舍人從魏武帝入關其後官至侍中衍少驍武善騎射周陳王純引爲左右累遷大都督時齊氏未平衍奉詔於天水募人以鎮東境得樂從千餘家屯於陝城拜使持節車騎大將軍儀同三司每有寇至輒率所領禦之一歲數告捷頻爲齊人所憚王益親任之建德中周武帝出幸雲陽衍朝於行所時議欲伐齊衍請爲前鋒攻河陰城授儀同大將軍武帝圍晉州慮齊兵來援令衍從陳王守千里徑又從武帝與齊主大戰於晉州追齊師至高壁敗之仍從平并州以功加授開府封武強縣公邑一千二百戶賜姓叱羅氏宣政元年爲右中軍熊渠中大夫尉迥之起逆從韋孝寬戰於武陟進戰於相州先是迥遣弟子勤爲青州總管率青齊之衆來助迥迥敗勤與迥子惇祐等欲東奔青州衍將精騎一千追破之執祐于陣勤遂遁走而惇亦逃逸衍至濟州入據其城又擊其餘黨於濟北累戰破之執送京師超授上柱國封武山郡公賞物七千段密勸高祖殺周室諸王早行禪代由是大被親昵開皇元年勑復舊姓爲郭氏突厥犯塞以衍爲行軍總管領兵屯於平涼數歲虜不入徵爲開漕渠大監部率水工鑿渠引渭水經大興城北東至于潼關漕運四百餘里關內賴之名之曰富民渠五年授瀛州刺史遇秋霖大水其屬縣多漂沒民皆上高樹依大冢衍親備船栰并齎糧拯救之民多獲濟衍先開倉賑卹後始聞奏上大善之選授朔州總管所部有恆安鎮北接蕃境常勞轉運衍乃選沃饒地置屯田歲剩粟萬餘石民免轉輸之勞又築桑乾鎮皆稱旨十年從晉王廣出鎮揚州遇江表構逆命衍爲總管領精鋭萬人先屯京口於貴洲南與賊戰敗之生擒魁帥大獲舟楫糧儲以充軍實乃討東陽永嘉宣城黟歙諸洞盡平之授蔣州刺史衍臨下甚踞事上姦謟晉王愛暱之宴賜隆厚遷洪州總管王有奪宗之謀託衍心腹遣宇文述以情告之衍大喜曰若所謀事果自可爲皇太子如其不諧亦須據淮海復梁陳之舊副君酒客其如我何王因召衍陰共計議又恐人疑無故來往託以衍妻患癭王妃蕭氏有術能療之以狀奏高祖高祖聽衍共妻向江都往來無度衍又詐稱桂州俚反王乃奏衍行兵討之由是大修甲仗陰養士卒及王入爲太子徵授左監門率轉左宗衞率高祖於仁壽宮將大漸太子與楊素矯詔令衍宇文述領東宮帖上臺宿衞門禁並由之及上崩漢王起逆而京師空虛使衍馳還總兵居守大業元年拜左武衞大將軍帝幸江都令衍統左軍改授光祿大夫又從討吐谷渾出金山道納降二萬餘戶衍能揣上意阿諛順旨帝每謂人曰唯有郭衍心與朕同又嘗勸帝取樂五日一視事無得効高祖空自劬勞帝從之益稱其孝順初新令行衍封爵從例除六年以恩倖封眞定侯七年從往江都卒贈左衞大將軍賵賜甚厚謚曰襄長子臻武牙郎將次子嗣本孝昌縣令

史臣曰謇謇匪躬爲臣之高節和而不同事君之常道宇文述郭衍以水濟水如脂如韋便辟足恭柔顏取悅君所謂可亦曰可爲君所謂不亦曰不爲無所是非不能輕重默默苟容偷安高位甘素餐之責受彼己之譏此固君子所不爲亦丘明之深恥也

# 隋書卷六十二

唐　特　進　臣　魏　徵　上

## 列傳第二十七

### 王韶

王韶字子相自云太原晉陽人也世居京兆祖諧原州刺史父諒早卒韶幼而方雅頗好奇節有識者異之在周累以軍功官至車騎大將軍儀同三司復轉軍正武帝既拔晉州意欲班師韶諫曰齊失紀綱於茲累世天獎王室一戰而扼其喉加以主昏於上民懼於下取亂侮亡正在今日方欲釋之而去以臣愚固深所未解願陛下圖之帝大悅賜縑一百匹及平齊氏以功進位開府封晉陽縣公邑五百戶賜口馬雜畜以萬計遷內史中大夫宣帝卽位拜豐州刺史改封昌樂縣公高祖受禪進爵項城郡公邑二千戶轉靈州刺史加位大將軍晉王廣之鎮并州也除行臺右僕射賜綵五百匹韶性剛直王甚憚之每事諮詢不致違於法度韶嘗奉使檢行長城其後王穿池起三山韶既還自鎖而諫王謝而罷之高祖聞而嘉歎賜金百兩并後宮四人平陳之役以本官爲元帥府司馬帥師趣河陽與大軍會既至壽陽與高頻支度軍機無所壅滯及剋金陵韶卽鎮焉晉王廣班師留韶於石頭防遏委以後事歲餘徵還高祖謂公卿曰晉王以幼稚出藩遂能剋平吳越綏靜江湖子相之力也於是進位柱國賜奴婢三百口綿絹五千段開皇十一年上幸并州以其稱職特加勞勉其後上謂韶曰自朕至此公鬚鬢漸白無乃憂勞所致柱石之望唯在於公努力勉之韶辭謝曰臣比衰暮殊不解作官人高祖曰是何意也不解者是未用心耳韶對曰臣昔在昏季猶且用心況逢明聖敢不罄竭但神化精微非駑蹇所逮加以今年六十有六桑榆云晩比於疇昔昏忘又多豈敢自寬以速身累恐以衰暮虧紊朝綱耳上勞而遣之秦王俊爲并州總管仍爲長史歲餘馳驛入京勞敝而卒時年六十八高祖甚傷惜之謂秦王使者曰語爾王我前令子相緩來如何乃遣馳驛殺我子相豈不由汝邪言甚悽愴使有司爲之立宅曰往者何用宅爲但以表我深心耳又曰子相受我委寄十有餘年終始不易寵章未極舍我而死乎發言流涕因命取子相封事數十紙傳示羣臣上曰其直言匡正裨益甚多吾每披尋未嘗釋手煬帝卽位追贈司徒尚書令靈幽等十州刺史魏國公子士隆嗣士隆畧知書計尤便弓馬慷慨有父風大業之世頗見親重官至備身將軍改封耿公數令討擊山賊往往有捷越王侗稱帝士隆率數千兵自江淮而至會王世充僭號甚禮重之署尚書右僕射士隆憂憤疽發背卒

### 元巖

元巖字君山河南洛陽人也父禎魏敷州刺史巖好讀書不治章句剛鯁有器局以名節自許少與渤海高頻太原王韶同志友善仕周釋褐宣威將軍武賁給事大冢宰宇文護見而器之以爲中外記室累遷內史中大夫昌國縣伯宣帝嗣位爲政昏暴京兆郡丞樂運乃輿櫬詣朝堂陳帝八失言甚切至帝大怒將戮之朝臣皆恐懼莫有救者巖謂人曰臧洪同日尚可俱死其況比干乎若樂運不免吾將與之俱巖詣閤請見言於帝曰樂運知書奏必死所以不顧身命者欲取後世之名陛下若殺之乃成其名落其術內耳不如勞而遣之以廣聖度運因獲免後帝將誅烏丸軌巖不肯署詔御正顏之儀切諫不入巖進繼之脫巾頓顙三拜三進帝曰汝欲黨烏丸軌邪巖曰臣非黨軌正恐濫誅失天下之望帝怒使閹豎搏其面遂廢于家高祖爲丞相加位開府民部中大夫及受禪拜兵部尚書進爵平昌郡公邑二千戶巖性嚴重明達世務每有奏議侃然正色庭諍面

折無所迴避上及公卿皆敬憚之時高祖初即位每懲周代諸侯微弱以致滅亡由是分王諸子權侔王室以爲磐石之固遣晉王廣鎮并州蜀王秀鎮益州二王年並幼稚於是盛選貞良有重望者爲之寮佐于時巖與王韶俱以骨鯁知名物議稱二人才具侔於高熲由是拜巖爲益州總管長史韶爲河北道行臺右僕射高祖謂之曰公宰相大器今屈輔我兒如曹參相齊之意也及巖到官法令明肅吏民稱焉蜀王性好奢侈嘗欲取獠口以爲閹人又欲生剖死囚取膽爲藥巖皆不奉教排閤切諫王輒謝而止憚巖爲人每循法度蜀中獄訟巖所裁斷莫不悅服其有得罪者相謂曰平昌公與吾罪吾何怨焉上甚嘉之賞賜優洽十三年卒官上悼惜久之益州父老莫不隕涕于今思之巖卒之後蜀王竟行其志漸致非法造渾天儀司南車記里鼓凡所被服擬於天子又共妃出獵以彈彈人多捕山獠以充宦者寮佐無能諫止及秀得罪上曰元巖若在吾兒豈有是乎子弘嗣仕歷給事郎司朝謁者北平通守

## 劉行本

劉行本沛人也父瓌仕梁歷職清顯行本起家武陵國常侍遇蕭脩以梁州北附遂與叔父璠同歸于周寓居京兆之新豐每以諷讀爲事精力忘疲雖衣食乏絕晏如也性剛烈有不可奪之志周大冢宰宇文護引爲中外府記室武帝親總萬機轉御正中士兼領起居注累遷掌朝下大夫周代故事天子臨軒掌朝典筆硯持至御坐則承御大夫取以進之及行本爲掌朝將進筆於帝承御復欲取之行本抗聲謂承御曰筆不可得帝驚視問之行本言於帝曰臣聞設官分職各有司存臣既不得佩承御刀承御亦焉得取臣筆帝曰然因令二司各行所職及宣帝嗣位多失德行本切諫忤旨出爲河內太守高祖爲丞相尉迥作亂進攻懷州行本率吏民拒之拜儀同賜爵文安縣子及踐阼徵拜諫議大夫檢校治書侍御史未幾遷黃門侍郎上嘗怒一郎於殿前笞之行本進曰此人素清其過又小願陛下少寬假之上不顧行本於是正當上前曰陛下不以臣不肖置臣左右臣言若是陛下安得不聽臣言若非當致之於理以明國法豈得輕臣而不顧也臣所言非私因置笏於地而退上斂容謝之遂原所笞者于時天下大同四夷內附行本以党項羌密邇封域最爲後服上表劾其使者曰臣聞南蠻遵校尉之統西域仰都護之威比見西羌鼠竊狗盜不父不子無君無臣異類殊方於斯爲下不悟羈縻之惠詎知含養之恩狼戾爲心獨乖正朔使人近至請付推科上奇其志焉雍州別駕元肇言於上曰有一州吏受人餽錢三百文依律合杖一百然臣下車之始與其爲約此吏故違請加徒一年行本駮之曰律令之行並發明詔與民約束今肇乃敢重其教命輕忽憲章欲申己言之必行忘朝廷之大信虧法取威非人臣之禮上嘉之賜絹百匹在職數年拜太子左庶子領治書如故皇太子虛襟敬憚時唐令則亦爲左庶子太子昵狎之每令以絃歌教內人行本責之曰庶子當匡太子以正道何有嬖昵房帷之間哉令則甚慚而不能改時沛國劉臻平原明克讓魏郡陸爽並以文學爲太子所親行本怒其不能調護每謂三人曰卿等正解讀書耳時左衞率長史夏侯福爲太子所昵嘗於閤內與太子戲福大笑聲聞於外行本在時閤下聞之待其出行本數之曰殿下寬容賜汝顏色汝何物小人敢爲褻慢因付執法者治之數日太子爲福致請乃釋之太子嘗得良馬令福乘而觀之太子甚悅因欲令行本復乘之行本不從正色而進曰至尊置臣於庶子之位者欲令輔導殿下以正道非爲殿下作弄臣也太子慚而止復以本官領大興令權貴憚其方直無敢至門者由是請託路絕法令清簡吏民懷之未幾卒官上甚傷惜之及太子廢上曰嗟乎若使劉行本在勇當不及於此無子

## 梁毗

梁毗字景和安定烏氏人也祖越魏涇豫洛三州刺史郃陽縣公父茂周滄兗二州刺史毗性剛謇頗有學涉周武帝時舉明經累遷布憲下大夫平齊之役以毗爲行軍總管長史尅并州毗有力焉除爲別駕加儀同三司宣政中封易陽縣子邑四百戶遷武藏大夫高祖受禪進爵爲侯開皇初置御史官朝廷以毗鯁正拜治書侍御史名爲稱職尋轉太興令遷雍州贊治毗既出憲司復典京邑直道而行無所迴避頗失權貴心由是出爲西寧州刺史改封邯鄲縣侯在州十一年先是蠻夷酋長皆服金冠以金多者爲豪儁由此遞相陵奪每尋干戈邊境畧無寧歲毗患之後因諸酋長相率以金遺毗於是置金坐側對之慟哭而謂之曰此物饑不可食寒不可衣汝等以此相滅不可勝數今將此來欲殺我邪一無所納悉以還之於是蠻夷感悟遂不相攻擊高祖聞而善之徵爲散騎常侍大理卿處法平允時人稱之歲餘進位上開府毗見左僕射楊素貴寵擅權百寮震懾恐爲國患因上封事曰臣聞臣無有作威福臣之作威福其害于而家凶于而國竊見左僕射越國公素幸遇愈重權勢日隆搢紳之徒屬其視聽忤意者嚴霜夏零阿旨者膏雨冬澍榮枯由其脣吻廢興候其指麾所私皆非忠讜所進咸是親戚子弟布列兼州連縣天下無事容息異圖四海稍虞必爲禍始夫姦臣擅命有漸而來王莽資之於積年桓玄基之於易世而卒殄漢祀終傾晉祚季孫專魯田氏篡齊皆載典誥非臣臆說陛下若以素爲阿衡臣恐其心未必伊尹也伏願揆鑒古今量爲處置俾洪基永固率土幸甚輕犯天顏伏聽斧鑕高祖大怒命有司禁止親自詰之毗極言曰素既擅權寵作威作福將領之處殺戮無道又太子及蜀王罪廢之日百寮無不震悚惟素揚眉奮肘喜見容色利國家有事以爲身幸毗發言謇謇有誠亮之節高祖無以屈也乃釋之素自此恩寵漸衰但素任寄隆重多所折挫當時朝士無不懾伏莫有敢與相是非辭氣不撓者獨毗與柳彧及尚書右丞李綱而已後上不復專委於素蓋由察毗之言也煬帝即位遷刑部尚書并攝御史大夫事奏劾宇文述私役部兵帝議免述罪毗固諍因忤旨遂令張衡代爲大夫毗憂憤數月而卒帝令吏部尚書牛弘弔之贈縑五百匹子敬真大業之世爲大理司直時帝欲成光祿大夫魚俱羅之罪令敬真治其獄遂希旨陷之極刑未幾敬真有疾見俱羅爲之厲數日而死

## 柳彧

柳彧字幼文河東解人也七世祖卓隨晉南遷寓居襄陽父仲禮爲梁將敗歸周復家本土彧少好學頗涉經史周大冢宰宇文護引爲中外府記室久而出爲寧州總管掾武帝親總萬機彧詣闕求試帝異之以爲司武中士轉鄭令平齊之後帝大賞從官留京者不預彧上表曰今太平告始信賞宜明酬勳報勞務先有本屠城破邑出自聖規斬將搴旗必由神略若負戈擐甲征扞劬勞至於鎮撫國家宿衞爲重俱稟成算非專己能留從事同功勞須等皇太子以下實有守宗廟之功昔蕭何留守茅土先於平陽穆之居中沒後猶蒙優策不勝管見奉表以聞於是留守並加汎級高祖受禪累遷尚書虞部侍郎以母憂去職未幾起爲屯田侍郎固讓弗許時制三品已上門皆列戟左僕射高熲子弘德封應國公申牒請戟彧判曰僕射之子更不異居父之戟槊已列門外尊有壓卑之義子有避父之禮豈容門外既設內閤又施事竟不行熲聞而歎伏後遷治書侍御史當朝正色甚爲百寮之所敬憚上嘉其婞直謂彧曰大丈夫當立名於世無容容而已賜錢十萬米百石于時刺史多任武將類不稱職彧上表曰方今天下太平四海清謐共治百姓須任其才昔漢光武一代明哲起自布衣備知情僞與二十八將披荊棘定天下及功成之後無所職任伏見詔書以上柱國和干子爲杞州刺史其人年垂八十鍾鳴漏盡前任趙州闇於職務政由羣小賄賂公行百姓吁嗟歌謠滿道乃云老禾不早殺餘種穢良田古人有云耕當問奴織當問婢此言各有所能也干子弓馬武用是其所長治民莅職非其所解至尊思治無忘寢興如謂優老尚年自可厚賜金帛若令刺舉所損殊大臣死而後已敢不竭誠上善之干子竟免有應州刺史唐君明居母喪娶雍州長史庫狄士文之從父妹彧劾之曰臣聞天地之位既分夫婦之禮斯著君親之義生焉尊卑之敎攸設是以孝惟行本禮實身基自國刑家率由斯道竊以愛敬之情因心至切喪紀之重人倫所先君明鑽燧雖改在文無變忽劬勞之痛成燕爾之親昌此苴縗命彼褕翟不義不昵春秋載其將亡無禮無儀詩人欲其遄死士文贊務神州名位通顯整齊風敎四方是則棄二姓之重匹違六禮之軌儀請禁錮終身以懲風俗二人竟坐得罪隋承喪亂之後風俗頹壞彧多所矯正上甚嘉之又見上勤於聽受百寮奏請多有煩碎因上疏諫曰臣聞自古聖帝莫過唐虞象地則天布政施化不爲叢脞是謂欽明語曰天何言哉四時行焉故知人君出令誠在煩數是以舜任五臣堯諮四岳設官分職各有司存垂拱無爲天下以治所謂勞於求賢逸於任使又云天子穆穆諸侯皇皇此言君臣上下體裁有別比見四海一家萬機務廣事無大小咸關聖聽陛下留心治道無憚疲勞亦由羣官懼罪不能自決取判天旨聞奏過多乃至營造細小之事出給輕微之物一日之內酬答百司至乃日旰忘食夜分未寢動以文簿憂勞聖躬伏願思臣至言少減煩務以怡神爲意以養性爲懷思武王安樂之義念文王勤憂之理若其經國大事非臣下裁斷者伏願詳決自餘細務責成所司則聖體盡無疆之壽臣下蒙覆育之賜也上覽而嘉之後以忤旨免未幾復令視事因謂彧曰無改爾心以其家貧勅有司爲之築宅因曰柳彧正直士國之寶也其見重如此右僕射楊素當塗顯貴百寮懾憚無敢忤者嘗以少譴勅送南臺素恃貴坐彧牀

或從外來見素如此於階下端笏整容謂素曰奉勅治公之罪素遽下或據案而坐立素於庭辯詰事狀素由是銜之或時方爲上所信任故素未有以中之或見近代以來都邑百姓每至正月十五日作角抵之戲遞相誇競至於糜費財力上奏請禁絕之曰臣聞昔者明主訓民治國率履法度動由禮典非法不服非道不行道路不同男女有別防其邪僻納諸軌度竊見京邑爰見外州每以正月望夜充街塞陌聚戲朋遊鳴鼓聒天燎炬照地人戴獸面男爲女服倡優雜技詭狀異形以穢嫚爲歡娛用鄙褻爲笑樂內外共觀曾不相避高棚跨路廣幕陵雲袨服靚粧車馬塡噎肴醑肆陳絲竹繁會竭貲破產競此一時盡室并孥無問貴賤男女混雜緇素不分穢行因此而生盜賊由斯而起浸以成俗實有由來因循敝風曾無先覺非益於化實損於民請頒行天下並卽禁斷康哉雅頌足美盛德之形容鼓腹行歌自表無爲之至樂敢有犯者請以故違勅論詔可其奏是歲持節巡省河北五十二州奏免長吏贓汙不稱職者二百餘人州縣肅然莫不震懼上嘉之賜絹布二百匹氈三十領拜儀同三司歲餘加員外散騎常侍治書如故仁壽初復持節巡省太原道十九州及還賜絹百五十匹或嘗得博陵李文博所撰治道集十卷蜀王秀遣人求之或送之於秀秀復賜或奴婢十口及秀得罪楊素奏或以內臣交通諸侯除名爲民配戍懷遠鎭行達高陽有詔徵還至晉陽値漢王諒作亂遣使馳召或將與計事或爲使所逼初不知諒反將入城而諒反形已露或度不得免遂詐中惡不食自稱危篤諒怒囚之及諒敗楊素奏或心懷兩端以候事變迹雖不反心實同逆坐徙敦煌楊素卒後乃自申理有詔徵還京師卒於道有子紹爲介休令

## 趙綽

趙綽河東人也性質直剛毅在周初爲天官府史以恭謹恪勤擢授夏官府下士稍以明幹見知累遷內史中士父艱去職哀毀骨立世稱其孝既免喪又爲掌教中士高祖爲丞相知其清正引爲錄事參軍尋遷掌朝大夫從行軍總管是云暉擊叛蠻以功拜儀同賜物千段高祖受禪授大理丞處法平允考績連最轉大理正尋遷尚書都官侍郎未幾轉刑部侍郎治梁士彥等獄賜物三百段奴婢十口馬二十匹每有奏讞正色侃然上嘉之漸見親重上以盜賊不禁將重其法綽進諫曰陛下行堯舜之道多存寬宥況律者天下之大信其可失乎上忻然納之因謂綽曰若更有聞見宜數陳之也遷大理少卿故陳將蕭摩訶其子世略在江南作亂摩訶當從坐上曰世略年未二十亦何能爲以其名將之子爲人所逼耳因赦摩訶綽固諫不可上不能奪欲綽去而赦之固命綽退食綽曰臣奏獄未決不敢退朝上曰大理其爲朕特赦摩訶也因命左右釋之刑部侍郎辛亶嘗衣緋褌俗云利於官上以爲厭蠱將斬之綽曰據法不當死臣不敢奉詔上怒甚謂綽曰卿惜辛亶而不自惜也命左僕射高熲將綽斬之綽曰陛下寧可殺臣不得殺辛亶至朝堂解衣當斬上使人謂綽曰竟何如對曰執法一心不敢惜死上拂衣而入良久乃釋之明日謝綽勞勉之賜物三百段時上禁行惡錢有二人在市以惡錢易好者武候執以聞上令悉斬之綽進諫曰此人坐當杖殺之非法上曰不關卿事綽曰陛下不以臣愚暗置在法司欲妄殺人豈得不關臣事上曰撼大木不動者當退對曰臣望感天心何論動木上復曰啜羹者熱則置之天子之威欲相挫耶綽拜而益前訶之不肯退上遂入治書侍御史柳彧復上奏切諫上乃止上以綽有誠直之心每引入閤中或遇上與皇后同榻卽呼綽坐評論得失前後賞賜萬計其後進位開府贈其父爲蔡州刺史時河東薛冑爲大理卿俱名平恕然冑斷獄以情而綽守法俱爲稱職上每謂綽曰朕於卿無所愛惜但卿骨相不當貴耳仁壽中卒官時年六十三上爲之流涕中使弔祭鴻臚監護喪事有二子元方元襲

## 裴肅

裴肅字神封河東聞喜人也父俠周民部大夫肅少剛正有局度少與安定梁毗同志友善仕周釋褐給事中士累遷御正下大夫以行軍長史從韋孝寬征淮南屬高祖爲丞相肅聞而歎曰武帝以雄才定六合墳土未乾而一朝遷革豈天道歟高祖聞之甚不悅由是廢于家開皇五年授膳部侍郎後二歲遷朔州總管長史轉貝州長史俱有能名仁壽中肅見皇太子勇蜀王秀左僕射高熲俱廢黜遣使上書曰臣聞事君之道有犯無隱愚情所懷敢不聞奏竊是高熲以天挺良才元勳佐命陛下光寵亦已優隆但鬼瞰高明世疵俊異側目求其長短者豈可勝道哉願陛下錄其大功忘其小過臣又聞之古先聖帝教而不誅陛下至慈度越前聖二庶人得罪已久寧無革心願陛下弘君父之慈顧天性之義各封小國觀其所爲若能遷善漸更增益如或不悛貶削非晚今者自新之路永絕愧悔之心莫見豈不哀哉書奏上謂楊素曰裴肅憂我家事此亦至誠也於是徵肅入朝皇太子聞之謂左庶子張衡曰使勇自新欲何爲也衡曰觀肅之意欲令如吳大伯漢東海王耳皇太子甚不悅頃之肅至京師見上於含章殿上謂肅曰吾貴爲天子富有四海後宮寵幸不過數人自勇以下並皆同母非爲憎愛輕事廢立因言勇不可復收之意旣而罷遣之未幾上崩煬帝嗣位不得調者久之肅亦杜門不出後執政者以嶺表荒遐遂希旨授肅永平郡丞甚得民夷心歲餘卒時年六十二夷獠思之爲立廟於鄣江之浦有子尚賢

史臣曰猛獸之處山林藜藿爲之不採正臣之立朝廷姦邪爲之折謀皆志在匪躬義形于色豈惟綱紀由其隆替抑亦社稷繫以存亡者也晉蜀二王帝之愛子擅以權寵莫拘憲令求其恭肅不亦難乎元巖王韶任當彼相並見嚴憚莫敢爲非謇諤之風有足稱矣行本正色於房陵梁毗抗言於楊素直辭鯁氣懍焉可想趙綽之居大理囹圄無冤柳彧之處憲臺姦邪自肅然不畏彊禦梁毗其有焉邪之司直行本柳彧近之矣裴肅朝不坐宴不預忠誠慷慨犯忤龍鱗固知嫠婦憂宗周之亡處女悲太子之少非徒語也方諸前載有闕纂之風焉

# 隋書卷六十三

唐 特 進 臣 魏 徵 上

## 列傳第二十八

### 樊子蓋

樊子蓋字華宗廬江人也祖道則梁越州刺史父儒侯景之亂奔于齊官至仁州刺史子蓋解褐武興王行參軍出爲愼縣令東汝北陳二郡太守員外散騎常侍封富陽縣侯邑五百戶周武帝平齊授儀同三司治郢州刺史高祖受禪以儀同領鄉兵後除樅陽太守平陳之役以功加上開府改封上蔡縣伯食邑七百戶賜物三千段粟九千斛拜辰州刺史俄轉嵩州刺史母憂去職未幾起授齊州刺史固讓不許其年轉循州總管許以便宜從事十八年入朝奏嶺南地圖賜以良馬雜物加統四州令還任所遣光祿少卿柳謇之餞於霸上煬帝卽位徵還京師轉涼州刺史子蓋言於帝曰臣一居嶺表十載於茲犬馬之情不勝戀戀願趨走闕庭萬死無恨帝賜物三百段慰諭遣之授銀青光祿大夫武威太守以善政聞大業三年入朝帝引之內殿特蒙褒美乃下詔曰設官之道必在用賢安人之術莫如善政龔汲振德化於前張杜垂清風於後共治天下實資良守子蓋幹局通敏操履清潔自剖符西服愛惠爲先撫道有方寬猛得所處脂膏不潤其質酌貪泉豈渝其性故能治績克彰課最之首凡厥在位莫匪王臣若能人思奉職各展其効朕將冕旒垂拱何憂不治哉於是進位金紫光祿大夫賜物千段太守如故五年車駕西巡將入吐谷渾子蓋以彼多鄣氣獻青木香以禦霧露及帝還謂之曰人道公清定如此不子蓋謝曰臣安敢言清止是小心不敢納賄耳由此賜之口味百餘斛又下詔曰導德齊禮寔惟共治懲惡勸善用明黜陟朕親巡河右觀省人風所歷郡縣訪採治績罕遵法度多蹈刑網而金紫光祿大夫武威太守樊子蓋執操清潔處涅不渝立身雅正臨人以簡威惠兼舉寬猛相資故能畏而愛之不嚴斯治實字人之盛績有國之良臣宜加褒顯以弘獎勵可右光祿大夫太守如故賜縑千匹粟麥二千斛子蓋又自陳曰臣自南裔卽適西垂常爲外臣未居內職不得陪屬車奉丹陛流死邊城沒有遺恨惟陛下察之帝曰公侍朕則一人而已委以西方則萬人之敵宜識此心六年帝避暑隴川宮又云欲幸河西子蓋傾望鑾輿願巡郡境帝知之下詔曰卿夙懷恭順深執誠心聞朕西巡欣然望幸丹款之至甚有可嘉宜保此純誠克終其美是歲朝於江都宮帝謂之曰富貴不還故鄉眞衣繡夜行耳勅廬江郡設三千人會賜米麥六千石使謁墳墓宴故老當時榮之還除民部尚書時處羅可汗及高昌王欵塞復以子蓋檢校武威太守應接二蕃遼東之役徵攝左武衞將軍出長岑道後以宿衞不行進授左光祿大夫尚書如故其年帝還東都以子蓋爲涿郡留守九年車駕復幸遼東命子蓋爲東都留守屬楊玄感作逆來逼王城子蓋遣河南贊治裴弘策逆擊之返爲所敗遂斬弘策以狥國子祭酒楊汪小有不恭子蓋又將斬之汪拜謝頓首流血久乃釋免於是三

軍莫不戢慄，將吏無敢仰視玄感每盡銳攻城子蓋徐設備禦至輒摧破故久不能克會來護兒等救至玄感解去子蓋凡所誅殺者數萬人又檢校河南內史車駕至高陽追詣行在所既而引見帝逆勞之曰昔高祖留蕭何於關西光武委寇恂以河內公其人也子蓋謝曰臣任重器小寧可竊譬兩賢但以陛下威靈小盜不足除耳進位光祿大夫封建安侯尚書如故賜縑三千匹女樂五十人子蓋固讓優詔不許帝顧謂子蓋曰朕遣越王留守東都示以皇枝盤石社稷大事終以委公特宜持重戈甲五百人而後出此亦勇夫重閉之義也無賴不軌者便誅鋤之凡可施行無勞形迹今爲公別造玉麟符以代銅獸又指越代二王曰今以二孫委公與衞文昇耳宜選貞良宿德有方幅者教習之動靜之節宜思其可於是賜以良田甲第十年冬車駕還東都帝謂子蓋曰玄感之反神明故以彰公赤心耳析珪進爵宜有令謨是日下詔進爵爲濟公言其功濟天下特爲立名無此郡國也賜縑三千匹奴婢二十口後與蘇威宇文述陪宴積翠亭帝親以金杯屬子蓋酒曰良算嘉謀俟公後動卽以此杯賜公用爲永年之瑞并綺羅百匹十一年從駕汾陽宮至于鴈門車駕爲突厥所圍頻戰不利帝欲以精騎潰圍而出子蓋諫曰陛下萬乘之主豈宜輕脫一朝狼狽雖悔不追未若守城以挫其銳四面徵兵可立而待陛下亦何所慮乃欲身自突圍因垂泣願暫停遼東之役以慰衆望聖躬親出慰撫厚爲勳格人心自奮不足爲憂帝從之其後援兵稍至虜乃引去納言蘇威追論勳格太重宜在斟酌子蓋執奏不宜失信帝曰公欲收物情邪子蓋默然不敢對從駕還東都時絳郡賊敬槃陀柴保昌等阻兵數萬汾晉苦之詔令子蓋進討于時人物殷阜子蓋善惡無所分別汾水之北村塢盡焚之百姓大駭相率爲盜其有歸首者無少長悉坑之擁數萬之衆經年不能破賊有詔徵還又將兵擊宜陽賊以疾停卒于京第時年七十有二上悲傷者久之顧謂黃門侍郎裴矩曰子蓋臨終有何語矩對曰子蓋病篤深恨鴈門之恥帝聞而歎息令百官就弔賜縑三百匹米五百斛贈開府儀同三司謚曰景會葬者萬餘人武威民吏聞其死莫不嗟痛立碑頌德子蓋無佗權畧在軍持重未嘗負敗臨民明察下莫敢欺然嚴酷少恩果於殺戮臨終之日見斷頭鬼前後重沓爲之厲云

## 史祥

史祥字世休朔方人也父寧周少司徒祥少有文武才幹仕周太子車右中士襲爵武遂縣公高祖踐阼拜儀同領交州事進爵陽城郡公祥在州頗有惠政後數年轉驃騎將軍伐陳之役從宜陽公王世積以舟師出九江道先鋒與陳人合戰破之進拔江州上聞而大悅下詔曰朕以陳叔寶世爲僭逆挻虐生民故命諸軍救彼塗炭小寇狼狽嶺恃江湖之險遂敢汎舟檝擬抗王師公親率所部應機奮擊沉溺俘獲厥功甚茂又聞帥旅進取江州行軍總管襄邑公賀若弼既獲京口新義公韓擒尋剋姑熟驃騎既渡江岸所在橫行晉王兵馬卽入建業清蕩吳越旦夕非遠驃騎高才壯志是朕所知善爲經畧以取大賞使富貴功名永垂竹帛也進位上開府尋拜蘄州總管未幾徵拜左領軍右將軍後以行軍總管從晉王廣擊突厥於靈武破之遷右衞將軍仁壽中率兵屯弘化以備胡煬帝時在東宮遺祥書曰將軍總戎塞表胡虜清塵秣馬休兵猶事校獵足使李廣慙勇魏尚愧能冠彼二賢獨在吾子昔余濫辠推轂治兵振皇靈於塞外驅犬羊乎大漠于時同行軍旅契闊戎旃望龍城而銜冠瞻狼居而發憤將軍英圖不世猛氣無前但物不遂心僶俛從事每一思此我勞如何將軍宿心素志早同膠漆久而敬之方成魚水近者陪隨鑾駕言旋上京本卽述職南蕃宜條下國不悟皇鑒曲發備位少陽戰戰兢兢如臨氷谷至如建節邊境征伐四方褰帷作牧綏撫百姓上稟成規下盡臣節是所願也是所甘心仰慕前修庶得自效謬其入守神器元良萬國身輕負重何以克堪所望故人匡其不逮比監國多暇養疾閑宮厭北闕之端居罷南皮之馳射博望之苑既乏名賢飛蓋之園理乖終宴親朋遠矣琴書寂然想望吾賢疢如疾首祥荅書曰行人戾止奉所賜況恩紀綢繆形於文墨不悟飛雪增氷之地忽載三陽毳幙韋韝之鄉俄聞九奏精駭思越莫知啓處祥少不學軍旅長遇升平幸以先人緒餘備職宿衞懼駑蹇無致遠之用朽薄非折衝之材豈欲追蹤古人語其優劣曩者王師薄伐天人受脤絕漠揚旌威震海外當此之時猛將如雲謀夫如雨至若祥者列於卒伍預聞指蹤之規得免逗遛之責循涯揣分實爲幸甚爰以情喻雷陳事方劉葛信聖人之屈已非庸人之擬議何則川澤之大汙潦攸歸松栢之高蔦蘿斯託微心眷眷孟侯所知也仰惟體元良之德煥重離之暉三善克修萬邦以正斯固道高周誦契叶商皓豈在管蠡所能窺測伏承監國多暇養德怡神咀嚼六經逍遙百氏追西園之愛客眷南皮之出遊疇昔之恩無忘造次祥自忝式遏載罹寒暑身在邊隅情馳魏闕每至清風夕起朗月孤照想鳴葭之啓路思託乘於後車塞表京華山川悠遠瞻望浮雲伏增潛結太子甚親遇之煬帝卽位漢王諒發兵作亂遣其將綦良自滏口徇黎陽塞白馬津余公理自太行下河內帝以祥爲行軍總管軍於河陰久不得濟祥謂軍吏曰余公理輕而無謀才用素不足稱又新得志謂其衆可恃恃衆必驕且河北人先不習兵所謂擁市人而戰以吾籌之不足圖也乃令軍中修攻具公理使諜知之果屯兵於河陽內城以備祥祥於是艤船南岸公理聚甲以當之祥乃簡精銳於下流潛渡公理率衆拒之東趣黎陽討綦良等良列陣以待兵未接良棄軍而走於是其衆大潰祥縱兵乘之殺萬餘人進位上大將軍賜縑綵七千段女妓十人良馬二十匹轉太僕卿帝嘗賜祥詩曰伯奭朝寄重夏侯親遇深貴耳雅聞古賤目詎知今早擲勁草質久有背淮心掃逆黎山外振旅河之陰功已書王府留情太僕箴祥上表辭謝帝降手詔曰昔歲勞公問罪河朔賊爾日塞兩關之路據倉阻河百姓脅從人亦衆矣公竭誠奮勇一舉剋定詩不云乎喪亂既平既安且寧非英才大畧其孰能與於此邪故聊示所懷亦何謝也尋遷鴻臚卿時突厥啓民可汗請朝帝遣祥迎接之從征吐谷渾祥率衆出間道擊虜破之俘男女千餘口賜奴婢六十人馬二百匹進位左光祿大夫拜左驍衞將軍及遼東之役出蹋頓道不利而還由是除名爲民俄拜燕郡太守被賊高開道所圍祥稱疾不視事及城陷開道甚禮之會開道與羅藝通和送祥於涿郡卒於途有子義隆永年令祥兄雲字世高弟威字世武並有幹局雲官至萊州刺史武平縣公威官至武賁郎將武當縣公

## 元壽

元壽字長壽河南洛陽人也祖敦魏侍中邵陵王父寶周涼州刺史壽少孤性仁孝九歲喪父哀毀骨立宗族鄉黨咸異之事母以孝聞及長方直頗涉經史周武成初封隆城縣侯邑千戶保定四年改封儀隴縣侯授儀同三司開皇初議伐陳以壽有思理奉使於淮浦監修船艦以强濟見稱四年參督漕渠之役授尚書主爵侍郎八年從晉王伐陳除行臺左丞兼領元帥府屬及平陳拜尚書左丞高祖嘗出苑觀射文武並從焉開府蕭摩訶妻患且死奏請遣子向江南收其家產御史見而不言壽奏劾之曰臣聞天道不言功成四序聖皇垂拱任在百司御史之官義存糾察直繩莫舉憲典誰寄今月五日鑾輿徙蹕親臨射苑開府儀同三司蕭摩訶幸廁朝行預觀盛禮奏稱請遣子世畧暫往江南重收家產妻安遇患彌留有日安若長逝世畧不合此行竊以人倫之義伉儷爲重資愛之道烏鳥弗虧摩訶遠念資財近忘匹好又命其子捨危惙之母爲聚斂之行一言纔發名教頓盡而兼殿內侍御史臣韓微之等親所聞見竟不彈糾若知非不舉事涉阿縱如不以爲非豈關理識謹按儀同三司太子左庶子檢校治書侍御史臣劉行本出入宮省備蒙任遇攝職憲臺時月稍久庶能整肅纓冕澄清風教而在法司虧失憲體瓶罄罍恥何所逃愆臣謬膺朝寄忝居左轄無容寢嘿謹以狀聞其行本微之等請付大理上嘉納之尋授太常少卿數年拜基州刺史在任有公廉之稱入爲太府少卿進位開府煬帝嗣位漢王諒舉兵反左僕射楊素爲行軍元帥壽爲長史壽每遇賊爲士卒先以功授大將軍遷太府卿四年拜內史令從帝西討吐谷渾壽率衆屯金山東西連營三百餘里以圍渾主及還拜右光祿大夫七年兼左翊衞將軍從征遼東行至涿郡遇疾卒時年六十三帝悼惜焉哭之甚慟贈尚書右僕射光祿大夫諡曰景子敏頗有才辯而輕險多詐壽卒後帝追思之擢敏爲守內史舍人而交通博徒數漏泄省中語化及之反也敏創其謀僞授內史侍郎爲沈光所殺

## 楊義臣

楊義臣代人也本姓尉遲氏父崇仕周爲儀同大將軍以兵鎭恒山時高祖甚親待之及爲丞相尉迥作亂崇以宗族之故自囚於獄遣使請罪高祖下書慰諭之卽令馳驛入朝恒置左右開皇初封秦興縣公歲餘從行軍總管達奚長儒擊突厥於周盤力戰而死贈大將軍豫州刺史以義臣襲崇官爵時義臣尚幼養於宮中年未弱冠奉詔宿衞如千牛者數年賞賜甚厚上嘗從容言及恩舊顧義臣嗟歎久之因下詔曰朕受命之初羣凶未定明識之士有足可懷尉義臣與尉迥本同骨肉既狂悖作亂鄴城其父崇時在常山典司兵甲與迥鄰接又是至親知逆順之理識天人之意卽陳丹款慮染惡徒自執有司請歸相府及北夷內侵橫戈制敵輕生重義馬革言旋操表存亡事貫幽顯雖高官大賞延及於世未足表松筠之志彰節義之門義臣可賜姓楊氏賜錢三萬貫酒三十斛米麥各百斛編之屬籍爲皇太

孫未幾拜陝州刺史義臣性謹厚能馳射有將領之才由是上甚重之其後突厥達頭可汗犯塞以行軍總管率步騎三萬出白道與賊遇戰大破之明年突厥又寇邊鴈門馬邑多被其患義臣擊之虜遂出塞因而追之至大斤山與虜相遇時太平公史萬歲軍亦至義臣與萬歲合軍擊虜大破之萬歲爲楊素所陷而死義臣功竟不錄仁壽初拜朔州總管賜以御甲煬帝嗣位漢王諒作亂并州時代州總管李景爲漢王將喬鍾葵所圍詔義臣救之義臣率馬步二萬夜出西陘遲明行數十里鍾葵覘見義臣兵少悉衆拒之鍾葵亞將王拔驍勇善用矟射之者不能中每以數騎陷陳義臣患之募能當拔者車騎將軍楊思恩請當之義臣見思恩氣貌雄勇顧之曰壯士也賜以巵酒思恩望見拔立於陳後投觴於地策馬赴之再往不剋義臣復選騎士十餘人從之思恩遂突擊殺數人直至拔麾下短兵方接所從騎士退思恩爲拔所殺拔遂乘之義臣軍北者十餘里於是購得思恩屍義臣哭之甚慟三軍莫不下泣所從騎士皆腰斬義臣自以兵少悉取軍中牛驢得數千頭復令兵數百人人持一鼓潛驅之澗谷間出其不意義臣晡後復與鍾葵軍戰兵初合命驅牛驢者疾進一時鳴鼓塵埃張天鍾葵軍不知以爲伏兵發因而大潰縱擊破之以功進位上大將軍賜物二千段雜綵五百段女妓十人良馬二十匹尋授相州刺史後三歲徵爲宗正卿未幾轉太僕卿從征吐谷渾令義臣屯琵琶峽連營八十里南接元壽北連段文振合圍渾主於覆袁川其後復征遼東以軍將指肅愼道至鴨綠水與乙支文德戰每爲先鋒一日七捷後與諸軍俱敗竟坐免俄而復位明年以爲軍副與大將軍宇文述趣平壤至鴨綠水會楊玄感作亂班師檢校趙郡太守妖賊向海公聚衆作亂寇扶風安定間義臣奉詔擊平之尋從帝復征遼東進位左光祿大夫時渤海高士達清河張金稱並相聚爲盜衆已數萬攻陷郡縣帝遣將軍段達討之不能剋詔義臣率遼東還兵數萬擊之大破士達斬金稱又收合降賊入豆子航討格謙擒之以狀聞奏帝惡其威名遽追入朝賊由是復盛義臣以功進位光祿大夫尋拜禮部尚書未幾卒官

衞玄

衞玄字文昇河南洛陽人也祖悅魏司農卿父摽侍中左武衞大將軍玄少有器識周武帝在蕃引爲記室遷給事上士襲爵興勢公食邑四千戶轉宣納下大夫武帝親總萬機拜益州總管長史賜以萬釘寶帶稍遷開府儀同三司太府中大夫治內史事仍領京兆尹稱爲强濟宣帝時以忤旨免官高祖作相檢校熊州事和州蠻反玄以行軍總管擊平之及高祖受禪遷淮州總管進封同軌郡公坐事免未幾拜嵐州刺史會起長城之役詔玄監督之俄檢校朔州總管事後爲衞尉少卿仁壽初山獠作亂出爲資州刺史以鎭撫之玄旣到官時獠攻圍大牢鎭玄單騎造其營謂羣獠曰我是刺史銜天子詔安養汝等勿驚懼也諸賊莫敢動於是說以利害渠帥感悅解兵而去前後歸附者十餘萬口高祖大悅賜縑二千匹除遂州總管仍令劒南安撫煬帝卽位復徵爲衞尉卿夷獠攀戀數百里不絕玄曉之曰天子詔徵不可久住因與之訣夷獠各揮涕而去歲餘遷工部尚書其後拜魏郡太守尚書如故帝謂玄曰魏郡名都衝要之所民多姦宄是用煩公此郡去都道理非遠宜數往來詢謀朝政賜物五百段而遣之未幾拜右候衞大將軍檢校左候衞事大業八年轉刑部尚書遼東之役檢校右禦衞大將軍率師出增地道時諸軍多不利玄獨全衆而還拜金紫光祿大夫九年車駕幸遼東使玄與代王侑留守京師拜爲京兆內史尚書如故許以便宜從事勅代王待以師傅之禮會楊玄感圍逼東都玄率步騎七萬援之至華陰掘楊素冢焚其骸骨夷其塋域示士卒以必死旣出潼關議者恐崤函有伏兵請於陝縣沿流東下直趣河陽以攻其背玄曰以吾度之此計非豎子所及於是鼓行而進旣度函谷卒如所量於是遣武賁郎將張峻爲疑軍於南道玄以大兵直趣城北玄感逆拒之且戰且行屯軍金谷於軍中掃地而祭高祖曰刑部尚書京兆內史臣衞文昇敢昭告于高祖文皇帝之靈自皇家啓運三十餘年武功文德漸被海外楊玄感孤負聖恩躬爲虵豕蜂飛蟻聚犯我王畧臣二世受恩一心事主董率熊羆志梟兇逆若社稷靈長宜令醜徒冰碎如或大運去矣幸使老臣先死詞氣抑揚三軍莫不涕咽時衆寡不敵與賊頻戰不利死傷大半玄感盡銳來攻玄苦戰賊稍却進屯北芒會宇文述來護兒等援兵至玄感懼而西遁玄遣通議大夫斛斯萬善監門直閤龐玉前鋒追之及于閿鄉與宇文述等合擊破之車駕至高陽徵詣行在所帝勞之曰社稷之臣也使朕無西顧之憂乃下詔曰近者妖氛充斥擾動關河文昇率勵義勇應機響赴表裏奮擊摧破兇醜宜升榮命式弘賞典可右光祿大夫賜以良田甲第資物鉅萬還鎭京師帝謂之曰關右之任一委於公公安社稷乃安公危社稷亦危出入須有兵衞坐臥恒宜自牢勇夫重閉此其義也今特給千兵以充侍從賜以玉麟符十一年詔玄安撫關中時盜賊蜂起百姓饑饉玄竟不能救恤而官方壞亂貨賄公行玄自以年老上表乞骸骨帝使內史舍人封德彝馳諭之曰京師國本王業所基宗廟園陵所在藉公耆舊臥以鎭之朕爲國計義無相許故遣德彝口陳指意玄乃止義師入關自知不能守憂懼稱疾不知政事城陷歸于家義寧中卒時年七十七子孝則官至通事舍人兵部承務郎早卒

劉權

劉權字世畧彭城豐人也祖軌齊羅州刺史權少有俠氣重然諾藏亡匿死吏不敢過門後更折節好學動循法度初爲州主簿仕齊釋褐奉朝請行臺郎中及齊滅周武帝以爲假淮州刺史高祖受禪以車騎將軍領鄉兵後從晉王廣平陳以功進授開府儀同三司賜物三千段宋國公賀若弼甚禮之開皇十二年拜蘇州刺史賜爵宗城縣公于時江南初平物情尚擾權撫以恩信甚得民和煬帝嗣位拜衞尉卿進位銀青光祿大夫大業五年從征吐谷渾權率衆出伊吾道與賊相遇擊走之逐北至青海虜獲千餘口乘勝至伏俟城帝復令權過曼頭赤水置河源郡積石鎭大開屯田留鎭西境在邊五載諸羌懷附貢賦歲入吐谷渾餘燼遠遯道路無壅徵拜司農卿加位金紫光祿大夫尋爲南海太守行至鄱陽會羣盜起不得進詔令權召募討之權率兵與賊相遇不與戰先乘單舸詣賊營說以利害羣賊感悅一時降附帝聞而嘉之旣至南海甚有異政數歲遇盜賊羣起數來攻郡豪帥多願推權爲首權竟盡力固守以拒之子世徹又密遣人齎書詣權稱四方擾亂英雄並起時不可失諷令舉兵權召集佐寮對斬其使竟無異圖守之以死卒官時年七十世徹倜儻不羈頗爲時人所許大業末羣雄並起世徹所至之處輒爲所忌多拘禁之後竟爲兗州賊帥徐圓朗所殺權從父烈字子將美容儀有器局官至鷹揚郎將有子德威知名於世

史臣曰子蓋雅有幹局質性嚴敏見義而勇臨機能斷保全都邑勤亦懋哉楊諒干紀史祥著獨克之効羣盜侵擾義臣致三捷之功此皆名重當年聲流後葉者也元壽彈奏行本有意存夫名教然其計功稱伐猶居義臣之後端揆之贈不已優乎文昇東都解圍頗亦宣力西京居守政以賄成鄙哉鄙哉夫何足數劉權淮楚舊族早著雄名屬擾攘之辰居尉佗之地遂能拒子邪計無所覬覦雖謝勤王之謀足爲守節之士矣

隋書卷六十三考證

樊子蓋傳又收合降賊入豆子航討格謙擒之以狀聞奏帝惡其威名遽追入朝賊由是復盛○臣映斗按此格謙已爲楊義臣所擒而王充傳又載賊帥人格謙爲盜數年兵十餘萬在豆子航中充帥師破斬之威振羣賊云云同一格謙在豆子航中兩傳所載互異詎因楊義臣被追入朝格謙乘閒逸去賊由是復盛後爲王充破斬耶元本航訛舫按水經注膠水北歷土山山悉鹽坑箋曰坑當作航或訛作舫省作坑又作舡並非又元本討訛詩南監本討格謙訛作將格殺今並從北史正之

隋書卷六十四

唐　特　進　臣　魏　徵　上

列傳第二十九

李圓通

李圓通京兆涇陽人也父景以軍士隸武元皇帝因與家僮黑女私生圓通景不之認由是孤賤給使高祖家及爲隋國公擢授參軍事初高祖少時每燕賓客恒令圓通監廚圓通性嚴整左右婢僕咸所敬憚唯世子乳母恃寵輕之賓客未供每有干請圓通不許或輒持去圓通大怒叱廚人撾之數十叫呼之聲徹於閤內僚吏左右代其失色賓去之後高祖具知之召圓通命坐賜食從此獨善之以爲堪當大任高祖作相賜封懷昌男久之授帥都督進爵新安子委以心膂圓通多力勁捷長於武用周氏諸王素憚高祖每伺高祖之隙圖爲不利賴圓通保護獲免者數矣高祖深感之由是參預政事授相國外兵曹仍領左親信尋授上儀同高祖受禪拜內史侍郎領左衞長史進爵爲伯歷左右庶子給事黃門侍郎尚書左丞攝刑部尚書深被任信後以左丞領左翊衞驃騎將軍伐陳之役圓通以行軍總管從楊素出信州道以功進位大將軍進封萬安縣侯拜揚州

總管長史等轉并州總管長史秦孝王仁柔自善少斷決府中事多決於圓通入爲司農卿治粟內史遷刑部尚書後數歲復爲并州長史孝王以奢侈得罪圓通亦坐免官尋檢校刑部尚書事仁壽中以勳舊進爵郡公煬帝嗣位拜兵部尚書帝幸揚州以圓通留守京師判宇文述田以還民述訴其受賂帝怒而徵之見帝於雒陽坐是免官圓通憂懼發疾而卒贈柱國封爵悉如故子孝常大業末爲華陰令

### 陳茂

陳茂河東猗氏人也家世寒微質直恭謹爲州里所敬高祖爲隋國公引爲寮佐遇待與圓通等每令典家事未嘗不稱旨高祖善之後從高祖與齊師戰于晉州賊甚盛高祖將挑戰茂固止不得因捉馬鞚高祖忿之拔刀斫其額流血被面詞氣不撓高祖感而謝之厚加禮敬其後官至上士高祖爲丞相委以心膂及受禪拜給事黃門侍郎封魏城縣男每典機密在官十餘年轉益州總管司馬遷太府卿進爵爲伯後數載卒官子政嗣政字弘道倜儻有文武大略善鍾律便弓馬少養宮中年十七爲太子千牛備身時京師大俠劉居士重政才氣數從之遊圓通子孝常與政相善竝與居士交結及居士下獄誅政及孝常當從坐上以功臣子捷之二百而赦之由是不得調煬帝時授協律郎遷通事謁者兵曹承務郎帝美其才甚重之宇文化及之亂也以爲太常卿後歸大唐卒於梁州總管

### 張定和

張定和字處謐京兆萬年人也少貧賤有志節初爲侍官會平陳之役定和當從征無以自給其妻有嫁時衣服定和將鬻之妻靳固不與定和於是遂行以功拜儀同賜帛千匹遂棄其妻是後數以軍功加上開府驃騎將軍從上柱國李充擊突厥先登陷陣虜刺之中頸定和以草塞瘡而戰神氣自若虜遂敗走上聞而壯之遣使者齎藥馳詣定和所勞問之進位柱國封武安縣侯賞物二千段良馬二匹金百兩煬帝嗣位拜宜州刺史尋轉河內太守頗有惠政歲餘徵拜左屯衞大將軍從帝征吐谷渾至覆袁川時吐谷渾主與數騎而遁其名王詐爲渾主保車我眞山帝命定和率師擊之既與賊相遇輕其衆少呼之令降賊不肯下定和不被甲挺身登山賊伏兵於巖谷之下發矢中之而斃其亞將柳武建擊賊悉斬之帝爲流涕贈光祿大夫時舊爵例除於是復封武安侯謚曰壯武賻絹千匹米千石子世立嗣尋拜爲光祿大夫

### 張奫

張奫字文懿自云清河人也家於淮陰好讀兵書尤便刀楯周世鄉人郭子翼密引陳寇奫父雙欲率子弟擊之猶豫未決奫贊成其謀竟以破賊由是以勇決知名起家州主簿高祖作相授大都督領鄉兵賀若弼之鎭壽春也恒爲間諜平陳之役頗有功焉進位開府儀同三司封文安縣子邑八百戶賜物二千五百段粟二千五百石歲餘率水軍破逆賊笮子游於京口薛子建於和州徵入朝拜大將軍高祖命升御坐而宴之謂奫曰卿可爲朕兒朕爲卿父今日聚集示無外也其後賜綺羅千匹綠沉甲獸文具裝尋從楊素征江表別破高智慧於會稽吳世華於臨海進位上大將軍賜奴婢六十口縑綵二百匹歷撫顯齊三州刺史俱有能名開皇十八年爲行軍總管從漢王諒征遼東諸軍多物故奫衆獨全高祖善之賜物二百五十段仁壽中遷潭州總管在職三年卒有子孝廉

### 麥鐵杖

麥鐵杖始興人也驍勇有膂力日行五百里走及奔馬性疎誕使酒好交遊重信義每以漁獵爲事不治產業陳大建中結聚爲羣盜廣州刺史歐陽頠俘之以獻沒爲官戶配執御傘每罷朝後行百餘里夜至南徐州踰城而入行光火劫盜旦還及時仍又執傘如此者十餘度物主識之州以狀奏朝士見鐵杖每旦恒在不之信也後數告變尚書蔡徵曰此可驗耳於仗下時購以百金求人送詔書與南徐州刺史鐵杖出應募齎勅而往明旦及奏事帝曰信然爲盜明矣惜其勇捷誡而釋之陳亡後徙居清流縣遇江東反楊素遣鐵杖頭戴草束夜浮渡江覘賊中消息具知還報後復更往爲賊所擒逆帥李稜遣兵仗三十人衞之縛送高智慧行至庱亭衞者憩食哀其餒解手以給其餐鐵杖取賊刀亂斬衞者殺之皆盡悉割其鼻懷之以歸素大奇之後叙戰勳不及鐵杖遇素馳驛歸于京師鐵杖步追之每夜則同宿素見而悟特奏授儀同三司以不識書放還鄉里成陽公李徹稱其驍武開皇十六年徵至京師除車騎將軍仍從楊素北征突厥加上開府煬帝即位漢王諒反於并州又從楊素擊之每戰先登進位柱國尋除萊州刺史無治名後轉汝南太守稍習法令羣盜屏跡後因朝集考功郎竇威嘲之曰麥是何姓鐵杖應口對曰麥豆不殊那怨相怪威赧然無以應之時人以爲敏慧尋除右屯衞大將軍帝待之逾密鐵杖自以荷恩深重每懷竭命之志及遼東之役請爲前鋒顧謂醫者吳景賢曰大丈夫性命自有所在豈能艾炷灸頞瓜蔕歕鼻治黃不差而臥死兒女手中乎將度遼謂其三子曰阿奴當備淺色黃衫吾荷國恩今是死日我既被殺爾當富貴唯誠與孝爾其勉之及濟橋未成去東岸尚數丈賊大至鐵杖跳上岸與賊戰死武賁郎將錢士雄孟金叉亦死之左右更無及者帝爲之流涕購得其屍下詔曰鐵杖志氣驍果夙著勳庸陪麾問罪先登陷陣節高義烈身殞功存興言至誠追懷傷悼宜賚殊榮用彰飾德可贈光祿大夫宿國公謚曰武烈子孟才嗣尋授光祿大夫孟才有二弟仲才季才俱拜正議大夫賵賻鉅萬賜轀輬車給前後部羽葆鼓吹平壤道敗將宇文述等百餘人皆爲執紼王公已下送至郊外士雄贈左光祿大夫右屯衞將軍武强侯謚曰剛子傑嗣金叉贈右光祿大夫子善誼襲官孟才字智稜果烈有父風帝以孟才死節將子恩賜殊厚拜武賁郎將及江都之難慨然有復讎之志與武牙郎錢傑素交友二人相謂曰吾等世荷國恩門著誠節今賊臣弒逆社稷淪亡無節可紀何面目視息世間哉於是流涕扼腕遂相與謀糾合恩舊欲於顯福宮邀擊宇文化及事臨發陳藩之子謙知其謀而告之與其黨沈光俱爲化及所害忠義之士哀焉

### 沈光

沈光字總持吳興人也父君道仕陳吏部侍郎陳滅家于長安皇太子勇引署學士後爲漢王諒府掾諒敗除名光少驍捷善戲馬爲天下之最畧綜書紀微有詞藻常慕立功名不拘小節家甚貧窶父兄竝以傭書爲事光獨跅弛交通輕俠爲京師惡少年之所朋附人多贍遺得以養親每致甘食美服未嘗困匱初建禪定寺其中幡竿高十餘丈適遇繩絕非人力所及諸僧患之光見而謂僧曰可持繩來當相爲上耳諸僧驚喜因取而與之光以口銜索拍竿而上直至龍頭繫繩畢手足皆放透空而下以掌拒地倒行數十步觀者駭悅莫不嗟異時人號爲肉飛仙大業中煬帝徵天下驍果之士以伐遼左光預焉同類數萬人皆出其下光將詣行在所賓客送至灞上者百餘騎光酹酒而誓曰是行也若不能建立功名當死於高麗不復與諸君相見矣及從帝攻遼東以衝梯擊城竿長十五丈光升其端臨城與賊戰短兵接殺十數人賊競擊之而墜未及於地適遇竿有垂絙光接而復上帝望見壯異之馳召與語大悅即日拜朝請大夫賜寶刀良馬恒致左右親顧漸密未幾以爲折衝郎將賞遇優重帝每推食解衣以賜之同輩莫與爲比光自以荷恩深重思懷竭節及江都之難潛構義勇將爲帝復讎先是帝寵昵官奴名爲給使宇文化及以光驍勇方任之令其總統營於禁內時孟才錢傑等陰圖化及因謂光曰我等荷國厚恩不能死難以衞社稷斯則古人之所恥也今又俛首事讎受其驅率有靦面目何用生爲吾必欲殺之死無所恨公義士也肯從我乎光泣下霑衿曰是所望於將軍也僕領給使數百人竝荷先帝恩遇今在化及內營以此復讎如鷹鸇之逐鳥雀萬世之功在此一舉願將軍勉之孟才爲將軍領江淮之衆數千人期以營將發時晨起襲化及光語泄陳謙告其事化及大懼曰此麥鐵杖子也及沈光者竝勇決不可當須避其鋒是夜即與腹心走出營外留人告司馬德戡等遣領兵馬逮捕孟才光聞營內諠聲知事發不及被甲即襲化及營空無所獲值舍人元敏數而斬之遇德戡兵入四面圍合光大呼潰圍給使齊奮斬首數十級賊皆披靡德戡輒復遣騎持弓弩翼而射之光身無介冑遂爲所害麾下數百人皆鬭而死一無降者時年二十八壯士聞之莫不爲之隕涕

### 來護兒

來護兒字崇善江都人也幼而卓詭好立奇節初讀詩至擊鼓其鏜踊躍用兵羔裘豹飾孔武有力捨書而歎曰大丈夫在世當如是會爲國滅賊以取功名安能區區久事隴畝羣輩驚其言而壯其志護兒所住白土村密邇江岸于時江南尚阻賀若弼之鎭壽州也常令護兒爲間諜授大都督平陳之役護兒有功焉進位上開府從楊素擊高智慧于浙江而賊據岸爲營周亘百餘里船艦被江鼓譟而進素令護兒率數百輕艓徑登江岸直掩其營破之時賊前與素戰不勝歸無所據因而潰散智慧將逃于海護兒追至泉州智慧窮蹙逃走閩越進位大將軍除泉州刺史時有盛道延擁兵作亂侵擾州境護兒進擊破之又從蒲山公李寬破汪文進於黟歙進位柱國仁壽三年除瀛州刺史賜爵黃縣公邑三千戶尋加上柱國除右禦衞將軍煬帝即位遷右驍衞大將軍帝甚親重之大業六年從駕江都賜物千段令上先人塚宴父老州里榮之數歲轉右翊衞大將軍遼東之役護兒率樓船指滄海入自浿水去平壤六十里與高麗相遇進擊大破之乘勝直造城下破其郛郭

於是縱軍大掠稍失部伍高元弟建武募敢死士五百人邀擊之護兒因却屯營海浦以待期會後知宇文述等敗遂班師明年又出滄海道師次東萊會楊玄感作逆黎陽進逼鞏雒護兒勒兵與宇文述等擊破之封榮國公邑二千戶十年又帥師度海至卑奢城高麗舉國來戰護兒大破之斬首千餘級將趣平壤高元震懼遣使執叛臣斛斯政詣遼東城下上表請降帝許之遣人持節詔護兒旋師護兒集衆曰三度出兵未能平賊此還也不可重來今高麗困弊野無青草以我衆戰不日尅之吾欲進兵徑圍平壤取其僞主獻捷而歸答表請行不肯奉詔長史崔君肅固爭不許護兒曰賊勢破矣專以相任自足辦之吾在閫外事合專決豈容千里稟聽成規俄頃之間動失機會勞而無功故其宜也吾寧征得高元還而獲譴捨此成功所不能矣君肅告衆曰若從元帥違拒詔書必當聞奏皆獲罪也諸將懼盡勸還方始奉詔十三年轉爲左翊衛大將軍進位開府儀同三司任委逾密前後賞賜不可勝計江都之難宇文化及忌而害之長子楷以父軍功授散騎郎朝散大夫楷弟弘仕至果毅郎將金紫光祿大夫弘弟整武賁郎將右光祿大夫整尤驍勇善撫士衆討擊羣盜所向皆捷諸賊甚憚之爲作歌曰長白山頭百戰場十十五五把長槍不畏官軍十萬衆只畏榮公第六郎化及反皆遇害唯少子恒濟獲免

## 魚俱羅

魚俱羅馮翊下邽人也身長八尺膂力絕人聲氣雄壯言聞數百步弱冠爲親衛累遷大都督從晉王廣平陳以功拜開府賜物一千五百段未幾沈玄懀高智慧等作亂江南楊素以俱羅壯勇請與同行每戰有功加上開府高唐縣公拜疊州總管以母憂去職還至扶風會楊素率兵將出靈州道擊突厥路逢俱羅大悅遂奏與同行及遇賊俱羅與數騎奔擊瞋目大呼所當皆披靡出左入右往返若飛以功進位柱國拜豐州總管初突厥數入境爲寇俱羅輒擒斬之自是突厥畏懼屏迹不敢畜牧於塞上初煬帝在藩俱羅弟贊以左右從累遷大都督及帝嗣位拜車騎將軍贊性凶暴虐其部下令左右炙肉遇不中意以籤刺瞎其眼有溫酒不適者立斷其舌帝以贊藩邸之舊不忍加誅謂近臣曰弟既如此兄亦可知因召俱羅譴責之出贊於獄令自爲計贊至家飲藥而死帝恐俱羅不自安慮生邊患轉爲安州刺史歲餘遷趙郡太守後因朝集至東都與將軍梁伯隱有舊數相往來又從郡多將雜物以貢獻帝不受因遺權貴御史劾俱羅以郡將交通內臣帝大怒與伯隱俱坐除名未幾越嶲飛山蠻作亂侵掠郡境詔俱羅白衣領將并率蜀郡都尉段鍾葵討平之大業九年重征高麗以俱羅爲碣石道軍將及還江南劉元進作亂詔俱羅將兵向會稽諸郡逐捕之于時百姓思亂從盜如市俱羅擊賊帥朱爕管崇等戰無不捷然賊勢浸盛敗而復聚俱羅度賊非歲月可平諸子並在京洛又見天下漸亂終恐道路隔絕于時東都饑饉穀食踊貴俱羅遣家僕將船米至東都糶之益市財貨潛迎諸子朝廷微知之恐其有異志發使案驗使者至前後察問不得其罪帝復令大理司直梁敬眞就鎖將詣東都俱羅相表異人目有重瞳陰爲帝之所忌敬眞希旨奏俱羅師徒敗衂於是斬東都市家口籍没

## 陳稜

陳稜字長威盧江襄安人也祖碩以漁釣自給父峴少驍勇事章大寶爲帳內部曲告大寶反授譙州刺史陳滅廢于家高智慧汪文進等作亂江南盧江豪傑亦舉兵相應以峴舊將共推爲主峴欲拒之稜謂峴曰衆亂既作拒之禍且及已不如僞從別爲後計峴然之時柱國李徹軍至當塗峴潛使稜至徹所請爲內應徹上其事拜上大將軍宣州刺史封譙郡公邑一千戶詔徹應接之徹軍未至謀洩爲其黨所殺稜僅以獲免上以其父之故拜開府尋領鄉兵煬帝即位授驃騎將軍大業三年拜武賁郎將後三歲與朝請大夫張鎮周發東陽兵萬餘人自義安汎海擊流求國月餘而至流求人初見船艦以爲商旅往往詣軍中貿易稜率衆登岸遣鎮周爲先鋒其主歡斯渴剌兜遣兵拒戰鎮周頻擊破之稜進至低没檀洞其小王歡斯老模率兵拒戰稜擊敗之斬老模其日霧雨晦冥將士皆懼稜刑白馬以祭海神既而開霽分爲五軍趣其都邑渴剌兜率衆數千逆拒稜遣鎮周又先鋒擊走之稜乘勝逐北至其柵渴剌兜背柵而陣稜盡銳擊之從辰至未苦鬭不息渴剌兜自以軍疲引入柵稜遂填壍攻破其柵斬渴剌兜獲其子島槌虜男女數千而歸帝大悅進稜位右光祿大夫武賁如故鎮周金紫光祿大夫遼東之役以宿衞遷左光祿大夫明年帝復征遼東稜爲東萊留守楊玄感之作亂也稜率衆萬餘人擊平黎陽斬玄感所署刺史元務本尋奉詔於江南營戰艦至彭城賊帥孟讓衆將十萬據都梁宮阻淮爲固稜潛於下流而濟至江都率兵襲讓破之以功進位光祿大夫賜爵信安侯後帝幸江都宮俄而李子通據海陵左才相掠淮北杜伏威屯六合衆各數萬帝遣稜率宿衞兵擊之往往克捷超拜右禦衞將軍復度清江擊宣城賊俄而帝以弒崩宇文化及引軍北上召稜守江都稜集衆縞素爲煬帝發喪備儀衞改葬於吳公臺下衰杖送喪慟感行路論者深義之稜後爲李子通所陷奔杜伏威伏威忌之尋而見害

## 王辯 斛斯萬善

王辯字警畧馮翊蒲城人也祖訓以行商致富魏世出粟助給軍糧爲假清河太守辯少習兵書尤善騎射慷慨有大志在周以軍功授帥都督開皇初遷大都督仁壽中遷車騎將軍漢王諒之作亂也從楊素討平之賜爵武寧縣男邑三百戶後三歲遷尚舍奉御從征吐谷渾拜朝請大夫數年轉鷹揚郎將遼東之役以功加通議大夫尋遷武賁郎將及山東盜賊起上谷魏刀兒自號歷山飛衆十餘萬劫掠燕趙帝引辯升御榻問以方畧辯論取賊形勢帝稱善曰誠如此計賊何足憂也於是發從行步騎三千擊敗之賜黃金二百兩明年渤海賊帥高士達自號東海公衆以萬數復令辯擊之屢挫其鋭帝在江都宮聞而馳召之及引見禮賜甚厚復令往信都經畧士達於是復戰破之優詔褒顯時賊帥郝孝德孫宣雅時季康竇建德魏刀兒等往往屯聚大至十萬小至數千寇掠河北辯進兵擊之所往皆捷深爲羣賊所憚及翟讓寇徐豫辯進頻擊走之讓尋與李密屯據洛口倉辯與王世充討密阻洛水相持經年辯率諸將攻敗密因薄其營戰破外柵密諸營已有潰者乘勝將入城世充不知恐將士勞倦於是鳴角收兵翻爲密走所乘官軍大潰不可救止辯至洛水橋已壞不得度遂涉水至中流爲溺人所引墜馬辯時身被重甲敗兵前後相蹈藉不能復上馬竟溺死焉時年五十六三軍莫不痛惜之河南斛斯萬善驍勇果毅與辯齊名大業中從衞玄討楊玄感頻戰有功及玄感敗走萬善與數騎追及之玄感窘迫自殺由是知名拜武賁郎將突厥始畢之圍鴈門也萬善奮擊之所向皆破每賊至獨出當其鋒或下馬坐地引強弓射賊所中皆殪由是突厥莫敢逼城十許日竟退萬善之力也其後頻討羣盜累遷至將軍時有將軍鹿愿范貴馮孝慈俱爲將帥數從征討並有名於世然事皆亡失故史官無所述焉

史臣曰楚漢未分絳灌所以宣力曹劉競逐關張所以立名然則名立資草昧之初力宣候經綸之會攀附鱗翼世有之矣圖通護兒之輩定和鐵杖之倫皆一時之壯士困於貧賤當其鬱抑未遇亦安知其有鴻鵠之志哉終能振拔汙泥之中騰躍風雲之上符馬革之願快生平之心非遇其時焉能至於此也俱羅欲加之罪非其咎畧王辯殞身勍敵志實勤王陳稜縞素發喪哀感行路義之所動固已深乎孟才錢傑沈光等感恩懷舊臨難忘生雖功無所成其志有可稱矣

隋書卷六十四考證

來護兒傳遼東之役護兒率樓船指滄海入自浿水○監本浿訛湨按前漢地理志浿水出遼東塞外西南至樂浪縣西入海十三州志浿水縣在樂浪東北從畋浿

# 隋書卷六十五

唐　特　進　臣　魏　徵　上

## 列傳第三十

### 周羅睺

周羅睺字公布九江潯陽人也父法暠仕梁冠軍將軍始興太守通直散騎常侍南康內史臨蒸縣侯羅睺年十五善騎射好鷹狗任俠放蕩收聚亡命陰習兵書從祖景彥誡之曰吾世恭謹汝獨放縱難以保家若不喪身必將滅吾族羅睺終不改陳宣帝時以軍功授開遠將軍句容令後從大都督吳明徹與齊師戰於江陽爲流矢中其左目齊師圍明徹於宿預也諸軍相顧莫有鬬心羅睺躍馬突進莫不披靡太僕卿蕭摩訶因而副之斬獲不可勝計進師徐州與周將梁士彥戰於彭城摩訶臨陣墮馬羅睺進救拔摩訶於重圍之內勇冠三軍明徹之敗也羅睺全衆而歸拜光遠將軍鍾離太守十一年授使持節都督霍州諸軍事平山賊十二洞除右軍將軍始安縣伯邑四百戶總管檢校揚州內外諸軍事賜金銀三千兩盡散之將士分賞驍雄陳宣帝深歎美之出爲晉陵太守進爵爲侯增封一千戶除太僕卿增封并前一千六百戶尋除雄信將軍使持節都督

豫章十郡諸軍事豫章內史獄訟庭決不關吏手民懷其惠立碑頌德焉至德中除持節都督南州諸軍事江州司馬吳世興密奏羅睺甚得人心擁衆嶺表意在難測陳主惑焉蕭摩訶魯廣達等保明之外有知者或勸其反羅睺拒絕之軍還除太子左衞率信任逾重時參宴席陳主曰周左率武將詩每前成文士何爲後也都官尚書孔範對曰周羅睺執筆製詩還如上馬入陣不在人後自是益見親禮出督湘州諸軍事還拜散騎常侍晉王廣之伐陳也都督巴峽緣江諸軍事以拒秦王俊軍不得度相持踰月遇丹陽陷陳主被擒上江猶不下晉王廣遣陳主手書命之羅睺與諸將大臨三日放兵士散然後廼降高祖慰諭之許以富貴羅睺垂泣而對曰臣荷陳氏厚遇本朝淪亡無節可紀陛下所賜獲全爲幸富貴榮祿非臣所望高祖甚器之賀若弼謂之曰聞公郢漢捉兵卽知揚州可得王師利涉果如所量羅睺荅曰若得與公周旋勝負未知可也其年秋拜上儀同三司鼓吹羽儀送之于宅先是陳裨將羊翔歸降于我使爲鄉導位至上開府班在羅睺上韓擒於朝堂戲之曰不知機變立在羊翔之下能無愧乎羅睺荅曰昔在江南久承令聞謂公天下節士今日所言殊匪誠臣之論擒有愧色其年冬除豳州刺史俄轉涇州刺史母憂去職未朞復起授豳州刺史並有能名十八年起遼東之役徵爲水軍總管自東萊汎海趣平壤城遭風船多飄沒無功而還十九年突厥達頭可汗犯塞從楊素擊之虜衆甚盛羅睺白素曰賊陣未整請擊之素許焉與輕勇二十騎直衝虜陣從申至酉短兵屢接大破之進位大將軍仁壽元年爲東宮右虞候率賜爵義寧郡公食邑一千五百戶俄轉右衞率煬帝卽位授右武候大將軍漢王諒反詔副楊素討平之進授上大將軍其年冬帝幸雒陽陳主卒羅睺請一臨哭帝許之縗絰送至墓所葬還釋服而後入朝帝甚嘉尚世論稱其有禮時諒餘黨據晉絳等三州未下詔羅睺行絳晉呂三州諸軍事進兵圍之爲流矢所中卒于師時年六十四送柩還京行數里無故輿馬自止策之不動有飄風旋遶焉絳州長史郭雅稽顙呪曰公恨小寇未平邪尋卽除殄無爲戀恨於是風靜馬行見者莫不悲歎其年秋七月子仲隱夢見羅睺曰我明日當戰其靈坐所有弓箭刀劍無故自動若人帶持之狀絳州城陷是其日也贈柱國右翊衞大將軍謚曰壯贈物千段子仲安官至上開府

## 周法尚

周法尚字德邁汝南安城人也祖靈起梁直閤將軍義陽太守廬桂二州刺史父炅定州刺史平北將軍法尚少果勁有風槩好讀兵書年十八爲陳始興王中兵參軍尋加伏波將軍其父卒後監定州事督父本兵數有戰功遷使持節貞毅將軍散騎常侍領齊昌郡事封山陰縣侯邑五千戶以其兄武昌縣公法僧代爲定州刺史法尚與長沙王叔堅不相能叔堅言其將反陳宣帝執禁法僧發兵欲取法尚其下將吏皆勸之歸北法尚猶豫未決長史殷文則曰樂毅所以辭燕良由不獲已事勢如此請早裁之法尚遂歸於周宣帝甚優寵之拜開府順州刺史封歸義縣公邑千戶賜良馬五匹女妓五人綵物五百段加以金帶陳將樊猛濟江討之法尚遣部曲督韓明詐爲背己奔于陳僞告猛曰法尚部兵不願降北人皆竊議盡欲叛還若得軍來必無鬭者自當於陣倒戈耳猛以爲然引師急進法尚乃陽爲畏懼自保於江曲猛陳兵挑戰法尚先伏輕舸於浦中又伏精銳於古村之北自張旗幟迎流拒之戰數合僞退登岸投古村猛捨舟逐之法尚又疾走行數里與村北軍合復前擊猛猛退走赴船既而浦中伏舸取其舟楫建周旗幟猛於是大敗僅以身免虜八千人高祖爲丞相司馬消難作亂陰遣上開府段珣率兵陽爲助守因欲奪其城法尚覺其詐閉門不納珣遂圍之于時倉卒兵散在外因率吏士五百人守拒二十日外無救援自度力不能支遂拔所領棄城遁走消難虜其母弟及家累三百人歸于陳高祖受禪拜巴州刺史破三鵶叛蠻於鐵山復從柱國王誼擊走陳寇遷衡州總管四州諸軍事改封譙郡公邑二千戶後上幸洛陽召之及引見賜金鈿酒鍾一雙綵五百段良馬十五匹奴婢三百口給鼓吹一部法尚固辭上曰公有大功於國特給鼓吹者欲令公鄉人知朕之寵公也固與之歲餘轉黃州總管上降密詔使經略江南伺候動靜及伐陳之役以行軍總管隸秦孝王率舟師三萬出于樊口陳城州刺史熊門超出師拒戰擊破之擒超於陣轉鄂州刺史尋遷永州總管安集嶺南賜縑五百段良馬五匹仍給黃州兵三千五百人爲帳內陳桂州刺史錢季卿南康內史柳璿西衡州刺史鄧暠陽山太守毛爽等前後詣法尚降陳定州刺史呂子廓據山洞反法尚引兵踰嶺子廓兵衆日散與千餘人走保巖嶮其左右斬之而降賜綵五百段奴婢五十口并銀甕寶帶良馬十匹十年尋轉桂州總管仍爲嶺南安撫大使後數年入朝以本官宿衞賜綵三百段米五百石絹五百疋未幾桂州人李光仕舉兵作亂令法尚與上柱國王世積討之法尚馳往桂州發嶺南兵世積出岳州徵嶺北兵俱會于尹州光仕來逆戰擊走之世積所部多遇瘴不能進頓于衡州法尚獨討之光仕帥勁兵保白石洞法尚捕得其弟光略光度大獲家口其黨有來降附輒以妻子還之居旬日降者數千人法尚遣兵列陣以當光仕親率奇兵蔽林設伏兩陣始交法尚馳擊其柵柵中人皆走散光仕大潰追斬之賜奴婢百五十口黃金百五十兩銀百五十斤仁壽中遂州獠叛復以行軍總管討平之嶲州烏蠻叛攻陷州城詔令法尚便道擊之軍將至賊棄州城散走山谷間法尚捕不能得於是遣使慰諭假以官號僞班師日行二十里軍再舍潛遣人覘之知其首領盡歸柵聚飲相賀法尚選步騎數千人襲擊破之獲其渠帥數十人虜男女萬餘口賜奴婢百口物三百段蜀馬二十匹軍還檢校潞州事煬帝嗣位轉雲州刺史後三歲轉定襄太守進位金紫光祿大夫時帝幸榆林法尚朝于行宮內史令元壽言於帝曰漢武出塞旍旗千里今御營之外請分爲二十四軍日別遣一軍發相去三十里旗幟相望鉦鼓相聞首尾連注千里不絕此亦出師之盛者也法尚曰不然兵亘千里動間山川卒有不虞四分五裂腹心有事首尾未知道阻且長難以相救雖是故事此乃取敗之道也帝不懌曰卿意以爲如何法尚曰結爲方陣四面外距六宮及百官家口並住其間若有變起當頭分抗內引奇兵出外奮擊車爲壁壘重設鉤陳此與據城理亦何異若戰而捷抽騎追奔或戰不利屯營自守臣謂牢固萬全之策也帝曰善因拜左武衞將軍賜良馬一匹絹三百疋明年黔安夷向思多反殺將軍鹿愿圍太守蕭造法尚與將軍李景分路討之法尚擊思多于清江破之斬首三千級還從討吐谷渾法尚別出松州道逐捕亡散至於清海賜奴婢一百口物二百段馬七十匹出爲敦煌太守尋領會寧太守遼東之役以舟師指朝鮮道會楊玄感反與將軍宇文述來護兒等破之以功進右光祿大夫賜物九百段時有齊郡人王薄孟讓等舉兵爲盜衆十餘萬保長白山頻戰每挫其銳賜奴婢百口明年復臨滄海在軍疾甚謂長史崔君肅曰吾再臨滄海未能利涉時不我與將辭人世立志不果命也如何言畢而終時年五十九贈武衞大將軍謚曰僖有子六人長子紹基靈壽令少子紹範最知名

## 李景

李景字道興天水休官人也父超周應戎二州刺史景容貌奇偉膂力過人美鬚髯驍勇善射平齊之役頗有力焉授儀同三司以平尉迥進位開府賜爵平寇縣公邑千五百戶開皇九年以行軍總管從王世積伐陳陷陣有功進位上開府賜奴婢六十口物千五百段及高智慧等作亂江南復以行軍總管從楊素擊之別平倉嶺還授鄜州刺史十七年遼東之役爲馬軍總管及還配事漢王高祖奇其壯武使袒而觀之曰卿相表當位極人臣尋從史萬歲擊突厥於大斤山別路邀賊大破之後與上明公楊紀送義成公主於突厥至恒安遇突厥來寇時代州總管韓洪爲虜所敗景率所領數百人援之力戰三日殺虜甚衆賜物二千段授韓州刺史以事王故不之官仁壽中檢校代州總管漢王諒作亂并州景發兵拒之諒遣劉暠襲景戰於城東升樓射之無不應弦而倒選壯士擊之斬獲略盡諒復遣嵐州刺史喬鍾葵率勁勇三萬攻之景戰士不過數千加以城池不固爲賊衝擊崩毀相繼景且戰且築士卒皆殊死戰屢挫賊鋒司馬馮孝慈司法參軍呂玉並驍勇善戰儀同三司侯莫陳乂多謀畫工拒守之術景知將士可用其後推誠於此三人無所關預唯在閤持重時出撫循而已月餘朔州總管楊義臣以兵來援合擊大破之先是景府內井中甃上生花如蓮并有龍見時變爲鐵馬甲士又有神人長數丈見於城下其跡長四尺五寸景問巫對曰此是不祥之物來食人血耳景大怒推出之旬日而兵至死者數萬焉景尋被徵入京進位柱國拜右武衞大將軍賜縑九千匹女樂一部加以珍物景智略非所長而忠直爲時所許帝甚信之擊叛蠻向思多破之賜奴婢八十口明年擊吐谷渾於青海破之進位光祿大夫賜奴婢六十口縑一千匹五年車駕西巡至天水景獻食於帝帝曰公主人也賜坐齊王暕之上至隴川宮帝將大獵景與左武衞大將軍郭衍俱有難言爲人所奏帝大怒令左右摽之竟以坐免歲餘復位與宇文述等參軍選舉明年攻高麗武厲城破之賜爵苑丘侯物一千段八年出渾瀰道九年復出遼東及旋師以景爲殿高麗追兵大至景擊走之賚物三千段進爵滑國公楊玄感之反也朝臣子弟多預焉而景獨無關涉帝曰公誠直天然我之梁棟也賜以美女帝每呼李大將軍而不名其見重如此十二年帝令景營遼東戰

具於北平賜御馬一匹名師子驄會幽州賊楊仲緒率衆萬餘人來攻北平景督兵擊破之斬仲緒于時盜賊蜂起道路隔絕景遂召募以備不虞武賁郎將羅藝與景有隙遂誣景將反帝遣其子慰諭之曰縱人言公闚天闕據京都吾無疑也後爲高開道所圍獨守孤城外無聲援歲餘士卒患脚腫而死者十將六七景撫循之一無離叛遼東軍資多在其所粟帛山積既逢離亂景無所私焉及帝崩於江都遼西太守鄧暠率兵救之遂歸柳城後將還幽州在道遇賊見害契丹靺鞨素感其恩聞之莫不流涕幽燕人士于今傷惜之有子世謨

慕容三藏

慕容三藏燕人也父紹宗齊尚書左僕射東南道大行臺三藏幼聰明多武略頗有父風仕齊釋褐太尉府參軍事尋遷備身都督武平初襲爵燕郡公邑八百戶其年敗周師於孝水又敗陳師於壽陽轉武衞將軍又敗周師於河陽授武衞大將軍又轉右衞將軍別封范陽縣公食邑千戶周師入鄴也齊後主失守東遁委三藏等留守鄴宮齊之王公以下皆降三藏猶率麾下抗拒周師及齊平武帝引見恩禮甚厚詔曰三藏父子誠節著聞宜加榮秩授開府儀同大將軍其年稽胡叛令三藏討平之開皇元年授吳州刺史九年奉詔持節涼州道黜陟大使其年嶺南酋長王仲宣反圍廣州詔令柱國襄陽公韋洸爲行軍總管三藏爲副至廣州與賊交戰洸爲流矢所中卒詔令三藏檢校廣州道行軍事十年賊衆四面攻圍三藏固守月餘城中糧少矢盡三藏以爲不可持久遂自率驍銳夜出突圍擊之賊衆敗散廣州獲全以功授大將軍賜奴婢百口加以金銀雜物十二年授廓州刺史州極西界與吐谷渾鄰接姦宄犯法者皆遷配彼州流人多有逃逸及三藏至招納綏撫百姓愛悅繈負日至吏民歌頌之高祖聞其能屢有勞問其年當州畜產繁孳獲醍醐奉獻賚物百段十三年州界連雲山響稱萬年者三詔頒郡國仍遣使醮於山所其日景雲浮於上雉閒兔馴壇側使還具以聞上大悅十五年授疊州總管党項羌時有翻叛三藏隨便討平之部內夷夏咸得安輯仁壽元年改封河內縣男大業元年授和州刺史三年轉任淮南郡太守所在有惠政其年改授金紫光祿大夫大業七年卒三藏從子遐爲澶水丞漢王反抗節不從以誠節聞

薛世雄

薛世雄字世英本河東汾陰人也其先寓居關中父回字道弘仕周官至涇州刺史開皇初封舞陰郡公領曹渠監以年老致事終於家世雄爲兒童時與羣輩遊戲輒畫地爲城郭令諸兒爲攻守之勢有不從令者世雄輒撻之諸兒畏憚莫不齊整其父見而奇之謂人曰此兒當興吾家矣年十七從周武帝平齊以功拜帥都督開皇時數有戰功累遷儀同三司右親衞車騎將軍煬帝嗣位番禺夷獠相聚爲亂詔世雄討平之遷右監門郎將從帝征吐谷渾進位通議大夫世雄性廉謹凡所行軍破敵之處秋毫無犯帝由是嘉之帝嘗從容謂羣臣曰我欲舉好人未知諸君識不羣臣咸曰臣等何能測聖心帝曰我欲舉者薛世雄羣臣皆稱善帝復曰世雄廉正節槩有古人之風於是超拜右翊衞將軍歲餘以世雄爲玉門道行軍大將與突厥啓民可汗連兵擊伊吾師次玉門啓民可汗背約兵不至世雄孤軍度磧伊吾初謂隋軍不能至皆不設備及聞世雄兵已度磧大懼請降詣軍門上牛酒世雄遂於漢舊伊吾城東築城號新伊吾留銀青光祿大夫王威以甲卒千餘人戍之而還天子大悅進位正議大夫賜物二千段遼東之役以世雄爲沃沮道軍將與宇文述同敗績於平壤還次白石山爲賊所圍百餘重四面矢下如雨世雄以羸師爲方陣選勁騎二百先犯之賊稍却因而縱擊遂破之而還所亡失多竟坐免明年帝復征遼東拜右候衞將軍兵指蹋頓道軍至烏骨城會楊玄感作亂班師帝至柳城以世雄爲東北道大使行燕郡太守鎮懷遠于時突厥頗爲寇盜緣邊諸郡多苦之詔世雄發十二郡士馬巡塞而還十年復從帝至遼東遷左禦衞大將軍仍領涿郡留守未幾李密逼東都中原騷動詔世雄率幽薊精兵將擊之軍次河間營於郡城南河間諸縣並集兵依世雄大軍爲營欲討竇建德建德將家口遁自選精銳數百夜來襲之先犯河間兵潰奔世雄營時遇雰霧晦冥莫相辨識軍不得成列皆騰柵而走於是大敗世雄與左右數十騎遁入河間城慙恚發病歸於涿郡未幾而卒時年六十三有子萬述萬淑萬鈞萬徹並以驍武知名

王仁恭

玉仁恭字元實天水上邽人也祖建周鳳州刺史父猛鄯州刺史仁恭少剛毅修謹工騎射弱冠州補主簿秦孝王引爲記室轉長道令遷車騎將軍從楊素擊突厥於靈武以功拜上開府賜物三千段以驃騎將軍典蜀王軍事山獠作亂蜀王命仁恭討破之賜奴婢三百口及蜀王以罪廢官屬多罹其患上以仁恭素質直置而不問煬帝嗣位漢王諒舉兵反從楊素擊平之以功進位大將軍拜呂州刺史賜帛四千匹女妓十人歲餘轉衞州刺史尋改爲汲郡太守有能名徵入朝帝呼上殿勞勉之賜雜綵六百段良馬二匹遷信都太守汲郡吏民扣馬號哭於道數日不得出境其得人情如此遼東之役以仁恭爲軍將及帝班師仁恭爲殿遇賊擊走之進授左光祿大夫賜絹六千段馬四十匹明年復以軍將指扶餘道帝謂之曰往者諸軍多不利公獨以一軍破賊古人云敗軍之將不可以言勇諸將其可任乎今委公爲前軍當副所望也賜良馬十匹黃金百兩仁恭遂進軍至新城賊數萬背城結陣仁恭率勁騎一千擊破之賊嬰城拒守仁恭四面攻圍帝聞而大悅遣舍人詣軍勞問賜以珍物進授光祿大夫賜絹五千匹會楊玄感作亂其兄子武賁郎將仲伯預焉仁恭由是坐免尋而突厥屢爲寇患帝以仁恭宿將頻有戰功詔復本官領馬邑太守其年始畢可汗率騎數萬來寇馬邑復令二特勤將兵南過時郡兵不滿三千仁恭簡精銳逆擊破之其二特勤衆亦潰仁恭縱兵乘之獲數千級并斬二特勤帝大悅賜縑三千匹其後突厥復入定襄仁恭率兵四千掩擊斬千餘級大獲六畜而歸于時天下大亂百姓饑餒道路隔絕仁恭頗改舊節受納貨賄又不敢輒開倉廩賑卹百姓其麾下校尉劉武周與仁恭侍婢姦通恐事泄將爲亂每宣言郡中曰父老妻子凍餒填委溝壑而王府君閉倉不救百姓是何理也以此激怒衆吏民頗怨之其後仁恭正坐廳事武周率其徒數十人大呼而入因害之時年六十武周於是開倉賑給郡內皆從之自稱天子署置百官轉攻傍郡

權武

權武字武挺天水人也祖超魏秦州刺史父襲慶周開府從武元皇帝與齊師戰于并州被圍百餘重襲慶力戰矢盡短兵接戰殺傷甚衆刀矟皆折脫冑擲地向賊大罵曰何不來斫頭也賊遂殺之武以忠臣子起家拜開府襲爵齊郡公邑千二百戶武少果勁勇力絕人能重甲上馬嘗倒投於井未及泉復躍而出其拳捷如此從王謙破齊服龍等五城增邑八百戶平齊之役攻陷邵州別下六城以功增邑三百戶宣帝時拜勁捷左旅上大夫進位上開府高祖爲丞相引置左右及受禪增邑五百戶後六歲拜浙州刺史伐陳之役以行軍總管從晉王出六合還拜豫州刺史在職數年以創業之舊進位大將軍檢校潭州總管其年桂州人李世賢作亂武以行軍總管與武候大將軍虞慶則擊平之慶則以罪誅功竟不錄復還于州多造金帶遺嶺南酋領其人復答以寶物武皆納之由是致富後武晚生一子與親客宴集酒酣遂擅赦所部內獄囚武常以南越邊遠治從其俗務適便宜不依律令而每言當今法急官不可爲上令有司案其事皆驗上大怒命斬之武於獄中上書言其父爲武元皇帝戰死於馬前以此求哀由是除名爲民仁壽中復拜大將軍封邑如舊未幾授太子右衞率煬帝即位拜右武衞大將軍坐事免授桂州刺史俄轉始安太守久之徵拜右屯衞大將軍尋坐事除名卒于家有子弘

吐萬緒

吐萬緒字長緒代郡鮮卑人也父通周郢州刺史緒少有武略在周起家撫軍將軍襲爵元壽縣公數從征伐累遷大將軍少司武高祖受禪拜襄州總管進封穀城郡公邑二千五百戶尋轉青州總管頗有治名歲餘突厥寇邊朝廷以緒有威略徙爲朔州總管甚爲北夷所憚其後高祖潛有吞陳之志轉徐州總管令修戰具及大舉濟江以緒領行軍總管與西河公紇豆陵洪景屯兵江北及陳平拜夏州總管晉王廣之在藩也頗見親遇及爲太子引爲左虞侯率煬帝嗣位漢王諒時鎮并州帝恐其爲變拜緒晉絳二州刺史馳傳之官緒未出關諒已遣兵據蒲坂斷河橋緒不得進詔緒率兵從楊素擊破之拜左武侯將軍大業初轉光祿卿賀若弼之遇讒也引緒爲證緒明其無罪由是免官歲餘守東平太守未幾帝幸江都路經其境迎謁道傍帝命升龍舟緒因頓首陳謝往事帝大悅拜金紫光祿大夫太守如故遼東之役請爲先鋒帝嘉之拜左屯衞大將軍率馬步數萬指蓋馬道及班師留鎮懷遠進位左光祿大夫時劉元進作亂江南以兵攻潤州帝徵緒討之緒率衆至楊子津元進自茅浦將度江緒勒兵擊走緒因濟江背水爲柵明旦元進來攻又大挫之賊解潤州圍而去緒進屯曲阿元進復結柵拒緒挑之元進出戰陣未整緒以騎突之賊衆遂潰赴江水而死者數萬元進挺身夜遁歸保其壘僞署僕射朱燮管崇等屯於毗陵連營百餘里緒乘勢進擊復破之賊退保黃山緒進軍圍之賊窮蹙請降元進朱燮僅以身免於陣斬管崇及其將軍陸顗等五千餘人收其子女二萬餘口送江都宮進解會稽圍元進復據建安帝令進討之緒以士卒疲敝

請息甲侍至來春帝不悅密令求緒罪失有司奏緒怯懦違詔於是除名爲民配防建安尋有詔徵詣行在所緒鬱鬱不得志還至永嘉發疾而卒

董純

董純字德厚隴西成紀人也祖和魏太子左衛率父昇周柱國純少有膂力便弓馬在周仕歷司御上士典馭下大夫封固始縣男邑二百戸從武帝平齊以功拜儀同進爵大興縣侯增邑通前八百戸高祖受禪進爵漢曲縣公累遷驃騎將軍後以軍功進位上開府開皇末以勞舊擢拜左衛將軍尋改封順政縣公漢王諒作亂并州以純爲行軍總管河北道安撫副使從楊素擊平之以功拜柱國進爵爲郡公增邑二千戸轉左備身將軍賜女妓十人縑綵五千匹數年轉左驍衛將軍彭城留守齊王暕之得罪也純坐與交通帝庭譴之曰汝階緣宿衛以至大官何乃附傍吾兒欲相離間也純曰臣本微賤下才過蒙獎擢先帝察臣小心寵踰涯分陛下重加收採位至將軍欲竭餘年報國恩耳比數至齊王者徒以先帝先后往在仁壽宮置元德太子及齊王於膝上謂臣曰汝好看此二兒勿忘吾言也臣奉詔之後每於休暇出入未嘗不詣王所臣誠不敢忘先帝之言于時陛下亦侍先帝之側帝改容曰誠有斯旨於是捨之後數日出爲汶山太守歲餘突厥寇邊朝廷以純宿將轉爲榆林太守虜有至境純輒擊却之會彭城賊帥張大虎宗世模等衆至數萬保懸薄山寇掠徐兗帝令純討之純初閉營不與戰賊屢挑之不出賊以純爲怯不設備縱兵大掠純選精鋭擊之合戰於昌慮大破之斬首萬餘級築爲京觀賊魏麒麟衆萬餘人據單父純進擊又破之及帝重征遼東復以純爲彭城留守東海賊彭孝才衆數千掠懷仁縣轉入沂水保五不及山純以精兵擊之擒孝才於陣車裂之餘黨各散時百姓思亂盜賊日益純雖頻戰克捷所在蜂起有人譖純怯懦不能平賊帝大怒遣使鎖純詣東郡有司見帝怒甚遂希旨致純死罪竟伏誅

趙才

趙才字孝才張掖酒泉人也祖隗魏銀青光祿大夫樂浪太守父壽周順政太守才少驍武便弓馬性粗悍無威儀周世爲輿正上士高祖受禪屢以軍功遷上儀同三司配事晉王及王爲太子拜右虞候率煬帝即位轉左備身驃騎後遷右驍衛將軍帝以才藩邸舊臣漸見親待才亦恪勤匪懈所在有聲歲餘轉右候衛將軍從征吐谷渾以爲行軍總管率衛尉卿劉權兵部侍郎明雅等出合河道與賊相遇擊破之以功進位金紫光祿大夫及遼東之役再出碣石道還授左候衛將軍俄遷右候衛大將軍時帝每有巡幸才恒爲斥候肅遏姦非無所迴避在塗遇公卿妻子有違禁者才輒醜言大罵多所援及時人雖患其不遜然才守正無如之何十年駕幸汾陽宮以才留守東都十二年帝在洛陽將幸江都才見四海土崩恐爲社稷之患自以荷恩深重無容坐看亡敗於是入諫曰今百姓疲勞府藏空竭盜賊蜂起禁令不行願陛下還京師安兆庶臣雖愚蔽敢以死請帝大怒以才屬吏旬日帝意頗解乃令出之帝遂幸江都待遇踰昵時江都糧盡將士離心內史侍郎虞世基祕書監袁充等多勸帝幸丹陽帝廷議其事才極陳入京之策世基盛言度江之便帝黙然無言才與世基相忿而出宇文化及弒逆之際才時在苑北化及遣驍果席德方矯詔追之才聞詔而出德方命其徒執之以詣化及化及謂才曰今日之事秖得如此幸勿爲懷才嘿然不對化及忿才無言將殺之三日乃釋以本官從事鬱鬱不得志才嘗對化及宴飲請勸其同謀逆者一十八人楊士覽等酒化及許之才執杯曰十八人止可一度作勿復餘處更爲諸人黙然不對行至聊城遇疾俄而化及爲竇建德所破才復見虜心彌不平數日而卒時年七十三仁壽大業間有蘭興浴賀蘭蕃俱爲武候將軍剛嚴正直不避强禦咸以稱職知名

史臣曰羅睺法尚李景世雄慕容三藏並以驍武之姿當有事之日致茲富貴自取之也仁恭初在汲郡以清能顯達後居馬邑以貪惏敗亡鮮克有終惜矣吐萬緒董純各以立效當年取斯高秩緒請息兵見責純遭譖毀被誅大業之季盜可盡乎濫刑暴逞能不及焉趙才雖人而無儀志在强直固拒世基之議可謂不苟同矣權武素無行檢不拘刑憲終取黜辱宜哉

隋書卷六十五考證

慕容三藏傳百姓愛悅繈負日至○按前漢食貨志藏繈十萬作繈注錢貫也論語繈負其子而至矣作襁博物志襁褓負兒衣織縷爲之廣八尺長二尺以約小兒於背李奇曰絡也又史記衛將軍傳青子在襁褓中蓋繈與襁通

# 隋書卷六十六

唐　特　進　臣　魏　徵　上

## 列傳第三十一

### 李諤

李諤字士恢趙郡人也好學解屬文仕齊爲中書舍人有口辯每接對陳使周武帝平齊拜天官都上士諤見高祖有奇表深自結納及高祖爲丞相甚見親待訪以得失于時兵革屢動國用虛耗諤上重穀論以諷焉高祖深納之及受禪歷比部考功二曹侍郎賜爵南和伯諤性公方明達世務爲時論所推遷治書侍御史上謂羣臣曰朕昔爲大司馬每求外職李諤陳十二策苦勸不許朕遂決意在內今此事業諤之力也賜物二千段諤見禮教凋敝公卿薨亡其愛妾侍婢子孫輒嫁賣之遂成風俗諤上書曰臣聞追遠慎終民德歸厚三年無改方稱爲孝如聞朝臣之內有父祖亡沒日月未久子孫無賴便分其妓妾嫁賣取財有一於茲實損風化妾雖微賤親承衣履服斬三年古今通式豈容遽褫衰絰强傳鉛華泣辭靈几之前送付他人之室凡在見者猶致傷心況乎人子能堪斯忍復有朝廷重臣位望通貴平生交舊情若弟兄及其亡沒杳同行路朝聞其死夕規其妾方便求娉以得爲限無廉耻之心棄友朋之義且居家理治可移於官既不正私何能贊務上覽而嘉之五品以上妻妾不得改醮始於此也諤又以屬文之家體尚輕薄遞相師效流宕忘反於是上書曰臣聞古先哲王之化民也必變其視聽防其嗜欲塞其邪放之心示以淳和之路五教六行爲訓民之本詩書禮易爲道義之門故能家復孝慈人知禮讓正俗調風莫大於此其有上書獻賦制誄鐫銘皆以襃德序賢明勳證理苟非懲勸義不徒然降及後代風教漸落魏之三祖更尚文詞忽君人之大道好雕蟲之小藝下之從上有同影響競騁文華遂成風俗江左齊梁其弊彌甚貴賤賢愚唯務吟詠遂復遺理存異尋虛逐微競一韻之奇爭一字之巧連篇累牘不出月露之形積案盈箱唯是風雲之狀世俗以此相高朝廷據茲擢士祿利之路既開愛尚之情愈篤於是閭里童昏貴遊總丱未窺六甲先製五言至如義皇舜禹之典伊傅周孔之說不復關心何嘗入耳以傲誕爲清虛以緣情爲勳績指儒素爲古拙用詞賦爲君子故文筆日繁其政日亂良由棄大聖之軌模構無用以爲用也損本逐末流徧華壤遞相師祖久而愈扇及大隋受命聖道聿興屏出輕浮遏止華僞自非懷經抱質志道依仁不得引預搢紳參廁纓冕開皇四年普詔天下公私文翰並宜實錄其年九月泗州刺史司馬幼之文表華豔付所司治罪自是公卿大臣咸知正路莫不鑽仰墳集棄絕華綺擇先王之令典行大道於茲世如聞外州遠縣仍踵敝風選吏舉人未遵典則至有宗黨稱孝鄉曲歸仁學必典謨交不苟合則擯落私門不加收齒其學不稽古逐俗隨時作輕薄之篇章結朋黨而求譽則選充吏職舉送天朝蓋由縣令刺史未行風教猶挾私情不存公道臣既忝憲司職當糾察若聞風即劾恐挂網者多請勒諸司普加搜訪有如此者具狀送臺諤又以當官者好自矜伐復上奏曰臣聞舜戒禹云汝惟不矜天下莫與汝爭能汝惟不伐天下莫與汝爭功言偃又云事君數斯辱矣朋友數斯疏矣此皆先哲之格言後王之軌轍然則人臣之道陳力濟時雖勤比大禹功如師望亦不得厚自矜伐上要君父況復功無足紀勤不補過而敢自陳勳績輕干聽覽世之喪道極於周代下無廉耻上使之然用人唯信其口取士不觀其行矜誇自大便以幹濟蒙擢謙恭靜退多以恬嘿見遺是以通表陳誠先論己之功狀承顏敷奏亦道臣最用心自衒自媒都無慙耻之色强干橫請唯以乾沒爲能自隋受命此風頓改耕夫販婦無不革心況乃大臣仍遵敝俗如聞刺史入京朝覲乃有自陳勾檢之功諠訴階墀之側言辭不遜高自稱譽上黷冕旒特爲難恕凡如此輩具狀送臺明加罪黜以懲風軌上以諤前後所奏頒示天下四海靡然向風深革其弊諤在職數年務存大體不尚嚴猛由是無剛謇之譽而潛有匡正多矣邳公蘇威以臨道店舍乃求利之徒事業汙雜非敎本之義遂奏高祖約遣歸農有願依舊者所在州縣錄附市籍仍撤毀舊店並令遠道限以時日正值冬寒莫敢陳訴諤因別使見其如此以爲四民有業各附所安逆旅之與旗亭自古非同一槩即附市籍於理不可且行旅之所依託豈容一朝而廢徒爲勞擾於事非宜遂專決之並令依舊使還詣闕然後奏聞高祖善之曰體國之臣當如此矣以年老出拜通州刺史甚有惠政民夷悅服後三歲卒官有子四人大體大鈞並官至尚書郎世子大方襲爵最有材品大業初判內史舍人帝方欲任之遇卒

### 鮑宏

鮑宏字潤身東海郯人也父機以才學知名事梁官至治書侍御史宏七歲而孤爲兄泉之所愛育年十二能

屬文嘗和湘東王繹詩繹嗟賞不已引爲中記室還鎮南府諮議尚書水部郎轉通直散騎侍郎江陵既平歸于周明帝甚禮之引爲麟趾殿學士累遷遂伯下大夫與杜子暉聘于陳謀伐齊也陳遂出兵江北以侵齊帝嘗同宏取齊之策宏對云我强齊弱勢不相侔齊主昵近小人政刑日紊至尊仁惠慈恕法令嚴明事等建瓴何憂不剋但先皇往日出師雒陽彼有其備每不剋捷如臣計者進兵汾潞直掩晉陽出其不虞以爲上策帝從之及定山東除少御正賜爵平遙縣伯邑六百戶加上儀同高祖作相奉使山南會王謙舉兵於蜀路次潼州爲謙將達奚惎所執逼送成都竟不屈節謙敗之後馳傳入京高祖嘉之賜以金帶及受禪加開府除利州刺史進爵爲公轉邛州刺史秩滿還京時有尉義臣者其父崇不從尉迥後復與突厥戰死上嘉之將賜姓爲金氏訪及羣下宏對曰昔項伯不同項羽漢高賜姓劉氏秦真父能死難魏武賜姓曹氏如臣愚見請賜以皇族高祖曰善因賜義臣姓爲楊氏後授均州刺史以目疾免卒於家時年九十六初周武帝勑宏修皇室譜一部分爲帝緒疏屬賜姓三篇有集十卷行於世

## 裴政

裴政字德表河東聞喜人也高祖壽孫從宋武帝徙家于壽陽歷前軍長史廬江太守祖邃梁侍中左衞將軍豫州大都督父之禮廷尉卿政幼明敏博聞强記達於時政爲當時所稱年十五辟邵陵王府法曹參軍事轉起部郎枝江令湘東王之臨荆州也召爲宣惠府記室尋除通直散騎侍郎侯景作亂加壯武將軍帥師隨建寧侯王琳進討之擒賊率宋子仙獻于荆州及平侯景先鋒入建鄴以軍功進最封夷陵侯徵授給事黃門侍郎復帥師副王琳拒蕭紀破之於硤口加平越中郎將鎮南府長史及周師圍荆州琳自桂州來赴難次于長沙政請從間道先報元帝至百里洲爲周人所獲蕭詧謂政曰我武皇帝之孫也不可爲爾君乎爾亦何煩殉身於七父若從我計則貴及子孫如或不然分腰領矣政詭曰唯命詧鎖之送至城下使謂元帝曰王僧辯聞臺城被圍已自爲帝王琳孤弱不復能來政許之既而告城中曰援兵大至各思自勉吾以間使被擒當以碎身報國監者擊其口終不易辭詧怒命趣行戮蔡大業諫曰此民望也若殺之則荆州不可下矣因得釋會江陵陷與城中朝士俱送于京師周文帝聞其忠授員外散騎侍郎引事相府命與盧辯依周禮建六卿設公卿大夫士并撰次朝儀車服器用多遵古禮革漢魏之法事並施行尋授刑部下大夫轉少司憲政明習故事又參定周律能飲酒至數斗不亂簿案盈几剖決如流用法寬平無有冤濫囚徒犯極刑者乃許其妻子入獄就之至冬將行決皆曰裴大夫致我於死死無所恨其處法詳平如此又善鍾律嘗與長孫紹遠論樂語在音律志宣帝時以忤旨免職高祖攝政召復本官開皇元年轉率更令加位上儀同三司詔與蘇威等修定律令政採魏晉刑典下至齊梁沿革輕重取其折衷同撰著者十有餘人凡疑滯不通皆取決於政進位散騎常侍轉左庶子多所匡正見稱純愨東宮凡有大事皆以委之右庶子劉榮性甚專固時武職交番通事舍人趙元愷作辭見帳未及成太子有旨再三催促榮語元愷云但爾口奏不須造帳及奏太子問曰名帳安在元愷曰稟承劉榮不聽造帳太子卽以詰榮榮便拒諱云無此語太子付政推問未及奏狀有附榮者先言於太子曰政欲陷榮推事不實太子召責之政奏曰凡推事有兩一察情一據證審其曲直以定是非臣察劉榮位高任重縱令實語元愷蓋是纖介之愆計理而論不須隱諱又察元愷受制於榮豈敢以無端之言妄相點累二人之情理正相似元愷引左衞率崔蒨等爲證蒨等款狀悉與元愷符同察情既敵須以證定臣謂榮語元愷事必非虛太子亦不罪榮而稱政平直政好面折人短而退無後言時雲定興數入侍太子爲奇服異器進奉後宮又緣女寵來往無節政數切諫太子不納政因謂定興曰公所爲者不合禮度又元妃暴薨道路籍籍此於太子非令名也願公自引退不然將及禍定興怒以告太子太子益疏政由是出爲襄州總管妻子不之官所受秩奉散給僚吏民有犯罪者陰悉知之或竟歲不發至再三犯乃因都會時於獄中召出親案其罪五人處死流徙者甚衆合境惶懾令行禁止小民蘇息稱爲神明爾後不修囹圄殆無爭訟卒官年八十九著承聖降錄十卷及太子廢高祖追憶之曰向遣裴政劉行本在共匡弼之猶應不令至此子南金仕至膳部郎

## 柳莊

柳莊字思敬河東解人也祖季遠梁司徒從事中郎父遐霍州刺史莊少有遠量博覽墳籍兼善辭令濟陽蔡大寶有重名於江左時爲岳陽王蕭詧諮議見莊便歎曰襄陽水鏡復在於茲矣大寶遂以女妻之俄而詧辟爲參軍轉法曹及詧稱帝還署中書舍人歷給事黃門侍郎吏部郎中鴻臚卿及高祖輔政蕭巋令莊奉書入關時三方構難高祖懼巋有異志及莊還謂莊曰孤昔以開府從役江陵深蒙梁主殊眷今主幼時艱猥蒙顧託中夜自省實懷慙懼梁主奕葉重光委誠朝廷而今已後方見松筠之節君還本國幸申孤此意於梁主也遂執莊手而別時梁之將帥咸潛請與師與尉迥等爲連衡之勢進可以盡節於周氏退可以席卷山南唯巋疑爲不可會莊至自長安具申高祖結託之意遂言於巋曰昔袁紹劉表王淩諸葛誕之徒並一時之雄傑也及據要害之地擁哮闞之羣功業莫建而禍不旋踵者良由魏武晉氏挾天子保京都仗大義以爲名故能取威定霸今尉迥雖曰舊將昏耄已甚消難王謙常人之下者非有匡合之才況山東庸蜀從化日近周室之恩未洽在朝將相多爲身計競效節於楊氏以臣料之迥等終當覆滅隋公必移周國未若保境息民以觀其變巋深以爲然衆議遂止未幾消難奔陳迥及謙相次就戮巋謂莊曰近者若從衆人之言社稷已不守矣高祖踐阼莊又入朝高祖深慰勉之及爲晉王廣納妃于梁莊因是往來四五反前後賜物數千段蕭琮嗣位遷太府卿及梁國廢授開府儀同三司尋除給事黃門侍郎并賜以田宅莊明習舊章雅達政事凡所駁正帝莫不稱善蘇威爲納言重莊器識常奏帝云江南人有學業者多不習世務習世務者又無學業能兼之者不過於柳莊高熲亦與莊甚厚莊與陳茂同官不能降意茂見上及朝臣多屬意於莊心每不平常謂莊爲輕己帝與茂有舊曲被引召數陳莊短經歷數載譖愬頗行尚書省嘗奏犯罪人依法合流而上處以大辟莊奏曰臣聞張釋之有言法者天子所與天下共也今法如是更重之是法不信於民心方今海內無事正是示信之時伏願陛下思釋之之言則天下幸甚帝不從由是忤旨俄屬尚藥進丸藥不稱旨茂因密奏莊不親監臨帝遂怒十一年徐璒等反於江南以行軍總管長史隨軍討之璒平卽授饒州刺史甚有治名後數載卒官年六十二

## 源師

源師字踐言河南雒陽人也父文宗有重名於齊開皇初終於莒州刺史師早有聲望起家司空府參軍事稍遷尚書左外兵郎中又攝祠部後屬孟夏以龍見請雩時高阿那肱爲相謂眞龍出見大驚喜問龍所在師整容報曰此是龍星初見依禮當雩祭郊壇非謂眞龍別有所降阿那肱忿然作色曰何乃干知星宿祭竟不行師出而竊歎曰國家大事在祀與戎禮既廢也何能久乎齊亡無日矣七年周武帝平齊授司賦上士高祖受禪除魏州刺史入爲尚書考功侍郎仍攝吏部朝章國憲多所參定十七年歷尚書左右丞以明幹著稱時蜀王秀頗違法度乃以師爲益州總管司馬俄而秀被徵秀恐京師有變將謝病不行師數勸之不可違命秀作色曰此自我家事何預卿也師垂涕對曰師荷國厚恩忝參府幕僚吏之節敢不盡心但比年以來國家多故秦孝王寢疾奄至薨殂庶人二十年太子相次淪廢聖上之情何以堪處而有勑追王已淹時月今乃遷延未去百姓不識王心儻生異議內外疑駭發雷霆之詔降一介之使王何以自明願王自計之秀乃從徵秀廢之後益州官屬多相連坐師以此獲免後加儀同三司煬帝卽位拜大理少卿帝在顯仁宮勑宮外衞士不得輒離所守有一主帥私令衞士出外帝付大理繩之師據律奏徒帝令斬之師奏曰此人罪誠難恕若陛下初便殺之自可不關文墨既付有司義歸恒典脫宿衞近侍者更有此犯將何以加之帝乃止轉刑部侍郎師居職强明有口辯而無廉平之稱未幾卒官有子崑玉

## 郎茂

郎茂字蔚之恒山新市人也父基齊潁川太守茂少敏慧七歲誦騷雅日千餘言十五師事國子博士河間權會受詩易三禮及玄象刑名之學又就國子助教長樂張率禮受三傳羣言至忘寢食家人恐茂成病恒節其燈燭及長稱爲學者頗解屬文年十九丁父憂居喪過禮仕齊解褐司空府行參軍會陳使傅縡來聘令茂接對之後奉詔於秘書省刊定載籍遷保城令有能名百姓爲立清德頌及周武平齊上柱國王誼薦之授陳州戶曹屬高祖爲亳州總管見而悅之命掌書記時周武帝爲象經高祖從容謂茂曰人主之所爲也感天地動鬼神而象經多糾法將何以致治茂竊歎曰此言豈常人所及也乃陰自結納高祖亦親禮之後還家爲州主簿高祖爲丞相以書召之言及疇昔甚歡授衞州司錄有能名尋除衞國令時有繫囚二百茂親自究審數日釋免者百餘人歷年辭訟不詣州省魏州刺史元暉謂茂曰長史言衞國民不敢申訴者畏明府耳茂進曰民猶水也法令爲隄防隄防不固必致奔突苟無決溢使君何患哉暉無以應之有民張元預與從父弟思蘭不睦丞尉請加嚴法茂曰元預兄弟本相憎疾又坐得罪彌益其忿非化民之意也於是遣縣中耆舊更往敦諭

道路不絕元預等各生感悔詣縣頓首請罪茂曉之以義遂相親睦稱爲友悌茂自延州長史轉太常丞遷民部侍郎時尚書右僕射蘇威立條章每歲責民間五品不遜或答者乃云管內無五品之家不相應領類多如此又爲餘糧簿擬有無相贍茂以爲繁紆不急皆奏罷之數歲以母憂去職未期起令視事又奏身死王事者子不退田品官年老不減地皆發於茂茂性明敏剖決無滯當時以吏幹見稱仁壽初以本官領大興令煬帝卽位遷雍州司馬尋轉太常少卿後二歲拜尚書左丞參掌選事茂工法理爲世所稱時工部尚書宇文愷右翊衛大將軍于仲文競河東銀窟茂奏劾之曰臣聞貴賤殊禮士農異業所以人知局分家識廉恥宇文愷位望已隆祿賜優厚拔葵去織寂爾無聞求利下交曾無愧色宇仲文大將宿衞近臣趨侍階庭朝夕聞道虞芮之風抑而不慕分銖之利知而必爭何以貽範庶寮示民軌物若不糾繩將虧政教愷與仲文竟坐得罪茂撰州郡圖經一百卷奏之賜帛三百段以書付祕府于時帝每巡幸王綱已紊法令多失茂既先朝舊臣明習世事然善自謀身無謇諤之節見帝忌刻不敢措言唯竊歎而已以年老上表乞骸骨不許會帝親征遼東以茂爲晉陽宮留守其年恒山贊治王文同與茂有隙奏茂朋黨附下罔上詔遣納言蘇威御史大夫裴蘊雜治之茂素與二人不平因深文巧詆成其罪狀帝大怒及其弟司隸別駕楚之皆除名爲民徙且末郡茂怡然受命不以爲憂在途作登壟賦以自慰詞義可觀復附表自陳帝頗悟十年追還京兆歲餘而卒時年七十五有子知年

## 高構

高構字孝基北海人也性滑稽多智辯給過人好讀書工吏事弱冠州補主簿仕齊河南王參軍事歷徐州司馬蘭陵平原二郡太守齊滅後周武帝以爲許州司馬高祖受禪轉冀州司馬甚有能名徵拜比部侍郎尋轉民部時內史侍郎晉平東與兄子長茂爭嫡尚書省不能斷朝臣三議不決構斷而合理上以爲能召入內殿勞之曰我聞尚書郎上應列宿觀卿才識方知古人之言信矣嫡庶者禮教之所重我讀卿判數徧詞理愜當意所不能及賜米百石由是知名尋遷雍州司馬以明斷見稱歲餘轉吏部侍郎號爲稱職復徙雍州司馬坐事左轉盩厔令甚有治名上善之復拜雍州司馬又爲吏部侍郎以公事免煬帝立召令復位時爲吏部者多以不稱職去官唯構最有能名前後典選之官皆出其下時人以構好劇談頗謂輕薄然其內懷方雅特爲吏部尚書牛弘所重後以老病解職弘時典選凡將有所擢用輒遣人就第問其可不河東薛道衡才高當世每稱構有清鑒所爲文筆必先以草呈構而後出之構有所詆訶道衡未嘗不嗟伏大業七年終于家時年七十二所舉杜如晦房玄齡等後皆自致公輔論者稱構有知人之鑒開元中昌黎豆盧寔爲黃門侍郎稱爲慎密河東裴術爲右丞多所糾正河內士燮平原東方舉安定皇甫聿道俱爲刑部並執法平允弘農劉士龍淸河房山基爲考功河東裴鏡民爲兵部並稱明幹京兆韋焜爲民曹屢進讜言南陽韓則爲延州長史甚有惠政此等事行遺闕皆有吏幹爲當時所稱

## 張虔威

張虔威字元敬清河東武城人也父晏之齊北徐州刺史虔威性聰敏涉獵羣書其世父昺之謂人曰虔威吾家千里駒也年十二州補主簿十八爲太尉中兵參軍後累遷太常丞及齊亡仕周爲宣納中士高祖得政引爲相府典籤開皇初晉王廣出鎭并州盛選僚佐以虔威爲刑獄參軍累遷爲屬王甚美其才與河內張衡俱見禮重晉邸稱爲二張焉及王爲太子遷員外散騎侍郎太子內舍人煬帝卽位授內史舍人儀同三司尋以藩邸之舊加開府尋拜謁者大夫從幸江都以本官攝江都贊治稱爲幹理虔威嘗在塗見一遺囊恐其主求失因令左右負之而行後數日物主來認悉以付之淮南太守楊綝嘗與十餘人同來謁見帝問虔威曰其首立者爲誰虔威下殿就視而答曰淮南太守楊綝帝謂虔威曰卿爲謁者大夫而乃不識參見人何也虔威對曰臣非不識楊綝但慮不審所以不敢輕對石建數馬足蓋慎之至也帝甚嘉之其廉慎皆此類也于時帝數巡幸百姓疲敝虔威因上封事以諫帝不悅自此見疏未幾卒官有子爽仕至蘭陵令虔威弟虔雄亦有才器秦孝王俊爲秦州總管選爲法曹參軍王嘗親案囚徒虔雄誤不持狀口對百餘人皆盡事情同輩莫不歎服後歷壽春陽城二縣令俱有治績

## 榮毗 兄建緒

榮毗字子謨北平無終人也父權魏兵部尚書毗少剛鯁有局量涉獵羣言仕周釋褐漢王記室轉內史下士開皇中累遷殿內監時以華陰多盜賊妙選長吏楊素薦毗爲華州長史世號爲能素之田宅多在華陰左右放縱毗以法繩之無所寬貸毗因朝集素謂之曰素之舉卿適以自罰也毗答曰奉法一心者但恐累公所舉素笑曰前者戲耳卿之奉法素之望也時晉王在揚州每令人密覘京師消息遣張衡於路次往往置馬坊以畜牧爲辭實給私人也州縣莫敢違毗獨遏絕其事上聞而嘉之賚絹百匹轉蒲州司馬漢王諒之反也河東豪傑以城應諒刺史丘和覺遁歸關中長史渤海高義明謂毗曰河東要害國之東門若失之則爲難不細城中雖復恟恟非悉反也但收桀黠者十餘人斬之自當立定耳毗然之義明馳馬追和將與協計至城西門爲反者所殺毗亦被執及諒平拜治書侍御史帝謂之曰今日之舉馬坊之事也無改汝心帝亦敬之毗在朝侃然正色爲百寮所憚後以母憂去職歲餘起令視事尋卒官贈鴻臚少卿毗兄建緒性甚亮直兼有學業仕周爲載師下大夫儀同三司及平齊之始留鎭鄴城因著齊紀三十卷建緒與高祖有舊及爲丞相加位開府拜息州刺史將之官時高祖陰有禪代之計因謂建緒曰且躊躇當共取富貴建緒自以周之大夫因義形於色曰明公此旨非僕所聞高祖不悅建緒遂行開皇初來朝上謂之曰卿亦悔不建緒稽首曰臣位非徐廣情類楊彪上笑曰朕雖不解書語亦知卿此言不遜也歷始洪二州刺史俱有能名

## 陸知命

陸知命字仲通吳郡富春人也父敖陳散騎常侍知命性好學通識大體以貞介自持釋褐陳始興王行參軍後歷太學博士南獄正及陳滅歸于家會高智慧等作亂于江左晉王廣鎭江都以其三吳之望召令諷諭反者知命說下賊十七城得其渠帥陳正緒蕭思行等三百餘人以功拜儀同三司賜以田宅復用其弟恪爲汧陽令知命以恪非百里才上表陳讓朝廷許之時見天下一統知命勸高祖都洛陽因上太平頌以諷焉文多不載數年不得調詣朝堂上表請使高麗曰臣聞聖人當扆物色犓蕘匹夫奔踶或陳狂瞽伏願暫輟旒纊覽臣所謁昔軒轅馭曆既緩夙沙之誅虞舜握圖猶稽有苗之伐陛下當百代之末膺千載之期四海廓淸三邊底定唯高麗小豎狼顧燕垂王度含弘每懷遵養者良由惡殺好生欲諭之以德也臣請以一節宣示皇風使彼君臣面縛闕下書奏天子異之歲餘授普寧鎭將人或言其正直者由是待詔於御史臺煬帝嗣位拜治書侍御史侃然正色爲百寮所憚帝甚敬之後坐事免歲餘復職時齊王暕頗驕縱暱近小人知命奏劾之暕竟得罪百寮震慄遼東之役爲東萊道受降使者卒於師時年六十七贈御史大夫

## 房彥謙

房彥謙字孝冲本淸河人也七世祖諶仕燕太尉掾隨慕容氏遷于齊子孫因家焉世爲燕姓高祖法壽魏青冀二州刺史壯武侯曾祖伯祖齊郡平原二郡太守祖翼宋安太守並世襲爵壯武侯父熊釋褐州主簿行淸河廣川二郡守彥謙早孤不識父爲母兄之所鞠養長兄彥雅有淸鑒以彥謙天性穎悟每奇之親教讀書年七歲誦數萬言爲宗黨所異十五出後叔父子貞事所繼母有踰本生子貞哀之撫養甚厚後丁所繼母憂勺飲不入口者五日事伯父樂陵太守豹竭盡心力每四時珍果口弗先嘗遇期服之戚必蔬食終禮宗從取則焉其後受學于博士尹琳手不釋卷遂通涉五經解屬文工草隸雅有詞辯風槩高人年十八屬廣寧王孝珩爲齊州刺史辟爲主簿時禁網疎闊州郡之職尤多縱弛及彥謙在職淸簡守法州境肅然莫不敬憚及周師入鄴齊主東奔以彥謙爲齊州治中彥謙痛本朝傾覆將糾率忠義潛謀匡輔事不果而止齊亡歸于家周帝遣柱國辛遵爲齊州刺史爲賊帥輔帶劍所執彥謙以書諭之帶劍慙懼送遵還州諸賊並各歸首及高祖受禪之後遂優遊鄉曲誓無仕心開皇七年刺史韋藝固薦之不得已而應命吏部尚書盧愷一見重之擢授承奉郎俄遷監察御史後屬陳平奉詔安撫泉括等十州以銜命稱旨賜物百段米百石衣一襲奴婢七口遷秦州總管錄事參軍嘗因朝集時左僕射高熲定考課彥謙謂熲曰書稱三載考績黜陟幽明唐虞以降代有其法黜陟合理襃貶無虧便是進必得賢退皆不肖如或舛謬法乃虛設比見諸州考校執見不同進退多少參差不類況復愛憎肆意致乖平坦淸介孤直未必高名卑謟巧宦翻居上等直爲眞僞混淆是非瞀亂宰貴既不精練斟酌取捨曾經驅使者多以蒙識獲成未歷臺省者皆爲不知被退又四方懸遠難可詳悉唯量準人數半破半成徒計官員之少多莫顧善惡之衆寡欲求允當其道無由明公鑒達幽微平心遇物今所考校必無阿枉脫有前件數事未審何以裁之唯願遠布耳目精加採訪襃秋毫之善貶纖介之惡非直有光至治亦足標獎賢能詞氣侃然觀者屬目熲爲之動容深見嗟賞因歷問河西隴右官人景行彥謙對之如響熲顧

謂諸州總管刺史曰與公言不如獨與秦州考使語後數日頻言於上上弗能用以秩滿遷長葛令甚有惠化百姓號爲慈父仁壽中上令持節使者巡行州縣察長吏能不以彥謙爲天下第一超授鄀州司馬吏民號哭相謂曰房明府今去吾屬何用生爲其後百姓思之立碑頌德鄀州久無刺史州務皆歸彥謙名有異政內史侍郎薛道衡一代文宗位望清顯所與交結皆海內名賢重彥謙爲人深加友敬及兼襄州總管辭翰往來交錯道路煬帝嗣位道衡轉牧番州路經彥謙所留連數日屑涕而別黃門侍郎張衡亦與彥謙相善于時帝營東都窮極侈麗天下失望又漢王構逆罹罪者多彥謙見衡當塗而不能匡救以書論之曰竊聞賞者所以勸善刑者所以懲惡故疏賤之人有善必賞尊貴之戚犯惡必刑未有罰則避親賞則遺賤者也今諸州刺史受委宰牧善惡之間上達本朝懾憚憲章不敢怠慢國家祗承靈命作民父母刑賞曲直升聞于天寅畏照臨亦宜謹肅故文王云我其夙夜畏天之威以此而論雖州國有殊高下懸邈然憂民慎法其理一也至如并州釁逆須有甄明若楊諒實以詔命不通慮宗社危逼徵兵聚衆非爲干紀則當原其本情議其刑罰上副聖主友于之意下曉愚民疑惑之心若審知內外無虞嗣后纂統而好亂樂禍妄有覬覦則管蔡之誅當在於諒同惡相濟無所逃罪梟懸孥戮國有常刑其間乃有情非協同力不自固或被擁逼淪陷凶威遂使籍沒流移恐爲寃濫恢恢天網豈其然乎罪疑從輕斯義安在昔叔向寘鬻獄之死晉國所嘉釋之斷犯蹕之刑漢文稱善羊舌寧不愛弟廷尉非苟違君但以執法無私不容輕重且聖人大寶是曰神器苟非天命不可妄得故蚩尤項籍之驍勇伊尹霍光之權勢李老孔丘之才智呂望孫武之兵術吳楚連磐石之據產祿承母后之基不應歷運之兆終無帝王之位況乎蕞爾一隅蜂扇蟻聚楊諒之愚鄙羣小之凶慝而欲憑陵畿甸覬幸非望者哉開闢以降書契云及帝皇之跡可得而詳自非積德累仁豐功厚利孰能道洽幽顯義感靈祇是以古之哲王昧旦丕顯履冰在念御朽競懷逮叔世驕荒曾無戒懼肆於民上騁嗜奔欲不可具載請略陳之曩者齊陳二國並居大位自謂與天地合德日月齊明罔念憂虞不恤刑政近臣懷寵稱善而隱惡史官曲筆掩瑕而錄美是以民庶呼嗟終閉塞於視聽公卿虛譽日敷陳於左右法網嚴密刑辟日多徭役煩興老幼疲苦昔鄭有子產齊有晏嬰楚有叔敖晉有士會凡此小國尚足名臣齊陳之疆豈無良佐但以執政壅蔽懷私徇軀忘國憂家外同內忌設有正直之士才堪幹持於己非宜即加擯壓倘遇諂佞之輩行多穢匿於我有益遂蒙薦舉以此求賢何從而至夫賢材者非尚膂力豈繫文華唯須正身負載確乎不動譬棟之處屋如骨之在身所謂棟梁骨鯁之材也齊陳不任骨鯁信近讒諛天高聽卑監其淫僻故總收神器歸我大隋向使二國祇敬上玄惠恤鰥寡委任方直斥遠浮華卑菲爲心惻隱爲務河朔彊富江湖險隔各保其業民不思亂泰山之固弗可動也然而寢臥積薪宴安鴆毒遂使禾黍生廟霧露沾衣弔影撫心何嗟及矣故詩云殷之未喪師克配上帝宜鑒于殷駿命不易萬機之事何者不須熟慮哉伏惟皇帝望雲就日仁孝夙彰錫社分珪大成規矩及總統淮海盛德日新當璧之符遐邇僉屬纘歷甫爾寬仁已布率土蒼生翹足而喜并州之亂變起倉卒職由楊諒詭惑詿誤吏民非有構怨本朝棄德從賊者也而有司將帥稱其願反非止誣陷良善亦恐大黠皇猷足下宿當重寄早預心膂粵自藩邸柱石見知方當書名竹帛傳芳萬古稷契伊呂彼獨何人旣屬明時須存謇諤立當世之大誠作將來之憲範豈容曲順人主以愛虧刑又使脅從之徒橫貽罪譴忝蒙眷遇輒寫微誠野人愚瞽不知忌諱衡得書歎息而不敢奏聞彥謙知王綱不振遂去官隱居不仕將結構蒙山之下以求其志會置司隸官盛選天下知名之士朝廷以彥謙公方宿著時望所歸徵授司隸刺史彥謙亦慨然有澄清天下之志凡所薦舉皆人倫表式其有彈射當之者曾無怨言司隸別駕劉炫陵上侮下訐以爲直刺史憚之皆爲之拜唯彥謙執志不撓亢禮長揖有識嘉之炫亦不敢爲恨大業九年從駕度遼監扶餘道軍其後隋政漸亂朝廷靡然莫不變節彥謙直道守常介然孤立頗爲執政者之所嫉出爲涇陽令未幾終于官時年六十九彥謙居家每子姪定省常爲講說督勉之亹亹不倦家有舊業資產素殷又前後居官所得俸祿皆以周卹親友家無餘財車服器用務存素儉自少及長一言一行未嘗涉私雖致屢空怡然自得嘗從容獨笑顧謂其子玄齡曰人皆因祿富我獨以官貧所遺子孫在於清白耳所有文筆恢廓閑雅有古人之深致又善草隸人有得其尺牘者皆寶翫之太原王邵北海高構蓚縣李綱河東柳彧薛孺皆一時知名雅澹之士彥謙並與爲友雖冠蓋成列而門無雜賓體資文雅深達政務有識者咸以遠大許之初開皇中平陳之後天下一統論者咸云將致太平彥謙私謂所親趙郡李少通曰主上性多忌剋不納諫爭太子卑弱諸王擅威在朝唯行苛酷之政未施弘大之體天下雖安方憂危亂少通初謂不然及仁壽大業之際其言皆驗大唐馭宇追贈徐州都督臨淄縣公謚曰定

史臣曰大厦云構非一木之枝帝王之功非一士之畧長短殊用大小異宜榕梲棟梁莫可棄也李諤等或文能遵義或才足幹時識用顯於當年故事留於臺閣參之有隋多士取其開物成務皆廊廟之榱桷亦北辰之衆星也

# 隋書卷六十七

唐　特　進　臣　魏　徵　上

## 列傳第三十二

### 虞世基

虞世基字茂世會稽餘姚人也父荔陳太子中庶子世基幼沉靜喜慍不形於色博學有高才兼善草隸陳中書令孔奐見而歎曰南金之貴屬在斯人少傅徐陵聞其名召之世基不往後因公會陵一見而奇之顧謂朝士曰當今潘陸也因以弟女妻焉仕陳釋褐建安王法曹參軍事歷祠部殿中二曹郎太子中舍人遷中庶子散騎常侍尚書左丞陳主嘗於莫府山校獵令世基作講武賦於坐奏之曰夫翫居常者未可論匡濟之功應變通者然後見帝王之畧何則化有文質進讓殊風世或澆淳解張累務雖復順紀合符之后望雲就日之君且修戰於阪泉亦治兵於丹浦是知文德武功蓋因時而並用經邦創制固與俗而推移所以樹鴻名垂大訓拱揖百靈包舉六合其唯聖人乎鶉火之歲皇上御宇之四年也萬物交泰九有乂安俗躋仁壽民資日用然而足食足兵猶載懷於履薄可久可大尚懍乎於御朽至如昆吾遠竇肅眘奇睬史不絕書府無虛月貝冑雍弧之用犀渠關鞏之殷鑄名劒於尚方積琱戈於武庫能羆百萬貔豹千羣利盡五材威加四海爰於農隙有事春蒐舍爵策勳觀使臣之以禮沮勸賞罰迺示民以知禁盛矣哉信百王之不易千載之一時也昔上林從幸相如於是頌德長楊校獵子雲退而爲賦雖則體物緣情不同年而語矣英聲茂實蓋可得而言焉其辭曰

惟則天以稽古統資始於羣分膺籙圖而出震樹司牧以爲君旣濟寬而濟猛亦乃武而乃文北怨勞乎殷履南伐盛於唐勛彼周干與夏戚粤可得而前聞我大陳之創業乃撥亂而爲武藏定艱難平壹區宇從業業之樂推爰蒼蒼而再補故累仁以積德諒重規而襲矩惟皇帝之休烈體徇齊之睿哲敷九疇而咸叙奄四海而有截旣搜揚於帝難又文思之安安幽明請吏俊乂在官御璇璣而七政辨朝玉帛而萬國歡昧旦丕顯未明思治道藏往而知來功參天而兩地運聖人之上德盡生民之能事於是禮暢樂和刑清政肅西臯析支東漸蟠木馨圖諜而效祉漏川泉而禔福在靈貺而必臻亦何思而不服雖致治之隆平猶戒國而強兵選羽林於六郡詔蹶張於五營兼折衝而餘勇咸重義而輕生遂乃因農隙以教民在春蒐而習戰命司馬以示法帥掌固而清甸導句始以前驅伏鉤陳而後殿抗鳥旌於析羽飾魚文於被練爾乃革軒技轡玉虬齊鞅屯左矩以啓行擊右鍾而傳響交雲罕之掩映紛劍騎而來往指攝提於斗極洞閶闔之弘敞跨玄武而東臨欽黃山而北上隱圓闕之迢遞届方澤之塏爽于斯時也青春晚候朝陽明岫日月光華煙雲吐秀澄波瀾於江海靜氛埃於宇宙乘輿乃御太一之玉堂授軍令於紫房蘊龍韜之妙筭誓武旅於戎場銳金顏於庸蜀驌鐵騎於漁陽彀神弩而持滿彏矢弧而並張曳紅旗之正正振變鼓之鏜鏜八陳肅而成列六軍儼以相望拒飛梯於縈帶聳樓車於武岡或掉鞅而直指乍交綏而弗傷裁應變而蛇擊俄蹈厲以鷹揚中小枝於戟刃徹蹲札於甲裳聊七縱於孟獲乃兩禽於卞莊始軒軒而鶴舉遂離離以鴈行振川谷而橫八表蕩海岳而耀三光諒窮寘之不測羌進退而難常亦有投石扛鼎超乘挾輈衝冠聳劒鐵楯銅頭熊渠殪兕武勇操牛雖任鄙與賁育故無得而爲仇九攻旣決三畧已周鳴鐲振響風卷電收於是勇爵班金奏設登元凱而陪位命方邵而就列三獻式序八音未闋舞干戚而有豫聽鼓鞞而載悅俾挾纊與投醪咸忘軀而殉節方席卷而橫行見王師之有

征登燕山而戮封豕臨瀚海而斬長鯨望雲亭而載蹕禮升中而告成實皇王之神武信蕩蕩而難名者也陳主嘉之賜馬一匹及陳滅歸國爲通直郎直內史省貧無產業每傭書養親怏怏不平嘗爲五言詩以見意情理悽切世以爲工作者莫不吟詠未幾拜內史舍人煬帝即位顧遇彌隆祕書監河東柳顧言博學有才罕所推謝至是與世基相見歎曰海內當共推此一人非吾儕所及也俄遷內史侍郎以母憂去職哀毀骨立有詔起令視事拜見之日殆不能起帝令左右扶之哀其羸瘠詔令進肉世基食輒悲哽不能下帝使謂之曰方相委任當爲國惜身前後敦勸者數矣帝重其才親禮逾厚專典機密與納言蘇威左翊衛大將軍宇文述黃門侍郎裴矩御史大夫裴蘊等參掌朝政于時天下多事四方表奏日有百數帝方凝重事不庭決入閤之後始召世基口授節度世基至省方爲勑書日且百紙無所遺謬其精審如是遼東之役進位金紫光祿大夫後從幸鴈門帝爲突厥所圍戰士多敗世基勸帝重爲賞格親自撫循又下詔停遼東之事帝從之師乃復振及圍解勳格不行又下伐遼之詔由是言其詐眾朝野離心帝幸江都次鞏縣世基以盜賊日盛請發兵屯洛口倉以備不虞帝不從但答云卿是書生定猶恇怯于時天下大亂世基知帝不可諫止又以高熲張衡等相繼誅戮懼禍及己雖居近侍唯諾取容不敢忤意盜賊日甚郡縣多沒世基知帝惡數聞之後有告敗者乃抑損表狀不以實聞是後外間有變帝弗之知也嘗遣太僕楊義臣捕盜於河北降賊數十萬列狀上聞帝歎曰我初不聞賊頓如此義臣降賊何多也世基對曰鼠竊雖多未足爲慮義臣剋之擁兵不少久在閫外此最非宜帝曰卿言是也遽追義臣放其兵散又越王侗遣太常丞元善達間行賊中詣江都奏事稱李密有眾百萬圍逼京都賊據洛口倉城內無食若陛下速還烏合必散不然者東都決沒因歔欷嗚咽帝爲之改容世基見帝色憂進曰越王年小此輩誑之若如所言善達何緣來至帝乃勃然怒曰善達小人敢廷辱我因使經賊中向東陽催運善達遂爲羣盜所殺此後外人杜口莫敢以賊聞奏世基貌沉審言多合意是以特見親愛朝臣無與爲比其繼室孫氏性驕淫世基惑之恣其奢靡雕飾器服無復素士之風孫復攜前夫子夏侯儼入世基舍而頑鄙無賴爲其聚斂鬻官賣獄賄賂公行其門如市金寶盈積其弟世南素國士而清貧不立未曾有所贍由是爲論者所議朝野咸共疾怨宇文化及殺逆也世基乃見害焉長子肅好學多才藝時人稱有家風弱冠早沒肅弟熙大業末爲符璽郎次子柔晦並宣義郎化及將亂之夕宗人虞伋知而告熙曰事勢以然吾將濟卿南度且得免禍同死何益熙謂伋曰棄父背君求生何地感尊之懷自此訣矣及難作兄弟競請先死行刑人於是先世基殺之

## 裴蘊

裴蘊河東聞喜人也祖之平梁衛將軍父忌陳都官尚書與吳明徹同沒于周賜爵江夏郡公在隋十餘年而卒蘊性明辯有吏幹在陳仕歷直閤將軍興寧令蘊以其父在北陰奉表於高祖請爲內應及陳平上悉閱江南衣冠之士次至蘊上以爲夙有向化之心超授儀同左僕射高熲不悟上旨進諫曰裴蘊無功於國寵踰倫輩臣未見其可上又加蘊上儀同熲復進諫上曰可加開府熲乃不敢復言即日拜開府儀同三司禮賜優洽歷洋直棣三州刺史俱有能名大業初考績連最煬帝聞其善政徵爲太常少卿初高祖不好聲技遣牛弘定樂非正聲清商及九部四儛之色皆罷遣從民至是蘊揣知帝意奏括天下周齊梁陳樂家子弟皆爲樂戶其六品已下至於民庶有善音樂及倡優百戲者皆直太常是後異技淫聲咸萃樂府皆置博士弟子遞相教傳增益樂人至三萬餘帝大悅遷民部侍郎于時猶承高祖和平之後禁網踈闊戶口多漏或年及成丁猶詐爲小未至於老已免租賦蘊歷爲刺史素知其情因是條奏皆令貌閱若一人不實則官司解職鄉正里長皆遠流配又許民相告若糾得一丁者令被糾之家代輸賦役是歲大業五年也諸郡計帳進丁二十四萬三千新附口六十四萬一千二百帝臨朝覽狀謂百官曰前代無好人致此罔冒今進民戶口皆從實者全由裴蘊一人用心古語云得賢而治驗之信矣由是漸見親委拜京兆贊治發擿纖毫吏民慴憚未幾擢授御史大夫與裴矩虞世基參掌機密蘊善候伺人主微意若欲罪者則曲法順情鍛成其罪所欲宥者則附從輕典因而釋之是後大小之獄皆以付蘊憲部大理莫敢與奪必稟承進止然後決斷蘊亦機辯所論法理言若懸河或重或輕皆由其口剖析明敏時人不能致詰楊玄感之反也帝遣蘊推其黨與謂蘊曰玄感一呼而從者十萬益知天下人不欲多多即相聚爲盜耳不盡加誅則後無以勸蘊由是乃峻法治之所戮者數萬人皆籍沒其家帝大稱善賜奴婢十五口司隸大夫薛道衡以忤意獲譴蘊知帝惡之乃奏曰道衡負才恃舊有無君之心見詔書每下便腹非私議推惡於國妄造禍端論其罪名似如隱昧源其情意深爲悖逆帝曰然我少時與此人相隨行役輕我童稚共高熲賀若弼等外擅威權自知罪當誣罔及我即位懷不自安賴天下無事未得反耳公論其逆妙體本心於是誅道衡又帝問蘇威以討遼之策威不願帝復行且欲令帝知天下多賊乃詭答曰今者之役不願發兵但詔赦羣盜自可得數十萬遣關內奴賊及山東歷山飛張金稱等頭別爲一軍出遼西道諸河南賊王薄孟讓等十餘頭並給舟楫浮滄海道必喜於免罪競務立功一歲之間可滅高麗矣帝不懌曰我去尚猶未克鼠竊安能濟乎威出後蘊奏曰此大不遜天下何處有許多賊帝悟曰老革多姦將賊脅我欲搭其口但隱忍之誠極難耐蘊知上意遣張行本奏威罪惡帝付蘊推鞫之乃處其死帝曰未忍便殺遂父子及孫三世並除名蘊又欲重己權勢令虞世基奏罷司隸刺史以下官屬增置御史百餘人於是引致姦黠共爲朋黨郡縣有不附者陰中之于時軍國多務凡是興師動眾京都留守及與諸蕃互市皆令御史監之賓客附隸徧於郡國侵擾百姓帝弗之知也以度遼之役進位銀青光祿大夫及司馬德戡將爲亂江陽長張惠紹夜馳告之蘊共惠紹謀欲矯詔發郭下兵民盡取榮公護兒節度收在外逆黨宇文化及等仍發羽林殿腳遣范富婁等入自西苑取梁公蕭鉅及燕王處分扣門援帝謀議已定遣報虞世基世基疑反者不實抑其計須臾難作蘊歎曰謀及播郎竟悞人事遂見害子愔爲尚輦直長亦同日死

## 裴矩

裴矩字弘大河東聞喜人也祖他魏都官尚書父訥之齊太子舍人矩繈褓而孤及長好學頗愛文藻有智數世父讓之謂矩曰觀汝神識足成才士欲求宦達當資幹世之務矩始留情世事齊北平王貞爲司州牧辟爲兵曹從事轉高平王文學及齊亡不得調高祖爲定州總管召補記室甚親敬之以母憂去職高祖作相遣使者馳召之參相府記室事及受禪遷給事郎奏舍人事伐陳之役領元帥記室既破丹陽晉王廣令矩與高熲收陳圖籍明年奉詔巡撫嶺南未行而高智慧汪文進等相聚作亂吳越道閉上難遣矩行矩請速進上許之行至南康得兵數千人時俚帥王仲宣逼廣州遣其所部將周師舉圍東衡州矩與大將軍鹿愿赴之賊立九柵屯大庾嶺共爲聲援矩進擊破之賊懼釋東衡州據原長嶺又擊破之遂斬師舉進軍自南海援廣州仲宣懼而潰散矩所綏集者二十餘州又承制署其渠帥爲刺史縣令及還報上大悅命升殿勞苦之顧謂高熲楊素曰韋洸將二萬兵不能早度嶺朕每患其兵少裴矩以三千敝卒徑至南康有臣若此朕亦何憂以功拜開府賜爵聞喜縣公賚物二千段除民部侍郎尋遷內史侍郎時突厥強盛都藍可汗妻大義公主即宇文氏之女也由是數爲邊患後因公主與從胡私通長孫晟先發其事矩請出使說都藍顯戮宇文氏上從之竟如其言公主見殺後都藍與突利可汗搆難屢犯亭鄣詔太平公史萬歲爲行軍總管出定襄道以矩爲行軍長史破達頭可汗於塞外萬歲被誅功竟不錄上以啓民可汗初附令矩撫慰之還爲尚書左丞其年文獻皇后崩太常舊無儀注矩與牛弘據齊禮參定之轉吏部侍郎名爲稱職煬帝即位營建東都矩職修府省九旬而就時西域諸蕃多至張掖與中國交市帝令矩掌其事矩知帝方勤遠畧諸商胡至者矩誘令言其國俗山州險易撰西域圖記三卷入朝奏之其序曰臣聞禹定九州導河不踰積石秦兼六國設防止及臨洮故知西胡雜種僻居遐裔禮教之所不及書典之所罕傳自漢氏興基開拓河右始稱名號者有三十六國其後分立乃五十五王仍置校尉都護以存招撫然叛服不恒屢經征戰後漢之世頻廢此官雖大宛以來畧知戶數而諸國山川未有名目至如姓氏風土服章物產全無纂錄世所弗聞復以春秋遞謝年代久遠兼并誅討互有興亡或地是故邦改從今號或人非舊類因襲昔名兼復部民交錯封疆移改戎狄音殊事難窮驗于闐之北葱嶺以東考于前史三十餘國其後更相屠滅僅有十存自餘淪沒掃地俱盡空有兵墟不可記識皇上膺天育物無隔華夷率土黔黎莫不慕化風行所及日入以來職貢皆通無遠不至臣既因撫納監知關市尋討書傳訪採胡人或有所疑即譯眾口依其本國服飾儀形王及庶人各顯容止即丹青模寫爲西域圖記共成三卷合四十四國仍別造地圖窮其要害從西頃以去北海之南縱橫所亘將二萬里諒由富商大賈周遊經涉故諸國之事罔不徧知復有幽荒遠地卒訪難曉不可憑虛是以致闕而二漢相踵西域爲傳戶民數十即稱國王徒有名號乃乖其實今者所編皆餘千戶利盡西海多

產珍異其山居之屬非有國名及部落小者多亦不載發自敦煌至于西海凡爲三道各有襟帶北道從伊吾經蒲類海鐵勒部突厥可汗庭度北流河水至拂菻國達于西海其中道從高昌焉耆龜茲疏勒度葱嶺又經鏺汗蘇對沙那國康國曹國何國大小安國穆國至波斯達于西海其南道從鄯善于闐朱俱波喝槃陀度葱嶺又經護密吐火羅挹怛帆延漕國至北婆羅門達于西海其三道諸國亦各自有路南北交通其東女國南婆羅門國等並隨其所往諸處得達故知伊吾高昌鄯善並西域之門戶也總湊敦煌是其咽喉之地以國家威德將士驍雄汎濛汜而揚旌越崑崙而躍馬易如反掌何往不至但突厥吐渾分領羌胡之國爲其擁遏故朝貢不通今並因商人密送誠款引領翹首願爲臣妾聖情含養澤及普天服而撫之務存安輯故皇華遣使弗動兵車諸蕃既從渾厥可滅混一戎夏其在茲乎不有所記無以表威化之遠也帝大悅賜物五百段每日引矩至御坐親問西方之事矩盛言胡中多諸寶物吐谷渾易可并吞帝由是甘心將通西域四夷經略咸以委之轉民部侍郎未視事遷黃門侍郎帝復令矩往張掖引致西蕃至者十餘國大業三年帝有事於恒岳咸來助祭帝將巡河右復令矩往敦煌矩遣使說高昌王麴伯雅及伊吾吐屯設等啗以厚利導使入朝及帝西巡次燕支山高昌王伊吾設等及西蕃胡二十七國謁於道左皆令佩金玉被錦罽焚香奏樂歌儛諠譟復令武威張掖士女盛飾縱觀騎乘塡咽周亘數十里以示中國之盛帝見而大悅竟破吐谷渾拓地數千里並遣兵戍之每歲委輸巨億萬計諸蕃懾懼朝貢相續帝謂矩有綏懷之略進位銀青光祿大夫其冬帝至東都矩以蠻夷朝貢者多諷帝令都下大戲徵四方奇技異藝陳於端門街衣錦綺珥金翠者以十數萬又勒百官及民士女列坐棚閣而縱觀焉皆被服鮮麗終月乃罷又令三市店肆皆設帷帳盛列酒食遣掌蕃率蠻夷與民貿易所至之處悉令邀延就坐醉飽而散蠻夷嗟歎謂中國爲神仙帝稱其至誠顧謂宇文述牛弘曰裴矩大識朕意凡所陳奏皆朕之成算未發之頃矩輒以聞自非奉國用心孰能若是帝遣將軍薛世雄城伊吾令矩共往經畧矩諷諭西域諸國曰天子爲蕃人交易懸遠所以城伊吾耳咸以爲然不復來競及還賜錢四十萬矩又白狀令反間射匱潛攻處羅語在突厥傳後處羅爲射匱所迫竟隨使者入朝帝大悅賜矩以貂裘及西域珍器從帝巡于塞北幸啓民帳時高麗遣使先通于突厥啓民不敢隱引之見帝矩因奏狀曰高麗之地本孤竹國也周代以之封于箕子漢世分爲三郡晉氏亦統遼東今乃不臣別爲外域故先帝疾焉欲征之久矣但以楊諒不肖師出無功當陛下之時安得不事使此冠帶之境仍爲蠻貊之列乎今其使者朝於突厥親見啓民合國從化必懼皇靈之遠暢慮後伏之先亡脅令入朝當可致也帝曰如何矩曰請面詔其使放還本國遣語其王令速朝覲不然者當率突厥卽日誅之帝納焉高元不用命始建征遼之策王師臨遼以本官領武賁郎將明年復從至遼東兵部侍郎斛斯政亡入高麗帝令矩兼掌兵事以前後度遼之役進位右光祿大夫于時皇綱不振人皆變節左翊衞大將軍宇文述內史侍郎虞世基等用事文武多以賄聞唯矩守常無贓穢之釁以是爲世所稱還至涿郡帝以楊玄感初平令矩安集隴右因之會寧存問曷薩那部落遣闕達度設寇吐谷渾頻有虜獲部落致富還而奏狀帝大賞之後從師至懷遠鎭詔護北蕃軍事矩以始畢可汗部衆漸盛獻策分其勢將以宗女嫁其弟叱吉設拜爲南面可汗叱吉不敢受始畢聞而漸怨矩又言於帝曰突厥本淳易可離間但由其內多有羣胡盡皆桀黠教導之耳臣聞史蜀胡悉尤多姦計幸於始畢請誘殺之帝曰善矩因遣人告胡悉曰天子大出珍物今在馬邑欲共蕃內多作交關若前來者卽得好物胡悉貪而信之不告始畢率其部落盡驅六畜星馳爭進冀先互市矩伏兵馬邑下誘而斬之詔報始畢曰史蜀胡悉忽領部落走來至此云背可汗請我容納突厥既是我臣彼有背叛我當共殺今已斬之故令往報始畢亦知其狀由是不朝十一年帝北巡狩始畢率騎數十萬圍帝於鴈門詔令矩與虞世基每宿朝堂以待顧問及圍解從至東都屬射匱可汗遣其猶子率西蕃諸胡朝貢詔矩醼接之尋從幸江都宮時四方盜賊蜂起郡縣上奏者不可勝計矩言之帝怒遣矩詣京師接候蕃客以疾不行及義兵入關帝令虞世基就宅問矩方畧矩曰太原有變京畿不靜遙爲處分恐失事機唯願鑾輿早還方可平定矩復起視事俄而驍衞大將軍屈突通敗問至矩以聞帝失色矩素勤謹未嘗忤物又見天下方亂恐爲身禍其待遇人多過其所望故雖至廝役皆得其歡心時從駕驍果數有逃散帝憂之以問矩矩荅曰方今車駕留此已經二年驍果之徒盡無家口人無匹合則不能久安臣請聽兵士於此納室帝大喜曰公定多智此奇計也因令矩檢校爲將士等娶妻矩召江都境內寡婦及未嫁女皆集宮監又召將帥及兵等恣其所取因聽自首先有姦通婦女及尼女冠等並卽配之由是驍果等悅咸相謂曰裴公之惠也宇文化及之亂矩晨起將朝至坊門遇逆黨數人控矩馬詣孟景所賊皆曰不關裴黃門既而化及從百餘騎至矩迎拜化及慰諭之令矩參定儀注推秦王子浩爲帝以矩爲侍內隨化及至河北及僭帝位以矩爲尚書右僕射加光祿大夫封蔡國公爲河北道安撫大使及宇文氏敗爲竇建德所獲以矩隋代舊臣遇之甚厚復以爲吏部尚書尋轉尚書右僕射專掌選事建德起自羣盜未有節文矩爲制定朝儀旬月之間憲章頗備擬於王者建德大悅每諮訪焉及建德度河討孟海公矩與曹旦等於洺州留守建德敗於武牢羣帥未知所屬曹旦長史李公淹大唐使人魏徵等說旦及齊善行令歸順旦等從之乃令矩與徵公淹領旦及八璽舉山東之地歸于大唐授左庶子轉詹事民部尚書

史臣曰世基初以雅澹著名兼以文華見重亡國羈旅特蒙任遇參機衡之職預帷幄之謀國危未嘗思安君昏不能納諫方更鬻官賣獄黷貨無厭顚隕厥身亦其所也裴蘊素懷姦險巧於附會作威作福唯利是視滅亡之禍其可免乎裴矩學涉經史頗有幹局至於一勤匪懈夙夜在公求諸古人殆未之有與聞政事多歷歲年雖處危亂之中未虧廉謹之節美矣然承望風旨與時消息使高昌入朝伊吾獻地聚糧且末師出玉門關右騷然頗亦矩之由也

隋書卷六十七考證

裴矩傳必懼皇靈之遠暢慮後伏之先亡○伏當作服

# 隋書卷六十八

唐 特 進 臣 魏 徵 上

## 列傳第三十三

### 宇文愷

宇文愷字安樂杞國公忻之弟也在周以功臣子年三歲賜爵雙泉伯七歲進封安平郡公邑二千戶愷少有器局家世武將諸兄並以弓馬自達愷獨好學博覽書記解屬文多伎藝號爲名父公子初爲千牛累遷御正中大夫儀同三司高祖爲丞相加上開府中大夫及踐阼誅宇文氏愷初亦在殺中以其與周本別兄忻有功於國使人馳赦之僅而得免後拜營宗廟副監太子左庶子廟成別封甑山縣公邑千戶及遷都上以愷有巧思詔領營新都副監高熲雖總大綱凡所規畫皆出於愷後決渭水達河以通運漕詔愷總督其事後拜萊州刺史甚有能名兄忻被誅除名於家久不得調會朝廷以魯班故道久絕不行令愷修復之既而上建仁壽宮訪可任者右僕射楊素言愷有巧思上然之於是檢校將作大匠歲餘拜仁壽宮監授儀同三司尋爲將作少監文獻皇后崩愷與楊素營山陵事上善之復爵安平郡公邑千戶煬帝卽位遷都洛陽以愷爲營東都副監尋遷將作大匠愷揣帝心在宏侈於是東京制度窮極壯麗帝大悅之進位開府拜工部尚書及長城之役詔愷規度之時帝北巡欲誇戎狄令愷爲大帳其下坐數千人帝大悅賜物千段又造觀風行殿上容侍衞者數百人離合爲之下施輪軸推移倏忽有若神功戎狄見之莫不驚駭帝彌悅焉前後賞賚不可勝紀自永嘉之亂明堂廢絕隋有天下將復古制議者紛然皆不能決愷博考羣籍奏明堂議表曰臣聞在天成象房心爲布政之宮在地成形景午居正陽之位觀雲告月順生殺之序五室九宮統人神之際金口木舌發令兆民玉瓚黃琮式嚴宗祀何嘗不矜莊扆宁盡妙思於規摹凝睟冕旒致子來於矩矱伏惟皇帝陛下提衡握契御辯乘乾咸五登三復上皇之化流凶去暴丕下武之緒用百姓之異心驅一代以同域康哉康哉民無能而名矣故使天符地寶吐醴飛甘造物資生澄源反朴九圍清謐四表削平襲我衣冠齊其文軌茫茫上玄陳珪璧之敬肅肅清廟感霜露之誠正金奏九韶六莖之樂定石渠五官三雍之禮乃卜瀍西爰謀洛食辨方面勢仰稟神謀敷土濬川爲民立極兼聿遵先言表置明堂爰詔下臣占星揆日於是採崧山之祕簡披汶水之靈圖訪通議於殘亡購冬官於散逸總集衆論勒成一家昔張衡渾象以三分爲一度裴秀輿地以二寸爲千里臣之此圖用一分爲一尺推而演之冀輪奐有序而經構之旨議者殊途或以綺井爲重屋或以圓楣爲隆棟各以臆說事不經見今錄其疑難爲之通釋皆出證據以相發明議曰臣愷謹案淮南子曰昔者神農之治天下也甘雨以時五穀蕃植春生夏長秋收冬藏月省時考終歲獻貢以時嘗穀祀於明堂明堂之制有蓋而無四方風雨不能襲燥濕不能傷遷延而入之臣愷以爲上古朴畧刱立典刑尚書帝命驗曰帝者承天立五府以尊天

重象赤曰文祖黃曰神斗白曰顯紀黑曰玄矩蒼曰靈府注云唐虞之天府夏之世室殷之重屋周之明堂皆同矣尸子曰有虞氏曰總章周官考工記曰夏后氏世室堂脩二七博四脩一注云脩南北之深也夏度以步今堂脩十四步其博益以四分脩之一則明堂博十七步半也臣愷按三王之世夏最爲古從質尚文理應漸就寬大何因夏室乃大殷堂相形爲論理恐不爾記云堂脩七博四脩若夏度以步則應脩七步注云今堂脩十四步乃是增益記文殷周二堂獨無加字便是其義類例不同山東禮本輒加二七之字何得殷無加尋之文周闕增筵之義研覈其趣或是不然讐校古書並無二字此乃桑間俗儒信情加減黃圖議云夏后氏益其堂之大一百四十四尺周人明堂以爲兩杼間馬宮之言止論堂之一面據此爲準則三代堂基並方得爲上圓之制諸書所說並云下方鄭注周官獨爲此義非直與古違異亦乃乖背禮文尋文求理深恐未愜尸子曰殷人陽館考工記曰殷人重屋堂脩七尋堂崇三尺四阿重屋注云其脩七尋五丈六尺放夏周則其博九尋七丈二尺又曰周人明堂度九尺之筵東西九筵南北七筵堂崇一筵五室凡二筵禮記明堂位曰天子之廟複廟重檐鄭注云複廟重屋也注玉藻云天子廟及露寢皆如明堂制禮圖云於內室之上起通天之觀觀八十一尺得宮之數其聲濁君之象也大戴禮曰明堂者古有之凡九室一室有四戶八牖以茅蓋上圓下方外水曰璧雝赤綴戶白綴牖堂高三尺東西九仞南北七筵其宮方三百步凡人民疾六畜疫五穀災生於天道不順天道不順生於明堂不飾故有天災則飾明堂周書明堂曰堂方百一十二尺高四尺階博六尺三寸室居內方百尺室內方六十尺戶高八尺博四尺作洛曰明堂太廟露寢咸有四阿重亢重廊孔氏注云重亢累棟重廊累屋也禮圖曰秦明堂九室十二階各有所居呂氏春秋曰有十二堂與月令同並不論尺丈臣愷案十二階雖不與禮合一月一階非無理思黃圖曰堂方百四十四尺法坤之策也方象地屋圓楣徑二百一十六尺法乾之策也圓象天室九宮法九州太室方六丈法陰之變數十二堂法十二月三十六戶法極陰之變數七十二牖法五行所行日數八達象八風法八卦通天臺徑九尺法乾以九覆六高八十一尺法黃鍾九九之數二十八柱象二十八宿堂高三尺土階三等法三統堂四向五色法四時五行殿門去殿七十二步法五行所行門堂長四丈取大室三之二垣高無蔽目之照牖六尺其外倍之殿垣方在水內法地陰也水四周於外象四海圓法陽也水濶二十四丈象二十四氣水內徑三丈應觀禮經武帝元封二年立明堂汶上無室其外略依此制泰山通議今亡不可得而辨也元始四年八月起明堂辟雍長安城南門制度如儀一殿垣四面門八觀水外周堤壤高四尺和會築作三旬五年正月六日辛未始郊太祖高皇帝以配天二十二日丁亥宗祀孝文皇帝於明堂以配上帝及先賢百辟卿士有益者於是秩而祭之親扶三老五更袒而割牲跪而進之因班時令宣恩澤諸侯王宗室四夷君長匈奴西國侍子悉奉貢助祭禮圖曰建武三十年作明堂明堂上圓下方上圓法天下方法地十二堂法日辰九室法九州室八牕八九七十二法一時之王室有二戶二九十八戶法土王十八日內堂正壇高三尺土階三等胡伯始注漢官云古清廟蓋以茅今蓋以瓦瓦下藉茅以存古制東京賦曰乃營三宮布政頒常複廟重屋八達九房造舟清池惟水決決薛綜注云複重廇覆謂屋平覆重棟也續漢書祭祀志云明帝永平二年祀五帝於明堂五帝坐各處其方黃帝在未皆如南郊之位光武位在青帝之南少退西面各一犢奏樂如南郊臣愷按詩云我將祀文王於明堂我將我享維牛維羊據此則備太牢之祭今云一犢恐與古殊自晉以前未有鴟尾其圓牆璧水一依本圖晉起居注裴頠議曰尊祖配天其義明著廟宇之制理據未分直可爲一殿以崇嚴祀其餘雜碎一皆除之臣愷案天垂象聖人則之辟雍之星既有圖狀晉堂方構不合天文既闕重樓又無璧水空堂乖五室之義直殿違九階之文非古欺天一何過甚後魏於北臺城南造圓牆在璧水外門在水內迥立不與牆相連其堂上九室三三相重不依古制室間通巷違舛處多其室皆用墼累極成褊陋後魏樂志曰孝昌二年立明堂議者或言九室或言五室詔斷從五室後元乂執政復改爲九室遭亂不成宋起居注曰孝武帝大明五年立明堂其牆宇規範擬則太廟唯十二間以應朞數依漢汶上圖儀設五帝位太祖文皇帝對饗鼎俎簠簋一依廟禮梁武即位之後移宋時太極殿以爲明堂無室十二間禮疑議云祭用純漆俎瓦樽文於郊質於廟止一獻用清酒平陳之後臣得目觀遂量步數記其尺丈猶見基內有焚燒殘柱毀斫之餘入地一丈儼然如舊柱下以樟木爲跗長丈餘濶四尺許兩兩相並瓦安數重宮城處所乃在郭內雖湫隘卑陋未合規摹祖宗之靈得崇嚴祀周齊二代闕而不修大饗之典於焉靡託自古明堂圖惟有二本一是宗周劉熙阮諶劉昌宗等作三圖略同一是後漢建武三十年作禮圖有本不詳撰人臣遠尋經傳傍求子史研究衆說總撰今圖其樣以木爲之下爲方堂堂有五室上爲圓觀觀有四門帝可其奏會遼東之役事不果行以度遼之功進位金紫光祿大夫其年卒官時年五十八帝甚惜之諡曰康撰東都圖記二十卷明堂圖議二卷釋疑一卷見行於世子儒童游騎尉少子溫起部承務郎

## 閻毗

閻毗榆林盛樂人也祖進魏本郡太守父慶周上柱國寧州總管毗七歲襲爵石保縣公邑千戶及長儀貌矜嚴頗好經史受漢書於蕭該略通大旨能篆書工草隸尤善畫爲當時之妙周武帝見而悅之命尚清都公主宣帝即位拜儀同三司授千牛左右高祖受禪以技藝侍東宮數以琱麗之物取悅於皇太子由是甚見親待每稱之於上尋拜車騎宿衛東宮上嘗遣高熲大閱於龍臺澤諸軍部伍多不齊整唯毗一軍法制肅然熲言之於上特蒙賜帛俄兼太子宗衛率長史尋加上儀同太子服翫之物多毗所爲及太子廢毗坐杖一百與妻子俱配爲官奴婢後二歲放免爲民煬帝嗣位盛脩軍器以毗性巧諳練舊事詔典其職尋授朝請郎毗立議輦輅車輿多所增損語在輿服志擢拜起部郎帝嘗大備法駕嫌屬車太多顧謂毗曰開皇之日屬車十有二乘於事亦得今八十一乘以牛駕車不足以益文物朕欲減之從何爲可毗對曰臣初定數共宇文愷參詳故實據漢胡伯始蔡邕等議屬車八十一乘此起於秦遂爲後式故張衡賦云屬車九九是也次及法駕三分減一爲三十六乘此漢制也又據宋孝建時有司奏議晉遷江左惟設五乘尚書令建平王宏曰八十一乘議兼九國三十六乘無所準憑江左五乘儉不中禮但帝王文物旂旒之數爰及冕玉皆同十二今宜準此設十二乘開皇平陳因以爲法今憲章往古大駕依秦法駕依漢小駕依宋以爲差等帝曰何用秦法乎大駕宜三十六法駕宜用十二小駕除之毗研精故事皆此類也長城之役毗總其事及帝有事恒岳詔毗營立壇場尋轉殿內丞從幸張掖郡高昌王朝於行所詔毗持節迎勞遂將護入東都尋以母憂去職未朞起令視事將興遼東之役自洛口開渠達於涿郡以通運漕毗督其役明年兼領右翊衛長史營建臨朔宮及征遼東以本官領武賁郎將典宿衛時衆軍圍遼東城帝令毗詣城下宣諭賊弓弩亂發所乘馬中流矢毗顏色不變辭氣抑揚卒事而去尋拜朝請大夫遷殿內少監又領將作少監事後復從帝征遼東會楊玄感作逆帝班師兵部侍郎斛斯政奔遼東帝令毗率騎二千追之不及政據高麗柏崖城毗攻之二日有詔徵還從至高陽暴卒時年五十帝甚悼惜之贈殿內監

## 何稠 劉龍 黃亘 弟袞

何稠字桂林國子祭酒妥之兄子也父通善斲玉稠性絕巧有智思用意精微年十餘歲遇江陵陷隨妥入長安仕周御飾下士及高祖爲丞相召補參軍兼掌細作署開皇初授都督累遷御府監歷太府丞稠博覽古圖多識舊物波斯嘗獻金綿錦袍組織殊麗上命稠爲之稠錦既成踰所獻者上甚悅時中國久絕琉璃之作匠人無敢厝意稠以綠瓷爲之與眞不異尋加員外散騎侍郎開皇末桂州俚李光仕聚衆爲亂詔稠召募討之師次衡嶺遣使者諭其渠帥洞主莫崇解兵降款桂州長史王文同鏁崇以詣稠所稠詐宣言曰州縣不能綏養致邊民擾叛非崇之罪也乃命釋之引崇共坐并從者四人爲設酒食而遣之崇大悅歸洞不設備稠至五更掩入其洞悉發俚兵以臨餘賊象州逆帥杜條遼羅州逆帥龐靖等相繼降款分遣建州開府梁昵討叛夷羅壽羅州刺史馮暄討賊帥李大檀並平之傳首軍門承制署首領爲州縣官而還衆皆悅服有欽州刺史甯猛力帥衆迎軍初猛力倔強山洞欲圖爲逆至是惶懼請身入朝稠以其疾篤因示無猜貳遂放還州與之約曰八九月間可詣京師相見稠還奏狀上意不懌其年十月猛力卒上謂稠曰汝前不將猛力來今竟死矣稠曰猛力共臣爲約假令身死當遣子入侍越人性直其子必來初猛力臨終誡其子長眞曰我與大使爲約不可失信於國士汝葬我訖即宜上路長眞如言入朝上大悅曰何稠著信蠻夷乃至於此以勳授開府仁壽初文獻皇后崩與宇文愷參典山陵制度稠性少言善候上旨由是漸見親昵及上疾篤謂稠曰汝既曾葬皇后今我方死宜好安置屬此何益但不能忘懷耳魂其有知當相見於地下上因攬太子頸謂曰何稠用心我付以後事動靜當共平章大業初煬帝將幸揚州謂稠曰今天下大定朕承洪業服章文物闕略猶多卿可討閱圖籍營造輿服羽儀送至江都也其日拜太府少卿稠

於是營黃麾三萬六千人仗及車輿輦輅皇后鹵簿百官儀服依期而就送於江都所役工十萬餘人用金銀錢物鉅億計帝使兵部侍郎明雅選部郎薛邁等勾覈之數年方竟毫釐無舛稠參會今古多所改創魏晉以來皮弁有纓而無笄導稠曰此古田獵之服也今服以入朝宜變其制故弁施象牙簪導自稠始也又從省之服初無佩綬稠曰此乃晦朔小朝之服安有人臣謁帝而去印綬兼無佩玉之節乎乃加獸頭小綬及佩一隻舊制五輅於轅上起箱天子與參乘同在箱內稠曰君臣同所過爲相逼乃廣爲盤輿別構欄楯侍臣立於其中於內復起須彌平坐天子獨居其上自餘麾幢文物增損極多事見威儀志帝復令稠造戎車萬乘鉤陳八百連帝善之以稠守太府卿後三歲兼領少府監遼東之役攝右屯衞將軍領御營弩手三萬人時工部尚書宇文愷造遼水橋不成師不得濟右屯衞大將軍麥鐵杖因而遇害帝遣稠造橋二日而就初稠制行殿及六合城至是帝於遼左與賊相對夜中施之其城周迴八里城及女垣合高十仞上布甲士立仗建旗四隅置闕面別一觀觀下三門遲明而畢高麗望見謂若神功是歲加金紫光祿大夫期年攝左屯衞將軍從至遼左十二年加右光祿大夫從幸江都遇宇文化及作亂以爲工部尚書化及敗陷於竇建德建德復以爲工部尚書舒國公建德敗歸於大唐授將作少匠卒開皇時有劉龍者河間人也性强明有巧思齊後主知之令修三爵臺甚稱旨因而歷職通顯及高祖踐阼大見親委拜右衞將軍兼將作大匠遷都之始與高熲參掌制度代號爲能大業時有黃亘者不知何許人也及其弟袞俱巧思絕人煬帝每令其兄弟直少府將作於時改創多務亘袞每參典其事凡有所爲何稠先令亘袞立樣當時工人皆稱其善莫能有所損益亘官至朝散大夫袞官至散騎侍郎

史臣曰宇文愷學藝兼該思理通贍規矩之妙參蹤班爾當時制度咸取則焉其起仁壽宮營建洛邑要求時幸窮侈極麗使文皇失德煬帝亡身危亂之源抑亦此之由至於考覽書傳定明堂圖雖意過其通有足觀者何稠巧思過人頗習舊事稽前王之采章成二代之文物雖失之於華盛亦有可傳於後焉

# 隋書卷六十九

唐 特 進 臣 魏 徵 上

## 列傳第三十四

王劭

王劭字君懋太原晉陽人也父松年齊通直散騎侍郎劭少沈嘿好讀書弱冠齊尚書僕射魏收辟參開府軍事累遷太子舍人待詔文林館時祖孝徵魏收陽休之等嘗論古事有所遺忘討閱不能得因呼劭問之劭具論所出取書驗之一無舛誤自是大爲時人所許稱其博物後遷中書舍人齊滅入周不得調高祖受禪授著作佐郎以母憂去職在家著齊書時制禁私撰史爲內史侍郎李元操所奏上怒遣使收其書覽而悅之於是起爲員外散騎侍郎修起居注劭以古有鑽燧改火之義近代廢絕於是上表請變火曰臣謹案周官四時變火以救時疾明火不數變時疾必興聖人作法豈徒然也在晉時有以洛陽火渡江者代代事之相續不滅火色變青昔師曠食飯云是勞薪所爨晉平公使視之果然車輞今溫酒及炙肉用石炭柴火竹火草火麻荄火氣味各不同以此推之新火舊火理應有異伏願遠遵先聖於五時取五木以變火用功甚少救益方大縱使百姓習久未能頓同尚食內廚及東宮諸主食廚不可不依古法上從之劭又言上有龍顏戴干之表指示羣臣上大悅賜物數百段拜著作郎劭上表言符命曰昔周保定二年歲在壬午五月五日青州黃河變清十里鏡徹齊氏以爲己瑞改元曰河清是月至尊以大興公始作隋州刺史歷年二十隋果大興臣謹案易坤靈圖曰聖人受命瑞先見於河河者最濁未能清也竊以靈貺休祥理無虛發河清啓聖實屬大隋午爲鶉火以明火德仲夏火王亦明火德月五日五合天數地數既得受命之辰允當先見之兆開皇初邵州人楊令悊近河得青石圖一紫石圖一皆隱起成文有至尊名下云八方天心永州又得石圖剖爲兩段有楊樹之形黃根紫葉汝水得神龜腹下有文曰天卜楊興安邑掘地得古鐵板文曰皇始天年賚楊鐵券王興同州得石龜文曰天子延千年大吉臣以前之三石不異龍圖何以用石石體久固義與上名符合龜腹七字何以著龜龜亦久固兼是神靈之物孔子歎河不出圖洛不出書今於大隋聖世圖書屢出建德六年亳州大周村有龍鬭白者勝黑者死大象元年夏滎陽汴水北有龍鬭初見白氣屬天自東方歷陽武而來及至白龍也長十許丈有黑龍乘雲而至兩相薄乍合乍離自午至申白龍升天黑龍墜地謹案龍君象也前鬭於亳州周村者蓋象至尊以龍鬭之歲爲亳州總管遂代周有天下後鬭於滎陽者滎字三火明火德之盛也白龍從東方來歷陽武者蓋象至尊將登帝位從東第入自崇陽門也西北升天者當乾位天門坤靈圖曰聖人殺龍龍不可得而殺皆盛氣也又曰泰姓商名宮黃色長八尺六十世河龍以正月辰見白龍與五黑龍鬭白龍陵故泰人有命謹案此言皆爲大隋而發也聖人殺龍者前後龍死是也姓商者皇家於五姓爲商也名宮者武元皇帝諱於五聲爲宮黃色者隋色尚黃長八尺者武元皇帝身長八尺河龍以正月辰見者泰正月卦龍見之所於京師爲辰地白龍與黑龍鬭者亳州滎陽龍鬭是也勝龍所以白者楊姓納音爲商至尊又辛酉歲生位皆在西方西方色白也死龍所以黑者周色黑所以稱五者周閔明武宣靖凡五帝趙陳代越當五王一時伏法亦當五數白龍陵者陵猶勝也鄭玄說陵當爲除凡鬭能去敵曰除臣以泰人有命者泰之爲言通也大也明其人道通德大有天命也乾鑿度曰泰表戴干鄭玄注云表者人形體之彰識也干楯也泰人之表戴干臣伏見至尊有戴干之表益知泰人之表不爽毫釐坤靈圖所云字字皆驗緯書又稱漢四百年終如其言則知六十世亦必然矣昔周宗卜世三十今則倍之稽覽圖云太平時陰陽和合風雨咸同海內不偏地有阻險故風有遲疾雖太平之政猶有不能均同唯平均乃不鳴條故欲風於亳亳者陳留也謹案此言蓋明至尊爲陳留公世子亳州總管遂受天命海內均同不偏不黨以成太平之風化也在大統十六年武元皇帝改封陳留公是時齊國有祕記云天王陳留入并州齊王高洋爲是誅陳留王彭樂其後武元皇帝果將兵入并州周武帝時望氣者云亳州有天子氣於是殺亳州刺史紇豆陵恭至尊代爲之又陳留老子祠有枯柏世傳云老子將度世云待枯柏生東南枝迴指當有聖人出吾道復行至齊枯柏從下生枝東南上指夜有三童子相與歌曰老子廟前古枯樹東南狀如繖聖主從此去及至尊牧亳州親至祠樹之下自是柏枝迴抱其枯枝漸指西北道教果行校考衆事太平主出於亳州陳留之地皆如所言稽覽圖又云治道得則陰物變爲陽物鄭玄注云葱變爲韭亦是謹案自六年以來遠近山石多變爲玉石爲陰玉爲陽又左衞園中葱皆變爲韭上覽之大悅賜物五百段未幾劭復上書曰易乾鑿度曰隨上六拘係之乃從維之王用享于西山隨者二月卦陽德施行藩決難解萬物隨陽而出故上六欲九五拘係之維持之明被陽化而陰隨從之也易稽覽圖坤六月有子女任政一年傳爲復五月貧之從東北來立大起土邑西北地動星墜陽衞屯十一月神人從中山出趙地動北方三十日千里馬數至謹案凡此易緯所言皆是大隋符命隨者二月之卦明大隋以二月卽皇帝位也陽德施行者明楊氏之德教施行於天下也藩決難解者明當時藩鄣皆是通決險難皆解散也萬物隨陽而出者明天地間萬物盡隨楊氏而出見也上六欲九五拘係之者五爲王六爲宗廟明宗廟神靈欲令登九五之位帝王拘民以禮係民以義也拘民以禮係民以義此二句亦是乾鑿度之言維持之者明能以綱維持正天下也被陽化而欲陰隨之者明陰類被服楊氏之風化莫不隨從陰謂臣下也王用享于西山者蓋明至尊常以歲二月幸西山仁壽宮也凡四稱隨三稱陽欲美隋楊丁寧之至也坤六月者坤位在未六月建未言至尊以六月生也有子女任政者言樂平公主是皇帝子女而爲周氏任理內政也一年傳爲復者復是坤之一世卦陽氣初生言周宣帝崩後一年傳位與楊氏也五月貧之從東北來立者貧之當爲真人字之誤也言周宣帝以五月崩真人革命當在此時至尊謙讓而逆天意故踰年乃立昔爲定州總管在京師東北本而言之故曰真人從東北來立大起土邑者大起卽大興言營大興城邑也西北地動星墜者蓋天意去周授隋故變動也陽衞者言楊氏得天衞助屯十一月神人從中山出者此卦動而大亨作故至尊以十一月被授亳州總管將從中山而出也趙地動者中山爲趙地以神人將去故變動也北方三十日者蓋至尊從北方將往亳州之時停留三十日也千里馬者蓋至尊舊所乘騧騮馬也屯卦震下坎上震於馬作足坎於馬爲美脊是故騧騮馬脊有肉鞍行則先作弄四足也數至者言歷數至也河圖帝通紀曰形瑞出變矩衡赤應隨叶靈皇河圖皇參持曰皇辟出承元訖道無爲治率被遂矩戲作術開皇色握神日投輔提象不絕立皇後翼不格道終始德優劣帝任政河曲出叶輔嬉爛可述謹案凡此河圖所言亦是大隋符命形瑞出變矩衡者矩法也衡北斗星名所謂璿璣玉衡者也大隋受命形兆之瑞始出天象則爲之變動北斗主天之法度故曰矩衡易緯伏戲矩衡神鄭玄注

亦以爲法玉衡之神與此河圖矩衡義同赤應隋者言赤帝降精感應而生隋也故隋以火德爲赤帝天子叶靈皇者叶合也言大隋德合上靈天皇大帝也又年號開皇與靈寶經之開皇年相合故曰叶靈皇皇辟出者皇大也辟君也大君出蓋謂至尊受命出爲天子也承元訖者言承周天元終訖之運也道無爲治率者治下脫一字言大道無爲治定天下率從破逐矩戲作述者矩法也昔遂皇握機矩伏戲作八卦之衡言大隋被服三皇之法衡也遂皇機矩誆見易緯開皇色者言開皇年易服色也握神日者握持羣神明照如日也又開皇以來日漸長亦其義投輔提者言投授政事於輔佐使之提挈也象不絕者法象不廢絕也立皇後翼不格者格至也言本立太子以爲皇家後嗣而其輔翼之人不能至於善也道終始德優劣者言前東宮道終而德劣今皇太子道始而德優也帝任政河曲出者言皇帝親任政事而邵州河濱得石圖也叶輔嬉爛可述者叶合也嬉與也言羣臣合心輔佐以興政治爛然可紀述也所以於皇參持帝通紀二篇陳大隋符命者明皇道帝德盡在隋也上大悅以劭爲至誠寵錫日隆時有人於黃鳳泉浴得二白石頗有文理遂附致其文以爲字復言有諸物象而上奏曰其大玉有日月星辰八卦五岳及二麟雙鳳青龍朱雀騶虞玄武各當其方位又有五行十日十二辰之名凡二十七字又有天門地戶人門鬼門閉九字又有却非及二鳥其鳥皆人面則抱朴子所謂千秋萬歲也其小玉亦有五嶽却非虯犀之象二玉俱有仙人玉女乘雲控鶴之象別有異狀諸神不可盡識蓋是風伯雨師山精海若之類又有天皇大帝皇帝及四帝坐鉤陳北斗三公天將軍土司空老人天倉南河北河五星二十八宿凡四十五宮諸字本無行伍然往往偶對於大玉則有皇帝姓名並臨南面與日字正鼎足復有老人星蓋明南面象日而長壽也皇后二字在西上有月形蓋明象月也於次玉則皇帝名與九千字次比兩楊字與萬年字次比隋與吉字正並蓋明長久吉慶也劭復迴互其字作詩二百八十篇奏之上以爲誠賜帛千匹劭於是採民間歌謠引圖書讖緯依約符命捃摭佛經撰爲皇隋靈感誌合三十卷奏之上令宣示天下劭集諸州朝集使洗手焚香閉目而讀之曲折其聲有如歌詠經涉旬朔徧而後罷上益喜賞賜優洽仁壽中文獻皇后崩劭復上言曰佛說人應生天上及上品上生無量壽國之時天佛放大光明以香花妓樂來迎之如來以明星出時入涅槃伏惟大行皇后聖德仁慈福善禎符備諸秘記皆云是妙善菩薩臣謹案八月二十二日仁壽宮內再雨金銀之花二十三日大寶殿後夜有神光二十四日卯時永安宮北有自然種種音樂震滿虛空至夜五更中奄然如寐便卽升遐與經文所說事皆符驗臣又以愚意思之皇后遷化不在仁壽大興宮者蓋避至尊常居正處也在永安宮者象京師之永安門平生所出入也后升遐後二日苑內夜有鍾聲三百餘處此則生天之應顯然也上覽而且悲且喜時蜀王秀以罪廢上顧謂劭曰嗟乎吾有五子三子不才劭進曰自古聖帝明王皆不能移不肖之子黃帝有二十五子同姓者二餘各異德堯十子舜九子皆不肖夏有五觀周有三監上然其言其後上夢欲上高山而不能得崔彭捧脚李盛扶肘得上因謂彭曰死生當與爾俱劭曰此夢大吉上高山者明高崇大安永如山也彭猶彭祖李猶李老二人扶侍實爲長壽之徵上聞之喜見容色其年上崩未幾崔彭亦卒煬帝嗣位漢王諒作亂帝不忍加誅劭上書曰臣聞黃帝滅炎蓋云母弟周公誅管信亦天倫叔向戮叔魚仲尼謂之遺直石碏殺石厚丘明以爲大義此皆經籍明文帝王常法今陛下置此逆賊度越前聖含弘寬大未有以謝天下謹案賊諒毒被生民者也是知古者同德則同姓異德則異姓故黃帝有二十五子其得姓者十有四人唯青陽夷鼓與黃帝同爲姬姓諒既自絕請改其氏劭以此求媚帝依違不從遷祕書少監數載卒官劭在著作將二十年專典國史撰隋書八十卷多錄口勅又採迂怪不經之語及委巷之言以類相從爲其題目辭義繁雜無足稱者遂使隋代文武名臣列將善惡之迹堙沒無聞初撰齊誌爲編年體二十卷復爲齊書紀傳一百卷及平賊記三卷或文詞鄙野或不軌不物駭人視聽大爲有識所嗤鄙然其採擿經史謬誤爲讀書記三十卷時人服其精博爰自志學暨乎暮齒篤好經史遺落世事用思既專性頗恍忽每至對食閉目凝思盤中之肉輒爲僕從所噉劭弗之覺唯責肉少數罰厨人厨人以情白劭劭依前閉目伺而獲之厨人方免笞辱其專固如此

## 袁充

袁充字德符本陳郡陽夏人也其後寓居丹陽祖昂父君正俱爲梁侍中充少警悟年十餘歲其父黨至門時冬初充尚衣葛衫容戲充曰袁郎子絺兮綌兮淒其以風充應聲答曰唯絺與綌服之無斁以是大見嗟賞仕陳年十七爲秘書郎歷太子舍人晉安王文學吏部侍郎散騎常侍及陳滅歸國歷蒙鄜二州司馬充性好道術頗解占侯由是領太史令時上將廢皇太子正窮治東宮官屬充見上雅信符應因希旨進曰比觀玄象皇太子當廢上然之充復表奏隋興已後日景漸長曰開皇元年冬至日影一丈二尺七寸二分自爾漸短至十七年冬至影一丈二尺六寸三分四年冬至在洛陽測影一丈二尺八寸八分二年夏至影一尺四寸八分自爾漸短至十六年夏至影一尺四寸五分周官以土圭之法正日影日至之影尺有五寸鄭玄云冬至之影一丈三尺今十六年夏至之影短於舊影五分十七年冬至之影短於舊影三寸七分日去極近則影短而日長去極遠則影長而日短行內道則去極近外道則去極遠堯典云日短星昴以正仲冬據昴星昏中則知堯時仲冬日在須女十度以歷數推之開皇已來冬至日在斗十一度與唐堯之代去極並近謹案春秋元命包云日月出內道璇璣得常天帝崇靈聖王祖功京房別對曰太平日行上道升平行次道霸世行下道伏惟大隋啓運上感乾元影短日長振古未之有也上大悅告天下將作役功因加程課丁匠苦之仁壽初充言上本命與陰陽律呂合者六十餘條而奏之因上表曰皇帝載誕之初非止神光瑞氣嘉祥應感至於本命行年生月生日並與天地日月陰陽律呂運轉相符表裏合會此誕聖之異寶曆之元今與物更新改年仁壽歲月日子還共誕聖之時並同明合天地之心得仁壽之理故知洪基長算永永無窮上大悅賞賜優崇儕輩莫之比仁壽四年甲子歲煬帝初卽位充及太史丞高智寶奏言去歲冬至日景逾長今歲皇帝卽位與堯受命年合昔唐堯受命四十九年到上元第一紀甲子天正十一月庚戌冬至陛下卽位其年卽當上元第一紀甲子天正十一月庚戌冬至正與唐堯同自放勳以來凡經八上元其間緜代未有仁壽甲子之合謹案第一紀甲子太一在一宮天目居武德陰陽曆數並得符同唐堯景辰生景子年受命止命三五未若已丑甲子支干並當六合允一元三統之期合五紀九章之會共帝堯同其數與皇唐比其蹤信所謂皇哉唐哉唐哉皇哉者矣仍諷齊王暕率百官拜表奉賀其後熒惑守太微者數旬于時繕治宮室征役繁重充上表稱陛下修德熒惑退舍百僚畢賀帝大喜前後賞賜將萬計時軍國多務充候帝意欲有所爲便奏稱天文見象須有改作以是取媚於上大業六年遷內史舍人從征遼東拜朝請大夫秘書少監其後天下亂帝初罹鴈門之厄又盜賊益起帝心不自安充復假託天文上表陳嘉瑞以媚於上曰臣聞皇天輔德皇天福謙七政斯齊三辰告應伏惟陛下握錄圖而馭黔首提萬善而化八紘以百姓爲心匪以一人受慶先天罔違所欲後天必奉其時是以初膺寶曆正當上元之紀乾之初九又與天命符會斯則聖人冥契故能動合天經謹案去年已來玄象星瑞毫釐無爽謹錄尤異上天降祥破突厥等狀七事其一去八月二十八日夜大流星如斗出王良北正落突厥營聲如崩牆其二八月二十九日夜復有大流星如斗出羽林向北流正當北方依占頻二夜流星墜賊所賊必敗散其三九月四日夜頻有兩星大如斗出北斗魁向東北流依占北斗主殺伐賊必敗其四歲星主福德頻行京都二處分野依占國家之福其五七月內熒惑守羽林九月七日已退舍依占不出三日賊必敗散其六去年十一月二十日夜有流星赤如火從東北向西南落賊帥盧明月營破其檣車其七十二月十五日夜通漢鎮北有赤氣亘北方突厥將亡之應也依勘城錄河南洛陽並當甲子與乾元初九爻及上元甲子符合此是福地永無所慮旋觀往政側聞前古彼則異時間出今則一朝總萃豈非天贊有道助殲兇孽方清九夷於東穢沉五狄於北溟告成岱岳無爲汾水書奏帝大悅超拜祕書令親待逾昵帝每欲征討充皆預知之乃假託星象獎成帝意在位者皆切患之宇文化及殺逆之際并誅充時年七十五

史臣曰王劭爰自幼童迄乎白首好學不倦究極羣書搢紳洽聞之士無不推其博物雅好著述久在史官既撰齊書兼修隋典好詭怪之說尚委巷之談文詞鄙穢體統繁雜直愧南董才無遷固徒煩翰墨不足觀採袁充少在江左初以警悟見稱委質隋朝更以玄象自命並要求時幸干進務入劭經營符瑞雜以妖訛充變動星占謬增晷景厚誣天道亂常侮衆刑茲勿捨其在斯乎且劭爲河朔清流充乃江南望族乾沒榮利得不以道頹其家聲良可歎息

## 隋書卷六十九考證

王劭傳叶靈皇〇監本叶作協按下文叶靈皇者叶合也又曰與靈寶經之開皇年相合故曰叶靈皇今從

隋書卷七十

唐　特　進　臣　魏　徵　上

列傳第三十五

楊玄感 李子雄 趙元淑 斛斯政 劉元進

楊玄感司徒素之子也體貌雄偉美鬚髯少時晚成人多謂之癡其父每謂所親曰此兒不癡也及長好讀書便騎射以父軍功位至柱國與其父俱爲第二品朝會則齊列其後高祖命玄感降一等玄感拜謝曰不意陛下寵臣之甚許以公廷獲展私敬初拜郢州刺史到官潛布耳目察長吏能不其有善政及贓汙者纖介必知之往往發其事莫敢欺隱吏民敬服皆稱其能後轉宋州刺史父憂去職歲餘起拜鴻臚卿襲爵楚國公遷禮部尚書性雖驕倨而愛重文學四海知名之士多趨其門自以累世尊顯有盛名於天下在朝文武多是父之將吏復見朝綱漸紊帝又猜忌日甚內不自安遂與諸弟潛謀廢帝立秦王浩及從征吐谷渾還至大斗拔谷時從官狼狽玄感欲襲擊行宮其叔慎謂玄感曰士心尚一國未有釁不可圖也玄感乃止時帝好征伐玄感欲立威名陰求將領謂兵部尚書段文振曰玄感世荷國恩寵踰涯分自非立效邊裔何以塞責若方隅有風塵之警庶得執鞭行陣少展絲髮之功明公兵革是司敢布心腹文振因言於帝帝嘉之顧謂羣臣曰將門必有將相門必有相故不虛也於是賚物千段禮遇益隆頗預朝政帝征遼東命玄感於黎陽督運于時百姓苦役天下思亂玄感遂與武賁郎將王仲伯汲郡贊治趙懷義等謀議欲令帝所軍衆飢餒每爲逗遛不時進發帝遲之遣使者逼促玄感揚言曰水路多盜賊不可前後而發其弟武賁郎將玄縱鷹揚郎將萬碩並從幸遼東玄感潛遣人召之時將軍來護兒以舟師自東萊將入海趣平壤城軍未發玄感無以動衆乃遣家奴僞爲使者從東方來謬稱護兒失軍期而反玄感遂入黎陽縣閉城大索男夫於是取帆布爲牟甲署官屬皆準開皇之舊移書傍郡以討護兒爲名各令發兵會於倉所以東光縣尉元務本爲黎州刺史趙懷義爲衞州刺史河內郡主簿唐禕爲懷州刺史有衆且一萬將襲雒陽唐禕至河內馳往東都告之越王侗民部尚書樊子蓋等大懼勒兵備禦脩武縣民相率守臨淸關玄感不得濟遂於汲郡南渡河從亂者如市數日屯兵上春門衆至十餘萬子蓋令河南贊治裴弘策拒之弘策戰敗瀍洛父老競致牛酒玄感屯兵尚書省每誓衆曰我身爲上柱國家累鉅萬金至於富貴無所求也今者不顧破家滅族者但爲天下解倒懸之急救黎元之命耳衆皆悅詣轅門請自效者日有數千與樊子蓋書曰夫建忠立義事有多途見機而作蓋非一揆昔伊尹放太甲於桐宮霍光廢劉賀於昌邑此並公度內不能一二披陳高祖文皇帝誕膺天命造茲區宇在旋璣以齊七政握金鏡以馭六龍無爲而至化流垂拱而天下治今上纂承寶曆宜固洪基乃自絕於天殄民敗德頻年肆眚盜賊於是滋多所在脩治民力爲之凋盡荒淫酒色子女必被其侵躭玩鷹犬禽獸皆離其毒朋黨相扇貨賄公行納邪佞之言杜正直之口加以轉輸不息徭役無期士卒塡溝壑骸骨蔽原野黃河之北則千里無煙江淮之間則鞠爲茂草玄感世荷國恩位居上將先公奉遺詔曰好子孫爲我輔弼之惡子孫爲我屛黜之所以上稟先旨下順民心廢此淫昏更立明哲四海同心九州響應士卒用命如赴私讎民庶相趍義形公道天意人事較然可知公獨守孤城勢何支久願以黔黎在念社稷爲心勿拘小禮自貽伊戚誰謂國家一旦至此執筆潸泫言無所具遂進逼都城刑部尚書衞玄率衆數萬自關中來援東都以步騎二萬渡瀍澗挑戰玄感僞北玄逐之伏兵發前軍盡沒後數日玄復與玄感戰兵始合玄感詐令人大呼曰官軍已得玄感矣玄軍稍怠玄感與數千騎乘之於是大潰擁八千人而去玄感驍勇多力每戰親運長矛身先士卒喑嗚叱咤所當者莫不震懾論者方之項羽又善撫馭士樂致死由是戰無不捷玄軍日蹙糧又盡乃悉衆決戰陣於北邙一日之間戰十餘合玄感弟玄挺中流矢而斃玄感稍却樊子蓋復遣兵攻尚書省又殺數百人帝遣武賁郎將陳稜攻元務本於黎陽武衞將軍屈突通屯河陽左翊衞大將軍宇文述發兵繼進右驍衞大將軍來護兒復來赴援玄感請計於前民部尚書李子雄子雄曰屈突通曉習兵事若一渡河則勝負難決不如分兵拒之通不能濟則樊衞失援玄感然之將拒通子蓋知其謀數擊其營玄感不果進通遂濟河軍於破陵玄感爲兩軍西抗衞玄東拒屈突通子蓋復出兵於是大戰玄感軍頻北復請計於子雄子雄曰東都援軍益至我師屢敗不可久留不如直入關中開永豐倉以振貧乏三輔可指麾而定據有府庫東面而爭天下此亦霸王之業會華陰諸楊請爲鄉導玄感遂釋洛陽西圖關中宣言曰我已破東都取關西矣宇文述等諸軍躡之至弘農宮父老遮說玄感曰宮城空虛又多積粟攻之易下進可絕敵人之食退可割宜陽之地玄感以爲然留攻之三日城不下追兵遂至玄感西至閿鄉上槃豆布陣亘五十里與官軍且戰且行一日三敗復陣於董杜原諸軍擊之玄感大敗獨與十餘騎竄林木間將奔上洛追騎至玄感叱之皆懼而反走至葭蘆戍玄感窘迫獨與弟積善步行自知不免謂積善曰事敗矣我不能受人戮辱汝可殺我積善抽刀斫殺之因自刺不死爲追兵所執與玄感首俱送行在所磔其屍於東都市三日復臠而焚之餘黨悉平其弟玄獎爲義陽太守將歸玄感爲郡丞周琁玉所殺玄縱弟萬碩自帝所逃歸至高陽止傳舍監事許華與郡兵執之斬於涿郡萬碩弟民行官至朝請大夫斬於長安並具梟磔公卿請改玄感姓爲梟氏詔可之初玄感圍東都也梁郡人韓相國舉兵應之玄感以爲河南道元帥旬月間衆十餘萬攻剽郡縣至于襄城遇玄感敗兵漸潰散爲吏所執傳首東都

李子雄渤海蓨人也祖伯賁魏諫議大夫父桃枝東平太守與鄉人高仲密同歸於周官至冀州刺史子雄少慷慨有壯志弱冠從周武帝平齊以功授帥都督高祖作相從韋孝寬破尉迥於相州拜上開府賜爵建昌縣公高祖受禪爲驃騎將軍伐陳之役以功進位大將軍歷郴江二州刺史並有能名仁壽中坐事免漢王諒之作亂也煬帝將發幽州兵以討之時竇抗爲幽州總管帝恐其有二心問可任者於楊素素進子雄授大將軍拜廣州刺史馳至幽州止傳舍召募得千餘人抗恃素貴不時相見子雄遣人諭之後二日抗從鐵騎二千來詣子雄所子雄伏甲請與相見因禽抗遂發幽州兵步騎三萬自井陘以討諒時諒遣大將軍劉建略地燕趙正攻井陘相遇於抱犢山下力戰破之遷幽州總管尋徵拜民部尚書子雄明辯有器幹帝甚任之新羅嘗遣使朝貢子雄至朝堂與語因問其冠制所由其使者曰皮弁遺象安有大國君子而不識皮弁也子雄因曰中國無禮求諸四夷使者曰自至已來此言之外未見無禮憲司以子雄失詞奏劾其事竟坐免俄而復職從幸江都帝以仗衞不整顧子雄部伍之子雄立指麾六軍肅然帝大悅曰公眞武候才也尋轉右武候大將軍後坐事除名遼東之役帝令從軍自效因從來護兒自東平將指滄海會楊玄感反於黎陽帝疑之詔鎖子雄送行在所子雄殺使者亡歸玄感玄感每請計於子雄語在玄感傳及玄感敗伏誅籍沒其家

趙元淑父世模初事高寶寧後以衆歸周授上開府寓居京兆之雲陽高祖踐阼恒典宿衞迨同晉王伐陳先鋒遇賊力戰而死朝廷以其身死王事令子元淑襲父本官賜物二千段元淑性疎宕不事生產家徒壁立後數歲授驃騎將軍將之官無以自給時長安富人宗連家累千金仕周爲三原令有季女慧而有色連獨奇之每求賢夫聞元淑如是請與相見連有風儀美談笑元淑亦異之及至其家服翫居處擬於將相酒酣奏女樂元淑所未見也元淑辭出連曰公子有暇可復來也後數日復造之宴樂更侈如此者再三因謂元淑曰知公子素貧老夫當相濟因問元淑所須盡買與之臨別元淑再拜致謝連復拜曰鄙人竊不自量敬慕公子今有一女願爲箕帚妾公子意何如元淑感愧遂娉爲妻連復送奴婢二十口良馬十餘匹加以縑帛錦綺及金寶珍玩元淑遂爲富人及煬帝嗣位漢王諒作亂元淑從楊素擊平之以功進位柱國拜德州刺史尋轉潁川太守並有威惠因入朝會司農不時納諸郡租穀元淑奏之帝謂元淑曰如卿意者幾日當了元淑曰如臣意不過十日帝卽日拜元淑爲司農卿納天下租如言而了帝悅爲禮部尚書楊玄感潛有異志以元淑可與共亂遂與結交多遺金寶遼東之役領將軍典宿衞加授光祿大夫封葛公明年帝復征高麗以元淑鎭臨渝及玄感作亂其弟玄縱自帝所逃歸路經臨渝元淑出其小妻魏氏見玄縱對宴極歡因與通謀并受玄縱賂遺及玄感敗人有告其事者帝以屬吏元淑言與玄感結婚所得金寶則爲財娉實無他故魏氏復言初不受金帝親臨問卒無異辭帝大怒謂侍臣曰此則反狀何勞重問元淑及魏氏俱斬於涿郡籍沒其家

河南斛斯政祖椿魏太保尚書令常山文宣王父恢散騎常侍新蔡郡公政明悟有器幹初爲親衞後以軍功

授儀同甚爲楊素所禮大業中爲尚書兵曹郎政有風神每奏事未嘗不稱旨煬帝悅之漸見委信楊玄感兄弟俱與之交遼東之役兵部尚書段文振卒侍郎明雅復以罪廢帝彌屬意尋遷兵部侍郎于時外事四夷軍國多務政處斷辯速稱爲幹理玄感之反也政與通謀及玄縱等亡歸亦政之計也帝在遼東將班師窮治玄縱黨與內不自安遂亡奔高麗明年帝復東征高麗請降求執送政帝許之遂鎖政而還至京師以政告廟左翊衛大將軍宇文述奏曰斛斯政之罪天地所不容人神所同忿若同常刑賊臣逆子何以懲肅請變常法帝許之於是將政出金光門縛政於柱公卿百僚並親擊射臠割其肉多有噉者噉後烹煑收其餘骨焚而揚之

餘杭劉元進少好任俠爲州里所宗兩手各長尺餘臂垂過膝煬帝興遼東之役百姓騷動元進自以相表非常陰有異志遂聚衆合亡命會帝復征遼東徵兵吳會士卒皆相謂曰去年吾輩父兄從帝征者當全盛之時猶死亡太半骸骨不歸今天下已罷敝是行也吾屬其無遺類矣於是多有亡散郡縣捕之急既而楊玄感起於黎陽元進知天下思亂於是舉兵應之三吳苦役者莫不響至旬月衆至數萬將渡江而玄感敗吳郡朱燮晉陵管崇亦舉兵有衆七萬共迎元進奉以爲主據吳郡稱天子燮崇俱爲僕射署置百官毗陵東陽會稽建安豪傑多執長吏以應之帝令將軍吐萬緒光祿大夫魚俱羅率兵討焉元進西屯茅浦以抗官軍頻戰互有勝負元進保曲阿與朱燮管崇合軍衆至十萬緒進軍逼之相持百餘日爲緒所敗保於黃山緒復破之燮戰死元進引趣建安休兵養士二將亦以師老頓軍自守俄而二將俱得罪帝令江都郡丞王世充發淮南兵擊之有大流星墜於江都未及地而南逝磨拂竹木皆有聲至吳郡而落于地元進惡之令掘地入二丈得一石徑丈餘後數日失石所在世充既渡江元進將兵拒戰殺千餘人世充窘急退保延陵柵元進遣兵人各持茅因風縱火世充大懼將棄營而遁遇反風火轉元進之衆懼燒而退世充簡銳卒掩擊大破之殺傷大半自是頻戰輒敗元進謂管崇曰事急矣當以死決之於是出挑戰俱爲世充所殺其衆悉降世充坑之於黃亭澗死者三萬人其餘黨往往保險爲盜其後董道沖沈法興李子通等乘此而起戰爭不息逮於隋亡

李密 裴仁基

李密字法主眞鄉公衍之從孫也祖耀周邪國公父寬驍勇善戰幹畧過人自周及隋數經將領至柱國蒲山郡公號爲名將密多籌算才兼文武志氣雄遠常以濟物爲己任開皇中襲父爵蒲山公乃散家產賙贍親故養客禮賢無所愛悋與楊玄感爲刎頸之交後更折節下帷耽學尤好兵書誦皆在口師事國子助教包愷受史記漢書勵精忘勌愷門徒皆出其下大業初授親衛大都督非其所好稱疾而歸及楊玄感在黎陽有逆謀陰遣家僮至京師召密令與弟玄挺等同赴黎陽玄感舉兵而密至玄感大喜以爲謀主玄感謀計於密密曰愚有三計惟公所擇今天子出征遠在遼外地去幽州懸隔千里南有巨海之限北有胡戎之患中間一道理極艱危今公擁兵出其不意長驅入薊直扼其喉前有高麗退無歸路不過旬月齎糧必盡舉麾一召其衆自降不戰而禽此計之上也又關中四塞天府之國有衞文昇不足爲意今宜率衆經城勿攻輕齎鼓行務早西入天子雖還失其襟帶據險臨之故當必剋萬全之勢此計之中也若隨近逐便先向東都唐禕告之理當固守引兵攻戰必延歲月勝負殊未可知此計之下也玄感曰不然公之下計乃上策矣今百官家口並在東都若不取之安能動物且經城不拔何以示威密計遂不行玄感既至東都皆捷自謂天下響應功在朝夕及獲韋福嗣又委以腹心是以軍旅之事不專歸密福嗣既非同謀因戰被執每設籌畫皆持兩端後使作檄文福嗣固辭不肯密揣知其情因謂玄感曰福嗣元非同盟實懷觀望明公初起大事而姦人在側聽其是非必爲所誤矣請斬謝衆方可安輯玄感曰何至於此密知言之不用退謂所親曰楚公好反而不欲勝如何吾屬今爲虜矣後玄感將西入福嗣竟亡歸東都時李子雄勸玄感速稱尊號玄感以問於密密曰昔陳勝自欲稱王張耳諫而被外魏武將求九錫荀彧止而見疎今者密欲正言還恐追蹤二子阿諛順意又非密之本圖何者兵起已來雖復頻捷至於郡縣未有從者東都守禦尚強天下救兵益至公當身先士衆早定關中遽欲自尊崇何示不廣也玄感笑而止及宇文述來護兒等軍且至玄感謂密曰計將安出密曰元弘嗣統強兵於隴右今可揚言其反遣使迎公因此入關可得紿衆玄感遂以密謀號令其衆因引西入至陝縣欲圍弘農宮密諫之曰公今詐衆入西軍事在速況乃追兵將至安可稽留若前不得據關退無所守大衆一散何以自全玄感不從遂圍之三日攻不能拔方引而西至於閿鄉追兵遂及玄感敗密間行入關與玄感從叔詢相隨匿於馮翊詢妻之舍尋爲鄰人所告遂捕獲囚於京兆獄是時煬帝在高陽與其黨俱送帝所在途謂其徒曰吾等之命同於朝露若至高陽必爲葅醢今道中猶可爲計安得行就鼎鑊不規逃避也衆然之其徒多有金密令出示使者曰吾等死日此金並留付公幸用相瘞其餘即皆報德使者利其金遂相然許及出關外防禁漸弛密請通市酒食每讌飲喧譁竟夕使者不以爲意行次邯鄲夜宿村中密等七人皆穿牆而遁與王仲伯亡抵平原賊帥郝孝德孝德不甚禮之備遭饑饉至削樹皮而食仲伯潛歸天水密詣淮陽舍於村中變姓名稱劉智遠聚徒教授經數月密鬱鬱不得志爲五言詩曰金風蕩初節玉露凋晚林此夕窮塗士空軫鬱陶心眺聽良多感慷慨獨霑襟霑襟何所爲悵然懷古意秦俗猶未平漢道將何冀樊噲市井徒蕭何刀筆吏一朝時運合萬古傳名器寄言世上雄虛生眞可愧詩成而泣下數行時人有怪之者以告太守趙他縣捕之密乃亡去抵其妹夫雍丘令丘君明後君明從子懷義以告帝令捕密密得遁去君明竟坐死會東郡賊帥翟讓聚黨萬餘人密歸之其中有知密是玄感亡將潛勸讓害之密大懼乃因王伯當以策干讓讓遣說諸小賊所至輒降下讓始敬焉召與計事密謂讓曰今兵衆既多糧無所出若曠日持久則人馬困敝大敵一臨死亡無日未若直趣滎陽休兵館穀待士馬肥充然可與人爭利讓從之於是破金隄關掠滎陽諸縣城堡多下之滎陽太守郇王慶及通守張須陁以兵討讓讓數爲須陁所敗聞其來大懼將遠避之密曰須陁勇而無謀兵又驟勝既驕且很可一戰而禽公但列陣以待保爲公破之讓不得已勒兵將戰密分兵千餘人於林木間設伏讓與戰不利軍稍却密發伏自後掩之須陁衆潰與讓合擊大破之遂斬須陁於陣讓於是令密建牙別統所部密復說讓曰昏主蒙塵播蕩吳越蝟毛競起海內飢荒明公以英桀之才而統驍雄之旅宜當廓清天下誅剪羣兇豈可求食草間常爲小盜而已今東都士庶中外離心留守諸官政令不一明公親率大衆直掩興洛倉發粟以賑窮乏遠近孰不歸附百萬之衆一朝可集先發制人此機不可失也讓曰僕起隴畝之間望不至此必如所圖請君先發僕領諸軍便爲後殿得倉之日當別議之密與讓領精兵七千人以大業十三年春出陽城北踰方山自羅口襲興洛倉破之開倉恣民所取老弱襁負道路不絕越王侗武賁郎將劉長恭率步騎二萬五千討密密一戰破之長恭僅以身免讓於是推密爲主密城洛口周迴四十里以居之房彥藻說下豫州東都大懼讓上密號爲魏公密初辭不受諸將等固請乃從之設壇場卽位稱元年置官屬以房彥藻爲左長史邴元眞右長史楊德方左司馬鄭德韜右司馬拜讓司徒封東郡公其將帥封拜各有差長白山賊孟讓掠東郡燒豐都市而歸密攻下鞏縣獲縣長柴孝和拜爲護軍武賁郎將裴仁基以武牢歸密因遣仁基與孟讓率兵二萬餘人襲迴洛倉破之燒天津橋遂縱兵大掠東都出兵乘之仁基等大敗僅以身免密復親率兵三萬逼東都將軍段達武賁郎將高毗劉長恭等出兵七萬拒之戰於故都官軍敗走密復下迴洛倉而據之俄而德韜德方俱死復以鄭頲爲左司馬鄭虔象爲右司馬柴孝和說密曰秦地阻山帶河西楚背之而亡漢高都之而霸如愚意者令仁基守迴洛翟讓守洛口明公親簡精銳西襲長安百姓孰不郊迎必當有征無戰既剋京邑業固兵強方更長驅崤函掃蕩京洛傳檄指撝天下可定但今英雄競起實恐他人我先一朝失之噬臍何及密曰君之所圖僕亦思之久矣誠爲上策但昏主尚在從兵猶衆我之所部並山東人既見未下洛陽何肯相隨西入諸將出於羣盜留之各競雌雄若然者殆將敗矣孝和曰誠如公言非所及也大軍既未可西出請間行觀隙密從之孝和與數十騎至陝縣山賊歸之者萬餘人密時兵鋒甚銳每入苑與官軍連戰會密爲流矢所中臥於營內後數日東都出兵擊之密衆大潰棄迴洛倉歸洛口孝和之衆聞密退各分散而去孝和輕騎歸密帝遣王世充率江淮勁卒五萬來討密密逆拒之戰不利柴孝和溺死於洛水密甚傷之世充營於洛西與密相拒百餘日武陽郡丞元寶藏黎陽賊帥李文相洹水賊帥張昇清河賊帥趙君德平原賊帥郝孝德並歸於密共襲破黎陽倉據之周法明舉江黃之地以附密齊郡賊帥徐圓朗任城大俠徐師仁淮陽太守趙他等前後款附以千百數翟讓所部王儒信勸讓爲大冢宰總統衆務以奪密權讓兄寬復謂讓曰天子止可自作安得與人汝若不能作我當爲之密聞其言有圖讓之計會世充列陣而至讓出拒之爲世充所擊退者數百步密與單雄信等率精銳赴之世充敗走讓欲乘勝進破其營會日暮密固止之明日讓與數百人至密所欲爲宴樂密具饌以待之其所將左右各分令就

食諸門並設備讓不之覺也密引讓入坐有好弓出示讓遂令讓射讓引滿將發密遣壯士蔡建自後斬之殞於牀下遂殺其兄寬及王儒信并其從者亦有死焉讓所部將徐世勣爲亂兵所斫中重瘡密遽止之僅而得免單雄信等皆叩頭求哀密並釋而慰諭之於是率左右數百人詣讓本營王伯當邴元眞單雄信等入營告以殺讓之意衆無敢動者乃令徐世勣單雄信王伯當分統其衆未幾世充夜襲倉城密逆拒破之斬武賁郎將費青奴世充復移營洛北南對鞏縣其後遂於洛水造浮橋悉衆以擊密密與千騎拒之不利而退世充因薄其城下密簡銳卒數百人分爲三隊出擊之官軍稍却自相陷溺死者數萬人武賁郎將楊威王辨霍世舉劉長恭梁德重董智通等諸將率皆沒于陣世充僅而獲免不敢還東都遂走河陽其夜雨雪尺餘衆隨之者死亡殆盡密於是修金墉故城居之衆三十餘萬復來攻上春門留守韋津出拒戰密擊敗之執津於陣其黨勸密即尊號密不許及義師圍東都密出軍爭之交綏而退俄而宇文化及殺逆率衆自江都北指黎陽兵十餘萬密乃自率步騎二萬拒之會越王侗稱尊號遣使者授密太尉尚書令東南道大行臺行軍元帥魏國公令先平化及然後入朝輔政密遣使報謝焉化及與密相遇密知其軍少食利在急戰故不與交鋒又遏其歸路使不得西密遣徐世勣守倉城化及攻之不能下密與化及隔水而語密數之曰卿本匈奴皂隸破野頭耳父兄子弟並受隋室厚恩富貴累世至妻公主光榮隆顯舉朝莫二荷國士之遇者當須國士報之豈容主上失德不能死諫反因衆叛躬行殺虐誅及子孫傍立支庶擅自尊崇欲規篡奪汙辱妃后枉害無辜不追諸葛瞻之忠誠乃爲霍禹之惡逆天地所不容人神所莫祐擁逼良善將欲何之今若速來歸我尚可得全後嗣化及默然俯視良久乃瞋目大言曰共你論相殺事何須作書語邪密謂從者曰化及庸懦如此忽欲圖爲帝王斯乃趙高聖公之流吾當折杖驅之耳化及盛修攻具以逼黎陽倉城密領輕騎五百馳赴之倉城兵又出相應焚其攻具經夜火不滅密知化及糧且盡因僞與和以敝其衆化及不之悟大喜恣其兵食冀密饋之會密下有人獲罪亡投化及具言密情化及大怒其食又盡乃度永濟渠與密戰于童山之下自辰達酉密爲流矢所中頓於汲縣化及掠汲郡北趣魏縣其將陳智略張童仁等所部兵歸于密者前後相繼初化及以輜重留於東郡遣其所署刑部尚書王軌守之至是軌舉郡降密以軌爲滑州總管密引兵而西遣記室參軍李儉朝於東都執殺煬帝人于弘達以獻越王侗侗以儉爲司農少卿使之反命召密入朝密至溫縣聞世充已殺元文都盧楚等乃歸金墉世充既得擅權乃厚賜將士繕治器械人心漸鋭然密兵少衣世充乏食乃請交易密初難之邴元眞等各求私利遞來勸密密遂許焉初東都絕糧人歸密者日有數百至此得食而降人益少密方悔而止密雖據倉無府庫兵數戰不獲賞又厚撫初附之兵於是衆心漸怨時遣邴元眞守興洛倉元眞起自微賤性又貪鄙宇文溫疾之每謂密曰不殺元眞公難未已密不荅而元眞知之陰謀叛密楊慶聞而告密密固疑焉會世充悉衆來決戰密留王伯當守金墉自引精兵就偃師北阻邙山以待之世充軍至令數百騎度御河密遣裴行儼率衆逆之會日暮暫交而退行儼孫長樂程齩金等驍將十數人皆遇重瘡密甚惡之世充夜潛濟師詰朝而陣密方覺之狼狽出戰於是敗績與萬餘人馳向洛口世充夜圍偃師守將鄭頲爲其部下所翻以城降世充密將入洛口倉城元眞已遣人潛引世充矣密陰知之而不發其事因與衆謀待世充之兵半濟洛水然後擊之及世充軍至密候騎不時覺比將出戰世充軍悉已濟矣密自度不能支引騎而遁元眞竟以城降於世充密衆漸離將如黎陽人或謂密曰殺翟讓之際徐世勣幾至於死今瘡猶未復其心安可保乎密乃止時王伯當棄金墉保河陽密以輕騎自武牢度河以歸之謂伯當曰兵敗矣久苦諸君我今自刎請以謝衆衆皆泣莫能仰視密復曰諸君幸不相棄當共歸關中密身雖愧無功諸君必保富貴其府掾柳燮對曰昔盆子歸漢尚食均輸明公與長安宗族有疇昔之遇雖不陪起義然而阻東都斷隋歸路使唐國不戰而據京師此亦公之功也衆咸曰然密遂歸大唐封邢國公拜光祿卿

河東裴仁基字德本祖伯鳳周汾州刺史父定上儀同仁基少驍武便弓馬開皇初爲親衞平陳之役先登陷陣拜儀同賜物千段以本官領漢王諒府親信煬帝嗣位諒舉兵作亂仁基苦諫諒大怒囚之於獄及諒敗帝嘉之超拜護軍數歲改授武賁郎將從將軍李景討叛蠻向思多於黔安以功進位銀青光祿大夫賜奴婢百口絹五百匹擊吐谷渾於張掖破之加授金紫光祿大夫斬獲寇掠靺鞨拜左光祿大夫從征高麗進位光祿大夫帝幸江都李密據洛口令仁基爲河南道討捕大使據武牢以拒密及榮陽通守張須陁爲密所殺仁基悉收其衆每與密戰多所斬獲時隋大亂有功者不錄仁基見強寇在前士卒勞敝所得軍資即用分賞監軍御史蕭懷靜每抑止之衆咸怨懷靜又陰持仁基長短欲有所奏劾仁基懼遂殺懷靜以其衆歸密密以爲河東郡公其子行儼驍勇善戰密復以爲絳郡公甚相委昵王世充以東都食盡悉衆詣偃師與密決戰密問計於諸將仁基對曰世充盡銳而至洛下必虛可分兵守其要路令不得東簡精兵三萬傍河西出以逼東都世充却還我且按甲世充重出我又逼之如此則此有餘力彼勞奔命兵法所謂彼出我歸彼歸我出數戰以疲之多方以誤之者也密曰公知其一不知其二東都兵馬有三不可當器械精一也決計而來二也食盡求鬬三也我按甲蓄力以觀其敝彼求鬬不得欲走無路不過十日世充之首可懸於麾下單雄信等諸將輕世充皆請戰仁基苦爭不得密難違諸將之言戰遂大敗仁基爲世充所虜世充以其父子並驍銳深禮之以兄女妻行儼及僭尊號署仁基爲禮部尚書行儼爲左輔大將軍行儼每有攻戰所當皆披靡號爲萬人敵世充憚其威名頗加猜防仁基知其意不自安遂與世充所署尚書左丞宇文儒童尚食直長陳謙祕書丞崔德本等謀反令陳謙於上食之際持匕首以劫世充行儼以兵應於階下指麾事定然後出越王侗以輔之事臨發將軍張童仁知其謀而告之俱爲世充所殺

史臣曰古先帝王之興也非夫至德深仁格於天地有豐功博利弘濟艱難不然則其道無由矣自周邦不競隋運將隆武元高祖並著大功於王室平南國摧東夏總百揆定三方然後變謳歌遷寶鼎于時匈奴驕倨勾吳不朝既爭長於黃池亦飲馬於清渭高祖內綏外禦日不暇給委心膂於俊傑寄折衝於爪牙文武爭馳羣策畢舉服猾夏之虜掃黃旗之寇峻五岳以作鎮環四海以爲池厚澤被於域中餘威震於殊俗煬帝蒙故業踐丕基阻伊洛而固崤函跨兩都而總萬國矜曆數之在己忽王業之艱難不務以道恤人將以申威海外運拒諫之智騁飾非之辯恥轍迹之未遠忘德義之不修於是鑿通渠開馳道樹以柳杞隱以金椎西出玉門東踰碣石塹山堙谷浮河達海民力凋盡徭戍無期率土之心鳥驚魚潰方西規奄蔡南討流求親總八狄之師屢踐三韓之域自以威行萬物顧指無違又躬爲長君功高曩列寵不假於外戚權不逮於羣下足以轥轢軒唐奄吞周漢子孫萬代人莫能窺振古以來一君而已遂乃外疎猛士內忌忠良恥有盜竊之聲惡聞喪亂之事出師命將不料衆寡兵少力屈者以畏懦受顯誅竭誠克勝者以功高蒙隱戮或斃鋒刃之下或殞鴆毒之中賞不可以有功求刑不可以無罪免畏首畏尾進退維谷彼山東之羣盜多出厮役之中無尺土之資十家之產豈有陳涉亡秦之志張角亂漢之謀哉皆苦於上欲無厭下不堪命飢寒交切救死萑蒲莫識旌旗什伍之容安知行師用兵之勢但人自爲戰衆怒難犯故攻無完城野無橫陣星離碁布以千百數豪傑因其機以動之乘其勢而用之雖有勇敢之士明智之將連踵覆沒莫之能禦煬帝魂褫氣懾望絕兩京謀竄身於江湖襲永嘉之舊迹既而禍生轂下釁起舟中思早告而莫追唯請死而獲可身棄南巢之野首懸白旗之上子孫勦絕宗廟爲墟夫以開皇之初比於大業之盛度土地之廣狹料戶口之衆寡筭甲兵之多少校倉廩之虛實九鼎之譬鴻毛未喻輕重培塿之方嵩岱曾何等級論地險則遼隧未擬於長江語人謀則句麗不侔於陳國高祖掃江南以清六合煬帝事遼東而喪天下其故何哉所爲之迹同所用之心異也高祖北却強胡南并百越十有餘載戎車屢動民亦勞止不爲無事然其動也思以安之其勞也思以逸之是以民致時雍師無怨讟誠在於愛利故其興也勃焉煬帝嗣承平之基席已安之業肆其淫放虐用其民視億兆如草芥顧羣臣如寇讎勞近以事遠求名而喪實兵纏魏闕阽危弗圖圍解鴈門慢遊不息天奪之魄人益其災羣盜並興百殃俱起自絕民神之望故其亡也忽焉訊之古老考其行事此高祖之所由興而煬帝之所以滅者也可不謂然乎其隋之得失存亡大較與秦相類始皇并吞六國高祖統一九州二世虐用威刑煬帝肆行猜毒皆禍起於羣盜而身殞於匹夫原始要終若合符契矣玄感宰相之子荷國重恩君之失得當竭股肱未議致身先圖問鼎遂假伊霍之事將肆莽卓之心人神同疾敗不旋踵兄弟就葅醢之誅先人受焚如之酷不亦甚乎李密遭會風雲奮其鱗翼思封函谷將割鴻溝期月之間衆數十萬破化及摧世充聲動四方威行萬里雖運乖天眷事屈興王而義協人謀雄名克振壯矣然志性輕狡終致顚覆其度長挈大抑陳項之季孟歟

隋書卷七十考證

楊玄感傳李子雄趙元淑斛斯政劉元進○目錄注在楊玄感下本傳玄感下不注而各傳前另自標名臣馳斗按四人俱附玄感而亂宜從目錄注名玄感之下而刪傳前另標之名以合附傳之體

趙元淑傳初事高寶寧○北史作初從高寶無寧字當是遺脫

# 隋書卷七十一

特進臣魏徵上

## 列傳第三十六

### 誠節

易稱聖人大寶曰位何以守位曰仁又云立人之道曰仁與義然則士之立身成名在乎仁義而已故仁道不遠則殺身以成仁義重於生則捐生而取義是以龍逢投軀於夏癸比干竭節於商辛申蒯斷臂於齊莊弘演納肝於衛懿爰逮漢之紀信欒布晉之向雄嵇紹凡在立名之士莫不庶幾焉至於臨難忘身見危授命雖斯文不墜而行之蓋寡固知士之所重信在茲乎非夫內懷鐵石之心外負凌霜之節孰能安之若命赴蹈如歸者也皇甫誕等當擾攘之際踐必死之機白刃臨頸確乎不拔可謂歲寒貞柏疾風勁草千載之後懍懍如生豈獨聞彼伯夷懦夫立志亦冀將來君子有所庶幾故掇採所聞爲誠節傳

劉弘

劉弘字仲遠彭城叢亭里人魏太常卿芳之孫也少好學有行檢重節槩仕齊行臺郎中襄城沛郡穀陽三郡太守西楚州刺史及齊亡周武帝以爲本郡太守尉迥之亂也遣其將席毗掠徐兗弘勒兵拒之以功授儀同永昌太守齊州長史志在立功不安佐職平陳之役表請從軍以行軍長史從總管吐萬緒渡江以功加上儀同封濩澤縣公拜泉州刺史會高智慧作亂以兵攻州弘城守百餘日救兵不至前後出戰死亡太半糧盡無所食與士卒數百人煮犀甲腰帶及剝樹皮而食之一無離叛賊知其飢餓欲降之弘抗節彌厲賊悉衆來攻城陷爲賊所害上聞而嘉歎者久之賜物二千段子長信襲其官爵

皇甫誕 陶模 敬釗

皇甫誕字玄慮安定烏氏人也祖和魏膠州刺史父璠周隋州刺史誕少剛毅有器局周畢王引爲倉曹參軍高祖受禪爲兵部侍郎數年出爲魯州長史開皇中復入爲比部刑部二曹侍郎俱有能名遷治書侍御史朝臣無不肅憚上以百姓多流亡令誕爲河南道大使以檢括之及還奏事稱旨上甚悅令判大理少卿明年遷尚書右丞俄以母憂去職未朞起令視事尋轉尚書左丞時漢王諒爲并州總管朝廷盛選寮佐前後長史司馬皆一時名士上以誕公方著稱拜并州總管司馬總府政事一以諮之諒甚敬焉及煬帝即位徵諒入朝諒用諮議王頍之謀發兵作亂誕數諫止諒不納誕因流涕曰竊料大王兵資無敵京師者加以君臣位定逆順勢殊士馬雖精難以取勝願王奉詔入朝守臣子之節必有松喬之壽累代之榮如更遷延陷身叛逆一挂刑書爲布衣黔首不可得也願察區區之心思萬全之計敢以死請諒怒而囚之及楊素將至諒屯清源以拒之諒主簿豆盧毓出誕於獄相與協謀閉城拒諒諒襲擊破之並抗節而遇害帝以誕亡身徇國嘉悼者久之下詔曰褒顯名節有國通規加等飾終抑惟令典并州總管司馬皇甫誕性理淹通志懷審正效官贊務聲績克宣值狂悖構禍凶威孔熾確殉單誠不從妖逆雖幽縶寇手而雅志彌厲遂潛與義徒據城抗拒衆寡不敵奄致非命可贈柱國封弘義公謚曰明子無逸嗣無逸尋爲淯陽太守政甚有聲大業令行舊爵例除以無逸誠義之後賜爵平輿侯入爲刑部侍郎守右武衛將軍初漢王諒之反也州縣莫不響應有嵐州司馬陶模繁畤令敬釗並抗節不從

陶模京兆人也性明敏有器幹仁壽初爲嵐州司馬諒既作亂刺史喬鍾葵發兵將赴逆模拒之曰漢王所圖不軌公荷國厚恩致位方伯謂當竭誠效命以答慈造豈有大行皇帝梓宮未掩翻爲厲階鍾葵失色曰司馬反邪臨之以兵辭氣不撓葵義而釋之軍吏進曰若不斬模何以壓衆心於是囚之於獄悉掠取資財分賜黨與及諒平煬帝嘉之拜開府授大興令楊玄感之反也率兵從衛玄擊之以功進位銀青光祿大夫卒官

敬釗字積善河東蒲坂人也父元約周布憲中大夫釗仁壽中爲繁畤令甚有能名及賊至力戰城陷賊帥墨弼掠其資產而臨之以兵釗辭氣不撓弼義而止之執送於僞將喬鍾葵鍾葵釋之署爲代州總管司馬釗正色拒之至於再三鍾葵忿然曰受命則可不然當斬釗答曰忝爲縣宰遭逢逆亂進不能保境退不能死節爲辱已多何乃復以僞官相迫也死生唯命餘非所聞鍾葵怒甚熟視釗曰卿不畏死邪復將殺之會楊義臣軍至鍾葵遽出戰因而大敗釗遂得免大業三年煬帝避暑汾陽宮代州長史柳銓司馬崔寶山上其狀付有司將加褒賞會世基奏格而止後遷朝邑令未幾終

游元

游元字楚客廣平任城人魏五更明根之玄孫也父寶藏位至太守元少聰敏年十六齊司徒徐顯秀引爲參軍事周武帝平齊之後歷壽春令譙州司馬俱有能名開皇中爲殿內侍御史晉王廣爲揚州總管以元爲法曹參軍父憂去職後爲內直監煬帝嗣位遷尚書度支郎遼東之役領左驍衞長史爲蓋牟道監軍拜朝請大夫兼治書侍御史宇文述等九軍敗績帝令元按其獄述時貴倖其子士及又尚南陽公主勢傾朝廷遣家僮造元有所請屬元不之見他日數述曰公地屬親賢腹心是寄當咎身責己以勸事君乃遣人相造欲何所道按之愈急仍以狀劾之帝嘉其公正賜朝服一襲九年奉使於黎陽督運楊玄感作逆乃謂元曰獨夫肆虐天下士大夫肝腦塗地加以陷身絕域之所軍糧斷絕此亦天亡之時也我今親率義兵以誅無道卿意如何元正色答曰尊公荷國寵靈功參佐命高官重祿近古莫儔公之弟兄青紫交映當謂竭誠盡節上答鴻恩豈意墳土未乾親圖反噬深爲明公不取願思禍福之端僕有死而已不敢聞命玄感怒而囚之屢脅以兵竟不屈節於是害之帝甚嘉歎贈銀青光祿大夫賜縑五百匹拜其子仁宗爲正議大夫弋陽郡通守

馮慈明

馮慈明字無佚信都長樂人也父子琮仕齊官至尚書右僕射慈明在齊以戚屬之故年十四爲淮陽王開府參軍事尋補司州主簿進除中書舍人周武平齊授帥都督高祖受禪開三府官除司空司倉參軍事累遷行臺禮部侍郎晉王廣爲并州總管盛選寮屬以慈明爲司士後歷吏部員外郎兼內史舍人煬帝即位以母憂去職帝以慈明始事藩邸後更在臺意甚銜之至是謫爲伊吾鎮副未之官轉交阯郡丞大業九年被徵入朝時兵部侍郎斛斯政亡奔高麗帝見慈明深慰勉之俄拜尚書兵曹郎加位朝請大夫十三年攝江都郡丞事李密之逼東都也詔令慈明安集瀍洛追兵擊密至鄢陵爲密黨崔樞所執密延慈明於坐勞苦之因而謂曰隋祚已盡區宇沸騰吾躬率義兵所向無敵東都危急計日將下今欲率四方之衆問罪於江都卿以爲何如慈明答曰慈明直道事人有死而已不義之言非所敢對密不悅冀其後改厚加禮焉慈明潛使人奉表江都及致書東都留守論賊形勢密知其狀又義而釋之出至營門賊帥翟讓怒曰爾爲使人爲我所執魏公相待至厚曾無感戴寧有畏乎慈明勃然曰天子使我來正欲除爾輩不圖爲賊黨所獲我豈從汝求活耶欲殺但殺何須罵詈因謂羣賊曰汝等本無惡心因飢饉逐食至此官軍且至早爲身計讓益怒於是亂刀斬之時年六十八梁郡通守楊汪上狀帝歎惜之贈銀青光祿大夫拜其二子惇怦俱爲尚書承務郎王充推越王侗爲主重贈柱國戶部尚書昌黎郡公謚曰壯武長子忱先在東都王充破李密忱亦在軍中遂遺奴負父屍柩詣東都身不自送未幾又盛花燭納室時論醜之

張須陁

張須陁弘農閿鄉人也性剛烈有勇略弱冠從史萬歲討西爨以功授儀同賜物三百段煬帝嗣位漢王諒作亂并州從楊素擊平之加開府大業中爲齊郡丞會興遼東之役百姓失業又屬歲饑穀米踊貴須陁將開倉賑給官屬咸曰須待詔勅不可擅與須陁曰今帝在遠遣使往來必淹歲序百姓有倒懸之急如待報至當委溝壑矣吾若以此獲罪死無所恨先開倉而後上狀帝知之而不責也明年賊帥王薄聚結亡命數萬人寇掠郡境官軍擊之多不利須陁發兵拒之薄遂引軍南轉掠魯郡須陁躡之及于岱山之下薄恃驟勝不設備須陁選精銳出其不意擊之薄衆大潰因乘勝斬首數千級薄收合亡散得萬餘人將北度河須陁追之至臨邑復破之斬五千餘級獲六畜萬計時天下承平日久多不習兵須陁獨勇決善戰又長於撫馭得士卒心論者號爲名將薄復北戰連豆子航賊孫宣雅石秪闍郝孝德等衆十餘萬攻章丘須陁遣舟師斷其津濟親率馬步二萬襲擊大破之賊徒散走既至津梁復爲舟師所拒前後狼狽獲其家累輜重不可勝計露布以聞帝大悅優詔褒揚令使者圖畫其形容而奏之其年賊裴長才石子河等衆二萬奄至城下縱兵大掠須陁未暇集兵親率五騎與戰賊競赴之圍百餘重身中數瘡勇氣彌厲會城中兵至賊稍却須陁督軍復戰長才敗走後數旬賊帥秦君弘郭方預等合軍圍北海兵鋒甚銳須陁謂官屬曰賊自恃強謂我不能救吾今速去破之必

矣於是簡精兵倍道而進賊果無備擊大破之斬數萬級獲輜重三千兩司隸刺史裴操之上狀帝遣使勞問之十年賊左孝友衆將十萬屯於蹲狗山須陁列八風營以逼之復分兵扼其要害孝友窘迫面縛來降其黨解象王良鄭大彪李晼等衆各萬計須陁悉討平之威振東夏以功遷齊郡通守領河南道十二郡黜陟討捕大使俄而賊盧明月衆十餘萬將寇河北次祝阿須陁邀擊殺數千人賊呂明星師仁泰霍小漢等衆各萬餘擾濟北須陁進軍擊走之尋將兵拒東郡賊翟讓前後三十餘戰每破走之轉滎陽通守時李密說讓取洛口倉讓憚須陁不敢進密勸之讓遂與密率兵逼滎陽須陁拒之讓懼而退須陁乘之逐北十餘里時李密先伏數千人於林木間邀擊須陁軍遂敗績密與讓合軍圍之須陁潰圍輒出左右不能盡出須陁躍馬入救之來往數四衆皆敗散乃仰天曰兵敗如此何面見天子乎乃下馬戰死時年五十二其所部兵晝夜號哭數日不止越王侗遣左光祿大夫裴仁基招撫其衆移鎮武牢帝令其子元備總父兵元備時在齊郡遇賊竟不果行

## 楊善會

楊善會字敬仁弘農華陰人也父初官至毗陵太守善會大業中爲鄃令以清正聞俄而山東饑饉百姓相聚爲盜善會以左右數百人逐捕之往皆克捷其後賊帥張金稱衆數萬屯于縣界屠城剽邑郡縣莫能禦善會率厲所領與賊搏戰或日有數合每挫其鋒煬帝遣將軍段達來討金稱善會進計於達達不能用軍竟敗焉達深謝善會後復與賊戰進止一以謀之於是大克金稱復引渤海賊孫宣雅高士達等衆數十萬破黎陽而還軍鋒甚盛善會以勁兵千人邀擊破之擢拜朝請大夫清河郡丞金稱稍更屯聚以輕兵掠冠氏善會與平原通守楊元弘步騎數萬衆襲其本營武賁郎將王辯軍亦至金稱釋冠氏來援因與辯戰不利善會選精銳五百赴之所當皆靡辯軍復振賊退守本營諸軍各還于時山東思亂從盜如市郡縣微弱陷没相繼能抗賊者唯善會而已前後七百餘陣未嘗負敗每恨衆寡懸殊未能滅賊會太僕楊義臣討金稱復爲賊所敗退保臨清取善會之策頻與決戰賊乃退走乘勝遂破其營盡俘其衆金稱將數百人遁逃後歸漳南招集餘黨善會追捕斬之傳首行在所帝賜以尚方甲矟弓劍進拜清河通守其年從楊義臣斬漳南賊帥高士達傳首江都宮帝下詔褒揚之士達所部將竇建德自號長樂王來攻信都臨清賊王安阻兵數千與建德相影響善會襲安斬之建德旣下信都復擾清河善會逆拒之反爲所敗嬰城固守賊圍之四旬城陷爲賊所執建德釋而禮之用爲貝州刺史善會罵之曰老賊何敢擬議國士恨吾力劣不能擒汝等我豈是汝屠酤兒輩敢欲更相吏邪臨之以兵辭氣不撓建德猶欲活之爲其部下所請又知終不爲己用於是害之清河士庶莫不傷痛焉

## 獨孤盛

獨孤盛上柱國楷之弟也性剛烈有膽氣煬帝在藩盛以左右從累遷爲車騎將軍及帝嗣位以藩邸之舊漸見親待累轉爲右屯衞將軍宇文化及之作亂也裴虔通引兵至成象殿宿衞者皆釋仗而走盛謂虔通曰何物兵形勢太異也虔通曰事勢已然不預將軍事將軍愼無動盛大罵曰老賊是何物語不及被甲與左右十餘人逆拒之爲亂兵所殺越王侗稱制贈光祿大夫紀國公謚曰武節

## 元文都

元文都洵陽公孝矩之兄子也父孝則周小冢宰江陵總管文都性鯁直明辯有器幹仕周爲右侍上士開皇初授內史舍人歷庫部考功二曹郎俱有能名擢爲尚書左丞轉太府少卿煬帝嗣位轉司農少卿司隸大夫尋拜御史大夫坐事免未幾授太府卿帝漸任之甚有當時之譽大業十三年帝幸江都宮詔文都與段達皇甫無逸韋津等同爲東都留守及帝崩文都與達津等共推越王侗爲帝侗署文都爲內史令開府儀同三司光祿大夫左驍衞大將軍攝右翊衞將軍魯國公旣而宇文化及立秦王浩爲帝擁兵至彭城所在響震文都諷侗遣使通於李密密於是請降因授官爵禮其使甚厚王充不悅因與文都有隙文都知之陰有誅充之計侗復以文都領御史大夫充固執而止盧楚說文都曰王充外軍一將耳本非留守之徒何得預吾事且洛口之敗罪不容誅今者敢懷跋扈宰制時政此而不除方爲國患文都然之遂懷奏入殿事臨發有人以告充充時在朝堂懼而馳還含嘉城謀作亂文都頻遣呼之充稱疾不赴至夜作亂攻東太陽門而入拜於紫微觀下侗遣人謂之曰何爲者充曰元文都盧楚謀相殺害請斬文都歸罪司寇侗見兵勢漸盛度終不免謂文都曰公自見王將軍也文都遷延而泣侗遣其署將軍黃桃樹執文都以出文都顧謂侗曰臣今朝亡陛下亦當夕及侗慟哭而遣之左右莫不憫默出至興教門充令左右亂斬之諸子並見害

## 盧楚

盧楚涿郡范陽人也祖景祚魏司空掾楚少有才學鯁急口吃言語澁難大業中爲尚書右司郎當朝正色甚爲公卿所憚及帝幸江都東都官寮多不奉法楚每存糾舉無所迴避越王侗稱尊號以楚爲內史令左備身將軍攝尚書左丞右光祿大夫封涿郡公與元文都等同心勠力以輔幼王及王充作亂兵攻太陽門武衞將軍皇甫無逸斬關逃難呼楚同去楚謂之曰僕與元公有約若社稷有難誓以俱死今捨去不義及兵入楚匿於大官署賊黨執之送於充所充奮袂令斬之於是鋒刃交下支體糜碎

## 劉子翊

劉子翊彭城叢亭里人也父偏齊徐州司馬子翊少好學頗解屬文性剛謇有吏幹仕齊殿中將軍開皇初爲南和丞累轉秦州司法參軍事十八年入考功尚書右僕射楊素見而異之奏爲侍御史時永寧令李公孝四歲喪母九歲外繼其後父更別娶後妻至是而亡河間劉炫以無撫育之恩議不解任子翊駮之曰傳云繼母如母與母同也當以配父之尊居母之位齊杖之制皆如親母又爲人後者爲其父母朞報朞者自以本生非殊親之與繼也父雖自處傍尊之地於子之情猶須隆其本重是以令云爲人後者爲其父母並解官申其心喪父卒母嫁爲父後者雖不服亦申心喪其繼母嫁不解官此專據嫁者生文耳將知繼母在父之室則制同親母若謂非有撫育之恩同之行路何服之有乎服旣有之心喪焉可獨異三省令旨其義甚明今言令許不解何其甚謬且後人者爲其父母朞未有變隔以親繼親繼旣等故知心喪不殊服問云母出則爲繼母之黨服豈不以出母族絕推而遠之繼母配父引而親之乎子思曰爲伋也妻是爲白也母不爲伋也妻是不爲白也母定知服以名重情因父親所以聖人敎之以孝慈弘之以名義是使子以名服同之親母繼以義報等之己生如謂繼母之來在子出之後制有淺深者考之經傳未見其文譬出後之人所後者初亡後之者始至此復可以無撫育之恩而不服重乎昔長沙人王毖漢末爲上計詣京師旣而吳魏隔絕毖於內國更娶生子昌毖死後爲東平相始知吳之母亡便情繫居重不攝職事于時議者不以爲非然則繼母之與前母於情無別若要以撫育始生服制王昌復何足云乎又晉鎭南將軍羊祜無子取弟子伊爲子祜薨伊不服重祜妻表聞伊辭曰伯生存養已伊不敢違然無父命故還本生尚書彭禮議子之出養必由父命無命而出是爲叛子於是下詔從之然則心服之制不得緣恩而生也論云禮者稱情而立文仗義而設敎還以此義論彼之情稱情者稱如母之情仗義者仗爲子之義名義分定然後能尊父順名崇禮篤敬苟以母養之恩始成母子則恩由彼至服自己來則慈母如母何得待父命又云繼母慈母本實路人臨己養己同之骨血若如斯言子不由父縱有恩育得如母乎其慈繼雖在三年之下而居齊朞之上禮有倫例服以稱情繼母本以名服豈藉恩之厚薄也至於兄弟之子猶子也私昵之心實殊禮服之制無二彼言以輕如重自以不同此謂如重之辭卽同重法若使輕重不等何得爲如律云準枉法者但準其罪以枉法論者卽同眞法律以弊刑禮以設敎準者準擬之名以者卽眞之稱如以二字義用不殊禮律兩文所防是一將此明彼足見其義取譬伐柯何遠之有又論云取子爲後者將以供承祧廟奉養己身不得使宗子歸其故宅以子道事本父之後妻也然本父後妻因父而得母稱若如來旨本父亦可無心喪乎何直父之後妻論又云禮言舊君其尊豈復君乎已去其位非復純臣須言舊以殊之別有所重非復純孝故言其已見之目以其父之文是名異也此又非通論何以言之其舊訓殊所用亦別舊者易新之稱其者因彼之辭安得以相類哉至如禮云其父析薪其子不克負荷傳云衞雖小其君在焉若其父而有異其君復有異乎斯不然矣斯不然矣今炫敢違禮乖令侮聖干法使出後之子無情於本生名義之分有虧於風俗徇飾非於明世彊媒櫱於禮經雖欲揚己露才不覺言之傷理事奏竟從子翊之議仁壽中爲新豐令有能名大業三年除大理正甚有當時之譽擢授治書侍御史每朝廷疑議子翊爲之辯析多出衆人意表從幸江都値天下大亂帝猶不悟子翊因侍切諫由是忤旨令子翊爲丹陽留守尋遣於上江督運爲賊吳棊子所虜子翊說之因以衆首復遣領首賊清江遇煬帝被殺賊知而告之子翊弗信斬所言者賊又欲請以爲主子翊不從羣賊執子翊至臨川城下使告城中云帝已崩子翊反其言於是見害時年七十

## 堯君素　陳孝意　張季珣　松贇

堯君素魏郡湯陰人也煬帝爲晉王時君素以左右從

及嗣位累遷鷹擊郎將大業之末盜賊蜂起人多流亡君素所部獨全後從驍衛大將軍屈突通拒義兵於河東俄而通引兵南遁以君素有膽略署領河東通守義師遣將呂紹宗韋義節等攻之不剋及通軍敗至城下呼之君素見通歔欷流涕悲不自勝左右皆哽咽通亦泣下霑襟因謂君素曰吾軍已敗義旗所指莫不響應事勢如此卿當早降以取富貴君素答曰公當爪牙之寄爲國大臣主上委公以關中代王付公以社稷國祚隆替懸之於公奈何不思報効以至於此縱不能遠慙主上公所乘馬卽代王所賜也公何面目乘之哉通曰吁君素我力屈而來君素曰方今力猶未屈何用多言通慙而退時圍甚急行李斷絕君素乃爲木鵝置表於頸具論事勢浮之黃河沿流而下河陽守者得之達于東都越王侗見而歎息於是承制拜君素爲金紫光祿大夫密遣行人勞苦之監門直閤龐玉武衞將軍皇甫無逸前後自東都歸義俱造城下爲陳利害大唐又賜金券待以不死君素卒無降心其妻又至城下謂之曰隋室已亡天命有屬君何自苦身取禍敗君素曰天下事非婦人所知引弓射之應弦而倒君素亦知事必不濟然要在守死不易每言及國家未嘗不歔欷嘗謂將士曰吾是藩邸舊臣累蒙獎擢至於大義不得不死今穀支數年食盡此穀足知天下之事必若隋室傾敗天命有歸吾當斷頭以付諸君也時百姓苦隋日久及逢義舉人有息肩之望然君素善於統領下不能叛歲餘頗得外生口城中微知江都傾覆又糧食乏絕人不聊生男女相食衆心離駭白虹降於府門兵器之端夜皆光見月餘君素爲左右所害

河東陳孝意少有志尚弱冠以貞介知名大業初爲魯郡司法書佐郡內號爲廉平太守蘇威嘗欲殺一囚孝意固諫至於再三威不許孝意因解衣請先受死良久威意乃解謝而遣之漸加禮敬及威爲納言奏孝意爲侍御史後以父憂去職居喪過禮有白鹿馴擾其廬時人以爲孝感之應未朞起授鴈門郡丞在郡菜食齋居朝夕哀臨每一發聲未嘗不絕倒柴毀骨立見者哀之于時政刑日紊長吏多贓汙孝意淸節彌厲發姦擿伏動若有神吏民稱之煬帝幸江都馬邑劉武周殺太守王仁恭舉兵作亂孝意率兵與武賁郎將王智辯討之戰於下館城反爲所敗武周遂轉攻傍郡百姓兇兇將懷叛逆前郡丞楊長仁鴈門令王確等並桀黠爲無賴所歸謀應武周孝意陰知之族滅其家郡中戰慄莫敢異志俄而武周引兵來攻孝意拒之每致克捷但孤城獨守外無聲援孝意執志誓以必死每遣使江都道路隔絕竟無報命孝意亦知帝必不反每旦暮向詔勑庫俯伏流涕悲動左右圍城百餘日糧盡爲校尉張倫所殺以城歸武周

京兆張季珣父祥少爲高祖所知其後引爲丞相參軍事開皇中累遷并州司馬仁壽末漢王諒舉兵反遣其將劉建略地燕趙至井陘祥勒兵拒守建攻之復縱火燒其郭下祥見百姓驚駭其城側有西王母廟祥登城望之再拜號泣而言曰百姓何罪致此焚燒神其有靈可降雨相救言訖廟上雲起須臾驟雨其火遂滅士卒感其至誠莫不用命城圍月餘李雄援軍至賊遂退走以功授開府歷汝州刺史靈武太守入爲都水監卒官季珣少慷慨有志節大業末爲鷹擊郎將其府據箕山爲固與洛口連接及李密翟讓攻陷倉城遣人呼之季珣罵密極口密怒遣兵攻之連年不能克時密衆數十萬在其城下季珣四面阻絕所領不過數百人而執志彌固誓以必死經三年資用盡樵蘇無所得撤屋而爨人皆穴處季珣撫巡之一無離叛糧盡士卒羸病不能拒戰遂爲所陷季珣坐聽事顏色自若密遣兵禽送之羣賊曳季珣令拜密季珣曰吾雖爲敗軍之將猶是天子爪牙之臣何容拜賊也密壯而釋之翟讓從之求金不得遂殺之時年二十八其弟仲琰大業末爲上洛令及義兵起率吏人城守部下殺之以歸義仲琰弟琮爲千牛左右宇文化及之亂遇害季珣家素忠烈兄弟俱死國難論者賢之

北海松贇性剛烈重名義爲石門府隊正大業末有賊楊厚擁徒作亂來攻北海縣贇從郡兵討之贇輕騎覘賊爲厚所獲厚令贇謂城中云郡兵已破宜早歸降贇僞許之旣至城下大呼曰我是松贇爲官軍覘賊邂逅被執非力屈也今官軍大來並已至矣賊徒寡弱旦暮擒剪不足爲憂賊以刀築贇口引之而去毆擊交下贇罵厚曰老賊何敢致辱賢良禍自及也言未卒賊已斬斷其腰城中望之莫不流涕扼腕銳氣益倍北海卒完煬帝遣戶曹郎郭子賤討厚破之以贇亡身殉節嗟悼不已上表奏之優詔褒揚贈朝散大夫本郡通守

史臣曰古人以天下至大方身則小生爲重矣比義則輕然則死有重於太山生以理全者也生有輕於鴻毛死與義合者也然死不可追生無再得故處不失節所以爲難矣楊諒玄感李密反形已成凶威方熾皇甫誕游元馮慈明臨危不顧視死如歸可謂勇於蹈義矣獨孤盛元文都盧楚堯君素豈不知天之所廢人不能與甘就葅醢之誅以徇忠貞之節雖功未存于社稷力無救于顛危然視彼苟免之徒貫三光而洞九泉矣須陀善會有溫序之風子翊松贇蹈解揚之列國家昏亂有忠臣誠哉斯言也

隋書卷七十一考證

楊善會傳用爲貝州刺史○監本貝訛具臣㦸斗按地理志無具州而淸河郡注後周置貝州時建德攻陷淸河故欲用善會爲貝州刺史也

史臣贊所以爲難矣楊諒玄感李密反形已成凶威方熾皇甫誕游元馮慈明臨危不顧視死如歸可謂勇於蹈義矣獨孤盛元文都盧楚堯君素豈不知天之所廢人不能與甘就葅醢之誅以徇忠貞之節雖功未存於社稷力無救於顛危然視彼苟免之徒貫三光而洞九泉矣須陀善會有溫序之風子翊松贇蹈解揚之列國家昏亂有忠臣誠哉斯言也○矣字已下一百三十字監本闕從宋本補

# 隋書卷七十二

唐　特　進　臣　魏　徵　上

## 列傳第三十七

### 孝義

孝經云夫孝天之經也地之義也人之行也論語云君子務本本立而道生孝悌也者其爲仁之本與呂覽云夫孝三皇五帝之本務萬事之綱紀也執一術而百善至百邪去天下順者其唯孝乎然則孝之爲德至矣其爲道遠矣其化人深矣故聖帝明王行之於四海則與天地合其德與日月齊其明諸侯卿大夫行之於國家則永保其宗社長守其祿位匹夫匹婦行之於閭閻則播徽烈於當年揚休名於千載此皆資純至以感物故聖哲之所重田翼郎方貴等闕稽古之學無俊偉之才並能任其自然情無矯飾篤於天性勤其四體竭股肱之力盡愛敬之心自足膝下之歡忘懷軒冕之貴不言之化人神通感雖或位登台輔爵列王侯祿積萬鍾馬踰千駟死之日曾不得與斯人之徒隸齒孝之大也不其然乎故述其所行爲孝義傳

#### 陸彥師

陸彥師字雲房魏郡臨漳人祖希道魏定州刺史父子彰中書監彥師少有行檢爲邦族所稱長而好學解屬文魏襄城王元旭引爲參軍事以父艱去職哀毀殆不勝喪與兄卬廬於墓次負土成墳公卿重之多就墓側存問晦朔之際車馬不絕齊文宣聞而嘉歎旌表其門號其所住爲孝終里中書令河間邢邵表薦之未報彭城王浟爲司州牧召補主簿後歷中外府東閤祭酒兄卬當襲父始平侯以彥師昆弟中最幼表讓封焉彥師固辭而止時稱友悌孝義總萃一門遷中書舍人尋轉通直散騎侍郎每陳使至必令高選主客彥師所接對者前後六輩歷中書黃門侍郎以不阿宦者遇讒出爲中山太守有惠政數年徵爲吏部郎中周武平齊授載師下大夫宣帝時轉少納言賜爵臨水縣男奉使幽薊俄而高祖爲丞相彥師遇疾請假還鄴尉迥將爲亂彥師微知之遂委妻子潛歸長安高祖嘉之授內史下大夫拜上儀同高祖受禪拜尚書左丞進爵爲子彥師素多病未幾以務劇疾動乞解所職有詔聽以本官就第歲餘轉吏部侍郎隋承周制官無淸濁彥師在職凡所任人頗甄別於士庶論者美之後復以病出爲汾州刺史卒官

#### 田德懋

田德懋觀國公仁恭之子也少以孝友著名開皇初以父軍功賜爵平原郡公授太子千牛備身丁父艱哀毀骨立廬於墓側負土成墳上聞而嘉之遣員外散騎侍郎元志就弔焉復降璽書曰皇帝謝田德懋知在窮疚哀毀過禮倚廬墓所負土成墳朕孝理天下思弘名教復與汝通家情義素重有聞孝感嘉歎兼深春日暄和氣力何似宜自抑割以禮自存也幷賜縑二百匹米百石復下詔表其門閭後歷太子舍人義州司馬大業中爲給事郎尚書駕部郎卒官

#### 薛濬

薛濬字道賾刑部尚書內陽公胄之從祖弟也父琰周渭南太守濬少喪父早孤養母以孝聞幼好學有志行尋師於長安時初平江陵何妥歸國見而異之授以經業周天和中襲爵虞城侯歷納言上士新豐令開皇初擢拜尚書虞部侍郎尋轉考功侍郎帝聞濬事母至孝以其母老賜輿服机杖四時珍味當時榮之後其母疾濬貌甚憂瘁親故弗之識也暨丁母艱詔鴻臚監護喪事歸葬夏陽于時隆冬極寒濬衰絰徒跣冒犯霜雪自京及鄉五百餘里足凍墮指瘡血流離朝野爲之傷痛州里賻助一無所受尋起令視事濬屢陳誠款請終喪

制優詔不許及至京上見其毀瘠過甚爲之改容顧謂羣臣曰吾見薛濬哀毀不覺悲感傷懷嗟異久之濬竟不勝喪病且卒其弟謨時爲晉王府兵曹參軍事在揚州濬遺書與謨曰吾以不造幼丁艱酷窮遊約處屢絶簞瓢晚生早孤不聞詩禮賴奉先人貽厥之訓獲稟母氏聖善之規負笈裹糧不憚艱遠從師就業欲罷不能砥行厲心困而彌篤服膺教義爰至長成自釋耒登朝于茲二十三年矣雖官非聞達而祿喜逮親庶保期頤得終色養何圖精誠無感禍酷荐臻兄弟俱被奪情苫廬靡申哀訴是用抑心泣血貫氣摧魂者也既而瘡巨釁深不勝荼毒啓手啓足幸及全歸使夫死而有知得從先人於地下矣豈非至願哉但念爾伶俜孤宦遠在邊服顧此恨恨如何可言適已有書冀得與汝面訣忍死待汝已歷一旬汝既未來便成今古緬然永别爲恨何言勉之哉勉之哉書成而絶時年四十二有司以聞高祖爲之屑涕降使齎冊書弔祭曰皇帝咨故考功侍郎薛濬於戲惟爾操履貞和器業詳敏允膺列宿勤謇克彰及遭私艱奄從毀滅嘉爾誠孝感于朕懷奠爵有加抑惟朝典故遣使人指申往命魂而有靈歆茲榮渥嗚呼哀哉濬性清儉死之日家無遺資濬初爲童兒時與宗中諸兒遊戲于澗濱見一黄蛇有角及足召羣兒共視了無見者濬以爲不祥歸大憂悴母逼而問之濬以實對時有胡僧詣宅乞食濬母怖而告之僧曰此乃兒之吉應且是兒也早有名位然壽不過六七耳言終而出忽然不見時咸異之既而終於四十二六七之言於是驗矣子乾福武安郡司倉書佐

## 王頒

王頒字景彦太原祁人也祖神念梁左衛將軍父僧辯太尉頒少俶儻有文武幹局其父平侯景留頒質於荆州遇元帝爲周師所陷頒因入關聞其父爲陳武帝所殺號慟而絶食頃乃蘇哭泣不絶聲毀瘠骨立至服闋常布衣蔬食藉藁而卧周明帝嘉之召授左侍上士累遷漢中太守尋拜儀同三司開皇初以平蠻功加開府封蛇丘縣公獻取陳之策上覽而異之召與相見言畢而歔欷上爲之改容及大舉伐陳頒自請行率徒數百人從韓擒先鋒夜濟力戰被傷恐不堪復鬭悲感嗚咽夜中因睡夢有人授藥比寤而瘡不痛時人以爲孝感及陳滅頒密召父時士卒得千餘人對之涕泣其間將士或問頒曰郎君來破陳國滅其社稷讎耻已雪而悲哀不止者將爲霸先早死不得手刃之邪請發其丘壟斲櫬焚骨亦可申孝心矣頒頓顙陳謝額盡流血荅之曰某爲帝王墳塋甚大恐一宵發掘不及其屍更至明朝事乃彰露若之何諸人請具鍫鍤一旦皆萃於是夜發其陵剖棺見陳武帝鬚並不落其本皆出自骨中頒遂焚骨取灰投水而飲之既而自縛歸罪於晉王王表其狀高祖曰朕以義平陳王頒所爲亦孝義之道也朕何可罪之舍而不問有司錄其戰功將加柱國賜物五千段頒固辭曰臣緣國威靈得雪怨耻本心徇私非是爲國所加官賞終不敢當高祖從之拜代州刺史甚有惠政母憂去職後爲齊州刺史卒官時年五十二弟頍見文學傳

## 楊慶

楊慶字伯悦河間人也祖玄父剛並以至孝知名慶美姿儀性辯慧年十六齊國子博士徐遵明見而異之及長頗涉書記年二十五郡察孝廉以侍養不行其母有疾不解襟帶者七旬及居母憂哀毁骨立負土成墳齊文宣帝表其門閭賜帛三十四緜十屯粟五十石高祖受禪屢加褒賞擢授儀同三司版授平陽太守年八十五終於家

## 郭儁

郭儁字弘乂太原文水人也家門雍睦七葉共居犬豕同乳烏鵲通巢時人以爲義感之應州縣上其事上遣平昌公宇文弼詣其家勞問之治書御史柳彧巡省河北表其門閭漢王諒爲并州總管聞而嘉歎賜兄弟二十餘人衣各一襲

## 田翼

田翼不知何許人也性至孝養母以孝聞其後母卧疾歲餘翼親易燥濕母食則食母不食則不食母患暴痢翼謂中毒遂親嘗惡及母終翼一慟而絶其妻亦不勝哀而死鄉人厚共葬之

## 紐回

紐回字孝政河東安邑人也性至孝周武成中父母喪廬於墓側負土成墳廬前生麻一株高丈許圍之合拱枝葉鬱茂冬夏恒青有鳥棲其上回舉聲哭鳥即悲鳴時人異之周武帝表其閭擢授甘棠令開皇初卒子士雄少質直孝友喪父復廬於墓側負土成墳其庭前有一槐樹先甚鬱茂及士雄居喪樹遂枯死服闋還宅死樹復榮高祖聞之歎其父子至孝下詔褒揚號其所居爲累德里

## 劉士儁

劉士儁彭城人也性至孝丁母喪絶而復蘇者數矣勺飲不入口者七日廬於墓側負土成墳列植松栢狐狼馴擾爲之取食高祖受禪表其門閭

## 郎方貴

郎方貴淮南人也少有志尚與從父弟雙貴同居開皇中方貴嘗因出行遇雨淮水泛長於津所寄渡船人怒之撾方貴臂折至家其弟雙貴驚問所由方貴具言之雙貴恚恨遂向津毆擊船人致死守津者執送之縣官案問其狀以方貴爲首當死雙貴從坐當流兄弟二人爭爲首坐縣司不能斷送詣州兄弟各引咎州不能定二人爭欲赴水而死州狀以聞上聞而異之特原其罪表其門閭賜物百段後爲州主簿

## 翟普林

翟普林楚丘人也性仁孝事親以孝聞州郡辟命皆固辭不就躬耕色養鄉鄰謂爲楚丘先生後父母疾親易燥濕不解衣者七旬大業初父母俱終哀毁殆將滅性廬於墓側負土爲墳盛冬不衣繒絮唯著單縗而已家有一烏犬隨其在墓若普林哀臨犬亦悲號見者嗟異焉有一鵲巢其廬前栢樹每入其廬馴狎無所驚懼大業中司隸巡察奏其孝感擢授孝陽令

## 李德饒

李德饒趙郡柏人人也祖徽魏尚書右丞父純開皇中爲介州長史德饒少聰敏好學有至性宗黨咸敬之弱冠爲校書郎仍直内史省參掌文翰轉監察御史糾正不避貴戚大業三年遷司隸從事每巡四方理雪寃枉褒揚孝悌雖位秩未通其德行爲當時所重凡與交結皆海内髦彦性至孝父母寢疾輒終日不食十旬不解衣及丁憂水漿不入口五日哀慟歐血數升及送葬之日會仲冬積雪行四十餘里單縗徒跣號踊幾絶會葬者千餘人莫不爲之流涕後甘露降於庭樹有鳩巢其廬納言楊達巡省河北詣其廬弔慰之因改所居村名孝敬村里爲和順里後爲金河長未之官值羣盜蜂起賊帥格謙孫宣雅等十餘頭聚衆於渤海時有勑許其歸首謙等懼不敢降以德饒信行有聞遣使奏曰若使德饒來者即相率歸首帝於是遣德饒往渤海慰諭諸賊行至冠氏會他盜攻陷縣城德饒見害其弟德佋性重然諾大業末爲離石郡司法書佐太守楊子崇特禮之及義兵起子崇遇害棄尸城下德佋赴哭盡哀收瘞之至介休詣義師請葬子崇大將軍嘉之因贈子崇官令德佋爲使者往離石禮葬子崇焉

## 華秋

華秋汲郡臨河人也幼喪父事母以孝聞家貧傭賃爲養其母遇患秋容貌毁悴鬚鬢頓改州里咸嗟異之及母終之後遂絶櫛沐髮盡秃落廬於墓側負土成墳有人欲助之者秋輒拜而止之大業初調狐皮郡縣大獵有一兎人逐之奔入秋廬中匿秋膝下獵人至廬所異而免之自爾此兎常宿廬中馴其左右郡縣嘉其孝感俱以狀聞煬帝降使勞問表其門閭後羣盜起常往來廬之左右咸相誡曰勿犯孝子鄉人賴秋而全者甚衆

## 徐孝肅

徐孝肅汲郡人也宗族數千家多以豪侈相尚唯孝肅性儉約事親以孝聞雖在幼齒宗黨間每有爭訟皆至孝肅所平論之爲孝肅所短者無不引咎而退孝肅早孤不識父及長問其母父狀因求畫工圖其形像構廟置之而定省焉朔望享祭養母至孝數十年家人未見其有忿恚之色及母老疾孝肅親易燥濕憂悴數年見者無不悲悼母終孝肅茹蔬飲水盛冬單縗毁瘠骨立祖父母父母墓皆負土成墳廬於墓所四十餘載被髮徒跣遂以身終其弟德備聰敏通涉五經河朔間稱爲儒者德備終子處默又廬於墓側奕葉稱孝焉

史臣曰昔者弘愛敬之理必藉王公大人近古敦孝友之情多茅屋之下而彦師道曠或家傳纓冕或身誓山河遂乃負土成墳致毁滅性雖乖先王之制亦觀過以知仁矣郎貴昆弟爭死而身全田翼夫妻俱喪而名立德饒仁懷羣盜德佋義感與王亦足稱也紐回劉儁之倫翟林華秋之輩或茂草嘉樹榮枯於庭宇或走獸翔禽馴狎於廬墓非夫孝悌之至通於神明者乎

# 隋書卷七十三

唐 特 進 臣 魏 徵 上

## 列傳第三十八

## 循吏

古之善牧人者養之以仁使之以義教之以禮隨其所便而處之因其所欲而與之從其所好而勸之如父母之愛子如兄之愛弟聞其飢寒爲之哀見其勞苦爲之悲故人敬而悦之愛而親之若子産之理鄭國子賤之居單父賈琮之牧冀州文翁之爲蜀郡皆可以恤其災患導以忠厚因而利之惠而不費其暉映千祀聲芳不

絶夫何爲哉用此道也然則五帝三王不易人而化皆在所由化之而已故有無能之吏無不可化之人高祖膺運撫圖除凶靜亂日旰忘食思邁前王然不敦詩書不尙道德專任法令嚴察臨下吏存苟免罕聞寬惠乘時射利者多以一切求名暨煬帝嗣興志存遠略車轍馬跡將徧天下綱紀弛紊四維不張其或善於侵漁彊於剝割絶億兆之命遂一人之求者謂之奉公即時升擢其或顧名節存綱紀抑彼攘之心以從百姓之欲者則謂之附下旋及誅夷夫吏之侵漁得其所欲雖重其禁猶或爲之吏之清平失其所欲雖崇其賞猶或不爲況於上賞其姦下得其欲求其廉潔不亦難乎彥光等立嚴察之朝屬昏狂之主執心平允終行仁恕餘風遺愛沒而不忘寬惠之音足以傳於來葉故列其行事以繫循吏之篇爾

## 梁彥光

梁彥光字修之安定烏氏人也祖茂魏秦華二州刺史父顯周荆州刺史彥光少岐嶷有至性其父每謂所親曰此兒有風骨當興吾宗七歲時父遇篤疾醫云餌五石可愈時求紫石英不得彥光憂瘁不知所爲忽於園中見一物彥光所不識怪而持歸即紫石英也親屬咸異之以爲至孝所感魏大統末入太學略涉經史有規檢造次必以禮解褐祕書郎時年十七周受禪遷舍人上士武帝時累遷小馭下大夫母憂去職毀瘁過禮未幾起令視事帝見其毀甚嗟歎久之頻蒙慰諭後轉小內史下大夫建德中爲御正下大夫從帝平齊以功授開府陽城縣公邑千戶宣帝即位拜華州刺史進封華陽郡公增邑五百戶以陽城公轉封一子尋進位上大將軍遷御正上大夫俄拜柱國青州刺史屬帝崩不之官及高祖受禪以爲岐州刺史兼領岐州宮監增邑五百戶通前二千戶甚有惠政嘉禾連理出於州境開皇二年上幸岐州悅其能乃下詔曰賞以勸善義兼訓物彥光操履平直識用凝遠布政岐下威惠在人廉慎之譽聞於天下三載之後自當遷陟恐其匱乏且宜旌善可賜粟五百斛物三百段御傘一枚庶使有感朕心曰增其美四海之內凡曰官人慕高山而仰止聞清風而自勵未幾又賜錢五萬後數歲轉相州刺史彥光前在岐州其俗頗質以靜鎭之合境大化奏課連最爲天下第一及居相部如岐州法鄴都雜俗人多變詐爲之作歌稱其不能理化上聞而譴之竟坐免歲餘拜趙州刺史彥光言於上曰臣前待罪相州百姓呼爲戴帽餳臣自分廢黜無復衣冠之望不謂天恩復垂收採請復爲相州改絃易調庶有以變其風俗上答隆恩上從之復爲相州刺史豪猾者聞彥光自請而來莫不嗤笑彥光下車發擿姦隱有若神明於是狡猾之徒莫不潛竄合境大駭初齊亡後衣冠士人多遷關內唯技巧商販及樂戶之家移實州郭由是人情險詖妄起風謠訴訟官人萬端千變彥光欲革其弊乃用秩俸之物招致山東大儒每鄉立學非聖哲之書不得教授常以季月召集之親臨策試有勤學異等聰令有聞者升堂設饌其餘並坐廊下有好諍訟惰業無成者坐之庭中設以草具及大比當舉行賓貢之禮又於郊外祖道并以財物資之於是人皆克勵風俗大改有滏陽人焦通性酗酒事親禮闕爲從弟所訟彥光弗之罪將至州學令觀於孔子廟于時廟中有韓伯瑜母杖不痛哀母力弱對母悲泣之像通遂感悟既悲且媿若無自容彥光訓諭而遣之後改過勵行卒爲善士以德化人皆此類也吏人感悅略無諍訟後數歲卒官時年六十贈冀定青瀛四州刺史謚曰襄子文謙嗣文謙弘雅有父風以上柱國嫡子例授儀同開皇十五年拜上州刺史煬帝即位轉饒州刺史歲餘爲鄱陽太守稱爲天下之最徵拜戶部侍郎遼東之役領武賁郎將尋以本官兼檢校太府衛尉二少卿明年又領武賁郎將爲盧龍道軍副會楊玄感作亂其弟武賁郎將玄縱先隸文謙玄感反問未至而玄縱逃走文謙不之覺坐是配防桂林而卒時年五十六少子文讓初封陽城縣公後爲鷹揚郎將從衛玄擊楊玄感於東都力戰而死贈通議大夫

## 樊叔略

樊叔略陳留人也父歡仕魏爲南兖州刺史阿陽侯屬高氏專權將謀興復之計爲高氏所誅叔略時在髫亂遂被腐刑給使殿省身長九尺志氣不凡頗爲高氏所忌內不自安遂奔關西周太祖見而器之引置左右尋授都督襲爵爲侯大冢宰宇文護執政引爲中尉叔略多計數曉習時事護漸委信之兼督內外累遷驃騎大將軍開府儀同三司護誅後齊王憲引爲園苑監時憲素有吞關東之志叔略因事數進兵謀憲甚奇之建德五年從武帝伐齊叔略部率精銳每戰身先士卒以功加上開府進封清鄉縣公邑千四百戶拜汴州刺史號爲明決宣帝時於洛陽營建東京以叔略有巧思拜營構監宮室制度皆叔略所定功未就而帝崩尉迥之亂高祖令叔略鎭大梁迥將宇文威來寇叔略擊走之以功拜大將軍復爲汴州刺史高祖受禪加位上大將軍進爵安定郡公在州數年甚有聲譽鄴都俗薄號曰難化朝廷以叔略所在著稱遷相州刺史政爲當時第一上降璽書褒美之賜物三百段粟五百石班示天下百姓爲之語曰智無窮清鄉公上下正樊安定徵拜司農卿吏人莫不流涕相與立碑頌其德政自爲司農凡所種植叔略別爲條制皆出人意表朝廷有疑滯公卿所未能決者叔略輒爲評理雖無學術有所依據然師心獨見闇與理合甚爲上所親委高熲楊素亦禮遇之叔略雖爲司農往往參督九卿事性頗豪侈每食必方丈備水陸十四年從祠太山行至洛陽上令錄囚徒具狀將奏晨起至獄門於馬上暴卒時年五十九上悼惜久之贈亳州刺史謚曰襄

## 趙軌

趙軌河南雒陽人也父肅魏廷尉卿軌少好學有行檢周蔡王引爲記室以清苦聞遷衛州治中高祖受禪轉齊州別駕有能名其東鄰有桑葚落其家軌遣人悉拾還其主誡其諸子曰吾非以此求名意者非機杼之物不願侵人汝等宜以爲誡在州四年考績連最持節使者郃陽公梁子恭狀上高祖嘉之賜物三百段米三百石徵軌入朝父老相送者各揮涕曰別駕在官水火不與百姓交是以不敢以壺酒相送公清若水請酌一杯水奉餞軌受而飲之既至京師詔與奇章公牛弘撰定律令格式時衛王爽爲原州總管上見爽年少以軌所在有聲授原州總管司馬在道夜行其左右馬逸入田中暴人禾軌駐馬待明訪禾主酬直而去原州人吏聞之莫不改操後數年遷硤州刺史撫緝萌夷甚有恩惠尋轉壽州總管長史芍陂舊有五門堰蕪穢不修軌於是勸課人吏更開三十六門灌田五千餘頃人賴其利秩滿歸鄉里卒于家時年六十二子弘安弘智並知名

## 房恭懿

房恭懿字慎言河南洛陽人也父謨齊吏部尚書恭懿性沈深有局量達於從政仕齊釋褐開府參軍事歷平恩令濟陰守並有能名會齊亡不得調尉迥之亂恭懿預焉迥敗廢于家開皇初吏部尚書蘇威薦之授新豐令政爲三輔之最上聞而嘉之賜物四百段恭懿以所得賜分給窮乏未幾復賜米三百石恭懿又以賑貧人上聞而止之時雍州諸縣令每朔朝謁上見恭懿必呼至榻前訪以理人之術蘇威重薦之超授澤州司馬有異績賜物百段良馬一匹遷德州司馬在職歲餘盧愷復奏恭懿政爲天下之最上甚異之復賜百段因謂諸州朝集使曰如房恭懿志存體國愛養我百姓此乃上天宗廟之所祐助豈朕寡薄能致之乎朕即拜爲刺史豈止爲一州而已當令天下模範之卿等宜師斆也上又曰房恭懿所在之處百姓視之如父母朕若置之而不賞上天宗廟其當責我內外官人宜知我意於是下詔曰德州司馬房恭懿出宰百里毗贊二藩善政能官標映倫伍班條按部實允僉屬委以方岳聲實俱美可使持節海州諸軍事海州刺史未幾會國子博士何妥奏恭懿尉迥之黨不當仕進威愷二人朋黨曲相薦舉上大怒恭懿竟得罪配防嶺南未幾徵還京師行至洪州遇患卒論者于今冤之

## 公孫景茂

公孫景茂字元蔚河間阜城人也容貌魁梧少好學博涉經史在魏察孝廉射策甲科爲襄城王長史兼行參軍遷太常博士多所損益時人稱爲書庫後歷高唐令大理正俱有能名及齊滅周武帝聞而召見與語器之授濟北太守以母憂去職開皇初詔徵入朝訪以政術拜汝南太守郡廢轉曹州司馬在職數年以老病乞骸骨優詔不許俄遷息州刺史法令清靜德化大行時屬平陳之役征人在路有疾病者景茂撤減俸祿爲饘粥湯藥分賑濟之賴全活者以千數上聞而嘉之詔宣告天下十五年上幸洛陽景茂謁見時年七十七上命升殿坐問其年幾景茂以實對上哀其老嗟嘆久之景茂再拜曰呂望八十而遇文王臣踰七十而逢陛下上甚悅賜物三百段詔曰景茂修身潔己耆宿不虧作牧化人聲績顯著年終考校獨爲稱首宜升戎秩兼進藩條可上儀同三司伊州刺史明年以疾徵吏人號泣於道及疾愈復乞骸骨又不許轉道州刺史悉以秩俸買牛犢雞猪散惠孤弱不自存者好單騎巡人家至戶入閤視百姓產業有修理者於都會時乃褒揚稱述如有過惡隨即訓導而不彰也由是人行義讓有無均通男子相助耕耘婦人相從紡績大村或數百戶皆如一家之務其後請致事上優詔聽之仁壽中上明公楊紀出使河北見景茂神力不衰還以狀奏於是就拜淄州刺史賜以馬轝便道之官前後歷職皆有德政論者稱爲良牧大業初卒官年八十七謚曰康身死之日諸州人吏赴喪者數千人或不及葬皆望墳慟哭野祭而去

## 辛公義

辛公義隴西狄道人也祖徽魏徐州刺史父季慶青州

刺史公義早孤爲母氏所養親授書傳周天和中選良家子任太學生以勤苦著稱武帝時召入露門學令受道義每月集御前令與大儒講論數被嗟異時輩慕之建德初授宣納中士從平齊累遷掌治上士掃寇將軍高祖作相授內史上士參掌機要開皇元年除主客侍郎攝內史舍人事賜爵安陽縣男邑二百戶每陳使來朝常奉詔接宴轉駕部侍郎使往江陵安輯邊境七年使勾檢諸馬牧所獲十餘萬匹高祖喜曰唯我公義奉國罄心從軍平陳以功除岷州刺史土俗畏病若一人有疾即合家避之父子夫妻不相看養孝義道絕由是病者多死公義患之欲變其俗因分遣官人巡檢部內凡有疾病皆以牀輿來安置聽事暑月疫時病人或至數百廳廊悉滿公義親設一榻獨坐其間終日連夕對之理事所得秩俸盡用市藥爲迎醫療之躬勸其飲食於是悉差方召其親戚而諭之曰死生由命不關相着前汝弃之所以死耳今我聚病者坐臥其間若言相染那得不死病兒復差汝等勿復信之諸病家子孫慙謝而去後人有遇病者爭就使君其家無親屬因留養之始相慈愛此風遂革合境之內呼爲慈母後遷牟州刺史下車先至獄中因露坐牢側親自驗問十餘日間決斷咸盡方還大廳受領新訟皆不立文案遣當直佐僚二人側坐訊問事若不盡應須禁者公義即宿廳事終不還閤人或諫之曰此事有程使君何自苦也答曰刺史無德可以導人尚令百姓係於囹圄豈有禁人在獄而心自安乎罪人聞之咸自款服後有欲諍訟者其鄉閭父老遽相曉曰此蓋小事何忍勤勞使君訟者多兩讓而止時山東霖雨自陳汝至于滄海皆苦水災境內犬牙獨無所損山出黃銀獲之以獻詔水部郎婁崱就公義禱焉乃聞空中有金石絲竹之響仁壽元年追充揚州道黜陟大使豫章王暕恐其部內官僚犯法未入州境預令屬公義公義答曰奉詔不敢有私及至揚州皆無所縱捨暕銜之及煬帝即位揚州長史王弘入爲黃門侍郎因言公義之短竟去官吏人守闕訴冤相繼不絕後數歲帝悟除內史侍郎丁母憂未幾起爲司隸大夫檢校右禦衛武賁郎將從征至柳城郡卒時年六十二子融

## 柳儉　郭絢　敬肅

柳儉字道約河東解人也祖元璋魏司州大中正相華二州刺史父裕周聞喜令儉有局量立行清苦爲州里所敬雖至親昵無敢狎侮周代歷宣納上士畿伯大夫及高祖受禪擢拜水部侍郎封率道縣伯未幾出爲廣漢太守甚有能名俄而郡廢時高祖初有天下勵精思政妙簡良能出爲牧宰以儉仁明著稱擢拜蓬州刺史獄訟者庭遣不爲文書約束佐史從容而已獄無繫囚蜀王秀時鎮益州列上其事遷邛州刺史在職十餘年萌夷悅服蜀王秀之得罪也儉坐與交通免職及還鄉里乘敝車羸馬妻子衣食不贍見者咸歎服焉煬帝嗣位徵之于時以功臣任職牧州領郡者並帶戎資唯儉自良吏帝嘉其績用特授朝散大夫拜弘化太守賜物一百段而遣之儉清節逾勵大業五年入朝郡國畢集帝謂納言蘇威吏部尚書牛弘曰其中清名天下第一者爲誰威等以儉對帝又問其次威以涿郡丞郭絢潁川郡丞敬肅等二人對帝賜儉帛二百匹絢肅各一百匹令天下朝集使送至郡邸以旌異焉論者美之及大業末盜賊蜂起數被攻逼儉撫結人夷卒無離叛竟以保全及義兵至長安尊立恭帝儉與留守李粲縞素於州南向慟哭既而歸京師相國賜儉物三百段就拜上大將軍歲餘卒于家時年八十九

郭絢河東安邑人也家素寒微初爲尚書令史後以軍功拜儀同歷數州司馬長史皆有能名大業初刑部尚書宇文弢巡省河北引絢爲副煬帝將有事於遼東以涿郡爲衝要訪可任者聞絢有幹局拜涿郡丞吏人悅服數載遷爲通守兼領留守及山東盜賊起絢逐捕之多所剋獲時諸郡無復完者唯涿郡獨全後將兵擊竇建德於河間戰死人吏哭之數月不息

敬肅字弘儉河東蒲坂人也少以貞介知名釋褐州主簿開皇初爲安陵令有能名擢拜秦州司馬轉豳州長史仁壽中爲衞州司馬俱有異績煬帝嗣位遷潁川郡丞大業五年朝東都帝令司隸大夫薛道衡爲天下羣官之狀道衡狀稱肅曰心如鐵石老而彌篤時左翊衞大將軍宇文述當塗用事其邑在潁川每有書屬肅肅未嘗開封輒令使者持去述賓客有放縱者以法繩之無所寬貸由是述銜之八年朝於涿郡帝以其年老有治名將擢爲太守者數矣輒爲述所毀不行大業末乞骸骨優詔許之去官之日家無餘財歲餘終于家時年八十

## 劉曠

劉曠不知何許人也性謹厚每以誠恕應物開皇初爲平鄉令單騎之官人有諍訟者輒丁寧曉以義理不加繩劾各自引咎而去所得俸祿賑施窮乏百姓感其德化吏相篤勵曰有君如此何得爲非在職七年風教大洽獄中無繫囚爭訟絕息囹圄盡皆生草庭可張羅及去官吏人無少長號泣於路將送數百里不絕遷爲臨潁令清名善政爲天下第一尚書左僕射高熲言其狀上召之及引見勞之曰天下縣令固多矣卿能獨異於衆良足美也顧謂侍臣曰若不殊獎何以爲勸於是下優詔擢拜莒州刺史

## 王伽

王伽河間章武人也開皇末爲齊州行參軍初無足稱後被州使送流囚李參等七十餘人詣京師時制流人並枷鎖傳送伽行次滎陽哀其辛苦悉呼而謂之曰卿輩既犯國刑虧損名教身嬰縲紲此其職也今復重勞援卒豈獨不媿於心哉參等辭謝伽曰汝等雖犯憲法枷鎖亦大辛苦吾欲與汝等脫去行至京師總集能不違期不皆拜謝曰必不敢違伽於是悉脫其枷停援卒與期曰某日當至京師如致前却吾當爲汝受死舍之而去流人咸悅依期而至一無離叛上聞而驚異之召見與語稱善久之於是悉召流人并令攜負妻子俱入賜宴於殿庭而赦之乃下詔曰凡在有生含靈稟性咸知好惡並識是非若臨以至誠明加勸導則俗必從化人皆遷善往以海內亂離德教廢絕官人無慈愛之心兆庶懷姦詐之意所以獄訟不息澆薄難治朕受命上天安養萬姓思遵聖法以德化人朝夕孜孜意在於此而伽深識朕意誠心宣導參等感悟自赴憲司明是率土之人非爲難教良是官人不加曉示致令陷罪無由自新若使官盡王伽之儔人皆李參之輩刑厝不用其何遠哉於是擢伽爲雍令政有能名

## 魏德深

魏德深本鉅鹿人也祖沖仕周爲刑部大夫建州刺史因家弘農父毗鬱林令德深初爲文帝挽郎後歷馮翊書佐武陽司戶書佐以能遷貴鄉長爲政清淨不嚴而治會興遼東之役徵稅百端使人往來責成郡縣于時三綱弛紊吏多贓賄所在徵斂下不堪命唯德深一縣有無相通不竭其力所求皆給百姓不擾稱爲大治于時盜賊羣起武陽諸城多被淪陷唯貴鄉獨全郡丞元寶藏受詔逐捕盜賊每戰不利則器械必盡輒徵發於人動以軍法從事如此者數矣其鄰城營造皆聚於聽事吏人遞相督責晝夜喧囂猶不能濟德深各問其所欲任隨便修營官府寂然恒若無事唯約束長吏所修不須過勝餘縣使百姓勞苦然在下各自竭心常爲諸縣之最壽轉館陶長貴鄉吏人聞之相與言及其事皆歔欷流涕語不成聲及將赴任傾城送之號泣之聲道路不絕既至館陶闔境老幼皆如見其父母有猾人員外郎趙君實與郡丞元寶藏深相交結前後令長未有不受其指麾者自德深至縣君實屏處於室未嘗輒敢出門逃竄之徒歸來如市貴鄉父老冒涉艱險詣闕請留德深有詔許之館陶父老復詣郡相訟以貴鄉文書爲詐郡不能決會持節使者韋霽杜整等至兩縣詣使訟之乃斷從貴鄉貴鄉吏人歌呼滿道互相稱慶館陶衆庶合境悲哭因而居住者數百家寶藏深害其能會越王侗徵兵於郡寶藏遂令德深率兵千人赴東都俄而寶藏以武陽歸李密德深所領皆武陽人也以本土從賊念其親戚輒出都門東向慟哭而反人或謂之曰李密兵馬近在金墉去此二十餘里汝必欲歸誰能相禁何爲自苦如此其人皆垂泣曰我與魏明府同來不忍弃去豈以道路艱難乎其得人心如此後與賊戰沒於陣貴鄉館陶人庶至今懷之時有欒陽令渤海高世衡蕭令彭城劉高城阜令弘農劉熾俱有恩惠大業之末長吏多贓汙衡高及熾清節逾勵風教大洽獄無繫囚爲吏人所稱

史臣曰古語云善爲水者引之使平善化人者撫之使靜水平則無損於隄防人靜則不犯於憲章然則易俗移風服教從義不資於明察必藉於循良者也彥光等皆內懷直道至誠待物故得所居而化所去見思至於景茂之遏惡揚善公義之撫視疾病劉曠之化行所部德深之愛結人心雖信臣杜詩鄭渾朱邑不能繼也詩云愷悌君子人之父母豈徒言哉恭懿所在尤異屢簡帝心追既往之一眚遂流亡於道路惜乎柳儉去官妻子不贍趙軌秩滿酌水餞離清矣

# 隋書卷七十四

唐　特　進　臣　魏　徵　上

列傳第三十九

## 酷吏

夫爲國之體有四焉一曰仁義二曰禮制三曰法令四曰刑罰仁義禮制政之本也法令刑罰政之末也無本不立無末不成然教化遠而刑罰近可以助化而不可以專行可以立威而不可以繁用老子曰其政察察其人缺缺又曰法令滋章盜賊多有然則令之煩苛吏之嚴酷不能致理百代可知考覽前載有時而用之矣昔

桑任獄吏赭衣滿道漢革其風矯枉過正禁網踈闊遂漏吞舟大姦巨猾犯義侵禮故剛克之吏摧拉凶邪一切禁姦以救時弊雖乖敎義或有所取爲高祖膺期平一江左四海九州服敎從義至於威行郡國力折公侯乘傳賦人探丸斫吏者所在蔑聞焉無曩時之弊亦已明矣士文等功不足紀才行無聞遭遇時來叨竊非據肆其褊性多行無禮君子小人咸罹其毒凡厥所莅莫不懔然居其下者視之如蛇虺過其境者逃之如寇讎與人之恩心非好善加人之罪事非疾惡其所笞辱多在無辜察其所爲豺狼之不若也無禁姦除猾之志肆殘虐幼賤之心君子惡之故編爲酷吏傳也

## 庫狄士文

庫狄士文代人也祖干齊左丞相父敬武衞將軍肆州刺史士文性孤直雖鄰里至親莫與通狎少讀書在齊襲封章武郡王官至領軍將軍周武帝平齊山東衣冠多迎周師唯士文閉門自守帝奇之授開府儀同三司隨州刺史高祖受禪加上開府封湖陂縣子尋拜貝州刺史性清苦不受公料家無餘財其子常噉官厨餅士文枷之於獄累日杖之一百步送還京僮隸無敢出門所買鹽菜必於外境凡有出入皆封署其門親舊絕跡慶弔不通法令嚴肅吏人股戰道不拾遺有細過必深文陷害嘗入朝遇上置酒高會賜公卿入左藏任取多少人皆極重士文獨口銜絹一匹兩手各持一匹上問其故士文曰臣口手俱滿餘無所須上異之別加賞物勞而遣之士文至州發擿姦隱長吏尺布升粟之贓無所寬貸得千餘人而表之上悉配防嶺南親戚相送哭泣之聲徧於州境至嶺南遇瘴癘死者十八九於是父母妻子唯哭士文士文聞之令人捕捉撾捶盈前而哭者彌甚有京兆韋焜爲貝州司馬河東趙達爲清河令二人並苛刻唯長史有惠政時人爲之語曰刺史羅剎政司馬蝮蛇瞋長史含笑判清河生喫人上聞而歎曰士文之暴過於猛獸竟坐免未幾以爲雍州長史士文謂人曰我向法深不能窺候要貴必死此官矣及下車執法嚴正不避貴戚賓客莫敢至門人多怨望士文從父妹爲齊氏嬪有色齊滅之後賜薛國公長孫覽爲妾覽妻鄭氏性妬譖之於文獻后后令覽離絕士文恥之不與相見後應州刺史唐君明居母憂娉以爲妻由是士文君明並爲御史所劾士文性剛在獄數日憤恚而死家無餘財有子三人朝夕不繼親友無內之者

## 田式

田式字顯標馮翊下邽人也祖安與父長樂仕魏俱爲本郡太守式性剛果多武藝拳勇絕人周明帝時年十八授都督領鄉兵後數載拜渭南太守政尚嚴猛吏人重足而立無敢違法者遷本部太守親故屏跡請託不行武帝聞而善之進位儀同三司賜爵信都縣公擢拜延州刺史從帝平齊以功加上開府徙爲庭州刺史改封梁泉縣公高祖總百揆尉迥作亂鄴城從韋孝寬擊之以功拜大將軍進爵武山郡公及受禪拜襄州總管專以立威爲務每視事于外必盛氣以待其下官屬股慄無敢仰視有犯禁者雖至親昵無所容貸其女婿京兆杜寧自長安省之式誡寧無出入寧久之不得還竊上北樓以暢鬱思式知之笞寧五十其所愛奴嘗詣式白事有蟲上其衣衿揮袖拂去之式以爲慢已立棒殺之或寮吏姦贓部內劫盜者無問輕重悉禁地牢中寢處糞穢令其苦毒自非身死終不得出每赦書到州式未暇讀先召獄卒殺重囚然後宣示百姓其刻暴如此由是爲上所譴除名爲百姓式慙恚不食妻子至其所輒怒唯侍僮二人給使左右從家中索椒欲以自殺家人不與陰遣所侍僮詣市買毒藥妻子又奪而弃之式恚臥其子信時爲儀同至式前流涕曰大人既是朝廷舊臣又無大過比見公卿放辱者多矣旋復升用大人何能久乎乃至於此式欻然而起抽刀斫信信遽走避之刃中於閾上知之以式爲罪己之深復其官爵尋拜廣州總管卒官

## 燕榮

燕榮字貴公華陰弘農人也父偘周大將軍榮性剛嚴有武藝仕周爲內侍上士從武帝伐齊以功授開府儀同三司封高邑縣公高祖受禪進位大將軍封落叢郡公拜晉州刺史從河間王弘擊突厥以功拜上柱國遷青州總管榮在州選絕有力者爲伍伯吏人過之者必加詰問輒楚撻之創多見骨姦盜屏迹境內肅然他州縣人行經其界者畏若寇讎不敢休息上甚善之後因入朝覲特加勞勉榮以母老請每歲入朝上許之及辭上賜宴于內殿詔王公作詩以餞之伐陳之役以爲行軍總管率水軍自東萊傍海入太湖取吳郡既破丹陽吳人共立蕭瓛爲主阻兵於晉陵爲宇文述所敗退保包山榮率精甲五千躡之瓛敗走爲榮所執晉陵會稽悉平檢校揚州總管尋徵爲右武候將軍突厥寇邊以爲行軍總管屯幽州母憂去職明年起爲幽州總管榮性嚴酷有威容長史見者莫不惶懼自失范陽盧氏代爲著姓榮皆署爲吏卒以屈辱之鞭笞左右動至千數流血盈前飲噉自若嘗按部道次見叢荊堪爲笞捶命取之輒以試人人或自陳無咎榮曰後若有罪當免爾及後犯細過將撾之人曰前日被杖使君許有罪宥之榮曰無過尚爾況有過邪榛棰如舊榮每巡省管內聞官人及百姓妻女有美色輒舍其室而淫之貪暴放縱日甚是時元弘嗣被除爲幽州長史懼爲榮所辱固辭上知之勅榮曰弘嗣杖十已上罪皆須奏聞榮忿曰豎子何敢弄我於是遣弘嗣監納倉粟颺得一糠一粃輒罰之每笞雖不滿十然一日之中或至三數如是歷年怨隙日構榮遂收付獄禁絕其糧弘嗣饑餒抽衣絮雜水咽之其妻詣闕稱寃上遣考功侍郎劉士龍馳驛鞫問奏榮虐毒非虛又贓穢狼籍遂徵還京師賜死先是榮家寢室無故有蛆數斛從地墳出未幾榮死於蛆出之處有子詢

## 趙仲卿

趙仲卿天水隴西人也父綱周大將軍仲卿性麤暴有膂力周齊王憲甚禮之從擊齊攻臨秦統戎威遠伏龍張壁等五城盡平之又擊齊將段孝先於姚襄城苦戰連日破之以功授大都督尋典宿衞平齊之役以功遷上儀同兼趙郡太守入爲畿伯中大夫王謙作亂仲卿使在利州卽與總管豆盧勣發兵拒守爲謙所攻仲卿督兵出戰前後一十七陣及謙平進位大將軍封長垣縣公邑千戶高祖受禪進爵河北郡公開皇三年突厥犯塞以行軍總管從河間王弘出賀蘭山仲卿別道俱進無虜而還復鎮平涼尋拜石州刺史法令嚴猛纖微之失無所容捨鞭笞長吏輒至二百官人戰慄無敢違犯盜賊屏息皆稱其能遷兗州刺史未之官拜朔州總管于時塞北盛興屯田仲卿總統之微有不理者仲卿輒召主掌撻其胷背或解衣倒曳於荊棘中時人謂之猛獸事多克濟由是收穫歲廣邊戍無餽運之憂會突厥啓民可汗求婚於國上許之仲卿因是間其骨肉遂相攻擊十七年啓民窘迫與隋使長孫晟投通漢鎮仲卿率騎千餘馳援之達頭不敢逼潛遣人誘致啓民所部至者二萬餘家其年從高熲指白道以擊達頭仲卿率兵三千爲前鋒至族蠡山與虜相遇交戰七日大破之追奔至乞伏泊復破之虜千餘口雜畜萬計突厥悉衆而至仲卿爲方陣四面拒戰經五日會高熲大兵至合擊之虜乃敗走追度白道踰秦山七百餘里時突厥降者萬餘家上命仲卿處之恒安以功進位上柱國賜物三千段朝廷慮達頭掩襲啓民令仲卿屯兵二萬以備之代州總管韓洪永康公李藥王蔚州刺史劉隆等將步騎一萬鎮恒安達頭騎十萬來寇韓洪軍大敗仲卿自樂寧鎮邀擊斬首虜千餘級明年督役築金河定襄二城以居啓民時有表言仲卿酷暴者上令御史王偉按之並實惜其功不罪也因勞之曰知公清正爲下所惡賜物五百段仲卿益恣由是免官仁壽中檢校司農卿蜀王秀之得罪奉詔往益州窮按之秀賓客經過之處仲卿必深文致法州縣長吏坐者大半上以爲能賞婢奴五十口黃金二百兩米粟五千石奇寶雜物稱是煬帝嗣位判兵部工部二曹尚書事其年卒時年六十四諡曰肅贈物五百段子弘嗣

## 崔弘度 弟弘昇

崔弘度字摩訶衍博陵安平人也祖楷魏司空父說周敷州刺史弘度膂力絕人儀貌魁岸鬚面甚偉性嚴酷十七周大冢宰宇文護引爲親信尋授都督累轉大都督時護子中山公訓爲蒲州刺史令弘度從焉嘗與訓登樓至上層去地四五丈俯臨之訓曰可畏也弘度曰此何足畏欻然擲下至地無損傷訓以其拳捷大奇之後以戰勳授儀同從武帝滅齊進位上開府鄴縣公賜物三千段粟麥三千石奴婢百口雜畜千計尋從汝南公宇文神舉破盧昌期於范陽宣帝嗣位從鄖國公韋孝寬經略淮南弘度與化政公宇文忻司水賀婁子幹至肥口陳將潘琛率兵數千來拒戰隔水而陣忻遣弘度諭以禍福琛至夕而遁進攻壽陽降陳守將吳文立弘度功最以前後勳進位上大將軍襲父爵安平縣公及尉迥作亂以弘度爲行軍總管從韋孝寬討之弘度募長安驍雄數百人爲別隊所當無不披靡弘度妹先適迥子爲妻及破鄴城迥窘迫升樓弘度直上龍尾追之迥彎弓將射弘度弘度脫兜鍪謂迥曰相識不今日各圖國事不得顧私以親戚之情謹遏亂兵不許侵奪事勢如此早爲身計何所待也迥擲弓於地罵大丞相極口而自殺弘度顧其弟弘昇曰汝可取迥頭弘昇遂斬之進位上柱國時行軍總管例封國公弘度不時殺迥致縱惡言由是降下一等爲武鄉郡公開皇初突厥入寇弘度以行軍總管出原州以拒之虜退弘度進屯靈武月餘而還拜華州刺史納其妹爲秦孝王妃尋遷襄州總管弘度素貴御下嚴急動行捶罰吏人讋氣聞其聲莫不戰慄所在之處令行禁止盜賊屏跡梁王蕭琮來朝上以弘度爲江陵總管鎮荊州弘度未至而琮

叔父巖擁居人以叛弘度追之不及陳人憚弘度亦不敢窺荆州平陳之役以行軍總管從秦孝王出襄陽道及陳平賜物五千段高智慧等作亂復以行軍總管出泉門道隸於楊素弘度與素品同而年長素每屈下之一旦隸素意甚不平素言多不用素亦優容之及還檢校原州事仍領行軍總管以備胡無虜而還上甚禮之復以其弟弘昇女爲河南王妃仁壽中檢校太府卿自以一門二妃無所降下每誡其寮吏曰人當誠恕無得欺誑皆曰諾後嘗食鼈侍者八九人弘度一一問之曰鼈美乎人懼之皆云鼈美弘度大罵曰傭奴何敢誑我汝初未食鼈安知其美俱杖八十官屬百工見之者莫不流汗無敢欺隱時有屈突蓋爲武候驃騎亦嚴刻長安爲之語曰寧飲三升酢不見崔弘度寧茹三升艾不逢屈突蓋然弘度理家如官子弟班白動行棰楚閨門整肅爲當時所稱未幾秦王妃以罪誅河南王妃復被廢黜弘度憂恚謝病於家諸弟乃與之别居彌不得志煬帝即位河南王爲太子帝將復立崔妃遣中使就第宣旨使者詣弘昇家弘度不之知也使者返帝曰弘度有何言使者曰弘度稱有疾不起帝默然其事竟寢弘度憂憤未幾卒

弘昇字上客在周爲右侍上士尉迥作亂相州與兄弘度擊之以功拜上儀同尋加上開府封黃臺縣侯邑八百戶高祖受禪進爵爲公授驃騎將軍宿衞十餘年以勳舊遷慈州刺史數歲轉鄭州刺史後以戚屬之故待遇愈隆遷襄州總管及河南王妃罪廢弘昇亦免官煬帝即位歷冀州刺史信都太守進位金紫光祿大夫轉涿郡太守遼東之役檢校左武衞大將軍事指平壤與宇文述等同敗績奔還發病而卒時年六十

元弘嗣

元弘嗣河南洛陽人也祖剛魏漁陽王父經周漁陽郡公弘嗣少襲爵十八爲左親衞開皇九年從晉王平陳以功授上儀同十四年除觀州總管長史在州專以嚴峻任事吏人多怨之二十年轉幽州總管長史于時燕榮爲總管肆虐於弘嗣每被笞辱弘嗣心不伏榮遂禁弘嗣於獄將殺之及榮誅死弘嗣爲政酷又甚之每推鞫囚徒多以酢灌鼻或椓弋其下竅無敢隱情姦僞屏息仁壽末授木工監脩營東都大業初煬帝潛有取遼東之意遣弘嗣往東萊海口監造船諸州役丁苦其捶楚官人督役晝夜立於水中略不敢息自腰以下無不生蛆死者十三四尋遷黃門侍郎轉殿內少監遼東之役進位金紫光祿大夫明年帝復征遼東會奴賊寇隴右詔弘嗣擊之及玄感作亂逼東都弘嗣屯兵安定或告之謀應玄感者代王侑遣使執之送行在所以無反形當釋帝疑不解除名徙日南道死時年四十九有子仁觀

王文同

王文同京兆頻陽人也性明辯有幹用開皇中以軍功拜儀同尋授桂州司馬煬帝嗣位徵爲光祿少卿以忤旨出爲恒山郡丞有一人豪猾每持長吏長短前後守令咸憚之文同下車聞其名召而數之因令左右剗木爲大橛埋之於庭出尺餘四角各埋小橛令其人踣心於木橛上縛四支於小橛以棒毆其背應時潰爛郡中大駭吏人相視懾氣及帝征遼東令文同巡察河北諸郡文同見沙門齋戒菜食者以爲妖妄皆收繫獄比至河間召諸郡官人小有遲違者輒皆覆面於地而箠殺之求沙門相聚講論及長老共爲佛會者數百人文同以爲聚結惑衆盡斬之又悉裸僧尼驗有淫狀非童男女者數千人復將殺之郡中士女號哭於路諸郡驚駭各奏其事帝聞而大怒遣使者達奚善意馳鏁之斬於河間以謝百姓讎人剖其棺臠其肉而噉之斯須咸盡

史臣曰御之良者不在於煩策政之善者無取於嚴刑故雖寬猛相資德刑互設然不嚴而化前哲所重士文等運屬欽明時無桀黠未聞道德實懷殘忍賊人肌體同諸木石輕人性命甚於芻狗長惡不悛鮮有不及故或身嬰罪戮或憂恚顛隕凡百君子以爲有天道焉嗚呼後來之士立身從政縱不能爲子高門以待封其可令母掃墓而望喪乎

# 隋書卷七十五

唐　特　進　臣　魏　徵

## 列傳第四十

### 儒林

儒之爲教大矣其利物博矣篤父子正君臣尚忠節重仁義貴廉讓賤貪鄙開政化之本源鑿生民之耳目百王損益一以貫之雖世或汙隆而斯文不墜經邦致治非一時也涉其流者無祿而富懷其道者無位而尊故仲尼頓挫於魯君孟軻抑揚於齊后荀卿見珍於彊楚叔孫取貴於隆漢其餘處環堵以驕富貴安陋巷而輕王公者可勝數哉自晉室分崩中原喪亂五胡交爭經籍道盡魏氏發迹代陰經營河朔得之馬上茲道未弘暨夫太和之後盛修文教搢紳碩學濟濟盈朝縫掖巨儒往往傑出其雅誥奧義宋及齊梁不能尚也南北所治章句好尚互有不同江左周易則王輔嗣尚書則孔安國左傳則杜元凱河洛左傳則服子愼尚書周易則鄭康成詩則並主於毛公禮則同遵於鄭氏大抵南人約簡得其英華北學深蕪窮其枝葉考其終始要其會歸其立身成名殊方同致矣爰自漢魏碩學多清通逮乎近古巨儒必鄙俗文武不墜弘之在人豈獨愚蔽於當今而皆明哲於往昔在乎用與不用知與不知耳然曩之弼諧庶績必舉德於鴻儒近代左右邦家咸取士於刀筆縱有學優入室勤踰刺股名高海內擢第甲科若命偶時來未有望於青紫或數將運舛必委弃於草澤然則古之學者祿在其中今之學者困於貧賤明達之人志識之士安肯滯於所習以求貧賤者哉此所以儒罕通人學多鄙俗者也昔齊列康莊之第多士如林燕起碣石之宮羣英自遠是知俗易風移必由上之所好非夫聖明御世亦無以振斯頹俗矣自正朔不一將三百年師說紛綸所無取正高祖膺期纂歷平一寰宇頓天網以掩之賁旌帛以禮之設好爵以縻之於是四海九州强學待問之士靡不畢集焉天子乃整萬乘率百寮遵問道之儀觀釋奠之禮博士罄懸河之辯侍中竭重席之奧考正亾逸研覈異同積滯羣疑渙然冰釋於是超擢奇儁厚賞諸儒京邑達于四方皆啓黌校齊魯趙魏學者尤多負笈追師不遠千里講誦之聲道路不絕中州儒雅之盛自漢魏以來一時而已及高祖暮年精華稍竭不悅儒術專尚刑名執政之徒咸非篤好暨仁壽間遂廢天下之學唯存國子一所弟子七十二人煬帝即位復開庠序國子郡縣之學盛於開皇之初徵辟儒生遠近畢至使相與講論得失於東都之下納言定其差次一以聞奏焉于時舊儒多已凋亾二劉拔萃出類學通南北博極古今後生鑽仰莫之能測所製諸經義疏搢紳咸師宗之既而外事四夷戎馬不息師徒怠散盜賊羣起禮義不足以防君子刑罰不足以威小人空有建學之名而無弘道之實其風漸墜以至滅亾方領矩步之徒亦多轉死溝壑凡有經籍自此皆湮没於煨塵矣遂使後進之士不復聞詩書之言皆懷攘寇之心相與陷於不義傳曰學者將植不學者將落然則盛衰是繫興亾攸在有國有家者可不愼歟諸儒有身没道存遺風可想皆採其餘論綴之於此篇云

元善

元善河南雒陽人也祖乂魏侍中父羅初爲梁州刺史及乂被誅奔於梁官至征北大將軍青冀二州刺史善少隨父至江南性好學遂通涉五經尤明左氏傳及侯景之亂善歸於周武帝甚禮之以爲太子宮尹賜爵江陽縣公每執經以授太子開皇初拜內史侍郎上每望之曰人倫儀表也凡有敷奏詞氣抑揚觀者屬目陳使袁雅來聘上令善就館受書雅出門不拜善論舊事有拜之儀雅不能對遂拜成禮而去後遷國子祭酒上嘗親臨釋奠命善講孝經於是敷陳義理兼之以諷諫上大悅曰聞江陽之說更起朕心賚絹百匹衣一襲善之通博在何妥之下然以風流醞藉俯仰可觀音韻淸朗聽者忘倦由是爲後進所歸妥每懷不平心欲屈善因善講春秋初發題諸儒畢集善私謂妥曰名望已定幸無相苦妥然之及就講肆妥遂引古今滯義以難善多不能對善深銜之二人由是有隙善以高熲有宰相之具嘗言於上曰楊素麤疏蘇威怯懦元胄元旻正似鴨耳可以付社稷者唯獨高熲上初然之及熲得罪上以善之言爲熲游說深責望之善憂懼先患消渴於是疾動而卒時年六十

辛彥之

辛彥之隴西狄道人也祖世叙魏涼州刺史父靈輔周渭州刺史彥之九歲而孤不交非類博涉經史與天水牛弘同志好學後入關遂家京兆周太祖見而器之引爲中外府禮曹賜以衣馬珠玉時國家草創百度伊始朝貴多出武人修定儀注唯彥之而已尋拜中書侍郎及周閔帝受禪彥之與少宗伯盧辯專掌儀制明武時歷職典祀太祝樂部御正四曹大夫開府儀同三司奉使迎突厥皇后還賚馬二百匹賜爵龍門縣公邑千戶尋進爵五原郡公加邑千戶宣帝即位拜少宗伯高祖受禪除太常少卿改封任城郡公進位上開府尋轉國子祭酒歲餘拜禮部尚書與秘書監牛弘撰新禮吳興沈重名爲碩學高祖嘗令彥之與重論議重不能抗於是避席而謝曰辛君所謂金城湯池無可攻之勢高祖大悅後拜隨州刺史于時州牧多貢珍玩唯彥之所貢並供祭之物高祖善之顧謂朝臣曰人安得無學彥之所貢稽古之力也遷洛州刺史前後俱有惠政彥之又崇信佛道於城內立浮圖二所並十五層開皇十一年州人張元暴死數日乃蘇云遊天上見新構一堂制極

崇麗元問其故人云潞州刺史辛彥之有功德造此堂以侍之彥之聞而不悅其年卒官謚曰宣彥之撰墳典一部六官一部祝文一部禮要一部新禮一部五經異義一部並行於世有子仲龕官至猗氏令

## 何妥 蕭該 包愷

何妥字棲鳳西城人也父細胡通商入蜀遂家郫縣事梁武陵王紀主知金帛因致巨富號爲西州大賈妥少機警八歲遊國子學助教顧良戲之曰汝既姓何是荷葉之荷爲是河水之河應聲答曰先生姓顧是眷顧之顧是新故之故衆咸異之十七以技巧事湘東王後知其聰明召爲誦書左右時蘭陵蕭眘亦有儁才住青楊巷妥住白楊頭時人爲之語曰世有兩儁白楊何妥青楊蕭眘其見美如此江陵陷周武帝尤重之授太學博士宣帝初欲立五后以問儒者辛彥之對曰后與天子匹體齊尊不宜有五妥駮曰帝嚳四妃舜又二妃亦何常數由是封襄城縣伯高祖受禪除國子博士加通直散騎常侍進爵爲公妥性勁急有口才好是非人物時納言蘇威嘗言於上曰臣先人每誡臣云唯讀孝經一卷足可立身治國何用多爲上亦然之妥進曰蘇威所學非止孝經厥父若信有此言威不是訓是其不孝若無此言面欺陛下是其不誠不誠不孝何以事君且夫子有云不讀詩無以言不讀禮無以立豈容蘇綽教子獨反聖人之訓乎威時兼領五職上甚親重之妥因奏威不可信任又以掌天文律度皆不稱職妥又上八事以諫其一事曰臣聞知人則哲惟帝難之孔子曰舉直錯諸枉則民服舉枉錯諸直則民不服由此言之政之治亂必愼所舉故進賢受上賞蔽賢蒙顯戮察今之舉人良異于此無論諂直莫擇賢愚心欲崇高則起家喉舌之任意須抑屈必白首郎署之官人之不服實由於此臣聞爵人於朝與士共之刑人於市與衆弃之伏見留心獄訟愛人如子每應決獄無不詢訪羣公刑之不濫君之明也刑既如此爵亦宜然若有懋功簡在帝心者便可擢用自斯以降若選重官必須參以衆議勿信一人之舉則上不偏私下無怨望其二事曰孔子云是察阿黨則罪無掩蔽又曰君子周而不比小人比而不周所謂比者卽阿黨也謂心之所愛旣已光華榮顯猶加提挈心之所惡旣已沈滯屈辱薄言必罰提挈旣成必相掩蔽則欺上之心生矣屈辱旣加則有怨恨謗讟之言出矣伏願廣加逖訪勿使朋黨路開威恩專擅有國之患莫大於此其三事曰臣聞舜舉十六族所謂八元八愷也計其賢明理優今日猶復擇才授任不相侵濫故得四門雍穆庶績咸熙今官員極多用人甚少有一人身上乃兼數職爲是國無人也爲是人不善也今萬乘大國髦彥不少縱有明哲無由自達東方朔言曰尊之則爲將卑之則爲虜斯言信矣今當官之人不度德量力旣無呂望傅說之能自負傅嵓滋水之氣不應受深責重唯畏總領不多安斯寵任輕彼權軸好致顚躓實此之由易曰鼎折足覆公餗其形渥凶言不勝其任也臣聞窮力舉重不能爲用伏願更任賢良分才參掌使各行有餘力則庶事康哉其四事曰臣聞禮云析言破律亂名改作執左道以亂政者殺孔子曰仍舊貫何必改作伏見比年以來改作者多矣至如范威漏刻十載不成趙翊尺稱七年方決公孫濟迂誕醫方費逾巨萬徐道慶迴互子午糜耗飲食常明破律多歷歲時王渥亂名曾無紀極張山居未知星位前已蹂藉太常曹魏祖不識北辰今復轔轢太史莫不用其短見便自夸毗邀射名譽厚相誣罔請今日已後有如此者若其言不驗必加重罰庶令有所畏忌不敢輕奏狂簡其餘文多不載時蘇威權兼數司先嘗隱武功故妥言自負傅巖滋水之氣以此激上書奏威大銜之十二年威定考文學又與妥更相詗詆威勃然曰無何妥不慮無博士妥應聲曰無蘇威亦何憂無執事由是威有隙其後上令妥考定鍾律妥又上表曰臣聞明則有禮樂幽則有鬼神然則動天地感鬼神莫近於禮樂又云樂至則無怨禮至則不爭揖讓而治天下者禮樂之謂也臣聞樂有二一曰姦聲二曰正聲夫姦聲感人而逆氣應之順氣成象故樂行而倫清耳目聰明血氣和平移風易俗天下皆寧孔子曰放鄭聲遠佞人故鄭衛宋趙之聲出內則發疾外則傷人是以宮亂則荒其君驕商亂則陂其官壞角亂則憂其人怨徵亂則哀其事勤羽亂則危其財匱五者皆亂則國亡無日矣魏文侯問子夏曰吾端冕而聽古樂則欲寐聽鄭衛之音而不知倦何也子夏對曰夫古樂者始奏以文復亂以武修身及家平均天下鄭衛之音者姦聲以亂溺而不止優雜子女不知父子今君所問者樂也所愛者音也夫樂之與音相近而不同爲人君者謹審其好惡案聖人之作樂也非止苟悅耳目而已矣欲使在宗廟之內君臣同聽之則莫不和敬在鄉里之內長幼同聽之則莫不和順在閨門之內父子同聽之則莫不和親此先王立樂之方也故知聲而不知音者禽獸是也知音而不知樂者衆庶是也故黃鍾大呂弦歌干戚僮子皆能儛之能知樂者其唯君子不知聲者不可與言音不知音者不可與言樂知樂則幾於道矣紂爲無道太師抱樂器以奔周晉君德薄師曠固惜清徵上古之時未有音樂鼓腹擊壤樂在其間易曰先王作樂崇德殷薦之上帝以配祖考至于黃帝作咸池顓頊作六莖帝嚳作五英堯作大章舜作大韶禹作大夏湯作大濩武王作大武從夏以來年代久遠唯有名字其聲不可得聞自殷至周備于詩頌故自聖賢已下多習樂者至如伏羲減瑟文王足琴仲尼擊磬子路鼓瑟漢高擊筑元帝吹簫漢高祖之初叔孫通因秦樂人制宗廟之樂迎神于道門奏嘉至之樂迎神于廟門奏嘉至之樂猶古降神之樂也皇帝入廟門奏永至之樂以爲行步之節猶采薺肆夏也乾豆上薦奏登歌之樂猶古清廟之歌也登歌再終奏休成之樂美神饗也皇帝就東廂坐定奏永安之樂美禮成也其休成永至二曲叔孫通所制也漢高祖廟奏武德文始五行之儛當春秋時陳公子完奔齊陳是舜後故齊有韶樂孔子在齊聞韶三月不知肉味是也秦始皇滅齊得齊韶樂漢高祖滅秦韶傳於漢高祖改名文始以示不相襲也五行儛者本周大武樂也始皇改曰五行及于孝文復作四時之儛以示天下安和四時順也孝景采武德儛以爲昭德孝宣又采昭德以爲盛德雖變其名大抵皆因秦舊事至於魏晉皆用古樂魏之三祖並制樂辭自永嘉播越五都傾蕩樂聲南渡是以大備江東宋齊以來至于梁代所行樂事猶皆傳古三雍四始實稱大盛及侯景篡逆樂師分散其四儛三調悉度僞齊齊氏雖知傳受得曲而不用之於宗廟朝廷也臣少好音律留意管絃年雖耆老頗皆記憶及東土剋定樂人悉返訪其逗遛果云是梁人所教今三教四儛並皆有手雖不能精熟亦頗具雅聲若令教習傳授庶得流傳古樂然後取其會歸撮其指要因循損益更制嘉名歌盛德於當今傳雅正於來葉豈不美歟謹具錄三調四五曲名又制歌辭如別其有聲曲流宕不可以陳於殿庭者亦悉附之於後書奏別勑太常取妥節度於是作清平瑟三調聲又作八佾鞞鐸巾拂四舞先是太常所傳宗廟雅樂數十年唯作大呂廢黃鍾妥又以深乖古意乃奏請用黃鍾詔下公卿議從之俄而妥子蔚爲秘書郎有罪當刑上哀之減死論是後恩禮漸薄六年出爲龍州刺史時有負笈遊學者妥皆爲講說教授之爲刺史歲勤于州門外在職三年以疾請還詔許之復知學事時上方使蘇夔在太常參議鍾律夔有所建議朝士多從之妥獨不同每言夔之短高祖下其議朝臣多排妥妥復上封事指陳得失大抵論時政損益并指斥當世朋黨於是蘇威及吏部尚書盧愷侍郎薛道衡等皆坐得罪除伊州刺史不行尋爲國子祭酒卒官謚曰肅撰周易講疏十三卷孝經義疏三卷莊子義疏四卷及與沈重等撰三十六科鬼神感應等大義九卷封禪書一卷樂要一卷文集十卷並行於世

蘭陵蕭該者梁鄱陽王恢之孫也少封攸侯梁荆州陷與何妥同至長安性篤學詩書春秋禮記並通大義尤精漢書甚爲貴遊所禮開皇初賜爵山陰縣公拜國子博士奉詔書與妥正定經史然各執所見遞相是非久而不能就上譴而罷之該後撰漢書及文選音義咸爲當時所貴

東海包愷字和樂其兄愉明五經愷悉傳其業又從王仲通受史記漢書尤稱精究大業中爲國子助教于時漢書學者以蕭包二人爲宗匠聚徒教授著錄者數千人卒門人爲起墳立碣焉

## 房暉遠

房暉遠字崇儒恒山眞定人也世傳儒學暉遠幼有志行治三禮春秋三傳詩書周易兼善圖緯恒以教授爲務遠方負笈而從者動以千計齊南陽王綽爲定州刺史聞其名召爲博士周武帝平齊搜訪儒俊暉遠首應辟命授小學下士及高祖受禪遷太常博士太常卿牛弘每稱爲五經庫吏部尚書韋世康薦之爲太學博士尋與沛公鄭譯修正樂章丁母憂解任後數歲授殄寇將軍復爲太常博士未幾擢爲國子博士會上令國子生通一經者並悉薦舉將擢用之既策問訖博士不能時定臧否祭酒元善怪問之暉遠曰江南河北義例不同博士不能徧涉學生皆持其所短稱己所長博士各各自疑所以久而不決也祭酒因令暉遠考定之暉遠覽筆便下初無疑滯或有不服者暉遠問其所傳義疏輒爲始末誦之然後出其所短自是無敢飾非者所試四五百人數日便決諸儒莫不推其通博皆自以爲不能測也尋奉詔預修令式高祖嘗謂羣臣曰自古天子有女樂乎楊素以下莫知所出遂言無女樂暉遠進曰臣聞窈窕淑女鍾鼓樂之此卽王者房中之樂著於雅頌不得言無高祖大悅仁壽中卒官時年七十二朝廷嗟惜焉賵賻甚厚贈員外散騎常侍

## 馬光

馬光字榮伯，武安人也。少好學，從師數十年，晝夜不息，圖書讖緯，莫不畢覽，尤明三禮，爲儒者所宗。開皇初，高祖徵山東義學之士，光與張仲讓、孔籠、竇士榮、張黑奴、劉祖仁等俱至，並授太學博士，時人號爲六儒。然皆鄙野無儀範，朝廷不之貴也。士榮尋病死。仲讓未幾告歸鄉里，著書十卷，自云此書若奏，我必爲宰相。又數言玄象事，州縣列上其狀，竟坐誅。孔籠、張黑奴、劉祖仁未幾亦被譴去。唯光獨存。嘗因釋奠，高祖親幸國子學，王公以下畢集。光升坐講禮，啓發章門。已而諸儒生以次論難者十餘人，皆當時碩學，光剖析疑滯，雖辭非俊辯，而理義弘贍，論者莫測其淺深，咸共推服，上嘉而勞焉。山東三禮學者，自熊安生後，唯宗光一人。初教授瀛、博間，門徒千數，至是多負笈從入長安。後數年，丁母憂歸鄉里，遂有終焉之志。以疾卒於家，時年七十三。

劉焯

劉焯字士元，信都昌亭人也。父洽，郡功曹。焯犀額龜背，望高視遠，聰敏沈深，弱不好弄。少與河間劉炫結盟爲友，同授詩於同郡劉軌思，受左傳於廣平郭懋常，問禮於阜城熊安生，皆不卒業而去。武強交津橋劉智海家素多墳籍，焯與炫就之讀書，向經十載，雖衣食不繼，晏如也。遂以儒學知名，爲州博士。刺史趙煚引爲從事，舉秀才，射策甲科。與著作郎王劭同修國史，兼參議律曆，仍直門下省，以待顧問。俄除員外將軍。後與諸儒於祕書省考定羣言。因假還鄉里，縣令韋之業引爲功曹。尋復入京，與左僕射楊素、吏部尚書牛弘、國子祭酒蘇威、國子祭酒元善、博士蕭該、何妥、太學博士房暉遠、崔崇德、晉王文學崔賾等於國子共論古今滯義，前賢所不通者。每升座，論難鋒起，皆不能屈，楊素等莫不服其精博。六年，運洛陽石經至京師，文字磨滅，莫能知者，奉敕與劉炫等考定。後因國子釋奠，與炫二人論義，深挫諸儒，咸懷妒恨，遂爲飛章所謗，除名爲民。於是優遊鄉里，專以教授著述爲務，孜孜不倦。賈、馬、王、鄭所傳章句，多所是非。九章筭術、周髀、七曜歷書十餘部，推步日月之經，量度山海之術，莫不覈其根本，窮其祕奧。著稽極十卷，曆書十卷，五經述議，並行於世。劉炫聰明博學，名亞於焯，故時人稱二劉焉。天下名儒後進，質疑受業，不遠千里而至者，不可勝數。論者以爲數百年已來，博學通儒，無能出其右者。然懷抱不曠，又嗇於財，不行束修者，未嘗有所教誨，時人以此少之。廢太子勇聞而召之，未及進謁，詔令事蜀王，非其好也，久之不至。王聞而大怒，遣人枷送於蜀，配之軍防。其後典校書籍。王以罪廢，焯又與諸儒修定禮律，除雲騎尉。煬帝即位，遷太學博士，俄以疾去職。數年，復被徵以待顧問，因上所著歷書，與太史令張胄玄多不同，被駮不用。大業六年卒，時年六十七。劉炫爲之請謚，朝廷不許。

劉炫

劉炫字光伯，河間景城人也。少以聰敏見稱，與信都劉焯閉戶讀書，十年不出。炫眸子精明，視日不眩，強記默識，莫與爲儔。左畫方，右畫圓，口誦，目數，耳聽，五事同舉，無有遺失。周武帝平齊，瀛州刺史宇文亢引爲戶曹從事。後刺史李繪署禮曹從事，以吏幹知名。歲餘，奉敕與著作郎王劭同修國史。俄直門下省，以待顧問。又與諸術者修天文律曆，兼於內史省考定羣言。內史令博陵李德林甚禮之。炫雖徧直三省，竟不得官，爲縣司責其賦役。炫自陳於內史，內史送詣吏部，吏部尚書韋世康問其所能。炫自爲狀曰：「周禮、禮記、毛詩、尚書、公羊、左傳、孝經、論語，孔、鄭、王、何、服、杜等注，凡十三家，雖義有精粗，並堪講授。周易、儀禮、穀梁，用功差少。史子文集，嘉言美事，咸誦於心。天文律曆，窮覈微妙。至於公私文翰，未嘗假手。」吏部竟不詳試，然在朝知名之士十餘人，保明炫所陳不謬，於是除殿內將軍。時牛弘奏請購求天下遺逸之書，炫遂僞造書百餘卷，題爲連山易、魯史記等，錄上送官，取賞而去。後有人訟之，經赦免死，坐除名，歸于家，以教授爲務。太子勇聞而召之，既至京師，勅令事蜀王秀，遷延不往。蜀王大怒，枷送益州。既而配爲帳內，每使執杖爲門衞。俄而釋之，典校書史。炫因擬屈原卜居，爲筮塗以自寄。及蜀王廢，與諸儒修定五禮，授旅騎尉。吏部尚書牛弘建議，以爲禮諸侯絕傍朞，大夫降一等。今之上柱國，雖不同古諸侯，比大夫可也，官在第二品，宜降傍親一等。議者多以爲然。炫駮之曰：「古之仕者，宗一人而已，庶子不得進。由是先王重適，其宗子有分祿之義。族人與宗子雖疏遠，猶服緦三月，良由受其恩也。今之仕者，位以才升，不限適庶，與古既異，何降之有。今之貴者，多忽近親，若或降之，民德之疏，自此始矣。」遂寢其事。開皇二十年，廢國子四門及州縣學，唯置太學博士二人，學生七十二人。炫上表言學校不宜廢，情理甚切，高祖不納。開皇之末，國家殷盛，朝野皆以遼東爲意。炫以爲遼東不可伐，作撫夷論以諷焉，當時莫有悟者。及大業之季，三征不克，炫言方驗。煬帝即位，牛弘引炫修律令。高祖之世，以刀筆吏類多小人，年久長姦，勢使然也。又以風俗陵遲，婦人無節，於是立格，州縣佐史，三年而代之，九品妻無得再醮。炫著論以爲不可，弘竟從之。諸郡置學官，及流外給廩，皆發自於炫。弘嘗從容問炫曰：「案周禮士多而府史少，今令史百倍於前，判官減則不濟，其故何也？」炫對曰：「古人委任責成，歲終考其殿最，案不重校，文不繁悉，府史之任，掌要目而已。今之文簿，恒慮覆治，鍛鍊若其不密，萬里追證，百年舊案。故諺云：『老吏抱案死。』古今不同，若此之相懸也，事繁政弊，職此之由。」弘又問：「魏齊之時，令史從容而已，今則不遑寧舍，其事何由？」炫對曰：「齊氏立州不過數十，三府行臺，遞相統領，文書行下，不過十條。今州三百，其繁一也。往者州唯置綱紀，郡置守丞，縣唯令而已。其所具僚，則長官自辟，受詔赴任，每州不過數十。今則不然，大小之官，悉由吏部，纖介之迹，皆屬考功，其繁二也。省官不如省事，省事不如清心。官事不省，而望從容，其可得乎？」弘甚善其言而不能用。納言楊達舉炫博學有文章，射策高第，除太學博士。歲餘，以品卑去任，還至長平，奉勅追詣行在所。或言其無行，帝遂罷之，歸于河間。于時羣盜蜂起，穀食踊貴，經籍道息，教授不行。炫與妻子相去百里，聲問斷絕，鬱鬱不得志，乃自爲贊曰：

通人司馬相如、揚子雲、馬季長、鄭康成等，皆自敘風徽，傳芳來葉。余豈敢仰均先達，貽笑後昆。徒以日迫桑榆，大命將近，故友飄零，門徒雨散，溘死朝露，埋魂朔野，親故莫照其心，後人不見其迹，殆及餘喘，薄言胸臆，貽及行邁，傳示州里，使夫將來俊哲知余鄙志耳。余從綰髮以來，迄於白首，嬰孩爲慈親所恕，棰楚未嘗加；從學爲明師所矜，榎楚弗之及。暨乎敦敘邦族，交結等夷，重物輕身，先人後己。昔在幼弱，樂參長者，爰及耆艾，數接後生。學則服而不厭，誨則勞而不倦，幽情寡適，心事方違。內省生平，顧循終始，其大幸有四，其深恨有一。性本愚蔽，家業貧窶，爲父兄所饒，廁縉紳之末，遂得博覽典誥，窺涉今古，小善著於丘園，虛名聞於邦國，其幸一也。隱顯人間，沈浮世俗，數忝徒勞之職，久執城旦之書，名不挂於白簡，事不染於丹筆，立身立行，慙恧實多，啓手啓足，庶幾可免，其幸二也。以此庸虛，屢動神眷，以此卑賤，每升天府，齊鑣驥騄，比翼鵷鴻，整緗素於鳳池，記言動於麟閣，參謁宰輔，造請羣公，厚禮殊恩，增榮改價，其幸三也。晝漏方盡，大耋已嗟，退反初服，歸骸故里，翫文史以怡神，閱魚鳥以散慮，觀省野物，登臨園沼，緩步代車，無罪爲貴，其幸四也。仰休明之盛世，慨道教之陵遲，蹈先儒之逸軌，傷羣言之蕪穢，馳鶩墳典，釐改僻謬，修撰始畢，圖事適成，天違人願，途不我與。世路未夷，學校盡廢，道不備於當時，業不傳於身後，銜恨泉壤，實在茲乎？其深恨一也。

時在郡城，糧餉斷絕，其門人多隨盜賊，哀炫窮乏，詣郡城下索炫，郡官乃出炫與之。炫爲賊所將，過城下堡。未幾，賊爲官軍所破，炫饑餓無所依，復投縣城。長吏意炫與賊相知，恐爲後變，遂閉門不納。是時夜冰寒，因此凍餒而死，時年六十八。其後門人謚曰宣德先生。炫性躁競，頗俳諧，多自矜伐，好輕侮當世，爲執政所醜，由是宦途不遂。著論語述議十卷，春秋攻昧十卷，五經正名十二卷，孝經述議五卷，春秋述議四十卷，尚書述議二十卷，毛詩述議四十卷，注詩序一卷，算述一卷，並行於世。

褚輝

吳郡褚輝字高明，以三禮學稱於江南。煬帝時，徵天下儒術之士，悉集內史省，相次講論，輝博辯，無能屈者，由是擢爲太學博士。撰禮疏一百卷。

顧彪

餘杭顧彪字仲文，明尚書、春秋。煬帝時爲秘書學士，撰古文尚書疏二十卷。

魯世達

餘杭魯世達，煬帝時爲國子助教，撰毛詩章句義疏四十一卷，行於世。

張沖

吳郡張沖字叔玄，仕陳爲左中郎將，非其好也，乃覃思經典，撰春秋義略，異於杜氏七十餘事，喪服義三卷，孝經義三卷，論語義十卷，前漢書義十二卷。官至漢王侍讀。

王孝籍

平原王孝籍少好學，博覽羣言，徧治五經，頗有文翰。與河間劉炫同志友善。開皇中，召入秘書，助王劭修國史。劭不之禮，在省多年，而不免輸稅，孝籍鬱鬱不得志，奏記於吏部尚書牛弘曰：

竊以毒螫憯膚，則申旦不寐；饑寒切體，亦卒歲無聊。何則？痛苦難以安，貧窮易爲感。況懷抱之內，水火鑠脂膏；腠理之間，風霜侵骨髓。安可齰舌緘脣，吞聲飲氣，惡呻吟之響，忍酸辛之酷哉！伏惟明尚書公動哀矜之色，開寬裕之懷，咳唾足以活枯鱗，吹噓可用飛窮羽。芬椒蘭之氣，暖布帛之詞，許小人之請，聞大君之聽。雖復山川不遠，鬼神在茲，信而有徵，言無不履，猶恐拯溺遲於援手，救經緩於扶足。待越人之舟楫，求魯匠之雲梯，則必懸於槁樹之枝，沒於深淵之底矣夫以一介貧人七年直省課役不免慶賞不霑賣貢禹之田供釋之之費有弱子之累乏强兄之產加以老母在堂光陰遲暮寒暑違闊關山超遠藿臂為期前塗逾邈倚閭之望朝夕已勤謝相如之病無官可以免發梅福之狂非仙所能避愁疾甚乎厲鬼人生異夫金石營魂且散恐筮子無徵齎恨入冥則虛緣恩顧此乃王稽所以致言應侯為之不樂也潛鬢髮之內居眉睫之間子野未曾聞離朱所不見沈淪東觀留滯南史終無薦引永同埋殯三世不移雖由寂寞十年不調實乏知己夫不世出者聖明之君也不萬一者誠賢之臣也以夫不世出而逢不萬一此小人所以為明尚書幸也坐人物之源運銓衡之柄反披狐白不好緇衣此小人為明尚書不取也昔荊玉未剖刖卞和之足百里未用碎禽息之首居得言之地有能用之費增耳目之明無手足之蹙憚而弗為孰知其解夫官或不稱其能士或未申其屈一夫竊議語流天下勢不見圖安能無望儻病未及死狂還克念汙窮愁之簡屬離憂之詞記志於前修通心於來哲使千載之下哀其不遇追咎執事有點清塵則不肖之軀死生為累小人之罪方且未刊願少加憐愍留心無忽弘亦知其有學業而竟不得調後歸鄉里以教授為業終于家注尚書及詩遭亂零落

史臣曰古語云容體不足觀勇力不足恃族姓不足道先祖不足稱然而顯聞四方流聲後胤者其唯學乎信哉斯言也暉遠榮伯之徒篤志不倦自求諸己遂能聞道下風稱珍席上或聚徒千百或服冕乘軒見重明時實惟稽古之力也江陽從容雅望風韻閑遠清談高論籍甚當年彥之敦經悅史砥身礪行志存典制動蹈規矩何妥通涉儁爽神情警悟雅有口才兼擅詞筆然訐以為直失儒者之風焉劉焯道冠縉紳數窮天象既精且博洞究微鉤深致遠源流不測數百年來斯人而已劉炫學實通儒才堪成務九流七略無不該覽雖探賾索隱不逮於焯裁成義說文雅過之並道亞生知時不我與或纔登於下士或餒棄於溝壑惜矣子夏有言死生有命富貴在天天之所與者聰明所不與者貴仕上聖且猶不免焯炫其如命何

隋書卷七十五考證

儒林傳序傳曰學者將植不學者將落○按左傳夫學殖也不學將落植作殖

辛彥之傳吳興沈重○監本興訛典按北史沈重字子原吳興武康人

何妥傳迎神于道門奏嘉至之樂迎神于廟門奏嘉至之樂猶古降神之樂也○闕本道門亦作廟門臣映斗按上文叔孫通因奏樂人已下皆撮漢書禮樂志之文彼文云迎神于廟門奏嘉至猶古降神之樂也無所謂道門者此文重有迎神于廟門二句當是衍文耳

張冲傳○監本冲俱訛仲惟目錄作冲北史本傳亦作冲唐書藝文志載張冲春秋左氏義略三十卷亦與本傳合本書經籍志載春秋義畧三十卷注陳右將軍張冲撰本傳載冲仕陳為左中郎將官秩不符或歷官不備載耳本書潘徽傳受書於張冲俱作冲又南齊張冲字思約亦吳郡人官至征虜將軍封定襄侯又一張冲也

王孝籍傳賣貢禹之田供釋之之費○監本貢禹訛禹貢闕本亦訛一本田訛口按前漢書貢禹上書曰陛下過意徵臣臣賣田百畝以供車馬又張釋之傳久宦減仲之產不遂其意正相類今據正之

隋書卷七十六

唐　特　進　臣　魏　徵　上

列傳第四十一

文學

易曰觀乎天文以察時變觀乎人文以化成天下傳曰言身之文也言而不文行之不遠故堯曰則天表文明之稱周云盛德著煥乎之美然則文之為用其大矣哉上所以敷德教於下下所以達情志於上大則經緯天地作訓垂範次則風謠歌頌匡主和民或離讒放逐之臣塗窮後門之士道轗軻而未遇志鬱抑而不申憤激委約之中飛文魏闕之下奮迅泥滓自致青雲振沈溺於一朝流風聲於千載往往而有是以凡百君子莫不用心焉自漢魏以來迄乎晉宋其體屢變前哲論之詳矣暨永明天監之際太和天保之間洛陽江左文雅尤盛于時作者濟陽江淹吳郡沈約樂安任昉濟陰溫子昇河間邢子才鉅鹿魏伯起等並學窮書圃思極人文縟綵鬱於雲霞逸響振於金石英華秀發波瀾浩蕩筆有餘力詞無竭源方諸張蔡曹王亦各一時之選也聞其風者聲馳景慕然彼此好尚互有異同江左宮商發越貴於清綺河朔詞義貞剛重乎氣質氣質則理勝其詞清綺則文過其意理深者便於時用文華者宜於詠歌此其南北詞人得失之大較也若能掇彼清音簡茲累句各去所短合其兩長則文質斌斌盡善盡美矣梁自大同之後雅道淪缺漸乖典則爭馳新巧簡文湘東啓其淫放徐陵庾信分路揚鑣其意淺而繁其文匿而彩詞尚輕險情多哀思格以延陵之聽蓋亦亡國之音乎周氏吞併梁荊此風扇於關右狂簡斐然成俗流宕忘反無所取裁高祖初統萬機每念斲彫為樸發號施令咸去浮華然時俗詞藻猶多淫麗故憲臺執法屢飛霜簡煬帝初習藝文有非輕側之論暨乎即位一變其風其與越公書建東都詔冬至受朝詩及擬飲馬長城窟並存雅體歸於典制雖意在驕淫而詞無浮蕩故當時綴文之士遂得依而取正焉所謂能言者未必能行蓋亦君子不以人廢言也爰自東帝歸秦逮乎青蓋入洛四隩咸泉九州攸同江漢英靈燕趙奇俊並該天網之中俱為大國之寶言刈其楚片善無遺潤木圓流不能十數才之難也不其然乎時之文人見稱當世則范陽盧思道安平李德林河東薛道衡趙郡李元操鉅鹿魏澹會稽虞世基河東柳䛒高陽許善心等或鷹揚河朔或獨步漢南俱騁龍光並驅雲路各有本傳論而敍之其潘徽萬壽之徒或學優而不切或才高而無貴仕其位可得而卑其名不可堙沒今總之於此為文學傳云

劉臻

劉臻字宣摯沛國相人也父顯梁尋陽太守臻年十八舉秀才為邵陵王東閤祭酒元帝時遷中書舍人江陵陷沒復歸蕭詧以為中書侍郎周冢宰宇文護辟為中外府記室軍書羽檄多成其手後為露門學士授大都督封饒陽縣子歷藍田令畿伯下大夫高祖受禪進位儀同三司左僕射高熲之伐陳也以臻隨軍典文翰進爵為伯皇太子勇引為學士甚褻狎之臻無吏幹又性恍惚耽悅經史終日覃思至於世事多所遺忘有劉訥者亦任儀同俱為太子學士情好甚密臻住城南訥住城東臻嘗欲尋訥謂從者曰汝知劉儀同家乎從者不知尋訥謂臻還家答曰知於是引之而去既扣門臻尚未悟謂至訥家乃據案大呼曰劉儀同可出矣其子迎門臻驚曰此汝亦來耶其子答曰此是大人家於是顧盼久之乃悟叱從者曰汝大無意吾欲造劉訥耳性好啖蜆以音同父諱呼為扁螺其疏放多此類也精於兩漢書時人稱為漢聖開皇十八年卒年七十二有集十卷行於世

王頍

王頍字景文齊州刺史頒之弟也年數歲值江陵陷隨諸兄入關少好遊俠年二十尚不知書為其兄顒所責怒於是感激始讀孝經論語晝夜不倦遂讀左傳禮易詩書乃歎曰書無不可讀者勤學累載遂遍通五經究其旨趣大為儒者所稱解綴文善談論年二十二周武帝引為露門學士每有議決多頍所為而頍性識甄明精力不倦好讀諸子偏記異書當代稱為博物又曉兵法益有縱橫之志每歎不逢時常以將相自許開皇五年授著作佐郎尋令於國子講授會高祖親臨釋奠國子祭酒元善講孝經頍與相論難詞義鋒起善往往見屈高祖大奇之超授國子博士後坐事解職配防嶺南數載授漢王諒府諮議參軍王甚禮之時諒見房陵及秦蜀二王相次廢黜潛有異志頍遂陰勸諒繕治兵甲及高祖崩諒遂舉兵反多頍之計也頍後數進奇策諒不能用楊素至蒿澤將戰頍謂其子曰氣候殊不佳兵必敗汝可隨從我既而兵敗頍將歸突厥至山中徑路斷絕知必不免謂其子曰吾之計數不減楊素但坐言不見從遂至於此不能坐受擒執以成豎子名也吾死之後汝慎勿過親故於是自殺瘞之石窟中其子數日不得食遂過其故人竟為所擒楊素求頍屍得之斬首梟於太原時年五十四撰五經大義三十卷有集十卷並因兵亂無復存者

崔儦

崔儦字岐叔清河武城人也祖休魏青州刺史父仲文齊高陽太守世為著姓儦年十六太守請為功曹不就少與范陽盧思道隴西辛德源同志友善每以讀書為務負恃才地忽略世人大署其戶曰不讀五千卷書者無得入此室數年之間遂博覽羣言多所通涉解屬文在齊舉秀才為員外散騎侍郎遷殿中侍御史尋與熊安生馬敬德等議五禮兼脩律令尋兼散騎侍郎聘于陳使還待詔文林館歷殿中膳部員外三曹郎中儦與頓丘李若俱見稱重時人為之語曰京師灼灼崔儦李若齊亡歸鄉里仕郡為功曹州補主簿開皇四年徵授給事郎尋兼內史舍人後數年兼通直散騎侍郎聘于陳還授員外散騎侍郎越國公楊素時方貴倖重儦門地為子玄縱娶其女為妻聘禮甚厚親迎之始公卿滿座素令騎迎儦儦故敝其衣冠騎驢而至素推令上座儦有輕素之色禮甚倨言又不遜素忿然拂衣而起竟

罷座後數日儦方來謝素待之如初仁壽中卒於京師時年七十二子世濟

## 諸葛潁

諸葛潁字漢丹陽建康人也祖銓梁零陵太守父規義陽太守潁年八歲能屬文起家梁邵陵王參軍事轉記室侯景之亂奔齊待詔文林館歷太學博士太子舍人周武平齊不得調杜門不出者十餘年習周易圖緯倉雅莊子頗得其要清辯有俊才晉王廣素聞其名引爲參軍事轉記室及王爲太子除藥藏監煬帝即位遷著作郎甚見親倖出入卧內帝每賜之曲宴輒與皇后嬪御連席共榻潁因間隙多所譖毀是以時人謂之治葛後錄恩舊授朝請大夫帝常賜潁詩其卒章曰參翰長洲苑侍講肅成門名理窮研覈英華恣討論實錄資平允傳芳導後昆其見待遇如此從征吐谷渾加正議大夫從駕北巡卒於道年七十七潁性褊急與柳䛒每相忿鬩帝屢責怒之而猶不止於後帝亦薄之有集二十卷撰鑾駕北巡記三卷幸江都道里記一卷洛陽古今記一卷馬名錄二卷並行於世有子嘉會

## 孫萬壽

孫萬壽字仙期信都武強人也祖寶魏散騎常侍父靈暉齊國子博士萬壽年十四就阜城熊安生受五經略通大義兼博涉子史善屬文美談笑博陵李德林見而奇之在齊年十七奉朝請高祖受禪滕穆王引爲文學坐衣冠不整配防江南行軍總管宇文述召典軍書萬壽本自書生從容文雅一旦從軍鬱鬱不得志爲五言詩贈京邑知友曰賈誼長沙國屈平湘水濱江南瘴癘地從來多逐臣粤余非巧宦少小拙謀身欲飛無假翼思鳴不值晨如何載筆士翻作負戈人飄飄如木偶弃置同芻狗失路乃西浮非狂一東走晚歲出函關方春度京口石城臨獸據天津望牛斗牛斗盛妖氛梟獍已成羣郗超初入幕王粲始從軍裹糧楚山際被甲吳江濆吳江一浩蕩楚山何糾紛驚波上濺日喬木下臨雲繫越恒資辯喻蜀幾飛文魯連唯救患吾彥不爭勳羈遊歲月久歸思常搔首非關不樹萱豈爲無杯酒數載辭鄉縣三秋別親友壯志後風雲衰鬢先蒲柳心緒亂如絲空懷疇昔時昔時遊帝里弱歲逢知己旅食南館中飛蓋西園裏河間本好書東平唯愛士英辯接天人清言洞名理鳳池時寓直麟閣常遊止勝地盛賓僚麗景相攜招舟汎昆明水騎指渭津橋祓除臨灞岸供帳出東郊宜城醞始熟陽翟曲新調繞樹烏啼夜雊麥雉飛朝細塵梁下落長袖掌中嬌懽娛三樂至懷抱百憂銷夢想猶如昨尋思久寂寥一朝牽世網萬里逐波潮迴輪常自轉懸斾不堪搖登高視衿帶鄉關白雲外迴首望孤城愁人益不平華亭宵鶴唳幽谷早鶯鳴斷絕心難續惝怳魂屢驚羣紀通家好鄒魯故鄉情若值南飛鴈時能訪死生此詩至京盛爲當時之所吟誦天下好事者多書壁而翫之後歸鄉里十餘年不得調仁壽初徵拜豫章王長史非其好也王轉封于齊即爲齊王文學當時諸王官屬多被夷滅由是彌不自安因謝病免久之授大理司直卒於官時年五十二有集十卷行於世

## 王貞

王貞字孝逸梁郡陳留人也少聰敏七歲好學善毛詩禮記左氏傳周易諸子百家無不畢覽善屬文詞不治產業每以諷讀爲娛開皇初汴州刺史樊叔略引爲主簿後舉秀才授縣尉非其好也謝病于家煬帝即位齊王暕鎮江都聞其名以書召之曰夫山藏美玉光照廊廡之間地蘊神劍氣浮星漢之表是知毛遂穎脫義感平原孫慧文詞來遷東海顧循寡薄有懷髦彥籍甚清風爲日久矣未獲披覿良深佇遲比高天流火早應凉颸陵雲仙掌方承清露想攝衛攸宜與時休適前園後圃從容丘壑之情左琴右書蕭散煙霞之外茂陵謝病非無封禪之文彭澤遺榮先有歸來之作優游儒雅何樂如之余屬當藩屏宜條揚越坐棠聽訟事絕詠歌攀桂摛詞眷言高遯至於揚旌北渚飛蓋西園託乘之應劉置醴之申穆背淮之賓徒聞其語趨燕之客罕值其人卿道冠鷹揚聲高鳳舉儒墨泉海詞章苑囿棲遲衡泌懷寶迷邦徇茲獨善良以於邑今遣行人具宣往意側望起予甚於飢渴想便輕舉副此虛心無信投石之談空慕鑿坏之逸書不盡言更慙詞費及貞至王以客禮待之朝夕遺問安不又索文集貞啓謝曰屬賀德仁宣教須少來所有拙文昔公旦之才藝能事鬼神夫子之文章性與天道雅志傳於游夏餘波鼓於屈宋雕龍之迹具在風騷而前賢後聖代相師祖賞逐時移出門分路變清音於正始體高致於元康咸言坐握蛇珠誰許獨爲麟角孝逸生於戰爭之季長於風塵之世學無半古才不逮人往屬休明寸陰已昃雖居可封之屋每懷貧賤之恥適鄢郢而迷塗入邯鄲而失步歸來反覆心灰遂寒豈謂橫議過實虛塵睿覽枉高車以載飂費明珠以彈雀遂得裹糧三月重高門之餘地背淮千里望章臺之後塵與驂黎而並肆將駮驥而同阜終朝擊缶匪黃鍾之所諧日暮却行何前人之能及顧想平生觸塗多感但以積年沈痼遺忘日久拙思所存纔成三十三卷仰而不至方見學仙之遠窺而不覩始知游聖之難咫尺天人周章不暇怖甚眞龍之降慙過白豕之歸伏紙陳情形神悚越齊王覽所上集善之賜良馬四匹貞復上江都賦王賜錢十萬貫馬二匹未幾以疾甚還鄉里終于家

## 虞綽　辛大德

虞綽字士裕會稽餘姚人也父孝曾陳始興王諮議綽身長八尺姿儀甚偉博學有俊才尤工草隸陳左衞將軍傅縡有盛名於世見綽詞賦歎謂人曰虞郎之文無以尚也仕陳爲太學博士遷永陽王記室及陳亡晉王廣引爲學士大業初轉爲祕書學士奉詔與祕書郎虞世南著作佐郎庾自直等撰長洲玉鏡等書十餘部綽所筆削帝未嘗不稱善而官竟不遷初爲校書郎以藩邸左右加宣惠尉遷著作佐郎與虞世南庾自直蔡允恭等四人常居禁中以文翰待詔恩盼隆洽從征遼東帝舍臨海頓見大鳥異之詔綽爲銘其辭曰維大業八年歲在壬申夏四月景子皇帝底定遼碣班師振旅龍駕南轅鸞旗西邁行宮次于柳城縣之臨海頓焉山川明秀實仙都也旗門外設欵跨重阜帳殿周施降望大壑息清蹕下輕輿警百靈綏萬福踐素沙步碧沚同軒皇之襄野邁漢宗於河上想汾射以開襟望瀛而載佇窅然齊肅藐屬殊庭兼以聖德遐宣息別風與淮雨休符潛感表重潤於夷波璧日曬光卿雲舒采六合開朗十洲澄鏡少選之間儵焉靈感忽有祥禽皎同鶴鷺出自霄漢翻然雙下高逾一丈長乃盈尋靡霜暉於羽翮激丹華於觜距鸞翔鳳跱鵠起鴻騫或騁或啄載飛載止徘徊馴擾咫尺乘輿不藉揮琴非因拊石樂我君德是用來儀斯固類仙人之騏驥冠羽族之宗長西王青鳥東海赤鴈豈可同年而語哉竊以銘基華岳事乖靈異紀迹鄒山義非盡美猶方冊不泯遺文可觀況盛德成功若斯懿鑠愼味道加此感通不鐫名山安用銘異臣拜稽首敢勒銘云來蘇輿怨帝自東征言復禹績乃御軒營六師薄伐三韓肅清龔行天罰赫赫明明文德上暢靈武外薄車徒不擾苛慝靡作凱歌載路成功允鑠反斾還軒遵林並壑停輿海澨駐蹕巖阯窅想遐凝藐屬千里金臺銀闕雲浮岳峙有感斯應靈禽效祉飛來清漢俱集華泉好音玉響皓質氷鮮抑仁馴德習習翩翩絕迹無泯於萬斯年帝覽而善之命有司勒於海上以度遼功授建節尉綽恃才任氣無所降下著作郎諸葛潁以學業倖於帝綽每輕侮之由是有隙帝嘗問綽於潁潁曰虞綽麤人也帝頷之時禮部尚書楊玄感稱爲貴倨虛襟禮之與結布衣之友綽數從之遊其族人虞世南誡之曰上性猜忌而君過厚玄感若與絕交者帝知君改悔可以無咎不然終當見禍綽不從尋有告綽以禁內兵書借玄感帝甚銜之及玄感敗後籍沒其家妓妾並入宮帝因問之玄感平常時與何人交往其妾以虞綽對帝令大理卿鄭善果窮治其事綽曰羇旅薄遊與玄感文酒談款實無他謀帝怒不解徙綽且末綽至長安而亡吏逮之急於是潛度江變姓名自稱吳章遊東陽抵信安令天水辛大德大德舍之歲餘綽與人爭田相訟有識綽者而告之竟爲吏所執坐斬江都時年五十四所有詞賦並行於世大德爲令誅翦羣盜甚得民和與綽俱爲使者所執其妻泣曰每諫君無匿學士今日之事豈不哀哉大德笑曰我本圖脫長者反爲人告之吾罪也當死以謝綽會有詔死罪得以擊賊自効信安吏民詣使者叩頭曰辛君人命所懸辛君若去亦無信安矣使者留之以討賊帝怒斬使者大德獲全

## 王胄

王胄字承基琅琊臨沂人也祖筠梁太子詹事父祥陳黃門侍郎胄少有逸才仕陳起家鄱陽王法曹參軍歷太子舍人東陽王文學及陳滅晉王廣引爲學士仁壽末從劉方擊林邑以功授帥都督大業初爲著作佐郎以文詞爲煬帝所重帝常自東都還京師賜天下大酺因爲五言詩詔胄和之其詞曰河洛稱朝市崤函實奧區周營曲阜作漢建奉春謨大君苞二代皇居盛兩都招搖正東指天駟迺西驅展軨齊玉軑式道耀金吾千門駐罕畢四達儼車徒是節春之暮神皐華實敷皇情感時物睿思屬枌榆詔問百年老恩隆五日酺小人荷鎔鑄何由荅大鑪帝覽而善之因謂侍臣曰氣高致遠歸之於胄詞清體潤其在世基意密理新推庾自直過此者未可以言詩也帝所有篇什多令繼和與虞綽齊名同志友善于時後進之士咸以二人爲準的從征遼東進授朝散大夫胄性疎率不倫自恃才大鬱鬱於薄宦每負氣陵傲忽略時人爲諸葛潁所嫉屢譖之於帝帝愛其才而不罪禮部尚書楊玄感虛襟與交數遊其第及玄感敗與虞綽俱徙邊胄遂亡匿潛還江左爲吏

所捕坐誅時年五十六所著詞賦多行於世胄兄眘字元恭博學多通少有盛名於江左仕陳歷太子洗馬中舍人陳亡與胄俱爲學士煬帝卽位授祕書郎卒官

## 庾自直

庾自直潁川人也父持陳羽林監自直少好學沉靜寡欲仕陳歷豫章王府外兵參軍宣惠記室陳亡入關不得調晉王廣聞之引爲學士大業初授著作佐郎自直解屬文於五言詩尤善性恭慎不妄交遊特爲帝所愛帝有篇章必先示自直令其詆訶自直所難帝輒改之或至於再三俟其稱善然後方出其見親禮如此後以本官知起居舍人事化及作逆以之北上自載露車中感激發病卒有文集十卷行於世

## 潘徽

潘徽字伯彥吳郡人也性聰敏少受禮於鄭灼授毛詩於施公受書於張冲講莊老於張譏並通大義尤精三史善屬文能持論陳尚書令江總引致文儒之士徽一詣總總甚敬之釋褐新蔡王國侍郎選爲客館令隋遣魏澹聘于陳陳人使徽接對之澹將反命爲啓於陳主曰敬奉弘慈曲垂餞送徽以爲伏奉爲重敬奉爲輕却其啓而不奏澹立議曰曲禮注曰禮主於敬詩曰維桑與梓必恭敬止孝經曰宗廟致敬又云不敬其親謂之悖禮孔子敬天之怒成湯聖敬日躋宗廟極重上天極高父極尊君極貴四者咸同一敬五經未有異文不知以敬爲輕竟何所據徽難之曰向所論敬字本不全以爲輕但施用處殊義成通別禮主於敬此是通言猶如男子冠而字之注云成人敬其名也春秋有冀缺夫妻亦云相敬既於子則有敬名之義在夫亦有敬妻之說此可復並謂極重乎至若謝諸公固非尊地公子敬愛止施賓友敬問敬報彌見雷同敬聽敬酬何關貴隔當知敬之爲義雖是不輕但敬之於語則有時混漫今云敬奉所以成疑聊舉一隅未爲深據澹不能對遂從而改焉及陳滅爲州博士秦孝王俊聞其名召爲學士嘗從俊朝京師在塗令徽於馬上爲賦行一驛而成名曰述思賦俊覽而善之復令爲萬字文并遣撰集字書名爲韻纂徽爲序曰文字之來尚矣初則羲皇出震觀象緯以法天次則史頡佐軒察跡而取地於是八卦爰始爻文斯作繩用既息墳籍生焉至如龍策授河龜威出洛綠綈白檢述勛華之運金繩玉字表殷夏之符卸甲示於姬壇吐卷徵於孔室莫不理包遠邇迹會幽明仰協神功俯照人事其制作也如彼其祥瑞也如此故能宣流萬代正名百物爲生民之耳目作後王之模範頌美形容垂芬篆素暨大隋之受命也追蹤三五並曜參辰外振武功內修文德飛英聲而勒嵩岱彰大定而銘鍾鼎春千秋羽盛禮樂於膠庠省俗觀風採歌謠於唐衞我秦王殿下降靈霄極稟秀天機質潤珪璋文兼黼黻楚詩早習頗屬懷於言志沛易先通每留神於索隱尊儒好古三雍之對已遒博物多能百家之工彌洽遊遨必名教漁獵唯圖史加以降情引汲擇善芻徵築館招賢攀枝佇異剖連城於井里賁束帛於丘園薄技無遺片言便賞所以人加脂粉物競琢磨俱報稻粱各施鳴吠于時歲次鶉火月躔夷則驂駕務隙靈光意靜前臨竹沼却倚桂巖泉石瑩仁智之心煙霞發文彩之致賓僚霧集教義風靡乃討論羣藝商略衆書以爲小學之家尤多舛雜雖復周禮漢律務在貫通而巧說邪辭遞生同異且文訛篆隸音謬楚夏三蒼急就之流微存章句說文字林之屬唯別體形至於尋聲推韻良爲疑混酌古會今未臻功要未有李登聲類呂靜韻集始判清濁纔分宮羽而全無引據過傷淺局詩賦所須卒難爲用遂躬紆睿旨摽摘是非撮舉宏綱裁斷篇部總會舊轍創立新意聲別相從卽隨注釋詳之詁訓證以經史備包騷雅博牽子集汗簡云畢題爲韻纂凡三十卷勒成一家方可藏彼名山副諸石室見羣玉之爲淺鄙懸金之不定爰命末學製其都序徽業術已寡思理彌殫心若死灰文慙生氣徒以犬馬識養飛走懷仁敢執顚沛之辭遂操狂簡之筆而齊魯富經學楚鄭多良士西河之彥幸不詒於索居東里之才請能加於潤色未幾俊薨晉王廣復引爲揚州博士令與諸儒撰江都集禮一部復令徽作序曰禮之爲用至矣大與天地同節明與日月齊照源開三本體合四端巢居穴處之前卽萌其理龜文鳥迹以後稍顯其事雖情存簡易意非玉帛而夏造殷因可得知也至如秩宗三禮之職司徒五禮之官邦國以和人神惟敬道德仁義非此莫成進退俯仰去茲安適若璽印塗猶防止水豈直譬彼耕耨均斯粉澤而已哉自世屬坑焚時移漢魏叔孫通之碩解高堂隆之博識專門者霧集制作者風馳節文頗備枝條互起皇帝負扆垂旒辨方正位纂勛華之曆象綴文武之憲章車書之所會通觸境斯應雲雨之所霑潤無思不韙東探石簣之符西蘊羽陵之策鳴鑾太室僾伯靈臺樂備五常禮兼八代上柱國太尉揚州總管晉王握珪璋之寶履神明之德隆化讚傑藏用顯仁地居周邵業冠河楚允文允武多才多藝戎衣而籠關塞朝服而掃江湖收杞梓之才闢康莊之館加以佃漁六學網羅百氏繼稷下之絕軌弘泗上之淪風賾無隱而不探事有難而必綜至於采摽綠錯華垂丹篆刑名長短儒墨是非書圃翰林之域理窟談叢之內謁者所求之餘侍醫所校之逸莫不澄涇辨渭拾珠棄蚌以爲質文遞改損益不同明堂曲臺之記南宮東觀之說鄭王徐賀之荅崔譙何庾之論簡牒雖盈菁華蓋鮮乃以宣條暇日聽訟餘晨娛情窺寶之鄉凝相觀濤之岸總括油素躬披緗縹芟蕪刈楚振領提綱去其繁雜撮其指要勒成一家名曰江都集禮凡十二帙一百二十卷取方月數用比星周軍國之義存焉人倫之紀備矣昔者龍裳令后雖漢名藩誠復出警入蹕擬乘輿之制度建輜載旅用天子之禮樂求諸述作未聞茲典方可韜之預水副彼名山見刻石之非工嗤懸金之已陋是知沛王通論不獨擅於前脩寧朔新書更追慚於往冊徽幸棲仁岳忝遊聖海謬承恩獎敢叙該博之致云煬帝嗣位詔徽與著作佐郎陸從典太常博士褚亮歐陽詢等助越公楊素撰魏書會素薨而止授京兆郡博士楊玄感兄弟甚重之數相來往及玄感敗凡交關多罹其患徽以玄感故人爲帝所不悅有司希旨出徽爲西海郡威定縣主簿意甚不平行至隴西發病卒

## 杜正玄 弟正藏

杜正玄字愼徽其先本京兆人八世祖曼爲石趙從事中郎因家於鄴自曼至正玄世以文學相授正玄尤聰敏博涉多通兄弟數人俱未弱冠並以文學才辯籍甚三河之間開皇末舉秀才尚書試方略正玄應對如響下筆成章僕射楊素負才傲物正玄抗辭酬對無所屈撓素甚不悅久之會林邑獻白鸚鵡素促召正玄使者相望及至卽令作賦正玄倉卒之際援筆立成素見文不加點始異之因令更擬諸雜文筆十餘條又皆立成而辭理華贍素乃歎曰此眞秀才吾不及也授晉王行參軍轉豫章王記室卒官弟正藏

杜正藏字爲善尤好學善屬文弱冠舉秀才授純州行參軍歷下邑正大業中學業該通應詔舉秀才兄弟三人俱以文章一時詣闕論者榮之著碑誄銘頌詩賦百餘篇又著文章體式大爲後進所寶時人號爲文軌乃至海外高麗百濟亦共傳習稱爲杜家新書

## 常得志

京兆常得志博學善屬文官至秦王記室及王薨過故宮爲五言詩辭理悲壯甚爲時人所重復爲兄弟論義理可稱

## 尹式

河間尹式博學解屬文少有令問仁壽中官至漢王記室王甚重之及漢王敗式自殺其族人正卿彥卿俱有儁才名顯於世

## 劉善經

河間劉善經博物洽聞尤善詞筆歷仕著作佐郎太子舍人著酬德傳三十卷諸劉譜三十卷四聲指歸一卷行於世

## 祖君彥

范陽祖君彥齊尚書僕射孝徵之子也容貌短小言辭訥澀有才學大業末官至東平郡書佐郡陷於翟讓因爲李密所得密甚禮之署爲記室軍書羽檄皆成於其手及密敗爲王世充所殺

## 孔德紹

會稽孔德紹有清才官至景城縣丞竇建德稱王署爲中書令專典書檄及建德敗伏誅

## 劉斌

南陽劉斌頗有詞藻官至信都郡司功書佐竇建德署爲中書舍人建德敗復爲劉闥中書侍郎與劉闥亡歸突厥不知所終

史臣曰魏文有言古今文人類不護細行鮮能以名節自立信矣王胄虞綽之輩崔儦孝逸之倫或務氣負才遺落世事或學優命薄調高位下心鬱抑而孤憤志盤桓而不定嘯傲當世脫略公卿是知跅弛見遺嫉邪忤物不獨漢陽趙壹平原禰衡而已故多罹咎悔鮮克有終然其學涉稽古文詞辨麗並鄧林之一枝崑山之片玉矣有隋總一寰宇得人爲盛秀異之貢不過十數正玄昆季三人預焉華萼相耀亦爲難兄弟矣

## 隋書卷七十六考證

常得志尹式劉善經祖君彥孔德紹劉斌○監本目錄不載六人名史臣論贊亦不之及北史目錄六人名附注潘徽下今仍本文

隋書卷七十七

唐　特　進　臣　魏　徵　上

列傳第四十二

# 隱逸

自肇有書契綿歷百王雖時有盛衰未嘗無隱逸之士故易稱遯世無悶又曰不事王侯詩云皎皎白駒在彼空谷禮云儒有上不臣天子下不事王侯語曰舉逸民天下之人歸心焉雖出處殊途語默異用各言其志皆君子之道也洪崖兆其始箕山扇其風七人作乎周年四皓光乎漢日魏晉以降其流逾廣其大者則輕天下細萬物其小者則安苦節甘賤貧或與世同塵隨波瀾以俱逝或違時矯俗望江湖而獨往狎玩魚鳥左右琴書拾遺粒而織落毛飲石泉而蔭松栢放情宇宙之外自足懷抱之中然皆欣欣於獨善鮮汲汲於兼濟而受命哲王守文令主莫不束帛交馳蒲輪結轍奔走巖谷唯恐不逮者何哉以其道雖未弘志不可奪縱無舟檝之功終有賢貞之操足以立懦夫之志息貪競之風與夫苟得之徒不可同年共日所謂無用以爲用無爲而無不爲者也故敘其人列其行以備隱逸篇云

## 李士謙

李士謙字子約趙郡平棘人也髫齓喪父事母以孝聞母曾嘔吐疑爲中毒因跪而嘗之伯父魏岐州刺史瑒深所嗟尚每稱曰此兒吾家之顏子也年十二魏廣平王贊辟開府參軍事後丁母憂居喪骨立有姊適宋氏不勝哀而死士謙服闋捨宅爲伽藍脫身而出詣學請業研精不倦遂博覽羣籍兼善天文術數齊吏部尚書辛術召署員外郎趙郡王叡舉德行皆稱疾不就和士開亦重其名將諷朝廷擢爲國子祭酒士謙知而固辭得免隋有天下畢志不仕自以少孤未嘗飲酒食肉口無殺害之言至於親賓來萃輒陳罇俎對之危坐終日不倦李氏宗黨豪盛每至春秋二社必高會極歡無不沉醉諠亂嘗集士謙所盛饌盈前而先爲設黍謂羣從曰孔子稱黍爲五穀之長荀卿亦云食先黍稷古人所尚容可違乎少長肅然不敢弛惰退而相謂曰既見君子方覺吾徒之不德也士謙聞而自責曰何乃爲人所疏頓至於此家富於財躬處節儉每以振施爲務州里有喪事不辦者士謙輒奔走赴之隨乏供濟有兄弟分財不均至相鬩訟士謙聞而出財補其少者令與多者相埒兄弟愧懼更相推讓卒爲善士有牛犯其田者士謙牽置涼處飼之過於本主望見盜刈其禾黍者默而避之其家僮嘗執盜粟者士謙慰諭之曰窮困所致義無相責遽令放之其奴嘗與鄉人董震因醉角力震扼其喉斃於手下震惶懼請罪士謙謂之曰卿本無殺心何爲相謝然可遠去無爲吏之所拘性寬厚皆此類也其後出粟數千石以貸鄉人值年穀不登債家無以償皆來致謝士謙曰吾家餘粟本圖振贍豈求利哉於是悉召債家爲設酒食對之燔契曰債了矣幸勿爲念也各令罷去明年大熟債家爭來償謙謙拒之一無所受佗年又大飢多有死者士謙罄竭家資爲之糜粥賴以全活者將萬計收埋骸骨所見無遺至春又出糧種分給貧乏趙郡農民德之撫其子孫曰此乃李參軍遺惠也或謂士謙曰子多陰德士謙曰所謂陰德者何猶耳鳴己獨聞之人無知者今吾所作吾子皆知何陰德之有士謙善談玄理嘗有一客在坐不信佛家應報之義以爲外典無聞焉士謙諭之曰積善餘慶積惡餘殃高門待封埽墓望喪豈非休咎之應耶佛經云輪轉五道無復窮已此則賈誼所言千變萬化未始有極忽然爲人之謂也佛道未東而賢者已知其然矣至若鯀爲黃熊杜宇爲鶗鴂褒君爲龍牛哀爲獸君子爲鵠小人爲猿彭生爲豕如意爲犬黃母爲黿宣武爲鼈鄧艾爲牛徐伯爲魚鈴下爲烏書生爲蛇羊祜前身李家之子此非佛家變受異形之謂邪客曰邢子才云豈有松栢後身化爲樗櫟僕以爲然士謙曰此不類之談也變化皆由心而作木豈有心乎客又問三教優劣士謙曰佛日也道月也儒五星也客亦不能難而止士謙平生喜爲詠懷詩輒毀弃其本不以示人又嘗論刑罰遺文不具載略曰帝王制法沿革不同自可損益無爲頓改今之贓重者死是酷而不懲也語曰人不畏死不可以死恐之愚謂此罪宜從肉刑刖其一趾再犯者斷其右腕流刑刖去右手三指又犯者下其腕小盜宜黥又犯則落其所用三指又不悛下其腕無不止也無賴之人竄之邊裔職爲亂階適所以召戎矣非求治之道也博奕淫遊盜之萌也禁而不止黥之則可有識者頗以爲得治體開皇八年終於家時年六十六趙郡士女聞之莫不流涕曰我曹不死而令李參軍死乎會葬者萬餘人鄉人李景伯等以士謙道著丘園條其行狀詣尚書省請先生之謚事寢不行遂相與樹碑於墓其妻范陽盧氏亦有婦德及夫終後所有賻贈一無所受謂州里父老曰參軍平生好施今雖殞歿安可奪其志哉於是散粟五百石以振窮乏

## 崔廓 子賾

崔廓字士玄博陵安平人也父子元齊燕州司馬廓少孤貧而母賤由是不爲邦族所齒長爲里佐屢逢屈辱於是感激逃入山中遂博覽書籍多所通涉山東學者皆宗之既還鄉里不應辟命與趙郡李士謙爲忘年之友每相往來時稱崔李及士謙死廓哭之慟爲之作傳輸之秘府士謙妻盧氏寡居每有家事輒令人諮廓取定廓嘗著論言刑名之理其義甚精文多不載大業中終于家時年八十有子曰賾

賾字祖濬七歲能屬文容貌短小有口才開皇初秦孝王薦之射策高第詔與諸儒定禮樂授校書郎尋轉協律郎太常卿蘇威雅重之母憂去職性至孝水漿不入口者五日徵爲河南豫章二王侍讀每更日來往二王之第及河南爲晉王轉記室參軍自此去豫章王重之不已遺賾書曰昔漢氏西京梁王建國平臺東苑慕義如林馬卿辭武騎之官枚乘罷弘農之守每覽史傳嘗切怪之何乃脫略官榮棲遲藩邸以今望古方知雅志彼二子者豈徒然哉足下博聞强記鉤深致遠視漢臣之三篋似涉蒙山對梁相之五車若吞雲夢吾兄欽賢重士敬愛忘疲先築郭隗之宮常置穆生之醴今者重開土宇更誓山河地方七百牢籠曲阜城兼七十包舉臨淄大啓南陽方開東閤想得奉飛蓋曳長裾藉玳筵躡珠履歌山桂之偃蹇賦池竹之檀欒其崇貴也如彼其風流也如此幸甚幸甚何樂如之高視上京有懷德祖才謝天人多慙子建書不盡意寧俟繁辭賾答曰一昨伏奉教書榮貺非恒心靈自失若乃理高象繫管輅思而不解事富山海郭璞注而未詳至於五色相宣八音繁會鳳鳴不足喻龍章莫之比吳札之論周頌詎盡揄揚郢客之奏陽春誰堪赴節伏惟令王殿下稟潤天潢承輝日觀雅道貴於東平文藝高於北海漢則馬遷蕭望晉則裴楷張華雞樹騰聲鵷池播美望我清塵悠然路絕祖濬燕南贅客河朔惰遊本無意於希顏豈有心於慕藺未嘗聚螢映雪懸頭刺股讀論唯取一篇披莊不過盈尺復況桑榆漸暮藜藿屢空舉燭無成穿楊盡棄但以燕求馬首薛養雞鳴謬齒鴻儀虛班驥皁挾太山而超北海比報德而非難堙崐崘以爲池匹酬恩而反易忽屬周桐錫瑞唐水承家門有將相樹宜桃李眞龍將下誰好有名濫吹先逃何須別聽但慈旨抑揚損上益下江海所以稱王丘陵爲之不逮曹植儻預聞高論則不殞令名楊脩若切在下風亦詎虧淳德無任荷戴之至謹奉啓以聞章得書賚米五十石并衣服錢帛時晉邸文翰多成其手王入東宮除太子齋帥俄遷舍人及元德太子薨以疾歸于家後徵授起居舍人大業四年從駕汾陽宮次河陽鎭藍田令王曇於藍田山得一玉人長三尺四寸著大領衣冠幘奏之詔問羣臣莫有識者賾答曰謹按漢文已前未有冠幘即是文帝以來所制作也臣見魏大司農盧元明撰嵩高山廟記云有神人以玉爲形像長數寸或出或隱出則令世延長伏惟陛下應天順民定鼎嵩雒岳神自見臣敢稱慶因再拜百官畢賀天子大悅賜縑二百匹從駕登太行山詔問賾曰何處有羊腸坂賾對曰臣按漢書地理志上黨壺關縣有羊腸坂帝曰不是又答曰臣按皇甫士安撰地書云太原北九十里有羊腸坂帝曰是也因謂牛弘曰崔祖濬所謂問一知二五年受詔與諸儒撰區宇圖志二百五十卷奏之帝不善之更令虞世基許善心衍爲六百卷以父憂去職尋起令視事遼東之役授鷹揚長史置遼東郡縣名皆賾之議也奉詔作東征記九年除越王長史于時山東盜賊蜂起帝令撫慰高陽襄國歸首者八百餘人十二年從駕江都宇文化及之弒帝也引爲著作郎稱疾不起在路發疾卒於彭城時年六十九賾與洛陽元善河東柳䛒太原王劭吳興姚察琅邪諸葛潁信都劉焯河間劉炫相善每因休假清談竟日所著詞賦碑誌十餘萬言撰洽聞志七卷八代四科志三十卷未及施行江都傾覆咸爲煨燼

## 徐則

徐則東海郯人也幼沈靜寡嗜欲受業於周弘正善三玄精於議論聲擅都邑則歎曰名者實之賓吾其爲賓乎遂懷棲隱之操杖策入縉雲山後學數百人苦請教授則謝而遣之不娶妻常服巾褐陳太建時應召來憇於至眞觀朞月又辭入天台山因絕穀養性所資唯松水而已雖隆冬沍寒不服綿絮太傅徐陵爲之刊山立頌初在縉雲山太極眞人徐君降之曰汝年出八十當爲王者師然後得道也晉王廣鎭揚州知其名手書召之曰夫道得衆妙法體自然包涵二儀混成萬物人能弘道道不虛行先生履德養空宗玄齊物深明義味曉達法門悅性沖玄怡神虛白餐松餌朮棲息煙霞望赤城而待風雲遊玉堂而駕龍鳳雖復藏名台岳猶且騰實江淮藉甚嘉猷有勞寤寐欽承素道久積虛襟側席幽人夢想巖穴霜風已冷海氣將寒偃息茂林道體休悆昔商山四皓輕舉漢庭淮南八公來儀藩邸古今雖

興山谷不殊市朝之隱前賢已說導凡述聖非先生而誰故遣使人往彼延請想無勞束帛賁然來思不待蒲輪去彼空谷希能屈已岠望披雲則謂門人曰吾今年八十一王來召我徐君之旨信而有徵於是遂詣揚州晉王將請受道法則辭以時日不便其後夕中命侍者取香火如平常朝禮之儀至於五更而死支體柔弱如生停留數旬顏色無變晉王下書曰天台眞隱東海徐先生虛確居宗沖玄成德齊物處外檢行安身草褐蒲衣餐松餌术棲隱靈岳五十餘年卓矣仙才飄然勝氣千尋萬頃莫測其涯寡人欽承道風久餐德素頻遣使乎遠此延屈冀得虔受上法式建良緣至止甫爾未淹旬日厭塵羽化反眞靈府身體柔軟顏色不變經方所謂屍解地仙者哉誠復師禮未申而心許有在雖忘怛化猶愴于懷喪事所資隨須供給霓裳羽蓋既且騰雲空槨餘衣詎藉墳壟但杖舄猶存示同俗法宜遣使人送還天台定葬是時自江都至於天台在道多見則徒步云得放還至其舊居取經書道法分遺弟子仍令淨掃一房曰若有客至宜延之於此然後跨石梁而去不知所之須臾屍柩至方知其靈化時年八十二晉王聞而益異之賵物千段遣畫工圖其狀貌令柳䛒爲之讚曰可道非道常道無名上德不德至德無盈玄風扇矣而有先生夙鍊金液怡神玉清石髓方歃雲丹欲成言追葛稚將侶茅嬴我王遙屬爰感靈誠柱下暫啓河上沉精留符告信化杖飛聲永思靈迹曷用攄情時披素繪如臨赤城時有建安宋玉泉會稽孔道茂丹陽王遠知等亦行辟穀以松水自給皆爲煬帝所重

張文詡

張文詡河東人也父琚開皇中爲洹水令以清正聞有書數千卷教訓子姪皆以明經自達文詡博覽文籍特精三禮其周易詩書及春秋三傳並皆通習每好鄭玄注解以爲通博其諸儒異說亦皆詳究焉高祖引致天下名儒碩學之士其房暉遠張仲讓孔籠之徒並延之於博士之位文詡時遊太學暉遠等莫不推伏之學內翕然咸共宗仰其門生多詣文詡請質疑滯文詡輒博引證據辨說無窮唯其所擇治書侍御史皇甫誕一時朝彥恒執弟子之禮適至南臺遽飾所乘馬就學邀屈文詡每牽馬步進意在不因人以自致也右僕射蘇威聞其名而召之與語大悅勸令從官文詡意不在仕固辭焉仁壽末學廢文詡策杖而歸灌園爲業州郡頻舉皆不應命事母以孝聞每以德化人鄉黨頗移風俗嘗有人夜中竊刈其麥者見而避之盜因感悟弃麥而謝文詡慰諭之自誓不言固令持去經數年盜者向鄉人說之始爲遠近所悉鄰家築牆心有不直文詡因毀舊堵以應之文詡嘗有腰疾會醫者自言善禁文詡令禁之遂爲刃所傷至於頓伏牀枕醫者叩頭請罪文詡遽遣之因爲其隱謂妻子曰吾昨風眩落坑所致其掩人之短皆此類也州縣以其貧素將加振䘏輒辭不受每閑居無事從容長歎曰老冉冉而將至恐脩名之不立以如意擊几皆有處所時人方之閔子騫原憲焉終於家年四十鄉人爲立碑頌號曰張先生

史臣曰古之所謂隱逸者非伏其身而不見也非閉其言而不出也非藏其智而不發也蓋以恬淡爲心不皦不昧安時處順與物無私者也士謙等忘懷纓冕畢志丘園隱不違親貞不絕俗不教而勸虛往實歸愛之如父母懷之如親戚非有自然之純德其孰能至於斯乎然士謙聞譽不喜文詡見傷無慍徐則志在沉冥不可親疏莫能貴賤皆抱樸之士矣崔廓感於屈辱遂以肥遯見稱祖濬文籍之美足以克隆先構父子雖動靜殊方其於成名一也美哉

隋書卷七十七考證

李士謙傳君子爲鵠小人爲猿○按抱朴子周穆王南征一軍盡化君子爲猿鶴小人爲沙蟲與此小異

# 隋書卷七十八

唐　特　進　臣　魏　徵　上

## 列傳第四十三

### 藝術

夫陰陽所以正時日順氣序者也卜筮所以決嫌疑定猶豫者也醫巫所以禦妖邪養性命者也音律所以和人神節哀樂者也相術所以辯貴賤明分理者也技巧所以利器用濟艱難者也此皆聖人無心因民設教救恤災患禁止淫邪自三五哲王其所由來者矣然昔之言陰陽者則有箕子裨竈梓慎子韋曉音律者則師曠師摯伯牙杜夔叙卜筮則史扁史蘇嚴君平司馬季主論相術則內史叔服姑布子卿唐舉許負語醫則文摯扁鵲季咸華陀其巧思則奚仲墨翟張平子馬德衡凡此諸君者仰觀俯察探賾索隱咸詣幽微思侔造化通靈入妙殊才絕技或弘道以濟時或隱身以利物深不可測固無得而稱焉近古涉乎斯術者鮮有存夫貞一多肆其淫僻厚誣天道或變亂陰陽曲成君欲或假託神怪熒惑民心遂令時俗妖訛不獲返其眞性身罹災毒莫得壽終而死藝成而下意在茲乎歷觀經史百家之言無不存夫藝術或叙其玄妙或記其迂誕非徒用廣異聞將以明乎勸戒是以後來作者或相祖述故今亦採其尤著者列爲藝術篇云

庾季才子質　盧太翼　耿詢

庾季才字叔奕新野人也八世祖滔隨晉元帝過江官至散騎常侍封遂昌侯因家于南郡江陵縣祖詵梁處士與宗人易齊名父曼倩光祿卿季才幼穎悟八歲誦尚書十二通周易好占玄象居喪以孝聞梁廬陵王績辟荊州主簿湘東王繹重其術藝引授外兵參軍西臺建累遷中書郎領太史封宜昌縣伯季才固辭太史元帝曰漢司馬遷歷世尸掌魏高堂隆猶領此職不無前例卿何憚焉帝亦頗明星曆因共仰觀從容謂季才曰朕猶慮禍起蕭牆何方可息季才曰頃天象告變秦將入郢陛下宜留重臣作鎮荊陝整旆還都以避其患假令羯寇侵蹙止失荊湘在於社稷可得無慮必久停留恐非天意也帝初然之後與吏部尚書宗懍等議乃止俄而江陵陷滅竟如其言周太祖一見季才深加優禮令參掌太史每有征討恒預侍從賜宅一區水田十頃并奴婢牛羊什物等謂季才曰卿是南人未安北土故有此賜者欲絕卿南望之心宜盡誠事我當以富貴相答初郢都之陷也衣冠士人多沒爲賤季才散所賜物贖求親故文帝問何能若此季才曰僕聞魏克襄陽先昭異度晉平建業喜得士衡伐國求賢古之道也今郢都覆敗君信有罪縉紳何咎皆爲賤隸鄙人羈旅不敢獻言誠切哀之故贖購耳太祖乃悟曰吾之過也微君遂失天下之望因出令免梁俘爲奴婢者數千口武成二年與王褒庾信同補麟趾學士累遷稍伯大夫車騎大將軍儀同三司其後大冢宰宇文護執政謂季才曰比日天道有何徵祥季才對曰荷恩深厚若不盡言便同木石頃上台有變不利宰輔公宜歸政天子請老私門此則自享期頤而受旦奭之美子孫藩屏終保維城之固不然者非復所知護沈吟久之謂季才曰吾本意如此但辭未獲免耳公既王官可依朝例無煩別參寡人也自是漸疎不復別見及護滅之後閱其書記武帝親自臨檢有假託符命妄造異端者皆致誅戮唯得季才書兩紙盛言緯候災祥宜反政歸權帝謂少宗伯斛斯徵曰庾季才至誠謹慤甚得人臣之禮因賜粟三百石帛二百段遷太史中大夫詔撰靈臺祕苑加上儀同封臨潁伯邑六百戶宣帝嗣位加驃騎大將軍開府儀同三司增邑三百戶及高祖爲丞相嘗夜召季才而問曰吾以庸虛受茲顧命天時人事卿以爲何如季才曰天道精微難可意察切以人事卜之符兆已定季才縱言不可公豈復得爲箕潁之事乎高祖默然久之因舉首曰吾今譬猶騎獸誠不得下矣因賜雜綵五十匹絹二百段曰愧公此意宜善爲思之大定元年正月季才言曰今月戊戌平旦青氣如樓闕見於國城之上俄而變紫逆風西行氣經云天不能無雲而雨皇王不能無氣而立今王氣已見須即應之二月日出卯入酉居天之正位謂之二八之門日者人君之象人君即位宜用二月其月十三日甲子甲爲六甲之始子爲十二辰之初甲數九子數又九九爲天數其日即是驚蟄陽氣壯發之時昔周武王以二月甲子定天下享年八百漢高帝以二月甲午即帝位享年四百故知甲子甲午爲得天數今二月甲午宜應天受命上從之開皇元年授通直散騎常侍高祖將遷都夜與高熲蘇威二人定議季才旦而奏曰臣仰觀玄象俯察圖記龜兆允襲必有遷都且堯都平陽舜都冀土是知帝王居止世代不同且漢營此城經今將八百歲水皆鹹鹵不甚宜人願陛下協天人之心爲遷徙之計高祖愕然謂熲等曰是何神也遂發詔施行賜絹三百段馬兩匹進爵爲公謂季才曰朕自今已後信有天道矣於是令季才與其子質撰垂象地形等志上謂季才曰天地祕奧推測多途執見不同或致差舛朕不欲外人干預此事故使公父子共爲之也及書成奏之賜米千石絹六百段九月出爲均州刺史策書始降將就藩時議以季才術藝精通有詔還委舊任季才以年老頻表去職每降優旨不許會張冑玄曆行及袁充言日景長上以問季才季才因言充謬上大怒由是免職給半祿歸第所有祥異常使人就家訪焉仁壽三年卒時年八十八季才局量寬弘術業優博篤於信義志好賓遊常吉日良辰與琅邪王褒彭城劉瑴河東裴政及宗人信等爲文酒之會次有劉臻

明克讓柳𧦬之徒雖爲後進亦申遊欵撰靈臺祕苑一百二十卷垂象志一百四十二卷地形志八十七卷並行於世

庾質字行修少而明敏早有志向八歲誦梁世祖玄象言志等十賦拜童子郎仕周齊煬王記室開皇元年除奉朝請歷鄢陵令遷隴州司馬大業初授太史令操履貞慤立言忠鯁每有災異必指事面陳而煬帝性多忌刻齊王暕亦被猜嫌質子儉時爲齊王屬帝謂質曰汝不能一心事我乃使兒事齊王何向背如此邪質曰臣事陛下子事齊王實是一心不敢有二帝怒不解由是出爲合水令八年帝親伐遼東徵詣行在所至臨渝謁見帝謂質曰朕承先旨親事高麗度其土地人民纔當我一郡卿以爲剋不質對曰以臣管窺伐之可剋切有愚見不願陛下親行帝作色曰朕今總兵至此豈可未見賊而自退也質又曰陛下若行慮損軍威臣猶願安駕住此命驍將勇士指授規模倍道兼行出其不意事宜在速緩必無功帝不悅曰汝既難行可住此也及師還授太史令九年復征高麗又問質曰今段復何如對曰臣實愚迷猶執前見陛下若親動萬乘糜費實多帝怒曰我自行尚不能剋直遣人去豈有成功也帝遂行既而禮部尚書楊玄感據黎陽反兵部侍郎斛斯政奔高麗帝大懼遽而西還謂質曰卿前不許我行當爲此耳今者玄感其成事乎質曰玄感地勢雖隆德望非素因百姓之勞苦冀僥倖而成功今天下一家未易可動帝曰熒惑入斗如何對曰斗楚之分玄感之所封也今火色衰謝終必無成十年帝自西京將往東都質諫曰比歲伐遼民實勞敝陛下宜鎮撫關內使百姓畢力歸農三五年間令四海少得豐實然後巡省於事爲宜陛下思之帝不悅質辭疾不從帝聞之怒遣使馳傳鎖質詣行在所至東都詔令下獄竟死獄中子儉亦傳父業兼有學識仕歷襄武令元德太子學士齊王屬義寧初爲太史令時有盧太翼耿詢並以星曆知名

盧太翼字協昭河間人也本姓章仇氏七歲詣學日誦數千言州里號曰神童及長閑居味道不求榮利博綜羣書爰及佛道皆得其精微尤善占候算曆之術隱於白鹿山數年徙居林慮山茱萸嶺請業者自遠而至初無所拒後憚其煩逃於五臺山地多藥物與弟子數人廬於巖下蕭然絕世以爲神仙可致皇太子勇聞而召之太翼知太子必不爲嗣謂所親曰吾拘逼而來不知所稅駕也及太子廢坐法當死高祖惜其才而不害配爲官奴久之乃釋其後目盲以手摸書而知其字仁壽末高祖將避暑仁壽宮太翼固諫不納至于再三太翼曰臣愚豈敢飾詞但恐是行鑾輿不反高祖大怒繫之長安獄期還而斬之高祖至宮寢疾臨崩謂皇太子曰章仇翼非常人也前後言事未嘗不中吾來日道當不反今果至此爾宜釋之及煬帝即位漢王諒反帝以問之答曰上稽玄象下參人事何所能爲未幾諒果敗帝常從容言及天下氏族謂太翼曰卿姓章仇四岳之胄與盧同源於是賜姓爲盧氏大業九年從駕至遼東太翼言於帝曰黎陽有兵氣後數日而玄感反書聞帝甚異之數加賞賜太翼所言天文之事不可稱數關諸祕密世莫得聞後數載卒於雒陽

耿詢字敦信丹陽人也滑稽辯給伎巧絕人陳後主之世以客從東衡州刺史王勇於嶺南勇卒詢不歸遂與諸越相結皆得其歡心會郡俚反叛推詢爲主柱國王世積討禽之罪當誅自言有巧思世積釋之以爲家奴久之見其故人高智寶以玄象直太史詢從之受天文算術詢創意造渾天儀不假人力以水轉之施於闇室中使智寶外候天時合如符契世積知而奏之高祖配詢爲官奴給使太史局後賜蜀王秀從往益州秀甚信之及秀廢復當誅何稠言於高祖曰耿詢之巧思若有神臣誠爲朝廷惜之上於是特原其罪詢作馬上刻漏世稱其妙煬帝即位進欹器帝善之放爲良民歲餘授右尚方署監事七年車駕東征詢上書曰遼東不可討師必無功帝大怒命左右斬之何稠苦諫得免及平壤之敗帝以詢言爲中以詢守太史丞宇文化及弒逆之後從至黎陽謂其妻曰近觀人事遠察天文宇文必敗李氏當王吾知所歸矣詢欲去之爲化及所殺著鳥情占一卷行於世

## 韋鼎

韋鼎字超盛京兆杜陵人也高祖玄隱於商山因而歸宋祖叡梁開府儀同三司父正黃門侍郎鼎少通脫博涉經史明陰陽逆刺尤善相術仕梁起家湘東王法曹參軍遭父憂水漿不入口者五日哀毀過禮殆將滅性服闋爲邵陵王主簿侯景之亂鼎兄昂卒於京城鼎負屍出寄于中興寺求棺無所得鼎哀憤慟哭忽見江中有物流至鼎所鼎切異之往見乃新棺也因以充殮元帝聞之以爲精誠所感侯景平司徒王僧辯以爲戶曹屬歷太尉掾大司馬從事中書侍郎陳武帝在南徐州鼎望氣知其當王遂寄孥焉因謂陳武帝曰明年有大臣誅死後四歲梁其代終天之曆數當歸舜後昔周滅殷氏封嬀滿于宛丘其裔子孫因爲陳氏僕觀明公天縱神武繼絕統者無乃是乎武帝陰有圖僧辯意聞其言大喜因而定策及受禪拜黃門侍郎俄遷司農卿司徒右長史貞威將軍領安右晉安王長史行府國事轉廷尉卿大建中爲聘周主使加散騎常侍尋爲祕書監宣遠將軍轉臨海王長史吳行興郡事入爲太府卿至德初鼎盡質貨田宅寓居僧寺友人大匠卿毛彪問其故答曰江東王氣盡於此矣吾與爾當葬長安期運將及故破產耳初鼎之聘周也嘗與高祖相遇鼎謂高祖曰觀公容貌故非常人而神監深遠亦非羣賢所逮也不久必大貴貴則天下一家歲一周天老夫當委質公相不可言願深自愛及陳平上馳召之授上儀同三司待遇甚厚上每與公王宴賞鼎恒預焉高祖嘗從容謂之曰韋世康與公相去遠近鼎對曰臣宗族分派南北孤絕自生以來未嘗訪問帝曰公百世卿族何得爾也乃命官給酒肴遣世康與鼎還杜陵樂飲十餘日鼎乃考校昭穆自楚太傅孟以下二十餘世作韋氏譜七卷時蘭陵公主寡上爲之求夫選親衛柳述及蕭瑒等以示於鼎鼎曰瑒當封侯而無貴妻之相述亦通顯而守位不終上曰位由我耳遂以主降述上又問鼎諸兒誰得嗣答曰至尊皇后所最愛者即當與之非臣敢預知也上笑曰不肯顯言乎開皇十二年除光州刺史以仁義敎導務弘清靜州中有土豪外修邊幅而內行不軌常爲劫盜鼎於都會時謂之曰卿是好人那忽作賊因條其徒黨謀議逗留其人驚懼即自首伏又有人客遊通主家之妾及其還去妾盜珍物於夜逃亡尋於草中爲人所殺主家知客與妾通因告客殺之縣司鞫問具得姦狀因斷客死獄成上於鼎鼎覽之曰此客實姦而殺非也乃某寺僧詃妾盜物令奴殺之贓在某處即放此客遣掩僧并獲贓物自是部內肅然不言咸稱其有神道無拾遺尋追入京以年老多病累加優賜頃之卒年七十九

## 來和

來和字弘順京兆長安人也少好相術所言多驗大冢宰宇文護引之左右由是出入公卿之門初爲夏官府下士累遷少卜上士賜爵安定鄉男遷畿伯下大夫進封洹水縣男高祖微時來詣和相和待人去謂高祖曰公當王有四海及爲丞相拜儀同既受禪進爵爲子開皇末和上表自陳曰臣早奉龍顏自周代天和三年已來數蒙陛下顧問當時具言至尊膺圖受命光宅區宇此乃天授非由人事所及臣無勞効坐致五品二十餘年臣是何人敢不慙懼愚臣不任區區之至謹錄陛下龍潛之時臣有所言一得書之祕府死無所恨昔陛下在周嘗與永富公竇榮定語臣曰我聞有行聲即識其人臣當時即言公眼如曙星無所不照當王有天下願忍誅殺建德四年五月周武帝在雲陽宮謂臣曰諸公皆汝所識隋公相祿何如臣報武帝曰隋公止是守節人可鎮一方若爲將領陣無不破臣即於宮東南奏聞陛下謂臣此語不忘明年烏丸軌言於武帝曰隋公非人臣帝尋以問臣臣知帝有疑臣詭報曰是節臣更無異相于時王誼梁彥光等知臣此語大象二年五月至尊從永巷東門入臣在永巷門東北面立陛下問臣曰我無災障不臣奏陛下曰公骨法氣色相應天命已有付屬未幾遂總百揆上覽之大悅進位開府賜物五百段米三百石地十頃和同郡韓則嘗詣和相和謂之曰後四五當得大官人初不知所謂則至開皇十五年五月而終人問其故和曰十五年爲三五加以五月爲四五大官椁也和言多此類著相經四十卷道士張賓焦子順鴈門人董子華此三人當高祖龍潛時並私謂高祖曰公當爲天子善自愛及踐阼以張賓爲華州刺史子順爲開府子華爲上儀同

## 蕭吉 楊伯醜 臨孝恭 劉祐

蕭吉字文休梁武帝兄長沙宣武王懿之孫也博學多通尤精陰陽算術江陵陷遂歸于周爲儀同宣帝時吉以朝政日亂上書切諫帝不納及隋受禪進上儀同以本官太常考定古今陰陽書吉性孤峭不與公卿相沉浮又與楊素不協由是擯落於世鬱鬱不得志見上好徵祥之說欲乾沒自進遂矯其迹爲悅媚焉開皇十四年上書曰今年歲在甲寅十一月朔旦以辛酉爲冬至來年乙卯正月朔旦以庚申爲元日冬至之日即在朔旦樂汁圖徵云天元十一月朔旦冬至聖王受享祚今聖主在位居天元之首而朔旦冬至此慶一也辛酉之日即是至尊本命辛德在景此十一月建景子酉德在寅正月建寅爲本命與月德合而居元朔之首此慶二也庚申之日即是行年乙德在庚卯德在申來年乙卯是行年與歲合德而在元旦之朝此慶三也陰陽書云年命與歲月合德者必有福慶洪範傳云歲之朝月之朝日之朝主王者經書並謂三長應之者延年福吉況乃甲寅部首十一月陽之始朔旦冬至是聖王上元正

月是正陽之月歲之首月之先朔旦是歲之元月之朝日之先嘉辰之會而本命爲九元之先行年爲三長之首並與歲月合德所以靈寶經云角音龍精其祚日强來歲年命納音俱角曆之與經如合符契又甲寅乙卯天地合也甲寅之年以辛酉冬至來年乙卯以甲子夏至冬至陽始郊天之日即是至尊本命此慶四也夏至陰始祀地之辰即是皇后本命此慶五也至尊德並乾之覆育皇后仁同地之載養所以二儀元氣並會本辰上覽之大悅賜物五百段房陵王時爲太子言東宮多鬼魅鼠妖數見上令吉詣東宮禳邪氣於宣慈殿設神坐有迴風從艮地鬼門來掃太子坐吉以桃湯葦火驅逐之風出宮門而止又謝土於未地設壇爲四門置五帝坐于時至寒有蝦蟇從西南來入人門升赤帝坐還從人門而出行數步忽然不見上大異之賞賜優洽又上言太子當不安位時上陰欲廢立得其言是之由此每被顧問及獻皇后崩上令吉卜擇葬所吉歷筮山原至一處云卜年二千卜世二百具圖而奏之上曰吉凶由人不在於地高緯父葬豈不卜乎國尋滅亡正如我家墓田若云不吉朕不當爲天子若云不凶我弟不當戰沒然竟從吉言吉表曰去月十六日皇后山陵西北雞未鳴前有黑雲方圓五六百步從地屬天東南又有旌旗車馬帳幕布滿七八里并有人往來檢校部伍甚整日出乃滅同見者十餘人謹案葬書云氣王與姓相生大吉今黑氣當冬王與姓相生是大吉利子孫無疆之候也上大悅其後上將親臨發殯吉復奏上曰至尊本命辛酉今歲斗魁及天岡臨卯酉謹按陰陽書不得臨喪上不納退而告族人蕭平仲曰皇太子遣宇文左率深謝余云公前稱我當爲太子竟有其驗終不忘也今卜山陵務令我早立我立之後當以富貴相報吾記之曰後四載太子御天下今山陵氣應上又臨喪兆益見矣且太子得政隋其亡乎當有眞人出治之矣吾前紿云卜年二千者是三十字也卜世二百者取三十二運也吾言信矣汝其誌之及煬帝嗣位拜太府少卿加位開府嘗行經華陰見楊素冢上有白氣屬天密言於帝帝問其故吉曰其候素家當有兵禍滅門之象改葬者庶可免乎帝後從容謂楊玄感曰公家宜早改葬玄感亦微知其故以爲吉祥託以遼東未滅不遑私門之事未幾而玄感以反族滅帝彌信之後歲餘卒官著金海三十卷相經要錄一卷宅經八卷葬經六卷樂譜十二卷及帝王養生方二卷相手版要決一卷太一立成一卷並行於世時有楊伯醜臨孝恭劉祐俱以陰陽術數知名

楊伯醜馮翊武鄉人也好讀易隱於華山開皇初被徵入朝見公卿不爲禮無貴賤皆汝之人不能測也高祖召與語竟無所答上賜之衣服至朝堂捨之而去於是被髮陽狂遊行市里形體垢穢未嘗櫛沐嘗有張永樂者賣卜京師伯醜每從之遊永樂爲卦有不能決者伯醜輒爲分析爻象尋幽入微永樂嗟服自以爲非所及也伯醜亦開肆賣卜有人嘗失子就伯醜筮者卦成伯醜曰汝子在懷遠坊南門道東北壁上有青帬女子抱之可往取也如言果得或者有金數兩夫妻共藏之於後失金其夫意妻有異志將逐之其妻稱寃以詣伯醜爲筮之曰金在矣悉呼其家人指一人曰可取金來其人赧然應聲而取之道士韋知常詣伯醜問吉凶伯醜曰汝勿東北行必不得已當早還不然者楊素斬汝頭未幾上令知常事漢王諒俄而上崩諒舉兵反知常逃歸京師知常先與楊素有隙及素平并州先訪知常將斬之賴此獲免又人有失馬來詣伯醜卜者時伯醜爲皇太子所召在途遇之立爲作卦卦成曰我不遑爲卿占之卿且向西市東壁門南第三店爲我買魚作膾當得馬矣其人如此言須臾有一人牽所失馬而至遂擒之崖州嘗獻徑寸珠其使者陰易之上心疑焉召伯醜令筮伯醜曰有物出自水中質圓而色光是大珠也今爲人所隱具言隱者姓名容狀上如言簿責之果得本珠上奇之賜帛二十匹國子祭酒何妥嘗詣之論易聞妥之言倏然而笑曰何用鄭玄王弼之言乎久之微有辯答所說辭義皆異先儒之旨而思理玄妙故論者以爲天然獨得非常人所及也竟以壽終

臨孝恭京兆人也明天文算術高祖甚親遇之每言災祥之事未嘗不中上因令考定陰陽官至上儀同著欹器圖三卷地動銅儀經一卷九宮五墓一卷遁甲月令十卷元辰經十卷元辰厄一百九卷百怪書十八卷祿命書二十卷九宮龜經一百一十卷太一式經三十卷孔子馬頭易卜書一卷並行於世

劉祐滎陽人也開皇初爲大都督封索盧縣公其所占候合如符契高祖甚親之初與張賓劉暉馬顯定曆後奉詔撰兵書十卷名曰金韜上善之復著陰策二十卷觀臺飛候六卷玄象要記五卷律曆術文一卷婚姻志三卷產乳志二卷式經四卷四時立成法一卷安曆志十二卷歸正易十卷並行於世

## 張胄玄

張胄玄勃海蓨人也博學多通尤精術數冀州刺史趙煚薦之高祖徵授雲騎尉直太史參議律曆事時輩多出其下由是太史令劉暉等甚忌之然暉言多不中胄玄所推步甚精密上異之令楊素與術數人立議六十一事皆舊法久難通者令暉與胄玄等辯析之暉杜口一無所答胄玄通者五十四焉由是擢拜員外散騎侍郎兼太史令賜物千段暉及黨與八人皆斥逐之改定新曆言前曆差一日內史通事顏敏楚上言曰漢時洛下閎改顓頊曆作太初曆云後當差一日八百年當有聖者定之計今相去七百一十年術者舉其成數聖者之謂其在今乎上大悅漸見親用胄玄所爲曆法與古不同者有三事其一宋祖沖之於歲周之末創設差分冬至漸移不循舊軌每四十六年却差一度至梁虞劇曆法嫌沖之所差太多因以一百八十六年冬至移一度胄玄以此二術年限懸隔追檢古注所失極多遂折中兩家以爲度法冬至所宿歲別漸移八十三年却行一度則上合堯時日永星火次符漢曆宿起牛初明其前後並皆密當其二周馬顯造景寅元曆有陰陽轉法加減章分進退蝕食乃推定日創開此數當時術者多不能曉張賓因而用之莫能考正胄玄以爲加時先後逐氣參差就月爲斷於理未可乃因二十四氣列其盈縮所出實由日行遲則月逐日易及令合朔加時早日行速則月逐日少遲令合朔加時晚檢前代加時早晚以爲損益之率日行自秋分已後至春分其勢速計一百八十二日而行一百八十度自春分已後至秋分日行遲計一百八十二日而行一百七十六度每氣之下即其率也其三自古諸曆朔望值交不問內外入限便食張賓立法創有外限應食不食猶未能明胄玄以日行黃道歲一周天月行月道二十七日有餘一周天月道交絡黃道每行黃道內十三日有奇而出又行黃道外十三日有奇而入終而復始月經黃道謂之交朔望去交前後各十五度已下即爲當食若月行內道則在黃道之北食多有驗月行外道在黃道之南也雖遇正交無由掩映食多不驗遂因前法別立定限隨交遠近逐氣求差損益食分事皆明著其超古獨異者有七事其一古曆五星行度皆守恒率見伏盈縮悉無格準胄玄推之各得其眞率合見之數與古不同其差多者至加減三十許日即如熒惑平見在雨水氣即均加二十九日見在小雪氣則均減二十五日加減平見以爲定見諸星各有盈縮之數皆如此例但差數不同特其積候所知時人不能原其意旨二辰星舊率一終再見凡諸古曆皆以爲然應見不見人未能測胄玄積候知辰星一終之中有時一見及同類感召相隨而出即如辰星平晨見在雨水氣者應見即不見若不晨見在啓蟄氣者去日十八度外三十六度內晨有木火土金一星者亦相隨見其三古曆步術行有定限自見已後依率而推進退之期莫知多少胄玄積候知五星遲速留退眞數皆與古法不同多者至差八十餘日留迴所在亦差八十餘度即如熒惑前疾初見在立冬初則二百五十日行一百七十七度定見在夏至初則一百七十日行九十二度追步天驗今古皆密其四古曆食分依平即用推驗多少實數罕符胄玄積候知月從木火土金四星行有向背月向四星即速背之則遲皆十五度外乃循本率遂於交分限其多少其五古曆加時朔望同術胄玄積候知日食所在隨方改變傍正高下每處不同交有淺深遲速亦異約時立差皆會天象其六古曆交分即爲食數去交十四度者食一分去交十三度食二分去交十度食三分每近一度食益一分當交即食既其應少反多應多反少自古諸曆未悉其原胄玄積候知當交之中月掩日不能畢盡其食反少去交五六時月在日內掩日便盡故食乃既自此已後更遠者其食又少交之前後在冬至皆爾若近夏至其率又差所立食分最爲詳密其七古曆二分晝夜皆等胄玄積候知其有差春秋二分晝多夜漏半刻皆由日行遲疾盈縮使其然也凡此胄玄獨得於心論者服其精密大業中卒官

## 許智藏

許智藏高陽人也祖道幼嘗以母疾遂覽醫方因而究極世號名醫誡其諸子曰爲人子者嘗膳視藥不知方術豈謂孝乎由是世相傳授仕梁官至員外散騎侍郎父景武陵王諮議參軍智藏少以醫術自達仕陳爲散騎侍郎及陳滅高祖以爲員外散騎侍郎使詣揚州會秦孝王俊有疾上馳召之俊夜中夢其亡妃崔氏泣曰本來相迎比聞許智藏將至其人若到當必相苦爲之奈何明夜俊又夢崔氏曰妾得計矣當入靈府中以避之及智藏至爲俊診脉曰疾已入心即當發癎不可救也果如言俊數日而薨上奇其妙賚物百段煬帝即位智藏時致仕于家帝每有所苦輒令中使就詢訪或以轝迎入殿扶登御牀智藏爲方奏之用無不效年八十

卒于家宗人許澄亦以醫術顯父奭仕梁太常丞中軍長史隨柳仲禮入長安與姚僧坦齊名拜上儀同三司澄有學識傳父業尤盡其妙歷尚藥典御諫議大夫封賀州縣伯父子俱以藝術名重於周隋二代史失事故附見云

萬寶常 王令言

萬寶常不知何許人也父大通從梁將王琳歸于齊後復謀還江南事泄伏誅由是寶常被配爲樂戶因而妙達鍾律遍工八音造玉磬以獻于齊又嘗與人方食論及聲調時無樂器寶常因取前食器及雜物以箸扣之品其高下宮商畢備諧於絲竹大爲時人所賞然歷周洎隋俱不得調開皇初沛國公鄭譯等定樂初爲黃鍾調寶常雖爲伶人譯等每召與議然言多不用後譯樂成奏之上召寶常問其可不寶常曰此亡國之音豈陛下之所宜聞上不悅寶常因極言樂聲哀怨淫放非雅正之音請以水尺爲律以調樂音上從之寶常奉詔遂造諸樂器其聲率下鄭譯調二律并撰樂譜六十四卷具論八音旋相爲宮之法改絃移柱之變爲八十四調一百四十四律變化終於一千八百聲時人以周禮有旋宮之義自漢魏已來知音者皆不能通見寶常特創其事皆哂之至是試令爲之應手成曲無所凝滯見者莫不嗟異於是損益樂器不可勝紀其聲雅淡不爲時人所好太常善聲者多排毀之又太子洗馬蘇夔以鍾律自命尤忌寶常夔父威方用事凡言樂者皆附之而短寶常數詣公卿怨望蘇威因詰寶常所爲何所傳受有一沙門謂寶常曰上雅好符瑞有言徵祥者上皆悅之先生當言就胡僧受學云是佛家菩薩所傳音律則上必悅先生所爲可以行矣寶常然之遂如其言以答威威怒曰胡僧所傳乃是四夷之樂非中國所宜行也其事竟寢寶常嘗聽太常所奏樂泫然而泣人問其故寶常曰樂聲淫厲而哀天下不久相殺將盡時四海全盛聞其言者皆謂爲不然大業之末其言卒驗寶常貧無子其妻因其臥疾遂竊其資物而逃寶常饑餒無人贍遺竟餓而死將死也取其所著書而焚之曰何用也爲見者於火中探得數卷見行於世時論哀之開皇之世有鄭譯何妥盧賁蘇夔蕭吉並討論墳籍撰著樂書皆爲當時所用至於天然識樂不及寶常遠矣安馬駒曹妙達王長通郭令樂等能造曲爲一時之妙又習鄭聲而寶常所爲皆歸於雅此輩雖公議不附寶常然皆心服謂以爲神時有樂人王令言亦妙達音律大業末煬帝將幸江都令言之子當從於戶外彈胡琵琶作翻調安公子曲令言時臥室中聞之大驚蹶然而起曰變變急呼其子曰此曲興自早晚其子對曰頃來有之令言遂歔欷流涕謂其子曰汝愼無從行帝必不反子問其故令言曰此曲宮聲往而不反宮者君也吾所以知之帝竟被殺於江都

史臣曰陰陽卜祝之事聖人之教在焉雖不可以專行亦不可得而廢也人能弘道則博利時俗行非其義則咎悔及身故昔之君子所以戒乎妄作今韋來之骨法氣色庚張之推步盈虛雖落下高堂許負朱建不能尚也伯醜龜策近知鬼神之情耿詢渾儀不差辰象之度寶常聲律動應宮商之和雖不足遠擬古人皆一時之妙也許氏之運鍼石世載可稱蕭吉之言陰陽近於誣誕矣

# 隋書卷七十九

唐 特 進 臣 魏 徵 上

## 列傳第四十四

### 外戚

歷觀前代外戚之家乘母后之權以取高位厚秩者多矣然而鮮有克終之美必罹顚覆之患何哉皆由乎無德而尊不知紀極忽於滿盈之戒罔念高危之咎故鬼瞰其室憂必及之夫其誠著艱難功宣社稷不以謙沖自牧未免顚蹶之禍而況道不足以濟時仁不足以利物自矜於己以富貴驕人者乎此呂霍上官閻梁竇鄧所以繼踵而亡滅者也昔文皇潛躍之際獻后便相推轂煬帝大橫方兆蕭妃密勿經綸是以恩禮綢繆始終不易然內外親戚莫預朝權昆弟在位亦無殊寵至於居擅玉堂家稱金穴暉光戚里熏灼四方將三司以比儀命五侯而同拜者終始一代寂無聞焉考之前王可謂矯其弊矣故雖時經擾攘無有陷於不義市朝遷貿而皆得以保全比夫憑藉寵私階緣恩澤乘其非據旋就顚隕者豈可同日而言哉此所謂愛之以禮能改覆車輒敘其事爲外戚傳云

高祖外家呂氏

高祖外家呂氏其族蓋微平齊之後求訪不知所在至開皇初濟南郡上言有男子呂永吉自稱有姑字苦桃爲楊諱妻勘驗知是舅子始追贈外祖雙周爲上柱國太尉八州諸軍事青州刺史封齊郡公謚曰敬外祖母姚氏爲齊敬公夫人詔並改葬於齊州立廟置守冢十家以永吉襲爵留在京師大業中授上黨郡太守性識庸劣職務不理後去官不知所終永吉從父道貴性尤頑騃言詞鄙陋初自鄉里徵入長安上見之悲泣道貴略無戚容但連呼高祖名云種末定不可偸大似苦桃姊是後數犯忌諱動致違忤上甚恥之乃命高熲厚加供給不許接對朝士拜上儀同三司出爲濟南太守令卽之任斷其入朝道貴還至本郡高自崇重每與人言自稱皇舅數將儀衞出入閭里從故人遊宴官民咸苦之後郡廢終於家子孫無聞焉

獨孤羅 弟陁

獨孤羅字羅仁雲中人也父信初仕魏爲荊州刺史武帝之入關也信弃父母妻子西歸長安歷職顯貴羅由是遂爲高氏所囚信後仕周爲大司馬及信爲宇文護所誅羅始見釋寓居中山孤貧無以自給齊將獨孤永業以宗族之故見而哀之爲買田宅遺以資畜初信入關之後復娶二妻郭氏生子六人善穆藏順陁整崔氏生獻皇后及齊亡高祖爲定州總管獻皇后遣人尋羅得之相見悲不自勝侍御者皆泣於是厚遺車馬財物未幾周武帝以羅功臣子久淪異域徵拜楚安郡太守以疾去官歸于京師諸弟見羅少長貧賤每輕侮之不以兄禮事也然性長者亦不與諸弟校競長短后由是重之及高祖爲丞相拜儀同常置左右既受禪下詔追贈羅父信官爵曰褒德累行往代通規追遠愼終前王盛典故柱國信風宇高曠獨秀生民叡哲居宗淸猷映世宏謀長策道著於弼諧緯義經仁事深於拯濟方當宣風廊廟亮采台階而運屬艱危功高弗賞睠言令範事切於心今景運初開椒闈肅建載懷塗山之義無忘褒紀之典可贈太師上柱國冀定等十州刺史趙國公邑萬戶其諸弟以羅母沒齊先無夫人之號不當承襲上以問后后曰羅誠嫡長不可誣也於是襲爵趙國公以其弟善爲河內郡公穆爲金泉縣公藏爲武平縣公陁爲武喜縣公整爲千牛備身擢拜羅爲左領左右將軍尋遷左衞將軍前後賞賜不可勝計久而出爲梁州總管進位上柱國仁壽中徵拜左武衞大將軍煬帝嗣位改封蜀國公未幾卒官謚曰恭子纂嗣仕至河陽郡尉纂弟武都大業末亦爲河陽郡尉庶長子開遠宇文化及之弒逆也裴虔通率賊入成象殿宿衞兵士皆從逆開遠時爲千牛與獨孤盛力戰於閤下爲賊所執賊義而捨之善後官至柱國卒子覽嗣仕至左候衞將軍大業末卒

獨孤陁字黎邪仕周胥附上士坐父徙蜀郡十餘年宇文護被誅始歸長安高祖受禪拜上開府右領左右將軍久之出爲郢州刺史進位上大將軍累轉延州刺史好左道其妻母先事猫鬼因轉入其家上微聞而不之信也會獻皇后及楊素妻鄭氏俱有疾召醫者視之皆曰此猫鬼疾也上以陁后之異母弟陁妻楊素之異母妹由是意陁所爲陰令其兄穆以情喩之上又避左右諷陁陁言無有上不悅左轉遷州刺史出怨言上令左僕射高熲納言蘇威大理正皇甫孝緒大理丞楊遠等雜治之陁婢徐阿尼言本從陁母家來常事猫鬼每以子日夜祀之言子者鼠也其猫鬼每殺人者所死家財物潛移於畜猫鬼家陁嘗從家中索酒其妻曰無錢可酤陁因謂阿尼曰可令猫鬼向越公家使我足錢也阿尼便呪之歸數日猫鬼向素家十一年上初從幷州還陁於園中謂阿尼曰可令猫鬼向皇后所使多賜吾物阿尼復呪之遂入宮中楊遠乃於門下外省遣阿尼呼猫鬼阿尼於是夜中置香粥一盆以匙扣而呼之曰猫女可來無住宮中久之阿尼色正青若被牽曳者云猫鬼已至上以其事下公卿奇章公牛弘曰妖由人興殺其人可以絕矣上令以犢車載陁夫妻將賜死於其家陁弟司勳侍中整詣闕求哀於是免陁死除名爲民以其妻楊氏爲尼先是有人訟其母爲人猫鬼所殺者上以爲妖妄怒而遣之及此詔誅被訟行猫鬼家陁未幾而卒煬帝卽位追念舅氏聽以禮葬乃下詔曰外氏衰禍獨孤陁不幸早世遷卜有期言念渭陽之情追懷傷切宜加禮命允備哀榮可贈正議大夫帝意猶不已復下詔曰舅氏之尊戚屬斯重而降年弗永凋落相繼緬惟先往宜崇徽秩復贈銀青光祿大夫有二子延福延壽陁弟整官至幽州刺史大業初卒贈金紫光祿大夫平鄉侯

蕭巋 子琮 琮弟瓛

蕭巋字仁遠梁昭明太子統之孫也父詧初封岳陽王鎭襄陽侯景之亂其兄河東王譽與其叔父湘東王繹不協爲繹所害及繹嗣位詧稱藩于西魏乞師請討繹周太祖以詧爲梁主遣柱國于謹等率騎五萬襲繹滅

之譽遂都江陵有荊郡其西平州延袤三百里之地稱皇帝於其國車服節文一同王者仍置江陵總管以兵戍之譽薨巋嗣立年號天保巋俊辯有才學兼好內典周武帝平齊之後巋來賀帝享之甚歡親彈琵琶令巋起舞巋曰陛下親御五絃臣敢不同百獸高祖受禪恩禮彌厚遣使賜金五百兩銀千兩布帛萬匹馬五百匹巋來朝上甚敬焉詔巋位在王公之上巋被服端麗進退閑雅天子矚目百僚傾慕賞賜以億計月餘歸藩帝親餞於滻水之上後備禮納其女爲晉王妃又欲以其子瑒尚蘭陵公主由是漸見親待獻皇后言於上曰梁主通家腹心所寄何勞猜防也上然之於是罷江陵總管巋專制其國歲餘巋又來朝賜縑萬匹珍玩稱是及還上親執手曰梁主久滯荊楚未復舊都故鄉之念良軫懷抱朕當振旅長江相送旋反耳巋拜謝而去其年五月寢疾臨終上表曰臣以庸闇曲荷天慈寵冠外藩恩踰連山爰及子女尚主婚王每願躬擐甲胄身先士卒掃蕩逋寇上報明時而攝生乖舛遽罹痾疾屬纊在辰顧陰待謝長違聖世感戀嗚咽遺嗣孤藐特乞降慈伏願聖躬與山岳同固皇基等天日俱永臣雖九泉實無遺恨并獻所服金裝劍上覽而嗟悼焉巋在位二十三年年四十四薨梁之臣子謚曰孝明皇帝廟號世宗子琮嗣巋著孝經周易義記及大小乘幽微十四卷行於世

琮字溫文性寬仁有大度倜儻不羈博學有文義兼善弓馬遣人伏地著帖琮馳馬射之十發十中持帖者亦不懼初封東陽王尋立爲梁太子及嗣位上賜璽書曰負荷堂構其事甚重雖窮憂勞常須自力輯諧內外親任才良聿遵世業是所望也彼之疆守咫尺陳人水潦之時特宜警備陳氏比日雖復朝聘相尋疆埸之間猶未清肅唯當恃我必不可干勿得輕人而不設備朕與梁國世積相知重以親姻情義彌厚江陵之地朝寄非輕爲國爲民深宜抑割恒加饘粥以禮自存又賜梁之大臣璽書誡勉之時琮年號廣運有識者曰運之爲字軍走也吾君將奔走乎其年琮遣大將軍戚昕以舟師襲陳公安不克而還徵琮叔父岑入朝拜爲大將軍封懷義公因留不遣復置江陵總管以監之琮所署大將軍許世武密以城召陳將宜黃侯陳紀謀洩琮誅之後二歲上徵琮入朝率其臣下二百餘人朝於京師江陵父老莫不隕涕相謂曰吾君其不反矣上以琮來朝遣武鄉公崔弘度將兵戍之軍至鄀州琮叔父巖及弟瓛等懼弘度掩襲之遂引陳人至城下虜居民而叛於是廢梁國上遣左僕射高熲安集之曲赦江陵死罪給民復十年梁二主各給守墓十戶拜琮爲柱國賜爵莒國公煬帝嗣位以皇后之故甚見親重拜內史令改封梁公琮之宗族緦麻以上並隨才擢用於是諸蕭昆弟布列朝廷琮性澹雅不以職務自嬰退朝縱酒而已內史令楊約與琮同列帝令約宣旨誡勵約復以私情喻之琮答曰琮若復事事則何異於公哉約笑而退約兄素時爲尚書令見琮嫁從父妹於鉗耳氏因謂琮曰公帝王之族望高戚美何乃適妹鉗耳氏乎琮曰前已嫁妹於侯莫陳氏此復何疑素曰鉗耳羌也侯莫陳虜也何得相比素意以虜優羌劣琮曰以羌異虜未之前聞素慚而止琮雖羈旅見北間豪貴無所降下嘗與賀若弼深相友善弼既被誅復有童謠曰蕭蕭亦復起帝由是忌之遂廢於家未幾而卒贈左光祿大夫子鉉襄城通守復以琮弟子鉅爲梁公鉅小名藏煬帝甚昵之以爲千牛與宇文晶出入宮掖伺察內外帝每有遊宴鉅未嘗不從焉遂於宮中多行淫穢江都之變爲宇文化及所殺

瓛字欽文少聰敏解屬文在梁爲荊州刺史頗有能名崔弘度以兵至鄀州瓛懼與其叔父巖奔於陳陳主以爲侍中安東將軍吳州刺史甚得物情三吳父老皆曰吾君子也及陳亡吳人推瓛爲主吳人見梁武簡文及譽巋等兄弟並第三而踐尊位瓛自以巋之第三子也深自矜負有謝異者頗知廢興梁陳之際言無不驗江南人甚敬信之及陳主被擒異奔於瓛由是益爲衆所歸褒國公宇文述以兵討之瓛遣王哀守吳州自將拒述述遣兵別道襲吳州哀懼衣道士服棄城而遁瓛衆聞之悉無鬭志與述一戰而敗瓛將左右數人逃於太湖匿於民家爲人所執送於述所斬之長安時年二十一弟璟爲朝請大夫尚衣奉御瑒歷衞尉卿祕書監陶丘侯瑀歷內史侍郎河池太守

史臣曰三五哲王防深慮遠舅甥之國罕執鈞衡母后之家無聞傾敗爰及漢晉頗覆繼軌皆由乎進不以禮故其斃亦速若使獨孤權侔呂霍必敗於仁壽之前蕭氏勢均梁竇豈全於大業之後今或不隕舊基或更隆先構豈非處之以道不預權寵之所致乎

隋書卷七十九考證

高祖外家呂氏傳有男子呂永吉自稱有姑字苦桃爲楊諱妻○監本諱訛作廣臣映斗按高祖外家呂氏苦桃即高祖之母高祖之父諱忠高祖諱堅煬帝諱廣當作爲楊忠妻原其所以訛者舊本必係諱字而本書惟晉王廣屢見廣字多作諱字後人改明諱字爲廣字遂并此諱字亦改廣字而不覺其大謬也但此本隋朝奏牘若竟改忠字亦非本來不如從舊本作諱

# 隋書卷八十

唐 特進 臣 魏 徵 上

## 列傳四十五

## 列女

自昔貞專淑媛布在方策者多矣婦人之德雖在於溫柔立節垂名咸資於貞烈溫柔仁之本也貞烈義之資也非溫柔無以成其仁非貞烈無以顯其義是以詩書所記風俗所在圖像丹青流聲竹素莫不守約以居正殺身以成仁者也若文伯王陵之母白公杞殖之妻魯之義姑梁之高行衞君靈主之妾夏侯文寧之女或抱信以含貞或蹈忠而踐義不以存亡易心不以盛衰改節其修名彰於既往徽音傳於不朽不亦休乎或有王公大人之妃偶肆情於淫僻之俗雖衣繡衣食珍膳坐金屋乘玉輦不入彤管之書不霑良史之筆將草木以俱落與麋鹿而同死可勝道哉永言載思實庶姬之恥也觀夫今之靜女各勵松筠之操甘於玉折蘭摧足以無絕今古故述其雅志以纂前代之列女云

### 蘭陵公主

蘭陵公主字阿五高祖第五女也美姿儀性婉順好讀書高祖於諸女中特所鍾愛初嫁儀同王奉孝卒適河東柳述時年十八諸姊並驕踞主獨折節遵於婦道事舅姑甚謹遇有疾病必親奉湯藥高祖聞之大悅由是述漸見寵遇初晉王廣欲以主配其妃弟蕭瑒高祖初許之後遂適述晉王因不悅及述用事彌惡之高祖既崩述徙嶺表煬帝令主與述離絕將改嫁之公主以死自誓不復朝謁上表請免主號與述同徙帝大怒曰天下豈無男子欲與述同徙耶主曰先帝以妾適于柳家今其有罪妾當從坐不願陛下屈法申恩帝不從主憂憤而卒時年三十二臨終上表曰昔共姜自誓著美前詩郎嫣不言傳芳往誥妾雖負罪竊慕古人生既不得從夫死乞葬於柳氏帝覽之愈怒竟不哭乃葬主於洪瀆川資送甚薄朝野傷之

### 南陽公主

南陽公主者煬帝之長女也美風儀有志節造次必以禮年十四嫁於許國公宇文述子士及以謹肅聞及述病且卒主親調飮食手自奉上世以此稱之及宇文化及弒逆主隨至聊城而化及爲竇建德所敗士及自濟北西歸大唐時隋代衣冠並在其所建德引見之莫不惶懼失常唯主神色自若建德與語主自陳國破家亡不能報怨雪恥淚下盈襟聲辭不輟情理切至建德及觀聽者莫不爲之動容隕涕咸肅然敬異焉及建德誅化及時主有一子名禪師年且十歲建德遣武賁郎將於士澄謂主曰宇文化及躬行弒逆人神所不容今將族滅其家公主之子法當從坐若不能割愛亦聽留之主泣曰武賁既是隋室貴臣此事何須見問建德竟殺之主尋請建德削髮爲尼及建德敗將歸西京復與士及遇於東都之下主不與相見士及就之立於戶外請復爲夫妻主拒之曰我與君讎家今恨不能手刃君者但謀逆之日察君不預知耳因與告絕訶令速去士及固請之主怒曰必欲就死可相見也士及見其言切知不可屈乃拜辭而去

### 襄城王恪妃

襄城王恪妃者河東柳氏女也父旦循州刺史妃姿儀端麗年十餘以良家子合法相嬪以爲妃未幾而恪被廢妃修婦道事之愈敬煬帝嗣位恪復徙邊帝令使者殺之於道恪與辭訣妃曰若王死妾誓不獨生於是相對慟哭恪既死棺斂訖妃謂使者曰妾誓與楊氏同穴若身死之後得不別埋君之惠也遂撫棺號慟自經而卒見者莫不爲之涕流

### 華陽王楷妃

華陽王楷妃者河南元氏之女也父巖性明敏有氣幹仁壽中爲黃門侍郎封龍涸縣公煬帝嗣位坐與柳述連事除名爲民徙南海後會赦還長安有人譖巖逃歸收而殺之妃有姿色性婉順初以選爲妃未幾而楷被幽廢妃事楷踰謹每見楷有憂懼之色輒陳義理以慰諭之楷甚敬焉及江都之亂楷遇宇文化及之逆以妃賜其黨元武達武達初以宗族之禮置之別舍後因醉而逼之妃自誓不屈武達怒撻之百餘辭色彌厲因取甓自毀其面血淚交下武達釋之妃謂其徒曰我不能早死致令將見侵辱我之罪也因不食而卒

## 譙國夫人

譙國夫人者高涼洗氏之女也世爲南越首領跨據山洞部落十餘萬家夫人幼賢明多籌略在父母家撫循部衆能行軍用師壓服諸越每勸親族爲善由是信義結於本鄉越人之俗好相攻擊夫人兄南梁州刺史挺恃其富强侵掠傍郡嶺表苦之夫人多所規諫由是怨隙止息海南儋耳歸附者千餘洞梁大同初羅州刺史馮融聞夫人有志行爲其子高涼太守寶娉以爲妻融本北燕苗裔初馮弘之投高麗也遣融大父業以三百人浮海歸宋因留於新會自業及融三世爲守牧他鄉羈旅號令不行至是夫人誡約本宗使從民禮每共寶參決辭訟首領有犯法者雖是親族無所舍縱自此政令有序人莫敢違遇侯景反廣州都督蕭勃徵兵援臺高州刺史李遷仕據大皐口遣召寶寶欲往夫人止之曰刺史無故不合召太守必欲詐君共爲反耳寶曰何以知之夫人曰刺史被召援臺乃稱有疾鑄兵聚衆而後喚君今者若往必留質追君兵衆此意可見願且無行以觀其勢數日遷仕果反遣主帥杜平虜率兵入灨石寶知之遽告夫人曰平虜驍將也領兵入灨石即與官兵相拒勢未得還遷仕在州無能爲也若君自往必有戰鬬宜遣使詐之卑辭厚禮云身未敢出欲遣婦往參彼聞之喜必無防慮於是我將千餘人步擔雜物唱言輸賧得至柵下賊必可圖寶從之遷仕果大喜覘夫人衆皆擔物不設備夫人擊之大捷遷仕遂走保于寧都夫人總兵與長城侯陳霸先會于灨石還謂寶曰陳都督大可畏極得衆心我觀此人必能平賊君宜厚資之及寶卒嶺表大亂夫人懷集百越數州晏然至陳永定二年其子僕年九歲遣帥諸首領朝于丹陽起家拜陽春郡守後廣州刺史歐陽紇謀反召僕至高安誘與爲亂僕遣使歸告夫人夫人曰我爲忠貞經今兩代不能惜汝輒負國家遂發兵拒境帥百越酋長迎章昭達內外逼之紇徒潰散僕以夫人之功封信都侯加平越中郎將轉石龍太守詔使持節冊夫人爲中郎將石龍太夫人賚繡幰油絡駟馬安車一乘給鼓吹一部并麾幢旌節其鹵簿一如刺史之儀至德中僕卒後遇陳國亡嶺南未有所附數郡共奉夫人號爲聖母保境安民高祖遣總管韋洸安撫嶺外陳將徐璒以南康拒守洸至嶺下逡巡不敢進初夫人以扶南犀杖獻于陳主至此晉王廣遣陳主遺夫人書諭以國亡令其歸化并以犀杖及兵符爲信夫人見杖驗知陳亡集首領數千盡日慟哭遣其孫魂帥衆迎洸入至廣州嶺南悉定表魂爲儀同三司冊夫人爲宋康郡夫人未幾番禺人王仲宣反首領皆應之圍洸於州城進兵屯衡嶺夫人遣孫暄帥師救洸暄與逆黨陳佛智素相友善故遲留不進夫人知之大怒遣使執暄繫於州獄又遣孫盎出討佛智戰剋斬之進兵至南海與鹿愿軍會共敗仲宣夫人親被甲乘介馬張錦傘領彀騎衞詔使裴矩巡撫諸州其蒼梧首領陳坦岡州馮岑翁梁化鄧馬頭藤州李光略羅州龐靖等皆來參謁還令統其部落嶺表遂定高祖異之拜盎爲高州刺史仍赦出暄拜羅州刺史追贈寶爲廣州總管譙國公冊夫人爲譙國夫人以宋康邑迴授僕妾洗氏仍開譙國夫人幕府置長史以下官屬給印章聽發部落六州兵馬若有機急便宜行事降勑書曰朕撫育蒼生情均父母欲使率土清淨兆庶安樂而王仲宣等輒相聚結擾亂彼民所以遣往誅翦爲百姓除害夫人情在奉國深識正理遂令孫盎斬獲佛智竟破羣賊甚有大功今賜夫人物五千段暄不進愆誠合罪責以夫人立此誠效故特原免夫人宜訓導子孫敦崇禮教遵奉朝化以副朕心皇后以首飾及宴服一襲賜之夫人並盛於金篋并梁陳賜物各藏于一庫每歲時大會皆陳于庭以示子孫曰汝等宜盡赤心向天子我事三代主唯用一好心今賜物俱存此忠孝之報也願汝皆思念之時番州總管趙訥貪虐諸俚獠多有亡叛夫人遣長史張融上封事論安撫之宜并言訥罪狀不可以招懷遠人上遣推訥得其贓賄竟致於法降勑委夫人招慰亡叛夫人親載詔書自稱使者歷十餘州宣述上意諭諸俚獠所至皆降高祖嘉之賜夫人臨振縣湯沐邑一千五百戶贈僕爲崖州總管平原郡公仁壽初卒賻物一千段謚爲誠敬夫人

## 鄭善果母

鄭善果母者清河崔氏之女也年十三出適鄭誠生善果而誠討尉迥力戰死于陣母年二十而寡父彥穆欲奪其志母抱善果謂彥穆曰婦人無再見男子之義且鄭君雖死幸有此兒棄兒爲不慈背死爲無禮寧當割耳截髮以明素心違禮滅慈非敢聞命善果以父死王事年數歲拜使持節大將軍襲爵開封縣公邑一千戶開皇初進封武德郡公年十四授沂州刺史轉景州刺史尋爲魯郡太守母性賢明有節操博涉書史通曉治方每善果出聽事母恒坐胡床於鄣後察之聞其剖斷合理歸則大悅即賜之坐相對談笑若行事不允或妄瞋怒母乃還堂蒙被而泣終日不食善果伏於牀前亦不敢起母方起謂之曰吾非怒汝乃愧汝家耳吾爲汝家婦獲奉灑掃如汝先君忠勤之士也在官清恪未嘗問私以身徇國繼之以死吾亦望汝副其此心汝既年小而孤吾寡婦耳有慈無威使汝不知禮訓何可負荷忠臣之業乎汝自童子承襲茅土位至方伯豈汝身致之邪安可不思此事而妄加瞋怒心緣驕樂墮於公政內則墜爾家風或亡失官爵外則虧天子之法以取罪戾吾死之日亦何面目見汝先人於地下乎母恒自紡績夜分而寐善果曰兒封侯開國位居三品秩俸幸足母何自勤如是邪答曰嗚呼汝年已長吾謂汝知天下之理今聞此言故猶未也至於公事何由濟乎今此秩俸乃是天子報爾先人之徇命也當須散贍六姻爲先君之惠妻子奈何獨擅其利以爲富貴哉又絲枲紡織婦人之務上自王后下至大夫士妻各有所製若墮業者是爲驕逸吾雖不知禮其可自敗名乎自初寡便不御脂粉常服大練性又節儉非祭祀賓客之事酒肉不妄陳於前靜室端居未嘗輒出門閤內外姻戚有吉凶事但厚加贈遺皆不詣其家非自手作及莊園祿賜所得雖親族禮遺悉不許入門善果歷任州郡唯內自出饌於衙中食之公廨所供皆不許受悉用修治廨宇及分給僚佐善果亦由此克己號爲清吏煬帝遣御史大夫張衡勞之考爲天下最徵授光祿卿其母卒後善果爲大理卿漸驕恣清公平允遂不如疇昔焉

## 孝女王舜

孝女王舜者趙郡王子春之女也子春與從兄長忻不協屬齊滅之際長忻與其妻同謀殺子春舜時年七歲有二妹粲年五歲璠年二歲並孤苦寄食親戚舜撫育二妹恩義甚篤而舜陰有復讎之心長忻殊不爲備姊妹俱長親戚欲嫁之輒拒不從乃密謂其二妹曰我無兄弟致使父讎不復吾輩雖是女子何用生爲我欲共汝報復汝意如何二妹皆垂泣曰唯姊所命是夜姊妹各持刀踰墻而入手殺長忻夫妻以告父墓因詣縣請罪姊妹爭爲謀首州縣不能決高祖聞而嘉歎特原其罪

## 韓覬妻

韓覬妻者洛陽于氏女也字茂德父寶周大左輔于氏年十四適于覬雖生長膏腴家門鼎盛而動遵禮度躬自儉約宗黨敬之年十八覬從軍戰沒于氏哀毀骨立慟感行路每至朝夕奠祭皆手自捧持及免喪其父以其幼少無子將嫁之誓無異志復令家人敦喻于氏晝夜涕泣截髮自誓其父喟然傷感遂不奪其志焉因養夫之孽子世隆爲嗣身自撫育愛同己生訓導有方卒能成立自孀居已後唯時或歸寧至於親族之家絕不來往有尊卑就省謁者送迎皆不出戶庭蔬食布衣不聽聲樂以此終身高祖聞而嘉歎下詔褒美表其門閭長安中號爲節婦闕終于家年七十二

## 陸讓母

陸讓母者上黨馮氏女也性仁愛有母儀讓即其孽子也仁壽中爲番州刺史數有聚斂贓貨狼藉爲司馬所奏上遣使按之皆驗於是囚詣長安親臨問讓稱寃上復令治書侍御史撫按之狀不易前乃命公卿百寮議之咸曰讓罪當死詔可其奏讓將就刑馮氏蓬頭垢面詣朝堂數讓曰無汗馬之勞致位刺史不能盡誠奉國以答鴻恩而反違犯憲章贓貨狼藉若言司馬誣汝百姓百官不應亦皆誣汝若言至尊不憐愍汝何故治書覆汝豈誠臣豈孝子不誠不孝何以爲人於是流涕嗚咽親持盂粥勸讓令食既而上表求哀詞情甚切上愍然爲之改容獻皇后甚奇其意致請於上治書侍御史柳彧進曰馮氏母德之至有感行路如或殺之何以爲勸上於是集京城士庶於朱雀門遣舍人宣詔曰馮氏以嫡母之德足爲世範慈愛之道義感人神特宜矜免用獎風俗讓可減死除名爲民復下詔曰馮氏體備仁慈夙閑禮度孽讓非其所生往犯憲章宜從極法躬自詣闕爲之請命匍匐頓顙朕哀其義特免死辜使天下婦人皆如馮者豈不闔門雍睦風俗和平朕每嘉歎不能已宜標揚優賞用章有德可賜物五百段集諸命婦與馮相識以寵異之

## 劉昶女

劉昶女者河南長孫氏之婦也昶在周尚公主官至柱國彭國公數爲將帥位望隆顯與高祖有舊及受禪甚親任歷左武衞大將軍慶州總管其子居士爲太子千牛備身聚徒任俠不遵法度數得罪上以昶故每輒原之居士轉恣每大言曰男兒要當辮頭反縛籧篨上作獠儛取公卿子弟膂力雄健者輒將至家以車輪括其頸而棒之殆死能不屈者稱爲壯士釋而與交黨與三百人其趫捷者號爲餓鶻隊武力者號爲蓬轉隊每韝鷹紲犬連騎道中毆擊路人多所侵奪長安市里無貴賤見之者皆辟易至於公卿妃主莫敢與校者其女則居士之姊也每垂泣誨之殷勤懇惻居士不改至破家

逵昶年老奉養甚薄其女時寡居哀昶如此每歸寧于家躬勤紡績以致其甘脆有人告居士與其徒遊長安城登故未央殿基南向坐前後列隊意有不遜每相約曰當爲一死耳又時有人言居士遣使引突厥令南寇當於京師應之帝謂昶曰今日之事當復如何昶猶恃舊恩不自引咎直答曰黑白在于至尊上大怒下昶獄捕居士黨與治之甚急憲司又奏昶事母不孝其女知昶必不免不食者數日每親調飲食手自捧持詣大理餇其父見獄卒長跪以進歔欷嗚咽見者傷之居士坐斬昶竟賜死于家詔百寮臨視時其女絕而復蘇者數矣公卿慰諭之其女言父無罪坐子以及於禍詞情哀切人皆不忍聞見遂布衣蔬食以終其身上聞而歎曰吾聞衰門之女興門之男固不虛也

### 鍾士雄母

鍾士雄母者臨賀蔣氏女也士雄仕陳爲伏波將軍陳主以士雄嶺南酋帥慮其反覆每質蔣氏於都下及晉王廣平江南以士雄在嶺表欲以恩義致之遣蔣氏歸臨賀既而同郡虞子茂鍾文華等作亂舉兵攻城遣人召士雄士雄將應之蔣氏謂士雄曰我前在揚都備嘗辛苦今逢聖化母子聚集沒身不能上報焉得爲逆哉汝若禽獸其心背德忘義者我當自殺於汝前士雄於是遂止蔣氏復爲書與子茂等諭以禍福子茂不從尋爲官軍所敗上聞蔣氏甚異之封爲安樂縣君時尹州寡婦胡氏者不知何氏妻也甚有志節爲邦族所重當江南之亂諷諭宗黨皆守險不從叛逆封爲密陵郡君

### 孝婦覃氏

孝婦覃氏者上郡鍾氏婦也與其夫相見未幾而夫死時年十八事後姑以孝聞數年之間姑及伯叔皆相繼而死覃氏家貧無以葬於是躬自節儉晝夜紡績積財十年而葬八喪爲州里所敬上聞而賜米百石表其門閭

### 元務光母

元務光母者范陽盧氏女也少好讀書造次以禮盛年寡居諸子幼弱家貧不能就學盧氏每親自教授勗以義方世以此稱之仁壽末漢王諒舉兵反遣將綦良往山東略地良以務光爲記室及良敗慈州刺史上官政簿籍務光之家見盧氏悅而逼之盧氏以死自誓政爲人凶悍怒甚以燭燒其身盧氏執志彌固竟不屈節

### 裴倫妻

裴倫妻河東柳氏女也少有風訓大業末倫爲渭源令屬薛舉之亂縣城爲賊所陷倫遇害柳時年四十有二女及兒婦三人皆有美色柳氏謂之曰我輩遭逢禍亂汝父已死我自念不能全汝我門風有素義不受辱於羣賊我將與汝等同死如何其女等皆垂泣曰唯母所命柳氏遂自投于井其女及婦相繼而下皆重死於井中

### 趙元楷妻

趙元楷妻者清河崔氏之女也父儦在文學傳家有素範子女皆遵禮度元楷父爲僕射家富於財重其門望厚禮以聘之元楷甚敬崔氏雖在宴私不妄言笑進止容服動合禮儀化及之反也元楷隨至河北將歸長安至滏口遇盜攻掠元楷僅以身免崔氏爲賊所拘賊請以爲妻崔氏謂賊曰我士大夫女爲僕射子妻今日破亡自可即死遣爲賊婦終必不能羣賊毀裂其衣形體悉露縛於牀簀之上將凌之崔氏懼爲所辱詐之曰今力已屈當聽處分不敢相違請解縛賊遽釋之崔因著衣取賊佩刀倚樹而立曰欲殺我任加刀鋸若覓死可來相逼賊大怒亂射殺之元楷後得殺妻者支解之以祭崔氏之柩

史臣曰夫稱婦人之德皆以柔順爲先斯乃舉其中庸未臻其極者也至於明識遠圖貞心峻節志不可奪唯義所在考之圖史亦何世而無哉蘭陵主質邁寒松南陽主心踰匪石洗媼孝女之忠壯崔馮二母之誠懇足使義勇慙其志烈蘭玉謝其貞芳襄城華陽之妃裴倫元楷之婦時逢艱阻事乖好合甘心同穴顛沛靡它志勵冰霜言皦日雖詩詠共姜之自誓傳述伯姬之守死其將復何以加焉

# 隋書卷八十一

唐　特　進　臣　魏　徵　上

## 列傳第四十六　東夷

### 高麗

高麗之先出自夫餘夫餘王嘗得河伯女因閉於室內爲日光隨而照之感而遂孕生一大卵有一男子破殼而出名曰朱蒙夫餘之臣以朱蒙非人所生咸請殺之王不聽及壯因從獵所獲居多又請殺之其母以告朱蒙朱蒙棄夫餘東南走遇一大水深不可越朱蒙曰我是河伯外孫日之子也今有難而追兵且及如何得度於是魚鼈積而成橋朱蒙遂度追騎不得濟而還朱蒙建國自號高句麗以高爲氏朱蒙死子閭達嗣至其孫莫來興兵遂并夫餘至裔孫位宮以魏正始中入寇西安平毋丘儉拒破之位宮玄孫之子曰昭列帝爲慕容氏所破遂入丸都焚其宮室大掠而還昭列帝後爲百濟所殺其曾孫璉通使後魏璉六世孫湯在周遣使朝貢武帝拜湯上開府遼東郡公遼東王高祖受禪湯後遣使詣闕進授大將軍改封高麗王歲遣使朝貢不絕其國東西二千里南北千餘里都於平壤城亦曰長安城東西六里隨山屈曲南臨浿水復有國內城漢城並其都會之所其國中呼爲三京與新羅每相侵奪戰爭不息官有太大兄次大兄次小兄次對盧次意侯奢次烏拙次太大使者次大使者次小使者次褥奢次翳屬次仙人凡十二等復有內評外評五部褥薩人皆皮冠使人加插鳥羽貴者冠用紫羅飾以金銀服大袖衫大口袴素皮帶黃革屨婦人裙襦加襈兵器與中國略同每春秋校獵王親臨之人稅布五匹穀五石遊人則三年一稅十人共細布一匹租戶一石次七斗下五斗反逆者縛之於柱爇而斬之籍沒其家盜則償十倍用刑既峻罕有犯者樂有五絃琴箏篳篥橫吹簫鼓之屬吹蘆以和曲每年初聚戲於浿水之上王乘腰轝列羽儀以觀之事畢王以衣服入水分左右爲二部以水石相濺擲諠呼馳逐再三而止俗好蹲踞潔淨自喜以趨走爲敬拜則曳一腳立各反拱行必搖手性多詭伏父子同川而浴共室而寢婦人淫奔俗多遊女有婚嫁者取男女相悅然即爲之男家送豬酒而已無財聘之禮或有受財者人共恥之死者殯於屋內經三年擇吉日而葬居父母及夫之喪服皆三年兄弟三月初終哭泣葬則鼓儛作樂以送之埋訖悉取死者生時服玩車馬置於墓側會葬者爭取而去敬鬼神多淫祠開皇初頻有使入朝及平陳之後湯大懼治兵積穀爲守拒之策七十年上賜湯璽書曰朕受天命愛育率土委王海隅宣揚朝化欲使圓首方足各遂其心王每遣使人歲常朝貢雖稱藩附誠節未盡王既人臣須同朕德而乃驅逼靺鞨固禁契丹諸藩頓顙爲我臣妾忿善人之慕義何毒害之情深乎太府工人其數不少王必須之自可聞奏昔年潛行財貨利動小人私將弩手逃竄下國豈非脩理兵器意欲不臧恐有外聞故爲盜竊時命使者撫慰王藩本欲問彼人情教彼政術王乃坐之空館嚴加防守使其閉目塞耳永無聞見有何陰惡弗欲人知禁制官司畏其訪察又數遣馬騎殺害邊人屢騁姦謀動作邪說心在不賓朕於蒼生悉如赤子賜王土宇授王官爵深恩殊澤彰著遐邇王專懷不信恒自猜疑常遣使人密覘消息純臣之義豈若是也蓋當由朕訓導不明王之愆違一已寬恕今日已後必須改革守藩臣之節奉朝正之典自化爾藩勿忤他國則長享富貴實稱朕心彼之一方雖地狹人少然普天之下皆爲朕臣今若黜王不可虛置終須更選官屬就彼安撫王若洒心易行率由憲章即是朕之良臣何勞別遣才彥也昔帝王作法仁信爲先有善必賞有惡必罰四海之內具聞朕旨王若無罪朕忽加兵自餘藩國謂朕何也王必虛心納朕此意慎勿疑惑更懷異圖往者陳叔寶代在江陰殘害人庶驚動我烽候抄掠我邊境朕前後誡勑經歷十年彼則恃長江之外聚一隅之衆惛狂驕傲不從朕言故命將出師除彼凶逆往來不盈旬月兵騎不過數千歷代逋寇一朝清蕩遐邇乂安人神胥悅聞王歎恨獨致悲傷黜陟幽明有司是職罪王不爲陳滅賞王不爲陳存樂禍好亂何爲爾也王謂遼水之廣何如長江高麗之人多少陳國朕若不存含育責王前愆命一將軍何待多力慇懃曉示許王自新耳宜得朕懷自求多福湯得書惶恐將奉表陳謝會病卒子元嗣立高祖使使拜元爲上開府儀同三司襲爵遼東郡公賜衣一襲元奉表謝恩并賀祥瑞因請封王高祖優冊元爲王明年元率靺鞨之衆萬餘騎寇遼西營州總管韋沖擊走之高祖聞而大怒命漢王諒爲元帥總水陸討之下詔黜其爵位時餽運不繼六軍乏食師出臨渝關復遇疾疫王師不振及次遼水元亦惶懼遣使謝罪上表稱遼東糞土臣元云云上於是罷兵待之如初元亦歲遣朝貢煬帝嗣位天下全盛高昌王突厥啓人可汗並親詣闕貢獻於是徵元入朝元懼藩禮頗闕大業七年帝將討元之罪車駕度遼水上營於遼東城分道出師各頓兵於其城下高麗率兵出拒戰多不利於是皆嬰城固守帝令諸軍攻之又勑諸將高麗若降者即宜撫納不得縱兵城將陷賊輒言請降諸將奉旨不敢赴機先令馳奏比報至賊守禦亦備隨出拒戰如此者再三帝不悟由是食盡師老轉輸不繼諸軍多敗績於是班師是行也唯於遼水西拔賊武厲邏置遼東郡及通定鎮而還九年帝復親征之乃勑諸軍以便宜從事諸將分道攻城賊勢日蹙會楊玄感作亂反書至帝大懼即日六軍並還兵部侍郎斛斯政亡入高麗高麗具知事實

悉銳來追殿軍多敗十年又發天下兵會盜賊蜂起人多流亡所在阻絕軍多失期至遼水高麗亦困弊遣使乞降囚送斛斯政以贖罪帝許之頓於懷遠鎮受其降款仍以俘囚軍實歸至京師以高麗使者親告於太廟因拘留之仍徵元入朝元竟不至帝勑諸軍嚴裝更圖後舉會天下大亂遂不克復行

## 百濟

百濟之先出自高麗國其國王有一侍婢忽懷孕王欲殺之婢云有物狀如雞子來感於我故有娠也王捨之後遂生一男棄之厠溷久而不死以爲神命養之名曰東明及長高麗王忌之東明懼逃至淹水夫餘人共奉之東明之後有仇台者篤於仁信始立其國于帶方故地漢遼東太守公孫度以女妻之漸以昌盛爲東夷强國初以百家濟海因號百濟歷十餘代代臣中國前史載之詳矣開皇初其王餘昌遣使貢方物拜昌爲上開府帶方郡公百濟王其國東西四百五十里南北九百餘里南接新羅北拒高麗其都曰居拔城官有十六品長曰左平次大率次恩率次德率次杆率次柰率次將德服紫帶次施德皂帶次固德赤帶次李德青帶次對德以下皆黃帶次文督次武督次佐軍次振武次剋虞皆用白帶其冠制並同唯柰率以上飾以銀花長史三年一交代畿內爲五部部有五巷士人居焉五方各有方領一人方佐二之方有十郡郡有將其人雜有新羅高麗倭等亦有中國人其衣服與高麗略同婦人不加粉黛辮髮垂後已出嫁則分爲兩道盤於頭上俗尚騎射讀書史能吏事亦知醫藥蓍龜占相之術以兩手據地爲敬有僧尼多寺塔有鼓角箜篌箏竽篪笛之樂投壺圍棊樗蒲握槊弄珠之戲行宋元嘉曆以建寅月爲歲首國中大姓有八族沙氏燕氏劦氏解氏貞氏國氏木氏苗氏婚娶之禮略同於華喪制如高麗有五穀牛豬雞多不火食厥田下人皆山居有巨栗每以四仲之月王祭天及五帝之神立其始祖仇台廟於國城歲四祠之國西南人島居者十五所皆有城邑平陳之歲有一戰船漂至海東耽牟羅國其船得還經于百濟昌資送之甚厚幷遣使奉表賀平陳高祖善之下詔曰百濟王既聞平陳遠令奉表往復至難若逢風浪便致傷損百濟王心迹淳至朕已委知相去雖遠事同言面何必數遣使來相體悉自今以後不須年別入貢朕亦不遣使往王宜知之使者舞蹈而去開皇十八年昌使其長史王辯那來獻方物屬興遼東之役遣使奉表請爲軍導帝下詔曰往歲爲高麗不供職貢無人臣禮故命將討之高元君臣恐懼畏服歸罪朕已赦之不可致伐厚其使而遣之高麗頗知其事以兵侵掠其境昌死子餘宣立死子餘璋立大業三年璋遣使者燕文進朝貢其年又遣使者王孝鄰入獻請討高麗煬帝許之令覘高麗動靜然璋內與高麗通和挾詐以窺中國七年帝親征高麗璋使其臣國智牟來請軍期帝大悅厚加賞錫遣尚書起部郎席律詣百濟與相知明年六軍度遼璋亦嚴兵於境聲言助軍實持兩端尋與新羅有隙每相戰爭十年復遣使朝貢後天下亂使命遂絕其南海行三月有耽牟羅國南北千餘里東西數百里土多麞鹿附庸於百濟百濟自西行三日至貊云

## 新羅

新羅國在高麗東南居漢時樂浪之地或稱斯羅魏將毋丘儉討高麗破之奔沃沮其後復歸故國留者遂爲新羅焉故其人雜有華夏高麗百濟之屬兼有沃沮不耐韓獩之地其王本百濟人自海逃入新羅遂王其國傳祚至金真平開皇十四年遣使貢方物高祖拜真平爲上開府樂浪郡公新羅王其先附庸於百濟後因百濟征高麗高麗人不堪戎役相率歸之遂致强盛因襲百濟附庸於迦羅國其官有十七等其一曰伊罰千貴如相國次伊尺千次迎千次破彌千次大阿尺千次阿尺千次乙吉千次沙咄千次及伏千次大奈摩千次奈摩次大舍次小舍次吉土次大烏次小烏次造位外有郡縣其文字甲兵同於中國選人壯健者悉入軍烽戍邏俱有屯管部伍風俗刑政衣服略與高麗百濟同每正月旦相賀王設宴會班賚羣官其日拜日月神至八月十五日設樂令官人射賞以馬布其有大事則聚羣官詳議而定之服色尚素婦人辮髮繞頭以雜綵及珠爲飾婚嫁之禮唯酒食而已輕重隨貧富新婚之夕女先拜舅姑次卽拜夫死有棺斂葬起墳陵王及父母妻子喪持服一年田甚良沃水陸兼種其五穀果菜鳥獸物產略與華同大業以來歲遣朝貢新羅地多山險雖與百濟構隙百濟亦不能圖之

## 靺鞨

靺鞨在高麗之北邑落俱有酋長不相總一凡有七種其一號粟末部與高麗相接勝兵數千多驍武每寇高麗中其二曰伯咄部在粟末之北勝兵七千其三曰安車骨部在伯咄東北其四曰拂涅部在伯咄東其五曰號室部在拂涅東其六曰黑水部在安車骨西北其七曰白水部在粟末東南勝兵並不過三千而黑水部尤爲勁健自拂涅以東矢皆石鏃卽古之肅愼氏也所居多依山水渠帥曰大莫弗瞞咄東夷中爲强國有徒太山者俗甚敬畏上有熊羆豹狼皆不害人人亦不敢殺地卑濕築土如堤鑿穴以居開口向上以梯出入相與偶耕土多粟麥穄水氣鹹生鹽於木皮之上其畜多豬嚼米爲酒飲之亦醉婦人服布男子衣豬狗皮俗以溺洗手面於諸夷最爲不潔其俗婬而妬其妻外婬人有告其夫者夫輒殺妻殺而後悔必殺告者由是姦婬之事終不發揚人皆射獵爲業角弓長三尺箭長尺有二寸常以七八月造毒藥傅矢以射禽獸中者立死開皇初相率遣使貢獻高祖詔其使曰朕聞彼土人庶多能勇捷今來相見實副朕懷朕視爾等如子爾等宜敬朕如父對曰臣等僻處一方道路悠遠聞內國有聖人故來朝拜既蒙勞賜親奉聖顏下情不勝懽喜願得長爲奴僕也其國西北與契丹相接每相劫掠後因其使來高祖誡之曰我憐念契丹與爾無異宜各守土境豈不安樂何爲輒相攻擊甚乖我意使者謝罪高祖因厚勞之令宴飲於前使者與其徒皆起舞其曲折多戰鬬之容上顧謂侍臣曰天地間乃有此物常作用兵意何其甚也然其國與隋懸隔唯粟末白山爲近煬帝初與高麗戰頻敗其衆渠帥度地稽率其部來降拜爲右光祿大夫居之柳城與邊人來往悅中國風俗請被冠帶帝嘉之賜以錦綺而褒寵之及遼東之役度地稽率其徒以從每有戰功賞賜優厚十三年從帝幸江都尋放歸柳城在途遇李密之亂密遣兵邀之前後十餘戰僅而得免至高陽復沒於王須拔未幾遁歸羅藝

## 流求國

流求國居海島之中當建安郡東水行五日而至土多山洞其王姓歡斯氏名渴剌兜不知其由來有國代數也彼土人呼之爲可老羊妻曰多拔茶所居曰波羅檀洞塹柵三重環以流水樹棘爲藩王所居舍其大一十六間琱刻禽獸多鬬鏤樹似橘而葉密條纖如髮然下垂國有四五帥統諸洞洞有小王往往有村村有鳥了帥並以善戰者爲之自相樹立理一村之事男女皆以白紵繩纏髮從項後盤繞至額其男子用鳥羽爲冠裝以珠貝飾以赤毛形製不同婦人以羅紋白布爲帽其形正方織鬬鏤皮幷雜色紵及雜毛以爲衣製裁不一綴毛垂螺爲飾雜色相間下垂小貝其聲如珮綴璫施釧懸珠於頸織藤爲笠飾以毛羽有刀矟弓箭劍鈹之屬其處少鐵刃皆薄小多以骨角輔助之編紵爲甲或用熊豹皮王乘木獸令左右轝之而行導從不過數十人小王乘机鏤爲獸形國人好相攻擊人皆驍健善走難死而耐創諸洞各爲部隊不相救助兩陣相當勇者三五人出前跳噪交言相罵因相擊射如其不勝一軍皆走遣人致謝卽共和解收取鬬死者共聚而食之仍以髑髏將向王所王則賜之以冠使爲隊帥無賦斂有事則均稅用刑亦無常準皆臨事科決犯罪皆斷於鳥了帥不伏則上請於王王令臣下共議定之獄無枷鎖唯用繩縛決死刑以鐵錐大如筯長尺餘鑽頂而殺之輕罪用杖俗無文字望月虧盈以紀時節候草藥枯以爲年歲人深目長鼻頗類於胡亦有小慧無君臣上下之節拜伏之禮父子同牀而寢男子拔去髭鬢身上有毛之處皆亦除去婦人以墨黥手爲蟲蛇之文嫁娶以酒肴珠貝爲聘或男女相悅便相匹偶婦人產乳必食子衣產後以火自炙令汗出五日便平復以木槽中暴海水爲鹽木汁爲酢釀米麪爲酒其味甚薄食皆用手偶得異味先進尊者凡有宴會執酒者必待呼名而後飲上王酒者亦呼王名銜杯共飲頗同突厥歌呼蹋蹄一人唱衆皆和音頗哀怨扶女子上膊搖手而舞其死者氣將絕舉至庭親賓哭泣相弔浴其屍以布帛纏之裹以葦草親土而殯上不起墳子爲父者數月不食肉南境風俗少異人有死者邑里共食之有熊羆豺狼尤多豬雞無牛羊驢馬厥田良沃先以火燒而引水灌之持一插以石爲刃長尺餘闊數寸而墾之土宜稻粱床黍麻豆赤豆胡豆黑豆等木有楓栝樟松楩楠杉梓竹藤果藥同於江表風土氣候與嶺南相類俗事山海之神祭以酒肴鬬戰殺人便將所殺人祭其神或依茂樹起小屋或懸髑髏於樹上以箭射之或累石繫幡以爲神主王之所居壁下多聚髑髏以爲佳人間門戶上必安獸頭骨角大業元年海師何蠻等每春秋二時天清風靜東望依希似有煙霧之氣亦不知幾千里三年煬帝令羽騎尉朱寬入海求訪異俗何蠻言之遂與蠻俱往因到流求國言不相通掠一人而返明年帝復令寬慰撫之流求不從寬取其布甲而還時倭國使來朝見之曰此夷邪久國人所用也帝遣武賁郎將陳稜朝請大夫張鎮州率兵自義安浮海擊之至高華嶼又東行二日至鼅鼊嶼又一日便至流求初稜將南方諸國人從軍有崐崘人頗解其語遣人慰諭之流求不從拒逆官軍稜擊走之進至其都頻戰皆敗焚其宮室虜其男

女數千人載軍實而還自爾遂絶

### 倭國

倭國在百濟新羅東南水陸三千里於大海之中依山島而居魏時譯通中國三十餘國皆自稱王夷人不知里數但計以日其國境東西五月行南北三月行各至於海其地勢東高西下都於邪靡堆則魏志所謂邪馬臺者也古云去樂浪郡境及帶方郡並一萬二千里在會稽之東與儋耳相近漢光武時遣使入朝自稱大夫安帝時又遣使朝貢謂之倭奴國桓靈之間其國大亂遞相攻伐歷年無主有女子名卑彌呼能以鬼道惑衆於是國人共立爲王有男弟佐卑彌理國其王有侍婢千人罕有見其面者唯有男子二人給王飲食通傳言語其王有宮室樓觀城柵皆持兵守衛爲法甚嚴自魏至于齊梁代與中國相通開皇二十年倭王姓阿每字多利思北孤號阿輩雞彌遣使詣闕上令所司訪其風俗使者言倭王以天爲兄以日爲弟天未明時出聽政跏趺坐日出便停理務云委我弟高祖曰此大無義理於是訓令改之王妻號雞彌後宮有女六七百人名太子爲利歌彌多弗利無城郭內官有十二等一曰大德次小德次大仁次小仁次大義次小義次大禮次小禮次大智次小智次大信次小信員無定數有軍尼一百二十人猶中國牧宰八十戶置一伊尼翼如今里長也十伊尼翼屬一軍尼其服飾男子衣裙襦其袖微小履如屨形漆其上繫之於脚人庶多跣足不得用金銀爲飾故時衣橫幅結束相連而無縫頭亦無冠但垂髮於兩耳上至隋其王始制冠以錦綵爲之以金銀鏤花爲飾婦人束髮於後亦衣裙襦裳皆有襈攕竹爲梳編草爲薦雜皮爲表緣以文皮有弓矢刀矟弩穳斧漆皮爲甲骨爲矢鏑雖有兵無征戰其王朝會必陳設儀仗奏其國樂戶可十萬其俗殺人强盜及姦皆死盜者計贓酬物無財者沒身爲奴自餘輕重或流或杖每訊究獄訟不承引者以木壓膝或張强弓以絃鋸其項或置小石於沸湯中令所競者探之云理曲者即手爛或置蛇瓮中令取之云曲者即螫手矣人頗恬靜罕爭訟少盜賊樂有五絃琴笛男女多黥臂點面文身沒水捕魚無文字唯刻木結繩敬佛法於百濟求得佛經始有文字知卜筮尤信巫覡每至正月一日必射戲飲酒其餘節略與華同好棊博握槊樗蒱之戲氣候溫暖草木冬青土地膏腴水多陸少以小環挂鸕鷀項令入水捕魚日得百餘頭俗無盤俎藉以槲葉食用手餔之性質直有雅風女多男少婚嫁不取同姓男女相悅者即爲婚婦入夫家必先跨犬乃與夫相見婦人不淫妒死者斂以棺槨親賓就屍歌舞妻子兄弟以白布製服貴人三年殯於外庶人卜日而瘞及葬置屍船上陸地牽之或以小轝有阿蘇山其石無故火起接天者俗以爲異因行禱祭有如意寶珠其色青大如雞卵夜則有光云魚眼精也新羅百濟皆以倭爲大國多珍物並敬仰之恒通使往來大業三年其王多利思北孤遣使朝貢使者曰聞海西菩薩天子重興佛法故遣朝拜兼沙門數十人來學佛法其國書曰日出處天子致書日沒處天子無恙云云帝覽之不悅謂鴻臚卿曰蠻夷書有無禮者勿復以聞明年上遣文林郎裴清使於倭國度百濟行至竹島南望𨈭羅國經都斯麻國迥在大海中又東至一支國又至竹斯國又東至秦王國其人同於華夏以爲夷洲疑不能明也又經十餘國達於海岸自竹斯國以東皆附庸於倭倭王遣小德阿輩臺從數百人設儀仗鳴鼓角來迎後十日又遣大禮哥多毗從二百餘騎郊勞既至彼都其王與清相見大悅曰我聞海西有大隋禮義之國故遣朝貢我夷人僻在海隅不聞禮義是以稽留境內不即相見今故清道飾館以待大使冀聞大國惟新之化清答曰皇帝德並二儀澤流四海以王慕化故遣行人來此宣諭既而引清就館其後清遣人謂其王曰朝命既達請即戒塗於是設宴享以遣清復令使者隨清來貢方物此後遂絶

史臣曰廣谷大川異制人生其間異俗嗜欲不同言語不通聖人因時設教所以達其志而通其俗也九夷所居與中夏懸隔然天性柔順無獷暴之風雖緜邈山海而易以道御夏殷之代時或來王暨箕子避地朝鮮始有八條之禁疏而不漏簡而可久化之所感千載不絶今遼東諸國或衣服參冠冕之容或飲食有俎豆之器好尚經術愛樂文史遊學於京都者往來繼路或亡沒不歸非先哲之遺風其孰能致於斯也故孔子曰言忠信行篤敬雖蠻貊之邦行矣誠哉斯言其俗之可採者豈徒楛矢之貢而已乎自高祖撫有周餘惠此中國開皇之末方事遼左天時不利師遂無功二代承基志包宇宙頻踐三韓之域屢發千鈞之弩小國懼亡敢同困獸兵連不戢四海騷然遂以土崩喪身滅國兵志有之曰務廣德者昌務廣地者亡然遼東之地不列於郡縣久矣諸國朝正奉貢無闕於歲時二代震而矜之以爲人莫若己不能懷以文德遽動干戈內恃富强外思廣地以驕取怨以怒興師若此而不亡自古未聞之也然則四夷之戒安可不深念哉

## 隋書卷八十二

唐　特　進　臣　魏　徵　上

列傳第四十七 南蠻

南蠻雜類與華人錯居曰蜒曰獽曰俚曰獠曰㐌俱無君長隨山洞而居古先所謂百越是也其俗斷髮文身好相攻討浸以微弱稍屬於中國皆列爲郡縣同之齊人不復詳載大業中南荒朝貢者十餘國其事迹多湮滅而無聞今所存錄四國而已

### 林邑

林邑之先因漢末交阯女子徵側之亂內縣功曹子區連殺縣令自號爲王無子其甥范熊代立死子逸立日南人范文因亂爲逸僕隸遂教之築宮室造器械逸甚信任使文將兵極得衆心文因間其子弟或奔或徙及逸死國無嗣文自立爲王其後范佛爲晉揚威將軍戴桓所破宋交州刺史檀和之將兵擊之深入其境至梁陳亦通使往來其國延袤數千里土多香木金寶物產大抵與交阯同以塼爲城蜃灰塗之東向戶尊官有二其一曰西那婆帝其二曰薩婆地歌其屬官三等其一曰倫多姓次歌倫致帝次乙他伽蘭外官分爲二百餘部其長官曰弗羅次曰可輪如牧宰之差也王戴金花冠形如章甫衣朝霞布珠璣瓔珞足躡革履時復錦袍良家子侍衛者二百許人皆執金裝刀有弓箭刀槊以竹爲弩傅毒於矢樂有琴笛琵琶五絃頗與中國同每擊鼓以警衆吹蠡以即戎其人深目高鼻髮拳色黑俗皆徒跣以幅布纏身冬月衣袍婦人椎髻施椰葉席每有婚媾令媒者齎金銀釧酒二壺魚數頭至女家於是擇日夫家會親賓歌儛相對女家請一婆羅門送女至男家婿盥手因牽女授之王死七日而葬有官者三日庶人一日皆以函盛屍鼓儛導從輿至水次積薪焚之收其餘骨王則內金罌中沉之於海有官者以銅罌沉之於海口庶人以瓦送之於江男女皆截髮隨喪至水次盡哀而止歸則不哭每七日然香散花復哭盡哀而止盡七七而罷至百日三年亦如之人皆奉佛文字同於天竺高祖既平陳乃遣使獻方物其後朝貢遂絶時天下無事羣臣言林邑多奇寶者仁壽末上遣大將軍劉方爲驩州道行軍總管率欽州刺史甯長真驩州刺史李暈開府秦雄步騎萬餘及犯罪者數千人擊之其王梵志率其徒乘巨象而戰方軍不利方於是多掘小坑草覆其上因以兵挑之梵志悉衆而陣方與戰僞北梵志逐之至坑所其衆多陷轉相驚駭軍遂亂方縱兵擊之大破之頻戰輒敗遂棄城而走方入其都獲其廟主十八枚皆鑄金爲之蓋其有國十八葉矣方班師梵志復其故地遣使謝罪於是朝貢不絶

### 赤土

赤土國扶南之別種也在南海中水行百餘日而達所都土色多赤因以爲號東波羅剌國西婆羅娑國南訶羅旦國北拒大海地方數千里其王姓瞿曇氏名利富多塞不知有國近遠稱其父釋王位出家爲道傳位於利富多塞在位十六年矣有三妻並鄰國王之女也居僧祇城有門三重相去各百許步每門圖畫飛仙仙人菩薩之像縣金花鈴毦婦女數十人或奏樂或捧金花又飾四婦人容飾如佛塔邊金剛力士之狀夾門而立門外者持兵仗門內者執白拂夾道垂素網綴花王宮諸屋悉是重閣北戶北面而坐坐三重之榻衣朝霞布冠金花冠垂雜寶瓔珞四女子立侍左右兵衛百餘人王榻後作一木龕以金銀五香木雜鈿之龕後懸一金光燄夾榻又樹二金鏡鏡前並陳金甕甕前各有金香爐當前置一金伏牛牛前樹一寶蓋蓋左右皆有寶扇婆羅門等數百人東西重行相向而坐其官有薩陀迦羅一人陀拏達叉二人迦利密迦三人共掌政事俱羅末帝一人掌刑法每城置那邪迦一人鉢帝十人其俗等皆穿耳剪髮無跪拜之禮以香油塗身其俗敬佛尤重婆羅門婦人作髻於項後男女通以朝霞朝雲雜色布爲衣豪富之室恣意華靡唯金鎖非王賜不得服用每婚嫁擇吉日女家先期五日作樂飲酒父執女手以授婿七日乃配焉既娶則分財別居唯幼子與父同居父母兄弟死則剔髮素服就水上構竹木爲棚棚內積薪以屍置上燒香建幡吹蠡擊鼓以送之縱火焚薪遂落於水貴賤皆同唯國王燒訖收灰貯以金瓶藏於廟屋冬夏常溫雨多霽少種植無時特宜稻穄白豆黑麻

自餘物產多同於交阯以甘蔗作酒雜以紫瓜根酒色黃赤味亦香美亦名椰漿爲酒煬帝即位募能通絕域者大業三年屯田主事常駿虞部主事王君政等請使赤土帝大悅賜駿等帛各百匹時服一襲而遣齎物五千段以賜赤土王其年十月駿等自南海郡乘舟晝夜二旬每值便風至焦石山而過東南泊陵伽鉢拔多洲西與林邑相對上有神祠焉又南行至師子石自是島嶼連接又行二三日西望見狼牙須國之山於是南達雞籠島至於赤土之界其王遣婆羅門鳩摩羅以舶三十艘來迎吹蠡擊鼓以樂隋使進金鏁以纜駿船月餘至其都王遣其子那邪迦請與駿等禮見先遣人送金盤貯香花并鏡鑷金合二枚貯香油金瓶八枚貯香水白疊布四條以擬供使者盥洗其日未時那邪迦又將象二頭持孔雀蓋以迎使人并致金花金盤以藉詔函男女百人奏蠡鼓婆羅門二人導路至王宮駿等奉詔書上閣王以下皆坐宣詔訖引駿等坐奏天竺樂事畢駿等還館又遣婆羅門就館送食以草葉爲盤其大方丈因謂駿曰今是大國中人非復赤土國矣飲食疎薄願爲大國意而食之後數日請駿等入宴儀衛導從如初見之禮王前設兩牀牀上並設草葉盤方一丈五尺上有黃白紫赤四色之餅牛羊魚鼈猪蝳蝐之肉百餘品延駿升牀從者坐於地席各以金鍾置酒女樂迭奏禮遺甚厚尋遣那邪迦隨駿貢方物并獻金芙蓉冠龍腦香以鑄金爲多羅葉隱起成文以爲表金函封之令婆羅門以香花奏蠡鼓而送之既入海見綠魚羣飛水上浮海十餘日至林邑東南並山而行其海水闊千餘步色黃氣腥舟行一日不絕云是大魚糞也循海北岸達於交阯駿以六年春與那邪迦於弘農謁帝大悅賜駿等物二百段俱授秉義尉那邪迦等官賞各有差

## 眞臘

眞臘國在林邑西南本扶南之屬國也去日南郡舟行六十日而南接車渠國西有朱江國其王姓刹利氏名質多斯那自其祖漸已彊盛至質多斯那遂兼扶南而有之死子伊奢那先代立居伊奢那城郭下二萬餘家城中有一大堂是王聽政之所總大城三十城有數千家各有部帥官名與林邑同其王三日一聽朝坐五香七寶牀上施寶帳其帳以文木爲竿象牙金鈿爲壁狀如小屋懸金光燄有同於赤土前有金香爐二人侍側王着朝霞古貝瞞絡腰腹下垂至脛頭戴金寶花冠被眞珠瓔珞足履革屣耳懸金璫常服白疊以象牙爲屩若露髮則不加瓔珞臣人服製大抵相類有五大臣一曰孤落支二曰高相憑三曰婆何多陵四曰舍摩陵五曰髯多婁及諸小臣朝於王者輒以階下三稽首王喚上階則跪以兩手抱膊遶王環坐議政事訖跪伏而去階庭門閤侍衛有千餘人被甲持仗其國與參半朱江二國和親數與林邑陀桓二國戰爭其人行止皆持甲仗若有征伐因而用之其俗非王正妻子不得爲嗣王初立之日所有兄弟並刑殘之或去一指或劓其鼻別處供給不得仕進人形小而色黑婦人亦有白者悉拳髮垂耳性氣捷勁居處器物頗類赤土以右手爲淨左手爲穢每旦澡洗以楊枝淨齒讀誦經呪又澡洒乃食食罷還用楊枝淨齒又讀經呪飲食多蘇酪沙糖秔粟米餅欲食之時先取雜肉羹與餅相和手擩而食娶妻者唯送衣一具擇日遣媒人迎婦男女二家各八日不出晝夜燃燈不息男婚禮畢即與父母分財別居父母死如有未婚者以餘財與之若婚畢財物入官其喪葬兒女皆七日不食剔髮而哭僧尼道士親故皆來聚會音樂送之以五香木燒屍收灰以金銀瓶盛送于大水之內貧者或用瓦而以彩色畫之亦有不焚送屍山中任野獸食者其國北多山阜南有水澤地氣尤熱無霜雪饒瘴癘毒蠚土宜粱稻少黍粟果菜與日南九眞相類異者有婆那娑樹無花葉似柿實似冬瓜菴羅樹花葉似棗實似李毗野樹花似木瓜葉似杏實似楮婆田羅樹花葉實並似棗而小異歌畢佗樹花似林檎葉似榆而厚大實似李其大如升自餘多同九眞海中有魚名建同四足無鱗其鼻如象吸水上噴高五六十尺有浮胡魚其形似䱉觜如鸚鵡有八足多大魚半身出水望之如山每五六月中毒氣流行即以白猪白牛白羊於城西門外祠之不然者五穀不登六畜多死人衆疾疫近都有陵伽鉢婆山上有神祠每以兵五千人守衛之城東有神名婆多利祭用人肉其王年別殺人以夜祀禱亦有守衛者千人其敬鬼如此多奉佛法尤信道士佛及道士並立像於館大業十三年遣使貢獻帝禮之甚厚其後亦絕

## 婆利

婆利國自交阯浮海南過赤土丹丹乃至其國國界東西四月行南北四十五日行王姓刹利邪伽名護濫那婆官曰獨訶邪拏次曰獨訶氏拏國人善投輪刀其大如鏡中有竅外鋒如鋸遠以投人無不中其餘兵器與中國略同俗類眞臘物產同於林邑其殺人及盜截其手姦者鏁其足朞年而止祭祀必以月晦盤貯酒肴浮之流水每十一月必設大祭海出珊瑚有鳥名舍利解人語大業十二年遣使朝貢後遂絕于時南荒有丹丹盤盤二國亦來貢方物其風俗物產大抵相類云

史臣曰禮云南方曰蠻有不火食者矣書稱蠻夷猾夏詩曰蠢爾蠻荆種類實繁代爲紛梗自秦并二楚漢平百越地窮丹徼景極日南水陸可居咸爲郡縣暨乎境分吳蜀時經晉宋道有汙隆服叛不一高祖受命克平九宇煬帝纂業威加八荒甘心遠夷志求珍異故師出於流求兵加於林邑威振殊俗過於秦漢遠矣雖有荒外之功無救域中之敗傳曰非聖人外寧必有內憂誠哉斯言也

## 隋書卷八十二考證

南蠻傳序南蠻雜類與華人錯居曰蜒曰獽曰俚曰獠曰㐌○按蜒當作蜑華陽國志漢髮縣有鹽井諸縣北有獽蜑韓愈房公墓碣林蠻洞蜑蜒本音延字典蜑一作蜒今仍之元本俚訛貍從閩本改博物志交州夷名曰俚子

# 隋書卷八十三

唐　特　進　臣　魏　徵　上

## 列傳第四十八　西域

漢氏初開西域有三十六國其後分立五十五王置校尉都護以撫納之王莽篡位西域遂絕至於後漢班超所通者五十餘國西至西海東西四萬里皆來朝貢復置都護校尉以相統攝其後或絕或通漢朝以爲勞敝中國其官時廢時置暨魏晉之後互相吞滅不可詳焉煬帝時遣侍御史韋節司隸從事杜行滿使於西蕃諸國至罽賓得碼碯杯王舍城得佛經史國得十儛女師子皮火鼠毛而還帝復令聞喜公裴矩於武威張掖間往來以引致之其有君長者四十四國矩因其使者入朝啗以厚利令其轉相諷諭大業年中相率而來朝者三十餘國帝因置西域校尉以應接之尋屬中國大亂朝貢遂絕然事多亡失今所存錄者二十國焉

## 吐谷渾

吐谷渾本遼西鮮卑徒河涉歸子也初涉歸有二子庶長曰吐谷渾少曰若洛廆涉歸死若洛廆代統部落是爲慕容氏吐谷渾與若洛廆不協遂西度隴止于甘松之南洮水之西南極白蘭山數千里之地其後遂以吐谷渾爲國氏焉當魏周之際始稱可汗都伏俟城在青海西十五里有城郭而不居隨逐水草官有王公僕射尚書郎中將軍其主以皁爲帽妻戴金花其器械衣服略與中國同其王公貴人多戴羃䍦婦人帬襦辮髮綴以珠貝國無常稅殺人及盜馬者死餘坐則徵物以贖罪風俗頗同突厥喪有服制葬訖而除性皆貪忍有大麥粟豆青海周廻千餘里中有小山其俗至冬輒放牝馬於其上言得龍種吐谷渾嘗得波斯草馬放入海因生驄駒能日行千里故時稱青海驄焉多氂牛饒銅鐵朱砂地兼鄯善且末西北有流沙數百里夏有熱風傷斃行旅風之將至老駝預知之則引項而鳴聚立以口鼻埋沙中人見則知之以氈擁蔽口鼻而避其患其主呂夸在周數爲邊寇及開皇初以兵侵弘州高祖以弘州地曠人梗因而廢之遣上柱國元諧率步騎數萬擊之賊悉發國中兵自曼頭至於樹敦甲騎不絕其所署河西總管定城王鍾利房及其太子可博汗前後來拒戰諧頻擊破之俘斬甚衆呂夸大懼率其親兵遠遁其名王十三人各率部落而降上以其高寧王移茲裒素得衆心拜爲大將軍封河南王以統降衆自餘官賞各有差未幾復來寇邊旭州刺史皮子信出兵拒戰爲賊所敗子信死之汶州總管梁遠以銳卒擊之斬千餘級奔退俄而入寇廓州州兵擊走之呂夸在位百年屢因喜怒廢其太子而殺之其後太子懼見廢辱遂謀執呂夸而降請兵於邊吏秦州總管河間王弘請將兵應之上不許太子謀洩爲其父所殺復立其少子嵬王訶爲太子疊州刺史杜粲請因其釁而討之上又不許六年嵬王訶復懼其父誅之謀率部落萬五千人戶將歸國遣使詣闕請兵迎接上謂侍臣曰渾賊風俗特異人倫父既不慈子復不孝朕以德訓人何有成其惡逆也吾當教之以義方耳乃謂使者曰朕受命於天撫育四海望使一切生人皆以仁義相向況父子天性何得不相親愛也吐谷渾主既是嵬王之父嵬王是吐谷渾主太子父有不是子須陳諫若諫而不從當令近臣親戚內外諷諭必不可泣涕而道之人皆有情必當感悟不可潛謀非法受不孝之名溥天之下皆是朕臣妾各爲善事即稱朕心嵬王既有好意欲來投朕朕唯教嵬王爲臣子之法不可遠遣兵馬助爲惡事嵬王乃止八年其名王拓拔木彌請以千餘家歸化上曰溥天之下皆曰朕臣雖復荒遐未識風教朕之撫育俱以仁孝爲本渾賊悖狂妻子懷怖並思歸化自救危亡然叛夫背父不

可收納又其本意正自避死若今遣拒又復不仁若更有意信但宜慰撫任其自拔不須出兵馬應接之其妹夫及甥欲來亦任其意不勞勸誘也是歲河南王移茲裒死高祖令其弟樹歸襲統其衆平陳之後呂夸大懼遁逃保險不敢爲寇十一年呂夸卒子伏立使其兄子無素奉表稱藩并獻方物請以女備後庭上謂勝王曰此非至誠但急計耳乃謂無素曰朕知渾主欲令女事朕若依來請他國聞之便當相學一許一塞是謂不平若並許之又非好法朕情存安養欲令遂性豈可聚斂子女以實後宮乎竟不許十二年遣刑部尚書宇文㢸撫慰之十六年以光化公主妻伏伏上表稱公主爲天后上不許明年其國大亂國人殺伏立其弟伏允爲主使使陳廢立之事并謝專命之罪且請依俗尚主上從之自是朝貢歲至而常訪國家消息上甚惡之煬帝卽位伏允遣其子順來朝時鐵勒犯塞帝遣將軍馮孝慈出敦煌以禦之孝慈戰不利鐵勒遣使謝罪請降帝遣黃門侍郎裴矩慰撫之諷令擊吐谷渾以自効鐵勒許諾卽勒兵襲吐谷渾大敗之伏允東走保西平境帝復令觀王雄出澆河許公宇文述出西平以掩之大破其衆伏允遁逃部落來降者十萬餘口六畜三十餘萬述追之急伏允懼南遁於山谷間其故地皆空自西平臨羌城以西且末以東祁連以南雪山以北東西四千里南北二千里皆爲隋有置郡縣鎭戍發天下輕罪徙居之於是留順不之遣伏允無以自資率其徒二千騎客於党項帝立順爲主送出玉門令統餘衆以其大寶王尼洛周爲輔至西平其部下殺洛周順不果入而還大業末天下亂伏允復其故地屢寇河右郡縣不能禦焉

## 党項

党項羌者三苗之後也其中有宕昌白狼皆自稱獼猴種東接臨洮西平西拒葉護南北數千里處山谷間每姓別爲部落大者五千餘騎小者千餘騎織犛牛尾及羖䍽毛以爲屋服裘褐披氈以爲上飾俗尚武力無法令各爲生業有戰陣則相屯聚無傜賦不相往來牧養犛牛羊豬以供食不知稼穡其俗婬穢蒸報於諸夷中最爲甚無文字但候草木以記歲時三年一聚會殺牛羊以祭天人年八十以上死者以爲令終親戚不哭少而死者則云大枉共悲哭之有琵琶橫吹擊缶爲節魏周之際數來擾邊高祖爲丞相時中原多故因此大爲寇掠蔣公梁睿既平王謙請因還師以討之高祖不許開皇四年有千餘家歸化五年拓拔寧叢等各率衆詣旭州內附授大將軍其部下各有差十六年復寇會州詔發隴西兵以討之大破其衆又相率請降願爲臣妾遣子弟入朝謝罪高祖謂之曰還語爾父兄人生須有定居養老長幼而乃乍還乍走不羞鄉里邪自是朝貢不絕

## 高昌

高昌國者則漢車師前王庭也去敦煌十三日行其境東西三百里南北五百里四面多大山昔漢武帝遣兵西討師旅頓敝其中尤困者因住焉其地有漢時高昌壘故以爲國號初蠕蠕立闞伯周爲高昌王伯周死子義成立爲從兄首歸所殺首歸自立爲高昌王又爲高車阿伏至羅所殺以敦煌人張孟明爲主孟明爲國人所殺更以馬儒爲王以鞏顧𨒥嘉二人爲左右長史儒又通使後魏請內屬內屬人皆戀土不願東遷相與殺儒立嘉爲王嘉字靈鳳金城榆中人既立又臣于茹茹及茹茹主爲高車所殺嘉又臣于高車屬焉耆爲挹怛所破衆不能自統請主於嘉嘉遣其第二子爲焉耆王由是始大益爲國人所服嘉死子堅立其都城周迴一千八百四十步於坐室畫魯哀公問政於孔子之像國內有城十八官有令尹一人次公二人次左右衞次八長史次五將軍次八司馬次侍郎校郎主簿從事省事大事決之於王小事長子及公評斷不立文記男子胡服婦人裙襦頭上作髻其風俗政令與華夏略同地多石磧氣候溫暖穀麥再熟宜蠶多五果有草名爲羊刺其上生蜜而味甚佳出赤鹽如朱白鹽如玉多蒲陶酒俗事天神兼信佛法國中羊馬牧於隱僻之處以避外寇非貴人不知其所北有赤石山山北七十里有貪汙山夏有積雪此山之北鐵勒界也從武威西北有捷路度沙磧千餘里四面茫然無有蹊徑欲往者尋有人畜骸骨而去路中或聞歌哭之聲行人尋之多致亡失蓋魑魅魍魎也故商客往來多取伊吾路開皇十年突厥破其四城有二千人來歸中國堅死子伯雅立其大母本突厥可汗女其父死突厥令依其俗伯雅不從者久之突厥逼之不得已而從煬帝嗣位引致諸蕃大業四年遣使貢獻帝待其使甚厚明年伯雅來朝因從擊高麗還尚宗女華容公主八年冬歸蕃下令國中曰夫經國字人以保存爲貴寧邦緝政以全濟爲大先者以國處邊荒境連猛狄同人無咎被髮左衽今大隋統御宇宙平一普天率土莫不齊向孤既沐浴和風庶均大化其庶人以上皆宜解辮削衽帝聞而甚善之下詔曰彰德嘉善聖哲所隆顯誠遂良典謨貽則光祿大夫弁國公高昌王伯雅識量經遠器懷溫裕丹款夙著亮節遐宣本自諸華歷祚西壤昔因多難淪迫獯戎數窮毀冕翦爲胡服自我皇隋平一宇宙化偃九圍德加四表伯雅踰沙忘阻奉賨來庭觀禮容於舊章慕威儀之盛典於是襲纓解辮削衽曳裾變夷從夏義光前載可賜衣冠之具仍班製造之式并遣使人部領將送被以采章復見車服之美棄彼氈毳還爲冠帶之國然伯雅先臣鐵勒而鐵勒恒遣重臣在高昌國有商胡往來者則稅之送於鐵勒雖有此令取悅中華然竟畏鐵勒而不敢改也自是歲令使人貢其方物

## 康國

康國者康居之後也遷徙無常不恒故地然自漢以來相承不絕其王本姓溫月氏人也舊居祁連山北昭武城因被匈奴所破西踰葱嶺遂有其國支庶各分王故康國左右諸國並以昭武爲姓示不忘本也王字代失畢爲人寬厚甚得衆心其妻突厥達度可汗女也都於薩寶水上阿祿迪城城多衆居大臣三人共掌國事其王索髮冠七寶金花衣綾羅錦繡白疊其妻有髻幪以皁巾丈夫翦髮錦袍名爲強國而西域諸國多歸之米國史國曹國何國安國小安國那色波國烏那曷國穆國皆歸附之有胡律置於祆祠決罰則取而斷之重罪者族次重者死賊盜截其足人皆深目高鼻多鬚髯善於商賈諸夷交易多湊其國有大小鼓琵琶五絃箜篌笛婚姻喪制與突厥同國立祖廟以六月祭之諸國皆來助祭俗奉佛爲胡書氣候溫宜五穀勤修園蔬樹木滋茂出馬駝騾驢封牛黃金鐃沙甝香阿薩那香瑟瑟麖皮氍毹錦疊多蒲陶酒富家或致千石連年不敗大業中始遣使貢方物後遂絕焉

## 安國

安國漢時安息國也王姓昭武氏與康國王同族字設力登妻康國王女也都在那密水南城有五重環以流水宮殿皆爲平頭王坐金駝座高七八尺每聽政與妻相對大臣三人評理國事風俗同於康國唯妻其姊妹及母子遞相禽獸此爲異也煬帝卽位之後遣司隸從事杜行滿使於西域至其國得五色鹽而返國之西百餘里有畢國可千餘家其國無君長安國統之大業五年遣使貢獻後遂絕焉

## 石國

石國居於藥殺水都城方十餘里其王姓石名涅國城之東南立屋置座於中正月六日七月十五日以王父母燒餘之骨金甕盛之置于牀上巡遶而行散以花香雜果王率臣下設祭焉禮終王與夫人出就別帳臣下以次列坐享宴而罷有粟麥多良馬其俗善戰曾貳於突厥射匱可汗興兵滅之令特勤甸職攝其國事南去鏺汗六百里東南去瓜州六千里甸職以大業五年遣使朝貢其後不復至

## 女國

女國在葱嶺之南其國代以女爲王王姓蘇毗字末羯在位二十年女王之夫號曰金聚不知政事國內丈夫唯以征伐爲務山上爲城方五六里人有萬家王居九層之樓侍女數百人五日一聽朝復有小女王共知國政其俗婦人輕丈夫而性不妬忌男女皆以彩色塗面一日之中或數度變改之人皆被髮以皮爲鞋課稅無常氣候多寒以射獵爲業出鍮石朱砂麝香犛牛駿馬蜀馬尤多鹽恒將鹽向天竺興販其利數倍亦數與天竺及党項戰爭其女王死國中則厚斂金錢求死者族中之賢女二人一爲女王次爲小王貴人死剝取皮以金屑和骨肉置於瓶內而埋之經一年又以其皮內於鐵器埋之俗事阿修羅神又有樹神歲初以人祭或用獼猴祭畢入山祝之有一鳥如雌雉來集掌上破其腹而視之有粟則年豐沙石則有災謂之鳥卜開皇六年遣使朝貢其後遂絕

## 焉耆

焉耆國都白山之南七十里漢時舊國也其王姓龍字突騎都城方二里國內有九城勝兵千餘人國無綱維其俗奉佛書類婆羅門婚姻之禮有同華夏死者焚之持服七日男子剪髮有魚鹽蒲葦之利東去高昌九百里西去龜茲九百里皆沙磧東南去瓜州二千二百里大業中遣使貢方物

## 龜茲

龜茲國都白山之南百七十里漢時舊國也其王姓白字蘇尼咥都城方六里勝兵者數千俗殺人者死劫賊斷其一臂并刖一足俗與焉耆同王頭繫綵帶垂之於後坐金師子座土多稻粟菽麥饒銅鐵鉛麖皮氍毹鐃沙鹽綠雌黃胡粉安息香良馬封牛東去焉耆九百里南去于闐千四百里西去疏勒千五百里西北去突厥牙六百餘里東南去瓜州三千一百里大業中遣使貢方物

## 疏勒

疏勒國都白山南百餘里漢時舊國也其王字阿彌厥手足皆六指產子非六指者卽不育都城方五里國內有大城十二小城數十勝兵者二千人王戴金師子冠土多稻粟麻麥銅鐵錦雌黃每歲常供送於突厥南有黃河西帶葱嶺東去龜茲千五百里西去鏺汗國千里南去朱俱波八九百里東北去突厥牙千餘里東南去瓜州四千六百里大業中遣使貢方物

### 于闐

于闐國都葱嶺之北二百餘里其王姓王字卑示閉練都城方八九里國中大城有五小城數十勝兵者數千人俗奉佛尤多僧尼王每持齋戒城南五十里有贊摩寺者云是羅漢比丘比盧旃所造石上有辟支佛徒跣之跡于闐西五百里有比摩寺云是老子化胡成佛之所俗無禮義多賊盜淫縱王錦帽金鼠冠妻戴金花其王髮不令人見俗云若見王髮年必儉土多麻麥粟稻五果多園林山多美玉東去鄯善千五百里南去女國三千里西去朱俱波千里北去龜茲千四百里東北去瓜州二千八百里大業中頻遣使朝貢

### 鏺汗

鏺汗國都葱嶺之西五百餘里古渠搜國也王姓昭武字阿利柒都城方四里勝兵數千人王坐金羊牀妻戴金花俗多朱砂金鐵東去疏勒千里西去蘇對沙那國五百里西北去石國五百里東北去突厥牙二千餘里東去瓜州五千五百里大業中遣使貢方物

### 吐火羅

吐火羅國都葱嶺西五百里與挹怛雜居都城方二里勝兵者十萬人皆習戰其俗奉佛兄弟同一妻迭寢焉每一人入房戶外挂其衣以為志生子屬其長兄其山穴中有神馬每歲牧牝馬於穴所必產名駒南去漕國千七百里東去瓜州五千八百里大業中遣使朝貢

### 挹怛

挹怛國都烏滸水南二百餘里大月氏之種類也勝兵者五六千人俗善戰先時國亂突厥遣通設字詰強領其國都城方十餘里多寺塔皆飾以金兄弟同妻婦人有一夫者冠一角帽夫兄弟多者依其數為角南去漕國千五百里東去瓜州六千五百里大業中遣使貢方物

### 米國

米國都那密水西舊康居之地也無王其城主姓昭武康國王之支庶字閉拙都城方二里勝兵數百人西北去康國百里東去蘇對沙那國五百里西南去史國二百里東去瓜州六千四百里大業中頻貢方物

### 史國

史國都獨莫水南十里舊康居之地也其王姓昭武字逖遮亦康國王之支庶也都城方二里勝兵千餘人俗同康國北去康國二百四十里南去吐火羅五百里西去那色波國二百里東北去米國二百里東去瓜州六千五百里大業中遣使貢方物

### 曹國

曹國都那密水南數里舊是康居之地也國無主康國王令子烏建領之都城方三里勝兵千餘人國中有得悉神自西海以東諸國並敬事之其神有金人焉金破羅闊丈有五尺高下相稱每日以駝五頭馬十匹羊一百口祭之常有千人食之不盡東南去康國百里西去何國百五十里東去瓜州六千六百里大業中遣使貢方物

### 何國

何國都那密水南數里舊是康居之地也其王姓昭武亦康國王之族類字敦都城方二里勝兵千人其王坐金羊座東去曹國百五十里西去小安國三百里東去瓜州六千七百五十里大業中遣使貢方物

### 烏那曷

烏那曷國都烏滸水西舊安息之地也王姓昭武亦康國種類字佛食都城方二里勝兵數百人王坐金羊座東北去安國四百里西北去穆國二百餘里東去瓜州七千五百里大業中遣使貢方物

### 穆國

穆國都烏滸河之西亦安息之故地與烏那曷為鄰其王姓昭武亦康國王之種類也字阿濫密都城方三里勝兵二千人東北去安國五百里東去烏那曷二百餘里西去波斯國四千餘里東去瓜州七千七百里大業中遣使貢方物

### 波斯

波斯國都達曷水之西蘇藺城卽條支之故地也其王字庫薩和都城方十餘里勝兵二萬餘人乘象而戰國無死刑或斷手刖足沒家財或剃去其鬚或繫排於項以為標異人年三歲已上出口錢四文妻其姊妹人死者弃屍於山持服一月王著金花冠坐金師子座傅金屑於鬚上以為飾衣錦袍加瓔珞於其上土多良馬大驢師子白象大鳥卵眞珠頗黎獸魄珊瑚瑠璃碼碯水精瑟瑟呼洛羯呂騰火齊金剛金銀鍮石銅鑌鐵錫錦疊細布氍毹毾㲪護那越諾布檀金縷織成赤麖皮朱砂水銀薰陸鬱金蘇合青木等諸香胡椒畢撥石蜜半蜜千年棗附子訶黎勒無食子鹽綠雌黃突厥不能至其國亦羈縻之波斯每遣使貢獻西去海數百里東去穆國四千餘里西北去拂菻四千五百里東去瓜州萬一千七百里煬帝遣雲騎尉李昱使通波斯尋遣使隨昱貢方物

### 漕國

漕國在葱嶺之北漢時罽賓國也其王姓昭武字順達康國王之宗族都城方四里勝兵者萬餘人國法嚴整殺人及賊盜皆死其俗淫祠葱嶺山有順天神者儀制極華金銀鍱為屋以銀為地祠者日有千餘人祠前有一魚脊骨其孔中通馬騎出入國王戴金魚頭冠坐金馬座土多稻粟豆麥饒象馬封牛金銀鑌鐵氍毹朱砂青黛安息青木等香石蜜半蜜黑鹽阿魏藥白附子北去帆延七百里東去刦國六百里東北去瓜州六千六百里大業中遣使貢方物

### 附國

附國者蜀郡西北二千餘里卽漢之西南夷也有嘉良夷卽其東部所居種姓自相率領土俗與附國同言語少殊不相統一其人並無姓氏附國王字宜繒其國南北八百里東西千五百里無城柵近川谷傍山險俗好復讎故壘石為礫而居以避其患其礫高至十餘丈下至五六丈每級丈餘以木隔之基方三四步礫上方二三步狀似浮圖於下級開小門從內上通夜必關閉以防賊盜國有二萬餘家號令自王出嘉良夷政令繫之酋帥重罪者死輕罪罰牛人皆輕捷便於擊劍漆皮為牟甲弓長六尺以竹為弦妻其羣母及嫂兒弟死父兄亦納其妻好歌儛鼓簧吹長笛有死者無服制置屍高牀之上沐浴衣服被以牟甲覆以獸皮子孫不哭帶甲儛劍而呼云我父為鬼所取我欲報寃殺鬼自餘親戚哭三聲而止婦人哭必以兩手掩面死家殺牛親屬以豬酒相遺共飲噉而瘞之死後十年而大葬其葬必集親賓殺馬動至數十匹立其祖父神而事之其俗以皮為帽形圓如鉢或帶冪䍦衣多毛毼皮裘全剝牛脚皮為靴項繫鐵鎖手貫鐵釧王與酋帥金為首飾胸前懸一金花徑三寸其土高氣候涼多風少雨土宜小麥青稞山出金銀多白雉水有嘉魚長四尺而鱗細大業四年其王遣使素福等八人入朝明年又遣其弟子宜林率嘉良夷六十人朝貢欲獻良馬以路險不通請開山道以修貢職煬帝以勞人不許嘉良有水闊六七十丈附國有水闊百餘丈並南流用皮為舟而濟附國南有薄緣夷風俗亦同西有女國其東北連山綿亘數千里接於党項往往有羌大小左封昔衞葛延白狗向人望族林臺春桑利豆迷桑婢藥大硤白蘭北利摸徒那鄂當迷渠步桑悟千碉並在深山窮谷無大君長其風俗略同於党項或役屬吐谷渾或附附國大業中來朝貢緣西南邊置諸道總管以遙管之

史臣曰自古開遠夷通絕域必因宏放之主皆起好事之臣張騫鑿空於前班超投筆於後或結之以重寶或懾之以利劍投軀萬死之地以要一旦之功皆由主尚來遠之名臣殉輕生之節是知上之所好下必有甚者也煬帝規摹宏侈掩吞秦漢裴矩方進西域圖記以蕩其心故萬乘親出玉門關置伊吾且末而關右暨於流沙騷然無聊生矣若使北狄無虞東夷告捷必將修輪臺之戍築烏壘之城求大秦之明珠致條支之鳥卵往來轉輸將何以堪其敝哉古者哲王之制方五千里務安諸夏不事要荒豈威不能加德不能被蓋不以四夷勞中國不以無用害有用也是以秦戍五嶺漢事三邊或道殣相望或戶口減半隋室恃其強盛亦狼狽於清海此皆一人失其道故億兆罹其毒若深思卽叙之義固辭都護之請返其千里之馬不求白狼之貢則七戎九夷候風重譯雖無遼東之捷豈及江都之禍乎

# 隋書卷八十四

唐　特　進　臣　魏　徵　上

## 列傳第四十九　北狄

### 突厥

突厥之先平涼雜胡也姓阿史那氏後魏太武滅沮渠氏阿史那以五百家奔茹茹世居金山工於鐵作金山狀如兜鍪俗呼兜鍪為突厥因以為號或云其先國於西海之上為鄰國所滅男女無少長盡殺之至一兒不忍殺則足斷臂棄於大澤中有一牝狼每銜肉至其所此兒因食之得以不死其後遂與狼交狼有孕焉彼鄰

國者復令人殺此兒而狼在其側使者將殺之其狼若爲神所憑欻然至於海東止於山上其山在高昌西北下有洞穴狼入其中遇得平壤茂草地方二百餘里其後狼生十男其一姓阿史那氏最賢遂爲君長故牙門建狼頭纛示不忘本也有阿賢設者率部落出於穴中世臣茹茹至大葉護種類漸强當後魏之末有伊利可汗以兵擊鐵勒大敗之降五萬餘家遂求婚於茹茹茹茹主阿那瓌大怒遣使罵之伊利斬其使率衆襲茹茹破之卒弟逸可汗立又破茹茹病且卒捨其子攝圖立其弟俟斗稱爲木杆可汗木杆勇而多智遂擊茹茹滅之西破挹怛東走契丹北方戎狄悉歸之抗衡中夏後與西魏師入侵東魏至于太原其俗畜牧爲事隨逐水草不恒厥處穹廬氈帳被髮左衽食肉飲酪身衣裘褐賤老貴壯官有葉護次設特勤次俟利發次吐屯發下至小官凡二十八等皆世爲之有角弓鳴鏑甲矟刀劒善騎射性殘忍無文字刻木爲契候月將滿輒爲寇鈔謀反叛殺人者皆死淫者割勢而腰斬之鬬傷人目者償之以女無女則輸婦財折支體者輸馬盜者則償贓十倍有死者停屍帳中家人親屬多殺牛馬而祭之遶帳號呼以刀劃面血淚交下七度而止於是擇日置屍馬上而焚之取灰而葬表木爲塋立屋其中圖畫死者形儀及其生時所經戰陣之狀嘗殺一人則立一石有至千百者父兄死子弟妻其羣母及嫂五月中多殺羊馬以祭天男子好樗蒲女子踏鞠飲馬酪取醉歌呼相對敬鬼神信巫覡重兵死而恥病終大抵與匈奴同俗木杆在位二十年卒復捨其子大邏便而立其弟是爲佗鉢可汗佗鉢以攝圖爲爾伏可汗統其東面又以其弟褥但可汗子爲步離可汗居西方時佗鉢控弦數十萬中國憚之周齊爭結姻好傾府藏以事之佗鉢益驕每謂其下曰我在南兩兒常孝順何患貧也齊有沙門惠琳被掠入突厥中因謂佗鉢曰齊國富强者爲有佛法耳遂說以因緣果報之事佗鉢聞而信之建一伽藍遣使聘于齊氏求淨名涅槃華嚴等經并十誦律佗鉢亦躬自齋戒遶塔行道恨不生內地在位十年病且卒謂其子菴羅曰吾聞親莫過於父子吾兄不親其子委地於我我死汝當避大邏便也及佗鉢卒國中將立大邏便以其母賤衆不服菴羅母貴突厥素重之攝圖最後至謂國中曰若立菴羅者我當率兄弟以事之如立大邏便我必守境利刃長矛以相待矣攝圖長而且雄國人皆憚莫敢拒者竟立菴羅爲嗣大邏便不得立心不服菴羅每遣人罵辱之菴羅不能制因以國讓攝圖國中相與議曰四可汗之子攝圖最賢因迎立之號伊利俱盧設莫何始波羅可汗一號沙鉢畧治都斤山菴羅降居獨洛水稱第二可汗大邏便乃請沙鉢畧曰我與爾俱可汗子各承父後爾今極尊我獨無位何也沙鉢畧患之以爲阿波可汗還領所部沙鉢畧勇而得衆北夷皆歸附之及高祖受禪待之甚薄北夷大怨會營州刺史高寶寧作亂沙鉢畧與之合軍攻陷臨渝鎮上勑緣邊脩保鄣峻長城以備之仍命重將出鎮幽并沙鉢畧妻宇文氏之女曰千金公主自傷宗祀絕滅每懷復隋之志日夜言之於沙鉢畧由是悉衆爲寇控弦之士四十萬上令柱國馮昱屯乙弗泊蘭州總管叱李長叉守臨洮上柱國李崇屯幽州達奚長儒據周槃皆爲虜所敗於是縱兵自木硤石門兩道來寇武威天水安定金城上郡弘化延安六畜咸盡天子震怒下詔曰往者魏道衰敝禍難相尋周齊抗衡分割諸夏突厥之虜俱通二國周人東慮恐齊好之深齊氏西虞懼周交之厚謂虜意輕重國逐安危非徒並有大敵之憂思減一邊之防竭生民之力供其來往傾府庫之財棄於沙漠華夏之地實爲勞擾猶復劫剝烽戍殺害吏民無歲月而不有也惡積禍盈非止今日朕受天明命子育萬方愍臣庶之勞除既往之弊以爲厚斂兆庶多惠豺狼未嘗感恩資而爲賊違天地之意非帝王之道節之以禮不爲虛費省徭薄賦國用有餘因入賊之物加賜將士息道路之民務於耕織清邊制勝成策在心凶醜愚闇未知深旨將大定之日比戰國之時乘昔世之驕結今時之恨近者盡其巢窟俱犯北邊朕分置軍旅所在邀截望其深入一舉滅之而遠鎮偏師逢而摧翦未及南上遽已奔北應弦染鍔過半不歸且彼渠帥其數凡五昆季爭長父叔相猜外示彌縫內乖心腹世行暴虐家法殘忍東夷諸國盡挾私讎西戎羣長皆有宿怨突厥之北契丹之徒切齒磨牙常伺其便達頭前攻酒泉其後于闐波斯挹怛三國一時即叛沙鉢畧近趣周槃其部內薄孤束紇羅尋亦翻動往年利稽察大爲高麗靺鞨所破娑毗設又爲紇支可汗所殺與其爲鄰皆願誅剿部落之下盡異純民千種萬類仇敵怨偶泣血拊心銜悲積恨圓首方足皆人類也有一於此更切朕懷彼地咎徵祆作年將一紀乃獸爲人語人作神言云其國亡訖而不見每冬雷震觸地火生種類資給惟藉水草去歲四時竟無雨雪川枯蝗暴卉木燒盡饑疫死亡人畜相半舊居之所赤地無依遷徙漠南偷存晷刻斯蓋上天所忿驅就齊斧幽明合契今也其時故選將治兵贏糧聚甲義士奮發壯夫肆憤願取名王之首思撻單于之背雲歸霧集不可數也東極滄海西盡流沙縱百勝之兵橫萬里之衆亘朔野之追躡望天崖而一掃此則王恢所說其猶射癰何敵能當何遠不服但皇王舊迹北止幽都荒遐之表文軌所棄得其地不可而居得其民不忍皆殺無勞兵革遠規溟海諸將今行義兼含育有降者納有違者死異域殊方被其擁抑放聽復舊廣闢邊境嚴治關塞使其不敢南望永服威刑臥鼓息烽暫勞終逸制御夷狄義在斯乎何用侍子之朝寧勞渭橋之拜普告海內知朕意焉於是以河間王弘上柱國豆盧勣竇榮定左僕射高熲右僕射虞慶則並爲元帥出塞擊之沙鉢畧率阿波貪汗二可汗等來拒戰皆敗走遁去時虜饑甚不能得食於是粉骨爲糧又多災疫死者極衆既而沙鉢畧以阿波驍悍忌之因其先歸襲擊其部大破之殺阿波之母阿波還無所歸西奔達頭可汗達頭者名玷厥沙鉢畧之從父也舊爲西面可汗既而大怒遣阿波率兵而東其部落歸之者將十萬騎遂與沙鉢畧相攻又有貪汗可汗素睦於阿波沙鉢畧奪其衆而廢之貪汗亡奔達頭沙鉢畧從弟地勤察別統部落與沙鉢畧有隙復以衆叛歸阿波連兵不已各遣使詣闕請和求援上皆不許會千金公主上書請爲一子之例高祖遣開府徐平和使於沙鉢畧晉王廣時鎮并州請因其釁而乘之上不許沙鉢畧遣使致書曰辰年九月十日從天生大突厥天下賢聖天子伊利俱盧設莫何始波羅可汗致書大隋皇帝使人開府徐平和至辱告言語具聞也皇帝是婦父即是翁此是女夫即是兒例兩境雖殊情義是一今重疊親舊子子孫孫乃至萬世不斷上天爲證終不違負此國所有羊馬都是皇帝畜生彼有繒綵都是此物彼此有何異也高祖報書曰大隋天子貽書大突厥伊利俱盧設莫何沙鉢畧可汗得書知大有好心向此也既是沙鉢畧婦翁今日看沙鉢畧共兒子不異既以親舊厚意常使之外今特別遣大臣虞慶則往彼看女復看沙鉢畧也沙鉢畧陳兵列其寶物坐見慶則稱病不能起且曰我父伯以來不向人拜慶則責而喻之千金公主私謂慶則曰可汗豺狼性過與爭將齧人長孫晟說諭之攝圖辭屈乃頓顙跪受璽書以戴於首既而大慚其羣下因相聚慟哭慶則又遣稱臣沙鉢畧謂其屬曰何名爲臣報曰隋國稱臣猶此稱奴耳沙鉢畧曰得作大隋天子奴虞僕射之力也贈慶則馬千匹并以從妹妻之時沙鉢畧既爲達頭所困又東畏契丹遣使告急請將部落度漠南寄居白道川內有詔許之詔晉王廣以兵援之給以衣食賜以車服鼓吹沙鉢畧因西擊阿波破擒之而阿拔國部落乘虛掠其妻子官軍爲擊阿拔敗之所獲悉與沙鉢畧沙鉢畧大喜乃立約以磧爲界因上表曰大突厥伊利俱盧設始波羅莫何可汗臣攝圖言大使尚書右僕射虞慶則至伏奉詔書兼宣慈旨仰惟恩信之著逾久愈明徒知負荷不能荅謝伏惟大隋皇帝之有四海上契天心下順民望二儀之所覆載七曜之所照臨莫不委質來賓回首面內實萬世之一聖千年之一期求之古昔未始聞也突厥自天置以來五十餘載保有沙漠自王蕃隅地過萬里士馬億數恒力兼戎夷抗禮華夏在於北狄莫與爲大頃者氣候清和風雲順序意以華夏其有大聖興焉況今被霑德義仁化所及禮讓之風自朝滿野竊以天無二日土無二王伏惟大隋皇帝眞皇帝也豈敢阻兵恃險偷竊名號今便感慕淳風歸心有道屈膝稽顙永爲藩附雖復南瞻魏闕山川悠遠北面之禮不敢廢失當今侍子入朝神馬歲貢朝夕恭承唯命是視至於削衽解辮革音從律習俗已久未能改變闔國同心無不銜荷不任下情欣慕之至謹遣第七兒臣窟含眞等奉表以聞高祖下詔曰沙鉢畧稱雄漠北多歷世年百蠻之大莫過於此往雖與和猶是二國今作君臣便成一體情深義厚朕甚嘉之荷天之休海外有截豈朕薄德所能致此已勑有司肅告郊廟宜普頒天下咸使知聞自是詔荅諸事並不稱其名以異之其妻可賀敦周千金公主賜姓楊氏編之屬籍改封大義公主策拜窟含眞爲柱國封安國公宴於內殿引見皇后賞勞甚厚沙鉢畧大悅於是歲時貢獻不絕七年正月沙鉢畧遣其子入貢方物因請獵於恒代之間又許之仍遣人賜其酒食沙鉢畧率部落再拜受賜沙鉢畧一日手殺鹿十八頭齎尾舌以獻還至紫河鎮其牙帳爲火所燒沙鉢畧惡之月餘而卒上爲廢朝三日遣太常弔祭焉贈物五千段初攝圖以其子雍虞閭性愞遺令立其弟葉護處羅侯雍虞閭遣使迎處羅侯將立之處羅侯曰我突厥自木扞可汗以來多以弟代兄以庶奪嫡失先祖之法不相敬畏汝當嗣位我不憚拜汝也雍虞閭又遣使謂處羅侯曰叔與我父共根連體我是枝葉寧有我作主令根本反同枝葉令叔父

之尊下我卑稚又亡父之命其可廢乎願叔勿疑相讓者五六處羅侯竟立是爲葉護可汗以雍虞閭爲葉護遣使上表言狀上賜之鼓吹幡旗處羅侯長頤僂背眉目疎朗勇而有謀以隋所賜旗鼓西征阿波敵人以爲得隋兵所助多來降附遂生擒阿波既而上書請阿波死生之命上下其議左僕射高熲進曰骨肉相殘教之蠹也存養以示寬大上曰善熲因奉觴進曰自軒轅以來獯粥多爲邊患今遠窮北海皆爲臣妾此之盛事振古未聞臣敢再拜上壽其後處羅侯又西征中流矢而卒其衆奉雍虞閭爲主是爲頡伽施多那都藍可汗雍虞閭遣使詣闕賜物三千段每歲遣使朝貢時有流人楊欽亡入突厥中謬云彭國公劉昶與宇文氏謀反令大義公主發兵擾邊都藍執欽以聞并貢葧布魚膠其弟欽羽設部落强盛都藍忌而擊之斬首於陣其年遣其母弟褥但持勒獻于闐玉杖上拜褥但爲柱國康國公明年突厥部落大人相率遣使貢馬萬匹羊二萬口駝牛各五百頭尋遣使請緣邊置市與中國貿易詔許之平陳之後上以陳叔寶屏風賜大義公主主心恒不平因書屏風爲詩叙陳亡自寄其辭曰盛衰等朝暮世道若浮萍榮華實難守池臺終自平富貴今何在空事寫丹青盃酒恒無樂弦歌詎有聲余本皇家子飄流入虜庭一朝覩成敗懷抱忽縱橫古來共如此非我獨申名唯有明君曲偏傷遠嫁情上聞而惡之禮賜益薄公主復與西面突厥泥利可汗連結上恐其爲變將圖之會主與所從胡私通因發其事下詔廢黜之恐都藍不從遣奇章公牛弘將美妓四人以啗之時沙鉢畧子曰染干號突利可汗居北方遣使求婚上令裴矩謂之曰當殺大義主者方許婚突厥以爲然復譖之都藍因發怒遂殺公主於帳都藍與達頭可汗有隙數相征伐上和解之各引兵而去十七年突利遣使來逆女上舍之太常教習六禮妻以宗女安義公主上欲離間北夷故特厚其禮遣牛弘蘇威斛律孝卿相繼爲使突厥前後遣使入朝三百七十輩突利本居北方以尚主之故南徙度斤舊鎮錫賚優厚雍虞閭怒曰我大可汗也反不如染干於是朝貢遂絕數爲邊患十八年詔蜀王秀出靈州道以擊之明年又遣漢王諒爲元帥左僕射高熲率將軍王詧上柱國趙仲卿並出朔州道右僕射楊素率柱國李徹韓僧壽出靈州上柱國燕榮出幽州以擊之雍虞閭爲玷厥舉兵攻染干盡殺其兄弟子姪遂渡河入蔚州染干夜以五騎與隋使長孫晟歸朝上令染干與雍虞閭使者因頭特勒相辯詰染干辭直上乃厚待之雍虞閭弟都速六棄其妻子與突利歸朝上嘉之勑染干與都速六樗蒲稍稍輸以寶物用慰其心夏六月高熲楊素擊玷厥大破之拜染干爲意利珍豆啓民可汗華言意智健也啓民上表謝恩曰臣既蒙豎立復改官名昔日姦心今悉除去奉事至尊不敢違法上於朔州築大利城以居之是時安義主已卒上以宗女義成公主妻之部落歸者甚衆雍虞閭又擊之上復令入塞雍虞閭侵掠不已遷於河南在夏勝二州之間發徒掘塹數百里東西拒河盡爲啓民畜牧之地於是遣越國公楊素出靈州行軍總管韓僧壽出慶州太平公史萬歲出燕州大將軍姚辯出河州以擊都藍師未出塞而都藍爲其麾下所殺達頭自立爲步迦可汗其國大亂遣太平公史萬歲出朔州以擊之遇達頭於大斤山虜不戰而遁追斬首虜二千餘人晉王廣出靈州達頭遁逃而去尋遣其弟子俟利伐從磧東攻啓民上又發兵助啓民守要路俟利伐退走入磧啓民上表陳謝曰大隋聖人莫緣可汗憐養百姓如天無不覆也如地無不載也諸姓蒙威恩赤心歸服並將部落歸投聖人可汗來也或南入長城或住白道人民羊馬徧滿山谷染干譬如枯木重起枝葉枯骨重生皮肉千萬世長與大隋典羊馬也仁壽元年代州總管韓洪爲虜所敗於恒安廢爲庶人詔楊素爲雲州道行軍元帥率啓民北征斛薛等諸姓初附于啓民至是而叛素軍河北值突厥阿勿思力俟斤等南度掠啓民男女六千口雜畜二十餘萬而去素率上大將軍梁默輕騎追之轉戰六十餘里大破俟斤悉得人畜以歸啓民素又遣柱國張定和領軍大將軍劉昇別路邀擊並多斬獲而還兵既渡河賊復掠啓民部落素率驃騎范貴於窟結谷東南奮擊復破之追奔八十餘里是歲泥利可汗及葉護俱被鐵勒所敗步迦尋亦大亂奚霫五部內從步迦奔吐谷渾啓民遂有其衆歲遣朝貢大業三年四月煬帝幸榆林啓民及義成公主來朝行宮前後獻馬三千匹帝大悅賜物萬三千段啓民上表曰已前聖人先帝莫緣可汗存在之日憐臣賜臣安義公主種種無少短臣種末爲聖人先帝憐養臣兄弟妬惡相共殺臣臣當時無處去向上看只見天下看只見地實憶聖人先帝言語投命去來聖人先帝見臣大憐臣死命養活勝於往前遣臣作大可汗坐著也其突厥百姓死者以外還聚作百姓也至尊今還如聖人先帝捉天下四方坐也還養活臣及突厥百姓實無少短臣今憶想聖人及至尊養活事具奏不可盡並至尊聖心裏在臣今非是舊日邊地突厥可汗臣卽是至尊臣民至尊憐臣時乞依大國服飾法用一同華夏臣今率部落敢以上聞伏願天慈不違所請表奏帝下其議公卿請依所奏帝以爲不可乃下詔曰先王建國夷夏殊風君子教民不求變俗斷髮文身咸安其性旃裘卉服各尚所宜因而利之其道弘矣何必化諸削衽縻以長纓豈遂性之至理非包含之遠度衣服不同既辨要荒之叙庶類區別彌見天地之情仍璽書荅啓民以爲磧北未靜猶須征戰但使好心孝順何必改變衣服也帝法駕御千人大帳享啓民及其部落酋長三千五百人賜物二十萬段其下各有差復下詔曰德合天地覆載所以弗遺功格區寓聲教所以咸洎至於梯山航海請受正朔襲冠解辮同彼臣民是故王會納貢義彰前冊呼韓入臣待以殊禮突厥意利珍寶啓民可汗志懷沈毅世修藩職往者挺身違難拔足歸仁先朝嘉此款誠授以徽號資其甲兵之衆收其破滅之餘復祀於既亡之國繼絕於不存之地斯固施均亭育澤漸要荒者矣朕以薄德祗奉靈命思播遠猷光融令緒是以親巡朔野撫寧藩服啓民深委誠心入奉朝覲率其種落拜首軒墀言念丹款良足嘉尚宜隆榮數式優恒典可賜路車乘馬鼓吹幡旗贊拜不名位在諸侯王上帝親巡雲內泝金河而東北幸啓民所居啓民奉觴上壽跪伏甚恭帝大悅賦詩曰鹿塞鴻旗駐龍庭翠輦迴氊帷望風舉穹廬向日開呼韓頓顙至屠耆接踵來索辮擎羶肉韋鞲獻酒杯何如漢天子空上單于臺帝賜啓民及主金甕各一及衣服被褥錦綵特勒以下各有差先是高麗私通使啓民所啓民推誠奉國不敢隱境外之交是日將高麗使人見勑令牛弘宣旨謂之曰朕以啓民誠心奉國故親至其所明年當往涿郡爾還日語高麗王知宜早來朝勿自疑懼存育之禮當同於啓民如或不朝必將啓民巡行彼土使人甚懼啓民仍扈從入塞至定襄詔令歸藩明年朝於東都禮賜益厚是歲疾終上爲之廢朝三日立其子咄吉世是爲始畢可汗表請尚公主詔從其俗十一年來朝於東都其年車駕避暑汾陽宮八月始畢率其種落入寇圍帝於鴈門詔諸郡發兵赴行在所援軍方至始畢引去由是朝貢遂絕明年復寇馬邑唐公以兵擊走之隋末亂離中國人歸之者無數遂大强盛勢陵中夏迎蕭皇后置於定襄薛舉竇建德王世充劉武周梁師都李軌高開道之徒雖僭尊號皆北面稱臣受其可汗之號使者往來相望於道也

## 西突厥

西突厥者木杆可汗之子大邏便也與沙鉢畧有隙因分爲二漸以强盛東拒都斤西越金山龜茲鐵勒伊吾及西域諸胡悉附之大邏便爲處羅侯所執其國立鞅素特勒之子是爲泥利可汗卒子達漫立號泥撅處羅可汗其母向氏本中國人生達漫而泥利卒向氏又嫁其弟婆實特勒開皇末婆實共向氏入朝遇達頭亂遂留京師每舍之鴻臚寺處羅可汗居無恒處然多在烏孫故地復立二小可汗分統所部一在石國北以制諸胡國一居龜茲北其地名應娑官有俟發閻洪達以評議國事自餘與東國同每五月八日相聚祭神歲遣重臣向其先世所居之窟致祭焉當大業初處羅可汗撫御無道其國多叛與鐵勒屢相攻大爲鐵勒所敗時黃門侍郎裴矩在敦煌引致西域聞國亂復知處羅思其母氏因奏之煬帝遣司朝謁者崔君肅齎書慰諭之處羅甚踞受詔不肯起君肅謂處羅曰突厥本一國也中分爲二自相仇敵每歲交兵積數十年而莫能相滅者明知啓民與處羅國其勢敵耳今啓民舉其部落兵且百萬入臣天子甚有丹誠者何也但以切恨可汗而不能獨制故卑事天子以借漢兵連二大國欲滅可汗耳百官兆庶咸請許之天子弗違師出有日矣顧可汗母向氏本中國人歸在京師處于賓館聞天子之詔懼可汗之滅旦夕守闕哭泣悲哀是以天子憐焉爲其輟策向夫人又匍匐謝罪因請發使以召可汗令入內屬乞加恩禮同於啓民天子從之故遣使到此可汗若稱藩拜詔國乃永安而母得延壽不然者則向夫人爲誑天子必當取戮而傳首虜庭發大隋之兵資北蕃之衆左提右挈以擊可汗死亡則無日矣奈何惜兩拜之禮剿慈母之命悋一句稱臣喪匈奴國也處羅聞之矍然而起流涕再拜跪受詔書君肅又說處羅曰啓民內附先帝嘉之賞賜極厚故致兵强國富今可汗後附與之爭寵須深結於天子自表至誠既以道遠未得朝覲宜立一功以明臣節處羅曰如何君肅曰吐谷渾者啓民少子莫賀咄設之母家也今天子又以義成公主妻於啓民啓民畏天子之威而與之絕吐谷渾亦因憾漢故職貢不脩可汗若請誅之天子必許漢擊其內可汗攻其外破之必矣然後身自入朝道路無阻因見老母不亦可乎處羅大喜遂遣使朝貢帝將西狩六年遣侍御史

韋節召處羅令與車駕會於大升拔谷其國人不從處羅謝使者辭以佗故帝大怒無如之何適會其酋長射匱遣使來求婚裴矩因奏曰處羅不朝恃強大耳臣請以計弱之分裂其國卽易制也射匱者都六之子達頭之孫世爲可汗君臨西面今聞其失職附隸於處羅故遣使來以結援耳願厚禮其使拜爲大可汗則突厥勢分兩從我矣帝曰公言是也因遣裴矩朝夕至館微諷諭之帝於仁風殿召其使者言處羅不順之意稱射匱有好心吾將立爲大可汗令發兵誅處羅然後當爲婚也帝取桃竹白羽箭一枚以賜射匱因謂之曰此事宜速使疾如箭也使者返路經處羅處羅愛箭將留之使者譎而得免射匱聞而大喜興兵襲處羅處羅大敗棄妻子將左右數千騎東走在路又被劫掠遁於高昌東保時羅漫山高昌王麴伯雅上狀帝遣裴矩將向氏親要左右馳至玉門關晉昌城矩遣向氏使詣處羅所論朝廷弘養之義丁寧曉諭之遂入朝然每有怏怏之色以七年冬處羅朝於臨朔宮帝享之處羅稽首謝曰臣總西面諸蕃不得早來朝拜今參見遲晚罪責極深臣心裏悚懼不能道盡帝曰往者與突厥相侵擾不得安居今四海既清與一家無異朕皆欲存養使遂性靈譬如天上止有一箇日照臨莫不寧帖若有兩箇三箇日萬物何以得安比者亦知處羅總攝事繁不得早來相見今日見處羅懷抱豁然歡喜處羅亦當豁然不煩在意明年元會處羅上壽曰自天以下地以上日月所照唯有聖人可汗千歲萬歲常如今日也詔留其累弱萬餘口令其弟達度闕牧畜會寧郡處羅從征高麗賜號爲曷薩那可汗賞賜甚厚十年正月以信義公主嫁焉賜錦綵袍千具綵萬匹帝將復其故地以遼東之役故未遑也每從巡幸江都之亂隨化及至河北化及將敗奔歸京師爲北蕃突厥所害

鐵勒

鐵勒之先匈奴之苗裔也種類最多自西海之東依據山谷往往不絕獨洛河北有僕骨同羅韋紇拔也古覆羅並號俟斤蒙陳吐如紇斯結渾斛薛等諸姓勝兵可二萬伊吾以西焉耆之北傍白山則有契弊薄落職乙咥蘇婆那曷烏讙紇骨也咥於尼讙等勝兵可二萬金山西南有薛延陁咥勒兒十槃達契等一萬餘兵康國北傍阿得水則有訶咥曷截撥忽比千具海曷比悉何嵯蘇拔也未渴達等有三萬許兵得嶷海東西有蘇路羯三索咽蔑促隆忽等諸姓八千餘拂菻東則有恩屈阿蘭北褥九離伏嗢昏等近二萬人北海南則都波等雖姓氏各別總謂爲鐵勒並無君長分屬東西兩突厥居無恒所隨水草流移人性凶忍善於騎射貪婪尤甚以寇抄爲生近西邊者頗爲藝植多牛羊而少馬自突厥有國東西征討皆資其用以制北荒開皇末晉王廣北征納民大破步迦可汗鐵勒於是分散大業元年突厥處羅可汗擊鐵勒諸部厚稅斂其物又猜忌薛延陁等恐爲變遂集其魁帥數百人盡誅之由是一時反叛拒處羅遂立俟利發俟斤契弊歌楞爲易勿真莫何可汗居貪汗山復立薛延陁內俟斤字也咥爲小可汗處羅可汗既敗莫何可汗始大莫何勇毅絕倫甚得衆心爲鄰國所憚伊吾高昌焉耆諸國悉附之其俗大抵與突厥同唯丈夫婚畢便就妻家待產乳男女然後歸舍死者埋殯之此其異也大業三年遣使貢方物自是不絕云

奚

奚本曰庫莫奚東部胡之種也爲慕容氏所破遺落者竄匿松漠之間其俗甚爲不潔而善射獵好爲寇鈔初臣於突厥後稍強盛分爲五部一曰辱紇玉二曰莫賀弗三曰契箇四曰木昆五曰室得每部俟斤一人爲其帥隨逐水草頗同突厥有阿會氏五部中爲盛諸部皆歸之每與契丹相攻擊虜獲財畜因而得賞死者以葦薄裹屍懸之樹上自突厥稱藩之後亦遣使入朝或通或絕最爲無信大業時歲遣使貢方物

契丹　室韋

契丹之先與庫莫奚異種而同類並爲慕容氏所破俱竄於松漠之間其後稍大居黃龍之北數百里其俗頗與靺鞨同好爲寇盜父母死而悲哭者以爲不壯但以其屍置於山樹之上經三年之後乃收其骨而焚之因酹而祝曰冬月時向陽食若我射獵時使我多得豬鹿其無禮頑嚚於諸夷最甚當後魏時爲高麗所侵部落萬餘口求內附止于白貔河其後爲突厥所逼又以萬家寄於高麗開皇四年率諸莫賀弗來謁五年悉其衆款塞高祖納之聽居其故地六年其諸部相攻擊久不止又與突厥相侵高祖使使責讓之其國遣使詣闕頓顙謝罪其後契丹別部出伏等背高麗率衆內附高祖納之安置於渴奚那頡之北開皇末其別部四千餘家背突厥來降上方與突厥和好重失遠人之心悉令給糧還本勑突厥撫納之固辭不去部落漸衆遂北徙逐水草當遼西正北二百里依託紇臣水而居東西亘五百里南北三百里分爲十部兵多者三千少者千餘逐寒暑隨水草畜牧有征伐則酋帥相與議之興兵動衆合符契突厥沙鉢畧可汗遣吐屯潘垤統之契丹之類也其南者爲契丹在北者號室韋分爲五部不相總一所謂南室韋北室韋鉢室韋深末怛室韋大室韋並無君長人民貧弱突厥常以三吐屯總領之南室韋在契丹北三千里土地卑濕至夏則移向西北貸勃欠對二山多草木饒禽獸又多蚊蚋人皆巢居以避其患漸分爲二十五部每部有餘莫弗瞞咄猶酋長也死則子弟代立嗣絕則擇賢豪而立之其俗丈夫皆被髮婦人槃髮衣服與契丹同乘牛車蘧篨爲屋如突厥氈車之狀渡水則束薪爲桴或以皮爲舟者馬則織草爲韉結繩爲轡寢則屈爲屋以蘧篨覆上移則載行以豬皮爲席編木爲藉婦女皆抱膝而坐氣候多寒田收甚薄無羊少馬多豬牛造酒食啖與靺鞨同俗婚嫁之法二家相許壻輒盜婦將去然後送牛馬爲娉更將歸家待有娠乃相隨還舍婦人不再嫁以爲死人之妻難以共居部落共爲大棚人死則置屍其上居喪三年年唯四哭其國無鐵取給於高麗多貂南室韋北行十一日至北室韋分爲九部落繞吐紇山而居其部落渠帥號乞引莫賀咄每部有莫何弗三人以貳之氣候最寒雪深沒馬冬則入山居土穴中牛畜多凍死饒麞鹿射獵爲務食肉衣皮鑿冰沒水中而網射魚鼈地多積雪懼陷坑穽騎木而行俗皆捕貂爲業冠以狐貉衣以魚皮又北行千里至鉢室韋依胡布山而住人衆多北室韋不知爲幾部落用樺皮蓋屋其餘同北室韋從鉢室韋西南四日行至深末怛室韋因水爲號也冬月穴居以避太陰之氣又西北數千里至大室韋徑路險阻語言不通尤多貂及青鼠北室韋時遣使貢獻餘無至者

史臣曰四夷之爲中國患也久矣北狄尤甚焉種落寔繁迭雄邊塞年代遐邈非一時也五帝之世則有獯粥焉其在三代則獫狁焉逮乎兩漢則匈奴焉當塗典午則烏丸鮮卑焉後魏及周則蠕蠕突厥焉此其酋豪相繼互爲君長者也皆以畜牧爲業侵鈔爲資倏來忽往雲飛鳥集智謀之士議和親於廟堂之上折衝之臣論奮擊於塞垣之下然事無恒規權無定勢親疎因其強弱服叛在其盛衰衰則款塞頓顙盛則彎弓寇掠屈申異態強弱相反正朔所不及冠帶所不加唯利是視不顧盟誓至於莫相救讓驕黠憑陵和親約結之謀行師用兵之事前史論之備矣故不詳而究焉及蠕蠕衰微突厥始大至於木扞遂雄朔野東極東胡舊境西盡烏孫之地彎弓數十萬列處於代陰南向以臨周齊二國莫之能抗爭請盟好求結和親乃與周合從終亡齊國高祖遷鼎厥徒孔熾負其衆力將蹈秦郊內自相圖遂以乖亂達頭可汗遠遁啓民願保塞下於是推亡固存反其舊地助討餘燼部衆遂強卒於仁壽不侵不叛暨乎始畢未虧臣禮煬帝撫之非道始有鴈門之圍俄屬羣盜並興於此寖以雄盛豪傑雖建名號莫不請好息民於是分置官司總統中國子女玉帛相繼於道使者之車往來結轍自古蕃夷驕僭未有若斯之甚也及聖哲膺期掃除氛祲暗於時變猶懷旅拒率其羣醜屢隳亭鄣殘毀我雲代搖蕩我太原肆掠於涇陽飲馬於渭汭聖上奇謀潛運神機密動遂使百世不羈之虜一舉而滅瀚海龍庭之地畫爲九州幽都窮髮之民隸於編戶實帝皇所不及書契所未聞由此言之雖天道有盛衰亦人事之工拙也加以爲而弗恃有而弗居類天地之含容同陰陽之化育斯乃大道之行也固無得而稱焉

# 隋書卷八十五

唐　特　進　臣　魏　徵　上

## 列傳第五十

夫肖形天地人稱最靈以其知父子之道識君臣之義異夫禽獸者也傳曰人生在三事之如一然則君臣父子其道不殊父不可以不父子不可以不子君不可以不君臣不可以不臣故曰君猶天也天可讎乎是以有罪歸刑見危授命竭忠貞以立節不臨難而苟免故聞其風者懷夫慷慨千載之後莫不願以爲臣此其所以生榮死哀取貴前哲者矣至於委質策名代卿世祿出受心膂之寄入參帷幄之謀身處機衡肆趙高之姦宄世荷權寵行王莽之桀逆生靈之所讎疾犬豕不食其餘雖薦社汙宮彰必誅之釁斲棺焚骨明篡殺之咎可以懲夫既往未足深誡將來昔孔子修春秋而亂臣賊子知懼抑使之求名不得欲蓋而彰者也今故正其罪名以冠於篇首庶後之君子見作者之意焉

宇文化及弟智及　裴虔通　司馬德戡

宇文化及左翊衛大將軍述之子也性凶險不循法度好乘肥挾彈馳騖道中由是長安謂之輕薄公子煬帝爲太子時常領千牛出入臥內累遷至太子僕數以受

納貨賄再三免官太子僰昵之俄而復職又以其弟士及尚南陽公主化及由此益驕處公卿間言辭不遜多所陵轢見人子女狗馬珍玩必請託求之常與屠販者遊以規其利煬帝即位拜太僕少卿益恃舊恩貪冒尤甚大業初煬帝幸榆林化及與弟智及違禁與突厥交市帝大怒囚之數月還至青門外欲斬之而後入城解衣辮髮以公主故久之乃釋并智及並賜述爲奴述薨後煬帝追憶之遂起化及爲右屯衞將軍智及爲將作少監是時李密據洛口煬帝懼留淮左不敢還都從駕驍果多關中人久客羈旅見帝無西意謀欲叛歸時武賁郎將司馬德戡總領驍果屯於東城風聞兵士欲叛未之審遣校尉元武達陰問驍果知其情因謀構逆共所善武賁郎將元禮直閤裴虔通互相扇惑曰今聞陛下欲築宮丹陽勢不還矣所部驍果莫不思歸人人耦語並謀逃去我欲言之陛下性忌惡聞兵走即恐先事見誅今知而不言其後事發又當族滅我矣進退爲戮將如之何虔通曰上實爾誠爲公憂之德戡謂兩人曰我聞關中陷沒李孝常以華陰叛陛下收其二弟將盡殺之吾等家屬在西安得無此慮也虔通曰我子弟已壯誠不自保正恐旦暮及誅計無所出德戡曰同相憂當共爲計取驍果若走可與俱去虔通等曰誠如公言求生之計無以易此因遞相招誘又轉告內史舍人元敏鷹揚郎將孟秉符璽郎李覆牛方裕直長許弘仁薛良城門郎唐奉義醫正張愷等日夜聚博約爲刎頸之交情相款昵言無迴避於座中輒論叛計並相然許時李孝質在禁令驍果守之中外交通所謀益急趙行樞者樂人之子家產巨萬先交智及勳侍楊士覽者宇文甥二人同告智及智素狂悖聞之喜即共見德戡期以二月十五日舉兵同叛劫十二衞武馬虜掠居人財物結黨西歸智及曰不然當今天實喪隋英雄並起同心叛者已數萬人因行大事此帝王業也德戡然之行樞薛良請以化及爲主相約既定方告化及化及性本駑怯初聞大懼色動流汗久之乃定義寧二年三月一日德戡欲宣言告衆恐以人心未一更思譎詐以脅驍果謂許弘仁張愷曰君是良醫國家任使出言惑衆衆必信君可入備身府告識者言陛下聞說驍果欲叛多醞毒酒因享會盡鴆殺之獨與南人留此弘仁等宣布此言驍果聞之遞相告語謀叛逾急德戡知計既行遂以十日總召故人諭以所爲衆皆伏曰唯將軍命其夜奉義主閉城門乃與虔通相知諸門皆不下鑰至夜二更德戡於東城內集兵得數萬人舉火與城外相應帝聞有聲問是何事虔通僞曰草坊被燒外人救火故諠囂耳中外隔絕帝以爲然孟秉智及於城外得千餘人劫候衞武賁馮普樂共布兵分捉郭下街巷至五更中德戡授虔通兵以換諸門衞士虔通因自開門領數百騎至成象殿殺將軍獨孤盛武賁郎將元禮遂引兵進宿衞者皆走虔通進兵排左閤馳入永巷問陛下安在有美人出方指云在西閣從往執帝帝謂虔通曰卿非我故人乎何恨而反虔通曰臣不敢反但將士思歸奉陛下還京師耳帝曰與汝歸虔通因勒兵守之至旦孟秉以甲騎迎化及化及未知事果戰慄不能言人有來謁之者但低頭據鞍荅云罪過時士及在公主第弗之知也智及遣家僮莊桃樹就第殺之桃樹不忍執詣智及久之乃見釋化及至城門德戡迎謁引入朝堂號爲丞相令將帝出江都門以示羣賊因復將入遣令狐行達弑帝於宮中又執朝臣不同己者數十人及諸外戚無少長害之唯留秦孝王子浩立以爲帝十餘日奪江都人舟檝從水路西歸至顯福宮宿公麥孟才折衝郎將沈光等謀擊化及反爲所害化及於是入據六宮其自奉養一如煬帝故事每於帳中南面端坐人有白事者嘿然不對下牙時方收取啓狀共奉義方裕良愷等參決之行至徐州水路不通復奪人車牛得二千兩並載宮人珍寶其戈甲戎器悉令軍士負之道遠疲極三軍始怨德戡失望竊謂行樞曰君大謬誤我當今撥亂必藉英賢化及庸暗羣小在側事將必敗當若之何行樞曰在我等爾廢之何難因共李本宇文導師尹正卿等謀以後軍萬餘兵襲殺化及更立德戡爲主弘仁知之密告化及盡收捕德戡及其支黨十餘人皆殺之引兵向東郡通守王軌以城降之元文都推越王侗爲主拜李密爲太尉令擊化及密遣徐勣據黎陽倉化及度河保黎陽縣分兵圍勣密壁清淇與勣以烽火相應化及每攻倉密輒引兵救之化及數戰不利其將軍于弘達爲密所擒送於侗所鑊烹之化及糧盡度永濟渠與密決戰於童山遂入汲郡求軍糧又遣使拷掠東郡吏民以責米粟王軌怨之以城歸於李密化及大懼自汲郡將率衆圖以北諸州其將陳智略率嶺南驍果萬餘人張童兒率江東驍果數千人皆叛歸李密化及尚有衆二萬北走魏縣張愷等與其將陳伯謀去之事覺爲化及所殺腹心稍盡兵勢日蹙兄弟更無他計但相聚酣宴奏女樂醉後因尤智及曰我初不知由汝爲計强來立我今所向無成士馬日散負殺主之名天下所不納今者滅族豈不由汝乎持其兩子而泣智及怒曰事捷之日都不賜尤及其將敗乃欲歸罪何不殺我以降建德兄弟數相鬭鬩言無長幼醒而復飲以此爲恒其衆多亡自知必敗化及歎曰人生故當死豈不一日爲帝乎於是鴆殺浩僭皇帝位於魏縣國號許建元爲天壽署置百官攻元寶藏於魏州四旬不剋反爲所敗亡失千餘人乃東北趣聊城將招攜海曲諸賊時遣士及徇濟北求餽餉大唐遣淮安王神通安撫山東并招化及化及不從神通進兵圍之十餘日不剋而退竇建德悉衆攻之先是齊州賊帥王薄聞其多寶物詐來投附化及信之與共居守至是薄引建德入城生擒化及悉虜其衆先執智及元武達孟秉楊士覽許弘仁皆斬之乃以轞車載化及之河間數以殺君之罪并二子承基承趾皆斬之傳首於突厥義成公主梟於虜庭士及自濟北西歸長安智及幼頑凶好與人羣鬭所共遊處皆不逞之徒相聚鬭雞習放鷹狗初以父功賜爵濮陽郡公蒸淫醜穢無所不爲其妻長孫妬而告述述雖爲隱而大忿之纖芥之愆必加鞭箠弟士及恃尚主又輕忽之唯化及每事營護父再三欲殺輒救免之由是頗相親昵遂勸化及遣人入蕃私爲交易事發當誅述獨證智及罪惡而爲化及請命帝因兩釋述將死抗表言其凶勃必且破家帝後思述授智及將作少監其江都弑逆之事智及之謀也化及爲丞相以爲左僕射領十二衞大將軍化及僭號封齊王竇建德破聊城獲而斬之并其黨十餘人皆暴屍梟首

司馬德戡扶風雍人也父元謙仕周爲都督德戡幼孤以屠豕自給有桑門釋粲通德戡母和氏遂撫教之因解書計開皇中爲侍宮漸遷至大都督從楊素出討漢王諒充內營左右進止便僻俊辯多姦計素大善之以勳授儀同三司大業三年爲鷹揚郎將從討遼左進位正議大夫遷武賁郎將煬帝甚昵之從至江都領左右備身驍果萬人營於城內因隋末大亂乃率驍果謀反語在化及事中既獲煬帝與其黨孟秉等推化及爲丞相化及首封德戡爲溫國公邑三千戶加光祿大夫仍統本兵化及意甚忌之後數日化及署諸將分配士卒乃以德戡爲禮部尚書外示美遷實奪其兵也由是憤怨所獲賞物皆賂於智及智及爲之言行至徐州捨舟登陸令德戡將後軍及與趙行樞李本尹正卿宇文導師等謀襲化及遣人使於孟海公結爲外助遷延未發以待使報許弘仁張愷知之以告化及因遣其弟士及陽爲遊獵至于後軍德戡不知事露出營參謁因命執之并其黨與化及責之曰與公勠力共定海內出於萬死今始事成願得同守富貴公又何爲反也德戡曰本殺昏主苦其毒害推立足下而又甚之逼於物情不獲已也化及不對命送幕下縊而殺之時年三十九

裴虔通河東人也初煬帝爲晉王以親信從稍遷至監門校尉煬帝即位擢舊左右授宣惠尉遷監門直閤累從征役至通議大夫與司馬德戡同謀作亂先開宮門騎至成象殿殺將軍獨孤盛擒帝于西閣化及以虔通爲光祿大夫莒國公化及引兵之北也令鎮徐州化及敗後歸于大唐即授徐州總管轉辰州刺史封長蛇男尋以隋朝殺逆之罪除名徙於嶺表而死

## 王充 段達

王充字行滿本西域人也祖支頹耨徙居新豐頹耨死其妻少寡與儀同王粲野合生子曰瓊粲遂納之以爲小妻其父收幼孤隨母嫁粲粲愛而養之因姓王氏官至懷汴二州長史充捲髮豺聲沈猜多詭詐頗窺書傳尤好兵法曉龜策推步盈虛然未嘗爲人言也開皇中爲左翊衞後以軍功拜儀同授兵部員外善敷奏明習法律而舞弄文墨高下其心或有駮難之者充利口飾非辭義鋒起衆雖知其不可而莫能屈稱爲明辯煬帝時累遷至江都郡丞時帝數幸江都充善候人主顏色阿諛順旨每入言事帝善之又以郡丞領江都宮監乃雕飾池臺陰奏遠方珍物以媚於帝由是益昵之大業八年隋始亂充內懷徼倖卑身禮士陰結豪俊多收衆心江淮間人素輕悍又屬盜賊羣起人多犯法有繫獄抵罪者充皆枉法出之以樹私恩及楊玄感反吳人朱燮晉陵人管崇起兵江南以應之自稱將軍擁衆十餘萬帝遣將軍吐萬緒魚俱羅討之不能剋充募江都萬餘人擊頻破之每有尅捷必歸功於下所獲軍實皆推與士卒身無所受由此人爭爲用功居多十年齊郡賊帥孟讓自長白山寇掠諸郡至盱眙有衆十餘萬充以兵拒之而羸師示弱保都梁山爲五柵相持不戰後因其懈弛出兵奮擊大破之乘勝盡滅賊讓以數十騎遁去斬首萬人六畜軍資莫不盡獲帝以充有將帥才略始遣領兵討諸小盜所向皆破之然性嬌僞詐爲善能自勤苦以求聲譽十二年突厥圍帝于鴈門充盡發江都人將往赴難在軍中反首垢面悲泣無度曉夜不解甲藉草而臥帝聞之以爲愛己益信任之十二年遷江

都通守時厭次之格謙爲盜數年兵十餘萬在豆子䴚中充帥師破斬之威振羣賊又擊盧明月破之於南陽斬首數萬虜獲極多後還江都帝大悅自執杯酒以賜之時充又知帝好內乃言江淮良家有美女並願備後庭無由自進帝逾喜因密令閱視諸女姿質端麗合相者取正庫及應入京物以娉納之所用不可勝計帳上云勑別用不顯其實有合意者則厚賞充或不中者又以賚之後令以船送東京而道路賊起使者苦役於淮泗中沉船溺之者前後十數或有發露充爲祕之又遽簡閱以供進是後益見親昵遇李密攻陷興洛倉進逼東都官軍數却光祿大夫裴仁基以武牢降于密帝惡之大發兵將討焉發中詔遣充爲將軍於洛口以拒密前後百餘戰互有勝負充乃引軍度洛水逼倉城李密與戰充敗績赴水溺死者萬餘人時天寒大雪兵士既度水衣皆霑濕在道凍死者又數萬人比至河陽纔以千數充自繫獄請罪越王侗遣使赦之召令還都收合亡散復得萬餘人屯於含嘉城中不敢復出宇文化及殺帝於江都充與太府卿元文都將軍皇甫無逸右司郎盧楚奉侗爲主侗以充爲吏部尚書封鄭國公及侗取元文都盧楚之謀拜李密爲太尉尚書令密遂稱臣復以兵拒化及於黎陽遣使告捷衆皆悅充獨謂其麾下諸將曰文都之輩刀筆吏耳吾觀其勢必爲李密所擒且吾軍人每與密戰殺其父兄子弟前後已多一旦爲之下吾屬無類矣出此言以激怒其衆文都知而大懼與楚等謀將因充入內伏甲而殺之期有日矣將軍段達遣其女壻張志以楚謀告之充夜勒兵圍宮城將軍費曜田世闍等與戰於東太陽門外曜軍敗充遂攻門而入無逸以單騎遁走獲楚殺之時宮門尚閉充令扣門言於侗曰元文都等欲執皇帝降於李密段達知而以告臣臣非敢謀反誅反者耳文都聞變入奉侗於乾陽殿陳兵衞之令將帥乘城以拒難兵敗又獲文都殺之侗命開門以納充充悉遣人代宿衞者乃入謁頓首流涕而言曰文都等無狀謀相屠害事急爲此不敢背國侗與之盟充尋遣韋節等諷侗令拜爲尚書左僕射總督內外諸軍事又授其兄惲爲內史令入居禁中未幾李密破化及還其勁兵良馬多戰死士卒皆勌充欲乘其敝而擊之恐人不一乃假託鬼神言夢見周公乃立祠於洛水之上遣巫宣言周公欲令僕射急討李密當有大功不則兵皆疫死充兵多楚人俗信妖妄故出此言以惑之衆皆請戰充簡練精勇得二萬餘人馬千餘還營於洛水南密軍偃師北山上時密新得志於化及有輕充之心不設壁壘充夜遣二百餘騎潛入北山伏溪谷中令軍秣馬蓐食既而宵濟人奔馬馳遲明而薄密密出兵應之陣未成列而兩軍合戰其伏兵蔽山而上潛登北原乘高下馳壓密營中亂無能拒者卽入縱火密軍大驚而潰降其將張童兒陳智略進下偃師初充兄偉及子玄應隨化及至東郡密得而囚之於城中至是盡獲之又執密長史邴元眞妻子司馬鄭虔象之母及諸將子弟皆撫慰之各令潛呼其父兄兵次洛口邴元眞鄭虔象等舉倉城以應之密以數十騎遁逸充悉收其衆而東盡于海南至于江悉來歸附充又令韋節諷侗拜爲太尉署置官屬以尚書省爲其府尋自稱鄭王遣其將高略帥師攻壽安不利而旋又帥師攻圍穀州三日而退明年自稱相國受九錫備物是後不朝侗矣有道士相法嗣者自言解圖讖充昵之法嗣乃以孔子閉房記畫作丈夫持一干以驅羊法嗣云楊隋姓也干一者王字也居羊後明相國代隋爲帝也又取莊子人間世德充符二篇上之法嗣釋曰上篇言世下篇言充此卽相國名矣明當德被人間而應符命爲天子也充大悅曰此天命也再拜受之卽以法嗣爲諫議大夫充又羅取雜鳥書帛繫其頸自言符命而散放之或有彈射得鳥而來獻者亦拜官爵既而廢侗於別宮僭卽皇帝位建元曰開明國號鄭大唐遣秦王率衆圍之充頻出兵戰輒不利都外諸城相繼降款充窘迫遣使請救於竇建德建德率精兵援之師至武牢爲秦王所破禽建德以詣城下充將潰圍而出諸將莫有應之者自知潛竄無所於是出降至長安爲讎人獨孤脩德所殺

段達武威姑臧人也父嚴周朔州刺史達在周年始三歲襲爵襄垣縣公及長身長八尺美鬚髯便弓馬高祖爲丞相以大都督領親信兵常置左右及踐阼爲左直齋累遷車騎將軍兼晉王參軍高智慧李積等之作亂也達率衆一萬擊定方滁二州賜縑千段遷進儀同又破汪文進等於宣州加開府賜奴婢五十口緜絹四千段仁壽初太子左衞副率大業初以藩邸之舊拜左翊衞將軍征吐谷渾進位金紫光祿大夫帝征遼東百姓苦役平原祁孝德清河張金稱等並聚衆爲羣盜攻陷城邑郡縣不能禦帝令達擊之數爲金稱等所挫亡失甚多諸賊輕之號爲段姥後用鄃令楊善會之計更與賊戰方致尅捷還京師以公事坐免明年帝征遼東以達留守涿郡俄復拜左翊衞將軍高陽魏刀兒聚衆十餘萬自號歷山飛寇掠燕趙達率涿郡通守郭絢擊敗之于時盜賊既多官軍惡戰達不能因機決勝唯持重自守頓兵饋糧多無尅獲時皆謂之爲怯懦十二年帝幸江都宮詔達與太府卿元文都留守東都李密據洛口縱兵侵掠城下達與監門郎將龐玉武牙郎將霍舉率內兵出禦之頗有功遷左驍衞大將軍王充之敗也密復進據北芒來至上春門達與判左丞郭文懿尚書韋津出兵拒之達見賊盛不陣而走爲密所乘軍大潰津沒於陣由是賊勢日盛及帝崩於江都達與元文都等推越王侗爲主署開府儀同三司兼納言封陳國公元文都等謀誅王充也達陰告充爲之內應及事發越王侗執文都於充充甚德於達特見崇重既破李密達等勸越王加充九錫備物尋諷令禪讓充僭尊號以達爲司徒及東都平坐誅妻子籍沒

史臣曰化及庸懦下才負恩累葉王充斗筲小器遭逢時幸俱蒙獎擢禮越舊臣既屬崩剝之期不能致身竭命乃因利乘便先圖干紀率羣不逞職爲亂階拔本塞源裂冠毀冕或躬爲戎首或親行鴆毒釁深指鹿事切食蹯天地所不容人神所同憤故梟獍凶魁相尋菹戮蛇豕醜類繼踵誅夷快忠義於當年垂炯戒於來葉嗚呼爲人臣者可不殷鑒哉可不殷鑒哉

隋書卷八十五考證

傳序昔孔子修春秋而亂臣賊子懼抑使之求名不得欲蓋而彰者也今故正其罪名以冠於篇首庶後之君子見作者之意焉○臣映斗按序此言則此傳當有標目如唐書叛臣傳逆臣傳之例而各本無之疑有脫落

隋書自開皇仁壽時王劭纂書八十卷以類相從定爲篇次至於編年紀傳並闕其序唐武德五年起居舍人令狐德棻奏請脩五代史五代謂梁陳齊周隋也十二月詔中書令封德彝舍人顏師古脩隋史緜歷數載不就而罷正觀三年續詔祕書監魏徵脩隋史左僕射房喬總監徵又奏於中書省置祕書內省令前中書侍郎顏師古給事中孔穎達著作郎許恭宗撰隋史徵總知其務多所損益務存簡正序論皆徵所作凡成帝紀五列傳五十十年正月壬子徵等詣闕上之十五年又詔左僕射于志寧太史令李淳風著作郎韋安仁符璽郎李延壽同脩五代史志凡勒成十志三十卷顯慶元年五月己卯太尉長孫無忌等詣朝堂上進詔藏祕閣後又編第入隋書其實別行亦呼爲五代史志案魏徵本傳正觀七年爲侍中十年五代史成加光祿大夫進封鄭國公俄請遜位拜特進令諸本並云特進又經籍志四卷獨云侍中鄭國公魏徵撰無忌傳又云永徽三年始受詔監脩當時先已刊脩無忌因成書而進今紀傳題以徵志以無忌從衆本所載也紀傳亦有題太子少師許恭宗撰按恭宗傳正觀八年除著作郎脩國史遷中書舍人十年左授洪州司馬龍朔三年始拜太子少師與今錄年月官位不同疑後人所益房喬志寧初並受詔又李延壽傳云被詔與著作佐郎恭播同脩五代史志按延壽正觀三年與顏師古同被勅脩隋史其年以內憂去職今諸本並不載喬等名位天文律曆五行三志皆淳風獨作五行志序諸本云褚遂良作衆本傳未嘗受詔撰述疑祇爲一序今故略其名氏天聖二年五月十一日上御藥供奉藍元用奉傳聖旨齋禁中隋書一部付崇文院至六月五日勅差官校勘時命臣綬臣燁提點左正言直史館張觀等校勘觀尋爲度支判官續命黃鑑代之仍內出版式雕造

翰林院編修臣映斗謹言右隋書八十五卷奉
勅校刻者宋本殘缺乃以監本爲底本此外完書備校者有南監本汲古閣本他本殘缺亦可參校者宋本外有兩舊本考隋書十志向稱五代史志有單行本今已不可得見其帝紀列傳略見於北史南史及梁陳齊周本書然各本皆年深漫漶並有漏譌臣等參互考據公同商確譌者正之闕者補之脫者增之衍者刪之文異則取其義長義通亦辨其文異又如志中條目或異事而牽連或同條而割裂列傳次第亦有淩躐目錄本傳前後抵牾或分傳而不標名或附傳而名復見皆乖體例不合本文再如所引經史子集間與本書有異改之不可仍之實疎自非詳繹本文明徵往籍沿譌襲謬長貽學者之疑卽此隋朝一代之書欲存善本愈
仰
睿鑒精詳攷證不可不作也丹鉛既畢得如干條勒於各卷之後臣等職在編摩匪有學問要自百十字之增補以至單辭隻字之改易並有依據無考者仍闕之不敢稍憑臆見妄有損益於其間校讎之分云爾臣謹識

原任詹事臣陳浩侍講學士臣萬承蒼侍讀臣齊
召南洗馬臣陸宗楷編修臣孫人龍臣張映斗拔
貢生臣郭世燦等奉
勑恭校刊

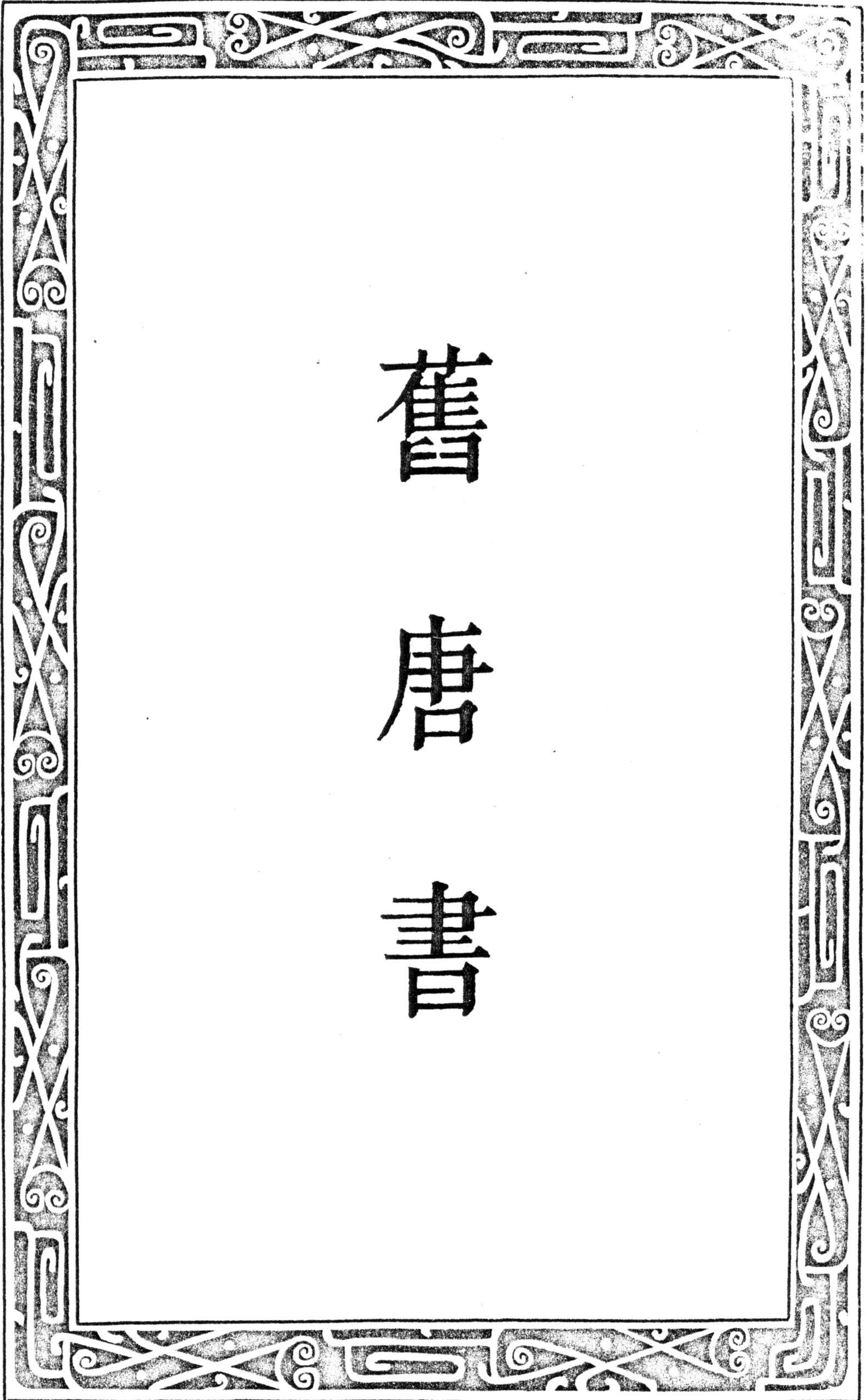

# 舊唐書

## 重刻舊唐書序

李唐氏有天下三百年三代而降英君明辟若唐文皇功德固在首列厥後子孫迭興雖中更喪亂猶不失爲盛朝而玄憲二宗至配貞觀與漢七廟同稱何也其典章法度貽謀之善不可及已蓋作唐史者有三人焉吳兢韋述令狐峘此皆金閨上彥操筆石渠而未竟一代至石晉朝始敕中書劉昫等因峘舊文增爲百九十卷然後有唐事跡悉載無遺而撰述詳贍妙極模寫足以上追史漢下包魏陳信乎史之良者無以加于是矣柰何宋之慶曆又出新編大有增損至使讀者不復得覩唐朝一詔令歷年五百舊書湮廢君子不能無病諸皇上右文弘道化被四遠由是縉紳士夫咸以修緝典墳爲己任此書故有刻本在吳中借亦未全先任提學侍御北江聞人公聞之慨然欲壽諸梓與菁莪共擇可託者得蘇學司訓沈君有問學幹局良儒師也因授之俾董厥事且命廣搜殘逸足其卷數及募士出貲佐經費君鳩工堂西大舍中無啻三十手朱墨讎校不舍晝夜成未及半而北江公以憂去以貲不紹白之廵撫大中丞石江歐陽公公命掌郡事別駕鍾侯助其役未幾府主王侯至任許相以完大廵侍御西郭陳公尤加贊相樂書之成而其事則總於今任提學侍御午山馮公焉蓋學政之臺書之所由起也工將畢士子袁貞輩相率扣予請先序諸後予惟三古聖人作爲經書人極立矣十九朝史官述爲史書往事鑒矣去聖既遠後儒蠹經經不可蠹猶雲翳白日行空自如也史又可以新掩舊哉且文章之作率視其區宇之全缺鉅唐疆域幅員萬里其廣大與軒后等是以詞華蔚茂有至光燄萬丈者郎舍相踵既出蝌蚪親見又遇劉司徒之博洽乃克成書其難如此忽有改圖殆不其然今日羣公雲萃留神盛舉蓋匪創則無以始弗繼將莫能終至於中間經畫尤艱其任此殆至寶將出之幸會其數天也偉矣哉惜予耄矣而不能卒業抑不知青雲士能觀以否所謂前朝國勢先賢行事故黎命脉班班具存推之於政古今一也有能舍其新而舊是圖將來挾以爲國家用吾知事業發揮必當煒燁崢嶸勝常而不凡也詎止以資見聞談說而已哉沈君名桐字大材號春波嘉禾望族學通壁經累試塲屋知名以超貢入胄監屈就今官其於斯績甚勤且出私帑不之校斯文不墜係其承理之功多也因併及云時在嘉靖十七年秋仲東吳耄生楊循吉謹序

## 重刊唐書序

嘉靖己亥吳郡重刊唐書成書凡二百卷本紀卷二十志三十列傳百有五十石晉宰相涿人劉昫撰初御史紹興聞人公詮視學南畿以是書世無梓本他日按吳遂命郡學訓導沈桐刋置學宮工未竟而公以憂去及是書成以書來屬徵明爲叙按唐興令狐德棻等始撰武德貞觀兩朝國史八十卷至吳兢合前後爲書百卷而柳芳韋述嗣緝之起義寧訖開元僅僅百餘年而于休烈令狐峘以次增緝訖於建中而止而大曆元和以後則成於崔龜從厥後韋澳諸人又增緝之凡爲書百四十有六卷而芳等又有唐曆四十卷續曆二十二篇皆當時紀載之言非成書也晉革唐命昫等始因舊史緒成此書然五代史昫傳不載此事豈其書出一時史館而昫特以宰相領其事邪然不可考已或謂五代搶攘文氣卑弱而是書紀次無法詳略失中不足傳遠宋慶曆中詔翰林儒臣刊修之自慶曆甲申至嘉祐庚子歷十有七年成新書二百二十五卷視舊史削六十一傳增傳三百三十有一續撰儀衛選舉及兵及藝文四志別撰宰相方鎮及宗室世系宰相世系四表所謂其事則增於前其文則省於舊實當時表奏之語而第賞制詞亦謂閎博精覈度越諸子良以宋景文歐陽文忠皆當時大手筆而是書實更二公之手故朝野尊信而舊書遂廢不行然議者則以用字奇澀爲失體刋削詔令爲太略固不若舊書之爲愈也司馬氏修通鑑悉據舊史而於新書無取焉惟周益公稱其刪繁爲簡變今以古有合於所謂文省於舊之論而劉元城顧謂事增文省正新書之失唐庚氏尤深斥之乃極言舊書之佳其所引決海救焚引鴆止渴之語豈直工儷而已自是一代名言也然則是書也其可以無傳乎雖然不能無可議者段秀實請辭郭晞有吾戴吾頭之語新書省一吾字議者以爲失實是矣而舊史秀實傳乃都不書夫秀實大節固不以此而此事亦卓詭可喜柳宗元叙事尤號奇警且鄭重致詞上於史館若是而不得登載則其所遺亦多矣甚者詆韓愈文章爲紕繆謂順宗實錄繁簡不當拙於取舍異哉豈晁氏所謂多所闕漏是非失實者邪甚矣作史之難也心術有邪正詞理有工拙識見有淺深而史隨以異要在傳信傳著不失其實而已今二書具在其工拙繁簡是非得失莫之有揜焉彼斥新書爲亂道誠爲過論而或緣此遂廢舊史又豈可哉此聞人公所爲梓行之意也是書嘗刻於越州卷後有教授朱倬名倬忤秦檜出爲越州教授當是紹興初年今四百年矣其書復行而公又出於越其事豈偶然哉先是書久不行世無善本沈君僅得舊刻數冊較全書才十之六七於是徧訪藏書之家殘章斷簡悉取以從事校閱惟審一字或數易歷三暑寒乃克就緒其勤誠有足嘉者因附著之是歲三月望前翰林待詔長洲文徵明序

## 重刻舊唐書序

書以紀事謏聞爲瑣事以著代閒逸則遺是故史氏之書與天地相爲始終六經相爲表裏疑信並傳闕文不飾以紀事實以昭世代故六經道明萬世宗仰非徒文藝之誇誕而已也尚書壁存典訓不斁魯史麟絕杞宋失徵繼而有作其惟司馬氏及小司馬以迨班范諸家八書十志經緯天人八志十典紘維政事藏山刊石繁紹聖經歷漢躋隋炳發靈憲是故王教之要國典之源代有徵考若覩蓍蔡李唐嗣興萬目畢舉其經畫之精詳維持之慎容雖未上躡周軌亦足並驟漢疆晉史臣劉昫氏者爰集館寮博稽載典纂修二十一本紀首高祖以迄哀帝而汶哲具昭旁修十一志始禮儀以終刑法而巨細畢舉列傳一千一百八十有奇內以紀后妃之淑慝外以悉文武之臧否宗室族屬互以時叙外戚宦官各以類別良吏酷吏鑒戒具昭忠義孝友褒論悉當儒學文苑表以著達方伎隱逸兼以察微詳傳列女以彰婦順分傳蠻狄以立大防卷凡二百一十有四統名之曰唐書識博學宏才優義正眞有唐一代之良史秦隋以下罕有其儷固後世之刑鑒具在也有宋迭興分職書局載輯唐鑑於祖禹繼纂唐書於昌朝王宋諸賢相繼彙輯復成一代之新書遂亡劉氏之舊帙詮謬司文學徧歷輔黻爰校六經兼讎諸史始知漢晉以迄宋元皆有監本司成甬川張公嘗奉旨校勘總爲二十一史刊證謬訛粲然明備惟劉氏唐書鬱絕不傳無所考覔積集再期酷志刊復苦無善本莫可繼志竊惟古人有云層臺雲構所缺過乎榱桷爲山霞高不終踰乎一壙憫哉斯言益用惶怵乃旁謀學屬博訪諸司間禮儒賢以探往籍更歷三載竟莫有成未復弭節姑蘇窮搜力索吳令朱子遂得列傳於光祿張氏長洲賀子隨得紀志於守溪公遺籍俱出宋時模板旬月之間二美璧合古訓有獲私喜無涯乃督同蘇庠嚴爲校刻司訓沈子獨肩斯任効勤四載書幸成編匱直千金刻未竟業石江歐陽公聞而助以厚鎰午山馮子西郭陳子以迨郡邑諸長貳咸力輔以終事數百年之闕典於是乎始有可稽矣物之成毀信各有數是書之成夫豈偶哉肇工於嘉靖乙未卒刻於嘉靖戊戌珠璣璀粲亥豕盡刊玉薤精嚴塵葉囧翳煥新一代之舊文遐續百王之訓典追配諸史允備全書因布多方以惠多士餘姚聞人詮序

## 舊唐書目錄

後晉司空同中書門下平章事劉　昫撰

舊唐書目錄考證

玄宗元獻皇后楊氏○臣德潛按同係玄宗后妃而廢后王氏武惠妃楊貴妃列后妃卷上元獻皇后又列卷下于體例未合因舊時分定卷帙不復更改

漢武王瓌○臣德潛按前河間王孝恭下既附見孝恭弟瑊與瓌事實矣此又書漢武王瓌而並未立傳明係複見今刪

高士廉○子履行眞行有事實而不書其名明闕畧也今已補出後倣此

玄宗諸子○臣德潛按原本庶人瑛下有皇太子亨即肅宗也已見本紀中此處不應更列今刪

楊朝晟○臣酉按前七十二卷中已有楊朝晟傳矣此又見九十四卷中明係重複因兩傳畧有異同故仍存其目

宦官○臣酉按本文無傳者不應列名目中原本于高力士下有袁思藝于王守澄下有仇士良于楊復恭下有劉季述王奉先韓全誨皆有目無傳者也今刪

# 舊唐書卷一

後晉司空同中書門下平章事劉　昫撰

## 本紀第一

### 高祖

高祖神堯大聖大光孝皇帝姓李氏諱淵其先隴西狄道人涼武昭王暠七代孫也暠生歆歆生重耳仕魏爲弘農太守重耳生熙爲金門鎮將領豪傑鎮武川因家焉儀鳳中追尊宣皇帝熙生天錫仕魏爲幢主大統中贈司空儀鳳中追尊光皇帝皇祖諱虎後魏左僕射封隴西郡公與周文帝及太保李弼大司馬獨孤信等以功參佐命當時稱爲八柱國家仍賜姓大野氏周受禪追封唐國公謚曰襄至隋文帝作相還復本姓武德初追尊景皇帝廟號太祖陵曰永康皇考諱昞周安州總管柱國大將軍襲唐國公謚曰仁武德初追尊元皇帝廟號世祖陵曰興寧高祖以周天和元年生於長安七歲襲唐國公及長倜儻豁達任性眞率寬仁容衆無貴賤咸得其歡心隋受禪補千牛備身文帝獨孤皇后即高祖從母也由是特見親愛累轉譙隴岐三州刺史有史世良者善相人謂高祖曰公骨法非常必爲人主願自愛勿忘鄙言高祖頗以自負大業初爲滎陽樓煩二郡太守徵爲殿內少監九年遷衛尉少卿遼東之役督運於懷遠鎮及楊玄感反詔高祖馳驛鎮弘化郡兼知關右諸軍事高祖歷試中外素樹恩德及是結納豪傑衆多歆附時煬帝多所猜忌人懷疑懼會有詔徵高祖詣行在所遇疾未謁時甥王氏在後宮帝問曰汝舅何遲王氏以疾對帝曰可得死否高祖聞之益懼因縱酒沉湎納賄以混其迹焉十一年煬帝幸汾陽宮命高祖往山西河東黜陟討捕帥次龍門賊帥毋端兒帥衆數千薄於城下高祖從十餘騎擊之所射七十發皆應弦而倒賊乃大潰十二年遷右驍衛將軍十三年爲太原留守郡丞王威武牙郎將高君雅爲副將羣賊蜂起江都阻絕太宗與晉陽令劉文靜首謀勸舉義兵俄而馬邑校尉劉武周據汾陽宮舉兵反太宗與王威高君雅將集兵討之高祖乃命太宗與劉文靜及門下客長孫順德劉弘基各募兵旬日間衆且一萬密遣使召世子建成及元吉于河東威君雅見兵大集恐高祖爲變相與疑懼請高祖祈雨於晉祠將爲不利晉陽鄉長劉世龍知之以告高祖高祖陰爲之備五月甲子高祖與威君雅視事太宗密嚴兵於外以備非常遣開陽府司馬劉政會告威等謀反即斬之以徇遂起義兵甲戌遣劉文靜使於突厥始畢可汗令率兵相應六月甲申命太宗將兵徇西河下之癸巳建大將軍府幷置三軍分爲左右以世子建成爲隴西公左領大都督左統軍隸焉太宗爲燉煌公右領大都督右統軍隸焉裴寂爲大將軍府長史劉文靜爲司馬石艾縣長殷開山爲掾劉政會爲屬長孫順德劉弘基竇琮等分爲左右統軍開倉庫以賑窮乏遠近響應秋七月壬子高祖率兵西圖關中以元吉爲鎮北將軍太原留守癸丑發自太原有兵三萬丙辰師次靈石縣營於賈胡堡隋武牙郎將宋老生屯霍邑以拒義師會霖雨積旬餽運不給高祖命旋師太宗切諫乃止有白衣老父詣軍門曰余爲霍山神使謁唐皇帝曰八月雨止路出霍邑東南吾當濟師高祖曰此神不欺趙無恤豈負我哉八月辛巳高祖引師趨霍邑斬宋老生平霍邑丙戌進下臨汾郡及絳郡癸巳至龍門突厥始畢可汗遣康稍利率兵五百人馬二千疋與劉文靜會于麾下隋驍衛大將軍屈突通鎮河東津梁斷絕關中向義者頗以爲阻河東水濱居人競進舟檝不謀而至前後數百人九月壬寅馮翊賊帥孫華土門賊帥白玄度各率其衆送款幷具舟檝以待義師高祖令華與統軍王長諧劉弘基引兵渡河屈突通遣其武牙郎將桑顯和率衆數千夜襲長諧義師不利太宗以遊騎數百掩其後顯和潰散義軍復振丙辰馮翊太守蕭造以郡來降戊午高祖親率衆圍河東屈突通自守不出乃命攻城不利而還文武將吏請高祖領太尉加置僚佐從之華陰令李孝常以永豐倉來降庚申高祖率軍濟河舍于長春宮三秦士庶至者日以千數高祖禮之咸過所望人皆喜悅丙寅遣隴西公建成司馬劉文靜屯兵永豐倉兼守潼關以備他盜太宗率劉弘基長孫順德等前後數萬人自渭北徇三輔所至皆下高祖從弟神通起兵鄠縣柴氏婦舉兵於司竹至是並與太宗會郿縣賊帥丘師利李仲文盩厔賊帥何潘仁等合衆數萬來降乙亥命太宗自渭汭屯兵阿城隴西公建成自新豐趣霸上高祖率大軍自下邽西上經煬帝行宮園苑悉罷之宮女放還親屬冬十月辛巳至長樂宮有衆二十萬京師留守刑部尚書衛文昇右翊衛將軍陰世師京兆郡丞滑儀挾代王侑以拒義師高祖遣使至城下諭以匡復之意再三皆不報諸將固請圍城十一月丙辰攻拔京城衛文昇先已病死以陰世師滑儀等拒義兵並斬之癸亥率百僚備法駕立代王侑爲天子遙尊煬帝爲太上皇大赦改元爲義寧甲子隋帝詔加高祖假黃鉞使持節大都督內外諸軍事大丞相進封唐王總錄萬機以武德殿爲丞相府改敎爲令以隴西公建成爲唐國世子太宗爲京兆尹改封秦公姑臧公元吉爲齊公十二月癸未丞相府置長史司錄已下官僚金城賊帥薛舉寇扶風命太宗爲元帥擊之遣趙郡公孝恭招慰山南所至皆下癸巳太宗大破薛舉之衆於扶風屈突通自潼關奔東都劉文靜等追擒於閿鄉虜其衆數萬河池太守蕭瑀以郡降丙午遣雲陽令詹俊武功縣正李仲袞徇巴蜀下之二年春正月戊辰世子建成爲撫寧大將軍東討元帥太宗爲副總兵七萬徇地東都二月清河賊帥竇建德僭稱長樂王吳興人沈法興據丹陽起兵三月丙辰右屯衛將軍宇文化及弒隋太上皇於江都立秦王浩爲帝自稱大丞相徙封太宗爲趙國公戊辰隋帝進高祖相國總百揆備九錫之禮唐國置丞相以下立皇高祖已下四廟於長安通義里第夏四月辛卯停竹使符頒銀菟符於諸郡戊戌世子建成及太宗自東都班師五月乙巳天子詔高祖冕十有二旒建天子旌旗出警入蹕王后王女爵命之號一遵舊典戊午隋帝詔曰天禍隋國大行太上皇遇盜江都酷甚望夷釁深驪北憫予小

子奄造丕愆哀號永感心情糜潰仰惟荼毒仇復靡申形影相弔罔知啟處相國唐王膺期命世扶危拯溺自北徂南東征西怨致九合於諸侯決百勝於千里糾率夷夏大庇甿黎保乂朕躬繫王是賴德侔造化功格蒼旻兆庶歸心曆數斯在屈爲人臣載違天命在昔虞夏揖讓相推苟非重華誰堪命禹當今九服崩離三靈改卜大運去矣請避賢路兆謀布德顧己莫能私僮命駕須歸藩國予本代王及予而代天之所廢豈其如是庶憑稽古之聖以誅四凶幸值惟新之恩預充三恪雪冤恥於皇祖守禋祀爲孝孫朝聞夕殞及泉無恨今遵故事遜于舊邸庶官羣辟改事唐朝宜依前典趨上尊號若釋重負感泰兼懷假手眞人俾除醜逆濟濟多士明知朕意仍勅有司凡有表奏皆不得以聞遣使持節兼太保刑部尚書光祿大夫梁郡公蕭造兼太尉司農少卿裴之隱奉皇帝璽綬于高祖高祖辭讓百寮上表勸進至于再三乃從之隋帝遜于舊邸改大興殿爲太極殿甲子高祖即皇帝位於太極殿命刑部尚書蕭造兼太尉告於南郊大赦天下改隋義寧二年爲唐武德元年官人百姓賜爵一級義師所行之處給復三年罷郡置州改太守爲刺史丁卯宴百官于太極殿賜帛有差東都留守官共立隋越王侗爲帝壬申命相國長史裴寂等脩律令六月甲戌太宗爲尚書令相國府長史裴寂爲尚書右僕射相國府司馬劉文靜爲納言隋民部尚書蕭瑀相國府司錄竇威並爲內史令廢隋大業律令頒新格己卯備法駕迎皇高祖宣簡公已下神主祔於太廟追謚妃竇氏爲太穆皇后陵曰壽安庚辰立世子建成爲皇太子封太宗爲秦王齊國公元吉爲齊王封宗室蜀國公孝基爲永安王柱國公道玄爲淮陽王長平公叔良爲長平王鄭國公神通爲永康王安吉公神符爲襄邑王柱國德良爲長樂王上開府道素爲竟陵王上柱國博乂爲隴西王奉慈爲渤海王諸州總管加號使持節癸未封隋帝爲酅國公薛舉寇涇州命秦王爲西討元帥征之改封永康王神通爲淮安王壬辰加秦王雍州牧餘官如故辛丑內史令竇威卒秋七月丙午刑部尚書蕭造爲太子太保追封皇子玄霸爲衞王西突厥遣使內附秦王與薛舉大戰於涇州我師敗績八月壬午薛舉死其子仁杲復僭稱帝命秦王爲元帥以討之丁亥詔曰隋太常卿高熲上柱國賀若弼並抗節不阿矯枉無撓司隸大夫薛道衡刑部尚書宇文弢左翊衞將軍董純並懷忠抱義以陷極刑宜從褒飾以慰泉壤熲可贈上柱國郯國公弼贈上柱國杞國公各令有司加謚道衡贈上開府臨河縣公弢贈上開府平昌縣公純贈柱國狄道縣公又詔曰隋右驍衞大將軍李金才左光祿大夫李敏並鼎族高門元功世冑橫受屠殺朝野稱冤然李氏將興天祚有應冥契深隱妄肆誅夷朕受命君臨志存刷蕩申冤旌善無忘寤寐金才可贈上柱國申國公敏可贈柱國觀國公又前代酷濫子孫被流者並放還鄉里涼州賊帥李軌以其地來降拜涼州總管封涼王九月乙巳親錄囚徒改銀菟符爲銅魚符辛未追謚隋太上皇爲煬帝宇文化及至魏州鴆殺秦王浩僭稱天子國號許冬十月壬申朔日有蝕之李密率衆來降封皇從父弟襄武公琛爲襄武王黃臺公瑗爲廬江王癸巳詔行傅仁均所造戊寅曆十一月己酉以京師穀貴令四面入關者車馬牛驢各給課米充其自食秦王大破薛仁杲於淺水原降之隴右平乙巳涼王李軌僭稱天子於涼州詔頒五十三條格以約法緩刑十二月壬申加秦王太尉陝東道大行臺丁丑封上柱國李孝常爲義安王庚子李密反於桃林行軍總管盛彥師追討斬之

二年春正月乙卯初令文官遭父母喪者聽去職黃門侍郎陳叔達兼納言二月丙戌詔天下諸宗人無職任者不在徭役之限每州置宗師一人以相統攝丁酉竇建德攻宇文化及于聊城斬之傳首突厥閏月辛丑劉武周侵我幷州己酉李密舊將徐世勣以黎陽之衆及河南十郡降授黎州總管封曹國公賜姓李氏庚戌上微行都邑以察甿俗即日還宮甲寅賊帥朱粲殺我使散騎常侍段確奔洛陽夏四月乙巳王世充篡越王侗位僭稱天子國號鄭辛亥李軌爲其僞尚書安興貴所執以降河右平突厥始畢可汗死五月己卯酅國公薨追崇爲隋帝謚曰恭六月戊寅令國子學立周公孔子廟四時致祭仍博求其後癸亥尚書右僕射裴寂爲晉州道行軍總管以討劉武周秋七月壬申置十二軍以關內諸府分隸焉王世充遣其將羅士信侵我穀州士信率其衆來降西突厥葉護可汗及高昌並遣使朝貢九月辛未賊帥李子通據江都僭稱天子國號吳沈法興據毗陵僭稱梁王丁丑和州賊帥杜伏威遣使來降授和州總管東南道行臺尚書令封楚王裴寂與劉武周將宋金剛戰於介州我師敗績右武衞大將軍姜寶誼死之幷州總管齊王元吉懼武周所逼奔於京師幷州陷乙未京師地震冬十月己亥封幽州總管羅藝爲燕郡王賜姓李氏黃門侍郎楊恭仁爲納言殺民部尚書魯國公劉文靜乙卯討劉武周軍于蒲州爲諸軍聲援壬子劉武周進圍晉州甲子上親祠華岳十一月丙子竇建德陷黎陽盡有山東之地淮安王神通左武候大將軍李世勣皆沒於賊十二月丙申永安王孝基工部尚書獨孤懷恩總管于筠爲劉武周將宋金剛掩襲並沒焉甲辰狩于華山壬子大風拔木

三年春正月辛巳幸蒲州命祀舜廟癸巳至自蒲州甲午李世勣於竇建德所自拔歸國建德僭稱夏王二月丁酉京師西南地有聲如山崩庚子幸華陰工部尚書獨孤懷恩謀反伏誅三月癸酉西突厥葉護可汗高昌王麴伯雅遣使朝貢突厥貢條支巨鳥己卯改納言爲侍中內史令爲中書令給事郎爲給事中甲戌內史侍郎封德彝兼中書令封賊帥劉孝眞爲彭城王賜姓李氏夏四月壬寅至自華陰於益州置行臺尚書省甲寅加秦王益州道行臺尚書令秦王大破宋金剛於介州金剛與劉武周俱奔突厥遂平幷州僞總管尉遲敬德尋相以介州降六月壬辰徙封楚王杜伏威爲吳王賜姓李氏加授東南道行臺尚書令丙午親錄囚徒封皇子元景爲趙王元昌爲魯王元亨爲酆王皇孫承宗爲太原王承道爲安陸王承乾爲恒山王恪爲長沙王泰爲宜都王秋七月壬戌命秦王率諸軍討王世充遣皇太子鎭蒲州以備突厥丙申突厥殺劉武周於白道冬十月庚子懷戎賊帥高開道遣使降授蔚州總管封北平郡王賜姓李氏

四年春正月丁卯竇建德行臺尚書令胡大恩以大安鎭來降封定襄郡王賜姓李氏辛巳命皇太子總統諸軍討稽胡三月徙封宜都王泰爲衞王竇建德來援王世充攻陷我管州夏四月甲寅封皇子元方爲周王元禮爲鄭王元嘉爲宋王元則爲荊王元茂爲越王初置都護府官員五月己未秦王大破竇建德之衆於武牢擒建德河北悉平丙寅王世充舉東都降河南平秋七月甲子秦王凱旋獻俘於太廟丁卯大赦天下廢五銖錢行開元通寶錢斬竇建德於市流王世充於蜀未發爲讎人所害甲戌建德餘黨劉黑闥據漳反置山東道行臺尚書省於洺州八月兗州總管徐圓朗舉兵反以應劉黑闥僭稱魯王冬十月乙丑加秦王天策上將位在王公上領司徒陝東道大行臺尚書令齊王元吉爲司空乙巳趙郡王孝恭平荊州獲蕭銑十一月甲申於洛州置大行臺廢洛州都督府庚寅焚東都紫微宮乾陽殿會稽賊帥李子通以其地來降十二月丁卯命秦王及齊王元吉討劉黑闥壬申徙封宋王元嘉爲徐王

五年春正月丙申劉黑闥據洺州僭稱漢東王三月丁未秦王破劉黑闥於洺水上盡復所陷州縣黑闥亡奔突厥蔚州總管北平王高開道叛寇易州夏四月庚戌秦王還京師高祖迎勞於長樂宮壬申代州總管定襄郡王大恩爲虜所敗戰死六月劉黑闥引突厥寇山東置諫議大夫官員秋七月丁亥吳王伏威來朝隋漢陽太守馮盎以南越之地來降嶺表悉定八月辛亥以洺荊幷幽交五州爲大總管府改封恒山王承乾爲中山王葬隋煬帝於揚州丙辰突厥頡利寇鴈門己未進寇朔州遣皇太子及秦王討擊大敗之冬十月癸酉遣齊王元吉擊劉黑闥於洺州時山東州縣多爲黑闥所守所在殺長吏以應之行軍總管淮陽王道玄與黑闥戰于下博道玄敗沒十一月甲申命皇太子率兵討劉黑闥丙申幸宜州簡閱將士十二月丙辰校獵於華池庚申至自宜州皇太子破劉黑闥於魏州斬之山東平

六年春正月吳王杜伏威爲太子太保二月辛亥校獵於驪山三月乙未幸昆明池宴百官夏四月己未舊宅改爲通義宮曲赦京城繫囚於是置酒高會賜從官帛各有差癸酉以尚書右僕射魏國公裴寂爲左僕射中書令宋國公蕭瑀爲右僕射侍中觀國公楊恭仁爲吏部尚書秋七月突厥頡利寇朔州遣皇太子及秦王屯幷州以備之八月壬子東南道行臺僕射輔公祏據丹陽反僭稱宋王遣趙郡王孝恭及嶺南道大使永康縣公李靖討之丙寅吐谷渾內附九月丙子突厥退皇太子班師改東都爲洛州高開道引突厥寇幽州冬十月幸華陰十一月校獵於沙苑十二月乙巳以奉義監爲龍躍宮武功宅爲慶善宮甲寅至自華陰

七年春正月己酉封高麗王高武爲遼東郡王百濟王扶餘璋爲帶方郡王新羅王金眞平爲樂浪郡王二月高開道爲部將張金樹所殺以其地降丁巳幸國子學親臨釋奠改大總管府爲大都督府吳王伏威薨三月戊寅廢尚書省六司侍郎增吏部郎中秩正四品掌選事戊戌趙郡王孝恭大破輔公祏擒之丹陽平夏四月庚子大赦天下頒行新律令以天下大定詔遭父母喪者聽終制五月造仁智宮於宜州之宜君縣李世勣討徐圓朗平之六月辛丑幸仁智宮秋七月甲午至自仁智宮巂州地震山崩江水咽流八月戊辰突厥寇幷州京師戒嚴壬午突厥退乙未京師解嚴冬十月丁卯幸

慶善宮癸酉幸終南山謁老子廟十一月戊辰校獵於高陵庚午至自慶善宮

八年春二月己巳親錄囚徒多所原宥夏四月造太和宮於終南山六月甲子幸太和宮突厥寇定州命皇太子往幽州秦王往并州以備突厥八月并州道總管張公謹與突厥戰於太谷王師敗績中書令溫彥博沒於賊九月突厥退冬十月辛巳幸周氏陂校獵因幸龍躍宮十一月辛卯幸宜州庚子講武於同官縣改封蜀王元軌爲吳王漢王元慶爲陳王加授秦王中書令齊王元吉侍中天策上將府司馬宇文士及權檢校侍中十二月辛酉至自宜州

九年春正月丙寅命州縣修城隍備突厥尚書左僕射魏國公裴寂爲司空二月庚申加齊王元吉爲司徒戊寅親祠社稷三月辛卯幸昆明池夏五月辛巳以京師寺觀不甚清淨詔曰釋迦闡教清淨爲先遠離塵垢斷除貪慾所以弘宣勝業修植善根開導愚迷津梁品庶是以敷演經教檢約學徒調懺身心捨諸染著衣服飲食咸資四輩自覺王遷謝像法流行末代陵遲漸以虧濫乃有猥賤之侶規自尊高浮惰之人苟避徭役妄爲剃度託號出家嗜慾無厭營求不息出入閭里周旋闤闠驅策田產聚積貨物耕織爲生估販成業事同編戶迹等齊人進違戒律之文退無禮典之訓至乃親行劫掠躬自穿窬造作妖訛交通豪猾每罹憲網自陷重刑黷亂真如傾毀妙法譬茲稂莠有穢嘉苗類彼淤泥混夫清水又伽藍之地本曰淨居棲心之所理尚幽寂近代以來多立寺舍不求閑曠之境唯趣喧雜之方繕采崎嶇棟宇殊拓錯舛隱匿誘納姦邪或有接延鄽邸鄰近屠酤埃塵滿室羶腥盈道徒長輕慢之心有虧崇敬之義且老氏垂化本實沖虛養志無爲遺情物外全真守一是謂玄門驅馳世務尤乖宗旨朕膺期馭宇興隆教法志思利益情在護持欲使玉石區分薰蕕有辨長存妙道永固福田正本澄源宜從沙汰諸僧尼道士女冠等有精勤練行守戒律者並令大寺觀居住給衣食勿令乏短其不能精進戒行者有闕不堪供養者並令罷遣各還桑梓所司明爲條式務依法教違制之事悉宜停斷京城留寺三所觀二所其餘天下諸州各留一所餘悉罷之事竟不行六月庚申秦王以皇太子建成與齊王元吉同謀害己率兵誅之詔立秦王爲皇太子總統萬機大赦天下八月癸亥詔傳位于皇太子尊帝爲太上皇徙居弘義宮改名太安宮貞觀八年三月甲戌高祖讌西突厥使者於兩儀殿顧謂長孫無忌曰當今蠻夷率服古未嘗有無忌上千萬歲壽高祖大悅以酒賜太宗太宗又奉觴上壽流涕而言曰百姓獲安四夷咸附皆奉遵聖旨豈臣之力於是太宗與文德皇后互進御膳并上服御衣物一同家人常禮是歲閱武於城西高祖親自臨視勞將士而還置酒於未央宮三品已上咸侍高祖命突厥頡利可汗起舞又遣南越酋長馮智戴詠詩既而笑曰胡越一家自古未之有也太宗奉觴上壽曰臣早蒙慈訓教以文道爰從義旗平定京邑重以薛舉武周世充建德皆上稟睿算幸而尅定三數年間混一區宇天慈崇寵遂蒙重任今上天垂祐時和歲阜被髮左衽並爲臣妾此豈臣智力皆由上稟聖算高祖大悅羣臣皆呼萬歲極夜方罷九年五月庚子高祖大漸下詔旣殯之後皇帝宜於別所視軍國大事其服輕重悉從漢制以日易月園陵制度務從儉約是日崩於太安宮之垂拱前殿年七十羣臣上謚曰大武皇帝廟號高祖十月庚寅葬於獻陵高宗上元元年八月改上尊號曰神堯皇帝天寶十三年二月上尊號神堯大聖大光孝皇帝

史臣曰有隋季年皇圖板蕩荒主燀燎原之焰羣盜發逐鹿之機殄暴無厭橫流靡救高祖審獨夫之運去知新主之勃興密運雄圖未伸龍躍而屈己求可汗之援卑辭答李密之書決神機而速若疾雷驅豪傑而從如偃草洎謳謠允屬揖讓受終刑名大剗于煩苛爵位不踰於邁軸繇是攬金有恥伏莽知非人懷漢道之寬平不責高皇之慢罵然而優柔失斷浸潤得行誅文靜則議法不從酬裴寂則曲恩太過姦佞由之貝錦嬖幸得以掇蜂獻公遂間於申生小白寧懷於召忽一旦兵交愛子矢集申孫何奴尋犯於便橋京邑咸憂於左衽不有聖子王業殆哉

贊曰高皇創圖勢若摧枯國運神武家難聖謨言生牀第禍切肌膚鴟鴞之詠無損於吾

舊唐書卷一考證

高祖本紀高祖神堯大聖光孝皇帝○沈炳震曰高祖初謚大武皇帝高宗上元元年改上尊號曰神堯皇帝天寶八載謚神堯大聖皇帝十三載上尊號神堯大聖大光孝皇帝書中諸帝俱從十三載所上尊號而高祖獨從八載所謚故亦增入大光孝大字以昭畫一　臣宗萬按高祖本紀與溫大雅創業起居注所載略同紀蓋本諸此也惟月日參差當以通鑑爲準

清河賊帥竇建德僭稱長樂王○臣德潛按建德傳大業十三年建德自稱長樂王歲在丁丑故建元丁丑隋書煬帝本紀同次年稱夏王乃武德元年此云元年稱長樂王三年稱夏王俱誤

李軌爲其僞尚書安興貴所執以降○沈炳震曰新書作安修仁執本傳與新書同綱目作安興貴

五年十二月皇太子破劉黑闥于魏州斬之○沈炳震曰新書六年正月葛德威執黑闥以降二月斬之舊書劉黑闥傳同當從新書

七年五月李世勣討徐圓朗平之○沈炳震曰新書六年二月行軍總管李世勣敗徐圓朗執之兩書徐圓朗傳皆云太宗平劉黑闥進師晉州圓朗窮蹙夜遁爲野人所殺是在六年二月矣當從新書唯兩傳皆云爲野人所殺而新書本紀云執之亦誤

舊唐書卷二

後晉司空同中書門下平章事劉　昫撰

本紀第二

太宗上

太宗文武大聖大廣孝皇帝諱世民高祖第二子也母曰太穆順聖皇后竇氏隋開皇十八年十二月戊午生於武功之別館時有二龍戲於館門之外三日而去高祖之臨岐州太宗時年四歲有書生自言善相謁高祖曰公貴人也且有貴子見太宗曰龍鳳之姿天日之表年將二十必能濟世安民矣高祖懼其言泄將殺之忽失所在因採濟世安民之義以爲名焉太宗幼聰睿玄鑒深遠臨機果斷不拘小節時人莫能測也大業末煬帝於鴈門爲突厥所圍太宗應募救援隸屯衞將軍雲定興營將行謂定興曰必賫旗鼓以設疑兵且始畢可汗舉國之師敢圍天子必以國家倉卒無援我張軍容令數十里幡旗相續夜則鉦鼓相應虜必謂救兵雲集望塵而遁矣不然彼衆我寡悉軍來戰必不能支矣定興從焉師次崞縣突厥候騎馳告始畢曰王師大至由是解圍而遁及高祖之守太原太宗時年十八有高陽賊帥魏刀兒自號歷山飛來攻太原高祖擊之深入賊陣太宗以輕騎突圍而進射之所向皆披靡拔高祖於萬衆之中適會步兵至高祖與太宗又奮擊大破之時隋祚已終太宗潛圖義舉每折節下士推財養客羣盜大俠莫不願效死力及義兵起乃率兵略徇西河尅之拜右領大都督右三軍皆隸焉封燉煌郡公大軍西上賈胡堡隋將宋老生率精兵二萬屯霍邑以拒義師會久雨糧盡高祖與裴寂議且還太原以圖後舉太宗曰本興大義以救蒼生當須先入咸陽號令天下遇小敵卽班師將恐從義之徒一朝解體還守太原一城之地此爲賊耳何以自全高祖不納促令引發太宗遂號泣於外聲聞帳中高祖召問其故對曰今兵以義動進戰則必尅退還則必散衆散於前敵乘於後死亡須臾而至是以悲耳高祖乃悟而止八月己卯雨霽高祖引師趣霍邑太宗恐老生不出戰乃將數騎先詣其城下舉鞭指麾若將圍城者以激怒之老生果怒開門出兵背城而陣高祖與建成合陣於城東太宗及柴紹陣於城南老生麾兵疾進先薄高祖而建成墜馬老生乘之高祖與建成軍咸却太宗自南原率二騎馳下峻坂衝斷其軍引兵奮擊賊衆大敗各捨仗而走懸門發老生引繩欲上遂斬之平霍邑至河東關中豪傑爭走赴義太宗請進師入關取永豐倉以賑窮乏收羣盜以圖京師高祖稱善太宗以前軍濟河先定渭北三輔吏民及諸豪猾詣軍門請自効者日以千計扶老攜幼滿於麾下收納英俊以備僚列遠近聞者咸自託焉師次于涇陽勝兵九萬破胡賊劉鷂子并其衆留殷開山劉弘基屯長安故城太宗自趣司竹賊帥李仲文何潘仁向善志等皆來會頓于阿城獲兵十三萬長安父老賫牛酒詣旌門者不可勝紀勞而遣之一無所受軍令嚴肅秋毫無所犯尋與大軍平京城高祖輔政受唐國內史改封秦國公會薛舉以勁卒十萬來逼渭濱太宗親擊之大破其衆追斬萬餘級略地至于隴坻義寧元年十二月復爲右元帥總兵十萬徇東都及將旋謂左右曰賊見吾還必相追躡設三伏以待之俄而隋將段達率萬餘人自後而至度三王陵發伏擊之段達大敗追奔至于城下因於宜陽新安置熊穀二州戍之而還徙封趙國公高祖受禪拜尚書令右武候大將軍進封秦王加授雍州牧武德元年七月薛舉寇涇州太宗率衆討之不利而旋九月薛舉死其子仁杲嗣立太宗又爲元帥以擊仁杲相持於折墌城深溝高壘者六十餘日賊衆十餘萬兵鋒甚銳數來挑戰太宗按甲以挫之賊糧盡其

將牟君才梁胡郎來降太宗謂諸將軍曰彼氣衰矣吾當取之遣將軍龐玉先陣於淺水原南以誘之賊將宗羅睺併軍來拒玉軍幾敗既而太宗親御大軍奄自原北出其不意羅睺望見復廻師相拒太宗將驍騎數十入賊陣於是王師表裏齊奮羅睺大潰斬首數千級投澗谷而死者不可勝計太宗率左右二十餘騎追奔直趣折墌以乘之仁杲大懼嬰城自守將夕大軍繼至四面合圍詰朝仁杲請降俘其精兵萬餘人男女五萬口既而諸將奉賀因問曰始大王野戰破賊其主尚保堅城王無攻具輕騎騰逐不待步兵徑薄城下咸疑不尅而竟下之何也太宗曰此以權道迫之使其計不暇發以故尅也羅睺恃往年之勝兼復養銳日久見吾不出意在相輕今喜吾出悉兵來戰雖擊破之擒殺蓋少若不急躡還走投城仁杲收而撫之則便未可得矣且其兵衆皆隴西人一敗披退不及廻顧散歸隴外則折墌自虛我軍隨而迫之所以懼而降也此可謂成算諸君盡不見耶諸將曰此非凡人所能及也獲賊兵精騎甚衆還令仁杲兄弟及賊帥宗羅睺翟長孫等領之太宗與之遊獵馳射無所間然賊徒荷恩懾氣咸願効死時李密初附高祖令密馳傳迎太宗於豳州密見太宗天姿神武軍威嚴肅驚悚歎服私謂殷開山曰眞英主也不如此何以定禍亂乎凱旋獻捷於太廟拜太尉陝東道行臺尚書令鎭長春宮關東兵馬並受節度尋加左武候大將軍涼州總管宋金剛之陷澮州也兵鋒甚銳高祖以王行本尚據蒲州呂崇茂反於夏縣晉澮二州相繼陷沒關中震駭乃手勑曰賊勢如此難與爭鋒宜棄河東之地謹守關西而已太宗上表曰太原王業所基國之根本河東殷實京邑所資若舉而棄之臣竊憤恨願假精兵三萬必能平殄武周克復汾晉高祖於是悉發關中兵以益之又幸長春宮親送太宗二年十一月太宗率衆趣龍門關履冰而渡之進屯柏壁與賊將宋金剛相持尋而永安王孝基敗於夏縣于筠獨孤懷恩唐儉並爲賊將尋相尉遲敬德所執將還澮州太宗遣殷開山秦叔寶邀之於美良川大破之相等僅以身免悉虜其衆復歸柏壁於是將咸請戰太宗曰金剛懸軍千里深入吾地精兵驍將皆在於此武周據太原專倚金剛以爲捍士卒雖衆內實空虛意在速戰我堅營蓄銳以挫其鋒糧盡計窮自當遁走三年二月金剛竟以衆餒而遁太宗追之至介州金剛列陣南北七里以拒官軍太宗遣總管李世勣程齩金秦叔寶當其北翟長孫秦武通當其南諸軍戰小却爲賊所乘太宗率精騎擊之衝其陣後賊衆大敗追奔數十里敬德相率衆八千來降還令敬德督之與軍營相叅屈突通懼其爲變驟以爲請太宗曰昔蕭王推赤心置人腹中並能畢命今委任敬德又何疑也於是劉武周奔於突厥并汾悉復舊地詔就軍加拜益州道行臺尚書令七月總率諸軍攻王世充於洛邑師次穀州世充率精兵三萬陣於慈澗太宗以輕騎挑之時衆寡不敵陷於重圍左右咸懼太宗命左右先歸獨留後殿世充驍將單雄信數百騎夾道來逼交搶競進太宗幾爲所敗太宗左右射之無不應弦而倒獲其大將燕頎世充乃拔慈澗之鎭歸於東都太宗遣行軍總管史萬寶自宜陽南據龍門劉德威自太行東圍河內王君廓自洛口斷賊糧道又遣黃君漢夜從孝水河中下舟師襲廻洛城尅之黃河已南莫不響應城堡相次來降大軍進屯邙山九月太宗以五百騎先觀戰地卒與世充萬餘人相遇會戰復破之斬首三千餘級獲大將陳智略世充僅以身免其所署筠州總管楊慶遣使請降遣李世勣率師出轘轅道安撫其衆滎汴洧豫九州相繼來降世充遂求救於竇建德四年二月又進屯青城宮營壘未立世充衆二萬自方諸門臨穀水而陣太宗以精騎陣於北邙山令屈突通率步卒五千渡水以擊之因誡通曰待兵交卽放煙吾當率騎軍南下兵纔接太宗以騎衝之挺身先進與通表裏相應賊衆殊死戰散而復合者數焉自辰及午賊衆始退縱兵乘之俘斬八千人於是進營城下世充不敢復出但嬰城自守以待建德之援太宗遣諸軍掘塹匝布長圍以守之吳王杜伏威遣其將陳正通徐召宗率精兵二千來會於軍所僞鄭州司馬沈悅以武牢降將軍王君廓應之擒其僞荊王王行本會竇建德以兵十餘萬來援世充至于酸棗蕭瑀屈突通封德彝皆以腹背受敵恐非萬全請退師穀州以觀之太宗曰世充糧盡內外離心我當不勞攻擊坐收其敝建德新破孟海公將驕卒惰吾當進據武牢扼其襟要賊若冒險與我爭鋒破之必矣如其不戰旬日間世充當自潰若不速進賊入武牢諸城新附必不能守二賊併力將若之何通又請解圍就險以候其變太宗不許於是留通輔齊王元吉以圍世充親率步騎三千五百人趣武牢建德自滎陽西上築壘於板渚太宗屯武牢相持二十餘日諜者曰建德伺官軍芻盡候牧馬於河北因將襲武牢太宗知其謀遂牧馬河北以誘之詰朝建德果悉衆而至陳兵氾水世充將郭士衡陣於其南綿亘數里鼓譟諸將大懼太宗將數騎昇高丘以望之謂諸將曰賊起山東未見大敵今度險而囂是無政令逼城而陣有輕我心我按兵不出彼氣衰陣久卒饑必將自退追而擊之無往不尅吾與公等約必以午時後破之建德列陣自辰至午兵士饑倦皆坐列又爭飲水逡巡斂退太宗曰可擊矣親率輕騎追而誘之衆繼至建德廻師而陣未及整列太宗先登擊之所向皆靡俄而衆軍合戰囂塵四起太宗率史大奈程齩金秦叔寶宇文歆等揮幡而入直突出其陣後張我旗幟賊顧見之大潰追奔三十里斬首三千餘級虜其衆五萬生擒建德於陣太宗數之曰我以干戈問罪本在王世充得失存亡不預汝事何故越境犯我兵鋒建德股慄而言曰今若不來恐勞遠取高祖聞而大悅手詔曰隋氏分崩崤函隔絶兩雄合勢一朝清蕩兵旣尅捷更無死傷無愧爲臣不憂其父並汝功也乃將建德至東都城下世充懼率其官屬二千餘人詣軍門請降山東悉平太宗入據宮城令蕭瑀竇軌等封守府庫一無所取令記室房玄齡收隋圖籍於是誅其同惡段達等五十餘人枉被囚禁者悉釋之非罪誅戮者祭而誄之大饗將士班賜有差高祖令尚書左僕射裴寂勞於軍中六月凱旋太宗親披黃金甲陳鐵馬一萬騎甲士三萬人前後部鼓吹俘二僞主及隋氏器物輦輅獻于太廟高祖大悅行飲至禮以享焉高祖以自古舊官不稱殊功乃別表徽號用旌勳德十月加號天策上將陝東道大行臺位在王公上增邑二萬戸通前二萬戸賜金輅一乘衮冕之服玉璧一雙黃金六千斤前後部鼓吹及九部之樂班劒四十人于時海內漸平太宗乃銳意經籍開文學館以待四方之士行臺司勳郎中杜如晦等十有八人爲學士每更直閣下降以溫顏與之討論經義或夜分而罷未幾竇建德舊將劉黑闥舉兵反據洺州十二月太宗總戎東討五年正月進軍肥鄉分兵絶其糧道相持兩月黑闥窘急求戰率步騎二萬南渡洺水晨壓官軍太宗親率精騎擊其馬軍破之乘勝蹂其步卒賊大潰斬首萬餘級先是太宗遣堰洺水上流使淺令黑闥得渡及戰乃令決堰水大至深丈餘賊徒旣敗赴水者皆溺死焉黑闥與二百餘騎北走突厥悉虜其衆河北平時徐圓朗阻兵徐兗太宗廻師討平之於是河濟江淮諸郡邑皆平十月加左右十二衛大將軍七年秋突厥頡利二可汗自原州入寇侵擾關中有說高祖云秖爲府藏子女在京師故突厥來若燒却長安而不都則胡寇自止高祖乃遣中書侍郎宇文士及行山南可居之地卽欲移都蕭瑀等皆以爲非然終不敢犯顏正諫太宗獨曰霍去病漢廷之將帥耳猶且志滅匈奴臣忝備藩維尚使胡塵不息遂令陛下議欲遷都此臣之責也幸乞聽臣一申微効取彼頡利若一兩年間不係其頸徐建移都之策臣當不敢復言高祖怒仍遣太宗將三十餘騎行劃還日固奏必不可移都高祖遂止八年加中書令九年皇太子建成齊王元吉謀害太宗六月四日太宗率長孫無忌尉遲敬德房玄齡杜如晦宇文士及高士廉侯君集程知節秦叔寶段志玄屈突通張士貴等於玄武門誅之甲子立爲皇太子庶政皆斷決太宗乃縱禁苑所養鷹犬幷停諸方所進珍異政尚簡肅天下大悅又令百官各上封事備陳安人理國之要己巳令曰依禮二名不偏諱近代已來兩字兼避廢闕已多率意而行有違經典其官號人名公私文籍有世民兩字不連續者並不須諱罷幽州大都督府辛未廢陝東道大行臺置洛州都督府廢益州道行臺置益州大都督府壬午幽州大都督廬江王瑗謀逆廢爲庶人乙酉罷天策府七月壬辰太子左庶子高士廉爲侍中右庶子房玄齡爲中書令尚書右僕射蕭瑀爲尚書左僕射吏部尚書楊恭仁爲雍州牧太子左庶子長孫無忌爲吏部尚書右庶子杜如晦爲兵部尚書太子詹事宇文士及爲中書令封德彝爲尚書右僕射八月癸亥高祖傳位於皇太子太宗卽位於東宮顯德殿遣司空魏國公裴寂柴告于南郊大赦天下武德元年以來責情流配者並放還文武官五品已上先無爵者賜爵一級六品已下加勳一轉天下給復一年癸酉放掖庭宮女三千餘人甲戌突厥頡利突利寇涇州乙亥突厥進寇武功京師戒嚴丙子立妃長孫氏爲皇后己卯突厥寇高陵辛巳行軍總管尉遲敬德與突厥戰於涇陽大破之斬首千餘級癸未突厥頡利至于渭水便橋之北遣其酋帥執失思力入朝爲覘自張形勢太宗命囚之親出玄武門馳六騎幸渭水上與頡利隔津而語責以負約俄而衆軍繼至頡利見軍容旣盛又知思力就拘由是大懼遂請和詔許焉卽日還宮乙酉又幸便橋與頡利刑白馬設盟突厥引退九月丙戌頡利獻馬三千疋羊萬口帝不受令頡利歸所掠中國戸口丁未引諸衛騎兵統將等習射于顯德殿庭謂將軍已下曰自古突厥與中國更有盛衰若軒轅善用五兵卽能北逐獯

鬻周宣驅馳方召亦能制勝太原至漢晉之君逮於隋代不使兵士素習干戈突厥來侵莫能抗禦致遺中國生民塗炭於寇手我今不使汝等穿池築苑造諸淫費農民恣令逸樂兵士唯習弓馬庶使汝闘戰亦望汝前無橫敵於是每日引數百人於殿前教射帝親自臨試射中者隨賞弓刀布帛朝臣多有諫者曰先王制法有以兵刃至御所者刑之所以防萌杜漸備不虞也今引裨卒之人彎弧縱矢於軒陛之側陛下親在其間正恐禍出非意非所以爲社稷計也上不納自是後士卒皆爲精鋭壬子詔私家不得輙立妖神妄設淫祀非禮祠禱一皆禁絶其龜易五兆之外諸雜占卜亦皆停斷長孫無忌封齊國公房玄齡邢國公尉遲敬德吳國公杜如晦蔡國公侯君集潞國公冬十月丙辰朔日有蝕之癸亥立中山王承乾爲皇太子癸酉裴寂食實封一千五百戶長孫無忌王君廓尉遲敬德房玄齡杜如晦一千三百戶長孫順德柴紹羅藝趙郡王孝恭一千二百戶侯君集張公謹劉師立一千戶李世勣劉弘基九百戶高士廉宇文士及秦叔寶程知節七百戶安興貴安修仁唐儉竇軌屈突通蕭瑀封德彝劉義節六百戶錢九隴樊世興公孫武達李孟常段志玄龐卿惲張亮李藥師杜淹元仲文四百戶張長遜張平高李安遠李子和秦行師馬三寶三百戶十一月庚寅降宗室封郡王者並爲縣公十二月癸酉親録囚徒是歲新羅龜茲突厥高麗百濟党項並遣使朝貢

貞觀元年春正月乙酉改元辛丑燕郡王李藝據涇州反尋爲左右所斬傳首京師庚午以僕射竇軌爲益州大都督三月癸巳皇后親蠶尚書左僕射宋國公蕭瑀爲太子少師丙午詔齊故尚書僕射崔季舒給事黃門侍郎郭遵尚書右丞封孝琰等昔仕鄴中名位通顯志存忠讜抗表極言無救社稷之亡遂見龍逢之酷其季舒子剛遵子雲孝琰子君遵並以門遭時譴淫刑濫及宜從褒獎特異常倫可免內侍量才别叙夏四月癸巳凉州都督長樂王幼良有罪伏誅六月辛巳尚書右僕射密國公封德彝薨壬辰太子少保宋國公蕭瑀爲尚書左僕射是夏山東諸州大旱令所在賑恤無出今年租賦秋七月壬子吏部尚書齊國公長孫無忌爲尚書右僕射八月戊戌貶侍中義興郡公高士廉爲安州大都督戶部尚書裴矩卒是月關東及河南隴右沿邊諸州霜害秋稼九月辛酉命中書侍郎溫彦博尚書右丞魏徵等分往諸州賑恤中書令郢國公宇文士及爲殿中監御史大夫檢校吏部尚書叅預朝政安吉郡公杜淹署位十二月壬午上謂侍臣曰神仙事本虛妄空有其名秦始皇非分愛好遂爲方士所詐乃遣童男女數千人隨徐福入海求仙藥方士避秦苛虐因留不歸始皇猶海側踟蹰以待之還至沙丘而死漢武帝爲求仙乃將女嫁道術人事既無驗便行誅戮據此二事神仙不煩妄求也尚書左僕射宋國公蕭瑀坐事免戊申利州都督義安王孝常右武衞將軍劉德裕等謀反伏誅是歲關中饑至有鬻男女者

二年春正月辛丑尚書右僕射齊國公長孫無忌爲開府儀同三司徙封漢王恪爲蜀王衞王泰爲越王楚王祐爲燕王復置六侍郎副六尚書事并置左右司郎中各一人前安州大都督趙王元景爲雍州牧蜀王恪爲益州大都督越王泰爲揚州大都督二月丙戌靺鞨內屬三月戊申朔日有蝕之丁卯遣御史大夫杜淹巡關內諸州出御府金寶贖男女自賣者還其父母庚午大赦天下夏四月己卯詔骸骨暴露者令所在埋瘞丙申契丹內屬初詔天下州縣並置義倉夏州賊帥梁師都爲其從父弟洛仁所殺以城降五月大雨雹六月庚寅皇子治生宴五品以上賜帛有差仍賜天下是日生者粟辛卯上謂侍臣曰君雖不君臣不可以不臣裴虔通煬帝舊左右也而親爲亂首朕方崇奬敬義豈可猶使宰民訓俗詔曰天地定位君臣之義以彰卑高既陳人倫之道斯著是用篤厚風俗化成天下雖復時經治亂主或昏明疾風勁草芬芳無絶剖心焚體赴蹈如歸夫豈不愛七尺之軀重百年之命諒由君臣義重名教所先故能明大節於當時立清風於身後至如趙高之殞二世董卓之鴆弘農人神所疾異代同憤況凡庸小豎有懷凶悖遐觀典策莫不誅夷辰州刺史長蛇縣男裴虔通昔在隋代委質晉藩煬帝以舊邸之情特相愛幸遂乃志蔑君親潛圖弑逆密伺間隙招結羣醜長戟流矢一朝竊發天下之惡孰云可忍宜其夷宗焚首以彰大戮但年代異時累逢赦令可特免極刑除名削爵遷配驩州秋七月戊申詔萊州刺史牛方裕絳州刺史薛世良廣州都督府長史唐奉義隋武牙郎將高元禮並於隋代俱蒙任用乃協契宇文化及構成弑逆宜依裴虔通除名配流嶺表太宗謂侍臣曰天下愚人好犯憲章凡赦宥之恩唯及不軌之輩古語曰小人之幸君子之不幸一歲再赦好人喑啞凡養稂莠者傷禾稼惠姦宄者賊良人昔文王作罰刑茲無赦又蜀先主嘗謂諸葛亮曰吾周旋陳元方鄭康成閒每見啓告理亂之道備矣曾不語赦也夫小人者大人之賊故朕有天下已來不甚放赦今四海安靜禮義興行非常之恩施不可數將恐愚人常冀僥倖唯欲犯法不能改過八月甲戌朔幸朝堂親覽冤屈自是上以軍國無事每日視膳於西宮癸巳公卿奏曰依禮季夏之月可以居臺榭今隆暑未退秋霖方始宮中卑濕請營一閣以居之帝曰朕有氣病豈宜下濕若遂來請糜費良多昔漢文帝將起露臺而惜十家之產朕德不逮于漢帝而所費過之豈謂爲民父母之道也竟不許是月河南河北大霜人饑九月丙午詔曰尚齒重舊先王以之垂範還章解組朝臣於是克終釋菜合樂之儀東膠西序之制養老之義遺文可覩朕恭膺大寶憲章故實乞言尊事彌切深衷然情存今古世踵澆季而策名就列或乖大體至若筋力將盡桑榆且迫徒竭夙興之勤未悟夜行之罪其有心驚止足行堪激勵謝事公門收骸閭里能以禮讓固可嘉焉內外文武羣官年高致仕抗表去職者叅朝之日宜在本品見任之上丁未謂侍臣曰婦人幽閉深宮情實可愍隋氏末年求採無已至於離宮别館非幸御之所多聚宮人皆竭人財力朕所不取且灑掃之餘更何所用今將出之任求伉儷非獨以惜費亦人得各遂其性於是遣尚書左丞戴冑給事中杜正倫等於掖庭宮西門簡出之冬十月庚辰御史大夫安吉郡公杜淹卒戊子殺瀛州刺史盧祖尚十一月辛酉有事於圜丘十二月壬午黃門侍郎王珪爲侍中

三年春正月辛亥契丹渠帥來朝戊午謁太廟癸亥親耕籍田辛未司空魏國公裴寂坐事免二月戊寅中書令邢國公房玄齡爲尚書左僕射兵部尚書檢校侍中蔡國公杜如晦爲尚書右僕射刑部尚書檢校中書令永康縣公李靖爲兵部尚書右丞魏徵爲守祕書監叅預朝政夏四月辛巳太上皇徙居大安宮甲子太宗始於太極殿聽政五月周王元方薨六月戊寅以旱親録囚徒遣長孫無忌房玄齡等祈雨於名山大川中書舍人杜正倫等往關內諸州慰撫又令文武官各上封事極言得失己卯大風折木秋八月己巳朔日有蝕之薛延陁遣使朝貢九月癸丑諸州置醫學冬十一月丙午西突厥高昌遣使朝貢庚申以并州都督李世勣爲通漢道行軍總管兵部尚書李靖爲定襄道行軍總管以擊突厥十二月戊辰突利可汗來奔癸未杜如晦以疾辭位許之癸丑詔建義已來交兵之處爲義士勇夫殞身戎陣者各立一寺命虞世南李伯藥褚亮顏師古岑文本許敬宗朱子奢等爲之碑銘以紀功業是歲戶部奏言中國人自塞外來歸及突厥前後內附開四夷爲州縣者男女一百二十餘萬口

舊唐書卷二考證

太宗本紀卷上太宗又爲元帥以擊仁杲相持于折墌城○新書復屯于高墌城 臣宗萬按新書地理志寧州定平縣有高墌城高祖紀薛舉寇涇州不及高墌通鑑薛舉進逼高墌新書亦作高墌此獨云折墌應誤當以新書爲是

貞觀元年春正月以僕射竇軌爲益州大都督○沈炳震曰軌本傳武德三年拜益州道行臺左僕射九年行臺廢卽授益州大都督貞觀元年徵爲右衞大將軍非是年以僕射拜益州也疑誤

三年十一月以并州都督李世勣爲通漢道行軍總管○李勣傳作通漠道則漢當爲漠字之訛

十二月癸丑詔爲義士勇夫殞身戎陣者各立一寺○臣宗萬按史不言立寺之處其可考證者於汾州破劉武周則立弘濟寺於呂州破宋老生則立普濟寺於晉州破宋金剛則立慈雲寺於邙山破王世充則立昭覺寺於汜水破竇建德則立等慈寺於洺州破劉黑闥則立昭福寺征高麗還則立憫忠寺于幽州太宗身起行間與士卒同甘苦卽位後軫念國殤復有是詔亦發政施仁之大端故詳誌於此

# 舊唐書卷三

後晉司空同中書門下平章事劉　昫撰

## 本紀第三

### 太宗下

四年春正月乙亥定襄道行軍總管李靖大破突厥獲隋皇后蕭氏及煬帝之孫正道送至京師癸巳武德殿北院火二月己亥幸溫湯甲辰李靖又破突厥于陰山頡利可汗輕騎遠遁丙午至自溫湯甲寅大赦賜酺五日民部尚書戴冑以本官檢校吏部尚書叅預朝政太常卿蕭瑀爲御史大夫與宰臣叅議朝政御史大夫西

河郡公溫彥博爲中書令三月庚辰大同道行軍副總管張寶相生擒頡利可汗獻於京師甲申尚書右僕射蔡國公杜如晦薨甲午以俘頡利告於太廟夏四月丁酉御順天門軍吏執頡利以獻捷自是西北諸蕃咸請上尊號爲天可汗於是降璽書冊命其君長則兼稱之秋七月甲子朔日有蝕之上謂房玄齡蕭瑀曰隋文何等主對曰克己復禮勤勞思政每一坐朝或至日昃五品已上引之論事宿衞之人傳飧而食雖非性體仁明亦勵精之主也上曰公得其一未知其二此人性至察而心不明夫心暗則照有不通至察則多疑於物自以欺孤寡得之謂羣下不可信任事皆自決雖勞神苦形未能盡合於理朝臣既知上意亦復不敢直言宰相已下承受而已朕意不然以天下之廣豈可獨斷一人之慮朕方選天下之才爲天下之務委任責成各盡其用庶幾於理也因令有司詔勑不便於時卽宜執奏不得順旨施行八月丙午詔三品已上服紫五品已上服緋六品七品以綠八品九品以青婦人從夫色甲寅兵部尚書代國公李靖爲尚書左僕射九月庚午令收瘞長城之南骸骨仍令致祭壬午令自古明王聖帝賢臣烈士墳墓無得芻牧春秋致祭冬十月壬辰幸隴州曲赦隴岐二州給復一年十日校獵於貴泉谷十三日校獵於魚龍川自射鹿獻於大安宮甲子至自隴州戊寅制決罪人不得鞭背以明堂孔穴針灸之所兵部尚書侯君集參議朝政十二月辛亥開府儀同三司淮安王神通薨甲寅高昌王麴文泰來朝是歲斷死刑二十九人幾致刑措東至于海南至于嶺皆外戶不閉行旅不齎糧焉

五年正月癸酉大蒐於昆明池蕃夷君長咸從丙午親獻禽於大安宮己卯幸左藏庫賜三品已上帛任其輕重癸未朝集使請封禪己酉封皇弟元裕爲鄶王元名爲譙王靈夔爲魏王元祥爲許王元曉爲密王庚戌封皇子愔爲梁王貞爲漢王惲爲郯王治爲晉王愼爲申王囂爲江王簡爲代王夏四月壬辰代王簡薨以金帛購中國人因隋亂沒突厥者男女八萬人盡還其家屬六月甲寅太子少師新昌縣公李綱薨七月甲辰遣使毀高麗所立京觀收隋人骸骨祭而葬之戊申初令天下決死刑必三覆奏在京諸司五覆奏其日尚食進蔬食內教坊及太常不舉樂秋九月乙丑賜羣官大射於武德殿冬十月右衞大將軍順州都督北平郡王阿史那什鉢苾卒十二月壬寅幸溫湯癸卯獵於驪山丙午賜新豐高年帛有差戊申至自溫湯

六年春正月乙卯朔日有蝕之二月丙戌置三師官員戊子初置律學三月戊辰幸九成宮六月己亥鄷王元亨薨辛亥江王囂薨冬十月乙卯至自九成宮十二月辛未親錄囚徒歸死罪者二百九十人于家令明年秋末就刑其後應期畢至詔悉原之是歲党項羌前後內屬者三十萬口

七年春正月戊子詔曰宇文化及弟智及司馬德戡裴虔通孟景元禮楊覽唐奉義牛方裕元敏薛良馬舉元武達李孝本李孝質張愷許弘仁令狐行達席德方李覆等大業季年咸居列職或恩結一代任重一時乃包藏凶慝罔思忠義爰在江都遂行弒逆罪百閻趙釁深梟獍雖事是前代歲月已久而天下之惡古今同棄宜寘重典以勵臣節其子孫並宜禁錮勿令齒敘是日上製破陣樂舞圖辛丑賜京城酺三日丁卯雨土乙酉薛延陁遣使來朝庚寅秘書監檢校侍中魏徵爲侍中癸巳直太史將仕郎李淳風鑄渾天黃道儀奏之置於凝暉閣夏五月癸未幸九成宮八月山東河南三十州大水遣使賑恤冬十月庚申至自九成宮十一月丁丑頒新定五經壬辰開府儀同三司齊國公長孫無忌爲司空十二月丙辰狩于少陵原詔以少牢祭杜如晦杜淹李綱之墓

八年正月癸未右衞大將軍阿史那吐苾卒辛丑右屯衞大將軍張士貴討東西五洞反獠平之壬寅命尚書右僕射李靖特進蕭瑀楊恭仁禮部尚書王珪御史大夫韋挺鄜州大都督府長史皇甫無逸揚州大都督府長史李襲譽幽州大都督府長史張亮涼州大都督李大亮右領軍大將軍竇誕太子左庶子杜正倫綿州刺史劉德威黃門侍郎趙弘智使于四方觀省風俗二月乙巳皇太子加元服丙午賜天下酺三日三月庚辰幸九成宮五月辛未朔日有蝕之丁丑上初服翼善冠賞臣服進德冠七月始以雲麾將軍階爲從三品隴右山崩大蛇屢見山東河南淮南大水遣使賑恤八月甲子有星孛于虛危歷于氐十一月上旬乃滅九月丁丑皇太子來朝冬十月右驍衞大將軍褒國公段志玄擊吐谷渾破之追奔八百餘里甲子至自九成宮十一月辛未右僕射代國公李靖以疾辭官授特進丁亥吐谷渾寇涼州己丑吐谷渾拘我行人趙道德十二月辛丑命特進李靖兵部尚書侯君集刑部尚書任城王道宗涼州都督李大亮等爲大總管各帥師分道以討吐谷渾壬子越王泰爲雍州牧乙卯帝從太上皇閱武於城西是歲龜茲吐蕃高昌女國石國遣使朝貢

九年春三月洮州羌叛殺刺史孔長秀壬午大赦每鄉置長一人佐二人乙酉鹽澤道總管高甑生大破叛羌之衆庚寅勑天下戶立三等未盡升降置爲九等夏四月壬寅康國獻獅子閏月丁卯日有蝕之癸巳大總管李靖侯君集李大亮任城王道宗破吐谷渾於牛心堆五月乙未又破之於烏海追奔至烏海副總管薛萬均薛萬徹又破之於赤水源獲其名王二十人庚子太上皇崩於大安宮壬子李靖平吐谷渾於西海之上獲其王慕容伏允以其子慕容順光降封爲西平郡王復其本國秋七月甲寅增修太廟爲六室冬十月庚寅葬高祖太武皇帝於獻陵戊申祔于太廟辛丑左僕射魏國公房玄齡加開府儀同三司餘如故十二月甲戌吐谷渾西平郡王慕容順光爲其下所弒遣兵部尚書侯君集率師安撫之仍封順光子諾曷鉢爲河源郡王使統其衆右光祿大夫宋國公蕭瑀依舊特進復令參預朝政

十年春正月壬子尚書左僕射房玄齡侍中魏徵上梁陳齊周隋五代史詔藏于秘閣癸丑徙封趙王元景爲荆王魯王元昌爲漢王鄭王元禮爲徐王徐王元嘉爲韓王荆王元則爲彭王滕王元懿爲鄭王吳王元軌爲霍王豳王元鳳爲虢王陳王元慶爲道王魏王靈夔爲燕王蜀王恪爲吳王越王泰爲魏王燕王祐爲齊王梁王愔爲蜀王郯王惲爲蔣王漢王貞爲越王申王愼爲紀王夏六月以侍中魏徵爲特進仍知門下省事壬申中書令溫彥博爲尚書右僕射甲戌太常卿安德郡公楊師道爲侍中己卯皇后長孫氏崩于立政殿冬十一月庚寅葬文德皇后於昭陵十二月壬申吐谷渾河源郡王慕容諾曷鉢來朝乙亥親錄京師囚徒是歲關內河東疾病命醫齎藥療之

十一年春正月丁亥朔徙鄶王元裕爲鄧王譙王元名爲舒王癸巳加魏王泰爲雍州牧左武候大將軍庚子頒新律令於天下作飛山宮甲寅房玄齡等進所修五禮詔所司行用之二月丁亥詔曰夫生者天地之大德壽者修短之一期生有七尺之形壽以百齡爲限含靈稟氣莫不同焉皆得之於自然不可以分外企也是以禮記云君卽位而爲椑莊周云勞我以形息我以死豈非聖人遠鑒通賢深識末代已來明辟蓋寡靡不矜黃屋之尊慮白駒之過並多拘忌有慕遐年謂雲車易乘羲輪可駐異軌同趣其蔽甚矣有隋之季海內橫流豺狼肆暴吞噬黔首朕投袂發憤情深拯溺扶翼義師濟斯塗炭賴蒼昊降鑒股肱宣力提劍指麾天下大定此朕之宿志於斯已畢猶恐身後之日子子孫孫習於流俗猶循常禮加四重之櫬伐百祀之木勞擾百姓崇厚園陵今預爲此制務從儉約於九嵕之山足容棺而已積以歲月漸而備之木馬塗車土桴葦籥事合古典不爲時用又佐命功臣或義深舟檝或謀定帷幄或身摧行陣同濟艱危克成鴻業追念在昔何日忘之使逝者無知咸歸寂寞若營魂有識還如疇曩居止相望不亦善乎漢氏使將相陪陵又給以東園祕器篤終之義恩意深厚古人豈異我哉自今已後功臣密戚及德業佐時者如有薨亡宜賜塋地一所及以秘器使窀窆之時喪事無闕所司依此營備稱朕意焉甲子幸洛陽宮命祭漢文帝三月丙戌朔日有蝕之丁亥車駕至洛陽丙申改洛州爲洛陽宮辛亥大蒐於廣城澤癸丑還宮夏四月甲子震乾元殿前槐樹丙寅詔河北淮南舉孝悌淳篤兼閑時務儒術該通可爲師範文辭秀美才堪著述明識政體可委字人并志行修立爲鄉閭所推者給傳詣洛陽宮六月甲寅尚書右僕射虞國公溫彥博薨丁巳幸明德宮己未定制諸王爲世封刺史戊辰定制勳臣爲世封刺史改封任城王道宗爲江夏郡王趙郡王孝恭爲河間郡王己巳改封許王元祥爲江王秋七月癸未大霪雨穀水溢入洛陽宮深四尺壞左掖門毀宮寺十九所洛水溢漂六百家庚寅詔以災命百官上封事極言得失丁酉車駕還宮壬寅廢明德宮及飛山宮之玄圃院分給遭水之家仍賜帛有差丙午修老君廟於亳州宣尼廟於兗州各給二十戶享祀焉涼武昭王復近墓二十戶充守衞仍禁芻牧樵採九月丁亥河溢壞陝西河北縣毀河陽中潭幸白司馬坂以觀之賜遭水之家粟帛有差冬十一月辛卯幸懷州乙未狩於濟源丙午車駕還宮十二月辛酉百濟王遣其太子隆來朝

十二年春正月乙未吏部尚書高士廉等上氏族志一百三十卷壬寅松叢二州地震壞人廬舍有壓死者二月乙卯車駕還京癸亥觀砥柱勒銘以紀功德甲子夜郎獠反夔州都督齊善行討平之乙丑次陝州自新橋幸河北縣祀夏禹廟丁卯次柳谷頓觀鹽池戊寅以隋鷹揚郎將堯君素忠於本朝贈蒲州刺史仍錄其子孫閏二月庚辰朔日有蝕之丙戌至自洛陽宮夏五月壬

申銀青光祿大夫永興縣公虞世南卒六月庚子初置玄武門左右飛騎秋七月癸酉吏部尚書申國公高士廉為尚書右僕射冬十月乙卯狩于始平賜高年粟帛有差乙未至自始平己亥百濟遣使貢金甲雕斧十二月辛巳右武候將軍上官懷仁大破山獠於壁州

十三年春正月乙巳朔謁獻陵曲赦三原縣及行從大辟罪丁未至自獻陵戊午加房玄齡為太子少師二月丙子停世襲刺史三月乙丑有星孛于畢昴夏四月戊寅幸九成宮甲申阿史那結社爾犯御營伏誅壬寅雲陽石燃者方丈晝如灰夜則有光投草木於上則焚歷年而止自去冬不雨至于五月甲寅避正殿令五品以上上封事減膳罷役分使賑恤申理冤屈乃雨六月丙申封皇弟元嬰為滕王秋八月辛未朔日有蝕之庚辰立右武候大將軍化州都督懷化郡王李思摩為突厥可汗率所部建牙于河北冬十月甲申至自九成宮十一月辛亥侍中安德郡公楊師道為中書令十二月丁丑吏部尚書陳國公侯君集為交河道行軍大總管帥師伐高昌乙亥封皇子福為趙王壬午巂州都督王志遠有罪伏誅詔於洛相幽徐齊并秦蒲等州並置常平倉己丑吐谷渾河源郡王慕容諾曷鉢來逆女壬辰狩于咸陽是歲滁州言野蠶食槲葉成繭大如柰其色綠凡六千五百七十碩高麗新羅西突厥吐火羅康國安國波斯疏勒于闐焉耆高昌林邑昆明及荒服蠻酋相次遣使朝貢

十四年春正月庚子初命有司讀時令甲寅幸魏王泰宅赦雍州及長安獄大辟罪已下二月丁丑幸國子學親釋奠赦大理萬年繫囚國子祭酒以下及學生高第精勤者加一級賜帛有差庚辰左驍衛將軍淮陽王道明送弘化公主歸于吐谷渾壬午幸溫湯辛卯至自溫湯乙未詔以梁皇侃褚仲都周熊安生沈重陳沈文阿周弘正張譏隋何妥劉焯劉炫等前代名儒學徒多行其義命求其後三月戊午置寧朔大使以護突厥夏五月壬戌徙封燕王靈夔為魯王六月乙酉大風拔木己丑薛延陁遣使求婚己未滁州野蠶成繭凡收八千三百碩八月庚午新作襄城宮癸巳交河道行軍大總管侯君集平高昌以其地置西州九月癸卯曲赦西州大辟罪乙卯於西州置安西都護府冬十月己卯詔以贈司空河間元王孝恭贈陝東道大行臺尚書右僕射鄖節公殷開山贈民部尚書渝襄公劉政會等配饗高祖廟庭閏月乙未幸同州甲辰狩于堯山庚戌至自同州丙辰吐蕃遣使獻黃金器千斤以求婚十一月甲子朔日南至有事于圓丘十二月丁酉交河道旋師吏部尚書陳國公侯君集執高昌王麴智盛獻捷于觀德殿行飲至之禮賜酺三日乙卯高麗世子相權來朝

十五年春正月丁卯吐蕃遣其國相祿東贊來逆女丁丑禮部尚書江夏王道宗送文成公主歸吐蕃辛巳幸洛陽宮三月戊申幸襄城宮庚午發襄城宮夏四月辛卯詔以來年二月有事太山所司詳定儀制五月壬申并州僧道及老人等抗表以太原王業所因明年登封已後願時臨幸上於武成殿賜宴因從容謂侍臣曰朕少在太原喜羣聚博戲暑往寒逝將三十年矣時會中有舊識上者相與道舊以為笑樂因謂之曰他人之言或有面諛公等朕之故人實以告朕即日政教於百姓何如人間得無疾苦耶皆奏即日四海太平百姓歡樂陛下力也臣等餘年日惜一日但眷戀聖化不知疾苦因固請過并州上謂曰飛鳥過故鄉猶躑躅徘徊況朕於太原起義遂定天下復少小遊觀誠所不忘岱禮若畢或冀與公等相見於是賜物各有差丙子百濟王扶餘璋卒詔立其世子扶餘義慈嗣其父位仍封為帶方郡王六月戊申詔天下諸州舉學綜古今及孝悌淳篤文章秀異者並以來年二月總集泰山己酉有星孛于太微犯郎位丙辰停封泰山避正殿以思咎命食減膳秋七月甲戌孛星滅冬十月辛卯大閱於伊闕壬辰幸嵩陽辛丑還宮十一月壬戌廢鄉長壬申還京師癸酉薛延陁以同羅僕骨迴紇靺鞨霫之衆度漠屯于白道川命營州都督張儉統所部兵壓其東境兵部尚書李勣為朔方行軍總管右衛大將軍李大亮靈州道行軍總管涼州都督李襲譽為涼州道行軍總管分道以禦之十二月戊子朔至自洛陽宮甲辰李勣及薛延陁戰于諾真水大破之斬首三千餘級獲馬萬五千匹薛延陁跳身而遁勣旋破突厥思結於五臺縣虜其男女千餘口獲羊馬稱是

十六年春正月辛未詔在京及諸州死罪囚徙配西州為戶流人未達前所者徙防西州兼中書侍郎江陵子岑文本為中書侍郎專知機密夏六月辛卯詔復隱王建成曰隱太子改封海陵剌王元吉曰巢剌王秋七月戊午司空趙國公無忌為司徒尚書左僕射梁國公玄齡為司空九月丁巳特進鄭國公魏徵為太子太師知門下省事如故冬十一月丙辰狩于岐山辛酉使祭隋文帝陵丁卯宴武功士女於慶善宮南門酒酣上與父老等涕泣論舊事老人等遞起為舞爭上萬歲壽上各盡一杯庚午至自岐州十二月癸卯幸溫湯甲辰狩于驪山時陰寒晦冥圍兵斷絕上乘高望見之欲捨其罰恐虧軍令乃迴轡入谷以避之是歲高麗大臣蓋蘇文弒其君高武而立武兄子藏為王

十七年春正月戊辰右衛將軍代州都督劉蘭謀反腰斬太子太師鄭國公魏徵薨戊申詔圖畫司徒趙國公無忌等勳臣二十四人於凌煙閣三月丙辰齊州都督齊王祐長史權萬紀典軍韋文振據齊州自守詔兵部尚書李勣刑部尚書劉德威發兵討之兵未至兵曹杜行敏執之而降遂賜死于內侍省丁巳熒惑守心前星十九日而退夏四月庚辰朔皇太子有罪廢為庶人漢王元昌吏部尚書侯君集並坐與連謀伏誅丙戌立晉王治為皇太子大赦賜酺三日丁亥中書令楊師道為吏部尚書己丑加司徒趙國公長孫無忌太子太師司空梁國公房玄齡太子太傅特進宋國公蕭瑀太子太保兵部尚書英國公李勣為太子詹事仍同中書門下三品庚寅上親謁太廟以謝承乾之過癸巳魏王泰以罪降爵為東萊郡王五月乙丑手詔舉孝廉茂才異能之士六月己卯朔日有蝕之壬午改葬隋恭帝丁酉尚書右僕射高士廉請致仕詔以為開府儀同三司同中書門下三品閏月戊午薛延陁遣其兄子突利設獻馬五萬匹牛駝一萬羊十萬以請婚許之丙子徙封東萊郡王泰為順陽王秋七月庚辰京城訛言云上遣棖棖取人心肝以祠天狗遞相驚悚上遣使遍加宣諭月餘乃止丁酉司空太子太傅梁國公房玄齡以母憂罷職八月工部尚書鄖國公張亮為刑部尚書參預朝政九月癸未徙庶人承乾于黔州冬十月丁巳房玄齡起復本職十一月己卯有事于南郊壬午賜天下酺三日以涼州獲瑞石曲赦涼州并錄京城及諸州繫囚多所原宥

十八年春正月壬寅幸溫湯夏四月辛亥幸九成宮秋八月甲子至自九成宮丁卯散騎常侍清苑男劉洎為侍中中書侍郎江陵子岑文本中書侍郎馬周並為中書令九月黃門侍郎褚遂良參預朝政冬十月辛丑朔日有蝕之甲辰初置太子司議郎官員甲寅幸洛陽宮安西都護郭孝恪帥師滅焉耆執其王突騎支送行在所十一月壬寅車駕至洛陽宮庚子命太子詹事英國公李勣為遼東道行軍總管出柳城禮部尚書江夏郡王道宗副之刑部尚書鄖國公張亮為平壤道行軍總管以舟師出萊州左領軍常何瀘州都督左難當副之發天下甲士召募十萬並趣平壤以伐高麗十二月辛丑庶人承乾死

十九年春二月庚戌上親統六軍發洛陽乙卯詔皇太子留定州監國開府儀同三司申國公高士廉攝太子太傅與侍中劉洎中書令馬周太子少詹事張行成太子右庶子高季輔五人同掌機務以吏部尚書安德郡公楊師道為中書令贈殷比干為太師謚曰忠烈命所司封墓葺祠堂春秋祠以少牢上自為文以祭之三月壬辰上發定州以司徒太子太師兼檢校侍中趙國公長孫無忌中書令岑文本楊師道從夏四月癸卯誓師於幽州城南因大饗六軍以遣之丁未中書令岑文本卒于師癸亥遼東道行軍大總管英國公李世勣攻蓋牟城破之五月丁丑車駕渡遼甲申上親率鐵騎與李世勣會圍遼東城因烈風發火弩斯須城上屋及樓皆盡麾戰士令登乃拔之六月丙辰師至安市城丁巳高麗別將高延壽高惠真帥兵十五萬來援安市以拒王師李世勣率兵奮擊上自高峰引軍臨之高麗大潰殺獲不可勝紀延壽等以其衆降因名所幸山為駐蹕山刻石紀功焉賜天下大酺二日秋七月李世勣進軍攻安市城至九月不尅乃班師冬十月丙辰入臨渝關皇太子自定州迎謁戊午次漢武臺刻石以紀功德十一月辛未幸幽州癸酉大饗還師十二月戊申幸并州侍中清苑男劉洎以罪賜死是歲薛延陁真珠毗伽可汗死

二十年正月上在并州丁丑遣大理卿孫伏伽黃門侍郎褚遂良等二十二人以六條巡察四方黜陟官吏庚辰曲赦并州宴從官及起義元從賜粟帛給復有差三月己巳車駕至京師己丑刑部尚書鄖國公張亮謀反誅閏月癸巳朔日有蝕之夏四月甲子太子太師趙國公長孫無忌太子太傅梁國公房玄齡太子太保宋國公蕭瑀各辭調護之職詔許之六月遣兵部尚書固安公崔敦禮特進英國公李世勣擊破薛延陁於鬱督軍山北前後斬首五千餘級虜男女三萬餘人秋八月甲子封皇孫為陳王己巳幸靈州庚午次涇陽頓鐵勒迴紇拔野古同羅僕骨多濫葛思結阿跌契苾跌結渾斛薛等十一姓各遣使朝貢奏稱延陁可汗不事大國部落烏散不知所之奴等各有分地不能逐延陁去歸命天子乞置漢官詔遣會靈州九月甲辰鐵勒諸部落俟斤頡利發等遣使相繼而至靈州者數千人來貢方物

因請置吏咸請至尊爲可汗於是北荒悉平爲五言詩勒石以序其事辛亥靈州地震有聲冬十月前太子太保宋國公蕭瑀貶商州刺史丙戌至自靈州

二十一年春正月壬辰開府儀同三司申國公高士廉薨丁酉詔以來年二月有事泰山甲寅賜京師酺三日二月壬申詔以左丘明卜子夏公羊高穀梁赤伏勝高堂生戴聖毛萇孔安國劉向鄭衆杜子春馬融盧植鄭康成服子愼何休王肅王輔嗣杜元凱范甯等二十一人代用其書垂於國胄自今有事於太學並命配享宣尼廟堂丁丑皇太子於國學釋菜夏四月乙丑營太和宮於終南之上改爲翠微宮五月戊子幸翠微宮六月癸亥司徒趙國公無忌加授揚州都督秋七月庚子建玉華宮於宜君縣之鳳凰谷庚戌至自翠微宮八月壬戌詔以河北大水停封禪辛未骨利幹國遣使貢名馬丁酉封皇子明爲曹王冬十一月癸卯徙封順陽王泰爲濮王十二月戊寅左驍衞大將軍阿史那社爾右驍衞大將軍契苾何力安西都護郭孝恪司農卿楊弘禮爲崑山道行軍大總管以伐龜茲是歲墮婆登乙利鼻林送都播羊同石波斯康國吐火羅阿悉吉等遠夷十九國並遣使朝貢又於突厥之北至于廻紇部落置驛六十六所以通北荒焉

二十二年春正月庚寅中書令馬周卒司徒趙國公無忌兼檢校中書令知中書門下二省事己亥刑部侍郎崔仁師爲中書侍郎參知機務戊戌幸溫湯戊申還宮二月前黃門侍郎褚遂良起復黃門侍郎中書侍郎崔仁師除名配流連州癸丑西番沙鉢羅葉護率衆歸附以其俟斤屈裴祿爲忠武將軍兼大俟斤戊午以結骨部置堅昆都督乙亥幸玉華宮乙卯賜所經高年篤疾粟帛有差乙卯莵于華原四月甲寅磧外蕃人爭牧馬出界上親臨斷決然後咸服丁巳右武候將軍梁建方擊松外蠻下其部落七十二所五月庚子右衞長史王玄策擊帝那伏帝國大破之獲其王阿羅那順及王妃子等虜男女萬二千人牛馬二萬餘以詣闕使方士那羅邇娑婆於金飈門造延年之藥吐蕃贊普擊破中天竺國遣使獻捷六月癸酉特進宋國公蕭瑀薨秋七月癸卯司空梁國公房玄齡薨八月己酉朔日有蝕之九月己亥黃門侍郎褚遂良爲中書令十月癸亥至自玉華宮十一月戊戌眉卭雅三州獠反右衞將軍梁建方討平之庚子契丹帥窟哥奚帥可度者並率其部內屬以契丹部爲松漠都督以奚部置饒樂都督十二月乙卯增置殿中侍御史監察御史各二員大理寺置平事十員閏月丁丑朔崑山道總管阿史那社爾降處密處月破龜茲大撥等五十城虜數萬口執龜茲王訶黎布失畢以歸龜茲平西域震駭副將薛萬徹脅于闐王伏闍信入朝癸未新羅王遣其相伊贊千金春秋及其子文王來朝是歲新羅女王金善德死遣册立其妹眞德爲新羅王

二十三年春正月辛亥俘龜茲王訶黎布失畢及其相那利等獻于社廟二月丙戌置瑤池都督府隸安西都護府丁亥西突厥肆葉護可汗遣使來朝三月丙辰置鄜州都督府自去冬不雨至于此月己未乃雨辛酉大赦丁卯勑皇太子於金液門聽政是月日赤無光四月己亥幸翠微宮五月戊午太子詹事英國公李世勣爲疊州都督辛酉開府儀同三司衞國公李靖薨己巳上崩於含風殿年五十二遺詔皇太子卽位於柩前喪紀宜用漢制秘不發喪庚午遣舊將統飛騎勁兵從皇太子先還京發六府甲士四千人分列於道及安化門翼從乃入大行御馬輿從官侍御如常壬申發喪六月甲戌朔殯于太極殿八月丙子百寮上諡曰文皇帝廟號太宗庚寅葬昭陵上元元年八月改上尊號曰文武聖皇帝天寶十三載二月改上尊號爲文武大聖大廣孝皇帝

史臣曰臣觀文皇帝發迹多奇聰明神武拔人物則不私於黨負志業則咸盡其才所以屈突尉遲由仇敵而願傾心膂馬周劉洎自疎遠而卒委鈞衡終平泰階諒由斯道嘗試論之礎潤雲興蟲鳴螽躍雖堯舜之聖不能用檮杌窮奇而治平伊呂之賢不能爲夏桀殷辛而昌盛君臣之際遭遇斯難以至抉目剖心蟲流筋擢良由遭値之異也以房魏之智不踰于丘軻遂能尊主庇民者遭時也或曰以太宗之賢失愛於昆弟失教於諸子何也曰然舜不能仁四罪堯不能訓丹朱斯前志也當神堯任讒之年建成忌功之日苟除畏偪孰顧分崩變故之興間不容髮方懼毁巢之禍寧虞尺布之謠承乾之愚聖父不能移也若文皇自定儲於哲嗣不騁志於高麗用人如貞觀之初納諫比魏徵之日況周發周成之世襲我有遺妍較漢文漢武之恢弘彼多慙德迹其聽斷不惑從善如流千載可稱一人而已

贊曰昌發啟國一門三聖文定高位友于不令管蔡旣誅成康道正貞觀之風到今歌詠

舊唐書卷三考證

太宗本紀卷下五年七月初令天下決死刑必三覆奏在京諸司五覆奏○新書在十二月丁亥綱目亦在十二月

九年夏閏四月丁卯日有蝕之○新書作丙寅朔据五行志當從新書

十三年夏四月阿史那結社爾犯御營伏誅○新書作阿史那結社率反綱目同新書

二十二年二月中書侍郎崔仁師除名配流連州○本傳作龔州

五月庚子右衞長史王玄策擊帝那伏帝國大破之○天竺國傳作擊那伏帝國無上一帝字

十一月戊戌眉卭雅三州獠反右衞將軍梁建方討平之○新書在九月壬寅綱目在十月

# 舊唐書卷四

後晉司空同中書門下平章事劉　昫撰

## 本紀第四

### 高宗上

高宗天皇大聖大弘孝皇帝諱治太宗第九子也母曰文德順聖長孫皇后以貞觀二年六月生於東宮之麗正殿五年封晉王七年遥授幷州都督幼而岐嶷端審寬仁孝友初授孝經於著作郎蕭德言太宗問曰此書中何言爲要對曰夫孝始於事親中於事君終於立身君子之事上進思盡忠退思補過將順其美匡救其惡太宗大悅曰行此足以事父兄爲臣子矣及文德皇后崩晉王時年九歲哀慕感動左右太宗屢加慰撫由是特深寵異尋拜右武候大將軍十七年皇太子承乾廢魏王泰亦以罪黜太宗與長孫無忌房玄齡李勣等計議立晉王爲皇太子太宗每視朝常令在側觀決庶政或令參議太宗數稱其善十八年太宗將伐高麗命太子留鎭定州及駕發有期悲啼累日因請飛驛遞表起居幷遞勑垂報並許之飛表奏事自此始也及軍旋太子從至幷州時太宗患癰太子親吮之扶輦步從數日

二十三年五月己巳太宗崩庚午以禮部尚書兼太子少師黎陽縣公于志寧爲侍中太子少詹事兼尚書左丞張行成爲兼侍中檢校刑部尚書太子右庶子兼吏部侍郎攝戶部尚書高季輔爲兼中書令檢校吏部尚書太子左庶子高陽縣男許敬宗兼禮部尚書辛未還京六月甲戌朔皇太子卽皇帝位時年二十二詔曰大行皇帝奄棄普天痛貫心靈若寘湯火思遵大孝不敢滅身永慕長號將何逮及粤以孤眇屬當元嗣思勵空薄康濟黎元敬順惟新仰昭先德宜布凱澤被乎億兆可大赦天下內外文武賜勳官一級諸年八十以上賚以粟帛雍州及諸州比年供軍勞役尤甚之處並給復一年辛巳改民部尚書爲戶部尚書疊州都督英國公勣爲特進檢校洛州刺史仍於洛陽宮留守癸未詔司徒揚州都督趙國公無忌爲太尉兼檢校中書令知尚書門下二省事餘並如故賜物三千段癸巳特進英國公勣爲開府儀同三司同中書門下三品秋七月丙午改治書侍御史爲御史中丞諸州治中爲司馬別駕爲長史治禮郎爲奉禮郎以避上名以貞觀時不諱先帝二字詔有司奏曰先帝二名禮不偏諱上旣單名臣子不合指斥上乃從之己酉于闐王伏闍信來朝八月癸酉朔河東地震晉州尤甚壞廬舍壓死者五千餘人三日又震詔遣使存問給復二年壓死者賜絹三匹以開府儀同三司英國公勣爲尚書左僕射同中書門下三品僕射始帶同中書門下庚寅葬太宗於昭陵九月甲寅加授鄜州刺史荆王元景爲司徒前安州都督吳王恪爲司空兼梁州刺史丙寅贈太尉梁國公玄齡贈司徒申國公士廉贈左僕射蔣國公屈突通並可配食太宗廟庭冬十一月甲子以瑤池都督阿史那賀魯爲左驍衞大將軍乙丑晉州地又震是冬無雪

永徽元年春正月辛丑朔上不受朝詔改元壬寅御太極殿受朝而不會丙午立妃王氏爲皇后丁未以陳王忠爲雍州牧二月辛卯封皇子孝爲許王上金爲杞王素節爲雍王夏四月己巳朔晉州地又震五月丁未上謂羣臣曰朕謬膺大位政教不明遂使晉州之地屢有震動良由賞罰失中政道乖方卿等宜各進封事極言得失以匡不逮吐火羅遣使獻大鳥如駝食銅鐵上遣獻于昭陵吐蕃贊普死遣右武衞將軍鮮于匡濟齎璽書往弔祭六月庚辰晉州地震秋七月丙寅以旱親錄京城囚徒九月癸卯右驍衞郎將高侃執車鼻可汗詣闕獻于社廟及昭陵己未尚書左僕射英國公勣固請解職許之令以開府儀同三司同中書門下三品十一

月己未中書令河南郡公褚遂良左授同州刺史十二月瑤池都督沙鉢羅葉護阿史那賀魯以府叛自稱可汗總有西域之地是歲雍絳同等九州旱蝗齊定等十六州水

二年春正月戊戌詔曰去歲關輔之地頗弊蝗螟天下諸州或遭水旱百姓之間致有罄乏此由朕之不德兆庶何辜矜物罪己載深憂惕今獻歲肇春東作方始糧廩或空事資賑給其遭蟲水處有貧乏者得以正義倉賑貸雍同二州各遣郎中一人充使存問務盡哀矜之旨副朕乃眷之心乙巳黃門侍郎平昌縣公宇文節加銀青光祿大夫依舊同中書門下三品守中書侍郎柳奭爲中書侍郎依舊同中書門下三品夏四月乙酉秩太廟令及獻昭二陵令從五品丞從七品五月壬辰開府儀同三司及京官文武職事四品五品並給隨身魚六月辛酉開府儀同三司襄邑王神符薨秋七月丁未賀魯寇陷金嶺城蒲類縣遣武候大將軍梁建方右驍衞大將軍契苾何力爲弓月道總管以討之八月乙丑大食國始遣使朝獻己巳侍中燕國公于志寧爲尚書左僕射侍中兼刑部尚書北平縣公張行成爲尚書右僕射並同中書門下三品猶不入銜中書令兼檢校吏部尚書蓨縣公高季輔爲侍郎九月癸巳改九成宮爲萬年宮廢玉華宮以爲佛寺閏月辛未頒新定律令格式於天下冬十月辛卯晉州地震十一月辛酉有事於南郊戊辰定襄地震丁丑以高昌故地置安西都護府白水蠻寇麻州命左領軍將軍趙孝祖討平之

三年春正月癸亥以去秋至于是月不雨上避正殿降天下死罪及流罪遞減一等徒以下咸宥之弓月道總管梁建方契苾何力等大破處月朱邪孤注於牢山斬首九千級虜渠帥六千俘生口萬餘獲牛馬雜畜七萬丙寅太尉趙國公無忌以旱請遜位不許己巳同州刺史河南郡公褚遂良爲吏部尚書門下三品丙子親祠太廟丁亥籍于千畝賜羣官帛有差三月辛巳黃門侍郎平昌縣公宇文節爲侍中中書侍郎柳奭爲中書令庚申幸觀德殿賜文武羣官大射夏四月庚寅左領軍將軍趙孝祖大破白水蠻大勃律甲午澧州刺史彭王元則薨五月庚辰詔以周司沐大夫裴融齊侍中崔季舒給事黃門侍郎裴澤尚書左丞封孝琰隋儀同三司豆盧毓御史中丞游楚客等並門挺忠鯁其子孫各宜甄擢秋七月丁巳立陳王忠爲皇太子大赦天下五品已上子爲父後者賜勳一轉大酺三日乙丑左僕射于志寧兼太子少師右僕射張行成兼太子少傅侍中高季輔兼太子少保侍中宇文節兼太子詹事丁丑上問戶部尚書高履行去年進戶多少履行奏稱進戶總一十五萬又問曰隋日有幾戶今見有幾戶履行奏隋開皇中有戶八百七十萬即今見有戶三百八十萬九月丁巳改太子中允爲內允中書舍人爲內史舍人諸率府中郎將改爲旅賁郎以避太子名冬十月戊戌幸同安大長公主第又幸高陽長公主第即日還宮十一月乙亥駮馬國遣使朝貢庚寅弘化長公主自吐谷渾來朝十二月癸巳濮陽王泰薨

四年春正月癸丑朔上臨軒不受朝以濮王泰在殯故也丙子新除房州刺史駙馬都尉房遺愛司徒秦州刺史荊王元景司空安州刺史吳王恪寧州刺史駙馬都尉薛萬徹嵐州刺史駙馬都尉柴令武謀反二月乙酉遺愛萬徹令武等並伏誅元景恪巴陵高陽公主並賜死左驍衞大將軍安國公執失思力配流嶲州侍中兼太子詹事平昌縣公宇文節配流桂州戊子特進太常卿江夏王道宗配流桂州恪母弟蜀王愔廢爲庶人己亥絳州刺史徐王元禮加授司徒開府儀同三司英國公勣爲司空三月壬子朔頒孔穎達五經正義於天下每年明經令依此考試丙辰上御觀德殿陳逆人房遺愛等口馬資財爲五垛引王公諸親蕃客及文武九品已上射夏四月戊子林邑國王遣使來朝貢馴象壬寅以旱避正殿減膳親錄繫囚遣使分省天下冤獄詔文武官極言得失八月己亥隕石十八于同州之馮翊有聲如雷九月壬寅尚書右僕射北平縣公張行成薨甲戌吏部尚書河南郡公褚遂良爲尚書右僕射依舊知政事冬十月庚子幸新豐之溫湯甲辰曲赦新豐乙巳至自溫湯戊申睦州女子陳碩貞舉兵反自稱文佳皇帝攻陷睦州屬縣婺州刺史崔義玄揚州都督府長史房仁裕各率衆討平之十一月癸丑兵部尚書固安縣公崔敦禮爲侍中頒新律疏於天下十二月庚子侍中兼太子少保蓨縣公高季輔卒

五年春三月戊午幸萬年宮辛未曲赦所經州縣繫囚以工部尚書閻立德領丁夫四萬築長安羅郭夏四月守黃門侍郎潁川縣公韓瑗守尚書侍郎來濟並加銀青光祿大夫依舊同中書門下三品閏五月丁丑夜大雨水漲暴溢漂溺麟遊縣居人及當番衞士死者三千餘人六月恒州大雨滹沱河泛溢溺五千餘家癸丑蒲州汾陰縣暴雨漂溺居人浸壞廬舍癸亥中書令柳奭兼吏部尚書丙寅河北諸州大水七月辛巳有小鳥如雀生大鳥如鳩於萬年宮皇帝舊宅八月大理奏決死囚總管七十餘人辛亥詔自今已後五品已上有薨亡者隨身魚並不須追收辛未吐蕃使人獻馬百匹及大驢可高五丈廣袤各二十七步九月丁酉至自萬年宮冬十一月癸酉築京師羅郭和雇京兆百姓四萬一千人板築三十日而罷九門各施觀十二月癸丑倭國獻琥珀碼碯琥珀大如斗碼碯大如五斗器戊午發京師謁昭陵在路生皇子賢己未勑二年一定戶

六年春正月壬申朔親謁昭陵曲赦醴泉縣民放今年租賦陵所宿衞將軍郎將進爵一等陵令丞加階賜物甲戌至自昭陵於陵側建佛寺庚寅封皇子弘爲代王賢爲潞王二月乙巳皇太子忠加元服內外文武職事五品已上爲父後者賜勳一級大酺三日三月營州都督程名振破高麗於貴端水嘉州辛道讓妻一產四男壬戌昭儀武氏著內訓一篇夏五月癸未命左屯衞大將軍盧國公程知節等五將軍帥師出葱山道以討賀魯黃門侍郎潁川郡公韓瑗爲侍中中書侍郎南陽男來濟爲中書令兼吏部尚書河東縣男柳奭貶遂州刺史六月大食國遣使朝貢秋七月乙亥侍中固安縣公崔敦禮爲中書令乙酉均天下州縣公廨八月尚藥奉御蔣孝璋員外特置仍同正員外同正自蔣孝璋始也己酉大理更置少卿一員先是大雨道路不通京師米價暴貴出倉粟糶之京師東西二市置常平倉九月庚午尚書右僕射河南郡公褚遂良以諫立武昭儀貶授潭州都督乙酉洛州大水毀天津橋冬十月己酉廢皇后王氏爲庶人立昭儀武氏爲皇后大赦天下十一月丁卯朔臨軒命司空勣左僕射志寧冊皇后文武羣官及番夷之長奉朝皇后於肅義門十一月己巳皇后見于廟癸酉追贈后父故工部尚書應國公贈并州都督武士彠爲司空丙子淄州高苑縣吳文威妻魏氏一產四男三見育癸巳應國夫人楊氏改封代國夫人十二月遣禮部尚書高陽縣男許敬宗每日待詔於武德殿西門

七年春正月辛未廢皇太子忠爲梁王立代王弘爲皇太子壬申大赦改元爲顯慶文武九品已上及五品已下子爲父後者賜勳官一轉大酺三日甲子尚書左僕射兼太子少師燕國公于志寧兼太子太傅侍中韓瑗中書令來濟禮部尚書許敬宗並爲太子賓客始有賓客也御玄武門餞葱山道大總管程知節二月庚寅名破陣樂爲神功破陣樂辛亥贈司空武士彠爲司徒周國公三月辛巳皇后祀先蠶于北郊丙戌戶部侍郎杜正倫爲守黃門侍郎同中書門下三品夏四月戊申御安福門觀僧玄奘迎御製并書慈恩寺碑文導從以天竺法儀其徒甚盛五月己卯太尉長孫無忌進史官所撰梁陳周齊隋五代史志三十卷弘文館學士許敬宗進所撰東殿新書二百卷上自製序六月岐州刺史潞王賢爲雍州牧秋七月癸未中書令兼檢校太子詹事固安縣公崔敦禮爲太子少師同中書門下三品改戶部尚書爲度支尚書侍郎亦然八月丙申太子少師崔敦禮卒左衞大將軍程知節與賀魯所部歌邏祿獲剌頡發及處月預支俟斤等戰於榆幕谷大破之斬首千餘級獲駝馬牛羊萬計九月癸酉初詔戶滿三萬已上爲上州二萬已上爲中州先爲上州中州者各依舊皇后製外戚誡庚辰括州海水泛溢壞安固永嘉二縣損四千餘家辛巳初制都督及上州各置執刀十五人中州下州十人癸未初置驃騎大將軍官爲從一品程知節與賀魯男咥運戰斬首數千級進至恒篤城俘其部落戶口及貨物鉅積冬十一月乙丑皇子顯生詔宗官朝集使各加勳級十二月乙酉置算學左屯衞大將軍程知節坐討賀魯逗留追賊不及減死免官罷蘭州都督鄯州置都督

二年春正月庚寅幸洛陽命右屯衞將軍蘇定方等四將軍爲伊麗道將軍帥師以討賀魯二月辛酉入洛陽宮曲赦洛州庚午封皇第七子顯爲周王徙封許王素節爲鄶王三月甲子中書侍郎李義府爲中書令兼檢校御史大夫黃門侍郎杜正倫兼度支尚書依舊同中書門下三品夏五月丙申幸明德宮秋七月丁亥還洛陽宮八月丁卯侍中潁川縣公韓瑗左授振州刺史中書令兼太子詹事南陽侯來濟左授台州刺史皆坐諫立武昭儀爲皇后救褚遂良之貶也禮部尚書高陽郡公許敬宗爲侍中以立武后之功也九月庚寅度支尚書杜正倫爲中書令冬十月戊戌親講武於許鄭之郊曲赦鄭州遣使祭鄭大夫國僑漢太丘長陳寔墓十二月乙卯還洛陽宮庚午改昬葉宮丁卯手詔改洛陽宮爲東都洛州官員階品並准雍州廢穀州以福昌等四縣幷懷州河陽濟源溫鄭州汜水並隸洛州己巳中書省置起居舍人兩員品同起居郎庚午以周王顯爲洛州牧壬午分散騎常侍爲左右各兩員其右散騎常侍隸中書省

三年春正月戊子太尉趙國公無忌等脩新禮成凡一百三十卷二百五十九篇詔頒於天下二月丁巳車駕還京壬午親錄囚徒多所原宥蘇定方攻破西突厥沙鉢羅可汗賀魯及咥運闕啜賀魯走石國副將蕭嗣業追擒之收其人畜前後四十餘萬甲寅西域平以其地置濛池崑陵二都督府復於龜茲國置安西都護府以高昌故地為西州置懷化大將軍正三品歸化將軍從三品以授初附首領仍分隸諸衞六月程名振攻高麗九月廢書算律學有司奏請造排車七百乘擬行幸載排城上以為勞民乃於舊頓置院墻焉冬十一月乙酉兼中書令皇太子賓客兼檢校御史大夫河間郡公李義府左授普州刺史兼中書令皇太子賓客襄陽郡公杜正倫左授橫州刺史中書侍郎李友益除名配流嶲州戊戌侍中許敬宗權檢校中書令戊子侍中皇太子賓客權檢校中書令高陽縣公許敬宗為中書令賓客已下如故大理卿辛茂將為侍中鴻臚卿蕭嗣業於石國取賀魯至獻於昭陵甲辰開府儀同三司鄂國公尉遲敬德薨

四年春二月乙亥上親策試舉人凡九百人惟郭待封張九齡五人居上第令待詔弘文館隨仗供奉三月以左驍衞大將軍郕國公契苾何力往遼東經略夏四月己未太子太傅尚書左僕射燕國公于志寧為太子太師仍同中書門下三品乙丑黃門侍郎許圉師同中書門下三品丙戌太子太師同中書門下三品燕國公于志寧免官放還私第戊戌太尉揚州都督趙國公無忌帶揚州都督於黔州安置依舊準一品供給五月丙申兵部尚書任雅相度支尚書盧承慶並參知政事秋七月壬子普州刺史李義府為吏部尚書同中書門下三品冬十月乙巳皇太子加元服大赦天下文武五品已上子孫為父祖後者加勳官一級大酺三日閏十月戊戌幸東都皇太子監國戊戌至東都十一月以中書侍郎許圉師為散騎常侍檢校侍中戊午兼侍中辛茂將卒癸亥以邢國公蘇定方為神丘道總管劉伯英為嵎夷道總管

五年春正月甲子幸并州二月辛巳至并州丙戌宴從官及諸親并州官屬父老賜帛有差曲赦并州及管內諸州義旗初職事五品已上身亡殁墳墓在并州者令所司致祭佐命功臣子孫及大將軍府僚佐已下今見存者賜階級有差量才處分起義之徒職事一品已下賜物有差年八十已上版授刺史縣令佐命功臣食別封身已殁者為後子孫各加兩階賜酺三日甲午祠舊宅以武士彠殷開山劉政會配食三月丙午皇后宴親族鄰里故舊於朝堂命婦婦人入會於內殿及皇室諸親賜帛各有差及從行文武五品以上制以皇后故鄉并州長史司馬各加勳級又皇后親預會每賜物一千段朞親五百段大功已下及無服親鄰里故舊有差城內及諸婦女年八十已上各版授郡君仍賜物等己酉講武於并州城西上御飛閣引羣臣臨觀辛亥發神丘道軍伐百濟丁巳左右領始改左右千牛夏四月戊寅車駕還東都造八關宮于東都苑內癸亥至自并州五月壬戌幸八關宮改為合璧宮六月庚午朔日有蝕之辛卯詔文武五品已上四科舉人甲午駕還東都秋七月乙巳廢梁王忠為庶人徙於黔州戊辰度支尚書同中書門下三品盧承慶以罪免八月庚辰蘇定方等討平百濟面縛其王扶餘義慈國分為五部郡三十七城二百戶七十六萬以其地分置熊津等五都督府曲赦神丘嵎夷道總管已下賜天下大酺三日九月戊午賜英國公勣墓塋一所冬十月丙子代國夫人楊氏改榮國夫人品第一位在王公母妻之上十一月戊戌朔邢國公蘇定方獻百濟王扶餘義慈太子隆等五十八人俘於則天門責而宥之乙卯狩於許鄭之郊十二月己卯至自許州

六年春正月乙卯於河南河北淮南六十七州募得四萬四千六百四十六人往平壤帶方道行營二月乙未以益綿等州皆言龍見改元曲赦洛州龍朔元年三月丙申朔改元壬戌幸合璧宮夏五月丙申命左驍衞大將軍涼國公契苾何力為遼東道大總管左武衞大將軍邢國公蘇定方為平壤道大總管兵部尚書同中書門下三品樂安縣公任雅相為浿江道大總管以伐高麗是日皇后請禁天下婦人為俳優之戲詔從之甲子晦日有蝕之六月庚寅中書令許敬宗等進累璧六百三十卷目錄四卷秋七月癸卯車駕還東都八月丙戌令諸州舉孝行尤著及累葉義居可以勵風俗者九月甲辰以河南縣大女張年百三歲親幸其第又幸李勣之第天宮寺是高祖潛龍時舊宅上周歷殿宇感愴久之度僧二十人皇后至許圉師第子從封潞王賢為沛王是日以雍州牧幽州都督沛王賢為揚州都督左武候大將軍牧如故以洛州牧周王顯為并州都督是日勑中書門下五品已上諸司表官尚書省侍郎并諸親三等已上並詣沛王宅設宴禮奏九部樂禮畢賜帛雜綵等各有差冬十月丁卯狩于陸渾癸酉還宮是歲新羅王金春秋卒其子法敏嗣立

二年春正月乙巳太府寺更置少卿一員分兩京檢校丙午東都初置國子監并加學生等員均分於兩都教授二月甲子改京諸司及百官名尚書省為中臺門下省為東臺中書省為西臺左右僕射為左右匡政左右丞為肅機侍中為左相中書令為右相自餘名以義訓改之又改六宮內職名甲戌司戎太常伯浿江道總管樂安縣公任雅相卒於軍三月甲申自東都還京癸丑幸同州蘇定方破高麗于葦島又進攻平壤城不克而還夏四月庚申朔至自東都辛巳造蓬萊宮成徙居之五月丙申左侍極許圉師為左相乙巳復置律書算三學六月己未朔皇子旭輪生乙丑初令道士女冠僧尼等並盡禮致拜其父母乙亥制蓬萊宮諸門殿亭等名秋七月丁亥朔以東宮誕育滿月大赦天下賜酺三日八月甲午右相許敬宗乞骸骨壬寅許敬宗為太子少師同東西臺三品仍知西臺事九月司禮少常伯孫茂道奏稱八品九品舊令著青亂紫非卑品所服望令著碧詔從之戊寅前吏部尚書河間郡公李義府起復為司列太常伯同東西臺三品冬十月丁酉幸溫湯皇太子弘監國丁未至自溫湯庚戌西臺侍郎上官儀同東西臺三品十一月辛未左相許圉師下獄癸酉封皇第四子旭輪為殷王十二月辛丑改魏州為大都督府改冀州為魏州又以并揚荊益四都督府並為大都督府沛王賢為揚州大都督周王顯為并州大都督殷王旭輪遙領冀州大都督左相許圉師解見任

三年春正月左武衞大將軍鄭仁泰等師師討鐵勒餘種盡平之乙丑司列太常伯李義府為右相二月丙戌隴雍同岐等一十五州戶口徵修蓬萊宮癸巳置太子左右諭德及桂坊大夫等官員改司經局為桂坊館崇賢館罷隸左春坊丁酉減京官一月俸助修蓬萊宮庚戌詔曰天德施生陽和在節言念幽圄載惻分宵雖復每有哀矜猶恐未免枉濫在京繫囚應流死者每日將二十人過於是親自臨問多所原宥不盡者令皇太子錄之詔以書學隸蘭臺算學隸秘閣律學隸詳刑寺改燕然都護府為瀚海都護府瀚海都護府為雲中都護府二月前左相許圉師左遷虔州刺史太子弘撰瑤山玉彩成書凡五百卷夏四月乙丑右相李義府下獄戊子李義府除名配流嶲州丙午幸蓬萊宮新起含元殿秋八月癸卯彗星見於左攝提戊申詔百寮極言正諫命司元太常伯竇德玄司刑太常伯劉祥道等九人為持節大使分行天下仍令內外官五品已上各舉所知冬十月丙申絳州麟見于介山丙午含元殿前麟趾見十一月癸酉雨冰十二月庚子詔改來年正月一日為麟德元年

麟德元年春正月甲子改雲中都護府為單于大都護府官品同大都督府二月丁亥加授殷王旭輪單于大都護戊子幸萬年宮三月辛亥展大赦禮丁卯長女追封安定公主謚曰思其鹵簿鼓吹及供葬所須並如親王之制於德業寺遷于崇敬寺夏四月衞州刺史道王元慶薨五月許王孝薨乙卯於昆明之弄棟川置姚州都督府秋八月丙子朔至自萬年宮便幸舊宅己卯降萬年縣繫囚因幸大慈恩寺壬午還蓬萊宮戊子兼司列太常伯檢校沛王府長史城陽縣侯劉祥道兼右相大司憲竇德玄兼司元太常伯檢校左相九月己卯詔曰周京兆尹左右宮伯大將軍司衞上將軍少冢宰廣陵郡公宇文孝伯忠亮存心貞堅表志淫刑既逞方納諫而求仁忌將加甘捐軀而徇節年載雖久風烈猶生宜峻嶷章式旌脩胄其孫左威衞長史思純可加授朝散大夫十二月丙戌殺西臺侍郎上官儀戊子庶人忠坐與儀交通賜死右相城陽縣侯劉祥道為司禮太常伯太子右中護檢校西臺侍郎樂彥瑋西臺侍郎孫處約同知政事是冬無雪

二年春正月壬午幸東都丁酉幸合璧宮戊子慮雍洛二州及諸司囚甲子以發向太山停選三月甲寅兼司戎太常伯永安郡公姜恪同東西臺三品辛未東都造乾元殿成閏月癸酉日有蝕之四月丙午曲赦桂廣黔三都督府管內大辟罪已上丙寅講武邙山之陽御城北樓觀之戊辰左侍極仍檢校大司成嘉興縣子陸敦信為檢校右相其大司成宜停西臺侍郎孫處約樂彥瑋並停知政事五月辛卯以秘閣郎中李淳風造曆成名麟德曆頒之以司空英國公李勣少師高陽郡公許敬宗右相嘉興縣子陸敦信左相鉅鹿男竇德玄為檢校封禪使六月鄜州大水壞城邑秋七月鄧王裕薨冬十月戊午皇后請封禪司禮太常伯劉祥道上疏請封禪癸亥高麗王高藏遣其子福男來朝丁卯將封泰山發自東都是歲大稔米斗五錢麰麥不列市十一月丙子次于原武以少牢祭漢將紀信墓贈驃騎大將軍庚寅華州刺史燕國公于志寧卒十二月丙午御齊州大廳乙卯命有司祭泰山丙辰發靈巖頓

舊唐書卷四考證

高宗本紀卷上永徽元年十二月瑤池都督沙鉢羅葉護阿史那賀魯以府叛自稱可汗總有西域之地○新書在二年正月綱目亦同新書

四年十一月以邢國公蘇定方爲神丘道總管○臣德潛按新書本紀五年三月大將軍蘇定方爲神丘道大總管以伐百濟也定方本傳顯慶五年拜熊津道大總管考熊津在朝鮮城南唐置熊津都督府于其地定方以神丘道兼領之兩書正相合也且其時定方方討都曼何以又有神丘道之命乎疑屬下五年之文錯簡于此

五年六月駕還東都○臣德潛按前夏四月已書駕還東都矣以後未嘗巡幸何又書還東都耶應即前至自并州文重見于此

龍朔二年秋七月丁亥朔以東宮誕育滿月大赦天下○沈炳震曰此時太子弘爲東宮皇子旭輪非東宮也當從新書書子旭輪生滿月大赦爲合

# 舊唐書卷五

後晉司空同中書門下平章事劉　昫撰

## 本紀第五

### 高宗下

麟德三年春正月戊辰朔車駕至泰山頓是日親祀昊天上帝於封祀壇以高祖太宗配饗己巳帝昇山行封禪之禮庚午禪於社首祭皇地祇以太穆太皇太后文德皇太后配饗皇后爲亞獻越國太妃燕氏爲終獻辛未御降禪壇壬申御朝覲壇受朝賀改麟德三年爲乾封元年諸行從文武官及朝覲華戎岳牧致仕老人朝朔望者三品已上賜爵二等四品已下七品以上加階八品已下加一階勳一轉諸老人百歲已上版授下州刺史婦人郡君九十八十節級齊州給復一年半管嶽縣二年所歷之處無出今年租賦乾封元年正月五日已前大赦天下賜酺七日癸酉宴羣臣陳九部樂賜物有差日昳而罷丙子皇太子弘設會丁丑以前恩薄普進爵及階勳等男子賜古爵兖州界置紫雲仙鶴萬歲觀封巒非煙重輪三寺天下諸州置觀寺一所丙戌發自泰山甲午次曲阜縣幸孔子廟追贈太師增修祠宇以少牢致祭其褒聖侯德倫子孫並免賦役二月己未次亳州幸老君廟追號曰太上玄元皇帝創造祠堂其廟置令丞各一員改谷陽縣爲眞源縣縣內宗姓特給復一年夏四月甲辰車駕至自泰山先謁太廟而後入庚寅改鑄乾封泉寶錢六月壬寅高麗莫離支蓋蘇文死其子男生繼其父位爲其弟男建所逐使其子獻誠詣闕請降詔左驍衞大將軍契苾何力率兵以應接之秋七月乙丑徙封殷王旭輪爲豫王庚午左侍極檢校右相嘉興子陸敦信緣老病乞辭機揆拜大司成兼知左侍極大司憲兼檢校右中護劉仁軌兼右相檢校右中護八月辛丑兼司元太常伯兼檢校左相鉅鹿男竇德玄卒丁未殺司衞少卿武惟良淄州刺史武懷運仍改姓蝮氏冬十月己酉命司空英國公勣爲遼東道行軍大總管以伐高麗

二年春正月丁丑以去冬至于是月無雨雪避正殿減膳親錄囚徒罷乾封錢復行開元通寶錢二月戊戌涪陵郡王愔薨辛丑改萬年宮依舊名九成宮夏六月乙卯西臺侍郎楊武西臺侍郎道國公檢校太子左中護戴至德正諫議大夫檢校東臺侍郎安平郡公李安期東臺侍郎張文瓘並同東西臺三品秋八月己丑朔日有蝕之丙辰東臺侍郎李安期出爲荊州大督府長史

三年春正月庚寅詔繕工大監兼瀚海都護劉審禮爲西域道安撫大使壬子以右相劉仁軌爲遼東道副大總管二月戊午遼東道破薛賀水五萬人陣斬首五千餘級獲生口三萬餘人器械牛馬不可勝計丙寅以明堂制度歷代不同漢魏以還彌更訛舛遂增古今新制其圖下詔大赦改元爲總章元年二月戊寅幸九成宮己卯分長安萬年置乾封明堂二縣分理於京城之中癸未皇太子弘釋奠於國學贈顏回太子少師曾參太子少保夏四月丙辰有彗星見於畢昴之間乙丑上避正殿減膳詔內外羣官各上封事極言過失於是羣臣上言星雖孛而光芒小此非國眚不足上勞聖慮請御正殿復常饌帝曰朕獲奉宗廟撫臨億兆譴見于天誡朕之不德也當責躬修德以禳之羣臣復進曰星孛于東北此高麗將滅之徵帝曰高麗百姓卽朕之百姓也旣爲萬國之主豈可推過於小蕃竟不從所請乙亥彗星滅辛巳西臺侍郎楊武卒秋八月癸酉至自九成宮九月癸巳司空英國公勣破高麗拔平壤城擒其王高藏及其大臣男建等以歸境內盡降其城一百七十戶六十九萬七千以其地爲安東都護府分置四十二州

二年春正月封諸王嫡子皆爲郡王二月東臺侍郎同東西臺三品兼知左史事張文瓘署位始入銜三月東臺侍郎郝處俊同東西臺三品癸酉皇后親祀先蠶夏四月乙酉幸九成宮置司列少常伯司戎少常伯各兩員五月庚子移高麗戶二萬八千二百車一千八十乘牛三千三百頭馬二千九百疋駝六十頭將入內地萊營二州般次發遣量配於江淮以南及山南幷涼以西諸州空閑處安置六月戊申朔日有蝕之括州大風雨海水泛溢永嘉安固二縣城郭漂百姓宅六千八百四十三區溺殺人九千七十牛五百頭損田苗四千一百五十頃冀州大水漂壞居人廬舍數千家並遣使賑給秋七月劍南益瀘巂茂陵邛雅緜翼維始簡資榮隆果梓普遂等一十九州旱百姓乏絕總三十六萬七千六百九十戶遣司珍大夫路勵行存問賑貸癸巳冀州大都督府奏自六月十三日夜降雨至二十日水深五尺其夜暴水深一丈已上壞屋一萬四千三百九十區害田四千四百九十六頃遣右衞大將軍凉國公契苾何力爲鴉海道行軍大總管秋八月甲戌改瀚海都護府爲安北都護府九月己亥發自九成宮壬寅停華林頓大蒐于岐乙巳至岐州高祖初仕隋爲扶風太守故曲赦岐州管內高祖時胥徒隨材擢用賜高年衣物粟帛各有差冬十月丁巳至自九成宮十一月庚辰發九州人夫轉發太原倉米粟入京丁亥徙封豫王旭輪爲冀王仍令單名輪十二月戊申司空太子太師英國公勣薨是冬無雪

三年春正月丁丑右相樂成男劉仁軌致仕辛卯列遼東地爲州縣二月戊申以旱親錄囚徒祈禱名山大川癸丑日色出如赭三月甲戌朔大赦天下改元爲咸亨元年三月丁丑改蓬萊宮爲含元殿壬辰太子少師同東西臺三品許敬宗致仕夏四月吐蕃寇陷白州等一十八州又與于闐合衆襲龜茲撥換城陷之罷安西四鎭辛亥以右威衞大將軍薛仁貴爲邏娑道行軍大總管右衞員外大將軍阿史那道眞左衞將軍郭待封爲副領兵五萬以擊吐蕃庚午幸九成宮雍州大雨雹五月丙戌詔曰諸州縣孔子廟堂及學館有破壞幷先來未造者遂使生徒無肄業之所先師闕奠祭之儀久致飄露深非敬本宜令所司速事營造六月壬寅朔日有蝕之秋七月戊子前西臺侍郎李敬玄起復本職仍依舊同東西臺三品薛仁貴郭待封至大非川爲吐蕃大將論欽陵所襲大敗仁貴等並坐除名吐谷渾全國盡沒唯慕容諾曷鉢及其親信數千帳內屬仍徙於靈州界八月甲子至自九成宮梁州都督趙王福薨丙寅以久旱避正殿尚食減膳九月甲申衞國夫人楊氏薨贈魯國夫人謚曰忠烈閏月壬子故贈司徒周忠孝公士彠贈太尉太子太師太原郡王贈魯國忠烈太夫人贈太原王妃甲寅葬太原王妃京官文武九品已上及外命婦送至便橋宿次冬十月癸酉大雪平地三尺餘行人凍死者贈帛給棺木令雍同華州貧窶之家有年十五已下不能存活者聽一切任人收養爲男女充驅使皆不得將爲奴婢丙申太子右中護兼檢正諫大夫同東西臺三品趙仁本爲左肅機罷知政事十二月庚寅諸司及百官各復舊名是歲天下四十餘州旱及霜蟲百姓飢乏關中尤甚詔令任往諸州逐食仍轉江南租米以賑給之

二年春正月乙巳幸東都留皇太子弘於京監國令侍臣戴至德張文瓘李敬玄等輔之唯以閻立本郝處俊從甲子至東都二月丁亥雍州人梁金柱請出錢三千貫賑濟貧人夏四月戊子大風折木六月戊寅左散騎常侍兼檢校秘書太子賓客周國公武敏之以罪復本姓賀蘭氏除名流雷州丁亥以旱親錄囚徒秋九月地震司徒潞州刺史徐王元禮薨冬十月搜揚明達禮樂之士十一月甲午朔日有蝕之庚戌幸許汝等州教習癸酉冬狩校獵於許州葉縣昆水之陽十二月丙戌還東都

三年春正月辛丑發梁益等一十八州兵募五千三百人遣右衞副率梁積壽往姚州擊叛蠻辛未制雍洛二州人聽任本州官二月己卯侍中永安郡公姜恪卒於河西鎭守夏四月戊寅幸合璧宮壬午於水南教旗上問中書令閻立本黃門侍郎郝處俊伊尹負鼎俎于湯應是補緝時政不知鑄鼎所緣復在何國將爲國之重器歷代傳寶閻立本以古義對五月乙未五品已上改賜新魚袋並飾以銀三品已上各賜金裝刀子礪石一具六月丙子於洛州栢崖置倉八月壬子特進高陽郡公許敬宗卒九月乙卯冀州大都督府復爲魏州魏州復爲冀州壬寅沛王賢徙封雍王冬十月己未皇太子監國壬戌車駕還京師乙亥中書侍郎同中書門下三品道國公戴至德加兼戶部尚書黃門侍郎同中書門下三品張文瓘檢校大理卿黃門侍郎甑山縣公同中書門下三品郝處俊爲中書侍郎兼檢校吏部侍郎同中書門下三品李敬玄爲吏部侍郎並依舊同中書門下三品十一月戊子朔日有蝕之甲辰至自東都十二

月癸卯太子左庶子劉仁軌同中書門下三品是冬左監門大將軍高侃大敗新羅之衆於橫水

四年春正月甲午詔咸亨初收養爲男女及驅使者聽量酬衣食之直放還本處丙辰絳州刺史鄭王元懿薨二月壬午以左金吾將軍裴居道女爲皇太子弘妃夏四月丙子幸九成宮閏五月丁卯燕山道總管李謹行破高麗叛黨於瓠盧河之西高麗平壤餘衆遁入新羅秋七月庚午九成宮太子新宮成上召五品已上諸親宴太子宮極歡而罷辛巳婺州暴雨水泛溢漂溺居民六百家詔令賑給八月辛丑上痁疾令太子受諸司啓事己酉大風毀太廟鴟吻冬十月壬午中書令博陵縣子閻立本卒乙未皇太子弘納妃畢曲赦岐州大酺三日庚子還京師乙巳至自九成宮十一月丙寅上製樂章有上元二儀三才四時五行六律七政八風九宮十洲得一慶雲之曲詔有司諸大祠享卽奏之十二月丙午弓月疏勒二國王入朝請降

五年春二月壬午遣太子左庶子同中書門下三品劉仁軌爲雞林道大總管以討新羅仍令衞尉卿李弼右領大將軍李謹行副之三月辛亥朔日有蝕之己巳皇后祀先蠶夏四月辛卯以尚輦奉御周國公武承嗣爲宗正卿五月己未詔春秋二社本以祈農如聞此外別爲邑會此後除二社外不得聚集有司嚴加禁止六月壬寅太白入東井秋八月壬辰追尊宣簡公爲宣皇帝懿王爲光皇帝太祖武皇帝爲高祖神堯皇帝太宗文皇帝爲文武聖皇帝太穆皇后爲太穆神皇后文德皇后爲文德聖皇后皇帝稱天皇皇后稱天后改咸亨五年爲上元元年大赦戊戌勑文武官三品已上服紫金玉帶四品深緋五品淺緋並金帶六品深綠七品淺綠並銀帶八品深青九品淺青鍮石帶庶人服黃銅鐵帶一品已下文官並帶手巾算袋刀子礪石文武欲帶亦聽之九月辛亥百寮具新服上宴之於麟德殿癸丑追復長孫無忌官爵仍以其曾孫翼襲封趙國公許歸葬於昭陵先造之墳十一月丙午朔幸東都己酉狩於華山之曲武原戊辰至東都十二月蔣王惲薨戊子于闐王伏闍雄來朝辛卯波斯王卑路斯來朝壬寅天后上意見十二條請王公百寮皆習老子每歲明年一準孝經論語例試於有司又請子父在爲母服三年號王鳳薨

二年春正月甲寅熒惑犯房壬戌支汗郡王獻碧玻瓈丙寅以于闐爲毗沙都督府以尉遲伏闍雄爲毗沙都督分其境內爲十州以伏闍雄有擊吐蕃功故也庚午龜茲王白素稽獻銀頗羅辛未吐蕃遣其大臣論吐渾彌來請和不許二月雞林道行軍大總管大破新羅之衆於七重城斬獲甚衆新羅遣使入朝獻方物伏罪赦之復其王金法敏官爵三月丁未日色如赭丁巳天后親蠶於邙山之陽時帝風疹不能聽朝政事皆決於天后自誅上官儀後上每視朝天后垂簾於御座後政事大小皆預聞之內外稱爲二聖帝欲下詔令天后攝國政中書侍郎郝處俊諫止之夏四月分括州永嘉永固二縣置溫州析臨海縣爲樂安永寧二縣辛巳周王顯妃趙氏以罪幽死己亥皇太子弘薨于合璧宮之綺雲殿時帝幸合璧宮是日還東都五月己亥追謚太子弘爲孝敬皇帝六月戊寅以雍王賢爲皇太子大赦秋七月辛亥洛州復置緱氏縣以管孝敬皇帝恭陵慈州刺史杞王上金坐事於澧州安置八月庚子太子左庶子同中書門下三品樂成侯劉仁軌爲左僕射依舊監修國史中書門下三品大理卿張文瓘爲侍中中書侍郎同三品甑山公郝處俊爲中書令監脩國史如故吏部侍郎檢校太子左庶子監脩國史李敬玄吏部尚書兼太子左庶子同中書門下三品依前監脩國史左丞許圉師爲戶部尚書九月丙午宰相劉仁軌戴至德張文瓘郝處俊並兼太子賓客冬十月析永州營道江華唐興三縣置道州壬午星孛於角亢之南長五尺十二月丁亥龜茲王白素稽獻名馬

三年春正月戊戌徙封冀王輪爲相王二月甲戌移安東都護府於遼東乙亥堅昆獻名馬丁亥幸汝州之溫湯三月癸卯黃門侍郎來恒中書侍郎薛元超並同中書門下三品甲辰還東都三月己巳朔吐蕃入寇鄯廓河芳等四州乙酉洛州牧周王顯爲洮州道行軍元帥領工部尚書劉審禮等十二總管并州都督相王輪爲凉州道行軍元帥領左衞將軍契苾何力等軍以討吐蕃二王竟不行戊午勑制比用白紙多爲蟲蠹今後尚書省下諸司州縣宜並用黃紙其承制勑之司量爲卷軸以備披檢庚寅車駕還京夏四月戊申至自東都甲寅中書侍郎李義琰同中書門下三品戊午幸九成宮六月癸丑黃門侍郎高智周同中書門下三品秋七月彗起東井指北河漸東北長三丈掃中台指文昌宮五十八日方滅八月乙未吐蕃寇疊州庚子以星變避殿減膳放京城繫囚令文武官各上封事言得失壬寅遣南選使簡補廣交黔等州官吏青齊等州海泛溢又大雨漂溺居人五千家遣使賑卹之九月甲子朔車駕還京丙申鄶王素節削戶三分之二於袁州安置癸丑於北京置金都州十一月丁卯勑新造上元舞圓丘方澤享太廟用之餘祭則停壬申以陳州言鳳凰見於宛丘改上元三年曰儀鳳元年大赦庚寅吏部尚書李敬玄爲中書令十二月丙申皇太子賢上所注後漢書賜物三萬段戊午遣使分道巡撫宰相來恒河南道薛元超河北道左丞崔知悌等江南道

二年春正月乙亥上躬籍田於東郊庚辰京師地震壬辰幸司竹園卽日還宮二月丁巳工部尚書高藏授遼東都督封朝鮮郡王遣歸安東府安輯高麗餘衆司農卿扶餘隆熊津州都督封帶方郡王令往安輯百濟餘衆仍移安東都護府於新城以統之夏四月以河南河北旱遣使賑給八月徙封周王顯爲英王改名哲乙巳太白犯軒轅十二月乙卯勑關內河東諸州召募勇敢以討吐蕃詔京文武職事官三品已上每年各舉文武才能堪任將帥牧守者一人是冬無雪

三年四月丁亥朔以旱避正殿親錄囚徒悉原之戊申大赦改來年正月一日爲通乾癸丑涇州獻二小兒連心異體年四歲五月壬戌幸九成宮以相王輪爲洛州牧秋七月丁巳宴近臣諸親於咸亨殿上謂霍王元軌曰去冬無雪今春少雨自避暑此宮甘雨頻降夏麥豐熟秋稼滋榮又得敬玄表奏吐蕃入龍支張虔勗與之戰一日兩陣斬馘極多又太史奏七月朔太陽合虧而不虧此蓋上天垂祐宗社降靈豈虛薄所能致此又男輪最小特所留愛比來與選新婦多不稱情近納劉延景女觀其極有孝行復是私衷一喜思與叔等同爲此歡各宜盡醉上因賦七言詩效栢梁體侍臣並和九月丁巳還京師辛酉至自九成宮癸亥侍中張文瓘卒丙寅洮河道行軍大總管中書令李敬玄左衞大將軍劉審禮等與吐蕃戰于青海之上王師敗績審禮被俘上以蕃寇爲患問計於侍臣中書舍人郭正一等咸以備邊不深討爲上策十月丙午徐州刺史密王元曉薨閏十月戊寅熒惑犯鉤鈐十一月乙未昏霧四塞連夜不解丙申雨木冰壬子黃門侍郎同中書門下三品來恒卒十二月詔停明年通乾之號以反語不善故也

四年正月辛未戶部尚書平恩縣公許圉師卒己酉幸東都庚戌尚書右僕射道國公戴至德薨二月壬戌吐蕃贊普卒遣使弔祭之乙丑東都饑官出糙米以救饑人夏四月戊午熒惑入羽林星左丞崔知悌爲戶部尚書中書令郝處俊爲侍中五月壬午盜殺正諫大夫明崇儼丙戌皇太子賢監國戊戌造紫桂宮於沔池之西六月辛亥制大赦天下改儀鳳四年爲調露元年秋七月己卯朔詔以今年冬至有事嵩岳禮官學士詳定儀注八月丁巳侍中郝處俊左庶子高智周黃門侍郎崔知溫給事中劉景先兼脩國史九月壬午吏部侍郎裴行儉討西突厥擒其十姓可汗阿史那都支及別帥李遮匐以歸冬十月單于大都護府突厥阿史德溫傅及奉職二部相率反叛立阿史那泥熟匐爲可汗二十四州首領並叛遣單于大都護長史蕭嗣業將軍花大智李景嘉等討之與突厥戰爲賊所敗嗣業配流桂州壬子令將軍曹懷舜率兵往恒州守井陘崔獻往絳州守龍門以備突厥庚申前詔封嵩山宜停癸亥吐蕃文成公主遣其大臣論塞調傍來告喪請和親不許遣郎將來令文使吐蕃會贊普之葬十一月戊寅朔左庶子同三品高智周罷知政事癸未以吏部侍郎裴行儉爲禮部尚書賞擒都支遮匐之功也甲辰裴行儉爲定襄道大總管與營州都督周道務等兵十八萬并西軍程務挺東軍李文暕等總三十萬以討突厥甲寅臨軒試應岳牧舉人

二年春正月乙酉宴諸王諸司三品已上諸州都督刺史於洛城南門樓奏新造六合還淳之舞二月丙午詔曰故符璽郎李延壽撰正典一部辭殫雅正雖已淪亡功猶可錄宜賜其家絹五十疋壬子霍王元軌率文武百寮請出一月俸料助軍以討突厥癸丑幸汝州溫湯丁巳至少室山戊午親謁少姨廟賜故玉清觀道士王遠知謚曰昇真先生贈太中大夫又幸隱士田遊巖所居己未幸嵩陽觀及啓母廟並命立碑又幸逍遙谷道士潘師正所居甲子自溫湯還東都三月裴行儉大破突厥於黑山擒其首領奉職僞可汗泥熟匐爲其部下所殺傳首來降夏四月乙丑幸紫桂宮戊辰黃門侍郎裴炎崔知溫中書侍郎王德眞並同中書門下三品五月癸未熒惑犯輿鬼丁酉太白經天秋七月吐蕃寇河源屯于良非川河西鎭撫大使李敬玄與吐蕃將贊婆戰于湟中官軍敗績時左武衞將軍黑齒常之力戰大破蕃軍遂擢爲河源軍經畧大使令李敬玄鎭鄯州爲之援丙申江王元祥薨是月突厥餘衆圍雲州中郎將程務挺擊破之八月丁未自紫桂宮還東都丁巳鄯州都督李敬玄左遷衡州刺史甲子廢皇太子賢爲庶人幽於別所乙丑立英王哲爲皇太子改調露二年爲永

隆元年赦天下大酺三日太子左庶子同中書門下三品張大安坐庶人左遷普州刺史九月河南河北諸州大水遣使賑卹溺死者官給棺槥其家賜物七段冬十月壬寅蘇州刺史曹王明封零陵郡王於黔州安置坐附庶人賢也己酉自東都還京十一月朔日有蝕之洛州饑減價官糶以救饑人

二年春正月突厥寇原慶等州乙亥命將軍李知十王杲等分兵禦之癸巳遣禮部尚書裴行儉爲定襄道大總管率師討突厥溫傅部落己亥詔雍岐華同民戶宜免兩年地稅河南河北遭水處一年上詔雍州長史李義玄曰朕思還淳返朴示天下以質素如聞游手墮業此類極多時稍不豐便致饑饉其異色綾錦并花間裙衣等糜費旣廣俱害女工天后我之匹敵常著七破間裙豈不知更有靡麗服飾務遵節儉也其紫服赤衣閭閻公然服用兼商賈富人厚葬越禮卿可嚴加捉搦勿使更然二月丙午皇太子親行釋奠禮三月辛卯左僕射同三品劉仁軌兼太子少傅侍中郝處俊爲太子少保罷知政事五月丙戌定襄道總管曹懷舜與突厥史伏念戰於橫水官軍大敗懷舜減死配流嶺南六月壬子故江王元祥男晫以犯名教斬於大理寺後園七月太平公主出降薛紹赦京城繫囚閏七月丁未黃門侍郎裴炎爲侍中黃門侍郎崔知溫中書侍郎薛元超並爲中書令庚申上以服餌令皇太子監國丙寅雍州大風害稼米價騰踊是月裴行儉大破突厥史伏念之衆伏念爲程務挺急追遂執溫傅來降行儉於是盡平突厥餘黨行儉執伏念溫傅振旅凱旋八月丁卯朔河南河北大水許遭水處往江淮已南就食丁亥戶部尚書崔知溫卒辛卯改交州爲安南都護府九月丙申彗星見於天市長五尺冬十月丙寅朔日有蝕之乙丑改永隆二年爲開耀元年曲赦定襄軍及緣征突厥官吏兵募等丙寅斬阿史那伏念及溫傅等五十四人於都市丁亥新羅王金法敏薨仍以其子政襲位十一月癸卯徙庶人賢于巴州十二月吐火羅獻金衣一領上不受辛未太子少保甑山縣公郝處俊薨

永淳元年正月乙未朔以年饑罷朝會關內諸府兵令於鄧綏等州就穀二月癸未以太子誕皇孫滿月大赦改開耀二年爲永淳元年大酺三日戊午立皇孫重照爲皇太孫欲開府置寮屬吏部郎中王方慶曰按周禮有嫡子無嫡孫漢魏已來皇太子在不立太孫但封王耳晉立愍懷太子子虨爲太孫齊立文惠太子子昭業爲太孫便居東宮而皇太子在而立太孫未有前例上曰自我作古可乎亦可然竟不立府寮是春關內旱日色如赭四月甲子朔日有蝕之丙寅幸東都皇太子京師留守命劉仁軌裴炎薛元超等輔之上以穀貴減扈從兵士庶從者多殍踣於路辛未以裴行儉爲金牙道行軍大總管與將軍閻懷旦等三總管兵分道討十姓突厥阿史那車薄行儉未行而卒安西副都護王方翼破車薄咽麪西域平戊寅次澠池之紫桂宮乙酉至東都丁亥黃門侍郎郭待舉兵部侍郎岑長倩中書侍郎郭正一吏部侍郎魏玄同並同中書門下同承受進止平章事上謂叅知政事崔知溫曰待舉等歷任尚淺且令預聞政事未可卽與卿等同名稱自是外司四品已下知政事者遂以平章爲名五月壬寅置東都苑總監自丙午連日澍雨洛水溢壞天津及中橋立德弘敎景行諸坊溺居民千餘家六月關中初雨麥苗澇損後旱京兆岐隴螟蝗食苗並盡加以民多疫癘死者枕藉於路詔所在官司埋瘞丁丑以岐州刺史蘇良嗣爲雍州長史京師人相食寇盜縱橫秋七月己亥造奉天宮於嵩山之陽仍置嵩陽縣又於藍田造萬全宮庚申零陵王明薨是秋山東大水民饑吐蕃寇柘松翼等州冬十月甲子京師地震丙寅黃門侍郎劉景先同平章事十二月南天竺于闐各獻方物突厥餘黨阿史那骨篤祿等招合殘衆據黑沙城入寇幷州北境

二年春正月甲午朔幸奉天宮遣使祭嵩岳少室箕山具茨等山西王母啓母巢父許由等祠二月甲午洛州長史李仲玄爲宗正卿庚午突厥寇定州嬀州之境己卯左領軍衞大將軍薛仁貴卒三月庚寅突厥阿史那骨篤祿阿史德元珍等圍單于都護府丙午彗見五車北二十五日而滅癸丑中書令崔知溫卒夏四月己巳還東都甲申綏州部白鐵余據城平縣反命將軍程務挺將兵討之五月庚寅幸芳桂宮阻雨還東都突厥寇蔚州殺刺史李思儉豐州都督崔智辯率師出朝那山掩擊之爲賊所敗遂寇嵐州秋七月己丑封皇孫重福爲唐昌郡王甲辰相王輪改封豫王仍名旦己丑令唐昌郡王重福爲京留守劉仁軌副之召皇太子至東都己巳河水溢壞河陽城水面高於城內五尺北至鹽坎居人廬舍漂沒皆盡南北並壞庚戌熒惑入輿鬼犯質星十一月皇太子來朝癸亥幸奉天宮時天后自封岱之後勸上封中岳每下詔草儀注卽歲饑邊事警急而止至是復行封中岳禮上疾而止上苦頭重不可忍侍醫秦鳴鶴曰刺頭微出血可愈天后帷中言曰此可斬欲刺血於人主首耶上曰吾苦頭重出血未必不佳卽刺百會上曰吾眼明矣戊戌命將軍程務挺爲單于道安撫大使以招討總管材山賊元珍骨篤祿賀魯等詔皇太子監國裴炎劉齊賢郭正一等於東宮同平章事丁未自奉天宮還東都上疾甚宰臣已下並不得謁見十二月己酉詔改永淳二年爲弘道元年將宣赦書上欲親御則天門樓氣逆不能上馬遂召百姓於殿前宣之禮畢上問侍臣曰民庶喜否曰百姓蒙赦無不感悅上曰蒼生雖喜我命危篤天地神祇若延吾一兩月之命得還長安死亦無恨是夕帝崩於眞觀殿時年五十六宣遺詔七日而殯皇太子卽位于柩前園陵制度務從節儉軍國大事有不決者取天后處分羣臣上謚曰天皇大帝廟號高宗文明元年八月庚寅葬於乾陵天寶十三載改謚曰天皇大弘孝皇帝

史臣曰大帝往在藩儲見稱長者暨昇旒扆頓異明哉虛襟似納於觸鱗下詔無殊於扇暍旣蕩情於帷薄遂忽怠於基扃惑麥斛之佞言中宮被毒聽趙師之誣說元舅銜寃忠良自是脅肩姦佞於焉得志卒致盤維盡戮宗社爲墟古所謂一國爲一人興前賢爲後愚廢信矣哉

贊曰藉文鴻業僅保餘位封岱禮天其德不類伏戎于寢構堂終墜自蘊禍胎邦家殄瘁

舊唐書卷五考證

高宗本紀卷下二月戊寅幸九成宮○上已書二月矣此二月衍文

二月癸未皇太子弘釋奠于國學○新書在四月乙卯據禮志又在三月

總章二年六月戊申朔日有蝕之括州大風雨海水泛溢○新書在九月庚寅綱目亦在九月

三月丁丑改蓬萊宮爲含元殿○上已書三月矣此三月衍文

咸亨三年冬十月己未皇太子監國○沈炳震曰二年正月幸東都詔皇太子弘監國是月壬戌始還京師是二年至此月皆皇太子監國不必復書監國也疑屬衍文

上元二年夏四月己亥皇太子弘薨于合璧宮之綺雲殿○臣德潛按新書天后殺皇太子蓋顯言之此則隱其惡也

永淳元年二月上曰自我作古可乎亦可然竟不立府寮○臣宗萬按通鑑高宗欲爲太孫置官屬王方慶以爲不可上曰自我作古可乎方慶對曰三王不相襲禮何爲不可據此則亦可亦字當是曰字方於下文相接

二年七月相王輪改封豫王仍名旦○臣德潛按相王至此始名旦不得云仍名也當依通鑑更名旦爲是

# 舊唐書卷六

後晉司空同中書門下平章事劉　昫撰

## 本紀第六

### 則天皇后

則天皇后武氏諱曌幷州文水人也父士彠隋大業末爲鷹揚府隊正高祖行軍於汾晉每休止其家義旗初起從平京城貞觀中累遷工部尚書荊州都督封應國公初則天年十四時太宗聞其美容止召入宮立爲才人及太宗崩遂爲尼居感業寺大帝於寺見之復召入宮拜昭儀時皇后王氏良娣蕭氏頻與武昭儀爭寵互讒毀之帝皆不納進號宸妃永徽六年廢王皇后而立武宸妃爲皇后高宗稱天皇武后亦稱天后后素多智計兼涉文史帝自顯慶已後多苦風疾百司表奏皆委天后詳決自此內輔國政數十年威勢與帝無異當時稱爲二聖弘道元年十二月丁巳大帝崩皇太子顯卽位尊天后爲皇太后旣將篡奪是日自臨朝稱制庚午加授澤州刺史韓王元嘉爲太尉豫州刺史滕王元嬰爲開府儀同三司絳州刺史魯王靈夔爲太子太師相州刺史越王貞爲太子太傅安州都督紀王愼爲太子太保元嘉等地尊望重恐其生變故進加虛位以安其心甲戌劉仁軌爲尚書左僕射岑長倩爲兵部尚書魏玄同爲黃門侍郎並依舊知政事劉齊賢爲侍中裴炎爲中書令

嗣聖元年春正月甲申朔改元二月戊午廢皇帝爲廬陵王幽于別所仍改賜名哲己未立豫王輪爲皇帝令居於別殿大赦天下改元文明皇太后仍臨朝稱制庚午廢皇太孫重照爲庶人太常卿兼豫州府長史王德眞爲侍中中書侍郎豫王府司馬劉禕之同中書門下三品三月庶人賢死于巴州夏四月滕王元嬰薨改封畢王上金爲澤王葛王素節爲許王丁丑遷廬陵王哲

於均州閭五月禮部尚書武承嗣同中書門下三品秋七月突厥骨咄祿元珍寇朔州命左威衛大將軍程務挺拒之彗星見西北方長二丈餘經三十三日乃滅九月大赦天下改元爲光宅旗幟改從金色飾以紫畫以雜文改東都爲神都又改尚書省及諸司官名初置右肅政御史臺官員故司空李勣孫柳州司馬徐敬業僞稱揚州司馬殺長史陳敬之據揚州起兵自稱上將以匡復爲辭冬十月楚州司馬李崇福率所部三縣以應敬業命左玉鈐衛大將軍李孝逸爲大總管率兵三十萬以討之殺內史裴炎丁酉追削敬業父祖官爵復其本姓徐氏十二月前中書令薛元超卒殺左威衛大將軍程務挺

垂拱元年春正月以敬業平大赦天下改元劉仁軌薨三月遷廬陵王哲於房州頒下親撰垂拱格於天下夏四月內史騫味道左授青州刺史五月秋官尚書裴居道爲內史納言王德眞配流象州冬官尚書蘇良嗣爲納言詔內外文武九品已上及百姓咸令自舉是夏大旱

二年春正月皇太后下詔復政於皇帝以皇太后既非實意乃固讓皇太后仍依舊臨朝稱制大赦天下初令都督刺史並準京官帶魚三月初置匭於朝堂有進書言事者聽投之由是人間善惡事多所知悉夏四月岑長倩爲內史六月蘇良嗣爲文昌左相天官尚書韋待價爲文昌右相並同鳳閣鸞臺三品右肅政御史大夫韋思謙爲納言

三年春正月封王子成義爲恒王隆基爲楚王隆範爲衛王隆業爲趙王二月韋思謙請致仕許之夏四月裴居道爲納言夏官侍郎張光輔爲鳳閣侍郎同鳳閣鸞臺平章事庚午劉禕之賜死於家秋八月地官尚書魏玄同檢校納言

四年春二月毀乾元殿就其地造明堂山東河南甚飢乏詔司屬卿王及善司府卿歐陽通冬官侍郎狄仁傑巡撫賑給夏四月魏王武承嗣僞造瑞石文云聖母臨人永昌帝業令雍州人唐同泰表稱獲之洛水皇太后大悅號其石爲寶圖擢授同泰游擊將軍五月皇太后加尊號曰聖母神皇秋七月大赦天下改寶圖曰天授聖圖封洛水神爲顯聖加位特進并立廟就水側置永昌縣天下大酺五日八月壬寅博州刺史瑯邪王沖據博州起兵命左金吾大將軍丘神勣爲行軍總管討之庚戌沖父豫州刺史越王貞又舉兵於豫州與沖相應九月命內史岑長倩鳳閣侍郎張光輔左監門大將軍鞠崇裕率兵討之丙寅斬貞及沖等傳首神都改姓爲虺氏曲赦博州韓王元嘉魯王靈夔元嘉子黃國公譔靈夔子左散騎常侍范陽王藹霍王元軌及子江都王緒故虢王元鳳子東莞公融坐與貞通謀元嘉靈夔自殺元軌配流黔州譔等伏誅改姓虺氏自是宗室諸王相繼誅死者殆將盡矣其子孫年幼者咸配流嶺外誅其親黨數百餘家十二月神皇拜洛水受天授聖圖是日還宮明堂成

永昌元年春正月神皇親享明堂大赦天下改元大酺七日三月張光輔爲內史武承嗣爲納言夏四月誅蔣王惲道王元慶徐王元禮曹王明等諸子孫徙其家屬於巂州五月命文昌右相韋待價爲安息道大總管以討吐蕃六月令文武官五品已上各舉所知秋七月紀王愼被誣告謀反載以檻車流于巴州改姓虺氏韋待價坐遲留不進士卒多飢饉而死配流繡州八月左肅政御史大夫王本立同鳳閣鸞臺三品辛巳誅內史張光輔九月納言魏玄同賜死于家冬十月春官尚書范履冰鳳閣侍郎邢文偉同鳳閣鸞臺平章事改羽林軍百騎爲千騎

載初元年春正月神皇親享明堂大赦天下依周制建子月爲正月改永昌元年十一月爲載初元年十二月爲臘月改舊正月爲一月大酺三日神皇自以曌字爲名遂改詔書爲制書春一月蘇良嗣爲特進武承嗣爲文昌左相岑長倩爲文昌右相裴居道爲太子少傅並依舊同鳳閣鸞臺三品鳳閣侍郎武攸寧爲納言邢文偉爲內史秋七月殺豫章王亶遷其父舒王元名於和州有沙門十人僞撰大雲經表上之盛言神皇受命之事制頒於天下令諸州各置大雲寺總度僧千人丁亥殺隨州刺史澤王上金舒州刺史許王素節并其子數十人九月九日壬午革唐命改國號爲周改元爲天授大赦天下賜酺七日乙酉加尊號曰聖神皇帝降皇帝爲皇嗣丙戌初立武氏七廟於神都追尊神皇父贈太尉太原王士彠爲孝明皇帝兄子文昌左相承嗣爲魏王天官尚書三思爲梁王堂姪懿宗等十二人爲郡王司賓卿史務滋爲納言鳳閣侍郎宗秦客爲內史給事中傅游藝爲鸞臺侍郎仍依舊知鳳閣鸞臺平章事令史務滋等十人分道存撫天下改內外官所佩魚並作龜冬十月改并州文水縣爲武興縣依漢豐沛例百姓子孫相承給復

二年正月親祀明堂春三月改唐太廟爲享德廟夏四月令釋教在道法之上僧尼處道士女冠之前六月命岑長倩率諸軍討吐蕃左肅政御史大夫格輔元爲地官尚書鸞臺侍郎樂思晦並同鳳閣鸞臺平章事秋七月徙關內雍同等七州戶數十萬以實洛陽分京兆置鼎稷鴻宜四州夏官尚書歐陽通知納言事九月傅游藝下獄死右羽林衛大將軍建昌王攸寧爲納言洛州司馬狄仁傑爲地官侍郎同鳳閣鸞臺平章事冬十月制官人者咸令自舉殺文昌左相岑長倩納言歐陽通地官尚書格輔元

三年正月親祀明堂春一月冬官尚書楊執柔同鳳閣鸞臺平章事三月五天竺國並遣使朝貢四月大赦天下改元爲如意禁斷天下屠殺秋七月大雨洛水汎溢漂流居人五千餘家遣使巡問賑貸八月魏王承嗣爲特進建昌王攸寧爲冬官尚書楊執柔爲地官尚書並罷知政事秋官侍郎崔元綜爲鸞臺侍郎夏官侍郎李昭德爲鳳閣侍郎檢校天官侍郎姚璹爲文昌左丞地官侍郎李元素爲文昌右丞並同鳳閣鸞臺平章事九月大赦天下改元爲長壽改用九月爲社大酺七日并州改置北都冬十月武威軍總管王孝傑大破吐蕃復龜茲于闐疏勒碎葉鎭

二年春一月親享明堂癸亥殺皇嗣妃劉氏竇氏臘月改封皇孫成器爲壽春郡王宜王成義爲衡陽郡王隆基爲臨淄郡王衛王隆範爲巴陵郡王隆業爲彭城郡王春二月尚方監裴匪躬坐潛謁皇嗣腰斬於都市秋九月上加金輪聖神皇帝號大赦天下大酺七日辛丑司賓卿豆盧欽望爲內史文昌右丞韋巨源同鳳閣鸞臺平章事秋官侍郎陸元方爲鸞臺侍郎同鳳閣鸞臺平章事

三年春一月親享明堂三月鳳閣侍郎李昭德檢校內史鸞臺侍郎蘇味道同鳳閣鸞臺平章事韋巨源爲夏官侍郎依舊知政事四月夏官尚書王孝傑同鳳閣鸞臺三品五月上加尊號爲越古金輪聖神皇帝大赦天下改元爲延載大酺七日秋八月司賓少卿姚璹爲納言左肅政御史中丞楊再思爲鸞臺侍郎洛川司馬杜景儉爲鳳閣侍郎並同鳳閣鸞臺平章事梁王武三思勸率諸蕃酋長奏請大徵斂東都銅鐵造天樞於端門之外立頌以紀上之功業九月內史李昭德左授欽州南賓縣尉冬十月文昌右丞李元素爲鳳閣鸞臺平章事

證聖元年春一月上加尊號曰慈氏越古金輪聖神皇帝大赦天下改元大酺七日戊子豆盧欽望韋巨源杜景儉蘇味道陸元方並左授趙鄜集綏等州刺史丙申夜明堂災至明而並從煨燼庚子以明堂災告廟手詔責躬令內外文武九品已上各上封事極言正諫春二月上去慈氏越古尊號秋九月親祀南郊加尊號天冊金輪聖神皇帝大赦天下改元爲天冊萬歲大辟罪已下及犯十惡常赦所不原者咸赦除之大酺九日

萬歲登封元年臘月甲申上登封于嵩嶽大赦天下改元大酺九日丁亥禪于少室山己丑又制內外官三品已上通前賜爵二等四品已下 加兩階洛州百姓給復二年登封告成縣三年癸巳至自嵩嶽甲午親謁太廟春三月重造明堂成夏四月親享明堂大赦天下改元爲萬歲通天大酺七日以天下大旱命文武官九品以上極言時政得失五月營州城傍契丹首領松漠都督李盡忠與其妻兄嬀誠州刺史孫萬榮殺都督趙文翽舉兵反攻陷營州盡忠自號可汗乙丑命鷹揚將軍曹仁師右金吾大將張玄遇右武威大將軍李多祚司農少卿麻仁節等二十八將討之秋七月命春官尚書梁王三思爲安撫大使納言姚璹爲之副制改李盡忠爲盡滅孫萬榮爲萬斬秋八月張玄遇曹仁師麻仁節與李盡滅戰于西硤石黃麞谷官軍敗績玄遇仁節並爲賊所虜九月命右武衛大將軍建安王攸宜爲大總管以討契丹并州長史王方慶爲鳳閣侍郎與殿中監李道廣並同鳳閣鸞臺平章事吐蕃寇涼州都督許欽明爲賊所執庚申王方慶爲鳳閣侍郎仍依舊知政事李盡滅死其黨孫萬斬代領其衆冬十月孫萬斬攻陷冀州刺史陸寶積死之十一月又陷瀛州屬縣

二年正月親享明堂鳳閣侍郎李元素夏官侍郎孫元亨坐與綦連耀謀反伏誅原州都督府司馬婁師德爲鳳閣侍郎同鳳閣鸞臺平章事春二月王孝傑蘇宏暉等率兵十八萬與孫萬斬戰于硤石谷王師敗績孝傑沒於陣宏暉棄甲而遁夏四月鑄九鼎成置于明堂之庭前益州大都督府長史王及善爲內史五月命右金吾大將軍河內王懿宗爲大總管右肅政御史大夫婁師德爲副大總管右武威衛大將軍沙吒忠義爲前軍總管率兵二十萬以討孫萬斬六月內史李昭德司僕少卿來俊臣以罪伏誅孫萬斬爲其家奴所殺餘黨大潰魏王承嗣梁王三思並同鳳閣鸞臺三品秋八月納言姚璹爲益州大都督府長史九月以契丹李盡滅等

平大赦天下改元爲神功大酺七日婁師德爲納言冬十月前幽州都督狄仁傑爲鸞臺侍郎司刑卿杜景儉爲鳳閣侍郎並同鳳閣鸞臺平章事

聖曆元年正月親享明堂大赦天下改元大酺九日春三月召廬陵王哲於房州夏五月禁天下屠殺突厥默啜上言有女請和親秋七月令淮陽王武延秀往突厥納默啜女爲妃遣右豹韜衛大將軍閻知微攝春官尚書赴虜庭八月突厥默啜以延秀非唐室諸王乃囚於別所率衆與閻知微入寇嬀檀等州命司屬卿高平王重規右武威衛大將軍沙吒忠義幽州都督張仁亶右羽林衛大將軍李多祚等率兵二十萬逆擊乃放延秀還己丑默啜攻陷定州刺史孫彥高死之焚燒百姓廬舍遇害者數千人魏王承嗣卒庚子梁王三思爲內史狄仁傑爲納言九月建昌王攸寧同鳳閣鸞臺平章事默啜攻陷趙州刺史高叡遇害丙子廬陵王哲爲皇太子令依舊名顯大赦天下大酺五日令納言狄仁傑爲河北道行軍元帥辛巳皇太子謁太廟天官侍郎蘇味道鳳閣侍郎同鳳閣鸞臺平章事癸未默啜盡殺所掠趙定州男女萬餘人從五迴道而去所至殘害不可勝紀冬十月夏官侍郎姚元崇麟臺少監李嶠並同鳳閣鸞臺平章事是月閻知微自突厥叛歸族誅之

二年春二月封皇嗣旦爲相王初爲寵臣張易之及其弟昌宗置控鶴府官員尋改爲奉宸府班在御史大夫下左肅政御史中丞魏元忠爲鳳閣侍郎吉頊爲天官侍郎並同鳳閣鸞臺平章事戊子幸嵩山過王子晉廟丙申幸緱山丁酉至自嵩山夏四月吐蕃大論贊婆來奔秋七月上以春秋高慮皇太子相王與梁王武三思定王武攸寧等不協令立誓文於明堂八月王及善爲文昌左相豆盧欽望爲文昌右相仍並同鳳閣鸞臺三品冬十月乙亥幸福昌縣王及善薨

三年正月戊寅梁王三思爲特進天官侍郎吉頊配流嶺表臘月辛巳封皇太子男重潤爲召王狄仁傑爲內史戊寅幸汝州之溫湯甲戌至自溫湯造三陽宮于嵩山春三月李嶠爲鸞臺侍郎知政事如故夏四月戊申幸三陽宮五月癸丑上以所疾康復大赦天下改元爲久視停金輪等尊號大酺五日六月魏元忠爲左肅政御史大夫仍舊知政事是夏大旱秋七月至自三陽宮天官侍郎張錫爲鳳閣侍郎同鳳閣鸞臺平章事其甥鳳閣鸞臺平章事李嶠爲成均祭酒罷知政事壬寅制曰隋尚書令楊素昔在本朝早荷殊遇稟凶邪之德有諂佞之才惑亂君上離間骨肉搖動冢嫡寧唯握蠱之禍誘扇後主卒成請蹕之釁隋室喪亡蓋惟多僻究其萌兆職此之由生爲不忠之人死爲不義之鬼身雖幸免子竟族誅斯則姦逆之謀是爲庭訓險薄之行遂成門風刑戮雖加枝胄仍在何得肩隨近侍齒列朝行朕接統百王恭臨四海上嘉賢佐下惡賊臣常欲從容於萬機之餘褒貶於千載之外況年代未遠耳目所存者乎其楊素及兄弟子孫已下並不得令任京官及侍衛九月內史狄仁傑卒冬十月甲寅復舊正朔改一月爲正月仍以爲歲首正月依舊爲十一月大赦天下韋巨源爲地官尚書文昌左丞韋安石爲鸞臺侍郎同鳳閣鸞臺平章事丁卯幸新安曲赦其縣壬申至自新安十二月開屠禁諸祠祭令依舊用牲牢

大足元年春正月制改元二月鸞臺侍郎李懷遠同鳳閣鸞臺平章事三月姚元崇爲鳳閣侍郎依舊知政事丙申鳳閣侍郎張錫坐贓配循州夏五月幸三陽宮命左肅政御史大夫魏元忠爲總管以備突厥天官侍郎顧琮同鳳閣鸞臺平章事六月夏官侍郎李迥秀同鳳閣鸞臺平章事辛未曲赦告城縣秋七月甲戌至自三陽宮九月召王重潤爲易之讒構令自死冬十月幸京師大赦天下改元爲長安

二年春正月突厥寇鹽夏等州殺掠人吏秋九月乙丑日有蝕之不盡如鉤京師及四方見之冬十月日本國遣使貢方物十一月相王旦爲司徒戊子親祀南郊大赦天下

三年春三月壬戌日有蝕之夏四月庚子相王旦表讓司徒許之改文昌臺爲中臺李嶠知納言事六月寧州雨山水暴漲漂流二千餘家溺死者千餘人秋七月殺右金吾大將軍唐休璟秋九月正諫大夫朱敬則鳳閣鸞臺平章事戊申相王旦爲雍州牧是月御史大夫兼知政事太子右庶子魏元忠爲張昌宗所譖左授端州高要尉京師大雨雹人畜有凍死者冬十月丙寅駕還神都乙酉至自京師

四年春正月造興泰宮於壽安縣之萬安山天官侍郎韋嗣立爲鳳閣侍郎同鳳閣鸞臺平章事朱敬則請致仕許之三月進封平恩郡王重福爲譙王夏官侍郎宗楚客同鳳閣鸞臺平章事夏四月韋安石知納言事李嶠知內史事丙子幸興泰宮六月天官侍郎崔玄暐同鳳閣鸞臺平章事李嶠爲國子祭酒知政事如故七月丙戌楊再思爲內史甲午至自興泰宮宗楚客左授原州都督八月姚元崇爲司僕卿知政事韋安石檢校揚州大都督府長史冬十月秋官侍郎張柬之同鳳閣鸞臺平章事十一月李嶠爲地官尚書張柬之爲鳳閣鸞臺平章事自九月至於是日夜陰晦大雨雪都中人有飢凍死者令官司開倉賑給

神龍元年春正月大赦改元上不豫制自文明元年已後得罪人除揚豫博三州及諸逆魁首咸赦除之癸亥麟臺監張易之與弟司僕卿昌宗反皇太子率左右羽林軍桓彥範敬暉等以羽林兵入禁中誅之甲辰皇太子監國總統萬機大赦天下是日上傳皇帝位于皇太子徙居上陽宮戊申皇帝上尊號曰則天大聖皇帝冬十一月壬寅則天將大漸遺制祔廟歸陵令去帝稱則天大聖皇后其王蕭二家及褚遂良韓瑗等子孫親屬當時緣累者咸令復業是日崩于上陽宮之仙居殿年八十三諡曰則天大聖皇后二年五月庚申祔葬于乾陵睿宗即位詔依上元年故事號爲天后未幾追尊爲大聖天后改號爲則天皇太后太后嘗召文學之士周思茂范履冰衛敬業令撰玄覽及古今內範各百卷青宮紀要少陽政範各三十卷維城典訓鳳樓新誡孝子列女傳各二十卷內軌要略樂書要錄各十卷百寮新誡兆人本業各五卷臣範兩卷垂拱格四卷并文集一百二十卷藏于秘閣

史臣曰治亂時也存亡勢也使桀紂在上雖十堯不能治使堯舜在上雖十桀不能亂使懦夫女子乘時得勢亦足坐制羣生之命肆行不義之威觀夫武氏稱制之年英才接軫靡不痛心於家索扼腕於朝危竟不能報先帝之恩衛吾君之子俄至無辜被陷引頸就誅天地爲籠去將安所悲夫昔掩鼻之讒古稱其毒人彘之酷世以爲寃武后奪嫡之謀也振喉絕襁褓之兒葅醢碎椒塗之骨其不道也甚矣亦姦人妒婦之恒態也然猶汎延讜議時禮正人初雖牝雞司晨終能復子明辟飛語辯元忠之罪善言慰仁傑之心尊時憲而抑幸臣聽忠言而誅酷吏有旨哉有旨哉

贊曰龍漦易貌丙殿昌儲胡爲穹昊生此夔魑彼數神器穢褻皇居窮妖白首降鑒何如

舊唐書卷六考證

則天皇后本紀嗣聖元年二月己未立豫王輪爲皇帝○沈炳震曰前既改名旦矣不應仍書豫王輪新書稱旦爲合

天授二年改唐太廟爲享德廟○新書在元年十月

長壽三年梁王武三思勸率諸蕃酋長奏請大徵斂東都銅鐵造天樞于端門之外○新書在證聖元年四月綱目亦同新書

萬歲登封元年○臣德潛按原本誤連于證聖元年之後是合二年爲一年也今已更正

洛州百姓給復二年○臣德潛按此因登封嵩嶽大赦天下而尤加恩于洛州百姓也原本誤認爲元年後之二年另行提起是分一年爲二年矣今已更正

二年六月內史李昭德司業少卿來俊臣以罪伏誅○臣德潛按當時昭德俊臣同棄市時人無不痛昭德而快俊臣俊臣應書伏誅昭德非其倫也新書云殺監察御史李昭德綱目云周來俊臣伏誅得其旨矣

聖曆二年春二月封皇嗣旦爲相王○新書在正月壬戌綱目在元年十一月互異

夏四月吐蕃大論贊婆來奔○新書在十月丁亥

長安三年秋七月殺右金吾大將軍唐休璟○新書秋七月庚戌檢校涼州都督唐休璟爲夏官尚書同鳳閣鸞臺平章事臣德潛按本傳休璟未嘗被殺且未嘗爲金吾大將軍此于殺金吾大將軍下明有闕文且并闕休璟之遷官而以兩事混而一之也

神龍元年十一月崩于上陽宮之仙居殿年八十三○新書后妃傳年八十一綱目亦同新書

# 舊唐書卷七

後晉司空同中書門下平章事劉　昫撰

## 本紀第七

中宗　睿宗

中宗太和聖昭孝皇帝諱顯高宗第七子母曰則天順聖皇后顯慶元年十一月乙丑生於長安明年封周王授洛州牧儀鳳二年徙封英王改名哲授雍州牧永隆元年章懷太子廢其年立爲皇太子弘道元年十二月高宗崩遺詔皇太子柩前即帝位皇太后臨朝稱制改元嗣聖元年二月皇太后廢帝爲廬陵王幽於別所其

年五月遷於均州尋徙居房陵聖曆元年召還東都立爲皇太子依舊名顯時張易之與弟昌宗潛圖逆亂神龍元年正月鳳閣侍郎張柬之鸞臺侍郎崔玄暐左羽林將軍敬暉右羽林將軍桓彥範司刑少卿袁恕己等定策率羽林兵誅易之昌宗迎皇太子監國總司庶政大赦天下鳳閣侍郎韋承慶正諫大夫房融司禮卿崔慶等下獄甲辰命地官侍郎樊忱往京師告廟陵司刑少卿兼王府司馬袁恕己爲鳳閣鸞臺平章事乙巳則天傳位於皇太子丙午卽皇帝位於通天宮大赦天下唯易之黨與不在原限爲周興來俊臣所枉陷者咸令雪免內外文武官加兩階三品已上加爵二等入五品等特減四考大酺五日以并州牧相王旦及太平公主有誅易之兄弟功相王加號安國相王進拜太尉同鳳閣鸞臺三品公主加號鎭國太平公主仍賜實封通前滿五千戶皇親先被配沒者子孫令復屬籍仍量敍官爵出宮女三千丁未天后徙居上陽宮庚戌鳳閣侍郎同鳳閣鸞臺平章事張柬之爲夏官尙書同鳳閣鸞臺三品封漢陽郡公鸞臺侍郎兼檢校太子右庶子同鳳閣鸞臺平章事崔玄暐爲守內史封博陵郡公袁恕己同鳳閣鸞臺三品封南陽郡公敬暉爲納言平陽郡公桓彥範爲納言譙郡公並加銀青光祿大夫賜實封五百戶右羽林大將軍遼國公李多祚進封遼陽郡王賜實封六百戶內直郎駙馬都尉王同皎爲雲麾將軍右千牛將軍琅邪郡公食實封五百戶並賞誅張易之兄弟功其餘封各有差上天后尊號爲則天大聖皇帝二月甲寅復國號依舊爲唐社稷宗廟陵寢郊祀行軍旗幟服色天地日月寺宇臺閣官名並依永淳已前故事神都依舊爲東都北都爲并州大都督府老君依舊爲玄元皇帝諸州百姓免今年租稅房州百姓給復三年改左右肅政臺爲左右御史臺韋承慶貶高要尉房融配流欽州中書令楊再思爲戶部尙書同中書門下三品京留守太僕卿同中書門下三品姚元之出爲亳州刺史己未封堂兄左金吾將軍鬱林郡公千里爲成紀郡王左金吾衞大將軍實封五百戶令貢舉人停習臣軌依舊習老子甲子立妃韋氏爲皇后大赦天下內外官陪位者賜勳一轉大酺三日后父故豫州刺史玄貞爲上洛郡王后母崔氏贈上洛郡王妃初韓王元嘉霍王元軌等自垂拱以來皆遭非命是日追復官爵令備禮改葬有胤嗣者卽令承襲無胤嗣者聽取親爲後詔九品已上及朝集使極言朝政得失兼舉賢良方正直言極諫之士丙寅左散騎常侍譙王重福貶濮州員外刺史不知州事特進太子賓客梁王武三思爲司空同中書門下三品加實封五百戶通前一千五百戶丁卯右散騎常侍定安郡王駙馬都尉武攸暨封定王爲司徒更加實封四百戶通前一千戶辛未上往觀風殿朝天后太尉安國相王旦固讓太尉及知政事遂從其請甲戌國子祭酒祝欽明同中書門下三品黃門侍郎知侍中事韋安石爲刑部尙書罷知政事丙子諸州置寺觀一所以中興爲名丁丑武三思固讓司空同中書門下三品武攸暨固讓司徒封王許之改封義興郡王重俊爲衞王北海郡王重茂爲溫王三月辛巳追復故司空英國公李勣官爵令所司爲起墳改葬甲申制文明已來破家臣寮所有子孫並還資廕其揚州構逆徒黨唯徐敬業一房不在免限餘並原宥丁亥廢左右司員外郎其酷吏劉光業王德壽王處貞屈貞筠劉景陽等五人雖已身死官爵並宜追奪景陽見在貶淥州樂單尉丘神勣來子珣萬國俊周興來俊臣魚承曄王景昭索元禮傅遊藝王弘義張知默裴籍焦仁亶侯思立郭霸李敬仁皇甫文備陳嘉言等雖已身死並宜除名唐奉一配流李秦授曹仁哲並改與嶺南遠惡處己丑中書侍郎兼檢校相王府長史南陽郡公袁恕己爲中書令兼檢校安國相王府長史詔曰君臣朝序貴賤之禮斯殊兄弟大倫先後之儀亦異聖人之制率由斯道朕臨茲寶極位在崇高負扆當陽雖受宗枝之敬退朝私謁仍用家人之禮近代以來罕遵軌度上及公主曲致私情姑叔之尊拜於子姪違法背禮情用惻然自今已後宜從革弊安國相王某及鎭國太平公主更不得輒拜衞王重俊兄弟及長寧公主姊妹等宜告宗屬知朕意焉先是諸王及公主皆以親爲貴天子之子諸姑叔見之必先致拜若致書則稱爲敬事上志欲敦睦親族故下制革之庚寅衞王重俊上洛州牧王乘騶馬車鹵簿從諸王公已下中書門下五品已上及諸親並祖送禮儀甚盛事畢賜物有差辛卯以故司僕少卿徐有功執法平恕追贈越州都督并授一子官戊戌左右千牛衞各置大將軍一員罷奉宸府官員以安北大都護安國相王旦爲左右千牛大將軍每大朝會內供奉丙午改秋社依舊用仲秋戊申相王旦於太常廳上王公諸親祖送衞尉張設光祿造食禮畢賜物如衞王上洛州牧之儀夏四月乙丑端州尉魏元忠爲衞尉卿同中書門下三品甲戌左庶子韋安石爲吏部尙書太子賓客李懷遠爲右散騎常侍右庶子唐休璟爲輔國大將軍右庶子崔玄暐爲特進檢校益州大都督府長史判都督事右庶子西留守戶部尙書弘農郡公楊再思爲檢校揚州大都督府長史判都督事少詹事兼侍讀國子祭酒祝欽明爲刑部尙書並依前知政事以上在春宮故僚也乙亥張柬之爲中書令戊寅追贈郡王重潤爲懿德太子同官縣大雨雹燕雀多死漂溺居人四百家遣使賑給五月壬午遷武氏七廟神主于西京崇尊廟東都創置太廟社稷戊子制依舊以周隋爲二王後壬辰封成紀郡王千里爲成王癸巳侍中敬暉封爲平陽郡王侍中桓彥範扶陽郡王賜姓韋氏中書令張柬之漢陽郡王中書令袁恕己南陽郡王特進崔玄暐海陵郡王並加授特進罷知政事吏部尙書韋安石爲兼中書令兵部尙書魏元忠爲兼侍中丙申皇后表請天下士庶爲出母爲三年服年二十二成丁五十九免役癸卯降梁王武三思爲德靜郡王定王武攸暨爲樂壽郡王河內王武懿宗等十餘人並降爲國公甲辰特進芮國公豆盧欽望爲尙書左僕射輔國大將軍酒泉郡公唐休璟爲尙書右僕射依舊同中書門下三品丙午制以鄒魯之邑百戶爲太師隆道公宣尼采邑用供薦享又授裔孫褒聖侯崇基朝散大夫仍許子孫傳襲六月丁巳河北十七州大水漂沒人居癸亥尙書左僕射豆盧欽望軍國重事中書門下可共平章檢校中書令韋安石中書令兼檢校吏部尙書檢校侍中魏元忠兼檢校兵部尙書楊再思兼戶部尙書兼檢校中書令丁卯祔孝敬皇帝神主於太廟號義宗非禮也戊辰洛水暴漲壞廬舍二千餘家溺死者甚衆秋七月辛巳太子賓客韋巨源同中書門下三品乙未以特進漢陽郡王張柬之爲襄州刺史仍不知州事八月戊申以水災令文武官九品以上直言極諫河南洛陽百姓被水兼損者給復一年甲子追冊故妃趙氏爲恭皇后尊敬妃裴氏爲皇后乙亥上親祔太祖景皇帝獻祖光皇帝世祖元皇帝高祖神堯皇帝太宗文武皇帝皇考高宗天皇大帝皇兄義宗孝敬皇帝神主于太廟皇后廟見丁丑御洛城南門觀闘象九月壬午親祀明堂大赦天下禁化胡經及婚娶之家父母親亡停喪成禮天下大酺三日戊戌太子賓客韋巨源爲禮部尙書依舊知政事冬十月癸亥幸龍門香山寺乙丑幸新安改弘文館爲修文館辛未魏元忠爲中書令楊再思爲侍中十一月戊寅加皇帝尊號曰應天皇后尊號曰順天壬午皇帝皇后親謁太廟告授徽號之意大赦天下賜酺三日己丑御洛城南門樓觀潑寒胡戲辛丑衞王重俊爲左衞大將軍遙領揚州大都督溫王重茂爲右衞大將軍遙領并州大都督十二月壬寅則天皇太后崩

二年春正月丙申護則天靈駕還京戊戌吏部尙書李嶠同中書門下三品中書侍郎于惟謙同中書門下平章事閏月丙午朔置公主府官員乙卯以特進敬暉桓彥範袁恕己等三人爲滑洺豫刺史二月乙未刑部尙書韋巨源同中書門下三品遣十使巡察風俗丙申僧會範道士史崇玄等十餘人授官封公以賞造聖善寺功也三月甲辰中書令韋安石爲戶部尙書罷知政事戶部尙書蘇瓌爲侍中京留守乙巳黃霧四塞唐休璟請致仕許之庚戌殺光祿卿駙馬都尉王同皎壬子洛陽城東七里許地色如水側近樹木往來車馬歷歷影見水中經月餘乃滅是月大置員外官自京諸司及諸州佐凡二千餘人超授閣官七品已上及員外者千餘人壬戌贈后父韋玄貞太師益州都督夏四月甲戌又贈玄貞爲酆王玄貞弟四人並贈郡王己卯左散騎常侍同中書門下三品李懷遠請致仕許之辛巳洛水暴漲壞天津橋六月戊寅特進朗州刺史平陽郡王敬暉貶崖州司馬特進亳州刺史扶陽郡王桓彥範瀧州司馬特進郢州刺史袁恕己竇州司馬特進均州刺史博陵郡王崔玄暐白州司馬特進襄州刺史漢陽郡王張柬之新州司馬並員外置長任舊官封爵並追奪秋七月丙午立衞王重俊爲皇太子丙寅中書令兼檢校兵部尙書齊國公魏元忠爲尙書右僕射兼中書令仍知兵部事吏部尙書李嶠爲中書令刑部尙書韋巨源爲吏部尙書依舊同中書門下三品庚午禮部尙書祝欽明爲中丞蕭至忠所劾前左散騎常侍李懷遠爲左散騎常侍同中書門下三品東都留守九月祝欽明貶青州刺史壬寅幸白馬寺戊午左散騎常侍李懷遠卒壬寅置戶部侍郎一員冬十月己卯車駕還京師戊戌至自東都十一月乙巳大赦天下行從文武官賜勳一轉改河南爲合宮洛陽爲永昌嵩陽爲乾封陽城爲告城戊午兼秘書鄭普思坐妖逆配流儋州其黨與皆伏誅十二月己卯突厥默啜寇靈州鳴沙縣靈武軍大總管沙吒忠義逆擊之官軍敗績死者三萬丁巳突厥進寇原會等州掠隴右牧馬萬餘而去甲申募能斬默啜者封授諸大衞大將軍丙戌以突厥犯邊京師亢旱令減膳徹樂河北水大飢命侍中蘇瓌存撫賑給丙申特進

尚書左僕射兼安國相王府長史芮國公豆盧欽望爲開府儀同三司依舊平章事軍國重事尚書右僕射兼中書令知兵部事齊國公魏元忠爲尚書左僕射兼中書令仍兼知兵部事是冬牛大疫

三年春正月庚子朔不受朝會喪未再朞也庚戌以默啜寇邊制募猛士武藝超絕者各令自舉內外羣官各進破滅突厥之策丙辰以旱親錄囚徒己巳遣武攸暨武三思往乾陵祈雨于則天皇后既而雨降上大感悅二月辛未制武氏崇恩廟依舊享祭仍置五品令七品丞其昊陵順陵置令丞如廟壬午贈太師酆王廟號哀德陵號榮先置六品令八品丞庚寅改中興寺觀爲龍興內外不得言中興辛卯幸安樂公主宅三月丙子吐蕃贊普遣大臣悉董熱獻方物是春自京師至山東疾疫民死者衆河北河南大旱夏四月辛巳以嗣雍王守禮女爲金城公主出降吐蕃贊普庚寅幸薦福寺曲赦雍州五月戊戌左屯衛大將軍兼檢校洛州長史張仁亶爲朔州道大總管以備突厥丙午突厥默啜殺我行人臧思言六月丁卯朔日有蝕之戊子姚嶲道討擊使侍御史唐九徵擊姚州叛蠻破之俘虜三千計遂於其處勒石紀功焉是夏山東河北二十餘州旱饑饉疾疫死者數千計遣使賑卹之秋七月庚子皇太子重俊與羽林將軍李多祚等率羽林千騎兵三百餘人誅武三思武崇訓遂引兵自肅章門斬關而入帝惶遽登玄武樓重俊引兵至下上自臨軒諭之衆遂散去殺李多祚重俊出奔至鄠縣爲部下所殺癸卯大赦天下八月丙子改玄武門爲神武門樓爲制勝樓丙戌左僕射兼中書令魏元忠請致仕授特進九月丁酉兵部尚書郢國公宗楚客左衛將軍兼太府卿紀處訥並同中書門下三品吏部侍郎兼左御史臺中丞蕭至忠爲黃門侍郎兼左御史中丞同中書門下三品中書侍郎東海郡公于惟謙國子祭酒罷知政事庚子上皇帝尊號曰應天神龍皇后尊號曰順天翊聖大赦天下改元爲景龍兩京文武官三品已上賜爵一級四品已下加一階外官賜勳一轉景龍元年九月甲辰特進魏元忠左授務川尉言與重俊通謀也庚辰侍中兼左御史臺大夫楊再思爲中書令吏部尚書韋巨源太府卿紀處訥並爲侍中侍中蘇瓌爲吏部尚書壬戌改左右羽林衞千騎爲萬騎仍分爲左右冬十月壬午彗見于西月餘而滅壬午皇后上神武頌令兩京及四大都督府皆刻之於石十二月乙丑朔日有蝕之丁丑京師雨土

二年春正月丙申滄州雨雹大如雞卵二月辛未幸左金吾大將軍陳國公陸頌宅皇后自言衣箱中裙上有五色雲起令畫工圖之以示百寮乃大赦天下癸未夜天保星墜西南有聲如雷野雉皆雊乙酉帝以后服有慶雲之瑞大赦天下內外五品已上母妻各加邑號一等無妻者聽授女天下婦人八十已上版授鄉縣郡等君三月丙子朔方道大總管張仁亶築受降城於河上夏四月庚午左散騎常侍樂壽郡王駙馬都尉武攸暨讓郡王改封楚國公癸未修文館增置大學士八員直學士十二員己丑幸長樂公主莊即日還宮六月丁亥改太史局爲太史監罷隸秘書省秋七月辛卯台州地震癸巳左屯衛大將軍攝右御史臺大夫朔方道行營大總管韓國公張仁亶同中書門下三品有赤氣竟天其光燭地經三日乃止九月甲戌黃霧昏濁冬十一月庚申突厥首領娑葛叛自立爲可汗遣弟遮弩率衆犯塞己卯以安樂公主出降假皇后仗出於禁中以盛其儀帝及后御安福樓以觀之禮畢大赦天下賜酺三日癸未安西都護牛師獎與娑葛戰于火燒城師獎敗績沒于陣是冬西京吏部置兩侍郎銓試東都又置兩銓恣行囑請又有斜封授官預用秋闕

三年春正月丁卯黃霧四塞癸酉幸薦福寺乙亥宴侍臣及近親於梨園亭二月己丑幸玄武門與近臣觀宮女大酺既而左右分曹共爭勝負上又遣宮女爲市肆鬻賣衆物令宰臣及公卿爲商賈與之交易因爲忿爭言辭猥褻上與后觀之以爲笑樂壬寅侍中舒國公韋巨源爲尚書左僕射並同中書門下三品戊午兵部尚書郢國公宗楚客中書令中書侍郎酇國公蕭至忠爲侍郎太府卿韋嗣立爲兵部尚書同中書門下三品中書侍郎檢校吏部侍郎崔湜同中書門下平章事兵部侍郎趙彥昭爲中書侍郎同中書門下平章事庚申日赤紫色無光戊寅禮部尚書兼揚州大都督曹國公韋溫爲太子少保兼揚州大都督同中書門下三品太常少卿兼檢校吏部侍郎同中書門下平章事夏五月丙戌崔湜鄭愔坐贓湜貶襄州刺史愔貶江州司馬六月癸丑太白晝見于東井庚子以經籍多缺使天下搜括壬寅以旱避正殿減膳親錄囚徒癸卯尚書左僕射楊再思薨秋七月乙卯朔鎮軍大將軍右驍衛將軍兼知太史事迦業至忠配流柳州丙辰娑葛遣使來降辛酉幸梨園亭宴侍臣學士皇后表請諸婦人不因夫子而加邑號者許同見任職事官聽子孫用蔭從之壬戌安福門外設無遮齋三品已上行香癸亥御承慶殿錄囚徒壬午遣使冊驍衛大將軍兼衞尉卿金河王突騎施守忠爲歸化可汗八月乙酉特進行中書令趙國公李嶠爲特進同中書門下三品侍中酇國公蕭至忠爲中書令特進鄖國公韋安石爲侍中庚寅諸州各置司田參軍一員吐蕃贊普遣使勃祿星奉進國信贊普祖娑進物及上中宮安國相王太平公主有差壬辰遣十使巡察天下有星孛于紫宮令特進佩魚散職佩魚自此始也乙未親送朔方軍總管韓國公張仁亶於通化門外上製序賦詩乙巳幸安樂公主山亭宴侍臣學士賜繒帛有差九月壬戌幸九曲亭子宴侍臣學士戊辰吏部尚書懷縣公蘇瓌爲尚書右僕射同中書門下三品冬十月庚寅幸安樂公主金城新宅宴侍臣學士十一月乙丑親祀南郊皇后登壇亞獻左僕射舒國公韋巨源爲終獻大赦天下見繫囚徒及十惡咸赦除之雜犯流人並放還京文武三品已上賜爵一等四品已下加一階京官及應襲岳牧入三品五品減考高年版授大酺三日壬申幸見子陵甲戌開府儀同三司芮國公豆盧欽望薨吐蕃贊普遣其大臣尚贊吐來逆女十二月壬戌前尚書右僕射宋國公唐休璟爲太子少師同中書門下三品甲子上幸新豐之溫湯庚子幸兵部尚書韋嗣立莊封嗣立爲逍遙公上親製序賦詩便游白鹿觀甲辰曲賜新豐縣百姓給復一年行從官賜勳一轉是月幸驪山乙巳至自溫湯乙酉令諸司長官向醴泉坊看潑胡王乞寒戲

四年春正月乙卯於化度寺門設無遮大齋丙寅上元夜帝與皇后微行觀燈因幸中書令蕭至忠之第是夜放宮女數千人看燈因此多有亡逸者丁卯夜又微行看燈丁丑命左驍衛大將軍河源軍使楊矩爲送金城公主入吐蕃使己卯幸始平送金城公主歸吐蕃二月壬午曲赦咸陽始平爲金城縣便幸長安令王光輔馬嵬北原莊癸未至自金城庚戌令中書門下供奉官五品已上文武三品已上并諸學士等自芳林門入集於梨園毬場分朋拔河帝與皇后公主親往觀之三月甲寅幸臨渭亭修禊飲賜羣官柳棬以辟惡丙辰游宴桃花園庚申京師雨木冰井溢壬戌賜宰臣已下內宴甲子夏四月丁亥上游櫻桃園引中書門下五品已上諸司長官學士等入芳林園嘗櫻桃便令馬上口摘置酒爲樂乙未幸隆慶池結綵爲樓宴侍臣泛舟戲樂因幸禮部尚書竇希宅五月辛酉秘書監駙馬王邕改封汴王乙丑皇后請加嗣王三品丁卯前州司兵參軍燕欽融上書言皇后干預國政安樂公主武延秀宗楚客等同危宗社帝怒召欽融廷見撲殺之時安樂公主志欲皇后臨朝稱制而求立爲皇太女由是與后合謀進鴆六月壬午帝遇毒崩于神龍殿年五十秘不發喪皇后親總庶政癸未以刑部尚書裴談工部尚書張錫並同中書門下三品依舊東都留守吏部尚書張嘉福中書侍郎岑羲吏部侍郎崔湜並同中書門下平章事又命左右金吾衛大將軍趙承恩右監門大將軍薛簡帥兵五百人往均州備譙王重福立溫王重茂爲皇太子甲申發喪于太極殿宣遺制皇太后臨朝大赦天下改元爲唐隆見繫囚徒常赦所不免者咸赦除之長流任放歸田里負犯痕瑕咸從洗滌內外官三品已上賜爵一級四品已下加一階以安國相王旦爲太子太師進封雍王守禮爲邠王壽春郡王成器爲宋王宗正卿晉封新興王丁亥皇太子卽帝位於柩前時年十六皇太后韋氏臨朝稱制大赦天下常赦所不原者咸赦除之內外兵馬諸親掌仍令韋溫總知時召諸府折衝兵五萬人分屯京城列爲左右營諸韋子姪分統之壬辰遣使諸道巡撫紀處訥關內道張嘉福河北道岑羲河南道庚子夜臨淄王諱舉兵誅諸韋武皆梟首於安福門外韋太后爲亂兵所殺九月丁卯百官上諡曰孝和皇帝廟號中宗十一月己酉葬于定陵天寶十三載二月改諡曰大和大聖大昭孝皇帝

史臣曰廉士可以律貪夫賢臣不能輔孱主誠以志昏近習心無遠圖不知創業之難唯取當年之樂孝和皇帝越自負扆遷于房陵崎嶇瘴癘之鄉契闊幽囚之地所以張漢陽徘徊于克復狄梁公哽咽以奏論遂得生還庸非己力洎滌除金虎再握璿衡不能罪己以謝萬方而更漫游以隳八政縱艷妻之煽黨則聚槁爭衡信妖女以撓權則彝倫失序桓敬由之覆族節愍所以興戈竟以元首之尊不免齊眉之禍比漢晉之惠盈輩爲優苟非繼以命世之才則土德去也

睿宗玄眞大聖大興孝皇帝諱旦高宗第八子中宗母弟龍朔二年六月己未生於長安其年封殷王遙領冀州大都督單于大都護右金吾衛大將軍及長謙恭孝友好學工草隸尤愛文字訓詁之書乾封元年徙封豫王總章二年徙封冀王上初名旭輪至是去旭字上元二年徙封相王拜右衛大將軍儀鳳三年還洛牧改名旦徙封豫王嗣聖元年則天臨朝廢中宗爲廬陵王立

豫王爲皇帝仍臨朝稱制及革命改國號爲周降帝爲皇嗣令依舊名輪徙居東宮其具儀一比皇太子聖曆元年中宗自房陵還帝數稱疾不朝請讓位於中宗則天遂立中宗爲皇太子封帝爲相王又改名旦授太子右衞率長安中幷司徒右羽林衞大將軍自則天初臨朝及革命之際王室屢有變故帝每恭儉退讓竟免于禍神龍元年以誅張易之昆弟功進號安國相王遷太尉加實封其年立爲皇太弟固辭不受景龍四年夏六月中宗崩韋庶人臨朝引用其黨分握政柄忌帝望實素高潛謀危害庚子夜臨淄王諱與太平公主子薛崇簡前朝邑尉劉幽求長上果毅麻嗣宗苑總監鍾紹京等率兵入北軍誅韋溫紀處訥宗楚客武延秀馬秦客葉靜能趙履溫楊均等諸韋武黨與皆誅之辛丑帝挾少帝御安福門樓慰諭百姓大赦天下見繫囚徒常赦所不免者咸赦除之內外文武官三品已上賜爵一級四品已下加一階親皇三等已上加兩階四等已下及諸親賜勳三轉天下百姓免今年田租之半進封臨淄王爲平王以薛崇簡爲立節郡王鍾紹京爲中書侍郎劉幽求爲中書舍人並參知機務加實封其餘封賞有差遣使分行諸道宣諭仍令往均州慰勞譙王壬寅左千牛中郎將宋王成器爲左衞大將軍司農少卿同正員衡陽王成義爲右衞大將軍太府少卿同正員巴陵王進範爲左羽林衞大將軍太僕少卿同正員彭城王隆業爲右羽林衞大將軍黃門侍郎李日知同中書門下三品癸卯殿中兼知內閑廐檢校龍武右軍仍押左右廂萬騎平王諱同中書門下三品中書侍郎潁川郡公鍾紹京爲中書令中書令酇國公蕭至忠爲許州刺史兵部尚書逍遙公韋嗣立爲宋州刺史中書侍郎趙彥昭爲絳州刺史蕭韋趙特置位誅吏部尚書張嘉福於懷州其日王公百寮上表咸以國家多難宜立長君以帝衆望所歸請即尊位甲辰少帝詔曰自古帝王必有符命兄弟相及存諸典禮朕以孤藐遭家艱難顧茲蒙識未洽治途茫茫四海將何所屬累聖丕基若墜于地王室多難義擇長君思與羣公推崇明聖叔父相王高宗之子昔以天下讓于先帝孝友寬簡彰信兆人神龍之初已有明旨將立太弟以爲副君爲王懇辭未行冊命所以東宮虛位至于歷年徽緒在辰禍變倉卒然後稱制許立沖人欽奉前懷願遵理命上申天聖之旨下遂蒼生之心俯稽圖緯之文仰跂祖宗之烈擇今日請叔父相王即皇帝位朕退守本藩歸于舊邸凡百卿士敬承朕言克贊我天人之休期光我有唐之勳業布告遐邇咸使聞知相王上表讓曰臣以宗社事重家國情深誅鋤巨逆奉戴嗣主今承制旨猥推宸極在臣虛薄不敢祇膺循環震驚無任感哽制答曰皇極大寶天下至公王者臨之蓋非獲已王先聖舊意蒼生推仰龍光紫宸貴允係望請遵前旨勿或推讓于是少帝遜于別宮是日即皇帝位御承天門樓大赦天下常赦所不免並原之內外官四品已上加一階相王府官吏加兩階流人長流長任未還者並放還立功人王承曄已下千餘人賜爵秩有差封少帝爲王其日景雲見乙巳中書令鍾紹京爲戶部尚書越國公實封五百戶中書舍人劉幽求爲尚書左丞徐國公實封五百戶並依前知政事左衞大將軍宋王成器爲太子太師雍州牧揚州大都督加實封二百戶宮人比來取百姓子女入宮者放還其家丙午新除太常少卿薛稷爲黃門侍郎參知機務丁未許州刺史梁縣侯姚元之爲兵部尚書同中書門下三品兵部尚書韋嗣立爲中書令追削武三思武崇訓官爵戊申蕭至忠韋嗣立趙彥昭崔湜並停刺史衡陽王成義封申王巴陵王進範封岐王彭城王隆業封薛王己酉鎮國太平公主加實封五百戶通前一萬戶秋七月癸丑兵部侍郎兼知雍州長史崔日用爲黃門侍郎參知機務丙辰則天大聖皇后依舊號爲天后追謚雍王賢爲章懷太子庶人重俊曰節愍太子復敬暉桓彥範崔玄暐張柬之袁恕己成王千里李多祚等官爵丁巳河南洛陽華州並依舊名以洛州長史宋璟爲檢校吏部尚書同中書門下三品中書侍郎岑羲爲右散騎常侍壬戌以蕭至忠爲晉州刺史韋嗣立爲許州刺史趙彥昭爲宋州刺史兵部尚書姚元之兼太子右庶子吏部尚書宋璟兼太子左庶子癸亥吏部侍郎崔湜爲尚書右丞罷知政事甲子右僕射許國公蘇瓌兵部尚書姚元之吏部尚書宋璟右常侍判刑部尚書岑羲並充使冊定陵丙寅姚元之兼中書令丁卯蘇瓌爲尚書左僕射仍舊同中書門下三品宋國公唐休璟致仕右武衞大將軍攝右御史大夫同中書門下三品韓國公張仁亶右衞大將軍戊辰崔日用爲雍州長史薛稷爲右散騎常侍並停知機務特進同中書門下三品趙國公李嶠爲懷州刺史廢司田參軍己巳冊平王爲皇太子大赦天下改元爲景雲內外官九品已上及子爲父後者各加勳一轉自神龍以來直諫枉遭非命者咸令式墓天下州縣名目天授以來改爲武字者並令復舊廢武氏崇恩廟其昊陵順陵並去陵名景雲元年七月己巳制自今授左右僕射侍中中書令六尚書已上官聽讓其餘停讓追廢皇后韋氏爲庶人安樂公主爲悖逆庶人丁丑改太史監爲太史局隸秘書省八月癸巳新除集州刺史譙王重福潛入東都構逆州縣討平之先是中宗時官爵渝濫因依妃主墨勑而授官者謂之斜封至是並令罷免癸卯改門下坊爲左春坊典書坊爲右春坊左右羽林衞依舊爲左右羽林軍九月庚戌封皇太子男嗣貞爲許昌郡王嗣謙爲貞定郡王冬十月甲申詔孝敬皇帝神主先祔太廟有違古義於東都別立義宗廟丁未姚元之爲中書令兼檢校兵部尚書十一月己酉葬孝和皇帝于定陵辛亥太子太師宋王成器爲尚書左僕射蘇瓌爲太子少傅侍中郢國公韋安石爲太子少保改封郇國公並罷知政事戊辰宋王成器爲司徒兼領揚州大都督庚午太子少傅蘇瓌薨是歲韋庶人悖逆庶人並以禮改葬武三思父子剖棺戮屍

二年春正月丁未朔以山陵日近不受朝賀癸丑改泉州爲閩州都督改榮州爲泉州突厥默啜遣使請和親許之己未太僕卿郭元振中書侍郎張說並同中書門下平章事甲子改封溫王重茂爲襄王遷于集州乙丑追尊皇后劉氏爲肅明皇后墓曰惠陵德妃竇氏爲昭成皇后墓曰靖陵二月丁丑令皇太子監國甲辰姚元之左授申州刺史宋璟左授楚州刺史韋安石爲侍中丙戌劉幽求爲戶部尚書罷知政事戊子詔中宗時斜封官並許依舊庚申復置太子左右諭德太子左右贊善各置兩員戊戌郭元振爲兵部尚書仍依舊同中書門下平章事己未改修文館爲昭文館黃門侍郎李日知爲左臺御史大夫依舊同中書門下三品夏四月庚辰張說爲兵部侍郎依舊同中書門下平章事癸未分瀛州置鄚州詔以釋典玄宗理均跡異拯人化俗教別功齊自今每緣法事集會僧尼道士女冠等宜齊行道集甲申韋安石爲中書令宋王成器爲太子賓客仍依舊遙領揚州大都督丙申李日知爲侍中壬寅大赦天下重福徒黨放雪京官四品已下加一階外官賜勳一轉三品已下各賜爵一級天下濫度僧尼道士女冠並依舊又令內外官依上元元年九品已上文武官咸帶手巾算袋武官咸帶七事鞊韘並足其腰帶一品至五品並用金六品七品並用銀八品九品並用鍮石魚袋着紫者金裝着緋者銀裝景龍三年已前遣懸並放免天下大酺五日五月庚戌復武氏昊陵順陵仍量置官屬太平公主爲武攸暨請也庚申韋安石加開府儀同三司辛丑改西域公主爲金仙公主昌隆公主爲玉眞公主仍置金仙玉眞兩觀壬戌殿中監竇懷貞爲左臺御史大夫同中書門下平章事六月壬午依漢代故事分置二十四都督府閏六月初置十道按察使秋七月新置都督府並停唯雍洛州長史揚益荊幷四大都督府長史階爲三品八月乙卯詔以興聖寺是高祖舊宅有柿樹天授中枯死至是重生大赦天下其謀殺劫殺造僞頭首並免死配流嶺南官典受贓者特從放免天下大酺三日丁巳皇太子釋奠于太學己巳韋安石爲尚書右僕射同中書門下三品兼太子賓客禮部尚書竇希玠爲太子少傅庚午改左右屯衞爲左右威衞左右宗衞率府爲左右司禦府渾儀監爲太史監九月丁卯竇懷貞爲侍中冬十月甲辰吏部尚書劉幽求爲侍中散騎常侍魏知古同中書門下三品太子詹事崔湜爲中書侍郎同中書門下三品中書侍郎陸象先同中書門下平章事韋安石爲尚書左僕射東都留守侍中李日知爲戶部尚書兵部尚書郭元振爲吏部尚書侍中兼檢校左臺御史大夫竇懷貞爲左臺御史大夫兵部侍郎兼左庶子張說爲尚書左丞罷知政事十一月戊寅改太史監爲太史局依舊隸秘書省改王師爲傅三年春正月辛未朔親謁太廟癸酉上始釋慘服御正殿受朝賀甲戌并汾絳三州地震壞人廬舍辛巳南郊戊子躬耕籍田己丑大赦天下改元爲太極內外官四品已下加一階三品已上加爵一級孔宣父祠廟本州取側近三十戶以供灑掃天下大酺五日特賜老人九十已上緋衫牙笏八十已上綠衫木笏乙未戶部尚書岑羲左臺御史大夫竇懷貞並同中書門下三品二月丁酉秘書增少監一員光祿大理鴻臚太府衞尉宗正各增置少卿一員少府監將監增置少監一員國子監增置司業一員左右臺各增置中丞一員雍洛二州幷益荊揚四大都督府各增置司馬一員仍分爲左右司馬丁亥皇太子釋奠於國學追贈顏回爲太子太師曾參爲太子太保每年春秋釋奠以四科弟子曾參從祀列于七十二賢之上辛酉廢右御史臺官員己巳頒新格式於天下夏四月辛丑制曰朕聞措刑由於用刑去殺存乎必殺明罰峻典自古而然立制齊人於是乎在自我朝建國僅將百年天下和平其來已久往承隋季守法頗專比襲時安持綱日紊況朕薄德甚莫逮先惟

人雖理遠不如昔粤從守位三載于茲庶務煩勞不損啓景嘗謂自我作則感而成化痛乎迷俗忘返不感罔懲將至純風先歸重典比者贓賄不息渝濫公行放心未寧禁犯無懼此焉暫革期於承平遂制小慈以崇大體自今已後造僞頭首者斬仍没一房資財同用應者並停奪非頭首者絞其承前造僞人限十日內首使盡官典主司枉法受贓一匹已上先決杖一百其緣贓及惡狀被解及與替者非選時不得輒入京城縱家貫在京不得輒至朝堂妄有披訴如有此色並決杖仍加貶斥其先在京城者限三日內勒還上下官寮輒緣私情相囑者其受囑人宜封狀奏聞成器已下朕自決罰其餘王公已下並解見任官三五年間不須齒錄其進狀人別加褒賞御史宜令分察諸司五月戊寅親祀北郊辛未大赦天下改元爲延和桓彥範敬暉崔玄暐張柬之袁恕已等特還其子孫實封二百戸天下大酺五日六月癸丑戸部尚書岑羲爲侍中乙卯追尊則天皇后曰天后聖帝庚申幽州都督孫儉率左驍衛將軍李楷洛左威衛將軍周以悌等將兵三萬與奚首領李大輔戰于硎山爲賊所敗儉没於陣壬戌魏知古爲戸部尚書仍依舊同中書門下三品秋七月庚午竇懷貞爲尚書右僕射平章軍國重事己卯上觀樂於安福門以燭繼晝經日乃止八月庚子帝傳位于皇太子自稱太上皇帝五日一度受朝於太極殿自稱曰朕五品已上除授及大刑獄並自決之其處分事稱誥令皇帝每日受朝於武德殿自稱曰予三品已下除授及重罪並令決之其處分事稱制勅甲辰大赦天下改元爲先天八月戊申皇帝子許昌王嗣直改封郯王眞定王嗣謙爲郢王己酉以宋王成器爲司空依舊遙領揚州大都督庚戌竇懷貞爲尚書左僕射同中書門下三品仍兼御史大夫劉幽求爲尚書右僕射依舊同中書門下三品魏知古爲侍中崔湜爲中書令並監修國史丁巳立皇帝子妃王氏爲皇后癸亥劉幽求配流封州九月丁卯朔日有蝕之甲申封皇帝子嗣昇爲陝王冬十月庚子皇帝親謁太廟禮畢御延喜門大赦天下壬寅祔昭成皇后肅明皇后神主於儀坤廟癸卯皇帝幸新豐之溫湯校獵於渭川十二月丁未誥禁人屠殺犬雞戊午改箕州爲儀州

二年春正月勅江北諸州團結兵馬皆令本州刺史押掌乙亥吏部尚書兼太子右諭德郯國公蕭至忠爲中書令上元日夜上皇御安福門觀燈出內人連袂踏歌縱百寮觀之一夜方罷二月丙申改隆州爲閬州始州爲劍州分冀州置深州初有僧婆陁請夜開門然燈百千炬三日三夜皇帝御延喜門觀燈縱樂凡三日夜左拾遺嚴挺之上疏諫之乃止三月辛卯皇后祀先蠶癸巳制勅表狀書奏牋牒年月等數作一十三十四十字夏六月丙辰兵部尚書朔方道行軍大總管郭元振加同中書門下三品秋七月甲子太平公主與僕射竇懷貞侍中岑羲中書令蕭至忠左羽林大將軍常元楷等謀逆事覺皇帝率兵誅之竄其黨與太子少保薛稷左散騎常侍賈膺福右羽林將軍李慈李欽中書舍人李猷中書令崔湜尚書左丞盧藏用太史令傅孝忠僧惠範等皆誅之兵部尚書郭元振從上御承天門樓大赦天下自大辟罪已下無輕重咸赦除之翌日太上皇誥曰朕將高居無爲自今後軍國刑政一事以上並取皇帝處分開元四年夏六月甲子太上皇帝崩于百福殿時年五十五秋七月己亥上尊謚曰大聖貞皇帝廟曰睿宗冬十月庚午葬于橋陵天寶十三載二月改謚曰玄眞大聖大興孝皇帝

史臣曰法不一則姦僞起政不一則朋黨生上既啟其泉源下胡息於奔競觀夫天后之時雲委於二張之第孝和之世波注於三王之門獻奇則除設盈庭納賄則斜封滿路咸以進趨相軌姦利是圖如火投泉安得無敗洎景龍纘統汚俗廓清然猶投杼於乘輿之間抵掌於太平之日以至書頻告變上不自安宮臣致禦魅之科天子慊巡邊之詔彼既彎弓而射我我則號泣以行刑此雖鎭國之尤亦是臨軒之失夫君人孝愛錫之以典刑納之於軌物俾無僭偪下絕覬覦自然治道惟新亂階不作孝和既已失之玄眞亦未爲得

贊曰孝和玄眞皆肖先人率情背禮取樂於身夷塗不履覆轍攸遵扶持聖嗣賴有賢臣

## 舊唐書卷七考證

中宗本紀九月戊戌太子賓客韋巨源爲禮部尚書依舊知政事○新書癸巳罷知政事綱目亦書韋巨源罷

景龍四年三月甲子夏四月○甲子下闕文書日不書事也

睿宗本紀十月丁未姚元之爲中書令○新書在十一月戊申綱目亦同新書

二年五月改昌隆公主爲玉眞公主○昌隆新書作崇昌

三年六月庚申幽州都督孫儉等與奚首領李大輔戰于硎山爲賊所敗没于陣○孫儉新書作孫佺綱目亦同硎山新書作冷陘山

# 舊唐書卷八

後晉司空同中書門下平章事劉　昫撰

## 本紀第八

### 玄宗上

玄宗至道大聖大明孝皇帝諱隆基睿宗第三子也母曰昭成順聖皇后竇氏垂拱元年秋八月戊寅生於東都性英斷多藝尤知音律善八分書儀範偉麗有非常之表三年閏七月丁卯封楚王天授三年十月戊戌出閤開府置官屬年始七歲朔望車騎至朝堂金吾將軍武懿宗忌上嚴整訶排儀仗因欲折之上叱之曰吾家朝堂干汝何事敢迫吾騎從則天聞而特加寵異之尋却入閤長壽二年臘月丁卯改封臨淄郡王聖曆元年出閤賜第於東都積善坊大足元年從幸西京賜宅於興慶坊長安中歷右衞郎將尚輦奉御神龍元年遷衞尉少卿景龍二年四月兼潞州別駕十二月加銀青光祿大夫州境有黃龍白日昇天嘗出畋有紫雲在其上後從者望而得之前後符瑞凡一十九事四年中宗將祀南郊來朝京師將行使術士韓禮筮之蓍一莖孑然獨立禮驚曰蓍立奇瑞非常也不可言屬中宗末年王室多故上常陰引材力之士以自助上所居宅外有水池浸溢頃餘望氣者以爲龍氣四年四月中宗幸其第因遊其池結綵爲樓船令巨象踏之至六月中宗暴崩韋后臨朝稱制韋溫宗楚客紀處訥等謀傾宗社以睿宗介弟之重先謀不利道士馮道力處士劉承祖皆善於占兆詣上布誠欵上所居里名隆慶時人語訛以隆爲龍韋庶人稱制改元又爲唐隆皆符御名上益自負乃與太平公主謀之公主喜以子崇簡從上乃與崇簡朝邑尉劉幽求長上折衝麻嗣宗押萬騎果毅葛福順李仙鳧寶昌寺僧普潤等定策誅之或曰先啓大王上曰我拯社稷之危赴君父之急事成福歸於宗社不成身死於忠孝安可先請憂怖大王乎若請而從是王與危事請而不從則吾計失矣遂以庚子夜率幽求等數十人自苑南入總監鍾紹京又率丁匠百餘以從分遣萬騎往玄武門殺羽林將軍韋播高嵩持首而至衆歡叫大集攻白獸玄德等門斬關而進左萬騎自左入右萬騎自右入合於凌煙閣前時太極殿前有宿梓宮萬騎聞譟聲皆披甲應之韋庶人惶惑走入飛騎營爲亂兵所害於是分遣誅韋氏之黨比明內外討捕皆斬之乃比謁睿宗謝不先啓請之罪睿宗遽前抱上而泣曰宗社禍難由汝安定神祇萬姓賴汝之力也拜殿中監同中書門下三品兼押左右萬騎進封平王睿宗即位與侍臣議立皇太子僉曰除天下之禍者享天下之福拯天下之危者受天下之安平王有聖德定天下又聞成器已下咸有推讓宜膺主鬯以副羣心睿宗從之丙午制曰舜去四凶而功格天地武有七德而戡定黎人故知有大勳者必受神明之福仗高義者必爲匕鬯之主朕恭臨寶位亭育寰區以萬物之心爲心以兆人之命爲命雖承繼之道咸以冢嫡居尊而無私之懷必推功業爲首然後可保安社稷永奉宗祧第三子平王基孝而克忠義而能勇比以朕居藩邸虔守國彝貴戚中人都無引接羣邪害正兇黨實繁利口巧言讒說罔極韋溫延秀朋黨競起晉卿楚客交搆其間潛結回邪排擠端善潛貯兵甲將害朕躬基密聞其期先難奮發推身鞠旅衆應如歸呼吸之間凶渠殄滅安七廟於幾墜拯羣臣於將殞方舜之功過四比武之德逾七靈祇望在昆弟樂推一人元良萬邦以定爲副君者非此而誰可立爲皇太子有司擇日備禮冊命七月己巳睿宗御承天門皇太子詣朝堂受冊是日有景雲之瑞改元爲景雲大赦天下二月又制曰惟天生烝人牧以元后維皇立國副以儲君將以保綏家邦安固後嗣者也朕纂承洪業欽奉寶圖夜分不寢日昃忘倦茫茫四海懼一人之未周烝烝萬姓恐一物之失所雖卿士竭誠守宰宣化緬懷庶域仍未小康是以求下人之變風遵先朝之故事皇太子基仁孝因心溫恭成德深達禮體能辨皇猷宜令監國俾爾爲政其六品已下除授及徒罪已下並取基處分延和元年六月兇黨因術人聞睿宗曰據玄象帝座及前星有災皇太子合作天子不合更居東宮矣睿宗曰傳德避災吾意決矣七月壬午制曰朕以寡昧虔奉鴻休本殊王季之賢早達延陵之節昔在聖曆已讓皇嗣之尊爰暨神龍終辭太弟之授豈唯衣

冠所覩抑亦兆庶咸知頃屬國步不夷時艱主幼大業有綴旒之懼寶位深墜地之憂議迫公卿遂司契篆日愼一日以至于今一紀之勞勤亦至矣萬方之俗化漸行矣將成宿願脫屣寰區昔堯之禪舜雅能是與禹以命啓匪私其親神器之重允歸公授皇太子基有大功於天地定阽危於社稷溫文旣習聖敬克躋委之監國已移歲年時政益明庶工惟序朕之知子庶不負時曆數在躬宜陟元后可令卽皇帝位有司擇日授册朕方比迹洪古希風太皇神與化遊思與道合無爲無事豈不美歟王公百寮宜識朕意上意惶懼馳見叩頭請所以傳位之旨睿宗曰吾因汝功業得宗社今帝座有眚思欲遜避唯聖德大勳始轉禍爲福易位於汝吾知晚矣上始居武德殿視事三品以下除授及徒罪皆自決之先天二年七月三日尚書左僕射竇懷貞侍中岑羲中書令蕭至忠崔湜雍州長史李晉左羽林大將軍常元楷右羽林將軍李慈等與太平公主同謀期以其月四日以羽林軍作亂上密知之因以中旨告岐王範薛王業兵部尚書郭元振將軍王毛仲取閑廐馬及家人三百餘人率太僕少卿李令問王守一內侍高力士果毅李守德等親信十數人出武德殿入虔化門梟常元楷李慈於北闕擒賈膺福李猷於內客省以出執蕭至忠岑羲於朝堂斬之睿宗明日下詔曰朕將高居無爲自今軍國政刑一事已上並取皇帝處分上御承天門樓下制曰朕承累聖之洪休荷重光之積慶昔因多難內屬攜屯寶位深墜地之憂神器有綴旒之懼事殷家國義感神祇吟嘯風雲龔行雷電致君親於堯舜濟黔首於休和遂以孟秋允昇儲貳旋承內禪繼體宸居拜首之請空勤讓立之誠莫展恭臨億兆二載于茲上稟聖謨下凝庶績八荒同軌瀛海無波不謂姦慝潛謀蕭牆竊發逆賊竇懷貞等並以庸妄權齒朝廷毫髮之効未申丘山之釁仍積共成梟獍將肆姦回太上皇聖斷宏通英謨獨運命朕率岐王範薛王業等躬事誅鋤齊斧一麾凶渠盡殪太陽朗耀澄氛霽於天衢高風順時厲肅殺於秋序神靈協贊夷夏相歡四族之慝旣清七日之祥方永爰承後命載闡休期總軍國之大猷施雲雨之鴻澤承乾之道旣光被於無垠作解之恩思式覃於品物當與億兆同此惟新可大赦天下大辟罪已下咸赦除之加邠王守禮實封三百戶宋王成器申王成義各加實封一千戶岐王範薛王業各加實封七百戶文武官三品已下賜爵一級四品已下各加一階內外官人被諸道按察使及御史所擿伏咸宜洗滌還日依次叙用丁卯崔湜盧藏用除名長流嶺表壬申王琚爲銀青光祿大夫工部尚書封趙國公實封三百戶姜皎銀青光祿大夫工部尚書封楚國公實封五百戶李令問銀青光祿大夫殿中監實封三百戶王毛仲輔國大將軍左武衛大將軍檢校內外閑廐兼知監牧使霍國公實封五百戶王守一銀青光祿大夫太常卿同正員進封晉國公實封五百戶並賞其定策功琚皎令問固讓癸丑中書侍郞陸象先爲益州大都督府長史兼劍南道按察兵馬使尚書左丞張說爲檢校中書令甲戌令毀天樞取其銅鐵充軍國雜用庚辰王琚爲中書侍郞加實封二百戶姜皎殿中監仍克內外閑廐使加實封二百戶李令問殿中少監知尚食事加實封二百戶己丑周孝明高皇帝依舊追贈太原王宜去帝號孝明皇后宜稱太原王妃昊陵順陵並稱太原王及妃墓八月壬辰封州流人劉幽求爲尚書左僕射知軍國重事徐國公仍依舊實封七百戶制曰凡有刑人國家常法掩骼埋胔王者用心自今已後輒有屠割刑人骨肉者依法科殘害之罪九月司空兼揚州大都督宋王成器爲太尉兼揚州大都督益州大都督兼右金吾大將軍申王成義爲司徒兼益州大都督單于大都護兼左金吾大將軍邠王守禮爲司空癸丑封華嶽神爲金天王九月丁卯宋王成器爲開府儀同三司尚書左僕射劉幽求同中書門下三品檢校中書令燕國公張說爲中書令特進王仁皎爲開府儀同三司己卯宴王公百寮於承天門令左右於樓下撒金錢許中書門下五品已上官及諸司三品已上官爭拾之仍賜物有差郭元振兼御史大夫丙戌又置右御史臺冬十一月甲申幸新豐之溫湯癸卯講武於驪山兵部尚書代國公郭元振坐虧失軍容配流新州給事中攝太常少卿唐紹以軍禮有失斬於纛下甲辰畋獵於渭川同州刺史梁國公姚元之爲兵部尚書同中書門下三品乙巳至自溫湯十一月乙丑幽求兼知侍中戊子上加尊號爲開元神武皇帝十二月庚寅朔大赦天下改元爲開元內外官賜勳一轉改尚書左右僕射爲左右丞相中書省爲紫微省門下省爲黃門省侍中爲監雍州爲京兆府洛州爲河南府長史爲少尹國初以來宰相及食實封功臣子孫一應沈翳未承恩者令量才擢用開元元年十二月己亥禁斷潑寒胡戲癸丑尚書左丞相兼黃門監劉幽求爲太子少保罷知政事紫微令張說爲相州刺史甲寅門下侍郞盧懷愼同紫微黃門平章事

二年春正月關中自去秋至于是月不雨人多饑乏遣使賑給制求直諫言弘益政理者名山大川並令祈祭丙寅紫微令姚崇上言請檢責天下僧尼以僞濫還俗者二萬餘人甲申并州大都督府長史兼檢校左衛大將軍薛訥同紫微黃門三品仍總兵以討奚契丹二月突厥默啜遣其子同俄特勤率衆寇北庭都護府右驍衛將軍郭虔瓘擊敗之斬同俄於城下己酉以旱親錄囚徒改太史監罷隸秘書省閏月癸亥令道士女冠僧尼致拜父母丁卯復置十道按察使己未突厥默啜妹壻火拔頡利發石矢畢與其妻來奔封燕山郡王授左衛員外大將軍紫微侍郞趙國公王琚左授澤州刺史賜實封一百戶餘並停丁亥劉幽求爲睦州刺史三月甲辰青州刺史郇國公韋安石爲沔州別駕太子賓客逍遙公韋嗣立爲岳州別駕特進致仕李嶠先隨子在袁州又貶滁州別駕並員外置去年九月有詔毀天樞至今春始夏五月辛亥黃門監魏知古工部尚書罷知政事六月丁巳開府儀同三司宋王成器爲岐州刺史司徒申王成義爲豳州刺史司空邠王守禮爲虢州刺史委務於上佐內出珠玉錦繡等服玩又令於正殿前焚之乙丑兵部尚書致仕韓國公張仁愿卒七月薛訥與副將杜賓客崔宣道等總兵六萬自檀州道遇賊於灤河爲賊所敗訥等屛甲遁歸減死除名爲庶人辛未光祿卿竇希瑊爲太子太傅房州刺史襄王重茂薨於梁州諡曰殤帝丙午昭文館學士柳沖太子左庶子劉子玄刊定姓族系錄二百卷上之以興慶宮諸王傅並停京官所帶跨巾算袋每朝參日着外官衙日着餘日停吐蕃寇臨洮軍又遊寇蘭州渭州掠群牧起薛訥攝左羽林將軍隴右防禦使率杜賓客郭知運王晙安思順以禦之太常卿岐王範爲華州刺史秘書監薛王業爲同州刺史八月戊午西天竺國遣使獻方物九月戊申幸新豐之溫泉甲寅制曰自古帝王皆以厚葬爲誡以其無益亡者有損生業故也近代以來共行奢靡遞相倣傚浸成風俗旣竭家產多至凋弊然則魂魄歸天明精誠之已遠卜宅於地蓋思慕之所存古者不封未爲非遠且墓爲貞宅自便有房今乃別造田園名爲下帳又冥器等物皆競驕侈失禮違令殊非所宜戮屍暴骸實由於此承前雖有約束所司曾不申明喪葬之家無所依准宜令所司據品令高下明爲節制冥器等物仍定色數及長短大小園宅下帳並宜禁絕墳墓塋域務遵簡儉凡諸送終之具並不得以金銀爲飾如有違者先決杖一百州縣長官不能舉察並貶授遠官冬十月戊午至自溫泉薛訥破吐蕃於渭川西界武階驛斬首一萬七十級馬七萬七匹牛羊四萬頭豐安軍使郞將判將軍王海賓先鋒力戰死之十一月庚寅葬殤帝於武功西原十二月乙丑封皇子嗣眞爲鄫王嗣初爲鄂王嗣玄爲鄄王時右威衛中郞將周慶立爲安南使舶使與波斯僧廣造奇巧將以進內監選使殿中侍御史柳澤上書諫上嘉納之

三年春正月丁亥立郢王嗣謙爲皇太子降死罪已下大酺三日癸卯黃門侍郞盧懷愼爲檢校黃門監甲辰工部尚書魏知古卒二月禁斷天下採捕鯉魚十姓部落左廂五咄六啜右廂弩五失畢五俟斤及高麗王莫離支高大簡都督跌思太等各率其衆自突厥相繼來奔前後總二千餘帳析許州唐州置仙州夏四月岐王範兼虢州刺史薛王業兼豳州刺史六月山東諸州大蝗飛則蔽景下則食苗稼聲如風雨紫微令姚崇奏請差御史下諸道促官吏遣人驅撲焚瘞以救秋稼從之是歲田收有獲人不甚饑秋七月刑部尚書李日知卒冬十月甲寅制曰朕聽政之暇常覽史籍事關理道實所留心中有闕疑時須質問宜選耆儒博學一人每日入內侍讀以光祿卿馬懷素爲左散騎常侍褚无量並充侍讀甲子幸郿縣之鳳泉湯十一月己卯至自鳳泉湯乙酉幸新豐之溫湯丁亥妖賊崔子嵒等入相州作亂戊子州司討平之甲午至自溫湯十二月庚午以軍器使爲軍器監置官員是冬無雪

四年春正月癸未尚衣奉御長孫昕恃以皇后妹壻與其妹夫楊仙玉毆擊御史大夫李傑上令朝堂斬昕以謝百官以陽和之月不可行刑累表陳請乃命杖殺之丁亥宋王成器申王成義以成字犯昭成皇后諡號於是成器改名憲成義改爲撝刑部尚書中山郡公李乂卒二月丙辰幸新豐之溫湯丁卯至自溫湯以關中旱遣使祈雨于驪山應時澍雨令以少牢致祭仍禁斷樵採夏六月庚寅月蝕旣癸亥太上皇崩于百福殿辛未京師華陜三州大風拔木癸酉突厥可汗默啜爲九姓拔曳固所殺斬其首送于京師默啜兄子小殺繼立爲可汗是夏山東河南河北蝗蟲大起遣使分捕而瘞之其迴紇同羅霫勃曳固僕固五部落來附於大武軍北安置秋七月丙申分嶲雅二州置黎州冬十月癸丑戶部尚書新除太子詹事畢構卒庚午葬睿宗大聖貞皇

帝于橋陵以同州蒲城縣爲奉先縣隷京兆府十一月丁亥徙中宗神主于西廟甲午尚書左丞源乾曜爲黃門侍郎同紫微黃門平章事辛丑黃門監兼吏部尚書盧懷慎卒十二月乙卯幸新豐之溫湯其夜定陵寢殿災乙丑至自溫湯尚書廣平郡公宋璟爲吏部尚書兼黃門監紫微侍郎許國公蘇頲同紫微黃門平章事兵部尚書兼紫微令梁國公姚崇爲開府儀同三司黃門侍郎安陽男源乾曜守京兆尹並罷知政事停十道採訪使

五年春正月壬寅朔上以喪制不受朝賀癸卯寅時太廟屋壞移神主于太極殿上素服避正殿輟朝五日日躬親祭享辛亥幸東都戊辰昏霧四塞二月甲戌至自東都大赦天下唯謀反大逆不在赦限餘並宥之河南百姓給復一年河南河北遭澇及蝗蟲處無出今年地租武德貞觀以來勳臣子孫無位者訪求其後奏聞有嘉遯幽棲養高不仕者州牧各以名薦三月庚戌於柳城依舊置營州都督府丁巳以辛景初女封爲固安縣主妻于奚首領饒樂郡王大酺夏四月己丑皇帝第九子嗣一薨追封夏王謚曰悼甲午以則天拜洛受圖壇及碑文并顯聖侯廟初因唐同泰僞造瑞石文所建令即廢毀六月壬午鞏縣暴雨連月山水泛溢毀郭邑廬舍七百餘家人死者七十二汜水同日漂壞近河百姓二百餘家秋七月甲子詔曰古者操皇綱執大象者何嘗不上稽天道下順人極或變通以隨時爰損益以成務且衢室創制度堂以筵因之以禮神是光孝德用之以布政蓋稱視朔先王所以厚人倫感天地者也少陽有位上帝斯歆此則神貴於不黷禮殷於至敬今之明堂俯鄰宮掖比之嚴祀有異肅恭苟非憲章將何軌物由是禮官博士公卿大臣廣參羣議欽若前古宜存露寢之式用罷辟雍之號可改爲乾元殿每臨御依正殿禮九月壬寅改紫微省依舊爲中書省黃門省爲門下省黃門監爲侍中冬十月丙子京師修太廟成丁丑詔以故越王貞死非其罪封故許王男琳爲嗣越王以繼其後戊寅祔神主于太廟十一月己亥契丹首領松漠郡王李失活來朝以宗女爲永樂公主以妻之司徒兼鄭州刺史申王撝兼虢州刺史

六年春正月丙辰朔以未經大祥不受朝賀辛酉禁斷天下諸州惡錢行二銖四分已上好錢不堪用者並即銷破覆鑄將作大匠韋湊上疏請遷孝敬神主別立義宗廟以太子少師兼許州刺史岐王範兼鄭州刺史二月甲戌禮幣徵嵩山隱士盧鴻夏五月乙未孝敬哀皇后祔于恭陵契丹松漠郡王李失活卒六月甲申瀍水暴漲壞人廬舍溺殺千餘人乙酉制以故侍中桓彥範敬暉故中書令兼吏部尚書張柬之故特進崔玄暐故中書令袁恕己配饗中宗廟庭故司空蘇瓌故左丞相太子少保郴州刺史劉幽求配饗睿宗廟庭秋七月己未秘書監馬懷素卒九月乙未遣工部尚書劉知柔持節往河南道存問冬十月丙申車駕還京師十一月辛卯至自東都丙申親謁太廟迴御承天門詔七廟元皇帝已上三祖枝孫有失官序者各與一人五品京官內外官三品已上有廟者各賜物三十匹以備修祭服及俎豆賜文武官有差乙巳傳國八璽依舊改稱寶符璽郎爲符寶郎十二月以開府儀同三司兼澤州刺史宋王憲爲涇州刺史司徒兼虢州刺史申王撝爲隆州刺史以太子少師兼鄭州刺史岐王範爲岐州刺史以太子少保兼徽州刺史薛王業爲虢州刺史

七年春正月吐蕃遣使朝貢三月丁酉左武衞大將軍霍國公王毛仲加特進渤海靺鞨郡王大祚榮死其子武藝嗣位夏四月癸酉開府儀同三司王仁皎薨五月己丑朔日有蝕之秋七月丙辰制以亢陽日久上親錄囚徒多所原免諸州委州牧縣宰量事處置八月癸丑勑周公制禮歷代不刊子夏爲傳孔門所受逮及諸家或變例與其改作不如好古諸服紀宜一依舊文九月甲子改昭文館依舊爲弘文館宋王憲徙封寧王冬十月於東都來庭縣廨置義宗廟辛卯幸新豐之溫湯癸卯至自溫湯戊寅皇太子詣國學行齒胄禮陪位官及學生賜物有差十二月丙戌置弘文崇文兩館讐校書郎官員

八年春正月甲子朔皇太子加元服乙丑皇太子謁太廟丙寅會百官於太極殿賜物有差壬申右散騎常侍舒國公褚无量卒己卯侍中宋璟爲開府儀同三司中書侍郎蘇頲爲禮部尚書並罷知政事京兆尹源乾曜爲黃門侍郎并州大都督府長史張嘉貞爲中書侍郎並同中書門下平章事二月丁酉皇太子敏薨追封懷王謚曰哀夏五月丁卯源乾曜爲侍中張嘉貞爲中書令南天竺國遣使獻五色鸚鵡六月壬寅夜東都暴雨穀水泛漲新安澠池河南壽安鞏縣等廬舍蕩盡共九百六十一戶溺死者八百一十五人許衞等州掌閑番兵溺者千一百四十八人秋九月突厥欲谷寇甘涼等州涼州都督楊敬述爲所敗掠契苾部落而歸以御史大夫王晙爲兵部尚書兼幽州都督黃門侍郎韋抗爲御史大夫朔方總管以禦之甲子太子少師兼岐州刺史岐王範兼太子少傅太子少保兼虢州刺史薛王業爲太保餘並如故冬十月辛巳幸長春宮壬午畋于下邽十一月乙丑至自長春宮辛未突厥寇涼州殺人掠羊馬數萬計而去

九年春正月丙辰改蒲州爲河中府置中都丙寅幸新豐之溫湯夏四月庚寅蘭池州叛胡顯首僞稱葉護康待賓安慕容爲多覽殺大將軍何黑奴僞將軍石神奴康鐵頭得蒙貢泉縣攻陷六胡州兵部尚書王晙發隴右諸軍及河東九姓掩討之甲戌上親策試應制舉人於含元殿謂曰古有三道今減二策近無科甲朕將存其上第務收賢俊用寧軍國仍令有司設食秋七月戊申罷中都依舊爲蒲州己酉王晙破蘭池州叛胡殺三萬五千騎丙辰揚潤等州暴風發屋拔樹漂損公私船舫一千餘隻辛酉討諸酋長斬康待賓先天中重修三九射禮至是給事中許先景抗疏罷之九月己巳朔日有蝕之丁未開府儀同三司梁國公姚崇薨丁巳御丹鳳樓宴突厥首領庚申幸中書省癸亥右羽林將軍權檢校并州大都督長史燕國公張說爲兵部尚書同中書門下三品冬十一月丙辰左散騎常侍元行沖上羣書目錄二百卷藏之內府庚午冬至大赦天下內外官九品已上加一階三品已上加爵一等自六月二十日七月三日匡衞社稷食實封功臣坐事削除官爵中間有生有死並量加收贈致仕官合佩魚者聽其終身賜酺三日十二月乙酉幸新豐之溫湯壬午至自溫湯是冬無雪

十年春正月丁巳幸東都甲子省王公已下視品官參佐及京三品已上官伏身職員乙丑停天下公廨錢其官人料以稅戶錢充每月准舊分例數給戊申內外官職田除公廨田園外並官收給還逃戶及貧下戶欠丁田二月戊寅至東都三月戊申詔自今內外官有犯贓至解免已上縱逢赦免並終身勿齒夏四月丁酉封契丹首領松漠都督李鬱子爲松漠郡王奚首領饒樂都督李魯蘇爲饒樂郡王五月東都大雨伊汝等水泛漲漂壞河南府及許汝仙陳等州廬舍數千家溺死者甚衆閏五月壬申兵部尚書張說往朔方軍巡邊戊寅勑諸番充質宿衞子弟並放還國六月辛丑上訓註孝經頒于天下癸卯以餘姚縣主女慕容氏爲燕郡公主出降奚首領饒樂郡王李魯蘇己巳增置京師太廟爲九室移孝和皇帝神主以就正廟秋八月丙戌嶺南按察使裴伷先上言安南賊帥梅叔鸞等攻圍州縣遣驃騎將軍兼內侍楊思勗討之丁亥遣戶部尚書陸象先往汝許等州存撫賑給丙申博棣等州黃河堤破漂損田稼九月張說擒康願子於木盤山詔移河曲六州殘胡五萬餘口於許汝唐鄧仙豫等州始空河南朔方千里之地甲戌秘書監楚國公姜皎坐事詔杖之六十配流欽州死於路都水使者劉承祖配流雷州乙亥制曰朕君臨宇內子育黎元內修睦親以叙九族外協庶政以濟兆人勳戚加優厚之恩兄弟盡友于之至務崇敦本克慎明德令小人作孽已伏憲章恐不逞之徒猶未能息凡在宗屬用申懲誡自今已後諸王公主駙馬外戚家除非至親以外不得出入門庭妄說言語所以共存至公之道永協和平之義克固藩翰以保厥休貴戚懿親宜書座右又下制約百官不得與卜祝之人交遊來往乙卯夜京兆人權梁山僞稱襄王男自號光帝與其黨權屯營兵數百人自景風長樂等門斬關入宮城構逆至曉兵敗斬梁山傳首東都廢河陽栢崖倉冬十月癸丑乾元殿依舊題爲明堂甲寅幸壽安之故興泰宮畋獵于土宜川庚申至自興泰宮波斯國遣使獻獅子十一月乙未初令宰相共食實封三百戶十二月停按察使

十一年春正月丁卯降都城見禁囚徒流死罪減一等餘並原之己巳北都巡狩所至處存問高年鰥寡惸獨征人之家減流死罪一等徒以下放免庚辰幸并州潞州宴父老曲赦大辟罪已下給復五年別改其舊宅爲飛龍宮辛卯改并州爲太原府官吏補授一準京兆河南兩府百姓給復一年貧戶復二年元從戶復五年武德功臣及元從子孫有才堪文武未有官者委府縣搜揚具以名薦上親制起義堂頌及書刻石紀功于太原府之南街戊申次晉州壇場使中書令張嘉貞貶爲幽州刺史壬子祠后土于汾陰之脽上昇壇行事官三品已上加一爵四品已上加一階陪位官賜勳一轉改汾陰爲寶鼎縣癸亥兵部尚書張說兼中書令三月庚午車駕至京師制所經州府縣無出今年地稅京城見禁囚徒並原免之夏四月丙辰遷祔中宗神主于太廟癸亥張說正除中書令吏部尚書中山公王晙爲兵部尚書同中書門下三品五月己巳北都置軍器監官員王晙爲朔方節度使兼知河北郡隴右河西兵馬使六月王晙赴朔方軍秋八月戊申尊八代祖宣皇帝廟號

獻祖光皇帝廟號懿祖始祔于太廟之九廟九月己巳頒上撰廣濟方於天下仍令諸州各置醫博士一人春秋二時釋奠諸州宜依舊用牲牢其屬縣用酒酺而已冬十月丁酉幸新豐之溫泉宮甲寅至自溫泉十一月戊寅親祀南郊大赦天下見禁囚徒死罪至徒流已下免除之昇壇行事及供奉官三品已上賜爵一級四品轉一階武德以來實封功臣知政宰輔淪屈者所司具以狀聞賜酺三日京城五日是月自京師至于山東淮南大雪平地三尺餘丁亥廢軍器監官員少府監加置少監一人以充之十二月甲午幸鳳泉湯戊申至自鳳泉湯庚申王晙授蘄州刺史

十二年春正月夏四月封故澤王上金男義珣爲嗣澤王嗣許王瓘左授鄂州別駕以弟璆爲上金嗣故也癸卯嗣江王禕降爲信安郡王嗣蜀王褕爲廣漢郡王嗣密王徹爲濮陽郡王嗣曹王臻爲濟國公嗣趙王琚爲中山郡王武陽郡王堪爲澧國公禕等並自神龍之後相繼爲王以瓘利澤王之封盡令歸宗改封焉秋七月壬申月蝕既己卯廢皇后王氏爲庶人后弟太子少保駙馬都尉守一貶爲澤州別駕至藍田賜死戶部尚書河東伯張嘉貞貶台州刺史冬十一月庚申幸東都至華陰上制岳廟文勒之于石立于祠南之道周戊寅至自東都庚辰司徒申王撝薨追謚曰惠莊太子五溪首領覃行璋反遣鎮軍大將軍兼內侍楊思勗討平之閏十二月丙辰朔日有蝕之

十三年春正月乙酉以幽州都督府爲大都督府戊子降死罪從流流已下罪悉原之分遣御史中丞蔣欽緒等往十道疏決囚徒二月戊午幸龍門即日還宮乙亥初置彍騎分隸十二司丙子改豳州爲邠州鄭州爲莫州梁州爲褒州沅州爲巫州舞州爲鶴州泉州爲福州以避文相類及聲相近者三月甲午皇太子嗣謙改名鴻郯王嗣直改名潭徙封慶王陝王嗣昇改名浚徙封忠王鄫王嗣眞改名洽徙封棣王鄂王嗣初改名涓徙封鄄王嗣玄改名滉封榮王又第八子涺封爲光王第十二男濰封爲儀王第十三男澐封爲潁王第十六男澤封爲永王第十八男淸封爲壽王第二十男洄封爲延王第二十一男沐封爲盛王第二十二男溢封爲濟王丙申御史大夫程行諶奏周朝酷吏來子珣萬國俊王弘義侯思止郭霸焦仁亶張知默李敬仁唐奉一來俊臣周興丘神勣索元禮曹仁哲王景昭裴籍李秦授劉光業王德壽屈貞筠鮑思恭劉景陽王處貞等二十三人殘害宗枝毒陷良善情狀尤重子孫不許仕官陳嘉言魚承曄皇甫文備傅遊藝四人情狀雖輕子孫不許近任請依開元二年二月五日敕夏四月丁巳改集仙殿爲集賢殿麗正殿書院改集賢殿書院內五品已上爲學士六品已下爲直學士癸酉令朝集使各舉所部孝悌文武集於泰山之下五月庚寅妖賊劉定高率其黨夜犯通洛門盡擒斬之六月乙亥廢都西市冬十月癸丑新造銅儀成置於景運門內以示百官辛酉東封泰山發自東都十一月丙戌至兗州大宗頓丁亥致齋於行宮己丑日南至備法駕登山仗衞羅列嶽下百餘里詔行從留於谷口上與宰臣禮官昇山庚寅祀昊天上帝於上壇有司祀五帝百神于下壇禮畢藏玉冊於封祀壇之石䃌然後燔柴燎發羣臣稱萬歲傳呼自山頂至嶽下震動山谷上還齋宮慶雲見日抱戴辛卯祀皇地祇於社首藏玉冊於石䃌如封祀壇之禮壬辰御帳殿受賀朝大赦天下流人未還者放還內外官三品已上賜爵一等四品已下賜一階登山官封賜一階褒聖侯量才與處分封泰山神爲天齊王禮秩加三公一等近山十里禁其樵採賜輔臣侍中源乾曜爲尚書左丞相兼侍中中書令張說爲尚書右丞相兼中書令甲午發岱嶽丙申幸孔子宅親設奠祭十二月己巳至東都時累歲豐稔東都米斗十錢靑齊米斗五錢是冬分吏部爲十銓敕禮部尚書蘇頲刑部尚書韋抗工部尚書盧從愿等分掌選事

十四年春正月癸亥改封契丹松漠郡王李召固爲廣化王奚饒樂郡王李魯蘇爲奉誠王封宗室外甥女二人爲公主各以妻之二月庚戌朔邕州獠首領梁大海周光等據賓橫等州叛遣驃騎大將軍兼內侍楊思勗討之三月壬寅以國甥東華公主降于契丹李召固夏四月癸丑御史中丞宇文融與御史大夫崔隱甫彈尚書右丞兼中書令張說鞫於尚書省丁巳戶部侍郎李元紘同中書門下平章事庚申張說停兼中書令丁卯太子少師岐王範薨冊贈惠文太子辛丑於定恒莫易滄等五州置軍以備突厥五月癸卯戶部進計帳今年管戶七百六萬九千五百六十五管口四千一百四十一萬九千七百一十二六月戊午大風拔木發屋毀端門鴟吻都城門等及寺觀鴟吻落者殆半上以旱暴風雨命中外羣官上封事指言時政得失無有所隱秋七月癸丑夜瀍水暴漲入漕漂沒諸州租船數百艘溺者甚衆九月己丑檢校黃門侍郎兼磧西副大都護杜暹同中書門下平章事是秋十五州言旱及霜五十州言水河南河北尤甚蘇同常福四州漂壞廬舍遣御史中丞宇文融檢覆賑給之冬十月廢麟州庚申幸汝州廣成湯己巳還東都十一月甲戌突厥遣使來朝辛丑渤海靺鞨遣其子義信來朝并獻方物十二月丁巳幸壽安之方秀州己未日色赤如赭壬戌還東都

十五年春正月戊寅制草澤有文武高才令詣闕自舉庚子太史監復爲太史局依舊隸秘書省辛丑涼州都督王君㚟破吐蕃於青海之西虜輜車馬羊而還二月遣左監門將軍黎敬仁往河北賑給貧乏時河北牛畜大疫己巳尚書左丞相張說御史大夫崔隱甫中丞宇文融以朋黨相構制說致仕隱甫免官侍母融左遷魏州刺史夏五月晉州大水漂損居人廬舍癸酉以慶王潭爲涼州都督兼河西諸軍節度大使忠王浚爲單于大都護朔方節度大使棣王洽爲太原冀北牧河北諸軍節度大使鄂王涓爲幽州都督河北節度大使榮王滉爲京兆牧隴右節度大使光王涺爲廣州都督五府節度大使儀王濰爲河南牧潁王澐爲安東都護平盧軍節度大使永王澤爲荊州大都督壽王淸爲益州大都督劍南節度大使延王洄爲安西大都護磧西節度大使盛王沐爲揚州大都督並不出閤秋七月甲戌雷震與教門樓兩鴟吻欄檻及柱災禮部尚書蘇頲卒庚寅鄜州洛水泛漲壞人廬舍辛卯又壞同州馮翊縣廨宇及溺死者甚衆丙申改武臨縣爲頡陽縣己亥敕都城繫囚死罪降從流徒已下罪悉免之九月丙子吐蕃寇瓜州執刺史田元獻及王君㚟父壽殺掠人吏盡取軍資倉糧而去丙戌突厥毗伽可汗使其大臣梅錄啜來朝閏月庚子突厥騎施蘇祿吐蕃贊普圍安西副大都護趙頤貞擊走庚申車駕發東都還京師迴紇部落殺王君㚟于甘州之鞏筆驛制檢校兵部尚書蕭嵩兼判涼州事總兵以禦吐蕃是秋六十三州水十七州霜旱河北饑轉江淮之南租米百萬石以賑給之冬十月己卯至自東都十二月乙亥幸溫泉宮丙戌至自溫泉宮

十六年春正月庚子始聽政于興慶宮秦隴等州獠首領瀧州刺史陳行範廣州首領馮仁智何遊反魯叛遣驃騎大將軍楊思勗討之壬寅安西副大都護趙頤貞敗吐蕃于城曲子城甲子黑水靺鞨遣使來朝獻秋七月吐蕃寇瓜州刺史張守珪擊破之乙巳檢校兵部尚書蕭嵩鄯州都督張志亮攻拔吐蕃門城斬獲數千級收其資畜而還丙辰新羅王金興光遣使貢方物八月己巳特進張說進開元大衍曆詔命有司頒行之辛卯蕭嵩又遣杜賓客擊吐蕃于祁連城大破之獲其大將一人斬首五千級九月丙午以久雨降死罪從流徒以下原之冬十月己卯幸溫泉宮己丑至自溫泉宮十一月癸巳朔檢校兵部尚書河州節度判涼州事蕭嵩爲兵部尚書同中書門下平章事餘如故十二月丁卯幸溫泉宮丁丑至自溫泉宮

十七年二月丁卯嶲州都督張審素攻破蠻拔昆明城及鹽城殺獲萬人庚子特進張說復爲尚書左丞相同州刺史陸象先爲太子少保甲寅禮部尚書信安王禕帥衆攻拔吐蕃石堡城夏四月癸亥令中書門下分就大理京兆萬年長安等獄疏決囚徒制天下繫囚死罪減一等餘並宥之丁亥大風震電藍田山崩五月癸巳復置十道按察使右散騎常侍徐堅卒六月甲戌尚書右丞相源乾曜停兼侍中黃門侍郎杜暹爲荊州大都督府長史中書侍郎李元紘爲曹州刺史兵部尚書蕭嵩兼中書令戶部侍郎兼鴻臚卿宇文融爲黃門侍郎兵部侍郎裴光庭爲中書侍郎並同中書門下平章事秋七月辛丑工部尚書張嘉貞卒八月癸亥上以降誕日讌百僚于花蕚樓下百僚表請以每年八月五日爲千秋節王公已下獻鏡及承露囊天下諸州咸令讌樂休暇三日仍編爲令從之丙寅越州大水漂壞廨宇及居人廬舍己卯中書侍郎裴光庭兼御史大夫依舊知政事乙酉尚書右丞相開府儀同三司兼吏部尚書宋璟爲尚書右丞相尚書左丞相源乾曜爲太子少傅九月壬子宇文融左遷汝州刺史俄又貶昭州平樂尉壬寅裴光庭爲黃門侍郎依舊知政事冬十月戊午朔日有蝕之不盡如鉤癸未睦州獻竹實庚申前太子賓客元行沖卒十一月庚申親饗九廟辛卯發京師丙申謁橋陵上望陵涕泣左右並哀感制奉先縣同赤縣以所管萬三百戶供陵寢三府兵馬供宿衞曲赦縣內大辟罪已下戊戌謁定陵己亥謁獻陵壬寅謁昭陵乙巳謁乾陵戊申車駕還宮大赦天下流移人並放還左降官移近處百姓無出今年地稅之半每陵取側近六鄉供陵寢內外官三品已上加爵一等四品已下賜一階五品已上請父母亡者依級賜官及邑號十二月辛酉幸溫泉宮乙丑校獵渭濱壬申至自溫泉宮是冬無雪

十八年春正月辛卯黃門侍郎裴光庭爲侍中依舊兼御史大夫左丞相張說加開府儀同三司丙午幸薛王

蘗宅卽日還宮二月丙寅大雨雪俄而雷震左飛龍廄災三月辛卯改定州縣上中下戶口之數依舊給京官職田夏四月乙卯築京城外郭城凡十月而功畢壬戌幸寧親公主第卽日還宮乙丑裴光庭兼吏部尚書是春命侍臣及百寮每旬暇日尋勝地讌樂仍賜錢令所司供帳造食丁卯侍臣已下讌于春明門外寧王憲之園池上御花蕚樓邀其迴騎便令坐飲遞起爲舞頒賜有差五月契丹衙官突可汗殺其主李召固率部落降于突厥奚部落亦隨西叛奚王李魯蘇來奔召固妻東華公主陳氏及魯蘇妻東光公主韋氏並奔投平盧軍制幽州長史趙含章率兵討之六月庚申命左右丞相尚書及中書門下五品已上官舉才堪邊任及刺史者甲子彗星見于五車癸酉有星孛于畢昴丙子命單于大都護忠王浚爲河北道行軍元帥御史大夫李朝隱京兆尹裴伷先爲副率十八總管以討契丹及奚等事竟不行壬午東都瀍洛泛漲壞天津永濟二橋及提象門外仗舍損居人廬舍千餘家閏月甲申分幽州置薊州己丑令范安及韓朝宗就瀍洛水源疏決置門以節水勢辛卯禮部奏請千秋節休假三日及村閭社會並就千秋節先賽白帝報田祖然後坐飲散之秋七月庚辰幸寧王憲第卽日還宮八月丁亥上御花蕚樓以千秋節百官獻賀賜四品已上金鏡珠囊縑綵賜五品已下束帛有差上賦八韻詩又制秋景詩辛亥幸永穆公主宅卽日還宮九月先是高戶捉官本錢乙卯御史大夫李朝隱奏請薄稅百姓一年租錢充依舊高戶及典正等捉隨月收利供官人稅錢冬十月吐蕃遣其大臣名悉獵獻方物請降許之庚寅幸岐州之鳳泉湯癸卯至自鳳泉湯十一月丁卯幸新豐溫泉宮十二月戊子豐州刺史袁振坐妖言下獄死戊申尚書左丞相燕國公張說薨是歲百寮及華州父老累表請上尊號內請加聖文兩字并封西嶽不允

十九年春正月壬戌開府儀同三司霍國公王毛仲貶爲瀼州別駕中路賜死黨與貶黜者十數人辛卯遣鴻臚卿崔琳入吐蕃報聘丙子親耕於興慶宮龍池己卯禁採捕鯉魚天下州府春秋二時社及釋奠停牲牢唯用酒酺永爲常式二月甲午以崔琳爲御史大夫三月乙酉朔崔琳使于吐蕃夏四月壬午於京城置禮院丙申令兩京及天下諸州各置太公尚父廟以張良配饗春秋二時仲月上戊日祭之壬戌五嶽各置老君廟六月乙酉大風拔木秋八月辛巳降天下死罪從流徒已下悉原之九月辛未吐蕃遣其國相論尚他硉來朝冬十月丙申幸東都十一月丙辰至自東都甲子太子少傅源乾曜薨十二月嶲州都督張審素以矯制使監察御史楊汪伏誅是冬浚苑內洛水六十餘日而罷戊戌裴光庭上瑶山往則維城前軌各一卷上令賜太子諸王各一本

二十年春正月乙卯以禮部尚書信安王褘率兵討契丹丁巳幸長芬公主宅乙丑幸薛王業宅並卽日還宮二月己未勅文武選人承前例三月三十日爲例然開選門北團甲進官至夏來自今已後選門並正月內開團甲二月內訖分命宰相錄京城諸獄繫囚三月信安王褘與幽州長史趙含章大破奚契丹於幽州之北山夏四月乙亥讌百寮於上陽東州醉者賜以牀褥肩輿而歸相屬于路癸巳改造天津橋毀皇津橋合爲一橋五月癸卯寒食上墓宜編入五禮永爲恒式辛亥金仙長公主薨戊辰信安王獻奚契丹之俘上御應天門受之六月丁丑單于大都護河北東道行軍元帥忠王浚加司徒都護如故副大使安王褘加開府儀同三司庚寅幽州長史趙含章坐盜用庫物左監門員外將軍楊元方受含章饋餉並於朝堂決杖流瀼州皆賜死于路其月遣范安及於長安廣花蕚樓築夾城至芙蓉園秋七月戊辰幸寧王憲宅卽日還宮八月辛未朔日有蝕之己卯戶部尚書王晙卒九月乙巳中書令蕭嵩等奏上開元新禮一百五十卷制所司行用之渤海靺鞨寇登州殺刺史韋俊命左領軍將軍蓋福順發兵討之冬十月丙戌命巡幸所至有賢才未聞達者舉之仍令中書門下疏決囚徒辛卯至潞州之飛龍宮給復三年兵募丁防先差未發者令改出餘州辛丑至北都癸丑曲赦太原三年十一月庚午祀后土於脽上大赦天下左降官量移近處內外文武官加一階開元勳臣盡假紫及緋大酺三日十二月壬申至京師其年戶部計戶七百八十六萬一千二百三十六口四千五百四十三萬一千二百六十五

二十一年春正月庚子朔制令士庶家藏老子一本每年貢舉人量減尚書論語兩條策加老子策乙巳還祔肅明皇后神主于廟毀儀坤廟丁巳幸溫泉宮己未命工部尚書李暠使于吐蕃癸亥至自溫泉宮三月乙巳侍中裴光庭薨甲寅尚書右丞韓休爲黃門侍郎同中書門下平章事閏月幽州道副總管郭英傑等討契丹爲所敗於都山之下英傑死之夏四月丁巳以久旱命太子少保陸象先戶部尚書杜暹等七人往諸道宣慰賑給及令黜陟官吏疏決囚徒丁酉寧王憲爲太尉薛王業爲司徒慶王潭爲太子太師忠王浚爲開府儀同三司棣王洽爲太子少傅鄂王涓爲太子太保五月甲申皇太子納妃薛氏制天下死罪降從流流已下釋放京文武官賜勳一轉秋七月乙丑朔日有蝕之九月壬午封皇子溢爲濟王沔爲信王泚爲義王漼爲陳王澄爲豐王潓爲恒王漩爲涼王滔爲深王冬十月庚戌幸溫泉宮十一月戊子尚書右丞相宋璟以年老請致仕許之十二月丁未兵部尚書徐國公蕭嵩爲尚書右丞相黃門侍郎韓休爲兵部尚書並罷知政事京兆尹裴耀卿爲黃門侍郎前中書侍郎張九齡起復舊官並同中書門下平章事是歲關中久雨害稼京師饑詔出太倉米二百萬石給之

二十二年春正月癸亥朔制古聖帝明皇嶽瀆海鎭用牲牢餘並以酒酺充奠己巳幸東都辛未太府卿嚴挺之戶部侍郎裴寬於河南存問賑給乙酉懷衛邢相等五州乏糧遣中書舍人裴敦復巡問量給種子己丑至東都二月壬寅秦州地震廨宇及居人廬舍崩壞殆盡壓死官吏以下四十餘人殷殷有聲仍連震不止命尚書右丞相蕭嵩往祭山川並遣使存問賑恤之壓死之家給復一年一家三人已上死者給復二年辛亥初置十道採訪處置使徵恒州張果先生授銀青光祿大夫號曰通玄先生三月沒京兆商人任令方資財六十餘萬貫壬午欲令不禁私鑄錢遣公卿百寮詳議可否衆以爲不可遂止四月乙未伊西北庭且依舊爲節度廢太廟署以太常寺奉宗廟庚子唐州界淮勝州例立表測候日晷影長短乙巳詔京都見禁囚徒令中書門下及留守檢校覆降罪天下諸州委刺史丁未眉州鼎皇山下江水中得寶鼎甲寅北庭都護劉渙謀反伏誅五月戊子黃門侍郎裴耀卿爲侍中中書侍郎張九齡爲中書令黃門侍郎李林甫爲禮部尚書同中書門下平章事關中大風拔木同州尤甚是夏上自於苑中種麥率皇太子已下躬自收穫謂太子等曰此將薦宗廟是以躬親亦欲令汝等知稼穡之難也因分賜侍臣謂曰比歲令人巡檢苗稼所對多不實故自種植以觀其成且春秋書麥禾豈非古人所重也六月乙未遣左金吾將軍李佺於赤嶺與吐蕃分界立碑七月己巳司徒薛王業薨追謚爲惠宣太子甲申遣中書令張九齡充河南開稻田使八月先是駕至東都遣侍中裴耀卿充江淮河南轉運使河口置輸場壬寅於輸場東置河陰縣又遣張九齡於許豫陳亳等州置水屯九月壬申改饒樂都督府爲奉誠都督府辛巳移登州平海軍於海口安置冬十月甲辰試司農卿陳思問以贓私配流瀼州十二月戊子朔日有蝕之乙巳幽州長史張守珪發兵討契丹斬其王屈烈及其大臣可突于於陣傳首東都餘叛奚皆散走山谷立其酋長李過折爲契丹王是歲突厥毗伽可汗死斷京城乞兒

二十三年春正月己亥親耕籍田上加至九推而止卿已下終其畝大赦天下京文武官及朝集採訪使三品已下加一爵四品已下加一階外官賜勳一轉其才有霸王之略學究天人之際及堪將帥牧宰者令五品已上淸官及刺史各舉一人致仕官量與改職依前致仕賜酺三日三月丁卯殿中侍御史楊萬頃爲讐人所殺夏五月戊寅宗子請率月俸於興慶宮建龍池上聖德頌秋七月丙子皇太子鴻改名瑛慶王直已下十四王並改名又封皇子玼爲義王珪爲陳王珙爲豐王琪爲恒王璿爲涼王璥爲汴王其榮王琬已下並開府置官屬各食實封二千戶八月戊子制鰥寡惸獨免今年地稅之半江淮已南有遭水處本道使賑給之九月戊申移泗州就臨淮縣置冬十月辛亥移隸伊西北庭都護屬四鎭節度突騎施寇北庭及安西撥換城十一月壬申朔日有蝕之十二月新羅遣使朝獻

二十四年春正月吐蕃遣使獻方物北庭都護蓋嘉運率兵擊突騎破之三月乙未始移考功貢舉遣禮部侍郎掌之夏六月丙午京兆醴泉妖人劉志誠率衆爲亂將趨京城咸陽官吏燒便橋以斷其路俄而散走京兆府盡擒斬之是夏大熱道路有暍死者秋七月庚子太子太保陸象先卒辛丑李林甫爲兵部尚書依舊知政事己巳初置壽星壇祭老人星及角亢等七宿八月戊申朔加親舅小功服舅母緦麻服堂舅袒免己亥深王滔薨九月壬午改尚書主爵曰司封冬十月戊申車駕發東都還西京甲子至華州曲赦行在繫囚丁丑至自東都十一月壬寅侍中裴耀卿爲尚書左丞相中書令張九齡爲尚書右丞相並罷知政事兵部尚書李林甫兼中書令殿中監牛仙客兵部尚書同中書門下三品尚書右丞相蕭嵩爲太子太師工部尚書韓休爲太子少保十二月戊申太子太師慶王琮爲司徒丙寅牛仙客知門下省事

舊唐書卷八考證

玄宗本紀卷上先天二年七月李令問銀青光祿大夫殿中監實封三百戶○沈炳震曰李靖傳令問累遷殿中少監預誅竇懷貞功封宋國公實封五百戶殿中監下疑有闕文

開元二年六月內出珠玉錦繡令于正殿前焚之○新書在七月乙未綱目亦在七月

以興慶宮諸王傳○沈炳震曰下文云並停京官所帶跨巾算袋此又屬一事諸王傳下應有闕文

四年十二月乙卯定陵寢殿災○新書五行志在五年十一月乙卯

八年春正月甲子朔○沈炳震曰七年五月己丑朔日有食之是年有閏則八年正月之朔當是甲寅非甲子也

十年八月安南賊帥梅叔鸞等攻圍州縣○沈炳震曰楊思勗傳作梅元成

十五年春正月辛丑涼州都督王君㚟破吐蕃于青海之西○臣宗萬按水經注金城郡南湟水出塞外又東南逕卑禾羌海闕駰曰縣西有卑禾羌海者也世謂之青海隋西域傳吐谷渾城在青海西四十里唐高宗龍朔三年爲吐蕃所併故開元中先後破吐蕃皆在青海西即吐谷渾之青海周圍八九百里者是也

十八年是春及百僚每旬暇日尋勝地讌樂云云○臣德潛按文在夏四月以下四月不當云春疑三月中事誤書于此

二十一年九月封皇子溢爲濟王○沈炳震曰溢封濟王已見十三年三月此屬錯簡

二十二年二月秦州地震廨宇及居人廬舍崩壞殆盡壓死官吏以下四十餘人○沈炳震曰舊書五行志作百餘人新書志四千餘人不應多寡懸絕觀下文遣使給復壓死之家當以新志爲正十乃千字之譌也

# 舊唐書卷九

後晉司空同中書門下平章事劉　昫撰

## 本紀第九

### 玄宗下

開元二十五年春正月壬午制朕猥集休運多謝哲王然而哀矜之情小大必慎自臨寰宇子育黎烝未嘗行極刑起大獄上玄降鑒應以祥和思協平邦之典致之仁壽之域自今有犯死刑除十惡罪宜令中書門下與法官詳所犯輕重具狀奏聞崇德尚齒三代丕義敦風勸俗五教攸先其曾任五品已上清資官以禮去職者所司具錄名奏老疾不堪釐務者與致仕道士女冠宜隸宗正寺僧尼令祠部檢校百司每旬節休假並不須入曹司任遊勝爲樂宣示中外知朕意焉癸卯道士尹愔爲諫議大夫集賢學士兼知史館事二月新羅王金興光卒其子承慶嗣位遣贊善大夫邢璹攝鴻臚少卿往弔祭冊立之壬子加宗正丞一員戊午罷江淮運停河北運癸酉張守珪破契丹餘衆於㮈祿山殺獲甚衆三月乙卯河北節度使崔希逸自涼州南率衆入吐蕃界二千餘里己亥希逸至青海西郎佐素文子觜與賊相遇大破之斬首二千餘級夏四月庚戌陳許豫壽四州開稻田辛酉監察御史周子諒上書忤旨撲之殿庭朝堂決杖死之甲子尚書右丞相張九齡以曾薦引子諒左授荊州長史乙丑皇太子瑛鄂王瑤光王琚並廢爲庶人太子妃兄駙馬都尉薛鏽長流瀼州至藍田驛賜死六月壬戌熒惑犯房至心星越度而過秋七月己卯大理少卿徐嶠奏天下今歲斷死刑五十八幾致刑措鳥巢寺之獄上特推功元輔庚申封李林甫爲晉國公牛仙客爲豳國公己卯勅諸陵廟並隸宗正寺其宗正寺官員自今並以宗枝爲之九月壬申頒新定令式格及事類一百三十卷於天下冬十月制自今年每年立春日迎春於東郊其夏及秋冬如常以十二月朔日於正殿受朝讀時令十一月壬申幸溫泉宮丁丑開府儀同三司廣平郡公宋璟薨十二月丙午惠妃武氏薨追諡爲貞順皇后葬於敬陵吐蕃使其大臣屬盧論莽藏來朝貢

二十六年春正月乙亥工部尚書牛仙客爲侍中丁丑親迎氣于東郊祀青帝制天下繫囚死罪流嶺南餘並放免鎮兵部還京兆府新開稻田並散給貧人百官賜勳絹長安萬年兩縣各與本錢一千貫收利供騶仍付雜騶天下州縣每鄉一學仍擇師資令其教授諸鄉貢每年令就國子監謁先師明經加口試內外八品已下及草澤有博學文辭之士各委本司本州聞薦二月辛卯以李林甫遙領隴右節度使甲辰禁大寒食以雞卵相餽送庚申葬貞順皇后于敬陵乙卯以牛仙客遙領河東道節度使辛酉廢仙州分其屬縣隸許汝等州三月己巳朔減秘書省校書正字官員丙子有星孛于紫微垣中歷斗魁十餘日因陰雲不見己酉河南洛陽兩縣亦借本錢一千貫收利充人吏課役癸未京兆地震吐蕃寇河西左散騎常侍崔希逸擊破之鄯州都督杜希望又攻拔新羅城制以其城爲威戎軍夏四月己亥朔始令太常卿韋縚讀時令于宣政殿百寮於殿上列坐而聽之五月乙酉以李林甫遙領河西節度使兼判梁州事庚寅幸咸宜公主宅六月庚子立忠王璵爲皇太子秋七月己巳冊皇太子大赦天下常赦所不免者咸赦除之內外文武官及五品已下爲父後者各賜勳一轉忠王府官及侍講加一階賜酺三日庚辰分越州置明州九月丙申朔日有蝕之庚子於舊六胡之地置宥州益州長史王昱率兵攻吐蕃安戎城爲賊所據官軍大敗昱棄甲而遁兵士死者數千人冬十月戊寅幸溫泉宮是歲渤海靺鞨王大武藝死其子欽茂嗣立遣使弔祭冊立之其冬兩京建行宮造殿宇各千餘間潤州刺史齊澣開伊婁河於揚州南瓜洲浦析左右羽林軍置左右龍武軍以左右萬騎營隸焉

二十七年春正月乙巳大雨雪二月己巳加尊號開元聖文神武皇帝大赦天下常赦所不免者咸赦除之開元已來諸色痕瘕人咸從洗滌左降官量移近處百姓免今年租稅三品已上賜爵一級四品已上加一階宗廟薦饗自今已後並用宗子賜酺五日夏四月丁丑廢洮州隸蘭州改臨州爲洮州乙酉太子少傅竇瑊爲開府儀同三司吏部尚書李暠爲太子少傅丁酉侍中牛仙客爲兵部尚書兼侍中兵部尚書兼中書令李林甫爲吏部尚書依舊兼中書令以東宮內侍隸內侍省爲署五月癸卯置龍武軍官員先是郿國公主之子薛諗與其黨李談崔洽石如山同於京城殺人或利其財或違其志即白日椎殺煮而食之其夏事發皆決殺於京兆府門諗以國親流瀼州賜死於城東驛六月甲戌內常侍牛仙童坐贓決殺之幽州節度使兼御史大夫張守珪以賄貶爲括州刺史太子太師徐國公蕭嵩以嘗賂仙童左授青州刺史秋七月辛丑熒惑犯南斗北庭都護蓋嘉運以輕騎襲破突騎施於碎葉城殺蘇祿威震西陲八月吐蕃寇白草安人等軍申制追贈孔宣父爲文宣王顏回爲兗國公餘十哲皆爲侯夾坐後嗣褒聖侯改封爲文宣公九月皇太子改名紹汴州刺史齊澣請開汴河下流自虹縣脩清至淮陰北合于淮逾時而功畢因棄沙壅舊路行者弊之尋而新河之水勢湍急遂填塞矣前刑部尚書致仕崔德甫卒冬十月將改作明堂訛言官取小兒埋於明堂之下以爲厭勝村野童兒藏於山谷都城騷然咸言兵至上惡之遣主客郎中王佶往東都及諸州宣慰百姓久之定冬十月毀東都明堂之上層改拆下層爲乾元殿戊戌幸溫泉宮辛丑至自溫泉宮十二月東都副留守太子賓客崔沔卒以益州司馬章仇兼瓊權劍南節度等使是歲蓋嘉運大破突騎施之衆擒其王吐火仙送于京師

二十八年春正月兩京路及城中苑內種果樹癸巳幸溫泉宮庚子至自溫泉宮壬寅以望日御勤政樓讌羣臣連夜燒燈會大雪而罷因命自今常以二月望日夜爲之三月丁亥朔日有蝕之壬子權判益州長史章仇兼瓊拔吐蕃安戎城分兵鎮守之夏五月乙未太子少師韓休太子少傅李暠卒六月懷州刺史信安王禕爲太子少師庚寅太子賓客李尚隱卒秋七月壬寅追尊宣皇帝陵名曰建初光皇帝陵名曰啓運仍置官員九月魏州刺史盧暉開通濟渠自石灰巢引流至州城而西郤涯魏橋九月庚寅封皇孫俶等十九人爲郡王冬十月甲子幸溫泉宮辛巳至自溫泉宮乙酉夜東都新殿後佛光寺災吐蕃寇安戎城十一月牛仙客停遙兼朔方河東節度使十二月乙卯突騎施酋長莫賀達干率衆內屬己未禮部尚書杜暹卒是歲金城公主薨吐蕃遣使來告喪其時頻歲豐稔京師米斛不滿二百天下乂安雖行萬里不持兵刃

二十九年春正月丁丑制兩京諸州各置玄元皇帝廟并崇玄學置生徒令習老子莊子列子文中子每年准明經例考試內外官有伯叔兄弟子姪堪任刺史縣令所司親自保薦禁九品已下清資官置客舍邸店車坊士庶奪葬三月吐蕃突厥各遣使來朝丙午風霾日色無影夏四月庚戌朔丙辰以太原裴伷先爲工部尚書聾虛心卒親王已下及內外官各賜錢令讌樂壬午以左右金吾大將軍裴寬爲太原尹北都留守秋七月乙卯洛水汎漲毀天津橋及上陽宮仗舍洛渭之間廬舍壞溺死者千餘人突厥登利可汗死北州刺史王斛斯爲幽州節度使幽州節度副使安祿山爲營州刺史充

平盧軍節度副使押兩番渤海黑水四府經略使九月大雨雪稻禾偃折又霖雨月餘道途阻滯是秋河北博洛等二十四州言雨水害稼命御史中丞張倚往東都及河北賑恤之壬申御興慶門試明四子人姚子產元載等冬十月丙申幸溫泉宮戊戌分遣大理卿崔翹等八人往諸道黜陟官吏十一月庚戌司空邠王守禮薨辛酉至自溫泉宮己巳雨木氷凝寒凍冽數日不解辛未太尉寧王憲薨諡爲讓皇帝葬于惠陵十二月丁酉吐蕃入寇陷廓州達化縣及振武軍石堡城節度使蓋嘉運不能守女國王趙曳夫及佛逝國王日南國王遣其子來朝獻

天寶元年春正月丁未朔大赦天下改元常赦不原咸赦除之百姓所欠負租稅及諸色並免之前資官及白身人有儒學博通文辭秀英及軍謀武藝者所在具以名薦京文武官才堪爲刺史者各令封狀自舉改黃鉞爲金鉞內外官各賜勳兩轉甲寅陳王府參軍田同秀上言玄元皇帝降見于丹鳳門之通衢告賜靈符在尹喜之故宅上遣使就函谷故關尹喜臺西發得之乃置玄元廟於大寧坊陝郡太守李齊物先鑿三門辛未渠成放流二月丁亥上加尊號爲開元天寶聖文神武皇帝辛卯親享玄元皇帝于新廟甲午親享太廟丙申合祭天地于南郊制天下囚徒罪無輕重並釋放流人移近處左降官依資敘用身死貶處者量加追贈枉法贓十五疋當絞今加至二十疋莊子號爲南華眞人文子號爲通玄眞人列子號爲沖虛眞人庚桑子號爲洞虛眞人其四子所著書改爲眞經崇玄學置博士助教各一員學生一百人桃林縣改爲靈寶縣侍中爲左相中書左右丞相依舊爲僕射又黃門侍郎爲門下侍郎東都爲東京北都爲北京天下諸州改爲郡刺史改爲太守陝州河北縣爲平陸縣老幼版授文武官三品已上加一爵四品已上加一階庚子平盧節度使安祿山進階驃騎大將軍夏六月庚寅武功山水暴漲壞人廬舍溺死數百人秋七月癸卯朔日有蝕之辛未左相幽國公牛仙客卒八月丁丑刑部尚書兼御史大夫李適之爲左相丁亥突厥阿布思及默啜可汗之孫登利可汗之女相與率其黨屬來降壬辰吏部尚書兼右相李林甫加尚書左僕射左相李適之兼兵部尚書左僕射裴耀卿爲尚書左僕射九月辛卯上御花萼樓出宮女讌毗伽可汗妻可登及男女等賞賜不可勝紀丙寅改天下縣名不穩及重名一百一十處兩京玄元廟改爲太上玄元皇帝宮天下准此冬十月丁酉幸溫泉宮辛丑改驪山爲會昌山仍於秦坑儒之所立祠宇以祀遭難諸儒新成長生殿名曰集靈臺以祀天神十一月己巳至自溫泉宮是歲命陝郡太守韋堅引滻水開廣運潭於望春亭之東以通河渭京兆尹韓朝宗又分渭水入自金光門置潭於西市之兩衙以貯材木是冬無氷其年天下郡府三百六十二縣一千五百二十八鄉一萬六千八百二十九戶部進計帳今年管戶八百五十二萬五千七百六十三口四千八百九十萬九千八百

二年春正月丙辰追尊玄元皇帝爲大聖祖玄元皇帝兩京崇玄學改爲崇玄館博士爲學士三月壬子親祀玄元廟以冊尊號制追尊聖祖玄元皇帝父周上御史大夫敬曰先天太上皇母益壽氏號先天太后仍於譙郡本鄉置廟尊咎繇爲德明皇帝改西京玄元廟爲太清宮東京爲太微宮天下諸郡爲紫極宮韋堅開廣濟潭畢功盛陳舟艦丙寅上幸廣運樓以觀之即日還宮夏六月甲戌夜雷震東京應天門觀災延燒至左右延福門經日不滅七月癸丑致仕禮部尚書王丘卒丙辰尚書右僕射裴耀卿薨九月太子少保崔琳卒辛酉譙郡紫微宮改爲太清宮冬十月戊辰太子太保信安王禕卒戊寅幸溫泉宮十一月乙卯至自溫泉宮十二月己亥東京應天門改爲乾元門戊申幸溫泉宮丙辰至自溫泉宮十二月乙酉太子賓客賀知章請度爲道士還鄉是冬無雪

三載正月丙辰朔改年爲載赦見禁囚徒庚子遣左右相已下祖別賀知章於長樂坡上賦詩贈之壬寅幸溫泉宮二月己巳還京丁丑封讓皇帝男琳爲嗣寧王故邠王守禮男承寧爲嗣邠王讓帝男璹爲嗣申王惠宣太子男珍爲嗣岐王瑱爲嗣薛王庚寅皇太子紹改名亨是月河南尹裴敦復卒閏月辛亥有星如月墜於東南墜後有聲京師訛言官遣棖捕人肝以祭天狗人相恐畿縣尤甚發使安之三月庚午武威郡上言番禾縣天寶山有醴泉湧出嶺石化爲瑞麰遠近貧乏者取以給食改番禾爲天寶縣癸酉制天下見禁囚徒死罪降流流已下並原之夏四月南海太守劉巨鱗擊破海賊吳令光永嘉郡平勑兩京天下州郡取官物鑄金銅天尊及佛各一軀送開元觀開元寺五月戊寅長安令柳升坐贓於朝堂決殺之秋八月丙午九姓拔悉密葉護攻殺突厥烏蘇米施可汗傳首京師庚申內外文武官六品已下自今已後赴任之後計載終滿二百日已上許其成考冬十月癸巳幸溫泉宮丁未改史國爲來威國十一月癸卯還京癸丑每載依舊取正月十四日十五日十六日開坊市門燃燈永以爲常式玉眞公主先爲女道士讓號及實封賜名持盈十二月甲午分新豐縣置會昌縣甲寅親祀九宮貴神於東郊禮畢大赦天下百姓十八已上爲中男二十三已上成丁每歲庸調八月起徵可延至九月詔天下民間家藏孝經一本

四載春三月甲申宴羣臣於勤政樓壬申封外孫獨孤氏女爲靜樂公主出降契丹松漠都督李懷節封外孫楊氏女爲宜芳公主出降奚饒樂都督李延寵秋八月甲辰冊太眞妃楊氏爲貴妃是月河南睢陽淮陽譙等八郡大水九月契丹及奚酋長各殺公主舉部落叛隴右節度使皇甫惟明與吐蕃戰于石堡城官軍不利副將褚直廉等死之冬十月於單于都護府置金河縣安北都護府置陰山縣丁酉幸溫泉宮壬子以會昌縣爲同京縣十二月戊戌還京

五載春正月癸酉刑部尚書韋堅貶括蒼太守隴右節度使皇甫惟明貶播川太守尋決死於黔中乙亥勑大小縣令並准畿官吏三選聽集禮記月令改爲時令封中嶽爲中天王南嶽爲司天王北嶽爲安天王天下山水名稱或同義且不經多因於里諺宜令所司各據圖籍改定丙子遣禮部尚書席豫左丞崔翹御史中丞王鉷等七人分行天下黜陟官吏夏四月庚寅左相渭源伯李適之爲太子少保罷知政事丁酉門下侍郎陳希烈同中書門下平章事五月庚申勑今後每至旬節休假中書門下文武百寮不須入朝外官不須衙集癸卯停郡縣差丁白直課錢六月勑三伏內令宰相辰時還宅秋七月丙子韋堅爲李林甫所構配流臨封郡賜死堅妹皇太子妃聽離堅外甥嗣薛王瑱貶夷陵郡別駕女壻巴陵太守盧幼臨長流合浦郡太子少保李適之貶宜春太守到任飲藥死八月以戶部侍郎郭虛已爲御史大夫劍南節度使九月壬子於太清宮刻石爲李林甫陳希烈像侍於聖容之側冬十月丁酉幸溫泉宮改臨淄郡爲濟南郡十一月己巳還京十二月辛未贊善大夫杜有鄰著作郎王曾左驍衛兵曹柳勣等爲李林甫所構並下獄死

六載正月辛巳朔北海太守李邕淄川太守裴敦復並以事連王曾柳勣遣使就殺之丁亥親享太廟戊子親祀圜丘禮畢大赦天下除絞斬刑但決重杖於京城置三皇五帝廟以時享祭其章懷節愍惠莊惠文惠宣等太子宜與隱太子懿德太子同爲一廟每日立杖食及設杖於庭此後並宜停廢五嶽既已封王四瀆當昇公位封河瀆爲靈源公濟瀆爲清源公江瀆爲廣源公淮瀆爲長源公三月戊戌南海太守彭果坐贓決杖長流溱溪郡死于路夏四月戊午門下侍郎陳希烈爲左相兼兵部尚書癸酉復置軍器監自五月不雨至秋七月乙酉以旱命宰相臺寺府縣錄繫囚死罪決杖配流徒已下特免庚寅始雨冬十月戊申幸溫泉宮改爲華清宮十一月乙亥戶部侍郎楊慎矜及兄少府少監慎餘與弟洛陽令慎名並爲李林甫及御史中丞王鉷所構下獄死十二月丙辰工部尚書陸景融卒壬戌還京

七載春正月己卯禮部尚書席豫卒己亥韋縚奏御案褥袱帷等望去紫用赤黃從之三月乙酉大同殿柱產玉芝有神光照殿羣臣請加皇帝尊號曰開元天寶聖文神武應道許之夏四月辛丑以高力士爲驃騎大將軍五月壬午上御興慶宮受冊徽號大赦天下百姓免來載租庸三皇以前帝王京城置廟以時致祭其歷代帝王肇跡之處未有祠宇者所在各置一廟忠臣義士孝婦烈女德行彌高者亦置祠宇致祭賜酺三日六月范陽節度使安祿山賜實封及鐵券秋八月己亥朔改千秋節爲天長節壬子改萬年縣爲咸寧縣冬十月庚午幸華清宮封貴妃姊二人爲韓國虢國夫人十二月戊戌言玄元皇帝見于華清宮之朝元閣乃改爲降聖閣改會昌縣爲昭應縣會昌山爲昭應山封山神爲玄德公仍立祠宇辛酉還京

八載春正月甲申賜京官絹備春時遊賞二月戊申引百官於左藏庫縱觀錢幣賜絹而歸三月朔方節度使張齊丘於東受降城北築橫塞城夏四月咸寧太守趙奉璋決杖而死著作郎韋子春貶端溪尉李林甫陷之也幸華清宮觀風樓五月辛巳於開遠門外作振旅亭戊子南海太守劉巨鱗坐贓決死之六月大同殿又產玉芝一莖隴右節度使哥舒翰攻吐蕃石堡城拔之閏月己丑改石堡城爲神武軍劍南索磨川新置都護府宜以保寧爲名丙寅上親謁太清宮冊聖祖玄元皇帝尊號爲聖祖大道玄元皇帝高祖太宗高宗中宗睿宗五帝皆加大聖皇帝之字太穆文德則天和思昭皇后皆加順聖皇后之字羣臣上皇帝尊號爲開元天寶聖文神武應道皇帝丁卯上御含元殿受冊大赦天下自今後每至禘祫並於太清宮聖祖前序昭穆初太白山人李渾言太白山金星洞有帝福壽玉版石記求得之

乃封太白山爲神應公金星洞爲嘉祥公所管華陽縣爲貞符縣戊辰太子太師徐國公蕭嵩薨丁亥南衙立仗馬宜停省進馬官秋八月戊子郡別駕宜停下郡置長史冬十月丙寅幸華清宮十一月丁巳幸御史中丞楊釗莊

九載春正月庚寅朔與歲次同始受朝於華清宮己亥還京庚戌群臣請封西嶽從之二月壬午御史中丞宋渾坐贓及姦長流高要郡三月庚戌改匭使爲獻納辛亥西嶽廟災時久旱制停封西嶽夏五月庚寅以旱錄囚徒乙卯安祿山進封東平郡王節度使封王自此始也秋七月己亥國子監置廣文館徙生徒爲進士業者九月乙卯處士崔昌上五行應運曆以國家合承周漢請廢周隋不合爲二王後冬十一月庚寅幸華清宮己丑制自今告獻太清宮及太廟改爲朝獻巡陵爲朝拜告宗廟爲奏天地享祀文改昭告爲昭薦以告者臨下之義故也辛卯幸楊國忠亭子辛丑立周武王漢高祖廟於京城司置官吏十二月乙亥還京

十載春正月乙酉朔壬辰朝獻太清宮癸巳朝饗太廟甲午有事于南郊合祭天地禮畢大赦天下太廟置內官供灑掃諸陵廟己亥改傳國寶爲承天大寶丁未李林甫領安北副大都護朔方節度使庚戌大風陝郡運船失火燒米船二百餘隻人死者五百計癸丑分遣嗣吳王祗等十三人祭嶽瀆海鎮二月丁巳安祿山兼雲中太守河東節度使夏四月劍南節度使鮮于仲通將兵六萬討雲南與雲南王閤羅鳳戰于瀘川官軍大敗死於瀘水者不可勝數五月丁亥改諸衛幡旗緋色者爲赤黃以符土運秋八月乙卯廣陵郡大風潮水覆船數千艘丙辰京城武庫災燒器械四十七萬事是秋霖雨積旬牆屋多壞西京尤甚冬十月辛亥幸華清宮十一月乙未幸楊國忠宅丙午兵部侍郎兼御史中丞楊國忠兼領劍南節度使

十一載春正月辛亥還京二月癸酉禁惡錢官出好錢以易之既而商旅不便訴於國忠乃止之三月朔方節度副使奉信王阿布思與安祿山同討契丹布思與祿山不協乃率其部下叛歸漢地丙午制今後每月朔望宜令薦食於太廟每室一牙盤仍五日一開室門灑掃改吏部爲文部兵部爲武部刑部爲憲部其部內諸司有部字者並改將作大匠少匠爲大少二監夏四月御史大夫兼京兆尹王鉷賜死坐弟銲與兇人邢縡謀逆故也楊國忠兼京兆尹五月戊申慶王琮薨贈靖德太子六月戊子東京大風拔樹發屋八月己丑幸左藏庫賜羣臣帛有差九月甲寅改諸衛士爲武士冬十月戊寅幸華清宮十一月乙卯尚書左僕射兼右相晉國公李林甫薨於行在所庚申御史大夫兼蜀郡長史楊國忠爲右相兼文部尚書十二月甲戌楊國忠奏請兩京選人銓日便定流放無長名己亥還京

十二載春正月壬子楊國忠於尚書省注官注訖於都堂對左相與諸司長官唱名二月庚辰選人鄭懟等二十餘人以國忠銓注無滯設齋於勤政殿下立碑於尚書省門癸未追削故右相李林甫在身官爵男將作監岫宗黨李復道等五十人皆流貶國忠誣奏林甫陰結叛胡阿布思故也夏五月乙酉以魏周隋依舊爲三恪及二王後復封韓介酅等公辛亥太廟諸陵署依舊隸太常寺七月壬子天下齊人不得鄉貢須補國子學生然後貢舉八月京城霖雨米貴令出太倉米十萬石減價糶與貧人仍令中書門下就京兆大理疏決囚徒九月己亥朔隴右節度使涼國公哥舒翰進封西平郡王食實封五百戶冬十月戊申幸華清宮和雇京城丁戶一萬三千人築興慶宮牆起樓觀至十二月改橫密城爲天德軍庚寅行從官憲部尚書張均等請上尊號爲開元天地大寶聖文神武孝德證道皇帝

十三載春正月丁酉朔上御華清宮之觀風樓受朝賀己亥安慶緒獻俘于行在帝引見於禁中賞賜鉅萬乙巳加安祿山尚書左僕射賜實封千戶奴婢十房莊宅各一區又加閑廄五坊宮苑隴右羣牧都使以武部侍郎吉溫爲副丙午還京二月癸酉上親朝獻太清宮上玄元皇帝尊號曰大聖祖高上大道金闕玄元天皇大帝甲戌饗太廟高祖諡曰神堯大聖大光孝皇帝太宗諡曰太宗文武大聖大廣孝皇帝高宗諡曰高宗天皇大聖大弘孝皇帝中宗諡曰中宗太和大聖大昭孝皇帝睿宗諡曰睿宗玄眞大聖大興孝皇帝乙亥御興慶殿受徽號禮畢大赦天下左降官遭父母憂放歸獻陵等五署改爲臺令丞各升一階文武三品已上賜爵一級四品已下加一階賜酺三日戊寅右相兼文部尚書楊國忠守司空餘如故甲申司空楊國忠受冊天雨黃土霑於朝服祿山奏前後討契丹立功將士跳盪等請超三資告身仍望好寫於是超授將軍者五百餘人中將者二千餘人三月丁酉太常卿張垍貶盧溪郡司馬垍兄憲部尚書均貶建安太守丙午御躍龍殿門張樂宴羣臣賜右相絹一千五百疋綵羅三百疋綵綾五百疋左相絹三百疋綵羅綾各五十疋餘三品八十疋四品五品六十疋六品七品四十疋極歡而罷壬戌御勤政樓大酺北庭都護程千里生擒阿布思獻于樓下斬之於朱雀街乙丑左羽林上將軍封常清權北庭都護伊西節度使萬春公主出降楊朏夏五月熒惑守心五十餘日六月乙丑朔日有蝕之不盡如鈎侍御史劍南留後李宓率兵擊雲南蠻於西洱河糧盡軍旋馬足陷橋爲閤羅鳳所擒舉軍皆沒廢濟陽郡以所領五縣隸東平郡秋八月丁亥以久雨左相許國公陳希烈爲太子太師罷知政事文部侍郎韋見素爲武部尚書同中書門下平章事是秋霖雨積六十餘日京城垣屋頹壞殆盡物價暴貴人多乏食令出太倉米一百萬石開十場賤糶以濟貧民東都瀍洛暴漲漂沒一十九坊上御勤政樓試四科制舉人策外加詩賦各一首制舉加詩賦自此始也冬十月壬寅幸華清宮貶河東太守韋陟爲桂嶺尉武部侍郎吉溫爲澧陽郡長史乙巳開府儀同三司畢國公竇瓊薨戊午還京其載戶部計今年見管州縣戶口管郡總三百二十一縣一千五百三十八鄉一萬六千八百二十九戶九百六十一萬九千二百五十四三百八十八萬六千五百四不課五百三十萬一千四十四課口五千二百八十八萬四百八十八四千五百二十一萬八千四百八十不課七百六十六萬二千八百課

十四載春三月丙寅宴羣臣於勤政樓奏九部樂上賦詩敎栢梁體癸未遣給事中裴士淹等巡撫河南河北淮南等道八月壬辰上親錄囚徒冬十月壬辰幸華清宮甲午頒御注老子并義疏於天下十一月戊午朔始寧太守羅希奭以停止張博濟決杖而死吉溫自縊於獄丙寅范陽節度使安祿山率蕃漢之兵十餘萬自幽州南向詣闕以誅楊國忠爲名先殺太原尹楊光翽於博陵郡壬申聞於行在所癸酉以郭子儀爲靈武太守朔方節度使封常清自安西入奏至行在甲戌以常清爲范陽平盧節度使兼御史大夫令募兵三萬以禦逆胡戊寅還京以羽林大將軍王承業爲太原尹以衞尉卿張介然爲陳留太守河南節度採訪使以金吾將軍程千里爲潞州長史並令討賊甲申以京兆牧榮王琬爲元帥命高仙芝副之於京城召募號曰天武軍其衆十萬丙戌高仙芝等進軍上御勤政樓送之十二月丙戌朔祿山於靈昌郡渡河辛卯陷陳留郡殺張介然甲午陷滎陽郡殺太守崔無詖丙申封常清與賊戰于成皐甖子谷官軍敗績常清奔於陝郡丁酉祿山陷東京殺留守李憕中丞盧奕判官蔣清時高仙芝鎮陝郡棄城西保潼關常山太守顏杲卿與長史袁履謙賈深等殺賊將李欽湊執賊將何千年高邈送京師辛丑詔皇太子統兵東討以永王璘爲山南節度使以江陵長史源洧副之潁王璬爲劍南節度使以蜀郡長史崔圓副之二王不出閤丙午斬封常清高仙芝于潼關以哥舒翰爲太子先鋒兵馬元帥領河隴兵募守潼關以拒之辛亥榮王琬薨贈靖恭太子

十五載春正月乙卯御宣政殿受朝其日祿山僭號於東京庚申以李光弼爲雲中太守河東節度使壬戌賊將蔡希德陷常山郡執太守顏杲卿長史袁履謙殺民吏萬餘城中流血甲子哥舒翰進位尚書左僕射同中書門下平章事乙丑賊將安慶緒犯潼關哥舒翰擊退之乙巳加平原太守顏眞卿戶部侍郎獎守城也二月丙戌李光弼郭子儀將兵東出井陘與賊將史思明戰大破之進取郡縣十餘丙辰誅工部尚書安思順三月壬午朔以河東節度使李光弼爲御史大夫范陽節度使乙酉以平原太守顏眞卿爲河北採訪使己亥改常山郡爲平山郡房山縣爲平山縣鹿泉縣爲獲鹿縣鹿成縣爲束鹿縣夏四月丙午以贊善大夫來瑱爲潁川太守招討使五月戊午南陽太守魯炅與賊將武令珣戰于淮水上官軍大敗爲賊所虜進寇我南陽詔嗣虢王巨自藍田出師救南陽六月癸未朔顏眞卿破賊將袁知泰於堂邑北海太守賀蘭進明收信都庚寅哥舒翰將兵八萬與賊將崔乾祐戰于靈寶西原官軍大敗死者十六七其日李光弼與賊將史思明戰于常山東嘉山大破之斬獲數萬計辛卯哥舒翰至潼關爲其帳下火拔歸仁以左右數十騎執之降賊關門不守京師大駭河東華陰上洛等郡皆委城而走甲午將謀幸蜀乃下詔親征仗下從士庶恐駭奔走于路乙未凌晨自延秋門出微雨霑濕扈從惟宰相楊國忠韋見素內侍高力士及太子親王妃主皇孫已下多從之不及平明渡便橋國忠欲斷橋上曰後來者何以能濟命緩之辰時至咸陽望賢驛置頓官吏駭散無復儲供上憇於宮門之樹下亭午未進食俄有父老獻麨上謂之曰如何得飯於是百姓獻食相繼俄又尚食持御膳至上頒給從官而後食是夕次金城縣官吏已遁令魏方進男允招誘俄得智藏寺僧進芻粟行從方給丙辰次馬嵬驛諸衛頓軍不進龍武大將軍陳玄禮奏曰逆胡指闕以

誅國忠爲名然中外羣情不無嫌怨今國步艱阻乘輿震蕩陛下宜徇羣情爲社稷大計國忠之徒可置之于法會吐蕃使二十一人遮國忠告訴於驛門衆呼曰楊國忠連蕃人謀逆兵士圍驛四合乃誅楊國忠衆方退一族兵猶未解上令高力士詰之迴奏曰諸將旣誅國忠以貴妃在宮人情恐懼上卽命力士賜貴妃自盡玄禮等見上請罪命釋之丁酉將發馬嵬驛朝臣惟韋見素一人乃命見素子京兆府司錄諤爲御史中丞充置頓使議其所向軍士或言河隴或言靈武太原或言還京爲便韋諤曰還京須有捍賊之備兵馬未集恐非萬全不如且幸扶風徐圖所向上詢于衆咸以爲然及行百姓遮路乞留皇太子願勠力破賊收復京城因留太子戊戌次扶風縣己亥次扶風郡軍士各懷去就咸出醜言陳玄禮不能制會益州貢春綵十萬匹上悉命置于庭召諸將諭之曰卿等國家功臣陳力久矣朕之優獎常亦不輕逆胡背恩事須迴避甚知卿等不得別父母妻子朕亦不及親辭九廟言發涕流又曰朕須幸蜀路險狹人若多往恐難供承今有此綵卿等卽宜分取各圖去就朕自有子弟中官相隨便與卿等訣別衆咸俯伏涕泣曰死生願從陛下上曰去住任卿自此悖亂之言稍息庚子以司勳郎中劍南節度留後崔圓爲蜀郡長史劍南節度副大使以穎王璬爲劍南節度大使以監察御史宋若思爲御史中丞充置頓使韋諤充巡閣道使並令先發辛丑發扶風郡是夕次陳倉壬寅次散關分部下爲六軍穎王璬先行壽王瑁等分統六軍前後左右相次丙午河池郡崔圓奏劍南歲稔民安儲供無闕上大悅授圓中書侍郎同中書門下平章事蜀郡長史劍南節度如故以前華州刺史魏犀爲梁州長史秋七月癸丑朔壬戌次益昌縣渡吉柏江有雙魚夾舟而躍議者以爲龍甲子次普安郡憲部侍郎房琯自後至上與語甚悅卽日拜爲吏部尚書同中書門下平章事丁卯詔以皇太子諱充天下兵馬元帥都統朔方河東河北平盧等節度兵馬收復兩京永王璘江陵府都督統山南東路黔中江南西路等節度大使盛王琦廣陵郡大都督統江南東路淮南河南等路節度大使豐王珙武威郡都督領河西隴右安西北庭等路節度大使初京師陷賊車駕倉皇出幸人未知所向衆心震駭及聞是詔遠近相慶咸思効忠於興復庚午次巴西郡太守崔渙奉迎卽日以渙爲門下侍郎同中書門下平章事以韋見素爲左相庚辰車駕至蜀郡扈從官吏軍士到者一千三百人宮女二十四人而已八月癸未朔御蜀都府衙宣詔曰朕以薄德嗣守神器每乾乾惕厲勤念生靈一物失所無忘罪己聿來四紀人亦小康推心于人不疑于物而姦臣兇豎棄義背恩割剝黎元擾亂區夏皆朕不明之過也今巡撫巴蜀訓厲師徒仍令太子諸王蒐兵重鎮誅夷兇醜以謝昊穹思與羣臣重弘理道可大赦天下癸巳靈武使至始知皇太子卽位丁酉上用靈武册稱上皇詔稱誥己亥上皇臨軒册肅宗命宰臣韋見素房琯使靈武册命曰朕稱太上皇軍國大事先取皇帝處分後奏朕知候克復兩京朕當怡神姑射偃息大庭明年九月郭子儀收復兩京十月肅宗遣中使啖廷瑤入蜀奉迎丁卯上皇發蜀郡十一月丙申次鳳翔郡肅宗遣精騎三千至扶風迎衞十二月丙午肅宗具法駕至咸陽望賢驛迎奉上皇御宮之南樓肅宗拜慶樓下嗚咽流涕不自勝爲上皇徒步控轡上皇撫背止之卽騎馬前導丁未至京師文武百寮京城士庶夾道歡呼靡不流涕卽日御大明宮之含元殿見百寮上皇親自撫問人人感咽時太廟爲賊所焚權移神主於大內長安殿上皇謁廟請罪遂幸興慶宮三載二月肅宗與羣臣奉上皇尊號曰太上至道聖皇帝乾元三年七月丁未移幸西內之甘露殿時閹宦李輔國離間肅宗故移居西內高力士陳玄禮等遷謫上皇寖不自懌上元二年四月甲寅崩于神龍殿時年七十八羣臣上謚曰至道大聖大明孝皇帝廟號玄宗初上皇親拜五陵至橋陵見金粟山崗有龍盤鳳翥之勢復近先塋謂侍臣曰吾千秋後宜葬此地得奉先陵不忘孝敬矣至是追奉先旨以創寢園以廣德元年三月辛酉葬于泰陵

史臣曰孔子稱王者必世而後仁李氏自武后移國三十餘年朝廷罕有正人附麗無非險輩持苞苴而請謁奔走權門效鷹犬以飛馳中傷端士以致斲喪王室屠害宗枝骨鯁大臣屢遭誣陷舞文酷吏坐致顯榮禮儀無復興行刑政壞於犬馬端揆出阿黨之語冕旒有和事之名朋比成風廉耻都盡我開元之有天下也糺之以典刑明之以禮樂愛之以慈儉律之以軌儀黜前朝徼倖之臣杜其姦也焚後庭珠翠之玩戒其奢也禁女樂而出宮嬪明其教也賜酺賞而放哇淫懼其荒也敘友于而敦骨肉厚其俗也蒐兵而責帥明軍法也朝集而計最校吏能也廟堂之上無非經濟之才表著之中皆得論思之士而又旁求宏碩講道藝文昌言嘉謨日聞於獻納長轡遠馭志在於昇平貞觀之風一朝復振于斯時也烽燧不驚華戎同軌西蕃君長越繩橋而競款玉關北狄酋渠捐毳幕而爭趨鴈塞象郡炎州之玩雞林鯷海之珍莫不結轍於象胥駢羅於典屬膜拜丹墀之下夷歌立仗之前可謂冠帶百蠻車書萬里天子乃覽雲臺之義草泥金之札然後封日觀禪雲亭訪道於穆清怡神於玄牝與民休息比屋可封於時垂髫之倪皆知禮讓戴白之老不識兵戈虜不敢乘月犯邊士不敢彎弓報怨康哉之頌溢于八紘所謂世而後仁見於開元者矣年踰三紀可謂太平於戲國無賢臣聖亦難理山有猛虎獸不敢窺得人者昌信不虛語昔齊桓公行同禽獸不失霸主之名梁武帝靜比桑門竟被臺城之酷蓋得管仲則淫不害霸任朱异則善不救亡開元之初賢臣當國四門俱穆百度惟貞而釋老之流頗以無爲請見上乃務清淨事薰修留連軒后之文舞詠伯陽之說雖稍移於勤倦亦未至於怠荒俄而朝野怨咨政刑紕繆何哉用人之失也自天寶已還小人道長如山有朽壤雖大必虧木有蠹蟲其榮易落以百口百心之讒諂蔽兩目兩耳之聰明苟非鐵腸石心安得不惑而獻可替否靡聞姚宋之言妬賢害功但有甫忠之奏豪猾因茲而睥睨明哲於是乎卷懷故祿山之徒得行其僞厲階之作匪降自天謀之不臧前功併棄惜哉

贊曰開元握圖永鑒前車景氣融朗昏氛滌除政纔勤倦妖集廷除先民之言靡不有初

舊唐書卷九考證

玄宗本紀卷下二十七年七月辛丑北庭都護蓋嘉運襲破突騎施于碎葉城殺蘓祿○臣德潛按新書在八月乙亥突厥傳擒于二十六年二十七年二月獻俘綱目亦同新書

十二月是歲蓋嘉運大破突騎施之衆擒其王送于京師○七月已書矣此應重出

天寶二年十二月戊申幸温泉宮丙辰至自温泉宮十二月○沈炳震曰上十月戊寅幸温泉宮十一月乙卯至自温泉宮此應重見且上已書十二月改應天門爲乾元門矣此何又書十二月則戊申以下十六字疑屬衍文

八載閏六月羣臣上皇帝尊號爲開元天寶聖文神武應道皇帝○新書作開元天地大寶下同

十三載春正月安慶緒獻俘于行在○臣德潛按綱目十三載春正月安祿山入朝祿山本傳十三載正月謁于華清宮則獻俘者乃祿山非慶緒也疑譌

十五載二月誅工部尚書安思順○新書在三月工部作戸部

史臣論我開元之有天下也○我字未改原文

# 舊唐書卷十

後晉司空同中書門下平章事劉　昫撰

## 本紀第十

### 肅宗

肅宗文明武德大聖大宣孝皇帝諱亨玄宗第三子母曰元獻皇后楊氏景雲二年乙亥生初名嗣昇二歲封陝王五歲拜安西大都護河西四鎭諸蕃落大使上仁愛英悟得之天然及長聰敏强記屬辭典麗耳目之所聽覽不復遺忘開元十五年正月封忠王改名浚五月領朔方大使單于大都護十八年奚契丹犯塞以上爲河北道元帥信安王禕爲副帥御史大夫李朝隱京兆尹裴伷先等八人總管兵以討之仍命百寮設次於光順門與上相見左丞相張說退謂學士孫逖韋述曰嘗見太宗寫眞圖忠王英姿穎發儀表非常雅類聖祖此社稷之福也二年諸將大破奚契丹以上遥統之功加司徒二十三年改名璵二十五年皇太子瑛得罪二十六年六月庚子立上爲皇太子改名紹後有言事者云紹與宋太子名同改今名初太子瑛得罪上召李林甫議立儲貳時壽王瑁母武惠妃方承恩寵林甫希旨以瑁對及立上爲太子林甫懼不利己乃起韋堅柳勣之獄上幾危者數四後又楊國忠依倚妃家恣爲褻穢懼上英武潛謀不利爲患久之天寶十三載正月安祿山來朝上嘗密奏云祿山有反相玄宗不聽十四載十一月祿山果叛稱兵詣闕十二月丁未陷東京辛丑制太子監國仍遣上親總諸軍進討時祿山以誅楊國忠爲名由是軍民切齒於楊氏國忠懼乃與貴妃謀間其事上遂不行乃召河西節度使哥舒翰爲皇太子前鋒兵馬元帥令率衆二十萬守潼關明年六月哥舒翰爲賊所敗關門不守國忠諷玄宗幸蜀丁酉至馬嵬頓六軍不進請誅楊氏於是誅國忠賜貴妃自盡車駕將發留

上在後宣諭百姓衆泣而言曰逆胡背恩主上播越臣等生於聖代世爲唐民願勠力一心爲國討賊請從太子收復長安玄宗聞之曰此天啓也乃令高力士與壽王瑁送太子內人及服御等物留後軍廄馬從上令力士口宣曰汝好去百姓屬望愼勿違之莫以吾爲意且西戎北狄吾嘗厚之今國步艱難必得其用汝其勉之上迴至渭北便橋已斷水暴漲無舟楫上號令水濱百姓歸者三千餘人渭水可涉又遇潼關散卒誤以爲賊與之戰士衆多傷乃收其餘衆比上軍旣濟其後皆溺上喜以爲天之佑時從上惟廣平建寧二王及四軍將士纔二千人自奉天而北夕次永壽百姓遮道獻牛酒有白雲起西北長數丈如樓閣之狀議者以爲天子之氣戊戌至新平郡時晝夜奔馳三百餘里士衆器械亡失過半所存之衆不過一旅己亥至安定郡斬新平太守薛羽保定太守徐瑴以其弃郡也庚子至烏氏驛彭原太守李遵謁見率兵士奉迎仍進衣服糧糗上至彭原又募得甲士四百率私馬以助軍辛丑至平涼郡蒐閱監牧公私馬得數萬疋官軍益振時賊據長安知上治兵河西三輔百姓皆曰吾太子大軍卽至賊望西北塵起有時奔走戊申扶風人康景龍殺賊宣慰使薛總等二百餘人陳倉令薛景仙率衆收扶風郡守之由是關輔豪右皆謀殺賊賊故不敢侵軼上在平涼數日之間未知所適會朔方留後杜鴻漸魏少遊崔漪等遣判官李涵奉牋迎上備陳兵馬招集之勢倉儲庫甲之數上大悅鴻漸又發朔方步騎數千人於白草頓奉迎時河西行軍司馬裴冕新授御史大夫赴闕遇上於平涼亦勸上治兵於靈武以圖進取上然之上初發平涼有彩雲浮空白鶴前引出軍之後有黃龍自上所憩屋騰空而去上行至豐寧南見黃河天塹之固欲整軍北渡以保豐寧忽大風飛沙跬步之間不辨人物及迴軍趨靈武風沙頓止天地廓淸七月辛酉上至靈武時魏少遊預備供帳無不畢備裴冕杜鴻漸等從容進曰今寇逆亂常毒流函谷主上倦勤大位移幸蜀川江山阻險奏請路絕宗社神器須有所歸萬姓顒顒思崇明聖天意人事不可固違伏願殿下順其樂推以安社稷王者之大孝也上曰俟平寇逆奉迎鑾輿從容儲闈侍膳左右豈不樂哉公等何急也冕等凡六上牋辭情激切上不獲已乃從是月甲子上卽皇帝位於靈武禮畢冕等跪進曰自逆賊憑陵兩京失守聖皇傳位陛下再安區宇臣稽首上千萬歲壽羣臣舞蹈稱萬歲上流涕歔欷感動左右卽日奏其事於上皇是日御靈武南門下制曰朕聞聖人畏天命帝者奉天時知皇靈睠命不敢違而去之知曆數可歸不獲已而當之在昔帝王靡不由斯而有天下者也乃者羯胡亂常京闕失守天未悔禍羣兇尚扇聖皇久厭大位思傳眇身軍興之初已有成命予恐不德罔敢祗承今羣工卿士僉曰孝莫大於繼德功莫盛於中興朕所以治兵朔方將殄寇逆務以大者本其孝乎須安兆庶之心敬順羣臣之請乃以七月甲子卽皇帝位於靈武敬崇徽號上尊聖皇曰上皇天帝所司擇日昭告上帝朕以薄德謬當重位旣展承天之禮宜覃率土之澤可大赦天下改元曰至德內外文武官九品已上加兩階賜兩轉三品已上賜爵一級以朔方度支副使大理司直杜鴻漸爲兵部郎中朔方節度判官崔漪爲吏部郎中並知中書舍人以御史中丞裴冕爲中書侍郎同中書門下平章事河西兵馬使周佖爲河西節度使隴右兵馬使彭元暉爲隴右節度使前蒲州刺史呂崇賁爲關內節度使兼順化郡太守以陳倉縣令薛景仙爲扶風太守以隴右節度使郭英乂爲天水郡太守改靈武郡爲大都督府上縣爲望中縣爲上丁卯逆胡害霍國長公主永王妃侯莫陳氏義王妃閻氏陳王妃韋氏信王妃任氏駙馬楊朏等八十餘人於崇仁之街甲戌賊黨同羅部五千餘人自西出降朔方軍己卯京兆尹崔光遠長安令蘇震等率府縣官吏大呼於西市殺賊數千級然後來赴行在詔改扶風爲鳳翔郡八月壬午朔方節度使郭子儀范陽節度使李光弼破賊於常山郡之嘉山上以治兵收京城詔子儀等旋師子儀光弼率所統步騎五萬至屯河北詔以子儀爲兵部尚書依前靈州大都督府長史光弼爲戶部尚書兼太原尹北京留守同中書門下平章事迴紇吐蕃遣使繼至請和親願助國討賊皆宴賜遣之是日上皇至成都大赦癸巳上所奉表始達成都丁酉上皇遜稱誥遣左相韋見素文部尚書房琯門下侍郎崔渙等奉冊書赴靈武九月壬辰上南幸彭原郡封故邠王守禮男承寀爲燉煌王令使迴紇和親冊迴紇可汗女爲毗伽公主仍令僕固懷恩送承寀至迴紇部內官邊令諴背上皇投賊至是復來見上命斬之丙子至順化郡韋見素房琯崔渙等自蜀郡賫上冊書及傳國寶等至己卯斬潼關敗將李承光於纛下十月辛巳朔日有蝕之旣癸未彭原郡以軍興用度不足權賣官爵及度僧尼上素知房琯名至是琯請爲兵馬元帥收復兩京許之仍令兵部尚書王思禮爲副分兵爲三軍楊希文劉貴哲李光進等各將一軍其衆五萬辛丑琯與賊將安守忠戰于陳濤斜官軍敗績楊希文劉貴哲等降於賊琯亦奔還平原太守顏眞卿以食盡援絕弃城渡河於是河北郡縣盡陷於賊十一月辛亥河西地震有聲圮裂廬舍張掖酒泉尤甚戊子迴紇引軍來赴難與郭子儀同破賊黨同羅部三千餘衆於河上詔宰相崔渙巡撫江南補授官吏十二月戊子以王思禮爲關內節度彭原郡百姓給復二載郡同六雄縣昇緊望以秦州都督郭英乂爲鳳翔太守諫議大夫高適爲廣陵長史淮南節度兼採訪使賊將阿史那承慶攻陷潁川郡執太守薛愿長史龐堅甲辰江陵大都督府永王璘擅領舟師下廣陵

二載春正月庚戌朔上在彭原受朝賀是日通表入蜀賀上皇上皇在蜀每得上表疏訊其使者知上涕戀晨省乃下誥曰至和育物大孝安親古之哲王必由斯道朕往在春宮嘗事先后問安靡闕視膳無違及同氣天倫聯華棣蕚居嘗共被食必分甘今皇帝奉而行之未嘗失墜每有銜命而來戒途將發必肅恭拜跪涕泗漣洏左右侍臣罔不感動間者抱戴赤雀白狼之瑞接武荐臻此皆皇帝聖敬之符孝友之感也故能誕敷德教橫于四海信可以光宅寰宇永綏黎元者哉其天下有至孝友悌行著鄉閭堪旌表者郡縣長官採聽聞奏庶孝子順孫沐于玄化也甲寅以襄陽太守李峘爲蜀郡長史劍南節度使將作少監魏仲犀爲襄陽山南道節度使永王傅劉彙爲丹陽太守兼防禦使以憲部尚書李麟同中書門下平章事上皇遣平章事崔圓奉誥赴彭原乙卯逆胡安祿山爲其子慶緒所殺辛酉於江寧縣置金陵郡仍置軍分人以鎭之甲子幸保定郡丙寅武威郡九姓商胡安門物等叛殺節度使周佖判官崔稱率衆討平之是日蜀郡健兒賈秀等五千人謀逆上皇御蜀郡南樓將軍席元慶等討平之二月戊子幸鳳翔郡文城太守武威郡九姓齊莊破賊五千餘衆上議大舉收復兩京盡括公私馬以助軍給事中李廙署云無馬大夫崔光遠劾之貶廙江華太守節度使李光弼大破賊將蔡希德之衆於城下斬虜七萬軍資器仗稱是朔方節度使郭子儀大破賊將崔乾祐於潼關收河東郡永王璘兵敗奔於嶺外至大庾嶺爲洪州刺史皇甫侁所殺三月癸亥河西自去冬地震至是方止辛酉以左相韋見素平章事裴冕爲左右僕射並罷知政事以前憲部尚書致仕苗晉卿爲左相吐蕃遣使和親遣給事中南巨川報命癸亥大雨至癸酉不止詔疏理刑獄甲戌方止夏四月戊寅朔以郭子儀爲司空兼副元帥統諸節度李光弼爲司徒乙酉太史奏歲星太白熒惑集于東井五月癸丑郭子儀與賊將安守忠戰于淸渠官軍敗績子儀退保武功丁巳房琯爲太子少師罷知政事以諫議大夫張鎬爲中書侍郎同中書門下平章事以武部侍郎杜鴻漸爲河西節度庚申詔追贈故妃楊氏爲元獻皇太后上母也甲子郭子儀以失律讓司空許之七月庚戌夜蜀郡軍人郭千仞謀逆上皇御玄英樓節度使李峘討平之丁巳賊將安武臣陷陝郡民無遺類八月甲申以黃門侍郎崔渙爲餘杭太守江東採訪防禦使己丑以平章事張鎬兼河南節度採訪處置等使靈昌太守許叔冀爲賊所攻援兵不至拔衆投睢陽郡癸巳大閱諸軍上御城樓以觀之丁酉改雍縣爲鳳翔縣陳倉爲寶雞縣閏八月辛未賊將遽寇鳳翔崔光遠行軍司馬王伯倫判官李椿率衆捍賊賊退乘勝至中渭橋殺賊守橋衆千人追擊入苑中時賊大軍屯武功聞之燒營而去伯倫與賊血戰而死李椿力窮被執然自是賊不敢西侵九月丁丑上黨節度使程千里與賊挑戰爲賊將蔡希德所擒燉煌王承寀自迴紇使還拜宗正卿納迴紇公主爲妃迴紇封爲葉護持四節與迴紇葉護太子率兵四千助國討賊葉護入見宴賜加等丁亥元帥廣平王統朔方安西迴紇南蠻大食之衆二十萬東向討賊壬寅與賊將安守忠李歸仁等戰于香積寺西北賊軍大敗斬首六萬級賊帥張通儒弃京城東走癸卯廣平王收西京甲辰捷書至行在百寮稱賀卽日告捷于蜀上皇遣裴冕入京啓告郊廟社稷冬十月乙巳朔以崔光遠爲京兆尹詔曰緣京城初收要安百姓又灑掃宮闕奉迎上皇以今月十九日還京應緣供頓務從減省吐蕃寇陷西平郡癸丑賊將尹子奇陷睢陽害張巡姚誾許遠賊自香積之敗悉衆保陝郡廣平王統郭子儀等進攻與賊戰于陝西之新店賊衆大敗斬首十萬級橫屍三十里庚申安慶緒與其黨奔河北壬戌廣平王入東京陳兵天津橋南士庶歡呼路側陷賊官僞署侍中陳希烈中書令張垍等三百餘人素服待罪癸亥上自鳳翔還京仍遣太子太師韋見素入蜀迎上皇鳳翔郡給復五載丙寅至望賢宮得東京捷書至上大喜丁卯入長安士庶涕泣拜忭曰不圖復見吾君上亦爲之感惻九廟爲賊所焚上素服

哭於廟三日入居大明宮是日上皇發蜀郡已巳文武脅從官免冠徒跣朝堂待罪禁之府獄命中丞崔器劾之迴紇葉護自東京還宴之于宣政殿便辭還蕃乃封葉護爲忠義王約每年送絹二萬疋至朔方王便交授十一月壬申朔上御丹鳳樓下制曰我國家出震乘乾立極開統謳謌曆數啓聖千齡文物聲名握圖六葉安祿山夷羯賤類粗立邊功遂肆兇殘變起倉卒而毒流四海塗炭萬靈朕與言痛憤提戈問罪靈武聚一旅之衆至鳳翔合百萬之師親總元戎掃清羣孽廣平王俶受委元帥能振天聲郭子儀決勝無前克成大業兼迴紇葉護雲南子弟諸蕃兵馬力戰平兇勢若摧枯易同破竹朕早承聖訓嘗讀禮經義切奉先恐不克荷今復宗廟於函洛迎上皇於巴蜀導鑾輿而反正朝寢門而問安寰宇載寧朕願畢矣且復人將有主敬當天地之心興豈在予實馮社稷之祐今兩京無虞三靈通慶可以昭事宜在覃恩待上皇到日當取處分是時河南河東諸郡縣皆平宮省門帶安字者改之僞御史大夫嚴莊來降新成九廟神主上親告享十二月丙午上皇至自蜀上至望賢宮奉迎上皇御宮南樓上望樓辟易下馬趨進樓前再拜蹈舞稱慶上皇下樓上匍匐捧上皇足涕泗嗚咽不能自勝遂扶侍上皇御殿親自進食自御馬以進上皇上馬又躬攬轡而行止之後退上皇曰吾享國長久吾不知貴見吾子爲天子吾知貴矣上乘馬前導自開遠門至丹鳳門旗幟燭天綵棚夾道士庶舞忭路側皆曰不圖今日再見二聖百寮班於含元殿庭上皇御殿左相苗晉卿率百辟稱賀人人無不感咽禮畢上皇詣長樂殿謁九廟神主卽日幸興慶宮上請歸東宮上皇遣高力士再三慰譬而止受賊僞署左相陳希烈達奚珣等二百餘人並禁於楊國忠宅鞫問甲寅以左相苗晉卿爲中書侍郎同中書門下平章事十二月戊午朔上御丹鳳門下制大赦蜀郡靈武元從功臣太子太師豳國公韋見素內侍齊國公高力士右龍武大將軍陳玄禮各加實封三百戶田長文張崇俊杜休祥各加二百戶右僕射裴冕冀國公殿中監李輔國成國公宗正卿李遵鄭國公兼進封邑廣平王俶封楚王加實封二千戶左僕射朔方節度郭子儀加司徒進封代國公實封一千戶兵馬使僕固懷恩封豐國公右金吾將軍李嗣業封虢國公司徒兼太原尹李光弼薊國公關內節度王思禮霍國公淮南節度來瑱潁國公南陽太守魯炅岐國公仍並加實封京兆尹崔光遠鄴國公開府李光進范陽郡公左相苗晉卿爲侍中封韓國公憲部尚書平章事李麟褒國公中書侍郎崔圓爲中書令趙國公中書侍郎張鎬南陽縣公近日所改百司額及郡名官名一依故事改蜀郡爲南陽鳳翔府爲西京西京改爲中京蜀郡改爲成都府鳳翔府官寮並同三京名號其李憕盧弈顏杲卿袁履謙許遠張巡張介然蔣清龐堅等卽與追贈訪其子孫厚其官爵文武三品已上賜爵一級四品已下加一階賜酺五日進封南陽王係爲趙王新城王僅爲彭城王穎川王僩爲兗王第七男侹爲涇王第九男僙封襄王第十男佋封興王第十一男偲封杞王第十二男侗封定王甲子上皇御宣政殿授上傳國璽上於殿下涕泣而受之己丑賊將僞范陽節度使史思明以其兵衆八萬之籍與僞河東節度使高秀巖並表送降庚午制人臣之節有死無二爲國之體叛而必誅況乎委質賊廷宴安逆命躭受寵祿淹延歲時不顧恩義助其効用此其可宥法將何施達奚珣等或受任台輔位極人臣或累葉寵榮姻聯戚里或歷踐臺閣或職通中外夫以犬馬微賤之畜猶知戀主龜蛇蠢動之類皆能報恩豈曰人臣曾無感激自逆胡作亂傾覆邦家凡在黎元皆含怨憤殺身徇國者不可勝數此等黔首猶不背國恩受任於梟獍之間咨謀於豺虺之輩靜言此情何可放宥達奚珣等一十八人並宜處斬陳希烈等七人並賜自盡前大理卿張均特宜免死配流合浦郡是日斬達奚珣等於子城西南隅獨柳樹仍集百寮往觀之

三載正月甲戌朔戊寅上皇御宣政殿册皇帝尊號曰光天文武大聖孝感皇帝上以徽號中有大聖二字上表固讓不允乙酉勑因亂所失庫物先差使搜檢如聞下吏因便擾人其搜檢使一切並停務令安輯內出宮女三千人庚寅大閱諸軍於含元殿庭上御棲鸞閣觀之庚子册良娣張氏爲淑妃二月癸卯朔賊將僞淄青節度能元皓以其地請降用爲河北招討使并其子昱並授官爵乙巳上御興慶宮奉册上皇徽號曰太上至道聖皇大帝丁未御明鳳門大赦天下改至德三載爲乾元元年成都靈武扈從功臣三品已上與一子官五品已下與一子出身六品已下量與改轉死王事陷賊不受僞命而死者並與追贈陷賊官先推鞫者例減罪一等今後醫卜入仕者同明法例處分三月癸酉朔甲戌元帥楚王俶改封成王乙亥山南東道河南淮南江南皆置節度使辛卯以歲饑禁酤酒麥依常式太史監爲司天臺取承寧坊張守珪宅置仍補官員六十人夏四月癸卯以太子少師嗣虢王巨爲東京留守河南尹充京畿採訪處置使己酉册淑妃張氏爲皇后辛亥九廟成備法駕自長安殿迎九廟神主入新廟甲寅上親享九廟遂有事於圓丘卽日還宮翌日御明鳳門大赦天下戊辰上進鍊石英金竈於興慶宮五月壬申朔迴紇黑衣大食各遣使朝貢至閤門爭長詔其使合從左右門入壬午詔近緣狂寇亂常諸道分置節度蓋總管內徵發文牒往來仍加採訪轉滋煩擾其諸道先置採訪黜陟二使宜停癸未夜月掩心前星戊子以河南節度中書侍郎平章事張鎬爲荊州大都督府長史本州防禦使以禮部尚書崔光遠爲河南節度庚寅立成王俶爲皇太子以荊州長史季廣琛赴河南行營會計討賊於河北己未中書令崔圓爲太子少師刑部尚書同平章事李麟爲太子少傅並罷知政事以太常少卿知禮儀事王璵爲中書侍郎同中書門下平章事丙申墩煌王承寀薨六月辛丑朔吐火羅康國遣使朝貢己酉初置太一神壇於圓丘東是日命宰相王璵攝行祠事癸丑夜月入南斗魁戊午諸三司所推劾受賊僞官等恩澤頻加科條遞減原其事狀稍近平人所推問者並宜釋放秋七月辛未朔吐火羅葉護烏利多并九國首領來朝助國討賊上令赴朔方行營丙戌初鑄新錢文曰乾元重寶用一當十與開元通寶同行用丁亥制上皇第二女寧國公主出降迴紇英武威遠毗伽可汗八月壬寅以青徐等五州節度使季廣琛兼許州刺史河南節度使崔光遠兼汴州刺史以青州刺史許叔冀兼滑州刺史充青滑六州節度使甲辰上皇誕節上皇宴百官於金明門樓朔方節度使郭子儀河東節度使李光弼關內節度使王思禮來朝加子儀中書令光弼侍中思禮兵部尚書餘如故九月庚午朔右羽林大將軍趙泚爲蒲州刺史蒲同虢三州節度使貝州刺史能元皓爲齊州刺史齊兗鄆等州防禦使庚寅大舉討安慶緒於相州命朔方節度郭子儀河東節度李光弼關內潞州節度使王思禮淮西襄陽節度魯炅興平節度李奐滑濮節度許叔冀平盧兵馬使董秦北庭行營節度使李嗣業鄭蔡節度使季廣琛等九節度之師步騎二十萬以開府魚朝恩爲觀軍容使癸巳廣州奏大食國波斯國兵衆攻城刺史韋利見棄城而遁十月乙未以鳳翔尹李齊物爲刑部尚書以濮州刺史張方須爲廣州都督五府節度使郭子儀奏破賊十萬於衞州獲安慶緒弟慶和進收衞州甲寅上皇幸華清宮上送於灞上許叔冀奏衞州婦人侯四娘滑州婦人唐四娘某州婦人王二娘相與歃血請赴行營討賊皆補果毅壬申王思禮破賊二萬於相州十一月丁丑郭子儀收魏州得僞署刺史蕭華於州獄詔復以華爲刺史是日上皇至自華清宮上迎於灞上上自控上皇馬轡百餘步詔止之乃已十二月癸卯以河南節度崔光遠爲魏州刺史遣蕭華赴相州行營甲辰以昇州刺史韋黃裳爲蘇州刺史浙西節度使庚戌以戶部尚書李峘充淮南浙西觀察使處置節度使丙寅立春上御宣政殿讀時令常參官五品已上升殿序坐而聽之時王師圍相州慶緒食盡求於史思明率衆來援丁卯思明復陷魏州刺史崔光遠出奔

二年春正月己巳朔上御含元殿受尊號曰乾元大聖光天文武孝感皇帝是日史思明自稱燕王於魏州僭立年號丁丑上親祀九宮貴神齋宿於壇所戊寅有事於籍田上行九推禮官奏太過上曰朕勸農率下所恨不終千畝耳癸未夜月掩歲星乙丑以御史中丞崔寓都統浙江淮南節度處置使丙申開府儀同三司衞尉卿懷州北庭行營節度使虢國公李嗣業卒于相州行營庚子以太子少師崔圓克東京留守判尚書省事二月壬子望月蝕既百官請加皇后張氏尊號曰翊聖上以月蝕陰德不修而止貶東京留守嗣虢王巨以陝州刺史苛政也丙辰月犯心大星壬戌遣侍中苗晉卿王璵分錄囚徒三月丁卯朔己巳皇后祀先蠶於苑中壬申相州行營郭子儀等與賊史思明戰王師不利九節度兵潰子儀斷河陽橋以餘衆保東京辛卯以衞尉卿荔非元禮爲懷州刺史權鎭西北庭行營節度使以滑州刺史許叔冀充滑汴曹宋等州節度使以鄆州刺史尚衡爲徐州刺史充亳潁等州節度使甲午以兵部侍郎呂諲同中書門下平章事以太子賓客薛景仙爲鳳翔尹本府防禦使乙未侍中苗晉卿爲太子太傅平章事王璵爲刑部尚書並罷知政事以京兆尹李峴爲吏部尚書禮部侍郎李揆爲中書侍郎與戶部侍郎第五琦等並同中書門下平章事丙申以郭子儀爲東畿山東河南等道節度防禦兵馬元帥權東京留守判尚書省事以河西節度副使來瑱爲陝州刺史充虢華節度潼關防禦團練等使四月丁酉朔王思禮奏於潞城縣東直千嶺破賊萬人壬寅詔以寇孽未平務懷撝挹自今以後朕常膳及服御等物並從節減諸作坊造坊並

停比緑軍國務殷或宣口勑處分今後非正宣並不得行用中外諸務各歸有司英武軍及六軍諸使比因論竟便行追攝今後須經臺府如處斷不平具狀聞奏自文武五品已上正官各舉賢良方正直言極諫一人任自封進兩省官十日一上封事御史臺欲彈事不須進狀仍服豸冠殘妖未殄國步猶難共體至公以康庶政朕推誠御物與衆共之思與蒼生臻夫至道宣示中外知朕意焉甲辰以鄧州刺史魯炅爲鄭州刺史充陳鄭潁亳節度使以徐州刺史尚衡爲青州刺史充青淄密登萊沂海等州節度使以商州刺史興平軍節度李奐兼豫許汝等州節度使乙巳第五琦依舊判度支租庸等使史思明僭號於魏州貶李廣琛宣州刺史崔光遠爲太子少保癸亥以久旱徙市雩祈雨五月辛巳貶宰相李峴蜀州刺史丁亥上御宣政殿試文經邦國等四科舉人乃以汝州刺史劉展爲滑州刺史以平盧軍節度都知兵馬使董秦爲濮州刺史六月乙未朔以右僕射裴冕爲御史大夫成都尹持節充劍南節度副大使本道觀察使以邠州刺史房琯爲太子賓客以饒州刺史顔眞卿爲昇州刺史充浙江西道節度使己巳以明州刺史呂延之爲越州刺史充浙江東道節度使以右羽林大將軍彭元曜爲鄭州刺史充陳鄭申光壽等州節度使秋七月乙丑朔以禮部尚書韋陟充東京留守太子少傅兗國公李麟卒辛巳制以趙王係爲天下兵馬元帥司空兼侍中李光弼爲副丁亥以兵部尚書潞州大都督府長史潞沁節度霍國公王思禮兼太原尹充北京留守河東節度副大使刑部尚書王璵爲蒲州刺史充蒲同絳三州節度使八月乙亥襄州偏將康楚元逐刺史王政據城自守丙辰寧國公主自迴紇還宮副元帥李光弼兼幽州大都督府長史河北節度等使九月甲午襄州賊張嘉延襲破荊州灃朗復郢硤歸等州官吏皆弃城奔竄戊辰新鑄大錢文如乾元重寶而重其輪用一當五十以二十二斤成貫丁亥以太子少保崔光遠充荊襄等州招討使右羽林大將軍王仲昇充申安沔等州節度使右羽林將軍李抱眞爲鄭州刺史鄭陳潁亳四州節度使庚寅逆胡史思明陷洛陽副元帥李光弼守河陽汝鄭滑等州陷賊冬十月丁酉制親征史思明竟不行乙巳李光弼奏破賊於城下壬戌宰相呂諲起復依前平章事十一月甲子朔商州刺史韋倫破康楚元荊襄平庚午戶部侍郎同平章事第五琦貶忠州長史御史大夫賀蘭進明貶秦州司馬十二月癸巳朔神策將軍衛伯玉破賊於陝東疆子坂甲寅以御史大夫史翽爲襄州刺史充山南東道節度觀察處置等使

三年春正月癸亥朔辛巳李光弼進位太尉兼中書令餘如故以杭州刺史侯令儀爲昇州刺史充浙江西道節度兼江寧軍使戊子以朔方節度使郭子儀兼邠寧鄜坊兩道節度使二月癸巳朔以右丞崔寓爲蒲州刺史充蒲同晉絳等州節度使庚戌第五琦除名長流夷州癸丑以太子少保崔光遠爲鳳翔尹秦隴節度使三月壬申以京兆尹李若幽爲成都尹劍南節度使甲申以蒲州爲河中府其州縣官吏所置同京兆河南二府四月甲午李光弼奏破賊於懷州河陽甲辰以禮部尚書東京留守韋陟爲吏部尚書太子賓客房琯爲禮部尚書以太子賓客平章事張鎬爲左散騎常侍太子賓客崔渙爲大理卿是歲饑米斗至一千五百文戊申襄州軍亂殺節度使史翽部將張維瑾據州叛丁巳夜彗出東方在婁胃間長四尺許戊午以右丞蕭華爲河中尹兼御史中丞充同晉絳等州節度觀察處置使己未以陝州刺史來瑱爲襄州刺史充山南東道襄鄧等十州節度觀察處置等使庚申以右羽林大將軍郭英乂爲陝州刺史陝西節度潼關防禦等使閏四月辛酉朔彗出西方其長數丈壬戌以禮部尚書房琯爲晉州刺史甲子制彭王僅充河西節度大使兗王僩北庭節度大使涇王侹隴右節度大使杞王倕陝西節度大使興王佋鳳翔節度大使蜀王偲邠寧節度大使並不出閤丁卯太原尹王思禮進位司空甲戌天下兵馬元帥趙王係改封越王己卯以星文變異上御明鳳門大赦天下改乾元爲上元追封周太公望爲武成王依文宣王例置廟時大霧自四月雨至閏月末不止米價翔貴人相食餓死者委骸于路壬午以刑部尚書王璵爲太常卿右散騎常侍韓擇木爲禮部尚書五月庚寅朔丙午以太子太傅韓國公苗晉卿爲侍中壬子黃門侍郎同中書門下三品呂諲爲太子賓客罷知政事癸丑以河南尹劉晏爲戶部侍郎勾當度支鑄錢鹽鐵等使是夜月掩昴六月乙丑詔先鑄重稜錢一當五十宜減當三十文開元宜一當十七月己丑朔丁未上皇自興慶宮移居西內丙辰開府高力士配流巫州內侍王承恩流播州魏悅流溱州左龍武大將軍陳玄禮致仕丙辰御史大夫崔器卒八月辛未吏部尚書韋陟卒丁丑以太子賓客呂諲爲荊州大都督府長史灃朗硤忠五州節度觀察處置等使己卯以將作監王昂爲河中尹本府晉絳等州節度使丁亥贈故興王佋爲恭懿太子九月甲午以荊州爲南都州曰江陵府官吏制置同京兆其蜀郡先爲南京宜復爲蜀郡十月壬申以廬州刺史趙良弼爲越州刺史充浙江東道節度使青州刺史殷仲卿爲淄州刺史淄沂滄德棣等州節度使甲申以兵部侍郎尚衡爲青州刺史青登等州節度使十一月乙巳李光弼奏收懷州宋州刺史劉展赴鎮揚州揚州長史鄧景山以兵拒之爲展所敗展進陷揚潤昇等州十二月庚辰以右羽林軍大將軍李鼎爲鳳翔尹興鳳隴等州節度使癸未夜歲星掩房

二年春正月丁亥朔辛卯溫州刺史季廣琛爲宣州刺史充浙江西道節度使甲午上不康皇后張氏刺血寫佛經甲寅詔府縣御史臺大理疏理繫囚死罪降從流流已下並釋放乙卯平盧軍兵馬使田神功生擒劉展揚潤平二月己未党項寇寶雞入散關陷鳳州殺刺史蕭愧鳳翔李鼎邀擊之癸亥以鳳翔尹崔光遠爲成都尹劍南節度度支營田觀察處置等使以太子詹事趙國公崔圓爲揚州大都督府長史淮南節度觀察等使辛未夜月有蝕之既戊寅李光弼率河陽之軍五萬與史思明之衆戰於北邙官軍敗績光弼僕固懷恩走保聞喜魚朝恩衛伯玉走保陝州河陽懷州共陷賊京師戒嚴癸未中書侍郎同中書門下三品李揆貶爲袁州長史以前河中尹蕭華爲中書侍郎同平章事集賢殿崇文館大學士兼修國史三月甲子史朝義率衆夜襲我陝州衛伯玉逆擊敗之戊戌史思明爲其子朝義所殺李光弼以失律讓太尉中書令許之授侍中河中尹晉絳等州節度觀察使夏四月乙亥嗣岐王珍得罪廢爲庶人於溱州安置連坐竇如玢崔昌處斬駙馬都尉楊洄薛履謙賜自盡左散騎常侍張鎬貶辰州司戶長任己未以吏部侍郎裴遵慶爲黃門侍郎同中書門下平章事青州刺史尚衡兗州刺史能元皓並奏破賊壬午梓州刺史段子璋叛襲破遂州殺刺史嗣虢王巨東川節度使李奐戰敗奔成都五月甲午思明僞將滑州刺史令狐彰以滑州歸朝授彰御史中丞依前滑州刺史滑魏德貝相六州節度使乙未劍南節度使崔光遠率師與李奐擊敗段子璋於綿州擒子璋殺之綿州平李光弼來朝進位太尉兼侍中充河南副元帥都統河南淮南山南東道五道行營節度鎮臨淮北京留守守司空太原尹河東節度副大使霍國公王思禮卒辛丑以鴻臚卿趙國公管崇嗣爲太原尹兼御史大夫充北京留守河東節度副大使壬子太子少傅宗正卿李齊物卒六月癸丑朔己卯以鳳翔尹李鼎爲鄯州刺史隴右節度營田等使秋七月癸未朔日有蝕之既大星皆見甲辰延英殿御座梁上生玉芝一莖三花上製玉靈芝詩八月癸丑朔以中官李輔國守兵部尚書於尚書省上命宰臣百官送之酺宴竟日自七月霖雨至是方止牆宇多壞漉魚道中辛巳以殿中監李若幽爲戶部尚書充朔方鎮西北庭陳鄭等州節度使鎮絳州賜名國貞九月壬午朔壬辰以太子賓客集賢殿學士呂黎伯韓擇木爲禮部尚書壬寅制朕獲守丕業敢忘謙冲欲垂範而自我亦去華而就實其乾元大聖光天文武孝感等尊崇之稱何德以當之欽若昊天定時成歲春秋五始義在體元惟以紀年更無潤色至于漢武飾以浮華非前王之茂典豈永代而作則自今已後朕號唯稱皇帝其年號但稱元年去上元之號其以今北庭潞儀隰等州行營本管節度觀察等事移鎮絳州壬申嗣寧王棣薨癸酉河南副元帥李光弼破賊於許州城下收復許州建辰月庚辰朔壬午詔天下見禁繫囚無輕重一切釋放丙戌夜月有白冠癸巳以襄州刺史來瑱爲安州刺史充淮西申安蘄黃沔等十六州節度使甲午党項奴剌寇梁州刺史李勉弃郡走丙申党項寇奉天上不康百寮於佛寺齋僧丁未詔左降官流人一切放還戊申中書侍郎平章事徐國公蕭華爲禮部尚書罷知政事以尚書戶部侍郎元載同中書門下平章事以禮部尚書韓擇木爲太子太保建巳月庚戌朔壬子楚州刺史崔侁獻定國寶玉十三枚一曰玄黃天符如笏長八寸闊三寸上圓下方近圓有孔黃玉也二曰玉雞毛文悉備白玉也三曰穀璧白玉也徑可五六寸其文粟粒無雕鐫之迹四曰西王母白環二枚白玉也徑六七寸五曰碧色寶圓而有光六曰如意寶珠形圓如雞卵光如月七曰紅靺鞨大如巨栗赤如櫻桃八曰琅玕珠二枚長一寸二分九曰玉玦形如玉環四分缺一十曰玉印大如半手斜長理如鹿形陷入印中以印物則鹿形著焉十一曰皇后採桑鉤長五六寸細如筯屈其末似眞金又似銀十二曰雷公石斧長四寸闊二寸無孔細緻如靑玉十三寶置于日中皆白氣連天侁表云楚州寺尼眞如者恍惚上昇見天帝授以十三寶曰中國有災宜以第二寶鎭之甲寅太上至道聖皇天帝崩於西內神龍殿上自仲春不豫聞上皇登遐不

勝哀悸因茲大漸乙丑詔皇太子監國又曰上天降寶獻自楚州因以體元叶乎五紀其元年宜改爲寶應建巳月爲四月餘月並依常數仍依舊以正月一日爲歲首丁卯宣遺詔是日上崩于長生殿年五十二羣臣上諡曰文明武德大聖大宣孝皇帝廟號肅宗寶應二年三月庚午葬于建陵

史臣曰臣每讀詩至許穆夫人閔宗國之顛覆周大夫傷宮室之黍離其辭情於邑賦論懃懇未嘗不廢書興歎及覩天寶失馭流離奔播又甚於詩人之於邑也當其戎羯負恩奄爲豨突豺豕遽興於轂下胡越寧慮於舟中借人之戈持之反刺變生於不意也所幸太王去國豳人不忘於周君新莽據圖黔首仍思於漢德是以宣皇帝蒙六聖之遺業因百姓之樂推號令朔方旬日而車徒雲合旋師右輔朞月而關隴砥平故兩都再復於鑾輿九廟復歆於黍稷觀其迎上皇於蜀道陳拜慶於望賢父子於是感傷行路爲之隕涕昔太公迎子或從家令之言而西伯事親靡怠寢門之問曾參孝已足以擬倫然而道屈知幾志微遠略殘妖未殄宜先恢復之謀餘燼纔收何暇昇平之禮方聽王璵伏奏輔國贊成紺轅躬籍于春郊翠𢥠先蠶於繭館或御殿曉宣時令或登壇宿禮貫神禮卽宜然時何暇給鍾縣未移於簨簴思明已陷於洛陽是知祝史禱人安能及遠猶賴大臣宣力諸將效忠旄頭終隕於三川杲日重明於六合比平王之遷洛我則英雄論元帝之渡江彼誠么麼寧親復國肅邇休哉

贊曰犬羊犯順鑾輅播遷兇徒竟斃景祚重延星馳蜀道雨泣望賢孝宣之諡誰曰不然

舊唐書卷十考證

肅宗本紀景雲二年乙亥生○二年下不系以月闕文

己亥至安定郡斬新平太守薛羽保定太守徐瑴以其棄郡也○安定新書地理志作保定保定舊書地理志作安定

至德二載五月詔追贈故妃楊氏爲元獻皇太后上母也○臣德潛按玄宗諱位稱詔當云皇后不當云皇太后

三載夏四月冊淑妃張氏爲皇后○新書在三月戊寅綱目亦在三月

乾元三年閏四月制蜀王僙邠寧節度大使○沈炳震曰肅宗諸子無名僙封蜀王者疑召王偲之誤

十月青州刺史殷仲卿爲淄州刺史淄沂滄德棣等州節度使○沈炳震曰新書方鎮表淄沂節度使在上元二年置不應先見于此

上元二年九月制自今已後朕號惟稱皇帝其年號但稱元年去上元之號其以今○臣德潛按其以今下屬闕文闕以十一月建子爲歲首詔明年仍以建寅月爲歲首及十二月建丑并明年寶應元年建寅月事

北庭瀚儀隰等州行營本管節度觀察等事移鎮絳州○臣德潛按此寶應元年建卯月文也上闕庚午郭子儀知朔方河中凡十字照新書添入北庭字上則成文矣

舊唐書卷十一

後晉司空同中書門下平章事劉　昫撰

本紀第十一

代宗

代宗睿文孝武皇帝諱豫肅宗長子母曰章敬皇太后吳氏以開元十四年十二月十三日生于東都上陽宮初名俶年十五封廣平王玄宗諸孫百餘上爲嫡皇孫宇量弘深寬而能斷喜懼不形於色仁孝溫恭動必由禮幼而好學尤專禮易玄宗鍾愛之祿山之亂京城陷賊從肅宗蒐兵靈武以上爲天下兵馬元帥時朝廷草創兵募寡弱上推心示信招懷流散比至彭原兵衆數萬及肅宗迴幸鳳翔時房琯郭子儀繼戰不利賊鋒方銳屢來寇襲上選求勇幹類挫其鋒聖慮遑寧士心大振及師進討百官辭送步出闕門方始乘馬迴紇葉護王子率兵入助勇冠諸蕃上接以優恩結爲兄弟故香積之戰賊徒大敗遂委西京而遁雖子儀嗣業之奮命由上恩信結於士心故人思自效旣收京城令行禁止民庶按堵秋毫不犯耆老歡迎對之歔欷聞賊殘衆猶保陝郊卽日長驅東趨虢洛新店之後一戰大捷慶緒之黨十殲七八數旬之間河南底定兩都恢復二聖迴鑾統率之功推而不受肅宗還京大赦改封楚王乾元元年三月改封成王四月庚寅立爲皇太子改名豫上元末年兩宮不豫太子往來侍疾躬嘗藥膳衣不解帶者久之及承監國之命流涕從之寶應元年四月肅宗大漸所幸張皇后無子后懼上功高難制陰引越王係於宮中將圖廢立乙丑皇后矯詔召太子中官李輔國程元振素知之乃勒兵於凌霄門俟太子至卽衞從太子入飛龍廐以俟其變是夕勒兵於三殿收捕越王係及內官朱光輝馬英俊等禁錮之幽皇后於別殿丁卯肅宗崩元振等始迎上於九仙門見羣臣行監國之禮己巳卽皇帝位於柩前甲戌詔國之大事戎馬爲先朝有舊章親賢是屬故求諸必當用制於中權存乎至公豈甎於內舉特進奉節郡王适可天下兵馬元帥乙亥以兵部尚書判元帥行軍閑廐等使李輔國進號尚父飛龍閑廐副使程元振爲右監門將軍流宦官朱光輝啖庭瑤陳仙甫等於黔中五月己卯朔以李輔國爲司空兼中書令餘如故辛卯制曰三年之喪天下達禮苟或變革何以教人朕遭此閔凶攀號罔極公卿固請俾聽朝務斬焉縗絰痛貫心靈豈可便議公除遽移諒闇昨見所司儀注令月十三日大祥十五日從吉仰惡遺制又欲抑予竊惟哀思深謂未可其百寮並以此釋服朕將繼武丁之道素冠之詩恭默再周不忍權奪凡庶在位宜悉哀懷宰臣苗晉卿等三十表請依遺制方聽政丙戌嗣魯王宇改封鄭王奉節郡王适進封魯王李光弼進封臨淮王貶禮部尚書蕭華爲陝州司馬改行乾元錢重稜小錢一當二重稜大錢一當三丙申以戶部侍郎元載同中書門下平章事充度支轉運使改乾元大小錢並一當一丁酉御丹鳳樓大赦子儀光弼李光進諸道節度使並加實封四月十七日立功人並號寶應功臣內外文武官三品已上進爵四品已下加階諸州防禦使並停內外官三考一轉益昌郡王邈進封鄭王延慶郡王迴進封韓王故庶人皇后王氏故庶人太子瑛鄂王瑤光王琚並宜復封號棣王琰永王璘並與昭雪建昌王追封齊王崇恩王追封衞王靈昌王追封鄆王壬寅以來瑱復爲襄州刺史山南東道節度使六月己酉朔百寮臨于西宮上不視朝自是每朔望皆如之迄于山陵凡人臣有事辭見先臨西宮然後詣朝改豫州爲蔡州避上名也侍中苗晉卿以老疾請三日一入中書從之己未罷尚父李輔國判元帥行軍及兵部尚書閑廐等使輔國請遜位辛酉以輔國爲博陵王罷中書令許朝朔望壬申以通州刺史劉晏爲戶部侍郎兼御史大夫京兆尹充度支轉運鹽鐵諸道鑄錢等使秋七月己卯朔辛巳觀軍容使魚朝恩封馮翊郡開國公宦官程元振爲鎭軍大將軍保定郡開國公乙酉襄州刺史裴義長流費州賜死於藍田驛庚寅詔不許驛使閑投驛人文狀賜道州司馬敬羽自盡來瑱自襄州來朝郭子儀自河中來朝八月己酉朔自七月不雨至此月癸丑方雨庚午夜西北有赤光亘天貫紫微漸移東北彌漫半天貶太子少傅李遵爲袁州刺史台州賊袁晁陷台州連陷浙東州縣九月丁丑朔魯王适改封雍王以山南東道節度使來瑱爲兵部尚書同中書門下平章事節度如故程元振進封邠國公丙申右僕射山陵使裴冕貶施州刺史戊戌迴紇登里可汗率衆來助國討逆令御史大夫尙衡宣慰之甲午太州至陝州二百餘里黃河清澄澈見底甲午祕書監韓穎中書舍人劉烜配流嶺表尋賜死坐狎昵李輔國也冬十月辛酉詔天下兵馬元帥雍王統河東朔方及諸道行營迴紇等兵十餘萬討史朝義會軍於陝州加朔方行營節度使大寧郡王僕固懷恩同中書門下平章事丁卯夜盜殺李輔國於其第竊首而去戊辰元帥雍王率諸軍進發留郭英乂魚朝恩鎭陝州壬申王師次洛陽北郊甲戌戰于橫水賊大敗俘斬六萬計史朝義奔冀州乙亥雍王奏收東京河陽汴鄭滑相魏等州乙酉陝西節度使郭英乂權知東京留守丁酉僞恒州節度使張忠志以趙定深恒易五州歸順以忠志檢校禮部尚書恒州刺史充成德軍節度使賜姓名曰李寶臣於是河北州郡悉平賊范陽尹李懷仙斬史朝義首來獻請降十二月庚戌太子太師邠國公韋見素薨辛未僕固懷恩爲尚書左僕射兼中書令靈州大都督府長史河北副元帥邛州新置鎭南軍是歲江東大疫死者過半吐蕃陷我臨洮秦成渭等州

二年春正月丁亥朔甲午戶部尚書兼御史大夫都統淮南節度觀察等使越國公李峘卒國子祭酒兼御史大夫京兆尹劉晏爲吏部尚書同中書門下平章事度支諸使如故壬寅制開府儀同三司行兵部尚書同中書門下平章事充山東道節度觀察處置等使上柱國穎國公來瑱削在身官爵長流播州尋賜死于路閏月戊申以史朝義下降將李寶臣爲檢校禮部尚書兼御史大夫恒州刺史清河郡王充成德軍節度使薛嵩爲檢校刑部尚書相州刺史相衞等州節度使李懷仙檢

校兵部尚書兼侍中武威郡王幽州節度使田承嗣檢校戶部尚書魏州刺史鴈門郡王魏博等州都防禦使二月甲午迴紇登里可汗辭歸蕃三月甲辰朔襄州右兵馬使梁崇義殺大將李昭據城自固乃授崇義襄州刺史山南東道節度使丁未袁傪破袁晁之衆於浙東玄宗肅宗歸祔山陵自三月一日廢朝至於晦日百寮素服詣延英門通名起居四月戊寅朔太州依舊爲華州太陰縣爲華陰縣庚辰河南副元帥李光弼奏生擒袁晁浙東州縣盡平辛巳群臣請上尊號五月癸卯朔丙寅尚書省試制舉人命左右丞侍郎對試賜食如舊儀太常卿杜鴻漸奏婚葬合給鹵簿望於國立大功及二等已上親則給餘不在給限從之六月癸酉朔癸未以陳鄭澤潞節度使李抱玉檢校司空封武威郡王河中節度使王昂檢校刑部尚書封邵國公同華節度使李懷讓檢校工部尚書同日入省宰相送上甲申以前淮西節度使王仲昇爲右羽林大將軍兼御史大夫六軍將軍兼大夫自仲昇始也甲午觀軍容使魚朝恩自陝州入朝上御達禮門命公卿百寮觀兵馬同華節度使李懷讓自殺爲程元振所構秋七月壬寅朔戊申群臣上尊號曰寶應元聖文武皇帝御含元殿受册壬子御宣政殿宣制改元曰廣德大赦天下常赦不原者咸赦除之安祿山史思明親族應在諸道一切原免不問民戶三丁免一丁庸租稅依舊每畝二升男子二十成丁五十八老元帥雍王兼尚書令河北副元帥僕固懷恩加太保迴紇登里可汗進徽號功臣皆賜鐵券藏名太廟畫像淩烟閣刺史縣令自今後改轉刺史以三年爲限縣令四年爲限員外及攝試不得釐務丁巳僕固瑒兼御史大夫充朔方行營節度是月吐蕃大寇河隴陷我秦成渭三州入大震關陷蘭廓河鄯洮岷等州盜有隴右之地八月以荊南節度使李峴爲宗正卿九月壬戌朔僕固懷恩拒命於汾州遣宰臣裴遵慶往宣撫之己丑吐蕃寇涇州刺史高暉以城降因爲吐蕃鄉導冬十月庚午朔辛未高暉引吐蕃犯京畿寇奉天武功盩厔等縣蕃軍自司竹園渡渭循南山而東丙子駕幸陝州上出苑門射生將王獻忠率四百騎叛脅豐王已下十王歸京從官多由南山諸谷赴行在郭子儀收合散卒屯於商州丁丑次華州官吏藏竄無復儲擬會魚朝恩領神策軍自陝來迎駕乃幸朝恩軍戊寅吐蕃入京師立廣武王承宏爲帝仍逼前翰林學士李可封爲制封拜辛巳車駕至陝州子儀在商州會六軍使張知節烏崇福長孫全緒等率兵繼至軍威遂振舊將王甫誘聚京城惡少齊擊街鼓於朱雀街蕃軍震懾狼狽奔潰庚寅子儀收京城壬辰以宰臣元載判天下元帥行軍司馬京兆尹兼吏部侍郎嚴武爲黃門侍郎朗州刺史第五琦爲京兆尹兼御史大夫癸巳以郭子儀爲京留守高暉聞吐蕃潰以三百騎東奔至潼關爲關守李伯越所殺十一月辛丑朔太常博士柳伉上疏以蕃寇犯京師罪由程元振請斬之以謝天下上甚嘉納以元振有保護之功削在身官爵放歸田里十二月甲辰宦官市舶使呂太一逐廣南節度使張體縱下大掠廣州丁亥車駕發陝郡還京辛卯鄂州大風火發江中焚船三千艘焚居人廬舍二千家甲午上至自陝州乙未以侍中苗晉卿爲太保黃門侍郎同平章事裴遵慶爲太子少傅並罷知政事宗正卿梁國公李峴爲黃門侍郎同中書門下平章事丙申放廣武王承宏于華州一切不問丁酉朔方行營節度使僕固瑒爲帳下梟首來獻懷恩聞瑒死燒營遁入吐蕃朝臣稱賀上不悅曰朕之涼德信不及人致勳臣顛覆用增愧恧何至賀焉程元振自三原縣衣婦人服入京城京兆府擒之以聞乃下御史臺鞫問吐蕃陷松州維州雲山城籠城

二年春正月己亥朔壬寅御史臺以程元振獄狀聞配流溱州既行追念舊勳特矜遐裔令於江陵府安置甲辰復置京畿觀察使以御史中丞領之癸卯尚書右丞顏真卿爲刑部尚書兼御史大夫充朔方宣慰使癸亥吏部尚書同平章事度支轉運使劉晏爲太子賓客黃門侍郎同平章事李峴爲太子詹事並罷知政事以前右散騎常侍王縉爲黃門侍郎太常卿杜鴻漸爲兵部侍郎並同中書門下平章事罷度支使以戶部侍郎第五琦專判度支及諸道鹽鐵轉運鑄錢等使甲子元帥尚書令雍王三上章讓皇太子第五琦奏諸道置常平倉使司量置本錢和糴許之丁卯司徒兼中書令郭子儀充河東副元帥河中等處觀察兼雲州大都督單于鎮北大都護二月己巳朔冊天下兵馬元帥尚書令雍王适爲皇太子癸酉上親薦獻大清宮太廟乙亥祀昊天上帝於圓丘即日還宮戊寅以澧州刺史裴冕爲左僕射兼御史大夫充東都河南江南淮南轉運使己未第五琦開決汴河五月丁酉朔戊午勑中書門下兩省加置散騎常侍四員官爲正三品庚申罷歲貢孝悌力田童子等科甲子禁鈿作珠翠等委所司切加捉搦癸未制太保兼中書令靈州大都督府長史單于鎮北副大都護充朔方節度關內度支營田鹽池押諸蕃部落副大使知節度事六城水運使河北副元帥上柱國大寧郡王僕固懷恩先任靈州大都督府長史單于鎮北副元帥朔方節度使宜並停其太保兼尚書令大寧郡王如故七月己酉朔河南副元帥太尉兼侍中臨淮王李光弼薨於徐州廢朝三日判度支第五琦兼京兆尹御史大夫八月丁卯宰臣王縉爲侍中持節都統河南淮西淮南山南東道節度行營事進封太原郡公固讓侍郎從之宰相杜鴻漸判門下省事癸巳王縉兼領東京留守九月乙未朔丙申詔徵河中兵討吐蕃將發是夜軍衆諠譟刼節度使崔寓家財及民家財產殆盡皆重裝而行吏不能禁自七月大雨未止京城米斗值一千文蝗食田丙午河東節度使辛雲京檢校尚書右僕射同中書門下平章事太原尹北京留守己酉江南西道觀察洪州刺史張鎬卒辛亥河東副元帥中書令汾陽郡王郭子儀加太尉充北道邠寧涇原河西已東通和吐蕃及朔方招撫使陳鄭澤潞節度使李抱玉進位司徒充南道通和吐蕃使鳳翔秦隴臨洮東觀察使子儀三表懇讓太尉許之己未劍南節度嚴武攻拔吐蕃當狗城破蕃軍七萬尚書左丞楊綰知東京選禮部侍郎賈至知東都舉兩都分舉選自此始也辛酉以太子詹事李峴爲吏部尚書兼御史大夫知江南東西及福建道選事并觀農宣慰使仍命洪州刺史李勉副知選事是秋蝗食田殆盡關輔尤甚米斗千錢冬十月丙寅僕固懷恩引吐蕃二萬寇邠州節度使白孝德閉城拒守丁卯寇奉天京師戒嚴先鋒郭晞斬賊營於邠州西俘斬數百計子儀屯涇陽蕃軍挑戰子儀不出甲申河南尹蘇震卒劍南嚴武奏收吐蕃鹽井城十一月乙未懷恩與蕃軍自潰京師解嚴丁未子儀自涇陽入覲詔宰臣百寮迎之於開遠門上御安福寺待之十二月乙丑加子儀關內河中副元帥兼尚書令吏部侍郎暢璀爲左散騎常侍河中尹子儀三表讓尚書令詞情懇切優詔從之丁卯夜星流如雨戊辰子儀於都省領副元帥事宰臣百寮送仍令射生五百騎戎服自光範門送至省門右僕射郭英乂以樂迎之是日便赴奉天是歲戶部計帳管戶二百九十三萬三千一百二十五口一千六百九十二萬三百八十六

永泰元年春正月癸巳朔制曰叶五紀者建號以體元授四時者布和而順氣天心可見人欲是從爰立大中之道式受惟新之命朕嗣膺下武獲主萬方顧以薄德乘茲艱運戎麾問罪今已十年飲至策勳惟凶渠之授首勞師黷武豈人主之用心軍役屢興干戈未戢茫茫士庶斃于鋒鏑皇穹以朕爲子蒼生以朕爲父至德不能被物精誠不能動天俾我生靈淪於溝壑非朕之咎孰之過歟朕所以馭朽懸旌坐而待曙勞懷罪己之念延想安人之策亦惟羣公卿士百辟庶寮咸聽朕命協宣乃力履清白之道還淳素之風率是黎元歸于仁壽君臣一德何以尚茲適者刑政不修惠化未洽既盡財力良多抵犯靜惟哀矜實軫于懷今將大振綱維益明懲勸肇舉改元之典弘敷在宥之澤可大赦天下改廣德三年爲永泰元年是日雪盈尺戊申澤潞李抱玉兼鳳翔隴右節度使兼南道通和吐蕃鳳翔秦隴臨洮已東觀察處置等使仍命四鎮行營節度使馬璘爲副和吐蕃使癸丑罷岐州之鳳翔縣併入天興縣乙卯左散騎常侍高適卒戊午劍南節度使嚴武加檢校吏部尚書山南節度使張獻誠加檢校工部尚書以前太子少保王璵爲太子少師前袁州刺史李遵爲太子少保聽朝朔望二月甲子夜雷霆震擊丁丑內出宮女千人品官六百人守洛陽宮戊寅党項羌寇富平焚定陵寢殿庚辰儀王璲薨諸陵署復隸太常寺戊子河西党項永定等十二州部落內屬請置宜芳等十五州許之三月壬辰朔詔左僕射裴冕右僕射郭英乂太子少傅裴遵慶檢校太子少保白志貞太子詹事臧希讓左散騎常侍暢璀檢校刑部尚書王昂高昇檢校工部尚書崔渙吏部侍郎李季卿王延昌禮部侍郎賈至涇王傅吳令瑤等十三人並集賢院待詔上以勳臣罷節制者京師無職事乃合於禁門書院間以文儒公卿寵之也仍特給飧本錢三千貫庚子夜降霜木有冰歲饑米斗千錢諸穀皆貴丙午鳳翔李抱玉讓司徒從之授左僕射同平章事庚戌吐蕃請和詔宰臣元載杜鴻漸與蕃使同盟于興唐寺辛亥大風拔木是春大旱京師米貴斛至萬錢夏四月己巳乃雨戊子太保致仕苗晉卿薨庚寅劍南節度使檢校吏部尚書嚴武卒五月癸丑以尚書右僕射定襄郡王郭英乂爲成都尹御史大夫充劍南節度使是月麥稔判度支第五琦奏請十畝稅一畝效古什一而徵從之六月癸亥吏部尚書李峴南選迴至江陵貶衢州刺史自春無雷至此月甲申大風而雷代州置代北軍平州置柳城析通州石鼓縣置巴渠縣秋七月辛卯朔淄青節度使侯希逸爲副將李懷玉所逐制以鄭王邈爲平盧淄青節度大使令懷玉權知留後

事以久旱遣近臣分錄京城諸獄繫囚甲午昇平公主出降駙馬都尉郭曖庚子雨時久旱京師米斗一千四百他穀食稱是八月乙亥河南道副元帥涇原節度使馬璘封扶風郡王九月辛卯太白經天丁酉僕固懷恩死于靈州之鳴沙縣時懷恩誘吐蕃數十萬寇邠州客將尚品息贊磨尚悉東贊等寇奉天醴泉党項羌渾奴剌寇同州及奉天逼鳳翔府盩厔縣京師戒嚴時以星變羌虜入寇內出仁王佛經兩轝付資聖西明二佛寺置百尺高座講之及奴虜寇逼京畿方罷講己酉郭子儀自河中至進屯涇陽李忠臣屯東渭橋李光進屯雲陽馬璘郝玉屯便橋駱奉仙李伯越屯盩厔李抱玉屯鳳翔周智光屯同州杜冕屯坊州上親率六軍屯苑內庚戌下詔親征內官魚朝恩上言請括私馬京城男子悉皁衣團結塞京城二門之一士庶大駭有踰垣鑿竇出城者吏不能禁自丙午至甲寅大雨平地水流丁巳吐蕃大掠京畿男女數萬計焚廬舍而去同華節度周智光以兵追擊于澄城破賊萬計冬十月己未復講仁王經於資聖寺吐蕃至邠州與迴紇相遇復合從入寇辛酉逼奉天癸亥党項攻同州焚州民廬舍丁丑郭子儀說諭迴紇令與吐蕃疑貳庚辰子儀先鋒將白元光合迴紇軍擊吐蕃之衆於靈臺縣之西原斬首五萬級俘獲人畜凡三百里不絶辛巳京師解嚴壬午僕固懷恩大將僕固名臣以千騎來降詔稅百官錢市絹十萬以賞迴紇乙酉迴紇首領胡祿都督來朝癸卯朔方將李迴方奏收靈武郡丁亥分宣饒歙戶口於秋浦縣置池州分信州弋陽置貴溪縣閏十月辛卯以京兆少尹黎幹爲京兆尹丙午封朔方大將孫守亮等九人爲異姓王李國臣等十三人爲同姓王丁亥百寮上表以軍興急於糧餉請納職田以助費從之戊申進封渭北節度使李光進爲武威郡王以刑部侍郎路嗣恭檢校工部尚書兼御史大夫靈州大都督府長史充關內副元帥兼知朔方節度等使劒南節度使郭英乂爲其檢校西川兵馬使崔旰所殺邛州栢茂林瀘州楊子琳劒南李昌巎皆起兵討旰蜀中亂十一月宰臣河南都統王縉請減諸道軍資錢四十萬貫修洛陽宮從之十二月己酉勅如聞諸州承本道節度觀察使牒科役百姓致戶口凋弊此後委轉運使察訪以聞

二年春正月丁巳朔大雪平地二尺壬申減子孫襲實封者半租永爲常式乙酉制治道同歸師氏爲上化人成俗必務于學俊造之士皆從此途國之貴遊罔不受業修文行忠信之教崇祗庸孝友之德盡其師道乃謂成人然後揚于王庭敷以政事徵之以理任之以官寘於周行莫匪邦彥樂得賢也其在茲乎朕志承理體尤重儒術先王設教敢不虔行頃以戎狄多虞急於經略太學空設諸生蓋寡絃誦之地寂寥無聲函丈之間殆將不掃上庠及此甚用閔焉今寓縣乂寧文武並備方投戈而講藝俾釋菜以行禮使四科咸進六藝復興神人以和風化浸美日用此道將無間然其諸道節度觀察都防禦等使朕之腹心久鎮方面眷其子弟爲奉義方修德立身是資藝業恐干戈之後學校尚微僻居遠方無所咨稟負經來學宜集京師其宰相朝官六軍諸將子弟欲得習學可並補國子學生其中身雖有官欲附學讀書者亦聽其學官委中書門下選行業堪爲師範者充其學生員數所習經業供承糧料增修學館委本司條奏以聞丙戌以戶部尚書劉晏充東都京畿河南淮南江南東西道湖南荆南山南東道轉運常平鑄錢鹽鐵等使以戶部侍郎第五琦充京畿關內河東劒南西道轉運常平鑄錢鹽鐵等使至是天下財賦始分理焉二月丁亥朔釋奠於國學賜宰臣百官飱錢五百貫於國學食壬辰鎮南都護依舊爲安南都護府乙未貶刑部尚書顏眞卿爲峽州員外別駕以不附元載載陷之於罪也壬子命黃門侍郎同平章事杜鴻漸兼成都尹持節充山南西道劒南東川等道副元帥仍充劒南西川節度使以平郭英乂之亂也以四鎮行營節度使馬璘兼邠州刺史癸丑以山南西道節度使梁州刺史張獻誠兼充劒南東川節度觀察使邛州刺史栢茂林充邛南防禦使劒南西山兵馬使崔旰爲茂州刺史充劒南西山防禦使從杜鴻漸請也三月辛未張獻誠與崔旰戰于梓州爲旰所敗僅以身免夏四月辛亥詔尚書省郎中授中州刺史員外郎授下州刺史爲定制五月丙辰稅青苗地錢使殿中侍御韋光裔諸道稅地迴是歲得錢四百九十萬貫自乾元已未天下用兵百官俸錢折乃議於天下地畝青苗上量配稅錢命御史府差使徵之以充百官俸料每年據數均給之歲以爲常式六月戊戌以淮南節度使崔回檢校尚書右僕射自春旱此月庚子始雨丁未日重輪其夜月重輪秋七月辛酉檢校兵部尚書衢州刺史李峴卒自六月大雨洛水泛溢漂溺居人廬舍二十坊河南諸州水加荆南節度使衛伯玉檢校工部尚書癸未太廟二室芝草生八月丁亥國子監釋奠復用牲牢上元二年詔諸祠獻熟至是魚朝恩請復舊制壬寅以茂州刺史崔旰爲成都尹兼御史大夫劒南西川節度行軍司馬邛南防禦使邛州刺史栢茂林爲邛南節度使從杜鴻漸所請也癸卯太子少保裴遵慶爲吏部尚書吏部尚書崔寓爲太子少傅甲辰以開府儀同三司右監衛大將軍觀軍容宣慰處置使神策軍兵馬使上柱國馮翊郡開國公魚朝恩加內侍監判國子監事充鴻臚禮賓等使進封鄭國公辛亥以檢校禮部尚書裴士淹充禮儀使九月庚申京兆尹黎幹以京城薪炭不給奏開漕渠自南山谷口入京城至薦福寺東街北抵景風延喜門入苑濶八尺深一丈渠成是日上幸安福門以觀之丙子宣州刺史李佚坐贓二十四萬貫集衆杖死籍沒其家冬十月癸未朔己丑宗正卿吳王祗奏上皇室永泰新論二十卷太常博士柳芳撰和蕃使楊濟與蕃使論位藏等來朝丙申令宰臣宴論位藏於中書省十一月甲寅乾陵令於陵署得赤兔以獻丙辰詔古者量其國用而立稅典必於經費由之重輕公田之籍可謂通制履畝而稅斯誠弊法所期折中以便於時億兆不康君孰與足故愛人之體先以博施富國之源必均節用朕自臨宸極比屬艱難嘗欲闡淳朴之風守沖儉之道每念黎庶思致和平而邊事猶殷戎車屢駕軍興取給皆出邦畿九伐之師尚勤王略千金之費重困吾人乃者遵冉有之言守周公之制什而稅一務於行古今則編戶流亡而墾田減稅計量入之數甚倍征之法納隍之懼當宁軫懷慮失三農憂深萬姓務從省約稍冀蠲除用申勤卹之懷以救惸嫠之弊京兆府今年合徵八十二萬五千石數內宜減放一十七萬五千石青苗地頭錢宜三分取一在京諸司官員久不請俸頗聞艱辛其諸州府縣官及折衝府官職田據苗子多少三分取一隨處糶貨市輕貨以送上都納青苗錢庫以助均給百官甲子日長至上御含元殿下制大赦天下改永泰二年爲大曆元年十二月己亥彗起匏瓜其長尺餘犯宦者星癸卯同華節度使周智光專殺陝州監軍張志斌前虢州刺史龐充據華州謀叛是冬無雪

二年春正月壬子朔丁巳密詔關內河東副元帥郭子儀治兵討周智光壬戌貶智光爲澧州刺史甲子以兵部侍郎張仲光爲華州刺史潼關防禦使大理卿敬括爲同州刺史長春宮等使是日周智光帳下將斬智光并子元耀元幹三首傳之以獻己巳詔潼關置兵三千癸酉詔天文著象職在於疇人讖緯不經蠹深於疑衆蓋有國之禁非私家所藏雖裨竈明徵子產尚推之人事王彤必驗景略猶寘於典刑况動皆訛謬率是矯誣者乎故聖人以經籍之義資理化之本側言曲學實紊大猷去左道之亂政俾彝倫而攸敘自四方多故一紀于茲或有妄庸輒陳休咎假造符命私習星曆共肆窮鄉之辯相傳委巷之譚作僞多端順非僥澤熒惑州縣詿誤閭閻壞紀挾邪莫逾於此其玄象器局天文圖書七曜曆太一雷公式等私家不合輒有今後天下諸州府切宜禁斷本處分明牓示嚴加捉搦先藏蓄此等書者勅到十日內送官本處長吏集衆焚毀限外隱藏爲人所告者先決一百留禁奏聞所告人有官卽與超資注擬無官者給賞錢五百貫兩京委御史臺處分各州方面勳臣洎百僚庶尹罔不誠亮王室簡于朕心無近憸人愼乃有位端本靜末其誡之哉丁丑昇魏州爲大都督府戊寅勅同華兩州頃因盜據民力凋殘宜給復二年一切蠲免庚辰禁王公宗子郡縣主之家不得與軍將婚姻交好委御史臺察訪彈奏二月壬午幸昆明池踏青丙戌封華州牙將姚懷爲感義郡王李延俊爲承化郡王以斬智光之功也郭子儀自河中來朝癸卯宰臣元載王縉左僕射裴冕戶部侍郎第五琦京兆尹黎幹各出錢三十萬置宴於子儀之第三月辛亥夜大風丁巳河中府獻玄狐汴宋節度使田神功來朝戊辰貶太子少保李遵永州司馬坐贓也甲戌魚朝恩宴子儀宰相節度度支使京兆尹於私第乙亥子儀亦置宴于其第戊寅田神功宴于其第時以子儀元臣寇難漸平蹈舞王化乃置酒連宴酒酣皆起舞公卿大臣列坐於席者百人子儀朝恩神功一宴費至十萬貫夏四月己亥以江南西道都團練觀察等使洪州刺史李冕爲京兆尹刑部侍郎魏少遊爲洪州刺史兼御史大夫江西觀察團練等使庚子宰臣內侍魚朝恩與吐蕃同盟於唐興寺丙午加田神功檢校右僕射癸酉以工部侍郎徐浩爲廣州刺史嶺南節度觀察使六月戊戌山南劒南副元帥杜鴻漸自蜀入朝壬寅荆南節度使衞伯玉封城陽郡王癸卯御史大夫王翊卒秋七月戊申朔以右散騎常侍于休烈爲檢校工部尚書知省事時方面勳臣昇八座者多非正員朝命正員者以知省事爲名以中書舍人張延賞檢校河南尹丙寅以劒南西川節度行軍司馬崔旰劒南節度觀察等使遂州刺史杜濟爲劒南東川節度觀察等使以杭州刺史張伯儀爲安南都護癸酉析道州延唐縣置大曆縣甲戌酉時有

白氣竟天八月庚辰鳳翔節度使李抱玉來朝壬午月入氐丙戌渤海朝貢辛卯潭衡水災丙申月犯畢壬寅太常卿駙馬都尉姜慶初得罪賜自盡勑陵廟署復隸宗正寺九月戊申朔歲星守東井七日甲寅吐蕃寇靈州進寇邠州詔子儀率師三萬自河中鎮涇陽京師戒嚴戊午夜白霧起西北竟天子儀移鎮奉天乙丑晝有大流星出于午没于亥命左丞李涵宣慰河北熒惑犯南斗辛未靺鞨使來朝桂州山獠陷州城刺史李良遁去十月戊寅靈州奏破吐蕃二萬京師解嚴甲申減京官職田三分之一給軍糧乙酉醴泉出于櫟陽飲之愈疾迴紇党項使來朝癸卯上御紫宸殿策試茂才異行安貧樂道孝悌力田高蹈不仕等四科舉人十一月庚申改黃門侍郎依舊爲門下侍郎詔曰春秋以九命作上公而謂之宰臣者三公之職漢制中書令出納詔命典司樞密侍中上殿稱制參議政事魏晉已還益重其任職有關於公府事不係於尚書雖陳啓沃之謀未專宰臣之稱所以委遇斯大品秩非崇至于國朝實執其政當左輔右弼之寄總代天理物之名典領百寮陶鎔景化豈可具瞻之地命數不加固當進以等威副其僉屬其侍中中書令宜昇入正二品門下中書侍郎昇入正三品壬戌夜月暈南北河東井鎮星入輿鬼久之方散甲子月去軒轅一尺己丑率百官京城士庶出錢以助軍壬申京師地震自東北來其聲如雷十二月甲申鳳翔李抱玉來朝丁酉太原節度使辛雲京來朝熒惑入壁壘戊戌黑氣如塵竟北方是秋河東河南淮南浙江東西福建等道五十五州奏水災

三年春正月丙午朔辛亥劍南西山罷乾州管招武寧遠二縣壬子夜月掩畢甲子冊新羅國王金乾運母爲太妃甲戌以工部侍郎蔣渙爲尚書左丞江西團練觀察使蘇州刺史韋元甫爲尚書右丞左丞李涵右丞賈至並爲兵部侍郎乙亥永和公主薨二月己卯以常州刺史李栖筠蘇州刺史兼御史中丞浙西團練觀察使壬午邠寧節度使馬璘來朝三月乙巳朔日有蝕之壬申割恒州衛唐縣置泒州以靈壽恒陽隸之夏四月戊寅以山南西道節度使鄧國公張獻誠爲檢校戶部尚書以疾辭位也右羽林將軍張獻恭爲梁州刺史兼御史中丞充山南西道節度觀察使兄獻誠所薦也壬寅滑亳節度使令狐彰加檢校工部尚書劍南西川節度使兼御史大夫崔旰來朝五月戊申加崔旰檢校右散騎常侍乙卯追謚故齊王倓爲承天皇帝與信公主亡女張氏爲恭順皇后祔葬辛酉改桂州臨源縣爲全義縣癸酉以左散騎常侍崔昭爲京兆尹是日地震戊辰以劍南西川節度使崔旰檢校工部尚書改名寧寧爲栢茂林楊子琳所攻寧既入朝子琳乘虛襲據成都府朝廷憂之即日詔寧還成都庚午以邛州刺史鮮于叔明爲梓州刺史充劍南東川節度使六月戊子承天皇帝祔奉天皇帝廟同殿異室庚寅太子少師王璵卒壬辰幽州節度使檢校侍中幽州大都督府長史李懷仙爲麾下兵馬使朱希彩所殺庚子淮南節度使檢校尚書左僕射知省事揚州大都督府長史趙國公崔圓卒閏月己酉郭子儀加司徒庚申宰臣充河南副元帥王縉兼幽州節度使以尚書右丞韋元甫揚州大都督府長史兼御史大夫充淮南節度觀察等使丁卯以幽州節度副使試太常卿朱希彩知幽州留後遣兵部侍郎李涵兼御史大夫使河北宣慰以幽州亂故也庚午相州薛嵩魏州田承嗣恒州李寶臣並加左右僕射七月壬申崔寧弟寬攻破楊子琳收復成都府是月五星並聚於東井占曰中國之利也乙亥王縉赴鎮州八月己未月掩畢辛酉月入東井壬戌吐蕃十萬寇靈武熒惑犯太微垣丁卯吐蕃寇邠州京師戒嚴戊辰邠寧節度使馬璘破吐蕃二萬於邠州御史大夫崔渙爲稅地青苗錢使給百官俸錢不平詔尚書左丞蔣渙按鞫貶崔渙爲道州刺史庚午河東節度使檢校左僕射太原尹同中書門下平章事辛雲京卒門下侍郎同中書門下平章事兼幽州長史持節河南副元帥都統河南淮西山南東道諸節度行營兼幽州盧龍等軍節度使太微宮使弘文館大學士兼東都留守齊國公王縉兼太原尹北都留守充河東軍節度餘官使並如故辛未以門下侍郎同中書門下平章事山劍副元帥太淸宮使崇玄館大學士杜鴻漸兼東都留守九月壬申郭子儀自河中移鎮奉天歲星入輿鬼丁丑濟王環薨熒惑入太微垣壬午吐蕃寇靈州甲申以尚書左丞蔣渙爲華州刺史充鎮國軍潼關防禦使丙戌檢校戶部尚書知省事鄧州國公張獻誠卒丁亥工部尚書趙國珍卒庚寅以前華州刺史張重光爲尚書左丞壬辰靈州將白元光破吐蕃二萬於靈武戊戌靈武奏破吐蕃六萬百寮稱賀京師解嚴冬十月甲寅朔方留後靈武大都督府長史常謙光加檢校工部尚書乙未以京兆尹李勉爲廣州刺史充嶺南節度使丁卯子儀自奉天來朝十一月丁亥幽州留後朱希彩爲幽州長史充幽州盧龍節度使癸巳加廊下百官廚料增舊五分之一十二月壬寅道州刺史崔渙卒己酉以邠寧節度使馬璘爲涇原節度移鎮涇州其邠寧割隸朔方軍邠州將吏以燒馬坊爲亂兵馬使段秀實斬其兇首八人方定

四年春正月庚午朔甲戌大風乙亥大雪平地盈尺甲申日有蝕之子儀回河中戊子勑有司定王公士庶每戶秋錢分上中下三等宗室潁州刺史李岵專殺法司以議親宜賜自盡乙未福建觀察使李承昭請徙汀州於長汀縣之白石村從之黑衣大食國使朝貢二月乙巳以瀘州刺史楊子琳爲陝州刺史乙卯宰臣杜鴻漸讓山劍副元帥從之丙辰夜地震有聲如雷者三辛酉以湖南都團練觀察使衡州刺史韋之晉爲潭州刺史因是徙湖南軍於潭州江西團練使魏少遊來朝三月壬申詔夫計人而置官度事而賦任因時立制損益在焉吏足以理人人足以奉吏則官稱其祿祿當其秩然後上下相樂公私不匱昔漢光武時及魏太和中並減吏員兼省鄉邑致理之道此其一隅今連歲治戎天下多困於供費欲其蘇息不可得也設令廉耻守分以奉凋瘵京師近甸煩苦尤重比屋流散念之惻然人寡吏科條猶有祿廩之煩役使之弊而況貪猾縱欲而動踰典章作威以虐下厚歛以潤己者乎古者縣置大夫一員足以爲治奚必貳佐分掌而後治耶且京畿戶口減耗大半職員如舊何以堪之豈可以重困之人供不給之費使人不倦其在變通制事之宜式從省便其京兆府長安萬年宜各減丞一員尉兩員餘縣各減丞尉一員餘委吏部條件處分吏部尚書裴遵慶爲右僕射劉晏改吏部尚書庚寅江西團練使魏少遊封趙國公丙申復置仙州夏四月壬寅陝州虞邑縣復爲安邑縣號州天平縣復爲湖城縣五月丙戌京師地震辛卯以僕固懷恩女爲崇徽公主嫁迴紇可汗仍令兵部侍郎李涵往冊命六月丁酉以太子詹事臧希讓檢校工部尚書充渭北節度以渭北節度李光進爲太子太保辛亥昇辰州爲都督府析辰巫溪錦業等州置團練觀察使秋七月己丑以澧州刺史崔瓘爲潭州刺史湖南都團練觀察使癸未以天下刑官濫刑詔至理之代先德後刑上歡然以臨下下欣然而奉上禍亂不作法令可施去聖久遠薄於教化簡書塡委獄訟煩興苛吏舞文究人致辟思欲刷耻改行厥路無由豈天地父母慈愛之意也朕主三靈之重託羣后之上夕惕若厲不敢荒寧內訪卿士外咨方岳日不暇給八年于茲而大道淳風鬱而不振四郊多壘連歲備邊師旅在外役費尤廣賦役轉輸疾耗吾人困竭無聊窮斯濫矣下庶暗昧不見刑網戎士在軍未習法令犯禁抵罪其徒實繁狴犴之間未詳事實吏議不決動淹時月傷沮和氣屢彰咎徵此皆朕之不明教之未至上失其道而繩下以刑敢不罪己以荅災眚人者君之支體害之則君有所傷刑者教之輔助失之則人無所措慮有冤濫慘然憂傷用明愼罰之典俾弘在宥之澤其天下見禁囚死罪降從流流已下釋放左降流人移隸等委司奏聽進止如聞州縣官比來率意恣行麤杖不依格令致使殞斃深可哀傷頻有處分仍聞乖越自今已後非灼然蠹害不得輒加非理所司嚴加糾察以聞先是皇姨弟薛華因酒色之忿手刃三人棄屍於井事發繫獄賜自盡故有是詔八月丙申朔自夏四月連雨至此月京城米斗八百文官出米二萬石減估而糶以惠貧民己卯虎入長壽坊元載家廟射生將周皓引弩斃之冬十月乙卯以汝州刺史孟皞爲京兆尹十一月辛未禁畿內弋獵乙亥門下侍郎同中書門下平章事衞國公杜鴻漸卒丙子以左僕射翼國公裴冕同中書門下平章事充東都留守河南淮南淮西山南東道副元帥十二月乙未勑左右補闕拾遺內供奉員左右各置兩員餘罷之戊戌裴冕卒辛酉勑京兆府稅宜分作兩等上等每畝稅一斗下等稅六升能耕墾荒地者稅二升

五年春正月乙丑朔辛卯以陝州節度使皇甫溫判鳳翔尹充鳳翔河隴節度使鳳翔節度使李抱玉判梁州事充山南西道節度使壬申河南尹張延賞兼御史大夫充東都留守罷河南淮西淮南山南東道副元帥所管軍隸東都留守二月戊戌李抱玉移鎮盩厔鳳翔軍忿縱兵大掠數日乃止己亥廢仙川襄城葉縣隸汝州詔罷魚朝恩觀軍容使己巳朝恩自縊而死戊寅詔定京兆府戶稅夏稅上田畝稅六升下田四升秋稅上田畝五升下田三升荒田開墾者二升己丑勑唐虞之際內有百揆庶政惟和至于宗周六卿分職以倡九牧書曰龍作納言帝命惟允詩云仲山甫王之喉舌皆尚書之任也雖西漢以二府分理東京以三公總務至于領錄天下之綱綜覈萬事之要邦國善否出納之由莫不處正於會府也令僕以綜詳朝政丞郎以彌綸國典法天地而分四序配星辰而統五行元本於是乎在九卿之職亦中臺之輔助小大之政多所關決自王室多難一紀于茲東征西伐略無寧歲內外荐費徵求調發皆

迫於國計切於軍期率於權便裁之新書從事且救當時之急殊非致理之道今外虞既平罔不率俾天時人事表裏相符將明畫一之法大布惟新之命匈甄化源去末歸本魏晉有度支尚書校計軍國之用國朝但以郎官署領辦集有餘時艱之後方立使額參佐既衆簿書轉煩終無弘益又失事體其度支使及關內河東山南西道劍南西川轉運常平鹽鐵等使宜停禮儀之本職在奉常往年置使因循未改有乖舊制實曠司存委太常卿自舉本職其使宜停漢朝丞相與公卿已下五日一決事帝親斷可否且國之安危不獨注於將相致之理亂固亦在於庶官尚書侍郎左右丞及九卿參領要重朕所親倚固當朝夕進見以之匡益也並宜詳校所掌具陳損益如非時宜須有奏議亦聽詣閤請對當親覽其意擇善而從朕受昊天之成命承累聖之鴻業齊心滌慮夙夜憂勞顧以不敏不明薄於德化致使舊章多廢至理未弘其心愧恥終食三歎雖詔書屢下以申振卹且朝典未舉猶深鬱悼思與百辟卿士勵精於理俾國經王道可舉而行各宜承式以恭爾位諸州置屯亦宜停于是悉以度支之務委於宰相辛卯以兵部侍郎賈至爲京兆尹以京西兵馬使李忠臣爲鳳翔尹代皇甫溫溫移鎮陝州夏四月庚子湖南都團練使崔瓘爲兵馬使臧玠所殺玠據潭州爲亂澧州刺史楊子琳道州刺史裴虬衡州刺史楊濟出軍討玠乙巳夜歲星入軒轅丙午復置先農馬祖壇祀之丁未封幽州節度使朱希彩爲高密郡王己未夜彗起五車長三丈庚申宰臣太原尹王縉入朝五月辛未刑部侍郎黎幹爲桂州刺史桂管防禦經略招討觀察等使己卯夜彗起北方其色白庚辰貶禮部尚書裴士淹爲處州刺史戶部侍郎判度支第五琦爲饒州刺史皆魚朝恩黨也元載既誅朝恩下制罷使仍放黜之癸未以羽林大將軍辛京杲爲潭州刺史湖南觀察使甲申西北白氣竟天徙置當悉相靜恭五州於山險要害地備吐蕃也六月己未彗星滅赦天下見禁囚徒秋七月丁卯以浙東觀察使越州刺史御史大夫薛兼訓爲檢校工部尚書太原尹北都留守充河東節度使是月京城斗米千文八月辛卯宰臣元載請置中都於河中府秋杪行幸春中還京以避蕃戎侵寇之患疏入不報載疏大旨以關輔河東等十州戶稅入奉京師創置精兵五萬以威四方辟多押閻欲權歸於己也九月丁丑以宣歙池等州都團練觀察使宣州刺史兼御史中丞陳少遊充浙江東道團練觀察使吐蕃寇永壽汴州田神功來朝十二月乙未改巫州爲敍州業州爲獎州

六年春正月己未朔戊寅於鄜州之析城置肅戎軍二月乙酉御史大夫敬栝卒夏四月丁巳上御宣政殿試制舉人至夕策未成者令太官給燭俾盡其才己未澧州刺史楊子琳來朝賜名猷丁丑改泉州爲充州戊寅詔纂組文繡正害女紅今師旅未息黎元空虛豈可使淫巧之風有虧常制其綾錦花文所織盤龍對鳳麒麟獅子天馬辟邪孔雀仙鶴芝草萬字雙勝透背及大繝錦竭鑿六破已上並宜禁斷其長行高麗白錦大小花綾錦任依舊例織造有司明行曉諭五月癸卯以河南尹張延賞爲御史大夫秋七月乙巳月掩畢八月乙卯淮南節度使韋元甫卒丙辰以東都副留守常休明爲檢校左散騎常侍河陽三城使夏旱此月已未始雨庚午以御史大夫張延賞爲揚州大都督府長史淮南節度使丙午以蘇州刺史浙江觀察使李栖筠爲御史大夫丁丑獲白兎於太極殿之內廊庚辰夜月入紫微垣九月壬辰夜熒惑犯哭星自八月連雨害秋稼戊申於輪臺置靜塞軍辛亥熒惑入壁壘冬十月壬午滄州置橫海軍十一月己亥文單國王婆彌來朝獻馴象一十一壬寅夜月入太微又掩氐十二月己未江西觀察使檢校刑部尚書魏少遊卒庚午制以文單王婆彌爲開府儀同三司試殿中監是歲春旱米斛至萬錢

七年春正月癸未朔戊子於魏州頓丘縣置澶州以頓丘縣之觀城店置觀城縣以張之淸豐店置淸豐縣并割魏州之臨黃縣並隸澶州以貝州臨淸縣之張橋店置永濟縣乙未月犯軒轅庚子以檢校戶部尚書路嗣恭爲洪州刺史兼御史大夫江西觀察使辛丑太常卿楊綰兼充禮儀使甲辰迴紇使出鴻臚寺刼掠坊市吏不能禁止復三百騎犯金光朱雀等門是日皇城諸門皆閉慰諭之方止二月甲寅以兵部侍郎李涵爲蘇州刺史兼御史中丞充浙西觀察使鎮星臨太微戊午夜月掩天關三月壬辰詔諫議大夫置四員爲定四月甲寅迴紇王子李秉義卒歸國宿衞賜名也五月乙酉雨雹大風折樹丙戌夜月入太微辛卯徙忻州之七聖容於太原府之紫極宮乙未詔躋於道者化淳而刑措善於理者網舉而網疎朕涉道未弘燭理多昧常亦遐想太古高挹玄風保合太和在宥天下蓋德薄而未臻也是用因時以設教便俗以立防務蓋平恕用申哀卹又化淺而多犯也加以邊虞未戢徭賦適繁荒廢之際冠擄斯起遂令圜土嘉石之下積有繫囚竹章牙簡之中困於法吏屬盛陽之候大暑方蒸仍念狴牢何堪鬱灼所以汨傷和氣感致咎徵天道人事豈相遠也如聞天下諸州或愆時雨首種不入宿麥未登哀我矜人何時不恐皆由朕過益用懼焉惕然憂嗟深自咎責所以減膳徹樂別居齋宮禱于神明冀獲嘉應仲夏之月靜事無爲以助晏陰以弘長養斷薄決小已過於麥秋繼長增高宜順乎天意可大赦天下見禁囚徒罪無輕重一切釋放癸亥以檢校禮部尚書蔣渙充東都留守六月庚戌朔有司言日蝕陰雲不見丁丑詔誡薄葬不得造假花果及金手脫寶鈿等物秋七月癸巳迴紇蕃客奪長安縣令邵說所乘馬人吏不能禁八月庚戌賜北庭都護曹令忠姓名曰李元忠九月乙未工部尚書于休烈卒冬十月壬子上畋于苑中矢一發貫二兎從臣皆賀辛未以權知幽州盧龍節度留後朱泚檢校左散騎常侍充幽州盧龍節度使丙子以大府卿呂崇賁爲廣州都督充嶺南節度使十一月庚辰詔自頃蕃戎入寇巴南屢多征役其巴蓬渠集壁充通開等州宜放二年租庸甲申以福建觀察使李承昭爲禮部尚書華州刺史李琦爲福州刺史福建都團練觀察使辛卯以嶺南節度李勉爲工部尚書十二月丙寅雨土是夜長星出於參辛未滑州置永平軍壬子禁鑄銅器癸酉大雪是秋稔迴紇吐蕃大食渤海室韋靺鞨契丹奚牂牁康國石國並遣使朝貢

八年春正月丁丑朔壬午昭義軍節度檢校右僕射相州刺史薛嵩卒癸卯勅天下靑苗地頭錢每畝十五文率京畿三十文自今一例十五文京官三品已上郎官御史每年各舉一人堪爲刺史縣令者甲子御史大夫李栖筠彈吏部侍郎徐闕丁卯幽州節度使朱泚加檢校戶部尚書封懷寧郡王徐浩薛邕違格並停知選事壬申永平軍節度使檢校右僕射滑州刺史霍國公令狐彰卒遺表薦劉晏李勉代己丙子以工部尚書李勉兼御史大夫滑州刺史充永平軍節度滑亳觀察等使夏四月戊申乾陵上仙觀之尊殿有雙鵲銜紫泥補殿之隙缺凡十五處戊午以太僕卿吳仲儒爲鄂州刺史鄂岳沔等州團練觀察使五月乙酉貶吏部侍郎徐浩明州別駕薛邕歙州刺史京兆尹杜濟杭州刺史皆坐典選也以太府卿于頎爲京兆尹辛卯鄭王邈薨贈昭靖太子壬辰曲赦京城繫囚癸卯詔赦天下繫囚死罪降從流流已下並放六月隴州華亭縣置義寧軍癸亥戶部侍郎判度支韓滉奏安邑鹽池生乳鹽是夏城奉天以備蕃寇秋七月己卯太白入東井乙未月掩畢八月甲寅詔吏部尚書劉晏知三銓選事己未吐蕃寇靈武庚午靈武奏蕃軍退去辛未幽州節度使朱泚弟滔率五千騎來朝請河西防秋詔千騎迓於國門許自皇城南面出開遠門赴涇州行營九月癸酉臨晉公主薨壬午嶺南節度使廣州刺史呂崇賁爲部將哥舒晃所殺癸未晉州男子郇謨以麻辮髮持竹筐及葦席哭於東市請進三十字如不稱旨請裹尸於席筐上召見賜衣館之禁中內二字曰監團欲去諸道監軍團練使也丁亥貶左巡使殿中侍御史楊護以其抑郇謨而不上聞也戊子詔京官五品以上各上封事言政得失己丑夜太白入太微甲午東都留守蔣瓌兼知東都貢舉戊戌以辰錦觀察使李昌巙爲桂州刺史桂管防禦觀察使大鳥見武功肉翅狐首四足有爪爪長四尺三寸毛赤如蝙蝠羣鳥隨而噪之神策將張白芬射斃以獻冬十月癸卯魏博田承嗣加同平章事丁巳夜月掩畢吐蕃寇涇州邠州甲子子儀先鋒將渾瑊與吐蕃戰于宜祿我師不利瑊與涇原馬璘極力追躡蕃軍潰去乙丑以江西觀察使路嗣恭爲廣州刺史充嶺南節度使封翼國公以浙東觀察使越州刺史陳少遊爲揚州大都督府長史充淮南節度使戊辰郭子儀奏破吐蕃十萬百寮稱賀己卯夜月入羽林癸巳月入太微十一月壬寅朔庚戌汴宋節度使田神功來朝辛酉淮西節度使李忠臣來朝十二月癸酉月入羽林自冬無雪是歲大有年

九年春正月庚子朔壬寅汴宋節度使太子少師檢校尚書右僕射兼御史大夫汴州刺史田神功卒澧朗兩州鎮遏使澧州刺史楊猷擅浮江而下至鄂州詔許赴汝州泝漢而上復郢襄等州皆閉城拒之二月己丑以田神功弟神玉權知汴宋留後癸巳郭子儀自邠州來朝李抱玉自鳳翔來朝三月丙午禁畿內漁獵採捕自正月至五月晦永爲常式戊子以澧州刺史楊猷爲洮州刺史夏四月丁丑月入太微己卯以桂管觀察使黎幹爲京兆尹兼御史大夫甲申中書舍人常袞率兩省官一十八人詣閤請論事詔三人各盡所懷乙酉詔郭子儀等大閱以備吐蕃壬辰詔赦大辟以下無輕重釋放乙未華陽公主薨上悲惜之累日不聽朝宰臣抗疏陳請五月庚戌廢沔州庚申詔度支使支七十萬貫轉運使五十萬貫和糴歲豐穀賤也乙丑詔四方之內方

協大寧西戎無厭獨阻王命不可忘戰尚勞邊事朕頃以兵革之後軍國空耗躬率節儉務勤農桑上玄儲休仍歲大稔益用多愧不知其然雖屬此人和近於家給而邊穀未實戎備猶虛因其天時思致豐積將設平糴以之餽軍然以中都所供內府不足粗充常入之數豈齊倍餘之收其在方面藎臣成茲大計其佐公家之急以資塞下之儲每道歲有防秋兵馬其淮南四千人浙西三千人魏博四千人昭義二千人成德三千人山南東道三千人荊南二千人湖南三千人山南西道二千人劍南西川三千人東川二千人鄂岳一千五百人宣歙三千人福建一千五百人其嶺南浙東浙西亦合準例恐路遠往來增費各委本道每年取當使諸色雜錢及迴易利潤贓贖錢等每人計二十貫每道據合配防秋人數多少都計錢數市輕貨送納上都以備和糴仍以秋收送畢涇原節度使馬璘來朝丙寅加馬璘尚書左僕射知省事璘諷將士進狀求宰相故有是授幽州節度使朱泚遣弟滔奉表請自入朝兼自率五千騎防秋許之詔築第待之六月己卯月掩南斗庚辰月入太微秋七月甲辰月掩房又入羽林久旱京兆尹黎幹歷禱諸祠未雨又請禱文宣廟上曰丘之禱久矣八月辛未以虢州刺史宋晦爲同州刺史充長春宮營田等使戊寅以陝州大都督府長史皇甫溫爲越州刺史充浙東觀察使辛卯月掩軒轅九月庚子幽州節度使朱泚來朝乙巳渭北節度使坊州刺史臧希讓卒是秋大雨冬十月壬申信安王瑝薨乙亥梁王璿薨以前宣州刺史季廣琛爲右散騎常侍十一月戊戌大雪平地盈尺庚子以商州刺史李國清爲陝州大都督府長史充陝州觀察使十二月庚寅以中書舍人楊炎祕書少監韋肇並爲吏部侍郎中書舍人常袞爲禮部侍郎壬辰赦京繫囚死罪降從流流已下並釋放

十年春正月乙未朔己酉昭義牙將裴志清逐其帥薛崿薛崿奔洛州上章待罪志清率衆歸田承嗣壬寅壽王瑁薨乙未朱泚抗表乞留京師西征吐蕃請以弟滔權爲幽州留後許之以昭義將薛擇爲相州刺史薛雄爲衛州刺史薛堅爲洛州刺史皆嵩之族人也戊申遣使慰諭田承嗣令各守封疆承嗣不奉詔壬子充州復爲果州癸丑田承嗣盜取洺州又破衛州二月乙丑盜殺衛州刺史薛雄丙寅罷辰錦溪獎五州經略使復隸黔中辛未制第四子述封睦王充嶺南節度度支營田五府經略觀察處置等大使第五子逾可封郴王充渭北鄜坊等州節度大使第六子連封恩王第七子韓王迥可充汴宋節度大使第八子遘可封鄜王第十三子造封忻王充昭義節度大使第十四子暹封韶王十五子運封嘉王十六子遇封端王十七子遹封循王十八子通封恭王十九子逵封原王二十子逸封雅王並可開府儀同三司不出閤丙子以華州刺史李承昭爲相州刺史知昭義兵馬留後時田承嗣盡盜入相衛所管四州之地自署長吏是日河陽軍亂逐城使常休明迫牙將王惟恭爲留後軍士大掠數日休明奔東都甲申以平盧淄青節度觀察海運押新羅渤海兩蕃等使檢校工部尚書青州刺史李正己檢校尚書左僕射前隴右節度副使隴州刺史馬燧爲商州刺史充本州防禦使三月甲午陝州軍亂逐觀察使李國清縱兵大掠國清卑詞遍拜將士方免禍一夕而定己巳薛崿常休明至闕下素服待罪丁未以左散騎常侍孟皥爲葉州刺史充潼關防禦使庚戌熒惑入壘壁四月太常寺奏諸州府所用斛秤當寺給銅斛秤州府依樣製造而行從之乙未制魏博節度使開府儀同三司太尉檢校尚書左僕射同中書門下平章事魏州大都督府長史上柱國鴈門郡王田承嗣可貶永州刺史仍詔河東鎮冀幽州淄青淮西滑亳汴宋澤潞河陽道出師進討甲申大雨雹暴風拔樹飄屋瓦落鴟吻人震死者十之二京畿損稼者七縣五月乙未田承嗣部將霍榮國以磁州歸癸卯劍南置昌州罷兩都貢舉都集上都停童子科六月辛未田承嗣遣其黨裴志清攻圍冀州爲李寶臣所敗秋七月己未戶部尚書暢璀卒杭州大風海水翻潮溺州民五千家船千艘八月丁卯田承嗣上表請束身歸朝戊子夜月入太微乙丑田承嗣將盧子期攻磁州九月戊戌荊南節度使衛伯玉來朝壬寅宥京城繫囚戊申迴紇白晝殺人於市吏捕之拘於萬年獄其首領赤心持兵入縣劫囚而出斫傷獄吏月暈熒惑犯昴五車參東井等星癸丑吐蕃寇隴州鳳翔李抱玉擊退之戊午幽州節度使朱泚鎮奉天冬十月辛酉日有蝕之癸亥以商州刺史馬燧檢校左散騎常侍河陽三城使甲子昭義節度使李承昭與盧子期戰於磁州清水縣大破之生擒子期以獻丙寅貴妃獨孤氏薨追贈曰貞懿皇后己丑尚書右僕射裴遵慶卒十一月辛卯新平公主薨丁酉田承嗣所署瀛州刺史吳希光以城降丁未路嗣恭攻破廣州擒哥舒晃斬首以獻

十一年正月庚寅朔田承嗣上表請罪壬辰遣諫議大夫杜亞使魏州宣慰許其自新辛亥劍南節度使崔寧奏大破吐蕃二十萬斬首萬級生擒首領一千一百五十人獻于闕下二月癸亥荊南節度使衛伯玉卒于京師戊子河陽軍復亂大掠三日監軍使冉廷蘭率兵斬其亂首方定戊申昌樂公主薨辛亥御史大夫李栖筠卒夏四月戊午朔丙子以浙西觀察使蘇州刺史御史大夫李涵知臺事充京畿觀察使己卯以前淮南節度使揚州大都督府長史御史大夫張延賞爲江陵尹兼御史大夫充荊南節度使五月癸巳以永平軍節度使李勉爲汴州刺史充汴宋等八州節度觀察留後時汴將李靈耀專殺濮州刺史孟鑒北連田承嗣故命勉兼領汴州授靈耀濮州刺史靈耀不受詔六月戊戌以李靈耀爲汴州刺史充節度留後秋七月戊子夜暴澍雨平地水深盈尺溝渠漲溢壞坊民千二百家庚寅田承嗣兵寇滑州李勉拒戰而敗八月丙寅幽州節度使朱泚加同中書門下平章事李靈耀據汴州叛甲申命淮西李忠臣滑州李勉河陽馬燧三鎮兵討之閏月丁酉太白經天九月乙丑李忠臣等兵進營鄭州靈耀之衆來薄戰淮西兵亂乃退軍於滎澤戊辰淄青李正己奏取鄆濮二州冬十月乙酉忠臣等軍破賊於中牟進軍又敗賊於汴州郭外乃攻之乙丑承嗣遣姪悅率兵三萬援靈耀丙午淮西河陽之師合擊田悅營其衆大敗悅脫身北走靈耀聞悅之敗棄城遁走汴州平丁未滑將杜如江生擒靈耀而獻十二月丁亥加平盧淄青節度使檢校尚書左僕射青州刺史饒陽王李正己爲檢校司空同中書門下平章事成德軍節度使太子太傅檢校尚書左僕射隴西郡王李寶臣檢校司空同中書門下平章事庚寅涇原節度使檢校尚書左僕射知省事扶風郡王馬璘卒丁酉以涇原節度副使試太常卿張掖郡王段秀實權知河東節度留後北都留守薛兼訓病故也昭義節度使李承昭抗表稱疾以澤潞行軍司馬李抱玉權知磁邢兵馬留後庚戌加淮西節度檢校右僕射安州刺史西平郡王李忠臣檢校司空同中書門下平章事仍兼汴州刺史

十二年春正月甲寅朔辛酉以四鎮北庭涇原節度副使知節度使事張掖郡王段秀實爲涇州刺史兼御史大夫充本州團練使月掩軒轅渤海使獻日本國舞女十一人癸酉夜月掩心前大星又入南斗魁京師旱分命祈禱二月戊子淄青節度使李正己之子納爲青州刺史充淄青節度留後丁未以朗州刺史李國清爲黔州刺史經略招討觀察使三月乙卯河西隴右副元帥鳳翔懷澤潞秦隴等州節度觀察等使兵部尚書同中書門下平章事潞州大都督府長史知鳳翔府事上柱國涼國公李抱玉卒壬戌月入太微癸亥以太原少尹河南節度行軍司馬權知河東留後鮑防爲太原尹御史大夫充北都留守河東節度使戊辰夜月逼心前星庚午左降官永州刺史田承嗣復授魏博節度使官並如故承嗣姪悅子綰緒綸並復舊官庚辰宰相元載王縉得罪下獄命吏部尚書劉晏訊鞫之辛巳制中書侍郎平章事元載賜自盡門下侍郎平章事王縉貶括州刺史夏四月壬午以朝議大夫守太常卿兼修國史楊綰爲中書侍郎尚書禮部侍郎集賢院學士常袞爲門下侍郎並同中書門下平章事癸未以右庶子潘炎爲禮部侍郎貶吏部侍郎楊炎爲遠州司馬元載黨也諫議大夫知制誥韓洄王定包佶徐璜戶部侍郎趙縱大理少卿裴翼太常少卿王紞起居舍人韓會等十餘人皆坐元載貶官也給事中杜亞使魏州賜田承嗣鐵券癸巳以前祕書監李揆爲睦州刺史揆故宰相爲元載所忌二十年流落丐食江湖間載誅方得爲郡又召顏真卿於湖州亦載所忌斥外也乙未月掩心前星丁酉西川破吐蕃於望漢城擒蕃將大籠官論器然以獻壬寅以前商州刺史烏崇福爲安南都護本管經略使渤海奚契丹室韋靺鞨並遣使朝貢己酉加京官料錢文武班諸司共二千七百九十六員文官一千八百五十四員武官九百四十二員歲加給一十五萬六千貫并舊給凡二十六萬貫以關內副元帥兵馬使渾瑊兼邠州刺史五月辛亥罷天下州團練守捉使名甲寅諸道邸務在上都名曰留後改爲進奏院丙辰夜月入太微辛酉貶刑部尚書王昂連州刺史昂至萬州卒庚午勅毀元載祖父墳剖棺棄骸焚毀私廟主於大寧里甲戌以前安南都護張伯儀爲廣州刺史兼御史大夫充嶺南節度使六月癸巳時小旱上齋居祈禱聖體不康是日不視朝秋七月戊午罷潤州丹陽軍蘇州常州軍己巳中書侍郎同中書門下平章事集賢殿崇文館大學士兼修國史楊綰卒八月癸巳賜東川節度使鮮于叔明姓李氏癸卯宰臣讓賜食先是元載王縉輔政每日賜食因爲故事至是常袞等上表云飧錢已多更須御膳胡顏自安乞停賜食從之甲辰以湖州刺史顏真卿爲刑部尚書乙巳以久雨宥常參百寮不許御史黜班九月乙卯許以庶人禮葬元載辛酉以涇原節度副使

段秀實爲四鎮北庭行營涇原鄭棣等節度使庚午吐蕃寇坊州掠党項羊馬而去是秋宋亳陳滑等州水冬十月丁亥戶部侍郎判度支韓滉言解縣兩池生瑞鹽乃置祠號寶應靈慶池壬寅夜月掩昴又入太微乙巳以滑州牙將劉洽爲宋州刺史京兆尹黎幹奏水損田三萬一千頃度支使韓滉奏所損不多兼渭南令劉藻曲附滉亦云部內田不損差御史趙計檢渭南田亦附滉云不損上曰水旱咸均不宜渭南獨免復命御史朱敖檢之渭南損田三千頃上歎息曰縣令職在字人不損亦宜稱損損而不聞豈有卹隱之意耶劉藻趙計皆貶官十一月癸丑太白臨哭星乙卯夜月入羽林癸酉以右散騎常侍蕭昕爲工部尚書刑部尚書顏眞卿獻所著韻海鏡源三百六十卷十二月丁亥西川崔寧奏於西山破吐蕃十萬斬首八千生擒九百人己亥天下仙洞靈迹禁樵捕庚子以幽州節度使朱泚兼隴右節度副大使權知河西澤潞行營兵馬事京兆尹請修六門堰許之

十三年春正月戊申朔辛酉壞白渠碾磑八十餘所以奪農溉田也壬戌刑部尚書魯郡公顏眞卿三抗章乞致仕不允淄靑節度使李正己請附屬籍從之戊辰迴紇寇太原鮑防與之戰我師不利朱泚從封遂寧郡王二月庚辰代州都督張光晟擊迴紇戰于羊武谷破之北人乃安己亥吐蕃寇靈武甲辰太僕寺佛堂有小脫空金剛右臂忽有黑汗滴下以紙承之色類血三月甲戌河陽將士刧迴紇輜重因與相鬬縱兵大掠久之方定四月丁亥以浙西觀察留後李道昌爲蘇州刺史兼御史中丞充浙西都團練觀察使己丑以前浙西觀察使李涵爲御史大夫甲辰吐蕃寇靈州朔方留後常謙光擊敗之五月戊午宦官劉淸潭賜名忠翼六月戊戌隴右節度使朱泚於軍士趙貴家得猫鼠同乳不相害籠而獻之秋七月壬子中書舍人崔祐甫知吏部選事癸丑劍南節度使崔寧加檢校司空東川李叔明加檢校工部尚書辛未吐蕃寇鹽州慶州八月甲戌朔成德軍節度使李寶臣抗章請復本姓張氏從之冬十月丁酉葬貞懿皇后於莊陵十一月丁卯日長至有司祀昊天上帝於南郊上不視朝故也十二月丙戌以吏部尚書劉晏爲左僕射判使如故以給事中杜亞爲洪州刺史兼御史中丞充江西觀察使以江西觀察使路嗣恭爲兵部尚書是歲郴州黃山崩壓死者有數百人

十四年春正月壬寅朔壬戌以楚州刺史李泌爲澧州刺史二月癸未魏博七州節度使太尉檢校尙書左僕射同中書門下平章事魏州大都督府長史田承嗣卒甲申以魏博中軍兵馬使左司馬田悅兼御史中丞充魏博節度留後三月丁未汴宋節度使李忠臣爲麾下將族姪李希烈所逐忠臣狼狽歸朝上以忠臣立功於國乃授檢校司空同平章事庚戌以河南尹嚴郢爲京兆尹河中少尹知府事趙惠伯爲河南尹辛酉以前容管經略使容州刺史王雄爲河中少尹知府事夏四月癸未成德軍節度使張寶臣復請姓李從之五月癸卯上不康至辛亥不視朝北都留守鮑防以北庭歸朝辛酉詔皇太子監國是夕上崩于紫宸之內殿遺詔皇太子柩前卽位壬戌遷神柩于太極殿發喪八月庚申羣臣上尊謚曰睿文孝武皇帝廟號代宗十月己酉葬於元陵十二月丁酉祔於太廟

史臣曰嗚呼治道之失也若河決金堤火炎崑岡雖神禹之乘四載玄冥之灑八瀛亦不能堙洪濤而撲烈焰者何也良以勢旣壞而不能遽救也觀夫開元之治也則橫制六合駿奔百蠻及天寶之亂也天子不能守兩都諸侯不能安九牧是知有天下者治道其可忽乎明皇之失馭也則祿山暴起於幽陵至德之失馭也則思明再陷於河洛大曆之失馭也則懷恩鄉導於犬戎自三盜合從九州羹沸軍士膏於原野民力殫於轉輸室家相弔人不聊生而子儀號泣於用兵元載殷憂於避狄然而代宗皇帝少屬亂離老於軍旅識人間之情僞知稼穡之艱難內有李郭之効忠外有昆戎之幸利遂得兇渠傳首叛黨革心關輔載寧獯戎漸弭至如稔輔國之惡議元振之罪去朝恩之權不以酷刑俾之自咎亦立法念功之旨也罪己以傷僕固徹樂而悼神功懲縉載之姦回重衮綰之儒雅修己以禳星變側身以謝咎徵古之賢君未能及此而猶有李靈耀作梗田承嗣負恩命將出軍勞師弊賦者蓋陽九之未泰豈君道之過歟

贊曰羣盜方梗諸戎競侵猛士嘗膽忠臣痛心掃除沴氣敷衍德音延洪納祉帝慮何深

舊唐書卷十一考證

代宗本紀寶應元年四月代宗卽位以戶部侍郎元載同中書門下平章事充度支轉運使○沈炳震曰肅宗本紀建寅月戊申載已同平章事矣此乃充轉運使當云以戶部侍郎同平章事元載充度支轉運使方合

賊范陽尹李懷仙斬史朝義首來獻請降○沈炳震曰此十一月事也新書在明年正月甲申綱目同新書

臣宗萬按實錄寶應元年十一月己亥僕固懷恩上言史朝義爲亂兵所戮傳首上都年代紀二年正月甲申朝義梟首至闕唐歷正月甲辰李懷仙擒史朝義梟首至闕下據此則舊紀本實錄脫去己亥字新紀本年代紀均參用唐歷之紀事而年代紀又云十一月己亥傳首上都與實錄同若正月被殺不應十一月首級已至長安疑是甲申自殺甲辰傳首通鑑所以從唐歷耳至懷恩傳寶應二年三月傳首以獻更爲舛謬

四年大曆秋七月己丑以澧州刺史崔瓘爲潭州刺史湖南都團練觀察使○臣德潛按本文下自湖南鳳翔稜鎭盩厔至以京西兵馬使李忠臣爲鳳翔尹代皇甫溫溫移鎭陝州共三十三行皆大曆五年事誤入于此今已訂正

八年李棲筠彈吏部侍郎徐闕○臣德潛按本文下應接丁卯幽州節度使朱泚加檢校戶部尚書至戊子詔京官五品以上各言封事共二十三行俱誤入九年中而朱泚加檢校戶部尚書一行又復錯亂于中今已訂正

九年戊子以澧州刺史楊猷爲洮州刺史○臣德潛按本文下共二十三行向誤入九年中今已歸入八年下接夏四月丁丑月入太微于義恰合

# 舊唐書卷十二

後晉司空同中書門下平章事劉　昫撰

## 本紀第十二

### 德宗上

德宗神武孝文皇帝諱适代宗長子母曰睿眞皇后沈氏天寶元年四月癸巳生於長安大內之東宮其年十二月拜特進封奉節郡王代宗卽位之年五月以上爲天下兵馬元帥改封魯王八月改封雍王時史朝義據東都十月遣上會諸軍於陝州大舉討賊十一月破賊於洛陽進收東都河南平定朝義走河北分命諸將追之俄而賊將李懷仙斬朝儀首以獻河北平以元帥功拜尙書令食實封二千戶與郭子儀等八人圖形凌煙閣廣德二年二月立爲皇太子大曆十四年五月辛酉代宗崩癸亥卽位於太極殿閏月壬申貶中書舍人崔祐甫爲河南少尹甲戌貶門下侍郎平章事常衮爲潮州刺史召崔祐甫爲門下侍郎同中書門下平章事丙子詔諸州府新羅渤海歲貢鷹鷂皆停戊寅詔山南枇杷江南柑橘歲一貢以供宗廟餘貢皆停庚寅以兵部尙書路嗣恭爲東都留守以常州刺史蕭復爲潭州刺史湖南團練觀察使辛巳罷邕府歲貢奴婢癸未改括州爲處州括蒼縣爲麗水縣停梨園使及伶官之冗食者三百人留者皆隸太常劍南歲貢春酒十斛罷之甲申以司徒兼中書令河中尹靈州大都督單于鎭北大都護充關內河東副元帥朔方節度關內支鹽池六城水運大使押諸蕃部落管內及河陽等道觀察使上柱國汾陽郡王山陵使食實封一千九百戶郭子儀可加號尙父守太尉餘官如故加實封通前二千戶月給一千五百人糧馬二百匹草料以朔方都虞候李懷光爲河中尹邠寧慶晉絳慈隰等州節度觀察使以朔方右留後常謙光兼靈州大都督西受降城定遠軍天德鹽夏豐節度等使以朔方左留後單于副都護渾瑊爲單于大都護振武東軍中二受降城鎭北及綏銀麟勝等軍州節度營田使丙戌詔禁天下不得貢珍禽異獸銀器勿以金飾丁亥詔文單國所獻舞象三十二令放荆山之陽五坊鷹犬皆放之出宮女百餘人己丑以右羽林大將軍吳希光檢校散騎常侍兼御史中丞充渭北鄜坊丹延都團練觀察使辛卯以河陽三城鎭遏使馬燧檢校工部尚書兼太原尹御史大夫北都留守河東節度使壬辰以河東節度留後鮑防爲京畿觀察使陳州刺史李芃檢校太常少卿爲東陽三城鎭遏使癸巳以壽州刺史杜亞爲江西觀察使甲午冊太尉子儀自開元以來冊禮多廢天寶中楊國忠冊司空至是行子儀之冊以江西觀察使杜亞爲陝州長史充轉運使丙申詔兵部侍郎黎幹害若豺狼特進劉忠翼掩義隱賊並除名長流旣行俱賜死丁酉以京畿觀察使鮑防爲福州刺史福建都團練觀察使以戶部侍郎判度支韓滉爲太常卿吏部尚書劉晏判度支鹽鐵轉運等使初晏與滉分掌天下財賦至是晏都領之六月己亥朔御丹鳳樓大赦天下罪無輕重咸赦除之內外文武三品已上賜爵一級四品已下加一階致仕官同見任百姓

為戶者賜古爵一級加李正己司徒太子太傅崔寧李勉本官同平章事天下進獻事緣郊祀陵廟所須依前勿闕餘並停諸州刺史上佐令後准式入計諸州刺史常參官父在未有官量與五品致仕官父亡沒與追贈自至德已來別敕或因人奏或臨事須行差互不同使人疑惑中書門下與詳定官決取堪久長行用者編入格條自今更不得奏置寺觀及度人庚子封元子誦為宣王次子謨為舒王諶為通王諒為虔王詳為肅王並加開府儀同三司乙巳封皇弟迺為益王迅為隨王丙午罷先天故事非供奉侍衞之官自文武六品已上清望官每日二人更直待制以備顧問仍以延英南藥院故地為廨癸丑詔皇族五服等已上居四方者家一人赴山陵縣次給食己未揚州每年貢端午日江心所鑄鏡幽州貢麝香皆罷之辛酉罷宣歙池鄂嶽沔二都團練觀察使陝虢都防禦使以其地分隸諸道復置東都京畿觀察使以御史中丞為之壬戌處州刺史王縉湖州刺史第五琦皆為太子賓客睦州刺史李揆為國子祭酒並留司東都中官邵光超送淮西旌節李希烈遺縑七百匹事發杖六十配流由是中官不敢受賂癸亥詔中書門下御史臺五品已上諸司三品已上長官各舉可任刺史縣令者一人中書門下量才進擬有犯坐舉主秋七月戊辰朔日有蝕之禮儀使吏部尚書顏真卿奏列聖謚號文字繁多請以初謚為定兵部侍郎袁傪議云陵廟玉冊已刻不可輕改罷傪妄奏不知玉冊皆刻初謚而已庚午詔邕州所奏金坑誠為潤國語人以利非朕素懷其坑任人開採官不得禁辛未以吏部侍郎房宗偃為御史中丞東都畿觀察使罷右銀臺門客省歲給廩料萬二千斛自永泰已來或四方奏計未遣者或上書言事忤旨者及蕃客未報者常數百人於客省給食横費已甚故罷之壬申毀元載馬璘劉忠翼之第以其雄侈踰制也癸酉減宮中服御常貢者千數丁丑復置廐馬隨仗於月華門外己卯詔王公卿士不得與民爭利諸節度觀察使於揚州置迴易邸並罷之庚辰詔鴻臚寺蕃客入京各服本國之服罷商州歲貢穪膠辛卯罷天下榷酒丁酉詔國用未給其宣王已下開府俸料皆罷給八月庚辰以門下侍郎平章事崔祐甫為中書侍郎平章事以道州司馬司正楊炎為門下侍郎平章事以懷州刺史喬琳為御史大夫同平章事京畿觀察使乙巳遣太常少卿韋倫使吐蕃以蕃俘五百人還之修好也癸亥詔人死亡於外以棺柩還城者勿禁九月甲戌以淮西節度為淮寧軍辛巳以檢校刑部尚書白孝德為太子少傅丙戌秘書少監邵說為吏部侍郎給事中劉迺為兵部侍郎中書舍人令狐峘為禮部侍郎冬十月丁酉朔吐蕃合南蠻之衆號二十萬三道寇茂州扶文黎雅等州連陷郡邑發兵四千助蜀大破之己酉葬代宗於元陵戊午九成宮貢立獸炭鑪襄州貢種蔗藕之工皆罷之散官豢豬三十頭給貧民十一月辛未以鴻臚卿賈耽為梁州刺史山南西道節度觀察使丁丑以陝州長史杜亞為河中尹河中晉絳慈隰都防禦觀察使壬午御史大夫平章事喬琳為工部尚書罷知政事加劍南西川節度觀察度支營田等使檢校司空平章事成都尹崔寧兼御史大夫京畿觀察使癸巳加崔寧兼靈州大都督單于鎮北大都護朔方節度等使出鎮坊州以荊南節度使檢校禮部尚書兼江陵尹御史大夫張延賞檢校兵部尚書兼成都尹御史大夫劍南西川節度度支營田觀察等使以朔方節度虞候杜希全為靈州留後以鄜州刺史張光晟單于振武軍使東中二受降城綏銀鄜勝等軍州留後延州刺史李建為鄜坊丹延留後楊炎素惡崔寧雖授以三鎮仍署此三人為留後奪寧之權也人皆憤之十二月己亥南選使可以專達勿復以御史臨之乙卯制宣王某可立為皇太子丙寅晦日有蝕之詔元日朝會不得奏祥瑞事

建中元年春正月丁卯朔御含元殿改元建中羣臣上尊號曰聖神文武皇帝己巳上朝太清宮庚午謁太廟辛未有事於郊丘是日還宮御丹鳳門大赦天下自艱難以來徵賦名目頗多今後除兩稅外輒率一錢以枉法論常參官諸道節度觀察防禦等使都知兵馬使刺史少尹畿赤令大理司直評事等授訖三日內於四方館上表讓一人以自代其外官委長吏附送其表付中書門下每官闕以舉多者授之王府六品以上官及諸州縣有司可併省及諸官減者量事廢省天下子為父後者賜勳兩轉己巳福建觀察使鮑防湖南觀察使蕭復讓憲官從之自兵興已來方鎮重任必兼臺省長官以至外府僚佐亦帶臺省銜至是除韓滉蘇州刺史杜亞河中少尹而領都團練觀察使不帶臺省兼官自是諸道非節度而兼憲官者皆讓甲午詔東都河南江淮山南東道等轉運租庸青苗鹽鐵等使尚書左僕射劉晏頃以兵車未息權立使名久勤元老集我庶務悉心瘁力垂二十年朕以征稅多門郡邑凋耗聽于羣議思有變更將置時和之理宜復有司之制晏所領使宜停天下錢穀委金部倉部中書門下揀兩司郎官准格式調掌是月浚豐州陵陽渠二月丙申遣黜陟使一十一人分行天下癸卯以戶部郎中韓洄為諫議大夫以涇原節度使段秀實為司農卿己酉貶尚書左僕射劉晏為忠州刺史癸丑昭義軍節度留後李抱真為本道節度使甲寅貶史館修撰禮部侍郎令狐峘郴州司馬右補闕柳冕巴州司戶日本國朝貢癸亥朱泚兼四鎮北庭行軍涇原節度使三月丙寅禮儀使奏東都太廟闕木主請造詔下議之不決庚午監察御史張著以法冠彈中丞嚴郢浚陵陽渠匿詔不行削郢官著賜緋魚辛未左散騎常侍翰林學士張涉放歸田里甲戌以前司農卿庾準為江陵尹兼御史中丞荊南節度使癸巳以諫議大夫韓洄為戶部侍郎判度支時將貶劉晏罷使名歸尚書省本司今又命洄判度支令金部郎中杜佑權勾當江淮水陸運使一如劉晏韓滉之則蓋楊炎之排晏也夏四月乙未朔涇原裨將劉文喜據城叛己亥地震辛未命江西觀察使崔昭冊命迴紇可汗戊申以福建觀察使鮑防為洪州刺史江西團練觀察使癸丑上誕日不納中外之貢唯李正己田悅各獻縑三萬匹詔付度支妃父王景先駙馬高怡獻金銅像上曰有何功德非吾所為退還之壬戌以衡州刺史嗣曹王皋為潭州刺史湖南團練觀察使御史中丞元全柔為杭州刺史五月甲子朔戊辰以太常少卿韋倫為太常卿復使吐蕃己卯右金吾衞大將軍李通為黔州刺史黔中經略招討觀察鹽鐵等使湖州刺史常袞為福建觀察使涇州將劉光國殺劉文喜降荊州平六月甲午朔中書侍郎同中書門下平章事崔祐甫卒辛丑築奉天城加試殿中監劉海賓兼御史中丞封樂平郡王海賓涇州將賞殺劉文喜也乙卯京兆尹源休使迴紇冊武義成功可汗秋七月丁丑罷內出盂蘭盆不命僧為內道場壬申以鴻臚寺左右威遠營隸金吾己丑忠州刺史劉晏賜自盡八月甲午振武軍使張光晟殺領蕃迴紇首領突董統等千人收駝馬千餘繒錦十萬匹乃徵光晟歸朝以彭令芳代之乙未河中晉絳觀察使杜亞為睦州刺史丁未加朱泚中書令餘官使並如故以舒王謨為涇原節度大使尚書右丞孟皞為涇州刺史知留後東樊烏蠻守來朝貢丁巳遂尊上母沈氏曰皇太后戊午以吏部尚書顏真卿為太子少師依前禮儀使改封嗣舒王藻為嗣鄧王九月戊辰判度支韓洄奏請於商州紅崖冶洛源監置十鑪鑄錢江淮七監每鑄一千費二千文請皆罷從之己卯雷冬十月甲午貶尚書左丞薛邕為連山尉坐贓也乙巳太子少傅昌化郡王白孝德卒庚寅以睦王述為奉迎皇太后使工部尚書喬琳為副十一月辛酉朔朝集使及貢使見於宣政殿兵興已來四方州府不上計內外不朝會者二十有五年至此始復舊制州府朝集者一百七十三人詔每令分番二人待詔乙丑贈敬暉等五王官又贈張九齡司徒鍾紹京太子太傅戊寅諸王有官者初令出閤就班又出嫁嶽陽等一十縣主皆在諸王院久而未適人者上悉命以禮出降十二月辛卯韋倫使迴與吐蕃宰相論欽明思等五十五人同至獻方物修好也丁酉令詳定國以來將相功臣房玄齡等一百八十七人據功績分為三等是歲戶部計帳戶總三百八萬五千七十有六賦入一千三百五萬六千七十貫鹽利不在此限

二年春正月庚申朔戊辰成德軍節度恒定等州觀察使司空兼太子太傅同中書門下平章事恒州刺史隴西郡王李寶臣卒丙子以汴宋滑亳陳潁泗節度觀察使檢校吏部尚書同平章事李勉為永平軍節度汴滑陳等州觀察等使以兵部尚書東都留守路嗣恭為鄭汝陝河陽三城節度東畿觀察等使以宋州刺史劉洽為宋亳潁節度使以鄭州隸永平軍自去年十月無雪至甲申方雨雪丁亥檢校戶部尚書張獻恭為東都留守以河南尹趙惠伯為河中尹河中晉絳慈隰都防禦觀察使以前鄭州刺史于頎為河南尹二月乙未以御史中丞盧杞為御史大夫京畿觀察使以桂管觀察使李昌巙為江陵尹兼御史大夫荊南節度等使以前荊南節度使庾準為左丞甲辰以容州刺史盧嶽為桂州防禦觀察使乙巳以門下侍郎楊炎為中書侍郎同中書門下平章事以御史大夫盧杞為門下侍郎同中書門下平章事丙午以宋亳節度為宣武軍丁未以御史中丞袁高為京畿觀察使乙卯振武軍亂殺其帥彭令芳監軍劉惠光三月庚申朔築汴州城初大曆中李正己有淄青齊海登萊沂密德棣曹濮兗鄆十五州之地李寶臣有恒定易趙深冀滄七州之地田承嗣有魏博相衞洺貝澶七州之地梁崇義有襄鄧均房復郢六州之地各聚兵數萬始因叛亂得位雖朝廷寵待加恩心猶疑貳皆連衡盤結以自固朝廷增一城浚一池便飛語有辭而諸盜完城繕甲略無寧日至是田悅初稟命劉文喜殄除羣兇震懾又奏計者還都無賜與旣歸皆

構怨言先是汴州以城隘不容衆請廣之至是築城正己田悅移兵於境爲備故詔分汴宋滑爲三節度移京西防秋兵九萬二千人以鎮關東又於偃城置溵州辛巳以汾州刺史王栩爲振武軍使東中二受降城鎮北綏銀麟勝等州留後以萬年令崔漢衡爲殿中少監使吐蕃夏四月己酉朔省沔州庚寅襄州梁崇義兼同中書門下平章事己亥省蕪州順化州乙卯併平琴州爲黨州丁巳貶禮部侍郎于邵桂州刺史御史中丞袁高韶州長史五月丙寅以軍興十一而稅己巳以淮寧軍節度使李希烈充漢南北諸道都知兵馬招撫處置等使封南平王庚寅以浙江西道爲鎮海軍加蘇州刺史韓滉檢校禮部尙書潤州刺史充鎮海軍節度使浙江東西道觀察等使以御史中丞一員爲理匭使諫議大夫一員知匭使給事中中書舍人爲監考使辛丑尙父中書令汾陽郡王郭子儀薨丙午以檢校秘書少監鄭叔則爲御史中丞東都畿觀察使壬子以懷鄭河陽節度副使李芃爲河陽三城懷州節度使仍割東畿五縣隸焉秋七月戊子朔詔曰二庭四鎮統任西夏五十七蕃十姓部落國朝以來相奉率職自關隴失守東西阻絶忠義之徒泣血相守愼固封略奉遵禮教皆侯伯守將交修共理之所致也伊西北庭節度觀察使李元忠可北庭大都護四鎮節度留後郭昕爲安西大都護四鎮節度觀察使自河隴陷虜伊西北庭爲蕃戎所隔間者李嗣業荔非元禮孫志直馬璘輩皆遥領其節度使名初李元忠郭昕爲伊西北庭留後隔絶之後不知存亡至是遣使歷迴紇諸蕃入奏方知音信上嘉之其伊西北庭將士敍官仍超七資庚申以中書侍郎平章事楊炎爲左僕射以前永平軍節度使張鎰爲中書侍郎同中書門下平章事司空淮陽郡王侯希逸卒丁丑以河中尹關播爲給事中同州刺史李承爲河中尹晉絳都防禦觀察使辛巳以邠寧節度使李懷光兼靈州大都督單于鎮北大都護朔方節度使以鄜坊丹延觀察留後李建徽爲坊州刺史鄜坊丹延都團練觀察使壬午以幽州隴右節度使中書令朱泚爲太尉田悅攻寇臨洺守將張伾城守八月辛卯平盧淄青節度觀察使司徒太子太保同中書門下平章事李正己卒庚戌以中書舍人衞晏爲御史中丞京畿觀察使壬子淮寧軍節度使李希烈攻襄陽誅梁崇義斬其同惡三十餘人九月辛酉以易州刺史張孝忠爲恒州刺史充成德軍節度觀察使壬戌加李希烈同中書門下平章事癸亥

兵部尙書翼國公路嗣恭卒甲子以晉絳觀察使李承爲襄州刺史山南節度觀察等使戊辰以杭州刺史元全柔爲黔中經略招討使觀察等使冬十月乙酉尙書左僕射楊炎貶崖州司馬尋賜死戊申加宣武軍節度使劉洽御史大夫徐州刺史李洧棄其帥李納以州來降十一月辛未宣武節度劉洽與神策將曲環大破李納之衆於徐州己巳詔成德軍節度都知兵馬使恒州刺史襲高麗朝鮮郡王李惟岳以其父寶臣有忠勞於王室惟岳驟墜父業蔑棄國恩縗絰之中擅掌戎務外結兇黨益固姦謀不孝不忠宜肆原野削爾在身官爵乙亥貶戶部侍郎判度支韓洄蜀州刺史以江淮轉運使度支郎中杜佑代判度支戶部事丁丑以陝州長史李齊爲河中尹充河中晉絳防禦觀察使以商州刺史姚明敭爲陝州長史本州防禦陸運使以權鹽鐵使戶部郎中包佶充江淮水陸運使李納將海州刺史王涉以州降十二月庚寅河中節度使馬燧檢校左僕射澤潞節度使李抱眞檢校兵部尙書賞破田悅之功也丙申太子賓客王縉卒

三年春正月乙卯朔丙寅幽州節度使朱滔張孝忠破李惟岳之兵於束鹿辛未詔供御及太子諸王常膳有司宜減省之於是宰臣上言減堂廚百官月俸請三分省一以助軍從之庚辰追封皇叔僖爲宋王贈皇弟選荆王閏月丙申以文宣王三十七代孫齊賢爲兖州司功襲文宣公辛丑復置具員簿甲辰成德軍兵馬使王武俊殺李惟岳傳首京師庚戌馬燧李抱眞破田悅兵於恒水進攻魏州二月戊午惟岳將定州刺史楊政義以州降加朱滔檢校司徒以張孝忠檢校兵部尙書易定滄三州節度使以檢校太子賓客王武俊檢校秘書監恒州刺史恒冀都團練觀察使康日知爲趙州刺史深趙都團練觀察使三月丁亥贈故衞尉卿顔杲卿司徒故常山太守袁履謙左散騎常侍故許州長史龐堅右散騎常侍故鞏縣主簿蔣清禮部侍郎贈故驍衞將軍代國公安金藏兵部尙書授其子承恩廬州長史乙未以徐州刺史李洧爲徐沂海團練觀察使戊戌田悅洺州刺史田昂以城降以嶺南節度使張伯儀檢校兵部尙書兼江陵尹御史大夫荆南節度等使以容管經略使元琇爲廣州刺史嶺南節度使丙午貶京兆尹盧慧爲撫州長史夏四月李納守德州將王士眞守棣州將李長卿皆以城降庚申先陷蕃僧尼將士八百人自吐蕃而還壬戌封朱滔爲通義郡王朱滔王武俊與田

悅合從而叛太常博士韋都賓陳京以軍興庸調不給請借京城富商錢大率每商留萬貫餘並入官不一二十大商則國用濟矣判度支杜佑曰今諸道用兵月費度支錢一百餘萬貫若獲五百萬貫纔可支給數月甲子詔京兆尹長安萬年令大索京畿富商刑法嚴峻長安令薛苹荷校乘車於坊市搜索人不勝鞭笞乃至自縊京師囂然如被盜賊搜括既畢計其所得纔八十萬貫少尹韋禎又取僦櫃質庫法拷索之纔及二百萬丁丑彭王傅徐浩卒贈太子少師戊寅以中書侍郎平章事張鎰兼鳳翔尹隴右節度使以代朱泚加泚實封五百戶賜寶氏名園涇水上腴田及錦綵金銀器以安其意時滔叛故也壬午貶御史大夫嚴郢爲費州長史杖殺左巡使殿中侍御史鄭詹尹歲餘卒五月丙戌增兩稅鹽榷錢兩稅每貫增二百鹽每㪷增一百丁亥貶太子詹事邵說歸州刺史辛卯詔朔方節度使李懷光率神策及朔方軍東討丙申詔故伊西北庭節度使楊休明故河西節度使周鼎故西州刺史李琇璋故瓜州刺史張銑等寄崇方鎮時屬殷憂固守西陲以抗戎虜歿身異域多歷歲年以迨于茲旅櫬方旋誠深追悼宜加寵贈以賁幽泉休明可贈司徒鼎贈太保琇璋贈戶部尙書銑贈兵部侍郎皆隴右牧守至德已來陷吐蕃而歿故至是西蕃通和方得歸葬也丁酉加河東節度使檢校左僕射馬燧同平章事澤潞李抱眞檢校右僕射河陽李芃檢校兵部尙書神策營招討使李晟右散騎常侍賞破田悅功也乙巳貶戶部侍郎判度支杜佑爲蘇州刺史以中書舍人趙贊爲戶部侍郎判度支辛亥易定節度賜名義武軍六月丁巳尙書左丞庾準卒甲子京師地震以左散騎常侍李涵爲入迴紇弔祭使京兆少尹源休爲光祿卿戊寅以前衞州刺史趙涓爲尙書左丞右庶子柳載爲右丞辛未朱滔王武俊兵救田悅至魏州北是日李懷光兵亦至馬燧抱眞李芃等盛軍容迓懷光朱滔等慮其掩襲遽出兵懷光與之接戰於連篋山之西王師不利各還營壘賊乃壅河決水絶我糧道秋七月甲申以前振武軍使王翃爲京兆尹以兵部郎中楊眞爲御史中丞京畿觀察使以括率商戶人情不安癸巳詔除已收納入庫外一切停已貯納者仍明置簿曆各給文牒後准元數却還甲午以前同州刺史蕭復爲兵部侍郎庚子馬燧李懷光李抱眞李芃等四節度兵退保魏橋朱滔王武俊田悅之衆亦屯於魏橋東南與官軍隔河對壘自五月不雨甲

辰始雨宣武節度李勉爲檢校司徒懷寧李希烈檢校司空邠寧李懷光同平章事李芃封開陽郡王八月丁未初分置汴東西水陸運兩稅鹽鐵事從戶部侍郎判度支趙贊奏也戊午太子賓客第五琦卒于位辛酉以涇原節度留後姚令言爲涇原節度使戊辰以江淮鹽鐵使太常少卿包佶爲汴東水陸運兩稅鹽鐵使己巳加劍南西川節度使張延賞檢校吏部尙書甲戌以大理少卿崔縱爲汴西水運兩稅鹽鐵使丁丑以禮儀使太子少師顔眞卿爲太子太師庚辰徐海沂都團練使李洧卒江淮訛言有毛人捕人食其心人情大恐九月丁亥以李洧部將高承宗爲徐州刺史徐海沂都團練使判度支趙贊上言請爲兩都江陵成都揚汴蘇洪等州署常平輕重本錢上至百萬貫下至十萬貫收貯斛㪷匹段絲麻候貴則下價出賣賤則加估收糴權輕重以利民從之贊乃於諸道津要置吏稅商貨每貫稅二十文竹木茶漆皆什一稅一以充常平之本己亥夜有猛獸入宣陽里傷二人詰朝獲之冬十月辛亥以湖南觀察使嗣曹王皐爲洪州刺史江西節度使丙辰以吏部侍郎關播爲中書侍郎同平章事都官員外郎樊澤使吐蕃迴與蕃相尙結贊約來年正月望日會盟清水丙子蕭王祥薨十一月己卯以淮南節度使賈耽檢校工部尙書兼襄州刺史御史大夫山南東道節度使以興鳳團練使嚴震爲梁州刺史山南西道節度使甲午以前山南東道節度使李承爲潭州刺史湖南觀察使是月朱滔田悅王武俊於魏縣軍壘各相推奬僭稱王號滔稱大冀王武俊稱趙王悅稱魏王又勸李納稱齊王僭署官名如國初親王行臺之制丁丑李希烈自稱天下都元帥太尉建興王與朱滔等四盜膠固爲逆

四年春正月戊寅朔丁亥鳳翔節度使張鎰與吐蕃宰相尙結贊同盟于清水庚寅李希烈陷汝州執州將李元吉而去東都震駭甲午遣顔眞卿宣慰李希烈軍戊戌以龍武大將軍哥舒曜爲東都畿汝節度使率鳳翔邠寧涇原等軍東討希烈丙午福建觀察使常袞卒二月戊申於河陽三城置河陽軍節度乙卯哥舒曜收汝州丁丑以工部侍郎蔣鎭充禮儀使三月己卯復置沔州癸未以左散騎常侍孟皡爲福建都團練觀察使辛酉荆南張伯儀與賊戰敗績嗣曹王收復蘄州夏四月卯嗣曹王皐擊李希烈將陳質之衆敗之收復黃州丁庚申以永平宣武河陽等軍節度都統檢校司徒平章事李勉爲淮西招討使襄陽帥賈耽江西嗣曹王等爲

之副甲子京師地震生黃白毛長尺餘丙子哥舒曜進軍至隸橋大震雷人死者十之三四乃退保襄城五月辛巳夜京師地震乙酉潁王璬薨乙巳滑濮二州黃河清滑州馬生角六月庚戌初稅屋間架除陌錢時馬燧李懷光李抱眞李芃屯魏縣李晟屯易定李勉陳少遊哥舒曜屯懷汝間神策諸軍皆臨賊境凡諸道之軍出境仰給於度支謂之食出界糧月費錢一百三十萬貫判度支趙贊巧法聚斂終不能給至是又稅屋所吏秉筆持算入人廬舍而抄計峻法繩之愁嘆之聲徧於天下秋七月甲申以國子祭酒李揆爲禮部侍郎復其爵甲午以李揆爲左僕射兼御史大夫爲入吐蕃會盟使八月丁未李希烈率衆三萬攻哥舒曜於襄城湖南觀察使李承卒九月戊寅龍見於汝州之城濠丙戌李勉將唐漢臣劉德信喪師於扈澗汴軍自此不振東都危急冬十月丙午詔涇原節度使姚令言率涇原之師救哥舒曜丁未涇原軍出京城至滻水倒戈謀叛姚令言不能禁上令載繒綵二車遣晉王往慰諭之亂兵已陣于丹鳳闕下促神策軍拒之無一人至者與太子諸王妃主百餘人出苑北門右龍武軍使令狐建方教射於軍中聞難聚射士得四百人扈從其夕至咸陽飯數七而過戊申至奉天己酉元帥都虞候渾瑊以子弟家屬至乃以瑊爲行在都虞候神策軍使白志貞爲行在都知兵馬使以令狐建爲中軍鼓角使金吾將軍侯仲莊爲奉天防城使亂兵旣剽京城屯於白華乃於晉昌里迎朱泚爲帥稱太尉居含元殿上以奉天隘欲幸鳳翔壬子鳳翔軍亂殺節度使張鎰乃止癸丑李希烈陷襄城哥舒曜走洛陽乙卯賜檢校司空崔寧死丁巳以吏部尚書蕭復刑部侍郎劉從一諫議大夫姜公輔並以本官同中書門下平章事邠寧節度韓遊瓌與論惟明率兵三千至纔入奉天賊軍亦至乃出拒之王師不利賊乘勝攻門自卯至午殺傷殆半會有草車在門外渾瑊令焚之賊衆遂退癸巳泚賊三面攻城渾瑊力戰禦之方退大將呂希倩死之賊自丁未攻城至己巳二十餘日矢石不絕十一月乙亥以隴右節度判官隴州留後殿中侍御史韋臯爲隴州刺史兼御史大夫奉義軍節度使靈武留後杜希全鹽州刺史戴休顏夏州刺史常春合兵六千來援至漢谷爲賊所敗而退賊由是攻城愈急矢石雨下死傷者衆人心危蹙上與渾瑊對泣朱泚據乾陵作樂下瞰城中詞多侮慢戊子賊造雲橋攻東北隅兵仗不能及城中憂恐相顧失色渾瑊預爲地道及雲橋成城脚陷不得進瑊命焚之風廻焰轉橋焚而賊退朔方節度李懷光遣兵馬使張韶奉表言大軍將至乃令昇詔巡城叫呼歡聲動地賊不之測疑懼緩攻癸巳懷光軍次醴泉是夜賊解圍而去神策將李晟自定州率師赴難軍於渭橋甲午以商州都虞候王仙鶴權商州防禦使十二月壬戌貶門下侍郎平章事盧杞爲新州司馬貶行在都知兵馬使白志貞爲恩州司馬戶部侍郎判度支趙贊爲播州司馬癸亥以京兆少尹裴腆判度支甲子以湖南觀察留後趙憬爲湖南觀察使乙丑以祠部員外郎陸贄爲考功郎中金部員外郎吳通微爲職方郎中翰林學士並如故以侍御史吳通玄爲起居舍人充翰林學士己巳以河中尹李齊運爲宗正卿庚午李希烈陷汴州以右庶子崔縱爲京兆尹癸酉以中書侍郎平章事關播爲刑部尚書司封郎中杜黃裳爲給事中命給事中孔巢父淄青宣慰華州刺史董晉河北宣慰

興元元年春正月癸酉朔上在奉天行宮受朝賀詔曰立政興化必在推誠忘己濟人不吝改過朕嗣服丕構君臨萬邦失守宗祧越在草莽不念率德誠莫追於旣往永言思咎期有復於將來明徵其義以示天下小子懼德不嗣罔敢怠荒然以長於深宮之中暗於經國之務積習易溺居安忘危不知稼穡之艱難不恤征戍之勞苦致澤靡下究情不上通事旣壅隔人懷疑阻猶昧省己遂用興戎徵師四方轉餉千里賦車籍馬遠近騷然行賫居送衆庶勞止力役不息田萊多荒暴令峻於誅求疲民空於杼軸轉死溝壑離去鄉里邑里丘墟人煙斷絕天譴于上而朕不寤人怨于下而朕不知馴致亂階變起都邑賊臣乘釁肆逆滔天曾莫愧畏敢行凌偪萬品失序九廟震驚上累於祖宗下負于蒸庶痛心靦面罪實在予永言愧悼若墜泉谷賴天地降祐人祇協謀將相竭誠爪牙宣力羣盜斯屏皇維載張將弘遠圖必布新令朕晨興夕惕惟省前非乃者公卿百寮用加虛美以聖神文武之號被蒙暗寡昧之躬固辭不獲俯遂羣議昨因内省良所瞿然自今已後中外書奏不得言聖神文武之號今上元統曆獻歲發祥宜革紀年之號式敷在宥之澤可大赦天下改建中五年爲興元元年李希烈田悅王武俊李納咸以勳舊繼守藩維朕撫馭乖方致其疑懼皆由上失其道而下罹其災一切並與洗滌復其爵位待之如初仍卽遣使宣諭朱滔以泚連坐路遠必不同謀永念舊勳務存弘貸如能効順亦與惟新朱泚反易天常盜竊名器暴犯陵寢所不忍言獲罪祖宗朕不敢赦除泚外並從原宥應赴奉天并進收京城將士並賜名奉天定難功臣身有過犯減罪三等子孫過犯減罪二等先稅除陌間架等錢竹木茶漆等稅並停奉天昇爲赤縣分命朝臣諸道宣諭以奉天行營都團練使楊惠元檢校工部尚書丙戌以吏部侍郎蕭復爲門下侍郎同平章事以吏部侍郎盧翰爲兵部侍郎同平章事戊子命宰臣蕭復往山南荊南湖南江西鄂岳浙江東西福建等道宣慰己丑以京兆尹裴腆爲戶部侍郎判度支丙申以山南東道行軍司馬樊澤爲襄州刺史山南東道節度使以渾瑊爲行在都知兵馬使以前趙州觀察使康日知兼同州刺史充奉誠軍節度使辛丑詔六軍各置統軍一員秩從二品左右常侍各加一員太子賓客加四員二月戊寅詔故司農卿張掖王段秀實贈太尉謚曰忠烈賜實封五百戶贈滑州兵馬使賈隱林左僕射以滑州刺史李澄兼汴州刺史汴滑節度使是日李晟自咸陽移兵東渭橋避懷光也晟以懷光反狀已明請上幸蜀王武俊効順加中書門下平章事兼幽州節度使令討朱滔吐蕃遣使來朝請以兵助國討逆乃令御史大夫于頎入蕃宣諭之甲子加李懷光太尉仍賜鐵券赦三死罪懷光怒曰凡人臣反逆乃賜鐵券今賜懷光是反必矣乃投之於地上命翰林學士陸贄曉諭之是日人心恐駭懷光奪楊惠元李建徽所將兵惠元被害丁卯車駕幸梁州留戴休顏守奉天以御史中丞齊映爲沿路置頓使李晟大集兵賦以收復爲己任李懷光患之移軍涇陽連朱泚欲同滅晟晟卑詞厚意致書諭之冀其感悟懷光頗增愧懼三月甲申以秘書監崔漢衡爲上都留守右散騎常侍于頎爲京兆尹是日懷光燒營走歸河中其將孟涉段威勇等千人奔歸李晟丙戌以前饒州刺史杜祐爲廣州刺史嶺南節度使加神策節度使李晟兼京畿渭北鄜坊丹延節度觀察使庚寅車駕次城固唐安公主薨上愛女悼惜之甚壬申至梁州丁丑宣武節度使劉洽加同平章事己亥以行在都知兵馬使渾瑊檢校左僕射同平章事靈州大都督充朔方節度使邠寧振武永平奉天行營副元帥是日詔授李懷光太子太保其餘官秩並罷涇州亂牙將田希鑒殺其帥馮河清自稱留後四月辛丑朔時將士未給春衣上猶夾服漢中早熱左右請御暑服上曰將士未易冬服獨御春衫可乎俄而貢物繼至先給諸軍而始御之壬寅詔奉天隨從將士並賜號元從功臣以邠寧兵馬使韓遊瓌爲邠寧節度使尚書左丞趙涓卒己巳以陝虢防遏使唐朝臣爲河中尹河中同晉絳節度使御史大夫李齊運兼京兆尹魏博行軍司馬田緒殺其帥田悅詔贈悅太尉以緒爲魏州長史魏博節度觀察使甲寅以諫議大夫平章事姜公輔爲左庶子加劍南節度使張延賞同平章事以前山南東道節度使賈耽爲工部尚書甲子入蕃使左僕射李揆卒於鳳州乙丑渾瑊與吐蕃將論莽羅之衆破賊將韓旻之衆於武功斬首萬級丙寅加李納平章事丁卯義王玼薨五月淮南節度使陳少遊加檢校司徒東川節度使李叔明太子太傅鎮海軍韓滉檢校右僕射癸酉涇王侹薨徐沂海團練使高承宗卒以其子明應知徐州事丙子李抱眞王武俊破朱滔於京城東南斬首三萬級擒僞相朱良祐李俊以獻朱滔遁歸幽州癸未嶽州李兼黔南元全柔桂管盧嶽加御史大夫嶽加中丞庚寅李納上章禀命乃贈李正己太尉壬辰商州尚可孤破賊於藍田乙未安西四鎭節度使郭昕北庭都護李元忠加左右僕射是夜李晟自渭北移軍於光泰門外賊來薄我軍爭奮擊大敗之壁入光泰門斬馘數千計賊黨慟哭而入白華戊辰列陣於光泰門外遣騎將史萬頃往神麚村開苑牆二百餘步賊樹柵當之我軍爭柵雲合電擊與賊血戰賊黨大敗追擊至白華朱泚姚令言率衆萬餘遁去晟收復京城是日渾瑊與戴休顏亦破賊三千於咸陽韓遊瓌追朱泚於涇州六月庚子朔昇恒州爲大都督府癸卯贈神策兵馬使楊惠元右僕射是日李晟上收京城露布上覽之涕下霑襟涇州田希鑒斬姚令言幽州京士韓旻於彭原斬朱泚並傳首至行在乙巳遣吏部侍郎班宏入京宣諭己酉加李晟司徒兼中書令實封一千戶駱元光尚可孤加檢校左右僕射皆實封五百戶以涇州將田希鑒爲涇州刺史涇原節度使癸丑詔以梁州爲興元府鄭縣爲赤畿官名品制視京兆河南百姓給復二年見任官員加兩階耆老與版授鄭縣令賜緋加興元尹嚴震檢校右僕射賜實封一百戶加渾瑊侍中實封八百戶韓遊瓌檢校左僕射實封四百戶戴休顏檢校右僕射實封二百戶考功郎中知制誥陸贄司封郎中知制誥吉中孚並爲諫議大夫水部員外郎顧少連爲禮部郎中並依前充翰林學士行在左右廂兵馬使令狐建時常春並加散騎常侍丙辰斬僞相李忠臣籍没其家李晟奏受賊僞署同惡抵法之家所没財物

牛馬奴婢請以賞軍士從之戊午車駕還京發興元是日大雨及入斜谷晴霽從官將士懽然以爲天助秋七月丙子車駕次鳳翔府詔放管內今年秋稅耆壽侍老八十已上各與版授刺史賜紫其餘版授上佐賜緋府縣置頓官考滿日放選受僞署官喬琳蔣鎮張光晟李通蔣鑑伏誅朱泚害郡王王子王孫七十七人於馬璘宅丁丑令所司具凶禮收殮於淨域寺庚辰詔李懷光往因職任頗著幹能朕嗣位之初首加拔擢託爲心膂授以節旄頃歲河朔不寧俾令征討任兼將相恩極丘山及朱泚猖狂擾亂京邑懷光迴軍赴難宗社再寧保佑朕躬厥功甚茂故元帥河中之權太尉中書之秩仍加實封爰及宗親人臣之榮孰可爲比非朕於懷光不厚豈朕報懷光不崇賊寇未除猜嫌已構受朱泚姦兇之說聽張佋罔惑之言曾不沈思遂生疑阻交通逆孽殘害忠良朕志在推誠事皆掩覆禮遇轉厚委任益隆懷光都不改圖愈深不軌勅書慰問將士懷光並不令宣三軍咸欲收城懷光並不令出自云已共朱泚定約不能更事國家朕以眇身獲承鴻業務全大計移幸山南倉皇之間備歷危險據其罪狀情實難容然以解圍奉天其功不細昨又遣男璀謝罪請束身歸朝朕憫其知過之心念其赴難之効以功贖罪務在優恩今遣給事中孔巢父賫先授懷光太子太保勅牒往河中宣諭三日內便與懷光同赴上都如欲家口同行亦聽懷光自便朕必能保全終始寵待如初朔方將士嘗立大功子儀再收京城咸是此軍之効昨遠從河朔赴難奉天逆賊畏威望風奔遁永言勞績朕不暫忘將士各竭忠謀中遭迫脅朕每念及痛心自咎比者君臣阻隔只爲懷光一人懷光既請入朝尚捨其罪況諸將士並是功臣各宜坦然勿更憂慮先賜官封一切如舊壬午至自興元時渾瑊韓遊瓌戴休顏以其衆扈從李晟駱元光尚可孤以其衆奉迎步騎十餘萬旌旗連亘數十里都民僧道歡呼感泣李晟見於三橋自陳收城遲晚之咎伏地請罪上慰勞遣之丁亥河中宣慰使孔巢父中官啖守盈並爲懷光所害辛卯御丹鳳樓大赦天下賜李晟永崇里第女樂八人甲午命宰臣諸將送晟入新賜第教坊樂京兆府供帳食饌鼓吹導從京城以爲榮觀八月辛丑詔所司爲贈太尉段秀實樹碑立廟淄青節度使承前帶陸海運押新羅渤海兩蕃等使宜令李納兼之癸卯加司徒中書令合川郡王李晟兼鳳翔尹充鳳翔隴右節度等使涇原四鎭北庭行營兵馬副元帥改封西平郡王河東保寧軍節度使太原尹北都留守檢校司徒平章事北平郡王馬燧爲奉誠軍晉絳慈隰節度行營兵馬副元帥以靈鹽節度使侍中兼靈州大都督樓煩郡王渾瑊爲河中尹晉絳節度使河中同陝虢等州及管內行營兵馬副元帥改封咸寧郡王時方命瑊與馬燧各出師討懷光故也甲辰以金吾大將軍杜希全爲靈州大都督西受降城天德軍靈鹽豐夏節度營田等使以同絳節度使唐朝臣爲鄜坊丹延等州節度使以保義軍節度使鳳翔尹李楚琳爲金吾大將軍以奉義軍節度使隴州刺史韋皐爲左金吾衛大將軍戊申以奉天行營節度戴休顏爲左龍武統軍己酉以延王玢隨王迅西平長公主甍廢朝己未前湖州刺史袁高爲給事中九月庚午宗正卿李琬卒賜渾瑊大寧里第幷女樂五人詔宰臣諸將賜樂饋贈如送李晟入第故事壬午贈故右僕射致仕李涵太子太保乙亥王武俊加檢校司徒李抱真檢校司空並賜實封五百戶賞破朱滔之功也甲申以前嶺南節度使元琇爲戶部侍郎判度支丁亥上顧謂宰臣曰今大盜雖除時猶多難宜廣延納以達下情近日諫官都無論奏自今每正衙及延英坐日常令朝臣三兩人面奏時政得失庶有弘益也是秋螟蝗蔽野草木無遺冬十月乙丑馬燧收絳州戊辰令中官竇文場王希遷監左右神策軍都知兵馬使閏月庚午詔朕臨御萬方失於君道兵革不息于今五年閔衆庶之勞悔征伐之事而李希烈茂義棄德反道虐人朕哀彼生靈陷于塗炭苟存拯物不憚屈身故於歲首特布新令赦其殊死待以至誠使臣纔及於郊圻巨猾已聞其僭竊酷烈滋甚吞噬無厭將相大臣咸懷憤激繼陳章疏固請討除朕以所行天誅本去人害兵戈既接玉石難分言念勳臣橫遭脅制雖思改革厥路無由受污終身銜冤沒代淪胥以逞誠可痛傷豈孽自一夫而毒流萬姓爲人父母寧不愧懷宜令諸道節度使明行曉諭罪止元兇脅制之徒一切不問唐朝臣奏收永樂縣癸酉以右龍武大將軍李觀爲涇州刺史涇原節度使乙亥詔宋亳淄青澤潞河東恒冀幽易定魏博等八節度螟蝗爲害蒸民饑饉每節度賜米五萬石河陽東畿各賜三萬石所司般運於楚州分付丁丑李晟至涇州誅節度使田希鑒罪其殺馮河清也戊子希烈將李澄以滑州歸國甲午以李澄爲汴州刺史汴滑節度使封武威郡王神策行營節度使檢校尚書右僕射馮翊郡王尚可孤卒十一月癸卯宋亳節度使劉洽與曲環破希烈之衆於陳州俘斬三萬級生擒賊將翟崇暉以獻戊午劉洽大破希烈之衆擒其僞相鄭賁等五人以獻希烈遁歸蔡州汴州平乙丑宰相蕭復三上章乞罷免許之十二月乙亥淮南節度使檢校司空平章事陳少遊卒贈蕭定太子太師以壽州刺史張建封爲濠壽都團練使庚辰以刑部侍郎杜亞爲揚州長史淮南節度使戊子以吏部郎中崔造爲給事中辛卯以諫議大夫陸贄爲中書舍人依前翰林學士詔翰林學士朝服班序宜同諸司官知制誥例

貞元元年正月丁酉朔御含元殿受朝賀禮畢宣制大赦天下改元貞元戊戌大風雪寒去秋螟蝗冬旱至是雪寒甚民饑凍死者踣於路丁未以饒州刺史盧甚爲福州刺史福建觀察使癸丑始聞太子太師魯郡王顏眞卿爲希烈所害追贈司徒廢朝五日謚曰文忠仍特授男頵碩等官壬戌以吉州長史盧杞爲澧州別駕尋卒二月丙寅朔遣工部尚書賈耽侍郎劉太眞分往東都兩河宣慰河南河北饑米㪷千錢癸未李抱眞殿振來朝寒食節上與諸將擊鞠於內殿丙戌以檢校秘書監金良相爲檢校太尉使持節大都督雞林州刺史寧海軍使襲封新羅王辛卯大雨三月丙申朔以蜀州刺史韓洄爲兵部侍郎以汴東水陸運等使左庶子包佶爲刑部侍郎辛丑戶部侍郎判度支元琇兼諸道水陸運使丁未李希烈陷南陽殺首將黃金嶽甲寅詔宰臣宣諭御史今後上封彈奏人自陳論不得羣署章疏戊午宣武帥劉洽檢校司空以汴滑節度使李澄爲滑州刺史充鄭滑節度使加李納司空夏四月乙丑朔晉王誼改封舒王癸酉鄂嶽觀察使李謙爲洪州刺史江西都團練觀察使丁丑以江西節度使嗣曹王皐爲江陵尹荊南節度使己卯改滑州永平軍名曰義成江陵度支院失火燒租賦錢穀百餘萬時關東大饑賦調不入由是國用益窘關中饑民蒸蝗蟲而食之汴帥劉洽賜名玄佐五月癸卯分命朝臣禱羣神以祈雨蝗自海而至飛蔽天每下則草木及畜毛無復孑遺穀價騰踊辛酉以河陽都知兵馬使雍希顏爲河陽懷都團練使六月丙子以兵部侍郎韓洄爲京兆尹辛巳劉玄佐兼汴州刺史壬午以工部尚書賈耽兼御史大夫東都留守都畿汝州防禦使以汴州刺史薛珏爲河南尹辛卯以左金吾衛大將軍韋皐檢校戶部尚書兼成都尹御史大夫劍南西川節度觀察使以國子祭酒董晉爲左金吾衛大將軍幽州朱滔卒贈司徒秋七月甲午朔河東節度使馬燧自河中行營來朝庚子大風拔樹辛丑以左散騎常侍李泌爲陝州長史陝虢都防禦觀察陸運使丙午以鎭海軍浙江東西道節度使韓滉檢校尚書左僕射同平章事江淮轉運使以河南尹薛珏爲河南水陸運使戊申馬燧還行營辛亥加檢校工部尚書王士眞爲德棣都團練觀察使壬子以前涿州刺史兼御史中丞劉怦爲幽州御史大夫幽州盧龍節度副大長史兼使知節度管理度支營田觀察押奚契丹經略盧龍等軍使丁巳以左散騎常侍柳渾爲兵部侍郎庚申以諫議大夫高参爲中書舍人關中蝗食草木都盡旱甚灞水將竭井多無水有司計度支錢穀纔可支七旬甲子詔夫人事失於下則天變形於上咎徵之作必有由然自頃已來災沴仍集雨澤不降綿歷三時蟲蝗繼臻彌亘千里菽粟翔貴稼穡枯瘁嗷嗷蒸人聚泣田畝興言及此實切痛傷徧祈百神曾不獲應方悟禱祠非救災之術言詞非謝譴之誠憂心如焚深自刻責得非刑法舛繆忠良鬱湮暴賦未蠲勞師靡息事或無益而重爲煩費任或非當而横肆侵蠹有一於茲足傷和氣本其所以罪實在予萬姓何辜重罹饑殍所宜出次貶食節用緩刑側身增修以謹天戒朕自今視朝不御正殿有司供膳並宜減省不急之務一切停罷除諸軍將士外應食糧人諸色用度本司本使長官商量減罷以救兇荒俟歲豐登卽令復舊甲子李懷光大將尉珪以焦蘺堡降丁卯懷光將徐庭光以長春宮兵六千人降甲戌朔方大將牛名俊斬李懷光傳首闕下馬燧收復河中丁丑始雨己卯詔朕誠信未著撫御失宜致使功臣陷於誅戮謂之克敵能不愧心然以懷光一家在法無捨念其昔居將相嘗寄腹心罪雖挂於刑書功已藏於王府以干紀之迹固合滅身以赴難之勳所宜有後宜以懷光男一人爲嗣賜莊宅各一區仍還懷光屍首任其收葬懷光妻諸兒女遞送澧州委李皐逐便安置使得存立其出嫁女諸親並釋放陷賊將士一切並與洗雪河中絳百姓給復一年北平王馬燧咸寧王渾瑊並與一子五品正員官燧可侍中瑊可檢校司空駱元光韓遊瓌唐朝臣各賜實封二百戶與一子六品正員官昨河中行營將士共賜二十萬端匹以充宴賞放歸本道新除中書侍郎平章事張延賞爲尚書左僕射時宰相劉從一病詔徵延賞李晟與延賞有隙自鳳翔上表論之延賞罷鎭西川還行至興元改授左僕射戊子前河陽節度使檢校尚書左僕射開封郡王李芃卒九

月己亥幽州節度劉怦病請以子濟權知軍州事從之癸卯以牛名俊爲丹州刺史御史大夫崔縱奏准制勘會內外官員商量併省停減詳議聞奏者伏以兵戎未息仕進頗多在官者旣合序遷有功者又須褒賞比來每至選集不免擁闕留人嘗難遺才仍招怨望況有恩詔甄錄功勞諸道敘優人數甚廣見須處置不可稽留今若停減吏員實恐未便於事非但成優者無官可授抑又敘進者無路可容本冀便人翻成斂怨事仍舊貫以適時宜更待事平然後經度制從之乙巳上御正殿策賢良方正能直言極諫等三科舉人辛亥宰相劉從一以疾辭任授戶部尚書庚申劉從一卒幽州節度使劉怦卒辛巳以權知幽州盧龍軍府事劉濟爲幽州長史兼御史大夫幽州盧龍節度觀察押奚契丹兩蕃等使丙戌渾瑊自河中來朝十一月癸巳朔山南嚴震來朝癸卯上親祀昊天上帝於圓丘時河中渾瑊澤潞李抱眞山南嚴震同華駱元光邠寧韓遊瓌鄜坊唐朝臣奉誠康日知等大將侍祠郊壇畢還宮御丹鳳樓大赦天下丁丑詔文武常叅官共賜錢七百萬貫以歲凶穀貴衣冠窘乏故也十二月戊辰詔延英視事日令常叅官七人引對陳時政得失自是羣官互進有不達理道者因多詆訐不適事宜上亦優容遣之

二年春正月壬辰朔以歲饑罷元會禮也丙申詔以民饑御膳之費減半宮人月共糧米都一千五百石飛龍馬減半料臺郎御史與兼官出爲畿赤令庚子大雪平地尺餘壬寅以散騎常侍劉滋給事中崔造中書舍人齊映並守本官同中書門下平章事門下侍郎平章事盧翰爲太子賓客丁未以禮部侍郎鮑防爲京兆尹京兆尹韓洄爲刑部侍郎國子祭酒包佶知禮部貢舉以江陵少尹李復爲容州刺史本管經略使癸丑以御史大夫崔縱爲吏部侍郎諫議大夫知制誥翰林學士吉中孚爲戶部侍郎判度支兩稅元琇判諸道鹽鐵榷酒詔宰相齊映判兵部李勉判刑部劉滋判吏部禮部崔造判戶部工部甲寅詔天下兩稅錢物委本道觀察使刺史差人送上都其先置諸道水陸轉運使及度支巡院江淮轉運等使並停時崔造專政改易錢穀職事多隳敗造尋以憂病歸第二月癸亥山南樊澤奏破希烈將杜文朝之衆五千擒文朝以獻乙丑鹿入含元殿衞士執之甲戌戶部侍郎元琇爲尚書左丞京兆少尹李竦爲戶部侍郎判鹽鐵榷酒三月壬寅滑州李澄奏破希烈之衆於鄭州乙巳以司農卿李模爲黔中觀察使四月丙寅淮西李希烈爲其牙將陳仙奇所酖并誅其妻子仙奇以淮西歸順戊辰以前黔中觀察使元全柔爲湖南觀察使辛巳陝州觀察使李泌奏盧氏山冶出瑟瑟請禁以充貢奉上曰瑟瑟不產中土有則與民共之任人採取甲申詔以淮西牙將陳仙奇爲蔡州刺史淮西節度使都統劉玄佐李澄曲環李皐賈耽張建封各與一子正員官賞平淮蔡功也丁未以劍南東川節度使李叔明爲太子太傅以東川兵馬使王叔邕爲梓州刺史劍南東川節度使五月丙申自癸巳大雨至於茲日饑民俟夏麥將登又此霖澍人心甚恐米斗復千錢丁酉以伊西北庭節度留後揚襲古爲北庭大都護伊西北庭節度度支營田瀚海等使己亥百寮請上復常膳是時民久饑困食新麥過多死者甚衆伊西北庭節度使李元忠卒贈司空辛酉大風雨街陌水深數尺人有溺死者癸未橫海軍使滄州刺史程日華卒以其子懷直權知軍州事秋七月戊子黔中觀察使理所復在黔州辛卯以開州別駕白志貞爲果州刺史乙未福建觀察盧惎卒己酉以虔王諒爲申光隨蔡節度大使以淮西兵馬使吳少誠爲蔡州刺史知節度留後加東都留守賈耽東都畿唐汝鄧都防禦觀察使以隴右行營節度使曲環爲陳許節度使戊午以鄜坊節度唐朝臣爲單于大都護振武綏銀節度使右金吾大將軍論惟明爲鄜州刺史鄜坊都防禦觀察使己巳以金吾大將軍董晉爲尚書右丞庚辰右散騎常侍蔣沇卒丙戌吐蕃寇涇隴邠寧諸鎭守閉壁自固京師戒嚴遣河中節度駱元光鎭咸陽九月詔左右金吾及十六衞將軍故事皆擇勳臣出鎭方隅入居侍從自天寶艱難之後衞兵雖然廢闕將軍品秩尤高此誠文武勳臣出入轉遷之地宜增祿秩以示優崇並宜加給料錢及隨身糧課仍舉故事置武班朝叅其廊下食亦宜加給其十六衞各置上將軍一人秩從二品左右金吾上將軍俸料次於六統軍支給欲求致理必藉兼才文武遞遷不令限隔自今內外文武缺官於文武班中量才望相叅敘用仍依故事於本衞量置衞兵所司條件以聞丁酉義成軍節度鄭滑觀察等使檢校尚書左僕射滑州刺史武威郡王李澄卒以東都畿唐鄧汝等防禦觀察使賈耽檢校尚書右僕射兼滑州刺史義成軍節度鄭滑等州觀察使戊戌以吏部侍郎崔縱檢校禮部尚書東都留守東都畿唐鄧汝防禦觀察使己亥勅左右衞上將軍大將軍並於衙內宿乙巳吐蕃寇好畤京師戒嚴李晟部將王佖擊吐蕃於汧陽城敗其中軍辛亥寇鳳翔李晟出師禦之一夕而退冬十月壬午奏關內河中河南等道秋夏兩稅青苗等錢悉折納粟麥兼加估收糴以便民從之是月李晟破吐蕃摧沙堡十一月甲午冊淑妃王氏爲皇后乙未兩浙節度使韓滉來朝丁酉冊皇后王氏是日后崩謚曰昭德辛丑吐蕃陷鹽州壬寅劉玄佐曲環鄂嶽盧玄卿並來朝十二月丁巳以韓滉兼度支諸道鹽鐵轉運使吐蕃陷夏州又陷銀州庚申以給事中同平章事崔造爲右庶子貶尚書右丞度支元琇爲雷州司戶爲韓滉誣奏以爲非罪諫官屢論之辛未鳳翔李晟來朝壬申京城畿內榷酒每斗榷錢一百五十文蠲酒戶差役從度支奏也

三年春正月丙戌朔壬寅以左僕射張延賞同中書門下平章事乙巳禮部侍郎薛播卒辛亥以戶部侍郎李竦爲鄂岳觀察使壬子以兵部侍郎柳渾同中書門下平章事劉滋守本官罷知政事中書舍人平章事齊映貶夔州刺史戊寅度支鹽鐵轉運使鎭海軍節度浙江東西道觀察等使檢校左僕射同中書門下平章事晉國公韓滉卒贈太傅以果州刺史白志貞爲潤州刺史兼御史大夫浙西觀察使宣州刺史皇甫政爲越州刺史浙東觀察使三月庚寅詔今年朝集使宜停丙午鳳翔隴右元帥副兵馬使吳詵爲福建觀察使鳳翔都虞候邢君牙爲鳳翔尹本府團練使丁未制鳳翔隴右涇原四鎭北庭管內兵馬副元帥鳳翔隴右道節度使奉天靖難功臣司徒兼中書令鳳翔尹上柱國西平郡王食實封一千五百戶李晟可太尉兼中書令庚戌以晟甥元帥兵馬使王佖爲右威衞上將軍辛亥河東馬燧來朝時蕃相尚結贊使大將論頰熱卑辭厚意告馬燧請兩國同盟和好上疑其不誠不允故燧自將論頰熱入朝盛言蕃相請盟可以保信上乃從之許盟于平凉夏四月庚申詔蕃寇雖退疆理猶虞安邊之策必有良算宜令常叅官各陳邊事隨所見封進以聞入蕃使崔翰奏於蕃中誘問給役者求蕃國人馬眞數云凡五萬九千餘人馬八萬六千匹可戰者僅三萬人餘悉老幼庚午御麟德殿試定難樂曲馬燧所獻五月丁亥以侍中渾瑊爲吐蕃清水會盟使兵部尚書崔漢衡副之瑊與駱元光率師二萬往會盟所丁酉以左丞暢悅爲湖南觀察使戊戌左右神策左右龍武各加將軍一員丙午以嶺南節度使杜祐爲尚書右丞以容管經略使李復爲廣州刺史嶺南節度使蕃相尚結贊請改會盟之所於原州之土梨樹神策將馬有麟奏土梨地多險阨恐蕃軍隱伏不如平凉川其地坦平又近涇州乃改盟於平凉川十月東都河南江陵汴州揚州大水漂民廬舍閏月乙卯以國子司業裴冑爲潭州刺史湖南觀察使戊午陝虢李泌獻瑞麥一莖五穗庚申詔省州縣官員上州留上佐錄事叅軍司戶司士各一員中州上佐錄事叅軍司戶司兵各一員下州上佐錄事司戶各一員京兆河南兩府司錄判司及四赤丞簿尉量留一半諸赤畿縣留令丞尉各一員時宰相張延賞請減官收俸料以助軍討吐蕃故也壬戌日有黑暈自辰及申方散癸亥以荊南節度使檢校戶部尚書嗣曹王皐爲襄州刺史山南東道節度襄鄧郢安隨唐等州觀察使以山南東道節度使樊澤爲江陵尹荊南節度使辛未侍中渾瑊與吐蕃宰相尚結贊同盟于平凉爲蕃兵所刼瑊狼狽遁而獲免崔漢衡已下將吏陷沒者六十餘人癸酉遣使齎書以讓結贊蕃界不受戊寅枉矢墜于虛危辛巳以少府監盧嶽爲陝虢觀察使是月太白晝見凡四十餘日六月丙戌以檢校司徒侍中馬燧爲司徒兼侍中以贊吐蕃之盟失策而罷兵柄也以陝虢觀察使李泌爲中書侍郎平章事以左龍武將軍李自良爲檢校工部尚書太原尹河東節度使乙巳浙西觀察使白志貞卒是月吐蕃驅鹽夏二州居民焚其州城而去七月甲寅渾瑊自盟所來素服待罪釋之乙卯詔朕頃緣興師備邊費用不給遂權議減官以務集事近聞授官者皆已隨牒之任扶老攜幼盡室而行俸祿未請歸還無所衣冠之弊流寓何依其先勅所減官員並依仍舊初旣減員內外咨怨張延賞李泌初入相乃諷諫官論之乃下此詔丙辰平凉陷蕃官員崔漢衡已下各與一子正員官以左羽林大將軍韓潭爲夏州刺史夏綏銀等州節度使壬申賜駱元光姓曰李元諒尚書左僕射同中書門下平章事張延賞薨贈太保癸酉復置吏部小選八月辛巳朔日有蝕之丁亥陷蕃兵部尚書崔漢衡得還己丑以兵部侍郎平章事柳渾爲散騎常侍罷知政事壬申以給事中王緯爲潤州刺史江西觀察使常州刺史劉贊爲宣州刺史宣歙池觀察使戊戌貶前門下侍郎同平章事蕭復爲太子左庶子饒州安置坐宗人位佩儒偲鼎等連郜國長公主姦蠱事也戊辰吐蕃犯塞諸軍戒嚴九月丁巳吐蕃大掠汧陽吳山華亭界民庶徙於安化峽西庚申左庶子崔造卒癸亥迴紇可汗遣使合闕將軍請昏於我許以盛安公主降之

丙寅吐蕃陷華亭又陷涇州之連雲堡甲戌吐蕃退俘掠邠涇隴等州民戶殆盡自是蕃寇常至涇隴冬十月吐蕃修源州城屯據之丁亥太子太傅李叔明卒丙戌神策將魏循上言射生將韓欽緒等十餘人與資敬寺妖僧李廣弘同謀不軌廣弘自言當爲人主約十月十日大舉已署置將相名目詔捕劾之連坐死者百餘人欽緒遊瓌之子特赦之是月復降魚書停刺史務十一月丁丑以湖南觀察使趙憬爲給事中是夜京師地震者三鳥巢散落壬申禁商人不得以口馬兵械市於党項辛丑鄜坊節度使論惟明卒是歲作玄英觀於大明宮北垣

舊唐書卷十二考證

德宗本紀卷上大歷十四年閏月以壽州刺史杜亞爲江西觀察使○沈炳震曰大歷十二年除亞爲江西觀察使本傳德宗立召入朝此應代亞爲觀察使者考張鎰傳德宗即位鎰由壽州刺史遷江西則此當是張鎰也

二年十一月己巳詔成德軍節度都知兵馬使恒州刺史襲高麗朝鮮郡王李惟岳繼襲父業蔑棄國恩云云○臣德潛按此制惟岳官爵詔也惟岳封隴西郡王此高麗朝鮮四字顯誤

三年七月宣武軍節度李勉爲檢校司徒○沈炳震曰勉未嘗爲宣武軍節度當是永平

十二月癸酉以中書侍郎同平章事關播爲刑部尚書○新書在明年正月

二年八月遣河中節度使駱元光鎮咸陽○臣德潛按新書吐蕃傳河中節度使渾瑊華州節度使駱元光是時河中節度乃瑊非元光也此當有闕文

三年閏五月太白晝見凡四十餘日○天文志未書

# 舊唐書卷十三

後晉司空同中書門下平章事劉 昫撰

## 本紀第十三

### 德宗下

貞元四年春正月庚戌朔上御丹鳳樓制曰朕以菲薄託於王公之上恭承天地之序虔奉祖宗之訓遐想至理思臻大和而誠不感物化不柔遠聲教猶鬱征賦仍繁頃者務於安人不憚屈己與西蕃結好申以齊盟而戎心不厭背義虧信劫脅士庶屢犯封疆元元何辜皆朕之失乃者輦轂之下兇狂結構上帝垂祐悉自伏誅

刑以止殺諒非獲已今三陽布和萬物資始思與羣公兆庶惟新政理宜敷在宥之澤以覃作解之恩可大赦天下大辟已下罪咸赦除之是日質明含元殿前階基欄檻壞損三十餘間壓死衞士十餘人京師地震辛亥又震壬子又震壬戌以左龍武大將軍王西曜爲麟州刺史鄜坊丹延節度使丁卯京師地震戊辰又震庚午又震以宣武軍行營節度使劉昌爲涇州刺史四鎮北庭行軍涇原等州節度使癸酉京師地震甲戌以華州潼關節度使李元諒兼隴右節度使臨洮軍使乙亥地震金房尤甚江溢山裂廬舍多壞居人露處陳留雨木如大指長寸餘有孔通中下而植於地凡十里許辛巳李泌以京官俸薄請取中外給用除陌錢及闕官俸外一分職田額內官俸及刺史執刀司馬軍事等錢令戶部別庫貯之以給京官月俸令御史中丞竇參專掌之歲得錢三百萬貫謂之戶部別處錢朝臣歲不過五十萬常有二百餘萬以資國用壬午地震甲申又震乙酉又震丙申又震甲辰太僕郊牛生犢六足又豕生兩首四足築延喜門北複道屬永春門涇原劉昌復築連雲堡戊辰鹿入京師市門甲寅地震宴羣臣於麟德殿設九部樂內出舞馬上賦詩一章羣臣屬和己未地震丁卯有司條奏省官其左右常侍太子賓客請依前置四員從之庚午地震詔涇原劉昌於平涼會盟所收被害將士骸骨葬於淺水原爲二冢立石堠志之題曰懷忠冢辛未地震中書省梧樹有鵲以泥爲巢癸巳以太子左庶子暢悅爲桂管觀察使改左右射生爲左右神威軍福建兵亂逐觀察使吳詵丁未隴右李元諒築良原城丁巳右龍武統軍張伯儀卒辛酉以吉州刺史張庭爲安南都護本管經略使昇鄆州爲大都督府壬戌加置諫議大夫八員分中書四員爲右門下四員爲左檢校左庶子蕭復卒於饒州丙寅地震丁卯又震月犯歲星辛未太子賓客吳湊爲福建觀察使乙亥熒惑歲鎮三星聚營室凡二十日是月吐蕃寇涇邠寧慶鄜等州焚彭原縣邊將閉城自固賊驅人畜三萬計凡二旬而退吐蕃入寇以秋冬今盛暑而來華人陷蕃者道之也六月丁丑鄂岳觀察使李兼卒乙酉以尚書左丞杜祐爲陝州長史陝虢觀察使徵夏縣處士先除著作郎陽城爲諫議大夫城以褐衣詣闕上賜之章服而後召乙丑桂管都防禦觀察使暢悅卒乙未以諫議大夫何士幹爲鄂嶽沔蘄黃等州都團練觀察使乙亥封皇子皇弟邕王諒等七人爲王兼卿監祭酒等官癸卯熒惑退

行入羽林秋七月庚戌以左金吾將軍張獻甫爲邠寧節度使陳許防禦兵馬使韓全義檢校工部尚書充長武城及諸軍行營節度使癸丑邠寧軍因韓遊瓌受代憚張獻甫之嚴乘其無帥縱兵大掠仍脅監軍楊明義奏請范希朝爲帥都虞候楊朝晟斬其亂首二百餘人方定朝命仍以希朝副獻甫己未奚室韋寇振武軍壬戌詔以太尉中書令西平郡王李晟長子愿爲銀青光祿大夫太子賓客賜勳上柱國與晟門並列戟乙丑以前撫州刺史戴叔倫爲容州刺史兼御史中丞本管經略使丁丑以兵部尚書崔漢衡爲晉州刺史晉慈隰觀察使壬申詔嗣王郡王朝會班位在本官班之上左右庶子準令在左右丞侍郎之下諸司四品之上今在少卿之下非也宜改之乙亥以蘇州刺史孫晟爲桂州刺史桂管觀察使荆河自陝州至河陰水色如墨流入汴口至汴州一宿而復又汴鄭管內烏皆入田緒李納之境銜柴爲城方十餘里高二三尺緒納惡而去之信宿復如之烏口皆流血八月以權判吏部侍郎吉中孚爲中書舍人乙酉檢校司徒兼太子太師汧國公李勉薨甲午京師地震其聲如雷九月丙午詔比者卿士內外左右朕躬朝夕公門勤勞庶務今方隅無事烝庶小康其正月晦日三月三日九月九日三節日宜任文武百寮選勝地追賞爲樂每節宰相及常參官共賜錢五百貫文翰林學士一百貫文左右神威神策等軍每廂共賜錢五百貫文金吾英武威遠諸衞將軍共賜錢二百貫文客省奏事共賜錢一百貫文委度支每節前五日支付永爲常式戊申晉慈隰觀察使崔漢衡加都防禦使名癸丑賜百寮宴於曲江亭仍作重陽賜宴詩六韻賜之羣臣畢和上品其優劣以劉太眞李紓爲上等鮑防于召爲次等張濛殷亮等二十人又次之唯李晟馬燧李泌三宰相之詩不加優劣庚申吐蕃寇邠寧坊等州冬十月詔中書門下選常參官曾爲牧宰有理行者以名聞宰臣奏于頎董晉等十二人前任有治迹詔頎等於左右丞聽各言政要左右丞條奏上乃御宣政殿親試其言而後用之丙戌以右神策將軍李長榮爲河陽三城懷州團練使仍賜名元戊子迴紇公主將妾媵六十餘人馬二千匹來迎咸安公主命刑部尚書關播送公主歸蕃十二月辛巳少府監李觀卒

五年春正月壬辰朔乙卯詔四序嘉辰歷代增置漢崇上巳晉紀重陽或說禳除雖因舊俗與衆共樂咸合當時朕以春方發生候及仲月勾萌畢達天地和同俾其昭蘇宜助暢茂自今宜以二月一日爲中和節以代正月晦日備三令節數內外官司休假一日宰臣李泌請中和節日令百官進農書司農獻穜稑之種王公戚里上春服士庶以刀尺相問遺村社作中和酒祭勾芒以祈年穀從之丁卯右散騎常侍宜城縣子柳渾卒二月己丑貶京兆尹鄭叔則爲永州長史戊戌以滄景留後程懷直爲滄景觀察使庚子以大理卿董晉爲門下侍郎同中書門下平章事以御史中丞竇參爲中書侍郎平章事兼轉運使以戶部侍郎班宏爲戶部尚書依前度支轉運副使三月甲辰中書侍郎同平章事李泌卒乙卯以兵部郎中姚南仲爲御史中丞司農卿薛珏爲京兆尹以大理卿李速爲黔州刺史黔州觀察使癸亥以賁州刺史龐復爲安南都護本管經略使丙寅貶禮部侍郎劉太眞爲信州刺史以給事中杜黃裳爲河南尹戊辰詔以李懷光外孫燕八八爲左衞率府胄曹參軍賜姓名曰李承緒仍賜錢千貫俾自營居業夏四月乙未以太子少師蕭昕爲工部尚書致仕給半祿料永爲常式初致仕官只給半祿無料上加之以待老臣半料自昕始也五月戊辰宋州麥一莖九岐者百餘本六月乙未以光祿卿裴膩爲桂管觀察使秋七月以嗣滕王湛然爲太子賓客入迴紇使八月辛未以同州刺史竇穎爲戶部侍郎九月壬戌詔以褚遂良已下至李晟等二十七人圖形於凌煙閣以繼國初功臣之像冬十月丙午西川韋皐奏與東蠻合力大破吐蕃於故嶲州擒其將臘遮遮自是吐蕃挫銳竟復嶲州庚午百寮請復徽號不允己丑易定節度使檢校司空平章事張孝忠以擅出兵襲蔚州降檢校司空爲左僕射桂管觀察御史中丞孫晟卒癸巳以戶部侍郎竇覦爲揚州長史兼御史大夫淮南節度使十二月庚午迴紇汨咄祿長壽天親毗伽可汗卒辛未以淮南節度使杜亞爲東都留守畿汝州都防禦使兵部侍郎裴諝爲河南尹司農卿李翼爲陝虢都防禦觀察使壬申以陝虢觀察使杜祐檢校禮部尚書兼揚州長史淮南節度使

六年春正月戊辰朔戊申大雪二月戊辰朔百寮會宴於曲江亭上賦中和節羣臣賜宴七韻是日百寮進兆人本業三卷司農獻黍粟各一斗岐州無憂王寺有佛指骨寸餘先是取來禁中供養乙亥詔送還本寺丙戌以中書舍人陸贄權兵部侍郎甲午以吏部侍郎劉滋爲吏部尚書丁酉王武俊守棣州將趙鎬以郡歸李納武俊怒以兵攻之三月庚子百寮宴于曲江亭上賦上

巳詩一篇賜之壬寅渾瑊自河中來朝戊午牂柯蠻來朝甲子以旱日色如血無光夏四月甲辰大風雷閏月庚申太白辰星聚東井戊午始雨五月丙寅朔上御紫宸受朝上以是月一陰生臣子道長父子必以是朔面焉故取朔日受朝壬午以寧州刺史范希朝爲單于大都護麟勝節度使是夏淮南浙東西福建等道旱井泉多涸人渴乏疫死者衆秋七月丙寅淮南節度使竇覦卒癸酉復嚀親王母曰太妃公主母曰太儀八月丁未工部尚書致仕鮑防卒九月乙丑收諸道進奏院官印悉毁之己卯詔十一月八日有事於南郊太廟行從官吏將士等一切並令自備食物其諸司先無公廚者以本司闕職物充其王府官度支量給廩物其儀仗禮物並仰御史撿節處分冬十月己亥文武百寮京城道俗抗表請徽號上曰朕以春夏亢旱粟麥不登朕精誠祈禱獲降甘雨既致豐穰告謝郊廟朕倘因禋祀而受徽號是有爲爲之勿煩固請也辛亥迴紇弔祭使鴻臚卿郭降復命迴紇遣達北勤梅錄將軍來告九姓迴紇登里邏没密施俱錄忠貞毗伽可汗之喪十一月庚午日南至上親祀昊天上帝於郊丘禮畢還宮御丹鳳樓宣赦見禁囚徒減罪一等立仗將士及諸軍兵賜十八萬段匹令後刺史縣令以四考爲限青州李納以棣州還王武俊幷其兵士三千是歲吐蕃陷我北庭都護府節度使楊襲古奔西州迴紇大相頡干迦斯給襲古請合軍收復北庭乃殺襲古安西因是阻絶唯西州猶固守之迴紇亦爲吐蕃所逼取浮圖川乃遷部落羊馬於牙帳之南以避之

七年春正月壬戌朔己巳襄王僙薨庚辰以湖南觀察使裴胄爲洪州刺史江西觀察使以常州刺史李衡爲潭州刺史湖南觀察使蔡州置汝南縣黑衣大食遣使朝貢以中書舍人韓臯爲御史中丞二月己巳涇原帥劉昌復築平京城城去故原州一百五十里本原之屬縣地當禦戎之衝要昌復浹辰而功畢分兵戍之邊患稍弭庚子侍中渾瑊自河中來朝三月辛酉陳許節度使曲環奏請權停當道冗官待一二年後民力稍給則復之壬戌左龍武統軍戴休顔卒甲子涇原節度使劉昌築胡谷堡改名彰義堡堡在平京西三十五里亦禦戎之要地壬申詔頃來賜衣文彩不常非制也朕令思之宜有定制節度使宜以鶻銜綬帶觀察使宜以鴈銜威儀威儀瑞草也關輔牛疫死十七五六上遣中使以諸道兩稅錢買牛散給畿民無牛者辛巳詔神威神策六軍將士自相訟軍司推勃與百姓相訟委府縣推勃小事移牒大事奏取處分軍司府縣不得相侵癸未義武軍節度使檢校司空平章事張孝忠卒夏四月庚子太子少師致仕蕭昕卒汴州獻白烏戊午詔仲夏之時萬物敷暢陽德方茂陰事始承昔者觀于法象因天地交會之序爲父子相見之儀沿習成風古今不易王者制事在於因人酌其情而用中順其俗以爲禮咸覩之義既行於父子之間資事之情豈隔於君臣之際申恩卿士自我爲初起今年五月朔御正殿召見文武百官外官因朝奏咸聽就列仍編禮式以爲常典己未安南首領杜英翰叛攻都護府都護高正平憂死五月庚申朔上御宣政殿見百官從新制也辛未置柔遠軍爲安南都護府甲申端王遇薨許州獻白烏戊子以衡州刺史齊映爲桂管觀察使六月庚子朔乙巳太常卿崔縱卒秋七月庚午以信州刺史鄭叔則爲福建觀察使癸酉上幸章敬寺賦詩九韻皇太子與羣臣畢和題之寺壁戊寅以邕王諒爲義武軍節度使易定觀察等大使以定州刺史張昇雲爲留後庚辰以虔州刺史趙昌爲安南都護經略招討使八月己丑以翰林學士歸從敬爲工部尚書甲午給事中鄭瑜爲中書舍人丙申貶宗正卿李翰爲雅王傅翰林學士陸贄爲兵部侍郎罷學士庚戌夏州奏開延化渠引烏水入庫狄澤溉田二百頃九月庚申兵部尚書致仕馬炫卒冬十月癸丑每御延英令諸司官長二人奏本司事尋又勅常參官每一日二人引對訪以政事謂之巡對十一月乙丑令常參官趨朝入閤不得奔走周親已下喪者禁慘服朝會須服本色綾袍金玉帶丁酉以前福建觀察使吳湊爲陝州長史陝虢觀察使是冬無雪

八年春正月丙辰朔癸酉罷桂管經略招討使二月丁亥許州人李狗兒持杖入含元殿擊欄檻又格擒者誅之庚子京師雨土己酉吏部尚書李紓卒乙丑山南東道節度使檢校戶部尚書嗣曹王臯薨庚午宣武軍節度使司徒平章事劉玄佐卒癸酉劒南西川節度使韋臯奏請有當道閑員官吏增其俸祿從之己亥以湖南觀察使李衡爲洪州刺史江西觀察使襄州軍亂掠府庫民財殆盡都將徐誠斬其亂首楊清潭方止丙子以荆南節度使樊澤爲襄州刺史山南東道節度使以江西觀察使裴胄爲江陵尹荆南節度使以戶部尚書班宏判度支戶部侍郎張滂爲諸道鹽鐵轉運使己卯以陝虢觀察使吳湊爲汴州刺史宣武軍節度汴宋等州觀察使辛巳以同州刺史姚南仲爲陝虢觀察使壬午以左庶子李允爲京兆尹以蘇州刺史齊抗爲潭州刺史湖南觀察使夏四月丁丑貶左金吾大將軍嗣虢王則之爲昭州司馬左諫議大夫知制誥吳通玄爲泉州司馬給事中竇申道州司馬戊子以雅王傅李翰爲金吾衞大將軍翰前爲竇參所惡貶官至是參敗上遽召翰口授將軍使令金吾仗上事翌日除書方下庚寅以汴州長史劉士寧爲汴州刺史宣武軍節度使時吳湊行次汜水聞其有變而還乙未貶中書侍郎平章事竇參爲郴州別駕竇申景州司戶尋杖殺申諸竇皆貶以尚書左丞趙憬兵部侍郎陸贄爲中書侍郎同中書門下平章事丁酉韋臯請十二而稅以給官吏從之丙午以東都河南淮南江南嶺南山南東道兩稅等物令戶部侍郎張滂主之以河內河東劒南山南西道等財戶部尚書判度支班宏主之一遵大曆故事如劉晏韓滉分掌焉給事中韋夏卿左遷常州刺史坐交諸竇也是月吐蕃寇雲州五月乙卯朔上御宣政殿受朝丙辰初增稅京兆青苗畮三錢以給掌閑彍騎戊午以光祿少卿崔穆爲黔州觀察使己未大風吹壞廬舍門闕丙寅以大理卿王栩爲福建觀察使戊辰初令授臺省官者各具舉主於授官詔先是郎官缺左右丞舉之御史缺大夫中丞舉之詔書不具所舉及趙憬陸贄爲相諫議郎官不宜專於左右丞宜令尚書丞郎各舉其可詔書具所舉官名御史亦如之異日考殿最以舉主能否從之癸酉平盧淄青節度使檢校司徒平章事李納卒癸未前太僕少卿劉士幹有罪賜死劉玄佐養子也六月吐蕃寇涇州秋七月甲寅朔戶部尚書判度支蕭國公班宏卒以管桂觀察使齊映爲洪州刺史江西觀察使以翰林學士歸崇敬爲兵部尚書致仕辛巳大雨八月乙丑以天下水災分命朝臣宣撫賑貸河南河北山南江淮凡四十餘州大水漂溺死者二萬餘人辛卯以青州刺史李師古爲鄆州大都督府長史平盧淄青等州節度觀察海運陸運押新羅渤海兩蕃等使丁未詔以歲凶罷九月賜宴九月丁巳韋臯攻吐蕃之維州獲蕃將論莽熱以獻貶太子賓客于召江州別駕尋卒乙亥以太子賓客薛珏爲嶺南節度使冬十月己亥追封故皇弟遐爲均王庚戌復命金吾置門籍十一月壬子朔日有蝕之己巳貶右庶子姜公輔泉州別駕嚴震奏破吐蕃於芳州壬申詔自今死刑勿決先杖十二月庚寅詔賜遭水縣乏絕戶米三十萬石丁未以給事中李巽爲潭州刺史湖南觀察使閏月癸酉門下省奏郵驛條式應給紙券除門下外諸使諸州不得給往還券至所詣州府納之別給傳還朝常參官在外除授及分司假寧往來並給券從之甲戌牂柯室韋靺鞨皆遣使朝貢

九年春正月庚辰朔朝賀畢上賦退朝觀仗歸營詩乙酉劒南東川節度使王叔邕來朝癸卯初稅茶歲得錢四十萬貫從鹽鐵使張滂所奏茶之有稅自此始也甲辰禁賣劒銅器天下有銅山任人採取其銅官買除鑄鏡外不得鑄造二月庚戌朔先是宰相以三節次宴府縣有供帳之弊請以宴錢分給各令諸司選勝宴會從之是日中和節宰相宴于曲江亭諸司隨便自是分燕焉易定留守張昇雲爲義武軍節度使辛酉詔復築鹽州城貞元三年城爲吐蕃所毁自是塞外無堡障犬戎入寇既成之後邊患息焉三月己亥以駕部郎中知制誥張式爲虢州刺史夏四月辛酉地震有聲如雷河中關輔尤甚壞城壁廬舍地裂水涌五月庚申廢諸州府執刀甲辰以義成軍節度使檢校右僕射賈耽爲左僕射同中書門下平章事以尚書左丞盧邁本官同平章事以鄭州刺史李融爲滑州刺史義成軍節度使乙巳韋臯奏遣軍出西山破吐蕃峨和城定兼城通鶴軍凡平堡五十餘所是日以蕃俘器仗來獻丙戌以門下侍郎平章事董晉爲禮部尚書罷知政事甲寅加韋臯檢校右僕射以司農少卿裴延齡爲戶部侍郎判度支庚申以給事中李衡爲戶部侍郎諸道鹽鐵轉運使秋七月乙未勅縣令以四考爲限無替者宜至五考庚子以信州刺史孫公器爲邕管經略使故事宰相秉筆決事每人十日一易至是賈耽趙憬陸贄盧邁同平章政事百寮有所關白更相讓而不言始詔令旬日秉筆後詔每日更秉筆劒南西川羌女國王楊立志哥鄰王董臥庭白狗王羅陀忿弱水王董避和逋租王弟鄧告知南水王姪尚悉曩等六國君王自來朝貢六國初附吐蕃韋臯出西山討吐蕃故六蠻內附各授官勅遣之八月庚戌太廟中書令西平郡王李晟薨贈太師廢朝五日己巳皇太子長男廣陵王淳納妃郭氏九月己卯罷九日宴以太師晟喪也冬十月己酉侍中馬燧對于延英燧足疾詔令不拜行仆於地命宦者扶持之上謂之曰前日卿與太尉晟俱來今公獨至因歔欷泣下及燧退上送及階癸酉瓌王國獻犀牛上令見于太廟十一月乙酉日南至上親郊圜丘是日還宮御丹鳳樓制曰朕以寡德祗膺大寶勵精理道十有五年夙夜惟寅罔敢

自逸小大之務莫不祗勤皇靈懷顧宗社垂祐年穀豐阜荒服會同遠至邇安中外咸若永惟多祐實荷玄休是用虔奉禮章躬薦郊廟克展因心之敬獲申報本之誠慶感滋深悚惕惟勵大福所賜豈獨在予思與萬方均其惠澤可大赦天下辛卯華州潼關鎮國軍隴右節度使李元諒卒於良原以其部將阿史那叙統元諒之衆戍良原壬寅河南尹東都留守裴諝卒甲辰冬制薦官宜令尚書丞郎於都堂訪以理術試時務狀考其通否及歷任考課事迹定爲三等并舉主姓名仍令御史一人爲監試如授官後政事能否委御史臺觀察使以聞而殿最舉主十二月丙午朔制今後使府判官副使行軍已下使罷後如是檢校試五品以上官不合集於吏部選任准罷使郎官御史例冬季聞奏丙辰宣武軍亂逐節度使劉士寧壬戌以通王諶爲宣武軍節度使以宣武軍節度副使李萬榮爲汴州刺史宣武軍節度汴宋等州觀察留後朔方靈鹽節度副大使太子少師檢校左僕射餘姚郡王杜希全卒

十年春正月乙亥朔乙酉以虔王諒爲朔方靈鹽豐節度大使以朔方等道行軍司馬李欒爲留後壬辰南詔異牟尋大破吐蕃於神川使來獻捷己亥昭義節度使檢校司空平章事李抱眞請降官乃授檢校左僕射時抱眞病巫祝言宜降爵故有是請二月丙午以瀛州刺史劉澭爲秦州刺史隴右經略軍使理普閏縣仍以普閏軍爲名乙卯以給事中齊抗爲河南尹乙丑義成軍節度使鄭滑觀察使李融卒丁卯詔君臣之際義莫重焉每聞甍殂良深悼惻應文武朝臣甍卒者其月俸料宜全給仍更准本官一月俸料以爲賻贈三月乙亥黄霧四塞日無光以華州刺史李復爲滑州刺史義成軍節度使滄州程懷直來朝賜安業坊宅妓一人復令還鎮庚辰南詔異牟尋攻收吐蕃鐵橋已東城壘一十六擒其王五人降其民衆十萬口壬申以同州刺史盧徵爲華州刺史潼關防禦鎮國軍等使辛丑以延州刺史李如暹所部蕃落賜名曰安塞軍以如暹爲軍使夏四月戊辰地震癸丑復震恒州奏見巨人迹以雲南告捷使高細龍爲左武衞將軍是月太白晝見有大鳥飛集宮中食雜骨是春霖雨罕有晴日六月壬寅朔昭義軍節度使檢校左僕射同中書門下平章事義陽王李抱眞卒詔以其將王延貴權知昭義軍事癸丑以祠部郎中袁滋兼御史中丞爲冊南詔使甲寅以辰州刺史房孺復爲容管經略使丙寅韋皐奏西山峨和城擊破吐蕃城柵斬首二千八百級庚午度支使裴延齡兼靈鹽等州鹽池井榷使辛未晦有水鳥集於左藏庫是夜暴雨大風折木秋七月壬申朔以邕王諒爲昭義軍節度使以昭義軍押衙王延貴爲潞府左司馬充昭義節度留後賜名虔休抱眞別將權知洺州事元誼不悦虔休爲留後據洺州叛陰結田緒庚辰賜南詔異牟尋金印銀窠其文曰貞元冊南詔印先是吐蕃以金印授南詔韋皐因其舊而請之汴州軍亂攻節度留後李萬榮不勝而潰萬榮悉捕斬其孥己亥前汴州節度使劉士寧宜於郴州安置欽州守鎮黄少卿叛攻邕管經略使孫公器又陷欽横潯貴等州吐蕃大將論乞髯陽没藏悉諾硉以其家内附授歸義將軍因置四品已下武官以授四夷歸附者仍定懷化大將軍已下俸錢九月辛未朔以袁州刺史董鎮爲邕管經略使戊子賜百寮九日宴上賦詩賜之辛卯南詔獻鐸槊浪人劒吐蕃印八紐戊戌定州張雲昇改名茂昭冬十月癸卯御宣政殿試賢良方正能直言極諫等舉人壬戌刑部尚書劉滋卒十一月乙酉諸道鹽鐵轉運使張滂爲衞尉卿以浙西觀察使王緯爲諸道鹽鐵轉運使庚寅秘書監致仕穆寧卒十二月庚子朔壬戌貶中書侍郎平章事陸贄爲太子賓客

十一年春正月庚午朔乙亥嶺南節度使薛珏卒乙未以秘書少監王礎爲黔中經略觀察使衞尉少卿武少儀爲邕管經略使丙申以邕管經略使王鍔爲廣州刺史嶺南節度使二月癸卯以衢州刺史李若初爲福建觀察使乙巳冊渤海大欽茂之子嵩爲渤海郡王忽汗州都督乙卯於涇州彰信堡置潘原縣甲子九姓迴紇骨咄祿毗伽奉誠可汗卒三月庚午司徒兼侍中馬燧以疾請罷侍中不許辛未賜宰臣兩省供奉官宴於曲江亭乙丑以吏部侍郎鄭瑜爲河南淮南水陸轉運使丙申諸州準例薦隱居丘園不求聞達蔡廣成等九人各受試官令給公乘到京日量才叙用夏四月旱壬戌貶太子賓客陸贄爲忠州別駕京兆尹李元信州長史衞尉卿張滂汀州長史癸亥以兵部侍郎韓皐爲京兆尹甲子賜南詔勅書始列中書三官奉宣行復舊制也丙寅幽州劉濟奏大破奚王啜剌等六萬餘衆五月丁卯朔庚午命有司慮囚旱故也丁丑以宣武留後李萬榮爲汴州刺史宣武節度副使知節度事以昭義軍節度留後王虔休爲潞州大都督府長史昭義軍節度副大使知節度事管内度支營田潞澤磁邢洺觀察使又以朔方留後李欒爲靈州大都督府長史朔方靈鹽豐夏四州受降定遠城天德軍節度副大使知節度事管内度支營田觀察押蕃落等使甲申河東節度使檢校工部尚書太原尹李自良卒庚寅遣使冊九姓迴紇騰里羅羽錄没密施合胡六骨咄祿毗伽懷信可汗癸巳以通王諶爲河東節度使以河東行軍司馬李悦爲河東節度營田觀察留後北都副留守甲午初鑄河東監軍印監軍有印自王定遠始也六月河陽獻白烏甲辰晉慈隰觀察使崔漢衡卒癸丑以絳州刺史姚齊梧爲晉慈隰都防禦觀察使秋七月丙寅朔右諫議大夫陽城爲國子司業河東監軍王定遠配流崖州坐專殺也辛卯江西觀察使洪州刺史齊映卒八月辛亥司徒兼侍中北平郡王馬燧薨贈太傅丙辰以楚州刺史路寰爲洪州刺史江西觀察使閏月己丑國子司業裴澄表上乘輿月令十二卷理典十二卷九月己卯賜宰臣兩省供奉官宴於曲江賦詩六韻賜之丁巳加韋皐統押近界諸蠻及山西八國雲南安撫等使滄州大將程懷信逐其帥程懷直冬十月丁丑以虔王諒爲横海軍節度大使以兵馬使程懷信爲留後十一月丙申日南至不受朝賀以司徒馬燧葬也辛丑太常定馬燧謚曰景武上曰景太祖謚改莊武可也己酉潭州獻赤烏十二月戊辰上獵苑中戒多殺止行三驅之禮勞士而還

十二年春正月甲午朔庚子元誼李文通率洺州兵五千民五萬家東奔田緒壬子以前滄州節度使程懷直爲左龍武統軍乙丑成德軍節度使檢校司徒兼侍中渾瑊兼中書令興元節度使嚴震魏博田緒西川韋皐並加檢校左右僕射同中書門下平章事於是方鎮皆叙進兼官上制貞元廣利藥方五百八十六首頒降天下三月癸巳朔甲午韋皐奏收降蠻七千戶得吐蕃所賜金字告身五十五片乙巳以戶部侍郎裴延齡爲戶部尚書戊申以兵部尚書董晉充東都留守判東都尚書省東畿汝州都防禦使四月壬戌朔戊辰左右十軍使奏去年冬車駕幸諸營欲於銀臺亭子門外立碑以紀聖迹從之庚午魏博節度使度支營田觀察使檢校左僕射平章事魏州長史駙馬都尉鴈門郡王田緒卒庚辰上降誕日命沙門道士加文儒官討論三教上大悦五月辛卯朔丙申邠寧節度使張獻甫卒甲辰以邠寧都虞候楊朝晟爲邠州刺史邠寧慶節度使銀夏節度使韓潭讓所授禮部尚書乞雪崔寧許其家收葬丁巳駙馬郭曖王士平曖弟曙晤坐代宗忌辰飲宴貶官歸第六月壬戌故驩州司戶竇參許其家收葬乙丑初置左右護軍中尉監中護軍監以授宦官以左右神策軍使竇文場霍仙鳴爲左右神策護軍中尉監以左右神威軍使張尚進焦希望爲左右神威中護軍監辛巳宣歙觀察使宣州刺史劉贊卒七月乙未以東都留守兵部尚書董晉檢校左僕射同中書門下平章事汴州刺史宣武軍節度使宋亳潁觀察使時李萬榮病萬榮子廼自署爲兵馬使軍人又逐廼汴州亂故命董晉帥之以太子賓客王翃爲東都留守判東都尚書省事東畿汝都防禦使是日汴州節度使李萬榮卒八月辛未朔日有蝕之己巳以前魏博節度副使田季安爲魏州長史魏博節度觀察等使庚午增修望仙門廣夾城十王宅六王宅癸酉以虢州刺史崔衍爲宣歙池觀察使以乞髯子湯忠義爲歸德軍丙子以汝州刺史陸長源爲宣武行軍司馬丙戌門下侍郎平章事趙憬薨九月甲午以河東行軍司馬李景略爲豐州刺史天德軍豐州西受降城都防禦使丙午戶部尚書判度支裴延齡卒庚戌幸魚藻宮卽日還内壬子吐蕃寇慶州冬十月壬戌詔以京畿旱放租税甲戌諫議大夫崔損給事中趙宗儒並同中書門下平章事俱賜金紫以少府監崔穆爲晉州刺史晉慈隰觀察使十一月辛卯昭義王虔休造誕聖樂曲以獻十二月己未大雪平地二尺竹栢多死環王國所獻犀牛甚珍愛之是冬亦死上著刑政箴一首癸未迴紇南詔劒南西山國女國王並來朝賀

十三年春正月戊子朔庚寅太子少師致仕關播卒壬寅吐蕃贊普遣使修好塞上以聞上以犬戎負約不受其使東都尚書省火二月丁巳賜宰臣兩省供奉官宴於曲江亭乙亥度支郎中蘇弁爲戶部侍郎判度支兵部郎中王召判戶部三月戊子造會慶亭於麟德殿前乙巳以福建都團練使李若初爲明州刺史浙東觀察使以婺州刺史柳冕爲福建觀察使夏四月壬戌上幸興慶宮龍堂祈雨乙丑大雪庚午義成軍節度使鄭滑觀察營田檢校左僕射滑州刺史李復卒己卯以大理卿于頔爲陝州長史陝虢觀察使庚辰以陝虢都防禦觀察轉運等使姚南仲爲滑州刺史義成軍節度鄭滑觀察使五月丙戌朔韋皐收復嶲州畫圖來上壬子以庫部郎中翰林學士鄭餘慶爲工部侍郎知吏部選事六月己卯朔以衡州刺史陳雲爲邕管經略使辛巳引龍首渠水自通化門入至太清宮前壬午韋皐奏於嶲州破吐蕃生擒大籠官士人馬畜器械不可勝紀秋七

月丙戌宰相盧邁請告累月四表避相位是日命宰臣問疾於盧邁私第己丑右神策中尉霍僊鳴病賜馬十匹令於諸寺齋僧壬辰浚湖渠魚藻池深五尺乙未地震甲辰以兵部郎中判戶部王召爲戶部侍郎乙丑詔令後嗣王薨葬所司並供鹵簿永爲常式八月丁巳詔京兆尹韓皋修昆明池石炭賀蘭兩堰兼湖渠壬午容管經略使房孺復卒九月己丑盧邁懇讓相位乃授太子賓客辛卯九日宴宰臣百官於曲江上賦詩以賜之己未江西觀察使路瓌卒甲辰陞定州爲大都督府以湖南觀察使李巽爲江州刺史江西觀察使以禮部侍郎呂渭爲潭州刺史湖南觀察使冬十月癸丑朔以前滁州刺史房濟爲容管經略使丙辰黔中觀察使奏溪州人戶訴被前刺史魏從琚於兩稅外每年加進朱砂一千觔水銀二百馱戶民疾苦請停從之淮南吳少誠擅開淘刁河汝河詔使不能禁癸酉宰相賈耽以疾避相位不允丁丑徐泗節度使張建封來朝上嘉之次日於延英召對癸巳贈太傅馬燧祔廟命所司供少牢祭仍給鹵簿從宅至廟十二月庚辰右龍武統軍韓遊瓌卒

十四年春正月壬午朔庚寅詔諸道州府應貞元八年至十一年兩稅及榷酒錢在百姓腹內者總五百六十萬七千貫並除放甲午勅比來朝官或相過從金吾皆上聞其間如是親故或嘗同寮伏臘歲時須有還往亦人倫常禮今後不須奏聞因張建封奏議也二月壬子朔戊午上御麟德殿宴文武百寮初奏破陣樂徧奏九部樂及宮中歌舞妓十數人列於庭先是上制中和樂武曲是日奏之日宴方罷比詔二月一日中和節宴以雨雪改用此日上又賦中春麟德殿宴羣臣詩八韻羣臣頒賜有差乙亥賜光蔡節度曰彰義軍三月丙申右神策行營節度鳳翔隴右觀察使檢校尚書右僕射鳳翔尹邢君牙卒以右神策將軍張昌爲鳳翔尹右神策行營節度鳳翔隴右節度使仍改名敬則夏四月乙丑以左諫議大夫平章事崔損爲修奉八陵使先是昭陵寢殿爲火所焚至是獻昭乾定泰五陵各造屋三百八十間橋元建三陵據闕補造五月庚辰朔甲午前東都留守東畿汝都防禦使檢校吏部尚書杜亞卒丙午戶部侍郎判度支蘇弁爲太子詹事上特召度支郎中于頎于延英兼御史中丞賜金紫令判度支閏月庚申以左神策行營節度韓全義爲夏州刺史兼鹽夏綏銀節度使以代韓潭甲子貶太子詹事蘇弁爲汀州司戶兄贊善大夫袞爲永州司戶前京兆府士曹晁爲信州司戶六月癸卯太子賓客盧邁卒乙巳以旱儉出太倉粟賑貸秋七月以吉州刺史杜春爲邕管經略使乙卯貶京兆尹韓皋爲撫州司馬召右金吾將軍吳湊于延英面授京兆尹即令入府視事是夏熱甚壬申以給事中同中書門下平章事趙宗儒爲太子左庶子以左諫議大夫平章事崔損爲門下侍郎平章事以工部侍郎鄭餘慶爲中書侍郎同平章事左神策護軍中尉霍僊鳴卒丁丑以宦者第五守亮代僊鳴爲中尉己卯左右神策置統軍品秩奉給視六軍統軍例甲午崔損修奉八陵寢宮畢羣臣於宣政殿行稱賀江西觀察使潤州刺史王緯卒九月丁未朔己酉山南東道節度使檢校尚書右僕射襄州刺史樊澤卒乙卯以同州刺史崔宗爲陝州大都督府長史陝虢觀察水陸轉運使以浙東觀察李若初爲潤州刺史浙西觀察使及諸道鹽鐵轉運使又以常州刺史裴肅爲越州刺史浙東觀察使丙辰以陝虢觀察使于頔爲襄州刺史山南東道節度使丁卯杞王倕薨以太常卿杜確爲同州刺史本州防禦長春宮使癸酉諫議大夫田登奏言兵部武舉人持弓挾矢數千百人入皇城恐非所宜上聞之瞿然乃命停武舉冬十月癸酉以歲凶穀貴出太倉粟三十萬石開場糶以惠民庚子夏州韓全義奏破吐蕃鹽州十一月己未韋皋進開西南蠻事狀十卷敍開復南詔之由十二月戊子太子少師致仕郢國公韋倫卒癸酉出東都含嘉倉粟七萬石開場糶以惠河南饑民己亥南詔異牟尋遣使賀正且明州鎮將栗鍠殺刺史盧雲

十五年春正月丙午朔甲寅雅王逸薨甲戌浙西觀察使李若初卒二月罷中和節宴會年凶故也丁丑宣武軍節度使檢校左僕射平章事汴州刺史董晉卒乙酉以行軍司馬陸長源檢校禮部尚書汴州刺史御史大夫宣武軍節度度支營田汴宋亳潁節察等使以常州刺史李錡爲潤州刺史浙西觀察使及諸道鹽鐵轉運使是日汴州軍亂殺陸長源及節度判官孟叔度丘潁軍人臠而食之監軍俱文珍以宋州刺史劉逸準久爲汴之大將以書招之俾靜亂乙丑以宋州刺史劉逸準檢校工部尚書兼汴州刺史宣武軍節度使仍賜名全諒乙未裴肅奏於台州擒栗鍠以獻斬於獨柳樹癸卯罷三月羣臣宴賞歲饑也出太倉粟十八萬石糶於京畿諸縣三月甲寅吳少誠寇唐州殺監軍召國朝掠居民千餘而去丁巳以度支郎中兼中丞于頔爲戶部侍郎依前判度支戊午昭義軍節度使檢校工部尚書王虔休卒戊辰以河陽三城節度使李元爲潞州長史昭義軍節度澤潞磁邢洺觀察使以河陽節度押衙衞濟爲懷州刺史河陽三城懷州節度使辛未太子少師致仕于頎卒壬申於易州滿城縣置永清軍癸酉令江淮歲運米二百萬石雖有是命然歲運不過四十萬石四月丁丑以久旱令陰陽人法術祈雨壬午內侍省加置內給事二員癸未以安州刺史伊慎爲安黃節度營田觀察使庚寅應京城內外諸軍縣鎮職員官見共五萬八千二百七十一人宜令每人賜粟一石乙未特進兵部尚書歸崇敬卒五月甲辰朔戊辰宗正卿嗣吳王巘薨六月己卯黔中觀察使御史中丞王礎卒癸巳山南西道節度使檢校尚書左僕射平章事嚴震卒秋七月乙巳以興州刺史興元都虞候嚴礪爲興元尹兼御史大夫山南西道節度度支營田觀察等使丙午故唐安公主賜謚曰莊穆公主賜謚自唐安始也丁未以王礎廢朝一日觀察使卒廢朝自礎始也戊午貶諫議大夫苗拯萬州刺史左拾遺李繁播州參軍以私議除拜嚴礪不當而無章疏而偶言累上疏故也鄭滑大水八月壬申朔丙申陳許節度使檢校尚書右僕射許州刺史曲環卒丁酉以洋州刺史韋士及爲黔中觀察使丙午以陳許兵馬使前陳州刺史上官涗爲許州刺史陳許節度使吳少誠謀逆漸甚陷臨潁進圍許州庚戌宣武軍節度使檢校工部尚書汴州刺史劉全諒卒丙辰制吳少誠非次擢用授以節旄秩居端揆之榮任總列城之重期申報效奉我典章而秉心匪彝自底不類兇狡成性扇構多端擅動甲兵暴越封壤壽州茶園輒縱凌奪唐州詔使僭搆殺傷干犯國章罪在無赦朕以王者之德在乎好生人君之體務於含垢寧屈已以宥罪不殘人以興師以上稽宗社之威外抑忠賢之請庶有悛革尚議優容幸隣境之喪逞貪亂之志焚略縣邑殘暴吾民朕尤冀知非爲之忍恥亟頒恩命未許出師至乃攻逼許州肆其蠆毒恣行殺戮流害黎蒸惡稔禍盈人神同棄興言致討實悼于懷宜令諸道各出師徒犄角齊進吳少誠在身官爵並宜削奪己巳自今中和重陽二節每節只禁屠一日辛酉以大理評事宣武軍都知兵馬使韓弘檢校工部尚書兼汴州刺史御史大夫宣武軍節度使冬十月己丑邕王謜薨吏部侍郎奚陟卒十一月乙巳冬至罷朝會兵興也壬子襄州于頔奏于朗山破淮南賊三千八十二月庚午朔方等道副元帥河中絳州節度使檢校司徒兼奉朔中書令渾瑊薨乙未戰淮西賊於小溵河王師不利諸軍自潰丁酉以同州刺史杜確爲河中尹河中絳州觀察使

十六年春正月庚子朔乙巳恒冀定州許河陽四鎮之師與賊戰皆不利而退南詔獻奉聖樂舞曲上閱於麟德殿前二月己酉以左神策行營銀夏節度等使韓全義爲蔡州行營招討使陳許節度使上官涗副之己丑左龍武統軍程懷直卒己酉華州刺史潼關防禦鎮國軍使盧徵卒壬子以尚書右丞袁滋爲華州刺史潼關防禦鎮國軍使夏四月丁亥黔中知宴設吏傅近逐觀察使韋士宗己丑以昭義軍節度使姚南仲爲右僕射以權知新羅國事金俊邕襲祖開府檢校太尉雞林州都督新羅國王辛卯以義成軍行軍司馬盧羣爲滑州刺史兼御史中丞義成軍節度使壬申檢校兵部尚書京兆尹吳湊卒五月戊戌朔以雨罷朝庚戌韓全義與蔡賊將吳少誠戰於溵水南王師敗績徐泗濠節度使檢校尚書右僕射徐州刺史張建封卒壬子徐州軍亂不納行軍司馬韋夏卿迫建封子愔爲留後丙寅韋士宗却入黔州丁卯以吏部侍郎顧少連爲京兆尹六月丙午鄆州李師古淮南杜祐並加同平章事以祐兼領徐泗濠節度以前虢州參軍張愔起復驍衞將軍兼徐州刺史御史中丞本州團練使知徐州留後秋七月湖南觀察使呂渭卒八月癸酉以河中尹王　爲潭州刺史湖南觀察使九月宥吳少誠駙馬都尉郭曖卒義成軍節度使盧羣卒丙午前太常卿裴郁卒戊辰以左丞李光素爲滑州刺史兼御史大夫義成軍節度使庚戌貶中書侍郎同中書門下平章事鄭餘慶爲郴州司馬戶部侍郎判度支于頔爲泉州司戶以戶部侍郎王召判度支以戶部郎中崔從質爲戶部侍郎癸酉吳少誠賊迫官軍溵水砦下營韓全義退保陳州諸軍散還本道官軍不振以河南少尹張式爲河南尹水陸轉運使庚申以太常卿齊抗爲中書侍郎同平章事癸亥以虔王諒爲徐州節度使張愔爲留後冬十月辛未興元嚴礪希監軍旨誣奏流人通州別駕崔河圖長流崖州賜死人士傷之吳少誠引兵歸蔡州上表待罪戊子詔雪吳少誠復其官爵乙丑河東節度使檢校禮部尚書太原尹兼御史大夫北都留守李悅卒甲午以河東行軍司馬鄭儋檢校工部尚書太原尹河東節度使十一月癸卯泗州濠州宜隸淮南觀察使戊申以太府卿韋渠牟爲太常寺卿十二月戊寅罷吏部復考判官及禮部

別項貢舉

十七年春正月甲午朔甲寅韓全義自蔡州行營還詔歸鎮華州二月癸巳朔賜羣臣宴於曲江亭上賦中和節賜宴曲江詩六韻賜之丁酉雨雹己亥雨霜戊申夜雷震雨雹庚戌大雨雪兼雹三月乙丑賜羣臣宴於曲江亭己巳黔中觀察使韋士宗復爲三軍所逐癸酉衢州刺史鄭式瞻進絹五千匹銀二千兩上曰式瞻犯贓已詔御史按問所進宜付左藏庫丁丑省天下州府別駕司馬田曹參軍京兆河南太原三府外諸府判司雙曹者省一夏四月丁未始命駙馬及郡縣王壻無子者養男不用母蔭辛亥以諫議大夫裴佶爲黔中觀察使五月壬戌朔日有蝕之乙酉邠寧節度使檢校工部尚書邠州刺史楊朝晟卒丙戌以工部侍郎趙植爲廣州刺史兼御史大夫嶺南節度使六月戊戌以定平鎮兵馬使李朝寀檢校工部尚書兼邠州刺史朔方邠寧慶節度使以中官楊志廉爲右神策護軍中尉浙西人崔善眞詣闕上書論浙西觀察使李錡罪狀上覽奏不悅令械善眞送於李錡爲鑿坑待善眞既至和械推而埋之由是錡恣橫叛己酉以邠寧兵馬使高固爲邠州刺史兼御史大夫邠寧慶節度使丁巳成德軍節度使恒冀深趙德棣觀察等使恒州大都督府長史檢校太尉中書令琅邪郡王王武俊薨贈太師謚曰忠烈秋七月戊寅吐蕃寇鹽州辛巳以前成德軍節度副使檢校工部尚書知恒府事清河郡王王士眞起復授恒州長史充成德軍節度使乙酉太常卿韋渠牟卒己丑吐蕃陷麟州殺刺史郭鋒毀城壘而去八月戊午以河東行軍司馬嚴綬檢校工部尚書兼太原尹御史大夫河東節度使九月壬戌韋臯奏大破吐蕃於雅州戊辰羣臣宴曲江上賦九日賜宴曲江亭詩六韻賜之丁丑禮部尚書李齊運卒冬十月加韋臯檢校司徒中書令封南康郡王賞破吐蕃功也戊午鹽州刺史杜彥先委城奔慶州辛未宰相賈耽上海內華夷圖及古今郡國縣道四夷述四十卷甲戌翰林待詔戴少平死十六日復生庚戌以京兆尹顧少連爲吏部尚書以吏部侍郎韋夏卿爲京兆尹淮南節度使杜祐進通典凡九門共二百卷十八年春正月戊午朔大雨雪罷朝賀乙丑驃國王遣使悉利移來朝貢并獻其國樂十二曲與樂工三十五人乙亥韋臯以所擒蕃相論莽熱來獻庚辰以常州刺史賈全爲越州刺史浙東觀察使二月戊子朔賜羣臣宴於馬璘之山池三月癸未以劍南東川行軍司馬李康爲梓州刺史兼御史大夫劍南東川節度使乙丑賜宴羣臣於馬璘之山池己巳以蘄州刺史鄭紳爲鄂州刺史鄂岳蘄沔觀察使癸酉以浙東團練副使齊總爲衢州刺史總以橫賦進奉希恩給事中許孟容封還制書丙戌以河中行軍司馬鄭元爲河中尹兼御史大夫河中絳節度使五月癸亥以寶羣爲左拾遺庚辰以祠部員外郎裴泰爲檢校兵部郎中充南都護本管經略使六月癸巳以吏部尚書顧少連爲兵部尚書東都留守東都畿汝防禦使前東都留守檢校禮部尚書王翃卒秋七月庚辰蔡申光三州春水夏旱賜帛五萬段米十萬石鹽三千石八月壬寅以邕管經略使徐申爲廣州刺史嶺南節度使甲辰以嶺南節度掌書記試大理評事張正元爲邕州刺史御史中丞邕管經略使給事中許孟容以非先賜授封還詔書丁未以戶部侍郎判度支王召爲戶部尚書判度支九月乙卯朔以太常少卿楊憑爲潭州刺史湖南觀察使癸亥賜羣臣宴於馬璘山池上賦九日賜宴詩六韻賜之冬十月丁亥以刑部尚書王鍔爲淮南節度副使兼行軍司馬己酉鄜坊丹延節度使檢校禮部尚書王栖曜卒十一月丙辰以同州刺史劉公濟爲鄜州刺史鄜坊丹延節度使十二月乙巳貶大理卿李正臣爲衞尉少卿正臣爲御史彈劾下獄不堪其辱而死戊申黎州蠻牂柯使入朝

十九年春正月癸丑朔二月壬午朔賜宴馬璘山池丁亥修含元殿賜安黃節度曰奉義軍丙申以桂管留後韋武爲桂州刺史桂管觀察使己亥安南經略使裴泰爲州將王季元所逐甲辰淮南節度使杜祐來朝三月壬子朔以杜祐檢校司空同中書門下平章事太清宮使以淮南行軍司馬王鍔檢校尚書右僕射兼揚州大都督府長史淮南節度使丁卯以今年孟夏禘饗前議太祖懿獻之位未決至此禘祭方正太祖東向之位已下列序昭穆其獻祖懿祖祔于德明興聖之廟每禘祫年就本室饗之乙亥以司農卿李實爲京兆尹夏四月乙未涇原節度使劉昌奏請移行原州爲平涼城從之戊戌百官以祔廟畢蹈舞稱賀五月辛亥湖南節度使檢校工部尚書江陵尹裴胄卒乙未以荊南行軍司馬裴筠爲江陵尹兼御史大夫荊南節度使甲子四鎮北庭行軍涇原節度使檢校右僕射涇州刺史劉昌卒甲戌以涇原節度留後段佑爲涇州刺史兼御史大夫四鎮北庭行軍涇原節度使乙亥吐蕃遣使論頰熱入朝甲辰以陳許行軍司馬劉昌裔檢校工部尚書兼許州刺史陳許節度使自正月至是未雨分命祈禱山川秋七月戊午以關輔饑罷吏部選禮部貢舉己未中書侍郎平章事齊抗爲太子賓客病免也甲戌始雨乙亥尚書右僕射姚南仲薨貸京畿民麥種八月乙未大雨霖冬十月乙未以太子賓客韋夏卿爲東都留守東都畿汝都防禦使閏月丁巳門下侍郎同平章事崔損卒十一月戊寅朔以鹽州兵馬使李興幹爲鹽州刺史許專達于上不隸夏州丙午振武麟勝節度使范希朝來朝戊午以振武行軍司馬閻巨源檢校工部尚書兼單于大都護振武麟勝節度使庚申以太常卿高郢爲中書侍郎同中書門下平章事壬申監察御史崔薳入臺近不練故事違式入右神策軍上怒笞四十配流崖州

二十年春正月丁丑朔丙申天德軍防禦團練使豐州刺史李景略卒以其判官任簡迪代領其任己亥以鄜坊丹延節度使劉公濟爲工部尚書以其行軍司馬裴玢代領其任二月丙午朔罷中和節宴歲儉也庚戌大雷震雨雹三月甲申以吐蕃贊普卒廢朝己亥以國子祭酒趙昌爲安南都護御史大夫本管經略使夏四月辛酉太子賓客齊抗卒丙寅吐蕃使臧闕河南觀察使論乞冉等五十四人來朝貢陳許節度賜號忠武軍五月甲戌朔御宣政殿乙亥以史館修撰秘書監張薦爲工部侍郎兼御史大夫充入吐蕃弔祭使七月癸酉朔大雨雹辛卯福建觀察使柳冕奏置萬安監牧於泉州界置群牧五悉索部內馬牛羊近萬頭匹監吏主之八月戊申以房州刺史郗士美爲黔中觀察使己未以昭義兵馬使盧從史爲檢校工部尚書兼潞州長史昭義軍節度澤潞磁邢洺觀察使九月庚辰賜羣臣宴於馬璘山池冬十月甲辰於景州南皮縣置唐昌軍辛亥易定節度使張茂昭來朝十一月丁酉以監察御史李程秘書正字張聿藍田縣尉王涯並爲翰林學士十二月吐蕃南詔日本國並遣使朝貢庚午以桂管防禦使顏証爲桂州刺史桂管觀察使

二十一年春正月辛未朔御含元殿受朝貢是日上不康丙子以浙東觀察判官凌準爲翰林學士癸巳會羣臣於宣政殿宣遺詔皇太子宜於柩前即位是日上崩於會寧殿享壽六十四甲午遷神柩於太極殿丙申發喪羣臣縞素皇太子即位永貞元年九月丁卯羣臣上謚曰神武孝文廟號德宗十月己酉葬于崇陵昭德皇后王氏祔焉

史臣曰德宗皇帝初總萬機勵精治道思政若渴視民如傷凝旒延納於讜言側席思求於多士其始也去無名之費罷不急之官出永巷之嬪嬙放文單之馴象減太官之膳誡服玩之奢解鷹犬而放伶倫止榷酤而絕貢奉百神咸秩五典克從御正殿而策賢良輟廷臣而治畿甸此皆前王之能事有國之大猷率是而行夫何敢議加以天才秀茂文思雕華灑翰金鑾無愧淮南之作屬辭鉛槧何慙隴坻之書文雅中興夐高前代二南三祖豈盛於茲然而王霸迹殊淳醨代變揆時而理斟酌斯難苟於交喪之秋輕取鄙夫之論歷觀近世靡不敗亡德宗在藩齒胄之年曾爲統帥及出震承乾之日頗負經綸故從初罷郭令戎權非次聽楊炎謬計遂欲混同華裔束縛奸豪南行襄漢之誅北舉恒陽之伐出車雲擾命將星繁罄國用不足以餽軍竭民力未聞于破賊一旦德音掃地愁歎連甍果致五盜僭擬於天王二朱憑凌於宗社奉天之窘可爲涕零罪己之言補之何益所賴忠臣戮力否運再昌雖知非竟逐於楊炎而受佞不忘於盧杞用延賞之私怨奪李晟之兵符取延齡之奸謀罷陸贄之相位知人則哲其若是乎貞元之辰吾道窮矣

贊曰聰明文思惟睿作聖保姦傷善聽斷不令御曆三九適逢天幸賜宴之辰徒矜篇咏

舊唐書卷十三考證

德宗本紀卷下貞元四年六月封皇子皇弟邕王謜等七人爲王○臣德潛按代宗諸子大歷中盡封無至貞元中始王者新書諸王傳是年封憲宗以下十三王則弟當作孫七人當作十四人

六年秋七月丙寅淮南節度使竇覦卒○沈炳震曰本傳覦除淮南赴鎮旬日暴卒覦于去年十月除官不應至七月始赴鎮況五年十二月杜佑已爲淮南節度矣此應屬五年文錯簡于此

八年夏四月左諫議大夫吳通玄爲泉州司馬○新書殺左諫議大夫知制誥吳通玄

十二年正月成德軍節度使檢校司徒兼侍中渾瑊兼中書令○沈炳震曰瑊傳未嘗鎮成德當作河中

舊唐書卷十四

後晉司空同中書門下平章事劉　昫撰

本紀第十四

順宗　憲宗上

順宗至德大聖大安孝皇帝諱誦德宗長子母昭德皇后王氏上元二年正月生於長安之東內大曆十四年六月封宣王建中元年正月丁卯立為皇太子貞元二十一年正月癸巳德宗崩丙申即位於太極殿上自二十年九月風病不能言暨德宗不豫諸王親戚皆侍醫藥獨上臥病不能侍德宗彌留思見太子涕咽久之大行發喪人情震懼上力疾衰服見百寮於九仙門既即位知社稷有奉中外始安庚子羣臣上書請聽政二月辛丑朔甲申以河陽三城行軍司馬元韶為懷州刺史河陽懷州節度使丙午罷翰林醫工相工占星射覆冗食者四十二人己酉以易定張茂昭兼同平章事以來朝故寵之是夜太白犯昴辛卯以吏部郎中韋執誼為尚書右丞同中書門下平章事辛酉貶京兆尹李實通州長史尋卒壬子淄青李師古以兵寇滑之東鄙聞國喪也甲寅釋仗內囚嚴懷志呂溫等一十六人平涼之盟陷蕃久之得還以習蕃中事不欲令出外故囚之仗內至是方釋之日本國王并妻還蕃賜物遣之壬寅以太子侍書翰林待詔王伾為左散騎常侍充翰林學士以前司功參軍翰林待詔王叔文為起居舍人充翰林學士以鴻臚卿王權為京兆尹甲子御丹鳳樓大赦天下諸道除正勅率稅外諸色榷稅並宜禁斷除上供外不得別有進奉百姓九十已上賜米二石絹兩疋版授上佐縣君仍令本部長吏就家存問百歲已上賜米五石絹二疋綿一屯羊酒版授下州刺史郡君戊辰以開府儀同三司檢校太尉使持節大都督雞林州諸軍事雞林州刺史上柱國新羅王金重熙兼寧海軍使以重熙母和氏為太妃妻朴氏為妃三月庚午出宮女三百人于安國寺又出掖庭教坊女樂六百人于九仙門召其親族歸之戊寅以韋皐兼檢校太尉李師古劉濟兼檢校司空張茂昭司徒丙戌檢校司空同平章事杜佑為度支鹽鐵使戊子徐州節度賜名武寧軍蔡州吳少誠兼同平章事以翰林學士王叔文為度支鹽鐵轉運使副杜佑雖領使名其實叔文專總宰相賈耽兼檢校司空鄭珣瑜吏部尚書高郢刑部尚書韋執誼中書侍郎鎮冀王士真淮南王鍔魏博田季安皆檢校司空癸巳詔冊廣陵郡王淳為皇太子改名純夏四月壬寅制第十弟諤封欽王第十一弟誠封珍王男建康郡王湊封郴王改名經洋川郡王沔封均王改名緯臨淮郡王洵封溆王改名縱弘農王浼封莒王改名紓漢東郡王泳封密王改名綢晉陵郡王湜封郇王改名總雲安郡王滋封宋王改名結宣城郡王淮封集王改名緗德陽郡王滑封冀王改名絿河東郡王浥封和王改名綺十七男絢封衡王十九男纁封會王二十男縮封福王二十一男紘封撫王二十三男緄封岳王二十四男紳封袁王二十五男綸封桂王二十七男繟封翼王彌臣國嗣王道勿禮封彌臣國王西平郡王晟男左羽林大將軍愿襲封岐公食邑三千戶戊申詔以冊太子禮畢赦京城繫囚大辟降從流流以下減一等以給事中陸質中書舍人崔樞並為太子侍讀庚戌封太子男寧寬宥察寰寮等六人為郡王並食邑三千戶癸丑贈入吐蕃使工部侍郎兼御史大夫張薦禮部尚書丙寅罷萬安監牧戊辰以杭州刺史韓皐為尚書右丞五月己巳以右金吾衛大將軍范希朝為右神策統軍充左右神策京西諸城鎮行營兵馬節度使丁丑以邕管經略使韋丹為河南少尹以萬年縣令房啓為容管經略招討使癸未以郴州司馬鄭餘慶為尚書左丞甲辰以檢校司空忽汗州都督渤海國王大嵩璘檢校司徒承徽王氏趙氏可昭儀崔氏楊氏可充儀王氏可昭媛王氏可昭容牛氏可修儀張氏可美人以右丞韓皐為鄂岳沔蘄都團練觀察使丁亥昇襄州為大都督府臨漢縣仍徙于鄧城辛卯以鹽鐵轉運使副王叔文為戶部侍郎六月丙申詔二十一年十月已前百姓所欠諸色課利租賦錢帛共五十二萬六千八百四十一貫石匹束並宜除免七月戊辰朔吐蕃使論悉諾來朝貢丙子鄆州李師古加檢校侍中贈故忠州別駕陸贄兵部尚書謚曰宣贈故道州刺史陽城為左散騎常侍戊寅以戶部侍郎潘孟陽為度支鹽鐵轉運使副丙戌關東蝗食田稼癸巳橫海軍節度使滄州刺史程懷信卒以其子副使執恭起復滄州刺史橫海軍節度使甲子度支使杜佑奏太倉見米八十萬石貯來十五年東渭橋米四十五萬石支諸軍皆不悅今歲豐阜請權停北河轉運於濱河州府和糴二百萬石以救農傷之弊乃下百寮議議者同異不決而止乙未詔朕承九聖之烈荷萬邦之重顧以寡德涉道未明虔恭寅畏懼不克荷恐上墜祖宗之訓下貽卿士之憂夙夜祗勤如臨淵谷而積疾未復至于經時怡神保和常所不暇永惟四方之大萬務之殷不躬不親慮有曠廢加以山陵有日霖潦踰旬是用儆于朕心以荅天戒其軍國政事宜令皇太子勾當時上久疾不復延納宰臣共論大政事無巨細皆決于李忠言王伾王叔文物論喧雜以為不可藩鎮屢上牋於皇太子指三豎之撓政故有是詔以太常卿杜黃裳為門下侍郎左金吾衛大將軍袁滋為中書侍郎並同中書門下平章事鄭珣瑜為吏部尚書高郢刑部尚書並罷知政事皇太子見百寮於朝堂丙申皇太子於麟德殿西亭見奏事官八月丁酉朔庚子詔惟皇天佑命烈祖誕受方國九聖儲祉萬邦咸休肆予一人獲纘丕業嚴恭守位不遑暇逸而天佑不降疾恙無瘳將何以奉宗廟之靈展郊禋之禮疇咨庶尹對越上玄內愧于朕心上畏于天命夙夜祗慄深惟永圖一日萬機不可以久曠天工人代不可以久違皇太子純睿哲溫文寬和仁惠孝友之德愛敬之誠通乎神明格于上下是用皇王至公之道遵父子傳歸之制付之重器以撫兆人必能宜祖宗之重光荷天地之休命奉若成憲永綏四方宜令皇太子即皇帝位朕稱太上皇居興慶宮制稱誥辛丑誥有天下傳歸於子前王之制也欽若大典斯為至公式揚耿光用體文德朕獲奉宗廟臨御萬方降疾不瘳庶政多闕乃命元子代予守邦爰以令辰光膺冊禮宜以今月九日冊皇帝於宣政殿國有大命恩俾惟新宜因紀元之慶用覃在宥之澤宜改貞元二十一年為永貞元年自貞元二十一年八月五日已前天下死罪降從流流以下遞減一等誥立良娣王氏為太上皇后良媛董氏為太上皇德妃壬寅貶右散騎常侍王伾為開州司馬前戶部侍郎度支鹽鐵轉運使王叔文為渝州司戶元和元年正月丙寅朔皇帝率百寮上太上皇尊號曰應乾聖壽甲申太上皇崩於興慶宮之咸寧殿享年四十六歲六月乙卯皇帝率羣臣上大行太上皇謚曰至德大聖大安孝皇帝廟號順宗秋七月壬申葬于豐陵

史臣韓愈曰順宗之為太子也留心藝術善隸書德宗工為詩每賜大臣方鎮詩制必命書之性寬仁有斷禮重師傅必先致拜從幸奉天賊泚逼迫常身先禁旅乘城拒戰督勵將士無不奮激德宗在位歲久稍不假權宰相左右倖臣如裴延齡李齊運韋渠牟等因間用事刻下取功而排陷陸贄張滂輩人不敢言太子從容論爭故卒不任延齡渠牟為相嘗侍宴魚藻宮張水嬉綵艦雕靡宮人引舟為櫂歌絲竹間發德宗歡甚太子引詩人好樂無荒為對每於敷奏未嘗以顏色假借宦官居儲位二十年天下陰受其賜惜乎寢疾踐祚近習弄權而能傳政元良克昌運祚賢哉

憲宗上

憲宗聖神章武孝皇帝諱純順宗長子也母曰莊憲王太后大曆十三年二月生于長安之東內六七歲時德宗抱置膝上問曰汝誰子在吾懷對曰是第三天子德宗異而憐之貞元四年六月封廣陵王順宗即位之年四月冊為皇太子七月乙未權勾當軍國政事八月丁酉朔授內禪乙巳即皇帝位於宣政殿先是連月霖雨上即位之日晴霽人情忻悅丙午昇平公主進女口十五人上曰太上皇不受獻朕何敢違其還郭氏丁未始御紫宸對百寮己酉以道州刺史路恕為邕管經略使庚戌荊南獻龜二詔曰朕以寡昧纂承丕業永思理本所寶惟賢至如嘉禾神芝奇禽異獸蓋王化之虛美也所以光武形於詔令春秋不書祥瑞朕誠薄德思及前人自今已後所有祥瑞但令准式申報有司不得上聞其奇禽異獸亦宜停進癸丑劍南西川節度使檢校太尉中書令南康郡王韋皐薨甲寅以常州刺史穆贊為宣歙池觀察使以前宣歙觀察使崔衍為工部尚書己未以中書侍郎平章事袁滋為劍南東西兩川山南西道安撫大使時韋皐卒劉闢據蜀邀節鉞故也辛酉太上皇誥冊良娣王氏為太上皇后癸亥以朝請大夫守尚書左丞輕車都尉賜紫金魚袋鄭餘慶同中書門下平章事丙寅以饒州刺史李吉甫為考功郎中夔州刺史唐次為吏部郎中並知制誥九月丁卯朔己巳罷教坊樂人授正員官之制辛未河陽三城節度使元韶卒癸酉以陳州刺史孟元陽為懷州刺史河陽三城孟懷節度使丙子勅申光蔡陳許兩道比遭亢旱宜加賑恤申光蔡賑米十萬石陳許五萬石丁丑前戶部侍郎蔡弁卒襄州于頔進鷹詔還之己卯京西神策行營節度行軍司馬韓泰貶撫州刺史司封郎中韓曄貶池州刺史禮部員外郎柳宗元貶邵州刺史屯田員外郎劉禹錫貶連州刺史坐交王叔文也辛巳給事中陸質卒冬十月丙申朔丁酉集百寮發會太皇太后沈氏哀於肅章門外檢校司空兼左僕射同中書門下平章事魏國公賈耽卒戊戌以宰臣劍南安撫使袁滋檢校吏部尚書同中書門下平章事成都尹劍南西川節度觀察等使以西川行軍司馬劉闢為給事中舒王誼薨庚子南詔使趙迦寬來赴山陵浙東觀察使賈全卒辛丑吐蕃

使諭乞𥟖貢助山陵金銀衣服太常上大行曾太皇太后沈氏謚曰睿眞皇后丙午以華州刺史楊於陵爲越州刺史浙東觀察使丁未改桂州純化縣爲慕化縣蒙州純義縣爲正義縣己酉葬德宗皇帝于崇陵甲寅以刑部尚書高郢爲華州刺史潼關防禦鎮國軍使御史中丞李鄘爲京兆尹貶京兆尹王權爲雅王傅久雨京師鹽貴出庫鹽二萬石糶以惠民乙巳祔睿眞皇后神主德宗皇帝神主于太廟壬申貶正議大夫中書侍郎平章事韋執誼爲崖州司馬以交王叔文也潤池揚楚湖杭睦江等州旱貶劍南西川節度使袁滋爲吉州刺史以其慰撫三川逗留不進故也以左驍衛將軍李演爲夏州刺史夏綏銀等州節度使以右庶子武元衡爲御史中丞己卯再貶撫州刺史韓泰爲虔州司馬河中少尹陳諫台州司馬召州刺史柳宗元爲永州司馬連州刺史劉禹錫朗州司馬池州刺史韓曄饒州司馬和州刺史凌準連州司馬岳州刺史程异柳州司馬皆坐交王叔文初貶刺史物議罪之故再加貶竄辛巳宣撫和郴郢袁衢七州旱壬午吏部尚書鄭珣瑜卒甲申以湖南觀察使楊憑爲洪州刺史江西觀察使以虢州刺史薛苹爲潭州刺史湖南觀察使鄂岳婺衡等州旱癸巳宣歙觀察使穆贊卒十二月丙申朔庚子以東都留守韋夏卿爲太子少保以兵部尚書王紹爲東都留守壬寅改淳州爲睦州還淳縣爲青溪縣淳風縣爲從化縣姓淳于者改姓于甲辰襄陽于頔加平章事丙申月犯畢己酉以新除給事中西川行軍司馬劉闢爲成都尹劍南西川節度使歲星犯太微西垣庚戌金州復析漢陰縣置石泉縣壬子以右諫議大夫韋丹爲梓州刺史充劍南東川節度使以常州刺史路應爲宣州刺史宣歙池觀察使壬戌以朝請大夫守中書舍人翰林學士上柱國鄭絪爲中書侍郎同平章事集賢殿學士以考功郎中知制誥李吉甫爲中書舍人以考功員外郎裴垍爲考功郎中知制誥並充翰林學士

元和元年春正月丙寅朔皇帝率羣臣於興慶宮奉上太上皇尊號曰應乾聖壽太上皇丁卯御含光殿受朝賀禮畢御丹鳳樓大赦天下改元曰元和自正月二日昧爽已前大辟罪已下常赦不原者咸赦除之辛未以鄂岳沔觀察使韓皐爲鄂岳蘄安黃等州節度使丁丑太子少保韋夏卿卒辛未以興元元從功臣右神策護軍使副薛盈軫爲右神策護軍中尉壬午成德軍節度使檢校司空王士眞同中書門下平章事癸未詔以太上皇舊恙愆和親侍藥膳起今月十六日已後權不聽政以左神策長武城防秋都知兵馬使高崇文檢校工部尚書充神策行營節度使甲申太上皇崩于興慶宮遷殯于太極殿發喪乙酉宰相杜佑攝冢宰杜黃裳爲禮儀使右僕射伊愼大明宮留守視事於尚書省壬辰復置斜谷路館驛戊子制劍南西川疆界素定藩鎮守備各有區分頃因元臣薨謝隣藩不睦劉闢乃因虛構隙以忿結讎遂勞王軍兼害百姓朕志存含垢務欲安人遣使諭宣委之旄鉞如聞道路擁塞未息干戈輕肆攻圍擬圖吞併爲君之體義在勝殘命將興師蓋非獲已宜令興元嚴礪東川李康犄角應接神策行營節度使高崇文神策兵馬使李元奕率步騎之師與東川興元之師類會進討其糧料供餉委度支使差官以聞甲午高崇文之師由斜谷路李元奕之師由駱谷路俱會于梓潼辛卯羣臣請聽政二月乙未朔以度支郎中寬敬爲山劍行營糧料使嚴礪奏收劍州乙丑入朝奚王梅落可銀青光祿大夫檢校司空封饒樂郡王放還蕃癸卯贈宣武軍節度使陸長源爲右僕射贈故吉州刺史姜公輔禮部尚書甲辰以錢少禁用銅器癸丑以魏博田季安同平章事戊戌謂宰臣曰前代帝王或怠于聽政或躬決繁務其道如何杜黃裳對曰帝王之務在於修己簡易擇賢委任宵旰以求民瘼捨己從人以厚下固不宜怠肆安逸然事有綱領小大當務知其遠者大者至如簿書訟獄百吏能否本非人主所自任也昔秦始王自程決事見嗤前代諸葛亮王霸之佐二十罰以上皆自省之亦爲敵國所誚知不久堪魏明帝欲省尚書擬事陳矯言其不可隋文帝日旰聽政令衞士傳餐文皇帝亦笑其煩察爲人主之體固不可代下司職但擇人委任責其成効賞罰必信誰不盡心傳稱帝舜之德曰夫何爲哉恭己南面而已誠以能舉十六相去四凶也豈與勞神疲體自任耳目之主同年而語哉但人主常勢患在不能推誠人臣之弊患在不能自竭由是上疑下詐禮貌或虧欲求致理自然難致苟無此弊何患不至於理上稱善久之以京兆尹李鄘爲尚書右丞以金吾大將軍鄭雲逵爲京兆尹三月乙丑朔戊辰詔常參官寒食拜墓在畿內聽假日往還他州府奏取進止辛未御史中丞武元衡奏中書門下御史臺五品已上官尚書省四品已上諸司正三品已上從三品職事官東都留守轉運鹽鐵節度觀察使團練防禦招討經略等使河南尹同華州刺史諸衞諸軍三品已上官除授皆入閤謝其餘官許於宣政南班拜訖便退詔曰如此例中有加使及職掌並准此又兵部吏部禮部貢院官員每舉選限內有十月至二月不奉朝叅若稱事繁則中書門下御史臺度支京兆府公事至重朝謁如常況旬節已賜歸休又許分日一月之內纔奉十日朝叅甚暑甚寒又蒙矜放臣求故實以爲王顏任中丞日嘗論其事舉對甚詳伏請准貞元十二年四月二十七日勅永爲常式從之丙子嚴礪收梓州丁丑制削奪劉闢在身官爵先是韓全義入朝令其甥楊惠琳知留後俄有詔除李演爲節度代全義演赴任惠琳據城叛詔發河東天德兵誅之辛巳夏州兵馬使張承金斬惠琳傳首以獻壬辰大行太上皇德妃董氏卒以右神策行營節度高崇文檢校兵部尚書梓州刺史劍南東川節度戊戌以安南經略副使張舟爲安南都護本管經略使己亥以前劍南東川節度使韋丹爲晉絳觀察使壬寅以前安南經略使趙昌爲廣州刺史嶺南節度使癸卯前嶺南節度使徐申卒丙午命宰臣監試制舉人於尚書省以制舉人先朝所徵不欲親試也丁未以檢校司空平章事杜佑爲司徒所司備禮冊拜平章事如故罷領度支鹽鐵轉運等使從其讓也仍以兵部侍郎李巽代領其任戊申以隴右經略使秦州刺史劉澭爲保義軍節度使賑浙東米十萬石己未武元衡奏常叅官兼御史大夫中丞者准檢校省官例立在本品同類之上壬戌邠王總薨武元衡奏正衙待制官本置此官以備問比來正衙多不奏事自今後請以尚書省六品以上職事官東宮師傅賓詹王傅等每坐日令兩人待退朝詔於延英候對從之五月甲子朔丁卯京兆尹鄭雲逵卒辛未以兵部侍郎韋武爲京兆尹兼御史大夫壬申貶劍南東川節度使李康爲雷州司馬陳許蔡等州旱以橫海軍留後程執恭橫海軍節度使庚辰左丞同平章事鄭餘慶爲太子賓客罷知政事辛卯冊太上皇后王氏爲皇太后六月癸巳朔以冊太后禮畢赦天下繫囚死罪降從流流以下遞減一等文武內外官加母邑號太后諸親量與優給丙申冊德宗充容武氏爲崇陵德妃大風折樹丁酉高崇文破賊萬人於鹿頭關加幽州劉濟侍中淄青李師古檢校司徒癸卯高崇文收漢州閏六月壬子朔淄青李師古卒戊辰以秘書監董叔經爲京兆尹壬午諫議大夫去左右字只置四員以前司封員外郎韋況爲諫議大夫甲申吐蕃論勃藏來朝貢秋七月壬辰朔壬寅葬順宗于豐陵己酉太子少保致仕韓全義卒八月辛酉朔癸亥以左衞大將軍李愿檢校禮部尚書夏州刺史充夏綏銀節度使甲子郇王母王昭儀宋王母趙昭儀郯王母張昭訓衡王母閻昭訓等各以其王並爲太妃以許氏爲美人尹氏段氏爲才人潯陽公主母崔昭訓爲太妃韓全義子進女樂八人詔還之丁卯封王子平原郡王寧爲鄧王同安郡王寬爲澧王延安郡王宥爲遂王彭城郡王察爲深王高密郡王寰爲洋王文安郡王寮爲絳王第十男審爲建王己巳以建王審爲鄆州大都督平盧淄青節度使以節度副使李師道權知鄆州事充節度留後乙亥冊妃郭氏爲貴妃靈武李欒奏黃河岸塌處得古錢三千三百其形小方孔三足壬午左降官韋執誼韓泰陳諫柳宗元劉禹錫韓曄凌準程异等八人縱逢恩赦不在量移之限癸未京兆尹董叔經卒甲申御史臺奏常叅官在城未上及在外未到假故等在外未到計水陸程外滿百日並停解從之丙戌以尚書右丞李鄘爲京兆尹九月辛卯朔癸卯詔自今後兩省官每坐日一人對丙午以太子賓客鄭餘慶爲國子祭酒辛亥高崇文奏收成都擒劉闢以獻癸丑以山人李渤爲左拾遺徵不至甲子易定張茂昭來朝丙寅以劍南東川節度使檢校兵部尚書梓州刺史封渤海郡王高崇文檢校司空兼成都尹御史大夫充劍南西川節度副大使知節度事管內度支營田觀察使處置統押近界諸蠻及西山八國兼雲南安撫等使仍改封南平郡王食邑三千戶戊戌以山南西道節度使嚴礪爲梓州刺史劍南東川節度使以將作監柳晟檢校工部尚書兼興元尹充山南西道節度使庚辰以吉州刺史袁滋爲御史大夫充義成軍節度使壬午以淄青節度使留後李師道檢校工部尚書兼鄆州大都督府長史充平盧淄青節度副大使知節度事丙戌以渤海國王大嵩璘檢校太尉戊子斬劉闢并子超郎等九人於獨柳樹下十一月庚寅朔己巳以簡王傅王權爲河南尹丁未以司農卿李上公爲陝州大都督府長史充陝虢觀察使甲申以武寧軍節度張愔爲工部尚書以東都留守王紹檢校右僕射兼徐州刺史武寧軍節度使徐泗濠等州觀察等使庚戌以吏部侍郎趙宗儒爲東都留守東畿汝防禦使以國子祭酒鄭餘慶爲河南尹甲寅以給事中劉宗經爲華州刺史潼關防禦鎮國軍等使丙辰以內常侍吐突承璀爲神策護軍中尉十二月丙申朔太常奏隱太子章懷懿德節閔惠莊惠文惠靖恭昭靖以下九太子

陵代數已遠官額空存今請陵戶外並停乙亥工部尙書張愔卒丙戌新羅渤海牂柯迴紇各遣使朝貢

二年春正月己丑朔上親獻太淸宮太廟辛卯祀昊天上帝于郊丘是日還宮御丹鳳樓大赦天下先是將及大禮陰晦浹辰宰臣請改日上曰郊廟事重齋戒有日不可遽更享獻之辰景物晴霽人情忻悅丁酉司徒杜佑辭知政事詔令每月三度入朝便於中書商量政事庚子迴紇請于河南府太原府置摩尼寺許之乙巳以門下侍郎同平章事南陽郡開國公杜黃裳檢校司空同平章事兼河中尹河中晉絳等州節度使停諸陵留守己卯以戶部侍郎賜緋魚袋武元衡爲門下侍郎同平章事賜紫金魚袋以中書舍人翰林學士李吉甫爲中書侍郎同平章事丁巳停中和重陽二節賜宴其上巳宴仍舊賜之二月辛酉詔僧尼道士全隸左右街功德使自是祠部司封不復關奏丙寅左右羽林軍應管月番飛騎總五千六百一十三人並停己巳起居舍人鄭隨次對面受進止令宣與省供奉官自今已後有事卽進狀次對官宜停庚午司天造新曆成詔題爲元和觀象曆壬申夜月掩歲星丁丑寒食節宴羣臣於麟德殿賜物有差壬午以第五國珍爲右神策軍中尉三月辛卯賜羣臣宴於曲江亭癸卯判度支李巽爲兵部尙書依前判度支鹽鐵轉運使夏四月甲子禁鉛錫錢以右金吾衞大將軍范希朝爲檢校司空靈州長史朔方靈鹽節度使戊寅近置英武軍額宜停庚辰嶺南節度使趙昌進瓊管儋振萬安六州六十二洞歸降圖六月丁巳朔始置百官待漏院於建福門外故事建福望仙等門昏而閉五更而啓與諸坊門同時至德中有吐蕃四自金吾仗亡命因勅晚開門宰相待漏於太僕寺車坊至是始令有司據班品置院戊午鳳翔節度使張敬則卒乙丑五坊色役戶及中書門下兩省納課陪廚戶及促錢人並歸府縣色役己巳停舒廬滁和四州團練使額癸酉東都莊宅使織造戶並委府縣收管乙亥停潤州丹陽軍額丙子左神策軍新築夾城置玄化門晨耀樓辛巳以京兆尹李鄘爲鳳翔尹鳳翔隴右節度使蔡州水平地深七八尺秋七月丙戌朔勅刑部侍郎許孟容等刪定開元格後勅丁亥勅外命婦朝謁皇太后多有前却今後諸親委宗正寺百官母妻委臺司如有違越者夫子奪一月俸頻不到有司具狀奏聞戊子錄配享功臣之後得蘇瓌孫繫用爲京兆府司錄崔玄暐孫元方張說孫稽並爲監察御史狄仁傑後玄範爲右拾遺敬暉孫元亮袁恕己孫德師相次敘用癸巳太僕寺丞令狐丕進亡父峘所撰代宗實錄四十卷詔贈峘工部尙書八月丙辰朔辛酉宰相武元衡兼判戶部事壬戌刑部奏改律卷第八爲鬬競律甲子以職方員外郎王潔爲嶺南選補使監察御史崔元方監之甲戌中書奏先停諸道奏祥瑞伏以所獻祥瑞皆緣臘饗告廟元會奏聞今後諸大瑞隨表聞奏中瑞下瑞申有司其元日奏祥瑞請依令式從之辛巳封杜黃裳爲邠國公于頔爲燕國公沒蕃僧惟良闇等四百五十人自蕃中還九月乙酉密王綢薨十月己酉以浙西節度使李錡爲左僕射以御史大夫李元素爲潤州刺史鎭海軍浙西節度使庚申李錡據潤州反殺判官王澹大將趙琦時錡詐請入朝署澹爲留後因諷兵士亂殺澹琦遂令蘇常杭湖睦五州戍將殺刺史修石頭故城謀欲僭逆壬戌詔李錡屬列宗枝任居方伯竊赫奕之貴飽綢繆之恩待以親賢報之以逆節授其師旅用之以亂常累獻表章亟請朝會初則詐疾後乃縱兵僚佐以獻規受屠王臣以傳命見脅朕切於含垢未忍發明累降中人令遵前旨無軺車之戒路有沴氣之滔天加以日逞淫刑月興暴賦朕爲人父母聞甚惻然顧惟紀綱爲敢廢墜李錡在身官爵並宜削奪以淮南節度使王鍔充諸道行營招討使內官薛尙衍爲監軍率汴徐鄂淮南宣歙之師取宣州路進討丁卯以門下侍郎平章事武元衡檢校吏部尙書兼門下侍郎平章事成都尹充劍南西川節度使仍封臨淮郡公將行上御安福門慰勞之癸酉潤州大將張文良李奉僊等執李錡以獻辛巳錡從父弟宋州刺史銛通事舍人銑坐貶嶺外十一月甲申斬李錡於獨柳樹下削錡屬籍丙戌以擒李錡潤州牙將張文良爲左金吾衞將軍封南陽郡王田少卿李奉僊等爲羽林將軍並封公甲辰詔司徒杜佑筋力未衰起今後每日入中書視事十二月甲寅宰相李吉甫封贊皇侯丙辰上謂宰臣曰朕覽國書見文皇帝行事少有過差諫臣論諍往復數四況朕之寡昧涉道未明今後事或未當卿等每事十論不可一二而止丁巳東都國子監增置學生一百人癸亥御史臺奏文武常參官准乾元元年三月十四日勅如有朝堂相弔慰及跪拜待漏行立失序語笑諠譁入衙入閤執笏不端行立遲慢立班不正趨拜失儀言語微諠穿班穿仗出入閤門無故離位廊下飲食行坐失儀諠鬧入朝及退朝不從正衙出入非公事入中書等每犯奪一月俸班列不書所由指撝循或飾非卽具聞奏貶責臣等商量於舊條每罰各減一半所貴有犯必舉從之丙寅以劍南西川節度使高崇文檢校司空同平章事兼邠州刺史邠寧慶節度使充京西諸軍都統壬申禮部舉人罷試口義試墨義十條五經通五明經通六卽放進士舉人曾爲官司科罰曾任州縣小吏雖有辭藝長吏不得舉送違者舉送官停任考試官貶黜丙子令宰臣宣勅百寮遊宴過從餞別此後所由不得奏報務從歡泰保義軍節度使劉澭卒己卯史官李吉甫撰元和國計簿總計天下方鎭凡四十八管州府二百九十五縣一千四百五十三戶二百四十四萬二百五十四其鳳翔鄜坊邠寧振武涇原銀夏靈鹽河東易定魏博鎭冀范陽滄景淮西淄青十五道凡七十一州不申戶口每歲賦入倚辦止於浙江東西宣歙淮南江西鄂岳福建湖南等八道合四十九州一百四十四萬戶比量天寶供稅之戶則四分有一天下兵戎仰給縣官者八十三萬然人比量天寶士馬則三分加一率以兩戶賫一兵其他水旱所損徵科發斂又在常役之外吉甫都纂其事成書十卷是歲吐蕃迴紇奚契丹渤海牂柯南詔並朝貢

三年春正月癸未朔癸巳羣臣上尊號曰睿聖文武皇帝御宣政殿受冊禮畢移仗御丹鳳樓大赦天下庚子涇原段祐請修臨涇城在涇州北九十里扼犬戎之衝要詔從之戊申罷左右神威軍合爲一號天威軍二月丙申宰相李吉甫進封趙國公己丑以武昌軍節度使韓皐爲潤州刺史鎭海軍節度浙江觀察使辛未贈故布衣崔善貞睦州司馬忠諫而死於李錡也癸丑以鄜坊節度使裴玢爲興元府山南西道節度使丙子以右金吾衞大將軍路恕爲鄜州刺史鄜坊節度使戊寅咸安大長公主卒於迴紇三月癸巳鄜王總薨庚子以定平鎭兵馬使朱士明爲四鎭北庭涇原等州節度使乙巳御宣政殿試制科舉人夏四月癸丑中使郭里旻酒醉犯夜杖殺之金吾薛伾巡使韋纁皆貶逐賜朱士明名曰忠亮乙丑貶翰林學士王涯虢州司馬時涯甥皇甫湜與牛僧孺李宗閔並登賢良方正科第三等策語大切權倖惡之故涯坐親累貶之壬申大風毀含元殿欄檻二十七間乙亥以嶺南節度使趙昌爲江陵尹荊南節度使以戶部侍郎楊於陵爲廣州刺史嶺南節度使丁丑以荊南節度使裴均爲右僕射判度支勅五月一日御殿受朝賀禮宜停己卯裴均爲尙書省都堂上僕射其送印（闕）呈孔目唱案授案皆尙書郎爲之文武三品已上升階列坐四品五品及郎官御史拜於廳下然後召御史中丞左右丞侍郎升階荅拜雖修故事行之議者論其太過五月壬辰兵部請復武舉從之甲午勅東都畿汝州都防禦使及副使宜停所管將士三千七百三十人隨畿汝界分留守及汝州防禦使分掌之辛丑右僕射裴均請取荊南雜錢萬貫修尙書省從之丙午正衙冊九姓迴紇可汗爲登囉里泊密施合毗伽保義可汗六月戊辰詔以錢少欲設畜錢之令先告諭天下商賈畜錢者並令逐便市易不得畜錢天下銀坑不得私採癸亥以邕管將黃少卿爲歸順州刺史弟少高少溫並受官西原蠻酋也貞元中屢寇邕管至是歸欵乙丑罷江淮私堰埭二十二從轉運使奏也甲戌以河南尹鄭餘慶爲東都留守丁丑沙陀突厥七百人攜其親屬歸鎭武節度使范希朝乃授其大首領蔦勒河波陰山府都督秋七月辛巳朔日有蝕之己亥復以度支安邑解縣兩池留後爲榷鹽使丁未涪州復隸黔中道八月庚申復置東都防禦兵七百八人九月己丑淮南節度使王鍔來朝庚寅以山南東道節度使于頔守司空同平章事以右僕射裴均檢校左僕射同平章事襄州長史充山南東道節度使加宣武韓弘同平章事丙申以戶部侍郎裴垍爲中書侍郎同平章事戊戌以中書侍郎平章事李吉甫檢校兵部尙書兼中書侍郎平章事揚州大都督府長史淮南節度使以淮南節度使王鍔檢校司徒河南尹河中晉絳慈隰節度使河中節度使檢校司空同平章事邠國公杜黃裳卒是秋京師大雨十月己酉朔癸亥以太常卿高郢爲御史大夫甲子以御史中丞竇羣爲湖南觀察使旣行改爲黔中觀察使羣初爲李吉甫擢用及持憲反傾吉甫吉甫劾其陰事故貶之丁卯度支使下判案官以四員爲定十一月甲午橫海軍節度使程執恭來朝十二月庚戌以臨涇縣爲行原州命鎭將郝玼爲刺史自玼鎭臨涇西戎不敢犯塞甲子南詔異牟尋卒辛未以諫議大夫段平仲使南詔弔祭仍立其子驃信苴蒙閤勸等爲王是歲淮南江南江西湖南山南東道旱夏四月丙子朔戊寅國子祭酒馮伉卒壬午裴均進銀器一千五百兩以違勅付左藏庫甲申令皇太子居少陽院武功人張英奴撰迴波辭惑衆杖殺之丙申撫州山人張洪騎牛冠履獻書於光順門書不足採遣之庚子制故太尉西平郡王李晟宜編附屬籍以太常卿李元素爲戶部尙書判度支以商州刺史元義方爲福建觀察使甲辰以兵部

侍郎權德輿爲太常卿仍賜金紫以御史大夫高郢爲兵部尚書以刑部郎中侍御史知雜李夷簡爲御史中丞五月丙午朔辛酉刑部尚書鄭元卒丁卯鹽鐵使吏部尚書李巽卒六月乙亥朔丁丑以河東節度使李鄘爲刑部尚書充諸道鹽鐵轉運使以靈鹽節度使范希朝爲太原尹北都留守河東節度使以右衛上將軍王泌爲靈州大都督府長史靈鹽節度使辛丑五嶺已北銀坑任人開採禁錢不過嶺南秋七月乙巳朔御制前代君臣事迹十四篇書於六扇屏風是月出書屏以示宰臣李藩等表謝之丁未渭南暴水壞廬舍二百餘戶溺死六百人命府司賑給乙卯右羽林統軍高固卒壬戌御史中丞李夷簡彈京兆尹楊憑前爲江西觀察使時贓罪貶憑臨賀尉戊辰以尚書右丞許孟容爲京兆尹賜金紫八月甲戌朔癸未兗州魚臺縣移置於黃臺市丙申安南都護張舟奏破環王國三萬餘人獲戰象兵械并王子五十九人癸卯贈太師裴冕宜配享代宗廟庭贈太師李晟贈太尉段秀實宜配享德宗廟庭九月甲辰朔庚戌以成德軍都知兵馬使鎮府右司馬王承宗起復檢校工部尚書充成德軍節度使以德州刺史薛昌朝檢校左常侍充保信軍節度德棣等州觀察等使昌朝薛嵩之子壻於王氏時爲德州刺史朝廷以承宗難制乃割二州爲節度以授昌朝制纔下承宗以兵虜昌朝歸鎮州丁卯邠寧節度使檢校司空同平章事高崇文卒冬十月癸酉朔以右羽林統軍閻巨源爲邠州刺史邠寧慶節度使以少府監崔頲爲同州刺史本州防禦長春宮等使癸未詔成德軍節度使王承宗頃在苫廬潛窺戎鎮而內外以事君之禮叛而必誅分土之儀事則有辭朕念其先祖嘗有茂勳貸以私恩抑於公議使臣旁午以告諭孽童俯伏以陳誠願獻兩州期無二事朕亦收其後効用以曲全授節制於舊疆齒勳賢於列位況德棣本非成德所管昌朝又是承宗懿親俾撫近隣斯誠厚澤外雖兩鎮內是一家而承宗象恭懷姦肖貌稔惡欺裴武於得位之後囚昌朝於授命之中加以表疏之間悖慢斯甚義士之所興嘆天地之所不容恭行天誅蓋示朝典承宗在身官爵並宜削奪以神策左軍中尉吐突承璀爲鎮州行營招討處置等使以龍武將軍趙萬敵爲神策先鋒將內官宋惟澄曹進玉馬朝江等爲行營館驛糧料等使京兆尹許孟容與諫官面論征伐大事不可以內官爲將帥補闕獨孤郁其言激切詔旨祇改處置爲宣慰猶存招討之名己丑詔軍進討其王武俊士直墳墓軍士不得樵採其士平士則各守本官仍令士則各襲武俊之封庚寅冊鄧王寧爲皇太子癸巳以冊儲肆赦繫囚死罪降從流流以下遞降一等文武常叅官外州府長官子爲父後者賜勳兩轉工部侍郎歸登給事中呂元膺爲皇太子諸王侍讀己亥吐突承璀軍發京師上御通化門勞遣之十一月癸卯朔浙西蘇潤常州旱儉賑米二萬石甲子河南尹杜兼卒己巳彰義軍節度使檢校司空同平章事吳少誠卒十二月壬申朔以戶部侍郎張弘靖爲陝府長史陝虢觀察陸運等使賜金紫以陝虢觀察使房式爲河南尹中丞李夷簡奏諸州府於兩稅外違格科率請諸道鹽鐵轉運度支巡院察訪報臺司以憑舉奏從之

五年春正月壬寅朔己巳浙西觀察使韓皐以杖決安吉令孫澥致死有乖典法罰一月俸料二月辛未朔戊子禮院奏東宮殿閣名及宮臣姓名與太子名同者改之其上臺官列王官爵土無例輒改從之東臺監察御史元稹攝河南尹房式於臺擅令停務貶江陵府士曹叅軍三月辛丑朔宰相杜佑與同列宴於樊川別墅上遣中使賜酒饌乙巳以御史中丞李夷簡爲戶部侍郎判度支以兵部侍郎王播爲御史中丞癸巳以太子賓客鄭絪檢校禮部尚書廣州刺史嶺南節度使己未制以遂王宥爲彰義軍節度使以申州刺史吳少陽爲申光蔡節度留後甲子大風折木丁卯宰相于頔請依杜佑例一月三朝從之夏四月庚午朔癸酉戶部尚書李元素卒甲申鎮州行營招討使吐突承璀執昭義節度使盧從史載從史送京師丁亥河東范希朝奏破賊於木刀溝福州復置侯官長樂二縣建州置將樂縣壬申以昭義都知兵馬使潞州左司馬烏重胤爲懷州刺史河陽三城懷州節度使以河陽節度使孟元陽爲潞州長史昭義軍節度澤潞磁邢洺觀察使戊戌貶前昭義節度使盧從史爲驩州司馬五月庚子朔乙巳昭義軍三千人夜潰奔魏州右神策軍使段祐卒庚申吐蕃使論思邪熱朝貢并歸鄭叔矩路泌之柩六月庚午朔戊寅以太府卿李少和爲洪州刺史江西觀察使奚迴紇室韋寇振武癸巳應給食實封節度使兼宰相每食實封百戶歲給八百端匹若是絹加給綿六百兩節度使不兼宰相每百戶給百匹軍使諸衛大將軍每百戶給三百五十端匹秋七月己亥朔庚子王承宗遣判官崔遂上表自首請輸常賦朝廷除授官吏丁未詔昭洗王承宗復其官爵待之如初諸道行營將士共賜物二十八萬四百三十端匹時招討非其人諸軍解體而藩鄰觀望養寇空爲逗撓以弊國賦而李師道劉濟亟請昭雪乃歸罪盧從史而宥承宗不得已而行之也幽州劉濟加中書令魏博田季安加司徒淄青李師道加僕射並以罷兵加賞也乙卯幽州節度使劉濟爲其子總鴆死庚申以虔州刺史馬總爲安南都護本管經略使八月乙巳朔乙亥上顧謂宰臣曰神仙之事信乎李藩對曰神仙之說出於道家所宗老子五千文爲本老子指歸與經無異後代好怪之流假託老子神仙之說故秦始王遣方士載男女入海求仙漢武帝嫁女與方士求不死藥二主受惑卒無所得文皇帝服胡僧長生藥遂致暴疾不救古詩云服食求神僊多爲藥所誤誠哉是言也君人者但務求理四海樂推社稷延永自然長年也上深然之以浙東觀察使薛苹爲潤州刺史浙西觀察使以常州刺史李遜爲越州刺史浙東觀察使以都官郎中韋貫之爲中書舍人起居舍人裴度爲司封員外郎知制誥癸巳以鄧州刺史崔詠爲邕州刺史本管經略使九月戊戌朔辛亥以吐突承璀復爲左軍中尉諫官以承璀建謀討伐無功請行朝典上宥之降承璀爲軍器使乃以內官程文幹爲左軍中尉壬戌以瀛州刺史劉總起復受幽州長史充幽州盧龍軍節度使癸亥以兵部尚書高郢爲右僕射致仕丙寅制以正議大夫守太常卿上柱國襄武縣開國侯賜紫金魚袋權德輿可守禮部尚書同中書門下平章事丁卯翰林學士獨孤郁守本官起居以妻父權德輿在中書避嫌也冬十月戊辰朔以京兆尹許孟容爲兵部侍郎以中丞王播代孟容又以呂元膺代播昇平大長公主薨庚辰宰相裴垍進所撰德宗實錄五十卷賜垍錦綵三百疋銀器等史官蔣武韋處厚等頒賜有差辛巳定州將楊伯玉誘三軍爲亂拘行軍司馬任迪簡別將張佐元殺伯玉迪簡謀歸朝三軍懼乃殺佐元壬辰制以迪簡檢校工部尚書定州長史充義武軍節度觀察北平軍等使甲午以前義武軍節度檢校太尉兼太子太傅同平章事張茂昭檢校太尉兼中書令河中尹充河中晉絳慈隰節度使十一月戊戌朔浙西奏當鎮舊有丹陽軍今請併爲鎮海軍從之庚子右金吾衛大將軍伊慎降爲右衛將軍以行賂三十萬與中尉第五從直求爲河東節度故也甲辰會王纁卒庚戌以前河中節度使王鍔檢校司空兼太子太傅太原尹北都留守河東節度使以代州刺史阿跌光進爲單于大都護振武麟勝節度度支營田觀察押蕃落等使庚申以中書侍郎平章事裴垍爲兵部尚書以前保信軍節度使德州刺史薛昌朝爲右武衛將軍前爲王承宗虜之囚於鎮州至是歸朝故也丙寅吏部郎中柳公綽獻太醫箴上深喜納遣中使撫勞之十二月丁卯朔癸酉諸道鹽鐵轉運使刑部尚書李鄘檢校吏部尚書兼揚府長史充淮南節度使以河南尹房式爲宣州刺史宣歙池觀察采石軍等使以前宣歙觀察使盧坦爲刑部侍郎充諸道鹽鐵轉運使壬午以吏部郎中柳公綽爲御史中丞以前御史中丞呂元膺爲鄂州刺史鄂岳沔蘄安黃等州觀察使以鄂岳觀察使郗士美爲河南尹新授諫議大夫蔣武請改名乂以吏部侍郎崔邠爲太常卿

六年春正月丙寅朔丙申以彰義軍留後吳少陽檢校工部尚書充彰義軍節度申光蔡等州觀察使勅諫議大夫孟簡給事中劉伯芻工部侍郎歸登右補闕蕭俛等於豐泉寺翻譯大乘本生心地觀音經庚申以淮南節度使中書侍郎同平章事趙國公李吉甫復知政事集賢殿大學士監修國史二月丙寅朔壬申門下侍郎同平章事李藩爲太子詹事藩與吉甫不叶吉甫既用事故罷藩相位丙子河中節度使檢校太尉中書令張茂昭卒以太府卿裴次元爲福建觀察使己丑忻王造薨癸巳以陝虢觀察使張弘靖檢校禮部尚書河中尹晉絳慈等州節度使以右丞衛次公爲陝府長史陝虢觀察使以中書舍人翰林學士李絳爲戶部侍郎以京畿民貧貸常平義倉粟二十四萬石諸道州府依此賑貸三月乙未朔以河南尹郗士美檢校工部尚書兼潞府長史昭義軍節度使丁未以檢校右僕射嚴綬爲江陵尹荊南節度使河東舊使錫錢民頗爲弊宜於蔚州置五爐鑄錢乙卯畿內軍鎮牧放駙馬貴族略獲並不得帶兵仗恐雜盜也夏四月乙丑朔戊辰兵部尚書裴垍爲太子賓客以諫議大夫裴堪爲同州防禦使庚午以戶部侍郎判度支李夷簡檢校禮部尚書襄州大都督府長史山南東道節度使以刑部侍郎鹽鐵轉運使盧坦爲戶部侍郎判度支京兆尹王播爲刑部侍郎充諸道鹽鐵轉運使以福建觀察使元義方爲京兆尹癸酉以張茂昭家妓四十七人歸定州己卯月近房以前荊南節度使趙宗儒刑部尚書東都留守鄭餘慶爲兵部尚書依前留守王播奏江淮河嶺已南兗鄆等鹽院元和五年都收賣鹽價錢六百九十八萬五千五百貫

校量未改法已前四倍擡估虛錢一千七百四十六萬三千七百貫除鹽本外付度支收管從之辛卯戶部奏置巡官五月甲午朔取受王承宗錢物人品官王伯恭杖死庚子以左金吾衞將軍李惟簡檢校戶部尚書鳳翔尹隴右節度使丙午前山南東道節度使檢校左僕射平章事裴均卒壬子以振武節度阿跌光進鳳彰誠節久立茂勳宜賜姓李氏弟洺州刺史光顏已從別勅處分六月甲子朔減教坊樂人衣糧丁卯中書門下奏官省則事省事省則人清官煩則事煩事煩則人濁清濁之由在官之煩省國家自天寶已後中原宿兵見在軍士可使者八十餘萬其餘浮爲商販度爲僧道雜入色役不歸農桑者又十有五六則是天下常以三分勞筋苦骨之人奉七分坐衣待食之輩今內外官給俸料者不下一萬餘員其間有職出異名奉離本局府寺曠廢替紐因循者甚衆況歛財日寡而授祿至多設官有限而入色無數九流安得不雜萬物安得不煩漢初置郡不過六十文景醲化百王莫先則官少不必政紊郡多不必事理今天下三百郡一千四百縣故有一邑之地虛設羣司一鄉之甿徒分縣職所費至廣所制全輕伏請勅吏兵部侍郎郎中給事中中書舍人各一人錯綜利病詳定廢置吏員可併省者併省之州縣可併合者併合之每年入仕者可停減者停減之此則利廣而易求官少而易理稍減冗食足寬疲甿又國家舊章依品制俸官一品月俸三十千其餘職田祿米大約不過千石自一品以下多少可知艱難已來禁網漸弛於是增置使額厚請俸錢故大曆中權臣月俸有至九十貫者列郡刺史無大小給皆千貫常袞爲相始立限約至李泌又量其閑劇隨事增加時謂通濟理難減削然猶有名存職廢額去俸存閑劇之間厚薄頓異將爲永式須立常規從之乃命給事中段平仲中書舍人韋貫之兵部侍郎許孟容戶部侍郎李絳等詳定減省甲申以御史中丞柳公綽爲湖南觀察使丁亥太白近右執法戊子賜御史中丞竇易直緋魚袋秋七月癸巳朔尚書右僕射致仕高郢卒庚申贈銀青光祿大夫太子賓客裴垍太子少傅八月癸亥朔戶部侍郎李絳奏諸州闕官職田祿米及見任官抽一分職田請所在收貯以備水旱賑貸從之乙丑以天德軍防禦使張煦爲夏州刺史夏綏銀等州節度使丁卯荆南先制永安軍宜停辛巳以常州刺史崔芃爲洪州刺史江西觀察使九月癸巳朔以蜀州刺史崔能爲黔中觀察使戊戌富平縣人梁悅爲父復仇殺秦杲投獄請罪特勅免死決杖一百配流循州職方員外郎韓愈獻議執奏之減諸司流外總一千七百六十九人貶黔中觀察使竇羣爲開州刺史以爲政煩苛辰錦二州蠻叛故也冬十月以前夏州節度使李愿檢校兵部尚書徐州刺史充武寧軍節度使戊辰以戶部尚書韓皐爲東都留守判東都尚書省事以太子詹事李藩爲華州刺史潼關防禦鎭國軍使以東都留守鄭餘慶爲吏部尚書己巳詔朕於百執事羣有司方澄源流以責實效轉運重務專委使臣每道有院分督其任今陝路漕引悉歸中都而尹守職名尙仍舊貫又諸道都團練使足修武備以靖一方而別置軍額因加吏祿亦旣虛設頗爲浮費思去煩以循本期省事以便人其河南水陸運陝府陸運潤州鎭海軍宣州采石軍越州義成軍洪州南昌府福州靖海軍等使額並宜停所收使已下俸料一事已來委本道充代百姓闕額兩稅仍具數奏聞戊寅詔王者之牧黎元也愛之如子視之如傷苟或風雨不時稼穡不稔則必除煩就簡惜力重勞以圖便安以阜生業況邦畿之內百役所叢雖勤卹之令亟行而供億之制猶廣重以經夏炎暵自秋霖澍南畝虧播植之功西成失豐登之望內乏口食外牽王徭豈惟轉輸之虞慮有餒殍之患斯蓋理道猶鬱和氣未通永言於茲良所咎歎京兆府每年所配折糴粟二十五萬石宜放於百姓有粟情願折納者時估外特加優饒今春所貸義倉粟方屬歲饑容至豐熟歲送納元和五年已前諸色逋租並放百官職田其數甚廣今緣水潦諸處道路不通宜令所在貯納度支支用令百官據數于太倉請受遭水旱處通計所損便與除破不得檢覆爲理之本在乎安人咨爾尹京宰邑之臣實爲親人阜俗之寄必當詢其疾苦奉我詔條恤隱爲心無怠於事罔或狥利以剝下吐剛而茹柔使閭井咸安俾夔獲濟各勉忠孝宜悉朕懷丙戌以諫議人夫孔戣爲皇太子諸王侍讀十一月壬辰朔癸巳新授華州刺史李藩卒乙巳以工部尚書趙昌檢校兵部尚書兼華州刺史充潼關防禦鎭國軍等使十二月癸亥朔壬申詔委宗正卿選人門嫁十六宅諸王女仍封爲縣主甲申京兆尹元義方戶部侍郎判度支盧坦以違令立戟罰一月俸收奪所請門戟己丑制以朝議郎守尙書戶部侍郎驍騎尉賜紫金魚袋李絳爲朝議大夫守中書侍郎同中書門下平章事閏十二月辛卯朔右衞上將軍伊愼卒辛亥皇太子寧薨謚曰惠昭廢朝三日國典無太子薨禮國子司業裴茝精禮學特賜於西內定儀

舊唐書卷十四考證

順宗本紀建中元年正月丁卯立爲皇太子○沈炳震曰德宗本紀立皇太子在大歷十四年十二月乙卯新書順宗本紀亦同當從德宗紀

十七男絢封衡王十九男纁封會王二十男綰封福王二十一男紘封撫王二十三男緄封岳王二十四男紳封袁王二十五男綸封桂王二十七男緯封翼王○臣宗萬按順宗諸子傳絢第十二纁第十四綰第十五紘第十七緄第十八紳第十九綸第二十緯傳作緯第二十一其次序與紀不同傳有蘄王緝第二十二紀不載據傳則憲宗之外順宗止二十二子無二十七男紀不知何所据也復按通鑑約爲邵王諸子傳約順宗第八子紀亦不載

憲宗本紀卷上是歲淮南江南江西湖南山東道旱○臣德潛按此元和三年十二月文也下接夏四月戊寅國子祭酒馮伉卒明關四年春正月至三月事矣因原文所少仍其舊

# 舊唐書卷十五

後晉司空同中書門下平章事劉　昫撰

## 本紀第十五

### 憲宗下

元和七年春正月辛酉朔己巳以刑部尙書趙宗儒檢校吏部尙書兼興元尹山南西道節度使庚午以兵部尙書王紹判戶部事辛未以京兆尹元義方爲鄜州刺史鄜坊丹延觀察使以司農卿李銛爲京兆尹是夜月掩熒惑壬申廢信州永豐縣越州山陰縣衢州盈川縣癸酉振武河溢毀東受降城二月庚寅朔壬辰詔以去秋旱歉賑京畿粟三十萬石其元和六年春賑貸百姓粟二十四萬石並宜放免辛丑尙書省重定左右僕射上事儀注壬寅以兵部侍郎許孟容爲河南尹辛亥山南西道節度使裴玢卒癸丑入蕃使不得與私覿正員官量別支給以充私覿舊使絕域者許賣正員官十餘員取貨以備私覿雖優假遠使殊非典法故革之勅錢重物輕爲弊頗甚詳求適變將以便人所貴緡貨通行里閭寬恤宜令羣臣各隨所見利害狀以聞三月己未朔辛酉以惠昭太子葬罷曲江上巳宴庚午以旱勅諸司疏決繫四夏四月戊子朔癸巳勅天下州府民戶每田一畝種桑二樹長吏逐年檢計以聞辛亥鹽鐵使王播奏元和六年賣鹽鐵除峽內井鹽外計收六百八十五萬九千二百貫五月戊午朔庚申上謂宰臣曰卿等累言吳越去年水旱昨有御史自江淮迴言不至爲災人非甚困李絳對曰臣得兩浙淮南狀繼言歉旱方隅授任皆朝廷信重之臣御史非良或容希媚此正當姦佞之臣況推誠之道君人大本任大臣以事不可以小臣言間之伏望明示御史姓名正之典刑上曰卿言是也朝廷大體以恤人爲本一方不稔卽宜賑救濟其饑寒況可疑之也向者不思而有此問朕言過矣絳等拜賀癸亥熒惑近太微右執法六月丁亥朔舒州桐城梅天陂內有黃白二龍自陂中乘風雷躍起高二百尺行六里入浮塘陂癸巳以金紫光祿大夫守司徒同平章事崇文館大學士太淸宮使上柱國岐國公杜佑爲光祿大夫守太保致仕宜朝朔望佑累表懇請故也己亥月近南斗魁第四星鎭州甲仗庫一十三間災兵仗都盡王承宗畜叛謀至是始懼天罰兇氣稍奪仍殺三庫吏百餘人乙丑以兵部員外郎王涯知制誥乙亥制立遂王宥爲皇太子改名恒己卯以新羅大宰相金彥昇爲開府儀同三司檢校太尉使持節大都督雞林州諸軍事雞林州刺史兼寧海軍使上柱國封新羅國王仍冊彥昇妻貞氏爲妃八月丁亥朔新除新羅國大宰相金崇斌等三人宜令本國准例賜戟戊戌魏博節度使田季安卒辛丑廢蓬州宕渠縣甲辰宣歙觀察使房式卒丙午以蘇州刺史范傳正爲宣歙觀察使戊申制諸州府五品已上官替後委本道長官量其才行官業資歷每年冬季一度聞薦其罷使郎官御史許朝臣每年冬季准此聞薦諸使府叅佐檢校官從元授官月日計如是五品已上官及臺省官經三十箇月外任餘轉改餘官經三十六箇月奏轉改如未經考便有事故及停替官本限之外更加十箇月卽任申奏辛亥以左龍武大將軍薛平爲滑州刺史義成軍節度使冬十月乙未魏博三軍舉其衙將田興知軍州事時田季安死子懷諫年十一爲副大使知軍府事軍政一決於家僮蔣士則數易大將軍情不安因田興入衙兵環而刼請與頓仆於地軍衆不散興曰欲聽吾命勿犯副大使衆曰諾但殺蔣士則等十數人而止卽日移懷諫於外令朝京師甲辰以魏博都知兵馬使兼御史中丞沂國公田興爲銀青光祿大夫檢校工部尚書兼魏州大都督府長史充魏博節度使庚戌澧王寬改名惲深王察改名悰

洋王寰改名忻絳王寮改名悟建王寤改名恪以鄭滑節度使袁滋爲戶部尚書十一月丙辰朔乙丑詔田興以魏博請命宜令司封郎中知制誥裴度往彼宣慰賜三軍賞錢一百五十萬貫以河陰院諸道合進內庫物充六州百姓給復一年兼赦管內見繫囚徒及度至魏州田興禮待甚恭仍請度至六州諸縣宣達朝旨辛未太保致仕杜祐卒東川觀察使潘孟陽奏龍州武安縣嘉禾生有麟食之麟之來羣鹿環之光彩不可正視使畫工圖之以獻乙亥以給事中李逢吉司勳員外郎李巨並充皇太子諸王侍讀戊寅吏部尚書鄭餘慶請復置吏部考官三員吏部郎中楊於陵執奏以爲不便乃詔考官韋顗等三人秖考及第科目人其餘吏部侍郎自定己卯江西觀察使崔芃卒辛巳以前魏博節度副使田懷諫爲右監門衛將軍賜宅一區芻粟等甲申以同州刺史裴堪爲河西觀察使十二月丙戌朔以吏部尚書鄭餘慶爲太子少傅丙辰左拾遺楊歸厚以自娶婦進狀借禮會院貶國子主簿分司戊戌以京兆尹裴向爲同州防禦使己亥魏博奏管內州縣官員二百五十三員請吏部銓注

八年春正月乙卯朔庚午冊大言義爲渤海國王授秘書監忽汗州都督辛未制以正議大夫守禮部尚書同平章事上柱國扶風郡開國公權德輿守禮部尚書罷知政事癸未以山南東道節度使李夷簡檢校戶部尚書成都尹充劒南西川節度使以戶部尚書袁滋檢校兵部尚書襄州刺史充山南東道節度使二月乙酉朔辛卯田興改名弘正宰相李吉甫進所撰元和郡國圖三十卷又進六代略三十卷又爲十道州郡圖五十四卷宰相于頔男太常丞敏專殺梁正言奴棄溷中事發頔與男季友素服待罪貶頔恩王傅子敏長流雷州錮身發遣殿中少監駙馬都尉于季友誑罔公主藏隱內人轉授兕兄移貯外舍傷風黷禮莫大於茲宜削奪所任官令在家修省贊善大夫于正秘書丞于方並停見任皆頔之子也捕獲授于頔賂爲致出鎮人梁正言及交構權貴僧鑒虛並付京兆府杖死甲子以劒南西川節度使銀青光祿大夫檢校吏部尚書兼門下侍郎同平章事上柱國臨淮郡開國公食邑二千戶武元衡復入中書知政事兼崇玄館大學士太清宮使辛未上以久旱親於禁中求雨是夜澍雨霑足丙子大風壞崇陵寢殿鴟尾折門戟六夏四月癸未朔乙酉以邕管經略使房啓爲桂管觀察使以開州刺史竇羣爲邕管經略使丙戌以錢重貨輕出庫錢五十萬貫令兩常平倉收市布帛每段匹於舊估加十之一鄜坊觀察使元義方卒辛卯以將作監薛伾爲鄜坊觀察使乙未長安西市豕生三耳八足二尾僧鑒虛爲高崇文納賂四萬五千貫舉宰相杜黃裳共引致人永樂縣令吳憑付錢與黃裳男載勅吳憑配流昭州黃裳崇文已薨殁所用錢不須勘問杜載釋放辛亥賜魏博田弘正錢二十萬貫收市軍糧庚申河中尹張弘靖奏修古舜城六月辛巳朔時積雨延英不開十五日是日上謂宰臣曰今後每三日雨亦對來乙酉工部尚書致仕裴佶卒丙戌以東都留守韓皐檢校吏部尚書兼許州刺史充忠武軍節度使庚寅京師大風雨毀屋飄瓦人多壓死所在川瀆暴漲行人不通辛丑出宮人二百車任所從適以水災故也壬寅宰臣武元衡李吉甫李絳舊相鄭餘慶權德輿各奉詔令進舊詩秋七月辛亥朔癸丑以權德輿檢校吏部尚書東都留守丁卯以振武節度使李光進爲靈州大都督府長史靈武節度使癸酉命中尉彭中獻修興唐觀壯其規制北拒禁城開複道以通行幸是夜月近五諸侯丁丑新授桂管觀察使房啓降爲太僕少卿啓初拜桂管啓吏賂吏部主者私得官告以授啓俄有詔命中使賚告牒與啓曰受之五日矣上怒杖吏部令史罰郎官啓亦即降之以安南都護馬總爲桂管觀察使以江州刺史張勔爲安南都護本管經略招討使鄜坊觀察使薛伾卒八月辛巳朔癸未以蘄州刺史裴行立爲安南都護本管經略招討使以張勔耄年也丁亥以司農卿裴武爲鄜坊觀察使庚寅詔毀家狗國故徐州刺史李洧等一十家子孫並宜甄獎甲午太白近軒轅辛丑以東川節度使潘孟陽爲戶部侍郎判度支盧坦爲梓州刺史劒南東川節度使乙巳廢天武軍併入神策軍九月庚戌朔景辰淄青李師道進鶻十二命還之戊午賜羣臣宴於曲江乙丑詔比聞嶺南五管并福建黔中等道多以南口餉遺及於諸處博易骨肉離析良賤難分此後嚴加禁止如違長吏必當科罰淮西吳少陽獻馬三百匹丙寅詔減死戍邊前代美政量其遠邇亦有便宜今後兩京關內河南河東河北淮南山南東西道州府除大辟罪外輕犯不得配流天德五城戍辰以給事中竇易直爲陝虢防禦使仍賜金紫壬申以恩王傅于頔爲太子賓客以前朔方靈鹽節度使王佖爲右衛將相出入翰林草制謂之白麻至佖奏罷中書草制因爲例也太常習樂始復用大鼓冬十月庚辰朔己丑熒惑近太微西垣南首星庚寅以湖南觀察使柳公綽爲岳鄂沔蘄安黃觀察使辛卯涇原節度使朱忠亮卒壬辰汴州劉弘進所撰聖朝萬歲樂譜共三百首己巳以宗正少卿李道古爲黔中觀察使以蘇州刺史張正甫爲湖南觀察使丙申以大雪放朝人有凍踣者雀鼠多死戊戌以神策普潤鎮使蘇光榮爲涇州刺史四鎮北庭行軍涇原節度使翰林學士司封員外郎韋弘景守本官以草光榮詔漏敘功勳故也壬辰振武奏迴紇千騎至鷿鵜泉十一月庚戌朔丙辰以福建觀察使裴次元爲河南尹丙寅以鹽州隸夏州自夏州至豐州初置八驛丁卯以泗州刺史薛謇爲福建觀察使右龍武統軍劉昌裔卒癸酉昭義都士美奏諸軍就食于臨洺京畿水旱霜損田三萬八千頃十二月庚辰朔以京兆尹李銛爲鄜坊觀察使以代裴武入爲京兆尹辛巳勅應賜王公公主百官等莊宅碾磑店鋪車坊園林等一任貼典貨賣其所緣稅役便令府縣收管勅張茂昭立功河朔舉族歸朝義烈之風史冊收載如聞身殁之後家無餘財追懷舊勳特越常典宜歲賜絹二千匹春秋二時支給羣臣上表請立德妃郭氏爲皇后丙戌以桂管觀察使馬總爲廣州刺史嶺南節度使以邕管經略使崔詠爲桂管觀察使庚寅以夔州刺史馬平陽爲邕管經略使振武軍亂逐其帥李進賢屠其家乃以夏州節度使張煦代進賢率兵二千赴鎮許便宜擊斷丙午以金吾衛將軍田進爲夏州刺史夏綏銀節度使以河溢浸滑州羊馬城之半滑州薛平魏博田弘正徵役萬人於黎陽界開古黃河道南北長十四里東西闊六十步深一丈七尺決舊河水勢滑人遂無水患

九年春正月己酉乙卯大霧而雪李吉甫累表辭相位不許乙亥張煦入單于都護府誅作亂軍士蘇國珍等二百五十二人二月己卯朔戶部侍郎判度支兼京北五城營田使丁丑貶前鎮武節度使李進賢爲通州刺史監軍路朝見配役于定陵丁未詔以歲飢放關內元和八年已前逋租錢粟賑常平義倉粟三十萬石丙申賜振武軍絹二萬匹丁酉月近心大星癸卯制朝議大夫守中書侍郎同平章事上柱國高邑男李絳守禮部尚書累表辭相位故也三月己酉朔丙辰嶲州地震晝夜八十震壓死者百餘人庚申妖人梁叔高自廣州來授書與吏部侍郎楊於陵使爲己輔於陵執之以告殺之辛酉以太子少傅鄭餘慶檢校右僕射興元尹山南西道節度使代趙宗儒爲御史大夫丁卯隕霜殺桑召大理卿裴棠棣男損前昭應令杜式方男悰見于麟德殿前各賜緋許尚公主夏四月戊寅朔庚寅詔賜太師咸寧王渾瑊宜配享德宗廟庭五月丁未朔以嶺南節度使鄭絪爲工部尚書庚申移宥州於涇原軍郭下置延恩縣隸夏州觀察使是月旱穀貴出太倉粟七十萬石開六場糶以惠飢民乙丑桂王綸薨以旱免京畿夏稅十三萬石青苗錢五萬貫六月丙子朔戊寅以天德軍經略使周懷乂卒廢朝一日經略使廢朝自懷乂始也庚辰以義武軍節度副使渾鎬檢校工部尚書兼定州大都督府長史充義武軍節度使易定觀察使北平軍等使丙戌以左龍武將軍燕重盱爲豐州刺史天德軍豐州二受降城都防禦押蕃落等使乙未置禮賓院於長興里之北丙申以左丞孔戣爲華州刺史潼關防禦鎮國軍等使壬寅制河中晉絳慈隰等州節度使張弘靖守刑部尚書同中書門下平章事秋七月丙午朔乙未以御史大夫趙宗儒檢校尚書右僕射兼河中尹河中晉絳等州節度使戊辰以太子司議郎杜悰爲銀青光祿大夫殿中少監駙馬都尉尚岐陽公主閏八月乙巳朔辛酉以河陽節度使烏重胤兼汝州刺史壬戌以中書舍人王涯屯田郎中韋綬爲皇太子諸王侍讀己巳加田弘正檢校右僕射賞三軍錢二十萬貫九月甲戌朔以洺州刺史李光顏爲陳州刺史忠武軍都知兵馬使丙戌以山南東道節度使袁滋檢校兵部尚書兼江陵尹荊南節度使以荊南節度使嚴綬檢校司空襄州刺史山南東道節度使乙丑月掩軒轅淮西節度使吳少陽卒其子元濟匿喪自總兵柄乃焚劫舞陽等四縣朝廷遣使弔祭拒而不納壬辰眞臘國朝貢戊戌加河東節度使王鍔檢校司空同平章事以給事中孟簡爲越州刺史浙東觀察使贈吳少陽尚書右僕射冬十月甲辰朔丙午金紫光祿大夫中書侍郎同平章事集賢大學士監修國史上柱國趙國公李吉甫卒甲寅以刑部員外郎令狐楚爲職方員外郎知制誥壬戌以忠武軍節度使韓皐爲吏部尚書以忠武軍節度副使兼陳州刺史李光顏爲許州刺史忠武軍節度使甲子制朕嗣膺寶位于茲十年每推至誠以御方夏庶以仁化臻于太和宵衣旰食意屬於此今淮西一道未達朝經擅自繼襲肆行寇掠將士等迫於受制非是本心思去三面之羅庶遵兩階之義宜以山南東道節度使嚴綬兼充申光蔡等州招撫使仍命內常侍崔潭峻爲監軍戊辰以尚書左丞呂元膺檢校工部尚書東都留守

舊例命留守賜旗甲與方鎮同及元膺受命不賜諫官援華汝壽三州例有賜居守之重不宜獨闕上曰此三處亦宜停賜十一月甲戌朔甲申以吏部尚書韓臯爲太子賓客甲午以御史中丞胡証爲單于大都護振武靈勝等軍節度使丁酉太子太傅范希朝卒戊戌以中書舍人裴度爲御史中丞以左金吾大將軍郭釗檢校工部尚書邠州刺史充邠寧節度使以職方員外郎知制誥令狐楚爲翰林學士十二月甲辰朔丁未鎮武節度使張煦卒辛亥邠寧節度使檢校右僕射閻巨源卒癸丑兵部尚書王紹卒己未右羽林統軍孟元陽卒丙寅太子少保趙昌卒戊辰制以中大夫守尚書右丞上騎都尉賜紫金魚袋韋貫之本官同中書門下平章事

十年春正月癸酉朔乙酉宣武軍節度使韓弘守司徒平章事並如故丙申嚴綬帥師次蔡州界己亥制削奪吳元濟在身官爵庚子桂管奏移富州治於故城二月癸卯朔甲辰嚴綬軍爲賊所襲敗於磁丘退守唐州田弘正子布韓弘子公武各率師隸李光顏討賊辛亥以禮部尚書李絳爲華州潼關防禦鎮軍等使壬戌河東防秋將劉輔殺豐州刺史燕重旰己巳以羽林將軍李彙爲涇原節度使三月壬申朔以右金吾將軍李奉仙爲豐州刺史天德軍西城中城都防禦使己卯以劍南西川節度行軍司馬李程爲兵部郎中知制誥乙酉以虔州司馬韓泰爲漳州刺史以永州司馬柳宗元爲柳州刺史饒州司馬韓曄爲汀州刺史朗州司馬劉禹錫爲播州刺史台州司馬陳諫爲封州刺史御史中丞裴度以禹錫母老請移近處乃改授連州刺史贈故太常卿崔邠禮部尚書李光顏破賊於南頓辛亥盜焚河陰轉運院凡燒錢帛二十萬貫匹米二萬四千八百石倉室五十五間防院兵五百人營於縣南盜火發而不救呂元膺召其將殺之自盜火發河陰人情駭擾壬戌以長安縣令徐俊爲邕管經略使五月辛未朔辛巳御史中丞裴度兼刑部侍郎時度自淮西行營宣慰還所言軍機多合上旨故以兼管寵之丙申李光顏大破賊黨於洄曲自徵兵討賊凡十餘鎮之師環於申蔡未立戰功裴度使還奏曰臣觀諸將惟光顏見義能勇必能立功至是告捷京師相賀上尤賞度之知人六月辛丑朔癸卯鎮州節度使王承宗遣盜夜伏於靖安坊刺宰相武元衡死之又遣盜於通化坊刺御史中丞裴度傷首而免是日京城大駭自京師至諸門加衞兵宰相導從加金吾騎士出入則彀弦露刃每過里門訶索甚諠公卿持事柄者以家僮兵仗自隨武元衡死數日未獲賊兵部侍郎許孟容請見奏曰豈有國相橫屍路隅不能擒賊因灑泣極言上爲之憤歎乃詔京城諸道能捕賊者賞錢萬貫仍與五品官敢有盖藏全家誅戮乃積錢三萬貫於東西市京城大索公卿節將複壁重轑者皆搜之庚戌神策將士王士則王士平以盜名上言且言王承宗所使乃捕得張晏等八人誅之乙丑制以朝議郎守御史中丞兼刑部侍郎飛騎尉賜紫金魚袋裴度爲朝請大夫守刑部侍郎同中書門下平章事秋七月庚午朔靈武節度使李光進卒辛未以神策軍長武城使杜叔良爲朔方靈鹽定遠城節度觀察使甲戌詔成德軍節度使王承宗自滌瑕疵累加獎拔列在維藩之任待以忠正之徒謂懷君父之恩克勵人臣之節而動思棄命恣逞非心傲狠反常橫辱無畏以其先祖嘗立忠勳每念含容庶聞悛革曾不知陰謀逆狀久則逾彰凶德禍機盈而自覆乃敢輕肆指斥妄陳表章潛遣姦人內懷兵刃賊殺元輔毒傷憲臣縱其兇殘無所顧望推窮事迹罪狀昭明周覽讞詞良用驚歎宜令絕其朝貢其所部博野樂壽兩縣本屬范陽宜却隸劉總駙馬都尉王承系太子贊善王承迪丹王府司馬王承榮等並宜遠郡安置先是承宗上表怨咎武元衡留中不報又肆指斥上使持其表以示百官羣臣皆請問罪丙戌涇原節度使李彙卒以將作監王潛爲荊州刺史四鎮北庭涇原節度使乙未以京兆尹裴武爲司農卿以捕賊弛慢故也八月己亥朔日有蝕之丙寅訶陵國遣使獻僧祇僮及五色鸚鵡頻伽鳥并異香名寶丁未淄青節度使李師道陰與嵩山僧圓淨謀反勇士數百人伏於東都進奏院乘洛城無兵欲竊發焚燒宮殿而肆行剽掠小將楊進李再興告變留守呂元膺乃出兵圍之賊突圍而出入嵩岳山棚盡擒之訊其首僧圓淨主謀也僧臨刑歎曰悞我事不得使洛城流血九月癸酉以宣武軍節度使韓弘充淮西行營兵馬都統丁酉以太子賓客韓臯爲兵部尚書冬十月庚子始析山南東道爲兩節度以戶部侍郎李遜爲襄州刺史充襄復郢均房節度使以右羽林將軍高霞寓爲唐州刺史充唐隨鄧節度使刑部尚書權德輿奏請行用新刪定勑格三十卷從之壬子以太子賓客于頔爲戶部尚書十一月戊辰詔出內庫繒絹五十五萬匹供軍乙亥以山南東道節度使嚴綬爲太子少保戊寅盜焚獻陵寢宮詔發振州兵二千會義武軍以討王承宗十二月壬寅夜太白犯鎮星甲辰李愿擊敗李師道之衆九千斬首二千級壬子東都留守呂元膺請募置三河子弟以衞宮城甲寅越州復置山陰縣庚申新造指南車記里鼓出宮人七十二人置京城寺觀有家者歸之乙丑河東節度使王鍔卒是歲渤海新羅奚契丹黑水南詔牂柯並遣使朝貢

十一年春正月丁卯朔以宿師于野不受朝賀己巳以中書侍郎平章事張弘靖檢校吏部尚書兼太原尹北都留守河東節度使戊寅詔羣臣曰今用兵已久利害相半其攻守之宜罰宥之要宜各具議狀以聞庚辰翰林學士錢徽蕭俛各守本官以上疏請罷兵故也癸未削奪王承宗在身官爵所襲封邑賜武俊子金吾將軍士卒令河東河北道諸鎮加兵進討甲申盜斷建陵門戟四十七竿甲子李光顏奏破賊二月癸卯吐蕃贊普卒以中書舍人權知禮部貢舉賜緋魚袋李逢吉爲門下侍郎同平章事賜紫金魚袋以內庫絹四萬疋賞幽魏將士甲寅以華州刺史李絳爲兵部尚書丙辰月掩心戊午南詔鑾會晟龍盛卒三月庚午皇太后崩于興慶宮之咸寧殿是日羣臣發喪於西宮兩儀殿以宰臣裴度爲禮儀使吏部尚書韓臯爲大明宮留守設次于中書辛未勑諸司公事宜權取中書門下處分癸酉分命朝臣告哀于天下甲戌見羣臣于紫宸門外廡下己卯以宰臣李逢吉充大行皇太后山陵使出內庫繒帛五萬匹充奉山陵己丑月近鎮星夏四月壬寅西川節度使李夷簡遣使告哀於南詔后喪邊鎮告四夷舊制也庚戌貶戶部侍郎判度支楊於陵爲郴州刺史坐供軍有闕也丁巳以徐宿飢賑粟八萬石五月丁卯夜辰歲二宿合于東井宥州軍亂逐刺史駱怡壬申李光顏破賊于凌雲柵六月甲辰高霞寓敗于鐵城退保新興柵是日人情恇駭宰相奏對多請罷兵上曰勝負兵家常勢不可以一將失利便沮成計今但議用兵方略朝廷庶務制置可否耳是夜月掩心後星庚戌田弘正軍討王承宗次于南宮辛酉羣臣上大行太皇后謚曰莊憲秋七月丁丑貶隨唐節度使高霞寓爲歸州刺史以河南尹鄭權爲襄州刺史充山南東道節度使以荊南節度使袁滋爲唐州刺史彰義軍節度使申光唐蔡隨鄧州觀察使權以唐州爲理所以華州刺史裴武爲江陵尹充荊南節度使戊寅以隨州刺史楊旻爲唐州刺史充行營都知兵馬使以滋儒者故復以旻將其兵壬午宣武軍奏破賊八月壬寅以宰臣韋貫之爲吏部侍郎罷知政事貫之以淮西河北兩處用兵勞於供餉請緩承宗而專討元濟與裴度爭論上前故也戊申容州奏颶風海水毀州城甲申附莊憲皇后於豐陵九月丁卯饒州奏浮梁樂平二縣五月內暴雨水溢失四千七百戶溺死者一百七十人丙子新除吏部侍郎韋貫之再貶湖南觀察使辛未貶吏部侍郎韋顗爲陝州刺史刑部郎中李正辭爲金州刺史度支郎中薛公幹爲房州刺史屯田郎中李宣爲忠州刺史考功郎中韋處厚爲開州刺史禮部員外郎崔韶爲果州刺史並爲補闕張宿所搆言與貫之朋黨故也乙酉蔡州軍前奏拔凌雲柵冬十月丁巳以刑部尚書權德輿檢校吏部尚書兼興元尹充山南西道節度使丙寅幽州劉總加平章事鄆州李師道加檢校司空師道聞拔凌雲柵乃懼僞貢款誠故有是命庚午以司農卿王遂爲宣州刺史宣歙池觀察使以京兆尹李翛爲潤州刺史浙西觀察使以遂翛常歷計司能聚斂方藉供軍故有斯授壬申勅諸道奏事官非急切不得乘驛馬丁丑出內庫錢五十萬貫供軍戊寅夜月犯歲辛巳命內常侍梁守謙監淮西行營諸軍仍以空名告身五百通及金帛付之戊子夜土火合于虛危十二月丙午以易州刺史陳楚爲定州刺史義武軍節度使丁未以翰林學士尚書工部侍郎知制誥王涯爲中書侍郎同平章事甲寅以閑廄宮苑使李愬檢校左散騎常侍兼鄧州刺史充唐隨鄧等州節度使初置淮頳水運使運楊子院米自淮陰泝流至壽州四千里入頳口又泝流至頳州沈丘界五百里至于項城又泝流五百里入溵河又三百里輸于郾城得米五十萬石茭一千五百萬束省汴運七萬六千貫己未邕管奏黃洞賊屠巖州未央宮及飛草場火京畿水害田潤常湖衢陳許大水是歲冬雷桃杏花廻鶻靺鞨奚契丹牂柯渤海等朝貢

十二年春正月辛酉朔以用兵不受朝賀癸未貶義武軍節度使渾鎬爲循州刺史坐討賊失律也甲申貶唐鄧節度袁滋爲撫州刺史以上疏請罷兵故也乙酉夜星見而雨戊子夜彗出畢南長丈餘指西南凡三日南近參箕而沒二月壬申出內庫絹布六千九萬段匹銀五千兩付度支供軍庚子勅京城居人五家相保以搜姦慝時王承宗李師道欲阻用兵之勢遣人折陵廟之戟焚芻藁之積流矢飛書恐駭京國故搜索以防姦及賊平復得淄青簿領中有賞蒲潼關吏案乃知容姦者關吏也搜索不足以爲防庚申勅宜於許汝行營側近

置行郾城以處賊中歸降人戶甲寅岳鄂團練使李道古師攻申州尅羅城賊力戰道古之衆大敗三月壬戌昭義郗士美兵敗於栢鄉兵士死者千人戊辰滄州程執恭改名權太常定李吉甫謚曰敬憲度支郎中張仲方非之上怒貶爲遂州司馬賜吉甫謚曰忠丁丑月犯心後星癸未賊將吳秀琳以文城柵兵三千降李愬夏四月辛卯李光顏破賊三萬於郾城殺其卒什二三獲馬千匹器甲三萬辛丑駙馬都尉于季友居嫡母喪與進士劉師服歡宴夜飲季友削官爵笞四十忠州安置師服笞四十配流連州于頔不能訓子削階己酉出太倉粟二十五萬石糶于西京以惠飢民庚戌勅改蔡州吳房縣爲遂平縣移置於文城柵南新城內丁卯賊郾城守將鄧懷金與縣令董昌齡以郾城降甲戌渭南雨雹中人有死者丙子詔權罷河北行營專討淮蔡五月庚寅朔癸巳隨唐節度使李愬奏敗賊於吳房獲賊將李佑己亥以尚書左丞許孟容爲河東留守充都畿防禦使時東畿民戶供軍尤苦車數千乘相錯于路牛皆饋軍民戶多以驢耕己酉作蓬萊池周廊四百間六月己未朔以衛尉卿程异爲鹽鐵使代王播時异爲鹽鐵使副自江南收拾到供軍錢一百八十五萬以進故得代播壬戌賊吳元濟上表請束身歸朝時連破三柵賊勢迫蹙冀欲歸朝而制於左右故不果行乙酉京師大雨含元殿一柱傾市中水深三尺壞坊民二千家秋七月戊子朔壬辰詔以定州飢募人入粟受官及減選超資河北水災邢洺尤甚平地或深二丈甲辰戶部尚書于頔請致仕不允嶺南節度使崔詠卒乙酉勅今後左降官及責授正員官等宜從到任經五考滿許量移如未滿五考遇恩赦者從節文處分如犯十惡大逆贓賄緣坐奏取進止庚戌以國子祭酒孔戣爲廣州刺史嶺南節度使丙辰制以中書侍郎平章事裴度守門下侍郎同平章事使持節蔡州諸軍事蔡州刺史充彰義軍節度申光蔡觀察處置等使仍充淮西宣慰處置使以朝散大夫守尚書戶部侍郎上護軍賜紫金魚袋崔羣爲中書侍郎同中書門下平章事以刑部侍郎馬總兼御史大夫充淮西行營諸軍宣慰副使以太子右庶子韓愈兼御史中丞充彰義軍行軍司馬以司勳員外郎李正封都官員外郎馮宿禮部員外郎李宗閔皆兼侍御史爲判官書記從度出征詔以郾城爲行蔡州治所八月戊午朔庚申裴度發赴行營勅神策軍三百人衛從上御通化門勞遣之度望門再拜銜涕而辭上賜之犀帶以河南尹辛秘爲潞府長史昭義軍節度使代郗士美以士美爲工部尚書孟簡爲戶部侍郎戊辰以同州刺史張正甫爲河南尹甲申裴度至郾城九月丁亥朔戊子出內庫羅綺犀玉金帶之具送度支估計供軍甲午御史臺奏同制除官承前以名字高下爲班位先後或名在前身在外及到却在舊人之上今請以上日爲先後勅日名在前上日在後未逾月不在此限行立班次即宜以勅內前後爲定戊戌劍南東川節度盧坦卒己亥貶京兆尹竇易直爲金州刺史以鞫獄得贓不實故也辛丑以御史中丞爲京兆尹壬寅以湖廣觀察使韋貫之爲太子詹事分司乙巳以刑部郎中知雜崔元略爲御史中丞丁未以朝議大夫門下侍郎同平章事李逢吉檢校兵部尚書使持節梓州諸軍事梓州刺史充劍南東川節度副大使知節度事庚子以撫州刺史袁滋爲湖南觀察使冬十月壬申裴度往沲口觀板築五溝賊遽至注弩挺刃將及度而李光顏田布扼其歸路大敗之是日度幾陷癸酉內出元和辯謗略三卷付史館甲申以淮南節度使檢校左僕射李鄘爲門下侍郎同中書門下平章事以左丞衛次公代鄘爲淮南節度使己卯隨唐節度使李愬率師入蔡州執吳元濟以獻淮西平甲申詔淮西立功將士委韓弘裴度條疏奏聞淮西軍人一切不問宜準元勅給復二年十一月丙戌朔御興安門受淮西之俘以吳元濟徇兩市斬於獨柳樹妻沈氏沒入掖庭弟二人子三人配流尋誅之判官劉協等七人處斬錄平淮西功隨唐節度使檢校左散騎常侍李愬檢校尚書左僕射襄州刺史充山南東道節度襄鄧隨唐福郢均房等州觀察等使加宣武軍節度使韓弘兼侍中忠武軍節度使李光顏河陽節度使烏重胤並檢校司空以宣武軍都虞候韓公武檢校左散騎常侍鄜州刺史鄜坊丹延節度使以魏博行營兵馬使田布爲右金吾衛將軍皆賞破賊功也甲午恩王連薨以蔡州郾城爲溵州析上蔡西平遂平三縣隸焉戊申以淮西宣慰副使刑部侍郎馬總爲彰義軍節度留後十二月壬戌以彰義軍節度淮西宣慰處置使門下侍郎同平章事裴度守本官賜上柱國晉國公食邑三千戶以蔡州留後馬總檢校工部尚書蔡州刺史彰義軍節度使溵州潁陳許節度使丙子以右庶子韓愈爲刑部侍郎是歲河南河北水

十三年春正月乙酉朔御含元殿受朝賀禮畢御丹鳳樓大赦天下己丑以文宣王三十八代孫孔惟晊襲文宣公庚寅勅李師道頻獻表章披露懇誠宜令諫議大夫張宿往彼宣慰辛亥以禮部尚書王播爲成都尹劍南西川節度使二月乙亥御麟德殿宴羣臣大合樂凡三日而罷頒賜有差三月庚寅以前劍南西川節度使李夷簡爲御史大夫丙申以同州刺史鄭絪爲東都留守都畿汝防禦使庚子以御史大夫李夷簡爲門下侍郎同平章事宰相李鄘守戶部尚書罷知政事丁未以太子少師鄭餘慶爲左僕射辛亥詔百司職田多少不均爲弊日久宜令逐司各收職田草粟都數自長官以下除留守至銀臺待罪請獻德棣二州兼入管內租稅壬戌前東都留守許孟容卒庚辰詔復王承宗官爵以華州刺史鄭權爲德州刺史橫海軍節度德棣滄景等州觀察使五月乙酉鳳翔節度使李惟簡卒乙未月近心後星丙辰以忠武軍節度使李光顏爲滑州刺史義武軍節度使以彰義軍節度使馬總爲許州刺史忠武軍節度使陳許溵蔡觀察等使戊戌以山南東道節度使李愬爲鳳翔尹鳳翔隴右節度使辛丑知渤海國務大仁秀檢校秘書監忽汗州都督冊爲渤海國王丙午以戶部侍郎孟簡檢校工部尚書襄州刺史山南東道節度使六月癸丑朔日有食之乙丑湖南觀察使袁滋卒丁丑以滄景節度使程權爲邠州刺史邠州節度使出內庫絹三十萬匹錢三十萬貫付度支供軍秋七月癸未以新除鳳翔節度使李愬爲徐州刺史武寧軍節度使甲申以田弘正校檢司空乙酉詔削奪淄青節度使李師道在身官爵仍令宣武魏博義成武寧橫海等五鎮之師分路進討辛丑以門下侍郎同平章事李夷簡檢校左僕射同平章事揚州大都督府長史淮南節度使己酉詔諸道節度使先帶度支營田使名者並罷之庚戌以左僕射鄭餘慶爲鳳翔隴右節度使八月壬子以中書侍郎平章事王涯爲兵部侍郎罷知政事戊午以尚書右丞崔從爲興元尹山南西道節度使甲戌太白近左執法乙亥勅應同司官有大功已上親者但非連判及勾檢之官并官長則不在迴避改換之限時刑部員外郎楊嗣復以父於陵除戶部侍郎遂以近例避嫌請出省不從因有是勅丁丑木金水三宿聚於軫戊寅前山南西道節度使權德輿卒九月甲申以左衛將軍高霞寓爲單于大都護振武麟勝節度使甲辰以戶部侍郎判度支皇甫鎛同中書門下平章事依前判度支以衛尉卿充諸道鹽鐵轉運使程异爲工部侍郎同中書門下平章事依前充使是時上切於財賦故用聚斂之臣居相位詔下羣情驚駭宰臣裴度崔羣極諫不納二人請退熒惑近哭星丁未出內庫絹十萬匹給東軍冬十月甲寅吐蕃寇宥州壬戌靈武奏破吐蕃二萬於定遠城癸亥前淮南節度使衛次公卒甲子平京鎮遏兵馬使郝玼奏收復原州破吐蕃二萬是夜月近昴丙子以左金吾衛大將軍薛平檢校刑部尚書滑州刺史充義成軍節度使以義成軍節度使李光顏爲許州刺史充忠武軍節度使陳許觀察等使十一月辛巳朔夏州破吐蕃五萬靈武奏攻破吐蕃長樂州羅城丁亥以山人柳泌爲台州刺史爲上於天台山採仙藥故也制下諫官論之不納壬寅以河陽節度使烏重胤爲滄州刺史橫海軍節度滄景德棣觀察等使丁未以華州刺史令狐楚爲懷州刺史充河陽三城懷孟節度使十二月辛亥勅左右龍武軍六軍及威遠營應納課戶共一千八百人衣糧並停仍付府縣收管戊寅軍前擒到李師道將夏侯澄等四十七人詔並釋付魏博及義成軍收管要還賊中者則量事優給放還上顧謂宰臣曰人臣事君但力行善事自致公望何乃好樹朋黨朕甚惡之裴度對曰君子小人未有無徒者君子之徒則同心同德小人之徒是爲朋黨上曰他人之言亦與卿等相似豈易辯之哉度曰君子小人觀其所行當自區別矣上曰凡好事口說則易躬行則難卿等既言之須行之勿空口說度等謝曰陛下處分可謂至矣臣等敢不激勵然天下之人從陛下所行從陛下所言臣等亦願陛下每言之則行之上頗忻納是歲迴紇南詔蠻渤海高麗吐蕃奚契丹訶陵國並朝貢

十四年春正月庚辰朔以東師宿野不受朝賀壬午復置仗內教坊於延政里丁亥徐州軍破賊二萬於金鄉迎鳳翔法門寺佛骨至京師留禁中三日乃送詣寺王公士庶奔走捨施如不及刑部侍郎韓愈上疏極陳其弊癸巳貶愈爲潮州刺史丙申魏博軍破賊五萬於東阿辛巳斬前滄州刺史李宗奭於獨柳樹朝廷初除鄭權滄州宗奭拒詔不受代既而爲三軍所逐乃入朝故誅之癸卯夜月近南斗魁丙午魏博軍破賊萬人於陽穀二月己酉朔以商州刺史嚴謨爲黔中觀察使乙卯勅淄青行營諸軍所至收下城邑不得妄行傷殺及焚燒廬舍掠奪民財開發墳墓宜嚴加止絶以鎮冀水災賜王承宗綾絹萬匹辛酉襄陽節度使孟簡舉鄖鄉鎮過使趙潔爲鄖鄉縣令有虧常式罰一月俸料壬戌田弘正奏今月九日淄青都知兵馬使劉悟斬李師道并

男二人首請降師道所管十二州平甲子上御宣政殿受賀己巳上御興安門受田弘正所獻賊俘羣臣賀於樓下庚午制以淄青兵馬使金紫光祿大夫試殿中監兼監察御史劉悟檢校工部尚書滑州刺史充義成軍節度使封彭城郡王食邑三千戶賜錢二萬貫莊宅各一區癸酉田弘正加檢校司徒同中書門下平章事三月己卯朔丁酉上以齊魯初平宴羣臣於麟德殿賜物有差戊子以華州刺史馬總鄆濮曹等州觀察等使己丑以義成軍節度使薛平爲青州刺史充平盧軍節度淄青齊登萊等州觀察等使以淄青四面行營供軍使王遂爲沂州刺史充沂海兗密等州都團練觀察等使析李師道所據十二州爲三鎭也庚寅浙西觀察使李翛卒辛卯李師道妻魏氏并男沒入掖庭堂弟師賢師智姪弘巽配流乙未以中書舍人衞中行華州刺史潼關防禦鎭國軍等使辛丑上顧謂宰臣曰聽受之間大是難事推誠選任所謂委寄必合盡心及至所行臨事無不偏黨朕臨御已來歲月斯久雖不明不敏然漸見物情每於行爲務欲詳審比令學士集前代昧政之事爲辯謗略每欲披閱以爲鑒誡耳崔羣對曰無情曲直辯之至易稍懷欺詐審之實難故孔子有衆好衆惡之論浸潤膚受之說蓋以曖昧難辯故也若擇賢而任之待之以誠糺之以法則人自歸公孰敢行僞陛下詳觀載籍以廣聰明實天下幸甚丁未以撫州司馬令狐通爲右衞將軍給事中崔植封還制書言通前刺史壽州用兵失律未宜獎用上令宰臣諭植以通父彰有功不忍遂棄其子其制方行夏四月戊申朔乙卯太白順行近東井戊午以刑部尚書李愿爲鳳翔尹充鳳翔隴右節度使丙寅詔諸道節度都團練防禦經略等使所管支郡除本軍州外別置鎭遏守捉兵馬者並合屬刺史如刺史帶本州團練防禦鎭遏等使其兵馬額便隸此使如無別使卽屬軍事其有邊於谿洞連接蕃蠻之處特建城鎭不關州郡者不在此限辛未工部侍郎同平章事諸道鹽鐵轉運等使程异卒丙子制金紫光祿大夫門下侍郎同中書門下平章事兼弘文館大學士上柱國晉國公食邑三千戶裴度可檢校左僕射兼門下侍郎平章事太原尹北都留守充河東節度觀察處置等使五月戊寅朔以刑部侍郎柳公綽充鹽鐵轉運等使庚辰以楚州刺史李聽爲夏州刺史夏綏銀宥等州節度使丙戌以河東節度使檢校吏部尚書同平章事張弘靖爲吏部尚書以忠武軍節度使李光顏爲邠寧慶節度使仍以忠武軍六千人赴鎭庚寅以工部尚書鄜士美檢校刑部尚書許州刺史充忠武軍節度使是夜月近心大星己亥置臨海監牧命淮南節度使兼之勅李師古妻裴氏女宜娘於鄧州安置李宗奭妻韋氏放出掖庭坐李師道族人籍沒上愍之宥以輕典以宣歙觀察使竇易直爲潤州刺史充浙西觀察使韓弘進助平淄青絹二十萬匹女樂十人女樂還之六月丁未朔癸丑以福建觀察使元錫爲宣州刺史宣歙池觀察使庚申以戶部侍郎歸登爲工部尚書以鄭州刺史裴乂爲福州刺史福建觀察使辛酉勅定州大都督府復上州甲子以前兵部尚書李絳檢校吏部尚書河中尹充河中晉絳慈隰觀察使癸酉詔左金吾大將軍胡証充京西北巡邊使所經鎭戍與守將審量利害具事實奏聞秋七月丁丑朔戊寅汴州韓弘來朝己卯左散騎常侍致仕薛苹卒乙酉夜月掩心大星辛巳羣臣上尊號曰元和聖文神武法天應道皇帝是日御宣政殿受冊禮畢御丹鳳樓大赦天下京畿今年秋稅青苗榷酒等錢每貫量放四百文元和五年已前逋租賦並放甲午韓弘進絁絹二十八萬疋銀器二百七十事丁酉以河陽三城懷州節度使朝議郎使持節懷州諸軍事守懷州刺史兼御史大夫賜紫金魚袋令狐楚可朝議大夫守中書侍郎同中書門下平章事壬寅以永州刺史韋正武爲邕管經略使癸卯以前黔中觀察使魏義通爲懷州刺史河陽三城懷孟節度使沂州軍亂殺節度使王遂甲辰以棣州刺史曹華爲沂州刺史充沂海兗密等州都團練觀察使乙巳罷晉州防禦使八月丁未朔己酉制宣武軍節度副大使知節度事汴宋亳潁等州觀察處置等使開府儀同三司守司徒兼侍中汴州刺史上柱國許國公食邑三千戶韓弘可守司徒兼中書令弘堅辭戎鎭故也癸丑以吏部尚書張弘靖爲檢校尚書左僕射同平章事汴州刺史宣武軍節度使甲寅於襄州穀城縣置臨漢監以牧馬仍令山南東道節度使兼充監牧使戊午王承宗進位檢校左僕射己未田弘正來朝上謂宰臣曰天下事重一日不可曠廢若遇連假不坐有事卽詣延英請對崔羣以殘暑方甚目同列將退上止之曰數日一見卿等時雖暑熱朕不爲勞久之方罷丁亥宴田弘正與大將判官二百人於麟德殿賜物有差戊辰陳許節度使檢校刑部尚書鄜士美卒九月丙子朔戊寅考功郎中蕭祐進古畫古書二十卷斬沂州亂首王弁于東市癸未以國子祭酒李遜檢校禮部尚書許州刺史忠武軍節度陳許殷蔡等觀察使庚寅貶右衞大將軍田縉爲衞王傅縉前鎭夏州私用軍糧四萬石强取党項羊馬致党項引吐蕃入寇故也甲午以太子少師鄭餘慶兼判國子祭酒辛丑以田弘正兄相州刺史田融檢校刑部尚書兼太子賓客分司東都甲辰以魏博節度使光祿大夫檢校司徒同平章事兼魏州大都督長史上柱國沂國公食邑三千戶田弘正依前檢校司徒兼侍中賜實封三百戶時弘正三上表乞留闕庭不許乙巳上顧謂宰臣曰朕讀玄宗實錄見開元初銳意求理至十六年已後稍似懈倦開元末又不及中年何也崔羣對曰玄宗少歷民間身經迍難故卽位之初知人疾苦躬勤庶政加之姚崇宋璟蘇頲盧懷愼等守正之輔孜孜獻納故致治平及後承平日久安於逸樂漸遠端士而近小人宇文融以聚斂媚上心李林甫以奸邪惑上意加之以國忠故及於亂願陛下以開元初爲法以天寶末爲戒卽社稷無疆之福也時皇甫鎛以諂刻欺蔽在相位故羣因奏以諷之冬十月丙午朔壬戌安南軍亂殺都護李象古并家屬部曲千餘人皆遇害丙寅以唐州刺史桂仲武爲安南都護潮州刺史韓愈爲袁州刺史是月吐蕃寇鹽州十一月乙亥朔以戶部尚書李鄘爲太子賓客東都留守辛卯靈武大將史奉敬破吐蕃於鹽州城下賜奉敬實封五十戶賞之丁酉以原王傅鄭權爲右金吾大將軍充右街使上服方士柳泌金丹藥起居舍人裴潾上表切諫以金石含酷烈之性加燒鍊則火毒難制若金丹已成且令方士自服一年觀其效用則進御可也上怒己亥貶裴潾爲江陵令十二月乙巳朔庚戌國子祭酒鄭餘慶奏見任文官一品至九品外使兼京正員官者每月於所請料錢每貫抽十文修國子監從之乙卯以諫議大夫守中書侍郎同中書門下平章事上柱國賜紫金魚袋崔羣爲潭州刺史兼御史大夫充湖南觀察使爲皇甫鎛所譖及羣被貶人皆切齒於鎛

十五年春正月甲戌朔上以餌金丹小不豫罷元會庚辰鎭冀觀察使王承宗奏鎭冀深趙等州每州請置錄事參軍一員判司三員每縣請置令一員從之壬午以前湖南觀察使崔倰權知戶部侍郎判度支丙戌沂海四州觀察使府移置於兗州改觀察使曹華爲兗州刺史乙未命邠寧李光顏修築鹽州城此月七日已後晝常陰晦微雨雪夜則晴明凡十七日方澄霽丙申月犯心大星光彩相及廢齊州豐齊縣入長清廢全節縣入歷城廢章丘縣入亭山縣義成軍節度使劉悟來朝戊戌上對悟於麟德殿上自服藥不佳數不視朝人情恟懼及悟出道上語京城稍安庚子以少府監韓璀爲鄜州刺史鄜坊丹延節度使是夕上崩於大明宮之中和殿享年四十三時以暴崩皆言內官陳弘志弑逆史氏諱而不書辛丑宣遺詔壬寅移仗西內五月丁酉羣臣上謚曰聖神章武孝皇帝廟號憲宗庚申葬于景陵

史臣蔣係曰憲宗嗣位之初讀列聖實錄見貞觀開元故事竦慕不能釋卷顧謂丞相曰太宗之創業如此玄宗之致理如此旣覽國史乃知萬倍不如先聖當先聖之代猶須宰執臣寮同心輔助豈朕今日獨能爲理哉自是延英議政晝漏率下五六刻方退自貞元十年已後朝廷威福日削方鎭權重德宗不委政宰相人間細務多自臨決姦佞之臣如裴延齡輩數人得以錢穀數術進宰相備位而已及上自藩邸監國以至臨御訖于元和軍國樞機盡歸之於宰相由是中外咸理紀律再張果能翦削亂階誅除羣盜睿謀英斷近古罕儔唐室中興章武而已任异鎛之聚斂逐羣度於藩方政道國經未至衰紊惜乎服食過當閹豎竊發苟天假之年庶幾于理矣

贊曰貞元失馭羣盜箕踞章武赫斯削平嘯聚我有宰衡耀德觀兵元和之政聞于頌聲

舊唐書卷十五考證

憲宗本紀卷下十年六月捕得張晏等八人○臣德潛按此王承宗所使刺殺宰相武元衡者也新書元衡傳張晏等十八人

十二年九月辛丑以御史中丞爲京兆尹○御史中丞下闕名

十二年十月己卯隨唐節度使李愬率師入蔡州執吳元濟以獻淮西平○沈炳震曰新書癸酉此己卯新書執元濟日此奏到日也

# 舊唐書卷十六

後晉司空同中書門下平章事劉　昫撰

## 本紀第十六

### 穆宗

穆宗睿聖文惠孝皇帝諱恒憲宗第三子母曰懿安皇后郭氏貞元十一年七月生於大明宮之別殿初名宥封建安郡王元和元年八月進封遂王五年三月領彰義軍節度大使七年十月冊爲皇太子改今諱十五年正月庚子憲宗崩丙午卽皇帝位於太極殿東序是日召翰林學士段文昌杜元頴沈傳師李肇侍讀薛放丁公著對於思政殿並賜金紫丁未集羣臣班於月華門外貶門下侍郎同平章事皇甫鎛爲崖州司戶戊申上見宰臣於紫宸門外辛亥以朝議郎守御史中丞飛騎尉襲徐國公賜緋魚袋蕭俛爲朝散大夫守中書舍人翰林學士武騎尉賜紫金魚袋段文昌爲中書侍郎同平章事上始御延英對宰臣詔曰山人柳泌輕懷左道上惑先朝固求牧人貴欲疑衆自知虛誕仍更遁逃僧大通醫方不精藥術皆妄旣延禍釁俱是姦邪邦國固有常刑人神所宜共棄付京兆府決杖處死金吾將軍李道古貶循州司馬憲宗末年銳於服餌皇甫鎛與李道古薦衛人柳泌僧大通待詔翰林泌於台州爲上鍊神丹上服之日加躁渴遂棄萬國甲寅二王後介國公宇文仲達卒有司舉舊典葬祭之以監察御史李德裕右拾遺李紳禮部員外郎庾敬休並守本官充翰林學士丁巳以劍南東川節度使李逢吉爲襄州刺史充山南東道節度使以吏部侍郎王涯檢校禮部尚書梓州刺史充劍南東川節度使己未改恒岳爲鎮岳恒州爲鎮州定州恒陽縣爲曲陽縣恒王房子孫改爲泜王房丙寅以右神策大將軍張維清爲單于大都護充振武麟勝節度使丁卯上及羣臣皆釋服從吉戊辰羣臣始朝於宣政衙是夜地震庚午冊大行皇帝貴妃郭氏爲皇太后貶諫議大夫李景儉爲建州刺史二月癸酉朔丁丑御丹鳳樓大赦天下宣制畢陳俳優百戲於丹鳳門內上縱觀之丁亥幸左神策軍觀角抵及雜戲日昃而罷癸巳罷邕管經略使所管州縣隸邕府甲午以桂管觀察使裴行立爲安南都護充本管經略使乙未以太僕卿杜式方爲桂州刺史充桂管觀察使丙申丹王逾薨丁酉勑入迴紇使宜與私覿正員官十三員入吐蕃使與八員庚子太子賓客呂元膺卒辛丑以戶部侍郎楊於陵爲戶部尚書壬寅勑舉賢良方正直言極諫等科目人宜令中書門下尚書省四品已上於尚書省同試三月癸卯朔贈皇太后父郭曖太傅母虢國大長公主贈齊國大長公主壬子召侍講學士韋處厚路隨於太液亭講毛詩關雎尚書洪範等篇旣罷並賜緋魚袋左右軍中尉馬進潭梁守謙魏弘簡等請立門戟從之以太子詹事分司東都韋貫之爲河南尹丁巳御史中丞崔植奏元和十二年勑御史臺三院御史據除拜上日爲後未上日不得計月數又准其年九月十七日勑踰一箇月不在此限行立班次卽宜以勑內先後爲定臣觀此後勑未便事宜請自今後三院御史職事行立一切依勑文先後爲定除拜上日便爲月數從之戊午吏部尚書趙宗儒奏先奉勑先朝所放制科舉人令與中書門下四品已上官同於尚書省就試者臣伏以制科所設本在親臨南省策試亦非舊典今覃恩旣畢庶政惟新況山陵日近公務繁迫待問之士就試非多臣等商量恐須停罷從之罷申州歲貢茶乙丑以皇太后兄司農卿郭釗爲刑部尚書兼司農卿右金吾衛大將軍郭鏦檢校工部尚書丁卯貶太子賓客留司東都孟簡爲吉州員外司馬戊辰夜大風雹夏四月壬申朔丁丑澧王寬薨乙酉三恪酅國公楊造卒丁亥勑內侍省見管高品官白身都四千六百一十八人除官員一千六百九十六人外其餘單貧無屋室居止宜每人加衣糧半分五月壬寅朔癸卯詔以國用不足應天下兩稅鹽利榷酒稅茶及戶部闕官除陌等錢兼諸道雜榷稅等應合送上都及留州留使諸道支用諸司使職掌人課料等錢並每貫除舊墊陌外量抽五十文仍委本道本司本使據數逐季收計其諸道錢便差綱部送付度支收管待國用稍充卽依舊制其京百司俸料文官已抽修國學不可重有抽取武官所給校薄亦不在抽取之限壬子詔入景陵玄宮合供千味食魚肉肥鮮恐致薰穢宜令尚藥局以香藥代食庚申葬憲宗於景陵六月辛未朔丁丑以司徒兼中書令韓弘爲河中尹充河中晉絳慈隰等州節度使安南都護桂仲武奏誅賊首楊清收復安南府戊寅以金吾將軍李祐檢校左散騎常侍兼夏州刺史充夏綏銀宥節度使代李聽以聽爲靈州大都督府長史充朔方靈鹽節度使以中書舍人王仲舒爲洪州刺史御史中丞充江西觀察使己卯放京兆府今年夏青苗錢八萬三千五百六十貫宜委令狐楚以楚山陵用不盡綾絹准實估付京兆府代所放青苗錢庚辰加邠寧慶節度使李光顏特進以城鹽州之功也以考功員外郎史館修撰李翺爲朗州刺史坐與李景儉相善故也癸未併兗州萊蕪縣入乾封縣己丑工部尚書歸登卒壬辰詔帝王所重者國體所切者人情苟得其體必臻於大和如失其情是曲於小利況設官求理須祿責功教旣有常寧宜就減近以每歲經費量入數少外官俸料據數收貫朕再三思度終所未安今則歲屬豐登兵方偃息自宜克己以足用何得剝下以爲謀臨軒載懷實所增愧其今年五月勑應給用錢每貫抽五十文都計一百五十萬貫宜併停抽仍出內庫錢三十七萬五千貫付度支給用初憲宗用兵擢皇甫鎛爲相苛斂剝下人皆咎之以至譴逐至是宰臣創抽貫之利制下人情不悅故罷之癸巳皇太后移居興慶宮皇帝與六宮侍從大合宴于南內迴幸右軍頒賜中尉等有差自是凡三日一幸左右軍及御宸暉九仙等門觀角抵雜戲秋七月辛丑朔壬寅以河中晉絳觀察使李絳爲兵部尚書甲辰以大理卿孔戣爲潭州刺史湖南觀察使乙巳詔皇太后就安長樂朝夕承顔慈訓所加慶感兼極今月六日是朕載誕之辰奉迎皇太后於宮中上壽朕旣深懽慰欲與臣下同之其日百寮命婦宜於光順門進名參賀朕於光順門內殿與百寮相見永爲常式非典也鄆曹濮等州節度賜號天平軍從馬總奏也丙午勑乙巳詔書載誕受賀儀宜停先是左丞韋綬奏行之宰臣以古無降誕受賀之禮奏罷之丁未苑內假山毀壓死役者七人自五月不雨至此月壬子始雨甲寅御新成永安殿觀百戲極歡而罷乙卯勑自今後新除節度觀察使到任日具見在錢帛斛斗器械數目分析以聞安南都護裴行立卒是日上幸安國寺觀盂蘭盆邕管經略使楊旻卒平盧軍新加押新羅渤海兩蕃使賜印一面許諸巡官一人新作寶慶殿庚申夜熒惑入羽林壬戌盛飾安國慈恩千福開業章敬等寺縱吐蕃使者觀之丙寅以新成永安殿與中宮貴主密宴以樂之嬪妃皆預丁卯以門下侍郎平章事令狐楚爲宣州刺史兼御史大夫充宣歙池觀察使楚爲山陵使縱吏于翬剋下不給工徒價錢積留錢十五萬貫爲羡餘以獻故及于貶八月庚午朔辛未兵部尚書楊於陵總百寮錢貨輕重之議取天下兩稅榷酒鹽利等悉以布帛任土所產物充稅並不徵見錢則物漸重錢漸輕農人見免賤賣匹段請中書門下御史臺諸司官長重議施行從之癸酉太子少傅致仕李鄘卒甲戌安南都護桂仲武斬叛將楊清首以獻收復安南府乙亥賜教坊錢五千貫充息利本錢御勤政樓問人疾苦前江西觀察使裴次元卒己卯月掩牽牛同州雨雪害秋稼京兆府戶曹參軍韋正牧專知景陵工作刻削廚料充私用計贓八千七百貫文石作專知官奉仙縣令于翬刻削計贓一萬三千貫並宜決重杖處死壬辰幸魚藻池發神策軍二千人浚魚藻池戊戌以朝議郎守御史中丞武騎尉賜紫金魚袋崔植爲朝散大夫守中書侍郎同中書門下平章事己亥宣歙觀察使令狐楚再貶衡州刺史九月庚子朔改河北稅鹽使爲榷鹽使辛丑大合樂於魚藻宮觀競渡又召李愬李光顔入朝欲於重陽日宴群臣拾遺李珏等上疏諫云元朔未改園陵尚新雖易月之期俯從人欲而三年之制猶服心喪夫遏密弛禁蓋爲齊人合樂內庭事將未可不聽乙巳以駕部郎中知制誥李宗閔爲中書舍人宋州大水損田六千頃戊申以重陽節曲宴郭釗兄弟貴戚主壻等於宣和殿己酉大雨三日至是雨雪樹木無風而摧仆者十五六以吏部侍郎崔群爲御史大夫滄景水損田戊午加河東節度使金紫光祿大夫檢校尚書右僕射兼門下侍郎同平章事太原尹北都留守上柱國晉國公食邑三千戶裴度守司空門下侍郎同平章事以邠寧節度使檢校司空邠州刺史上柱國武威郡開國公食邑二千戶李光顔並同中書門下平章事又以武寧軍節度徐泗濠等州觀察等使檢校尚書左僕射徐州刺史上柱國涼國公食邑三千戶李愬爲同中書門下平章事潞州大都督府長史充昭義軍節度澤潞磁邢洺觀察處置等使夏州奏移宥州于長澤縣置辛酉宴李光顔李愬於麟德殿頒賜優厚以袁州刺史韓愈爲朝散大夫守國子祭酒復賜金紫丙寅以御史大夫崔群檢校兵部尚書徐州刺史充武寧軍節度徐泗宿濠觀察等使以將作監崔能爲廣州刺史充嶺南節度使丁卯以兵部尚書李絳爲御史大夫戊辰以前嶺南節度使孔戣爲吏部侍郎冬十月庚午朔闍婆國遣使朝貢庚辰宰相與吐蕃使於中書議事京百司共賜錢一萬貫仰御史臺據司額大小公事閑劇均之成德軍節度使王承宗卒其弟承元上表請朝廷命帥遣起居舍人栢耆宣慰之辛巳金公亮修成指南車記里鼓車壬午吐蕃寇涇州命中尉梁守謙將神策軍四千人及八鎮兵赴援乙酉以魏博等州節度觀察等使光祿大夫檢校司徒兼侍中魏博大都督府長史上柱國沂國公食邑三千戶實封三百戶田弘正可檢校司

徙兼中書令鎭州大都督府長史成德軍節度鎭冀深趙等州觀察處置等使以鎭冀深趙等觀察度支使朝議郎試金吾左衞胄曹叅軍兼監察御史王承元可銀青光祿大夫檢校工部尚書使持節滑州諸軍事守滑州刺史御史大夫充義成軍節度鄭滑等州觀察等使以昭義節度使檢校尚書左僕射同中書門下平章事李愬可本官爲魏州大都督府長史充魏博等州節度觀察等使以義成軍節度使劉悟依前檢校右僕射兼潞州大都督府長史充昭義節度澤潞邢洺磁等州觀察等使以左金吾將軍田布爲檢校左散騎常侍兼懷州刺史御史大夫充河陽三城懷孟節度使乙酉涇州奏吐蕃退去時夏州節度使田縉貪猥侵刻党項羌羌引西蕃入寇頼郝玼李光顔奮命拒之方退丁亥西川奏吐蕃侵雅州令發兵鎭守東川節度使王涯陳破吐蕃策言以厚賂北蕃俾入西蕃據地得人多少賞之十一月乙亥朔癸卯制朕聞帝王丕宅四海子育群生如天無不覆如日無不燭乃睠冀方初喪戎帥念乎三軍之事迫于四州之人或懷忠積誠而思用莫展或災荒兵役而望恤何階今則昌運一開誠節咸著王承元首陳章疏願赴闕庭永念父兄之忠克固君臣之義已加殊奬別委重藩又念成德軍將士等叶謀向義丹欵載申咸欲効其器能各宜列之爵秩大將史重歸牛元翼已超授寵榮令更都加厚賜宜令諫議大夫鄭覃往鎭州宣慰賜錢一百萬貫王澤所洽天網方恢宥過釋寃與人休泰其管內見禁囚徒罪無輕重並宜釋放朕以武俊之勳勞光于彝鼎士眞之恭恪繼被節旄承宗感恩亦克立効永言十代之宥俾賜一門之榮承宗兄弟已授官爵其承宗葬事亦差官監視務令周厚丁未封王承宗祖母李氏爲晉國太夫人辛亥田弘正奏王承元以今月九日領兵二千人赴鎭滑州成德軍徵賞錢頗急乃命栢耆先往諭之以華州刺史衞中行爲陜州長史充陜虢觀察使以宗正卿李翺爲華州刺史潼關防禦鎭國軍使乙卯上幸金吾將軍郭鏦城南莊鏦以莊爲獻戊午詔曰朕來日暫往華清宮至暮却迴御史大夫李絳常侍崔元畧已下伏延英門切諫上曰朕以成行不煩章疏諫官再三論列是日田弘正奏今月十六日入鎭州訖已未上由複道出城幸華清宮左右中尉擗仗六軍諸使諸王駙馬千餘人從至晚還宮癸亥檢校司徒兼太子少師鄭餘慶卒以渭州刺史涇原行營兵馬使保定郡王郝玼爲慶州刺史玼勇將深入吐蕃接戰朝廷恐失勇將故移之內地十二月己巳朔戊寅召故女學士宋若華妹若昭入宮掌文奏壬午幸右軍擊鞠遂畋於城西丙戌前昭義軍節度使辛秘卒己丑以庫部郎中知制誥牛僧孺爲御史中丞嶺南奏崖州司戶叅軍皇甫鎛卒丙申以司門員外郎白居易爲主客郎中知制誥是歲計戶帳戶總二百三十七萬五千四百口總一千五百七十六萬定鹽夏劒南東西川嶺南黔中邕管容管安南合九十七州不申戶帳

長慶元年正月己亥朔上親薦獻太清宮太廟是日法駕赴南郊日抱珥宰臣賀於前辛丑祀昊天上帝於圓丘卽日還宮御丹鳳樓大赦天下改元長慶內外文武及致仕官三品已上賜爵一級四品已下加一階陪位白身人賜勳兩轉應緣大禮移仗宿衞御樓兵仗將士普恩之外賜勳爵有差仍准舊例賜錢物二十萬四千九百六十端匹禮畢群臣於樓前稱賀仗退上朝太后於興慶宮壬寅夏州節度使奏浙東湖南等道防秋兵不習邊事請留其兵甲歸其人靈武節度使李聽奏請於淮南忠武武寧等道防秋兵中取三千人衣賜月糧賜當道自召募一千五百人馬驍勇者以備邊仍令五十人爲一社每一馬死社人共補之馬永無闕從之癸卯以河陽懷節度使田布爲涇州刺史充四鎭北庭行營涇原節度使以刑部尚書兼司農卿郭釗檢校戶部尚書懷州刺史充河陽三城懷節度使以涇原節度使王潛檢校兵部尚書江陵尹充荆南節度使乙巳鄜坊節度使韓璀改名充己酉以前檢校大理少卿駙馬都尉劉士涇爲太僕卿給事中韋弘景薛存慶封還詔書上論之曰士涇父昌有邊功久爲少列十餘年又以尚雲安公主朕欲加恩制官勅下制命始行翰林學士司勳員外郎李德裕上疏曰臣見國朝故事駙馬國之親密不合與朝廷要官往來開元中禁止尤切近日駙馬多至宰相及要官宅此輩無他才可以延接唯是漏洩禁密交通中外伏望宣示駙馬等今後有事任至中書見宰臣此外不得至宰臣及臺省官私第從之戊午夜星孛于翼壬戌制朝議大夫守門下侍郎同中書門下平章事徐國公蕭俛爲尚書右僕射累表乞罷政事故也癸亥以左散騎常侍崔元畧爲黔州刺史充黔中觀察使丁卯星孛於辰近太微西垣南第一星二月戊辰朔癸酉以尚書右僕射蕭俛爲吏部尚書甲戌以檢校右僕射兼吏部尚書韓皐守右僕射乙亥夜太白犯昴丙子上觀雜伎樂於麟德殿歡甚顧謂給事中丁公著曰比聞外間公卿士庶時爲歡宴蓋時和民安甚慰予心公著對曰誠有此事然臣之愚見風俗如此亦不足嘉百司庶務漸恐勞煩聖慮上曰何至於是對曰夫賓宴之禮務達誠敬不繼以淫故詩人美樂且有儀憐異屢舞前代名士良辰宴聚或淸談賦詩投壺雅歌以杯酌獻酬不至於亂國家自天寶已後風俗奢靡宴席以諠譁沉湎爲樂而居重位秉大權者優雜倨肆於公吏之間曾無愧恥公私相效漸以成俗由是物務多廢獨聖心求理安得不勞宸慮乎陛下宜頒訓令禁其過差則天下幸甚時上荒于酒樂公著因對諷之頗深嘉納己卯幽州節度使劉總奏請去位落髮爲僧又請分割幽州所管郡縣爲三道請支三軍賞設錢一百萬貫壬申以中書侍郎平章事段文昌檢校刑部尚書同平章事成都尹充劒南西川節度等使以朝散大夫尚書戶部侍郎知制誥翰林學士上柱國建安縣開國男杜元頴守本官同中書門下平章事以劒南西川節度使王播爲刑部尚書充鹽鐵轉運使乙酉天平軍節度使馬總奏當道見管軍士三萬三千五百人從去年正月已後情願居農者放逃亡者不捕先是平定河南及王承元去鎭州宰臣蕭俛等不顧遠圖乃獻銷兵之議請密詔天下軍鎭每年限百人內破八人逃死故總有是奏丁亥夜月犯歲星在尾十三度辛卯寒食節宴群臣於麟德殿頒賜有差壬辰刑部侍郎李建卒癸巳九姓迴紇毗伽保義可汗卒三月丁酉朔浙東奏移明州於鄮縣置劉總進馬一萬五千匹甲辰鄭滑節度使王承元祖母晉國太夫人李氏來朝旣見上令朝太后於南內丁未宗正寺奏准貞元二十一年勅宗子陪位放五百七十人出身准今年勅放三百人伏緣人數至多不霑恩澤乞降特恩更放二百人出身從之平盧薛平奏海賊掠賣新羅人口於緣海郡縣請嚴加禁絕俾異俗懷恩從之戊申罷京西京北和糴使擾人故也罷河北榷鹽法許約計課利都數付榷鹽院庚戌以左丞韋綬爲禮部尚書是夜太白近五車辛亥命給事中韋弘慶充幽州宣慰使左拾遺狄兼謨副之鹽鐵使王播奏江淮鹽估每斗加五十文兼舊三百文癸丑以幽州盧龍軍節度副大使知節度事押奚契丹兩蕃經畧等使檢校司空同中書門下平章事楚國公劉總可檢校司徒兼侍中天平軍節度鄆曹濮等州觀察等使以宣武軍節度使檢校右僕射同平章事張弘靖爲檢校司空同平章事兼幽州大都督府長史充幽州盧龍軍節度使從劉總所奏故也以鳳翔節度使李愿檢校司空汴州刺史充宣武軍節度使以邠寧節度使李光顔爲鳳翔尹依前檢校司空平章事充鳳翔隴右節度使以右衞大將軍高霞寓檢校工部尚書邠州刺史充邠寧節度使諫官上疏論霞寓敗軍左謫未宜拜方鎭不從乙卯以權知京兆尹盧士玫爲瀛州刺史充瀛莫等州都團練觀察使從劉總奏析置也丁巳制劉總已極上台仍移重鎭兄弟子姪各授官榮大將賓寮亦宜超擢幽州百姓給復一年賜三軍賞設錢一百萬貫令宣慰使薛存慶與弘靖計會支給戊午封皇弟憬爲鄜王悅爲瓊王惇爲沔王憬爲婺王愔爲茂王怡爲光王協爲淄王憺爲衢王惋爲澶王皇子湛爲景王涵爲江王湊爲漳王溶爲安王瀍爲頴王以兵部侍郎柳公綽爲京兆尹兼御史大夫己未以屯田員外郎李德裕爲考功郎中左補闕李紳爲司勳員外郎並依前知制誥翰林學士勅今年錢徽下進士及第鄭朗等一十四人宜令中書舍人王起主客郎中知制誥白居易等重試以聞甲子劉總請以私第爲佛寺乃遣中使賜寺額曰報恩幽州奏劉總堅請爲僧又賜以僧衣賜號大覺總是夜遁去幽州人不知所之乙丑以漳州刺史韓泰爲郴州刺史汀州刺史韓曄爲永州刺史循州刺史陳諫爲道州刺史量移也夏四月丙寅朔授劉總弟約及總男等一十一人官內五人爲刺史餘朝班環衞庚午易定奏劉總已爲僧三月二十七日卒于當道界贈太尉甲戌秘書監蔣乂卒丙子以前天平軍節度使馬摠復爲天下節度使丁丑詔國家設文學之科本求才實苟容僥倖則異至公訪聞近日浮薄之徒扇爲朋黨謂之關節干擾主司每歲策名無不先定永言敗俗深用興懷鄭朗等昨令重試意在精覈藝能不於異常之中固求深僻題目貴令所試成就以觀學藝淺深孤竹管是祭天之樂出於周禮正經閱其呈試之文都不知其本事辭律鄙淺蕪累何多亦令宣示錢徽庶其深自懷愧誠宜盡棄以警將來但以四海無虞人心方泰用弘寬假式示殊恩孔溫業趙存約竇洵直所試粗通與及第盧公亮等十一人可落下自今後禮部舉人宜准開元二十五年勅及第人所試雜文并策送中書門下詳覆貶禮部侍郞錢徽爲江州刺史中書舍人李宗閔爲劒州刺史右補闕楊汝士爲開州開江令戊寅宰臣崔植杜元頴奏請坐日所有君臣獻替事關禮體便隨日撰錄號爲聖政紀歲終付史館從之事亦不行丙戌正衙命使册九姓

迴紇爲登羅羽錄没密施句主録毘伽可汗辛卯以衛州刺史令狐楚爲郢州刺史吉州司馬孟簡爲睦州刺史壬辰詔百辟卿士宜各徇公勿爲朋黨甲午以張弘靖入幽州受朝賀中書門下奏燕薊八州平准禮宜告陵廟從之五月丙申朔戊戌以刑獄淹滯立程凡大事大理寺三十五日詳斷訖申刑部三十日聞奏中事大理寺三十日刑部二十五日小事大理寺二十五日刑部二十日所斷罪二十件已上爲大十件已上爲中十件已下爲小刑部四覆官大理六丞每月常須二十已入省寺其廚料令戶部加給從中丞牛僧孺奏也己亥貶考功員外郎李渤爲虔州刺史以前書宰相考辭太過宰相杜元穎等奏貶之癸卯幽州大將李參已下十八人並爲刺史及諸衛將軍己酉右散騎常侍致仕柳登卒辛亥造百尺樓於宮中壬子加茶榷舊額百文更加五十文從王播奏拾遺李珏上疏論其不可疏奏不報丙辰建王審薨丁巳滄州先置景州於弓高縣置歸化縣於福壽草市並宜停廢壬戌幽州宣慰使給事中薛存慶卒於鎭州癸亥勅先置瀛州於鄚城宜廢其鄚城上蔡西平遂平兩縣復隸蔡州皇妹太和公主出降迴紇登羅骨没施合毘伽可汗甲子命金吾大將軍胡証充送公主入迴紇使兼冊可汗又以太府卿李銳爲入迴紇婚禮使六月乙丑朔辛未吐蕃犯靑塞堡甲申賜御史中丞牛僧孺金紫秋七月乙未朔壬寅月掩房次相壬子群臣上尊號曰文武孝德皇帝是日上受冊於宣政殿禮畢御丹鳳樓大赦天下甲寅幽州監軍使奏今月十日軍亂囚節度使張弘靖別館害判官韋雍張宗元崔仲卿鄭塤軍人取朱滔子洄爲留後丁巳貶張弘靖爲太子賓客分司己未再貶弘靖爲吉州刺史朱洄自以年老令軍人立其子克融爲留後初劉總歸朝籍其軍中素難制者送歸闕庭克融在籍中宰相崔植杜元穎素不知兵心無遠慮謂兩河無虞不復禍亂矣遂奏劉總所籍大將並勒還幽州故克融爲亂復失河北矣庚申以昭義軍節度使劉悟檢校司空兼幽州大都督府長史充幽州盧龍軍節度副大使知節度事以國子祭酒韓愈爲兵部侍郎辛酉太和長公主發赴迴紇上以半仗御通化門臨送群臣班於章敬寺前八月甲子朔己巳鎭州監軍宋惟澄奏七月二十八日夜軍亂節度使田弘正并家屬將佐三百餘口並遇害軍人推衙將王廷湊爲留後辛未以左金吾將軍楊元卿爲涇州刺史充四鎭北庭行軍涇原節度使勅公卿大臣至中書議幽鎭討伐之謀癸酉王廷湊遣盜殺冀州刺史王進岌據其郡乙亥以前涇原節度使田布起復檢校工部尚書兼魏州大都督府長史充魏博節度使己卯以深州刺史本州團練使牛元翼充深冀節度使辛巳夜太白近軒轅左角冀州刺史吳暐潛爲幽州兵所逐瀛州兵亂囚觀察使盧士玫瀛州壽爲幽州兵所據乙丑以河東節度裴度充幽鎭兩道招撫使庚寅以建州刺史李景儉爲諫議大夫壬辰夜太白近太微西垣癸巳鎭州出兵圍深州九月甲午朔丁酉廢典州鳴水縣戊戌夜太白近太微右執法壬寅大雨震霆乙巳相州兵亂殺刺史邢楚丙午令內常侍段文政監領鄭滑河東許三道兵救援深州吐蕃請盟許之辛亥夜月近天關壬子幽州賊掠易州淶水遂城滿城癸丑以前魏博節度使李愬爲太子少保癸酉魏博節度使田布奏出師五千赴貝州行營冬十月甲子朔丙寅太中大夫守刑部尚書騎都尉王播可中書侍郎同中書門下平章事依前充鹽鐵轉運使以河東節度使裴度充鎭州四面行營都招討使以左領軍衞大將軍杜叔良充深冀諸道行營節度使戊辰以深冀節度使牛元翼爲鎭州大都督府長史充成德軍節度鎭冀深趙等州節度使辛未以中書舍人知貢舉王起爲禮部侍郎兵部郎中楊嗣復爲庫部郎中知制誥壬申以東都留守鄭絪爲吏部尚書以吏部尚書李絳檢校右僕射判東都尚書省事東都留守都畿防禦使以工部尚書丁公著檢校左散騎常侍兼越州刺史御史中丞充浙東觀察使乙亥沂州刺史王智興爲武寧軍節度副使丁丑裴度奏自將兵取故開路進討朱克融兵寇蔚州戊寅王廷湊兵寇貝州易州刺史柳公濟奏於白石嶺破燕軍三千滄州烏重胤奏於饒陽破賊工部尚書韋貫之卒壬午以尚書主客郎中知制誥白居易爲中書舍人河東節度使裴度三上章論翰林學士元稹與中官知樞密魏弘簡交通傾亂朝政以稹爲工部侍郎罷學士弘簡爲弓箭庫使甲申以京兆尹御史大夫柳公綽爲吏部侍郎丙戌以深冀行營節度使杜叔良爲滄州刺史橫海軍節度使以代烏重胤授重胤檢校司徒興元尹充山南西道節度使時上急於誅賊杜叔良出征日面辭奏云臣必旦夕破賊重胤善將知兵以賊勢未可卒平用兵稍緩故有是拜丁亥前浙東觀察使薛戎卒戊子魏博田布奏自率全師進討太子少保李愬卒己丑以戶部侍郎判度支崔倰爲工部尚書判度支以山南西道節度使崔從爲尚書左丞以秘書監許季同爲華州刺史充潼關防禦鎭國軍使辛卯昭義劉悟奏自將兵次臨城十一月甲午朔裴度奏破賊於會星鎭朱克融兵大寇定州節度使陳楚出師拒戰破賊二萬乙巳徐州崔群奏遣節度使王智興率師赴行營戊申以司農卿裴武爲鎭州行營供軍使戊午上御宣政殿試制科舉人辛酉淄青牙將馬廷崟謀逆節度使薛平覺其謀而誅之詔中書舍人白居易繕部郎中陳岵考功員外郎賈餗同考制策十二月甲子朔丙寅以前容州經略使留後嚴公素爲容州刺史容管經略使丁卯貶諫議大夫李景儉爲楚州刺史庚午杜叔良之軍與賊戰於博野爲賊所敗七千人陷賊叔良僅免乙亥勅諸道除上供外留州留使錢內每貫割二百文以助軍用賊平後仍舊定州陳楚破朱克融賊二萬於望都戊寅以鳳翔節度使李光顏爲忠武軍節度使代李遜仍兼深冀行營節度以李遜爲鳳翔節度使貶員外郎獨孤朗韶州刺史起居舍人溫造朗州刺史司勳員外郎李肇澧州刺史刑部員外郎王鎰郢州刺史坐與李景儉於史館同飲景儉乘醉見宰相謾罵故也兵部郎中知制誥馮宿庫部郎中知制誥楊嗣復各罰一季俸料亦坐與景儉同飲然先起不貶官辛巳李光顏赴鎭百寮餞於章敬寺上御通化門臨送賜玉帶名馬仍勅神策副使楊承和充深冀行營都監押壬午出內庫錢五萬貫以助軍乙酉以幽州都知兵馬使朱克融檢校右散騎常侍充幽州盧龍軍節度使其拘囚張弘靖殺害府寮之罪一切釋放時朝議以克融能保全弘靖王廷湊殺害弘正可赦燕而誅趙故有是詔是歲天下戶計二百三十七萬五千八百五口一千五百七十六萬二千四百三十二元不進戶軍州不在此內

二年春正月癸巳朔以用兵罷元會乙未以夔州刺史王承弁爲安南都護本管經略招討使丁酉朱克融陷滄州弓高縣賊攻下博兼邀餉道車六百乘而去庚子魏博兵自潰於南宮縣戊申魏牙將史憲誠奪師田布伏劍而卒己酉以魏博中軍先鋒兵馬使憲誠檢校工部尚書兼魏州大都督府長史充魏博節度使是日大風霾庚戌以德州刺史王日簡爲滄州刺史充橫海軍節度滄德棣觀察等使以代叔良壬子貶叔良爲歸州刺史以獻計誅幽鎭無功而兵敗喪所持旌節也甲寅以工部尚書度支崔倰檢校禮部尚書兼鳳翔尹充鳳翔隴節度使以鴻臚卿兼御史大夫判度支復以弓高縣爲景州青州奏海東二百里乙卯以前鳳翔節度使李遜爲刑部尚書己未刑部尚書李遜卒庚子以兗沂密觀察使曹華爲節度使以天德軍防禦使李進誠兼靈州刺史充朔方靈鹽定遠城等州節度使以晉州刺史李岵爲豐州刺史充天德軍豐州東西受降城都防禦使內出繒帛八萬匹以助軍權停嶺南黔中今年選補二月癸亥朔甲子詔雪王廷湊仍授鎭州大都督府長史御史大夫充成德軍節度鎭冀深趙等州觀察等使三軍將士待之如初仍令兵部侍郎韓愈往彼宣諭以前吉州刺史張弘靖爲撫州刺史弘靖初貶官尚在幽州拘留半歲克融授節始得還故有是命丙寅以前成德軍節度使牛元翼檢校工部尚書襄州刺史充山南東道節度觀察臨漢監牧等使丁卯以考功郎中知制誥李德裕爲中書舍人依前翰林學士癸酉以鄜坊丹節度使韓充爲義成軍節度使以代王承元爲鄜坊節度使甲戌夜火木星相近滄州以成元節度使王日簡賜姓名全略辛巳以正議大夫守中書侍郎同中書門下平章事武騎尉賜紫金魚袋崔植爲刑部尚書罷知政事以工部侍郎元稹守本官同平章事以翰林學士中書舍人李德裕爲御史中丞司勳員外郎知制誥李紳爲中書舍人依前翰林學士右庶子王仲周以奉使緩命貶台州刺史癸未以深冀行營諸軍節度忠武軍節度使李光顏爲滄州刺史橫海軍節度使兼忠武軍節度深冀行營並如故以橫海軍節度使李全略爲德州刺史德棣等州節度丙戌以兵部郎中知制誥馮宿檢校左庶子充山南東道節度副使權知襄州軍府事以牛元翼在深州重圍故也丁亥以河東節度使司空兼門下侍郎平章事裴度守司徒平章事充東都留守判東都尚書省事都畿汝防禦使太微宮等使以前靈武節度使李聽爲太原尹北都留守河東節度使三月壬辰朔詔曰武班之中淹滯頗久又諸薦送大將或隨節度使歸朝自今已後宜令神策六軍軍使及南衙常參武官各具歷任送中書門下素立大功及有才器者量加獎擢常參官依月限改轉諸道軍府帶監察已上官者限三周年即與改轉軍士死王事者三周年內不得停衣糧先於留州留使錢內每貫割二百文助軍今後不用抽取上於馭軍之道未得其要常云宜姑息戎臣故即位之初傾府庫頒賞之長行所護人至鉅萬非時賜與不可勝紀故軍旅益驕法令益弛戰則不剋國祚日危洎頒此詔方鎭多以大將文符鶩之富貫曲

為論奏以取朝秩者疊委於中書矣名臣扼腕無如之何癸巳以兵部尚書蕭俛為太子少保以前山南東道節度使李逢吉為兵部尚書壬寅左驍衞上將軍張奉國卒以鴻臚卿判度支張平叔為戶部侍郎充職平叔以曲承恩顧上疏請官自賣鹽可以富國强兵陳利害十八條詔下其疏令公卿詳議中書舍人韋處厚隨條詰難固言不可事遂不行朱克融王廷湊合兵攻深州不解裴度與書諭之克融還鎮廷湊攻城亦緩乃並加檢校工部尚書戊申裴度來朝對於麟德殿伏奏龍墀因叙河北用兵嗚咽流涕上改容慰勞之壬子以新授東都留守裴度為揚州大都督府長史充淮南節度使癸丑徐州節度使崔群為其副使王智興所逐智興自專軍務甲寅以右僕射韓皐為左僕射以前淮南節度使李夷簡為右僕射前東都留守李絳復拜舊官丙辰守司徒裴度正衙受冊訖謁太廟赴尚書省上宰臣百寮皆送丁巳以左丞崔從檢校禮部尚書鄜州刺史鄜坊節度使以代王承元以承元為鳳翔隴節度使戊午司徒裴度復入中書知政事以中書侍郎平章事王播檢校右僕射兼揚州大都督府長史充淮南節度使依前兼諸道鹽鐵轉運使以鳳翔節度使崔倰為河南尹牛元翼率十餘騎突圍出深州來朝深州大將臧平等一百八十人皆為王廷湊所殺己未以武寧軍節度使王智興檢校工部尚書兼徐州刺史充武寧軍節度使以德棣節度使李全略復為滄州節度使仍合滄景德棣為一鎮李光顏還鎮許州夏四月辛酉朔日有蝕之甲子左僕射韓皐赴省上中使賜酒饌宰臣百寮送一如近式雲陽縣角抵力人張莅負羽林官騎康憲錢憲往徵之莅乘醉打憲將殞憲男買德年十四持木鐘擊莅首破三日而卒刑部奏覆勑曰買德尚在童年能知子道雖殺人當死為父可哀若從沉命之科恐失原情之意可減死罪一等忻州刺史李寰守博野王廷湊攻之不下其李寰所領兵宜割屬右神策以寰為軍使仍以忻州軍為名庚辰桂管觀察使杜式方卒癸未以武寧軍節度使崔群為秘書監分司東都翰林侍講學士韋處厚路隨進所撰六經法言二十卷賜錦綵二百疋銀器二百事處厚改中書舍人隨改諫議大夫並賜金紫丁亥以秘書監嚴謩為桂管觀察使是夜東北有流星光彩燭地殷殷有聲出天市垣至郎位滅五月辛卯朔以德州刺史李景儉為諫議大夫癸丑太子少傅嚴綬卒戊午幽州朱克融上表進馬萬匹羊十萬口先請其價賞軍隴山有異獸如猴腰尾皆長色青赤而猛鷙見蕃人則躍而食之遇漢人則否六月甲戌朔甲子司徒平章事裴度守尚書右僕射工部侍郎平章事元稹為同州刺史以正議大夫守兵部尚書輕車都尉李逢吉為門下侍郎同中書門下平章事乙丑大風震電墜太廟鴟吻霹御史臺樹丁卯以易州刺史柳公濟為定州刺史義武軍節度使壬申諫官論責裴度太重元稹太輕乃追稹制書削長春宮使戊寅以前右僕射李夷簡為太子少保分司東都戊子復置邕管以安南副使崔結為邕管經畧使秋七月己丑朔丙申宋王結薨廢朝戊戌汴州軍亂逐節度使李愿立牙將李㝏為留後好畤縣山水漂溺居人三百家陳許蔡等州水壬寅出中書舍人白居易為杭州刺史乙巳詔南北省五品已上官議討李㝏丙午貶李愿為隨州刺史以鄭滑節度使韓充為汴州刺史宣武軍節度使汴宋亳潁觀察等使鄭滑如故以宣武軍節度押衙李㝏為右金吾衞將軍丁未內出綾絹五十萬匹付度支以供軍用陳許水災賑粟五萬石己酉中使楊再昌使鎮州王廷湊奉詔取牛元翼家族請至秋末發遣其田弘正骸骨尋訪不知所在辛亥以贈司徒忠烈公李憕子源為諫議大夫賜緋魚袋乙卯勳員外郎知制誥二年後轉郎中又二年後轉前行郎中又一年卽正除諫議大夫知同前郎中給事中并翰林學士別宣知者不在此限以前義武軍節度使陳楚為東都留守判尚書省事東畿汝防禦使本朝故事東都留守罕用武臣今用楚以李㝏擾汴宋故也八月己未朔以絳州刺史崔弘禮為河南尹兼東畿防禦副使給事中韋顗以弘禮望輕封還詔書上遣中使諭之乃下詔陳許李光顏將兵收汴州戊辰以左僕射韓皐為東都留守判尚書省事東畿汝防禦使以東都留守陳楚為河陽懷節度使癸酉韓充奏今月六日發軍入汴州界營于千塔丙子汴州監軍姚文壽與兵馬使李質同謀斬李㝏及其黨薛志忠秦鄰等丁丑韓充入汴州以前東都留守李絳為華州刺史充潼關防禦鎮國軍等使浙東處州大水溺居民以兗海沂密節度使曹華為華州刺史充義成軍節度鄭滑潁等州觀察等使以宋州刺史高承簡為兗州刺史兗海沂密等州節度使以汴州防城兵馬使李質為右金吾衞將軍潁州隸鄭滑觀察使鹽鐵轉運使王播進開潁口圖九月戊子朔浙西大將王國清謀叛觀察使竇易直討平之同惡二百餘人並誅之韓充送李㝏男道源道樞道淪等三人斬於西市㝏妻馬氏小男道本女汴娘配於掖庭壬子太子少師李夷簡卒贈太子太保癸卯以前河陽節度使郭釗為河中尹兼河中絳隰等州節度使御史中丞李德裕為潤州刺史兼御史大夫浙江西道都團練觀察處置等使以代竇易直以易直為吏部侍郎加晉州刺史李寰為晉慈等州都團練觀察使乙巳勅團練防禦州置判官一員其副使推巡並停辛亥以吏部侍郎柳公綽為御史大夫先有詔廣芙蓉苑南面居人廬舍墳墓並移之群情駭擾癸丑降勅罷之德州軍亂害刺史王稷盡剽其家財奴僕丁亥以萬州刺史李元喜為安南都護陰山府沙陁突厥兵馬使朱耶執宜來朝貢賜官誥錦綵銀器冬十月戊午朔壬戌前河中晉絳慈隰等州節度使開府儀同三司守司徒中書令河中尹上柱國許國公韓弘可守司徒兼中書甲子夜月掩牽牛中星戊辰興元節度使烏重胤來朝移授天平軍節度使己卯以工部侍郎鄭權為工部尚書以前華州刺史許季同為工部侍郎是日上由復道幸咸陽止於善因佛寺施僧錢百萬咸陽令絹百疋閏十月戊子朔入迴紇使金吾大將軍胡証副使光祿卿李憲婚禮使衞尉卿李銳副使宗正少卿李子鴻等送太和公主自蕃中迴庚寅以吏部尚書鄭絪為太子少傅以太常卿趙宗儒為吏部尚書韋綬為興元尹充山南西道節度使壬辰右驍衞大將軍韓公武卒廢朝以戶部尚書楊於陵為太常卿丙申迴紇可汗遣使獻國信四牀女口六人葛祿口四人己亥勑翰林侍講學士諫議大夫路隨中書舍人韋處厚兼充史館修撰憲宗實錄仍更日入史館實錄未成且許不入內署仍放朝參甲寅詔江淮諸州旱損頗多所在米價不免踊貴眷言疲困須議優矜宜委淮南浙西東宣歙江西福建等道觀察使各於當道有水旱處取常平義倉斛㪷據時估減半價出糶以惠貧民丙辰以太子賓客令狐楚為陝虢觀察使十一月丁巳朔丁卯尚書左丞庚承宣為陝虢觀察使令狐楚復為太子賓客分司東都楚已至陝州視事一日追改之庚午命景王率禁軍五百騎侍從皇太后幸華清宮又幸石甕寺辛未以前安南都護桂仲武為邕管經畧使癸酉上幸華清宮迎太后巡狩于驪山下卽日馳還太后翌日方還丙子集王緗薨庚辰上與內官擊鞠禁中有內官欻然墜馬如物所擊上恐罷鞠升殿遽足不能履地風眩就牀自是外不聞上起居者三日是夜月近房十二月丁亥朔詔五坊鷹隼並解放獵具皆毀之庚寅宰臣李逢吉率百寮至延英門請見上不許中外與度等三上疏請立皇太子是夜司徒中書令韓弘卒辛卯上於紫宸殿御大繩牀見百官李逢吉奏景王成長請立為皇太子左僕射裴度又極言之癸巳詔景王為皇太子淮南奏和州飢烏江百姓殺縣令以取官米甲午內出絹二百疋賑兩市癃殘窮者己未兩軍容內司公主戚屬之家並以上疾痊平諸寺為僧齋仍勅在京諸司疏放繫囚丙午上御宣政殿冊皇太子受冊畢百寮謁太子於東宮太子舉籩執笏荅拜宮寮拜則受之丁未判度支戶部侍郎張平叔貶通州刺史是夜月掩左角己酉以前天平軍節度使馬總檢校左僕射守戶部尚書庚戌以吏部侍郎竇易直為戶部侍郎判度支癸丑以太子冊禮畢宣制赦囚徒以前黔中觀察使崔元略為鄂岳蘄黃安等州觀察使太子賓客孟簡卒乙卯以前陝虢觀察使衞中行為尚書右丞是冬十月頻雪其後恒燠水不冰凍草木萌發如正二月之後

三年正月丁巳朔上以疾不受朝賀是日大風昏霾竟日嗣鄧王佐宜於崖州安置坐妄傳禁中語也勅不得買新羅人為奴婢已在中國者卽放歸其國禮部侍郎王起奏當司所試貢舉人試訖申送中書候覆訖下當司然後大字放牓從之二月天平軍監軍奏節度使烏重胤病牙將王贊割股肉以療河陽節度使陳楚奏移使府於三城未有門戟欲移懷州門戟於河陽從之諫議大夫殷侑奏禮部貢舉請置三傳三史科從之戶部尚書崔倰卒三月丁巳宰臣百寮賜宴於曲江亭勅應御服及器用在淮南兩浙宣歙等道合供進者并端午誕節常例進獻者一切權停其鷹犬之類除備蒐狩外並令解放以牛僧孺同中書門下平章事日晡晚後有賊入通化門鬬死者一人傷者六人賜宣徽院供奉官錢自一百二十貫文已下有差五月山南西道奏移成州於寶井堡山南東道節度使牛元翼卒秘書少監李隨奏請造當司圖書印一面從之六月宰相監修國史杜元穎奏史官沈傳師除鎮湖南其本分修史便令將赴本任修撰從之勅京兆尹御史大夫韓愈宜放臺叅後不得為例七月國子祭酒韋乾度卒八月鄭滑節度使曹華卒檢校尚書右僕射戶部尚書馬總卒興元節度使韋綬卒上由複道幸興慶宮至通化門賜持盂僧絹二百匹因幸五方賜從官金銀鋌有差九月澤潞節度使劉悟進位平章事賜宰臣百寮重九宴于曲江亭

南詔王丘佺進金碧文絲十有六品十月以京兆尹韓愈爲兵部侍郎以御史中丞李紳爲江西觀察使宰相李逢吉與李紳不協紳有時望恐用爲相及紳爲中丞乃除韓愈爲京兆尹兼御史大夫仍放臺參紳性峭直屢上疏論其事遂與愈辭理往復逢吉乃兩罷之然紳出而愈留宰相杜元穎罷知政事除成都尹劍南西川節度使龍武統軍陳楚卒以兵部侍郎韓愈爲吏部侍郎新除江南觀察使李紳爲戶部侍郎紳既罷除江西上令中使就第賜玉帶紳因除叙泣而請留中使具奏故與愈俱改官召翰林學士龐嚴對因賜金紫內園使公廨本錢一萬貫軍器使三千貫杜元穎赴鎭蜀上御安福門餞因賜皇城留守及金吾衞率等帛有差十一月上御通化門觀作毗沙門神因賜絹五百匹停浙東貢甜菜海蚶十二月浙西觀察使李德裕奏去管內淫祠一千一十五所

四年正月辛亥朔上御殿受朝如常儀上餌金石之藥處士張臯上疏切諫上悅召之求臯不獲澤潞判官賈直言新授諫議大夫劉悟上表乞留從之禮部尙書致仕孔戣卒辛未上大漸詔皇太子監國壬申上崩於寢殿時年三十群臣上謚曰睿聖文惠孝皇帝廟號穆宗十一月庚申葬于光陵

史臣曰臣觀五運之推遷百王之隆替亦無常治亦無常亂在人而已匪降自天當軒黃御宇之秋則百年無事及商辛握圖之日則四海橫流昔章武皇帝痛國命之不行惜朝綱之將墜乃求賢俊總攬英雄果能扼大盜之喉制姦臣之命五十載已終之土復入提封百萬戶受弊之甿重蘇景化元和之政幾致昇平鴟梟方革於好音龍鼎俄傷於短祚苟或時有平勃之佐繼以文景之才則廷湊克融自縮螳螂之臂智興李岕敢萌狗鼠之謀强盜寧窺孟賁之金餓隸不拾嬰兒之餌觀夫孱主可謂痛心不知創業之艱難不恤黎元之疾苦謂威權在手可以力制萬方謂旒冕在躬可以坐馳九有曾不知聚則萬乘散則獨夫朝作股肱暮爲讎敵仲長子所謂至於運徙勢去獨不覺悟者豈非富貴生不仁沉溺致愚疾存亡以之迭代治亂從此周復誠哉是言也

贊曰惠王不令敗度亂政驕僻偶全實賴遺慶皇皇上帝爲民立王此何人哉遽主鼎命

舊唐書卷十六考證

穆宗本紀八月甲戌安南都護桂仲武斬叛將楊清首以獻收復安南府○臣德潛按本年六月丁丑已書斬楊清事矣此係重出又新書二月辛未楊清伏誅與此互異

十一月以宗正卿李翺爲華州刺史○沈炳震曰是年六月翺坐李景儉事貶朗州不應即遷華州也且翺傳亦無爲華州文又按李宗閔傳宗閔父翺自宗正卿出爲華州刺史計其時在元和末此疑作李翺

長慶元年秋七月甲寅幽州監軍奏今月十日軍亂囚張弘靖別館害判官韋雍張宗元崔仲卿鄭塤○臣宗萬按是時有判官張徹罵賊被殺通鑑載之韓愈有張徹墓誌可攷而書不載其人義士死節史官亟宜表章而獨遺之昫之疏謬可知矣

二年五月辛卯朔以德州刺史李景儉爲諫議大夫○沈炳震曰景儉元年十二月以諫議大夫貶楚州刺史未嘗爲德州又按本傳景儉貶漳州元稹爲相貶楚州諫官論之稹懼物議追還爲少府少監亦未聞復爲諫議大夫疑誤

# 舊唐書卷十七上

後晉司空同中書門下平章事劉　昫撰

## 本紀第十七上

### 敬宗　文宗上

敬宗睿武昭愍孝皇帝諱湛穆宗長子母曰恭僖太后王氏元和四年六月七日生於東內之別殿長慶元年三月封景王二年十二月立爲皇太子四年正月壬申穆宗崩癸酉皇太子即位柩前時年十六甲子左僕射韓臯卒丙子群臣準遺詔奏皇帝寶冊禮畢詔賞神策諸軍士人絹十匹錢十千畿內諸軍鎭絹十四錢五千其餘軍鎭頒給有差內出綾絹三百萬段以助賞給穆宗初即位在京軍士人獲五十千在外軍鎭差降無幾至是宰臣奏議請量國力頒賞故差減於先朝物議是之羣臣五上章請聽政從之二月辛巳朔上縗服見羣臣於紫宸門外壬午渤海送備宿衞大聰叡等五十人入朝癸未貶戶部侍郎李紳爲端州司馬丙戌貶翰林學士駕部郎中知制誥龐嚴爲信州刺史翰林學士司封員外郎知制誥蔣防爲汀州刺史皆紳之引用者以右拾遺吳思爲殿中侍御史充入蕃告哀使李紳之貶李逢吉受賀群官至中書而思獨不往逢吉怒而斥爲遠使戊子河北告哀使諫議大夫高允恭卒於東都辛卯勅沒掖庭宮人先配內園宮人並宜放出任其所適己亥冊大行皇帝皇太后爲太皇太后庚子西川節度使杜元穎進罨畫打毬衣五百事非禮也辛丑上始御紫宸殿受朝既退幸飛龍院厚賜內官等物有差以米貴出太倉粟四十萬石於兩市賤糶以惠貧民癸未夜太白犯東井北轅乙巳上率羣臣詣光順門冊皇太后丁未御中和殿擊毬賜教坊樂官綾絹三千五百匹戊申擊毬於飛龍院己酉大合樂於中和殿極歡而罷內官頒賜有差三月庚戌朔貶司農少卿李彤吉州司馬以前爲鄧州刺史坐贓百萬仍自刻德政碑故也壬子上御丹鳳樓大赦天下京畿夏青苗錢並放秋青苗錢每貫放二百文天下常貢之外不得進獻六宅十宅諸王女宜令每年於選人中選擇降嫁今後戶帳田畝五年一定稅是日風且雨甲寅始於延英對宰臣丙辰以尙書右丞韋顗爲戶部侍郎戊午禮儀使奏外命婦正旦及四始日舊行起居之禮伏以禮煩則瀆請停從之庚申工部尙書胡証檢校戶部尙書京兆尹甲子故山南東道節度使牛元翼家爲王廷湊所害上惜其寃橫傷悼久之仍歎宰執非才縱姦臣跋扈翰林學士韋處厚奏曰理亂之本非有他術順人則理違人則亂陛下當食歎息恨無蕭曹今有一裴度尙不能用此馮唐所以感悟漢文雖有頗牧不能用也以太子少保張弘靖爲太子少師分司東都太子賓客令狐楚爲河南尹丁卯以刑部尙書段文昌判左丞事戊辰羣臣入閤日高猶未坐有不任立而踣者諫議大夫李渤出次白宰相俄而始坐班退左拾遺劉栖楚極諫頭叩龍墀血流上爲之動容仍賜緋魚袋編旿徐忠信闌入浴堂門杖四十配流天德庚午賜內教坊錢一萬貫以備遊幸是夜太白犯東井北轅甲戌夏州節度使李祐奏於塞外築烏延宥州臨塞陰河陶子等五城以備蕃寇又以党項爲盜於蘆子關北木瓜嶺築壘以扼其衝乙亥幸教坊賜伶官綾絹三千五百匹夏四月庚申朔甲申以御史大夫王涯爲戶部尙書兼御史大夫充鹽鐵轉運等使壬辰兵部侍郎武儒衡卒丙申賊張韶等百餘人至右銀臺門殺闈者揮兵大呼進至淸思殿登御榻而食弓箭庫右神策軍兵馬使康藝全率兵入宮討平之是日上聞其變急幸左軍丁酉上還宮羣臣稱慶諫議大夫李渤以上輕易致盜言甚激切己亥九仙門等監共三十五人並笞之辛丑染坊使田晟段政直流天德以張韶染坊役夫故也詔雪吐突承璀之罪令男士曄改葬之丙午宰臣李逢吉封凉國公牛僧孺封奇章縣子五月己酉朔乙卯制以正議大夫尙書吏部侍郎上柱國渭源縣開國男食邑三百戶賜紫金魚袋李程守本官同中書門下平章事以朝議郎守尙書戶部侍郎兼御史大夫判度支上柱國賜紫金魚袋竇易直爲朝散大夫本官同中書門下平章事判度支戶部侍郎韋顗賜金紫己未割富平縣之豐水鄉下邽縣之翟公鄉澄城縣之撫道鄉白水縣之會賓鄉以奉景陵癸亥以鹽州刺史傅良弼爲夏州節度使東都江陵監大轉運留後並改爲知院官從其使王涯請也六月己卯朔以左神策大將康日全爲鄜坊節度使辛巳勅以霖雨命疏決京城三囚庚辰大風吹壞延喜景風等門工部侍郎張惟素卒壬辰以左金吾衞大將軍李愿檢校司空兼河中尹御史大夫充河中絳隰等州節度使丙申山南西道節度使守司空裴度加同中書門下平章事度之拜興元也爲宰相李逢吉所排不帶平章事李程韋處厚日爲度論於上前故有是命加陳許節度使李光顏守司徒癸卯太保張弘靖卒己巳浙西水壞太湖堤水入州郭漂民廬舍丁未以吏部尙書趙宗儒爲太常卿兵部尙書鄭絪爲吏部尙書秋七月戊申朔己酉睦州青溪等六縣大雨山谷發洪水泛溢漂城郭廬舍庚辰以前河中節度使郭釗爲兵部尙書戊午太子賓客許季同卒辛酉疏靈州特進渠置營田六百頃乙丑鄆曹濮暴雨水溢壞城郭廬舍丁卯勅以穀貴凡給百官俸內一半合給匹段令宜給粟每㪷折錢五十文辛未以大理卿崔元略爲京兆尹兼御史大夫甲戌左金吾衞大將軍李祐進馬一百五十匹御史溫造於閤內奏彈祐罷使違勅進奉祐趨出待罪詔宥之襄均復等州漢江溢漂民廬舍丙子浙西觀察使李德裕奏詔令當道造盝子二十具計用銀一萬三千兩金一百三十兩昨已進段具用銀一千三百兩當道在庫貯備銀無二三百兩皆百計收市方成此兩具臣當道唯有留使錢五萬貫每事節儉支費猶欠十三萬貫不足臣若因循不奏則負陛下任使之恩若分外誅求又累陛下慈儉之德伏乞宣令宰臣商議何以遣臣得上不違宣索下不闕軍須不困疲人不歛物怨時有詔罷進奉故德裕有是奏八月丁酉朔是夜火犯土星妖賊馬文忠與品官季文德等凡一千四百人將圖不軌皆杖一百處死癸未火犯東井甲寅詔於關內關東折糴和糴粟一百五十

萬石陳許蔡鄆曹濮等州水害秋稼丁亥火入東井己丑以李憕孫宏爲河南府兵曹叅奏蔣清孫鄲爲伊陽令錄忠臣後也是夜金犯軒轅右角壬辰江王府長史段釗上言稱前任龍州刺史近郭有牛心山山上有仙人李龍遷祠頗靈應玄宗幸蜀時特立祠廟上遣高品張士謙往龍州檢行迴奏牛心山有掘斷處羣臣言宜須修築時方沍寒役民數萬計東川節度使李絳表訴之甲子以太常卿趙宗儒爲太子少師乙巳宣武軍節度韓充卒九月丙午朔丁未波斯大商李蘇沙進沉香亭子材拾遺李漢諫云沉香爲亭子不異瑶臺瓊室上怒優容之庚戌以河南尹令狐楚檢校禮部尚書汴州刺史宣武軍節度宋汴亳觀察等使乙卯罷理匭使以諫議大夫李渤知匭奏請置胥吏添課料故也戊午加朱克融檢校司空詔浙西織造可幅盤條繚綾一千匹觀察使李德裕上表論諫不奉詔乃罷之己巳以兵部侍郎王起爲河南尹甲子吐蕃遣使求五臺山圖己巳浙西淮南各進宣索銀粧奩三具冬十月丙子朔宗正寺選尙縣主壻和元亮等二十五人各賜錢三十萬令備吉禮辛巳以吏部侍郎崔從爲太常卿庚子嶺南節度使鄭權卒辛丑吐蕃貢犛牛鑄成銀犀牛羊鹿各一壬寅以鄂岳觀察使檢校兵部尚書崔植檢校吏部尚書兼廣州刺史御史大夫充嶺南節度觀察經略使以戶部侍郎韋顗爲御史中丞兼戶部侍郎以御史中丞鄭覃權知工部侍郎以刑部侍郎韋弘景爲吏部侍郎以權知禮部侍郎李宗閔權知兵部侍郎以工部侍郎于敖爲刑部侍郎十一月丙午朔戊申安南都護李元素奏黃家賊與環王國合勢陷睦州殺刺史葛維蘇常湖嶽吉潭郴等七州水傷稼庚申葬穆宗于光陵十二月乙亥朔癸未廻紇吐蕃奚契丹遣使朝貢襄州柳公綽滄州李全畧晉州李寰滑州高承簡並自尙書加檢校右僕射以前起居舍人劉栖楚爲諫議大夫淮南節度使王播厚賂貴要求領鹽鐵使諫議大夫獨孤朗張仲方起居郎孔敏行柳公權宋申錫補闕韋仁實劉敦儒拾遺李景讓薛廷老等伏延英抗疏論之戊子夜月掩東井庚寅加天平軍節度使烏重胤同平章事乙未徐泗王智興請置僧尼戒壇浙西觀察使李德裕奏狀論其姦幸時自憲宗朝有勅禁私度戒壇智興冒禁陳請蓋緣久不興置由是天下沙門奔走如不及智興邀其厚利由是致富時議醜之丁酉宰相牛僧孺進封奇章郡公李程彭原郡公竇易直晉陽郡公並食邑三千戶吏部侍郎韓愈卒

寶曆元年春正月乙巳朔辛亥親祀昊天上帝于南郊禮畢御丹鳳樓大赦改元寶曆元年先是鄠縣令崔發坐誤辱中官下獄是日與諸囚陳於金鷄竿下俟釋放忽有內官五十餘人環發而毆之發破面折齒臺吏以蓆蔽之方免有詔復繫於臺中宰相救之方釋宰相牛僧孺累表乞解機務帝許以郊禮後乙卯以僧孺檢校禮部尚書同平章事鄂州刺史充武昌軍節度鄂岳觀察使淮南節度使王播兼諸道鹽鐵轉運使於鄂州特置武昌軍額寵僧孺也壬申以給事中李渤爲桂州刺史兼御史中丞桂管防禦觀察使李德裕獻丹扆箴六首上深嘉之命學士韋處厚優其答詔辛卯以前禮部郎中李翺爲廬州刺史以求知制誥面數宰相李逢吉過故也辛丑江西觀察使薛放卒癸卯以職方郎中知制誥王璠爲御史中丞三月乙巳朔以兵部尚書郭釗爲梓州刺史劍南東川節度使壬子宴群臣於三殿戊辰夜有流星長三丈出紫微入濁滅辛未以前桂管觀察使殷侑爲江西觀察使上御宣政殿試制舉人二百九十一人以中書舍人鄭涵吏部郎中崔琯兵部郎中李虞仲並充考制策官夏四月甲戌朔宰相涼國公李逢吉進封鄭國公以右神策大將軍康志睦檢校工部尚書兼青州刺史平盧軍節度使宣中書以諫議大夫劉栖楚爲刑部侍郎丞郎宣授自栖楚始也鄭涵等考定制舉人勅下後數日上謂宰相曰韋端符楊魯士皆涉物議宜與外官乃授端符白水尉魯士城固尉宰臣請其罪名不報癸巳群臣上徽號曰文武大聖廣孝皇帝御宣政殿受冊禮畢御丹鳳樓大赦天下大辟罪已下無輕重咸赦除之時李紳貶官李逢吉惡紳不欲紳量移乃於赦書節文內但言左降官已經量移宜與量移近處不言未量移者宜與量移翰林學士上疏論列云不可爲李紳一人與逢吉相惡遂令近年流貶官皆不得量移則乖曠蕩之道也帝遽命追赦書添改之乙亥以劍南東川節度檢校司空李絳爲左僕射御史蕭徹彈京兆尹兼御史大夫崔元略違詔徵畿內所放錢萬七千貫付三司勘鞫不虛辛丑勅削元略兼御史大夫五月甲辰朔以前平盧軍節度使檢校左僕射兼戶部尚書賜振武軍錢一十四萬貫修築東受降城庚戌幸魚藻宮觀競渡庚申正衙命使冊九姓迴紇登里囉汨没密施毗伽昭禮可汗丙寅太子少傅致仕閻濟美卒丁卯湖南觀察使沈傳師奏當道先配吐蕃羅没等一十七人準赦放還本國今各得狀不願還從之庚午以右金吾將軍李文悅爲豐州刺史天德軍防禦使安南李元喜奏移都護府於江北岸六月壬申朔乙酉詔公主郡主並不得進女口丙戌將作監張武均出爲洋州刺史坐贓犯也諸司白身馮志謀等三百九人並賜緣丁亥命品官田務豐領國信十二車賜迴紇可汗及太和公主己丑河中節度使檢校司空李愿卒乙未以檢校左僕射兼戶部尚書薛平檢校司空河中尹河中節度使秋七月癸卯朔以忠武軍節度使守司徒兼侍中李光顏爲太原尹北京留守以河東節度使王沛爲許州刺史忠武軍節度使熒惑犯右執法甲辰鹽鐵使王播進羨餘絹一百萬匹仍請日進二萬計五十日方畢播自掌鹽鐵以正入錢進奉以希寵固位託稱羨餘物議欲鳴鼓而攻之乙酉鄜坊水壞廬舍癸丑以右金吾衛大將軍張茂宗爲兗海沂密節度使乙卯正衙命使冊司徒李光顏丙辰淄王傅分司元錫卒己未詔王播造競渡船二十隻供進仍以船材京內造時計其功當半年轉運之費諫議大夫張仲方切諫乃改進十隻辛酉萬年縣典賈鎭誣告故統軍王佖男王謨等七人謀亂詔杖殺之甲子夜月犯畢乙丑侍講學士崔郾高重進纂要十卷賜錦綵二百匹丁卯以戶部侍郎韋顗爲吏部侍郎京兆尹崔元略爲戶部侍郎奉天縣水壞廬舍辛未以左散騎常侍胡証爲戶部尚書判度支太子賓客分司盧士玫卒閏七月壬午朔以權知工部侍郎鄭覃爲京兆尹甲申拾遺李漢舒元褒薛廷老於閤內論曰伏見近日除授往往不由中書進擬多是內中宣出臣恐紀綱寖壞姦邪恣行伏希詳察上然之詔度支進銅三千觔金薄十萬翻修清思院新殿及昇陽殿圖障丙戌戶部尚書致仕裴堪卒戊子以給事中盧元輔爲工部侍郎壬辰以前河東節度使李聽爲義成軍節度使戊戌以刑部尚書段文昌爲兵部尚書依前判左丞事八月辛丑朔戊申以鄜國公楊造男元湊襲鄜國公食邑三千戶兩京河西大稔勅度支和糴折糴粟二百萬石乙卯夜太白近房戊午遣中使往湖南江南等道及天台山採藥時有道士劉從政者說以長生久視之道請於天下求訪異人冀獲靈藥仍以從政爲光祿少卿號昇玄先生秋九月辛未朔丁丑衛尉卿劉遵古役人安再榮告前袁王府長史武昭謀害宰相李逢吉詔三司鞫之壬午昭義節度使劉悟卒癸未夜太白犯南斗丙戌夜月犯右執法丁酉華州暴水傷稼徐州王智興奏大將武華等四百人謀亂並伏誅十月庚子朔河南尹王起奏盜銷錢爲佛像者請以盜鑄錢論丁巳振武節度使張惟清以東受降城濱河歲久雉堞摧壞乃移置於綏遠峰南及是功成己未以崖州安置人嗣鄧王佐爲賴王府長史分司東都仍賜金紫壬戌夜太白近哭星甲子三司鞫武昭獄得實武昭及弟稾役人張少騰宜付京兆府決河陽節度掌書記李仲言配流象州稾流崖州太學博士李涉流康州皆坐武昭事也十一月庚午朔辛未以御史中丞王璠爲工部侍郎以諫議大夫獨孤朗爲御史中丞癸酉鎭星近東井癸未以殿中少監嚴公素爲容管經略使是夜月犯東井庚寅車駕幸溫湯卽日還宮壬辰以刑部侍郎劉栖楚爲京兆尹丙申詔封皇子普爲晉王丁酉吏部侍郎韋顗卒十二月己亥朔辛丑以晉王普爲昭義軍節度副大使以劉悟子將作監主簿從諫起復雲麾將軍守金吾衛大將軍同正檢校左散騎常侍兼御史大夫充昭義節度留後戊申夜月犯畢其夜北方有霧起須臾遍天霧上有赤氣久而方散甲子以左僕射李絳爲太子少師分司東都戊辰勅農功所切實在耕牛疲甿多乏須議給賜委度支往河東振武靈夏等州市耕牛一萬頭分給畿內貧下百姓是歲淮南浙西宣襄鄂潭湖南等州旱灾傷稼

二年春正月己巳朔庚午貶殿中侍御史王源植爲昭州司馬時源植街行爲教坊樂伎所侮導從呵之遂成紛競京兆尹劉栖楚決責樂伎御史中丞獨孤朗論之太切上怒遂貶源植辛未湖南觀察使沈傳師奏奉詔校尋葉靖能羅光遠文案檢尋不獲癸酉右贊善大夫李光現與品官李重實爭忿以笏擊重實流血上以宗屬罰兩月俸料甲戌以諸軍丁夫二萬入內穿池修殿辛巳興元節度使裴度奏修斜谷路及館驛皆畢功壬辰裴度來朝甲午以衛尉卿劉遵古爲湖南觀察使以國子祭酒衞中行爲福建觀察使丙申鹽鐵使王播奏揚州城內舊漕河水淺舟船澁滯輸不及期程今從閶門外古七里港開河向東屈曲取禪智寺橋東通舊官河計長一十九里其功役所費當使自方圓支遣從之二月己亥朔辛丑容管經略使嚴公素奏當州普寧等七縣請同廣昭桂賀四州例北選從之丙午夜月犯畢丁未以山南西道節度觀察處置等使光祿大夫守司空同中書門下平章事興元尹上柱國晉國公裴度守司空同平章事復知政事丁巳寒食節三殿宴群臣自

戊午至庚申方止丙寅正冊司空裴度丁卯以禮部尚書王涯檢校左僕射爲山南西道節度使三月戊辰朔命興唐觀道士孫準入翰林待詔辛未江西觀察使殷侑請於洪州寶歷寺置僧尼戒壇勅殷侑故違制令擅置戒壇罰一季俸料甲戌賜宰臣百寮上巳宴于曲江亭乙亥右散騎常侍李翺卒戊寅幸魚藻宮觀競渡辛巳以同州刺史蕭俛爲太子少保分司壬午以工部尚書裴武爲同州刺史癸未嶺南節度使崔植奏廣湖封雷潘辯等七州戍軍除折衝別將外並請停從之丙戌昆明夷遣使朝貢丁亥勅冊才人郭氏爲貴妃丙申以吏部侍郎韋弘景爲陝虢觀察使四月戊戌朔橫海軍節度使李全略卒壬寅以右金吾衞大將軍高承簡爲邠寧慶節度使丙午王廷湊檢校司空戊申昭義節度使留後劉從諫檢校工部尚書充昭義節度副大使知節度事庚戌鄂岳觀察使牛僧孺奏當道沔州與鄂州隔江相對纔一里餘其州請併省其漢陽汶川兩縣隸鄂州從之丙辰右金吾衞大將軍高霞寓卒丙寅先是王廷湊請於當道立聖德碑是日內出碑文賜廷湊五月戊辰朔上御宣和殿對內人親屬一千二百人並於教坊賜食各頒錦綵辛未秘書省著作郎韋公肅注太宗所撰帝範十二篇進特賜錦綵百匹甲戌以涇原節度楊原卿爲河陽三城懷州節度使以金吾衞大將軍李祐爲涇原節度使是夜月近太微星浙西送到絕粒女道士施子微戊寅幸魚藻宮觀競渡庚辰中使自新羅取鷹鷂迴幽州軍亂殺其帥朱克融及男延齡軍人立其第二子延嗣爲留後辛巳神策軍苑內古長安城中修漢未央宮掘獲白玉牀一張長六尺癸未山人杜景先於光順門進狀稱有道術令中使押杜景先往淮南及江南湖南嶺南諸州求訪異人甲申以右丞丁公著爲兵部侍郎以前湖南觀察使沈傳師爲尚書左丞辛卯贈朱克融司徒甲午夜熒惑犯昴賜興唐觀道士劉從政修院錢二萬貫六月丁酉朔賜御史中丞獨孤朗金紫丁巳減放苑內役人二千五百帝性好土木自春至冬興作相繼庚申鄭州進驢打毬人石定寬等四人是夜太白犯昴辛酉幸凝碧池令兵士千餘人於池中取大魚長大者送入新池癸亥以旱命京城諸司疏理繫囚以延康坊官宅一區爲諸王府司局甲子上御三殿觀兩軍教坊內園分朋驢鞠角抵戲酣有碎首折臂者至一更二更方罷秋七月丙寅朔乙亥河中進力士八人癸未衡王絢薨癸巳勅鄠縣渼陂尚食管係太倉廣運潭復賜司農寺八月丙申朔以司空平章事裴度判度支以工部侍郎王播爲河南尹代王起以起爲吏部侍郎以前福州觀察使徐晦爲工部侍郎是夜太白近太微令供奉道士二十八人隨浙西處士周息元入內宮之山亭院上問以道術言讖張果葉靜能浙西觀察使李德裕上疏言息元誕妄無異於人庚戌以太府卿李憲爲江西觀察使丁丑夜月犯輿鬼加京兆尹劉栖楚兼御史大夫癸丑以太常卿崔從檢校吏部尚書判東都尚書省事兼御史大夫東都留守東畿汝都防禦使九月丁丑朔大合宴於宣和殿陳百戲自甲戌至丙子方已戊寅河東節度使守司徒兼侍中李光顏卒出內庫錢萬貫令內園召募力士幽州監軍奏都知兵馬使李再義與弟再寧同殺朱延嗣并其家屬三百餘人推再義爲留後壬申宰相李程爲北都留守河東節度使勅戶部所管同州長春宮莊宅宜令內莊宅使管係冬十月乙未朔乙亥以幽州衙前都知兵馬使李再義檢校戶部尚書充盧龍軍節度副大使知節度使仍賜名載義壬戌以中書舍人崔郾爲禮部侍郎十一月甲子朔以太清宮道士趙歸眞充兩街道門都教授博士帝好深夜自捕狐狸宮中謂之打夜狐中官許遂振李少端兼志弘以侍從不及削職壬申以戶部尚書胡証檢校兵部尚書兼廣州刺史充嶺南節度使甲申以右僕射同平章事李逢吉檢校司空同平章事兼襄州刺史充山南東道節度使臨漢監牧使乙酉同州刺史裴武卒己丑詔朝官及方鎭人家不得置私白身癸巳以前東都留守楊於陵爲太子少傅中官李奉義王惟直成守貞各杖三十分配諸陵宣徽使閻弘約副使劉弘逸各杖二十十二月甲午朔辛丑帝夜獵還宮與中官劉克明田務成許文端打毬軍將蘇佐明王嘉憲石定寬等二十八人飲酒帝方酣入室更衣殿上燭忽滅劉克明等同謀害帝即時殂於室內時年十八羣臣上謚曰睿武昭愍孝皇帝廟號敬宗太和元年七月十三日葬于莊陵

史臣曰古人謂堯無子舜無父言其賢不肖之相遠也以文惠驕誕之性繼之以昭愍固其宜也而昭獻昭肅英特不羣文足以緯邦家武足以平禍亂三子之操行頓異其何道哉寶曆不君國統幾絕天未降喪幸賴裴度復任弼諧彼佼童兮夫何足議

文宗元聖昭獻孝皇帝諱昂穆宗第二子母曰貞獻皇后蕭氏元和四年十月十日生長慶元年封江王初名涵寶曆二年十二月八日敬宗遇害賊蘇佐明等矯制立絳王勾當軍國事樞密使王守澄中尉梁守謙率禁軍討賊誅絳王迎上于江邸癸卯見宰臣于閤內下教處分軍國事甲辰僧惟眞齊賢正簡道士趙歸眞並配流嶺南擊毬軍將于登等六人令本軍處置宰臣百寮三上表勸進乙巳即位於宣政殿丙午上赴西宮成服丁未宰臣百寮上表請聽政三表許之道士紀處玄楊沖虛伎術人李元戢王信等並配流嶺南戊申尊聖母爲皇太后己酉勅鳳翔淮南先進女樂二十四人並放歸本道庚戌以正議大夫尚書兵部侍郎知制誥充翰林學士柱國賜紫金魚袋韋處厚爲中書侍郎同中書門下平章事以翰林學士路隨承旨侍講學士宋申錫充書詔學士丙辰以山南東道節度使柳公綽爲刑部尚書丁巳爲絳王舉哀廢朝三日庚申詔君天下者莫尚乎崇濟泊子困窮遵道以端本推誠而逮下故聖祖之誡以慈儉爲寶大易明訓垂簡易之文未有上約而下不豐欲寡而求不給朕以眇薄遭逢內難刷君父之讐恥攄億兆之哀冤而股肱大臣羣卿庶士引義抗請至于再三以圖宗社之安以荅華夷之望俯從衆欲夙夜震兢思所以克己復禮修政安人宵興旰食勞慮夫儉過則酌之以禮文勝則矯之以質庶乎俗登太古道洽生靈儀刑家邦以化天下內庭宮人非職掌者放三千人任從所適長春宮斛斗諸物依前戶部收管鄠縣渼陂鳳翔府駱谷地還府縣教坊樂官翰林待詔伎術官并總監諸色職掌內冗員者共一千二百七十人並宜停廢總監中一百二十四人先屬諸軍並各歸本司餘七百三人勒納牒身放歸本管先供教坊衣糧一百分廂家及諸司新加衣糧三千分並宜停給五方鷹鷂並解放今年新宣附食度支衣糧小兒一百人並停給別詔宣纂組雕鏤不在常貢內者並停度支鹽鐵戶部及州府百司應供宮禁年支一物已上並準貞元元額爲定先造供禁中牀榻以金筐瑟瑟寶鈿者悉宜停造東頭御馬坊毬場宜卻還龍武軍其殿及亭子所司毀拆餘舍賜本軍應行從處張陳不得用花蠟結綵華飾今年已來諸道所進音聲女人各賜束帛放還城外墳墓先有開斷以備行幸處宜曉示百姓任其修塞其大逆魁首蘇佐明等二十八人並已處斬宗族籍沒妖妄僧惟貞道士趙歸眞等或假於卜筮或託以醫方疑衆挾邪已從流竄其情非姦惡迹涉詿誤者一切不問兇徒既殄寰宇佇康載舉令猷用弘庶績布告中外知朕意焉帝在藩邸知兩朝之積弊此時釐革並出宸衷士民相慶喜理道之復興矣壬戌以前江西觀察使殷侑爲大理卿

太和元年春正月癸亥朔庚午以御史中丞獨孤朗爲戶部侍郎以兵部尚書權判左丞事段文昌爲御史大夫是夜月掩畢大星戊寅以左散騎常侍李益爲禮部尚書致仕以京兆尹劉栖楚爲桂管觀察使以前戶部侍郎于敖爲宣歙觀察使代崔群以群爲兵部尚書癸未以吏部侍郎庾承宣爲京兆尹兼御史大夫丙申復置兩輔六雄十望十緊三十四州別駕其諸色在京及內外諸軍使等職事並不在挾名限己亥以右散騎常侍集賢殿學士判院事張正甫爲工部尚書辛丑以前廣州節度使崔植爲戶部尚書以太子少師分司東都李絳檢校司空兼太常卿乙巳御丹鳳樓大赦改元太和甲寅勅諸道節度觀察使去任日宜具交割狀仍限新使到任一月分析聞奏以憑殿最丙辰以華州刺史錢徽爲尚書右丞以前河陽節度使崔弘禮爲華州鎭國軍使己未以太子少保分司蕭俛爲檢校右僕射兼禮部尚書庚申以虔州刺史韓約爲安南都護三月庚戌朔右軍中尉梁守謙請致仕以樞密使王守澄代之戊寅以前蘇州刺史白居易爲秘書監仍賜金紫壬午幽州李載義奏故張弘靖判官家屬凡一百九十人並送赴闕四月壬辰朔癸巳以太子少傅楊於陵守右僕射致仕俸料全給甲午鳳翔築臨汧城於汧陽縣西北八十里壬寅毀昇陽殿東放鴨亭戊申毀望仙門側看樓十間並敬宗所造也以前亳州刺史張遵爲邕管經略使乙卯以禮部尚書蕭俛爲太子少師分司己未忠武軍節度使王沛卒庚申以太僕卿高瑀檢校左散騎常侍充忠武軍節度己巳貶山南東道節度副使李續爲涪州刺史山南東道行軍司馬張又新爲汀州刺史李逢吉黨也五月壬戌朔戊辰詔元首股肱君臣象類義深同體理在坦懷夫任則不疑疑則不任然自魏晉已降參用霸制虛儀搜索因習尚存朕方推表大信置人心腹庶使諸侯方嶽鼓洽道化夷貊飛走暢泳治功況吾台宰又何間焉自今已後紫宸坐朝衆寮既退宰臣復進奏事其監搜宜停丙子以天平軍節度使守司徒同中書門下平章事烏重胤爲橫海軍節度使以前攝橫海軍節度副使檢校國子祭酒侍御史李同捷檢校左散騎常侍兼兗州刺史充兗海沂密等州節度使就加魏博史憲誠同平章事甲申淮南節度鹽鐵轉運

等使王播來朝丙戌夜熒惑犯右執法六月辛卯朔勅文武常參官朝參不到據料錢多少每貫罰二十五文癸巳以淮南節度副大使知節度事管內營田觀察處置臨漢監牧等使兼諸道鹽鐵轉運等使銀青光祿大夫檢校司空同中書門下平章事揚州大都督府長史上柱國太原縣開國伯食邑七百戶王播可尚書左僕射同中書門下平章事依前充諸道鹽鐵轉運使以御史大夫段文昌代播爲淮南節度使丙申左司郎中兼侍御史知雜溫造權知御史中丞癸卯詔元和長慶中皆因用兵權以濟事所下制勅難以通行宜令尚書省取元和已來制勅參詳刪定訖送中書門下議定聞奏甲寅以旱放繫囚七月辛酉朔癸亥太常卿李絳進封魏國公李同捷除兗海不受詔結幽鎭謀叛癸酉葬敬宗于莊陵辛巳勅今年權于東都置舉徐州王智興請全軍討李同捷八月庚寅朔以工部侍郎獨孤朗爲福建觀察使以太府卿裴弘泰爲黔中經略使觀察使左僕射致仕楊於陵讓全給俸料許之庚子詔削奪李同捷在身官爵復以張茂宗爲兗海沂密節度使辛丑邠寧節度使高崇簡卒壬寅以刑部尚書柳公綽檢校左僕射充邠寧節度使戊申以諫議大夫張仲方爲福建觀察使癸丑前福建觀察使獨孤朗卒九月庚申朔癸亥以左神策軍將軍知軍事何文哲爲鄜坊丹延節度使甲戌以左神策大將軍知軍事李泳爲單于都護充振武麟勝節度使丁丑浙西觀察使李德裕浙東觀察使元稹就加檢校禮部尚書壬午桂管觀察使劉栖楚卒丙戌以諫議大夫蕭裕爲桂管觀察使癸丑兗州復置萊蕪縣十一月己未朔丙申河中薛平奏虞鄉縣有白虎入靈峯觀天平橫海等軍節度使守司徒同中書門下平章事烏重胤卒庚辰以保義軍節度晉慈等州觀察處置等使李寰爲橫海軍節度使癸巳以晉州慈州復隸河中癸巳以左丞錢徽爲華州刺史丁酉右金吾衛大將軍王公亮爲潭州刺史湖南觀察使

二年春正月戊午朔壬申以右散騎常侍孔戣爲京兆尹二月丁亥朔以兵部侍郎王起爲陝虢觀察使代韋弘景以弘景爲尚書左丞乙巳以刑部侍郎盧元輔爲兵部侍郎秘書監白居易爲刑部侍郎庚戌勅李絳所進則天太后刪定兆人本業三卷宜令所在州縣寫本散配鄉村三月丁丑朔度支奏京兆府奉先縣界鹵池側近百姓取水栢柴燒灰煎鹽每一石灰得鹽一十二觔一兩亂法甚於鹹土請行禁絕今後犯者據灰計鹽一如兩池鹽法條例科斷從之辛巳上御宣政殿親試制策舉人以左散騎常侍馮宿太常少卿賈餗庫部郎中龐嚴爲考制策官閏三月丙戌朔內出水車樣令京兆府造水車散給緣鄭白渠百姓以溉水田夏四月丙辰朔壬午以邕管經略使王茂元爲容管經略使五月乙酉朔丁巳命中使於漢陽公主及諸公主第宣旨令後每遇對日不得廣插釵梳不須著短窄衣服乙未以吏部侍郎丁公著爲禮部尚書庚子勅應諸道進奉內庫四節及降誕進奉金花銀器并纂組文纈雜物並折充鋌銀及綾絹其中有賜與所須待五年後續有進止帝性恭儉惡侈靡庶人務敦本故有是詔帝與侍講學士許康佐語及取蚺蛇膽生剖其腹爲之惻然乃詔度支曰每年供進蚺蛇膽四兩桂州一兩賀州二兩泉州一兩宜於數內減三兩桂賀泉三州輪次歲貢一兩帝自撰集尚書中君臣事迹命畫工圖於太液亭朝夕觀覽焉王廷湊出兵侵鄰藩欲撓王師以援李同捷昭義劉從諫請出軍討之六月乙卯朔晉王普薨贈爲悼懷太子陳州水害秋稼癸亥四方館請賜印其文以中書省四方館爲名辛酉以吏部尚書鄭絪爲太子少保辛巳以靈武節度使李進誠爲邠寧節度使以天德軍使李文悅爲靈武節度使乙酉以前邠寧節度使柳公綽檢校左僕射兼刑部尚書甲辰詔宰臣集三署四品已上常參官議討王廷湊可否是夜彗西出攝提南長二尺八月甲寅朔丁巳以兵部侍郎盧元輔爲華州鎭國軍使以代錢徽以徽爲吏部尚書致仕壬戌京畿奉先等十七縣水九月甲申朔丁亥王智興拔棣州以新除橫海軍節度使李寰爲夏州節度使甲午詔削奪王廷湊在身官爵隣道接界隨便進討以前夏州節度使傅良弼爲橫海軍節度使庚戌安南軍亂逐都護韓約冬十月癸丑朔丁巳罷揚州海陵監牧以戶部尚書崔植爲華州刺史鎭國軍使丙寅嶺南節度使胡証卒辛未以江西觀察使李憲爲嶺南節度使癸酉以尚書右僕射同平章事竇易直檢校左僕射同平章事充山南東道節度使臨漢監牧等使代李逢吉以逢吉爲宣武軍節度使代令狐楚以楚爲戶部尚書以右丞沈傳師爲江西觀察使己卯以河南尹王璠爲右丞以左散騎常侍馮宿爲河南尹十一月癸未朔乙酉以右金吾衛大將軍李祐爲橫海軍節度使新除傅良弼赴鎭卒於陝州故也甲辰禁中昭德寺火直宣政殿之東至午未間北風起火勢益甚至暮稍息十二月壬子朔乙丑魏博行營都知兵馬使亓志紹率所部兵馬二萬人謀叛欲殺史憲誠父子壬申中書侍郎同平章事韋處厚暴卒戊寅詔以兵部侍郎知制誥充翰林學士路隨爲中書侍郎同平章事

三年春正月壬午朔丙戌亓志紹率兵迴據永濟縣其衆分散入諸縣邑史憲誠告難詔滄州行營兵士赴之丁亥京兆尹孔戣卒庚寅吏部尚書致仕錢徽卒庚子李聽殺敗亓志紹兵志紹北走鎭州甲辰以太常卿李絳檢校司空兼興元尹山南西道節度使華州刺史鎭國軍潼關防禦使崔植卒己酉以前山南西道節度使王涯爲太常卿二月辛亥朔以兵部尚書崔群爲荊南節度使甲寅荊南節度使王潛卒三月辛巳朔以戶部尚書令狐楚爲東都留守乙酉勅兵戈未息教坊每日祗候樂人宜權停壬辰易定節度使柳公濟卒以前東都留守崔從爲戶部尚書夏四月庚午王智興奏部下將石雄搖扇軍情請行朝典乃長流白州五月己卯朔甲申栢耆斬李同捷於將陵滄景平李祐入滄州丁亥御興安樓受滄州所獻李祐送李同捷母妻及男元達等赴闕詔並宥之令於湖南安置貶滄德宣慰使諫議大夫栢耆循州司戶宣慰判官殿中侍御史沈亞之虔州南康尉以擅入滄州取李同捷諸鎭所怒奏論之也丙申橫海軍節度使李祐卒以涇原節度使李岵爲齊德等州節度使改名有裕丁酉以前義武軍節度使傅毅爲滄州刺史橫海軍節度使辛丑以右金吾衛大將軍張惟淸檢校司空充涇原節度使以左金吾衛大將軍劉遵古爲邠寧節度使六月己酉朔辛亥以魏博節度使史憲誠檢校司徒兼侍中河中尹充河中晉絳節度使以義成軍節度使李聽兼充魏博節度使以魏博節度副使檢校工部尚書史孝章爲相衛節度使壬申勅元和四年勅禁鉛錫錢皆納官許人糺告一錢賞百錢此爲太過此後以鉛錫錢交易者一貫以下州府常行杖決脊杖二十十貫以下決六十徒三年過十貫已上集衆決殺能糺告者一貫賞錢五十文秋七月己卯朔癸未中使劉弘逸送史憲誠旌節自魏州還稱六月二十六日夜魏博軍亂殺史憲誠立大將何進滔爲留後其新節度使李聽入城不得乙丑河中節度使薛平依前河中節度使乙未嶺南節度使李憲卒兵部侍郎盧元輔卒丁酉以京兆尹崔護爲御史大夫廣南節度使戊戌以大理卿李諒爲京兆尹乙巳以禮部尚書翰林侍講學士丁公著檢校戶部尚書兼潤州刺史充浙江西道觀察使以前浙西觀察使檢校禮部尚書李德裕爲兵部侍郎辛亥魏博何進滔奏準詔割相衛三州三軍不受壬子詔以魏博衙內都知兵馬使何進滔檢校左散騎常侍充魏博節度使癸丑以衞尉卿殷侑檢校工部尚書爲齊德滄節度使辛酉京畿奉先等九縣旱損田播州流人衛中行卒宋亳水害稼壬申詔雪王廷湊復官爵甲戌以吏部侍郎李宗閔同中書門下平章事九月戊寅朔辛巳勅兩軍諸司內官不得著紗縠綾羅等衣服帝性儉素不喜華侈駙馬韋處仁戴夾羅巾帝謂之曰比慕卿門地清素以之選尚如此巾服從他諸戚爲之唯卿非所宜也壬辰以兵部侍郎李德裕檢校戶部尚書兼滑州刺史義成軍節度使戊戌以前睦州刺史陸亘爲越州刺史浙東觀察使代元稹以稹爲尚書左丞代韋弘景以弘景爲禮部尚書冬十月戊申朔己酉江西沈傳師奏皇帝誕月請爲僧尼起方等戒壇詔曰不度僧尼累有敕命傳師忝爲藩守合奉詔條誘致愚妄庸非禮道宜罰一月俸料丙辰以前義成軍節度使李聽爲太子少師癸亥以戶部侍郎崔元略爲戶部尚書判度支以中書舍人韋詞爲湖南觀察使十一月丁丑朔庚辰太子太傅鄭絪卒丙戌勅前亳州刺史李繁於京兆府賜死甲申帝親祀昊天上帝於南郊禮畢御丹鳳門大赦節文禁止奇貢云四方不得以新樣織成非常之物爲獻機杼纖麗若花絲布繚綾之類並宜禁斷勅到一月機杼一切焚棄刺史分憂得以專達事有違法觀察使然後奏聞丙申西川奏南詔蠻入冦甲辰王智興來朝乙巳以智興守太傅依前平章事武寧軍節度使進封鴈門郡王十二月丁未朔南蠻逼戎州遣使起荊南鄂岳襄鄧陳許等道兵赴援蜀川以劍南東川節度使郭釗爲西川節度使仍權東川事壬子貶劍南西川節度使杜元穎爲韶州刺史遣中使楊文端齎詔賜南蠻王蒙豐佑蠻軍陷邛雅等州戊午以右領軍衛大將軍董重質充神策西川行營都知兵馬使西川奏蠻軍陷成都府東川奏蠻軍入梓州西郭門下營又詔促諸鎭兵救援西川己丑以東都留守令狐楚檢校右僕射天平軍節度使代崔弘禮爲東都留守丁卯貶杜元穎循州司馬乙巳郭釗奏蠻軍抽退遣使賜蠻帥蒙嵯巔國信辛未以太子少師李聽爲邠寧節度使癸酉以中丞溫造爲右丞吏部郎中宇文鼎爲中丞

舊唐書卷十七上考證

敬宗本紀寶歷元年以殿中少監嚴公素爲容管經畧使○沈炳震日長慶元年公素已自經畧留後除容管未嘗爲殿中少監也恐是以殿中少監代公素者偶失其名遂譌爲公素耳

二年鄂岳觀察使牛僧孺奏當道沔州與鄂隔江相對云云○沈炳震日僧孺爲節度非觀察應誤

文宗本紀大和三年五月己邜朔甲申栢耆斬李同捷于將陵滄景平○新書本紀在四月乙亥通鑑與新書同 臣宗萬按栢耆之斬同捷也耆受詔宣慰行營好張大聲勢以威制諸將故能收同捷然殺降邀功爲諸將所疾以致貶官賜死宜矣通鑑所載甚明而唐書新舊傳耆貶循州司戶以諸將攢詆文宗不獲已貶之按通鑑初李祐聞栢耆殺萬洪大驚疾遂劇上曰祐若死是耆殺之也癸酉賜耆自盡據此則文宗之貶耆以其擅殺萬洪非由諸將論列不獲已而貶也貶後李祐尋薨則賜死必矣通鑑注考異耆之賜死以其受同捷賄故也若然則通鑑又何以獨載祐若死是耆殺之之語哉

# 舊唐書卷十七下

後晉司空同中書門下平章事劉 昫撰

## 本紀第十七下

### 文宗下

太和四年春正月丙子朔辛卯武昌軍節度使牛僧孺來朝丙戌以左神策軍大將軍丘直方爲鄜坊節度使戊子詔封長男永爲魯王辛卯以武昌節度使鄂岳蘄黃安申等觀察處置等使金紫光祿大夫檢校吏部尚書同中書門下平章事上柱國奇章郡開國公牛僧孺爲兵部尚書同中書門下平章事壬辰以兵部侍郎崔鄲爲陝虢觀察使封魯王母王氏爲昭儀癸巳以前邠寧節度使劉遵古爲劒南東川節度使甲午守左僕射同平章事諸道鹽鐵轉運使王播卒丙申以太常卿王涯爲吏部尚書充諸道鹽鐵轉運使辛丑以尚書左丞杜元潁檢校戶部尚書充武昌軍節度鄂岳蘄黃安申等州觀察使癸卯以前陝虢觀察使王起爲左丞二月丙午朔戊午興元軍亂節度使李絳舉家被害判官薛齊趙存約死之庚申以左丞溫造爲興元節度使辛未夏州節度使李寰卒壬申以神策行營節度使董重質爲夏綏銀宥節度使三月乙亥以河東節度使李程檢校左僕射同平章事兼河中尹晉絳慈隰等州節度使以刑部尚書柳公綽檢校左僕射太原尹北都留守河東節度使丁丑以前河中節度使薛平爲太子太保丁亥以衞尉卿桂仲武爲福建觀察使興元溫造奏害李絳賊首丘鎣丘鑄及官健千人並處斬訖其親刃絳者斬一百段號令者三段餘並斬首內一百首祭李絳三十首祭死王事官寮其餘屍首並投於漢江己丑詔興元監軍使楊叔元宜配流康州百姓錮身遞於配所丁酉監修國史中書侍郎平章事路隨進所撰憲宗實錄四十卷優詔荅之賜史官等五人錦綵銀器有差癸卯以淮南節度使段文昌檢校尚書左僕射同中書門下平章事兼江陵尹充荆南節度使以前太子賓客崔從檢校右僕射揚州大都督府長史淮南節度使甲辰以前荆南節度使崔群檢校右僕射兼太常卿以中書舍人李虞仲爲華州刺史代嚴休復以休復爲右散騎常侍夏四月乙巳朔丙午以右散騎常侍翰林侍講學士鄭覃爲工部尚書丁未兵部尚書致仕張賈卒丁巳貶前齊德滄景等州節度使李有裕爲永州刺史馳驛赴任庚申以尚書左丞王起爲戶部尚書判度支代崔元略以元略檢校吏部尚書爲東都留守辛酉夜月掩南斗第二星壬戌詔曰儉以足用令出惟行著在前經斯爲理本朕自臨四海愍元元之久困日昃忘食宵興疢懷雖絕文繡之飾尚愧茅茨之儉亦諭卿士形于詔條如聞積習流弊餘風未革車服第室相高以華靡之制資用貨寶固啓于貪冒之源有司不禁侈俗滋扇蓋朕教導之未敷使兆庶昧於恥尚也其何以足用行令臻于致理歟永念慙歎迨茲申勅自今內外班列職位之士各務素朴弘茲國風有僭差尤甚者御史糾上主者宣示中外知朕意焉文宗承長慶寶曆奢靡之風銳意懲革躬行儉素以率厲之辛未以前東都留守崔弘禮爲刑部尚書鎭州王廷湊請修建初啓運二陵從之五月甲戌朔丁丑以旱命京城諸司疏理繫囚己卯通化南北二門鏁不可開鑰入如有持之者上令鐵工破鏁時日己及辰矣丁亥改鄆州東平縣爲天平縣戊子勅度支每歲於西川織造綾羅錦八千一百六十七匹令數內減二千五百十匹六月癸卯朔丁未以守司徒門下侍郎平章事上柱國開國公食邑三千戶食實封三百戶裴度爲守司徒平章軍國重事待疾損日每三日五日一度入中書辛未夜自一更至五更大小星流旁午觀者不能數壬申詔如聞諸司刑獄例多停滯委尚書左右丞及監察御史糺舉以聞秋七月癸酉朔癸未詔以朝議郎尚書右丞上柱國賜紫金魚袋宋申錫爲正議大夫行尚書右丞同中書門下平章事乙酉勅前行郎中知制誥者約滿一周年即與正授從諫議大夫知者亦宜準此餘依長慶二年七月二十七日勅處分振武置雲伽關加鎭兵千人以吏部侍郎王播爲京兆尹兼御史大夫代李諒爲桂管觀察使太原飢賑粟三萬石賜十六宅諸王綾絹二萬匹丁酉守司徒裴度上表辭册命言臣此官已三度受册有靦面目從之八月壬寅朔丙辰鄜州水溺居民三百餘家太原柳公綽奏雲代蔚三州山谷間石化爲麵人取食之己未宣歙觀察使于敖卒甲子內出綾絹三十萬匹付戶部充和糴戊辰幸梨園亭會昌殿奏新樂九月壬申朔丁丑以大理卿裴誼檢校右散騎常侍充江西觀察使代沈傳師以傳師爲宣歙觀察使內出綾三千匹賜宥州築城兵士戊寅舒州太湖宿松望江三縣水溺民戶六百八十詔以義倉賑貸庚辰吏部尚書王涯爲右僕射依前鹽鐵轉運使壬午以守司徒平章軍國重事晉國公裴度守司徒兼侍中充山南東道節度使以投來奚王茹羯爲右驍衞將軍同正丙戌以前山南東道節度使竇易直爲尚書左僕射戊子吏部尚書致仕裴向卒己丑淮南天長等七縣水害稼丁酉前豐州刺史天德軍使渾鐬坐贓七千貫貶袁州司馬冬十月壬寅朔戊申以東都留守崔元略檢校吏部尚書兼滑州刺史義成軍節度使代李德裕以德裕檢校兵部尚書兼成都尹充劒南西川節度使己酉京師有熊入莊嚴寺庚戌以前刑部尚書崔弘禮爲東都留守甲寅以前劒南西川節度使檢校司空郭釗爲太常卿代崔群爲吏部尚書丁卯御史中丞宇文鼎奏今月十三日宰臣宣旨今後羣臣延英奏事前一日進狀入來者臣以尋常公事不暇面論但見表章足以陳露儻臨時忽有公務文字不足盡言則咫尺天聽無路聞達更俟後坐動踰數辰處置之間便有不及伏乞重賜宣示限以狀入者並在卯前如在卯後聽不收覽自然人各遵守禮亦得中從之十一月辛未朔是夜熒惑近左執法癸巳以左丞康承宣爲兗海沂密等州節度使淮南大水及蟲霜並傷稼十二月辛丑朔滄州殷侑請廢景州爲景平縣己酉義成軍節度使崔元略卒壬子以左金吾衞大將軍段嶷爲義成軍節度使癸丑湖南觀察使韋詞卒丙辰以工部侍郎崔琯爲京兆尹代王播爲尚書左丞癸亥東都留守崔弘禮卒以同州刺史高重爲潭州刺史兼御史中丞充湖南觀察使甲子左僕射致仕楊於陵卒贈司空丙寅以前河南尹馮宿爲工部侍郎戊辰以太子賓客分司白居易爲河南尹以代韋弘景以弘景守刑部尚書東都留守閏十二月辛未朔壬申太常卿郭釗卒贈司徒壬辰廢齊州歸化縣地入臨邑縣廢景州其縣隸滄州刺史是歲京畿河南江南荆襄鄂岳湖南等道大水害稼出官米賑給

五年春正月庚子朔以積陰浹旬罷元會丁巳賜滄德節度使曰義昌軍太原旱賑粟十萬石己未詔方鎭節度觀察使請入覲者先上表奏聞候允則任進程庚申幽州軍亂逐其帥李載義立後院副兵馬使楊志誠爲留後癸亥詔端午節辰方鎭例有進奉其雜綵匹段許進生白綾絹己丑以權知渤海國務大彝震檢校秘書監忽汗州都督渤海國王二月庚午朔壬辰以盧龍軍節度使守太保同平章事李載義守太保同中書門下平章事時載義失守入朝賜第於永寧里給賜優厚丙申以桂管觀察使李諒爲嶺南節度使戊戌神策中尉王守澄奏得軍虞候豆盧著狀告宰相宋申錫與漳王謀反即令追捕庚子詔貶宋申錫爲太子右庶子壬寅左常侍崔玄亮及諫官等十四人伏奏王階北軍所告事請不於內中鞫問乞付法司帝曰吾已謀於公卿矣卿等且退崔玄亮泣涕陳諫久之帝改容勞之曰朕即與宰臣商議玄亮等方退癸卯詔漳王湊可降爲巢縣公左庶子宋申錫開州司馬同正初京師恟恟以宰相實聯親王謀逆三四日後方知誣搆人士側目於守澄鄭注故諫官號泣論之申錫方免其禍己酉勅以李載義入朝於曲江亭賜宴仍命宰臣百寮赴會辛酉以黔中觀察使裴弘泰爲桂管經畧使以前安州刺史陳正儀爲黔中觀察使丁卯紫宸奏事宰相路隨至龍墀仆于地令中人掖之翌日上疏陳退識者嘉之夏四月己巳朔甲戌以新羅王嗣子金景徽爲開府儀同三司檢校太保使持節雞林州諸軍事雞林州大都督寧海軍使上柱國封新羅王仍封其母朴氏爲新羅國太妃丁亥詔史官記事用戒時常先朝舊制並得隨仗其後宰臣撰時政記因循斯久廢墜實多自今後宰臣奏事有關獻替及臨時處分稍涉政刑者委中書門下丞一人隨時撰錄每季送史館庶警朕闕且復官常己丑以李載義爲山南西道節度依前守太保同平章事代溫造以造爲兵部侍郎以幽州盧龍節度留後楊志誠檢校

工部尚書爲幽州盧龍節度使五月戊戌朔太廟第四室第六室破漏有司不時修葺各罰俸上命中使領工徒及以禁中修營材葺之右補闕韋溫上疏論曰宗廟不葺罪在有司弛慢宜加重責今有司止於罰俸便委內臣葺修是許百司之官公然廢職以宗廟之重爲陛下所私則群官有司便同委棄此臣竊爲聖朝惜也事關宗廟皆書史冊苟非舊典不可率然伏乞更下詔書復委所司營葺則制度不紊官業各修矣疏奏帝嘉之乃追止中使命有司修奉戊午西川李德裕奏南蠻放還先虜掠百姓工巧僧道約四千人還本道辛酉東都留守刑部尚書韋弘景卒丙寅以京兆尹崔琯爲尚書左丞太常少卿麗嚴權知京兆尹六月丁卯朔戊寅以霖雨涉旬詔疏理諸司繫囚辛卯蘇杭湖南水害稼甲午東川奏玄武江水漲二丈梓州羅城漂人廬舍秋七月丁酉朔庚子贈太子賓客李渤禮部尚書辛丑以兵部侍郎溫造檢校戶部尚書爲東都留守甲辰以太子少師分司上柱國襲徐國公蕭俛守左僕射致仕劍南東西兩川水遣使宣撫賑給己未以給事中羅讓爲福建觀察使八月丙寅朔庚午武昌軍節度使檢校戶部尚書元稹卒辛未貶刑部員外郎舒元輿爲著作郎元輿累上表請自效并進文章朝議責其躁進也壬申以河陽三城懷州節度使楊元卿爲宣武軍節度使代李逢吉以逢吉檢校司徒兼太子太師充東都留守代溫造以溫造爲河陽三城懷州節度使戊寅以陝虢觀察使崔郾爲鄂岳安黃觀察使甲申以中書舍人崔咸爲陝州防禦使詔陝州舊有都防禦觀察使額宜停兵馬屬本州防禦使丙戌京兆尹麗嚴卒庚寅以司農卿駙馬都尉杜悰爲京兆尹九月丙申朔甲辰貶太子左庶子郭求爲婺王府司馬以其心疾與同寮忿競也翰林學士薛廷老李讓夷皆罷職守本官廷老在翰林終日酣醉無儀檢故罷讓夷常推薦廷老故坐累也己未以左僕射竇易直判太常卿西川李德裕奏收復吐蕃所陷維州差兵鎮守冬十月乙丑朔以前綿州刺史鄭綽爲安南都護戊寅蠻寇巂州陷二縣辛巳滄州移淸池縣於南羅城內置十一月乙未朔庚戌鳳翔節度使王承元來朝己未以承元檢校司空靑州刺史充平盧軍節度使癸亥以尚書左僕射判太常卿事竇易直檢校司空爲鳳翔隴右節度使十二月乙丑朔戊寅以左丞王璠兼判太常卿事甲申貶新除桂管觀察使裴弘泰爲饒州刺史以除鎭淹程不進爲憲司所糾故也癸巳以鄭州刺史李翱爲桂管觀察使是歲淮南浙江東西道荊襄鄂岳南東川並水害稼請蠲秋租是冬京師大雨雪

六年春正月乙未朔以久雪廢元會戊戌振武李泳招收得黑山外契苾部落四百七十三帳壬子詔朕聞天聽自我人聽天視自我人視朕之菲德涉道未明不能調序四時導迎和氣自去冬已來踰月雨雪寒風尤甚頗傷于和念茲庶甿或罹凍餒無所假貸莫能自存中宵載懷旰食興歎怵惕若厲時予之辜思弘惠澤以順時令天下死罪囚除官典犯贓故意殺人外并降徒流流已下遞降一等應京畿諸縣宜令以常平義倉斛斗賑恤京城內鰥寡癃殘無告不能自存者委京兆尹量事濟恤具數以聞言念赤子視之如傷天或警予示此陰沴撫躬夕惕予甚悼焉羣臣拜表上徽號甲寅司徒致仕薛平卒二月甲子朔以前義昌軍節度使殷侑檢校吏部尚書充天平軍節度鄆曹濮等州觀察使代令狐楚以楚檢校右僕射兼太原尹北都留守河東節度使戊寅蘇湖二州水賑米二十二萬石以本州常平義倉斛斗給庚辰戶部尚書判度支王起請於邠寧靈武置營田務從之己丑寒食節上宴羣臣於麟德殿是日雜戲人弄孔子帝曰孔子古今之師安得侮瀆亟命驅出三月甲午朔辛丑以武寧軍節度使守太傅同平章事王智興兼侍中充忠武軍節度陳許蔡觀察等使以邠寧節度使李聽爲武寧軍節度徐泗濠觀察等使以金吾衞大將軍孟友亮爲邠寧節度使以前河東節度使柳公綽爲兵部尚書辛酉以前忠武軍節度使高瑀檢校右僕射充武寧軍節度徐泗濠觀察等使夏四月癸亥朔乙丑兵部尚書柳公綽卒戊寅以新除武寧軍節度使李聽爲太子太保五月癸巳朔甲辰西川修邛崍關城又移巂州於臺登城壬子浙西丁公著奏杭州八縣災疫賑米七萬石丁巳以鹽州刺史王晏平檢校左散騎常侍御史大夫充靈鹽節度使己未興平縣人上官興因醉殺人而亡竄官捕其父囚之興歸待罪有司京兆尹杜悰中丞宇文鼎以興自首免父之囚其孝可獎請免死詔兩省參議皆言殺人者死古今共守典不可免上竟從悰等議免死決杖八十配流靈州庚申詔如聞諸道水旱害人疾疫相繼宵旰罪己興寢疚懷今長史奏申札瘥猶甚蓋教化未感於蒸人精誠未格於天地法令或爽官吏爲非有一於茲皆傷和氣並委中外臣寮一一具所見聞奏朕當親覽無憚直言其遭災疫之家一門盡歿者官給凶器其餘據其人口遭疫多少與減稅錢疫疾未定處官給醫藥諸道既有賑賜國費復慮不充其供御所須及諸公用量宜節減以救凶荒六月壬戌朔丙寅京兆尹杜悰兼御史大夫戊寅右僕射王涯奉勅准令式條疏士庶衣服車馬第舍之制度勅下後浮議沸騰杜悰於勅內條件易施行者寬其限事竟不行公議惜之秋七月辛卯朔甲午以諫議大夫王彥威戶部郎中楊漢公祠部員外郎蘇滌右補闕裴休並充史館修撰故事史官不過三員或止兩員今四人並命論者非之戊申原王逵薨癸丑以前靈武節度使李文悅爲兗海沂密節度使己未以河中節度使李程爲左僕射以戶部尚書判度支王起檢校吏部尚書充河中晉慈隰節度使以御史中丞兼刑部侍郎宇文鼎爲戶部侍郎判度支八月辛酉朔吏部尚書崔羣卒以駕部郎中知制誥李漢爲御史中丞乙丑以尚書右丞判太常卿王璠檢校禮部尚書潤州刺史浙西觀察使庚午山南東道節度使裴度來朝壬申以前浙西觀察使丁公著爲太常卿甲戌御史中丞李漢奏論僕射上事儀不合受四品已下官拜時左僕射李程將赴省上故也詔曰僕射上儀近定所緣拜禮皆約令文已經施行不合更改宜準太和四年十一月十六日勅處分九月庚寅朔淄青初定兩稅額五州一十九萬三千九百八十九貫自此淄青始有上供庚子以太傅趙宗儒守司空致仕辛丑涿州置新城縣古督亢之地也丁未太常卿丁公著卒庚戌司空致仕趙宗儒卒壬子以右金吾衞將軍史孝章爲鄜州刺史鄜坊丹延節度使冬十月庚子朔甲子詔魯王永宜冊爲皇太子壬午以左金吾衞將軍李昌言檢校左散騎常侍充夏綏銀宥節度使甲申以諫議大夫王彥威爲河中少尹以其論上官興獄太徼訐故也十一月己丑朔丁未淮南節度使檢校右僕射崔從卒乙卯以荊南節度使段文昌爲劍南西川節度使依前檢校左僕射同平章事十二月己未朔乙丑以中書侍郎同平章事牛僧孺檢校右僕射同平章事揚州大都督府長史充淮南節度使戊辰內養王宗禹渤海使迴言渤海置左右神策軍左右三軍一百二十司畫圖以進以尚書右丞崔琯爲江陵尹荊南都團練觀察使珍王誠薨乙亥昭義節度使劉從諫來朝丁未以前西川節度使李德裕爲兵部尚書責授循州司戶杜元穎卒贈湖州刺史

七年春正月乙丑朔御含元殿受朝賀比年以用兵雨雪不行元會之儀故書吳蜀貢新茶皆於冬中作法爲之上務恭儉不欲逆其物性詔所供新茶宜於立春後造甲午加劉從諫同平章事襄州裴度奏請停臨漢監收從之此監元和十四年置馬三千二百匹廢百姓田四百餘頃停之爲便乙亥以太府卿崔珙爲廣州刺史嶺南節度使壬子詔朕承上天之睠佑荷列聖之丕圖宵旰憂勞不敢暇逸思致康乂八年于茲而水旱流行疫疾作沴兆庶艱食札瘥相仍蓋德未動天誠未感物一類失所其過在予載懷罪已之心深軫納隍之歎如聞關輔河東去年亢旱秋稼不登今春作之時農務又切若不賑救懼至流亡京兆府賑粟十萬石河南府河中府絳州各賜七萬石同華陝虢晉等州各賜十萬石並以常平義倉物充以新除嶺南節度使崔珙檢校工部尚書充武寧軍節度使以右金吾衞將軍王茂元爲嶺南節度使丙辰以前武寧軍節度使高瑀爲刑部尚書嶺南五管及黔中等道選補使宜權停一二年二月己未朔己巳以吏部侍郎庾承宣爲太常卿癸酉以宗正卿李詵爲陝州防禦使代崔咸以咸爲右散騎常侍己卯麟德殿對吐蕃渤海牂柯昆明等使辛巳御史臺奏均王傅王堪男禛國忌日於私第科決罰人詔曰準令國忌日禁飲酒舉樂決罰人吏都無明文起今後從有此類不須舉奏王禛宜釋放丙戌詔以銀青光祿大夫守兵部尚書上柱國贊皇縣開國伯食邑七百戶李德裕以本官同中書門下平章事三月戊子朔庚寅以前戶部侍郎楊嗣復爲尚書左丞壬辰以左散騎常侍張仲方爲太子賓客分司仲方爲郎中時常駁故相李吉甫謚德裕秉政仲方請告因授之已亥嶺南節度使李諒卒辛丑和王綺薨復於埇橋置宿州割徐州符離縣蘄縣泗州虹縣隸之以東都鹽鐵院官吳季眞爲宿州刺史癸卯以京兆尹駙馬都尉杜悰檢校禮部尚書充鳳翔隴右節度已酉安南奏蠻寇當管金龍州當管獠國赤珠落國同出兵擊蠻敗之庚戌出給事中楊虞卿爲常州刺史中書舍人張元夫汝州刺史以太府卿韋長爲京兆尹丙辰以散騎常侍嚴休復爲河南尹丁巳以給事中蕭澣爲鄭州刺史夏四月戊午朔辛酉九姓迴紇可汗卒癸亥前鳳翔節度使檢校司空竇易直卒癸酉以同州刺史吳士智爲江西觀察使以吏部侍郎高鉞爲同州刺史庚辰以工部侍郎李固言爲右丞中書舍人楊汝士爲工部侍郎壬子以河南尹白居易爲太子賓客分司東都甲申以江西觀察使裴誼爲歙

池觀察使代沈傳師以傳師爲吏部侍郎以右金吾衞將軍唐弘實使迴紇册九姓迴紇愛登里羅汨没使合句錄毗伽彰信可汗五月丁亥朔丁酉以李聽爲鳳翔隴右節度使依前檢校司徒兼太子太保癸卯興元李載義來朝癸丑以前邛州刺史劉旻爲安南都護六月丁巳朔乙巳以山南西道節度使李載義爲太原尹北都留守河東節度使依前守太保同平章事壬申以御史中丞李漢爲禮部侍郎以工部尚書翰林侍講學士鄭覃爲御史大夫甲戌以刑部尚書高瑀爲太子少保分司乙亥以中書侍郎平章事李宗閔檢校禮部尚書同平章事兼興元尹山南西道節度使丁丑以左金吾衞將軍李從易爲桂管觀察使己卯以右神策大將軍李用爲邠寧節度使河陽修防口堰役工四萬溉濟源河内温縣武德武陟五縣田五千餘頃癸未涇原節度使張惟清卒乙酉以前河東節度使令狐楚檢校右僕射兼吏部尚書秋七月丙戌朔丁亥以右龍武統軍康志睦爲四鎭北庭行軍涇原節度使壬寅以金紫光祿大夫守尚書右僕射諸道鹽鐵轉運使上柱國代郡公食邑二千戸王涯可同中書門下平章事領使如故甲辰右丞李固言等奏狀論僕射省中上事不合受四品己下拜勅旨宜準太和四年十一月十六日勅處分乙巳虢州刺史崔玄亮卒以左丞楊嗣復檢校禮部尚書充劍南東川節度使以戸部侍郎庾敬休爲左丞己酉以旱命京城諸司疏決繫囚壬子勅應任外官帶一品正京官者縱不知政事其俸料宜兼給癸丑以左僕射李程檢校司空兼汴州刺史宣武軍節度使甲寅以旱徙市左降官開州司馬宋申錫卒詔許歸葬閏七月乙卯朔詔曰朕嗣守丕圖覆幬生類兢業寅畏上承天休而陰陽失和膏澤愆候害我稼穡災于黔黎有過在予敢忌咎責從今避正殿減供膳停教坊樂廄馬量減芻粟百司廚饌亦宜權減陰陽鬱堙有傷和氣宜出宮女千人五坊鷹犬量須減放内外修造事非急務者並停時久無雨上心憂勞詔下數日雨澤霑洽人心大悅乙丑以前宣武軍節度楊元卿爲太子太保戊戌以給事中崔戎爲華州刺史癸未以太子賓客李紳檢校左散騎常侍兼越州刺史充浙東觀察使代陸亘以亘爲宣歙觀察使八月甲申朔御宣政殿册皇太子永是日降詔應犯死降徙流流已下遞減一等諸王自今年後相次出閤授緊望已上州刺史佐其十六宅諸縣主委吏部於選人中簡擇配匹具以名聞皇太子方從師傅傳授六經一二年後當令國胄國庠以興墜典宜令國子選名儒宜五經博士各一人其公卿士族子弟明年已後不先入國學習業不在應明經進士限其進士舉宜先試帖經并略問大義取經義精通者放及第卿大夫者下人之所視遠方之所傚若非恭儉克己廉直任人而望其服從固不可得況朕不寶珠玉不御纖華逮于六宮皆務儉薄卿大夫得不叶朕此志率先光人比年所頒制度皆約國家令式去其甚者稍謂得中而士大夫苟自便身安於習俗因循未革以至于今百官士族起今年十月其衣服輿馬並宜準太和六年十月七日勅如有固違重加黜責文武常參官及諸州府長官子爲父後者賜勳兩轉癸巳太子太保楊元卿卒戊申以京兆尹韋長兼御史大夫以刑部尚書高瑀爲忠武軍節度使九月甲寅朔丙寅侍御史李款閤内奏彈前邠州行軍司馬鄭注曰注内通勅使外連朝官兩地往來卜射財貨晝伏夜動干竊化權人不敢言道路以目請付法司推劾情欵旬日之中諫章數十上由是授注通王府司馬兼侍御史充神策軍判官中外駭歎甲寅以前忠武軍節度使王智興依前守太傅兼侍中河中尹河中晉絳慈隰節度使代王起以起爲兵部尚書冬十月癸未朔揚州江都等七縣水害稼壬辰上降誕日僧徒道士講論於麟德殿翌日御延英上謂宰臣曰降誕日設齋起自近遠朕緣相承已久未可便革雖置齋會唯對王源中等暫入殿至僧道講論都不臨聽宰相路隨等奏誕日齋會誠資景福本非中國教法臣伏見開元十七年張說源乾曜請以誕日爲千秋節内外宴樂以慶昌期頗爲得禮上深然之宰臣因請十月十日爲慶成節上誕日也從之辛酉潤常蘓湖四州水害稼十一月癸丑朔乙亥涇原節度使康志睦卒己卯以左神策長武城使朱叔夜爲涇州刺史充涇原節度使壬午於銀州置監牧十二月癸未朔己亥刑部詳定大理丞謝登新編格後勅六十卷令删落詳定爲五十卷庚子幸望春宮聖體不康癸卯天平軍節度檢校司空王承元卒丁未以河南尹嚴休復檢校禮部尚書充平盧軍節度淄青登萊棣觀察等使戊申以給事中王質權知河南尹以河東節度副使李石爲給事中

八年春正月癸丑朔丁巳聖體痊平御太和殿見内臣甲子御紫宸殿見群臣丙寅修太廟令太常卿庾承宣攝太尉徧告九室遷神主於便殿癸酉揚楚舒廬壽滁和七州去年水損田四萬餘頃二月壬午朔日有蝕之庚寅詔以聖躬痊復赦繫囚放逋賦移流人己亥蔚州飛狐鎭置鑄錢院三月壬子朔甲寅上巳賜群臣宴於曲江亭庚午以山南東道節度使裴度充東都留守依前守司徒兼侍中以東都留守李逢吉檢校司徒兼右僕射癸酉兖海節度使李文悅卒丙子以右丞李固言爲華州刺史代崔戎以戎爲兖海觀察使四月壬午朔壬辰集賢學士裴潾撰通選三十卷以擬昭明太子文選潾所取偏僻不爲時論所稱甲午以宿州刺史吳季眞爲邕管經略使乙巳翰林學士兵部侍郎王源中辭内職乃以源中爲禮部尚書五月辛亥朔己巳修奉太廟畢以吏部尚書令狐楚攝太尉徧告神主復正殿飛龍神駒中廄火六月庚辰朔辛巳徙市壬午大理卿劉遵古卒壬辰陳許節度使高瑀卒甲午以旱詔諸司疏決繫囚丙申以前鳳翔節度使駙馬都尉杜悰起復檢校戸部尚書充忠武軍節度使戊戌宰臣王涯路隨奏請依舊制讀時令庚子兖海觀察使崔戎卒辛丑同州刺史高鉞卒戊申以將作監駙馬都尉崔杞爲兖海沂密觀察使秋七月庚戌朔丙辰以工部侍郎揚汝士爲同州刺史戊午奉先美原櫟陽等縣雨損夏麥辛酉定陵臺大雨震東廊廊下地裂一百三十尺詔宗正卿李仍叔啓告修塞癸亥覃王經薨己巳夜月犯昴壬申以右金吾衞大將軍段百倫檢校工部尚書充福建觀察使堂帖中外臣寮各舉善周易學者八月己卯朔右龍武統軍董重質卒庚寅太白犯熒惑辛卯詔故澧王大男漢可封東陽郡王第二男源可封安陸郡王第三男漢可封臨川郡王故深王大男潭可封河内郡王第二男淑可封吳興郡王故絳王大男洙可封新安郡王第二男滂可封高平郡王故淑王大男湧可封潁川郡王淄王大男澣可封許昌郡王沔王大男瀛可封晉陵郡王祁王大男溥可封平陽郡王仍並賜光祿大夫丙申罷諸色選舉歲旱故也己亥御寫周易義五道示群臣有人明此義者三日内聞奏時李仲言以易道惑上及下其義人皆竊笑卒無進言者九月乙酉朔辛亥夜彗起太微近郎位西指長丈餘西北行凡九夜越郎位西北五尺滅癸丑月入南斗乙亥宣州觀察使陸亘卒己未宰臣李德裕進御臣要略及柳氏舊聞三卷隨州刺史杜師仁前刺吉州坐贓計絹三萬匹賜死于家故江西觀察使裴誼乖於廉察削所贈工部尚書庚申右軍中尉王守澄宣召鄭注對于浴堂門仍賜錦彩銀器是夜彗出東方長三尺輝耀甚偉辛酉以權知河南尹王質爲宣歙觀察使吏部尚書致仕張正甫卒癸亥以尚書吏部侍郎鄭澣爲河南尹甲子鄭注進藥方一卷庚午安王溶潁王瀍皆檢校兵部尚書宰相路隨冊拜太子太師辛巳幽州節度使楊志誠監軍李懷仵悉爲三軍所逐立其部將史元忠爲留後陝州江西旱無稼己丑秘書監崔威卒庚寅以山南西道節度使檢校禮部尚書同平章事上柱國襄武縣開國侯食邑一千戸李宗閔可中書侍郎同中書門下平章事辛卯以中使田全操充皇太子見太師禮儀使壬辰召國子四門助教李仲言對於思政殿賜緋河南府鄧州同州揚州並奏旱蟲傷損秋稼甲午以銀青光祿大夫守中書侍郎平章事李德裕檢校兵部尚書同平章事興元尹充山南西道節度使以助教李仲言爲國子周易博士充翰林侍講學士皇太子見太師路隨於崇明門丙申諫官上疏論李仲言不合奬任上令中使宣諭諫官曰朕留仲言禁中顧問經義勅命已行不可遽改淮南兩浙黔中水爲災民戸流亡京師物價暴貴庚子詔鄭注對於太和殿以御史大夫鄭覃爲戸部尚書壬寅翰林院宴李仲言賜法曲弟子二十八人奏樂以寵之丙午以新除興元節度使李德裕爲兵部尚書十一月丁未朔庚戌以尚書左僕射致仕蕭俛爲太子太傅辛亥以左金吾衞大將軍蕭洪爲河陽三城節度使襄州水損田壬子滁州奏清流等三縣四月雨至六月諸山發洪水漂溺戸萬三千八百癸丑以禮部尚書王源中檢校戸部尚書充山南西道節度使以戸部侍郎李漢爲華州刺史鎭國軍潼關防禦使成德軍節度使王廷湊卒以前揚州節度使温造爲御史大夫己卯幽州節度使楊志誠被逐入朝下御史臺訊鞫志誠在幽州被服皆爲龍鳳乃流之嶺外至商州殺之乙亥以兵部尚書李德裕檢校右僕射充鎭海軍節度浙江西道觀察等使丙子李仲言奏請改名訓從之十二月丁丑朔己卯以昭義節度副使檢校庫部員外郎賜紫金魚袋鄭注爲太僕卿辛巳以棣州刺史韓威爲安南都護癸未以通王爲幽州盧龍節度使以權勾當幽州兵馬史元忠爲留後甲申許太子太傅蕭俛致仕是夜月掩昴己丑以太子賓客分司張仲方爲左散騎常侍常州刺史楊虞卿爲工部侍郎己亥以尚書左僕射李逢吉守司徒致仕以宗正卿李仍叔爲湖南觀察使代李翺以翺爲刑部侍郎代裴潾以潾爲華州鎭國軍潼關防禦使昭成寺火

九年春正月丁未朔己卯以鎭州左司馬王元逵起復

定遠將軍守左金吾衞大將軍檢校工部尚書充成德軍節度使鎭冀深趙觀察等使以太常卿庾承宣檢校吏部尚書充天平軍節度使代殷侑以侑爲刑部尚書癸亥巢縣公湊薨追封齊王壬申司徒致仕李逢吉卒癸酉以右散騎常侍舒元輿爲陝州防禦觀察使以前棣州刺史田早爲安南都護二月丙子朔甲申以司農卿王彥威兼御史大夫充平盧軍節度使丁亥發神策軍一千五百人修淘曲江如諸司有力要於曲江置亭館者宜給與閑地辛丑冀王絿薨癸卯京師地震甲辰以幽州留後史元忠爲盧龍節度使乙巳劍南節度使西川檢校左僕射同平章事段文昌卒庚申以劍南東川節度使楊嗣復檢校戶部尚書兼成都尹西川節度使乙丑以歲饑河北尤甚賜魏博六州粟五萬石陳許鄆曹濮三鎭各賜糙米二萬石庚午左丞庾敬休卒廢朝一日詔曰官至丞郎朕所親委不幸云亡者宜爲之廢朝自今丞郎宜準諸司三品官例罷朝一日夏四月丙子朔丙戌以桂管觀察使李從易爲廣州刺史嶺南節度使以鎭海軍節度使浙西觀察等使李德裕爲太子賓客分司東都辛卯以京兆尹賈餗爲浙西觀察使以工部侍郎楊虞卿爲京兆尹仍賜金紫以給事中韓佽爲桂管觀察使丙申以太子太師門下侍郎平章事路隨爲鎭海軍節度浙西觀察等使戊戌詔以新浙西觀察使賈餗爲中書侍郎同中書門下平章事庚子詔銀青光祿大夫守太子賓客分司東都上柱國贊皇縣開國伯食邑七百戶李德裕貶袁州長史辛丑大風含元殿四鴟吻並皆落壞金吾仗舍廢樓觀城四十餘所壬寅吏部侍郎沈傳師卒五月乙巳朔丁未以浙東觀察使李紳爲太子賓客分司東都乙卯以給事中高銖爲浙東觀察使戊午以御史大夫溫造爲禮部尚書以吏部侍郎李固言爲御史大夫辛酉太和公主進馬射女子七人沙陀小兒二人戊辰以金吾大將軍李玭爲黔中觀察使以尚書右丞王璠爲戶部尚書判度支己巳以戶部尚書鄭覃爲秘書監辛未宰相王涯冊拜司空癸酉以河中節度使王智興爲宣武軍節度使依前守太傅兼侍中六月乙亥朔西市火以前宣武軍節度使李程爲河中節度使庚寅夜月掩歲癸巳以吏部尚書令狐楚爲太常卿丁酉禮部尚書溫造卒京兆尹楊虞卿家人出妖言下御史臺虞卿弟司封郎中漢公并男知進等八人撾登聞鼓稱冤勑虞卿歸私第己亥以右神策大將軍劉沔爲涇原節度使壬辰詔以銀青光祿大夫守中書侍郎同平章事襄武縣開國侯食邑一千戶李宗閔貶明州刺史時楊虞卿坐妖言人歸第人皆以爲冤誣宗閔於上前極言論列上怒面數宗閔之罪叱出之故坐貶秋七月甲申朔貶京兆尹楊虞卿爲虔州司馬同正丙午以給事中李石權知京兆尹戊申塡龍首池爲鞠塲曲江修紫雲樓辛亥詔以御史大夫李固言爲門下侍郎同平章事壬子再貶李宗閔爲處州長史癸丑以右司郎中兼侍御史知雜事舒元輿爲御史中丞貶吏部侍郎李漢爲汾州刺史刑部侍郎蕭澣爲遂州刺史丁巳詔不得度人爲僧尼戊午貶工部侍郎充皇太子侍讀崔侑爲洋州刺史貶吏部郎中張諷夔州刺史考功郎中皇太子侍讀蘇滌忠州刺史戶部郎中楊敬之連州刺史辛酉以鄂岳觀察使崔郾充浙西觀察使以國子祭酒高重爲鄂岳觀察使壬戌鎭海軍節度使路隨卒癸亥貶侍御史李甘爲封州司馬殿中侍御史蘇特爲潘州司戶甲子以周易博士李訓爲兵部郎中知制誥依前充翰林侍講學士丁卯天平軍節度使庾承宣卒以大理卿羅讓爲散騎常侍以汝州刺史郭行餘爲大理卿戊辰以刑部尚書殷侑爲天平軍節度使以吉州刺史裴泰爲邕管經略使八月甲戌朔以戶部侍郎李翺檢校禮部尚書充山南東道節度使代王起以起爲兵部尚書判戶部事丙子又貶處州長史李宗閔爲潮州司戶丁丑以太僕卿鄭注爲工部尚書充翰林侍講學士上幸左軍龍首殿因幸梨園含元殿大合樂戊寅以秘書監鄭覃爲刑部尚書貶翰林學士守尚書戶部侍郎知制誥李珏爲江州刺史以鄜坊節度使李章爲義成軍節度使甲申以左神策軍大將軍趙儋爲鄜坊節度使甲午貶中書舍人權璩爲鄭州刺史丙申內官楊承和於驩州安置韋元素象州安置王踐言思州安置仍錮身遞送言李宗閔爲吏部侍郎時託駙馬沈𧩙於宮人宋若憲處求宰相承和踐言元素居中導達故也宗閔黨楊虞卿李漢蕭澣皆再貶壬寅貶中書舍人高元裕爲閬州刺史元裕爲鄭注除官制說注醫藥之功注銜之故也以蘄州刺史盧周仁爲河南觀察使九月癸卯朔奸臣李訓鄭注用事不附己者卽時貶黜朝廷悚震人不自安是日下詔曰朕承天之序燭理未明勞虛襟以求賢勵寬德以容衆頃者台輔乖弼諧之道而具寮扇朋比之風翕然相從實斁彝憲致使薰蕕共器賢不肖並馳退迹者咸後時之夫登門者有迎吠之客繆盭之氣堙鬱未平而望陰陽順時疵癘不作朝廷清肅班列和安自古及今未嘗有也今旣再申朝典一變澆風掃清朋附之徒匡飭貞廉之俗凡百卿士惟新令猷如聞周行之中尚蓄疑懼或有妄相指目令不自安今茲曠然明喻朕意應與宗閔德裕或新或故及門生舊吏等除今日已前放黜之外一切不問辛亥以太子賓客分司東都白居易爲同州刺史代楊汝士以汝士爲駕部侍郎乙亥以涇原節度使劉沔爲振武麟勝節度使丙辰以權知御史中丞舒元輿爲御史中丞兼判刑部侍郎庚申以鳳翔節度使李聽爲忠武軍節度使癸亥令內養齊抱眞將杖於靑泥驛決殺前襄州監軍陳弘志以有弒逆之罪也丁卯以門下侍郎同平章事李固言爲興元尹山南西道節度使以翰林侍講學士工部尚書鄭注檢校右僕射充鳳翔隴右節度使戊辰以右軍中尉王守澄爲左右神策觀軍容使兼十二衞統軍己巳詔以朝議郎守御史中丞兼刑部侍郎賜紫金魚袋舒元輿本官同中書門下平章事朝議郎守兵部郎中知制誥充翰林侍講學士賜緋魚袋李訓可守禮部侍郎同中書門下平章事仍賜金紫壬申以刑部郎中兼侍御史知雜李孝本權知御史中丞冬十月癸酉朔乙亥杜悰復爲陳許節度使李聽爲太子太保分司內出曲江新造紫雲樓彩霞亭額左軍中尉仇士良以百戲於銀臺門迎之時鄭注言秦中有災宜興土功厭之乃濬昆明曲江二池上好爲詩每誦杜甫曲江行云江頭宮殿鎖千門細柳新蒲爲誰綠乃知天寶已前曲江四岸皆有行宮臺殿百司廨署思復昇平故事故爲樓殿以壯之王涯獻榷茶之利乃以涯爲榷茶使茶之有榷稅自涯始也京兆河南兩畿旱以吏部尚書令狐楚爲左僕射以刑部尚書鄭覃爲右僕射辛巳遣中使李好古齎酖賜王守澄是日守澄卒壬午賜羣臣宴於曲江亭癸未以前廣州節度使王茂元爲涇原節度使丁亥禮部郎中錢可復兵部員外郎李敬彝駕部員外郎盧簡能主客員外郎蕭傑左拾遺盧茂弘等皆授鳳翔使府判官從鄭注奏請也乙未以新授同州刺史白居易爲太子少傅分司以汝州刺史劉禹錫爲同州刺史己亥以前河陽節度使蕭洪爲鄜坊節度使淄青觀察使王彥威請停管內縣丞一十九員從之庚子東都留守特進守司徒侍中裴度進位中書令餘如故以前山南西道節度使王源中爲刑部尚書十一月壬寅朔乙巳令內養馮叔良殺前徐州監軍王守涓於中牟縣以左神策將軍胡沐爲容管經略使以大理卿郭行餘爲邠寧節度使丁未鄜坊節度使趙儋卒乙酉左金吾衞大將軍崔鄯卒癸丑以左僕射令狐楚判太常卿事右僕射鄭覃判國子祭酒事丁巳以戶部尚書判度支王璠爲太原尹北都留守河東節度使戊午以京兆尹李石爲戶部侍郎判度支以京兆少尹羅立言權知府事己未以太府卿韓約爲左金吾衞大將軍壬戌中尉仇士良率兵誅宰相王涯賈餗舒元輿李訓新除太原節度王璠郭行餘鄭注羅立言李孝本韓約等十餘家皆族誅時李訓鄭注謀誅內官詐言金吾仗舍石榴樹有甘露請上觀之內官先至金吾仗見幕下伏甲遽扶帝輦入內故訓等敗流血塗地京師大駭旬日稍安癸亥詔以銀青光祿大夫尚書左僕射上柱國滎陽郡開國公鄭覃以本官同中書門下平章事乙丑詔以朝議郎守尚書戶部侍郎判度支李石可朝議大夫本官同平章事丁卯以左神策大將軍陳君奕爲鳳翔節度使戊辰以給事中李翊爲御史中丞左右軍中尉仇士良魚志弘並兼上將軍十二月壬申朔諸道鹽鐵轉運榷茶使令狐楚奏榷茶不便於民請停從之癸丑太子太保張茂宗卒甲子勅左右省起居齎筆硯及紙於螭頭下記言記事丙子以刑部尚書王源中爲天平軍節度使丁丑勅諸道府不得私置曆日板己卯鳳翔監軍奏鄭注判官錢可復等四人並處斬訖庚辰上御紫宸謂宰相曰坊市之間人漸安未李石奏曰人情雖安然刑殺過多致此陰沴又聞鄭注在鳳翔招致兵募不少今皆被刑戮臣恐乘此生事切宜原赦以安之上曰然鄭覃又陳理道上曰我每思貞觀開元之時觀今日之事往往憤氣塡膺耳癸未儀仗使田全操巡邊迴馳馬入金光門街市訛言相驚縱橫散走賴金吾大將軍陳君賞以其徒立望仙門下至晚方定丁亥以權知京兆尹張仲方爲華州防禦使以司農卿薛元賞權知京兆左僕射令狐楚奏方鎭節度使等具櫜鞬器仗就尚書省兵部參辭伏乞停罷如須參謝令具公服從之時楚引訓注奸謀用王璠郭行餘兵仗遂云不宜以兵仗入省參辭殊乖事體也物議尤之先是宰相武元衡被害憲宗出內庫弓箭陌刀賜左右街使侯宰相入朝以爲翼從及建福門退至是亦停之辛卯置諫院印

開成元年正月辛丑朔帝常服御宣政殿受賀遂宣詔大赦天下改元開成乙巳御紫宸殿宰臣李石奏曰陛下改元御殿人情大悅全放京兆一年租賦又停四節

進奉恩澤所該實當要切帝曰朕務行其實不欲崇長空文石曰赦書須內留一本陛下時看之又十道黜陟使發日更付與公事根本令向外與長吏詳擇施行方盡利害之要丁未以秘書監韋纁爲工部尚書勅揚承和韋元素王踐言崔潭峻頃遭誣陷每用追傷宜復官爵聽其歸葬以銀州刺史劉源爲夏綏銀宥節度使丙辰望日有蝕之二月辛未朔以左散騎常侍羅讓爲江西觀察使乙亥夜四更京師地震屋瓦皆墮丙申左武衞大將軍朱叔夜賜死於藍田關天德奏生退渾部落三千帳來投豐州三月庚子朔壬寅以袁州長史李德裕爲滁州刺史庚申幸龍首池觀內人賽雨因賦暮春喜雨詩昭義節度使劉從諫三上疏問王涯罪名內官仇士良聞之惕懼是日從諫遣焦楚長入奏於客省進狀請面對上召楚長慰諭遣之夏四月庚午朔以河南尹鄭澣爲左丞以太子賓客分司東都李紳爲河南尹癸酉以亳州刺史裴弘泰爲義成軍節度使以諫議大夫李讓夷兼權知起居舍人事己卯以潮州司戶李宗閔爲衡州司馬以江州刺史李珏爲太子賓客分司癸未吏部侍郎李虞仲卒辛卯淄王協薨甲午詔以山南西道節度使檢校兵部尚書李固言爲門下侍郎同中書門下平章事以左僕射諸道鹽鐵轉運使令狐楚檢校左僕射爲山南西道節度使丙申李固言判戶部事李石判度支兼諸道鹽鐵轉運使五月乙亥朔癸卯以翰林學士歸融爲御史中丞丁未以給事中郭承嘏爲華州防禦使給事中盧載以承嘏公正守道屢有封駮不宜置之外郡乃封還詔書翊日復以承嘏爲給事中乃以給事中盧鈞代嘏守華州乙卯御紫宸上謂宰臣曰爲政之道自古所難李石對曰朝廷法令行則易丁巳以尚書右丞鄭肅爲陝虢都防禦觀察使前罷觀察復置之以中書舍人唐扶爲福建觀察使庚申判國子祭酒宰臣鄭覃奏太學新置五經博士各一人請依王府官例賜以祿粟從之丙寅昭義奏開夷儀山路通太原晉州從之閏五月己巳朔甲申以河中節度使李程爲左僕射判太常卿事乙酉以太子太保分司李聽爲河中節度使丙戌烏集唐安寺逾月方散己丑以神策大將軍魏仲卿爲朔方靈鹽節度湖南觀察使盧周仁進羨餘錢二萬貫雜物八萬段不受還之使貸貧下戶征稅六月戊戌朔癸亥以河南尹李紳檢校禮部尚書汴州刺史充宣武軍節度使秋七月戊辰朔御史臺奏秘書省管新舊書五萬六千四百七十六卷長慶二年已前並無文案太和五年已後並不納新書今請創立簿籍據闕添寫卷數逐月申臺從之辛未以左金吾衞將軍傅毅爲鄜坊節度使癸酉宣武軍節度使王智興卒辛卯刑部尚書殷侑檢校右僕射充山南東道節度使壬午以滁州刺史李德裕爲太子賓客甲午以金吾衞大將軍陳君賞爲平盧軍節度使代王彥威以彥威爲戶部侍郎判度支丙申湖南觀察使盧周仁進羨餘錢一十萬貫御史中丞歸融彈其違制進奉詔以周仁所進錢於河陰院收貯八月戊戌朔甲戌詐稱國舅人前鄜坊節度使蕭洪宜長流驩州戊申以皇太后親弟蕭本爲右贊善大夫九月丁卯朔庚辰詔復故左降開州司馬宋申錫正議大夫尚書右丞同平章事仍以其子愼微爲臣固尉以饒州刺史馬植爲安南都護辛巳以壽州刺史高承恭爲邕管經略使辛卯勅秘書省集賢院應欠書四萬五千二百六十一卷配諸道繕寫冬十月丁酉朔己酉揚州江都七縣水旱損田十一月丙寅朔庚辰浙西觀察使李鄘卒以太子賓客分司東都李德裕檢校戶部尚書充浙西觀察使壬午以兵部尚書皇太子侍讀王起兼判太常卿甲申以左僕射李程兼吏部尚書忠武帥杜悰天平帥王源中奏當道常平義倉斛斗除元額外請別置十萬石十二月丙申朔以京兆尹兼御史大夫薛元賞爲武寧節度徐泗宿濠觀察等使以戶部侍郎兼御史中丞歸融爲京兆尹以給事中狄兼謨爲御史中丞己酉嶺南節度使李從易卒庚戌以華州刺史盧鈞爲廣州刺史充嶺南節度使以中書舍人崔龜從爲華州防禦使辛亥劍南東川節度使馮宿卒壬子太僕卿段伯倫卒癸丑以兵部侍郎楊汝士檢校禮部尚書充劍南東川節度使己未淑王縱薨

二年春正月乙丑朔丙寅宣州觀察使王質卒乙亥以吏部侍郎崔鄲爲宣歙觀察使以右丞鄭澣爲刑部尚書判左丞事庚寅戶部侍郎判度支王彥威進所撰供軍圖略序曰至德乾元之後迄于貞元元和之際天下有觀察者十節度二十有九防禦者四經略者三掎角之師犬牙相制大都通邑無不有兵約計中外兵額至八十餘萬長慶戶口凡三百三十五萬而兵額又約九十九萬通計三戶資奉一兵今計天下租賦一歲所入總不過三千五百餘萬而上供之數三之一焉三分之中二給衣賜自留州留使兵士衣食之外其餘四十萬衆仰給度支焉二月乙未朔丙申刑部侍郎郭承嘏卒丙午夜彗出東方長七尺在危初西指戊申王彥威進所撰唐典七十卷起武德終永貞庚戌均王緯薨辛酉夜彗長丈餘直西行稍南指在虛九度半壬戌夜彗長二丈餘廣三尺在女九度自是漸長闊三月甲子朔內出音聲女妓四十八人令歸家乙丑夜彗星長五丈岐分兩尾其一指氐其一掩房丙寅罷曲江宴是夜彗長六丈尾無岐在亢七度勅尚食使自今每一日御食料分爲十日停內修造戊辰夜彗長八丈有餘西北行東指在張十四度辛未宣徽院法曲樂官放歸壬申詔曰朕嗣丕構對越上玄虔恭寅畏于今一紀何嘗不宵衣念道旰食思愆師周文之小心慕易乾之夕惕懼德不類貽列聖羞將欲俗致和平時無殃咎然誠未格物譴見於天仰愧三靈使慙庶彙思獲攸濟浩無津涯昔宋景發言星因退舍魯僖納諫飢不害人取鑒往賢深惟自勵載軫在予之責宜降恤辜之恩式表殷憂冀荅昭誡天下死罪降從流流已下並釋放唯故殺人官典犯贓主掌錢穀賊盜不在此限諸州遭水旱處並蠲租稅中外修造並停五坊鷹隼悉解放朕今素服避殿徹樂減膳近者內外臣寮繼貢章表欲加徽號夫道大爲帝朕膺此稱祇愧已多矧鍾星變之時敢議名揚之美非懲既往且儆將來中外臣寮更不得上表奏請表已在路並宜速還在朝群臣方岳長吏宜各上封事極言得失弼違納誨副我虛懷甲戌以左僕射李程爲山南東道節度使壬午以楚州刺史嚴譽爲桂管觀察使甲申以山南東道節度使殷侑爲太子賓客分司貞興門外鵲巢于古冢丁亥邠寧節度使李用卒戊子以河南尹李珏爲戶部侍郎己丑以金吾大將軍李直臣爲邠寧節度使壬辰桂管觀察使韓佽卒以兵部侍郎裴潾爲河南尹夏四月甲午朔戊戌詔將仕郎守尚書工部侍郎知制誥充翰林學士兼皇太子侍讀上騎都尉賜紫金魚袋陳夷行可本官同中書門下平章事丙子以中書舍人敬昕爲江西觀察使戊申前江西觀察使羅讓卒己酉秘書監張仲方卒丁卯宰相李石奏定長定選格庚申太原節度使李載義卒辛酉詔置終南山神祠蓬州復置蓬池二縣五月癸亥朔乙丑以東都留守裴度爲太原尹北都留守河東節度使依前守司徒中書令丙寅戶部侍郎李珏判本司事以浙西觀察使李德裕檢校戶部尚書兼揚州大都督府長史充淮南節度使辛未詔以前淮南節度使牛僧孺爲檢校司空東都留守以蘇州刺史盧商爲浙西觀察使壬申上幸十六宅與諸王宴樂決十六宅宮市內官范文喜等三人以供諸王食物不精故也六月癸巳朔丁酉以成德軍節度使王元逵爲駙馬都尉尚壽安公主己亥以鴻臚卿李逵爲天德軍都防禦使庚子吏部奏長定選格請加置南曹郎中一人別置印一面以新置南曹之印爲文從之丙午河陽軍亂逐節度使李泳戊申以左金吾衞將軍李執方爲河陽三城懷州節度使庚戌以右金吾衞大將軍崔珙爲京兆尹魏博澤潞淄青滄德兗海河南府等州並奏蝗害稼鄆州奏蝗得雨自死丁亥以御史中丞狄兼謨爲刑部侍郎以前京兆尹歸融爲秘書監以給事中李翊爲湖南觀察使秋七月壬戌朔乙亥以久旱徙市閉坊門甲申以太府卿張賈爲兗海觀察使詔除河北三鎮外諸州府不得以試銜奏官鄆州奏當州先廢天平平陰兩縣請復置平陰縣以制盜賊從之乙酉以蝗旱詔諸司疏決繫囚己丑遣使下諸道巡覆蝗蟲是日京畿雨羣臣表賀外州李紳奏蝗蟲入境不食田苗詔書襃美仍刻石于相國寺八月壬辰朔丁酉彗出虛危之間振武奏突厥入寇營田庚戌詔昭儀王氏冊爲德妃昭容楊氏冊爲賢妃又詔敬宗皇帝第二子休復第三子執中第四子言揚第六子成美等宜開列土之封用申睦族之典休復可封梁王執中可封襄王言揚可封汜王成美可封陳王皇第二男宗儉可封蔣王乙丑房州刺史盧行簡坐贓杖殺己巳以湖南觀察使盧行術爲陝虢觀察使甲申詔曰慶成節朕之生辰天下錫宴庶同歡泰不欲屠宰用表好生非是信尚空門將希無妄之福恐中外臣庶不論朕懷廣置齋筵大集僧衆非獨凋耗物力兼恐致惑生靈自今宴會蔬食任陳脯醢永爲常例又勅慶成節宜令京兆尹准上巳重陽例於曲江會文武百寮延英奉觴宜權停戊子以尚書戶部侍郎判度支王彥威爲衞尉卿分司東都冬十月辛卯朔詔改天后所撰三教珠英爲海內珠英戊戌詔嘉王運循王遹通王諶並可光祿大夫檢校司空賜勳上柱國仍依百官例給料錢安王溶穎王瀍並給料錢庚子慶成節賜羣臣宴于曲江上幸十六宅與諸王宴樂癸卯宰臣判國子祭酒鄭覃進石壁九經一百六十卷時上好文鄭覃以經義啓導稍折文章之士遂奏置五經博士依後漢蔡伯喈刊碑列于太學創立石壁九經諸儒校正訛謬上又令翰林勒字官唐玄度復校字體又乖師法故石經立後數十年名儒皆不窺之以爲蕪累甚矣戊申以門下侍郎同平章事李固

言爲劒南西川節度使依前同門下侍郎平章事甲寅勑鹽鐵戶部度支三使下監院官皆郎官御史爲之使雖更改院官不得移替如顯有贓敗卽具事以聞己未以前西川節度使楊嗣復爲戶部尙書充諸道鹽鐵轉運使十一月辛酉朔壬戌以太子賓客分司東都殷侑爲忠武軍節度使癸亥狂病人劉德廣突入含元殿付京兆府杖殺乙丑京師地震丁丑興元節度使令狐楚卒丁亥以刑部尙書鄭澣爲山南西道節度使己丑契丹朝貢十二月庚寅朔丙申閤內對左右史裴素等上自開成初復故事每入閤左右史執筆立於螭頭之下君臣論奏得以備書故開成政事最詳於近代壬寅以前忠武軍節度使杜悰爲工部尙書判度支時悰旣除官久未謝恩戶部侍郎李珏奏杜悰爲岐陽公主服假內珏因言比來駙馬爲公主行服三年所以士族之家不願爲國戚者以此帝大駭其奏卽日詔曰制服輕重必資典禮如聞往者駙馬爲公主行服三年緣情之義殊非故實違經之制今乃聞知宜行朞周永爲定制

三年春正月庚申朔甲子宰臣李石遇盜於親仁里中劒斷其馬尾又中流矢不甚傷是時京城大恐捕盜不獲旣而知仇士良所爲乙丑常參官入朝者九人而已餘皆潛竄累日方安丁卯詔故齊王湊贈懷懿太子戊申以諸道鹽鐵轉運使正議大夫守戶部尙書上柱國弘農郡開國伯食邑七百戶賜紫金魚袋楊嗣復可本官同中書門下平章事朝議郎戶部侍郎判戶部事上柱國賜紫金魚袋李珏可本官同中書門下平章事依前判戶部事丙子以中書侍郎同中書門下平章事李石爲荊南節度使依前中書侍郎平章事丁丑以前荊南節度使韋長爲河南尹癸未詔去秋蝗蟲害稼處放逋賦仍以本處常平倉賑貸是日大雪二月己丑朔乙未上謂宰臣曰李宗閔在外數年可別與一官鄭覃陳夷行曰宗閔養成鄭注幾覆朝廷其姦邪甚於李林甫楊嗣復李珏奏曰太和末宗閔德裕同時得罪二年之間德裕再量移爲淮南節度使而宗閔尙在貶所凡事貴得中不可但徇私情上曰與一郡可也丁酉以衢州司馬李宗閔爲杭州刺史庚子吏部奏去年所修長定選格或乖往例頗不便人不可久行請却用舊格從之乙巳詔僕射尙書侍郎左右丞大卿監每遇坐日宜令兩人循次進對丁未以同州刺史孫簡爲陝虢觀察使盧行術行術爲福王傅分司東都乙酉禮部尙書許康佐卒辛亥左丞盧載爲同州防禦使三月己未朔庚午封故陳王第十九男儼爲宣城郡王故襄王第三男宷爲樂平郡王夏四月戊子朔己丑禮部尙書致仕徐晦卒辛卯戶部侍郎崔龜從判本司事詔曰戶部侍郎兩員今後先授上者宜令判本司錢穀加帶平章事判鹽鐵度支兼中丞學士不在此限壬辰以給事中裴衮爲華州防禦使己酉改法曲爲仙部曲仍以伶官所處爲仙部院兵部侍郎裴潾卒癸丑屯田郎中李衢汚王府長史林贊等進所修皇唐玉牒一百五十卷五月丁巳朔勑禮部貢院進士舉人歲限放三十人及第辛酉詔前江西觀察使吳士規坐贓長流端州庚午月犯天心大星癸未以吏部侍郎高鍇爲鄂岳觀察使代高重以重爲兵部侍郎六月丁未朔辛酉出宮人四百八十送兩街寺觀安置廢晉州平陽院礬官並歸州縣癸丑上御紫宸對宰臣曰幣輕錢重如何楊嗣復曰此事已久不可遽變其法法變則擾人但禁銅器斯得其要秋七月丙辰朔壬戌陳許節度使殷侑卒甲子以衞尉卿王彥威檢校禮部尙書充忠武軍節度使以右金吾衞大將軍史孝章爲邠寧節度使戊辰西川節度使李固言再上表讓門下侍郎及檢校右僕射八月丙戌朔甲午山南東道諸州大水田稼漂盡丁酉詔大河西南幅員千里楚澤之北連亘數州以水潦暴至隄防潰溢旣壞盧舍復損田苗言念黎元罹此災沴或生業蕩盡農功索然困餒彫殘豈能自濟宜令給事中盧弘宣往陳許鄭滑曹濮等道宣慰刑部郎中崔瑨往山南東道鄂岳蘄黃道宣慰己亥嘉王運薨魏博六州蝗食秋苗並盡九月丙辰朔辛酉荊南李石讓中書侍郎乃改授檢校兵部尙書壬戌上以皇太子慢遊敗度欲廢之中丞狄兼謨垂涕切諫是夜移太子於少陽院殺太子宮人左右數十人戊辰詔梁王等五人先於北內可却歸十六宅辛未易定節度使張璠卒壬申以易州刺史李仲遷爲定州刺史充義武軍節度使戊寅以東都留守牛僧孺爲左僕射辛巳詔皇太子侍讀竇宗直隔日入少陽院冬十月乙酉朔以尙書左丞崔琯檢校戶部尙書充東都留守易定軍亂不納新使李仲遷立張璠子元益爲留後己丑以少府監張沼爲黔中觀察使壬辰以右金吾衞將軍高霞寓爲夏綏銀宥節度使癸巳以中書舍人李景讓爲華州防禦使甲午慶成節命中人以酒酺仙韶樂賜群臣宴於曲江亭丁酉夏州節度使劉源卒庚子皇太子薨於少陽院謚曰莊恪乙巳以左金吾將軍郭旼爲邠寧慶節度使是夜彗起於軫其長三丈東西指己酉前邠寧節度使史孝章卒十一月乙卯朔是夜彗孛東西竟天壬戌詔曰上天蓋高感應必由乎人事寰宇雖廣理亂盡繫於君心從古已來必然之義朕嗣膺寶位十有三年常尅己以恭虔每推誠於衆庶將以導迎休應漸致輯熙期克荷於宗祧思保寧於華夏而德有所未至信有所未孚災氣上騰天文謫見再周朞月重擾星纏當求衣之時覩垂象之變兢懼惕厲若蹈泉谷是用舉成湯之六事念宋景之一言詳求讜告之端採聽銷禳之術必有精理蘊於衆情冀屈法以安人爰恤刑而原下應京城諸道見繫囚自十二月八日已前死罪降流已下遞減一等十惡大逆殺人劫盜官典犯贓不在此限今年遭水蝗蟲處並宜存撫賑給以滄州節度使李彥佐爲鄆曹濮節度使以德州刺史滄景節度副使劉約爲義昌軍節度使癸亥以宋州刺史唐弘實爲邕管經略使乙丑天平軍節度使王源中卒庚午以翰林學士丁居晦爲御史中丞壬申以蔡州刺史韓威爲定州刺史義武軍節度北平軍等使十二月乙酉朔辛丑詔以河東節度使開府儀同三司守司徒兼中書令太原尹北都留守上柱國晉國公食邑三千戶裴度可守司徒中書令以兵部侍郎狄兼謨爲河東節度使丙午守太子太師尙書右僕射門下侍郎國子祭酒同平章事鄭覃罷太子太師仍三五日入中書日本國貢珍珠絹

四年春正月甲寅朔丁巳熒惑太白辰聚於南斗丁卯夜於咸泰殿觀燈作樂三宮太后諸公等畢會上性節儉延安公主衣裾寬大卽時斥歸駙馬竇澣待罪詔曰公主入參衣服踰制從夫之義過有所歸澣宜奪兩月俸錢閏月甲申朔以吏部侍郎鄭肅檢校禮部尙書河中晉絳慈隰等州節度使以蘄州刺史李道樞爲浙東觀察使以諫議大夫高元裕爲御史中丞丙申以前河中節度使李聽爲太子太保己亥裴度自太原至上令中人就第問疾辛丑以司農卿李玘爲福建觀察使諫官論其不可乃罷之丙午以大理卿盧貞爲福建觀察使丁未興元節度使鄭澣卒戊申闍婆國朝貢二月癸酉朔辛酉以吏部侍郎歸融檢校禮部尙書充山南西道節度使丙寅寒食節上御通化門以觀遊人戊辰幸勤政樓觀角抵蹴鞠三月癸未朔乙酉賜羣臣上巳宴於曲江是夜月掩東井第三星丙申司徒中書令裴度卒癸酉浙東觀察使李道樞卒以戶部侍郎崔龜從爲宣歙觀察使代崔鄲以鄲爲太常卿以楚州刺史蕭俶爲浙東觀察使夏四月壬子朔以右羽林統軍李昌元爲鄜坊節度使壬戌有麞出太廟五月辛丑朔丁亥閤內上謂宰臣曰新修開元政要如何楊嗣復曰臣等未見陛下欲以此書傳示子孫則宣付臣等參定可否緣開元政事與貞觀不同玄宗或好畋遊或好聲色選賢任能未得盡美撰述示後所貴作程豈容易哉丙申鄭覃陳夷行罷知政事覃守左僕射夷行爲吏部侍郎丙午邠寧節度使郭旼卒天平魏博易定等管內蝗食秋稼六月辛亥朔以長武城使符澈爲邠寧節度使庚申上幸十六宅安王潁王院宴樂賜與頗厚戊辰以久旱分命祠禱每憂動於色宰臣等奏曰水旱時數使然乞不過勞聖慮上改容言曰朕爲人主無德及天下致茲災旱又謫見於天若三日不雨當退歸南內更選賢明以主天下宰臣嗚咽流涕各請策免是夜大雨霑霈丁丑襄陽山竹結實其米可食秋七月庚辰朔西蜀水害稼乙未夜月犯熒惑壬寅以河南尹韋長爲平盧軍節度使以刑部侍郎高錯爲河南尹甲辰以大中大夫守太常卿上柱國賜紫金魚袋崔鄲可本官同中書門下平章事滄景淄青大水八月庚戌朔以給事中姚合爲陝虢觀察使辛亥鄭王經薨丙辰邢州廢青山縣磁州移昭義縣於固鎭驛癸亥以左僕射牛僧孺檢校司空同平章事兼襄州刺史充山南東道節度使辛未夜流星出羽林長八十餘尺滅後有聲如雷壬申鎭冀四州蝗食稼至於野草樹葉皆盡九月己卯朔辛卯以劒南東川節度楊汝士爲吏部侍郎丁酉夜月掩東井第三星辛丑以吏部侍郎陳夷行爲華州鎭國軍防禦使以蘄州刺史李潁爲江西觀察使以諫議大夫馮定爲桂管觀察使甲辰以京兆尹鄭復爲劒南東川節度使丙午以前江西觀察使敬昕爲京兆尹冬十月己酉朔戊午慶成節賜群臣宴於曲江亭辛酉夜星入斗魁前桂管觀察使嚴譽卒丙寅制以敬宗第六男陳王成美爲皇太子丁丑太子太保李聽卒十一月己卯朔壬申前福建觀察使唐扶卒己亥曲赦京城繫囚十二月己酉朔癸丑貶光祿卿駙馬都尉韋讓爲澧州長史乙卯乾陵火以杭州刺史李宗閔爲太子賓客分司東都辛酉上不康百寮赴延英起居乙亥宰臣入謁見上于太和殿是歲戶部計見管戶四百九十九萬六千七百五十二

五年春正月戊寅朔上不康不受朝賀己卯詔立親弟潁王瀍爲皇太弟權勾當軍國事皇太子成美復爲陳

王辛巳上崩於大明宮之太和殿壽享三十三羣臣謚曰元聖昭獻皇帝廟號文宗其年八月十七日葬于章陵

史臣曰昭獻皇帝恭儉儒雅出於自然承父兄奢弊之餘當閹寺撓權之際而能以治易亂化危爲安太和之初可謂明矣初帝在藩時喜讀貞觀政要每見太宗孜孜政道有意于茲洎卽位之後每延英對宰臣率漏下十一刻故事天子隻日視事帝謂宰輔曰朕欲與卿等每日相見其輟朝放朝用雙日可也時憲宗郭后居興慶宮曰太皇太后敬宗母寶曆太后及上母蕭太后時呼三宮太后帝性仁孝三宮問安其情如一嘗內園進櫻桃所司啓曰別賜三宮太后帝曰太后宮送物焉得爲賜遽取筆改賜爲奉宗正寺以祭器朽敗請易之及有司呈進命陳於別殿具冠帶而閱之容色悽然尤勤於政理凡選內外羣官宰府進名帝必面訊其行能然後補除中書用鴻臚卿張賈爲衢州刺史賈好博朝辭日帝謂之曰聞卿善長行對曰政事之餘聊與賓客爲戲非有所妨帝曰豈有好之而無妨也內外聞之悚息而帝以累世變起禁闈尤側目於中官欲盡除之然訓注狂狡之流制御無術矢謀既誤幾致顚危所謂有帝王之道而無帝王之才雖旰食焦憂不能弭患惜哉

贊曰昭獻統天洪惟令德心憤讐耻志除凶慝未殄虁魖又生鬼蜮天未好治亂何由息

舊唐書卷十七下考證

二月癸卯京師地震○臣德潛按新書三月乙卯京師地震舊書五行志亦同則二月癸卯之震乃錯簡也當從新書

開成二年冬十月詔嘉王運循王遹通王諶並可光祿大夫檢校司空賜勲上柱國○沈炳震曰新書德宗本紀及兩書諸王傳嘉王運于貞元十七年薨循王遹雖不紀薨年然考代宗諸王唯原王逵薨于大和六年餘則未有在文宗朝者此疑有誤後三年八月書嘉王運薨亦誤

癸卯宰臣判國子祭酒鄭覃進石壁九經一百六十卷○臣宗萬按石經爲鄭覃勘定勒石覃傳載覃奏起居郎周墀水部員外郎崔球監察御史張次宗禮部員外郎溫業校定而題名于石者有四門館明經艾居晦陳玠又文學館明經不知名一人將仕郎守句容縣尉段絳將仕郎守秘書省正字栢暠將仕郎守四門助教陳莊士朝議郎知沔王友上柱國賜緋魚袋唐玄度朝議郎守國子毛詩博士上柱國章師道朝散大夫守國子司業騎都尉賜緋魚袋楊敬之并覃共十八人又冊府元龜載文宗命率更令韓泉充詳定官則合之有十五人矣而或書或不書彼此互異不可解也又按開成中唐玄度依司業舊本參詳改正撰新加九經字樣一卷兼請於國學刊立石經雖鄭覃董成之其議實始于玄度也

三年冬十月以右金吾衞將軍高霞寓爲夏綏銀宥節度使○臣德潛按高霞寓已卒于寶歷二年夏四月丙辰此誤

舊唐書卷十八上

後晉司空同中書門下平章事劉　昫撰

本紀第十八上

武宗

武宗至道昭肅孝皇帝諱炎穆宗第五子母曰宣懿皇后韋氏元和九年六月十二日生於東宮長慶元年三月封穎王本名瀍開成中加開府儀同三司檢校吏部尚書依百官例逐月給俸料初文宗追悔莊恪太子殂不由道乃以敬宗子陳王成美爲皇太子開成四年冬十月宣制未遑冊禮五年正月二日文宗暴卒宰相李珏知樞密劉弘逸奉密旨以皇太子監國兩軍中尉仇士良魚弘志矯詔迎穎王於十六宅曰朕自嬰疾疹有加無瘳懼不能躬總萬機日釐庶政稽於謨訓謀及大臣用建親賢以貳神器親弟穎王瀍昔在藩邸與朕常同師訓動成儀矩性稟寬仁俾奉昌圖必諧人欲可立爲皇太弟應軍國政事便令權勾當百辟卿士中外庶臣宜竭乃心輔成予志陳王成美先立爲皇太子以其年尚冲幼未漸師資比日重難不遑冊命迴踐朱邸式協至公可復封陳王是夜士良統兵士於十六宅迎太弟赴少陽院百官謁見於東宮思賢殿三日仇士良收捕宣詔院副使尉遲璋殺之屠其家四日文宗崩宣遺詔皇太弟宜於柩前卽皇帝位宰相楊嗣復攝冢宰十四日受冊於正殿時年二十七陳王成美安王溶殂於邸第初楊賢妃有寵於文宗而莊恪太子母王妃失寵怨望爲楊妃所譖王妃死太子廢及開成末年帝多疾無嗣賢妃請以安王溶嗣帝謀於宰臣李珏珏非之乃立陳王至是仇士良立武宗欲歸功於己乃發安王舊事故二王與賢妃皆死二月制穆宗妃韋氏追謚宣懿皇太后帝之母也上御正殿降德音以開府右軍中尉仇士良封楚國公左軍中尉魚弘志爲韓國公太常卿崔鄲戶部尚書判度支崔珙並本官同中書門下平章事勅二月十五日玄元皇帝降生日宜爲降聖節休假一日三月詔宮人劉氏王氏並爲妃勅朔望入閤對刑法官是日非便宜停五月中書奏六月十二日皇帝載誕之辰請以其日爲慶陽節祔宣懿太后于太廟初武宗欲啓穆宗陵祔葬中書門下奏曰園陵已安神道貴靜光陵二十餘載福陵則近又修崇寵惟孝思足彰嚴奉今若再因合祔須啓二陵或慮聖靈不安未合先旨又以陰陽避忌亦有所疑不移福陵實協典禮乃止就舊墳增築名曰福陵又奏准今年二月八日赦文應京諸司勒留官令本處剋留手力雜給與攝官者臣等檢詳諸道正官料錢絕少雜給手力卽多今正官勒留亦管公事料錢少於雜給刻下事未得中臣等商量其正官料錢雜給等錢望每貫割留二百文與攝官餘並如舊從之秋七月制檢校禮部尚書華州刺史陳夷行復爲中書侍郎同平章事八月十七日葬文宗皇帝于章陵知樞密劉弘逸薛季稜率禁軍護靈駕至陵所二人素爲文宗獎遇仇士良惡之心不自安因是掌兵欲倒戈誅士良弘志鹵簿使兵部尚書王起山陵使崔稜覺其謀先諭鹵簿諸軍是日弘逸季稜伏誅門下侍郎同平章事楊嗣復檢校吏部尚書潭州刺史充湖南都團練觀察使中書侍郎同平章事李珏檢校兵部尚書桂州刺史充桂管防禦觀察等使御史中丞裴夷直爲杭州刺史皆坐弘逸季稜黨也易定軍亂逐節度使陳君賞君賞鳩合豪傑數百人復入城盡誅謀亂兵士軍中復安九月以淮南節度使檢校尚書左僕射李德裕爲吏部尚書同中書門下平章事尋兼門下侍郎以宣武軍節度使檢校吏部尚書汴州刺史李紳代德裕鎭淮南帝在藩時頗好道術修攝之事是秋召進士趙歸眞等八十一人入禁中於三殿修金籙道場帝幸三殿於九天壇親受法籙右拾遺王哲上疏言王業之初不宜崇信過當疏奏不省十一月鹽鐵轉運使奏江淮已南請復稅茶從之魏博節度使何進滔卒三軍推其子重霸知留後事

會昌元年正月壬寅朔庚戌有事於郊廟禮畢御丹鳳樓大赦改元二月壬寅以淮南節度使檢校吏部尚書李紳爲中書侍郎同平章事中書奏南宮六曹皆有職分各責官業卽事不因循近者戶部度支多是諸軍奏請本司郎吏束手閑居今後請祇令本行分判委中書門下簡擇公幹才器相當者轉授從之車駕幸昆明池賜仇士良紀功碑詔右僕射李程爲其文三月貶湖南觀察使楊嗣復潮州司馬桂管觀察使李珏端州司馬杭州刺史裴夷直驩州司戶宰臣李德裕進位司空三月壬申宰相李德裕陳夷行崔珙李紳等奏憲宗皇帝有恢復中興之功請爲百代不遷之廟帝曰所論至當續議之事竟不行贈故中書令晉國公裴度太師山南東道蝗害稼造靈符應聖院於龍首池四月辛丑勅憲宗實錄舊本未備宜令史官重修進內其舊本不得注破俟新撰成同進時李德裕先請不遷憲宗廟爲議者沮之復恐或書其不善之事故復請改撰實錄朝野非之五月辛未中書門下奏據六典隋置諫議大夫七人從四品上大曆二年昇門下侍郎爲正三品兩省遂闕四品建官之道有所未周詩云袞職有闕仲山甫補之周漢大臣願入禁闥補過拾遺張衡爲侍郎爲居帷幄從容諷諫此皆大臣之任故其秩峻其任重則敬其言而行其道况蹇諤之地宜老成之人秩未優崇則難用耆德其諫議大夫望依隋氏舊制昇爲從四品分爲左右以備兩省四品之闕向後與丞郎出入迭用以重其選又御史中丞爲大夫之貳緣大夫秩崇官不常置中丞爲憲臺之長今寺監少卿少監司業少尹並爲寺署之貳皆爲四品中丞官名至重見秩未崇望昇爲從四品從之六月有禿鶖鳥集於禁苑庚子夜五更小流星五十餘旁午流散制以魏博兵馬留後何重霸檢校工部尚書魏州大都督府長史充天雄軍節度使仍賜名重順中書奏請依姚璹故事宰相每月修時政記送史館從之以衡山道士劉玄靖爲銀青光祿大夫充崇玄館學士賜號廣成先生令與道士趙歸眞於禁中修法籙左補闕劉彥謨上疏切諫貶彥謨爲河南府戶曹勅自前中外上封論事有所糺舉則請留中今後並云請付御史臺不得云留中不下如事關軍國理須宥密不

在此限如臺司勘當後若得事實必奬奉公苟涉加誣必當反問告示中外明知此意七月已巳北方有流星經天良久闕東大蝗傷稼襄郢江左大水彗復出室壁之間八月迴鶻烏介可汗遣使告難言本國爲黠戛斯所攻故可汗死今部人推爲可汗緣本國破散今奉太和公主南投大國時烏介至塞上大首領嗢没斯與赤心宰相相攻殺赤心率其部下數千帳近西域天德防禦使田牟以聞烏介又令其相頡于迦斯上表借天德城以安公主仍乞糧儲牛羊供給詔金吾大將軍王會宗正少卿李師偃往其牙宣慰令放公主入朝賑粟二萬石九月幽州軍亂逐其帥史元忠推牙將陳行泰爲留後三軍上章請符節朝旨未許十月幽州雄武軍使張絳遣軍吏吳仲舒入朝言行泰慘虐不可處將帥之任請以鎮軍加討許之十月誅行泰遂以絳知兵馬使車駕校獵咸陽十一月丁酉朔壬寅夜大星東北流其光燭地有聲如雷山崩石隕其彗起於室凡五十六日而滅太和公主遣使入朝言烏介自稱可汗乞行策命緣初至漢南乞降使宣慰從之十二月中書門下奏修實錄體例舊錄有載禁中之言伏以君上與宰臣公卿言事皆須衆所聞見方可書於史册且禁中之語在外何知或得之傳聞多涉於浮妄便形史筆實累鴻猷今後實錄中如有此色並請刊削又宰臣與公卿論事行與不行須有明據或奏請允愜必見褒稱或所論乖僻因有懲責在藩鎮上表必有批答居要官啓事者自有著明並須昭然在人耳目或取捨存於堂案或與奪形於詔勅前代史書所載奏議罔不由此近見實錄多載密疏言不彰於朝聽事不顯於當時得自其家未足爲信今後實錄所載章奏並須朝廷共知者方得紀述密疏並請不載如此則理必可法人皆向公愛憎之志不行褒貶之言必信從之李德裕奏改修憲宗實錄所載吉甫不善之迹鄭亞希旨削之德裕更此條奏以掩其迹搢紳謗議武宗頗知之

二年春正月丙申朔以撫王紘爲開府儀同三司幽州大都督府長史充幽州盧龍節度大使以雄武軍使張絳檢校左散騎常侍兼幽州左司馬知兩使留後仍賜名仲武中書奏百官議九宮壇本大祠請降爲中祠宰相崔珙陳夷行奏定左右僕射上事儀注二月丙寅中書奏准元和七年勅河東鳳翔鄜坊邠寧等道州縣官令戶部加給課料錢歲六萬二千五百貫吏部出得平留官數百員時以爲當自後戶部支給零碎不得觀察使乃別將破用徒有加給不及官人所以選人憚遠不樂注受伏望令部都與實物及時支還諸道委觀察判官知給受專判此案隨月支給年終計帳申戶部又赴選官人多京債到任塡還致其貪求罔不由此今年三銓於前件州府得官者許連狀相保戶部各備兩月加給料錢至支時折下所冀初官到任不帶息債衣食稍足可責清廉從之太子太師致仕蕭俛卒牂柯南詔蠻遣使入朝三月遣使冊迴紇烏介可汗以振武麟勝節度使銀青光祿大夫檢校尚書右僕射單于大都護兼御史大夫彭城郡開國公食邑二千戶劉沔可檢校右僕射兼太原尹北京留守充河東節度管內觀察處置等使代符澈時迴紇在天德命沔以太原之師討之四月乙丑朔光祿大夫守司空兼門下侍郎平章事李德裕銀青光祿大夫守右僕射門下侍郎平章事崔珙銀青光祿大夫中書侍郎同平章事李紳金紫光祿大夫檢校司徒兼太子太保牛僧孺等上章請加尊號曰仁聖文武至神大孝皇帝戊寅御宣政殿受冊十月九日甫至十四日轉甚乃改用二十三日時有纖人告中尉仇士良言宰相作赦書欲減削禁軍衣糧馬草料士良怒曰必若有此軍人須至樓前作鬧宰相李德裕等知之請開延英訴其事帝曰奸人之詞也召兩軍中尉諭之曰赦書出自朕意不由宰相況未施行公等安得此言士良惶恐謝之是日晴霽中書奏元日御含元殿百官就列唯宰相及兩省官皆未開扇前立於欄檻之內及扇開便侍立於御前三朝大慶萬邦稱賀唯宰相侍臣同介冑武夫竟不拜至尊而退酌於禮意事未得中臣等請御殿日昧爽宰相兩省官闕班於香案前俟扇開通事贊兩省官再拜拜訖升殿侍立從之天德奏迴紇族帳侵擾部內勑勸課種桑比有勑命如能增數每歲申聞比知並無遵行恣加翦伐列於鄽市賣作薪蒸自今州縣所由切宜禁斷五月勑慶陽節百官率醵外別賜錢三百貫以備素食合宴仍令京兆府供帳用追集坊市樂人天德軍使田牟奏迴紇大將嗢没斯與多覽將軍將吏二千六百人請降遣中人齎詔慰勞之宰相李德裕兼守司徒太子太師致仕鄭覃卒六月甲子朔火星犯木丙寅太白犯東井迴紇降將嗢没斯將吏二千六百餘人至京師制以嗢没斯檢校工部尚書充歸義軍使封懷化郡王仍賜姓名曰李思忠以迴紇宰相受耶勿爲歸義軍副使檢校右散騎常侍賜姓名曰李弘順七月嵐州人田滿川據郡叛劉沔誅之八月迴紇烏介可汗過天德至杷頭峰北俘掠雲朔北川詔劉沔出師守鴈門諸關迴紇首領屈武降幽王授左武衛將軍同正詔以迴紇犯邊漸侵內地或攻或守於理何安令少師牛僧孺陳夷行與公卿集議可否以聞僧孺曰今百寮議狀以固守關防伺其可擊則用兵宰相李德裕議以迴紇所恃者嗢没斯赤心耳今已離叛其強弱之勢可見戎人獷悍不顧成敗以失二將乘忿入侵出師急擊破之必矣守險示弱虜無由退擊之爲便天子以爲然乃徵發許蔡汴滑等六鎮之師以太原節度使劉沔爲迴紇南面招討使以張仲武爲幽州盧龍節度使檢校工部尚書封蘭陵郡王充迴紇東面招討使以李思忠爲河西党項都將迴紇西南面招討使皆會軍於太原制以皇子峴爲益王岐爲兗王皇長女爲昌樂公主第二女爲壽春公主第三女永寧公主上御麟德殿見室韋首領督熱論等十五人太原奏迴紇移帳近南四十里索叛將嗢没斯昨至橫水俘虜兼公主上表言食盡乞賜牛羊事賜烏介詔曰朕自臨寰區爲人父母唯以好生爲德不願黷武爲名故自彼國不幸爲嗢没斯所破來投邊境已歷歲年撫納之間無所不至初則念其饑歉給以糧儲旋則知其破傷盡還馬價前後遣使勞問交馳道途小小侵擾亦盡不計今可汗尙此近塞未議還蕃朝廷大臣四方節鎮皆懷疑忿盡請興師雖朕切務含弘亦所未諭一昨數使迴來皆言可汗只待馬價及令付之兵又聞所止屢遷或侵掠雲朔等州或刼奪羌渾諸部未知此意終欲如何若以未交馬價須近塞垣行止之間亦宜先告邊將豈有倏來忽往遷徙不常雖云隨逐水草動皆逼近城柵遙揣深意佀恃姻好之情每覩蹤由實爲馳突之計況到橫水柵下殺戮至多蕃渾牛羊豈愜馳掠黎庶何罪皆被傷夷所以中朝大臣皆云迴紇近塞已是違盟更戮邊人實背大義咸願因此翦逐以雪殂謝之寃然朕志在懷柔情深屈己寧可汗之負德終未忍於幸災石戒直久在京城備知人實憤惋發於誠懇固請自行嘉其深見事機不能違阻可汗審自問遂速擇良圖無至不悛以貽後悔詔太原起室韋沙陀三部落吐渾諸部委石雄爲前鋒易定兵千人守大同軍契苾通何清朝領沙陀吐渾六千騎趨天德李思忠率迴紇党項之師屯保大柵十月吐蕃贊普卒遣使論普熱入朝告哀詔將作少監李璟入蕃吊祭帝幸涇陽校獵白鹿原諫議大夫高少逸鄭朗等於閤內論陛下校獵太頻出城稍遠萬機廢弛星出夜歸方今用兵且宜停止上優勞之諫官出謂宰相曰諫官甚要朕時聞其言庶幾減過

三年春正月以宿師于野罷元會勑新授銀州刺史本州押蕃落銀川監牧使何清朝可檢校太子賓客左龍武大將軍令分領沙陁吐渾党項之衆赴振武取劉沔處分二月先詔百官之家不得於京城置私廟者其皇城南向六坊不得置其閑僻坊曲即許依舊置太原劉沔奏昨率諸道之師至大同軍遣石雄襲迴鶻牙帳雄大敗迴鶻於殺胡山烏介可汗被創而走已迎得太和公主至雲州是日御宣政殿百寮稱賀制曰夫天之所廢難施繼絶之恩人之所棄當用侮亡之道朕每思前訓豈忘格言迴鶻比者自恃兵強久爲桀驁凌虐諸郡結怨近鄰黠戛斯潛師彗掃穹居瓦解種族盡膏於原野區落遂至於荆榛今可汗逃走失國竊號自立遠踰沙漠寄命邊陲朕念其衰殘尋加賑卹每陳章表多詐諛之詞接我使臣如全盛之日無傷禽哀鳴之意有困獸猶鬬之心去歲潛入朔川大掠牛馬今春掩襲振武逼近城池可汗皆自率兵首爲寇盜不恥破敗莫顧姻親河東節度使劉沔料敵伐謀乘機制勝發胡貉之騎以爲前鋒塞翖侯之旗伐彼在穴短兵鏖於帳下元惡挾於轂中兇乘匪六飛衆纔一旅儲偫已竭計日可擒太和公主居處不同情義久絶懷土多思亟聞黃鵠之歌失位自傷寧免綠衣之歎念其羇苦常軫朕心今已脫於豺狼再見宮闕上以攄宗廟之宿憤次以慰太皇太后之深慈永言歸寧良用欣感其迴紇既以破滅義在翦除宜令諸道兵馬使同進討河東立功將士已下優厚賞給續條疏處分應在京外宅及東都修功德迴紇並勒冠帶各配諸道收管其迴紇及摩尼寺莊宅錢物等並委功德使以御史臺及京兆府各差官點檢收抽不得容諸色人影占如犯者並處極法錢物納官摩尼寺僧委中書門下條疏聞奏以麟州刺史天德行營副使石雄爲銀青光祿大夫檢校左散騎常侍崖州刺史御史大夫充豐州西城中城都防禦本管押蕃落等使劉沔檢校尚書左僕射張仲武檢校尚書右僕射餘並如故黠戛斯使注吾合素入朝獻名馬二匹言可汗已破迴鶻迎得太和公主歸國差人送公主入朝愁迴鶻殘衆奪之於路帝遂遣中使送注吾合素往太原迎公主時烏介可汗中箭走投黑車子詔黠戛斯出兵攻之三月太和公主至京師百官班于章敬寺迎謁仍令所司告憲宗穆宗二室四月昭義節度使劉從諫卒三

軍以從諫姪稹爲兵馬留後上表請授節鉞尋遣使齎詔潞府令稹護從諫之喪歸洛陽稹拒朝旨詔中書門下兩省尚書御史臺四品已上武官三品已上會議劉稹可誅可宥之狀以聞五月勅諸道節度使置隨身不得過六十人觀察使不得過四十人經略都護不得過三十人築望仙觀於禁中宰臣百寮進議狀以昆戎未殄塞上用兵不宜中原生事潞府請以親王遙領令稹權知兵馬事以俟邊上罷兵獨李德裕以爲澤潞內地前時從諫許襲已是失斷自後跋扈難制規脅朝廷以稹豎子不可復踐前車討之必殄武宗性雄俊曰吾與德裕同之保無後悔自是諫官上疏言不可用兵相繼六月西內神龍寺災左軍中尉楚國公仇士良卒秋七月戊子宰相奏秋色已至將議進軍幽州須早平迴鶻鎭魏須速誅劉稹各須遣使諭旨兼偵三鎭軍情今日延英面奏聖旨欲遣張賈充使臣等續更商量張賈幹濟有才甚諳軍中體勢然性剛負氣慮不安和不如且命李回若以臺綱闕人卽兵部侍郎鄭涯久爲征鎭判官情甚精敏雖無詞辯言事分明官重事閑最似相稱上曰不如令李回去卽遣回奉使三鎭八月壬戌火星自七月蒼赤色動搖井中至是月十六日犯輿鬼萬年縣東市火黠戞斯使諦德伊斯難珠入朝以右僕射平章事陳夷行檢校司空兼河中尹御史大夫充河中節度晉絳慈隰觀察等使九月制定天下者致風俗於大同安生人者齊法度於畫一雖晉之欒趙家有舊勳漢之韓黥身爲佐命至于干亂紀律罔不梟夷禁暴除殘古今大義故昭義節度劉悟頃居海岱嘗列爪牙屬師道阻兵王師問罪三面開網一境離心乘此危機遂能歸命憲宗嘉其誠款授以南燕穆宗待以腹心委之上黨招致死士固護一方迨于末年已虧臣節劉從諫生稟戾氣幼習亂風因跋扈之資以專封壤恃紀綱之力以襲兵符暫展執珪之儀終無上壽之請隙駒爲喻貙豹姑務於絕河井蛙自居孫述頗聞于恃險誘受亡命妄作妖言中罔朝廷潛圖左道接壞戎帥屢奏陰謀顧饕亂之所矜豈淵魚之是察洎乎沈痼曾靡哀鳴猶駐將盡之魂恣行邪僻之志罔或奮拔自樹佼童中使授醫莫覩其朝服近臣銜命不入於壘門逆節甚明人神共棄其贈官及先所授官爵并劉稹在身官爵宜並削奪成德軍節度使王元逵魏博節度使何弘敬或姻連王室或任重藩維懇陳一至之誠願揚九伐之戰吳漢任職受詔而初無辭嚴十式朴忠未戰而義形於色况成德軍嘗以梟騎橫陣首破朱滔戰氣方酣再迴魯陽之日鼓音不息三騎不周之山魏博軍頃以大旆涉河竟殲師道建十二郡之旗鼓以列降人削六十年之厲階盡歸皇化士傳餘勇軍有雄名必能禀鄭侯之指縱成葛亮之心伐咎爾二師朕所注懷元逵可本官充北面招討澤潞使弘敬充東面招討澤潞使曩者列祖在藩先天啓聖符瑞昭晰彩繪煥於泗亭鑾輅巡遊金石刻於代邸寔謂可封之俗久爲仁壽之鄉冠難以來頗著誠節必非同惡咸許自新其昭義舊將士及百姓等如保初心並赦而不問如能捨逆效順以州郡兵衆歸降者必厚加封賞如能擒送劉稹者別授土地以報勳庸頃隨劉悟鄆州舊將校子孫旣有義心宜思改悔如能感喻劉稹束身歸朝必當待之如初特與洗雪爾等舊校亦並酧勞仍委夷行劉沔王茂元各進兵同力攻討其諸道進軍並不得焚燒廬舍發掘墳墓擒執百姓以爲俘囚桑麻田苗各許本戶爲主罪止元惡務拯生靈於戲藩維大臣抗疏於外髦俊耆老昌言於朝戒朕以祖宗之法不可私一族刑賞之柄所以正萬邦宜用甲兵陳於原野雖朕以恩不聽而群臣以義固爭詢自僉謀諒非獲已布告中外明體朕懷仍以徐泗節度使李彥佐爲澤潞西南面招討使河陽節度使王茂元以本軍屯萬善彥佐制下後踰月未出師朝廷疑其持重乃以天德軍石雄爲彥佐之副劉稹牙將李丕降用爲忻州刺史以陳許節度使王宰充澤潞南面招討使河陽節度使王茂元卒贈司徒王宰代茂元總萬善之師十月宰相監修國史李紳兵部郎中史館修撰判館事鄭亞進重修憲宗實錄四十卷頒賜有差晉絳行營副招討石雄奏收賊砦五以河東節度使劉沔檢校司空兼滑州刺史御史大夫充義成軍節度鄭滑濮觀察等使以荊南節度使檢校右僕射同平章事李石可檢校司空平章事兼太原尹北都留守充河南節度管內觀察等使十一月勅中外官員過爲繁冗量宜減省以便軍民宜令吏部條疏合減員數以聞十二月王宰奏收天井關榆社行營都將王逢奏兵少乞濟師詔太原軍二千人赴之初劉沔破迴鶻留三千人戍橫水至是李石以太原無兵抽橫水戍卒一千五百人以赴王逢是月二十八日橫水軍至太原請出軍優給舊例每一軍絹二疋時劉沔交代後軍庫無絹石以己絹益之方可人給一疋便催上路軍人以歲將除欲候過歲期旣速軍情不悅都頭楊弁乘士卒流怨激之爲亂

四年春正月乙酉朔以澤潞用兵罷元會其日楊弁逐太原節度使李石勅齋月斷屠出於釋氏國家創業猶近梁隋卿相大臣或沿茲弊鼓刀者旣獲厚利糾察者潛受請求正月以萬物生植之初宜斷三日列聖忌斷一日仍准開元二十二年勅三元日各斷三日餘月不禁壬子河東監軍使呂義忠收復太原生擒楊弁盡斬其亂卒百寮稱賀二月甲寅朔丁巳制晉絳河中慈隰等州節度觀察等使中散大夫檢校左散騎常侍河中尹御史大夫上柱國博陵縣開國男食邑三百戶崔元式可檢校禮部尚書兼太原尹北都留守充河東節度觀察等使戊午夜太白犯鎭星辛酉太原送楊弁與其同惡五十四人來獻斬於狗脊嶺三月以晉絳副招討石雄爲澤潞西面招討以汾州刺史李丕爲副以道士趙歸眞爲左右街道門教授先生時帝志學神仙師歸眞歸眞乘寵每對排毀釋氏言非中國之教蠹耗生靈盡宜除去帝頗信之四月王宰進軍攻澤州五月以司農卿薛元賞爲京兆尹六月金紫光祿大夫尚書右僕射中書侍郎同平章事判度支崔珙貶澧州刺史癸丑勅諫官論事所見不同連狀署名事同糾率此後凡論公事各隨己見不得連署姓名如有大政奏論卽可連署制追削故左軍中尉仇士良先授官及贈官其家財並籍沒士良死後中人於其家得兵杖數千件兼發士良宿罪故也勅責授官銀靑光祿大夫澧州刺史上柱國安平郡開國公食邑二千戶崔珙再貶恩州司馬員外置以珙領鹽鐵時欠宋滑院鹽鐵九十萬貫帝令度支鹽鐵轉運合爲一使七月以淮南節度使檢校司空杜悰守尚書右僕射兼門下侍郎同平章事仍判度支充鹽鐵轉運等使又制銀靑光祿大夫守尚書右僕射兼門下侍郎同平章事監修國史上柱國趙郡開國公食邑二千戶李紳可檢校司空平章事揚州大都督府長史淮南節度副大使知節度事吏部條奏中外合減官員一千一百一十四員王元逵奏邢州刺史裴問別將高元武以城降洺州刺史王釗磁州刺史安玉以城降何弘敬山東三州平潞州大將郭誼張谷陳揚廷遣人至王宰軍請殺稹以自贖王宰以聞乃詔石雄率軍七千入潞州誼斬劉稹首以迎雄澤潞等五州平八月戊戌王宰傳稹首與大將郭誼等一百五十人露布獻於京師上御安福門受俘百寮樓前稱賀以魏博節度使檢校尚書右僕射同平章事何弘敬進封盧江郡開國公食邑二千戶以成德軍節度使王元逵檢校司空兼太子太師同平章事進封太原郡開國公食邑二千戶宰相李德裕守太尉進封衞國公加食邑一千戶以兵部侍郎翰林學士承旨崔鉉爲中書侍郎同平章事河東節度使陳夷行卒九月以天德軍使晉絳行營招討使石雄檢校兵部尚書河中尹兼御史大夫河中晉絳慈隰等州節度使以前山南東道節度使盧鈞檢校尚書左僕射潞州大都督府長史充昭義軍節度使澤潞邢洺觀察等使以忠武軍節度陳許蔡等州觀察處置等使河陽行營諸軍招討使金紫光祿大夫檢校尚書右僕射兼御史大夫上柱國太原郡開國公食邑二千戶王宰檢校司空太原尹北都留守充河東節度管內觀察處置等使制曰逆賊郭誼等狐鼠之妖依丘穴而作固牛羊之力得水草而逾兇久從叛臣皆負逆氣劉從諫背德反義掩賊藏姦積其怙亂之謀無非親吏之計劉公直安全慶等各憑地險屢抗王師每肆悖言常懷革面况郭誼王協聞邢洺歸款懼義旅覆巢賣孽童以圖全據堅城而請命昔伍被詣吏不免就誅延岑出降終亦夷滅致之大辟無所愧懷郭誼劉公直王協安全慶李道德李佐堯劉稹稹母阿裴稹弟曹九滿郎君郎妹四娘五娘從兄洪卿漢卿周卿晉卿匡堯張谷男涯解愁陳揚廷弟宣男醜奴張溢男歡郎三寶門客甄戈伎術人郭誌蔣黨李訓兄仲京王涯姪孫羽韓約男茂章茂寶王璠男珪等並處斬于獨柳勅以河陽三城鎭遏使爲孟州割澤州隸焉與懷孟澤爲節度號河陽制以皇子愕爲開府儀同三司夏州刺史朔方軍節度大使時党項叛命親王以制之十月車駕幸鄠縣十一月幸雲陽十二月勅郊禮日近獄囚數多案欵已成多有翻覆其兩京天下州府見繫囚已結正及兩度翻案伏欵者並令先事結斷訖申時左僕射王起頻年知貢舉每貢院考試訖上榜後更呈宰相取可否復人數不多宰相延英論言主司試藝不合取宰相與奪比來貢舉艱難放人絕少恐非弘訪之道帝曰貢院不會我意不放子弟卽太過無論子弟寒門但取實藝耳李德裕對曰鄭肅封敖有好子弟不敢應舉帝曰我比聞楊虞卿兄弟朋比貴勢妨平人道路昨楊知至鄭朴之徒並令落下抑其太甚耳德裕曰臣無名第不合言進士之非然臣祖天寶末以仕進無他伎勉強隨計一舉登第自後不於私家置文選蓋惡其祖尚浮華不根藝實然朝廷顯官須是公卿子弟何者自小便習舉業自熟朝廷間事臺閣儀範班行準則不教而自成寒士縱有

出人之才登第之後始得一班一級固不能熟習也則子弟成名不可輕矣

五年春正月己酉朔勅造望僊臺於南郊壇時道士趙歸眞特承恩禮諫官上疏論之延英帝謂宰臣曰諫官論趙歸眞此意要卿等知朕宮中無事屏去聲技但要此人道話耳李德裕對曰臣不敢言前代得失只緣歸眞於敬宗朝出入宮掖以此人情不願陛下復親近之帝曰我爾時已識此道人不知名歸眞只呼趙鍊師在敬宗時亦無甚過我與之言滌煩爾至於軍國政事唯卿等與次對官論何須問道士非直一歸眞百歸眞亦不能相惑歸眞自以涉物論遂舉羅浮道士鄧元起有長年之術帝遣中使迎之繇是與衡山道士劉玄靖及歸眞膠固排毀釋氏而拆寺之請行焉宰臣李德裕杜悰李讓夷崔鉉太常卿孫簡等率文武百寮上徽號曰仁聖文武章天成功神德明道皇帝辛亥有事於郊廟禮畢御承天門大赦天下庚申義安太后崩敬宗之母也遺令皇帝三日聽政十三日小祥二十五日大祥二十七日釋服兵部尚書歸融奏事貴得中禮從順變配祔之禮宜有等差請降服朞以日易月十二日釋服內外臣寮亦請以其日釋服陵園制度請無降殺從之以前太原節度使檢校司空李石以本官充東都留守二月戊寅朔太白掩昴之北側諫議大夫權知禮部貢舉陳商選士三十七人中第物論以爲請託令翰林學士白敏中覆試落張濆李玕薛忱張覿崔凜王諶劉伯芻等七人三月崔鉉罷知政事出爲陝虢觀察使以御史中丞兼兵部侍郎李回本官同平章事夏四月皇第四女封延慶公主第五女封靖樂公主勅祠部檢括天下寺及僧尼人數大凡寺四千六百蘭若四萬僧尼二十六萬五百宰相杜悰罷知政事以戶部侍郎判戶部崔元式同平章事六月丙子勅漢魏已來朝廷大政必下公卿詳議博求理道以盡群情所以政必有經人皆向道此後事關禮法群情有疑者令本司申尚書都省下禮官參議如是刑獄亦先令法官詳議然後申刑部參覆如郎官御史有能駁難或據經史故事議論精當即擢授遷改以奬之如言涉浮華都無經據不在申聞神策奏修望僊樓及廊舍五百三十九間功畢秋七月庚子勅併省天下佛寺中書門下條疏聞奏據令式諸上州國忌日官吏行香於寺其上州望各留寺一所有列聖尊容便令移於寺內其下州寺並廢其上都東都兩街請留十寺寺僧十人勅曰上州合留寺工作精妙者留之如破落亦宜廢毀其合行香日官吏宜於道觀其上都下都每街留寺兩所寺留僧三十人上都左街留慈恩薦福右街留西明莊嚴中書又奏天下廢寺銅像鐘磬委鹽鐵使鑄錢其鐵像委本州鑄爲農器金銀鍮石等像銷付度支衣冠士庶之家所有金銀銅鐵之像勅出後限一月納官如違委鹽鐵使依禁銅法處分其土木石等像合留寺內依舊又奏僧尼不合隸祠部請隸鴻臚寺其大秦穆護等祠釋教旣已釐革邪法不可獨存其人並勒還俗遞歸本貫充稅戶如外國人送還本處收管八月制朕聞三代已前未嘗言佛漢魏之後像教寖興是由季時傳此異俗因緣染習蔓衍滋多以至於蠹耗國風而漸不覺誘惑人意而衆益迷泊於九州山原兩京城闕僧徒日廣佛寺日崇勞人力於土木之功奪人利於金寶之飾遺君親於師資之際違配偶於戒律之間壞法害人無逾此道且一夫不田有受其飢者一婦不蠶有受其寒者今天下僧尼不可勝數皆待農而食待蠶而衣寺宇招提莫知紀極皆雲構藻飾僭擬宮居晉宋齊梁物力凋瘵風俗澆詐莫不由是而致也況我高祖太宗以武定禍亂以文理華夏執此二柄足以經邦豈可以區區西方之教與我抗衡哉貞觀開元亦嘗釐革剗除不盡流衍轉滋朕博覽前言旁求輿議弊之可革斷在不疑而中外誠臣協予至意條疏至當宜在必行懲千古之蠹源成百王之典法濟人利衆予何讓焉其天下所拆寺四千六百餘所還俗僧尼二十六萬五百人收充兩稅戶拆招提蘭若四萬餘所收膏腴上田數千萬頃收奴婢爲兩稅戶十五萬人隸僧尼屬主客顯明外國之教勒大秦穆護祆三千餘人還俗不雜中華之風於戲前古未行似將有待及今盡去豈謂無時驅游惰不業之徒已踰十萬廢丹艧無用之室何啻億千自此清淨訓人慕無爲之理簡易齊政成一俗之功將使六合黔黎同歸皇化尚以革弊之始日用不知下制明廷宜體予意制第六女封樂溫公主第七女封長寧公主中書奏伏見公主上表稱妾某者伏以臣妾之義取其賤稱家人之禮即宜區別臣等商量公主上表請如長公主之例並云某邑公主幾女上表郡縣主亦望依此例稱謂從之九月火星犯上將十月乙亥中書奏氾水縣武牢關是太宗擒王世充竇建德之地關城東峯有二聖塑容在一堂之內伏以山河如舊城壘猶存威靈皆盛於軒臺風雲疑還於豐沛誠宜百代嚴奉萬邦式瞻西漢故事祖宗嘗行幸處皆令邦國立廟今緣定覺寺例合毀拆望取寺中大殿材木於東峯以造一殿四面置宮牆伏望名爲昭武廟以昭聖祖武功之盛委懷孟節度使差判官一人勾當緣聖像年代已久望令李石於東都揀好畫手就增嚴飾初興功日望令東都差分司官一員薦告從之十一月甲辰勅悲田養病坊緣僧尼還俗無人主持恐殘疾無以取給兩京量給寺田賑濟諸州府七頃至十頃各於本管選耆壽一人勾當以充粥料十二月車駕幸咸陽給事中韋弘質上疏論中書權重三司錢穀不合相府兼領宰相奏論之曰臣等昨於延英對恭聞聖旨常欲朝廷尊臣下肅此是陛下深究理本也臣按管子云凡國之重器莫重於令令重則君尊君尊則國安故國安在於尊君尊君在於行令君人之理本莫要于出令故曰虧令者死益令者死不行令者死不從令者死又曰令行于上而下論可不可是上失其威下繫於人也自太和已來其風大弊令出于上非之於下此弊不除無以理國也昨韋弘質所論宰相不合兼領錢穀臣等輒以事體陳聞昔匡衡所以云大臣者國家之股肱萬姓所瞻仰明王所愼擇傳曰下輕其上賤人圖柄則國家搖動而人不靜弘質受人教導輒獻封章是則賤人圖柄矣蕭望之漢朝名儒重德爲御史大夫奏云今首歲日月少光罪在臣等上以望之意輕丞相乃下侍中御史詰問貞觀中監察御史陳師合上書云人之思慮有限一人不可兼總數職太宗曰此人妄有毀謗欲離間我君臣流師合於嶺外賈誼云人主如堂群臣如陛陛高則堂高亦由將相重君臣尊其勢然也如宰相姦謀隱匿則人人皆得上論至於制置職業固是人主之柄非小人所得干議古者朝廷之上各守其官思不出位弘質賤人豈得以非所宜言上瀆明主此是輕宰相撓時政也昔東漢處士橫議遂有黨錮事起此事深要懲絕伏望陛下詳其姦詐去其朋徒則朝廷安靜制令肅然臣等不勝感憤之至弘質坐貶官又奏曰天寶已前中書除機密遷授之外其他政事皆與中書舍人同商量自艱難已來務從權便政頗去於臺閣事多繫於軍期決遣萬機不暇博議臣等商量今後除機密公事外諸侯表疏百寮奏事錢穀刑獄等事望令中書舍人六人依故事先參詳可否臣等議而奏聞從之李德裕在相位日久朝臣爲其所抑者皆怨之自崔鉉杜悰罷相後中貴人上前言德裕太專上意不悅而白敏中之徒教弘質論之故有此奏而德裕結怨之深由此言也

六年春正月癸卯朔丁巳左散騎常侍致仕馮定卒贈工部尚書己未南詔契丹室韋渤海牂柯昆明等國遣使入朝對于麟德殿兵部侍郎判度支盧商奏諸道兵討伐党項今差度支郎官一人往所在有糧料州郡先計度支給從之己丑渤海王子大之萼入朝東都太微宮修成玄元皇帝玄宗肅宗三聖容遣右散騎常侍裴章往東都薦獻監察元壽奏前彭州刺史李鉷買本州龍興寺婢爲乳母違法貶隨州長史二月壬申朔癸酉以時雨愆候詔京城天下繫囚除官典犯贓持仗劫殺忤逆十惡外罪遞減一等並釋放征党項行營兵士不得濫有殺傷丁丑左拾遺王譝以父興元節度使起年高乞休官侍養從之是夜月犯畢大星相去三寸庚辰以夏州節度使米暨充東北道招討党項使壬午右庶子呂讓進狀亡兄溫女太和七年嫁左衞兵曹蕭敏生二男開成三年敏心疾乖忤因而離婚今敏日愈却乞與臣姪女配合從之乙酉前太子少保劉沔可太子太保致仕前壽州刺史王鎮貶潞州長史丁亥夜月色少光至一更一點犯熒惑相去四寸後良久其光燭地在軫七度壬辰以翰林學士起居郎孫穀爲兵部員外郎充職以旱停上巳曲江賜宴勅比緣錢重幣輕生人轉困今新加鼓鑄必在流行通變救時莫切於此宜申先甲之令以儆居貨之徒京城諸道宜起來年正月已後公私行用並取新錢其舊錢權停三數年如有違犯同用鉛錫錢例科斷其舊錢並沒納又勅諸道鑄錢已有次第須令舊錢流例有布絹價值稍增文武百寮俸料起三月一日並給見錢一半先給疋段對估時價皆給見錢貶舒州刺史蘇滌爲連州刺史滌李宗閔黨前自給事中爲德裕所斥累年郡守至是李紳言其無政故也以邠寧節度使高承恭充西南面招討党項使丙申夜月掩牛南星又犯歲星丁酉新羅使金國連入朝辛丑夜東北流星如桃色赤其光燭地尾迹入大角西流穿紫微垣三月壬寅上不豫制改御名炎帝重方士頗服食修攝親受法籙至是藥躁喜怒失常疾旣篤旬日不能言宰相李德裕等請見不許中外莫知安否人情危懼是月二十三日宣遺詔以皇太叔光王柩前即位是日崩時年三十三諡曰至道昭肅孝皇帝廟號武宗其年八月葬於端陵德妃王氏祔焉

史臣曰開成中王室寖卑政由閽寺及綴衣將變儲位遷移昭肅以孤立維城副茲當璧而能雄謀勇斷振已去之威權運策勵精拔非常之俊傑屬天驕失國潞孽

阻兵不戢盜庭之言獨納大臣之計戎車既駕亂略底寧紀律再張聲名復振足以蹈彰武出師之迹繼元和戡亂之功然後迂訪道之車棄禮神之館棲心玄牝物色幽人將致俗於大庭欲希蹤於姑射於是削浮圖之法懲游惰之民志欲矯步丹梯求珠赤水徒見蕭衍姚興之謬學不悟秦王漢武之非求蓋惑於左道之言偏斥異方之說况身毒西來之教向欲千禩蚩蚩之民習以成俗畏其教甚於國法樂其徒不異登僊如文身祝髮之鄉久習而莫知其醜以吐火吞刀之戲乍觀而便以爲神安可正之以咸韶律之以章甫加以笮融何充之佞代不乏人非荀卿孟子之賢誰與正論一朝隳殘金狄燔棄胡書結怨於膜拜之流犯怒於鄙夫之口哲王之舉不駭物情前代存而勿論實爲中道欲革斯弊以俟河清昭肅明照聽斯弊矣

舊唐書卷十八上考證

武宗本紀二月制穆宗妃韋氏追諡宣懿皇太后帝之母也○新書正月甲午追尊母爲皇太后

太常卿崔鄲戶部尚書判度支崔珙並本官同中書門下平章事○沈炳震曰崔珙之相新書在五月己卯又按崔鄲于開成四年七月已同平章事矣此乃兼官非入相也並字應誤

二年五月宰相李德裕兼守司徒○新書在三年六月辛酉

五年夏四月以戶部侍郎判戶部崔元式同平章事○新書在大中元年三月沈炳震曰崔元略傳元式于大中初始入相當從新書

# 舊唐書卷十八下

後晉司空同中書門下平章事劉　昫撰

## 本紀第十八下

### 宣宗

宣宗聖武獻文孝皇帝諱忱憲宗第十三子母曰孝明皇后鄭氏元和五年六月二十二日生於大明宮長慶元年三月封光王名怡會昌六年三月一日武宗疾篤遺詔立爲皇太叔權勾當軍國政事翌日柩前即帝位改今名時年三十七帝外晦而內朗嚴重寡言視瞻特異幼時宮中以爲不慧十餘歲時遇重疾沈綴忽有光煇燭身爌然而輿正身拱揖如對臣寮乳媼以爲心疾穆宗視之撫其背曰此吾家英物非心憊也賜以玉如意御馬金帶常夢乘龍昇天言之於鄭后乃曰此不宜人知者幸勿復言歷太和會昌朝愈事韜晦群居游處未嘗有言文宗武宗幸十六宅宴集强誘其言以爲戲劇謂之光叔武宗氣豪尤不爲禮及監國之日哀毀滿容接待群寮決斷庶務人方見其隱德焉四月辛未釋服尊母鄭氏曰皇太后以兵部侍郎翰林學士承旨白敏中守本官同中書門下平章事以特進守太尉門下侍郎同平章事上柱國衛國公食邑二千戶李德裕檢校太尉同平章事江陵尹荆南節度使以中散大夫大理卿馬植爲金紫光祿大夫刑部侍郎充諸道鹽鐵等使以成德軍節度使王元逵檢校太保山南西道節度使王起檢校司空魏博節度使何弘敬淮南節度使李昇並檢校司空劍南西川節度使崔鄲檢校尚書右僕射同中書門下平章事並如故東都留守李石奏修奉太廟畢所迎奉太微宮神主祔廟訖東都太廟者本武后家廟神龍中中宗反正廢武氏廟主立太祖已下神主祔之安祿山陷洛陽以廟爲馬廄棄其神主而協律郎嚴郢收而藏之史思明再陷洛陽尋又散失賊平東京留守盧正已又募得之廟已焚毀乃寄主於太微宮大曆十四年留守路嗣恭奏重修太廟以迎神主詔百官衆議紛然不定禮儀使顏眞卿堅請歸祔不從會昌五年留守李石因太微宮正殿圮陊以廢弘敬寺爲太廟迎神主祔之又下百寮議皆言准故事無兩都俱置之禮唯禮部侍郎陳商議云周之文武有鎬洛二廟今兩都異廟可也然不宜置主於廟主宜依禮瘞於廟之北墉下事未行而武宗崩宣宗即位因詔有司迎太微宮寓主祔廢寺之新廟而知禮者非之制皇長男溫可封鄆王二男涇可封雍王第三男滋可封夔王第四男沂可封慶王五月左右街功德使奏准今月五日赦書節文上都兩街舊留四寺外更添置八所兩所依舊名興唐寺保壽寺六所請改舊名寶應寺改爲資聖寺青龍寺改爲護國寺菩提寺改爲保唐寺清禪寺改爲安國寺法雲尼寺改爲唐安寺崇敬尼寺改爲唐昌寺右街添置八所西明寺改爲福壽寺莊嚴寺改爲聖壽寺舊留寺二所舊名千福寺改爲興元寺化度寺改爲崇福寺永泰寺改爲萬壽寺溫國寺改爲崇聖寺經行寺改爲龍興寺奉恩寺改爲興福寺勅旨依奏誅道士劉玄靖等十二人以其說惑武宗排毀釋氏故也今月五日赦書節文吏部三銓選士秖憑資考多匪實才許觀察使刺史有奇才異政之士聞薦試用又觀察使刺史交代之時冊書所交戶口如能增添至千戶即與超遷如逃亡至七百戶罷後三年內不得任使又徒流人在天德振武者管中量借糧種俾令耕田以爲業以劍南東川節度使檢校禮部尚書盧商爲兵部侍郎同平章事六月以戶部侍郎充諸道鹽鐵轉運使馬植本官同平章事七月以兵部尚書李讓夷爲劍南東川節度使十月勅太廟祫享合以功臣配其憲宗廟以裴度杜黃裳李愬高崇文等配享以荆南節度使李德裕爲東都留守十一月有司享太廟其穆宗室文曰皇兄太常博士閔慶之奏夫禮有尊尊而不敘親親祝文稱弟未當請改爲嗣皇帝從之京兆府奏京師百司職田斛㪷請准會昌三年例許人戶自送納京師所冀州縣無得欺隱從之以江西觀察使周墀爲義成軍節度使鄭滑觀察等使十二月刑部尚書判度支崔元式奏准七月二日勅綾紗絹等次弱疋段並同禁斷不得織造臣欲與鹽鐵戶部三司同條疏先勘左藏庫令分析出次弱疋段州府即牒本道官搜索狹小機杼令焚毀其已納到次弱疋段具數以聞上從之

大中元年春正月戊戌朔宮苑使奏皇帝致齋行事內諸宮苑門共九十四所並令鎖閉鑰匙進內候車駕還宮則請領從之戊申皇帝有事於郊廟禮畢御丹鳳門大赦改元制條曰古郎官出牧卿相治郡所以重親人之官急爲政之本自澆風久扇此道稍消頡頏清途便臻顯貴治人之術未嘗經心欲使究百姓艱危通天下利病不可得也爲政之始思厚儒風軒墀近臣蓋備顧問如其不知人疾苦何以膺朕眷求今後諫議大夫給事中中書舍人未曾任刺史縣令或在任有贓累者宰臣不得擬議守宰親人職當撫字三載考績著在格言貞元年中屢下明詔縣令五考方得改移近者因循都不遵守諸州或得五考畿府罕及二年以此字人若爲成政道塗郡吏有迎送之勞鄉里庶民無蘇息之望自今須滿三十六箇月永爲常式二月丁卯制憲宗第十七子愓封彭王第十八子惴爲棣王第五子澤爲濮王第六子潤爲鄂王勅修百福殿以檢校太尉東都留守李德裕爲太子少保分司東都以給事中鄭亞爲桂州刺史御史中丞桂管防禦觀察等使二月丁酉禮部侍郎魏扶奏臣今年所放進士三十三人其封彥卿崔琢鄭延休等三人實有詞藝爲時所稱皆以父兄見居重位不得令中選詔令翰林學士承旨戶部侍郎韋琮重考覆勅曰彥卿等所試文字並合度程可放及第有司考試秖在至公如涉請託自有朝典今後但依常例放牓不得別有奏聞帝雅好儒士留心貢舉有時微行人間採聽輿論以觀選士之得失每山池曲宴學士詩什屬和公卿出鎮亦賦詩餞行凡對臣寮肅然拱揖鮮有輕易之言大臣或獻章疏即燒香盥手而覽之當時以大中之政有貞觀之風焉又勅自今進士放牓後杏園任依舊宴集有司不得禁制武宗好巡遊故曲江亭禁人宴聚故也閏三月勅會昌季年併省寺宇雖云異方之教無損致理之源中國之人久行其道釐革過當事體未弘其靈山勝境天下州府應會昌五年四月所廢寺宇有宿舊名僧復能修創一任住持所司不得禁止四月積慶太后蕭氏崩謚曰貞獻文宗母也六月以義成軍節度使周墀爲兵部侍郎判度支冊黠戛斯王子爲英武誠明可汗命鴻臚卿李業入蕃冊拜以金紫光祿大夫守太子少保分司東都上柱國奇章郡開國公食邑二千戶牛僧孺守太子太師銀青光祿大夫行太子賓客上柱國隴西郡開國公食邑二千戶李彥佐爲太子太保並依前分司以左諫議大夫庾簡休爲虢州刺史以正議大夫行尚書考功郎中知制誥上柱國崔璵爲中書舍人以中散大夫前朔州刺史彭陽縣開國男食邑三百戶令狐綯行尚書考功郎中知制誥秋七月制以正議大夫尚書戶部侍郎知制誥翰林學士承旨柱國賜紫金魚袋韋琮以本官同中書門下平章事以太子少保分司東都衛國公李德裕爲人所訟貶潮州司馬員外置同正員八月工部尚書中書侍郎平章事盧商出爲鄂岳觀察使神策軍奏修百福殿成名其殿曰雍和殿樓曰親親樓凡廊舍屋宇七百間以會諸王子孫九月前永寧縣尉吳汝納詣闕稱冤言弟湘會昌四年任揚州江都縣尉被節度使李紳誣奏湘贓罪宰相李德裕曲情附紳斷臣弟湘致死詔下御史臺鞫按

二年春正月壬戌宰臣率文武百寮上徽號曰聖敬文思和武光孝皇帝御宣政殿受冊訖宣德音神策軍修左銀臺門樓屋宇及南面城牆至睿武樓二月制劍南西川節度光祿大夫檢校吏部尚書同平章事成都尹上柱國隴西郡開國公食邑二千戶李回責授湖南觀察使桂州刺史御史中丞桂管防禦觀察使鄭亞貶循州刺史前淮南觀察判官魏鉶貶吉州司戶陸渾縣令

元壽貶韶州司戶殿中侍御史蔡京貶澧州司馬御史臺奏據三司推勘吳湘獄謹具逐人罪狀如後揚州都虞候盧行立劉群於會昌二年五月十四日於阿顏家喫酒與阿顏母阿焦同坐群自擬收阿顏爲妻妄稱監軍使處分要阿顏進奉不得嫁人兼擅令人監守其阿焦遂與江都縣尉吳湘密約嫁阿顏與湘劉群與押軍牙官李克勳即時遮攔不得乃令江都百姓論湘取受節度使李紳追湘下獄計贓處死具獄奏聞朝廷疑其冤差御史崔元藻往揚州按問據湘雖有取受罪不至死李德裕黨附李紳乃貶元藻嶺南取淮南元申文案斷湘處死今據三司使追崔元藻及淮南元推判官魏鉶并關連人欵狀淮南都虞候劉群元推判官魏鉶典孫貞高利錢倚黃嵩江都縣典沈頒臣宰節度押牙白涉鎮遏使傅義左都虞候盧行立天長縣令張弘思典張洙清陳迴右廂子巡李行璠典臣金弘舉送吳湘妻女至澧州取受錢物人潘宰前揚府錄事參軍李公佐元推官元壽吳珙翁恭太子少保分司李德裕西川節度使李回桂管觀察使鄭亞等伏候勑旨其月勑李回鄭亞元壽魏鉶已從別勑處分李紳起此冤訴本由不真今既身歿無以加刑粗塞衆情量行削奪宜追奪三任官告送刑部注毀其子孫稽於經義罰不及嗣並釋放李德裕先朝委以重權不務絕其黨庇致使冤苦直到于今職爾之由能無恨歎昨以李威所訴已經遠貶俯全事體特爲從寬宜準去年勑令處分張弘思李公佐卑吏守官制不由己不能守正曲附權臣各削兩任官崔元藻曾受無辜之貶合從洗雪之條委中書門下商量處分李恪詳驗欵狀蠹害最深以其多時須議減等委京兆府決脊杖十五配流天德李克勳欲收阿顏決脊杖二十配流硤州劉群據其欵狀合議痛刑曾效職官不欲決脊決臀杖五十配流岳州其盧行立及諸典吏委三司使量罪科放訖聞奏三月己酉兵部侍郎判度支周墀本官平章事以禮部尚書鹽鐵轉運使馬植本官同平章事日本國王子入朝貢方物王子善碁帝令待詔顧師言與之對手五月己未日有蝕之六月己丑太皇太后郭氏崩謚曰懿安憲宗妃穆宗之母也戶部侍郎兼御史大夫判度支崔龜從奏應諸司場院官請却官本錢後或有欺隱欠負徵理須足不得苟從恩蕩以求放免今後凡隱盜欠負請如官典犯贓例處分縱逢恩赦不在免限從之七月戊午以前山南西道節度使高元裕爲吏部尚書八月戊子朝散大夫中書舍人充翰林學士上柱國平陰縣開國男食實封三百戶賜紫金魚袋畢諴爲刑部侍郎九月勑比有無良之人於街市投匿名文書及於箭上或旗幡上縱爲奸言以亂國法此後所由切加捉搦如獲此色便仰焚瘞不得上聞十一月兵部侍郎判戶部事魏扶奏天下州府錢物斛㪷文簿並委錄事參軍專判仍與長史通判至交代時具數申奏如無懸欠量與減選注擬勑路隨等所修憲宗實錄舊本却仰施行其會昌新修者仰並進納如有抄錄得勑到並納史館不得輒留委州府嚴加搜捕以戶部侍郎判度支崔龜從本官同平章事銀青光祿大夫門下侍郎兼禮部尚書同平章事韋琮爲太子詹事分司東都

三年春正月丙寅涇原節度使康季榮奏吐蕃宰相論恐熱以秦原安樂三州及石門等七關之兵民歸國詔太僕卿陸耽往喻旨仍令靈武節度使朱叔明邠寧節度使張景緒各出本道兵馬應接其來以太常卿封敖檢校兵部尚書爲興元尹山南西道節度使三月乙卯勑待詔官宜令與刑法官諫官次對銀青光祿大夫中書侍郎同平章事監修國史上柱國汝南縣開國子食邑五百戶周墀檢校刑部尚書梓州刺史充劍南東川節度使四月以正議大夫守中書侍郎同平章事集賢殿大學士賜紫金魚袋馬植爲太子賓客分司東都以正議大夫守御史大夫上柱國博陵縣開國子食邑五百戶賜紫金魚袋崔鉉可中書侍郎平章事正議大夫行兵部侍郎判戶部事上柱國鉅鹿縣開國男食邑五百戶賜紫金魚袋魏扶可本官平章事五月幽州節度使檢校司徒平章事張仲武卒三軍以其子直方知留後事六月癸未五色雲見于京師勑先經流貶罪人不幸歿於貶所有情非惡逆任經刑部陳牒許令歸葬絕遠之處仍量事官給棺櫝康季榮奏收復原州石門驛藏木峽制勝六盤石峽等六關訖邠寧張君緒奏今月十三日收復蕭關御史臺奏義成軍節度使韋讓於懷真坊侵街造屋九間已令毀拆訖勑於蕭關置武州改長樂爲威州七月三州七關軍人百姓皆河隴遺黎數千人見於闕下上御延喜門撫慰令其解辮賜之冠帶共賜絹十五萬疋八月鳳翔節度使李玭奏收復秦州制曰自昔皇王之有國也曷嘗不文以守成武以集事參諸二柄歸乎大寧朕猥荷丕圖思弘景運憂勤庶政四載于茲每念河湟土疆綿亘遐闊自天寶末犬戎乘我多難無力禦姦遂縱腥羶不遠京邑事更十葉時近百年進士試能靡不竭其長策朝廷下議皆亦聽其直詞盡以不生邊事爲永圖且守舊地爲明理荏苒於是收復無由今者天地儲祥祖宗垂佑左衽輸欵邊壘連降刷恥建功所謀必克實樞衡妙算將帥雄稜副玄元不爭之文絕漢武遠征之悔甌脫頓空於內地斥堠全據於新封莫大之休指期而就况將士等櫛沐風雨暴露郊原披荊棘而刁斗夜嚴逐豺狼而穹廬曉破動皆如意古無與京念此誠勤宜加寵賞涇原宜賜絹六萬疋靈武五萬疋鳳翔邠寧各四萬疋並以戶部產業物色充仍待季榮叔明李玭君緒各迴戈到鎮度支差腳支送四道立功將士各具名銜聞奏當議甄酬其秦威原三州及七關側近訪聞田土肥沃水草豐美如百姓能耕墾種蒔五年內不加稅賦五年已後重定戶籍便任爲永業溫池鹽利可贍邊陲委度支制置聞奏鳳翔邠寧靈武涇原守鎮將士如能於本戍處耕墾營田即度支給賜牛糧子種每年量得斛㪷便充軍糧亦不限約定數三州七關鎮守官健每人給衣糧兩分一分依常年例支給一分度支加給仍二年一替換其家口委長吏切加安存官健有莊田戶籍者仰州縣放免差役秦州至隴州已來道路要置堡柵與秦州應接委李玭與劉皐即便計度聞奏如商旅往來官健父兄子弟通傳家信關司並不得邀詰阻滯三州七關刺史關使將來訓練捍防有効能者並與超序官爵劍南西川沿邊沒蕃州郡如力能收復本道亦宜接借三州七關創置戍卒且要務靜如蕃人求市切不得通有來投降者申取長吏處分嗚呼七關要害三郡膏腴候館之殘趾可尋唐人之遺風尚在追懷往事良用興嗟夫取不在廣貴保其金湯得必有時詎計於遲速今則便務修築不進干戈必使足食足兵有備無患載洽亭育之道永致生靈之安中外臣寮宜體朕意九月辛亥西川節度使杜悰奏收復維州制曰朕秖荷丕業思平泰階將分邪正之源冀使華夷胥悅其有常登元輔久奉武宗深苞禍心盜弄國柄雖已行譴斥之典而未塞億兆之言是議再舉朝章式遵彝憲守潮州司馬員外置同正員李德裕早藉門地叨踐清華累居將相之榮唯以姦傾爲業當會昌之際極公台之榮騁諛佞而得君遂恣橫而持政專權生事妬賢害忠動多詭異之謀潛懷僭越之志秉直者必棄向善者盡排誣貞良造朋黨之名肆讒構生加諸之釁計有踰於指鹿罪實見其欺天屬者方處鈞衡曾無嫌避委國史於愛壻之手寵秘文於弱子之身洎參信書亦引親昵恭惟元和實錄乃不刊之書擅敢改張罔有畏忌奪他人之懿績爲私門之令猷又附李紳之曲情斷成吳湘之冤獄凡彼簪纓之士遏其取捨之途驕居自夸狡蠹無對擢爾之髮數罪未窮載閱罔上之由益驗無君之意使天下之人重足而迹皆讋懼奉而慢易在心爲臣若斯於法何逭於戲朕務全大體久爲含容雖黜降其官榮尚蓋藏其醜狀而睥睨未已兢惕無聞積惡既彰公議難抑是宜移投荒服以謝萬邦中外臣寮當知予意可崖州司戶參軍所在馳驛發遣縱逢恩赦不在量移之限以起居郎庾道蔚禮部員外郎李文儒並充翰林學士十月辛巳京師地震河西天德靈夏尤甚戍卒壓死者數千人十一月東川節度使鄭涯鳳翔節度使李玭奏修文川谷路自靈泉至白雲置十一驛下詔褒美經年爲雨所壞又令封敖修斜谷舊路以刑部侍郎韋有翼爲御史中丞以職方員外郎鄭處誨兼御史知雜幽州軍亂逐其留後張直方軍人推其衙將周綝爲留後十二月追謚順宗曰至德大聖大安孝皇帝憲宗曰昭文彰武大聖孝皇帝初以河湟收復百寮請加徽號帝曰河湟收復繼成先志朕欲追尊祖宗以昭功烈白敏中等對曰非臣愚昧所能及至是上御宣政殿行事及冊出俯僂目送流涕嗚咽崖州司戶參軍李德裕卒於貶所

四年春正月以追尊二聖御正殿大赦天下徒流比在天德者以十年爲限既遇鴻恩例減三載但使循環添換邊不闕人次第放歸人無怨苦其秦原威武諸州諸關先准格徒流人亦量與立限止於七年如要住者亦聽諸州府縣官如請工假一月已下權差諸廳判官一月已上即準勾當例其課料等據數每貫刻二百文與見判案官添給有故意殺人者雖已傷未死已死更生意欲殺傷偶然得免並同已殺人條處分二月皇女萬壽公主出降右拾遺鄭顥以顥爲銀青光祿大夫行起居郎駙馬都尉三月己卯刑部奏監臨主守應將官物私自貸使并貸借人及以己物中納官司者并專知別當主掌所由有犯贓並同犯入己贓不在原赦之限從之以幽州節度副大使檢校工部尚書張直方爲左金吾衞將軍四月勑法司用刑或持巧詐分律兩端遂成其罪既奸吏得計則黎庶何安自今後應書罪定刑宜直指其事不得舞文妄有援引又刑部奏准今年正月一日勑節文據會昌元年三月二十六日勑竊盜贓至一貫文處死宜委所司重詳定條目奏聞臣等檢校並

請准建中三年三月二十四日勅竊盜贓滿三疋已上決殺如贓數不充量請科放從之七月丙子大理卿劉濛奏古者懸法示人欲使人從善遠罪至於不犯以致刑措准太和二年十月二十六日刑部侍郎高鉞條疏准勘節目一十一件下諸州府粉壁書於錄事參軍食堂每申奏罪人須依前件節目歲月滋久文字湮淪州縣推案多違漏節目今後請下諸道令刻石置於會食之所使官吏起坐觀省記憶條目庶令案牘周詳從之八月刑部侍郎御史中丞魏謩奏諸道州府百姓詣臺訴事多差御史推劾臣恐煩勞州縣先請差度支戶部鹽鐵院官帶憲銜者推劾又各得三司使申稱院官人數不多例專掌院務課績不辦今諸道觀察使幕中判官少不下五六人請於其中帶憲銜者委令推劾如累推有勞能雪寃滯御史臺闕官便令奏用從之九月以朝請大夫檢校禮部尚書孟州刺史河陽三城節度使李拭爲太原尹北都留守河東節度等使幽州節度使周綝卒軍人立其牙將張允伸爲留後十月中書侍郎平章事魏扶罷知政事十一月己亥勅收復成維扶等三州建立已定條令制置一切合同其已配到流人宜准秦原威武等州流例七年放還以戶部侍郎判本司事令狐綯爲兵部侍郎同平章事十二月以華州刺史周敬復爲光祿大夫檢校左散騎常侍兼洪州刺史江南西道團練觀察使賜金紫

五年春正月甲戌制皇第七子洽封懷王第八子汭爲昭王第九子汶爲康王勅兩京天下州府起大中五年正月一日已後三年內不得殺牛如郊廟享祀合用者即與諸畜代二月戶部侍郎裴休充諸道鹽鐵轉運等使四月癸卯刑部侍郎劉瑑奏據今年四月十三日已前凡二百四十四年雜制勅計六百四十六門二千一百六十五條議輕重名曰大中刑法統類欲行用之五月以太原尹河東節度使李拭爲鳳翔節度使李業檢校戶部尚書太原尹北都留守充河東節度使守司空門下侍郎太原郡開國伯食邑一千戶白敏中檢校司徒同平章事邠州刺史充邠寧節度觀察東面招討党項等使以戶部侍郎判戶部事魏謩本司同平章事七月宰相監修國史崔龜從續柳芳唐曆二十二卷上之八月勅公主邑司擅行文牒恐多影庇有紊條章今後公主除錄徵封外不得令邑司行文書牒府縣如緣公事令邑司申宗正寺與酌事體施行汝州刺史張義潮遣兄義澤以瓜沙伊肅等十一州戶口來獻自河隴陷蕃百餘年至是悉復隴右故地以義潮爲瓜沙伊等州節度使九月勅條疏刺史交代須一一交割公事與知州官方得離任准會昌元年勅刺史只禁科率由抑配人戶至於使州公廨及雜利潤天下州府皆有規制不敢違越緣未有明勅處分多被無良人吏致使恐嚇或致言訟起今後應刺史下擔什物及除替後資送錢物但不率歛官吏不科配百姓一任各守州縣舊例色目支給如無公廨不在資送之限若輒有率配以入已贓論以正議大夫兵部侍郎諸道鹽鐵轉運使上柱國河東縣開國子裴休守禮部尚書進階金紫以前宣歙觀察使大中大夫檢校左散騎常侍裴諗權知兵部侍郎十月己亥京兆尹韋博奏京畿富戶爲諸軍影占苟免府縣色役或有追訴軍府紛然請准會昌三年十二月勅諸軍使不得強奪百姓入軍從之十一月中書侍郎兼吏部尚書平章崔龜從檢校尚書左僕射汴州刺史充宣武軍節度使沙州置歸義軍以張義潮爲節度使太子詹事姚康獻帝王政纂十卷又撰統史三百卷上自開闢下盡隋朝帝王美政詔令制置銅鹽錢穀損益用兵利害下至僧道是非無不備載編年爲之國子祭酒馮審奏文宣王廟始太宗立之睿宗書額武后竊政之日改篆題大周二字請削之從之十二月盜斫景陵神門戟京兆尹韋博罰兩月俸貶宗正卿李文舉睦州刺史陵令吳閱岳州司馬奉先令裴讓隋州司馬是歲湖南大饑

六年春正月戊辰以隴州防禦使薛逵爲秦州刺史天雄軍使兼秦成階兩州經畧使二月右衞大將軍鄭光以賜田請免租稅宰相魏謩奏曰鄭光以國舅之親賜田可也免稅無以勸蒸民勅曰一依人戶例供稅三月隴州刺史薛逵奏修築定成關工畢四月丁酉勅常平義倉斛㪷每年檢勘實水旱災處錄事叅軍先勘人戶多少支給先貧下戶富戶不在支給之限以禮部尚書諸道鹽鐵轉運等使裴休可本官同平章事五月勅天下軍府有兵馬處宜選會兵法能弓馬等人充教練使每年合教習時常令教習仍於其時申兵部御史臺奏諸色刑獄有關連朝官者尚書省四品已上諸司三品已上官宜先奏取進止如取諸色官狀即中中書取裁從之秋七月丙辰前淮南節度使金紫光祿大夫檢校尚書左僕射兼揚州大都督府長史御史大夫上柱國贊皇郡開國公食邑一千五百戶李珏卒贈司空勅犯贓人平贓據律以當時物價上旬估請取所犯之處其月內上旬時估平之從之檢校司空太子少師上柱國范陽郡開國公食邑二千戶盧鈞可太原尹北都留守河東節度使九月勅起居郎轉官月限宜以二十箇月

七年春正月壬辰金紫光祿大夫守太子少傅分司上柱國晉陵郡開國公食邑二千戶歸融卒贈右僕射宗正卿李文舉貶睦州刺史四月以御史大夫鄭朗爲中書侍郎同平章事五月左衞率府倉曹張戣集律令格式條件相類一千二百五十條分一百二十一門號曰刑法統類上之七月以正議大夫尚書左丞上柱國賜紫金魚袋崔璪爲刑部尚書以銀青光祿大夫行兵部侍郎知制誥充翰林學士蕭寘爲尚書左丞權知戶部侍郎崔璵可權知兵部侍郎十月尚書左僕射門下侍郎平章事大清宮使弘文館大學士崔鉉進續會要四十卷修撰官楊紹復崔瑑薛逢鄭言等賜物有差

八年春正月陝州黃河清二月南蠻進犀牛詔還之三月勅以旱詔使疏決繫囚宰相監修國史魏謩修成文宗實錄四十卷上之修史官給事中盧躭太常少卿蔣偕司勳員外郎王渢右補闕盧吉頒賜銀器錦綵有差以山南東道節度使檢校戶部尚書襄州刺史上柱國酒泉縣開國子食邑三百戶李景讓爲吏部尚書五月以中書舍人翰林學士韋澳爲京兆尹以戶部侍郎翰林學士承旨上柱國武功縣開國子食邑三百戶蘇滌檢校兵部尚書兼江陵尹御史大夫充荊南節度管內觀察處置等使七月銀青光祿大夫守門下侍郎同平章事魏謩兼戶部尚書八月以司農卿鄭助爲檢校左散騎常侍兼夏州刺史御史大夫上柱國滎陽縣開國男食邑三百戶夏綏銀宥等州節度營田觀察處置押蕃落安撫平夏党項等使

九年春正月辛巳銀青光祿大夫秘書監許昌縣開國男陳商卒贈工部尚書二月中書侍郎兼禮部尚書同平章事裴休檢校吏部尚書兼汴州刺史御史大夫充宣武軍節度使汴宋亳潁觀察處置等使三月試宏詞舉人漏泄題目爲御史臺所劾侍郎裴諗改國子祭酒郎中周敬復罰兩月俸料考試官刑部郎中唐枝出爲處州刺史監察御史馮顓罰一月俸料其登科十人並落下其吏部東銓委右丞盧懿權判以吏部侍郎鄭涯檢校禮部尚書兼定州刺史御史大夫充義武軍節度易定州觀察處置北平軍等使御史臺據正月八日禮部貢院捉到明經黃續之趙弘成全質等三人僞造堂印堂帖兼黃續之僞著緋衫將僞帖入貢院令與舉人虞蒸胡簡党贊等三人及第許得錢一千六百貫文據勘黃續之等罪款具招造僞所許錢未曾入手便事敗奉勅並准法處死主司以自獲姦人並放七月以河東節度使檢校司空太原尹北都留守上柱國范陽郡開國公食邑二千戶盧鈞守尚書右僕射八月以門下侍郎守尚書右僕射監修國史博陵縣開國伯食邑一千戶崔鉉檢校司空同平章事兼揚州大都督府長史充淮南節度副大使知節度使事宣宗宴餞賦詩以賜之九月昭義節度使檢校禮部尚書兼潞州大都督府長史御史大夫上柱國賜紫金魚袋鄭涓檢校刑部尚書太原尹北都留守御史大夫充河東節度管內觀察處置等使十一月以河南尹劉瑑檢校工部尚書汴州刺史兼御史大夫充宣武軍節度宋亳汴潁觀察處置等使以中書舍人鄭顥爲禮部侍郎

十年春正月乙巳以正議大夫華州刺史潼關防禦鎮國軍等使上柱國隴西縣開國男食邑三百戶賜紫金魚袋李訥檢校左散騎常侍兼越州刺史御史大夫浙江東道都團練觀察等使三月中書門下奏據禮部貢院見置科目開元禮三禮三傳三史學究道舉明算童子等九科近年取人頗濫曾無實藝可採徒添入仕之門須議條疏俾精事業臣已於延英面論伏奉聖旨將文字來者其前件九科臣等商量望起大中十年權三年滿後至時赴科試者令有司據所舉人先進名令中書舍人重覆問過如有本業稍通堪備朝廷顧問即作等第進名候勅處分如有事業荒蕪不合送名數者考官即議朝責其童子近日諸道所薦送者多年齒已過僞稱童子考其所業又是常流起今日後望令天下州府薦送童子並須實年十一十二已下仍須精熟一經問皆全通兼自能書寫者如違制條本道長吏亦議懲法從之四月癸丑以刑部郎中盧摶爲廬州刺史以給事中渤海郡開國公食邑二千戶高少逸檢校禮部尚書華州刺史潼關防禦鎮國軍等使六月以兵部郎中裴夷直爲蘇州刺史九月以中書舍人杜審權知禮部貢舉十月以邠寧慶節度使檢校禮部尚書邠州刺史上柱國賜紫金魚袋畢諴爲檢校兵部尚書潞州大都督府長史御史大夫充昭義節度副大使知節度使潞邢洺等州觀察使桂管觀察使令狐楚卒贈禮部尚書

十一年春正月以銀青光祿大夫守吏部尚書上柱國酒泉縣開國男食邑三百戶李景讓爲御史大夫以朝請大夫守御史中丞兼尚書右丞上柱國賜紫金魚袋

夏侯孜爲戶部侍郎判戶部事以朝散大夫守京兆尹上柱國扶風縣開國男食邑三百戶賜紫金魚袋韋澳檢校工部尚書孟州刺史御史大夫充河陽三城節度孟懷澤觀察處置等使先是車駕將幸華清宮兩省官進狀論奏詔曰朕以驪山近宮眞聖廟貌未嘗修謁自謂闕然今屬陽和氣清中外事簡聽政之暇或議一行益崇禮敬之心非以逸遊爲事雖申勅命兼慮勞人卿等職備禁闈志勤奉上援據前古列狀上章載陳懇到之詞深覩盡忠之節已允來請所奏以劍南西川節度副大使知節度事管內觀察處置統押近界諸蠻及西山八國雲南安撫等使特進檢校司徒同中書門下平章事兼成都尹上柱國太原郡開國公食邑二千戶白敏中以本官兼江陵尹充荆南節度管內觀察處置等使二月以夏綏銀宥節度使通議大夫檢校左散騎常侍夏州刺史御史大夫上柱國榮陽縣開國男食邑三百戶賜紫金魚袋鄭助爲檢校工部尚書邠州刺史充邠寧慶節度管內營田觀察處置兼充慶州南路救援鹽州及當道沿路鎮寨糧料等使以右金吾衛將軍田在賓檢校右散騎常侍兼夏州刺史代鄭助爲夏綏銀宥節度等使以荆南節度使銀青光祿大夫檢校兵部尚書兼江陵尹御史大夫上柱國武功郡開國男食邑三百戶蘇滌爲太常卿以銀青光祿大夫守門下侍郎兼戶部尚書同平章事監修國史上柱國魏謩檢校戶部尚書同平章事兼成都尹充劍南西川節度副大使知節度事以太中大夫守工部尚書上柱國賜紫金魚袋崔愼由爲中書侍郎同平章事以成德軍節度鎮冀深趙觀察處置等使起復雲麾將軍守左金吾衛大將軍同正檢校兵部尚書鎮州大都督府長史王紹鼎爲銀青光祿大夫檢校尚書右僕射餘官如故以通議大夫守中書門下侍郎兼禮部尚書同平章事集賢殿大學士上柱國賜紫金魚袋鄭朗可監修國史太中大夫守工部尚書同平章事上柱國賜紫金魚袋崔愼由可集賢院大學士三月起復朝請大夫深州刺史御史大夫兼成德軍節度判官王紹懿可檢校左散騎常侍鎮府左司馬知府事充成德軍節度副使兼充都知兵馬使以成德軍中軍兵馬使銀青光祿大夫檢校太子賓客兼監察御史上柱國王景胤可本官深州刺史本州團練守捉使檢校左散騎常侍右神武大將軍知軍事王紹孚可落起復依前右神武大將軍紹懿紹孚鎮州王紹鼎之弟也景胤紹鼎子也以朝請大夫檢校刑部尚書華州刺史上柱國鄭縣開國男食邑三百戶賜紫金魚袋蕭倣爲太子賓客分司東都四月以職方郎中知制誥裴坦爲中書舍人以朝議大夫權知京兆尹崔鄆爲濮王傅分司東都以決殺府吏也以江西觀察使洪州刺史御史中丞上柱國賜紫金魚袋張毅夫爲京兆尹以鳳翔節度使正議大夫檢校戶部尚書兼鳳翔尹上柱國襲晉國公食邑三千戶襲實封一百五十戶裴識可許州刺史充忠武軍節度陳許蔡觀察等使以吏部侍郎盧懿檢校工部尚書兼鳳翔尹御史大夫鳳翔隴右節度使以中書舍人鄭憲爲洪州刺史御史中丞江南西道都團練觀察處置等使仍賜紫金魚袋以安南宣慰使右千牛衛大將軍宋涯爲安南都護御史中丞本管經畧招討處置等使以幽州節度使張允伸弟允中爲荆州刺史允千檀州刺史允辛安塞軍使允皋納降軍使並兼御史中丞以前邠寧節度使朝議大夫檢校工部尚書邠州刺史上柱國賜紫金魚袋柳憙可檢校禮部尚書河南尹五月以職方郎中李玄爲壽州刺史六月以朔方靈武定遠等城節度使朝散大夫檢校左散騎常侍靈州大都督府長史上柱國賜紫金魚袋劉潼爲鄭州刺史馳驛赴任以給邊兵糧不及時也以安南都護宋涯爲容州刺史容管經畧招討處置等使制皇第三男灌封衛王第十一男滋封廣王以朝散大夫守尚書兵部侍郎判度支上柱國彭縣開國男食邑三百戶賜紫金魚袋蕭鄴本官同平章事判度支以右監門將軍知內府省事清河公崔巨淙爲淮南監軍以特進檢校司空兼太子太傅分司東都上柱國扶風郡開國公食邑二千戶杜悰本官判東都尚書省兼御史大夫充東都留守東畿汝都防禦使七月以飛龍使宮闈局令王歸長守內侍省內常侍知省事充內樞密使責授邠州員外司馬張直方爲右驍衛大將軍八月成德軍節度使檢校尚書右僕射王紹鼎卒贈司空賻布帛三百段以皇子昭王汭爲開府儀同三司守鎮州大都督府長史成德軍節度鎮冀深趙觀察等大使以成德軍節度副使都知兵馬使左司馬知府事御史中丞王紹懿爲成德軍副使留後以義武軍節度易定觀察等使檢校禮部尚書定州刺史上柱國榮陽縣開國男食邑三百戶鄭涯檢校戶部尚書汴州刺史上杜國充宣武軍節度副大使知節度事宋亳觀察亳州大清宮等使以四鎮北庭行軍涇原渭武節度使銀青光祿大夫檢校右散騎常侍涇州刺史御史大夫上柱國范陽縣開國男食邑三百戶盧簡求可檢校工部尚書定州刺史義武節度使易定觀察北都天平軍等使以鹽州防禦押蕃落諸軍防秋都知兵馬使度支烏池榷稅等使檢校右散騎常侍鹽州刺史上柱國賜紫金魚袋陸躭代簡求爲涇原節度使以翰林學士朝散大夫中書舍人賜紫金魚袋曹確權知河南尹汝州防禦使令狐緒有善政郡人詣闕請立德政碑頌緒以弟綯在中書上表乞寢從之以太常卿蘇滌爲兵部尚書權知吏部銓事以銀青光祿大夫守散騎常侍上柱國渤海郡開國伯食邑七百戶封敖爲太常卿是月熒惑犯東井九月以秦州刺史李承勛爲朝散大夫檢校工部尚書涇州刺史充四鎮北庭涇原渭武節度等使以禮部郎中楊知溫充翰林學士以中散大夫尚書禮部侍郎上柱國賜紫金魚袋杜審權爲陝州大都督府長史兼御史大夫陝虢都防禦觀察處置等使以銀青光祿大夫檢校司空兼太子太師上柱國范陽郡開國公食邑二千戶盧鈞爲檢校司空同中書門下平章事興元尹充山南西道節度等使右補闕陳瓛左拾遺王譜右拾遺薛廷傑上疏諫遣中使往羅浮山迎軒轅先生詔曰朕以萬機事繁躬親庶務訪聞羅浮山處士軒轅集善能攝生延齡益壽乃遣使迎之或冀有少保理也朕每觀前史見秦皇漢武爲方士所惑常以之爲誡卿等位當論列職在諫司閱示來章深納誠意仍謂崔愼由曰爲吾言於諫官雖少翁欒大復生不能相惑如聞軒轅生高士欲與之一言耳宰相鄭朗累月請告三章求免是月乙未彗出於房初度長三尺十月制通議大夫守中書侍郎禮部尚書同平章事監修國史上柱國賜紫金魚袋鄭朗可檢校尚書右僕射兼太子少保以山南西道節度使中散大夫檢校禮部尚書興元尹上柱國賜紫金魚袋蔣係權知刑部尚書宰相崔愼由兼修國史蕭鄴兼集賢殿大學士以華州刺史高少逸爲左散騎常侍以蘇州刺史裴夷直爲華州刺史潼關防禦鎮國軍等使以太常少卿崔鈞爲蘇州刺史入迴鶻冊禮使衞尉少卿王端章貶賀州司馬副使國子禮記博士李潯爲郴州司馬判官河南府士曹李寂永州司馬端章等出塞黑車子阻路而廻故也以成德軍觀察留後御史中丞賜紫金魚袋王紹懿檢校工部尚書兼鎮州大都督府長史御史大夫充成德軍節度鎮冀深趙觀察等使以中書舍人李藩權知禮部貢院十一月太子少師鄭朗卒贈司空銀青光祿大夫檢校尚書左僕射兼太子太保充右羽林統軍御史大夫上柱國榮陽縣開國男食邑三百戶鄭光卒輟朝三日贈司徒仍令百官奉慰上之元舅也宰相崔愼由爲中書侍郎兼禮部尚書尚書蕭鄴兼工部尚書餘並如故十二月以昭義軍節度使朝議大夫檢校工部尚書上柱國平陰縣開國男食邑三百戶畢諴爲太原尹北都留守河東節度使朝議大夫檢校禮部尚書兼太原尹北都留守上柱國賜紫金魚袋劉瑑爲尚書戶部侍郎判度支以翰林學士承旨通議大夫守尚書戶部侍郎知制誥上護軍賜紫金魚袋蔣伸爲兵部侍郎充職以金紫光祿大夫守太子少保分司東都上柱國河東縣開國男食邑五百戶裴休檢校戶部尚書兼潞州大都督府長史昭義軍節度副大使知節度事潞磁邢洺觀察等使以正議大夫行尚書兵部侍郎上柱國河東縣開國男食邑三百戶賜紫金魚袋柳仲郢本官兼御史大夫充諸道鹽鐵轉運使以正議大夫檢校戶部尚書兼太子賓客上柱國賜紫金魚袋孔溫業本管分司東都以病請告故也禮部郎中楊知溫本官知制誥充翰林學士以幽州中軍使檢校國子祭酒幽府左司馬知府事御史中丞張簡眞檢校右散騎常侍允伸之子也以中散大夫權知刑部尚書上柱國賜紫金魚袋蔣係檢校戶部尚書鳳翔尹御史大夫鳳翔隴右節度觀察處置等使是歲舒州吳塘堰有衆禽成巢闊七尺高七丈而水禽山鳥鷹隼鸞雀之類無不馴狎又有鳥人面綠毛爪觜皆紺色其聲曰甘人呼爲甘蟲

十二年春正月以晉陽令鄭液爲通州刺史羅浮山人軒轅集至京師上召入禁中謂曰先生遐壽而長生可致乎曰徹聲色去滋味哀樂如一德施周給自然與天地合德日月齊明何必別求長生也留之月餘堅求還山三月以前鄉貢進士于琮爲秘書省校書郎尋尚皇女廣德公主改銀青光祿大夫守右拾遺駙馬都尉以安南本管經畧招討處置使朝散大夫檢校左散騎常侍安南都護御史大夫賜紫金魚袋李弘甫爲宗正卿以中大夫守京兆尹上柱國賜紫金魚袋張毅夫爲鄂州刺史御史大夫鄂岳蘄黃申等州都團練觀察使以太中大夫福州刺史御史中丞上柱國賜紫金魚袋楊發檢校右散騎常侍廣州刺史御史大夫充嶺南東道節度觀察處置等使以朝散大夫守康王傅分司東都上柱國襄魏郡開國公食邑二千戶賜紫金魚袋王式爲安南都護兼御史中丞充安南本管經畧招討處置

等使以朝請大夫前守太子賓客分司東都上柱國鄭縣開國男食邑三百戶賜紫金魚袋蕭倣守太子少保分司以朝請大夫檢校左散騎常侍右金吾大將軍充右街使上柱國襲太原郡開國公食邑二千戶賜紫金魚袋王鎮爲檢校左散騎常侍使持節都督福州諸軍事兼福州刺史御史大夫充福建等州都團練觀察處置等使以翰林學士朝議郎守尚書司勳郎中知制誥賜緋魚袋孔温裕爲中書舍人充職以右驍衛上將軍李正源守大內皇城留守以朝議大夫守尚書戶部侍郎判度支上柱國賜紫金魚袋劉瑑本官同平章事依前判度支以太中大夫守中書侍郎兼禮部尚書同平章事監修國史上柱國賜紫金魚袋崔慎由檢校禮部尚書梓州刺史御史大夫劍南東川節度副大使知節度事代韋有翼以有翼爲吏部侍郎二月以前邕管經畧招討處置使朝議郎邕州刺史御史中丞賜紫金魚袋段文楚爲昭武校尉右金吾衛將軍以朝議郎守中書舍人權知禮部貢舉上柱國賜緋魚袋李潘爲尚書戶部侍郎以朝散大夫守工部尚書同平章事充集賢殿大學士上柱國彭城縣開國男食邑三百戶賜紫金魚袋蕭鄴爲監修國史以朝議大夫守戶部侍郎同平章事判度支上柱國賜紫金魚袋劉瑑可充集賢院學士以渤海國王弟權知國務大虔晃爲銀青光祿大夫檢校秘書監忽汗州都督冊爲渤海國王以兵部侍郎柳仲郢爲刑部尚書以朝議大夫守尚書戶部侍郎判戶部事上柱國賜紫金魚袋夏侯孜爲兵部侍郎充諸道鹽鐵轉運使以朝請大夫權知刑部侍郎賜紫金魚袋杜勝爲戶部侍郎判戶部事以光祿大夫守左領軍衛大將軍分司東都上柱國會稽縣開國公食邑一千五百戶康季榮可檢校尚書右僕射兼左衛上將軍分司貶前利州刺史杜倉爲賀州司戶蔡州刺史李叢邵州司馬以工部郎中知制誥于德孫庫部郎中知制誥苗恪並可中書舍人依前翰林學士以前右金吾衛將軍鄭漳前鴻臚少卿鄭漢卿並起復授本官國舅光之子也以銀青光祿大夫行給事中駙馬都尉衞洙爲工部侍郎前濮王傅分司皇甫權爲康王傅分司以庫部員外郎史館修撰李濆爲長安令閏二月以司農少卿盧籍爲代州刺史前江陵少尹杜惲爲司農少卿以河東馬步都虞候段威爲朔州刺史充天寧軍使兼興唐軍沙陁三部落防遏都知兵馬使五月以兵部侍郎鹽鐵轉運使夏侯孜本官同平章事六月南蠻攻安南府八月洪州賊毛合宣州賊康全大攻掠郡縣詔兩浙兵討平之十二月太子少保魏謩卒贈司徒

十三年春正月以虢陝觀察使杜審權爲戶部侍郎判戶部事三月宰相蕭鄴罷知政事守吏部尚書四月以翰林學士承旨兵部侍郎知制誥蔣伸本官同平章事五月上不豫月餘不能視朝八月七日宣遺詔立鄆王爲皇太子勾當軍國事是日崩于大明宮聖壽五十詔門下侍郎平章事令狐綯攝冢宰群臣上謚曰聖武獻文孝皇帝廟號宣宗十四年二月葬於貞陵

史臣曰臣嘗聞黎老言大中故事獻文皇帝器識深遠久歷艱難備知人間疾苦自寶曆已來中人擅權事多假借京師豪右大擾窮民洎大中臨馭一之日權豪斂迹二之日姦臣畏法三之日閽寺讋氣由是刑政不濫賢能效用百揆四嶽穆若清風十餘年間頌聲載路上宮中衣澣濯之衣常膳不過數器非母后侑膳輒不舉樂歲或小饑憂形於色雖左右近習未嘗見怠惰之容與群臣言儼然煦接如待賓僚或有所陳聞虛襟聽納舊時人主所行黃門先以龍腦鬱金藉地上悉命去之宮人有疾醫視之既瘳卽袖金賜之誡曰勿令勅使知謂予私於侍者其恭儉好善如此季年風毒召羅浮山人軒轅集訪以治國治身之要其伎術詭異之道未嘗措言集亦有道之士也十三年春堅求還山上曰先生少留一年候於羅浮山別創一道館集無留意上曰先生捨我亟去國有災乎朕有天下竟得幾年集取筆寫四十字而十字挑上乃十四年也興替有數其若是乎而帝道皇猷始終無缺雖漢文景不足過也惜乎簡籍遺落舊事十無三四吮墨揮翰有所慊然

贊曰李之英主實惟獻文粃稗盡去淑慝斯分河隴歸地朔漠消氛到今遺老謌詠明君

舊唐書卷十八下考證

宣宗本紀六月以戶部侍郎充諸道鹽鐵轉運使馬植本官同平章事○新書馬植入相在會昌二年五月

七月以兵部尚書李讓夷爲劍南東川節度使○臣德潛按新書讓夷于三月拜司空未嘗罷相爲兵部尚書也此處闕同平章事文

大中元年二月制憲宗第十七子惕封彭王○新書在三年十一月己卯舊書傳同

第十八子惴封棣王○新書在六年十一月舊書傳同

第五子澤封濮王○新書在二年三月舊書傳同

第六子潤封鄂王○新書在五年六月舊書傳同

二年六月己丑太皇太后郭氏崩○新書在五月己卯

七月戊午以前山南西道節度使高元裕爲吏部尚書○沈炳震曰元裕傳大中初爲刑部尚書三年檢校吏部尚書山南東道節度使此尚書兼東道之拜非自西道遷吏部尚書也且本傳亦無節度西道文疑誤

十一月以戶部侍郎判度支崔龜從本官同平章事○新書在四年六月戊申本傳同當從新書

三年十一月幽州軍亂逐其留後張直方軍人推其衙將周綝爲留後○沈炳震曰新書在四年八月軍人逐直方卽以張允伸爲留後無周綝綱目同舊書

四年冬十月中書侍郎同平章事魏扶罷知政事○臣德潛按新書六月戊申扶已書薨則十月中不應罷知政事兩書必有一誤也而扶無傳可考未知孰是綱目與舊書同

五年春正月制皇第七子洽封懷王第八子汭封昭王第九子汶封康王○新書在八年九月舊書傳同

入月沙州刺史張義潮遣其兄義澤以瓜沙伊肅等十一州戶口來獻○臣宗萬按河湟自天寶末陷沒吐蕃百有餘年至是始悉復故地實錄正月壬戌天德軍奏沙州刺史張義潮差使上表請以沙州降十月遣義澤以瓜沙伊肅等十一州地圖戶籍來獻唐年補錄舊紀義潮降在五年八月新書五年十月沙州人張義潮以十一州歸于有司又傳擢義潮沙州防禦使據此則舊書八月本唐年補錄舊紀新書十月本實錄均統爲一事也通鑑從實錄分晰正月請降十月獻地當從通鑑至義潮官名舊書本實錄書刺史通鑑同新傳則書防禦使兩書互異十一州者瓜沙伊肅鄯甘河西蘭岷廓是也

十年春正月以華州刺史李訥檢校左散騎常侍兼越州刺史浙東都團練觀察等使○臣德潛按新書九年七月浙東軍亂已逐觀察使李訥矣而舊書于十年始還浙東觀察使未知孰是綱目與新書同

十一年六月皇第三男灌封衞王○沈炳震曰本傳宣宗第三男滋已封夔王灌非第三男應誤

十三年三月宰相蕭鄴罷知政事守吏部尚書○新書在十一月懿宗卽位後當從新書

史臣論臣嘗聞黎老言云云○異代史官稱臣非體亦仍舊文未訂正也

# 舊唐書卷十九上

後晉司空同中書門下平章事劉 昫撰

## 本紀第十九上

### 懿宗

懿宗昭聖恭惠孝皇帝諱漼宣宗長子母曰元昭皇太后晁氏太和七年十一月十四日生於藩邸會昌六年十月封鄆王本名温大中十三年八月七日宣遺詔立爲皇太子監國改今名十三日柩前卽帝位年二十七帝姿貌雄傑有異稱人藩邸時常經重疾郭淑妃侍醫藥見黃龍出入於臥內旣間妃以異告帝曰愼勿復言又嘗大雪數尺而帝寢室之上獨無人皆異之宣宗制泰邊陲樂曲詞有海晏咸通之句又大中末京城小兒疊布漬水紐之向日謂之拔暈帝果以鄆王卽大位以咸通爲年號九月釋服追尊母后晁氏爲太后謚曰元昭十月癸未制以門下侍郎守左僕射同平章事令狐綯守司空門下侍郎兵部尚書同平章事蕭鄴兼尚書右僕射中書侍郎禮部尚書平章事夏侯孜兼兵部尚書中書侍郎平章事蔣伸兼工部尚書並依前知政事又以兵部侍郎鄭顥爲河南尹以昭義軍節度潞邢磁洺觀察等使光祿大夫檢校吏部尚書兼潞州大都督府長史上柱國河東縣開國子食邑五百戶裴休爲太原尹北都留守河東節度管內觀察處置等使以河中節度使檢校尚書左僕射畢諴爲汴州刺史充宣武軍節度宋亳觀察等使以中書舍人裴坦權知禮部貢舉十二月以戶部侍郎翰林學士杜審權爲檢校禮部尚書河中晉絳節度等使

咸通元年春正月上御紫宸殿受朝對室韋使二月葬宣宗皇帝於貞陵以右拾遺劉鄴充翰林學士以河中節度使杜審權爲兵部侍郎判度支尋以本官同平章事以門下侍郎守司徒同平章事令狐綯檢校司徒同平章事出鎮河中尚書左僕射諸道鹽鐵轉運使杜悰同平章事浙東觀察使王式斬草賊仇甫浙東郡邑皆平八月以河東節度使裴休爲鳳翔尹鳳翔隴右節度使以鳳翔隴右節度使銀青光祿大夫檢校刑部尚書盧簡求爲太原尹北都留守河東節度使十一月丙午朔丁未上有事於郊廟禮畢御丹鳳門大赦改元以中書舍人薛耽權知貢舉

二年春二月吏部尚書蕭鄴檢校尚書右僕射太原尹北都留守河東節度觀察等使鄭滑節度使檢校工部尚書李福奏屬郡潁州去年夏大雨沉丘汝陰潁上等

淼平地水深一丈田稼屋宇淹没皆盡乞蠲租賦從之以中書侍郎兼工部尚書蔣伸兼刑部尚書右僕射門下侍郎杜悰爲左僕射依前知政事四月以前婺州刺史裴閱爲潁州刺史充本州團練鎮遏等使以駕部郎中王鐸本官知制誥八月以中書舍人衛洙爲工部侍郎尋改銀青光祿大夫檢校禮部尚書兼滑州刺史御史大夫駙馬都尉充義成軍節度鄭滑潁觀察處置等使洙奏狀稱蒙恩除授滑州刺史官號內一字與臣家諱音同雖文字有殊而聲韻難別請改授閑官者勅曰嫌名不諱著在禮文成命已行固難依允以兵部侍郎曹確判度支以兵部員外郎楊知遠司勳員外郎穆仁裕試吏部宏詞選人九月以前兵部侍郎判度支畢諴爲工部尚書同平章事蔣伸罷知政事林邑蠻寇安南府遣神策將軍康承訓率禁軍及江西湖南之兵赴援三年春正月左僕射門下侍郎平章事杜悰率百寮上徽號曰睿文明聖孝德皇帝五月勅嶺南分爲五管誠已多年居常之時同資禦捍有事之際要別改張邕州西接南蠻深據黃洞控兩江之獷俗居數道之游民比以委人太輕軍威不振境連內地不並海南宜分嶺南爲東西道節度觀察處置等使以廣州爲嶺南東道邕州爲嶺南西道別擇良吏付以節旄其所管八州俗無耕桑地極邊遠近罹盜擾尤甚凋殘將盛藩垣宜添州縣宜割桂州管內龔州象州容州管內藤州巖州並隸嶺南西道收管宰臣杜悰兼司空畢諴兼兵部尚書駕部郎中知制誥王鐸爲中書舍人以邕管經略使鄭愚爲廣州刺史充嶺南東道節度觀察處置等使將軍宋戎爲嶺南西道節度使夏淮南河南蝗旱民饑南蠻陷交阯徵諸道兵赴嶺南詔湖南水運自湘江入澪渠西造地麴粥以饋行營湘灕泝運功役艱難軍屯廣州乏食潤州人陳磻石詣闕上書言江西湖南泝流運糧不濟軍師士卒食盡則散此宜深慮臣有奇計以饋南軍天子召見磻石因奏臣弟聽思曾任雷州刺史家人隨海船至福建往來大船一隻可致千石自福建裝船不一月至廣州得船數十艘便可致三萬石至廣府矣又引劉裕海路進軍破盧循故事執政是之以磻石爲鹽鐵巡官往楊子院專督海運於是康承訓之軍皆不闕供七月徐州軍亂以浙東觀察使王式檢校工部尚書徐州刺史御史大夫武寧軍節度徐泗濠觀察等使初王智興得徐州召募凶豪之卒二千人號曰銀刀鵰旗門槍挾馬等軍番宿衙城自後寖驕節度使姑息不暇田牟鎮徐日每與驕卒雜坐酒酣撫背時把板爲之唱歌其徒日費萬計每有賓宴必先厭食飫酒祁寒暑雨巵酒盈前然猶諠譟邀求動謀逐帥前年壽州刺史溫璋爲節度使驕卒素知璋嚴酷深負憂疑璋開懷撫諭終爲猜貳給與酒食未嘗瀝口不期月而逐璋上是以式代璋時式以忠武義成之師三千平定仇甫便詔式率二鎮之師渡淮徐卒聞之懼其勢無如之何至大彭館方來迎謁居三日犒勞兩鎮兵令還既擐甲執兵卽命環驕卒殺之徐卒三千餘人是日盡誅繇是兇徒悉殄九月以戶部侍郎李晦檢校工部尚書兼興元尹山南西道節度使十一月遣將軍蔡襲率禁軍三千會諸道之師赴援安南以吏部侍郎鄭處誨蕭倣吏部員外郎楊嚴戶部員外郎崔彥昭等試宏詞選人十二月以吏部侍郎蕭倣權知禮部貢舉

四年春正月甲子朔庚午上有事于圓丘禮畢御丹鳳樓大赦中外官宜准建中元年勅授官後三日舉一人自代州牧令錄上佐官在任須終三考河東節度使檢校刑部尚書盧簡方以病求罷詔以太子少師致仕歸東都以昭義節度使檢校禮部尚書上柱國賜紫金魚袋劉潼爲太原尹北都留守御史大夫充河東節度觀察處置等使二月以左散騎常侍李荀檢校工部尚書滑州刺史義成軍節度鄭滑觀察等使三月以兵部侍郎判度支楊收本官同平章事以刑部侍郎曹汾爲河南尹以戶部侍郎李蠙檢校禮部尚書潞州大都督府長史充昭義節度觀察處置等使四月勅徐州罷防禦使爲支郡隸兗州七月朔制安南寇陷之初流人多寄溪洞其安南將吏官健走至海門者人數不少宜令宋式李叀璵察訪人數量事救卹安南管內被蠻賊驅劫處本戶兩稅丁錢等量放二年候收復後別有指揮其安南溪洞首領素推誠節雖蠻寇竊據城壁而酋豪各守土疆如聞溪洞之間悉藉嶺北茶藥宜令諸道一任商人與販不得禁止往來廉州珠池與人共利近聞本道禁斷遂絕通商宜令本州任百姓採取不得止約其徐州銀刀官健其中先有逃竄者累降勅旨不令捕逐其今年四月十八日草賊頭首已抵極法其餘徒黨各自奔逃所在更勿捕逐是月東都許汝徐泗等州大水傷稼初大中末安南都護李琢貪暴侵刻獠民羣獠引林邑蠻攻安南府三年大徵兵赴援天下騷動其年冬蠻竟陷交州赴安南諸軍並令抽退分保嶺南東西道十一月長安縣尉集賢校理令狐滈爲左拾遺制出左拾遺劉蛻起居郎張雲上疏論滈父綯秉權之日廣納賂遺受李琢賄除安南致生蠻寇滈不宜居諫諍之列時綯在淮南上表論訴乃貶雲興元少尹蛻華陰令滈改詹事司直以中書舍人王鐸權知禮部貢舉以兵部侍郎判度支曹確同平章事以中書侍郎平章事畢諴檢校吏部尚書河中尹晉絳慈隰節度使就加幽州張允伸檢校司徒以兵部侍郎高璩本官同平章事以戶部侍郎裴寅判本司事

五年春正月戊午朔以用兵罷元會諫議大夫裴坦上疏論天下徵兵財賦方匱不宜過興佛寺以困國力優詔荅之二月以兵部尚書牛叢檢校兵部尚書兼成都尹劍南西川節度副大使知節度事徐州處置觀察防禦使以門下侍郎兵部尚書平章事杜審權爲潤州刺史浙江西道節度使三月以兵部郎中高湜員外于懷試吏部平判選人四月右僕射平章事夏侯孜增爵五百戶以中書舍人王鐸爲禮部侍郎以晉州刺史孟球檢校工部尚書兼徐州刺史南蠻寇邕管以秦州經略使高駢率禁軍五千赴邕管會諸道之師禦之五月丁酉制朕以寡昧獲承高祖太宗之丕構六載於茲矣罔敢遊是娛罔聲色是縱罔刑戮是濫罔邪佞是惑夙夜悚惕以憂以勤庶幾乎八表用康兆人以泰而西戎款附北狄懷柔獨惟南蠻姦宄不率侵陷交阯突犯朗寧爰及嶲州亦用擴寇勞我士卒興吾甲兵騷動黎元役力飛輓每一軫念閔然疚懷顧惟生人罹此愁苦宜布自天之澤俾垂及物之仁如聞湖南桂州是嶺路係口諸道兵馬綱運無不經過頓遞供承動多差配凋傷轉甚宜有特恩潭桂兩道各賜錢三萬貫文以助軍錢亦以充館驛息利本錢其江陵江西鄂州三道比於潭桂徭配稍簡宜令本道觀察使詳其閑劇准此例與置本錢邕州已西黎嶲界內昨因蠻寇互有殺傷宜令本道收拾埋瘞量設祭酹徐州土風雄勁甲士精強比以制馭乖方頻致騷擾近者再置額却領四州勞逸既均人心甚泰但聞比因罷節之日或有被罪奔逃雖朝廷頻下詔書並令一切不問猶恐尚懷疑懼未委招攜結聚山林終成詿誤況邊方未靜深藉人才宜令徐泗團練使選揀召募官健三千人赴邕管防戍待嶺外事寧之後卽與替代歸還仍令每召滿五百人卽差軍將押送其糧料賞給所司準例處分淮南兩浙海運虜隔舟船訪聞商徒失業頗甚所由縱捨爲弊實深亦有搬貨財委於水次無人看守多至散亡嗟怨之聲盈於道路宜令三道據所搬米石數牒報所在鹽鐵巡院令和雇入海舡船分付所司通計載米數足外輒不更有隔奪妄稱貯備其小舡短船到江口使司自有船不在更取商人舟船之限如官吏妄行威福必議痛刑於戲萬方靡安寧忘於罪己百姓不足敢怠於責躬用伸欽恤之懷式表憂勤之旨壬寅制以中書侍郎平章事楊收爲門下侍郎兼刑部尚書以中書侍郎平章事曹確兼工部尚書兵部侍郎平章事高璩爲中書侍郎知政事餘並如故秋七月壬子延資庫使夏侯孜奏鹽鐵戶部生積欠當使咸通四年已前延資庫錢絹三百六十九萬餘貫匹內戶部每年合送錢二十六萬四千一百八十貫匹從大中十二年至咸通四年九月已前除納外欠一百五十萬五千七百一十四萬貫匹當使緣戶部積欠數多先具申奏請於諸道州府場監院合納戶部所收八十文除陌錢內割一十五文屬當使自收管勅命雖行送納稽緩今得戶部迭稱所收管除陌錢絹外更有諸雜物貨延資庫徵收不便請起今年合納延資庫錢絹一時便足其已前積欠候物力稍充積漸塡納其所割一十五文錢卽當司仍舊收管又緣累歲以來嶺南用兵多支戶部錢物當使不欲堅論舊欠請依戶部商量合納今年一年額色錢絹須足明年卽依舊制三月九月兩限送納畢其以前積欠仍令戶部自立塡納期限者勅旨依之十月丙辰以中書舍人李蔚權知禮部貢舉十一月乙酉以大同軍防禦使盧簡方檢校工部尚書滄州刺史御史大夫充義昌軍節度滄濟德觀察等使乙未以兵部侍郎蕭寘本官同中書門下平章事六年正月癸未朔丁亥制以河東節度使檢校刑部尚書孔溫裕爲鄆州刺史天平軍節度鄆曹棣觀察處置等使二月制以御史中丞徐商爲兵部侍郎同平章事高璩罷知政事以吏部尚書崔愼由吏部侍郎鄭從讜吏部侍郎王鐸兵部員外郎崔瑾張彥遠等考宏詞選人金部員外郎張乂思大理少卿董賡試拔萃選人以給事中楊嚴爲工部侍郎尋召爲翰林學士四月西川節度使牛叢奏於蠻界築新城安城遏戎州功畢時南詔蠻入寇姚嶲陳許大將顏復戍嶲州新築二城其年秋六姓蠻攻遏戎州爲復所敗退去兵部侍郎平章事徐商蕭寘轉中書侍郎知政事五月以左丞相楊知溫爲河南尹以神策大將軍馬舉爲秦州經略招討使以右金吾大將軍李宴元爲夏州刺史朔方節度等使安南都護高駢奏於邕管大敗林邑蠻七月以右衛大將

軍薛綰檢校工部尚書徐州刺史充徐泗團練觀察防禦等使九月以中書舍人趙隱權知禮部貢舉以吏部侍郎蕭倣檢校禮部尚書滑州刺史御史大夫充義成軍節度鄭滑潁觀察等使十二月太皇太后鄭氏崩諡曰孝明是歲秋高駢自海門進軍破蠻軍收復安南府自李琢失政交阯淪沒十年蠻軍北寇邕容界人不聊生至是方復故地

七年春正月戊寅朔以太皇太后喪罷元會三月成德軍節度鎮冀深趙等州觀察處置等使金紫光祿大夫檢校司空鎮州大都督府長史御史大夫太原縣開國伯食邑七百戶襲食實封一百戶王紹懿卒贈司徒紹鼎之弟俱壽安公主之子也三軍推紹鼎子景崇知兵馬留後事就加幽州張允伸兼太保平章事進封燕國公以吏部侍郎鄭從讜檢校禮部尚書兼太原尹北都留守御史大夫上柱國滎陽縣開國男食邑三百戶充河東節度管內觀察處置等使四月壽安公主上表請入朝詔曰志與奏汝以景崇未降恩命欲來朝覲事具悉景崇素聞孝悌頗有義方洽三軍愛戴之情荷千里折衝之寄纘紹舊服綽有令猷朝廷獎能績有處分緣孝明太后園寢有日庶事且停候祔廟禮成當允誠請七月沙州節度使張義潮進甘峻山青骹鷹四聯延慶節馬二匹吐蕃女子二人僧曇延進大乘百法門明論等八月鎮州王景崇起復忠武將軍左金吾衛將軍同正檢校右散騎常侍兼鎮州大都督府左司馬知府事御史中丞充成德軍節度觀察留後上柱國賜紫金魚袋中書侍郎平章事徐商兼工部尚書十月沙州張義潮奏差迴鶻首領僕固俊與吐蕃大將尚恐熱交戰大敗蕃寇斬尚恐熱傳首京師右僕射門下侍郎平章事夏侯孜檢校司空平章事兼成都尹劍南西川節度等副大使知節度事安南高駢奏蠻寇悉平十一月十日御宣政殿大赦以復安南故也以翰林學士承旨戶部侍郎路巖爲兵部侍郎同平章事義成軍節度蕭倣就加檢校兵部尚書褒能政也以禮部郎中李景溫吏部員外郎高湘試拔萃選人

八年春正月壬寅朔丁未河中晉絳地大震廬舍壓仆傷人有死者三月安南高駢奏南至邕管水路湍險巨石梗塗令工人開鑿訖漕船無滯者降詔褒之制以門下侍郎兼戶部尚書平章事上柱國晉陽縣開國男食邑三百戶賜紫金魚袋楊收檢校兵部尚書充浙江西道觀察使以浙西觀察使杜審權守尚書左僕射以兵部侍郎于悰本官同平章事九月丁酉延資庫使曹確奏戶部每年合送當使三月九月兩限絹二十一萬四千一百匹錢萬貫自大中八年已後至咸通四年積欠一百五十萬五千七百餘貫匹前使杜悰申奏起請咸通五年正月以後於諸道州府場監院合送戶部八十文除陌錢內割十五文當使收管以塡積欠續據戶部牒稱州府除陌錢有折色零碎請起咸通五年所合送延資庫錢絹逐年兩限須足其除陌十五文當司仍舊收管前使夏侯孜具事由申奏且請依戶部論請期限其咸通五年錢絹戶部已送納自六年至八年其錢絹依前旋納又積欠三十六萬五千五百七貫匹者伏以所置延資庫初以備邊爲名至大中三年始改今號若財貨不充則名額虛設當制置之時所令三司逐年分減送當使收管元勑只有錢數但令本司減割送庫不定色目以此因循漸隳舊制年月既久積欠漸多既無計以徵收乃指色以取濟稍稱備邊名號得遵元勑指揮乃割戶部除陌八十文內十五文收管及戶部請逐年送庫須且稟從今既積欠又多終慮不及期限臣今酌量諸道州府場監院合送戶部錢絹內分配令勒留下合送延資庫數目令本處別爲綱運與戶部綱同送上都直納延資庫則戶部免有逋懸不至累年積欠從之十月丙寅兵部侍郎判度支崔彥昭奏當司應收管江淮諸道州府咸通八年已前兩稅榷酒及支米價并二十文除陌諸色屬省錢準舊例逐年商人投狀便換自南蠻用兵已來置供軍使當司在諸州府場監錢猶有商人便換齎省司便換文牒至本州府請領皆被諸州府稱准供軍使指揮占留以此商人疑惑乃致當司支用不充乞下諸道州府場監院依限送納及給還商人不得託稱占留者勑旨從之宰相門下侍郎戶部尚書曹確兼吏部尚書門下侍郎禮部尚書路巖兼戶部尚書中書侍郎工部尚書徐商兼刑部尚書兵部侍郎平章事于悰爲中書侍郎以中書舍人劉允章權知禮部貢舉以吏部侍郎盧匡吏部侍郎李蔚兵部員外郎薛崇司勳員外郎崔殷夢考吏部宏詞選人

九年春正月丙申以吏部侍郎李蔚檢校刑部尚書汴州刺史御史大夫充宣武節度汴宋亳觀察處置等使幽州節度使張允伸就加檢校太傅以兵部員外郎焦瀆司勳員外郎李嶽考宏詞選人七月戊戌白虹橫亘西方其月徐州赴桂林戍卒五百人官健許佶趙可立殺其將王仲甫以糧料判官龐勛爲都頭剽掠湘潭衡山兩縣有衆千人擅還本鎮九月辛卯朔甲午龐勛陷宿州知州判官焦璐奔歸于徐乙未龐勛陷徐州殺節度使崔彥曾判官焦璐李稅溫延皓崔蘊韋廷乂惟免監軍張道謹遂出徐宿官庫錢帛召募兇徒不旬日其徒五萬勛抗表請罪仍命羣兇邀求節鉞上遣中使因而撫之賊令別將梁伾守宿州以姚周爲柳子寨主又遣劉行及丁景琮吳迥攻圍泗州十月詔徵河南河東山南諸道之師貶浙西觀察使楊收爲端州司馬同正收弟前浙東觀察使越州刺史御史中丞嚴爲韶州刺史檢校工部尚書洪州刺史鎮南節度江南西道觀察處置等使嚴譔長流嶺南賊攻泗州勢急淮南節度使令狐綯慮失泗口爲賊奔衝乃令大將李湘赴援爲賊所誘示弱乞降乘其無備爲賊所襲舉軍皆沒湘與都監郭厚本俱爲賊所執送徐州十一月庚寅朔丁酉戌時妖星初出如匹練亘空化爲雲沒在楚分吳迥既執李湘乃令小將張行簡吳約攻滁州城內無兵有淮南遊奕兵三百人在州界見賊至徑來奔郡賊乘之遂陷滁州張行簡執刺史高錫望手刃之屠其城而去行簡又進攻和州刺史崔雍登城樓謂吳迥曰城中玉帛女子不敢惜只勿取天子城池賊許之遂剽城中居民殺判官張琢以琢城壕故也龐勛又令將劉贇攻濠州陷之囚刺史盧望回於迴車館望回憤懣而死僕妾數人皆爲賊蒸而食之十二月庚辰朔將軍戴可師率沙陀吐渾部落二萬人於淮南與賊轉戰賊黨屢敗盡棄淮南之守是歲江淮蝗食稼大旱龐勛奏當道先發戍嶺南兵士三千人春冬衣今欲差人送赴邕管鄂岳觀察使劉允章上書言龐勛聚徒十萬今若遣人達嶺表如戍卒與勛合勢則禍難非細尋詔龐勛止絕兼令江淮諸道紀綱捕之

十年春正月己未朔以徐州用兵罷元會癸亥以右拾遺韋保衡爲銀青光祿大夫守起居郎駙馬都尉尚皇女同昌公主出降之日禮儀甚盛以神武大將軍王晏權檢校工部尚書徐州刺史御史大夫充武寧軍節度徐泗濠觀察兼徐州北路行營招討等使智興之從子也以將軍朱克誠充北路招討都虞候王宥北路招討前軍使以翰林學士戶部侍郎劉瞻守本官同平章事中書侍郎兼戶部尚書平章事蔣伸爲太子太保罷知政事病免也以門下侍郎兼刑部尚書同平章事徐商檢校兵部尚書江陵尹荊南節度使以右神策大將軍知軍使兼御史大夫上柱國龍陽縣開國伯食邑一千戶康承訓可金紫光祿大夫檢校刑部尚書兼右神策大將軍御史大夫上柱國扶風郡開國公食邑一千五百戶充徐泗行營都招討使又以將軍李邵爲徐州南路行營招討都虞候以將軍史忠用爲潁州行營都知兵馬使將軍馬灊爲徐州行營都知兵馬使將軍董濤充盧州行營都知兵馬使將軍戴可師充漕州行營招討使將軍朱耶赤心充太原行營招討使沙陀三部落等軍使將軍王建充淮泗行營招討使將軍曹翔充兗海節度行營招討使將軍馬舉爲揚州都督府司馬充淮南行營招討使將軍高羅銳爲楚州刺史本州行營招討使將軍秦匡謨爲濠州刺史本州行營招討使將軍李播爲宿州刺史赴盧州行營招討使以將軍孟彪爲太僕卿充都糧料使凡十八將分董諸道之兵七萬三千一十五人正月一日進軍攻徐州魏博何弘敬奏當道點檢兵馬一萬三千赴行營時賊將劉行及丁景琮吳迥攻圍泗州可師乘勝救之屯於石梁驛賊自退去可師追擊生擒劉行及賊保都梁城乃斷行及之指懸於城下以示賊賊登城拜曰見與都頭謀歸朝可師既知其窘乃退軍五里其城西面有水三面天軍賊乃夜中涉水而遁明早開城門惟病嫗數人而已王師入壘未整翌日詰旦重霧賊軍大至可師方大醉單馬奔出爲虹縣人郭眞所殺一軍盡沒惟忠武太原沙陀之騎軍保全而退副將王健爲賊所擒劉行及却爲賊將吳迥所得吳迥乃進軍復圍泗州自是梯衝雲合內外不通龐勛恃其驟勝遣人上表詞語不恭又與康承訓書指斥朝政王晏權者智興之猶子也故授以武寧節制以招之以冀招懷徐人恐王式之誅相扇構亂數月招携唱之以利民闕卒無革心者康承訓大軍攻宿州賊將梁伾出戰屢敗乃授承訓檢校尚書右僕射兼滑州刺史義成軍節度使責授端州司馬楊收長流驩州與嚴譔並賜死於路其黨楊公慶嚴季實楊全益史明廉遂何師玄李孟勳馬全祐李羽王彥復等長流儋崖播等州判官朱侃常潾閭均等配流嶺南以河中節度使開府儀同三司檢校司徒平章事上柱國譙郡開國公食邑二千戶夏侯孜爲太子少保分司東都時南平蠻寇西川責孜在蜀日失政也二月己丑龐勛急攻泗州遣牙將李員入城見刺史杜慆曰留後知中丞名族不敢令軍士失禮但開城門令百姓存活無相疑也慆執而殺之詔司農卿薛瓊使淮南盧壽楚等州點集鄉兵以自固四月康承訓奏大敗柳子寨賊詔監軍楊玄

价與康承訓商量扙汴河水以灌宿州六月丁亥朔戊戌制曰動天地者莫若精誠致和平者莫若修政朕顧惟膚昧託于王公之上于茲十一年矣祇荷丕構寅畏小心慕唐堯之欽若昊天遵周王之昭事上帝念茲夙夜靡替虔恭同馭朽之憂勤思納隍之軫慮內戒奢靡外罷畋遊匪敢期於雍熙所自得於清淨止望寰區無事稼穡有年然而燭理不明涉道唯淺氣多堙鬱誠未感通旱暵是虞蟲螟爲害蠻蜑未賓於遐裔寇盜復蠹於中原尚駕戎車益調兵食俾黎元之重困每宵旰而忘安今盛夏驕陽時雨久曠憂勤兆庶旦夕焦勞內修香火以虔祈外罄牲玉以精禱仰俟玄貺必致甘滋而油雲未興秋稼闕望因茲愆亢軫于誠懷矧復暴政煩刑強官酷吏侵漁蠹耗陷害孤煢致有冤抑之人構災沴之氣主守長吏無忘奉公伐叛興師蓋非獲已除奸討逆必使當辜苟或陷及平人自然風雨愆候凡行營將帥切在審詳昭示惻憫之心敬聽勤卹之旨應京城天下諸州府見禁囚徒除十惡忤逆官典犯贓故意殺人合造毒藥放火持仗開劫墳墓及關連徐州逆黨外並宜量罪輕重速令決遣無久繫留雷雨不同田疇方瘁誠宜愍物以示好生其京城未降雨間宜令坊市權斷屠宰昨陝虢中使迴方知蝗旱有損處諸道長史分憂共理宜各推公共思濟物內有饑歉切在慰安哀此烝人毋俾艱食徐方寇孽未殄師旅有征凡合誅鋤審分淑慝無令脅從橫死元惡偷生宜申告伐之文使知逆順之理於戲每思禹湯之罪己其庶成康之措刑孰謂德信未孚敎化猶梗咨爾多士俾予一人既引過在躬亦漸幾于理布告中外稱朕意焉賊將鄭鎰急攻壽州詔南面招討使馬舉救之賊解圍而去康承訓悉兵攻賊小睢寨不利而退七月康承訓攻賊柳子寨垂剋而賊將王弘立救至王師大敗承訓退保宋州龐勛乘勝自率徐州勁卒併攻泗州留其都將許佶守徐州詔南面招討使馬舉爲行營都招討使代承訓率諸軍以援泗州八月和州防虞行官石倖等一百三十人狀訴刺史崔雍稱賊初刼烏江縣雍令步奏官二人探知雍猶不信二人並被枷杻續差人探見賊已去州十里賊尋逼州城崔雍與賊頭吳約於鼓角樓上飲酒許與賊州又認軍事判官李譙爲親弟表狀驅使官張立爲男只乞二人并身其餘將士一任處置便令押衙李詞等各脫下衣甲防虞官健束手被斬者八百餘人行官石瓊脫衣甲稍遲便被崔雍遣賊處斬其崔雍所有料錢并家口累差人押送往采石今在潤州豈有將一千人兵士之命贖拔已之一身不惟辜其神明實亦生負聖主兼科配軍州官吏修葺城池妄稱出料錢修城者勑曰臣子之節無如盡忠士人之風宜當遠恥崔雍任居牧守賊犯州城禦扞曾不發言從容乃與命酒況石瓊未脫衣甲志在當鋒不能獎其赤誠翻令擒送賊所原其深意與賊通和臣節全虧情狀可見欲行朝典宜更推窮其崔雍家口並在宣州宜令宣歙觀察使追崔雍收禁速勘逐具事由申奏是月馬舉率師解泗州之圍賊黨遁去勑曰當崔雍守郡之日是龐勛肆逆之初屬狂寇奔衝望風和好置酒以邀賊將啟關而納兇徒城內不許持兵皆令解甲致使三軍百姓扙血相視連頭受誅初聞奏陳深駭觀聽錫望守城而死已有追榮杜慆孤壘獲全尋加殊奬既褒忠節難赦罪人玉石固分懲勸斯在將垂誡於四海當何愛於一夫其崔雍宜差內養孟公度專往宣州賜自盡公度至雍死於陵陽館其男黨兒歸僧配流康州錮身遞送司勳郎中崔原貶柳州司戶比部員外郎崔福昭州司戶長安縣令崔朗澧州司戶左拾遺崔庚連州司戶荊南觀察支使崔序衡州司戶皆雍之親黨也九月賊宿州守將張玄稔以城降有兵萬人馬舉率師赴之龐勛聞之遂急攻玄稔玄稔賊之勁將出遂與舉合勢急圍徐州許佶登城拒守者三日佶敗走出玄稔收復徐州龐勛方來赴援聞城已拔欲南趨濠州馬舉追及濉河擊敗之勛溺水而死蘄縣主將又斬許佶首來降徐寇悉平初龐勛據徐州倉庫素無貯蓄乃令羣兇四出於楊楚廬壽滁和兗海沂密曹濮等州界剽牛馬輓運糧糗以夜繼晝招致亡命有衆二十萬男女十五已上皆令執兵其人皆舒鋤鉤爲兵號曰霍錐首尾周歲十餘郡生靈受其酷毒至是盡平與玄稔詔曰去歲災與分野毒起徐方蕞爾庸夫稱兵犯命招諭不復猖狂罔悛脅從三州之人汚染萬姓之俗逆順之理邪正坐分果有忠臣悉殲逆黨再清郡邑不舉干戈此皆衆人協心闔州受福但以首尾周歲取制兇威里閭不安農桑失業言念於此倍積憂懷已有詔指揮令授玄稔銀青光祿大夫檢校右散騎常侍兼右驍衛大將軍御史大夫賜分帛五千匹金榼一枚蓋椀一具金腰帶一條軍將張皐已下二十人等第優給今差高品李志承押領宣賜制曰朕以眇身獲承丕業虔恭惕厲十一載于茲況荷十七聖之鴻休紹三百年之慶祚將求理本敢忘宵衣雖誠信未孚而寅畏不怠既絕意於苑囿固無心於畋遊業業兢兢日慎一日休徵罔應沴氣潛生南蠻將罷於戰爭徐寇忽孤於惠養招諭不至虐暴滋深竊弄干戈擅攻州鎮將邀符印輒恣兇殘不畏神祇自貽覆滅股肱之臣以罪惡之難捨腹心之衆謂悖逆之可誅爰徵甲兵用救塗炭上將宣力內臣協心選用皆得於良材掃盪纔及於周歲誅干紀反常之噍類懲亂臣賊子之奸謀今則已及偃戈重康庶黎疇庸之典在絲髮以無私懋賞之時貴纖毫之必當其四面行營節度使既成茂勳宜加酬奬並取別勑處分應諸道行營都將已下節度及軍將各委本道具功勞名銜分析聞奏當續有處分被堅執銳冒涉寒暄解甲櫜弓還鄉復業須縑帛之賜免差役之征應四面行營將士今既平寧宜令次第放歸本道其賞賜匹段已從別勑處分到本道後仍令節度使各犒宴放歸私第便令歇息未用差使如行營人並免差科色役如本廂本將今後有節級員闕且以行營軍健量材差置用酬征伐之勤臨敵用命力屈殞身須慰傷魂以彰忠節超與職事仍加任使如無父兄子弟即有妻女者即委州使厚加贈卹常令安撫如是都將至都虞候陣亡者與贈官應陣亡將士有父兄子弟願入軍者便令本道塡替如無父兄子弟仍且與給衣糧三年因戰陣傷損手足永廢者終身不得停給如將士被賊殺害者委所在州縣量事救接重與改瘞勿令暴露兼與設祭王者以仁恕爲本拯濟是謀元惡既已誅鋤脅從宜從寬宥除龐勛親屬及桂州迴戈逆黨爲賊脅從及因戰陣拒敵官軍招諭不悛懼法逃走皆非本惡蓋鋒刃所驅今並釋放一切不問應舊軍將軍吏節及所由既已歸還征賦先宜蠲免其徐宿濠泗等州應合徵秋夏兩稅及諸色差科色役一事已上宜放十年已後蠲放三年待三年後續議條疏處分編甿失業丘井無人桑柘枌榆鞠爲茂草應行營處百姓田宅產業爲賊殘毀燒焚者今既平寧並許識認各還本主諸色人不得妄有侵占九原可作千載不忘尚禁樵蘇寧傷丘壠應有先賢墳墓碑記爲人所知被賊毀廢者即與掩藏仍量致祭自用兵已來郡邑皆罹攻刼遠念驚撓尤在慰安今遣右散騎常侍劉異兵部郎中薛崇等往彼宣撫於戲朕以四海爲家兆人爲子一物失所每軫納隍之憂一方未寧常貼危之戒今元兇就戮逆黨誅夷載戢干戈永銷氛祲庶平妖氣允洽嘉祥遐邇臣寮當體予意制以徐州南面招討使檢校尚書左僕射右神武大將軍權知淮南節度事扶風縣開國伯食邑一千戶馬舉可檢校司空兼揚州大都督府長史淮南節度副大使知節度事以右武衛大將軍徐州東南面招討使曹翔檢校兵部尚書兼徐州刺史御史大夫徐泗濠團練防禦等使以前淮南節度使檢校司空平章事上柱國京國公食邑三千戶令狐綯爲太子太保分司東都魏博節度使檢校太傅同平章事何弘敬卒三軍立其子全皥爲兵馬留後十一月南詔蠻驃信坦綽酋龍率衆二萬寇巂州定邊軍節度都頭安再榮守清溪關爲賊所攻再榮退保大渡河北去清溪關二百里隔水相射凡九日八夜定邊軍節度使竇滂勒兵拒之十二月驃信遣清平官十餘人來僞和與竇滂語次蠻軍船栰競渡忠武武寧軍兵士結陣抗之接戰自午及申蠻軍稍卻竇滂自縊于帳中徐州將苗全緒解之謂滂曰都統何至於是但安心全緒與再榮弘節等血戰取勝全緒三人率兵而出滂乃單騎宵遁其夜蠻軍營於山下全緒等謀曰彼衆我寡若明日對陣吾屬敗矣可夜擊之令其軍亂自解去忠武武寧之師乃夜入蠻軍弓弩亂發蠻衆大駭全緒等三將保軍而去蠻軍乘勝進攻西川城朝廷以顏慶復爲大渡河制置劍南應接等使宋威爲行營都知兵馬使將兵數萬與忠武武寧之師合與蠻軍戰于漢州之毗橋大捷解西川之圍明日蠻軍遁走西川平以蜀王佶爲開府儀同三司成都尹劍南西川節度副大使知節度事不出閤以盧耽知節度事詔河東節度使鄭從讜赴闕以義成軍節度使光祿大夫檢校尚書左僕射同平章事滑州刺史上柱國會稽縣開國伯食邑二千戶康承訓以本官兼太原尹北都留守充河東軍節度使以吏部侍郎楊知溫吏部侍郎于德孫李玄考官司封員外郎盧蕘刑部侍郎楊戴考試宏詞選人以虞部郎中宋震前昭應主簿胡德融考科目舉人詔以兵戈纔罷且務撫寧其禮部貢舉宜權停一年付中書行勑指揮其兩省官等不用論奏勑荊南節度使杜悰據司天奏有小孛星氣經歷分野恐有外夷兵水之患緣邊藩鎮最要隄防宜訓習師徒增築城堡凡關制置具事以聞制以魏博節度使何全皥起復檢校司空同平章事

十一年春正月甲寅朔制尚書右僕射杜審權爲檢校司徒河中尹絳慈隰節度觀察處置等使丙午制宰相門下侍郎吏部尚書曹確可兼尚書左僕射門下侍郎戶部尚書路巖可兼右僕射中書侍郎于悰可兼戶部

尚書平章事劉瞻可中書侍郎知政事餘並如故已酉制河東節度使康承訓將門瑣質戎壘微才曾不知兵謬膺重祿憂韜鈐以効任畜奸惡以事君幾授鉞於戎藩嘗執金以徼道謂其盡節委以專征屬者徐部匪寧敢干紀律俾護諸將坐覆危巢磬國幣以佐軍須王爵而賞士而玩寇莫戰按甲不前立法未學於穰苴申令頓虧於孫子況部伍不戰逼撓無謀人數空多軍威何振使農夫釋耒工女下機始疑望於天誅翻有恩於賊至洎元兇自潰玄稔効忠彭門洞開爾功何有而負恩已甚瀆貨是求叨榮苟幸於一時遺患遂逾於積歲爰行國典俾傳戎藩可蜀王傅分司東都再貶恩州司馬同正馳驛發遣以檢校左散騎常侍泗州刺史杜慆檢校工部尚書滑州刺史義成軍節度鄭滑觀察等使以河東行營沙陀三部落羌渾諸部招討使檢校太子賓客監察御史朱邪赤心爲檢校工部尚書單于大都護御史大夫振武節度麟勝等州觀察等使仍賜姓名曰李國昌以吏部尚書蕭鄴吏部侍郎于德孫吏部侍郎楊知溫考官司勳員外郎李耀禮部員外郎崔澹等考試應宏詞選人以河陽三城節度孟懷澤觀察使中散大夫檢校禮部尚書孟州刺史御史大夫崔彥昭爲金紫光祿大夫檢校刑部尚書太原尹北都留守河東節度觀察等使以兵部侍郎翰林學士承旨扶風縣開國子食邑五百戶駙馬都尉韋保衡本官同平章事以兵部侍郎劉鄴判度支左僕射門下侍郎同平章事曹確以病求免授檢校司空同平章事兼潤州刺史充浙江西道觀察等使魏博節度使何全皥酷政爲衙軍所殺推其大將韓君雄爲留後四月癸未朔戊子勅去年屬以用軍之際權停貢舉一年今既去戈却宜仍舊來年宜別許三十人及第進士十人明經二十人已後不得援例八月辛巳朔己酉同昌公主薨追贈衛國公主謚曰文懿主郭淑妃所生主以大中三年七月三日生咸通九年二月二日下降上尤鍾念悲惜異常以待詔韓宗紹等醫藥不効殺之收捕其親族三百餘人繫京兆府宰相劉瞻京兆尹溫璋上疏論諫行法太過上怒叱出之九月丙辰制以正議大夫守中書侍郎兼刑部尚書同平章事充集賢殿大學士上柱國彭城縣開國侯食邑一千戶賜紫金魚袋劉瞻檢校刑部尚書同平章事兼江陵尹充荊南節度等使翰林學士戶部侍郎知制誥上柱國賜紫金魚袋鄭畋爲梧州刺史正議大夫御史中丞上柱國賜紫金魚袋孫瑝爲汀州刺史將仕郎右諫議大夫柱國賜紫金魚袋高湘爲高州刺史中散大夫比部郎中知制誥柱國賜紫金魚袋楊知至爲瓊州司馬將仕郎守禮部郎中魏簹爲春州司馬朝議大夫行兵部員外郎判度支案柱國張顏爲播州司戶朝議大夫行刑部員外郎柱國崔顏融爲雷州司戶並坐劉瞻親善爲韋保衡所逐也京兆尹溫璋貶振州司馬制出之夜璋仰藥而死劉瞻再貶康州刺史十月以給事中薛能爲京兆尹以中書舍人高湜權知禮部貢舉十一月己酉朔辛亥制以禮部尚書王鐸本官同平章事丁卯勅徐州地當沛野軍本驍雄寔爲壯國之都固協建侯之制況山河素異土俗甚殷豈欲削卑挫其繁盛蓋緣比因稔禍或至亂常罪由巳招孽非天作桂林叛卒繼有逆謀塗炭生靈首尾周歲殺傷黎庶汚染忠良所不忍言尋加剪滅是以卑其鎮額隸彼藩方近屬大兵已來幾年荐至且聞軍人百姓深恥前非願行舊規却希建節朕每深軫念思致小康特示渥恩復其軍額宜賜宣崴軍綾絹十萬匹助其宴犒必獲周豐其徐州都團練使改爲感化軍節度徐宿濠泗等州觀察處置等使以吏部侍郎鄭從讜檢校戶部尚書兼汴州刺史御史大夫充宣武軍節度使代李蔚以蔚檢校吏部尚書揚州大都督府長史兼淮南節度副大使知節度事

十二年春正月戊申宰相路巖率文武百寮上徽號曰睿文英武明德至仁大聖廣孝皇帝御含元殿冊禮畢大赦辛酉葬衛國公主於少陵原先是詔百寮爲挽歌詞仍令韋保衡自撰神道碑京兆尹薛能爲外監護供奉楊復璟爲內監護威儀甚盛上與郭淑妃御延興門哭送幽州節度使張允伸病請以子簡會爲節度副大使權知兵馬事詔從之三月以吏部尚書蕭鄴吏部侍郎歸仁晦李當考官司封郎中鄭紹業兵部員外郎陸勳等考試宏詞選人四月以左僕射門下侍郎同平章事路巖檢校司徒兼成都尹劍南西川節度等使五月庚申勅慎恤刑獄大易格言語曰如得其情則哀矜而勿喜而獄吏苛刻務在舞文守臣因循罕聞視事以此械繫之輩溢於狴牢追捕之徒繁於簡牘實傷和氣因致沴氛況時屬熇蒸化先茂育並赦罪戾式順生成應天下所禁繫罪人除十惡忤逆故意殺人合造毒藥持仗行刼開發墳墓外餘並宜疎理釋放或信任人吏多有生情繫留續察訪得知本道觀察使判官州府本曹官必加懲譴以誡慢易到後十日內速疎理分析聞奏上幸安國寺賜講經僧沉香高座七月辛丑中書門下奏准今年六月十二日勅釐革諸道及在京諸司奏官并請章服事者其諸道奏州縣官司錄縣令錄事叅軍或見任公事敗闕不理切要替換及前任實有勞効并見有闕員卽任各舉所知每道奏請仍不得過兩人其河東潞府邠寧涇原靈武鹽夏振武天德鄜坊滄德易定三川等道觀察防禦等使及嶺南五管每道每年除令錄外許量奏簿尉及中下州判司及縣丞共三人福州不在奏州縣官限其黔中所奏州縣官及大將管內官卽任準舊例處分在京諸司及諸道帶職奏官或非時僉替考限未滿並却與本資官諸道節度及都團練防禦使下將校奏轉試官及憲御等令諸節度事每年量許五人都團練防禦量許三人爲定不得更於其外奏請其御史中丞已下卽準勅文條疏須有軍功方可授任自今後如顯立戰伐功勞者任具事績申奏如檢甚不虛當別與商量處分以外輒不得更有奏請其幽鎮魏三道望且準承前舊例處分勅旨從之十二月以檢校戶部尚書汴州刺史御史大夫宣武軍節度使鄭從讜爲廣州刺史嶺南東道節度觀察處置等使

十三年春正月壬寅朔甲戌制以兵部侍郎判度支劉鄴本官同平章事幽州盧龍等軍節度使檢校司徒同平章事幽州大都督府長史上柱國燕國公食邑三千戶張允伸卒贈太尉謚曰忠烈允伸鎮幽州二十三年二月幽州牙將張公素奪留後張簡會軍政自稱留後丁巳制以尚書右僕射門下侍郎同平章事于琮檢校司空襄州刺史充山南東道節度觀察處置等使以御史中丞趙隱爲戶部侍郎本官同平章事三月以吏部尚書蕭鄴吏部侍郎獨孤雲考官職方郎中趙蒙駕部員外郎李超考試宏詞選人試日蕭鄴替差右丞孔溫裕權判五月庚午朔辛未勅檢校尚書左僕射守左羽林軍統軍御史大夫張直方貶康州司馬同正以其部下爲盜故也乙亥國子司業韋殷裕於閤門進狀論淑妃弟郭敬述陰事上怒甚卽日下京兆府決殺殷裕籍沒其家殷裕妻崔氏音聲人鄭羽客王燕客婢微娘紅子等九人配入掖庭閤門使田獻銛奪紫配於橋陵閤門司閽敬直決十五配南衙爲受殷裕文狀故也給事中杜裔休貶端州司馬中書舍人崔沆循州司戶殷裕妻兄也太僕少卿崔元闕州司戶殷裕妻父也前河陰院官韋君卿爲愛州宋平尉殷裕季父也以前大理正万俟鎔爲國子司業前興元少尹馮彭爲普州刺史前大理正陽琯爲昌州刺史丙子制開府儀同三司檢校尚書左僕射兼襄州刺史御史大夫充山南西道節度觀察等使于琮可正議大夫守普王傅分司東都辛巳勅尚書左丞李當貶道州刺史吏部侍郎王渢貶漳州刺史左散騎常侍李鄴貶賀州刺史前中書舍人封彥卿貶湖州司戶翰林學士承旨兵部侍郎知制誥張裼貶封州司馬右諫議大夫楊塾貶和州司戶工部尚書嚴祁貶彬州刺史給事中李貺蘄州刺史給事中張鐸藤州刺史左金吾衛大將軍充左街使李敬仲儋州司戶前靑州刺史平盧軍節度使于涓爲涼王府長史分司東都前湖南觀察使于環爲袁州刺史涓環琮之兄也于蔿于萖亦配流自李當已下皆于琮之親黨也爲韋保衡所逐以天德防禦使檢校左散騎常侍段文楚爲雲州刺史大同軍防禦使六月義成軍節度使檢校工部尚書杜慆奏當管潁州僧道百姓舉留刺史宗回勅曰回清幹臨人自有月限方藉綏輯未議替移六月中書門下奏今月十七日延英面奉聖旨令誡約天下州府應有逃亡戶口其賦稅差科不得攤配見在人戶上者伏以諸道州府或兵戈之後災沴之餘戶口逃亡田疇荒廢天不敷佑人多艱危鄉閭屢困於征徭帑藏因茲而耗竭遂使從來經費色額太半空系簿書綏徵歛則闕於供須促期限則迫於貧苦言念凋弊勞乃憂勤不降明文孰知聖念其逃亡戶口賦稅及雜差科等須有承佃戶人方可依前應役如將闕稅課額攤於見在人戶則轉成逋債重困黎元或富者有連阡之田貧者無立錐之地欲令均一固在公平若令狡猾之徒得以昇降由巳望其完葺不亦難乎全由長史竭誠方使疲甿漸泰臣等商量令諸道州府準此條疏應有逃亡戶口稅賦并雜色差科等並不得輒更攤配於見存務人戶之上設法招攜多方撫御乘茲豐稔重獲昭蘇苟致安寧自當遷陟不遵詔令必舉典刑從之七月以前義昌軍節度使盧簡方爲太僕卿十二月以振武節度李國昌爲檢校右僕射雲州刺史大同軍防禦等使國昌恃功頗橫專殺長史朝廷不能平乃移鎮雲中國昌稱病辭軍務乃以太僕卿盧簡方檢校刑部尚書雲州刺史充大同軍防禦等使上召簡方於思政殿謂之曰卿以滄州節鎮屈轉大同然朕以沙陀羌渾撓亂邊鄙以卿曾在雲中惠及部落且忍屈爲朕此行具達朕旨安慰國昌勿令有所猜嫌也是月李國昌小男克用殺雲中防禦使段文楚據雲州自稱防禦留後制追謚宣

宗爲元聖至明成武獻文睿智章仁神聰懿道大孝皇帝

十四年春正月丙寅朔御史中丞韋蟾奏應諸州刺史除授正衙辭謝後託故陳牒請假實爲容易自今後如實有故爲衆所知者三日外不在陳牒之限應內外除官入京合便朝謝如遇假日且合在都亭驛近日多因請假便歸私家既犯條章頗乖禮敬自今已後望準故事如未朝謝須於都亭驛如違越臺司劾當申奏從之辛未以雲朔暴亂代北騷動賜盧簡方詔曰李國昌久懷忠赤顯著功勞朝廷亦三受土疆兩移旄節其爲寵遇實寡比倫昨者徵發兵師又令克讓將領惟嘉節義同絕嫌疑近知大同軍不安殺害段文楚推國昌小男克用主領兵權事雖出於一時心豈忘於長久段文楚若實刻剝自結怨嫌但可申論必行朝典遽至傷殘性命剸剔肌膚慘毒憑凌殊可驚駭況忠烈之後節義之門致茲橫亡尤悚觀聽若克用暫勿主兵務束手待朝廷除人則事出權宜不足猜慮若便圖軍柄欲奄有大同則患繫久長故難依允料國昌輸忠効節必當已有指揮知卿兩任雲中恩及國昌父子敬憚懷感不同常人宜悚與書題深陳禍福殷勤曉喻劈析指宜切令大節無虧勿使前功併棄簡方準詔諭之國昌不奉詔乃詔太原節度使崔彥昭幽州節度使張公素帥師討之三月以新除大同軍使盧簡方爲單于大都護振武節度麟勝等州觀察等使時李國昌據振武簡方至嵐州而卒自是沙陀侵掠代北諸軍鎮庚午詔兩街僧於鳳翔法門寺迎佛骨是日天雨黃土徧地四月八日佛骨至京自開遠門達安福門綵棚夾道念佛之音震地上登安福門迎禮之迎入內道場三日出於京城諸寺士女雲合威儀盛飾古無其比制曰朕以寡德纘承鴻業十有四年頃屬寇猖狂王師未息朕憂勤在位愛育生靈遂乃尊崇釋教至重玄門迎請眞身爲萬姓祈福今觀覩之衆隘塞路岐載念徙牢寢興在慮嗟我黎人陷於刑辟況漸當暑毒繫於縲紲或積幽凝滯有傷和氣或關連追擾有妨農務京畿及天下州府縣禁囚徒除十惡忤逆故意殺人官典犯贓合造毒藥放火持仗開發墳墓外餘罪輕重節級遞減一等其京城軍鎮限兩日內疎理訖聞奏天下州府勑到三日內疎理聞奏以吏部侍郎蕭倣爲兵部侍郎同平章事六月帝不豫七月癸亥朔戊寅疾大漸庚午制立晉王儼爲皇太子權勾當軍國政事辛巳遺詔曰朕祇事九廟君臨四海夕惕如厲宵分靡寧必求政化之源思建大中之道至於懷柔夷貊偃戢干戈皆以德綏亦自馴致冀清淨之爲理庶洽平之可臻自秋已來忽爾疹坐朝既闕踰旬未瘳六疾斯侵萬機多曠醫和無驗以至彌留嗚呼數災有窮聖賢之所必同明於斯言是爲達節載申顧命式叶典謨皇太子權勾當軍國事儇性稟寬和生知忠孝德苞睿哲聖表殉齊必能揚祖宗之重光荷邦家之丕構宜令所司具禮於柩前即皇帝位以司空門下侍郎平章事韋保衡攝冢宰軍國務殷豈可久曠況易月之制行之自古皇帝宜三日而聽政二十七日釋服諸道節度觀察團練防禦等使及監軍諸州刺史受寄至重並不得離任赴哀文武常參官朝晡之臨十五舉音宮中當臨者非時無得擅哭天下人吏百姓告哀後出臨三日皆釋服勿禁食肉飲酒婚姻祭祀釋服之後無禁當舉薄葬之禮宜遵漢魏之文其山陵制度切在儉約並不得以金銀錦繡文飾喪具五坊鷹犬等除蒐狩外餘並解放其醫官段璲趙玭符虔休馬及等並釋放咨爾將相卿士中外臣寮竭力盡忠匡予令嗣送往事居無違朕志是日崩于咸寧殿聖壽四十一百寮上諡日睿文昭聖恭惠孝皇帝廟號懿宗十五年二月葬于簡陵

史臣曰臣常接咸通耆老言恭惠皇帝故事當大中時四海承平百職修舉中外無粃政府庫有餘貲年穀屢登封疆無擾恭惠始承丕構頗亦勵精延納讜言尊崇耆德數稔之內洋洋頌聲然器本中庸流於近習所親者巷伯所昵者桑門以蠱惑之侈言亂驕淫之方寸欲無怠忽其可得乎及釁結蠻陬奸生戍卒發五嶺之轉輸寰海動搖徵二蜀之扞防蒸人盪覆徐寇雖殄河南幾空然猶削軍賦而飾伽藍困民財而修淨業以諫佞爲愛己謂忠諫爲妖言爭趨險詖之途罕勵貞方之節見豕負塗之愛豈非次寵昇燋頭爛額之輔臣無辜竄逐是以干戈布野蟲旱彌年佛骨纔入於應門龍輴已泣於蒼野報應無必斯其驗歟土德夌夷禍階於此雖有文景之英繼難以興焉自茲龜玉之不昌固其宜矣黃髮遺叟言之涕零

贊曰邦家治亂在君聽斷恭惠驕奢賢良貶竄凶豎當國憸人滿朝奸雄乘釁貽謀道消

舊唐書卷十九上考證

懿宗本紀咸通四年夏四月勑徐州防禦使爲文都隸兗州○沈炳震曰按文都唐無此官疑團練使之譌又隸兗州新書方鎮表在咸通三年

六年夏四月兵部侍郎同平章事徐商蕭寘轉中書侍郎知政事○臣德潛按新書三月蕭寘薨不應四月復轉中書侍郎必有一誤而兩書俱無寘傳未知孰是

五月安南都護高駢奏於邕管大敗林邑蠻○臣宗萬按通鑑注曰林邑在海南自至德後號環王與中國久絕劉昫但見南蠻則謂之林邑誤也新書南詔傳亦云駢以選士五千渡江敗林邑兵於邕州亦承此而誤也

七年十月安南高駢奏蠻寇患平十一月十日御宣政殿大赦以復安南故也○臣宗萬按六年紀曰是歲秋高駢自海門進軍破蠻軍收復安南府若然則六年已收復安南豈有七年始奏而行大赦之理則安南之復實在七年明矣劉昫蓋因駢於六年秋發海門遂云復安南耳

八年三月以浙西觀察使杜審權守尚書左僕射○沈炳震曰審權傳龐勛之亂審權猶在浙西而本紀八年已遷左僕射則去九年九月龐勛之反一年有餘不應遷而未去也此疑有誤

十年春正月中書侍郎兼戶部尚書同平章事蔣伸爲太子太保罷知政事○臣德潛按伸于二年九月已罷政矣此疑錯簡于此

魏博節度使何弘敬卒三軍立其子全皥爲兵馬留後○新書在七年六月

十三年十二月李國昌小男克用殺雲中防禦使段文楚自稱防禦留後○新書在僖宗乾符五年二月綱目同新書

十四年四月迎佛骨至京制或積幽寧滯有傷和氣云云○寧滯乃凝滯之誤也已改正

# 舊唐書卷十九下

後晉司空同中書門下平章事劉 昫撰

## 本紀第十九下

### 僖宗

僖宗惠聖恭定孝皇帝諱儇懿宗第五子母曰惠安皇后王氏咸通三年五月八日生於東內初封普王名儼十四年七月懿宗大漸其月十八日制曰朕守大器之重居兆人之上日慎一日如履如臨旰昃勞懷寢興思理涉道猶淺導化未孚而攝養乖方寒暑成癘實有慮於闕政且無暇於怡神恙未少瘳日加寖劇萬務凡總須有主張考思舊章謀于卿士思闡鴻業式建皇儲第五男普王儼改名儇孝敬溫恭寬和博厚日新令德天假英姿言皆中規動必由禮俾崇邦本允協人心宜立爲皇太子權勾當軍國政事咨爾中外卿士洎于腹心之臣敬保予肩輔成予志各竭乃心以安黎庶布告中外知朕意焉是日懿宗崩二十日即皇帝位于柩前時年十二左軍中尉劉行深右軍中尉韓文約居中執政並封國公八月皇帝釋服冊聖母王氏爲皇太后河南大水自七月雨不止至釋服後方霽九月守司空門下侍郎平章事韋保衡貶賀州刺史以岳州刺史于琮爲太子少傅緣琮貶逐者並放還循州司戶崔沆復爲中書舍人前戶部侍郎知制誥翰林學士承旨鄭畋爲左散騎常侍前兵部侍郎知制誥翰林學士張裼爲太子賓客前諫議大夫高湘復爲諫議大夫前宣歙觀察使楊嚴復爲給事中十月左僕射門下侍郎平章事劉鄴檢校左僕射同平章事兼揚州大都督府長史充淮南節度觀察副大使知節度事十一月以光祿大夫守太子少傅駙馬都尉于琮檢校尚書左僕射兼襄州刺史御史大夫充山南東道節度觀察等使十二月雷震義成軍節度使檢校刑部尚書杜慆就加兵部尚書

乾符元年春正月辛酉朔乙丑左僕射門下侍郎平章事蕭倣兼右僕射門下侍郎吏部尚書平章事王鐸檢校吏部尚書同平章事兼汴州刺史充宣武軍節度宋亳觀察等使二月葬懿宗于簡陵三月以河東節度使檢校尚書右僕射崔彥昭爲尚書兵部侍郎充諸道鹽鐵轉運等使以銀青光祿大夫京兆尹上柱國岐山郡開國公食邑三千戶竇澣檢校戶部尚書太原尹北都留守御史大夫充河東節度管內觀察處置等使以中書侍郎刑部尚書同平章事趙隱檢校吏部尚書潤州刺史浙江西道都團練觀察等使四月崔彥昭本官同

平章事領使如故以前淮南節度使李蔚爲吏部尚書以天平軍節度使檢校尚書右僕射兼鄆州刺史高駢檢校司空兼成都尹充劍南西川節度副大使知節度事以右散騎常侍韋荷爲吏部侍郎前同州刺史崔璞爲右散騎常侍右領軍衞上將軍渾偘檢校吏部尚書左千牛衞上將軍以侍御史盧胤征爲司封員外郎判戶部案五月以吏部侍郎鄭畋爲兵部侍郎同平章事戶部侍郎知制誥翰林學士賜紫金魚袋盧攜本官同平章事太子右庶子李嶧爲太僕卿侍御史裴渥爲起居郎以嶺南東道節度使檢校刑部尚書鄭從讜爲刑部尚書以吏部侍郎韋荷檢校禮部尚書廣州刺史嶺南東道節度使七月以禮部侍郎裴瓚爲檢校左散騎常侍潭州刺史御史大夫湖南觀察使故湖南觀察使李庾贈禮部尚書十月以中書舍人崔沆爲中書侍郎右諫議大夫崔胥爲給事中十一月丙戌朔庚寅上有事於宗廟禮畢御丹鳳門大赦改元爲乾符宰相蕭倣兼司空弘文館大學士太清宮使兵部侍郎崔彥昭爲中書侍郎兵部侍郎鄭畋爲集賢殿大學士以宣慰沙陀六州部落檢校兵部尚書李鈞爲靈武節度制曰朕以沙陀驍勇重累戰功六州蕃渾沐浴王化念其出於猜貳互有傷殘而克璋報仇其意未已被我君臨之德軫吾子育之心爰擇良能俾之宣撫惟爾先王嘗鎭北門待國昌以雄傑之才置國昌於濟活之地旣藉奕葉之舊又懷任土之觀是用付以封疆委之軍旅必集王事無墜家聲初鈞父業鎭太原能安集代北部落時李國昌父子據大同振武吐渾契苾幽州諸道之軍攻之不利故假鈞靈武節鉞率師招諭之以長安令李璧爲諫議大夫以吏部員外郎徐彥若爲長安令兵部郎中盧鄴爲楚州刺史十二月党項迴鶻寇邊以左司郎中崔原爲兵部郎中江州刺史李可仁爲右司郎中權知工部尚書牛蔚爲禮部尚書太子賓客于涙爲工部尚書是冬南詔蠻寇蜀詔河西河東山南西道東川徵兵赴援西川節度使高駢奏奉勅抽發長武鄜州河東等道兵士赴劍南行營者伏以西川新軍舊軍差到已衆況蠻蜑小醜必可枝梧今以道路崎嶇館驛窮困更有軍頓立見流移所謂望一處完全而百處俱破且兵不在衆而在於和其左右神策長武鎭鄜川河東所抽甲馬兵士人數不少況備辦軍食費損尤多又緣三道藩鎭盡扼羌戎邊鄙未寧望不差發如已在道路並請降勅勒迴詔荅曰蠻蜑如尚憑凌固須倍兵禦敵若已奔退卽要併力追擒方藉北軍助平南寇其三處兵士宜委高駢候到蜀日分布驅使具務多多之辦寧亂整整之師其河東一千二百人令竇滸不要差發時駢扞蠻已退長武兵士竟至蜀而還議者惜其勞費而虛邀出入之賞也右軍中尉韓文約以疾乞休致從之

二年春正月乙酉朔己丑宰相崔彥昭率文武百寮上尊號上御正殿受册以知內樞密田令孜爲右軍中尉南蠻驃信遣使乞盟許之以鳳州刺史郭弘業爲左金吾衞將軍庫部郎中韋岫爲泗州刺史都官員外郎李頻爲建州刺史二月以兵部侍郎充諸道鹽鐵轉運使王凝爲秘書監以所補吏職罪也以吏部侍郎裴坦爲兵部侍郎充諸道鹽鐵轉運使以翰林學士崔澹爲中書舍人翰林學士徐仁嗣爲司封郎中學士如故以容管經略招討使高秦檢校戶部尚書太府卿李嶧爲宗正卿湖州刺史張搏爲廬州刺史庫部員外郎楊堪爲吏部員外郎三月以右補闕鄭勤爲起居郎度支推官牛徽爲右補闕以戶部郎中崔彥融爲長安令都官郎中楊知退爲戶部郎中左司員外郎唐嶠爲刑部郎中刑部員外郎畢紹顏爲左司員外郎侍御史鄭項爲刑部員外郎四月海賊王郢攻剽浙西郡邑以殿中侍御史李燭爲禮部員外郎以太子賓客張禓爲吏部侍郎前淮南節度使李蔚爲太常卿成德軍節度使王景崇加開府儀同三司秘書監蕭峴爲國子祭酒汝州刺史崔彥冲爲太子賓客分司新除吏部侍郎張禓爲京兆尹東川黠檢兵馬使吳行魯可金紫光祿大夫檢校兵部尚書兼梓州刺史御史大夫充劍南東川節度等使以東川節度使檢校戶部尚書崔充爲河南尹河南尹李晦檢校左散騎常侍兼福州刺史福建都團練觀察使以鳳翔隴西節度使檢校司徒同平章事上柱國京國公食邑三千戶令狐綯進封趙國公五月濮州賊首王仙芝聚於長垣縣其衆三千剽掠閭井進陷濮州俘丁壯萬人鄆州節度使李種出兵擊之爲賊所敗以殿中少監薛璫爲衞州刺史國子司業裴拙爲洋州刺史中書舍人崔沆爲禮部侍郎兵部郎中裴虔餘爲太常少卿六月以司勳員外郎薛邁爲兵部郎中戶部員外郎鄭就爲司勳員外郎倉部員外郎鄭綮爲戶部員外郎主客員外郎王鐐爲倉部員外郎秋七月以大理卿蔡行爲澧州刺史天德軍都防禦使大理卿張彥遠爲大理卿以京兆尹張禓檢校戶部尚書兼鄆州刺史御史大夫充天平軍節度鄆曹濮觀察等使以左司勳員外郎杜貞符爲都官郎中吏部員外郎牛循爲金州刺史司封員外郎盧胤征爲吏部員外郎十月以秘書少監李晛爲諫議大夫以前大同軍及雲朔都防禦營田供軍等使李璫檢校左散騎常侍澧州刺史充天德軍澧州西城中城都防禦使本管押蕃落等使以考功員外郎趙蘊爲吏部員外郎戶部員外郎盧莊爲起居員外郎禮部員外郎蕭遘爲考功員外郎十一月以起居郎劉崇龜爲禮部員外郎殿中侍御史孔綸爲戶部員外郎是月雷震電左僕射王鐸兼門下侍郎同平章事復輔政

三年春正月己卯朔司空門下侍郎同平章事蕭倣以病求免罷爲太子太傅浙西奏誅王郢徒黨以左金吾衞大將軍右街使齊克讓檢校兵部尚書兼兗沂海等州節度使三月以吏部尚書歸仁晦吏部侍郎孔晦吏部侍郎崔蕘試宏詞選人考功郎中崔庾考功員外郎周仁舉爲考官以太常卿李蔚本官同平章事奉天鎭上言金龍晝見自河昇天門下侍郎崔彥昭太清宮使弘文館大學士中書侍郎刑部尚書平章事鄭畋監修國史以右武衞大將軍墨冲謙爲左金吾衞大將軍以黎州刺史杜岡爲雅州刺史五月以江西觀察使獨孤雲爲太子少傅金州刺史東鄉勵爲嘉州刺史六月勅福建觀察使李播荆州刺史楊權古蔚州刺史王龜範璧州刺史張贇濮州刺史韋浦施州刺史婁傳會邢州刺史王回撫州刺史崔理黃州刺史計信卿等刺史親人之官苟不諳詳豈宜除授比爲朕養百姓非獨榮爾一身每念疲羸實所傷歎李播等九人授官之時衆詞不可王回等三人到郡無政惟務貪求實汚方州並宜停任以檢校右散騎常侍衞尉卿李鐸爲太府卿以凉王傅分司裴思謙爲衞尉卿撫王府長史劉允章凉王傅主客郎中崔福爲汾州刺史荆南節度副王慥爲主客郎中六月以門下侍郎刑部尚書平章事太清宮使弘文館大學士判度支崔彥昭兼左僕射中書侍郎鄭畋兼門下侍郎太常卿平章事李蔚爲中書侍郎以歙州刺史蕭鶱爲右司員外郎右司員外郎崔潼爲歙州刺史七月草賊王仙芝寇掠河南十五州其衆數萬是月賊逼潁許攻汝州下之虜刺史王鐐刑部侍郎劉承雍在郡爲賊所害賊遂南攻唐鄧安黃等州時關東諸州府兵不能討賊但守城而已以戶部郎中李節爲駕部郎中金部郎中王慥爲戶部郎中主客郎中鄭誠爲金部郎中金部員外郎張譙爲主客郎中屯田員外郎竇玥爲金部員外郎京兆司錄趙璸爲屯田員外郎工部侍郎崔朗爲同州刺史左軍擗仗使左監門衞上將軍西門思恭爲右威衞上將軍以右諫議大夫知制誥魏簹爲中書舍人九月以右丞崔蕘權知吏部侍郎禮部侍郎崔沆爲尚書右丞中書舍人高湘權知禮部侍郎京兆尹楊知至爲工部侍郎兵部尚書兼太常卿李璫檢校尚書右僕射太常衞尉卿蕭寬爲鴻臚卿充閑廐使以宰相崔彥昭男保謙爲秘書省校書郎右僕射門下侍郎平章事崔彥昭加特進門下侍郎禮部尚書平章事鄭畋可特進太中大夫平章事盧攜可銀青光祿大夫銀青光祿大夫平章事李蔚可金紫光祿大夫以太府卿李嶧檢校工部尚書滑州刺史御史大夫充義成軍節度鄭滑潁觀察處置等使雄州自六月地震至七月未止壓傷人頗衆詔河南藩鎭舉兵討賊以刑部郎中李磎爲戶部郎中分司東都戶部郎中鄭誠爲刑部郎中戶部郎中知制誥翰林學士王徽爲中書舍人戶部員外郎翰林學士蕭遘爲戶部郎中學士並如故諫議大夫趙蒙爲給事中商州刺史張同爲諫議大夫十一月以司門員外郎鄭蕘爲池州刺史水部員外郎樊充爲工部員外郎汴宋度支使杜孺休爲水部員外郎太常少卿崔渾貶康州刺史揚州左司馬鄭祥遷州刺史度支分巡院使李仲章爲建州刺史十二月以右金吾衞將軍張簡會爲左金吾大將軍充右街使右龍武將軍李蔆爲右金吾將軍前陝西虢觀察使陸墉爲太子賓客

四年春正月癸酉朔丁丑降制赦天下繫囚及徒流人放還以諫議大夫李湯爲給事中以兵部郎中崔厚爲諫議大夫大理少卿王承顏爲鹽州刺史明州刺史殷僧辯爲大理卿以吏部尚書鄭從讜吏部侍郎孔晦吏部侍郎崔蕘考宏詞選人三月以開府行內侍監致仕劉行深爲內侍省觀軍容守內侍監致仕以判鹽鐵案檢校考功郎中鄭溵爲司封員外郎充轉運判官兵部員外郎裴渥爲蘄州刺史職方員外郎盧澄爲兵部員外郎以草賊大寇河南山南詔曰亂常干紀天地所不容伐罪弔人帝王之大典歷觀往代徧數前朝其有怙衆稱兵憑兇構孽或疑迷於郡縣或殘害於生靈初則狐假鴟張自謂驍雄莫敵旋則鳥焚魚爛無非破敗而終蓋以逆順相懸幽明共怒近者龎勛拒命王郢擬災結衆至多猖狂頗甚尋則身膏原野家受誅夷亦有方從叛亂能自徊翔移吉凶於反掌之間變禍福於立談

之際則諸葛爽今爲刺史朱實見存將軍弘霸郎受職於禁營朱再雄策名於淮海莫不身名光顯家族輝榮近準諸道奏報草賊稍多江西淮南宋亳曹潁或攻郡縣或掠鄉村雖命兵師且令招撫朕以寬弘爲理慈愍居心每念蒼生皆同赤子恨不能均其衣食令致荒饑寧忍迫以鋒鋩斷其身首如王仙芝及諸賊頭領能洗心悔過散卒休兵所在州府投降便令具名聞奏朝廷當議獎升如諸賊頑傲不悛兇強自恃卽宜令諸道兵師掎角誅剪若諸軍全捕得一火草賊數至三百人已上者超授將軍賞錢一千貫如鄉村有幹勇才略而能率合義徒驅除草寇者本處以聞亦與重賞如鄭鎰湯羣之輩已爲刺史朝廷故不食言勑到宜令諸道明行宣諭令知朕意青州節度使宋威上表請步騎五千特爲一使兼率本道兵士所在討賊必立徵功以酬聖獎優詔嘉之乃授威諸道招討草賊使仍給禁兵三千甲馬五百匹仍諭河南方鎭曰王仙芝本爲鹽賊自號草軍南至壽盧北經曹宋半年燒劫僅十五州兩火轉鬬踰七千衆諸道發遣將士同共討除日月漸深煙塵未息蓋以遞相觀望虛費糇糧州縣罄於供承鄉村泣於侵暴今平盧軍節度使宋威深憤萑蒲請行誅討朕以威前時蜀部破南詔之全軍比歲徐州摧龐勛之大陣官階甚貴可以統諸道之都頭驍勇素彰足以破伏戎之草寇今已授指揮諸道兵馬招討草賊使候宋威到本道日供給犒設並取上供錢支給仍命指揮都頭凡攻討進退取宋威處分時賊渠王仙芝尚君長在安州宋威自青州與副使曹全晸進軍攻討所在破賊是月兗鄆賊黃巢聚萬人攻鄆州陷之逐節度使薛崇五月幽州節度使李茂勳上表乞致仕以其男可舉權知兵馬事制以壽王傑爲開府儀同三司幽州經略盧龍等軍節度觀察押奚契丹等使以幽州節度副使權知兵馬事李可舉檢校左散騎常侍幽州大都督府左司馬充幽州兵馬留後制以幽州盧龍節度使檢校工部尚書李茂勳守尚書左僕射致仕以前綿州刺史皇甫鏞爲秘書少監以陳州刺史許珂爲睦州刺史以右衞將軍程可復爲左衞大將軍黃巢賊陷沂州六月以宣歙觀察使高駢檢校司空兼潤州刺史鎭海軍節度蘇常杭潤觀察處置江淮鹽鐵轉運江西招討等使以汝州防禦使李鈞檢校尚書右僕射潞州大都督府長史充昭義軍節度潞邢洺磁觀察等使幽州留後李可舉請以本軍討沙陀三部落從之七月黃巢自沂海其徒數萬趨潁蔡入查牙山遂與王仙芝合七月賊陷隨州執刺史崔休徵羣賊屯於白洑是月江州賊首柳彥璋聚徒陷江州殺刺史陶祥八月以中書舍人崔澹權知貢舉沙陀大寇雲朔十月詔昭義節度李鈞幽州李可舉吐渾赫連鐸白義誠沙陀安慶薛葛部落合兵討李國昌父子於蔚州十一月賊王仙芝率衆渡漢攻江陵節度使楊知溫嬰城拒守知溫本非禦侮之才城無宿備賊急攻之十二月賊陷江陵之郛知溫窮蹙求援於襄陽山南東道節度使李福悉其師援之時沙陀軍五百騎在襄陽軍次荆門騎軍擊賊敗之賊盡焚荆南郛郭而去

五年春正月丁酉朔沙陀首領李盡忠陷遮虜軍太原節度使竇澣遣都押衙康傳圭率河東土團二千人屯代州將發求賞呼譟殺馬步軍使鄧虔竇澣自入軍中安慰仍借率富戶錢五萬貫以賞之朝廷以澣非禦侮才以前昭義節度使曹翔檢校尚書右僕射兼太原尹北都留守河東節度使又以左散騎常侍支謨爲河東節度副使二月王仙芝餘黨攻江西招討使宋威出軍屢敗之仍宣詔書諭仙芝仙芝致書於威求節鉞威僞許之仙芝令其大將尚君長蔡溫玉奉表入朝威乃斬君長溫玉以徇仙芝怒急攻洪州陷其郛宋威赴援與賊戰大敗之殺仙芝傳首京師尚君長弟尚讓爲黃巢黨以兄遇害乃大驅河南山南之民其衆十萬大掠淮南其鋒甚銳侍中晉國公王鐸請自督衆討賊天子以宋威失策殺君長乃以王鐸檢校司徒兼侍中門下侍郎江陵尹荆南節度使充諸道兵馬都統三月王鐸奏兗州節度使李係爲統府左司馬兼潭州刺史充湖南都團練觀察使黃巢之衆再攻江西陷虔吉饒信等州自宣州渡江由浙東欲趨福建以無舟船乃開山洞五百里由陸趨建州遂陷閩中諸州以吏部尚書鄭從讜吏部侍郎崔沆考宏詞選人七月滑州忠武昭義諸道之師會于太原大同軍副使支謨爲前鋒先趨行營八月沙陀陷岢嵐軍曹翔自率軍赴忻州翔至軍中風而卒諸軍皆退太原大懼閉城門昭義兵士爲亂刼坊市九月門下侍郎吏部尚書平章事李蔚檢校尚書左僕射充東都留守以吏部尚書鄭從讜本官同平章事十月司空平章事崔彥昭罷爲太子太傅十一月制以河東宣慰使權知代北行營招討崔季康檢校戶部尚書兼太原尹北都留守充河東節度代北行營招討使沙陀攻石州崔季康救之十二月季康與北面行營招討使李鈞與沙陀李克用戰于岢嵐軍之洪谷王師大敗鈞中流矢而卒戊戌代州昭義軍亂爲代州百姓所殺殆盡以中書舍人張讀權知禮部貢舉

六年春正月辛卯朔河東節度使崔季康自靜樂縣收合餘衆迴軍軍亂殺孔目官石裕季康委衆遁歸行營衙將張鍇郭朏率其衆歸太原兵士鼓譟攻東陽門入使衙季康父子皆被害三月以吏部侍郎崔沆崔澹試宏詞選人駕部郎中盧蘊刑部郎中鄭項爲考官制以邠寧節度使李偘檢校戶部尚書兼太原尹北都留守充河東節度等使四月黃巢陷桂管五月賊圍廣州仍與廣南節度使李巖浙東觀察使崔璆書求保薦乞天平節鉞璆巖上表論之詔公卿議其可否宰相鄭畋盧攜爭論於中書詞語不遜俱罷爲太子賓客分司東都以吏部侍郎崔沆爲兵部侍郎戶部侍郎翰林學士豆盧瑑並本官同平章事黃巢陷廣州大掠嶺南郡邑八月制以特進檢校司空東都留守李蔚爲檢校司徒同平章事兼太原尹北都留守河東節度觀察兼代北行營招討供軍等使十月制以鎭海軍節度浙江西道觀察處置等使高駢檢校司徒同平章事揚州大都督府長史充淮南節度副大使知節度事江淮鹽鐵轉運江南行營招討等使進封燕國公食邑三千戶初駢在浙西遣大將張璘梁纘等大破黃巢於浙東賊進寇福建踰嶺表故移鎭揚州時賊北踰大庾嶺朝廷授駢諸道行營兵馬都統太原節度使李蔚卒以禮部侍郎張讀權知左丞事十一月制以銀青光祿大夫檢校右散騎常侍河東行軍司馬鴈門代北制置等使石嶺鎭北兵馬代北軍等使上柱國康傳圭檢校工部尚書兼太原尹北都留守河東節度使時傳圭已率兵在代州是月自行營赴任兩都虞候張鍇郭朏迎於烏城驛並殺之軍中震悚又制以神策大將軍周寶檢校尚書左僕射兼潤州刺史鎭海軍節度浙江西道觀察等使以定州已來制置內閑廏宮苑等使金紫光祿大夫檢校刑部尚書上柱國太原縣開國伯食邑七百戶王處存檢校戶部尚書兼定州刺史充義武軍節度易定觀察處置北平軍等使十二月制以河東馬步軍都虞候朱玫爲代州刺史以太子賓客分司盧攜爲兵部尚書同平章事太子賓客鄭畋檢校左僕射鳳翔尹充鳳翔節度使

廣明元年春正月乙卯朔上御宣政殿制曰朕祇膺寶祚嗣守宗祧夙夜一心勤勞八載實欲驅黎元於仁壽致華夏之昇平而國步猶艱羣生寡遂災沴荐起寇孽仍臻竊弄干戈連攻郡邑雖輸降欵未息狂謀江右海南瘡痍既甚湖湘荆漢耕織屢空言念疲羸良深軫惻我心未濟天道如何賴近者嚴勅師徒稍聞勝捷皆明聖之潛祐寧菲德以言功屬節變三陽日當首歲乃御正殿爰命改元況及發生是宜在宥自古繼業守文之主握圖御宇之君必自正月吉辰發號施令所以垂千年之懿範固萬代之洪基莫不由斯道也可改乾符七年爲廣明元年近日東南州府頻奏草賊結連本是平人迫於饑饉驅之爲盜情不願爲委所在長吏子細曉諭如自首歸降保非詐僞便須撫納不要勘問如未倒戈卽登時剪撲東南州府遭賊之處農桑失業耕種不時就中廣州荆南湖南盜賊留駐人戶逃亡傷夷最甚自廣明已前諸色稅賦宜令十分減四其河中府太原府遭賊寇掠處亦宜準此吏部選人粟錯及除駮放者除身名渝濫欠考外並以比遠殘闕收注入仕之門兵部最濫全無根本頗壞紀綱近者武官多轉入文官依資除授宜懲僭倖以辨品流自今後武官不得轉入文官選改所冀輪轅各適秩序區分其內司不在此限沙陀部落踰鴈門關進逼忻州二月沙陀逼太原陷大谷康傳圭遣大將伊釗張彥球蘇弘軫分兵拒之於秦城驛爲沙陀所敗傳圭怒斬蘇弘軫張彥球部下兵士爲亂倒戈攻太原殺傳圭監軍使周從寓安慰方定是月制以開府儀同三司門下侍郎兼兵部尚書同平章事充太清宮使弘文館大學士延資庫使上柱國滎陽郡開國公食邑三千戶鄭從讜檢校司空同平章事兼太原尹北都留守充河東節度管內觀察處置兼行營招討供軍等使黃巢賊軍自衡永州下頓陷湖南江西屬郡時都統王鐸前鋒都將李係守潭州有衆五萬幷諸團結軍號十萬賊自桂陽編木爲栰數千其衆乘暴水沿湘而下徑至潭州急攻其城一日而陷李係僅以身免兵士五萬皆爲賊所殺流屍塞江賊將尚讓乘勝沿流而下進逼江陵王鐸聞係軍敗乃棄城奔襄陽別將劉漢宏大掠江陵之民剽剝不勝其酷士民亡竄山谷江陵焚剽殆盡半月餘賊衆方至江陵三月賊悉衆欲寇襄陽江西招討使曹全晸與襄陽節度使劉巨容謀拒之時營於荆門賊軍一萬屯於團林驛全晸命巨容悉以精甲陣於林薄之中自以騎軍挑戰僞不勝而遁賊大乘之比至荆門其徒不成列巨容發伏擊之賊大潰而走全晸鐵騎急追之比至江陵十俘七八黃巢尚讓以餘衆徒濟江全晸方渡江襲賊遽詔至以段彥謀

為江南節度使全晸乃還賊遂率舟軍東下攻鄂州陷其郛全晸救至賊遂轉戰江西陷江西饒信杭衢宣歙池等十五州全晸在江西朝廷以王鐸統衆無功乃授淮南節度使高駢為諸道兵馬行營都統駢令大將張璘渡江討賊屢捷賊衆疫癘其將李罕之以一軍投淮南其衆稍沮是月沙陀寇忻代詔以汝州防禦使諸葛爽為北面行營副招討率東都防禦兵士赴代州四月甲申朔大雨雹大風拔兩京街樹十二三東都長夏門內古槐十拔七八宮殿鴟尾皆落丁酉制以檢校吏部尚書前太常卿上柱國隴西郡開國公食邑三千戶李琢為光祿大夫檢校尚書右僕射御史大夫充蔚朔等州諸道行營都招討使應東北面行營李孝昌李元禮諸葛爽王重盈朱玫等兵馬及忻代州土團並取琢處分以內常侍張存禮充都糧料使判官崔鋋充制置副使六月代北行營招討使李琢幽州節度使李可舉吐渾首領赫連鐸等軍討李克用於雲州時克用令其大將軍傅文達守蔚州高文集守朔州吐渾赫連鐸遣人說高文集令歸國文集與沙陀首領李友金薩葛都督米海萬安慶都督史敬存以前蔚州歸欵於李琢時克用率衆禦燕軍於雄武軍九月沙陀三部落李友金等開門迎天軍克用聞之亟來赴援為李可舉之兵追擊大敗於藥兒嶺李琢赫連鐸又擊敗于蔚州降文達李克用部下皆潰獨與國昌及諸兄弟北入達靼部乃以吐渾都督赫連鐸為雲州刺史大同軍防禦使吐渾白義誠為蔚州刺史薩葛米海萬為朔州刺史加李可舉檢校司徒同平章事七月黃巢之衆渡江寇淮南是歲春末賊在信州疫癘其徒多喪淮南將張璘急擊之賊懼以金啗璘仍致書高駢乞保命歸國駢信之厚待其使許求節鉞時昭義武寧義武等軍兵馬數萬赴淮南駢欲收功於已乃奏賊已將殄不在諸道之師並遣還北賊知諸軍已退以求節鉞不獲暴怒與駢絕請戰駢怒令張璘整軍擊之為賊所敗臨陣殺璘賊遂乘勝渡江攻天長六合等縣駢不能拒但決陳登水自固而已朝廷聞賊復振大怒詔河南諸道之師屯于溵水官軍大集賊未北渡時兗州節度使齊克讓屯汝州九月徐州兵三千人赴溵水途經許許州節度使薛能前為徐帥得軍民情徐軍吏至請館能以徐軍懷惠令館於州內許軍懼徐人見襲許州大將周岌自溵水以其戍卒還逐薛能自據其城徐軍以至河陰聞許軍亂徐將時溥亦以戍兵還徐逐節度使支詳齊克讓懼兵見襲亦還兗州溵水諸軍皆散賊聞之十月乃悉衆渡淮黃巢自號率土大將軍其衆富足自淮已北整衆而行不剽財貨惟驅丁壯為兵耳十一月辛亥朔己巳賊陷東都留守劉允章率分司官屬迎謁之賊供頓而去坊市晏然壬申陷虢州丙子攻潼關守關諸將望風自潰十二月庚辰朔辛巳賊據潼關時左軍中尉田令孜專政宰相盧攜曲事之相與誤謀以至傾敗令孜恐衆罪加已請貶攜官命學士王徽裴徹為相甲申宣制以戶部侍郎翰林學士王徽裴徹本官同平章事貶右僕射門下侍郎平章事盧攜為太子賓客攜聞賊至仰藥而死是日上與諸王妃后數百騎自子城由含光殿金光門出幸山南文武百官寮不之知並無從行者京城晏然是日晡晚賊入京城時右驍衛大將張直方率武官十餘迎黃巢於坡頭壬辰黃巢據大內僭號大齊稱年號金統悉陳文物據丹鳳門偽赦以太常博士皮日休進士沈雲翔為學士為偽赦書云揖讓之儀廢已久矣竄遁之迹良用憮然朝臣三品已上並停見任四品已下宜復舊位以趙璋為中書令尚讓為太尉崔璆為中書侍郎平章事時宰相豆盧瑑崔沆故相左僕射劉鄴太子少師裴諗御史中丞趙蒙刑部侍郎李溥故相于琮皆從駕不及匿於閭里為賊所捕皆遇害將作監鄭綦庫部郎中鄭係義不臣賊舉家雉經而死

中和元年春正月庚戌朔車駕在興元以翰林學士承旨尚書戶部侍郎知制誥蕭遘為兵部侍郎充諸道鹽鐵轉運等使壽以本官同平章事領使如故以宿州刺史劉漢宏為越州刺史領東軍節度浙江東道觀察處置等使詔太原節度使鄭從讜發本道之師與北面行營招討副使諸葛爽代州刺史北面行營馬步都虞候朱玫夏州將李思恭等行營諸軍並赴京師討賊河中馬步都虞候王重榮逐其帥李都自稱留後二月代州北面行營都監押陳景思率沙陀薩葛安慶等三部落與吐渾之衆三萬赴援關中次絳州沙陀首領翟稽俘掠絳州叛還景思知不可用遣使詣行在請赦李國昌父子令討賊以贖罪從之三月陳景思齎詔入達靼召李克用軍屯蔚州克用因大掠鴈門已北軍鎮以鳳翔節度使鄭畋守司空門下侍郎同平章事充京西諸道行營都統與涇原節度使程宗楚秦州經略使仇公遇鄜延節度使李孝恭夏州節度使拓拔思恭等同盟起兵傳檄天下黃巢遣大將林言尚讓率衆數萬寇鳳翔鄭畋率師逆擊大敗賊衆於龍尾陂四月以前大同軍防禦使李克用檢校工部尚書兼代州刺史鴈門已北行營兵馬節度等使五月李克用赴代州遂率蕃漢兵萬人南出石嶺關稱準詔赴難長安丁巳沙陀軍至太原鄭從讜供給糧料辛酉沙陀求發軍賞錢從讜與錢千貫米千石克用怒縱兵大掠從讜求援於振武契苾通自率兵來赴與沙陀戰於晉王嶺沙陀敗走陷榆次陽曲而退是日大風天雨土特進尚書右僕射趙隱卒贈司空六月沙陀退還代州車駕幸成都府西川節度使陳敬瑄自來迎奉七月丁未朔乙卯車駕至西蜀丁巳御成都府廨改廣明二年為中和元年大赦天下以兵部侍郎判度支韋昭度本官同平章事以侍中王鐸檢校太尉中書令兼滑州刺史義成軍節度鄭滑觀察處置兼充京城四面行營都統以太子太保崔安潛為副觀軍容使西門思恭為天下行營兵馬都監押中書侍郎平章事諸道鹽鐵轉運等使韋昭度為供軍使時淮南節度使高駢為諸道行營都統自車駕出幸中使相繼促駢起軍駢託以周寶劉漢宏不利於已遷延半歲竟不出軍乃以鐸為都統以河中節度使王重榮為京城北面都統義武軍節度使王處存為京城東面都統鄜延節度使李孝章為京城西面都統朔方軍節度使拓拔思恭為京城南面都統以忠武監軍使楊復光為天下行營兵馬都監代西門思恭許王鐸以便宜從事遣郎官御史分行天下徵兵赴關內八月代北行營兵馬使諸葛爽朱玫拓拔思恭等軍屯渭橋朱玫屯興平為賊將王璠所擊退保奉天諸葛爽降賊偽署爽河陽節度使許州牙將秦宗權奏破賊於汝州乃授宗權蔡州防禦使昭義節度使高潯與賊將李詳戰于石橋為賊所敗退歸河中賊乘勝陷同州九月澤潞高潯牙將劉廣擅還據潞州是月潯天井關戍將孟方立率戍卒攻劉廣殺之方立遂自稱留後仍移軍鎮於邢州制以京城四面催陣使守兵部尚書王徽檢校左僕射兼潞州大都督府長史昭義節度潞邢洺磁觀察等使貶高潯端州刺史楊復光王重榮以河西昭義忠武義成之師屯武功鳳翔節度使鄭畋以病徵還行在以鳳翔大將李昌言代畋為節度使兼京城西面行營都統十月青州軍亂逐節度使安師儒立其行營將王敬武為留後十二月行營都統王鐸率禁軍山南東川之師三萬至京畿屯於盩厔

二年春正月甲辰朔天下勤王之師雲會京畿京師食盡賊食樹皮以金玉買人於行營之師人獲數百萬山谷避亂百姓多為諸軍之所執賣二月涇原大將唐弘夫大敗賊將林言於興平俘斬萬計王處存率軍二萬徑入京城賊偽遁去京師百姓迎處存歡呼叫譟是日軍士無部伍分占第宅俘掠妓妾賊自灞上分門復入處存之衆蒼黃潰亂為賊所敗黃巢怒百姓歡迎處存凡丁壯皆殺之坊市為之流血自是諸軍退舍賊鋒愈熾三月前蔚州刺史蘇祐為沙陀所敗棄郡投鎮州至靈壽部人為盜祐為王景崇所殺七月辛丑朔丙午夜西北方赤氣如絳虹竟天賊將尚讓攻宜君砦雨雪盈尺甚寒賊兵凍死者十二三八月庚子賊同州防禦使朱溫殺其監軍嚴實與大將胡真謝瞳等來降王鐸承制拜華州刺史潼關防禦鎮國軍等使魏博節度韓簡自率軍三萬攻河陽偽署節度使諸葛爽棄城而去簡遣大將守河橋而還九月賊以黃鄴為華州刺史初賊以李詳守華州詳與朱溫素善及溫歸河中黃巢遣閹官後冗率功臣馬千匹至華殺詳以鄴代歸太原諸山桃杏有花實十月西北方無雲而雷名天狗墜以嵐州刺史湯羣為懷州刺史時羣倚沙陀為援朝廷疑而易之鄭從讜遣人傳官告授羣羣怒殺使者據城內沙陀魏博節度使韓簡以兵攻鄆州節度使曹全晸拒之為簡所敗執而殺之全晸大將朱瑄以餘衆保鄆州乞和於簡簡捨之而去十一月沙陀李克用監軍陳景思以部落之衆一萬七千騎自嵐石州路赴河中賊將李詳下牙隊斬華州守將歸明王鐸用其部將王遇為華州刺史十二月己亥朔庚戌成德軍節度鎮冀深趙觀察處置等使開府儀同三司檢校太尉中書令上柱國常山郡王食邑六千戶王景崇卒贈太傅謚曰忠穆遣表請以子鎔纘繼戎事遂以鎔為兵馬留後

三年春正月戊辰朔車駕在成都府鴈門節度使檢校工部尚書李克用率師至河中己巳沙陀軍進屯沙苑之乾坑二月沙陀攻華州刺史黃鄴出奔至石堤谷追擒之魏博節度使韓簡再興兵討河陽諸葛爽遣大將李罕之拒之於武陟逆擊之魏軍大敗而還大將樂彥貞先據魏州韓簡為部下所殺推彥貞為留後就加李克用檢校尚書左僕射忻代雲蔚等州觀察處置等使三月丁卯朔壬申沙陀軍與賊將趙章尚讓戰于成店賊軍大敗追奔至良天坡橫屍三十里王重榮築屍為京觀四月丁酉朔庚子沙陀忠武義成義武等軍趨長安賊悉衆拒之於渭橋大敗而還李克用乘勝追之己卯黃巢收其殘衆由藍田關而遁庚辰收復京城天下

行營兵馬都監楊復光上章告捷行在曰頃者妖興霧市嘯聚叢祠而岳牧藩侯備盜不謹謂大同之運常可容姦謂無事之秋縱其長惡賊首黃巢因得充盈窟穴蔓延萑蒲驅我蒸黎徇其兇逆展鉏鶴以成鋒刃殺耕牛以恣蟠炮魍魅畫行虺蜴夜噬自南海失守湖外喪師養虎災深馴梟逆大物無不害惡靡不為豺狼貽朝市之憂瘡痏及腹心之痛遂至毒流萬姓盜汚兩京衣冠銜塗炭之悲郡邑起丘墟之歎萬方共怒十道齊攻仗九廟之威靈殄積年之兇醜河中節度使王重榮神資壯烈天賦機謀誓立功名志安家國至於屯田待敵率士當衝收百姓十萬餘家降賊黨三萬餘衆法能持重功遂曉成久稽原野之刑未決雷霆之怒自收同華進逼京師夕烽高照於國門遊騎頻臨於灞岸旣知四隅斷絕百計奔衝如窮鳥觸籠似飛蛾赴焰鴈門節度使李克用神傳將略天付忠貞機謀與武藝皆優臣節共本心相稱殺賊無非手刃入陣率以身先可謂雄才得名飛將統領本軍南下與臣同力前驅雖在寢興不忘寇孽今月八日遣衙隊將前鋒守宗河中騎將白志遷橫野軍使滿存蹕雲都將丁行存朝邑鎮將康師貞忠武黃頭軍使龐從等三十二都隨李克用自光泰門先入京師力摧兇逆又遣河中將劉讓王瓌冀軍武孫珙忠武大將裔從遇鄭滑將韓從威荆南大將申屠悰滄州大將賈滔易定大將張仲慶壽州大將張行方天德大將顧彥朗左神策弩手甄君楚公孫佐橫衝軍使楊守亮踏雲都將高周彝忠順都將胡貞絳州監軍毛宣伯聶弘裕等七十都繼進賊尚為堅陣來抗官軍李克用率勵驍雄整齊金革叫譟而聲將動瓦喑嗚而氣欲吞沙寬列戈矛麾軍夾擊自卯至申兇徒大敗自望春宮濺殺至昇陽殿合圍戈不濫揮矢無虛發其賊帥時奔逼散入商山徒延漏刃之生佇作飲頭之器伏自收平京國三面皆立大功若破敵摧鋒鴈門實居其首其餘將佐同効驅馳兼臣所部二萬餘人數歲櫛風沐雨旣茲蕩定並錄以聞報至從官稱賀五月制以河中節度使檢校尚書右僕射王重榮檢校司空同平章事餘如故鴈門已北行營節度忻代蔚朔等州觀察處置等使檢校尚書左僕射代州刺史上柱國食邑七百戶李克用檢校司空同平章事兼太原尹北京留守充河東節度管內觀察處置等使義武軍節度使檢校司空王處存檢校司徒同平章事餘如故以檢校尚書右僕射華州刺史潼關防禦等使朱溫檢校司空兼汴州刺史御史大夫充宣武節度觀察等使仍賜名全忠京城西北營都統充金紫光祿大夫檢校司空邠州刺史邠寧節度使朱玫就加同平章事進封吳興縣侯食邑一千戶鄜坊節度使金紫光祿大夫檢校尚書右僕射東方達就加同平章事王鐸罷行營都統依前檢校太師中書令進封晉國公加食邑二千戶節度觀察使如故時中尉田令孜用事自負帷幄之功以鐸用兵無功而由楊復光建策召沙陀成破賊之効欲權歸北司乃黜王鐸而悅復光也就加諸道行營兵馬都監楊復光開府儀同三司弘農郡開國公食邑三千戶充同華等州管內制置使仍賜號資忠耀武匡國平難功臣六月乙未朔甲子楊復光卒於河中其部下忠武八都都頭鹿晏弘晉暉王建韓建等各以其衆散去時復光兄復恭知內樞密田令孜以復光立破賊功憚而惡之故賊平賞薄及聞復光死甚悅復擯復恭罷樞密為飛龍使是月黃巢圍陳州營於州北五里初賊出藍田關遣前鋒將孟楷攻蔡州刺史秦宗權以兵逆戰為楷所敗宗權勢窘與賊通和孟楷移兵攻陳州刺史趙犨示弱伏兵擊之臨陣斬楷楷賊之愛將深惜之黃巢怒悉衆攻陳州時黃巢與宗權合從縱兵四掠遠近皆罹其酷時仍歲大饑民無積聚賊俘人為食其炮炙處謂之舂磨寨白骨山積喪亂之極無甚於斯賊攻城急徐州節度使時溥許州周岌汴州朱全忠皆出師護援之七月制以西川節度使開府儀同三司守太尉同平章事成都尹上柱國潁州郡王食邑三千戶實封四百戶陳敬瑄賜鐵券詔鄭從讜赴行在八月李克用赴鎮太原制以前振武節度檢校司空兼單于都護御史大夫李國昌為檢校司徒代州刺史鴈門已北行營節度蔚朔等州觀察等使十月李國昌卒十一月蔡賊秦宗權圍許州十二月詔河東李克用赴援陳許忠武大將鹿晏弘陷興元逐節度使牛蔚自為留後

四年春正月癸亥朔車駕在成都府二月河東節度使李克用將出師援陳許河陽節度使諸葛爽以兵屯澤州拒之三月壬戌朔甲戌克用移軍自河中南渡東下洛陽四月辛卯朔甲寅沙陀軍次許州節度使周岌監軍田從異以兵會戰賊將尚讓屯太康黃鄴屯西華稍有芻粟已未沙陀分兵攻太康西華賊砦庚申尚讓黃鄴遁去官軍得其芻粟黃巢亦退保鄆城以兵部侍郎判度支鄭昌凝以本官同平章事五月辛酉朔癸亥沙陀追黃巢而北丁卯次尉氏戊辰大雨平地水深三尺溝河漲溢賊至中牟臨汴河欲渡沙陀遽至賊大駭其黨分潰殺傷溺死殆半尚讓一軍降時溥別將楊能李讜霍存葛從周張歸霸等降朱全忠李周楊景彪以殘衆走封丘已巳沙陀渡汴河趨封丘黃巢兄弟悉力拒戰李克用擊敗之獲所俘男女五萬口牛馬萬餘并僞乘輿法物符印寶貨戎仗等三萬計得巢幼子年六歲黃巢旣敗以其殘衆東走庚午李克用急躡黃巢一日夜行二百里馬疲乏死者殆半宿宛朐糧運不及騎軍至寡乃與忠武監軍田從異班師甲戌次汴州節度使朱全忠館克用于上源驛全忠以克用兵力寡弱大軍在遠乃圖之是夜置酒郵舍克用旣醉全忠以兵圍驛縱火燒之雷雨驟作平地水深尺餘克用踰垣僅免其部下三百餘人及監軍使史敬思書紀任珪皆被害丙子克用至許州率本軍還太原庚辰徐州將李師悅陳景思率兵萬人追黃巢於兗州六月鄆州節度使朱瑄奏大敗賊於合鄉秋七月已未朔癸酉賊將林言斬黃巢黃揆黃秉三人首級降時溥初徐將李師悅與賊戰于瑕丘賊殊死戰其衆殆盡林言與巢走至太山狼虎谷之襄王村懼追至併命乃斬賊降師悅壬午捷書至行在從官稱賀河東節度使李克用累表訴屈請討汴州天子優詔和解之就加克用階特進封隴西郡王以悅之自是全忠克用有尋戈之怨九月山南西道節度使鹿晏弘為禁軍所討棄城擁衆東出襄鄧大掠許州晏弘大將王建韓建張造晉暉李師泰各率本軍歸朝田令孜以建等楊復光故將薄之皆授諸衛將軍惟以王建為壁州刺史十月關東諸鎮上章請車駕還京十一月鹿晏弘陷許州殺周岌自稱留後尋為秦宗權所攻制以義成軍節度檢校太師中書令上柱國晉國公王鐸為滄州刺史義昌軍節度滄德觀察處置等使十二月丁亥朔大明宮留守權知京兆尹御史大夫京畿制置等使王徽與留司百官上表請車駕還宮詔以來年正月還京新除滄德節度使王鐸為魏博節度使樂彥禎害之於漳南縣之高雞泊行從三百餘人皆遇害

光啟元年春正月丁巳朔車駕在成都府已卯僖宗自蜀還京二月丁亥朔丙申車駕次鳳翔三月丙辰朔丁卯車駕至京師已巳御宣政殿大赦改元光啟時李昌符據鳳翔王重榮據蒲陝諸葛爽據河陽洛陽孟方立據邢洺李克用據太原上黨朱全忠據汴滑秦宗權據許蔡時溥據徐泗朱瑄據鄆齊曹濮王敬武據淄青高駢據淮南八州秦彥據宣歙劉漢宏據浙東皆自擅兵賦迭相吞噬朝廷不能制江淮轉運路絕兩河江淮賦不上供但歲時獻奉而已國命所能制者河西山南劍南嶺南西道數十州大約郡將自擅常賦殆絕藩侯廢置不自朝廷王業於是蕩然蔡賊秦宗權侵寇藩鄰制以徐州節度使時溥為鉅鹿王充蔡州四面行營兵馬都統宗權將秦賢攻汴鄭不已以汴州刺史朱全忠為沛郡王充蔡州西北面行營都統杭州刺史董昌大敗劉漢宏之衆進攻越婺台明等州下之遂以昌為越州刺史鎮東軍節度浙江東道觀察等使以杭州大將錢鏐為杭州刺史閏三月鎮冀節度使王鎔獻耕牛千頭農具九千兵仗十萬四月乙卯朔以開府儀同三司右金吾衞上將軍左街功德使齊國公田令孜為左右神策十軍使時自蜀中護駕令孜招募新軍五十四都都千人左右神策各二十七都分為五軍令孜總領其權時軍旅既衆南衙北司官屬萬餘三司轉運無調發之所度支惟以關畿稅賦支給不充賞勞不時軍情咨怨舊日安邑解縣兩池榷鹽稅課鹽鐵使特置鹽官以總其事自黃巢亂離河中節度使王重榮兼領榷務歲出課鹽三千車以獻朝廷至是令孜以親軍闕供計無從出乃舉廣明前舊事請以兩池榷務歸鹽鐵使收利以贍禁軍詔下重榮上章論訴言河中地窘悉籍鹽課供軍五月制以河中節度使檢校司徒同平章事河中尹上柱國琅邪郡王王重榮為檢校太傅同平章事兼兗州刺史兗沂海節度觀察處置等使代齊克讓以克讓檢校司徒兼定州刺史御史大夫充義武節度觀察北平軍等使代王處存以處存依前檢校太傅同平章事河中尹河中晉慈隰節度觀察等使是月宰臣蕭遘率文武百寮上徽號曰至德光烈孝皇帝御宣政殿受冊大赦六月甲寅朔丙辰定州王處存奏幽州節度使李可舉鎮州節度使王鎔各令大將率領兵士侵攻當道臣並已殺退時李可舉乘天子播越中原大亂以河朔三鎮休戚事同惟易定二郡為朝廷所有乃同議攻處存以分其地會燕將李全忠有奪帥之志軍情相疑全忠方圍易州處存出奇騎以擊之燕軍大敗是月全忠收合殘衆攻幽州李可舉舉室登樓自焚而死全忠自稱留後滄州軍亂逐其帥楊令孜立衙將盧彥威為留後制以保鑾都將檢校司徒兼黔州刺史黔中節度觀察等使曹誠檢校太保兼滄州刺史充義昌軍節度滄德觀察等使河中王重榮累表論列數令孜離間方鎮令孜遣邠寧節度使朱玫會合鄜延靈夏之師討河中

九月朱玫屯沙苑王重榮求援於太原十月李克用率太原軍南出陰地關十一月河中太原之師與禁軍對壘於沙苑十二月辛亥朔癸酉官軍合戰爲沙陀所敗朱玫走還邠州神策軍潰散遂入京師肆掠乙亥沙陀逼京師田令孜奉僖宗出幸鳳翔初黄巢據京師九衢三內宮室宛然及諸道兵破賊爭貨相攻縱火焚剽宮室居市閭里十焚六七賊平之後令京兆尹王徽經年補葺僅復安堵至是亂兵復焚宮闕蕭條鞠爲茂草矣二年春正月辛巳朔車駕在鳳翔李克用旋師河中與朱玫王重榮同上表請駕駐蹕鳳翔仍數田令孜之罪乃以飛龍使楊復恭知內樞密事戊子田令孜迫乘輿請幸興元庚寅車駕次寶雞授刑部尚書孔緯兼御史大夫令率從官赴行在時車駕夜出宰相蕭遘裴徹鄭昌圖及文武百寮不之知扈從不及故令孔緯促之蕭遘惡令孜弄權再亂京國因邠州奏事判官李松年至鳳翔乃令亟召朱玫迎奉癸巳朱玫引步騎五千至鳳翔令孜聞邠州軍至奉帝入散關令禁軍守靈壁玫至禁軍潰散遂長驅追駕至尊途驛嗣襄王熅疾爲玫所得時興元節度使石君涉聞車駕入關乃毀徹棧道柵絶險要車駕由他道僅達爲邠州軍踵後崎嶇危殆者數四二月辛亥朔以十軍觀軍容使開府田令孜爲劒南西川節度監軍以內樞密使楊復恭爲神策左軍中尉三月庚辰朔戊午興元節度使石君涉棄城入朱玫軍內丙申車駕至興元戊辰以翰林學士承旨兵部尚書知制誥杜讓能爲兵部侍郎刑部尚書御史大夫孔緯爲兵部侍郎充諸道鹽鐵轉運等使並以本官同平章事保鑾都將李鋋楊守亮楊守宗等敗邠州軍於鳳州四月庚戌朔是夜熒惑犯月角壬子朱玫李昌言迫宰相蕭遘等於鳳翔驛舍請嗣襄王熅權監軍國事玫自爲大丞相兼左右神策十軍使遂驅率文武百寮奉襄王還京師五月己卯朔庚辰襄王僭即皇帝位年號建貞以蕭遘初沮襄王監國之命罷知政事爲太子少師以朱玫爲侍中諸道鹽鐵轉運使以裴徹爲門下侍郎右僕射同平章事判度支中書侍郎刑部尚書平章事鄭昌圖判戶部事蕭遘移疾歸河中之永樂僞制加諸侯官爵以淮南節度使檢校太尉兼侍中高駢爲太師中書令江淮鹽鐵轉運諸道行營兵馬都統又以淮南右都押衙和州刺史呂用之檢校兵部尚書兼廣州刺史嶺南東道節度使令戶部侍郎柳涉往江淮宣論戶部侍郎夏侯潭河北宣諭諸藩節將多授其僞署惟定州太原宣武河中拒而不受是月星孛於箕尾歷北斗攝提荆南襄陽仍歲蝗旱米斗三十千人多相食楊復恭兄弟於河中太原有破賊連衡之舊乃奏遣諫議大夫劉崇望賫詔宣諭達復恭之旨王重榮李克用欣然聽命尋遣使貢奉獻縑十萬匹願殺朱玫自贖崇望使還君臣相賀六月己酉朔以扈蹕都將楊守亮爲金州刺史金商節度京畿制置使守亮率師二萬趨金州與王重榮李克用掎角進軍時朱玫遣將王行瑜率邠寧河西之師五萬屯鳳州保鑾都將李鋋李茂貞陳珮等抗之於大唐峰七月戊寅朔蔡賊秦宗權陷許州殺鹿晏弘以金商節度使楊守亮檢校司徒兼興元尹充南山西道節度等使王行瑜急攻興州守亮出師擊敗之八月幽州節度使李全忠卒三軍立其子匡威爲留後九月楊守亮敗邠州軍於鳳州軍容楊復恭密遣人說王行瑜令謀歸國十月壬子朔滑州軍亂逐其帥安師儒推衙將張驍主留後軍務師儒奔汴州朱全忠殺之遂以兵攻滑斬張驍以告行在朝廷以汴帥全忠兼領義成軍節度使壬辰夜白虹見西方十一月蔡賊孫儒陷鄭州刺史李璠遁免儒引軍攻河陽十二月乙巳朔是月朱玫愛將王行瑜受密詔自鳳州率衆還長安辛酉行瑜斬朱玫及其黨與數百人縱兵大掠是冬苦寒九衢積雪兵入之夜寒冽尤劇民吏剽剝之後僵凍而死蔽地裴徹鄭昌圖及百官奉襄王奔河中王重榮紿稱迎奉執李熅斬之械裴徹鄭昌圖於獄文武官寮遭戮者殆半重榮函襄王首赴行在刑部奏請御興元城南門閱俘馘受賀下禮院定儀注博士殷盈孫奏曰伏以僞熅違背宗社僭竊乘輿欺天之禍既盈盜國之罪斯重果至覆敗以就誅夷九重之妖祲既除萬國之生靈共慶宜陳賀禮以顯皇猷然物議之間有所未允臣按禮經公族有罪獄既具有司聞於公曰某之罪在大辟君曰赦之如是者三有司走出致刑君復使謂之曰雖然固當赦之有司曰不及矣君爲之素服不樂三月左傳衛君在晉衛臣元咺立衛君之弟叔武衛君入國叔武爲前驅所殺衛君哭之左氏書焉今僞熅皇族也雖犯殊死之罪宜就屠戮其可以朝羣臣而受賀乎臣以爲熅亂係金枝名標玉牒迫脅之際不能守節効死而乃甘心逆謀罪實滔天刑不可赦已爲軍前處置宜即黜爲庶人絶其屬籍其首級仍委所在以庶人禮收葬大捷之慶當以朱玫首級到日稱賀爲得其宜上不軫于宸衷下無傷於物體協禮經之旨祛中外之疑遂罷賀禮及朱玫傳首至乃御樓受俘馘是月蔡賊孫儒陷河陽諸葛爽奔歸汴州別將李罕之出據澤州張全義據懷州

三年春正月乙亥朔車駕在興元府制以邠州都將王行瑜檢校刑部尚書兼邠州刺史邠寧慶節度使保鑾都將李鋋檢校司空黔州刺史黔中節度觀察使扈蹕都頭李茂貞爲檢校尚書左僕射洋州刺史武定軍節度使扈蹕都頭楊守宗爲金州刺史金商節度等使保鑾都將陳珮檢校尚書右僕射爲宣州刺史宣歙觀察使兵部侍郎諸道租庸使張濬本官同平章事二月乙巳朔潤州牙將劉浩度支使薛朗同謀逐其帥周寶劉浩自稱留後三月乙亥朔甲申車駕還京次鳳翔以宮室未完節度使李昌符請駐蹕以俟畢工河中械送僞宰相裴徹鄭昌圖命斬之於岐山縣太子少師致仕蕭遘賜死於永樂縣以特進監修國史門下侍郎吏部尚書平章事孔緯領諸道鹽鐵轉運使以集賢殿大學士中書侍郎兵部尚書平章事杜讓能進封襄陽郡公增食邑三千戶四月甲辰朔揚州牙將畢師鐸自高郵率戍兵攻揚州下之囚高駢於別室自總軍政蔡賊秦賢攻汴州周列三十六砦朱全忠乞師於兗鄆朱瑾率師來赴屯封禪寺朱瑄屯靜戎鎮五月甲戌朔乙亥秦宗權自率衆來應秦賢壬午鄆兗汴三鎮之師大破蔡賊於邊孝村宗權退走孫儒聞秦賢敗盡驅河陽之人殺之投尸於河焚燒閭井而去王師收孟洛許汝懷鄭陝虢等州詔以扈駕都頭楊守宗權知許州事汴將孟從益權知鄭州事諸葛爽舊將李罕之自澤州收河陽懷州刺史張全義收洛陽揚州牙將畢師鐸召宣州觀察使秦彥入揚州推爲節度使六月癸卯朔戊申天威軍都頭楊守立與李昌符爭道麾下相歐上命中使諭之不止是夜嚴兵爲備己酉守立以兵攻昌符戰于通衢昌符兵敗出保隴州命扈駕都將李茂貞攻之甲寅河中牙將常行儒殺其帥王重榮推重榮兄重盈爲兵馬留後丙辰太常禮院奏太廟十一室并祧廟八室孝明太后等別廟三室自車駕再幸山南並經焚毀神主失墜今大駕還京宜先葺宗廟神主然後還宮遂詔修奉太廟使宰相鄭延昌修奉是時宮室未完國力方困未暇舉行舊制延昌請權以少府監大廳爲太廟太廟凡十一室二十三間間十一架今監五間請添造成十一間以備十一室之數勅曰敬依典禮七月壬申朔隴州刺史薛知籌以城降李茂貞遂拔隴州斬李昌符昌仁等傳首獻于行在丙子制以武定軍節度使檢校尚書左僕射兼洋州刺史御史大夫上柱國隴西郡公食邑一千五百戶李茂貞檢校司空同平章事兼鳳翔尹鳳翔隴右節度等使九月辛未朔淮南節度使高駢爲其牙將畢師鐸所殺楊行密急攻廣陵蔡賊秦宗權遣其將孫儒將兵三萬渡淮爭揚州城中食盡十一月秦彥畢師鐸潰圍奔于孫儒軍行密入據揚州秦彥引孫儒之兵攻廣陵行密遣使求援于朱全忠制授全忠檢校太尉侍中兼揚州大都督府長史充淮南節度觀察等使行營兵馬都統汴將李璠率師至淮口以援之十二月己巳朔東川節度使顧彥朗壁州刺史王建連兵五萬攻成都陳敬瑄告難于朝詔中使諭之

文德元年春正月己亥朔車駕在鳳翔制故鳳翔隴右節度觀察處置等使檢校司徒同平章事兼鳳翔尹上柱國榮陽郡開國公食邑三千戶鄭畋贈司徒謚曰文昭蔡賊孫儒斬秦彥畢師鐸于高郵二月己巳朔壬午車駕在鳳翔至京師魏博軍亂逐其帥樂彥禎彥禎子相州刺史從訓率衆攻魏州牙軍立其小校羅宗弁爲留後出兵拒之從訓求援於汴朱全忠遣將朱珍渡河赴之戊子上御承天門大赦改元文德宰相韋昭度兼司空孔緯杜讓能加左右僕射進階開府儀同三司並賜號持危啟運保乂功臣張濬兼兵部尚書進階開府儀同三司左右神策十軍觀軍容使左金吾衛上將軍左右街功德使上柱國弘農郡開國公楊復恭進封魏國公加食邑七千戶賜號忠貞啟聖定國功臣以保鑾都將黔中節度使李鋋檢校司徒平章事保鑾都將陳珮檢校司空廣州刺史嶺南東道節度使藩鎮諸侯進秩有差宰臣韋昭度率文武百寮上徽號曰聖文睿德光武弘孝皇帝三月戊戌朔正殿受册庚子上暴疾壬寅大漸癸卯宣制立弟壽王傑爲皇太弟勾當軍國事是夕崩於武德殿聖壽二十七羣臣上謚曰惠聖恭定孝皇帝廟號僖宗其年十二月葬于靖陵

史臣曰恭帝冲年纘曆政在宦臣惕勵虔恭殷憂重慎屬世道交喪海縣横流赤眉搖蕩於中原黄屋流離於遐徼黔黎塗炭宗社丘墟而猶藩垣多仗義之臣心腹有盡忠之輔驅駕豪傑號令軍戎終誅伏莽之徒大雪失邦之恥而令孜一爲謬計幾喪不圖雖如綫之僅存固棼絲之莫救茫茫禹迹空悲文命之艱難赫赫宗周竟墜文王之基業非僖皇失道之過其土運之窮歟悲夫

贊曰運曆將窮人君幼冲塵飛巨盜波駭羣雄天旣降喪人罕輸忠迴鑾返正禁旅之功

舊唐書卷十九下考證

僖宗本紀乾符元年十二月詔具務多上之辦寧亂整上之師○臣德潛按二上字誤以重點爲上乃多多之辦整整之師也已改正

二年春正月宰相崔彥昭率文武百僚上尊號上御正殿受册○新書在元年十一月

二月以吏部侍郎裴坦爲兵部侍郎充諸道鹽鐵轉運使○臣德潛按新書坦于乾符元年二月入相五月巳薨顯然互異但兩書無傳可考未知孰是

三年春正月浙西奏誅王郢徒黨○臣德潛按新書不著郢誅年月綱目書四年閏二月王郢梟降郢走明州敗死則此時尚未平也疑誤

六月以門下侍郎崔彥昭兼左僕射○六月二字衍文以上已書六月也

四年五月以前綿州刺史皇甫鏞爲秘書少監○沈炳震曰鏞係皇甫鎛弟本傳于開成初卒鏞字疑誤

中和元年秋七月丁未朔乙未車駕至西蜀○新書正月壬子幸成都通鑑亦在正月

八月諸葛爽降賊僞署爽河陽節度使○新書在廣明元年十二月據傳當從新書

光啓二年夏五月襄王僭卽皇帝位○新書在十月丙午綱目同新書

三年六月詔修奉太廟使宰相鄭延昌修奉○沈炳震曰舊書昭宗大順二年十二月入相新書景福元年三月入相僖宗時總未相也此條已書宰相而前無同平章事文明係錯誤

文德元年二月宰臣韋昭度率文武百僚上徽號曰聖文睿德光武弘孝皇帝○沈炳震曰此乃大順元年上昭宗徽號非僖宗也應誤

舊唐書卷二十上

後晉司空同中書門下平章事劉　昫撰

本紀第二十上

昭宗

昭宗聖穆景文孝皇帝諱曄懿宗第七子母曰惠安太后王氏以咸通八年二月二十二日生於東内十三年四月封壽王名傑乾符四年授開府儀同三司同幽州大都督幽州盧龍等軍節度押奚契丹管内觀察處置等使帝於僖宗母弟也尤相親睦自艱難播越嘗隨侍左右握兵中要皆奇而愛之文德元年二月僖宗暴不豫時初復宫闈人心傾矚遽聞被疾軍民駭愕及大漸之夕而未知所立羣臣以吉王最賢又在壽王之上將立之唯軍容楊復恭請以壽王監國三月六日宣遺詔立爲皇太弟八日柩前卽位時年二十二以司空韋昭度攝冢宰己丑見羣臣始聽政帝攻書好文尤重儒術神氣雄俊有會昌之遺風以先朝威武不振國命寖微而尊禮大臣詳延道術意在恢張舊業號令天下卽位之始中外稱之四月戊辰朔庚午追謚聖母惠安太后曰恭獻乙亥河南尹張全義以兵襲李罕之於河陽罕之出據澤州魏博衙軍殺其帥樂彥禎於龍興寺又擊樂從訓敗之從訓以殘衆保洹水爲羅宗弁陷其城而殺之壬午蔡賊孫儒陷揚州楊行密潰圍而出據宣州孫儒自稱淮南節度仍率其衆攻宣州五月丁酉朔制以宣武軍節度使檢校侍中沛郡王朱全忠爲蔡州四面行營兵馬都統自秦賢石璠敗後蔡賊漸弱時溥方爲全忠所攻故移溥都統之命授全忠壬寅蔡賊將僞署荆襄節度使趙德諲遣使歸朝願討賊自効乃以德諲爲蔡州四面行營副都統德諲遂以荆襄之兵屬全忠六月丁卯朔以川賊王建大亂劍南陳敬瑄告難制以開府儀同三司守司空門下侍郎同平章事太清宫使弘文館大學士延資庫使上柱國扶陽郡開國公食邑二千戸韋昭度檢校司徒門下侍郎平章事兼成都尹充劍南西川節度副大使知節度事兼兩川招撫制置等使蔡州行營奏大破賊於龍陂進軍以逼賊城七月丙申朔澤州刺史李罕之引太原之師攻河陽爲汴將丁會所敗退還高平九月乙未汴將朱珍敗時溥之師于埇橋遂陷宿州自是溥嬰城不敢復出汴將胡元琮急攻蔡州十二月甲子朔蔡州牙將申藂執秦宗權撾折其足乞降詔中使宣諭便以藂權知留後比中使至別將郭璠殺申藂篡宗權檻送汴州蔡申光等州平詔賜蔡州行營兵士錢二十五萬貫令度支逐近支給是月葬僖宗於靖陵

龍紀元年春正月癸巳朔上御武德殿受朝賀宣制大赦改元中外文武臣寮進秩頒爵有差以劍南西川節度兩川招撫制置使韋昭度檢校司空爲東都留守以翰林學士承旨兵部侍郎知制誥劉崇望本官同平章事以刑部侍郎孫揆爲京兆尹二月癸亥朔己丑汴州行軍司馬李璠監送逆賊秦宗權并妻趙氏以獻上御延喜門受俘百寮稱賀以之徇市告廟社斬於獨柳趙氏笞死初自諸侯收長安黃巢東出關與宗權合巢賊雖平而宗權之兇徒大集西至金商陝虢南極荆襄東過淮甸北侵徐兗汴鄭幅圓數十州五六年間民無耕織千室之邑不存一二歲旣凶荒皆膾人而食喪亂之酷未之前聞宗權旣平而朱全忠連兵十萬吞噬河南兗鄆青徐之間血戰不解唐祚以至於亡中書奏請以二月二十二日爲嘉會節從之三月壬辰朔以右僕射門下侍郎同平章事孔緯守司空太清宫使弘文館大學士延資庫使領諸道鹽鐵轉運等使以右僕射門下侍郎集賢殿大學士杜讓能爲左僕射監修國史判度支以中書侍郎戸部尚書同平章事張濬爲集賢殿大學士判戸部事四月壬戌朔以宣武淮南等節度副大使知節度事管内營田觀察處置等使開府儀同三司檢校太傅兼侍中揚州大都督府長史汴州刺史充蔡州四面行營都統上柱國沛郡王食邑四千戸朱全忠爲檢校太尉中書令進封東平王仍賜賞軍錢十萬貫五月壬辰朔漢州刺史王建陷成都府遷陳敬瑄于雅州建自稱西川兵馬留後復用田令孜爲監軍六月辛酉朔邢洺節度使孟方立卒三軍推其弟洺州刺史遷爲留後太原李克用出軍攻之杭州刺史錢鏐攻宣州下之擒劉浩剖心以祭周寶七月詔於杭州置武威軍以鏐爲本軍防禦觀察等使十月己未朔青州節度使王敬武卒制以特進太子少師博陵郡開國侯食邑一千戸崔安潛檢校太傅兼侍中青州刺史平盧軍節度觀察押新羅渤海兩蕃等使青州三軍以敬武子師範權知兵馬事十一月己丑朔將有事於圜丘改御名曰曄辛亥上宿齋於武德殿宰相百寮朝服于位時兩軍中尉楊復恭及兩樞密皆朝服侍上太常博士錢珝李綽等奏論之曰皇帝赴齋宫内臣皆服朝服臣檢國朝故事及近代禮令並無内官朝服助祭之文伏惟皇帝陛下承天御曆聖祚中興祗見宗祧克陳大禮皆稟高祖太宗之成制必循虞夏商周之舊經軒冕服章式遵彝憲禮院先准大禮使牒稱得内侍省牒要知内臣朝服品秩禮院已准禮令報訖今參詳近朝事例若内官及諸衛將軍必須製冠服卽各依所兼正官隨資品依令式服本官之服事存傳聽且可俯從然亦不分明著在禮令乞聖慈允臣所奏狀入至晚不報錢珝又進狀曰臣今日巳時進狀論内官冠服制度未奉聖旨伏以陛下虔事郊禋式遵彝範凡關典禮必守憲章今陛下行先王之大禮而内臣遂服先王之法服來日朝獻大聖祖臣贊導皇帝行事若侍臣服章有違制度是爲非禮上瀆祖宗臣期不奉勅臣謬當聖代叨備禮官獲正朝儀死且不朽脂膏泥滓是所甘心狀入降朱書御札曰卿等所論至當事可從權勿以小瑕遂妨大禮於是内四臣遂以法服侍祠甲寅圜丘禮畢御承天門大赦十二月戊午宰臣杜讓能兼司空

大順元年春正月戊子朔御武德殿受朝賀宰臣百寮上徽號曰聖文睿德光武弘孝皇帝禮畢大赦改元大順二月丁巳宰臣兼國子祭酒孔緯以孔子廟經兵火有司釋奠無所請内外文臣自觀察使制使下及令佐於本官料錢上緡抽十文助修國學從之宣武節度使朱全忠進位守中書令加食邑千戸餘如故太原都將安金俊攻圍邢州歷年城中食盡邢洺觀察使孟遷以城降乃以孟遷之族歸太原克用以大將安建爲邢洺留後三月丁亥朔朱全忠上表關東藩鎮請除用朝廷名德爲節度觀察使如藩臣固位不受代臣請以兵誅之如王徽裴璩孔晦崔安潛等皆縉紳名族踐歷素高宜用爲徐鄆青兗等道節度使從之昭義節度使李克修卒太原帥克用之弟也三軍推克修弟克恭知留後事四月丙辰朔李克用遣大將安金俊率師攻雲州赫連鐸求援於幽州李匡威出兵援之戰于蔚州太原軍大敗燕軍執安金俊獻之于朝李匡威赫連鐸朱全忠等上表請因沙陀敗亡臣與河北三鎮及臣所鎮汴滑河陽之兵平定太原願朝廷命重臣一人都總戎事昭宗以太原於艱難時立興復大功心疑其事下兩省御史臺尚書省四品已上官議唯黨全忠者言其可伐不可者十之七宰臣杜讓能劉崇望深以爲不可惟張濬議曰先朝再幸興元實沙陀之罪比慮河北諸侯與之膠固無以滌除今兩河大藩皆願誅討不因其離貳而除之是當斷失斷也孔緯曰濬言是也軍容楊復恭曰先朝蒙犯霜露播越草莽七八年間寢不安席雖賊臣

搖蕩於外亦由失制於中陛下纘承人心忻戴不宜輕舉干戈爲國生事望優詔報全忠且以柔服爲辭上然之全忠密遣濬之親黨賂濬濬恃全忠之援論奏不已天子僶俛從之五月制特進中書侍郎兵部尚書同平章事集賢殿大學士上柱國河間郡開國伯食邑七百戶張濬爲太原四面行營兵馬都統京兆尹孫揆副之以華州節度使韓建爲北面行營招討都虞候供軍等使以宣武節度使朱全忠爲太原東南面招討使成德軍節度使王鎔爲太原東面招討使幽州節度使李匡威爲太原北面招討使雲州防禦使赫連鐸副之丙午潞州軍亂殺其帥李克恭監軍使薛纘本函克恭首獻之于朝濬方起兵朝廷稱賀壬子都招討使張濬孫揆率神策諸軍三千赴行營昭宗御安喜門臨送誡誓之六月乙卯李克用大將權知邢洺兵馬留後安建上表請以三州歸順遣中使往勞之制以德州刺史權知滄州兵馬留後盧彥威檢校尚書右僕射兼滄州刺史御史大夫充義昌軍節度滄德觀察處置等使彥威光啟初逐其帥楊全玫求旄節朝廷以扈蹕都將曹誠爲滄德節度使誠雖不至任而彥威之請不行至是王鎔羅弘信因張濬用兵爲彥威論請故有斯授以京兆尹行營兵馬副招討孫揆檢校兵部尚書兼潞州大都督府長史充昭義節度副大使知節度事張濬會諸軍於晉州朱全忠選汾卒三千爲張濬牙隊秋七月乙酉朔王師屯于陰地太原大將康君立以兵拒戰朱全忠遣大將葛從周率千騎入潞州從周權充兵馬留後朱全忠奏已差兵士守潞州請節度使孫揆赴鎮時中使韓歸範押揆旄節官告送至行營丙申揆建節率兵二千自晉州赴鎮昭義戊申至長子縣山谷中太原騎將李存孝伏兵執揆與韓歸範牙兵五百俘送太原餘兵悉爲存孝所殺太原將康君立率兵二萬攻潞州九月甲申幽州雲州蕃漢兵三萬攻鴈門太原將李存信薛阿檀擊敗之汴將葛從周棄上黨康君立入據之克用以君立爲澤潞兵馬留後十一月癸丑朔太原將邢州刺史李存孝自恃擒孫揆功合爲昭義帥怨克用授康君立存孝自晉州率行營兵歸邢州據城上表歸朝仍致書與張濬王鎔求援克用遣大將李存信薛阿檀拒王師于陰地三戰三捷由是河西鄜夏邠岐之軍渡河西歸韓建以諸軍保平陽存信追之建軍又敗建退保絳州張濬以汴卒禁軍萬人在晉州存信攻之三日相與謀曰張濬宰相俘之無益天子禁兵不宜加害如得平陽於我無利遂退舍五十里而軍十二月壬午朔張濬韓建拔晉絳遁去李存信收晉絳大掠河中四郡丙寅制特進中書侍郎平章事太原四面行營都統張濬可檢校兵部尚書兼鄂州刺史御史大夫充鄂岳觀察使以開府儀同三司守司徒門下侍郎同平章事上柱國魯國公食邑三千戶充諸道鹽鐵轉運等使孔緯檢校司徒兼江陵尹荊南節度觀察處置使庚午新除鄂岳觀察使張濬責授連州刺史新除荊南節度使孔緯責授均州刺史並馳驛赴任太原軍屯晉州李克用遣中使韓歸範還朝因上表訴冤言被賊臣張濬依倚朱全忠離間功臣致削奪臣官爵朝廷欲令釋滅下羣臣議其可否左僕射韋昭度等議曰賞功罰否前聖之令猷含垢匿瑕百王之垂訓是以雷解而羲文象德網開而湯化歸仁用彼懷柔式存彝範上自軒農之代下臻文武之朝罔不允洽寬弘以流霈澤況國家德祖守成之日憲宗致理之時車軌一同桑麻萬里燭龍外野悉在梯航火鼠窮郊咸歸正朔然猶王承宗擁兵鎮冀詔范希朝討之仍歲無功卒行赦宥而又朱滔以幽州之衆結田悅李納王武俊之强遣馬燧等征之不克旋又寬之以累聖之典謨睿哲大朝之紀律文明非不欲厲彼風驅快其電掃然且考春秋之義稽楚鄭之文或退而許平或服而更捨存於舊史載彼新書李克用代漠强宗陰山貴胄呼吸而風雲作氣指麾而草樹成形仰天指心誓獻秩訾之首伏發歐血屢親都護之營所謂勇多上人自匪窮來歸我及陛下聖考懿宗皇帝之朝彭門失守親驅銳卒首建殊功而先帝卽位之初渚宮大擾復提義旅克靜妖氛其後封豕長蛇荐食上國繼以子朝之亂皆因重耳之盟保大朝之宗祧垂中興於簡冊蓋聖王之御天下也有勳可書有績可載宥過不忘於十代念功豈止於一時天高聽卑請事斯語且四海之內創痏猶殷九貢之邦網條未理昨者遽起邠岐之衆尋已退還又徵燕薊之師倏聞內變出於饟饋失職貪屝絕供致此投戈是乖借箸蓋下計之未熟非聖謀之不臧儻宸斷重離天機間出錄茲成欵散彼師徒慮其念舊之懷待以如初之禮臣等所議實以在斯抑又聞往者漢將趙充國欲因邊境衰弱出兵擊之於是魏相上書畫陳利害且曰恃國家之大矜人物之衆欲見威於敵者謂之驕兵兵驕者滅非但人事乃天道也又曰臣不知此兵何名者也兵出無名事乃不成漢宣納之竟罷其伐伏惟皇帝陛下鑒往古用師之難揉列聖還善之美恩加區宇信及豚魚則臣等不勝懇願況今汴魏猶艱幽定方困縱遣之調發豈能集事虛行號令徒召寇讐將以勸人非唯辱國且黷憂斯舉勤王之衆推効命之誠未能虜騎獨攻所望漢兵同力今茲數鎮奔命不遑難致濟師恐又生事論其漸當暑熱非利戎旃悉力須需遣還蕃部重盈陳五郡之卒益謹關防王珙振兩河之雄更嚴旗鼓然後獎其上表哀以自陳錄彼前勞責之後効徵神爵之往典還日逐之故封諭其已斥王恭不使更疑晉帝凡百臣子實切乃誠其克用在身官爵並請却還仍依前編入屬籍從之以翰林學士承旨兵部侍郎崔昭緯本官同平章事御史中丞徐彥若爲戶部侍郎同平章事尚書右僕射王徽卒贈司空諡曰貞

二年春正月壬子朔李克用急攻邢州李存孝求援於王鎔鎔出軍援之屯于堯山克用自太原至擊敗之進圍邢州司徒門下侍郎平章事杜讓能進位太尉太清宮使弘文館大學士延資庫使領諸道鹽鐵轉運等使以中書侍郎吏部尚書平章事劉崇望爲門下侍郎監修國史判度支事工部侍郎平章事崔昭緯判戶部事二月辛巳李克用復檢校太師中書令太原尹北都留守河東節度觀察處置等使時張濬韓建兵敗後爲太原將李存信等所追至是方自含山踰王屋出河清達于河陽屬河溢無舟檝遠壞人廬舍爲木罌數百方獲渡人多覆溺休其徒於司徒廟是役也朝廷倚朱全忠及三鎮兵全忠方連兵徐鄆乃求兵糧于鎮魏全忠終不至行營鎮魏倚太原爲扞蔽如破太原郡恐危鎮魏王鎔羅弘信亦不出師唯邠岐華鄜夏烏合之衆會晉州兵未交而孫揆擒燕卒敗所以河西岐下之師望風潰散而濬建至敗全忠以鎮魏不助兵糧觀望遣龐師古將兵討魏陷十縣羅弘信乞盟乃退棣州刺史張蟾爲青州將王師範所敗新授平盧節度使崔安潛自棣州歸朝復授太子少師三月辛亥朔以青州權知兵馬留後王師範檢校兵部尚書兼青州刺史御史大夫充平盧軍節度觀察押新羅渤海兩蕃等使淮南節度孫儒爲宣州觀察使楊行密所殺初行密揚州失守據宣州孫儒以兵攻圍三年是春淮南大飢軍中疫癘死者十三四是月孫儒亦病爲帳下所執降行密行密乃併孫儒之衆復據廣陵六月王鎔出軍援李存孝克用大舉討鎮州七月太原軍出井陘屯於常山鎮大掠鎮趙深諸郡幽州節度使李匡威自率步騎三萬援王鎔八月克用班師九月丁未朔乙卯天子賜左軍中尉楊復恭几杖以大將軍致仕復恭怒稱病不受詔十月丁丑朔甲申天威軍使李順節率禁兵討楊復恭復恭假子玉山軍使楊守信以兵拒之列陣于昌化里昭宗登延喜樓陳兵自衞以俟變相持至晚不戰而退是夜守信乃擁其衆衞復恭出京師且戰且行出通化門由七盤路之商州又令義兒張綰爲後殿永安都頭安權追及綰擒之而還十一月朱全忠上表請移時溥節鎮是月汴軍陷宿州乃授溥太子太師溥將劉知俊降汴軍鎮州王鎔幽州李匡威復謀攻定州以分其地王處存求援於太原十二月丙子朔以光祿大夫門下侍郎右僕射平章事監修國史判度支上柱國彭城縣開國男劉崇望檢校司空同平章事兼徐州刺史充武寧軍節度徐宿觀察制置使時李順節恃恩恣橫出入以兵仗自隨兩軍中尉劉景宣西門君遂懼其窺圖非望丁亥兩中尉傳詔召順節順節以甲士三百自隨至銀臺門門司傳詔止從者兩中尉在仗舍邀順節坐令部將嗣光審斫順節頭隨劒落其部下知順節死大譟出延喜門是日天威捧日登封三都亂剽永寧里至晚方定戶部尚書鄭延昌爲中書侍郎平章事判度支

景福元年春正月丙午朔上御武德殿受朝賀大赦改元景福鳳翔李茂貞邠州王行瑜華州韓建同州王行約秦州李茂莊等上表疏興元楊守亮納叛臣楊復恭請同出本軍討伐兼自備供軍糧料不取給於度支只請加茂貞山南招討使名內臣皆不可其奏昭宗亦以茂貞得山南之後有問鼎之志詔久之不下茂貞怒與王行瑜不俟進止發兵攻興元累請招討之命兼與宰相杜讓能中尉西門君遂書詞語詬詈淩蔑王室昭宗心不能容二月丙子朔庚寅太原易定之兵合勢攻鎮州王鎔復告難於幽州李匡威率步騎三萬赴之時太原之衆軍於常山鎮易定之衆軍堅固鎮燕趙之卒分拒之三月克用處存斂軍而退四月乙亥左軍中尉西門君遂殺天威軍使賈德晟時德晟與李順節俱掌天威軍順節死中尉惡德晟誣奏殺之是日德晟部下千餘騎出奔鳳翔自是岐軍益盛五月甲辰制以河南尹張全義檢校司徒同平章事兼孟州刺史充河陽三城節度孟懷澤觀察等使七月燕趙之卒合勢援邢州太原大將李存信率軍拒於堯山王鎔大敗而還十一月辛丑鳳翔邠寧之衆攻興元府陷之山南西道節度使楊守亮與前左軍中尉楊復恭判官李巨川突圍而遁

將奔太原李茂貞表其子繼密權知興元府事十二月辛未朔華州節度使韓建奏於乾元縣遇興元潰散兵士擊敗之其楊守亮楊復恭並已處斬訖皆傳首京師

二年春正月辛丑朔制以權知劍南東川兵馬留後顧彥暉檢校尚書右僕射兼梓州刺史御史大夫充劍南東川節度觀察等使時王建連年攻彥暉李茂貞欲與建爭東川故表請彥暉正授旄鉞示修好也二月庚午朔太原李克用以兵攻鎮州師出井陘王鎔懼再求救于幽州甲申李匡威復來赴援太原之軍還邢州三月庚子制以捧日都頭陳珮爲廣州刺史嶺南東道節度使扈蹕都頭曹誠爲黔州刺史黔中節度使耀德都頭李鋋爲潤州刺史鎮海軍節度使宣威都頭孫惟晟爲江陵尹荆南節度使並加特進同平章事各令赴鎮並落軍權時朝議以茂貞傲侮王命武臣難制欲用杜讓能及親王典禁兵故罷五將之權兼以平章事悅其心太尉杜讓能冊拜加食邑至六千戶是月幽州節度使李匡威弟匡籌據幽州自稱留後以符追行營兵兵皆還幽州匡威既無歸路遣判官李貞抱入奏請朝覲王鎔感匡威援助之惠乃築第於恒州迎匡威處之四月己巳汴將王重師牛存節陷徐州節度使時溥舉家自燔而死朱全忠遣將龐師古守徐州六月丁酉朔乙卯幽州節度使李匡威謀害王鎔而奪其帥恒州三軍攻匡威殺之戊午制太尉門下侍郎平章事晉國公杜讓能加食邑至九千戶門下侍郎吏部尚書平章事崔昭緯進階光祿大夫中書侍郎平章事鄭延昌兼刑部尚書並加食邑至千戶以祠部郎中知制誥陸扆爲中書舍人依前翰林學士幽州節度使李匡籌遣使檄王鎔訊殺匡威之罪二藩結怨朱全忠遣判官韋震使幽州和解之七月李克用與兵攻鎮州敗王鎔軍於平山鎔懼乞盟請以兵糧助攻邢州許之克用遂旋軍襄國癸未制以鳳翔隴州節度使檢校太尉中書令鳳翔尹上柱國岐王食邑四千五百戶李茂貞爲興元尹山南西道節度等使以中書侍郎同平章事徐彥若檢校尚書左僕射同平章事兼鳳翔尹充鳳翔隴州節度使時茂貞恃兵求兼領山南節度昭宗久之不行茂貞表章不遜深詆時政上不能容將加兵問罪故以彥若代之八月丙申朔以嗣覃王爲京西招討使神策大將軍李鐬副之九月丙寅朔以武威軍防禦使錢鏐爲鎮海軍節度浙江西道觀察處置等使仍移鎮海軍額於杭州乙亥覃王率扈駕五十四軍進攻岐陽屯于興平李茂貞以兵逆戰屯于盩厔壬午岐軍進迫興平王師自潰茂貞乘勝逼京師進屯三橋甲申昭宗御安福門斬觀軍容使西門君遂內樞密使李周潼遣中使賜茂貞詔令收兵歸鎮茂貞陳兵臨皐驛數宰臣杜讓能之罪請誅之制貶太尉平章事晉國公杜讓能爲雷州司戶十月乙未賜杜讓能自盡其弟戶部侍郎弘徽坐讓能賜死十一月制以鳳翔節度使李茂貞守中書令進封秦王兼興元尹山南西道節度使邠州節度使王行瑜賜號尚父賜鐵券以門下侍郎吏部尚書平章事監修國史崔昭緯兼尚書左僕射充諸道鹽鐵轉運等使以特進行右僕射韋昭度爲司空門下侍郎同平章事弘文館大學士太清宮使延資庫使中書侍郎刑部尚書平章事判度支鄭延昌能知政事守尚書左僕射以病求罷故也以新除鳳翔節度使徐彥若復知政事戶部侍郎判戶部事王摶本官同平章事

乾寧元年春正月乙丑朔上御武德殿受朝宣制大赦改元乾寧鳳翔李茂貞來朝大陳兵衞獻妓女三十人宴之內殿數日還藩時茂貞有山南梁洋興鳳岐隴秦涇原等十五餘郡甲兵雄盛凌弱王室頗有問鼎之志二月汴人大敗兗鄆之軍於東阿瑄瑾勢蹙求援於太原李克用出師援之三月甲子朔太原軍攻邢州陷之執其逆將李存孝檻送太原裂之克用以大將馬師素權知邢洺團練事五月蔡賊孫儒部將劉建鋒攻陷潭州自稱湖南節度使以翰林學士中書舍人陸扆爲戶部侍郎知制誥充職六月壬辰李克用攻陷雲州執大同防禦使赫連鐸以其牙將薛志勤守雲中十月庚寅以中書侍郎平章事王摶爲湖南節度使以翰林學士承旨禮部尚書知制誥李磎爲戶部侍郎同平章事宣制之日水部郎中知制誥劉崇魯出班而泣言磎姦邪黨附內官不可居輔弼之地由是制命不行戊申制御史中丞崔胤爲兵部侍郎同平章事是月李克用以太原之衆進攻幽州十二月幽州節度使李匡籌潰圍而遁克用陷幽州以李匡威故將劉仁恭爲幽州兵馬留後是月李匡籌南奔赴闕至景城爲滄州節度使盧彥威所殺

二年春正月己未朔河中節度使檢校太師中書令河中尹上柱國琅邪郡王王重榮卒三軍立重榮子行軍司馬珂知留後事二月己丑朔王重榮子陝州節度使珙絳州刺史瑤舉兵討王珂兼上章訴珂冒姓非重榮子珂珙爭爲蒲帥上遣中使慰勞三月制以中書侍郎同平章事崔胤檢校尚書左僕射同平章事河中尹充河中節度晉絳慈隰觀察處置等使浙東節度使董昌僭號稱羅平國年稱大聖用婺州刺史蔣瓌爲宰相仍僞署官員鎮海軍節度使錢鏐請以本軍進討從之以翰林學士承旨兵部侍郎知制誥趙光逢爲尚書左丞依前充職太原李克用上章言王重榮有功於國其子珂宜承襲請賜節鉞邠州王行瑜鳳翔李茂貞華州韓建各上章言珂螟蛉不宜纘襲請以王珂爲陝州王珙爲河中天子以先允克用之奏久之不下五月丁巳朔甲子李茂貞王行瑜韓建等各率精甲數千人入覲京師大恐人皆亡竄吏不能止昭宗御安福門以俟之三帥既至拜舞樓下昭宗臨軒自諭之曰卿等藩侯宜存臣節稱兵入朝不由奏請意在何也茂貞行瑜汗流洽背不能對唯韓建陳敘入覲之由上並召升樓賜之巵酒宴之於同文殿茂貞行瑜極言南北司相傾深蠹時政請誅其太甚者乃貶宰相韋昭度李磎尋殺之於都亭驛殺內官數人而去王行瑜留弟行約茂貞留假子閻圭各以兵二千人宿衞時三帥同謀廢昭宗立吉王聞太原起軍乃止留兵宿衞而還壬申以責授均州司戶孔緯繡州司戶張濬並爲太子賓客以翰林學士戶部侍郎知制誥陸扆爲兵部侍郎充職六月丁亥朔以京兆尹嗣薛王知柔兼戶部尚書判度支兼諸道鹽鐵轉運等使壬辰以太子賓客孔緯爲吏部尚書尋復開府儀同三司守司空門下侍郎同平章事弘文館大學士太清宮延資庫使上柱國魯郡開國公食邑四千戶食實封二百戶仍號持危啓運保乂功臣時緯在華州尋屬太原軍至而止以太子賓客張濬復光祿大夫行兵部尚書上柱國河間郡開國侯食邑二千戶濬在長水亦不至京師復以王摶爲中書侍郎平章事七月丙辰朔李克用舉軍渡河以討王行瑜李茂貞韓建等稱兵詣闕之罪庚申同州節度使王行實棄郡入京師謂兩軍中尉駱全瓘劉景宣曰沙陀十萬至矣請奉車駕幸邠州且有城守時景宣附鳳翔癸亥夜閻圭與劉景宣子繼晟同州王行實縱火剽東市請上出幸上聞亂登承天門遣諸王率禁兵禦之捧日都頭李筠率本軍侍衞樓上閻圭以鳳翔之卒攻李筠矢及御座之樓扉上懼下樓與親王公主內人數百幸承興坊李筠營扈蹕都頭李君實以繼至乃與筠兩都兵士侍衞出啓夏門憩於華嚴寺以俟內人繼至其日晚幸莎城鎮京師士庶從幸者數十萬比至南山谷口暍死者三之一至暮爲盜寇掠慟哭之聲殷動山谷權令京兆尹知柔中書事及隨駕置頓使信宿宰相徐彥若王摶崔胤三人至乃移石門鎮之佛宮仍令知樞密劉光裕薛王知柔歸京師制置合禁軍以備宮禁丙寅李克用遣牙將閻諤奉表奔問奏屯軍河中候進止發赴邠州丁卯上遣內官張承業傳詔克用軍便令監太原行營兵馬發赴新平又令內官郗廷立傳詔涇州令張鐇起涇原之師會克用軍上在南山半月餘克用仍在河中未至渭北上懼鳳翔兵士劫遷乃令延王將御服鞍馬玉器等至河中宣諭曰朕以景宣全瓘行實繼鵬爲表裏之姦謀縱干戈於雙闕煙塵倐忽劫殺縱橫朕偶脫鋒鋩遂稼輦輅所爲巡幸止在近郊蓋知卿統領雄師駐臨蒲坂累飛書詔繼遣使人期卿以社稷爲憂君親在念必思響應速議龔行豈謂將涉兩旬未有來表憂虞是切寢食不遑豈忠義不切疚懷而道途或有阻滯令則專令親信懇託勳賢故遣延王戒丕丹王允與供奉官王魯紆等宣示卿宜便董貔貅徑臨邠鳳蕩平妖穴以拯阽危是所望也八月乙酉朔延王至河中克用已發前鋒至渭北又令史儼率五百騎赴行在侍衞己丑克用自至渭橋砦癸巳於梨園殺邠軍數千獲其大將王令陶以獻又詔鄜州節度使李思孝本軍進討丁酉制以河東節度使開府儀同三司守太師中書令兼太原尹北都留守上柱國隴西郡王李克用爲邠寧四面行營都招討使夏州節度使李思諫充邠寧東北面招討使涇原節度使張鐇充邠寧西面招討使河中節度使王珂充行營供軍糧料使李茂貞聞之懼斬閻圭武秀子傳首行在上章請罪辛丑制奪王行瑜在身官爵改授李克用邠寧四面行營都統其大將蓋寓李存信閻鍔判官王讓李襲吉等並降詔錫賚又以河中都監袁季貞充邠寧四面行營兵馬都監押壬寅李克用遣子存貞奉表行在請車駕還宮荅詔曰昨延王迴言卿憂時體國執禮輸忠接遇之間周旋盡節備知肺腑識我恩榮靜惟尊主之心果契知臣之分朕欲取今月二十四日却復都城冀寧兆庶倚我勳德有若長城速伸翦盪之謀以慰黔黎之望癸卯又令延王傳詔令克用發騎軍三千赴三橋屯駐以備迴鑾辛亥車駕還宮壬子司空門下侍郎平章事監修國史諸道鹽鐵轉運使崔昭緯罷知政事爲太子賓客以河中兵馬留後王珂檢校司空兼河中尹御史大夫充護國軍節度河中晉絳慈隰觀察等使以幽州兵馬留後劉仁恭檢校司空兼幽

州大都督府長史充幽州盧龍軍節度押奚契丹等使以故左軍中尉楊復恭開府魏國公並從克用奏請也九月甲寅朔丙辰制光祿大夫守尚書左僕射門下侍郎同平章事監修國史上柱國東莞郡公徐彥若爲司空門下侍郎同平章事太清宮修奉太廟等使弘文館大學士延資庫使充諸道鹽鐵轉運等使正議大夫中書侍郎同平章事王摶爲金紫光祿大夫戶部尚書門下侍郎監修國史判度支正議大夫中書侍郎同平章事崔胤爲金紫光祿大夫兼禮部尚書集賢殿大學士判戶部事並賜號扶危匡國致理功臣癸亥司空門下侍郎平章事太清宮修奉太廟等使弘文館大學士延資庫使上柱國魯郡開國公孔緯卒贈太尉十月甲申朔王師破賊梨園砦俘斬萬計行瑜由是嬰城自固丁亥制赦繫囚其節文曰某任崇杜石位重台衡或委以軍權或參諸宥密竟因連謗終至禍名鬱我好生嗟乎强死應大順已來有非罪而加削奪者並復官資其杜讓能西門君遂李周潼已下並與昭雪還其爵秩韋昭度項處台司每伸相業王行瑜求尚書令獨能抑之致於沉冤諒由此事李磎文章宏贍迥出輩流竟以朋黨之間擠於死地凡在有識孰不吝嗟宜並與昭洗仍復官爵又勅太子賓客崔昭緯責授梧州司馬水部郎中知制誥劉崇魯貶崖州司戶又詔邠州行營都統曰邠州節度副使崔鋋破賊之時勿令漏網鋋與昭緯去年朋黨交結行瑜構合禍胎原由此賊付四面行營知委是月四面行營大集邠州十一月癸未朔壬寅王行瑜與其妻子部曲五百餘人潰圍出奔至慶州行瑜爲部下所殺并其家二百口並詣行營乞降李克用遣牙將閻鍔獻于京師十二月甲申朔昭宗御延喜門受俘馘百寮樓前稱賀制以李克用守太師中書令進封晉王食邑九千戶改賜忠貞平難功臣是月克用班師太原制皇第三子祤封棣王第五子禊封虔王第六子禋封沂王第七子禕封遂王

三年春正月癸丑朔制以特進戶部尚書兼京兆尹嗣薛王知柔檢校司徒兼廣州刺史御史大夫充清海軍節度嶺南東道觀察處置等使以尚書右丞崔澤爲鳳州刺史魏博羅弘信擊敗太原軍於莘縣初兖鄆求援于太原克用令蕃將史完府何懷寶等千騎赴之至是又令大將李存信屯于莘縣魏人常假其道存信戢軍不謹或侵撓魏民弘信怒伏兵擊之其軍宵潰自是弘信南結于梁與太原絕兖鄆已至俱陷二月壬子朔制以通王滋爲開府儀同三司判侍衛諸道軍事以銀青光祿大夫戶部尚書嘉興縣子食邑五百戶陸扆爲兵部尚書三月壬子朔以考功員外郎集賢殿學士杜德祥爲工部郎中知制誥四月壬午朔湖南軍亂殺其帥劉建鋒三軍立其部將權知邵州刺史馬殷爲兵馬留後鎮海軍節度使錢鏐攻越州下之斬董昌平浙東制加錢鏐檢校太尉中書令五月辛巳責授梧州司馬崔昭緯賜自盡制金紫光祿大夫戶部尚書門下侍郎平章事監修國史上柱國太原郡開國公王摶爲檢校尚書左僕射同平章事兼越州刺史充鎮東軍節度浙江東道觀察處置等使六月庚戌李克用率沙陀并汾之衆五萬攻魏州及其邦大掠於其六郡陷城安洹水臨漳十餘邑報莘之怨也鳳翔李茂貞怨國家有朱玫之討絕朝貢謀將犯闕天子命覃王治兵以俟變是月茂貞上章請以兵師入覲上令通王覃王延王分統安聖捧宸保寧宣化等四軍以衞近畿丙寅鳳翔軍犯京畿覃王拒之於婁館接戰不利秋七月庚辰朔壬辰岐軍逼京師諸王率禁兵奉車駕將幸太原癸巳次渭北華州韓建遣子充奉表起居請駐蹕華州乃授建京畿都指揮安撫制置催促諸道綱運等使詔謂建曰啟途之行已在河東今且幸鄜時甲午次富平韓建來朝泣奏曰藩臣倔强非止茂貞雖太原勤王無宜巡幸臣之鎮守控扼關畿兵力雖微足以自固陛下若輕捨近畿遠巡極塞去園陵宗廟寧不痛心失魏闕金湯又非良算若輿駕渡河必難再復謀苟不臧悔之寧及願陛下且駐三峰以圖恢復上亦泣下曰朕難奈茂貞忿不思難卿言是也乙未次下邽丙申駐蹕華州以衙城爲行宮時岐軍犯京師宮室廛閭鞠爲灰燼自中和已來葺構之功掃地盡矣乙巳制以金紫光祿大夫中書侍郎兼禮部尚書同平章事集賢殿大學士判戶部事上柱國博陵縣開國伯崔胤檢校尚書左僕射兼廣州刺史御史大夫充清海軍節度嶺南東道觀察處置等使丙午制以翰林學士承旨尚書左丞知制誥嘉興縣開國子食邑五百戶陸扆爲戶部侍郎同平章事八月己酉朔甲寅新除鎮東軍節度使錢鏐權領浙江東道軍州事戊午制以戶部侍郎平章事陸扆爲中書侍郎兼判戶部事九月己卯朔汴州朱全忠河南尹張全義與關東諸侯俱上表言秦中有災請車駕遷都洛陽全忠全義言臣已表率諸藩繕治洛陽宮室優詔荅之乙未制新除清海軍節度使崔胤復知政事胤之出鎮朱全忠再表請論奏言胤不宜去相位故有是命丁酉制中書侍郎集賢殿大學士判戶部事陸扆責授硤州刺史崔胤怒扆代己誣奏扆黨庇茂貞故也丙午制以鎮國軍節度使韓建檢校太尉兼中書令充修復宮闕京畿制置催促諸道綱運等使以京兆尹孫偓爲兵部侍郎同平章事十月戊申朔以中書舍人權知禮部貢舉薛昭緯爲禮部侍郎壬子制以兵部侍郎平章事孫偓爲中書侍郎充鳳翔行營招討使甲寅偓於驛舍會諸將以議進軍戊午李茂貞上表章請罪願改事君之禮繼修職貢仍獻錢十五萬助修京闕韓建左右之師遂不行十一月丁丑朔以韓建兼領京兆尹京城把截使十二月丁未李克用縱兵俘剽魏博諸郡邑以前翰林學士承旨尚書左丞知制誥趙光遠爲御史中丞太常禮院奏權立行廟以備告饗從之

四年春正月丁丑朔車駕在華州行宮受羣臣朝賀癸未汴將龐師古陷鄆州節度使朱瑄與妻榮氏潰圍瑄至中都爲野人所殺榮氏俘於汴軍朱全忠署龐師古爲鄆州兵馬留後宰相孫偓罷知政事守兵部尚書二月丙午朔戊申汴將葛從周攻兖州陷之節度使朱瑾奔楊行密其將康懷貞降從周朱全忠署從周爲兖州兵馬留後自是鄆齊曹棣兖沂密徐宿陳許鄭滑濮等州皆沒於全忠唯王師範守青州亦納款於汴己未制朝議大夫守右散騎常侍上柱國滎陽縣男鄭綮爲禮部侍郎同平章事癸丑責授硤州刺史陸扆爲工部尚書甲寅華州防城將花重武告睦王已下八王欲謀殺韓建移車駕幸河中帝聞之駭然召韓建諭之建辭疾不敢行帝即令通王已下詣建治所自陳建奏曰今日未時睦王濟王韶王通王彭王韓王儀王陳王等八人到臣治所不測事由臣酌量事體不合與諸王相見兼恐久在臣所於事非宜況睦王等與臣中外事殊尊卑禮隔至於事柄未有相侵忽然及門意不可測又引晉室八王撓亂天下事請依舊制令諸王在十六宅不合典兵其殿後捧日扈蹕等軍人皆坊市無賴之徒不堪侍衛伏乞放散以寧衆心昭宗不得已皆從之是日囚八王於別第殿後侍衛四軍二萬餘人皆放散殺捧日都頭李筠於大雲橋下自是天子之衛士盡矣丙辰韓建上表請封拜皇太子親王以爲維城之計己未制德王裕宜冊爲皇太子辛酉制第八男祕可封景王第九男祚可封輝王第十男禊可封祁王第十一男禎可封雅王第十二男祥可封瓊王三月丙子朔戊寅制韓建進封昌黎郡王改賜資忠靖國功臣以光祿大夫兵部尚書上柱國河間郡開國侯食邑二千戶張濬爲尚書左僕射依前充租庸使四月丙午朔就加福建節度使王潮檢校尚書右僕射韓建獻封事十條其三太子諸王請置師傅教導乃以太子賓客王牘爲諸王侍讀宰相鄭綮以病乞骸乃罷知政事五月乙亥朔以國子博士朱朴爲右諫議大夫同平章事七月甲戌帝與學士親王登齊雲樓西望長安令樂工唱御製菩薩蠻詞奏畢皆泣下霑襟覃王已下並有屬和八月甲辰朔以工部尚書陸扆爲兵部尚書韓建與邠岐三鎮素有無君之迹及李克用誅行瑜心常切齒去歲車駕將幸河東乃令延王戒丕使太原見克用陳省方之意是月延王自太原還韓建奏曰自陛下即位已來與近輔交惡皆因諸王典兵兇徒樂禍遂致輿駕不安比者臣奏罷兵權實慮有不測之變今聞延王覃王尚苞陰計願陛下宸斷不疑制於未亂則社稷之福也上曰豈至是耶居數日以上無報乃與知樞密劉季述矯制發兵圍十六宅諸王懼披髮沿垣而呼曰官家救兒命或登屋沿樹是日通王覃王已下一十王并其侍者皆爲建兵所擁至石堤谷無長少皆殺之而建以謀逆聞尋殺太子詹事馬道殷將作監許巖士貶平章事朱朴皆上所寵昵者九月癸酉朔以御史中丞狄歸昌爲尚書右丞以刑部侍郎楊涉爲吏部侍郎制以鎮海軍節度使錢鏐爲鎮海軍節度浙江東西道觀察處置等使杭州越州刺史上柱國吳王冬十月癸卯朔以華州節度使韓建兼同州刺史匡國軍節度使朱全忠遣其將權徐州兵馬留後龐師古兖州留後葛從周率兖鄆曹濮徐宿滑等兵士七萬渡淮討楊行密制以太中大夫前御史中丞裴贄爲禮部尚書知貢舉幽州節度使劉仁恭大敗沙陀於安塞李克用單騎僅免十一月壬申朔癸酉淮南大將朱瑾潛出舟師襲汴軍於清口龐師古舉軍皆沒師古被執時葛從周自霍丘渡淮至濠州聞師古敗乃退軍信宿至溮河方渡而朱瑾至是日殺傷溺死殆盡還者不滿千人唯牛存節一軍先渡獲免比至潁州大雪寒凍死者十五六自古喪師之甚無如此也繇是行密據有江淮之間以檢校司空權知兖州兵馬事葛從周爲兖州刺史充泰寧軍節度使以潁州刺史王敬蕘檢校尚書左僕射兼徐州刺史充武寧軍節度使從全忠奏也

光化元年春正月辛未朔車駕在華州以兵部侍郎崔

遠爲戶部侍郎同平章事諸道貢修宮闕錢命京兆尹韓建入京城計度朱全忠遣判官韋震奏事求兼領鄆州時全忠軍敗之後欲自大其權以扼鄰藩之變幽州節度使劉仁恭恃安塞之捷欲吞噬河朔是月遣其子守文將兵襲滄州節度使盧彥威棄城而遁守文遂據之自稱留後四月庚子制淑妃何氏宜冊爲皇后上幸陟屺寺宴從官於韓建所獻御莊五月己巳朔以立后大赦汴將葛從周率衆攻李克用邢洺磁等州陷之全忠署從周爲三州兵馬留後六月己亥帝幸西溪觀競渡天下藩牧文武百寮上表請車駕還京七月汴將氏叔琮陷趙匡凝之隨唐鄧等州勅昇華州爲興德府刺史爲尹左右司馬爲少尹鄭縣爲次赤官員資望一同五府封華嶽廟爲佑順侯八月戊戌朔己未車駕自華還京師甲子御端門大赦改元光化九月戊辰朔以御史中丞狄歸昌爲尚書左丞制以鎭國匡國等軍節度使韓建守太傅中書令興德尹封潁川郡王賜鐵券幷御寫忠貞以遺之建累上表辭王爵乃改封許國公魏博節度使羅弘信進封臨淸郡王是月弘信卒贈太師諡曰莊肅衙軍立其子副大使紹威知兵馬事尋賜之節鉞十月丁酉朔河南尹張全義就加侍中汴將朱友恭自江西行營還過安州殺刺史武瑜遣部將守之汴將張存敬以兵襲蔡州刺史崔洪納欵請以弟賢質于汴許之十二月丙寅李克用將潞州節度使薛志勤死澤州刺史李罕之乘其無帥襲潞取之遣其子顥乞降于汴全忠表罕之爲節度使

二年春正月乙未朔丁未以兵部尚書陸扆爲兵部侍郎同平章事二月蔡州刺史崔洪爲衙兵所迫同竄淮南時洪以弟賢質于汴汴人遣賢還蔡徵兵三千出征蔡兵亂殺賢遂擁洪渡淮朱全忠令其子友裕守蔡州幽州節度使劉仁恭驅燕軍十萬將兼趙魏是月陷貝州人無少長皆屠之投尸淸水爲之不流遂進攻魏州羅紹威求救于汴三月朱全忠遣大將張存敬率師援之屯于內黃葛從周自邢洺率勁騎八百入魏州燕將劉守文單可及聞汴軍在內黃引軍往擊之存敬設伏內黃東大敗燕軍俘斬三萬生擒單可及劉守文以餘衆還魏州爲存敬從周所乘燕軍復敗仁恭父子僅免汴魏合兵躡之趙人復邀之東境自魏至滄五百里間僵屍相枕是春有白氣竟天如練自西南徹東北而旋有燕卒之敗四月汴將氏叔琮由上黨進軍攻太原出石會爲沙陀擒其前鋒將陳章叔琮乃退去六月制以昭義節度使檢校太尉兼太師侍中潞州大都督府長史隴西郡開國公食邑三千戶李罕之爲孟州刺史充河陽三城節度孟懷觀察等使以檢校司徒孟州刺史河陽節度使丁會爲澤潞等節度使從全忠奏也丁丑李罕之至懷州卒于傳舍陝州軍亂殺其帥王珙立都將軍李璠爲留後丁亥制以前太常卿劉崇望爲吏部尚書兵部侍郎裴樞爲吏部侍郎戶部侍郎薛昭緯爲兵部侍郎七月靑州守海州將牛從毅擁郡人投淮南行密遂有海州十一月陝州衙將朱簡殺李璠自稱留後降汴全忠表簡爲帥守

三年春正月庚子朔以禮部尚書裴贄爲刑部尚書癸卯朱全忠奏本貫宋州碭山縣蒙恩升爲輝州其地卑濕難葺廬舍請移輝州治所於單父縣從之仍賜號爲崇德軍四月戊午汴魏合軍攻滄州以報入邪之役葛從周陷滄德郡邑王鎔遣使和解于全忠令劉仁恭修好汴魏班師辛未皇后太子謁九廟六月丁巳朱全忠表陝州兵馬留後朱簡鄉里同宗改名友謙乞眞授節鉞從之戊辰特進司空門下侍郎平章事監修國史王摶貶崖州司戶尋賜死於藍田驛樞密使宋道弼景務修並死爲崔胤所誣言三人中外相結也七月丁亥朔兵部尚書劉崇望卒贈司空甲午兵部郎中薛正表爲右諫議大夫以許州刺史朱友恭檢校司徒爲潁州刺史以左武衛將軍趙霖檢校左僕射爲許州刺史宣武押衙劉知俊檢校右僕射爲鄭州刺史從全忠奏也戊申制以武貞軍節度澧朗敘等州觀察處置等使開府儀同三司檢校司徒同平章事朗州刺史上柱國馮翊郡開國侯食邑一千五百戶雷滿檢校太保封馮翊郡王餘如故以武泰軍節度黔中觀察處置等使光祿大夫檢校尚書左僕射黔州刺史御史大夫上柱國趙崇封天水縣開國子食邑五百戶庚戌制昭義節度留後光祿大夫檢校司空上柱國孟遷爲檢校司徒兼潞州大都府長史充昭義節度副大使知節度事潞磁邢洺等州觀察處置使仍封平昌縣男食邑三百戶從李克用奏也以金紫光祿大夫守兵部尚書上柱國樂安郡開國公食邑一千五百戶孫儲守兵部尚書兼京兆尹乙卯制忠烈衛聖鎭國功臣劍南西川節度副大使知節度事管內營田觀察處置統押近界諸蠻兼西山八國雲南安撫制置等使開府儀同三司檢校太尉中書令成都尹上柱國瑯邪郡王食邑三千戶實封一百戶王建可兼劍南東川武信軍兩道都指揮制置等使加食邑一千戶餘如故時建攻下梓州顧彥暉兼有東川洋果閬等州故也又以忠義軍節度山南東道管內觀察處置三司水陸發運等使開府儀同三司檢校太尉中書令兼襄州刺史上柱國南平王食邑三千戶趙匡凝可檢校太師兼中書令加實封一百戶八月丙辰朔朱全忠奏先割汝州隸許州請却還東都河陽先管澤州令緣蕃戎占據得失不常請權割河南府王屋淸河聿三縣隸河陽從之癸亥制忠貞平難功臣河東節度管內觀察處置等使開府儀同三司守太師兼中書令北都留守太原尹上柱國晉王食邑九千戶食實封七百戶李克用加實封一百戶丁卯以朝請大夫虞部郎中知制誥上柱國賜紫金魚袋顏蕘爲中書舍人己巳制前歸義軍節度副使權知兵馬留後銀靑光祿大夫檢校國子祭酒監察御史上柱國張承奉爲檢校左散騎常侍兼沙州刺史御史大夫充歸義節度瓜沙伊西等州觀察處置押蕃落等使庚辰太原大將李嗣昭攻洺州下之執汴將朱紹宗汴將葛從周率師赴之嗣昭棄城而去從周邀之於靑山口晉軍大敗從周乘勝攻鎭州壬午制荊南節度忠萬歸夔涪峽等州觀察處置水陸催運等使開府儀同三司檢校太尉兼中書令江陵尹上柱國上谷郡王食邑三千戶成汭可檢校太師中書令餘如故甲申制扶危匡國致理功臣特進行尚書左僕射兼門下侍郎同平章事監修國史判度支上柱國淸河郡開國公食邑二千戶崔胤可開府儀同三司進封魏國公加食邑一千戶餘如故九月丙戌朔朱全忠引三鎭之師攻鎭州王鎔懼遣判官周式副大使王昭祚主事梁公儒子弟爲質于汴出犒師絹十五萬匹求盟許之張存敬遂自深冀進軍攻瀛莫下郡邑二十阻雨泥濘不及幽州遂西行陷祁州大敗中山將王處直軍於沙河北進屯懷德驛遂攻定州節度使王郜奔太原衙將王處直斬孔目官梁汶出縑二十萬乞盟許之全忠遂署王處直爲義武軍留後乙巳制扶危匡國致理功臣開府儀同三司守太保兼門下侍郎平章事充太淸宮使修奉太廟使弘文館大學士延資庫使諸道鹽鐵轉運等使上柱國齊國公食邑五千戶食實封一百戶徐彥若可檢校太尉同平章事充淸海軍節度嶺南東道管內觀察處置供軍糧料等使丙午制光祿大夫中書侍郎兼吏部尚書同平章事充集賢殿大學士判戶部事博陵郡開國公食邑二千戶崔遠罷知政事守本官戊申制左僕射門下侍郎平章事監修國史判度支崔胤充太淸宮使修奉太廟使弘文館大學士延資庫使依前判度支兼充諸道鹽鐵轉運等使光祿大夫中書侍郎兼戶部尚書同平章事上柱國吳郡開國公食邑一千五百戶陸扆爲門下侍郎戶部尚書監修國史以正議大夫守刑部尚書上柱國河東縣開國男食邑三百戶賜紫金魚袋裴贄爲中書侍郎兼刑部尚書同平章事充集賢殿大學士以銀靑光祿大夫行尚書吏部侍郎上柱國裴樞爲中書侍郎同平章事判戶部事辛亥以光祿大夫尚書右僕射租庸使張濬罷租庸使守本官十月丙辰朔辛酉以前淸海軍節度副使朝散大夫檢校左散騎常侍御史大夫上柱國王溥守左散騎常侍充鹽鐵副使癸未制以保義軍節度留後銀靑光祿大夫檢校戶部尚書兼御史大夫上柱國朱友謙爲金紫光祿大夫檢校尚書右僕射兼陝州大都督府長史御史大夫充保義軍節度陝虢觀察處置等使十一月乙酉朔庚寅左右軍中尉劉季述王仲先廢昭宗幽於東內問安宮請皇太子裕監國時昭宗委崔胤以執政胤恃全忠之助稍抑宦官而帝自華還宮後頗以禽酒肆志喜怒不常自宋道弼等得罪黃門尤懼至是上獵苑中醉甚是夜手殺黃門侍女數人庚寅日及辰巳內門不開劉季述詣中書謂宰相崔胤曰宮中必有不測之事人臣安得坐觀我等內臣也可以便宜從事卽以禁兵千人破關而入問訊中人具知其故卽出與宰臣謀曰主上所爲如此非社稷之主也廢昏立明具有故事國家大計非逆亂也卽召百官署狀崔胤等不獲已署之季述仲先與汴州進奏官程巖等十三人請對對訖季述上殿待罪次左右軍將士齊唱萬歲聲遂突入宣化門行至思政殿便行殺戮徑至乞巧樓下帝遽見兵士驚墮牀下起而將去季述仲先掖而令坐何皇后遽出拜曰軍容長官護官家勿至驚恐有事取容商量季述卽出百官合同狀曰陛下倦臨寶位中外羣情願太子監國請陛下頤養於東宮帝曰吾昨與卿等歡飲不覺太過何至此耶皇后曰聖人依他軍容語卽於御前取國寶付季述卽時帝與皇后共一輦幷常所侍從十餘內人赴東宮入後季述手自扃鎖院門日於窗中通食器是日迎皇太子監國矯宣昭宗命稱上皇甲午宣上皇制太子登皇帝位宰臣百寮方鎭加爵進秩又賜百寮銀一千五百兩絹千匹綿萬兩充救接皆季述求媚於朝也時朱全忠在定州行營崔胤與前左僕射張濬告難於全忠請以兵問罪全忠

自行營還大梁十二月乙卯朔癸未夜護駕鹽州都將孫德昭周承誨董彥弼以兵攻劉季述王仲先殺仲先攜其首詣東宮門呼曰逆賊王仲先已斬首訖請陛下出宮慰諭兵士宮人破鑰帝與皇后方得出

天復元年春正月甲申朔昭宗反正登長樂門樓受朝賀班未退孫德昭執劉季述至樓前上方詰責已爲亂捧擊死乃尸之於市乙酉制以孫德昭檢校司空充靜海軍節度使丙戌宰相崔胤進位司空己丑朱全忠械程巖折足檻送京師戮之於市制皇太子裕降爲德王改名祐庚寅制以孫德昭爲安南節度檢校太保以周承誨爲邕州刺史邕管節度經略使以董彥弼爲容州刺史容管節度等使並檢校太保同平章事賜神策軍使李師虔徐彥回勑曰朕臨御已來十有四載常慕好生之德固無樂殺之心昨季述等幽辱朕躬迫脅太子李師虔是逆賊親厚選來東內主持動息之間俾其偵伺每有須索皆不供承要紙筆則恐作詔書索錐刀則慮爲利器凌辱萬狀出入搜羅朕所御之衣晝服夜濯凝冽之際寒苦難勝嬪嬙公主衾裯皆闕緡錢則貫百不入繒帛則尺寸難求六輩同其主張五人權其威勢若言狀罪翰墨難窮若許生全是爲貸法宜並處斬時朱全忠既服河朔三鎭欲窺圖王室簒代之謀以李克用在太原懼其角逐是月全忠令大將張存敬率兵三萬由含山襲河中王珂晉州刺史張漢瑜絳州刺史陶建不意賊至城守無備皆以郡降存敬移兵圍河中王珂求救於太原克用不能救乃嬰城謂存敬曰吾與汴王有舊俟王至卽降二月甲寅朔戊辰朱全忠至河中遂移王珂及兄璘弟瓚舉室徙於汴以張存敬守河中是月制以全忠檢校太師守中書令進封梁王三月癸未朔全忠引軍歸汴奏河中節度使歲貢課鹽三千車臣今代領池場請加二千車歲貢五千車俟五池完葺則依平時供課額從之四月癸丑朔汴軍大舉攻太原氏叔琮以兵三萬由天井關進攻澤潞節度使孟遷以上黨降叔琮長驅出圍柏營于洞渦驛葛從周率趙魏中山之兵由土門入陷承天軍與叔琮會時屬大雨芻糧不給汴將保衆而還甲戌天子有事於宗廟是日御長樂門大赦天下改元天復李茂貞自鎭來朝賜宴於壽春殿進錢數萬緡時中尉韓全誨及北司與茂貞相善宰相崔胤與朱全忠相善四人各爲表裏全忠欲遷都洛陽茂貞欲迎駕鳳翔各有挾天子令諸侯之意五月壬午朔庚子制門下侍郎戶部尚書平章事陸扆加兵部尚書進階特進壬寅制以朱全忠兼河中尹河中節度晉絳慈隰觀察處置安邑解縣兩池榷鹽制置等使閏六月辛巳朔制以河陽節度丁會依前檢校司徒兼潞州大都督府長史昭義節度等使代孟遷以遷檢校司徒爲河陽節度全忠奏也仍請於昭義節度官階內落下邢洺磁三州却以澤州爲屬郡其河陽節度只以懷州爲屬郡從之全忠又奏請以齊州隸鄆州從之十月己卯朔戊戌全忠引四鎭之師七萬赴河中京師聞之大恐豪民皆亡竄山谷十一月己酉朔壬子中尉韓全誨與鳳翔護駕都將李繼誨奉車駕出幸鳳翔是日汴軍陷同州執州將司馬鄴華州節度使韓建遣判官李巨川送欵甲寅汴軍駐靈口乙卯全忠知帝出幸乃迴兵攻華州大軍駐赤水全忠以親兵駐西溪韓建出降乃署爲忠武軍節度使以陳州爲理所丁巳宰相崔胤令戶部侍郎王溥至赤水砦促全忠以兵迎駕戊午全忠自赤水趨長安崔胤率文武百寮太子太師盧知猷已下迎全忠於坡頭庚申汴軍趨鳳翔戊辰至岐下全忠令判官李擇裴鑄入城奏事言臣在河中得崔胤書言奉密詔令臣以兵士迎駕臣不敢擅自迎鑾昭宗怒胤矯命連詔全忠以兵士還鎭辛未全忠引軍離鳳翔退攻邠州甲戌制扶危致理功臣開府儀同三司守司空門下侍郎平章事充太清宮使弘文館大學士延資庫使諸道鹽鐵轉運等使判度支上柱國魏國公食邑五千戶食實封二百戶崔胤可責授朝散大夫守工部尚書乙亥邠州節度使李繼徽以城降全忠乃舍其孥於河中以繼徽從軍以汴軍營於三原十二月己卯崔胤自長安至三原砦與全忠謀攻鳳翔

二年春正月戊申朔車駕在鳳翔全忠在三原李克用遣大將周德威攻慈隰晉等州全忠歸河中令其將朱友寧率衆五萬屯絳州大敗太原軍於蒲縣西北友寧乘勝追奔陷汾州進圍太原天子遣諫議大夫張顗至晉州諭全忠令與太原通和屬友寧再戰不利乃還關西四月丁丑朱友寧總大軍屯於興平五月岐軍出戰大敗於武功南之漢谷全忠聞捷自引汴軍五萬西征六月進營虢縣丁亥進圍鳳翔遣判官入城迎駕九月岐軍出戰又敗十一月鄜州節度使李周彝率衆救鳳翔十二月癸酉汴將孔勍乘虛襲下鄜州獲周彝妻子周彝卽以兵士來降於是邠寧鄜坊等州皆陷於汴軍茂貞懼謀誅內官以解

三年春正月癸卯朔車駕在鳳翔甲辰天子遣中使到全忠軍茂貞亦令軍將郭啟奇來達上欲還京之旨丙午青州牙將劉鄩陷全忠之兗州又令牙將張厚入奏是日亦竊發於華州殺州將婁敬思上又令戶部侍郎韓偓趙國夫人寵顏宣諭於全忠軍辛亥全忠令判官李振入奏上令翰林學士姚洎傳宣令全忠喚崔胤令率文武百寮來迎駕癸丑上令禮部尚書蘇循傳詔賜全忠玉帶仍令全忠處分蔣玄暉侍帝左右丁巳蔣玄暉與中使同押送中尉韓全誨張弘彥已下二十人首級告諭四鎭兵士迴鑾之期戊午遣中使走馬華州追崔胤胤託疾不至甲子巳時車駕出鳳翔幸全忠軍全忠素服待罪泣下不自勝上親解玉帶賜之乙丑扶風令朱友倫總兵侍衞丙寅次武功丁卯次興平宰臣崔胤率百官迎謁卽日降制以崔胤守司空門下侍郎平章事復太清宮使弘文館大學士延資庫使諸道鹽鐵轉運使判度支魏國公封邑如故戊辰次咸陽己巳入京師天子素服哭于太廟改服冕旒謁九廟禮畢御長樂樓大赦百寮稱賀全忠處左軍辛未宴全忠於內殿內弟子奏樂是日制內官第五可範已下七百人並賜死於內侍省其諸道監軍及小使仰本道節度使處斬訖奏從全忠崔胤所奏也帝悲惜之自爲奠文祭之二月壬申朔甲戌制賜全忠迴天再造竭忠守正功臣名己卯制以輝王祚充諸道兵馬元帥又制以迴天再造竭忠守正功臣宣武宣義天平護國等軍節度使汴宋亳輝河中晉絳慈隰鄭滑潁鄆齊曹等州觀察處置等使太清宮修葺宮闕制置度支解縣池場等使開府儀同三司檢校太師守中書令河中尹汴滑鄆等州刺史上柱國梁王食邑九千戶食實封六百戶朱全忠可守太尉中書令充諸道兵馬副元帥進邑三千戶以宰臣崔胤守司徒兼侍中判六軍十二衞以吏部尚書平章事裴樞檢校右僕射同平章事兼廣州刺史清海軍節度嶺南東道觀察等使甲戌制以門下侍郎兵部尚書同平章事監修國史陸扆責授沂王傅分司己丑上宴全忠於壽春殿又令全忠與茂貞書取平原公主同州節度使趙翊陝州節度使朱友謙來朝制以朱友裕爲華州刺史充感化軍節度使乙未會鞠於保寧殿全忠得頭籌令內弟子送酒仍面賜副元帥官告以新除廣州節度使裴樞爲門下侍郎吏部尚書平章事監修國史以戶部侍郎王溥同平章事戊戌全忠歸大梁上宴之內殿置酒於延喜門是日全忠與四鎭判官皆預席上臨軒泣別又令中使走送御製楊柳枝詞五首賜之辛丑平原公主至京師三月壬寅朔全忠引四鎭之兵征王師範先是大將朱友寧楊師厚前軍臨淄青師範求援于淮南楊行密遣將王景仁帥衆萬人赴之四月辛未朔西川王建以兵攻秦隴乘茂貞之弱也仍遣判官韋莊入貢修好于全忠五月制鳳翔隴右四鎭北庭行軍彰義軍節度涇原渭武觀察處置押蕃落等使開府儀同三司守尚書令兼侍中鳳翔尹上柱國秦王李茂貞可檢校太師守中書令初茂貞凌弱王室朝廷姑息加尚書令及是全忠方守太尉茂貞懼乞罷尚書令故也崔胤奏六軍十二衞名額空存實無兵士京師侍衞亦藉親軍請每軍量召募一千一百人共置六千六百人從之乃令六軍諸衞副使京兆尹鄭元規立格招收於市制以潁州刺史朱友恭檢校司空兼徐州刺史充武寧軍節度使從全忠奏也六月青州淮南軍與汴人戰于臨淄汴軍大敗朱友寧戰死傳首淮南九月汴將楊師厚大敗青州軍於臨朐荆南節度使成汭以舟師赴援鄂州澧朗雷彥恭承虛襲陷江陵汭軍士聞之潰歸汭憤怒投水而死趙匡凝遂以兵襲荆州據之辛巳汴州護駕都將朱友倫擊鞠墜馬卒全忠怒殺同鞠將校數人十一月丁酉朔王師範以青州降楊師厚全忠復令師範知青州事邠州鳳翔兵士逼京畿汴軍屯河中青州牙將劉鄩以兗州降葛從周稟師範命也全忠嘉之署爲元帥府都押衙權知鄜州留後事十二月丁卯朔辛巳制以禮部尚書獨孤損爲兵部侍郎同平章事丙申制守司徒侍中太清宮使弘文館大學士延資庫使判六軍十二衞事諸道鹽鐵轉運使判度支上柱國魏國公食邑四千五百戶崔胤責授太子賓客守刑部尚書兼京兆尹六軍諸衞副使鄭元規責授循州司戶是日汴州扈駕指揮使朱友諒殺胤及元規皇城使王建勲飛龍使陳班閤門使王建襲客省使王建乂前左僕射上柱國河間郡公張濬全忠將逼車駕幸洛陽懼胤濬立異也

天祐元年春正月丁酉朔以翰林學士左拾遺柳璨爲右諫議大夫同平章事賜紫金魚袋己亥制以兵部尚書崔遠爲中書侍郎同平章事集賢殿大學士己酉全忠率師屯河中遣牙將寇彥卿奉表請車駕遷都洛陽全忠令長安居人按籍遷居徹屋木自渭浮河而下連甍號哭月餘不息秦人大罵於路曰國賊崔胤召朱溫傾覆社稷俾我及此天乎天乎丁巳車駕發京師癸亥次陝州全忠迎謁于路二月丙寅朔乙亥全忠辭赴洛

陽親督工作四月丙寅朔癸巳帝遣晉國夫人可證傳詔諭全忠言中宮誕孳未安取十月入洛陽宮全忠意上遲留俟變怒甚謂牙將寇彥卿曰亟往陝州到日便促官家發來閏四月乙未朔丁酉車駕發陝州壬寅次穀水行宮時崔胤所募六軍兵士胤死後亡散並盡從上東遷者唯諸王小黄門十數打毬供奉内園小兒共二百餘人全忠在陝仍慮此輩爲變欲盡去之以汴卒爲侍衛至穀水頓全忠令醫官許昭遠告内園等謀變因會設幄酒食次並坑之乃以謀逆聞由是帝左右前後侍衛職掌皆汴人也甲辰車駕由徽安門入朱全忠張全義宰相裴樞獨孤損前導是日大風雨土壁步不辨物色日曛稍止上謁太廟禮畢還宮御正殿宣勞從官衛士受賀乙巳上御光政門大赦制曰乃睠中州便侯伯會朝之路遥逢百六順古今禳避之宜况建鼎舊京我家二宅轘轅通其左郟鄏引其前周平王之東遷更延姬姓漢光武之定業克茂劉宗華葺新都祈天永命皆因否運復啟昌期或西遁於戎狄或載殲於妖孽朕遭家不造布德不明十載已來三罹播越亦屬災纏秦雍叛起邠岐始幸石門以避衛兵之亂載遷華嶽仍驚畿邑之侵憂危則矢及車輿凌脅則火延宮廟迨至逆連宮竪構結姦兇致劉季述幽朕於下宮韓全誨刼予於右輔莫匪兵圍内殿焰亘九重皆思假武以容身唯劾指鹿而威衆矯宣天憲欺蔑外藩行書詔以任情欲忠良而獲罪雖羣方嶽牧協力匡扶拘戎律於阻修報朝恩而隔越副元帥梁王全忠以兼鎮近輔總兵四藩遠赴岐陽躬迎大駕辛勤百戰盡剿兇渠營野三年竟迴鑾輅咸鎬載新其宮闕讓珪絶類於闔徒方崇再造之功以正中興之運又邠岐結釁巴蜀連兵上負國恩下隳鄰好焚宮烈火更延爇於親鄰却駕兇鋒復延侵於禁苑抑又太一遊處併集六宮罰星熒惑久纏東井玄象荐災於秦分地形無過於洛陽爰有一二藎臣洎四方同志竭心王室共誓嘉謀魏鎮定燕航大河而畢至陳徐潞蔡輦巨軸以偕來披荆棘而立朝廷剗灰燼而化輪奐左郊祧而右社稷肅雍崇嚴前廣殿而後重廊藹然華邃公卿僉議龜筮協從甲子令年孟夏初吉備法駕而離陝分列百官而入洛郊觀此殷繁良多嘉慰謝罪太廟憂惕驚懷登御端門軫惻興感蓋以一人寡祐致萬姓靡寧工役艱疲忠良盡瘁克建再遷之業冀延八百之基宜覃渙汗之恩俟此雍熙之慶滌瑕盪垢咸與惟新可大赦天下改天復四年爲天祐元年

於戲肆眚閭闔卽安宮闈雖九廟几筵已閟於新室而諸陵松栢遥隔於舊都將務乂寧難申綣慕文武百辟執事具僚從我千里而來端爾一心莅政恩覃旣往効責從新方當開國之初必舉慢官之罰戊申勅今後除留宣徽兩院小馬坊豐德庫御廚客省閤門飛龍莊宅九使外其餘並停内園氷井公事委河南尹仍不差内夫人傳宣殺醫官閻祐之國子博士歐陽特言星讖也宰相裴樞兼右僕射諸道鹽鐵轉運等使監修國史戶部尚書門下侍郎平章事獨孤損判度支中書侍郎平章事柳璨判戶部事五月乙丑朔丙寅制河陽節度使張漢瑜同平章事宴百寮於崇勳殿上賛述全忠之功業因言御樓前一日所司亡失赦書頼元帥府收得副本施行幾失事矣中書不得無過裴樞等起待罪中飲帝更衣召全忠宴閣中全忠懇辭帝曰朕以全忠功業崇高欲齊中欵曲以表庇賴耳全忠旣不欲來卽令敬翔來朕與之言全忠令敬翔私退奏曰敬翔亦醉而出矣已巳全忠辭赴大梁宴于崇勳殿是日雨甚乙酉翰林學士左諫議大夫知制誥沈棲遠守本官以病陳乞故也丁亥勅河南府畿縣先減尉一員可准京兆府例復置縣尉一員癸巳中書奏准今年四月十一日赦文陝州都督府改爲興唐府其都督府長史宜改爲尹左右司馬爲少尹錄事爲司錄陝縣爲次赤餘爲次畿從之六月甲午朔邠州楊崇本侵掠關内全忠遣朱友裕屯軍於百仁村丙申通議大夫中書舍人賜紫金魚袋楊注可充翰林學士庚子三佛齊國入朝使蒲訶粟可寧遠將軍丁未制金紫光祿大夫太子少傳盧繼可太子太保致仕銀青光祿大夫太子少師天水男食邑三百戶趙崇可檢校右僕射甲寅以京兆少尹鄭韜光爲太常少卿前侍御史韋說爲右司員外郎前進士姚顗爲校書郎前進士趙頎劉明濟竇專並可秘書省校書郎正字從柳璨奏也荆南襄州忠義軍節度開府儀同三司檢校太師中書令江陵尹襄州刺史上柱國楚王食邑六千戶趙匡凝宜備禮册命七月癸亥朔全忠率師討邠鳳甲子自汴至洛陽宴於文思毬場全忠入百官或坐於廊下全忠怒笞通引官何凝丙寅制金紫光祿大夫行御史中丞上柱國韓儀責授棣州司馬侍御史歸藹責授登州司戶坐百官傲全忠也甲戌制以中大夫中書舍人上柱國賜紫金魚袋杜彥林爲太中大夫守御史中丞丁丑制以兵部郎中蕭頎爲吏部郎中戶部郎中徐綰爲兵部郎中司勳員外郎張茂樞爲

禮部郎中監察御史郄殷象爲右補闕己卯制武昌軍節度鄂岳蘄黄等州觀察處置兼三司水陸發運淮南西面行營招討等使開府儀同三司檢校太師中書令西平王食邑三千戶杜洪加食邑一千戶實封二百戶庚寅中書奏西京舊有凌煙閣圖畫功臣今遷都洛陽合議修建副元帥梁王勳庸冠世請凌煙閣之側別創一閣以表殊勳從之八月壬辰朔壬寅夜朱全忠令左龍武統軍朱友恭右龍武統軍氏叔琮樞密使蔣玄暉弑昭宗於椒殿自帝遷洛李克用李茂貞西川王建襄陽趙匡凝知全忠篡奪之謀連盟舉義以興復爲辭而帝英傑不羣全忠方事西討慮變起於中故害帝以絶人望帝自離長安日憂不測與皇后内人唯沉飲自寛是月壬寅全忠令判官李振自河中至洛陽與友恭等圖之是夜二鼓蔣玄暉選龍武衙官史太等百人叩内門言軍前有急奏面見上内門開玄暉每門留卒十人至椒殿院貞一夫人啟關謂玄暉曰急奏不應以卒來史太執貞一殺之急趨殿下玄暉曰至尊何在昭儀李漸榮臨軒謂玄暉曰院使莫傷官家寧殺我輩帝方醉聞之遽起史太持劒入椒殿帝單衣旋柱而走追而弑之漸榮以身護帝亦爲太所殺復執何皇后將害之后求哀於玄暉玄暉以全忠止令害帝釋后而去帝殂年三十八羣臣上謚曰聖穆景文孝皇帝廟號昭宗二年二月二十日葬于和陵

舊唐書卷二十上考證

昭宗本紀龍紀元年五月復用田令孜爲監軍○新書在大順二年八月庚子

大順二年三月淮南節度使孫儒爲宣州觀察使楊行密所殺○沈炳震曰新書本紀不書孫儒之死然儒本傳及楊行密傳皆在景福元年之春此疑誤

乾寧元年冬十月制御史中丞崔胤爲兵部侍郎同平章事○新書在大順二年九月

四年二月制朝議大夫滎陽縣男鄭綮爲禮部侍郎同平章事○新書在元年二月沈炳震曰本傳光化初昭宗還宮庶政未愜綮每形于詩什昭宗聞之因以爲相則不特非元年并非四年矣恐當以傳爲正

天復元年春正月以孫德昭爲安南節度使○ 臣德潛按安南卽靜海軍前已書以孫德昭檢校司空靜海軍節度使矣此應重出

二年十一月鄜州節度使李周彝率衆救鳳翔○新書名茂勳後降朱全忠改名周彝

昭宗紀獨無史臣論贊因并見于哀帝紀後非闕遺也

舊唐書卷二十下

後晉司空同中書門下平章事劉　昫撰

本紀第二十下

哀帝

哀皇帝諱柷昭宗第九子母曰積善太后何氏景福元年九月三日生於大内乾寧四年二月封輝王名祚天復三年二月拜開府儀同三司充諸道兵馬元帥天祐元年八月十二日昭宗遇弑翌日蔣玄暉矯宣遺詔曰我國家化隋爲唐奄有天下三百年之盛業十八葉之耿光朕自纘丕圖垂將二紀雖恭勤無怠屬運數多艱致寰宇之未寧覩兵戈之屢起賴勳賢協力宗社再安豈意宮闈之間禍亂忽作昭儀李漸榮河東夫人裴貞一潛懷逆節輒肆狂謀傷痍既深已及危革萬機不可以久曠四海不可以乏君神鼎所歸須有纘繼輝王祚幼彰岐嶷長實端良褎然不羣予所鍾愛必能克奉丕訓以安兆人宜立爲皇太子仍改名柷監軍國事於戲孝愛可以承九廟恭儉可以安萬邦無樂逸遊志康寰宇百辟卿士佑茲沖人載揚我高祖太宗之休烈是日遷神柩于西宮文武百寮班慰於延和門外其日午時又矯宣皇太后令曰予遭家不造急變爰臻禍生女職之徒事起宮奚之輩皇帝自罹鋒刃已至彌留不及顧遺號慟徒切定大計者安社稷纂丕圖者擇賢明議屬未亡人須示建長策承高祖之寶運繄元勳之忠規伏示股肱以匡沖眛皇太子柷宜於柩前卽皇帝位其哀制並依祖宗故事中書門下准前處分於戲送往事居古人令範行今報舊前哲格言抆淚敷宣言不能喻帝時年十三乙丑監國柩前卽位宜差太常卿王溥充禮儀使又令太子家令李能告哀於十六宅丙午大行皇帝大殮皇太子柩前卽皇帝位己酉矯制曰昭儀李漸榮河東夫人裴貞一今月十一日夜持刃謀逆懼罪投

井而死宜追削爲悖逆庶人蔣玄暉夜既弑逆詰旦宣言於外日夜來帝與昭儀博戲帝醉爲昭儀所害歸罪宮人以掩弑逆之跡然龍武軍官健備傳二夫人之言於市人尋用史太爲棣州刺史以酬弑逆之功庚戌羣臣上表請聽政甲寅中書奏皇帝九月三日降誕請以其日爲乾和節從之乙丑百寮赴西宮殯訖釋服皇帝見羣臣於崇勳殿西廊下中書帖今月二十四日釋服後三日一度進名起居丙辰勅朕奉太后慈旨以兩司綱運未來百官事力多闕旦夕霜冷深軫所懷令於內庫方圓銀二千一百七十二兩充見任文武常參官救接委御史臺依品秩分俵是日皇帝聽政丁巳勅乾和節方在哀疚其內道場宜停戊午遣刑部尚書張禕告哀於河中全忠號哭盡哀庚申勅乾和節文武百寮諸軍諸使諸道進奏官准故事於寺觀設齋不得宰殺只許酒果脯醢辛酉勅三月二十三日嘉會節伏以大行皇帝仙駕上昇靈山將卜神既遊於天際節宜輟於人間准故事嘉會節宜停九月壬戌朔百官素服赴西內臨進名奉慰戊辰大行皇帝大祥百官素服赴西內臨己巳勅右僕射門下侍郎禮部尚書平章事裴樞宜充大行皇帝山陵禮儀使門下侍郎平章事獨孤損宜充大行皇帝山陵使兵部侍郎李燕充鹵簿使權知河南尹韋震充橋道使宗正卿李克勤充按行使庚午皇帝釋服從吉中書門下奏伏以陛下光繼寶圖纂承丕緒敎道克申於先訓保任實自於慈顔今則正位宸居未崇徽號伏以大行皇帝皇后母臨四海德冠六宮推尊宜正於鴻名敬上式光於睿孝望上尊號曰皇太后奉勅宜依又勅輝王府官屬宜停辛巳山陵橋道使改差權河南尹張廷範其頓遞陵下應接等使並令廷範兼之庚寅中書奏太常寺止皷兩字敔上字犯御名請改曰肇從之十月辛卯朔日有蝕之在心初度壬辰全忠自河中來朝赴西內臨祭訖對於崇勳殿甲午勅檢校太保左龍武統軍朱友恭可復本姓名李彥威貶崖州司戶同正檢校司徒右龍武統軍氏叔琮可貶貝州司戶同正又勅彥威等主典禁兵妄爲扇動既有彰於物論兼亦繫於軍情謫掾遐方安能塞責宜配充本州長流百姓仍令所在賜自盡河南尹張廷範收彥威等殺之臨刑大呼曰賣我性命欲塞天下之謗其如神理何操心若此欲望子孫長世可乎呼廷範謂曰公行當及此勉自圖之是日全忠歸大梁丙申制天平軍節度使檢校太師中書令兼鄆州刺史上柱國東平王食邑七

千戶張全義本官兼河南尹許州刺史忠武軍節度觀察等使判六軍諸衞事皇帝卽位行事官左丞楊涉進封開國伯加食邑四百戶吏部侍郎趙光逢進開國公加食邑三百戶右散騎常侍竇回給事中孫續戶部郎中知制誥封舜卿等加勳階禮儀使太常卿王溥與一子八品正員官書寶冊官吏部尚書陸扆刑部尚書張禕扆與一子八品正員官禕加階太子太保盧紹卒魏博羅紹威進救接百官絹千匹綿三千兩十一月辛酉朔癸酉午時日有黃白暈旁有靑赤紉楊行密攻光州又急攻鄂州杜洪遣使求援全忠率師五萬自潁州渡淮至霍丘大掠以紓之行密分兵來拒乙酉勅據太常禮院奏於十二月內擇日冊太后者朕近奉慈旨以山陵未畢哀慼方纏凡百有司且虔充奉吉凶之禮難以並施太后冊禮宜俟山陵畢日庶得橋山攀慕彰盡節於羣臣蘭殿承榮展盛儀於朕志情既獲遂禮實宜之付所司己丑嶺南東道辨州宜改爲勳州十二月辛卯朔癸卯權知河南府尹和王傅張廷範宜復本官光祿大夫檢校司徒河東縣開國子食邑五百戶充山陵副使權知河南尹天平軍節度副使韋震權知鄆州軍州事

二年春正月庚申朔楊行密陷鄂州執節度使杜洪斬於揚州市鄂岳蘄黃等州入行密全忠自霍丘還大梁甲子太常卿王溥上大行皇帝謚號廟號乃勅右僕射平章事裴樞撰謚冊中書侍郎柳璨撰哀冊辛未勅朕祇荷丕圖仰惟先訓方迫遺弓之痛俯臨同軌之期將展孝思親扶護衞皇太后義深鳴鳳痛切攀龍亦欲專奉靈輿躬及園寢兼盡追摧之道用終克敬之儀其大行皇帝山陵發引日朕隨太后親至陵所付中書門下宜體至懷羣臣三表論諫乃止二月庚寅朔壬辰制以前知鄆州軍州事檢校尚書左僕射劉鄩爲右金吾衞大將軍充右街使檢校左僕射朱漢賓爲右羽林統軍丙申羣臣告謚於西宮己亥勅今月十一日大行皇帝啓攢宮准故事坊市禁音樂至二十日掩玄宮畢如舊庚子啓攢宮文武百寮夕臨於西宮丁未靈駕發引濮王已下從皇帝太后長樂門外祭畢歸大內己酉葬昭宗皇帝於和陵庚戌制以太常卿王溥爲工部尚書壬子制以汝州刺史裴迪爲刑部尚書泰寧軍節度檢校司空兗州刺史御史大夫葛從周檢校司徒兼右金吾上將軍致仕從周病風不任朝謁故也以左金吾上將軍盧彥威爲左威衞上將軍是月社日樞密使蔣玄暉宴德王裕已下九王於九曲池既醉皆絞殺之竟不知其瘞所丙辰左僕射裴贄等議遷廟合遷順宗一室從之己未昭宗皇帝神主祔太廟禮院奏昭宗廟樂曰咸寧之舞三月庚申朔壬戌制以前平盧軍節度使檢校太傅同平章事兼青州刺史上柱國瑯邪郡公食邑二千五百戶王師範爲孟州刺史河陽三城懷孟節度觀察等使從全忠奏也甲子制以特進尚書右僕射門下侍郎同平章事太淸宮使弘文館大學士延資庫使諸道鹽鐵轉運使判度支上柱國河東郡開國公食邑二千戶裴樞可守尚書左僕射光祿大夫門下侍郎戶部尚書同平章事監修國史河南縣開國子食邑五百戶獨孤損可檢校尚書左僕射同平章事兼安南都護充靜海軍節度安南管內觀察處置等使以光祿大夫中書侍郎同平章事集賢殿大學士上柱國博陵郡開國公食邑一千五百戶崔遠可守尚書右僕射以正議大夫中書侍郎同平章事判戶部事上柱國河東縣男食邑三百戶柳璨爲門下侍郎兼戶部尚書同平章事太淸宮使弘文館大學士延資庫使諸道鹽鐵轉運等使以正議大夫尚書吏部侍郎上柱國賜紫金魚袋張文蔚爲中書侍郎同平章事監修國史判度支以銀青光祿大夫行尚書左丞上柱國弘農縣伯食邑七百戶楊涉爲中書侍郎同平章事集賢殿大學士判戶部事庚午勅朕以宰臣學士文武百寮常拘官局空逐遊從今膏澤不愆豐年有望當茲節景宜示優恩自今月十二日後至十六日各令取便選勝追遊付所司壬申以檢校司徒和王傅張延範爲太常卿丁亥勅翰林學士戶部侍郎楊注是宰臣楊涉親弟兄既秉於樞衡弟故難居宥密可守本官罷內職四月己丑朔壬辰勅河南府緱氏縣令宜兼充知陵臺令仍昇爲赤縣癸巳勅曰文武二柄國家大綱東西兩班官職同體咸匡聖運共列明廷品秩相對於高卑祿俸皆均於厚薄不論前代祇考本朝太宗皇帝以中外臣寮文武參用或自軍衞而居臺省亦由衣冠而秉節旄足明於武列文班不令分清濁優劣近代浮薄相尙凌蔑舊章假偃武以修文競棄本而逐末雖藍衫魚簡當一見而便許升堂縱拖紫腰金若非類而無令接席以是顯揚榮辱分別重輕遂失人心盡隳朝體致其今日實此之由須議改更漸期通濟文武百官自一品以下逐月所給料錢並須均匀數目多少一般支給兼差使諸道亦依輪次既就公平必期開泰凡百臣庶宜體朕懷和王傅張廷範者全忠

將吏也以善音律求爲太常卿全忠薦用之宰相裴樞以廷範非樂卿之才全忠怒罷樞相位柳璨希旨又降此詔斥樞輩故有白馬之禍丙午前棣州刺史劉仁遇檢校司空兼兗州刺史御史大夫充泰寧軍節度使乙未制左僕射裴樞新除淸海軍節度使獨孤損河南尹張全義工部尚書王溥司空致仕裴贄刑部尚書張禕並賜一子八品正員官以奉山陵之勞也勅曰朕以宿麥未登時陽久亢慮闕粢盛之備軫予宵旰之懷所宜避正位於宸居減珍羞於常膳諒惟眇質深合罪躬自今月八日已後不御正殿減常膳付所司辛丑侍御史李光庭郗殷象殿中丞張昇崔昭矩起居舍人盧仁炯盧鼎蘇楷吏部員外郎崔協左補闕崔咸休右補闕杜承昭羅兗右拾遺韋彖路德延並宜賜緋魚袋兵部郎中韋乾美比部郎中楊煥皆賜紫金魚袋並以奉山陵之勞也壬寅勅朕獲荷丕圖仰遵慈訓爰崇徽號已定禮儀冀申爲子之心以展奉親之敬昨所司定今月二十五日行皇太后冊禮再奉慈旨以宮殿未停工作蒸暑不欲勞人宜改吉辰固難違命冊禮俟修大內畢功日所司以聞癸卯太淸宮使柳璨奏修上淸宮畢請改爲太淸宮從之甲辰夜彗起北河貫文昌其長三丈在西北方丁未勅設官分職各有司存銓衡既任於吏曹除授寧煩於宰職但所司注擬申到中書過驗酌量苟或差舛難可書定近年除授其徒實繁占選部之闕員擇公當之優便遂致三銓注擬之時皆曠職務且以宰相之任提舉百司唯務公平無私方致漸臻有道應天下州府令錄並委吏部三銓注擬自天祐二年四月十一日已後中書並不除授或諸薦奏量留卽度可否施行庶各司其局免致紊隳宰相提綱永存事體付所司辛亥以彗孛謫見德音放京畿軍鎭諸司禁囚常赦不原外罪無輕重遞減一等限三日內疏理聞奏壬子勅朕以沖幼克嗣丕基業業兢兢勤恭夕惕彗星謫見罪在朕躬雖已降赦文特行恩宥起今月二十四日後避正殿減常膳以明思過付所司丙辰勅准向來事例每貫抽除外以八百五十文爲貫每陌八十五文如聞坊市之中多以八十爲陌更有除折頓爽舊規付河南府市肆交易並以八十五文爲陌不得更有改移戊午勅東上閤門西上閤門比帝出入以東上爲先大忌進名卽西上閤門爲便比因閹官擅權乃以陰陽取位不思南面但啓西門邇來相承未議更改詳其稱謂似爽舊規自今年五月一日後常朝出入取東上閤門或遇奉

慰卽開西上閤門承爲定制付所司又勅朕以上天譴見避殿責躬不宜朔會朝正殿其五月一日朝會宜權停五月己未朔以星變不視朝勅曰天文變見合事祈禳宜於太清宮置黃籙道場三司支給齋料壬戌勅法駕遷都之日洛京再建之初慮懷土有類於新豐權更名以變於舊制妖星既出於雍分高閎難効於秦餘宜改舊門之名以壯卜年之永延喜門改爲宣仁門重明門改爲興敎門長樂門改爲光政門光範門曰應天門乾化門曰乾元門宣政門曰敷政門宣政殿曰貞觀殿日華門曰左延福門月華門曰右延福門萬壽門曰萬春門積慶門曰興善門含章門曰膺福門含淸門曰延義門金鑾門曰千秋門延和門曰章善門保寧殿曰文思殿其見在門名有與西京門同名者並宜復洛京舊門名付所司乙酉夜西北彗星長六七十丈自軒轅大角及天市西垣光輝猛怒其長竟天丙寅有司修皇太后宮畢中書奏皇太后慈惠臨人寬仁馭物早叶俔天之兆克彰誕聖之符今輪奐新宮規摹舊典崇訓既徵於信史積善宜顯於昌期太后宮請以積善爲名從之又以將卜郊禋預調雅樂宜以太常卿張廷範充修樂懸使丁卯荆襄節度使趙匡凝奏爲故使成汭立祠宇從之己巳太淸宮使柳璨奏近勅改易宮殿門名竊以玄元皇帝廟西京曰太淸宮東京曰太微宮其太淸宮請復爲太微宮臣便給入官階從之庚午勅所司定今年十月九日有事郊丘其修製禮衣祭服宜令宰臣柳璨判祭器宜令張文蔚楊涉分判儀仗車輅宜令太常卿張廷範判壬申制新除靜海軍節度使銀青光祿大夫檢校尚書左僕射同平章事兼安南都護河南郡開國侯食邑一千戶獨孤損可責授朝散大夫棣州刺史仍令御史臺發遣出京訖聞奏勅曰朕謬將眇質叨荷丕圖常懷馭朽之心每軫泣辜之念諒於黜責豈易施行左僕射裴樞右僕射崔遠雖罷機衡尚居揆路既處優崇之任未傷進退之規不能秉志安家但恣流言謗國頗興物論難抑朝章須離八座之榮尚付六條之政勉思咎已無至尤人樞可責授朝散大夫登州刺史遠可責授朝散大夫萊州刺史便發遣出京兵部郎中韋乾美貶沂州司戶甲戌勅中書舍人封渭貶齊州司戶右補闕鄭韜密州莒縣尉兵部員外盧協祁州司戶並員外置乙亥勅吏部尚書陸扆貶濮州司戶工部尚書王溥淄州司戶司天奏旬朔已前星文變見仰觀垂象特軫聖慈自今月八日夜己後連遇陰雨測候不得至十三日夜一更三點天色暫晴景緯分明妖星不見於碧虛災沴潛消於天漢者勅曰上天譴見下土震驚致夙夜之沈憂恐生靈之多難不居正殿盡輟常羞益務齊虔以申禳禱果致玄穹覆祐孛彗消除豈罪己之感通免貽人於災沴式觀陳奏深慰誠懷丙子勅戶部郎中李仁儉貶和王府咨議起居舍人盧仁炯安州司戶壽安尉直弘文館盧晏滄州東光尉丁丑陳許節度使張全義奏得許州留後狀申自多事以來許州權爲列郡今特創鼓角樓訖請復爲軍額勅旨依舊置忠武軍牌額戊寅宴羣臣於崇勳殿全忠與王鎔羅紹威置宴也庚辰勅特進檢校司徒守太保致仕趙崇可曹州司戶銀青光祿大夫兵部侍郎王贊可濮州司戶辛巳勅責授登州刺史裴樞可隴州司戶責授棣州刺史獨孤損可瓊州司戶責授萊州刺史崔遠可白州司戶壬午勅司勳員外章甄責授和王友洛陽縣令李光序責授左春坊典設郎甲申秘書監崔仁魯可密州司戶國子祭酒崔澄陳州司戶太府少卿裴鉞徐州司戶衞尉少卿裴紓曹州南華尉左補闕崔咸休寧陵尉司封員外薛滈輝州司戶前鹽鐵推官獨孤憲臨沂尉祕書少監裴鉥鄆州司戶長安尉直史館裴格符離尉兵部郎中李象鄭州司戶刑部員外盧薦范縣尉丙戌潁州汝陰縣人彭文妻產三男丁亥勅以翰林學士尚書職方郎中張策兼充史館修撰修國史六月戊子朔勅責授隴州司戶裴樞瓊州司戶獨孤損白州司戶崔遠濮州司戶陸扆淄州司戶王溥曹州司戶趙崇濮州司戶王贊等皆受國恩咸當重任罔思罄竭唯貯姦邪雖已譴於遐方尚難寬於國典委御史臺差人所在州縣各賜自盡時樞等七人已至滑州皆併命於白馬驛全忠令投屍於河己丑勅君臣之間進退以禮匃於求舊欲保初終苟自撥於悔尤亦須行於黜責特進守司空致仕上柱國河東縣開國公食邑二千戶裴贄早以公望常踐台司靡聞竭力以匡時每務養恬而避事洎從請老不謂無恩合慎樞機動循規矩雖云勇退乃有後言自爲簿從之僭頗失人臣之禮謫居郡掾用正朝綱可責授青州司戶刑部郎中李煦可萊州司戶辛卯太微宮使柳璨奏前使裴樞充宮使日權奏請玄元觀爲太清宮又別奏在京弘道觀爲太清宮至今未有制置伏以今年十月九日陛下親事南禋先謁聖祖廟弘道觀既未修葺玄元觀又在北山若車駕出城禮非便穩今欲只留北邙山上老君廟一所其玄元觀請折入都城於清化坊內建置太微宮以備車駕行事從之壬辰勅諸道節度觀察防禦刺史等部內有新除朝官前資朝官勅到後三日內發遣赴闕仍差人監送所在州縣不得停住苟或稽違必議貶黜付所司癸巳勅衞尉少卿敬沼是裴贄之甥常累於舅或以明經撓文柄或以私事竊化權贄已左遷爾又何逭可貶徐州蕭縣尉丙申勅福建每年進橄欖子比因閹豎出自閩中牽於嗜好之間遂成貢奉之典雖嘉忠藎伏恐煩勞今後只供進臘面茶其進橄欖子宜停戊戌勅密縣令裴練貶登州牟平尉長水令崔仁略淄州高苑尉福昌主簿陸珣沂州新泰尉汜水令獨孤韜范縣尉並員外置皆裴樞崔遠陸扆宗黨也壬寅湖南馬殷奏岳州洞庭青草之側有古祠四所先以荒圮臣復修廟了畢乞賜名額者勅旨黃陵二妃祠曰懿節洞庭君祠曰利涉侯青草祠曰安流三閭大夫祠先以澧朗觀察使雷滿奏已封昭靈侯宜依天祐元年九月二十九日勅處分丙午全忠奏得宰相柳璨記事欲拆北邙山下玄元觀移入都內於淸化坊取舊昭明寺基建置太微宮准備十月九日南郊行事緣延資庫鹽鐵並無物力令臣商量者臣已牒判六軍諸衞張全義指揮工作訖優詔嘉之丁未勅太子賓客柳遜嘗爲張濬租庸判官又王溥監修日奏充判官授工部侍郎又與趙崇裴贄爲刎頸之交昨裴樞等得罪之時合當連坐尚矜暮齒且俾懸車可本官致仕戊申勅前司勳員外郎賜緋魚袋李延古責授衞尉寺主簿七月戊午朔辛酉賜全忠迎鑾記功碑文立於都內全忠進助郊禮錢三萬貫癸亥再貶柳遜曹州司馬辛巳勅全忠請鑄河中晉絳諸縣印縣名內有城字並落下如密鄭絳蒲例單名爲文壬午宰臣柳璨禮部尚書蘇循充皇太后冊禮使是日於積善宮行禮畢帝乘輦赴太后宮稱賀丙戌太常禮院奏每月朔望皇帝赴積善宮起居文武百官於宮門進名起居從之八月丁亥朔戊子制中書舍人姚洎可尚書戶部侍郎充元帥府判官從全忠奏也洛苑使奏穀水屯地內嘉禾合穎乙未勅僞稱官階人泉州晉江縣應鄉貢明經陳文巨招伏罪款付河南府決殺庚子勅漢代元勳鄧禹冠諸侯之上晉朝重位王導居百辟之先皆道著匡扶功宣寰宇其於崇寵迥異等倫朕獲以眇躬重興丕運凡關制度必法舊章實仗勳賢永安宗社副元帥梁王正守太尉中書令忠武軍節度使河南尹張全義亦正守中書令俱深倚注咸正台衡其朝廷冊禮告祀天地宗廟其司空則差官攝行太尉侍中中書令卽宰臣攝行今太尉副元帥任冠藩垣每遇行禮之時或不在京國卽事須差攝太尉行事全義見居闕下任正中樞不可更差別官又攝中書令事其太尉官如梁王朝覲在京便委行事如却赴鎭卽依前攝行所合差中書令便委全義以本官行禮其侍中司空司徒卽臨時差官付所司壬寅勅前太中大夫尚書兵部侍郎賜紫金魚袋司空圖俊造登科朱紫昇籍既養高以傲代類移山而釣名志樂澈流心輕食祿匪夷匪惠難居公正之朝載省載思當狥幽棲之志宜放還中條山癸卯勅太常卿張廷範宜充南郊禮儀使丁未制削奪荆襄節度使趙匡凝在身官爵是月乙未全忠遣大將楊師厚討匡凝收唐鄧復郢隨等州全忠自率親軍赴之荆襄之軍陣於漢水之陰九月丁巳朔辛酉楊師厚於襄州西六十里陰谷江口伐竹木爲浮梁癸亥梁成引軍渡江甲子趙匡凝率勁兵二萬陣於江之湄師厚一戰敗之遂乘勝躡之陣於城下是夜匡凝挈其孥潰圍遁走乙丑師厚入襄陽丙寅全忠繼至壬申匡凝牙將王建武遣押牙常質以荆南降言權知荆南軍府事趙匡凝今月十一日棄城上峽奔蜀川勅曰梁王躬臨貔武收復荆襄拔峴首若轉丸平荆門如沃雪連收兩鎭併走二兇乃睠勳庸載深嘉注宜賜詔獎飾內出宣旨嬭婆楊氏可賜號昭儀嬭婆王氏可封郡夫人第二嬭婆先帝已封郡夫人准楊氏例改封中書奏議言乳母古無封夫人賜內職之例近代因循殊乖典故昔漢順帝以乳母宋氏爲山陽君安帝乳母王氏曰野王君當時朝議非之今國祚中興禮宜求舊臣等商量楊氏望賜號安聖君王氏曰福聖君第二王氏曰康聖君從之己巳勅武成王廟宜改爲武明王乙酉勅先擇十月九日有事郊丘備物之間有所未辦宜改用十一月十九日十月丙戌朔制梁王全忠可充諸道兵馬元帥別開府幕加食邑通前一萬五千戶實封一千五百戶金州馮行襲奏當道昭信軍額內一字與元帥全忠諱字同乃賜號戎昭軍制削奪荆南留後趙匡凝官爵丁亥勅洛城坊曲內舊有朝臣諸司宅舍經亂荒榛張全義葺理已來皆已耕墾既供軍賦卽係公田或恐每有披論認爲世業須煩按驗遂啟倖門其都內坊曲及畿內已耕植田土諸色人並不得論認如要業田一任買置凡論認者不在給還之限如有本主元自差人勾當不在此限如荒田無主卽許識認付河南府甲午起居郎蘇楷駮昭宗諡號曰帝

王御宇由理亂以審汙隆宗祀配天貲謚號以定升降故臣下君上皆不得而私也伏以陛下順考古道昭彰至公既當不諱之朝寧阻上言之路伏以昭宗皇帝睿哲居尊恭儉垂化其於善美孰敢蔽虧然而否運莫興至理猶鬱遂致四方多事萬乘頻遷始則閹豎猖狂受幽辱於東內終則嬪嬙悖亂罹夭閼於中闈其於易名宜循考行有司先定尊謚曰聖穆景文孝皇帝廟號昭宗敢言溢美似異直書按後漢和安順帝緣丼功德遂改宗稱以允臣下之請今郊禋有日祫祭惟時將期允愜列聖之心更下詳議新廟之稱庶使叶先朝罪己之德表聖主無私之明楷禮部尚書循之子凡劣無藝乾寧二年應進士登第後物論以爲濫昭宗命翰林學士陸扆祕書監馮渥覆試黜落永不許入舉場楷負愧銜怨至是全忠弑逆君上柳璨陷害朝臣乃與起居郎羅袞起居舍人盧鼎連署駮議楷目不知書手僅能執筆其文羅袞作也時政出賊臣哀帝不能制太常卿張廷範改謚曰恭靈莊閔孝皇帝廟號曰襄宗全忠雄猜物鑒自楷駮謚後深鄙之既傳代之後循楷父子皆斥逐不令在朝丁未所司改題昭宗神主輟朝一日癸丑勅成德軍宜改爲武順管內槀城縣曰槀平信都曰堯都欒城曰欒氏阜城曰漢阜臨城爲房子避全忠祖父名也十一月乙卯朔勅潞州潞城縣改爲潞子黎城曰黎亭全忠平荆襄後遂引軍將攻淮南行次棗陽阻雨比至光州道險塗潦人馬饑乏休止十餘日乃趨固始進軍距壽州三十里壽人閉壁不出左右言師老不可用是月丙辰全忠自正陽渡淮而北至汝陰全忠深悔此行無益丁卯至大梁時哀帝以此月十九日親祠圜丘中外百司禮儀法物已備戊辰宰相已下於南郊壇習儀而裴迪自大梁迴言全忠怒蔣玄暉張廷範柳璨等謀延唐祚而欲郊天改元玄暉柳璨大懼庚午勅曰先定此月十九日親禮南郊雖定吉辰改卜亦有故事宜改取來年正月上辛付所司辛巳制迴天再造竭忠守正功臣諸道兵馬元帥宣武宣義天平護國等軍節度觀察處置修宮闕制置度支解縣池場亳州太清宮等使開府儀同三司守太尉中書令河中尹汴滑鄆等州刺史上柱國梁王食邑一萬五千戶實封一千五百戶朱全忠可授相國總百揆其以宣武宣義天平護國天雄武順忠武佐國河陽義武昭義保義戎昭武定泰寧平盧匡國鎭國武寧忠義荆南二十一道爲魏國仍進封魏王依前充諸道兵馬元帥太尉中書令宣武宣義天平護國等軍節度觀察處置等使加食邑五千戶實封八千五百戶入朝不趨劍履上殿贊拜不名兼備九錫之命仍擇日備禮冊命又制以楊師厚爲襄州兵馬留後左龍武統軍張愼思爲武寧軍兵馬留後壬午中書門下奏相國魏王總百揆百司合呈納本司印其中書門下印堂後王仁珪呈納中書公事權追中書省印行遣從之甲申勅河南告成縣改爲陽邑蔡州襄城改爲苞孚同州韓城改爲韓元絳州翼城改爲澮川鄆州鄆城改爲萬安慈州文城改爲屈邑澤州晉城改高都陽城改爲護澤安州應城改爲應陽洪州豐城改爲吳高全忠令判官司馬鄴讓相國總百揆之命十二月乙酉朔戊子詔蔣玄暉賚手詔赴魏國不許陳讓錫命辛卯制正議大夫門下侍郎兼戶部尚書同平章事太微宮使弘文館大學士延資庫使充諸道鹽鐵轉運等使上柱國河東縣開國男食邑三百戶柳璨可光祿大夫守司空兼門下侍郎同平章事太微宮使弘文館大學士延資庫使充諸道鹽鐵轉運等使進封河東縣開國伯通前食邑七百戶充魏國冊禮使制相國魏王曾祖贈太傅茂琳追封魏王謚宣憲祖贈太師信追封魏王謚武元父贈尚書令誠追封魏王謚文明勅右常侍王鉅太常卿張廷範給事中崔沂工部尚書李克助祠部郎中知制誥張茂樞膳部員外知制誥杜曉吏部郎中李光嗣駕部郎中趙光胤戶部郎中崔協比部郎中楊煥左常侍孔拯右諫議蕭頃左拾遺裴璩右拾遺高濟職方郎中牛希逸主客郎中蕭蘧等隨冊禮使柳璨魏國行事先是北院宣徽使王殷使壽州行營構蔣玄暉於全忠全忠怒急歸大梁上令刑部尚書裴迪賚詔慰勞全忠全忠忿恨語極不遜故行相國百揆之命以悅其心蔣玄暉自至大梁陳訴全忠怒猶不解帝憂之甲午上召三宰相議其事柳璨曰人望歸元帥陛下揖讓釋負今其時也帝曰運祚去唐久矣幸爲元帥所延今日天下非予之天下神器大寶歸於有德又何疑焉他人傳予意不盡卿自往大梁備言此懷乃賜璨茶藥便令進發乙未勅樞密使蔣玄暉宜削在身官爵送河南府處斬豐德庫使應頊尚食使朱建武送河南府決殺庚子勅樞密使及宣徽南院北院並停其樞密公事令王殷權知其兩院人吏並勒歸中書其諸司諸道人並不得到宣徽院凡有公事並於中書論請其延義千秋兩門只差小黃門三人勾當其官健勒歸本軍勅魏王堅辭寵命過示撝謙朕以國史所書元帥之任並以天下爲名爰自近年改爲諸道既非舊制須在正名宜追制改爲天下兵馬元帥餘准詔旨處分辛丑勅漢宣帝中興五日一聽朝歷代通規永爲常式近代不循舊儀輒隳制度既姦邪之得計致臨視之失常須守舊規以循定制宜每月只許一五九日開延英計九度其入閤日仍於延英日一度指揮如有大段公事中書門下具牓子奏請開延英不計日數付所司又勅宮嬪女職本備內任近年已來稍失儀制宮人出內宣命寀御參隨視朝乃失舊規須爲永制今後每遇延英坐朝日只令小黃門祇候引從宮人不得擅出內門庶循典儀免至紛雜壬寅戎昭軍奏收復金州兵火之後井邑殘破請移理所於均州從之仍改爲武定軍乙巳汴州別駕蔣仲伸決殺玄暉季父也又勅蔣玄暉身居密近擅弄威權鬻爵賣官聚財營第而苞藏悖逆稔浸姦邪雖都市已處於極刑而屈法尚慊於衆怒更示焚棄之典以懲顯負之蹤宜追削爲兇逆百姓仍委河南府揭屍於都門外聚衆焚燒玄暉死後王殷趙殷衡等又譖於全忠云內人相傳玄暉私侍積善宮與柳璨張廷範爲盟誓之交求興唐祚戊申全忠令知樞密王殷害皇太后何氏于積善宮又殺宮人阿秋阿虔言通導蔣玄暉己酉勅以太后喪廢朝三日百官奉慰訖又勅曰皇太后位承坤德有愧母儀近者兇逆誅夷宮闈詞連醜狀尋自崩變以謝萬方朕以幼沖君臨區宇雖情深號慕而法難徇私勉循秦漢之規須示追降之典其遺黃門收所上皇太后寶冊追廢爲庶人宜差官告郊廟庚戌勅朕以謬荷丕圖禮合親謁郊廟先定來年正月上辛用事今以宮闈內亂播于醜聲難以慙恧之容入於祖宗之廟其明年上辛親謁郊廟宜停壬子勅積善宮安福殿宜廢癸丑勅光祿大夫守司空門下侍郎平章事太微宮使弘文館大學士延資庫使諸道鹽鐵轉運使柳璨責授朝議郎守登州刺史又勅太常卿張廷範太常少卿裴磵溫鑾祠部郎中知制誥張茂樞等蔣玄暉在樞密之時與柳璨張廷範共爲朋扇日相往來假其遊宴之名別貯傾危之計苟安重位酷陷朝臣既此陰謀難寬大辟柳璨已從別勅處分廷範可責授萊州司戶裴磵等常同聚會固共苞藏磵可靑州北海尉鑾臨淄尉茂樞博昌尉並員外置甲寅勅責授登州刺史柳璨素矜憸巧每務回邪幸以庸才驟居重位曾無顯效孤負明恩詭譎多端苞藏莫測但結連於兇險獨陷害於賢良罪既貫盈理須竄殛可貶密州司戶再貶長流崖州百姓委御史臺賜自盡是日斬于上東門外又勅張廷範性唯庸妄志在回邪不能保愼寵榮而乃苞藏兇險密交柳璨深結玄暉晝議宵行欺天負地神祇共怒罪狀難原宜除名委河南府於都市集衆以五車分裂溫鑾裴磵張茂樞並除名委於御史臺所在賜自盡柳璨弟瑀瑊送河南府決殺

三年春正月乙卯朔全忠以四鎭之師七萬會河北諸軍屯于深州樂城戊午勅右拾遺柳瑗貶洺州雞澤尉璨疏屬也乙丑全忠自汴河赴魏州丙寅制定亂安國功臣鎭海鎭東軍節度浙江東西道觀察處置等使淮南東面行營招討營田安撫兩浙鹽鐵制置發運等使開府儀同三司守侍中兼中書令杭越兩州刺史上柱國吳王食邑九千戶實封五百戶錢鏐總臨兩鎭制撫三吳道途阻艱未行冊命宜令所司擇日備禮已巳夜魏博節度使羅紹威殺其衙內親軍八千人戊午全忠自內黃入魏州是月魏博衙外兵五萬自歷亭還分據紹威貝博等州汴軍攻圍之壬申勅相國總百揆魏王項辭冊命宜令所司再行冊禮辛巳國子監奏去年十一月五日勅文應國學每年與諸道等一例解送兩人今監主郭應圖等六十人連狀論訴勅旨取士之科明經極重每年人數已有舊規去夏條疏蓋防渝濫今國子監河南府俱有論奏所試明經宜令准常年例解送禮部放人多少酌量施行但不徇囑求無致僥倖付所司二月甲申朔魏博節度使羅紹威宜許於本鎭置三代私廟癸卯勅今年禮部所放進士據依去年人數外更放兩人三月甲寅朔甲戌勅河中昭義管內俱有慈州地里相去不遠稱謂時聞錯悞其昭義管內慈州宜改爲惠州壬戌全忠奏河中判官劉崇子匡圖今年進士登第遽列高科恐涉羣議請禮部落下戊寅制元帥梁王可兼領諸道鹽鐵轉運等使判度支戶部事充三司都制置使辛巳勅貶西都留守判官左諫議大夫鄭賨崖州司戶尋賜死四月甲申朔日有蝕之在胃十二度戊申魏博羅紹威奏臣當管博州聊城縣武陽莘縣武水博平高堂等五縣皆於黃河東岸其鄉村百姓渡河輸稅不便與天平軍管界接連請割屬鄆從之五月癸酉朔追贈故荆南節度使成汭鄂岳節度使杜洪官爵仍於本州立祠廟從全忠奏也丙申勅天祐二年九月二十日於全州置戎昭軍割均房二州爲屬郡比因馮行襲叶贊元勳克宣丕績用獎濟師之効遂行割地之權今命帥得人疇庸有秩其戎昭軍額宜停其均

房二州却還山南東道收管六月癸未朔甲申勑襄州近因趙匡凝作帥請別立忠義軍額旣非往制固是從權忠義軍額宜停廢依舊爲山南東道節度使己亥權知唐州事衞審符奏州郭焬殘又不居要路請移理所於泌陽縣從之制以京兆尹佑國軍節度使韓建爲青州節度使代王重師以重師代建爲京兆尹壬寅勑文武百寮每月一度入閤於貞觀殿貞觀大殿朝廷正衙遇正至之辰受羣臣朝賀比來視朔未正規儀今後於崇勳殿入閤付所司左拾遺充史館修撰裴瑑以堂叔母危疾在濟源無兄弟侍疾乞假寧省從之七月壬子朔己未全忠始自魏州歸大梁魏博六州平定檢校工部尚書守宗正卿嗣邠王震停見任落下襲封以請告於外也辛未皇妹永明公主薨罷朝三日八月甲辰全忠復自汴州北渡河攻滄州乙未魏博奏割貝州永濟廣宗相州臨河內黃洹水斥丘等六縣隸魏州從之九月辛亥朔丁卯全忠大軍至滄州軍於長蘆是月積陰霖雨不止差官禜都門十月乙未兩浙錢鏐請於本鎭立三代私廟從之十一月庚戌朔丙子廢牛羊司御廚肉河南府供進所有進到牛羊便付河南府收管十二月己卯朔淮南僞署宣歙觀察使檢校司徒王茂章可金紫光祿大夫檢校太保從錢鏐奏也茂章背楊渥以宣州降錢鏐故也己丑全忠奏文武兩班一五九朝日元帥府排比廊飡勑曰百官入朝兩廊賜食遷都之後有司官闕供元帥梁王欲整大綱復行故事俾其班列益認優隆宜賜詔奬飭甲辰河陽節度副使孫乘貶崖州司戶尋賜自盡閏十二月己酉朔福建百姓僧道詣闕請爲節度使王審知立德政碑從之乙丑華州鎭國節度觀察處置等使額及興德府名並宜停廢復爲華州刺史充本州防禦使仍隸同州爲支郡所管華商兩州諸縣先昇次赤畿並罷宜依舊名西都佑國軍作鎭已來未有屬郡其金州商州宜隸爲屬郡京兆府奉先縣本屬馮翊櫟陽連接下邽奉先縣宜却隸同州櫟陽宜隸華州丙寅奪西川節度使王建在身官爵戊辰李克用與幽州之衆同攻潞州全忠守將丁會以澤潞降太原克用以其子嗣昭爲留後甲戌全忠燒長蘆營旋軍聞潞州陷故也乙亥貶興唐府少尹孫秘長流愛州尋賜死孫乘弟也

四年春正月戊寅朔壬寅全忠自長蘆至大梁天子遣御史大夫薛貽矩賫詔慰勞全忠自弑昭宗之後岐蜀太原連兵牽制關西日創幸羅紹威殺牙軍全獲魏博六州將行篡代欲威臨河朔乃再興師臨幽滄冀仁恭父子乞盟則與之相結以固王鎔紹威之心而自秋迄冬攻滄州無功及聞丁會失守燒營遽還路由魏州羅紹威知失勢恐兵襲己深贊篡奪之謀他日如王受禪必罄六州軍賦以助大禮全忠深感之至大梁會薛貽矩來乃以臣禮見全忠貽矩承間密陳禪代之謀全忠心德之貽矩還奏曰元帥有受代意陛下深體時事去茲重負帝曰此吾素懷也乃降詔元帥以二月行傳禪之禮全忠僞辭二月壬子詔文武百官以今月七日齊赴元帥府癸丑宰相百官辭全忠以未斷表爲詞三月戊寅朔全忠令大將李思安率兵三萬合魏博之衆攻掠幽州思安頓兵臨其郛會仁恭子守光率兵赴援思安乃還庚寅詔薛貽矩再使大梁達傳位之旨甲辰詔曰勑宰臣文武百辟藩岳庶尹明聽朕言夫大寶之尊神器之重儻非德充宇宙功濟黔黎著重華納麓之功彰文命導川之績允熙帝載克代天工則何以統御萬邦照臨八極元帥梁王龍顏瑞質玉理奇文以英謀睿武定寰瀛以厚澤深仁撫華夏神功至德絕後光前緹油罕紀其鴻勳謳誦顯歸於至化二十年之功業億兆衆之推崇邇無異言遠無異望朕惟王聖德光被八紘宜順玄穹膺茲寶命況天文符瑞雜沓宣明虞夏昌期顯于圖籙萬機不可以久曠天命不可以久違神祇叶心歸于有德朕敬以天下傳禪聖君退居舊藩以備三恪今勑宰臣張文蔚楊涉等率文武百寮備法駕奉迎梁朝勉厲肅恭尊戴明主沖人釋茲重負永爲虞賓獲奉新朝慶泰兼極中外列辟宜體朕懷乙酉乃以中書侍郎平章事張文蔚充冊使禮部尚書蘇循爲副中書侍郎平章事楊涉押傳國寶使翰林學士中書舍人張策爲副御史大夫薛貽矩爲押金寶使左丞趙光逢爲副甲午文蔚押文武百寮赴大梁甲子行事冊曰皇帝若曰咨爾天下兵馬元帥相國總百揆梁王朕每觀上古之書以堯舜爲始者蓋以禪讓之典垂於無窮故封泰山禪梁父略可道者七十二君則知天下至公非一姓獨有自古明王聖帝焦思勞神惴若納隍坐以待旦莫不居之則兢畏去之則逸安且軒轅非不明放勳非不聖尚欲遊於姑射休彼太庭矧乎曆數尋終期運久謝屬於孤藐統御萬方者哉況自懿祖之後嬖幸亂朝禍起有階政漸無象天綱幅裂海水橫流四紀于茲羣生無庇洎乎喪亂誰其底綏洎于小子粤以幼年纘茲衰緒豈茲沖昧能守洪基惟王明聖在躬體于上哲奮揚神武戡定區夏大功二十光著冊書北越陰山南踰瘴海東至碣石西暨流沙懷生之倫罔不悅附矧予寡昧危而獲存今則上察天文下觀人願是土德終極之際乃金行兆應之辰況十載之間彗星三見布新除舊厥有明徵謳歌所歸屬在睿德今遣持節銀青光祿大夫守中書侍郎同中書門下平章事張文蔚等奉皇帝寶綬敬遜于位於戲天之曆數在爾躬允執其中天祿永終王其祗顯大禮享茲萬國以肅膺天命全忠建國奉帝爲濟陰王遷於曹州處前刺史氏叔琮之第將太原幽州鳳翔西川猶稱天祐正朔天祐五年二月二十一日帝爲全忠所害時年十七仍謚曰哀皇帝以王禮葬於濟陰縣之定陶鄉中興之初方備禮改卜遇國喪而止明宗時就故陵置園邑有司請謚曰昭宣光烈孝皇帝廟號景宗中書覆奏少帝行事不合稱宗存謚而已知禮者亦以宣景之謚非宜今只取本謚載之于紀

史臣曰悲哉土運之將亡也五常殆盡百怪斯呈宇縣瓜分皇圖瓦解昭宗皇帝英猷奮發志憤陵夷旁求奇傑之才欲拯淪胥之運而世途多僻忠義俱亡極爵位以待賢豪罄珍奇而託心腹殷勤國士之遇罕有託孤之賢豢豐而犬豕轉獰肉飽而虎狼逾暴五侯九伯無非問鼎之徒四岳十連皆畜無君之迹雖蕭屏之臣扼腕巖廊之輔痛心空銜毀室之悲寧救喪邦之禍及扶風西幸洛邑東遷如寄珠於盜跖之門蓄水於尾閭之上往而不返夫何言哉至若川竭山崩古今同歎虎爭龍戰興替無常縱胠篋之不仁亦攫金之有道曹操請刑於椒壼蓋迫陰謀馬昭拒命於凌雲窘於見討誠知醜迹得以爲詞而全忠所行止於殘忍況自岐還洛天子塊然六軍盡斥於秦人四面皆環於汴卒晃旒如寄纖芥爲疑迎鑾未及於崇朝傳刃已聞於塗地立嗣君於南面斃母后於中闈黃門與禁旅皆殲宗室共衣冠並殪復又盜鍾掩耳嫁禍於人何九六之數窮僞天人之道盡目擊斯亂言之傷心哀帝之時政由凶族雖揖讓之令有類於山陽而凌逼之權過踰於侯景人道寖薄陰隲難徵然以此受終如何延永

贊曰勛華受命揖讓告終逆取順守仁道已窮暴則短祚義則延洪虞賓之禍非止一宗

舊唐書卷二十下考證

哀帝本紀二年○沈炳震曰二年上宜書天祐年號

冬十月削奪荆南留後趙匡凝官爵○臣德潛按前八月丁未已書削奪荆襄節度使趙匡凝在身官爵矣此應重出

# 舊唐書卷二十一

後晉司空同中書門下平章事劉　昫撰

## 志第一

### 禮儀一

記曰人生而靜天之性也感物而動性之欲也欲無限極禍亂生焉聖人懼其邪放於是作樂以和其性制禮以檢其情俾俯仰有容周旋中矩故肆覲之禮立則朝廷尊郊廟之禮立則人情肅冠婚之禮立則長幼序喪祭之禮立則孝慈著蒐狩之禮立則軍旅振享宴之禮立則君臣篤是知禮者品彙之璿衡人倫之繩墨失之者辱得之者榮造物已還不可須臾離也五帝之時斯爲治本類帝禋宗吉禮也遏音陶瓦凶禮也班瑞肆覲賓禮也誅苗殛鯀軍禮也釐降嬪虞嘉禮也故曰脩五禮五玉堯舜之事也時代猶淳節文尚簡及周公相成王制五禮六樂各有典司其儀大備暨幽厲失道平王東遷周室寖微諸侯僭法男女失冠婚之節野麕之刺興焉君臣廢朝會之期踐土之譏著矣葬則奢儉無算軍則狙詐不仁數百年間禮儀大壞雖仲尼自衞返魯而有定禮之言蓋舉周公之舊章無救魯邦之亂政仲尼之世禮教已亡遭秦燔煬遺文殆盡漢興叔孫通草定止習朝儀至於郊天祀地之文配祖禋宗之制拊石鳴球之備物介丘璧水之盛猷語則有之未遑措思及世宗禮重儒術屢訪賢良河間博洽古文大搜經籍有周舊典始得周官五篇士禮十七篇王又鳩集諸子之說爲禮書一百四十篇后倉二戴因而刪擇得四十九篇此曲臺集禮今之禮記是也然數百載不見舊儀諸子所書止論其意百家縱胸臆之說五禮無著定之文故西漢一朝曲臺無制郊上帝於甘泉祀后土於汾陰宗廟無定主樂懸缺金石巡狩非勛華之典封禪異陶匏之音光武受命始詔儒官草定儀注經邦大典至是

粗備漢末喪亂又淪沒焉而衞宏應仲遠王仲宣等掇拾遺散裁志條目而已東京舊典世莫得聞自晉至梁繼令條纘鴻生鉅儒鋭思緜蕝江左學者髣髴可觀隋氏平陳寰區一統文帝命太常卿牛弘集南北儀注定五禮一百三十篇煬帝在廣陵亦聚學徒修江都禮集繇是周漢之制僅有遺風神堯授禪未遑制作郊廟宴享悉用隋代舊儀太宗皇帝踐祚之初悉與文教乃詔中書令房玄齡秘書監魏徵等禮官學士修改舊禮定著吉禮六十一篇賓禮四篇軍禮二十篇嘉禮四十二篇凶禮六篇國恤五篇總一百三十八篇分爲一百卷玄齡等始與禮官述議以爲月令禘祭唯祭天宗謂日月而下近代禘五天帝人帝五地極皆非古典今並除之又依禮有益於人則祀之神州者國之所託餘八州則義不相及近代通祭九州今除八州等八座唯祭皇地祇及神州以正祀典又漢建武中封禪用元封時故事封泰山於圜臺上四面皆立石闕並高五丈有方石再累藏玉牒書石檢十枚於四邊檢之東西各三南北各二外設石封高九尺上加石蓋周設石距十八如碑之狀去壇二步其下石跗入地數尺今案封禪者本以成功告於上帝天道貴質故藉用稾秸罇以瓦甒此法不在經誥又乖醇素之道定議除之又案梁甫是梁陰近代設壇於山上乃乖處陰之義今定禪禮改壇位於山北又皇太子入學及太常行山陵天子大射合朔陳五兵於太社農隙講武納皇后行六禮四孟月讀時令天子上陵朝廟養老於辟雍之禮皆周所闕凡增多二十九條餘並準依古禮旁求異代擇其善者而從之太宗稱善頒于內外行焉高宗初議者以貞觀禮節文未盡又詔太尉長孫無忌中書令杜正倫李義府中書侍郎李友益黃門侍郎劉祥道許圉師太子賓客許敬宗太常少卿韋琨太學博士史道玄符璽郎孔志約太常博士蕭楚才孫自覺賀紀等重加緝定勒成一百三十卷至顯慶三年奏上之增損舊禮并與令式參會改定高宗自爲之序時許敬宗李義府用事其所損益多涉希旨行用已後學者紛議以爲不及貞觀上元三年三月下詔令依貞觀年禮爲定儀鳳二年又詔顯慶新脩禮多有事不師古其五禮並依周禮行事自是禮司益無憑準每有大事皆參會古今禮文臨時撰定然貞觀顯慶二禮皆行用不廢時有太常卿裴明禮太常少卿韋萬石相次參掌其事又前後博士賀敳賀紀韋叔夏裴守眞等多所議定則天時以禮官不甚詳明特詔國子博士祝欽明及叔夏每有儀注皆令參定叔夏卒後博士唐紹專知禮儀博學詳練舊事議者以爲稱職先天二年紹爲給事中以講武失儀得罪被誅其後禮官張星王琇又以元日儀注乖失詔免官歸家學問開元十年詔國子司業韋縚爲禮儀使專掌五禮十四年通事舍人王嵒上疏請改撰禮記削去舊文而以今事編之詔付集賢院學士詳議右丞張說奏曰禮記漢朝所編遂爲歷代不刊之典今去聖久遠恐難改易今之五禮儀注貞觀顯慶兩度所脩前後頗有不同其中或未折衷望與學士等更討論古今刪改行用制從之初令學士右散騎常侍徐堅及左拾遺李鋭太常博士施敬本等檢撰歷年不就鋭卒後蕭嵩代爲集賢院學士始奏起居舍人王仲丘撰成一百五十卷名曰大唐開元禮二十年九月頒所司行用焉昊天上帝五方帝皇地祇神州及宗廟爲大祀社稷日月星辰先代帝王岳鎮海瀆帝社先蠶釋奠爲中祀司中司命風伯雨師諸星山林川澤之屬爲小祀大祀所司每年預定日奏下小祀但移牒所由若天子不親祭享則三公行事若官缺則職事三品已上攝三公行事大祀散齋四日致齋三日中祀散齋三日致齋二日小祀散齋二日致齋一日散齋之日晝理事如舊夜宿於家正寢不得弔喪問疾不判署刑殺文書不決罰罪人不作樂不預穢惡之事致齋惟爲祀事得行其餘悉斷若大祀齋官皆於散齋之日集於尚書省受誓戒太尉讀誓文致齋之日三公於尚書省安置餘官各於本司若皇城內無本司於太常郊社太廟署安置皆日未出前至齋所至祀前一日各從齋所晝漏上水五刻向祠所接神之官皆沐浴給明衣若天子親祠則於正殿行致齋之禮文武官服袴褶陪位於殿庭車駕反齋官赴祠祭之所州縣及金吾清所行之路不得見諸凶穢及縗絰者哭泣之聲聞於祭所者權斷訖事依舊齋官至祠所太官惟設食祭訖依班序餕訖均胙貴者不重賤者不虛中祀已下惟不受誓戒自餘皆同大祀之禮武德初定令每歲冬至祀昊天上帝於圓丘以景帝配其壇在京城明德門外道東二里壇制四成各高八尺一寸下成廣二十丈再成廣十五丈三成廣十丈四成廣五丈每祀則昊天上帝及配帝設位于平座藉用稾秸器用陶匏五方上帝日月內官中官外官及衆星並皆從祀其五方帝及日月七座在壇之第二等內五星已下官五十五座在壇之第三等二十八宿已下中官一百三十五座在壇之第四等外官百十二座在壇下外壝之內衆星三百六十座在外壝之外其牲上帝及配帝用蒼犢二五方帝及日月用方色犢各一內官已下加羊豕各九夏至祭皇地祇于方丘亦以景帝配其壇在宮城之北十四里壇制再成下成方十丈上成五丈每祀則地祇及配帝設位於壇上神州及五嶽四鎮四瀆四海五方山林川澤丘陵墳衍原隰並皆從祀神州在壇之第二等五嶽已下三十七座在壇下外壝之內丘陵等三十座在壝外其牲地祇及配帝用犢二神州用黝犢一岳鎮已下加羊豕各五孟春辛日祈穀祀感帝于南郊元帝配牲用蒼犢二孟夏之月雩祀昊天上帝於圓丘景帝配牲用蒼犢二五方上帝五人帝五官並從祀用方色犢十及季秋祀五方天上帝於明堂元帝配牲用蒼犢二五人帝五官並從祀用方色犢十孟冬祭神州於北郊景帝配牲用黝犢二貞觀初詔奉高祖配圓丘及明堂北郊之祀元帝專配感帝自餘悉依武德永徽二年又奉太宗配祀于明堂有司遂以高祖配五天帝太宗配五人帝顯慶元年太尉長孫無忌與禮官等奏議曰臣等謹尋方冊歷考前規宗祀明堂必配五郊預入明堂自緣從祀今以太宗作配理有未安伏見永徽二年七月詔建明堂伏惟陛下天縱聖德追奉太宗已遵嚴配時高祖先在明堂禮司致惑竟未遷祀率意定儀遂便著令乃以太宗皇帝降配五人帝雖復亦在明堂不得對越天帝深乖明詔之意又與先典不同謹案孝經云孝莫大於嚴父嚴父莫大於配天昔者周公宗祀文王於明堂以配上帝伏惟詔意義在於斯今所司行令殊爲失旨又尋漢魏晉宋歷代禮儀並無父子同配明堂之義唯祭法云周人禘嚳而郊稷祖文王而宗武王鄭玄注云禘郊祖宗謂祭祀以配食也禘謂祭昊天於圜丘郊謂祭上帝於南郊祖宗謂祭五帝五神於明堂也尊鄭此注乃以祖宗合爲一祭又以文武共在明堂連衽配祀良爲謬矣故王肅駮曰古者祖有功而宗有德祖宗自是不毀之名非謂配食於明堂者也審如鄭義則孝經當言祖祀文王於明堂不得言宗祀也凡宗者尊也周人既祖其廟又尊其祀孰謂祖於明堂者乎鄭引孝經以解祭法而不曉周公本意殊非仲尼之義旨也又解宗武王云配勾芒之類是謂五神位在堂下武王降位失君敘矣又案六韜曰武王伐紂雪深丈餘五車二馬行無轍迹詣營求謁武王怪而問焉太公對曰此必五方之神來受事耳遂以其名召入各以其職命焉既而克殷風調雨順豈有生來受職殁則配之降尊敵卑理不然矣故春秋傳禘郊祖宗報五者國之典祀也傳言五者故知各是一事非謂祖宗合祀於明堂也臣謹上考殷周下洎貞觀並無一代兩帝同配於明堂南齊蕭氏以武明昆季並於明堂配食事乃不經未足援據又檢武德時令以元皇帝配於明堂兼配感帝至貞觀初緣情革禮奉祀高祖配於明堂奉遷世祖專配感帝此即聖朝故事已有遞遷之典取法宗廟古之制焉伏惟太祖景皇帝搆室有周建絕代之丕業啓祚汾晉創歷聖之洪基德邁發生道符立極又世祖元皇帝潛鱗韞慶屈道事周導濬發之靈源肇光宅之垂裕稱祖清廟萬代不遷請停配祀以符古義伏惟高祖太武皇帝躬受天命奄有神州創制改物體元居正爲國始祖抑有舊章昔者炎漢高帝當塗太祖皆以受命例並配天請遵故實奉祀高祖於圓丘以配昊天上帝伏惟太宗文皇帝道格上玄功清下瀆拯率土之塗炭協大造於生靈請準詔書宗祀於明堂以配上帝又請依武德故事兼配感帝作主斯乃二祖德隆永不遷廟兩聖功大各得配天遠協孝經近申詔意二年七月禮部尚書許敬宗與禮官等又奏議據祠令及新禮並用鄭玄六天之議圓丘祀昊天上帝南郊祭太微感帝明堂祭太微五帝謹按鄭玄此義唯據緯書所說六天皆謂星象而昊天上帝不屬穹蒼故注月令及周官皆謂圓丘所祭昊天上帝爲北辰星曜魄寶又說孝經郊祀后稷以配天及明堂嚴父配天皆爲太微五帝考其所說舛謬特深按周易云日月麗於天百穀草木麗於地又云在天成象在地成形足明辰象非天草木非地毛詩傳云元氣昊大則稱昊天遠視蒼蒼則稱蒼天此則蒼昊爲體不入星辰之例且天地各一是曰兩儀天尚無二焉得有六是以王肅羣儒咸駁此議又檢太史圓丘圖昊天上帝座外別有北辰座與鄭義不同得太史令李淳風等狀昊天上帝圖位自在壇上北辰自在第二等與北斗並列爲星官內座之首不同鄭玄據緯書所說此乃羲和所掌觀象制圖推步有徵相沿不謬又按史記天官書等太微宮有五帝者自是五精之神五星所奉以其是人主之象故況之曰帝亦如房心爲天王之象豈是天乎周禮云兆五帝於四郊又云祀五帝則掌百官之誓戒惟稱五帝皆不言天此太微之神本非穹昊之祭又孝經惟云郊祀后稷無別祀圓丘之文王肅等以爲郊即圓丘圓丘即郊猶王城京師異名同實符合經

典其義甚明而今從鄭說分爲兩祭圓丘之外別有南郊違棄正經理深未允且檢吏部式惟有南郊陪位更不別載圓丘式文既遵王肅祠令仍行鄭義令式相乖理宜改革又孝經云嚴父莫大於配天下文即云周公宗祀文王於明堂以配上帝則是上帝即是明堂所祀正在配天而以爲但祭星官反違明義又按月令孟春之月祈穀於上帝左傳亦云凡祀啓蟄而郊郊而後耕故郊祀后稷以祈農事然則啓蟄郊天自以祈穀謂爲感帝之祭事甚不經今請憲章姬孔考取王鄭四郊迎氣存太微五帝之祀南郊明堂廢緯書六天之義其方丘祭地之外別有神州謂之北郊分地爲二既無典據理又不通亦請合爲一祀以符古義仍並條附式令永垂後則敬宗等又議籩豆之數曰按今光祿式祭天地日月岳鎮海瀆先蠶等籩豆各四祭宗廟籩豆各十二祭社稷先農等籩豆各九祭風師雨師籩豆各二尋此式文事深乖謬社稷多於天地似不貴多風雨少於日月又不貴少且先農先蠶俱爲中祭或六或四理不可通又先農之神尊於釋奠籩豆之數先農乃少理既差舛難以因循謹按禮記郊特牲云籩豆之薦水土之品不敢用褻味而貴多品所以交於神明之義也此即祭祀籩豆以多爲貴宗廟之數不可踰郊今請大祀同爲十二中祀同爲十小祀同爲八釋奠準中祀自餘從座並請依舊式詔並可之遂附于禮令乾封初高宗東封迴又詔依舊祀感帝及神州司禮少常伯郝處俊等奏曰顯慶新禮廢感帝之祀改爲祈穀昊天上帝以高祖太武皇帝配檢舊禮感帝以世祖元皇帝配今既奉敕依舊復祈穀爲感帝以高祖太武皇帝配神州又高祖依新禮見配圓丘昊天上帝及方丘皇地祇若更配感帝神州便恐有乖古禮按禮記祭法云有虞氏禘黃帝而郊嚳夏后氏亦禘黃帝而郊鯀殷人禘嚳而郊冥周人禘嚳而郊稷鄭玄注云禘謂祭上帝於南郊又按三禮義宗云夏正郊天者王者各祭所出帝於南郊即大傳所謂王者禘其祖之所自出以其祖配之是也此則禘須遠祖郊須始祖今若禘郊同用一祖恐於典禮無所據其神州十月祭者十月以陰用事故以此時祭之依檢更無故實按春秋啓蟄而郊鄭玄注禮云三王之郊一用夏正又三禮義宗云祭神州法正月祀於北郊請依典禮以正月祭者請集奉常博士及司成博士等總議定奏聞其靈臺明堂檢舊禮用鄭玄義仍祭五方帝新禮用王肅義又下詔依鄭玄義祭五天帝其雩及

明堂並準勑祭祀於是奉常博士陸遵楷張統師權無二許子儒等議稱北郊之月古無明文漢光武正月辛未始建北郊咸和中議北郊同用正月然皆無指據武德來禮令即用十月爲是陰用事故於時祭之請依舊十月致祭乾封二年十二月詔曰夫受命承天崇至敬於明祀膺圖纂籙昭大孝於嚴配是以薦鰷鰭於清廟集振鷺於西雍宣雅頌於太師明肅恭於考室用能紀配天之盛業嗣積德之鴻休永播英聲長爲稱首周京道喪秦室政乖禮樂淪亡典經殘滅遂使漢朝博士空說六宗之文晉代鴻儒爭陳七祀之議或同昊天於五帝分感帝於五行自茲以降遞相祖述異論紛紜是非莫定朕以寡薄嗣膺丕緒肅承禋祀明發載懷虔奉宗祧寤寐興感每惟宗廟之重尊配之儀思革舊章以申誠敬高祖太武皇帝撫運膺期創業垂統拯庶類於塗炭寘懷生於仁壽太宗文皇帝德光齊聖道極幾神執銳被堅櫛風沐雨勞形以安百姓屈己而濟四方澤被區中恩覃海外乾坤所以交泰品物於是咸亨掩玄關而開疆指青丘而作鎮巍巍蕩蕩無得名焉禮曰化人之道莫急於禮禮有五經莫重於祭祭者非物自外至也自內生於心也是以惟賢者乃能盡祭之義況祖功宗德道冠百王盡聖窮神業高千古自今以後祭圓丘五方明堂感帝神州等祠高祖太武皇帝太宗文皇帝崇配仍總祭昊天上帝及五帝於明堂庶因心致敬獲展虔誠宗祀配天永光鴻烈儀鳳二年七月太常少卿韋萬石奏曰明堂大享惟古禮鄭玄義祀五天帝王肅義祀五行帝貞觀禮依鄭玄義祀五天帝顯慶已來新修禮祀昊天上帝奉乾封二年勑祀五帝又奉制兼祀昊天上帝伏奉上元三年三月勑五禮並依貞觀年禮爲定又奉去年勑並依周禮行事今用樂須定所祀之神未審依古禮及貞觀禮爲復依見行之禮時高宗及宰臣並不能斷依違久而不決尋又詔尚書省及學者詳議事仍不定自此明堂大享兼用貞觀顯慶二禮則天臨朝垂拱元年七月有司議圓丘方丘及南郊明堂嚴配之禮成均助教孔玄義奏議曰謹按孝經云孝莫大於嚴父嚴父莫大於配天明配尊大昊天是也物之大者莫若於天推父比天與之相配行孝之大莫過於此以明尊配之極也又易云先王以作樂崇德殷薦之上帝以配祖考鄭玄注上帝天帝也故知昊天之祭合祖考並配請奉太宗文武聖皇帝高宗天皇大帝配昊天上帝於圓丘義符孝經周易之文也神堯皇帝肇基

王業應天順人請配感帝於南郊義符大傳之文又祭法云祖文王而宗武王祖始也宗尊也所以名祭爲尊始者明一祭之中有此二義又孝經云宗祀文王於明堂文王言祖而云宗者亦是通武王之義故明堂之祭配以祖考請奉太宗文武聖皇帝高宗天皇大帝配祭於明堂義符周易及祭法之文也太子右諭德沈伯儀曰謹按禮有虞氏禘黃帝而郊嚳祖顓頊而宗堯夏后氏禘黃帝而郊鯀祖顓頊而宗禹殷人禘嚳而郊冥祖契而宗湯周人禘嚳而郊稷祖文王而宗武王鄭玄注云禘郊祖宗謂祭祀以配食也禘謂祭昊天於圓丘祭上帝於南郊曰郊祭五帝五神於明堂曰祖宗伏尋嚴配之文於此最爲詳備虞夏則退顓頊而郊嚳殷人則捨契而郊冥去取既多前後乖次得禮之序莫尚於周禘嚳郊稷不聞於二王明堂宗祀始兼於兩配咸以文王父子殊別文王爲父上主五帝武王對父下配五神孝經曰嚴父莫大於配天則周公其人也昔者周公宗祀文王於明堂以配上帝不言嚴父武王以配天則武王雖在明堂理未齊於配祭既稱宗祀義獨主於尊嚴雖同兩祭終爲一主故孝經緯曰后稷爲天地主太王爲五帝宗也必若一神兩祭便則五祭十祠薦獻頻繁禮虧於數此則神無二主之道禮崇一配之義竊尋貞觀永徽共尊專配顯慶之後始創兼尊必以順古而行實謂從周爲美高祖神堯皇帝請配圓丘方澤太宗文武聖皇帝請配南郊北郊高宗天皇大帝德邁九皇功開萬寓制禮作樂告禪昇中率土共休普天同賴竊惟莫大之孝理當總配五天鳳閣舍人元萬頃范履冰等議曰伏惟高祖神堯皇帝鑿乾構象闢土開基太宗文武聖皇帝紹統披元循機闡極高宗天皇大帝弘祖宗之大業廓文武之宏規三聖重光千年接旦神功叡德罄圖牒而難稱盛烈鴻猷超古今而莫擬豈徒錙銖堯舜糠粃殷周而已哉謹案見行禮昊天上帝等祠五所咸奉高祖神堯皇帝太宗文武聖帝兼配今議者引祭法周易孝經之文雖近稽古之辭殊失因心之旨但子之事父臣之事君孝以成志忠而順美竊以兼配之禮特禀先聖之懷爰取訓於前規遂申情於大孝詩云昊天有成命二后受之易曰殷薦之上帝以配祖考敬尋厥旨本合斯義今若遠摭遺文近乖成典拘常不變守滯莫通便是臣黜於君遽見郊丘之位下非於上靡遵弓劍之心豈所以申太后哀感之誠徇皇帝孝思之德慎終追遠艮謂非宜嚴父配天寧當若是伏據見行禮

高祖神堯皇帝太宗文武聖皇帝今既先配五祠理當依舊無改高宗天皇大帝齊尊曜魄等邃含樞闢三葉之宏基開萬代之鴻業重規疊矩在功烈而無差享帝郊天豈祀配之有別請奉高宗天皇大帝歷配五祠制從萬頃議自是郊丘諸祠皆以三祖配及則天革命天冊萬歲元年加號爲天冊金輪大聖皇帝親享南郊合祭天地以武氏始祖周文王追尊爲始祖文皇帝后考應國公追尊爲無上孝明高皇帝亦以二祖同配如乾封之禮其後長安年又親享南郊合祭天地及諸郊丘並以配焉中宗即位神龍元年九月親享昊天上帝于東都之明堂以高宗天皇大帝崇配其儀亦依乾封故事至景龍三年十一月親祀南郊初將定儀注國子祭酒祝欽明希旨上言后亦合助祭遂奏議曰謹按周禮天神曰祀地祇曰祭宗廟曰享又內司服職掌王后之六服凡祭祀供后之衣服又祭統曰夫祭也者必夫婦親之據此諸文即知皇后合助皇帝祀天神祭地祇明矣望請別修助祭儀注同進上令宰相與禮官議詳其事太常博士唐紹蔣欽緒建議云皇后南郊助祭於禮不合但欽明所執是祭宗廟禮非祭天地禮按漢魏晉宋及後魏齊梁隋等歷代史籍興王令主郊天祀地代有共禮史不闕書並不見皇后助祭之事又高祖神堯皇帝太宗文武聖皇帝高宗天皇大帝南郊祀天並無皇后助祭之禮尚書右僕射韋巨源又協同欽明之議上遂以皇后爲亞獻仍補大臣李嶠等女爲齋娘執籩豆焉時十一月十三日乙丑冬至陰陽人盧雅侯藝等請奏促冬至就十二日甲子以爲吉會時右臺侍御史唐紹奏曰禮所以冬至祀圓丘於南郊夏至祭方澤於北郊者以其日行躔次極於南北之際也日北極當晷度循半日南極當晷度環周是日一陽爻生爲天地交際之始故易曰復其見天地之心乎即冬至卦象也一歲之內吉莫大焉甲子但爲六旬之首一年之內隔月常遇既非大會略運未周唯總六甲之辰助四時而成歲今欲避環周以取甲子是背大吉而就小吉也太史令傅孝忠奏曰準漏經南陸北陸並日校一分若用十二日即欠一分未南極即不得爲至上曰俗諺云冬至長於歲亦不可改竟依紹議以十三日乙丑祀圓丘睿宗太極元年正月初將有事南郊有司立議惟祭昊天上帝而不設皇地祇位諫議大夫賈曾上表曰微臣詳據典禮謂宜天地合祭謹按禮祭法曰有虞氏禘黃帝而郊嚳夏后氏禘黃帝而郊鯀傳曰大祭曰禘然則郊

之與廟俱有禘祭禘廟則祖宗之主俱合於太祖之廟禘郊則地祇羣望俱合於圓丘以始祖配享皆有事而大祭異於常祀之義禮大傳曰不王不禘故知王者受命必行禘禮虞書曰月正元日舜格于文祖肆類于上帝禋于六宗望于山川徧于羣神此則受命而行禘禮者也言格于文祖則餘廟之享可知矣言類于上帝則地祇之合可知矣且山川之祀皆屬于地羣望尚徧況地祇乎周官以六律六呂五聲八音六舞大合樂以致神祇以和邦國以諧萬人又凡六樂者六變而致象物及天神此則禘郊合天神地祇人鬼而祭之樂也三輔故事漢祭圓丘儀昊天上帝位正南面后土位兆亦南面而少東又東觀漢記云光武卽位爲壇於鄗之陽祭告天地採用元始故事二年正月於洛陽城南依鄗爲圓壇天地位其上皆南向西上按兩漢時自有后土及北郊祀而此已於圓丘設地位明是禘祭之儀又春秋說云王者一歲七祭天地合食於四孟別於分至此復天地自常有同祭之義王肅云孔子言兆圓丘於南郊南郊卽圓丘圓丘卽南郊也又云祭天而地配此亦郊祀合祭之明說惟鄭康成不論禘當合祭而分昊天上帝爲二神專憑緯文事匪經見又其注大傳不王不禘義則云正歲之首祭感帝之精以其祖配注周官大司樂圓丘則引大傳五禘以爲冬至之祭遞相矛盾未足可依伏惟陛下膺籙居尊纘文在曆自臨宸極未親郊祭今之南郊正當禘禮固宜合祀天地咸秩百神答受命之符彰致敬之道豈可不崇盛禮同彼常郊使地祇無位未從禘享今請備設皇地祇并從祀等座則禮得稽古義合緣情然郊丘之祀國之大事或失其情精禋將闕臣術不通經識慙博古徒以昔謬禮職今忝諫曹正議是司敢陳忠讜事有可採惟斷之聖慮制令宰臣召禮官詳議可否禮官國子祭酒褚无量國子司業郭山惲等咸請依曾所奏時又將親享北郊竟寢曾之表

玄宗卽位開元十一年十一月親享圓丘時中書令張說爲禮儀使衛尉少卿韋縚爲副說建議請以高祖神堯皇帝配祭始罷三祖同配之禮至二十年蕭嵩爲中書令改撰新禮祀天一歲有四祀地有二冬至祀昊天上帝於圓丘高祖神堯皇帝配中官加爲一百五十九座外官減爲一百四座其昊天上帝及配帝二座每座籩豆各用十二簠簋甑俎各一上帝則太樽著樽犧樽象樽壺樽各二山罍六配帝則不設太樽及壺樽減山罍之四餘同上帝五方帝座則籩豆各十簠簋甑俎各一大樽二大明夜明籩豆各八餘同五方帝內官每座籩豆二簋俎各一內官已上設樽於十二階之間內官每道間著樽二中官犧樽二外官著樽二衆星壺樽二正月上辛祈穀祀昊天上帝於圓丘以高祖配五方帝從祀其上帝配帝籩豆等同冬至之數五方帝太樽著樽犧樽山罍各一籩豆等亦同冬至之數孟夏雩祀昊天上帝於圓丘以太宗配五方帝及太昊等五帝勾芒等五官從祀其上帝配帝五方帝籩豆各八簠簋甑俎各一五官每座籩豆各二簠簋及俎各一季秋大享于明堂祀昊天上帝以睿宗配其五方帝五人帝五官從祀籩豆之數同于雩祀夏至禮皇地祇于方丘以高祖配其從祀神州已下六十八座同貞觀之禮地祇配帝籩豆如圓丘之數神州籩豆各四簠簋甑俎各一五岳四鎮四海四瀆五方山林川澤等三十七座每座籩豆各二簠簋各一五方五帝丘陵墳衍原隰等三十座籩豆簠簋甑俎各一立冬祭神州于北郊以太宗配二座籩豆各十二簠簋甑俎各一自冬至圓丘已下餘同貞觀之禮時起居舍人王仲丘旣掌知修撰乃建議曰按貞觀禮正月上辛祀感帝於南郊顯慶禮祀昊天上帝於圓丘以祈穀左傳曰郊而後耕詩曰噫嘻春夏祈穀于上帝禮記亦曰上辛祈穀于上帝則祈穀之文傳於歷代上帝之號允屬昊天而鄭康成云天之五帝遞王王者之興必感其一因其所感別祭尊之故夏正之月祭其所生之帝於南郊以其祖配之故周祭靈威仰以后稷配之因以祈穀據所說祀感帝之意本非祈穀先儒所說事恐難憑今祈穀之禮請準禮修之且感帝之祀行之自久記曰有其舉之莫可廢也請於祈穀之壇遍祭五方帝夫五帝者五行之精五行者九穀之宗也今請二禮並行六神咸祀又按貞觀禮孟夏雩祀五方上帝五人帝五官於南郊顯慶禮則雩祀昊天上帝於圓丘且雩祀上帝蓋爲百穀祈甘雨故月令云命有司大雩帝用盛樂以祈穀實鄭玄云雩上帝者天之別號允屬昊天祀於圓丘尊天位也然雩祀五帝旣久亦請二禮並行以成大雩帝之義又貞觀禮季秋祀五方帝五官於明堂顯慶禮祀昊天上帝於明堂準孝經曰郊祀后稷以配天宗祀文王於明堂以配上帝先儒以爲天是感精之帝卽太微五帝此卽皆是星辰之例且上帝之號皆屬昊天鄭玄所引皆云五帝周禮曰王將旅上帝張氈案設皇邸祀五帝張大次小次由此言之上帝之與五帝自有差等豈可混而爲一乎孝經云嚴父莫大於配天其下文卽云宗祀文王於明堂以配上帝鄭玄注云上帝者天之別名神無二主故異其處孔安國云帝亦天也然則禋享上帝有合經義而五方皆祀行之已久有其舉之難於卽廢亦請二禮並行以成月令大享帝之義天寶十載五月已前郊祭天地以高祖神堯皇帝配座故將祭郊廟告高祖神堯皇帝室寶應元年杜鴻漸爲太常卿禮儀使員外郎薛頎歸崇敬等議以神堯爲受命之主非始封之君不得爲太祖以配天地太祖景皇帝始受封於唐卽殷之契周之后稷也請以太祖景皇帝郊祀配天地告請宗廟亦太祖景皇帝酌獻諫議大夫黎幹議以太祖景皇帝非受命之君不合配享天地二年五月幹進議狀爲十詰十難曰集賢校理潤州別駕歸崇敬議狀及禮儀使判官水部員外郎薛頎等稱禘謂冬至祭天於圓丘周人則以遠祖帝嚳配今欲以景皇帝爲始祖配昊天於圓丘臣幹詰曰國語曰有虞氏夏后氏俱禘黃帝商人禘舜周人禘嚳俱不言祭昊天於圓丘一也詩商頌曰長發大禘也又不言祭昊天於圓丘二也詩周頌曰雝禘太祖也又不言祭昊天於圓丘三也禮記祭法曰有虞氏夏后氏俱禘黃帝殷人周人俱禘嚳又不言祭昊天於圓丘四也禮記大傳曰不王不禘王者禘其祖之所自出以其祖配之又不言祭昊天於圓丘五也爾雅釋文曰禘大祭也又不言祭昊天於圓丘六也家語云凡四代帝王之所郊皆以配天也其所謂禘者皆五年大祭也又不言祭昊天於圓丘七也盧植云禘祭名禘者帝也事尊明禘故曰禘又不言祭昊天於圓丘八也王肅云禘謂於五年大祭之時又不言祭昊天於圓丘九也郭璞云禘五年之大祭又不言祭昊天於圓丘十也臣幹謂禘是五年宗廟之大祭詩禮經傳文義昭然今略舉十詰以明之臣惟見禮記祭法及禮記大傳商頌長發等三處鄭玄注或稱祭昊天或云祭靈威仰臣精詳典籍更無以禘爲祭昊天於圓丘及郊祭天者審如禘是祭之最大則孔子說孝經爲萬代百王法稱周公大孝何不言禘祀帝嚳於圓丘以配天而反言郊祀后稷以配天是以五經俱無其說聖人所以不言輕議大典亦何容易猶恐不悟今更作十難其一難曰周頌雝禘祭太祖也鄭玄箋云禘大祭太祖文王也商頌云長發大禘也玄又箋云大禘祭天也夫商周之頌其文互說或云禘太祖或云大禘俱是五年宗廟之大祭詳覽典籍更無異同惟鄭玄箋長發乃稱是郊祭天詳玄之意因此商頌禘如大傳云大祭如春秋大事于太廟爾雅禘大祭雖云大祭亦是宗廟之祭可得便稱祭天乎若如所說大禘卽云郊祭天稱禘卽是祭宗廟又祭法說虞夏商周禘黃帝與嚳大傳不王不禘禘上俱無大字玄何因復稱祭天乎又長發文亦不歌嚳與感生帝故知長發之禘而非禘嚳及郊祭天明矣殷周五帝之大祭羣經衆史及鴻儒碩學自古立言著論序之詳矣俱無以禘爲祭天何棄周孔之法言獨取康成之小注便欲違經非聖誣亂祀典謬哉其二難曰大傳稱禮不王不禘王者禘其祖之所自出以其祖配之諸侯及其太祖者此說王者則當禘其謂祭法虞夏殷周禘黃帝及嚳不王則不禘所當禘其祖之所自出謂虞夏出黃帝殷周出帝嚳以近祖配而祭之自出之祖既無宗廟卽是自外至者故同之天地神祇以祖配而祀之自出之說非但於父在母亦然左傳子產云陳則我周之自出此可得稱出於太微五帝乎故曰不王不禘王者禘其祖之所自出以其祖配之謂也及諸侯之禘則降於王者不得祭自出之祖只及太祖而已故曰諸侯及其太祖此之謂也鄭玄錯亂分禘爲三注祭法云禘謂祭昊天於圓丘一也注左傳稱郊祭天以后稷配靈威仰箋商頌又稱郊祭天二也注周頌云禘大祭大於四時之祭而小於祫太祖謂文王三也禘是一祭玄析之爲三顛倒錯亂皆率胸臆曾無典據何足可憑其三難曰虞夏殷周已前禘祖之所自出其義昭然自漢魏晉已還千餘歲其禮遂闕又鄭玄所說其言不經先儒棄之未曾行用愚以爲錯亂之義廢棄之注不足以正大典其四難曰所稱今三禮行於代者皆是鄭玄之學請據鄭學以明之曰雖云據鄭學今欲以景皇帝爲始祖之廟以配天復與鄭議相乖何者王制云天子七廟玄云此周禮也七廟者太祖及文武之祧與親廟四也殷則六廟契及湯與二昭二穆也據鄭學夏不以鯀及顓頊昌意爲始祖昭然可知也而欲引稷契爲例其義又異是爰稽邃古洎今無以人臣爲始祖者惟殷以契周以稷夫稷契者皆天子元妃之子感神而生昔帝嚳次妃簡狄有娀氏之女吞玄鳥之卵因生契契長而佐禹治水有大功舜乃命契作司徒百姓既和遂封於商故詩曰天命玄鳥降而生商宅殷土芒芒此之謂也后稷者其母有邰氏之女曰姜嫄爲帝嚳妃出野履巨跡歆然有孕生稷稷長而勤於稼穡堯聞舉爲農師天下得其利有大功舜封於邰號曰后稷唐虞夏之際皆有令德故詩曰履

帝武敏歆居然生子卽有邰家室此之謂也舜禹有天下稷契在其間量功比德抑其次也舜授職則播百穀敷五教禹讓功則平水土宅百揆故國語曰聖人之制祀也功施於人則祀之以死勤事則祀之契為司徒而人輯睦稷勤百穀而死皆居前代祀典子孫有天下得不尊而祖之乎其五難曰既遵鄭說小德配寡遂以后稷只配一帝尚不得全配五帝今以景皇帝特配昊天於鄭義可乎其六難曰衆難臣云上帝與五帝一也所引春官祀天旅上帝祀天旅四望旅訓衆則上帝是五帝臣曰不然旅雖訓衆出於爾雅及為祭名春官訓陳注有明文若如所言旅上帝便成五帝則季氏旅於泰山可得便是四鎮耶其七難曰所云據鄭學則景皇帝親盡廟主合祧却欲配祭天地錯亂祖宗夫始祖者經綸草昧體大則天所以正元氣廣大萬物之宗尊以長至陽氣萌動之始日俱祀於南郊也夫萬物之始天也人之始祖也日之始至也掃地而祭質也器用陶匏性也牲用犢誠也兆於南郊就陽位也至尊至質不敢同於先祖禮也故白虎通曰祭天歲一何天至尊至質事之不敢褻黷故因歲之陽氣始達而祭之今國家一歲四祭之黷莫大焉上帝五帝其祀遂闕怠亦甚矣黷與怠皆禮之失不可不知夫親有限祖有常聖人制禮君子不以情變易國家重光累聖歷祀百數豈不知景皇帝始封于唐當時通儒議功度德尊神堯克配彼天宗太宗以配上帝神有定主為日已久今欲黜神堯配含樞紐以太宗配上帝則紫微五精上帝佐也以子先父豈禮意乎非止神祇錯位亦以祖宗乖序何以上稱皇天祖宗之意哉若夫神堯之功太宗之德格于皇天上帝臣以為郊祀宗祀無以加焉其八難曰欲以景皇帝為始祖既非造我區寓經綸草昧之主故非夏始祖禹殷始祖契周始祖稷漢始祖高帝魏始祖武皇帝晉始祖宣帝國家始祖神堯皇帝同功比德而忽昇于宗祀圜丘之上為昊天匹曾謂圜丘不如林放乎其九難曰昨所言魏文帝丕以武帝操為始祖晉武帝炎以宣帝懿為始祖者夫孟德仲達者皆人傑也擁天下之強兵挾漢魏之微主專制海內令行草偃服袞冕陳軒懸天子決事於私第公卿列拜於道左名雖為臣勢實凌君後主因之而業帝前王由之而禪代子孫尊而祖之不亦可乎其十難曰所引商周魏晉既不當矣則景皇帝不為始祖明矣我神堯拔出羣雄之中廓清隋室拯生人於塗炭則夏虞之勳不足多成帝業於數年之間則漢祖之功不足比夏以大禹為始祖漢以高帝為始祖則我唐以神堯為始祖法夏則漢於義何嫌今欲革皇天之祀易太祖之廟事之大者莫大於斯曾無按據一何寡陋不愧于心不畏于天乎以前奉詔令諸司各據禮經定議者臣幹忝竊朝列官以諫為名以直見知以學見達不敢不罄竭以裨萬一昨十四日具以議狀呈宰相宰相令朝臣與臣論難所難臣者以臣所見獨異莫不騰辭飛辯競欲碎臣理鉗臣口剖析毫釐分別異同序墳典之疑滯指子傳之乖謬事皆歸根觸物不凝但臣言有宗爾豈辯者之流也又歸崇敬薛頎等援引鄭學欲蕪祀典臣為明辯迷而不復臣輒作十詰十難援據墳籍昭然可知庶郊禘事得其真嚴配不失其序皇靈降祉天下蒙賴臣亦何顧不蹈鼎鑊謹敢聞達伏增悚越議奏不報至二年春夏旱言事者云太祖景皇帝追封於唐高祖實受命之祖百神受職合依高祖今不得配享天地所以神不降福以致愆陽代宗疑之詔百寮會議太常博士獨孤及獻議曰禮王者禘其祖之所自出以其祖配之凡受命始封之君皆為太祖繼太祖已下六廟則以親盡迭毀而太祖之廟雖百代不遷此五帝三王所以尊祖敬宗也故受命于神宗禹也而夏后氏祖顓頊而郊鯀纘禹黜夏湯也而殷人郊冥而祖契革命作周武王也而周人郊稷而祖文王則明自古必以首封之君配昊天上帝唯漢氏崛起豐沛豐公太公無位無功不可以為祖宗故漢以高皇帝為太祖其先細微也非足為後代法伏惟太祖景皇帝以柱國之任翼周弼魏肇啓王業建封于唐高祖因之以為有天下之號天所命也亦如契之封商后稷之封邰禘郊祖宗之位宜在百代不遷之典郊祀太祖宗祀高祖猶周之祖文王而宗武王也今若以高祖創業當躋其配是棄三代之令典尊漢氏之末制黜景皇帝之大業同豐公太公之不祀反古違道失孰大焉夫追尊景皇廟號太祖高祖太宗所以崇尊之禮也若配天之位既與則太祖之號宜廢祀之不修廟亦當毀尊祖報本之道其墜于地乎漢制擅議宗廟以大不敬論今武德貞觀憲章未改國家方將敬祀事和神人禘郊之間恐非所宜臣謹稽禮文參諸往制請仍舊典竟依歸崇敬等議以太祖配享天地廣德二年正月十六日禮儀使杜鴻漸奏郊太廟大禮其祝文自今已後請依唐禮板上墨書其玉簡金字者一切停廢如允臣所奏望編為常式勑曰宜行用竹簡貞元元年十一月十一日德宗親祀南郊有司進圖勑付禮官詳酌博士柳冕奏曰開元定禮垂之不刊天寶改作起自權制此皆方士謬妄之說非禮典之文請一准開元禮從之其年十月二十七日詔郊祀之義本於至誠制禮定名合從事實使名實相副則尊卑有倫五方配帝上古哲王道濟烝人禮著明祀論善計功則朕德不類統天御極朕位攸同而於祝文稱臣以祭既無益於誠敬徒有瀆於等威前京兆府司錄參軍高佩上疏陳請其理精詳朕重變舊儀訪于卿士申明大義是用釋然宜從改正以敦至禮自今已後祀五方配帝祝文並不須稱臣其餘禮數如舊六年十一月八日有事于南郊詔以皇太子為亞獻親王為終獻上問禮官亞獻終獻合受誓誡否吏部郎中柳冕曰準開元禮獻官前七日於內受誓誡辭云各揚其職不供其事國有常刑今以皇太子為亞獻請改舊辭云各揚其職肅奉常儀從之十五年四月衛士匡彭祖上言大唐土德千年合符請每於四季月郊祀天地詔禮官儒者議歸崇敬曰準禮立春日迎春於東郊祭青帝立夏日迎夏於南郊祭赤帝立秋後十八日迎黃靈於中地祭黃帝秋冬各於其方黃帝於五行為土王在四季土生於火用事於木而祭於秋三季則否漢魏周隋共行此禮國家土德乘時亦以每歲六月土王之日祀黃帝於南郊以后土配合於典禮彭祖憑候緯之說據陰陽之書事涉不經恐難行用乃寢元和十五年十二月將有事於南郊穆宗問禮官南郊卜日否禮院奏伏準禮令祠祭皆卜自天寶已後凡欲郊祀必先朝太清宮次日饗太廟又次日祀南郊相循至今並不卜日從之及明年正月南郊禮畢有司不設御榻上立受羣臣慶賀及御樓仗退百寮復不於樓前賀乃受賀於興慶宮二者闕禮有司之過也

舊唐書卷二十一考證

禮儀志一歷考前規宗祀明堂必配五郊預入明堂自緣從祀○沈炳震曰必配下明有闕文考唐文粹及英華必配下應補入上帝而伏羲五代本配凡九字上下文義始明

道格上玄功清下黷○黷字誤文粹作瀆已改正

自是五精之神五星所奉矣○臣德潛按下應接以其是人主之象云云原本以字譌矣下誤接其又以五方帝五帝五官從祀云云共誤二千三百餘字今已訂正

以睿宗配○臣德潛按下應接其五方帝五人帝五官從祀原本誤接太常博士獨孤及獻議共三千三百餘字今已訂正

詔百寮會議○臣德潛按下應接太常博士獨孤及獻議至末原本誤接天是人主之象云云共四千二百餘字今已訂正

# 舊唐書卷二十二

後晉司空同中書門下平章事劉　昫撰

## 志第二

## 禮儀二

隋文帝開皇中將作大匠宇文愷依月令造明堂木樣以獻帝令有司於京城安業里內規兆其地方欲崇建而諸儒爭論不定竟議罷之煬帝時愷復獻明堂木樣并議狀屬遷都興役事又不就終於隋代季秋大享恒在雩壇設祀高祖受禪不遑創儀太宗平定天下命儒官議其制貞觀五年太子中允孔穎達以諸儒立議違古上言曰臣伏尋前勑依禮部尚書劉伯莊等議以為從崑崙道上層祭天又尋後勑云為左右閣道登樓設祭臣檢六藝羣書百家諸史皆名基上曰堂樓上曰觀未聞重樓之上而有堂名孝經云宗祀文王於明堂不云明樓明觀其義一也又明堂法天聖王示儉或有翦蒿為柱葺茅作蓋雖復古今異制不可恒然猶依大典惟在朴素是以席惟藁秸器尚陶匏用繭栗以貴誠服大裘以訓儉今若飛樓架道綺閣凌雲考古之文實堪疑慮按郊祀志漢武明堂之制四面無壁上覆以茅祭五帝於上座祀后土於下防臣以上座正為基上下防惟是基下既云無四壁未審伯莊如何上層祭神下有五室且漢武所為多用方士之說違經背正不可師祖又盧寬等議云上層祭天下堂布政欲使人神位別事不相干臣以古者敬重大事與接神相似以朝覲祭祀皆在廟堂豈有樓上祭祖樓下視朝閣道昇樓路便窄隘乘輦相儀接神不敬步往則勞曳聖躬侍衛在旁百司供奉求之典誥全無此理臣非敢固執愚見以求己長伏以國之大典不可不慎乞以臣言下羣臣詳議侍中魏徵議曰稽諸古訓參以舊圖其上圓下方複廟重屋百慮一致異軫同歸洎當塗膺籙未遑斯禮典午聿

興無所取則裴頠以諸儒持論異端蜂起是非舛互靡所適從遂乃以人廢言止爲一殿宋齊即仍其舊梁陳遵而不改雖嚴配有所祭享不匱求之典則道實未弘夫孝因心生禮緣情立心不可極故備物以表其誠情無以盡故飾宮以廣其敬宣尼美意其在玆乎臣等親奉德音令參大議思竭塵露徵增山海凡聖人有作義重隨時萬物斯覩事資通變若據蔡邕之說則至理失於文繁若依裴頠所爲則又傷於質略求之情理未允厥中今之所議非無用捨請爲五室重屋上圓下方既體有則象又事多故實下室備布政之居上堂爲祭天之所人神不雜禮亦宜之其高下廣袤之規几筵尺丈之制則並隨時立法因事制宜自我而作何必師古廓千載之疑議爲百王之懿範不使泰山之下惟聞黃帝之法汶水之上獨稱漢武之圖則通乎神明庶幾可俟子來經始成之不日議猶未決十七年五月秘書監顔師古議曰明堂之制爰自古昔求之簡牘全文莫覩始之黃帝降及有虞彌歷夏殷迄于周代各立名號別創規模衆說舛駁互執所見巨儒碩學莫有詳通斐然成章不知裁斷究其指要實布政之宮也徒以戰國縱橫典籍廢棄暴秦酷烈經禮湮亡今之所存傳記雜說用爲準的理實蕪昧然周書之敘明堂紀其四面則有應門雉門據此一塗固是王者之常居耳其青陽總章玄堂太廟左个右个與四時之次相用則路寢之義足爲明證又文王居明堂之篇帶以弓韣祠于高禖下九門磔禳以禦疾疫置梁除道以利農夫令國有酒以合三族凡此事等皆合月令之文觀其所爲皆在路寢者也戴禮昔周公朝諸侯于明堂之位天子負斧扆南向而立明堂也者明諸侯之尊卑也又云周人明堂度九尺之筵東西九筵堂一筵據其制度即大寢也亦曰黃帝曰合宮有虞氏曰總章殷曰陽館周曰明堂斯皆路寢之徵知非別處大戴所說初有近郊之言復稱文王之廟進退無據自爲矛盾原夫負扆受朝常居出入既在皐庫之內亦何云於郊野哉孝經傳云在國之陽又無里數漢武有懷創造詢於搢紳言論紛然終無定據乃立於汶水之上而宗祀焉明其不拘遠近無擇方面孝成之代表行城南雖有其文厥功靡立平帝元始四年大議營創孔牢等乃以爲明堂辟雍太學其實一也而有三名金褒等又稱經傳無文不能分別同異中興之後蔡邕作論復云明堂太廟一物二名鄭玄則曰在國之陽三里之外七里之內丙巳之地頗容釋例亦云明堂太廟凡有八名其體一也苟立同異競爲巧說並出自胸懷曾無師祖審夫功成作樂理定制禮草創從宜質文遞變旌旗冠冕古今不同律度權衡前後不一隨時之義斷可知矣假如周公舊章猶當擇其可否宣尼彝則尚或補其闕漏況鄭氏臆說淳于謏聞匪異守株何殊膠柱愚謂不出墉雉邇接宮闈實允事宜諒無所惑但當上遵天旨祗奉德音作皇代之明堂永貽範於來葉區區碎議皆略而不論又上表曰明堂之制陛下已發德音久令詳議但以學者專固人人異言損益不同是非莫定臣愚以爲五帝之後兩漢已前高下方圓皆不相襲惟在陛下聖情創造即爲大唐明堂足以傳於萬代何以論戶牖之多少疑階庭之廣狹若恣儒者互說一端久無斷決徒稽盛禮昔漢武欲草封禪儀博望諸生所說不同莫知孰是唯御史大夫倪寬勸上自定制度遂成登封之禮臣之愚誠亦望陛下斟酌繁省爲其節文不可謙拒以淹大典尋以有事遼海未暇營創永徽二年七月二日勅曰上玄幽贊處崇高而不言皇王提象代神功而理物是知五精降德爰應帝者之尊九室垂文用紀配天之業且合宮靈符創鴻規於上代太室總章標茂範於中葉雖質文殊制奢儉異時然則立天中作人極布政施教其歸一揆朕嗣膺下武丕承上烈思所以荅眷上靈聿遵孝享而法宮曠禮明堂寢構今國家四表無虞人和歲稔作範垂訓今也其時宜令所司與禮官學士等考覈故事詳議得失務依典禮造立明堂庶曠代闕文獲申於玆日因心展敬永垂於後昆其明堂制度令諸曹尚書及左右丞侍郎太常國子秘書官弘文館學士同共詳議於是太常博士柳宣依鄭玄義以爲明堂之制當爲五室內直丞孔志約據大戴禮及盧植蔡邕等義以爲九室曹王友趙慈皓秘書郎薛文思等各造明堂圖諸儒紛爭互有不同上初以九室之議爲是乃令所司詳定形制及辟雍門闕等明年六月內出九室樣仍更令有司損益之有司奏言內樣堂基三重每基階各十二上基方九雉八角高一尺中基方三百尺高一筵下基方三百六十尺高一丈二尺上基象黃琮爲八角四面安十二階請從內樣爲定基高下仍請準周制高九尺其方共作司約準一百四十八尺中基下基望並不用又內室各方三筵開四闥八牕屋圓楣徑二百九十一尺按季秋大饗五帝各在一室商量不便請依兩漢季秋合饗總於太室若四時迎氣之祀則各於其方之室其安置九室之制增損明堂故事三三相重太室在中央方六丈其四隅之室謂之左右房各方二丈四尺當太室四面青陽明堂總章玄堂等室各長六丈以應太室闊二丈四尺以應左右房室間並通巷各廣一丈八尺其九室并巷在堂上總方一百四十四尺法坤之策屋圓楣楯檐或爲未允請據鄭玄盧植等說以前梁爲楣其徑二百一十六尺法乾之策圓柱旁出九室四隅各七尺法天以七紀柱外餘基共作司約準面別各餘一丈一尺內室別四闥八牕檢與古同請依爲定其戶依古外設而不開內外有柱三十六每柱十梁內有七間柱根以上至梁高三丈梁以上至屋峻起計高八十一尺上圓下方飛檐應規請依內樣爲定其屋蓋形制仍望據考工記改爲四阿并依禮加重檐準太廟安鴟尾堂四向五色請依周禮白盛爲便其四向各隨方色請施四垣及四門辟雍按大戴禮及前代說辟雍多無水廣內徑之數蔡邕云水廣二十四丈四周於外三輔黃圖云水廣四周與蔡邕不異仍云水外周堤又張衡東京賦稱造舟爲梁禮記明堂位陰陽錄云水左旋以象天商量水廣二十四丈恐傷於濶今請減爲二十四步垣外量取周足仍依故事造舟爲梁其外周以圓堤并取陰陽水行左旋之制殿垣按三輔黃圖殿垣四周方在水內高不蔽日殿門去殿七十二步準今行事陳設猶恐窄小其方垣四門去堂步數請準太廟南門去廟基遠近爲制仍立四門八觀依太廟門別各安三門施玄閫四角造三重魏闕此後羣儒紛競各執異議尚書左僕射于志寧等請爲九室太常博士唐昣等請爲五室高宗令於觀德殿依兩議張設親與公卿觀之帝曰明堂之禮自古有之議者不同未果營建今設兩議公等以何者爲宜工部尚書閻立德對曰兩議不同俱有典故九室似闇五室似明取捨之宜斷在聖慮上以五室爲便議又不定由是且止至乾封二年二月詳宜略定乃下詔曰朕以寡薄忝承丕緒奉二聖之遺訓撫億兆以初臨馭朽兢懷推溝在念而上玄垂祐宗社降休歲稔時和人殷俗阜車書混一文軌大同檢玉泥金升中告禪百蠻執贄萬國來庭朝野懽娛華夷胥悅但爲郊禋嚴配未安太室布政施行猶闕合宮朕所以日昃忘疲中宵輟寢討論墳籍錯綜羣言採三代之精微探九皇之至賾斟酌前載製造明堂棟宇方圓之規雖兼故實度筵陳俎之法獨運財成宜諸內外博考詳議求其長短冀廣異聞而鴻生碩儒俱稱盡善搢紳士子並奏該通創此宏模自我作古因心既展情禮獲伸永言宗祀良深感慰宜命有司及時起作務從折中稱朕意焉於是大赦天下改元爲總章分萬年置明堂縣明年三月又具規製廣狹下詔曰合宮聽朔闡皇軒之茂範靈府通和敷帝勛之景化殷人陽館青珪備禮姬氏玄堂彤璋合獻雖運殊驪翰時變質文至於立天中建皇極軌物施教其歸一揆考圖汶上僅存公玉之儀度室圭瀍才紀中元之製屬炎精墜駕瑤宮毀簷四海淪於沸鼎九土陷於塗原高祖太武皇帝杖鉞唐郊收鈐雍野納祥符於蒼水受靈命於丕山飛沈泳沫動植游源太宗文皇帝盟津光誓協降火而登壇豐谷斷蛇應屯雲而鞠旅封金岱嶺昭累聖之鴻勳勒石九都成文考之先志固可以作化明堂顯庸太室傍羅八柱周建四門木工不琢土事無文豐約折衷經始勿亟闕文斯備大禮聿脩其明堂院每面三百六十步當中置堂按周易乾之策二百一十有六坤之策一百四十有四總成三百六十故方三百六十步當中置堂處二儀之中定三才之本構玆一宇臨此萬方自降院每面三門同爲一宇徘徊五間按尚書一朞有四時故四面各一所開門每時有三月故每一所開三門一朞十有二月故周迴總十二門所以面別一門應玆四序既一時而統三月故於一舍而置三門又周易三爲陽數二爲陰數合而爲五所以每門舍五間院四隅各置重樓其四墉各依本方色按淮南子地有四維故四樓又按月令水火金木土五方各異色故其墻各依本方之色基八面象八方按周禮黃琮禮地鄭玄注琮者八方之玉以象地形故以祀地則知地形八方又按漢書武帝立八觚壇以祀地登地之壇形象地故令爲八方之基以象地形基高一丈二尺徑二百八十尺按漢書陽爲六律陰爲六呂陽與陰合故高一丈二尺又按周易三爲陽數八爲陰數三八相乘得二百四十丈按漢書九會之數有四十合爲二百八十所以基徑二百八十尺故以交通天地之和錯綜陰陽之數以明陽不獨運資陰和以助成陰不孤行待陽唱而方應陰陽兩順天地咸亨則百寶斯興九疇攸序基每面三階周迴十二階每階爲二十五級按漢書天有三階故每面三階地有十二辰故周迴十二階又按文子從凡至聖有二十五等故每階二十五級所以應符星而設階法合耀以疏陛上擬霄漢之儀下則地辰之數又列茲重級用準聖凡象皇極之高居俯庶類而臨耀基之上爲一堂其宇上圓按道德經天得一以清

地得一以寧侯王得一以爲天下貞又曰道生一一生二二生三三生萬物又按漢書太極元氣函三爲一又曰天子以四海爲家故置一堂以象元氣并取四海爲家之義又按周禮蒼璧禮天鄭玄注璧圜以象天故爲宇上圓堂每面九間各廣一丈九尺按尚書地有九州故立九間又按周易陰數十故間別一丈九尺所以規模厚地準則陰陽法二氣以通基置九州於一宇堂周迴十二門每門高一丈七尺闊一丈三尺按禮記一歲有十二月所以置十二門又按周易陰數十陽數七故高一丈七尺又曰陽數五陰數八故闊一丈三尺所以調兹玉燭應彼金輝叶二氣以循環逐四序而迎節堂周迴二十四窻高一丈三尺闊一丈一尺二十三櫺二十四明按史記天有二十四氣故置二十四窻又按書一年十二月并象閏故高一丈三尺又按周易天數一地數十故闊一丈一尺又天數九地數十并四時成二十三故二十三櫺又按周易八純卦之本體合二十四爻故有二十四明列牖疏象風候氣遠周天地之數曲準陰陽之和堂心八柱各長五十五尺按河圖八柱承天故置八柱又按周易大衍之數五十有五故長五十五尺聳兹八柱承彼九間數該大衍之規形符立極之制且柱爲陰數天實陽元柱以陰氣上昇天以陽和下降固陰陽之交泰乃天地之相承堂心之外置四柱爲四輔按漢書天有四輔星故置四柱以象四星內以八柱承天外象四輔明化上交下泰表裏相成叶台耀以分輝契編珠而拱極八柱四輔外第一重二十柱按周易天數五地數十并五行之數合而爲二十故置二十柱體二儀而立數叶五位以裁規式符立極之功允應剛柔之道八柱四輔外第二重二十八柱按史記天有二十八宿故有二十八柱所以仰則乾圖上符景宿考編珠而紀度觀列宿以迎時八柱四輔外第三重三十二柱按漢書有八節八政八風八音四八三十二柱調風御節萬物資以化成布政流音九區仰而貽則外面周迴三十六柱按漢書一朞三十六旬故法之以置三十六柱所以象歲時而致用順寒暑以通徵璿璣之度無愆玉曆之期永契八柱之外修短總有三等按周易天地人爲三才故置柱長短三等所以擬三才以定位高下相形體萬物以資生長短兼運八柱之外都合一百二十柱按禮記天子置三公九卿二十七大夫八十一元士合爲一百二十是以置一百二十柱分職設官翊化資於多士開物成務構廈藉於羣材其上檻周迴二百四十柱按周易坤之策一百四十有四又漢書九會之數有六十故置二百四十柱所以採坤策之玄妙法甲乙之精微環迴契辰象之規結構準陰陽之數又基以象地故叶策於坤元柱各依方復規模於甲子重楣二百一十六條按周易乾之策二百一十有六故置二百一十六條所以規模易象擬法乾元應大衍之深玄叶神策之至數大小節及拱總六千三百四十五按漢書會月之數六千三百四十五故置六千三百四十五枚所以遠採三統之文傍符會月之數契金儀而調節偶璇曆以和時重幹四百八十九枚按漢書章月二百二十五閏月周迴二百五十四總成四百八十九故置四百八十九枚所以法履端之奥義象舉正之芳猷規模曆象發明章閏下枊七十二枚按易緯有七十二候故置七十二枚所以式模芳節取規貞候契至和於昌曆偶神數於休期上枊八十四枚按漢書九會之數有七十又按莊子六合之外聖人存而不論司馬彪注天地四方爲六合總成八十四故置八十四枚所以模範二儀包羅六合準會陰陽之數周通氣候之源枅六十枚按漢書推太歲之法有六十故置六十枚所以兼該曆數包括陰陽採甲乙之深微窮辰子之玄奥連栱三百六十枚按周易當朞之日三百有六十故置三百六十枚所以叶周天之度準當期之日順平分而成歲應晷運以循環小梁六十枚按漢書有六十甲子故置六十枚構此虹梁遐規鳳曆傍竦四宇之製遥符六甲之源椽二百二十八枚按漢書章中二百二十八故置二百二十八枚所以應長曆之規象中月之度廣綜陰陽之數傍通寒暑之和方衡一十五重按尚書五行生數一十有五故置十五重結棟分間法五行而演秘疏櫨疊構叶生數以成規南北大梁二根按周易太極生兩儀故置二大梁軌範乾坤模擬天地象玄黃之合德表覆載以生成陽馬三十六道按易緯有三十六節故置三十六道所以顯兹嘉節契此貞辰分六氣以燮陰陽壞四象而調風雨椽二千九百九十根按漢書月法二千三百九十二通法五百九十八共成二千九百九十所以偶推步之規合通法之數是知疏椽構宇則大壯之架斯隆積月成年則會曆之規無爽大梠兩重重別三十六條總七十二按淮南子太平之時五日一風一年有七十二風故置七十二條所以通規瑞曆叶數祥風遥符淳俗之源遠則休徵之契飛檐椽九百二十九枚按漢書從子至午其數九百二十九枚所以採辰象之宏模法周天之至數且午爲陰本子實陽源子午分時則生成之道自著陰陽合德則覆載之義兹隆堂檐徑二百八十八尺按周易乾之策二百一十六易緯云年有七十二候合爲二百八十八故徑二百八十八尺所以仰叶乾策遠承貞候順和氣而調序擬圓蓋以照臨堂上棟去基上面九十尺按周易天數九地數十以九乘十數當九十故去基上面九十尺所以上法圓清下儀方載契陰陽之至數叶交泰之貞符又以兹天九乘於地十象陽唱而陰和法乾施而坤成檐去地五十五尺按周易大衍之數五十有五故去地五十五尺所以擬大易之嘉數通惟神之至賾道合萬象理貫三才上以清陽玉葉覆之按淮南子清陽爲天合以清陽之色詔下之後猶群議未決終高宗之世未能創立則天臨朝儒者屢上言請創明堂則天以高宗遺意乃與北門學者議其制不聽羣言垂拱三年春毁東都之乾元殿就其地創之四年正月五日明堂成凡高二百九十四尺東西南北各三百尺有三層下層象四時各隨方色中層法十二辰圓蓋蓋上盤九龍捧之上層法二十四氣亦圓蓋亭中有巨木十圍上下通貫栭櫨樽梍藉以爲本亘之以鐵索蓋爲鸑鷟黃金飾之勢若飛翥刻木爲瓦夾紵漆之明堂之下施鐵渠以爲辟雍之象號萬象神宮因改河南縣爲合宮縣詔曰黃軒御曆朝萬方於合宮丹陵握符咨四岳於衢室有虞輯瑞總章之號既存大禹錫珪重屋之名攸建殷人受命置陽館以辨方周室凝圖立明堂以經野用能範圍三極幽贊五神展尊祖之懷申宗祀之典爰從漢魏迨及周隋經始之制雖興脩廣之規未備朕以庸昧虔膺厚託受寄於綴衣之夕荷顧於仍几之前伏以高宗往年已屬意於陽館故宗輔之縣預紀明堂之名改元之期先著總章之號朕於乾封之際已奉表上塵雖簡宸心未遑營構今以鼎郊勝壤圭邑奥區處天地之中順陰陽之序舟車是湊貢賦攸均爰藉子來之功式遵奉先之旨夫明堂者天子宗祀之堂朝諸侯之位也闢乾坤之奥策法氣象之運行故能使災害不生禍亂不作眷言盛烈豈不美歟比者鴻儒禮官所執各異咸以爲明堂者置之三里之外七里之內在國陽明之地今既俯邇宮掖恐黷靈祇誠乃布政之居未爲宗祀之所朕乃爲丙巳之地去宮室遥遠每月所居因時饗祭常備文物動有煩勞在於朕懷殊非所謂今故裁基紫掖闢宇彤闈經始肇興成之匪日但敬事天地神明之德乃彰尊祀祖宗嚴恭之志方展若使惟云布政負扆臨人則茅宇土階取適而已豈必勞百姓之力制九筵而御哉誠以獲執蘋繁虔奉宗廟故也時既沿革莫或相遵自我作古用適於事今以上堂爲嚴配之所下堂爲布政之居光敷禮訓式展誠敬來年正月一日可於明堂宗祀三聖以配上帝宜令禮官博士學士內外明禮者詳定儀禮務從典要速以奏聞永昌元年正月元日始親享明堂大赦改元其月四日御明堂布政頒九條以訓于百官文多不載翌日又御明堂饗羣臣賜縑纁有差自明堂成後縱東都婦人及諸州父老入觀兼賜酒食久之乃止吐蕃及諸夷以明堂成亦各遣使來賀載初元年冬正月庚辰朔日南至復親饗明堂大赦改元用周正翼日布政于羣后其年二月則天又御明堂大開三教內史邢文偉講孝經命侍臣及僧道士等以次論議日昃乃罷天授二年正月乙酉日南至親祀明堂合祭天地以周文王及武氏先考先妣配百神從祀並於壇位次第布席以祀之於是春官郎中韋叔夏奏曰謹按明堂大享唯祀五帝故月令云是月也大享帝則禮典所云大享不問卜鄭玄注云謂徧祭五帝於明堂莫適卜是也又按祭法云祖文王而宗武王鄭玄注云五神於明堂曰祖宗故孝經云宗祀文王於明堂以配上帝據此諸文明堂正禮唯祀五帝配以宗祖及五帝五官神等自外餘神並不合預伏惟陛下追遠情深崇禋志切於明堂享祀加昊天上帝皇地祇重之以先后配享此乃補前王之闕典弘嚴配之虔誠往以神都郊壇未建乃於明堂之下廣祭衆神蓋義出權時非不刊之禮也謹按禮經其內官中官五岳四瀆諸神並合從祀於二至明堂總奠事乃不經然則宗祀配天之親雜與小神同薦於嚴敬之道理有不安望請每歲元日惟祀天地大神配以帝后其五岳以下請依禮於冬夏二至從方丘圓丘庶不煩黷從之時則天又於明堂後造天堂以安佛像高百餘尺始起建構爲大風振倒俄又重營其功未畢證聖元年正月丙申夜佛堂災延燒明堂至曙二堂並盡尋時又無雲而雷起自西北則天欲責躬避正殿宰相姚璹曰此實人火非是天災至如成周宣榭卜代逾長漢武建章盛德彌永今明堂是布政之所非宗祀也則天乃御端門觀酺宴下詔令文武九品已上各上封事極言無有所隱左拾遺劉承慶上疏曰臣聞自古帝王皆有美惡休祥所以昭其德災變所以知其咎天道之常理王者之常事然則休祥屢臻不可矜功而自滿

災變奄降不可輕忽而靡驚故殷宗以桑穀生朝懷懼而自省妖不勝德遂立中興之功辛紂以省生大鳥恃福而自盈祥不勝驕終致傾亡之禍故知災變之生將自覺悟明主扶持大業使盛而不衰理須祇畏神心警懼天誡飭身正事業業兢兢則凶往而吉來轉禍而爲福昔殷湯禱身而降雨成王省事以反風宋公憂熒惑之災而應三舍之壽高宗懲雊鼎之異而享百年之福此其類也自陛下承天理物至道事神美瑞嘉祥洊臻狎委非臣所能盡述日者變生人火損及神宮驚惕聖心震動黎庶臣謹按左傳曰人火曰火天火曰災人火因人而興故指火體而爲稱天火不知何起直以所災言之其名雖殊爲害不別又漢書五行志曰火失性則自上而降及濫焱妄起所謂人火其來雖異爲患實同王者舉措營爲必關幽顯幽爲天道顯爲人事幽顯迹通天人理合今工匠宿藏其火本無放燎之心明堂教化之宫復非延火之所孽煨潛扇倏忽成災雖則因人亦關神理臣愚以爲火發既先從麻主後及總章意將所營佛舍恐勞而無益但崇其教卽是津梁何假紺宫方存汲引既辟在明堂之後又前逼牲牢之筵兼以厥構崇大功多難畢立像弘法本擬利益黎元傷財役人却且煩勞家國承前大風摧木天誡已顯今者毒焱冥熾人孽復彰聖人動作必假天人之助一興功役二者俱違厥應昭然殆將緣此臣以爲明堂是正陽之位至尊所居展禮班常崇化立政玉帛朝會神靈依憑營之可曰大功損之實非輕事既失嚴禋之所復傷孝理之情陛下昨降明制猶申寅畏之旨羣寮理合兢畏震悚勉力司存豈合承恩耽樂安然酺宴又下人感荷聖德覩變憎惶神體克寧豈非深悅但以火氣初止尚多驚懼餘憂未息遽以歡事過之臣恐憂喜相爭傷於情理故傳曰可憂而爲樂取憂之道又古者有火祭四墉四墉積陰之氣祈之以禳火災火陽之氣歡樂陽事火氣方勝不可復興陽事臣聞災變之興至聖不免聿脩其德來患可禳陛下垂制博訪許陳至理而左史張鼎以爲今既火流王屋彌顯大周之祥通事舍人逢敏奏稱當彌勒初成佛道時有天魔燒宫七寶臺須臾散壞斯實諂妄之邪言實非君臣之正論晻昧王化無益萬機夫天道雖高其察彌近神心雖寂其聽彌聰交際皇王事均影響今大風烈火譴告相仍實天人丁寧匡諭聖主使鴻基益固天祿永終之意也伏願陛下乾乾在慮翼翼爲懷若涉巨川如承大祭審其致災之理詳其降眚之由無書天人之心而興不急之役則兆人蒙賴福祿靡窮幸甚幸甚則天尋令依舊規制重造明堂凡高二百九十四尺東西南北廣三百尺上施寶鳳俄以火珠代之明堂之下圜遶施鐵渠以爲辟雍之象天冊萬歲二年三月重造明堂成號爲通天宫四月朔日又行親享之禮大赦改元爲萬歲通天翼日則天御通天宫之端扆殿命有司讀時令布政于羣后其年鑄銅爲九州鼎既成置於明堂之庭各依方位列焉神都鼎高一丈八尺受一千八百石冀州鼎名武興雍州鼎名長安兖州名日觀青州名少陽徐州名東源揚州名江都荆州名江陵梁州名成都其八州鼎高一丈四尺各受一千二百石司農卿宗晉卿爲九鼎使都用銅五十六萬七百一十二斤鼎上圖寫本州山川物產之像仍令工書人著作郎賈膺福殿中丞薛昌容鳳閣主事李元振司農錄事鍾紹宗等分題之左尚方署令曹元廓圖畫之鼎成自玄武門外曳入令宰相諸王南北衙宿衞兵十餘萬人并仗內大牛白象共曳之則天自爲曳鼎歌令相唱和其時又造大儀鍾斂天下三品金竟不成九鼎初成欲以黃金千兩塗之納言姚璹曰鼎者神器貴於質朴無假別爲浮飾臣觀其狀光有五彩煇煥錯雜其間豈待金色爲之炫燿乃止其年九月又大享於通天宮以契丹破滅九鼎初成大赦改元爲神功聖曆元年正月又親享及受朝賀尋制每月一日於明堂行告朔之禮司禮博士辟閭仁諝奏議曰謹按經史正文無天子每月告朔之事惟禮記玉藻云天子聽朔於南門之外周天官太宰正月之吉布政于邦國都鄙干寶注云周正建子之月告朔日也此卽玉藻之聽朔矣今每歲首元日於通天宮受朝讀時令布政事京官九品以下諸朝集使等咸列於庭此則聽朔之禮畢而合于周禮玉藻之文矣而鄭玄注玉藻聽朔以秦制月令有五帝五官之事遂云凡聽朔必特牲告其時帝及其神配以文王武王此鄭注之誤也故漢魏至今莫之用按月令云其帝太昊其神勾芒者謂宣布時令告示下人其令詞云其帝其神耳所以爲敬授之文欲使人奉其時而務其業每月有令故謂之月令非謂天子月朔日以配帝而發告之其每月告朔者諸侯之禮也故春秋左氏傳曰公既視朔遂登觀臺又鄭注論語禮云人君每月告朔於廟有祭謂之朝享魯自文公始不視朔是諸侯之禮明矣今王者行之非所聞也按鄭所謂告其帝者卽太昊等五人帝其神者卽重黎等五行官雖並功施於人列在祀典無天子每月拜祭告朔之文臣等謹檢禮記及三禮義宗江都集禮貞觀禮顯慶禮及祠令並無天子每月告朔之事若以爲代無明堂故無其告朔之禮則江都集禮貞觀禮顯慶禮及祠令著祀五方上帝於明堂卽孝經宗祀文王於明堂也此則無明堂而著其享祭何爲告朔獨闕其文若以君有明堂卽合告朔則周秦有明堂而經典正文無天子每月告朔之事臣等歷觀今古博考載籍既無其禮不可習非望請停每月一日告朔之祭以正國經竊以天子之尊而用諸侯之禮非所謂頒告朔令諸侯使奉而行之義也鳳閣侍郎王方慶又奏議曰謹按明堂天子布政之宫也蓋所以順天氣統萬物動法於兩儀德被於四海者也夏曰世室殷曰重屋姬曰明堂此三代之名也明堂天子太廟所以宗祀其祖以配上帝東曰青陽南曰明堂西曰總章北曰玄堂中曰太室雖有五名而以明堂爲主漢代達學通儒咸以明堂太廟爲一漢左中郎將蔡邕立議亦以爲然取其正室則謂之太室取其向陽則謂之明堂取其建學則謂之太學取其圜水則謂之辟雍異名而同事古之制也天子以孟春正月上辛日於南郊總受十二月之政還藏於祖廟月取一政班於明堂諸侯孟春之月朝於天子受十二月之政藏於祖廟月取一政而行之蓋所以和陰陽順天道也如此則禍亂不作災害不生矣故仲尼美而稱之曰明王之以孝理天下也人君以其禮告廟則謂之告朔聽視此月之政則謂之視朔亦曰聽朔雖有三名其實一也今禮官議稱經史正文無天子每月告朔之事者臣謹按春秋文公六年閏十月不告朔穀梁傳曰閏附月餘日天子不以告朔左氏傳云閏月不告朔非禮也閏以正時時以作事事以厚生生人之道於是乎在矣不告閏朔棄時政也臣據此文則天子閏月亦告朔矣寧有他月而廢其禮者乎博考經籍其文甚著何以明之周禮太史職云頒告朔於邦國閏月告王居門終月又禮記玉藻云閏月則闔門左扉立于其中並是天子閏月而行告朔之事也禮官又稱玉藻天子聽朔於南門之外周禮天官太宰正月之吉布政于邦國都鄙干寶注云周正建子之月告朔日也此卽玉藻之聽朔矣今每歲首元日通天宫受朝讀時令布政事京官九品以上諸州朝集使等咸列於庭此聽朔之禮畢而合于周禮玉藻之文矣禮論及三禮義宗江都集禮貞觀禮顯慶禮及祠令無王者告朔之事者臣謹按玉藻云玄冕而朝日於東門之外聽朔於南門之外鄭注云朝日春分之時也東門皆謂國門也明堂在國之陽每月就其時之帝而聽朔焉卒事反宿於路寢凡聽朔必以特牲告其時帝及其神配以文王武王臣謂今歲首元日通天宫受朝讀時令及布政自是古禮孟春上辛受十二月之政班於明堂其義昭然猶未行也卽如禮官所言遂闕其事臣又按禮記月令天子每月居青陽明堂總章玄堂卽是每月告朔之事先儒舊說天子行事一年十八度入明堂大享不問卜一入也每月告朔十二入也四時迎氣四入也巡狩之年一入也今禮官立議王惟歲首一入耳與先儒既異臣不敢同鄭玄云凡聽朔告其帝臣愚以爲告朔之日則五方上帝之一帝也春則靈威仰夏則赤熛怒秋則白招拒冬則叶光紀季月則含樞紐也並以始祖而配之焉人帝及神列在祀典亦於其月而享祭之魯自文公始不視朔子貢見其禮廢欲去其羊孔子以羊存猶可識其禮羊亡其禮遂廢故云爾愛其羊我愛其禮漢承秦滅學庶事草創明堂辟雍其制遂闕漢武帝封禪始造明堂於太山既不立於京師所以無告朔之事至漢平帝元始中王莽輔政庶幾復古乃建明堂辟雍焉帝祫祭於明堂諸侯王列侯宗室子弟九百餘人助祭畢皆益戶賜爵及金帛增秩補吏各有差漢末喪亂尚傳其禮爰至後漢祀典仍存明帝永平二年郊祀五帝於明堂以光武配祭牲各一犢奏樂如南郊董卓西移載籍湮滅告朔之禮於此而墜暨于晉末戎馬生郊禮樂衣冠掃地總盡元帝過江是稱狼狽禮樂制度南遷蓋寡襲典殘缺無復舊章軍國所資臨事議之既闕明堂寧論告朔宋朝何承天纂集其文以爲禮論雖加編次事則闕如梁代崔靈恩撰三禮義宗但捃摭前儒因循故事而已隋大業中煬帝命學士撰江都禮集只抄撮禮論更無異文貞觀顯慶禮及祠令不言告朔者蓋爲歷代不傳其文遂闕各有由緒不足依據今禮官引爲明證在臣誠實有疑陛下肇建明堂聿遵古典告朔之禮猶闕舊章欽若稽古應須補葺若每月聽政於明堂事亦煩數孟月視朔恐不可廢上又命奉常廣集衆儒取方慶仁諝所奏議定得失當時大儒成均博士吳揚吾太學博士郭山惲曰臣等謹按周禮禮記及三傳皆有天子告朔之禮夫天子頒告朔於諸侯秦政焚滅詩書由是告朔禮廢今明堂肇建總章新立紹百王之絶軌樹萬代之鴻規上以嚴配祖宗下以敬授人時使人知禮樂道適中和災害不生禍亂

不作今若因循頒朔每月依行禮貴隨時事須沿革暨依王方慶議用四時孟月日及季夏於明堂修復告朔之禮以頒天下其帝及神亦請依方慶用鄭玄義告五時帝於明堂上則嚴配之道通於神明至孝之德光於四海制從之長安四年始制元日明堂受朝停讀時令中宗卽位神龍元年九月親享明堂合祭天地以高宗配禮畢曲赦京師明年駕入京於季秋大享復就圓丘行事迄于睿宗之世開元二年八月太子賓客薛謙光獻九鼎銘其蔡州鼎銘天后御撰曰義農首出軒昊膺期唐虞繼踵湯禹乘時天地光宅域中雍熙上天降鑒方建隆基紫微令姚崇奏曰聖人啓運休兆必彰請宣付史館從之五年正月幸東都將行大享之禮太常少卿王仁忠博士馮宗陳貞節等議以武氏所造明堂有乖典制奏議曰明堂之建其所從來遠矣自天垂象聖人則之蓋杜茅茨之規上圓下方之制考之大數不踰三七之間定之方中必居丙巳之地者豈非得房心布政之所當太微上帝之宮乎故仰叶俯從正名定位人神不雜各司其序則嘉應響至保合太和昔漢氏承秦經籍道息旁求湮墜詳究難明孝武初議立明堂於長安城南遭竇太后不好儒術事乃中廢孝成之代又欲立於城南議其制度莫之能決至孝平元始四年始創造於南郊以申嚴配光武中興元年立於國城之南自魏晉迄於梁朝雖規制或殊而所居之地常取丙巳者斯蓋百王不易之道也高宗天皇大帝纂承平之運崇朴素之風四夷來賓九有咸乂永徽三年詔禮官學士議明堂制度羣儒紛競各執異端久之不決因而遂止者何也非謂財不足力不堪也將以周孔旣遙禮經且紊事不師古或爽天心難用作程神不孚祐者也則天太后總禁闈之政藉軒臺之威屬皇室中圮之期躡和熹從權之制以爲乾元大殿承慶小寢當正陽亭午之地實先聖聽斷之宮表順端闈儲精營室爰從朝享未始臨御乃起工徒挽令摧覆旣毀之後雷聲隱然衆庶聞之或以爲神靈感動之象也於是增土木之麗因府庫之饒南街北闕建天樞大儀之制乾元遺趾興重閣層樓之業煙焰蔽日梁柱排雲人斯告勞天實貽誡煨燼甫爾遽加修復況乎地殊丙巳未答靈心跡匪膺期乃申嚴配事昧彝典神不昭格此其不可者一也又明堂之制木不鏤土不文今體式乖宜違經紊禮雕鐫所及窮侈極麗此其不可者二也高明爽塏事資虔敬密邇宮掖何以祈天人神雜擾不可放物此其不可者三也況兩京上都萬方取則而天子闕當陽之位聽政居便殿之中職司其憂豈容沉默當須審攷歷之計擇煩省之宜不便者量事改修可因者隨宜適用創彼明堂之號克復乾元之名則當宁無偏人識其舊矣詔令所司詳議奏聞刑部尚書王志愔等奏議咸以此堂所置實乖典制多請改創依舊造乾元殿乃下詔曰古之操皇綱執大象者何嘗不上稽天道下順人極或變通以隨時爰損益以成務且衢室創制度堂以筵用之以禮神是光孝享用之以布政蓋稱視朔先王所以厚人倫感天地者也少陽有位上帝斯歆此則神貴於不黷禮殷於至敬今之明堂俯鄰宮掖此之嚴祀有異肅恭苟非憲章將何軌物由是禮官博士公卿大夫廣參羣議欽若前古宜存露寢之式用罷辟雍之號可改爲乾元殿每臨御宜依正殿禮自是駕在東都常以元日冬至於乾元受朝賀季秋大享祀依舊於圓丘行事十年復題乾元殿爲明堂而不行享祀之禮二十五年駕在西京詔將作大匠康詧素往東都毀之詧素以毀拆勞人乃奏請且拆上層畢於舊制九十五尺又去柱心木平座上置八角樓樓上有八龍騰身捧火珠又小於舊制圓五尺覆以眞瓦取其永逸依舊爲乾元殿

舊唐書卷二十二考證

禮儀志二春秋大饗五帝各在一室○沈炳震曰春秋杜氏通典作季秋宜從

四時迎氣之祀則各於其方之正○正通典作室

按周易天數五幷五行之數合而爲二十○沈炳震曰天數五下闕地數十三字據通典補入

神都鼎高一丈八尺受一千八百石○沈炳震曰下各州鼎皆有名而蔡州獨闕通典蔡州鼎名永昌

取其正室則謂之太室○臣德潛按英華上有二語云取其宗祀則謂之清廟宜補入

# 舊唐書卷二十三

後晉司空同中書門下平章事劉　昫撰

## 志第三

### 禮儀三

封禪之禮自漢光武之後曠世不修隋開皇十四年晉王廣率百官抗表固請封禪文帝令牛弘辛彥之許善心等創定儀注至十五年行幸兗州遂於太山之下爲壇設祭如南郊之禮竟不升山而還貞觀六年平突厥年穀屢登羣臣上言請封泰山太宗曰議者以封禪爲大典如朕本心但使天下太平家給人足雖闕封禪之禮亦可比德堯舜若百姓不足夷狄內侵縱修封禪之儀亦何異於桀紂昔秦始皇自謂德洽天心自稱皇帝登封岱宗奢侈自矜漢文帝竟不登封而躬行儉約刑措不用今皆稱始皇爲暴虐之主漢文爲有德之君以此而言無假封禪禮云至敬不壇掃地而祭足表至誠何必遠登高山封數尺之土也侍中王珪對曰陛下發德音明封禪本末非愚臣之所及秘書監魏徵曰隋末大亂黎民遇陛下始有生望養之則至仁勞之則未可升中之禮須備千乘萬騎供帳之費動役數州戶口蕭條何以能給太宗深嘉徵言而中外章表不已上問禮官兩漢封山儀注因遣中書侍郎杜正倫行太山上七十二帝壇迹是年兩河水潦其事乃寢至十一年羣臣復勸封山始議其禮於是國子博士劉伯莊睦州刺史徐令言等各上封祀之事互設疑議所見不同多言新禮中封禪儀注簡畧未周太宗勅秘書少監顏思古諫議大夫朱子奢等與四方名儒博物之士參議得失議者數十家遞相駮難紛紜久不決於是左僕射房玄齡特進魏徵中書令楊師道博採衆議堪行用而與舊禮不同者奏之其議昊天上帝壇曰將封先祭義在告神且備謁敬之儀方展慶成之禮固當於壇下阯預申齊潔贊饗已畢然後登封旣表重愼之深兼示行事有漸今請祭於泰山下設壇以祀上帝以景皇帝配享壇長一十二丈高一丈二尺又議制玉牒曰金玉重寶質性貞堅宗祀郊禋皆充器幣豈嫌華美實貴精確況乎三神壯觀萬代鴻名禮極殷崇事資藻縟玉牒玉檢式韞靈奇傳之無窮永存不朽今請玉牒長一尺三寸廣厚各五寸玉檢厚二寸長短闊一如玉牒其印齒請隨璽大小仍纏以金繩五周又議玉策曰封禪之祭嚴配作主皆奠玉策肅奉虔誠今玉策四枚各長一尺三寸廣一寸五分厚五分每策五簡俱以金編其一奠上帝一奠太祖座一奠皇地祇一奠高祖座又議金匱曰登配之策盛以金匱歸格藝祖之廟室今請長短令容玉策高廣各六寸形制如今之表函纏以金繩封以金泥印以受命璽又議方石再累曰舊藏玉牒止用石函亦猶盛書篋笥所以或呼石篋今請方石三枚以爲再累其十枚石檢刻方石四邊而立之纏以金繩封以石泥印以受命璽又議泰山上圓壇曰四出開道壇塲通義南面入升於事爲允今請介丘上圓壇廣五丈高九尺用五色土加之四面各設一階御位在壇南升自南階而就上封玉牒又議圓丘上土封曰凡言封者皆是積土之名利建分封亦以班社立號謂之封禪厥義可知今請於圓壇之上安置方石璽緘旣畢加土築以爲封高一丈二尺而廣二丈以五色土益封玉牒藏於其內祀禪之土其封制亦同此又議玉璽曰謹詳前載方石緘封玉檢金泥必資印璽以爲秘固今請依令用受命璽以封石檢其玉檢旣與石檢大小不同請更造璽一枚方一寸二分文同受命璽以封玉牒石檢形制依漢建武故事又議立碑曰勒石紀號顯揚功業登封降禪肆覲之壇立碑紀之又議設告至壇曰旣至山下禮行告至柴于東方上帝望秩遍禮羣神今請其壇方八十一尺高三尺陛仍四出其禪方壇及餘儀請從今禮仍請式柴祭望秩同時行事又議廢石闕及大小距石曰距石之設意取牢固本資實用豈云雕飾旣積土厚封足令與天長地久其小距環壇石闕迴建事非經誥無益禮義煩而非要請從減省太宗從其議令附之於禮十五年下詔將有事於泰山復令公卿諸儒詳定儀注太常卿韋挺禮部侍郎令狐德棻爲封禪使參考其議時論者又執異見顏師古上書申明前議太宗覽其奏多依師古所陳爲定車駕至洛陽宮會有彗星之變乃下詔罷其事高宗卽位公卿數請封禪則天旣立爲皇后又密贊之麟德二年二月車駕發京東巡狩詔禮官博士撰定封禪儀注有司於乾封元年正月戊辰朔先是有司齊戒於前祀七日平旦太尉誓百官於行從中臺云來月一日封祀二日登封泰山三日禪社首各揚其職不供其事國有常刑上齋於行宮四日致齋三日近侍之官應從升者及從事羣官諸方客使各本司公館淸齋一宿前祀一日諸衞令其屬未後一刻設黃麾半仗於外壝之外與樂工人俱淸齋一宿有司於太嶽南四里爲圓壇三成十二階如圓丘之制壇上飾以靑四面各依方色并造燎壇及壝三重又造玉策三枚皆以

金繩連編玉簡爲之每簡長一尺二寸廣一寸二分厚三分刻玉塡金爲字又爲玉匱一以藏正座玉策長一尺三寸并玉檢方五寸當繩處刻爲五道當封璽處刻深二分方一寸二分又爲金匱二以藏配座玉策制度如玉匱又爲黃金繩以纏玉匱各五周爲金泥玉匱金匱爲玉璽一枚方一寸二分文同受命璽封玉匱金匱又爲石䃭玉匱用方石再累各方五尺厚一尺刻方石中令容玉匱䃭旁施檢處皆刻深三寸三分闊一尺當繩處皆刻深三分闊一寸五分爲石檢十枚以檢石䃭皆長三尺闊一尺厚七寸皆刻爲印齒三道深四寸當封璽處方五寸當通繩處闊一寸五分皆有小石蓋制與檢刻處相應以檢擫封泥其檢立於䃭旁南方北方各三東方西方各二去䃭隅皆七寸又爲金繩以纏石䃭各五周徑三分爲石泥以泥石䃭其泥末石和方色土爲之爲距石十二枚分距䃭隅皆再累各闊二尺長一丈斜刻其首令與䃭隅相應泰山之上設登封之壇上徑五丈高九尺四出陛壇上飾以青四面依方色一壝隨地之宜其玉牒玉匱石䃭石檢距石皆如封祀之制又爲降壇於社首山上方壇八隅一成八陛如方丘之制壇上飾以黃四面依方色三壝隨地之宜其玉策玉匱石䃭石檢距石等亦同封祀之制至其年十二月車駕至山下及有司進奏儀注封祀以高祖太宗同配禪社首以太穆皇后文德皇后同配皆以公卿充亞獻終獻之禮於是皇后抗表曰伏尋登封之禮遠邁古先而降禪之儀竊爲未允其祭地祇之日以太后昭配至於行事皆以公卿以妾愚誠恐未周備何者乾坤定位剛柔之義已殊經義載陳中外之儀斯別瑤壇作配既合於方祇玉豆薦芳實歸於內職況推尊先后親饗瓊筵豈有外命宰臣內參禋祭詳於至理有紊徽章但禮節之源雖興於昔典而升降之制尚缺於遙圖且往代封嶽雖云顯號或因時省俗意在尋仙或以情覲名事深爲己豈如化被乎四表推美於神宗道冠乎二儀歸功於先德寧可仍遵舊軌靡創兹章妾謬處椒闈叨居蘭掖但以職惟中饋道屬於蒸嘗義切奉先理光於蘋藻罔極之思載結於因心祇肅之懷實深於明祀但妾早乖定省已闕侍於晨昏今屬崇禋豈敢安於帷帟是故馳情夕寢聽嬴里而翹魂疊慮宵興仰梁郊而聳念伏望展禮之日總率六宮內外命婦以親奉奠冀申如在之敬式展虔拜之儀積此微誠已淹氣序既屬鑾輿將警奠璧非賒輒効丹心庶裨大禮冀聖朝垂則永播於芳規螢燭末光增輝於日月於是祭地祇梁甫皆以皇后爲亞獻諸王大妃爲終獻丙辰前羅舍府果毅李敬貞論封禪須明水實樽淮南子云方諸見月則津而爲水高誘注云方諸陰燧大蛤也熟摩拭令熱以向月則水生以銅盤受之下數石王充論衡云陽燧取火於日方諸取水於月相去甚遠而火至水來者氣感之驗也漢書儀云八月飲酎車駕夕牲以鑑諸取水於月以陽燧取火於日周禮考工記云金有六齊金錫半謂之鑑燧之齊鄭玄注云鑑燧取水火於日月之器也準鄭此注則水火之器皆以金錫爲之今司宰有陽燧形如圓鏡以取明火陰鑑形如方鏡以取明水但比年祠祭皆用陽燧取火應時得以陰鑑取水未有得者嘗用井水替明水之處奉勅令禮司研究敬貞因說先儒是非言及明水乃云周禮金錫相半自是造陽燧法鄭玄錯解以爲陰鑑之制依古取明水法合用方諸引淮南子等書用大蛤也又稱敬貞曾八九月中取蛤一尺二寸者依法試之自人定至夜半得水四五斗敬貞所陳檢有故實又稱先經試驗確執望請差敬貞自取蚌蛤便赴太山與所司對試是日制曰古今典制文質不同至於制度隨世代沿革唯祀天地獨不改張斯乃自處於厚奉天以薄又今封禪卽用玉牒金繩器物之間復有瓦罇秸席一時行禮文質頓乖駁而不倫深爲未愜其封祀降禪所設上帝后土位先設稾秸瓦甒瓢杯等物並宜改用裀褥罍爵每事從文其諸郊祀亦宜準此於是昊天上帝之座褥以蒼皇地祇褥以黃配帝及后褥以紫五方上帝及大明夜明席皆以方色內官已下席皆以莞三年正月帝親享昊天上帝于山下封祀之壇如圓丘之儀祭訖親封玉策置石䃭聚五色土封之圓徑一丈二尺高九尺其日帝率侍臣已下升泰山翌日就山上登封之壇封玉策訖復還山下之齋宮其明日親祀皇地祇於社首山上降禪之壇如方丘之儀皇后爲亞獻越國太妃燕氏爲終獻翌日上御朝覲壇以朝羣臣如元日之儀禮畢詔文武百寮大赦改元初上親享于降禪之壇行初獻之禮畢執事者皆趨而下宦者執帷皇后率六宮以升行禮帷帟皆以錦繡爲之百寮在位瞻望或竊議焉於是詔立登封降禪朝覲之碑各於壇所又詔名封祀壇爲舞鶴臺介丘壇爲萬歲臺降禪壇爲景雲臺以紀當時所見之瑞焉高宗既封泰山之後又欲遍封五岳至永淳元年於洛州嵩山之南置崇陽縣其年七月勑其所造奉天宮二年正月駕幸奉天宮至七月下詔將以其年十一月封禪於嵩岳詔國子司業李行偉考工員外郎賈大隱太常博士韋叔夏裴守貞輔抱素等詳定儀注於是議立封祀壇如圓丘之制上飾以玄四面依方色爲圓壇三成高二丈四尺每等高六尺壇上徑一十六步三等各闊四步設十二陛陛皆上闊八尺下闊一丈四尺爲三重壝距外壝三十步內壝距五十步燎壇在壇東南外壝之內高三尺方一丈五尺南出陛登封壇圓徑五丈高九尺四出陛爲一壝飾以五色準封祀禪祭壇上飾以金四面依方色爲八角方壇再成高一丈二尺每等高四尺壇上方十六步每等廣四步設八陛其上壇陛皆廣八尺中等陛皆廣一丈下等陛皆廣一丈二尺爲三重壝之大小準封祀爲埋埳在壇之未地外壝之內方深取足容物南出陛朝覲壇於行宮之前爲壇宮方三分壝二在南壇方二十四丈高九尺南面兩陛餘三面各一陛封祀登封五色土封石䃭爲圓封上徑一丈二尺下徑三丈高九尺禪祭五色土封爲八角方封大小準封祀制度所用尺寸準歷東封並用古尺諸壇並築土爲之禮無用石之文並度影以定方位登封降禪四出陛各當四方之中陛各上廣七尺下廣一丈二尺封祀玉帛料有蒼璧四圭有邸圭璧禪祭有黃琮兩圭有邸無圭璧又定登封降禪朝覲等日準禮冬至祭天於圓丘其封祀請用十二日準東封祀故事十二日登封十三日禪祭十四日朝覲若有故須改登封已下期日在禮無妨又輦輿料云封祀登封皇帝出乘玉輅還乘金輅皇太子往還金輅禪祭皇帝太子如封祀又衣服料云東封祠祭日天皇服衮冕近奉制依貞觀禮服大裘又云衮冕服一具齋服之通天冠服一具迴服之翼善冠服一具馬上服之皇太子衮冕服又齋則服遠遊冠受朝則公服遠遊冠服馬上則進德冠服當時又令詳求射牛之禮行偉守貞等議曰據周禮及國語郊祀天地天子自射其牲漢武唯封太山令侍中儒者射牛行事至於餘祀亦無射牲之文但親春射牲雖是古禮久從廢省據封禪祀日未明十五刻宰人以鑾刀割牲質明而行事比鑾駕至時牢牲總畢天皇唯奠玉酌獻而已今若祀前一日射牲事卽傷早祀日方始射牲事又傷晚若依漢武故事卽非親射之儀事不可行詔從之尋屬高宗不豫遂罷封禪之禮則天垂拱四年將有事於嵩山先遣使致祭以祈福助下制號嵩山爲神岳尊嵩山神爲天中王夫人爲靈妃嵩山舊有夏啓及啓母少室阿姨神廟咸令預祈祭至天冊萬歲元年臘月甲申親行登封之禮禮畢便大赦改元萬歲登封改嵩陽縣爲登封縣陽城縣爲告成縣粤三日丁亥禪于少室山又二日己丑御朝覲壇朝羣臣咸如乾封之儀則天以封禪日爲嵩岳神祇所祐遂尊神岳天中王爲神岳天中皇帝靈妃爲天中皇后夏后啓爲齊聖皇帝封啓母神爲玉京太后少室阿姨神爲金闕夫人王子晉爲昇仙太子別爲立廟登封壇南有槲樹大赦日於其杪置金雞樹則天自製昇中述志碑樹於壇之丙地玄宗開元十二年文武百寮朝集使皇親及四方文學之士皆以理化昇平時穀屢稔上書請修封禪之禮并獻賦頌者前後千有餘篇玄宗謙沖不許中書令張說又累日固請乃下制曰自古受命而王者曷嘗不封泰山禪梁父答厚德告成功三代之前罔不由此越自魏晉以迄周隋帝典闕而大道隱王綱弛而舊章缺千載寂寥封崇莫嗣物極而復天祚我唐武文二后應圖受籙洎于高宗重光累盛承至理登介丘懷百神震六合紹殷周之統接虞夏之風中宗弘懿鑠之休睿宗沐粹精之道巍巍蕩蕩無得而稱者也朕昔戡多難稟略先朝虔奉慈旨嗣膺丕業是用創九廟以申孝敬禮二郊以展嚴禋寶菽粟於水火捐珠玉於山谷兢兢業業非敢追美前王日愼一日實以奉遵遺訓至於巡狩大典封禪鴻名顧惟寡薄未遑時邁十四載于茲矣今百穀有年五材無眚刑罰不用禮義興行和氣氤氳淳風澹泊蠻夷戎狄殊方異類重譯而至者日月於闕廷奇獸神禽甘露嘉醴窮祥極瑞朝夕於林籞王公卿士罄乃誠於中鴻生碩儒獻其書於外莫不以神祇合契億兆同心斯皆烈祖聖考垂裕餘慶故朕賴宗廟之介福敢以眇身顓其克讓是以敬奉羣議弘此大猷以光我高祖之丕圖以紹我高祖之鴻烈永言陟配追感載深可以開元十三年十一月十日式遵故實有事太山所司與公卿諸儒詳擇典禮預爲備具勿廣勞人務存節約以稱朕意於是詔中書令張說右散騎常侍徐堅太常少卿韋縚秘書少監康子元國子博士侯行果等與禮官於集賢書院刊撰儀注玄宗初以靈山好靜不欲喧繁與宰臣及侍講學士對議用山下封祀之儀於是張說謂徐堅韋縚等曰乾封舊儀禪社首享皇地祇以先后配饗王者父天而母地當今皇母位亦當往帝之母也子配母饗亦有何嫌而以皇后配地祇非古之制也天監孔明福善如響乾封之禮文德皇后配皇地祇天后爲亞獻越國

太妃爲終獻宮闈接神有乖舊典上玄不祐遂有天授易姓之事宗社中圮公族誅滅皆由此也景龍之季有事圜丘韋氏爲亞獻皆以婦人升壇執籩豆渫黷穹蒼享祀不潔未及踰年國有內難終獻皆受其咎掌座齋郎及女人執祭者多亦夭卒今主上尊天敬神事資革正斯禮以睿宗大聖貞皇帝配皇地祇侑神作主乃定議奏聞上從之舊禮郊祀既畢收取玉帛牲體置於柴上然後燔於燎壇之上其壇於神壇之左顯慶中禮部尚書許敬宗等因脩改舊禮乃奏曰謹按祭祀之禮周人尚臭祭天則燔柴祭地則瘞血宗廟則焫蕭灌鬯皆貴氣臭同以降神禮經明白義釋甚詳委柴在祭神之初理無所惑是以三禮義宗等並云祭天以燔柴爲始然後行正祭祭地以瘞血爲先然後行正祭又禮論說太常賀循上言積柴舊在壇南燎祭天之牲用犢左胖漢儀用頭今郊用脅之九个太宰令奉牲脅太祝令奉圭璧俱奠燎薪之上此卽晉氏故事亦無祭天之文既云漢儀用牲頭頭非神俎之物且祭末俎皆升右胖之脅唯有三禮賀循既云用祭天之牲左胖復云今儀用脅九个足明燔柴所用與升俎不同是知自在祭初別燔牲體非於祭末燒神餘饌此則晉氏以前仍遵古禮唯周魏以降妄爲損益納告廟之幣事畢瘞埋因改燔柴將爲祭末事無典實禮闕降神又燔柴正祭牲玉皆別蒼璧蒼犢之流柴之所用四圭騂犢之屬祀之所須故郊天之有四圭猶祀廟之有圭瓚是以周官典瑞文勢相因並事畢收藏不在燔例而今新禮引用蒼璧不顧圭瓚遂亦俱燔義既有乖理難因襲又燔柴作樂俱以降神則處置之宜須相依準柴燔在左作樂在南求之禮情實爲不類且禮論說積柴之處在神壇之南新禮以爲壇左文無典故請改燔爲祭始位樂懸之南外壝之內其陰祀瘞埋亦請準此制可之自是郊丘諸祀並先焚而後祭及玄宗將作封禪之禮張說等參定儀注徐堅康子元等建議曰臣等謹按顯慶年修禮官長孫無忌等奏改燔柴在祭前狀稱祭祀之禮必先降神周人尚臭祭天則燔柴者臣等按禮迎神之義樂六變則天神降八變則地祇出九變則鬼神可得而禮矣則降神以樂周禮正文非謂燔柴以降神也案尚臭之義不爲燔之先後假如周人尚臭祭天則燔柴容或燔臭先以迎神然則殷人尚聲祭天亦燔柴何聲可燔先迎神乎又按顯慶中無忌等奏稱晉氏之前猶遵古禮周魏以降妄爲損益者今按郭璞晉南郊賦及注爾雅祭後方燔又按宋忠所論亦祭後方燔又檢南齊北齊及梁郊祀亦飲福酒後方燔又檢後周及隋郊祀亦先祭後燔據此卽周遵後燔晉不先燎無忌之事義乃相乖又按周禮大宗伯職以玉作六器以禮天地四方注云禮爲始告神時薦於神座也下文云以蒼璧禮天以黃琮禮地皆有牲幣各如其器之色又禮器云有以少爲貴者祭天特牲是知蒼璧之與蒼牲俱各奠之神座理節不惑又云四圭有邸以祀天旅上帝卽明祀昊天上帝之時以旅五方天帝明矣其靑圭赤璋白琥玄璜自是立春立夏立秋立冬之日各於其方迎氣所用自分別矣今按顯慶所改新禮以蒼璧與蒼牲蒼幣俱用先燔蒼璧既已燔矣所以遂加四圭有邸奠之神座蒼牲既已燔矣所以更加騂牲充其實俎混昊天於五帝同用四圭失特牲之明文加爲二犢深乖禮意事乃無憑考功員外郎趙冬曦太學博士侯行果曰先焚者本以降神行之已久若從祭義後焚爲定中書令張說執奏曰徐堅等所議燔柴前後議有不同據祭義及貞觀顯慶已後既先燔若欲正失禮求祭義請從貞觀禮如且因循不改更請從顯慶禮凡祭者本以心爲主心至則通於天地達於神祇既有先燔後燎自可斷於聖意所至則通於神明燔之先後臣等不敢裁定玄宗令依後燔及先奠之儀是後太常卿寧王憲奏請郊壇時祭並依此先奠璧而後燔柴瘞埋制從之時又有四門助教施敬本駮奏舊封禪禮八條其畧曰舊禮侍中跪取匜沃盥非禮也夫盥手洗爵人君將致潔而尊神故能使小臣爲之今侍中大臣也而盥沃於人君太祝小臣也乃詔祝於天神是接天神以小臣奉人君以大臣爲非禮按周禮大宗伯曰鬱人下士二人贊祼事則沃盥此職也漢承秦制無鬱人之職故使近臣爲之魏晉至今因而不改然則漢禮侍中行之則可矣今以侍中爲之則非也漢侍中其始也微高帝時籍孺爲之惠帝時閎孺爲之留侯子辟彊年十五爲之至後漢闕堅以議郎拜侍中邵闓自侍中遷步兵校尉秩千石少府卿之屬也少府卿秩中二千石丞秩千石侍中與少府丞班同魏代蘇則爲之舊侍中親省起居故謂之執獸子吉茂見謂之曰仕進不止執獸子是言其爲褻臣也今侍中名則古官人非昔任掌同燮理寄實鹽梅非復漢魏執獸子之班與乎周禮鬱人之職行舟不息墜劍方遥驗刻而求可謂謬矣夫祝以傳命通主人之意以薦於神明非賤職也故兩君相見則卿爲上擯況天人之祭其肅恭之禮以兩君爲喻不亦大乎今太祝下士也非所以重命而尊神之義也然則周漢太祝是禮矣何者按周禮大宗伯曰太祝下大夫二人上士四人掌六祝之辭大宗伯爲上卿今禮部尚書太常卿比也小宗伯中大夫今侍郎少卿比也太祝下大夫今郎中太常丞比也上士四人今員外郎太常博士之比也故可以處天人之際致尊極之辭矣又漢太祝令秩六百石與太常博士同班梁太祝令與南臺御史同班今太祝下士之卑而居下大夫之職斯又刻舟之論不異於前矣又曰舊禮謁者引太尉升壇亞獻非禮也謁者已賤升壇已重是微者用之於古而大體實變之於今也按漢官儀尚書御史臺官屬有謁者僕射一人秩六百石銅印靑綬謁者三十五人以郎中滿歲稱給事未滿歲稱權謁者又按漢書百官公卿表光祿勳官屬有郎中員外秩比二千石有謁者掌賓讚受事員七十人秩比六百石古之謁者秩異等今謁者班微以之從事可謂疎矣又曰舊禮尚書令奉玉牒今無其官請以中書令從事按漢武帝時張安世爲尚書令遊宴後宮以宦者一人出入帝命改爲中書謁者令至成帝罷宦者用士人魏黃初改秘書置中書監令舊尚書并掌制誥既置中書官而制誥樞密皆掌焉則自魏以來中書是漢朝尚書之職今尚書玉牒是用漢禮其官既闕故可以中書令主之議奏玄宗令張說徐堅召敬本與之對議詳定說等奏曰敬本所議其中四條先已改定有不同者望臨時量事改攝制從之十二年十一月丙戌至泰山去山趾五里西去社首山三里丁亥玄宗服袞冕於行宮致齋於供帳前殿己丑日南至大備法駕至山下玄宗御馬而登侍臣從先是玄宗以靈山清潔不欲多人上欲初獻於山上壇行事亞獻終獻於山下壇行事因召禮官學士賀知章等入講儀注因問之知章等奏曰昊天上帝君位五方時帝臣位帝號雖同而君臣異位陛下享君位於山上羣臣祀臣位於山下誠足以垂範來葉爲變禮之大者也禮成於三初獻亞終合於一處玄宗曰朕正欲如是故問卿耳於是勑三獻於山上行事其五方帝及諸神座於山下壇行事玄宗因問玉牒之文前代帝王何故秘之知章對曰玉牒本是通於神明之意前代帝王所求各異或禱年算或思神仙其事微密是故莫知之玄宗曰朕今此行皆爲蒼生祈福更無秘請宜將玉牒出示百寮使知朕意其辭曰有唐嗣天子臣某敢昭告于昊天上帝天啓李氏運興土德高祖太宗受命立極高宗升中六合殷盛中宗紹復繼體不定上帝眷祐錫臣忠武底綏內難惟戴聖父恭承大寶十有三年敬若天意四海晏然封祀岱岳謝成于天子孫百祿蒼生受福庚寅祀昊天上帝于山上封臺之前壇高祖神堯皇帝配享焉邠王守禮亞獻寧王憲終獻皇帝飲福酒癸巳中書令張說進稱天賜皇帝太一神策周而復始永綏兆人帝拜稽首山上作圓臺四階謂之封壇臺上有方石再累謂之石䃭玉牒玉策刻玉填金爲字各盛以玉匱束以金繩封以金泥皇帝以受命寶印之納二玉匱於䃭中金泥䃭際以天下同文之印封之壇東南爲燎壇積柴其上皇帝就望燎位火發羣臣稱萬歲傳呼下山下聲動天地山下壇祀羣臣行事已畢皇帝未離位命中書門下曰朕以薄德恭膺大寶今封祀初建雲物休祐皆是卿輔弼之力君臣相保勉副天心長如今日不敢矜怠中書令張說跪言聖心誠懇宿齋山上昨夜則息風收雨今朝則天淸日暖復有祥風助樂卿雲引燎靈迹盛事千古未聞陛下又思愼終如初長福萬姓天下幸甚先是車駕至岳西來蘇頓有大風從東北來自午至夕裂幕折柱衆恐張說倡言曰此必是海神來迎也及至岳下天地清晏玄宗登山日氣和煦至齋次日入後勁風偃人寒氣切骨玄宗因不食次前露立至夜半仰天稱某身有過請卽降罰若萬人無福亦請某爲當罪兵馬辛苦乞停風寒應時風止山氣溫暖時從山上布兵至于山壇傳呼辰刻及詔命來往斯須而達夜中燃火相屬山下望之有如連星自地屬天其日平明山上清迥下望山下休氣四塞登歌奏樂有祥風自南而至絲竹之聲飄若天外及行事日揚火光慶雲紛郁遍滿天際羣臣並集于社首山帷宮之次以候鑾駕遙望紫煙憧憧上達內外懽譟玄宗自山上便赴社首齋次辰巳間至日色明朗慶雲不散百辟及蕃夷爭前迎賀辛卯享皇地祇于社首之泰折壇睿宗大聖貞皇帝配祀五色雲見日重輪藏玉策於石䃭如封壇之儀壬辰玄宗御朝覲之帳殿大備陳布文武百寮二王後孔子後諸方朝集使岳牧舉賢良及儒生文士上賦頌者戎狄夷蠻羌胡朝獻之國突厥頡利發契丹奚等王大食謝䫻五天十姓崑崙日本新羅靺鞨之侍子及使內臣之番高麗朝鮮王伯濟帶方王十姓摩阿史那興昔可汗三十姓左右賢王日南西竺鑿齒雕題牂柯烏滸之酋長咸在位制曰朕聞天監唯后后克奉天既合德以受命亦推功而復始厥初作者七十

二君道洽跡著時至符出皆用事于介丘升中於上帝人神之望蓋有以塞之皇王之序可得而言朕接統千歲承光五葉惟祖宗之德在人惟天地之靈作主往者內難幽贊而集大勳間無外虞守成而纘舊服未嘗不乾乾終日思與公卿大夫上下協心聿求至理以弘我烈聖其庶乎馨香今九有大寧羣氓樂業時必敬授而不奪物亦順成而無夭懋建皇極幸致太和洎乃幽遐率由感被戎狄不至唯文告而來庭麟鳳已臻將覺情而在藪以故凡百執事亟言大封顧惟不德切欲勿議伏以先聖儲祉與天同功荷傳符以在今敢侑神而無報大篇斯在朕何讓焉遂奉遵高宗之舊章憲乾封之令典時邁東土柴告岱岳精意上達肸蠁來應信宿行事雲物呈祥登降之禮斯畢嚴配之誠獲展百神羣望莫不懷柔四方諸侯莫不來慶斯是天下之介福邦家之耿光也無窮之休祉豈獨在予非常之惠澤亦宜逮下可大赦天下封泰山神爲天齊王禮秩加三公一等仍令所管崇飾祠廟環山十里禁其樵採給近山二十戶復以奉祠神玄宗製紀太山銘御書勒于山頂石壁之上其辭曰朕宅位有十載顧惟不德懵于至道任夫難任安夫難安茲朕未知獲戾于上下心之浩盪若涉大川賴上帝垂休先后儲慶宰相庶尹交修皇極四海會同五典敷暢歲云嘉熟人用大和百辟僉謀唱余封禪謂孝莫大於嚴父禮莫盛于告天天符既至人望既積固請不已固辭不獲肆余與夫二三臣稽虞典繹漢制張皇六師震讋九寓旌旗有列士馬無譁肅肅邕邕翼翼溶溶以至岱宗順也爾雅曰泰山爲東岳周官曰兗州之鎮山實萬物之始故稱岱焉其位居五岳之伯故稱宗焉自昔王者受命易姓於是乎啓天地薦成功序圖錄紀氏號朕統承先王茲率厥典實欲報玄天之眷命爲蒼生而祈福豈敢高視千古自比九皇哉故設壇場於山下受羣方之助祭躬封燎於山上冀一獻之通神斯亦因高崇天就廣增地之義也乃仲冬庚寅有事東岳類于上帝配我高祖在天之神罔不畢降粵翌日禪於社首佑我聖考祀於皇祇在地之神罔不咸舉暨壬辰覲羣后上公進曰天子膺天符納介福羣臣拜稽首呼萬歲慶合歡同乃陳誡以德大渾協度彝倫攸敘三事百揆時乃之功萬物由庚兆人允植列牧衆宰時乃之功一二兄弟篤行孝友錫類萬國時唯休哉我儒制禮我史作樂天地擾順時唯休哉蠻夷戎狄重譯來貢累聖之化朕何慕焉五靈百寶日來月集會昌之運朕何惑焉凡今而後儆乃在位一王度齊象法權舊章補缺政存易簡去煩苛思立人極乃見天則於戲天生蒸人惟后時乂能以美利利天下事天明矣地德載物惟后時相能以厚生生萬人事地察矣天地明察鬼神著矣惟我藝祖文考精爽在天其曰懿爾幼孫克享上帝惟帝時若馨香其下丕乃曰有唐氏文武之曾孫隆基誕錫新命纘我舊業永保天祿子孫其承之余小子敢對揚上帝之休命則亦與百執事尚綏兆人將多于前功而毖彼後患一夫不獲萬方其罪予一心有終上天其知我朕惟寶行三德曰慈儉謙慈者覆無疆之言儉者崇將來之訓自滿者人損自謙者天益苟如是則軌迹易循基構易守磨石壁刻金石冀後人之聽辭而見心觀末而知本銘曰維天生人立君以理維君受命奉天爲子代去不留人來無已德涼者滅道高斯起赫赫高祖明明太宗爰革隋政奄有萬邦罄天張宇盡地開封武稱有截文表時邕高宗稽古德施周溥茫茫九夷削平一鼓禮備封禪功齊舜禹巖巖岱宗衛我神主中宗紹運舊邦惟新恭已南面氤氳化淳告成之禮留諸後人緬余小子重基五聖匪功伐高匪德矜盛欽若祀典丕承永命至誠動天福我萬姓古封太山七十二君或禪亭亭或禪云云其迹不見其名可聞祗遹文祖光昭舊勳方士虛誕儒書不足佚后求仙誣神檢玉秦災風雨漢汙編錄德未合天或承之辱道在觀政名非從欲銘心絕巖播告羣岳於是中書令張說撰封祀壇頌侍中源乾曜撰社首壇頌禮部尚書蘇頲撰朝覲壇頌以紀德玄宗乙酉歲生以華岳當本命先天二年七月正位八月癸丑封華岳神爲金天王開元十年因幸東都又於華岳祠前立碑高五十餘尺又於嶽上置道士觀修功德至天寶九載又將封禪於華岳命御史大夫王鉷開鑿險路以設壇場會祠堂災而止

舊唐書卷二十三考證

禮儀志三令與祓隅相應○沈炳震曰通典本句下有以五色土封之句應補入

則天證聖元年將有事于嵩山云云○臣德潛按通鑑綱目俱垂拱四年非證聖元年况正月爲證聖元年九月爲天冊萬歲元年即一年中事下文不必云至天冊萬歲元年矣今已改正

天冊萬歲二年臘月甲申親行登封之禮○臣德潛按天冊萬歲有元年無二年明年爲萬歲通天元年也今已改正

若從祭義後焚爲定○沈炳震曰按通典此二句作若設祭後燔則神無由降矣冬至禮行果二人皆主先燔以駁徐堅之議者如書中所云則亦主後燔矣當從通典爲長

據祭義及貞觀顯慶已後旣先燔○貞觀二字下有闕文意謂貞觀所行合于祭義顯慶後乃失也

中宗紹運舊邦維新○臣德潛按文粹二語下有睿宗繼明天下歸仁句上文自高祖太宗而下歷敘功德不應頻中宗而反遺睿宗也明係闕略

方士虛誕儒書不足○文粹作儒書齷齪太山碑文同文粹宜從

# 舊唐書卷二十四

後晉司空同中書門下平章事劉　昫撰

## 志第四

### 禮儀四

武德貞觀之制神祇大享之外每歲立春之日祀青帝於東郊帝宓羲配勾芒歲星三辰七宿從祀立夏祀赤帝於南郊帝神農氏配祝融熒惑三辰七宿從祀季夏土王日祀黃帝於南郊帝軒轅配后土鎮星從祀立秋祀白帝於西郊帝少昊配蓐收太白三辰七宿從祀立冬祀黑帝於北郊帝顓頊配玄冥辰星三辰七宿從祀每郊帝及配座用方色犢各一籩豆各四簠簋各一甑俎各一勾芒已下五星及三辰七宿每宿及牲用少牢每座籩豆簠簋甑俎各一孟夏之月龍星見雩五方上帝於雩壇五帝配於上五官從祀於下牲用方色犢十籩豆已下如郊祭之數帝嚳配祭於頓丘唐堯契配祭於平陽虞舜咎繇配祭於河東夏禹伯益配祭於安邑殷湯伊尹配祭於偃師周文王太公配祭於酆周武王周公召公配祭於鎬漢高祖蕭何配祭於長陵三年一祭以仲春之月牲皆用太牢祀官以當界州長官有故遣上佐行事五嶽四鎮四海四瀆年別一祭各以五郊迎氣日祭之東嶽岱山祭於兗州東鎮沂山祭於沂州東海於萊州東瀆大淮於唐州南嶽衡山於衡州南鎮會稽於越州南海於廣州南瀆大江於益州中嶽嵩山於洛州西嶽華山於華州西鎮吳山於隴州西海西瀆大河於同州北岳恒山於定州北鎮醫無閭山於營州北海北瀆大濟於洺州其牲皆用太牢籩豆各四祀官以當界都督刺史充仲春仲秋二時戊日祭太社太稷社以勾龍配稷以后稷配社稷各用太牢一牲色並黑籩豆簠簋各二鉶俎各三春分朝日於國城之東秋分夕月於國城之西各用方色犢一籩豆各四簠簋甑俎各一孟春吉亥祭帝社於藉田天子親耕季春吉巳祭先蠶於公桑皇后親桑並用太牢籩豆各九將蠶日內侍省預奉移所司所事諸祭祀卜日皆先卜上旬不吉次卜中旬下旬筮日亦如之其先蠶一祭節氣若晚即於節氣後取日立春後丑祀風師於國城東北立夏後申祀雨師於國城西南立秋後辰祀靈星於國城東南立冬後亥祀司中司命司人司祿於國城西北各用羊一籩豆各二簠簋各一季冬晦堂贈儺磔牲於宮門及城四門各用雄雞一仲春祭馬祖仲夏祭先牧仲秋祭馬社仲冬祭馬步並於大澤用剛日牲各用羊一籩豆各二簠簋各一季冬藏冰仲春開冰並用黑牡秬黍祭司寒之神於冰室籩豆各二簠簋俎各一其開冰加以桃弧棘矢設於神座季冬寅日蜡祭百神於南郊大明夜明用犢二籩豆各四簠簋甑俎各一神農氏及伊耆氏各用少牢一籩豆各四簠簋甑俎各一后稷及五方十二次五官五方田畯五嶽四鎮四海四瀆以下方別各用少牢一當方不熟者則闕之其日祭井泉於川澤之下用羊一卯日祭社稷於社宮辰日臘享於太廟用牲皆準時祭井泉用羊二二十八宿五方之山林川澤五方之丘陵墳衍原隰五方之鱗羽臝毛介五方之水墉坊郵表畷五方之猫於菟及龍麟朱鳥白虎玄武方別各用少牢一各座籩豆簠簋俎各一蜡祭凡一百八十七座當方年穀不登則闕其祀蜡祭之日祭五方井泉於山澤之下用羊一籩豆各二簠簋及俎各一蜡之明日又祭社稷于社宮如春秋二仲之禮顯慶中更定籩豆之數始一例大祀籩豆各十二中祀各十小祀各八京師孟夏以後旱則祈雨審理冤獄賑恤窮乏掩骼埋胔先祈嶽鎮海瀆及諸山川能出雲雨皆於北郊望而告之又祈社稷又祈宗廟每七日皆一祈不雨還從嶽瀆後一旬不雨即徙市禁屠殺斷繖扇造土龍雨足

則報祀祈用酒醢報準常祀皆有司行事已齊未祈而雨及所經祈者皆報祀若霖雨不已禜京城諸門門別三日每日一禜不止乃祈山川嶽鎮海瀆三日不止祈社稷宗廟其州縣禜城門其界內山川及社稷三禜一祈皆準京式並用酒脯醢國城門報用少牢州縣城門用一特牲太宗貞觀三年正月親祭先農躬御耒耜藉於千畝之甸初晉時南遷後魏來自雲朔中原分裂又雜以獯戎代歷周隋此禮久廢而今始行之觀者莫不駭躍於是秘書郎岑文本獻藉田頌以美之初議藉田方面所在給事中孔穎達曰禮天子藉田於南郊諸侯於東郊晉武帝猶於東南今於城東置壇不合古禮太宗曰禮緣人情亦何常之有且虞書云平秩東作則是堯舜敬授人時已在東矣又乘青輅推黛耜者所以順於春氣故知合在東方且朕見居少陽之地田於東郊蓋其宜矣於是遂定自後每歲常令有司行事則天時改藉田壇爲先農神龍元年禮部尚書祝欽明與禮官等奏曰謹按經典無先農之文禮記祭法云王自爲立社曰王社先儒以爲社在藉田詩之載芟篇序云春藉田而祈社稷是也永徽年中猶名藉田垂拱已後刪定改爲先農先農與社本是一神頻有改張以惑人聽其先農壇請改爲帝社壇以應禮經王社之義其祭先農既改爲帝社壇仍準令用孟春吉亥祠后土以勾龍氏配制從之於是改先農爲帝社壇於壇西立帝稷壇禮同太社太稷其壇不備方色所以異於太社也睿宗太極元年親祀先農躬耕帝藉禮畢大赦改元玄宗開元二十三年冬禮部員外郎王仲丘又上疏請行藉田之禮二十三年二月親祀神農於東郊以勾芒配禮畢躬御耒耜于千畝之甸時有司進儀注天子三推公卿九推庶人終畝玄宗欲重勸耕藉遂進耕五十餘步盡壠乃止禮畢輦還齋宮大赦侍耕執牛官皆等級賜帛玄宗開元二十六年又親往東郊迎氣祀青帝以勾芒配歲星及三辰七宿從祀其壇本在春明門外玄宗以祀所隘狹始移於滻水之東面而位望春宮其壇一成壇上及四面皆青色勾芒壇在東南歲星已下各爲一小壇在青帝壇之北親祀之時有瑞雪壇下侍臣及百寮拜賀稱慶肅宗乾元三年春正月丁丑將有事於九宮之神兼行藉田禮自明鳳門出至通化門釋軷而入壇行宿齋於宮戊寅禮畢將耕藉先至於先農之壇因閱耒耜有彫刻文飾謂左右曰田器農人執之在於朴素豈文飾乎乃命徹之下詔曰古之帝王臨御天下莫不務農敦本保儉爲先蓋用勸身率下也屬東耕啓候爰事典章況紺轅縹軏固前王有制崇奢尚靡諒爲政所疵靖言思之良用歎息豈朕法堯舜重茅茨之意耶其所造彫飾者宜停仍令有司依農用常式即別改造庶萬方黎庶知朕意焉翌日己卯致祭神農氏以后稷配享肅宗冕而朱紘躬秉耒耜而九推焉禮官奏陛下合三推今過禮肅宗曰朕以身率下自當過之恨不能終於千畝耳既而佇立久之觀公卿諸侯王公已下耕畢太宗貞觀十四年春正月庚子命有司讀春令詔百官之長升太極殿列坐而聽之開元二十六年玄宗命太常卿韋縚每月進月令一篇是後每孟月視日玄宗御宣政殿側置一榻東面置案命韋縚坐而讀之諸司官長亦升殿列座而聽焉歲餘罷之乾元元年十二月丙寅立春肅宗御宣政殿命太常卿于休烈讀春令常參官五品已下正員並升殿預坐而聽之舊儀嶽瀆已下祝版御署訖北面再拜證聖元年有司上言曰伏以天子父天而母地兄日而姊月於禮應敬故有再拜之儀謹按五嶽視三公四瀆視諸侯天子無拜公侯之禮臣愚以爲失尊卑之序其日月已下請依舊儀五嶽已下署而不拜制可從之貞觀之禮無祭先代帝王之文顯慶二年六月禮部尚書許敬宗等奏曰請案禮記祭法云聖王之制祀也法施於人則祀之以死勤事則祀之以勞定國則祀之能禦大災則祀之能捍大患則祀之又堯舜禹湯文武有功烈於人及日月星辰人所瞻仰非此族也不在祀典準此帝王合與日月同例常加祭享義在報功爰及隋代並遵斯典漢高祖祭法無文但以前代迄今多行秦漢故事始皇無道所以棄之漢祖典章法垂於後自隋已下亦在祠例伏惟大唐稽古垂化網羅前典唯此一禮咸秩未申今請聿遵故事三年一祭以仲春之月祭唐堯于平陽以契配祭虞舜于河東以咎繇配祭夏禹于安邑以伯益配祭殷湯于偃師以伊尹配祭周文王于酆以太公配祭武王於鎬以周公召公配祭漢高祖于長陵以蕭何配玄宗開元二十二年正月詔曰古聖帝明王嶽瀆海鎮用牲牢餘並以酒脯充奠祀二十三年正月詔自今已後明衣絹布並祀前五日預給丁酉詔自今已後有大祭宜差丞相特進開府少保少傅尚書御史大夫攝行事天寶六載正月詔三皇五帝於京城置令丞七載五月詔三皇已前帝王宜於京城共置廟官歷代帝王肇跡之處德業可稱者忠臣義士孝婦烈女所在亦置一祠宇晉陽眞人等並追贈得道昇仙處度道士永修香火九載九月處士崔昌上大唐五行應運曆以王者五十代而一千年請國家承周漢以周隋爲閏十一月勅唐承漢後其周武王漢高祖同置一廟并官吏十二載九月以魏周隋依舊爲二王後封韓公介酅公等依舊五廟天寶六載正月詔大祭祀騂犢量減其數肅宗上元元年閏四月改元制以歲儉停中小祠享祭至其年仲秋復祠文宣於太學永泰二年春夏累月亢旱詔大臣裴冕等十餘人分祭川瀆以祈雨禮儀使右常侍于休烈請依舊祠風伯雨師於國門舊壇復爲中祠從之高祖武德二年國子立周公孔子廟七年二月己酉詔諸州有明一經已上未被升擢者本屬舉送具以名聞有司試策皆加敘用其吏民子弟有識性明敏志希學藝亦具名申送量其差品並即配學州縣及鄉並令置學丁酉幸國子學親臨釋奠引道士沙門有學業者與博士雜相駁難久之乃罷貞觀十四年三月丁丑太宗幸國子學親觀釋奠祭酒孔穎達講孝經太宗問穎達曰夫子門人曾閔俱稱大孝而今獨爲曾說不爲閔說何耶對曰曾孝而全獨爲曾能達也制旨駁之曰朕聞家語云曾皙使曾參鋤瓜而誤斷其本皙怒援大杖以擊其背手仆地絕而復蘇孔子聞之告門人曰參來勿內既而曾子請焉孔子曰舜之事父母也使之常在側欲殺之乃不得小箠則受大杖則走今參於父委身以待暴怒陷父於不義不孝莫大焉由斯而言孰愈於閔子騫也穎達不能對太宗又謂侍臣諸儒各生異意皆非聖人論孝之本旨也孝者善事父母自家刑國忠於其君戰陳勇朋友信揚名顯親此之謂孝具在經典而論者多離其文迥出事外以此爲教勞而非法何謂孝之道耶二十一年詔曰左丘明卜子夏公羊高穀梁赤伏勝高堂生戴聖毛萇孔安國劉向鄭衆杜子春馬融盧植鄭玄服虔何休王肅王弼杜預范甯賈逵總二十二座春秋二仲行釋奠之禮初以儒官自爲祭主直云博士姓名昭告于先聖又州縣釋奠亦以博士爲主敬宗等又奏曰按禮記文王世子凡學官春釋奠於其先師鄭注云官謂詩書禮樂之官也彼謂四時之學將習其道故儒官釋奠各於其師既非國學行禮所以不及先聖至於春秋二時合樂之日則天子視學命有司典秩即總祭先聖先師焉秦漢釋奠無文可檢至於魏武則使太常行事自晉宋已降時有親行而學官主祭全無典實且名稱國學樂用軒懸罇俎威儀蓋皆官備在於臣下理不合專況凡在小神猶皆遣使行禮釋奠既準中祀據理必須稟命今請國學釋奠令國子祭酒爲初獻祝辭稱皇帝謹遣仍令司業爲亞獻國子博士爲終獻其州學刺史爲初獻上佐爲亞獻博士爲終獻縣學令爲初獻丞爲亞獻博士既無品秩請主簿及尉通爲終獻若有闕並以次差攝州縣釋奠既請各刺史縣令親獻主祭望準祭社同給明衣修附禮令以爲永則高宗顯慶二年七月禮部尚書許敬宗等議依今周公爲先聖孔子爲先師又禮記云始立學釋奠於先聖鄭玄注云若周公孔子也且周公踐極功比帝王請配成王以孔子爲先聖二年廢書算律學龍朔二年正月東都置國子監丞主簿錄事各一員四門助教博士四門生三百員四門俊士二百員二月復置律及書算學三年以書隸蘭臺算隸秘閣局律隸詳刑寺乾封元年正月高宗東封還次鄒縣頓祭宣父贈太師總章元年二月皇太子弘幸國學釋奠贈顏回太子少師曾參太子少保儀鳳三年五月詔自今已後道德經並爲上經貢舉人皆須兼通其餘經及論語任依常式則天天授三年追封周公爲褒德王孔子爲隆道公則天長壽二年自製臣軌兩卷令貢舉人爲業停老子神龍元年停臣軌復習老子以鄒魯百戶封隆道公謚曰文宣睿宗景雲二年八月丁巳皇太子釋奠于太學太極元年正月詔孔宣父祠廟令本州修飾取側近三十戶以供灑掃開元七年十月戊寅皇太子詣國學行齒冑之禮開元十一年春秋二時釋奠諸州宜依舊用牲牢其屬縣用酒脯而已十九年正月春秋二時社及釋奠天下州縣等停牲牢唯用酒脯永爲常式二十四年三月始移貢舉遣禮部侍郎姚奕請進士帖左傳禮記通五及第二十五年三月勅明經自今已後帖十通五已上口問大義十條取通六已上仍答時務策三道取粗有文理者及第進士停帖小經宜準明經例試大經帖十通四然後試雜文及策訖封所試雜文及策送中書門下詳覆二十六年正月勅諸州鄉貢見訖令引就國子監謁先師學官爲之開講質問疑義有司設食弘文崇文兩館學生及監內得舉人亦聽預焉其日祀先聖已下如釋奠之禮青宮五品已下及朝集使就監觀禮遂爲常式每年行之至今初開元八年國子司業李元瓘奏稱先聖孔宣父廟先師顏子配座今其像立侍配享合坐十哲弟子雖復列像廟堂不預享祀謹檢祠令何休范甯等二十賢猶霑從祀望請春秋釋奠列享在二十賢之上七十子請準

舊都監堂圖形于壁兼爲立贊庶敦勸儒風光崇聖烈曾參等道業可崇獨受經於夫子望準二十二賢預饗勑改顏生等十哲爲坐像悉預從祀曾參大孝德冠同列特爲塑像坐於十哲之次圖畫七十子及二十二賢於廟壁上以顏子亞聖上親爲之贊以書于石閔損已下令當朝文士分爲之贊二十七年八月又下制曰弘我王化在乎儒術孰能發揮此道啓迪含靈則生人已來未有如夫子者也所謂自天攸縱將聖多能德配乾坤身揭日月故能立天下之大本成天下之大經美政教移風俗君君臣臣父父子子人到于今受其賜不其猗歟於戲楚王莫封魯公不用俾夫大聖纔列陪臣棲遲旅人固可知矣年祀寖遠光靈益彰雖代有褒稱而未爲崇峻不副於實人其謂何朕以薄德祗膺寶命思闡文明廣被華夏時則異於今古情每重於師資既行其教合旌厥德爰申盛禮載表徽猷夫子既稱先聖可追謚爲文宣王宜令三公持節冊命應緣冊及祭所司速擇日并撰儀注進其文宣陵并舊宅立廟量加人灑掃用展誠敬其後嗣可謂文宣公至如辨方正位著自禮經苟非得所何以示則昔緣周公南面夫子西坐今位既有殊坐豈如舊宜補其墜典永作成式自今已後兩京國子監夫子皆南面而坐十哲等東西列侍天下諸州亦准此且門人三千見稱十哲包夫衆美實越等夷暢玄聖之風規發人倫之耳目並宜褒贈以寵賢明顏子淵既云亞聖須優其秩可贈兗公閔子騫可贈費侯冉伯牛可贈鄆侯冉仲弓可贈薛侯冉子有可贈徐侯仲子路可贈衛侯宰子我可贈齊侯端木子貢可贈黎侯言子游可贈吳侯卜子夏可贈魏侯又夫子格言參也稱魯雖居七十之數不載四科之目頃雖異於十哲終或殊於等倫允稽先旨俾循舊位庶乎禮得其序人焉式瞻宗洙泗之丕烈重膠庠之雅範又贈曾參顓孫師等六十七人皆爲伯於是正宣父坐於南面內出王者袞冕之服以衣之遣尚書左丞相裴耀卿就國子廟冊贈文宣王冊畢所司奠祭亦如釋奠之儀公卿已下預觀禮又遣太子少保崔琳就東都廟以行冊禮自是始用宮懸之樂春秋二仲上令三公攝行事天寶元年明經進士習爾雅九載七月國子監置廣文館知進士業博士助敎各一人秩同大學士十二載七月詔天下舉人不得充鄉貢皆補學生四門俊士停寶應二年六月勑令州縣每歲察秀才孝廉取鄉閭有孝悌廉耻之行薦焉委有司以禮待之試其所通之學五經之內精通一經兼能對策達於理體者並量行業授官其明經進士並停國子學道舉亦宜準此因楊綰之請也詔下朝臣集議中書舍人賈至議請依綰奏有司奏曰竊以今年舉人等或舊業既成理難速改或遠州所送身已在途事須收奬其今秋舉人中有情願舊業舉試者亦聽明年已後一依新勑後綰議竟不行自至德後兵革未息國學生不能廩食生徒盡散堂墉頹壞常借兵健居止至永泰二年正月國子祭酒蕭昕上言崇儒尚學以正風敎乃王化之本也其月二十九日勑曰理道同歸師氏爲上化人成俗必務於學俊造之士皆從此徒國之貴遊罔不受業修文行忠信之敎崇祗庸孝友之德盡其師道乃謂成人兼復揚于王廷考以政事徵之以禮任之以官寘于周行莫匪邦彥樂得賢也其在兹乎朕志求理體尤重儒術先王大敎敢不底行頃以戎狄多難急於經略太學空設諸生蓋寡絃誦之地寂寥無聲函丈之間殆將不掃上庠及此甚用憫焉今寓縣攸寧文武兼備方投戈而講藝俾釋菜而行禮四科咸進六藝復興神人以和風化寖美日用此道將無間然其諸道節度觀察都防禦使等朕之腹心久鎮方面眷其子弟各奉義方修德立身事資括羽恐干戈之後學校尚微僻居遠方無所諮稟山東寡學質疑必就於馬融關西盛名尊儒乃稱於楊震負經來學當集京師并宰相朝官及神策六軍軍將子弟欲習業者自今已後並令補國子生欲其業重籯金器成琢玉日新厥德代不乏賢其中身雖有官欲附學讀書者亦聽其學官委中書門下即簡擇行業堪爲師範者充學生員數多少所集經業考試等第并所供糧料及學館破壞要量事修理各委本司作條件聞奏務須詳悉稱朕意焉及二月朔上丁釋奠蕭昕又奏諸宰相元載杜鴻漸李抱玉及常參官六軍軍將就國子學聽講論賜錢五百貫令京兆尹黎幹造食集諸儒道僧質問竟日此禮久廢一朝能舉八月國子學成祠堂論堂六館院及官吏所居廳宇用錢四萬貫拆曲江亭子瓦木助之四日釋奠宰相常參官軍將盡會於講堂京兆府置食講論軍容使魚朝恩說易又於論堂畫周易鏡圖自至德二年收兩京唯元正含元殿受朝賀設宮懸之樂雖郊廟大祭秖有登歌樂亦無文武二舞其時軍容使魚朝恩知監事廟庭乃具宮懸之樂於講堂前又有敎坊樂府雜伎竟日而罷二十五日詔曰古者設官分土所以崇德報功總內署之綱事密於清禁弘上庠之敎德潤於鴻業賦開千乘禮序九賓必資兼濟之能用協至公之選開府儀同三司兼右監門衞大將軍仍知觀軍容宣慰處置使知內侍省事內飛龍閑廐使內弓箭庫使知神策軍兵馬使上柱國馮翊郡開國公魚朝恩溫良恭儉寬柔簡廉長才博達敏識高妙學究儒玄之祕謀窮遁甲之精百行資身一心奉上自王室多故雲雷經始五原之北弘先啓行三河之表爰整其旅成師必勝每合於韜鈐料敵無遺可徵於蓍蔡關洛既定幽燕復開海外有截厥功惟茂歷事三聖始終竭力頃東都匽蹕釋位勤王時當綴旒節見披棘下江助我甲令先書社稷之衞邦家是賴及邊陲罷警戎務解嚴方奬勵於易象才兼文武所謂勳賢亦既任能斯焉命賞宜膺朝典式副公議可行內侍監判國子監事充鴻臚禮賓等使封鄭國公食邑三千戶二十四日於國子監上詔宰相及中書門下官諸司常參官六軍軍將送上京兆府造食內敎坊音樂竿木渾脫羅列於論堂前朝恩辭以中官不合知南衙曹務宰相僕射大夫皆勸之朝恩固辭乃奏之宰相引就食奏樂中使送酒及茶果賜充宴樂竟日而罷元載奏狀又使中使宣勑云朝恩既辭不止但任知學生糧料是日宰相軍將已下子弟三百餘人皆衣紫衣充學生房設食於廊下貸錢一萬貫五分收錢以供監官學生之費俄又請靑苗地頭取百文資課以供費同舊例兩京國子監生二千餘人弘文館崇文館崇玄館學生皆廩飼之十五載上都失守此事廢絕乾元元年以兵革未息又詔罷州縣學生以俟豐歲則天垂拱五年四月雍州永安人唐同泰僞造瑞石於洛水獻之其文曰聖母臨人永昌帝業於是號其石爲寶圖賜百官宴樂賜物有差授同泰爲游擊將軍其年五月下制欲親拜洛受寶圖先有事於南郊告謝昊天上帝令諸州都督刺史并諸親並以拜洛前十日集神都於是則天加尊號爲聖母神皇大赦天下改寶圖爲天授聖圖洛水爲永昌封其神爲顯聖侯加特進禁漁釣祭享齋於四瀆所出處號曰聖圖泉於泉側置永昌縣又以嵩山與洛水接近因改嵩山爲神嶽授太師使持節神嶽大都督天中王禁斷芻牧其天中王及顯聖侯並爲置廟又先於汜水得瑞石因改汜水縣爲廣武縣至其年十二月則天親拜洛受圖爲壇於洛水之北中橋之左皇太子皆從內外文武百寮蠻夷酋長各依方位而立珍禽奇獸並列於壇前文物鹵簿自有唐已來未有如此之盛者也禮畢卽日還宮神都父老勒碑於拜洛壇前號曰天授聖圖之表開元五年左補闕盧履冰上言曰則天皇后拜洛受圖壇及碑文云垂拱五年唐同泰得石文云聖母臨人永昌帝業之所建因改元爲永昌仍置永昌縣縣既尋廢同泰亦已貶官唯碑壇獨立準天樞頌臺之例不可更留始令所司毀之其顯聖侯廟亦尋毀拆開元二十年正月己丑詔兩京及諸州各置玄元皇帝廟一所并置崇玄學其生徒令習道德經及莊子列子文子等每年準明經例舉送至閏四月玄宗夢京師城南山趾有天尊之像求得之於盩厔樓觀之側至天寶元年正月癸丑陳王府參軍田同秀稱於京永昌街空中見玄元皇帝以天下太平聖壽無疆之言傳於玄宗仍云桃林縣故關令尹喜宅傍有靈寶符發使求之十七日獻於含元殿於是置玄元廟於太寧坊東都於積善坊舊邸二月丁亥御含元殿加尊號爲開元天寶聖文神武皇帝辛卯親祔玄元廟丙申詔史記古今人表玄元皇帝昇入上聖莊子號南華眞人文子號通玄眞人列子號冲虛眞人庚桑子號洞虛眞人改莊子爲南華眞經文子爲通玄眞經列子爲冲虛眞經庚桑子爲洞虛眞經亳州眞源縣先天太后及玄元廟各置令一人兩京崇玄學各置博士助敎又置學生一百員桃林縣改爲靈寶縣田同秀與五品官四月詔崇文習道德經七月隴西李氏燉煌姑臧絳郡武陽四房隸於宗正寺九月兩京玄元廟改爲太上玄元廟天下準此十月改新豐驪山爲會昌山仍於秦坑儒之所立祠宇新作長生殿改爲集靈臺二年正月丙辰加玄元皇帝尊號大聖祖三字崇玄學改爲崇玄館博士爲學士助敎爲直學士更置大學士員三月壬子親謁玄元宮聖祖母益壽氏號先天太后仍於譙郡置廟尊皐繇爲德明皇帝涼武昭王爲興聖皇帝西京玄元廟爲太淸宮東京爲太微宮天下諸州爲紫極宮九月譙郡紫極宮宜準西京爲太淸宮先天太皇及太后廟亦並改爲宮三載三月兩京及天下諸郡於開元觀開元寺以金銅鑄玄元等身天尊及佛各一軀七載二月於大同殿修功德處玉芝兩莖生於柱礎上五月玄宗御興慶殿授冊尊號曰開元天寶聖文神武應道皇帝十二月以玄元皇帝見於朝元閣改爲降聖閣改會昌縣爲昭應縣改會昌山爲昭應山封昭應山神爲玄德公立祠宇初太淸宮成命工人於太白山採白石爲玄元聖容又採白石爲玄宗聖容侍立於玄元之右皆依王者袞冕之服繒綵珠玉爲之又於像設東刻白石爲李林

甫陳希烈之形及林甫犯事又刻石爲楊國忠之形而瘞林甫之石及希烈國忠貶盡毀瘞之八載六月玉芝產於大同殿先是太白山人李渾稱於金星洞仙人見語老人云有玉版石記符聖上長生久視令御史中丞王鉷入山洞求而得之閏六月四日玄宗朝太清宮加聖祖玄元皇帝尊號曰聖祖大道玄元皇帝高祖太宗高宗中宗睿宗尊號並加大聖字皇后並加順聖字五日玄宗御含元殿加尊號曰開元天寶聖文神武應道皇帝大赦自今已後每至禘祫並於太清宮聖祖前設位序太白山封神應公金星洞改嘉祥洞所管華陽縣改爲眞符縣兩京及十道一大郡置眞符玉芝觀九載十月先是御史大夫王鉷奏稱太白山人王玄翼見玄元皇帝於寶仙洞中乃遣王鉷張鈞王倕韋濟王翼王嶽靈於洞中得玉石函上清護國經寶券紀籙等獻之十一月制承前宗廟皆稱告享自今已後每親告獻太清太微宮改爲朝獻有司行事爲薦獻親告享宗廟改爲朝獻有司行事爲薦享親巡陵改爲朝陵有司行事爲拜陵應諸事告宗廟者並改爲表其郊天后土及享祠祀文云敢昭告者並改爲敢昭薦十載正月有事于南郊於壇所大赦自今已後攝祭南郊薦獻太清宮薦享太廟其太尉行事前一日於致齋具羽儀鹵簿公服引入親授祝版乃赴清齋所汾陰后土之祀自漢武帝後廢而不行玄宗開元十年將自東都北巡幸太原便還京乃下制曰王者承事天地以爲主郊享泰尊以通神蓋燔柴泰壇定天位也瘞埋泰折就陰位也將以昭報靈祇克崇嚴配爰逮秦漢稽諸祀典立甘泉於雍畤定后土於汾陰遺廟巋然靈光可燭朕觀風唐晉望秩山川肅恭明神因致禋敬將欲爲人求福以輔昇平今此神符應於嘉德行幸至汾陰宜以來年二月十六日祠后土所司準式先是脽上有后土祠嘗爲婦人塑像則天時移河西梁山神塑像就祠中配焉至是有司送梁山神像於祠外之別室內出錦繡衣服以上后土之神乃更加裝飾焉又於祠堂院外設壇如皇地祇之制及所司起作獲寶鼎三枚以獻十一年二月上親祠于壇上亦如方丘儀禮畢詔改汾陰爲寶鼎亞獻邠王守禮終獻寧王憲已下頒賜各有差二十年車駕又從東都幸太原還京中書令蕭嵩上言去十一年親祠后土爲祈穀自是神明昭格累年豐登有祈必報禮之大者且漢武親祠脽上前後數四伏請準舊祀后土行賽之禮上從之其年十一月至寶鼎又親祠以申賽謝禮畢

大赦仍令所司刊石祠所上自爲其文開元二十四年七月乙巳初置壽星壇祭老人星及角亢等七宿天寶三年有術士蘇嘉慶上言請於京東朝日壇東置九宮貴神壇其壇三成成三尺四階其上依位置九壇壇尺五寸東面曰招搖正東曰軒轅東北曰太陰正南曰天一中央曰天符正北曰太一西南曰攝提正西曰咸池西北曰青龍五爲中戴九履一左三右七二四爲上六八爲下符於遁甲四孟月祭尊爲九宮貴神禮次昊天上帝而在太清宮太廟上用牲牢璧幣類于天地神祇玄宗親祀之如有司行事卽宰相爲之肅宗乾元三年正月又親祀之初九宮神位四時改位呼爲飛位乾元之後不易位太和二年八月監察御史舒元輿奏七月十八日祀九宮貴神臣次合監祭職當檢察禮物伏見祝版九片臣伏讀旣竟竊見陛下親署御名及稱臣於九宮之神臣伏以天子之尊除祭天地宗廟之外無合稱臣者王者父天母地兄日姊月比以九宮爲目是宜分方而守其位臣又觀其名號及太一天一招搖軒轅咸池青龍太陰天符攝提此九神於天地猶子男也於日月猶侯伯也陛下尊爲天子豈可反臣於天之子男耶臣竊以爲過縱陰陽者流言其合祀則陛下當合稱皇帝遣其官致祭于九宮之神不宜稱臣與名臣實愚瞽不知其可伏緣行事在明日鷄初鳴時成命已行臣不敢滯伏乞聖慈異日降明詔禮官詳議冀明萬乘之尊無所虧降悠久傒典因此可正詔都省議皆如元輿之議乃降爲中祠祝版稱皇帝不署會昌元年十二月中書門下奏準天寶三年十月六日勅九宮貴神實司水旱功佐上帝德庇下人冀嘉穀歲登災害不作每至四時初節令中書門下往攝祭者準禮九宮次昊天上帝壇在太清宮太廟上用牲牢璧幣類於天地天寶三載十二月玄宗親祠乾元二年正月肅宗親祀伏自累年已來水旱愆候恐是有司禱請誠敬稍虧今屬孟春合修祀典望至明年正月祭日差宰臣一人禱請向後四時祭並請差僕射少師少保尚書太常卿等官所冀稍重其事以申嚴敬臣等十一月二十五日已於延英面奏伏奉聖旨令檢儀注進來者今欲祭時伏望令有司崇飾舊壇務於嚴潔勅旨依奏二年正月四日太常禮院奏準監察御史關牒今月十三日祀九宮貴神已勅宰相崔珙攝太尉行事合受誓誡及有司徒司空否伏以前件祭本稱大祠準太和三年七月二十四日勅降爲中祠昨據勅文秖稱崇飾舊壇務於嚴潔不令別

進儀注更有改移伏恐不合却用大祠禮料伏候裁旨中書門下奏曰臣準天寶三年十月六日勅九宮貴神實司水旱臣等伏覩旣經兩朝親祠必是祈請有徵況自太和已來水旱愆候陛下常憂稼穡每念烝黎臣等合副聖心以修墜典伏見太和三年禮官狀云縱司水旱兵荒品秩不過列宿今者五星悉是從祀日月猶在中祀竊詳其意以星辰不合比於天官曾不知統而言之則爲天地在於辰象自有尊卑謹按後魏王鈞志北辰第二星盛而常明者乃爲元星露寢天帝常居始由道奧而爲變通之迹又天皇大帝其精曜魄寶蓋萬神之秘圖河海之命紀皆禀焉據玄說卽昊天上帝也天一掌八氣九精之政令以佐天極徵明而有常則陰陽序大運興太一掌十有六神之法度以輔人極徵明而得中則神人和而王道昇平又北斗有權衡二星天一太一叅居其間所以財成天地輔相神道也若一槩以列宿論之實爲淺近按漢書曰天神貴者太一佐曰五帝古者天子以春秋祭太一列於祀典其來久矣今五帝猶爲大祀則太一無宜降祀稍重其祀固爲得所劉向有言曰祖宗所立神祇舊典誠未易動又曰古今異制經無明文至尊至重難以疑說正也其意不欲非祖宗舊典以劉向之博通尚難於改作況臣等學不究於天人識尤懵於祀典欲爲叅酌恐未得中伏望更令太常卿與學官同詳定庶獲明據從之檢校左僕射太常卿王起廣文博士盧就等獻議曰伏以九宮貴神位列星座往因致福詔立祠壇降至尊以稱臣就東郊以親拜在祀典雖云過禮庇羣生豈患無文思福黔黎特申嚴奉誠聖人屈已以安天下之心也厥後祝史不明精誠亦怠禮官建議降處中祠今聖德憂勤期臻壽域兵荒水旱寤寐軫懷爰命台臣緝與墜典伏惟九宮所稱之神卽太一攝提軒轅招搖天符青龍咸池太陰天一者也謹按黃帝九宮經及蕭嵩五行大義一宮其神太一其星天蓬其卦坎其行水其方白二宮其神攝提其星天芮其卦坤其行土其方黑三宮其神軒轅其星天衝其卦震其行木其方碧四宮其神招搖其星天輔其卦巽其行木其方綠五宮其神天符其星天禽其卦離其行土其方黃六宮其神青龍其星天心其卦乾其行金其方白七宮其神咸池其星天柱其卦兌其行金其方赤八宮其神太陰其星天任其卦艮其行土其方白九宮其神天一其星天英其卦離其行火其方紫觀其統八卦運五行土飛於中數轉於極雖敬事迎釐不鬬

經見而範圍亭育有助昌時以此兩朝親祀而臻百祥也然以萬物之精上爲列星星之運行必繫於物貴而居者則必統八氣總萬神幹權化於混茫賦品彙於陰騭與天地日月誠相叅也豈得繫賴於敷祐而屈降於等夷又據太尉攝祀九宮貴神舊儀前七日受誓誡於尚書省散齋四日致齋三日牲用犢祝版御署稱嗣天子臣圭幣樂成比類中祠則無等級今據江都集禮又開元禮蜡祭之日大明夜明二座及朝日夕月皇帝致祝皆率稱臣若以爲非泰壇配祀之時得主日報天之義甲緣厭屈尊用德伸不以著在中祠取類常祀此則中祠用大祠之義也又據太社太稷開元之制列在中祠天寶三載二月十四日勅改爲大祠自後因循復用前禮長慶三年正月禮官獻議始準前勅稱爲大祠唯御署祝文稱天子謹遣某官某昭告文義以爲殖物粒人則宜增秩致祝稱禱有異方丘不以伸爲大祠遂屈尊稱此又大祠用中祠之禮也叅之日月旣如彼考之社稷又如此所謂功鉅者因之以殊禮位稱者不敢易其文是前聖後儒陟降之明徵也今九宮貴神旣司水旱降福禳災人將賴之追舉舊章誠爲得禮然以立祠非古宅位有方分職旣異其司存致祝必叅乎等列求之折中宜有變通稍重之儀有以爲比伏請自今已後却用大祠之禮誓官備物無有降差唯御署祝文以社稷爲本伏緣已稱臣於天帝無二尊故也勅旨依之付所司天寶十載四月二十九日移黃帝壇於子城內坤地將親祠祭壇成而止玄宗先天二年封華嶽神爲金天王開元十三年封泰山神爲天齊王天寶五載封中嶽神爲中天王南嶽神爲司天王北嶽神爲安天王六載河瀆封靈源公濟瀆封清源公江瀆封廣源公淮瀆封長源公十載正月四海並封爲王遣國子祭酒嗣吳王祇祭東嶽天齊王太子家令嗣魯王宇祭南嶽司天王秘書監崔秀祭中嶽中天王國子祭酒班景倩祭西嶽金天王宗正少卿李成裕祭北嶽安天王衞尉少卿李澣祭江瀆廣源公京兆少尹章恒祭河瀆靈源公大子諭德柳偡祭淮瀆長源公河南少尹豆盧回祭濟瀆清源公太子率更令嗣道王鍊祭沂山東安公吳郡太守趙居貞祭會稽山永興公大理少卿李稹祭吳嶽山成德公潁王府長史甘守默祭霍山應聖公范陽司馬畢炕祭醫無閭山廣寧公太子中允李隨祭東海廣德王義王府長史張九章祭南海廣利王太子中允柳奕祭西海廣潤王太子洗馬李齊榮祭北海廣澤王取三

月十七日一時禮冊玄宗御極多年尚長生輕舉之術於大同殿立眞仙之像每中夜夙興焚香頂禮天下名山令道士中官合鍊醮祭相繼於路投龍奠玉造精舍採藥餌眞訣仙蹤滋於歲月肅宗至德二年春在鳳翔改汧陽郡吳山爲西嶽增秩以祈靈助及上元年聖躬不康術士請改吳山爲華山華山爲泰山華州爲泰州華陽縣爲太陰縣寶應元年復舊則天長安三年令天下諸州宜教人武藝每年準明經進貢例申奏開元十九年於兩京置太公尚父廟一所以漢留侯張良配饗天寶六載詔諸州武舉人上省先謁太公廟拜將帥亦告太公廟至肅宗上元二年閏四月又尊爲武成王選歷代良將爲十哲高宗顯慶元年三月辛巳皇后武氏有事於先蠶玄宗天寶二年三月辛卯皇后王氏祀先蠶肅宗乾元二年三月己巳皇后張氏祠先蠶於苑內內外命婦同採焉舊儀大祭祀宮懸軒懸奏於庭登歌於堂上自至德二年尅復兩京後樂工不備時又艱食諸壇廟祭享空有登歌無壇下庭中樂及二舞舊儀凡祭享有司行事則太尉奠幣司徒捧俎司空掃除太尉初獻太常卿亞獻光祿卿終獻自上元後南郊九宮神壇太廟備此五官餘卽太常卿攝司空光祿卿攝司徒貴省於事舊儀有協律郎立於阼階上麾竿以節樂今無協律之位舊儀光祿欲爲祭饌將陽燧望日取火謂之明火太牢皆棧飼於廩犧署以至充腯臨祭視其充瘦謂之省牲肅宗上元二年九月改元爲元年詔圜丘方澤依恒存一太牢皇廟諸祠臨時獻熟今昊天上帝太廟一牢羊豕各三餘祭盡隨事辦供以備禮明火棧飼之禮亦不暇矣

舊唐書卷二十四考證

禮儀志四帝嚳配○沈炳震曰按通典帝嚳無配此配字疑衍

每七日皆一祈不雨還從岳瀆○沈炳震曰按通典下有旱甚則大雩秋分後不雩初祈共十二字初祈二字連下後一旬不雨成文也應補入

且周公踐極功比帝王請配成王○新書作武王

時當綴旒節見披棘下江助我甲令先書○下江二字應譌

方獎勵于易象才兼文武○獎勵下應闕

三月壬子親謁玄元宮聖祖母益壽氏號先天太后○臣德潛按本紀追尊聖祖玄元皇帝父周上御史大夫敬曰先天太上皇此衹及先天太后疑闕

# 舊唐書卷二十五

後晉司空同中書門下平章事劉　昫撰

## 志第五

## 禮儀五

唐禮四時各以孟月享太廟每室用太牢季冬蜡祭之後以辰日臘享於太廟用牲如時祭三年一祫以孟冬五年一禘以孟夏又時享之日修七祀於太廟西門內之道南司命戶以春竈以夏門厲以秋行以冬中霤則於季夏迎氣日祀之若品物時新堪進御者所司先送太常與尚食相知簡擇精好者以滋味與新物相宜者配之太常卿奉薦於太廟不出神主仲春薦冰亦如之武德元年五月備法駕迎宣簡公懿王景皇帝元皇帝神主祔於太廟始享四室貞觀九年高祖崩將行遷祔之禮太宗命有司詳議廟制諫議大夫朱子奢建議曰按漢丞相韋玄成奏立五廟諸侯亦同五劉子駿議開七祖邦君降二鄭司農踵玄成之轍王子雍揚國師之波分塗並驅各相師祖咸翫其所習好同惡異遂令歷代祧祀多少參差優劣去取曾無畫一傳稱名位不同禮亦異數易云卑高以陳貴賤位矣豈非別嫌疑慎微遠防陵僭尊君卑佐升降無舛所貴禮者義在茲乎若使天子諸侯俱立五廟便是賤可以同貴臣可以濫主名器無準冠屨同歸禮亦異數義將安設戴記又稱禮有以多爲貴者天子七廟諸侯五廟若天子五廟纔與子男相埒以多爲貴何所表乎愚以爲諸侯立高祖以下并太祖五廟一國之貴也天子立高祖以上并太祖七廟四海之尊也降殺以兩禮之正焉前史所謂德厚者流光德薄者流卑此其義也伏惟聖祖在天山陵有日祔祖嚴配大事在斯宜依七廟用崇大禮若親盡之外有王業之所基者如殷之玄王周之后稷尊爲始祖儻無其例請三昭三穆各置神主太祖一室考而虛位將待七百之祚遞遷方處庶上依晉宋傍愜人情於是八座奏曰臣聞揖讓受終之后革命創制之君何嘗不崇親親之義篤尊尊之道虔奉祖宗致敬郊廟自義乖闕里學滅秦庭儒雅既喪經籍湮殄雖兩漢纂修絕業魏晉敦尚斯文而宗廟制度典章散逸習所傳而競偏說執淺見而起異端自昔迄茲多歷年代語其大略兩家而已祖鄭玄者則陳四廟之制述王肅者則引七廟之文貴賤混而莫辯是非紛而不定陛下至德自然孝思罔極孺慕踰匹夫之志制作窮聖人之道誠宜定一代之宏規爲萬世之彝則臣奉述睿旨討論往載紀七廟者實多稱四祖者蓋寡校其得失昭然可見春秋穀梁傳及禮記王制祭法禮器孔子家語並云天子七廟諸侯五廟大夫三廟士二廟尚書曰七世之廟可以觀德至於孫卿孔安國劉歆班彪父子孔晁虞憙干寶之徒或學推碩儒或才稱博物商較今古咸以爲然故其文曰天子三昭三穆與太祖之廟而七晉宋齊梁皆依斯義立親廟六豈非有國之茂典不刊之休烈乎若使違羣經之明文從累代之疑議背子雍之篤論尊康成之舊學則天子之禮下偪於人臣諸侯之制上僭於王者非所謂尊卑有序名位不同者也況復禮由人情自非天墜大孝莫重於尊親厚本莫先於嚴配數盡四廟非貴多之道祀逮七世得加隆之心是知德厚者流光乃可久之高義德薄者流卑實不易之令範臣等參議請依晉宋故事立親廟六其祖宗之制式遵舊典庶承宗之道興於理定之辰尊祖之義成於孝治之日制從之於是增修太廟始崇祔弘農府君及高祖神主并舊四室爲六室二十三年太宗崩將行崇祔之禮禮部尚書許敬宗奏言弘農府君廟應迭毀謹按舊儀漢丞相韋玄成以爲毀主瘞埋但萬國宗饗有所從來一旦瘞埋事不允愜晉博士范宣意欲別立廟宇奉征西等主安置其中方之瘞埋頗叶情理事無典故亦未足依又議者或言毀主藏於天府祥瑞所藏本非斯意今謹準量去祧之外猶有壇墠祈禱所及竊謂合宜今時廟制與古不同共基別室西方爲首若在西夾之中仍處尊位祈禱則祭未絕祇享方書舊儀情實可知弘農府君廟遠親殺詳據舊章禮合迭毀臣等參議遷奉神主藏於夾室本情篤敬在理爲弘從之其年八月庚子太宗文皇帝神主祔於太廟文明元年八月奉高宗神主祔於太廟中始遷宣皇帝神主於夾室垂拱四年正月又於東都立高祖太宗高宗三廟四時享祀如京廟之儀別立崇先廟以享武氏祖考則天尋又令所司議立崇先廟室數司禮博士崇文館學士周悰希旨請立崇先廟爲七室其皇室太廟減爲五室春官侍郎賈大隱奏曰臣竊準秦漢皇太后臨朝稱制并據禮經正文天子七廟諸侯五廟蓋百王不易之義萬代常行之法未有越禮違古而擅裁儀注者也今周悰別引浮議廣述異文直崇臨朝權儀不依國家常度升崇先之廟而七降國家之廟而五臣聞皇圖廣闢實崇宗社之尊帝業弘基實等山河之固伏以天步多艱時逢遏密代天理物自古有之伏惟皇太后親承顧託憂勤黎庶納孝慈之請垂矜撫之懷實所謂光顯大猷恢崇聖載其崇先廟室合同諸侯之數國家宗廟不合輒有移變臣之愚直並依正禮周悰之請實乖古儀則天由是且止天授二年則天既革命稱帝於東都改制太廟爲七廟室奉武氏七代神主祔於太廟改西京太廟爲享德廟四時唯享高祖已下三室餘四室令所司閉其門廢其享祀之禮又改西京崇先廟爲崇尊廟其享祀如太廟之儀萬歲登封元年臘月封嵩山迴親謁太廟明年七月又改崇尊廟爲太廟仍改太廟署爲清廟臺加官員崇其班秩聖曆二年四月又親祀太廟曲赦東都城內中宗卽位神龍元年正月改享德廟依舊爲京太廟五月遷武氏七廟神主於西京之崇尊廟東都創置太廟太常博士張齊賢建議曰昔孫卿子云有天下者事七代有一國者事五代則天子七廟古今達禮故尚書稱七代之廟可以觀德祭法稱王立七廟一壇之廟而七莫不尊始封之君謂之太祖太祖之廟百代不遷祫祭之禮毀廟之主陳於太祖未毀廟之主皆升合食於太祖之室太祖東向昭南向穆北向商之玄王周之后稷是也太祖之外更無始祖但商自玄王以後十有四代至湯而有天下周自后稷已後十有七代至武王而有天下其間代數既遠遷廟親廟出太祖之後故得合食有序尊卑不差其後漢高祖受命無始封祖卽以高皇帝爲太祖太上皇帝之父立廟享祀不在昭穆合食之列爲尊於太祖故也魏武創業文帝受命亦卽以武帝爲太祖其高祖太皇處士君等並爲屬尊不在昭穆合食之列晉宣創業武帝受命亦卽以宣帝爲太祖其征西豫章潁川京兆府君等並爲屬尊不在昭穆合食之列歷茲已降至於有隋宗廟之制斯禮不改故宇文氏以文皇帝爲太祖隋室以武元皇帝爲太祖國家誕受天命累葉重光景皇帝始封唐公實爲太祖中間代數既近

列在三昭三穆之內故皇家太廟唯有六室其弘農府君宣光二帝尊於太祖親盡則遷不在昭穆合食之數今皇極再造孝思匪寧奉二月二十九日勅七室已下依舊號尊崇又奉三月一日勅既立七廟須尊崇始祖速令詳定者伏尋禮經始祖卽是太祖太祖之外更無始祖周朝太祖之外以周文王爲始祖不合禮經或有引白虎通議云后稷爲始祖文王爲太祖武王爲太宗及鄭玄註詩雍序云太祖謂文王以爲說者其義不然何者彼以禮王者祖有功宗有德周人祖文王而宗武王故謂文王爲太祖耳非祫祭羣主合食之太祖今之議者或有欲立凉武昭王爲始祖者殊爲不可何者昔在商周稷卨始封湯武之興祚由稷卨故以稷卨爲太祖卽皇家之景帝是也凉武昭王勳業未廣後主失國土宇不傳景皇始封實基明命今乃捨封唐之盛烈崇西凉之遠構考之前古實乖典禮魏氏不以曹參爲太祖晉氏不以殷王卬爲太祖宋氏不以楚元王爲太祖齊梁不以蕭何爲太祖陳隋不以胡公楊震爲太祖則皇家安可以凉武昭王爲太祖乎漢之東京大議郊祀多以周郊后稷漢當郊堯制下公卿議議者多同帝亦然之杜林正議獨以爲周室之興祚由后稷漢業特起功不緣堯祖宗故事所宜因循竟從林議又傳稱欲知天上事問長人以其近之武德貞觀之時主聖臣賢其去凉武昭王蓋亦近於今矣當時不立者必不可立故也今既年代寖遠方復立之是非三祖二宗之意實恐景皇失職而震怒武昭虛位而不答非社稷之福也宗廟事重禘祫禮崇先王以之觀德或者不知其說旣灌而往孔子不欲觀之今朝命惟新宜應愼禮祭如神在理不可誣請準勅加太廟爲七室享宣皇帝以備七代其始祖不合別有尊崇太常博士劉承慶尹知章又議云謹按王制天子七廟三昭三穆與太祖之廟而七此載籍之明文古今之通制皇唐稽考前範詳採列辟崇建宗靈式遵斯典但以開基之主受命之君王迹有淺深太祖有遠近湯文祚基稷卨太祖代遠出乎昭穆之上故七廟可全若夏繼唐虞功非由鯀漢除秦項力不因堯及魏晉經圖周隋撥亂皆勛隆近代祖業非遠受命始封之主不離昭穆之親故肇立宗祊罕聞全制夫太祖以功建昭穆以親崇有功百代而不遷親盡七葉而當毀或以太祖代淺廟數非備更於昭穆之上遠立合遷之君曲從七廟之文深乖迭毀之制皇家千齡啓旦百葉重光景皇帝濬德基唐代數猶近號雖崇於太祖親尚列於昭穆且臨六室之位未申七代之尊是知太廟當六未合有七故先朝惟有宣光景元神堯文武六代親廟大帝登遐神主升祔於廟室以宣皇帝代數當滿準禮復遷今止有光皇帝已下六代親廟非是天子之廟數不當有七本由太祖有遠近之異故初建有多少之殊敬惟三后臨朝代多儒雅神祊事重禮豈虛存規模可沿理難變革宣皇既非始祖又廟無祖宗之號親盡旣遷其廟不合重立若禮終運往建議復崇實違王制之文不合先朝之旨請依貞觀之故事無改三聖之宏規光崇六室不虧古議時有制令宰相更加詳定禮部尚書祝欽明等奏言博士三人自分兩議張齊賢以始同太祖不合更祖昭王劉承慶以王制三昭三穆不合重崇宣帝臣等商量請依張齊賢以景皇帝爲太祖依劉承慶尊崇六室制從之尋有制以孝敬皇帝爲義宗升祔於太廟其年八月崇祔光皇帝太祖景皇帝代祖元皇帝高祖神堯皇帝太宗文武聖皇帝皇考高宗天皇大帝皇兄義宗孝敬皇帝於東都之太廟躬行享獻之禮二年駕還京師太廟自是亦崇享七室仍改武氏崇尊廟明年二月復令崇恩廟一依天授時享祭時武三思用事密令安樂公主諷中宗故有此制尋又特令武氏崇恩廟齋郎取五品子充太常博士楊孚奏言太廟齋郎承前只七品已下子今崇恩廟齋郎既取五品子卽太廟齋郎作何等級上曰太廟齋郎亦準崇恩廟置孚奏曰崇恩廟爲太廟之臣太廟爲崇恩廟之君以臣準君猶爲僭逆以君準臣天下疑懼孔子曰名不正則言不順言不順則事不成事不成則禮樂不興禮樂不興則刑罰不中刑罰不中則人無所措手足故君子名之必可言也伏願無惑邪言以爲亂始其事乃寢崇恩廟至睿宗踐祚乃廢毀之景雲元年冬將葬中宗孝和皇帝於定陵中書令姚元之吏部尚書宋璟奏言準禮大行皇帝山陵事終卽合祔廟其太廟第七室先祔皇兄義宗孝敬皇帝哀皇后裴氏神主伏以義宗未登大位崩後追尊神龍之初乃特令遷祔春秋之義國君卽位未踰年者不合列敍昭穆又古者祖宗各別立廟孝敬皇帝恭陵旣在洛州望於東都別立義宗之廟遷祔孝敬皇帝哀皇后神主命有司以時享祭則不違先旨又協古訓人神允穆進退得宜在此神主望入夾室安置伏願陛下以禮斷恩制從之及旣葬祔中宗孝和皇帝和思皇后趙氏神主於太廟其義宗卽於東都從善里建廟享祀時又追尊昭成肅明二皇后於親仁里別置儀坤廟四時享祭開元四年睿宗崩及行祔廟之禮太常博士陳貞節蘇獻等奏議曰謹按孝和皇帝在廟七室已滿今睿宗大聖眞皇帝是孝和之弟甫及仲冬禮當祔遷但兄弟入廟古則有焉遞遷之禮昭穆須正謹按禮論太常賀循議云兄弟不相爲後也故殷之盤庚不序於陽甲而上繼於先君漢之光武不嗣於孝成而上承於元帝又曰晉惠帝無後懷帝承統懷帝自繼於世祖而不繼於惠帝其惠帝當同陽甲孝成別出爲廟又曰若兄弟相代則共是一代昭穆位同至其當遷不可兼毀二廟此蓋禮之常例也荀卿子曰有天下者事七代謂從禰已上也尊者統廣故恩及遠祖若傍容兄弟上毀祖考此則天子有不得全事於七代之義矣孝和皇帝有中興之功而無後嗣請同殷之陽甲漢之成帝出爲別廟時祭不虧大祫之辰合食太祖奉睿宗神主昇祔太廟上繼高宗則昭穆永貞獻祼長序制從之初令以儀坤廟爲中宗廟尋又改造中宗廟於太廟之西貞節等又以肅明皇后不合與昭成皇后配祔睿宗奏議曰禮宗廟父昭子穆皆有配座每室一帝一后禮之正儀自夏殷而來無易伏惟昭成皇后有太姒之德已配食於睿宗則肅明皇后無啓母之尊自應別立一廟謹按周禮云奏夷則歌小呂以享先妣者姜嫄是也姜嫄是帝嚳之妃后稷之母特爲立廟名曰閟宮又禮論云晉伏系之議云晉簡文鄭宣后既不配食乃築宮於外歲時就廟享祭而已今肅明皇后無祔配之位請同姜嫄宣后別廟而處四時享祭如舊儀制從之於是遷昭成皇后神主祔於睿宗之室惟留肅明神主於儀坤廟時太常卿姜皎復與禮官上表曰臣聞敬宗尊祖享德崇恩必也正名用光時憲禮也伏見太廟中則天皇后配高宗天皇太帝題云天后聖帝武氏伏尋昔居寵秩親承顧託因攝大政事乃從權神龍之初已去帝號岑羲等不閑政體復題帝名若又使帝號長存恐非聖朝通典夫七廟者高祖神堯皇帝之廟也父昭子穆祖德宗功非夫帝子天孫乘乾出震者不得昇祔於斯矣但皇后祔廟配食高宗位號舊章無宜稱帝今山陵日近昇祔非遙請申陳告之儀因除聖帝之字直題云則天皇后武氏詔從之時既別造義宗廟將作大匠韋湊上疏曰臣聞王者制禮是曰規模規模之興實資師古師古之道必也正名惟名與實固當相副其在宗廟禮之大者豈可失哉禮祖有功而宗有德祖宗之廟百代不毀故殷太甲曰太宗太戊曰中宗武丁曰高宗周宗文王武王漢則文帝爲太宗武帝爲世宗其後代有稱宗皆以方制海內德澤可宗列於昭穆期于不毀祖宗之義不亦大乎況孝敬皇帝位止東宮未嘗南面聖道誠冠於儲副德教不被於寰瀛立廟稱宗恐非合禮況別起寢廟不入昭穆稽諸祀典何義稱宗而廟號義宗稱之萬代以臣庸識竊謂不可望更令有司詳定務合於禮於是太常請以本謚孝敬爲廟稱從之五年正月玄宗將行幸東都而太廟屋壞乃奉七廟神主於太極殿玄宗素服避正殿輟朝三日親謁神主于太極殿而後發幸東都乃勅有司修太廟明年廟成玄宗還京行親祔之禮時有司撰儀注以祔祭之日車駕發宮中玄宗謂宋璟蘇頲曰祭必先齋所以齊心也據儀注祭之日發大明宮又以質明行事縱使侵星而發猶是移辰方到質明之禮其可及乎又朕不宿齋宮卽安正殿情所不敢宜於廟所設齋宮五日赴行宮宿齋六日質明行事庶合於禮璟等稱聖情深至請卽奉行詔有司改定儀注景雲中玄宗自齋宮步詣太廟入自東門就立位樂奏九成昇自阼階行祼獻之禮至睿宗室俯伏嗚咽侍臣莫不流涕有河南府人孫平子詣闕上言中宗孝和皇帝既承大統不合遷於別廟玄宗令宰相召平子與禮官對定可否太常博士蘇頲等固執前議平子口辯所引咸有經據獻等不能屈時蘇頲知政事以獻是其從祖之兄頗黨助之平子之議竟不得行平子論竟不已遂謫平子爲康州都城尉仍差使領送至任不許東西平子之任尋卒時雖貶平子議者深以其言爲是至十年正月下制曰朕聞王者乘時以設教因事以制禮沿革以從宜爲本取舍以適會爲先故損益之道有殊質文之用斯異且夫至德之謂孝所以通乎神明大事之謂祀所以虔乎宗廟國家握紀命曆重光累盛四方由其繼明七代可以觀德朕嗣守丕業祗奉睿圖聿懷昭事罔不郎祀嘗覽古典詢諸舊制遠則夏殷事異近則漢晉道殊雖禮文之不一固嚴敬之無二朕以爲立愛自親始教人睦也立敬自長始教人順也是知朕率於禮緣於情或教以道存或禮從時變將因宜以創制豈沿古而限今況恩以降殺而疏廟以遷毀而廢雖式瞻古訓禮則不違而永言孝思情所未足享嘗則止豈愛崇而禮備有禱而祭非德盛而流永其祧室宜列爲正室使親而不盡遠而不祧廟以貌存宗猶尊立俾四時式薦不間於毀主百代靡遷匪惟於始廟所謂變以合禮動而得中嚴配之典克崇肅

雍之美茲在乂兄弟繼及古有明文今中宗神主猶居別處詳求故實當宁不安移就正廟用章大典仍創立九室宜令所司擇日啓告移遷十一年春玄宗還京師下制曰崇建宗廟禮之大者聿追孝饗德莫至焉今宗以立尊親無遷序永惟嚴配致用蠲潔棟宇式崇禋奠斯授顧茲薄德獲承禋祀不躬不親曷展誠敬宜用八月十九日祗見九室於是追尊宣皇帝爲獻祖復列於正室光皇帝爲懿祖并還中宗神主於太廟及將親祔會雨而止乃令所司行事其京師中宗舊廟便毀拆之東都舊廟始移孝敬神主祔焉其從善里孝敬舊廟亦令毀拆二十一年玄宗又特令遷肅明皇后神主祔於睿宗之室仍以舊儀坤廟爲肅明觀大曆十四年十月代宗神主將祔禮儀使顏眞卿以元皇帝代數已遠準禮合祧請遷於西夾室其奏議曰王制天子七廟三昭三穆與太祖之廟而七又禮器云有以多爲貴者天子七廟又伊尹曰七代之廟可以觀德此經典之明證也七廟之外則曰去祧爲壇去壇爲墠故歷代儒者制迭毀之禮皆親盡宜毀伏以太宗文皇帝七代之祖高祖神堯皇帝國朝首祚萬葉所承太祖景皇帝受命於天始封於唐元本皆在不毀之典代祖元皇帝地非開統親在七廟之外代宗皇帝升祔有日元皇帝神主禮合祧遷或議者以祖宗之名難於迭毀昔漢朝近古不敢以私滅公故前漢十二帝爲祖宗者四而已至後漢漸違經意子孫以推美爲先自光武已下皆有廟號則祖宗之名莫不建也安帝信讒害大臣廢太子及崩無上宗之奏後自建武以來無毀者因以陵號稱宗至桓帝失德尚有宗號故初平中左中郎蔡邕以和帝以下功德無殊而有過差不應爲宗餘非宗者追尊三代皆奏毀之是知祖有功宗有德存至公之義非其人不居蓋三代立禮之本也自東漢已來則此道衰矣魏明帝自稱烈祖論者以爲逆自稱祖宗故近代此名悉爲廟號未有子孫踐祚而不祖宗先王者以此明之則不得獨據兩字而爲不合祧遷之證假令傳祚百代豈可上崇百代以爲孝乎請依三昭三穆之義永爲通典實應二年升祔玄宗肅宗則獻祖懿祖已從迭毀伏以代宗睿文孝皇帝卒哭而祔則合上遷一室元皇帝代數已遠其神主準禮當祧至禘祫之時然後享祀於是祧元皇帝於西夾室祔代宗神主焉永貞元年十一月德宗神主將祔禮儀使杜黃裳與禮官王涇等請遷高宗神主於西夾室其議曰自漢魏已降沿革不同古者祖有功

宗有德皆不毀之名也自東漢魏晉迄於陳隋漸違經意子孫以推美爲先光武已下皆有祖宗之號故至於迭毀親盡禮亦迭遷國家九廟之尊皆法周制伏以太祖景皇帝受命於天始封元本德同周之后稷也高祖神堯皇帝國朝首祚萬葉所承德同周之文王也太宗文皇帝應天靖亂垂統立極德同周武王也周人郊后稷而祖文王宗武王聖唐郊景皇帝祖高祖而宗太宗皆在不遷之典高宗皇帝今在三昭三穆之外謂之親盡新主入廟禮合迭遷藏於從西第一夾室每至禘祫之月合食如常於是祧高宗神主於西夾室祔德宗神主焉元和元年七月順宗神主祧有司疑於遷毀太常博士王涇建議曰禮經祖有功宗有德皆不毀之名也惟三代行之漢魏已降雖曰祖宗親盡則遷無功亦毀不得行古之道也昔夏后氏十五代祖顓頊而宗禹殷人七代祖契而宗湯周人三十六王以后稷爲太祖祖文王而宗武王聖唐德厚流廣遠法殷周奉景皇帝爲太祖祖高祖而宗太宗皆在百代不遷之典故代宗升祔遷代祖也德宗升祔遷高宗也今順宗升祔中宗在三昭三穆之外謂之親盡遷於太廟夾室禮則然矣或諫者以則天太后革命中宗復而興之不在遷藏之例臣竊未諭也昔者高宗晏駕中宗奉遺詔自儲副而陟元后則天太后臨朝廢爲廬陵王聖曆元年太后詔復立爲皇太子屬太后聖壽延長御下日久奸臣擅命紊其紀度敬暉桓彥範等五臣俱唐舊臣匡輔王室翊中宗而承大統此乃子繼父業是中宗得之而且失之母授子位是中宗失之而復得之二十年間再爲皇太子復踐皇帝位失之在己得之在己可謂革命中興之義殊也又以周漢之例推之幽王爲犬戎所滅平王東遷周不以平王爲中興不遷之廟其例一也漢呂后專權產祿秉政文帝自代邸而立之漢不以文帝爲中興不遷之廟其例二也霍光輔遷之廟其例三也伏以中宗孝和皇帝於聖上爲六代伯祖尊非正統廟亦親盡爰及周漢故事是與中興功德之主不同奉遷夾室固無疑也是月二十四日禮儀使杜黃裳奏曰順宗皇帝神主已升祔太廟告祧之後即合遞遷中宗皇帝神主今在三穆三昭之外準禮合於太廟從西第一夾室每至禘祫之日合食如常於是祧中宗神主於西夾室祔順宗神主焉有司先是以山陵將畢議遷廟之禮有司以中宗爲中興之君當百代不遷之位宰臣召史官將武問之武對曰中宗以弘道元年於高宗柩前即位時春

秋已壯矣及母后篡奪神器潛移其後賴張柬之等同謀國祚再復此蓋同於反正恐不得號爲中興之君凡非我失之自我復之謂之中興漢光武晉元帝是也自我失之因人復之晉孝惠孝安是也今中宗於惠安二帝事同即不可爲不遷之主也有司又云五王有再安社稷之功今若遷中宗廟則五王永絕配享之例武曰凡配享功臣每至禘祫年方合食太廟居常即無享禮今遷中宗神主而禘祫之年毀廟之主並陳於太廟此則五王配食與前時如一也有司不能答十五年四月禮部侍郎李建奏上大行皇帝謚曰聖神章武孝皇帝廟號憲宗先是河南節度使李夷簡上議曰王者祖有功宗有德大行皇帝戡前寇逆累有武功廟號合稱祖陛下正當決在宸斷無信齷齪書生也遂詔下公卿與禮官議其可否太常博士王彥威奏議大行廟號不宜稱祖宜稱宗從之其月禮部奏準貞觀故事遷廟之主藏於夾室西壁南北三間第一間代祖室第二間高宗室第三間中宗室伏以山陵日近睿宗皇帝祧遷有期夾室西壁三室外無置室處準江都集禮古者遷廟之主藏於太室北壁之中今請於夾室北壁以西爲上置睿宗皇帝神主石室制從之長慶四年正月禮儀使奏謹按周禮天子七廟三昭三穆太祖之廟而七荀卿子曰有天下者祭七代有一國者祭五代則知天子上祭七廟典籍通規祖功宗德不在其數國朝九廟之制法周之文太祖景皇帝始爲唐公肇基天命義同周之后稷高祖神堯皇帝創業經始化隋爲唐義同周之文王太宗文皇帝神武應期造有區夏義同周之武王其下三昭三穆之外是親盡之祖雖有功德禮合祧遷禘祫之歲則從合食制從之開成五年禮儀使奏謹按天子七廟祖功宗德不在其中國朝制度太廟九室伏以太祖景皇帝受封於唐高祖太宗創業受命有功之主百代不遷今文宗元聖昭獻皇帝升祔有時代宗睿文孝武皇帝是親盡之祖禮合祧遷每至禘祫合食如常從之會昌元年六月制曰朕近因載誕之日展承顏之敬太皇太后謂朕曰天子之孝莫大於丕承人倫之義莫大於嗣續穆宗睿聖文惠孝皇帝厭代已久星霜屢遷禰宮曠合食之禮惟帝深濡露之感宣懿皇太后長慶之際德冠後宮夙表沙麓之祥實茂河洲之範先朝恩禮之厚中壼莫偕況誕我聖君纘承昌運已協華於先帝方延祚於後昆思廣貽謀庶弘博愛爰從舊典以慰孝思當以宣懿皇太后祔太廟穆宗睿聖文惠孝皇帝

之室率是彝訓其敬承之朕祗奉慈旨載深感咽宜令宣示中外咸使聞知會昌六年五月禮儀使奏武宗昭肅皇帝祔廟并合祧遷者伏以自敬宗文宗武宗兄弟相及已歷三朝昭穆之位與承前不同所可疑者其事有四一者兄弟昭穆同位不相爲後二者已祧之主復入舊廟三者廟數有限無後之主則宜出置別廟四者兄弟既不相爲後昭爲父道穆爲子道則昭穆同班不合異位據春秋文公二年躋僖公何休云躋升也謂西上也惠公與莊公當同南西上隱桓與閔僖當同北西上孔穎達亦引此義釋經又賀循云殷之盤庚不序陽甲漢之光武上繼元帝晉元帝簡文皆用此義毀之蓋以昭穆位同不可兼毀二廟故也尚書曰七代之廟可以觀德且殷家兄弟相及有至四帝不及祖禰何容更言七代於理無矣二者今已兄弟相及同爲一代矯前之失則合復祔代宗神主於太廟或疑已祧之主不合更入太廟者按晉代元明之時已遷豫章潁川矣及簡文即位乃元帝之子故復豫章潁川二神主於廟又國朝中宗已祔太廟至開元四年乃出置別廟至十年置九廟而中宗神主復祔太廟則已遷復入亦可無疑三者廟有定數無後之主出置別廟者按魏晉之初多同廟蓋取上古清廟一宮尊遠神祇之義自後晉武所立之廟雖云七主而實六代蓋景文同廟故也又按魯立姜嫄文王之廟不計昭穆以尊尚功德也晉元帝上繼武帝而惠懷愍三帝時賀循等諸儒議以爲別立廟親遠義疎都邑遷異於理無嫌也今以文宗棄代纔六七年武宗甫邇復土遽移別廟不齒祖宗在於有司非所宜議四者添置廟之室按禮論晉太常賀循云廟以容主爲限無拘常數故晉武帝時廟有七主六代至元帝明帝廟皆十室及穆簡三帝皆至十一室自後雖遷故祔新大抵以七代爲準而不限室數伏以江左大儒通賾覩奧事有明據固可施行今若不行是議更以迭毀爲制則當上不及高曾未盡之親下有恐臣子恩義之道今備討古今參校經史上請復代宗神主於太廟以存高曾之親下以敬宗文宗武宗同爲一代於太廟東間添置兩室定爲九代十一室之制以全臣子恩敬之義庶協大順之宜得變禮之正折古今之紛互立羣疑之杓指俾因心廣孝永燭於皇明昭德事神無虧於聖代勅曰宗廟事重實資參詳宜令尚書省兩省御史臺四品以上官大理卿京兆尹等集議以聞尚書左丞鄭涯等奏議曰夫禮經垂則莫重於嚴配必參損益之道

則合典禮之文況有明徵是資折衷伏自敬宗文宗武宗三朝嗣位皆以兄弟考之前代理有顯據今謹詳禮院所奏並上稽古文旁摭史氏協於通變允謂得宜臣等商議請依禮官所議從之大中三年十一月制追尊憲宗順宗謚號事下有司太常博士李稠奏請别造憲宗順宗神主改題新謚上疑其事詔都省集議右司郎中楊發都官員外郎劉彥模等奏考尋故事無别造神主改題之例事在楊發傳時宰臣奏改造改題並無所據酌情順理題則爲宜況今士族之家通行此例雖尊卑有異而情理則同望就神主改題則爲通允依之黃巢犯長安僖宗避狄於成都府中和元年夏四月有司請享太祖已下十一室詔公卿議其儀太常卿牛叢與儒者同議其事或曰王者巡狩以遷廟主行如無遷廟之主則祝奉幣帛皮珪告於祖禰遂奉以出載於齋車每舍奠焉今非巡狩是失守宗廟夫失守宗廟則當罷宗廟之事叢疑之將作監王儉太子賓客李匡乂虞部員外郎袁皓建議同異及左丞崔厚爲太常卿遂議立行廟以玄宗幸蜀時道宫玄元殿之前架幄幕爲十一室又無神主題神版位而行事達禮者非之以爲止之可也明年乃特造神主以祔行廟光啓元年十二月二十五日僖宗再幸寶雞其太廟十一室并祧廟八室及孝明太皇太后等别廟三室等神主緣室法物宗正寺官屬奉之隨駕鄠縣爲賊所刼神主法物皆遺失三年二月車駕自興元還京以宫室未備權駐鳳翔禮院奏皇帝還宫先謁太廟今宗廟焚毀神主失墜請準禮例脩奉者禮院獻議曰按春秋新宫災三日哭傳曰新宫宣公廟也三日哭禮也按國史開元五年正月二日太廟四室摧毀時神主皆存迎奉於太極殿安置玄宗素服避正殿寶應元年肅宗還京師以宗廟爲賊所焚於光順門外設次向廟哭歷檢故事不見百官奉慰之儀然上既素服避殿百官奉慰亦合情禮竊循故事比附參詳恐須宗正寺具宗廟焚毀及神主失墜事由奏皇帝素服避殿受慰訖輟朝三日下詔委少府監擇日依禮新造列聖神主如此方似合宜伏緣揉栗須十一月漸恐遲晚修奉使宰相鄭延昌具議中書門下奏曰伏以前年冬再有震驚俄然巡幸主司宗祝迫以蒼黃伏緣移蹕鳳翔未敢陳奏今則將迴鑾輅皆舉典章清廟再營孝思咸備伏請降勑命所司參詳典禮修奉勑曰朕以涼德祇嗣寶圖不能上承天休下正人紀兵革競興於寓縣車輿再越於藩垣宗廟震驚烝嘗廢闕敬脩

典禮倍切哀摧宜付所司又修奉太廟使宰相鄭延昌奏太廟大殿十一室二十三間十一架功績至大計料支費不少兼宗廟制度有數難爲損益今不審依元料修奉爲復更有商量請下禮官詳議太常博士殷盈孫奏議言如依元料難以速成況帑藏方虛須資變禮竊以至德二年以新修太廟未成其新造神主權於長安殿安置便行饗告之禮如同宗廟之儀以俟廟成方爲還祔今京城除充大内及正衙外别無殿宇伏聞先有詔旨欲以少府監大廳權充太廟其廳五間伏緣十一室於五間之中陳設隘狹請更接續修建成十一間以備十一室薦饗之所其三太后廟卽於少府監取西南屋三間以備三室告饗之所勑旨從之大順元年將行禘祭有司請以三太后神主祔饗於太廟三太后者孝明太皇太后鄭氏宣宗之母也恭僖皇太后王氏敬宗之母也貞獻皇太后韋氏文宗之母也三后之崩皆作神主有故不當入太廟當時禮官建議並置别廟每年五享及三年一祫五年一禘皆於本廟行事無奉神主入太廟之文至是亂離之後舊章散失禮院憑曲臺禮欲以三太后祔享太廟博士殷盈孫獻議非之曰臣謹按三太后憲宗穆宗之后也二帝已祔太廟三后所以立别廟者不可入太廟故也與帝在位皇后别廟不同今有司悞用王彥威曲臺禮禘别廟太后於太廟乖戾之甚臣竊究事體有五不可曲臺禮云别廟皇后禘祫於太廟祔於祖姑之下此乃皇后先崩已造神主夫在帝位如昭成肅明元獻昭德之比昭成肅明之崩也睿宗在位元獻之崩也玄宗在位昭德之崩也肅宗在位四后於太廟未有本室故創别廟當爲太廟合食之主故禘祫乃奉以入饗其神主但題云某謚皇后明其後太廟有本室卽當遷祔帝方在位故皇后暫立别廟耳本是太廟合食之祖故禘祫乃升太廟未有位故祔祖姑之下今恭僖貞獻二太后皆穆宗之后恭僖會昌四年造神主合祔穆宗廟室時穆宗廟已祔武宗母宣懿皇后神主故爲恭僖别立廟其神主直題云皇太后明其終安别廟不入太廟故也貞獻太后大中元年作神主立别廟其神主亦題爲太后並與恭僖義同孝明咸通五年作神主合祔憲宗廟室憲宗廟已祔穆宗之母懿安皇后故孝明亦别立廟是懿宗祖母故題其主爲太皇太后與恭僖貞獻亦同帝在位后先作神主之例今以别廟太后神主禘祭升享太廟一不可也曲臺禮别廟皇后禘祫於太廟儀注云内常侍奉别廟皇后神

主入置於廟庭赤黃褥位奏云某謚皇后禘祫祔享太廟然後以神主升今卽須奏云某謚太皇太后且太廟中皇后神主二十一室今忽以皇太后入列於昭穆二不可也若但云某謚皇后卽與所題都異神何依憑此三不可也古今禮要云舊典周立姜嫄别廟四時祭薦及禘祫於七廟皆祭惟不入太祖廟爲别配文魏思甄后明帝母廟及寢依姜嫄之廟四時及禘皆與諸廟同此舊禮明文得以爲證今以别廟太后禘祫於太廟四不可也所以置别廟太后以孝明不可與懿安並祔憲宗之室今禘享乃處懿安於舅姑之上此五不可也且祫合祭也合猶不入太祖之廟而況於禘乎竊以爲並皆禘於别廟爲宜且恭僖貞獻二廟比在朱陽坊禘祫赴太廟皆須備法駕典禮甚重儀衛至多咸通之時累遇大饗耳目相接歲代未遙人皆見聞事可詢訪非敢以臆斷也或曰以三廟故禘祫於别廟或可矣而將來有可疑焉謹案睿宗親盡已祧今昭成肅明二后同在夾室如或後代憲宗穆宗親盡而祧三太后神主其得不入夾室乎若遇禘祫則如之何對曰此又大悞也三太后廟若親盡合祧但當閟而不享安得處於夾室禘祫則就别廟行之歷代已來何嘗有别廟神主復入太廟夾室乎禘祫禮之大者無宜錯失宰相孔緯曰博士之言是也非禮院所奏儀注今已勑下大祭日迫不可遽改且依行之於是遂以三太后祔祫太廟達禮者譏其大謬至今未正會昌六年十一月太常博士任疇上言去月十七日饗德明興聖廟德廟直候論狀稱懿祖室在獻祖室之上當時雖以爲然便依行事猶牒報監察使及宗正寺請過祭詳窺玉牒如有不同卽相知聞奏爾後伏檢高祖神堯皇帝本紀伏審獻祖爲懿祖之昭懿祖爲獻祖之穆昭穆之位天地極殊今廟室奪倫不卽陳奏然尚爲苟且罪不容誅仍敕脩撰朱儔檢討王皥研精詳覆得報稱天寶二年制追尊咎繇爲德明皇帝凉武昭王爲興聖皇帝十載立廟至貞元十九年制從給事中陳京右僕射姚南仲等一百五十八人之議以爲禘祫是祖宗以序之祭凡有國者必尊太祖今國家以景皇帝爲太祖太祖之上施於禘祫不可爲位請按德明興聖廟共成四室祔遷獻懿二祖謹尋儔等所報卽當時表奏並獻居懿上伏以德尊謚爲孝君臣嚴敬有司慎恪是歲以還不當失序四十餘載理難尋詰伏祈聖鑒卽垂詔勑具禮遷正其月儔又奏伏聞今月十三日勑以臣所奏獻懿二室倒置事宜令禮官集

議聞奏者臣去月十七日緣遇太廟祫饗太祖景皇帝已下羣主準貞元十九年所祔獻懿祖於德明廟共爲四室準元勑各於本室行享禮審知獻祖合居懿祖之上昭穆方正其時親見獻祖之室倒居懿祖之下於後遍校圖籍實見差殊遂敢聞奏今奉勑宜令禮官集議聞奏者臣得奉禮郎李岡太祝柳仲年協律郎諸葛畋李潼檢討官王皥修撰朱儔博士閔慶之等七人狀稱謹按高祖神堯皇帝本紀及皇室圖譜并武德貞觀永徽開元已來諸禮著在甲令者並云獻祖宣皇帝是神堯之高祖懿祖光皇帝是神堯皇帝之曾祖以高曾辨之則獻祖是懿祖之父懿祖是獻祖之子卽博士任疇所奏倒祀不虛臣等伏乞卽垂詔勑具禮遷正其事遂行僖宗自興元還京夏四月將行禘祭有司引舊儀禘德明興聖二廟及懿祖獻祖神主祔興聖德明廟通爲四室黃巢之亂廟已焚毀及是將禘俾議其儀博士殷盈孫議曰臣以德明等四廟功非創業義止追封且於今皇帝年代極遙昭穆甚遠可依晉韋弘屋毀乃已之例因而廢之勑下百寮都省會議禮部員外薛昭緯奏議曰伏以禮貴從宜過猶不及祀有常典理當據經謹按德明追尊實爲遐遠徵諸歷代莫有其倫自古典禮該詳無踰周室后稷實始封之祖文王乃建極之君且不聞后稷之前别議立廟以至二漢則可明徵劉累梁魏則近有蕭曹稽彼簡書並無追號迨于興聖事非有據蓋以始王於京遂列爲祖類長沙於後漢之代等楚元於宋高之朝悉無尊祀之名足爲憲章之驗重以獻祖懿祖皆非宗有德而祖有功親盡宜祧理當毀瘞遷於二廟亦出一時且武德之初議宗廟之事神堯聽之太宗參之碩學通儒森然在列而不議立皐陶凉武昭之廟蓋知其非所宜立也尊太祖代祖爲帝而以獻祖爲宣簡公懿祖爲懿王卒不加帝號者謂其親盡則毀明矣春秋左氏傳孔子在陳聞魯廟災曰其桓僖乎已而果然蓋以親盡不毀宜致天災爛然之徵不可忽也據太常禮院狀所引至德二年克復後不作弘農府君廟神主及晉韋弘屋朽乃已之議頗爲明據深協禮經其興聖等四室請依禮院之議奉勑敬依典禮付所司開元二十二年正月制以籩豆之薦或未能備物宜令禮官學士詳議具奏太常卿韋縚請宗廟之奠每室籩豆各加十二又今之酌獻酒爵制度全小僅無一合執持甚難請稍令廣大其郊祀奠獻亦準此仍望付尚書省集衆官詳議務從折衷於是兵部侍郎張均及職方

郎中韋述等建議曰：謹按禮祭統曰凡天之所生地之所長苟可薦者莫不咸在水草陸海三牲八簋昆蟲之異草木之實陰陽之物皆備薦矣聖人知孝子之情深而物類之無限故爲之節制使祭有常禮物有其品器有其數上自天子下至公卿貴賤差降無相踰越百代常行無易之道也又按周禮膳夫掌王之食飲膳羞食用六穀膳用六牲飲用六清羞用百有二十品珍用八物醬用百有二十甕則與祭祀之物豐省本殊左傳曰享以訓恭儉宴以示慈惠恭儉以行禮慈惠以布政又曰享有體薦宴有折俎杜預曰享有體薦爵盈而不飲豆乾而不食宴則相與食之享之與宴猶且異文祭奠所陳固不同矣又按周禮籩人豆人各掌四籩四豆之實供祭祀與賓客所用各殊據此數文祭奠不同常時其來久矣且人之嗜酒本無憑準宴私之饌與時遷移故聖人一切同歸於古雖平生所嗜非禮亦不薦也平生所惡是禮卽不去也楚語曰屈到嗜芰有疾召宗老而屬曰祭我必以芰及卒宗老將薦芰屈建命去之曰祭典有之國君有牛享大夫有羊饋士有豚犬之奠庶人有魚炙之薦籩豆脯醢則上下安之不羞珍異不陳庶侈不以私欲干國之典遂不用此則禮外之食前賢不敢薦也今欲取甘旨之物肥濃之味隨所有者皆充祭用苟踰舊制其何限焉雖籩豆有加豈能備也傳曰大羹不致粢食不鑿昭其儉也書曰黍稷非馨明德惟馨事神在於虔誠不求厭飫三年一禘不欲黷也三獻而終禮有成也風有采蘋采蘩雅有行葦洞酌守以忠信神其捨諸若以今之珍饌平生所習求神無方何必師古簠簋可去而盤盂杯案當在御矣韶護可息而箜篌笛笙當在奏矣凡斯之流皆非正物或興於近代或出於蕃夷耳目之娛本無則象用之宗廟後嗣何觀欲爲永式恐未可也且自漢已降諸陵皆有寢宮歲時朔望薦以常饌此旣常行亦足盡至孝之情矣宗廟正禮宜依典故率情變革人情所難又按舊制一升曰爵五升曰散禮器稱宗廟之祭貴者獻以爵賤者獻以散此明貴小賤大示之節儉又按國語觀射父曰郊禘不過繭栗蒸嘗不過把握夫神以精明臨人者也所求備物不求豐大苟失於禮雖多何爲豈可捨先王之遺法徇一時之所尚廢棄禮經以從流俗裂冠毀冕將安用之且君子愛人以禮不求苟合況在宗廟敢忘舊章請依古制庶可經久禮部員外郎楊仲昌議曰謹按禮曰夫祭不欲煩煩則黷亦不欲簡簡則怠又鄭玄云人生尚褻食鬼神則不然神農時雖有黍稷猶未有酒醴及後聖作爲醴酪猶存玄酒示不忘古春秋曰蘋蘩薀藻之菜潢汙行潦之水可羞於王公可薦於鬼神又曰大羹不和粢食不鑿此明君人者有國奉先敬神嚴享豈肥濃以爲尚將儉約以表誠則陸海之物鮮肥之類旣乖禮文之情而變作者之法皆充祭用非所詳也易曰罇酒簋貳納約自牖此明祭存簡易不在繁奢所以一罇之酒貳簋之奠爲明祀也抑又聞之夫義以出禮禮以體政違則有紊是稱不經薦肥濃則褻味有登加籩爵則事非師古與其別行新制寧如謹守舊章時太子賓客崔沔戶部郎中楊伯成左衛兵曹劉秩等皆建議以爲請依舊禮不可改易於是宰臣等具沔述等議以奏玄宗曰朕承祖宗休德至於享祀粢盛實思豐潔禮物之具諒在昭忠其非芳潔不應法制者亦不可用以是更令太常量加品味韋縚又奏請每室加籩豆各六每四時異品以當時新果及珍羞同薦制可之又酌獻酒爵玄宗令用龠升一升合於古義而多少適中自是帝依行焉後漢世祖光武皇帝葬于原陵其子孝明帝追思不已永平元年乃率諸侯王公卿正月朝于原陵親奉先后陰氏粧奩篋笥悲慟左右侍臣莫不嗚咽梁武帝父丹陽尹順之追尊爲太祖文帝先塋丹徒亦尊爲建陵武帝卽大位後大同十五年亦朝于建陵有紫雲蔭覆陵上食頃方滅梁主著單衣介幘設次而拜望陵流哭淚之所霑草皆變色陵傍有枯泉至時而水流香潔因謂侍臣曰陵陰石虎與陵俱創二百餘年恨小可更造碑石柱麟幷二陵中道門爲三闥園陵職司並賜一級奉辭諸陵哭踊而拜周太祖文帝葬于成陵其子明帝初立元年十二月謁于成陵高祖神堯葬于獻陵貞觀十三年正月乙巳太宗朝于獻陵先是日宿設黃麾仗周衛陵寢至是質明七廟子孫及諸侯百僚蕃夷君長皆陪列于司馬門內皇帝至小次降輿納履哭於闕門西面再拜慟絕不能興禮畢改服入于寢宮親執饌閱視高祖及先后服御之物匍匐牀前悲慟左右侍御者莫不歔欷初甲辰之夜大雨雪及皇帝入陵院悲號哽咽百辟哀慟是時雪益甚寒風暴起有蒼雲出於山陵之上俄而流布天地晦冥至禮畢皇帝出自寢宮步過司馬門北泥行二百餘步於是風靜雪止雲氣歇滅天色開霽觀者竊議以爲孝感之所致焉是日曲赦三原縣及從官衛士等大辟已下已發覺未發覺皆釋其罪免民一年租賦有八十已上及孝子順孫義夫節婦鰥寡孤獨有篤疾者賜物各有差宿衛陵邑中郎將士齋員及三原令以下各賜爵一級丁未至自獻陵己酉朝于太極殿庚子會羣臣奏功成慶善及破陣之樂

玄宗開元十七年十一月丙申親謁橋陵皇帝望陵涕泣左右並哀感進奉先縣同赤縣以所管陵三百戶供陵寢三府兵馬供衛曲赦縣內大辟罪已下戊戌謁定陵己亥謁獻陵壬寅謁昭陵乙巳謁乾陵戊申車駕還宮大赦天下流移人並放還左降官移近處百姓無出今年地稅之半每陵取側近六鄉以供陵寢皇帝初至橋陵質明栢樹甘露降曙後祥煙遍空皇帝謁昭陵陪葬功臣盡來受饗風吹颯颯若神祇之所集陪位文武百寮皆聞先聖嘆息功臣蹈舞之聲皆以爲至孝所感

天寶二年八月制自今已後每至九月一日薦衣於陵寢十三載改獻昭乾定橋五陵署爲臺其署令改爲臺令加舊一級

舊唐書卷二十五考證

禮儀志五祭法稱王立七廟一壇一墠之廟而七○臣德潛按英華云王立七廟一壇二墠王制云天子七廟三昭三穆與太祖之廟而七一壇以下共闕一十六字應補入

太祖東向昭南向穆北向商之玄王周之后稷是也○臣德潛按英華于穆北向下有太祖者三字另用提起與是也文義方順應補入爲合

霍光輔還之廟其例三也○沈炳震曰輔字下明有闕文玩上文應是霍光輔宣帝而立之不以宣帝爲中興不遷之廟其例三也義方明白

梁武帝父丹陽尹順之追尊爲太祖文帝先葬丹徒亦尊爲建陵○梁書武帝紀係建寧陵

武帝卽大位後大同十五年亦朝于建陵○沈炳震曰按梁武本紀在十年且大同亦無十五年應誤

因謂侍臣曰陵陰石虎與陵俱創二百餘年○二百字當誤

# 舊唐書卷二十六

後晉司空同中書門下平章事劉　昫撰

## 志第六

## 禮儀六

建中元年三月禮儀使上言東都太廟闕木主請造以祔初武后於東都立高祖太宗高宗三廟至中宗已後兩京太廟四時並饗至德亂後木主多亡缺未祔於是議者紛然而大旨有三其一曰必存其廟遍立羣主時饗之其二曰建廟立主存而不祭若皇輿時巡則就饗焉其三曰存其廟瘞其主駕或東幸則飾齋車奉京師羣廟之主以往議者皆不決而罷貞元十五年四月膳部郎中歸崇敬上疏東都太廟不合置木主謹按典禮虞主用桑練主用栗重作栗主則埋桑主所以神無二主猶天無二日土無二王也今東都太廟是則天皇后所建以置武氏木主中宗去其主而存其廟蓋將以備行幸遷都之所也且殷人屢遷前八後五前後遷都一十三度不可每都而別立神主也議者或云東都神主已曾虔奉而禮之豈可以一朝廢之乎且虞祭則立桑主而虔祀練祭則立栗主而埋桑主豈桑主不曾虔祀而乃埋之又所闕之主不可更作作之不時非禮也長慶元年二月分司官庫部員外郎李渤奏太微宮神主請歸祔太廟敕付東都留守鄭絪商量聞奏絪奏云臣謹詳三代典禮上稽高祖太宗之制度未嘗有並建兩廟並饗二主之禮天授之際祀典變革中宗初復舊物未暇詳考典章遂於洛陽創宗廟是行遷都之制實非建國之儀及西歸上都因循未廢德宗嗣統墜典克修東都九廟不復告饗謹按禮記仲尼荅曾子問曰天無二日土無二王嘗禘郊社尊無二上所以明二主之非禮也陛下接千載之大統揚累聖之耿光憲章先王垂法後嗣況宗廟之禮至尊至重違經黷祀時謂不欽特望擇三代令典守高祖太宗之憲度鑒神龍權宜之制遵建中矯正之禮依經復古允屬聖明伏以太微宮元皇帝三代睿宗文武孝皇帝神主恭考經義不合祔饗至於遷置神主之禮三代以降經無明文伏望委中書門下與公卿禮官質正詳定敕付所司太常博士王彥威等奏議曰謹按國初故事無兩都並建宗廟並行饗祭之禮伏尋周書召誥洛誥之說實有祭告豐廟洛廟之文是則周人兩都並建宗祧至則告饗然則兩都皆祭祖考禮祀並興自神龍復辟中宗嗣位廟既皆作饗亦並行天寶末兩都傾陷神主亡失肅宗既復舊物但

建廟作主於上都其東都神主大曆中始於人間得之遂寓於太微宮不復祔饗臣等謹按經傳王者之制凡建居室宗廟爲先廟必有主主必在廟是則立廟兩都蓋行古之道主必在廟實依禮經今按叅詳理合升祔謹按元皇帝是追王高宗中宗睿宗是祧廟之主其神主合藏於太廟從西第一夾室景皇帝是始封不遷之祖其神主合藏於太廟從西第一室高祖太宗玄宗肅宗代宗是創業有功親廟之祖伏準江都集禮正廟之主藏於太室之中禮記羣廟之主有故則聚而藏諸祖廟伏以德宗之下神主未作代宗之上后主先亡若歸本室有虛神主事雖可據理或未安今高祖已下神主並合藏於太祖之廟依舊準故事不饗如陛下肆覲東后移幸洛陽自非祧主合歸本室其餘闕主又當特作而祔饗時祭禘祫如儀臣又按國家追王故事太祖之上又有德明與聖懿祖別廟今光皇帝神主即懿祖也伏緣東都先無前件廟宇光皇帝神主今請權祔於太廟夾室居元皇帝之上如駕在東都即請準上都式營建別廟作德明與聖獻祖神主備禮升祔又於太廟夾室奉迎光皇帝神主歸廟第四室禘祫如儀或問曰禮作栗主瘞桑主漢魏並有瘞桑之議大曆中亦瘞孝敬皇帝神主今祔而不瘞如之何答曰古者師行以遷主無則主命自非遷祖之主別無出廟之文凡邑有宗廟先君之主曰都則兩都宗廟各宜有主又問曰古者作主必因虞練若主必歸祔則室不可虛則當祔已亡之主創當祔之主禮經無說如之何答曰虞練作主禮之正也非時作主事之權也王者遭時爲法因事制宜苟無其常則思其變如駕或東幸廟仍虛主即準肅宗廣德二年上都作主故事特作闕主而祔蓋主不可闕故禮貴從宜春秋之義變而正之者臣伏思祖宗之主神靈所憑寓於太微不入宗廟據經復本允屬聖明至是下尚書省集議而郎吏所議與彥威多同丞郎則各執所見或曰神主合藏於太微宮或云並合埋瘞或云闕主當作或云輿駕東幸即載上都神主而東咸以其言不本經據竟以紛議不定遂不與行會昌五年八月中書門下奏東都太廟九室神主共二十六座自祿山叛後取太廟爲軍營神主棄於街巷所司潛收聚見在太微宮內新造小屋之內其太廟屋室並在可以修崇大和中太常博士議以爲東都不合置神主車駕東幸即載主而行至今因循尚未修建望令尚書省集公卿及禮官學官詳議如不要更置須有收藏去處如合置望

以所拆大寺材木修建既是宗室官居守便望令克修東都太廟使勾當修繕奉勑宜依六年三月太常博士鄭路等奏東都太微宮神主二十座去年二月二十九日禮院分析聞奏訖伏奉今月七日敕此禮至重須遵典故宜令禮官學官同議聞奏者臣今與學官等詳議訖謹具分析如後獻祖宣皇帝宣莊皇后懿祖光皇帝光懿皇后文德皇后高宗天皇大帝則天皇后中宗大聖大昭孝皇帝和思皇后昭成皇后孝敬皇帝孝敬哀皇后已前十二座親盡迭毀宜遷諸太廟祔於興聖廟禘祫之歲乃一祭之東都無興聖廟可祔伏請且權藏於太廟夾室未題神主十四座前件神主既無題號之文難伸祝告之禮今與禮官等商量伏請告遷之日但瘞於舊太微宮內空閑之地恭酌事理庶協從宜制可太常博士段瓌等三十九人奏議曰禮之所立本於誠敬廟之所設實在尊嚴既曰薦誠則宜統一昔周之東西有廟亦可徵其所由但緣卜洛之初既須營建又以遷都未決因議兩留酌其事情匪務於廣祭法明矣伏以東都太廟廢已多時若議增修稍乖前訓何者東都始制寢廟於天后中宗之朝事出一時非貞觀開元之法前後因循不廢者亦踵鎬京之文也記曰祭不欲數數則煩天寶之中兩京悉爲寇陷西都廟貌如故東都因此散亡是知九廟之靈不欲歆其煩祀也自建中不葺之後彌歷歲年今若廟貌惟新即須室別有主舊主雖在大半合祧必几筵而存之所謂宜祧不祧也孔子曰當七廟五廟無虛主也謂廟不得無主者也舊主如有留去新廟便合創添謹按左傳云祔練作主又載云虞而立几筵如或過時成之便是以凶干吉創添既不典虛廟又非儀考諸禮文進退無守或曰漢於郡國置宗廟凡百餘所今止東西立廟有何不安者當漢氏承秦焚燒之餘不識典故至於廟制率意而行比及元成二帝之間貢禹韋玄成等繼出果有正論竟從毀除足知漢初不本於禮經又安可程法也或曰几筵不得復設廟寢何妨修營候車駕時巡便合於所載之主者究其終始又得以論之昨者降敕叅詳本爲欲收舊主主既不立廟何可施假令行幸九州一一皆立廟乎愚以爲廟不可修主宜藏瘞或就瘞於埳室或瘞於兩階間此乃百代常行不易之道也其年九月敕段瓌等詳議東都不可立廟李福等別狀又有異同國家制度須合典禮證據未一則難建立宜並令赴都省對議須歸至當工部尚書薛元賞等議伏以建中時公卿奏請修建

東都太廟當時之議大旨有三其一曰必有其廟備立其主時饗之日以他官攝行二曰建廟立主存而不祭皇輿時巡則就饗焉三曰存其廟瘞其主臣等立其三議叅酌禮經理宜存廟不合置主謹按禮祭義曰建國之神位右社稷而左宗廟禮記云君子將營宮室宗廟爲先是知王者建邦設都必先宗廟社稷況周武受命始都于豐成王相宅又卜于洛烝祭歲於新邑冊周公于太室故書曰戊辰王在新邑烝祭歲王入太室祼成王厥後復立于豐雖成洛邑未嘗久處逮于平王始定東遷則周之豐鎬皆有宗廟明矣又按曾子問廟有二主夫子對以天無二日土無二王嘗禘郊社尊無二上未知其爲禮者昔齊桓公作二主夫子譏之以爲僞主是知二主不可並設亦明矣夫聖王建社以厚本立廟以尊祖所以京邑必有宗社今國家定周秦之兩地爲東西之兩宅闢九衢而立宮闕設百司而嚴拱衞取法玄象號爲京師既嚴帝宅難虛神位若無宗廟何謂皇都然依人者神在誠者祀誠非外至必由中出理合親敬用交神明位宜存於兩都廟可偕立誠難專於二祭主不並設或以禮云七廟五廟無虛主是謂不可無主所以天子巡狩亦有所尊尚飾齋車載遷主以行今若修廟瘞主則東都太廟九室皆虛既違於經須徵其說臣復探賾禮意因得盡而論之所云七廟五廟無虛主是謂見饗之廟不可虛也今之兩都雖各有廟禘祫饗獻斯皆親奉於上京神主几筵不可虛陳於東廟且禮云唯聖人爲能饗帝孝子爲能饗親昔漢韋玄成議廢郡國祀亦曰立廟京師躬親承事四海之內各以其職來祭人情禮意如此較然二室既不並居二廟豈可偕祔但所都之國見饗之廟既無虛室則叶通經議者又欲置主不饗以俟巡幸昔魯作僖公之主不於虞練之時春秋書而譏之合祔之主作非其時尚爲所譏今若置不合祔之主不因時而作違經越禮莫甚於此豈有九室合饗之主而有置而不饗之文兩廟始創於周公二主獲譏於夫子自古制作皆範周孔舊典猶在足可明徵臣所以言東都廟則合存主不合置今將修建廟宇誠不虧於典禮其見在太微宮中六主請待東都建修太廟畢具禮迎置於西夾室閟而不饗式彰陛下嚴祀之敬以明聖朝尊祖之義吏部郎中鄭亞等五人議據禮院奏以爲東都太廟既廢不可復修見在太微宮神主請瘞於所寓之地有乖經訓不敢雷同臣所以別進議狀請修祔主並依典禮兼與建中元年禮儀使顏

眞卿所奏事同臣與公卿等重議皆以爲廟固合修主不可瘞即與臣等別狀意同但衆議猶疑東西二廟各設神王恐涉廟有二主之義請修廟虛室以太微宮所寓神主藏於夾室之中伏以六主神位內有不祧之宗今用遷廟之儀猶未合禮臣等猶未敢署衆狀蓋爲闕疑太學博士直弘文館鄭遂等七人議曰夫論國之大事必本乎正而根乎經以臻于中道聖朝以廣孝爲先以得禮爲貴而臣下敢不以經對三論六故已詳於前議矣再捧天問而陳乎諸家之說求于典訓考乎大中廟有必修之理主無可置之理何則正經正史兩都之廟可徵禮稱天子不卜處太廟擇日卜建國之地則宗廟可知則廢朝之說恐非所宜廢謹按詩書禮三經及漢朝兩史兩都並設廟而載主之制久已行之敢不明徵而去文飾援據經文不易前見東都太廟合務修崇而舊主當瘞請于太微宮所藏之所皇帝有事于洛則奉齋車載主以行太常博士顧德章議曰夫禮雖緣情將明厥要實在得中必過禮而求多則反虧於誠敬伏以神龍之際天命有歸移武氏廟於長安即其地而置太廟以至天寶初復不爲建都而設議曰中宗立廟於東都無乖舊典徵其意不亦謬乎又曰東都太廟至於睿宗玄宗猶奉而不易者蓋緣嘗所尊奉不敢輒廢也今則廢已多時猶循莫舉之典也又曰雖貞觀之始草創未暇豈可謂此事非開元之法者謹按定開元六典勑曰聽政之暇錯綜古今法以周官作爲唐典覽其本末千載一朝春秋謂考古之法也行之可久不曰然歟此時東都太廟見在六典序兩都宮闕西都具太廟之位東都則存而不論足明事出一時又安得曰開元之法也又三代禮樂莫盛於周昨者論議之時便宜細大取法于周遷而立廟今立廟不因遷何美之而不能師之也又曰建國神位右社稷而左宗廟君子將營宮室宗廟爲先者謹按六典永昌中則天以東都爲神都通後漸加構宮室百司於是備矣今之宮室百司乃武氏改命所備也上都已建國立宗廟不合引言又曰東都之例則大非也當漢兩處有廟所祭之帝各別今東都洛陽祭孝宣等五帝長安祭孝成平三帝以此爲置廟建廟作主與上都同概而論之失之甚者又曰今或東洛復太廟有司同日侍祭以此爲數實所未解者謹按天寶三載詔曰頃四時有事於太廟兩京同日自今已後兩京各宜別擇日載在祀典可得而詳且立廟造主所以祭神而曰存而勿祀出自何經當七廟五廟無虛

主而欲立虛廟法於何典前稱廟貌如故者卽指建中之中就有而言以爲國之先也前以非時不造主者謂見有神主不得以非時而造也若江左至德之際主並散亡不可拘以例也或曰廢主之瘞請在太微宮者謹按天寶二年勅曰古之制禮祭用質明義兼取於尙幽情實緣於旣沒我聖祖澹然常在爲道之宗旣殊有盡之期宜展事生之禮自今已後每至聖祖宮有昭告宜改用卯時者今欲以主瘞於宮所卽與此勅全乖又曰主不合瘞請藏夾室者謹按前代藏主頗有異同至如夾室儀用以序昭穆也今廟主俱不中禮則無禘祫之文又曰君子將營宮室以宗廟爲先則建國營宮室而宗廟必設東都旣有宮室而太廟不合不營凡以論之其義斯勝而西周東漢並曰兩都其各有宗廟之證經史昭然又得以極思於揚搉詩曰其繩則直縮板以載作廟翼翼大雅瓜瓞言豐廟之作也又曰於穆淸廟肅雍顯相洛邑旣成以率文王之祀此詩言洛之廟也書曰成王旣至洛烝祭歲文王騂牛一武王騂牛一又曰祼于太室康王又居豐命畢公保釐東郊豈有無廟而可烝祭非都而設保釐則書東西之廟也逮于後漢卜洛西京之廟亦存建武二年於洛陽立廟而成哀平三帝祭於西京一十八年親幸長安行禘禮當時五室列於洛都三帝留於京廟行幸之歲與合食之期相會不奉齋車又安可以成此禮則知兩廟周人成法載主以行漢家通制或以當虛一都之廟爲不可而引七廟無虛主之文禮言一都之廟室不虛主非爲兩都各廟而不可虛也聯出征之辭更明載主之意因事而言理實相統非如詩人更可斷章以取義也古人求神之所非一奉神之意無二故廢桑主重作栗主旣事埋之已明其一也或又引左氏傳築郿凡例謂有宗廟先君之主曰都而立建主之論按魯莊公二十八年冬築郿左傳爲築發凡例穀梁譏因藪澤之利公羊稱避凶年造邑之嫌三傳異同左氏爲短何則當春秋二百年間魯凡城二十四邑唯郿一邑稱築城其二十二邑豈皆宗廟先君之主乎孰此爲建主之端又非通論或又曰廢主之瘞何以在於太微宮所藏之所宜舍故依新前已列矣按瘞主之位有三或於北牖之下或在西階之間廟之事也其不當立之主但隨其所以瘞之夫主瘞乎當立之廟斯不然矣以在所而言則太微宮所藏之所與漢之寢園無異歷代以降建一都者多兩都者少今國家崇東西之宅極嚴奉之典而以各廟爲疑合以建都故事以相質正卽周漢是也今詳議所徵究其年代率皆一都之時豈可以擬議亦孰敢獻酬於其問詳考經旨古人謀寢必及於廟未有設寢而不立廟者國家承隋氏之弊草創未暇後雖建於垂拱而事有所合其後當干戈寧戢之歲文物大備之朝歷于十一聖不議廢之豈不以事雖出於一時廟有合立之理而不可一一革也今洛都之制上自宮殿樓觀下及百辟之司與西京無異鑾輿之至也雖厮役之賤必歸其所理也豈先帝之主獨無其所安乎時也虞主尙瘞廢主宜然或以馬融李舟二人稱寢無傷於偕立廟不妨於暫虛是則馬融李舟可法於宣尼矣以此擬議乖當則深或稱凡邑有宗廟先君之主曰都無曰邑邑曰築都曰城者謹桉春秋二百四十年間惟郿一邑稱築如城郎費之類各有所因或以他防或以自固謂之盡有宗廟理則極非或稱聖主有復古之功簡冊有考文之美五帝不同樂三王不同禮遭時爲法因事制宜此則改作有爲非有司之事也如有司之職但合一一據經變禮從時則須俟明詔也凡不修之證畧有七條廟主應遷一也已廢不舉二也廟不可虛三也非時不造主四也合載遷主行五也尊無二上六也六典不書七也謹桉文王遷鄷立廟武王遷鎬立廟成王遷洛立廟今東都不因遷而欲立廟是違因遷立廟也謹桉禮記曰凡祭有其廢之莫敢舉也有其舉之莫敢廢也今東都太廟廢已八朝若果立之是違已廢不舉也謹桉禮記曰當七廟五廟無虛主今欲立虛廟是違廟不可虛也謹桉左傳丁丑作僖公主書不時也記又曰過時不祭禮也合禮之祭過時猶廢非禮之主可以作乎今欲非時作主是違非時不作主也謹桉曾子問古者師行以遷廟主行乎孔子曰天子巡狩必以遷廟主行載於齋車言必有尊也今也取七廟之主以行則失之矣皇氏云遷廟主者載遷一室之主也今欲載羣廟之主以行是違載遷之主也謹桉禮記曰天無二日土無二王嘗禘郊社尊無二上也今欲兩都建廟作主是違尊無二上也謹桉六典序兩都宮闕及廟宇此時東都有廟不載是違六典不書也遍考書傳並不合修寖以武德貞觀之中作法垂範之日文物大備儒彥畢臻若可修營不應議不及矣記曰樂由天作禮以地制天之體動也地之體止也此明樂可作禮難變也伏惟陛下誠明載物莊敬御天孝方切於祖宗事乃求於根本再令集議俾定所長臣實職司敢不條白以對德章又有上中書門下及禮院詳議兩狀並同載於後其一曰伏見八月六日勅欲修東都太廟令會議事此時已有議狀準禮不合更修尙書丞郎已下三十八人皆同署狀德章官在禮寺實忝司存當聖上嚴禋敬事之時會相公尙古黜華之日脫國之祀典有乖禮文豈唯受責於曠官竊懼貽恥於明代所以懃懃懇懇將不言而又言也昨者異同之意盡可指陳一則以有都之名更合立廟次則欲崇修廟宇以候時巡殊不知廟不合虛主惟載一也謹桉貞觀九年詔曰太原之地肇基王業事均豐沛義等宛譙約禮而言須議立廟時祕書監顏師古議曰臣傍觀祭典遍考禮經宗廟皆在京師不於下土別置昔周之豐鎬實爲遷都乃是因事便營非云一時別立太宗許其奏卽日而停由是而言太原豈無都號太原爾時猶廢東都不立可知且廟室惟新卽須有主主旣藏瘞非虛而何是有都立廟之言不攻而自破矣又桉曾子問曰古者師行必以遷廟主行乎孔子曰天子巡狩必以遷廟主行載于齋車言必有尊也今也取七廟之主以行則失矣皇氏云遷廟主者惟載新遷一室之主也未祧之主無載行之文假使候時巡自可修營一室議構九室有可依憑夫宗廟尊事也重事也至尊至重安得以疑文定論言苟不經則爲擅議近者勅旨凡以議事皆須一一據經若無經文任以史證如或經史皆無據者不得率意而言則立廟東都正經史無據果從臆說無乃前後相違也書曰三人占則從二人之言會議者四十八人所同者六七人耳比夫二三之喩又何其多也夫堯舜之爲帝迄今稱詠之者非有他術異智者也以其有賢臣輔翼能順考古道也故堯之書曰若稽古帝堯孔氏傳曰傳說佐殷之君亦曰事不師古匪說攸聞考之古道旣如前驗以國章又如此將求典實無以易諸伏希必本正經稍抑浮議踵皐夔之古道法周孔之遺文則天下守貞之儒實所幸甚其餘已具前議其二曰夫宗廟之設主於誠敬旋觀典禮貳則非誠是以匪因遷都則不別立廟宇記曰天無二日土無二王嘗禘郊社尊無二上又曰凡祭有其廢之莫敢舉也有其舉之莫敢廢也則東都太廟已廢多時若議增修稍違前志何者聖曆神龍之際武后始復明辟中宗取其廟易置太廟焉本欲權固人心非經久之制也伏以所存神主旣請祧藏今廟室惟新卽須有主神主非時不造廟寢又無虛議如修復以俟時巡惟載一主備在方冊可得而詳又引經中義有數等或是弟子之語或是他人之言今廟不可虛尊無二上非時不造主合載一主行皆大聖祖及宣尼親所發明者比之常據不可同塗又丘明修春秋悉以君子定褒貶至陳泄以忠獲罪晉文以臣召君於此數條復稱君子將評得失特以宣尼斷之傳曰危疑之理須聖言以明也或以東都不同他都地有壇社宮闕欲議權葺似是無妨此則酌於意懷非曰經據也但以遍討今古無有壇社立廟之證用以爲說實所未安謹上自殷周傍稽故實除因遷都之外無別立廟之文制曰自古議理皆酌人情必稷嗣知幾賈生達識方可發揮大政潤色皇猷其他管窺蓋不足數公卿之議實可施行德章所陳最爲淺近豈得苟申獨見妄有異同事貴酌中理宜從衆宜令有司擇日修崇太廟以留守李石充使勾當六年三月擇日旣定禮官旣行旋以武宗登遐其事遂寢宣宗卽位竟迎太微宮神主祔東都太廟

禘祫之禮盡出神主合食於太祖之前貞觀禮祫享功臣配享於廟庭禘享則不配當時令文祫禘之日功臣並得配享貞觀十六年將行禘祭有司請集禮官學士等議太常卿韋挺等一十八人議曰古之王者富有四海而不朝夕上膳於宗廟者患其禮過也故曰春秋祭祀以時思之至於臣有大功享祿其後孝子率禮絜粢豐盛禴祀烝嘗四時不輟國家大祫又得配焉所以昭明其勳尊顯其德以勸嗣臣也其禘及時享功臣皆不應預故周禮六功之官皆配大烝而已先儒皆取大烝爲祫祭高堂隆庾蔚之等多遵鄭學未有將爲時享又漢魏祫祀皆在十月晉朝禮官欲用孟秋殷祭左僕射孔安國啓彈坐免者不一梁初誤禘功臣左丞何佟之駁議武帝允而依行降洎周齊俱遵此禮竊以五年再殷合諸天道一大一小通人雅論小則人臣不預大則兼及功臣今禮禘無功臣誠謂禮不可易乃詔改令從禮至開元中改修禮復令禘祫俱以功臣配饗焉高宗上元三年十月將祫享于太廟時議者以禮緯三年一祫五年一禘公羊傳云五年而再殷祭義交互莫能斷決太學博士史璨等議曰按禮記正義引鄭玄禘祫志云春秋僖公三十三年十二月薨文公二年八月丁卯大享于太廟公羊傳云大享者何祫也是三年喪畢新君二年當祫明年當禘于羣廟又宣公八年禘僖公也宣公八年皆有禘則後禘去前禘五年以此定之則新君二年祫三年禘自爾已後五年而再殷祭則六年當祫八年當禘又昭公十年齊歸薨至十三年喪畢當祫爲平丘之會冬公如晉至十八年祫二十

年禘二十三年祫二十五年禘昭公二十五年有事於襄宮是也如上所云則禘已後隔三年祫已後隔二年禘此則有合禮經不違傳義自此依璨等議爲定開元六年秋睿宗喪畢祫享于太廟自後又相承三年一祫五年一禘各自計年不相通數至二十七年凡經五禘七祫其年夏禘訖冬又當祫太常議曰禘祫二禮俱爲殷祭祫爲合食祖廟禘謂禘序尊卑由先君逮下之慈成羣嗣奉親之孝事異常享有時行之然而祭不欲數數則黷亦不欲疏疏則怠故王者法諸天道制祀典焉烝嘗象時禘祫如閏五歲再閏天道大成宗廟法之再爲殷祭者也謹按禮記王制周官宗伯鄭玄注解高堂所議並云國君嗣位三年喪畢祫于太祖明年禘于羣廟自爾已後五年再殷一祫一禘漢魏故事貞觀實錄並用此禮又按禮緯及魯禮禘祫注云三年一祫五年一禘所謂五年而再殷祭也又按白虎通及五經通義許愼異議何休春秋賀循祭議並云三年一禘何也以爲三年一閏天道小備五年再閏天道大備故也此則五年再殷通計其數一祫一禘迭相乘矣今廟禘祫各自數年兩岐俱下不相通計或比年頻合或同歲再序或一禘之後併爲再祫或五年之內驟有三殷法天象閏之期既違其度五歲再殷之制數又不同求之禮文頗爲乖失說者或云禘祫二禮大小不侔祭名有殊年數相去祫以三紀抵小而合禘以五斷至十而周有茲叅差難爲通計竊以三祫五禘之說本出禮緯五歲再殷之數同在其篇會通二文非相詭也蓋以禘後置祫二周有半數以全數謂之三年一閏只用三十二月也其禘祫異稱各隨四時秋冬爲祫春夏爲禘祭名雖異爲殷則同譬如礿祠烝嘗其體一也鄭玄爲祫大禘小傳或謂祫小禘大肆陳之間或有增減通計之義初無異同蓋象天之法相傳久矣惟晉代陳舒有三年一殷之議自五年八年又十一十四尋其議文所引亦以象閏五年一禘又奚所施矛盾之說固難憑也夫以法天之度既有指歸稽古之理若茲昭著禘祫二祭通計明矣今請以開元二十七年己卯四月禘至辛巳年十月祫至甲申年四月又禘至丙戌年十月又祫至己丑年四月又禘至辛卯年十月又祫自此五年再殷周而復始又禘祫之說非唯一家五歲再殷之文既相師矣法天象閏之理大禘亦同而禘後置祫或近或遠盈縮之度有二法焉鄭玄宗高堂則先三而後二徐邈之議則先二而後三謹按鄭氏所注先三之法約三祫五禘之文存三歲五年之位以爲甲年既禘丁年當祫己年又禘壬年又祫甲年又禘丁年又祫周而復始以此相承祫後去禘十有八月而近禘後去祫三十二月而遙分析不均粗於算矣假如攻乎異端置祫於秋則三十九月爲前二十一月爲後雖小有愈其間尚偏竊據本文皆云象閏二閏相去則平分矣兩殷之序何不等耶且又三年之言本舉全數二周有半實准三年於此置祫不違文矣何必拘滯隔三正乎蓋千里一失通儒之蔽也徐氏之議有異於是研覈周審最爲可憑以爲二禘相去爲月六十中分三十置一祫焉若甲年夏禘丙年冬祫有象閏法毫釐不偏三年一祫之文既無乖越五歲再殷之制疎數有均校之諸儒義實長久今請依據以定二殷預推祭月周而復始禮部員外郎崔宗之駁下太常令更詳議令集賢學士陸善經等更加詳覈善經亦以其議爲允於是太常卿韋縚奏曰禮有禘祫俱稱殷祭二法更用鱗次相承或云五歲再殷一禘一祫或云三年一祫五年一禘法天象閏大趣皆同皆以太廟禘祫計年有差考於經傳微有所乖頃在四月已前禘享今指孟冬又申祫儀合食禮頻恐違先典伏以陛下能事畢舉舊物咸甄宗祏祇愼之時經訓申明之日臣等忝在持禮職司討論輒據舊文定其倫序請以今年夏禘便爲殷祭之源自此之後禘祫相代五年再殷周而復始其今年冬祫準禮合停望令所司但行時享卽嚴禋不黷庶合舊儀制從之舊儀天寶八年閏六月六日勅文禘祫之禮以存序位質文之變蓋取隨時國家系本仙宗業承聖祖重熙累盛既錫無疆之休合享登神思弘不易之典自今已後每禘祫並於太清宮聖祖前設位序正上以明陟配之禮欽若玄象下以盡虔祭之誠無違至道比來每緣禘祫時享則停事雖適於從宜禮或虧於必備已後每緣禘祫其常享以素饌三焚香以代三獻建中二年九月四日太常博士陳京上疏言今年十月祫享太廟并合饗遷廟獻祖懿祖二神主春秋之意毀廟之主陳于太祖未毀廟之主皆升合食于太祖太祖之位在西而東向其下子孫昭穆相對南北爲別初無毀廟遷主不享之文徵是禮也自於周室而國朝祀典當與周異且周以后稷配天爲始封之祖而下乃立廟廟毀主遷皆在太祖之後禘祫之時無先於太廟太祖者正太祖東向之位全其尊而不疑然今年十月禘饗太廟伏請據魏晉舊制爲比則構築別廟東晉以征西等四府君爲別廟至禘祫之時則於太廟正太祖之位以申其尊別廟祭高皇大皇征西等四府君以敍其親伏以國家若用此義則宜別爲獻祖懿祖立廟禘祫祭之以重其親則太祖於太廟遂居東向以全其尊伏以德明興聖二皇帝曩立廟至禘祫之時常用饗禮今則別廟之制便就興聖廟藏祔爲宜勅下尚書省百寮集議禮儀使太子少師顏眞卿議曰議者或云獻祖懿祖親遠廟遷不當祫享宜永閟於西夾室又議者云二祖宜同祫享於太祖並昭穆而空太祖東向之位又議者云二祖若同祫享卽太祖之位永不得正宜奉遷二祖神主祔藏於德明皇帝廟臣伏以三議俱未爲允且禮經殘缺既無明據儒者能方義類斟酌其中則可舉而行之蓋協於正也伏惟太祖景皇帝以受命始封之功處百代不遷之廟配天崇享是極尊嚴且至禘祫之時暫居昭穆之位屈己申孝敬奉祖宗緣齒族之禮廣尊先之道此實太祖明神烝烝之本意亦所以化被天下率循孝悌也請依晉蔡謨等議至十月祫享之日奉獻祖神主居東向之位自懿祖太祖洎諸祖宗遵左昭右穆之列此有彰國家重本尚順之明義足爲萬代不易之令典也又議者請奉二祖神主於德明皇帝廟行祫祭之禮夫祫合也故公羊傳云大事者何祫也若祫祭不陳於太廟而享於德明廟是乃分食也豈謂合食乎名實相乖深失禮意固不可行也貞元七年十一月二十八日太常卿裴郁奏曰禘祫之禮殷周以遷廟皆出太祖之後故得合食有序尊卑不差及漢高受命無始祖以高皇帝爲太祖太上皇高帝之父位廟享祀不在昭穆合食之列爲尊於太祖故也魏武創業文帝受命亦卽以武帝爲太祖其高皇太祖處士君等並爲屬尊不在昭穆合食之列晉宣創業武帝受命亦卽以宣帝爲太祖其征西潁川等四府君亦爲屬尊不在昭穆合食之列國家誕受天命累聖重光景皇帝始封唐公實爲太祖中間世數既近於三昭三穆之內故皇家太廟惟有六室其弘農府君宣光二祖尊於太祖親盡則遷不在昭穆之數著在禮志可舉而行開元中加置九廟獻懿二祖皆在昭穆是以太祖景皇帝未得居東向之尊今二祖已祧九室惟序則太祖之位又安可不正伏以太祖上配天地百代不遷而居昭穆獻懿二祖親盡廟遷而居東向徵諸故實實所未安請下百寮僉議勅旨依八年正月二十三日太子左庶子李嶸等七人議曰王制天子七廟三昭三穆與太祖而七周制也七者太祖及文王武王之祧與親廟四也太祖后稷也殷則六廟契及湯與二昭二穆夏則五廟無太祖禹與二昭二穆而晉朝博士孫欽議云王者受命太祖及諸侯始封之君其已前神主據已上數過五代卽毀其廟禘祫不復及也禘祫所及者謂受太祖之後未毀主升藏於二祧者也雖百代禘祫及之伏以獻懿二祖太祖以前親盡之主也擬三代以陟之制則禘祫不及矣代祖神主則太祖已下毀廟之主則公羊傳所謂已毀廟之主陳于太祖者是也謹按漢永光四年詔議罷郡國廟及親盡之祖丞相韋玄成議太上孝惠廟皆親盡宜毀太上廟主宜瘞園孝惠主遷於太祖廟奏可太上則太祖已前之主瘞于園禘祫不及故也則今獻懿二祖之比也孝惠遷於太祖廟明太祖已下子孫則禘祫所及則今代祖元皇帝神主之比也自魏晉及宋齊隋陳相承始受命之君皆立廟虛太祖之位自太祖之後至七代君則太祖東向位乃成七廟太祖以前之主魏明帝則遷處士主置於園邑歲時使令丞奉薦世數猶近故也至東晉明帝崩以征西等三祖遷入西除名之曰祧以準遠廟至康帝崩穆帝立於京兆遷入西除同謂之祧如前之禮並禘祫所不及國朝始饗四廟宣元并太祖世祖神主祔于廟貞觀九年將祔高祖于太廟朱子奢請準禮立七廟其三昭三穆各置神主太祖依宋以來故事虛其位待遞遷方處之東嚮位於是始祔弘農府君及高祖爲六室虛太祖之位而行禘祫二十三年太宗祔廟弘農府君乃藏於西夾室文明元年高宗祔廟始遷宣皇帝于西夾室開元十年玄宗特立九廟於是追尊宣皇帝爲獻祖復列於正室光皇帝爲懿祖以備九室禘祫猶虛太祖之位祝文於三祖不稱臣明全廟數而已至德二載剋復後新作九廟神主遂不造弘農府君神主明禘祫不及故也至寶應二年祔玄宗肅宗於廟遷獻懿二祖於西夾室始以太祖當東嚮位以獻懿二祖爲是太祖以前親盡神主準禮禘祫不及凡十八年至建中二年十月將祫饗禮儀使顏眞卿伏奏合出獻懿二祖神主行事其布位次第及東面尊位請準東晉蔡謨等議爲定遂以獻祖當東嚮以懿祖於昭位南嚮以太祖於穆位北嚮以次左昭右穆陳列行事且蔡謨當時雖有其議事竟不行而我唐廟祧豈可爲準嶸伏以嘗禘郊社尊無二上瘞毀遷藏禮有義斷以獻懿爲親盡之主太祖已當東嚮之尊一朝改移實非典故謂宜復先朝故事獻懿神主藏於西夾室以類祭法所謂遠廟爲祧去祧爲壇去壇爲墠

墠有禱則祭無禱乃止太祖旣昭配天地位當東嚮之尊庶上守貞觀之首制中奉開元之成規下遵寶應之嚴式符合經義不失舊章吏部郎中柳冕等十二人議曰天子受命之君諸侯始封之祖皆爲太祖故天子必有尊也是以尊太祖焉故雖諸侯必有先也亦以尊太祖焉故太祖已下親盡而毀洎秦滅學漢不及禮不列昭穆不建迭毀晉失之宋因之於是有連五廟之制於是有虛太祖之位夫不列昭穆非所以示人有序也不建迭毀非所以示人有殺也連五廟之制非所以示人有別也虛太祖之位非所以示人有尊也此禮之所由廢按禮父爲士子爲天子葬以士今獻祖祧也懿祖亦祧也唐未受命猶士禮也是故高祖太宗以天子之禮祭之不敢以太祖之位易之今而易之無乃亂先王之序乎昔周有天下追王太王王季以天子之禮及其祭也親盡而毀之漢有天下尊太上皇以天子之禮及其祭也親盡而毀之唐有天下追王獻懿二祖以天子之禮及其祭也親盡而毀之則不可代太祖之位明矣又按周禮有先公之祧有先王之祧先公之遷主藏于后稷之廟其周未受命之祧乎先王之遷主藏乎文王之廟其周已受命之祧乎故有二祧所以異廟也今獻祖已下之祧猶先公也太祖已下之祧猶先王也請築別廟以居二祖則行周之禮復古之道故漢之禮因於周也魏之禮因於漢也隋之禮因於魏也皆立三廟有二祧又立私廟四於南陽亦後漢制也以爲人之子事大宗降其私親故私廟所以奉本宗也太廟所以尊正統也雖古今異時文質異禮而知禮之情與問禮之本者莫不通其變酌而行之故上致其崇則太祖屬尊乎上矣下盡其殺則祧主親盡於下矣中處其中則王者主祧於中矣工部郎中張薦等議曰昔殷周以稷卨之後所以昭穆合祭尊卑不差如夏后氏以禹始封遂爲不遷之祖故夏五廟禹與二昭二穆而已據此則鯀之親盡其主已遷左氏旣稱禹不先鯀足明遷廟之主雖屬尊於始封祖者亦在合食之位矣又據晉宋齊梁北齊周隋史其太祖已下並同禘祫未嘗限斷遷毀之主伏以南北八代非無碩學巨儒宗廟大事議必精博驗於史冊其禮僉同又詳魏晉宋齊梁北齊周隋故事及貞觀顯慶開元所禘祫並虛東嚮旣行之已久實羣情所安且太祖處清廟第一之室其神主雖百代不遷永歆烝嘗上配天地於郊廟無不正矣若至禘祫之時蹔居昭穆之列屈己申孝以奉祖禰豈非伯禹烝烝敬鯀之道歟亦是魏晉及周隋之太祖不敢以卑厭尊之義也議者或欲遷二祖於興聖廟及請別置築室至禘祫年饗之夫祫合也此乃分食殊乖禮意又欲藏於西夾室永不及祀無異漢代瘞園允爲不可輒攷徵據正經考論舊史請奉獻懿二祖與太祖並從昭穆之位而虛東嚮司勳員外郎裴樞議曰禮之主亦猶是也若祔於遠廟無乃中一有間等上不倫西位當虛則太祖永厭於昭穆異廟別祭則祫饗事主乎合食永閟比於姜嫄則推詳禨而無事禮云親親故尊祖尊祖故敬宗敬宗故收族所以宗廟嚴社稷重由是言也太祖之上復有追尊之祖則親親尊祖之義無乃乖乎太廟之外輕置別祭之廟則宗廟無乃不嚴社稷無乃不重乎且漢丞相韋玄成請瘞於園晉徵士虞喜請瘞于廟兩階之間喜又引左氏說古者先王日祭於祖考月祀於曾高時享及二祧歲祫及壇墠終禘及郊宗石室是謂郊宗之祖斯最近矣但當時議所居石室未有準酌喜請於夾室中愚以爲石室可據所以處之道未安何者夾室謂太祖之下毀主非是安太祖之上藏主也未有卑處正位尊在傍居考理卽心恐非允協今若建石室於園寢遷神主以永安採漢晉之舊章依禘祫之一祭修古禮之殘缺爲國朝之典故庶乎春秋變禮之正動也中者焉考功員外郎陳京議曰京前爲太常博士已於建中二年九月四日奏議祫饗獻懿二祖所安之位請下百寮博採所疑其時禮儀使顏真卿因是上狀與京議異京議未行伏見去年十一月二十八日詔下太常卿裴郁所奏大抵與京議相會伏以興聖皇帝則獻祖之曾祖懿祖之高祖夫以曾孫祔引於曾高之廟豈禮之不可哉實人情之大順也京兆少尹韋武議曰凡三年一祫五年一禘祫則羣廟大合禘則各序其祧謂主遷彌遠祧室旣修當祫之歲當以獻祖居于東嚮而懿祖序其昭穆以極所親若行禘禮則太祖復延于西以衆主列其左右是則於太祖不爲降屈於獻祖無所厭卑考禮酌情謂當行此爲勝同官縣尉仲子陵議曰今儒者乃援子雖齊聖不先父食之語欲令已祧獻祖權居東向配天太祖屈居昭穆此不通之甚也凡左氏不先食之言且以正文公之逆祀儒者安知非夏后廟數未足之時而言禹不先鯀乎且漢之禘祫蓋不足徵魏晉已還太祖皆近是太祖之上皆有遷主歷代所疑或引閟宮之詩而永閟或因虞主之義而瘞園或緣遠廟爲祧以築宮或言太祖實卑而虛位惟東晉蔡謨憑左氏不先食以爲說欲令征西東嚮均定數者此最不安且蔡謨此議非有所行前有司不本謨攺築之言取征西東嚮之一句爲萬代法此其不可甚也臣又思之永閟瘞園則臣子之心有所不安權虛正位則太祖之尊無時而定則別築一室義差可安且興聖之於獻祖乃曾祖也昭穆有序饗祀以時伏請奉獻懿二祖遷於德明興聖廟此其大順也或以祫者合也今二祖別廟是分食也何合之爲臣以爲德明興聖二廟每禘祫之年亦皆饗薦是亦分食奚疑於二祖乎其月二十七日吏部郎中柳冕上禘祫義證凡一十四道以備顧問并議奏聞至三月十二日祠部奏郁等議狀至十一年七月十二日勅于頎等議狀所謂各殊理在討論用求精當宜令尚書省會百寮與國子監儒官切磋舊狀定可否仍委所司具事件聞奏其月二十六日左司郎中陸淳奏曰臣尋七年百寮所議雖有一十六狀總其歸趣三端而已于頎等一十四狀並云復太祖之位張薦狀則云並列昭穆而虛東嚮之位韋武狀則云當祫之歲獻祖居于東嚮行禘之禮太祖復延于西謹按禮經及先儒之說復太祖之位位旣正也義在不疑太祖之位旣正懿獻二主當有所歸詳考十四狀其意有四一曰藏諸夾室二曰置之別廟三曰遷于園寢四曰祔于興聖藏諸夾室是無饗獻之期異乎周人藏於二祧之義禮不可行也置之別廟始於魏明之說實非禮經之文晉義熙九年雖立此義已後亦無行者遷於園寢是亂宗廟之儀旣無所憑殊乖經意不足徵也惟有祔于興聖之廟禘祫之歲乃一祭之庶乎亡於禮者之禮而得變之正也十九年三月給事中陳京奏禘是大合祖宗之祭必尊太祖之位以正昭穆今年遇禘伏恐須定向來所議之禮勅曰禘祫之禮祭之大者先有衆議由未精詳宜令百寮會議以聞時左僕射姚南仲等獻議狀五十七封詔付都省再集百寮議定聞奏戶部尚書王紹等五十五人奏議請奉遷獻祖懿祖神主祔德明興聖廟請別增兩京奉安神主緣二十四日禘祭修廟未成請於德明興聖廟垣內權設幕屋爲二室暫安神主候增修廟室成準禮遷祔神主入新廟每至禘祫年各於本室行饗禮從之是月十五日遷獻祖懿祖神主權祔德明興聖廟之幕殿二十四日饗太廟自此景皇帝始居東向之尊元皇帝已下依左昭右穆之列矣二祖新廟成勅曰奉遷獻祖懿祖神主正太祖景皇帝之位虔告之禮當任重臣宜令檢校司空平章事杜佑攝太尉告太清宮門下侍郎平章事崔損攝太尉告太廟又詔曰國之大事式在明禋王者孝饗莫重於禘祭所以尊祖而正昭穆也朕承列聖之休德荷上天之睠命虔奉牲幣二十五年永惟宗廟之位禘嘗之序夙夜祗慄不敢自專是用延訪公卿稽參古禮博考羣議至于再三敬以令辰奉遷獻祖宣皇帝神主懿祖光皇帝神主祔于德明興聖皇帝廟太祖景皇帝正東向之位宜令所司循禮務極精嚴祇肅祀典載深感愓咨爾中外宜悉朕懷會昌六年十月太常禮院奏禘祫祝文稱號穆宗皇帝宣懿皇后韋氏敬宗皇帝文宗皇帝武宗皇帝緣從前序親親以穆宗皇帝室稱爲皇兄未合禮文得修撰官朱儔等狀稱禮敘尊尊不敘親親陛下於穆宗敬宗武宗三室祝文恐須但稱嗣皇帝臣某昭告于某宗臣等同考禮經於義爲允從之貞元十二年祫祭太廟近例祫祭及親拜郊皆令中使一人引伐國寶至壇所所以昭示武功至是上以伐國大事中使引之非宜乃令禮官一人就內庫監領至太廟焉舊儀高祖之廟則開府儀同三司淮安王神通禮部尚書河間王孝恭陝東道大行臺右僕射鄖國公殷開山吏部尚書渝國公劉政會配饗太宗之廟則司空梁國公房玄齡尚書右僕射萊國公杜如晦尚書左僕射申國公高士廉配饗高宗之廟則司空英國公李勣尚書左僕射北平縣公張行成中書令高唐縣公馬周配饗中宗之廟則侍中平陽郡王敬暉侍中扶陽郡王桓彥範中書令南陽郡王袁恕已配享睿宗之廟則太子太傅許國公蘇瓌尚書左丞相徐國公劉幽求配饗天寶六載正月詔京城章懷節愍惠文宣太子與隱太子懿德太子同爲一廟呼爲七太子廟以便於祀享太廟配饗功臣高祖室加裴寂劉文靜太宗室加長孫無忌李靖杜如晦高宗室加褚遂良高季輔劉仁軌中宗室加狄仁傑魏元忠王同皎等十一人大祭祀騂犢減數十載太廟置內官十一載閏三月制自今已後每月朔望日宜令尚食造食薦太廟每室一牙盤內官享薦仍五日一開室門灑掃其後又有玄宗子靖德太子廟肅宗子恭懿太子廟孝敬廟在東京太廟院內貞順皇后讓皇帝廟在京中餘皆四時致祭

舊唐書卷二十六考證

禮儀志六候車駕時巡便合于所載之主者○便合二字疑有闕譌

豈先帝之主獨無所安乎時也虞主尚瘞廢主宜然○
時也三句于上下文不屬似錯簡
故堯之書曰若稽古帝堯孔氏傳曰傳說佐殷之君亦
曰事不師古匪說攸聞○臣德潛按稽古帝堯二語
下應有闕文以孔氏傳未明引且與上賢臣輔翼順
考古道意無關合也
昭公十年齊歸薨至十三年喪畢當祫爲平丘之會冬
公如晉○臣德潛按通典有至十四年祫十五年禘
傳云有事于武宮是也三語應補入
司勳員外郞裴樞議曰禮之主亦猶是也○臣德潛按
禮之下有闕文文獻通考引裴樞議曰禮之必立宗
子者蓋爲收是族人東向之主亦猶是也應補入
是謂郊宗之祖斯最近矣○郊宗下闕文通典云是謂
郊宗之上復有石室之祖應補入
太宗室加長孫無忌李靖杜如晦○沈炳震曰如晦已
經配享太宗此云加誤

# 舊唐書卷二十七

後晉司空同中書門下平章事劉　昫撰

## 志第七

### 禮儀七

貞觀十四年太宗因修禮官奏事之次言及喪服太宗曰同爨尚有緦麻之恩而嫂叔無服又舅之與姨親疎相似而服紀有殊理未爲得宜集學者詳議餘有親重而服輕者亦附奏聞於是侍中魏徵禮部侍郎令狐德棻等奏議曰臣聞禮所以決嫌疑定猶豫别同異明是非者也非從天降非從地出人情而已矣夫親族有九服術有六隨恩以薄厚稱情以立文然舅之與姨雖爲同氣論情度義先後實殊何則舅爲母之本族姨乃外戚他族求之母族姨不在焉考之經典舅誠爲重故周王念齊每稱舅甥之國秦伯懷晉實切渭陽之詩在舅服止一時爲姨居喪五月徇名責實逐末棄本蓋古人之情或有未達所宜損益實在兹乎記曰兄弟之子猶子也蓋引而進之也嫂叔之不服蓋推而遠之也禮繼父同居則爲之朞未嘗同居則不爲服從母之夫舅之妻二夫人相爲服或曰同爨緦然則繼父之徒並非骨肉服重由乎同爨恩輕在乎異居故知制服雖繫於名

亦緣恩之厚薄者也或有長年之嫂遇孩童之叔劬勞鞠養情若所生分饑共寒契闊偕老譬同居之繼父方他人之同爨情義之深淺寧可同日而言哉在其生也愛之同於骨肉及其死也則曰推而遠之求之本原深所未諭若推而遠之爲是則不可生而共居生而共居之爲是則不可死同行路重其生而輕其死厚其始而薄其終稱情立文其義安在且事嫂見稱載籍非一鄭仲虞則恩禮甚篤顏弘都則竭誠致感馬援則見之必冠孔伋則哭之爲位此並躬踐教義仁深孝友察其所尚之旨豈非先覺者歟但于其時上無哲王禮非下之所議遂使深情鬱乎千載至理藏於萬古其來久矣豈不惜哉今屬欽明在辰聖人有作五禮詳洽一物無遺猶且永念慎終凝神遐想以爲尊卑之敘雖煥乎人備喪紀之制或情理未周爰命秩宗更詳考正臣等奉遵明旨觸類旁求採摭羣經討論傳紀咸引兼實無文之禮咸秩敦睦之情俾變薄俗於既往垂篤義於將來信六籍所不能談超百王而獨得者也諸儒所守互有異同詳求厥中申明聖旨謹按曾祖父母舊服齊衰三月請加爲齊衰五月嫡子婦舊服大功請加爲朞衆子婦小功今請與兄弟子婦同爲大功九月嫂叔舊無服今請服小功五月報其弟妻及夫兄亦小功五月舅服緦麻請與從母同服小功制可之顯慶二年九月修禮官長孫無忌等又奏曰依古喪服甥爲舅緦麻舅報甥亦同此制貞觀年中八座議奏舅服同姨小功五月而今律疏舅報於甥服猶三月謹按傍尊之服禮無不報已非正尊不敢降也故甥爲從母五月從母報甥小功甥爲舅緦麻舅亦報甥三月是其義矣今甥爲舅使同從母之喪則舅宜進甥以同從母之報修律疏人不知禮意舅報甥服尚止緦麻於例不通禮須改正今請修改律疏舅服甥亦小功又曰庶母古禮緦麻新禮無服謹按庶母之子卽是己昆季爲之杖齊而己與之無服同氣之內吉凶頓殊求之禮情深非至理請依典故爲服緦麻制又從之龍朔二年八月所司奏同文正卿蕭嗣業嫡繼母改嫁身亡請申心制據令繼母改嫁及爲長子並不解官旣而有勅雖云嫡母終是繼母據禮緣情須有定制付所司議定奏聞司禮太常伯隴西郡王博乂等奏稱緬尋喪服母名斯定嫡繼慈養皆在其中惟出母制特言出妻之子明非生己則皆無服是以令云母嫁又云出妻之子出言其子以著所生嫁卽言母通包養嫡俱當解任並合心喪其不解者惟有繼母之嫁

繼母爲名正據前妻之子嫡於諸孽禮無繼母之文甲令今旣見行嗣業理申心制然奉勅議定方垂永則今有不安亦須釐正竊以嫡繼慈養皆非所生並同行路嫁雖比出稍輕於父終爲義絶繼母之嫁旣殊親母慈嫡義絶豈合心喪望請凡非所生父卒而嫁爲父後者無服非承重者杖朞並不心喪一同繼母有符情禮無玷舊章又心喪之制惟施服屈杖朞之服不應解官而令文三年齊斬亦入心喪之例杖朞解官又有妻喪之舛又依禮庶子爲其母緦麻三月旣是所生無服準例亦合解官令文漏而不言於事終須修附旣與嫡母等嫁同一條總議請改理爲允僉者依集文武官九品已上議得司衞正卿房仁裕等七百三十六人議請一依司禮狀嗣業不解官得右金吾衞將軍薛孤吳仁等二十六人議請解嗣業官不同司禮狀者母非所生出嫁義絶仍令解職有紊緣情杖朞解官不甄妻服三年齊斬謬曰心喪庶子爲母緦麻漏其中制此並令文疏舛理難因襲依房仁裕等議總加修附垂之不朽其禮及律疏有相關涉者亦請準此改正嗣業嫡母改醮不合解官詔從之上元元年天后上表曰至如父在爲母服止一朞雖心喪三年服由尊降竊謂子之於母慈愛特深非母不生非母不育推燥居濕咽苦吐甘生養勞瘁恩斯極矣所以禽獸之情猶知其母三年在懷理宜崇報若父在爲母服止一朞尊父之敬雖周服母之慈有闕且齊斬之制足爲差減更令周以一朞恐傷人子之志今請父在爲母終三年之服高宗下詔依議行焉開元五年右補闕盧履冰上言準禮父在爲母一周除靈三年心喪則天皇后請同父没之服三年然始除靈雖則權行有紊彝典今陛下孝理天下動合禮經請仍舊章庶叶通典於是下制令百官詳議并舅及嫂叔服不依舊禮亦合議定刑部郎中田再思建議曰乾尊坤卑天一地二陰陽之位分矣夫婦之道配焉至若死喪之威隆殺之等禮經五服之制齊斬有殊考妣三年之喪貴賤無隔以報免懷之慈以酬罔極之恩者也稽之上古喪期無數暨乎中葉方有歲年禮云五帝殊時不相沿樂三王異代不相襲禮白虎通云質文再而變正朔三而復自周公制禮之後孔父刊經已來爰殊厭降之儀以標服紀之節重輕從俗斟酌隨時故知禮不從天而降不由地而出也在人消息爲適時之中耳春秋諸國魯最知禮以周公之後孔子之邦也晉韓起來聘言周禮盡在魯矣齊仲孫來盟言魯猶秉周禮尚有子張

問高宗諒陰三年子思不聽其子服出母子游謂同母異父昆弟之服大功子夏謂合從齊衰之制此等並四科之數十哲之人高步孔門親承聖訓及遇喪事猶此致疑卽明自古已來昇降不一者也三年之制說者紛然鄭玄以爲二十七月王肅以爲二十五月又改葬之服鄭云服緦三月王云訖葬而除又繼母出嫁鄭云皆服王云從于繼育乃爲之服又無服之殤鄭云子生一月哭之一日王云以哭之一日易服之月鄭王祖經宗傳各有異同荀摯采古求遺互爲損益方知去聖漸遠殘缺彌多故曰會禮之家名爲聚訟寧有定哉而父在爲母三年行之已踰四紀出自高宗大帝之代不從則天皇后之朝大帝御極之辰中宮獻書之日往時參議將可施行編之於格服之已久前王所是疏而爲律後王所是著而爲令何必乖先帝之旨阻人子之情虧純孝之心背德義之本有何妨於聖化有何紊於彝倫而欲服之周年與伯叔母齊焉與姑姊妹同焉夫三年之喪如白駒之過隙君子喪親有終身之憂何況再周乎夫禮者體也履也示之以迹孝者畜也養也因之以心小人不恥不仁不畏不義服之有制使愚人企及衣之以衰使見之摧痛以此防人人猶有朝死而夕忘者以此制人人猶有釋服而從吉者方今漸歸古朴須敦孝義抑賢引愚理資寧戚食稻衣錦所不忍聞若以庶事朝儀一依周禮則古之人臣見君也公卿大夫贄羔鴈珪璧今何故不依乎周之用刑也墨劓宮刖今何故不行乎周則侯甸男衞朝聘有數今何故不行乎周則不五十不仕七十不入朝今何故不依乎周則井邑丘甸以立征稅今何故不行乎周則分土五等父死子及今何故不行乎周則冠冕衣裘乘車而戰今何故不行乎周則三老五更膠序養老今何故不行乎諸如此例不可勝述何獨孝思之事愛一年之服於其母乎可爲痛心可爲慟哭者詩云哀哀父母生我劬勞禮云父之親子也親賢而下無能母之親子也賢則親之無能則憐之阮嗣宗晉代之英才方外之高士以爲母重於父據齊斬升數麤細已降何忍服之節制減至於周豈後代之士盡慙於古循古未必是依今未必非也又同爨服緦禮經明義嫂叔遠别同諸路人引而進之觸類而長猶子咸依苴枲季父不服緦麻推遠之情有餘睦親之義未足又母之昆弟情切渭陽翟輔訟舅之冤甯氏宅甥之相我之出也義亦殷焉不同從母之尊遂降小功之服依諸古禮有爽俗情今貶舅而宗姨是陋今而榮

古此並太宗之制也行之百年矣輒爲刊復實用有疑於是紛議不定履冰又上疏曰禮父在爲母十一月而練十三月而祥十五月而禫心喪三年上元中則天皇后上表請同父没之服亦未有行至垂拱年中始編入格易代之後俗乃通行開元五年頻請仍舊恩勅并嫂叔舅姨之服亦付所司詳議諸司所議同異相參所司惟執齊斬之文又曰亦合典禮竊見新修之格猶依垂拱之僞致有祖父母安存子孫之妻亡没下房筵几亦立再周甚無謂也據周易家人卦云利女貞女正位乎內男正位乎外男女正天地之大義家人有嚴君焉父母之謂也父父子子兄兄弟弟夫夫婦婦家道正而天下正矣禮女在室以父爲天出嫁以夫爲天又在家從父出嫁從夫夫死從子本無自專抗尊之法卽喪服四制云天無二日土無二王國無二君家無二尊以一理之也故父在爲母服周者避二尊也伏惟陛下正持家國孝理天下而不斷在宸衷詳正此禮無隨末俗顧念兒女之情臣恐後代復有婦奪夫政之敗者疏奏未報履冰又上表曰臣聞夫婦之道人倫之始尊卑法於陰陽陰陽和而天地生成夫婦正而人倫式序自家刑國牝雞無晨四德之禮不傚三從之義斯在卽喪服四制云天無二日土無二王國無二君家無二尊以一之也故父在爲母服周者見無二尊也準舊儀父在爲母一周除靈再周心喪父必三年而後娶者達子之志焉豈先聖無情於所生固有意於國家者矣原夫上元肇年則天已潛秉政將圖僭篡預自崇先請升慈愛之喪以抗尊嚴之禮雖齊斬之儀不改而几筵之制遂同數年之間尚未通用天皇晏駕中宗蒙塵垂拱之末果行聖母之僞符載初之元遂啓易代之深釁孝和雖多反正韋氏復效長鳴孝和非意暴崩韋氏旋卽稱制不蒙陛下英算宗廟何由克復易云臣弑其君子弑其父非一朝一夕之故其斯之謂矣臣謹尋禮意防杜實深若不早圖刊正何以垂戒於後所以薄言禮教請依舊章恩勅通明蒙付所司詳議且臣所獻者蓋請正夫婦之綱豈忘母子之道諸議多不討其本源所非議者大凡祇論罔極之恩喪也寧戚禽獸識母而不識父秦燔書後禮經殘缺後儒纘集不足可憑豈得與伯叔母服同豈得與姑姊妹制等三王不相襲禮五帝不相沿樂齊斬足爲升降歲年何忍不同此並道聽途說之言未習先王之旨又安足以議經邦理俗之禮乎臣請據經義以明之所云罔極之恩者春秋祭祀以時思之君子可終

身之憂霜露之感豈止一二周之服哉故聖人恐有朝死而夕忘曾鳥獸之不若爲立中制使賢不肖共成文理而已所云喪也寧戚者孔子答林放之問至如太奢太儉太易太戚皆非禮中苟不得中名爲俱失不如太儉太戚焉毀而滅性猶愈於朝死夕忘焉此論臨喪哀毀之容豈比於同宗異姓之服所云禽獸識母而不識父者禽獸羣居而聚麀而無家國之禮少雖知親愛其母長不解尊嚴其父引此爲論則亦禽獸之不若乎所云秦燔書後禮經殘缺後儒纘集不足可憑者人間或有遺逸豈亦家戶到而燔之假若盡燔苟不可信則墳典都謬庠序徒立非聖之談復云安屬所云與伯叔姑姊服同者伯叔姑姊有筵杖之制三年心喪乎所云五帝不相沿樂三王不相襲禮誠哉是言此是則天懷私苞禍之情豈可復相沿樂襲禮乎所云齊斬足爲升降者母齊父斬不易之禮按三年問云將由修飾之君子喻三年之喪若駟之過隙遂之則是無窮也然則何以周也曰至親以周斷是何也曰天地則已易矣四時則已變矣其在天地之中者莫不更始焉以是象之也然則何以三年曰加重焉耳故父加至再周父在爲母加三年心喪今者還同父没之制則尊厭之律安施喪服四制又曰凡禮之大體體天地法四時則陰陽順人情故謂之禮訾之者是不知禮之所由生非徒不識禮之所由制亦恐未達孝子之通義臣謹按孝經以明陛下孝治之合至德要道請論世俗訾禮之徒夫至德謂孝悌要道謂禮樂移風易俗莫善於樂安上治民莫善於禮又禮有無體之禮無聲之樂按孝經援神契云天子孝曰就就之爲言成也天子德被天下澤及萬物始終成就則其親獲安故曰就也諸侯孝曰度度者法也諸侯居國能奉天子法度得不危溢則其親獲安故曰度也卿大夫孝曰譽譽之爲言名也卿大夫言行布滿能無惡稱譽達遐邇則其親獲安故曰譽也士孝曰究究者以明審爲義士始升朝辭親入仕能審資父事君之禮則其親獲安故曰究也庶人孝曰畜畜者含畜爲義庶人含情受朴躬耕力作以畜其德則其親獲安故曰畜也陛下以韋氏構逆中宗降禍宸衷哀憤睿情卓烈初無一旅之衆遂殄九重之妖定社稷於阽危拯宗枝於塗炭此陛下孝悌之至通於神明光於四海無所不通使諸侯得守其法度卿大夫得盡其言行士得資親以事君庶人得用天而分地此陛下無體之禮以安上理人也上元已來政由武氏文明之後法在凶人賊害

宗親誅滅良善勳階歲累酺赦年頻佞之則榮華正之則遷謫神龍景雲之際其事尤繁先天開元之間斯弊都革此陛下之無聲之樂以移風易俗也臣前狀單畧議者未識臣之懇誠謹具狀重進請付中書門下商量處分臣言若讜然敢側足於軒墀臣言不忠伏請竄跡於荒裔左散騎常侍元行沖奏議曰天地之性惟人最靈者蓋以智周萬物惟睿作聖明貴賤辨尊卑遠嫌疑分情理也是以古之聖人徵性識本緣情制服有申有厭天父天夫故斬衰三年情理俱盡者因心立極也生則齊體死則同穴比陰陽而配合同兩儀而成化而妻喪杖期情禮俱殺者蓋以遠嫌疑尊乾道也父爲嫡子三年斬衰而不去職者蓋尊祖重嫡崇禮殺情也資於事父以事君孝莫大於嚴父故父在爲母罷職齊周而心喪三年謂之尊厭者則情申而禮殺也斯制也可以異於飛走別於華夷羲農堯舜莫之易也文武周公同所尊也今若捨尊厭之重虧嚴父之義畧純素之嫌貽非聖之責則事不師古有傷名教矣姨兼從母之名卽母之女黨加於舅服有理存焉嫂叔不服避嫌疑也若引同爨之緦以忘推遠之跡既乖前聖亦謂難從謹詳三者之疑並請依古爲當自是百寮競不決至七年八月下勅曰惟周公制禮當歷代不刊況子夏爲傳乃孔門所受格條之內有父在爲母齊衰三年此有爲而爲非尊厭之義與其改作不如師古諸服紀宜一依喪服文自是卿士之家父在爲母行服不同或既周而禫禫服六十日釋服心喪三年者或有既周而禫禫服終三年者或有依上元之制齊衰三年者時議者是非紛然元行沖謂人曰聖人制厭降之禮豈不知母恩之深也以尊祖貴禰欲其遠別禽獸近異夷狄故也人情易搖淺識者衆一紊其度其可止乎二十年中書令蕭嵩與學士改修定五禮又議請依上元勅父在爲母齊衰三年爲定及頒禮乃一依行焉二十三年藉田禮畢下制曰服制之紀或有所未通宜令禮官學士詳議聞奏太常卿韋縚奏曰謹按儀禮喪服舅緦麻三月從母小功五月傳曰何以小功以名加也堂姨舅舅母恩所不及外祖父母小功五月傳曰何以小功以尊加也舅緦麻三月並是情親而服屬疏者也外祖正尊同於從母之服姨舅一等服則輕重有殊堂姨舅親卽未疏恩絕不相爲服親舅母來承外族同爨之禮不如竊以古意猶有所未暢者也且爲外祖小功此則正尊情甚親而服屬疏者也請加至大功九月姨舅儕親既無別服宜齊

等請爲舅加小功五月堂姨舅疏降一等親舅母從服之例先無制服之文並望加至袒免臣聞禮以飾情服從義制或有沿革損益可明事體既大理資詳審望付尚書省集衆官吏詳議務從折衷永爲典則於是太子賓客崔沔建議曰竊聞大道既隱天下爲家聖人因之然後制禮禮教之設本爲正家家道正而天下定矣正家之道不可以貳總一定義理歸本宗父以尊崇母以厭降豈忘愛敬宜在倫序是以內有齊斬外服皆緦麻尊名所加不過一等此先王不易之道也前聖所志後賢所傳其來久矣昔辛有適伊川見被髮而祭於野者曰不及百年此其戎乎其禮先亡矣貞觀修禮時改舊章漸廣渭陽之恩不遵洙泗之典及弘道之後唐隆之間國命再移於外族矣禮亡徵兆儻或斯見天人之際可不誡哉開元初補闕盧履冰嘗進狀論喪服輕重勅令僉議于時羣議紛挐各安積習太常禮部奏依舊定陛下運稽古之思發獨斷之明至開元八年特降別勅一依古禮事符故實人知向方式固宗盟社稷之福更圖異議竊所未詳願守八年明旨以爲萬代成法職方郎中韋述議曰天生萬物惟人最靈所以尊尊親親別生分類存則盡其愛敬没則盡其哀戚緣情而制服考事而立言往聖討論亦已勤矣上自高祖下至玄孫以及其身謂之九族由近而及遠稱情而立文差其輕重遂爲五服雖則或以義降或以名加教有所從理不踰等百王不易三代可知日月同懸咸所仰也自微言既絕大義復乖雖文質有遷而必遵此制謹按儀禮喪服傳曰外親之服皆緦麻鄭玄謂外親異姓正服不過緦麻外祖父母小功五月以尊加也從母小功五月以名加也舅甥外孫中外昆弟依本服緦麻三月若以匹敵外祖則祖也舅則伯叔父之別也姨舅伯叔則父母之恩不殊而獨殺於外氏聖人之心良有以也喪服傳曰禽獸知母而不知父野人曰父母何算焉都邑之士則知尊禰矣大夫及學士則知尊祖也諸侯及其太祖天子及其始祖聖人究天道而厚於祖禰繫姓族而親其子孫近則別其賢愚遠則異於禽獸由此言之母黨比於本族不可同貫明矣且家無二尊喪無二斬人之所奉不可貳也特重於大宗者降其小宗爲人後者減其父母之服女子出嫁殺其本家之喪蓋所存者遠所抑者私也今若外祖及舅更加服一等堂舅及姨列於服紀之內則中外之制相去幾何廢禮徇情所務者末古之制作者知人情之易搖恐失禮之將漸別其同異輕

重相懸欲使後來之人永不相雜徵旨斯在豈徒然哉且五服有上殺之義必循源本方及條流伯叔父母本服大功九月從父昆弟亦大功九月並以上出於祖其服不得過於祖也從祖祖父母從祖父母從祖昆弟皆小功五月以出於曾祖服不得過於曾祖也族祖祖父母族祖父母族祖昆弟皆緦麻三月以其出於高祖其服不得過於高祖也堂舅姨既出於外曾祖若爲之制服則外曾祖父母及外伯叔祖父母亦宜制服矣外祖加至大功九月則外曾祖合至小功外高祖合至緦麻若舉此而捨彼事則不均棄親而錄疏理則不順推而廣之是與本族無異矣服皆有報則堂外甥外曾孫姪女之子皆須制服矣聖人豈薄其骨肉背其恩愛情之親者服制乃輕蓋本於公者薄於私存其大者畧其細義有所斷不得不然苟可加也亦可減也往聖可得而非則禮經可得而隳矣先王之制謂之彝倫奉以周旋猶恐失墜一紊其敘庸可止乎且舊章淪胥爲日已久矣所存者無幾又欲棄之雖曰未達不知其可請依儀禮喪服爲定禮部員外郎楊仲昌議曰謹按儀禮曰外皆服緦又曰外祖父母以尊加從母以名加並爲小功五月其爲舅緦鄭文貞公魏徵已議同從母例加至小功五月訖今之所加豈異前旨雖文貞賢也而周孔聖也以賢改聖後學何從堂舅姨堂舅母並升爲袒免則何以祖述禮經乎如以外祖父母加至大功則豈無加報於外孫乎如外孫爲報服大功則本宗庶孫何同等而相淺乎儻必如是深所不便竊恐內外乖序親疏奪倫情之所沿何所不至理必然也昔子路有姊之喪而不除孔子問之子路對曰吾寡兄弟而不忍也孔子曰先王制禮行道之人皆不忍也子路聞而除之此則聖人因言以立訓援事抑情之明例也禮不云乎無輕議禮明其蟠於天地並彼日月賢者由之安敢小有損益也況夫喪服之紀先王大猷奉以周旋以匡人道一辭寧措千載是遵涉於異端豈曰弘教伏望各依正禮以厚儒風太常所謂增加愚見以爲不可又戶部郎中楊伯成左監門錄事參軍劉秩並同是議與沔等畧同議奏上又手勅侍臣等曰朕以爲親姨舅既服小功則舅母於舅有三年之服服是受我而厚以服制情則舅母之服不得全降於舅也宜服緦麻堂姨舅古今未制服朕思敦睦九族引而親之宜服袒免又鄭玄注禮記云同爨緦若比堂姨舅於同爨親則厚矣又喪服傳云外親之服皆緦是亦不膈於堂姨舅也若以所服不得過本而須爲外曾祖父母及外伯叔祖父母制服亦何傷乎是皆親親敦本之意卿等更熟詳之侍中裴耀卿中書令張九齡禮部尚書李林甫等奏曰外族之親禮無厭降外甥既爲舅母制服舅母還合報之夫外甥既爲報服則與夫之姨舅以類是同外甥之妻不得無服所增者頗廣所引者漸疏微臣愚蒙猶有未達玄宗又手制荅曰從服有六此其一也降殺之制禮無明文此皆自身率親用爲制服所有存抑盡是推恩朕情有未安故令詳議非欲苟求變古以示不同卿等以爲外族之親禮無厭降報服之制所引甚疏且姨舅者屬從之至近也以親言之則亦姑伯之匹敵也豈有所引者疏而降所親者服又婦從夫者也夫以姨舅既有服從夫而服由是睦親實欲令不肖者企及賢者俯就卿等宜熟詳之耀卿等奏曰陛下體至仁之德廣推恩之道將弘引進以示睦親再發德音更令詳議臣等按大唐新禮親舅加至小功與從母同服此蓋當時特命不以輕重遞增蓋不欲參於本宗慎於變禮者也今聖制親姨舅小功更制舅母緦麻堂姨舅袒免等服取類新禮垂示將來通於物情自我作則羣儒風議徒有稽留並望準制施行制從之天寶六年正月出嫁母宜終服三年

舊唐書卷二十七考證

臣德潛按卷二十七乃凶禮也而惜乎未完考成周五禮凶禮居二唐初徙其次第居五而李義甫許敬宗以爲凶事非臣子所宜言遂刪去國恤一篇國有大故臨時采掇凶禮無可徵矣後開元制禮亦未詳盡至杜黃裳擇裴墐爲太常羅絡古今苞并百氏成崇豐二陵集禮議者稱近古焉然王溥作唐會要于國卹略無紀載宋祁修唐書亦第詳臣庶喪葬衰麻哭泣之節豈墐之書至王溥宋祁時不復存耶至舊書所載凶禮惟論同爨緦麻之恩嫂叔無服舅姨親疏而于五服隆殺視疾殯殮及葬埋祭祀之類俱闕又不獨散軼國卹而已其爲殘闕卷帙夫復何疑

臣德潛按有唐典禮貞觀定後顯慶修之開元又復刪改禮莫備焉今志所載吉禮具存餘賓禮如通邦國待四夷君長之類俱闕軍禮如親征講武蒐狩習射合朔之類俱闕嘉禮如皇帝加元服皇太子加元服臣庶冠皇帝納后皇太子納妃臣庶婚皇帝受朝賀冊立皇太子養老鄉飲酒之類俱闕不止凶禮爲未全之書也必合新書詳考之禮儀始備

# 舊唐書卷二十八

後晉司空同中書門下平章事劉　昫撰

## 志第八

### 音樂一

樂者太古聖人治情之具也人有血氣生知之性喜怒哀樂之情情感物而動於中聲成文而應於外聖王乃調之以律度文之以歌頌蕩之以鐘石播之以絃管然後可以滌精靈可以祛怨思施之於邦國則朝廷序施之於天下則神祇格施之於賓宴則君臣和施之於戰陣則士民勇三五之代世有厥官故虞廷振干羽之容周人立絃誦之敎洎蒼精道喪戰國塵飛禮樂出於諸侯雅頌淪於衰俗齊竽燕筑俱非皦繹之音東缶西琴各寫哇淫之狀乃至播鼗入漢師摯寝絃延陵有自鄶之譏孔子起聞韶之歎及始皇一統傲視百王鐘鼓滿於秦宮無非鄭衛歌舞陳於漢廟並匪咸韶而九成六變之容八佾四懸之制但存其數罕達其情而制氏所傳形容而已武宣之世天子弘儒采夜誦之詩考從臣之賦朝吟蘭殿暮奏竹宮乃命協律之官始制禮神之曲屬河間好古遺籍充庭乃約詩頌而制樂章體周官而爲舞節自茲相襲代易其辭雖流管磬之音恐異莖英之旨其後臥聽桑濮雜以兜離孤竹空桑無復旋宮之義崇牙樹羽惟陳備物之儀煩手卽多知音蓋寡自永嘉之後咸洛爲墟禮壞樂崩典章始盡江左掇其遺散尚有治世之音而元魏宇文代雄朔漠地不傳於清樂人各習其舊風雖得兩京工胥亦置四廂金奏殊非入耳之玩空有作樂之名隋文帝家世士人銳興禮樂踐阼之始詔太常卿牛弘祭酒辛彥之增修雅樂弘集伶官措思歷載無成而郊廟侑神黃鐘一調而已開皇八年平陳始獲江左舊工及四懸樂器帝令廷奏之歎曰此華夏正聲也非吾此舉世何得聞乃調五音爲五夏二舞登歌房中等十四調賓祭用之隋氏始有雅樂因置清商署以掌之既而協律郎祖孝孫依京房舊法推五音十二律爲六十音明六之有三百六十音旋相爲宮音定廟樂諸儒論難竟不施用隋世雅音惟清樂十四調而已隋末大亂其樂猶全高祖受禪擢祖孝孫爲吏部郎中轉太常少卿漸見親委孝孫由是奏請作樂時軍國多務未遑改創樂府尚用隋氏舊文武德九年始命孝孫修定雅樂至貞觀二年六月奏之太宗曰禮樂之作蓋聖人緣物設教以爲撙節治之隆替豈此之由御史大夫杜淹對曰前代興亡實由於樂陳將亡也爲玉樹後庭花齊將亡也而爲伴侶曲行路聞之莫不悲泣所謂亡國之音也以是觀之蓋樂之由也太宗曰不然夫音聲能感人自然之道也故歡者聞之則悅憂者聽之則悲悲歡之情在於人心非由樂也將亡之政其民必苦然苦心所感故聞之則悲耳何有樂聲哀怨能使悅者悲乎今玉樹伴侶之曲其聲具存朕當爲公奏之知公必不悲矣尚書右丞魏徵進曰古人稱禮云禮云玉帛云乎哉樂云樂云鐘鼓云乎哉樂在人和不由音調太宗然之孝孫又奏陳梁舊樂雜用吳楚之音周齊舊樂多涉胡戎之伎於是斟酌南北考以古音作爲大唐雅樂以十二律各順其月旋相爲宮按禮記云大樂與天地同和故制十二和之樂合三十一曲八十四調祭圜丘以黃鐘爲宮方澤以林鐘爲宮宗廟以太簇爲宮五郊朝賀饗宴則隨月用律爲宮初隋但用黃鐘一宮惟扣七鐘餘五鐘虛懸而不扣及孝孫建旋宮之法皆遍扣鐘無復虛懸者矣祭天神奏豫和之樂地祇奏順和宗廟奏永和天地宗廟登歌俱奏肅和皇帝臨軒奏太和王公出入奏舒和皇帝食舉及飲酒奏休和皇帝受朝奏政和皇太子軒懸出入奏承和元日冬至皇帝禮會登歌奏昭和郊廟俎入奏雍和皇帝祭享酌酒讀祝文及飲福受胙奏壽和五郊迎氣各以月律而奏其音又郊廟祭享奏化康凱安之舞周禮旋宮之義亡絕已久時莫能知一朝復古自此始也及孝孫卒後協律郎張文收復採三禮言孝孫雖創其端至於郊禋用樂事未周備詔文收與太常掌禮樂官等更加釐改於是依周禮祭昊天上帝以圜鐘爲宮黃鐘爲角太簇爲徵姑洗爲羽奏豫和之舞若封太山同用此樂若地祇方丘以函鐘爲宮太簇爲角姑洗爲徵南呂爲羽奏順和之舞禪梁甫同用此樂祫禘宗廟以黃鐘爲宮大呂爲角太簇爲徵應鐘爲羽奏永和之舞五郊日月星辰及類于上帝黃鐘爲宮奏豫和之曲大蜡大報以黃鐘太簇姑洗蕤賓夷則無射等調奏豫和順和永和之曲明堂雩以黃鐘爲宮奏豫和之曲神州社稷藉田宜以太簇爲宮雨師以姑洗爲宮山川以蕤賓爲宮並奏順和之曲饗先妣以夷則爲宮奏永和之舞大饗讌奏姑洗蕤賓二調皇帝郊廟食舉以月律爲宮並奏休和之曲皇帝郊廟出入奏太和之樂臨軒出入奏舒和之樂並以姑洗爲宮皇帝大射姑洗爲宮奏騶虞之曲皇太子奏貍首之曲皇太子軒懸姑洗爲宮奏永和之曲凡奏黃鐘歌大呂奏太簇歌應鐘奏姑洗歌南呂

奏蕤賓歌林鐘奏夷則歌中呂奏無射歌夾鐘黃鐘蕤賓爲宮其樂九變大呂林鐘爲宮其樂八變太簇夷則爲宮其樂七變夾鐘南呂爲宮其樂六變姑洗無射爲宮其樂五變中呂應鐘爲宮其樂四變天子十二鐘上公九侯伯七子男五卿六大夫四士三及成奏之太宗稱善於是加級頒賜各有差十四年勑曰殷薦祖考以崇功德比雖加以誠潔而廟樂未稱宜令所司詳諸故實制定奏聞八座議曰七廟觀德義冠於宗祀三祖在天式章於嚴配致敬之情允洽大孝之道宜宣是以八佾具陳肅儀形於綴兆四懸備展被鴻徽於雅音考作樂之明義擇皇王之令典前聖所履莫大于茲伏惟皇帝陛下天縱感通率由冥極孝理昭懿光被於八埏愛敬純深追崇於百葉永言錫祚斯弘頌聲鐘律革音播鏗鏘於饗薦羽籥成列申蹈厲於烝嘗爰詔典司乃加隆稱循聲覈實敬闡尊名竊以皇靈滋慶濬源長委邁吞鷰之生商軼擾龍之肇漢盛韜光於九二漸發迹於三分高祖縮地補天重張區宇反魂肉骨再造生靈恢恢帝圖與二儀而合大赫赫皇道共七曜以齊明雖復聖跡神功不可得而窺測經文緯武敢有寄於名言敬備樂章式昭彝範皇祖弘農府君宣簡公懿王三廟樂請同奏長發之舞太祖景皇帝廟樂請奏大基之舞世祖元皇帝廟樂請奏大成之舞高祖大武皇帝廟樂請奏大明之舞文德皇后廟樂請奏光大之舞七廟登歌請每室別奏制可之二十三年太尉長孫無忌侍中于志寧議太宗廟樂曰易曰先王作樂崇德殷薦之上帝以配祖考請樂名崇德之舞制可之後文德皇后廟有司據禮停光大之舞惟進崇德之舞光宅三年九月高宗廟樂以鈞天爲名中宗廟樂奏太和之舞開元六年十月勑睿宗廟奏景雲之舞二十九年六月太常奏准十二年東封太山日所定雅樂其樂曰元和六變以降天神順和八變以降地祇皇帝行用太和之樂其封太山也登歌奠玉幣用肅和之樂迎俎用雍和之樂酌酒飲福用福和之樂送文迎武用舒和之樂亞獻終獻用凱安之樂送神用夾鐘宮元和之樂禪社首也送神用林鐘宮順和之樂享太廟也迎神用永和之樂獻祖宣皇帝酌獻用光大之舞懿祖光皇帝酌獻用長發之舞太祖景皇帝酌獻用大政之舞世祖元皇帝酌獻用大成之舞高祖神堯皇帝酌獻用大明之舞太宗文皇帝酌獻用崇德之舞高宗天皇大帝酌獻用鈞天之舞中宗孝和皇帝酌獻用太和之舞睿宗大聖貞皇帝酌獻用景雲之舞徹豆用雍和之舞送神用黃鐘宮永和之樂臣以樂章殘缺積有歲時自有事東巡親謁九廟聖情慎禮精祈感通皆祠前累日考定音律請編入史冊萬代施行下制曰王公卿士爰及有司頻詣闕上言請以唐樂爲名者斯至公之事朕安得而辭焉然則大咸大韶大濩大夏皆以大字表其樂章今之所定宜曰大唐樂皇祖弘農府君至高祖大武皇帝六廟貞觀中已詔顏師古等定樂章舞號洎今太常寺又奏有司所定獻祖宣皇帝至睿宗聖貞皇帝九廟酌獻用舞之號天寶元年四月命有司定玄元皇帝廟告享所奏樂降神用混成之樂送神用太一之樂寶應二年六月有司奏玄宗廟樂請奏廣運之舞肅宗廟樂請奏惟新之舞大曆十四年代宗廟樂請奏保大之舞永貞元年十月德宗廟樂請奏文明之舞元和元年順宗廟樂請奏大順之舞元和十五年憲宗廟樂請奏象德之舞穆宗廟樂請奏和寧之舞敬宗廟樂請奏大鈞之舞文宗廟樂請奏文成之舞武宗廟樂請奏大定之舞貞觀元年宴羣臣始奏秦王破陳之曲太宗謂侍臣曰朕昔在藩屢有征討世間遂有此樂豈意今日登於雅樂然其發揚蹈厲雖異文容功業由之致有今日所以被於樂章示不忘於本也尚書右僕射封德彝進曰陛下以聖武戡難立極安人功成化定陳樂象德實弘濟之盛烈爲將來之壯觀文容習儀豈得爲比太宗曰朕雖以武功定天下終當以文德綏海內文武之道各隨其時公謂文容不如蹈厲斯爲過矣德彝頓首曰臣不敏不足以知之其後令魏徵虞世南褚亮李百藥改制歌辭更名七德之舞增舞者至百二十人被甲執戟以象戰陣之法焉六年太宗行幸慶善宮宴從臣於渭水之濱賦詩十韻其宮卽太宗降誕之所車駕臨幸每特感慶賞賜閭里有同漢之宛沛焉於是起居郎呂才以御製詩等於樂府被之管絃名爲功成慶善樂之曲令童兒八佾皆進德冠紫褲褶爲九功之舞冬至享讌及國有大慶與七德之舞偕奏于庭七年太宗制破陣舞圖左圓右方先偏後伍魚麗鵝鸛箕張翼舒交錯屈伸首尾迴互以象戰陣之形令呂才依圖教樂工百二十人被甲執戟而習之凡爲三變每變爲四陣有來往疾徐擊刺之象以應歌節數日而就更名七德之舞癸巳奏七德九功之舞觀者見其抑揚蹈厲莫不扼腕踴躍凜然震竦武臣列將咸上壽云此舞皆是陛下百戰百勝之形容羣臣咸稱萬歲蠻夷十餘種自請率舞詔許之久而乃罷十四年有景雲見河水清張文收採古朱鴈天馬之義制景雲河清歌名曰讌樂奏之管絃爲諸樂之首元會第一奏者是也永徽二年十一月高宗親祀南郊黃門侍郎宇文節奏言依儀明日朝羣臣除樂懸請奏九部樂上因曰破陣樂舞者情不忍觀所司更不宜設言畢慘愴久之顯慶元年正月改破陣樂舞爲神功破陣樂二年太常奏白雪琴曲先是上以琴中雅曲古人歌之近代已來此聲頓絕雖有傳習又失宮商令所司簡樂工解琴笙者修習舊曲至是太常上言曰臣謹按禮記家語云舜彈五絃之琴歌南風之詩是知琴操曲弄皆合於歌又張華博物志云白雪是大帝使素女鼓五十絃瑟曲名又楚大夫宋玉對襄王云有客於郢中歌陽春白雪國中和者數十人是知白雪琴曲本宜合歌以其調高人和遂寡自宋玉以後迄今千祀未有能歌白雪曲者臣今準勑依於琴中舊曲定其宮商然後教習並合於歌輒以御製雪詩爲白雪歌辭又按古今樂府奏曲之後皆別有送聲君唱臣和事彰前史輒取侍臣等奏和雪詩以爲送聲各十六節今悉教訖並皆諧韻上善之乃付太常編於樂府六年二月太常丞呂才造琴歌白雪等曲上製歌辭十六首編入樂府六年三月上欲伐遼於屯營教舞召李義府任雅相許敬宗許圉師張延師蘇定方阿史那忠于闐王伏闍上官儀等赴洛城門觀樂樂名一戎大定樂賜觀樂者雜綵有差麟德二年七月制曰國家平定天下革命創制紀功旌德久被樂章今郊祀四懸猶用干戚之舞先朝作樂韜而未伸其享宴等所奏宮懸文舞宜用功成慶善之樂皆著履執拂衣舊服袴褶童子冠其武舞宜用神功破陣之樂皆被甲持戟其執纛之人亦着金甲人數並依八佾仍量加簫笛歌鼓等並於懸南列坐若舞卽與宮懸合奏其宴樂內色舞者仍依舊別設上元三年十一月勑供祠祭上元舞前令大祠享皆將陳設自今已後圓丘方澤太廟祠享然後用此舞餘祭並停儀鳳二年十一月六日太常少卿韋萬石奏曰據貞觀禮郊享日文舞奏豫和順和永和等樂其舞人著委貌冠服並手執籥翟其武舞奏凱安其舞人並著平冕手執干戚奉麟德三年十月勑文舞改用功成慶善樂武舞改用神功破陣樂并改器服等自奉勑以來爲慶善樂不可降神神功破陣樂未入雅樂雖改用器服其舞猶依舊迄今不改事既不安恐須別有處分者以今月六日錄奏奉勑舊文舞武舞既不可廢并器服總宜依舊若懸作上元舞日仍奏神功破陣樂及功成慶善樂并殿庭用舞並須引出懸外作其安置舞曲宜更商量作安穩法并錄凱安六變法象奏聞萬石又與刊正官等奏曰謹按凱安舞是貞觀中所造武舞準貞觀禮及今禮但郊廟祭享奏武舞之樂卽用之凡有六變一變象龍興參野二變象剋靖關中三變象東夏賓服四變象江淮寧謐五變象獫狁讋伏六變復位以崇象兵還振旅謹按貞觀禮祭享日武舞準作六變亦如周之大武六成樂止按樂有因人而作者則因人而止如著成數者數終卽止不得取行事賒促爲樂終早晚卽禮云三闋六成八變九變是也今禮奏武舞六成而數終未止既非師古不可依行其武舞凱安望請依古禮及貞觀禮六成樂止立部伎內破陣樂五十二遍修入雅樂祇有兩遍名曰七德立部伎內慶善樂七遍修入雅樂祇有一遍名曰九功上元舞二十九遍今入雅樂一無所減每見祭享日三獻已終上元舞又自未畢今更加破陣樂兼恐酌獻已後歌舞更長其雅樂內破陣樂慶善樂及上元舞三曲並望修改通融令長短與禮相稱冀望久長安穩破陣樂有象武事慶善樂有象文事按古六代舞有雲門大咸大夏大韶是古之文舞殷之大濩周之大武是古之武舞依古義先儒相傳國家以揖讓得天下則先奏文舞若以征伐得天下則先奏武舞望請應用二舞日先奏神功破陣樂次奏功成慶善樂先奉勑於圓丘方澤太廟祠享日則用上元之舞臣據見行禮欲於天皇酌獻降復位已後卽作凱安變樂止其神功破陣樂功成慶善樂上元之舞三曲待修改訖以次通融作之卽得與舊樂前後不相妨破若有司攝行事日亦請據行事通融從之三年七月上在九成宮咸亨殿宴集有韓王元嘉霍王元軌及南北軍將軍等樂作太常少卿韋萬石奏稱破陣樂舞者是皇祚發跡所由宣揚宗祖盛烈傳之於後永永無窮自天皇臨馭四海寢而不作既緣聖情感愴羣下無敢關言臣忝職樂司廢缺是懼依禮祭之日天子親總干戚以舞先祖之樂與天下同樂之也今破陣樂久廢羣下無所稱述將何以發孝思之情上矍然改容俯遂所請有制令奏樂舞既畢上欷歔感咽涕泗交流臣下悲淚莫能仰視久之顧謂兩王曰不見此樂垂三十年乍此觀聽實深哀感追思往日王業艱難勤苦若此朕今嗣守洪業可忘武功古人云富貴不與驕奢期驕奢自至朕謂特見此舞以自誡勗冀無盈滿之過非爲歡樂奏陳之耳侍宴羣臣咸呼萬

歲調露二年正月二十一日則天御洛城南樓賜宴太常奏六合還淳之舞長壽二年正月則天親享萬象神宮先是上自製神宮大樂舞用九百人至是舞於神宮之庭景龍二年皇后上言自妃主及五品以上母妻并不因夫子封者請自今遷葬之日特給鼓吹宮官亦準此侍御史唐紹上諫曰竊聞鼓吹之作本為軍容昔黃帝涿鹿有功以為警衞故掆鼓曲有靈夔吼鵰鶚爭石墜崖壯士怒之類自昔功臣備禮適得用之丈夫有四方之功所以恩加寵錫假如郊祀天地誠是重儀惟有宮懸本無按架故知軍樂所備尚不洽於神祇鉦鼓之音豈得接於閨闈准式公主王妃已下葬禮準有團扇方扇綵帷錦障之色加至鼓吹歷代未聞又準令五品官婚葬先無鼓吹惟京官五品得借四品鼓吹為儀令特給五品已上母妻五品官則不當給限便是班秩本因夫子儀飾乃復過之事非倫次難為定制參詳義理不可常行請停前勅各依常典上不納延載元年正月二十三日製越古長年樂一曲玄宗在位多年善樂音若讌設酺會即御勤政樓先一日金吾引駕仗北衙四軍甲士未明陳仗衞尉張設光祿造食候明百僚朝侍中進中嚴外辨中官素扇天子開簾受朝禮畢又素扇垂簾百寮常參供奉官貴戚二王後諸蕃酋長謝食就坐太常大鼓藻繪如錦樂工齊擊聲震城闕太常卿引雅樂每色數十人自南魚貫而進列於樓下鼓笛雞婁充庭考擊太常樂立部伎坐部伎依點鼓舞間以胡夷之伎日旰即內閑廄引蹀馬三十匹傾杯樂曲奮首鼓尾縱橫應節又施三層校牀乘馬而上抃轉如飛又令宮女數百人自帷出擊雷鼓為破陣樂太平樂上元樂雖太常積習皆不如其妙也若聖壽樂則迴身換衣作字如畫又五方使引大象入場或拜或舞動容鼓振中於音律竟日而退玄宗又於聽政之暇教太常樂工子弟三百人為絲竹之戲音響齊發有一聲誤玄宗必覺而正之號為皇帝弟子又云梨園弟子以置院近於禁苑之梨園太常又有別教院教供奉新曲太常每陵晨鼓笛亂發於太樂別署教院廩食常千人宮中居宜春院玄宗又製新曲四十餘又新製樂譜每初年望夜又御勤政樓觀燈作樂貴臣戚里借看樓觀望夜闌太常樂府縣散樂畢即遣宮女於樓前縛架出眺歌舞以娛之若繩戲竿木詭異巧妙固無其比天寶十五載玄宗西幸祿山遣其逆黨載京師樂器樂伎衣盡入洛城尋而肅宗剋復兩京將行大禮禮物盡闕命禮儀使太常少卿于休烈使屬吏與東京留臺領赴于朝廷詔給錢使休烈造伎衣及大舞等服於是樂工二舞始備矣乾元元年三月十九日以上太常舊鐘磬自隋已來所傳五聲或有差錯謂于休烈曰古者聖人作樂以應天地之和以合陰陽之序和則人不夭札物不疵癘且金石絲竹樂之器也比親享郊廟每聽樂聲或宮商不倫或鐘磬失度可盡供鐘磬朕當於內自定太常進入上集樂工考試數日審知差錯然後令再造及磨刻二十五日一部先畢召太常樂工上臨三殿親觀考擊皆合五音送太常二十八日又於內造樂章三十一章送太常郊廟歌之貞元三年四月河東節度使馬燧獻定難曲御麟德殿命閱試之十二年十二月昭義軍節度使王虔休獻繼天誕聖樂十四年二月德宗自製中和舞又奏九部樂及禁中歌舞伎者十數人布列在庭上御麟德殿會百寮觀新樂詩仍令太子書示百官貞元十六年正月南詔異牟尋作奉聖樂舞因韋皐以進十八年正月驃國王來獻本國樂太和八年十月宣太常寺準雲韶樂舊用人數令於本寺閱習進來者至開成元年十月教成三年武德司奉宣索雲韶樂縣圖二軸進之太和三年八月太常禮院奏謹按凱樂鼓吹之歌曲也周官大司樂王師大獻則奏凱安樂注云獻功之樂也又大司馬之班師有功則凱樂獻于社注云兵樂曰凱司馬法曰得意則凱樂所以示喜也左氏傳載晉文公勝楚振旅凱入魏晉已來鼓吹曲章多述當時戰功是則歷代獻捷必有凱歌太宗平東都破宋金剛其後蘇定方執賀魯李勣平高麗皆備軍容凱歌入京師謹檢貞觀顯慶開元禮書並無儀注今參酌今古備其陳設及奏歌曲之儀如後凡命將征討有大功獻俘馘者其日備神策兵衞於東門外如獻俘常儀其凱樂用鐃吹二部笛篳篥簫笳鐃鼓每色二人歌工二十四人樂工等乘馬執樂器次第陳列如鹵簿之式鼓吹令丞前導分行於兵馬俘馘之前將入都門鼓吹振作迭奏破陣樂等四曲破陣樂應聖期兩曲太常舊有辭賀朝歡君臣同慶樂今撰補之破陣樂受律辭元首相將討叛臣咸歌破陣樂共賞太平人應聖期聖德期昌運雍熙萬寓清乾坤資化育海岳共休明闢土忻耕稼銷戈遂偃兵殊方歌帝澤執贄賀昇平賀朝歡四海皇風被千年德水清戎衣更不著今日告功成君臣同慶樂主聖開昌曆臣忠奏大猷君看偃革後便是太平秋候行至太社及廟門工人下馬陳列於門外按周禮大司樂注云獻于祖大司馬云先凱樂獻于社蓋詳禮儀則社廟之中似合奏樂伏以尊嚴之地鐃吹譁讙既無明文或乖肅敬今請並於門外陳設不奏歌曲候告獻禮畢復導引奏曲如儀至皇帝所御樓前兵仗旌門外二十步樂工皆下馬徐行前進兵部尚書介冑執鉞於旌門內中路前導周禮師有功則大司馬在執律右秉鉞以先凱樂注云律所以聽軍聲鉞所以為將威令吹律聽聲其術久廢惟請秉鉞以存禮文次協律郎二人公服執麾亦於門下分導鼓吹令丞引樂工等至位立定太常卿於樂工之前跪具官臣某奏事請奏凱樂協律郎舉麾鼓吹大振作遍奏破陣樂等四曲樂闋協律郎偃麾太常卿又跪奏凱樂畢兵部尚書太常卿退樂工等並出旌門外訖然後引俘馘入獻及稱賀如別儀別有獻俘馘儀注如俘囚引出方退請宣付當司編入新禮仍令樂工教習依奏

舊唐書卷二十八考證

音樂志一陳將亡也為玉樹後庭花齊將亡也而為伴侶曲行路聞之莫不悲泣○沈炳震曰按通典齊將亡也為伴侶行路聞之莫不悲泣則行路難亦樂府名也書少一難字則行路字屬聞之上矣然觀太宗語今三曲俱存為公奏之公豈悲乎既云三曲玉樹後庭花一曲也伴侶曲二曲也行路難三曲也似應從通典

十四年有景雲見河水清張文收采古朱鴈天馬之義製景雲河清歌○臣德潛按此貞觀十四年也然觀通考以景雲河清歌慶善樂破陣樂承天樂一戎大定樂八埏同軌樂夷美賓七曲為高宗朝所作未知孰是

# 舊唐書卷二十九

後晉司空同中書門下平章事劉　昫撰

## 志第九

### 音樂二

高祖登極之後享宴因隋舊制用九部之樂其後分為立坐二部今立部伎有安樂太平樂破陣樂慶善樂大定樂上元樂聖壽樂光聖樂凡八部安樂者後周武帝平齊所作也行列方正象城郭周世謂之城舞舞者八十人刻木為面狗喙獸耳以金飾之垂線為髮畫猰皮帽舞蹈姿制猶作羌胡狀太平樂亦謂之五方師子舞師子鷙獸出於西南夷天竺師子等國綴毛為之人居其中像其俛仰馴狎之容二人持繩秉拂為習弄之狀五師子各立其方色百四十人歌太平樂舞以足持繩者服飾作崑崙象破陣樂太宗所造也太宗為秦王之時征伐四方人間歌謠秦王破陣樂之曲及即位使呂才協音律李百藥虞世南褚亮魏徵等製歌辭百二十人披甲持戟甲以銀飾之發揚蹈厲聲韻慷慨享宴奏之天子避位坐宴者皆興慶善樂太宗所造也太宗生於武功之慶善宮既貴宴宮中賦詩被以管絃舞者六十人衣紫大袖裙襦漆髻皮履舞蹈安徐以象文德洽而天下安樂也大定樂出自破陣樂舞者百四十人被五彩文甲持槊歌和云八紘同軌樂以象平遼東而邊隅大定也上元樂高宗所造舞者百八十人畫雲衣備五色以象元氣故曰上元聖壽樂高宗武后所作也舞者百四十人金銅冠五色畫衣舞之行列必成字十六變而畢有聖超千古道泰百王皇帝萬年寶祚彌昌字光聖樂玄宗所造也舞者八十人鳥冠五綵畫衣兼以上元聖壽之容以歌王跡所興自破陣舞以下皆雷大鼓雜以龜茲之樂聲振百里動蕩山谷大定樂加金鉦惟慶善舞獨用西涼樂最為閑雅破陣上元慶善三舞皆易其衣冠合之鐘磬以享郊廟以破陣為武舞謂之七德慶善為文舞謂之九功皇武后稱制毀唐太廟此禮遂有名而亡實安樂等八舞聲樂皆立奏之樂府謂之立部伎其餘總謂之坐部伎則天中宗之代大增造坐立諸舞尋以廢寢坐部伎有讌樂長壽樂天授樂鳥歌萬壽樂龍池樂破陣樂凡六部讌樂張文收所造也工人緋綾袍絲布袴舞二十人分為四部景雲樂舞八人花錦袍五色綾袴雲冠烏皮靴慶善樂舞四人紫綾袍大袖絲布袴假髻破陣樂舞四人緋綾袍錦衿褾緋綾褲承天樂舞四人紫袍進德冠並銅帶樂用玉磬二架大方響一架搊箏一臥箜篌一小箜篌一大琵琶一大五絃琵琶一小五絃琵琶一大笙一小笙一大篳篥一小篳篥一大簫一小簫一正銅拔一和銅拔一長笛一短笛一楷鼓一連鼓一鞉鼓一桴鼓一工歌二此樂惟景雲舞僅存餘並亡長壽樂武太后長壽年所造也舞十有二人畫衣冠天授樂武太后天授年所造也舞四人畫衣五采鳳冠鳥歌萬歲樂武太后所造也武太后時宮中養鳥能人言又常稱萬歲為樂以象之舞三人緋大袖並畫鸜鵒冠作鳥像今案嶺南有鳥似鸜鵒而稍大乍視之不相分辨籠養久則能言無不通南

人謂之吉了亦云料開元初廣州獻之言音雄重如丈夫委曲識人情慧於鸚鵡遠矣疑卽此鳥也漢書武帝本紀書南越獻馴象能言鳥注漢書者皆謂鳥爲鸚鵡若是鸚鵡不得不舉其名而謂之能言鳥鸚鵡秦隴尤多亦不足重所謂能言鳥卽吉了也北方常言鸜鵒踰嶺乃能言傳者誤矣嶺南甚多鸜鵒能言者非鸜鵒也龍池樂玄宗所作也玄宗龍潛之時宅在隆慶坊宅南坊人所居變爲池望氣者亦異焉故中宗季年汎舟池中玄宗正位以坊爲宮池水逾大瀰漫數里爲此樂以歌其祥也舞十有二人人冠飾以芙蓉破陣樂玄宗所造也生於立部伎破陣樂舞四人金甲冑自長壽樂已下皆用龜茲樂舞人皆著靴惟龍池備用雅樂而無鐘磬舞人躡履清樂者南朝舊樂也永嘉之亂五都淪覆遺聲舊制散落江左宋梁之間南朝文物號爲最盛人謠國俗亦世有新聲後魏孝文宣武用師淮漢收其所獲南音謂之淸商樂隋平陳因置清商署總謂之清樂遭梁陳亡亂所存蓋鮮隋室已來日益淪缺武太后之時猶有六十三曲今其辭存者惟有白雪公莫舞巴渝明君鳳將雛明之君鐸舞白鳩白紵子夜吳聲四時歌前溪阿子及歡聞團扇懊憹長史督護讀曲烏夜啼石城莫愁襄陽棲烏夜飛估客楊伴雅歌驍壺常林歡三州採桑春江花月夜玉樹後庭花堂堂泛龍舟等三十二曲明之君雅歌各二首四時歌四首合三十七首又七曲有聲無辭上林鳳雛平調清調瑟調平折命嘯通前爲四十四曲存焉白雪周曲也平調清調瑟調皆周房中曲之遺聲也漢世謂之三調公莫舞晉宋謂之巾舞其說云漢高祖與項籍會於鴻門項莊劍舞將殺高祖項伯亦舞以袖隔之且云公莫害沛公也漢人德之故舞用巾以象項伯衣袖之遺式也巴渝漢高帝所作也帝自蜀漢伐楚以版楯蠻爲前鋒其人勇而善鬭好爲歌舞高帝觀之曰武王伐紂歌也使工習之號曰巴渝渝美也亦云巴有渝水故名之魏晉改其名梁復號巴渝隋文廢之明君漢元帝時匈奴單于入朝詔王嬙配之卽昭君也及將去入辭光彩射人聳動左右天子悔焉漢人憐其遠嫁爲作此歌晉石崇妓綠珠善舞以此曲教之而自製新歌曰我本漢家子將適單于庭昔爲匣中玉今爲糞上英晉文王諱昭故晉人謂之明君此中朝舊典今爲吳聲蓋吳人傳受訛變使然鳳將雛漢世舊歌曲也明之君本漢世鞞舞曲也梁武時改其辭以歌君德鐸舞漢曲也白鳩吳朝拂舞曲也楊泓拂舞序曰自到江南見白符舞或言白鳧鳩云有此來數十年察其辭旨乃是吳人患孫晧虐政思屬晉也隋牛弘請以鞞鐸巾拂等舞陳之殿庭帝從之而去其所持巾拂等白紵沈約云紵本吳地所出疑是吳舞也梁帝又令約改其辭其四時白紵之歌約集所載是也今中原有白紵曲辭旨與此全殊子夜晉曲也晉有女子夜造此聲聲過哀苦晉日常有鬼歌之前溪晉車騎將軍沈玩所制阿子及歡聞晉穆帝升平初歌畢輒呼阿子汝聞否後人演其聲以爲此曲團扇晉中書令王珉與嫂婢有情愛好甚篤嫂捶撻婢過苦婢素善歌而珉好捉白團扇故云團扇復團扇持許自遮面憔悴無復理羞與郎相見懊憹晉隆安初民間訛謠之曲歌云春草可攬結女兒可攬擷齊太祖常謂之中朝歌長史變晉司徒左長史王廞臨敗所制督護晉宋間曲也彭城內史徐逵之爲魯軌所殺宋高祖長聟也使府內直督護丁旿殯斂之其妻呼旿至閣下自問斂逵之事每問輒歎息曰丁督護其聲哀切後人因其聲廣其曲焉今歌是宋孝武帝所製云督護上征去儂亦惡聞許願作石尤風四面斷行旅讀曲宋人爲彭城王義康所制也有死罪之辭烏夜啼宋臨川王義慶所作也元嘉十七年徙彭城王義康於豫章義慶時爲江州至鎮相見而哭爲帝所怪徵還宅大懼妓妾夜聞烏啼聲扣齊閤云明日應有赦其年更爲南兗州刺史作此歌故其和云籠窻窻不開烏夜啼夜夜望郎來今所傳歌似非義慶本音辭曰歌舞諸少年娉婷無種跡菖蒲花可憐聞名不相識石城宋臧質所作也石城在竟陵質嘗爲竟陵郡於城上眺矚見羣少年歌謠通暢因作此曲歌云生長石城下開門對城樓城中美年少出入見依投莫愁樂出於石城樂石城有女子名莫愁善哥謠石城樂和中復有莫愁聲故歌云莫愁在何處莫愁石城西艇子打兩槳催送莫愁來襄陽王樂宋隋王誕之所作也誕始爲襄陽郡元嘉二十六年仍爲雍州夜聞諸女哥謠因作之故歌和云襄陽來夜樂其哥曰朝發襄陽來暮至大堤宿大堤諸女兒花豔驚郎目裴子野宋略稱晉安侯劉道彥爲雍州刺史有惠化百姓歌之號襄陽樂其辭旨非也棲烏夜飛沈攸之元徽五年所作也攸之未敗之前思歸京師故歌和云日落西山還去來估客樂齊武帝之製也布衣時常遊樊鄧追憶往事而作歌曰昔經樊鄧役阻潮梅根渚感憶追往事意滿情不敘使太樂令劉瑤教習百日無成或啓釋寶月善音律帝使寶月奏之便就勑歌者常重爲感憶之聲梁改其名爲商旅行楊伴本童謠歌也齊隆昌時女巫之子曰楊旻旻隨母入內及長爲后所寵童謠云楊婆兒共戲來而歌語訛遂成楊伴兒歌云暫出白門前楊柳可藏烏歡作沉水香儂作博山爐驍壺疑是投壺樂也投壺者謂壺中躍矢爲驍壺今謂之驍壺者是也常林歡疑是宋梁間曲宋梁世荊雍爲南方重鎮皆皇子爲之牧江左辭詠莫不稱之以爲樂土故隋王作襄陽之歌齊武帝追憶樊鄧梁簡文樂府歌云分手桃林岸送別峴山頭若欲寄音信漢水向東流又曰宜城投音豆酒今行熟停鞍繫馬暫棲宿桃林在漢水上宜城在荊州北荊州有長林縣江南謂情人爲歡常長聲相近蓋樂人誤謂長爲常三州商人歌也商人數行巴陵三江之間因作此歌採桑因三州曲而生此聲也春江花月夜玉樹後庭花堂堂並陳後主所作叔寶常與宮中女學士及朝臣相和爲詩太樂令何胥又善於文詠採其尤艷麗者以爲此曲泛龍舟隋煬帝江都宮作餘五曲不知誰所作也其辭類皆淺俗而綿世不易惜其古曲是以備論之其他集錄所不見亦闕而不載當江南之時巾舞白紵巴渝等衣服各異梁以前舞人並二八梁舞省之咸用八人而已今工人平巾幘緋袴褶舞四人碧輕紗衣裙襦大袖畫雲鳳之狀漆鬟髻飾以金銅雜花狀如雀釵錦履舞容閑婉曲有姿態沈約宋書志江左諸曲哇淫至今其聲調猶然觀其政已亂其俗已淫既怨且思矣而從容雅緩猶有古士君子之遺風也樂則莫與爲比樂用鐘一架磬一架琴一三絃琴一擊琴一瑟一秦琵琶一臥箜篌一筑一箏一節鼓一笙二笛二簫二箎二葉二歌二自長安已後朝廷不重古曲工伎轉缺能合于管絃者唯明君楊伴驍壺春歌秋歌白雪堂堂春江花月等八曲舊樂章多或數百言武太后時明君尚能四十言今所傳二十六言就之訛失與吳音轉遠劉貺以爲宜取吳人使之傳習以問歌工李郎子李郎子北人聲調已失云學於俞才生才生江都人也今郎子逃清樂之歌闕焉又聞清樂唯歌一曲辭典而音雅閱舊記其辭信典漢有盤舞今隸散樂部中又有幡舞扇舞並亡自周隋已來管絃雜曲將數百曲多用西涼樂鼓舞曲多用龜茲樂其曲度皆時俗所知也惟彈琴家猶傳楚漢舊聲及清調瑟調蔡邕雜弄非朝廷郊廟所用故不載西涼樂者後魏平沮渠氏所得也晉宋末中原喪亂張軌據有河西苻秦通涼州旋復隔絕其樂具有鐘磬蓋涼人所傳中國舊樂而雜以羌胡之聲也魏世共隋咸重之工人平巾幘緋褶白舞一人方舞四人白舞今闕方舞四人假髻玉支釵紫絲布褶白大口袴五綵接袖烏皮靴樂用鐘一架磬一架彈箏一搊箏一臥箜篌一豎箜篌一琵琶一五絃琵琶一笙一簫一篳篥一小篳篥一笛一橫笛一腰鼓一齊鼓一檐鼓一銅拔一貝一編鐘今亡周官韎師掌教韎樂祭祀則帥其屬而舞之大享亦如之韎東夷之樂名也舉東方則三方可知矣又有鞮鞻氏掌四夷之樂與其聲歌祭祀則龡而歌之燕亦如之作先王樂者貴能包而用之納四夷之樂者美德廣之所及也東夷之樂曰韎離南蠻之樂曰任西戎之樂曰禁北狄之樂曰昧離言陽氣始通萬物離地而生也任言陽氣用事萬物懷任也禁言陰氣始通禁止萬物之生長也昧言陰氣用事萬物衆形暗昧也其聲不正作之四門之外各持其方兵獻其聲而已自周之衰此禮寖廢後魏有曹婆羅門受龜茲琵琶於商人世傳其業至孫妙達尤爲北齊高洋所重常自擊胡鼓以和之周武帝聘虜女爲后西域諸國來媵於是龜茲疏勒安國康國之樂大聚長安胡兒令羯人白智通教習頗雜以新聲張重華時天竺重譯貢樂伎後其國王子爲沙門來遊又傳其方音宋世有高麗百濟伎樂魏平拓跋亦得之而未具周師滅齊二國獻其樂隋文帝平陳得清樂及文康禮畢曲列九部伎百濟伎不預焉煬帝平林邑國獲扶南工人及其匏琴陋不可用但以天竺樂轉寫其聲而不齒樂部西魏與高昌通始有高昌伎我太宗平高昌盡收其樂又造讌樂而去禮畢曲今著令者惟此十部雖不著令聲節存者樂府猶隸之德宗朝又有驃國亦遣使獻樂高麗樂工人紫羅帽飾以鳥羽黃大袖紫羅帶大口袴赤皮靴五色縚繩舞者四人椎髻於後以絳抹額飾以金璫二人黃裙襦赤黃袴極長其袖烏皮靴雙雙並立而舞樂用彈箏一搊箏一臥箜篌一豎箜篌一琵琶一義觜笛一笙一簫一小篳篥一大篳篥一桃皮篳篥一腰鼓一齊鼓一檐鼓一貝一武太后時尚二十五曲今惟習一曲衣服亦寖衰敗失其本風百濟樂中宗之代工人死散岐王範爲太常卿復奏置之是以音伎多闕舞二人紫大袖裙襦章甫冠皮履樂之存者箏笛桃皮篳篥箜篌歌此三國東夷之樂也扶南樂舞二人朝霞行纏赤皮鞾隋世全用天竺樂今其存者有羯鼓都曇鼓毛員鼓簫笛篳篥銅拔貝天竺樂工人皂絲布頭巾白練襦紫綾袴

緋帔舞二人辮髮朝霞袈裟行纏碧麻鞋袈裟今僧衣是也樂用銅鼓羯鼓毛員鼓都曇鼓篳篥橫笛鳳首箜篌琵琶銅拔貝毛員鼓都曇鼓今亡驃國樂貞元中其王來獻本國樂凡一十二曲以樂工三十五人來朝樂曲皆演釋氏經論之辭此三國南蠻之樂高昌樂舞人白襖錦袖赤皮靴赤皮帶紅抹額樂用荅臘鼓一腰鼓一雞婁鼓一羯鼓一簫二橫笛二篳篥二琵琶二五絃琵琶二銅角一箜篌一箜篌今亡龜茲樂工人皂絲布頭巾緋絲布袍錦袖緋布袴舞者四人紅抹額緋襖白袴帑烏皮靴豎箜篌一琵琶一五絃琵琶一笙一橫笛一簫一篳篥一毛員鼓一都曇鼓一荅臘鼓一腰鼓一羯鼓一雞婁鼓一銅拔一貝一毛員鼓今亡疏勒樂工人皂絲布頭巾白絲布袴錦襟褾舞二人白襖錦袖赤皮靴赤皮帶樂用豎箜篌琵琶五絃琵琶橫笛簫篳篥荅臘鼓腰鼓羯鼓雞婁鼓康國樂工人皂絲布頭巾緋絲布袍錦領舞二人緋襖錦領袖綠綾褌袴赤皮靴白袴帑舞急轉如風俗謂之胡旋樂用笛二正鼓一和鼓一銅拔一安國樂工人皂絲布頭巾錦褾領紫袖袴舞二人紫襖白袴帑赤皮靴樂用琵琶五絃琵琶箜篌簫橫笛篳篥正鼓和鼓銅拔箜篌五絃琵琶今亡此五國西戎之樂也南蠻北狄國俗皆隨髮際斷其髮今舞者咸用繩圍首反約髮抄內於繩下又有新聲河西至者號胡音聲與龜茲樂散樂俱爲時重諸樂咸爲之少寢北狄樂其可知者鮮卑吐谷渾部落稽三國皆馬上樂也鼓吹本軍旅之音馬上奏之故自漢以來北狄樂總歸鼓吹署魏樂府始有北歌卽魏史所謂眞人代歌是也代都時命掖庭宮女晨夕歌之周隋世與西涼樂雜奏今存者五十三章其名目可解者六章慕容可汗吐谷渾部落稽鉅鹿公主白淨王太子企喻也其不可解者咸多可汗之辭此卽後魏世所謂簸邏迴者是也其曲亦多可汗之辭北虜之俗呼主爲可汗吐谷渾又慕容別種知此歌是燕魏之際鮮卑歌歌音辭虜竟不可曉梁有鉅鹿公主歌辭似是姚萇時歌辭華音與北歌不同梁樂府鼓吹又有太白淨皇太子少白淨皇太子企喻等曲隋鼓吹有白淨皇太子曲與北歌校之其音皆異開元初以問歌工長孫元忠云自高祖以來代傳其業元忠之祖受業於侯將軍名貴昌并州人也亦世習北歌貞觀中有詔令貴昌以其聲教樂府元忠之家世相傳如此雖譯者亦不能通知其辭蓋年歲久遠失其眞矣絲桐惟琴曲有胡笳聲大角金吾所掌散樂者

歷代之有非部伍之聲俳優歌舞雜奏漢天子臨軒設樂舍利獸從西方來戲於殿前激水成比目魚跳躍嗽水作霧翳日化成黃龍修八丈出水遊戲輝耀日光繩繫兩柱相去數丈二倡女對舞上切肩而不傾如是雜變總名百戲江左猶有高絙紫鹿跂行鼈食齊王捲衣筰鼠夏育扛鼎巨象行乳神龜抃戲背負靈嶽桂樹白雪畫地成川之伎晉成帝七年散騎侍郎顧臻表曰末世之樂設外方之觀逆行連倒四海朝覲帝庭而足以蹈天頭以履地反天地之順傷彝倫之大乃命太常悉罷之其後復高絙紫鹿後魏北齊亦有魚龍辟邪鹿馬仙車吞刀吐火剝車剝驢種瓜拔井之戲周宣帝徵齊樂並會關中開皇初散遣之大業二年突厥單于來朝洛陽宮煬帝爲之大合樂盡通漢晉周齊之術胡人大駭帝命樂署肄習常以歲首縱觀端門內大抵散樂雜戲多幻術幻術皆出西域天竺尤甚漢武帝通西域始以善幻人至中國安帝時天竺獻伎能自斷手足刳剔腸胃自是歷代有之我高宗惡其驚俗勅西域關令不令入中國符堅嘗得西域倒舞伎睿宗時婆羅門獻樂舞人倒行而以足舞於極銛刀鋒倒植於地低目就刃以歷臉中又植於背下吹篳篥者立其腹上終曲而亦無傷又伏伸其手兩人躡之旋身遶手百轉無已漢世有橦木伎又有盤舞晉世加之以柸謂之柸盤舞樂府詩云妍袖陵七盤言舞用盤七枚也梁謂之舞盤伎梁有長蹻伎擲倒伎跳劍伎吞劍伎今並存又有舞輪伎蓋今戲車輪者透三峽伎蓋今透飛梯之類也高絙伎蓋今之戲者是也梁有獼猴幢伎今有緣竿又有獼猴緣竿未審何者爲是又有弄椀珠伎丹珠伎歌舞戲有大面撥頭踏搖娘窟礧子等戲玄宗以其非正聲置教坊於禁中以處之婆羅門樂與四夷同列婆羅門樂用漆篳篥二齊鼓一散樂用橫笛一拍板一腰鼓三其餘雜戲變態多端皆不足稱代面出於北齊北齊蘭陵王長恭才武而面美常著假面以對敵嘗擊周師金墉城下勇冠三軍齊人壯之爲此舞以效其指麾擊刺之容謂之蘭陵王入陣曲撥頭出西域胡人爲猛獸所噬其子求獸殺之爲此舞以像之也踏搖娘生於隋末隋末河內有人貌惡而嗜酒常自號郎中醉歸必毆其妻其妻美色善歌爲怨苦之辭河朔演其曲而被之絃管因寫其夫之容妻悲訴每搖頓其身故號踏搖娘近代優人頗改其制度非舊旨也窟礧子亦云魁礧子作偶人以戲善歌舞本喪家樂也漢末始用之於嘉會齊後主

高緯尤所好高麗國亦有之八音之屬協於八節匏瓠也女媧氏造列管於匏上內簧其中爾雅謂之巢大者曰竽小者曰和竽煦也立春之氣煦生萬物也竽管三十六宮管在左和管十三宮管居中今之竽笙並以木代匏而漆之無復音矣荊梁之南尚存古制云管三孔曰籥春分之音萬物振躍而動也籥舜所造也爾雅謂之茭(音交)大曰管二十三管修尺四寸笛漢武帝工丘仲所造也其元出於羌中短笛脩尺有咫長笛短笛之間謂之中管篪吹孔有觜如酸棗橫笛小篪也漢靈帝好胡笛五胡亂華石遵翫之不絕音宋書云有胡篪出於胡吹則謂此梁胡吹歌云快馬不須鞭反插楊柳枝下馬吹橫笛愁殺路傍兒此歌舞元出北國之橫笛皆去觜其加觜者謂之義觜笛篳篥本名悲篥出於胡中其聲悲亦云胡人吹之以驚中國馬云柷衆也立夏之音萬物衆皆成也方面各二尺餘傍開員孔內手於中擊之以舉樂敔如伏虎背皆有鬣二十七碎竹以擊其首而逆刮之以止樂也春牘虛中如筩無底舉以頓地如春杵亦爲之頓相相助也以節樂也或謂梁孝王築睢陽城擊鼓爲下杵之節睢陽操用春牘後世因之拍板長闊如手厚寸餘以韋連之擊以代抃琴伏羲所造琴禁也夏至之音陰氣初動禁物之淫心五絃以備五聲武王加之爲七絃琴十有二柱如琵琶擊琴柳惲所造惲嘗爲文詠思有所屬搖筆誤中琴絃因爲此樂以管承絃又以片竹約而束之使絃急而聲亮舉竹擊之以爲節曲瑟昔者大帝使素女鼓五十絃瑟悲不能自止破之爲二十五絃大帝太昊也箏本秦聲也相傳云蒙恬所造非也制與瑟同而絃少案京房造五音準如瑟十三絃此乃箏也雜樂箏並十有二絃他樂皆十有三絃軋箏以片竹潤其端而軋之筑如箏細頸以竹擊之如擊琴清樂箏用骨爪長寸餘以代指琵琶四絃漢樂也初秦長城之役有弦鼗而鼓之者及漢武帝嫁宗女於烏孫乃裁箏筑爲馬上樂以慰其鄉國之思推而遠之曰琵引而近之曰琶言其便於事也今清樂奏琵琶俗謂之秦漢子圓體修頸而小疑是弦鼗之遺制其他皆充上銳下曲項形制稍大疑此是漢制兼似兩制者謂之秦漢蓋謂通用秦漢之法梁史稱侯景之將害簡文也使太樂令彭雋齎曲項琵琶就帝飲則南朝似無曲項者亦本出胡中五絃琵琶稍小蓋北國所出風俗通云以手琵琶之因爲名案舊琵琶皆以木撥彈之太宗貞觀始有手彈之法今所謂搊琵琶者是也風俗通

所謂以手琵琶之乃非用撥之義豈上世固有搊之者耶阮咸亦奏琵琶也而項長過於今制列十有三柱武太后時蜀人蒯明於古墓中得之晉竹林七賢圖阮咸所彈與此類因謂之阮咸咸晉世實以善琵琶知音律稱箜篌漢武帝使樂人侯調所作以祠太一或云侯輝所作其聲坎坎應節謂之坎侯聲訛爲箜篌或謂師延靡靡樂非也舊說亦依琴制今按其形似瑟而小七絃用撥彈之如琵琶豎箜篌胡樂也漢靈帝好之體曲而長二十有二絃豎抱於懷用兩手齊奏俗謂之擘箜篌鳳首箜篌有項如軫七絃鄭善子作開元中進形如阮咸其下缺少而身大傍有少鈌取其身便也絃十三隔孤柱一合散聲七隔聲九十一柱聲一總九十九聲隨調應律太一司馬縚開元中進十二絃六隔合散聲十二隔聲七十二絃散聲應律呂以隔聲旋相爲宮合八十四調今編入雅樂宮縣內用之六絃史盛作天寶中進形如琵琶而長六絃四隔孤柱一合散聲六隔聲二十四柱聲一總三十一聲隔調應律天寶樂任偃作天寶中進類石幢十四絃六柱黃鐘一均足倍七聲移柱作調應律塤曛也立秋之音萬物將曛黃也埏土爲之如鵞卵凡六孔銳上豐下大者爾雅謂之曰嘂缶如足盆古西戎之樂秦俗應而用之其形似覆盆以四杖擊之秦趙會於澠池秦王擊缶而歌八缶唐永泰初司馬滔進廣平樂蓋八缶具黃鐘一均聲鐘黃帝之工垂所造鐘種也立秋之音萬物種成也大曰鏄鏄亦大鐘也爾雅謂之鏞小而編之曰編鐘中曰剽小曰醆錞于圓如碓頭大上小下縣以籠牀芒筳將之以和鼓沈約宋書云今人間時有之則宋日非廟庭所用後周平蜀獲之斛斯徵觀曰錞于也依干寶周禮注試之如其言鐃木舌搖之以和鼓梁有銅磬蓋今方響之類方響以鐵爲之修八寸廣二寸圓上方下架如磬而不設業倚於架上以代鐘磬人間所用者纔三四寸銅拔亦謂之銅盤出西戎及南蠻其圓數寸隱起若浮漚貫之以韋皮相擊以和樂也南蠻國大者圓數尺或謂南齊穆士素所造非也鉦如大銅疊縣而擊之節鼓銅鼓鑄銅爲之虛其一面覆而擊其上南夷扶南天竺類皆如此嶺南豪家則有之大者廣丈餘磬叔所造也磬勁也立冬之音萬物皆堅勁書云泗濱浮磬言泗濱石可爲磬今磬石皆出華原非泗濱也登歌磬以玉爲之爾雅謂之毊鼓動也冬至之音萬物皆含陽氣而動雷鼓八面以祀天靈鼓六面以祀地路鼓四面以祀鬼神夏后加之以

足謂之足鼓殷人貫之以柱謂之楹鼓周人縣之謂之縣鼓後世從殷制建之謂之建鼓晉鼓六尺六寸金奏則鼓之傍有鼓謂之應鼓以和大鼓小鼓有柄曰鞞搖之以和鼓大曰鞞腰鼓大者瓦小者木皆廣首而纖腹本胡鼓也石遵好之與橫笛不去左右齊鼓如漆桶大一頭設齊於鼓面如麝臍故曰齊鼓檐鼓如小甕先冒以革而漆之羯鼓正如漆桶兩手具擊以其出羯中故號羯鼓亦謂之兩杖鼓都曇鼓似腰鼓而小以槌擊之毛員鼓似都曇鼓而稍大荅臘鼓制廣羯鼓而短以指楷之其聲甚震俗謂之楷鼓雞婁鼓正圓兩手所擊之處平可數寸正鼓和鼓者一以正一以和皆腰鼓也節鼓狀如博局中間員孔適容其鼓擊之節樂也撫拍以韋爲之實之以糠撫之節樂也金石絲竹匏土革木謂之八音金木之音擊而成樂今東夷有管木者桃皮是也西戎有吹金者銅角是也長二尺形如牛角貝蠡也容可數升並吹之以節樂亦出南蠻桃皮卷之以爲篳篥嘯葉銜葉而嘯其聲清震橘柚尤善四夷絲竹之量國異其制不可詳盡爾雅琴二十絃曰離瑟二十七絃曰麗漢世有洞簫又有管長尺圍寸而併漆之宋世有繞梁似臥箜篌今並亡矣今世又有篪其長盈尋曰七星如箏稍小曰雲和樂府所不用周天子宮縣諸侯軒縣大夫曲縣士特縣故孔子之堂聞金石之音魏絳之家有鐘磬之聲秦漢之際斯禮無聞漢丞相田蚡前庭羅鐘磬置曲旃光武又賜東海恭王鐘簴之樂卽漢世人臣尚有金石漢樂歌云高張四縣神來讌饗謂宮縣也制氏在太樂能記鏗鏘鼓舞河間高廟撞千石之鐘十枚卽上林賦所謂千石之鐘立萬石之鋋鉅者也鐘當十二而此十枚未識其義議者皆云漢世不知用宮縣今案漢章和世用旋宮漢世羣儒備言其義牛弘祖孝孫所由準的也又河間王博採經籍與制氏不殊知漢世之樂爲最備矣魏晉已來但云四廂金石而不言其禮或八架或十架或十六架梁武始用二十六架貞觀初增三十六架加鼓吹熊羆按十二於四隅後魏周齊皆二十六架建德中復梁三十六架隋文省煬帝又復之樂縣橫曰簨竪曰簴飾簨以飛龍飾趺以飛廉鐘簴以摯獸磬簴以摯鳥上列樹羽旁垂流蘇周制也縣以崇牙殷制也飾以博山後世所加也宮縣每架金博山五軒縣三鼓承以花趺覆以華蓋上集翔鷺隋氏二十架先置建鼓於四隅鎛鐘方面各三依其辰位雜列編鐘磬各四架於其間二十六架則編鐘十二架磬亦如之軒縣九架鎛鐘三架在辰丑申地編鐘磬皆三架設路鼓二於縣內戌巳地之北設柷敔於四隅舞人立於其中錞于鐃鐸撫拍舂牘列於舞人間唐禮天子朝廟用三十六架高宗成蓬萊宮充庭七十二架同舞八佾先聖廟及皇太子廟並九架舞六佾縣間設柷敔各一柷於左敔於右錞于撫拍頓相鐃鐸次列於路鼓南舞人列於縣北登歌二架登於堂上兩楹之前編鐘在東編磬在西登歌工人坐堂上竹人立堂下所謂琴瑟在堂竽笙在庭也殿庭加設鼓吹於四隅讌享陳清樂架對列於左右廂設舞筵於其間舊皇后庭但設絲管大業尚侈始置鐘磬猶不設鎛鐘以鎛磬代武太后稱制用鐘因而莫革樂縣庭廟以五綵雜飾軒縣以朱五郊則各從其方色每先奏樂三日太樂令宿設縣於庭其日率工人入居其次協律郎舉麾樂作仆麾樂止文舞退武舞進若常享會先一日具坐立部樂名封上請所奏御注而下及會先奏坐部伎次奏立部伎次奏蹀馬次奏散樂而畢矣廣明初巢賊干紀輿駕播遷兩都覆圮宗廟悉爲煨燼樂工淪散金奏幾亡及僖宗還宮購募鐘縣之器一無存者昭宗卽位將親謁郊廟有司請造樂縣詢於舊工皆莫知其制度修奉樂縣使宰相張濬悉集太常樂胥詳酌竟不得其法時太常博士殷盈孫深於典故乃案周官考功記之文究其欒銑于鼓鉦舞甬之法沉思三四夕用算法乘除鎛鐘之輕重高低乃定懸下編鐘正黃鐘九寸五分下至登歌倍應鐘三寸三分半凡四十八等口項之量徑衡之圍悉爲圖遣金工依法鑄之凡二百四十口鑄成張濬求知聲者處士蕭承訓梨園樂工陳敬言與太樂令李從周令先校定石磬合而擊拊之八音克諧觀者聳聽濬旣進呈昭宗陳於殿庭以試之時以宗廟焚毀之後修奉不及乃權以少府監廳爲太廟其庭甚狹議者論縣樂之架不同濬奏議曰臣伏準舊制太廟含元殿並設宮縣三十六架太清宮南北郊社稷及諸殿庭並二十架今修奉樂懸太廟合造三十六架臣今參議請依古禮用二十架伏自兵興已來雅樂淪缺將爲修奉事實重難變通宜務於酌中損益當循於寧儉臣聞諸舊史昔武王定天下至周公相成王始暇制樂魏初無樂器及伶人後稍得登歌會舉之樂明帝大明末詔增益之咸和中鳩集遺逸尚未有金石之音至孝和太元中四廂金石始備郊祀猶不舉樂宋文帝元嘉九年初調金石二十四年南郊始設登歌廟舞猶闕孝武建元中有司奏郊廟宜設備樂始爲詳定故後魏孝文太和初司樂上書陳樂章有闕求集羣官議定廣修器數正立名品詔雖行之仍有殘缺隋文踐祚太常議正雅樂九年之後惟奏黃鐘一宮郊廟止用一調據禮文每一代之樂二調並奏六代之樂凡二十調其餘聲律皆不復通高祖受隋禪軍國多務未遑改創樂府尚用隋氏舊文武德九年命太常考正雅樂貞觀二年考畢上奏蓋其事體大故歷代不能速成伏以俯逼郊天式修雅樂必將集事須務相時今者帑藏未充貢奉多闕凡關貨力不易方圓制度之間亦宜樽節臣伏惟儀禮宮懸之制陳鎛鐘二十架當十二辰之位甲丙庚壬各設編鐘一架乙丁辛癸各設編磬一架合爲二十架樹建鼓於四隅當乾坤艮巽之位以象二十四氣宗廟殿庭郊丘社稷皆用此制無聞異同周漢魏晉宋齊六朝並秪用二十架隋氏平陳檢梁故事乃設三十六架國初因之不改高宗皇帝初成蓬萊宮充庭七十二架尋乃省之則簨簴架數太多本近於侈止於二十架正協禮經兼今太廟之中地位甚狹百官在列萬舞充庭雖三十六架具存亦施爲不得廟庭難容未易開廣樂架不可重沓鋪陳今請依周漢魏晉宋齊六代故事用二十架從之古制雅樂宮縣之下編鐘四架十六口近代用二十四口正聲十二倍聲十二各有律呂凡二十四聲登歌一架亦二十四鐘雅樂淪滅至是復全

舊唐書卷二十九考證

音樂志二慶善樂太宗所造也舞者六十人〇新書六十四人通考亦作以童兒六十四人舞

上元樂高宗所造舞者百八十人〇通典八十人通志亦作百八十人

龍池樂玄宗所作也舞十二人〇通典七十二人通考舞者十二人爲列應是其列有六合之得七十二人也

楊伴本童謠歌也〇通典通考俱作楊叛兒

武太后時明君尚能四十言今所傳二十六言就之訛失與吳音轉遠〇就之就字疑誤

梁武始用二十六架貞觀初增三十六架後魏周齊皆二十六架建德中復梁三十六架〇沈炳震曰按下文方由隋以至于唐此貞觀二字應誤乃梁代年號也

# 舊唐書卷三十

後晉司空同中書門下平章事劉　昫撰

## 志第十

### 音樂三

貞觀二年太常少卿祖孝孫旣定雅樂至六年詔褚亮虞世南魏徵等分制樂章其後至則天稱制多所改易歌辭皆是內出開元初則中書令張說奉制所作然雜用貞觀舊詞自後郊廟歌工樂師傳授多缺或祭用宴樂或郊稱廟詞二十五年太常卿韋縚令博士韋逌直太樂尚沖樂正沈元福郊社令陳虔申懷操等銓敘前後所行用樂章爲五卷以付太樂鼓吹兩署令工人習之時太常舊相傳有宮商角徵羽讌樂五調歌詞各一卷或云貞觀中侍中楊仁恭妾趙方等所銓集詞多鄭衞皆近代詞人雜詩至縚又令太樂令孫玄成更加整比爲七卷又自開元已來歌者雜用胡夷里巷之曲其孫玄成所集者工人多不能通相傳謂爲法曲今依前史舊例錄雅歌詞前後常行用者附於此志其五調法曲詞多不經不復載之

冬至祀昊天於圓丘樂章八首貞觀二年祖孝孫定雅樂貞觀六年褚亮虞世南魏徵等作此詞今行用

降神用豫和

上靈睠命兮膺會昌盛德殷薦叶辰良景福降兮聖德遠玄化穆兮天曆長

皇帝行用太和

穆穆我后道應千齡登三處大得一居貞禮唯崇德樂以和聲百神仰止天下文明

登歌奠玉帛用肅和

闓陽播氣甄耀垂明有赫圓宰深仁曲成日麗蒼璧煙開紫營聿遵虔享式降鴻禎

迎俎入用雍和

欽惟大帝載仰皇穹始命田燭爰啓郊宮雲門駭聽雷鼓鳴空神其介祀景祚斯融

酌獻飲福用壽和

八音斯奏三獻畢陳寶祚惟永煇光日新

送文舞出迎武舞入用舒和

疊璧凝影皇壇路編珠流彩帝郊前已奏黃鐘歌大呂還符寶曆祚昌年

武舞用凱安

昔在炎運終中華亂無象酆郊赤烏見邙山黑雲上大賚下周車禁暴開殷網幽明何叶贊鼎祚齊天壤

送神用豫和
歆奏畢兮禮獻終六龍馭兮神將昇明德感兮非黍稷
降福簡兮祚休徵
又郊天樂章一首（太樂舊有此辭名不詳所起）
送神用豫和
蘋蘩禮著黍稷誠微音盈鳳管彩駐龍旂洪歆式就介
福攸歸送樂有闋靈馭遄飛
則天大聖皇后大享昊天樂章十二首（御撰）
第一
太陰凝至化貞耀蘊軒儀德邁娥臺敵仁高姒幄披捫
天遂啓極夢日乃昇曦
第二
瞻紫極望玄穹翹至懇罄深衷聽雖遠誠必通垂厚澤
降雲宮
第三
乾儀混成沖邃天道下濟高明闓陽晨披紫闕太一曉
降黃庭圓壇敢申昭報方璧冀展虔情丹襟式敷衷懇
玄鑒庶察微誠
第四
巍巍叡業廣赫赫聖基隆菲德承先顧禎符萃眇躬銘
開武巖側圖薦洛川中微誠詎幽感景命忽昭融有懷
慙紫極無以謝玄穹
第五
朝壇霧卷曙嶺烟沉爰設筐幣式表誠心筵輝麗璧樂
暢和音仰惟靈鑒俯察翹襟
第六
昭昭上帝穆穆下臨禮崇備物樂奏鏘金蘭羞委薦桂
醑盈斟敢希明德聿鑒莊心
第七
鏄浮九醞禮備三周陳誠菲奠契福神猷
第八
奠璧郊壇昭大禮鏘金附石表虔誠始奏承雲娛帝賞
復歌調露暢韶音
第九
荷恩承顧託執契恭臨撫廟略靜邊荒天兵曜神武有
截資先化無爲遵舊矩禎符降昊穹大業光寰宇
第十
肅肅祀典邕邕禮秩三獻已周九成斯畢爰撤其俎載
遷其實或昇或降唯誠唯質
第十一
禮終肆類樂闋九成仰惟明德敢薦非馨顧慙菲奠久
駐雲軿瞻荷靈澤悚戀兼盈
第十二
式乾路闢天扉迴日馭動雲衣登金闕入紫微望仙駕
仰恩徽
景龍三年中宗親祀昊天上帝樂章十首
降神用豫和
天之曆數歸睿唐顧惟菲德欽昊倉選吉日兮表殷薦
冀神鑒兮降闓陽
皇帝行用大和（圜鍾宮）
恭臨寶位肅奉瑤圖恒思解網每軫泣辜德慙巢燧化
劣唐虞期我良弼式贊嘉謨
告謝（圜鍾宮）
得一流玄澤通三御紫宸遠叶千齡運遐銷九域塵絕
瑞駢闐集殊祥絡繹臻年登慶西畝稔歲賀盈囷
登歌用肅和（無射均之林鍾羽）
悠哉廣覆大矣曲成九玄著象七曜甄明珪璧是奠醞
酎斯盈作樂崇德爰暢咸英
迎俎用雍和（圜鍾均之黃鍾羽）
郊壇展敬嚴配因心孤竹簫管空桑瑟琴肅穆大禮鏗
鏘八音恭惟上帝希降靈歆
酌獻用福和（圜鍾宮）
九成爰奏三獻式陳欽承景福恭託明禋
中宮助祭昇壇用（函鍾宮）
坤元光至德柔訓闡皇風芣苡芳聲遠螽斯美化隆叡
範超千載嘉猷備六宮肅恭陪盛典欽若薦禋宗
亞獻用（函鍾宮）
三靈降饗三后配神虔敷藻奠敬展郊禋
送文舞出迎武舞入用舒和（圜鍾均之中呂商）
已陳粢盛敷嚴祀更奏笙鏞協雅聲璇圖寶曆欣寧謐
晏俗淳風樂太平
武舞作用凱安（圜鍾均之无射徵）
堂堂聖祖興赫赫昌基泰戎車盟津偃玉帛塗山會舜
日啓祥暉堯雲卷征旆風猷被有截聲教覃無外
開元十一年玄宗祀昊天於圜丘樂章十一首
降神用豫和（圜鍾宮三成黃鍾角一成太簇徵一成姑洗羽一成已上六變詞同）
至矣丕搆蒸哉太平授犧膺籙復禹繼明草木仁化鳧
鷖頌聲祀宗陳德無媿斯誠
迎神用歆和
崇禋已備粢盛聿修潔誠斯展鐘石方道
皇祖光皇帝室酌獻用長發（黃鍾宮詞同貞觀長發）
太祖景皇帝室酌獻用大基（太簇宮詞同貞觀大基）
代祖元皇帝室酌獻用大成（姑洗宮詞同貞觀大成）
高祖神堯皇帝室酌獻用大明（蕤賓宮詞同貞觀大明）
太祖文武聖皇帝室酌獻用崇德（夷則宮詞同貞觀崇德）
高宗天皇大帝室酌獻用鈞天（黃鍾宮詞同光宅鈞天）
懿宗孝敬皇帝室酌獻用承和（黃鍾宮）
金相載穆玉裕重暉養德清禁承光紫微乾宮候色震
象增威監國方永賓天不歸孝友自衷溫文性與龍樓
正啓鶴駕斯舉丹扆流念鴻名式序中興考室永陳彝
俎
皇帝飲福用延和（黃鍾宮）
巍巍累聖穆穆重光奄有區夏祚啓隆唐百蠻飲澤萬
國來王本枝億載鼎祚逾長
皇帝行用大和
郊壇齊帝禮樂祠天丹青寰宇宮徵山川神祇畢降行
止重旋融融穆穆納祉洪延
登歌奠玉用肅和
止奏潛聆登儀宿轉大玉躬奉參鍾首奠簠簋聿昇犧
牲遞薦昭事顒君存存以俔
迎俎入用雍和
爛雲普洽律風無外千品其凝九賓斯會禋樽晉燭純
犧滌汰玄覆攸廣鴻休汪濊
皇帝酌獻天神用壽和
六變爰闋八階載虔祐我皇祚於萬斯年
酌獻配座用壽和
於赫聖祖龍飛晉陽底定萬國奄有四方功格上下道
冠農黃郊天配享德合無疆
飲福酒用壽和
崇崇太畤肅肅嚴禋粢盛既潔金石畢陳上帝來享介
福爰臻受釐合福寶祚惟新
送文舞出迎武舞入用舒和
祝史正辭人神慶叶福以德昭孚以誠接六藝云備百
禮斯浹祀事孔明祚流萬葉
武舞用凱安
馨香惟后德明命光天保肅和崇聖靈陳信表黃道玉
鏚初路厲金匏既靜好
禮畢送神用豫和
大號成命思文配天神光肸蠁龍駕言旋眇眇閶闔昭
昭上玄俾昌而大於萬斯年
皇帝還大次用太和
六成既闋三薦云終神心具醉聖敬愈崇受釐皇邸迴
蹕帷宮穰穰之福永永無窮
玄宗開元十三年封泰山祀天樂十四首（中書令燕國公張說作今行用）
降神用豫和六變夾鐘宮之一
歆泰壇柴泰清受天命報天成竦皇心薦樂聲志上達
歌下迎
夾鍾宮之二
億上帝臨下庭騎日月陪列星嘉祝信大糦馨澹神心
醉皇靈
夾鍾宮之三
相百辟貢八荒九歌敍萬舞翔肅振振鏘皇皇帝欣欣
福穰穰
黃鍾宮
高在上道光明物資始德難名承眷命牧蒼生寰宇謐
太階平
太簇徵
天道無親至誠與隣山川遍禮宮徵惟新玉帛非盛聰
明會貞正斯一德通乎百神
姑洗羽
饗帝饗親維孝維聖緝熙懿德敷揚成命華夷志同笙
鏞禮盛明靈降止感此誠敬
迎送皇帝用太和
孝敬中發和容外彰騰華照寓如昇太陽貞璧就奠玄
靈垂光禮樂具舉濟濟洋洋
登歌奠玉帛用肅和（羽調）
奠祖配天承天享帝百靈咸秩四海來祭植我蒼璧布
我玄製華日徘徊神靈容裔
迎俎入用雍和
俎豆有馝潔粢豐盛亦有和羹既戒既平鼓鍾管磬肅
唱和鳴皇皇后祖賚我思成
酌獻用壽和（黃鍾宮）
蒸蒸我后享獻惟夤躬酌鬱鬯跪奠明神孝莫孝乎配
上帝於親敬莫敬乎教天下爲臣
皇帝飲福用壽和
皇祖嚴配配享皇天皇皇降嘏天子萬年
送文舞出迎武舞入用舒和（商調）
六鐘翕協六變成八佾倘佯八風生樂九部兮人神感
美七德兮天地清

終獻亞獻用凱安

列祖順三靈文宗威四海黃鉞誅羣盜朱旗掃多罪戢兵天下安約法人心改大哉干羽意長見風雲在

送神用豫和夾鐘宮調

禮樂終烟燎上㥄靈惠結皇想歸風疾廻風爽百福來衆神往

正月上辛祈穀於南郊樂章八首貞觀中褚亮作今行用

降神用豫和詞同冬至圓丘皇帝行用太和詞同冬至圓丘

登歌奠玉帛用肅和貞觀禮記咸帝用此詞明慶已後詞同冬至圓丘

履艮斯繩居中體正龍運垂祉昭符啓聖式事嚴禋聿懷嘉慶惟帝永錫時皇休命

迎俎用雍和

殷薦乘春太壇臨曙八簋盈和六瑚登御嘉稷匪歆德馨斯飫祝嘏無易靈心有豫

皇帝酌獻飲福酒用壽和詞同冬至圓丘

送文舞出迎武舞入用舒和

玉帛犧牲申敬享金絲鏚羽盛音容庶俾億齡提景福長欣萬㝢洽時邕

武舞用凱安詞同冬至圓丘送神用豫和詞同冬至圓丘

季秋享上帝于明堂樂章八首貞觀中褚亮等作今行用

降神用豫和詞同冬至圓丘皇帝行用大和詞同冬至圓丘

登歌奠玉帛用肅和

象天御宇乘時布政嚴配申虔宗禋展敬罇罍盈列樹羽交暎玉幣通誠祚隆皇聖

迎俎用雍和

八牖晨披五精朝奠霧凝璇篚風清金縣神滌備全明粢豐衍載結彝俎陳誠以薦

皇帝酌獻飲福用壽和詞同冬至圓丘

送文舞出迎武舞入用舒和

御扆合宮承寶曆席圓重節奉明靈偃武修文九圍泰沉烽靜柝八荒寧

武舞用凱安詞同冬至圓丘送神用豫和詞同冬至圓丘

則天大聖皇后享明堂樂章十二首御撰

外辦將出

總章陳昔典衢室禮惟神宏規則天地神用叶陶鈞負扆三春旦充庭萬宇賓顧己誠虛薄空慙馭兆人

皇帝行用黃鐘宮

仰膺曆數俯順謳歌遠安邇肅俗阜時和化光玉鏡訟息金科方興典禮永戢干戈

皇嗣出入升降

至人光俗大孝通神謙以表性恭惟立身洪規載啓茂典方陳譽隆三善祥開萬春

迎送王公

千官肅事萬國朝宗載延百辟爰集三宮君臣得合魚水斯同睿圖方永周曆長隆

登歌大呂均無射羽

禮崇宗祀志表嚴禋笙鏞合奏文物惟新敬遵茂典敢擇良辰潔誠斯著奠謁方申

配饗

笙鏞間鳴玉文物昭清暉粹影臨芳奠休光下太徵孝思期有感明潔庶無違

宮音

履艮苞羣望君中冠百靈萬方資廣運庶品荷裁成神功諒匪測盛德實難名藻奠申誠敬恭祀表惟馨

角音

出震位開平秩扇條風乘甲乙龍德盛鳥星出薦珪篚陳誠實

徵音

赫赫離精御炎陸滔滔熾景開隆暑冀延神鑒俯蘭罇式表虔襟陳簋俎

商音

律則夷則序應收成功宣建武儀表惟明爰申禮奠庶展翹誠九秋是式百穀斯盈

羽音

葭律肇啓隆冬蘋藻攸陳饗祭黃鐘既成玉燭紅粒方殷稔歲

孟夏雩祀上帝于南郊樂章八首貞觀中褚亮等作今行用

降神用豫和詞同冬至圓丘皇帝行用大和詞同冬至圓丘

登歌奠玉帛用肅和

朱鳥開辰蒼龍啓暎大帝昭饗羣生展敬禮備懷柔功宣舞詠旬液應序年祥叶慶

迎俎用雍和

紺筵分彩瑤圖吐絢風管晨凝雲歌曉囀肅事蘋藻虔申桂奠百穀斯登萬箱攸薦

皇帝酌獻飲福酒用壽和詞同冬至圓丘

送文舞出迎武舞入用舒和

鳳曲登歌調令序龍雩集舞泛祥風綵旞雲迴昭睿德朱干電發表神功

武舞用凱安詞同冬至圓丘送神用豫和詞同冬至圓丘

又雩祀樂章二首大樂舊有此詞不詳所起或云開元所造

降神用豫和

烏緯遷序龍星見辰純陽在律明德崇禋五方降帝萬寓安人恭以致享肅以迎神

送神用豫和

祀遵經設享緣誠舉獻畢于樽撤臨于俎舞止干戚樂停柷敔歌以送神神還其所

祀五方上帝於五郊樂章四十首貞觀中魏徵等作今行用

祀黃帝降神奏宮音

黃中正位含章居貞既彰六律兼和五聲畢陳萬舞乃薦斯牲神其下降永祚休平

皇帝行用太和詞同冬至圓丘

登歌奠玉帛用肅和

渺渺方輿蒼蒼圓蓋至哉樞紐宅中圖大氣調四序風和萬籟祚我明德時雍道泰

迎俎用雍和

金縣夕肆玉俎朝陳饗薦黃道芬流紫辰迺誠迺敬載享載禋崇薦斯在惟皇是賓

皇帝酌獻飲福用壽和詞同冬至圓丘

送文舞出迎武舞入用舒和

御徵乘宮出郊甸安歌率舞遞將迎自有雲門符帝賞猶持雷鼓荅天成

武舞用凱安詞同冬至圓丘送神用豫和詞同冬至圓丘

祀青帝降神用角音

鶴雲旦起鳥星昏集律候新風陽開初蟄至德可饗行潦斯挹錫以無疆烝人乃粒

登歌奠玉帛用肅和

玄鳥司春蒼龍登歲節物變柳光風轉蕙瑤席降神朱絃饗帝誠備祝嘏禮殫珪幣

迎俎用雍和

大樂稀音至誠簡禮文物斯建聲名濟濟六變有成三登無體迎春豐潔恩覃愷悌

皇帝酌獻飲福用壽和詞同冬至圓丘

送文舞出迎武舞入用舒和

笙歌籥舞屬年韶鷺鼓鳧鐘展時豫調露初迎綺春節承雲遽踐蒼霄馭

武舞用凱安詞同冬至圓丘送神用豫和詞同冬至圓丘

祀赤帝降神用徵音

青陽告謝朱明戒序延長是祈敬陳椒醑博碩斯薦笙鏞備舉庶盡肅恭非馨稷黍

皇帝行用太和詞同冬至圓丘

登歌奠玉帛用肅和

離位克明火中宵見峯雲暮起景風晨扇木槿初容含桃可薦芬馥百品鏗鏘三變

迎俎用雍和

昭昭丹陸奕奕炎方禮陳牲幣樂備篪簧瓊羞溢俎玉醑浮觴恭惟正直歆此馨香

皇帝酌獻飲神用壽和詞同冬至圓丘

送文武出迎武舞入用舒和

千里溫風飄絳羽十枚炎景勝朱干陳觴薦俎歌三獻拊石樅金會七盤

武舞用凱安詞同冬至圓丘送神用豫和詞同冬至圓丘

祀白帝降神用商音

白藏應節天高氣清歲功既阜庶類收成萬方靜謐九土和平馨香是薦受祚聰明

皇帝行用太和詞同冬至圓丘

登歌奠玉帛用肅和

金行在節素靈居正氣肅霜嚴林凋草勁豺祭隼擊潦收川鏡九穀已登萬箱流詠

迎俎用雍和

律應西成氣躔南呂珪幣咸列笙竽備舉苾苾蘭羞芬芬桂醑式資宴貺用調霜序

皇帝酌獻飲福用壽和詞同冬至圓丘

送文舞出迎武舞入用舒和

璿儀氣爽驚緹籥玉呂灰飛含素商鳴鞞奏管芳羞薦會舞安歌葆眊揚

武舞用凱安詞同冬至圓丘送神用豫和詞同冬至圓丘

祀黑帝降神用羽音

嚴冬季月星迴風厲享祀報功方祈來歲

皇帝行用太和詞同冬至圓丘

登歌奠玉帛用肅和

律周玉琯星迴金度次極陽烏紀窮陰兎火林霰雪湯泉凝沍八蜡已登三農息務

迎俎用雍和

陽月斯紀應鐘在候載潔牲牷爰登俎豆既高既遠無聲無臭靜言格思惟神保佑

皇帝酌獻飲福用壽和詞同冬至圓丘

送文舞出迎武舞入用舒和

執籥持羽初終曲朱干玉鏚始分行七德九功咸已暢明靈降福具穰穰

武舞用凱安詞同冬至圓丘送神用豫和詞同冬至圓丘

又五郊樂音十首（太樂舊有此詞不詳所起）

黃郊迎神

朱明季序黃郊王辰厚以載物甘以養人毓金爲體稟火成身宮音式奏奏以迎神

送神

春末冬暮徂夏杪秋土王四月時季一周黍稷已享籩豆宜收送神有樂神其賜休

青郊迎神

緹幕移候青郊啓蟄淑景遲遲和風習習璧玉宵備旌旄曙立張樂以迎帝神其入

送神

文物流彩聲明動色人竭其恭靈昭其飾歆薦無已垂禎不極送禮有章惟神還軾

赤郊迎神

青陽節謝朱明候改靡草雕華含桃流彩簴列鐘磬筵陳脯醢樂以迎神神其如在

送神

炎精式降蒼生攸仰羞列豆籩酒陳犧象昭祀有應宜其不爽送樂張音惟靈之往

白郊迎神

序移玉律節應金商天嚴殺氣吹警秋方楢燎既積稷奠並芳樂以迎奏庶降神光

送神

祀遵五禮時屬三秋人懷肅敬靈降禎休奠歆旨酒薦享珍羞載張送樂神其上遊

黑郊迎神

玄英戒序黑郊臨候掌禮陳彝司筵執豆寒雰斂色沍泉凝漏樂以迎神八音斯奏

送神

北郊時冽南陸輝處奠本虔誠獻彌恭慮上延祉福下承歡豫廣樂送神神其整馭

祀朝日樂章八首（貞觀中作今行用）

降神用豫和（詞同冬至圓丘）　皇帝行用大和（詞同冬至圓丘）

登歌奠玉帛用肅和

惟聖格天惟明饗日帝郊肆類王官戒吉珪奠春舒鐘歌曉溢禮云克備斯文有秩

迎神用雍和

晨儀式薦明祀惟光神物爰止靈暉載揚玄端肅事紫幄興祥福履攸假於昭令王

皇帝酌獻飲福用壽和（詞同冬至圓丘）

送文舞出迎武舞入用舒和

崇牙樹羽延調露旋宮扣律掩承雲誕敷懿德昭神武載集豐功表睿文

武舞用凱安（詞同冬至圓丘）　送神用豫和（詞同冬至圓丘）

又祀朝日樂章二首（太樂舊有此辭不詳所起）

迎神

太陽朝序王宮有儀蟠桃彩駕細柳光馳軒祥表合漢曆彰奇禮和樂備神其降斯

送神

五齊兼飭百羞具陳樂終廣奏禮畢崇禋明鑒萬寓昭臨兆人永流洪慶式動曦輪

祀夕月樂章八首（貞觀中作今行用）

降神用豫和（詞同冬至圓丘）　皇帝行用太和（詞同冬至圓丘）

登歌奠玉帛用肅和

測妙爲神通微曰聖坎祀貽則郊禋展敬璧薦登光金歌動暎以載嘉德以流曾慶

迎俎用雍和

朏晨爭舉天宗禮闢夜典涼秋陰明湛夕有醻斯旨有牲斯碩穆穆其暉穰穰是積

皇帝酌獻飲福用壽和（詞同冬至圓丘）

送文舞出迎武舞入用舒和

合吹八風金奏動分容萬舞玉鞘驚詞昭茂典光前烈夕曜乘功表盛明

武舞用凱安（詞同冬至圓丘）　送神用豫和（詞同冬至圓丘）

蜡百神樂章八首（貞觀中作今行用）

降神用豫和（詞同冬至圓丘）　皇帝行用太和（詞同冬至圓丘）

登歌奠玉帛用肅和

序迫歲陰日躔星紀爰稽茂典聿崇清祀綺幣霞舒瑞珪虹起百禮垂裕萬靈薦祉

迎俎用雍和

緹籥勁序玄英晚候姬蜡開儀豳歌入奏蕙馥彤俎蘭芬玉酎大饗明祇永綏多祐

皇帝酌獻飲福用壽和（詞同冬至圓丘）

送文舞出迎武舞入用舒和

經緯兩儀文化洽削平萬域武功成瑤絃自樂乾坤泰玉鍼長歡區縣寧

武舞用凱安（詞同冬至圓丘）　送神用豫和（詞同冬至圓丘）

又蜡百神樂章二首（太樂舊有此詞不詳所起）

迎神（今不行用）

八蜡開祭萬物咸祀上極天維下窮坤紀鼎俎流馥樽彝薦美有靈有祇咸希來止

送神（今行用）

十旬歡洽一日祠終澄彝拂俎報德酬功慮虔容肅禮縟儀豐神其降祉整馭廱風

夏至祭皇地祇於方丘樂章八首（貞觀中褚亮等作）

迎神用順和

萬物資以化文泰厲昇平易從業惟簡得一道斯寧具儀光玉帛送舞變咸英黍稷良非貴明德信惟馨

皇帝行用太和（詞同冬至圓丘）

登歌奠玉帛用肅和

至矣坤德皇哉地祇開元統紐合大承規九宮肅列六典相儀永言配命長保無虧

迎俎用雍和

柔而能方直而能敬厚載以德大享以正有滌斯牷布聲斯盛介茲景福祚我休慶

皇帝酌獻飲福用壽和（詞同冬至圓丘）

送文舞出迎武舞入用舒和

玉幣牲牷分薦享羽旄干鍼遞成容一德惟寧兩儀泰三才保合四時邕

武舞用凱安（詞同冬至圓丘）

送神用順和

陰祇叶贊厚載方貞牲幣具舉簫管備成其豐惟肅其德惟明神之聽矣式鑒虔誠

則天皇后永昌元年大享拜洛樂章十五首（御撰）

設禮用昭和

九玄眷命三聖基隆奉承先旨明臺畢功宗祀展敬冀表深衷永昌帝業式播淳風

致和

神功不測兮運陰陽包藏萬宇兮孕八荒天符既出兮帝業昌願臨明祀兮降禎祥

咸和

坎澤祠容備舉坤壇祭典爰伸靈眷遙行秘躅嘉貺薦委殊珍肅禮恭禋載展翹襟懇志逾殷方期交祭懸應（末一句逸）

乘輿初行用九和

祇荷坤德欽若乾靈慙惕罔寘興居匪寧恭崇禮則肅奉儀形惟憑展敬敬薦非馨

拜洛

菲躬承睿顧薄德忝坤儀乾乾遵後命翼翼奉先規撫俗勤雖切還淳化尚虧未能弘至道何以契明祇

受圖用顯和

顧德有慙虛菲明祇屢降禎符汜水初呈祕象溫洛薦表昌圖玄澤流恩載洽丹襟荷渥增愉

登歌用昭和

舒陰致養合大資生德以恒固功由永貞升歌薦序垂幣翹誠虹開玉照鳳引金聲

迎俎用敬和

蘭俎既昇蘋羞可薦金石載設咸英已變林澤斯總山川是遍敢用敷誠實惟忘倦

酌獻用欽和

送文舞出迎武舞入用齊和

沉潛演貺分三極廣大凝禎總萬方既薦羽旌文化啓還呈干鍼武威揚

武舞用德和

夕惕司龍契晨兢當鳳扆崇儒習舊規偃霸循先旨絕壤飛冠蓋遐區麗山水幸承三聖餘忻屬千年始

撤俎用禋和

百禮崇容千官肅事靈降舞兆神凝有粹奠享咸周威儀畢備奏夏登列歌雍撤肆

辭神用通和

皇皇靈睠穆穆神心暫動凝質還歸積陰功玄樞紐理寂高深銜恩佩德聳志翹襟

送神用歸和

言旋雲洞兮蹕烟途永寧中宇兮安下都苞涵動植兮順榮枯長貽寶貺兮贊璇圖

又歸和

調雲闕兮神座興驂雲駕兮儼將昇騰降宵兮垂景祐翹丹懇兮荷休徵

睿宗太極元年祭皇地祇於方丘樂章八首（不詳撰者）

迎神用順和（黃鐘宮三變太蔟角一變姑洗徵一變南呂羽一變）

坤厚載物德柔垂祉九域咸雍四溟爲紀敬因良節虔修陰祀廣樂式張靈其降止

金奏（新加太蔟宮）

坤元至德品物資生神凝博厚道叶高明列鎮五嶽環流四瀛于何不載萬寶斯成

皇帝行用太和（詞同貞觀冬至圓丘黃鐘宮）

登歌奠玉帛用肅和（詞同貞觀太廟肅和應鐘均之夷則）

迎俎及酌獻用雍和（詞同貞觀太廟雍和）

送文舞出迎武舞入用舒和（詞同皇帝朝群臣舒和）

武舞用凱安（詞同貞觀冬至圓丘）

送神用順和林鐘宮
樂備金石禮光樽俎大享爰終洪休是舉雨零感節雲
飛應序纓紱載辭皇靈具舉
玄宗開元十一年祭皇地祇於汾陰樂章十一首
迎神用順和林鐘以下各再變
林鐘宮黃門侍郎韓思復作
大樂和暢殷薦明神一降通感八變必臻有求斯應無
德不親降靈醉止休徵萬人
太簇角中書侍郎盧從愿作
坤元載物陽樂發生播殖資始品彙咸亨列俎棊布方
壇砥平神歆禋祀后德惟明
姑洗徵司勳郎中劉晃作
大君出震有事郊禋齋戒既肅馨香畢陳樂和禮備候
暖風春恭惟降福實賴明神
南呂羽禮部侍郎韓休作
於穆濬哲維清緝熙肅事昭配永言孝思滌濯靜嘉馨
香在茲神之聽之用受福釐
皇帝行用太和
黃鐘宮吏部尚書王晙作
於穆聖皇六葉重光太原刻頌后土疏場寶鼎呈符歆
雲降祥禮樂備矣降福穰穰
登歌奠玉帛用肅和
甤賓均之夾鐘羽刑部侍郎崔玄暐作
聿修嚴配展事禋宗祥符寶鼎禮備黃琮祝詞以信明
德惟聰介茲景福永永無窮
迎俎用雍和
黃鐘均之南宮羽徐州刺史賈曾作
蠲我饎饎潔我膋薌有豆孔碩爲羞既臧至誠無昧精
意惟芳神其醉止欣欣樂康
酌獻飲福用壽和
黃鐘宮禮部尚書蘇頲作
禮物斯備樂章乃陳誰其作主皇考聖真對越在天聖
明佐神窅然汾上厚澤如春
送文舞出迎武舞入用舒和
太簇宮太常少卿何鸞作
樂奏云闋禮章載虔禋宗于地昭假于天惟馨薦矣既
醉歆焉神之降福永永萬年
武舞用凱安
黃鐘均之林鐘徵主爵郎中蔣挺作
維歲之吉維辰之良聖君紱冕肅事壇場大禮已備大
樂斯張神其醉止降福無疆
送神用順和尚書右丞源光裕作
方丘既膳嘉饗載謐齊敬畢誠陶匏貴質秀簋豐薦芳
俎盈實永永福流其昇如日
玄宗開元十三年禪社首山祭地祇樂章八首
迎神用順和太常少卿賀知章作
至哉含柔德萬物資以生常順稱厚載流謙通變盈聖
心事能察層廟陳厥誠黃祇儼如在泰折俟咸亨
皇帝行用太和
肅我成命於昭黃祇裘冕而祀陟降在斯五音克備八
變聿施緝熙肆靖厥心匪離
登歌奠玉帛用肅和
黃祇是祇我其夙夜寅畏誠潔匪遑寧舍禮以琮玉薦
厥茅藉念茲降康胡寧克暇
迎俎入用雍和
夙夜宥密不敢寧宴五齊既陳八音在縣粢盛以潔房
俎斯薦惟德惟馨尚茲克徧
皇帝酌獻用壽和
惟以明發有懷載殷樂盈而反禮順其禋立清以獻薦
欲是親於穆不已裒對斯臻
皇帝飲福用福和
穆穆天子告成岱宗大裘如濡執珽有顒樂以平志禮
以和容上帝臨我云胡肅邕
皇帝還宮用太和
昭昭有唐天俾萬國列祖應命四宗順則申錫無疆宗
我同德曾孫繼緒享神配極
送神用靈具醉代順和侍中源乾曜作
靈具醉杳熙熙靈將往眇禗禗顧明德吐正詞爛遺光
流禎祺
祭神州于北郊樂八首貞觀中褚亮作
迎神用順和詞同夏至方丘皇帝行用太和詞同冬至圜丘
登歌奠玉帛用肅和
大矣坤儀至哉神縣包含日域牢籠月竁露潔三清風
調六變皇祇屆止式歆恭薦
迎俎用雍和
泰折嚴享陰郊展敬禮以導神樂以和性黝牲在列黃
琮俯暎九土既平萬邦貽慶
皇帝酌獻飲福用壽和詞同冬至圜丘
送文舞出迎武舞入用舒和
坤道降祥和庶品靈心載德厚羣生水土既調三極泰
文武畢備九區平
武舞用凱安詞同冬至圜丘送神用順和詞同冬至圜丘
又祭神州樂章二首太樂舊有此詞不詳所起
迎神
黃輿厚載赤寰歸德含育九區保安萬國誠敬無怠禋
祀有則樂以迎神其儀不忒
送神
神州陰祀洪恩廣濟草樹霑和飛沉沐惠禮修鼎俎奠
歆瑤幣送樂有章靈軒其逝
祭太社樂章八首貞觀中褚亮等作
迎神用順和詞同夏至方丘皇帝行用太和詞同冬至圜丘
登歌奠玉帛用肅和
后土凝德神功叶契九域底平兩儀交際戊期應序陰
墉展幣靈車少留俯歆樽柱
迎俎用雍和
美報崇本嚴恭展事受露疏壇承風啓地潔粢登俎醇
犧八饋介福遠流羣生畢遂
皇帝酌獻飲福用壽和詞同冬至圜丘
送文舞出迎武舞入用舒和
神道發生敷九稼陰陽乘仁暢八埏緯武經文陶景化
登祥薦祉啓豐年
武舞用凱安詞同冬至圜丘送神用順和詞同冬至圜丘
又太社樂章二首太樂舊有此詞不詳所起
迎神
烈山有子后土有臣播種百穀濟育兆人春官緝禮宗
伯司禋戊爲吉日迎享茲良
送神
告祥式就酬功載畢親地尊天禮文經術既徹令序福
流初日神馭爰歸祠官其出
享先農樂章貞觀中褚亮等作
迎神用咸和
粒食伊始農之所先古今攸賴是曰人天耕斯帝藉播
厥公田式崇明祀神其福焉
皇帝行用太和詞同冬至圜丘
登歌奠玉帛用肅和
鼻彝既列瑚簋有薦歌工載登幣禮斯奠肅肅享祀顒
顒纓弁神之聽之福流寰縣
迎俎用雍和
前夕親牲質明奉俎沐芳整弁其儀式序盛禮畢陳嘉
樂備舉歆我懿德非馨稷黍
皇帝酌獻飲福用壽和詞同冬至圜丘
送文舞出迎武舞入用舒和
羽籥低昂文綴已干鏚蹈厲武行初望歲祈農神所聽
延祥介福豈云虛
武舞用凱安詞同冬至圜丘送神用承和
又享先農樂章一首太樂舊有此詞不詳所起
送神用承和
三推禮就萬慶所凝黍實志遠薦衮惟興降歆肅薦垂
祐祖膺送神有樂神其上昇
享先蠶樂章五首明慶中皇后親蠶奉敕內出此詞
迎神用永和亦曰順德
芳春開令序韶苑暢和風惟靈申廣祐利物表神功綺
會周天宇黼黻藻寰中庶幾承慶節歆奠下帷宮
皇后昇壇用肅和
明靈光至德深功掩百神祥源應節啓福緒逐年新萬
寓承恩覆七廟佇恭禋于茲申至懇方期遠慶臻
登歌奠幣用展敬
霞莊列寶衞雲集動和聲金卮薦綺席王幣委芳庭因
心罄丹款先已勵蒼生所冀延明德於茲享至誠
迎俎用潔誠
桂筵開玉俎蘭圃薦瓊芳八音調鳳律三獻奉鸞觴潔
粢申大享庭寓冀降祥神其覃有慶錫福永無疆
飲福送神用昭慶
仙壇禮既畢神駕儼將昇佇屬深祥啓方期庶績凝虔
誠資宇內務本勗黎蒸靈心昭備享率土洽休徵
皇太子親釋奠樂章五首
迎神用承和亦曰宣和
聖道日用神機不測金石以陳絃歌載陟爰釋其菜匪
馨于稷來顧來享是宗是極
皇太子行用承和
萬國以貞光上嗣三善茂德表重輪視膳寢門遵要道
高闢崇賢引正人
登歌奠幣用肅和
粵惟上聖有縱自天旁周萬物俯應千年舊章允著嘉
贊孔虔王化茲首儒風是宣
迎俎用雍和
堂獻瑤篚庭敷璆縣禮備其容樂和其變肅肅親享雍
雍執奠明禮惟馨蘋蘩可薦
送文舞出迎武舞入用舒和
集集龜開昭聖列龍蹲鳳跱肅神儀尊儒敬業宏圖闢

緯武經文盛德施

武舞用凱安（詞同冬至圜丘）送神用承和（詞同迎神）

又享孔廟樂章二首（太樂舊有此詞不詳所起）

迎神

通吳表聖問老探貞三千弟子五百賢人億齡規法萬載祠禋潔誠以祭奏樂迎神

送神

禮溢犧象羞陳俎豆魯壁類聞泗州如覩里校覃福胄筵承祐雅樂清音送神其奏

享龍池樂章十首

第一章（紫微令姚崇作也）

恭聞帝里生靈沼應報明君鼎業新既叶翠泉光寶命還符白水出眞人此時舜海潛龍躍北地堯河帶馬巡獨有前池一小鴈叨承舊惠入天津

第二章（左拾遺蔡孚作）

帝宅王家大道邊神馬龍龜涌聖泉昔日昔時經此地看來看去漸成川歌臺舞榭宜正月柳岸梅洲勝往年莫言波上春雲少秖爲從龍直上天

第三章（太府少卿沈佺期作）

龍池躍龍龍已飛龍德先天天不違池開天漢分黃道龍向天門入紫微邸第樓臺多氣色君王鳧鴈有光輝爲報寰中百川水來朝上地莫東歸

第四章（黃門侍郎盧懷慎作）

代邸東南龍躍泉清漪碧浪遠浮天樓臺影就波中出日月光疑鏡裏懸鴈沼迴流成舜海龜書薦祉應堯年大川既濟慙爲檝報德空思奉細涓

第五章（殿中監姜晈作）

龍池初出此龍山常經此地謁龍顏日日芙蓉生夏水年年楊柳變春灣堯壇寶匣餘烟霧舜海漁舟尚往還願以飄颻五雲影從來從去九天間

第六章（吏部尚書崔日用作）

龍興白水漢興符聖主時乘運斗樞岸上苹茸五花樹波中的皪千金珠操環昔聞迎夏啓發匣先來瑞有虞風色雲光隨隱見赤雲神化象江湖

第七章（紫微侍郎蘇頲作）

西京鳳邸躍龍泉佳氣休光鍾在天軒后霧圖今已得秦王水劍昔常傳恩魚不似昆明釣瑞鶴長如太液仙願侍巡遊同舊里更聞簫鼓濟樓船

第八章（黃門太郎李乂作）

星分邑里四人居水洊源流萬頃餘魏國君王稱象處晉家蕃邸化龍初青蒲似蹔遊梁馬綠藻還疑宴鎬魚自有神靈滋液地年年雲物史官書

第九章（工部侍郎姜晞作）

靈沼縈迴邸第前浴日涵春寫曙天始見龍臺昇鳳闕應如霄漢起神泉石匱渚傍還啓聖桃李初生更有仙欲化帝圖從此受正同河變一千年

第十章（兵部郎中裴璀作）

乾坤啓聖吐龍泉泉水年年勝一年始看魚躍方成海即覩龍飛利在天洲渚遙將銀漢接樓臺直與紫微連休氣榮光常不散懸知此地是神仙

舊唐書卷三十考證

音樂志三祀五方上帝于五郊樂章四十首貞觀中魏徵等作○臣德潛按通考作顯慶元年左僕射于志寧撰

祀朝日樂章八首貞觀中作○通考作顯慶元年禮部侍郎許敬宗撰

又祀朝日樂章二首舊有此辭不詳所起○通考作乾元元年中書舍人徐浩撰

蜡百神樂章八首貞觀中作○通考禮部侍郎許敬宗撰

享先蠶樂章五首皇后親蠶奉敕內出此辭○通考顯慶三年太子洗馬郭瑜撰

又享孔廟樂章不詳所起○通考顯慶三年國子博士范頵等撰

# 舊唐書卷三十一

後晉司空同中書門下平章事劉　昫撰

## 志第十一

### 音樂四

享太廟樂章十三首（貞觀中魏徵褚亮等作）

迎神用永和（黃鐘宮三成大呂角二成太蔟二成應鐘羽二成總九變同用）

於穆烈祖弘此丕基永言配命子孫保之百神既洽萬國在茲是用孝享神其格思

皇帝行用太和（詞同冬至圜丘）

登歌酌鬯用肅和（夾鐘均之黃鐘羽）

大哉至德允茲明聖格於上下聿遵誠敬喜樂斯登嗚球以詠神其降止式隆景命

迎俎用雍和

崇茲享祀誠敬兼至樂以感靈禮以昭事粢盛咸潔牲牷孔備永言孝思庶幾不匱

皇祖宣簡公酌獻用長發（無射宮）

睿哲惟唐長發其祥帝命斯祐王業克昌配天載德就日重光本枝百代申錫無疆

皇祖懿王酌獻用長發（同前詞黃鐘宮）

太祖景皇帝酌獻用大基（太蔟宮）

猗歟祖業皇矣帝先翦商德厚封唐慶延在姬猶稷方晉踰宣基我鼎運於斯萬年

世祖元皇帝酌獻用大成（姑洗宮）

周稱王季晉美帝文明明盛德穆穆齊芬藏用四履屈道三分鏗鏘鐘石載紀鴻勳

高祖大武皇帝酌獻用大明（蕤賓宮）

五紀更運三正遞昇勛華既沒禹湯勃興神武命代靈聰是膺望雲彰德察緯告徵上紐天維下安地軸徵師涿野萬國咸服偃伯靈臺九宮允穆殊域委贄懷生介福大禮既飾大樂已和黑章擾囿赤字浮河功宣載籍德被詠歌克昌厥後百祿是荷

皇帝飲福用壽和

八音斯奏三獻畢陳寶祚惟永暉光日新

送文舞出迎武舞入用舒和

聖敬通神光七廟靈心薦祚和萬方嚴禋克配鴻基遠明德惟馨鳳曆昌

武舞用凱安（詞同冬至圜丘）

徹俎用雍和

於穆清廟聿修嚴祀四縣載陳三獻斯止籩豆徹薦人祇介祉神惟格思錫祚不已

送神用永和

肅肅清祀烝烝孝思薦享昭備虔恭在茲雍歌徹俎祝嘏陳辭用光武至永固鴻基

又享太廟樂章五首（永徽已後續撰不詳撰者）

太宗文皇帝酌獻用崇德（夷則宮永徽元年造）

五運改卜千齡啓聖彤雲曉聚黃星夜暎葉闡珠囊基開玉鏡（後爲圖開）下臨萬寓上齊七政霧開三象塵清九服海溓星暉遠安邇肅天地交泰華夷輯睦翔泳歸仁中外禔福績踰黜夏勲高翦商武陳七德刑設三章祥禽巢閣仁獸遊梁十年惟永景福無疆

高宗天皇大帝酌獻用鈞天（黃鐘宮光宅元年造）

承天撫籙纂聖登皇遐清萬寓仰協三光功成日用道濟時康璇圖載永寶曆斯昌日月揚暉烟雲燗色河岳修貢神祇效職舜風攸偃堯曦先就睿感通寰孝思浹宙奉揚先德虔遵曩狩展義天局飛英雲岫化逸王表神凝帝先乘雲厭俗馭日登玄

中宗孝和皇帝酌獻用太和（太蔟宮景雲元年造）

廣樂既備嘉薦既新述先惟德孝饗惟親七獻具舉五齊畢陳錫茲祚福於萬斯春

睿宗大聖眞皇帝酌獻用景雲（黃鐘宮開元四年造）

惟睿作聖惟聖登皇精感耀魄時膺會昌舜懃大孝堯推讓王能事斯極振古誰方文明履運車書同軌巍巍赫赫盡善盡美儲室凝旒大庭端扆釋負之寄事光復子脫屣高天登遐上玄龍湖起忽象野芊綿遊衣複道薦果初年新廟奕奕明德配天

皇祖宣皇帝酌獻用光大（無射宮舊樂章宣光二宮同用長發其詞亦同）（開元十年始定宣帝用光大詞更別造）

大業龍祉嶽音駿尊潛居皇德赫嗣天昆展儀宗祖重誠孝孫春秋無極享奏存存

又享太廟樂三首（太樂舊有此詞不詳所起）

迎神（黃鐘宮太呂角太蔟徵應鐘羽並同此詞）

七廟觀德百靈攸仰俗荷財成物資含養道光執契化籠提象肅肅雍雍神其來享

金奏（無射宮大迎神）

肅肅清廟巍巍盛唐配天立極累聖重光樂和管磬禮備蒸嘗永爲來格降福無疆

送神

五聲備奏三獻終祠車移鳳輦旆轉紅旗禮用籩豆誠效虔祇皇靈徙蹕簪紳拜辭

則天皇后享清廟樂章十首

第一

建清廟贊玄功擇吉日展禋宗樂已變禮方崇望神駕降仙宮

第二

隆周創業寶命惟新敬宗茂典爰表虔禋聲明已備文物斯陳肅容如在懇志方申

第三登歌

肅敷大禮上謁尊靈敬陳筐幣載表丹誠

第四迎神

敬奠蘋藻式罄虔襟潔誠斯展佇降靈歆

第五飲福

爰陳玉醴式奠瓊漿靈心有穆介福無疆

第六送文舞

帝圖草創王業初開功高佐命業贊雲雷

第七迎武舞

赫赫玄功被穹壤皇皇至德洽生靈開基撥亂祇氛廓佐命宣威海內清

第八武舞作

荷恩承顧託執契恭臨撫廟略靜邊荒天兵耀神武

第九徹俎

登歌已闋獻禮方周欽承景福肅奉鴻休

第十送神

大禮言畢仙衞將歸莫申丹懇空瞻紫微

中宗孝和皇帝神龍元年享太廟樂章二十首(不詳所撰)

迎神用嚴和(黃鍾宮三成大呂角三成太簇徵三成應鍾羽二成同用此詞)

肅肅清廟赫赫玄猷功高萬古化奄十洲中興丕業上荷天休祇奉先構禮被懷柔

皇帝行用昇和(黃鍾宮)

顧惟菲薄纂曆應斯中外同軌夷狄來思樂用崇德禮以陳詞夕惕若厲欽奉宏基

登歌祼鬯用虔和(大呂均之無射羽)

禮縹薦鬯肅事祠庭敬申如在敢託非馨

送文舞出迎武舞入用同和(太簇同)

惟聖配天敷盛禮惟天為大闡洪名恭禋展敬光先德蘋藻申虔表志誠

武舞用寧和(林鍾徵)

炎馭失天綱土德承天命英猷被寰宇懿躅隆邦政七德已綏邊九夷咸底定景化覃遐邇深仁洽翔泳

徹俎用恭和(大呂均之無射羽)

禮周三獻樂闋九成肅承靈福悚惕兼盈

送神用通和(黃鍾宮)

祠容既畢仙座爰興停停鳳舉靄靄雲昇長隆寶運永錫休徵福覃貽厥恩被黎烝

皇后助享皇后行用正和(黃鍾宮詞同貞觀中宮朝會正和)

登歌奠鬯用昭和(大呂均之無射羽)

道洽二儀交泰時休四寓和平環珮肅於庭實鍾石揚乎頌聲

皇后酌獻飲福用誠敬(黃鍾宮)

顧惟菲質忝位椒宮虔奉蘋藻肅事神宗敢申誠潔庶罄深衷聆容有裕靈享無窮

徹俎用肅和(大呂均之無射羽)

月禮已周雲和將變爰獻其醑載遷其奠明德逾隆非馨是薦澤霑動植仁覃寓縣

送神用昭感(黃鍾羽)

鏗鏘韶濩肅穆神容洪規赫赫祠典雍雍已周三獻將乘六龍虔誠有託懇志無從

玄宗開元七年享太廟樂章十六首(左丞相燕國公張說作)

迎神用永和三章

肅九室諧八音歌皇慕動神心禮宿設樂妙尋聲明備祼奠臨

律迓氣音入玄依玉几御黼筵聆愾息僾周旋九韶遍百福傳

信工祝永頌聲來祖考聽和平相百辟貢九瀛神休委帝孝成

皇帝行用太和一章

時文聖后清廟肅邕致誠勤薦在貌思恭玉節肆夏金鏘五鍾繩繩雲步穆穆天容

登歌酌瓚用肅和一章

天子孝享工歌溥將躬祼鬱鬯乃焚膋薌臭以達陰聲以求陽奉時烝嘗永代不忘

迎俎雍和二章

在滌嘉豢麗碑敬牲角握之牡色純之騂火傳陽燧水溉陰精太公胖俎傳說和羹

俎豆有馥齋絜豐亦有和羹既戒既平鼓鐘管磬肅唱和鳴皇皇后祖賚我思成

皇帝酌醴齊用文舞一章

聖謨九德貞言五千慶集昌胄符開帝先高文杖鉞克配彼天三宗握鏡六合煥然帝其承祀率禮罔愆圖書霧出日月清懸舞形德類詠諭功傳黃龍蜿蜒綵雲蹁躚五行氣順八佾風宣介此百祿於皇萬年

獻祖宣皇帝室奠獻用光大之舞一章

肅肅藝祖滔滔濬源有雄玉劍作鎮金門玄王貽緒后稷謀孫肇禋九廟四海來尊

懿祖光皇帝室奠獻用長發之舞一章

具禮崇德備樂承風魏推幢主周贈司空不行而至無成有終神輿王業天歸帝功

太祖景皇帝室奠獻用大政之舞一章

於赫元命權輿帝文天齊八柱地半三分宗廟觀德笙鏞樂勳封唐之兆成天下君

代祖元皇帝室奠獻用大成之舞一章

帝舞季歷襲聖生昌后歌有嬌胎炎孕黃天地合德日月齊光肅邕孝享祚我萬方

高祖神堯皇帝室奠獻用大明之舞一章

赤精亂德四海困窮黃旗舉義三靈會同旱望春雨雲披大風溥天來祭高祖之功

太宗文武聖皇帝室奠獻用崇德之舞一章

皇合一德朝宗百神削平天下大拯生人上帝配食單于入臣戎歌陳舞驊驊震震

高宗天皇大帝室奠獻用鈞天之舞一章

高皇邁道端拱無為化懷獯鬻兵戢勾驪禮尊封禪樂盛來儀合位媧后同稱伏羲

中宗孝和皇帝室奠獻用太和之舞一章

退居江水鬱起丹陵禮物還舊朝章中興龍圖友及駿命恭膺鳴球香瓚大糦是承

睿宗大聖皇帝室奠獻用景雲之舞一章

景雲霏爛告我帝符噫帝沖德與天為徒笙鏞遙遠俎豆虛無春秋孝獻迴復此都

又享太廟樂章十四首

玄宗至道大聖大明孝皇帝室奠獻用廣運之舞一章(司徒兼中書令汾陽郡王郭子儀撰)

於赫皇祖昭明有融惟文之德惟武之功河海靜謐車書混同虔恭孝饗穆穆玄風

肅宗文明武德大聖大宣孝皇帝室奠獻用惟新之舞一章(吏部尚書平章事彭城郡公劉晏撰)

漢祚惟永神功中興夙驅氛祲天覆黎烝三光再朗庶績其凝重熙累葉景命是膺

皇帝飲福受脤用福和一章

備禮用樂崇親致尊誠通慈降敬徹愛存獻懷稱壽啐感承恩皇帝孝德子孫千億大包天域長亘不極

送文舞出迎武舞入一章

六鐘翕協六變成八佾倚佯八風生樂九部兮人神感美七德兮天地清

亞獻終獻行事武舞用凱安四章

瑟彼瑤爵亞維上公室如屏氣門不容躬禮殷其本樂執其中聖皇永慕天地幽通

禮匝三獻樂遍九成降循軒陛仰欷皇情福與仁合德因孝明百年神畀四海風行

總總干戚填填鼓鐘奮揚增氣坐作為容離若鷙鳥合如戰龍萬方觀德肅肅邕邕

烈祖順三靈文宗威四海黃鉞誅羣盜朱旗掃多罪戢兵天下安約法人心改大哉干羽意長見風雲在

徹豆登歌一章

上笙磬徹豆籩廓無響窅入玄主在室神在天情餘慕禮罔愆喜黍稷屢豐年

送神一章

眇嘉樂授靈爽感若來思如往休氣散迴風上返寂寞還惚恍懷靈駕結空想

代宗睿文孝武皇帝室奠獻用保大之舞一章(尚父郭子儀撰)

於穆文考聖神昭彰肅勺羣慝含光遠方萬物茂遂九夷賓王愔愔雲韶德音不忘

德宗神武孝文皇帝室奠獻用文明之舞一章(尚書左丞平章事鄭餘慶撰)

開邸除暴時邁勛尊三元告命四極駿奔金枝翠葉煇燭瑤琨象德億載貽慶湯孫

順宗至德大聖大安孝皇帝室奠獻用大順之舞一章(中書侍郎平章事鄭絪撰)

於穆時文受天明命允恭玄黙化成理定出震嗣德應乾傳聖猗歟緝熙千億流慶

憲宗聖神章武孝皇帝室奠獻用象德之舞一章(中書侍郎平章事段文昌撰)

肅肅清廟登顯至德澤周八荒兵定四極生物咸遂羣盜滅息明聖欽承子孫千億

儀坤廟樂章十二首

迎神用永和(林鍾宮散騎常侍昭文館學士徐彥伯作)

猗若清廟肅肅熒熒國薦嚴祀坤輿淑靈有几在室有樂在庭臨茲孝享百祿惟寧

金奏(夷則宮不詳作者一本無此章)

陰靈効祉軒耀降精祥符淑氣慶集柔明瑤俎既列雕桐發聲徽猷永遠比德皇英

皇帝行用太和(黃鍾宮左諭德昭文館學士丘說撰)

孝哉我后沖乎邈聖道暎重華德輝文命慕深視篋情殷撫鏡萬國移風兆人承慶

酌獻登歌用肅和(中呂均之太簇羽一云蕤賓均之夾鍾羽太子洗馬昭文館學士張齊賢撰)

祼圭既濯鬱鬯既陳畫幕雲舉黃流玉醇儀充獻酌禮盛衆禋地察惟孝愉焉饗親

迎俎用雍和(姑洗羽太中大夫昭文館學士鄭善玉作)

酌鬱既灌取蕭方爇籩豆靜嘉簠簋芬飶魚腊薦美牲牷表潔是戢是將載迎載列

肅明皇后室酌獻用昭和林鐘宮禮部尚書昭文館學士薛稷作

陽靈配德陰魄昭升堯壇鳳下漢室龍興俔天作對前旒是疑化行南國道盛西陵造舟集灌無德而稱我粢既潔我醴既澄陰陰靈廟光靈若憑德馨惟饗孝思烝烝

昭成皇后室酌獻用坤貞不詳作者

乾道既亨坤元以貞肅雍攸在輔佐斯成外睦九族內光一庭克生叡哲祚我休明欽若徽範悠哉淑靈建茲清宮于彼上京縮茅以獻潔秬惟馨實受其福期乎億齡

飲福用壽和黃鐘宮太子詹事崇文館學士徐堅作

於穆清廟肅雍嚴祀合福受釐介以繁祉

送文舞出迎武舞入用舒和南呂商銀青光祿大夫崇文館學士胡雄作

送文迎武遞參差一始一終光聖儀四海生人歌有慶千齡孝享肅無虧

武舞用安和太簇徵祕書少監崇文館學士劉子玄作

妙算申帷幄神謀出廟庭兩階文物備七德武功成校獵長楊苑屯軍細柳營將軍獻凱入歌舞溢重城

徹俎用雍和蕤賓均之夾鐘羽銀青光祿大夫崇文館學士員半千作

孝享云畢維徹有章雲感玄羽風悽素商瞻望神座祇戀匪遑禮終樂闋肅雍鏘鏘

送神林鐘宮金紫光祿大夫崇文館學士祝欽明作

閟宮實實清廟徽徽降格無象馨香有依式昭纂慶方融嗣徽明禋是享神保聿歸

又儀坤廟樂章二首太樂又有一本與前本畧同二章不同如左不詳撰者

迎神一本有此章而無徐彥伯之詞

月靈降德坤元授光娥英比秀妊姒均芳瑤臺薦祉金屋延祥迎神有樂歆此嘉薌

送神一本有此章而無祝欽明之詞

玉帛儀大金絲奏廣靈應有孚冥徵不爽降彼休福歆茲禋享送樂有章神麾其上

昭德皇后室酌獻用坤元樂章九首內出

迎神用永和

穆清廟薦嚴禋昭禮備和樂新望靈光集元辰祚無極享萬春

登歌鬯用肅和

誠心達娛樂分升蕭膋鬱氛氳茅既縮鬯既薰后來思福如雲

迎俎用雍和

我將我享盡明而誠載芬黍稷載滌犧牲懿矣元良萬邦以貞心乎愛敬若覩容聲

酌獻用坤元

於穆先后儷聖稱崇母臨萬寓道被六宮昌時協慶理內成功殷薦明德傳芳國風

送文舞出迎武舞入用舒和

金枝羽部轂清歌瑤堂肅穆笙磬羅諸音遍響合明意萬類昭融靈應多

武舞用凱安

辰位列四星帝功參十亂進賢勤內輔扈蹕清多難承天厚載均並耀宵光粲留徽藹前躅萬古披圖煥

徹俎用雍和

公尸既起享禮載終稱歌進徹盡敬由衷澤流惠下大小咸同

送神用永和

昭事終幽享餘移月御返仙居璇庭寂靈幄虛顧徘徊感皇儲

孝敬皇帝廟樂章九首

迎神用永和詞同貞觀太廟永和　皇帝行用太和詞同貞觀太廟太和

登歌酌鬯用肅和詞同貞觀太廟肅和　迎俎用雍和詞同貞觀太廟雍和

酌獻用承光詞同中宗享孝敬承光　送文舞出迎武舞入用舒和詞同太廟　武舞用凱安詞同太廟　徹俎用雍和詞同迎俎

送神用永和詞同太廟

享隱太子廟樂章六首貞觀中撰

迎神用誠和

道閟鶴關運纏鳩里門集大命俾歆嘉祀禮亞六瑚誠殫二簋有誠顒若神斯戾止

登歌奠玉帛用肅和

歲肇春宗乾開震長瑤山既寂戾園斯享玉肅其事物昭其象絃誦成風笙歌合響

迎俎用雍和

明典肅陳神居遂起春伯聯事秋官相禮有來雍雍登歌濟濟緬惟主鬯庶歆芳醴

送文舞出迎武舞入用舒和

三縣已判歌鐘列六佾將開羽鉞分尚想鸞飛來蔽日終疑鶴影降凌雲

武舞用凱安

天步昔將開商郊初欲踐撫戎金陣廓貳極瑤圖闡難戢遂崇儀龍樓期好善弄兵隳震業啓聖隆祠典

送神用誠和詞同迎神

又隱太子廟樂章二首太樂舊有此詞不詳所出

迎神

蒼震有位黃離蔽明江充禍結戾據災成銜寃昔痛贈典今榮享靈有秩奉樂以迎

送神

皇情悼往祀儀增設鐘鼓鏗鎗羽旄昭晰掌禮云備司筵告徹樂以送神靈其鑒闕

章懷太子廟樂章六首神龍初作

迎神第一姑洗宮

副君昭象道應黃離銅樓備德玉裕成規仙氣靄靄靈從師師前驅戾止控鶴來儀

登歌酌鬯第二南呂均之蕤賓羽

忠孝本著羽翼先成寢門昭德馳道爲程幣帛有典容衞無聲司存既肅廟享惟清

迎俎及酌獻第三大呂羽

通三錫胤明兩承英太山比赫伊水閒笙宗祧是寄禮樂其亨嘉辰薦俎以發聲明

送文舞出迎武舞入第四蕤賓商

羽籥崇文禮以畢干鍼奮武事將行用捨由來其有致壯志宣威樂太平

武舞作第五夷則角

綠林熾炎曆黃虞格有苗沙塵驚塞外帷幄命嫖姚七德干戈止三邊雲霧消寶祚長無極歌舞盛今朝

送神第六詞同隱廟

懿德太子廟樂章六首神龍初作

迎神第一姑洗宮

甲觀昭祥畫堂昇位禮絕羣后望尊儲貳啓誦慙德莊丕掩粹伊濡鳳翔綵峰鶴至

登歌酌鬯第二南呂均之蕤賓羽

譽闡元儲寄崇明兩玉裕雖晦銅樓可想絃誦輟音笙歌罷響幣帛言設禮容無爽

迎俎酌獻第三大呂羽

雍雍盛典肅肅靈祠賓天有聖對日無期飄飄羽服掣曳雲旗眷言主鬯心乎愴茲

送文舞出迎武舞入第四蕤賓商

八音協奏陳金石六佾分行整禮容滄溟赴海還稱少素月開輪即是重

武舞作第五夷則角

隋季昔云終唐年初啓聖纂戎將禁暴崇儒更敷政威略靜三邊仁恩覃萬姓

送神第六詞同隱廟

節愍太子廟樂章六首景雲中作

迎神第一姑洗宮

儲后望崇元良寄切寢門是仰馳道不絕仙袂雲會靈旗電斷煌煌而來禮物攸設

登歌酌鬯第二南呂均之蕤賓羽

灼灼重明仰承元首既賢且哲惟孝與友惟孝雖遙靈規不朽祀因誠致備潔玄酒

迎俎及酌獻第三大呂羽

嘉薦有典至誠莫愆畫梁雲亘雕俎星聯樂器周列禮容備宣依俙如在若未賓天

送文舞出迎武舞入第四蕤賓商

邕邕闡化憑文德赫赫宣威藉武功既執羽旄先拂吹還持玉鍼更揮空

武舞作第五夷則角

武德諒雍雍由來掃寇戎劒光揮作電旗影列成虹霧廓三邊靜波澄四海同睿圖今已盛相共舞皇風

送神第六詞同隱太子廟

則天大聖皇后崇先廟樂章一首御撰

先德謙撝冠昔嚴規節素超今奉國忠誠每竭承家至孝純深追崇懼乖尊意顯號恐玷徽音既迫王公屢請方乃俯遂羣心有限無由展敬奠酹每闕親斟大禮虔中典冊蘋藻敬薦翹襟

褒德廟樂章五首神龍中爲皇后韋氏祖考所立詞並內出

迎神用昭德姑洗宮二成

道赫梧宮悲盈蒿里爰暢徽烈載敷嘉祀享洽四時規陳二簋靈應昭格神其戾止

登歌用進德南呂均之蕤賓羽

塗山懿戚嬀汭崇姻祠筵肇啓祭典方申禮以備物樂以感神用隆敦敘載穆彝倫

俎入初獻用褒德大呂角

家著累仁門昭積善瑤篚既列金縣式展

武舞作

昭昭竹殿開奕奕蘭宮啓懿範隆丹掖殊榮闢朱邸六佾薦徽容三簋陳芳醴萬古覃貽厥分珪崇祖禰

亞獻及送神用彰德

名隆五岳秩暎三台嚴祠以備睟影方迴

舊唐書卷三十一考證

音樂志四鳴球香瓚大禧是承○香瓚誤疑是秉瓚臣

（德潛）按卷中所載樂舞詳矣及觀通典通考有薦獻玄元皇帝樂章（不詳撰者）德明興聖皇帝樂章（吏部侍郎李紓撰）穆宗皇帝樂章（中書侍郎牛僧孺撰）敬宗皇帝樂章（中書侍郎韋處厚撰）文宗皇帝樂章（中書侍郎崔珙撰）武宗皇帝樂章（中書侍郎李回撰）宣宗皇帝室舞號懿宗皇帝室舞號僖宗皇帝室舞號昭宗皇帝室舞號（俱不詳撰者）又有饗讓皇帝樂章（吏部侍郎李紓撰）惠昭太子樂章（散騎常侍歸登撰）悼懷太子樂章（不詳撰者）莊恪太子樂章（給事中裴泰章撰）祭風師雨師樂章（皆秘書監包佶撰）武成王樂章（原王傅于邵撰）九宮貴神樂章（不詳撰者）以至元日冬至皇帝朝會樂章（侍中源乾曜撰）中宮朝會東宮朝會樂章（皆中書侍郎李義甫撰）大射鄉飲樂章（皆不詳撰者）志中都未及載今存其名其辭均無可考焉

# 舊唐書卷三十二

後晉司空同中書門下平章事劉　昫撰

## 志第十二

### 曆一

太古聖人體二氣之權輿績三才之物象乃創紀以窮其數畫卦以通其變而紀有大衍之法卦有推策之文繇是曆法生焉殷人用九疇五紀之書周禮載馮相保章之職所以辨三辰之躔次察九野之吉凶歷代疇人迭相傳授蓋推步之成法協用之舊章暨秦氏焚書遺文殘缺漢興作者師法多門雖同徵鍾律之文共演蓍龜之說而建元或異積蔀相懸旁取證於春秋强乱疑於繫象靡不揚眉抵掌謂甘石未稱日官運策播精言禆梓不知天道及至淸臺眡祲黃道考祥言縮則盈少中多否否則矯云差筭中則自負加時章亥不生憑何質證高齊天保中六月日當蝕朔文宣先期問候官蝕何時張孟賓言蝕申鄭元偉董峻言蝕辰宋景業言蝕巳是日蝕於申酉之間言皆不中時景業造天保曆則疎密可知矣昔鄧平洛下閎造漢太初曆非之者十七家後劉洪蔡伯喈何承天祖冲之皆數術之精粹者至於宣考曆書之際猶爲橫議所排斯道寂寥知音蓋寡所以張胄玄佩印而沸騰劉孝孫輿棺而慟哭俾諸後學益用爲疑以臣折衷無如舊法高祖受隋禪傅仁均首陳七事言戊寅歲時正得上元之首宜定新曆以符禪代繇是造戊寅曆祖孝孫李淳風立理駮之仁均條答甚詳故法行於貞觀之世高宗時太史奏舊曆加時寖差宜有改定乃詔李淳風造麟德曆初隋末劉焯造皇極曆其道不行淳風約之爲法時稱精密天后時瞿曇羅造光宅曆中宗時南宮說造景龍曆皆舊法之所棄者復取用之徒云革易寧造深微尋亦不行開元中僧一行精諸家曆法言麟德曆行用既久晷緯漸差宰相張說言之玄宗召見令造新曆遂與星官梁令瓚先造黃道游儀圖考校七曜行度準周易大衍之數別成一法行用垂五十年肅宗時韓穎造至德曆代宗時郭獻之造五紀曆德宗時徐承嗣造正元曆憲宗時徐昂造觀象曆其法令存而無計蔀章之數或異前經而察斂啓閉之期何殊舊法至論徵驗罕及研精綿代流行示存經法耳前史取傅仁均李淳風南宮說一行四家曆經爲曆志四卷近代精數者皆以淳風一行之法歷千古而無差後人更之要立異耳無踰其精密也景龍曆不經行用世以爲非今略而不載但取戊寅麟德大衍三曆法以備此志示於疇官爾

### 戊寅曆經

（已上闕文）日自入立秋初日加四千八十分後日減七十六分（置初日所加之分計後日減之數以減之訖餘以行分法約之爲日數及加平見日及分滿行分法又去之從日一爲定見日及分後皆放此）畢於秋分自入寒露日減一百二十七分（減若不足卽一日加行分法及減之爲定見日及分後皆放此）畢於立冬自入小雪畢於大雪均減八日初見去日十四度

熒惑平見入冬至初日減一萬六千三百五十四分後日減五百四十五分畢於小寒自入大寒日加四百二十六分畢於啓蟄自入雨水畢於穀雨均加二十九日入立夏初日加一萬九千三百九十二分後日減二百一十三分畢於大暑自入立秋依平自入處暑日減一百八十四分畢於立冬自入小雪畢於大雪均減二十五日初見去日十七度

鎭星平見入冬至初日減四千八百一十四分後日加七十九分畢於氣盡自入小寒畢於大寒均減九日入立春均減八日入啓蟄均減七日入雨水均減六日入春分均減五日入淸明均減四日入穀雨畢芒種均減三日入夏至畢十日內均減二日十日外入小暑畢五日內均減一日五日外畢於氣盡依平自入大暑日加一百八十一分畢於立秋自入處暑均加九日自入白露初日加六千二分後日減一百三十三分畢於寒露自入霜降日減七十九分畢於大雪初見去日十七度

太白晨平見入冬至依平自入小寒日加六十六分畢於大寒自入立春畢於立夏均加三日自小滿初日加一千九百六十四分後日減六十六分畢於芒種自入夏至依平自入小暑減六十分畢於大暑自入立秋畢於立冬均減三日自入小雪初日減一千九百六十四分後日減六十六分畢大寒夕平見入冬至日減一百分畢於立春自入啓蟄畢於春分均減九日自入淸明初日減五千九百八十六分後日減一百分畢於小滿自入芒種依平自入夏至日加一百分畢於立秋自入處暑畢於秋分均加九日自入寒露初日加五千九百八十六分後日減一百分畢於小雪自入大雪依平初見去日十一度

辰星晨平見入冬至均減四日自入小寒畢於大寒依平自入立春畢啓蟄減三日（其在啓蟄氣內去日一十八度外四十度內晨無木火土金一星已上者不見也）自入雨水畢於立夏應見不見（其在立夏氣內去日度如前晨有木火土金一星已上者亦見之）自入小滿畢於寒露依平自入霜降畢於立冬加一日自入小雪畢於大雪十二日依平若在大雪十三日卽減一日在十四日減二日在十五日減三日在十六日減四日夕平見入冬至畢於淸明依平自入穀雨畢於芒種減二日自入夏至畢於大暑依平自入立秋畢於霜降應見不見（其在立秋及霜降二氣之內夕有星去日如前晨者亦見）自入立冬畢於大雪依平初見去日十七度

#### 行五星法

各置星定見之前夜半日所在宿度算及分各以定見去朔日算及一分加之小分滿法十四分從行分一行分滿法六百七十六分從度一又以星初見去日度數晨減夕加之命度以次卽星初見所在度及分（自此已後皆棄此小分也）

#### 求次日術

各加一日所行度及分其火金之行而有小分者各以日率爲母小分滿其母去從行分一行分滿法去從度一（其行有益疾遲者副置一日行分各以其分疾益遲損乃加之）留者因前退則減之伏不注度順行出斗去其分行入斗先加分訖皆以二十六副行分爲度分

歲星初見順日行一百七十六分五十秒日益遲一分一百一十四日行十九度二百九分而留二十八日乃退日九十七分八十四日退十二度五十分又留二十六日五百九十六小分七四分（卽以初定見日分而加之若滿行分法卽去之從月去之從一日）乃順初日行六十分日益疾一分一百十四日行十九度四百三十七分而伏

熒惑初見入冬至初率二百四十一日行一百六十三度（已後二日損日及度各一）盡一百二十八日率一百七十七日行九十九度（畢一百六十一日皆同已後三日損日及度各一）盡一百八十二日率一百七十日行九十二度（畢一百八十八日皆同已後三日益日及度各一）盡二百二十七日率一百八十三日行一百五度（已後二日益日及度各一）盡二百四十九日率一百九十四日行一百一十六度（已後一日益日及度各一）盡三百一十日率二百五十五日行一百七十七度（畢三百三十七日皆同已後二日損）盡三百六十五日復二百四十一日行一百六十三度見入小寒已後三日去日率一畢於啓蟄自入雨水畢於立夏均去日率二十自入小滿初去日率二十以次三日去十九日以去十八以次三百去一日畢於小暑卽依平爲定日之率若入處暑畢於秋分皆去度率六各依冬至後日數而損益之又依所入之氣以減之名爲前疾日數及度數之率若初行入大寒畢於大暑皆差行日益遲一分其餘皆平行若入白露畢於秋分初日行半度四十日行二十度（卽去日率四十度率二十別爲半度之行訖然後求平行之分以續之平行分者置定行度率以分法乘之以定日率除之所得卽平行一日之分不盡爲小分求差行者置日率之數減一訖又半之加平行一日之分爲初日行分）各盡其日度而遲初日行三百二十六分日益遲一分半六十日行二十五度五分（其前疾去度六者此遲初日加六十七分小分三十六小分滿六十去之從行分一卽六十日行三十一度分同）而留十二日（前去日分日於二留奇後從後留）乃退日一百九十二分六十日退十七度二十八分又留十二日六百二十六分小分三十分（亦如初定見之分滿去如前）又順後遲初日行二百三十八分日益疾一分半六十日行二十五度三十五分（此遲在立秋至秋分者加一日行六十七小分三十六滿去如前卽六十日行三十一度分同也）而後疾入冬至初率二百一十四日行一百三十六度（已後一日損日及度各一）盡三十七日率一百七十七日行九十九度（已後二日損日及度各一）盡五十七日率一百六十七日行八十九度（畢七十九日皆同已後三日益日及度各一）盡一百三十日率一百八十四日行一百六十七度（已後二日益日及度各一）盡一百四十四日率一百九十一日行一百一十三度（已後一日益日及度各一）盡一百九十日率二百三十七日行一百五十九度（已後一日益日及度各一）盡二百一十日率二百六十七日行一百八十九度（畢二百五十九日皆同已後二日損日及度各一）盡三百六十五日復率二百一十四行一百三十六度後遲加六度者此後疾去度率六爲

定度各依冬至後日數而損益之爲後疾日及度之率若入立夏於夏至日行半度盡六十日行三十度若入小暑於大暑盡四十日行二十度皆去日及度之率別爲半度之行訖然後求平行之分以續之各盡其日度而伏

鎮星初見順日行六十分入十三日行七度二百四十八分而留三十八日乃退日四十一分一百日退六度四十四分又留三十七日六十一分小分四亦以初定見日分加之滿去如前乃順日行六十分八十三日行七度二百四十八分而伏

太白晨初見乃退日一度半十日退十五度而留九日乃順遲差行先遲日益疾八分四十日行三十度若此遲入大雪已後畢於小滿即依此爲定而求行分自入芒種十日減一度爲定度畢於夏至自入小暑畢於霜降均減三度自入立冬初日減三度後十日減一度畢於霜降小雪皆爲定度求一日行分者以行分法乘定度以四十除之爲平分不盡爲小分又以四乘三十九以減平分爲初日行日平行日一度十五日行十度若此平行入小寒後十日益日及度各一畢於啓蟄自入雨水之氣皆二十一日行二十一度自入春分後十日減一畢於立夏即十五日自入處暑畢於寒露即無此平行自入霜降即四日益一畢於大雪後十五日行十五度疾百七十日行二十四度前順遲減度者計所減之數以益此度爲定度求一日行度及分者以百七十日減度數餘行以分法乘以百七十除之所得爲之日平行度分晨伏東方夕初見順疾百七十日行二日畢於立夏依此順疾入冬至已後畢於立夏依此率爲定自入小滿六日加一度自入大暑初畢於芒種自入夏至畢於小暑均五度自入大暑初加五度後三日減一度畢於氣盡自入立秋畢於大雪還依本率從白露畢春分皆差行先疾日益遲一分半自入清明畢於處暑並平行同晨疾求差行者半一百六十九以一分半乘之以加平行分爲初日行度分也平行日一夜十五日行十五度此平行入冬至後十日減日及度各一畢於立春自入啓蟄畢於芒種皆均九日行九度自入夏至後五日益一畢於小暑自入大暑畢於氣盡皆十五日行十五度自入立秋後六日一畢於小雪自入大雪畢於氣盡皆十五日行一十五度者也順遲差行先疾日益遲八分四十日行三十度前加度者此依數減之求一日行分加晨遲準減者爲加之又留九日乃退日半度十日退五度而夕伏西方

辰星晨初見留六日順遲日行一百六十九分四日行一度若初見入大寒畢於啓蟄之內即不須此遲行平行日一度十日行十度此平行若入大寒已後二日去日及度各一畢於二十日日及度俱盡即無此平行疾日行一度六百九十分十日行十九度六分前無遲行者此疾日減二百三分十日行十七度四分晨伏東方夕初見順疾日行一度六百九十分十日行十九度六分此疾者入小暑畢於處暑之內日減二百三分十日行十六度四分平行日一度十日行十度此平行若入大暑已後於二日去日及度各一畢於二十日日及度俱盡即無此平行遲日行一百六十九分四日行一度若疾減二百三分者即不須此遲行又留六日九分夕伏西方

推交會

交會法一千二百七十四萬一千二百五分 交分法六百三十七萬六百二十九分 朔差一百八萬五千四百九十二分 望分六百九十一萬三千三百五十分 交限五百八十二萬七千八百五十八分望差五十四萬二千七百四十一分 外限六百七十六萬七百八十二九分 中限一千二百三十五萬一千二十八分 內限一千二百一十九萬八千四百五十八七分 交時法二萬九千一十八

推交分術

置入上元已來積月以交會法去之餘以朔差乘之滿交會法又去之仁均本術武德元年加交差七百七十五萬五千一百六十四分餘爲所求年天正朔入平交分求望平交分術以望分加之滿去如前爲平分次月平分術其朔望入冬至氣內依平爲定若入小寒已後日加氣差一千六百五十分畢於六春自入啓蟄畢於清明均加七萬六千一百分後日減一千六百五十分畢於小滿置初日所加之分計後日減之數以減至餘以加平交分自入芒種畢於夏至依平爲定加之滿交會法即去餘爲定交分其朔入交若入小寒畢於雨水及立夏畢於小滿值盈二時已下皆半氣差而加之二時已上皆不加其朔入時交分如望差分已下外限已上有星伏木土去見十日外火去見四十日外金星伏去見二十二日外有一星者不加氣差其朔望入小暑已後日減氣差一千二百分畢於處暑自入白露畢於霜降均減九萬五千八百二十分自入立冬初日減六萬三千三百分後日減二千一百一十分畢於小雪置初日所減之分計後日減之數以減之餘以減平交分也自入大雪亦依平爲定減若不足者加交會法乃減之餘爲定交分其朔入交分如交限內限已上交分中限已下有星伏如前者不減氣差

推道在內外及先後去交術其定交分不滿交分法者爲在外道滿去之餘爲在內道其餘如望差已下即是去先交分以時法約之得一爲去先交時數交限已上即以減交分法餘爲去後交分亦以時法約之爲時數望則月蝕也其朔在內道者朔則日蝕或雖在內道去交而遠在外道去交而近亦爲蝕也

推月蝕加時術

置有蝕之望定小餘若入曆一日即減二百八十八十五日即加之若入十四日即加五百五十八二十八日即減之自入諸日值盈皆加二百八十值縮皆減之爲定餘乃以十二乘之以時法六千五百三除之所得爲半辰之數命以子半起算外即所在辰初命子半以一算自後皆以二算爲一辰不盡爲時餘若時餘在辰半之前者乃位之如法無所得爲辰初又以三因之如法得一名爲強若得強若得二強即名少弱若倍之如法得一爲少凡四分一爲少二爲半三爲太又不盡者三之如法得一名爲強若得二強者即名爲半弱若時餘在辰半之亦倍之如法無所得爲正在辰半以三因之如法得二名爲強即名半強若得二強即名太弱若倍之法得一爲太不盡者又三之如法得一爲強即名太強若得者又二強者爲辰未亦可前辰名之月在衡上蝕日出後入前各一時半外不注蝕

推日蝕加時術

置有蝕之朔定小餘若入曆一日即減三百八十五日即加之若入十四日即加之日五十八二十八日即減之以爲定自後不入四時加減之限春三月內道去交四時已上入曆值盈加二百八十值縮反減之夏三月內道值盈加二百八十值縮反減之秋三月內道去交十一時已下值盈加二百八十值縮不加十一時已上值盈加五百五十值縮不加一百八十冬三月內道去當五時已下值盈加二百八十縮不加皆爲定餘乃以十二乘之以時法除之所得半辰之數命以子半起算外即所在辰命辰如前法不盡爲時餘別置爲副若入仲辰半前即以副減法餘爲差率若在半後即退其半辰還以法加餘即以副爲差率若入季辰半前即以法加副而爲差率若在半後即其半辰還以法加餘乃倍法以加副而爲差率若入孟辰半前即三因其法而以副減之餘爲差率若半後即退其半辰還以法加餘又以法加副乃因其法而副減之爲差率又置去交時數三已下加二三六已下加九已下加一九已上依數十二以上從十二以乘差率若在季辰半後孟辰半前去交六時以上者皆從其六以乘差率六時已下自依數不須加如十四得一爲時差子半至卯半午半至酉半以加餘加之若滿卯半午半酉半子半以減時餘加之若滿時法者乃去之加於辰即進之於前也減之若不足者減半辰加時法乃減之即退之於後也餘爲定時餘乃如月蝕法子午卯酉爲仲辰戌丑未爲季寅申巳亥爲孟日出前後各一時半外不注日蝕

推內道日不蝕術

夏五月朔加時在南方三辰先交十三時外六月朔後交十三時外者不蝕啓蟄畢清明先交十三時外值縮加時在未巳酉者亦不蝕入處暑畢寒露後交十三時值盈加時在巳已東者亦不蝕

推外道日蝕術

不問交之先後但去交一時內者皆蝕也若先交二時內者值盈二外者亦蝕若後交時內值縮二時外者亦蝕其夏去交二時在南方三辰者亦蝕若去分至十二時內去交六時內者亦蝕若去交春分三內後交二時內者亦蝕秋分日內先交二時內者亦蝕諸去交三內星伏如前者亦蝕

推月蝕分術

置去交分其在冬先後交皆去不蝕分二時之數若在於春先交去半時後交去二時夏即依定若在於秋先交去二時後交去半時若不足去者蝕既乃以三萬六千一百八十三爲法除之所得爲不蝕分不盡者半法已上爲半強已下爲半弱而以減十五餘爲蝕之大分

推月蝕所起術

若在外道初起東北蝕甚西北若在內道初起東南蝕甚西南十三分已上正東起推皆據正南而言

推日蝕分術

置去交分若入冬至已後畢於立春皆均減十二萬八百蝕爲不蝕分不足減者及以交分減之蝕爲不蝕分亦減望差爲定法其後交值縮者直以望差爲定法不須減之自入啓蟄初日減二十二萬八百分後日減一千八百一十分置初日所減之分計後日減之數以減之餘以減交分畢於芒種自入夏至日減二千四百分畢於白露自入秋分畢於大雪皆均減二十二萬八百分但不足減者皆如前及以交分減之訖皆爲不蝕若入冬至畢於小寒不蝕分依定若入大寒畢於立夏去後交五時外皆去不蝕分一時時若值減者先交減之後交加之不足減者蝕既時差值加者先交加之後交減之不足減者蝕既乃爲定分以十五乘之以定法除之所得爲不蝕分不盡者半法已上爲半強已下爲半弱而以減十五餘爲蝕之大分也

推日蝕所起術

若在外道初起西南蝕甚東南若在內道初起西北蝕甚東北十三度已上正西起亦據正南而言之

| | 日出 | 日入 |
|---|---|---|
| 冬至 | 辰一十四分之二十 | 申七刻十二分 |
| 小寒 | 辰十三分 | 申七刻十九分 |
| 大寒 | 卯八刻七分 | 酉一分 |
| 立春 | 卯七刻十一分 | 酉二十一分 |
| 啓蟄 | 卯六刻十分 | 酉一刻二十二分 |
| 雨水 | 卯五刻五分 | 酉三刻三分 |
| 春分 | 卯三刻二十二分 | 酉四刻十分 |
| 清明 | 卯二刻十五分 | 酉五刻十七分 |
| 穀雨 | 卯一刻十一分 | 酉六刻二十一分 |
| 立夏 | 卯一二分 | 酉七刻二十分 |
| 小滿 | 寅八刻一分 | 戌七分 |
| 芒種 | 寅七刻十四分 | 戌十八分 |
| 夏至 | 寅七刻十二分 | 戌二十分 |

小暑 寅七刻 戌十八分
大暑 寅八刻 戌闕
立秋 卯十一分 酉七刻二十一分
處暑 卯一刻十一分 酉六刻二十一分
白露 卯七刻十分 酉一刻二十二分
立冬 卯七刻十一分 酉二十分
小雪 卯七刻七分 酉一分
大雪 辰十三分 申七刻十九分

求日出入所在術

以所入氣辰刻及分與後氣辰刻及分相減餘乘入氣日算以十五除之所得以加減所入氣爲定日出入從冬至至夏至日出減之日入加之從夏至至冬至日出加之日入減之入餘爲定刻及分

武德九年五月二日校曆人前曆博士臣南宮子明

校曆人前曆博士臣薛　弘疑

校曆人算曆博士臣王　孝通

監校曆大理卿清河縣公崔　善爲

夜漏半

右依武德元年經加於漏刻日出沒二十四氣下

推月蝕加時術

右加有蝕之望以百刻乘定小餘日法而一以課所近氣不滿夜半者命日以甲子算上注曆

推月蝕虧初復滿先造每箭更籌用刻

倍月蝕日所入氣夜漏半二十五而一爲籌刻分亦注於曆下

月蝕分用刻率　置月蝕分

蝕一分用三刻　二分用四刻　三分用五刻　四分用六刻　五分用八刻

六分用九刻　七分用十刻　八分用十一刻　九分用十三刻　十分用十四刻

十一分用十五刻　十二分用十六刻　十三分用十八刻　十四分用十九刻　既用二十二刻

推日月蝕加時定刻術

置日月蝕加時定餘在辰半後者加時法於時餘以二十五乘之三萬九千一十八而一刻命刻算外即所入辰刻

求虧初復滿術

置蝕分用刻率副之以乘所入歷損益率四千五十七而一値盈減損加値縮依其損益副爲蝕定用刻數乃六乘之十而一以減蝕加時辰刻爲虧初丈四乘餘之用刻數十而一以加蝕加時辰刻爲復滿

求所蝕夜初甚末更籌刻術

因其日日所入辰殘刻及分依次加辰刻及分至蝕初辰刻及分減二刻十二分從其更用刻及分除之不滿更即初蝕更籌以所求得至甚刻加之命即甚依求得甚後刻數加之命即末更籌刻及分日出前後滿日入後初虧皆不注蝕

| 二十四氣 | 日出 | 日入 | 夜漏半 | 一更 | 一籌 |
|---|---|---|---|---|---|
| 冬至 | 辰二十四分之二十 | 申七刻十二分 | 二十七刻十二分 | 十一刻 | 二刻四分 |
| 小寒同大雪 | 辰十三分 | 申七刻十九分 | 二十七刻五分 | 十一刻二十一分 | 二刻四分 |
| 大寒同小雪 | 卯八刻七分 | 酉入一分 | 二十六刻十五分 | 十刻十五分 | 二刻二分 |
| 立春同立冬 | 卯七刻十二分 | 酉二十一分 | 二十五刻十五分 | 十刻七分 | 二刻一分 |
| 啓蟄同霜降 | 卯六刻十分 | 酉二十二分 | 二十四刻十八分 | | |
| 雨水同寒露 | 卯五刻五分 | 酉三分 | 二十三刻十三分 | 九刻十分 | 一刻二十三分 |
| 春分同秋分 | 卯三刻二十二分 | 酉四刻十分 | 二十二刻十分 | 八刻二十一分 | 一刻十八分 |
| 清明同白露 | 卯二刻十五分 | 酉五刻十七分 | 二十刻二十分 | 八刻八分 | 一刻十六分 |
| 穀雨同處暑 | 卯一刻十分 | 酉六刻二十一分 | 十九刻十九分 | 七刻二十一分 | 一刻十四分 |
| 立夏同立秋 | 卯十分 | 酉七刻二十一分 | 十八刻 | 闕刻十六分 | 一刻十一分 |
| 小滿同大暑 | 寅八刻一分 | 戌七分 | 十八刻一分 | 七刻五分 | 一刻 |
| 芒種同小暑 | 寅七刻十四分 | 戌十八分 | 十七刻十四分 | 七刻 | 一刻九分 |
| 夏至 | 寅七刻十二分 | 戌二十分 | 十七刻十四分 | 七刻 | 一刻九分 |

舊唐書卷三十二考證

歷志一强乩疑于繫象○乩應作稽

是日蝕于申酉之間○臣召南按此見隋志申酉舊本訛申卯非也今據隋志改正

但取戊寅麟德大衍三歷法以備此志○臣召南按傳仁均所造行四十六年李淳風所造行六十三年一行所造行三十四年此志僅載三家之術至五紀貞元宣明三歷則新書志具載其法

戊寅歷經○舊本連接前序非是今提行

已上闕文日自入立秋云云○臣召南按舊本即以此文連接戊寅歷經大誤蓋日自立秋以上脫歲星平見入冬至初日云云凡五六十字此易見者也凡序歷法首以上元積年次以日月纏度次以氣朔盈虛然後及於五步此段以上脫文殆不止千言矣新書可証今于此文上指明闕文俾一覽瞭然

置有蝕之朔定小餘○臣德潛按歷法有大餘小餘太初以下皆然舊本凡大小餘俱作蝕非也今改

武德九年五月云云○此文疑應在卷末新書可証

# 舊唐書卷三十三

後晉司空同中書門下平章事劉　昫撰

## 志第十三

### 曆二

麟德甲子元曆

上元甲子距今大唐麟德元年甲子歲積二十六萬九千八百八十算推法一千三百四十朞實四十八萬九千四百二十八旬周六十推氣序術置八甲子元積算距今所求年以朞乘之爲朞總滿法得一爲積日不滿爲小餘旬去積日不書爲大餘命大餘起甲子算外即

所求年天正中氣冬至恒日及大小餘（天正建子律氣所由故陰陽發斂皆從其時爲自）

求恒次氣術

因冬至大小餘加五大餘十五小餘二百九十二小分小分滿從小餘小餘滿總法之從大餘一大餘滿旬周之以次轉加而命各得其所求（他皆放此凡氣餘朔大餘爲日小餘爲辰也）

求土王

置清明小暑寒露小寒大寒小餘各加大餘十二小餘二百四十四小分八（五乘氣小分今通之加八若滿三十去從小餘一凡分餘相并不同者互乘而并之母相承爲法其并滿法一爲全此即齊同之術）小餘滿總法從命如前卽各其氣從土王日

求沒日術

沒日法一千七百五十七沒分十二萬二千三百五十七以九十乘有沒氣小餘十五乘小分從之以減沒分餘法得一爲日不盡餘以日數如其氣大餘去命如前卽其氣內沒日也（小氣餘一千四十已上其氣有沒者勿推也）沒餘皆盡者爲滅求次沒因前沒加日六十九餘一千一百四餘滿沒從日一因而命之以氣別日盈朔實三萬九千九百三十三朒朔實三萬九千二百二十恒朔實三萬九千五百七十一

推朔端

列朞總以恒朔實除之爲積月不滿爲閏餘滿總法爲閏日不滿爲閏辰以閏日減冬至大餘辰減小餘卽所求年正月恒朔大小餘命大餘以甲子算外卽其日也（天正者日南至之月也恒數者不朒不盈之常數也凡減者小餘不足減退大餘一如總法而減之大餘不足減者加自周乃減之其須減分奇者退分餘一如其法而減以其在宿度遊實不足減者如在宿過周連餘及奇乃減之）以天正恒用小餘加閏餘以減朞總餘爲總實

求恒弦望術

因天正恒朔大小餘加大餘十小餘五百一十二太（凡四分一爲少二爲半三爲太）滿法者去命如前耶天正上弦恒日及大小餘以次轉加得望下弦及來月朔（以次轉加去命如前合得所求他皆放此）因朔徑求望加大餘十四小餘一百二十五分半因朔徑求下弦加大餘二十二小餘一百九十八少因朔徑求次朔加大餘二十九小餘七百十一半總六百七十辰率三百三十五

檢律候術氣日

| 中氣 | 律名 | 日中影 | 陟降率 | 初候 | 次候 | 末候 |
|---|---|---|---|---|---|---|
| 冬至 | 黃鍾 | 一丈二尺七寸五分 | 陟四寸一分 | 虎始交 | 芒始生 | 荔挺出 |
| 小寒 | | 一丈二尺二寸八分 | 陟三尺一寸三分 | 蚯蚓結 | 麋角解 | 水泉動 |
| 大寒 | 大呂 | 一丈一尺一寸五分 | 陟一尺五寸二分 | 鴈北鄉 | 鵲始巢 | 雉始雊 |
| 立春 | | 九尺六寸二分 | 陟一尺五寸五分 | 鷄始乳 | 東風解凍 | 蟄蟲始振 |
| 啓蟄 | 太簇 | 八尺七寸 | 陟一尺五寸三分 | 魚上冰 | 獺祭魚 | 鴻鴈來 |
| 雨水 | | 六尺五寸四分 | 陟二尺二寸一分 | 始雨水 | 桃始花 | 倉庚鳴 |
| 春分 | 夾鍾 | 五尺三寸三分 | 陟一尺九分 | 鷹化爲鳩 | 玄鳥至 | 雷始發聲 |
| 清明 | | 四尺三寸四分 | 陟九寸四分 | 始電 | 蟄蟲咸動 | |
| 穀雨 | 姑洗 | 三尺三寸 | 陟八寸一分 | 桐始華 | 田鼠化爲鴽 | 虹始見 |
| 立夏 | | 三尺四寸九分 | 陟五寸一分 | 萍始生 | 戴勝降于桑 | 螻蟈鳴 |
| 小滿 | 中呂 | 一尺九寸八分 | 陟三寸四分 | 蚯蚓出 | 王瓜生 | 苦菜秀 |
| 芒種 | | 一尺六寸四分 | 陟一寸五分 | 靡草死 | 小暑至 | 螳螂生 |
| 夏至 | 蕤賓 | 一尺四寸九分 | 降一寸五分 | 鵙始鳴 | 反舌無聲 | 鹿角解 |
| 小暑 | | 一尺六寸四分 | 降三寸四分 | 蟬始鳴 | 半夏生 | 木槿榮 |
| 大暑 | 林鍾 | 一尺九寸八分 | 降五寸一分 | 温風至 | 蟋蟀居壁 | 鷹乃學習 |
| 立秋 | | 二尺四寸九分 | 降八寸一分 | 腐草爲螢 | 土潤溽暑 | 涼風至 |
| 處暑 | 夷則 | 三尺三分 | 降九寸四分 | 白露降 | 寒蟬鳴 | 鷹祭鳥 |
| 白露 | | 四尺三寸四分 | 降一尺九分 | 天地始肅 | 暴風至 | 鴻鴈來 |
| 秋分 | 南呂 | 五尺三寸三分 | 降一尺二寸一分 | 玄鳥歸 | 羣鳥養羞 | 雷始收聲 |
| 寒露 | | 六尺五寸四分 | 降一尺五寸三分 | 蟄蟲坏戶 | 陰氣方盛 | 陽氣始衰 |
| 霜降 | 無射 | 八尺七分 | 降一尺五寸五分 | 水始涸 | 鴻鴈來賓 | 雀入水爲蛤 |
| 立冬 | | 九尺六寸二分 | 降一尺五寸三分 | 菊有黃花 | 豺祭獸 | 水始冰 |
| 小雪 | 應鍾 | 一丈一尺一寸五分 | 降一尺一寸三分 | 地始凍 | 野雞入水爲蜃 | 虹藏不見 |
| 大雪 | | 一丈二尺二寸八分 | 降四寸七分 | 冰益壯 | 地始坼 | 鶡鳥不鳴 |

求恒氣初日影汎差術

見所求氣陟降率并後氣率半之十五而一爲汎末率又二率相減餘十五而一爲總差前少以總差減汎末率前多以總差加汎末率加減汎末率訖卽爲汎初率

其後氣無同率因前末率卽爲汎初率以總差減初率餘爲汎末率

求恒氣初日影定差術

十五除總差爲別差爲限前少者以限差加汎初末率前多者以限差減汎初末率加減汎初末率訖卽爲定初末率卽恒氣初日影定差

求次日影差術

以別定差前少者加初日影定差前多者減初日影定差加減初影定差訖卽爲次日影定差以次積累歲卽各得所求（每氣皆十五日爲限其有皆以十六除取汎末率及總差別差）

求恒氣日中影定數術

置其恒氣小餘以半總減之餘爲中後分不足減者反減半總餘爲中前令置前後分影定差乘之總法而一爲變差冬至後午前以變差減氣影午後以變差加氣影夏至後午前以變差加氣影午後以變差減氣影冬至一日有減無加夏至一日有加無減加減訖各其恒氣日中定影

求次日中影術

迭以定差陟減降加恒氣日中定影各得次日中影（後漢及魏宋曆冬至日中影一丈二尺夏至一尺五寸於今並短冬須隨時影校其陟降及氣日中影應二至率他皆倣此前求每日中影術古曆並無臣等創立斯法也）

求律呂應日及加時術

十二律各以其月恒中氣日加時應列其氣小餘六乘之辰率而一爲半總之數不盡爲辰餘命時起子算半爲加時所在辰六乘辰餘如法得一爲初二爲少弱三爲少四爲少强五爲半弱若在辰半後者得一爲半强二爲太弱三爲太四爲太强五爲辰末

求七十二候術

恒氣日卽初候日也加其大餘五小餘九十七小分十一三乘氣小分加十一滿十八從小餘一滿法去命如前卽次候日以次轉加得末後日

求次氣日檢盈虛術

進綱一十六　退紀一十七

汎差一十一　總辰一十二（六十並平闕）

秋分後春分前日行速春分前秋分後日行遲速爲進綱遲爲退紀若取其數綱爲名用其時春分爲至進日分前退日分後凡用綱紀皆準此例

| 氣月中節 | 躔差率 | 消息總 | 先後總 | 盈朒積 |
|---|---|---|---|---|
| 冬至子月中 | 益七百二十二 | 息初 | 先五十四 | 盈初 |
| 小寒丑月節 | 益六百七十六 | 息七百二十二 | 先四十六 | 盈五十四 |
| 大寒丑月中 | 益五百一十四 | 息一千三百四十 | 先三十八 | 盈一百 |
| 立春寅月節 | 益五百十四度七十六分十四 | 息一千八百五十四 | 先三十八 | 盈一百三十八 |
| 啓蟄寅月中 | 益六百一十八 | 息二千二百六十八 | 先四十六 | 盈一百七十六 |
| 雨水卯月節 | 益七百二十二 | 息二千九百八十六 | 先五十四 | 盈二百二十二 |
| 春分卯月中 | 損七百二十二 | 息三千七百八十 | 先五十四 | 盈二百七十六 |
| 清明辰月節 | 損六百一十八 | 息二千九百八十六 | 後四十八 | 盈二百二十二 |
| 穀雨辰月中 | 損五百七十四 | 息二千三百六十八 | 後三十八 | 盈一百七十六 |
| 立夏巳月節 | 損五百一十四 | 息一千八百五十四 | 後三十八 | 盈一百三十六 |
| 小滿巳月中 | 損六百一十八 | 息一千三百三十 | 後四十六 | 盈一百 |
| 芒種午月節 | 損七百七十六分二十秒 | 息七百二十二 | 後五十四 | 盈五十四 |
| 夏至午月中 | 益七百二十二 | 消初 | 先五十四 | 朒本 |
| 小暑未月節 | 益六百一十八 | 消七百二十二 | 先四十六 | 朒五十四 |
| 大暑未月中 | 益五百一十四 | 消一千三百四十 | 先三百八 | 朒一百 |
| 立秋申月節 | 益五百一十四 | 消一千八百五十四 | 先三十八 | 朒一百三十八 |
| 處暑申月中 | 益六百一十八 | 消二千三百六十八 | 先四十六 | 朒一百七十六 |
| 白露酉月節 | 益七百二十二 | 消二千九百八十六 | 先五十四 | 朒二百二十三 |
| 秋分酉月中 | 消三千七百八 | 損七百二十二 | 後五十四 | 朒二百一十六 |
| 寒露戌月節 | 損六百一十八 | 消二千九百八十六 | 後四十六 | 朒二百二十二 |
| 霜降戌月中 | 損五百一十四 | 消二千三百六十八 | 後三十八 | 朒一百七十六 |
| 立冬亥月節 | 損五百十四 | 消一千八百五十四 | 後三十八 | 朒一百三十八 |
| 小雪亥月中 | 損六百一十八 | 消一千三百四十 | 後四十六 | 朒一百 |
| 大雪子月節 | 損七百二十二 | 消七百二十二 | 後五十四 | 朒五十四 |

見所在氣躔差率并後氣率半之總辰乘之綱紀而一得氣末率（各以汎差通其綱紀以同差辰也）又二率相減餘以總辰乘而紀除之爲總差辰之綱紀除之爲別差率前少者以總差減末率前多者以總差加減訖皆爲其氣初日損益率前多者以別差日減前少者以別差日加加減氣初日損益率訖卽次日損益率（亦名每日躔差率）以次加減得每日所求各累所損益隨曆定氣損益消息總各爲其日消息數其後氣無同率及有數同者皆因前少以前末率爲加總差爲末率別差漸加初率爲每日率前多者總差減初率爲末率別差漸減爲日率（其有氣初末計會及綱紀所校多少不叶者隨其增損調而御之使際會相準）

求氣盈朒所入日辰術

冬夏二至卽以恒氣爲定自外各以氣下消息數息減消加其恒氣小餘（滿若不足進退其日）卽其氣朒日辰亦因別其日命以甲子得所求（加之爲盈氣減之爲朒氣定其盈朒所在故日定凡推日月度及推發斂皆依定氣推之若注曆依恒氣日）

求定氣恒朔弦望夜半後辰數術

各置其小餘三乘如辰率而一爲夜半後辰數

求每日盈朒積術

各置其氣先後率與盈朒積乃以先率後率加躔差率盈朒積加消息總亦如求消息法卽得每日所入盈朒及先後之數

求朔弦望恒日恒所入盈縮數術

各以總辰乘其所入定氣日算朒朔弦望夜半後辰數乃以所入定氣夜半後辰數減之餘爲辰總（其恒朔弦望與定氣同日而辰多者其朔弦望卽在前氣氣末而辰總時有多於進綱紀通數者疑入後氣之初也）以乘其氣前多之末率前少之初總辰而一爲總率（凡須相乘有分餘者母必通全子乘記報母異者齊同也）其前多者辰總減紀乘總差綱紀而一爲差并於總率差辰總乘之倍總辰除之以加總率

前少者辰總再乘別差總辰自辰乘倍而除之以加總率皆爲總數乃以先加後減其氣其朒爲定積凡分餘不成全而更不復須者過半更不後夜無氣也以盈朒定積盈加朒減其日小餘若非朔望有交從者速粗滿若不足進退之各其入盈朒日及小餘舉者以所入定氣日算乘先後率加十五而一先加減盈朒爲定積入氣日十五算者加十六而一

推曆變術

曆變周四十四萬三千七十七　變奇率十二　曆變日二十七　變餘七百四十三　變奇一　月程法六十三

以曆變周去總實餘以變奇率乘之滿變周又去之不滿者變奇率約之爲變分不盡爲變奇分滿總法爲日不滿爲餘命日算外卽所求年天正恒朔夜半入變日及餘以天正恒朔小餘加之卽經辰所入

求朔弦望經辰所入

因天正經辰所入日餘奇加日七餘五百一十二奇九奇滿率成餘餘如總法爲日得上弦經辰所入以次轉加得望下弦及來月朔所曰滿變日及餘奇則去之凡連去者皆相倣於此徑求望者加朔所入日十四餘一千二十五奇六徑求次朔加一日餘一千三百七奇十一

求朔望弦盈朒減辰所入術

各以其日所入盈朒定積盈加朒減其恒經辰所入餘卽各所求

| 變日 | 離差 | 離程 | 增減率 | 遲速積 |
|---|---|---|---|---|
| 一日 | 九百八十五 | 退十一 | 增百三十四 | 速初 |
| 二日 | 九百七十四 | 退十二 | 增百一十七 | 速一百三十四 |
| 三日 | 九百六十二 | 退十四 | 增九十九 | 速二百五十一 |
| 四日 | 九百四十八 | 退十五 | 增七十八 | 速三百五十 |
| 五日 | 九百三十三 | 退十五 | 增五十六 | 速四百二十八 |
| 六日 | 九百一十八 | 退十六 | 增三十三 | 速四百八十四 |
| 七日 | 九百二 | 退十六 | 增九初增九末減隱 | 速五百一十七 |
| 八日 | 八百八十六 | 退十六 | 減十四 | 速五百二十七 |
| 九日 | 八百七十 | 退十六 | 減三十八 | 速五百一十二 |
| 十日 | 八百五十四 | 退十五 | 減六十二 | 速四百七十四 |
| 十一日 | 八百四十九 | 退十二 | 減八十五 | 速四百一十七 |
| 十二日 | 八百二十六 | 退十一 | 減一百四 | 速三百二十七 |
| 十三日 | 八百十五 | 退七 | 減一百二十七 | 速二百二十三 |
| 十四日 | 八百八 | 進二 | 初減一百二十末二十九 | 速百二 |
| 十五日 | 八百十 | 進九 | 增百二十八 | 遲二十九 |
| 十六日 | 八百一十九 | 進十三 | 增百一十五 | 遲一百五十七 |
| 十七日 | 八百三十二 | 進十四 | 增九十五 | 遲二百七十二 |
| 十八日 | 八百四十六 | 進十五 | 增七十四 | 遲三百六十七 |
| 十九日 | 八百六十一 | 進十六 | 增五十二 | 遲四百四十一 |
| 二十日 | 八百七十七 | 進十六 | 增二十八 | 遲四百九十三 |
| 二十一日 | 八百九十三 | 進十六 | 增四初增四末減隱 | 遲五百二十一 |
| 二十二日 | 九百九 | 進十六 | 增二十 | 遲五百二十五 |
| 二十三日 | 九百二十五 | 進十六 | 減四十四 | 遲五百二十 |
| 二十四日 | 九百四十一 | 進十四 | 減六十八 | 遲四百六十一 |
| 二十五日 | 九百五十五 | 進十三 | 減八百九 | 遲三百九十三 |
| 二十六日 | 九百六十八 | 進十一 | 減一百八 | 遲三百四 |
| 二十七日 | 九百七十九 | 進六 | 減一百二十五 | 遲一百九十六 |
| 二十八日 | 九百八十五 | 平進五退五減一百四十四初減七十一末增入微 | | 遲七十七 |

求朔弦望盈朒日辰入變遲速定數術

各例其所入日增減率并後率而半之爲通率又二率相減餘爲率差增者以入餘減總法餘乘率差總法而一并率差而半之減者半入餘乘率差亦總而一並以加於通率入餘乘之總法而一所得爲經辰變轉半經辰變速減法遲加盈朒經辰所入餘爲轉餘應增者減法應減者因餘皆以乘率差總法而一加於通率變率乘之總法而一以速減遲加變率爲定率乃以定率增減遲速積爲定此法微密至當以示算理通塗若非朔望有交及欲考校速要者但以入餘乘增減率總法而一增減速爲要耳其後無同率者亦因前率應增者以通率爲初數半率差而減之應減入餘進退日者分爲二日隨餘初末如法求之所得并以減率

| | | | | |
|---|---|---|---|---|
| 七日 | 初七分 | 末一分 | 初千一百九十一 | 末一百四十九 |
| 十四日 | 初七分 | 末二分 | 初一千四百十二 | 末二百九十八 |
| 二十一日 | 初六分 | 末三分 | 初八百九十二 | 末四百四十六 |
| 二十八日 | 初五分 | 末四分 | 初七百四十三 | 末五百九十七 |

其入前件日餘如初數已下者爲初已上者以初數減總法餘爲末之數增減相反約以九分爲限初雖少弱而末微强餘差不多理況兼舉皆今有離差各隨其數若恒算所求七日與二十一日得所率而末之所減隱而不顯且數與平行正算亦初末有數而恒算所無其十四日二十八日旣初末數存而虛差亦減其數數當去恒法不見

求朔弦望盈朒所入日名及小餘術

各以其所入變曆速定數減除加其盈朒小餘滿若不足進退其日命以甲子算外各其盈朒日反餘如其恒日餘者爲盈盈減其恒日餘者爲朒其日不動者依恒朔日而定其小餘推擬日月行度其定小餘二十四已下一千三百一十六已上者其入氣盈朒入曆遲速皆須覆依本術推算不得從粗舉速要之限乃前朔後朔迭相推校盈朒之課據實爲準損不侵朒益不過盈

求定朔月大小術

凡朔盈朒日名卽爲定朔日名其定朔日名十干與來月同者大不同者小其月無中氣者爲閏月其正月朔有定加時正月者消息前後各一兩月以定月之大小令虧在晦二者弦望亦隨事消息凡置月朔盈朒之極不過頻三其或過者觀定小餘延夜半者量之

檢宿度術

斗二十六及分　牛八　女十二　虛十　危十七　室十六

壁九北方九十八度　奎十六　婁十二　胃十四　昴十一　畢十八

觜一　參九西方八十度　井三十　鬼三　柳十四　星七

張十八　翼十八　軫十七南方百一十二度　角十三　亢九　氐十六

房五　心五　尾十八　箕十一東方七十五度

前件周天二十八宿相距三百六十五度前漢唐都以渾儀赤道所量其數常定紘帶天中儀圖所準日月往求隨交損益所入宿度進退不同黃道宿度（左中郎將賈逵檢日月所去赤道不同更鑄黃道渾儀所檢者）

斗二十四度　牛七度　女十一度　虛十二度
危十六度　室十八度　壁十一度（北方九十六度宿分三百二十八）　奎十七度
婁十三度　胃十四度　昴十一度　畢十六度
觜度（西方八十三度）　參九度　井三十度　鬼三度
柳十四度　星七度　張十六度　翼十九度
軫十八度（南方一百九度）　角十三度　亢九度　氐十六度
房五度　心五度　尾十八度　箕十度（東方七十九度）

臣等今所修撰討論更造木渾圖交絡調賦黃赤二道三百六十五度有奇校量大率與此符會今曆以步日行月及五星出入循此其月行交絡黃道進退亦宜有別每交輒差不可詳盡今亦依黃道推步

推日躔術

置冬至初日躔差率加總法乘冬至小餘如總法而一以減天宿度分其餘命起黃道斗十二度宿次去之經斗去宿分度不滿宿算外卽所求年冬至夜半所在宿度算及分

求每定氣初日夜半日所在定度術

各以其定氣初日躔差率乘氣定餘總法而一進加退減餘爲分以減定氣日度及分命以宿次如前卽其夜半度及春秋二分定氣初日爲進退之始當平行一度自餘依加退減度之

求次日夜半日所在定度術

各因定氣夜半所在爲本加度一又以其日躔差率進加退減度分滿若不足並依前例去命如上卽得所求（其定朔弦望夜半日度各隨定氣以其日月名亦直而分別之勘右依恒有餘從定恒行度不用躔差）

求朔弦望定日夜辰所加日度術

各以其定小餘爲平分又定小餘乘其日所躔差率總法而一乃進加退減其平分以加其夜半日度卽各定辰所加度（擬與五星加減者半其分消息月朔者應推月所須皆依本朔大小若注曆依甲子乙乙子各疑入）

推月離術　求朔望定日辰月所在度術

各置朔弦望定辰所加日度及分　凡朔定辰所加爲合朔日月同度上弦加度九十一分四百一十七　望加度一百八十三分八百三十四　下弦加度二百七十三分一千二百五十一（訖各半而十退之爲程度分）

求次月定朔夜半入變宿術

置天正恒朔夜半所入變日及餘（定朔有進退一日者進退一日爲定朔夜半所入）月大加二日月小加一日餘皆五百九十六奇十六

求次日夜半所入變曆術

因定朔夜半所入日算加日一滿皆如前（其弦皆依前定日所在求之）

求變日定離程術

各以其日夜半入變餘乘離差總法而一爲見差以進加退減其日離程爲月每日所離定程

求朔弦望之定日夜半月所在度術

各以其日定小餘乘所入變日離定程總法而一爲夜半後分滿程法爲度餘爲度分以減其日加辰所在度及分命以黃道宿度卽其所求次日夜半各以離定程加朔弦望夜半所在分滿程法從度去命以黃道宿度算外則次日夜半月度求晨昏度以其日離定程乘其日夜刻二百而一爲昏分滿程法爲度望前以昏後以昏加度半度得所求其弦望以五乘定小餘程法一爲刻卽各其辰所入刻數皆減其晨前刻不盡爲晨後刻不滿晨前刻者從前日住曆伺候推總刻一百辰刻分十一　刻分法七十二

| 定氣 | 晨前刻 | 昏去中度 | 定氣日度及分 | 黃道去日度 | 屈伸率 | 發斂差 | 朒 |
|---|---|---|---|---|---|---|---|
| 冬至 | 三十刻 | 八十二度二分 | 斗十二度 | 一百一十五度三分 | 伸一三分 | 益十六 | 朒 |
| 小寒 | 二十九刻五十四分 | 八十三度 | 牛二度一千三百四十分 | 一百一十三度一分 | 伸三七分 | 益十六 | 朒 |
| 大寒 | 二十九刻十八分 | 八十四度八分 | 女十一度二百五十七分四 | 一百一十度七分 | 伸六一分 | 益二十二 | 朒 |
| 立春 | 二十八刻三十二分 | 八十七度七分 | 危五度五百五十三分 | 一百七度九分 | 伸九四分 | 益九 | 朒 |
| 啓蟄 | 二十七刻三十分 | 九十一度六分 | 室四度八百四十三分二 | 一百二度九分 | 伸十七分半 | 益七 | 朒 |
| 雨水 | 二十六刻十八分 | 九十五度九分 | 壁一度一千二百十六分二 | 九十七度三分 | 伸十一八分 | 益三 | 朒 |
| 春分 | 二十五刻四分 | 一百度四分 | 奎七度八十分 | 九十一度三分 | 伸十二三分半 | 損三 | 朒 |
| 淸明 | 二十三刻五十四分 | 一百四度九分 | 婁五度三百八十一分五 | 八十五度三分 | 伸十一八分 | 損七 | 朒 |
| 穀雨 | 二十二刻四十二分 | 一百九度二分 | 胃七度六百七十四分四 | 七十九度七分 | 伸十七分半 | 損九 | 朒 |
| 立夏 | 二十一刻三十九分 | 一百十三度一分 | 昴七度九百五十九分二 | 七十四度七分 | 伸九四分 | 損二十三 | 朒 |
| 小滿 | 二十刻五十四分 | 一百十六度 | 畢十二度一千二百六十分三 | 七十度九分 | 伸六一分 | 損十六 | 朒 |
| 芒種 | 二十刻十八分 | 一百十七度八分 | 參八度二百十一分一 | 六十八度五分 | 伸三七分 | 損十六 | 朒 |
| 夏至 | 二十刻 | 一百十八度七分 | 井十五度五百六分 | 六十七度三分 | 屈一三分 | 益十六 | 盈 |
| 小暑 | 二十刻十八分 | 一百十九度八分 | 井三十度七百九十八分五 | 六十八度五分 | 屈七分 | 益十六 | 盈 |
| 大暑 | 二十刻五十四分 | 一百十六度 | 柳十一度一千九十分四 | 七十度九分 | 屈六一分 | 益二十二 | 盈 |
| 立秋 | 二十一刻三十九分 | 一百十三度一分 | 張六度三十四分三 | 七十四度一分 | 屈九二分 | 益九 | 盈 |
| 處暑 | 二十二刻四十二分 | 一百九度三分 | 翼四度三百二十七分二 | 七十七度七分 | 屈十七分半 | 益七 | 盈 |
| 白露 | 二十三刻五十四分 | 一百四度九分 | 翼十九度六百四十分一 | 八十五度三分 | 屈十一八分 | 益三 | 盈 |
| 秋分 | 二十五刻 | 一百度四分 | 軫十五度九百二十三 | 九十一度三分 | 屈十二三分半 | 損三 | 盈 |
| 寒露 | 二十六刻十八分 | 九十五度九分 | 角三度一千二百五十分五 | 九十七度三分 | 屈十一八分 | 損九 | 盈 |
| 霜降 | 二十七刻三十分 | 九十一度六分 | 氐五度一百八十分四 | 一百二度九分 | 屈十七分半 | 損九 | 盈 |
| 立冬 | 二十八刻三十二分 | 八十七度七分 | 房四度四百六十一分三 | 一百七度 | 屈九四分 | 損二十三 | 盈 |
| 小雪 | 二十九刻十八分 | 八十四度八分 | 尾九度七百五十四分二 | 一百十一度十分 | 屈六一分 | 損十六 | 盈 |
| 大雪 | 二十九刻五十四分 | 八十三度 | 箕六度一千三十七分 | 一百十四度二分 | 屈三七分 | 損十六 | 盈 |

求定氣日晝夜漏刻及日出沒術

倍其氣晨前刻及分滿法從刻爲日不見漏以減百刻餘爲日見漏五刻晝漏刻以晝漏刻減百刻餘爲夜漏刻以四刻十二分加晨前漏刻命起子初刻算外卽日出辰刻以日見漏加日出刻辰以次如前卽日沒所在

辰刻以二十五除從夜漏得每更一籌之數以二刻三十六分加日沒辰刻即甲辰刻又以更籌數加之得甲夜一籌數以次累加滿辰去命之即五更夜籌所以當辰刻及也以配二十一箭漏之法也

求每日並屈申數術

每氣準爲一十五日各置其氣屈申率每以發斂差損益之差滿十從率分滿十從率一即各每日屈申率各累計屈申率爲刻分乃以一百八十乘刻分汎差十一乘綱紀而除之得爲刻差滿法爲刻隨氣所在以申減屈加不見漏而半之爲晨前定刻每求次日各如前法時加其始隨加辰日晚以率課之

求黃道去極每日差術

置刻差三十而一爲度不滿三約爲分申減屈加其氣初黃道度即每日所求

求昏旦去中星度術

每日求其晝漏刻數以乘朞實二百乘總法而除之得昏去中星度以減周天度餘爲晨去中星度以昏旦去中星度加其辰日所在即各其日中宿度其梗槩粗舉者加其夜半日度各其日中星宿度

因求次日者各置其四刻差七十二乘之二百八十八而一度冬至後加夏至後減隨日加各得每日去中度晨昏所距日在黃道中星準度以赤道計之其赤道同太初星距

推遊交術

終率一千九十三萬九千三百一十三　奇率三百

約終三萬六千四百六十四　奇一百一十三　交中一萬八千二百三十二　奇五十六半　交中日二十七　餘二百八十四　奇一百一十三　中日十三　餘八百一十二　奇五十六半　虧朔三千一百六　奇一百八十七　實望一萬九千七百八十五　奇一百五十　後準一百五十二　奇九百三半　前準一萬六千六百七十八　奇二百六十三

求月行入交表裏術

置總實以終率去之不足去者奇率乘之滿終率又去之不滿者奇率約之爲天正恒朔夜半入交分不盡爲奇以總法約入交分爲日不盡爲餘命日算外即天正恒朔夜半入交日算及餘奇天正定朔有進退日者依所進退一日爲朔所入日不滿中日及餘奇者爲月在外滿去之餘皆一爲月在內大月加二日小月加一日餘皆一千五十五奇一百八十七求次日加一日滿中日者皆去之餘爲入次

一表一裏迭互入之

交日　去交差　差積

一日　進十四　積元　二日餘二百一十四已下者入蝕限　進十三
十四　三日進十一半　二十七　四日　進十一
半　三十八半　五日　進七　四十八　六日　進
四　五十五　七日進二退二　五分四進強一退弱　五十七　八日
退二　六十六十又一分一分當日退　九日·退五　五十八　十
日　退八　五十三　十一日　退十半　四十五
十二日　退十二半　三十四半　十三日餘五百九十九已上
入蝕限　退十三半　二十二　十四日　退十四少二退強三
退弱　八半

求月入交去日道遠近術

置所入日差并後差半之爲通率進以入日餘減總法以乘差總法而一并差以半之退者半入餘以乘差總法而一皆加通率爲交定率乃以入餘乘定總法乃進退差積滿十爲度不滿爲分即各其日月去日道度數每求日道宿度去極數其入七日餘一千七十六奇二十八少已下者進已上盡全餘二百六十三奇二百七十一大者退八十四日如交餘奇已下者退其入已上盡全餘五百二十七奇二百四十二半者進而終其要爲五分初則七日四分十四日三分末則七日後一分十四日後二分雖初強末弱差率有檢月道一度半強已下者爲沾黃道當朔望則有虧遇五星在黃道者則相侵掩

求所在宿術

求夜半入交日十三算者及餘以減中日及餘不盡者以乘其日離定程總法而一爲離分滿程爲度以加其日夜半月所在宿度算及分求次交準此各得其定交在所度置前後定交所宿度算及分半之即各表裏極所在宿度及分

求恒朔望汎交分野

因天正恒朔夜半入交分以天正恒朔汎交分求望汎交以實望加之又加得次月恒朔汎交分滿約終及奇去之次求次朔以虧望加之

求朔望入常交分術

以入氣盈朒定積盈加朒減其恒汎交分滿若不足即進退約終其常分交

求朔望定分術

以六十乘定遲速以七百七十七降除之所得爲限數速減遲如常其數朔入交月在日道裏者以所入限數減定遲速餘以減遲加其定交分而出日道表者爲變交分加減不出日道表即依定交分求蝕分其變交分出日道表三時半內者檢其前後月望入交分數多少依月虧初復求定蝕術注消息心定蝕不一

求入蝕限術

其入交定分如交中已下者爲月在外道交中已上者以交中減之餘爲月在內外分如後準已下前準已上者爲入蝕陽則月蝕朔入限月在裏者日蝕入限如後準已下者爲交後分前準已上者及減交中餘爲交前後分以一百一十二約之爲交時

求月蝕所在辰術

置望日不見刻六十七乘之十而一所得若蝕望定小餘與之等已下又以此得減總法餘與之等已爲蝕正見數定小餘如求律氣應加時法得加時所在辰月在衝辰蝕若非正見者於日出後日沒前十二刻半內求其初末以候之又以半總減蝕定小餘不足減者半總加減訖以六乘之如辰率而一命起子半算外即月蝕所在辰

求日蝕所在辰術

置有蝕朔定小餘副之以辰率除之所得以艮巽乾爲次命退算外不滿法者半法減之無可減者爲初所減之餘爲末初則減法各爲差率月在內道者乃以十加去交時數而三除之以乘差十四而一爲差其朔在二分前後一氣內即以差爲定近冬至以去寒露雨水近夏至以去清明白露氣數倍之又三除去交時數增之近冬至艮巽以加坤乾以減近夏至艮巽以減坤乾以加其差爲定差艮坤加副巽乾減副月在外道者三除去交時數以乘差率十四而一爲之差艮坤以減副巽乾以加副各加減副訖爲定副小餘如求律氣應加時術即日蝕所在辰及少太其求入辰刻以半辰刻乘朔辰率而一得刻及分若蝕近朝夕者以朔所入氣日出沒刻校蝕所在知蝕見不之多少所在辰爲正見日月蝕既在起復初末亦或變常退於見前後十二刻半候之

求月起復依蝕分後術

求月在日道表朔不應蝕準朔在夏至初日準去交前後二百四十八分爲初準已下加時在午正前後七刻內者食朔去夏至前後每一日損初準二分畢於前後九十四日各爲每日變準其朔去交如變準已下加時如前者蝕

又以末準六十減初準及變準餘以十八約之爲刻準以并午正前後七刻數爲時準加時準內去交如末準已下並蝕又置末準每一刻加十八爲差準每加時刻去午前後如差　刻已下去交分如差已下者並蝕

自秋分至春分去交如末準已下加時

南方三辰者亦蝕凡定交分在辰前後半時外者雖入蝕準前爲蝕　求日在日道裏朔應蝕而不蝕準朔在夏至日去交一千三百七十三爲初準已上加時在午正前後十八刻內者或不蝕朔去夏至前後每一日益初準一分半畢於前後九十四日各爲每日變準以初減變餘十而一爲刻準以刻減午正前後十八刻餘十而一爲時準其去交在變準已上加時在準內者或不蝕

求月蝕分術

置去交前後定分交分前後皆去二百二十四春交後去一百交前去二百夏不問前後去五十秋交後去二百交前去一百不足去者蝕既有餘者以減後準一百四而一餘半已下爲半弱半已上爲半強命以十五爲限得月蝕之大分

求月蝕所起術

月在內道　蝕東方三辰虧自月下邪南上月從西而漸北自東而漸南　蝕南方三辰虧起在下甚於正南復於在下　蝕西方三辰虧自南而漸東月邪從北而漸西起於下　月在外道　蝕東方三辰虧起自月下邪北從而上虧起東而漸高　蝕南方三辰虧起在上甚於正北復於右上　蝕西方三辰虧自月從南而漸西北而月上邪北而下　凡蝕十二分已上皆隨黃道所在起復於正傍逆順上下每過其分又道有升降每各不同各隨時取正

求日蝕分術

月在內道者朔入冬至畢朒雨水及盈秋分畢五十八秋分畢大雪皆以五百五十八爲蝕差自入朒春分已後日損六分畢於白露　置蝕去交前後定分皆以蝕差減之但去交分不足減者皆反以減蝕差蝕爲不蝕餘自入朒小滿畢於小暑加時在午正前後七刻外者皆不餘蝕餘一時三刻內加不蝕餘一時朒大寒畢朒立春交前五時外大暑畢盈立冬交後五時外皆云不蝕蝕餘一時五時內加一時諸加時辰差應減者交後減之交前加之應加者交後加之交前減之但不足減去者蝕既加減入不蝕限者或不蝕其月在外道者冬至初日無蝕差自後日益六分累計以爲蝕差畢於朒雨水自入朒春分畢於盈白露皆以五日二十二爲蝕差自入盈秋分已後日損六分畢於大雪所損之餘爲蝕差以蝕差加去交定分爲蝕分以減後準餘爲不蝕分各置其朔蝕差十五約之以減一百四餘爲定法不蝕分餘各如定法得一分餘半法已上爲半強已下爲半弱減十五餘爲蝕之大分

求日蝕所起術

日在內道　日蝕東方三辰虧自日上近北而邪下月漸西北日漸東南　日

蝕南方三辰（虧起右下，甚正北，復左下。月在南而漸東，日在北而漸西。）日蝕西方三辰（月漸東北，日漸西南。虧自日下近西而邪上。）日在外道 日蝕東方三辰（虧自日上近南而邪下，月漸東，日漸西北。）日蝕南方三辰（虧起右下，甚正北，復左下。月在南而漸東，日在北而漸西。）日蝕西方三辰（月漸西南，日漸東北。虧自日下近南而邪上。）凡蝕十二分已上起於正傍各據黃道升降以準其體隨其所處每各不同（蝕有初末，動涉其時，隨便益損，以定虧復所在之方也。）

求日月蝕虧初及復末時刻術

置朔望所蝕大分數爲率四分已上因增二五分已上因增三九分已上因增四十三分已上因增五各爲汎用刻率副之以乘所入率副之以乘所入變增減半總法而一應速增損減加應遲依其增減副訖爲蝕定用刻數乃四乘之十而以減蝕甚辰刻爲虧初又六乘之十而一加蝕甚辰刻爲復末依其定加時所在辰刻加減命之各其辰其月蝕甚初末更籌因其日月所入辰刻及分依前定氣所遇夜刻更籌術求其初末及甚時更籌迦葉孝威等天竺法先依日月行遲疾度以推入交遠近日月蝕分加時日月蝕亦爲十五分去交十五度十四度十三度影虧不蝕法自此已下乃依驗蝕十二度十五分蝕二分少強以漸差降自五度半已上蝕既十四分強若五度無餘分已下皆蝕盡又用前蝕多少以定後蝕分餘若既其後蝕度及分卽加七度以爲蝕度若望月蝕既來月朔日雖入而不注蝕若蝕半已下五分取一分若半已上三分取一分以加來月朔蝕度及分若今歲日餘度及分然後可驗蝕度分數多少又云六月依節一蝕是月十五日是月蝕節黑月盡是月蝕節亦以吉凶之象警告王者奉順正法蓄生福盛雖時應蝕由福故也其蝕卽退更經六月欲蝕之前皆有先兆月欲有蝕先月形搖振狀若驚懼月兎及側月色黃如有憂狀自常暈月初生時光不顯盛或極細微日欲有蝕先日形搖振極如驚懼狀或光色微昧不赫盛或黎慘日月蝕先同候光隕墜或旦暮際有赤色起如火燒金銀珠玉諸寶失光或有闕畫如雲入日或有黑晝入月鳥聲細隱鳥不顯亮雲交擾擾光景渾亂忽極令諸乳卒竭月濕如汗狀日形段裂無光犬嘷猫叫虹見有聲三辰失闕月時有鈌水赤色有膩十四日十五日辟鳥圓集者亦是蝕之先候此等與中國法數稍殊自外梗槩相似也

步五星術

| 五星（奇率皆百） | 總率 | 奇 | 伏分 | 奇 |
|---|---|---|---|---|
| 歲星木精 | 五十三萬四百八十三 | 奇三十五 | 伏分三萬四千三十一 | 奇二十二半 |
| 熒惑火精 | 一百四萬五千八十 | 奇六十 | 伏分九萬七千九十 | 奇三十 |
| 鎮星土精 | 五十萬六千六百二十三 | 奇二十九 | 伏分二萬四千八百三十一 | 奇六十四半 |
| 太白金精 | 七十八萬四百四十九 | 奇九 | 伏分五萬六千二百二十四 | 奇五十四半 |
| 辰星水精 | 一十五萬五千二百七十六 | 奇六十六 | 伏分一萬一千六百九十九 | 奇三十三 |

| 五星終日 | 餘 | 奇 |
|---|---|---|
| 木終日三百九十八 | 餘一千一百六十三 | 奇四十五 |
| 火終日七百七十七 | 餘一千二百二十 | 奇六十 |
| 土終日三百七十八 | 餘一百三 | 奇二十九 |
| 金終日五百八十三 | 餘一千二百二十九 | 奇九（夕見伏二百五十六日，辰見伏三百二十七日，餘奇同終分奇。） |
| 水終日一百一十五 | 餘一千一百七十六 | 奇六十六（夕見伏五十二日，辰見伏六十三日，餘奇同終分奇。） |

求五星平見術

各以伏分減總實餘以其星總率去之不足去者反減其餘總率餘以總法約之爲日不盡爲餘奇卽所求年天正恒朔夜半後星辰夕平見日算及餘奇（天正定朔進退日者，進減退加一日爲定朔夜半後星平見日及餘奇。其金、水二星先得夕平見，其滿見伏日及餘者去之，餘爲晨平見日及餘奇。）命見日天正曆月大小以次去之不滿月者爲八其月命日算外卽晨夕平見所在月日及餘奇

求後平見在日月術

各以其星終日算及餘奇如前平見所在月日算及餘奇奇滿奇率從餘餘滿總法爲日去命如前卽後平見所在月日及餘奇（其金、水二星加夕得晨，加晨得夕。）各半見餘以同半總

求五星常見術

各依其星平見所入恒氣計日損益分滿半總爲日不滿爲分以損益所加減訖餘以加減訖平見日及分卽其常見日及分星日（初見去日度，平見入氣曆）加減日（損益率）歲星初見去日十四度見入冬至畢小寒均減六日（自入大寒已後日損六十七分，自後日加八十九分）見入春分初日依平入立夏畢小滿均加六日（自入芒種已後日損益八十九分）入夏至畢立秋均加四日（自入處暑已後日損一百七十八分）入白露初日依平均（自後日減五十二分）入小雪畢大雪均減六日 熒惑初見去日十七度見入冬至初日減二十七日（自後日損六百三分）入大寒初日依平（自後日加四百二分）入雨水畢穀雨均加二十七日（入自立夏已後日損一百九十八分）入立秋依平（自入處暑已後日減一百九十分）入小雪畢大寒均減二十七日 鎮星初見去日十七度見入冬至初日減四日（自後日益八十九分）入大寒畢春分均減八日（自入清明已後日損五十九分）入小暑初日依平（自後日加八十九分）入白露初日加八日（自後日損一百七十八分）入秋分均加四日（自入寒露已後日損五十九分）入小雪初日依平（自平後日減八十九分） 太白初見去日十一度夕見入冬至初日依平（自後日減一百分）入啓蟄畢春分均減九日（自入清明已後日損一百分）入芒種依平（自入夏至已後日加一百分）入處暑畢秋分均加九日（自入寒露已後日損一百分）入大雪依平晨見入冬至依平（自入小寒已後日加六十七分）入立春畢立夏均加三日（自入小滿已後日損六十七分）入夏至依平（自入小暑已後日減六十七分）入立秋畢均加三日（自入小雪已後日損六十七分） 辰星初見去日十七度夕見入冬至畢清明依平入穀雨畢芒種均減二百入夏至畢大暑依平入立秋畢霜降應見不見（其在立秋及霜降二氣之內，多去日十八度外三十六度內，有木火土金一星已上者）入立冬畢大雪依平晨見入冬至均減四日入小寒畢大寒依平入立春畢啓蟄均減三日（其在啓蟄氣，晨無水火土金內去日度如前一星已上不見）入雨水畢立夏應見

不見其在立夏氣內去日度如前晨有水火土金一星已上者亦見入小滿畢寒露依平入霜降畢立冬均加一日入小雪畢大雪依平

求五星定見術

各置其星常見日消息定數半之息減消息如常見日即爲定見日及分五星休王先不同喜怒盛衰大小尤異苟變於常見或先後今依日躔遲遠考其行度其格以去日爲之定準

求星見所在度術

置星定見日夜半日所在宿度算及分半其日躔差率定見餘半總而一進加退減定見餘以加夜半度分乃以其星初見去日度數晨減夕加之即星初見辰所在宿度等及分行星術

各置其星初見日消息定數半之息加消減其星初見行留日率其土木三日出不須加減即依本術其加減不滿日者與見通之過半後一日無半不後論乃依行星日度之率求日之行分

求初見日後夜半星所在術

置其星定見餘以減半總以其星初見行分乘之半總而一以順加逆減星初見定辰所在度分加之滿法減之不足進退一度依前命之算外即星見後夜半所在宿度及分自此已後無依其星計日行度所至日度及益疾皆從夜半爲昭辰有少隨所近也

轉求次日夜半星行所至術

各以其星一日所行度及分順逆加減之其行有小分者以日率爲母小分滿母去之從行分一行分滿半總去之從度一其行有益疾益遲者副置一日行分各以其差遲損乃如之留者因前逆則依減順行出斗去其分逆行入斗先加分訖皆以程法約行分爲度分各得每日所至其五星後順留退所終日度各依伏度求其去日遠近消息日度之以定伏日所在若注曆其日度及金水等皆棄其分也

求平行度及分術

置定度率以總乘之以有分者從之以日率除之所得爲一日行分不盡小分滿其行分滿半總爲度即是一日所行度及行分小分置定日率減一日以所差分乘之二而一爲差率益疾者以差率減平行分益遲者以差率加平行分即是初日所行度及分星名星行變日初行入氣曆行日率行度及度分率損益率 歲星初順差行一百一十四日行十八度五百九遲一分先疾日益十四日 前留二十六日旋退西行差行三十日退六度十二分先遲日益疾二分 又退西行差行四十二日退六度十二分先疾日益遲二分 後留二十五日後須差行一百一十四日行十八度五百九先進遲日益疾分日盡而夕伏十四日 熒惑初順入冬至初日率二百四十三日行一百六十五度自後三日損日及度各三 小寒初日二百三十五日行一百五十四度自後二日損日及度各三 穀雨四日平畢小滿九日 一百七十八日行一百度自入小滿九日已後二日益日及度各一 夏至初日平畢六日 一百七十一日行九十三度自入夏至六日已後三日益日及度各一 立秋初日一百八十四日行一百六度自後一日益日及度各一 白露初日二百一十四日行一百三十六度自後五日益日及度各一 秋分初日二百三十二日行一百五十四度自後一日益一日及度各一 寒露初日二百四十七日行一百六十九度自後五十一益日及度各二 霜降五日平畢立冬十三日 二百五十九日行一百八十一度自入立冬十三日已後二日損日及度各一 復冬至初日二百四十二日行一百六十五度 各依所入恒氣平者依率自餘計日損益名爲前疾日度定率其前遲及留退入氣有損益日度者計日損益皆同此疾之法以爲遲留旋退定日疾之率也

求變日率術

此疾入大寒六日損日率一畢雨水入春分畢立夏減日率十入小滿初減日率十後三日損所減一畢芒種依平若入立秋三日益日率一畢處暑入白露畢秋分均加率十八寒露初加率十後一日半損所加一畢氣盡依平

求變度率術

此疾若入大寒畢於啓蟄立夏至大暑氣盡霜降畢小雪皆加度率四清明畢穀雨加率度十二初行入處暑減日率六十度率三十別爲初遲半度之行行盡此日度及來所減之餘日度之率續爲疾入白露畢秋分四十四日行二十一度皆爲初遲半度之率初行入大寒畢大暑差行先疾日益遲一分各如上法求其行分其前遲後日率既有增損而益遲疾若分皆檢括前疾末日行分爲前遲初日行分以前遲平行分減之餘爲前遲總差後疾日分爲後遲末日行分後遲日行分減之餘爲後遲總差減爲後別日差分其不滿者皆調爲小分遲疾之際行分衰殺不論所差多者依此推算若所差不多者各依本法 前遲順差行入冬至六十日行二十五度先疾日益自入小寒已後二遲二分日損日及度各一 大寒初日五十五日行二十度自後三日益一日及度各一 立春初日平畢清明六十日行二十五度自穀雨一氣別減一氣 立夏初日平畢小滿六十日行二十二度自芒種別益一度 夏至初日平畢處暑六十日行二十五度自入白露已後三日損一度 秋分初日六十日行二十五度自後一日益一日半益一度 寒露初日六十日行二十五度自後二日損一度 立冬一日平畢氣六十日行十七度自大雪已後五日益一度 大雪初日六十日行五十度自後三日益一度 前留十三日前疾減日率一度以其數分益此留及後遲日率前疾以日率右以其數分遲日率 旋退西行入冬至初日六十三日退二十一度自後四日益一度 小寒一日六十三日退二十六度自入小寒已後三日半損一度 立春三日平畢啓蟄六十二日退十七度自入雨水已後二日益日及度各一 雨水八日平畢氣盡六十七日退二十一度自入春分已後二日損日及度各一 春分四日平畢芒種六十三日退七十度自入夏至已後六日損日及度各一 大暑初日平畢氣盡五十八日退十二度 立秋初日平畢氣盡五十七日退十一度自入白露已後二日益日及度各一 白露十二日平畢秋分六十三日退七十度自入寒露已後三日益日及度各一 寒露九日平畢氣盡六十六日退二十度自入霜降已後三日損日及度各一 霜降六日平畢氣盡六十三日退十七度自立冬已後三日益日及度各一 立冬十一日平畢氣盡六十七日退二十一度自入小雪已後二日損日及度各一 小雪八日平畢氣盡六十三日退十七度自入大雪已後三日益一度 後留冬至留十三日自後二日半益一日 大寒初平畢氣盡留二十五日自入立春已後一日半損一日 雨水初留十三日自後三日益一日 清明初留二十三日自後一日損一日 清明十日平畢氣盡留十五日自入白露已後二日損一日益一日 秋分十一日無留自入秋分十一日已後一日益一日 霜降初日留十九日自後三日損一日 立冬三日平畢大雪留十三日後遲順差行六十日行二十五度先疾日益二日前疾加度者此遲依數減之爲定度前疾無加度者此遲入秋分至立冬減三度入冬至減五度復留定日納十三日者所以朒日數加此遲日率也 後疾冬至初日率二百一日行一百三十一度自後一日損日及度各一 大寒八日一百七十二日行九十四度自入大寒八日已後一日損日及度各一 啓蟄平畢氣盡一百六十一日行八十三度自入雨水已後三日益日及度各一 穀雨三日一百七十七日行九十九度自入穀雨後三日益日及度各一 芒種十四日平畢夏至二百三十三日行一百五十度自入夏至已後十日益日及度各一 小寒五日二百五十三日行一百七十五度自入小暑已後五日益日及度各一 大暑初日平畢處暑二百六十三日行一百八十五度自入白露已後二日損日及度各一 秋分一日二百五十五日行一百七十七度自入秋分一日已後一日半復日及度各一 大雪初日二百五十日行一百二十度自入秋分三日益日及度各一 冬至初日復二百一十日行一百二十七度 其入恒氣日度之率有損益者計日損益並同前疾之法以爲後疾定度之率

求變日率術

其前遲定日朒六十及退行定日朒六十三者皆以所朒日數如此疾定日率前遲定日盈六十三後留定日盈十三者皆以所盈日數減此疾定日率加減訖卽變日率

求變度術

其前遲定度朒二十五退行定盈十七遲入秋分至冬至減度者皆以所盈朒減度者皆以所盈朒減度數加此疾定度率前遲定度盈二十五及退行定度朒十七者皆以所盈度數減此疾定度率加朒減訖卽變度率

初行入春分畢穀雨差行先進日益疾一分初行入立夏畢至日行半度六十六日行二十二度 小暑五十日行二十五度 立秋畢氣盡二十日行十度減率續行並同前疾初遲法 損益依前求其行分各盡度而夕伏 鎮星初順差行八十三日行七度二百九十分 先疾日益遲半分前留三十七日旋退西行差行五十一日退三十分 先遲日益疾少半 太白夕見順入冬至畢立夏入立秋畢大雪一百七十二日行二百六度自入小滿後十日益一度爲定疾初入白露畢春分差行疾日益遲二分自餘平行 夏至畢小暑一百七十二日行二百九度自入大暑已後五日損一度畢氣盡平行入冬至初日及大暑各畢氣盡一十三日行一十三度自入冬至後十日損一畢已後立春入立秋日益一畢秋分 啓蟄畢芒種七日行七度自入夏至後五日益一畢於小雪 寒露初日三十三日行二十二度自後六日損一畢於小雪 順遲差行三十二日行三十度先疾日益遲入分前疾加度疾加度過二百六度者準數損此度 夕留七日夕退西行一十日退五度日盡而夕伏 晨初退西行十日退五度日退半度 晨留七日順遲差行冬至畢立夏大雪畢氣盡三十二日先遲日益疾入分自入小滿已後率十日損一度芒種 平行冬至畢氣盡立夏畢氣盡一十三日行一十三度日行一度自入小寒已後六日益日及度各一畢於啓蟄入小滿後七日損日及度各一畢立秋 雨水初日二十三日行二十三度自後六日損日及度各一畢於穀雨 處暑畢寒露無此平行度自入霜降後五日益日及度各一畢大雪前遲行損度不滿三十度者此疾依數益之 疾行一百七十二日行二百六度處暑畢寒露差行先遲日益疾一分餘平行行日盡而晨伏 辰星夕見順疾一十二日行二十一度六分日行一度五百三分 大暑畢處暑一十二日行一十七度二分日行一度二百八十分 平行七日行七度自入大暑後二日損日及度各一入立秋無此平行 順遲行六日行二度四分日行二百二十四分前疾行十一度者無此遲行日盡而夕伏 夕留五日晨見留五日順遲行六日行二度四分日行二百二十四分自入大寒畢於啓蟄無此遲行 平行七日行七度日行一度大寒已後二日損日及度各一又立春無此平行 順疾行一十二日行二十一度六分日行一度五百三分 前無遲行者一十三日行十七度十分日行一度二百八十分各日盡而晨伏

凡五星終日分奇皆於伏分消遁故於行星更不別見

武太后稱制詔曰頃者所司造曆以臘月爲閏稽考史籍便紊舊章遂令去歲之中晦仍月見重更尋討果差一日履端擧正屬在於茲宜改曆於惟新革前非於既往可以今月爲閏十月來月爲正月是歲得甲子合朔冬至於是改元聖曆以建子月爲正建丑爲臘建寅爲一月命太史瞿曇羅造新曆至三年復用夏時光宅曆亦不行用中宗反正太史丞南宮說奏麟德曆加時浸疎又上元甲子之首五星有人氣加時非合璧連珠之正也乃詔說與司曆徐保又南宮季友更治乙巳元曆至景龍中曆成詔令施用俄而睿宗卽位景龍曆寢廢

不行麟德曆經今畧載其法大端
母法一百兩大演之數爲母法
旬周六十六甲之終數爲旬周
辰法八刻分三十三少半以十二辰數除一百刻得辰法
期周三百六十五日餘二十四奇四十八一期之德日及餘奇數爲期
氣法十五日餘二十一奇八十五少半以二十四氣分周得氣法
候法五日餘七奇二十八遊分四以七十二候分期周得候法
月法二十九日餘十三奇爲月法
日法日舒月遠乃舒一合朔之及餘奇爲日法
望法十四日餘七十六奇五十三因爲陰後限二分月法得望法亦是月行陰曆後與朔望會交限
弦法七日餘三十八奇二十六半四分月法得弦法
閏差十月餘八十七奇七十六月法去期周餘得閏差
沒數九十一餘三十一奇十二四分期周餘四分之得沒數
沒法一餘三十一奇十二以旬周去期周餘四分之得沒法
月周法二十七日餘五十五奇四十五小分五十九月行遲疾一周之數爲月周法
月差法一日餘九十七奇六十小分四十一以月周減月法餘得月差
周天法三百六十五度餘二十五奇七十一小分十三二十八宿總度數相距總數及餘奇爲周天法
交周法二十七日餘二十一奇二十二小分十六七分日行陰陽一周交於是日之數爲交周法
交差法二日餘三十一奇八十三小分八十三分以交周法減月法得交差法
交中法十三日餘六十六奇十一小分半二分交周得交中法
陽前限十二日餘四十四奇六十九小分十六七分月行陽曆與朔望會之限
陽後限一日餘十五奇九十一小分九十一六分半月行陽曆後與朔望會之限
陰前限二十六日餘五奇三十小分二十五半分月行陰曆先與朔望會之限
木歲星合法三百九十八日餘八十六奇七十九小分八十
火熒惑合法七百七十九日餘九十七奇五十五小分四十五
土鎮星合法三百七十八日餘八奇四小分八十
金太白合法五百八十三日餘九十一奇七十七小分七十
水辰星合法一百一十五日餘八十七奇九十五小分七十
太極上元歲次乙巳十一月甲子朔旦冬至之日黃鍾之始夜半之時斗衡之末建於子中日月如合壁五星若連珠俱起於星紀牽牛之初蹤今大唐神龍元年復歲次於乙巳積四十一萬四千三百六十算外上驗往古年減一算下求將來年加一算乙巳元曆法積數大約如此其算經不錄

舊唐書卷三十三考證

歷志二上元甲子距今大唐云云○臣召南按志于戊寅及開元大衍皆稱歷經則前行麟德甲子元歷下亦應有經字又按後文言大衍但云上元距今開元十二年則此文應云距今麟德元年不須有大唐二字

没日法一千七百云云○臣德潛按此文舊本誤脫於前文土王日之下今改正

檢律候術氣日○臣召南按術字應在氣日之下律即十二律也候即七十二候也氣即二十四氣也日即冬至影一丈二尺七寸五分以下每節不同之日晷也舊本於二十四氣之律候日晷錯綜混雜又如檢盈虛術求朔望弦盈朒減辰所入術及定氣晨前刻步五星術皆圖表也行數參差不齊今從新書考校編排勻整

歷變周四十四萬云云○臣德潛按此文誤脫于前文及小餘之下今改正

其赤道同太初星距下○舊本有推遊交術四字此下條名目誤連于此者也今改正

艮坤以減副巽乾以加副○艮坤新書作艮巽巽乾新書作坤乾

初行入春分云云○臣德潛按求變度術中多闕文以新書證之此段乃言熒惑星度初行入春分之上脫落甚多又其前脫歲星一段

舊唐書卷三十四

後晉司空同中書門下平章事劉　昫撰

志第十四

曆三

開元大衍曆經

演紀上元閼逢困敦之歲距今開元十二年甲子歲積九千六百六十六萬一千七百四十算

大衍步中朔第一

大衍通法三千四十

策實一百一十萬三千四十三　揲法八萬九千七百七十三

減法九萬一千三百　策餘一萬五千九百四十三

用差一萬七千一百二十四　掛限八萬七千一十八

三元之策十五　餘六百六十四秒七　四象之策二十九

餘一千六百一十三　中盈分一千三百二十八秒十四

爻數六十　象統二十四

推天正中氣以策實乘八元距所求積算命日中積分盈大衍通法得一爲積日不盈者爲小餘爻數去積日不盡日爲大餘數從甲子起算外卽所求年天正中氣冬至日及小餘也求次氣因天正中氣大小餘以三元之策及餘秒加之其秒盈象統從小餘小餘滿大衍通法從大餘大餘滿爻數去之命如前卽次氣日及餘秒凡率相因加者下有餘秒皆以類相從而滿其法則送進之用加上位日盈爻數去之也推天正合朔以揲法中積分其所不盡日歸餘之卦以減中積分餘爲朔積分遁如大衍通法而一爲日不盡爲小餘日盈爻數去之不盈者爲大餘命以甲子算外卽所求年天正合朔經日及小餘也求次朔及弦望因天正經朔大小餘以四象之策及餘加之數除如法卽次朔經日及餘也又自經朔加一象之日七及餘一千一百六十三少得上弦倍之得望參之得下弦四之是謂一揲復得後月之朔凡四分一爲少二爲半三爲太四爲全加滿其前數去之從上位綜中

朔盈虛分累益歸餘之卦每其月閏衰凡歸餘之卦五萬六千七百六十以上其歲有閏因考其閏衰滿卦限以上其月及合置閏或有進退皆以定朔無中氣裁焉

推沒日置有沒之氣恆小餘以象統乘之內秒分參而伍之以減策實餘滿策餘爲日不滿爲沒餘命起也凡恆氣小餘不滿大衍通法如中盈分半法已下爲有沒之氣推滅日以有滅之朔經小餘減大衍通法餘倍參伍乘之用減滅法餘滿朔虛分爲日不滿爲滅餘命起經朔初日算外卽合朔後滅日也凡經朔小餘不滿朔虛分者爲有滅之朔

大衍步發斂術第二

天中之策五 餘二百二十二 秒三十一 秒法七十二

地中之策十八 餘一百六十五 秒八十六 秒法一百二十

貞晦之策三 餘一百三十二 秒一百三 秒法如前

辰法七百六十 刻法三百四

推七十二候各因中節大小餘命之卽初候日也以天中之策及餘秒加之數除如法卽次候日又加得末候日凡發斂皆以恆氣

推六十卦各因中氣大小餘命之公卦用事日也以地中之策及餘秒累加之數除如法各次卦用事日若以貞晦之策加諸侯卦得十二節之初外卦用事日

推五行用事各因四立大小餘命之卽春木夏火秋金冬水首用事日也以貞晦之策及餘秒減四季中氣大小餘卽其月土始用事日凡抽加減而有秒者母若不齊當令母互乘子乃加減之母相乘爲法

| 恆氣月中節四月卦 | 初候 | 次候 | 末候 | 始卦 | 中卦 | 終卦 |
|---|---|---|---|---|---|---|
| 冬至十一月中坎初六 | 蚯蚓結 | 麋角解 | 水泉動 | 公中孚 | 辟復 | 侯屯內卦 |
| 小寒十二月節坎九二 | 鴈北鄉 | 鵲始巢 | 野鷄始雊 | 侯屯外卦 | 大夫謙 | 卿睽 |
| 大寒十二月中坎六三 | 雞始乳 | 鷙鳥厲疾 | 水澤腹堅 | 公升 | 辟臨 | 侯小過內卦 |
| 立春正月節坎六四 | 東風解凍 | 蟄蟲始振 | 魚上冰 | 侯小過外卦 | 大夫蒙 | 卿益 |
| 雨水正月中坎九五 | 獺祭魚 | 鴻鴈來賓 | 草木萌動 | 公漸 | 辟泰 | 侯需內卦 |
| 驚蟄二月節坎上六 | 桃始華 | 倉庚鳴 | 鷹化爲鳩 | 侯需外卦 | 大夫隨 | 卿晉 |
| 春分二月中震初九 | 玄鳥至 | 雷乃發聲 | 始電 | 公解 | 辟大壯 | 侯豫內卦 |
| 清明三月節震六二 | 桐始華 | 田鼠化爲鴽 | 虹始見 | 侯豫外卦 | 大夫訟 | 卿蠱 |
| 穀雨三月中震六三 | 萍始生 | 鳴鳩拂羽 | 戴勝降桑 | 公革 | 辟夬 | 侯旅內卦 |
| 立夏四月節震九四 | 螻蟈鳴 | 蚯蚓出 | 王瓜生 | 侯旅外卦 | 大夫師 | 卿比 |
| 小滿四月中震六五 | 苦菜秀 | 靡草死 | 小暑至 | 公小畜 | 辟乾 | 侯大有內卦 |
| 芒種五月節震上六 | 螳螂生 | 鵙始鳴 | 反舌無聲 | 侯大有外卦 | 大夫家人 | 卿井 |
| 夏至五月中離初九 | 鹿角解 | 蜩始鳴 | 半夏生 | 公咸 | 辟姤 | 侯鼎內卦 |
| 小暑六月節離六二 | 溫風至 | 蟋蟀居壁 | 鷹乃學習 | 侯鼎外卦 | 大夫豐 | 卿渙 |
| 大暑六月中離九三 | 腐草爲螢 | 土潤溽暑 | 大雨時行 | 公履 | 辟遯 | 侯恆內卦 |
| 立秋七月節離九四 | 涼風至 | 白露降 | 寒蟬鳴 | 侯恆外卦 | 大夫節 | 卿同人 |
| 處暑七月中離六五 | 鷹祭鳥 | 天地始肅 | 禾乃秀 | 公損 | 辟否 | 侯巽內卦 |
| 白露八月節離上九 | 鴻鴈來 | 玄鳥歸 | 羣鳥養羞 | 侯巽外卦 | 大夫萃 | 卿大畜 |
| 秋分八月中兌初九 | 雷乃收聲 | 蟄蟲坯戶 | 水始涸 | 公賁 | 辟觀 | 侯歸妹內卦 |
| 寒露九月節兌九二 | 鴻鴈來賓 | 雀入大水爲蛤 | 菊有黃花 | 侯歸妹外卦 | 大夫无妄 | 卿明夷 |
| 霜降九月中兌六五 | 豺乃祭獸 | 草木黃落 | 蟄蟲咸俯 | 公困 | 辟剝 | 侯艮內卦 |
| 立冬十月節兌九四 | 水始冰 | 地始凍 | 野雞入大水爲蜃 | 侯艮外卦 | 大夫既濟 | 卿噬嗑 |
| 小雪十月中兌九五 | 虹藏不見 | 天氣上騰地氣下降 | 閉塞成冬 | 公大過 | 辟坤 | 侯未濟內卦 |
| 大雪十一月節兌上六 | 鶡鳥不鳴 | 虎始交 | 荔挺出 | 侯未濟外卦 | 大夫蹇 | 卿頤 |

推發斂去朔各置其月閏衰以大衍通法約之爲日不盡爲餘卽其月中氣去經朔日算及餘秒也求卦候者各以天地之策及餘秒累加減之中氣之前以減中氣之後以加得去經朔日算及餘秒

推發斂加時各置其小餘以六爻乘之如辰法而一爲半辰之數不盡者五之三刻法除之爲刻又不盡者三約爲分此分滿刻若令滿象積爲刻者卽置不盡之數十之十九而一爲分命辰起子半算外各其加時所在辰刻及分也

大衍步日躔術第三

乾實一百一十一萬三百七十九太 周天度三百六十五虛分七百七十九太歲差三十六太

| 定氣 | 辰數 | 盈縮分 | 前後數 | 損益率 | 朓朒積 |
|---|---|---|---|---|---|
| 冬至 | 一百七十三分三 | 盈二千三百五十二 | 先端 | 益一百七十八 | 朒初 |
| 小寒 | 一百七十五分三 | 盈一千八百四十五 | 先二千三百五十三 | 益一百三十八 | 朒一百七十六 |
| 大寒 | 一百七十七分一 | 盈一千三百九十 | 先四千一百九十八 | 益一百四 | 朒三百一十四 |
| 立春 | 一百七十八分八 | 盈九百七十六 | 先五千五百八十八 | 益七十三 | 朒四百一十八 |
| 雨水 | 一百八十分三 | 盈五百八十八 | 先六千五百六十四 | 益四十四 | 朒四百九十一 |
| 驚蟄 | 一百八十一分八 | 盈二百一十四 | 先七千一百五十二 | 益十六 | 朒五百三十五 |
| 春分 | 一百八十三分五 | 縮二百一十四 | 先七千三百六十六 | 損十六 | 朒五百五十一 |
| 清明 | 一百八十四分七 | 縮五百八十八 | 先七千一百五十二 | 損四十四 | 朒五百三十五 |
| 穀雨 | 一百八十六分五 | 縮九百七十六 | 先六千五百六十四 | 損七十三 | 朒四百九十一 |
| 立夏 | 一百八十八分一 | 縮一千三百九十 | 先五千五百八十八 | 損一百四 | 朒四百一十八 |
| 小滿 | 一百八十九分九 | 縮一千八百四十五 | 先四千一百九十八 | 損一百三十八 | 朒三百一十四 |
| 芒種 | 一百九十一分九 | 縮一千三百五十二 | 先二千三百五十三 | 損一百七十六 | 朒一百七十六 |
| 夏至 | 一百九十一分九 | 縮二千三百五十三 | 後端 | 益一百七十六 | 朓初 |
| 小暑 | 一百八十九分九 | 縮一千八百四十五 | 後二千三百五十三 | 益一百三十八 | 朓一百七十六 |
| 大暑 | 一百八十八分一 | 縮一千三百九十 | | | |

後四千一百九十八　益一百四　朓三百一十四
立秋　一百八十六分五　縮九百七十六
後三千五百八十八　益七十三　朓四百一十八
處暑　一百八十四分九　縮五百八十八
後六千五百六十四　益四十四　朓四百九十一
白露　一百八十三分五　縮二百一十四
後七千一百五十二　益十六　朓五百三十五
秋分　一百八十一分八　盈二百一十四
後七千三百六十六　損十六　朓五百五十一
寒露　一百八十分三　盈五百八十八
後七千一百五十二　損四十四　朓五百四十五
霜降　一百七十八分八　盈九百七十六
後六千五百六十四　損七十三　朓四百九十一
立冬　一百七十七分一　盈一千三百九十
後五千五百八十八　損一百四十　朓四百一十八
小雪　一百七十五分三　盈一千八百四十五
後四千一百九十八　損一百三十八　朓三百一十四
大雪　一百七十三分二　盈一千八百五十三
後二千三百五十三　損一百七十六　朓一百七十六

求每日先後定數以所入氣并後氣盈縮分倍六爻乘之綜兩氣辰數除入之爲末率又列二氣盈縮分皆倍六爻乘之各如辰數而以少減多餘爲氣差加減末率（至後以差加分後以差減）爲初率倍氣差亦六爻乘之復綜兩氣辰數以除之爲日差半之以加減初末各爲定率以日差累加減氣初定率（至後以差減分後以差加）爲每日盈縮分迺馴積之隨所入氣日加減氣下先後數各其日定（冬至後爲陽復在盈加之在縮減之夏至後爲陰復在縮加之在盈減之距四正前一氣在陽變革之際不可相并皆因前末爲初率以氣差至前加之分前減之爲末率餘依前率各得所求其朓朒亦放此求之各得每日定數其分不滿全數母又每氣不同當退法除之用百爲母半已上從之已下弃之下求軌滿餘分不滿准此）

推二十四氣定日冬夏至皆在天地之中無有盈縮餘各以氣下先後數先減後加恒氣小餘滿若不足進退其日命從甲子算外各其定日及餘秒也（凡推日月行度及軌漏交蝕並依定氣若曆即依恒氣也）

推平朔四象以定氣相距置朔弦望經日大小餘以所入定氣大小餘及秒分減之各其所入定氣日算及餘秒也若大餘少不足減者加爻數然後減之（其弦望小餘有少半太當以爻乘之乃以氣秒分減退一加象統小餘不足減退日算一加大衍通注也）求朔弦望經日入朓朒各置其所入定氣日算及餘秒減日算一各以日差乘而半之以加減其氣初定率（前少加之前多減之）以乘其所入定氣日算及餘秒（凡除者先以母通全內子乃相乘母相乘除之若忽微之數煩多而不甚相校者過半收爲全下盈半法弃也）所得以損益朓朒積各爲其日所入朓朒定數（若非朔望有交者以十二乘所入日算三其小餘辰法除而從之以乘損益率如定氣辰數而一所得以損益朓積各爲定數也）

赤道宿度

斗二十六　牛八　女十二　虛十（及分）　危十七　室十七　壁九
右北方七宿九十八度
奎十六　婁十二　胃十四　昴十一　畢十七　觜一　參十
右西方七宿八十一度
井三十三　鬼三　柳十五　星七　張十八　翼十八　軫十七
右南方七宿一百一十一度
角十二　亢九　氐十五　房五　心五　尾十八　箕十一
右東方七宿七十五度

前皆赤道度其畢觜參及輿鬼四宿度數與古不同今並依天以儀測定用爲常數弦帶天中儀極攸憑以格黃道也推黃道准冬至歲差所在每距冬至前後各五度爲限初數十二每限減一盡九限數終於四殷二立之際一度少強依平迺距春分前秋分後初限起四每限增一盡九限終於十二而黃道交復計春分後秋分前亦五度爲限初數十二盡九限數終於四殷二立之際一度少強依平迺距夏至前後初限起四盡九限終於十二皆累裁之以數乘限度百二十而一得度不滿者十二除爲分（若以十除則大分十二爲母命以太半少及強弱）命日黃赤道差數二至前後各九限以差減赤道度爲黃道度二分前後各九限以差加赤道度爲黃道度（若從黃道度反推赤道二至前後各加之二分前後須減之）

黃道宿度

斗二十三半　牛七半　女十一少　虛十（反差）　危十七太　室十七少　壁九太
右北方九十七度（六虛之差十九太）
奎十七半　婁十二太　胃十四太　昴十一　畢十六少　觜一　參九少
右西方八十二度
井三十　鬼二太　柳十四少　星六太　張十八太　翼十九少　軫十八太
右南方一百一十度半
角十三　亢九半　氐十五太　房五太　心四　尾十七　箕十少
右東方七十五度少

前皆黃道度其步日行月與五星出入循此（求此宿度皆有餘分前後輩之少半太准爲令度若上考古下驗將來當據歲差每移一度各依衍算使得當時宿及分然可步月五星知其犯守也）

推日度以乾實去中積分不盡者盈大衍通法爲度不滿爲度餘命起赤道虛九去分不滿宿算外卽所求年天正冬至加時日所在度及餘也（以三元之策累加之命宿次如前各得氣初日加時赤道宿度）

求黃道日度以度餘減大衍通法餘以冬至日躔之宿距度所入限乘之爲距前分置距度下黃赤道差以大衍通乘之減去距前分餘滿百二十除定差不滿者以象統乘之復除爲秒分迺以定差反秒減赤道宿度餘依前命之卽天正冬至加時所在黃道宿度及餘也

求次定氣置歲差以限數乘之滿百二十除爲秒分不盡爲小分以加於三元之策秒分因累而裁之命以黃道宿次去之各得定氣加時日躔所在宿及餘也

求定氣初夜半日所在度各置其氣定小餘副之以乘

其日盈縮分滿大衍通法而一盈加縮減其副用減其日時度餘命如前各其日夜半日躔行在求次日各因定氣初日夜半度累加一策迺以其日盈縮分盈縮減度餘命以宿次即半日所在度及餘也

## 大衍步月離術第四

轉終分六百七十萬一千二百七十九　轉終日二十七餘一千六百八十五秒七十九　轉法七十六　轉秒八十

推天正經朔入轉以轉終分去朔積分不盡以秒法乘盈轉終分又去之餘如秒法一而入轉分不盡爲秒入轉分滿大衍通法爲日不滿爲餘命日算外即所求年天正經朔加時入轉日及餘秒求次朔入轉因天正所入轉差日一轉餘二千九百六十七秒分一盈轉終日餘秒者去之數除如前即次日經朔加時所入考上下弦望如求經朔四象術循變相加若以經朔望小餘減之各其日夜半所入轉日及餘秒

| 終日 | 轉分 | 列衰 | 轉積度 | 損益率 | 朓朒積 |
|---|---|---|---|---|---|
| 一日 | 九百一十七 | 進十三 | 度初 | 益二百九十七 | 朓初 |
| 二日 | 九百三十 | 進十三 | 十二度五 | 益二百五十九 | 朓二百九十七 |
| 三日 | 九百四十三 | 進十三 | 二十四度二十五 | 益二百二十 | 朓五百五十六 |
| 四日 | 九百五十六 | 進十四 | 三十六度五十四 | 益一百八十 | 朒七百七十六 |
| 五日 | 九百七十 | 進十四 | 四十九度二十二 | 益一百三十九 | 朒九百五十六 |
| 六日 | 九百八十四 | 進十六 | 六十二度四 | 益九十七 | 朒一千九十五 |
| 七日 | 一千 | 進十八 | 七十五度 | 初益四十八末損六 | 朒一千一百九十二 |
| 八日 | 一千一十八 | 進十九 | 八十八度十二 | 損六十四 | 朒一千二百三十四 |
| 九日 | 一千三十七 | 進十四 | 一百一度四十二 | 損一百六 | 朒一千一百七十 |
| 十日 | 一千五十一 | 進十四 | 一百十五度十五 | 損一百四十八 | 朒一千六十四 |
| 十一日 | 一千六十五 | 進十四 | 一百二十九度二 | 損一百八十八 | 朒九百十六 |
| 十二日 | 一千七十六 | 進十三 | 一百四十二度三 | 損二百二十九 | 朒七百二十七 |
| 十三日 | 一千九十二 | 進十三 | 一百五十七度十八 | 損二百六十七 | 朒四百九十八 |
| 十四日 | 一千一百五十 | 進十退三 | 一百七十一度四十六 | 初損二百四十一末益六十六 | 朒二百三十 |
| 十五日 | 一千一百十二 | 退十三 | 一百八十六度十一 | 益二百八十九 | 朓六十六 |
| 十六日 | 一千九十九 | 退十三 | 二百度五十九 | 益二百五十 | 朓三百五十五 |
| 十七日 | 一千八十六 | 退十三 | 二百一十五度十八 | 益二百一十一 | 朓六百五 |
| 十八日 | 一千七十三 | 退十四 | 二百二十九度四十 | 益一百七十一 | 朓八百一十六 |
| 十九日 | 一千五十九 | 退十四 | 二百四十三度四十九 | 益一百三十 | 朓九百八十七 |
| 二十日 | 一千四十五 | 退十七 | 二百五十七度四十四 | 益八十七 | 朓一千一百一十七 |
| 二十一日 | 一千二十八 | 退十八 | 二百七十一度二十五 | 初益三十六末損一十八 | 朓一千二百四 |
| 二十二日 | 一千一十 | 退十八 | 二百八十四度六十五 | 損七十三 | 朓一千二百二十二 |
| 二十三日 | 九百九十二 | 退十四 | 二百九十八度十一 | 損一百一十六 | 朓一千一百四十九 |
| 二十四日 | 九百七十八 | 退十四 | 三百十一度十五 | 損一百五十七 | 朓一千三十三 |
| 二十五日 | 九百六十四 | 退十四 | 三百二十四度十五 | 損一百九十八 | 朓八百七十六 |
| 二十六日 | 九百五十 | 退十三 | 三百三十六度五十七 | 損二百三十七 | 朓六百七十八 |
| 二十七日 | 九百三十七 | 退十三 | 三百三十九度十九 | 損二百七十六 | 朓四百四十一 |
| 二十八日 | 九百二十四 | 退七進六 | 三百六十一度四十四 | 初損一百六十五末益入後 | 朒一百六十五 |

求朔弦望入朓朒定數各朔其所入日損益而半之爲通率又二率相減爲率差前多者以入餘減大衍通法餘乘率差盈大衍通法得一并率差而半之前少者半入餘乘率差亦如大衍通法除爲加時轉率迺半之以損益加時所入餘爲轉餘其轉餘應益者減法應損者因餘皆以乘率差盈大衍通法得一加於通法轉率乘之大衍通法約之以朓朒加轉率爲定率乃以定率損益朓朒積爲定數其後無同率者亦因前率益者以通率爲初數半率差而減之應通率其轉益入餘進退日者分爲二日隨餘初末如法求之所得並以損益轉率此術本出皇極曆以究算術之微變若非朔望有交者直以入餘乘損益如大衍通法而一以損益朓朒爲定故各得所求

七日初二千七百一約爲大分八末三百三十九約爲大分一　十四日初二千三百六十三約爲大分七末六千七十七約爲大分二

二十一日初二千二十四日分約爲大分六末一千一十六約爲大分三　二十八日初一千六百八十六約爲大分五末一千三百五十四約爲大分四

右以四象約轉終日及餘均得六日二千七百一分就全數約爲大分是爲之八分以減法餘爲末數迺四象馴變相加各其所當之日初末數也視入轉餘如初數以下者加減損益因循前率如初數以上則反其衰歸于後率云

求朔弦望定日及餘以入氣入轉朓朒定數同名相從異名相消迺以朓減朒加四象經小餘滿若不足進大餘命以甲子算外各其定日及小餘干名與後朔中同者月大不同者小無中氣者爲閏月凡言夜半者皆起晨前子正之中若注曆觀弦望定小餘又盈晨初餘數者退一日其望小餘雖滿此數若有交蝕虧初起在晨初已前者亦如之又月行九道遲疾則三大二小以日行盈縮累增損之則各有四大三小損數然也若俯循常儀當察加時早晚隨其所近而進退之使不過三小其正月朔若有加交時正見消息前後一兩月以定大小令虧在晦二

推定朔弦望夜半日所在度各隨定氣次日以所直日度及餘分命焉若以五星相加減者以四約度餘迺列朔弦望小餘副之以乘其日盈縮分如大衍通法而一盈加縮減其副以加其日夜半度餘命如前各其日加時日躔所次

推月九道度凡合朔所交冬在陰曆夏在陽曆月行青道冬夏至後青道半交在春分之宿殷道東立冬夏後青道半交在立春之宿殷黃道東南至所衝之宿亦如之也冬在陽曆夏在陰曆月行白道冬至夏至後白道半立在秋分之宿殷黃道西立北至所衝之宿亦如之也春在陽曆秋在陰曆月行朱道春秋分後朱道半在夏至宿殷黃道南立春立秋後朱道半在立夏宿殷黃道西南立至所衝之宿亦如之也春在陰曆秋在陽曆月行黑道春秋分後黑道半交在冬至宿殷黃道北立秋後黑道半交在立冬之宿殷道東北至所衝之宿亦如之也四序離爲八節至陰陽之始交皆以黃道相會故月有九行各視月交所入七十二候距交初黃道日每五度爲限交初交中同亦初數十二每限減一數終於四乃一度强依平更從四起每限增一終於十二而至半交其去黃道六度又自十二每限減一數終於四亦一度强依平更從四起每限增一終於十二復與日軌相會各累計其數以乘限度二百四十而得得度不滿者二十四餘爲分若以二十除之則太分十二爲母命半大乃强弱也

推月行與黃道差數距半前後各九限以差數爲減距正交前後各九限以差數爲加此加減是出入六度單與黃道相交三數也若

交赤道則隨氣遷變不恒計去冬至夏至以來候數乘黃道所差十八而一爲行與赤道差數凡日以赤道內爲陰赤道外爲陽月以黃道內爲陰黃道外爲陽故月行宿度入春分交後行陰曆秋分交後行陽曆皆爲同名若入春分交後行陽曆秋分交後行陰曆皆爲異名其在同名以差數爲加者加之減者減之若在異名以差數爲加者減之減者加之皆以增損黃道度爲九道定度

推月九道平交入氣各以其月恒中氣去經朔日算及餘秒加其月經朔加時入交汎日及餘秒迺以減交經日及餘秒其餘卽各平交入其月恒中氣日算及餘秒也滿三元之策及餘秒則去之其餘卽平交入後月恒節氣日算及餘秒因求次交者以交終日及餘加之滿三元之策及餘秒去之不滿者爲平交入其氣日算及餘刺各以其氣初先後數先加後減其入餘滿若不進退日算卽平交入定氣日算及餘秒也

求平交入氣朓朒定數置所入定氣日算倍六爻乘之三其小餘辰法除而從之以乘其氣損益率如定氣辰數而一所得以損益其氣朓朒積爲定數也

求平交入轉朓朒定數置所入定氣餘加其日夜半入轉餘以乘其日損益率滿大衍通法而一所得以損益其日朓朒積迺以交率乘之大數而一爲定數

求正交入氣置平交入氣及入轉朓朒定數同名相從異名相消迺以朓減朒加平交入氣餘滿若不足進退日算卽爲正交定氣日算及餘也

求正交加時黃道宿度置正交入定氣餘副之乘其日盈縮分滿大衍通法而一所得以盈加縮減其副以加其日夜半日度卽正交加時所在黃度及餘也

求正交加時月離九道宿度以正交加時度餘減大衍通法餘以正交之宿距度所入限數乘之爲距前分置距度下月道與黃道差以大衍通法乘之減去距前分餘滿二百四十除爲定差不滿者一退爲秒以定差及秒加黃道度餘仍計去冬至夏至以來候數乘定定差十八而一所得依名同異而加減之滿若不足進退其度命如前卽正交加時月離所在九道宿度及餘也

推定朔弦望加時月所在度各置其日加時日躔所在變從九道循次相加凡合朔加時月行潛在日下與太陽同度是爲離象凡置朔弦望加時黃道日度以正交加時所在黃道宿度減之餘以加其正交九道宿度命起正交宿度算外卽朔弦望加時所當九道宿度也其合朔加時若非正交則日在黃道月在九道各入宿度雖多少不同考其去極若應準繩故云月行潛在日下與太陽同度以一象之度九十一餘九百五十四秒二十二半爲上弦兌象倍之而與日衝得望坎象參之得下弦震象各以加其所當九道宿度秒盈象統從餘餘滿大衍通法從度命如前各其日加時月所在度及餘秒也綜五位成數四十以約度餘爲分不盡者因爲小分也

推定朔夜半入轉恒視經朔夜半所入若定朔大餘有進退者亦如減轉日否則因經朔爲定徑求次定朔夜半入轉因前定朔夜半所入大月加轉差日二小月加日一轉餘皆一千三百五十四秒分一數除如前卽次月定朔夜半所入

求次日累加一日去命如各其夜半所入轉日及餘秒

求每日月轉定度各以夜半入轉餘乘列衰加大衍通法而一所得以進加退減其日轉分爲月每所轉定分滿轉法爲度也

求朔弦望定日前夜半月所在度各半列衰減轉分退者定餘乘衰以大衍通法除并衰而半之進者半定餘乘衰定以大衍通法除皆加所減迺以定餘乘之盈大衍通法得一以減加時月度及分因夜半准此求轉分以加之亦得加時月度若非朔望有交直以定小餘乘所入日轉交分加大衍通法而一以減其日時月度亦得所求

求次日夜半月度各以其日轉定分加之分滿轉法從度命如前卽次日夜半月所在度及分

推月晨昏度各以所入轉定分乘其日夜漏倍百刻除爲晨分以減轉定分餘爲昏分分滿轉法從度以加夜半度望前以昏加望後以晨加各得其日晨昏月所在度及分

大衍步軌漏第五

爻統一千五百五十象損四百八十辰刻八刻分一百六十昏明刻各二刻分二百四十

| 定氣 | 陟降率 | 消息衰 | 陽城日晷 |
|---|---|---|---|
| | 漏刻 | 黃道去極度 | 距中宿度 |
| 冬至 | 降七十八 | 息空六十四 | 一丈二尺七寸一分五十 |
| | 三十七刻三百四十 | 一百一十七度二十 | 八十二度二十七 |
| 小寒 | 降七十二 | 息十一九十一 | 一丈二尺三寸七十七 |
| | 二十七刻一百三十五 | 一百一十四度 | 八十三度九十一 |
| 大寒 | 降五十三 | 息二十二四十二 | 一丈一尺三寸一分八十二 |
| | 二十六刻三百八十 | 一百一十一度九十 | 八十四度七十 |
| 立春 | 降三十四 | 息三十二十五 | 九尺七寸三分五十一 |
| | 二十五刻四百七十二 | 一百八度 | 八十七度七十 |
| 雨水 | 降初限七十八 | 息三十五七十八 | 八尺二寸一分六 |
| | 二十四刻四百八十 | 一百三度二十 | 九十一度三十九 |
| 驚蟄 | 降一 | 息三十九五十 | 六尺七寸三分八十四 |
| | 三十三刻三百六十 | 九十七度三十 | 九十五度八十八 |
| 春分 | 陟五 | 息三十九六十五 | 五尺四寸三分十九 |
| | 二十二刻一百三十 | 九十一度三十 | 一百度四十四五十 |
| 清明 | 陟初限 | 息三十八八十九 | 四尺三寸一分十一 |
| | 二十一刻一百二十 | 八十五度三十 | 一百五度 |
| 穀雨 | 陟二十二 | 息三十三五十六 | 三尺三寸四十 |
| | 二十刻十 | 七十九度四十 | 一百九度五十 |
| 立夏 | 陟五十二 | 息二十八三十八 | 二尺五寸三十 |
| | 十九刻五 | 七十四度五十五 | 一百一十三度十九 |
| 小滿 | 陟六十三 | 息二十十一 | 一尺九寸五分十六 |
| | 十八刻一百 | 七十度七十 | 一百一十一度十二 |
| 芒種 | 陟六十四 | 息十十二 | 一尺六寸三 |

十七刻三百五十四　六十八度二十四　一百一十八度九十

夏至　陟六十四　消空五十一　一尺四寸七分七十九

十七刻二百五十　六十七度四十　一百一十八度六十

小暑　降六十三　消十七十六　一尺六寸三

十七刻三百五十五　六十八度二十五　一百一十七度九十八

大暑　降五十二　消二十七十五　一尺九寸五分

十八刻一百　七十八度七十一　一百一十六度十三

立秋　降三十二　消二十八九十　二尺五寸三分三十一

十九刻五　七十四度五十五　一百一十三度十九

處暑　降初限九十九　消二十四七十六　三尺三寸三十七

二十刻十　七十九度三十　一百九度五十

白露　降五　消三十八九十　四尺三寸二分十一

二十一刻一百二十　八十五度三十　一百五度

秋分　陟一　消三十九六十六　五尺四寸三分十九

二十刻二百四十　九十一度　一百度四十四五十

寒露　陟初限一　消三十九五十　六尺七寸三分八十四

三十三刻三百六十　九十七度三十　九十五度八十八

霜降　陟三十四　消二十四九十八　八尺二寸一分六

二十四刻四百七十一　一百三度二十　九十一度三十九

立冬　陟五十三　消二十九七十二　九尺七寸三分五十一

二百五刻四百七十五　一百八度五　八十七度

小雪　陟七十二　消二十一七十　一丈一尺二寸二分八十二

二十六刻三百八十　一百一十一度九十　八十四度七十

大雪　陟七十八　消十一三十　一丈二尺三寸二分七十七

二十七刻二百四十五　一百一十四度　八十二度九十一

求每日消息定衰各置其氣消息衰依定氣日數每日以陟降率陟減降加其分滿百從衰不滿爲分各得每日消息定衰及分其距二分前後各一氣之外陟降不等各每以三日爲一限損益如後

雨水初日七十八初限每日損十二次限每日損八次限每日損三次限每日益二末限每日益一

清明初日陟一初限每日益一次限每日益二次限每日益三次限每日益八末限每日益十九

處暑初日降九十九初限每日損十九次限每日損八次限每日損三次限每日損二末限每日損一

寒露初日陟一初限每日益一次限每日益二次限每日益三次限每日益八末限每日益十二

求前件四氣置初日陟率每日依限次損益之各爲每日率迺遞以陟減降加其氣初日消息衰分亦得每日定衰及分也

推戴日之北每度晷數南方戴日之下正中無晷自戴日之北一度迺初數一千三百七十九從此起差每度增一終於二十五度又每度增二終於四十度又每度增六終於四十四度增六十八每度增二終於五十五度又每度增十九終於六十度度增一百六十又每度增三十三終於六十五度又每度增三十六終於七十度又每度增三十九終於七十二度增二百六十又度增四百四十又度增一千六十又度增一千八百六十又度增二千八百四十又度增四千又度增五千三百四十而各爲每度差因累其差以遞加初數滿百爲分分滿十爲寸各爲每度晷差又每度晷差數求陽城日晷每日中常數各置其氣去極度以極去戴日下度五十六盈分八十二減半之各得戴日之北度數及分各以其消息定衰戴日北所直度分之晷差滿百爲分分滿十爲寸各爲每日晷差迺遞以息減消加其氣初晷數得每日中晷常數也求每日中晷定數各置其日所在氣定小餘以爻統減之餘爲中後分置前後分以其日晷差乘之如大衍通法而一爲變差乃以變差加減其日中晷常數冬至後中前以差減中後以差加夏至後中前以差加中後以差減冬至一日有減無加夏至一日有加無減各得每日中晷定數

求每日夜半漏定數置消息定衰滿象積爲刻不滿爲分各遞以息減消加其氣初夜半漏各得每日夜半漏定數求晨初餘數置夜半定漏全刻以九千一百二十乘之十九乘刻分從之如三百而一所得爲晨初餘數不盡爲小分

求每日晝夜漏及日出入所在辰刻各倍夜半之漏爲夜刻以減百刻餘爲晝刻減晝五刻以加夜即晝爲見刻夜爲沒刻半沒刻以半辰刻加之命起子初刻算外即日出辰刻以見刻加之命如前即日入辰刻置夜刻以五除之得每更差刻以昏刻加日入即甲夜初又以更籌差加之得次更一籌之數以次累加滿辰刻去之命如前即得五夜更籌所當辰及分也其半夜定漏亦名晨初夜刻

求每日黃道去極定數置消息定衰滿百爲度不滿爲分各遞以息減消加其氣初去極度各得每日去極定數

求每日距中度定數置消息定衰以一萬二千三百八十六乘之如一萬六千二百七十七而每日度差差滿百爲度不滿爲分各遞以息加消減其氣初距中度各得每日距中度定數倍距中度以減周天度五而一所得爲每更度差

求每日昏明及每更中宿度所臨置其日所在赤道宿度以距中度加之命宿次如前即得其日昏中所臨宿度以每更差度加之命如前即乙夜初中所臨宿度及分也

求九服所在每氣初日中晷常數置氣去極度數相減各爲每氣消息定數因測所在冬夏至日晷長短但測至即得不必要須冬至於其戴日之北度及分晷數中校取長短同者便爲所在戴日北度數及分氣各以消定數加減之因冬至後者每氣以減因夏至後者每氣以加各得每氣戴日北度數及分各因其氣所直度分之晷數長短即各爲所在每定氣初日中晷常數其測晷有在表南者亦據其晷尺寸長短與戴日北每度晷數同者因取其所直之度去戴日北度數反之爲去戴日南度然後以消息定數加減

求九服所在晝夜漏刻冬夏至各於所在下水漏以定

當處晝夜刻數迺相減冬夏至差刻半之以加減二至晝夜刻數加夏至減冬至爲春秋分定日晝夜刻數迺置每氣消息定數以當處二至差刻數乘之如二至極差度四十七分八十而一所得依分前後各減二分初日晝夜漏刻春分前秋分後加夜減晝春分後秋分前加晝減夜各得所在定氣初日晝夜漏刻數求次日者置每日消息定衰亦以差刻乘之差度而一所得以息減消加其氣初漏刻各得所求其求距中度及昏明中宿日出入所在皆依陽城法求仍以差度而今有之卽得也

又術置所在春分定日中晷常數與陽城每日晷數校取同者因其日夜半漏卽爲所在定春分初日夜半漏求餘氣定日每以消息定數依分前後加減刻分春分前以加分後以減秋分前以減分後以加滿象積爲刻不滿爲分各爲所在定氣初日夜半定漏

求次日以消息定衰依陽城法求之卽得此術究理大體合通但高山平川視日不等校其日晷長短迺同考其日漏多少懸别以兹參課術爲審也

## 大衍步交會術第六

交終八億二千七百二十五萬一千三百二十二

交中四萬一千三百六十二　秒五千六百六十一

終日二十七　餘六百四十五　秒一千三百二十二

中日十三　餘一千八百四十二　秒五千六百六十一

朔差日二　餘九百六十七　秒八千六百七十八

望差日一　餘四百八十三　秒九千三百三十九

望數日十四　餘二千三百二十六　秒五十

交限日十二　餘一千三百五十八　秒六千三百二十二

交率三百四十三　交數四千三百六十九　辰法七百六十

秒分法一萬

推天正經朔入交以終去朔積分不盡以秒分法乘盈交終又去之餘如秒法而一爲入交分不盡爲秒入交分滿大衍通法爲日不滿爲餘命日算外卽所求年天正經朔加時入交汎日及餘秒求次朔入交因天正所入加朔差日及餘秒盈終日及餘秒者去之數除如前卽次月經朔加時所入

求望以數日及餘秒加之去命如前卽得所求若以經朔望小餘減之各其日夜半所入交汎日及餘秒

求定朔夜半入交恒視經朔望夜半所若定朔望大餘有進退者亦加減交日否則因經爲定各得所求求次定朔夜半入交因前定朔夜半所入大月加交差日二月小加日一餘皆二千三百九十四秒八千六百七十八求次日累加一日數除如前各其夜半所入交汎日及餘秒

求朔望入交常日各以其日入氣朓朒定數朓減朒加其入交汎餘滿大衍通法從日卽爲入交常及餘秒

求朔望入交定日各置其日入轉朓朒定數以交率乘之如交數而一所得以朓朒加入交常餘數如前卽爲入交定日及餘秒

求月交入陰陽曆恒視其朔望入交定日及餘秒如日中及餘秒已下者爲月入陽曆已上者以中日及餘秒去之餘爲月入陰曆

| 陰陽曆 | 爻目 | 加減率 | 陰陽積 | 月去黃道度 |
|---|---|---|---|---|
| 少陽 少陰 | 初 | 加一百八十七 | 陽 陰 初 | 空 |
| 少陽 少陰 | 二 | 加一百七十一 | 陽 陰 一百八十七 | 一度六十七分 |
| 少陽 少陰 | 三 | 加一百三十七 | 陽 陰 三百五十八 | 二度二百一十八分 |
| 少陽 少陰 | 四 | 加一百一十五 | 陽 陰 五百五 | 四度二十五分 |
| 少陽 少陰 | 五 | 加七十五 | 陽 陰 六百二十 | 五度二十八分 |
| 少陽 少陰 | 上 | 加二十七 | 陽 陰 六百九十五 | 五度九十五分 |
| 老陽 老陰 | 初 | 減二十七 | 陽 陰 七百二十三 | 六度二分 |
| 老陽 老陰 | 二 | 減七十五 | 陽 陰 六百九十五 | 五度九十五分 |
| 老陽 老陰 | 三 | 減一百一十五 | 陽 陰 六百二十 | 五度二分 |
| 老陽 老陰 | 四 | 減一百四十七 | 陽 陰 五百五 | 四度二十五分 |
| 老陽 老陰 | 五 | 減一百七十一 | 陽 陰 三百五十八 | 三度二百一十八分 |
| 老陽 老陰 | 上 | 減一百八十七 | 陽 陰 一百八十七 | 一度六十七分 |

求四象六爻每度加減分及月去黃道定數以其爻加減率與後爻加減率相減爲前差又以後爻率與次後爻率相減爲後差二差相減爲中差置所在爻并後爻加減率半中差以加而半之十五而一爲爻末率因爲後爻初率每以本爻初末率相減爻差十五而一爲度差半之以加減初率少象減之老象加之爲定初率每次度差累加減之少象以差減老象以差加各得每度加減定分迺循積其分滿百二十爲度各爲每度月黃道度數及分其四象初爻無率上爻無末率皆倍本爻加減率十五而一所得各以初末率減之皆互得其率餘依術算各得所求

求朔望夜半月行入陰陽度數各置其日夜半入轉日及餘秒餘以其日夜半入交定日及餘秒減之也其秒母不等當脩率相通然後減之如不足減卽轉終日及一餘秒然後減之餘爲定交初日夜半入轉日及餘秒迺以定交初日夜半入餘與其日夜半入餘各乘其日轉定分如大衍通法而一所得滿轉法爲度不滿爲分各以加其日轉積度及分迺相減其餘卽爲其夜半月行入陰陽度數及分也轉求次日但以其日轉定分之滿轉法爲度卽得

求朔望夜半月行入四象度數置其日夜半入陰陽度數及分以一象之度九十除之若以小象除之則燕陰差度一度分六十三小分十四訖然以次象除之一百所得以少陽老陽少陰老陰爲次命起少陽算外卽其日夜半所入象度數及分也先以三十乘陰陽度分十九而一爲度分乘又除爲小分然以象度及分除之

求朔望夜半月行入六爻度數置其日夜半所入象度數及分以一爻之度一十五除之所得命起其象初爻算外卽以其日夜半所入爻度數及分也其月行入少象初爻之內皆爲治近黃道度當朔望前有虧蝕求入蝕限其入交定日及餘秒如望差已下交限已上者爲入蝕限望入蝕限月在陰曆則日蝕入限如望差已下爲交後交限已上者以減中日及餘爲交前後定日及餘秒蝕通之爲去交前後定分

置去交定分以十一乘之如二千六百四十三除之爲去交度數不盡以大衍通法乘之復除爲餘（大抵去交十三度以上雖入蝕限爲陟交數微光影相接或不見蝕）

求月蝕分其去交定分七百七十九已下者皆蝕既已上者以交定分減望差餘以一百八十三約之盡半已下爲半弱已上爲半強命以十五爲限得月蝕之大分

求月蝕所起月在陰曆初起東南甚於正南復於西月在陽曆初起東北甚於正北復於西其蝕十二分已上者皆起於正東復於正西（此皆據南方正午而論之若蝕於餘方者各隨方面所在準此取正而定其蝕起復也）

求月蝕用刻置月蝕之大分五已下因增三十已下因增四十已上因增五其去交定分五百二十已下又增半二百六十已下增半各爲汎用刻率

| 定氣 | 增損差 | 差積 | 定氣 | 增損差 | 差積 |
|---|---|---|---|---|---|
| 冬至 | 增十 | 積初 | 小寒 | 增十五 | 積十 |
| 大寒 | 增二十 | 積二十五 | 立春 | 增二十五 | 積四十五 |
| 雨水 | 增三十 | 積七十 | 驚蟄 | 增三十五 | 積一百 |
| 春分 | 增四十 | 積一百三十五 | 清明 | 增四十五 | 積一百七十三 |
| 穀雨 | 增五十 | 積二百二十 | 立夏 | 增五十五 | 積二百七十 |
| 小滿 | 增六十 | 積三百五十五 | 芒種 | 增六十五 | 積三百八十五 |
| 夏至 | 損六十五 | 積四百五十 | 小暑 | 損六十 | 積三百八十五 |
| 大暑 | 損五十五 | 積三百二十五 | 立秋 | 損五十 | 積二百七十 |
| 處暑 | 損四十五 | 積二百二十 | 白露 | 損四十 | 積一百七十五 |
| 秋分 | 損三十五 | 積一百三十五 | 寒露 | 損三十 | 積一百 |
| 霜降 | 損二十五 | 積七十 | 立冬 | 損二十 | 積四十五 |
| 小雪 | 損十五 | 積二十五 | 大雪 | 損十 | 積十 |

求每日差積定數以所入氣并後氣增損差倍六爻乘之綜兩氣辰數除之爲氣末率又列二氣增損差皆倍六爻乘之各如辰數而一少減多餘爲氣差加減末率（冬至後以差減夏至後以差加）爲初率倍氣差亦倍六爻乘之復綜兩氣辰數以除之爲日差半之以加減初末各爲定率以日差累加減氣初定率（冬至後以差加夏至後以差減）爲每日增損差逎循積之隨所入氣日加減氣下差積各其日定數（其二至之前一氣皆後無可差不可相并各因前末爲初率以氣差冬至前減夏至前加爲末率餘依算術各得所求也）

陰曆

蝕差一千二百七十五　蝕限二千五百二十四

或限三千六百五十九

陽曆

蝕限一百三十五　或限九百七十四

求蝕差及諸限定數各置其差限以蝕朔所入氣日下差積陰曆減之陽曆加之各爲蝕定差及定限

求陰曆陽曆的蝕或蝕其陰曆去交定分滿蝕定差已上爲陰曆蝕不滿者雖在陰曆皆類同陽曆蝕也其去交定分滿蝕定陽已下者其蝕的見或限以下者其蝕或見或不見

求日蝕分陰曆蝕者置去交定分以蝕定差減之餘一百四已下者皆蝕既已上者以一百四減之其餘以一百四十三約之（其入或限者以一百五十二約之）半已下爲半弱半已上爲半強以減十五餘爲日蝕之大分其同陽曆蝕者但去交定分少於蝕定差六十已下者皆蝕既六十已上者置去交定分以陽曆蝕定限加之以九十約之其陽曆蝕者直置去交定分亦以九十約之（其入或限者以一百四十三約）之半已下爲半弱半已上爲半強命以十五爲限亦得日蝕之大分

求日蝕所起月在陰曆初起西北甚於正北復於東北月在陽曆初起西南甚於正南復於東南其蝕十二分已上皆起正西復於正東（此亦據南方正午而論之）

求日蝕用刻置所蝕之大分皆因增二其陰曆去交定分多於蝕定差七十已上者又增三十五已下者又增半其同陽曆去交定分少於蝕定差二十已下者又增半少各爲汎月刻半率求日月蝕甚所在辰置去交定分以交率乘之二十乘交數除之所得爲差其月道與黃道同名者以差加朔望定小餘異名以差減朔定小餘置蝕定餘如求發斂加時術入之卽蝕其所在辰刻及分也（其望甚辰月當衡蝕）

求虧初復末置日月蝕汎用刻率副之以乘其日入轉損益率如大衍通法而一所得應朒者依其損加益減其副爲定用刻數半之以減蝕甚辰刻爲虧初以加餘甚辰刻爲復末（其月蝕求入更籌者置月蝕定用刻數以其日每更差刻除爲更數不盡以每籌差刻除爲籌數綜之爲定用更籌通累日計日入至蝕甚辰刻置之以昏刻加日入辰刻減之餘以更籌差刻除之所得命以初更籌外卽蝕甚籌半定用更籌減之爲虧初以加之爲復末按天竺僧俱摩羅所傳斷日蝕法其蝕朔日度躔於鬱車宮者的蝕諸斷不得其蝕據日所在之宮有火星在前三後一之宮并伏在日下並不蝕若五星總出并水見又水在陰曆及三星已上同聚一宿亦不蝕凡星與日別宮或別宿則易斷若同宿則難斷更有諸斷理多煩碎略陳梗槩不復具詳者其天竺所云十二宮則中國之十二次也日鬱車宮者卽中國降婁之次也十二次宿度首尾具戴曆儀分野卷中也）

求九服所在蝕差先測所在冬至夏至及春分定日中晷長短陽城每日中晷常數校取同者各因其日蝕差卽爲所在冬夏至及春分定日蝕差

求九服所在每氣蝕差以夏至差減春分差減冬至各爲率并二率半之六而一爲夏總差減之爲冬率（冬率卽是冬至之率也）每以氣差加之各差以加夏率又以率二率相減六一爲差置總差六而一爲氣半氣爲每氣定率乃修其率以減冬至蝕差各得每氣初日蝕差（求每日如陽域求之若戴日之北當計其所在皆反之卽得）

## 大衍步五星術第七

歲星終率一百二十一萬二千三百七十九　秒十八

終日三百九十八　餘二千六百五十九　秒六

終變差算空　餘三十四　秒十四　象算九十一

餘二百三十八　秒五十七十二　爻算十五　餘一百

六十六　秒四十六十二

鎭星終率一百一十四萬九千三百九十九　秒九十八　終日三百七十八　餘二百七十九　秒九十八

變差算空　餘二十二　秒九十二　象算九十二　餘二百三十七　秒八十七　爻算十五　餘一百六十六　秒三十一

太白終率一百七十七萬五千三十　秒十二　終日五百八十三　餘二千七百一十一　秒十二　中合日二百九十一　餘二千八百七十五　秒六　變差算空　餘三十　秒五十二　象算九十二　餘二百三十八　秒三十四五十四　爻算十五　餘一百六十六　秒三十九九

辰星終率三十五萬二千二百七十九　秒七十二　終日一百一十五　餘二千六百七十九　秒七十二

中合日五十七　餘二千八百五十九　秒八十六

變差算空　餘一百三十六　秒七十八六十　象算九十一　餘二百四十四　秒九十八六十　爻算十五　餘一百六十七　秒三十九七十四　度法七百六十

秒法一百　微分法九十六

推五星平合置中積分以天正冬至小餘減之各以其星終率去之不盡者返以減中滿大衍通法爲日不滿爲餘卽所求年天正冬至夜半後星平合日算及餘秒也求平合入爻象曆置積年各以其星變以差乘之滿乾實去之不滿者以大衍通法約之爲日不盡爲餘秒以減其星冬至夜半後平合日算及餘秒卽平合入曆算數及餘秒也各四約其餘同其辰法也

求平合入四象置曆算數及秒以一象之算及餘秒除之所得依入爻象次命起少陽算外卽平合所入象算數及餘秒也

求平合入六爻置所入象算數及餘秒以一爻之算及餘秒除之所得命起其象初爻算外卽平合所入爻算數及餘秒也

| 星名 | 爻目 | 損益率 | 進退積 |
| --- | --- | --- | --- |
| 歲星 | 少陽少陰初 | 益七百七十三 | 進退空 |
| | 少陽少陰二 | 益七百二十一 | 進退七百七十三 |
| | 少陽少陰三 | 益六百三十 | 進退一千四百九十四 |
| | 少陽少陰四 | 益五百 | 進退二千一百二十四 |
| | 少陽少陰五 | 益三百三十一 | 進退二千六百二十四 |
| | 少陽少陰上 | 益一百二十三 | 進退二千九百五十五 |
| | 老陽老陰初 | 損一百二十三 | 進退三千七十八 |
| | 老陽老陰二 | 損三百三十一 | 進退二千二百五十五 |
| | 老陽老陰三 | 損五百 | 進退二千六百二十四 |
| | 老陽老陰四 | 損六百三十 | 進退二千一百二十四 |
| | 老陽老陰五 | 損七百二十一 | 進退一千四百九十四 |
| | 老陽老陰上 | 損七百七十三 | 進退七百七十三 |
| 熒惑 | 少陽少陰初 | 益一千二百三十七 | 進退空 |
| | 少陽少陰二 | 益一千一百四十三 | 進退一千二百三十七 |
| | 少陽少陰三 | 益九百九十一 | 進退二千三百八十 |
| | 少陽少陰四 | 益九百八十一 | 進退三千三百七十一 |
| | 少陽少陰五 | 益五百一十三 | 進退四千一百五十二 |
| | 少陽少陰上 | 益一百八十七 | 進退四千六百六十五 |
| | 老陽老陰初 | 損一百八十七 | 進退四千八百五十二 |
| | 老陽老陰二 | 損五百一十三 | 進退四千六百六十五 |
| | 老陽老陰三 | 損七百八十一 | 進退四千一百五十三 |
| | 老陽老陰四 | 損九百九十一 | 進退三千三百七十一 |
| | 老陽老陰五 | 損一千一百四十三 | 進退二千三百八十 |
| | 老陽老陰上 | 損一千二百三十七 | 進退一千二百三十七 |
| 鎭星 | 少陽少陰初 | 益一千六百八十四 | 進退空 |
| | 少陽少陰二 | 益一千五百四十四 | 進退一千六百八十四 |
| | 少陽少陰三 | 益一千三百三十 | 進退三千二百二十八 |
| | 少陽少陰四 | 益一千四十二 | 進退四千五百五十八 |
| | 少陽少陰五 | 益六百八十 | 進退五千六百 |
| | 少陽少陰上 | 益二百四十四 | 進退六千二百八十 |
| | 老陽老陰初 | 損二百四十四 | 進退六千五百二十四 |
| | 老陽老陰二 | 損六百八十 | 進退六千二百八十 |
| | 老陽老陰三 | 損一千四百三 | 進退五千六百 |
| | 老陽老陰四 | 損一千三百三十 | 進退四千五百五十八 |
| | 老陽老陰五 | 損一千五百四十四 | 進退三千二百二十八 |
| | 老陽老陰上 | 損一千六百八十四 | 進退一千六百八十四 |
| 太白 | 少陽少陰初 | 益二千五十五 | 進退空 |
| | 少陽少陰二 | 益二千三十一 | 進退二百五十五 |
| | 少陽少陰三 | 益一百九十八 | 進退四百八十六 |
| | 少陽少陰四 | 益一百五十六 | 進退六百八十四 |
| | 少陽少陰五 | 益一百五 | 進退八百四十 |
| | 少陽少陰上 | 益四十五 | 進退九百四十五 |
| | 老陽老陰初 | 損四十五 | 進退四百九十 |
| | 老陽老陰二 | 損一百五 | 進退九百四十五 |
| | 老陽老陰三 | 損一百五十六 | 進退八百四十 |
| | 老陽老陰四 | 損一百九十八 | 進退六百八十四 |
| | 老陽老陰五 | 損二百三十一 | 進退四百八十六 |
| | 老陽老陰上 | 損二百五十五 | 進退二百五十五 |
| 辰星 | 少陽少陰初 | 益六百四十三 | 進退空 |
| | 少陽少陰二 | 益五百八十五 | 進退六百四十三 |
| | 少陽少陰三 | 益五百一 | 進退一千二百二十八 |
| | 少陽少陰四 | 益三百九十 | 進退一千七百二十九 |
| | 少陽少陰五 | 益三百五十五 | 進退二千一百二十 |
| | 少陽少陰上 | 益九十三 | 進退二千三百七十五 |
| | 老陽老陰初 | 損九十三 | 進退二千四百六十八 |
| | 老陽老陰二 | 損二百五十五 | 進退二千三百七十五 |
| | 老陽老陰三 | 損三百九十一 | 進退二千一百二十 |

老陽老陰四　損五十一　進退一千七百二十九

老陽老陰五　損五百八十五　進退一千二百二十九

老陽老陰上　損六百四十三　進退六百四十三

求四象六爻每算損益及進退定數以所入爻與後爻損益率相減爲前差又以後爻與次後爻損益率相減爲後差前後差相減爲中差置所入爻并後爻損益率半中差以加之九之二百七十四而一爻末率因爲後爻初率（皆因前爻末率以爲後爻初率）初末之率相減爲爻差倍爻差九之二百七十四而爲一算差半之加減初末各爲定率以算差累加減爻初定率（少象以差減老象以差加）爲每損益率循累其率隨所入爻損益其下進退即各得其算定（其四象初爻無初率上爻無末率皆置本爻損益四而九之二百七十四而一所各以初末率減之皆置得其率餘依術算各得所求）

求平合入進退定數各置其星平合所入爻之算差半之以減其所入算損益率損者以所入餘乘限差辰法陰并差而半之益者半入餘乘差亦辰法陰加所減之率迺以入餘乘之辰法而一所得以損益其算下進退各爲平合所入進退定數（此法微密用算稍繁若從少求之亦可置其所入算餘以乘其下損益率如辰法而一所得以損益其算下進退各爲定數）求常合置平合所入進退定數（金星則倍置之）各以合下乘數乘之除數除之所得滿辰法爲日不滿爲餘以進退減平合日算及餘秒（先以四約平合餘然以進加退減也）即爲冬至夜半後常合日算及餘也方

求定合置常合日先後定數四而一所滿辰法爲日不滿爲餘迺以減先後加常合算及餘即爲冬至夜半後定合日算及餘也求定合度置其日盈縮分四而一以定合餘乘之滿辰法而一所得以盈加縮減其定餘以加其日夜半日度餘（先四約夜半日度餘以加之）滿辰法從度依前命之算外即爲定合加時度及餘也

求定合月日置冬至夜半後定合日算及餘秒以天正冬至大小餘加之天正經朔大小餘減之（其至朔小餘皆以四約之）（然用加減若至大餘少於經朔大餘者又以爻數加之然以經朔大小餘減之）其餘滿四象之策及餘附之爲月數不盡者爲入朔日算及餘命月數起天正日算起經朔算外即定所在日月也（其定朔大餘有進退進減退加一日爲在其日月定及餘也）

求定合入爻置常合及定合應加減定數同名相從異名相消迺以加減其平合入爻算餘滿若不足進退其算即爲定合入爻算數及餘也求變行初日入爻置定合入爻算數及餘以合後伏下變行度常率加之滿爻率去之命爻次如前加次變初日入爻算數及餘也（更求次變入爻變入但以其下行度常加之去命闕上節）

求變行初日入進退定數各置其變行初日入爻算數及餘如平合求進退術入之即得變行初日所入進退定數也置進退定數各以其下乘數乘之除數除之所得各爲進退變率

| 星名變行目 | 變行日中率 | 變行度中率 |
| --- | --- | --- |
| 差行損益率 | 變行度常率 | 變行乘數　變行除數 |
| 歲星合後伏十七日三百三十二 | 行三度三百三十三 | 先遲二日 |
| 益疾九分 | 行一度三百五十七 | 乘數三百五十　除數二百八十 |
| 前順一百一十日 | 行一十八度六十五 | 先疾五日 |
| 益遲六分 | 行九度三百五十七 | 乘數三百一十　除數二百八十一 |
| 前留二十七日 | 行二度二百二十 | |
| | | 乘數二百六十七　除數一百二十二 |
| 前退四十三日 | 退五度三百六十九 | 先疾六日 |
| 益疾十一分 | 行三度四百七十五 | 乘數四百七十　除數四百三 |
| 後退四十三日 | 退五度三百六十九 | 先疾六日 |
| 益遲十一分 | 行三度四百七十五 | 乘數五百一十　除數四百六十七 |
| 後留二十七日 | 行三度一百一十 | |
| | | 乘數二百七十　除數四百六十七 |
| 後順一百一十二日 | 行一十八度六十五 | 先遲五日 |
| 益疾六分 | 行九度三百三十七 | 乘數二百六十七　除數二百二十七 |
| 合前伏十七日 | 行三度三百三十三 | 先疾二日 |
| 益遲九分 | 行一度三百五十八 | 乘數三百五十　除數二百八十 |
| 熒惑合後伏七十一日七百二十五 | 行五十四度七百三十五 | 先疾五日 |
| 益遲七分 | 行三十八度二百一 | 乘數一百二十七　除數三十 |
| 前疾二百一十四日 | 行一百三十六度 | 先疾九日 |
| 益遲四分 | 行一百一十三度五百九十六 | 乘數一百三十　除數三十一 |
| 前遲六十日 | 行二十五度 | 先疾日 |
| 益遲四分 | 行三十一度六百八十五 | 乘數三百三十　除數五十四 |
| 前留一十三日 | 行六度六百九十三 | |
| | | 乘數二百二　除數五十四 |
| 前退三十一日 | 退八度四百七十二 | 先遲六日 |
| 益疾五分 | 行一十六度三百六十七 | 乘數二百三　除數四十八 |
| 後退三十一日 | 退八度四百七十二 | 先疾六日 |
| 益遲五分 | 行十六度二百六十七 | 乘數二百三　除數四十八 |
| 後留十三日 | 行六度六百九十三 | 乘數二百三　除數四十八 |
| 後遲六十日 | 行二十五度 | 先遲日 |
| 益疾四分 | 行三十一度六百八十五 | 乘數二百三　除數五十四 |
| 後疾二百一十四日 | 行三十六度 | 先遲九日 |
| 益疾四分 | 行一百十三度五百九十六 | |
| 合前伏七十一日七百三十六 | 行五十四度七百三十六 | 先遲五日 |
| 益疾七分二百二 | | 乘數一百二十七　除數三十 |
| 鎮星合後伏十八日 | 行一度四百一十五 | 先遲一日 |
| 益疾九分 | 行度空四百八十 | 乘數十二　除數十一 |
| 前順八十三日 | 行七度二百四十二 | 先遲二日 |
| 益遲五分 | 行二度六百二十三 | 乘數十三　除數十一 |
| 前留三十七日三百八十 | 行一度二百八 | |
| | | 乘數十　除數九 |
| 前退五十日 | 退二度二百三十四 | 先遲七日 |
| 益疾一分 | 行一度五百三十 | 乘數二十　除數十七 |
| 後退五十日 | 退二度三百三十四 | 先疾七日 |

益遲一分　行一度五百三十一　乘數五 除數四
後留三十七日一百八十　行一度二百八十
乘數二十 除數一十七
後順八十三日　行七度二百三十一　先遲六日
益疾五分　行二度六百二十三　乘數九 除數十
合前伏十八日四百一十五　行一度　先疾二日
益遲九分　行度空四百八十　乘數十二 除數十一
太白晨合伏後四十一日七百一十九　行五十二度七百一十九　先遲三日
益疾十六分　行三十一度七百一十九　乘數七百九十七 除數二百九
夕疾行一百七十百　行二百六十度　先疾五日
益遲九分　行一百七十一度　乘數七百九十一 除數二百九
夕平行十二日　行一十二度　乘數五百一十五 除數一百三十七
夕遲行四十二日　行三十一度　先疾日
益遲十分　行四十三度　乘數五百一十五 除數一百三十一
夕留八日　行八度　乘數五百一十五 除數九十二
夕退十日　退五度　先遲日
益疾九分　行十度　乘數五百一十五 除數八十六
夕合前伏六日　退五度　先遲日
益疾八十五　行六度　乘數五百一十五 除數八十四
夕合後伏六日　退五度　先疾日
益遲八十五分　行六度　乘數五百一十五 除數八十三
晨退十日　退五度　先疾日
益遲九分　行十度　乘數五百一十五 除數八十三
晨留八日　行八度
乘數五百一十五 除數八十六
晨遲行四十二日　行四十一度　先疾日
益疾十分　行四十二度　乘數五百一十五 除數九十二
晨平行十二日　行十二度　乘數五百一十五 除數一百三十七

晨疾行一百七十一日　行二百六度　先遲五日
益疾九分　行一百七十度　乘數五百一十五 除數一百一十六
晨合前伏四十一日七百一十九　行五十二度七百一十九　先疾三日
益十六分　行四十一度七百一十九　乘數七百一十七 除數二百九
辰星晨合後伏十六日七百一十五　行三十二度七百一十五　先遲日
益疾二十二分　行十六度七百一十五　乘數二百八十六 除數二百八十七
夕疾行十二日　行十七度　先疾日
益遲五十分　行十二度　乘數二百八十六 除數二百八十七
夕平行九日　行九度　乘數四百九十五 除數一百九十四
夕遲行六日　行四度　先疾日
益遲七十六分　行六度　乘數四百九十八 除數一百九十五
夕留三日　行三度　乘數四百九十七 除數一百九十六
夕合前伏十一日　退六度　先遲日
益疾三十一分　行十一度　乘數四百九十八 除數一百九十七
夕合後伏十一日　退六度　先疾日
益遲三十一分　行十一度　乘數五百 除數一百九十八
晨留三日　行三度
乘數四百九十八 除數一百九十八
晨遲行六日　行四度　先遲日
益疾七十六分　行六度　乘數四百九十七 除數一百九十六
晨平行九日　行九度
乘數四百九十五 除數一百九十五
晨疾行十二日　行十七度　先遲日
益疾五十分　行十一度　乘數四百九十五 除數一百九十四
晨合前伏十一日七百十五　行二十三度六百一十五　先疾日
益遲二十二分　行十六度　乘數二百八十六 除數二百八十七

求變行日度率置其本進退變率與後變率同名者相消爲差在進前少在退前多各以差爲加在進前多在退前少各以差爲減異名者相從謂并前退後進各以并爲減皆以差及并加減日度中率各爲日度變率其木星疾行直以差以并加減度之中率爲變率其日置因中率爲變率不煩加減也

求變行日度定率以定合日與後變初日先後定數同名相消爲差異名者相從爲并四而一所得滿辰法爲度廼以盈加縮減其合後伏度之變率及合前伏日之變率金木名合日度加減反之其二日留日之變率若差於中率者即以所差之數爲度各加減本遲度之率謂以多率於中率之數加之少於中之數減之以下加減准此退行度變率若於中率者即倍所差之數各加減本疾之變率其木土二星既無遲疾即加減前後順行度之變率其水星疾行度之變率若差於中率者即以所差之數爲日各加減留日變率其留日變率若少不足減者即侵減遲日變率也各加減變率訖皆爲日度定率其日定率有分者前後輩之輩配也以少分配多滿分全爲日有餘轉配其諸變率不加減者皆依變爲定率

求定合後夜半星所在度置其星定合餘以減辰法餘以其星初日行分乘之辰法而一以加定合加時度餘滿辰法爲度依前命之算外即定合後夜半星行在宿及餘自此以後各依其星計日行度所至皆從夜半爲始也轉求次日夜半星行至各以其星一日所行度及順加退減之其行有小分者各滿其法從行分一行分滿辰法從度一合之前後伏不注度留者因前退則依順行出虛去六虛之差退行入虛先如此差先置六虛之差四而一然用加減訖皆以轉法約行分爲度分各得每日所至其三星之行日度定率或加或減益疾遲每日漸差難爲損定今且略據日度中率商量置之其定率既有盈縮即差數合隨而增當先檢括諸變定率與中率相近者因用其差求其初末之日行分爲主自餘變因此消息加減其差各求初末分循環比校使際會參言衰殺相循其金水皆以平行爲主前後諸變亦准此求之其合前伏雖有日度定率如至合而與後算計却不叶者皆從後算爲定其五星初見伏之度去日不等各以日度與星度相校木去日十四度金十一度火土木各十七度皆見各減一度皆伏其木火土三星前順之初後順之末又金水疾行留退初末皆是伏之初日注曆消息定之其金水及日月等度並棄其分也

求每日差置所差分爲實以所差日爲法實如法而一

所得爲行分不盡者爲小分卽是也每日差所行分及小分也其差若全不用此術

求平行度及分置度定率以辰法乘之有分者從之如日定率而一爲行分不盡爲小分其行分滿辰法爲度卽是一日所行度及分求差行初末日行度及分置日定率減一以差分乘之二而一爲差以加減平行分益疾者以差率減平爲初日加平爲末日益遲者以差率加平爲初日減平爲末日也加減訖卽是初末日所行度及分其差不全而與日月相合者先置日定率一以所差分乘之爲實倍所差日爲法實加法而一爲行分不盡者因爲小分然爲差率

求差行次日行度及分置初日行分益遲者以每日差減之益疾者以每日差加之卽爲次日行度及分也其每日差初日行皆有小分母既不同當令同之然用小分減轉求次日准此加各得所求也

徑求差行餘日行度及分置所求日減一以每日差乘之以加減初日行分益遲減之益疾加之滿辰法爲度不滿爲行分卽是所求日行度及分也求差行先定日數徑求積度及分置所求日減一次每日差乘之二而一所得以加減初日行分益遲減之益疾加之以所求日乘之如辰法而一爲積度不盡者爲行分卽是從初日至所求日積度及分也

求差行先定度數徑求日數置所求行度以辰法乘之有分者從之入之如每日差而一爲積倍初日行分以每日差加減之益遲者加之益疾者減之如每日差而一爲率合自乘以積加減之益遲者以積減之益疾者以積加之開方除之所得以率加減之益遲者以率加之益疾者以率減之廼半之卽所求日數也其開方除者置所開之數爲實借一算於實之下名日下法步之超一位置商於上方副商於下法之上名日法命上商以除實畢倍方法一折下法并折廻置後商於下法之上名日偶法副偶并方命後商之除實畢偶從方法折下乾除如前開之訖除依上術求之卽得也

求星行黃道南北各視其星變行入陰陽爻而定之其前變入陽爻爲黃道北入陰爻爲黃道南後變入陽爻爲黃道南入陰爻爲黃道北其金水二星以爻變爲前各計其變行起初日入爻之算盡老象上爻末算之數不滿變行度常率者因盡其數行變行日定率乘之如變行度常率而一爲日其如變日數與此日數以下者星在黃道南北依本所入陰陽爻爲定過此日數之外者黃道南北則返之

舊唐書卷三十四考證

歷志三歲積九千六百六十六萬一千七百四十筭○臣召南按大衍積歲新書作九千七百九十六萬一千四百六十筭與此不同元郭守敬謂大衍積年九千六百九十六萬一千二百九十七然則二書俱有譌字矣

大衍步中朔第一○臣召南按此文舊本與下通法平列非也大衍之法一日步中朔二日步發斂三日步日躔四日步月離五日步晷漏六日步交會七日步五星此其提綱挈領不可混也今一一提行改正

其畢觜參及輿鬼四宿度數與古不同○臣召南按此言赤道星度與漢時落下閎所測微有不同也据元史郭守敬謂洛下閎測畢十六度觜二度參九度輿鬼四度一行測畢十七度觜一度參十度輿鬼三度卽是其說

推月行與黃道差數○臣德濟按舊本作月爲月與黃道差數義不可解又後文若入春分交後行陽歷秋分交後行陰歷皆爲異名舊本脫春分春字又脫陽歷秋分交後行七字今補正

大衍步五星術第七○臣召南按歲星之後鎭星之前脫漏熒惑一星行度若以新書補之應曰熒惑終率二百三十七萬一千三百四十三秒八十六終日七百七十九餘二千八百四十三秒八十六變差三十二秒二象算九十一餘二百三十八秒四十三微分八十四爻算十五餘百六十六秒四十微分六十二舊書既殘闕不全存說于此又按歲星變差之上衍終字蓋五步之法曰終率曰終日曰變差曰象算曰爻算共五條無所謂終變差也

舊唐書卷三十五

後晉司空同中書門下平章事劉　昫撰

志第十五

天文上

易曰觀乎天文以察時變是故古之哲王法垂象以施化考庶徵以致理以授人時以考物紀脩其德以順其度改其過以愼其災去危而就安轉禍而爲福者也大其五緯七紀之名數中官外官之位次凌歷犯守之所主飛流彗孛之所應前史載之備矣武德年中薛頤庚儉等相次爲太史令雖各善於占候而無所發明貞觀初將仕郞直太史李淳風始上言靈臺候儀是後魏遺範法制踈略難爲占步太宗因令淳風改造渾儀鑄銅爲之至七年造成淳風因撰法象志七卷以論前代渾儀得失之差語在淳風傳其所造渾儀太宗令置於凝暉閣以用測候既在宮中尋而失其所在玄宗開元九年太史頻奏日蝕不効詔沙門一行改造新曆一行奏云今欲創曆立元須知黃道進退請太史令測候星度有司云承前唯依赤道推步官無黃道游儀無由測候時率府兵曹梁令瓚待制於麗正書院因造游儀木樣甚爲精密一行乃上言曰黃道游儀古有其術而無其器以黃道隨天運動難用常儀格之故昔人潛思皆不能得今梁令瓚創造此圖日道月交莫不自然契合旣於推步尤要望就書院更以銅鐵爲之庶得考驗星度無有差舛從之至十三年造成又上疏曰按舜典云在璿樞玉衡以齊七政說者以爲取其轉運者爲樞持正者爲衡皆以玉爲之用齊七政之變知其盈縮進退得失政之所在卽古太史渾天儀也自周室衰微疇人喪職其制度遺象莫有傳者漢興丞相張蒼首創律曆之學至武帝詔司馬遷等更造漢曆乃定東西立晷儀下漏刻以追二十八宿相距星度與古不同故唐都分天部洛下閎運算轉曆今赤道曆星度則其遺法也後漢永元中左中郎將賈逵奏言臣前上傳安等用黃道度日月弦望多近史官壹以赤道度之不與天合至差一日以上願請太史官日月星簿及星度課與待詔星官考校奏可問典星待詔姚崇等十二月皆曰星圖有規法日月實從黃道官無其器不知施行甘露二年大司農丞耿壽昌奏以圓儀度日月行考驗天運日月行赤道牽牛東井日行一度月行十五度至婁角日行一度月行十三度此前代所共知也是歲永元四載也明年始詔太史造黃道銅儀冬至日在斗十九度四分之一與赤道定差二度史官以校日月弦望雖密近而不爲望日儀黃道與度運轉難候是以少終其事其後劉洪因黃道渾儀以考月行出入遲速而後代理曆者不遵其法更從赤道命文以驗賈逵所言差謬益甚此理曆者之大惑也今靈臺鐵儀後魏明元時都匠解蘭所造規制朴畧度刻不均赤道不動乃如膠柱不置黃道進退無准此據赤道月行以驗入曆遲速多者或至十七度少者僅出十度不足以上稽天象敬授人時近秘閣郞中李淳風著法象志備載黃道渾儀法以玉衡旋規別帶日道傍列二百四十九交以携月游用法頗雜其術竟寢臣伏承恩旨更造游儀使黃道運行以追列舍之變因二分之中以立黃道交於軫奎之間二至陟降各二十四度黃道之內又施白道月環用究陰陽脁朒之數動合天運簡而易從足以制器垂象永傳不朽於是玄宗親爲製銘置之於靈臺以考星度其二十八宿及中外官與古經不同者凡數十條又詔一行與梁令瓚及諸術士更造渾天儀鑄銅爲圓天之象上具列宿赤道及周天度數注水激輪令其自轉一日一夜天轉一周又別置二輪絡在天外綴以日月令得運行每天西轉一帀日東行一度月行十三度十九分度之七凡二十九轉有餘而日月會三百六十五轉而日行帀仍置木櫃以爲地平令儀半在地下晦明朔望遲速有準又立二木人於地平之上前置鐘鼓以候辰刻每一刻自然擊鼓每辰則自然撞鐘皆於櫃中各施輪軸鉤鍵交錯關鏁相持既與天道合同當時共稱其妙鑄成命之曰水運渾天俯視圖置於武成殿前以示百寮無幾而銅鐵漸澁不能自轉遂收置於集賢院不行復用今錄游儀制度及所測星度異同開元十二年分遣使諸州所測日晷長短李淳風僧一行所定十二次分野武德已來交蝕及五星祥變著于篇

黃道游儀規尺寸旋樞雙環外一丈四尺六寸一分竪八分厚三分直徑四尺五寸九分卽古所謂旋儀也南北斜兩極上下循規各三十四度兩面各畫周天度數一面加釘並用銀飾使東西運轉如渾天游儀中旋樞軸至兩極首內孔徑大兩度半長與旋環徑齊並用古尺四分爲度玉衡望筒長四尺五寸八分廣一寸二分厚一寸孔徑六分古用玉飾之玉衡施於軸中旋運持正用闚七曜及列星之闊狹外方內圓孔徑一度半周日輪也陽經雙環外一丈七尺三寸內一丈四尺六寸四分廣四寸厚四分直徑五尺四寸四分置於子午左右用八柱相固兩面畫周天度一面加釘並銀飾之半出地上半入地下雙間挾樞軸及玉衡望筒旋環於中也陰緯單環外內廣厚周徑皆準陽經與陽經相銜各半內外俱齊面平上爲天以下爲地橫周陽環謂之陰渾也面上爲兩界內外爲周天百刻平上御製銘序及書並金爲字天頂單環外一丈七尺三寸竪廣八分厚三分直徑五尺四寸四分當中國人項之上東西當卯酉之中稍南使見日出入令與陽經陰緯相固如彀之裏黃南去赤道三十六度去黃道十二度去北極五十五度去南北平各九十一度雖赤道單環外以一丈

四尺五寸九分，橫八分，厚三分，直徑四尺九寸。赤道者當天之中，二十八宿之列位也。其本後魏解蘭所造也，因著雙規，不能運動。臣今所造者，上列周天星度，使轉運隨天，仍度穿一穴，隨元退交，不有差謬。卽知古者秋分日在角五度，今在軫十三度；冬至日在牽牛初，今在斗十度。擬隨差却退，故置穴也。傍在卯酉之南，上去天頂三十六度而橫置之。黃道單環，外一丈五尺四寸一分，橫八分，厚四分，直徑四尺八寸四分。日之所行，故名黃道。古人知有其事，竟無其器，遂使太陽陟降，積歲有差，月及五星亦隨日度出入，規制不知準的，斟量爲率，踈濶尤多。臣今創置此環，置於赤道環內，仍開合使隨轉運，出入四十八度，而極晝兩方，東西列周天度數，南北列百刻，使見日知時，不有差謬。上列三百六十策，與用卦相準，度穿一穴，與赤道相交。白道月環，外一丈五尺一寸五分，橫度八分，厚三分，直徑四尺七寸六分。月行有迂曲遲疾，與日行緩急相反，古無其器，今創置於黃道環內，使就黃道爲交合，出入六十度，以測每夜行度。上畫周天度數，穿一穴，擬移交會。並用銅鐵爲之。李淳風法象志說有此日月兩環，在旋儀環上，旣用玉衡，不得遂於玉衡內別安一尺望筒，運用旣難，其器已濫。游儀四柱龍，各高四尺七寸；水槽山，各高一丈七寸五分；槽長六尺九寸，高廣各四寸；水池深一寸，廣一寸五分。龍者能興雲雨，故以飾柱。柱在四維，龍下有山雲，俱在水平槽上，並銅爲之。游儀初成，太史所測二十八宿等與經同異狀：角二星十二度，赤道黃道度與古同。舊經去極九十一度，今則九十三度半。星經云角去極九十一度，距星正當赤道，其黃道在赤道南，不經角中。今測角在赤道南二度半，黃道復經角中，卽與天象符合。亢四星九度，舊去極八十九度，今九十一度半。氐四星十六度，舊去極九十四度，今九十八度。房四星五度，舊去極一百八度，今一百一十度半。心三星五度，舊去極一百八度，今一百一十一度。尾九星十八度，舊去極一百二十度，一云一百四十一度，今一百二十四度。箕四星十一度，舊去極一百一十八度，今一百二十度。南斗六星二十六度，舊去極一百一十六度，今一百一十九度。牽牛六星八度，舊去極一百六度，今一百四度。須女四星十二度，舊去極一百度，今一百一度。虛二星十度，舊去極一百四度，今一百一度。北星舊圖入虛宿，今測在須女九度。危三星十七度，舊去極九十七度，今九十七度。北星舊圖入危宿，今測在虛六度半。室二星十六度，舊去極八十五度，今八十三度。東壁二星九度，舊去極八十六度，今八十四度。奎十六星十六度，舊去極七十六度，一云七十度，今七十三度。東壁九度，奎十六度，此錯以奎西大星爲距，卽損壁二度，加奎二度；今取西南大星爲距，卽奎壁各不失本度。婁三星十三度，舊去極八十度，今七十七度。胃三星十四度。昴七星十一度，舊去極七十四度，今七十二度。畢八星十七度，舊去極七十八度，今七十六度。觜觿三度，舊去極八十四度，今八十二度。畢赤道與黃道度同，觜赤道二度，黃道三度，其二宿俱當黃道斜虛，畢有十六度，尙與赤道度同，觜總二度，黃道損加一度，此卽承前有誤。今測畢有十七度半，觜觿半度，並依天正。參十星，舊去極九十四度，今九十二度。東井八星三十三度，舊去極七十度，今六十八度。輿鬼五星，舊去極六十八度，今古同也。柳八星十五度，舊去極七十七度，一云七十九度，今八十度半。柳合用西頭第三星爲距，比來錯取第四星，今依第三星爲正。七星十度，舊去極九十一度，一云九十三度，今九十三度半。張六星十八度，舊去極九十七度，今一百度。張六星中央四星爲朱鳥嗉，外二星爲翼，比來不取膺前爲距，錯取翼星，卽張加二度半，七星欠二度半，今依本經爲定。翼二十二星十八度，舊去極九十七度，今一百三度。軫四星十七度，舊去極九十八度，今一百度。文昌舊二星在鬼，四星在井，今四星在柳，一星在鬼，一星在井。北斗魁第一星舊在七星一度，今在張十三度；第三星舊在張二度，今在張十二度半；第三星舊在翼二度，今在翼十三度；第四星舊在翼八度，今在翼十七度；太第五星舊在軫八度，今在軫十度半；第六星舊在角七度，今在角四度少；第七星舊在亢四度，今在角十二度少。天關舊在黃道南四度，今當黃道。天江舊在黃道外，今當黃道。天囷舊在赤道外，今當赤道。三台上台舊在井，今測在柳；中台舊在七星，今在張。建星舊去黃道北半度，今四度半。天苑舊在昴畢，今在胃昴。王良舊五星在壁，今四星在奎，一星在壁。外屏舊在觜，今在畢宿。雲雨舊在黃道外，今在黃道內七度。雷電舊在赤道外五度，今在赤道二度。霹靂舊五星並在赤道外四度，今四星在赤道內，一星在外。上公吏舊在赤道外，今在赤道內六度。虛梁舊在黃道內四度。外屏舊在黃道外三度，今當黃道。八魁舊九星並在室，今五星在壁，四星在室。長垣舊當黃道，今在黃道北五度。軍井準經在玉井東南，二斗牛。天桴舊在黃道北，今當黃道。天高舊在黃道外，今當黃道。狗國舊在黃道外，今當黃道。羅堰舊當黃道，今在黃道北。黃道春分之日與赤道交於奎五度太，秋分之日交於軫十四度少，冬至之日於斗牛度去赤道南二十四度，夏至之日於井十三度少去赤道北二十四度。其赤道帶天之中，用分列宿之度，黃道斜運，以明日月之行。其冬至，洛下閎起於牛初，張衡等遷於斗度，由每歲差分不及舊次也。

日晷。周禮大司徒，常以土圭之法測土深，正日景以求地中。日東則景夕多風，日西則景朝多陰。日至之景尺五寸，謂之地中。天地之所合也，四時之所交也，風雨之所會也，陰陽之所合也。然則百物阜安，乃建王國焉。鄭氏以爲凡日景於地，千里而差一寸。景尺有五寸者，南戴日下萬五千里，地與星辰四游升降於三萬里之中，是以半之，得地之中焉。（鄭司農云：土圭之長尺有五寸，以夏至之日立八尺其景適與等，謂之地中，今潁川陽城爲然。）謹按南越志，宋元嘉中，南征林邑，以五月立表望之，日在表北，影居表南。交州日影覺北三寸，林邑覺九寸一分，所謂開地戶以向日也。交州大略去洛九千餘里，蓋水陸曲折，非論圭表所度，惟直考實，其五千乎。開元十二年，詔太史交州測景，夏至影表南長三十三分，與元嘉中所測大同。然則距陽城而南，使直路應弦，至於日下，蓋不盈五千里也。測影使者大相元太云：交州望極，纔出地二十餘度。以八月自海中南望老人星殊高，老人星下，環星燦然，其明大者甚衆，圖所不載，莫辨其名。大率去南極二十度以上，其星皆見，乃古渾天家以爲常沒地中，伏而不見之所也。又按貞觀中，史官所載鐵勒、迴紇部在薛延陁之北，去京師六千九百里。又有骨利幹，居迴紇北方瀚海之北，草多百藥，地出名馬，駿者行數百里。北又距大海，晝長而夕短，旣日沒後，天色正曛，煮一羊胛纔熟，而東方已曙，蓋近出入之所。云凡此二事，皆書契所未載也。開元十二年，太史監南宮說擇河南平地，以水準繩，樹八尺之表而以引度之。始自滑州白馬縣，北至之晷，尺有五寸七分。自滑州臺表南行一百九十八里百七十九步，得汴州浚儀古臺表，夏至影長一尺五寸微强。又自浚儀而南百六十七里二百八十一步，得許州扶溝縣表，夏至影長一尺四寸四分。又自扶溝而南一百六十里百一十步，至豫州上蔡武津表，夏至影長一尺三寸六分半。大率五百二十六里二百七十步，影差二寸有餘。而先儒以爲王畿千里，影移一寸，乖舛而不同矣。今以句股圖校之，陽城北至之晷，一尺四寸八分弱，冬至之晷一丈二尺七寸一分半，春秋分其長五尺四寸三分。以覆矩斜視，北極出地三十四度四分。（凡度分皆以十分爲法。）自滑臺表視之，高三十五度三分，（差陽城九分。）自浚儀表視之，高三十四度八分，（差陽城九分。）自武津表視之，高三十三度八分。（差陽城九分。）雖秋分稍有盈縮，難以目校，然大率五百二十六里二百七十步而北極差一度半，三百五十一里八十步而差一度。樞極之遠近不同，則黃道之軌景固隨而遷變矣。自此爲率推之，比歲朗州測影，夏至長七寸七分，冬至長一丈五寸三分，春秋分四尺三寸七分半。（以圖測之，定氣長四尺四寸七分。）按圖斜視，北極出地二十九度半，（差陽城五度二分。）蔚州橫野軍測影，夏至長二尺二寸九分，冬至長一丈五尺八寸九分，春秋長六尺四寸四分半。（以圖測之，定氣六尺六寸三分半。）按圖斜視，北極出地四十度。（差陽城五度二分。）凡兩北之差十度半，其徑三千六百八十里九十步。（自陽城至朗州一千八百二十六里百九十六步，自陽城至蔚州橫野軍一千八百六十一里二百一十四步。）北至之晷差一尺五寸三分，（自陽城至朗州差七寸二分，自陽城至橫野軍差八寸。）南至之晷差五尺三寸六分，（自陽城至朗州差二尺一寸八分，自陽城至橫野軍差三尺一寸八分。）率夏至與南方差少，冬至與北方差多。又以圖校安南，日在天頂北二度四分，北極高二十度四分，冬影長七尺九寸四分，（定春秋分影長二尺九寸三分。）差陽城十四度三分，其徑五千二十三里。至林邑，圖日在天頂北六度六分强，北極之高十七度四分，周圓三十五度，常見不隱，影長六尺九寸，其徑六千一百一十二里。假令距陽城而北，至鐵勒之地，亦十七度四分，合與林邑正等，則五月日在天頂二十七度四分，北極之高五十二度，周圓一百四度，常見不隱。北至之晷四尺一寸三分，南至之晷二丈九尺二寸六分，（定春秋分影長九尺八寸七分。）北方其沒地纔十五度餘，昏伏於亥之正西，晨見於丑之正東，以里數推之，已在迴紇之北，又南距洛陽九千八百一十六，則五月極長之日，其夕常明，然則骨利幹猶在其南矣。又先儒以南戴下日萬五千里，爲句股邪射陽城爲弦，考周徑之率以揆天度，當一千四百六里二十四步有餘。今則日影距陽城五千餘里，已居戴日之高，則一度之廣，皆宜三分去二，計南北極相去纔八萬餘里，其徑五萬餘里。宇宙之廣，豈若是乎！然則王蕃所傳，蓋以管窺天，以蠡則海之義也。古人所以恃句股之術，謂其有徵於近事，顧未知目視不能遠，浸成微分之差，其差不已，遂與術錯。如人游於大湖，廣不盈百里，而覩日月朝夕出入湖中；及其浮于巨海，不知幾千萬里，猶覩日月朝出其中，夕入其中。若於朝夕之際，俱設重差而望之，必將小大同衡而不可分矣夫横既有之縱亦宜然假令設兩表南北相距十里其崇皆亦數十里若置火炬於南表之端而植八尺之木於其下則當無影試從南表之下仰望北表之端必將積微分之差漸與南表參合表首參合則置炬於其上亦當無影矣又置火炬於北表之端而植八尺之木於其下則當無影試從北表之下仰望南表之端又將積微分之差漸與北表參合表首參合則置炬於其上亦當無影矣復於二表之間相距各五里更植八尺之木仰而望之則表首環屈而相會若置火炬於兩表之端皆當無影夫數十里之高與十里之廣然則邪射之影與仰望不殊今欲求其影差以推遠近高下猶尙不可知也而況稽周天積里之數於不測之中又可必乎假令學者因二十里之高以立句股之術尙不知其所以然況八尺之木乎原人所以步圭景之意將欲節宣和氣相輔物宜而不在於辰次之周徑其所以重曆數之意將欲敬授人時欽若乾象而不在於渾蓋之是非若乃述無稽之談於視聽之所不及則君子闕疑而不質仲尼愼言而不論也而或者各守所傳之器以述天體謂渾元可任數而測大象可運算而闚終以六家之說迭爲矛盾今誠以爲蓋天則南方之廣漸狹以爲渾天則北方之極浸高此二者又渾蓋之家未能有以通其說也由是而觀則王仲任葛稚川之徒區區於異同之辨何益人倫之化哉又凡日晷差冬夏至不同南北亦異而先儒一以里數齊之喪其事實沙門一行因脩大衍圖更爲覆矩圖自丹穴以暨幽都之地凡爲圖二十四以考日蝕之分數知夜漏之短長今載諸州測景尺寸如左

林邑國北極高十七度四分（冬至影在表北六尺九寸定春秋分影在表北二尺八寸五分夏至影在表南五寸七分）安南都護府北極高二十六度六分（冬至影在表北七尺九寸四分定春秋分影在表北二尺九寸三分夏至影在表南三寸三分）朗州武陵縣北極高二十九度五分（冬至影在表北一丈五寸三分定春秋分景在表北四寸七分夏至影在表北七寸七分）襄州（恒春分影在表北四尺八寸）蔡州上蔡縣武津館北極高三十三度八分（冬至影在表北一丈二尺三寸八分定春秋分影在表北五尺二寸八分夏至影在表北一尺三寸六分半）許州扶溝北極高三十四度三分（冬至影在表北一丈二尺五寸三分定春秋分影在表北五尺三寸七分夏至影在表北五尺四寸四分）汴州浚儀太岳臺北極高三十四度八分（冬至影在表北一丈二尺八寸五分定春秋分影在表北五尺五寸夏至影在表北一尺五寸三分）滑州白馬北極高三十五度三分（冬至影在表北一丈三尺定春秋分影在表北五尺三寸六分夏至影在表北一尺五寸七分）太原府（恒春分影在表北六尺）蔚州横野軍北極高三十度（冬至影在表北一丈五尺八寸九分定春秋分影在表北六尺六寸三分夏至影在表北二尺二寸九分）

舊唐書卷三十五考證

天文志上在璿樞玉衡○臣德潛按以璿璣爲璿樞避玄宗嫌名也

問典星待詔姚崇等○臣召南按舊本闕問字今据後漢志補

郎知古者秋分日在角五度○此與下文冬至日在牽牛初俱脫日字今添

而極晝兩方○而譌西晝譌畫今据新書志改

今測角在赤道南二度云云○梅文鼎曰一行所測去極度與舊不同者自牽牛至東井十四宿去極之度皆古測大而唐測小是其星自南而北也自輿鬼至南斗十四宿去極之度皆古測小而唐測大是其星自北而南也向使非恒星移動何以在冬至後者漸北在夏至後者漸南乎　臣召南按自古皆謂恒星隨天不移西法始謂恒星天亦是移動其說甚確然一行以銅儀測驗即知古今不符已開西法之先矣

須女四星十二度舊去極百度今一百一度○臣召南按舊本於虛星上脫此文十七字又昴星上脫胃三星十四度六字是二十八宿中少二宿也今据新書補

爲朱鳥咮○咮譌味此言張宿不言柳宿也今改正

以覆矩斜視北極○舊本作以復短誤也今据新志改

其夕常明然則骨利幹猶在其南矣○舊本脫常明下九字今補

浸成微分之差其差不已遂與術錯○舊本失其差二字不成句法今補

假令學者因二十里之高以立句股之術○臣德潛按新志此文尙有登岱一事故云二十里之高謂自山麓至嶽頂二十里也此處應脫一段

蔡州上蔡縣武津館北極高三十三度八分○小注末舊本脫夏至影在表北一尺三寸六分半十三字照新書補入

# 舊唐書卷三十六

後晉司空同中書門下平章事劉　昫撰

## 志第十六

### 天文下

天文之爲十二次所以辨析天體紀綱辰象上以考七曜之宿度下以配萬方之分野仰觀變譎而驗之於郡國也傳曰歲在星紀而淫于玄枵姜氏任氏實守其地及七國交爭善星者有甘德石申更配十二分野故有周秦齊楚韓趙燕魏宋衞魯鄭吳越等國張衡蔡邕又以漢郡配焉自此因循但守其舊文無所變革且懸象在上終天不易而郡國沿革名稱屢遷遂令後學難爲憑準貞觀中李淳風撰法象志始以唐之州縣配焉至開元初沙門一行又增損其書更爲詳密既事包今古與舊有異同頗裨後學故錄其文著于篇并配武德以來交蝕淺深及注蝕不虧以紀日月之變云爾

須女虛危玄枵之次子初起女五度（二千三百七十四分秒四少）中虛九度終危十二度其分野自濟北郡東踰濟水涉平陰至于山茌（漢太山郡山茌縣屬今齊州西南之界）東南及高密（漢高密國今在密州北界自此以上玄枵之分）東盡東萊之地（漢之東萊郡古膠東國今爲萊州登州也）又得漢之北海千乘淄川濟南齊郡（今爲淄青齊等州及濟州東界）及平原渤海盡九河故道之南濱于碣石（今爲德州棣州滄州其北界）自九河故道之北屬析木分也

營室東壁陬訾之次亥初起危十三度（二千九百二十六分太）中室十二度（五百五十分秒二十一半）終奎一度其分野自王屋太行而東盡漢河內之地（今爲懷州洛衞州之西境）北負漳鄴東及館陶聊城（漢地自黎陽內黃及鄴魏武安東至館陶元城皆屬魏郡自頓丘三城武陽東至聊城皆屬東郡今爲相魏衞州）東盡漢東郡之地（漢東郡清河西南至白馬濮陽東至東河須昌濱濟至于鄆城今爲滑州濮州鄆州）其須昌濟東之地屬降婁非豕韋也

奎婁及胃降婁之次戌初起奎二度（一千二百一十七分秒十七少）中婁一度（一千八百八十三）終胃三度其分野南屆鉅野東達梁父以負東海又東至于呂梁乃東南抵淮水而東盡于徐夷之地（東爲降婁之次）得漢東平魯國（漢東平國在任城平陸今在兗州）奎爲大澤在陬訾之下流濱于淮泗東北負山爲婁胃之墟蓋中國膏腴之地百穀之所阜也胃星得馬牧之氣與冀之北土同占

昴畢大梁之次酉初起胃四度（二千五百四十九分秒八太）中昴六度（一百七十四分半）終畢九度其分野自魏郡濁漳之北得漢之趙國廣平鉅鹿常山東及清河信都北據中山真定（今爲洺趙邢恒定冀貝深八州又分相魏博之北界與瀛州之西全趙之分）又北盡漢代郡鴈門雲中定襄之地與北方群狄之國皆大梁分也

觜觿參伐實沈之次也申初起畢十度（八百四十一分十五太）中參七度（一千五百二十六）終井十二度其分野得漢河東郡（今爲蒲絳晉州又得澤州及慈州界也）及上黨（今爲澤潞儀沁也）太原（今爲并汾州）盡西河之地（今爲隰州石州嵐州西河汾州得銀州以北也）又西河戎狄之國皆實沈分也（今河東郡永樂芮城河北縣及河曲豐勝夏州皆爲實沈之次東井之分也）參伐爲戎索爲武政故殷河東盡大夏之墟上黨次居下流與趙魏相接爲觜觿之分

東井輿鬼鶉首之次也未初起井十二度（二千一百七十二秒十五太）中井二十七度（二千八百二十八分秒一半）終柳六度其分野自漢之三輔及北地上郡安定西自隴坻至河西西南盡巴蜀漢中之地及西南夷犍爲越巂益州郡極南河之表東至牂柯皆鶉首分也（鶉首之分得禹貢雍梁二州其郡縣易知故不詳載）星分野在江河上源之西弧矢犬雞皆徼外之象（今之西羌吐蕃吐渾及西南徼外夷皆狼星之象）

柳星張鶉火之次午初起柳七度（四百六十四秒七少）中柳星七度（一千一百三）終張十四度其分野北自滎澤滎陽並京索暨山南得新鄭密縣至於方陽（方陽之南得漢之潁川郡陽翟崇高郟城襄城南盡潁縣今爲鄭汝唐仙四州界又漢南陽郡北自宛葉南盡漢東申隨之地大抵以淮源桐柏東陽爲限今之唐州隨州屬鶉火申州屬壽星）又自洛邑負河之南西及函谷南紀達武當漢水之陰盡弘農郡（漢弘農盧氏陝縣今爲虢陝二州上洛商洛爲商州丹水爲均州宜陽澠池雒安陸渾今屬洛州）古三周虢鄭管鄶東密滑焦唐申鄧皆鶉火分也及祝融氏之都（新鄭爲祝融氏之墟屬鶉火其東鄭則入壽星）南河之上流七星上係軒轅得土行之正位中岳象也故爲河南之分張星直河南漢東與鶉尾同占

翼軫鶉尾之次巳初起張十五度（一千七百九十五秒二十二少）中翼十二度（二千四百六十一秒八半）終軫九度其分野自房陵白帝而東盡漢之南郡（南郡巫縣今在夔州秭歸在西夷陵在峽州襄鄀中在襄郢界餘爲荊州）江夏（江夏竟陵今爲復州安鄂縣沔黃五州皆漢江夏界）東達廬江南郡（漢廬江之尋陽今在江州於山河之像宜屬鶉尾也）濱彭蠡之西得漢長沙武陵桂陽零陵郡（零陵今爲道州永州桂陽今爲郴州大抵自沅湘上流西通黔安之左皆楚之分也）又逾南紀盡鬱林合浦之地（鬱林縣今在貴州定林縣今在廉州合浦縣今爲桂州今自富昭象龔繡容白牢八州以西皆屬鶉尾之墟也）荊楚鄖鄀羅權巴夔與南方蠻貊殷河南之南其中一星主長沙國逾嶺徼而南皆鶉東青丘之分（今安南諸州在雲漢上源之東宜屬鶉火）

角亢壽星之次辰初起軫十度（八十七秒十四半）中角八度（七百五十三十秒）終氐一度其分野自原武管城濱河濟之南東至封丘陳留盡陳蔡汝南之地逾淮源至于弋陽（漢陳留郡自封丘陳留已東皆大火之分漢汝南今爲豫州西華南頂城縣今爲陳州汝陰縣今在潁州弋陽縣在光州）西涉南陽郡至于桐栢又東北抵嵩之東陽（漢南陽郡春陵）

湖陽蔡陽後分爲春陵郡後魏以爲南荊州今有舊義陽郡在中國之東界今爲申州按中國地終在河南北河之間故申隨光三州皆屬禹貢豫州之分宜屬鶉火壽星非南方負海之地古陳蔡隨許皆屬壽星分也氐星涉壽星之次故其分野殷雒邑衆山之東與亳土相接

氐房心大火之次也卯初起氐二度一千四百一十九分秒五太中房二度二千八百五分秒一半終星六度其分野得漢之陳留縣自雍丘襄邑小黃而東循濟陰界于齊魯右泗水達於呂梁乃東南抵淮西南接太昊之墟盡濟陰山陽楚國豐沛之地濟陰縣之定陶宛句乘氏今在東郡大抵曹宋徐亳及鄆州西界皆屬大火分自商亳以負北河陽氣之所升也爲心分自豐沛以負南河陽氣之所布也爲房分故其下流皆與尾星同占西接陳鄭爲氐星之分

尾箕析木之次也寅初起尾七度二千七百五十分秒二十一少中箕星五度三百七十分秒六十七終斗八度其分野自渤海河之北盡河間涿郡廣陽國漢渤海郡浮陽今爲清池縣屬滄州涿郡之饒陽今屬瀛州涿縣良鄉與廣陽國薊縣今在幽州及上谷漁陽右北平遼東樂浪玄菟漁陽在幽州右北平在白狼無終縣隋代爲漁陽郡古孤竹國後罷北平郡今爲平州遼東在無慮縣即周禮醫無閭山樂浪在朝鮮縣玄菟在高句驪縣今皆在東夷也古之北燕孤竹無終及東方九夷之國皆析木之分也尾得雲漢之末流北紀之所窮也箕與南斗相近故其分野在吳越之東

南斗牽牛星紀之次也丑初起斗九度一千四十二十分秒二太中斗二十四度一千一百分秒八半終女四度其分野自廬江九江負淮水之南盡臨淮廣陵至于東海廬江壽和滁揚皆屬星紀也又逾南河得漢丹陽會稽豫章郡西濱彭蠡中涉越州盡蒼梧南海又逾嶺表自韶廣封梧藤羅雷州南及珠崖自北以東爲星紀其西皆屬鶉尾之次古吳越及東南百越之國皆星紀分也南斗在雲漢之下流當淮海之間爲吳分牽牛去南河寖遠故其分野自豫章東達會稽南逾嶺爲越分島夷蠻貊之人聲教之所不洎皆係于狗國李淳風刊定躔次大志國頗爲詳悉所注郡邑多依用其後州縣又隸管屬不同但據山河以分耳

## 災異

武德元年十月壬申朔四年八月丙戌朔六年十二月壬寅朔九年十月丙辰朔貞觀元年閏三月癸丑朔九月庚戌朔二年三月戊申朔三年八月己巳朔四年閏正月丁卯朔六年正月乙卯朔九年閏四月丙寅朔十一年三月丙戌朔十二年閏二月庚辰朔十三年八月辛未朔十七年六月己卯朔十八年十月辛丑朔二十年閏三月癸巳朔二十二年八月己酉朔高宗顯慶五年六月庚午朔乾封二年八月己酉朔總章二年六月戊申朔咸亨元年六月壬寅朔二年十一月甲午朔三年十一月戊子朔上元元年三月辛亥朔二年九月壬寅朔調露二年四月乙巳朔十一月壬寅朔開耀元年十月丙寅朔永淳元年四月甲子朔十一月庚申朔則天垂拱二年二月辛未朔四年六月丁亥朔天授二年四月壬寅朔如意元年四月丙申朔長壽元年九月丁亥朔三年九月壬午朔延載元年九月壬午朔證聖元年二月己酉朔聖曆三年五月乙酉朔久視元年五月己酉朔長安二年九月乙丑朔三年三月壬戌朔九月庚寅朔中宗神龍三年六月丁卯朔景龍元年十二月乙丑朔睿宗太極元年二月丁卯朔玄宗先天元年九月丁卯朔開元三年七月庚辰朔六年五月乙丑朔九年五月乙巳朔十二年閏十二月壬辰朔十七年十月丙午朔二十年二月癸酉朔八月辛未朔二十一年七月乙丑朔二十二年十二月戊子朔二十三年閏十一月壬午朔二十六年九月丙申朔二十八年三月丁亥朔天寶元年七月癸卯朔五載五月壬子朔十三載六月乙丑朔肅宗至德元載十月辛巳朔上元二年七月癸未朔蝕既大星皆見代宗大曆三年三月乙巳朔四年正月十五日甲午蝕十三年甲戌有司奏合蝕不蝕十四年二月丙寅朔德宗貞元二年八月辛巳朔日蝕有司奏准禮請伐鼓于社不許太常卿董晉諫曰伐鼓所以責羣陰助陽德宜從經義竟不報六年正月戊戌朔有司奏合蝕不蝕百寮稱賀七年六月庚寅朔有司奏蝕是夜陰雲不見百官表賀八年十一月壬子朔先是司天監徐承嗣奏據曆合蝕八分今退蝕三分准占君盛明則陰匿而潛退請書于史從之十年四月癸卯朔有司奏太陽合虧巳正後刻蝕之既未正後五刻復滿太常奏准禮上不視朝其日陰雲不見百官表賀十七年五月壬戌蝕元和三年七月癸巳蝕憲宗謂宰臣曰昨司天奏太陽虧蝕皆如其言何也又素服救日其儀安在李吉甫對曰日月運行遲速不齊日凡周天三百六十五度有餘日行一度月行十三度有餘率二十九日半而與日會又月行有南北九道之異或進或退若晦朔之交又南北同道即日爲月之所掩故名薄蝕雖自然常數可以推步然日爲陽精人君之象若君行有緩有急即日爲之遲速稍踰常度爲月所掩即陰浸於陽亦猶人君行或失中應感所致故禮云男教不脩陽事不得謫見于天日爲之蝕古者日蝕則天子素服而脩六官之職月蝕則后素服而脩六宮之職皆所以懼天戒而自省惕也人君在民物之上易爲驕盈故聖人制禮務乾恭兢惕以奉若天道苟德大備天人合應百福斯臻陛下恭已向明日慎一日又顧憂天譴則聖德益固升平何遠伏望長保睿志以永無疆之休上曰天人交感妖祥應德蓋如卿言素服救日自貶之旨也朕雖不德敢忘兢惕卿等當匡吾不逮也十年八月己亥朔十三年六月癸丑朔長慶二年四月辛酉朔三年九月壬子朔太和八年二月壬午朔開成二年庚寅朔當蝕陰雲不見會昌三年二月庚申朔四年二月甲寅朔五年二月丙午朔六年十二月戊辰朔皆蝕

武德九年二月二十三日夜星孛于胃昴間凡二十八日又孛于卷舌貞觀八年八月二十三日星孛于虛危歷于玄枵凡十一日而滅太宗謂侍臣曰是何妖也虞世南對曰齊景公時有彗星晏子對曰公穿池畏不深築臺恐不高行刑恐不重是以彗爲誡耳景公懼而脩德十六日而星滅臣聞若德政不脩麟鳳數見無所補也苟政教無闕雖有災變何損於時伏願陛下勿以功高古人而務大勿以太平日久而驕逸慎終如始彗何足憂帝深嘉之十三年三月二十二日夜星孛于畢昴十五年六月十九日星孛於太微犯郎位七月甲戌滅總章元年四月彗見五車上避正殿減膳令內外五品已上上封事極言得失許敬宗曰星雖孛而光芒小此非國告不足上勞聖慮請御正殿復常膳不從敬宗又進曰星孛于東北王師問罪高麗將滅之帝曰我爲萬國主豈移過於小蕃哉二十二日星滅上元二年十月彗見于角亢南長五尺三年七月二十一日彗見東井指南河積薪長三尺餘漸向東北光芒益盛長三丈掃中台指文昌經五十八日而滅永隆二年九月一日萬年縣女子劉凝靜乘白馬著白衣男子從者八九十人入太史局升令廳牀坐勘問此有何災異太史令姚玄辯執之以聞是夜彗見西方天市中五尺漸小向東長行出天市至河鼓右旗十七日滅永淳二年三月十八日彗見五車之北凡二十五日而滅文明元年七月二十二日西方有彗長丈餘凡四十九日滅光宅元年九月二十九日有星如半月見西方景龍元年十月十八日彗見西方凡四十三日而滅二年二月天狗墜于西南有聲如雷野雉皆雊七月七日星孛胃昴之間三年八月八日星孛于紫宮太極元年七月四日彗入太微開元十八年六月十一日彗見五車三十日星孛于畢昴二十六年三月八日星孛于紫微垣歷斗魁十餘日陰雲不見

武德元年六月三日熒惑犯左執法八年九月二十二日熒惑入太微九年五月傅奕奏太白晝見于秦秦國當有天下高祖以狀授太宗及太宗即位召奕謂曰汝前奏事幾累我然而今後但須悉心盡言無以前事爲慮貞觀十三年五月熒惑犯右執法十五年二月十五日熒惑逆犯太微東藩上相十七年三月七日熒惑守心前星十九日退其月二十二日熒惑犯句陳九月二十九日熒惑犯太微西藩上將十九年九月二十四日太白在太微犯左執法光芒相及永徽三年六月二日熒惑犯右執法三日太白入太微犯右執法顯慶五年二月三日熒惑入南斗龍朔元年九月十四日太白犯太微左執法乾封二年五月熒惑入軒轅咸亨元年十二月熒惑入太微上元二年正月九日熒惑犯房星儀鳳四年四月九日熒惑犯羽林調露二年五月二十四日太白經天長安四年熒惑入月及鎭星犯天關太史令嚴善思奏法有亂臣伏罪臣下謀上之變歲餘誅二張五王立中宗景龍二年六月八日太白晝見于東井景龍三年三月二十七日太白入羽林太極元年三月三日熒惑入東井四月十二日熒惑與太白守東井先天元年八月十四日夜月蝕盡有星入月魄中十六日太白襲月開元十年七月二十九日熒惑入南斗天寶十三載五月熒惑守心五十餘日至德元年十一月二十六日熒惑太白同犯昴

武德二年三月二十七日太白辰鎭聚于東井九年六月十八日辰歲會于東井二十三日辰歲太白又會于東井貞觀十八年五月太白辰合于東井景雲二年七月太白鎭同在張宿

武德三年十月三十日有流星墜於東都城內殷殷有聲高祖謂侍臣曰此何祥也起居舍人令狐德棻曰昔司馬懿伐遼有流星墜于遼東梁水上尋而公孫淵敗走晉軍追之至其星墜處斬之此王世充滅亡之兆也貞觀十八年五月有流星大如斗五日出東壁光照聲如雷咸亨三年二月三日有流星如雷景龍二年二月十九日大星墜于西南聲如雷野雉皆雊景雲二年八月十七日東方有流星出五車至于上台天寶三載閏二月十七日星墜于東南有聲京師訛言官遣棖棖捕人肝以祭天狗人相恐畿內尤甚景龍元年九月十八日有赤氣竟天其光燭地經三日乃止九月四日黃霧昏濁唐隆元年六月八日虹蜺竟天

至德元年三月乙酉歲太白熒惑合于東井十月辛丑

朔日有食之十一月壬戌五更有流星大如斗流于東北長數丈蚍行屈曲有碎光迸空乾元元年四月熒惑鎭太白合於營室太史南宮沛奏所合之處戰不勝大人惡之恐有喪禍明年冬郭子儀等九節度之師自潰於相州五月癸未夜一更三籌月掩心前星二更四籌方出正月癸丑月入南斗魁二年二月丙辰月犯心前大星相去三寸三年四月丁巳夜五更彗出東方色白長四尺在婁胃間疾行向東北角歷昴畢觜參井鬼柳軒轅至太微左執法七寸所凡五十餘日方滅閏四月辛酉朔妖星見于南方長數丈是時自四月初大霧大雨至閏四月末方止是月逆賊史思明再陷東都米價踊貴斗至八百文人相食殍尸蔽地上元元年十二月癸未夜歲掩房星二年七月癸未朔日有蝕之大星皆見司天秋官正瞿曇譔奏曰癸未太陽虧辰正後六刻起虧巳正後一刻既午前一刻復滿虧於張四度周之分野甘德云日從巳至午蝕爲周周爲河南今逆賊史思明據乙巳占曰日蝕之下有破國其年九月制去上元之號單稱元年月首去正二三之次以建冠之其年建子月癸巳亥時一鼓二籌後月掩昴出其北兼白暈畢星有白氣從北來貫昴司天監韓穎奏曰按石申占月掩昴胡王死又月行昴北天下福臣伏以三光垂象月爲刑殺之徵二石蹶夷史官常占畢昴爲天綱白氣兵喪掩其星則大破胡王行其北則天下有福巳爲周分癸主幽燕當羯胡竊據之郊是殘寇滅亡之地明年史思明爲其子朝義所殺十月雍王收復東都上元三年正月時去上元之號今存之以正年建辰月肅宗病是月丙戌上有黃白冠連成暈東井五諸侯南北河輿鬼皆在中建巳月以楚州獻定國寶乃改元寶應月復以正二三爲次其月肅宗崩代宗即位其月壬子夜西北方有赤光見炎赫亘天貫紫微漸流于東彌漫北方照耀數十里久之乃散辛未夜江陵見赤光貫北斗俄僕固懷恩叛明年十月吐蕃陷長安代宗避狄幸陝州廣德二年五月丁酉朔日當蝕不蝕羣臣賀十二月三日夜星流如雨自亥及曉永泰元年九月辛卯太白經天是月吐蕃逼京畿二年六月丁未日重輪其夜月重輪是年大水大曆元年十二月彗星出匏瓜長尺餘犯宦者星二年七月癸亥熒惑色赤黃順行入氐乙丑夜鎭星色黃近辰星在東井初度丙寅中時有青赤氣長四十餘尺見日旁久之乃散己巳夜歲星順行去司怪七寸庚午夜月逼天關壬申十二月赤氣長二大亘日上甲戌酉時白

氣亘天八月壬午月入氐戊子月犯牽牛相去九寸己丑夜月犯畢相去四寸九月戊申朔歲星守東井凡七日乙卯吐蕃入寇至邠寧戊午夜白霧起尾西北瀰漫亘天乙丑晝有流星大如一升器其色黃明尾迹長六七十尺出于午流于丑戊辰夜熒惑去南斗五寸乙亥青赤氣亘于日旁十一月辛酉夜月去東井一尺甲子夜月去軒轅一尺壬戌京師地震有聲如雷自東北來十二月丁酉夜熒惑入壁壘戊戌有黑氣如霧亘北方久之方散三年正月壬子夜月掩畢丁巳巳時日有黃冠青赤珥三月乙巳朔日有蝕之自午虧至後一刻凡蝕十分之六分半癸丑夜太白去天衢八寸癸酉夜太白順行去歲星二尺七月壬申夜五星並列東方占云中國之利八月己酉月入畢辛酉月入東井壬戌火星去太白四寸庚午夜太白犯左執法相去一尺九月壬申夜歲星入輿鬼乙亥夜大星如斗自南流北其光燭地丁丑夜熒惑入太微垣己卯夜太微犯左執法相去六寸戊子夜歲星去輿鬼一尺己丑夜月犯東井去五寸庚戌熒惑去太微五寸太白去進賢四寸癸巳月去靈臺一尺四年正月十五日日有蝕之二月丙午夜熒惑有芒角去房星二尺所丙辰夜地震有聲如雷者三三月壬午熒惑有芒角入氐癸未月去氐一尺戊子夜鎭星近輿鬼五月丙戌京師地震七月熒惑犯次相星九月丁卯熒惑犯郞位是歲自四月霖雨至秋末方息京師米斗八百文五年四月乙巳夜歲星入軒轅己未夜彗出五車蓬孛光芒長三丈己卯夜彗出北方其色白癸未夜彗隨天東行近八穀甲申西北方白氣竟天六月丙申月去太微左執法一寸丁酉月去哭星二寸庚子月去氐七寸癸卯彗去三公二尺庚戌太白入東井甲寅白氣出西北方竟天己未彗星滅七月京師米價騰踊斗千錢六年七月乙巳夜月掩畢入昴畢中壬子月去太微二寸八月庚辰月入太微九月壬辰熒惑犯哭星去二寸庚子夜火去泣星四寸月掩畢甲辰夜西南流星大如一升器有尾跡光明照地珠子散落長五丈餘出須女入天市南垣滅丁未月入太微辛亥熒惑入壁壘十月丁卯月掩畢甲戌月入軒轅十一月壬寅月入太微丙午夜月掩氐十一月己巳月入太微七年正月乙未夜月近軒轅二月戊午月掩天關辛酉月逼輿鬼己巳熒惑逼天衢三月辛卯月逼靈臺丁巳熒惑入東井辛未歲星入東角壬申月入羽林丙子鎭星臨太微五月丙戌月入太微六月乙亥月臨東井十二

月甲子太白入羽林丙寅雨土是夜長星出于參八年五月庚辰熒惑入羽林六月戊辰流星大如一升器有尾跡長三丈流入太微七月己卯太白入東井留七日而出庚寅酉時有氣三道竟天辛卯熒惑臨月乙未月掩畢中八月戊午夜熒惑臨月其月朱滔自幽州入朝九月癸未月入羽林己丑月入太微十月癸卯太白臨鎭星丙午夜太白臨進賢丁巳夜月掩畢壬戌夜月入鬼中庚午月近太白並入氐中十一月己卯月入羽林壬午鎭星逼進賢癸未太白掩房癸巳月入太微垣閏十一月壬寅夜太白辰星會于危癸丑月掩天關甲寅月入東井乙丑月掩天關丙寅月入氐十二月癸酉月入羽林九年正月癸丑熒惑逼諸王星三月丁未熒惑入東井四月乙亥月臨軒轅丁丑月入太微五月己酉太白逼熒惑乙未夜太白入軒轅辛酉辰星逼軒轅六月戊寅月逼天綱己卯月掩南斗庚辰月入太微戊子太白臨左執法七月甲辰月掩房辛亥月入羽林壬戌月入輿鬼八月辛卯月掩軒轅九月庚子朱泚自幽州入朝是夜太白入南斗甲子熒惑入氐十月戊子木入南斗十二月戊辰月入羽林十年正月昭義軍亂逐薛粤田承嗣據河北叛戊申月逼軒轅甲寅夜熒惑歲星合于南斗並順行二月河陽軍亂逐常休明三月陝州軍亂逐李國清庚戌熒惑入壁壘四月甲子熒惑順行入羽林庚午月臨軒轅六月癸亥太白臨東井乙丑夜熒惑臨天囷戊辰月入太微乙亥月臨南斗七月庚子辰星太白順行同在柳八月乙酉熒惑順行臨天高戊子月入太微九月甲午月臨房十月辛酉朔日有蝕之十二月甲子夜東方月上有白氣十餘道如匹帛貫五車東升輿鬼觜參畢柳軒轅三更後方散十一年閏八月丁酉太白晝見其年七月李靈耀以汴州叛十月方誅之十三年正月乙丑夜月掩軒轅癸酉夜月掩心前星丙子月入南斗魁中二月乙未鎭星入氐辛亥夜流星大如桃尾長十丈出匏瓜入太微三月壬戌月入太微戊辰月逼心星是月幸臣元載誅王縉黜四月庚寅月臨左執法乙未夜月掩心前星五月丙辰月入太微六月戊戌月入羽林七月庚戌月入南斗癸丑熒惑逼司怪己巳宰相楊綰卒乙亥熒惑順行入東井是歲春夏旱八月大雨河南大水平地深五尺吐蕃入寇至坊州十月己丑月臨歲星壬辰月掩昴乙未月臨五諸侯庚子月臨左執法遂入太微垣十一月癸丑太白臨哭星乙卯夜月入羽林戊辰月臨左執法十二月辛巳鎭

星臨闕鍵壬午月入羽林十四年五月十一日代宗崩德宗卽位明年改元建中至四年十月朱泚亂車駕幸奉天貞元四年五月丁卯月犯歲星乙亥熒惑鎭歲聚于營室三十餘日八月辛卯朔日有蝕之十年三月乙亥黃霧四塞日無光四月太白晝見元和七年正月辛未月掩熒惑六月乙亥月去南斗魁第四星西北五寸所八年七月四日夜月去太微東垣之南首星南一尺所癸酉夜月去五諸侯之西第四星南七寸所十月己丑熒惑順行去太微西垣之南首星西北四寸所九年二月丁酉月去心大星東北七寸所四月辛巳北方有大流星跡尾長五丈光芒照地至右攝提南三尺所九月己丑月掩軒轅十二年正月戊子彗出畢南長二尺餘指西南凡三日近參旗沒十三年正月乙未歲星退行近太微西垣之南第一星八月己未月近南斗魁壬戌太白順行近太微十四年正月己丑月近東井北轅星癸卯夜月近南斗魁星五月庚寅月犯心前大星西南一尺所十五年正月二十七日憲宗崩穆宗卽位七月庚申熒惑退行入羽林癸亥夜大星出勾陳南流至婁北滅八月己卯月掩牽牛長慶元年正月丙午月掩鉞星二更後月去東井南轅第一星南七寸丙辰南方大流星色赤尾有跡長三丈光明燭地出狼星北二尺所東北流至七星三尺所滅己未夜星孛于翼丁卯夜星孛在辰上去太微西垣南第一星七寸所二月八日夜太白犯昴東南五寸所丁亥夜月犯歲星南六寸所在尾十三度三月庚戌太白犯五車東南七寸所七月壬寅月掩房次相星乙丑夜東方大流星色黃有尾跡長六七丈光明燭地出參西北向西流至羽林東北滅其月幽州軍亂囚其帥張弘靖立朱克融其月二十八日鎭州軍亂殺其帥田弘正王廷湊元和末河北三鎭皆以疆土歸朝廷至是幽州俱失俄而史憲誠以魏州叛三鎭復爲盜據連兵不息八月辛巳夜東北有大星自雲中出流白光照地前後長丈二尺五寸西北入蜀滅太白在軒轅左角西北一尺所是月壬辰夜太白去太微垣南第一星一尺所九月戊戌夜太白順行入太微去左執法星西北一尺所乙巳夜去左執法二寸所辛亥月去天關西北八寸二年正月戊申魏帥田布伏劍死史憲誠據郡叛二月甲戌夜熒惑在歲星南七寸所四月辛酉朔日有蝕之在胃十二度不盡者四之一燕趙見之旣七月丙子夜東方大星西流至昴滅其聲如雷十月甲子夜月掩牽牛中星乙丑夜太白去南斗

魁第四星西一寸所十一月丁丑月掩左角庚辰月去房一尺所十二月丁亥月掩左角庚戌夜月近房星壬子五更後月近太白相去一尺所四年正月二十二日穆宗崩敬宗卽位二月癸卯太白犯東井近北轅三月甲子熒惑犯鎭星壬申太白犯東井近北轅四月十七日染院作人張韶於柴草車中載兵器犯銀臺門共三十七人入大內對食於清思殿其日禁兵誅之七月乙卯夜有大星出于天船流犯斗魁第一星西南滅八月丁亥熒惑犯鎭星癸未熒惑入東井己丑太白犯軒轅右角十二月戊子夜月掩東井甲午夜西北有流星出閣道至北極滅寶曆元年七月乙酉月犯西咸去八寸所甲子夜月掩畢閏七月癸巳夜月去心距九寸庚子流星去北極至南斗柄滅八月乙卯太白犯房相去九寸九月癸未太白犯南斗丙戌月犯畢甲午月犯太微左執法十月辛卯月犯天囷相去七寸癸亥太白臨哭星相去九寸十一月庚辰鎭星犯東井相去七寸癸未夜月去東井六寸戊戌西南大流星出羽林入濁十二月戊申夜月犯畢乙酉夜西北方有霧起須臾徧天霧上有赤氣其色或深或淺久而方散二年正月甲戌夜北方大流星長五丈餘出紫微過軫滅甲申月犯右執法相去五寸二月丙午夜月犯畢三月己巳流星出河鼓東過天市入濁滅四月甲子夜西方大流星長三丈穿天市垣至房星滅其月十七日白虹貫日連環至午方滅五月甲戌月去太微八寸所癸巳西北方大流星長三丈光明照地入天市垣中滅甲午五更熒惑犯昴六月庚申太白犯昴七月壬申流星長二丈出斗北入濁滅其夜月初入巳上有流星向南滅其夜辰犯畢八月丙申夜北方大流星長四丈餘出王良流至北斗柄滅甲辰夜太白去太微八寸所丁未夜熒惑近鎭星西北丁丑熒惑去輿鬼七寸十二月八日夜敬宗爲內官劉克明所弒立絳王悟密使王守澄等殺絳王立文宗太和元年九月戊寅月掩東井南轅星四年四月辛酉夜四更五籌後月掩南斗第二星十一月辛未朔熒惑犯右執法西北五寸五年二月宰相宋申錫漳王被誣得罪八年二月朔日有蝕之六月辛巳五更有六流星赤色有尾跡光明照地珠子散落出河鼓北流近天棓滅有聲如雷七月己巳夜流星出紫微西北長二丈至北斗第一星滅是夜五更月犯昴九月辛亥夜五更太微宮近郎位有彗星長丈餘西指西北行凡九夜越郎位星西北五尺滅癸丑月入南斗庚申右軍中尉王守澄宣召鄭注對於浴殿門是夜彗星出東方長三尺芒耀甚猛十二月丙戌夜月掩昴九年三月乙卯京師地震四月辛丑大風震雷拔殿前古樹六月庚寅夜月掩歲星丁酉夜一更至四更流星縱橫旁午約二十餘處多近天漢其年十一月李訓謀殺內官事敗中尉仇士良殺王涯鄭注李訓等十七家朝臣多有貶逐開成元年正月甲辰太白掩西建第一星其月十五日日有蝕之二月乙亥夜四更京師地震二年丙午夜彗出東方長七尺餘在危初度西指戌申夜危之西南彗長七尺芒耀愈猛亦西指癸丑夜彗在危八度庚申夜在虛三度半辛酉夜彗長丈餘直行稍南指在虛一度半壬戌夜彗長二丈其廣三尺在女九度癸亥夜彗愈長廣在女四度三月甲子朔其夜彗長五丈岐分兩尾其一指氐其一掩月在斗十度丙寅夜彗長六丈尾無岐北指在危七度文宗召司天監朱子容問星變之由子容曰彗主兵旱或破四夷古之占書也然天道懸遠唯陛下脩政以抗之乃勑尚食今後每日御食料分爲十日其夜彗長五丈濶五尺却西北行東指戊辰夜彗長八丈有餘西北行東指在張十四度詔天下放繫囚撤樂減膳避正殿先是群臣拜章上徽號宜並停癸未夜彗長三尺出軒轅之右東指在張七度六月河陽軍亂逐李詠是歲夏蝗大旱八月丁酉彗出虛危之間十月地南北震三年十月十九日彗見長二丈餘二十日夜長二丈五尺二十一日夜長三丈二十二日夜長三丈五尺並在辰上西指軫魁十一月乙卯朔是夜彗出東方東西竟天五月五日太白犯輿鬼六月一日太白犯熒惑二十八日太白犯右執法十月七日太白犯南斗四年正月丁巳熒惑太白辰聚于南斗癸酉彗出于西方在室十四度閏月二十三日又見于卷舌北凡三十三日至二十六日夜滅二月二十六日自夜四更至五更四方中央流星大小二百餘並西流有尾跡長二丈三月乙酉夜月掩東井第三星是歲夏大旱禱祈無應文宗憂形于色宰臣進曰星官言天時當爾乞不過勞聖慮帝改容言曰朕爲人主無德庇人比年災旱星文譴見若三日內不雨朕當退歸南內卿等自選賢明之君以安天下宰相楊嗣復等嗚咽流涕不已七月辛丑月犯熒惑河南大水八月辛未流星出羽林有尾跡長十丈有聲如雷十月辛酉辰入南斗魁五年正月文宗崩武宗卽位會昌元年六月二十九日從一鼓至五鼓小流星五十餘交橫流散七月二日北方流星光明照地東北流星有聲如雷九月癸巳熒惑犯輿鬼閏九月丁酉熒惑貫鬼宿戊戌在鬼中十一月六日彗見西南在室初度凡五十六日而滅其夜上方大流星光明燭地東北流星有聲二年六月乙丑熒惑犯歲星丙寅太白犯東井其夜熒惑舍赤色動搖於井中至八月十六日犯輿鬼五年二月五日太白掩昴北側在昴宿一度五月辛酉太白入畢口距星東南一尺八月七日太白犯軒轅太星

舊儀太史局隸秘書省掌視天文曆象則天朝術士尚獻輔精於曆算召拜太史令獻輔辭曰臣山野之人性靈散率不能屈事官長天后惜其才久視元年五月十九日勑太史局不隸秘書省自爲職局仍改爲渾天監至七月六日又改爲渾儀監長安二年八月獻輔卒復爲太史局隸秘書省緣進所置官員並廢景龍二年六月改爲太史監不隸秘書省景雲元年七月復爲太史局隸秘書省八月又改爲太史監十一月又改爲太史局二年閏九月改爲渾儀監開元二年二月改爲太史監十五年正月改爲太史局隸秘書省天寶元年又改爲太史監乾元元年三月改太史監爲司天臺於永寧坊張守珪故宅置勑曰建邦設都必稽玄象分列曹局皆應物宜靈臺三星主觀察雲物天文正位在太微西南今興慶宮上帝廷也考符之所合置靈臺宜令所司量事修理舊臺在秘書省之南仍置五官正五人司天臺內別置一院曰通玄院應有術藝之士徵辟至京于崇玄院安置其官員大監一員正三品少監二人正四品丞三人正六品主簿三人主事二人五官正五人五官副正五人靈臺郎一人五官保章正五人五官挈壺正五人五官司曆五人五官司辰十五人觀生曆生七百二十六人凡官員六十六人寶應元年司天少監瞿曇譔奏曰司天丞請減兩員主簿減兩員主事減一員保章正減三員挈壺正減三員監候減兩員司辰減七員五陵司辰減五員從之天寶十三載三月十四日勑太史監官除朔望朝外非別有公事一切不須入朝及充保識仍不在點檢之限開成五年十二月勑司天臺占候災祥理宜秘密如聞近日監司官吏及所由等多與朝官并雜色人交游既乖慎守須明制約自今已後監司官吏不得更與朝官及諸色人等交通往來委御史臺察訪

舊唐書卷三十六考證

天文志下沙門一行又增損其書○臣召南按新志詳載一行分野之說此志但識十二次梗概無所發明故讀新志乃知舊書之闕略也

南届鉅野○臣召南按舊本作鉅鹿非是此言魯地安得及趙分之鉅鹿耶且鉅鹿在魯北非在南也今改正

又東至於呂梁○臣召南按當云南至於呂梁非東也又下文得漢東平魯國以新志証之魯國下當有琅邪東海泗水城陽八字

昴畢大梁之次○臣德潛按十二次各爲一段舊本接連前文非也今提行改正

皆鶉首分也○鶉首誤三首已改正

尾得雲漢之末流○臣召南按一行山河兩戒之說下晰山川脈絡上應雲漢始終自古言分野者舉莫之及然其義實原本於史遷天官書曰中國山川東北流其維首在隴蜀尾沒於勃碣此卽兩戒之說所自也雲漢起于東井訖于尾箕故曰尾得雲漢之末流

四年閏正月丁卯朔○臣德潛按此貞觀四年日蝕之變也考本紀三年閏十二月則四年不當閏正月應誤

十三年甲戌有司奏合蝕不蝕○沈炳震曰甲戌上無月闕文考本紀當是八月

貞元二年八月辛巳朔日蝕○沈炳震曰本紀在三年八月此誤

# 舊唐書卷三十七

五代司空同中書門下平章事劉　昫撰

## 志第十七

## 五行

昔禹得河圖洛書十五字治水有功因而寶之殷太師箕子入周武王訪其事乃陳洪範九疇之法其一曰五行漢興董仲舒劉向治春秋論災異乃引九疇之說附于二百四十二年行事一推咎徵天人之變班固敘漢史採其說五行志綿代史官因而纘之今略舉大端以明變怪之本經曰水曰潤下火曰炎上木曰曲直金曰

從革土爰稼穡又曰建用皇極傳曰畋獵不時飲食不享出入不節奪民農時及有姦謀則木不曲直棄法律逐功臣殺太子以妾爲妻則火不炎上好治宮室飾臺榭內淫亂犯親戚侮父兄則稼穡不成好戰功輕百姓飾城郭侵邊境則金不從革簡宗廟不禱祠廢祭祀逆天時則水不潤下經曰敬用五事謂貌曰恭言曰從視曰明聽曰聰思曰睿恭作肅從作乂明作哲聰作謀睿作聖又曰建用皇極皇建其有極傳曰貌之不恭是謂不肅厥咎狂厥罰恒雨厥極凶時則有服妖時則有龜孽時則有雞禍時則有下體生上之痾時則有青眚青祥凡草木之類謂之妖蟲豸之類謂之孽六畜謂之禍及人謂之痾甚則異物生謂之眚自外而來謂之祥也言之不從是謂不乂厥咎僭厥罰恒暘厥極憂時則有詩妖時則有介蟲之孽時則有犬禍時則有口舌之痾時則有白眚白祥視之不見是謂不哲厥咎豫厥罰恒燠厥極疾時則有草妖時則有蠃蟲之孽時則有羊禍時則有目痾時則有赤眚赤祥聽之不聰是謂不謀厥咎急厥罰恒寒厥極貧時則有鼓妖時則有魚孽時則有豕禍時則有耳痾時則有黑眚黑祥思之不睿是謂不聖厥咎蒙厥罰恒風厥極凶短折時則有脂夜之妖時則有華孽時則有牛禍時則有心腹之痾時則有黃眚黃祥皇之不極是謂不建厥咎眊厥罰恒陰厥極弱時則有射妖時則有龍蛇之孽時則有馬禍時則有下體代上之痾時則有日月亂行星辰逆行九疇名數十五其要五行皇極之說前賢所以窮治亂之變談天人之際蓋本于斯故先錄其言以傳於事京房易傳曰臣事雖正專必地震其震於水則波於木則搖於屋則瓦落大經在辟而易臣茲謂陰動又曰小人剝廬厥妖山崩茲謂陰乘陽弱勝強劉向曰金木水沴土地所以震春秋災異先書地震日蝕惡陰盈也

貞觀十二年正月二十二日松叢二州地震壞人廬舍二十年九月十五日靈州地震有聲如雷二十三年八月一日晉州地震壞人廬舍壓死者五十餘人三日又震十一月五日又震　永徽元年四月一日又震六月十二日又震高宗顧謂侍臣曰朕政教不明使晉州之地屢有震動侍中張行成曰天陽也地陰也陽君象陰臣象君宜轉動臣宜安靜今晉州地震彌旬不休臣將恐女謁用事大臣陰謀且晉州陛下本封今地屢震尤彰其應伏願深思遠慮以杜其萌帝深然之　開元二十二年二月十八日秦州地震先是秦州百姓聞州西北地下殷殷有聲俄而地震壞廨宇及居人廬舍數千間地拆而復合震經時不定壓死百餘人玄宗令右丞相蕭嵩致祭山川又遣倉部員外郎韋伯陽往宣慰存恤所損之家　至德元年十一月辛亥朔河西地震有聲地裂陷壞廬舍張掖酒泉尤甚至二年六月始止　大曆二年十一月壬申京師地震有聲自東北來如雷者三四年二月丙辰夜京師地震有聲如雷者三　貞元三年十一月己卯夜京師地震是夕者三巢鳥皆驚人多去室東都蒲陝亦然四年正月朔日德宗御含元殿受朝賀是日資明殿階及欄檻三十餘間無故自壞甲士死者十餘人其夜京師地震二日又震三日又震十八日又震十九日又震二十日又震帝謂宰臣曰蓋朕寡德屢致后土震驚但當修政以答天譴耳二十三日又震二十四日又震二十五日又震時金房州尤甚江溢山裂屋宇多壞人皆露處至二月三日壬午又震甲申又震乙酉又震丙申又震三月甲寅又震己未又震庚午又震辛未又震京師地生毛或白或黃有長尺餘者五月丁卯又震八月甲辰又震其聲如雷九年四日辛酉京師又震有聲如雷河中尤甚壞城壘廬舍地裂水湧十年四月戊申又震十三年十月乙未日午時震從東來須臾而止　元和七年八月京師地震憲宗謂侍臣曰昨地震草樹皆搖何祥異也宰臣李絳曰昔周時地震三川竭太史伯陽甫謂周君曰天地之氣不過其序若過其序人亂也人政乖錯則上感陰陽之氣陽伏而不能出陰迫而不能升于是有地震又孔子修春秋所紀災異先地震日蝕蓋地載萬物日君象政有感傷天地見眚書之示戒用儆後王伏願陛下體勵虔恭之誠動以利萬物綏萬方爲念則變異自消休徵可致九年三月丙辰巂州地震晝夜八十震方止壓死者百餘人　太和九年三月乙卯京師地震　開成元年二月乙亥夜四更京師地震屋瓦皆墜戶牖之間有聲二年十一月乙丑夜地南北微震　大中三年十月京師地震振武天德靈武鹽夏等州皆震壞軍鎮廬舍

武德六年七月二十日巂州山崩川水咽流　貞觀八年七月七日隴右山崩大蛇屢見太宗問秘書監虞世南曰是何災異對曰春秋時梁山崩晉侯召伯宗而問焉對曰國主山川故山崩川竭君爲之不舉降服出次祝幣以禮焉晉侯從之卒亦無害漢文帝九年齊楚地二十九山同日崩文帝出令郡國無來獻施惠于天下遠近歡洽亦不爲災後漢靈帝時青蛇見御座晉惠帝時大蛇長三百步經市入廟今蛇見山澤蓋深山大澤實生龍蛇亦不足怪也唯脩德可以消變上然之十七年八月四日原州昌松縣瀉池谷有石五青質白文成字曰高皇海出多子李元王八十年太平天子李世民千年太子李治書燕山人士樂太國主尙汪譚獎文仁邁千古大王五王六王七王十鳳毛才子七佛八菩薩及上果佛田天子文武貞觀昌大聖延四方上下治示孝仙戈八爲善原州奏其年十一月三日遣使祭之曰嗣天子某祚繼鴻業君臨寓縣夙興旰食無忘于政導德齊禮愧於前脩天有成命表瑞貞石文字昭然曆數唯永既旌高廟之業又錫眇身之祚迨于皇太子治亦降貞符具紀姓氏列于石言仰瞻睿漢空銘大造甫惟寡薄彌增寅懼敢因大禮重薦玉帛上謝明靈之貺以申祇慄之誠　永徽四年八月二十日隕石十八于同州馮翊縣光曜有聲如雷上問于志寧曰此何祥也當由朕政之有闕對曰按春秋隕石于東五內史過曰是陰陽之事非吉凶所生自古災變杳不可測但恐物之自爾未必關于人事陛下發書誡懼責躬自省未必不爲福矣　永昌中華州敷水店西南坡白晝飛四五里直抵赤水其坡上樹木禾黍宛然無損　則天時新豐縣東南露臺鄉因大風雨雹震有山踊出高二百尺有池周三頃池中有龍鳳之形禾麥之異則天以爲休徵名爲慶山荊州人俞文俊詣闕上書曰臣聞天氣不和而寒暑隔人氣不和而疣贅生地氣不和而堆阜出今陛下以女主居陽位反易剛柔故地氣隔其山變爲災陛下以爲慶山臣以爲非慶也誠宜側身脩德以答天譴不然恐災禍至則天怒流于嶺南　開元十七年四月五日大風震電藍田山開百餘步　乾元二年六月虢州閿鄉縣界黃河內女媧墓天寶十三載因大雨晦冥失其所在至今年六月一日夜河濱人家忽聞風雨聲比見其墓踊出上有雙柳樹下有巨石二柳各長丈餘郡守圖畫以聞今號風陵堆　大曆十三年郴州黃芩山崩震壓殺數百人　建中初魏州魏縣西四十里忽然土長四五尺數畝里人駭異之明年魏博田悅反德宗命河東馬燧潞州李抱眞討之營于陘山幽州朱滔恒州王武俊帥兵救田悅王師退保魏縣西朱滔武俊田悅引軍與王師對壘三年十一月朱滔僭稱冀王武俊稱趙王田悅稱魏王悅時壘正當土長之所及僭署告天乃因其長土爲壇以祭魏州功曹韋稔爲益土頌以媚悅馬燧聞之笑曰田悅異常賊也　貞觀十一年七月一日黃氣竟天大雨穀水溢入洛陽宮深四尺壞左掖門毀宮寺一十九洛水暴漲漂六百餘家帝引咎令羣臣直言政之得失中書侍郎岑文本曰伏唯陛下覽古今之事察安危之機上以社稷爲重下以億兆爲念明選舉慎賞罰進賢才退不肖聞過即改從諫如流爲善在於不疑出令期於必信頤神養性省畋游之娛去奢從儉減工役之費務靜方內不求闢土載櫜弓矢而無忘武備凡此數者願陛下行之不怠必當轉禍爲福化咎爲祥況水之爲患陰陽常理豈可謂之天譴而繫聖心哉十三日詔曰暴雨爲災大水泛溢靜思厥咎朕甚懼焉文武百寮各上封事極言朕過無有所諱諸司供進悉令減省凡所力役量事停廢遭水之家賜帛有差二十日詔廢明德宮及飛山宮之玄圃院分給河南洛陽遭水戶九月黃河泛溢壞陝州河北縣及太原倉毀河陽中潬太宗幸白馬坂以觀之　永徽五年六月恒州大雨自二日至七日滹沱河水泛溢損五千三百家　總章二年七月益州奏六月十三日夜降雨至二十日水深五尺其夜暴水深一丈已上壞屋一萬四千三百九十區害田四千四百九十六頃九月十八日括州暴風雨海水飜上壞永嘉安固二縣城百姓廬舍六千八百四十三區殺人九千七十牛五百頭損田苗四千一百五十頃　咸亨元年五月十四日連日澍雨山水溢溺死五千餘人　永淳元年六月十二日連日大雨至二十三日洛水大漲漂損河南立德弘敬洛陽景行等坊二百餘家壞天津橋及中橋斷人行累日先是頃降大雨沃若懸流至是而泛溢衝突焉西京平地水深四尺已上麥一束止得一二升米一斗二百二十文布一端止得一百文國中大饑蒲同等州沒徙家口并逐糧饑餒相仍加以疾疫自陝至洛死者不可勝數西京米斗三百已下二年三月洛州黃河水溺河陽縣城水面高於城內五六尺自鹽坎已下至縣十里石灰並平流涯橋南北道無不碎破　文明元年十月溫州大水漂流四千餘家　長安三年寧州大霖雨山水暴漲漂流二千餘家溺死者千餘人流屍東下十七日京師大雨雹人有凍死者四年自九月至十月晝夜陰晦大雨雪都中人畜有餓凍死者令開倉賑恤　神龍元年七月二十七日洛水漲壞百姓廬舍二千餘家詔九品已上直言極諫右衞騎曹宋務先上疏曰臣聞自昔后王樂聞過罔不興拒忠諫罔不亂何者樂聞過則下情通下情通則政無缺此其所以興也拒忠諫則羣議壅羣議壅則主孤立此其所以亂也伏見明勑令文

武九品已上直言極諫大哉德音其堯舜之用心禹湯之責己也臣嘗讀書觀天人相與之際考休咎冥符之兆有感必通其間甚密是以政失於此變生於彼亦猶影之像形響之赴聲動而輒隨各以類應故易曰天垂象見吉凶聖人象之竊見自夏已來水氣悖戾天下郡國多罹其災去月二十七日洛水暴漲漂損百姓謹按五行傳曰簡宗廟廢祭祀則水不潤下夫王者卽位必郊祀天地嚴配祖宗是故鬼神歆饗多獲福助自陛下光臨寶極綿曆炎涼郊廟遲留不得殷薦山川寂莫未議懷柔暴水之災殆因此發臣又按水者陰類臣妾之道陰氣盛滿則水泉迸溢加之虹蜺紛錯暑雨滯淫雖丁厥時而汩恒度亦陰勝之沴也臣恐後庭近習或有離中饋之職干外朝之政伏願深思天變杜絕其萌又自春及夏牛多病死疫氣浸淫于今未息謹按五行傳曰思之不睿時則有牛禍意者萬機之事陛下或未躬親乎昔太戊有異木生于朝伊陟戒以脩德厥妖用殄高宗有飛雉雊于鼎祖乙陳以政事殷道再興此皆視履考祥轉禍爲福之明鑑也晁錯曰五帝其臣不及則自親之今朝廷怪異雖則多矣然皆仰知陛下天光大願勤思德容少凝大化以萬方爲念不以聲色爲娛以百姓爲憂不以犬馬爲樂暫勞宵旰用緝明良豈不休哉天下幸甚臣聞三王之朝不能免淫亢太平之時不能無小孽備禦之道存乎其人若細微之災恬而不怪及禍變成象駭而圖之猶水決而繕防疾困而求藥雖復僶俛亦何救哉夫災變應天實繫人事故日蝕脩德月蝕脩刑若乃雨暘或愆則貌言爲咎雩禜之法在于禮典今暫逢霖雨卽閉坊門弃先聖之明訓遵後來之淺術時偶中之安足神耶蓋當屏翳收津豐隆戢響之日也豈有一坊一市遂能感召星靈暫閉暫開便欲發揮神道必不然矣何其謬哉至今巷議街言共呼坊門爲宰相謂能節宣風雨燮理陰陽夫如是則赫赫師尹便爲虛設悠悠蒼生復何所望自數年已來公私俱竭戶口減耗家無接新之儲國無候荒之蓄陛下不出都邑近觀朝市則以爲率土之人既康且富及至踐閭陌視鄉亭百姓衣牛馬之衣食犬彘之食十室而九空丁壯盡於邊塞孤孀轉於溝壑猛吏淫威奮其毒暴徵急政破其資馬困斯跌人窮乃詐或起爲姦盜或競爲流亡從而刑之良可悲也臣觀今之甿俗率多輕佻人貧而奢不息法設而僞不止長吏貪冒選舉私謁樂多繁淫器尚浮巧稼穡之人少商旅之人多誠願坦然更化以身先之端本澄源滌瑕蕩穢接凋殘之後宜緩其力役當久弊之極宜法訓敦龐良牧樹風賢宰垂化十年之外生聚方足三代之美庶幾可及臣聞太子者君之貳國之本易有其卦天有其星今古相循率由茲道陛下自登皇極未建元良非所以守器承祧養德贊業離明不可輟曜震位不可久虛伏願早擇賢能以光儲副上安社稷以慰黎元且姻戚之間謗議所集假令漢帝無私於廣國元規切讓於中書天下之人安可戶說稽疑成患憑寵生災所謂愛之適足以害之至如武三思等誠能輟其機務授以清閑厚祿以富其身蕃錫以獎其意家國俱泰豈不優乎夫爵賞者君之重柄傳曰惟名與器不可假人自頃官賞頗亦乖謬大勳未滿于人聽高秩已越于朝倫貪天之功以爲己力秘書監鄭普思國子祭酒葉靜能或挾小道以登朱紫或因淺術以取銀黃既虧國經實悖天道書曰制理於未亂保邦於未危此誠理亂安危之時也伏願欽祖宗之丕烈傷王業之艱難遠佞人親有德乳保之愛妃主之家以時接見無令媟瀆凡此數者當今急務唯陛下留神採納永保康寧疏奏不省右僕射唐休璟以霖雨爲害咎在主司上表曰臣聞天運其工人代之而爲理神行其化爲政賚之以和得其理則陰陽以調失其和則災沴斯作故擧才而授帝唯其難論道於邦官不必備頃自中夏及乎首秋郡國水災屢爲人害夫水陰氣也臣實主之臣忝職右樞致此陰沴不能調理其氣而乃曠居其官雖運屬堯年則無治水之用位侔殷相且闕濟川之功猶負明刑坐逃皇譴皇恩不弃其若天何昔漢家故事丞相以天災免職臣竊遇聖時豈敢靦顏居位乞解所任待罪私門冀移陰咎之徵復免夜行之眚　神龍二年三月壬子洛陽東十里有水影月餘乃滅四月洛水泛溢壞天津橋漂流居人廬舍溺死者數千人三年滄州雨雹大如雞卵　開元五年六月十四日鞏縣暴雨連日山水泛漲壞郭邑廬舍七百餘家人死者七十二汜水同日漂壞近河百姓二百餘戶八年夏契丹寇營州發關中卒援之軍次澠池縣之闕門野營穀水上夜半山水暴至二萬餘人皆溺死唯行綱役夫樗蒲覺水至獲免逆旅之家溺死死人漂入苑中如積其年六月二十一日夜暴雨東都穀洛溢入西上陽宮宮人死者十七八畿內諸縣田稼廬舍蕩盡掌關兵士凡溺死者一千一百四十八人京城興道坊一夜陷爲池一坊五百餘家俱失其年鄧州三鵶口大水塞谷初見二小兒以水相潑須臾有大蛇十圍已上張口向天人或斫射之俄而暴雷雨漂溺數百家十年二月四日伊水泛漲毀都城南龍門天竺奉先寺壞羅郭東南角平地水深六尺已上入漕河水次屋舍樹木蕩盡河南汝許仙豫唐鄧等州各言大水害秋稼漂沒居人廬舍十四年六月戊午大風拔木發屋端門鴟吻盡落都城內及寺觀落者約半七月十四日瀍水暴漲流入洛漕漂沒諸州租船數百艘溺死者甚衆漂失楊壽光和盧杭瀛棣租米一十七萬二千八百九十六石幷錢絹雜物等因開斗門決堰引水南入洛漕水燥竭以搜漉官物十收四五焉七月甲子懷衛鄭滑汴濮許等州澍雨河及支川皆溢人皆巢舟以居死者千計資產苗稼無孑遺滄州大風海運船沒者十一二失平盧軍糧五千餘石舟人皆死潤州大風從東北海濤奔上沒瓜步洲損居人是秋天下八十五州言旱及霜五十州水河南河北尤甚十五年七月甲寅雷震興教門樓兩鴟吻燒樓柱良久乃滅二十日鄜州雨洛水溢入州城平地丈餘損居人廬舍溺死者不知其數二十一日同州損郭邑及市毀馮翊縣八月八日沔池六十三州大水損禾稼居人廬舍河北尤甚十八年六月乙丑東都瀍水暴漲漂損揚楚淄德等州租船壬午東都洛水泛漲壞天津永濟二橋及漕渠斗門漂損提象門外助鋪及仗舍又損居人廬舍千餘家二十七年八月東京改作明堂訛言官取小兒埋于明堂下以爲厭勝村邑童兒藏于山谷都城騷然或言兵至玄宗惡之遣主客郎中王佶往東都及諸州宣慰百姓久之乃定二十九年暴水伊洛及支川皆溢損居人廬舍秋稼無遺壞東都天津橋及東西漕河南北諸州皆多漂溺天寶十載廣陵郡大風架海潮淪江口大小船數千艘十三載秋京城連月澍雨損秋稼九月遣閉坊市北門蓋井禁婦人入街市祭玄冥大社禜門京城坊市牆宇崩壞向盡東方瀍洛水溢隄穴衝壞一十九坊　上元二年京師自七月霖雨八月盡方止京城宮寺廬舍多壞街市溝中渠漉得小魚　永泰元年先旱後水九月大雨平地水數尺溝河漲溢時吐蕃寇京畿以水自潰而去二年夏洛陽大雨水壞二十餘坊及寺觀廨舍河南數十州大水　大曆四年秋大雨是歲自四月霖澍至九月京師米斗八百文官出太倉米賤糶以救饑人京城閉坊市北門置土臺臺上置壇及黃幡以祈晴秋末方止五年夏復大雨京城饑出太倉米減價以救人十二年秋大雨是歲春夏旱至秋八月雨河南尤甚平地深五尺河決漂溺田稼　貞元二年夏京師通衢水深數尺吏部侍郎崔縱自崇義里西門爲水漂浮行數十步街鋪卒救之獲免其日溺死者甚衆東都河南荊南淮南江河泛溢壞人廬舍四年八月連雨灞水暴溢溺殺渡者百餘人八年秋大雨河南河北山南江淮凡四十餘州大水漂溺死者二萬餘人時幽州七月大雨平地水深二丈鄚涿薊檀平五州平地水深一丈五尺又徐州奏自五月二十五日雨至七月八日方止平地水深一丈二尺郭邑廬里屋宇田稼皆盡百姓皆登丘塚山原以避之　元和七年正月振武界黃河溢毀東受降城五月饒撫虔吉信五州山水暴漲壞廬舍虔州尤甚水深處四丈餘八年五月許州奏大雨摧大隗山水流出溺死者千餘人六月庚寅京師大風雨毀屋揚瓦人多壓死水積城南深處丈餘入明德門猶漸車轅辛卯渭水暴漲毀三渭橋南北絕濟者一月時所在霖雨百源皆發川瀆不由故道丙申富平大風折樹一千二百株辛丑出宮人二百車人得娶納以水害誠陰盈也九年秋淮南宣州大水十一年五月京畿大雨害田四萬頃昭應尤甚漂溺居人衢州山水涌深三丈壞州城民多溺死浮梁樂平溺死者一百七十人爲水漂流不知所在者四千七百戶潤常湖陳許等州各損田萬頃十二年秋大雨河南北水害稼其年六月京師大雨街市水深三尺壞廬舍二千家含元殿一柱陷十五年九月十一日至十四日大雨兼雪街衢禁苑樹無風而摧折連根而拔者不知其數仍令閉坊市北門以禳之滄州大水　長慶二年十月好時山水泛漲漂損居人三百餘家河南陳許二州尤甚詔賑貸粟五萬石量人戶家口多少等第分給　太和三年四月同官暴水漂沒三百餘家六年徐州自六月九日大雨至十一日壞民舍九百家四年夏鄆曹濮雨壞城郭田廬向盡蘇湖二州水壞六堤水入郡郭溺廬井許州自五月大雨水深八尺壞郡郭居民大半　會昌元年七月襄州漢水暴溢壞州郭均州亦然　則天時宗秦客以佞幸爲內史受命之日無雲而雷聲震烈未周歲而誅　延和元年六月河南偃師縣之李材村有霹靂閃入人家地震裂闊丈餘長十五里測之無底所裂之處井廁相通所衝之家棺柩出植平地無損竟不知其故　儀鳳三年十一月十四日雨木冰開元十五年七月四日雷震興教門兩鴟吻欄檻及柱災二十九年十一月二十二日雨木冰凝寒凍冽數日不解

寧王見而歎曰諺云樹稼達官怕必有大臣當之其月王甍　乾元三年閏四月大霧大雨月餘是月史思明再陷東都京師米斗八百文人相食殍骸蔽地　永泰元年二月甲子夜雷電震烈三月降霜爲木氷辛亥大風拔木　大曆二年三月辛亥夜京師大風發屋十一月紛霧如雪草木氷十年四月甲申夜大雨雹暴風拔樹飄屋瓦宮寺鴟吻飄失者十五六人震死者十二損京畿田稼七縣七月己未夜杭州大風海水飜潮飄蕩州郭五千餘家船千餘隻全家陷溺者百餘戶死者四百餘人蘇湖越等州亦然　貞元二年正月大雨雪平地深尺餘雪上有黃色狀如浮埃四年正月陳留十里許雨木皆大如指長寸餘木有孔通中所下立者如植其年宣州暴雨震電有物墜地豬首手脚各有兩指執一赤班蛇食之逡廵黑雲合不見八年二月京師雨土五月己未暴風破屋拔樹太廟屋及諸門寺署壞者不可勝計十年六月辛丑晦有水鳥集於左藏庫其夜暴雨大風拔樹十七年二月五日大雨雹七日大霜十六夜大雨震雷且電十九日大雨雪而電　元和三年四月壬申大風毀含元殿西閤欄檻二十七間八年三月丙子大風拔崇陵上宮衙殿西鴟尾井上宮西神門六戟竿折行牆四十間簷壞　長慶元年九月壬寅京師震電大風雨四年五月庚辰大風吹壞延喜景風二門　太和八年六月癸未暴風雷雨壞長安縣廨及經行寺塔同華大旱七月辛酉定陵臺大風雨震東廊之下地裂一百三十尺其深五尺詔宗正卿李仍叔啓告修之九年四月二十六日夜大風含元殿四鴟吻皆落拔殿前樹三壞金吾仗舍廢樓觀內外城門數處光化門西城牆壞七十七步是日廢長生院起內道場取李訓言沙汰僧尼故也　開成元年夏六月鳳翔麟遊縣暴風雨飄害九成宮正殿及滋善寺佛舍壞百姓屋三百間死者百餘人牛馬不知其數　長安四年九月後霖雨并雪凡陰一百五十餘日至神龍元年正月五日誅二張孝和反正方晴霽　先天二年四月陰至六月一百餘日至七月三日誅竇懷貞等一十七家方晴　景龍中東都霖雨百餘日閉坊市北門駕車者苦甚汚街中言曰宰相不能調陰陽致茲恒雨令我汚行會中書令楊再思過謂之曰於理則然亦卿牛劣耳　貞元二十一年順宗風疾叔文用事連月霖雨不霽乃以憲宗爲皇太子制出日卽晴傳所謂皇之不極厥罰恒陰皆此數也　貞觀二年六月京畿旱蝗食稼太宗在苑中掇蝗咒之曰人以穀爲命而汝害之是害吾民也百姓有過在予一人汝若通靈但當食我無害吾民將吞之侍臣恐上致疾遽諫止之上曰所冀移災朕躬何疾之避遂吞之是歲蝗不爲患　開元四年五月山東螟蝗害稼分遣御史捕而埋之汴州刺史倪若水拒御史執奏曰蝗是天災自宜脩德劉聰時除旣不得爲害滋深宰相姚崇牒報之曰劉聰僞主德不勝妖今日聖朝妖不勝德古之良守蝗蟲避境若言修德可免彼豈無德致然今坐爲食苗忍而不救因此饑饉將何以安卒行埋瘞之法獲蝗一十四萬乃投之汴河流者不可勝數朝議喧然上復以問崇崇對曰凡事有違經而合道反道而適權者彼庸儒不足以知之縱除之不盡猶勝養之以成災帝曰殺蟲太多有傷和氣公其思之崇曰若救人殺蟲致禍臣所甘心八月四日勅河南河北檢校捕蝗使狄光嗣康瓘敬昭道高昌賈彥璿等宜令待蟲盡而刈禾將畢卽入京奏事諫議大夫韓思復上言曰伏聞河北蝗蟲頃日益熾經歷之處苗稼都盡臣望陛下省咎責躬發使宣慰損不急之務去至冗之人上下同心君臣一德持此至誠以答休咎前後捕蝗使望並停之上出符疏付中書姚崇乃令思復往山東檢視蟲災之所及還具以聞二十五年貝州蝗食苗有白鳥數萬羣飛食蝗一夕而盡明年榆林關有蝦蝻食苗羣雀來食數日而盡　天寶三載貴州紫蟲食苗時有赤鳥羣飛自東北來食之　廣德元年秋蝦蝻食苗關西尤甚米斗千錢　興元元年秋關輔大蝗田稼食盡百姓饑捕蝗爲食蒸曝颺去足翅而食之明年夏蝗尤甚自東海西盡河隴羣飛蔽天旬日不息經行之處草木牛畜毛靡有孑遺關輔已東穀大貴餓饉枕道京師大亂之後李懷光據河中諸軍進討國用罄竭衣冠之家多有殍殕者旱甚灞水將竭井皆無水有司奏國用裁可支七旬德宗減膳不御正殿百司不急之費皆減之　元和元年夏鎮冀蝗害稼　長慶三年秋洪州旱螟蝗害稼八萬頃　太和元年秋旱罷選舉　開成二年河南河北旱蝗害稼京師旱尤甚徙市閉坊南門四年六月天下旱蝗食田禱祈無効上憂形于色宰臣曰星官奏天時當爾乞不過勞聖慮文宗憮然改容曰朕爲天下主無德及人致此災旱今又彗星謫見于上若三日內不雨當退歸南內卿等自選賢明之君以安天下宰臣嗚咽流涕不能已是歲河南府界黑蟲食苗河南河北蝗害稼都盡鎮定等州田稼既盡至于野草樹葉細枝亦盡　會昌元年山南鄧唐等州蝗害稼　貞觀十三年四月二十九日雲陽石燃方丈晝如炭夜則光見投草木於其上則焚歷年方止　證聖元年正月十六日夜明堂火延及天堂京城光照如晝至曙並爲灰燼則天欲避殿徹樂宰相姚璹以爲火因麻主人護不謹非天災也不宜貶損乃勸則天御端門觀酺引建章故事令薛懷義重造明堂以厭勝之　則天時建昌王武攸寧置內庫長五百步二百餘間別貯財物以求媚一夕爲天災所燔玩好並盡　景龍中東都凌空觀災火自東北來其金銅諸像銷鑠並盡　開元五年洪潭二州災火延燒郡舍郡人先見火精赤暾暾飛來旋卽火發十五年衡州災火延燒三四百家郡人見物大如甕赤如燭籠此物所至卽火發十八年二月十八日大雨雪俄又雷震飛龍厩災　天寶二年六月七日東都應天門觀災延燒左右延福門經日不滅九載三月華嶽廟災十載正月大風陝州運船失火燒二百一十五隻損米一百萬石舟人死者六百人又燒商人船一百隻其年八月六日武庫災燒二十八間十九架兵器四十七萬件　寶應元年十一月廻紇焚東都宜春院延及明堂甲子日而盡　廣德元年十二月二十五夜鄂州失火燒船三千艘延及岸上居人二千餘家死者四五千人　大曆十年二月莊嚴寺佛圖災初有疾風震雷薄擊俄而火從佛圖中出寺僧數百人急救之乃止棟宇無損　貞元七年蘇州火十九年四月家令寺火二十年四月開業寺火　元和四年御史臺舍火七年鎮州甲仗庫一十三間災節度使王承宗殺主守坐死者百餘人承宗方拒天軍而兵仗爲災所焚天意嫉也十年四月河陰轉運院火十一月獻陵寢宮永巷火十一年十二月未央宮及飛龍草場火皆王承宗李師道謀撓用兵陰遣盜縱火也時李師道於鄆州起宮殿欲謀僭亂既成是歲爲災並盡俄而族滅　太和元年十月甲辰昭德宮火延燒至宣政東垣及門下省至晡方息八年十二月昭成宮火九年六月乙亥朔西市火　會昌三年六月萬年縣東市火燒屋宇貨財不知其數又西內神龍宮火　大順二年七月汴州相國寺佛閣災是日曉微雨震電寺僧見赤塊在三門樓藤網中周遶一匝而火作良久赤塊北飛越前殿飛入佛閣網中如三門周遶轉而火作如是三日不息訖爲灰燼　貞觀初白鵲巢于殿庭之槐樹其巢合歡如腰鼓左右稱賀太宗曰吾常笑隋文帝好言祥瑞瑞在得賢白鵲子何益於事命掇之送于野　高宗文明後天下頻奏雌雉化爲雄或半化未化兼以獻之則天臨朝之兆　調露元年突厥盟傳等未叛時有鳴鵽羣飛入塞相繼蔽野邊人相驚曰突厥雀南飛突厥犯塞之兆也至二年正月還復北飛至靈夏已北悉墜地而死視之皆無頭裴行儉問右史苗神客曰鳥獸之祥乃應人事何也對曰人雖最靈而稟性含氣同於萬類故吉凶兆於彼而禍福應於此聖王受命龍鳳爲嘉瑞者和氣同也故漢祖斬蛇而驗秦之必亡仲尼感麟而知已之將死夷羊在牧殷紂已滅鸜鵒來巢魯昭出奔鼠舞端門燕刺誅死大鳥飛集昌邑以敗是故君子虔恭寅畏動必思義雖在幽獨如承大事知神明之照臨懼患難之及已雉升鼎耳殷宗側身以脩德鵩上坐隅賈生作賦以敘命卒以無患者德勝妖也　大曆八年四月戊申乾陵上仙觀之尊殿有雙鵲銜泥及柴補殿之巢壞凡十五處其年九月大鳥見于武功殿羣鳥隨而噪之神策將軍張日芬射得之內翅孤首四足足有爪其廣四尺三寸其毛色赤形類鶡鶡十一年渭州獲赤烏十三年五月左羽林軍鸛鵒孔雀　貞元三年三月中書省梧桐樹有鵲以泥爲巢四年夏汴鄭二州羣鳥皆飛入田緒李納境內銜木爲城高二三尺方十里緒納惡之命焚之信宿而復爲口皆流血十年四月有大鳥飛集宮中食雜骨數日獲之不食而死六月辛未晦水鳥集左藏庫十四年秋有鳥色青類鳩鵲息於宋郊所止之處羣鳥翼衞朝夕嗛稻粱以哺之睢陽之人適野聚觀者旬日人不知其名郡人李翺見之曰此鸞也鳳之次　長慶元年六月濮州雷澤縣人張憲家榆樹鳥巢因風墮二雛別樹鵲引二鳥雛於巢哺之　開成二年六月眞興門外野鵲巢於古塚　永徽中黑齒常之戍河源軍有狼三頭白晝入軍門射之斃常之懼求代將軍李謹代常之軍月餘卒　先天初洛陽市人牽一羊左脅下有人手長尺許以之乞丐　開元二年韶州鼠害稼千萬爲群三年有熊白晝入廣陵城月餘都督李處鑒卒　永泰二年十一月乾陵赤兔見　大曆二年三月河中獻玄狐四年九月己卯虎入京城長壽坊元載私廟將軍周皓格殺之六年八月丁丑太極殿內廊下獲白兔八年七月白鼠出內侍十二年六月苑內獲白鼠十三年六月戊戌隴右汧源縣軍士趙貴家猫鼠同乳不相害節度使朱泚籠之以獻宰相常袞率百寮拜表賀中書舍人崔祐甫曰此物之失性也天生萬物剛柔有性聖

人因之垂訓作則禮迎猫爲食田鼠也然猫之食鼠載在祀典以其能除害利人雖微必錄今此猫對鼠何異法吏不勤觸邪疆吏不勤扞敵據禮部式錄三瑞無猫不食鼠之目以此稱慶理所未詳以劉向五行傳言之恐須申命憲司察聽貪吏誡諸邊境無失儆巡則猫能致功鼠不爲害帝深然之　建中四年五月滑州馬生角　貞元四年二月太僕寺郊牛生犢六足太僕卿周皓白宰相李泌請上聞泌笑而不答又京師人家豕生子兩首四足有司以白御史中丞竇參請上聞參請而不奏三月癸丑鹿入京師西市門衆殺之　元和七年十一月龍州武安川會田中嘉禾生有麟食之復生麟之來一鹿引之羣鹿隨之光華不可正視使畫工圖麟及嘉禾來獻八年四月長安西市門家豕生子三耳八足自尾分爲二　太和九年八月易定監軍小將家馬因飲水吐出寶珠一獻之　貞觀中汾州言青龍見吐物在空中有光明如火墮地地陷掘之得玄金廣尺長七寸　大足元年虔州別駕得六眼龜一夕而失　神龍中渭河有蝦蟇大如一石鼎里人聚觀數日而失是歲大水漂溺京城數百家商州水入城門襄陽水至樹杪　先天二年六月西京朝當磚堦無故自壞塼下有大蛇長丈餘蝦蟇大如盤面目赤如火相向鬬俄而蛇入大樹蝦蟇入于草其年七月三日玄宗誅竇懷貞岑羲等十七家　開元四年六月郴州馬嶺山下有白蛇長六七尺黑蛇長丈餘兩蛇鬬白蛇吞黑蛇至麤處口眼流血黑蛇頭穿白蛇腹出俄而俱死旬日內桂陽大雨山水暴溢漂五百家殺三百餘人天寶中洛陽有巨蛇高丈餘長百尺出於芒山下胡僧無畏見之歎曰此欲決水注洛城卽以天竺法咒之數日蛇死祿山陷洛之兆也　李揆作相前一月有大蝦蟇如牀見室之中俄失所在占者以爲蟇天使也有福慶之事　乾元二年九月通州三岡縣放生池中日氣下照水騰波涌上有黃龍躍出高丈餘又於龍旁數處浮出明珠　大曆八年京師金天門外水渠獲毛龜　貞元三年李納獻毛龜　元和七年四月野州柯城縣有黃青白三龍各一翼風雷自梅天陂起約高二百尺凡六里降于浮塘坡九年四月道州二青龍見于江中　太和二年六月七日密州甲產山北面有龍見初赤龍從西來續有青龍黃龍從南來從有白龍黑龍從山北來並形狀分明自申至戌方散去　天寶初臨川郡人李嘉胤所居柱上生芝草狀如天尊像太守張景夫拔柱以獻　上元二年七月甲辰延英殿御座生白芝一莖三花肅宗製玉靈芝詩三篇羣臣皆賀占曰白芝主喪明年上皇肅宗俱崩二年九月含輝院生金芝　永泰二年二月京城槐樹有蟲食葉其形類蠶其年六月太廟第二室芝草生　大曆四年三月潤州上元縣芝草生一莖四葉高七寸八年盧州盧江縣紫芝生高一丈五尺九年九月晉州神山縣慶唐觀檜樹已枯重榮十二年五月甲子城都府人郭遠因樵獲瑞木一莖有文曰天下太平四字其年十一日蔡州汝陽縣芝草生紫莖黃蓋　興元元年八月亳州貞元縣大空寺僧院李樹種來十四年纔長一丈八尺今春枝忽上聳高六尺周圍似蓋九尺餘又先天太后墓槐樹上有靈泉漏出今年六月其上有雲氣五色又黃龍再見于泉上　元和十一年十二月雷桃李俱花　長慶三年十二月水不氷草萌芽如正二月之候　神龍二年三月洛陽東七里有水影側近樹木車馬之影歷歷見水影中月餘方滅　乾元二年七月嵐州合河關黃河水四十里間淸如井水經四日而後復　寶應元年九月甲午華州至陜州二百餘里黃河淸澄澈見底　大曆二年醴泉出櫟陽愈疾　貞元四年七月自陜州至河陰河水色如墨流入汴河止于汴州城下一宿而復　寶曆二年亳州言出聖水愈病江淮已南遠來奔湊求水浙西觀察使李德裕奏論其妖宰相裴度判汴州所申狀曰妖由人興水不自作牒汴州觀察使損塞訖申　玄宗初卽位東都白馬寺鐵像頭無故自落於殿門外後姚崇秉政以僧惠範附太平亂政謀汰僧尼令拜父母午後不出院其法頗峻　大曆十三年二月太僕寺廨有佛堂堂內小脫空金剛左臂上忽有黑汗滴下以紙承之色卽血也明年五月代宗崩　上元三年楚州刺史崔侁獻定國寶十三一曰玄黃天符形如笏長八寸有孔辟人間兵役二曰玉雞毛白玉也以孝理天下則見三曰穀璧白玉也粟粒無雕鐫之跡王者得之五穀豐熟四曰西王母白環二所在處外國歸伏六曰如意寶珠大如雞卵七曰紅靺鞨大如巨栗八曰琅玕珠二九曰玉玦形如玉環四分缺一十曰玉印大如半手理如鹿形陷入印中十一曰皇后採桑鉤如箸屈其末十二曰雷公石斧無孔十三缺凡十三寶寘之日中白氣連天初楚州有尼曰眞如忽有人接之昇天天帝謂之曰下方有災令第二寶鎭之卽以十三寶付眞如時肅宗方不豫以爲瑞乃改元寶應仍傳位皇太子此近白祥也　寶曆二年五月神策軍修苑內古漢宮掘得白玉牀其長六尺以獻　大曆十年二月京兆神策昭應婦人張氏產一男二女　貞元八年二月許州人李鈞兒持杖上含元殿擊欄檻又擊殺所擒卒誅之十年四月巨人跡見常州　元和二年開紅崖冶役夫將化爲虎衆以水沃之化而不果　長慶四年四月十七日染坊作人張韶與卜者蘇玄明於柴草車內藏兵仗入宮作亂二人對食於淸思殿是日禁軍誅張韶等三十七人　寶曆二年十二月延州人賀文妻產三男　太和九年京師訛言鄭注爲主上合金丹須小兒心肝密旨捕小兒或相告云某處失幾兒人家扃鎖小兒甚密上恐遣中使喻之乃止　開成二年十二月二十八日狂人劉德廣入含元殿詔付京兆府杖殺之　隋末有謠云桃李子洪水繞楊山煬帝疑李氏有受命之符故誅李金才後李密據洛口倉以應其讖　隋文時自長安故城東南移於唐興村置新都今西內承天門正當唐興村門今有大槐樹柯枝森鬱卽村門樹也有司以行列不正將去之文帝曰高祖嘗坐此樹下不可去也　調露中高宗欲封嵩山累草儀注有事不行有謠曰不畏登不得但恐不得登三度徵兵馬旁道打騰騰高宗至山下遘疾還宮而崩　永徽末里歌有桑條韋也女時韋也樂及神龍中韋后用事鄭愔作桑條歌十篇上之　龍朔中俗中飲酒令曰子母去離連臺拗倒俗謂盃盤爲子母又名盤爲臺卽中宗廢於房州之應也時里歌有突厥鹽及則天遣尙書閻知微送武延秀立知微爲可汗挾之入寇　如意初里歌云黃麞黃麞草裏藏彎弓射爾傷後契丹李萬榮叛陷營州則天令總管曹仁師王孝傑等將兵百萬討之大敗於黃麞契丹乘勝至趙郡　垂拱已後東都有契苾兒歌皆淫豔之嗣後張易之兄弟有內嬖易之小字契苾　元和小兒謠云打麥打麥三三三乃轉身曰舞了也及武元衡爲盜所害是元和十年六月三日五行傳所謂詩妖皆此類也　上元中爲服令九品已上佩刀礪等袋紛帨爲魚形結帛作之爲魚像鯉强之意也則天時此制遂絕景雲後又佩之張易之爲母阿臧爲七寶帳有魚龍鸞鳳之形仍爲象牀犀簟則天令鳳閣侍郎李迥秀妻之迥秀不獲已然心惡其老薄之阿臧怒出迥秀爲定州刺史中宗女安樂公主有尙方織成毛裙合百鳥毛正看爲一色旁看爲一色日中爲一色影中爲一色百鳥之狀並見裙中凡造兩腰一獻韋氏計價百萬又令尙方取百獸毛爲韉面視之各見本獸形韋后又集鳥毛爲韉面安樂初出降武延秀蜀川獻單絲碧羅籠裙縷金爲花鳥細如絲髮鳥子大如黍米眼鼻嘴甲俱成明目者方見之自安樂公主作毛裙百官之家多效之江嶺奇禽異獸毛羽採之殆盡開元初姚宋執政屢以奢靡爲諫玄宗悉命宮中出奇服焚之於殿廷不許士庶服錦繡珠翠之服自是採捕漸息風教日淳韋庶人妹七姨嫁將軍馮太和權傾人主嘗爲豹頭枕以辟邪白澤枕以辟魅伏熊枕以宜男太和死再嫁嗣虢王及玄宗誅韋后虢王斬七姨首以獻此總言服妖也

## 舊唐書卷三十七考證

五行志時則有下體代上之痾○此言皇之不極是謂不建之咎也新書作下伐上之痾

總章二年七月益州奏六月十三夜降雨至二十日水深五尺云云○新書作冀州据本紀當從冀州

九月十八日括州暴風雨海水翻上○新書在六月

昔大戊有異木生于朝伊尹戒以修德厥妖用殄○臣德潛按尚書君奭篇乃伊尹之子陟非尹也今已改正

二十七年八月東京改作明堂訛言官取小兒埋明堂下以爲厭勝云云○臣德潛按前文俱志水溢此條不類也入訛言類中爲合

上元三年楚州刺史崔侁獻定國寶十三其四曰西王母白環二所在處外國歸伏六曰如意寶珠形如鷄卵○臣德潛按此明闕第五寶也据通鑑五曰碧色寶圖而有光新書亦沿舊志闕第五寶

元和二年開紅崖冶○新書作洪崖冶

長慶四年四月十七日染坊作人張韶一條○已載天文志災異中此重見

# 舊唐書卷三十八

後晉司空同中書門下平章事劉　昫撰

## 志第十八

### 地理一

王者司牧黎元方制天下列井田而底職貢分縣道以控華夷雖皇墳帝典之殊塗禹貢周官之異制其於建侯胙土頒瑞剖符外湊百蠻內親九牧古之元首咸有意焉然子弟受封周室竟貽於衰削郡縣爲理秦人不免於敗亡蓋德業有淺深制置無工拙殷周未爲得秦漢未爲非摭實而言在哲后守成而已謹詳前代隆平

之時校今日耗登之數存諸戶籍以志休期昔秦并天下裂地爲四十九郡郡置守尉以御史監之其地西臨洮而北沙漠東縈南帶皆際海濱漢興以秦郡稍大析置郡國武帝斥越攘胡土宇彌廣哀平之季凡郡國百有三縣千三百一十四道三十二侯國二百四十一而漢地東西九千三百二里南北一萬三千三百六十八里後漢郡國百有五縣道侯國千一百八十六亦如西京之制置十三州刺史以充郡守其地廣袤亦如前制曹魏之時三分鼎峙淮漢之間鞠爲鬬壤洎太康混一尋陷胡戎南北分爭何暇疆理三百年間廢置不一及隋氏平陳寰區一統大業三年改州爲郡亦如漢制置司隸刺史以糺郡守大凡隋簿郡百九十縣一千二百五十五戶八百九十萬七千五百三十六口四千六百一萬九千九百五十六其地東西九千三百里南北一萬四千八百一十五里東南皆際大海西至且末北至五原隋氏之極盛也及大業季年羣盜蜂起郡縣淪陷戶口減耗高祖受命之初改郡爲州太守並稱刺史其緣邊鎮守及襟帶之地置總管府以統軍戎至武德七年改總管府爲都督府自隋季喪亂羣盜初附權置州郡倍於開皇大業之間貞觀元年悉令併省始於山河形便分爲十道一曰關內道二曰河南道三曰河東道四曰河北道五曰山南道六曰隴右道七曰淮南道八曰江南道九曰劍南道十曰嶺南道至十三年定簿凡州府三百五十八縣一千五百五十一至十四年平高昌又增二州六縣自北殄突厥頡利西平高昌北踰陰山西抵大漠其地東極海西至焉耆南盡林州南境北接薛延陁界凡東西九千五百一十里南北萬六千九百一十八里高宗時平高麗百濟遼海已東皆爲州俄而復叛不入提封景雲二年分天下郡縣置二十四都督府以統之議者以權重不便尋亦罷之開元二十一年分天下爲五十道每道置採訪使檢察非法如漢刺史之職

京畿採訪使（理京師城內）都畿（理東都城內）關內（以京官遙領）河南（理汴州）河東（理蒲州）河北（理魏州）隴右（理鄯州）山南東道（理襄州）山南西道（理梁州）劍南（理益州）淮南（理揚州）江南東道（理蘇州）江南西道（理洪州）黔中（理黔州）嶺南（理廣州）又於邊境置節度經略使式遏四夷（凡節度使十經略守捉使三）大凡鎮兵四十九萬人戎馬八萬餘疋每歲經費衣賜則千二十萬疋段軍食則百九十萬石大凡千二百一十萬（開元已前每年邊用不過二百萬天寶中至於是數）

安西節度使撫寧西域統龜茲焉耆于闐疏勒四國（安西都護府治所在龜茲國城內管戍兵二萬四千人馬二千七百疋衣賜六十二萬疋段焉耆治所在安西府東八百里于闐在安西府南二千里疏勒在安西府西二千餘里）北庭節度使防制突騎施堅昆斬啜管瀚海天山伊吾三軍（北庭節度使所治在北庭都護府管兵二萬人馬五千疋衣賜四十八萬疋段突騎施牙帳在北庭府西北三千餘里堅昆斬在北庭府北七千里東北去斬啜千七百里瀚海軍在北庭府城內管兵萬二千人馬四千二百疋天山軍在西州城內管兵五千人馬五百疋伊吾軍在伊州西北三百里甘露川管兵三千人馬三百疋）河西節度使斷隔羌胡統赤水大斗建康寧寇玉門墨離豆盧新泉等八軍張掖交城白亭三守捉（河西節度使治在涼州管兵七萬三千人馬萬九千四百疋衣賜歲百八十萬疋段赤水軍在涼州城內管兵三萬三千人馬萬三千疋大斗軍在涼州西二百餘里管兵七千五百人馬四千四百疋建康軍在涼州西百二十里管兵五千三百人馬五百疋寧寇軍在涼州東北千餘里玉門軍在肅州西二百里管兵五千二百人馬六百疋墨離軍在瓜州西北千里管兵五千人馬四百疋豆盧軍在沙州城內管兵四千三百人馬四百疋新泉軍在會州西北二百餘里管兵千人張掖守捉在涼州南二百里管兵五百人交城守捉在涼州西二百里管兵千人白亭守捉在涼州西北五百里管兵千七百人）朔方節度使捍禦北狄統經略豐安定遠西受降城東受降城安北都護振武等七軍府（朔方節度使治靈州管兵六萬四千七百人馬四千三百疋衣賜二百萬疋段經略軍理靈州城內管兵二萬七百人馬三千疋豐安軍在靈州西黃河外百八十里管兵八千人馬千三百疋定遠城在靈州東北二百里黃河外管兵七千人馬三千疋西受降城在豐州北黃河外八千里管兵七千人馬千七百疋安北都護府治在中受降城黃河北岸管兵六千人馬二千疋東受降城在勝州東北二百里管兵七千人馬千七百疋振武軍在單于東都護府城內管兵九千人馬千六百疋）河東節度使掎角朔方以禦北狄統天兵大同橫野岢嵐等四軍忻代嵐三州雲中守捉（河東節度使治太原府管兵五萬五千人馬萬四千疋衣賜歲百二十六萬疋段軍糧五十萬石天兵軍理太原府城內管兵三萬人馬五千五百疋雲中守捉在單于府西北二百七十里管兵七千七百人馬二千疋大同軍在代州北三百里管兵九千五百人馬五千五百疋橫野軍在蔚州東北一百四十里管兵三千人馬千八百疋忻州在太原府北百八十里管兵七千八百人代州至太原府五百里管兵四千人嵐州在太原府西北二百五十里管兵三千人岢嵐軍在嵐州北百里管兵一千人）范陽節度使臨制奚契丹統經略威武清夷靜塞恒陽北平高陽唐興橫海等九軍（范陽節度使理幽州管兵九萬一千四百人馬六千五百疋衣賜八十萬疋段軍糧五十萬石經略軍在幽州城內管軍三萬人馬五千四百疋威武軍在檀州城內管兵萬人馬三百疋清夷軍在嬀州城內管兵萬人馬三百疋靜塞軍在薊州城內管兵萬六千人馬五百疋恒陽軍在恒州城東管兵三千五百人北平軍在定州城西管兵六千人高陽軍在易州城內管兵六千人唐興軍在莫州城內管兵六千人橫海軍在滄州城內管兵六千人）平盧軍節度使鎮撫室韋靺鞨統平盧盧龍二軍榆關守捉安東都護府（平盧軍節度使治在營州管兵萬七千五百人馬五千五百疋平盧軍在營州城內管兵萬六千人馬四千二百疋盧龍軍在平州城內管兵萬人馬三百疋榆關守捉在營州城西四百八十里管兵三百人馬百疋安東都護府在營州東二百七十里管兵八千五百人馬七百疋）隴右節度使以備羌戎統臨洮河源白水安人振威威戎莫門寧塞積石鎮西等九軍綏和合川平夷三守捉（隴右節度使在鄯州管兵七萬人馬六百疋衣賜二百五十萬疋段臨洮軍在鄯州城內管兵萬五千人馬八千疋河源軍在鄯州西百二十里管兵四千人馬六百五十疋白水軍在鄯州西北二百三十里管兵四千人馬五百疋安人軍在鄯州界星宿川西兵萬人馬三百五十疋振威軍在鄯州西三百里管兵千人馬五百疋威戎軍在鄯州西北三百五十里管兵千人馬五十疋綏和守捉在鄯州西南二百五十里管兵千人合川守捉在鄯州南百八十里管兵千人莫門軍在洮州城內管兵五千五百人馬二百疋寧塞軍在鄯州城內管兵五百人馬五十疋積石軍在鄯州西百八十里管兵七千人馬三百疋鎮西軍在河州城內管兵萬一千人馬三百疋平夷守捉在河州西南四千里管兵三千人）劍南節度使西抗吐蕃南撫蠻獠統團結營及松維蓬恭雅黎姚悉等八州兵馬天寶平戎昆明寧遠澄川南江等六軍鎮（劍南節度使治在成都府管兵三萬九百人馬二千疋衣賜八十萬疋段軍糧七十萬石團結營在成都府城內管兵萬四千人馬千八百疋翼州管兵五百人茂州管兵三百人維州管兵五百人大寶軍在恭州東南九十里管兵千人柘州管兵五百人松州管兵二千八百人平戎城在恭州南八十里管兵千人雅州管兵四百人當州管兵五百人黎州管兵千人昆明軍在嶲州南管兵五千二百人馬二百疋寧遠城在嶲州西管兵三百人姚州管兵三百人澄州守捉在姚州東六百里管兵二千人悉州管兵五千人南江郡管兵三百人）嶺南五府經略使綏靜夷獠統經略清海二軍桂管容管安南邕管四經略使（五府經略使治在廣州管兵萬五千四百人輕稅本鎮以自給經略軍在廣州城內管兵五千四百人清海軍在思州城內管兵二千人桂管經略使治桂州管兵千人容管經略使治容州管兵千一百人安南經略使治安南都護府即交州管兵四千二百人邕管入經略使管兵七百人）長樂經略使（福州刺史領之管兵千五百人）東萊守捉（萊州刺史領之管兵千人）東牟守捉（登州刺史領之管兵千人）

至德之後中原用兵刺史皆治軍戎遂有防禦團練制置之名要衝大郡皆有節度之額寇盜稍息則易以觀察之號東都畿汝防禦觀察使（領汝州東都留守兼之）河陽三城節度使（治孟州領孟懷二州）宣武軍節度使（治汴州管汴宋亳潁四州）義成軍節度使（治滑州管滑鄭濮三州）忠武軍節度使（治許州管許陳蔡三州）天平軍節度使（治鄆州管鄆齊曹棣四州）兗海節度使（治兗州管兗海沂密四州）武寧軍節度使（治徐州管徐泗濠宿四州）平盧軍節度使（治青州管淄青登萊四州）陝州節度使（治陝州管陝虢二州）潼關防禦鎮國軍使（華州刺史領之）同州防禦長春宮使（同州刺史領之）鳳翔隴節度使（治鳳翔府管鳳翔府隴州）邠寧節度使（治邠州管邠寧慶鄜坊丹延衍等州）涇原節度使（治涇州管涇原渭武四州）朔方節度使（治靈州管鹽夏綏銀宥豐會麟勝單于府等州）河中節度使（治河中府管蒲晉絳慈隰等州）昭義軍節度使（治潞州領潞澤邢洺磁五州）河東節度使（治太原府管汾遼沁嵐石忻憲等州）大同軍防禦使（雲州刺史領之管雲蔚朔三州）魏博節度使（治魏州管魏貝博相澶衛六州）義昌軍節度使（治滄州管滄景德三州）成德軍節度使（治恒州領恒趙冀深四州）義武軍節度使（治定州領易祁二州）幽州節度使（治幽州管涿幽瀛莫檀薊平營嬀順等十州）山南西道節度使（治興元府管開通渠與集鳳洋蓬利璧巴閬果金商等州）山南東道節度使（治襄州管襄復均房鄧唐隨郢等州元和中淮蔡用兵析鄧唐二州別立一節度）荊南節度使（治江陵府管歸夔峽忠萬澧朗等州使親王領之）劍南西川節度使（治成都府管彭蜀漢眉嘉資簡維茂黎雅松伏文龍戎翼邛嶲姚柘恭當悉奉疊靜等州使親王領之）劍南東川節度使（治梓州管梓綿劍普榮遂合渝瀘等州）武昌軍節度使（治鄂州管鄂岳黃安申光等州）淮南節度使（治揚州管揚楚滁和舒壽廬等州使親王領之）浙江西道節度使（治潤州管潤蘇常杭湖等州或爲觀察使）浙江東道節度使（治越州管越衢婺溫台福明等州或爲觀察使）福建觀察使（治福州管福建泉江漳等州）宣州觀察使（治宣州管宣歙池等州）江南西道觀察使（治洪州管洪饒吉江袁信虔撫等州喪亂後時升爲節度使）湖南觀察使（治潭州管潭衡郴連道永邵等州）黔中觀察使（治黔州管涪溪思費辰錦番施珍夷業奏南無等州）嶺南東道節度使（治廣州管廣韶循岡恩春賀朝端藤康封瀧高義新勤竇等州）嶺南西道桂管經略觀察使（治桂州管桂韶蒙富梧潯龔鬱林平琴賓澄繡象柳融等州）邕管經略使（治邕州管邕桂黨橫田嚴山立羅潘等州）容管經略使（治容州管容辯白牢欽巖禺湯瀼古等州）安南都護節度使（治安南府管交武峩川粵芝愛日福祿州長峯陸廉雷籠環崖儋振瓊萬安等州）上元年後河西隴右州郡悉陷吐蕃大中咸通之間隴右遺黎始以地圖歸國又析置節度秦州節度使（治秦州管秦成階等州）涼州節度使（治涼州管西洮鄯臨河等州）瓜沙節度使（治沙州管沙瓜甘肅蘭伊岷廓等州）乾符之後天下亂離禮樂征伐不自朝廷禹迹九州瓜分鼎割或併或析不可備書今舉天寶十一載地理唐土東至安東府西至安西府南至日南郡北至單于府南北如前漢之盛東則不及西則過之（漢地東至樂浪玄菟今高麗渤海是也今在遼東非唐土也漢境西至燉煌郡今沙州是唐土又龜茲是西過漢之盛也）開元二十八年戶部計帳凡郡府三百二十有八縣千五百七十有三羈縻州郡不在此數戶八百四十一萬二千八百七十一口四千八百四十四萬三千六百九應受田一千四百四十萬三千八百六十二頃一十三畝雖未盈兩漢之數晉魏以來斯爲盛矣永泰之後河朔隴西淪於寇盜元和掌計之臣嘗爲版簿二方不進戶口莫可詳知今但自武德已來備書廢置年月其前代沿革畧載郡邑之端俾職方之臣不殆於顧問耳

十道郡國

關內道一　河南道二

關內道

京師　秦之咸陽漢之長安也隋開皇二年自漢長安故城東南移二十里置新都今京師是也城東西十八里一百五十步南北十五里一百七十五步皇城在西北隅謂之西內正門曰承天正殿曰太極太極之後殿曰兩儀內別殿亭觀三十五所京師西有大明興慶三宮謂之三內有東西兩市都內南北十四街東西十一街街分一百八坊坊之廣長皆三百餘步皇城之南大街曰朱雀之街東五十四坊萬年縣領之街西五十四坊長安縣領之京兆尹總其事東內曰大明宮在西內之東北高宗龍朔二年置三門曰丹鳳正殿曰含元含元之後曰宣政宣政左右有中書門下二省弘文史二館高宗已後天子常居東內別殿亭觀三十餘所南內曰興慶宮在東內之南隆慶坊本玄宗在藩時宅也自

東內達南內有夾城複道經通化門達南內人主往來兩宮人莫知之宮之西南隅有花蕚相輝勤政務本之樓禁苑在皇城之北苑城東西二十七里南北三十里至灞水西連故長安城南連京城北枕渭水苑內離宮亭觀二十四所漢長安故城東西十三里亦隸入苑中苑置西南監及總監以掌種植

京兆府　隋京兆郡領大興長安新豐南鄭華陰藍田鄠盩厔始平武功上宜醴泉涇陽雲陽三原宜君同官華原富平萬年高陵二十二縣武德元年改爲雍州改大興爲萬年萬年爲櫟陽分櫟陽置平陽以渭南縣屬華州分醴泉置溫秀縣分雲陽置石門縣二年分萬年置芷陽縣分藍田置白鹿縣分涇陽始平置咸陽縣分高陵置鹿苑縣改平陵爲粟邑縣分醴泉置好時縣分盩厔置終南縣二年改白鹿爲寧人縣分藍田置玉山縣分始平置醴泉縣仍分武功好時盩厔扶風四縣置稷州分溫秀石門二縣置泉州四年改三原爲池陽五年復以華州之渭南來屬六年改池陽爲華池縣七年廢芷陽入萬年縣貞觀元年廢鹿苑入高陵縣廢寧人玉山入藍田縣改雲陽爲池陽縣改華池爲三原縣廢稷州以武功好時盩厔三縣來屬八年廢粟邑入櫟陽縣廢終南入盩厔縣廢雲陽入池陽縣仍改池陽爲雲陽縣廢上宜入岐州之岐陽縣十七年罷宜州以華原同官二縣來屬二十年又置宜君縣永徽二年廢宜君縣乾封元年置明堂乾封二縣咸亨元年置美原縣文明元年置奉天縣天授元年改雍州爲京兆郡其年復舊二年分始平武功奉天盩厔好時等縣置稷州雲陽涇陽醴泉三原富平美原等縣置宜州大足元年罷以鴻宜鼎稷四州依舊爲縣以始平等十七縣還隸雍州長安二年廢乾封明堂二縣景龍二年以邠州之永壽商州之安業二縣來屬景雲元年復以永壽屬邠州安業隸商州開元元年改雍州爲京兆府復隋舊名四年改同州蒲城縣爲奉先縣仍隸京兆府天寶元年以京師爲西京七載置貞符縣十一年廢舊領縣十八戶口二十萬七千六百五十九十二萬三千三百二十天寶領縣二十三戶三百九十六萬二千九百二十一口一十六萬七千一百東京八十八府理京城之光德坊去八百里

萬年　隋大興縣武德元年改爲萬年乾封元年分置明堂縣治永樂坊長安三年廢復併萬年天寶七載改爲咸寧乾元元年復舊也　長安　隋縣乾封元年分爲乾封縣治懷直坊長安三年廢復併長安　藍田　隋縣　渭南　隋縣武德元年屬華州五年復隸雍州天授二年置鴻州分渭南置鴻門縣凡領渭南慶山高陵櫟陽鴻門五縣尋廢鴻門縣還入渭南大足元年廢鴻州入雍州也　昭應　隋新豐縣治古新豐城北垂拱二年改爲慶山縣神龍元年復爲新豐天寶二年分新豐萬年置會昌縣七載省新豐縣改會昌爲昭應治溫泉宮之西北　三原　隋縣武德四年移治清父南故任城改爲池陽縣六年又移故所改爲華池縣仍分置三原縣屬北泉州貞觀元年廢三原縣仍改華池縣屬三原縣屬雍州九年置高祖獻陵於縣之東南天授元年改隸鼎州大足元年隸京兆府　富平　隋縣天授二年隸宜州大足元年州廢還隸雍州景雲二年置中宗房陵於縣界　櫟陽　隋萬年縣武德元年改爲櫟陽二年分置粟邑縣貞觀八年廢粟邑併櫟陽天授三年隸鴻州大足元年還隸雍州　咸陽　隋廢縣武德二年復分涇陽置初治鮑橋其年移治杜郵天授二年則天以其母順陵在其界升爲赤神龍初復　高陵　隋縣天授二年隸鴻州大足元年還雍州　涇陽　隋縣天授二年隸鼎州大足元年還雍州　醴泉　隋寧夷縣後廢貞觀十年置昭陵於九嵕山因析雲陽咸陽二縣置醴泉縣天授元年改隸鼎州大足元年還雍州寶應二年又置肅宗建陵在縣北之甕山　雲陽　隋縣武德元年分置石門縣三年於石門縣置泉州領石門溫秀二縣貞觀元年廢泉州改石門爲雲陽改雲陽爲池陽並屬雍州八年廢雲陽改池陽復名雲陽　興平　隋始平縣天授二年隸稷州大足元年還雍州景龍四年中宗送金城公主入蕃別於此因改金城縣至德二年十月改興平縣　鄠　隋縣　武功　隋縣武德三年分雍州之武功好時盩厔扶風四縣置稷州因后稷封邰爲名其年割郿州之郿鳳泉二縣來屬四年又割岐州之圍川鳳泉屬岐州以盩厔好時武功三縣屬雍州天授二年置稷州領武功始平奉天盩厔好時五縣大足元年還屬雍州　好時　武德二年分醴泉縣置因漢舊名屬雍州三年改隸稷州貞觀元年復屬雍州天授二年復隸稷州大足元年還屬雍州　盩厔　隋縣武德三年屬稷州貞觀三年還雍州天授二年屬稷州大足元年還雍州天寶元年改爲宜壽縣至德三年三月十八日復爲盩厔　奉先　舊蒲城縣屬同州開元四年以管橋陵改京兆府仍改爲奉先縣十七年制官員同赤縣寶應二年又置玄宗泰陵於縣東北　奉天　文明元年以管乾陵分醴泉置天授二年隸稷州大足元年還雍州　華原　舊宜州領華原宜君同官土門四縣貞觀十七年省宜州及土門縣以華原同官屬雍州宜君屬坊州垂拱二年改華原爲永安縣天授二年又置宜州領永安同官富平美原四縣大足元年廢宜州縣還雍州神龍元年復爲華原縣　美原　舊宜州土門縣貞觀十七年廢咸亨二年又割富平華原及同州之蒲城縣置改爲美原縣天授二年又屬宜州大足元年還雍州　同官　屬宜州貞觀十七年改屬雍州天授二年改屬宜州大足元年還屬雍州

華州上輔　隋京兆郡之鄭縣義寧元年割京兆之鄭縣華陰乃置華山郡因後魏郡名武德元年改爲華州割雍州之渭南來屬五年改渭南還雍州垂拱元年割同州之下邽來屬二年改爲太州神龍元年復舊名天寶元年改爲華陰郡乾元元年復爲華州上元元年十二月改爲太州華山爲太山寶應元年復爲華州舊領縣二戶一萬八千八百二十三口八萬八千八百三十天寶領縣三戶三萬三千一百八十七口二十一萬三千六百一十三在京師東一百八十里去東都六百七十里

鄭　隋縣　華陰　隋縣垂拱二年改爲仙掌縣天授二年分置同津縣於關口長安中廢神龍元年復爲華陰上元元年改爲太陰縣寶應元年復舊　下邽　隋縣舊屬同州垂拱元年來屬

同州上輔　隋馮翊郡武德元年改爲同州領馮翊下邽蒲城朝邑澄城白水郃陽韓城八縣三年分朝邑置河濱縣分郃陽置河西縣分澄城置長寧縣仍割河西韓城郃陽三縣於河西置西韓州九年分馮翊置臨沮縣貞觀元年省河濱臨沮二縣八年省長寧縣廢西韓州以郃陽河西二縣來屬垂拱元年割下邽屬華州開元四年割蒲城縣屬京兆府天寶元年改同州爲馮翊郡乾元元年復爲同州乾元三年以蒲州爲河中府割朝邑縣入河中府改河西縣爲夏陽縣又屬河中府舊領縣九戶五萬三千三百一十五口二十三萬二千一十六天寶領縣六戶六萬九百二十八口四十萬八千七百五十五在京師東北二百五十五里至東都六百二里

馮翊　隋縣　郃陽　隋縣　武德三年割屬西韓州貞觀八年復屬同州　白水　隋縣　澄城　隋縣　韓城　隋縣　武德七年割屬西韓州八年自河西縣移西韓州理於此領韓城郃陽河西三縣貞觀八年廢西韓州以韓城等三縣復還屬同州也　夏陽　武德三年分郃陽於此置河西縣乾元三年復爲夏陽

坊州上　隋上郡之內部縣周天和七年元皇帝作牧鄜州於此置馬坊武德二年分鄜州置坊州以馬坊爲名天寶元年改爲中部郡乾元元年復爲坊州舊領縣二戶七千五百七口一萬一千六百七十一天寶領縣四戶二萬二千四百五十八口十二萬二百八在京師東北三百四十七里去東都九百四十八里

鄜城　隋縣武德元年屬鄜州二年改屬坊州　中部　隋曰內部武德元年屬鄜州二年改爲中部屬坊州　宜君　舊屬宜州貞觀十七年廢二十五年復置屬雍州管玉華宮永徽二年復廢龍朔三年又割中部同兩縣地復置宜君縣理古役祤城北屬坊州　昇平　天寶十二年分宜君縣置

丹州下　隋延安郡之義川縣義寧元年於義川置丹陽郡武德元年改爲丹州領縣五二年於州置總管府北連北廣二州貞觀元年罷都督府天寶元年改爲咸寧郡乾元元年復爲丹州舊領縣五戶三千一百九十四口一萬七千二十天寶戶一萬五千一百五口八萬七千六百二十五在京師東北六百一十一里去東都九百二十里

義川　隋縣　汾川　隋縣治土壁堡開元二十二年移於今所　咸寧　隋縣治白水川景龍二年移治長松川　雲巖　隋廢縣武德元年復分義川縣置理迴城堡咸亨四年移治今所　門山　隋廢縣武德三年分汾川縣置治宋斯堡總章二年移治庫利川

鳳翔府　隋扶風郡武德元年改爲岐州領雍陳倉郿虢岐山鳳泉等六縣又割雍等三縣置圍川縣其年割圍川屬稷州貞觀元年廢稷州以圍川及鄜州之麟遊普潤等三縣來屬七年又置岐陽縣八年改圍川爲扶風縣省虢縣及鳳泉天授二年復置虢縣天寶元年改爲扶風郡至德二年肅宗自順化郡幸扶風郡置天興縣改雍州爲鳳翔縣並治郭下初以陳倉爲鳳翔縣乃改爲寶雞縣其年十月克復兩京十二月置鳳翔府號爲西京與成都京兆河南太原爲五京寶應元年併鳳翔縣入天興縣後罷京名舊領縣八戶二萬七千二百八十二口十萬八千三百二十四天寶領縣九戶五萬八千四百八十六口三十八萬四百六十三在京師西三百一十五里去東都一千一百七十里

天興　隋雍縣，至德二年分雍縣置天興縣，寶應元年廢雍縣併入天興　扶風　武德三年分岐山縣置圍川縣取漳川爲名俗訛改爲圍四年以圍川隸稷州貞觀元年爲扶風縣復屬岐州　寶雞　隋陳倉縣至德二年二月十五日改爲鳳翔縣其月十八日改爲寶雞　岐陽　貞觀七年割扶風岐陽二縣置至二十一年廢永徽五年復置　岐山　隋縣武德元年移治張堡七年移治龍尾城貞觀八年移治猪驛南即今治所是仍省虢縣併入　郿　隋縣義寧二年於縣界置郿城郡領郿鳳泉二縣武德元年罷郡置郇州領郿縣三年廢郇州改屬稷州七年改屬岐州　麟遊　義寧元年於仁壽宮置鳳棲郡及麟遊縣其郡領麟遊上宜普潤三縣二年改爲麟遊郡及靈臺縣仍割安定郡之鶉觚來屬武德元年改麟遊郡爲麟州貞觀元年省靈臺縣入麟遊又廢麟州以普潤麟遊二縣隸岐州上宜隸雍州鶉觚隸涇州太宗改仁壽宮爲九成宮　普潤　隋縣本屬麟州貞觀元年來屬　虢　隋縣貞觀八年廢入岐山縣天授二年復分岐山置虢縣

邠州上　隋北地郡之新平縣義寧二年割北地郡之新平三水二縣置新平郡武德元年改爲邠州二年分新平置永壽縣貞觀二年又分新平置宜祿縣開元十三年改豳爲邠天寶元年改爲新平郡乾元元年復爲邠州舊領縣四戶一萬五千五百三十四口六萬四千八百一十九天寶戶二萬二千九百七十七口十三萬五千二百五十去京師西北四百九十三里至東都一千一百三十二里

新平　隋縣　三水　隋縣　永壽　武德二年分新平置神龍三年改屬雍州景龍元年復屬邠州　宜祿　貞觀二年分新平置宜祿縣後魏廢縣名

涇州上　隋安定郡武德元年討平薛仁杲改名涇州天寶元年復爲安定郡乾元元年復爲涇州舊領縣五戶八千七百七十三口三萬五千九百二十一天寶戶三萬一千三百六十五口十八萬六千八百四十九在京師西北四百九十三里至東都一千三百八十七里

安定　隋縣　靈臺　隋鶉觚縣天寶元年改爲靈臺　良原　隋陰盤縣天寶元年改爲潘源縣界有潘原廢縣　臨涇　隋縣

隴州上　隋扶風郡之汧源縣義寧二年置隴東郡領縣五武德元年改爲隴州以南由縣屬含州四年廢含州復以南由來屬天寶元年改爲汧陽郡乾元元年復爲隴州舊領縣五戶四千五百七十一口一萬八千六百三天寶戶二萬四千六百五十二口十萬一百四十八在京師西四百九十六里去東都一千三百二十五里

汧源　隋縣　汧陽　隋縣　南由　隋縣武德元年置含州於此領南由一縣四年廢含州以縣屬隴州　吳山　隋長蛇縣貞觀元年改爲吳山縣治槐衙堡上元元年移治龍盤城　華亭　隋縣　垂拱二年改亭川神龍元年復舊

寧州上　隋北地郡義寧元年領定安羅川襄樂彭原新平三水六縣二年分定安置歸義縣以新平三水屬新平郡武德元年改北地郡爲寧州其年以彭原縣屬彭州三年分彭原置豐義縣屬彭州又分定安置平定縣貞觀元年廢彭州以彭原豐義二縣來屬仍於寧州置都督府四年罷都督府十七年廢歸義縣天寶元年改爲彭原郡乾元元年復爲寧州舊領縣七戶一萬五千四百九十一口六萬六千一百三十五天寶領縣六戶三萬七千一百二十一口二十二萬四千八百三十七在京師西北四百四十六里至東都一千三百二十四里

定安　隋縣　彭原　隋縣武德元年置彭州領彭原一縣二年分置豐義縣貞觀元年廢彭州以縣來屬寧州　貞寧　隋羅川縣天寶元年改爲貞寧　定平　武德二年分定安縣置貞觀十七年廢歸義縣併入定平　襄樂　隋縣　豐義　武德二年分彭原縣置屬彭州貞觀元年彭州來屬

原州中都督府　隋平京郡武德元年平薛仁杲置原州貞觀五年置都督府管原慶會銀亭達要等七州十年省亭達要三州唯督四州天寶元年改爲平京郡乾元元年復爲原州舊領縣三戶二千四百四十三口一萬五百一十二天寶領縣四戶七千三百四十九口三萬三千一百四十六在京師西北八百里至東都一千六百四十五里

平高　隋縣　平京　隋縣治陽音川開元五年移治古塞城　百泉　隋縣　蕭關　貞觀六年置緣州領突厥降戶寄治於平高縣界地樓城高宗時於蕭關置地犍縣神龍元年廢地犍縣置蕭關縣大中五年置武州

慶州中都督府　隋弘化郡武德元年改爲慶州領合水樂蟠三泉馬嶺弘化五縣三年改三泉爲同川縣六年置總管府改合水爲合川縣又置白馬蟠交二縣七年改總管爲都督府貞觀元年廢都督府及合川縣仍割林州之華池縣來屬二年置洛原縣四年復置都督府及北永州以洛原屬北永州五年又罷都督府以慶州隸原州都督府八年又以廢永州之洛原縣來屬開元四年復置都督府二十六年昇爲中都督府天寶元年改爲安化郡至德元年改爲順化郡乾元元年改爲慶州舊領縣八戶七千九百一十七口三萬五千一十九天寶領縣十戶二萬三千九百四十九口一十二萬四千三百三十六在京師西北五百七十三里至東都一千四百一十里

安化　隋弘化縣治弘州故城武德六年移治今所與合水縣俱在州治其年改合水爲合川縣貞觀元年省合川縣併入神龍元年改爲安化縣　樂蟠　義寧元年分合水縣置武德六年分合水置蟠交縣天寶元年廢併入合水　馬嶺　隋縣治天家堡貞觀八年移理新城以縣西有馬嶺坂　方渠　景龍元年分馬嶺置　同川　義寧二年廢北永州分寧州彭原置於三泉縣故城武德三年復治同州城改爲同川縣　洛源　隋縣大業十二年爲胡賊所破因廢貞觀二年復置又自延州金城縣移北永州治於此八年永州廢復以洛源縣屬慶州　延慶　武德六年分合水縣置白馬縣天寶元年改爲延慶縣　華池　隋舊縣大業十三年爲胡賊所破縣廢武德四年復置又於此置林州總管府管永州其林州領華池一縣五年改永州爲北永州七年罷林州總管府貞觀元年廢林州華池隸慶州　懷安　開元十年檢括逃戶置因名懷安

芳池州都督府　寄在慶州懷安縣界管小州十靜獯王濮林尹位長寶寧葩党項野利氏種落

安定州都督府　寄在慶州界管小州七党橋烏西戎州野利州米州還州

安化州都督府　寄在慶州界管小州七永利州威州旭州莫州西滄州儒州琮州

鄜州上　隋上郡武德元年改爲鄜州領洛交洛川三川伏陸內部鄜城六縣二年以內部鄜城隸坊州三年置直羅縣貞觀二年置都督府六年又改爲大都督府九年復爲都督府天寶元年改爲洛交郡乾元元年復爲鄜州舊領縣五戶一千七百三口五萬一千二百一十六天寶戶二萬三千四百八十三口十五萬三千七百十四在京師東北五百里至東都九百二十五里

洛交　隋縣　洛川　隋縣　三川　隋縣以華池水黑水洛水三水會同因名　直羅　武德三年分三川洛交於直羅城置以城枕羅水其川平直故也　甘泉　武德元年分洛交縣置伏陸縣天寶元年改爲甘泉縣

延州中都督府　隋延安郡武德元年改爲延州總管府領膚施豐林延川三縣管南平北武東夏三州四年又管丹廣達三州貞觀元年罷都督府開元二年復置都督府領丹綏渾等州天寶元年改爲延安郡乾元元年復爲延州舊領縣九戶九千三百四口一萬四千一百七十六天寶戶一萬八千九百五十四口十萬四十在京師東北六百三十一里至東都一千一百五十一里

膚施　隋縣分豐林金門二縣置　延長　隋廢縣武德二年復於此置北連州領義鄉齊明二縣貞觀一年廢北連州及義鄉齊明二縣併入延安廣德二年改爲延長縣　臨眞　隋縣武德初屬東夏州貞觀二年州廢來屬　敷政　隋固城縣武德二年移治於金城鎮改爲金城縣又於界內置永州領金城洛盤新昌士堤四縣貞觀四年移永州於洛源縣八年廢樂盤等三縣併入金城屬延州天寶元年改金城爲敷政　金明　隋廢縣武德二年置北武州領開遠金義崇德永定安義五縣復分膚施置金明縣貞觀二年廢北武州以開遠等五縣併入金明縣　豐林　隋舊縣武德四年於此僑置雲州及雲中榆林龍泉三縣八年廢雲州及三縣以龍泉併入臨眞以雲中榆林併入豐林　延水　武德二年分延川縣置西和州領安人脩文桑原三縣貞觀二年廢西和州以脩文桑原併入安人屬北基州八年廢北基州入延川二十三年改爲弘風縣神龍元年改爲延水　延川　隋舊縣武德二年置南平州領義門縣四年廢南平州及縣併入延川　延昌　武德二年置北平州貞觀三年廢十年於廢州置罷交縣天寶元年改名爲延昌縣

渾州　寄治延安郡界隸延州節度使

綏州下　隋雕陰郡武德三年於延州豐林縣置綏州總管府領西和南平北基銀雲貞上殄北吉匡龍等十一州其綏州領上斌城平綏德延福五縣六年移治所於延州延川縣界七年又移治平城縣界魏廢平城貞觀二年平梁師都罷都督府移州治上縣天寶元年改爲上郡乾元元年復爲綏州舊領縣五戶三千一百六

十三口一萬六千一百二十九天寶戶一萬八百六十七口三萬九千一百一十一在京師東北一千里至東都一千八百一十九里

龍泉　隋曰上縣天寶元年改爲龍泉　延福　隋縣武德六年置北吉州領歸義洛陽二縣羅州領石羅開善萬福三縣匡州領安定源泉二縣貞觀二年三州及縣並廢地併入延福　綏德　隋廢縣武德二年復置六年又分置雲州領信義淳義二縣龍州領風鄉義良二縣貞觀二年二州及縣俱廢地併入綏德　城平　隋舊縣武德三年又置魏平縣屬南平州又置魏州領安故安泉二縣七年又於魏平城中置綏州總管府并大斌縣貞觀二年廢南平州清州及魏平安故安泉三縣移綏州治於上縣大斌治於今所　大斌　武德七年置治魏平貞觀二年移治今所

銀州下　隋雕陰郡之儒林縣貞觀二年平梁師都置銀州隋舊名天寶元年改爲銀州郡乾元元年復爲銀州舊領縣四戶一千四百九十五口七千七百二天寶戶七千六百二口四萬五千五百二十七在京師東南一千一百三十里至東都一千五百七十九里

儒林　隋舊縣　撫寧　隋縣貞觀二年屬綏州八年改屬銀州治龍泉川開元二年移於今所　貞鄉　隋縣　開光　隋縣貞觀二年屬綏州八年改屬柘州十三年柘州廢來屬銀州

靜邊州都督府　舊治銀州界內管小州十八

歸德州　寄治銀州郡界處降党項羌

夏州都督府　隋朔方郡貞觀二年討平梁師都改爲夏州都督府領夏綏銀三州其夏州領德靜巖綠寧朔長澤四縣其年改巖綠爲朔方縣七年於德靜縣置長州都督府八年改北開州爲化州十三年廢化州及長州以德靜長澤二縣來屬天寶元年改爲朔方郡乾元元年復爲夏州舊領縣四戶二千三百二十三口一萬二百八十六天寶戶九千二百一十三口五萬三千一百四在京師東北一千一百一十里至東都一千六百八十里

朔方　隋巖綠縣貞觀二年改爲朔方縣永徽五年分置寧朔縣長安二年廢開元四年又置九年又廢還併入朔方　德靜　隋縣貞觀七年屬北開州八年改北開州爲化州十三年廢化州以縣屬夏州　寧朔　隋縣武德六年於此置南夏州貞觀二年廢　長澤　隋縣貞觀七年置長州都督府十三年廢長州縣還夏州

雲中都督府　党項部落寄在朔方縣界管小州五舍利思壁州阿史那州綽部州白登州戶一千四百三十口五千六百八十一

呼延州都督府　党項部落寄在朔方縣界管小州三賀魯州那言州跌跌州戶一百五十五口六百五

桑乾都督府　寄朔方縣界管小州四郁射州執失州畢失州叱略州戶一百七十四口一千三百二十三

定襄都督府　寄治寧朔縣界管小州四阿德州執失州蘇農州拔延州戶四百六十口一千四百六十三

達渾都督府　延陁部落寄在寧朔縣界管小州五姑衍州步訖若州嵠彈州鶻州低粟州戶一百二十四口四百九十五

安化州都督府　寄在朔方縣界戶四百八十三口二千五十三

寧朔州都督府　寄在朔方縣界戶三百七十四口二千一十七

僕固州都督府　寄在朔方縣界戶一百二十二口六百七十三

靈州大都督府　隋靈武郡武德元年改爲靈州總管府領迴樂弘靜懷遠靈武鳴沙五縣二年以鳴沙縣屬西會州貞觀四年於迴樂縣置迴環二州並屬靈武都督府十三年廢迴環二州靈州都督入靈壇二州二十年鐵勒歸附於州界置皋蘭高麗祁連三州並屬靈州都督府永徽二年廢皋蘭等三州調露元年又置魯麗塞含依契等六州總爲六胡州開元初廢復置東皋蘭燕然燕山雞田雞鹿燭龍等六州並寄靈州界屬靈州都督府天寶元年改靈州爲靈武郡至德元年七月肅宗即位于靈武升爲大都督府乾元元年復爲靈州舊領縣五戶四千六百四十口二萬一千四百六十二天寶領縣六戶一萬一千四百五十六口五萬三千一百六十三在京師西北一千二百五十里至東都二十里

迴樂　隋縣在郭下武德四年分置豐安定縣屬迴州十三年州廢併入迴樂　鳴沙　隋縣武德三年置西會州以縣屬焉貞觀六年廢西會州置環州九年廢環州縣屬靈州神龍二年移治廢豐安城　靈武　隋縣　懷遠　隋縣界有隋五原郡武德元年改爲豐州領九原縣六年州縣俱省入懷遠縣儀鳳中再築新城縣有鹽池三所　保靜　隋弘靜縣神龍元年改爲安靜至德元年改爲保靜　溫池　神龍元年置

燕然州　寄在迴樂縣界突厥九姓部落所處戶一百九十口九百七十八

雞鹿州　寄在迴樂縣界突厥九姓部落所處戶一百三十二口五百五十六

雞田州　寄在迴樂縣界突厥九姓部落所處戶一百四口四百六十九

東皋蘭州　寄在鳴沙界九姓所處戶一千三百四十二口五千一百八十二

燕山州　在溫池縣界亦九姓所處戶四百三十口二千一百七十六

燭龍州　在溫池界亦九姓所處戶一百一十七口三百五十三

鹽州下　隋鹽州郡武德元年改爲鹽州領五原興寧二縣其年移州及縣寄治靈州四年省興寧入五原縣貞觀元年廢鹽州五原縣入靈州二年平梁師都復於舊城置鹽州及五原興寧二縣隸夏州都督府其年改爲靈州都督府天寶元年改爲五原郡乾元元年改爲鹽州永泰元年十一月升爲都督府元和八年隸夏州舊領縣二戶九百三十二口三千九百六十九天寶戶二千九百二十九口一萬六千六百六十五在京師西北一千一百里至東都二千一十里

五原　隋縣武德元年寄治靈州貞觀元年省二十年復置　興寧　龍朔三年置

豐州下　隋文帝置後廢貞觀四年以突厥降附置豐州都督府不領縣唯領蕃戶二十一年廢地入靈州二十三年又改豐州天寶元年改爲九原郡乾元元年復爲豐州領縣二戶二千八百一十三口九千六百四十一在京師北二千二百六里至東都三千四十四里

九原　永徽四年置　永豐　隋縣武德六年省永徽元年復置

會州上　隋會寧鎮武德二年討平李軌置西會州天寶元年改爲會寧郡乾元元年復爲會州永泰元年昇爲上州領縣二戶四千五百九十四口二萬六千六百六十二去京師一千一百里至東都二千一百里

會寧　隋涼川縣武德二年改會寧　烏蘭　後周縣置在會寧關東南四里天授二年移於關東北七里

宥州　露調初六胡州也長安四年併爲匡長二州神龍三年置蘭池都督府仍置六縣以隸之開元十年復分爲魯麗契塞四州十一年克定康待賓後遷其人於河南江淮之地十八年又爲匡長二州二十六年自江淮放迴胡戶於此置宥州及延恩懷德歸仁三縣天寶元年改爲寧朔郡至德二年又改爲懷德郡都督府乾元元年復爲宥州寶應後廢元和九年復於經略軍置宥州郭下置延恩縣十五年移治長澤縣爲吐蕃所破長慶四年夏州節度使李祐復置領縣三戶七千八十三口三萬二千六百五十二去京師二千一百里去東都三千一百九十里

延恩　開元二十六年以廢匡州置後隋州移徙歸仁舊蘭池州之長泉縣開元二十六年置歸仁縣　懷德　開元二十二年以廢塞門縣置

勝州下都督府　隋置勝州大業爲榆林郡武德中平梁師都復置勝州天寶元年復爲榆林郡乾元元年復爲勝州領縣二戶四千一百八十七口二萬九百五十二去京師一千八百三十里至東都一千九百五里

榆林　隋舊　河濱　隋榆林郡地貞觀三年置雲州于河濱因置河濱縣四年改爲威州八年廢河濱屬勝州

麟州下　天寶元年王忠嗣奏請割勝州連谷銀城兩縣置麟州其年改爲新秦郡乾元元年復爲麟州領縣三戶二千四百二十八口一萬九百三去京師一千四百四十里至東都一千九百五里

新秦　天寶元年分連谷銀城二縣地置　連谷　舊屬勝州天寶元年來屬　銀城　舊屬勝州天寶元年來屬

安北大都護府　開元十年分豐勝二州界置蒲海都護府總章中改爲安北大都護府北至陰山七十里至迴紇界七百里舊領縣一戶二千六口七千四百九十八去京師二千七百里至東都二千九百里在黃河之北

陰山　天寶元年置

## 河南道

東都　周之王城平王東遷所都也故城在今苑內東北隅自赧王已後及東漢魏文晉武皆都於今故洛城隋大業元年自故洛城西移十八里置新都今都城是也北據邙山南對伊闕洛水貫都有河漢之象都城南北十五里二百八十步東西十五里七十步周圍六十九里三百二十步都內縱橫各十街街分一百三坊二市每坊縱橫三百步開東西二門宮城在都城之西北隅城東西四里一百八十步南北二里一十五步宮城有隔城四重正門曰應天正殿曰明堂明堂之西有武成殿即正衙聽政之所也宮內別殿臺館三十五所上

陽宮在宮城之西南隅南臨洛水西拒穀水東卽宮城北連禁苑宮內正門正殿皆東向正門曰提象正殿曰觀風其內別殿亭觀九所上陽之西隔穀水有西上陽宮虹梁跨穀行幸往來皆高宗龍朔後置禁苑在都城之西東抵宮城西臨九曲北背邙阜南距飛仙苑城東面十七里南面三十九里西面五十里北面二十里苑內離宮亭觀一十四所

河南府　隋河南郡武德四年討平王世充置洛州總管府領洛鄭熊穀嵩管伊汝管九州洛州領河南洛陽偃師鞏陽城緱氏嵩陽陸渾伊闕等九縣其年十一月罷總管府置陝東道大行臺九年罷行臺置洛州都督府領洛懷鄭汝等四州權於府置尚書省貞觀元年割穀州之新安來屬七年又割穀州之壽安來屬八年移治所於河南縣之宣範坊十八年廢都督府省緱氏嵩陽二縣顯慶二年置東都官員準雍州是年廢穀州以福昌長水永寧澠池等四縣懷州之河陽濟源溫王屋鄭州之汜水來屬龍朔二年又以許州之陽翟鄭州之密縣絳州之恒縣來屬乾封元年以恒縣隸絳州咸亨四年又置栢崖大基二縣其年省栢崖縣上元元年復置緱氏縣永淳元年復置嵩陽縣光宅元年改東都爲神都垂拱四年置永昌縣載初元年置武臨縣天授元年置武泰縣尋廢仍改鄭州之滎陽武泰來屬三年置來廷縣神龍元年改神都復爲東都廢永昌來廷二縣改武泰滎陽還鄭州先天元年置伊闕縣開元元年改洛州爲河南府二十二年置河陰縣天寶元年改東都爲東京也天寶領縣二十六戶十九萬四千七百四十六口一百一十八萬三千九十三在西京之東八百五十里

河南　隋舊武德四年權治司隸臺貞觀元年移治所於大理寺貞觀二年徙理金墉城六年移治都內之毓德坊垂拱四年分河南洛陽置永昌縣治於都內之道德坊永昌元年改河南爲合宮縣神龍元年復爲河南縣廢永昌縣三年復爲合宮縣景龍元年復爲河南縣

洛陽　隋舊武德四年權治大理寺貞觀元年徙治金墉城六年移治都內之毓德坊垂拱四年分置永昌縣天授三年又分置來廷縣治於都內之從善坊龍朔元年廢來廷縣神龍二年十一月改洛陽爲永昌縣唐隆元年七月復爲洛陽　偃師　隋縣　鞏　隋縣

緱氏　隋縣貞觀六年省上元二年七月復置　管孝敬陵舊縣治西北澗南上元中復置治所於通谷北今治是　告成　隋陽城縣武德四年割陽城嵩陽陽翟置康城縣又置嵩州治陽城貞觀元年割陽翟隸許州三年省嵩州及康城縣以陽城嵩陽屬洛州登封元年將有事嵩山改爲告成縣　登封　隋嵩陽縣貞觀十七年省永淳元年七月復置二年又廢光宅元年又置登封元年十二月改爲登封縣神龍元年二月改爲嵩陽二年十一月復爲登封　陸渾　隋縣　伊闕　隋縣　伊陽　先天元年十二月割陸渾縣置　壽安　隋縣義寧元年移治九曲城屬熊州貞觀七年移今治屬洛州長安四年立興泰宮分置興泰縣神龍元年廢併入壽安　新安　隋縣義寧二年置新安郡武德元年改爲穀州領新安澠池東垣三縣四年省東垣入新安貞觀元年移穀州治澠池新安移入廢州城改屬洛州顯慶二年十二月廢穀州以福昌新安澠池永寧并懷州之河陽濟源溫王屋鄭州汜水並隸洛州　福昌　隋宜陽縣義寧二年置宜陽郡領宜陽澠池永寧三縣又於新安縣置新安郡領新安一縣武德元年改宜陽郡爲熊州新安爲穀州割熊州之澠池又置東垣縣屬之仍改熊州之宜陽爲福昌縣三年割熊州永寧置函州四年省東垣縣八年廢函州復以永寧屬熊州貞觀元年省熊州以永寧屬穀州壽安屬洛州顯慶二年廢穀州福昌隸洛州也　澠池　隋舊治大塢城貞觀元年移穀州治所於此領福昌澠池永寧三縣三年縣南移於雙橋其年穀州又移治雙橋六年又移理於福昌顯慶二年十二月廢穀州澠池隸洛州　長水　隋長澤縣義寧元年改爲長水武德元年屬虢州貞觀元年屬穀州顯慶二年隸洛州　永寧　隋熊耳縣所治義寧二年置永寧縣治永固城屬宜陽郡武德元年改屬熊州三年移治同軌城改屬函州八年復屬熊州貞觀元年改屬穀州十四年移於今所十七年移治鹿橋顯慶元年穀州廢改隸洛州　密　隋縣武德三年置密州四年廢縣屬鄭州龍朔二年割屬洛州　河清　咸亨四年分河南洛陽新安王屋濟源河陽置大基縣先天元年改爲河清　潁陽　載初元年析河南伊闕嵩陽三縣置武臨縣開元十五年改爲潁陽　河陽　汜水　溫　河陰　已上縣會昌三年割屬孟州陽翟還許州濟源還懷州王屋還懷州

孟州上　本河南府之河南縣本屬懷州顯慶二年割屬河南府以城臨大河長橋架水古稱設險乾元中史思明再陷洛陽太尉李光弼以重兵守河陽及雍王平賊留觀軍容使魚朝恩守河陽乃以河南府之河清濟源溫四縣租稅入河陽三城使河南尹但總領其縣額尋又以汜水軍賦隸之會昌三年九月中書門下奏河陽五縣自艱難已來割屬河陽三城使其租賦色役盡歸河陽河南尹但總管名額而已使歸一統便爲定制既是雄鎭足壯三城其河陽望昇爲孟州仍爲望河陽等五縣改爲望縣尋有勅割河陰縣孟州河清還河南府時河陽節度以懷州爲理所會昌四年又割澤州隸河陽節度使仍移治所於孟州戶口籍帳入河南府

河陽　隋縣武德四年於河陽宮置盟州領河陽集城溫三縣八年廢盟州省集城入河陽縣以河陽溫屬懷州顯慶二年以河陽溫屬洛州　汜水　隋縣武德四年分置成皋縣貞觀元年省入汜水屬鄭州顯慶二年割屬洛州仍移治武牢城垂拱四年改爲廣武神龍元年復爲汜州開元二十九年移治所於武牢成皋府在縣北　河陰　開元二十年割汜水滎澤二縣置管河陽倉　溫　舊屬懷州顯慶二年割屬洛州　濟源　隋舊縣武德二年置西濟州又分置溴陽蒸川邵原三縣四年廢濟州及邵原蒸川溴陽三縣入濟源改隸懷州

鄭州　隋滎陽郡武德四年平王世充置鄭州於武牢領汜水滎澤成皋密五縣其年又於管城縣置管州領管城須水圃田清池四縣貞觀元年廢管州及須水清池二縣以廢管州之陽武新鄭四縣屬鄭州七年自武牢移鄭州理所於管城舊領縣八戶一萬八千七百九十三口九萬三千九百三十七天寶領縣七戶七萬六千六百九十四口三十六萬七千八百八十一至京師一千一百五里至東都七十里

管城　郭下隋舊　滎陽　隋縣天授二年分置武泰縣隸洛州又改滎陽爲武泰萬歲通天元年復爲滎陽尋又爲武泰神龍復　滎澤　隋舊　新鄭　隋舊　中牟　隋圃田縣武德元年改爲中牟屬汴州龍朔二年改屬鄭州　原武　隋舊

陝州大都督府　隋河南郡之陝縣義寧元年置弘農郡領陝崤桃林長水四縣二年省崤縣武德元年改爲陝州總管府管陝鼎熊函穀五州仍割長水屬虢州其年復立崤縣二年復割崤縣屬函州三年又置南韓州嵩州並屬陝府四年東都平割熊穀嵩三州屬洛州總管府其年罷洛州總管復以熊穀嵩三州來屬仍省南韓州入洛州八年廢函州以崤縣來屬貞觀元年罷都督府又以廢芮城河北二縣來屬十四年改崤縣爲峽石縣大足元年割絳州之夏縣來屬尋却還絳州天寶元年改爲陝府置軍至德二年十月收兩京乾元元年復爲陝郡因割蒲州之解安邑絳州之夏縣來屬仍改安邑爲虞邑廣德元年十月吐蕃犯京師車駕幸陝州仍以陝爲大都督府天祐初昭宗遷都洛陽駐蹕陝州改爲興德府爲次畿赤哀帝卽位省復爲大都督府舊領縣五戶二萬一千一百七十一口八萬一千九百一十九天寶領縣七戶三萬九百五十口一十七萬二千二百三十八在京師東四百九十里東至東都三百里

陝　郭下隋縣　峽石　隋崤縣義寧二年省武德元年復置二年割屬函州三年自石隖移治鴨橋八年改屬陝州十四年移治峽石隖因改爲峽石縣　靈寶　隋桃林縣天寶元年以掘得寶符改靈寶縣　芮城　隋縣武德二年置芮州領芮城河北二縣貞觀元年罷芮州以芮城河北屬陝州　平陸　隋河北縣義寧元年置安邑郡縣屬焉天寶三載太守李齊物開三門石下得戟大刃有平陸篆字因改爲平陸縣　安邑　隋爲虞州郭下置安邑縣領安邑解桐鄉四縣貞觀十七年廢虞州及桐鄉縣以安邑解縣屬蒲州夏縣屬絳州乾元元年割屬陝州改安邑爲虞邑大曆四年復爲安邑縣　夏縣　舊屬虞州貞觀十七年改隸絳州乾元元年改屬陝州安邑夏縣天寶後加管戶一萬八千五百

虢州望　漢弘農郡隋廢郡爲弘農縣屬陝州隋末復置郡義寧元年改爲鳳林郡仍於盧氏置虢郡武德元年改爲虢州改鳳林爲鼎州貞觀八年廢鼎州移虢州於今治屬河南道開元初以巡按所便屬河東道天寶元年改爲弘農郡乾元元年復爲虢州以弘農爲緊縣盧氏朱陽王城爲望縣天寶領縣六戶二萬八千二百四十九口八萬八千四十五西至京師四百三十里東至東都五百五十三里

弘農　漢縣隋廢大業三年於今湖城縣西一里置尋隨郡移於弘農川神龍元年改弘爲恒開元十六年復爲弘農州所治也　閿鄉　隋縣　湖城　漢湖縣後加城字乾元元年改爲天平縣大曆四年復爲湖城　朱陽　隋縣　王城　隋縣分盧氏置　盧氏　隋縣

汝州望　隋襄城郡武德四年平王世充改爲伊州領承休梁郟城三縣貞觀元年以廢魯州魯山縣來屬其年省梁縣仍改承休爲梁縣八年改伊州爲汝州領梁

郟城魯山三縣證聖元年置武興縣先天元年置臨汝縣開元二十六年以仙州之葉縣來屬天寶元年以許州之襄城來屬仍改爲臨汝郡乾元元年復爲汝州也舊領縣三戶三千八百八十四口一萬七千五百三十四天寶領縣七戶六萬九千三百七十四口二十七萬三千七百五十六在京師東九百八十二里至東都一百八十里

梁　隋承休縣貞觀元年改爲梁郡　郟城　隋舊縣　魯山　隋舊武德四年於縣置魯州領魯山滍陽二縣貞觀元年州廢仍置滍陽縣以魯山縣屬伊州八年改伊州爲汝州　葉　隋縣武德四年置葉州五年廢縣屬許州開元四年置仙州領葉襄城方城西平舞陽五縣二十六年廢仙州以葉屬汝州襄城舞陽屬許州方城還唐州西平屬豫州　襄城　隋舊縣武德元年於此置汝州領襄城汝墳郟城三縣貞觀元年廢汝州及汝墳州城二縣以襄城屬許州開元四年屬仙州二十六年還屬許州其年改屬汝州也　龍興　證聖元年分郟城魯山置武興神龍元年改爲中興縣其年又改爲龍興　臨汝　先天元年置貞觀八年以梁縣西界二鄉益之兼移縣於石壕驛

許州望　隋潁川郡武德四年平王世充改爲許州領長社長葛許昌繁昌黃臺德强臨潁七縣貞觀元年廢黃臺繁昌德强三縣以洧州之扶溝鄢陵汝州之襄城嵩州之陽翟北澧之葉縣來屬十三年改置都督府管許唐陳潁四州而許州領長社長葛許昌鄢陵扶溝臨潁襄城陽翟葉九縣十六年罷都督府顯慶二年割陽翟屬洛州開元四年割葉襄城置仙州二十六年仙州廢以葉襄城陽翟來屬其年又以葉襄城屬汝州二十年又以襄城來屬是歲又以葉屬汝州天寶元年改爲潁川郡乾元元年復爲許州長慶三年廢溵州爲郾城縣屬許州舊領縣九戶一萬五千七百一十五口七萬二千二百二十九天寶領縣七戶七萬三千二百四十七口四十八萬七千八百六十四在京師東一千二百里至東都四百里

長社　郭下隋潁川縣武德四年改爲長社取舊名　長葛　隋分許昌縣置取舊名許昌縣　鄢陵　隋置洧州後廢爲縣屬許州　扶溝　隋縣武德四年置北陳州其年州廢縣屬洧州九年洧州廢來屬　臨潁　隋舊縣建中二年隸溵州貞元元年州廢來屬　舞陽　漢縣治所在古城內屬仙州開元二十六年隸許州元和十三年移治於吳城鎮　郾城　本屬豫州長慶元年來屬

汴州上　隋滎陽郡之浚儀縣也武德四年平王世充置汴州總管府管汴洧杞陳四州領浚儀新里開封封丘等五縣七年改爲都督府廢開封外黃新里三縣入浚儀復以廢杞州之雍丘陳留管州之中牟洧州之尉氏來屬龍朔二年以中牟隸鄭州延和元年復置開封縣天寶元年改汴州爲陳留郡乾元元年復爲汴州建中二年築其羅城舊領縣五浚儀雍丘陳留中牟尉氏戶五萬七千七百一口八萬二千八百七十九天寶領縣六戶十萬九千八百七十六口五十七萬七千五百七在京師東一千三百五十里東都四百一里

浚儀　古縣隋置在今縣北三十里爲李密所陷縣人王要漢率豪族置縣於汴州之內要漢自爲縣令義寧元年於縣復置汴州以要漢爲刺史武德四年移縣於川北羅城內貞觀元年移於州西一里延和元年六月割浚儀十四鄉分置開封縣　開封　漢縣在今縣南五十里貞觀元年省併入浚儀延和元年六月析浚儀復置並在郭下　尉氏　隋縣屬潁川郡武德四年於縣置洧州領尉氏扶溝康陰新汲鄢陵宛陵歸化七縣貞觀元年廢洧州及康陰宛陵新汲歸化四縣以扶溝鄢陵屬許州尉氏屬汴州　陳留　隋縣屬汴州武德元年屬杞州貞觀元年廢杞州陳留屬汴州　封丘　隋縣　雍丘　隋縣武德四年於縣置杞州領雍丘陳留圉城襄邑外黃濟陽六縣權於州內以倉院置貞觀六年廢杞州及濟陽圉城外黃三縣以襄邑屬宋州陳留雍丘屬汴州而移縣入廢杞州

蔡州上　隋汝南郡武德三年四月平王世充置豫州總管府管豫道眞興息舒五州豫州領安陽平輿眞陽吳房上蔡五縣七年改爲都督府廢興道舒息四州貞觀元年罷都督府廢平輿新蔡二縣復以道州之郾城息州之新息朗山舒州之褒信新蔡五縣來屬天授三年又置平輿西平兩縣開元四年以西平屬仙州二十六年省仙州復以西平來屬天寶元年改爲汝南郡乾元元年復爲豫州寶應元年改爲蔡州舊領縣十戶一萬二千一百八十二口六萬四百一十五天寶領縣十一戶八萬七千六十一口四十六萬二百五去京師一千五百四十里至東都六百七十里

汝陽　郭下隋舊縣治　朗山　漢安昌縣隋改爲朗山　遂平　隋吳房縣元和十二年討吳元濟於文城柵置行吳房縣權隸溵州賊平改爲遂平縣隸唐州長慶元年復隸蔡州　郾城　隋舊武德四年於此置道州領郾城邵陵北武西平四縣貞觀元年廢道州及北武邵陵西平三縣以郾城屬豫州本治溵水南開元十一年因大水移治溵水北元和十二年於縣置溵州長慶元年廢溵州以郾城隸許州　上蔡　隋縣　新蔡　隋舊武德四年於此置舒州領新蔡褒信二縣貞觀元年廢舒州新蔡屬豫州　褒信　後漢縣　新息　隋縣武德四年於縣置息州領新息淮川長陵三縣貞觀元年廢息川及淮川長陵二縣以新息屬豫州　平輿　隋置貞觀元年廢天授二年復置　西平　漢縣貞觀元年廢天授二年復置元和十二年隸溵州州廢隸蔡州　眞陽　漢愼陽縣隋爲眞陽載初元年改爲淮陽神龍元年復

滑州望　隋東郡武德元年改爲滑州以城有古滑臺也二年陷賊及平王世充復置領白馬衛南韋城匡城靈昌長垣七縣八年廢長垣縣入匡城以廢東梁州之酸棗縣來屬天寶元年改爲靈昌郡乾元元年復爲滑州舊領縣七戶一萬三千七百三十八口六萬四千九百六十天寶戶七萬一千九百八十三口四十二萬二千七百九十去京師一千四百四十里至東都五百三十里

白馬　郭下漢縣　衛南　隋楚丘縣後以曹有楚丘乃改爲衛南縣治古楚丘城儀鳳元年移治西北濱河之新城永昌元年又移於楚丘之城南　韋城　隋分白馬縣置於古城韋氏之國城　匡城　漢長垣縣隋改爲匡城　胙城　漢南燕縣隋改爲胙城隸滑州　酸棗　漢縣　靈昌　隋分酸棗縣置靈昌者河津之名

陳州上　隋淮陽郡武德元年討平房憲伯改爲陳州領宛丘箕城扶樂太康新平五縣貞觀元年廢扶樂箕城新平三縣復以沈州之項城溵水三縣來屬長壽元年置武城縣證聖元年置光武縣天寶元年改陳州爲淮陽郡乾元元年復爲陳州舊領縣四戶六千三百六十七口三萬九百六十一天寶領縣六戶六萬六千四百四十二口四十萬二千四百八十六在京師一千五百二十里至東都七百一十七里　宛丘　郭下隋縣　太康　漢陽夏縣隋改太康以縣東有太康城　項城　隋舊武德四年於此置沈州領項城潁東鮦陽南頓溵水五縣貞觀元年廢沈州以縣屬陳州　溵水　漢汝陽縣改爲溵水建中二年隸溵州興元元年廢溵州縣隸陳州　南頓　隋縣武德六年省入項城證聖元年割項城置光武縣以縣有光武廟故也景雲元年改爲南頓復古名也　西華　漢縣武德元年改爲箕城縣貞觀元年省入宛丘長壽元年割宛丘置武城縣以縣本楚武王所築故也神龍元年復爲箕城景雲元年改爲西華復古名也

亳州望　隋譙郡武德四年平王世充改爲亳州領譙城父谷陽鹿邑鄲五縣五年置總管府管譙亳宋北荊潁沈六州十一年改爲都督府貞觀元年罷都督府亳州不改十七年廢譙州以臨渙永城山桑三縣來屬天寶元年改爲譙郡乾元元年復爲亳州也舊領縣八戶五千七百九十口三萬三千一百七十七天寶戶八萬八千九百六十口六十七萬五千一百二十一至京師一千七百里至東都八百九十八里

譙　郭下貞觀十七年自古譙城移入州城置　酇　漢縣隋屬沛郡武德四年改屬亳州開元二十六年移於汴城垣陽驛置　城父　隋舊　鹿邑　隋舊　眞源　漢苦縣隋爲谷陽乾封元年改爲眞源載初元年改爲仙源神龍元年復爲眞源有老子祠　臨渙　隋置譙州領縣四貞觀十七年省以臨渙永城山桑屬亳州蘄縣屬徐州縣本治經城十七年移治所於廢譙州元和九年割屬宿州　永城　隋縣屬譙州貞觀十六年廢屬亳州舊治於馬浦城東北三里武德五年移置於馬浦城　蒙城　隋山桑縣屬譙州州廢隸亳州天寶元年改爲蒙城

潁州中　漢汝南郡隋爲汝陰郡武德四年平王世充於汝陰縣西北十里置信州領汝陰清丘永安高唐永樂等六縣六年改爲潁州移於今治領高唐永樂永安三縣貞觀元年省清丘縣八年又以廢渦州之下蔡縣來屬天寶元年改爲汝陰郡乾元元年復爲潁州長慶二年以潁州隸滑鄭節度使舊領縣三戶二千九百五口一萬四千一百八十五天寶領縣四戶三萬七百七口二萬二千八百九十至京師一千八百二十里至東都九百六十里

汝陰　郭下漢縣　潁上　隋置治所於古鄭城武德四年移於今治　下蔡　隋舊武德四年於縣置滑州下蔡隸之八年州廢縣屬潁州也　沈丘　古曰寢丘至隋不改神龍二年改爲沈丘

宋州望　隋之梁郡武德四年平王世充置宋州領宋

城寧陵柘城穀熟下邑碭山虞城七縣其年以虞城屬東虞州五年廢東虞州仍以虞城來屬貞觀元年廢杞州以襄邑縣來屬仍省柘城縣十七年以廢戴州之單父楚丘來屬永淳元年又置柘城縣天寶元年改宋州爲睢陽郡乾元元年復爲宋州舊領縣七戶一萬一千三百三口六萬一千七百二十天寶領縣十戶一十二萬四千二百六十八口八十九萬七千四十一去京師一千五百四十里至東都七百八十里

宋城　郭下治古睢陽城漢睢陽縣隋改爲宋城　襄邑　隋僑置武德二年屬杞州貞觀元年屬宋州　寧陵　漢縣久廢隋特置貞觀元年併柘城縣入　虞城　隋分下邑縣置武德四年屬宋州其年於縣置東虞州五年州廢縣屬宋州　碭山　舊安陽縣隋改爲碭山屬宋州　下邑　漢縣　穀熟　漢縣武德二年於縣置南穀州四年州廢縣屬宋州　單父　古邑隋於縣置戴州大業廢武德五年復置戴州貞觀十七年戴州廢縣屬宋州　楚丘　古邑屬戴州貞觀七年屬宋州　柘城　秦縣久廢隋復置貞觀初廢永淳元年析穀熟寧陵復置

曹州上　隋濟陰郡武德四年改爲曹州領濟陰定陶冤句離狐乘氏并置蒙澤普陽等七縣其年省普陽縣五年以廢梁州之考城來屬貞觀元年省定陶蒙澤二縣入濟陽十七年以廢戴州之城武來屬天寶元年改曹州爲濟陰乾元元年復爲曹州舊領縣五戶九千二百四十四口五萬四千九百八十一天寶領縣六戶七萬三百五十二口七十一萬六千八百四十八在京師東北一千四百五十三里至東都東北六百五十七里

濟陰　郭下隋縣　考城　隋舊武德四年於縣置梁州領考城縣五年州廢以縣屬曹州　冤句　漢縣隋武德四年分縣西界置濟陽縣屬杞州貞觀元年廢濟陽併入冤句　乘氏　漢縣春秋之重丘地也　南華　漢離狐縣累代不改天寶元年改爲南華　成武　漢縣隋屬戴州州廢屬曹州

濮州上　隋東平郡之鄄城縣也武德四年置濮州領鄄城廩城雷澤臨濮濮陽永定安丘長城九縣五年廢安丘長城二縣八年廢昆吾永定廩城三縣貞觀八年割濟州之范縣來屬天寶元年改爲濮陽郡乾元元年復爲濮州舊領縣五戶八千六百二十八口四萬四千一百三十五天寶戶五萬七千七百八十一口四十萬六百四十八在京師東北一千五百七十里至東都七百三十五里

鄄城　古縣後漢於縣置兗州武德四年分置永定縣八年併入鄄城　濮陽　隋舊武德四年分置昆吾縣八年省併入濮陽　范　漢縣武德二年置范州治昆吾城五年州廢縣屬濟州貞觀八年改屬濮州　雷澤　漢縣武德四年分置廩城縣貞觀八年省入雷澤　臨濮　武德四年分雷澤置五年省長城縣併入

鄆州上　隋東平郡之須昌縣武德四年平徐圓朗於鄆城置鄆州領鄆城須昌宿城鉅野乘丘五縣又以廢壽州之壽張來屬其年置總管府管鄆濮兗戴曹五州貞觀元年罷都督府仍以鉅野屬戴州又廢宿城乘丘二縣八年自鄆城移治須昌景龍元年又置宿城縣天寶元年改鄆州爲東平郡乾元元年復爲鄆州舊領縣三須昌鄆城壽張戶四千一百四十一口二萬一千六百九十二天寶領縣五戶四萬四千二百九十九口二十八萬四千五百三十天寶十三年廢濟州其所管五縣並入鄆州濟州舊領縣五戶六千九百五口三萬四千五百一十天寶領戶三萬八千七百四十九口二十一萬六千九百七十九並入鄆州在京師東北一千六百九十七里去東都東北九百七十三里今領縣十

壽張　隋縣武德四年於縣置壽州領壽張壽良二縣五年廢壽張省壽良入壽張屬鄆州　鄆城　漢壽良縣隋改爲萬安縣仍於縣置鄆州尋改萬安爲鄆城貞觀八年移鄆州治所於須昌縣　鉅野　漢縣隋縣升爲州尋廢屬戴州貞觀十七年戴州廢鉅野來屬　須昌　郭下漢縣今故城鄆州東南三十二里隋於故城置宿城縣仍置須昌縣於今所貞觀八年州自鄆城移於須昌縣後廢宿城縣景雲三年十二月復分須昌置宿城縣貞觀四年改宿城爲東平縣移就郭下太和四年改爲天平縣六年七月廢天平縣入須昌縣　盧縣　漢舊隋置濟北郡武德四年改濟州領盧平陰長清東阿陽穀范八縣又置昌城濟北穀城孝感冀丘美政六縣六年廢美政孝感穀城乘丘昌城五縣八年割范縣屬濮州貞觀元年又廢濟北縣入長清天寶元年改爲河陽郡乾元元年復爲濟州十三載六月一日廢濟州盧長清平陰東阿陽穀等五縣並入鄆州　平陰　漢肥塚縣隋爲平陰屬濟州天寶十三載州廢縣屬鄆太和六年併入東阿縣開成二年七月節度使王源中奏置平陰縣　東阿　漢縣隋屬濟州州廢屬鄆州　陽穀　隋置取縣界揚穀臺爲名屬濟州州廢屬鄆州

中都　漢平陸縣本置殷密城在今治西三十九里天寶元年改爲中都移於今治

泗州中　隋下邳郡武德四年置泗州領宿預徐城淮陽三縣貞觀元年省淮陽縣入宿預以廢邳州之下邳廢連州之漣水來屬八年又以廢仁州之虹縣來屬總章元年割海州沭陽來屬咸亨五年沭陽還海州長安四年置臨淮縣開元二十三年自宿預移治所於臨淮天寶元年改爲臨淮郡乾元元年復爲泗州舊領縣五戶二千二百五十口二萬六千九百二十領宿豫漣水徐城虹下邳天寶領縣六戶三萬七千五百二十六口二十萬五千九百五十九今領縣三臨淮漣水徐城其虹縣割隸宿州宿預下邳隸徐州

臨淮　長安四年割徐城南界兩鄉於沙熟淮口置臨淮縣開元二十三年移治郭下　漣水　隋縣武德四年置漣州仍分置金城縣貞觀元年廢漣州並省金城縣以縣屬泗州總章元年改爲楚州咸亨五年還屬泗州　徐城　漢縣隋爲徐城縣屬泗州治於大徐城開元二十五年移就臨淮縣

海州中　隋東海郡武德四年置海州總管府領漣環東楚四州海州領朐山龍沮新樂曲陽沭陽原丘懷仁利城祝其九縣六年改新樂爲祝其七年以東楚州屬揚府又以沂州來屬八年廢環州及龍沮祝其曲陽廩丘利城六縣仍以廢環州之東海來屬九年廢漣州貞觀元年罷都督府天寶元年以海州爲東海郡乾元元年復爲海州舊領縣四朐山東海沭陽懷仁戶八千九百九十九口四萬三千六百九十三天寶戶二萬八千五百四十九口十八萬四千九在京師東二千五百七十里至東都一千七百五十四里

朐山　郭下漢朐縣後加山字　東海　漢贛榆縣武德四年置環州領東海青山石城贛榆四縣八年廢環州仍廢青山等三縣入東海縣隸海州縣治鬱州四面環海　沭陽　漢厚丘縣後魏改沭陽　懷仁　後魏置

兗州上都督府　隋郡武德五年平徐圓朗置兗州領任城瑕丘平陸龔丘曲阜鄒泗水七縣貞觀元年省曲阜縣其年又省東泰州以博城縣來屬八年復置曲阜縣十四年置都督府管兗泰沂三州十七年以廢戴州之金鄉方輿來屬長安四年置萊蕪縣天寶元年改兗州爲魯郡乾元元年復爲兗州舊領縣八戶九千三百六十六口一萬五千四百二十八天寶領縣十一戶八萬八千九百八十七口五十八萬六百八中都割屬鄆州在京師東一千八百四十三里去東都一千七十里

瑕丘　郭下宋置兗州於魯瑕邑故治隋因置瑕丘縣　曲阜　隋縣武德元年省貞觀八年復置　乾封　隋博城縣武德五年於縣置東泰州領博城梁父嬴肥城岱六縣貞觀元年罷泰州省梁父嬴二縣入博城仍以博城屬兗州兼省肥城乾封元年高宗封泰山改爲乾封縣總章元年復爲博城神龍元年又爲乾封　泗水　漢下縣隋分汶陽縣於下縣古城置泗水縣　鄒　古邾國魯穆公改爲鄒　任城　漢縣北齊於縣置高平郡隋廢縣屬兗州　龔丘　北齊平原縣隋改爲龔丘　金鄉　後漢縣武德四年於縣置金州領方輿金鄉二縣五年改金州爲戴州貞觀十七年州廢以金鄉方輿屬兗州以單父楚丘屬宋州成武屬曹州　鉅野屬鄆州　魚臺　漢方與縣隋屬戴州貞觀十七年戴州廢縣入兗州寶應元年改爲魚臺以城北有魯公觀魚臺　萊蕪　漢縣晉廢後魏於古城置嬴縣貞觀初廢入博城縣長安四年於廢嬴縣置萊蕪縣元和十七年併入乾封縣尋却置屬兗州

徐州上　隋彭城郡武德四年平王世充置徐州總管府管徐邳泗鄫沂仁六州徐州領彭城蕭沛豐滕符離諸陽七縣貞觀元年廢諸陽縣入符離二年省鄫邳二州仍以譙州來屬七年以沂州屬海州都督八年廢仁州入譙州其徐州都督管徐泗譙三州十七年罷都督府以廢譙州之蘄縣來屬天寶元年改徐州爲彭城郡乾元元年復爲徐州舊領縣六戶八千一百六十二口四萬五千五百三十七天寶領縣七戶六萬五千一百七十口四十七萬八千六百七十六在京師東二千六百里至東都一千二百五十七里

彭城　漢彭城郡治也　蕭　漢縣隋爲龍城縣尋改爲蕭　豐　漢縣北齊置永昌郡尋省爲豐縣　沛　漢縣隋廢武德復置　滕縣　古滕國隋置縣　宿遷　晉宿預縣元魏於縣置徐州州移彭城縣隸泗州寶應元年以犯代宗諱改預爲遷仍隸徐州　下邳　漢下邳郡元魏置東徐州周改邳州隋廢武德四年復邳州領下邳郯良城三縣貞觀元年廢邳州仍省郯良城二縣以下邳屬泗州元和中復屬徐州

宿州上　徐州之符離縣也元和四年正月勅以徐州之符離置宿州仍割徐州之蘄泗州之虹九年又割亳州之臨渙等三縣屬宿州元和三年徐泗觀察使崔羣

奏罷宿州四縣各歸本屬至七年勑宜準元和四年正月勑復置宿州於埇橋在徐之南界汴水上當舟車之要其舊割四縣仍舊來屬州新置元和巳來未計戶口

符離　漢縣隋治朝解城貞觀元年移治行邑城元和四年正月置宿州仍爲上州　虹　漢縣隋日夏丘縣武德四年屬仁州其年分置虹縣於古虹城屬仁州六年廢夏丘縣貞觀八年廢仁州以虹縣屬泗州移治夏丘故城元和四年割屬宿州　蘄　漢縣後魏加城曰蘄城縣隋去城字屬北譙州貞觀十七年廢譙州屬徐州舊治穀城顯慶元年移於今所元和四年割屬宿州也　臨渙　隋舊屬譙州州廢隸亳州太和元年割屬宿州

沂州中　漢東海郡之琅邪縣武德四年平徐圓朗置沂州領費臨沂顓史三縣又置蘭山臨沭昌樂三縣六年省蘭山臨沭昌樂三縣入臨沂貞觀元年省顓史入費縣其年省鄫州以丞縣來屬八年又省莒州以新泰沂三縣來屬天寶元年改爲琅邪乾元元年復爲沂州舊領縣五戶四千六百五十二口二萬三千九百天寶戶三萬三千五百一十口十九萬五千七百三十七在京師東二千二百五十四里至東都一千四百三十里

臨沂　漢縣州所治後魏置郯郡又改爲北徐州並在此縣後周置沂州　丞　漢縣隋蘭陵縣武德四年置鄫州以蘭陵隸之仍改爲丞縣別置蘭陵鄫城二縣屬鄫州貞觀元年鄫州與二縣俱廢以丞縣來屬沂州

費　漢縣春秋時費國　新泰　漢東新泰縣晉去東字武德五年屬莒州貞觀元年莒州廢縣屬沂州　沂水　漢東莞縣隋改爲東安縣尋改爲沂水武德五年於縣置莒州領沂水新泰莒三縣貞觀八年省莒州縣屬密州沂水新泰屬沂州

密州中　隋高密郡武德五年改爲密州領諸城安丘高密三縣貞觀八年省莒州以莒來屬天寶元年改爲高密郡乾元元年復爲密州舊領縣四戶三千五百八十口二萬八千五百九十三天寶戶二萬八千二百九十二口十四萬六千五百二十四在京師東南二千五百三十里至東都一千八百六十九里

諸城　州所治本漢東武縣城也隋移入廢高密郡城因改爲諸城　輔唐　漢安丘縣屬北海郡乾元二年刺史殷仲卿奏請治於故昌安城因改爲輔唐　高密　漢縣隋末大亂廢之武德三年於義城堡置高密縣六年併高密膠西兩縣移就故夷安城城舊高密縣也仍廢膠西縣　莒　漢縣屬東海郡武德五年於縣置莒州州廢以縣屬密州

齊州上　漢濟南郡隋爲齊郡武德元年改爲齊州領歷城山茌祝阿源陽臨邑五縣二年置總管府管齊鄒東泰譚淄濟六州貞觀元年廢都督府及譚州省源陽縣又以廢譚州之平陵臨濟亭山章丘四縣來屬七年又置都督府管齊青淄萊密五州天寶元年改爲臨淄郡五載爲濟南郡乾元元年復爲齊州舊領縣八戶一萬一千五百九十三口六萬一千七百七十一天寶戶六萬二千四百八十五口三十六萬五千九百七十二在京師東北二千六十九里至東都東北一千二百四十四里今管縣六併三縣也

歷城　漢縣屬齊南郡舊志有平陵縣貞觀十七年齊王祐起兵平陵人不從順遂改爲全節元和十年正月以戶口凋殘併全節入歷城縣　章丘　漢陽丘縣隋爲章丘武德二年於平陵縣置譚州領平陵亭山章丘營城四縣八年廢營城入平陵又以廢鄒州之臨濟來屬貞觀元年廢譚州爲平陵縣屬齊州章丘亦來屬　亭山　隋縣元和十五年以戶口凋殘併入章丘縣因廢亭山　臨邑　漢縣武德元年屬譚州州廢來屬　長清　隋置屬濟州貞觀十七年屬齊州舊志有豐齊縣古山茌邑也天寶元年改爲豐齊元和十五年以戶口凋殘併入長清縣　禹城　漢祝阿縣天寶元年以爲禹城以縣西有禹息故城　臨濟　漢之管縣隋爲朝陽縣尋改爲臨濟縣武德元年於縣置鄒州領臨濟蒲臺高苑長山鄒平五縣八年廢鄒州縣屬譚州州廢屬齊州

青州上　隋北海郡武德四年置青州總管府管青濰登牟莒密萊乘八州青州領益都臨朐臨淄般陽樂安時水安平等七縣八年省乘濰牟登四州以廢濰州之北海廢乘州之千乘壽光博昌來屬省般陽樂安時水安平四縣貞觀元年罷都督府天寶元年改青州爲北海郡乾元元年復青州舊領縣七戶一萬六百五十八口五萬六千三百一十七天寶戶七萬三千一百四十八口四十萬二千七百四在京師東北二千二百五十里至東都五百七里

益都　漢縣在今壽光縣南十里故益都城是也北齊移入青州城北門外爲治所　臨淄　漢縣治古齊國城久廢隋復置　博昌　漢縣治故郡城　樂安　隋縣武德二年屬乘州州廢屬青州總章二年移治於今所　壽光　漢縣隋移治所於博昌縣初屬乘州州廢來屬　千乘　漢千乘國後漢改爲樂安郡宋齊廢隋置千乘縣武德二年於縣置乘州領千乘博昌壽光新河五縣六年廢新河縣八年乘州廢千乘等縣隸青州

臨朐　漢縣隋爲逢山縣尋復爲臨朐屬北海郡

北海　漢平壽縣隋置北海郡開皇三年罷郡置下密縣於廢郡城大業二年改爲北海縣武德二年於縣置濰州領北海連水平壽華池城都下密東陽寒水訾亭濰水汶陽膠東營丘華宛昌安都昌城平等十七縣六年唯留北海營丘下密三縣餘十四縣並廢八年廢濰州仍省營丘下密二縣以北海屬青州

淄州上　隋齊郡之淄州縣武德元年置淄州領淄州長白萊蕪三縣六年廢長白萊蕪二縣八年又以廢淄州之長山高苑蒲臺三縣來屬天寶元年復爲淄州郡乾元元年復爲淄州景龍元年分高苑置濟陽縣又併高苑又割蒲臺隸之後割屬棣州舊領縣五戶六千三百二十三口三萬四千四百二十五天寶戶四萬二千七百三十七口二十萬三千八百二十一在京師東北二千一百三十三里東都東北一千四百二十五里今管縣四併濟陽入高苑

淄川　郭下漢盤陽縣武德初屬淄州　長山　漢於陵縣武德初屬鄒州州廢屬淄州　高苑　隋置初屬鄒州州廢來屬景龍元年分置濟陽縣元和十五年併入高苑　鄒平　漢縣北齊爲平原縣移隋治漢鄒平故城因改爲鄒平初屬譚州州廢來屬

棣州上　後漢樂安郡隋渤海郡之厭次縣武德四年置棣州領陽信樂陵滴河厭次四縣治陽信六年併入滄州貞觀十七年復置棣州於樂陵縣領厭次滴河陽信三縣又割淄州之蒲臺隸焉而樂陵屬滄州天寶元年改爲樂安郡上元元年復爲棣州領縣五戶三萬九千一百五十口二十三萬八千一百五十九在京師東北二千二百一十里至東都東北一千三百七十里

厭次　郭下漢當平縣隋屬滄州武德四年改屬棣州六年省棣州復隸滄州貞觀十七年復置棣州厭次還屬　滴河　隋縣　陽信　漢縣屬渤海郡貞觀十七年改屬棣州　蒲臺　漢濕沃縣隸淄州割屬棣州　渤海　垂拱四年析蒲厭次置

萊州中　漢東萊郡隋因之武德四年討平綦順置萊州領掖膠水卽墨盧鄉昌陽曲城當利曲臺膠東九縣六年廢曲城當利曲臺膠東四縣貞觀元年廢盧鄉割登州之文登廢牟州之黃來屬麟德元年置牟平縣如意元年割黃縣之文牟登平置登州天寶元年改萊州爲東萊郡乾元元年復爲萊州舊領縣六掖黃文登昌陽卽墨膠水戶一萬一千五百六十八口六萬三千三百九十六天寶領縣四戶二萬六千九百九十八口七萬一千五百在京師東北一千五百九十九里去東都一千八百五十二里

掖　州治漢東萊郡也隋置掖縣屬萊州　昌陽　漢縣置於古昌陽城永徽元年移古縣西北二十三里　膠水　漢膠東國地隋置縣於古光州因改名膠水　卽墨　漢不其邑也隋置卽墨縣

登州　漢東萊郡之黃縣如意元年分置登州領文登牟平黃三縣以牟平爲治所神龍三年改黃縣爲蓬萊縣移州治於蓬萊天寶元年以登州爲東牟郡乾元元年復爲登州天寶領縣四戶二萬二百九十八口一十萬八千九百在京師東三千一百五十里至東都二千七十一里

蓬萊　漢黃縣屬萊州如意元年於縣置登州神龍三年改爲蓬萊移於今所　牟平　麟德二年分牟平置屬萊州如意元年置登州治牟平神龍三年移治所於蓬萊縣　文登　隋舊縣武德四年置登州領文登觀陽三縣六年以觀陽屬牟州又置清陽廓定二縣屬登州貞觀元年登州及清陽廓定二縣並廢地入文登縣　黃　漢舊縣神龍元年改爲蓬萊縣屬登州以爲州治先天元年又割蓬萊置黃縣

舊唐書卷三十八考證

地理志一　京兆萬年縣乾封元年分置明堂縣治永樂坊長安三年廢○新書總章元年析置長安二年省

長安縣乾封元年分爲乾封縣治懷直坊長安三年復併長安○新書總章元年析置長安二年省

咸陽縣武德二年復分涇陽○新書元年析置

華州華陰縣垂拱二年改爲仙掌縣○新書元年

慶州安化縣神龍元年改爲安化縣○新書天寶元年改

延州延昌縣武德二年置北平州○新書北仁州

豐州二十一年廢地入靈州○新書十一年廢以上關內道

河南府河南縣神龍元年復爲河南縣廢永昌縣○新書長安二年省永昌

龍朔元年廢來廷縣○新書長安二年省

孟州○新書屬河北道

汝州葉縣武德五年廢○新書五年州廢隸北澧州開元四年置仙州領葉襄城方城西平舞陽五縣○新書在二年本紀在三年當從本紀

亳州武德四年平王世充改爲亳州領譙城父谷陽鹿邑鄲五縣○新書本譙州貞觀八年更名亳

兗州武德五年徐圓朗置兗州○臣德潛按武德五年乃平徐圓朗因置兗州非圓朗自置州也已增入

棣州武德六年併入滄州○新書八年州廢以上河南道

# 舊唐書卷三十九

後晉司空同中書門下平章事劉　昫撰

## 志第十九

## 地理二

河東道三　河北道四　山南道五

### 河東道

河中府　隋河東郡武德元年置蒲州治桑泉縣領河東桑泉猗氏虞鄉四縣二年置蒲州總管府管蒲虞泰絳邵澮六州三年移蒲治河東縣依舊總管府其年置溫泉縣九年又置都督府管蒲虞芮邵泰五州仍省溫泉縣其年罷都督府貞觀八年割虢州之永樂來屬十七年以廢虞州之安邑解縣廢泰州之汾陰來屬開元八年置中都改蒲州爲河中府其年罷中都依舊爲蒲州又與陝鄭汴懷魏爲六雄十二年昇爲四輔天寶元年改爲河東郡乾元元年復爲蒲州割安邑屬陝州三年四月置河中府析同州之朝邑於河西鹽坊置河西縣來屬元年建卯月又爲中都元和三年復爲河中府舊領縣五戶三萬六千四百九十九口十七萬三千七百八十四天寶領縣八戶七萬八百口四十六萬九千二百一十三元和領縣十一在京師東北三百二十四里去東都五百五十里

河東　隋縣州理所開元八年分置河西縣其年罷中都乃省乾元三年復置　河西　舊朝邑縣屬同州管長春宮乾元元年置河中府割朝邑來屬改爲河西縣以鹽坊爲理所　臨晉　隋分猗氏置桑泉縣武德三年分置溫泉縣九年省溫泉併入桑泉天寶十三年改爲臨晉縣　解　隋虞鄉縣武德元年改爲解縣屬虞州蒲州別置虞鄉縣貞觀十七年省解縣併入虞鄉二十二年復析置解縣屬蒲州　猗氏　漢縣古郇國也　虞鄉　漢解縣地後魏分置虞鄉縣貞觀十七年省解縣併入虞鄉縣二十年復置解縣省虞鄉天授二年復分解縣置虞鄉縣　永樂　武德元年分芮縣置屬芮州九年廢芮州改屬鼎州貞觀八年改屬芮州又割屬虢州神龍元年復來屬　寶鼎　漢汾陰縣隋屬泰州貞觀十七年廢泰州縣來屬開元十一年玄宗祀后土獲寶鼎因改爲寶鼎　龍門　漢艾氏縣後魏改爲龍門武德元年於縣置泰州領龍門萬泉汾陰四縣貞觀十七年廢泰州及芮縣以龍門萬泉屬絳州汾陰屬蒲州　聞喜　漢縣隋爲桐鄉縣武德元年分置聞喜縣　萬泉　武德三年分稷山界於薛通城置萬泉縣屬泰州州廢入絳州後又隸河中府

絳州　隋絳郡武德元年置絳州總管府管絳潞蓋建澤沁韓晉呂澮泰蒲虞芮邵十五州絳州領正平太平曲沃聞喜稷山五縣三年廢總管府其年以廢北澮州之翼城置翼城縣領翼城絳小鄉三縣武德元年改爲澮州二年改爲北澮州四年州廢三縣併入絳州置南絳州又置絳縣

曲沃　漢絳縣地後魏置曲沃縣　絳　漢聞喜縣後魏置南絳州又置絳縣　稷山　後魏高凉縣隋改名稷山　垣　隋縣義寧元年置邵原領垣王屋又置清廉亳城四縣武德元年改爲邵州二年又置長泉縣五年廢亳城九年省邵州省清廉入垣縣王屋屬懷州垣屬絳州　襄陵　後魏擒盛縣改爲襄陵取漢舊名屬晉州元和十四年屬絳州

晉州　隋臨汾郡義旗初改爲平陽郡領臨汾襄陵岳陽冀氏楊五縣其年改楊縣爲洪洞武德元年改爲晉州分襄陵置浮山縣分洪洞置西河縣三年置總管府管晉絳沁呂四州移治白馬城改浮山爲神山縣貞觀六年廢都督十二年移治所於平陽古城十七年省西河縣以廢呂州之霍邑趙城汾西三縣來屬天寶元年改州爲平陽郡乾元元年復爲晉州元和十四年割襄陵屬絳州太和元年改屬河中府舊領縣七戶二萬一千六百一十七口九萬七千五百五天寶領縣九戶六萬四千八百三十六口四十二萬九千二百二十一元和領縣八在京師東北七百二十五里至東都七百三十九里

臨汾　漢平陽縣隋改爲臨汾貞觀十七年省西河縣併入臨汾　洪洞　漢楊縣至隋不改義寧元年改爲洪洞取縣北嶺名　神山　武德二年分襄陵置浮山縣四年改爲神山以縣東南羊角山神見爲名　岳陽　後魏安澤縣隋改爲岳陽　霍邑　漢彘縣後漢改爲永安隋於此置汾州尋改爲呂州領霍邑趙城汾西靈石四縣貞觀十七年廢呂州以靈石等三縣來屬以靈石屬汾州　趙城　國初分霍邑縣置　汾西　後漢汾西郡隋廢爲縣屬呂州隋末陷賊武德初權於今城南五十里申村堡置貞觀六年移於今所　冀氏　漢猗氏縣地後於古猗氏縣地南置

隰州下　隋龍泉郡武德元年改爲隰州領隰川溫泉大寧石樓四縣二年置總管府領隰中昌南汾東和西德六州三年又置北隰州屬焉貞觀元年省中昌西德北隰三州又以廢昌州蒲縣來屬仍督隰南汾東和三州三年廢都督府又以廢東和州永和縣來屬天寶元年改爲大寧郡乾元元年復爲隰州舊領縣六戶八千二百二十二口三萬八千三百九十五天寶戶一萬九千四百五十五口十二萬四千四百二十在京師東北九百六里至東都八百八十里

隰川　州所理漢蒲子縣地隋爲隰川縣　蒲　漢縣武德二年置昌州領蒲仵城常武昌原四縣貞觀元年省昌州及昌原仵城常武三縣以蒲屬隰州　大寧　漢北屈縣地隋爲仵城武德二年置中州於隋大寧故城因改名大寧貞觀元年廢中州及大義白龍二縣以大寧隸隰州　永和　漢狐讘縣隋爲永和武德二年移治於仙芝谷西屬東和州又分置樓山縣貞觀元年廢東和州及樓山縣以永和隸隰州　石樓　漢土軍縣隋改爲石樓武德二年於縣置西德州領長壽臨河石樓三縣貞觀元年廢西德州省長壽臨河二縣以石樓屬東和州二年又省東和州以石樓來屬　溫泉　隋新城縣武德二年分置溫泉縣仍置北溫州領溫泉新城高堂三縣屬隰州總管府貞觀元年省北溫州及新城高堂二縣以溫泉來屬

汾州上　隋西河郡義旗初依舊領隰城介休孝義平遙四縣其年割介休平遙二縣屬介休郡武德元年以介休郡爲介州西河郡爲浩州三年改浩州爲汾州仍割幷州之文水來屬貞觀元年省介州以介休平遙二縣來屬文水還幷州十七年以廢呂州之靈石來屬天寶元年改爲西河郡乾元元年復爲汾州舊領縣四戶三萬四千九口十萬六千三百八十四天寶領縣五戶五萬九千四百五十口三十二萬二百三十三去京師一千二百六里東都九百三十七里

西河　漢美稷縣隋爲隰城縣上元元年九月改爲西河縣　孝義　漢中陽縣後魏曰永安貞觀元年改爲孝義　介休　漢縣武德元年於縣置介州貞觀元年州廢以介休平遙屬汾州　平遙　漢平陶縣後魏廟諱改陶爲遙武德屬介州州廢來屬　靈石　隋分介休縣置屬呂州州廢來屬

慈州下　元魏曰南汾州隋改爲耿州又爲文成郡武德元年改爲汾州五年改爲南汾州八年改爲慈州以郡近慈烏戍故也舊領縣五戶五千二百四十五口二萬二千六百五十一天寶戶一萬一千六百一十六口六萬二千四百八十六在京師東北六百八十三里去東都七百二十七里

吉昌　隋縣　文城　元魏曰仵城縣隋改爲文城顯慶三年移仵城縣東北文城村置　昌寧　漢臨汾縣地後魏分置太平縣又分太平置昌寧縣　呂香　義寧元年分仵城縣置平昌縣貞觀元年改爲呂香因舊鎮爲名上元三年移治所於故平昌府南置今縣是也　仵城　後魏置縣取鎮戍名也

潞州大都督府　隋上黨郡武德元年改爲潞州領上黨長子屯留潞城四縣二年置總管府管潞澤沁韓蓋五州四年分上黨置壺關縣貞觀元年廢都督府八年置大都督府十年又改爲都督府貞觀十七年廢韓州以所管襄垣等五縣屬潞州開元十七年以玄宗歷職此州置大都督府管慈儀石沁四州天寶元年改爲上黨郡乾元元年依舊爲潞州大都督府舊領縣五戶一萬八千六百九十口八萬三千四百五十五舊於襄垣置韓州領縣五戶七千一十七口三萬二千九百三十六天寶領縣十戶六萬八千三百九十一口三十八萬八千六百六十在京師東北一千一百里至東都四百八十七里

上黨　漢壺關縣隋分置上黨州所治壺關武德四年分上黨置治於高望堡貞觀十七年移治進流川　長子　漢縣　屯留　隋舊武德五年自霍壁移於今所　潞城　古邑隋特置潞城縣　襄垣　隋縣武德元年於縣置韓州領襄垣黎城涉銅鞮武鄉五縣又割幷州之榆社來屬三年置甲水縣仍以榆社屬榆州六年割沁州之銅鞮來屬九年省甲水縣貞觀十七年廢韓州以襄垣等五縣隸潞州　黎城　舊刈陵縣隋改曰黎城州　涉　漢隋縣屬韓州州廢來屬　銅鞮　漢縣隋屬韓州武德元年屬沁州三年分置甲水縣五年移治鮀水堡六年移於今所屬韓州省甲水縣韓州廢

屬潞州　武鄉　漢垣縣後魏曰沮城移治於南亭川改爲鄉縣屬韓州州廢屬潞州則天加武字神龍年去武字復爲鄉縣後又加武字

澤州上　隋長平郡武德元年改爲蓋州領高平丹川陵川又置蓋城四縣又於濩澤縣置澤州領濩澤沁水端氏三縣三年於今理置晉城縣六年廢建州自高平移蓋州治之八年移澤州治端氏九年省丹川蓋城貞觀元年廢蓋州自端氏縣移澤州於今治天寶元年改澤州爲高平郡乾元元年復爲澤州舊領縣六戶一萬六百六十口四萬六千七百三十二天寶戶二萬七千八百二十二口二十五萬七千九十在京師東北一千三十里至東都六百六十七里

晉城　漢高都縣隋改爲丹川武德元年移丹川於源澤水北屬蓋州二年於古高都城置晉城縣屬建州六年廢建州縣屬蓋州九年省丹川縣貞觀元年廢蓋州縣屬澤州　端氏　漢縣武德八年移澤州於此縣貞觀元年又移於晉城　陵川　漢泫氏縣隋改陵川武德初屬蓋州貞觀元年隸澤州　陽城　隋濩澤縣武德元年於縣置澤州八年移州治於端氏天寶元年改爲陽城　沁水　元魏置永安縣隋改爲沁水屬蓋州州廢來屬　高平　漢泫氏縣地武德元年於縣置蓋州領高平丹川陵武蓋城四縣貞觀元年廢蓋州來屬

沁州下　隋上黨郡之沁源縣義寧元年置義寧郡領沁源銅鞮綿上仍分沁源置和川凡四縣武德元年改爲沁州二年分沁源置招遠縣三年省招遠縣六年以銅鞮屬韓州天寶元年改沁州爲陽城縣乾元元年復爲沁州舊領縣三戶三千九百五十六口一萬六千一百七天寶戶六千三百八口三萬四千九百六十三在京師東北一千二十五里去東都六百三十五里

沁源　漢穀遠縣州所治後魏改爲沁源　和川　義寧元年分沁源置　綿上　隋分介休之南界置綿上縣

遼州　隋太原郡之遼山縣武德三年分并州之樂平和順平城石艾四縣置遼州治樂平其年置義興縣六年自樂平移於遼山仍以石艾樂平二縣屬受州省義興縣以廢榆州之榆社平城二縣來屬八年改遼州爲箕州先天元年又改爲儀州天寶元年改爲樂平郡乾元元年復爲儀州中和三年八月復爲遼州舊領縣四戶四千三百六十五口八萬八千六百四十天寶戶九千八百八十二口五萬四千五百八十在京師東北一千四百五十九里至東都七百九十七里

遼山　漢垣縣地魏改轑陽縣隋改遼山縣屬并州武德三年屬遼州　榆社　晉武鄉縣義寧元年分置榆社縣武德三年於此置榆州割并州平城來屬仍置偃武縣六年廢榆州及偃武縣以平城榆社屬遼州　和順　漢治縣地隋爲和順縣武德初屬并州三年改爲遼州　平城　隋縣武德初屬并州三年改屬榆州六年改爲遼州

北京太原府　隋爲太原郡武德元年改爲并州總管領晉陽太原榆次太谷祁陽直壽陽盂樂平交城石艾文水遼山平城烏河榆社十六縣其年置清源縣仍以榆社屬韓州三年廢總管其年置汾陽仍以盂壽陽二縣置受州治盂縣樂平遼山平城石艾四縣置遼州治樂平太谷祁二縣置太州治太谷仍以文水屬汾州四年又置總管管并介受遼太榆汾七州其年改爲上總管五年又改代石二總管其年改上總管爲大總管六年又改朔州總管仍割汾州之文水來屬其年廢太州以太谷祁二縣來屬七年改爲大都督府其年置羅陰縣仍省陽直縣改汾陽爲陽曲縣又以文水置汾州貞觀元年省烏可羅陰二縣又以文水來屬八年以廢受州之壽陽盂樂平石艾又割順州之燕然凡五縣來屬督并汾箕嵐四州十四年廢燕然縣龍朔二年進爲大都督府天授元年置北都兼都督府開元十一年又置北都改并州爲太原府天寶元年改北都爲北京舊領縣十四戶九萬七千八百七十四口二十萬九百三十六天寶領縣十三戶十二萬八千九百五口七十七萬八千二百七十八在京師東北一千三百六十里至東都八百八里

太原　漢晉陽縣隋文又移於州城內古晉陽城置今州所治　晉陽　隋新移於州內　太谷　隋縣武德三年置太原州六年州廢以太谷祁屬并州　文水　隋縣武德三年屬汾州六年屬并州七年又屬汾州貞觀初還屬并州天授元年改爲武興縣以天后鄉里縣與太原晉陽並爲京縣神龍九年依舊爲文水　榆次　漢縣　盂　隋縣武德三年置受州領盂壽陽二縣六年移受州於壽陽貞觀八年省受州盂復屬并州　清源　隋於古梗陽城置清源縣以水爲名　交城　隋分晉陽縣置取縣西北古交城爲名初治交山天授元年移治郤波村先天二年於故縣分置靈川縣開元二年後省　陽曲　隋陽直縣武德三年分置汾陽縣七年省陽直縣改汾陽爲陽曲縣仍移治陽直廢縣其年又分置羅陰縣貞觀元年省十七年省燕然併入　壽陽　隋舊縣武德三年屬遼州六年移受州於此領壽陽盂二縣其年又割遼州之樂平石艾二縣來屬貞觀八年廢壽州以所管四縣隸并州　廣陽　漢上艾縣後漢改爲石艾縣武德三年屬遼州六年屬受州八年州廢屬并州天寶元年改爲廣陽　樂平　隋縣武德三年於縣置遼州六年移遼州治於箕州以樂平屬受州州廢縣來屬　祁　漢縣至隋不改武德三年屬太州州廢來屬

代州中都督府　隋爲鴈門郡武德元年置代州總管管代欣蔚三州代州領鴈門繁時崞五臺四縣五年廢總管六年又置管代蔚忻四州貞觀四年又督靈州六年又督順州十二年省順州以懷化縣來屬今督代忻蔚朔靈五州高宗廢懷化縣證聖元年置武延縣天寶元年改爲鴈門郡依舊爲都督府乾元元年復爲代州舊領縣五戶九千二百五十九口三萬六千二百三十四天寶戶二萬一千二百八十口十萬三百五十在京師東北一千五百五十里去東都一千二百二十三里

鴈門　漢廣武縣隋爲鴈門縣　五臺　漢慮虎縣隋改爲五臺　繁時　漢縣東魏置廓州又廢　崞　漢縣　唐林　證聖元年分五臺崞縣置延武縣唐龍元年改唐林

蔚州　隋鴈門郡之靈丘縣武德四年平劉武周六年置蔚州寄治并州陽曲縣仍置靈江飛狐二縣七年寄治代州繁時縣八年又寄治欣州秀容之北恒州城貞觀五年移於今治天寶元年改爲安邊郡至德二年九月改爲興唐郡乾元元年置蔚州舊領縣二戶九百四十二口三千七百四十八天寶領縣三戶五千五十二口二萬九百五十八在京師東北一千八百一十里去東都一千六百四十里

靈邱　隋縣隋末陷賊寄治陽曲自此隨州寄治貞觀五年移於今所　飛狐　隋縣隋末陷賊武德六年復置寄治於易州遂城縣貞觀五年移治於今所　興唐　隋安邊縣至德二年改爲興唐

忻州　隋樓煩郡之秀容縣義旗初置新興郡領秀容一縣武德元年改爲忻州四年又置定襄縣天寶元年改爲定襄郡乾元元年復爲忻州舊領縣二戶四千九百八十七口一萬七千一百三十天寶戶一萬四千八百六口八萬二千三十二在京師東北一千三百八十里去東都一千六百六十三里

秀容　漢汾陽縣地治郭下隋朝自秀容故城移於此因改爲秀容縣　定襄　漢陽曲縣地後漢末移陽曲於太原界置乃於陽曲古城置定襄縣復廢武德四年分秀容縣復置

嵐州下　隋樓煩郡之嵐城縣武德四年平劉武周置東會州領嵐城縣又以北和州之太和縣來屬其年分嵐城置合會豐潤二縣仍自故郡城移嵐州於廢東會州置嵐州舊領岢嵐一縣縣移舊嵐州其年又以北管州之靜樂縣來屬七年置臨津縣九年省合會岢嵐大和三縣貞觀元年改臨津爲合河三年又置大和縣八年又省天寶元年復爲樓煩郡乾元元年復爲嵐州舊領縣三戶二千八百四十二口一萬一千五百四十一天寶領縣四戶一萬六千七百四十八口八萬四千六在京師東北一千二百九十五里去東都一千一百四十四里

宜芳　隋嵐城縣武德四年改爲宜芳屬東會州四年分置豐潤合會二縣五年省豐潤併入六年改屬嵐州九年省合會併入　靜樂　漢汾陽縣地有隋汾陽宮武德四年置管州領靜樂又分置汾陽六度二縣五年改管州爲北管州六年省北管州及汾陽六度二縣以靜樂屬嵐州　合河　隋臨泉縣武德四年置臨津縣貞觀元年改爲合河　嵐谷　舊岢嵐軍也在宜芳縣北界長安三年分宜芳於岢嵐舊軍置嵐谷縣神龍二年廢縣置軍開元十二年復置縣

憲州下　舊樓煩監牧也先隸隴右節度使至德後屬內飛龍使舊領樓煩監牧嵐州刺史兼領貞觀十五年楊鉢爲監牧使遂專領監司不係州司龍紀元年特置憲州於樓煩監仍置樓煩郡城開元四年王毛仲築州新置未記戶口帳籍

樓煩　龍紀元年於監西一里置　玄池　州東六十里置　天池　州西南五十里置本置於孔河館乾元後移於安明谷口道人堡下

石州　隋離石郡武德元年改爲石州五年置總管府管石北和北管東會嵐西定六州貞觀二年廢都督府三年復置都督六年又廢天寶元年改爲昌化郡乾元元年復爲石州舊領縣五戶三千七百五十八口一萬七千四百二天寶戶一萬四千二百九十四口六萬六千九百三十五在京師東北一千二百九十一里至東都一千二百二十八里

離石　漢縣周改爲昌化郡隋復爲離石州所治　平

夷 後周析離石縣置 定胡 隋縣 武德三年置西定州 貞觀二年廢 分置孟門縣 七年廢孟門入定胡 臨泉 隋太和縣 武德三年置北和州 改太和縣爲臨泉縣 貞觀三年省北和州 縣屬和州 方山 隋縣 武德二年置方州 三年州廢 縣屬石州

朔州 隋馬邑縣 武德四年置朔州 領善陽常寧二縣 其年省常寧縣 天寶元年改爲馬邑郡 乾元元年復改爲朔州 舊領縣一 戶一千二百五十七 口四千九百一十三 天寶領縣二 戶五千四百九十三 口二萬四千五百三十三 在京師東北一千七百七十四里 至東都一千三百四十三里

善陽 漢定襄地 有秦時馬邑城 武周塞 後魏置桑乾郡 隋爲善陽縣 馬邑 秦漢舊名 久廢 開元五年分善陽縣於天同軍城置

雲州 隋馬邑郡之雲內縣界恒安鎮也 武德四年平劉武周 六年置北恒州 七年州廢 貞觀十四年自朔州北定襄城移雲州及定襄縣置於此 永淳元年爲賊所破 因廢 乃移百姓於朔州 開元二十年復爲雲州 天寶元年改爲雲中郡 乾元元年復爲雲州 領縣一 戶七十三 口五百六十一 在京師東北一千九百四十里 去東都一千六百四十二里

雲中 隋雲內縣之恒安鎮 武德六年置恒州 貞觀十四年自朔州北定襄城移雲州於此 置因爲定襄縣 今治郎後魏所都平城也 永淳元年爲賊所破 因廢雲州及縣 開元二十年與州復置 仍改定襄爲雲中縣

單于都護府 秦漢時雲中郡城也 唐龍朔三年置雲中都護府 麟德元年改爲單于大都護府 東北至朔州五百五十七里 振武軍在城內 置天寶 戶二千一百 口一萬三千 在京師東北二千三百五十里 去東都二千里

金河 與府同置

河北道

懷州雄 隋河內郡 武德二年於濟源西南栢崖城置懷州 領大基河陽集城長泉四縣 其年於濟源立西濟州 於武德縣立北義州 修武縣東北故濁鹿城立陟州 置總管府 管懷西濟北義陟四州 三年懷州又置太行忠義紫陵穀軹溫五縣 四年移懷州於今治野王城 其年又於溫縣置平州 以溫縣屬之 又省穀之太行忠義紫陵四縣 後省平州 仍於隋河陽宮置盟州 領河陽集城溫三縣 又省西濟北義陟三州入懷州 又於獲嘉縣置殷州 其懷州總管管懷盟殷三州 懷州領河內武德軹濟源五縣 八年廢盟州 省集城入河陽縣 以河陽溫二縣來屬 貞觀元年罷都督府 以廢殷州修武獲嘉武陟 廢邵州之王屋四縣來屬 仍省懷軹二縣 顯慶二年割河陽溫濟源王屋四縣屬洛州 天授元年改爲河內郡 乾元元年復爲懷州 舊領縣九 河內武德修武獲嘉武陟溫河陽濟源王屋 戶三萬九十 口十二萬六千九百一十六 天寶領縣五 戶五萬五千三百四十九 口三十一萬八千一百二十六 在京師東九百六十九里 至東都一百四十里

河內 漢野王縣 隋爲河內縣 武德四年省太行忠義紫陵三縣併入 武德 隋爲安昌縣 武德三年改爲武德 武陟 漢懷縣地 故城在今縣西 修武 漢山陽縣地 修武古名也 隋因之 武德二年李原德以縣東北濁鹿城歸順 因置陟州及修武縣 四年賊平 改爲武陟 隋廢陟州 以修武屬殷州 仍移縣治於隋故修武城 貞觀元年省殷州 修武屬懷州 獲嘉 漢縣名 武德四年於縣置殷州 領獲嘉武德武陟修武新鄉共城五縣 貞觀元年省殷州 以獲嘉武陟修武屬懷州 新鄉共城屬衛州

衛州望 隋汲郡 本治衛縣 武德元年改爲衛州 二年陷竇建德 四年賊平 仍舊領衛清淇湯陰三縣 其年廢義州 以汲縣來屬 六年以湯陰屬相州 貞觀元年州移治於汲縣 又廢殷州 以共城新鄉博望三縣來屬 六年廢博望縣 十七年廢清淇縣 其年又以廢州之黎陽縣來屬 天寶元年改爲汲郡 乾元元年復爲衛州 舊領縣五 戶一萬一千九百三 口四萬三千六百八十二 天寶戶四萬八千五十六 口二十八萬四千六百三十 在京師東一千二百二十二里 去東都三百九十里

汲 漢縣 隋因之 武德元年置義州 領汲縣 四年廢義州 縣屬衛州 貞觀六年衛州自衛縣徙治所於汲縣 新鄉 隋割汲獲嘉二縣地於古新樂城置新鄉縣 武德初屬義州 州廢 來屬殷州 州廢 屬衛州 衛 漢朝歌縣 紂所都朝歌城在今縣西 隋大業二年改爲衛縣 仍置汲郡於縣治 貞觀初移於汲縣 初屬義州 州廢屬衛州 十七年省清淇縣入衛縣 長安三年又置清淇縣 神龍元年又省入衛縣 共城 漢共縣 隋因之 武德元年置共州 領共城凡城二縣 四年廢共州 省凡城入共城縣 初屬殷州 貞觀初來屬 黎陽 隋黎陽縣 武德二年置黎州總管府 管殷衛洹澶四州 尋陷賊 四年平竇建德 復置黎州 領臨河內黃湯陰觀城頓丘繁陽澶水八縣 其年以澶水觀城頓丘三縣置澶州 又以湯陰屬相州 貞觀元年省繁陽 又以澶水來屬 十七年廢黎州及澶水縣 以黎陽屬衛州 內黃臨河屬相州

相州 漢魏郡也 後魏道武改爲相州 隋爲魏郡 武德元年置相州總管府 領安陽鄴林慮零泉相臨障洹水堯城八縣 二年割林慮置巖州 四年廢總管府 仍省零泉縣 五年廢巖州 以林慮來屬 仍省相縣 六年割衛州之湯源來屬 其年復置總管府 管慈洺黎衛邢六州 九年廢都督府 貞觀元年改湯源爲湯陰 以廢慈州之安陽成安二縣來屬 十年復置都督 管相衛黎魏洺邢貝七州 十六年罷都督府 十七年以廢黎州之內黃臨河來屬 天寶元年改爲鄴郡 乾元元年復爲相州 舊領縣九 戶一萬一千四百九十 口七萬四千七百六十六 天寶縣十一 戶十萬一千一百四十二 口五十九萬一百九十六 在京師東北一千四百二十一里 至東都六百六里

安陽 漢侯國 故城在湯陰東 曹魏時廢安陽併入鄴 後周移鄴置縣於安陽故城 仍爲鄴縣 隋又改爲安陽縣 州所治 漢魏郡城在縣西北七里 鄴 漢縣 屬魏郡 後魏於此置相州 東魏改爲司州 周平齊 復爲相州 周大象二年 隋文輔政 相州刺史尉遲迥舉兵不順 楊堅令韋孝寬討迥 平之 乃焚燒鄴城 徙其居人南遷四十五里 以安陽城爲相州理所 仍爲鄴縣 煬帝初於鄴故都大慈寺置鄴縣 貞觀八年始築今治所小城 湯陰 漢蕩陰縣也 併入安陽 武德四年分安陽置湯源縣 屬衛州 六年改屬相州 貞觀元年改爲湯陰 林慮 漢隆慮縣 武德二年置巖州 領林慮一縣 五年巖州廢 縣屬相州 堯城 隋縣 洹水 漢長樂縣地 魏郡國 周建德六年分臨漳東北界置洹水縣 臨漳 後周建德六年分鄴縣置 成安 漢斥丘縣 屬魏郡 後廢 北齊復置 改爲成安 內黃 漢縣名 舊屬黎州 貞觀十七年改屬相州 臨河 隋分黎陽縣置 貞觀十七年改屬相州 廢澶水縣併入

魏州雄 漢魏郡元城縣之地 後魏天平二年分館陶西界於今州西北三十里古趙城置貴鄉縣 後周建德七年以趙城卑濕 西南移三十里 就孔思集寺爲貴鄉縣 大象二年於縣置魏州 隋改名武陽郡 武德四年平竇建德 復爲魏州 又分置漳陰縣 領復爲貴鄉昌樂元城莘武陽臨黃觀城頓邱繁水魏冠氏館陶漳陰十三縣 其年割頓邱觀城二縣置澶州 又割莘臨黃武陽三縣置莘州 又割冠氏館陶置毛州 魏州置總管府 管黎澶莘毛五州 魏州領貴鄉昌樂繁水漳陰元城六縣 貞觀元年罷都督府 仍省漳陰縣 其年廢莘毛澶三州 盡以所領縣屬魏州 十七年省元城武陽觀城三縣 十八年省繁水縣 龍朔二年改爲冀州大都督府 以冀王爲都督 管冀貝德相棣滄魏七州 咸亨三年依舊爲魏州 罷都督府 永昌元年置武聖縣 聖曆二年又置元城縣 天寶元年改爲魏郡 乾元元年復爲魏州 舊領縣十三 戶三萬四百四十 口十三萬六千六百一十二 天寶領縣十 戶十五萬一千五百九十六 口一百一十萬九千八百七十 在京師東北一千五百九十里 去東都七百五十里

貴鄉 後魏分館陶西界置貴鄉縣於趙城 周建德七年自趙城東南移三十里 以孔思集寺爲縣廨 大象二年於縣置魏州 武德八年移縣入羅城內 開元二十八年刺史盧暉移於羅城西百步 大曆四年又移於河南岸置 元城 隋縣 治古殷城 貞觀十七年併入貴鄉 聖曆二年又分貴鄉莘縣置 治王莽城 開元十三年移治州郭下 古殷城在朝城東北十二里 魏 漢舊縣 在今縣南 天寶三年移於今所 館陶 漢縣 隋因之 武德五年置毛州 割魏州之館陶冠氏堂邑 貝州之臨清清水 又分置沙丘縣 貞觀元年廢毛州 省沙丘清水二縣 以堂邑屬博州 臨清屬貝州 館陶冠氏屬魏州 冠氏 春秋邑名 隋分館陶縣東界置 武德四年屬毛州 州廢來屬 莘 漢陽平縣地 隋置新州 武德五年改爲莘州 領莘臨黃武陽武水四縣 貞觀元年廢莘州 以莘臨黃武陽屬魏州 武水屬博州 臨黃 漢觀縣地 隋爲臨黃縣 武德四年屬莘州 州廢來屬 朝城 隋武陽縣 貞觀十七年廢武陽入臨黃莘二縣 開元七年復置 改爲朝城 昌樂 晉置 屬陽平郡 後魏置昌州 今縣西古城是也 隋廢昌樂縣入繁水 武德五年復置 隸魏州 今治所武德六年築也

澶州 漢頓丘縣 屬東郡 今縣北古陰安城是也 武德四年分魏州之頓丘觀城置澶州 領頓丘觀城 又特置澶水縣 貞觀元年廢澶州 以澶水屬黎州 頓丘觀城屬魏州 大曆七年正月勑又於頓丘縣置澶州 領頓丘清豐觀城臨黃四縣 州新置 元未計戶口帳籍 在京師東北一千四百八十五里 至東都六百八十五里

頓丘 漢縣 屬東郡 後移治所於陰安城 今屬魏郡 今縣地北陰安城是也 清豐 大曆七年割頓丘昌樂

二縣界四鄉置以縣界有孝子張清豐門闕魏州田承
嗣請爲縣名　觀城　隋縣唐初屬澶州州廢亦省觀
城大曆七年割昌樂臨黃二縣四鄉置縣於舊觀城店
臨黃　隋舊縣武德四年屬莘州州廢屬魏州大曆
七年置澶州割之來屬
博州上　隋武陽郡之聊城縣武德四年平竇建德置
博州領聊城武水堂邑茌平仍置莘亭靈泉清平博平
凡九縣五年省莘亭靈泉二縣貞觀元年省茌平縣天
寶元年改爲博平郡乾元元年復爲博州舊領縣六戶
七千六百八十一口三萬七千三百九十四天寶戶五
萬二千六百三十一口四十萬八千二百五十二在京
師東北一千七百一里至東都九百四十七里
聊城　漢縣治郭下武德四年分置茌平縣貞觀元年
省入聊城　博平　漢縣隋因之武德四年分置靈縣
五年省併入博平貞觀十七年省博平入聊城天授二
年析聊城復置　武水　漢陽平縣地屬東郡隋改爲
清邑又分清邑置武水縣武德四年屬莘州貞觀元年
屬博州　清平　漢貝丘縣隋改爲清平屬博州　堂
邑　漢縣後魏廢隋分清陽縣復置初屬毛州州廢屬
博州　高唐　隋縣長壽二年改爲崇武神龍元年復
爲高唐
貝州　隋爲清河郡武德四年平竇建德置貝州領清
河武城漳南歷亭清陽鄃夏津七縣六年移治所於歷
亭八年還於舊治九年以廢宗州之宗城經城來屬又
以廢毛州之臨清來屬天寶元年改爲清河郡乾元元
年復爲貝州舊領縣九戶一萬七千七百一十九口九
萬七十九天寶戶十一萬一十五口八十三萬四千七
百五十七在京師東北一千七百八十二里至東都九
百九十三里
清陽　武德四年分置夏津縣九年復省舊治甘陵城
永昌元年移治於孔橋開元二十三年移就州治　清
河　漢縣後漢桓帝改爲甘陵後省隋復分置清河縣
在郭下　武城　漢曰東武城舊治古夏城調露元年
移於今治　宗城　隋舊武德四年置宗州領宗城府
城南宮斌強四縣九年廢宗州及府城斌強二縣以經
城宗城貝州南宮屬冀州　臨清　漢清泉縣後魏改
爲臨清武德四年屬毛州州廢屬貝州　經城　漢縣
武德四年屬宗州州廢來屬　漳南　漢東陽縣後魏
省隋分棗強清平二縣地復置於古東陽城仍改爲漳
南縣　歷亭　漢東陽地隋分鄃縣置歷亭縣　夏津
舊鄃縣天寶元年改爲夏津
洺州望　隋武安郡武德元年改爲洺州領永平洺水
平恩清漳四縣二年陷竇建德四年建德平立山東道
大行臺又立曲周雞澤二縣五年罷行臺置洺州大總
管府管洺衞巖相慈邢趙八州六年罷總管府以磁州
之武安臨洺肥鄉三縣來屬貞觀元年又以廢慈州之
邯鄲來屬天寶元年改爲廣平郡乾元元年復爲洺州
永泰之後復以武安邯鄲屬慈州會昌元年省清漳洺
水二縣入肥鄉平恩曲周等縣舊領縣七戶二萬二千
九百三十三口十萬一千三十天寶領縣十戶九萬一
千六百六十六口六十八萬三千二百八十省清漳洺
水今領縣六在京師東北一千五百八十五里至東都
八百五十七里
永年　州所治本漢曲梁縣屬廣平郡改廣平爲永年
平恩　漢縣隋自斥漳城移於平恩故城置　臨洺
漢易陽縣隋改爲臨洺武德元年置紫州領臨洺武
安肥鄉邯鄲等縣四年罷紫州臨洺屬慈州五年改屬
洺州　鷄澤　漢廣平縣地武德四年置鷄澤縣　肥
鄉　漢邯溝縣地曹魏立肥鄉縣屬廣平郡會昌三年
省清漳縣入　曲周　隋廢縣武德四年復置會昌三
年省臨水縣入
磁州　隋魏郡之滏陽縣武德元年置磁州領滏陽臨
水成安三縣四年割洺州之臨洺武安邯鄲肥鄉來屬
六年置磁州總管府領磁邢洺黎相衞六州其年廢總
管府以臨洺武安肥鄉三縣屬洺州磁州領成安邯鄲
三縣貞觀元年廢磁州滏陽成安屬相州以邯鄲屬洺
州永泰元年六月昭義節度使薛嵩請於滏陽復置磁
州領滏陽武安昭義邯鄲四縣州新置未計戶口帳籍
在京師東北一千四百八十五里至東都六百六十五
里
滏陽　漢武安縣地隋置滏陽縣州所治　邯鄲　漢
縣屬廣平郡隋屬磁州州廢屬洺州永泰初復置磁州
來屬　武安　漢縣隋復置隸磁州　昭義　永泰元
年廉察使薛嵩特置於滏口之右故臨縣城
邢州上　隋襄國郡武德元年改爲邢州總管府管邢
溫和封蓬東龍六州邢州領龍岡堯山內丘三縣四年
平竇建德罷總管府割內丘屬趙州仍省和溫封三州
以其所領南和沙河平鄉三縣來屬又立任縣五年割
趙州之內丘栢仁來屬天寶元年改爲鉅鹿郡乾元元
年復爲邢州舊領縣九戶二萬一千九百八十五口九
萬九百六十天寶戶七萬一百八十九口三十八萬二
千七百九十八在京師東北一千六百五十五里至東
都八百五十七里
龍岡　漢襄國郡隋改爲龍岡州所治也　沙河　隋
分龍岡縣置武德元年置溫州四年州廢屬邢州　南
和　漢縣後周置南和郡隋廢州爲縣武德元年置和
州四年州廢縣屬邢州　鉅鹿　隋於漢南蠻故城置
鉅鹿縣武德元年置起州幷白起縣四年廢起州鉅鹿
屬趙州仍省白起併入鉅鹿貞觀元年屬邢州舊治東
府亭城嗣聖元年移於今所　平鄉　漢鉅鹿郡故郡
城在今縣北十一里古鉅鹿城卽今治也隋改平鄉縣
任　漢南蠻地晉置任縣後廢武德四年復置舊治
苑鄉城　堯山　漢栢仁縣至隋不改武德元年置東
龍州領栢仁縣四年平竇建德縣屬趙州貞觀初屬邢
州天寶元年改爲堯山　內丘　漢中丘縣隋改爲內
丘縣屬趙州貞觀初還屬邢州
趙州　漢平棘縣故城在今縣南後魏於昭慶縣置殷
州齊改爲趙州隋廢尋復置趙郡於平棘縣武德元年
張志昂以郡歸國改爲趙州領平棘高邑贊皇元氏癭
陶欒城大欒栢鄉房子槀城鼓城十二縣其年以槀城
屬廉州以鼓城屬深州四年改大陸爲象城天寶元年
改爲隋郡乾元元年復爲趙州舊領縣九戶二萬一千
四百二十七口八萬五千九百九十二天寶戶六萬三
千四百五十四口三十九萬五千二百三十八去京師
東北一千八百四十三里至東都一千三十三里
平棘　漢平棘縣屬常山郡隋自象城移趙州治所於
縣置　寧晉　漢楊氏縣屬鉅鹿郡今治卽楊氏城也
後改爲癭陶元魏改爲癭遥隋復爲陶天寶元年改爲
寧晉　昭慶　漢廣阿縣屬鉅鹿郡後魏置殷州北齊
改爲趙州隋改廣阿爲大陸武德四年改爲象城天寶
元年改爲昭慶以有建初啟運二陵故也　栢鄉　漢
縣屬鉅鹿郡故城在今縣西南十七里後廢隋於今治
彭水之陽復置　高邑　漢鄗縣屬常山郡世祖更名
高邑晉代不改　臨城　漢房子縣屬常山郡天寶元
年改爲臨城　贊皇　古無其名隋置取贊皇山爲名
元氏　漢常山郡所治故城在今縣西
鎭州　秦東垣縣漢高改名眞定置恒山郡又爲眞定
國歷代爲常山郡治元氏後魏道武登常山郡北望安
樂壘美之遂移郡治於安樂城今州城是也周隋改爲
恒州後廢義旗初復置恒州領眞定石邑行唐九門滋
陽五縣州治石邑武德元年陷竇建德四年賊平徙治
所於眞定省滋陽縣又割廉州之槀城來屬天寶元年
改爲常山郡乾元元年復爲恒州興元元年昇爲都督
府元和十五年改爲鎭州舊領縣六戶二萬六千一百
一十三口五萬四千五百四十三天寶領縣九戶五萬
四千六百三十三口三十四萬二千二百三十四今領
縣十一在京師東北一千七百六十里至東都一千一
百三十六里
眞定　隋屬高陽郡武德四年自石邑移恒州於縣爲
治所載初元年改爲中山縣神龍元年復爲眞定縣
槀城　漢縣唐初置鉅鹿郡領槀城桓肆新豐宜安四
縣武德元年改爲廉州其年陷竇建德四年賊平復置
廉州領槀城鼓城毋極四縣省桓肆新豐宜安併入槀
城貞觀元年廢廉州以鹿城屬深州鼓城毋極屬定州
槀城屬恒州　石邑　漢縣屬常山郡　九門　漢縣
屬常山郡至隋不改國初置九門郡領九門新市信義
三縣武德元年改爲觀州五年州廢省義信新市二縣
以九門隸恒州　靈壽　漢縣屬常山郡義寧元年置
燕州武德四年州廢縣屬井州七年州廢屬恒州　行
唐　漢南行唐縣屬常山郡武德五年省滋陽縣屬常
山郡武德五年省滋陽縣併入長壽二年改爲章武神
龍元年復爲行唐　井陘　漢縣屬常山郡義寧元年
置井陘郡井葦澤縣武德元年改爲井州四年又以廢
嶽州之房山蒲吾二縣恒州之鹿泉來屬五年又以恒
州之靈壽來屬貞觀元年廢蒲吾葦澤二縣入井陘十
七年廢井州以井陘等三縣屬恒州　獲鹿　漢石邑
縣地隋置鹿泉縣屬井州貞觀十七年來屬至德元年
改爲獲鹿　平山　漢蒲吾縣屬常山郡隋改爲房山
縣義寧元年置房山郡武德元年置嶽州領房山一縣
四年廢嶽州房山屬恒州至德元年改爲平山縣仍以
恒州爲平山郡　鼓城　漢臨平下曲陽兩縣之地屬
鉅鹿郡隋分槀城於下曲陽故城東五里置昔陽縣尋
改爲鼓城武德四年屬廉州州廢屬定州大曆三年割
屬恒州　欒城　漢開縣屬常山郡後魏於開縣古城
置欒城縣屬趙州大曆三年割屬恒州
冀州上　隋信都郡武德四年改爲冀州領信都衡水
武邑棗強南宮堂陽下博武強八縣六年置總管府移
治所於下博管冀貝深宮四州貞觀元年廢都督府移
州治於信都又以下博武強二縣屬深州十七年以廢
深州之下博武強鹿城廢觀州之阜城來屬龍朔二年

改爲魏州都督府咸亨三年復舊先天二年割下博武
強鹿城三縣屬深州開元二年復以下博武強還冀州
天寶元年改爲信都郡乾元元年復爲冀州舊領縣六信
都南宮堂陽棗強武邑衡水戶一萬六千二十三口七
萬二千七百三十三天寶領縣九戶一十萬三千八百
八十五口八十三萬五百二十在京師東北一千九百
七十八里至東都一千一百里
信都　漢信都國城今州所治也後漢改爲樂城國又
改安平國魏晉後爲冀州所治　南宮　漢縣屬信都
國至隋不改武德四年屬宗州貞觀元年屬冀州　堂
陽　漢縣屬鉅鹿郡隋舊屬冀州　棗強　漢縣屬清
河郡隋舊也　武邑　漢縣屬信都國隋舊武德四年
分置昌亭縣貞觀初省　衡水　古無此名隋開皇十
七年河北大使郎蔚之分信都北界武邑西界下博南
界置衡水縣特築此城　阜城　漢縣屬渤海郡隋屬
冀州故城在今縣東二十里今城隋築　蓚　漢縣屬
渤海郡隋舊隸觀州州廢屬德州故城在今縣南十里
貞觀元年分置觀津縣尋省永泰後屬冀州
深州　武德四年平竇建德於河間郡之饒陽縣置深
州領安平饒陽蕪蔞三縣初治安平其年移治饒陽貞
觀元年割故廉州之鹿城冀州之武強下博來屬省蕪
蔞縣十七年廢深州以饒陽屬瀛州安平屬定州鹿城
下博武強屬冀州先天二年復割饒陽安平鹿城置深
州仍分置陸澤縣天寶元年改深州爲饒陽郡乾元元
年復爲深州舊領縣五戶二萬一百五十六口八萬七
千天寶縣四戶萬八千八百二十五口三十四萬六千
四百七十二在京師東北二千一十三里至東都一千
二百五十里
陸澤　先天二年分饒陽鹿城界置陸澤縣於古鄡城
鄡漢縣屬鉅鹿郡　饒陽　漢縣屬涿郡武德四年分
置蕪蔞縣貞觀元年省十七年割屬定州先天二年還
深州武德初爲深州所治　束鹿　漢安定侯國今縣
西七里故城是也周齊爲安定縣隋改爲鹿城唐至德
六年改爲束鹿　下博　漢縣屬信都國隋舊武德四
年屬冀州貞觀元年改屬深州十七年屬冀州先天二
年還深州　安平　漢縣屬涿郡武德初置深州以縣
屬十七年州廢屬定州先天二年來屬　武強　漢武
隧縣屬河間國晉改爲武強武德四年屬冀州貞觀元
年屬深州　博野　漢蠡吾縣屬涿郡後漢分置博陵
縣後魏改爲博野武德五年置蠡吾州領博野清苑割
定州之義豐三縣八年州廢三縣各還本屬九年復立
蠡州領博野清苑二縣貞觀元年廢蠡州博野清苑屬
瀛州永泰中屬深州　樂壽　漢樂城縣屬河間國城
在今縣東南十六里後魏移縣東北近古樂壽亭因改
爲樂壽隋屬河間郡永泰中割屬深州
滄州上　漢渤海郡隋因之武德元年改爲滄州領清
池饒安無棣三縣治清池其年移治饒安四年平竇建
德分饒安置鬲津縣五年以清池屬東鹽州六年以觀
州胡蘇縣來屬州仍徙治之其年又省棣州以滳河厭
次陽信樂陵四縣來屬貞觀元年以瀛州之景城廢景
州之長蘆南皮魯城三縣廢東鹽州之鹽山清池二縣
並來屬又以滳河厭次二縣屬德州以胡蘇屬觀州仍
移治於清池又省鬲津入樂陵省無棣入陽信八年復
置無棣縣十七年以廢觀州之弓高東光胡蘇來屬割
陽信屬棣州天寶元年改爲景城郡乾元元年復爲滄
州舊領縣十戶二萬五十二口九萬五千七百九十六
天寶領縣十一戶十二萬四千二十四口八十二萬五
千七百五在京師東北二千二百一十八里去東都一
千三百八十二里
清池　漢浮陽縣渤海郡所治隋改爲清池縣治郭下
武德四年屬景州五年改屬東鹽州貞觀元年改屬滄
州　鹽山　漢高城古縣在南隋改爲鹽山武德四年
置東鹽州領縣一五年又割景州之清池來屬仍置浮
水縣貞觀元年省東鹽州及浮水縣以清池屬滄州
南皮　漢縣屬渤海郡至隋不改武德四年屬景州貞
觀元年改屬滄州　長蘆　漢參戶縣屬渤海郡後周
改爲長蘆武德四年割滄州之清池南皮二縣瀛州之
魯城平舒長蘆三縣於此置景州其年陷劉黑闥五年
賊平置景州總管府管滄瀛鹽景四縣又分清池縣屬
東鹽州貞觀元年廢景州以平舒屬瀛州南皮魯城長
蘆三縣屬滄州舊治永濟河西開元十六年移於今治
樂陵　漢舊縣屬平原郡隋不改武德四年屬棣州
六年省棣州以縣屬滄州　饒安　漢平童縣屬渤海
郡後漢改爲饒安隋因之武德元年移治故平童城仍
移州治於此六年州移治胡蘇貞觀十二年移縣治故
浮水城　無棣　漢陽信縣屬渤海郡改爲無棣貞觀
元年併入陽信八年復置太和二年屬棣州又復還滄
州　臨津　漢東光縣地隋於故胡蘇亭置胡蘇縣武
德四年屬觀州貞觀十七年屬滄州天寶元年改爲臨
津　乾符　隋魯城縣武德四年屬景州貞觀元年改
屬滄州乾符年改爲乾符
景州　漢鬲縣地屬平原郡隋置弓高縣屬渤海郡武
德四年於縣置觀州領弓高蓨阜城東光安陵胡蘇觀
津七縣六年以胡蘇屬滄州貞觀元年省觀津縣復以
胡蘇來屬十七年廢觀州以東光胡蘇屬滄州蓨縣安
陵屬德州阜城屬冀州貞觀二年又於弓高縣置景州
又以弓高東光胡蘇來屬長慶元年廢景州四縣亦還
本屬二年復於弓高置景州太和四年廢縣屬滄州景
福元年復於弓高置景州管東光安陵三縣天祐五年
移州治於東光縣領縣六戶一萬一千三口五萬七千
五百三十二在京師東北二千九百里至東都一千三
百里
弓高　漢鬲縣屬平原郡隋置弓高縣後於縣治置觀
州景州興替不常事在州說中　東光　漢縣屬渤海
郡歷代不改　安陵　隋宣府鎮武德四年置安陵縣
屬觀州貞觀十七年廢觀州改屬德州永徽二年移治
白社橋景福元年改屬景州
德州　漢平原郡隋置德州又爲平原郡武德四年平
竇建德後置德州領安德般平原長河將陵平昌六縣
其年置總管府管博德棣觀四州貞觀元年廢都督府
割滄州之滳河厭次來屬十七年廢般縣以滳河厭次
二縣屬棣州又以廢觀州之蓨縣安陵來屬天寶元年
改爲平原郡乾元元年復爲德州舊領縣八戶一萬一
百三十五口五萬二千一百四十一天寶領縣七戶八
萬三千三百一十一口六十五萬九千八百五十五至
京師一千九百八十二里去東都一千一百三十八里
安德　漢縣屬平原郡今州治至隋不改　平原　漢
舊平原郡所治故城在今縣西南二十五里今縣治城
北齊所築　長河　漢廣川縣屬信都國後廢隋於舊
廣川縣東八十里置新縣今治是也尋改爲長河縣爲
水所壞元和四年十月移就白橋於永濟河西岸置縣
東去故城十三里十年又置河東小胡城　將陵　漢
安德縣隋分安德於將陵故城置此縣　平昌　漢縣
屬平原郡故城在今縣東三十里太和二年割屬齊州
又還德州
定州上　漢縣屬平原郡故城在今縣三十里後漢中
山國後魏置安州尋改爲定州隋改博陵郡又復爲高
陽郡武德四年平竇建德移置定州領安喜義豐北平
深澤毋極唐昌新樂恒陽唐望都等十縣其年置總管
府領定恒幷滿廉五州六年昇爲大總管府管定洺相
慈黎冀深蠡滄瀛魏貝景博趙宗觀廉幷邢欒德衛滿
幽易燕檀平營等三十二州七年改爲都督府管定恒
滿幷趙廉欒蠡等八州貞觀元年以廢廉州之鼓城來
屬五年廢都督府十七年以廢深州之安平來屬先天
二年以安平還深州天寶元年改爲博陵郡乾元元年
復爲定州大曆三年以鼓城隸鼓州曲陽隸恒州九年
廢恒州曲陽復來屬貞元十三年復爲大都督府十四
年廢依舊爲上州舊領縣十一戶二萬五千六百三十
七口八萬六千八百六十九天寶戶七萬八千九十口
四十九萬六千六百七十六在京師東北二千九百六
里至東都一千二百里
安喜　漢盧奴縣屬中山國慕容垂改爲不連北齊改
爲安喜隋改爲鮮虞縣武德四年復爲安喜州所治也
義豐　漢安國縣屬中山國隋自郭城移於鄭德堡
置今縣治後仍改爲義豐萬歲通天二年契丹攻之不
下則天改爲立節縣神龍中復舊名　北平　漢縣屬
中山國萬歲通天二年契丹攻之不下乃改爲徇忠縣
神龍二年復舊名　望都　武德四年分安喜北平二
縣置初治安險故城貞觀八年移於今治　安險　漢
縣屬中山國　曲陽　漢上曲陽縣屬常山郡隋改爲
恒陽大曆三年屬恒州九年復來屬元和十五年改爲
曲陽　陘邑　漢苦陘縣屬中山國章帝改爲漢昌曹
魏改爲魏昌隋改爲隋昌武德四年改爲唐昌天寶元
年改爲陘邑　唐　漢縣屬中山國舊治古公城聖曆
元年移於今所　新樂　古鮮虞子國漢新市縣屬中
山郡隋改爲新樂
祁州中　景福二年定州節度使王處存奏請於本部
無極縣置祁州州新置未計戶口帳籍在京師東北二
千二百一十里至東都一千三百二十里
無極　漢縣屬中山國無本作毋字武德四年屬廉州
貞觀元年屬定州萬歲通天二年改毋字爲無　深澤
漢縣屬中山國至隋不改屬定州隋徙治滹沱北本
縣治也隋末陷賊武德四年復立縣景福二年割屬祁
州
易州中　隋上谷郡武德四年討平竇建德改爲易州
領易淶水永樂遂城道五縣五年割道縣置北義州州
廢以道來屬開元二十三年分置五迴樓亭板城三縣
天寶元年改爲上谷郡復隋舊名乾元元年復爲易州
舊領縣五戶一萬二千八百二十口六萬三千四百五
十七天寶領縣八戶四萬四千二百三十口二十五萬

八千七百七十九今領縣六在京師東北二千三百三十四里至東都一千四百六十三里

易　漢故安縣屬涿郡隋爲易縣　容城　漢縣屬涿郡改爲道縣武德五年置北義州領道又割幽州之固安歸義屬之貞觀元年廢北義州三縣各還本屬聖曆二年契丹入寇固守得全因改名全忠縣天寶元年改爲容城　遂城　漢北新城縣屬中山國後魏改爲新昌隋末爲遂城　淶水　漢道縣屬涿郡隋屬上谷郡　蒲城　漢北平縣地後魏置永樂縣隋不改天寶元年改爲蒲城　五迴　開元二十三年刺史盧暉奏分易縣置城於五迴山下因名之二十四年遷於古公城暉又奏置樓亭板城二縣天寶後廢

瀛州上　隋河間郡武德四年討平竇建德改爲瀛州領河間樂壽景城文安束城豐利六縣五年又置武垣任丘二縣貞觀元年省豐利入文安省武垣入河間割蒲州之高陽蒲故景州之平舒故蠡州之博野清苑五縣來屬又以景城屬滄州景雲二年割鄚任丘文安清苑四縣屬鄚州天寶元年改爲河間郡乾元元年復爲瀛州舊領縣十河間高陽樂壽博野清苑鄚任丘文安平舒東城景雲二年分鄚文安任丘清苑置莫州大曆後割博野樂壽隸深州舊戶三萬五千六百五口十六萬四千天寶領縣六戶九萬八千一十八口六十六萬三千一百七十一今領縣五在京師東北二千二百里至東都一千三百二里

河間　漢州鄉縣地屬涿郡隋爲河間縣　高陽　漢縣屬涿郡隋舊武德四年於縣置蒲州領高陽博野清苑三縣屬蠡州八年二縣又割屬蒲州九年復隸蠡州貞觀元年廢蒲州以鄚高陽二縣屬瀛州　平舒　漢東平舒縣屬渤海郡後去東字隋不改武德四年屬景州貞觀元年屬瀛州　東城　漢東州縣屬渤海郡隋曰東城屬河間郡　景城　漢縣屬渤海郡武德四年屬瀛州貞觀元年屬滄州大中後割屬瀛州

莫州上　本瀛州之鄚縣景雲二年於縣置莫州割瀛州之鄚任丘文安清苑幽州之歸義等五縣屬之其年歸義復還幽州開元十三年以鄚字類鄭字改爲莫天寶元年復爲莫州管縣六莫文安任丘清苑長豐唐興天寶領縣六戶五萬三千四百九十三口三十三萬九千九百七十二去京師二千三百一十里至東都一千四百三十里

莫　漢縣屬涿郡至隋不改武德四年屬蒲州貞觀元年改屬瀛州景雲二年割屬莫州　清苑　漢樂鄉縣屬信都國隋爲清苑武德四年屬蒲州貞觀元年改屬瀛州景雲二年屬莫州　文安　漢縣屬渤海郡至隋不改故城在今縣東北舊屬瀛州景雲二年來屬　任丘　隋縣後廢武德五年分莫縣復置　長豐　開元十九年分文安任丘二縣置　唐興　如意元年分河間縣置武昌縣屬瀛州長安四年改屬州其年還隸瀛州神龍元年改屬唐興縣景雲二年改屬莫州

幽州大都督府　隋爲涿郡武德元年改爲幽州總管府管幽易平檀燕北燕營遼等八州幽州領薊良鄉潞涿固安雍奴安次昌平等八縣二年又分潞縣置玄州領一縣隸總管四年竇建德平固安縣屬北義州六年改總管爲大總管管三十九州七年改爲大都督府又改涿縣爲范陽九年改大都督爲都督督幽易景瀛東鹽滄蒲蠡北義燕營遼平檀玄北燕等十七州貞觀元年廢玄州以漁陽潞二縣來屬又廢北義州以固安來屬八年又置歸義縣都督幽易燕北燕平檀六州乾封三年置無終縣如意元年分置武隆縣景龍三年分置三河縣開元十三年昇爲大都督府十八年割漁陽玉田三河置薊州天寶九年改范陽郡屬范陽上谷嬀川密雲歸德漁陽順義歸化八郡乾元元年復爲幽州舊領縣十薊潞雍奴漁陽良鄉固安昌平范陽歸義也戶二萬一千六百九十八口十萬二千七十九天寶縣十戶六萬七千二百四十二口十七萬一千三百一十二今領縣九在京師東北二千五百二十里至東都一千六百里

薊　州所治古之燕國都漢爲薊縣屬廣陽國晉置幽州慕容儁稱燕皆治於此自晉至隋幽州刺史皆以薊爲治所　幽都　管郭下西界與薊分理建中二年取羅城內廢燕州廨署置幽都縣在府北一里　廣平　天寶元年分薊縣置三載復廢至德後復分置　潞　後漢縣屬漁陽郡隋不改武德二年於縣置玄州仍置臨泃縣玄州領潞臨泃漁陽無終四縣貞觀元年廢玄州省臨泃無終二縣以潞漁陽屬幽州　武清　後漢雍奴縣屬漁陽郡歷代不改天寶元年改爲武清　永清　如意元年分安次縣置武隆縣景雲元年改爲會昌縣天寶元年改爲永清　安次　漢縣屬渤海郡至隋不改隋屬幽州　良鄉　漢縣屬涿郡至隋不改　昌平　後漢縣屬廣陽國故城在今縣東南隋屬涿郡

涿州　本幽州之范陽縣大曆四年幽州節度使朱希彩奏請於范陽縣置涿州仍割幽州之范陽歸義固安三縣以隸涿屬幽州都督州新置未計戶口帳籍至京師二千四百里至東都一千四百八十里

范陽　漢涿郡之涿縣也郡所治曹魏文帝改爲范陽郡晉爲范陽國後魏爲范陽郡隋爲涿縣武德七年改爲范陽縣大曆四年復於縣置涿州　新昌　漢縣名後廢大曆四年復析固安縣置　歸義　漢易縣地屬涿郡北齊省入鄚縣武德五年於縣置北義州貞觀元年與州同省八年復置改屬幽州分置涿州又來屬　固安　漢縣屬涿郡武德四年屬北義州移治章信城貞觀元年省義州以縣屬幽州乃移於今治今治城漢方城縣地屬廣陽國　新城　大曆四年析置

薊州　開元十八年分幽州之三縣置薊州天寶元年改爲漁陽郡乾元元年復爲薊州天寶領縣三戶五千三百一十七口二萬八千五百二十一至京師二千八百二十三里至東都一千二十三里

漁陽　後漢縣屬漁陽國秦古北平郡所治也隋爲漁陽縣武德元年屬幽州二年改屬玄州又分置無終縣貞觀元年屬幽州省無終神龍元年改屬營州開元四年還屬幽州十八年於縣置薊州乃隸之　三河　開元四年分潞縣置屬幽州十八年改隸薊州　玉田　漢無終縣屬右北平郡乾封二年於廢無終縣置名無終屬幽州萬歲通天二年改爲玉田縣神龍元年割屬營州開元四年還屬幽州八年又割屬營州十一年又屬薊州

檀州　後漢奚縣屬漁陽郡隋置安樂郡分幽州燕樂密雲二縣隸之武德元年改爲檀州天寶元年改屬密雲郡乾元元年復爲檀州舊領縣二戶一千七百三十七口六千四百六十八天寶戶六千六十四口三萬二百四十六在京師東北二千六百五十七里至東都一千八百四十四里

密雲　隋縣州所治　燕樂　隋縣後魏於縣置廣陽郡後廢舊治白檀故城長壽二年移治新城卽今治也

嬀州　隋涿郡之懷戎縣武德七年討平高開道置北燕州復北齊舊名貞觀八年改名嬀州取嬀水爲名長安二年移治舊清夷軍城天寶元年改名嬀州郡乾元元年復爲嬀州舊領縣一戶四百七十六口二千四百九十天寶戶二千二百六十三口一萬一千五百八十四在京師東北二千八百四十二里至東都一千九百一十里

懷戎　後漢潘縣屬上谷郡北齊改爲懷戎嬀水經其中州所治也　嬀州　天寶後析懷戎縣置今所

平州　隋爲北平郡武德二年改爲平州領臨渝肥如二縣其年自臨渝移治肥如改爲盧龍縣更置撫寧縣七年省臨渝撫寧二縣天寶元年改爲北平郡乾元元年復爲平州舊領縣一戶六百三口二千五百四十二天寶領縣三戶三千一百一十三口二萬五千八十六在京師東北二千六百五十里至東都一千九百里

盧龍　後漢肥如縣屬遼西郡至隋不改武德二年改爲盧龍縣復開皇舊名　石城　漢縣屬右北平貞觀十五年於故臨渝縣城置臨渝萬歲通天二年改爲石城取舊名　馬城　開元二十八年分盧龍二縣置

順州下　貞觀六年置寄治營州南五柳城天寶元年改爲順漢義郡乾元元年復爲順州舊領縣一戶八十一口二百一十九天寶戶一千六十四口五千一百五十七

賓義　郡所理在幽州城內

歸順州　開元四年置爲契丹松漠府彈汗州部落天寶元年改爲歸化郡乾元元年復爲歸順州天寶領縣一戶一千三十七口四千四百六十九在京師二千六百里至東都一千七百一十里

懷柔　州所理也

營州上都督府　隋柳城郡武德元年改爲營州總管府領遼燕二州領柳城一縣七年改爲都督府管營遼二州貞觀二年又督昌州三年又督師崇二州六年又督順州十年又督愼州今督七州萬歲通天二年爲契丹李萬榮所陷神龍元年移府於幽州界置仍領漁陽玉田二縣開元四年復移還柳城八年又往就漁陽十一年又還柳城舊治天寶元年改爲柳城郡乾元元年復爲營州舊領縣一戶一千三十一口四千七百三十二天寶戶九百九十七口三千七百八十九在京師東北三千五百八十九里至東都二千九百一十里

柳城　漢縣屬遼西郡室韋靺鞨諸部並在東北遠者六千里近者二千里西北與奚接界北與契丹接界

燕州　隋遼西郡寄治於營州武德元年改爲燕州總管府領遼西瀘河懷遠三縣其年廢瀘河縣六年自營州南遷寄治於幽州城內貞觀元年廢都督府仍省懷遠縣開元二十五年移治所於幽州北桃谷山天寶元年改爲歸德郡乾元元年復爲燕州舊領縣一無實土戶所領戶出粟皆靺鞨別種戶五百天寶戶二千四十

五口一萬一千六百三兩京道里與幽州同

遼西　州所治縣也

威州　武德二年置遼州總管自燕支城徙寄治營州城內七年廢總管府貞觀元年改爲威州隸幽州大都督所領戶契丹內稽部落舊領縣一戶七百二十九口四千二百二十二天寶戶六百一十一口一千八百六十九兩京道里與涿州同

威化　後契丹陷營州乃南遷寄治於良鄉縣石窟堡爲威化縣幽州治也

愼州　武德初置隸營州領涑沫靺鞨烏素固部落萬歲通天二年移於淄青州安置神龍初復舊隸幽州天寶領縣一戶二百五十口九百八十四

逢龍　契丹陷營州後南遷寄治良鄉縣之故都鄉城爲逢龍縣州所也

玄州　隋開皇初置處契丹李去閭部落萬歲通天二年移於徐宋州安置神龍元年復舊今隸幽州天寶領縣一戶六百一十八口一千三百三十三

靜蕃　州治所范陽縣之魯泊村

崇州　武德五年分饒樂郡都督府置崇州鮮州處奚可汗部落隸營州都督舊領縣一戶一百四十口五百五十四天寶戶二百口七百一十六

昌黎　貞觀二年置北黎州寄治營州東北廢楊師鎭八年改爲崇州置昌黎縣契丹陷營州徙治於潞縣之古潞城爲縣

夷賓州　乾封中於營州界內置處靺鞨愁思嶺部落隸營州都督萬歲通天二年遷於徐州神龍初還隸幽州都督領縣一戶一百三十口六百四十八

來蘇　自徐州還寄於良鄉縣之古廣陽城爲縣

師州　貞觀三年置領契丹室韋部落隸營州都督萬歲通天元年遷於青州安置神龍初改隸幽州都督舊領縣一戶一百三十八口五百六十八天寶戶三百一十四口三千二百一十五

陽師　初貞觀置州於營州東北廢陽師鎭故號師州神龍中自青州還寄治於良鄉縣之故東閭城爲州治縣在焉

鮮州　武德五年分饒樂郡都督府奚部落置隸營州都督萬歲通天元年遷於青州安置神龍初改隸幽州天寶領縣一戶一百七口三百六十七

賓從　初置營州界自青州還寄治潞縣之古潞城

帶州　貞觀十九年於營州界內置處契丹乙失革部落隸營州都督萬歲通天元年遷於青州安置神龍初還隸幽州都督天寶領縣一戶五百六十九口一千九百九十

孤竹　舊治營州界州陷契丹後寄治於昌平縣之淸水店爲州治

黎州　載初二年析愼州置處浮渝靺鞨烏素固部落隸營州都督萬歲通天元年遷於宋州管治神龍初還改隸幽州都督天寶領縣一戶五百六十九口一千九百九十一

新黎　自宋州遷寄治於良鄉縣之故都鄉城

沃州　載初中析昌州置處契丹松漠部落隸營州州陷契丹乃遷於幽州隸幽州都督天寶領縣一戶一百五十九口六百一十九

濱海　沃州本寄治營州城內州陷契丹乃遷於薊縣東南廻城爲治所

昌州　貞觀二年置領契丹松漠部落隸營州都督萬歲通天二年遷於青州安置神龍初還隸幽州舊領縣一戶一百三十二口四百八十七天寶戶二百八十一口一千八十八

龍山　貞觀二年置州於營州東北廢靜蕃戍七年移治於三合鎭營州陷契丹乃遷於安次縣古常道城爲治州

歸義州　總章中置處海外新羅隸幽州都督舊領縣一戶一百九十五口六百二十四

歸義　在良鄉縣之古廣陽城州所治也

瑞州　貞觀十年置於營州界隸營州都督處突厥烏突汗達于部落咸亨中改爲瑞州萬歲通天二年遷於宋州安置神龍初還隸幽州都督舊領縣一戶六十口三百六十五天寶戶一百九十五口六百二十四

來遠　舊縣在營州界州陷契丹移治於良鄉縣之故廣陽城

信州　萬歲通天元年置處契丹失活部落隸營州都督二年遷於青州安置神龍初還隸幽州都督天寶領縣一戶四百一十四口一千六百

黃龍　州所治寄治范陽縣

青山州　景雲元年析玄州置隸幽州都督領縣一戶六百二十二口三千二百一十五

青山　寄治於范陽縣界水門村

凜州　天寶初置於范陽縣界處降胡領縣一戶六百四十八口二千一百八十七

安東都護府　總章元年九月司空李勣平高麗高麗本五部一百七十六城戶六十九萬七千其年十二月分高麗地爲九都督府四十二州一百縣置安東都護府於平壤城以統之用其酋渠爲都督刺史縣令令將軍薛仁貴以兵二萬鎭安東府上元三年二月移安東府於遼東郡故城置儀鳳二年又移置於新城聖曆元年六月改爲安東都督府神龍元年復爲安東都護府開元二年移安東都護於平州置天寶二年移於遼西故郡城置至德後廢初置領羈縻州十四戶一千五百八十二去京師四千六百二十五里至東都三千八百二十里

新城州都督府　遼城州都督府

哥勿州都督府　建安州都督府

南蘇州　木底州　蓋牟州　代那州　倉巖州

磨米州　積利州　黎山州　延津州　安市州

凡此十四州並無城池是高麗降戶散此諸軍鎭以其酋渠爲都督刺史羈縻之天寶領戶五千七百一十八口一萬八千一百五十六自燕以下十七州皆東北蕃降胡散諸處幽州營州界內以州名羈縻之無所役屬安祿山之亂一切驅之寇寇遂擾中原至德之後入據河朔其部落之名無存者今記天寶承平之地理焉

## 山南道

### 山南西道

梁州興元府　隋漢川郡武德元年置梁州總管府管梁洋集興四州梁州領南鄭褒中城固西四縣二年改城固爲唐固割西縣置褒州三年置白雲縣七年改總管爲都督督梁洋集興褒五州梁州領南鄭褒中白雲四縣八年廢褒州以西金牛二縣來屬九年省白雲縣入城固貞觀三年復改唐固爲城固五年改褒中爲褒城六年廢都督府八年又置依督梁洋集壁四州十七年又罷顯慶元年復置都督府督梁洋集壁四州開元十三年改梁州爲褒州依舊都督府二十年又爲梁州天寶元年改爲漢中郡仍爲都督府乾元元年復爲梁州興元元年六月昇爲興元府官員資序一切同京兆河南二府舊領縣五戶六千六百二十五口二萬七千五百七十六天寶領縣六戶三萬七千四百七十口十五萬三千七百一十七至京師一千二百二十三里至東京二千七百八里

南鄭　州所理漢縣屬漢中郡隋不改

褒城　漢褒中縣屬漢中郡義寧二年改爲褒中貞觀三年復爲褒城

城固　隋舊武德二年改爲唐固貞觀二年復爲城固

西　隋舊武德二年置褒州割金牛來屬領西金牛二縣八年廢褒州以縣屬梁州

金牛　漢葭萌縣地武德二年分綿谷縣置屬褒州八年州廢屬梁州

三泉　武德四年分綿谷縣置南安州領三泉嘉平二縣八年廢南安州及嘉平縣以三泉屬利州天寶元年改屬梁州移治沙溪之東

鳳州下　隋河池郡武德元年改爲鳳州天寶元年復爲河池郡乾元元年復爲鳳州舊領縣四戶一千九百五十七口九千七百九十四天寶戶五千九百一十八口二萬七千八百七十七在京師西南六百里至東都一千四百五十里

梁泉　漢故道縣地後魏置梁泉縣晉仇池所處地後魏廢帝於縣置鳳州

兩當　漢故道縣地晉改兩當取水名

河池　後漢縣屬武都郡以川爲名

黃花　武德四年分梁泉縣置以川爲名

興州下　隋順政郡武德元年改爲興州天寶元年改爲順政郡乾元元年復爲興州舊領縣三戶一千二百二十五口四千九百一十三天寶戶二千二百二十四口一萬一千四十六至京師九百四十八里至東都一千七百八十一里

順政　漢沮縣屬武都郡後魏改爲畧陽晉置武興蕃以處互市後魏於武興蕃置興州仍以畧陽爲順政

長舉　漢沮縣地隋爲長舉縣本治槃頭城貞觀三年移於今所

鳴水　漢沮縣地隋爲鳴水縣舊治落蕃水南永隆元年移治水北

利州下　隋義城郡武德元年改爲利州領綿谷葭萌益昌義清岐坪嘉川景谷七縣二年置總管府管利龍隆始蓬靜六州三年割綿谷之東界置南安州四年割景谷縣置沙州七年又割岐坪義清二縣置南平州其年改總管府爲都督府督利龍隆始沙南平靜八州利州領綿谷葭萌益昌嘉川四縣八年廢南安州割三泉縣來屬貞觀元年廢沙州二年廢南平州復以景谷岐坪義清等縣來屬其年以嘉川屬靜州六年罷都督府以州當劍口戶不滿萬移爲中州又降爲下州天寶元年改爲益昌郡仍割三泉屬梁州乾元元年復爲利州舊領縣七戶九千六百二十八口三萬一千九十三天寶領縣六戶二萬三千九百一十口四萬四千六百在京師西南一千四百八十里至東都二千一百九十七里

綿谷　漢葭萌縣地屬爲漢壽縣晉改晉壽縣又分晉

壽置興安縣隋改興安爲綿谷南齊於壽縣置西益州後梁改爲利州　嶓山　隋義清縣天寶元年八月改爲嶓山　嘉川　隋屬靜州貞觀十七年割屬利州　葭萌　漢縣蜀爲漢壽晉改晉壽江左改晉安隋改爲葭萌取漢舊名　益昌　後魏分晉壽縣置京兆縣後周改爲益昌　景谷　漢白水縣地宋置平興縣隋改爲景谷武德四年置沙州割龍州之方維來屬沙州領景谷方維二縣貞觀元年廢沙州以景谷屬利州仍省方維縣併入

通州上　隋通川郡武德元年改爲通州領通川宣漢三岡石鼓東鄉五縣以宣漢屬南并州二年屬新寧思來二縣三年以東鄉屬南并州又爲通川總管府管通開蓬渠萬南并南石南鄰八州通川領通州三岡石鼓新寧思來五縣八年以廢南石州之東鄉縣來屬貞觀元年以廢并州之宣漢來屬又省思來入通川其年廢萬州以永穆來屬貞觀五年廢都督府爲下州長安二年昇爲中州開元二十三年昇爲上州天寶元年改爲通川郡乾元元年復爲通州舊領縣七戶七千八百九十八口三萬八千一百二十三天寶戶四萬七百四十三口十一萬八百四在京師西南二千三百里去東都二千八百七十五里

通川　漢宕渠縣地分置宣漢縣屬巴郡後魏改爲石城縣梁於縣置萬州元魏改爲通州隋爲通川縣　永穆　宕渠地梁置永康縣隋改爲永穆武德元年屬巴川二年置萬州割巴州之歸仁置諸木廣納太平恒豐四縣並屬萬州七年省諸木縣貞觀元年廢萬州以歸仁屬巴州廣納屬壁州永穆屬通州廢太平恒豐二縣入永穆　三岡　隋舊縣　石鼓　後魏置　東鄉　武德三年置南石州又分置下滿昌樂二縣屬之入石州省昌樂入石鼓下滿入東鄉　宣漢　隋舊武德元年置南并州又置東關縣隸之貞觀元年廢南并州省東關入宣漢自和昌城移治新安屬通州　新寧　武德二年分通川縣置治新寧故城貞觀八年移治淙城　巴渠　永泰元年六月分石鼓縣四鄉置巴渠

洋州下　隋漢川郡之西鄉縣武德元年割梁州三縣置洋州四年又置洋源縣天寶元年改爲洋川郡乾元元年復爲洋州舊領縣四戶二千二百二十六口一萬八千六十天寶領縣五戶二萬三千八百四十九口八萬八千三百二十七相去京師南八百里至東都二千里

西鄉　本漢城固縣地蜀立西鄉縣後魏於此置洋州以水爲名　黃金　漢安陽縣地屬漢中郡後魏置黃金縣水名也隋縣治巴嶺鎮貞觀三年移於今治　興道　隋興勢縣貞觀二十三年改爲興道　洋源　武德七年分西鄉縣置　眞符　開元八年分興道置華陽縣天寶七年改屬京兆仍改爲眞符十一年還屬洋川郡

合州中　隋涪陵郡武德元年改爲合州領石鏡漢初赤水三縣三年又置新明縣天寶元年改爲巴川郡乾元元年復爲合州舊領縣四戶一萬四千九百三十四口五萬二百一十天寶領縣六戶六萬六千八百一十四口十萬七千二百二十在京師南二千四百五十里至東都三千三百里

石鏡　漢墊江縣屬巴郡宋改名石宕渠宋置東渠郡及石鏡縣又改郡爲合州涪漢二水合流處爲名　新明　武德二年分鏡置　漢初　後魏清居縣改漢初　赤水　隋分石鏡置　巴川　開元二十三年割石鏡銅梁二縣置　銅梁　長安三年置初治奴崙山南開元三年移治於武金坑

集州下　隋漢川郡之難江縣武德元年置集州仍割巴州之符陽長地白石三縣來屬又置平桑縣凡領五縣八年以符陽白石屬壁州貞觀元年廢平桑縣二年又置六年又省平桑長池二縣八年又割壁州之符陽來屬十七年又割廢靜州之地平來屬天寶元年改爲符陽郡乾元元年復爲集州舊領縣一戶一千一百二十六口四千一十七天寶領縣二戶四千三百五十三口二萬五千七百二十六在京師西南一千四百二十五里至東都二千六百里

難江　漢宕渠縣地後周改爲難江梁立東巴州恭帝改爲集州以水爲名　符陽　漢縣武德元年屬集州三年改屬壁州貞觀八年復還集州　地平　武德元年分清化縣置狄平縣二年改狄平爲地平其年置靜州領地平嘉川大牟清化四縣貞觀十七年廢靜州嘉川屬利州大牟清化屬巴州地平屬集州

巴州中　隋清化郡武德元年改爲巴州領化城清化曾口盤道永穆歸仁始寧奇章安固伏虞恩陽白石符陽長池白石屬集州以安固伏虞屬蓬州清化屬靜州二年割歸仁永穆置萬州貞觀元年廢萬州以歸仁來屬天寶元年改爲清化郡乾元元年復爲巴州舊領縣七戶一萬九百三十三口四萬七千八百九十天寶領縣十戶三萬二百一十口九萬一千五十一至京師二千三百六十里至東都二千五百八十二里

化城　後漢昌縣梁改爲梁大縣後周改爲化城縣後魏置大谷郡隋置巴州於縣理　盤道　後魏置　清化　隋屬巴州武德元年於清化縣界木門故地置靜州領清化大牟二縣其年又置地平縣六年移靜州於地平縣又割利州之嘉川皆隸靜州貞觀十七年廢靜州以清化縣屬巴州　曾口　梁置隋縣治戴公山神龍元年移治曾溪　歸仁　梁置平州隋改爲歸仁縣武德二年屬萬州貞觀元年屬巴州　始寧　梁置以山爲名　奇章　梁置縣東八里有奇章山　恩陽　梁置義陽縣隋改爲恩陽貞觀十七年廢萬歲通天元年復置　大牟　武德元年分清化縣置縣東三里有大牟山　七盤　久視元年分置

蓬州下　武德元年割巴州之安固伏虞隆州之儀隴大寅梁州之宕渠咸安等六縣置蓬州因周舊名三年以儀隴屬萬州尋復來屬天寶元年改爲咸安郡至德二年改爲蓬山郡乾元元年復爲蓬州舊領縣六戶九千二百六十八口三萬五千五百六十六天寶縣七戶一萬五千五百七十六口五萬三千三百五十二至京師二千二百一十里至東都二千九百九十五里

良山　漢宕渠地梁置伏虞郡安固縣後周改伏虞爲蓬州安固爲良山開元初蓬州移治大寅縣至後不改　大寅　梁置舊治斗子山後移治鬬壇口今爲蓬州所治　儀隴　梁置武德二年屬萬州州廢還蓬州舊領金城山開元二十三年移治平溪　伏虞　梁宣漢縣隋改爲伏虞屬蓬州　宕渠　梁置取漢縣名舊治長樂山長安三年移治羅護水　咸安　梁置綏安縣隋改爲咸安至德二年改爲蓬山大竹久視元年分宕渠縣置至德二年割屬鄰山郡

壁州下　武德八年分巴州始寧縣改置壁州并諸水縣又割集州之符陽白石二縣來屬貞觀元年廢萬州割廣納縣來屬八年復以符陽屬集州天寶元年改爲始寧郡乾元元年復爲壁州舊領縣三戶一千四百九十二口七千四百四十九天寶縣四戶一萬二千三百六十八口五萬四千七百五十七在京師西南一千八百二十二里至東都二千九百四十二里

諾水　後漢宣漢縣梁分宣漢置始寧縣元魏分始寧置諾水縣武德八年分巴州始寧之東境置壁州及諾水縣今州所治　廣納　武德三年割始寧歸仁二縣地置以廣納溪爲名　白石　後魏置以白石水爲名武德初屬巴州又改屬集州八年還壁州　巴東　開元二十三年六月置太平縣天寶元年八月二十四日改爲巴東縣

商州　隋上洛郡武德元年改爲商州其年於上津縣置上州貞觀十五年州廢上津來屬天寶元年改爲上洛郡乾元元年復爲商州舊領縣五戶四千九百一口二萬一千五十天寶縣六戶八千九百二十六口五萬二千八十至京師二百八十一里至東都八百八十六里

上洛　漢縣屬弘農郡言在洛水之上故爲縣名隋於縣置上洛郡　豐陽　漢商縣地晉分商縣置豐陽以川爲名舊治吉川城麟德元年移理豐陽川　洛南　漢上洛縣地晉分置拒陽縣隋改拒陽爲洛南舊治拒陽川顯慶三年移治清州　商洛　漢商縣屬弘農郡隋文加洛字　上津　漢長利縣地屬漢中郡梁置南洛州後魏改爲上州隋廢州爲上津縣義寧二年置上津郡武德元年改爲上州領上津豐利黃土長利四縣貞觀初省長利縣十年廢上州以黃土屬金州豐利屬均州上津屬商州　安業　萬歲通天元年分豐陽置景龍三年改屬雍州景雲元年還屬商州乾元元年正月改爲乾元縣割屬京兆府

金州　隋西城郡武德元年改爲金州領洵陽石泉安康等縣其年割洵陽驢川二縣置洵州領三縣又置西安州又立寧都廣德二縣隸西安州爲直州三年金州置總管府管金井直洵洋南豐均遷房重順十二州十年廢洵州以洵城洵陽驢川三縣來屬貞觀元年廢直州又省寧都廣德以安康來屬仍省驢川縣八年省洵陽縣又以廢上州之黃土縣來屬天寶元年改爲安康郡至德二年二月改爲漢南郡乾元元年復爲金州舊領縣六戶一萬四千九十一口五萬三千二十九天寶戶九千六百七十四口五萬七千九百八十一在京師南七百三十七里至東都一千七百里

西城　州所理漢西城縣屬漢中郡後魏置安康郡尋改爲東梁州又以其地出金改爲金州皆以西城爲治所隋末廢義寧二年復置　洵陽　漢縣名武德元年置洵州又分洵陽置洵城驢川三縣七年廢洵州三縣屬金州貞觀二年省驢川八年省洵城並入洵陽　淯陽　後魏黃土縣義寧二年屬上州貞觀八年屬金州天寶元年改爲清陽　石泉　隋縣聖曆元年改爲武

安神龍初復爲石泉永眞元年省入漢陰縣復置　漢陰　漢安陽縣屬漢中郡晉武改爲安康置安康郡隋改爲縣武德元年置西安州立寧都廣德二縣改西安州爲直州州廢省寧都廣德二縣入安康至德二年二月改爲漢陰縣　平利　後周於平利川置吉陽縣隋改爲安吉武德元年改爲平利

開州　隋巴東郡之盛山縣義寧二年分置萬州仍割巴東郡之新浦通川郡之萬縣西流三縣來屬武德元年改爲開州領四縣貞觀初省西流入盛山天寶元年改爲盛山郡乾元元年復爲開州舊領縣三戶二千一百二十二口一萬五千五百四天寶戶五千六百六十口三萬四百二十一在京師南一千四百六十里至東都二千六百七十里

盛山　漢朐䏰縣屬巴郡蜀分置開州周改漢豐爲永寧隋改永寧爲盛山以山爲名　新浦　宋分漢豐縣置　萬歲　後周之萬縣隋加世字貞觀二十三年改萬世爲萬歲縣

渠州下　隋宕渠郡武德元年改爲渠州領流江賨城宕渠咸安潾水墊江六縣其年改賨城爲始安又分置賨城義興豐樂三縣以宕渠盛安二縣屬蓬州又分潾水墊江置潾山鹽泉四縣置潾州三年割潾州之潾水來屬八年省義興豐洛賨城三縣其年廢潾州以潾山來屬天寶元年改爲潾山郡乾元元年復爲渠州舊領縣四戶九千七百二十六口二萬一千五百五十二天寶戶九千九百五十七口二萬六千五百二十四在京師西南二千一百七十里至東都三千一百九十里

流江　漢宕渠縣地屬巴郡梁置渠州周改爲北宕渠郡又改爲流江郡仍於郡內置流江縣武德元年改爲渠州又併賨城義興二縣入流江　潾水　梁置義寧元年屬潾州武德三年屬渠州　渠江　梁置始安縣隋不改天寶元年八月改爲渠江縣　潾山　梁置潾山在縣西四十里重疊潾北爲名隋末縣廢武德元年分置潾水縣又置潾州八年州廢縣隸渠州

渝州　隋之巴郡武德元年置渝州因開皇舊名領江津涪陵二縣其年以涪陵屬涪州三年置萬春縣改萬春爲壽縣貞觀十三年以廢霸州之南平縣來屬天寶元年改爲南平郡乾元初復爲渝州舊領縣四戶一萬二千七百一十口五萬七百一十三天寶戶六千九百九十五口二萬七千六百八十五在京師西南二千七百四十八里至東都三千四百三十里

巴　漢江州縣屬巴郡古巴子國地梁置楚州隋改爲渝州以水爲名　江津　漢江州縣分置　萬壽　武德三年分江津縣置萬春縣五年改爲萬壽　南平　貞觀四年分巴縣置於縣南界置南平州領南平清谷周泉昆川和山白溪瀛山七縣八年改南平州爲霸州十三年州廢省清谷等縣以南平縣屬渝州

山南東道

鄧州　隋南陽郡武德二年改爲鄧州領穰縣冠軍深陽三縣三年立順陽縣州置總管管鄧淅酈苑湍新弘等七州四年廢總管隸山南行臺廢新州以新野縣來屬又置平晉縣六年省順陽入冠軍省平晉入穰縣八年廢苑州以南陽來屬廢酈州以新城來屬貞觀元年省冠軍入新城天寶元年改爲南陽郡乾元元年復爲鄧州舊領縣六戶三千七百五十四口一萬八千二百一十二天寶領縣七戶四萬三千五十五口十六萬五千二百五十七在京師東南九百二十里至東都六百七十里

穰　漢縣屬南陽郡漢南陽郡以苑爲理所後魏移治於穰隋改爲南陽郡尋改爲鄧州取漢郡縣爲名　南陽　漢南陽郡所治苑縣也武德三年置苑州領南陽上苑上馬安固四縣並寄治苑城八年州廢以上馬入唐州餘三縣入南陽縣屬鄧州　新野　漢縣屬南陽郡晉於縣置義州武德四年分置新州領一縣其年新州廢縣屬鄧州　向城　漢西鄂縣地屬鄧州後魏於古向城置縣乃改立　臨湍　後魏割冠軍縣北境置新城縣武德二年移治虎遙城屬酈州八年廢酈州縣屬鄧州貞觀三年移治故臨湍聚天寶元年改爲臨湍縣　內鄉　漢淅縣地屬弘農郡後周改爲中鄉隋改爲內鄉武德元年置淅州又分內鄉置默水縣後復改爲內鄉　菊潭　漢沮陽縣地隋改沮水縣後廢開元二十四年割新城復置改爲菊潭

唐州上　隋淮安郡武德四年改爲顯州仍置總管領顯北澧純三州顯州領北陽慈丘平氏顯岡四縣五年又分置唐州屬顯州總管七年改爲都督府州不改貞觀元年罷都督仍以廢純州桐柏縣來屬三年省顯岡縣九年改顯州爲唐州以廢唐州之棗陽湖陽及廢昬州之古城三縣來屬十年以棗陽屬隋州開元五年以方城來屬僊州十三年置上馬縣二十六年以方城來屬天寶元年改爲淮安郡乾元元年復爲唐州舊屬河南道至德後割屬山南東道舊領縣六戶四千七百二十六口二萬二千二百九十九天寶領縣七戶四萬二千六百四十三口十八萬三千三百六十至京師一千四百八十里至東都六百四十六里

北陽　漢縣屬南陽郡後魏置東荊州於漢北陽古城改爲淮州隋改淮州爲顯州取界內顯望岡爲名貞觀元年改爲唐州北水出縣東今縣州所治也　慈丘　隋分北陽縣置取界內慈丘山爲名　桐柏　漢平氏縣地屬南陽郡梁置華州西魏改淮州又爲純州後周爲大義郡隋廢郡爲桐柏縣　平氏　漢縣屬南陽郡　湖陽　漢縣屬南陽郡隋不改屬春陵郡武德四年於縣置湖州領湖陽上馬二縣貞觀元年廢湖州省上馬以湖陽屬唐州　方城　前漢堵陽縣屬南陽郡後漢改爲順陽隋改爲方城縣屬淯陽郡武德二年於縣置北澧州領方城眞昌二縣貞觀初省眞昌縣八年改北澧州爲魯州領縣不改九年省魯州以方城屬唐州　泌陽　後魏石馬縣後訛爲上馬縣貞觀元年廢開元十六年割湖陽復置上馬縣天寶元年改爲泌陽縣

均州下　隋淅陽郡之武當縣義寧二年割淅陽之武當淅陽二縣置武當郡又置平陵縣武德元年改爲均州七年省平陵縣八年省均陽入武當其年以澧州之鄖鄉堵陽安福三縣來屬貞觀元年廢均州又省堵陽安福二縣以武當鄖鄉二縣屬淅州八年廢淅州又以武當鄖鄉二縣置均州又廢上州割豐利縣來屬天寶元年改爲武當郡乾元元年復爲均州舊領縣三戶二千八百二十九口一萬二千五百九十三天寶戶九千六百九十八口五萬八百九在京師東南九百三十里至東都九百一十七里

武當　州所治漢縣南陽郡梁置南始平郡後魏改爲豐州隋改爲均州皆治武當縣舊治延冬城顯慶四年移於今所　鄖鄉　漢錫縣地屬漢中郡晉改爲鄖鄉武德元年置南豐州領鄖鄉安福堵陽三縣屬均州貞觀元年廢均州以鄖鄉淅川屬淅州又省安福堵陽並入鄖鄉八年復置均州二縣來屬　豐利　漢長利縣地後魏置豐利郡分錫縣置豐利縣武德初屬上州州廢屬均州

房州下　隋房陵郡武德元年改爲遷州領光遷永清又置受陽淅川房陵凡領五縣其年又於竹山縣置房州領竹山上庸又置武陵凡領三縣五年廢遷州之淅川七年又廢房陵受陽二縣貞觀十年廢遷州自竹山移房州治於廢州城其年省武陵縣改光遷爲房陵縣天寶元年改爲房陵郡乾元元年復爲房州舊領縣四戶四千五百三十三口二萬一千五百七十九天寶戶一萬四千四百二十二口七萬一千七百八在京師南一千二百九十五里至東都一千一百八十五里

房陵　漢縣屬漢中郡後魏爲新城郡又改爲光遷國武德初改爲遷州置光遷縣又改爲房州兼改光遷爲房陵縣　永清　後魏分房陵縣置大洪縣周改爲永清　竹山　分上庸縣置武德元年置房州貞觀十七年州移治房陵縣　上庸　漢縣屬漢中郡

隋州下　隋爲漢東郡武德三年改爲隋州領隋縣光化安貴平林順義五縣五年省安貴縣八年省平林順義二縣貞觀十年割唐州棗陽來屬天寶元年改爲漢東都乾元元年復爲隋州舊領縣三戶二千三百五十三口一萬一千八百九十八天寶縣四戶二萬三千九百一十七口十萬五千七百二十二在京師東南一千三百八十八里至東都一千八百里

隋　漢縣屬南陽郡後魏於縣置隋州隋爲漢東郡皆治隋州　光化　隋縣　棗陽　漢春陵縣屬南郡隋置春陵郡武德三年改爲昌州領棗陽春陵清潭湖陽上馬五縣其年分湖陽上馬置湖州五年廢昌州及清潭縣貞觀元年省春陵入棗陽其年以廢湖州之上馬湖陽來屬九年廢顯州自此移唐州於廢顯州仍屬焉十年改屬隋州　唐城　開元二十六年分棗陽置

郢州　後魏置溫州武德四年置郢州於長壽縣置京山藍水二縣屬焉貞觀元年省藍水入長壽又廢郢州以長壽屬鄀州京山屬荊州十七年廢溫州依舊置郢州治京山天寶元年改爲富水郡乾元元年復爲郢州舊溫州領縣三戶一千五百八十口七千一百七十三天寶改郢州戶一萬二千四十六口五萬七千三百七十五在京師東南一千四百四十里至東都一千一百四十九里

京山　隋縣屬安陸郡武德四年置溫州因後魏領京山富水二縣貞觀八年廢郢州以長壽來屬十七年復於縣置郢州　長壽　漢竟陵縣地屬江夏郡武德四年於縣置郢州貞觀元年廢郢州以長壽屬荊州八年又屬溫州十七年又屬郢州　富水　隋舊武德初屬溫州州廢屬郢州

復州　隋沔陽郡武德五年改爲復州治竟陵縣貞觀七年移治沔陽天寶元年改爲竟陵郡乾元元年復爲復州舊領縣三戶一千四百九十四口六千二百一十

八天寶戶八千二百一十口四萬四千八百八十五在京師東南一千八百里至東都一千五百一十八里

沔陽　漢竟陵縣地屬江夏郡隋置沔陽郡武德初改爲復州皆治此縣　竟陵　漢縣後廢晉復置至隋不改　監利　漢華容縣地屬南郡晉置監利縣

襄州緊上　隋襄陽郡武德四年平王世充改爲襄州因隋舊名領襄陽安養漢南義清南漳常平六縣州置山南道行臺統交廣安黃壽等二百五十七州五年省鄀州以陰城穀城二縣來屬七年罷行臺爲都督府督襄鄧唐均淅重七州貞觀元年廢重州以荆山縣來屬六年廢都督府八年廢鄀州以率道樂鄉二縣來屬又省常平入襄陽省陰城入穀城省南津入義清省漢南入率道天寶元年改爲襄陽郡十四載置防禦使乾元元年復爲襄州上元二年置襄州節度使領襄鄧均房金商等州自後爲山南東道節度使治所舊領縣七戶八千九百五十七口四萬五千一百九十五天寶戶四萬七千七百八十口二十五萬二千一在京師東南一千一百八十二里至東都八百五十三里

襄陽　漢縣屬南郡建安十三年置襄陽郡晉入爲荆州治所梁置南雍州西魏改爲襄州隋爲襄陽郡皆以此縣爲治所　鄧城　漢鄧縣屬南陽郡故樊城也宋故安養縣天寶元年改爲臨漢縣貞元二十一年移縣古鄧城置乃改臨漢爲鄧城縣　穀城　漢筑陽縣地屬南陽郡隋爲穀城縣　義清　漢中盧縣地屬南郡元魏改爲義清縣舊治柘林永徽元年移治清良　南漳　漢臨沮縣屬南郡晉立上黃縣後魏改爲重陽縣隋改爲南漳武德二年分南漳置荆山縣又於縣治西一百五里置重州領荆山重陽平陽渠陽土門歸義六縣七年省渠陽入荆山省重陽入平陽又省重陽土門歸義三縣併房州之永清貞觀元年廢重州以荆山屬襄州移重陽入州城改屬遷州八年省重陽入荆山開元十八年省荆山移治於南漳故城乃改爲南漳　宜城　漢鄀縣屬南郡宋立華山郡於大堤村即今縣後魏改爲宜城郡分華山新野置陽立率道縣周省宜城郡縣武德四年率道屬鄀州貞觀八年改隸襄州天寶七載三縣改爲宜城縣　樂鄉　漢鄀縣屬南郡晉於合城郡置樂鄉縣武德四年置鄀州領樂鄉長壽率道上洪四縣貞觀元年省上洪縣八年廢鄀州以長壽屬温州以樂鄉率道屬襄州

荆州江陵府　隋爲南郡武德初蕭銑所據四年平銑改爲荆州領江陵枝江長林安興石首松滋公安七縣五年荆州置大總管管荆辰朗澧東松沈基復巴睦崇硤平等十三州統潭桂交循夔高康欽尹九州六年改平州爲玉州改巴州爲岳州七年廢基州入郢州其年改大總管爲大都督督荆辰澧朗東松岳硤玉八州仍統潭桂交夔高欽尹等七州其沈復睦崇四州循康二州都督並不統八年廢玉州以當陽縣來屬貞觀元年廢郢州以京山來屬二年降爲都督府惟督前七州而已其桂潭等七州不統也八年廢東松州入硤州又省京山入長林十年辰州改隸黔州都督硤澧朗岳四州都督從三品荆州領江陵枝江當陽長林安興石首松滋公安等八縣龍朔二年昇爲大都督督硤岳復郢四州天寶元年改爲江陵郡乾元元年三月復爲荆州大都督府自至德後中原多故襄鄧百姓兩京衣冠盡投江湘故荆南井邑十倍其初乃置荆南節度使上元元年九月置南都以荆州爲江陵府長史爲尹觀察制置一準兩京以舊相呂諲爲尹充荆南節度使領澧朗硤夔忠歸萬等八州又割黔中之涪湖南之岳潭衡郴邵永道連八州增置萬人軍以永平爲名二年置長寧縣於郭內與江陵並治其年省枝江縣入長寧至德二年江陵尹衛伯玉以湖南闊遠請於衡州置防禦使自此八州置使改屬江南西道舊領縣八戶一萬二百六十口四萬九百五十八天寶領縣七戶三萬一百九十二口十四萬八千一百四十九在京師東南一千七百三十里至東都一千三百一十五里

江陵　漢縣南郡治所也故楚都之郢城今縣北十里紀南城是也後治於郢在縣東南今治所晉桓温所築城也　長寧　上元元年分江陵縣置治郭下二年又廢枝江併入　當陽　漢縣屬南郡武德四年於縣置平州領當陽臨沮二縣六年改屬玉州又省臨沮入當陽屬荆州　長林　晉分編縣置長林縣以其有櫟林長故也武德四年於縣東北百二十里置基州及章山縣七年廢基州以章山屬郢州州廢屬荆州八年省入長林　石首　漢華容縣屬南郡武德四年分華容縣置取縣北石首山爲名舊治石首山顯慶元年移治陽支山下　松滋　漢高城縣地屬南郡松滋亦漢縣名屬廬江郡晉時松滋縣人避亂至此乃僑立松滋縣因而不改　公安　吳孱縣地漢末左將軍劉備自襄陽來鎮此時號左公乃改名公安

硤州下　隋夷陵郡武德二年平蕭銑置硤州領夷陵夷道遠安三縣貞觀八年廢東松州以宜都長陽巴山三縣來屬其年省夷道入宜都九年自下牢鎮移治陸抗故壘天寶元年改爲夷陵郡乾元元年復爲硤州舊領縣五戶四千三百口一萬七千一百二十七天寶戶八千九十八口四萬五千六十六在京師東南一千八百十八里至東都一千六百四十六里

夷陵　漢縣屬南郡有夷山在西北因爲名蜀置宜都郡梁改爲宜州後魏改爲拓州又改爲硤州隋縣治石皐城武德四年移治夷陵府貞觀九年移治陸抗故壘　宜都　漢夷道縣屬南郡陳改爲宜都隋改爲宜昌屬荆州武德二年置江州領宜昌一縣尋改爲宜都六年改江州爲東松州八年廢睦州以長陽巴山來屬貞觀八年廢東松州盡以三縣屬硤州　長陽　漢佷山縣屬武陵郡隋改爲長陽以溪水爲名隋屬荆州武德四年置睦州領長陽巴山二縣八年廢睦州以二縣屬東松州貞觀八年屬硤州　遠安　漢臨沮縣地屬南郡晉改高安縣後周改爲遠安屬硤州　巴山　隋分佷山縣置巴山縣武德四年置江州領巴山鹽水二縣四年廢江州及鹽水縣以巴山屬睦州八年屬東松州貞觀元年屬硤州

歸州　隋巴東郡之秭歸縣武德三年割夔州之秭歸巴東二縣分置歸州三年分秭歸置興山縣治白帝城天寶元年改爲巴東郡乾元元年復爲歸州舊領縣三戶三千五百三十一口二萬一十一天寶戶四千六百四十五口二萬三千四百一十七在京師南二千二百六十八里至東都一千八百四十三里

秭歸　漢縣屬南郡魏改爲臨江郡吳晉爲建平郡隋屬巴東郡武德二年置歸州　巴東　漢巫縣地屬南郡周置樂鄉縣隋改爲巴東縣　興山　武德三年分秭歸縣置舊治高陽城貞觀十七年移治大清鎮天授二年移治古夔子城

夔州下　隋巴東郡武德元年改爲信州領人復巫山雲安南浦梁山太昌武寧七縣二年以武寧南浦梁山屬浦州又改信州爲夔州仍置總管管夔硤施業浦涪渝谷南智務黔克思巫平十九州八年以浦州之南浦梁山來屬九年又以南浦梁山屬浦州貞觀十四年爲都督府督歸夔忠萬涪渝南七州後罷都督府天寶元年改爲雲安郡至德元年於雲安置七州防禦使乾元元年復爲夔州二年刺史唐論請昇爲都督府尋罷之舊領縣四戶七千八百三十口三萬九千五百五十天寶戶一萬五千六百二十九口六萬五十在京師南二千四百四十三里至東都二千一百七十五里

奉節　漢魚復縣屬巴郡今縣北三里赤甲城是也梁置信州周爲永安郡隋爲巴東郡仍改爲人復縣貞觀二十三年改爲奉節　雲安　漢朐䏰縣屬巴郡故城曰萬戶城縣西三十里有監官　巫山　漢巫縣屬南郡隋加山字以巫山硤爲名舊治巫子城　大昌　晉分巫秭歸縣置建昌縣又改爲大昌隋不改

萬州　隋巴東郡之南浦縣武德二年割信州之南浦置南浦州領南浦梁山武寧三縣八年廢南浦州以南浦梁山屬夔州武寧屬臨州其年復立浦州依舊領三縣貞觀八年改爲萬州天寶元年改爲南浦郡乾元元年復爲萬州舊領縣三戶五千三百九十六口三萬八千八百六十七天寶戶五千一百七十九口二萬五千七百四十六在京師西南二千六百二十四里至東都二千四百六十五里

南浦　後魏分朐䏰縣置魚泉縣周改爲萬川隋改爲南浦武德二年置浦州貞觀八年改爲萬州以此縣爲治所　武寧　漢臨江縣地周分置源陽縣隋改爲武寧治巴子故城　梁山　後周分朐䏰縣置治後魏萬州郡故城

忠州　隋巴東郡之臨江縣義寧二年置臨州又分置豐都縣武德二年分浦州之武寧置南賓縣又分臨江置清水縣並屬臨州八年又以浦州之武寧來屬其年又隸湘州九年以廢潾州之墊江來屬貞觀八年改臨州爲忠州天寶元年改爲南賓郡乾元元年復爲忠州舊領縣五戶八千三百一十九口四萬九千四百七十八天寶戶六千七百二十二口四萬三千二十六在京師南二千二百二十二里至東都二千七百四十七里

臨江　漢縣屬巴郡後魏置萬川郡貞觀八年改臨州爲忠州治於此縣　豐都　漢枳縣地屬巴郡後漢置平都縣義寧二年分臨江置豐都縣　南賓　武德二年分武寧縣置　墊江　漢縣屬巴郡後廢後魏分臨江復置周改爲魏安隋復爲墊江武德初屬潾州州廢屬臨州　桂溪　武德二年分臨江置清水縣天寶元年改爲桂溪

舊唐書卷三十九考證

地理志二河東龍門縣武德元年于縣置泰州○新書作二年

絳州○闕領縣戶口及去京師東都里數

隰州蒲縣武德二年置昌州領蒲伔城常武昌原四縣

○常武新書作常安

嵐州宜芳縣武德九年省合會併入○新書八年省

雲州開元二十年復爲雲州○新書開元十八年復置單于都護府○舊書屬河東道新書屬關內道以上河東道

博州博平縣武德四年分置靈縣五年省并入博平○四年新書作三年靈縣新書作靈泉五年新書作四年

洺州會昌元年省淸漳洺水二縣入肥鄉○元年新書作三年洺水新書作洺水

鎭州藁城縣唐初置鉅鹿郡領藁城桓肆新豐宜安四縣○桓肆新書作栢肆

營州上都督府開元四年復移還柳城○新書作五年以上河北道

巴州奇章縣○新書作其章

商州○舊書屬山南西道新書屬關內道

金州○舊書屬山南西道新書屬山南東道

金州西城縣以其地出金改爲金州○新書作金川以上山南西道

郢州京山縣武德四年置溫州○新書武德元年

硤州武德二年平蕭銑置硤州○沈炳震曰平蕭銑在武德四年應誤

硤州宜都縣漢夷道縣屬南郡陳改爲宜都隋改爲宜昌屬荆州○沈炳震曰此夷道爲宜都舊名本一縣也而新書宜都則屬荆州夷道則屬硤州江州本領二縣州廢後乃省夷道入宜都非宜都舊名夷道也應從新書

# 舊唐書卷四十

後晉司空同中書門下平章事劉　昫撰

## 志第二十

## 地理三

淮南道六　江南道七　隴右道八

### 淮南道

揚州大都督府　隋江都郡武德三年杜伏威歸國於潤州江寧縣置揚州以隋江都郡爲兗州置東南道行臺七年改兗州爲邗州九年省江寧縣之揚州改邗州爲揚州置大都督督揚和滁楚舒廬壽七州貞觀十年改大都督爲都督督揚滁常潤和宣歙七州龍朔二年昇爲大都督府天寶元年改爲廣陵郡依舊大都督府乾元元年復爲揚州自後置淮南節度使親王爲都督領使長史爲節度副大使知節度事恒以此爲治所舊領縣四江都六合海陵高郵戶二萬三千一百九十九口九萬四千三百四十七天寶領縣七戶七萬七千一百五口四十六萬七千八百五十七在京師東南二千七百五十三里至東都一千七百四十九里

江都　漢縣屬廣陵國隋爲江都郡武德三年改爲兗州七年改爲邗州九年改爲揚州都督府皆以江都爲治所　江陵　貞觀十八年分江都縣置在郭下與江都分理　六合　漢堂邑縣屬臨淮郡晉置秦郡北齊爲秦州後周爲方州隋改爲兗州武德七年復爲方州置六合縣又分六合置石梁縣貞觀元年省方州併石梁入六合屬揚州　海陵　漢縣屬臨淮郡至隋屬南兗州武德二年屬揚州景龍二年分置海安縣開元十年省併入海陵　高郵　漢縣屬廣陵國至隋不改武德二年屬兗州州改仍舊　揚子　永淳元年分江都縣置　天長　天寶元年割江都六合高郵三縣地置千秋縣天寶七載改爲天長

楚州中　隋江都郡之南陽縣武德四年臧君相歸附立爲東楚州領山陽安宜鹽城三縣八年廢西楚州以盱眙來屬仍去東字天寶元年改爲淮陰郡乾元元年復爲楚州舊領縣四戶三千三百五十七口一萬六千二百六十二天寶領縣五戶二萬六千六十二口十五萬三千在京師西南二千五百一里至東都一千六百六十里

山陽　漢射陽縣地屬臨淮郡晉置山陽郡改爲山陽縣武德四年置東楚州八年去東字治於此縣東南有射陽湖　鹽城　漢鹽瀆縣地屬臨淮郡久無城邑隋末韋徹於此置射州立射陽安樂新安三縣武德四年歸國因而不改七年廢射州及三縣置鹽城縣於廢射州仍屬楚州　盱眙　漢縣屬臨淮郡武德四年置西楚州置總管管東楚西楚領盱眙一縣八年廢西楚州以盱眙屬楚州　寶應　漢平安縣屬廣陵國武德四年置倉州領安宜一縣七年州廢縣屬楚州肅宗上元三年建巳月於此縣得定國寶十三枚因改元寶應仍改安宜爲寶應　淮陰　乾封二年分山陽縣置於隋舊廢縣

滁州下　隋江都之淸流縣武德三年杜伏威歸國置滁州又以揚州之全椒來屬天寶元年改爲永陽郡乾元元年復爲滁州舊領縣二戶四千六百八十九口二萬一千五百三十五天寶領縣三戶二萬六千四百八十六口十五萬二千三百七十四在京師東南二千五百六十四里至東都一千七百四十六里

淸流　漢全椒縣地屬九江郡梁置南譙州居桑根山之朝陽在今縣西南八十里內譙州故城是也北齊自南譙故城經治於此新昌郡城今州治是也隋改南譙爲滁州後廢武德三年復置皆治於淸流縣　全椒　漢舊縣名梁北譙郡又改爲臨滁郡隋改爲滁縣煬帝復爲全椒　永陽　景龍二年分淸流縣置

和州　隋歷陽郡武德三年杜伏威歸國改爲和州天寶元年改爲歷陽郡乾元元年復爲和州舊領縣二戶五千七百三十口三萬三千四百一天寶領縣三戶二萬四千七百九十四口十二萬一千一十三在京師東南二千六百八十三里至東都一千八百一十一里

歷陽　漢縣屬九江郡東晉置歷陽郡宋爲南豫州北齊置和州隋爲歷陽郡國初復爲和州皆治此縣　烏江　漢東城之烏江亭屬九江郡北齊爲密江郡陳爲臨江郡後周爲問江郡隋爲烏江郡縣皆治此　含山　武德六年置八年廢長安四年復爲武壽縣神龍元年復爲含山

濠州下　隋爲鍾離郡武德三年改爲濠州又改臨濠爲定遠縣化明爲招義縣領鍾離塗山定遠招義四縣武德四年省塗山入鍾離天寶元年改爲鍾離郡乾元元年復爲濠州舊領縣三戶二千六百六十口一萬三千八百五十五天寶戶二萬一千八百六十四口十萬八千三百六十一在京師東南二千一百五十里至東都一千三百一十三里

鍾離　漢縣屬九江郡晉宋齊梁置徐州隋初爲濠州煬帝復爲鍾離郡武德八年置濠州皆治於此武德七年省塗山縣併入　定遠　漢曲陽縣地屬九江郡隋置定遠縣　招義　漢淮陵縣地屬臨淮宋置齊陰郡武德七年改爲招義

廬州上　隋廬江郡武德三年改爲廬州領合肥廬江愼三縣七年廢巢州爲巢縣來屬天寶元年改爲廬江郡乾元元年復爲廬州自中升爲上舊領縣四戶五千三百五十八口二萬七千五百一十三天寶領縣五戶四萬三千三百二十三口二十萬五千三百九十六在京師東南二千三百八十七里至東都一千五百六十九里

合肥　漢縣屬九江郡舊縣在北夏水出城父東南至此與肥水合故曰合肥梁置合州隋初爲廬江郡皆治此縣　愼　漢後道縣屬九江郡古城在今縣南隋爲愼縣　巢　漢居巢縣屬廬江郡隋爲襄安縣武德三年置巢州分襄安立開城扶陽二縣七年廢巢州及開城扶陽二縣改襄安爲巢縣屬廬州　廬江　漢郡名漢龍舒縣地屬廬江郡梁置湖州隋復舊也　舒城　開元二十三年分合肥廬江二縣置取古龍舒縣爲名

壽州中　隋爲淮南郡武德三年杜伏威歸國改爲壽州七年置都督府督壽蓼二州領壽春安豐霍丘三縣貞觀元年廢都督府又以廢霍州之霍山縣來屬天寶元年改爲壽春郡又置霍山縣乾元元年復爲壽州舊領縣四戶二千九百九十六口一萬四千七百一十八天寶領縣五戶三萬五千五百八十二口十八萬七千五百八十七在京師東南二千二百一十七里至東都一千三百九里

壽春　漢縣屬九江郡晉改爲壽陽晉於此置揚州齊置豫州後魏置揚州梁復爲豫州後周置揚州隋改壽州煬帝爲南淮郡武德爲壽州皆以壽春爲治所　安豐　漢六國故城在縣南梁置安豐郡縣界有芍陂灌田萬頃號安豐塘隋因置縣　霍山　漢灊城縣屬廬江郡隋置霍山應城三縣貞觀元年廢霍州省應城灊城二縣以霍山屬壽州　盛唐　舊霍山縣神功元年改爲武昌神龍元年復爲霍山開元二十七年改爲盛唐仍移治於騶虞城　霍丘　漢松滋縣地屬廬江郡武德四年置蓼州領霍丘一縣七年蓼州廢霍丘屬壽州縣北有安豐津斬母丘儉處

光州緊中　隋弋陽郡武德三年改爲光州置總管府以定城縣爲弦州殷城縣爲義州以廢宋安郡爲谷州凡管光弦義谷廬五州光州領光山樂安固始三縣武德七年改總管爲都督府貞觀元年罷都督府省弦州及義州以定城殷城二縣來屬又省谷州以宋安併入樂安天寶元年改爲弋陽郡乾元元年復爲光州舊領縣五戶五千六百四十九口二萬八千二百九十一天寶戶三萬一千四百七十三口十九萬八千五百八十至京師一千八百五十五里至東都九百二十五里

定城　漢弋陽地屬汝南郡南齊爲南弋陽縣尋改爲定城武德三年於縣置弦州領定城一縣貞觀元年廢弦州以定城屬光州州所理也　光山　晉分弋陽置

西陽縣梁於縣置光州隋爲弋陽郡武德三年復爲光州治於光山縣太極元年移州理於定城　仙居　漢軑縣屬江夏郡古城在縣北十里宋分軑縣置樂安縣天寶元載改爲仙居　殷城　漢期思縣地屬汝南郡宋置苞信縣隋改爲殷城取縣東古殷城爲名　固始　漢寑縣屬汝南郡後漢改爲固始

蘄州中　隋蘄春郡武德四年平朱粲改爲蘄州領蘄春蘄水羅田黃梅浠水五縣其年省蘄水入蘄春又分蘄春立永寧省羅田入浠水又改浠水爲蘭溪又於黃梅縣置南晉州八年州廢以黃梅來屬天寶元年改爲蘄春郡乾元元年復爲蘄州舊領縣四戶一萬六百一十二口三萬九千六百七十八天寶戶二萬六千八百九口十八萬六千八百四十九至京師二千五百六十里至東都一千八百二十四里

蘄春　漢縣屬江夏郡吳爲蘄春郡晉改爲西陽又改爲蘄陽因平淮南改爲蘄州　黃梅　漢蘄春縣地屬宋分置新蔡郡隋改爲黃梅武德四年置南晉州領黃梅義豐長吉塘陽新蔡五縣八年廢州仍省義豐等四縣以黃梅來屬　廣濟　漢蘄春縣地武德四年置永寧縣天寶元年改爲廣濟縣　蘄水　漢蘄春縣地宋置浠水縣武德四年改爲蘭溪天寶元年改爲蘄水

申州中　隋義陽郡武德四年置申州領義陽鍾山二縣八年省南羅州又以羅山來屬天寶元年改爲義陽郡乾元元年復爲申州舊領縣三四千七百二十九口二萬三千六十一天寶戶二萬五千八百六十四口十四萬七千七百五十六至京師一千七百九十六里至東都九百四十三里

義陽　漢平氏縣之義陽鄉屬南陽郡魏分南陽立義陽郡晉自石城徙居於仁順今州理也宋置司州後魏改爲郢州隋改爲申州　鍾山　漢鄳縣地屬江夏郡隋改鍾山縣　羅山　漢鄳縣地隋爲羅山縣武德四年置羅州領羅山一縣八年廢屬申州

黃州下　隋永安郡武德三年改爲黃州置總管管黃蘄亭南四州黃州領黃岡木蘭麻城黃陂四縣其年省木蘭縣分黃岡置堡城縣分麻城置陽城縣仍於麻城縣置亭州於黃陂縣置南司州七年廢南司州及亭州縣並屬黃州仍省堡城入黃岡貞觀元年罷都督府天寶元年改爲齊安郡乾元元年復爲黃州舊領縣三戶四千八百九十六口二萬二千六十天寶戶一萬五千五百一十二口九萬六千三百六十八在京師東南二千一百四十八里至東都一千四百七十里

黃岡　漢西陵縣地江夏郡北齊於舊城西南築小城置衡州領齊安一郡隋改齊安爲黃州治黃岡　黃陂　漢西陵縣地後周於古黃城西四十里獨家村置黃陂縣武德三年置南司州七年州廢縣屬黃州　麻城　漢西陵縣地隋置麻城縣武德三年於縣置亭州領麻城二縣八年州廢仍省陽城入麻城縣屬黃州

安州中都督府　隋安陸郡武德四年平王世充改爲安州領安陸雲夢應陽孝昌吉陽應山京山富水八縣其年於應山縣置應州領應山一縣於孝昌縣置環州領孝昌一縣以富水京山二縣屬溫州改應陽爲應城縣安州置總管管環應二州七年州廢環應二州縣屬安州改爲大都督府督安申陽溫復沔光黃蘄九州六年罷都督府七年又置督安隋溫沔復五州十二年罷都督府天寶元年改爲安陸郡依舊爲都督府督安隋郢沔四州乾元元年復爲安州舊領縣六戶六千三百三十八口二萬六千五百一十九天寶戶二萬二千二百二十一口十七萬一千二百二在京師東南二千五十一里至東都一千一百九十里

安陸　漢縣屬江夏郡宋分江夏立安陸郡武德四年改爲安州治於安陸　孝昌　宋分安陸縣置武德四年置環州領孝昌環陽二縣八年州廢以環陽孝昌屬安州　雲夢　漢安陸縣地後魏分安陸於雲夢古城置雲夢縣　應城　宋分安陸縣置應城縣隋改爲應陽武德四年復爲應城　吉陽　梁分安陸置平陽縣後魏改爲京池隋改爲吉陽取山名　應山　漢隋縣地屬南陽郡梁分隋縣置永陽縣隋改爲應山以縣北山爲名

舒州下　隋同安郡武德四年改爲舒州領懷寧宿松太湖望江同安五縣其年割宿松置嚴州五年又割望江置高州又改高州爲智州六年舒州置總管府管舒嚴智三州七年廢智州望江屬嚴州八年又廢嚴州以望江宿松二縣來屬貞觀元年罷都督府天寶元年改爲同安郡至德二年二月改盛唐郡乾元元年復爲舒州舊領縣五戶九千三百六十一口三萬七千五百三十八天寶戶三萬五千三百五十三口十八萬六千三百九十八在京師東南二千六百二十六里至東京一千八百九十三里

懷寧　漢皖縣地晉於皖縣置懷寧縣晉置晉熙郡隋改爲熙州又爲同安郡武德四年改爲舒州以懷寧爲州治　宿松　漢皖縣地梁置高塘郡隋罷郡置宿松縣武德四年置嚴州領宿松一縣七年廢智州以望江來屬八年廢嚴州二縣來屬舒州　望江　漢皖縣地晉置新治縣陳於縣置大雷郡隋改新治爲義鄉尋改爲望江武德四年置高州尋改爲智州七年州廢縣屬嚴州八年廢州以縣屬舒州　太湖　漢皖縣地宋置太湖縣　同安　漢樅陽縣屬廬江郡梁置樅陽郡隋罷郡爲同安縣取界內古城名

## 江南道

### 江南東道

潤州上　隋江都郡之延陵縣武德三年杜伏威歸國置潤州於丹陽縣改隋延陵縣爲丹徒移延陵還治故縣屬茅州六年輔公祏反復據其地七年平公祏又置潤州領丹徒縣八年廢簡州以曲阿來屬九年揚州移理江都以延陵句容白下三縣屬潤州天寶元年改爲丹陽郡乾元元年復爲潤州永泰後常爲浙江西道觀察使理所舊領縣五戶二萬五千三百六十一口十二萬七千一百四天寶領縣六戶十萬二千三十三口六十六萬二千七百六在京師東南二千八百二十一里至東都一千七百九十七里

丹徒　漢縣屬會稽郡春秋吳朱方之邑地吳爲京口戍晉置南徐州隋爲延陵鎮因改爲延陵縣尋以蔣州之延陵永年常州之曲阿三縣置潤州東潤浦爲名皆治於丹徒縣　丹陽　漢曲阿縣屬會稽郡又改名雲陽後復爲曲阿武德五年於縣置簡州八年州廢縣屬潤州天寶元年改爲丹陽縣取漢郡名　延陵　漢曲阿縣地晉分置延陵郡隋移郡丹徒武德三年移於今所屬茅州七年廢茅州以縣屬蔣州八年改蔣州爲揚州九年改屬潤州　上元　楚金陵邑秦爲秣陵吳名建業宋爲建康晉分秣陵置臨江縣晉武改爲江寧武德三年於縣置揚州仍置東南道行臺改江寧爲歸化六年輔公祏反據其地七年公祏平置行臺尚書省改揚州爲蔣州廢茅州以句容二縣來屬蔣州八年罷行臺改蔣州置揚州大都督府改歸化縣爲金提揚州領金陵句容丹陽溧水六縣九年揚州移治江都改金陵爲白下縣以延陵句容白下三縣屬潤州丹陽溧陽溧水三縣屬宣州移白下治故白下城貞觀七年復移今所九年改爲江寧縣至德二年二月置江寧郡乾元元年於江寧置昇州割潤州之句容江寧宣州之當塗溧水四縣置浙西節度使上元二年復爲上元縣還潤州當塗等三縣各依舊屬　句容　漢縣屬丹陽郡武德四年於縣置茅州領句容七年州廢以縣屬蔣州九年屬潤州乾元元年屬昇州寶應元年州廢屬潤州　金壇　垂拱四年分延陵縣置也

常州上　隋毗陵郡武德三年杜伏威歸化置常州領晉陵義興無錫武進四縣六年復陷輔公祏七年公祏平復置常州於義興置南興州八年州廢義興來屬省武進入晉陵天寶元年改爲晉陵郡乾元元年復爲常州舊領縣四戶二萬一千一百八十二口十一萬一千六百六天寶領縣五戶十萬二千六百三十一口六十九萬六百七十三在京師東南二千八百四十三里至東京一千九百八十三里

晉陵　漢毗陵縣屬會稽郡吳延陵邑也晉改爲晉陵郡隋省郡於常熟縣置常州武德中移於今治　武進　晉分曲阿縣置武進梁改爲蘭陵隋廢垂拱二年又分晉陵置治於州內　江陰　梁分蘭陵縣置武德三年於縣置暨州領江陰暨陽利城三縣九年省暨陽利城入江陰屬常州　義興　漢陽羨縣屬會稽郡晉立義興郡及縣武德七年置南興州領義興陽羨臨津三縣八年廢興州及陽羨臨津二縣義興復隸常州　無錫　漢縣屬會稽郡隋屬常州

蘇州上　隋吳郡隋末陷賊武德四年平李子通置蘇州六年又陷輔公祏七年平公祏復置蘇州都督督蘇湖杭暨四州治於故吳城分置嘉興縣八年廢嘉興入吳縣九年罷都督貞觀八年復置嘉興縣領吳城崑山嘉興常熟四縣天寶元年改爲吳郡乾元元年復爲蘇州舊領縣四戶一萬一千八百五十九口五萬四千四百七十一天寶領縣六戶七萬六千四百二十一口六十三萬二千六百五十五在京師東南三千一百九十九里至東都二千五百里

吳　春秋時吳都闔閭邑漢爲吳縣屬會稽郡隋平陳置蘇州取州西姑蘇山爲名　嘉興　漢曲拳縣屬會稽郡吳改嘉興隋廢武德七年復置屬蘇州八年廢入吳貞觀八年復置屬蘇州　崑山　漢婁縣屬會稽郡梁分婁縣置信義縣又分信義置崑山取縣界山名　常熟　晉分吳縣置海虞縣梁改常熟縣今崑山縣東一百三十里常熟故城是也隋舊治南沙城武德七年移於今所治城　長洲　萬歲通天元年分吳縣置在郭下分治州界　海鹽　漢縣屬會稽郡久廢景雲二年分嘉興縣復置先天元年復廢開元五年復置治吳

禦城

湖州上　隋吳郡之烏程縣武德四年平李子通置湖州領烏程一縣六年復沒于輔公祏七年平賊復置仍廢武州以武康來屬又省雉州以長城縣來屬天寶元年改爲吳興郡乾元元年復爲湖州舊領縣五戶一萬四千一百三十五口七萬六千四百三十天寶領縣五戶七萬三千三百六口十七萬七千六百九十八在京師東南三千四百四十一里至東都二千六百二十四里

烏程　漢縣屬會稽郡梁置震州取震澤爲名隋改湖州取州東太湖爲名皆治烏程　武康　吳分烏程餘杭二縣立永安縣晉改爲永康又改爲武康武德四年置武州七年州廢縣屬湖州　長城　晉分烏程置長城縣武德四年置雉州領長城原鄉二縣七年州廢及原鄉併入長城屬湖州　安吉　武德四年置屬桃州七年廢入長城麟德元年復分長城縣置　德清　天授二年分武康置武原縣景雲二年改爲臨溪天寶元年改爲德清縣

杭州上　隋餘杭郡武德四年平李子通置杭州領錢塘富陽餘杭三縣六年復沒于輔公祏七年平賊復置杭州八年廢潛州以於潛縣來屬貞觀四年分錢塘置鹽官縣天寶元年改屬餘杭郡乾元元年復爲杭州舊領縣五戶三萬五百七十一口十五萬三千七百二十天寶領縣九戶八萬六千二百五十八口五十八萬五千九百六十三在京師東南三千五百五十六里至東都二千九百一十九里

錢塘　漢縣屬會稽郡隋於餘杭縣置杭州又自餘杭移州理錢塘又移州於柳浦西今州城是貞觀六年自州治南移於今所去州十一里又移治新城戍開元二十一年移治州郭下二十五年復還舊所　鹽官　漢海鹽縣地有鹽官吳遂名縣武德四年屬東武州七年省入錢塘貞觀四年復分錢塘置　餘杭　漢縣屬會稽郡隋置杭州後徙治錢塘　富陽　漢富春縣屬會稽郡晉改爲富陽隋舊縣　於潛　漢縣屬丹陽郡武德七年置潛州領於潛臨水二縣八年廢潛州及臨水縣於潛還杭州　臨安　垂拱四年分餘杭於潛置於廢臨水縣　新城　永淳元年分富陽置　紫溪　垂拱二年分於潛置萬歲通天元年改爲武隆其年依舊爲紫溪　唐山　萬歲通天元年分紫溪又別置武隆縣神龍元年改爲唐山

越州中都督府　隋會稽郡武德四年平李子通置越州總管管越嵊姚鄞浙綱衢穀麗嚴婺十一州越州領會稽諸暨山陰三縣七年改總管爲都督督越婺鄞嵊麗五州越州領會稽諸暨山陰餘姚四縣八年廢鄞州爲鄮縣嵊州爲剡縣來屬麗州爲永康屬婺州省山陰縣督越婺二州貞觀元年更督越婺泉建台括六州天寶元年改越州爲會稽郡乾元元年復爲越州舊領縣五戶二萬五千八百九十口十二萬四千一十天寶領縣六戶九萬二百七十九口五十二萬九千五百八十九在京師東南二千七百二十里至東都二千八百七十里

會稽　漢郡名宋置東揚州理於此齊梁不改隋平陳改東揚州爲吳州煬帝改爲越州尋改會稽郡皆立于此縣　山陰　垂拱二年分會稽縣置在州治與會稽分理　諸暨　漢縣屬會稽郡越王允常所都　餘姚　漢縣屬會稽郡隋廢武德四年復置仍置姚州七年州廢縣屬越州　剡　漢縣屬會稽郡武德四年置嵊州及剡城縣八年廢嵊州及剡城以剡縣來屬　蕭山　儀鳳二年分會稽諸暨置永興縣天寶元年改爲蕭山　上虞　漢縣屬會稽郡

明州上　開元二十六年於越州鄮縣置明州天寶元年改爲餘姚郡乾元元年復爲明州取四明山爲名天寶領縣四戶四萬二千二十七口二十萬七千三十二在京師東南四千一百里至東都三千二百五十里

鄮　漢縣屬會稽郡至隋廢武德四年置鄞州八年州廢爲鄮縣屬越州開元二十六年於縣置明州　奉化　慈溪　翁山　已上三縣皆鄮縣地開元二十六年析置

台州上　隋永嘉郡之臨海縣武德四年平李子通置海州領臨海章安始豐樂安寧海五縣五年改爲台州六年沒于輔公祏七年平賊仍置台州省寧海入章安八年廢始豐樂安三縣入臨海貞觀八年復分置始豐舊管二縣永昌元年置寧海縣神龍二年置象山縣天寶元年改爲臨海郡乾元元年復爲台州舊領縣二臨海始豐戶六千五百八十三口三萬五千三百八十三天寶領縣六戶八萬三千八百六十八口四十八萬九千一十五在京師東南四千一百七十七里至東都三千三百三十里

臨海　漢回浦縣屬會稽郡後漢改爲章安吳分章安置臨海縣武德四年於縣置台州取天台山爲名　唐興　吳始平縣晉改始豐隋末廢武德四年復置八年又廢貞觀八年復爲臨海縣上元二年改爲唐興　黃巖　上元二年分臨海置　樂安　廢縣上元二年分臨海置徙治孟溪　寧海　永昌元年分臨海置　象山　神龍二年分寧海及越州鄮縣置

婺州　隋東陽郡武德四年平李子通置婺州領華川長山二縣七年廢綱州義烏來屬八年廢麗州爲永康縣衢州信安縣竝來屬又廢穀州入信安長山入金華縣貞觀八年復置龍邱縣咸亨五年置蘭溪常山二縣垂拱二年分龍邱信安常山三縣置衢州又置東陽縣天授二年又置武義縣天寶元年改婺州爲東陽郡乾元元年復爲婺州舊領縣五戶三萬七千八百一十九口二十二萬八千九百九十天寶領縣六戶十四萬四千八十六口七十萬七千一百五十二在京師東南四千七十三里至東都三千一百三十五里

金華　漢烏傷縣屬會稽郡後漢分烏傷置長山縣吳置東陽郡隋改長山爲金華取州界山爲名　義烏　晉分烏傷縣置武德四年置綱州仍分置華川縣七年廢綱州及華川縣改烏傷爲義烏以縣屬之婺州　永康　吳分烏傷縣置武德四年置麗州又分置縉雲縣八年廢麗州及縉雲縣以永康來屬　東陽　垂拱二年分烏傷縣取舊郡名　蘭溪　咸亨五年析金華縣西界置以溪水爲名　武成　天授二年分永康置武義縣又改爲武成　浦陽　新置

衢州　武德四年平李子通於信安縣置衢州七年陷賊乃廢垂拱二年分婺州之信安龍丘置衢州取武德廢州名天寶元年改爲信安郡乾元元年復爲衢州又割常山入信州天寶領縣五戶六萬八千四百七十二口四十四萬四百一十一在京師東南四千七百十三里至東都三千一百四十五里

信安　後漢新安縣晉改爲信安武德四年置衢州縣仍屬焉又分置須江定陽二縣八年廢衢州及須江定陽二縣以信安還屬婺州　龍丘　漢太末縣屬會稽郡晉置龍丘縣以山爲名至隋廢武德四年置穀州及太末白石二縣八年廢穀州及白石太末二縣入信安縣貞觀八年分金華信安二縣置龍丘縣來屬婺州垂拱二年屬衢州　須江　武德四年分信安置以城南有須江八年廢永昌元年分信安復置　盈川　如意元年分龍丘置縣西有刑溪陳時土人留異惡刑字改名盈川因以爲縣名　常山　咸亨五年分信安置屬婺州垂拱二年改屬衢州乾元元年屬信州又還衢州

信州上　乾元元年割衢州之常山饒州之弋陽建州之三鄉撫州之一鄉置信州又置上饒永豐二縣領縣四戶四萬在京師東南五千八百里至東都二千九百五十里

上饒　乾元元年置州所理也元和七年省永豐縣入弋陽舊屬饒州乾元元年來屬　貴溪　永泰元年十一月分弋陽西界置　玉山　證聖二年分常山須江置屬衢州乾元元年割屬信州

睦州　隋遂安郡武德四年平汪華改爲睦州領雉山遂安二縣七年廢嚴州之桐廬縣來屬又改爲東睦州八年去東字舊管縣三治雉山萬歲登封二年移治建德天寶元年改爲新定郡乾元元年復爲睦州舊領縣三雉山遂安桐廬戶一萬二千六十四口五萬九千六十八天寶領縣六戶五萬四千九百六十一口三十八萬二千五百一十三在京師東南三千六百五十九里至東都二千八百三十一里

建德　漢富春縣地屬會稽郡吳分置建德縣隋廢永淳二年復分桐廬雉山置萬歲通天二年移州治建德縣　清溪　漢歙縣地屬丹陽郡後分置新安縣隋改爲雉山文明元年復爲新安開元二十年改爲還淳永貞元年十二月避憲宗名改爲清溪舊爲睦州治所移建德　壽昌　永昌元年七月分雉山縣置載初元年廢神龍元年復舊治白艾里後移於今所　桐廬　吳分富春縣置武德四年於縣置嚴州領桐廬分水建德三縣七年廢州及分水建德二縣以桐廬屬睦州舊治桐溪開元二十六年移治鍾山　分水　如意元年分桐廬縣之四鄉置盛武縣神龍元年改爲分水　遂安　後漢分歙縣南鄉安定里置新定縣晉改新定爲遂安

歙州　隋新安郡武德四年平汪華置歙州總管管歙睦衢三州貞觀元年罷都督府天寶元年改爲新安郡乾元元年復爲歙州舊領縣三戶六千二十一口二萬六千六百一十七天寶領縣五戶三萬八千三百三十口二十六萬九千一百九在京師東南三千六百六十七里至東都二千八百二十六里

歙　漢縣屬丹陽郡縣南省歙浦因爲名隋於縣置新安郡武德改爲歙州　休寧　吳分歙縣置休陽縣後改爲海陽晉武改爲海寧隋改爲休寧　黟　漢縣屬丹陽郡晉同醫縣縣南墨嶺山出石墨故也縣置在黟

川　積溪　永徽五年分置北野縣，後改爲積溪。　婺源　開元二十八年正月九日置。

處州　隋永嘉郡。武德四年平李子通，置括州，置總管府，管松嘉台三州。括州領括蒼麗水二縣。七年，改爲都督府。八年，廢松州爲松陽縣來屬，省麗水入括蒼。貞觀元年，廢都督府，省嘉州，以永嘉安固二縣來屬。天寶元年，改爲縉雲郡。乾元元年，復爲括州。大曆十四年夏五月，改爲處州，避代宗諱。舊領縣四，戶一萬二千八百九十九，口十萬一千六百六。天寶領縣五，戶四萬二千九百三十六，口二十五萬八千二百四十八。今縣六。在京師東南四千二百七十八里，至東都三千一十五里。

麗水　漢回浦縣地，屬會稽郡。光武更爲章安。隋平陳，改永嘉郡爲處州，尋改爲括州，又分松陽縣東界置括蒼縣。大曆十四年夏，改爲麗水縣，州所治。　松陽　後漢分章安之南鄉置松陽縣，縣東南大陽及松樹爲名。

縉雲　萬歲登封元年，分括蒼及婺州永康縣置。

青田　景雲二年，分括蒼置。　遂昌　舊縣。武德八年，併入松陽。景雲二年，分松陽縣復置。　龍泉　乾元二年，越州刺史獨孤峻奏請於括州龍泉鄉置縣，以龍泉爲名，從之。

溫州上　隋永嘉郡之永嘉縣。武德五年，置嘉州，領永嘉、永寧、安固、樂成、橫陽五縣。貞觀元年，廢嘉州，以縣屬括州。上元二年，分括州之永嘉安固二縣置溫州。天寶元年，改爲永嘉郡。乾元元年，復爲溫州。天寶領縣四，戶四萬二千八百一十四，口二十四萬一千六百九十四。在京師東南四千七百三十七里，至東都三千九百四十里。

永嘉　後漢分章安縣之東甌鄉置永嘉縣，屬會稽郡。晉置永寧郡，隋改爲永嘉。上元二年，置溫州，治於此縣。

安固　後漢章安縣，晉改爲安固。隋廢。武德八年，分永嘉縣置，屬嘉州。貞觀元年，廢嘉州，安固屬括州。上元元年，屬溫州。　橫陽　武德五年，分安固縣置。貞觀元年廢。大足元年，復分安固置。　樂城　武德五年置。七年，併入永嘉縣。載初元年，分永嘉復置也。

福州中都督府　隋建安郡之閩縣。貞觀初，置泉州。景雲二年，改爲閩州，置都督府，督泉建漳潮五州。開元十三年，改爲福州，依舊都督府，仍置經略使。二十二年，罷漳潮二州，令督福建泉汀四州。舊屬嶺南道，天寶初，改屬江南東道。尋改爲長樂郡。乾元元年，復爲福州都督府。天寶領縣八，戶三萬四千八十四，口七萬五千八百七十六。在京師東南五千三十三里，至東都四千二百三十三里。

閩　漢治縣，屬會稽郡。秦時爲閩中郡。漢高立閩越王，都於此。武帝誅東越，徙其人於江淮，空其地。其逃亡者自立爲治縣，後更名東治縣。後漢改爲侯官都尉，屬會稽郡。晉置晉安郡，宋齊分之。陳置閩州，又改爲豐州。隋平陳，改爲泉州。煬帝改爲泉州，又爲建安郡。開元十三年，改爲福州，皆治閩縣。　侯官　隋縣，後廢。長安二年，又分閩縣置。　長樂　隋縣，後省。武德六年，分閩縣置新寧縣，其年改爲長樂。　福唐　聖曆二年，分長樂置萬安縣。天寶元年，改爲福唐。　連江　武德六年，分閩縣置溫麻縣，其年改爲連江。　長溪　武德六年置，其年併入連江。長安二年，分連江復置。　古田　開元二十九年，開山洞置。　永泰　永泰年分置。　梅青　新置。

泉州中　隋建安郡，又爲泉州，舊治閩縣，開元後移治。泉州治於南安縣。聖曆二年，分泉州之南安、莆田、龍溪三縣置武榮州。三年，州廢，三縣還泉州。久視元年，又以三縣置武榮州。景雲二年，改爲泉州。開元二十九年，割龍溪屬漳州。天寶元年，改泉州爲清溪郡。乾元元年，復爲泉州。天寶領縣四，戶二萬三千八百六，口十六萬二百九十五。在京師東南六千二百一十六里，至東都五千四百一十三里。

晉江　開元八年，分南安置，今爲州之治所。　南安　隋縣。武德五年，置豐州，嶺南安莆田二縣。貞觀元年，廢豐州，縣屬泉州。聖曆二年，屬武榮州，州廢來屬。　莆田　武德五年，分南安縣置，屬豐州。州廢來屬。　仙遊　聖曆二年，分莆田置清源縣。天寶元年，改爲仙遊。

建州中　隋建安郡之建安縣。武德四年，置建州，領綏城、吳興、建陽、沙、將樂、邵武等縣。天寶元年，改爲建安郡。乾元元年，復爲建州。舊領縣二，戶一萬五千三百三十六，口二萬二千八百二十。天寶領縣六，戶二萬二千七百七十，口一十四萬三千七百七十四。在京師東南四千九百三十五里，至東都三千八百八十八里。

建安　漢治縣地，吳置建安縣，州所治，以建溪爲名。　邵武　隋縣。　浦城　載初元年，分建安縣置唐興縣。天授二年，改爲武寧。神龍元年，復爲唐興。天寶元年，改爲浦城，隋廢縣名。　建陽　隋廢縣。垂拱四年，分建安置。　將樂　隋廢縣。垂拱四年五月，分邵武復置。　沙　隋廢縣。永徽六年，分建安置。

汀州下　開元二十四年，開福撫二州山洞，置汀州。天寶元年，改爲臨汀郡。乾元元年，復爲汀州。天寶領縣三，戶四千六百八十，口一萬三千七百二。在京師西南六千一百七十三里，至東都五千三百七十里。

長汀　州治所。　龍巖　寧化　已上三縣並開元二十四年開山洞置。

漳州　垂拱二年十二月九日置。天寶元年，改爲漳浦郡。舊屬嶺南道，天寶割屬江南東道。乾元元年，復爲漳州。天寶領縣二，戶五千三百四十六，口一萬七千九百四十。在京師東南七千三百里，至東都六千五百里。

漳浦　垂拱二年十二月，與州同置，州所治。　龍溪　舊屬泉州。聖曆二年，屬武榮州。景雲二年，還泉州。開元二十九年，屬漳州。

江南西道

宣州　隋宣城郡。武德三年，杜伏威歸化，置宣州總管府，分宣城置懷安、寧國二縣。六年，陷輔公祏。七年，賊平，改置宣州都督，督宣潛猷池四州。廢姚州，以綏安來屬。省懷安寧國二縣。宣州領綏定二縣。八年，廢南州，以當塗來屬。廢猷州，以涇縣來屬。九年，移揚州於江都，以溧陽、溧水、丹陽來屬。貞觀元年，罷都督府。廢池州，以秋浦、南陵二縣來屬。省丹陽入當塗縣。開元中，析置青陽、太平、寧國三縣。天寶元年，改爲宣城郡。至德二年，又析置至德縣。乾元元年，復爲宣州。永泰元年，割秋浦、青陽、至德三縣置池州。舊領縣八，戶二萬二千五百三十七，口九萬五千七百五十三。天寶領縣九，戶一十二萬一千二百四，口八十八萬四千九百八十五。今縣十。在京師東南三千五百五十一里，至東都二千五百十里。

宣城　漢宛陵縣，屬丹陽郡。秦屬鄣郡。梁置南豫州。隋改爲宣州，煬帝又爲宣城郡，皆此治所。　當塗　漢丹陽縣地，屬丹陽郡。晉分丹陽置于湖縣。成帝以江北當塗縣流人寓居于湖，乃改爲當塗縣，屬宣州。牛渚山一名采石，在縣北四十五里大江中。武德三年，置南豫州，以縣屬。八年，省南豫州，縣屬宣州。　涇　漢涇縣，屬丹陽郡。武德三年，置猷州，領涇、南陽、安吳三縣。八年，廢猷州及南陽安吳二縣，屬宣州。縣界有陵陽山。　廣德　漢故漳縣，屬丹陽郡。宋分宣城之廣德、吳興之故漳置綏安縣。至德二年九月，改爲廣德，以縣界廣德故城爲名。　溧陽　漢縣，屬丹陽郡。上元元年十一月，割屬昇州，州廢來屬。　溧水　漢溧陽地，隋爲縣。武德三年，屬揚州。九年，屬宣州。乾元元年，屬昇州，州廢還屬。　南陵　漢春穀縣地，屬丹陽郡。梁置南陵縣。武德七年，屬池州，州廢來屬。舊治赭圻城，長安四年，移理青陽城。　太平　天寶十一載正月，析涇縣置。　寧國　隋縣。武德六年廢。天寶三載復置。　旌德　寶應二年二月，析太平縣置。

池州下　隋宣城郡之秋浦縣。武德四年，置池州，領秋浦、南陵二縣。貞觀元年，廢池州，以秋浦屬宣州。永泰元年，江西觀察使李勉以秋浦去洪州九百里，請復置池州，仍請割青陽、至德二縣隸之，又析置石埭縣，並從之。後隸宣州。領縣四，戶一萬九千，口八萬七千九百六十七。

秋浦　州所治。漢石城縣，屬丹陽郡。隋分南陵置秋浦縣，因水爲名。　青陽　天寶元年，分涇陽、南陵、秋浦三縣置，治古臨城。　至德　至德二年析置。　石埭　永泰二年，割秋浦、浮梁、黟三縣置，治古石埭城。

饒州下　隋鄱陽郡。武德四年，平江左，置饒州，領鄱陽、新平、廣晉、餘干、樂平、長城、玉亭、弋陽、上饒九縣。七年，省上饒入弋陽，省玉亭入長城、餘干二縣。八年，又併長城入餘干，併新平、廣晉入鄱陽。舊領縣四，戶一萬一千四百，口五萬九千八百一十七。天寶戶四萬八百九十九，口二十四萬四千三百五十。在京師東南三千二百六十三里，至東都二千四百一十三里。

鄱陽　漢縣，屬豫章郡。古城在今縣東界，有鄱江。今爲州所理。　餘干　漢餘干縣，屬豫章郡，古所謂汗越也。汗音干，隋朝去水。　樂平　武德中置，九年省，後重置。　浮梁　武德中廢新平縣。開元四年，分鄱陽置，後改新昌。天寶元年復置。

洪州上都督府　隋豫章郡。武德五年，平林士弘，置洪州總管府，管洪、饒、撫、吉、虔、南平六州，分豫州置鍾陵縣。洪州領豫章、豐城、鍾陵三縣。八年，廢昌州、米州，以南昌、建昌、高安三縣來屬。省鍾陵、南昌二縣入豫章。貞觀二年，加洪、饒、撫、吉、虔、袁、江、鄂等八州。顯慶四年，督饒鄂等州。洪州舊領縣四。永淳二年，置新吳縣。長安四年，置武寧縣。又督洪袁吉虔撫五州。天寶元年，改爲豫章郡。乾元元年，復爲洪州。舊領縣四，豫章、豐城、高安、建昌，戶一萬五千四百五十六，口七萬四千四十四。天寶領縣六，戶五萬五千五百三十，口三十五萬三千二百三十一。在京師東南三千九十里，至東都二千二百一十一里。

鍾陵　漢南昌縣，豫章郡所治也。隋改爲豫章縣，置洪州煬帝復爲豫章郡寶應元年六月以犯肅宗諱改爲鍾陵取地名　豐城　吳分南昌縣高城縣晉改爲豐城　高安　漢建城縣屬豫章郡武德四年改爲高安仍置靖州領高安望蔡華陽三縣七年改靖州爲米州其年又改爲筠州八年廢筠州省華陽望蔡二縣以高安屬洪州　建昌　漢海昏縣屬豫章郡後漢分立建昌武德五年分置南昌州總管府管南昌西吳靖米孫五州南昌州領建昌龍安永修三縣七年罷都督爲南昌州八年廢南昌州及孫州以南昌州新吳永修龍安入建昌縣以孫州之建昌入豫章縣而以建昌屬洪州　新吳　舊廢縣永淳二年分建昌置　武寧　長安四年分建昌置武寧縣景雲元年改爲豫章寶應元年復爲武寧　分寧　貞元十六年二月置

虔州中　隋南康郡武德五年平江左置虔州天寶元年改爲南康郡乾元元年復爲虔州舊領縣四戶八千九百九十四口三萬九千九百一天寶領縣六戶三萬七千六百四十七口二十七萬五千四百一十今縣七在京師東南四千一十七里至東都三千四百里

贛古暗反　州所理漢縣屬豫章郡漢分豫章立廬陵郡晉改爲南康郡隋初爲虔州煬帝爲南康郡皆治贛　虔化　吳分贛立陽都縣晉改爲寧都隋平陳改虔化屬虔州　南康　漢南野縣屬豫章郡吳分南野立南安縣晉改爲南康　雩都　漢縣屬豫章郡　信豐　永淳元年分南康置南安縣天寶元年改爲信豐　太康　神龍元年分南康置　安遠　貞元四年八月四日置

撫州中　隋臨川郡武德五年討平林士弘置撫州領臨川南城邵武宜黃崇仁永城東興將樂八縣七年省東興永城將樂三縣以邵武隸建州八年省宜黃縣天寶元年改爲臨川郡乾元元年復爲撫州舊領縣三戶七千三百五十四口四萬六百八十五天寶領縣四戶三萬六百五口十七萬六千三百九十四在京師東南三千三百一十二里至東都二千五百四十里

臨川　州所理漢南昌縣地後漢分南昌置臨汝縣吳置臨川郡歷南朝不改隋平陳改臨川郡爲撫州仍改臨汝縣爲臨川縣州郡所理皆此縣　南城　漢縣屬豫章郡開元八年分南城置　崇仁　吳分臨汝置新建縣梁改爲巴山縣仍僑置巴山郡隋平陳改巴山爲崇仁縣　南豐　開元八年分南城置

吉州上　隋廬陵郡武德五年討平林士弘置吉州領廬陵新淦二縣七年廢穎州以安福縣來屬八年廢南平州以太和縣來屬天寶元年改爲廬陵郡乾元元年復爲吉州舊領縣四戶一萬五千四十口五萬三千二百八十五天寶領縣五戶三萬七千七百五十二口二十三萬七千三十二

廬陵　漢縣屬豫章郡後漢改爲西昌隋復爲廬陵州所治也舊治子陽城永淳元年移於今所　太和　隋縣武德五年置南州領太和永新廣興東昌四縣八年廢南平州以永新等三縣併太和屬吉州　安福　吳置安城郡於此隋廢爲安復後改爲安福　新淦　漢舊縣屬豫章郡淦音紺又音甘　永新　廢縣顯慶二年分太和置

江州中　隋九江郡武德四年平林士弘置江州領湓城潯陽彭澤三縣五年置總管管江鄂智浩四州并管昌洪四總管府又分湓城置楚城縣分彭澤置都昌縣八年廢浩州及樂城縣入彭澤縣又廢湓城入潯陽貞觀元年罷都督府八年廢楚縣入潯陽天寶元年改爲潯陽郡乾元元年復爲江州舊領縣三戶六千三百六十口二萬五千五百九十九天寶戶二萬九千二十五口十五萬五千七百四十四在京師東南二千九百四十八里至東都二千一百九十七里

潯陽　州所理漢縣屬廬江郡晉置江州隋改爲彭蠡縣取州東南五十二里有彭蠡湖爲名煬帝改爲湓城取縣界湓水爲名武德四年復爲潯陽潯水至此入江爲名　都昌　武德五年分彭澤置屬浩州八年廢浩州縣屬江州　彭澤　漢縣屬豫章郡隋爲龍城縣武德五年置浩州又分置都昌樂城二縣八年罷浩州以彭澤屬江州仍省樂城入彭澤　至德　至德二年九月中丞宋若思奏置

袁州下　隋宜春郡武德四年平蕭銑置袁州天寶元年改爲宜春郡乾元元年復爲袁州舊領縣三戶四千六百三十六口二萬五千七百一十六天寶戶二萬七千九十三口一十四萬四千九十六在京師東南三千五百八十里至東都二千一百六十一里

宜春　州所理漢縣屬豫章郡吳爲安城郡南朝不改晉改爲宜陽隋置袁州煬帝爲宜春郡復改爲宜春宜春泉水名在州西取此水爲酒作貢　萍鄉　吳分宜春置萍鄉縣屬安城郡　新喻　吳分宜春置新喻屬安城郡

鄂州上　隋江夏郡武德四年平蕭銑改爲鄂州天寶元年改爲江夏郡乾元元年復爲鄂州永泰後置鄂岳觀察使領鄂岳蘄黃四州恒以鄂州爲使理所舊領縣四戶三千七百五十四口一萬四千六百一十五天寶領縣五戶一萬九千一百九十口八萬四千五百六十三後併沔州入鄂州以漢陽汊川來屬在京師東南二千三百四十六里至東都一千五百三十里

江夏　漢郡名本漢沙美縣地屬江夏郡晉改沙美爲沙陽江漢二水會於州西春秋謂之夏汭晉宋謂之夏口宋置江夏郡治於此隋不改武德四年改爲鄂州取漢縣名　永興　漢鄂縣地屬江夏郡吳分鄂置新陽縣隋改爲永興　武昌　漢鄂縣屬江夏郡吳晉爲重鎮以名將爲鎮守　蒲沂　吳分沙美縣置　唐年　天寶二年開山洞置　漢陽　漢安陸縣地屬江夏郡晉置池陽縣隋初爲漢津縣煬帝改爲漢陽武德四年平朱粲分沔陽郡置沔州治漢陽縣貞觀戶一千五百一十七口六千九百五十九至太和七年鄂岳節度使牛僧孺奏沔州與鄂州隔江都管一縣請併入鄂州從之舊屬淮南道　汊川　漢安陸縣地後魏置汊川郡武德四年分漢陽縣置汊川縣屬沔州州廢屬鄂州

岳州下　隋巴陵郡武德四年平蕭銑置巴州領巴陵華容沅江羅湘陰五縣六年改爲岳州省羅縣天寶元年改爲巴陵郡乾元元年復爲岳州舊領縣四戶四千二口一萬七千五百五十六天寶領縣五戶一萬一千七百四十口五萬二千九十八在京師東南二千二百三十七里至東都一千八百一十六里

巴陵　漢下嶲縣屬長沙郡吳置巴陵縣晉置建昌郡隋改爲巴州煬帝改爲巴陵郡武德置岳州皆置巴陵縣縣界有古巴邱　華容　漢孱陵縣地屬武陵郡劉表改爲南安隋改爲華容垂拱二年去華字曰容城神龍元年復爲華容　沅江　漢益陽縣屬長沙國隋改爲安樂又改爲沅江屬岳州　湘陰　漢羅縣屬長沙國宋置湘陰縣縣界汨水注入湘江　昌江　神龍三年分湘陰縣置

潭州中都督府　隋長沙郡武德四年平蕭銑置潭州總管府管潭衡永郴連南梁南雲南營八州潭州領長沙衡山醴陵湘鄉益陽新康六縣七年廢雲州改南梁爲邵州南營爲道州省新康縣督潭衡郴連永邵道等七州天寶七年改爲長沙郡乾元元年復爲潭州舊領縣五戶九千三十一口四萬四百四十九天寶領縣六戶三萬二千二百七十二口十九萬二千六百五十七在京師南二千四百四十五里至東都二千一百八十五里

長沙　秦置長沙郡漢爲長沙國治臨湘縣後漢爲長沙郡吳不改晉懷帝置湘州至梁初不改隋平陳爲潭州以昭潭爲名煬帝改爲長沙郡仍改臨湘爲長沙縣武德復爲潭州　湘潭　後漢湘南縣地屬長沙郡吳分湘南立衡陽縣屬衡陽郡隋廢郡縣屬潭州天寶八年移治於洛口因改爲湘潭縣　湘鄉　漢鍾武縣屬零陵郡後漢改爲重安永建三年又名湘鄉屬長沙郡　益陽　漢縣屬長沙國故城在今縣東八十里武德四年分置新康縣七年省入　醴陵　漢臨湘縣界有醴陵後漢立爲縣屬長沙郡隋廢武德四年分長沙置　瀏陽　吳分長沙置瀏陽縣隋廢景龍二年於故城復置

衡州中　隋衡山郡武德四年平蕭銑置衡州領臨蒸湘潭耒陽新寧重安新城六縣七年省重安新城二縣貞觀元年以廢南雲州之攸縣來屬天寶元年改爲衡陽郡乾元元年復爲衡州舊領縣五戶七千三百三十口三萬四千四百八十一天寶領縣六戶三萬三千六百八十八口十九萬九千二百二十八在京師東南三千四百三里至東都二千七百六十里

衡陽　漢蒸陽縣屬長沙國吳分蒸陽立臨蒸縣吳末分長沙東界郡立湘東郡宋齊梁不改隋罷湘東郡爲衡州改臨蒸爲衡陽縣武德四年復爲臨蒸開元二十年復爲衡陽　常寧　吳分耒陽立新寧縣屬湘東郡舊治三洞神龍二年移治麻州開元九年治宜江天寶元年改爲常寧　攸　漢縣屬長沙國縣北有攸溪故也　茶陵　漢縣屬長沙國隋廢聖曆元年分攸縣置　耒陽　漢縣屬桂陽郡隋改爲耒陰武德四年復爲耒陽　衡山　吳分湘南縣置舊屬潭州後割屬衡州

澧州下　隋澧陽郡武德四年平蕭銑置澧州領孱陵安鄉澧陽石門慈利崇義六縣貞觀元年省孱陵縣天寶元年改爲澧陽郡乾元元年復爲澧州天寶初割屬山南東道舊領縣五戶三千四百七十四口二萬五千八百二十六天寶領縣四戶一萬九千六百二十口九萬三千三百四十九在京師東南一千八百九十三里至東都一千五百七十二里

澧陽　漢零陽縣屬武陵郡吳分武陵西界置天門郡晉末以義陽流人集此僑置南義陽郡隋平陳改南義陽爲澧州皆治此縣　安鄉　漢孱陵縣地屬武陵郡

隋分立安鄉縣貞觀元年廢潺陵併入　石門　吳分零陽縣於此置天門郡隋平陳廢天門郡以廢州爲石門縣　慈利　本漢零陽縣隋改零陽爲慈利縣麟德元年省崇義併入

朗州下　隋武陵郡武德四年平蕭銑置朗州天寶元年改爲武陵郡乾元元年復爲朗州天寶初割屬山南東道舊領縣二戶二千一百四十九口一萬九百一十三天寶戶九千三百六口四萬三千七百十六在京師東南二千一百五十九里至東都一千八百五十八里

武陵　漢臨沅縣地屬武陵郡秦屬黔中郡地梁分武陵郡於縣置武州陳改武州爲沅陵郡隋平陳復爲嵩州尋又改爲朗州煬帝爲武陵郡武德復爲朗州皆治於武陵縣　龍陽　隋縣取洲名

永州中　隋零陵郡武德四年平蕭銑置永州領零陵湘源祁陽灌陽四縣七年省灌陽貞觀元年省祁陽縣四年復置天寶元年改爲零陵郡乾元元年復爲永州舊領縣三戶六千三百四十八口二萬七千五百八十三天寶戶二萬七千四百九十四口十七萬六千一百六十八在京師南三千二百七十四里至東都三千六百六十五里

零陵　漢泉陵縣地屬零陵郡漢郡治泉陵縣故城在今州北二里隋平陳改泉陵爲零陵縣仍移於今理梁陳皆爲零陵郡隋置永州煬帝復爲零陵郡皆治此縣　祁陽　吳分泉陵縣於今縣東北九十里置祁陽縣今有古城隋平陳併入零陵武德四年復分置移於今治貞觀元年省四年又置石鷰岡在祁陽西北一百一十里此岡穴出石鷰充貢湘水南自零陵界來　湘源　漢零陵縣地屬故城在今縣南七十八里隋平陳併零陵入湘源縣　灌陽　漢零陵縣地大業末蕭銑析湘源縣置武德七年廢上元二年荊南節度使呂諲奏復於故城置灌陽縣灌水在城西今名灌源

道州中　隋零陵郡之永陽縣武德四年平蕭銑置營州領營道江華永陽唐興四縣五年改爲南營州貞觀八年改爲道州仍省永陽縣貞觀十七年廢永州併入上元二年復析置永州天寶元年改爲江華郡乾元元年復爲道州舊領縣三戶六千六百一十三口三萬一千八百八十天寶領縣四戶二萬二千五百五十一口十三萬九千六十三今領縣五

弘道　漢營浦縣屬零陵郡吳置營陽郡晉改爲永陽郡隋平陳改營浦爲永陽縣武德四年於縣置營州改爲營道縣武德四年置州又加南字貞觀八年改爲道州天寶元年改營道爲弘道　延唐　漢泠道縣屬零陵郡古城在今縣東界南四十里隋平陳廢泠道入營道縣仍於泠道廢城置營道縣武德四年移營道縣於州郭置仍於此置唐興縣長壽二年改名武盛神龍元年復爲唐興天寶元年改爲延康泠水在今縣南六十里　江華　漢馮溧縣屬蒼梧郡武德四年析賀州馮溧縣置江華縣貞觀十七年屬永州上元二年還道州文明元年改爲雲溪縣神龍元年二月復爲江華　永明　隋改漢營浦縣爲永陽置道州後州郭內置營道縣乃移永陽之名於州西南一百一十里置貞觀八年省地入營道天授二年復析營道置天寶元年改爲永明縣　大曆　大曆二年湖南觀察使韋貫之奏請析延唐縣於道州東南二百二十里春陵侯故城北十五里置縣因以大曆爲名

郴州中　隋桂陽郡武德四年平蕭銑置郴州領盧陽義章臨武平陽晉興六縣七年廢牽平陽二縣八年省晉興天寶元年改爲桂陽郡乾元元年復爲郴州舊領縣五戶八千六百四十六口四萬九千三百五十五天寶領縣八戶三萬一千三百三在京師東南三千三百里至東都三千五十七里

郴　漢縣屬桂陽郡漢郡理所也後漢郡理耒陽尋還郴宋齊封子弟爲桂陽王皆治於此隋平陳改爲郴州煬帝爲桂陽郡武德四年改郴州皆以郴爲理　義章　大業末蕭銑分郴置武德七年省八年復置長壽元年分義章南界置高平縣開元二十三年廢高平仍移義章治高平廢縣　義昌　晉分郴縣置汝城晉寧二縣陳廢二縣立盧陽郡領盧陽縣開元九年廢郡以盧陽屬郴州天寶元年改爲義昌　平陽　晉分郴置平陽郡及縣陳廢後蕭銑復分郴置武德七年省八年復置　資興　後漢分郴置漢寧縣吳改爲陽安晉改爲晉寧隋改爲晉興貞觀八年省咸亨三年復置改名資興　高亭　漢便縣地屬桂陽郡晉省陳復置隋廢開元十三年宇文融析郴縣北界四鄉置安陵縣天寶元年改爲高亭取縣東山名　臨武　漢縣屬桂陽郡縣南臨武溪故也　藍山　漢南平縣屬桂陽郡隋廢咸亨二年復置南平縣天寶元年改爲藍山九疑山在縣西五十里

召州　隋長沙郡之召陽縣武德四年平蕭銑置南梁州領召陵建興武岡三縣七年省建興入武岡省召陵併召陽貞觀十年改名召州天寶元年改爲召陽郡乾元元年復爲召州舊領縣二戶二千八百五十六口一萬三千五百八十三天寶戶一萬七千七十三口七萬一千六百四十四在京師東南三千四百里至東都二千二百六十八里

召陽　漢召陵縣屬長沙國後漢改爲昭陽晉改爲召陽隋平陳移於今理吳分零陵北部置召陵郡隋平陳廢郡以召陽屬潭州尋又於召陽置建州武德四年改置南州貞觀十年改爲召州皆理召陽縣　武岡　漢都梁縣屬零陵郡晉分都梁置武岡縣隋廢武德四年分召陽復置

連州　隋熙平郡武德四年平蕭銑置連州天寶元年改爲連山郡乾元元年復爲連州舊領縣三戶五千五百六十三口三萬一千九十四天寶戶三萬二千二百十口一十四萬三千五百三十二在京師南三千六百六十五里至東都三千四百五里

桂陽　漢縣屬桂陽郡今州理是也隋開皇十年於縣置連州大業改爲熙平郡武德四年復爲連州皆以桂陽爲理所　陽山　漢縣屬桂陽郡後漢省晉平吳分洽洭縣復置梁於洽洭縣西置陽山郡以縣屬之隋廢郡縣屬連州神龍元年移於洭水之北今縣理是也一名湟水　連山　晉武分桂陽立廣惠縣隋改爲廣澤仁壽元年改爲連山

黔州下都督府　隋黔安郡武德元年改爲黔州領彭水都上石城三縣二年又分置盈隆洪社相永萬資四縣四年置都督府督務施業辰智牂充應莊等州其年以相永萬資二縣置費州以都上分置夷州十年以思州高富來屬十一年又以高富屬夷州以智州信寧來屬今督思辰施牢費夷巫應播充莊牂琰池矩十五州其年罷都督府置莊州都督景龍四年廢以播州爲都督先天二年廢復以黔州爲都督天寶元年改黔州爲黔中郡依舊都督施夷播思費珍溱商九州又領充明勞義福建邦琰清莊峩蠻牂鼓儒琳鸞令那暉郝總敦侯免牁契稜添普寧功亮筏龍延訓鄉雙整懸撫乂水矩思源逸殷南平勳姜龍小等五十州皆羈縻寄治山谷乾元元年復以黔中郡爲黔州都督府舊領縣五戶五千九百一十三口二萬七千四百三十三天寶縣六戶四千二百七十口二萬四千二百四在京師南三千一百九十三里至東都三千二百七十一里

彭水　漢酉陽縣屬武陵郡吳分酉陽置黔陽郡隋於郡置彭水縣周置奉州尋爲黔州貞觀四年於州置都督府　黔江　隋分黔陽縣置石城縣天寶元年改爲黔江　洪社　武德二年分置洪社縣治洪社溪麟德二年移治龔湍　洋水　武德二年分彭水於巴江西置盈隆縣先天元年改爲盈用天寶元年改爲洋水　信寧　隋置信安縣取界內山名武德二年改爲信寧武德五年屬義州州廢來屬　都濡　貞觀二十年分盈隆縣置

辰州下　隋沅陵縣武德四年平蕭銑置辰州領沅陵等五縣九年分大鄉置大鄉五縣五年分辰溪置潊浦縣貞觀九年分大鄉置三亭縣天授二年分大鄉三亭兩縣置溪州景雲二年置都督府督巫業錦三州開元二十七年罷都督府天寶元年改爲盧溪郡乾元元年復爲辰州取溪名舊領縣七戶九千二百八十三口三萬九千二百二十五天寶領縣五戶四千二百四十一口二萬八千五百五十四在京師南微東三千四百五里至東都三千二百六十里

沅陵　漢辰陽縣屬武陵郡本秦黔中郡縣也隋改辰陽爲辰溪仍分置沅陵縣仍置沅陵郡武德四年改爲辰州以沅陵爲理所　盧溪　武德三年分沅陵縣置

漵浦　漢義陵縣地屬武陵縣武德五年分辰溪置

麻陽　武德三年分沅陵辰溪二縣置垂拱四年分置龍門縣尋廢　辰溪　漢辰陽縣地隋分置辰溪縣

錦州下　垂拱二年分辰州麻陽縣地并開山洞置錦州及四縣天寶元年改錦州爲盧陽郡乾元元年復爲錦州天寶領縣五戶二千八百七十二口一萬四千三百七十四至京師三千五百里至東都三千七百里

盧陽　招諭　渭陽　常豐　已上四縣並垂拱三年與州同置其常豐本名萬安天寶元年改爲常豐　洛浦　天授二年分長州之大鄉置屬溪州四年改屬錦州

施州下　隋清江郡之清江縣義寧二年置施州領清江開夷二縣貞觀八年廢業州以建始縣來屬麟德元年廢開夷縣入清江天寶元年改爲清化郡乾元元年復爲施州舊領縣三戶二千三百一十二口一萬八百二十五天寶領縣二戶三千七百二口一萬六千四百四十四在京師南二千七百九里至東都二千八百一十里

清江　漢巫縣南郡吳分巫立沙渠縣後周於縣立施州隋爲清江縣州所理也　建始　後周分巫縣置建

始縣義寧二年於縣置業州領建始一縣貞觀八年廢
業州縣屬施州
巫州下　貞觀八年分辰州龍標縣置巫州其年置夜
郎渭溪思徵三縣九年廢思徵縣天授二年改爲沅州
分夜郎渭溪縣長安三年割夜郎渭溪二縣置舞州先
天二年又置潭陽縣開元十三年改沅州爲巫州天寶
元年改爲潭陽郡乾元元年復爲巫州舊領縣三戶四
千三十二口一萬四千四百九十五天寶戶五千三百
六十八口一萬二千七百三十八在京師南三千一百
五十八里至東都三千八百三十三里
龍標　武德七年置屬辰州貞觀八年置巫州爲理所
也　朗溪　貞觀八年置　潭陽　先天二年分龍標
置
業州下　長安四年分沅州二縣置舞州開元十三年
改爲鶴州二十年又改爲業州天寶元年改龍標郡乾
元元年復爲業州領縣三戶一千六百七十二口七千
二百八十四在京師南四千一百九十七里至東都三
千九百里
峩山　貞觀五年置夜郎縣屬巫州長安四年置舞州
開元二十年改夜郎爲峩山縣　渭溪　天授二年分
夜郎置屬沅州長安四年改爲業州　梓薑　舊於縣
置充州天寶三年以充州荒廢以梓薑屬業州其充州
爲羈縻州
夷州下　隋明陽郡之綏陽縣武德四年置夷州於思
州寧夷縣領夜郎神泉豐樂綏養雞翁伏遠明陽高富
寧夷思義丹川宣慈慈岳等十三縣六年廢雞翁縣貞
觀元年廢夷州省夜郎神泉豐樂三縣以伏遠明陽高
富寧夷思義丹川六縣隸務州宣慈慈岳二縣隸溪州
以綏養隸智州四年復置夷州於黔州都上縣六年又
置雞翁縣十一年又以義州之綏陽黔州之高富來屬
其年又自都上移於今所天寶元年改爲義泉郡乾元
元年復爲夷州舊領縣四戶二千二百四十一口八千
六百五十七天寶縣五戶一千二百八十四口七千一
十三在京師南四千三百八十七里至東都三千八百
八十里
綏陽　漢牂牁郡地隋朝招慰置綏陽縣古徼外夷也
武德三年屬義州貞觀十一年改屬夷州　都上　隋
置武德元年屬黔州貞觀四年置夷州爲理所十一年
州移治綏陽縣　義泉　隋舊於縣置牢州貞觀十七
年廢牢州以義泉屬夷州　洋川　武德二年置舊屬

牢州貞觀十七年屬夷州　寧夷　舊屬思州開元二
十五年屬夷州
播州下　隋牂柯郡之牂柯縣貞觀九年分置郎州領
恭水高山貢山柯盈邪施釋燕六縣十一年省郎州并
六縣十一年又於其地置播州及恭水等六縣十四年
改恭水等六縣名二十年以夷州之芙蓉琊川來屬顯
慶五年廢舍月胡江羅爲三縣景龍四年廢莊州都督
府以播州爲都督府先天二年罷都督開元二十六年
又廢胡刀琊川兩縣天寶元年改爲播川郡乾元元年
復爲播州領縣三戶四百九十口二千一百六十八在
京師南四千四百五十里至東都四千九百六十里
遵義　漢武開西南夷置牂柯郡秦夜郎郡之西南境
也貞觀元年置恭水縣屬郎州十一年省十三年復置
屬播州十四年改爲羅蒙十六年改爲遵義顯慶五年
廢舍月併入　芙蓉　舊屬牢州貞觀十六年改爲夷
州二十年又改屬播州開元二十六年廢胡刀琊川兩
縣併入　帶水　貞觀九年置柯盈縣十四年改爲帶
水
思州下　隋巴東郡之務川縣武德四年置務州領務
川涪川扶陽三縣貞觀元年以廢夷州之伏遠寧夷思
義高富明陽丹川六縣廢思州之丹陽城樂感化思王
多田五縣來屬其年省思義明陽丹田三縣二年又省
丹陽四年改務州爲思州其年以涪川扶陽二縣割入
費州八年又以多田城陽二縣割入費州其年又廢感
化縣十年以高富隸黔州十一年又省伏遠縣天寶元
年改爲寧夷郡乾元元年復爲思州舊領縣三戶二千
六百三口七千五百九十九天寶戶一千五百九十九
口一萬二千二十一在京師南三千八百三十九里至
東都三千五百九十六里
務川　州所治漢西陽縣屬武陵郡隋朝招慰置務川
縣武德元年招慰使冉安昌以務川當牂柯要路請置
務川貞觀八年改爲思州以思印水爲名　思王　武
德三年置屬思州貞觀元年改屬務川四年改屬思州
寧夷　隋置武德四年屬夷州貞觀元年屬思州
思印　開元四年開生獠置
費州下　隋黔安郡之涪川縣貞觀四年分思州之涪
川扶陽二縣置費州其年割黔州之萬資相永二縣來
屬八年又割思州之多田城樂來屬十一年廢相永萬
資二縣天寶元年復爲涪川郡乾元元年復爲費州舊
領縣四戶二千七百九口六千九百五十天寶戶四百

二十九口二千六百九在京師南四千七百里至東都
四千九百里
涪川　漢牂柯郡之地久不臣附周宣政元年信州總
管龍門公裕招慰生獠王元殊多質等歸國乃置費州
以水爲名武德四年置務川貞觀四年置費州治於此
多田　武德四年務州刺史奏置以土地稍平懇田
盈畛故以多田爲名貞觀四年屬思州八年改屬費州
扶陽　隋仁壽四年庸州刺史奏置以扶陽水爲名
城樂　武德四年山南道大使趙郡王孝恭招慰生
獠始築城人歌舞之故曰城樂
南州下　武德二年置領隆陽扶化隆巫丹溪靈水南
川六縣三年改爲僰州四年復爲南州貞觀五年置三
溪縣七年又置當山嵐山歸德汶溪四縣八年又廢當
山嵐山歸德汶溪四縣十一年又廢扶化隆巫靈水三
縣天寶元年改爲南州郡乾元元年復爲南州舊領縣
三戶三千五百八十三口一萬三百六十六天寶領縣
二戶四百四十三口二千四十三在京師南三千六百
里至東都三千七百里
南川　武德二年置隆陽縣先天元年改爲南川州所
治　三溪　貞觀五年置
溪州下　舊辰州之大鄉天授二年分置溪州舊領縣
二又分置洛浦縣長安四年以洛浦屬錦州天寶元年
改溪州爲靈溪郡乾元元年復爲溪州領縣二戶二千
一百八十四口一萬五千二百八十二至京師二千八
百九十三里至東都二千六百九十六里
大鄉　漢沅陵零陵二縣地屬武陵郡梁分置大鄉縣
舊屬辰州天授二年來屬州所理也　三亭　貞觀九
年分大鄉置屬辰州天授二年改屬溪州縣界有黔山
大酉小酉二山
溱州下　貞觀十六年置溱州及榮懿扶歡樂來三縣
咸亨元年廢樂來縣天寶元年改爲溱溪郡乾元元年
復爲溱州領縣二戶八百七十九口五千四十五至京
師三千四百八十里至東都四千二百里
榮懿　扶歡　已上二縣並貞觀十六年開山洞置
珍州下　貞觀十六年置天寶元年改爲夜郎郡乾元
元年復爲珍州領縣三戶二百六十三口一千三十四
至京師四千一百里至東都三千七百里
夜郎　漢夜郎郡之地貞觀十七年置於舊播州城以
縣界有隆珍山因名珍州　麗皐　樂源　並貞觀十
六年開山洞置

牂州領縣二　充州領縣八　應州領縣五　琰州領
縣四　牢州領縣七　已上國初置並屬黔中道羈縻
州永徽已後併省

隴右道

秦州中都督府　隋天水郡武德二年平薛舉改置秦
州仍立總管府管秦渭岷洮疊文武成康蘭宕扶等十
三州秦州領上邽成紀秦嶺清水四縣四年分清水置
邽州六年廢邽州以清水來屬八年廢文州又以隴成
來屬其年又廢伏州以伏羌來屬九年於伏羌廢城置
鹽泉縣貞觀元年改鹽泉爲夷賓二年省夷賓縣六年
省長川縣十四年督秦成渭武四州治上邽十七年廢
秦嶺縣開元二十二年緣地震移治所於成紀縣之敬
親川天寶元年改爲天水郡依舊都督府督天水隴西
同谷三郡其年復還治上邽乾元元年復爲秦州舊領
縣六戶五千七百二十四口二萬五千七十三天寶領
縣五戶二萬四千八百二十七口十萬九千七百在京
師西七百八十里至東都一千六百五里
上邽　漢縣屬隴西郡武帝分置天水郡後漢分獠道
立南安郡後魏改上邽爲上封隋復於上邽置秦州州
前有湘水四時增減故名天水郡　成紀　漢縣屬天
水郡舊治小坑川開元二十二年移治敬親川成紀亦
徙新城天寶元年州復移治上邽縣　伏羌　漢冀縣
屬天水郡晉於此置秦州後魏改爲當亭縣隋復爲冀
縣武德三年改爲伏羌縣仍置伏州八年伏州廢縣屬
秦州貞觀三年廢夷賓縣併入伏羌　隴城　漢隴縣
屬天水郡隋加城字武德二年置文州以隴城隸之八
年文州廢來屬貞觀三年省長川縣併入　清水　漢
縣屬天水郡武德四年置邽州於清水六年廢邽州以
清水來屬
成州下　隋漢陽郡武德元年置成州領上祿長道潭
水三縣貞觀元年以潭水屬宕州又割廢康州之同谷
縣來屬州理楊難當所築建安城天寶元年改爲同谷
郡乾元元年復爲成州舊領縣三戶一千五百四十六
口七千二百五十九天寶戶四千七百二十七口二萬
一千五百八在京師西南九百六十里至東都一千八
百里
上祿　漢縣屬武都郡白馬氐之所處州南八十里仇
池山其上有百頃地可處萬家晉時氐酋楊難當據仇
池即此山上也晉朝招慰乃置仇池郡以難當爲守梁
置南秦州又改爲成州隋以上祿爲倉泉縣又復爲上

祿　長道　元魏分上祿置長道縣於縣置天水郡隋改天水爲漢陽郡又改漢陽縣爲長道　同谷　漢下辯（步包反）道屬武都郡後魏於此置廣業郡領白石縣又改白水爲同谷

渭州下　隋隴西郡武德元年置渭州天寶元年改爲隴西郡乾元元年復爲渭州四月郡州都督郭英乂奏請以渭州洮州爲都督府後廢舊領縣四戶一千九百八十九口九千二十八天寶戶六千四百二十五口二萬四千五百二十在京師西一千一百五十三里至東都二千里

襄武　漢縣屬隴西郡後魏於縣置渭州以水爲名

隴西　漢獂（音桓）道地屬天水郡後漢分武陽置鄣縣天授二年改爲武陽縣神龍元年復爲鄣縣　渭源　漢首陽縣地屬隴西郡後魏分隴西置渭源郡又改首陽爲渭源縣上元二年改首陽縣仍於渭源故城分置渭源縣儀鳳三年廢首陽併入渭源

鄯州下都督府　隋西平郡武德二年平薛舉置鄯州治故樂都城貞觀中置都督府天寶元年改爲西平郡乾元元年復爲鄯州上元二年九月州爲吐蕃所陷遂廢所管鄯城三縣今河州收管舊領縣二戶一千八百七十五口九千五百八十二天寶領縣三戶五千三百八十九口二萬七千一十九在京師西一千九百一十三里至東都二千五百四十里

湟水　漢破羌縣屬金城郡漢破何奴取西河地開湟中處月氏即此湟水俗呼湟河又名樂都水南有涼禿髮烏孤始都此後魏置鄯州改破羌爲西都縣隋改爲湟水縣縣界有浩亹水　龍支　漢允吾縣屬金城郡後漢改爲龍耆縣後魏改爲金城縣又改爲龍支積石山在今縣南　鄯城　儀鳳三年置漢西平郡故城在西

蘭州下　隋金城郡隋末陷薛舉武德二年平賊置蘭州八年置都督府督蘭河鄯廓四州貞觀六年又督西鹽州十二年又督涼州今督蘭鄯儒淳六州領金城狄道廣武三縣顯慶元年罷都督府天寶元年改金城郡二載割狄道縣置狄道郡乾元元年復爲蘭州舊領縣三戶一千六百七十五口七千三百五天寶領縣二戶二千八百八十九口一萬四千二百二十六在京師西一千四百四十五里至東都二千二百里

五泉　漢金城縣屬金城郡西羌所處後漢置西海郡乞伏乾歸都此稱涼隋開皇初置蘭州以皐蘭山爲名煬帝改金城郡隋置五泉縣咸亨二年復爲金城天寶元年改爲五泉　廣武　漢枝楊縣屬金城郡張駿置廣武郡隋廢爲縣屬蘭州

臨州下都督府　天寶三載分金城郡置狄道郡乾元元年改爲臨州都督府督保塞州羈縻之名也領縣二戶二千八百九十九口一萬四千二百二十六在京師西一千四百四十五里至東都二千二百里

狄道　漢縣屬隴西郡晉改爲武始縣隋復爲狄道屬蘭州天寶三載復置　長樂　舊安樂縣乾元後改爲長樂

河州下　隋枹（音桴）罕郡武德二年平李軌置河州領枹罕大夏二縣貞觀元年廢大夏縣五年復置十年省米州置米州縣來屬十一年廢烏州以其城置安鄉縣來屬天寶元年改爲安鄉郡乾元元年復爲河州舊領縣三戶三千三百九十一口一萬二千六百五十五天寶領縣三戶五千七百八十二口三萬六千八百八十六在京師西一千四百一十五里至東都二千二百七十里

枹罕　漢縣屬金城郡張駿於縣置河州至後魏不改又名枹罕郡隋初爲河州煬帝爲枹罕郡武德二年改爲河州皆治於枹罕　大夏　漢縣屬隴西郡張駿於縣置大夏郡及縣取西大夏水爲名貞觀元年廢入枹罕五年又置　鳳林　漢白石縣屬金城郡張駿改白水爲永固貞觀七年廢縣置烏州十一年州廢於城內置安鄉縣天寶元年改爲鳳林取關名也

武州下　隋武都郡武德元年置武州領將利建威覆津盤提四縣貞觀元年省建威入將利天寶元年改爲武都郡乾元元年復爲武州舊領縣三戶一千一百五十二口五千三百八十一天寶戶二千九百二十三口一萬五千三百一十三在京師西一千二百九十里至東都二千里

將利　秦漢白馬之地漢置武都郡幷縣後魏改武都爲石門縣置武州後周改爲將利縣仍置武都郡隋初廢煬帝復爲郡皆治將利縣　覆津　後魏置武階郡又於今縣東北三十里萬郡故城置覆津縣隋廢武階郡縣屬武都郡　盤堤　漢河池縣地屬武都郡後魏於今縣東南百四十二里移盤堤縣於郡置武州盤堤山爲名

洮州下　隋臨洮郡武德二年置洮州貞觀五年移州治於洪和城後復移還洮陽城今州治也永徽元年置都督府開元十七年廢併入岷州臨潭縣置臨州二十七年又改爲洮州天寶元年改爲臨洮郡管密恭縣党項部落也寄治州界乾元元年復爲洮州舊領縣二戶二千三百六十三口八千二百六十天寶戶三千七百口一萬五千六十在京師西一千五百六里至東都二千三百九十里

臨潭　秦漢時羌地本吐谷渾之鎮謂之洪和城後周攻得之改爲美相縣屬貞觀四年洮州理於此置臨潭縣屬旭州八年廢旭州來屬其年移理洮陽城今州治也仍於舊洪和城置美相縣隸洮州天寶中廢美相併入

岷州下　隋臨洮郡之臨洮縣義寧二年置岷州武德四年爲總管府管岷宕洮疊旭五州七年加督芳州九年又督文武扶五州貞觀元年督岷宕洮旭四州六年督橋意二州十二年廢都督府神龍元年廢當夷縣天寶元年改爲和政郡乾元元年復爲岷州舊領縣四戶四千五百八十三口一萬九千二百三十九天寶縣三戶四千三百二十五口二萬三千四百四十一在京師西一千三百七十八里至東都二千一百里

溢樂　秦臨洮縣屬隴西郡今州西二十里長城蒙恬所築岷山在縣南一里崆峒山縣西二十里後魏置岷州仍改臨洮爲溢樂隋復改臨洮義寧二年改名溢樂神龍元年廢當夷縣併入　枯川　後周置基城縣先天元年改爲枯川避玄宗名　和政　後周置洮城郡保定元年置和政縣

廓州下　隋澆河郡武德二年置廓州天寶元年改爲寧塞郡乾元元年復爲廓州舊領縣二戶二千二十口九千七百三十二天寶縣三戶四千二百六十一口二萬四千四百在京師二千三十里至東都二千七百七十二里

廣威　後漢燒當羌之地段熲破羌斬澆河大帥即此也漢末置西平郡此地即南界也前涼置湟河郡後魏置石城郡廢帝因縣內化隆谷改爲化隆縣後因置廓州先天元年改爲化成縣天寶元年改爲廣威縣縣界有拔延山　達化　後周置達化郡並縣吐渾澆河城在縣西一百二十里　米川　漢枹罕縣地屬金城郡貞觀五年置米州及米川縣十年州廢縣屬廓州

疊州下都督府　隋臨洮郡之合州縣武德二年置疊州領合川樂川疊川三縣五年又置安伏和同二縣以處党項尋省疊川樂川縣十三年置都督督疊岷洮宕津序壹枯嶂王蓋立橋等州永徽元年罷都督府天寶元年改爲合川郡乾元元年復爲疊州舊領縣一戶一千八十三口四千六十九天寶領縣二戶一千二百七十五口七千六百七十四在京師西南一千一百一十里至東都二千五百六十里

合川　秦漢已來爲諸羌保據後周武帝逐諸羌始有其地置合川縣仍於縣置疊州取郡山重疊之義舊治吐谷渾馬牧城武德三年移於交戍城　常芬　隋同昌郡之常芬縣武德元年置芬州領常芳恒香丹領三縣神龍元年廢芳州爲常芬縣隸疊州

宕州下　隋宕昌郡武德元年置宕州領懷道良恭和戎三縣貞觀三年省和戎入懷道天寶元年改爲懷道郡乾元元年復爲宕州舊領縣二戶一百四十口一千四百六十一天寶戶一千一百九十口七千一百九十九在京師西南一千六百五十六里至東都二千二百八十五里

懷道　歷代諸羌所據後魏始附爲蕃國後周置宕昌郡及懷道良恭二縣隋爲宕昌郡武德初爲宕州理懷道　良恭　後周置陽宕縣隋改爲良恭

河西道（此又從隴右道分出不在十道之內）

貞觀元年分隴坻已西爲隴右道景雲二年以江山闊遠奉使者艱難乃分山南爲東西道自黃河以西分爲河西道

涼州中都督府　隋武威郡武德二年平李軌置涼州總管府管涼甘瓜肅四州涼州領姑臧昌松番禾三縣三年又置神烏縣七年改爲都督府督涼肅甘沙瓜伊芳文八州貞觀元年廢神烏縣總章元年復置咸亨元年爲大都督府督涼甘肅伊瓜沙雄七州上元二年爲中都督府神龍二年置嘉麟縣天寶元年改爲武威郡督涼甘肅三州乾元元年復爲涼州舊領縣三戶八千二百三十一口三萬三千三十天寶領縣五戶二萬二千四百六十二口十二萬二百八十一在京師西北二千一十里至東都二千八百七十里

姑臧　漢縣屬武威郡所理秦月氏戎所處匈奴本名蓋藏城語訛爲姑臧城西魏復置涼州晉末張軌據姑臧稱前涼呂光又稱後涼後入於元魏爲武威郡武德初平李軌置涼州州界有猪野澤　神烏　漢鸞烏縣屬武威郡後魏廢總章元年復於漢武威城置武威縣神龍元年改爲神烏於漢鸞烏古城置嘉麟縣　昌松　漢蒼松縣屬武威郡後涼呂光改爲昌松　天寶

漢番(音盤)禾縣屬張掖郡縣南山曰天山又名雪山咸亨元年於縣置雄州調露元年廢雄州番禾還涼州天寶三年改爲天寶縣　嘉麟　神龍二年於漢鸞鳥古城置景龍二年廢先天二年復置　吐渾部落　興昔部落　閤門府　皋蘭府　盧山府　金水州　蹛林州　賀蘭州　已上八州府並無縣皆吐渾契苾思結等部寄在涼州界內共有戶五千四十八口一萬七千二百一十二

甘州下　隋張掖郡武德二年平李軌置甘州天寶元年改爲張掖郡乾元元年復爲甘州舊領縣二戶二千九百二十六口一萬一千六百八十天寶戶六千二百八十四口二萬二千九十二在京師西北二千五百里至東都三千三百一十里

張掖　故匈奴昆邪王地屬漢武開置張掖郡及觻(音祿)得縣郡所治也匈奴王號也後魏置張掖軍孝文改爲郡及縣州置西涼州尋改爲甘州取州東甘峻山爲名祁連山在州西南二百里也　刪丹　漢縣屬張掖郡後漢分張掖置西海郡晉分刪丹置蘭池萬歲仙堤三縣煬帝廢併入刪丹居延海焉支山在縣界刪丹山郎焉支山語訛也

肅州下　武德二年分隋張掖郡置肅州八年置都督府督肅瓜沙三州貞觀元年罷都督府貞觀中廢玉門縣天寶元年改爲酒泉郡乾元元年復爲肅州舊領縣三戶一千七百三十一口七千一百一十八天寶領縣二戶二千三百三十口八千四百七十六在京師西北二千八百五十八里至東都三千七百八十里

酒泉　漢福祿縣屬酒泉郡郡城下有金泉泉味如酒故爲郡名此月支地爲匈奴所滅匈奴令休屠昆邪王守之漢武時昆邪來降乃置酒泉郡張軌李暠沮渠蒙遜皆都于此後魏置酒泉軍復爲郡後周改爲甘州隋分甘州置肅州皆治酒泉義寧元年置酒泉縣　福祿　漢舊縣屬酒泉郡今縣漢樂綰縣地屬燉煌郡武德二年於樂綰古城置福祿縣

瓜州下都督府　隋燉煌郡之常樂縣武德五年置瓜州仍立總管府管西沙肅三州八年罷都督貞觀中復爲都督府天寶元年爲晉昌郡乾元元年復爲瓜州舊領縣二戶一千一百六十四口四千三百二十二天寶戶四百七十七口四千九百八十七在京師西三千三百一十里至東都四千三百六里

晉昌　漢冥安縣屬燉煌郡冥水名置晉昌郡及冥安縣因改晉昌爲永興隋改爲瓜州改冥安常樂武德七年復爲晉昌　常樂　漢廣至縣屬燉煌郡魏分廣至置宜禾縣李暠於此置涼興郡隋廢置常樂鎮武德五年改鎮爲縣

伊州下　隋伊吾郡隋末西域雜胡據之貞觀四年歸化置西伊州六年去西字天寶元年爲伊吾郡乾元元年復爲伊州舊領縣三戶一千三百三十二口六千七百七十八天寶領縣二戶二千四百六十七口一萬一百五十七在京師西北四千四百一十六里至東都五千三百三十里

伊吾　在燉煌之北大磧之外秦漢之際戎居之南去玉門關八百里東去陽關二千七百三十里漢宣帝時以鄭吉爲都護在玉門關元帝時置戊己校尉皆治車師後漢明帝時取伊吾盧地置宜禾都尉以屯田竇憲班超大破西域始於此築城班勇爲西域長史居此地也後魏後周鄯善戎居之隋始於漢伊吾屯城之東築城爲伊吾郡隋末爲戎所據貞觀四年款附置西伊州始於此天水在州北二十里一名白山胡人呼析羅漫山　柔遠　貞觀四年置取縣東柔遠故城爲名　納職　貞觀四年於鄯善胡所築之城置納職縣

沙州下　隋燉煌郡武德二年置瓜州五年改爲西沙州貞觀七年去西字天寶元年改爲燉煌郡乾元元年復爲沙州舊領縣二戶四千二百六十五口一萬六千二百五十在京師西北三千六百五十里至東都四千三百九里

燉煌　漢郡縣名月氏戎之地秦漢之際來屬漢武開西域分酒泉置燉煌郡及縣周改燉煌爲鳴沙縣取縣界山名隋復爲燉煌武德三年置瓜州取春秋祖吾離於瓜州之義五年改爲西沙州皆治於三危山在縣東南二十里鳴沙山一名沙角山又名神沙山取州名焉在縣七里　壽昌　漢龍勒縣地屬燉煌郡縣南有龍勒山後魏改爲壽昌縣陽關在縣西六里玉門關在縣西北一百一十八里

西州中都督府　本高昌國貞觀十三年平高昌置西州都督府仍立五縣顯慶三年改爲都督府天寶元年改爲交河郡乾元元年復爲西州舊領縣五戶六千四百六十六天寶領縣五戶九千一十六口四萬九千四百七十六在京師西北五千五百一十六里至東都六千二百一十五里

高昌　漢車師前王之庭漢元帝置戊己校尉於此以其地形高敞故名高昌其故壘有八城張駿置高昌郡後魏因之魏末爲蠕蠕所據後魏嘉稱高昌王於此數代貞觀十四年討平之以其地爲西州其高昌國境東西八百里南北五百里尋置都督府又改爲金山都督府　柳中　貞觀十四年置交河縣界有交河水源出縣北天山一名神連山縣取水名地本漢車師前王庭　蒲昌　貞觀十四年於始昌故城置縣東南有蒲類海胡人呼爲婆悉海　天山　貞觀十四年置取祁連山爲名

北庭都護府　貞觀十四年侯君集討高昌西突厥屯兵於浮圖城與高昌相響應及高昌平二十年四月西突厥泥伏沙鉢羅葉護阿史那賀魯率衆內附乃置庭州處葉護部落長安二年改爲北庭都護府自永徽至天寶北庭節度使管鎮兵二萬人馬五千匹所統攝突騎施堅昆斬啜又管瀚海天山伊吾三軍鎮兵萬餘人馬五千匹至上元元年陷吐蕃舊領縣一戶二千三百天寶領縣三戶二千二百二十六口九千九百六十四在京師西北五千七百二十里東至伊州界六百八十里南至西州界四百五十里西至突騎施庭一千六百里北至堅昆七千里東至迴鶻界一千七百里

金滿　流沙州北前後烏孫部舊地方五千里後漢車師後王庭胡故庭有五城俗號五城之地貞觀十四年平高昌後置庭州以前故及突厥常居之　輪臺　取漢輪臺爲名　蒲類　海名　已上三縣貞觀十四年與庭州同置　瀚海軍　開元中蓋嘉運置在北庭都護府城內管鎮兵萬二千人馬四千二百匹　天山軍　開元中置伊州城內管鎮兵五千人馬五百匹在都護府南五百里　伊吾軍　開元中置在伊州西北五百里　甘露州　管鎮兵三千人馬三百匹在北庭府東南七百里

鹽治州都督府　鹽祿州都督府　陰山州都督府

大漠州都督府　輪臺州都督府　金滿州都督府

玄池州　哥係州　咽麪州

金附州　孤舒州　西鹽州

東鹽州　叱勒州　迦瑟州

馮洛州　已上十六番州新戎胡部落寄於北庭府界內無州縣戶口隨地治畜牧

安西大都護府　貞觀十四年侯君集平高昌置西州都護府治在西州顯慶二年十一月蘇定方平賀魯分其地置濛池崑陵二都護府分其種落列置州縣於是西盡波斯國皆隸安西都護府仍移安西都護府理所於高昌故地三年五月移安西府於龜茲國舊安西府復爲西州龍朔元年西域吐火羅款塞乃於于闐以西波斯以東十六國皆置都督督州八十縣一百一十軍府一百二十六仍立碑於吐火羅以志之咸亨元年四月吐蕃陷安西都護府至長壽二年收復安西四鎮依前於龜茲國置安西都護府至德後河西隴右戍兵皆徵集收復兩京上元元年河西軍鎮多爲吐蕃所陷有舊將李元忠守北庭郭昕守安西府二鎮與沙陀迴鶻相依吐蕃久攻之不下建中元年元忠昕遣使間道奏事德宗嘉之以元忠爲北庭都護昕爲安西都護其後吐蕃急攻沙陀迴鶻部落北庭安西無援貞元三年竟陷吐蕃

北庭都護府　本龜茲國顯慶中自西川移府治於此東至焉耆鎮守八百里西至疏勒鎮守二千里南至于闐二千里東北至北庭府二千里南至吐蕃界八百里北至突騎施界鴈沙川一千里安西都護府鎮兵二萬四千人馬二千七百匹都護兼鎮西節度使

安西都護所統四鎮

龜茲都督府　本龜茲國其王姓白理白山之南去瓜州三千里勝兵數千貞觀二十二年阿史那社尒破之虜龜茲王而還乃於其地置都督府領蕃州之九至顯慶三年賀魯仍自西州移安西府置于龜茲國城

毗沙都督府　本于闐國在葱嶺北二百里勝兵數千俗多機巧其王伏闍信開元二十二年入朝上元二年正月置毗沙都督府初管蕃州五上元元年分爲十在安西都護府西南二千里

疏勒都督府　本疏勒國在白山之南勝兵二千去瓜州四千六百里貞觀九年遣使朝貢自是不絕上元中置疏勒都督府在安西都護府西南二千里

焉耆都督府　本焉耆國其王姓龍名突騎支常役於西突厥俗有魚鹽之利貞觀十八年郭孝恪平之由是臣屬上元中置都督府處其部落無蕃州在安西都護府東八百里

西域十六都督州府

龍朔元年西域諸國遣使來內屬乃分置十六都督府州八十縣一百一十軍府一百二十六皆隸安西都護府仍於吐火羅國立碑以紀之

月氏都督府　於吐火羅國所治遏換城置以其王葉護之於其部內分置二十四州都督統之

太汗都督府　於嚈噠部落所治活路城置以其太汗領之仍分其部置十五州太汗領之

條枝都督府　於訶達羅支國所治伏寶瑟顛城置以其王領之仍於其部分置八州

大馬都督府　於解蘇國所治數瞞城置以其王領之仍分其部置三州

高附都督府　於骨咄施國所治妖沙城置以其王領之仍分其部置三州

修鮮都督府　於罽賓國所治遏紇城置以其王領之仍分其部置十一州

寫鳳都督府　於失苑延國所治伏戾城置以其王領之仍分其部置四州

悅般都督府　於石汗那國所治豔城置以其王領之仍分其部置雙靡州

奇沙州　於護特健國所治遏密城置仍分其部置沛薄大泰二州

和默州　於怛沒國所治怛城置仍分置栗弋州

拔敔州　於烏拉喝國所治摩竭城置

崑墟州　於護密多國所治抵寶那城置

至拔州　於俱密國所治措瑟城置

烏飛州　於護密多國所治摸廷城置

王庭州　於久越得犍國所治步師城置

波斯都督府　於波斯國所治陵城置

右西域諸國分置羈縻州軍府皆屬安西都護統攝自天寶十四載已前朝貢不絕今於安西府事末紀之以表太平之盛業也

舊唐書卷四十考證

地理志三濠州○舊書屬淮南道新書屬河南道

廬州巢縣分襄安立開城○新書作開成

安州孝昌縣武德四年置環州○新書作澴州并置澴陽縣以上淮南道

蘇州○領吳嘉興崑山常熟長洲海鹽六縣新書則云析嘉興置華亭

婺州義烏縣武德四年置綢州○新書作綢州因綢巖爲名

信州○舊書屬江南東道新書屬江南西道

睦州清溪縣○新書作青溪

歙州○舊書屬江南東道新書屬江南西道

處州縉雲縣萬歲登封元年分括蒼及婺州永康縣置○新書作聖曆元年

溫州上元二年分括州之永嘉安固二縣置溫州○新書作上元元年

福州永泰縣永泰年分置○新書咸通二年析連江及閩置以上江南東道

鄂州武昌縣吳晉爲重鎭名將以爲鎭守○沈炳震曰原本文義顛倒應是以名將爲鎭守已改正

澧州○舊書屬江南西道新書屬山南東道

朗州○舊書屬江南西道新書屬山南東道

連州○舊書屬江南西道新書屬嶺南道

業州○新書作奬州

天寶元年改龍標郡○新書作龍溪郡應從新書以上江南西道

成州○舊書屬隴右道新書屬山南西道

臨州○臣宗萬按臨州本漢隴西之狄道地晉置武始郡隋廢郡復爲狄道縣屬蘭州至天寶三載始分置

河州天寶元年改爲安鄉郡○新書作安昌

武州○臣宗萬按武州本古白馬之地漢武帝置武都郡西魏改曰石門縣置武州則知武州之置不自武德始也

肅州○領酒泉福祿二縣沈炳震曰新書有玉門縣係開元中析玉門軍天寶中廢軍爲縣者舊書應闕以上隴右道

# 舊唐書卷四十一

後晉司空同中書門下平章事劉　昫撰

## 志第二十一

### 地理四

劍南道東西道九　嶺南道五管十

#### 劍南道

成都府　隋蜀郡武德元年改爲益州置總管府管益綿陵遂資雅嘉瀘戎會松翼巂南寧昆恭十七州益州領成都雒九隴郫雙流新津晉原青城陽安金水平泉玄武綿竹等十三縣又置唐隆導江二縣二年分置邛眉晉榮登五州屬總管府又置新都什邡二縣三年罷總管置西南道行臺仍分綿竹導江九隴三縣立濛州陽安金水平泉三縣立簡州割玄武屬梓州又析置德陽新繁萬春三縣九年罷行臺置都督府督益綿簡嘉陵眉犍邛十州并督巂南會寧都督府貞觀二年廢濛州之九隴綿竹導江來屬仍改萬春爲溫江六年罷南寧都督更置戎州都督屬益州八年兼領南金州都督十年又督益綿簡嘉陵雅眉邛八州茂巂二都督十七年置蜀縣龍朔二年升爲大都督府仍置廣都縣咸亨二年置金堂儀鳳二縣其年又置唐昌濛陽二縣垂拱三年分雒九隴等十三縣置彭蜀二州其年又置犀浦縣聖曆三年又置東陽縣天寶元年改益州爲蜀郡依舊大都督府督劍南三十八郡十五載玄宗幸蜀駐蹕成都至德二年十月駕廻西京改蜀郡爲都府長史爲尹又分爲劍南東川西川各置節度使廣德元年黄門侍郎嚴武爲成都尹復併東西川爲一節度自崔寧鎭蜀後分爲西川自後不改舊領縣十六戸十一萬七千八百八十九口七十四萬三百一十二漢朝蜀郡戸二十六萬八千二百七十口一百二十四萬天寶領縣十戸十六萬九百五十口九十二萬八千一百九十九在京師西南二千三百七十九里至東都三千二百一十六里

成都　漢縣屬蜀郡漢朝成都一縣管戸一萬六千二百五十六蜀三代之時西南夷國或臣或否至秦惠王既霸西戎欲廣其地乃令其相張儀司馬錯伐蜀取其地立漢中巴蜀三郡蜀王本都廣都之樊鄉張儀平蜀後自赤里街移治於少城今州城是也蜀城張儀所築

華陽　貞觀十七年分成都縣置蜀縣在州郭下與成都分理乾元元年二月改爲華陽　新都　漢縣屬廣漢郡　新繁　漢繁縣屬蜀郡劉禪時加新字　犀浦　垂拱二年分成都縣置　雙流　漢廣都縣地屬蜀郡隋置雙流縣　廣都　龍朔三年分雙流置取隋舊名

郫　漢縣屬蜀郡隋置濛州大業省爲郫縣　溫江　漢郫縣地魏蜀郡治於此隋爲萬春縣貞觀元年改爲溫江　靈池　久視元年分蜀縣置東陽縣天寶元年改爲靈池

漢州上　垂拱二年分益州五縣置漢州天寶元年改爲德陽郡乾元元年復爲漢州領縣五戸六萬九千五口三十萬八千二百三至京師二千二百里至東都三千一百一十六里

雒　漢縣屬廣漢郡後漢置益州治於雒晉置新都郡宋齊爲廣漢郡垂拱二年置漢州皆治雒縣也　德陽　後周廢縣武德三年分雒置　什邡　漢縣屬廣漢郡後周改爲方寧武德三年改爲什邡雍齒侯邑在縣北四十步　綿竹　漢縣屬廣漢郡隋開皇二年置晉熙縣十八年又改爲李冰縣大業三年改爲綿竹武德三年屬濛州州廢來屬之金堂　咸亨二年分雒縣新都置屬益州垂拱二年來屬

彭州上　垂拱二年分益州四縣置彭州天寶元年改爲濛陽郡乾元元年復爲彭州領縣四戸五萬五千九百二十二口三十五萬七千三百八十七至京師二千三百三十九里至東都三千一百六十九里

九隴　州所治漢繁縣地宋置晉壽郡古城在縣西北三里梁置東益州後魏爲天水郡仍改爲九隴初於縣東三里置濛州大業省武德三年復置濛州領九隴綿竹導江三縣置彭州之名也三縣置屬益州垂拱二年屬彭州長壽二年改爲周昌神龍初復置　濛陽　儀鳳二年分九隴雒什邡三縣置屬益州垂拱三年來屬

導江　蜀置都安縣後周改爲汶山武德元年改爲盤龍尋改爲導江三年割屬濛州廢屬益州舊治灌口城武德元年移治導江郡垂拱二年來屬

蜀州　垂拱二年分益州四縣置天寶元年改爲唐安郡乾元元年復爲蜀州也領縣四戸五萬六千五百七十七口三十九萬六百九十四至京師三千三百三十二里至東都三千一百七十二里

晉源　漢江源地屬蜀州李雄立江源郡晉改爲多融縣又改爲晉源鶴鳴山在西北十里　青城　漢江源縣地南齊置齊基縣後周改爲青城山在西北三十二里舊青字加水開元十八年去水爲青　唐安　本漢江源縣地後魏於此立犍爲郡及僰道縣隋省武德元年復置改爲唐隆長壽二年爲武隆先天元年改爲唐安　新津　漢武陽縣屬犍爲郡後周改爲新津屬益州垂拱二年屬蜀州也

眉州上　隋眉山郡之通義縣武德二年割嘉州之通義丹稜洪雅青神南安五縣置眉州五年省南安貞觀元年置龍山縣天寶元年改爲通義郡乾元元年復爲眉州也舊領縣五戸三萬六千九口十六萬九千七百五十五天寶戸四萬三千五百二十九口一十七萬五千二百五十六至京師二千五百五十里至東都三千二百八十九里

通義　後漢置通縣屬齊通義郡梁改爲青州後魏改爲眉州後改通義爲安洛又復通義隋初爲廣尋改爲通義武德元年於縣置唐眉州也　彭山　漢陽武縣地屬犍爲晉於郡置西江陽郡後魏增置隆山郡以界內有鼎鼻山地形隆故也隋改爲陵州隆山縣先天元年改爲彭山也　丹稜　本南齊二樂郡後周改爲洪雅縣隋改爲丹稜屬嘉州武德二年來屬也　洪雅　後周洪雅鎭隋改爲縣武德九年置犍州貞觀初廢屬眉州也　青神　漢南安縣屬犍爲郡縣臨青衣江西魏置青衣縣本治思蒙水口武德八年移於今治屬眉州也

綿州上　隋金山郡武德元年改爲綿州領巴西昌隆涪城魏成金山萬安神泉七縣三年分置顯武龍安文義鹽泉四縣七年省金山縣貞觀元年又省文義舊領縣九戶四萬三千九百四口十九萬五千五百六十三天寶領縣九戶六萬五千六十六口二十六萬三千三百五十二至京師二千五百九里至東都三千二百五十九里

巴西　漢涪縣屬廣漢郡晉置梓郡西魏置潼州隋改爲綿州煬帝改爲金山郡隋改涪爲巴西縣也　涪城　漢涪縣地東晉置始平郡後魏改爲涪城及潼縣隋改潼爲涪城　昌明　漢涪縣地晉置漢昌縣後魏爲昌隆先天元年改爲昌明舊有顯武縣神龍元年改爲興聖開元二年廢併入昌明仍分巴西涪城萬安三縣地置興聖縣二十七年廢地各還本屬　魏城　隋置　羅江　漢涪縣地晉於梓潼水尾萬安故城置萬安縣後魏置萬安郡隋廢天寶元年改萬安爲羅江廉泉讓水出縣北平地也　神泉　漢涪城地晉置西闐縣隋改爲神泉以縣西泉能愈疾故也　鹽泉　武德三年分涪城置也　龍安　隋金水縣武德三年復置改爲龍安　西昌　隋金山縣隋末廢永淳元年復置改爲西昌也

劍州　隋晉安郡武德元年改爲始州領縣七聖曆二年置劍門縣先天二年改始州爲劍州天寶五年改爲普安郡乾元元年復爲劍州也舊領縣七戶三萬六千七百一十四口十九萬九十六天寶領縣八戶二萬三千五百一十口一十萬四百五十至京師一千六百六十二里至東都二千五百六十里

普安　漢梓潼縣廣漢郡治也宋置南安郡梁州又改爲安州西魏改爲始州兼置普安郡武德三年復爲始州皆治於普安也　黃安　梁分梓潼縣置梁安縣尋改爲黃安　永歸　隋分梓潼縣置　梓潼　漢縣蜀先分廣漢置梓潼西魏改爲潼川郡隋爲梓潼縣後魏自涪縣移梓郡於今縣屬始州仍改郡爲縣也　陰平　晉流人入蜀於縣置北陰平郡山北有十八隴山山有隴十八也　武連　漢梓潼縣地宋置武都郡及下辯縣又改下辯爲武功後魏改爲武連也　臨津　漢梓潼縣地南齊置相厚縣隋改爲臨津也　劍門　聖曆二年分普安永歸陰平三縣地於方期驛城置劍門縣界大劍山卽梁山也其北三十里所有小劍山大劍山有劍閣道三十里至劍處張載刻銘之所劍山東西二百三十一里

梓州上　隋新城郡武德元年改爲梓州領郪射洪鹽亭飛烏四縣三年又以益州玄武來屬四年又置永泰縣調露元年置銅山縣天寶元年改爲梓潼郡乾元元年復爲梓州乾元後分蜀爲東西川梓州恒爲東川節度使治所舊領縣七戶四萬五千九百二十九口二十四萬八千三百九十四天寶領縣八戶六萬一千八百二十四口二十四萬六千六百五十二至京師二千九百里至東都二千九百里

郪　漢縣屬廣漢郡歷晉宋齊不改梁於縣置新州西魏改爲昌城郡隋改爲梓州煬帝改爲新城郡二城左帶潼水右挾中江郪居水陸之要梓州所治以梓潼水爲名也　射洪　漢郪縣地後魏分置射洪縣婁縷灘東六里有射江語訛爲洪　通泉　漢廣漢縣地乃隋縣也　玄武　漢氐道縣屬蜀郡晉改爲玄武武德元年屬益州三年割屬梓州也　鹽亭　漢廣漢縣地梁置鹽亭縣也　飛烏　漢郪縣地隋置飛烏鎭又改爲縣取飛烏山爲名也　永泰　武德四年分鹽亭武安二縣置　銅山　調露元年分飛烏二縣地置也

閬州　隋巴西郡武德元年改爲隆州領閬中南部倉溪南充相如西水三城奉國儀隴大寅屬蓬州十縣其年又立辯丹思恭二縣四年以南充西水屬果州儀隴大寅屬蓬州又置新政七年又以奉國屬西平州還以奉國來屬又省思恭入閬中縣先天元年改爲閬州天寶元年改爲閬中郡乾元元年復爲閬州舊領縣八戶三萬八千九百四十九口二十七萬三千五百四十三今領縣九戶二萬五千五百八十八口十三萬二千一百九十二至京師一千九百一十五里至東都二千七百六十里

閬中　漢縣屬巴郡梁置北巴州西魏置隆州及盤龍郡煬帝改爲巴郡武德爲隆州皆治閬中閬水迂曲經郡三面故曰閬中隋爲閬內也　晉安　漢閬中縣地梁置金匱二又爲金遷郡隋省郡改爲晉城武德改爲晉安也　南部　後漢分閬中置充郡國縣屬巴郡又分置南充國郡梁改爲南充郡國隋改爲南部也　蒼溪　後漢分宕渠置漢昌縣屬巴郡隋改漢昌爲蒼溪也　西水　漢閬中縣地梁置掌夫城後周改爲西水縣　奉國　後漢分閬中置武德七年屬西平州貞觀元年還屬隆州　新井　漢充國縣地武德元年分南部晉安二縣置界內有鹽井　新政　武德四年分南部相如兩縣置　岐坪　舊屬利州開元二十三年來屬也

果州中　隋巴西郡之南充縣武德四年割隆州之南充相如二縣置果州因果山爲名又置西充郎池二縣天寶元年爲南充郡乾元元年復爲果州也舊領縣四戶一萬三千五百一十口七萬五千八百一十一天寶領縣六戶三萬三千九百四口八萬九千二百二十五至京師二千五百五十八里至東都三千四百二十三里

南充　漢安漢縣屬巴郡宋於安漢故城置南宕渠郡隋改安漢爲南充果山在縣南八里　相如　漢安漢縣地梁置梓潼郡周省郡立相如縣以縣城南二十里有相如故宅二相如坪有琴臺　流溪　開耀元年析南充縣於溪水側置也　西充　武德四年分南充置有西充山　郎池　武德四年分相如置　岳池　萬歲通天二年分南充相如二縣置初治岳池開元二十年移治今所

遂州中　隋遂寧郡武德元年改爲遂州領方義長江青石三縣二年置總管府管遂梓資普四州貞觀罷總管十年復置都督督遂果普合四州十七年罷都督府天寶元年改爲遂寧郡乾元元年復爲遂州舊領縣三戶一萬二千九百七十七口六萬五千四百六十九天寶領縣五戶三萬五千六百三十二口十萬七千七百一十六至京師二千三百二十九里至東京三千一百六十六里

方義　漢廣漢縣屬廣漢郡宋置遂寧郡齊梁加東字後周改東遂寧爲遂州後魏改廣漢爲方義　長江　東晉巴興縣魏改爲長江舊治靈鷲山上元二年移治白桃川也　蓬溪　永淳元年分方義縣置唐興縣長壽二年改爲武豐神龍初復景龍二年分唐興置唐安縣先天二年廢唐安縣移唐安廢縣置天寶元年改唐興爲蓬溪也　青石　東晉興縣後魏改爲始興隋改始興爲青石以縣界有青石祠也　遂寧　景龍元年分置

普州中　隋資陽郡之安岳縣武德二年分資州之岳隆康居普慈四縣置普州三年又置樂至龍龕二縣天寶元年改爲安樂郡乾元元年復爲普州舊領縣六戶二萬五千八百四十口六萬七千三百二十天寶領縣四戶二萬五千六百九十三口七萬四千六百九十二至京師二千三百六十里至東都三千二百三里

安岳　漢犍爲巴郡地資中牛鞞墊江三縣地李雄亂後爲獠所據梁招撫之置普慈郡後周置普州隋省武德二年復置安岳爲治所安居後周柔剛縣屬安居郡隋改柔剛爲安居柔剛山在縣東二十步舊治柔剛山天授二年移理張柵也　普康　後周永唐縣隋改爲永康移治伏强城尋改爲隆康先天元年改爲普康也　崇龕　後周隆龕城隋隆龕縣舊治整瀬川久視元年移治波羅川先天元年爲崇龕隆龕山在縣西三里也

陵州中　隋隆山郡武德元年改爲陵州領仁壽貴平井研始建隆山五縣貞觀元年割隆山屬眉州天寶元年改爲仁壽郡乾元元年復爲陵州也舊領縣四戶一萬七千四百四十一口八萬一百一十天寶領縣五戶三萬四千七百二十八口一十萬一百二十八至京師二千五百一十里至東都三千四百八十四里

仁壽　漢武陽縣東境屬犍爲郡晉置西城戍以爲井防後魏平蜀改爲晉寧縣後周置陵州以州南陵井爲名隋改普寧爲仁壽所治也　貴平　漢廣都縣之東南地屬郡後魏置和仁郡仍立平井貴平可曇三縣舊治和仁城開元十四年移治祿川也　井研　漢武陽縣地東晉置西陽郡魏置蒲亭縣隋改爲井研武德四年自擁思范水移治今所也　始建　漢武置建始鎭五年改鎭爲始建縣舊治擁思水聖曆二年移置榮社山　籍　梁席郡一名漢陽戍永徽四年分貴平置

資州上　隋資陽郡武德元年改爲資州領盤石內江安岳普慈安居隆唐割大牢威遠屬榮州二年分安居隆唐普慈安岳四縣屬普州貞觀四年置丹山縣天寶元年改爲資陽郡乾元元年復爲資州乾元二年正月分置昌壽廢也舊領縣八戶二萬九千三百四十七口

十五萬二千一百三十九天寶戶二萬九千六百三十
五口十萬二千七百七十五至京師二千五百六十里
至東都三千五百一十里
盤石　漢資中縣屬犍爲郡後周於今簡州陽安縣移
資州於漢資中故城爲治所仍改資中爲盤石今州治
資陽　後周分資中置縣在資水之陽也　牛鞞必尔
反　漢資中縣爲盤地隋分置牛鞞縣漢有牛鞞縣屬
犍爲郡此非也洛水一名牛鞞水　內江　漢資中縣
地後漢於中江水濱置漢安戍其年改爲中江縣因其
北江乃云中隋改爲內江漢安故城今縣治也　月山
資中地義寧二年置　龍水　資中地義寧二年置
銀山　資中地義寧二年置　丹山　資中地貞觀
四年置六年併入內江七年又置
榮州中　隋資陽郡之牢縣武德元年置榮州領大牢
威遠二縣貞觀二年置旭川婆日至如三縣二年割瀘
州之隆越來屬三年自公井移州治大牢仍割嘉州資
官來屬八年又割瀘州之和義來屬廢婆日至如越隆
三縣永徽二年移州治旭川天寶元年改爲和義郡乾
元元年復爲榮州舊領縣六戶一萬二千二百六十二
口五萬六千六百一十四天寶戶五千六百三十九口
一萬八千二十四至京師二千九百七十二里至東都
二千七百十九里
大牢　漢南安縣屬犍爲郡隋置大牢鎮尋改爲縣武
德元年割資州之大牢威遠二縣於公井鎮置榮州取
界內榮德山爲名又改公井爲縣六年自公井移州治
於大牢縣也　公井　漢江陽縣屬犍爲郡後周置公
井鎮武德元年鎮置榮州改爲公井縣貞觀六年治移
於大牢也　威遠　漢安縣地屬犍爲郡隋於舊威戍
置縣武德初屬資州其年割屬榮州也　旭川　貞觀
元年分大牢縣置　資官　漢南安地晉置資官縣武
德初屬嘉州六年來屬　和義　漢安仁縣地隋置和
義縣
簡州　隋蜀郡之陽安縣武德三年分益州置天寶元
年改爲陽安郡乾元元年復爲簡州舊領縣三戶一萬
三千八百五口七萬五千一百三十三天寶戶二萬三
千六十六口十四萬三千一百九十至京師西南二千
七百里至東都三千六百里
陽安　漢牛鞞縣屬犍爲郡後魏置陽安縣又分陽安
平泉資陽三縣置簡州取界內賴簡池爲名　金水
漢新都縣屬廣漢郡晉將朱齡石於東山立金水戍後

魏立金水郡分置金水白年二縣隋改爲金潤屬蜀郡
武德初爲金水三年屬簡州縣有金堂山　平泉　漢
牛鞞縣地後魏置婆潤縣隋移縣治於賴黎池仍改爲
平泉縣縣之旁池湧泉故也
嘉州中　隋眉山郡武德元年改爲嘉州領龍遊平羌
夾江峩眉玉津綏山通義洪雅丹稜青神南安五縣置
眉州貞觀六年改資官屬榮州上元元年以戎州之犍
爲來屬天寶元年改爲犍爲郡乾元元年復爲嘉州三
月劍南節度使盧元裕請升爲中都督府尋罷舊領縣
六戶二萬五千八十五口七萬五千三百九十一天寶
領縣八戶三萬四千二百八十九口九萬九千五百九
十一至京師二千七百二十里至東都三千五百里
龍遊　漢南安縣地屬犍爲郡後周置平羌縣隋初爲
峩眉縣又改爲青衣縣隋代陳時龍見於中江引舟乃
改爲龍遊縣也州臨大江爲名　平羌　後周置也
峩眉　漢南安縣隋置峩眉縣取西山名也　夾江
漢南安縣地隋分龍遊平羌三縣於涇上置夾江縣今
北八十里有夾江廢戍卽涇上地也舊治涇上武德元
年移於今治也　玉津　漢南安縣地隋置玉津縣江
中出璧故也　綏山　隋招致生獠於榮樂城置綏山
縣取旁山名也　羅目　麟德二年開生獠置沐州及
羅目縣上元三年俱廢儀鳳三年又置治沲和城屬嘉
州如意元年又自峩眉縣界移羅目治於今所也　犍
爲　本漢都因山立名舊屬戎州上元元年改屬嘉州
邛州上　隋臨邛郡之依政縣武德元年割雅州之依
政臨邛蒲江火井五縣置邛州於依政縣三年又置安
仁縣顯慶三年移州治於臨邛天寶元年改爲臨邛郡
乾元元年復爲邛州舊領縣六戶一萬五千八百八十
六口七萬二千八百五十九天寶領縣七戶四萬二千
一百七口十九萬三百二十七在京師西南二千五百
一十五里至東都三千三百七十一里
臨邛　漢縣屬蜀郡邛水出嚴道邛來山入青衣江故
云臨邛晉於益州唐隆縣置臨邛縣後魏平蜀自唐隆
移臨邛縣治於漢臨邛縣西立臨邛郡隋罷郡移臨邛
縣於今所治有火井銅官山也　依政　秦蒲陽縣漢
臨邛縣梁置邛州於蒲州領後魏改爲蒲陽郡置依政
縣隋改爲臨邛郡治依政梁魏邛州在今縣西南二里
後周移治於今所後移治於臨邛　安仁　秦臨邛縣
地武德三年置安仁縣貞觀十七年廢咸亨初復置
大邑　咸亨二年分益州晉原縣置也　蒲江　漢臨

邛縣地後魏置廣定縣隋改爲蒲江南枕蒲水故也
臨溪　後魏分臨邛縣置也　火井　漢臨邛縣地周
置火井鎮隋改鎮爲縣也
雅州下都督府　隋臨邛郡武德元年改爲雅州領嚴
道名山盧山依政臨邛蒲江臨溪蒙陽漢源火井長松
靈關楊啓嘉艮大利陽山十六縣其年割依政臨邛蒲
江臨溪火井五縣置邛州漢源陽山二縣置登州二年
置榮經縣六年省嘉艮楊啓大利靈關蒙陽長松六縣
九年廢登州還以陽山漢源來屬貞觀二年又以陽山
漢源屬嶲州八年又置百丈縣永徽五年以嶲州漢源
來屬儀鳳四年置飛越大渡二縣大足元年又割漢源
飛越二縣置黎州神龍三年廢黎州漢源飛越屬雅州
開元三年又割二縣置黎州又置都督府天寶元年改
爲盧山郡乾元元年復爲雅州都督羈縻一十九州也
舊領縣五戶一萬三百六十二口四萬一千七百二十
三天寶戶一萬八百九十二口五萬四千四百一十九
在京師西南二千七百二十三里至東都三千五百一
里
嚴道　漢縣屬蜀郡晉末大亂夷獠據之後魏開生獠
於此置蒙山郡領始陽蒙山二縣隋改始陽爲嚴道蒙
山爲名山仁壽四年置雅州煬帝改爲嚴道　盧山
漢嚴道地隋置盧山鎮又改爲縣盧山在縣西北六十
里章盧山下有山硤口開三丈長二百步俗呼爲盧關
關外卽生獠也　名山　嚴道縣地魏置蒙山縣隋改
爲名山也　百丈　漢嚴道縣地在漢臨邛南百二十
里有百丈山武德置百丈鎮貞觀八年改鎮爲縣　榮
經　漢嚴道縣地武德三年置榮經縣縣界有邛來山
九折故銅山也
雅州都督一十九州並生羌生獠羈縻州無州縣
夀梁州　東石孔州　西石孔州　林波州
涉邛州　汶東州　金林州　費林州
徐渠州　會野州　雅州　中川州
鉗矢州　強雞州　長臂州　楊常州
林燒州　當仁州　當馬州
皆天寶已前歲時貢奉屬雅州都督
黎州下　雅州之漢源縣大足元年割漢源飛越二縣
及嶲州之陽山置黎州天寶元年改爲洪源郡乾元元
年復爲黎州領羈縻五十五州也領縣三戶一千七百
三十一口七千六百七十八至京師二千九百五十里
至東都三千七百里

漢源　越嶲郡之地隋漢源縣長安四年巡察使奏置
黎州後使宋乾徽奏廢入雅州大足元年又置黎州神
龍三年廢開元三年又置黎州取蜀南沈黎地爲名州
所治　飛越　儀鳳四年分漢源於飛越水置縣屬雅
州大足元年屬黎州長安二年廢大渡縣併入神龍三
年屬雅州開元三年又屬黎州也　通望　舊陽山縣
屬嶲州大足元年屬黎州神龍二年又屬嶲州開元元
年卻屬黎州天寶元年改爲通望也
黎州統制五十四州皆徼外生獠無州羈縻而已
羅巖州　索古州　秦上州　輣榮州
劇川州　合欽州　蓬州　栢坡州
博盧州　明川州　胣胈州　蓬矢州
大渡州　米川州　木屬州　河東州
諾莋州　甫嵐州　昌明州　歸化州
象川州　叢夏州　和良州　和都州
附樹州　東川州　上貴州　滑川州
比川州　吉川州　甫葉州　比地州
蒼榮州　野川州　邛陳州　貴林州
護川州　牒琮州　浪彌州　郎郭州
上欽州　時蓬州　儼馬州　櫪查州
邛川州　護邛州　腳川州　開望州
上蓬州　北蓬州　剸重州　久護州
瑤劍州　明昌州
瀘州下都督府　隋瀘川郡武德元年改爲瀘州領富
井江安綿水合江來鳳和義七縣武德三年置總管府
一州九年省來鳳貞觀元年置思隸思逢施陽三縣仍
置涇南縣又省施陽縣十三年省思隸思逢二縣十七
年置溱珍二州儀鳳二年又置晏納奉浙鞏薛六州載
初二年置州天授元年置思峩州久視元年置淯州二
年罷州並屬瀘州都督凡十州天寶元年改爲瀘川郡
依舊都督乾元元年復爲瀘州舊領縣六戶一萬九千
一百一十六口六萬六千八百二十八天寶戶一萬六
千五百九十四口六萬五千七百一十一在京師西南
三千三百里至東都四千一百九十六里
瀘川　漢江陽縣地屬犍爲郡梁置瀘川故以江陽爲
瀘川縣州所治也　富義　隋富世縣貞觀二十三年
改爲富義縣界有富世鹽井井深二百五十尺以達鹽
泉俗呼玉女泉以其井出鹽最多人獲厚利故云富世
安江　漢陽縣地晉時生獠攻郡破之又置漢安縣
隋改爲江安也　合江　漢江符縣地屬犍爲郡晉置

安樂縣後周改爲合江也　綿水　漢江陽縣地晉置
綿水縣當綿水入江之口也　涇南　貞觀八年分瀘
川置在涇水之南
瀘州都督十州皆招撫夷獠置無戶口道里羈縻州
納州　儀鳳二年開山洞置天寶元年改爲都寧郡乾
元元年復爲納州領縣八並與州同置
羅圖　播羅　施陽　都寧　羅當　羅藍　都闕
胡茂
薛州　儀鳳二年招生獠置天寶元年改爲黃池郡乾
元元年復爲薛州也領縣三與州同置　枝江　黃池
播陵
晏州　儀鳳二年開山洞置天寶改爲羅陽郡乾元元
年復爲晏州也領縣七與州同置　思峩　柯陰　新
賓　扶來　思晏　多岡　羅陽
鞏州　儀鳳二年開山洞置天寶改爲因忠郡乾元元
年復爲鞏州也領縣四與州同置　多樓　波員　比
求　播郎
順州　載初二年置領縣五與州同置　曲水　順山
靈巖　來猿　龍池
奉州　儀鳳二年置領縣三與州同置　柯理　柯巴
羅蓬
思峩州　天授三年置領縣二與州同置　多溪　洛
溪
龍州　大足元年置領縣四與州同置　寧　來銀
菊池　猿山
淯州　久視元年置領縣四與州同置　新定　淯川
固城　居牢
浙州　儀鳳二年置領縣四與州同置　浙源　越賓
洛川　鱗山
茂州都督府　隋汶山郡武德元年改爲會州領汶山
北山汶川左封通化翼針交州翼水九縣其年割翼針
左封翼水三縣置翼州以交川屬松州三年置總管府
管會翼二州四年改爲南會州七年改爲都督府督南
會翼向維州窮炎徹笮十州貞觀八年改爲茂州以郡
界茂濕山爲名仍置石泉縣天寶元年改爲通化郡乾
元元年復爲茂州也舊領縣四戶三千三百八十六口
五萬三千七百六十一天寶戶二千五百一十口一萬
三千二百四十二至京師西南二千七百九十四里至
東都三千一十四里
汶山　漢汶江縣屬蜀郡故城在今縣北二里舊駹冉
地晉汶山郡宋廣陽縣周爲汶州置汶山縣隋初改爲
蜀州又改爲會州貞觀八年改爲茂州　汶川　漢綿
虒縣地屬蜀郡晉置汶川縣後周移汶川於廣陽縣齊
州置卽今治也玉壘山在縣東北四里石紐山亦在縣
界永徽二年廢汶川縣併入　石泉　漢岷山縣屬蜀
郡貞觀八年置石泉縣也　通化　漢廣柔縣地屬蜀
郡後周置石門鎭隋改爲金山鎭尋改爲通化也
茂州都督府羈縻州十維翼兩州後進爲正州相次爲
正者七今附於都督之下
翼州下　隋汶山郡之翼針縣武德元年分置翼州六
年自左封移州治於翼針咸亨三年置都督府移就悉
州城內上元二年罷都督舊領縣移還舊治天寶元年
改爲臨翼郡乾元元年復爲翼州也舊領縣三戶一千
六百二口三千八百九十八天寶領縣二戶七百一十
一口三千六百一十八在京師西南二千九百二十里
至東都三千二百七十八里
衞山　漢蠶陵縣屬蜀郡故城在縣西有蠶陵山隋改
爲翼針縣治七項城貞觀十七年移治七里溪天寶元
年改爲衞山　翼水　漢蠶陵縣隋置翼水縣也　雞
川　昭德二縣開生獠新置
維州下　武德元年白苟羌降附乃於姜維故城置維
州領金川定廉二縣貞觀元年羌叛州縣俱罷二年生
羌首領芷占者請吏復立維州移治於姜維城東始屬
茂州爲羈縻州麟德二年進爲正州尋叛羌降爲羈縻
州垂拱三年又爲正州天寶元年改爲維川郡乾元元
年復爲維州上元元年後河西隴右州縣皆陷吐蕃贊
普更欲圖蜀川累急攻維州不下乃以婦人嫁維州門
者二十年中生二子及蕃兵攻城二子內應城遂陷吐
蕃得之號無憂城累入兵寇擾西川韋皐在蜀二十年
收復不遂至大中末杜悰鎭蜀維州首領內附方復隸
西川舊領縣三戶二千一百四十二無口天寶領縣二
戶二千一百七十九口三千一百九十八至京師二千
八百三十里至東都三千五百六十三里
薛城　漢已前徼外羌冉駹之地蜀劉禪時蜀將姜維
馬忠等討汶山叛羌卽此地也今州城卽姜維故壘也
隋初蜀師討叛羌於其地置薛城戍大業末又沒於羌
武德七年白苟羌酋鄧賢佐內附乃於姜維城置維州
領金川定廉二縣貞觀元年賢佐叛罷郡縣三年左上
封生羌酋董屈占等舉族內附復置維州及二縣薛城
在州西南二百步也　小封　咸亨二年刺史董弄招
慰生羌置也
塗州下　武德元年臨塗羌歸附置塗州領端源婆覽
二縣貞觀二年州縣俱省五年又分茂州之端源戍置
塗州也領縣三與州同置　端源　臨塗　悉憐　戶
二千三百三十四口四千二百六十一至京師西南二
千六百八十九里
炎州下　貞觀五年六羌歸附置西封州八年改爲炎
州領縣三與州同置　大封　慕仙　義川　戶五千
七百無口數在京師西南三千三百七十六里
徹州下　貞觀五年西羌首領董凋貞歸化置領縣三
與州同置　文徹　俄耳　文進　戶三千五百無口
數在京師西南三千四百一十八里
向州下　貞觀五年生羌歸化置也領縣三與州同置
貝　左　向貳　戶一千六百二口三千八百九十
八在京師西南二千八百六十九里
冉州下　本徼外斂才羌地貞觀五年置西冉州九年
去西字領縣四與州同置　冉山　磨山　玉溪　金
水　戶一千三百七十無口在京師西南三千七百三
十九里
穹州下　貞觀五年生羌歸附置西博州八年改爲穹
州領縣五與州同置戶三千四百三十六無口在京師
西南三千二百六十七里
笮州下　貞觀七年白苟羌降附置西恭州八年改爲
笮州也領縣三與州同置　遂都　亭勸　北思　無
口戶在京師西南二千九百四十五里　右九州皆屬
茂州都督永徽後又析爲三十一州今不錄
戎州中都督府　隋犍爲郡武德元年改爲戎州領僰
道犍爲南溪開邊郁鄢五縣貞觀四年以開邊屬南通
州六州置都督府督戎郎昆曲協黎盤會鈞髳尹匡哀
宗靡姚嶲十七州八年置撫來縣仍改南通州爲賢州
以開邊來屬天寶元年改爲南溪郡依舊都督羈縻三
十六州一百三十七縣並荒梗無戶口乾元元年復爲
戎州舊領縣六戶三萬一千六百七十口六萬一千二
十六天寶領縣五戶四千三百五十九口一萬六千三
百七十五在京師西南三千一百四里至東都四千四
百八十里
僰道　漢縣犍爲郡治所故僰侯國梁置戎州也　南
溪　漢南廣縣屬犍爲郡後周於廢郡置南武戍隋改
龍源戍又置爲南溪縣也　義賓　本漢南安縣屬犍
爲郡隋改爲郁鄢縣治天寶元年改爲義賓　開邊
漢僰道地隋置開邊縣也　歸順　聖曆二年分郁鄢
縣置以處生獠也
協州下　隋犍爲郡之地古夜郎侯國武德元年開南
中置也領縣三與州同置　東安　西安　湖津　領
戶三百二十九在京師西南四千里北接戎州
曲州下　武德元年開南中置恭州八年改爲曲州領
縣二與州同置　朱提　武德元年置安上縣七年改
爲朱提　唐興　領戶一千九十四在京師西南四千
三百三十里北接協州
郎州下　武德元年開南中置南寧州乃立味同樂升
麻同起新豐隴隄泉麻梁水降九縣武德四年置總管
府管南寧恭協昆尹會姚西濮西宋九州五年罷總管
其年冬復置寄治益州七年改爲都督督西寧豫西利
南雲磨南籠七州并前九州合十六州仍割南寧州之
降縣屬西寧州八年自益州移都督於今治貞觀六年
罷都督置刺史八年改南寧爲郎州也領縣七　味
隋廢同樂縣武德元年復置改名　同樂　升麻　同
起　新豐　隴隄　泉麻　並與州同置戶六千九百
四十二在京師西南五千六百七十里北接曲州
昆州下　漢益州郡地武德初招慰置領縣四與州同
置　益寧　普寧　有滇池周三百里　安寧　秦藏
漢縣　領戶一千二百六十七在京師西南五千三
百七十里北接嶲州
盤州下　武德七年開置西平州貞觀八年改爲盤州
領縣三與州同置　附庸　平夷　盤水　卽舊興古
郡也　領戶一千九百六十在京師西南五千三十里
北接郎州南接交州
黎州下　武德七年析南寧州置西寧州貞觀八年改
爲黎州領縣二二縣本屬南寧　梁水　絳　領戶一
千至京師無里數北接昆州
匡州下　武德七年開置南雲州貞觀三年改爲匡州
也領縣二與州同置　勃弄　匡川　縣界有永昌故
城也　領戶四千八百在京師西南五千一百六十五
里
髳州下　武德四年置西濮州貞觀十一年改爲髳州
也領縣四與州同置　濮水　青蛉　舊屬越嶲郡
歧星　銅山　領戶一千三百九十在京師西南四千
八百五十里南接姚州
尹州下　武德四年置領縣五與州同置　馬邑　天
池　鹽泉　甘泉　涌泉　領戶一千七百無里數接

髳州

曾州下　武德四年置領縣五與州同置　曾　三部　神泉　龍亭　長和　領戶一千二百七在京師西南五千一百四十五里西接匡州

鈎州下　武德七年置南龍州貞觀十一年改為鈎州也領縣二與州同置　望水　唐封　領戶一千在京師西南五千六百五十里北接昆州

靡州下　武德七年置西豫州貞觀三年改為靡州領縣二與州同置　磨豫　七部　領戶一千二百在京師西南四千九百四十五里南接姚州

裒州下　武德四年置領縣二與州同置　揚彼　强樂　領戶六千四百七十在京師西南四千九百七十里南接姚州

宋州　武德四年置西宋州貞觀十一年去西字領縣三與州同置　宗居　石塔　河西　領戶一千九百三十在京師西南五千一十里北接姚州

嶶州下　武德四年置利州貞觀十一年改為嶶州領縣二與州同置　深利　十部　領戶一千一百五十在京師西南四千九百七十里東接靡州

姚州　武德四年置在姚府舊城北百餘步漢益州郡之雲南縣古滇王國楚頃襄王使大將莊蹻泝沅水出苴蘭以伐夜郎屬秦奪楚黔中地蹻無路能還遂自王之秦幷蜀通五尺道置吏漢武開西南夷置益州郡雲南即屬邑也後置永昌郡雲南哀牢博南皆屬邑也蜀劉氏分永昌為建寧郡又分永昌建寧置雲南郡而治於弄棟晉改為晉寧郡又置寧州武德四年安撫大使李英以此州內人多姓姚故置姚州管州二十二麟德元年移姚州治於弄棟川自是朝貢不絕天寶末楊國忠用事蜀帥撫慰不謹蠻王閤羅鳳不恭國忠命鮮于仲通興師十萬渡瀘討之大為羅鳳所敗鎮蜀蠻帥異牟尋歸國遂以韋皐為雲南安撫大使命使冊拜謂之南詔大和中杜元穎鎮蜀蠻王嵯顚侵蜀自是或臣或否咸通中結構南海蠻深寇蜀部西南夷之中南詔蠻最大也領縣二　瀘南　縣在瀘水之南　長明　闕戶三千七百至京師四千九百里

右上十六州舊屬戎州都督天寶已前朝貢不絕

巂州中都督府　隋越巂郡武德元年改為巂州領越巂邛都可蘇祁臺登六縣二年又置昆明縣三年置總管府管一州貞觀二年割雅州陽山漢源二縣來屬八年又置和集縣天寶元年越巂郡依舊都督府乾元元年復為巂州也舊領縣十戶二萬三千五十四口五萬三千六百一十八天寶領縣七戶四萬七百二十一口七萬五千二百八十在京師西南三千六百五十四里

越巂　漢郡名武帝置今縣漢邛都縣地屬越巂郡有越水巂水後周於越城置嚴州隋改為西寧州尋改巂州仍分邛都置越巂縣州所治也　邛都　後漢屬越巂郡漢蘭縣地屬沈黎郡後周置邛都縣也　臺登　漢縣屬越巂郡　蘇祁　漢蘇夷縣屬越巂郡後周平南夷於故城復置也　西瀘　漢邛都縣地梁置可縣隋治姜磨戍武德七年移於今天寶末年改為西瀘也　昆明　漢定莋縣屬越巂郡後周置定莋鎮武德二年鎮為昆明縣蓋南接池故也　會川　上元二年移邛都縣於會川置因改為會川也

松州下都督府　隋同昌郡之嘉誠縣武德元年置松州貞觀二年置都督府督崌懿嵯闊麟雅叢可遠奉嚴諾戢彭軌蓋直肆位玉璋祐臺橋序二十五羈縻等州永徽之後生羌相繼忽叛屢有廢置儀鳳二年復加整比督文扶當祐靜翼六州都督羈縻三十州研州劒州探那州忛州毘州河州幹州瓊州犀州拱州龕州陪州如州麻州霸州瀾州光州至涼州蠶州鞸州梨州思帝州成州統州殺州邛州樂客州達違州卑州慈州據天寶十二載薄松州都督府一百四州其二十五州有額戶口但多羈縻逃散餘七十九州皆生羌部落或臣或否無州縣戶口但羈縻統之天寶元年改松州為交州郡乾元元年復為松州據貞觀初分十道松文扶當悉柘靜等屬隴右道永徽之後據梁州之境割屬劍南道也舊領縣三戶六百一十二口六千三百五天寶戶一千七十六口五千七百四十二南至翼州一百八十里東至扶州三百三十八里東至茂州三百里西南至當州三百里西北至吐蕃界九十里至京師二千二百五十里至東都三千五十里

嘉誠　歷代生羌之地漢帝招慰之置護羌校尉別無州縣至後魏白水羌象舒活自稱至之據此地其子舒彭遣使朝貢乃拜龍驤將軍甘松縣子始置甘松縣魏末大亂又絕後周復招慰之於此置龍涸防天和六年改置扶州領龍涸郡隋改甘松為嘉誠縣屬同昌郡武德元年於縣置松州取州界甘松嶺為名　交州　後周置龍涸郡隋廢為交州縣也　平康　垂拱元年割交州及當州通軌翼針三縣置平康縣屬當州天寶元年改為交川郡也

文州　隋武都郡之曲水縣義寧二年置陰平郡領曲水長松正西三縣武德改文州貞觀元年省正西入曲水天寶元年改為陰平郡乾元元年復為文州舊屬隴右道隸松州都督永徽中改屬劍南道也舊領縣二戶一千九百八口八千一百四十七天寶戶一千六百八十六口九千二百五在京師西南一千四百九十里至東都二千二百九十里

曲水　漢陰平道屬廣漢晉亂楊茂搜據為仇池互羌相傳疊代後魏平互羌始置文州隋為曲水縣武德後置文州治於曲水也　長松　後魏置蘆北郡置建昌縣後周移郡於此置隋廢郡改縣為長松以白馬水在縣北也

扶州　隋同昌郡武德元年改為扶州天寶元年復為同昌郡乾元元年復為扶州舊屬隴右道隸松州都督永徽後改為劍南道舊領縣四戶一千九百二十八口八千五百五十六天寶戶二千四百一十八口一萬四千二百八十五在京師西南一千六百九十里至東都二千四百四十九里

同昌　歷代吐谷渾所據西魏逐吐谷渾於此置鄧州及鄧寧郡蓋以平定鄧至羌為名隋初改置扶州及同昌縣煬帝又為同昌郡流於此也　帖夷　後魏置帖夷郡隋罷為縣萬歲通天二年改為武進神龍依舊為帖夷　萬全　後魏置武進郡又改為上安郡隋廢郡為尚安縣舊治刺利村長安二年移治黑水堡至德二年八月改為萬全也　鉗川　後魏置鉗川郡隋罷郡復為縣

龍州下　隋平武郡武德元年改為龍門郡其年加西字貞觀元年改為龍門州天寶元年改為油江郡乾元元年復為龍州舊屬隴右道永徽後割屬劍南也舊領縣二戶一千一十七口六千一百四十九天寶戶二千九百九十二口四千二百二十八在京師西南二千六百六十里至東都三千一十五里

油江　秦漢曹魏為無人之境鄧艾伐蜀由陰道景谷行無人之地七百里鑿山通道攀木緣崖魚貫而進以至江卽此城也晉始置陰平郡於此置平武縣至梁有楊李二姓大豪分據其地後魏平蜀置龍州隋初廢郡改平武為油江縣界有石門山　清川　後魏為盤縣天寶元年改為清川也

當州下　本松州之通軌縣貞觀二十一年析置當州以土出當歸為名州治利川鎮通軌左封二縣顯慶二年又析左封置悉州儀鳳二年移治逢臼橋天寶元年改為油江郡乾元元年復為當州本屬隴右道也領縣三戶二千一百四十六口六千七百一十三至京師三千一百里至東都三千九百里東北至松州九百里

通軌　本屬松州歷代生羌之地貞觀二十年松州首領董和那蓬固守松府特敕於通軌縣置當州以蓬為刺史顯慶元年蓬嫡子屈寧襲繼為刺史又置和利谷利平唐三縣也　和利　顯慶二年分通軌置　谷和　文明元年開生羌置也

悉州　本翼州之左封縣顯慶元年置悉州領悉唐左封識臼三縣治唐城咸亨元年移治左封儀鳳二年羌叛又寄治當州城內尋歸舊治垂拱二年置歸誠縣載初元年移治匪平川天寶元年改為歸誠郡割識臼屬臨翼郡乾元元年復為悉州舊屬隴右道松州都督後屬劍南道領縣一戶八百一十六口三千九百一十四至京師二千七百五十里至東都三千八百里至西靜州六十里西北至當八十里也

左封　本屬翼州在當州東南四十里顯慶元年生羌首領董係比射內附乃於地置悉州州在悉當川故也以董係比為刺史領左封歸誠二縣載初元年又移州理東南五十里匪平川置也　歸誠　垂拱二年分左封置

靜州　本當州之悉唐縣顯慶元年於縣置悉州咸亨元年於悉州置翼州都督府移悉州理左封置儀鳳二年罷都督府翼州却還治於翼針縣於悉唐縣置南和州天授二年改為靜州北屬隴右道隸松州都督後割屬劍南領縣二戶一千五百七十七口六千六百六十九東北至當州六十里至悉州八十里至京師與當州道里數同也

悉唐　縣置在悉唐川舊屬當州顯慶中來屬也　靜居　縣界有靜川也

恭州下　開元二十四年分靜州廣平縣置恭州仍置博恭烈山二縣天寶元年改為恭化郡乾元元年復為恭州本屬隴右道後割屬劍南領縣三戶一千一百八十九口六千二百二十二迤東至柘州一百里東北至靜州界至京師三千一百二十里

和集　舊廣平縣屬靜州開元二十四年於縣置恭州天寶元年改為和集　博恭　開元二十四年分廣平置也　烈山　開元二十四年分廣平置

柘州下　永徽後置天寶元年改為蓬山郡乾元元年

復爲柘州本屬隴右道松州都督後割屬劍南也

保州下　本維州之定廉縣開元二十八年置奉州以董晏立爲刺史領定廉一縣天寶元年改爲雲山郡八載移治所於天保軍乃改爲天保郡乾元元年二月西山子弟兵馬使嗣歸誠王董嘉俊以西山管內天保郡歸附乃爲保州以嘉俊爲刺史領縣二戶一千二百四十五口四千五百三十六至京師二千九百四十里至東都三千七百九十里東至維州風流鎭四十五里也

定廉　隋置定廉鎭隋末陷羌武德七年招白荷羌置維州及定廉縣以界水名永徽元年廢鹽城併入開元二十八年改爲奉州天寶八載改爲天寶郡也　歸順

雲山　天寶八年分定廉置此二縣也

眞州下　天寶五載分臨翼郡之昭德雞川兩縣置昭德郡乾元元年改爲眞州取眞符縣爲名也領縣三戶六百七十六口三千一百四十七至京師三千里至東都三千八百五十里

眞符　天寶五載分雞川昭德二縣置州所治也　雞川　先天二年割翼州翼水縣置屬翼州天寶五載改眞州　昭德　本識臼縣屬悉州天寶初改屬翼州仍改名昭德縣五年改屬眞州也

霸州下　天寶元年因柘附生羌置靜戎郡乾元元年改爲霸州也領縣一戶一百七十一口一千八百六十一至京師二千六百三十二里至東都三千二百七十一里

信安　與郡同置州所治也

已上十一州舊屬隴右道永徽已後割屬松州都督入劍南道諸州隸松州都督相繼屬劍南也

松州都督府督羈縻二十五州舊督一百州領州無縣戶口惟二十五有名額皆招撫生羌置也

琚州下　貞觀元年招慰党項置州處也領縣二與州同置　江源　洛稽　領戶一百五十五至京師西南二千二百四十六里

懿州下　貞觀五年置西吉州八年改爲懿州處党項也領縣二與州同置　吉當　唐位　無戶口至京師西南二千二百五十里

闊州下　貞觀五年置處党項領縣二與州同置　闊源　落吳　無戶口至京師西南二千五百一十里

麟州下　貞觀五年置西麟州處生羌歸附八年去西字領縣七與州同置　硤川　和善　欽具　硤源　三交　利恭　東陵　無戶口至京師四千五百里

雅州下　貞觀五年處生羌置西雅州八年去西字領縣三與州同置　新城　三泉　石龍　無戶口至京師西南二千六百六十里

叢州　貞觀五年党項歸附置也領縣五與州同置　都流厥調湊般匐器邇率鍾並爲諸羌部落遙立無縣

寧遠　臨泉　臨河　無戶口至京師西南一千八百里

可州　貞觀四年處党項西羌八年改爲可州也領縣三與州同置　義誠　淸化　靜方　無戶口至京師西南一千四十里

遠州　貞觀四年生羌歸附置也領縣二與州同置　羅水　小部川　無戶口至京師西南二千二百六十里

奉州　貞觀三年處生羌置西仁州八年改爲奉州也領縣三與州同置　奉德　思安　永慈　無戶口至京師西南二千一百六十里

巖州　貞觀五年置西金州八年改爲巖州領縣三與州同置　金池　甘松　舟巖　無戶口至京師西南二千一百里

諾州　貞觀五年處降羌置領縣三與州同置　諾川　歸德　籬滑　無戶口至京師西南二千六百四十三里

蛾州　貞觀五年處降羌置領縣二與州同置　常平　那川　無戶口至京師二千七百里

彭州　貞觀三年處降党項置洪州七年改爲彭州領縣四與州同置　洪川　歸遠　臨津　歸正　無戶口至京師西南一千七百八十里

軌州都督府　貞觀二年處党項置領縣四與州同置　通川　玉城　金源　俄徹　無戶口至京師西南二千三百九十里

盍州　貞觀四年置西唐州八年改爲盍州處降羌也領縣四與州同置　湘水　河唐　曲嶺　枯川　戶二百二十無口至京師西南二千六百三十里

直州　貞觀五年置西集州八年改爲直州處降羌領縣二與州同置　集川　新川　戶一百無口至京師二千五百里

肆州　貞觀五年處降羌置領縣四與州同置　歸唐　芳叢　鹽水　磨山　無戶口至京師二千六百里

位州　貞觀四年降生羌置西鹽州八年改爲位州領縣二與州同置　位豐　西使　戶一百無口至京師二千四百一十里

玉州　貞觀五年處降羌置領縣二與州同置　玉山　帶河　戶二百一十五無口至京師二千八百七十八里

嶂州　貞觀四年處降羌置領縣四與州同置　洛平　顯川　桂川　顯平　戶二百無口至京師二千九百里

祐州　貞觀四年處降羌置領縣二與州同置　廓川　歸定　無戶口至京師二千一百九十里

臺州　貞觀六年處党項置西滄州八年改爲臺州無縣至京師二千一百三十五里

橋州　貞觀六年處降羌置無縣至京師二千四百里

序州　貞觀十年處党項置無縣至京師二千四百里

右二十五州舊屬隴右道隸松州都督府貞觀中招慰党項羌漸置永徽已後羌戎叛臣制置不一今存招降之始以表太平之所至也

## 嶺南道

南海節度使領是十七州也

廣州中都督府　隋南海郡武德四年討平蕭銑置廣州總管府管廣東衛洭南綏岡五州併南康總管其廣州領南海增城淸遠政賓寶安五縣六年又置高循二總管隸廣州七年改總管爲大都督九年廢南康都督以端封宋洭瀧建齊威扶義勤十一州隸廣府其年又省勤州貞觀改中都督府省威齊宋洭四州仍以廢洭州之湞陽湞匡二縣來屬改東衡爲韶州仍以南康州及崖州都督並隸廣州二年省循州都督以循潮二州隸廣府八年改建州爲樂州南波州爲湞州扶風州爲竇州十二年改南康州十三年省湞州以四會化蒙懷集浛安四縣來屬省岡州以義寧新會二縣並屬廣州其年又以有經畧軍管鎭兵五千四百人其衣糧輕稅本道自給廣州刺史充嶺右五府經畧使天寶元年改爲南海郡乾元元年復爲廣州舊領縣十戶一萬二千四百六十三口五萬九千一百一十四天寶領縣十三戶四萬二千二百三十五在京師東南五千四百四十七里至東都四千九百里

南海　五嶺之南漲海之北三代已前是爲荒服秦滅六國始開越置三郡曰南海桂林象郡以讁戍守之秦亡南海尉任囂病且死召南海龍川令趙佗付以尉事佗乃聚兵守五嶺擊并桂林象郡自稱南越武王子孫相傳五代九十三年漢武帝命伏波將軍路博德樓船將軍楊僕兵踰嶺南滅之其地立九郡曰南海蒼梧鬱林合浦交阯九眞日南儋耳珠崖後漢廢珠崖儋耳入合浦郡交州刺史領七郡而已今南海縣卽漢番禺縣南海郡隋分番禺置南海縣番山在州東三百步禺山在北一里貪泉州西三十里越王井州北四里　番禺　漢縣名秦屬南海郡江漢置交州領郡七吳置廣州皆治番禺也　增城　後漢番禺縣地吳於縣置東官有增江　四會　漢縣屬南海武德五年於縣治北置南浛州領四會化蒙新招化穆化注五縣貞觀元年省新招化注二縣以廢威州之懷集廢齊州之游安二縣來屬八年改爲湞州十三年省州及化穆縣以四會化蒙懷集游安四縣屬廣州也　化蒙　隋縣武德五年屬南浛州貞觀元年省化注入八年改浛州爲湞州縣仍屬十三年改屬廣州　懷集　晉懷化縣隋爲懷集武德五年於縣置威州領興平懷集霍淸威成四縣貞觀元年州廢以懷集屬南綏省興平霍淸威成三縣入八年改浛州爲湞州縣仍屬十三年屬廣州　東莞　隋寶安縣至德二年九月改爲東莞郡於嶺外其爲名也　淸遠　隋縣武德六年廢故賓縣併入所治也　浛水　漢封陽縣屬蒼梧郡南齊改爲浛安武德四年於縣置齊州領浛安宣樂宋昌三縣貞觀元年省齊州及安樂宋昌二縣以浛安屬浛州八年改浛州爲湞州縣仍屬十三年湞州廢屬賓州至德二年九月改爲浛水也　湞陽　縣屬桂陽郡隋爲直陽五年屬洭州貞觀初州廢改眞陽湞陽屬廣州湞山在縣北三十里

韶州　隋南海郡之曲江縣武德四年平蕭銑置番州領曲江始興樂昌臨瀧良化五縣貞觀元年改爲韶州仍割洭州之翁源來屬八年廢臨瀧良化二縣天寶元年改爲始興郡乾元元年復爲韶州舊領縣四戶六千九百六十口四萬四百一十六天寶領縣六戶三萬一千口十六萬八千九百四十八南至廣州八百里西至郴州五百里東南至度州七百里至京師四千九百三十二里至東都四千一百四十二里

曲江　漢縣屬桂陽郡在曲江川州所治也　始興　漢南野縣地屬豫章郡孫皓分南康郡之南鄉始興縣置縣界　東嶠　一名大庾嶺南越之北塞漢討南越時有將軍城於此五嶺之最東故曰東嶠也　樂昌　隋置　翁源　翁水在縣界隋縣武德五年置洭州貞觀初廢以屬韶州　仁化　湞昌　已上二縣天寶後新置

循州　隋龍川郡。武德五年，改爲循州總管府，管循湖二州。循州領歸善、河源、博羅、興寧、海豐、羅陽，省龍川、歸善、石城入河源，齊昌入興寧。貞觀二年，廢都督府。天寶元年，改爲海豐郡。乾元元年，復爲循州。舊領縣五，戶六千八百九十一，口三萬六千四百三十六。天寶領縣六，戶九千五百二十五，無口數。南至廣州四百里，東至潮州五百一十七里，北至虔州隔山嶺一千六百五十里，至東都四千八百里。

歸善　秦漢龍川縣地，屬南海郡。宋置歸善縣，界羅浮山。貞觀元年，省龍川縣併入。　博羅　漢舊縣，屬南海郡也。　河源　隋縣。循江一名河源水，自虔州雩都縣流入。龍川在河源縣，云有龍穿地而出，卽水流，漢因置龍川縣。貞觀元年，省西城併入。　海豐　宋縣，屬東莞郡。南海豐縣南五十里，卽張海渺漫無際。武德五年，分置陸安縣，貞觀初併入也。　興寧　漢龍川縣地。貞觀元年，省齊昌併入。　雷鄉　新置。

岡州　隋南海郡之新會縣。武德四年，平蕭銑，置岡州，領新會、封平、義寧三縣。貞觀五年，州廢，以新會、義寧屬廣州，省封平、封樂二縣。其年，又立南州，割廣州之新會、義寧來屬，又立封樂縣。天寶元年，改爲義寧郡。乾元元年，復爲岡州也。舊領縣二，戶二千三百五十八，口八千六百六十二。天寶戶五千六百五十，無口數。在京師西南六千三百五里。

新會　漢南海縣地。晉置新會郡，改置封州，又改爲允州，又改爲岡州。隋末廢，併入廣州。武德四年，復爲岡州，舊治盆源城。貞觀十三年，廢岡州，縣屬廣州。其年，復置州於今治也。　義寧　漢番禺縣地。宋置義寧縣，屬新會郡。

賀州　隋蒼梧郡之臨賀縣。武德四年，平蕭銑，置賀州。天寶元年，改爲臨賀郡。乾元元年，復爲賀州也。舊領縣五，戶六千七百一十三，口一萬八千六百二十八。天寶領縣六，戶四千五百，無口數。在京師東南四千一百三十里，至東都三千五百七十二里。東南至廣州八百七十六里，東至連州二百六十里，南至封州三百六十里，北至道州四百里，北至富州三百二十里，西南至梧州四百二十二里也。

臨賀　州所治。漢縣，屬蒼梧郡，臨賀水。吳置臨賀郡，宋改爲臨慶國，齊復爲臨賀郡，隋置賀州。隋末廢爲縣，武德四年，復置賀州。　桂嶺　漢臨賀縣地，隋舊也。　馮乘　漢縣，屬蒼梧郡，有荔平關。　封陽　漢縣，屬蒼梧郡。　富川　漢富川縣，天寶改爲富水，後復爲富川也。　蕩山　新置。

端州　隋信安郡。武德元年，置端州，領高要、樂城、銅陵、平興、博林五縣。其年，以樂城屬康州，銅陵屬春州。七年，置清泰縣。貞觀十三年，省博林、清泰二縣。天寶元年，爲高要郡。乾元元年，復爲端州。舊領縣二，戶四千四百九十一，口二萬四千三百三。天寶戶九千五百，口二萬一千一百二十。東至廣州二百四十里，南至新州一百四十里，西至康州一百六里，至京師四千九百三十五里，至東都四千七百里。

高要　州所治。漢縣，屬蒼梧郡。齊屬南海郡。陳置高要郡。隋置端州。縣北五里有石室山。縣西有鵠奔亭，卽漢交州刺史行部到鵠亭，夜女子鬼訴冤之亭。　平興　漢高要縣地，隋分置。武德七年，分置清泰縣。貞觀十三年，省清泰併入。

新州　隋信安郡之新興縣。武德四年，平蕭銑，置新州。天寶元年，改爲新昌郡。乾元元年，復爲新州。舊領縣四，戶七千三百八十八，口三萬五千二十五。天寶領縣三，戶九千五百。東至廣州義寧縣四十一里，北至端州一百四十里，西北至康州二百七十里，西南至勤州一百七十里，至京師五千五十二里，至東都五千里。

新興　漢臨元縣，屬合浦郡。晉置新寧郡，梁置新州。　索盧　武德四年，析新興縣置。　永順　新置。

康州　隋信安郡之端溪縣。武德四年，置康州都督府，督端、康、封、新、宋、瀧等州。九年，廢都督府及康州。貞觀元年，又置南康州。十一年廢。十二年，又置康州。天寶元年，改爲晉康郡。乾元元年，復爲康州。舊領縣四，戶四千一百二十四，口一萬三千五百四。天寶戶一萬五千一十，口一萬七千二百一十九。東北至廣州三百四十里，西南至梧州二百八十四里，東至端州一百六十里，南至瀧州二百三十里，西至封州一百三十里，南至新州二百七十里，至京師五千七百五十里，至東都五千一百五十里。

端溪　漢縣，屬蒼梧郡。晉於縣分置晉康郡。隋廢郡，併入信安郡。武德復置康州。縣界有端山，山下有溪也。　晉康　隋遂安縣。至德二年，改爲晉康縣。　悅城　隋樂城縣。武德五年，屬端州，又割屬康州，改爲悅城。　都城　漢端溪縣。東百步有程溪，亦名零溪，溫嫗養龍之溪也。

封州下　隋蒼梧郡之封川縣。武德四年，平蕭銑，置封州。天寶元年，改爲臨封郡。乾元元年，復爲封州。舊領縣四，戶二千五百五十五，口一萬三千七百七十七。天寶領縣二，戶三千九百，口一萬一千八百二十七。東北至廣州九十里，西北至梧州五十五里，東至廣州一百三十里，北至賀州三百六十六里，至京師水陸四千五百一十里也。

封川　州所治。漢廣信縣地，屬蒼梧郡，在封水之陽。梁置梁信郡。隋平陳，改爲成州，又改爲封州。隋末州廢，爲封川縣，屬蒼梧郡。武德初，置封州。隋移州於封川口，卽今縣治也。　開建　漢封陽縣地，屬蒼梧郡，隋舊也。

瀧州　隋永熙郡之瀧水縣。武德四年，平蕭銑，置瀧州。天寶元年，改爲開陽郡。乾元元年，復爲瀧州。舊領縣四，戶三千六百二十七，口九千四百三十九。天寶領縣五。

瀧水　州所治。漢端溪縣地，屬蒼梧郡。晉分端溪立龍鄉，卽今州治。梁分廣熙郡置建州，又分建州之雙頭洞立雙州。隋改龍鄉爲平原縣，又改爲瀧水。　開陽　隋廢縣。武德四年，分瀧水置。　永寧　武德四年，於安遂縣置藥州，領安遂、永寧、安南、永業四縣。貞觀中，廢藥州，以永寧屬瀧水。本隋永熙縣，武德五年，改爲永寧縣。　鎮南　隋安南縣。至德二年九月，改爲鎮南。　建水　新置。

恩州　隋高梁郡。武德四年，平蕭銑，置高州都督府，管高、春、羅、辯、雷、崖、儋、新八州。七年，割崖、儋、雷、新屬廣州。貞觀二十三年，廢高州都督府，置恩州。天寶元年，改爲恩平郡。乾元元年，復爲恩州。內有清海軍，管戍兵三千人也。領縣三，戶九千，無口數。至京師東南六千五百里，西北六十里接廣州界。

恩平　州所治。漢合浦郡也。隋置海安縣。武德五年，改爲齊安。至德二年九月，改爲恩平也。　杜陵　隋杜縣。武德五年，改爲杜陵也。　陽江　隋舊置也。

春州　隋高梁郡之陽春縣。武德四年，平蕭銑，置春州。天寶元年，改爲南陵郡。乾元元年，復爲春州。舊領縣一，戶五千七百一十四，口二萬一千六十一。天寶領縣二，戶一萬一千二百一十八。至京師東南六千四百四十八里，東至廣州六百四十二里，南至恩州九十三里，西至高州三百三十里，東北至新州二百六十里，西北至瀧州界也。

陽春　州所治。漢高縣地，屬合浦郡，至隋不改也。　羅水　天寶後置。

高州　隋高梁郡，舊治高梁縣，後改爲西平縣。貞觀二十三年，分西平、杜陵置恩州，高州移治良德縣。天寶元年，改爲高梁郡。乾元元年，復爲高州。領縣三，戶一萬二千四百。西北至竇州九十二里，北至瀧州界三百五十里，西南至潘州九十里，東至春州三百三十里，至京師六千二百六十二里，至東都五千五百二十里。

良德　漢合浦縣地，屬合浦郡。吳置高梁郡，宋、齊不改。　電白　梁置電白郡，隋改爲縣也。　保定　舊保安縣。至德二年，改爲保定。

藤州下　隋永平郡。武德四年，置藤州，領永平、猛陵、安基、武林、隋建、陽安、普寧、戎城、寧人、淳人、大賓、貧川十二縣。貞觀七年，以武林屬潯州，安普屬燕州，普寧屬容州。八年，以猛陵屬梧州。十二年，以隋建屬龔州。天寶元年，改爲感義郡。乾元元年，復爲藤州也。舊領縣六，戶九千二百三十六，口一萬三百七十二。天寶領縣三，戶三千九百八十。至京師五千五百九十六里，至東都五千二百里。南至義州二百里，西至龔州一百四十九里，北至梧州九十七里。

鐔津　漢猛陵縣，屬蒼梧郡。晉置永平郡，隋置藤州及鐔津。　感義　義昌　本安昌縣，至德二年九月，改爲義昌。

義州下　隋永熙郡之永業縣。武德五年，置南義州及四縣。貞觀元年，州廢，以所領縣入建州。二年，復置義州，還以故縣來屬。五年，廢義州，縣屬南建州。六年，復置義州，又改縣來屬。天寶元年，改爲連城郡。乾元元年，復爲義州。舊領縣四，戶三千二百二十五，無口。天寶領縣三，戶一千一百一十，口七千二百三。至京師五千七百五十里，至東都四千六百九十里。東至梧州隔鄣嶺一百七十里，北至藤州二百里，西至容州九十里，東南至竇州一百七十二里，東北至瀧州二百七里。

岑溪　州所治。漢猛城縣，屬蒼梧郡。武德四年，置龍城縣，置南義州。貞觀初廢。二年，復置義州，領龍城、安義、連城、義城四年。至德中，改安城爲永業，龍城爲岑溪。　永業　舊安義縣，至德年改。　連城　武德初，分瀧州之正義縣置。

竇州下　隋永熙郡懷德縣。武德四年，置南扶州及五縣。以獠反，寄瀧州。貞觀元年，廢，以所管縣並屬瀧州。二年，獠平，復置南扶州，自瀧州還其故縣。五年，復廢，縣隸瀧州。六年，復置，以故縣來屬。其年，改南扶爲竇州。天寶元年，改爲懷德郡。乾元元年，復爲竇州。舊領縣五，戶三千五百五十。天寶領縣四，戶一千一十九。至京師水陸六千一百里至東都水陸五千四百里西至容州二百里東至瀧州一百八十里南至潘州一百五十里東南至高州九十二里北至義州二百三十里西南至禺州一百九十里

信義　漢端溪縣地屬蒼梧隋爲懷德縣武德四年析懷德縣置信義縣仍置南扶州貞觀中改爲竇州取州界有羅竇洞爲名也　懷德　本屬瀧州後來屬也　潭峩　武德四年分信義縣置也　特亮　武德四年分信義置也

勤州　隋信安郡之高梁縣地武德四年置勤州隸南康州總管九年改隸廣州其年廢縣屬春州後置勤州以銅陵來屬仍析置富林縣領縣三戶六百八十二口一千九百三十三至京師五千三百九十里至東都五千里東至新州一百七十里西至瀧州二百六十里南至廣州六百三十五里西北至康州二百七十三里

富林　州所治析銅陵置　銅陵　漢允吳縣地屬合浦郡宋立瀧潭縣隋改爲銅陵以界內有銅山也

桂管十五州在廣州西

桂州下都督府　隋始安郡武德四年平蕭銑置桂州總管府管桂象靜融賀樂荔南昆龍九州并定州一總管共桂州領始安福祿純化興安臨源永福陽朔歸義宣風象十縣尋改定州爲南尹州其年又置欽州總管隸桂府五年置南恭燕梧三州隸桂府九年置晏州隸桂府貞觀元年以欽玉南亭三州隸桂府二年省玉州南亭州五年置賓州隸桂府六年又以尹藤越白相繡鬱姜南宏南方南簡南晉十二州隸桂府其年置龔州都督亦隸桂府其年廢龍鬱二州八年改越州爲廉州南簡爲橫州南方爲登州南宏爲潘州南晉爲邕州尹州爲貴州靜州爲富州樂州爲昭州南昆爲柳州銅州爲容州廢福祿歸義二縣十年廢姜州十二年廢晏州以建陵縣來屬廢荔州以荔浦崇仁二縣來屬省宣風縣令督桂昭賀富梧藤容潘白廉繡欽橫邕融柳貴十七州天寶元年改爲始安郡依舊都督府至德二年九月改爲建陵郡乾元元年復爲桂州刺史充經略軍使管戍兵千人衣糧稅本管自給也舊領縣十戶三萬二千七百八十一口五萬六千五百二十六天寶領戶一萬七千五百口七萬一千一十八至京師水陸路四千七百六十里至東都水陸路四千四十里東至道州五百里西至容州四百九十三里南至昭州二百一十里北至邵州六百八十五里東南至賀州五百三十里西南至柳州八百里東北至永州五百五十里

臨桂　州所治漢始安縣地屬零陵郡吳分置始安郡宋改爲始建國南齊始安郡梁置桂州隋末復爲始安郡江源多桂不生新米故秦時立爲桂林郡也　理定　漢始安縣隋分置興安近改爲理定　靈川　武德四年分始安置　陽朔　隋舊貞觀元年廢歸義縣併入　荔浦　漢縣屬蒼梧郡武德四年置荔浦建陵隋化棠仁純義五年以隋化屬南恭州貞觀元年以建陵屬晏州十三年廢荔州以荔浦崇仁屬桂州純義屬象州也　豐水　舊永豐縣元和初改爲豐水縣　修仁　隋置建陵縣貞觀元年於縣置晏州領武龍建陵二縣十二年廢晏州及武龍縣以建陵屬桂州長慶元年改爲修仁縣　恭化　武德四年分始安置純化縣元和初改爲恭化也　永福　武德四年分始安置　臨源　武德四年分始安置　全義　新置

昭州　隋始安郡之平樂縣武德四年平蕭銑置樂州領平樂永豐恭城沙亭四縣貞觀七年省沙亭縣八年改爲昭州以昭岡潭爲名天寶元年改爲樂平郡乾元元年復爲昭州也舊領縣三戶四千九百一十八口一萬二千六百九十一天寶戶三千五百至京師四千四百三十六里至東都四千二百一十九里西至桂州二百二十里東北至道州四百里北至永州六百三十九里南至富州一百六十六里也

平樂　州所治漢荔浦地屬蒼梧郡晉置平樂縣貞觀二年省沙亭併入也　恭城　武德四年析平樂置　永平　隋縣舊屬藤州

富州下　隋始安郡之龍平縣武德四年平蕭銑置靜州領龍平博勞歸化安樂開江豪靜蒼梧七縣尋又分蒼梧豪靜開江三縣置富州九年省安樂縣貞觀八年改爲富州以富川水爲名天寶元年改爲開江郡乾元元年復爲富州舊領縣三戶三千三百四十九口四千三百一十九天寶戶一千一百九十至京師五千一百三十里至東都四千八百五十里西北至桂州界八十里東南至梧州界九十里北至昭州一百六十里

龍平　漢臨賀縣地屬蒼梧郡吳置臨賀郡梁分臨賀置南靜郡又改爲靜州改南靜郡爲龍平縣貞觀八年改爲富川因水爲名也　思勤　新置　馬江　隋開江縣長慶元年改爲馬江皆漢臨賀縣地

梧州下　隋蒼梧郡武德四年平蕭銑置梧州領蒼梧豪靜開江三縣貞觀八年割藤州之孟陵賀州之綏越來屬十三年廢豪靜縣天寶元年改爲蒼梧郡乾元元年復爲梧州也舊領縣四戶三千八十四口五千四百二十三天寶領縣三戶五千至京師五千五百里至東都五千一百里東至封州八十里東北至賀州四百一十里北接富州界正西至藤州一百九十里

蒼梧　漢蒼梧郡治廣信縣卽今治隋立蒼梧縣於此置郡　戎城　隋縣舊屬藤州今來屬　孟陵　漢孟陵縣屬蒼梧郡

蒙州　隋始安郡之隨化縣武德四年置南蒙州割荔州之立山東區純義三縣分置嶺政縣貞觀八年改爲蒙州取州東蒙山爲名十二年省嶺政入立山天寶元年改爲蒙山郡乾元元年復爲蒙州舊領縣三戶一千六十九天寶戶一千五十九至京師五千一百里至東都四千七百里南至桂州二百四十九里東至富州九十七里西南至象州一百七十六里

立山　州所治漢荔浦縣屬蒼梧郡隋分荔浦置隨化縣武德四年改爲立山於縣置荔州尋改爲恭州貞觀八年改爲蒙州州東蒙山山下有蒙水居人多姓蒙故也　東區　武德五年分立山置荔州貞觀六年屬鷰州十年改爲蒙州　正義　貞觀五年置純義縣屬荔州乾元初改爲正義也

龔州下　隋永平郡之武林縣貞觀三年置鷰州七年移鷰州於今州東仍於鷰州之舊所置龔州都督府督龔潯蒙賓澄鷰七州割藤州之武林鷰州之秦川來屬又立南平西平歸政大同四縣十二年廢潯州以桂平陵江大賓皇化四縣來屬其年省秦川入南平省陵江入桂平省歸政入西平又割藤州之隋建來屬天寶元年改爲臨江郡乾元元年復爲龔州舊領縣八戶一萬三千八百二十一口一萬一千一百三十八天寶領縣六戶九千口二萬一千至京師五千七百二十里至東都五千三百六十一里東至藤州一百四十九里南至繡州九十五里西至潯州一百三十里北至蒙州二百四十里

南平　州所治漢猛陵縣地屬蒼梧郡晉分蒼梧置永郡乃置武城縣貞觀七年分置南平縣後自武林移龔州治於此也　武林　猛陵縣地隋分置武林縣屬藤州貞觀七年屬龔州　隋建　猛陵縣地武德年屬藤州貞觀年屬龔州也　大同　貞觀元年分置　陽川　本陽建縣後改爲陽川也

潯州下　隋永平郡之桂平縣貞觀七年置潯州領桂平陵江大賓皇化四縣十二年廢潯州以四縣屬龔州後復置潯州以桂平大賓皇化來屬又省陵江入桂平天寶元年改爲潯江郡乾元元年復爲潯州也舊領縣三戶二千五百口六千八百三十六至京師五千九百六十里至東都五千七百里東至龔州一百三十里西至潘州二百五十里西南至貴州一百五十里西北至蒙州三百六十里西南接鬱林州界

桂平　漢布山縣鬱林郡所治也隋爲桂平縣武德年屬貴州貞觀初屬鷰州七年屬潯州十二年州廢屬龔州復置潯州　宣化　漢河林縣屬鬱林郡隋置皇化縣後廢貞觀六年復置屬潯州州廢屬龔州又後屬潯州

鬱林州下　隋鬱林郡之石南縣貞觀中置鬱林州領石南興德天寶元年改爲鬱林郡乾元元年復爲鬱林州也領縣五戶一千九百一十八口九千六百九十九至京師五千五百七里至東都五千一百六十里東至平琴州九十里南至牢州一百二里西南至昭州一百一十里北至貴州一百五十里

石南　州所治漢鬱林郡之地梁置定州隋改尹州煬帝爲鬱林郡皆治於此陳時置石南郡隋改爲縣也　鬱林　隋縣屬桂州後來屬興業　興德　武德四年分鬱林置　潭栗　闕

平琴州下　漢鬱林郡地唐置平琴州無年月領縣四天寶元年改爲平琴郡乾元元年復爲州建中併入黨州今存領縣四戶一千一百七十四至京師六千四百八十里至東都五千八百三十里西至鬱林州九十里東南至牢州一百一十里北至貴州一百五十里北至繡州九十二里東至黨州二十二里

容山　州所治本名安仁至德年改也　懷義　福陽　古符　三縣與州同置

賓州下　隋鬱林郡之嶺方縣貞觀五年析南方之嶺方思千琅邪南尹州之安縣置賓州十二年省思千縣天寶元年改爲安城縣至德二年九月改爲嶺方郡乾元元年復爲賓州舊領縣三戶七千四百八十五天寶戶一千九百七十六口八千五百八十至京師四千三百里至東都四千一百里南至淳州二百里東南至貴州一百七十里西至邕州二百五十七里東南至蒙州三百二十里西北至澄州一百二十里也

嶺方　漢縣屬鬱林郡武德四年屬南方州貞觀五年改爲賓州　琅邪　武德四年析嶺方縣置　保城

梁置安城縣至德二年改爲保城也

澄州下　隋鬱林郡之嶺方縣地武德四年平蕭銑置方州領無虞琅邪思千上林止戈賀水嶺方七縣貞觀五年以上林止戈琅邪領方屬賓州八年改南方州爲澄州天寶元年改爲賀水郡乾元元年復爲澄州舊領縣四戶一萬八百六十八天寶後戶一千三百六十八口八千五百八十至京師四千六百里至東都四千三百里南至邕州三百里北至賓州四百三十里東南至賓州一百二十里西至古州五百七十九里

上林　州所治漢嶺方縣地武德四年析置上林縣也

無虞　武德四年析嶺方置　賀水　武德四年析柳州馬平縣置

繡州下　隋鬱林郡之阿林縣武德四年置林州領常林阿林皇化歸誠羅繡盧越等縣六年改爲繡州貞觀六年省歸誠盧越七年以皇化屬潯州天寶元年改爲常林郡乾元元年復爲繡州領縣三戶九千七百七十三至京師六千九十里至東都五千五百里南至黨州五十里北至貴州一百里也

常林　漢阿林縣地屬鬱林郡武德四年析貴州之鬱平縣置林州及常林縣貞觀六年省歸誠縣入常林縣移治廢歸誠縣故城又改林州爲繡州　阿林　漢縣屬鬱林郡　羅繡　武德四年析阿林置

象州下　隋始安郡之桂林縣武德四年平蕭銑置象州領陽壽西寧桂林武仙武德五縣貞觀十二年省西寧縣割廢晏州武化長風來屬天寶元年改爲象山郡乾元元年復爲象州舊領縣六戶一萬一千八百四十五口一萬二千五百二十一天寶領縣三戶五千五百口一萬八百九十至京師四千九百八十九里北至桂州四百里東至象州一百七十六里南至費州三百里西北至柳州二百里東南至潯州三百六十里西南至巖州二百九十里也

武化　州所治漢潭中縣地屬鬱林郡隋建陵縣屬桂州武德四年析建陵置武化縣屬晏州貞觀十二年廢晏州來屬仍自武德縣移象州於縣置非秦之象郡秦象郡今合浦縣　武德　漢中溜縣地屬鬱林郡吳於縣置鬱林郡仍分中溜置桂林縣武德四年改爲武德於縣界置象州　陽壽　隋縣　武仙　武德四年析桂林置

柳州　隋始安郡之馬平縣武德四年平蕭銑置昆州領馬平新平文安賀水歸德五縣其年改歸德爲修德改文安爲樂沙仍加昆州爲南昆州八年以賀水屬澄州貞觀七年省樂沙入新平縣以廢龍州之龍城來屬八年改南昆爲柳州九年置崖山縣十二年省新平入馬平天寶元年改爲龍城郡乾元元年復爲柳州以州界柳嶺爲名舊領縣四戶六千六百七十四口七千六百三十七天寶領縣五戶二千二百三十二口一萬一千五百五十至京師水陸相乘五千四百七十里至東都水陸相乘五千六百里東至桂州四百七里至粤州二百九十里北至融州二十里東南至象州二百里北至柳州三十里

馬平　州所治漢潭中縣地屬鬱林郡隋置馬平縣武德四年於縣置昆州又改爲柳州也　龍城　隋縣武德四年置龍州領龍城柳嶺二縣貞觀七年廢龍州省柳嶺縣　象　貞觀中置　洛曹　舊洛封縣元和十二年改　洛容　皆漢潭州地貞觀後析置

融州下　隋始安郡之義熙縣武德四年平蕭銑置融州復開皇舊名領義熙臨牂黃水安修四縣六年改義熙爲融水貞觀十二年省安修入臨牂天寶元年改爲融水郡乾元元年復爲融州舊領縣三戶二千七百九十四口三千三百三十五天寶戶一千二百三十二至京師五千二百七十里至東都四千四百七十里東至桂州四百九十一里南至柳州三十里至武零山二百里也

融水　漢潭中地與柳州同隋置義熙縣武德四年改爲融水州所治也　武陽　舊黃水臨牂二縣析融水置後併入改爲武陽

邕管十州在桂府西南

邕州下都督府　隋鬱林郡之宣化縣武德四年置南晉州領宣化一縣貞觀六年改爲邕州都督府天寶元年改爲朗寧郡乾元元年復爲邕州上元後置經略使領邕貴黨橫等州後又罷長慶二年六月復置經略使以刺史領之刺史充經略使管戍兵一千七百人衣糧稅本管自給舊領縣五戶八千二百二十五天寶後戶二千八百九十三口七千三百二至京師五千六百里至東都五千三百二十七里東南至欽州三百五十里東北至賓州二百五十里西南至羈縻左州五百里

宣化　州所治漢嶺方縣地屬鬱林郡秦爲桂林郡地驩水在縣北本牂柯河俗呼鬱狀江即駱越水也亦名溫水古駱越地也　武緣　隋廢縣武德五年復置也

晉興　晉於此置晉興郡隋廢爲縣　朗寧　武德五年分置　思龍　如和　封陵　三縣開磎洞漸置也

貴州下　隋鬱林郡武德四年平蕭銑置南尹州總管府管南尹晉南簡南方藤南容越繡九州南尹州領鬱林馬嶺安城鬱平石南桂平嶺山興德湖水懷澤十一縣五年以桂平屬鷰州嶺山屬南橫州貞觀五年以安城屬賓州七年罷都督府九年改南尹爲貴州天寶元年改爲懷澤郡乾元元年復爲貴州也舊領縣八戶二萬八千九百三十口三萬一千九百九十六天寶領縣四戶三千二十六口九千三百至京師五千三百八十里至東都五千一百二十里東至繡州一百里南至鬱林州一百五十里西至橫州二百里北至象州三百里西南至賓州九十四里東北至潯州一百五十里

鬱平　漢廣鬱縣地屬鬱林郡古西甌駱越所居後漢谷永爲鬱林太守降烏滸人十萬開七縣即此也烏滸之俗男女同川而浴生首子食之云宜弟娶妻美讓兄相習以鼻飲秦平天下始招慰之置桂林郡漢改爲鬱林郡地在廣州西南安南府之地邕州所管郡縣是也隋分鬱平縣鬱江在州東也　懷澤　宋廢縣武德四年又置　潮水　武德四年分鬱林置　義山　新置

黨州下　古西甌所居秦置桂林郡漢爲鬱林郡唐置黨州失起置年月與平琴州同土俗西至平琴治所二十二里天寶元年以黨州爲寧仁郡乾元元年復爲黨州建中二年二月廢平琴州併入領縣四戶一千三百口七千四百至京師地理與平琴州同南至牢州一百里北至繡州五十里東南至容州一百五十里北接繡州界百餘里也

橫州下　隋鬱林郡之寧浦縣武德四年置簡州領寧浦樂山蒙澤浮風嶺山五縣六年改爲南簡州貞觀八年改橫州天寶元年改爲寧浦郡乾元元年復爲橫州也舊領縣四戶一千一百二十八口一萬七百三十四天寶領縣三戶二千九百七十八口八千三百四十二至京師五千五百三十九里至東都四千七百五里南至欽州三百五十里西至巒州一百五十里北至貴州二百六十里也

寧浦　鬱州所治漢廣鬱縣地屬鬱平郡吳分置寧浦郡晉宋齊不改梁分置簡陽郡隋平陳郡並廢置簡州不改煬帝廢州置寧浦縣鬱林郡武德復置改爲橫州

從化　漢高梁縣地屬合浦縣武德四年分寧浦置淳風縣貞觀元年改爲從化也　樂山　漢高梁縣地隋置樂山縣

田州　土地與邕州同失廢置年月疑是開元中置天寶元年改爲橫山郡乾元元年復爲田州舊領縣五戶四千一百六十八舊圖無四至州郡及兩京道里數

都救　惠性　武籠　橫山　如賴　並與州同置也

嚴州　秦桂林郡地後爲獠所據乾封元年招致生獠置嚴州及三縣天寶元年改爲修德郡乾元元年改爲嚴州領縣三戶一千八百五十九口七千五十一至京師五千三百二十七里至東都四千八百九十三里東北至闕州三百四十里東南接象州界西北接澄州界也

來賓　州所治也　循德　歸化　與州同置

山州　失起置年月天寶元年改爲龍池郡乾元元年復爲山州領縣二戶一千三百二十無四至及京洛里數

龍池　州所治也

巒州　秦桂林郡唐置淳化失起置年月天寶元年改爲永定郡乾元元年復爲淳州永貞元年改爲巒州也領縣三戶七百七十口三千八百三至京師五千三百里至東都四千九百里南至橫州一百四十里西至邕州三百里北至賓州二百五十五里

永定　州所治也　武羅　靈竹　二縣與州同置

羅州　隋高凉郡之石龍縣地武德五年於縣置羅州領石龍吳川陵羅梁龍辯南河石城招義零綠慈廉羅肥十一縣六年移羅川於石城縣於舊所置南石州割石龍陵羅龍化羅辯慈廉羅肥屬南石州天寶元年改羅州爲招義郡乾元元年復爲羅州舊領縣五戶五千四百六十口八千四十一至京師六千五百二十二里至東都五千七百五里東至大海一百三十九里南至雷州二百五十里西至廉州二百五十里北至辯州一百五十里西南至零綠縣大海一百二十里西北至白州二百三十里東北至新州五十里

石城　州所治漢合浦郡地宋將檀道濟於陵羅江口築石城因置羅州屬高凉郡唐復置羅州於縣　吳川隋義　招義　武德五年析石龍縣置也　南河武德五年析石龍縣置也

潘州下　隋合浦郡之定川縣武德四年置南宕州領南昌定川鄰川思城溫水宕川六縣治南昌縣貞觀六年移治定川八年改爲潘州仍廢思城縣天寶元年改爲南潘郡乾元元年復爲潘州也舊領縣五戶一萬七

百四十八天寶後領縣三戶四千三百口八千九百六十七至西京七千一百六十一里至東都六千三百八十九里至高州九十里南至大海五十六里至辯州一百二十里北至竇州一百五十一里

茂名　州所治古西甌駱越地秦屬桂林郡漢爲合浦郡之地隋治定川縣武德四年平嶺表於縣置宕州改爲潘州仍改縣茂名也　南巴　隋廢縣武德五年置

潘州　以縣水爲名武德五年分置也

容管十州在桂管西南

容州下都督府　隋合浦郡之北流縣武德四年平蕭銑置銅州領北流豪石宕昌渭龍南流陵城普寧新安八縣貞觀元年改爲容州以容山爲名十一年省新安縣開元中升爲都督府天寶元年改爲普寧郡乾元元年復爲容州都督府仍舊置防禦經略招討等使以刺史領之刺史充經略軍使管鎮兵一千一百人衣糧稅本管自給舊領縣七戶八千八百九十天寶後領縣五戶四千九百七十口一萬七千八十七至京師五千九百一十里至東都五千四百八十五里東至藤州二百五十九里南至竇州二百里西至禺州十五里北至龔州二百里西至隋建縣一百九十里西北至黨州一百五十里東北接義州界

北流　州所治漢合浦縣地隋置北流縣縣南三十里有兩石相對其間闊三十步俗號鬼門關漢伏波將軍馬援討林邑蠻路由於此立碑石龜尚在昔時趨交趾皆由北關其南尤多瘴癘去者罕得生還諺曰鬼門關十人九不還其土少鐵以磐石燒爲器以烹魚鮭北人名五侯燋石一經火久之不冷卽今之滑石也亦名冷石　普寧　隋置　陵城　武德四年析北流置　渭龍　武德四年析普寧置　欣道　新置

辯州下　隋高凉郡之石龍縣武德五年置羅州移置石城於舊所置南石州領石龍陵羅龍化羅辯慈廉羅肥六縣貞觀九年改石南州爲辯州省慈廉羅肥二縣天寶元年改陵水郡乾元元年復爲辯州也舊領縣四戶一萬三百五十天寶後領縣三戶四千八百五十八口一萬六千二百九至京師五千一十八里至東都五千三百七十里東至廣州一千一百四十四里南至羅州吳川縣界五十里南至白州博白縣二百三十里北至禺州三百八十二里南至潘州四十里西南至羅州一百五十里西北至白州三百里

石龍　州所治漢高凉縣地屬合浦郡秦象郡地武德五年屬羅州六年改屬辯州　陵羅　武德五年置羅州六年改爲南石州也　龍化　武德五年分置也

白州下　隋合浦郡之合浦縣地武德四年置南州領博白郎平周羅龍豪淳良建寧六縣六年改爲白州貞觀十二年省郎平淳良二縣天寶元年改爲南昌郡乾元元年復爲白州舊領縣四戶八千二百六天寶領縣五戶二千五百七十四口九千四百九十八至京師六千一百七十五里至東都五千九百一十九里東至辯州二百里南至羅州二百二十里西至州界郎平山八十里北至牢州一百里西南至廣州二百里東北至禺州二百里

博白　州所治漢合浦郡地武德五年析合浦縣置　建寧　武德四年析合浦縣置貞觀十二年省淳良併入　周羅　武德四年析合浦置　龍豪　武德四年析合浦置　南昌　隋縣舊屬潘州又來屬也

牢州下　本巴蜀徼外蠻夷地漢牂柯郡地武德二年置義州五年改爲智州貞觀十二年改爲牢州以牢石爲名天寶元年改爲定川郡乾元元年復爲牢州也舊領縣三戶一千六百四十一口一萬一千七百五十六去京師與容州道里同東至容州一百二十五里南至白州一百里西至鬱林州一百一十里北至黨州一百里

南流　武德四年析容州北流縣置屬容州貞觀十一年改智州爲牢州以牢石爲名牢石高四十丈周二十里在州界也　定川　宕川　貞觀十一年分南流置也

欽州下　隋寧越郡武德四年平蕭銑改爲欽州總管府管一府領欽江安京南賓遵化內亭五縣五年置如和縣其年置五川南亭州並隸欽府以內亭遵化二縣屬亭州貞觀元年罷都督府二年廢亭州復以內亭遵化並來屬十年省海平縣天寶元年改爲寧越郡乾元元年復爲欽州也舊領縣七戶一萬四千七十二口一萬八千一百二十七天寶領縣五戶二千七百口一萬一百四十六至京師五千二百五十一里東至嚴州四百里南至大海二百五十里西至瀼州六百三十里至橫州三百五十里東南至廣州七百里西南至陵州六百里西至容州三百五十里東北至貴州四百里

欽江　州所治漢合浦縣地宋分置宋壽郡及宋壽縣梁置安州隋改爲欽州仍改宋壽縣爲欽江煬帝改爲寧越郡皆治欽江也　保京　隋安京縣至德二年改爲保京縣北十里安京山下有如和山似循州羅浮山形勢　遵化　隋舊置　內亭　隋縣武德五年於縣置南亭州貞觀元年州廢復屬欽州也　靈川　已上縣並漢合浦縣也

禺州　隋合浦郡之定川縣武德四年置南宕州領南昌定川陸川思城溫水宕川六縣治南昌縣貞觀六年移治定川八年改爲潘州仍廢思城總章元年改爲東峩州移治峩石縣二年改爲昌州天寶元年改爲溫水郡乾元元年復爲禺州舊領縣五戶一萬七百四十八天寶領縣四戶三千一百八十至京師五千三百五十里至東都五千里至義州一百九十里南至辯州三百里西至白州二百里北至容州一百一十里

峩石　秦象郡地晉南昌郡之邊邑爲禺州所治也　溫水　武德四年析南昌置　陸川　隋廢縣武德四年置　扶桑　武德四年置

湯州下　秦象郡地唐置湯州失起置年月天寶元年改爲溫泉郡乾元元年復爲湯州也領縣三無戶口及無兩京道里四至州府　湯泉　州所治也　淥水　羅韶　與州同置

瀼州下　貞觀十二年清平公李弘節遣欽州首領甯師京尋劉方故道行達交趾開拓夷獠置瀼州天寶元年改爲臨潭郡乾元元年復爲瀼州領縣四戶一千六百六十六無兩京地理東至欽州六百三十里北至容州二百八十二里在安南府之東北鬱林之西南

臨江　州所治也　波零　鵠山　弘遠　與州同置

巖州下　土地與合浦郡同唐置巖州失起置年月天寶元年改爲安樂郡至德二年改爲常樂郡乾元元年復爲巖州領縣四戶一千一百一十無兩京道里四至州府也

常樂　本安樂縣至德二年改州所治　思封　高城　石巖　與州同置

古州　土地與瀼州同年置天寶元年改爲樂古郡乾元元年復爲古州

安南府在邕管之西

安南都督府　隋交趾郡武德五年改爲交州總管府管交峰愛仙鳶宋慈險道龍十州其交州領交趾懷德南定宋平四縣六年澄慈道宋並加南字七年又置玉州隸交府貞觀九年省南宋州以宋平縣省隆州以陸平縣及朱鳶縣省龍州以龍編縣並隸交府仍省懷德縣及南慈州二年廢玉州入欽州六年改南道州爲仙州十一年廢仙州以平道縣來屬今督交峰愛驩四州調露元年八月改交州都督府爲安南都護府大足元年四月置武安州南登州並隸安南府至德二年九月改爲鎮南都護府後爲安南府刺史充都護管兵四千二百舊領縣八戶一萬七千五百二十三口八萬八千七百八十八天寶領縣七戶二萬四千二百三十口九萬九千六百五十二至京師七千二百五十三里至東都七千二百二十五里西至愛州界小黃江口水路四百一十六里西南至長州界文陽縣靖江鎮一百五十里西北至峰州嘉寧縣論江口水路一百五十里東至朱鳶縣界小黃江口水路五百里北至朱鳶州阿勞江口水路五百四十九里北至武平縣界武定江二百五十二里東北至交趾縣界福生去十里也

宋平　漢西捲音拳縣地屬日南郡自漢至晉猶爲西捲縣宋置宋平郡及宋平縣隋平陳置交州煬帝改爲交趾刺史治龍編交州都護制諸蠻其海南諸國大抵在交州南及西南居大海中洲上相去或三五百里三五千里遠者二三萬里乘舶舉帆道里不可詳知自漢武已來皆朝貢必由交趾之道武德四年於宋平置宋州領宋平弘義南定三縣五年又分宋平置交趾懷德二縣自貞觀元年廢南宋州以弘教懷德交趾三縣省入宋平縣移交趾縣名於漢故交趾城置以宋平南定二縣屬交州　交趾　漢交趾郡之羸𨻶二字並音來口反地隋爲交趾縣取漢郡名武德四年置慈廉烏延武立三縣六年改爲南慈州貞觀初州廢并廢三縣併入交趾　朱鳶　漢縣名交趾郡今縣吳軍平縣地舊置武平縣　龍編　漢交趾郡守治羸𨻶後漢問尚爲交趾太守乃移治龍編言立城之始有蛟龍盤編津之間因爲城名武德四年於縣置龍州武寧平樂三縣貞觀初廢龍州以武寧平樂入龍編割屬仙州十年廢仙州以龍編屬交州也　平道　漢封溪縣地又南齊置昌國縣南越志交趾之地最爲膏腴舊有君長曰雄王其佐曰雄侯後蜀王將兵三萬討雄王滅之蜀以其子爲安陽王治交趾其國地在今平道縣東其城九重周九里士庶蕃阜尉佗在番禺遣兵攻之王有神弩一發殺越軍萬人趙佗乃與之和以其子始爲質安陽王以媚珠妻之子始得弩毀之越兵至乃殺安陽王兼其地武德四年於縣置道州領平道昌國武平三縣六年改爲南道州又改爲仙州貞觀十年廢仙州以昌國入平道屬交州　武平　吳置武平郡隋爲縣本漢封溪縣後漢初麊冷

縣女子徵側叛攻昭交趾馬援率師討之三年方平光武乃增置望海封溪二縣卽此也隋日隆平武德四年改爲武平

武峩州下　土地與交州同置武峩州失起置年月天寶元年改爲武峩郡乾元元年復爲武峩州領縣五戶一千八百五十無口無兩京道里及四至州府也

武峩　州所治也　武緣　武勞　梁山　皆與州同置也

粵州下　土地與交州同唐置粵州失起置年月天寶元年改爲龍水郡乾元元年復爲粵州領縣四無戶口數亦無兩京道里及四至州府也

龍水　州所治也　崖山　東璽　天河　皆與州同置

芝州下　土地與交州同唐置芝州失起置年月天寶元年改爲忻城郡乾元元年復爲芝州領縣一　忻城　州所治無戶口及兩京道里四至州府最遠惡處

愛州　隋九眞郡武德五年置愛州領九眞松源楊山安頂四縣又於州界分置積順永胥前眞山七州改永州爲都州九年改積州爲南陵州貞觀初廢都州入前眞州其年廢眞胥二州入南陵州又廢安州以隆安縣廢山州以建初縣並屬州又廢楊山安頂二縣入九眞縣改南陵州復爲眞州八年廢建初入隆安九年廢松源入九眞九年廢眞州以胥浦軍安日南移風四縣屬愛州天寶元年改爲九眞郡乾元元年復爲愛州九眞南與日南接界西接牂柯界北與巴蜀東北接與鬱林州山險溪洞所居舊領縣七戶九千八十口三萬六千五百一十九天寶領縣六戶一萬四千七百至京師八千八百里至東都八千一百里在交州西不詳道里遠近其南卽驩州界

九眞　漢武帝開置九眞郡治於胥浦縣領居風都能餘發咸歡無功無編等今七縣九眞縣卽漢地吳改爲移風隋改爲九眞州所治自漢至南齊爲九眞郡梁置愛州隋爲九眞郡　安順　隋舊武德三年置順州又分置東河建昌邊河並屬順州州廢及三縣皆併入安順屬愛州也　崇平　隋隆安縣武德五年於縣置安州及山州又分隆安立教山建道都掘三縣並屬安州領四縣又置閬山眞潤古安西安建功五縣屬山州貞觀元年廢安州及三縣又廢山州及五縣以隆安隸愛州先天元年改爲崇安至德二年改爲崇平　軍寧　隋軍安縣武德五年於縣界置永州七年改爲都州貞觀元年改爲前眞州十年改屬愛州至德二年改爲軍寧　日南　漢屬風地縣界有屬風山上有風門常有風其山出金牛往往夜見照耀十里時闘則海水沸溢有霹靂人家牛皆怖號曰神牛隋爲日南縣　無編　漢舊縣屬九眞郡又有漢西于縣故城在今縣東所置也

福祿州下　土俗同九眞郡之地後爲生獠所據龍朔三年智州刺史謝法成招慰生獠昆明北樓及生獠等七千餘落總章二年置福祿州以處之天寶元年改爲福祿郡至德二年改爲唐杜郡乾元元年復爲福祿州領縣二無戶口及兩京道里四至州郡

柔遠　州所治與州同置本名安遠至德二年改爲柔遠也

長州　土俗與九眞同唐置長州失起置年月天寶元年改爲文陽郡乾元元年復爲長州領縣四戶六百四十八無口及兩京道里四至州府也

文陽　銅蔡　長山　其常　皆與州同置

驩州　隋日南郡武德五年置南德州總管府領德明智驩林源景海八州南德州領六縣八年改爲德州貞觀初改爲驩州以舊驩州爲演州二年置驩州都督府領驩演明智林源景海八州十二年廢明源海三州天寶元年改爲日南郡乾元元年復爲驩州也舊領縣六戶六千五百七十九口一萬六千六百八十九天寶領縣四戶九千六百一十九口五萬八百一十八至京師陸路一萬二千四百五十二里水路一萬七千里至東都一萬一千五百九十五里水路一萬六千二百二十里東至大海一百五十里南至林州一百五十里西至環王國界八百里北至愛州界六百三里南至盡當郡界四百里西北到靈跂江四百七十里東北至辯州五百二里

九德　州所治古越裳氏國秦開百越此爲象郡漢武元鼎六年開交趾已南置日南郡治於朱吾領北景盧容西捲象林五縣吳分日南置九德郡晉宋齊因之隋改爲州廢九德郡爲縣今治也後漢遣馬援討林邑蠻援自交趾循海隅開側道以避海從蕩昌縣南至九眞郡自九眞至其國開陸路至日南郡又行四百餘里至林邑國又南行二千餘里有西屠夷國鑄二銅柱於象林南界與西屠夷分境以紀漢德之盛其時以不能還者數十人留於其銅柱之下至隋乃有三百餘家南蠻呼爲馬留人其水路自安南府南海行三千餘里至林邑計交趾至銅柱五千里　浦陽　晉置　懷驩　隋爲咸歡縣屬九眞郡武德五年於縣置驩州領安人扶演相景西源四縣治安人貞觀九年改爲演州十三年省相景縣入扶演二十六年廢演州其所管四縣廢入咸驩後隋改爲懷驩　越裳　吳置武德五年於縣置明州析置萬安明弘明定二縣隸之又分日南郡文谷金寧二縣置智州領文谷新鎮闍員金寧四縣貞觀十三年廢明州越裳屬智州後又廢智州以越裳屬驩州

林州　隋林邑郡貞觀九年於綏懷林邑置林州寄治於驩州南界今廢無名領縣三無戶口去　京師一萬二千里

林邑　州所治漢武帝開百越於交趾郡南三千里置日南郡領縣四治於朱吾其林邑卽日南郡之象林縣縣在南故曰日南郡南界四百里後漢時中原喪亂象林縣人區連殺縣令自稱林邑王後有范熊者代區連相傳累世遂爲林邑國其地皆開北戶以向日晉武時范氏入貢東晉末范攻昭日南郡告交州刺史告蕃求以日南郡北界橫山爲界其後又昭九眞郡自是屢寇交趾南界至貞觀中其主修職貢乃於驩州南僑置林邑郡以羈縻之非正林邑國　金龍　隋文帝時遣大將劉方率兵萬人自交趾南伐林邑國敗之其王梵志遁走方收其廟主一十八人皆鑄金爲之方盡虜其人空其地乃班師因方得其龍乃爲縣名　海界　三縣並貞觀九年置

景州　隋北景郡貞觀二年置南景州寄治驩州南界八年改爲景州後亦廢無其名領縣三無戶口至京師一萬一千五百里　北景　漢縣名屬日南郡在安南府南三千里北景在南晉將灌邃攻林邑王范佛破其國遂於其國五月五日立表北景在表南九寸一分故自北景已南皆北戶以向日也北字或單爲七

由文　貞觀二年置也　朱吾　漢日南郡所治之縣也前志曰朱吾人不粒食依魚資魚爲生託去朱吾在日南郡北僑立名也

峯州下　隋交趾郡之嘉寧縣武德四年置峯州領嘉寧新昌安仁竹輅石堤封溪六縣貞觀元年廢石堤封溪入嘉寧竹輅入新昌天寶元年改爲承化郡乾元元年復爲峯州也舊領縣三戶五千四百四十四口六千四百三十五天寶領縣五戶一千九百二十州在安南府西北至京師七千七百一十里

嘉寧　州所治漢麊冷縣地屬交趾郡古交朗夷之地秦屬象郡吳分交趾置新興郡晉改爲新昌宋齊因之改爲興州隋初改爲華州煬帝廢併入交趾武德復置峯州也

承化　新昌　嵩山　珠綠　嵩山珠綠新置

陸州　隋寧越郡之玉山縣武德五年置玉山領安海海平二縣貞觀二年廢玉州上元二年復置改爲陸州以州界山爲名天寶元年改爲玉山郡乾元元年復爲陸州領縣三戶四百九十四口二千六百七十四至京師七千二十六里至東都七千里東至廉州界三百里南至大海北至思州七百六十二里東南際大海西南至當州寧海二百四十里也

烏雷　州所治也　華清　舊玉山縣天寶年改　寧海　舊安海縣至德二年改爲寧海縣也

廉州下　隋合浦郡武德五年置越州領合浦其年置安昌高城大廉大都五縣貞觀六年置珠池其年改大都屬白州八年改越州爲姜州十二年廢姜州入封山東羅萊龍三縣來屬十二年廢安昌珠池二縣入合浦廢高城入蔡龍天寶元年改爲合浦郡乾元元年復爲廉州舊領縣五戶一千五百二十二天寶戶三千三十二口一萬三千二十九至京師六千五百四十七里至東都五千八百三十六里東至白州二百里南至羅州三百五十里西北至南安府一千里北至領州七百里

合浦　漢縣屬合浦郡秦之象郡地吳改爲珠官宋分置臨鄣郡及越州領郡三治於此時西江都護陳伯紹爲刺史始立州鎮鑿山爲城以威俚獠隋改爲祿州及爲合州又改爲合浦唐置廉州大海在西南一百六十里有珠母海郡人採珠之所云合浦也州界有瘴江名合浦江也　封山　隋縣武德五年置姜州領封山東羅蔡龍三縣貞觀十年廢州以三縣入廉州　蔡龍　武德五年分置也　大廉　武德五年置四縣皆合浦縣地

雷州下　隋合浦郡之海康縣武德五年平蕭銑置南合州領海康隋康鐵杷椹川四縣貞觀元年改爲東合州二年改隋康爲徐聞縣八年改東合州爲雷州天寶元年改爲海康郡乾元元年復爲雷州也舊領縣四戶二千四百五十八天寶領縣三戶四千三百二十口二萬五百七十二至京師六千五百一十二里至東都五千九百三十一里東至大海二十里西至大海一百里東南至大海十五里西南至大海一百里隔海至崖州四百三十里東北及西北與羅州接界

海康　漢徐聞縣地屬合浦郡秦象郡地梁分置南合
州隋去南字煬帝廢合州置海康縣　遂溪　舊齊鐵
杷椹川二縣後廢改爲遂溪也　徐聞　漢縣名隋置
貞觀二年改爲徐聞漢志曰合浦郡徐聞南入海達珠
崖郡卽此縣
籠州　貞觀十二年淸平公李弘節遣龔州大同縣人
龔固興招慰生蠻置籠州天寶元年改爲扶南郡乾元
元年復爲扶州領縣七戶三千六百六十七無四至州
縣兩京道里扶南國在日南郡之南海西大島中去日
南郡約七千里在林邑國西三千里其王貞觀中遣使
朝貢故籠州招置之遂取其名非正扶南國也
武勒　州所治　武禮　羅龍　扶南　龍賴　武觀
武江　皆與州同置
環州下　貞觀十二年淸平公李弘節開拓生蠻置環
州以環國爲名天寶元年改爲平郡乾元元年復爲環
州領縣八無戶口及兩京道里幷四至州府
正平　州所治　福零　龍源　饒勉　思恩　武石
歌良　蒙都　與州同置
德化州　永泰二年四月於安南府西界牂柯南界置
領縣二　德化　歸義　與州同置
郎茫州　永泰二年四月於安南府西界置領　縣二
龍然福守　與州同置
崖州下　隋珠崖郡武德四年平蕭銑置崖州領舍城
平昌澄邁顏羅臨機五縣貞觀元年置都督府督儋振
三州其年改爲顏城平昌爲文昌三年割儋州屬廣府
五年又置瓊州十三年廢瓊州以臨機萬安三縣來屬
天寶元年改爲珠崖郡乾元元年復爲崖州在廣府東
南舊領縣七戶六千六百四十六天寶戶十一鄉至京
師七千四百六十里至東都六千三百里廣府東南二
千餘里雷州徐聞縣南舟行渡大海四百三十里達崖
州漢武帝元封元年遣使自徐聞南入海得大洲東西
南北方一千里略以爲珠崖儋耳二郡民以布單如被
穿中從頭穿之民種禾稻紵麻女子蠶織無馬與虎有
牛羊豕雞犬兵則矛盾木弓行矢骨鏃郡縣吏卒多侵
淩之故率數歲一反昭帝省儋耳併珠崖元帝用賈捐
之之言乃棄之唐武德初復析珠崖郡置儋瓊振萬安
五郡於崖州置都督府領之後廢都督隸廣州經略使
後又改隸安南都護府也
舍城　州所治隋舊縣其崖儋振瓊萬安五州都在海
中洲之上方千里四面抵海北渡海揚帆一日一夜至

雷州也澄邁　隋縣　文昌　武德五年置平昌縣貞
觀元年改爲文昌
儋州下　隋儋耳郡武德五年置儋州領義倫昌化感
恩富羅四縣貞觀元年分昌化置普安天寶元年改爲
昌化郡乾元元年復爲儋州也舊領縣五戶三千九百
五十六天寶戶三千三百九至京師七千四百四十二
里與崖州同在海中洲上東至振州四百里
義倫　本漢儋耳郡城卽此縣隋爲義倫縣州所治也
昌化　隋縣　感恩　洛場　新置　富羅　隋之毗
善縣　武德五年改置
瓊州　本隋珠崖郡之瓊山縣貞觀五年置瓊州領瓊
山萬安二縣其年又割崖臨機來屬十三年廢瓊州以
屬崖州尋復置瓊州領曾口樂會顏羅五縣天寶元年
改爲瓊山郡乾元元年復爲瓊州貞元五年十月嶺南
節度使李復奏曰瓊州本隸廣府管內乾封年山洞草
賊反叛遂茲淪陷至今一百餘年臣令判官姜孟京崖
州刺史張少逸併力討除今已收復舊城且令降人權
立城相保以瓊州控壓賊洞請昇爲下都督府加瓊崖
振儋萬等五州招討遊奕使其崖州都督請停從之領
縣五戶六百四十九兩京與崖州道里相類西南至振
州四百五十里與崖州同在大海中也
瓊山　州所治貞元七年十一月省容瓊縣併入　臨
高　本屬崖州貞觀七年割屬瓊州　曾口　樂會
顏羅　後漸析置
振州　隋臨振郡武德五年置振州天寶元年改爲臨
振郡乾元元年復爲振州也領縣四戶八百一十九口
二千八百二十一至京師八千六百六里至東都七千
七百九十七里東至萬安州陵水縣一百六十里南至
大海西北至儋州四百二十里北至瓊州四百五十里
東南至大海二十七里西南至大海千里西北至延德
縣九十里與崖州同在大海洲中
寧遠　州所治隋舊　延德　隋縣　吉陽　貞觀二
年分延德置　臨川　隋縣　范屯　新置
萬安州　與崖儋同在大海洲中唐置萬安州失起置
年月天寶元年改爲萬安郡至德二年改爲萬全郡乾
元元年復爲萬安州領縣四無戶口西接振州界兩京
道里與振州相類也
萬安　州所治至德二年改爲萬全後復置　陵水
富雲　博遼　與州同置
赤土國　州南渡海便風十四日至雞籠島卽至其國

赤海中之一洲
丹丹國　振州東南海中之一洲舟行十日至

舊唐書卷四十一考證

地理志四綿州鹽泉縣鹽泉武德三年分涪城置○新
書析魏城置
綿州西昌縣本隋金山縣隋末廢○沈炳震曰按金山
武德七年廢非隋末也
閬州○舊書屬劍南道新書屬山南西道
果州○舊書屬劍南道新書屬山南西道
普州崇龕縣崇龕後周隆龕城○新書作龍龕
邛州顯慶三年移州治于臨邛○新書作二年
雅州儀鳳四年置飛越大渡二縣○新書作二年置大
渡縣長安二年省
黎州飛越縣儀鳳四年分漢源于飛越水置縣○新書
作二年
翼州○沈炳震曰舊書領衞山翼水雞川昭德四縣無
峩和新書領衞山翼水峩和三縣無雞川昭德互異
維州○沈炳震曰舊書領薛城小封二縣新書有薛城
通化歸化三縣通化卽小封後更名者惟多歸化一
縣
黎州○沈炳震曰此州秖領梁水絳二縣與前黎州領
漢源飛越通望三縣兼統制五十四羈縻州者大小
迥別蓋名同而地各異者也
姚州國忠命鮮于仲通興師十萬渡瀘討之大爲羅鳳
所敗○沈炳震曰按本文下云鎭蜀蠻帥異牟尋歸
國遂以韋臯爲雲南安撫大使事與文不相聯屬蓋
闕文也
靜州○領悉唐靜居二縣新書多淸道一縣
柘州○闕戶口領縣
保州○領定廉歸順雲山三縣新書多安居一縣
眞州○領眞符雞川昭德三縣新書多昭遠一縣
霸州○止領信安一縣新書領安信牙利保寧歸化四
縣而信安又作安信互異二志未知孰是以上劍南道
韶州仁化湞昌二縣天寶後新置○新書光宅元年析
始興置　臣德潛按嶺南道中韶州後應及潮州舊書
闕
康州武德四年置康州○新書作六年
瀧州建水縣新置○沈炳震曰新書武德五年曰永寧
天寶元年更名建水是合二縣爲一故領縣四也舊
書各爲一縣故領縣五
高州隋高梁郡○新書作高涼
保定縣舊保安縣至德二年改爲保定○新書本連江
開元五年日保寧至德二載改据通鑑當從舊書
藤州領鐔津感義義昌三縣○新書多寧風一縣
富州馬江縣隋開江縣長慶元年改爲馬江○新書作
長慶三年
貞觀中置鬱林州○新書麟德二年析貴州之石南興
德鬱平置
平琴州○卽新書黨州建中二年併入者也新書多撫
安善勞善文寧仁四縣
澄州領上林無虞賀水三縣○新書多止戈一縣
貞觀六年改爲邕州○新書八年更名
貞觀元年改爲容州○新書作貞觀八年
白州龍豪縣武德四年析合浦置○新書龍豪屬順州
禺州扶桑縣武德四年置○新書作扶萊以扶萊水名
之應從新書
愛州又分隆安立教山建道都掘三縣○都掘新書作
都握
福祿州領柔遠一縣○新書多唐林福祿二縣以上嶺南道

# 舊唐書卷四十二

後晉司空同中書門下平章事劉　昫撰

## 志第二十二

### 職官一

高祖發迹太原官名稱位皆依隋舊及登極之初未遑
改作隨時署置務從省便武德七年定令以太尉司徒
司空爲三公尚書門下中書祕書殿中內侍爲六省次
御史臺次太常光祿衞尉宗正太僕大理鴻臚司農太
府爲九寺次將作監次國子學次天策上將府次左右
衞左右驍衞左右武衞左右屯衞左右領軍左右武候左右監門左右屯左
右領爲十四衞府東宮置三師三少詹事府門下典書
兩坊次內坊次家令率更僕三寺次左右衞率府左右
宗衞率府左右虞候率府左右監門率府左右內率府
爲十率府王公以下置府佐國官公主置邑司已下並
爲京職事官州縣鎭戍岳瀆關津爲外職事官又以開
府儀同三司從一品特進正二品左光祿大夫從一品右光祿
大夫正二品散騎常侍從三品太中大夫正四品通直散騎常
侍正四品中大夫從四品上員外散騎常侍從四品下中散大夫正五
品上散騎侍郎正五品下通直散騎侍郎從五品上朝議郎承議郎
正六品通議郎通直郎從六品朝請郎宣德郎正七品朝散郎

宣義郎從七品 給事郎徵事郎正八品 承奉郎承務郎從八品 儒林郎登仕郎正九品 文林郎將仕郎從九品 並為文散官輔國正二品 鎮軍從二品 二大將軍冠軍正三品 雲麾從三品 忠武壯武宣威明威信遠游騎游擊自正四品上至從五品下 十將軍為散號將軍以加武士之無職事者改上開府儀同三司為上輕車都尉開府儀同三司為輕車都尉儀同三司為騎都尉秦王齊王下統軍為護軍副統軍為副護軍上大都督為驍騎尉大都督為飛騎尉帥都督為雲騎尉都督為武騎尉車騎將軍為游騎將軍親衛驃騎將軍為親衛中郎將其勳衛驃騎準此親衛車騎將軍為親衛中郎將其勳衛翊衛車騎並準此監門府郎將為監門中郎將領左右郎將準此諸軍驃騎將軍為統軍其秦王齊王下領三衛及庫直驅咥直車騎並準此諸軍車騎將軍為別將其散官文騎尉為承議郎屯騎尉為通直郎雲騎尉為登仕郎羽騎尉為將仕郎武德九年罷天策上將府貞觀元年改國子學為國子監分將作為少府監通將作為三監八年七月始以雲麾將軍為從三品階九月以統軍正四品下別將正五品上十一年改令置太師太傅太保為三師其三公已下六省一臺九寺三監十二衛東宮諸司並從舊定又改以光祿大夫為從二品金紫光祿大夫為正三品銀青光祿大夫為從三品正議大夫為正四品上通議大夫為正四品下太中大夫為從四品上中大夫為從四品下中散大夫為正五品上朝議大夫為正五品下朝請大夫為從五品上朝散大夫為從五品下其六品下唯改通議郎為奉議郎自餘依舊更置驃騎大將軍為從一品武散官輔國鎮軍二大將軍為從二品武散官冠軍將軍加大字及雲麾已下游擊已上改為五品已上武散官又置昭武振威致果翊麾宣節禦武仁勇陪戎八校尉副尉自正六品上至從九品下階為校尉下階為副尉 為六品已下武散官凡九品已上職事皆帶散位謂之本品職事則隨才錄用或從閑入劇或去高就卑遷徙出入參差不定散位則一切以門蔭結品然後勞考進敍武德令職事解散官欠一階不至為兼職事卑者不解散官貞觀令以職事高者為守職事卑者為行仍各帶散位其欠一階依舊為兼與當階者皆解散官永徽已來欠一階者或為兼或帶散官或為守參而用之其兩職事者亦為兼頗相錯亂其欠一階之兼古念反其兩職事之兼古恬反字同音異耳 咸亨二年始一切為守自高宗之後官名品秩屢有改易今錄永泰二年官品其改易品秩者注於官品之下若改官名及職員有加減者則各附之於本職云唐初因隋號武德三年三月改納言為侍中內史令為中書令給事郎為給事中內書省為中書省貞觀二十三年六月改民部尚書為戶部尚書七月改治書侍御史為御史中丞改諸州治中為司馬別駕為長史治禮郎為奉禮郎顯慶元年改戶部尚書為度支尚書侍郎為度支侍郎又置驃騎大將軍員從一品龍朔二年二月甲子改百司及官名改尚書省為中臺僕射為匡政左右丞為肅機左右司郎中為成務吏部為司列主爵為司封考功為司績禮部為司禮祠部為司禋膳部為司膳主客為司蕃戶部為司元度支為司度倉部為司倉金部為司珍兵部為司戎職方為司域駕部為司輿庫部為司庫刑部為司刑都官為司僕比部為司計工部為司平屯田為司田虞部為司虞水部為司川餘司依舊尚書為太常伯侍郎為少常伯郎中為大夫中書門下為東西臺侍中為左相黃門侍郎為東臺侍郎給事中為東臺舍人散騎常侍為左右侍極諫議大夫為正諫大夫中書令為右相侍郎為西臺侍郎舍人為西臺舍人祕書省為蘭臺監為太史少監為侍郎丞為大夫著作郎為司文郎太史令為祕閣郎中御史臺為憲臺御史大夫為大司憲御史中丞為司憲大夫殿中省為中御府丞為大夫尚食為奉膳尚藥為奉醫尚衣為奉冕尚舍為奉扆尚乘為奉駕尚輦為奉御並為大夫內侍省為內侍監太常為奉常光祿為司宰衛尉為司衛宗正為司宗太僕為司馭大理為詳刑正為大夫鴻臚為司文司農為司稼太府為外府卿並為正卿少府監為內府監將作監為繕工監大匠為大監少匠為少監國子監為司成館國子祭酒為大司成司業為少司成博士為宣業都水為司津監左右衛府左右驍衛府左右武衛府並除府字左右屯衛府為左右威衛左右領軍衛為左右戎衛武候為金吾衛千牛為奉宸衛屯營為羽林軍詹事為端尹府門下典書為左右春坊左右庶子為左右中護中允為左贊善大夫洗馬為司經大夫中舍人為右贊善大夫家令寺為宮府寺率更寺為司更寺僕寺為馭僕寺長官並為大夫左右衛率府為典戎衛率府為司禦衛左右虞候率府為清道衛監門率府為崇掖衛內率府為奉裕衛七日又制廢尚書令改起居郎為左史起居舍人為右史著作佐郎為司文郎太史丞為祕閣郎左右千牛為奉宸司議郎為左司議郎太子舍人為右司議郎典膳藥藏內直監宮門大夫並改為郎太子千牛為奉裕總章二年置司列司戎少常伯各兩員咸亨元年十二月詔龍朔二年新改尚書省百司及僕射已下官名並依舊其東宮十率府有異上臺諸衛各宜依舊為率府其左司議郎除左字其左右金吾左右威衛依新改永淳元年七月置州別駕光宅元年九月改尚書省為文昌臺左右僕射為文昌左右相吏部為天官戶部為地官禮部為春官兵部為夏官刑部為秋官工部為冬官門下省為鸞臺中書省為鳳閣侍中為納言中書令為內史太常為司禮鴻臚為司賓宗正為司屬光祿為司膳太府為司府太僕為司僕衛尉為司衛大理為司刑司農依舊左右驍衛為左右威衛左右武衛為左右鷹揚衛左右威衛為左右豹衛左右領軍衛為左右玉鈐衛左右金吾衛依舊御史臺改為左肅政臺專知京百官及監諸軍旅并承詔出使更置右肅政臺專知諸州案察垂拱元年二月改黃門侍郎為鸞臺侍郎文昌都省為都臺主爵為司封祕書省為麟臺內侍省為司宮臺少府監為尚方監其左右尚方兩署除方字將作監為營繕監國子監為成均監都水監為水衡監其詹事府為宮尹府詹事為太尹少詹事為少尹左右內率府為左右奉裕率府千牛為左右奉裕左右監門率府為左右控鶴禁率府諸衛鎧曹改為冑曹司膳寺餚藏署改為珍羞署十月增置天官侍郎二員又置左右補闕拾遺各二員三年加秋官侍郎一員永昌元年置左右司員外郎各一員天授二年增置左右補闕拾遺各三員通滿五員長壽二年增夏官侍郎三員大足元年加營繕少匠一員左右羽林衛各增置將軍一員洛雍并荊揚益六州置左右司馬各一員長安三年增置司勳員外郎一員地官依舊置侍郎一員洛并及三大都督府司馬宜依舊置一員神龍元年二月臺閣官名並依永淳已前故事廢左右司員外郎左右千牛衛各置大將軍一員東都置太廟官吏增置太常大理少卿各一員二年又置員外郎凡一千餘人超授闕官七品已上員外者又千餘人十二月復置左右司員外郎各一員景雲二年復置太子左右諭德太子左右贊善大夫各兩員雍洛及大都督府長史加為三品階別駕致敬依前太極元年光祿大理鴻臚太府衛尉宗正各增置少卿一員祕書少監國子司業少府少監將作少匠左右臺中丞各增置一員雍洛二州及益并荊揚四大都督府各增置司馬一員分為左右司馬開元元年十二月改尚書左右僕射為左右丞相中書省為紫微省門下省為黃門省侍中為監雍州為京兆府洛州為河南府長史為尹司馬為少尹錄事參軍為司錄參軍餘司改司為曹五年九月紫微省依舊為中書省黃門省為門下省黃門監為侍中二十四年九月改主爵為司封天寶元年二月侍中改為左相中書令改為右相左右丞相依舊為僕射黃門侍郎為門下侍郎改州為郡刺史為太守十一載正月改吏部為文部兵部為武部刑部為憲部其行內諸司有部者並改改駕部為司駕改庫部為司庫金部為司金倉部為司儲比部為司計祠部為司禋膳部為司膳虞部為司虞水部為司水將作大匠為監少匠為少監至德二載十二月敕近日所改百司額及郡名并官名一切依故事於是侍中中書令兵吏部等並仍舊罷郡為州復以太守為刺史

正第一品

太師太傅太保太尉司徒司空已上職事官 王爵武德令有天策上將九年省

從第一品

開府儀同三司文散官開府儀同三司及特進不帶職事官者朝參祿俸並同職事仍隸吏部也 太子太師太子太傅太子太保已上職事官 驃騎大將軍武散官 嗣王郡王國公爵

正第二品

特進文散官 輔國大將軍武散官 開國郡公爵武德令唯有公侯伯子男貞觀十一年加開國之稱也 上柱國勳官武德令有尚書令龍朔二年省自是正第二品無職事官

從第二品

尚書左右僕射太子少師太子少傅太子少保京兆河南太原等七府牧大都督大都護揚幽路陝靈單于安西已上職事官 光祿大夫文散官 鎮軍大將軍武散官 開國縣公爵 柱國勳官

正第三品

侍中中書令吏部尚書舊班在左相上開元令移在下 門下侍郎中書侍郎舊班正四品上大曆二年升 左右衛左右驍衛左右武衛左右威衛左右領軍衛左右金吾衛左右監門衛左右羽林軍左右龍武左右英武六軍大將軍左右千牛衛大將軍自左右衛已下並為武職事官 戶部禮部兵部刑部工部尚書武德令禮部次吏部兵部次之民部次之貞觀年改以民部次禮部兵部次之則天初又改以戶部次吏部禮部次之兵部次之 太子賓客舊兼職無品開元前令定入官品也 太常卿宗正卿天寶初昇入正三品也 太子詹事左右散騎常侍舊班從三品廣德年昇 內侍監唐初舊制內侍省無三品官內侍四員秩四品天寶十三年十二月玄宗以中官高力士袁思藝承恩遇特置內侍監兩員秩三品以授之 中都督上都護已上除入大將軍並為文職事官 金紫光祿大夫文散官 冠軍大將軍武散官 懷化大將軍顯慶三年置以

授初附首領仍隸諸衛也 上護軍勳官

從第三品

御史大夫舊班在秘書監九卿下開元令移在上 秘書監光祿衛尉太僕大理鴻臚司農太府卿國子祭酒殿中監少府監將作監諸衛羽林入正三品千牛龍武將軍下都督上州刺史京兆河南太原等七尹舊雍洛長史從四品上景雲二年加秩爲從三品也 五大都督府長史舊從四品上景雲二年加秩爲從三品 大都護府副都護舊正四品上開元令加入從三品 親王傅已上並職事官諸衛羽林千牛龍武將軍爲武餘並爲文 銀青光祿大夫文散官 開國侯爵 雲麾將軍武散官 歸德將軍顯慶三年置以授初附首領仍隸諸衛也 護軍勳官武德令有天策上將府長史司馬九年省也

正第四品上階

門下侍郎中書侍郎舊正四品下階開元令加入上階也 尚書左丞永昌元年進爲正三品如意元年復舊 吏部侍郎武德七年省諸司侍郎吏部郎中爲正四品上貞觀三年復置侍郎其吏部郎中復舊爲五品下 太常少卿太子左庶子太子少詹事太子左右衛左右司禦左右清道左右內率左右監門率府率中州刺史軍器監武德初改正三品七年省八年復置九年又省十年復置北都軍器監 上都護府副都護上府折衝都尉武德令統軍正四品下後改爲折衝都尉垂拱令始分爲上中下府改定官品自此已上職事官率及折衝爲武餘並爲文也 正議大夫文散官也 開國伯爵 忠武將軍武散官 上輕車都尉勳官

正第四品下階

尚書右丞永昌元年進爲從三品如意元年復舊 諸司侍郎太子右庶子左右諭德左右千牛衛左右監門衛中郎將親勳翊衛羽林中郎將下州刺史武德令中州刺史正四品下州刺史從四品上貞觀令一切爲下州加入正四品下自此已上職事官中郎將爲武餘並爲文也 通議大夫文散官 壯武將軍武散官

從第四品上階

秘書少監八寺少卿殿中少監太子左右衛司禦清道內率監門副率太子親勳翊衛中郎將太子家令太子率更令太子僕內侍大都護親王府長史已上職事官府率中郎將爲武餘並爲文 太中大夫文散官 宣威將軍武散官 輕車都尉勳官

從第四品下階

國子司業少府少監將作少匠京兆河南太原府少尹大都督府大都護府親王府司馬尚州別駕已上職事文官武德令上州別駕正五品上二十三年爲長史前上元年復置別駕定入從四品也 中府折衝都尉武職事官 中大夫文散官 明威將軍武散官武德令有天策上將府從事中郎九年省

正第五品上階

諫議大夫御史中丞武德令從五品上貞觀令加入正五品上五年又加入四品如意元年復舊也 國子博士給事中中書舍人太子中允太子左右贊善大夫都水使者萬年長安河南洛陽太原晉陽奉先會昌縣令武德元年勅萬年長安令爲正五品上七年定令改爲從五品貞觀初復舊也 親勳翊衛羽林郎將中都督府上都護府長史親王府諮議參軍事武德令正五品下也 軍器少監太史少監親王府典軍已上職事官郎將典軍爲武餘並爲文永徽令親王典軍從四品下垂拱令改入五品也 中散大夫文散官 開國子爵 定遠將軍武散官 上騎都尉勳官

正第五品下階

太子中舍人尚食尚藥奉御太子親勳翊衛郎將內常侍中都督上都護府司馬中州別駕下府折衝都尉已上職事官郎將折衝爲武餘並爲文也 朝議大夫文散官 寧遠將軍武散官武德令有天策上將軍諮祭酒九年省

從第五品上階

尚書左右諸司郎中武德令吏部郎中正四品上諸司郎中正五品上貞觀二年並改爲從五品上也 秘書丞武德令正五品上永徽令改也 著作郎太子洗馬殿中丞尚衣尚舍尚乘尚輦奉御獻陵昭陵恭陵橋陵八陵令武德諸陵令從七品下永徽二年加獻昭二陵令爲從五品已後諸陵並相承依獻昭二陵也 親王府副典軍下都督府長史下州別駕已上職事官典軍爲武餘並爲文也 朝請大夫文散官 開國男爵 游騎將軍武散官 騎都尉勳官舊有太公廟令武德年七品下永徽二年加從五品上開元二十四年省也

從第五品下階

大理正太常丞太史令內給事太子典內舊正六品上開元令改 下都督府上州司馬武德令上州治中正五品下貞觀初改 親王友武德令正五品下也 宮苑總監上牧監上府果毅都尉已上職事官果毅爲武餘並爲文 駙馬都尉並武散官駙馬自近代已來唯尚公主者授之奉車有唐已來無其人 朝散大夫文散官 游擊將軍武散官武德令有天策上將府主簿記室參軍九年省神龍令有庫谷斜谷監也

正第六品上階

太學博士武德令從六品已上貞觀年改 太子詹事府丞太子司議郎太子舍人中郡長史武德令中州別駕從五品上貞觀年改也 太子典膳藥藏郎京兆河南太原府諸縣令武德元年勅雍州諸縣令階從五品上七年定令改 親王府掾屬武德令從五品下也 武庫中尚署令武德令依上署令從七品下太極年改武庫令階開元年改中尚令階 諸衛左右司階中府果毅都尉鎮軍兵滿二萬人已上司馬已上職事官司階果毅爲武餘並爲文也 親勳翊衛校衛衛官 朝議郎文散官 昭武校尉武散官 驍騎尉勳官

正第六品下階

千牛備身左右衛官已上王公已下高品子孫起家爲之 太子文學下州長史武德中下州別駕正六品貞觀二十三年改爲長史丞永淳元年諸州置別駕官天寶八載停別駕下郡置長史後上元二年諸州置別駕不廢下府長史也 中州司馬武德令中州治中從五品下貞觀令改 內謁者監中牧監上牧副監已上文職事官 上鎮將武職事官武德令從四品下也 承議郎文散官 昭武副尉武散官武德令有天策上將府諸曹參軍事九年省也

從第六品上階

起居郎起居舍人尚書諸司員外郎武德令吏部員外郎正六品上諸司員外郎正六品下貞觀二年改 八寺丞大理司直國子助教武德令從七品上 城門符寶郎通事舍人秘書郎武德令正七品上 著作佐郎武德令正七品上 侍御醫武德乾封令正七品上神龍令從六品下開元改 諸衛羽林長史兩京市署令武德四年進爲從五品上七年定令復舊也 下州司馬武德令中下州治中正六品下 親王文學主簿記室錄事參軍武德令親王府文學已上並正六品下也 諸州上縣令已上文職事官 諸率府左右司階武職事官 鎮軍兵不滿二萬人司馬文職事官 左右監門校尉親勳翊衛旅帥衛官 奉議郎文散官 振威校尉武散官 飛騎尉勳官

從第六品下階

侍御史舊從七品上垂拱令改 少府將作國子監丞太子內直典設宮門郎太公廟令司農寺諸園苑監沙苑監下牧監宮苑總監副互市監中牧副監已上文職事官 下府果毅都尉武職事官 親王府校尉衛官 通直郎文散官 振威副尉武散官

正第七品上階

四門博士詹事司直左右千牛衛長史尚食尚藥直長太子左右衛司禦清道率府長史軍器監丞諸州中縣令京兆河南太原府司錄參軍事大都督大都護府錄事參軍事親王府諸曹參軍已上文職事官武德令親王府功曹倉曹戶曹兵曹參軍事從五品下騎曹鎧曹田曹士曹水曹參軍事等七品下也 中鎮將武職事官武德令從五品下 太子千牛親勳翊衛隊正副隊正已上衛官 朝請郎文散官 致果校尉武散官 雲騎尉勳官

正第七品下階

尚衣尚舍尚乘尚輦直長太子通事舍人內寺伯京兆河南太原府大都督大都護府諸曹參軍中都督上都護府錄事參軍事諸倉諸冶司竹溫湯監諸衛左右中候上府別將武德令別將正五品上後改爲果毅聖曆三年復置別將 上府長史武德令統軍長史正八品下也 上鎮副武德令從五品下 下鎮將武德令正六品下 下牧副監已上職事官中候別將鎮副鎮將爲武餘並爲文也 宣德郎文散官 致果副尉武散官武德令又有天策上將府參軍事九年省又有鹽池鹽井監諸王百司問事謁者

從第七品上階

殿中侍御史武德至乾封令並正八品上垂拱年改 左右補闕太常博士太學助教武德令從八品下也 門下錄事中書主書尚書都事九寺主簿太子詹事主簿太子左右內率監門率府長史太子侍醫太子三寺丞都水監丞諸州中下縣令親王府東西閤祭酒武德令正六品下 京縣丞萬年長安河南洛陽奉先會昌太原晉陽 下都督府上州錄事參軍中都督上都護府諸曹參軍事中府別將長史中鎮副武德令正六品下已上職事官別將鎮副爲武餘並爲文 左右監門直長勳衛太子親衛已上衛官 朝散郎文散官 翊麾校尉武散官 武騎尉勳官

從第七品下階

太史丞監局同 御史臺少府將作國子監主簿御史臺國子監主簿 掖庭令宮闈令上署令郊社太樂鼓吹太醫太官左藏令乘黃典客上林太倉平準常平左尚右尚典牧武德令有太廟諸陵典農中尚都水常平其左尚典牧本中署右尚本下署開元初改之也 諸州下縣令天寶五載一切爲中下縣 諸陵署丞永徽二年加秩舊有太廟署丞武德爲九品永徽二年加秩從七品上開元年省也 司農寺諸園苑副監神龍令有諸冶副監 宮苑總監丞下都督府諸曹參軍太子內坊丞舊正八品上開元初改 親王國令舊規流內正九品太極年改 公主家令舊規流內正八品太極年改 上州諸參軍事下府別將長史下鎮副武德令從六品下 諸屯監武德令有芳醞監神武令有漆園監 諸率府左右中候鎮軍滿二萬人以上諸曹判司已上職事官別將鎮副中候爲武餘並爲文也 太子左右監門直長親王府旅帥諸折衝府校尉已上衛官武德令諸府校尉正六品下也 宣議郎文散官 翊麾副尉武散官

正第八品上階

監察御史舊從八品上垂拱令改 協律郎諸衛羽林龍武軍錄事參軍事中署令鈎盾右藏織染掌冶武德令有衣冠署令 中州錄事參軍事太醫博士太子典膳藥藏丞軍器監主簿武庫署丞舊從八品下開元初改 兩京市署丞上牧監丞武德令從八品下神龍令有庫谷斜谷太尹陰陽監丞 鎮軍不滿二萬人以上諸曹判司已上文職事官 翊衛太子勳衛親王府執仗執乘親事已上衛官 給事郎文散官 宣節校尉武散官武德令有天策上將府典籤九年省

正第八品下階

奚官內僕內府局令下署令太卜廩犧珍羞良醞掌醢守宮武器車府司儀崇玄導官中右校左校甄官河渠坊甲坊神龍令又有干織二署令也 諸衛羽林龍武諸曹參軍事中州諸司參軍事親王府京兆河南太原府大都督大都護府參軍事武德令親王府參軍從七品下雍州行參軍正八品上 尚藥局司醫京兆河南太原府諸縣丞太子內直宮門丞太公廟丞諸宮農圃監互市監丞司竹副監司農寺諸園苑監丞靈臺郎已上文職事官 諸衛左右司戈上戍主已上武職事官武德令有中鎮長史 備身衛官 徵事郎文散官 宣節副尉武散官

從第八品上階

左右拾遺太醫署針博士四門助教武德令從九品上 左右千牛衛錄事參軍下州錄事參軍武德令有中下州諸司參軍事 諸州上縣丞中牧監丞武德令正八品上 京縣主簿太子左右衛司禦清道率府錄事參軍中都督府上都護府參軍親王府行參軍武德令正八品上 京兆河南太原大都督府博士武德令雍州博士從八品下 諸倉諸冶司竹溫湯監丞武德令有鹽池鹽井監丞神龍令有太和監丞 保章正已上文職事官 太子翊衛諸府旅帥已上衛官武德乾封令諸府旅帥正七品下 承奉郎文散官 禦侮校尉武散官

從第八品下階

大理評事律學博士太醫署醫監太子左右春坊錄事左右千牛衛諸曹參軍內謁者太子左右衛司禦清道率府諸曹參軍事太子諸署令掖庭宮闈局丞太史都水監主簿（太史爲局則省主簿）中書門下尚書都省兵吏部考功禮部主事（舊從九品上，開元二十四年改七司入八品，其省內諸司依舊）上署丞（武德令有芳林監丞）下都督府上州參軍事中都督府上州博士諸州中縣丞諸王府典籤（武德令正八品下）京縣尉親王國大司農（舊規流內正第七品，開元初改）公主家丞（舊規流內正第九品，開元初改）諸屯監丞上關令上府兵曹上鎮倉曹兵曹參軍事（武德令有下鎮長史）挈壺正（已上文職事官）中戍主上戍副率府左右司戈（已上武職事官）太子備身親王府隊正（已上衛官）承務郎（文散官）禦侮副尉（武散官）

## 正第九品上階

校書郎（永徽令加入從八品下，垂拱令復舊）太祝太子左右內率監門府錄事參軍太子內方典直中署丞典客署掌客親勳翊衛府羽林兵曹參軍事岳瀆令諸津令下牧監丞（武德令正八品下，神龍令有桼園丞，開元前令有沙苑丞）諸州中下縣丞中郡博士（武德令正九品下）京兆河南太原府諸縣主簿武庫署監事（已上並文職事官。武德令有天策上將府錄事，其武庫監事從九品下，太極年改也）儒林郎（文散官）仁勇校尉（武散官）

## 正第九品下階

正字（永徽令改入上階，垂拱令復舊）太子校書（永徽令改入上階，垂拱令復舊）奚官內僕內府局丞下署丞尚食局尚醫尚藥局醫佐尚乘局奉乘司庫司廩太司局司辰典廐署主乘太子左右內率監門率府諸曹參軍事太子三寺主簿詹事府錄事（龍朔年置桂坊錄事，咸亨年省）太子親勳翊府兵曹參軍事諸州下縣丞諸州上縣中縣主簿中州參軍事（武德令正九品上）下州博士（武德令中下州博士從九品上，下州博士從九品下）京兆河南太原府諸縣尉上牧主簿諸宮農圃監丞中關令中府兵曹親王國尉（舊規流內正八品，開元初改。武德令有親王府鎮事及司關）上關丞（武德令有上津尉）諸衛左右執戟中鎮兵曹參軍下戍主（已上職事官，執戟戍主爲武，餘並爲文）諸折衝府隊正（衛官）登仕郎（文散官）仁勇副尉（武散官）

## 從第九品上階

尚書諸司御史臺秘書省殿中省主事奉禮郎律學助敎太子正字弘文館校書太史司曆太醫署醫助敎京兆河南太原府九寺少府將作監錄事都督都護府上州錄事市令宮苑總監主簿中牧監主簿（永徽令有監漕）諸州中下縣主簿上縣中縣尉下府兵曹（已上並職事文官）文林郎（文散官）陪戎校尉（武散官）

## 從第九品下階

內侍省主事國子監親王府錄事太子左右春坊主事崇文館校書書學博士筭學博士門下典儀太醫署按摩咒禁博士太卜署博士太醫署針助敎太醫署醫正太卜署卜正太史局監候親王國丞（舊規流內正第九品，開元初改從正流內）掖庭局宮敎博士太子諸署丞太子典食署丞太子典廐牧署典乘諸監作諸監事計官太官署監膳太樂鼓吹署樂正大理寺獄丞下州參軍事（武德令中下州行參軍正九品，下州參軍從九品上）中州下州醫博士諸州中縣下縣尉京縣錄事下牧監主簿下關令中關丞諸衛羽林長上公主邑司錄事諸津丞下鎮兵曹參軍（武德令有諸橋諸堰丞）諸率府左右執戟（已上職事官，長上執戟爲武，餘並爲文）親王府隊副諸折衝府隊副（已上衛官）將佐郎（文散官）陪戎副尉（武散官）

流內九品三十階之內，又有視流內起居五品至從九品。初以薩寶府親王國官及三師三公開府嗣郡王上柱國已下護軍已上勳官帶職事者府官等品。開元初一切罷之，今唯有薩寶祆正二官而已。又有流外自勳品以至九品，以爲諸司令史贊者典謁亭長掌固等品。視流外亦自勳品至九品，開元初唯留薩寶祆祝及府史，餘亦罷之。職事者諸統領曹事供命王命上下相攝以持庶績。近代已來，又分爲文武二職，分曹置員，各理所掌。五品已上，舊制吏部尚書進用，自隋已後，則中書門下知政事官訪擇聞奏，然後下制授之。三品已上德高委重者，亦有臨軒冊授，自神龍之後，冊禮廢而不用，朝廷命官，制勑而已。六品已上，吏部選擬錄奏，書旨授之。有唐已來，出身入仕者，著令有秀才、明經、進士、明法、書、筭。其次以流外入流。若以門資入仕，則先授親勳翊衛，六番隨文武簡入選例。又有齋郎、品子、勳官及五等封爵、屯官之屬，亦有番第，許同揀選。天寶三載，又置崇玄學，習道德等經，同明經例。自餘或臨時聽勑，不可盡載。其秀才，有唐已來無其人。職事官資，則清濁區分，以次補授。又以三品已下官及門下中書侍郎、尚書左右丞、諸司侍郎、太常少卿、太子少詹事、左右庶子、秘書少監、國子司業爲清望官。太子左右諭德、左右衛左右千牛衛中郎將、太子左右率府左右內率府率及副、太子左右衛率府中郎將（已上四品）、諫議大夫、御史中丞、給事中、中書舍人、太子中允、中舍人、左右贊善大夫、洗馬、國子博士、尚書諸司郎中、秘書丞、著作郎、太常丞、左右衛郎將、左右衛率府郎將（已上五品）、起居郎、起居舍人、太子司議郎、尚書諸司員外郎、太子舍人、侍御史、秘書郎、著作佐郎、太學博士、詹事丞、太子文學、國子助敎（已上六品）、左右補闕、殿中侍御史、太常博士、四門博士、詹事司直、太學助敎（已上七品）、左右拾遺、監察御史、四門助敎（已上八品）爲清官。自外各以資次遷授。開元中，裴光庭爲吏部尚書，始用循資格以注擬六品已下選人，其後每年雖小有移改，然相承至今用之。武散官，舊謂之散位，不理職務，加官而已。後魏及梁，皆以散號將軍記其本階。自隋改用開府儀同三司已下。貞觀年，又分文武，入仕者皆帶散位，謂之本品。以門資出身者，諸嗣王郡王出身從四品下，親王諸子封郡公者從五品上，國公正六品上，郡公正六品下，縣公從六品上，侯正七品上，伯正七品下，子從七品上，男從七品下。皇帝緦麻以上親、皇太后周親出身六品上，皇太后大功親、皇后周親從六品上，皇帝袒免親、皇太后小功緦麻親、皇后大功親正七品上，皇后小功緦麻親、皇太子妃周親從七品上。其外戚各依服屬降宗親二階叙。諸娶郡主者出身六品上，娶縣主者正七品上，郡主子出身從七品上，縣主子從八品上。一品子正七品上，二品子正七品下，三品子從七品上，從三品子從七品下，正四品子正八品上，從四品子正八品下，正五品子從八品上，從五品及國公子從八品下。三品以上蔭曾孫，五品以上蔭孫，孫降子一等，曾孫降孫一等。諸秀才出身，上上第正八品上，上中第正八品下，上下第從九品上。明經出身，上上第從八品下，上中第從九品上。進士、明經出身，甲第從九品上，乙第從九品下。若通二經已外，每一經加一等。勳官預文武選者，上柱國正六品上叙，以下遞降一階。凡入仕之後遷代，則以四考爲限。四考中中，進年勞一階叙。每一考中上，進一階；一考上下，進二階。五品已上，非恩制所加，更無進之令。自武德至乾封，未有泛階之恩。應入三品者，皆以恩舊特拜。入五品者，多依選叙，計階至朝散大夫已上，奏取進止，每年量多少進叙，餘並依本品授官。若滿三計至郎，一切聽入。至乾封元年，文武普加一階。永淳元年二月，勑：「文武官累積勞効，計三品一計至者，多未甄擢，再計至者，隨例必昇，賢愚一貫。自今已後，一計至已上，有在官清慎，狀迹灼然，材堪應務者，所司具狀錄奏，當與進階。若公正無聞，循默自守，及未經任州縣官者，雖頻經計至，不在加階之限。」卽爲恒例。弘道元年，又普加一階，乃有九品職事及三衞階高者，並入五品。則天朝泛階漸多，始令仕經八考，職事六品者，許入。萬歲通天元年，勑：「自今已後，文武官加階應入五品者，並取出身已歷十二考已上，進階之時，見居六品官。其應入三品人，出身已二十五考以上，進階見居三品官。」無幾，入五品又加至十六考。神功元年制：「勳官、品子、流外、國官出身，不得任清資要官。應入三品，不得進階。」開元已來，伎術者經二十考，三省都事及主事、錄事十八考，亦聽叙。吏部檢勘歷任階考，判成錄奏。每制之日，應入三品五品者，皆令人參趁，或是遠方牧宰、諸司閑職，齋持金帛，贈遺主典，知加階令史，乃有受納萬數者。臺省要職，以加位爲榮，亦有遺主典錢帛者。舊例，開府及特進，雖不職事，皆給俸祿，預朝會，行立在於本品之次。光祿大夫已下、朝散大夫已上，衣服依本品，無祿俸，不預朝會。朝議郎已下，黃衣執笏，於吏部分番上下承使，及親驅使，甚爲猥賤。每當上之時，至有爲主事令史守局鑰執鞭帽者。兩番已上，則隨番許簡通時務者，始令參選。一登職事已後，雖官有代滿，卽不復番上。勳官者，出於周齊交戰之際，本以酬戰士，其後漸及朝流。階爵之外，更爲節級。周置上開府儀同三司、開府儀同三司、上儀同三司、儀同三司等十一號。隋文帝因周之舊，更增損之，有上柱國、柱國、上大將軍、大將軍、上開府儀同三司、開府儀同三司、上儀同三司、儀同三司、大都督、帥都督、都督，起正二品至七品，總十一等，用賞勳勞。煬帝又改爲左光祿大夫、右光祿大夫、金紫光祿大夫、銀青光祿大夫、正議大夫、朝請大夫、朝散大夫、建節、奮武尉、宣惠尉十一等，以代都督已上，又增置綏德、懷仁、守義、奉誠、立信等五尉，以至從九品。武德初，雜用隋制。至七年頒令，定用上柱國、柱國、上大將軍、大將軍、上輕車都尉、輕車都尉、上騎都尉、騎都尉、驍騎尉、飛騎尉、雲騎尉、武騎尉，凡十二等，起正二品至從七品。貞觀十一年，改上大將軍爲上護軍，大將軍爲護軍，自外不改，行之至今。永徽已後，以國初勳名與散官名同，年月既久，漸相錯亂。咸亨五年三月，更下詔申明，各以類相比。武德初光祿大夫比今日上柱國，左光祿大夫比柱國，右光祿大夫及上大將軍比上護軍，金紫光祿大夫及將軍比護軍，銀青光祿大夫及上開府比上輕車都尉，正議大夫及開府比輕車都尉，通議大夫及上儀同三司比上騎都尉，朝請大夫及儀同比騎都尉，上大都督比驍騎尉，大都督比飛騎尉，帥都督比雲騎尉，都督比武騎尉。自是已後，戰士授勳者動盈萬計。每年納課，亦分番於兵部及本郡，當上省司。又分支諸曹，身應役使，有類僮僕。據令乃與公卿齊班，論實在於胥吏之下，蓋以其猥多，又出自兵卒，所以然也。武德初，以諸道軍務事繁，分置行臺尚書省。其陝東道大行臺尚書省，令一人（正第二品），掌管內軍人總判省事僕射一人(從第二品三品任置)掌貳令事左丞一人(正第四品下)右丞一人(正第四品下)掌分司糾正省內都事一人(從第七品上)主事四人(從第九品上諸司主事並同)並掌同京省兵部尚書一人(正第四品尚書並同)兼掌吏部事司勳郎中一人(正第五品上諸郎中並同)主事一人考功郎中一人主事一人兵部郎中一人主事二人駕部郎中一人主事二人民部尚書一人兼掌禮部事禮部郎中一人主事一人膳部郎中一人主事一人度支郎中一人主事二人倉部郎中一人主事二人工部尚書一人兼掌刑部事刑部郎中一人主事一人都官郎中一人主事一人工部郎中一人主事一人屯田郎中一人主事一人每郎中兼京省二司(各有令史書令史及掌固並流外)食貨監一人(正第八品下諸監同)掌膳羞財物賓客鋪設音樂醫藥事丞二人(正第九品下諸監丞同)農圃監一人掌倉廩園圃柴炭芻藁運漕之事丞四人武器監十人掌兵仗廄牧之事丞二人百工監一人掌舟車及營造雜作之事丞四人(各有錄事及府史典事掌固等並流外)諸道行臺尚書省(益州道襄州道東南道河東道河北道)令一人(從第二品)掌同陝東道大行臺僕射一人(正第三品左右任置左丞從四品上右丞從四品下)都事二人(正第八品上)主事二人兵部尚書一人(從第三品諸尚書同)兼掌吏部禮部事考功郎中一人(從第五品上諸郎中並同)主事二人(從第九品下諸主事同)膳部郎中一人主事二人兵部郎中二人主事二人民部尚書一人兼掌刑部工部倉部郎中二人主事二人刑部郎中一人主事二人屯田郎中一人主事二人(每郎中兼掌京省三司各有令史書太史掌固並流外也)倉貨監一人(從八品上武器監同)兼掌農圃監事丞一人監掌百工監事丞二人(兩監各有錄事府史典事掌固等並流外)時秦王齊王府官之外又各置左右六護軍府及左右親掌帳內府其左一右一護軍府護軍各一人(正第四品下)掌率統軍已下侍衞陪從副護軍各二人(從四品下)長史各一人(從七品下)錄事參軍各一人(從八品有錄事及府史並流外)倉曹參軍事各一人兵曹參軍事各一人鎧曹參軍事各一人(並正九品下各有府史並流外)統軍各五人別將各十人分掌領親勳衞及外軍左二右二護軍府左三右三護軍府各減統軍三人別將六人餘職員同左一右一府其左右親軍府統軍各一人(正四品下)掌率左右別將侍衞陪從長史一人(正八品下)錄事參軍事一人(正九品上有錄事及府史並流外)兵曹參軍事各一人鎧曹參軍事各一人(並正九品下各有府史並流外)左別將各一人右別將各一人(正五品下)掌率親事以上侍衞陪從其帳內府職員品秩與統軍府同又有庫直及驅咥直(庫直隸親事府驅咥直隸帳內府)各於左右內選才堪者量事置之武德四年太宗平洛陽之後又置天策上將府官員天策上將一人掌國之征討總判府事長史司馬各一人從事中郎二人並掌通判府事軍諮祭酒二人謀軍事贊相禮儀宴接賓客典籤四人掌宣傳導引之事主簿二人掌省覆教命錄事二人記室參軍事二人掌書疏表啓宣行教命功曹參軍事二人掌官員假使儀式醫藥選舉考課祿恤鋪設等事倉曹參軍二人掌糧廩公廨田園廚膳過所等事兵曹參軍事二人掌兵士簿帳差點等事騎曹參軍事二人掌馬驢雜畜簿帳及牧養支料草粟等事鎧曹參軍事二人掌戎仗之事士曹參軍事二人掌營造及罪罰之事(六曹並有令史書令史)參軍事六人掌出使及雜檢校之事其陝東道大行臺尚書令及天策上將太宗在藩爲之及升儲並省之山東道行臺武德五年省餘道九年省

舊唐書卷四十二考證

職官志一　玄宗以中官高力士袁思藝承恩遇特置內侍監兩員秩正三品以授之○新書作從三品

御史大夫舊班在祕書監九卿下開元令移在上○新書會昌三年升正三品

黃門侍郎中書侍郎舊正四品下階開元令加入上階○新書大曆二年升正三品

諫議大夫御史中丞正五品上○新書會昌二年升入正四品下

太史丞從第七品下○新書正六品上乾元元年升從四品上

監察御史舊從八品上垂拱令改正八品上○新書正八品下

每制之日應入三品五品者皆令人參趁○每制之日句疑有脫譌

# 舊唐書卷四十三

後晉司空同中書門下平章事劉　昫撰

## 職官志第二十三

### 職官二

太師太傅太保各一員(謂之三師並正一品後漢初太傅置府寮至周隋三師不置府寮初拜於尚書省上隋煬帝廢三師之官武德復置一如隋制)三師訓導之官天子所師法大抵無所統職然非道德崇重則不居其位無其人則闕之

太尉司徒司空各一員(謂之三公並正一品魏晉至北齊三公置府寮隋初亦置府寮初拜於尚書省上唐因之武德初太宗爲之其後親王拜三公皆不視事祭祀則攝者行也)三公論道之官也蓋以佐天子理陰陽平邦國無所不統故不以一職名其官大祭祀則太尉亞獻司徒奉俎司空掃除

尚書都省(龍朔二年改爲中臺光宅元年改爲文昌臺神龍初復)尚書省領二十四司(六尚書各分領四司)尚書令一員(正二品武德中太宗爲之自是闕而不置)令總領百官儀刑端揆其屬有六尚書一曰吏部二曰戶部三曰禮部四曰兵部五曰刑部六曰工部凡庶務皆會而決之左右僕射各一員(從二品龍朔二年改爲左右匡政光宅元年改爲文昌左右相開元元年改爲左右丞相天寶元年復爲左右僕射)掌統理六官綱紀庶務以貳令之職自不置令僕射總判省事御史糺劾不當兼得彈之左右丞各一員(左丞正四品上右丞正四品下龍朔改爲左右肅機咸亨復永昌元年昇爲從三品也如意元年復四品也)左丞掌管轄諸司糺正省內勾吏部戶部禮部十二司通判都省事若右丞闕則併行之右丞管兵部刑部工部十二司若左丞闕右丞兼知其事御史有糺劾不當兼得彈之左右司郎中各一員(並從五品上隋置武德初省貞觀初復置龍朔二年改爲左右丞務咸亨復也)左司郎中副左丞所管諸司事省署鈔目勘稽失知省內宿直之事若右司郎中闕則併行之左右司員外郎各一員(天后永昌元年置左右司員外郎各一人神龍初省後復置)左右司郎中員外郎各掌副十有二司之事以舉正稽違省署符目焉凡都省掌舉諸司之綱紀與百寮之程式以正邦理以宣邦教凡上之所以逮下其制有六曰制勑冊令教符(天子曰制曰勑曰冊皇太子曰令親王公主曰教尚書省下於州州下縣縣下鄉皆曰符也)凡下之所以達上其制亦有六曰表狀牋啓辭牒(表上於天子其近臣亦爲狀牋啓上皇太子然於其長亦爲之非公文所施有品已上公文皆曰牒庶人言曰辭也)諸司自相質問其義有三曰關刺移(關謂關通其事刺謂刺舉之移謂移其事於他司移則通判之官皆連署也)凡內外百司所受之事皆印其發日爲之程限凡尚書省施行制勑案成則給程以鈔之若急速者不出其日若諸州計奏達于京師量事之大小與多少以爲之節凡京師諸司有符移關牒下諸州者必由於都省以遣之凡文案既成勾司行朱訖皆書其上端記年月日納諸庫凡施行公文應印者監印之官考其事目無差然後印之必書於曆每月終納諸庫凡尚書省官每日一人宿直都司執直簿轉以爲次凡內外百寮日出而視事既午而退有事則直官省之其務繁不在此例凡天下制勑計奏之數省符宣告之節率以歲終爲斷京師諸司皆以四月一日納于都省其天下諸州則本司推校以授勾官勾官審之連署封印附計帳使納于都省常以六月一日都事集諸司令史對覆若有隱漏不同皆附于考課焉主事六人(從九品上)令史十八人書令史三十六人亭長六人掌固十四人(凡令史掌案文簿亭長掌固檢校省門戶倉庫廳事陳設之事)也

吏部尚書一員(正三品龍朔二年改爲司列太常伯光宅元年改爲天官尚書神龍復爲吏部尚書也)侍郎二員(正四品上隋煬帝大業三年尚書六曹各置侍郎一人以二尚書之職並正四品國家定令諸曹侍郎降爲正四品下唯吏部侍郎爲正四品上龍朔改爲司列少常伯咸亨復總章元年吏部兵部各增置侍郎一員也)尚書侍郎之職掌天下官吏選授勳封考課之政令其屬有四一曰吏部二曰司封三曰司勳四曰考功總其職務而行其制命凡中外百司之事由於所屬皆質正焉凡選授之制每歲集於孟冬去王城五百里之內以上旬千里之內以中旬千里之外以下旬尚書侍郎分爲三銓(尚書爲尚書銓侍郎二人分爲中銓東銓也)凡擇人以四才校功以三實(四才謂身言書判其優長者有可取焉三實謂德行才用勞效德均以才才均以勞必考其實而進退之)較之優劣而定其留放所以正權衡明與奪抑貪冒進賢能然後據其官資量其注擬(五品已上以名上中書門下聽制授其官六品已下量資任定其才職頗高可擢爲拾遺補闕監察御史者亦以名送中書門下聽勑授)其有歷職清要考第頗深者得隔品授之不然卽否凡出身非清流者不注清資官凡注官若官資未相當及以爲非便者聽至三注凡伎術之官皆本司定送吏部附甲凡同司聯事勾檢之官皆不得注大功已上親凡皇親諸親及軍功兼注員外郎凡注擬必先具官階團甲送門下以聞(注官階高擬卑曰行階卑擬高曰守三銓注擬訖皆當銓團甲過左右僕射若中銓東銓則過尚書訖乃上門下省給事中讀黃門侍郎省侍中審然後進甲以聞聽旨授而施行焉若左右僕射門下批官不當者別改注亦當重職而上者也)凡大選終於季春之月(若選人有身在軍旅則軍中試書判封送吏部亦有春中下解而後集謂之春選若優勞人有勑則有處分及郎與官者並聽非時選一百日內注擬之)所以定九流之品格補萬方之闕政官人之道備焉郎中二員(並從五品上龍朔爲司列大夫咸亨光宅並隨曹改也)員外郎二員(並從六品上)令史三十人書令史六十人亭長八人掌固十二人郎中一人掌考天下文吏之班秩階品凡叙階二十有九品在都序自一品至九品品有上下凡散官四品已下九品已上並於吏部當番上下(其應當番四十五日若都省須人送符諸司須人者並兵部吏部散官上經兩番已上聽簡入選不第者依番名不過五六也)凡叙階之法有以封爵有以親戚有以勳庸有以資蔭有以秀孝有以勞考有除免而復叙者皆循法以申之無或枉冒凡應入三品五品者皆待別制而進之不然則否凡文武百寮之班序官同者先爵爵同者先齒凡京司有常叅者(謂五品以上職事官八品已上供奉官員外郎監察御史太常博士)供奉官(兩省自侍中中書令已下盡名供奉官)諸司長官清望官四品已下八品已上清官每日以六品已上清官兩人待制於衞(供奉官宿衞官不在此例)凡授四品已下清望官才職相當不應退讓凡職事官應覲省及移疾不得過程

年七十已上應致仕若齒力未衰亦聽釐務凡官人身及同居大功已上親自執工商家專其業及風疾使酒皆不得入仕凡內外官有清白著聞應以名薦則中書門下改授五品已上量加升進六品已下有付吏部即量等第遷轉若第二第三等人五品已上改日稍優之六品已下秩滿聽選不在放限其嶺南黔中三年一置選補使號爲南選凡天下官吏各有常員凡諸司置直皆有定數 諸司諸色有品直官 內外官吏則有假寧之節行李之命簿書景迹功賞殿最具員與員外郎分掌之郎中一人掌小銓亦分爲九品通謂之行署以其在九流之外故謂之流外銓亦謂之小選其校試銓注與流內銓略同其吏部兵部禮部考功都省御史臺中書門下謂之前八司其餘則曰後行凡擇流外取工書計兼頗曉時務 三事中有一優長則在敘限 每經三考轉選量其才能而進之不則從舊任 小銓舊委郎中專知開元二十五年勅銓試訖留放皆尚書侍郎定之也 又員外郎一人掌判南曹 曹在選曹之南故謂之南曹 每歲選人有解狀簿書資歷考課必由之以覈其實乃上三銓其三銓進甲則署焉 員外郎一人掌判曹務凡預太廟齋郎帖試如貢舉之制

司封郎中一員 從五品上隋曰主爵郎武德因之龍朔二年改爲司封大夫光宅改司封郎中也 司封員外郎一員 從六品上 主事二人 從九品上 令史四人書令史九人掌固四人 司封郎中員外郎之職掌國之封爵凡有九等 一曰王正一品食邑一萬戶二曰郡王從一品食邑五千戶三曰國公從一品食邑三千戶四曰郡公正二品食邑二千戶五曰縣公從二品食邑一千五百戶六曰縣侯從三品食邑一千戶七曰縣伯正四品食邑七百戶八曰縣子正五品食邑五百戶九曰縣男從五品食邑三百戶 凡名山大川及畿內諸縣皆不以封至郡公有餘爵聽迴授子孫其國公皆特封凡天下觀有定數每觀立三綱以道德高者充凡三元諸齋日修金錄明真等齋凡道士女道士簿籍三年一造凡外命婦之制皇之姑封大長公主皇姊妹封長公主皇女封公主皆視正一品皇太子之女封郡主視從一品王之女封縣主視正二品王母妻爲妃一品及國公母妻爲國夫人三品已上母妻爲郡夫人五品若勳官三品有封母妻爲縣君散官並同職事勳官四品有封母妻爲鄉君其母邑號皆加太字各視其夫子之品若兩有官爵者從其高若內命婦一品之母爲正四品郡君二品之母爲從四品郡君三品四品之母並爲正五品郡君凡婦人不因夫及子而別加邑號夫人云某品夫人郡君爲某品郡君縣君鄉君亦然凡庶子有五品已上官皆封嫡母無嫡母封所生母凡二王後夫人職事五品已上散官三品已上王及國公母妻朝參各視其夫及子之禮凡親王孺人二人視正五品媵十人視正六品嗣王郡王及一品媵十人視從六品二品媵八人視正七品三品及國公媵六人視從七品四品媵四人視正八品五品媵三人視從八品降此外皆爲妾凡皇家五等親及諸親三等存亡昇降皆立簿書籍每三年一造除附之制並載於宗寺

司勳郎中一員 從五品上隋曰司勳郎武德初乃加中字龍朔改爲司勳大夫咸亨復也 司勳員外郎二員 從六品上 主事四人 從九品上 令史三十三人書令史六十人掌固四人 郎中員外郎之職掌邦國官人之勳級凡勳十有二轉爲上柱國比正二品十一轉爲柱國比從二品十轉爲上護軍比正三品九轉爲護軍比從三品八轉爲上輕車都尉比正四品七轉爲輕車都尉比從四品六轉爲上騎都尉比正五品五轉爲騎都尉比從五品四轉爲驍騎尉比正六品三轉爲飛騎尉比從六品二轉爲雲騎尉比正七品一轉爲武騎尉比從七品凡有功效之人合授勳官者皆委之覆定然後奏擬

考功郎中一員 從五品上龍朔二年改爲司績大夫咸亨初乃復 考功員外郎一員 從五品上龍朔改爲司績員外郎咸亨復 主事三人 從八品上 令史十三人書令史二十五人掌固四人 郎中員外郎之職掌內外文武官吏之考課凡應考之官家具錄當年功過行能本司及本州長官對衆讀議其優劣定爲九等考第各於所由司準額校定然後送省內外文武官量遠近以程之有差附朝集使送簿至省每年別勅定京官位望高者二人其一人校京官考一人校外官考又定給事中中書舍人各一人其一人監京官考一人監外官考郎中判官考員外判外官考其檢覆同者皆以功過上使京官則集應考之人對讀注定外官對朝集使注定凡考課之法有四善一曰德義有聞二曰清慎明著三曰公平可稱四曰恪勤匪懈善狀之外有二十七最其一曰獻可替否拾遺補闕爲近侍之最其二曰銓衡人物擢盡才良爲選司之最其三曰揚清激濁褒貶必當爲考校之最其四曰禮制儀式動合經典爲禮官之最其五曰音律克諧不失節奏爲樂官之最其六曰決斷不滯與奪合理爲判事之最其七曰都統有方警守無失爲宿衛之最其八曰兵士調習戎裝充備爲督領之最其九曰推鞫得情處斷平允爲法官之最其十曰讐校精審明爲刊定爲校正之最其十一曰承旨敷奏吐納明敏爲宣納之最其十二曰訓導有方生徒充業爲學官之最其十三曰賞罰嚴明攻戰必勝爲將帥之最其十四曰禮義興行肅清所部爲政教之最其十五曰詳錄典正辭理兼舉爲文史之最其十六曰訪察精審彈舉必當爲糺正之最其十七曰明於勘覆稽失無隱爲勾檢之最其十八曰職事修理供承强濟爲監掌之最其十九曰功課皆充丁匠無怨爲役使之最其二十曰耕耨以時收穫成課爲屯官之最其二十一曰謹於蓋藏明於出納爲倉庫之最其二十二曰推步盈虛究理精密爲曆官之最其二十三曰占候醫卜効驗居多爲方術之最其二十四曰譏察有方行旅無壅爲關津之最其二十五曰市廛不擾姦濫不作爲市司之最其二十六曰牧養肥碩蕃息孳多爲牧官之最其二十七曰邊境肅清城隍修理爲鎮防之最一最以上有四善爲上上一最以上有三善或無最而有四善爲上中一最以上有二善或無最而有三善爲上下一最以上而有一善或無最而有二善爲中上一最以上或無最而有一善爲中中職事粗理善最不聞爲中下愛憎任情處斷乖理爲下上背公向私職務廢闕爲下中居官諂詐貪濁有狀爲下下若於善最之外別可加尚及罪雖成殿情狀可矜雖不成殿而情狀可責者省校之日皆聽考官臨時量定內外官從見任改爲別官者其年考從日申校百司量其閑劇諸州據其上下進考之人皆有定限苟無其功不要充數功過於限亦聽量進其流外官本司量其行能功過立四等考第而勉進之凡親勳翊衛皆有考第考第之中略有三等衛主帥如三衛之考其監門校尉直長如主帥之考凡謚議之法古之通典皆審其事以爲旌別

戶部尚書一員 正三品隋爲民部尚書貞觀二十三年改爲戶部明慶元年改爲度支龍朔二年改爲司元太常伯光宅元年改爲地官尚書神龍復爲戶部 侍郎二員 正四品下因隋已來改易各位皆隨尚書也 尚書侍郎之職掌天下田戶均輸錢穀之政令其屬有四一曰戶部二曰度支三曰金部四曰倉部總其職務而行其制命凡中外百司之事由於所屬皆質正焉 郎中二員 並五品上 員外郎二員 從六品上郎中員外自隋已來隨曹改易 主事四人 從九品上 令史十五人書令史三十四人亭長六人掌固十人 郎中員外之職掌分理戶口井田之事凡天下十道任土所出爲貢賦之差凡天下之州府三百一十有五而羈縻之州迨八百焉四萬戶已上爲上州二萬戶以上爲中州不滿爲下州凡三都之縣在內曰京縣城外曰畿又望縣有八十五焉其餘則六千戶以上爲上縣二千戶已上爲中縣一千戶已上爲中下縣不滿一千戶皆爲下縣凡天下之戶八百一萬八千七百一十戶四千六百二十八萬五千一百五十一百戶爲里五里爲鄉兩京及州縣之郭內分爲坊郊外爲村里及坊村皆有正以司督察四家爲鄰五鄰爲保保有長以相禁約凡男女始生爲黃四歲爲小十六爲中二十有一爲丁六十爲老每一歲一造計帳三年一造戶籍縣以籍成于州州成于省戶部總而領焉凡天下之戶量其資定爲九等每定戶以仲年造籍以季年州縣之籍恒留五日省籍留九日凡戶之兩貫者先從邊州爲定次從關內次從軍府州若住者各從其先貫焉樂住之制居狹鄉者聽其從寬居遠道者聽其從近居輕役之地者聽其從重辨天下之四人使各專其業習學文武者爲士肆力耕桑者爲農巧作器用者爲工屠沽興販者爲商工商之家不得預於士食祿之人不得奪下人之利凡天下之田五尺爲步步二百有四十爲畝畝百爲頃度其肥瘠寬狹以居其人凡給田之制有差園宅之地亦如之凡給口分田皆從便近居城之人本縣無田者則隔縣給授凡應收授之田皆起十月畢十二月凡授田先課後不課先貧後富先多後少凡州縣界內所部受田悉足者爲寬鄉不足者爲狹鄉凡官人及勳授永業田凡天下諸州有公廨田凡諸州及都護府官人有職分田凡賦人之制有四一曰租二曰調三曰役四曰課戶每丁租粟二石其調隨鄉土所產綾絹絁各二丈布加五分之一輸綾絹者綿三兩輸布者麻三斤皆書印焉凡丁歲役二旬無事則收其庸每日三尺有事而加役者旬有五日免調三旬則租調俱免凡庸調之物仲秋斂之季秋發於州租則準州土收穫早晚量事而斂之仲冬起輸孟春而納畢本州納者季冬而畢凡諸國蕃胡內附者亦定爲九等凡嶺南諸州稅米及天下諸州稅錢各有準常凡丁戶皆有優復蠲免之制若孝子順孫義夫節婦志行聞於鄉閭者州縣申省奏聞而表其門閭同籍悉免課役有精誠致應者則加優賞焉凡京師文武職事官皆有防閤凡州縣官寮皆有白直凡州縣官及在外監官皆有執衣凡諸親王府屬並給士力具品數如白直凡有功之臣賜實封者皆以課戶充凡食封皆傳于子孫凡庶人年八十及篤疾給侍丁一人九十給二人百歲三人凡天下朝集使皆以十月二十五日至京師十一月一日戶部引見訖於尚書省與羣官禮見然後集于考堂應考績之事元日陳其貢篚於殿廷凡京都諸縣令每季一朝

度支郎中一員（從五品上。龍朔改為司度大夫，咸亨復）員外郎一員（從六品上）主事二人（從九品上）令史十六人書令史三十三人計史一人掌固四人 郎中員外之職掌判天下租賦多少之數物產豐約之宜水陸道途之利每歲計其所出而度其所用轉運徵斂送納皆準程而節其遲速凡和糴和市皆量其貴賤均天下之貨以利於人凡金銀寶貨綾羅之屬皆折庸調以造凡天下舟車水陸載運皆具為腳直輕重貴賤平易險澁而為之制凡天下邊軍有支度使以計軍資糧仗之用每歲所費皆申度支會計以長行旨為準

金部郎中一員（從五品上。龍朔為司珍大夫，咸亨復）員外郎一員（從六品上）主事三人（從九品上）令史八人書令史二十一人計史一人掌固四人 郎中員外郎之職掌判天下庫藏錢帛出納之事頒其節制而司其簿領凡度以北方秬黍中者一黍之廣為分十分為寸十寸為尺一尺二寸為大尺十尺為丈凡量以秬黍中者容一千二百為籥二籥為合十合為升十升為斗三斗為大斗十斗為斛凡權衡以秬黍中者百黍之重為銖二十四銖為兩三兩為大兩十六兩為斤凡積秬黍為度量權衡調鐘律測晷景合湯藥及冠冕之制用之內外官私悉用大者凡庫藏出納皆行文牓季終會之若承命出納則於中書門下省覆而行之百司應請月俸符牒到所由皆遞覆而行之乃置木契與應出物之司相合凡官私互市物數有制凡縑帛之類有長短廣狹端疋屯綟之差凡賜十段其率絹三疋布三端綿三屯若雜綵十段則絲布二疋紬二疋綾二疋縵四疋若賜蕃客錦綵率十段則錦一張綾二疋縵三疋綿四屯凡遣使覆囚則給時服若諸使經二年不還亦如之凡時服稱一具者全給之一副者減給之正冬之會稱束帛有差者皆賜絹五品已上五疋六品已下三疋命婦視其夫子

倉部郎中一員（從五品上。龍朔為司庾大夫，咸亨復也）員外郎一員（從六品上）主事三人（從九品上）令史九人書令史二十八人計史一人掌固四人 郎中員外之職掌判天下倉儲受納租稅出給祿廩之事凡中外文武官品秩有差歲再給之乃置木契一百枚以與出給之司合諸司官人及諸色人應給食者皆給米凡致仕之官五品已上及解官充侍者各給半祿郎遷官者通計前祿以充後數凡都已東租納含嘉倉自含嘉轉運以實京太倉自洛至陝為陸運自陝至京為水運置使以監充之凡王公已下每歲田苗皆有簿書凡義倉所以備歲不足常平倉所以均貴賤也

禮部尚書一員（正三品。隋舊。龍朔改為司禮太常伯，光宅改為春官尚書，神龍復也）侍郎一員（正四品下。因隋曹改易也） 尚書侍郎之職掌天下禮儀祭享貢舉之政令其屬有四一曰禮部二曰祠部三曰膳部四曰主客總其職務而行其制命凡中外百司之事由於所屬皆質正焉凡舉試之制每歲仲冬率與計偕其科有六一曰秀才（試方略策五條。此科取人稍峻，貞觀已後遂絕）二曰明經三曰進士四曰明法五曰書六曰算凡此六科求人之本必取精究理實而昇為第其有博綜兼學須加甄奬不得限以常科其弘文崇文館學生雖同明經進士以其資蔭全高試取粗通文義其郊社齋郎簡試如太廟齋郎其國子監大成十二員取明經及第人聰明灼然者試日誦千言幷口試仍策所習業十條通七然後補充各授散官依舊令於學內習業以通四經為限 郎中一員（從五品上）員外郎一員（從六品上。隋曰儀曹郎，武德改禮部郎中員外，龍朔為司禮大夫司禮員外，咸亨復）主事二人（從八品上）令史五人書令史十一人亭長六人掌固八人 郎中員外郎之職掌貳尚書侍郎舉其儀制而辯其名數凡五禮之儀一百五十有二一曰吉禮其儀五十有五二曰賓禮其儀有六三曰軍禮其儀二十有三四曰嘉禮其儀五十五曰凶禮其儀一十有八凡元日大陳設於含元殿服袞冕臨軒展宮懸之樂陳歷代寶玉輿輅備黃麾仗二王後及百官朝集使皇親並朝服陪位大會之日陳設如初凡冬至大陳設如元正之儀其異者無諸州表奏祥瑞貢獻凡元正冬至大會之明日百官朝集使等皆詣東宮慶賀凡千秋節御樓設九部之樂百官袴褶陪位凡京司文武職事九品已上每朔望朝參五品已上及供奉官員外郎監察御史太常博士每日參凡諸蕃國來朝皆設宮懸之樂及黃麾仗若蕃國使則減黃麾之半凡冊皇后太子太子妃諸王諸王妃公主並臨軒冊命陳設如冬正之儀訖皆拜太廟凡祥瑞皆辯其名物有大瑞上瑞中瑞皆有等差凡太陽虧所司預奏其日置五鼓五兵於太社而不視事百官各素服守本司不聽事過時乃罷月蝕則擊鼓於所司若五嶽四鎮四瀆崩竭皆不視事三日凡二分之月三公巡行山陵則太常卿為之副凡百官拜禮各有差致敬之士若非連屬應敬之官相見或自親戚者各從其私禮凡樂有五聲八音六律六呂陳四懸之度分二舞之節以和人倫以調節氣以享鬼神以序賓客凡私家不得設鐘磬三品已上得備女樂五品女樂不得過三人居大功已上喪受冊及之官雖有鼓樂從而不作凡太廟太社及諸宮殿門東宮及一品已下諸州施戟有差凡內外百官皆給銅印有魚符之制（並出於門下省）凡服飾尚黃旗幟尚赤天子皇后太子已下之服（事在輿服志也）凡百寮冠笏繖幰珂珮各有差常服亦如之凡凶服不入公門凡授都督刺史階未入五品者並聽著緋珮魚離任則停凡文武官赴朝詣府導從各有差凡職事官薨卒有賻贈柳翣碑碣各有制度

祠部郎中一員（從五品上。龍朔為司禋大夫，咸亨復）員外郎一員（從六品上）主事二人（從九品上）令史五人書令史十一人亭長六人掌固八人 郎中員外郎之職掌祠祀享祭天文漏刻國忌廟諱卜筮醫藥僧尼之事凡祭祀之名有四一曰祀天神二曰祭地祇三曰享人鬼四曰釋奠于先聖先師其差有三若昊天上帝皇地祇神州宗廟為大祀（天地皆以祖宗配享） 日月星辰社稷先代帝王岳鎮海瀆帝社先蠶孔宣父齊太公諸太子廟為中祀司中司命風師雨師衆星山林川澤五龍祠等及州縣社稷釋奠為小祀大祀皇帝親祭則太尉為亞獻光祿卿為終獻若有司攝事則太尉為初獻太常卿為亞獻凡大祀散齋四日致齋三日大祀齋官皆於散齋日平明集尚書省受誓誡中祀散齋三日致齋二日小祀散齋二日致齋一日皆祀前習禮沐浴並給明衣凡官爵二品已上祠四廟五品已上祠三廟六品已下達於庶人祭祖禰而已凡國有封禪之禮則依圓丘方澤之神位凡天下寺有定數每寺立三綱以行業高者充（諸州寺總五千三百五十八所，三千二百三十五所僧，二千一百二十二所尼。每寺上座一人，寺主一人，都維那一人） 凡僧簿籍三年一造凡別勅設齋應行道並官給料凡國忌日兩京大寺各二以散齋僧尼文武五品已上清官七品已上皆集行香而退天下州府亦然凡遠忌日雖不廢務然非軍務急切亦不舉事餘如常式

膳部郎中一員（從五品上。龍朔為司膳大夫，咸亨復也）員外郎一員（從六品上）主事二人（從九品上）令史四人書令史九人掌固四人 郎中員外郎之職掌邦之祭器牲豆酒膳辨其品數及藏冰食料之事

主客郎中一員（從五品上。隋曰司蕃郎，武德改主客郎中，龍朔為司蕃大夫，咸亨復）員外郎一員（從六品上）主事二人（從九品上）令史四人書令史九人掌固四人 郎中員外郎之職掌二王後及諸蕃朝聘之事二王之後酅公介公凡四蕃之國經朝貢之後自相誅絕及有罪滅者蓋三百餘國今所存者七十餘蕃其朝貢之儀享宴之數高下之等往來之命皆載於鴻臚之職焉

兵部尚書一員（正三品。南朝謂之五兵尚書，隋曰兵部尚書。龍朔改為司戎太常伯，咸亨復也）侍郎二員（正四品下。龍朔為司戎少常伯，咸亨復） 尚書侍郎之職掌天下武官選授及地圖與甲仗之政令其屬有四一曰兵部二曰職方三曰駕部四曰庫部總其職務而行其制命凡中外百官之事由於所屬咸質正焉凡選授之制每歲集於孟冬去王城五百里以上旬千里之內以中旬千里之外以下旬尚書侍郎分為三銓（尚書為中銓，侍郎分東西） 凡試能有五（五謂長梁馬步射馬搶步射應對互有優長即可取之） 較異有三（三謂驍勇藝及可為統領之用也） 審其功能而定其留放所以錄才藝備軍國辯虛冒敘勳勞也然後據其資勞量為注擬（五品已上送中書門下，六品已下量資注定，其在軍鎮要籍不得赴選，委節度使銓試其等第申省） 凡官階注擬團甲進甲皆如吏部之制凡大選終於季春之月所以約資敘之淺深審才略之優劣軍國之用在焉 郎中二員（從五品上。龍朔為司戎大夫，咸亨復也）員外郎二人（從六品上）主事四人（從六品下）令史三十人書令史六十人亭長八人掌固十二人 郎中一員掌判帳及天下武官之階品衛府之名數凡敘階有二十九將軍之階（具於敘目） 凡敘階之法一如文散官之制凡天下之府五百九十有四有上中下並載於諸衛之職凡應宿衛官各從番第凡千牛備身左右及太子千牛備身皆取三品已上職事官子孫四品清官子儀容端正武藝可稱者充五考本司隨文武簡試聽選（四品謂諸司侍郎左右庶子也） 凡殿中省進馬取左右衛三衛及高蔭簡儀容可觀者補充簡試同千牛例僕寺進馬亦如之五品已下七品已上五年多至八年年滿簡送吏部不第者如初無文聽以武選凡左右衛親衛勳衛翊衛及左右率府親勳翊衛及諸衛之翊府通謂之三衛擇其資蔭高者為親衛其次者為勳衛及率府之親衛又次者為翊衛及率府之勳衛又次者為翊衛及率府之翊衛又次者為親王府之執仗執乘量遠邇以定其番第應補之人周親已上有犯刑戮者配令兵部上下凡諸衛及率府三衛貫京兆河南蒲同華岐陝懷汝鄭等州皆令番上餘州皆納資凡左右衛之三衛分為五仗凡王公已下皆有親事帳內限年十八已下舉諸州率萬人以充之皆限十周年則聽其簡試文理高者送吏部其餘留本司全下者退還本色凡兵士隸衛各有其名左右衛曰驍騎左右驍衛曰豹騎左右武衛曰熊渠左右威衛曰羽林左右領軍衛曰射聲左右金吾衛曰佽飛東宮左右衛率府曰超乘左右司禦率府曰旅賁左右清道率府曰直蕩總名曰衛士皆取六品已下子孫及白丁無職役者點充凡三年一簡點成丁

而入六十而免量其遠邇無定番第凡衛士各立名簿其三年已來征防差遣仍定優劣爲三第每年正月十日送本府印記仍録一道送本衛府若有差行上番折衝府據簿而折之凡差衛士征戍鎭防亦有團伍其善弓馬者爲越騎團餘爲步兵團主帥已下統領之火十人有六馱馬若父兄子弟不併遣之若祖父母老疾家無兼丁免征行及番上其居常則皆習射唱大角歌番集之日府官率而課試凡左右金吾衛有角手諸衛有弩手左右羽林軍有飛騎及左右萬騎彍騎天下諸軍有健兒皆定其名籍每季上中書門下凡關內有團結兵秦成岷渭河蘭六州有高麗羌兵黎雅卭翼茂五州有鎭防團結兵天下諸州差兵募取戶殷丁多人材驍勇選前資官勳官部分強明堪統攝者節級擢補主帥以領之其義征者別爲行伍不入募人之營凡軍行器物皆於當州分給之如不足則令自備貧富必以均焉凡諸州軍府應行兵之名簿器物之多少皆申兵部軍散之日亦録其存亡多少以申而勘會之凡諸道廻兵根備之物衣資之費皆令所在州縣分給之　郎中一人掌判簿以總軍戎差遣之名數凡天下節度使有八若諸州在節度內者皆受節度焉其福州經畧使登州平海軍則不在節度之內（節度名與所管軍鎭名並見地理志也）凡親王總戎曰元帥文武官總統者則曰總管以奉使言之則曰節度使有大使副使判官若大使加旌節以統軍豈木契以行凡將帥出行兵滿一萬人已上置長史司馬倉曹兵曹胄曹等參軍各一人五千人已上減司馬諸軍各置使一人五千人已上置副使一人一萬人已上置營田副使一人每軍各有倉兵胄三參軍其橫海高陽唐興恒陽北平等五軍皆本州刺史爲使凡鎭皆有使一人副使一人萬人已上置司馬倉兵二曹參軍五千人已下減司馬凡諸軍鎭每五百人置押官一人千人置子總管一人五千人置總管一人凡諸軍鎭使副使已上皆四年一替總管已下二年一替押官隨兵交替凡諸軍鎭大使副使已下皆有傔人別奏以從之凡幸三京卽東都南北衙皆置左右屯營別立使以統之若在都則京城亦如之凡大將出征皆告廟授鉞辭齊太公廟訖不宿於家臨軍對寇士卒不用命並得專行其罰旣捷及軍未散皆會衆而書勞與其費用乃告太廟元帥凱旋之日皆使郊勞有司先獻捷於太廟又告齊太公廟　員外郎一人掌貢舉及雜請之事凡貢舉每歲孟春亦與計偕有二科一曰平射二曰武舉凡科之優劣勳獲之等級皆審其實而受署焉　員外郎一人掌判南曹每歲選人有解狀簿書資歷考課必由之以覈其實乃上三銓進甲則署焉

職方郎中一員（從五品上龍朔爲司城大夫也）員外郎一員（正六品上）主事二人（從九品上）令史四人書令史九人掌固四人　郎中員外郎之職掌天下地圖及城隍鎭戍烽堠之數辯其邦國都鄙之遠近及四夷之歸化凡五方之區域都邑之廢置疆場之爭訟者舉而正之凡天下上鎭二十中鎭九十下鎭一百三十五上戍十有一中戍八十六下戍二百四十五凡烽堠所置大率相去三十里其逼邊境者築城置之每烽置帥一人副一人凡州縣城門及倉庫門須有備守

駕部郎中一員（從五品上龍朔爲司輿大夫也）員外郎一人（從六品上）主事三人（從九品上）令史十人書令史二十人掌固四人　郎中員外郎之職掌邦國輿輦車乘傳驛廄牧官私馬牛雜畜簿籍辯其出入司其名數凡三十里一驛天下驛凡一千六百三十九而監牧六十有五皆分使統之若畜養之宜孳生之數皆載於太僕之職凡諸衛有承直之馬凡諸司有備運之牛皆審其制以定數焉

庫部郎中一員（從五品上龍朔爲司庫大夫也）員外郎一員（從六品上）主事二人（從九品上）令史七人書令史十五人掌固四人　郎中員外郎之職掌邦國軍州戎器儀仗凡元正冬至陳設并祠祭喪葬所貢之物皆辯其出入之數量其繕造之功以分給焉

刑部尚書一員（正三品隋初改都官尚書又改爲刑部龍朔改爲司刑太常伯光宅改爲秋官尚書神龍復也）侍郎一員（正四品下龍朔爲司刑少常伯）　尚書侍郎之職掌天下刑法及徒隸勾覆關禁之政令其屬有四一曰刑部二曰都官三曰比部四曰司門總其職務而行其制命凡中外百司之事由於所屬咸質正焉　郎中二員（從五品上隋日憲部郎武德爲刑部郎中龍朔改爲司刑大夫）員外郎二員（從六品上）主事四人（從九品上）令史十九人書令史三十八人亭長六人掌固十人　郎中員外郎之職掌貳尚書侍郎舉其典憲而辯其輕重凡文法之名有四一曰律二曰令三曰格四曰式凡律十有二章一名例二禁衛三職制四戶婚五廄庫六擅興七賊盜八鬭訟九詐僞十雜律十一捕亡十二斷獄而大凡五百條令二十有七篇分爲三十卷第一至第七日官品職員八祠九戶十選舉十一考課十二宮衛十三軍防十四衣服十五儀制十六鹵簿十七公式十八田十九賦役二十倉庫二十一廄牧二十二關市二十三醫疾二十四獄官二十五營繕二十六喪葬二十七雜令而大凡一千五百四十六條凡格二十四篇式三十三篇以尚書御史臺九寺三監諸軍爲目凡律以正刑定罪令以設範立制格以禁違正邪式以軌物程事乃立刑名之制五焉一笞二杖三徒四流五死笞刑五杖刑五徒刑五流刑三死刑二而斷獄之大典有十惡八議五聽六贓贖配之典具在刑法志凡決死刑皆於中書門下詳覆凡死罪枷而杻婦人及流徒枷而不杻官品及勳散之階第七已上鎖而不枷在京諸司則徒已上送大理杖已下當司斷之若金吾糺獲亦送大理凡決大辟罪在京者行決之司皆五覆奏在外者刑部三覆奏若犯惡逆已上及部曲奴婢殺主者一覆奏凡京城決囚之日減膳徹樂每歲立春後至秋分不得決死刑大祭祀及致齋朔望上下弦二十四氣雨未晴夜未明斷屠月日及休假亦如之凡犯流罪已下應除免官當未奏身死者免其追奪流移之人皆不得弃放妻妾及私遁還鄕至六載然後聽仕卽本犯不應流而特配流者三載已後聽仕其應徒則皆配居作凡禁囚五日一慮凡鞫獄官與被鞫人有親屬讐嫌者皆聽更之凡在京諸司見禁囚每月二十五日前本司錄其所犯及禁時月日以報刑部凡國有赦宥之事先集囚徒於闕下命衛尉樹金雞待宣制訖乃釋之

都官郎中一員（從五品上龍朔改司僕大夫咸亨復）員外郎一員（從六品上）主事二人（從九品上）令史九人書令史十二人掌固四人　郎中員外郎之職掌配紀隸簿錄俘囚以給衣糧藥療以理訴競雪免凡公私良賤必周知之凡反逆相坐沒其家爲官奴婢一免爲番戶再免爲雜戶三免爲良民皆因赦宥所及則免之年六十及廢疾雖赦令不該亦並免爲番戶七十則免爲良人任所樂處而編附之凡初被沒有伎藝者各從其能而配諸司婦人工巧者入于掖庭其餘無能咸隸司農

比部郎中一員（從五品上龍朔爲司計大夫）員外郎一員（從六品上）主事二人（從九品上）令史十四人書令史二十七人計史一人掌固四人　郎中員外郎之職掌勾諸司百寮俸料公廨贓贖調斂徒役課程逋懸數物周知內外之經費而總勾之凡內外官料俸以品第高下爲差外官以州縣府之上中下爲差凡稅天下戶錢以充州縣官月料皆分公廨本錢之利羈縻州所補漢官給以當土之物關監之官以品第爲差其給以年支輕貨鎭軍司馬判官俸祿同京官鎭戍之官以鎭戍上中下爲差凡京師有別借食本每季一申省諸州歲終而申省比部總勾覆之凡倉庫出內營造傭市丁匠功程贓贖賦斂勳賞賜與軍資器仗和糴屯牧亦勾覆之

司門郎中一員（從五品上龍朔爲司門大夫）員外郎一員（從六品上）主事二人（從九品上）令史六人書令史十三人掌固四人　郎中員外郎之職掌天下諸門及關出入往來之籍賦而審其政凡關二十有六爲上中下之差京城四面關有驛道者爲上關餘關有驛道及四面無驛道者爲中關他皆爲下關關所以限中外隔華夷設險作固閑邪正禁者也凡關呵而不征司貨賄之出入其犯禁者舉其貨罰其人凡度關先經本部本司請過所在京則省給之在外則州給之而雖非所部有來文者所在亦給

工部尚書一員（正三品南朝謂之起部有所營造則置起部尚書畢則省之隋初改置工部尚書龍朔爲司平太常伯光宅改爲冬官尚書神龍復舊也）侍郎一員（正四品下龍朔爲司平少常伯）尚書侍郎之職掌天下百工屯田山澤之政令其屬有四一曰工部二曰屯田三曰虞部四曰水部總其職務而行其制命凡中外百司之事由於所屬咸質正焉

郎中一員（從五品上龍朔爲司平大夫也）員外郎一員（從六品上）主事二人（從九品上）令史十二人書令史二十一人亭長六人掌固八人　郎中員外郎之職掌經營興造之衆務凡城池之修濬土木之繕葺工匠之程式咸經度之凡京師東都有營繕則下少府將作以供其事

屯田郎中一員（從五品上龍朔爲司田大夫也）員外郎一員（從六品上）主事二人（從九品上）令史七人書令史十二人計史一人掌固四人　郎中員外郎之職掌天下屯田之政令凡邊防鎭守轉運不給則設屯田以益軍儲其水陸腴瘠播種地宜功庸煩省收率等級咸取決焉諸屯田役力各有程數凡天下諸軍州管屯總九百九十有二大者五十頃小者二十頃凡當屯之中地有良薄歲有豐儉各定爲三等凡屯皆有屯官屯副凡京文武職事官有職分田京兆河南府及京縣官亦準此凡在京諸司有公廨田皆視其品命而審其分給

虞部郎中一員（從五品上龍朔爲司虞大夫）員外郎一員（從六品上）主事二人（從九品上）令史四人書令史九人掌固四人　郎中員外郎之職掌京城街巷種植山澤苑囿草木薪炭供頓田獵之事凡採捕漁獵必以其時凡京兆河南二都其近爲四郊三百里皆不得弋獵採捕殿中太僕所管閑廄馬兩都皆五百里內供其芻藁其關內隴右西使南使諸牧監馬牛駝羊皆貯藁及茭草其柴炭木橦進內及供百官蕃客並於農隟納之

水部郎中一員（從五品上龍朔爲司川大夫）員外郎一員（從六品上）主事

二人從九品上令史四人書令史九人掌固四人　郎中員外郎之職掌天下川瀆陂池之政令以導達溝洫堰決河渠凡舟檝溉灌之利咸總而舉之凡天下水泉三億二萬三千五百五十九其在遐荒絕域迨不可得而知矣其江河自西極達于東溟中國之大川者也其餘百三十五水是爲中川其又千二百五十二水斯爲小川也若渭洛汾濟漳淇淮漢皆亘達方域通濟舳艫從有之無利於生人者也凡天下造舟之梁四河則蒲津大陽洛則孝義也石柱之梁四洛則天津永濟中橋霸則霸橋木柱之梁三皆渭川便橋中渭橋東渭橋也巨梁十有一皆國工修之其餘皆所管州縣隨時營葺其大津無梁皆給船人量其大小難易以定其差

門下省秦漢有侍中無臺省之名自晉始置門下省南北朝皆因之龍朔改爲東臺光宅改爲鸞臺神龍復

侍中二員隋曰納言又名侍內武德爲納言又改爲侍中龍朔改東臺左相光宅元年改爲納言神龍復爲侍中開元元年改爲黃門監五年復爲侍中天寶元年改爲左相至德三年復改爲侍中武德定令侍中正三品大曆二年十一月九日升爲正二品舊制宰相常於門下省議事謂之政事堂永淳二年七月中書令裴炎以中書執政事筆遂移政事堂於中書省開元十一年中書令張說改政事堂爲中書門下其政事印改爲中書門下之印也　侍中之職掌出納帝命緝熙皇極總典吏職贊相禮儀以和萬邦以弼庶務所謂佐天子而統大政者也凡軍國之務與中書令參而總焉坐而論之舉而行之此其大較也凡下之通上其制有六一曰奏抄二曰奏彈三曰露布四曰議五曰表六曰狀皆審署申覆而施行焉凡法駕行幸則負寶而從大朝會大祭祀則板奏中嚴外辦以爲出入之節輿駕還宮則請解嚴所以告禮成也凡大祭祀皇帝致齋既朝則請就齋室將奠則奉玉及幣以進盥手則取匜以沃洗爵則酌罍水以奉及贊酌汎齊進福酒以成其禮焉若享宗廟則進瓚而贊酌鬱酒以祼既祼則贊酌醴齊其餘如饗神祇之禮藉田則奉耒以贊事凡諸侯王及四夷之君長朝見則承詔而勞問之臨軒命使冊后及太子則承詔以命之凡制敕慰問外方之臣及徵召者則監其封題若發驛遣使則給其傳符以通天下之信凡官爵廢置刑政損益皆授之於記事之官既書於策則監其記注焉凡文武職事六品已下所司進擬則量其階資校其才用以審定之若擬職不當隨其優屈退而量焉

門下侍郎二員隋曰黃門侍郎龍朔爲東臺侍郎咸亨改爲黃門侍郎垂拱改爲鸞臺侍郎天寶元年改爲門下侍郎乾元元年改爲黃門侍郎大曆二年四月復爲門下侍郎武德定令中書門下侍郎同尚書侍郎正四品上大曆二年九月敕升爲正三品也　門下侍郎掌貳侍中之職凡政之弛張事之與奪皆參議焉若大祭祀則從升壇以陪禮皇帝盥手則奉巾以進既帨則奠巾于篚奉瓠爵以贊獻凡元正冬至天子視朝則以天下祥瑞奏聞

給事中四員正五品上隋曰給事郎置四員位次門下侍郎武德定令曰給事中龍朔改爲東臺舍人咸亨復　給事中掌陪侍左右分判省事凡百司奏抄侍中審定則先讀而署之以駁正違失凡制敕宣行大事則稱揚德澤褒美功業覆奏而請施行小事則署而頒之凡國之大獄三司詳決若刑名不當輕重或失則援法例退而裁之凡發驛遣使則審其事宜與黃門侍郎給之其緩者給傳即不應給罷之凡文武六品已下授職官所司奏擬則校其仕歷淺深功狀殿最訪其德行量其才藝若官非其人理失其事則白侍中而退量焉若弘文館圖書之繕寫讎校亦課而察之凡天下冤滯未申及官吏刻害者必聽其訟與御史中書舍人同計其事宜而申理之錄事四人從七品上主事四人從八品下令史十一人書令史二十二人甲庫令史七人傳制八人亭長六人掌固十人修補制敕匠五人

左散騎常侍二人從三品魏晉置散騎常侍侍郎與侍中黃門侍郎共平尚書奏事其後用人或雜江左不重此官或省或置隋初省散騎侍郎置常侍四人從三品掌陪從朝直煬帝又省之武德初以爲加官貞觀初置常侍二人隸門下省明慶二年又置二員隸中書省始有左右之號並金蟬珥貂左常侍與侍中左貂右常侍與中書令右貂謂之八貂龍朔爲左侍極咸亨復廣德二年五月昇爲正三品加置四員興元元年正月左右各加一員貞元四年正月勑依舊四員也　常侍掌侍奉規諷備顧問應對寶應二年勑左右散騎常侍各置參官兩人令自揀擇聞奏參典亦置兩人後省

諫議大夫四員正五品上秦漢曰諫大夫光武加議字隋於門下省置諫議大夫七員從四品下武德四年勑置四員正五品上龍朔改爲正諫大夫神龍復大曆四年勑只四員正五品上龍朔七年三月勑其諫議四員內供奉不得爲正員至貞元四年五月十五日勑諫議分爲左右加置八員四員隸門下爲左會昌二年十一月中書奏隨於門下省置諫議大夫七員從四品下今正五品上自大曆二年門下中書侍郎昇爲正三品兩省遂闕四品官其諫議大夫望昇爲正四品下分爲左右以備兩省四品之闕向後與丞郎出入迭用以重其選勑可之　諫議大夫掌侍從贊相規諫諷諭凡諫有五一曰諷諫二曰順諫三曰規諫四曰致諫五曰直諫

起居郎二員從六品上古無其名隋始置起居舍人二員貞觀二年省起居舍人移其職於門下置起居郎二員明慶中又置起居舍人始與起居郎分在左右龍朔二年改爲左史咸亨復天授元年又改爲左史神龍復也楷書手三人　起居郎掌起居注錄天子之言動法度以修記事之史凡記事之制以事繫日以日繫月以月繫時以時繫年必書其朔日甲乙以紀曆數典禮文物以考制度遷拜旌賞以勸善誅伐黜免以懲惡季終則授之國史焉自漢獻帝後歷代帝王有起居注著作編之每季爲卷送史館也

左補闕二員從七品上左拾遺二員從八品上古無此官名天后垂拱元年二月十九日勑記言書事每切於旁求補闕拾遺未弘於注選聰言共理必藉眾才寄以登賢期之進善宜置左右補闕各二員從七品上左右拾遺各二員從八品上掌供奉諷諫行立次左右史之下仍附于令天授二年二月加置三員通前五員大曆四年補闕拾遺各置內供奉兩員七年五月十一日勑補闕拾遺宜各置兩員也　補闕拾遺之職掌供奉諷諫扈從乘輿凡發令與事有不便於時不合于道大則廷議小則上封若賢良之遺滯於下忠孝之不聞于上則條其事狀而薦言之

典儀二員從九品隋有典儀錄事一員梁有典儀之官後省皇朝又置典儀二人隸門下省初用人皆輕貞觀末李義府爲之自是用士人爲之贊者十二人隋太常鴻臚二寺皆有贊者皇朝因置之隸門下省掌贊唱爲行事之節分番上下謂之番官　典儀掌殿上贊唱之節及殿廷版位之次凡國有大禮侍中行事及進中嚴外辦之版皆贊相焉

城門郎四員從六品上漢有城門校尉掌京城諸門啓閉之節隋改校尉爲城門郎置四員從六品皇朝因之也令史一人書令史二人門僕八百人門僕晉代有之皇朝隸城門局分番上下掌送管鑰　城門郎掌京城皇城宮殿諸門啓閉之節奉出納管鑰開則先外而後內闔則先內而後外所以重中禁尊皇居也候其晨昏擊鼓之節而啓閉之凡皇城宮城闔門之鑰先西而出後戌而入開門之鑰後丑而出夜盡而入京城闔門之鑰後申而出先子而入開門之鑰後子而出先卯而入若非其時而有命啓閉則詣閤覆奏

符寶郎四員從六品上周有典瑞之職秦有符璽令漢曰符璽郎兩漢得秦六璽及傳國璽後代傳之隋置符璽郎二員從六品天后惡璽字改爲寶其受命傳國符八璽文並改彫寶字神龍初復爲符璽郎開元初又改爲符寶從璽文也令史二人書令史三人主寶六人主符三十八人主節十八人　符寶郎掌天子八寶及國之符節辯其所用有事則請於內既事則奉而藏之八寶一曰神寶所以承百王鎮萬國二曰受命寶所以修封禪禮神祇三曰皇帝行寶答疏於王公則用之四曰皇帝之寶勞來勳賢則用之五曰皇帝信寶徵召臣下則用之六曰天子行寶答四夷書則用之七曰天子之寶慰撫蠻夷則用之八曰天子信寶發番國兵則用之凡大朝會則捧寶以進于御座車駕行幸則奉寶以從于黃鉞之內凡國有大事則出納符節辯其左右之異藏其左而班其右以合中外之契焉一曰銅魚符所以起軍旅易守長二曰傳符所以給郵驛通制命三曰隨身魚符所以明貴賤應徵召四曰木契所以重鎮守慎出納五曰旌節所以委良能假賞罰魚符之制王畿之內左三右一王畿之外左五右一左者在內右者在外行用之日從第一爲首後事須用以次發之周而復始大事兼勑書小事但降符函封遣使合而行之傳符之制太子監國曰雙龍之符左右各十京都留守曰麟符左二十其右一十有九東方曰青龍之符西方曰騶虞之符南方曰朱雀之符北方曰玄武之符左四右三左者進內右者付外隨身符之制左二右一太子以玉親王以金庶官以銅佩以爲飾刻姓名者去官而納焉不刻者傳而佩之木契之制太子監國則王畿之內左右各三王畿之外左右各五庶官鎮守則左右各十旌節之制命大將帥及遣使於四方則請而佩之旌以專賞節以專殺周禮之制山國用虎節土國用人節澤國用龍節皆金也又云道路用旌節即漢使所持者是也

弘文館後漢有東觀魏有崇文館宋有玄史二館南齊有總明館梁有士林館北齊有文林館後周有崇文館皆著撰文史鳩聚學徒之所也武德初置修文館後改爲弘文館後避太子諱改曰昭文館開元七年復爲弘文館隸門下省

學士學士無員數自武德已來皆妙簡賢良爲學士故事五品已上稱學士六品已上爲直學士又有文學直館學士不定員數館中有四部書及圖籍自垂拱已後皆宰相兼領號爲館主常令給事中一人判館事學生三十人校書郎二人從九品上令史二人楷書手三十人典書二人搨書手三人筆匠三人熟紙裝潢匠九人亭長二人掌固四人　弘文館學士掌詳正圖籍教授生徒凡朝廷有制度沿革禮儀輕重得參議焉　校書郎掌校理典籍刊正錯謬其學生教授考試如國子學之制焉

中書省秦始置中書謁者漢元帝去謁者二字歷代但云中書後周謂之內史省隋因爲內史省置內史監令各一員煬帝改爲內書省武德復爲內史省三年改爲中書省龍朔改爲西臺光宅改爲鳳閣神龍復爲中書省開元元年改爲紫微省五年復舊

中書令二員漢魏品卑而付重魏置監令各一員歷南朝不改隋省監置令二人正三品隋文帝廢三公府寮令中書令與侍中知政事遂爲宰相之職隋曰內書令武德曰內史令尋改爲中書令龍朔爲西臺右相咸亨復爲中書令光宅爲鳳閣令開元元年改爲紫微令五年復爲中書令天寶改爲右相至德二年復爲中書令本正三品大曆二年十一月九日與侍中同昇正二品自後不改也　中書令之職掌軍國之政令緝熙帝載統和天人入則告之出則奉之以釐萬邦以度百揆蓋佐天下而執大政也凡王言之制有七一曰冊書二曰制書三曰慰勞制書四曰發勑五曰勑旨六曰論事勑書七曰勑牒皆宣署申覆而施行之凡大祭祀羣神則從升壇以相禮享宗廟則從升阼階親征纂嚴戒勑百寮冊命親賢臨軒則使讀冊若命之于朝則宣而授之凡冊太子則授璽凡制詔宣傳文章獻納皆授之於記事之官武德貞觀故事以尚書省左右僕射各一人及侍中中書令各二人爲知政事官其時以他官預議國政者云與宰相參議朝政或云平章國計或云專典機密或參議政事貞觀十七年李勣爲太子詹事特詔同知政事始謂同中書門下三品自是僕射常帶此稱自餘非兩省長官預知政事者亦皆以此爲名永淳中始詔郭正一郭待舉魏玄同等與中書門下同承受進旨平章事自天后已後兩省長官及同中書門下三品并平章事爲宰相其僕射不帶同中書門下三品者但釐尚書省而已總章二年東臺侍郎張文瓘西臺侍郎戴至德等始以同中書門下三品著之入銜自是相承至今永淳二年黃門侍郎劉齊賢知政事稱同中書門下平章事自後兩省長官及他官執政未至侍中書令者皆稱同中書門下平章事也

中書侍郎二員漢置中書掌密詔有令僕丞郎四官魏曰中書郎晉加侍字隋置內書省改爲

中書侍郎正四品武德初爲內史侍郎三年改爲中書侍郎龍朔光宅開元隨曹易號至德復爲中書侍郎武德定令與尚書侍郎俱爲四品大曆二年九月與門下侍郎共昇爲正三品也 中書侍郎掌貳令之職凡邦國之庶務朝廷之大政皆參議焉凡臨軒冊命大臣令爲之使則持冊書以授之凡四夷來朝臨軒則授其表疏升于西階而奏若獻贄幣則受之以授於所司

中書舍人六員正五品上曹魏於中書置通事一人掌呈奏按章高貴鄉公於通事下加舍人二字晉於中書置舍人通事各一人自魏晉齊梁詔誥皆出於中書令中書侍郎中書通事舍人但掌呈奏而已表通事有文字者別勑知詔誥至梁武制誥專令舍人掌之兼去通事二字但云中書舍人隋曰內史舍人置八員掌制誥品第六尋升五品上煬帝改內書舍人置四員武德初爲內史舍人三年改爲中書舍人龍朔光宅開元隨曹改易 舍人掌侍奉進奏參議表章凡詔旨勑制及璽書冊命皆按典故起草進畫既下則署而行之其禁有四一曰漏泄二曰稽緩三曰違失四曰忘誤所以重王命也制勑既行有誤則奏而正之凡大朝會諸方起居則受其表狀而奏之國有大事若大剋捷及大祥瑞百寮表賀亦如之凡冊命大臣于朝則使持節讀冊命之凡將帥有功及有大賓客皆使勞問之凡察天下寃滯與給事中及御史三司鞫其事凡百司奏議文武考課皆預裁焉主書四人從七品上主事四人從八品上令史二十五人書令史五十人傳制十人亭長十八人修補勑匠五十人

右散騎常侍二員從三品右補闕二員從七品上右拾遺二員從八品上起居舍人二員從六品上右常侍補闕拾遺掌事同左省起居舍人掌修記言之史錄天子之制誥德音如記事之制以記時政損益季終則授之於國史

通事舍人十六人從六品上通事舍人秦謁者之官也掌賓贊受事隸光祿勳晉置舍人通事各一人隸中書東晉曰通事舍人隋因晉制置十六人從六品上又爲通事謁者隸謁者臺武德初廢謁者臺改通事謁者爲通事舍人隸四方館屬中書省也 通事舍人掌朝見引納及辭謝者於殿廷通奏凡近臣入侍文武就列引以進退而告其拜起出入之節凡四方通表華夷納貢皆受而進之凡軍旅之出則命受慰勞而遣之既行則每月存問將士之家以視其疾苦凱旋則郊迓之皆復命凡致仕之臣與邦之耋老時巡問亦如之令史十人亭長十八人掌固二十四人

集賢殿書院開元十二年置漢魏已來職在秘書梁於文德殿內或聚群書北齊有文林館學士後周有麟趾殿學士皆著述隋平陳之後寫群書正副二本藏于宮中其餘以實秘書外閣煬帝於東都觀文殿東西廂貯書自漢延嘉至隋皆秘書掌圖籍而禁中之書時或有焉及太宗在藩府時有秦府學士十八人其後弘文崇文二館皆有學士玄宗即位大校群書開元五年於乾元殿東廊下寫四部書以充內庫置校定官四人七年駕在東都於麗正殿置修書使十二年駕在東都十三年與學士張說等宴於集仙殿因改名集賢改修書使爲集賢書院學士其大明宮所置書院本命婦院屋宇宏敞永泰九年三月詔僕射裴冕等十三人每日於集賢書院侍部

集賢學士初定制以五品已上官爲學士六品已下爲直學士每宰相爲學士者爲知院事常侍一人爲副學士知院事一人開元初以褚无量馬懷素元行沖相次知乾元殿寫書及在麗正乃有使名張說代元行沖改院爲集賢以說爲大學士知院事說懇讓大字詔許之自是每以宰相一人知院事副知院事一人初宰相張說知院事以左常侍徐堅爲副知院事因爲故事判院一人初在乾元殿刊正官一人判事其後因之押院中使一人自乾元殿寫書則置掌出入宣進奏兼領中官監宋院門掌同宮禁侍講學士開元初褚无量馬懷素侍講禁中名爲侍讀其後康子元爲侍講學士修撰官校理官並無常員以官人兼之待制官古待詔金馬門是留院官檢討官皆以學士別勑留之孔目官一人專知御書典四人並開元五年置知書官八人開元五年置掌分四庫書書直寫御書一百人搨書六人書直八人裝書直十四人造筆直四人並開元六年置集賢學士之職掌刊緝古今之經籍以辯明邦國之大典凡天下圖書之遺逸賢才之隱滯則承旨而徵求焉其有籌策之可施於時著述之可行於代者較其才藝而考其學術而申表之凡承旨撰集文章校理經籍月終則進課于內歲終則考最於外

史館歷代史官隸秘書省著作局皆著作郎掌修國史武德因隋舊制貞觀三年閏十二月始移史館於禁中在門下省北宰相監修國史自是著作郎始罷史職及大明宮初成置史館於門下省之南館門下東西有棗樹七十四株無雜樹開元二十五年三月右相李林甫以中書地切樞密記事者官宜附近史官尹愔奏移史館於中書省北以舊尚樂院充館也

史官古者天子諸侯皆有史官以紀言動曆數之事至後漢明帝召當時名士入東觀撰光武紀而史官因以他官兼之魏明帝始置著作郎專掌國史隸中書晉改隸秘書省因而不改貞觀年修五代史移史館於禁中史官無常員如有修撰大事則用他官兼之事畢日停監修國史以宰相監修貞觀已後多國史遂成故事也修撰直館天寶已後他官兼領史職者謂之史館修撰初入爲直館也元和六年宰相裴洎奏登朝官領史職者並爲修撰未登朝官入館者並爲直館修撰中以一人官高者判館事其餘名目並請不置從之楷書手二十五人典書四人亭長二人掌固六人裝潢直一人熟紙匠六人 史官掌修國史不虛美不隱惡直書其事凡天地日月之祥山川封域之分昭穆繼代之序禮樂師旅之事誅賞廢興之政皆本於起居注時政記以爲實錄然後立編年之體爲褒貶焉既終藏之于府

知匭使天后垂拱元年置匭以達寃滯其制一房四面各以方色東曰延恩西曰申寃南曰招諫北曰通玄所以申天下之寃滯達萬人之情狀蓋古善旌誹謗木之意也天寶九年改匭爲獻納乾元元年復名曰匭垂拱已來常以諫議大夫及補闕拾遺一人充使受納訴狀每日暮進內而晨出之也

翰林院天子在大明宮其院在右銀臺門內在興慶宮院在金明門內若在西內院在顯福門若在東都華清宮皆有待詔之所其待詔者有詞學經術合練僧道卜祝術藝書奕各別院以廩之日晚而退其所重者詞學武德貞觀時有溫大雅魏徵李百藥岑文本許敬宗褚遂良永徽後有許敬宗上官儀皆召入禁中驅使未有名自乾封中劉懿之劉禕之兄弟周思茂元萬頃范履冰皆以文詞召入待詔常於北門候進止時號北門學士天后時蘇味道韋承慶皆待詔禁中中宗時上官昭容獨當書詔之任睿宗時薛稷賈膺福崔湜又代其任玄宗即位張說陸堅張九齡徐安貞張垍等召入禁中謂之翰林待詔王者尊極一日萬機四方進奏中外表疏批荅或詔從中出宸翰所揮亦資其檢討謂之視草故嘗簡當代士人以備顧問至德已後天下用兵軍國多務深謀密詔皆從中出尤擇名士翰林學士得充選者文士爲榮亦如中書舍人例置學士六人內擇年深德重者一人爲承旨所以獨承密命故也德宗好文尤難其選貞元已後爲學士承旨者多至宰相焉

內教坊武德已來置於禁中以按習雅樂以中官人充使則天改爲雲韶府神龍復爲敎坊

習藝館本名內文學館選宮人有儒學者一人爲學士敎習宮人則天改爲習藝館又改爲翰林內敎坊以事在禁中故也

秘書省隸中書之下漢代藏書之所有延閣廣內石渠之藏又御史中丞在殿內掌蘭臺秘書圖籍後漢桓帝延熹二年始置秘書監屬太常寺掌禁中圖書秘文後併入中書至晉惠帝別置秘書寺掌中外三閣圖書梁武改寺爲省龍朔改爲蘭臺光宅改爲麟臺神龍復爲秘書省

秘書監一員從三品監之名後漢桓帝置魏晉不改後周謂之外史下大夫隋後爲秘書監從第三品煬帝改爲秘書令武德復爲監龍朔改爲蘭臺太史天授改爲麟臺監神龍復爲秘書監也少監二員從四品上少監隋煬帝置龍朔改爲蘭臺侍郎天授爲麟臺少監神龍復爲秘書少監比置一員太極初增置一員也丞一員從五品上魏武帝置丞二人隋置一人正第五品也 秘書監之職掌邦國經籍圖書之事有二局一曰著作二曰太史皆率其屬而修其職少監爲之貳丞掌判省事

秘書郎四員從九品上校書郎八人正九品上正字四人正九品下主事一人從九品上令史四人書令史八人楷書手八十人亭長六人掌固八人 秘書郎掌甲乙丙丁四部之圖籍謂之四庫經庫類十史庫類十三子庫類十四集庫類三事在經籍志

著作局龍朔爲司文局

著作郎二人從五品上龍朔爲司文郎中咸亨復也佐郎四人從六品上校書郎二人正九品上正字二人正九品下楷書手五人掌固四人 著作郎佐郎掌修撰碑志祝文祭文與佐郎分判局事也

司天臺舊太史局隸秘書監龍朔二年改爲秘閣局久視元年改爲渾儀監景雲元年改爲太史監復爲太史局隸秘書乾元元年三月十九日勑改太史監爲司天臺改置官屬舊置於子城內秘書省西今在永寧坊東南角也

監一人從三品本太史局令從五品下乾元元年改爲監升從三品一如殿中秘書品秩也少監二人本曰太史丞從七品下乾元升爲少監與諸司少監卿同品也 太史令掌觀察天文稽定曆數凡日月星辰之變風雲氣色之異率其屬而占候之其屬有司曆二人掌造曆保章正一人掌敎曆生四十一人監候五人掌候天文觀生九十人掌晝夜司候天文氣色挈壺正二人掌知漏刻司辰七十人漏刻典事二十二人漏刻博士九人漏刻生三百六十人典鐘一百一十二人典鼓八十八人楷書手二人亭長掌固各四人自乾元元年別置司天臺改置官吏不同太史局舊數今據司天藏掌書之也凡玄象器物天文圖書苟非其任不得預焉每季錄所見災祥送門下中書省入起居注歲終總錄封送史館每年預造來年曆頒于天下

五官正五員正五品乾元元年置五官有春夏秋冬中五官之名丞二員正七品上主簿二員正七品定額直五人五官靈臺郎五員正七品舊靈臺郎正八品下掌觀天文之變而占候之凡二十八宿分爲十二次事具天文之志也五官保章正五員正七品上五官司曆五員正八品舊司曆二人從九品上國之曆法造曆以頒四方共曆有戊寅曆麟德曆神龍曆大衍曆天下之測量之處分至表準其詳可藏故參考星度稽驗晷影各有典章五官監候五員正八品五官挈壺正五員正九品五官司辰十五員正九品前挈壺正二員從八品下司辰十七人正九品下皆掌諸漏刻孔壺爲漏浮箭爲刻以告中星昏明之候也五官禮生十五人五官楷書手五人令史五人漏刻博士二十人漏刻之法孔壺爲漏浮箭爲刻其箭四十有八晝夜共百刻冬夏之間有長短冬至之日晝漏四十刻夜漏六十刻夏至晝漏六十刻夜漏四十刻春分秋分之時晝夜各五十刻秋分之後減晝益夜凡九日加一刻春分已後減夜益晝九日減一刻二至前後加減遲用日多二分之間加減速用日少候夜以爲更點之節每夜分爲五更每更分爲五點更以擊鼓爲節點以擊鐘爲節也典鐘典鼓三百五十人天文觀生九十人天文生五十人曆生五十五人漏生四十人視品十人已上官吏皆乾元元年隨監司新置也

## 舊唐書卷四十三考證

職官志二王之女封縣主視正二品○新書從二品

考功令史十三人○新書十五人

書令史二十五人○新書三十人

倉部郎中二員○新書一員

令史九人書令史二十人○九人新書作十二人二十人新書作二十三人

祠部令史五人書令史十一人○五人新書作六人十一人新書作十三人

駕部主事三人○新書二人

書令史二十八人○新書二十四人

刑部員外郎二員○新書一員通考同舊書

比部主事二人○新書四人

工部主事二人○新書三人

門下省給事中令史十一人書令史二十二人甲庫令史七人傳制八人掌固十人○十一人新書作二十二人二十二人新書作四十三人七人新書作十三人八人新書作二人十人新書作十四人

符寶郎一曰神寶所以承百王鎮萬國○新書車服志藏而不用

八曰天子信寶發番國兵則用之○新書車服志皆泥封

二曰傳符○新書車服志傳信符

弘文館學生三十人○新書三十八人

楷書手三十人裝潢匠九人掌固四人○三十人新書

作十二人九人新書作八人四人新書作二人

中書省右補闕二員右拾遺二員○新書皆六員

集賢殿書院書直寫御書一百人○新書九十人

知匭使乾元元年復名曰匭○新書在至德元載

祕書監祕書郎四員○新書三員

# 舊唐書卷四十四

後晉司空同中書門下平章事劉　昫撰

## 職官三第二十四

御史臺秦漢曰御史府後漢改爲憲臺魏晉宋改爲蘭臺梁陳北朝咸曰御史臺武德因之龍朔二年改名憲臺咸亨復光宅元年分臺爲左右號曰左右肅政臺左臺專知京百司右臺按察諸州神龍復爲左右御史臺延和年廢右臺先天二年復置十月又廢也

大夫一員正三品秦漢之制御史大夫副丞相爲三公之官魏晉之後多不置大夫以中丞爲臺主隋諱中復大夫降爲正四品武德令改爲從三品龍朔改爲大司憲咸亨復爲大夫光宅分臺爲左右置左右臺大夫及廢右臺去左右字本從三品會昌二年十二月勑大夫秦爲正卿漢爲副相漢末改爲大司空與丞相俱爲三公掌邦國刑憲肅正朝廷其任既重品秩宜峻準六尚書例昇爲正三品著之於令中丞二員正四品下漢御史臺有二丞掌殿內祕書謂之中丞漢末改爲御史長史後漢復爲中丞後魏改爲中尉正北齊復曰中丞後周曰司憲中大夫隋諱中改爲持書御史爲從五品武德因之貞觀末避高宗名改持書御史爲中丞置二員龍朔改爲司憲大夫咸亨復爲中丞本正五品上會昌二年十二月勑中丞爲大夫之貳緣大夫秩崇官不常置中丞爲憲臺長今九寺少卿及諸少監國子司業京兆少尹並府寺省監之貳皆爲四品唯中丞官重品秩未崇可昇爲正四品下與丞郎出入迭用著之於令　大夫中丞之職掌持邦國刑憲典章以肅正朝廷中丞爲之貳凡天下之人有稱冤而無告者與三司訊之凡中外百寮之事應彈劾者御史言於大夫大事則方幅奏彈之小事則署名而已若有制使覆囚徒則與刑部尚書參擇之凡國有大禮則乘輅車以爲導

侍御史四員從六品下御史之名周官有之亦名柱下史秦改爲侍御史後周曰司憲中士隋爲侍御史品第七武德品第六也　掌糺舉百寮推鞫獄訟侍御史年深者一人判臺事知公廨雜事次一人知西推一人知東推也凡有別付推者則按其實狀以奏若尋常之獄推訖斷于大理凡事非大夫中丞所劾而合彈奏者則具其事爲狀大夫中丞押大事則冠法冠衣朱衣纁裳白紗中單以彈之小事常服而已凡三司理事則與給事中中書舍人更直直於朝堂受表若三司所按而非其長官則與刑部郎中員外大理司直評事往訊之

主簿一人從七品下錄事二人從九品下　主簿掌印及受事發辰勾檢稽失兼知官厨及黃卷　主事二人令史十七人書令史二十三人

殿中侍御史六人從七品下　令史八人書令史十八人　殿中侍御史掌殿廷供奉之儀式凡冬至元正大朝會則具服升殿若郊祀巡幸則於鹵簿中糺察非違具服從於旌門視文物有所虧闕則糺之凡兩京城內則分知左右巡各察其所巡之內有不法之事

監察御史十員正八品上貞觀初馬周以布衣進用太宗令於監察御史裏行自此因置裏行之名龍朔元年以王本立爲監察裏行也　監察掌分察巡按郡縣屯田鑄錢嶺南選補知太府司農出納監決囚徒監祭祀則閱牲牢省器服不敬則劾祭官尚書省有會議亦監其過謬凡百官宴會習射亦如之

殿中省魏初置殿中監隋初改爲殿中局煬帝改爲殿內省武德改爲殿中省龍朔改爲中御府咸亨復爲殿中省

監一員從三品魏初置品第三梁品第三隋品第四武德品第三也　少監二員從四品上

丞二人從五品上　主事二人從九品上　令史四人書令史十二人亭長掌固各八人　殿中監掌天子服御總領尚食尚藥尚衣尚舍尚乘尚輦六局之官屬備其禮物供其職事少監爲之貳凡聽朝則率其屬執繖扇以列於左右凡大祭祀則進大珪鎮珪於壝門之外既事受而藏之凡行幸則侍奉於仗內驂乘以從若元正冬至大朝會則有進爵之禮丞掌副監事兼勾檢稽失省署抄目主事掌印及知受事發辰

尚食局奉御二人正五品下隋初爲典御又改爲奉御　直長五人正七品上　食醫八人正九品下　奉御掌謹其儲供辨名數直長爲之貳若進御必辨其時禁春肝夏心秋肺冬腎四季之月脾王皆不可食當進必先嘗正至大朝會饗宴與光祿大夫視其品秩之差其賜王公賓客亦如之諸陵月享則視膳而獻之食醫掌率主食王膳以供其職

尚藥局奉御二人正五品下　直長四人正七品上　書吏四人　侍御醫四人從六品上　主藥十二人　藥童三十人　司醫四人正八品下　醫佐八人正八品下　按摩師四人　呪禁師四人　合口脂匠四人　掌固四人　奉御掌合和御藥及診候方脈之事直長爲之貳凡藥有上中下三品上藥爲君中藥爲臣下藥爲佐合造之法一君三臣九佐別人五藏分其五味有湯丸膏散之用診脈有寸關尺之三部醫之大經凡合和與監視其分劑藥成嘗而進焉侍御醫掌診候調和主藥藥童主刮削擣篩

尚衣局奉御二人從五品上　直長四人正七品下　書令史三人　書吏四人　主衣十六人　掌固四人　奉御掌衣服詳其制度辨其名數直長爲之貳凡天子之制冕十有三一大裘冕二袞冕三驚冕四毳冕五繡冕六玄冕七通天冠八武弁九弁服十介幘十一白紗帽十二平紗幘十三翼善冠事具輿服志　凡天子之大珪曰珽長尺鎮珪長尺有二寸若有事於郊丘社稷則出之於內將享至于中壝門則奉鎮珪于監而進之既事受而藏之凡大朝會則設案服畢而徹之

尚舍局奉御二人從五品上　直長六人正七品下　書令史三人　書吏七人　掌固十八人　幕士八十人　奉御掌殿廷張設湯沐燈燭灑掃之事直長爲之貳凡行幸預設三部帳幕有古帳大帳次帳小次帳小帳凡五等之帳爲三部　其外置排城以爲蔽扞排城連板爲小板上畫辟邪獸表裏皆漆之　凡大祭祀有事於郊壇則先設行宮於壇之東南向隨地之宜將祀三日則設大次於外壝東門之外道北南向而設坐若有事於明堂太廟則設大次於東門如郊壇之制凡致齋則設幄於正殿西序及室內俱東向張於楹下凡元正冬至大朝會則設斧扆於正殿施蹋席熏鑪朔望受朝則施幄於正殿帳裙頂帶方闊一丈四尺也

尚乘局奉御二人從五品上　直長一人正七品下　奉乘十八人正九品下　習馭五十人　掌閑五十人　獸醫七十人　進馬六人正七品下　司庫一人正九品下　司廩二人正九品下　書令史一人　書吏十四人　奉御掌內外閑廐之馬辨其麤良而率其習馭直長爲之貳一曰左右飛黃閑二曰左右吉良閑三曰左右龍媒閑四曰左右騊駼閑五曰左右駃騠閑六曰左右天苑閑開元時仗內六閑飛龍祥麟鳳苑鵷鸞吉良六羣等號六廐馬日　凡秣馬給料以時爲差凡外牧進良馬印以三花飛風之字而爲志奉乘掌率習馭掌閑駕士及秣飼之法司庫掌鞍轡乘具司廩掌稾秸出納獸醫掌療馬病初尚乘局掌六閑馬後置內外閑廐使專掌御馬開元初以尚乘局隸閑廐使乃省尚乘其左右六閑及局官並隸閑廐使領之也進馬舊儀每日尚乘以廐馬八疋分爲左右廂立於正殿側宮門外候仗下即散若大陳設即馬在樂懸之北與大象相次進馬二人戎服執鞭侍立於馬之左隨馬進退雖名管殿中其實武職用資蔭簡擇一如千牛備身天寶八載李林甫用事罷立仗馬亦省進馬官十二載楊國忠當政復立仗馬及進馬官乾元復省上元復置也

尚輦局奉御二人從五品上　直長四人正七品下　尚輦二人正九品下　書令史二人　書吏四人　掌扇六人　掌翰二十四人　主輦三十二人　奉輿十二人　掌固四人　奉御掌輿輦分其次序而辨其名數直長爲之貳凡大朝會則陳于廷大祭祀則陳于廟凡大朝會則繖二翰一陳之于廷孔雀扇一百五十有六分居左右舊翟扇尾開元年初改爲繡孔雀　若常聽朝皆去扇左右各留其三以備常儀

內官

妃三人正一品周官三夫人之位也隋依周制立三夫人武德立四妃一貴妃二淑妃三德妃四賢妃位次后之下玄宗以爲后妃四星其一正后不宜更有四妃乃改定三妃之位惠妃一麗妃二華妃三下有六儀美人才人四等共二十人以備內官之位也　三妃佐后坐而論婦禮者也其於內則無所不統故不以一務名焉六儀六人正二品周官九嬪之位也　掌敎九御四德率其屬以贊導后之禮儀美人四人正三品周官三十七世婦之位也　掌率女冠修祭祀賓客之事才人七人正四品周官八十一御女之位　掌敘宴寢理絲枲以歲獻功

宮官六尚如六尚書之職掌

尚宮二人正五品　司記二人正六品　典記二人正七品　掌記二人正八品　女史六人　司言二人正六品　典言二人正七品　掌言二人正八品　女史四人　司簿二人正六品　典簿二人正七品　掌簿二人正八品　女史六人　司闈六人正六品　典闈六人正七品　掌闈六人正八品　女史四人　尚宮職掌導引中宮總司記司言司簿司闈四司之官屬凡六尚書物出納文簿皆印署之司記掌印凡宮內諸司簿書出入目錄審而付行焉典記佐之女史掌執文書司言掌宣傳啓奏司簿掌宮人名簿廩賜司闈掌宮闈管籥

尚儀二人正五品　司籍二人正六品　典籍二人正七品　掌籍二人正八品　女史十人　司樂四人正六品　典樂四人正七品　掌樂二人正八品　女史二人　司賓二人正六品　典賓二人正七品　掌賓二人正八品　司贊二人正六品　典贊二人正六品　掌贊二人正八品　女史二人　尚儀之職掌禮儀起居總司籍司樂司賓司贊四司之官屬司籍掌四部經籍筆札几案司樂掌率樂人習樂陳懸拊擊進退司賓掌賓客朝見宴會賞賜司贊掌朝見宴會贊相

尚服二人正五品　司寶二人正六品　典寶二人正七品　掌寶二人正八品　女史四人　司衣二人正六品　典衣二人正七品　掌衣二人正八品　女史四人　司飾二人正六品　典飾二人正七品　掌飾二人正八品　女史四人　司仗二人正六品　典仗二人正七品　掌仗二人正八品　女史二人　尚服之職掌供內服用采章之數總司寶司衣司飾司仗四司之官屬司寶掌瑞寶符契圖籍司衣掌衣服首飾司飾掌膏沐巾櫛司仗掌羽儀仗衛

尚食二人正五品　司膳四人正六品　典膳四人正七品　掌膳四人正八品　掌醖二人正八品　女使四人　司醖二人正七品　典醖二人正七品　女使二人　司藥二人正六品　典藥二人正七品　掌藥二人正八品　女史四人　司饎二人正六品　典饎二人正七品　掌饎二人正八品　女史四人　尚食之職掌供膳羞品齊之數總司膳司醖司藥司饎四司之官屬凡進食先嘗之司膳掌制烹煎和司醖掌酒醴醷飲司藥掌方藥司饎掌給宮人廩餼飯食薪炭

尚寢二人正五品　司設二人正六品　典設二人正七品　掌設二人正八品　女史四人　司輿二人正六品　典輿二人正七品　掌輿

二人正八品女史一人司苑二人正六品典苑二人正七品掌苑二人正八品女史二人司燈二人正六品典燈二人正七品掌燈二人正八品女史二人　尚寢之職掌燕寢進御之次序總司設司輿司苑司燈四司之官屬司設掌幃帳茵席埽灑張設司輿掌輿輦繖扇羽儀司苑掌園苑種植蔬菓司燈掌燈燭

尚功二人正五品司製二人正六品典製二人正七品掌製二人正八品女史二人司珍二人正六品典珍二人正七品掌珍二人正八品女史六人司綵二人正六品典綵二人正七品掌綵二人正八品女史二人司計二人正六品典計二人正七品掌計二人正八品女史二人　尚功之職掌女功之程課總司製司珍司綵司計四司之官屬司製掌衣服裁縫司珍掌寶貨司綵掌繒錦絲枲之事司計掌支度衣服飲食薪炭

宮正一人正五品司正二人正六品典正二人正七品女史四人　宮正之職掌戒令糺禁謫罰之事司正典正佐之

右唐制定宮官六尚書二十四司職事官以備內職之數

內侍省星經有宦者四星在天市垣帝坐之西周官有巷伯寺人之職皆內官也前漢宮官多用士人後漢始用宦者爲宮官晉置大長秋卿爲後宮官以宦者爲之隋爲內侍省煬帝改爲長秋監武德復爲內侍龍朔改爲內侍監光宅改爲司宮臺神龍復爲內侍省也

內侍二員從四品上漢魏曰長秋卿梁曰大長秋北齊曰中侍中後周曰司內上士隋曰內侍置二人煬帝曰長秋令正四品武德復爲內侍中宮之貴極于此矣若有殊勳懋績則有拜大將軍者仍兼內侍之官德宗置左右神策威遠等禁兵命中官掌之每軍置中尉一人宦者爲之自李輔國魚朝恩之後京師兵柄歸於內官號左右軍中尉將兵於外者謂之觀軍容使而天下軍鎮節度使皆內官一人監之事具宦者傳也

內常侍六人正五品下漢代謂之中常侍　內侍之職掌在內侍奉出入宮掖宣傳之事總掖廷宮闈奚官內僕內府五局之官屬內常侍爲之貳凡皇后祭先蠶則相儀后出則爲之夾引

內給事八人從五品下主事二人從九品下令史八人書令史十六人　內給事掌判省事凡元正冬至羣臣朝賀中宮則出入宣傳凡宮人衣服費用則具其品秩計其多少春秋二時宣送中書

內謁者監六人正六品下內謁者十二人從八品下內寺伯二人正七品下　內謁者監掌內宣傳凡諸親命婦朝會所司籍其人數送內侍省內謁者掌諸親命婦朝夕班位內寺伯掌糺察諸不法之事歲大儺則監其出入

掖廷局令二人從七品下丞三人從八品下宮教博士二人從九品下監作四人從九品下計史二人書令史八人　掖廷令掌宮禁女工之事凡宮人名籍司其除附公桑養蠶會其課業丞掌判局事博士掌教習宮人書算衆藝監作掌監當雜作

宮闈局令二人從七品下丞二人從八品下書令史三人書吏六人內閽人二十人內掌扇十六人內給使無常員　宮闈局令掌侍奉宮闈出入管鑰凡大享太廟帥其屬詣于室出皇后神主置於輿而登座焉既事納之凡宮人無官品者稱內給使若有官及經解免應敘選者得令長上其小給使學生五十人皆總其名籍以給其粮稟丞掌判局事內給事掌諸門進物出納之曆

奚官局令二人正八品下丞二人正九品下書令史三人書吏六人藥童四人　奚官令掌奚隸工役宮官品命丞爲之貳凡宮人有疾病則供其醫藥死亡則供其衣服各視其品命仍於隨近寺觀爲之修福雖無品亦如之凡內命婦五品已上亡無親戚於墓側三年內取同姓中男一人以時主祭無同姓則所司春秋以少牢祭之

內僕局令二人正八品下丞二人正九品下書令史二人書吏四人駕士二百人　內僕令掌中宮車乘出入導引丞爲之貳凡中宮有出則令居左丞居右而夾引之凡皇后之車有六事在輿服也

內府局令二人正八品下丞二人正九品下書令史二人書吏四人　內府令掌中藏寶貨給納名數丞爲之貳凡朝會五品已上賜絹帛金銀器於殿廷者並供之諸將有功幷蕃酋辭還亦如之

太常寺古曰秩宗秦曰奉常漢高改爲太常梁加寺字後代因之

卿一員正三品梁置十二卿太常卿爲一周隋品第三龍朔二年改奉常光宅改爲司禮卿神龍復爲太常卿也少卿二人正四品上隋置少卿二人從四品武德置一人貞觀加置一員　太常卿之職掌邦國禮樂郊廟社稷之事以八署分而理之一曰郊社二曰太廟三曰諸陵四曰太樂五曰鼓吹六曰太醫七曰太卜八曰廩犧總其官屬行其政令少卿爲之貳凡國有大禮則贊相禮儀有司攝事則爲之亞獻率太樂官屬設樂懸以供其事讌會亦如之若三公行園陵則爲之副公服乘輅備鹵簿而奉其禮若大祭祀則先省牲器凡太卜占國之大事及祭祀卜日皆往涖之於太廟南門之外凡仲春薦冰及四時品物甘滋新成者皆薦焉凡有事於宗廟少卿帥太祝齋郎入薦香燈整拂神幄出入神主將享則與良醞令實罇罍凡備大享之器服有四院一曰天府院二曰御衣院三曰樂懸院四曰神廚院

丞二人從五品上主簿二人從七品上錄事二人從九品下府十二人史二十三人博士四人從七品上謁者十人贊引二十人太祝六人正九品上祝史六人奉禮二人從九品上贊者十六人協律郎二人正八品上亭長八人掌固十二人太廟齋郎京都各一百三十人太廟門僕京都各三十人　丞掌判寺事凡大饗太廟則修七祀於太廟西門之內若禘享則兼修配享功臣之禮主簿掌印勾檢稽失省署抄目錄事掌受事發辰博士掌五禮之儀式本先王之法制適變隨時而損益焉凡大祭祀及有大禮則與鄉導贊其儀凡公已下擬謚皆迹其功行爲之褒貶無爵稱子養德丘園聲實明著則謚曰先生大行大名小行小名之古有周書謚法大戴禮謚法漢劉熙謚法一卷晉張靖謚法兩卷又有廣謚法一卷梁沈約總聚古今謚法凡有一百六十五稱也若大祭祀卿省能器謁者爲之導若小祀及公卿大夫有嘉禮亦命謁者以贊之大祝掌出納神主于太廟之九室而奉享薦禘祫之儀凡國有大祭祀凡郊廟之祝版先進取署乃送祠所將事則跪讀祝文以信于神禮成而焚之凡大祭祀卿省牲而告充凡祭天及日月星辰之玉帛則焚之祭地及社稷山岳則瘞之海瀆則沉之奉禮郎掌朝會祭祀君臣之版位凡樽卣之制十有四祭則陳之祭器之位簠簋爲前甄鈃次之籩豆爲後大凡祭祀朝會在位者拜跪之節皆贊導之贊者承傳焉又設牲牓之位以成省牲之儀凡春秋二仲公卿巡陵則主其威儀鼓吹之節而相禮焉協律郎掌和六呂六律辨四時之氣八風五音之節凡太樂則監試之爲之課限若大祭祀饗宴奏于廷則升堂執麾以爲之節則舉麾工鼓柷而後樂作偃麾戛敔而後止

兩京郊社署令各一人從七品下丞一人從八品上府二人史四人典事三人掌固五人門僕八人齋郎一百一十人　郊社令掌五郊社稷明堂之位祠祀祈禱之祀丞爲之貳凡大祭祀則設神坐於壇上而別其位立燎壇而先積柴凡有合朔之變則置五兵於太社以朱絲縈之以俟變過時而罷之

諸陵署令一人從五品上錄事一人府二人史四人主衣四人主輦四人主藥四人典事三人掌固二人陵戶乾橋昭四百人獻定恭三百人　陵令掌先帝山陵率戶守衛之丞爲之貳凡朔望元正冬至皆修享於諸陵凡功臣密戚陪葬者聽之以文武分爲左右列

諸太子陵令各一人從八品下丞一人從九品下

太樂署令一人從七品下丞一人從八品下府三人史六人樂正八人從九品下典事八人掌固八人文武二舞郎一百四十人　太樂令調合鐘律以供邦國之祭祀享宴丞爲之貳凡天子宮懸鐘磬凡三十六簴鎛鐘十二編鐘十二編磬十二共爲三十六架東方西方磬簴起北鐘簴次之南方北方磬簴起西鐘簴次之鎛鐘在編鐘之間各以位四隅建鼓左柷右敔又設巢竽笛管簫塤擊于編鐘之下偶歌琴瑟筝筑擊于編磬之下其在殿廷前則加鼓吹十二案於建鼓之外羽葆之鼓大鼓金錞歌簫笳置於其上又設登歌鐘節鼓瑟琴筝筑於堂上笙和簫篪於堂下太子之廷陳軒懸去其南面鎛鐘編鐘各三凡九簴設于辰丑申之位三建鼓亦如之凡宮懸之作則奏文武舞事在音樂志也凡大宴會則設十部伎凡大祭祀朝會用樂辨其曲度章服而分始終之次有事於太廟每室酌獻各用舞事具音樂志凡祀昊天上帝及五方大明夜明之樂皆六成祭皇地祇神州社稷之樂皆八成享宗廟之樂皆九成其餘祭祀三成而已五音有成數觀其數而用之也凡習樂立師以教每歲考其師之課業爲上中下三等申禮部十年大校之量優劣而黜陟焉凡樂人及音聲人應教習皆著簿籍覈其名數分番上下

鼓吹署令一人從七品下丞三人從八品下府三人史六人樂正四人從九品下典事四人掌固四人　鼓吹令掌鼓吹施用調習之節以備鹵簿之儀丞爲之貳凡大駕行幸鹵簿則分前後二部以統之法駕則三分減一小駕則減大駕之半皇太后皇后出則如小駕之例皇太子鼓吹亦有前後二部親王已下各有差凡駕行幸有夜警晨嚴之制大駕夜警十二曲晨嚴三通太子諸王公卿已下警嚴有差凡合朔之變則率工人設五鼓於太社大儺則帥鼓角以助侲子唱之

太醫署令二人從七品下丞二人從八品下府二人史四人主藥八人藥童二十四人醫監四人從八品下醫正八人從九品下藥園師二人藥園生八人掌固四人　太醫令掌醫療之法丞爲之貳其屬有四曰醫師針師按摩師禁咒師皆有博士以教之其考試登用如國子之法凡醫師醫工醫正療人疾病以其全多少而書之以爲考課藥園師以時種蒔收采

諸藥醫博士一人正八品上助教一人從九品下醫師二十人醫工一百人醫生四十人典藥二人　博士掌以醫術教授諸生醫術謂習本草甲乙脈經分而爲業一曰體療二曰瘡腫三曰少小四曰耳目口齒五曰角法也

針博士一人從八品下針助教一人從九品下針師十人針工二十人針生二十人　針博士掌教針生以經脈孔穴使識浮沉澁滑之候又以九針爲補瀉之法其針名有九應病用之也

按摩博士一人從九品下按摩師四人按摩工十六人按摩生十五人　按摩博士掌教按摩生消息導引之法

咒禁博士一人從九品下咒禁師二人咒禁工八人咒禁生十人　咒禁博士掌教咒禁生以咒禁除邪魅之爲厲者

太卜署令一人從九品下丞一人正九品下卜正二人從九品下卜博士二人從九品下　太卜令掌卜筮之法丞爲之貳其法有四一曰龜二曰五兆三曰易四曰式皆辨其象數通其消息所以定吉凶焉凡國

有祭祀則率卜正占者卜日於太廟南門之外歲季冬之晦帥侲子入宮中堂贈大儺贈送也堂中舞侲子以送不祥也

廩犧署令一人從九品丞一人正九品廩犧令掌薦犧牲及粢盛之事丞爲之貳凡三祀之牲牢各有名數大祭祀則與太祝以牲就牓位太常卿省牲則北面牛牖乃牽牲以授太官

汾祠署令一人從七品下丞一人從八品上汾祠令丞掌神祀享祭洒掃之制

兩京齊太公廟署令各一人從七品下丞各一人從八品上令丞掌開闔洒掃及春秋仲釋奠之禮

光祿寺秦曰郎中令漢曰光祿勳掌宮殿門戶梁置十二卿加寺字除勳字曰光祿卿掌膳食後因之品第三龍朔改爲司膳寺卿光宅改爲司膳寺正卿神龍復爲光祿寺也

卿一員從三品少卿二人從四品上卿之職掌邦國酒醴膳羞之事總太官珍羞良醞掌醢之屬修儲備謹出納少卿爲之貳國有大祭祀則省牲鑊視濯溉若三公攝祭則爲之終獻朝會宴享則節其等差量其豐約以供焉

丞二人從六品上主簿二人從七品上錄事二人從九品上府十二人史二十一人亭長六人掌固六人丞掌判寺事主簿掌印勾檢稽失錄事掌受事發辰

太官署令二人從七品下丞四人從七品下府四人史八人監膳十人從九品下主膳十五人供膳二千四百人掌固四人太官令掌供膳食之事丞爲之貳凡祭之日與卿詣廚省牲鑊取明水於陰鑑取明火於陽燧帥宰人以鑾刀割牲取其毛血實之於豆遂烹牲焉又帥進饌者實簠簋設於饌幕之內凡朝會宴享九品已上並供其膳食凡供奉祭祀致齋之官則視其品秩爲之差降國子監釋奠百官觀禮亦如之凡宿衛當上及命婦朝參宴會者亦如之

珍羞署令一人正八品下丞二人正九品下府三人史六人典書八人餳匠五人掌固四人令掌庶羞之事丞爲之貳以實籩豆陸產之品曰榛栗脯修水物之類曰魚鹽菱芡辨其名數會其出入以供祭祀朝會賓客之禮也

良醞署令二人正八品下丞二人正九品下府三人史六人監事二人從九品下掌醞二十人酒匠十三人奉觶一百二十人掌固四人令掌供奉邦國祭祀五齊三酒之事丞爲之貳五齊三酒義見周官郊祀之日帥其屬以實罇罍若享太廟供其鬱鬯之酒以實六彝若應進者則供春暴秋清酴醾桑落等酒

掌醢署令一人正八品下丞二人正九品下府二人史四人主醢十人令掌供醯醢之屬而辨其名物丞爲之貳凡鹿兔羊魚等四醢凡祭神祇高宗廟用葅醢以實豆宴賓客會百官醯醬以和羹

衛尉寺秦置衛尉掌宮門衛屯兵屬官有公車司馬衛士旅賁三令梁置十二卿衛尉加寺字官加卿字龍朔改爲司衛寺咸亨復也

卿一員從三品少卿二人從四品上卿之職掌邦國器械文物之事總武庫武器守宮三署之官屬少卿爲之貳凡天下兵器入京師者皆籍其名數而藏之凡大祭祀大朝會則供其羽儀節鉞金鼓帷帟茵席之屬

丞二人從六品上主簿二人從八品上錄事一人從九品上府六人史十一人亭長四人掌固六人丞掌判寺事辨器械出納之數主簿掌印勾檢稽失錄事掌受事發辰

武庫令兩京各一人從六品下丞二人從八品下府二人史六人監事一人正九品下典事二人掌固五人令掌藏邦國之兵仗器械辨其名數以備國用丞爲之貳凡親征及大田巡狩以羝羊猳豬雄雞釁鼓若太子親征及大將出師則用猳豝凡有赦則先建金雞兼置鼓於宮城門之右視大理及府縣囚徒至則撾其鼓

武器署令一人正八品下丞二人從九品下府二人史六人監事一人從九品下典事二人掌固四人令掌在外戎器辨其名物會其出入丞爲之貳凡大祭祀大朝會及巡幸則納於武庫供其鹵簿若王公百官婚葬之禮應於鹵簿亦供之

守宮署令一人正八品下丞二人正九品下府二人史四人監事二人掌設六人幕一千六百人令掌邦國供帳之屬辨其名物會其出入丞爲之貳凡大祭祀大朝會及巡幸則設王公百官位於正殿南門外

宗正寺星經有宗正星在帝座之東南秦置宗正掌屬籍梁置十二卿宗正爲一署加寺字隋品第二光宅改爲司屬神龍復之也

卿一員從三品少卿二員從四品上丞二人從六品上主簿一人從七品上錄事一人從九品上府五人史九人亭長四人掌固四人卿之職掌九族六親之屬籍以別昭穆之序并領崇玄署少卿爲之貳九廟之子孫繼統爲宗餘曰族凡大祭祀及冊命朝會之禮皇親諸親應陪位預會者則爲之簿書以申司封若皇親爲三公子孫應襲封者亦如之丞掌判寺事主簿掌印勾檢稽失錄事掌受事發辰

崇玄署令一人正八品下丞一人正九品下府二人史三人典事六人掌固二人令掌京都諸觀之名數道士之帳籍與其齋醮之事丞爲之貳

太僕寺太僕古官梁置十二卿署加寺字後因之龍朔改爲司馭寺光宅爲司僕寺神龍復也

卿一員從三品古有太僕正卿其名也後無正字唯太僕梁置爲列卿隋品第三龍朔爲司馭正卿光宅曰司僕卿神龍復也少卿二人從四品上卿之職掌邦國廄牧車輿之政令總乘黃典牧車府四署及諸監牧之官屬少卿爲之貳凡國有大禮及大駕行幸則供其五輅屬車之屬凡監牧羊馬所通籍帳每歲則受而會之以上尚書駕部以議其官吏之考課凡四仲之月祭馬祖馬步先牧馬社

丞四人從六品上主簿二人從七品上錄事二人從九品上府十七人史三十四人獸醫六百人獸醫博士四人學生一百人亭長四人掌固六人丞掌判寺事主簿掌印勾檢稽失省署抄目錄事掌受事發辰

乘黃署令一人從七品下丞一人從八品下府一人史二人典事八人駕士一百四十人羊車小史十四人掌固六人令掌天子車輅辨其名數與馴馭之法丞爲之貳凡乘輿五輅事具輿服志也皆有副車又有十二車曰指南車曰記里鼓車白鷺車鸞旗車辟惡車皮軒車耕根車安車四望車羊車黃鉞車豹尾車其車飾見輿服志也屬車一十有二古者屬車八十一乘皇朝置十二乘也乘輿有大駕法駕小駕車服各有名數之差若有大禮則以所御之輅進內既事則受而藏之凡將有事先期四十日尚乘供馬如輅色率駕士預調習指南等十二車

典廄署令二人從八品下丞四人從七品下府二人史六人主乘六人正九品下典事八人執馭一百人駕士八百人掌固六人令掌繫飼馬牛給養雜畜之事丞爲之貳

典牧署令二人正八品下丞四人正九品下府四人史八人監事八人從九品下典事十六人主酪五十人令掌牧雜畜造酥酪脯腊給納之事丞爲之貳凡羣牧所送羊犢皆受之而供廩犧尚食之用諸司合供者亦如之

車府署令一人正八品下丞一人正九品下府一人史二人典事四人掌固六人令掌王公已下車輅辨其名數及馴馭之法丞爲之貳凡公已下四軺車一象輅二革輅三木輅四軺輅視其品秩而給之兼給馭士也

上牧監一人從五品下牧監皆皇朝置也副監二人正六品下丞二人正八品上主簿一人正八品下錄事一人府三人史六人典事八人掌固四人

中牧監一人正六品下副監一人從六品下丞一人從八品下主簿一人從九品下錄事一人府二人史四人典事四人掌固四人

下牧監一人從六品下副監一人正七品下丞一人正九品下主簿一人從九品下諸牧監掌羣牧孳課之事凡馬五千疋爲上監三千疋已上爲中監一千疋已上爲下監凡馬之羣有牧長尉凡馬有左右監以別其麤良以數紀名著之簿籍細馬稱左麤馬稱右凡諸羣牧立南北東西四使以分統之其馬皆印每年終監牧使巡按孳數以功過相除爲之考課

沙苑監一人從六品下副監一人正七品下丞一人正九品下主簿二人從九品下錄事一人府三人史六人典事四人掌固二人沙苑監掌牧養隴右諸牧牛羊以供其宴會祭祀及尚食所用每歲與典牧分月以供之丞爲之貳若百司應供者則四時皆供凡羊毛及雜畜毛皮角皆具數申有司

大理寺古謂掌刑爲士又曰理漢景帝加大字取天官貴人之牢曰大理之義後漢改爲廷尉魏復爲大理南朝又名廷尉梁改名秋卿北齊隋爲大理加寺字龍朔改爲詳刑寺光宅爲司刑神龍復改

卿一員從三品古或名廷尉北齊加寺字隋品第三龍朔爲詳刑正卿光宅爲司刑卿神龍復爲大理卿少卿二員從四品上卿之職掌邦國折獄詳刑之事少卿爲之貳凡犯至流死皆詳而質之以申刑部仍於中書門下詳覆凡吏曹補署法官則刑部尚書侍郎議其人可否然後注擬

正二人從五品下丞六人從六品上主簿二人從七品上府二十八人史五十六人正掌參議刑辟詳正科條之事凡六丞斷罪不當則以法正之丞掌分判寺事主簿掌印省署抄目勾檢稽失錄事掌受事發辰獄丞四人掌率獄吏檢校四徒及枷杖之事獄史六人亭長四人掌固八人問事一百四十八人掌決罪人司直六人從六品上評事十二人從八品下掌出使推覈評事史十四人其刑法科目已載於刑部

鴻臚寺周曰大行人秦曰典客漢景帝曰大行武帝曰大鴻臚梁置十二卿鴻臚爲冬卿去大字署爲寺後周曰賓部隋曰鴻臚寺龍朔改爲同文寺光宅曰司賓寺神龍復也

卿一員從三品少卿二人從四品上卿之職掌賓客及凶儀之事領典客司儀二署以率其官屬供其職務少卿爲之貳凡四方夷狄君長朝見者辨其等位以賓待之凡二王後及夷狄君長之子襲官爵者皆辨其嫡庶詳其可否若諸蕃人酋渠有封禮命則受冊而往其國凡天下寺觀三綱及京都大德皆取其道德高妙爲衆所推者補充申尚書祠部皇帝太子爲五服之親及大臣發哀臨弔則贊相焉凡詔葬大臣一品則卿護其喪事二品則少卿三品丞一人往皆命司儀以示禮制

丞二人從六品上主簿一人從七品上錄事二人從九品上府五人史十一人亭長四人掌固六人丞掌判寺事主簿掌印勾檢稽失錄事掌受事發辰

典客署令一人從七品下丞二人從八品下掌客十五人正九品上典客十三人府四人史八人賓僕十八人掌固二人典客令掌二王後之版籍及四夷歸化在蕃者之名數丞爲之貳凡朝貢宴享送迎皆預焉辨其等位供其職事

凡霤渠首領朝見者皆館供之如疾病死喪量事給之

司儀署令一人正八品下丞一人正九品下司儀六人府二人史四人掌設十八人齋郎三十三人掌固四人幕士六十人 司儀令掌凶禮之儀式及喪葬之具丞爲之貳凡京官職事三品已上散官三品已上京官四品已上如遭喪薨卒量品贈祭葬皆供給之

司農寺漢初治粟內史景帝改爲大農武帝加寺字隋爲司農卿龍朔二年改爲司稼卿咸亨復也

卿一員從三品北齊置十二寺以署爲寺以官爲卿 少卿二員從四品上 卿之職掌邦國倉儲委積之事總上林太倉鉤盾導官四署與諸監之官屬謹其出納少卿爲之貳凡京百司官吏祿給及常料皆仰給之孟春藉田祭先農則進耒耜季冬藏冰仲春頒冰皆祭司寒

丞六人從六品上主簿二人從七品上錄事二人從九品上府二十八人史七十六人計史三人亭長九人掌固七人 丞掌判寺事凡天下租及折造轉運于京都皆閱而納之以供國用以祿百官主簿掌印署抄目勾檢稽失凡置木契二十隻應須出納與署合之

上林署令二人從七品下丞四人從八品下府七人史十四人監事十九人典事二十四人掌固五人 令掌苑囿園池之事丞爲之貳凡植果樹蔬以供朝會祭祀其尚食所進及諸司常料季冬藏冰皆主之

太倉署令三人從七品下丞二人從八品下府十人史二十人監事十人從九品下 令掌九穀廩藏丞爲之貳凡鑿窖置屋皆銘甎爲庾斛之數與其年月日受領粟官吏姓銘又立牌如其銘

鉤盾署令二人正八品上丞四人正九品上府七人史十四人監事十人從九品下典事十九人掌固五人 令掌供邦國薪芻之事丞爲之貳凡祭祀朝會賓客享宴隨差降給之

導官署令二人正八品上丞四人正九品上府八人史十六人監事十人從九品上 令掌導擇米麥之事丞爲之貳凡九穀之用隨其精粗差其耗損而供之

太原永豐龍門諸倉每倉監一人正七品下丞二人從八品上錄事一人典事六人府二人史四人掌固四人 倉監掌倉窖儲積之事丞爲之貳凡出納帳紙歲終上于寺司

司竹監監一人正七品下副監一人正八品上丞二人從八品上錄事一人府二人史四人典事三十人掌固四人 司竹監掌植養園竹副監爲之貳歲終以竹功之多少爲考課

溫泉監泉在京兆府昭應縣之西監一人正七品下丞二人從八品上錄事一人府二人史二人掌固四人 溫泉監掌湯池宮禁之事丞爲之貳凡王公已下至于庶人湯泉館有差別其貴賤而禁其踰越凡近湯之地潤澤所及瓜果之屬先時而毓者必苞匭而進之以薦陵廟

京都苑總監監各一人從五品下副監一人從六品下丞二人從七品下主簿一人從九品上錄事各三人府八人史十六人亭長四人掌固六人 苑總監掌宮苑內館園池之事副監爲之貳凡禽魚果木皆總而司之凡給總監及苑內官屬人畜出入皆爲差降之數

京都苑四面監監各一人從六品下副監一人從七品下丞二人正八品下錄事一人府三人史三人典事六人掌固四人 四面監掌所管面苑內宮館園池與其種植修葺之事副監爲之貳丞掌判監事

諸屯監一人從七品下丞二人從八品下 諸屯監各掌其屯稼穡丞爲之貳凡每年定課有差

九成宮總監監一人從五品下副監一人從六品下丞一人從七品下主簿一人從九品下錄事一人府三人史五人 宮監掌檢校宮樹供進鍊餌之事副監爲之貳

太府寺周官有太府下士掌財賦秦漢已後財賦屬司農少府梁始置太府卿掌藏龍朔改爲外府光宅改爲司府卿神龍復爲太府寺也

卿一員從三品後周太府中大夫 少卿二員從四品上 卿掌邦國財貨總京師四市平準左右藏常平八署之官屬舉其綱目修其職務少卿爲之貳以二法平物一曰度量二曰權衡凡四方之貢賦百官之俸秩謹其出納而爲之節制焉凡祭祀則供其幣

丞四人從六品上主簿二人從七品上錄事二人從九品上府十五人史五十八人計史四人亭長七人掌固七人 丞掌判寺事凡正至大朝所貢方物應陳於殿廷者受而進之

兩京都市署京師有東西兩市東都有南北兩市令一人從六品上丞各二人正八品上錄事一人府三人史七人典事三人掌固一人 京都市令掌百族交易之事丞爲之貳凡建標立候陳肆辯物以二物平市謂秤以格斗以槩以三賈均市賈有上中下之差

平準署令二人從七品下丞四人從八品下錄事一人府六人史十三人監事二人從九品下典事二人賈人十八人掌固十人 平準令掌供官市易之事丞爲之貳凡百司不任用之物則以時出貨其沒官物亦如之

左藏署左右藏令皆始有之後代因之皇家左藏有東庫西庫朝堂庫又有東都庫各木契一與太府主簿合也令三人從七品下丞五人從八品下府九人史十八人監事九人從九品下典事一人掌固八人 左藏令掌邦國庫藏丞爲之貳凡天下賦調先於輸場簡其合尺度斛兩者卿及御史監閱然後納于庫藏皆題以州縣年月所以別粗良辨新舊凡出給先勘木契然後錄其名數請人姓名署印送監門乃聽出若外給者以墨印印之凡藏院之內禁人燃火及無故入院者晝則外四面常持仗爲之防守夜則擊柝而分更以巡警之

右藏署令二人正八品上丞三人正九品上府五人史十人監事四人從九品下典事七人掌固十人 右藏令掌國寶貨丞爲之貳凡四方所獻金玉珠貝玩好之物皆藏之出納禁令如左藏

常平署漢宣帝時始置常平倉以平歲之凶穰後漢改爲常滿倉晉曰常平後魏曰邸閣倉隋於衛州置黎陽倉洛州置河陽倉陝州置常平倉華州置廣通倉轉相委輸漕關東之粟以給京師國家垂拱初兩京置常平署天下州府亦置之 令一人從七品下丞二人從八品下府四人史八人監事五人從九品下典事五人掌固六人 常平令掌倉儲之事丞爲之貳也

國子監國子之義見周官晉武始立國子學北齊曰國子寺隋初曰學後改爲寺大業三年改爲監龍朔日大司成光宅曰成均神龍復爲國子監也

祭酒一員從三品周官曰師氏保氏漢始置祭酒博士歷代因之隋祭酒品第三龍朔光宅隨曹改易 司業二員從四品下隋大業三年始置司業一人從四品官名隨曹改易 祭酒司業之職掌邦國儒學訓導之政令有六學一國子學二太學三四門四律學五書學六算學也凡春秋二分之月上丁釋奠于孔宣父祭以太牢樂用登歌軒懸祭酒爲初獻司業爲亞獻凡教授之經以周易尚書周禮儀禮禮記毛詩春秋左氏傳公羊傳穀梁傳各爲一經孝經論語兼習之每歲終考其學官訓導功業之多少爲之殿最

丞一人從六品下主簿一人從七品下錄事一人從九品下府七人史十二人亭長六人掌固八人 丞掌判監事凡六學生每歲有業成上于監者以其業與祭酒司業試所習業上尚書禮部

國子博士二人正五品上助教一人從六品上學生三百人典學四人廟幹二人掌固四人 博士掌教文武官三品已上國公子孫二品已上曾孫爲生者生初入置束帛一篚酒一壺修一案每歲生有能通兩經已上求出仕者則上于監堪秀才進士者亦如之典學掌抄錄課業廟幹掌灑掃學廟

太學博士三人從六品上助教三人從七品上學生五百人 太學博士掌教文武五品已上及郡縣公子孫從三品曾孫之爲生者教法並如國子

四門博士三人從七品上助教三人從八品上 四門博士掌教文武七品已上及侯伯子男子之爲生者若庶人子爲俊士生者教法如太學學生五百人直講四人掌佐博士助教之職文成二十人通四經業成上於尚書吏部試登第者加階放選也

律學博士一人從八品下太宗置助教一人從九品上學生五十人 博士掌教文武官八品已上及庶人子爲生者以律令爲專業格式法例亦兼習之

書學博士二人從九品下學生三十人 博士掌教文武官八品已下及庶人之子爲生者以石經說文字林爲專業餘字書兼習之

算學博士二人從九品下學生三十人 博士掌教文武八品已下及庶人子爲生者二分其經以爲之業習九章海島孫子五曹張丘建夏侯陽周髀十五人習綴術緝古十五人其紀遺三等亦兼習之

五經博士各一人五品下書無五經學科自貞元五年一月勅特置三禮開元禮科長慶三年二月始置三傳三史科從又置五經博士檢年月未獲也

廣文館博士二人正六品上天寶九載置試附監修進士業者置助教一人至德後廢也

少府監秦置少府掌山澤之稅漢掌內府珍貨梁始爲卿歷代或置或省隋大業五年始分太府置少府監龍朔改爲內府光宅改爲尚方神龍復爲少府監

監一員從三品秦漢有少府梁始爲卿隋爲監從三品少監從四品煬帝改爲令武德復爲監龍朔光宅隨曹改易之 少監二員從四品下 監之職掌供百工伎巧之事總中尚左尚右尚織染掌治五署之官屬庀其工徒謹其繕作少監爲之貳凡天子之服御百官之儀制展采備物皆率其屬而供之

丞四人從六品下主簿二人從七品下錄事二人從九品上府二十七人史十七人計史三人亭長八人掌固四人 丞掌判監事凡五署所修之物則申尚書省下所司以供給焉

中尚署令一人從六品下丞四人從八品下府九人史十八人監作四人典事四人掌固四人 中尚令掌供郊祀之圭璧器玩之物中宮服飾雕文錯綵之制皆供之丞爲之貳其所用金玉齒革毛羽之屬任土以時而供送之

左尚署令一人正七品下丞五人從七品下監作六人從九品下典事十八人掌固四人 左尚令掌供天子之五輅五副七輦三輿十有二車大小方員華蓋一百五十有六諸翟尾扇及小繖翰辯其名數而頒其制度丞爲之貳

右尚署令一人正七品下丞四人從八品下監作六人從九品下典事十三人掌固十人 右尚署令供天子十有二閑馬之鞍轡及五品三部之帳備其材革而修其制度丞爲之貳凡刀劍斧鉞甲冑紙筆茵席履舄之物靡不畢供具用綾絹金玉毛革等所出方土以時支送

織染署令一人正八品上丞二人正九品上監作六人從九品下典事十一人掌固五人 織染令掌供天子太子羣臣之冠冕辨其制度而供其職丞爲之貳

掌冶署令一人正八品上丞一人從九品上監作四人從九品下 掌冶令掌鎔鑄銅鐵器物丞爲之貳凡天下出銅鐵州府

聽人私採官收其稅若白鑞則官市之其西北諸州禁人無置鐵冶及採鐵若器用所須具名移於所由官供之

諸冶監一人正七品下丞二人從八品下錄事一人府一人史二人監作四人從九品下典事二人掌固四人　諸冶監掌鑄銅鐵之事

北都軍器監一人正四品上少監一人正五品上丞二人正七品上主簿一人正八品上錄事一人從九品上府十人史十八人典事四人亭長二人掌固四人　軍器監掌繕造甲弩以時納于武庫

甲坊署令一人正八品下丞一人正九品下府二人史五人監作二人從九品下典事二人

弩坊署令一人正八品下丞一人正九品下府二人史五人監作二人從九品下典事二人

諸鑄錢監絳州三十鑪楊宣鄂蔚四州各十鑪益鄧郴三州各五鑪洋州三鑪定州一鑪也　諸鑄錢監以所在州府都督刺史判之副監一人上佐判之丞一人判司判之監事一人或參軍或縣尉知之錄事府史士人爲之

諸互市監各一人從六品下丞一人正八品下　諸市監掌諸蕃交易馬駝驢牛之事

將作監秦置將作掌營繕宮室歷代不改隋爲將作寺龍朔改爲繕工監光宅改爲營繕監神龍復爲將作監也

大匠一員從三品大匠之名漢景帝置梁置十二卿將作爲一卿後周曰匠師中大夫隋初爲將作寺置大匠一人又改爲監以大匠爲監煬帝改爲令武德改爲大匠龍朔光宅隨曹改易也　少匠二員從四品下　大匠掌供邦國修建土木工匠之政令總四署三監百工之官屬以供其職事凡兩京宮殿宗廟城郭諸臺省監寺廨宇樓臺橋道謂之內外作皆委焉

丞四人從六品下主簿二人從七品下錄事二人從九品下府十四人史二十八人計史三人亭長四人掌固六人

左校署令二人從八品下丞四人正九品下府六人史十二人監作十人從九品下　左校令掌供營構梓匠凡宮室樂懸簨簴兵仗器械喪葬所須皆供之

右校署令二人從八品下丞三人正九品下府五人史十人監作十人從九品下典事十四人　右校令掌供版築塗泥丹雘之事

中校署令一人從八品下丞三人正九品下府三人史六人監事四人從九品下典事八人掌固二人　中校令掌供舟車兵仗廄牧雜作器用之事凡行幸陳設供三梁竿柱閑廄供剉碓行槽祭祀供葛竹壍等

甄官署令一人從八品下丞二人正九品下府五人史十人監作四人從九品下典事十八人　甄官令掌供琢石陶土之事凡石磬碑碣石人獸馬碾磑塼瓦瓶缶之器喪葬明器皆供之

百工就谷庫谷斜谷太陰伊陽等監百工監在陳倉就谷監在王屋庫谷監在鄠縣太陰監在陸渾伊陽監在伊陽皆在出材之所監各一人從七品下丞一人正八品下府各一人史三人典事各二十一人錄事各一人監事四人從九品下　百工等監掌採伐材木

都水監

都水監使者二人正五品上漢官有都水長屬主爵掌諸池沼後改爲使者後漢改爲河堤謁者晉復置都水臺立使者一人掌舟檝之事梁改爲太舟卿北齊亦曰都水臺隋改爲都水監大業復爲使者尋又爲監復改監爲令品第三武德復爲監貞觀改爲使者從六品龍朔改爲司津監光宅爲水衡都尉神龍復爲使者正五品上仍隸將作監　丞二人從七品上主簿二人從八品下錄事一人府五人史十人掌固三人　使者掌川澤津梁之政令總舟檝河渠二署之官屬凡虞衡之採捕渠堰陂池之壞決水田斗門灌溉皆行其政令

舟檝署令一人正八品下丞二人正九品下　舟檝署令掌公私舟船運漕之事

河渠署令一人正八品下丞一人正九品上府三人史六人河堤謁者六人掌修補堤堰漁釣之事典事三人掌固四人長上漁師十人短番漁師一百二十人明資漁師一百二十人　河渠令掌供川澤魚醢之事祭祀則供魚醢諸司供給魚及冬藏者每歲支錢二十萬送都水命河渠以時價市供之

諸津令一人正九品下丞一人從九品下　津令各掌其津濟渡舟梁之事

武官

左右衛周制軍萬二千五百人天子六軍大國三軍次國二軍小國一軍軍將皆命卿至秦漢始置衛將軍後漢魏因之晉武帝始置左右中三衛將軍至隋始置左右衛左右武衛左右候左右領軍左右率府各有大將軍一人謂十二衛大將軍也國家因之

大將軍各一員正三品　將軍各二員從三品　左右衛將軍之職掌統領宮廷警衛之法以督其屬之隊仗而總諸曹之職務凡親勳翊五中郎將府及折衝府所隸皆總制之凡宿衛內廊閤門外分爲五仗一供奉仗二親仗三勳仗四翊仗五散手仗也皆坐於東西廊下若御坐正殿則爲黃旗仗分立於兩階之次在正門之內以夾門之坐於東西廂皆大將軍守之

長史各一人從六品上錄事參軍事各一人正八品下倉曹兵曹參軍各二人正八品下騎曹胄曹參軍各一人正六品下司階二人正六品上中候三人正七品下司戈五人正八品下執戟五人正九品下奉車都尉五人從五品下　長史掌判諸曹親勳翊五府及武安武成等五十府之事諸曹參軍皆掌本曹勾檢之事隨曹各有府史

親府勳一府勳二府翊一府翊二府翊等五府每府中郎一人中郎將一人皆四品下左右郎將各一人正五品上錄事一人兵曹參軍事一人正九品上校尉五人旅帥十人隊正二十人副隊正二十人　中郎將領本府之屬以宿衛左右郎將貳之若大朝會巡幸以鹵簿之法以領其儀仗

左右驍衛古曰驍騎隋改左右備身爲左右驍衛所領名豹騎國家去騎字曰驍衛府龍朔去府字改爲左右武威神龍復爲驍衛

大將軍各一員正三品　將軍各二員從三品　驍衛將軍之職掌如左右衛大朝會在正殿之前則以黃旗隊及胡祿隊坐於東西廊下若御坐正殿則以其隊仗次立左右衛下

長史錄事參軍倉兵騎胄四曹參軍員數品秩如左右衛司階中候司戈執戟等四色人數品秩如左右衛也　校尉旅帥隊正副隊人數如左右衛

翊府中郎將左右中郎將左右郎將職掌如左右衛

左右武衛魏武爲丞相有武衛營隋採其名置左右武衛府有大將軍光宅改爲左右鷹揚衛神龍復也

大將軍各一員正三品　將軍各二員從三品　其職掌如左右衛大朝會被白鎧甲之器楯及旗等蹕稱長唱警持鈒隊應蹕爲左右廂儀仗在正殿前則以諸隊次立於驍衛之下

長史錄事參軍倉兵騎胄四曹參軍司階中候司戈執戟人數品秩皆如左右衛也

翊府中郎將左右郎將錄事兵曹人數品秩如左右衛

左右威衛隋爲左右屯衛龍朔改爲威衛光宅改爲左右豹韜衛神龍復爲威衛也

大將軍各一員正三品　將軍各二員從三品　其職掌大朝會則被黑甲鎧弓箭刀楯旗等分爲左右廂隊次武衛之下

長史錄事參軍倉兵騎胄四曹參軍職掌人數品秩皆如左右衛也　司階中候司戈執戟人數品秩如左右衛　翊府中郎將左右郎將錄事兵曹校尉旅帥隊正副隊正人數品秩皆如左右衛之親府

左右領軍衛漢建安中魏武爲丞相始置中領軍後因之北齊置領軍府後因之煬帝改爲屯衛國家改爲領軍衛龍朔改爲戎衛光宅改爲玉鈐衛神龍復爲領軍衛

大將軍各一員正三品　將軍各二員從三品　其職掌大朝會則被青甲鎧弓箭刀楯旗等分爲左右廂儀仗次立威衛之下

長史錄事參軍倉兵騎胄四曹參軍司階中候司戈執戟人數品秩如左右衛　翊府中郎將左右郎將錄事兵曹校尉旅帥隊正副隊正人數品秩職掌如左右衛也

左右金吾衛秦曰中尉掌徼巡漢武帝改名執金吾魏復爲中尉南朝不置隋曰候衛龍朔二年改爲左右金吾衛采古名也

大將軍各一員正三品　將軍各二員從三品　左右金吾衛之職掌宮中及京城晝夜巡警之法以執禦非違凡翊府及同軌等五十府皆屬之凡車駕出入則率其屬以清遊隊建白澤朱雀等旗隊先驅如鹵簿之法從巡狩畋獵則執其左右營衛之禁凡翊衛翊府同軌寶圖等五十府彍騎衛士應番上者各領所職焉

長史錄事參軍倉兵騎胄四曹參軍司階中候司戈執戟人數品秩職掌如左右衛也　翊府中郎將左右郎將兵曹校尉旅帥隊正副隊正人數品秩職掌如左右衛也

左右監門衛漢魏曰城門校尉始置左右監門府置將軍郎將等官國家因之龍朔二年去府字爲衛

大將軍各一員正三品　將軍各二員從三品　中郎將四人正四品下　監門將軍之職掌宮禁門籍之法凡京師應入宮殿門者皆有籍左將軍判入右將軍判出若大駕行幸卽依鹵簿法率其屬於牙門之下以爲監守中郎將掌監諸門檢校出入

長史錄事參軍兵曹胄曹二曹參軍品秩如諸衛

監門校尉各三百二十人立長各六百八十人長入長上二十人立長上各二十人

左右千牛衛宋謝綽拾遺有千牛刀卽人主防身刀也後魏有千牛備身取莊子庖刀解牛之義後代因之隋置左右千牛備身二十人掌供御弓箭備身六十人掌宿衛侍從煬帝置備身府皇家改爲千牛府龍朔爲左右奉宸衛神龍復爲千牛衛

大將軍各一員正三品　將軍各二員從三品　中郎將各二人正四品下　千牛將軍之職掌宮殿侍衛及供御之儀仗而統其曹務凡千牛備身左右執弓箭以宿衛主仗守戎服器物凡受朝之日則領備身左右昇殿而侍列於御坐之左右凡親射于射宮則將軍率其屬以從凡千牛備身之考課賜會及祿秩之昇降同京職事官之制中郎將昇殿侍奉凡侍奉禁橫過座前者禁對語及傾身與階下人語者禁搖頭舉首以相招召者若有口勅通事舍人承事傳聲階下而不聞者中郎將宣之

長史錄事參軍兵胄二曹參軍人數品秩同諸衛　司階各二人正六品上中候各三人司戈各五人執戟各五人品秩同諸衛　千牛備身十二人備身左右各二人

左右羽林軍漢置南北軍掌衛京師南軍若今諸衛也北軍若今羽林軍也漢武置羽林名曰建章營騎屬光祿勳後更名羽林騎取六郡良家子及死事之孤爲之後漢置左右羽林監南朝因之後魏周曰

（羽林率薦左右屯衞所領兵名曰羽林龍朔二年置左右羽林軍）

大將軍各一員（正三品下）將軍各二員（從三品下） 羽林將軍統領北衙禁兵之法令而督攝左右廂飛騎之儀仗以統諸曹之職若大朝會率其儀仗以周衞階陛大駕行幸則夾道馳而爲內仗凡飛騎每月番上者皆據其名曆而配于所職其飛騎仗或有勅上南衙者則大將軍承墨勅白移於金吾引駕仗引駕仗官與監門覆奏又降墨勅然後得入

長史錄事參軍倉兵冑三曹參軍（品秩如諸衞） 司階中候司戈執戟（品秩人數如千牛衞） 翊府中郎將左右郎將錄事兵曹校尉旅帥隊正副隊正（人數品秩如諸衞）

左右龍武軍（初太宗選飛騎之尤驍健者別署百騎以爲羽衞之備天后初加置千騎中宗加置萬騎分爲左右營置使以領之自開元已來與左右羽林軍名曰北門四軍開元二十七年改爲左右龍武軍官員同羽林軍也）

大將軍一員（正三品） 將軍二員（從三品）

長史一人錄事參軍事一人錄事一人史二人倉兵冑三曹參軍事各一人（隨曹有府史掌固人數） 司階二人中候三人司戈執戟各五人長上各十人（右件官員階品人數職掌如羽林軍也）

左右神武軍（至德二年肅宗在鳳翔置初貞觀中置北衙七營後改爲左右羽林軍皆選才力驍勇者充每月一營十人爲番當上又置左右龍武軍皆唐元功臣子弟非外州人如宿衞兵分日上下肅宗在鳳翔方收京城以羽林軍減耗寇難未息乃別置神武軍同羽林制度官吏謂之北衙六軍又置衙前射生手千餘人謂之左右英武軍非六軍之例也乾元二年十月勅左右羽林左右龍武左右神武官員並同金吾四衞置大將軍二人將軍二人也）

左右神策軍（上元中以北衙軍使衞伯玉爲神策軍節度使鎭陝州以拒東寇以中使魚朝恩爲觀軍容使監伯玉軍及伯玉入爲羽林帥出爲荊南節度使朝恩專統神策軍鎭陝廣德元年吐蕃犯京師代宗避狄幸陝朝恩以神策軍迎扈及永泰元年吐蕃犯京畿朝恩以神策兵屯于苑中自是神策軍恒以中官爲帥建中末盜發京師竇文場以神策軍護駕山南及還京師賞勞無比貞元中特置神策軍護軍中尉以中官爲之時號兩軍中尉貞元已後中尉之權傾於天下人主廢立皆出其可否事見宦者傳也）

大將軍各二員（正三品貞元二年九月勅改神策左右廂爲左右軍置大將軍各二人正三品）

將軍各二員（從三品至貞元三年五月勅左右神策將軍各加二員左右神武將軍各加一員也）

神威軍（本號殿前射生左右廂貞元二年九月改殿前左右射生軍三年四月改爲左右神威軍非六軍之例也）

大將軍二員（正三品） 將軍二員（從三品） 職田俸錢手力糧料等同六軍諸衞

六軍統軍（興元元年正月二十九日勅左右羽林左右龍武左右神武各置統軍一人秩從二品）

十六衞上將軍（舊無此官貞元二年九月一日勅六軍先有勅各置統軍一人十六衞宜各置上將軍一員秩從二品其左右衞及左右金吾衞上將軍俸料隨軍人馬等並同六軍統軍其諸衞上將軍次統軍例支給至德二年九月十三日六軍十二衞上將軍並放八宿已後爲例也）

諸府（隋置驃騎鷹揚等府凡天下守戍兵不成軍曰牙府有上中下也）

折衝都尉各一人（上府都尉正四品上中府從四品下下府正五品下武德中採隋折衝果毅郎將之名改統軍爲折衝都尉別將爲果毅都尉） 左右果毅都尉各一人（上府果毅從五品下中府正六品上下府從六品下隋煬帝置果毅郎將國家置折衝都尉） 別將各一人（上府別將正七品下中府從七品上下府從七品下） 長史一人（上府正七品下中府從七品上下府從七品下） 兵曹參軍一人（上府從八品下中府正九品上下府從九品下也） 錄事一人校尉五人每校尉旅帥二人每旅帥隊正副隊正各二人諸府折衝都尉掌領五校之屬以備宿衞以從師役總其戎具資糧差點教習之法令凡衞士三百人爲一團以校尉領之以便習騎射者爲越騎餘爲步兵其團十人爲火火備六馱之馬每歲十一月以衞士帳上尚書省天下兵馬之數以聞凡兵馬在府每歲季冬折衝都尉率五教之屬以教其軍陣戰鬬之法也（具在教習簿篇）

## 東宮官屬

太子太師太傅太保各一員（並從一品師傅宮官南朝不置後魏北齊師傅品第二號東宮三太隋品亦第二武德定令加從一品也）

太子少師少傅少保各一員（並正二品三少亦古官歷代或置或省南朝並不置後魏北齊置之品第三號東宮三少皇家定令正二品） 三師三少師之職掌教諭太子無其人則闕之

太子賓客四員（正三品古無此官皇家顯慶元年春始置四員也） 掌侍從規諫贊相禮儀

太子詹事一員（正三品） 少詹事一員（正四品上詹事秦官掌皇太子宮龍朔二年改爲端尹天授爲宮尹神龍復也） 詹事統東宮三寺十率府之政令少詹爲之貳凡天子六官之典制皆視其事而承受之

丞二人（正六品上） 主簿一人（從七品上） 錄事二人（正九品下） 令史九人書令史十八人 丞掌判府事主簿掌印檢勾稽錄事掌受事發辰

司直一人（正七品上） 令史一人書令史二人亭長四人掌固六人 司直掌彈劾宮寮糾舉職事太子朝宮臣則分知東西班凡諸司文武應參官每月皆具在否以刺之

太子左春坊左庶子二人（正四品上） 中允二人（正五品下） 左庶子掌侍從贊相駁正啓奏中允爲之貳

司議郎四人（正六品上） 錄事二人（從八品下） 主事二人（從九品下） 令史七人書令史十四人 司議郎掌啓奏記注宮內祥瑞宮長除拜薨卒每年終送史館

左諭德一人（正四品下） 左贊善大夫五人（正五品上） 傳令四人掌儀二人贊者四人 左諭德掌諷諭規諫

崇文館（貞觀中置太子學館也） 學士直學士（員數不定） 學生二十人校書二人（從九品下） 令史二人典書二人楷書手二人書手十人熟紙匠三人裝潢匠五人筆匠三人 學士掌東宮經籍圖書以教授諸生凡課試舉送如弘文館校書掌校理四庫書籍

司經局洗馬二人（從五品下洗馬漢官爲太子前馬） 太子文學三人（正六品） 校書四人（正九品） 正字二人（從九品上） 書令史二人楷書手二十五人典書四人 洗馬掌四庫圖籍繕寫刊緝之事文學掌侍奉文章校書正字掌典校四庫書籍

典膳局典膳郎二人（正六品上） 丞二人（正八品上） 書令史二人主食六人典食二百人掌固四人 典膳郎掌進膳嘗食每夕局官於廚更直

藥藏局藥藏郎二人（正六品上） 丞二人（正八品上） 侍醫典藥九人藥童十八人掌固六人 藥藏郎掌和劑醫藥

內直局內直郎二人（從六品下） 丞二人（正八品下） 典服三十人典局十五人典翰十五人掌固六人 內直郎掌符璽繖扇几案衣服之事

典設局典設郎四人（從六品下） 丞二人（正八品下） 幕士六百人 典設郎掌湯沐灑掃鋪陳之事凡大祭祀太子助祭則於正殿東設幄坐

宮門局宮門郎二人（從六品下） 丞二人（正八品下） 門僕一百三十人 宮門郎掌內外宮門管鑰之事（其鍾鼓刻漏一如皇居之制也）

太子右春坊右庶子二人（正四品下） 中舍人二人（正五品上） 舍人四人（正六品上） 錄事一人（從八品下） 主事二人（從九品下） 舍人掌行令書令旨及表啓之事太子通表如諸臣之禮諸臣及宮臣上皇太子大事以牋小事以啓其封題皆曰上右春坊通事舍人開封以進其事可施行者皆下於坊舍人開庶子參詳之然後進不可者則否

右諭德一人（正四品下） 右贊善大夫五人（正五品上） 傳令四人（諭德贊善掌事如左） 通事舍人八人（正七品下） 典謁二十人 舍人掌導引宮臣辭見及承令勞問之事

太子內坊（皆宦者爲司局） 典內二人（從五品下） 錄事一人典直四人（正九品下） 導客舍人六人閽帥六人內閽八人內給使（無員數） 內廄二十人典事二人駕士三十人 典內掌東宮閤門之禁令及宮人衣廩賜與之出入丞爲之貳典直主儀式導客主儐序閽帥主門戶內閽主出入給使主職扇內廄主車輿典事主牛馬典內統而監之

太子內官司閨二人（從六品） 掌導引妃及宮人名簿總掌正掌書掌筵三司 掌正三人（從八品） 掌文書出入目錄爲記并閤門管鑰糺察推罰女史流外三品掌典文簿而執行焉 掌書三人（從八品） 掌寶符契經籍宣傳啓奏教學廩賜紙筆監印 掌筵三人（從八品） 掌帷幄牀褥几案織扇洒掃鋪設之事 司禮二人（從六品） 掌禮儀參見以總掌嚴掌縫掌藏而領其事 掌嚴三人（從三品） 掌首飾衣服巾櫛膏沐仗衞 掌縫三人（從八品） 掌裁縫織績 掌藏三人（從八品） 掌貨貝珠玉錦綵 司饌二人（從六品） 掌膳羞進食先嘗總掌食掌醫掌園三司而領其事 掌食三人（從八品） 掌膳羞酒醴燈燭 掌醫三人（從三品） 掌醫主醫藥 掌園三人（從八品） 掌園苑樹藝蔬果

太子家令寺令一人（從四品上） 丞二人（從七品上） 主簿一人（正九品下） 錄事一人 家令掌太子飲膳倉儲庫藏之政令總食官典倉司藏三署之官屬

食官署令一人（從八品下） 掌膳十二人奉觶三十人丞二人（從九品下） 食官令掌飲膳之事

典倉署令一人（從八品下） 丞二人（從九品下） 園丞二人典事六人 典倉令掌九穀入藏及醯醢庶羞器皿燈燭之事

司藏署令一人（從八品下） 丞二人（從九品下） 司藏令掌庫藏財貨出納營繕之事

太子率更寺令一人（從四品上） 丞二人（從七品上） 主簿一人（正九品下） 錄事一人伶官師二人漏刻博士二人掌漏六人漏童六十人典鼓二十四人 率更令掌宗族次序禮樂刑罰及漏刻之政令

太子僕寺僕一人（從四品下） 丞一人（從七品上） 主簿一人（正九品下） 錄事一人 太子僕掌車輿乘騎儀仗之政令及喪葬之禮物辨其次序

廄牧署令一人（從八品下） 丞二人（從九品下） 典乘四人牧掌四人翼馭十五人駕士三十人獸醫二十人 廄牧令掌車馬閑廄牧畜之事

## 東宮武官

太子左右衞率府（秦漢有太子衞率主門衞晉分左右中前四衞率後代因置左右率北齊爲衞率坊隋初始分置左右衞率府左右宗衞率左右虞候左右內率左右監門率十府以備儲闈武衞之職煬帝改爲左右侍率國家復爲衞率龍朔改爲左右典戎衞咸亨復） 率各一員（正四品上） 副率各一人（從四品上） 左右衞率掌東宮兵仗羽衞之政令總諸曹之事凡親勳翊府及廣濟等五府屬焉凡正至太子朝宮臣率其屬儀仗爲左右廂之周衞出入如鹵簿之法

長史各一人（正七品上） 錄事參軍事各一人（從八品上） 倉曹參軍一人（從八品下） 兵曹參軍一人（從八品下） 冑曹參軍一人（從八品下） 司階一人（從六品上） 中候二人（從七品下） 司戈二人（從八品下） 執戟三人（從九品下） 長史掌判諸曹及三府五府之貳錄事掌監印勾稽官掌本曹簿籍（職事皆視上臺） 親府勳翊府中郎將各一人（從四品上） 左右郎將各一人（正五品下） 錄事一人兵曹參軍一人校尉五人旅師十人隊正二十人副隊正二十人 郎將掌其府之屬以宿衞而總其事（職掌一視上臺親府）

太子左右司禦率府（本號左右宗衞府，龍朔改爲司禦率府）率各一人（正四品上）副率各二人（從四品上）司禦率掌同左右率。長史錄事參軍事倉兵冑三曹參軍司階中候司戈執戟（人數品秩職掌如左右衞府也）

太子左右清道率府（隋文置左右虞候府，各開府一人，掌斥候。國初亦爲左右虞候，龍朔改爲清道率府，神龍又爲虞候，開元復爲清道也）率各一人（正四品上）副率各二人（從四品上）清道率掌東宮內外晝夜巡警之法。長史錄事參軍事倉兵冑三曹參軍 司階中候司戈執戟（人數品秩如左右衞率府）

太子左右監門率府（隋置此官，國家因之）率各一人（正四品上）副率各一人（正四品上）左右監門率掌東宮禁衞之法，應以籍入宮殿門者，二率司其出入，如上臺之法。長史錄事參軍事兵冑二曹參軍 監門直長七十八人（人數品秩同諸率府）

太子左右內率府（隋初置內率府，掌千牛，龍朔初爲奉裕率，咸亨復）率各一人（正四品上）副率各一人（從四品上）左右內率之職，掌東宮千牛備身侍奉之事，而立其兵仗，總其府事。長史錄事參軍事兵冑二曹參軍（人數品秩如諸率）千牛十六人 備身二十八人 主仗六十八人

王府官屬（公主品同）

親王府傅一人（從三品。漢官有王傅、太傅，魏晉後惟置師，國家因之，開元改爲傅）咨議參軍一人（正五品上）友一人（從五品下）文學二人（從六品上）東閣西閣祭酒各一人（從七品上）傅掌傅相贊導而匡其過失。咨議訏謀左右，友陪侍規諷，文學讎校典籍，侍從文章。祭酒接對賓客。

長史一人（從四品上）司馬一人（從四品下）掾一人（正六品上）屬一人（正六品上）主簿一人（從六品上）史二人 記室參軍事二人（從六品上）錄四參軍事一人（從六品上）錄事一人（從九品上）功倉戶兵騎法士等七曹參軍事各一人（正七品上）參軍事二人（正八品下）行參軍事人（從八品）典籤二人（從八品下）長史司馬統領府寮，紀綱職務。掾統判七曹參軍事，主簿掌覆省王教，記室掌表啓書疏，錄事參軍事勾稽省署鈔目，錄事掌受事發辰，七曹參軍各督本曹事，出使檢校，典籤宣傳教命。

親王親事府典軍二人（正五品上）副典軍二人（從五品上）執仗親事十六人 執乘親事十六人 親事三百三十三人 校尉旅帥隊正隊副（準部內人數多少置）親事帳內府典軍二人 副典軍三人（品秩如親事府）帳內六百六十七人 校尉旅帥隊正隊副（看人數置）典軍副典軍之職，掌率校尉已下守衞陪從之事。

親王國令一人（從七品下）大農二人（從八品下）尉二人（正九品下）丞一人（從九品下）錄事一人 典衞八人 舍人四人 學官長一人 食官長一人 丞一人 廐牧長二人 丞二人 典府長二人 丞二人 國令大農掌通判國事，國尉國丞掌判國司，勾稽監印事，典衞守居宅，舍人引納，學官教授內人。

公主邑司令一人（從七品下）丞一人（從八品下）錄事一人（從九品下）主簿二人 謁者二人 舍人二人 家吏二人 公主司邑官各掌主家財貨出入、田園徵封之事，其制度皆隸宗正寺。

州縣官員

京兆河南太原等府（自秦漢已來爲雍洛并州，周隋或置總管都督，通名爲府。開元初乃爲京兆府、河南府、太原府）三府牧各一員（從二品。牧，古官，舜置十二牧是也。秦以京城守爲內史，漢武改爲尹，後魏北齊周隋又以京守爲牧。武德初因隋置牧，以親王爲之，或不出閣，長史知府事）尹各一員（從三品。京城守秦日內史，漢日尹，後代因之。隋爲內史，武德初置牧，以長史總府事。開元初，雍洛并改爲府，乃昇長史爲尹，從三品，事總府事也）少尹各二員（從四品下。魏晉已下州府有治中，隋文改爲司馬，煬帝改爲贊理，又爲丞。武德改爲治中，永徽避高宗名，改爲司馬，開元初改爲少尹）司錄參軍二人（正七品上）錄事四人（從九品上）功倉戶兵法士等六曹參軍事各二人（正七品下）府史（隋書有之）參軍事六人（正八品下）執刀十五人 典獄十一人 問事十二人 白直二十四人 經學博士一人（從八品上）助教二人 學生八十人 醫藥博士一人 助教一人 學生二十人

太都督府（魏黃初二年始置都督諸州軍事之名，後代因之，至隋改爲總管府，武德四年又改爲都督。貞觀中分爲上中下都督府也）督一員（從二品）長史一人（從三品）司馬二人（從四品下）錄事參軍事二人（正七品上）錄事二人（從九品上）功曹戶兵法士六曹參軍事（功士二曹各一員，餘曹各二員，並正七品下也）典獄十六人 問事十人 白直二十四人 市令一人（從九品上）丞一人 佐一人 史二人 倉督二人 經學博士一人（從八品上）助教二人 學生六十人 醫學博士一人（從八品下）助教一人 學生十五人

中都督府

督一員（正三品上）別駕一人（正四品下）長史一人（正五品上）司馬一人（正五品下）錄事參軍事一人（從七品下）錄事二人（從九品上）功倉戶兵法士六曹參軍事各一人（並從七品上）參軍事四人（從八品上）典獄十四人 白直二十人 市令一人（從九品上）丞一人 佐一人 史二人 帥三人 倉督二人 經學博士一人（從八品下）助教二人 學生六十人 醫藥博士一人 學生十五人

下都督府

督一員（從三品）別駕一人（從四品下）長史一人（從五品上）司馬一人（從五品上）錄事參軍事一人（從七品上）錄事二人（從九品下）功曹戶兵法士六曹參軍事各一人（從七品下）參軍事三人（從八品下）典獄十二人 問事六人 白直十六人 市令一人（從九品上）丞二人 佐一人 史二人 帥二人 倉督二人 經學博士一人（從八品下）助教一人 學生五十人 醫學博士一人 助教一人 學生十二人

上州（州之名，古也。舜置十二州，禹貢九州，漢置十三州。秦并六國，置三十六郡，漢則以州統郡，其後武德改郡爲州，改州爲郡，事見諸卷。國家制，戶滿四萬以上爲上州）

刺史一員（從三品。秦分天下爲三十六郡，郡置守都尉各一人，仍以御史一人監郡。漢廢監郡御史，丞相遣掾吏分察諸郡。漢武元光五年，分天下置十三州，分統諸郡，每州遣使者一人，督察官吏清濁，謂之十三州刺史。後漢遂以名臣爲刺史，專州郡之政，仍置別駕治中諸曹掾屬，號曰外臺。魏晉已後因之不改，而郡置太守丞尉諸曹。隋初罷郡，並爲州，煬帝罷州爲郡，郡置通守。武德改郡爲州，州置刺史。天寶改州爲郡，郡置太守。乾元元年改郡爲州，州置刺史。初漢代奉使者皆持節，故刺史臨部皆持節。至魏晉，刺史任重者爲使持節都督，輕者爲持節。後魏北齊總管刺史則加使持節諸軍事，以此爲常。隋開皇三年罷郡，以州統縣，刺史之名存而職廢，而於刺史太守官位中不落持節之名，至今不改，有名無實也。至德之後，中原用兵，大將爲刺史者兼治軍旅，遂依天寶邊將故事，加節度使之號，連制數郡。奉辭之日，賜雙旌雙節，如後魏北齊故事，名目雖殊，得古刺史督郡之制也）別駕一人（從四品下）長史一人（從五品上）司馬一人（從五品下）錄事參軍事一人（從七品上）錄事三人（從九品上）司功司倉司戶司兵司法司士六曹參軍事各一人（並從七品下）參軍事四人 典獄十四人 問事八人 白直二十四人 市令一人（從九品上）丞一人 佐一人 史二人 帥三人 倉督二人 經學博士一人（從八品下）助教二人 學生六十人 醫學博士一人（正九品下）助教一人 學生十五人

中州（戶滿二萬戶已上爲中州）

刺史一員（正四品上）別駕一人（正五品下）長史一人（正六品上）司馬一人（六品上）錄事參軍事一人（正八品上）錄事一人（從九品上）司功司倉司戶司法司士六曹參軍事各一人（並正八品下，隨曹有佐史人數）參軍事三人（正九品上）執刀十人 典獄十二人 問事六人 白直十六人 市令一人 丞佐各一人 史帥倉督各二人 經學博士一人（正九品上）助教一人 學生五十人 醫藥博士一人（從九品下）助教一人 學生十二人

下州（戶不滿二萬爲下州也）

刺史一員（正四品下）別駕一人（從五品上）司馬一人（從六品下）錄事參軍事一人（從八品上）錄事一人（從九品下）司倉司戶司法三曹參軍事各一人（從八品下，隨曹有佐史人數）參軍事一人（從九品下）典獄八人 問事四人 白直十六人 市令一人 佐史各一人 帥二人 倉督一人 經學博士一人（正九品下）助教一人 學生四十人 醫學博士一人（從九品上）學生十人 京兆河南太原牧及都督刺史掌清肅邦畿考覈官吏宣布德化撫和齊人勸課農桑敦敷五教每歲一巡屬縣觀風俗問百年錄囚徒恤鰥寡閱丁口務知百姓之疾苦部內有篤疾才學異能聞於鄉閭者舉而進之有不孝悌悖禮亂常不率法令者糺而繩之其吏在官公廉正己清直守節者必謹而察之其貪穢諂諛求名狥私者亦謹而察之皆附於考課以爲褒貶若善惡殊尤者隨即奏聞若獄訟疑議兵甲興造便宜符瑞尤異亦以上聞其常則申於尚書省而已若孝子順孫義夫節婦精誠感通志行聞於鄉閭者亦具以申奏表其門閭其孝悌力田頗有詞學者率與計偕其所部有須改更得以便宜從事若親王典州及邊州都督刺史不可離州局者應巡屬縣皆委上佐行焉尹少尹別駕長史司馬掌貳府州之事以綱紀衆務通判列曹歲終則更入奏計司錄錄事參軍掌勾稽省署抄目監符印功曹司功掌官吏考課祭祀禎祥道佛學校表疏醫藥陳設之事倉曹司倉掌公廨度量庖廚倉庫租賦徵收田園市肆之事戶曹司戶掌戶籍計帳道路逆旅婚田之事兵曹司兵掌武官選舉兵甲器仗門戶管鑰烽候傳驛之事法曹司法掌刑法士曹司士掌津梁舟車舍宅百工衆藝之事市令掌市廛交易禁斥非道之事經學博士掌五教教授諸生醫藥博士以百藥救民疾病下至執刀白直典獄佐史各有其職州府之任備焉

縣令（三代之制，五等諸侯自理其人。周衰，諸侯相侵，大國分置郡邑縣，郡以聚其人。齊晉謂之大夫，魯衞謂之宰，楚謂之公尹，秦謂之令長。秦制，萬戶已上爲令，秩千石至六百石；減萬戶爲長，秩五百石至三百石，皆有丞尉，秩四百石至二百石也）

長安萬年河南洛陽太原晉陽六縣謂之京縣 令各一人（正五品上）丞二人（從七品）主簿二人（從八品上）錄事二人（從九品下）佐二人 史四人 尉六人（從八品下）司功（佐三人史六人）司倉（佐四人史八人）司戶（佐五人史十人）司兵（佐三人史六人）司法（佐五人史十人）司士（佐四人史八人）典獄十四人 問事八人 白直十八人 博士一人 助教一人 學生五十人

京兆河南太原所管諸縣謂之畿縣 令各一人（正六品下）丞一人（從八品下）主簿一人（正九品上）尉二人（正九品下）錄事二人（史三人）司功（佐三人史五人）司倉（佐四人史七人）司戶（佐四人帳史一人）司法（佐四人史八人）典獄十四人 問事四人 白直十人 市令一人（佐一人史一人）帥二人 經學博士一人 助教一人 學生四十人

諸州上縣令一人（從六品上）丞一人（從八品下）主簿一人（正九品下）尉二人（從九品上）錄事二人（史三人）司戶（佐四人帳史一人）司法（佐四人史八人）倉督二人 典獄十人 問事四人 白直十人 市令一人（佐史各一人 帥一人）博士一人 助教一人 學生四十人

諸州中縣令一人（正七品上）丞一人（從八品下）主簿一人（從九品上）尉一人（從九品下）錄事一人（史四人）司戶（佐三人帳史一人）司法（佐二人史六人）倉督一人 典獄八人 問事四人 白直八人 博士一人 助教一人 學生二十五人

諸州中下縣令一人（從七品上）丞一人（正九品上）主簿一人（從九品）

尉一人從九品下錄事一人司戶佐二人史三人帳史一人司法佐二人史四人典獄六人問事四人白直八人市令一人佐史各一人帥二人博士一人助教一人學生二十五人

諸州下縣令一人從七品下丞一人正九品下主簿一人從九品上尉一人從九品下錄事一人司戶佐二人史四人帳史一人司法佐一人史四人典獄六人問事四人白直八人市令一人佐一人史二人帥二人也博士一人助教一人學生二十人　京畿及天下諸縣令之職皆掌導揚風化撫字黎甿敦四人之業崇五土之利養鰥寡恤孤窮審察冤屈躬親獄訟務知百姓之疾苦

大都護府

大都護一員從三品副都護四人正四品上長史一人正五品上司馬一人正五品上錄事參軍事一人正七品上錄事二人從九品下功曹倉曹戶曹兵曹法曹五參軍事各一人並正七品下參軍事三人正八品下

上都護府

都護一員正三品副都護二人從四品上長史一人正五品上司馬一人正五品上錄事參軍事一人正七品下錄事二人功曹倉曹戶曹兵曹四參軍事各一人從七品上參軍事三人從八品上

都護之職掌撫慰諸蕃輯寧外寇覘候姦譎征討攜貳長史司馬貳焉諸曹如州府之職

節度使天寶中緣邊禦戎之地置八節度使受命之日賜之旌節謂之節度使得以專制軍事行則建節符樹六纛外任之重無比焉至德已後天下用兵中原刺史亦循其例受節度使之號

節度使一人副使一人行軍司馬一人判官二人掌書記一人參謀無員數也隨軍四人皆天寶後置檢討未見品秩

元帥都統招討等使

元帥舊無其名安史之亂肅宗討賊以廣平王爲天下兵馬元帥又以大臣郭子儀李光弼隨其方面副之號爲副元帥及代宗即位又以雍王爲之自後不置昭宗又以輝王爲之也都統乾元中置或三道或五道至上元末省大中後討徐州以康承訓討黃巢以荊南王鐸皆爲都統

招討使貞元末置自後隨用兵權置兵罷則停

防禦團練使至德後中原置節度使又大郡要害之地置防禦使以治軍事刺史兼之不賜旌節上元後改防禦使爲團練守捉使又與團練兼置防禦使名前使各有副使判官皆天寶後置未見品秩

諸鎮魏有鎮東鎮西鎮南鎮北四將軍後代因之隋因始置鎮將鎮副之名也

上鎮將一人正六品下鎮副一人正七品下錄事一人倉曹兵曹二參軍從八品下各有佐史

中鎮將一人正七品上鎮副一人從七品上錄事一人兵曹參軍一人正九品下

下鎮將一人正七品下鎮副一人從七品下錄事一人兵曹參軍一人從九品下

諸戍春秋有戍葵丘之義東晉後魏以屯兵守境處爲戍隋因之

上戍主一人正八品下戍副一人從八品下佐一人史二人

中戍主一人從八品下

下戍主一人正九品下

五岳四瀆廟令各一人正九品上齋郎三十人祝史三人

上關令一人從八品下丞二人正九品下錄事一人有府史典事津吏八人

中關令一人正九品下丞一人從九品下錄事一人津吏六人

下關令一人從九品下津吏四人關令各有府史　關令掌禁末遊伺姦慝凡行人車馬出入往來必據過所以勘之

舊唐書卷四十四考證

職官志三御史中丞二員○新書三員

御史四員○新書六員

監察御史十員○新書十五員

尚食奉御至大朝會饔宴與光祿大夫視其品秩之差

○沈炳震曰光祿大夫應作光祿卿

天寶十二載楊國忠當政復立仗馬及進馬官乾元復省上元復置○新書大曆十四年復置

總掖庭宮闈奚官內僕內府五局之官屬○新書并太子內坊爲六局

內給事八人○新書十人

內謁者監六人○新書十人

陵戶乾橋昭四百人獻定恭三百人○沈炳震曰新書不分諸陵皆守陵百戶

鼓吹署丞三人○新書二人

太卜署令丞一人○新書二人

凡諸羣牧立南北東西四使以分統之○沈炳震曰新書獨無東使

太理寺獄丞四人○新書二人

掌固八人問事一百四十八人○八人新書作十八人一百四十八人新書作百人

太府卿總京師四寺平準左右藏常平八署之官屬○沈炳震曰新書七署無平準

祭酒司業之職掌邦國儒學訓導之政令有六學○六學謂一國子學二太學三四門學四律學五書學六算學也新書并廣文館爲七學

國子博士二人助教一人○新書俱五人

太學博士三人助敎三人○新書俱六人

四門博士三人助敎三人○新書俱六人

學生五百人○新書三百人

律學博士一人○新書三人

五經博士各一人○新書各二人

廣文館博士二人○新書四人

將作監大匠一員少匠二員○新書作太監少監

左右衞至左右千牛衞○臣德潛按舊書俱大將軍各一員將軍各二員新書大將軍上俱有上將軍一員

左右神武軍○臣德潛按舊書闕官名人數据新書大將軍各一員正二品統軍各一員正三品將軍三員從三品總衞前射生兵長史錄事參軍事倉兵曹三曹參軍事司階中候司戈執戟長上人數品秩隨曹府史並如龍武軍應補入

太子賓客四員古無此官顯慶元年始置四員○新書貞觀十八年以宰相兼賓客開元中定員四人

司功司倉司戶司兵司法司士六曹○新書有司田爲七曹

長安萬年河南洛陽太原晉陽六縣謂之京縣○新書有奉先會昌二縣

元帥舊無其名安史之亂肅宗討賊以廣平王爲天下兵馬元帥又以郭子儀李光弼副之○臣德潛按新書高祖定京師置左右元帥太原道行軍元帥西討元帥皆親領之則知不始于安史之亂也臣德潛按取士之制莫詳于唐由學館者曰生徒由州縣者曰鄉貢皆升于有司而進退之其科之目有秀才有明經有進士有俊士明法明字明算有一史有三史有開元禮有道舉有童子而明經之別有五經三經二經學究一經與三禮三傳史科此歲舉之常選也而天子自詔曰制舉所以待非常之才焉載之通典通志通考犂然具備也舊書有職官志無選舉志明係殘闕應參之新書以得其大凡

# 舊唐書卷四十五

後晉司空同中書門下平章事劉　昫撰

## 輿服志第二十五

昔黃帝造車服爲之屏蔽上古簡儉未立等威而三五之君不相沿習迺改正朔易服色車有輿輅之別服有袞冕之差文之以染繢飾之以絺繡華蟲象物龍火分形於是典章興矣周自夷王削弱諸侯自恣窮孔翬之羽毛無以供其侈極隨和之掌握不足慊其華則皮弁革舄之容非珠履鵷冠之玩也迨秦誅戰國斟酌舊儀則有鹵簿金根大駕法駕備千乘萬騎異舜典周官漢氏因之號乘輿三駕儀衞之盛無與比隆東京帝王博雅好古明帝始令儒者考曲臺之說依周官五輅六冕之文山龍藻火之數創爲法服雖有制作竟寢不行輿駕乘金根而已服則袞冕冠則通天其後所御多從袍服事具前志而袞冕之服歷代不行後魏北齊輿服奇詭至隋氏一統始復舊儀隋制車有四等有亘幰通幰軺車輅車初制五品以上乘偏幰車其後嫌其不美停不行用以亘車代之三品以上通幰車則青壁一品軺車油幰朱網唯輅車一等聽勑始得乘之馬珂一品以下九子四品七子五品五子衣裳有常服公服朝服祭服四等之制平巾幘牛角簪紫衫白袍靴起梁帶五品已上金玉鈿飾用犀爲簪是爲常服武官盡服之六品已下衫以緋至於大仗陪立五品已上及親侍加兩襠螣蛇其勳侍去兩襠弁冠朱衣裳素革帶烏皮履是爲公服其弁通用烏漆紗爲之象牙爲簪導五品已上亦以鹿胎爲弁犀爲簪導者加玉琪之飾一品九琪二品八琪三品七琪四品六琪三品兼有紛鞶囊佩於革帶之後上加玉珮一鞶囊二品以上金縷三品以上銀縷五品以上綵縷文官尋常入內及在本司常服之親王遠遊三梁冠金附蟬犀簪導白筆三師三公太子三師三少尚書秘書二省九寺四監太子三寺諸郡縣關市親王文學藩王嗣王公侯進賢冠三品以上三梁五品以上兩梁犀簪導九品以上一梁牛角簪導門下內書殿內三省諸衞府長秋監太子左右庶子內坊諸率宮門內坊親王府都尉府鎮防戍九品以上散官一品已下武弁幘侍中中書令加貂蟬珮紫綬散官者白筆御史司隸二臺法冠一名獬豸冠謁者臺大夫以下高山冠並絳紗單衣白紗內單皁領褾襈裾白練裙襦絳蔽膝革帶金飾鉤艓之心曲領紳帶玉鏢金飾劒亦通用金鏢山玄玉佩綬韈烏皮舄是爲朝服玉佩纁朱綬施二玉環三品以上綠綬四品五品青綬二品以下去玉環六品以下去劒珮綬八品以下冠去白筆衣省內單及曲領蔽膝著烏皮履五品加紛鞶囊其綬纁朱者用四綵赤紅縹紺紅朱質纁文織長一丈八尺二百四十首闊九寸綠綬用四綵綠紫黃朱紅綠質長一丈八尺二百四十首闊九寸紫綬用四綵紫黃赤紅紫質長一丈六尺一百八十首闊八寸青綬三綵白青紅青質長一丈四尺一百四十首闊七寸玄衣纁裳冕而旒者是爲祭服綬珮劒各依朝服之數其章自七品以下降二爲差六品以下無章文武之官皆執笏五品以上用象牙

爲之六品以下用竹木是時內外羣官文物有序僕御清道車服以庸於是貴賤士庶較然殊異越王侗於東都嗣位下詔停廢自茲以後浸以不章以至於亡唐制天子車輿有玉輅金輅象輅革輅木輅是爲五輅耕根車安車四望車已上八等並供服乘之用其外有指南車記里鼓車白鷺車鸞旗車辟惡車軒車豹尾車羊車黃越車豹尾黃鉞二車武德中無貞觀已後加爲其黃鉞天寶元年制改爲金鉞屬車十二乘並爲儀仗之用大駕行幸則分前後施於鹵簿之內若大陳設則分左右施於儀衛之內玉輅青質以玉飾諸末重輿左青龍右白虎金鳳翅畫簴文鳥獸黃屋左纛金鳳一在軾前十二鑾在衡正縣鑾數皆其副輅及耕根則八二鈴在軾龍輈前設鄣塵青蓋黃裏繡飾博山鏡子樹羽輪皆朱班重牙左建旂十有二旒皆畫升龍其長曳地右載闟戟長四尺廣三尺黻文旂首金龍頭銜結綬及鈴綏駕蒼龍金鍐方釳插翟尾五焦鏤錫鞶纓十有二就錫馬當顱鏤金爲之鞶纓皆以五彩飾之就成也一帀爲一就也祭祀納后則供之金輅赤質以金飾諸末餘與玉輅同駕赤騮鄉射祀還飲至則供之象輅黃質以象飾諸末餘與玉輅同駕黃騮行道則供之革輅白質鞔之以革餘與玉輅同駕白駱巡狩臨兵事則供之木輅黑質漆之餘與玉輅同駕黑騮畋獵則供之五輅之蓋旌旗之質及鞶纓皆從輅色蓋之裏皆用黃其鏤錫五輅同耕根車青質蓋三重餘與玉輅同耕籍則供之安車金飾重輿曲壁八鑾在衡紫油纁朱裏通幰朱絲絡網朱鞶纓朱覆髮貝絡駕赤騮臨幸則供之四望車制同犢車金飾八鑾在衡青油纁朱裏通幰朱絲絡網拜陵臨弔則供之自高宗不喜乘輅每有大禮則御輦以來往爰洎則天以後遂以爲常玄宗又以輦不中禮又廢而不用開元十一年冬將有事於南郊乘輅而往禮畢騎而還自此行幸及郊祀等事無遠近皆騎於儀衛之內其五輅及腰輿之屬但陳於鹵簿而已皇后車則有重翟厭翟翟車安車四望車金根車六等重翟車青質金飾諸末輪畫朱金根車牙其箱飾以重翟羽青油纁朱裏通幰繡紫帷朱絲絡網繡紫絡帶八鑾在衡鏤錫鞶纓十二就金鍐方釳插翟尾朱絲總以朱爲之如馬纓而小著馬勒在兩耳與兩鑣也駕蒼龍受冊從祀享廟則供之厭翟赤質金飾諸末輪畫朱牙其箱飾以次翟羽紫油纁朱裏通幰紅錦帷朱絲絡網紅錦絡帶餘如重翟車駕赤騮採桑則供之翟車黃質金飾諸末輪畫朱牙其車側飾以翟羽黃油纁黃裏通幰白紅錦朱絲絡網白紅錦絡帶餘如重翟駕黃騮歸寧則

供之諸鞶纓之色皆從車質安車赤質金飾紫通幰朱裏駕四馬臨幸及弔則供之四望車朱質紫油通幰油畫絡帶拜陵臨弔則供之金根車朱質紫油通幰油畫絡帶朱絲網常行則供之皇太子車輅有金輅軺車四望車金輅赤質金飾諸末重較箱畫簴文鳥獸黃屋伏鹿軾龍輈金鳳一在軾前設鄣塵朱蓋黃裏輪畫朱牙左建旂九旒右載闟戟旂首金龍頭銜結綬及鈴綏駕赤騮四八鑾在衡二鈴在軾金鍐方釳插翟尾五焦鏤錫鞶纓九就從祀享正冬大朝納妃則供之軺車金飾諸末紫通幰朱裏駕一馬五日常服及朝享宮臣出入行道則供之四望車金飾諸末紫油纁通幰朱裏朱絲絡網駕一馬弔臨則供之王公已下車輅親王及武職一品象飾輅自餘及二品三品革輅四品木輅五品軺車象輅以象飾諸末朱班輪八鑾在衡左建旂旂畫龍一升降右載闟戟革輅以革飾諸末左建旜通帛爲旜餘同革輅木輅以漆飾之餘同革輅軺車曲壁青通幰諸輅皆朱質朱蓋朱旂旜一品九旒二品八旒三品七旒四品六旒其鞶纓就數皆準此內命婦夫人乘厭翟車嬪乘翟車婕妤已下乘安車各駕二馬外命婦公主王妃乘厭翟車駕二馬自餘一品乘白銅飾犢車青通幰朱裏油纁朱絲絡網駕以牛二品已下去油纁絡網四品青偏幰有唐已來三公已下車輅皆太僕官造貯掌若受制行冊命及二時巡陵婚葬則給之自此之後皆騎馬而已唐制天子衣服有大裘之冕袞冕鷩冕毳冕繡冕玄冕通天冠武弁黑介幘白紗帽平巾幘白帢凡十二等大裘冕無旒廣八寸長一尺六寸玄表纁裏已下廣狹准此金飾下簪導以組爲纓色如其綬裘以黑羔皮爲之玄領褾襟緣朱裳白紗中單皁領青褾襈裾革帶玉鉤鰈大帶素帶朱裏紕其外上以朱下以綠紐用組也蔽膝隨裳色鹿盧玉具劍火珠鏢首白玉雙珮玄組雙大綬六綵玄黃赤白縹綠純玄質長二丈四尺五百首廣一尺小雙綬長二尺一寸色同大綬而首半之間施三玉環朱韈赤舄祀天神地祇則服之袞冕金飾垂白珠十二旒以組爲纓色如其綬黈纊充耳玉簪導玄衣纁裳十二章八章在衣日月星龍山華蟲火宗彝四章在裳藻粉米黼黻衣褾領爲升龍織成爲之也各爲六等龍山以下每章一行十二白紗中單黼領青褾襈裾黻繡龍山火三章餘同上革帶大帶劍珮綬與上同舄加金飾諸祭祀及廟遣上將征還飲至踐阼加元服納后若元日受朝則服之鷩冕服七章三章在衣華蟲火宗彝四章在裳藻粉米黼黻餘同袞冕有事遠主則服之毳冕服五章三章在衣宗彝藻粉米二章在裳黼黻也餘同鷩冕祭海岳則服之繡冕服三章一章在衣粉米二章

在裳黼黻餘同毳冕祭社稷帝社則服之玄冕服衣無章裳刺黼一章餘同繡冕蜡祭百神朝日夕月則服之通天冠加金博山附蟬十二首施珠翠黑介幘髮纓翠綏玉若犀簪導絳紗袍白紗中單朱領褾飾以織成朱襈裾白裙襦亦裙衫也絳紗蔽膝白假帶方心曲領其革帶珮劍綬舄與上同若未加元服則雙童髻空頂黑介幘雙玉導加寶飾諸祭還及冬至朔日受朝臨軒拜王公元會冬會則服之武弁金附蟬平巾幘餘同其服講武出征四時蒐狩大射禡類宜社賞祖罰社纂嚴則服之弁服弁以鹿皮爲也十有二琪琪以白玉珠爲之玉簪導絳紗衣素裳革帶白玉雙珮鞶囊小綬白韈烏皮履朔日受朝則服之黑介幘白紗單衣白裙襦革帶素韈烏皮履拜陵則服之白紗帽亦烏紗也白裙襦亦裙衫也白韈烏皮履視朝聽訟及宴見賓客則服之平巾幘金寶飾導簪冠支皆以玉紫褶亦褶白袴玉具裝真珠寶鈿帶乘馬則服之白帢臨大臣喪則服之太宗又制翼善冠朔望視朝以常服及帛練裙襦通著之若服袴褶又與平巾幘通用著於令其常服赤黃袍衫折上頭巾九環帶六合靴皆起自魏周便於戎事自貞觀已後非元日冬至受朝及大祭祀皆常服而已顯慶元年九月太尉長孫無忌與修禮官等奏曰准武德初撰衣服令天子祀天地服大裘冕無旒臣無忌志寧敬宗等謹按郊特牲云周之始郊日以至被袞以象天戴冕藻十有二旒則天數也而此二禮俱說周郊袞與大裘事乃有異按月令孟冬天子始裘明以禦寒理非當暑若啓蟄祈穀冬至報天行事服裘義歸通允至於季夏迎氣龍見而雩炎熾方隆如何可服謹尋歷代唯服袞章與郊特牲義旨相協按周禮與服志云漢明帝永平二年制採周官禮記始制祀天地服天子制十二章沈約宋書志云魏晉郊天亦皆服袞又王智深宋紀曰明帝制云以大冕純玉藻玄衣黃裳郊祀天地後魏周齊迄于隋氏勘其禮令祭服悉同斯則百王通典炎涼無妨復與禮經事無乖舛今請憲章故實郊祀天地皆服袞冕其大裘請停仍改禮令又檢新禮皇帝祭社稷服繡冕四旒三章祭日月服玄冕三旒衣無章謹按令文是四品五品之服此則三公亞獻皆服袞衣孤卿助祭服毳及鷩斯乃乘輿章數同於大夫君少臣多殊爲不可據周禮云祀昊天上帝則服大裘而冕五帝亦如之享先王則袞冕享先公則鷩冕祀四望山川則毳冕祭社稷五祀則絺冕諸小祀則玄冕又云公侯伯子男孤卿大夫之服袞冕以下皆如王之服所以三禮義宗

遂有三釋一云公卿大夫助祭之日所著之服降王一等又云悉與王同求其折衷俱未通允但名位不同禮亦異數天子以十二爲節義在法天豈有四旒三章翻爲御服若諸臣助祭冕與王同便是貴賤無分君臣不別如其降王一等則王著玄冕之時羣臣犬服爵弁既屈天子又貶公卿周禮此文久不施用亦猶祭祀之立尸侑君親之拜臣子覆巢設硩蔟之官去鼃置蟈氏之職唯施周代事不通行是故漢魏以來下迄隋代相承舊事唯用袞冕今新禮親祭日月仍服五品之服臨事施行極不穩便請遵歷代故實諸祭並用袞冕制可之無忌等又奏曰皇帝爲諸臣及五服親舉哀依禮著素服令乃云白帢禮令乖舛須歸一塗且白帢出自近代事非稽古雖著令文不可行用請改從素服以會禮文制從之自是鷩冕已下乘輿更不服之白帢遂廢而令文因循竟不改削開元十一年冬玄宗將有事於南郊中書令張說又奏稱准令皇帝祭昊天上帝服大裘之冕事出周禮取其質也永徽二年高宗親享南郊用之明慶年修禮改用袞冕事出郊特牲取其文也自則天已來用之若遵古制則應用大裘若便於時則袞冕爲美令所司造二冕呈進上以大裘樸略冕又無旒既不可通用於寒暑乃廢不用之自是元正朝會依禮令用袞冕及通天冠大祭祀依郊特牲亦用袞冕自餘諸服雖在於令文不復施用十七年朝拜五陵但素服而已朔望常朝亦用常服其翼善冠亦廢武德令皇太子衣服有袞冕具服遠遊三梁冠公服遠遊冠烏紗帽平巾幘五等貞觀已後又加弁服進德冠之制袞冕白珠九旒以組爲纓色如其綬青纊充耳犀簪導玄衣纁裳九章五章在衣龍山華蟲火宗彝四章在裳藻粉米黼黻織成爲之白紗中單黼領青褾襈裾革帶金鉤鰈大帶素帶朱裏亦紕以朱綠皆用組黻隨裳色火山二章也玉具劍金寶飾也玉鏢首瑜玉雙珮朱組雙大綬四綵赤白縹紺純朱質長一丈八尺三百二十首廣九寸小雙綬長二尺六寸色同大綬而首半之施二玉環也朱韈赤舄舄加金飾侍從皇帝祭祀及謁廟加元服納妃則服之具服遠遊三梁冠加金附蟬九首施珠翠黑介幘髮纓翠綏犀簪導絳紗袍白紗中單皁領褾襈裾白裙襦白假帶方心曲領絳紗蔽膝其革帶劍珮綬襪舄與上同後改用白韈黑舄未冠則雙童髻空頂黑介幘雙玉導加寶飾謁廟還宮元日冬至朔日入朝釋奠則服之公服遠遊冠簪導以下並同前也絳紗單衣白裙襦革帶金鉤鰈假帶方心紛鞶囊長六尺四寸廣二寸四分色同大綬白韈烏皮履五日常服元日冬至受朝則服之烏

紗帽白裙襦白韈烏皮履視事及宴見賓客則服之平巾幘紫褶白袴寶鈿起梁帶乘馬則服之弁服弁以鹿皮爲之犀簪導組纓玉琪九絳紗衣素裳革帶鞶囊小綬佩白韈烏皮履朔望及視事則兼服之進德冠九琪加金飾其常服及白練裙襦通著之若服袴褶則與平巾幘通著自永徽已後唯服袞冕具服公服而已若乘馬袴褶則著進德冠自餘並廢若讌服常服紫衫袍與諸王同開元二十六年肅宗升爲皇太子受冊太常所撰儀注有服絳紗袍之文太子以爲與皇帝所稱同上表辭不敢當請有以易之玄宗令百官詳議尚書左丞相裴燿卿太子太師蕭嵩等奏曰謹按衣服令皇太子具服有遠遊冠三梁加金附蟬九首施珠翠黑介幘髮纓綏犀簪導絳紗袍白紗中單皁領褾襈白裙襦方心曲領絳紗蔽膝革帶劍珮綬等謁廟還宮元日冬至朔日入朝釋奠則服之其絳紗袍則是冠衣之內一物之數與裙襦劍珮等無別至於貴賤之差尊卑之異則冠爲首飾名制有殊并珠旒及裳綵章之數多少有別自外不可事事差異亦有上下通服名制是同禮重則具服禮輕則從省今以至敬之情有所未取衣服不可減省稱謂須更變名望所撰儀注不以絳紗袍爲稱但稱爲具服則尊卑有差謙光成德議奏上手勑改爲朱明服下所司行用焉武德令侍臣服有袞鷩毳繡玄冕及爵弁遠遊進賢冠武弁獬豸冠凡十等袞冕垂青珠九旒以組爲纓色如其綬以下旒纓皆如之也青纊充耳簪導青衣纁裳服九章五章在衣龍山華蟲火宗彝爲五等四章在裳藻粉米黼黻皆絳爲繡徧衣而已下皆如之白紗中單黼領繡冕以下中單青領青褾襈裙革帶鉤鞢大帶三品已上素帶朱裏皆紕其外上以綠五品帶紕其垂外以玄黃紐皆用青組之黻凡黻皆隨裳色毳冕以上山火二章繡冕山一章玄冕無章劍珮綬朱韈赤舄第一品服之鷩冕七旒服七章三章在衣華蟲火宗彝四章在裳藻粉米黼黻也餘同袞冕第二品服之毳冕五旒服五章三章在衣宗彝藻粉米二章在裳黼黻也餘同鷩冕第三品服之繡冕四旒服三章一章在衣粉米二章在裳黼黻餘並同毳冕第四品服之玄冕衣無章裳刺黻一章餘同繡冕第五品服之爵弁色同爵無旒無章玄纓簪導青衣纁裳白紗中單青領褾裙革帶鉤鞢大帶練帶紕其垂內外以繡紐約用青組爵韠纁赤履九品已上服之凡冕服助祭及親迎若私家祭祀皆服之爵弁亦同凡冕制皆以羅爲之其服以紬爵弁用紬爲之其服用繒遠遊三梁冠黑介幘青綏凡文官皆青綏以下准此也皆諸王服之親王則加金附蟬進賢冠三品以上三梁五品以上兩梁九品以上一梁皆三公太子三師三少五等爵尚書省秘書省諸寺監學太子詹

事府三寺及散官親王師友文學國官若諸州縣關津岳瀆等流內九品以上服之武弁平巾幘侍中中書令則加貂蟬侍左者左珥右者右珥皆武官及門下中書殿中內侍省天策上將府諸衛領軍武候監門領左右太子諸坊諸率及鎮戍流內九品已上服之其親王府佐九品以上亦準此法冠一名獬豸冠以鐵爲柱其上施珠兩枚爲獬豸之形左右御史臺流內九品以上服之高山冠者內侍省內謁者及親王下司閤等服之卻非冠者亭長門僕服之諸應冠而未冠者並雙童髻空頂幘五品已上雙玉導金飾三品以上加寶飾六品以下無飾朝服亦名具服冠幘纓簪導絳紗單衣白紗中單皁領襈裙白裙襦亦裙衫也革帶鉤鞢假帶曲領方心絳紗蔽膝韈舄劍珮綬一品已下五品以上陪祭朝饗拜表大事則服之七品已上去劍珮綬餘並同公服亦名從省服冠幘纓簪導絳紗單衣白裙襦亦裙衫也革帶鉤鞢假帶方心韈履紛鞶囊一品以下五品以上謁見東宮及餘公事則服之其六品以下去紛鞶囊餘並同諸珮綬者皆雙綬親王纁朱綬四綵赤黃縹紺純朱質纁文織長一丈八尺二百四十首廣九寸一品綠綟綬四綵紫黃赤純綠質長一丈八尺二百四十首廣九寸二品三品紫綬三綵紫黃赤純紫質長一丈六尺一百八十首廣八寸四品青綬三綵青白紅純青質長一丈四尺一百四十首廣七寸五品黑綬二綵青紺純紺質長一丈二尺一百首廣六寸自王公以下皆有小雙綬長二尺六寸色同大綬而首半之正第一品佩二玉環自外不同也有綬者則有紛皆長六尺四寸廣二寸四分各隨綬色諸鞶囊二品以上金鏤三品金銀鏤四品銀鏤五品綵鏤諸珮一品珮山玄玉二品以下五品以上佩水蒼玉諸文官七品以上朝服者簪白筆武官及爵則不簪諸舄履並烏色舄重皮底履單皮底別注色者不用此色諸勳官及爵任職事官者散官散號將軍同職事正衣本服自外各從職事服諸致仕及以理去官被召謁見皆服前官從省服平巾幘簪箄導冠之五品以上紫褶六品以下緋褶加兩襠螣蛇並白袴起梁帶五品以上金玉雜鈿六品以下金飾隱起鞾武官及衛官陪立大仗則服之若文官乘馬亦通服之去兩襠螣蛇諸視品府佐武弁平巾幘國官進賢一梁冠黑介幘簪導其服各準正品其流外官亦依正品流外之例叅朝則服之若謁見府公府佐平巾黑幘國官黑介幘皆白紗單衣烏皮履諸流外官行署三品以上黑介幘絳公服用緋爲之制同絳紗單衣方心革帶鉤鞢假帶韈烏皮履九品以上絳褠衣制同絳公服袖狹形直如溝不垂去方心假帶餘同絳公服其非行署者太常寺謁者

卜博士醫助教祝史贊引鴻臚寺掌儀諸典書典學內侍省內典引太子門下坊典儀內坊導客舍人諸贊者王公以下舍人公主謁者等各準行署依品服自外及民任雜掌無官品者皆平巾幘緋衫大口袴朝集從事則服之諸典謁武弁絳公服其齋郎介幘絳褠衣自外品子任雜掌者皆平巾幘緋衫大口袴朝集從事則服之黑介幘簪導深衣青褾領革帶烏皮履未冠則雙童髻空頂黑介幘去革帶國子太學四門學生叅見則服之書算學生州縣學生則烏紗帽白裙襦青領諸外官拜表受詔皆服本品無朝服者則服之其餘公事及初上並公服諸州大中正進賢一梁冠絳紗公服若有本品者依本品叅朝服之諸州縣佐史鄉正里正岳瀆祝史齋郎並介幘絳褠衣平巾幘緋褶大口袴紫附褠尚食局主食典膳局主食太官署食官署掌膳服之平巾綠幘青布袴褶尚食局主膳典膳局典食太官署食官署供膳服之平巾五辮髻青袴褶青耳屩羊車小史服之總角髻青袴褶漏刻生漏童服之龍朔二年九月戊寅司禮少常伯孫茂道奏稱諸臣九章服君臣冕服章數雖殊飾龍名袞尊卑相亂望諸臣九章衣以雲及麟代龍昇山爲上仍改冕當時紛議不定儀鳳年太常博士蘇知機又上表以公卿以下冕服請別立節文勑下有司詳議崇文館學士校書郎楊炯奏議曰古者太昊庖犧氏仰以觀象俯以察法造書契而文籍生次有黃帝軒轅氏長而敦敏成而聰明垂衣裳而天下理其後數遷五德君非一姓體國經野建邦設都文質所以再而復正朔所以三而改夫改正朔者謂夏后氏建寅殷人建丑周人建子至於以日繫月以月繫時以時繫年此則三王相襲之道也夫易服色者謂夏后氏尚黑殷人尚白周人尚赤至於山龍華蟲宗彝藻火粉米黼黻此又百代可知之道也謹按虞書曰予欲觀古人之象日月星辰山龍華蟲作繪宗彝藻火粉米黼黻絺繡由此言之則其所從來者尚矣夫日月星辰者明光照下土也山者布散雲雨象聖王澤沾下人也龍者變化無方象聖王應機布教也華蟲者雉也身被五采象聖王體兼文明也宗彝者武雄也以剛猛制物象聖王神武定亂也藻者逐水上下象聖王隨代而應也火者陶冶烹飪象聖王至德日新也米者人恃以生象聖王物之所賴也黼能斷割象聖王臨事能決也黻者兩已相背象君臣可否相濟也逮有周氏乃以日月星辰爲旌旗之飾又登龍於山登火於宗彝於是乎制袞冕以祀先王也九章

者法於陽數也以龍爲首章者袞者卷也龍德神異應變潛見表聖王深沈遠智卷舒神化也又制鷩冕以祭先公也鷩者雉也有耿介之志表公有賢才能守耿介之節也又制毳冕以祭四望也四望者岳瀆之神也武雉者山林所生也明其象也制絺冕以祭社稷也社稷土穀之神也粉米由之成也象其功也又制玄冕以祭羣小祀也百神異形難可偏擬但取黻之相背異名也夫以周公之多才也故化定制禮功成作樂夫以孔宣之將聖也故行夏之時服周之冕先王之法服乃此之自出矣天下之能事又於是乎畢矣今表狀請制大明冕十二章乘輿服之者謹按日月星辰者已施旌旗矣龍武山火者又不踰於古矣而云麟鳳有四靈之名玄龜有負圖之應雲有紀官之號水有感德之祥此蓋別表休徵終是無踰比象然則皇王受命天地與符仰觀則璧合珠連俯察則銀黃玉紫盡南宮之粉壁不足寫其形狀罄東觀之鉛黃無以紀其名實固不可畢陳於法服也雲也者從龍之氣也水也者藻之自生也又不假別爲章目也此蓋不經之甚也又鷩冕八章三公服之者鷩者太平之瑞也非三公之德也鷹鸇者鷙鳥也適可以辨祥刑之職也熊羆者猛獸也適可以旌武臣之力也又稱藻爲水草無所法象引張衡賦云蔕倒茄於藻井披江葩之狎獵謂爲蓮花取其文采者夫茄者蓮也若以蓮花代藻變古從今既不知草木之名亦未達文章之意此又不經之甚也又毳冕六章三品服之者按此王者祀四望服之名也今三品乃得同王之毳冕而三公不得同王之袞名豈惟顛倒衣裳抑亦自相矛盾此又不經之甚也又黼冕四章五品服之考之於古則無其名驗之於今則非章首此又不經之甚也若夫禮惟從俗則命爲制令爲詔乃秦皇之故事猶可以適於今矣若乃義取隨時則出稱警入稱蹕乃漢國之舊儀猶可以行於代矣亦何取於變周公之軌物改宣尼之法度者哉由是竟寢知機所請景龍二年七月皇太子將親釋奠於國學有司草儀注令從臣皆乘馬著衣冠太子左庶子劉子玄進議曰古者自大夫已上皆乘車而以馬爲騑服魏晉已降迄于隋代朝士又駕牛車歷代經史具有其事不可一二言也至如李廣北征解鞍憩息馬援南伐據鞍顧眄斯則鞍馬之設行於軍旅戎服所乘貴於便習者也案江左官至尚書郎而輒輕乘馬則爲御史所彈又顏延之罷官後好騎馬出入閭里當代稱其放誕此則專車憑軾可擐朝衣單馬御

鞍宜從褻服求之近古灼然之明驗矣自皇家撫運公革隨時至如陵廟巡幸王公冊命則盛服冠履乘彼輅車其士庶有衣冠親迎者亦時以服箱充馭在於他事無復乘車貴賤所通鞍馬而已臣伏見比者鑾輿出幸法駕首途左右侍臣皆以朝服乘馬夫冠履而出止可配車而行今乘車既停而冠履不易可謂唯知其一而未知其二何者褒衣博帶革履高冠本非馬上所施自是車中之服必也襪而升鐙跣以乘鞍非惟不師古道亦自取驚今俗求諸折中進退無可且長裙廣袖襜如翼如鳴珮紆組鏘鏘奕奕馳驟於風塵之內出入於旌棨之間儻馬有驚逸人從顛墜遂使屬車之右遺履不收清導之傍絓驂相續固以受嗤行路有損威儀今議者皆云秘閣有梁武帝南郊圖多有衣冠乘馬者此則近代故事不得謂無其文臣案此圖是後人所為非當時所撰且觀當今有古今圖畫者多矣如張僧繇畫羣公祖二疏而兵士有著芒屩者閻立本畫昭君入匈奴而婦人有著帷帽者夫芒屩出於水鄉非京華所有帷帽創於隋代非漢宮所作議者豈可徵此二畫以為故實者乎由斯而言則梁武南郊之圖義同於此又傳稱義惟因俗禮貴緣情殷輅周冕規模不一秦冠漢珮用舍無恒況我國家道軼百王功高萬古事有不便資於變通其乘馬衣冠竊謂宜從省廢臣此異議其來自久日不暇給未及摧揚今屬殿下親從齒胄將臨國學凡有衣冠乘馬皆憚此行所以輙進狂言用申鄙見皇太子手令付外宣行仍編入令以為恒式讌服蓋古之褻服也今亦謂之常服江南則以巾褐裙襦北朝則雜以戎夷之制爰至北齊有長帽短靴合袴襖子朱紫玄黃各任所好雖謁見君上出入省寺若非元正大會一切通用高氏諸帝常服緋袍隋代帝王貴臣多服黃文綾袍烏紗帽九環帶烏皮六合靴百官常服同於匹庶皆著黃袍出入殿省天子朝服亦如之惟帶加十三環以為差異蓋取於便事其烏紗帽漸廢貴賤通服折上巾其製周武帝建德年所造也晉公宇文護始命袍加下襴及大業元年煬帝始制詔吏部尚書牛弘工部尚書宇文愷兼內史侍郎虞世基給事郎許善心儀曹郎袁朗等憲章古則創造衣冠自天子逮于胥吏章服皆有等差始令五品以上通服朱紫是後師旅務殷車駕多行幸百官行從雖服袴褶而軍間不便六年復詔從駕涉遠者文武官等皆戎衣貴賤異等雜用五色五品已上通著紫袍六品已下兼用緋綠胥吏以青庶人以白屠商以皁士卒以黃武德初因隋舊制天子讌服亦名常服唯以黃袍及衫後漸用赤黃遂禁士庶不得以赤黃為衣服雜飾四年八月勅三品已上大科紬綾及羅其色紫飾用玉五品已上小科紬綾及羅其色朱飾用金六品已上服絲布雜小綾交梭雙紃其色黃六品七品飾銀八品九品鍮石流外及庶人服紬絁布其色通用黃飾用銅鐵五品已上執象笏三品已下前挫後直五品已上前挫後屈自有唐已來一例上圓下方曾不分別六品已下執竹木為笏上挫下方其折上巾烏皮六合靴貴賤通用貞觀四年又置三品已上服紫五品已下服緋六品七品服綠八品九品服以青帶以鍮石婦人從夫色雖有令仍許通著黃五年八月勅七品已上服龜甲雙巨十花綾其色綠九品已上服絲布及雜小綾其色青十一月賜諸衛將軍紫袍錦為褾袖八年五月太宗初服翼善冠貴臣服進德冠龍朔二年司禮少常伯孫茂道奏稱舊令六品七品着綠八品九品着青深青亂紫非卑品所服望請改八品九品着碧朝參之處聽兼服黃從之總章元年始一切不許着黃上元元年八月又制一品已下帶手巾算袋仍佩刀子礪石武官欲帶者聽之文武三品已上服紫金玉帶四品服深緋五品服淺緋竝金帶六品服深綠七品服淺綠竝銀帶八品服深青九品服淺青竝鍮石帶庶人竝銅鐵帶文明元年七月甲寅詔旗幟皆從金色飾之以紫畫以雜文八品已下舊服者竝改以碧京文官五品已上六品已下七品清官每日入朝常服袴褶諸州縣長官在公衙亦准此景雲中又制令依上元故事一品已下帶手巾算袋其刀子礪石等許不佩武官五品已上佩鞊韘七事七謂佩刀刀子礪石契苾真噦厥針筒火石袋等也至開元初復罷之則天天授二年二月朝集使刺史賜繡袍各於背上繡成八字銘長壽三年四月勅賜岳牧金字銀字銘袍延載元年五月則天內出緋紫單羅銘襟背衫賜文武三品已上左右監門衛將軍等飾以對師子左右衛飾以麒麟左右武威衛飾以對虎左右豹韜衛飾以豹左右鷹揚衛飾以鷹左右玉鈐衛飾以對鶻左右金吾衛飾以對豸諸王飾以盤龍及鹿宰相飾以鳳池尚書飾以對鴈武德已來始有巾子文官名流上平頭小樣者則天朝貴臣內賜高頭巾子呼為武家諸王樣中宗景龍四年三月因內宴賜宰臣已下內樣巾子開元已來文官士伍多以紫皁官絁為頭巾平頭巾子相效為雅製玄宗開元十九年十月賜供奉官及諸司長官羅頭巾及官樣巾子迄今服之也天寶十載五月改諸衛旗幡隊仗先用緋色竝用赤黃色以符土德高祖武德元年九月改銀菟符為銀魚符高宗永徽二年五月開府儀同三司及京官文武職事四品五品竝給隨身魚咸亨三年五月五品已上賜新魚袋竝飾以銀三品已上各賜金裝刀子礪石一具垂拱二年正月諸州都督刺史竝准京官帶魚袋天授元年九月改內外所佩魚竝作龜久視元年十月職事三品已上龜袋宜用金飾四品用銀飾五品用銅飾上守下行皆從官給神龍元年二月內外官五品已上依舊佩魚袋六月郡王嗣王特許佩金魚袋景龍三年八月令特進佩魚散職佩魚自此始也自武德已來皆正員帶闕官始佩魚袋員外判試檢校自則天中宗後始有之皆不佩魚雖正員官得佩亦去任及致仕卽解去魚袋至開元九年張嘉貞為中書令奏諸致仕許終身佩魚以為榮寵以理去任亦聽佩魚袋自後恩制賜賞緋紫例兼魚袋之章服因之佩魚袋服朱紫者衆矣梁制云袴褶近代服以從戎今纘嚴則文武百官咸服之車駕親戎則縛袴不舒散也中官紫褶外官絳褶舄用皮服冠衣朱者紫衣用赤舄烏衣用烏舄唯褶服以靴靴胡履也取便於事施於戎服舊制乘輿案褥牀褥牀帷皆以紫為飾天寶六載禮儀使太常卿韋縚奏請依御褒色以赤黃為飾從之武德令皇后服有褘衣鞠衣鈿釵禮衣三等褘衣首飾花十二樹并兩博鬢其衣以深青織成為之文為翬翟之形素質五色十二等素紗中單黼領羅縠褾襈褾襈皆用朱色也蔽膝隨裳色以緅為領用翟為章三等大帶隨衣色朱裏紕其外上以朱錦下以綠錦紐約用青組以青衣革帶青韈舄舄加金飾白玉雙珮玄組雙大綬章綵尺寸與乘輿同受冊助祭朝會諸大事則服之鞠衣黃羅為之其蔽膝大帶及衣革帶舄隨衣色餘與褘衣同唯無雉也親蠶則服之鈿釵禮衣十二鈿服通用雜色制與上同唯無雉及珮綬去舄加履宴見賓客則服之皇太子妃服首飾花九樹小花如大花之數并兩博鬢也褕翟青織成為之文為搖翟之形青質五色九等也素紗中單黼領羅縠褾襈褾襈皆用朱色也蔽膝隨裳色用緅為領以搖翟為章二等也大帶隨衣色朱裏紕其外上以朱錦下以綠錦紐用青組以青衣革帶青韈舄舄加金飾瑜玉珮紅朱雙大綬章綵尺寸與皇太子同受冊助祭朝會諸大事則服之鞠衣黃羅為之其蔽膝大帶及衣革帶隨衣色餘與褕翟同唯無雉也從蠶則服之鈿釵禮衣九鈿服通用雜色制與上同唯無雉及珮綬去舄加履宴見賓客則服之內外命婦服花釵施兩博鬢寶鈿飾也翟衣青質羅為之繡為雉編次於衣及裳重為九等而下第一品花鈿九樹寶鈿准花數以下准此也翟九等第二品花鈿八樹翟八等第三品花鈿七樹翟七等第四品花鈿六樹翟六等第五品花鈿五樹翟五等竝素紗中單黼領朱褾襈亦通用羅縠也蔽膝隨裳色以緅為領緣加以文繡重雉為章二等一品已下皆同也大帶隨衣色緋其外上以朱錦下以綠錦紐用青組青衣革帶青韈舄珮綬內命婦受冊從蠶朝會則服之其外命婦嫁及受冊從蠶大朝會亦準此鈿釵禮衣通用雜色制與上同唯無雉及珮綬去舄加履第一品九鈿第二品八鈿第三品七鈿第四品六鈿第五品五鈿內命婦尋常參見外命婦朝參辭見及禮會則服之六尚寶林御女采女官等服禮衣通用雜色制與上同惟無首飾七品已上有大事服之尋常供奉則公服公服去中單蔽膝大帶九品已上大事及尋常供奉竝公服東宮準此女史則半袖裙襦諸公主王妃珮綬同諸王縣主內命婦準品外命婦五品已上皆準夫子卽非因夫子別加邑號者亦準品婦人宴服準令各依夫色上得兼下下不得僭上既不在公庭而風俗奢靡不依格令綺羅錦繡隨所好尚上自宮掖下至匹庶遞相倣效貴賤無別武德貞觀之時宮人騎馬者依齊隋舊制多著羃䍦雖發自戎夷而全身障蔽不欲途路窺之王公之家亦同此制永徽之後皆用帷帽拖裙到頸漸為淺露尋下勅禁斷初雖暫息旋又仍舊咸亨二年又下勅曰百官家口咸預士流至於衢路之間豈可全無障蔽比來多著帷帽遂弃羃䍦曾不乘車別坐檐子遞相倣效浸成風俗過為輕率深失禮容前者已令漸改如聞猶未止息又命婦朝謁或將馳駕車既入禁門有虧肅敬此竝乖於儀式理須禁斷自今已後勿使更然則天之後帷帽大行羃䍦漸息中宗卽位宮禁寬弛公私婦人無復羃䍦之制開元初從駕宮人騎馬者皆著胡帽靚粧露面無復障蔽士庶之家又相倣效帷帽之制絕不行用俄又露髻馳騁或有著丈夫衣服靴衫而尊卑內外斯一貫矣奚車契丹塞外用之開元天寶中漸至京城兜籠巴蜀婦人所用今乾元已來蕃將多著勳於朝兜籠易於擔負京城奚車兜籠代於車轝矣武德來婦人著履規制亦重又有線靴開元來婦人例著線鞋取輕妙便於事侍兒乃著履臧獲賤伍者皆服襴衫太常樂尚胡曲貴人御饌盡供胡食士女皆竟衣胡服故有范陽羯胡之亂兆於好尚遠矣太極元年左司郎中唐紹上疏曰臣聞王公已下送終明器等物具標甲令品秩高下各有節文孔子曰明器者備物而不可用以芻靈者善為俑者不仁傳曰俑者謂有面目機發似於生人也以此而葬殆將於殉故曰不仁近者王公百官競為厚葬偶

人像馬雕飾如生徒以眩耀路人本不因心致禮更相扇慕破產傾資風俗流行遂下兼士庶若無禁制奢侈日增望諸王公已下送葬明器皆依令式並陳於墓所不得衢路行又士庶親迎之儀備諸六禮所以承宗廟事舅姑當須昏以爲期詰朝謁見往者下俚庸鄙時有障車邀其酒食以爲戲樂近日此風轉盛上及王公乃廣奏音樂多集徒侶遮擁道路留滯淹時邀致財物動踰萬計遂使障車禮貺過於聘財歌舞喧譁殊非助感旣虧名教實蠹風猷違紊禮經須加節制望請婚姻家障車者並須禁斷其有犯者有蔭家請準犯名教例附簿無蔭人決杖六十仍各科本罪制從之

舊唐書卷四十五考證

輿服志小雙綬長二尺一寸○新書二尺六寸

按周禮輿服志云○沈炳震曰周禮無輿服志志輿服起于後漢書也應誤

朱韈赤舄○新書白韈赤舄

毳冕五旒○新書七旒

絺冕四旒○新書六旒

七品已上去劍珮綬餘並同公服○新書六品以下

二品以上金鏤三品金銀鏤四品銀鏤五品綵鏤○新書無五品

臣德潛按輿服中不及大駕鹵簿皇后鹵簿皇太子鹵簿亦屬闕略

# 舊唐書卷四十六

後晉司空同中書門下平章事劉　昫撰

## 經籍志第二十六

### 經籍上

夫龜文成象肇八卦於庖犧鳥跡分形創六書於蒼頡聖作明述同源異流墳典起之於前詩書繼之於後先王陳迹後王準繩易曰人文以化成天下禮曰君子如欲化民成俗其必由學乎學者非他方策之謂也琢玉成器觀古知今歷代哲王莫不崇尚自仲尼沒而微言絕七十子喪而大義乖嬴氏坑焚以愚黔首漢興學校復創石渠雄向校讐於前馬鄭討論於後兩京載籍繇是粲然及漢末還都焚溺過半爰自魏晉迄于周隋而好事之君慕古之士亦未嘗不以圖籍爲意也然河北江南未能混一偏方購輯卷帙未弘而荀勗李充王儉任昉祖暅皆達學多聞歷世整比羣分類聚遞相祖述或爲七錄或爲四部言其部類多有所遺及隋氏建邦寰區一統煬皇好學喜聚逸書而隋世簡編最爲博洽及大業之季喪失者多貞觀中令狐德棻魏徵相次爲祕書監上言經籍亡逸請行購募并奏引學士校定羣書大備開元三年左散騎常侍褚无量馬懷素侍宴言及經籍玄宗曰內庫皆是太宗高宗先代舊書常令宮人主掌所有殘缺未遑補緝篇卷錯亂難於檢閱卿試爲朕整比之至七年詔公卿士庶之家所有異書官借繕寫及四部書成上令百官入乾元殿東廊觀之無不駭其廣九年十一月殷踐猷王愜韋述余欽毋煚劉彥眞王灣劉仲等重修成羣書四部錄二百卷右散騎常侍元行沖奏上之自後毋煚又略爲四十卷名爲古今書錄大凡五萬一千八百五十二卷祿山之亂兩都覆沒乾元舊籍亡散殆盡肅宗代宗崇重儒術屢詔購募文宗時鄭覃侍講禁中以經籍道喪屢以爲言詔令祕閣搜訪遺文日令添寫開成初四部書至五萬六千四百七十六卷及廣明初黃巢干紀再陷兩京宮廟寺署焚蕩殆盡曩時遺籍尺簡無存及行在朝諸儒購輯所傳無幾昭宗卽位志弘文雅祕書省奏曰當省元掌四部御書十二庫共七萬餘卷廣明之亂一時散失後來省司購募尚及二萬餘卷及先朝再幸山南尚存一萬八千卷竊知京城制置使孫惟晟收在本軍其御書祕閣見充教坊及諸軍人占住伏以典籍國之大經祕府校讐之地其書籍並望付當省校其殘缺漸令補輯樂人乞移他所並從之及遷都洛陽又喪其半平時載籍世莫得聞今錄開元盛時四部諸書以表藝文之盛四部者甲乙丙丁之次也甲部爲經其類十二一曰易以紀陰陽變化二曰書以紀帝王遺範三曰詩以紀興衰誦嘆四曰禮以紀文物體制五曰樂以紀聲容律度六曰春秋以紀行事褒貶七曰孝經以紀天經地義八曰論語以紀先聖微言九曰圖緯以紀六經讖候十曰經解以紀六經讖候十一曰詁訓以紀六經讖候十二曰小學以紀字體聲韻乙部爲史其類十有三一曰正史以紀紀傳表志二曰古史以紀編年繫事三曰雜史以紀異體雜紀四曰霸史以紀僞朝國史五曰起居注以紀人君言動六曰舊事以紀朝廷政令七曰職官以紀班序品秩八曰儀注以紀吉凶行事九曰刑法以紀律令格式十曰雜傳以紀先聖人物十一曰地理以紀山川郡國十二曰譜系以紀世族繼序十三曰略錄以紀史策條目丙部爲子其類一十有四一曰儒家以紀仁義教化二曰道家以紀清淨無爲三曰法家以紀刑法典制四曰名家以紀循名責實五曰墨家以紀强本節用六曰縱橫家以紀辯說詭詐七曰雜家以紀兼敘衆說八曰農家以紀播植種藝九曰小說家以紀芻辭輿誦十曰兵法以紀權謀制度十一曰天文以紀星辰象緯十二曰曆數以紀推步氣朔十三曰五行以紀卜筮占候十四曰醫方以紀藥餌針灸丁部爲集其類有三一曰楚詞以紀騷人怨刺二曰別集以紀詞賦雜論三曰總集以紀文章事類煚等撰集依班固藝文志體例諸書隨部皆有小序發明其指近史官撰隋書經籍志其例亦然竊以紀錄簡編異題卷部相沿序述無出前修今之殺青亦所不取但紀部帙而已而煚等所序四部都錄以明新修之旨今略載之竊以經墳浩廣史圖紛博尋覽者莫之能徧司總者常苦其多何暇重屋複牀更繁其說若先王有闕典上聖有遺事邦政所急儒訓是先宜垂教以作程當闡規而開典則不遑啓處何獲宴寧曩之所修誠惟此義然禮有未愜追怨良深于時祕書省經書實多亡闕諸司墳籍不暇討論此則事有未周一也其後周覽人間頗覩闕文新集記貞觀之前永徽已來不取近書採長安之上神龍已來未錄此則理有未弘二也書閱不徧事復未周或不詳名氏或未知部伍此則體有未通三也書多闕目空張第數旣無篇題實乖標牓此則例有所虧四也所用書序或取魏文貞所分書類皆據隋經籍志理有未允體有不通此則事實未安五也昔馬談作史記班彪作漢書皆兩葉而僅成劉歆作七略王儉作七志踰二紀而方就孰有四萬卷目二千部書名目首尾三年便令終竟欲求精悉不其難乎所以常有遺恨竊思追雪乃與類同契積思潛心審正舊疑詳開新制永徽新集神龍近書則釋而附也未詳名氏不知部伍則論而補也空張之目則檢獲便增未允之序則詳宜別作紕繆咸正混雜必刊改舊傳之失者三百餘條加新書之目者六千餘卷凡經錄十二家五百七十五部六千二百四十一卷史錄十三家八百四十部一萬七千九百四十六卷子錄十七家七百五十三部一萬五千六百三十七卷集錄三家八百九十二部一萬二千二十八卷凡四部之錄四十五家都管三千六十部五萬一千八百五十二卷成書錄四十卷其外有釋氏經律論疏道家經戒符籙凡二千五百餘部九千五百餘卷亦具翻釋名氏序述指歸又勒成目錄十卷名曰開元內外經錄若夫先王祕傳列代奧文自古之粹籍靈符絕域之神經怪牒盡載於此二書矣夫經籍者開物成務垂教作程聖哲之能事帝王之達典而去聖已久開鑿遂多苟不剖判條源甄明科部則先賢遺事有卒代而不聞大國經書遂終年而空泯使學者孤舟泳海弱羽憑天銜石塡溟倚杖追日莫聞名目豈詳家代不亦勞乎不亦弊乎將使書千帙於掌眸披萬函於年祀覽錄而知旨觀目而悉詞經墳之精術盡探賢哲之睿思咸識不見古人之面而見古人之心以傳後來不其愈已其序如此煚等四部目及釋道目並有小序及注撰人姓氏卷軸繁多今並略之但紀篇部以表我朝文物之大其釋道錄目附本書今亦不取據開元經籍爲之志天寶已後名公各著文章儒者多有撰述或記禮法之沿革或裁國史之繁略皆張部類其徒實繁臣以後出之書在開元四部之外不欲雜其本部今據所聞附撰人等傳其諸公文集亦見本傳此並不錄四部區分詳之于下

甲部經錄十二家五百七十五部六千二百四十一卷

易類一　書類二　詩類三
禮類四　樂類五　春秋類六
孝經類七　論語類八　讖緯類九
經解類十　詁訓類十一　小學類十二

歸藏十三卷殷易司馬膺注　周易二卷卜商傳
又十卷孟喜章句　又十卷京房章句
又四卷費直章句　又十卷馬融章句
又九卷鄭玄注　又十卷荀爽章句
又五卷劉表注　又十卷王肅注
又十卷董遇注　又十卷宋衷注
又七卷王弼注　又九卷虞翻注
又十三卷陸績注　又十卷荀氏九家集解
又十卷馬鄭二王集解　又十卷姚信注
又十卷王弼韓康伯注　又十卷二王集注
又十卷荀煇注　又十卷蜀才注
又十卷張璠集解　又十卷王廙注
又十卷干寶注　又十卷黃穎注
又十卷崔浩注　又十三卷崔覲注

又十卷何晏注　又十卷盧氏注
又十四卷傅氏注　又十卷王玄度注
又十卷王又玄注　又十卷任希古注
又十卷王凱沖注　周易發揮五卷王勃撰
周易繫辭二卷謝萬注　又二卷桓玄注
又二卷荀諝注　又二卷宋褒注
周易義疏二十卷宋明帝注
宋羣臣講易疏二十卷張該等注　周易大義二十卷梁武帝撰
周易講疏三十五卷梁武帝撰　周易發題義一卷
周易幾義一卷蕭偉撰
周易大義疑問二十卷梁武帝撰　周易義疏十四卷蕭子政撰
周易講疏三十卷張譏注　又十三卷何妥撰
又十六卷褚仲都撰　周易正義十四卷孔穎達撰
周易新論十卷陰弘道撰
周易文句義疏二十四卷陸德明撰
周易文外大義二卷陸德明撰
周易新注本義十四卷薛仁貴撰　周易開題論序十卷
周易文句義疏二十卷已上卷梁武撰
周易大衍論三卷玄宗撰　周易四卷鍾會撰
周易大演論一卷王弼撰　周易論一卷應吉甫撰
周易統略論三卷鄒湛撰　周易略論一卷張璠撰
周易論二卷暨長成難暨仲容荅　易論一卷宋處宗撰
通易象論一卷宣騁撰　又一卷欒永初撰
周易繫辭義二卷劉向撰　周易乾坤義疏一卷劉瓛撰
周易略譜一卷沈熊撰　周易文義一卷干寶撰
周易卦序論一卷楊乂撰　周易譜一卷袁宏撰
周易論四卷范氏撰　周易雜音三卷
周易釋序義三卷梁蕃撰
右易七十八部凡六百七十三卷
古文尚書十三卷孔安國撰　又十卷孔安國傳范甯注
又十卷李顒集注　又十卷姜道盛集注
又十卷馬融注　又九卷鄭玄注
又十卷王肅注　又十三卷謝沈注
尚書暢訓三卷伏勝注
尚書洪範五行傳十一卷劉向撰
尚書荅問三卷王肅注　尚書釋駮五卷王肅撰
尚書釋問四卷王粲問田瓊韓益正鄭玄注
尚書義注三卷呂文優撰　尚書釋義四卷伊說撰
尚書要略二卷李顒撰　尚書新釋二卷李顒撰
尚書百問一卷顧歡撰　尚書義疏十卷巢猗撰

尚書百釋三卷巢猗撰　尚書義疏十卷費甝撰
古文尚書大義二十卷任孝恭撰　尚書義疏三十卷蔡大寶撰
尚書文外義三十卷顧彪撰　尚書義疏二十卷劉焯撰
尚書述義二十卷劉炫撰　尚書正義二十卷孔穎達撰
古文尚書音義五卷顧彪撰　尚書音義四卷王儉撰
右尚書二十九部凡二百七十二卷
韓詩二十卷卜商序韓嬰撰　韓詩外傳十卷韓嬰撰
毛詩十卷毛萇撰　毛詩詁訓二十卷鄭玄箋
毛詩二十卷王肅注　葉詩二十卷葉遵注
集注毛詩二十四卷崔靈恩集注　韓詩翼要十卷卜商撰
毛詩譜二卷鄭玄撰　毛詩集序二卷卜商撰
毛詩義注五卷　毛詩雜義駮八卷王肅撰
毛詩問難二卷王肅撰　毛詩駮五卷王伯輿撰
毛詩義問十卷劉楨撰　毛詩雜荅問五卷
毛詩雜義難十卷　毛詩異同評十卷孫毓撰
毛詩釋義十卷謝沈撰　毛詩辯三卷楊乂撰
毛詩序義一卷劉氏撰　毛詩表隱二卷
毛詩義疏五卷張氏撰　毛詩誼府三卷元延明撰
毛詩草木鳥獸魚蟲疏二卷陸機撰
毛詩述義三十卷劉炫撰　毛詩正義四十卷孔穎達撰
毛詩音義二卷魯世達撰　毛詩諸家音十五卷鄭玄等注
難孫氏詩評四卷陳統撰
右詩三十部凡三百十三卷
周官十二卷馬融傳　周官禮十三卷鄭玄注
又十卷伊說撰　又十二卷王肅注
又十二卷干寶注　周官論評十二卷陳邵駁傅玄評
周官寧朔新書八卷司馬伷序王懋約注
周官駮難五卷孫略問干寶荅　周禮義疏四十卷沈重撰
周禮疏五十卷賈公彥撰　周禮義決三卷王玄度撰
周官音三卷鄭玄撰　儀禮十七卷鄭玄注
又十七卷王肅注　儀禮音二卷
喪服紀一卷馬融注　又一卷鄭玄注
又一卷袁準注　又一卷
又一卷陳銓注　又二卷蔡超宗注
又二卷田僧紹注　喪服變除一卷戴德撰
喪服要紀一卷王肅注　喪服要集議三卷杜預撰
喪服要紀五卷賀循撰謝徽注　儀禮疏五十卷賈彥撰
喪服變除一卷鄭玄撰　喪服要紀十卷賀循撰庾蔚之注
喪服古今集記三卷王儉撰
喪服五代行要記十卷王逸之志　喪服經傳義疏四卷沈文阿撰

喪服發題二卷沈文阿撰　喪服文句義十卷皇侃撰
喪服天子諸侯圖二卷謝慈撰　喪服圖一卷崔遊撰
喪服譜一卷蔡謨撰　喪服譜一卷賀循撰
喪服要難一卷趙成問仉沂荅　大戴禮記十三卷戴德撰
小戴禮記二十卷戴勝撰鄭玄注　禮記二十卷盧植注
又三十卷王肅注　又三十卷孫炎注
又十二卷葉遵注
禮記寧朔新書二十卷司馬伷序王懋約注
次禮記二十卷魏徵撰　月令章句十二卷戴顒撰
禮記中庸傳一卷戴顒撰　禮記義記四卷鄭小同撰
禮記要鈔六卷緱氏撰　禮記音二卷鄭玄注曹耽解
又二卷謝慈撰　又二卷李軌撰
又二卷尹毅撰　又三卷徐邈撰
又二卷徐爰撰　禮記隱二十六卷
禮記略解十卷庾蔚之撰　禮記講疏一百卷皇侃撰
禮記義疏五十卷皇侃撰　禮記義疏四十卷沈重撰
禮記義疏四十卷熊安生撰　禮記義證十卷劉方撰
禮記類聚十卷　禮記正義七十卷孔穎達撰
禮記疏八十卷賈公彥撰　禮論三百七卷何承天撰
禮義二十卷戴勝等撰　三禮目錄一卷鄭玄注
問禮俗十卷董勛撰　禮記評十卷劉雋撰
禮儀問荅十卷王儉撰　雜禮義十一卷吳商等撰
禮義雜記故事十一卷　禮問九卷范甯撰
禮論荅問九卷范甯撰　禮論問荅九卷徐廣撰
雜禮儀問荅四卷戚壽撰　禮論降議三卷顏延之撰
禮論條牒十卷任預撰　禮論帖三卷任預撰
禮論抄六十六卷任預撰　禮論抄二十卷庾蔚之撰
禮儀荅問十卷王儉撰　禮雜抄略二卷荀萬秋撰
禮議一卷傅伯祚撰　禮統郊祀六卷
禮論要抄十三卷　禮記區分十卷
禮論抄略十三卷　禮大義十卷梁武帝撰
禮疑義五十卷周捨撰　禮記義十卷何佟之撰
禮荅問十卷何佟之撰　三禮義宗三十卷崔靈恩撰
禮論要抄一百卷賀瑒撰　禮統十三卷賀述撰
三禮宗略二十卷元延明撰　三禮圖十二卷夏侯伏朗撰
江都集禮一百二十卷潘徽等撰　大唐新禮一百卷房玄齡等撰
紫宸禮要十卷大聖天后撰
右禮一百四部周禮十三家儀禮喪服二十八家禮論荅問三十五家凡一千九百四十五卷
樂書九卷信都芳注　管絃記十二卷留進錄凌秀注

鍾磬志二卷公孫崇撰　樂社大義十卷梁武帝撰
樂論三卷梁武帝撰　鍾律五卷沈重撰
古今樂錄十三卷釋智匠撰　樂府聲調六卷鄭譯撰
樂譜集解二十卷蕭吉撰　樂志十卷蘇夔撰
樂經三十卷李玄楚撰　樂書要錄十卷大聖天后撰
樂略四卷　聲律指歸一卷元殷撰
樂元起二卷　琴操二卷桓譚撰
琴操三卷孔衍撰　琴譜四卷劉氏周氏等撰
琴譜二十一卷陳懷撰　琴敘譜九卷趙耶律撰
琴集曆頭拍簿一卷　外國伎曲三卷
論樂事二卷　外國伎曲名一卷
歷代曲名一卷　推七音一卷
十二律譜義一卷　鼓吹樂章一卷
古今樂記八卷李守真撰
右樂二十九部凡一百九十五卷
春秋三家經詁訓十二卷賈逵撰
春秋經十一卷士燮撰　春秋傳十卷王朗注
春秋左氏長經章句三十卷賈逵撰
春秋左氏傳解詁三十卷賈逵撰
春秋左氏傳解誼三十卷服虔注
春秋左氏經傳章句三十卷董遇注
春秋左氏傳三十卷王肅注　春秋左氏傳三十卷杜預注
春秋左氏傳義注三十卷孫毓注
春秋左氏傳音三卷高貴鄉公撰　春秋左氏音四卷曹耽荀訥撰
春秋左氏音隱一卷服虔撰　春秋左氏傳音三卷杜預注
又三卷李洪範撰　又三卷孫邈撰
又三卷王元規撰　又十二卷
春秋左氏傳條例二十卷劉歆撰
春秋左氏傳條例章句九卷鄭衆撰
春秋左氏傳例七卷　又十五卷杜預撰
春秋左氏條例十卷劉寔撰　春秋左氏經例十卷方範撰
春秋左氏膏肓十卷何休撰鄭玄箴　春秋成長說七卷服虔撰
春秋左氏膏肓釋痾五卷　春秋達長義一卷王玢撰
春秋左氏傳說要十卷糜信撰　春秋塞難三卷服虔撰
春秋左氏傳賈服異同略五卷孫毓撰
春秋左氏傳例苑十八卷梁簡文帝撰
春秋義函傳十六卷干寶撰　春秋左氏釋滯十卷殷興撰
春秋序論一卷干寶撰
春秋左氏區分十二卷何始真撰
春秋左氏義略三十卷張沖撰

春秋左氏抄十卷　左氏杜預評二卷
春秋圖七卷嚴彭祖撰　春秋辭苑五卷
春秋經傳詭例疑隱一卷吳略撰
春秋雜義五卷　春秋土地名三卷
春秋旨通十卷王延之撰　春秋大夫譜十一卷顧啓期撰
春秋叢林十二卷李謐撰　春秋立義十卷崔靈恩撰
春秋申先儒傳例十卷崔靈恩撰　春秋經解六卷沈宏撰
春秋文苑六卷沈宏撰　春秋嘉語六卷沈宏撰
春秋義略二十七卷沈文阿撰　春秋攻昧十二卷劉炫撰
春秋規過三卷劉炫撰　春秋述議三十七卷劉炫撰
春秋正義三十七卷孔穎達撰
春秋公羊傳五卷公羊高傳嚴彭祖述
春秋公羊經傳十三卷何休注
春秋公羊經傳集解十四卷孔氏注
春秋公羊十二卷王愆期撰
春秋公羊傳記十二卷高龔注
何氏春秋漢議十一卷何休撰鄭玄駮糜信注
何氏春秋漢記十一卷服虔注　春秋公羊條傳一卷何休注
春秋公羊墨守二卷何休撰鄭玄發
春秋公羊荅問五卷荀爽問徐欽荅
春秋公羊音二卷王儉撰
春秋公羊違義三卷劉寔撰劉晏注
春秋公羊論二卷庾翼難王愆期荅　春秋穀梁傳十三卷段氏注
春秋穀梁章句十五卷穀梁俶解尹更始注
春秋穀梁傳十二卷唐固注　又十二卷糜信注
又十一卷張靖集解　春秋公羊違義三卷劉晏注
春秋穀梁經傳十六卷程闡集注　春秋穀梁傳十三卷孔衍訓注
又十二卷范甯集注　又十三卷徐乾注
春秋穀梁十二卷徐邈注
春秋穀梁經集解十卷沈仲義注
春秋穀梁廢疾三卷何休作鄭玄釋張靖箴
穀梁傳義三卷蕭邕注
春秋穀梁傳義十二卷徐邈注　春秋穀梁音一卷徐邈撰
春秋穀梁傳疏十三卷楊士勛撰
春秋公羊穀梁左氏集解十一卷劉兆撰
春秋三傳論十卷楊益撰
春秋三傳經解十一卷胡訥集撰　春秋三傳評十卷胡訥撰
春秋公羊穀梁二傳評三卷江熙撰
春秋繁露十七卷董仲舒撰　春秋辯證明經論六卷
春秋二傳異同十一卷李鉉撰

春秋合三傳通論十卷潘叔度注　春秋成集十卷潘叔度注
春秋外傳國語二十卷左丘明撰
春秋外傳國語章句二十二卷王肅注
春秋外傳國語二十一卷虞翻撰
又二十一卷韋昭注　又二十一卷
又二十一卷唐固注
右春秋一百二部一千一百八十四卷
古文孝經一卷孔子說曾參受孔安國傳　孝經一卷王肅注
又一卷鄭玄注　古文孝經一卷劉邵注
孝經一卷韋昭注　又一卷孫熙注
又一卷蘇林注　孝經默注二卷徐整撰
又一卷謝萬注　又一卷虞盤佐注
又一卷孔光注　又一卷殷仲文注
又一卷殷叔道注　又一卷魏克己注
又一卷玄宗注　講孝經義四卷車胤等注
講孝經集解一卷荀勗撰　孝經義疏三卷皇侃撰
大明中皇太子講孝經義疏一卷何約之執經
孝經疏十八卷梁武帝撰　孝經發題四卷太史叔明撰
孝經述義五卷劉炫撰　孝經疏五卷賈公彥撰
越王孝經新義十卷任希古撰　孝經應瑞圖一卷
演孝經十二卷張士儒撰　孝經疏三卷元行沖撰
論語十卷何晏集解　又十卷鄭玄注
又十卷王肅注　又十卷虞喜贊鄭玄注
又十卷宋明帝補衛瓘注　又十卷李充注
又十卷孫綽集解　又十卷梁覬注
論語集義十卷盈氏撰　論語九卷孟釐注
論語十卷袁喬注　又十卷尹毅注
又十卷江熙集解　又十卷孫氏注
次論語五卷王勃撰　論語音二卷徐邈撰
古論語義注譜一卷徐氏撰　論語釋義十卷鄭玄注
論語義注十卷暢惠明撰　論語義注隱三卷
論語篇目弟子一卷鄭玄注　論語釋疑二卷王弼撰
論語釋十卷　論語駮二卷欒肇撰
論語大義解十卷崔豹撰　論語旨序二卷繆播撰
論語體略二卷郭象撰　論語雜義十三卷
論語剔義十卷　論語疏十卷皇侃撰
論語述義二十卷戴詵撰　論語章句二十卷劉炫撰
論語疏十五卷賈公彥撰　論語講疏十卷褚仲都撰
孔子家語十卷王肅撰　孔叢子七卷孔鮒撰
右六十三部孝經二十七家論語三十六家凡

三百八十七卷
易緯九卷宋均注　書緯三卷鄭玄注
詩緯三卷鄭玄注　又十卷宋均注
禮緯三卷宋均注　樂緯三卷宋均注
春秋緯三十八卷宋均注　論語緯十卷宋均注
六經緯五卷宋均注　白虎通六卷漢章帝撰
五經雜義七卷劉向撰　五經通義九卷劉向撰
五經要義五卷劉向撰　五經異義十卷許慎撰鄭玄駮
六藝論一卷鄭玄注　鄭志九卷
鄭記六卷　聖證論十一卷
五經然否論五卷譙周撰　五經鈎深十卷楊方撰
五經咨疑八卷楊思撰　孔子正言二十卷梁武帝撰
長春秋義記一百卷梁簡文撰　經典大義十卷沈文阿撰
五經宗略四十卷元延明撰
七經義綱略論三十卷樊文深撰　質疑五卷樊文深撰
遊玄桂林二十卷張譏撰　五經正名十五卷劉炫注
經典釋文三十卷陸德明撰　諡法三卷荀顗演劉熙注
又諡例十卷沈約撰　諡法三卷賀琛撰
匡謬正俗八卷顏師古撰　集天名稱三卷
右三十六部經緯九家七經雜解二十七家凡
四百七十四卷
爾雅三卷李巡注　爾雅六卷樊光注
又六卷孫炎注　又三卷郭璞注
集注爾雅十卷沈璇注　爾雅音義一卷郭璞注
又二卷曹憲撰　爾雅圖一卷郭璞注
爾雅圖贊二卷江灌注　爾雅音六卷江灌注
續爾雅一百卷劉伯莊撰　別國方言十三卷
釋名八卷劉熙撰　廣雅四卷張揖撰
博雅十卷曹憲撰　小爾雅一卷李軌撰
纂文三卷何承天撰　纂要六卷顏延之撰
三蒼三卷李斯等撰郭璞解　蒼頡訓詁二卷杜林撰
三蒼訓詁二卷張揖撰　埤蒼三卷張揖撰
廣蒼一卷樊恭撰　說文解字十五卷許慎撰
說文音隱四卷　字林十卷呂忱撰
字統二十卷楊承慶撰　玉篇三十卷顧野王撰
字海一百卷天皇太后撰　文字釋訓三十卷釋寶誌撰
括字苑十三卷馮幹撰　字屬篇一卷賈魴撰
古文奇字二卷郭訓撰　字旨篇一卷郭玄撰
古文字詁二卷張揖撰　詔定古文官書一卷衛宏撰
解字文七卷周成撰　雜文字音七卷王延撰

文字要說一卷王氏注　字書十卷
古今八體六文書法一卷　四體書勢一卷衛恒撰
要用字苑一卷葛洪撰　難要字三卷
文字集略一卷阮孝緒撰　辯嫌音二卷楊休之撰
文字指歸四卷曹憲撰　證俗音略二卷顏愍楚撰
敘同音三卷　覽字知源三卷
文字辯嫌一卷彭立撰　聲類十卷李登撰
韻集五卷呂靜撰　韻略一卷楊休之撰
四聲韻略十三卷夏侯詠撰　四聲部三十卷張諒撰
韻篇十二卷趙氏撰　切韻五卷陸慈撰
桂苑珠叢一百卷諸葛穎撰　桂苑珠叢略要二十卷
急就章一卷史游撰曹壽解　急就章注一卷顏之推撰
又一卷顏師古撰　凡將篇一卷司馬相如撰
飛龍篇篆草勢合三卷崔瑗撰　在昔篇一卷班固撰
太甲篇一卷班固撰　聖草章一卷蔡邕撰
勸學篇一卷蔡邕撰　黃初章一卷
吳章一卷　初學篇一卷朱嗣卿撰
始學篇十二卷項峻撰　小學集十卷楊方撰
小學篇一卷王義之撰　續通俗文二卷李虔撰
啓疑三卷顧凱之撰　詁幼文三卷顏延之撰
辯字一卷戴規撰　俗語難字一卷李少通撰
文字志三卷王愔撰　五十二體書一卷蕭子雲撰
古來篆隸詁訓名錄一卷　書品一卷庾肩吾撰
書後品一卷李嗣真撰　筆墨法一卷
鹿紙筆墨疏一卷　千字文一卷蕭子範撰
又一卷周興嗣撰　篆書千字文一卷
演千字文五卷　今字石經易篆三卷
今字石經尚書五卷　今字石經鄭玄尚書八卷
三字石經尚書古篆三卷　今字石經毛詩三卷
今字石經儀禮四卷
三字石經左傳古篆書十三卷
今字石經左傳經十卷　今字石經公羊傳九卷
今字石經論語二卷蔡邕注　雜字書八卷釋正度作
右小學一百五部爾雅廣雅十八家偏傍音韻
雜字八十六家凡七百九十七卷
乙部史錄十三家八百四十四部一萬七千九百四十
六卷
正史類一　編年類二　僞史類三
雜史類四　起居注類五　故事類六
職官類七　雜傳類八　儀注類九

刑法類十　目錄類十一　譜牒類十二
地理類十三

史記一百三十卷司馬遷作　又八十卷裴駰集解
又一百三十卷許子儒注　史記音義十三卷徐廣撰
史記音義三卷鄒誕生撰　又三十卷劉伯莊撰
漢書一百十五卷班固作　又一百二十卷顏師古注
御銓定漢書八十一卷郝處俊等撰
漢書音訓一卷服虔撰
漢書集解音義二十四卷應劭撰
漢書敘傳五卷項岱撰　漢書音義九卷孟康撰
漢書集注十四卷晉灼注　漢書音義七卷韋昭撰
漢書駁義二卷劉寶撰　漢書新注一卷陸澄撰
孔氏漢書音義抄二卷孔文詳撰　漢書續訓二卷韋稜撰
漢書訓纂三十卷姚察撰　漢書音義二十六卷劉嗣等撰
漢書二卷夏侯詠撰　又十二卷包愷撰
又十二卷蕭該撰　漢書決疑十二卷顏延年撰
漢書古今集義二十卷顧胤撰　漢書正義三十卷釋務靜撰
漢書正名氏義十三卷　漢書辯惑三十卷李善撰
漢書律曆志音義一卷陰景倫作　漢書英華八卷
東觀漢記一百二十七卷劉珍撰
後漢書一百三十三卷謝承撰　後漢記一百卷薛瑩作
後漢書八十三卷司馬彪撰　又五十八卷劉義慶撰
後漢書三十一卷華嶠作　又一百二卷謝沈撰
後漢書外傳十卷謝沈撰　漢南紀五十八卷張瑩撰
後漢書一百二卷袁山松作　又九十二卷范曄撰
後漢書論贊五卷范曄撰　後漢書五十八卷劉昭補注
又一百卷皇太子賢注　後漢書音三卷蕭該作
又三卷臧競撰
後漢書音義二十七卷韋機撰　魏書四十四卷王沈撰
魏略三十八卷魚豢撰　魏國志三十卷陳壽撰裴松之注
晉書八十九卷王隱撰　又五十八卷虞預撰
又十四卷朱鳳撰　又三十五卷謝靈運撰
晉中興書八十卷何法盛撰　晉書一百一十卷臧榮緒撰
又九卷蕭子雲撰　又一百三十卷許敬宗等撰
宋書四十二卷徐爰撰　又四十六卷孫嚴撰
又一百卷沈約撰　後魏書一百三十卷魏收撰
魏書一百七卷魏澹撰　又一百卷張大素撰
後周書五十卷令狐德棻撰　隋書八十五卷魏徵等撰
又三十二卷張大素撰　齊書五十九卷蕭子顯撰
又八卷劉陟撰　梁書三十四卷謝吳姚察等撰

又五十卷姚思廉撰　陳書三卷顧野王撰
又三卷傅縡撰　又三十六卷姚思廉撰
北齊未修書二十四卷李德林撰　北齊書五十卷李百藥撰
又二十卷張大素撰　通史六百二卷梁武帝撰
南史八十卷李延壽撰　北史一百卷李延壽撰
右八十一部史記六家前漢二十六家後漢十六家魏三家晉八家宋三家後魏三家後周一家隋二家齊二家梁二家陳三家北齊三家都史三家凡四千四百四十三卷

紀年十四卷汲冢書　漢紀三十卷荀悅撰
漢紀音義三卷崔浩撰　漢皇德紀三十卷侯瑾撰
後漢紀三十卷張璠撰　又三十卷袁宏撰
漢晉春秋五十四卷習鑿齒撰　漢靈獻二帝紀六卷劉艾撰
漢獻帝春秋十卷袁曄撰　山陽義紀樂資撰
魏武本紀三卷　魏武春秋二十卷孫盛撰
魏紀十二卷魏澹撰　國紀十卷梁祚撰
吳紀十卷環濟撰　晉帝紀四卷陸機撰
晉錄五卷　晉紀二十二卷干寶作
又六十卷干寶撰劉協注　晉陽秋二十卷檀道鸞注
晉紀二十卷劉謙之撰　又十卷曹嘉之撰
又四十五卷徐廣撰　晉陽春秋二十二卷鄧粲撰
晉史草三十卷蕭景暢撰　晉紀十一卷鄧粲撰
戰國春秋二十卷李槩撰　崇安記二卷周祗撰
又十卷王韶之撰　晉續記五卷郭秀彥撰
三十國春秋三十卷蕭方撰　又一百卷武敏之撰
晉春秋略二十卷杜延業撰　宋紀三十卷王智深撰
宋略二十卷裴子野撰　宋春秋二十卷鮑衡卿撰
齊紀二十卷沈約撰　齊春秋三卷吳均撰
乘輿龍飛記二卷鮑衡卿撰　梁典三十卷劉璠撰
又三十卷何之元撰　梁太清紀十卷蕭韶撰
皇帝紀七卷　梁撮要三十卷陰僧仁撰
淮海亂離志四卷蕭大圜撰　棲鳳春秋五卷臧嚴撰
梁昭後略十卷姚最撰　天啓記十卷守節先生撰
梁末代記一卷　後梁春秋十卷蔡允恭撰
北齊記二十卷　北齊志十七卷王劭撰
鄴洛鼎峙記十卷　隋大業略記三卷趙毅撰
隋後略十卷張大素撰　蜀國志十五卷陳壽撰
吳國志二十一卷陳壽撰裴松之注　吳書五十五卷韋昭撰
華陽國志三卷常璩撰　蜀李書九卷常璩撰
漢趙記十卷和包撰　趙石記二十卷田融撰

二石記二十卷田融撰　二石僞事六卷王度隋翽等撰
燕書二十卷范亨撰　秦記十一卷裴景仁撰杜惠明注
涼記十卷張諮撰　西河記二卷段龜龍撰
南燕錄六卷王景暉撰　南燕書五卷張詮撰
拓跋涼錄十卷　燕志十卷
十六國春秋一百二十卷崔鴻撰
右七十五部編年五十五家雜僞國史二十家
凡一千四百十卷

周書八卷孔晁注　古文瑣語四卷
春秋前傳十卷何承天撰　春秋前傳雜語十卷何承天撰
周載三十卷孟儀注　春秋國語十卷孔衍撰
越絕書十六卷子貢撰　吳越春秋十二卷趙曄撰
吳越春秋削煩五卷楊方撰　吳越春秋傳十卷皇甫遵撰
吳越記六卷　春秋後傳三十卷樂資撰
戰國策三十二卷劉向撰　戰國策論一卷延篤撰
戰國策三十二卷高誘注　魯後春秋二十卷劉允濟撰
楚漢春秋二十卷陸賈撰　漢尚書十卷孔衍撰
漢春秋十卷孔衍撰　後漢尚書六卷孔衍撰
後漢春秋六卷孔衍撰　後漢尚書十四卷張溫撰
後魏春秋九卷孔衍撰　典略五十卷魚豢撰
三史要略三十卷張溫撰　正史削繁十四卷阮孝緒撰
東殿新書二百卷高宗大帝撰　史記要傳十卷衛颯撰
古史考二十五卷譙周撰　史記正傳九卷張瑩撰
史要三十八卷王延秀撰　合史二十卷
史漢要集二卷王蔑撰　後漢書抄三十卷葛洪撰
後漢書略二十五卷張緬撰　後漢書纘十三卷范曄撰
後漢文武釋論二十卷王越客撰　三國評三卷徐衆撰
晉書鈔三十卷張緬撰　代譜四百八十卷周武帝敕撰
漢書英雄記十卷王粲等撰　九州春秋九卷司馬彪撰
魏陽秋異同八卷孫壽撰　魏武本紀年曆五卷
漢表十卷袁希之撰　删補蜀記七卷王隱撰
吳錄三十卷張勃撰　魏記三十三卷盧彥卿撰
關東風俗傳六十三卷宋孝王撰　隋書八十卷王劭撰
隋開業平陳記十二卷裴矩撰　古今注八卷伏無忌撰
王業曆二卷趙弘禮撰
帝王本紀十卷來奧撰　拾遺錄三卷王嘉撰
王子拾遺記十卷蕭綺錄　帝王略要十二卷環濟撰
先聖本紀十卷劉滔撰
華夷帝王記三十七卷楊曄撰　後漢雜事十卷
漢魏晉帝要記三卷賈匪之撰　魏晉代語十卷郭頒撰

吳朝人士品秩狀八卷胡沖撰
吳士人行狀名品二卷虞尚撰　江表傳五卷虞溥撰
晉諸公讚二十二卷傅暢撰　晉後略記五卷荀綽撰
宋拾遺錄十卷謝綽撰　宋齊語錄十卷孔思尚撰
帝王略論五卷虞世南撰　十世興王論十卷朱敬則撰
洞曆記九卷周樹撰　帝系譜二卷張愔等撰
洞記九卷韋昭撰　三五曆記二卷徐整撰
通曆二卷徐整撰　雜曆五卷徐整撰
國志曆五卷孔衍撰　帝王代記十卷皇甫謐撰
年曆六卷皇甫謐撰　續帝王代記十卷何集撰
十五代略十卷吉文甫撰　吳曆六卷胡沖撰
晉曆二卷　帝王代紀十六卷
年曆帝紀二十六卷姚恭撰　帝錄十卷諸葛忱撰
長曆十四卷　曆代記三十卷庾和之撰
千年曆二卷　千歲曆三卷許氏作
十代記十卷熊襄撰　帝王年曆五卷陶弘景撰
分王年表八卷羊瑗撰　曆紀十卷
通曆七卷李仁實撰
帝王編年錄五十一卷盧元福撰
共和已來甲乙紀年二卷盧元福撰
帝王紀錄三卷
右雜史一百二部凡二千五百五十九卷

穆天子傳六卷郭璞撰　漢獻帝起居注五卷
晉太始起居注二十卷李軌撰
晉愍帝起居注三十卷李軌撰
晉太康起居注二十二卷李軌撰
晉永平起居注八卷李軌撰
晉建武大興永昌起居注二十二卷
晉咸和起居注十八卷李軌撰
晉咸康起居注二十二卷李軌撰
晉建元起居注四卷　晉永和起居注二十四卷
晉永平起居注十卷　晉隆和興寧起居注五卷
晉太和起居注六卷　晉咸安起居注三卷
晉寧康起居注六卷　晉太元起居注五十二卷
晉崇寧起居注十卷　晉元興起居注九卷
晉義熙起居注三十四卷　晉元熙起居注二卷
晉起居注三百二十卷劉道會撰　宋永初起居注六卷
宋景平起居注三卷　宋元嘉起居注六十卷
宋太明起居注八卷　梁皇帝實錄三卷周興嗣撰
又五卷　梁太清實錄八卷

後魏起居注二百七十六卷
陳起居注四十一卷
大唐創業起居注三卷 溫大雅撰　高祖實錄二十卷 房玄齡撰
太宗實錄二十卷 房玄齡撰　太宗實錄四十卷 長孫無忌撰
高宗實錄三十卷 許敬宗撰　述聖記一卷 大聖天后撰
高宗實錄一百卷 大聖天后撰
聖母神皇實錄十八卷 宗秦客撰
中宗皇帝實錄二十卷 吳兢撰　漢武故事二卷
西京雜記一卷 葛洪撰　三輔舊事一卷 韋氏撰
秦漢已來舊事八卷　漢魏吳蜀舊事八卷
晉書雜詔書一百卷　又二十八卷
晉雜詔書六十六卷　晉詔書黃素制五卷
晉定品制一卷　晉太元副詔二十一卷
晉崇安元興大享副詔八卷
晉義熙詔二十二卷　晉故事四十三卷
晉諸雜故事二十二卷　尚書大義二十一卷
晉太始太康故事五卷
晉建武咸和咸康故事四卷 孔愉撰
晉建武已來故事三卷　修復山林故事五卷 車灌撰
先朝故事二十卷 劉道會撰　東宮舊事十一卷 張敞撰
交州雜故事九卷　四王起居四卷 盧綝撰
晉八王故事十二卷 盧綝撰　晉故事三卷
晉朝雜事二卷　江南故事三卷
大司馬陶公故事三卷
郄太尉爲尚書令故事二卷
桓公僞事二卷 應德詹撰
救襄陽上都督府事一卷 王愆期撰
荆江揚州遷代記四卷　宋永初詔六卷
宋元嘉詔二十一卷　晉宋舊事一百三十卷
中興伐逆事二卷　東宮儀記二十二卷 張鏡撰
東宮典記七十卷 宇文愷等撰　春坊要錄四卷 杜正倫撰
春坊舊事三卷　漢官儀十卷 應邵志
公卿故事二卷 王方慶撰　漢官解故事三卷
魏官儀一卷 荀攸撰　晉公卿禮秩九卷 傅暢撰
百官名四十卷　晉惠帝百官名三卷 陸機撰
晉官屬名四卷　晉過江人士目一卷
晉永嘉流士十三卷 衞禹撰　登城三戰簿三卷
百官階次一卷 范曄撰　宋百官階次三卷 荀欽明撰
百官春秋十三卷 王道秀撰　齊職儀五十卷 范曄撰
職官要錄三十卷 陶藻撰　梁遷簿三卷 徐勉撰

陳將軍簿一卷
職令百官古今注十卷 郭演之撰
大建十一年百官簿狀二卷
職員舊事三十卷

右一百四部列代起居注四十一家列代故事四十二家列代職官二十一家凡二千二百三十三卷

三輔決錄七卷 趙岐撰摯虞注　海內先賢傳四卷 魏明帝撰
海內先賢行狀三卷 李氏撰　海內士品錄二卷 魏文帝撰
四海耆舊傳一卷 李氏撰　廬江七賢傳一卷
陳留耆舊傳三卷 蘇林撰　陳留先賢像讚一卷 陳英宗撰
陳留志十五卷 江微撰　汝南先賢傳三卷 周裴撰
廣州先賢傳七卷 陸胤撰　諸國先賢傳一卷
豫章舊志八卷 徐整撰　濟北先賢傳一卷
廣陵列士傳一卷 華隔撰　桂陽先賢畫讚五卷 張勝撰
會稽記四卷 朱育撰　會稽典錄二十四卷 虞預撰
會稽先賢傳五卷 謝承撰　會稽後賢傳三卷 鍾離岫撰
會稽先賢像讚四卷 賀氏撰　會稽太守像讚二卷 賀氏撰
吳國先賢讚三卷　益部耆舊傳十四卷 陳壽撰
魯國先賢志十四卷 白褒撰　楚國先賢志十二卷 楊方撰
荆州先賢傳三卷 高範撰
兗州山陽先賢讚一卷 仲長統撰　交州先賢傳四卷 范瑗撰
襄陽耆舊傳五卷 習鑿齒撰　零陵先賢傳一卷
徐州先賢傳一卷　長沙舊邦傳讚三卷 劉成撰
徐州先賢傳九卷　燉煌實錄二十卷 劉延明撰
武昌先賢傳三卷 郭延生撰　海岱志十卷 崔慰祖撰
吳郡錢塘先賢傳五卷 吳均撰
幽州古今人物志十三卷 陽休之撰
孝子傳十五卷 蕭廣濟撰　又八卷 師覺授撰
孝子傳讚十五卷 王韶之撰　孝子傳十卷 宋躬撰
雜孝子傳二卷　孝子傳一卷 虞盤佐撰
又三卷 徐廣撰　孝子傳讚十卷 鄭緝之撰
孝德傳三十卷 梁元帝撰　孝友傳八卷 梁元帝撰
忠臣傳三十卷 梁元帝撰　顯忠錄二十卷 元懌撰
忠孝圖傳讚二十卷 李襲譽撰　英藩可錄事二卷 殷系撰
自古諸侯王善惡錄二卷 魏徵撰
列藩正論三十卷 章懷太子撰　良史傳十卷 鍾岏撰
丹陽尹傳十卷 梁元帝撰　高士傳三卷 嵇康撰
上古以來聖賢高士傳讚三卷 周續之撰
高士傳七卷 皇甫謐撰　續高士傳八卷 周弘讓撰

逸人傳三卷 張顯撰　逸人高士傳八卷 習鑿齒撰
名士傳三卷 袁宏撰　竹林七賢論二卷 戴逵撰
眞隱傳二卷 袁淑撰　高士傳二卷 虞槃佐撰
高隱傳二卷 阮孝緒撰　七賢傳七卷 孟仲暉撰
高才不遇傳四卷 劉晝撰　列女傳二卷 劉向撰
陰德傳二卷 范晏撰　止足傳十卷 王子良撰
同姓名錄一卷 梁元帝撰　全德志一卷 梁元帝撰
高僧傳六卷 虞孝敬撰　悼善列傳四卷
幼童傳十卷 劉昭撰　知己傳一卷 盧思道撰
交遊傳二卷 鄭世翼撰　秘錄二百七十卷 元暉等撰
畫讚五十卷 漢明帝撰
春秋列國名臣傳九卷 孫敏撰　四科傳讚四卷 姚濬撰
七國敘讚十卷　益州文翁學堂圖一卷
孔子弟子傳五卷　先儒傳五卷
雜傳六十五卷　又九卷
又四十卷　集記一百卷 王孝恭撰
東方朔傳八卷　李固別傳七卷
梁冀傳二卷　何顒傳一卷
曹瞞傳一卷 吳人作　毋丘儉記三卷
管輅傳二卷 管辰撰
諸葛亮隱沒五事一卷 郭沖撰　玄晏春秋二卷 皇甫謐撰
薛常侍傳二卷 荀伯子撰　桓玄傳二卷
文林館記十卷 鄭忱撰　文士傳五十卷 張騭撰
文館詞林文人傳一百卷 許敬宗撰　神仙傳十卷 葛洪撰
列仙傳讚二卷 劉向撰
洞仙傳十卷 見素子撰
高士老君內傳三卷 尹喜張林亭撰　孝子傳一卷
關令尹喜傳一卷 鬼谷先生撰四皓注　王喬傳一卷
茅君內傳一卷　漢武帝傳二卷
清虛眞人王君內傳一卷　蘇君記一卷 周季通撰
靈人辛玄子自序一卷 辛玄子撰
三天法師張君內傳一卷 王長撰
太極左仙公葛君內傳一卷 呂先生注
紫陽眞人周君傳一卷 華嶠撰
仙人馬君陰君內傳一卷 趙昇撰
清虛眞君內傳一卷 鄭子雲撰
紫虛元君南岳夫人內傳一卷 范邈撰
九華眞妃內記一卷　許先生傳一卷 王羲之撰
養性傳二卷　周氏冥通記一卷 陶弘景撰
學道傳二十卷 馬樞撰

嵩高少室寇天師傳三卷 宋都能撰
華陽子自序一卷 茅處玄撰　漢別國洞冥記四卷 郭憲撰
名僧傳三十卷 釋寶唱撰　比丘尼傳四卷 釋寶唱撰
高僧傳十四卷 釋惠皎撰　續高僧傳二十卷 釋道宣撰
續高僧傳三十卷 釋道宣撰
西域永法高僧傳二卷 釋義淨撰　名僧錄十五卷 裴子野撰
薩婆多部傳四卷 釋僧佑撰　草堂法師傳一卷 陶弘景撰
又一卷 蕭理撰　稠禪師傳一卷
列異傳三卷 張華撰　甄異傳三卷 戴祚撰
徵應集二卷　雜傳十卷
搜神記三十卷 干寶撰　志怪四卷 祖台之撰
又四卷 孔氏撰　靈鬼志三卷 荀氏撰
鬼神列傳二卷 謝氏撰　幽明錄三十卷 劉義慶撰
齊諧記七卷 東陽無疑撰　續齊諧記一卷 吳均撰
石異傳三卷 袁仁壽撰　述異記十卷 祖沖之撰
感應傳八卷 王延秀撰　冥祥記十卷 王琰撰
續冥祥記十一卷 王曼穎撰　繫應驗記一卷 陸杲撰
神錄五卷 劉之遴撰　妍神記十卷 梁元帝撰
因果記十卷 劉泳撰　近異錄二卷 劉質撰
寃魂志三卷 顏之推撰　集靈記十卷 顏之推撰
旌異記十五卷 侯君集撰　冥報記二卷 唐臨撰
列女傳六卷 皇甫謐撰　列女後傳十卷 顏原撰
列女傳七卷 綦母邃撰　女記十卷 杜預撰
列女傳序讚一卷 孫夫人撰　后妃記四卷 虞通之撰
列女傳一百卷 大聖天后撰　古今內範記一百卷
內範要略十卷　保傳乳母傳一卷 大聖天后撰

右雜傳一百九十四部褒先賢耆舊三十九家孝友十家忠節三家列藩三家良史二家高逸十八家雜傳五家科錄一家雜傳十一家文士三家仙靈二十六家高僧十家鬼神二十六家列女十六家凡一千九百七十八卷

漢書儀四卷 衞宏撰　輿服志一卷 董巴撰
晉尚書儀曹新定儀注四十一卷 徐廣撰
甲辰儀注五卷　車服雜注一卷 徐廣撰
司徒儀注五卷 干寶撰　大駕鹵簿一卷
冠婚儀四卷　晉雜儀注二十一卷
晉儀注三十九卷　諸王國雜儀十卷
宋儀注三十六卷　雜儀注一百八卷
雜府州郡儀十卷 范注撰
晉尚書儀曹吉禮儀注三卷

古今輿服雜事十卷局遷撰
梁祭地祇陰陽儀注二卷沈約撰
宋儀注二卷
梁吉禮十八卷明山等撰
梁吉禮儀注十卷
北齊吉禮七十二卷趙彥深撰
陳吉禮儀注五十卷雜撰
梁皇帝崩凶儀十一卷嚴植之撰
隋吉禮五十四卷高熲等撰
梁凶禮天子喪禮七卷嚴植之撰
梁凶禮天子喪禮七卷
梁王侯已下凶禮九卷嚴植之撰
梁太子妃甍凶儀注九卷
北齊王太子喪禮十卷趙彥深撰
梁諸侯世子凶儀注九卷
梁賓禮一卷賀錫等撰
隋書禮七卷高熲等撰
梁嘉禮三十五卷司馬褧撰
陳賓禮儀注六卷張彥志
梁軍禮四卷陸璉撰
梁嘉禮儀注二十一卷司馬褧撰
梁尚書儀注十八卷雜撰
梁儀注十卷沈約撰
梁陳大行皇帝崩儀注八卷
陳尚書曹儀注二十卷雜志
陳諸帝后崩儀注五卷
陳雜吉儀志三十卷
梁大行皇后崩儀注一卷
陳皇太子妃甍儀注五卷儀曹志
陳雜儀注凶儀十三卷
陳皇太后崩儀注四卷儀曹撰
陳雜儀注六卷
後魏儀注三十二卷常景撰
理禮儀注九卷何點撰
晉諡議八卷
魏明帝諡議二卷何晏撰
魏氏郊丘三卷
晉簡文諡議四卷
晉明堂郊社議三卷孔朝等撰
魏臺雜訪儀三卷高崇撰
雜議五卷干寶撰
晉七廟議三卷蔡謨撰
要典三十九卷王景之撰
晉雜議十卷荀顗等撰
皇典五卷丘孝仲撰
齊典四卷王逸志
弔荅書儀十卷王儉撰
太宗文皇帝政典三卷李延壽撰
雜儀三十卷鮑泉撰
書筆儀二十卷謝朏撰
婦人書儀八卷唐瑾撰
皇室書儀十三卷鮑行卿撰
大唐書儀十卷裴矩撰
童悟十三卷
封禪錄十卷孟利貞撰
皇帝封禪儀六卷令狐德棻撰
玉璽譜一卷僧約貞撰
神岳封禪儀注十卷裴守貞撰
玉璽正錄一卷徐令信撰
傳國璽十卷姚察撰
大享明堂儀注二卷郭山惲撰
明堂義一卷張大贊撰
明堂儀注七卷姚璠等撰
親享太廟儀三卷郭山惲撰
皇太子方岳亞獻儀二卷
右儀注八十四部凡一千一百四十六卷
漢建武律令故事三卷
律略論五卷劉邵撰
漢朝駁義三十卷應劭撰
漢名臣奏三十卷陳壽撰

又二十九卷
廷尉決事二十卷
廷尉駁事十一卷
廷尉雜詔書二十六卷賈充等撰
晉令四十卷賈充等撰
刑法律本二十一卷賈充等撰
南臺奏事二十二卷
晉駁事四卷
晉彈事九卷
齊永明律八卷宋躬撰
梁律二十卷蔡法度撰
梁令三十卷蔡法度撰
梁科二卷蔡法度撰
陳令三十卷范泉等撰
陳科三十卷范泉志
北齊律二十卷趙郡王叡撰
北齊令八卷
周大律二十五卷趙肅等撰
隋律十二卷高熲等撰
隋大業律十八卷
隋開皇令三十卷裴正等撰
法例二卷崔知悌等撰
令律十二卷裴寂撰
律疏三十卷長孫无忌撰
武德令三十一卷裴寂等撰
貞觀格十八卷房玄齡撰
永徽散行天下格中本七卷
永徽留本司行中本十七卷源直心等撰
永徽令三十卷
永徽留本司格後本十一卷劉仁軌撰
永徽成式十四卷
永徽散頒天下格七卷
永徽留本司行格十八卷長孫无忌撰
永徽中式本四卷
垂拱式二十卷
垂拱格二卷
垂拱留司格六卷裴居道撰
律解二十一卷張斐撰
開元前格十卷姚崇等撰
開元後格九卷宋璟等撰
令三十卷
式二十卷姚崇等撰
右刑法五十一部凡八百一十四卷
七略別錄二十卷劉向撰
七略七卷劉歆撰
今書七志七十卷王儉撰賀縱補
七錄十二卷阮孝緒撰
中書簿十四卷荀勗撰
元徽元年書目四卷王儉撰
梁天監四年書目四卷丘賓卿撰
陳天嘉四部書目四卷
隋開皇四年書目四卷牛弘撰
隋開皇二十年書目四卷王劭撰
史目三卷楊松珍撰
文章志四卷摯虞撰
新撰文章家集五卷荀勗撰
續文章志二卷傅亮撰
義熙已來雜集目錄三卷丘深之撰
名手畫錄一卷
法書目錄六卷虞和撰
羣書四錄二百卷元行冲撰
右雜四部書目十八部凡二百一十七卷
世本四卷宋衷撰
世本別錄一卷
帝譜世本七卷宋均撰
世本譜二卷
漢氏帝王譜二卷
司馬氏世家二卷

百家集譜十卷王儉撰
百家譜三十卷王僧孺撰
氏族要狀十五卷賈希鏡撰
永元中表簿六卷
姓氏英賢譜一百卷賈執撰
百家譜五卷賈執撰
國親皇太子親傳四卷賈冠撰
大同四年中表簿三卷
齊梁宗簿三卷
後魏辯宗錄二卷元暉業撰
姓苑十卷何承天撰
後魏譜二卷
後魏方司格一卷
十八州譜七百一十二卷王僧孺撰
冀州譜七卷
洪州譜九卷
袁州譜七卷
大唐氏族志一百卷高士廉撰
姓氏譜二百卷許敬宗撰
著姓略記十卷路敬淳撰
衣冠譜六十卷路敬淳撰
大唐姓族系錄二百卷柳冲撰
褚氏家傳一卷褚結撰褚陶注
殷氏家傳三卷殷敬等撰
桂氏世傳七卷桂顏撰
邵氏家傳十卷
楊氏譜一卷
蘇氏譜一卷
韋氏家傳三卷皇甫謐撰
王氏家傳二十一卷
江氏家傳七卷江統撰
暨氏家傳一卷
虞氏家傳五卷虞覽撰
裴氏家記三卷裴松之撰
孫氏譜記十五卷
諸葛傳五卷
曹氏家傳一卷曹毗撰
荀氏家傳十卷荀伯子撰
諸王傳一卷
陸史十五卷陸煦撰
明氏世錄五卷明粲撰
庾氏家傳三卷庾守業撰
韋氏譜十卷韋鼎等撰
爾朱氏家傳二卷王劭撰
何妥家傳二卷
令狐家傳一卷令狐德棻撰
裴若弼家傳一卷
燉煌張氏家傳二十卷張太素撰
裴氏家牒二十卷裴守貞撰
右雜譜牒五十五部凡一千六百九十一卷
山海經十八卷郭璞撰
山海經圖讚二卷郭璞撰
山海經音二卷
水經二卷郭璞撰
又四十卷酈道元注
三輔黃圖一卷
漢宮閣簿三卷
洛陽宮殿簿三卷
關中記一卷潘岳撰
洛陽記一卷陸機撰
西京雜記一卷葛洪撰
洛陽圖一卷楊佺期撰
洛陽記一卷戴延之撰
廟記一卷
洛陽伽藍記五卷楊衒之撰
西京記三卷薛冥志
東都記三十卷鄧行儼撰
分吳會丹陽三郡記三卷
陳留風俗傳三卷圈稱撰
風土記十卷周處撰
吳地記一卷張勃撰
南雍州記三卷郭仲彥撰
南徐州記二卷山謙之撰
東陽記一卷鄭緝之撰

京口記二卷劉損之撰
湘州圖記一卷
徐地錄一卷劉芳撰
齊州記四卷李叔布撰
中岳潁川志五卷榮文深撰
潤州圖經二十卷孫處立撰
地記五卷太康三年撰
州郡縣名五卷太康三年撰
十三州志十四卷闞駰撰
魏諸州記二十卷
地理書一百五十卷陸澄撰
地記二百五十二卷任昉撰
雜志記十二卷
雜地記五卷
國郡城記九卷周明帝撰
輿地志三十卷顧野王撰
周地圖九十卷
隋國經集記一百卷郎蔚之撰
區宇圖一百二十八卷虞茂撰
括地志序略五卷魏王泰撰
交州異物志一卷楊孚撰
暢異物志一卷陳祈撰
南州異物志一卷萬震撰
扶南異物志一卷朱應撰
臨海水土異物志一卷沈瑩撰
江記五卷庾仲雍撰
漢水記五卷庾仲雍撰
尋江源記五卷庾仲雍撰
又一卷
四海百川水記一卷釋道安撰
西征記一卷戴祚撰
述征記二卷郭象撰
隋王入沔記十卷沈懷文撰
輿駕東幸記一卷薛泰撰
述行記二卷姚最撰
魏聘使行記五卷
巡總揚州記七卷諸葛穎撰
諸郡土俗物產記十九卷
京兆郡方物志三十卷
十洲記一卷東方朔撰
神異經二卷東方朔撰
蜀王本記一卷揚雄撰
三巴記一卷譙周撰
外國傳一卷釋智猛撰
歷國傳二卷釋法盛撰
南越志五卷沈懷遠撰
日南傳一卷
職貢圖一卷梁元帝撰
林邑國記一卷
眞臘國事一卷
魏國已西十一國事一卷宋雲撰
交州已來外國傳一卷
奉使高麗記一卷
西域道理記三卷
赤土國記二卷常駿等撰
高麗風俗一卷裴矩撰
中天竺國行記十卷王玄策撰
西南蠻入朝首領記一卷
職方記十六卷
長安四年十道圖十三卷
開元三年十道圖十卷
劒南地圖二卷
右地理九十三部凡一千七百八十二卷

舊唐書卷四十六考證

經籍志上九日圖緯以紀六經讖候十日經解以紀六經讖候十一日訓詁以紀六經讖候。臣德潛按圖緯乃紀讖候之書經解訓詁不得亦云讖候也應譌

甲部經錄十二家。新書十一家

五百七十五部六千二百四十一卷。臣德潛按止五

百七十一部六千二百二卷
周易正義十四卷○新書十六卷
右易七十八部凡六百七十三卷○今按上止七十七
部六百七十一卷
右尚書二十九部凡二百七十二卷○今按上凡二百
九十五卷
韓詩翼要十卷上商撰○臣德潛按韓嬰漢人安得上
商爲撰翼要乎新書無韓詩字爲合
毛詩駁五卷王伯輿撰○新書王基撰
右詩三十部凡三百十三卷○今按上三百十卷
喪服要難一卷趙成問仇祈答○新書作袁祁
右禮一百四部凡一千九百四十五卷○今按上止一
百三部凡二千二十二卷
春秋左氏傳音又三卷李洪範撰○新書李軌撰
春秋正義三十七卷孔穎達撰○新書三十六卷
右春秋一百二部一千一百八十四卷○今按上一百
四部一千一百七十六卷
次論語五卷王勃撰○新書十卷
論語釋義十卷鄭立注○新書一卷
右六十三部凡三百八十七卷○今按上凡三百九十
七卷
經典大義十卷沈文阿撰○新書作經典元儒大義序
錄
右三十六部凡四百七十四卷○今按上止三十五部
四百六十八卷
續爾雅一百卷○新書一卷此百字疑衍文
右小學一百五部凡七百九十七卷○今按上一百二
部八百卷
乙部史錄十三家八百四十四部一萬七千九百四十
六卷○今按止七百七十三部一萬五千七百五十
一卷
漢書決疑十二卷顔延年撰○新書作韓遊秦
魏略三十八卷魚豢撰○後又見雜史類中
右八十一部凡四千四百四十三卷○今按上止四千
四百四十卷
山陽義紀樂資撰○無卷數新書作十卷
魏紀十二卷魏澹撰○沈炳震曰當從新書作陰澹
蜀國志十五卷吳國志二十一卷陳壽撰吳書五十五
卷韋昭撰○新書俱入正史類
右七十五部凡一千四百一十卷○今按上止七十三

部一千三百四十三卷
後漢尚書十四卷張溫撰○新書孔衍撰
續帝王代紀十卷何集撰○新書何茂林撰
右雜史一百二部凡二千五百五十九卷○今按上止
九十部二千三十一卷
晉崇寧起居注十卷○沈炳震曰晉無崇寧年號兩書
俱作崇寧未詳
百官名四十卷○新書十四卷
齊職儀五十卷范曄撰○臣德潛按范曄受誅于宋元
嘉二十二年不應著述齊職儀也新書作王珪之合
右一百四部凡二千二百三十三卷○今按上止一百
二部凡二千二百四十五卷
燉煌實錄二十卷劉延明撰○新書作劉昞
幽州古今人物志十三卷○新書三十卷
右雜傳一百九十四部凡一千九百七十八卷○今按
上止一百七十九部一千三十卷
梁嘉禮儀注二十一卷司馬褧撰○新書四十卷
右儀注八十四部凡一千一百四十六卷○今按上止
八十部一千五十二卷
右刑法五十一部凡八百一十四卷○今按上止四十
六部八百三卷
右雜四部書目十八部凡二百一十七卷○今按上凡
三百六十七卷
氏族要狀十五卷賈希景撰○新書賈希鏡
右雜譜牒五十五卷凡一千六百九十一卷○今按上
凡一千六百九十五卷
周地圖九十卷○新書一百三十卷
右地理九十三部凡一千七百八十二卷○今按上止
八十六部一千一百五十七卷

# 舊唐書卷四十七

後晉司空同中書門下平章事劉　昫撰

## 經籍志第二十七

### 經籍下

丙部子錄十七家七百五十三部書一萬五千六百三
十七卷
儒家類一　道家類二　法家類三
名家類四　墨家類五　縱橫家類六
雜家類七　農家類八　小說類九
天文類十　曆算類十一　兵書類十二
五行類十三　雜藝術類十四　事類十五
經脉類十六　醫術類十七
曾子二卷曾參撰　晏子春秋七卷晏嬰撰
子思子八卷孔伋撰　公孫尼子一卷公孫尼撰
孟子十四卷孟軻撰趙岐注　又七卷劉熙注
又七卷鄭玄注　又七卷綦毋邃注
孫卿子十二卷荀況撰　董子二卷董無心撰
魯連子五卷魯仲連撰　新語二卷陸賈撰
賈子九卷賈誼撰　鹽鐵論十卷桓寬撰
新序三十卷劉向撰　說苑三十卷劉向撰
楊子法言六卷楊雄撰　又十卷宋衷注
又十三卷李軌注
楊子太玄經十二卷楊雄撰陸績注　又十四卷虞翻注
又十二卷范望注　又一十卷蔡文邵注
桓子新論十七卷桓譚撰　潛夫論十卷王符撰
申鑒五卷荀悅撰　魏子三卷魏朗注
典論五卷魏文帝撰　徐氏中論六卷徐幹撰
去伐論集三卷王粲撰　杜氏體論四卷杜恕撰
顧子新語五卷顧譚撰　通語十卷文禮撰殷興續
集誡二卷諸葛亮撰　典訓十卷陸景撰
譙子法訓八卷譙周撰　古今通論三卷王嬰撰
周生烈子五卷周生烈志　譙子五教五卷譙周撰
袁子正論二十卷袁準撰　袁子正書二十五卷袁準撰
孫氏成敗志三卷孫毓撰　新論十卷夏侯湛撰
物理論十六卷楊泉撰　太元經十四卷楊泉撰劉緝注
新論十卷華譚撰　志林新書二十卷虞喜撰
後林新書十卷虞喜撰　顧子義訓十卷顧夷撰
清化經十卷蔡洪撰　正言十卷干寶撰
要覽五卷呂竦撰　立言十卷干寶撰
正覽六卷周捨撰　鈌文十卷陸澄撰
魯史欹器圖一卷劉徽撰　誡林三卷綦母氏撰
家訓七卷顏之推撰　典言四卷李若等撰
墳典三十卷盧辯撰　中說五卷王通撰
讀書記三十二卷王邵撰　正訓二十卷辛德源志
太宗序志一卷太宗撰　帝範四卷太宗撰賈行注
天訓四卷高宗天皇大帝撰　紫樞要錄十卷太聖天后撰
青宮記要三十卷天后撰　少陽正範二十卷天后撰
臣軌二卷天后撰　百寮新誡四卷天后撰
春宮要錄十卷章懷太子撰
君臣相發起事三卷章懷太子撰　修身要錄十卷章懷太子撰
百里昌言二卷王滂撰　崔子至言六卷崔靈童撰
平臺百一寓言三卷張大素撰　女誡一卷曹大家撰
內訓二十卷辛德源王邵等撰　女則要錄十卷文德皇后撰
鳳樓新誡二十卷張后撰
右儒家二十八部凡七百七十六卷
老子二卷老子撰　老子二卷河上公注
老子章句二卷安丘望之撰
老子道德經指趣四卷安丘望之撰
老子二卷湘注　玄言新記道德二卷王弼注
老子二卷鍾會注　老子二卷羊祜注
老子二卷桯韶集注　老子二卷王尚注
老子二卷蜀才注　老子二卷孫登注
老子二卷袁眞注　老子二卷張憑注
老子二卷鳩摩羅什注　老子二卷釋惠嚴注
老子四卷陶弘景注　老子道德經品四卷梁曠注
老子二卷樹鍾山注　老子二卷傅奕注
老子二卷楊上善注　老子集注四卷張道相集注
老子二卷辟閭仁諝注　老子二卷成玄英注
老子二卷李允愿注　老子二卷陳嗣古注
老子二卷釋義盈注
老子道德經集解四卷任眞子注　老子節解二卷
老子指歸十四卷嚴遵志　老子指歸十三卷馮廓撰
老子道德經序訣二卷葛洪撰
老子道德簡要義五卷玄景先生注
太上玄元皇帝道德經二卷楊上器撰
太上老君玄元皇帝聖紀十卷尹文操撰
老子章門一卷　老子玄旨八卷韓莊撰
老子玄譜一卷劉道人撰　老子道德論二卷何晏撰
老子指例略二卷
老子道德經義疏四卷顧歡撰　老子解釋四卷羊祜撰
老子義疏理綱一卷　老子講疏六卷梁武帝撰
老子私記十卷梁簡文帝撰　老子講疏四卷
老子義疏四卷孟智周撰　老子述義十卷賈大隱撰
老子道德指略論二卷楊上善撰　道德經三卷
略論三卷楊上善撰　老子西昇經一卷
老子黃庭經一卷　老子探眞經一卷
老君科律一卷　老子宣時誡一卷
老子入室經一卷　老子華蓋觀天訣一卷
老子消水經一卷
老子神策百二十條經一卷

莊子十卷崔譔注
又十卷郭象注
又二十卷向秀注
又二十一卷司馬彪注
莊子集解二十卷李頤集解
又二十卷王玄古撰
莊子十卷楊上善撰
莊子講疏三十卷梁簡文撰
莊子疏七卷
南華仙人莊子論三十卷梁曠撰
釋莊子論二卷李充撰
南華眞人道德論三卷
莊子疏十卷王穆撰
莊子音一卷王穆撰
莊子文句義二十卷陸德明撰
莊子古今正義十卷馮廓撰
莊子疏十二卷成玄英撰
文子十二卷
鶡冠子三卷鶡冠子撰
列子八卷列禦寇撰張湛注
廣成子十二卷商洛公撰
任子道論十卷任嘏撰
渾輿經一卷矩威撰
唐子十卷唐滂撰
蘇子七卷蘇彥撰
宣子二卷宣聘撰
陸子十卷陸雲撰
抱朴子內篇二十卷葛洪撰
孫子十二卷孫綽撰
顧道士論二卷顧谷撰
幽求子三十卷杜夷撰
符子三十卷符朗撰
賀子十卷賀道養撰
眞誥十卷陶弘景撰
無名子一卷張太衡撰
養生要集十卷張湛撰
無上祕要七十二卷
玄書通義十卷張機撰
道要三十卷
登眞隱訣二十五卷陶弘景撰
同光子八卷劉無待撰侯儼注
牟子二卷牟融撰
淨住子二十卷蕭子良撰王融頌
統略淨住子二卷釋道宣撰
法苑十五卷釋僧祐撰
內典博要三十卷虞孝景撰
眞言要集十卷釋賢明撰
歷代三寶記三卷
修多羅法門二十卷郭瑜撰
集古今佛道論衡四卷釋道宣撰
六趣論六卷楊上善撰
十門辯惑論二卷釋復禮志
經論纂要十卷駱子義撰
通惑決疑錄二卷釋道宣撰
夷夏論二卷顧歡撰
笑道論三卷甄鸞撰
齊三教論七卷衞元嵩撰
辯正論八卷釋法琳撰
破邪論三卷釋法琳撰
三教詮衡十卷楊上善撰
甄正論三卷杜乂撰
心鏡論十卷李思愼撰
崇正論六卷釋彥琮撰

右道家一百二十五部老子六十一家莊子十七家道釋諸說四十七家凡九百六十卷

管子十八卷管夷吾撰
商子五卷商鞅撰
愼子十卷愼到撰滕輔注
申子三卷申不害撰
韓子二十卷韓非撰
晁氏新書三卷晁錯撰
崔氏政論五卷崔寔撰
劉氏法言十卷劉邵撰
劉氏正論五卷劉廙撰
阮子正論五卷阮武撰
桓氏代要論十卷桓範撰
陳子要言十四卷陳融撰
治道集十卷李文博撰
春秋決獄十卷董仲舒撰
五經析疑三十卷邯鄲綽撰

右法家十五部凡一百五十八卷

鄧析子一卷鄧析撰
尹文子二卷尹文子撰
公孫龍子三卷龍撰
又一卷賈大隱注
又一卷陳嗣古注
人物志三卷劉邵撰
又三卷劉邵撰劉炳注
士緯十卷姚信撰
士操一卷魏文帝撰
九州人士論一卷盧毓撰
兼名苑十卷釋遠年撰
辯名苑十卷范謐撰

右名家十二部凡五十六卷

墨子十五卷墨翟撰
胡非子一卷胡非子撰

右墨家二部凡一十六卷

鬼谷子二卷蘇秦撰
又三卷樂臺撰
又三卷尹知章注
補闕子十卷梁元帝撰

右縱橫家四部凡十八卷

尸子二十卷尸佼撰
尉繚子六卷尉繚子撰
呂氏春秋二十六卷呂不韋撰
淮南商詁二十一卷劉安撰
淮南子注解二十一卷高誘撰
淮南鴻烈音二卷何誘撰
三將軍論一卷嚴尤撰
論衡三十卷王充撰
風俗通義三十卷應劭撰
仲長子昌言十卷仲長統撰
萬機論八卷蔣濟撰
篤論四卷杜恕撰
芻蕘論五卷鍾會撰
傅子一百二十卷傅玄撰
默記三卷張儼撰
新言五卷裴玄撰
新義十八卷劉欽撰
秦子三卷秦菁撰
誓論三十卷張儼撰
說林五卷孔衍撰
又二十卷張大素撰
抱朴子外篇五十卷葛洪撰
時務論十二卷楊偉撰
古今善言三十卷范泰撰
記聞三卷徐益壽撰
何子五卷何楷撰
劉子十卷劉勰撰
金樓子十卷梁元帝撰
語麗十卷朱澹遠撰
袖中記一卷
要覽三卷陸士衡撰
古今注五卷崔豹撰
採璧記三卷庾肩吾撰
新略十卷韋道孫撰
名數十卷徐陵撰
典墳數十卷范謐撰
荊楚歲時記十卷宗懍撰
又二卷杜公瞻撰
玉燭寶典十二卷杜臺卿撰
四時錄十二卷王氏撰
物始十卷謝昊撰
事始三卷劉孝孫撰
古今辯作錄三卷
文章始一卷任昉撰張績補
續文章始一卷姚察撰
戚苑纂要十卷劉揚名撰
張掖郡玄石圖一卷孟衆撰
瑞應圖記二卷孫柔之撰
張掖郡玄石圖一卷高堂隆撰
瑞應圖讚三卷熊理撰
祥瑞圖十卷
符瑞圖十卷顧野王撰
皇隋靈感志十卷王劭撰
皇隋瑞文十四卷許善心撰
諫林十卷何望之撰
善諫二卷虞通之撰
諫事五卷魏徵撰
諫苑三十卷于志寧撰
子林二十卷孟儀撰
子鈔三十卷沈約撰
又三十卷庾仲容撰
子林三十卷薛克構撰
述正論十三卷陸澄撰
博覽十五卷
文府七卷徐陵撰宗道寧注
翰墨林十卷
羣書理要五十卷魏徵撰
麟閣詞英六十卷高宗勅撰
四部言心十卷劉守敬撰

右雜家七十一部凡九百八十二卷

氾勝之書二卷氾勝之撰
四人月令一卷崔寔撰
齊人要術十卷賈思勰撰
竹譜一卷戴凱之撰
錢譜一卷顧烜撰
禁苑實錄一卷
種植法七十七卷諸葛穎撰
兆人本業三卷天后撰
相鶴經一卷浮丘公撰
鷙擊錄二十卷堯須跋撰
鷹經一卷
蠶經一卷
相馬經一卷伯樂撰
又二卷
又二卷徐成等撰
相馬經六十卷諸葛穎等撰
相牛經一卷寗戚撰
相貝經一卷
養魚經一卷范蠡撰

右農家二十部凡一百九十二卷

鬻子一卷鬻熊撰
燕丹子三卷燕太子撰
笑林三卷邯鄲淳撰
博物志十卷張華撰
郭子三卷郭澄之撰賈泉注
世說八卷劉義慶撰
續世說十卷劉孝標撰
小說十卷劉義慶撰
小說十卷殷芸撰
釋俗語八卷劉霽撰
辨林二十卷蕭賁撰
酒孝經一卷劉炫定撰
座右方三卷庾元威撰
啓顏錄十卷侯白撰

右小說家十三部凡九十卷

周髀一卷趙嬰注
又一卷甄鸞注
又二卷李淳風撰
靈憲圖一卷張衡撰
渾天儀一卷張衡撰
渾天象注一卷王蕃撰
昕天論一卷姚信撰
石氏星經簿贊一卷石申甫撰
安天論一卷虞喜撰
甘氏四七法一卷甘德撰
論二十八宿度數一卷
荊州星占二卷劉表撰
又二十卷劉叡撰
天文集占七卷陳卓撰
四方星占一卷陳卓撰
五星占二卷陳卓撰
天文集占三卷
天文錄三十卷祖暅之撰
天文橫圖一卷高文洪撰
天文雜占一卷吳雲撰
星占三十三卷孫僧化撰
十二次二十八宿星占十二卷史崇撰
乙巳占十卷李淳風撰
靈臺秘苑一百二十卷庾季才撰
玄機內事七卷遂行珪撰

右天文二十六家凡二百六十卷

三統曆一卷劉歆撰
乾象曆闞澤撰閔洋注
魏景初曆三卷楊偉撰
四分曆一卷
乾象曆術三卷劉洪撰
乾象曆三卷
宋元嘉曆二卷何承天撰
梁大同曆一卷虞劇撰
後魏永安曆一卷孫僧化撰
後魏武定曆一卷
北齊天保曆一卷宋景業撰
周天象曆二卷王琛撰
隋開皇曆一卷劉孝孫撰
又一卷李德林撰
隋大業曆一卷張胄玄撰
皇極曆一卷劉焯撰
又一卷李淳風撰
河西壬辰元曆一卷趙歐撰
河西甲寅元曆一卷李淳風撰
大唐麟德曆一卷
大唐光宅曆草十卷
周甲子元曆一卷
齊甲子曆一卷
大唐甲子元辰曆一卷瞿曇羅撰
大唐戊寅曆一卷
陳七曜曆五卷吳伯善撰
七曜本起曆二卷
七曜曆算二卷甄鸞撰
七曜雜術二卷劉孝孫撰
七曜曆疏三卷張胄玄撰
曆疏一卷崔浩撰
曆術一卷甄鸞撰
玄曆術一卷張胄玄撰
刻漏經一卷何承天撰
又一卷朱史撰
又一卷宋景撰
大唐刻漏經一卷
九章算經一卷徐岳撰
九章重差一卷劉向撰
九章重差圖一卷劉徽撰
九章算經九卷甄鸞撰
九章雜算文二卷劉祐撰
九章術疏九卷宋泉之撰
五曹算經五卷甄鸞撰
孫子算經三卷甄鸞注
海島算經一卷劉徽撰
張丘建算經一卷甄鸞撰
夏侯陽算經三卷甄鸞注
數術記遺一卷徐岳撰甄鸞注
三等數一卷董泉撰甄氏注
算經要用百法一卷徐岳撰
綴術五卷祖冲之撰李淳風注
五曹算經三卷甄鸞撰
七經算術通義七卷陰景愉撰
緝古算術四卷王孝通撰李淳風撰
算經表序一卷

右曆算五十八部凡一百六十七卷

黃帝問玄女法三卷玄女撰
太公陰謀三卷
太公金匱二卷
太公六韜六卷
司馬法三卷田穰苴撰
孫子兵法十三卷孫武撰魏武帝注
又二卷孟氏解

又二卷沈友注　黃石公三略三卷
三略訓三卷　張良經一卷張良撰
雜兵法二十四卷　兵法捷要七卷魏武帝撰
兵法要略十卷魏文帝撰　兵記十二卷司馬彪撰
兵林六卷孔衍撰　玉韜十卷梁元帝撰
眞人水鏡十卷陶弘景撰　握鏡一卷陶弘景撰
兵書要略十卷宇文憲撰　太一兵法一卷
太公陰謀三十六用一卷　伍子胥兵法一卷
吳孫子三十二壘經一卷　玉帳經一卷
黃石公陰謀乘斗魁剛行軍祕一卷
武德圖五兵八陣法要一卷
三陰圖一卷
黃帝太公三宮法要訣一卷
張氏七篇七卷張良撰　承神兵書八卷
兵機十五卷　兵書要略一卷
新授兵書三十卷隋高祖撰　六軍鏡三卷李靖撰
用兵撮要二卷　兵春秋一卷
許子新書軍勝十卷　金海四十七卷蕭吉注
王佐祕珠五卷樂產撰　金韜十卷劉祐撰
懸鏡十卷李淳風撰　龍武玄兵圖二卷解忠順撰
臨戎孝經二卷員半千撰

右兵書四十五部凡二百八十九卷

焦氏周易林十六卷焦贛撰　京氏周易四時候二卷
京氏周易飛候六卷　京氏周易混沌四卷
京氏周易錯卦八卷京房撰　費氏周易林二卷費直撰
崔氏周易林十六卷　許氏周易雜占七卷許峻撰
周易參同契二卷魏伯陽撰　周易五相類一卷魏伯陽撰
周易林四卷管輅撰　周易雜占八卷尚廣撰
徐氏周易筮占二十四卷徐苗撰
周易立成占六卷　武氏周易雜占八卷武氏撰
周易集林十二卷伏曼容撰　又一卷伏氏撰
連山三十卷梁元帝撰　易林十四卷
新易林占三卷杜氏撰
周易雜占筮決文二卷梁運撰　周易新林一卷
周易林七卷張滿撰　易律曆一卷
周易服藥法一卷　周易洞林解三卷郭璞撰
洞林三卷梁元帝撰　易三備三卷
又一卷　易髓一卷
易腦一卷郭氏撰　孝經元辰二卷
推元辰厄命一卷　元辰章三卷

六甲周天曆一卷孫僧化作　風角要候一卷翼奉撰
風角六情訣一卷王琛撰　風角十卷
風角鳥情二卷劉孝恭撰　鳥情占一卷
鳥情逆占一卷管輅撰　九宮經解二卷
九宮行碁經三卷鄭玄撰　九宮行碁立成一卷王琛撰
逆刺三卷京房撰　婚嫁書二卷
推產婦何時產法一卷王琛撰　產圖一卷崔知悌撰
登壇經一卷　太一大遊曆二卷
大遊太一曆一卷　曜靈經一卷
七政曆一卷　六壬曆一卷
靈寶登圖一卷　推二十四氣曆一卷
太一曆一卷　式經一卷宋琨注
九旗飛變一卷鄭玄撰李淳風注　太史公萬歲曆一卷司馬談撰
萬歲曆祠二卷　千歲曆祠二卷任氏撰
黃帝飛鳥曆一卷張衡撰　太乙飛鳥曆一卷
堪輿曆注二卷　黃帝四序堪輿二卷殷紹撰
遁甲經一卷　遁甲文一卷伍子胥撰
遁甲囊中經一卷　三元遁甲圖三卷葛洪撰
遁甲萬一訣三卷　遁甲立成圖二卷
遁甲立成法三卷　遁甲九宮八門圖一卷
遁甲開山圖一卷王琛撰　又二卷榮氏撰
白澤圖一卷　武王須臾二卷
師曠占書一卷　東方朔占書一卷
范子問計然十五卷范蠡問計然荅　淮南王萬畢術一卷劉安撰
神樞靈轄十卷樂產撰　祿命書二十卷劉孝恭撰
又二卷王琛撰　五行記五卷蕭吉撰
五姓宅經二卷　陰陽書五十卷呂才撰
青烏子三卷　葬經八卷
又十卷　又二卷蕭吉撰
葬書地脉經一卷　墓書五陰一卷
雜墓圖一卷　墓圖立成一卷
六甲冢名雜忌要訣二卷　五姓墓圖要訣五卷孫氏撰
壇中伏尸一卷
玄女彈五音法相冢經一卷胡君撰
新撰陰陽書三十卷王粲撰　龜經三卷柳彥詢撰
又一卷劉寶眞撰　又一卷王弘禮撰
又一卷莊道名撰　又一卷孫思邈撰
百怪書一卷　祠竈經一卷
解文一卷　占夢書二卷
又三卷周宣撰　玄悟經三卷李淳風撰

右五行一百一十三部凡四百八十五卷

投壺經一卷郝沖虞譚法撰　大小博法二卷
皇博經一卷魏文帝撰　大博經行碁戲法二卷
小博經一卷鮑宏撰　博塞經一卷鮑宏撰
二儀簿經一卷隋煬帝撰　大博經二卷呂才撰
碁勢六卷　碁品五卷范汪等注
圍碁後九品序錄一卷　竹苑仙碁圖一卷
碁評一卷梁武帝撰　象經一卷周武帝撰
又一卷何妥撰　又一卷王裕撰
今古術藝十五卷

右雜藝術一十八部凡四十四卷

皇覽一百二十二卷何承天撰　又八十四卷徐爰并合
類苑一百二十卷劉孝標撰　壽光書苑二百卷劉香撰
華林編略六百卷徐勉撰　修文殿御覽三百六十卷
長洲玉鏡一百三十八卷虞綽等撰
藝文類聚一百卷歐陽詢等撰
北堂書抄一百七十三卷虞世南撰
要錄六十卷　書圖泉海七十卷張氏撰
檢事書一百六十卷　帝王要覽二十卷
玉藻瓊林一百卷孟利貞撰　玄覽一百卷天后撰
累璧四百卷許敬宗撰
碧玉芳林四百五十卷孟利貞撰　策府五百八十二卷張大素撰
玄門寶海一百二十卷諸葛穎撰
文思博要幷目一千二百一十二卷張大素撰
三教珠英幷目一千三百一十三卷張昌宗等撰

右類事二十二部凡七千八十四卷

黃帝三部針經十三卷皇甫謐撰
黃帝八十一難經一卷秦越人撰　赤烏神針經一卷張子存撰
黃帝明堂經三卷　黃帝鍼灸經十二卷
明堂圖三卷秦承祖撰
龍銜素針經幷孔穴蝦蟇圖三卷
黃帝素問八卷　黃帝內經明堂十三卷
黃帝雜注針經一卷
黃帝十二經脉明堂五藏圖一卷
黃帝十二經明堂偃側人圖十二卷
黃帝針經十卷　黃帝明堂三卷
黃帝九靈經十二卷靈寶注　玉匱針經十二卷
黃帝內經太素三十卷楊上善注
三部四時五藏辨候診色脉經一卷
黃帝內經明堂類成十三卷楊上善撰
黃帝明堂經三卷楊玄孫撰注　灸經一卷
鈐和子十卷賈和光撰　脉經訣三卷徐氏撰
脉經二卷　五藏訣一卷
五藏論一卷

右明堂經脉二十六家凡一百七十三卷

神農本草三卷　桐君藥錄三卷桐君撰
雷公藥對二卷　藥類二卷
本草用藥要妙二卷　本草病源合藥節度五卷
本草要術三卷　本草藥性三卷甄立言撰
療癰疽耳眼本草要妙五卷
種芝經九卷　芝草圖一卷
吳氏本草因六卷吳普撰　李氏本草三卷
名醫別錄三卷　藥目要用二卷
本草集經七卷陶弘景撰　靈秀本草圖六卷原平仲撰
諸藥異名十卷釋行智撰
四時採取諸藥及合和四卷
本草圖經七卷蘇敬撰　新修本草二十一卷蘇敬撰
新修本草圖二十六卷蘇敬等撰　本草音三卷蘇敬等撰
本草音義二卷殷子嚴撰　太清神丹中經三卷
太清神仙服食經五卷　又一卷抱朴子撰
太清璿璣文七卷沖和子撰　金匱仙藥錄三卷京里先生撰
神仙服食經十二卷京里先生撰　太清諸丹要錄集四卷
神仙藥食經一卷　神仙服食方十卷
神仙服食藥方十卷　服玉法幷禁忌一卷
太清諸草木方集要三卷
太清玉石丹藥要集三卷陶弘景撰
太一鐵胤神丹方三卷蘇遊撰　養生要集十卷張湛撰
補養方三卷孟詵撰　諸病源候論五十卷吳景撰
四海類聚單方十六卷隋煬帝撰　大官食法一卷
大官食方十九卷　食經九卷崔浩撰
又十卷　又四卷竺暄撰
四時食法一卷趙氏撰
淮南王食經一百二十卷諸葛穎撰
淮南王食目十卷
淮南王食經音十三卷諸葛穎撰　食經三卷盧仁宗撰
張仲景藥方十五卷王叔和撰　華氏藥方十卷華佗方吳普集
肘後救卒方四卷葛洪撰
補肘後救卒備急方六卷陶弘景撰
阮河南方十六卷阮炳撰
雜藥方一百七十卷范汪方尹穆撰　胡居士方三卷胡洽撰

劉涓子男方十卷龔慶宣撰
療癰疽金瘡要方十四卷甘濬之撰
雜療方二十卷徐叔和撰 體療雜病方六卷徐叔和撰
脚弱方八卷徐叔向撰 藥方十七卷秦承祖撰
療癰疽金瘡要方十二卷甘伯齊撰
雜藥方十二卷褚澄撰 効驗方十卷陶弘景撰
百病膏方十卷 雜湯方八卷
療目方五卷 雜藥方十卷陳山提撰
又六卷 雜丸方一卷
調氣方一卷釋鸞撰 黄素方十五卷
雜湯丸散方五十七卷李譔撰 僧深集方三十卷釋僧深撰
刪繁方十二卷謝士文撰
徐王八代効驗方十卷徐之才撰 徐氏落年方三卷徐嗣伯撰
雜病論一卷徐嗣伯撰 徐氏家祕方二卷徐之才撰
集驗方十卷姚僧垣撰 小品方十二卷陳延之撰
經心方八卷宋俠撰 名醫集驗方三卷
古今錄驗方五十卷甄權撰 崔氏纂要方十卷崔知悌撰
孟氏必効方十卷孟詵撰 延年秘錄十二卷
玄感傳屍方一卷蘇遊撰 骨蒸病灸方一卷崔知悌撰
寒食散方并消息節度二卷
解寒食散方十三卷徐叔和撰 婦人方十卷
又二十卷 少小方十卷
少小雜方二十卷 少小節療方一卷俞寶撰
孤子雜訣三卷 孤子方金訣二卷葛仙公撰
陵陽子秘訣一卷明月公撰 神臨藥秘經一卷黄公撰
黄白秘法一卷 又二十卷
玉房秘術一卷葛氏撰 房秘祿訣八卷冲和子撰
類聚方二千六百卷

右醫術本草二十五家養生十六家病源單方二家食經十家雜經方五十八家類聚方一家共一百一十家凡三千七百八十九卷

丁部集錄三類共八百九十部書一萬二千二十八卷

楚詞類一 別集類二 總集類三

楚詞十六卷王逸注 楚詞十卷郭璞注
楚詞九悼一卷楊穆撰
離騷草木蟲魚疏一卷劉杳撰 楚詞音一卷孟奧撰
又一卷徐邈撰 又一卷釋道騫撰
漢武帝集二卷 魏武帝集三十卷
魏文帝集十卷 魏明帝集十卷
魏高貴鄉公集二集 晉宣帝集十卷
晉文帝集一卷 晉明帝集五卷
晉簡文帝集五卷 宋武帝集二十卷
宋文帝集十卷 梁文帝集十八卷
梁武帝集十卷 梁簡文帝集八十卷
梁元帝集五十卷 梁元帝集十卷
後魏明帝集一卷 後魏文帝集四十卷
後周明帝集十卷 陳後主集五十卷
隋煬帝集三十卷 太宗文皇帝集三十卷
高宗大帝集八十六卷 中宗皇帝集四十卷
睿宗皇帝集十卷 垂拱集一百卷
金輪集十卷天后撰 梁昭明太子集二十卷
漢淮南王集二卷 漢東平王集二卷
魏陳思王集二十卷 又三十卷
晉齊王集二卷 晉會稽王集
晉彭城王集八卷 晉譙王集三卷
宋長沙王集十卷 宋臨川王集八卷
宋衡陽王集十卷 宋江夏王集十三卷
宋南平王集五卷 宋建平王集十卷
宋建平王小集十五卷 齊竟陵王集三十卷
梁邵平王集四卷 梁武陵王集八卷
後周趙王集十卷 後周滕王集十二卷
趙荀況集二卷 楚宋玉集二卷
前漢賈誼集二卷 枚乘集二卷
司馬遷集二卷 東方朔集二卷
董仲舒集二卷 李陵集二卷
司馬相如集二卷 孔臧集二卷
魏相集二卷 張敞集二卷
韋玄成集二卷 劉向集五卷
王褒集五卷 谷永集五卷
杜鄴集五卷 師丹集五卷
息夫躬集五卷 劉歆集五卷
楊雄集五卷 崔篆集一卷
後漢桓譚集二卷 史岑集二卷
王文山集二卷 朱勃集二卷
梁鴻集二卷 黄香集二卷
馮衍集五卷 班彪集二卷
杜篤集五卷 傅毅集五卷
班固集十卷 崔駰集十卷
賈逵集二卷 劉騊駼集二卷
崔瑗集五卷 蘇順集二卷
竇章集二卷 胡廣集二卷
高彪集二卷 王逸集二卷
栢驎集二卷 邊韶集二卷
皇甫規集五卷 張奐集二卷
朱穆集二卷 趙壹集二卷
張升集二卷 侯瑾集二卷
酈炎集二卷 盧植集二卷
劉珍集二卷 張衡集十卷
葛龔集五卷 李固集十卷
馬融集五卷 崔琦集二卷
延篤集二卷 劉陶集二卷
荀爽集二卷 劉梁集二卷
鄭玄集二卷 蔡邕集二十卷
應劭集四卷 士孫瑞集二卷
張邵集五卷 禰衡集二卷
孔融集十卷 虞翻集三卷
潘勗集二卷 阮瑀集五卷
陳琳集十卷 張紘集一卷
繁欽集十卷 楊修集二卷
王粲集十卷 魏華歆集二十卷
王朗集三十卷 邯鄲淳集二卷
袁渙集五卷 應瑒集二卷
徐幹集五卷 劉楨集二卷
路粹集二卷 丁儀集二卷
丁廙集二卷 吳質集五卷
劉廙集二卷 孟達集三卷
陳羣集三卷 王修集三卷
管寧集二卷 劉邵集二卷
麋元集五卷 李康集二卷
孫該集二卷 卞蘭集二卷
傅巽集二卷 高堂隆集十卷
繆襲集五卷 殷褒集二卷
韋誕集三卷 曹羲集五卷
傅嘏集二卷 桓範集二卷
夏侯霸集二卷 鍾毓集五卷
江奉集二卷 夏侯惠集二卷
毋丘儉集二卷 王弼集五卷
呂安集二卷 王昶集五卷
王肅集五卷 何晏集十卷
應璩集十卷 杜摯集一卷
夏侯玄集二卷 程曉集二卷
阮籍集五卷 嵇康集十五卷
鍾會集十卷 蜀許靖集二卷
諸葛亮集二十四卷 吳張溫集五卷
士燮集五卷 駱統集十卷
暨豔集二卷 謝承集四卷
姚信集十卷 楊厚集二卷
華覈集三卷 胡綜集二卷
薛綜集二卷 張儼集二卷
韋昭集二卷 紀陟集三卷
晉王沉集五卷 鄭袤集二卷
應貞集五卷 嵇喜集二卷
傅玄集五十卷 成公綏集十卷
裴秀集三卷 何禎集五卷
袁準集二卷 山濤集五卷
向秀集二卷 阮冲集二卷
阮侃集五卷 羊祜集二卷
賈充集二卷 荀勗集二十卷
杜預集二十卷 王濬集二卷
皇甫謐集二卷 程咸集二卷
劉毅集二卷 庾峻集三卷
郄正集一卷 薛瑩集二卷
楊泉集二卷 陶濬集三卷
宣聘集三卷 曹志集二卷
鄒湛集四卷 孫毓集二卷
王渾集五卷 王深集四卷
江偉集五卷 閔鴻集二卷
裴楷集二卷 何劭集二卷
劉頌集三卷 劉寔集二卷
裴頠集十卷 許孟集二卷
王祜集二卷 王濟集二卷
華嶠集一卷 庾儵集三卷
謝衡集二卷 傅咸集三十卷
棗據集二卷 劉寶集三卷
孫楚集十卷 王讚集三卷
夏侯湛集十卷 夏侯淳集十卷
張敏集二卷 劉訏集二卷
李重集二卷 樂廣集二卷
阮渾集二卷 楊乂集三卷
張華集十卷 李虔集十卷

石崇集五卷 潘岳集十卷
潘尼集十卷 歐陽建集二卷
嵇紹集二卷 衛展集四十卷
盧播集二卷 欒肇集二卷
應亨集二卷 司馬彪集三卷
杜育集二卷 摯虞集二卷
繆徵集二卷 左思集五卷
夏侯湛集二卷 鄭豐集二卷
陳略集二卷 張翰集二卷
陸機集十五卷 陸雲集十卷
陸沖集二卷 孫拯集二卷
張載集三卷 張協集二卷
束皙集五卷 華譚集二卷
曹攄集二卷 江統集十卷
胡濟集五卷 卞粹集二卷
閭丘沖集二卷 庾敳集二卷
阮瞻集二卷 阮脩集二卷
裴邈集二卷 郭象集五卷
嵇含集十卷 孫惠集十卷
蔡洪集三卷 牽秀集五卷
蔡克集二卷 索靖集二卷
閻纂集二卷 張輔集二卷
殷巨集二卷 陶佐集五卷
仲長敖集二卷 虞溥集二卷
吳商集五卷 劉弘集三卷
山簡集二卷 宗岱集三卷
王曠集五卷 王峻集二卷
棗腆集二卷 棗嵩集二卷
劉琨集十卷 盧諶集十卷
傅暢集五卷 東晉顧榮集二卷
荀組集二卷 周顗集二卷
周嵩集三卷 王導集十卷
荀邃集二卷 王敦集五卷
謝鯤集二卷 張抗集二卷
賈森集三卷 劉隗集三卷
應詹集三卷 陶侃集二卷
王洽集三卷 傅毅集五卷
張闓集三卷 卞壼集二卷
劉超集二卷 楊方集二卷
傅純集二卷 郗鑒集十卷

溫嶠集十卷 孔坦集五卷
王濤集五卷 王箋集五卷
甄述集五卷 戴邈集五卷
賀循集二十卷 張俊集二卷
曾環集五卷 熊遠集五卷
郭璞集十卷 王鑒集五卷
顧和集五卷 虞預集十卷
庾亮集二十卷 范宣集十卷
張虞集五卷 庾冰集二十卷
庾翼集二十卷 何充集五卷
諸葛恢集五卷 祖台之集十五卷
李充集十四卷 蔡謨集十卷
謝文集八卷 范汪集八卷
范甯集十五卷 阮放集五卷
王廙集十卷 王彪之集二十卷
謝安集五卷 謝方集十卷
王羲之集五卷 干寶集四卷
殷融集十卷 劉遐集五卷
殷浩集五卷 劉惔集二卷
王濛集五卷 謝尚集五卷
張馮集五卷 張望集三卷
韓康伯集五卷 王胡之集五卷
江霖集五卷 范宣集五卷
江淳集五卷 王述集五卷
郗默集五卷 黃整集十卷
王洽集二卷 王度集五卷
劉系之集五卷 劉恢集五卷
范起集五卷 殷康集五卷
孫嗣集三卷 王坦之集五卷
桓溫集二十卷 郗超集十五卷
謝朗集五卷 謝玄集十卷
王珣集十卷 許詢集三卷
孫統集五卷 孫綽集十五卷
孔嚴集五卷 江逌集五卷
車灌集五卷 丁纂集二卷
曹毗集十五卷 蔡系集二卷
李顒集十卷 顧夷集五卷
袁喬集五卷 謝沈集五卷
庾闡集十卷 王隱集十卷
殷允集十卷 徐邈集八卷

殷仲堪集十卷 殷叔獻集三卷
伏滔集五卷 桓嗣集五卷
習鑿齒集五卷 鈕滔集五卷
邵毅集五卷 孫盛集十卷
袁質集二卷 袁宏集二十卷
袁紹集三卷 羅含集三卷
孫放集十五卷 辛昞集四卷
庾統集二卷 郭愔集五卷
滕輔集五卷 庾龢集二卷
庾軌集二卷 庾倩集二卷
庾肅之集十卷 王脩集二卷
戴逵集十卷 桓玄集二十卷
殷仲文集七卷 卞湛集五卷
蘇彥集十卷 袁豹集十卷
王謐集十卷 周祇集十卷
梅陶集十卷 湛方生集十卷
劉瑾集八卷 羊徽集一卷
卞裕集十四卷 王愆期集十卷
孔璠之集二卷 王茂略集四卷
薄肅之集十卷 滕演集一卷
宋劉義宗集十五卷 謝瞻集二卷
孔琳之集十卷 王叔之集十卷
徐廣集十五卷 孔甯子集十五卷
蔡廓集十卷 傅亮集十卷
孫康集十卷 鄭解之集二十卷
陶淵明集五卷 范泰集二十卷
王弘集二十卷 謝靈運集十五卷
荀㬎集十四卷 孔欣集八卷
卞伯玉集五卷 王曇首集二卷
謝弘微集二卷 王韶之集二十四卷
沈林子集七卷 姚濤之集二十卷
賀道養集十卷 衛令元集八卷
褚詮之集八卷 荀欽明集六卷
殷淳集三卷 劉瑀集七卷
劉緄集五卷 雷次宗集三十卷
宗炳集十五卷 伍緝之集十一卷
荀雍集十卷 袁淑集十卷
顏延之集三十卷 王微集十卷
王僧達集十卷 張暢集十四卷
何偃集八卷 沈懷文集十三卷

江智泉集十卷 謝莊集十五卷
殷琰集八卷 顏竣集十三卷
何承天集三十卷 裴松之集三十卷
卞瑾集十卷 丘泉之集六卷
顏測集十一卷 湯惠休集三卷
沈勃集十五卷 徐爰集十卷
鮑照集十卷 庾蔚之集十一卷
虞通之集五卷 劉愔集十卷
孫緬集十卷 袁伯文集十卷
袁粲集十卷 齊褚彥回集十五卷
王儉集六十卷 周顒集二十卷
徐孝嗣集十二卷 王融集十卷
謝朓集十卷 孔稚珪集十卷
陸厥集十卷 虞羲集十一卷
宗躬集十二卷 汪奐集十一卷
張融玉海集六十卷 梁范雲集十二卷
江淹前集十卷 江淹後集十卷
任昉集三十四卷 宗史集十卷
王暕集二十卷 魏道微集三卷
司馬褧集九卷 沈約集一百卷
沈約集略三十卷 傅昭集十卷
袁昂集二十卷 徐勉前集二十五卷
徐勉後集十六卷 陶弘景集三十卷
周捨集二十卷 何遜集八卷
謝琛集五卷 謝郁集五卷
王僧孺集三十卷 張率集三十卷
楊眺集十卷 鮑幾集八卷
周興嗣集十卷 蕭洽集二卷
裴子野集十四卷 庾景興集十卷
陸子倕集二十卷 劉之遴前集十卷
劉之遴後集三十卷 虞皭集六卷
王冏集三卷 劉孝綽集十一卷
劉孝儀集二十卷 劉孝威前集十卷
劉孝威後集十卷 丘遲集十卷
王錫集七卷 蕭子範集三卷
蕭子雲集二十卷 蕭子暉集十一卷
江革集十卷 吳均集二十卷
庾肩吾集十卷 王筠洗馬集十卷
王筠中庶子集十卷 王筠左右集十卷
王筠臨海集十卷 王筠中書集十卷

王筠尚書集十一卷　鮑晁集一卷
謝瓌集十卷　任孝恭集十卷
張纘集十卷　陸雲公集四卷
張綰集十卷　甄玄成集十卷
蕭欣集十卷　沈君攸集十二卷
後魏高允集二十卷　宗欽集二卷
李諧集十卷　韓宗集五卷
袁躍集九卷　薛孝通集六卷
溫子昇集二十五卷　盧元明集六卷
陽固集三卷　魏孝景集一卷
北齊楊休之集二十卷　劉逖集四十卷
後周宗懍集三十卷　王褒集三十卷
魏收集七十卷　邢子才集三十卷
蕭撝集十卷　庾信集二十卷
王衡集三卷　陳沈炯前集六卷
沈炯後集十三卷　周弘正集二十卷
徐陵集三十卷　張正見集四卷
陸玠集五卷　陸琰集十卷
沈不害集十卷　張式集十三卷
褚介集十卷　顧越集二卷
顧覽集五卷　姚察集二十卷
隋盧思道集二十卷　李元操集二十二卷
辛德源集三十卷　李德林集十卷
牛弘集十二卷　薛道衡集三十卷
何妥集十卷　柳顧言集十卷
江總集二十卷　殷英童集三十卷
蕭慤集九卷　魏澹集四卷
尹式集五卷　諸葛頴集十四卷
王胄集十卷　虞茂代集五卷
劉興宗集三卷　李播集三卷
唐陳叔達集五卷　褚亮集二十卷
虞世南集三十卷　蕭瑀集一卷
沈齊家集十卷　薛收集十卷
楊師道集十卷　庾抱集六卷
孔穎達集五卷　王績集五卷
郎楚之集十卷　魏徵集二十卷
許敬宗集六十卷　于志寧集四十卷
上官儀集三十卷　李義府集三十九卷
顏師古集四十卷　岑文本集六十卷
劉子翼集十卷　殷聞禮集十卷

陸士季集十卷　劉孝孫集三十卷
鄭代翼集八卷　崔君實集十卷
李伯藥集三十卷　孔紹安集三卷
高季輔集二卷　溫彥博集二十卷
李玄道集十卷　謝偃集十卷
沈叔安集二十卷　陸楷集十卷
曹憲集三十卷　蕭德言集三十卷
潘求仁集三卷　殷羊集三卷
蕭鈞集三十卷　袁朗集四卷
楊續集十卷　王約集一卷
任希古集五卷　凌敬集十四卷
王德儉集十卷　徐孝德集十卷
杜之松集十卷　宋令文集十卷
陳子良集十卷　顏頵集十卷
劉禕集十卷　司馬愈集十卷
鄭秀集十二卷　耿義褒集七卷
楊元亨集五卷　劉綱集三卷
王歸一集十卷　馬周集十卷
薛元超集三十卷　高智周集五卷
褚遂良集二十卷　劉禕之集五十卷
郗處俊集十卷　崔知悌集五卷
李安期集二十卷　唐觀集五卷
張大素集十卷　鄧玄挺集十卷
劉允濟集二十卷　駱賓王集十卷
盧照鄰集二十卷　楊炯集三十卷
王勃集三十卷　狄仁傑集十卷
李懷遠集八卷　盧受采集十卷
王適集二十卷　喬知之集二十卷
蘇味道集十五卷　薛曜集二十卷
郎餘慶集十卷　盧光容集五卷
崔融集四十卷　閻鏡機集十卷
李嶠集三十卷　喬備集六卷
陳子昂集十卷　元希聲集十卷
李適集二十卷　沈佺期集十卷
徐彥伯前集十卷　後集十卷
宋之問集十卷　杜審言集十卷
谷倚集十卷　富嘉謨集十卷
吳少微集十卷　劉希夷集三卷
張柬之集十卷　桓彥範集三卷
韋承慶集六十卷　閻丘均集三十卷

郭元振集二十卷　魏知古集二十卷
閻朝隱集五卷　蘇瓌集十卷
員半千集十卷　李乂集五卷
姚崇集十卷　丘悅集十卷
劉子玄集十卷　盧藏用集二十卷
道士江旻集三十卷　沙門曇諦集六卷
沙門惠遠集十五卷　沙門惠琳集五卷
沙門曇瑗集六卷　沙門亡名集十卷
沙門靈裕集二卷　沙門支遁集十卷
曹大家集二卷　鍾夫人集二卷
劉臻妻陳氏集五卷　九嬪集一卷
臨安公主集三卷　范靖妻沈滿願集五卷
徐悱妻劉氏集六卷　文章流別集三十卷摯虞撰
善文四十九卷杜預撰　名文集四十卷謝沈撰
文苑一百卷孔逭撰　文選三十卷梁昭明太子撰
文選六十卷李善注　又六十卷公孫羅撰
文選音十卷蕭該撰　又十卷公孫羅撰
文選音義十卷釋道淹撰　小詞林五十三卷
集古今帝王正位文章九十卷
文海集三十六卷蕭圓撰　詞苑麗則二十卷康明貞撰
芳林要覽三百卷許敬宗撰
類文三百士館詞林一千卷許敬宗撰
賦集四十卷宋明帝撰　皇帝瑞應頌集十卷
五都賦五卷　獻賦集十卷卞鑠撰
上林賦一卷司馬相如撰　幽通賦一卷班固撰曹大家注
又一卷項岱撰　二京賦二卷張衡撰
二京賦音二卷薛綜撰　三都賦三卷
齊都賦一卷左太冲撰　齊都賦音一卷李軌撰
百賦音一卷褚令之撰　賦音二卷郭徵之撰
三京賦音一卷綦毋邃撰　木連理頌二卷
靖恭堂頌一卷李嵩撰　諸郡碑一百六十六卷
雜碑文集二十卷　翰林論二卷李充撰
雜論九十五卷殷仲堪撰　設論集三卷劉楷撰
又五卷謝靈運撰　連珠集五卷謝靈運撰
制旨連珠四卷梁武帝撰　又十一卷陸緬撰
讚集五卷謝莊撰　七國敘讚十卷
吳國先賢讚論三卷　會稽先賢讚四卷賀氏撰
會稽太守像讚二卷賀氏撰　列女傳敘讚一卷孫夫人撰
古今箴銘集十三卷張湛撰　衆賢誡集十五卷
雜誡箴二十四卷　詔集圖別二十七卷宋幹撰

霸朝雜集五卷李德林撰　古今詔集三十卷溫彥博撰
又一百卷李義府撰　聖朝詔集三十卷薛堯撰
書集八十卷王履撰　書林六卷夏赤松撰
山濤啓事三卷　苑寗啓事十卷
梁中書表集二百五十卷　薦文集七卷
宋元嘉策五卷　策集六卷謝靈運撰
七林集十二卷卞氏撰　七悟集一卷顏延之撰
誹諧文十五卷袁叔撰　弘明集十四卷釋僧祐撰
廣弘明集三十卷釋道宣撰　陶神論五卷釋靈祐撰
婦人訓解集十卷徐湛撰　婦人詩集二卷顏竣撰
文訓集六卷　文釋十卷江邃撰
文心雕龍十卷劉勰撰　百志詩集五卷干寶撰
百國詩集二十九卷崔光撰　百一詩八卷應璩撰
百一詩集二卷李夔撰　淸溪集三十卷齊武帝撰
晉元氏宴會遊集四卷伏滔袁豹謝靈運等撰
元嘉宴會遊山詩集五卷
元嘉西池宴會詩集三卷顏延之撰
齊釋奠會詩集二十卷　文會詩集四卷徐伯陽撰
文林詩府六卷北齊後主作　西府新文十卷蕭淑撰
詩集新撰三十卷宋明帝撰　詩集二十卷宋明帝撰
詩集抄十卷謝靈運撰　詩集五十卷謝靈運撰
詩集二十卷謝和撰　又一百卷顏竣撰
詩例錄二卷顏竣撰　詩英十卷謝靈運撰
古今詩苑英華集二十卷梁昭明太子撰
續古今詩苑英華二十卷釋惠靜撰
詩林英選十一卷　類集一百一十三卷虞綽等撰
詩纘十二卷　又詞英八卷
六代詩集鈔四卷徐陵撰
古今類序詩苑三十卷劉孝孫撰　麗正文苑二十卷許敬宗撰
古今詩類聚七十九卷郭瑜撰　歌錄集八卷
漢魏吳晉鼓吹曲四卷　樂府歌詩十卷
太樂雜歌詞三卷荀勗撰　太樂歌詞二卷
樂府歌詞十卷　樂府歌詩十卷
三調相如歌詞三卷
新撰錄樂府集十一卷謝靈運撰　玉臺新詠十卷徐陵撰
迴文詩集一卷謝靈運撰　金門待詔集十卷劉允濟撰
集苑六十卷謝琨撰　集林二百卷劉義慶撰
集鈔四十卷

右集錄楚詞七家帝王二十七家太子諸王二十一家七國趙楚各一家前漢二十家後漢五

十家魏四十六家蜀二家吳十四家西晉一百一十九家東晉一百四十四家宋六十家南齊十二家梁五十九家陳十四家後魏十家北齊四家周五家隋十八家唐一百一十二家沙門七家婦人七家總集一百二十四大家凡八百九十二部一萬二千二十八卷

三代之書經秦燔煬殆盡漢武帝河間王始重儒術於灰燼之餘拓纂亡散篇卷僅而復存劉更生石渠典校之書卷軸無幾逮歆之七略在漢藝文志者裁二萬三千九百卷後漢蘭臺石室東觀南宮諸儒撰集部帙漸增董卓遷都載舟西上因罹寇盜沉之於河存者數船而已及魏武父子採掇遺亡至晉總括羣書裁二萬七千九百四十五卷及永嘉之亂洛都覆没靡有孑遺江表所存官書凡三千一十四卷至宋謝靈運造四部書目錄凡四千五百八十二卷其後王儉復造書目凡五千七十四卷南齊王亮謝朏四部書目凡一萬八千一十卷齊宋兵火延燒秘閣書籍煨燼梁元帝克平侯景收公私經籍歸于江陵凡七萬餘卷蓋佛老之書計於其間及周師入郢咸自焚煬周武保定之中官書裁盈萬卷平齊所得數止五千及隋氏平陳南北一統祕書監牛弘奏請搜訪遺逸著定書目凡三萬餘卷煬帝寫五十副本分爲三品國家平王世充收其圖籍泝河西上多有沈没存者重復八萬卷自武德已後文士既有修纂篇卷滋多開元時甲乙丙丁四部書各爲一部置知書官八人分掌之凡四部庫書兩京各一本共一十二萬五千九百六十卷皆以益州麻紙寫其集賢院御書經庫皆鈿白牙軸黃縹帶紅牙籤史書庫鈿青牙軸縹帶綠牙籤子庫皆雕紫檀軸紫帶碧牙籤集庫皆綠牙軸朱帶白牙籤以分別之

舊唐書卷四十七考證

經籍志下丙部子錄十七家七百五十三部一萬五千六百三十七卷○今按止七百四十九部一萬四千八百三十一卷

右儒家二十八部凡七百七十六卷○今按上凡八十部七百八十二卷

右道家一百二十五部凡九百六十卷○今按上止一百二十三部九百三十五卷

晁氏新書三卷晁錯撰○新書十卷

桓氏代要論十卷桓範撰○新書十二卷

右名家十二部凡五十六卷○今按上止四十六卷

荆楚歲時記十卷宗懍撰○新書一卷

玉燭寶典十二卷杜臺卿撰四時錄十二卷王氏撰○新書俱入農家類

右雜家七十一部凡九百八十二卷○今按上止六十九部九百八十卷

右農家二十部凡一百九十二卷○今按上止十九部一百八十七卷

燕丹子三卷燕太子撰○新書一卷

右小說家十三部凡九十卷○今按上凡十四部一百卷

右天文二十六家凡二百六十卷○今按上止二十五部凡二百六十一卷

乾象曆闞澤注○無卷數新書三卷

九章算經一卷徐岳撰○新書九卷

孫子算經三卷甄鸞注○新書李淳風注

右曆算五十八部凡一百六十七卷○今按上止五十六部一百二十一卷

孫子兵法十三卷孫武撰○新書三卷

右兵書四十五部凡二百八十九卷○今按上止四十四部凡二百九十三卷

遁甲經一卷○新書十卷

五姓宅經二卷○新書二十卷

右五行一百一十三部凡四百八十五卷○今按上止一百一十二部四百五十九卷

右雜藝術一十八部凡四十四卷○今按上止一十七部四十三卷

文思博要幷目一千二百一十二卷張大素撰○新書高士廉等十六人奉詔撰無張大素名當從新書

右類事二十二部凡七千八十四卷○今按上止二十一部六千四百八十四卷

養生要集十卷張湛撰○又見道家類

右醫術一百一十家凡三千七百八十九卷○今按上止一百九家三千七百九十五卷

丁部集錄共八百九十部一萬二千二十八卷○今按止八百七十九部一萬一千八百七十五卷

後周明帝集十卷○新書五十卷

陳後主集五十卷○新書五十五卷

隋煬帝集三十卷○新書五十卷

太宗文皇帝集三十卷○新書四十卷

魏華歆集二十卷○新書三十卷沈炳震曰隋書云梁時有二卷亡

衛展集四十卷○新書十四卷

摯虞集二卷○新書十卷

謝靈運集十五卷○新書五卷

溫子昇集二十五卷○新書三十卷

後周宗懍集三十卷○新書十卷

王褒集三十卷○新書二十一卷

許敬宗集六十卷○新書八十卷

顏師古集四十卷○新書六十卷

孔紹安集三卷○新書五十卷

高季輔集二卷○新書二十卷

劉褘之集五十卷○新書七十卷

崔融集四十卷○新書六十卷

李嶠集三十卷○新書五十卷

劉希夷集三卷○新書十卷

劉子玄集十卷○新書三十卷

盧藏用集二十卷○新書三十卷

蓋佛老之書計於其間○沈炳震曰按二語于上下文義各不融浹疑有脫誤處

臣德潛按丁部集錄內唐人自盧藏用後遽接沙門道士諸集而開元以來文如張說蘇頲陸贄權德輿韓愈柳宗元李翺孫樵劉蛻杜牧諸人詩如張九齡王維孟浩然李白杜甫元結李觀韋應物白居易李商隱諸人皆不與焉其爲殘闕無疑也又沙門中無皎然靈徹貫休齊己道士中無吳筠司馬承禎婦人中無上官昭容亦屬漏略備覩新書所載庶乎完善云

# 舊唐書卷四十八

後晉司空同中書門下平章事劉　昫撰

## 食貨志第二十八

### 食貨上

先王之制度地以居人均其沃瘠差其貢賦蓋斂之必以道也量入而爲出節用而愛人度財省費蓋用之必有度也是故既庶且富而教化行焉周有井田之制秦有阡陌之法二世發閭左而海內崩離漢武稅舟車而國用以竭自古有國有家興亡盛衰未嘗不由此也隋文帝因周氏平齊之後府庫充實庶事節儉未嘗虛費開皇之初議者以比漢代文景有粟陳貫朽之積煬帝卽位大縱奢靡加以東西行幸輿駕不息征討四夷兵車屢動西失律於沙徼東喪師於遼碣數年之間公私罄竭財力既殫國遂亡矣高祖發跡太原因晉陽宮留守庫物以供軍用既平京城先封府庫賞賜給用皆有節制徵斂賦役務在寬簡未及踰年遂成帝業其後掌財賦者世有人焉開元已前事歸尚書省開元已後權移他官由是有轉運使租庸使鹽鐵使度支鹽鐵轉運使常平鑄錢鹽鐵使租庸青苗使水陸運鹽鐵租庸使兩稅使隨事立名沿革不一設官分職選賢任能得其人則有益於國家非其才則貽患於黎庶此又不可不知也如裴耀卿劉晏李巽數君子便時利物富國安民足爲世法者也開元中有御史宇文融獻策括籍外剩田色役僞濫及逃戶許歸首免五年征賦每丁量稅一千五百錢置攝御史分路撿括隱審得戶八十餘萬田亦稱是得錢數百萬貫玄宗以爲能數年間拔爲御史中丞戶部侍郎融又畫策開河北王莽河溉田數千頃以營稻田事未果而融敗時又楊崇禮爲太府卿清嚴善勾剝分寸錙銖躬親不厭轉輸納欠折估漬損必令徵送天下州縣徵財帛四時不止及老病致仕以其子慎矜爲御史專知太府出納其弟慎名又專知京倉皆以苛刻害人承主恩而徵責又有韋堅規宇文融楊慎矜之跡乃請於江淮轉運租米取州縣義倉粟轉市輕貨差富戶押船若遲留損壞皆徵船戶關中漕渠鑿廣運潭以挽山東之粟歲四百萬石帝以爲能又至貴盛又王鉷進計奮身自爲戶口色役使徵剝財貨每歲進錢百億寶貨稱是云非正額租庸便入百寶大盈庫以供人主宴私賞賜之用玄宗日益眷之數年間亦爲御史大夫京兆尹帶二十餘使又楊國忠藉椒房之勢承恩幸帶四十餘使云經其聽覽必數倍弘益又見寵貴擾之凡二十五人同爲剝喪而人無敢言之者及安祿山反於范陽兩京倉庫盈溢而不可名楊國忠設計稱不可耗正庫之物乃使御史崔衆於河東納錢度僧尼道士旬日間得錢百萬玄宗幸巴蜀鄭昉使劍南請於江陵稅鹽麻以資國官置吏以督之肅宗建號於靈武後用雲間鄭叔清爲御史於江淮間豪族富商率貸及賣官爵以裨國用德宗朝討河朔及李希烈物力耗竭趙贊司國計纖瑣刻剝以爲國用不足宜賦取於下以資軍蓄與諫官陳京等更陳計策贊請稅京師居人屋

宅據其間架差等計入陳京又請籍列肆商賈資產以分數借之宰相同爲欺罔遂行其計中外沸騰人懷怨望時又配王公已下及嘗在方鎮之家出家僮及馬以助征行公私囂然矣後又張滂裴延齡王涯等剥下媚上此皆足爲世戒者也先是興元克復京師後府藏盡虛諸道初有進奉以資經費復時有宣索其後諸賊既平朝廷無事常賦之外進奉不息韋臯劍南有日進李兼江西有月進杜亞揚州劉贊宣州王緯李錡浙西皆競爲進奉以固恩澤貢入之奏皆曰臣於正稅外方圓亦曰羨餘節度使或託言密旨乘此盜貿官物諸道有謫罰官吏入其財者刻祿廩通津達道者稅之蒔蔬藝果者稅之死亡者稅之節度觀察交代或先期稅入以爲進奉然十獻其二三耳其餘沒入不可勝紀此節度使進奉也其後裴肅爲常州刺史乃鬻貨薪炭按牘百賈之上皆規利焉歲餘又進奉無幾遷浙東觀察使天下刺史進奉自肅始也劉贊死於宣州嚴綬爲判官傾軍府資用進奉無幾拜刑部員外郎天下判官進奉自綬始也習以爲常流宕忘返大抵有唐之御天下也有兩稅焉有鹽鐵焉有漕運焉有倉廩焉有雜稅焉今考其本末敘其否臧以爲食貨志云武德七年始定律令以度田之制五尺爲步步二百四十爲畝畝百爲頃丁男中男給一頃篤疾廢疾給四十畝寡妻妾三十畝若爲戶者加二十畝所授之田十分之二爲世業八爲口分世業之田身死則承戶者便授之口分則收入官更以給人賦役之法每丁歲入租粟二石調則隨鄉土所產綾絹絁各二丈布加五分之一輸綾絹絁者兼調綿三兩輸布者麻三斤凡丁歲役二旬若不役則收其傭每日三尺有事而加役者旬有五日免其調三旬則租調俱免通正役並不過五十日若嶺南諸州則稅米上戶一石二斗次戶八斗下戶六斗若夷獠之戶皆從半輸蕃胡內附者上戶丁稅錢十文次戶五文下戶免之附經二年者上戶丁輸羊二口次戶一口下三戶共一口凡水旱蟲霜爲災十分損四已上免租損六已上免調損七已上課役俱免凡天下人戶量其資產定爲九等每三年縣司注定州司覆之百戶爲里五里爲鄉四家爲鄰五家爲保在邑居者爲坊在田野者爲村村坊鄰里遞相督察士農工商四人各業食祿之家不得與下人爭利工商雜類不得預於士伍男女始生者爲黃四歲爲小十六爲中二十一爲丁六十爲老每歲一造計帳三年一造戶籍州縣留五比尚書省留三比神龍元年韋庶人爲皇后務欲求媚於人上表請以二十二爲丁五十八爲老制從之及韋氏誅復舊至天寶三年又降優制以十八爲中男二十二爲丁天下籍始造四本京師及東京尚書省戶部各貯一本以備車駕行幸省於載運之費焉凡權衡度量之制度以北方秬黍中者八黍之廣爲分十分爲寸十寸爲尺十尺爲丈量以秬黍中者容一千二百爲龠二龠爲合十合爲升十升爲斗三升爲大升三斗爲大斗十大斗爲斛權衡以秬黍中者百黍之重爲銖二十四銖爲兩三兩爲大兩十六兩爲斤調鐘律測晷景合湯藥及冠冕制用小升小兩自餘公私用大升大兩又山東諸州以一尺二寸爲大尺人間行用之其量制公私又不用龠合內之分則有抄撮之細天寶九載二月勅車軸長七尺二寸麪三斤四兩鹽斗量除陌錢每貫二十文先是開元八年正月勅頃者以庸調無憑好惡須準故遣作樣以頒諸州令其好不得過精惡不得至濫任土作貢防源斯在而諸州送物作巧生端苟欲副於斤兩遂則加其丈尺至有五丈爲疋者理甚不然闊一尺八寸長四丈同文共軌其事久行立樣之時亦載此數若求兩而加尺甚暮四而朝三宜令所司簡閱有踰於比年常例丈尺過多奏聞二十二年五月勅定戶口之時百姓非商戶郭外居宅及每丁一牛不得將入貨財數其雜匠及幕士幷諸色同類有蕃役合免征行者一戶之內四丁已上任此色役不得過兩人三丁已上不得過一人其年七月十八日勅自今已後京兆府關內諸州應徵庸調及資課並限十月三十日畢至天寶三載二月二十五日赦文每載庸調八月徵以農功未畢恐難濟辦自今已後延至九月三十日爲限二十五年三月勅關輔庸調所稅非少旣寡蠶桑皆資菽粟常賤糴貴買損費逾深又江淮等苦變造之勞河路增轉輸之弊每計其運脚數倍加錢今歲屬和平庶物穰賤南畝有十千之獲京師同水火之饒均其餘以減遠費順其便使農無傷自今已後關內諸州庸調資課並宜準時價變粟取米送至京逐要支用其路遠處不可運送者宜所在收貯便充隨近軍糧其河南河北有不通水利宜折租造絹以代關中調課所司仍明爲條件稱朕意焉天寶元年正月一日赦文如聞百姓之內有戶高丁多苟爲規避父母見在乃別籍異居宜令州縣勘會其一家之中有十丁已上者放兩丁征行賦役五丁已上放一丁卽令同籍共居以敦風教其侍丁孝假免差科廣德元年七月詔一戶之中三丁放一丁庸調地稅依舊每畝稅二升天下男子宜二十三成丁五十八爲老永泰元年五月京兆麥大稔京兆尹第五琦奏請每十畝官稅一畝效古什一之稅從之二年五月諸道稅地錢使殿中侍御史韋光裔等自諸道使還得錢四百九十萬貫乾元以來屬天下用兵京師百寮俸錢減耗上卽位推恩庶寮下議公卿或以稅畝有苗者公私咸濟乃分遣憲官稅天下地青苗錢以充百司課料至是仍以御史大夫爲稅地錢物使歲以爲常均給百官大曆四年正月十八日勅有司定天下百姓及王公已下每年稅錢分爲九等上上戶四千文上中戶三千五百文上下戶三千文中上戶二千五百文中中戶二千文中下戶一千五百文下上戶一千文下中戶七百文下下戶五百文其見官一品準上上戶九品準下下戶餘品並準依此戶等稅若一戶數處任官亦每處依品納稅其內外官仍據正員及占額內闕者稅其試及同正員文武官不在稅限其百姓有邸店行鋪及鑪冶應準式合加本戶二等稅者依此稅數勘責徵納其寄莊戶準舊例從八等戶稅寄住戶從九等戶稅比類百姓事恐不均宜各遞加一等稅其諸色浮客及權時寄住田等無問有官無官各所在爲兩等收稅稍殷有準八等戶餘準九等戶如數處有莊田亦每處稅諸道將士莊田旣緣防禦勤勞不可同百姓例並一切從九等輸稅其年十二月勅令關輔墾田漸廣江淮轉漕常加計一年之儲有太半之助其於稅地固可從輕其京兆來秋稅宜分作兩等上下各半上等每畝稅一斗下等每畝稅六升其荒田如能佃者宜準今年十月二十九日勅一切每畝稅二升仍委京兆尹及令長一一存撫令知朕意五年三月優詔定京兆府百姓稅夏稅上田畝稅六升下田畝稅四升秋稅上田畝稅五升下田畝稅三升荒田開佃者畝率二升八年正月二十五日勅青苗地頭錢天下每畝率十五文以京師煩劇先加至三十文自今已後宜準諸州每畝十五文建中元年二月遣黜陟使分行天下其詔略曰戶無主客以見居爲簿人無丁中以貧富爲差行商者在郡縣稅三十之一居人之稅秋夏兩徵之各有不便者三之餘征賦悉罷而丁額不廢其田畝之稅率以大曆十四年墾數爲準徵夏稅無過六月秋稅無過十一月違者進退長吏令黜陟使各量風土所宜人戶多少均之定其賦尚書度支總統焉三年五月淮南節度使陳少遊請於本道兩稅錢每千增二百因詔他州悉如之八年四月劍南西川觀察使韋臯奏請加稅什二以增給官吏從之元和十五年八月中書門下奏伏準今年閏正月十七日勅令百寮議錢貨輕重者今據羣官楊於陵等議伏請天下兩稅榷鹽酒利等悉以布帛絲綿任土所產物充稅並不徵見錢則物漸重錢漸輕農人見免賤賣匹帛者伏以羣臣所議事皆至當深利公私請商量付度支據諸州府應徵兩稅供上都及留州留使舊額起元和十六年已後並改配端匹斤兩之物爲稅額如大曆已前租庸課調不計錢令其折納使人知定制供辦有常仍約元和十五年徵納布帛等估價其舊納虛估物與依虛估物迴計如舊納實估物幷見錢卽於端匹斤兩上量加估價迴計變法在長其物價價長則永利公私初雖微有加饒法行卽當就實比舊給用固利而不害仍作條件處置編入旨符其鹽利酒利本以榷率計錢有殊兩稅之名不可除去錢額中有令納見錢者亦請令折納時估匹段上旣不專以錢爲稅人得以所產輸官錢貨必均其重輕隴畝自廣於蠶織便時惠下庶得其宜其土之絲麻或地連邊塞風俗更異賦入不同亦請商量委所司裁酌隨便宜處置詔從之太和四年五月劍南西川宣撫使諫議大夫崔戎奏準詔旨制置西川事條今與郭釗商量兩稅錢數內三分二分納見錢一分折納匹段每二貫加饒百姓五百文計一十三萬四千二百四十三貫文依此曉諭百姓訖經賊州縣準詔三分減放一分計減錢六萬七千六百二十貫文不經賊處先徵見錢今三分一分折納雜物計優饒百姓一十三萬貫舊有稅薑芋之類每畝至七八百徵斂不時今併省稅名盡依諸處爲四限等第先給戶帖餘一切名目勒停高祖卽位仍用隋之五銖錢武德四年七月廢五銖錢行開元通寶錢徑八分重二銖四絫積十文重一兩一千文重六斤四兩仍置錢監於洛幷幽益等州秦王齊王各賜三鑪鑄錢右僕射裴寂賜一鑪敢有盜鑄者身死家口配沒五年五月又於桂州置監議者以新錢輕重大小最爲折衷遠近甚便之後盜鑄漸起而所在用錢濫惡顯慶五年九月勅以惡錢轉多令所在官私爲市取以五惡錢酬一好錢百姓以惡錢價賤私自藏之以候官禁之弛高宗又令以好錢一文買惡錢兩文弊仍不息至乾封元年封嶽之後又改造新錢文曰乾封泉寶徑一寸重二銖六分仍與舊錢並行新錢一文當舊錢之十周年之後舊錢並廢初開元錢之文給事中歐陽詢制詞及

書時稱其功其字含八分及隸體其詞先上後下次左後右讀之自上及左迴環讀之其義亦通流俗謂之開通元寶錢及鑄新錢乃同流俗乾字直上封字在左尋寤錢文之誤又緣改鑄商賈不通米帛增價乃議却用舊錢二年正月下詔曰泉布之興其來自久實古今之要重爲公私之寶用年月既深僞濫斯起所以採乾封之號改鑄新錢靜而思之將爲未可高祖撥亂反正爰創軌模太宗立極承天無所改作今廢舊造新恐乖先旨其開元通寶宜依舊施行爲萬代之法乾封新鑄之錢令所司貯納更不須鑄仍令天下置鑄之處並鑄開元通寶錢既而私鑄更多錢復濫惡高宗嘗臨軒謂侍臣曰錢之爲用行之已久公私要便莫甚於斯比爲州縣不存檢校私鑄過多如聞荊潭宣衡犯法尤甚遂有將船栰宿於江中所部官人不能覺察自今嚴加禁斷所在追納惡錢一二年間使盡當時雖有約勑而姦濫不息儀鳳四年四月令東都出遠年糙米及粟就市給糶斗別納惡錢百文其惡錢令少府司農相知卽令鑄破其厚重徑合斤兩者任將行用時米粟漸貴議者以爲鑄錢漸多所以錢賤而物貴於是權停少府監鑄錢尋而復舊則天長安中又令懸樣於市令百姓依樣用錢俄又簡擇艱難交易留滯又降勑非鐵錫銅蕩穿穴者並許行用其有熟銅排斗沙澁厚大者皆不許簡自是盜鑄蜂起濫惡盈泉江淮之南盜鑄者或就陂湖巨海深山之中波濤險峻人跡罕到州縣莫能禁約以至神龍先天之際兩京用錢尤濫其郴衡私鑄小錢纔有輪郭及鐵錫五銖之屬亦堪行用乃有買錫鎔銷以錢模夾之斯須則盈千百便齎用之開元五年車駕往東都宋璟知政事奏請一切禁斷惡錢六年正月又切斷天下惡錢行三銖四絫錢不堪行用者並銷破覆鑄至二月又勑曰古者聚萬方之貨設九府之法以通天下以便生人若輕重得中則利可知矣若眞僞相雜則官失其守頃者用錢不論此道深恐貧窶日困姦豪歲滋所以申明舊章懸設諸樣欲其人安俗阜禁止令行時江淮錢尤濫惡有官鑪偏鑪稜錢時錢等數色璟乃遣監察御史蕭隱之充江淮使隱之乃令率戶出錢務加督責百姓乃以上青錢充惡錢納之其小惡者或沉之於江湖以免罪戾於是市井不通貨價騰起流聞京師隱之貶官璟因之罷相乃以張嘉貞知政事嘉貞乃弛其禁人乃安之開元二十二年中書侍郎張九齡初知政事奏請不禁鑄錢玄宗令百官詳議黃門侍郎裴耀卿李林甫河南少尹蕭炅等皆曰錢者通貨有國之權是以歷代禁之以絕姦濫今若一啓此門但恐小人棄農逐利而濫惡更甚於事不便左監門錄事參軍劉秩上議曰伏奉今月二十一日勑欲不禁鑄錢令百寮詳議可否者夫錢之興其來尚矣將以平輕重而權本末齊桓得其術而國以霸周景失其道而人用弊考諸載籍國之興衰實繫於是陛下思變古以濟今欲反經以合道而不卽改作詢之芻蕘臣雖蠢愚敢不薦其聞見古者以珠玉爲上幣黃金爲中幣刀布爲下幣管仲曰夫三幣握之則非有補於煖也舍之則非有損於飽也先王以守財物以御人事而平天下也是以命之曰衡衡者使物一高一下不得有常故與之在君奪之在君貧之在君富之在君是以人戴君如日月親君如父母用此術也是爲人主之權今之錢卽古之下幣也陛下若捨之任人則上無以御下下無以事上其不可一也夫物賤則傷農錢輕則傷賈故善爲國者觀物之貴賤錢之輕重夫物重則錢輕錢輕由乎物多多則作法收之使少少則重重則作法布之使輕輕重之本必由乎是柰何而假於人其不可二也夫鑄錢不雜以鉛鐵則無利雜以鉛鐵則惡惡不重禁之不足以懲息且方今塞其私鑄之路人猶冒死以犯之況啓其源而欲人之從令乎是設陷穽而誘之入其不可三也夫許人鑄錢無利則人不鑄有利則人去南畝者衆去南畝者衆則草不墾草不墾又鄰於寒餒其不可四也夫人富溢則不可以賞勸貧餒則不可以威禁法令不行人之不理皆由貧富之不齊也若許其鑄錢則貧者必不能爲臣恐貧者彌貧而服役於富室富室乘之而益恣昔漢文之時吳濞諸侯也富埒天子鄧通大夫也財侔王者此皆鑄錢之所致也必欲許其私鑄是與人利權而捨其柄其不可五也陛下必以錢重而傷本工費而利寡則臣願言其失以效愚計夫錢重者猶人日滋於前而鑪不加於舊又公錢重與銅之價頗等故盜鑄者破重錢以爲輕錢錢輕禁寬則行禁嚴則止止則棄矣此錢之所以少也夫鑄錢用不贍者在乎銅貴銅貴在採用者衆夫銅以爲兵則不如鐵以爲器則不如漆禁之無害陛下何不禁於人禁於人則銅無所用銅益賤則錢之用給矣夫銅不布下則盜鑄者無因而鑄則公錢不破人不犯死刑錢又日增末復利矣是一舉而四美兼也惟陛下熟察之時公卿羣官皆建議以爲不便事既不行但勑郡縣嚴斷惡錢而已至天寶之初兩京用錢稍好米價豐賤數載之後漸又濫惡府縣不許好者加價廻博好惡通用富商姦人漸收好錢潛將往江淮之南每錢貨得私鑄惡者五文假託官錢將入京私用京城錢日加碎惡鵝眼鐵錫古文綖環之類每貫重不過三四斤十一載二月下勑曰錢貨之用所以通有無輕重之權所以禁踰越故周立九府之法漢備三官之制永言適便必在從宜如聞京師行用之錢頗多濫惡所資懲革絕其訛謬然安人在於存養化俗期於變通法若從寬事堪持久宜令所司卽出錢三數十萬貫分於兩市百姓間應交易所用錢不堪久行用者官爲換取仍限一月日內使盡庶單貧無患商旅必通其過限輒違死者一事已上並作條件處分是時京城百姓久用惡錢制下之後頗相驚擾時又令於龍興觀南街開場出左藏庫內排斗錢許市人博換貧弱者又爭次不得俄又宣勑除鐵錫銅沙穿穴古文餘並許依舊行用久之乃定乾元元年七月詔曰錢貨之興其來久矣代有沿革時爲重輕周興九府實啓流泉之利漢造五銖亦弘改鑄之法必令小大兼適母子相權事有益於公私理宜循於通變但以干戈未息帑藏猶虛卜式獻助軍之誠弘羊興富國之算靜言立法諒在便人御史中丞第五琦奏請改錢以一當十別爲新鑄不廢舊錢冀實三官之資用收十倍之利所謂於人不擾從古有經宜聽於諸監別鑄一當十錢又曰乾元重寶其開元通寶者依舊行用所請採鑄捉搦處置卽條件聞奏二年三月琦入爲相又請更鑄重輪乾元錢一當五十二十斤成貫詔可之於是新錢與乾元開元通寶錢三品並行尋而穀價騰貴米斗至七千餓死者相枕於道乃擡舊開元錢以一當十減乾元錢以一當三十緣人厭錢價不定人間擡加價錢爲虛錢長安城中競爲盜鑄寺觀鐘及銅象多壞爲錢姦人豪族犯禁者不絕京兆尹鄭叔清擒捕之少不容縱數月間搒死者八百餘人人益無聊矣上元元年六月詔曰因時立制頃議新錢且是從權知非經久如聞官鑪之外私鑄頗多吞併小錢踰濫成弊抵罪雖衆禁姦未絕況物價益起人心不安事藉變通期於折衷其重稜五十價錢宜減作三十文行用其開元舊時錢宜一當十文行用其乾元十當錢宜依前行用仍令中京及畿縣內依此處分諸州待進止七月勑重稜五十價錢先令畿內減至三十價行其天下諸州並宜準此寶應元年四月改行乾元錢一以當三乾元重稜小錢亦以一當二重稜大錢一以當三尋又改行乾元大小錢並以一當一其私鑄重稜大錢不在行用之限大曆四年正月關內道鑄錢等使戶部侍郎第五琦上言請於絳州汾陽銅原兩監增置五鑪鑄錢許之建中元年九月戶部侍郎韓洄上言江淮錢監歲共鑄錢四萬五千貫輸于京師度工用轉送之費每貫計錢二千是本倍利也今商州有紅崖冶出銅益多又有洛源監久廢不理請增工鑿山以取銅興洛源錢監置十鑪鑄之歲計出錢七萬二千貫度工用轉送之費貫計錢九百則利浮本也其江淮七監請皆停罷從之貞元九年正月張滂奏諸州府公私諸色鑄造銅器雜物等伏以國家錢少損失多門興販之徒潛將銷鑄錢一千爲銅六斤造寫器物則斤直六百餘有利既厚銷鑄遂多江淮之間錢實減耗伏請準從前勑文除鑄錢外一切禁斷元和三年五月鹽鐵使李巽上言得湖南院申郴州平陽高亭兩縣界有平陽冶及馬跡曲木等古銅坑約二百八十餘井差官檢覆實有銅錫今請於郴州舊桂陽監置鑪兩所採銅鑄錢每日約二十貫計一年鑄成七千貫有益於人從之其年六月詔曰泉貨之法義在通流若錢有所壅貨當益賤故藏錢者得乘人之急居貨者必損已之資今欲著錢令以出滯藏加鼓鑄以資流布使商旅知禁農桑獲安義切救時情非欲利若革之無漸恐人或相驚應天下商賈先蓄見錢者委所在長吏令收市貨物官中不得輒有程限逼迫商人任其貨易以求便利計周歲之後此法遍行朕當別立新規設蓄錢之禁所以先有告示許有方圓意在他時行法不貸又天下有銀之山必有銅鑛銅者可資於鼓鑄銀者無益於生人權其重輕使務專一其天下自五嶺以北見採銀坑並宜禁斷恐所在坑戶不免失業各委本州府長吏勸課令其採銅助官中鑄作仍委鹽鐵使條疏聞奏四年閏三月京城時用錢每貫頭除二十文陌內欠錢及有鉛錫錢等貞元九年三月二十六日勑陌內欠錢法當禁斷慮因捉搦或亦生姦使人易從切於不擾自今已後有因交關用欠陌錢者宜但令本行頭及居停主人牙人等檢察送官如有容隱兼許賣物領錢人糾告其行頭主人牙人重加科罪府縣所由祗承人等並不須干擾若非因買賣自將錢於街衢行者一切勿問其年六月勑五嶺已北所有銀坑依前任百姓開採禁見錢出嶺六年二月制公私交易十貫錢已上卽須兼用匹段委度支鹽鐵使及京兆尹卽具作分數條疏聞奏茶商等公私便換見錢並須禁斷

其年三月河東節度使王鍔奏請於當管蔚州界加置鑪鑄銅錢廢管內錫錢許之仍令加至五鑪七年五月戶部王紹度支盧坦鹽鐵王播等奏伏以京都時用多重見錢官中支計近日殊少蓋緣比來不許商人便換因茲家有滯藏所以物價轉高錢多不出臣等今商量伏請許令商人於三司任便換見錢一切依舊禁約伏以比來諸司諸使等或有便商人錢多留城中逐時收貯積藏私室無復通流伏請自今已後嚴加禁約從之八年四月勅以錢重貨輕出內庫錢五十萬貫令兩市收市布帛每端匹估加十之一十二年正月勅泉貨之設故有常規將使重輕得宜是資斂散有節必通其變以利於人今繒帛轉賤公私俱弊宜出見錢五十萬貫令京兆府揀擇要便處開場依市價交易選清強官吏切加勾當仍各委本司先作處置條件聞奏必使事堪經久法可通行又勅近日布帛轉輕見錢漸少皆緣所在壅塞不得通流宜令京城內自文武官僚不問品秩高下幷公郡縣主中使等下至士庶商旅寺觀坊市所有私貯見錢並不得過五千貫如有過此許從勅出後限一月內任將市別物收貯如錢數校多處置未了任於限內於地界州縣陳狀更請限縱有此色亦不得過兩箇月若一家內別有宅舍店鋪等所貯錢並須計用在此數其兄弟本來異居曾經分析者不在此限如限滿後有違犯者白身人等宜付所司決痛杖一頓處死其文武官及公主等並委有司聞奏當重科貶戚屬中使亦具名銜聞奏其賸貯錢不限多少並勒納官數內五分取一分充賞錢止於五千貫此外察獲及有人論告亦重科處分幷量給告者時京師里閭區肆所積多方鎮錢王鍔韓弘李惟簡少者不下五十萬貫於是競買第屋以變其錢多者竟里巷傭僦以歸其直而高貲大賈者多依倚左右軍官錢爲名府縣不得窮驗法竟不行十四年六月勅應屬諸軍諸使更有犯時用錢每貫除二十文足陌內欠錢及有鉛錫錢者宜令京兆府枷項收禁牒報本軍本使府司差人就軍及看決二十如情狀難容復有違拒者及令府司聞奏十五年八月中書門下奏伏準羣官所議鑄錢或請收市人間銅物令州郡鑄錢當開元以前未置鹽鐵使亦令州郡勾當鑄造令若兩稅納匹段或慮兼要通用見錢欲令諸道公私銅器各納所在節度團練防禦經略使便據元勅給與價直幷折兩稅仍令本處軍人鎔鑄其鑄本請以留州留使年支未用物充所鑄錢便充軍府州縣公用當處軍人自有糧賜亦校省本所資泉力幷收衆鑄天下併功速濟時用待一年後鑄器物盡則停其州府有出銅鉛可以開鑄處具申有司便令同諸監冶例每年與本充鑄其收市銅器期限幷禁鑄造買賣銅物等待議定便令有司條疏聞奏其上都鑄錢及收銅器續處分將欲頒行尚資周慮請令中書門下兩省御史臺幷諸司長官商量重議聞奏從之長慶元年九月勅泉貨之義所貴通流如聞比來用錢所在除陌不一與其禁人之必犯未若從俗之所宜交易往來務令可守其內外公私給用錢從今以後宜每貫一例除墊八十以九百二十文成貫不得更有加除及陌內欠少太和三年六月中書門下奏準元和四年閏三月勅應有鉛錫錢並合納官如有人糾得一錢賞百錢者當時勅條貴在峻切今詳事實必不可行只如告一錢賞百錢則有人告一百貫錫錢須賞一萬貫銅錢執此而行事無畔際今請以鉛錫錢交易者一貫已下以州府常行決脊杖二十十貫已下決六十徒三年過十貫已上所在集衆決殺其受鉛錫錢交易者亦準此處分其用鉛錫錢仍納官其能糾告者每一貫賞五千文不滿貫者準此計賞累至三百千仍且取當處官錢給付其所犯人罪不死者徵納家資充塡賞錢可之四年十一月勅應私貯見錢家除合貯數外一萬貫至十萬貫限一周年內處置畢十萬貫至二十萬貫以下者限二周年處置畢如有不守期限安然蓄積過本限卽任人糾告及所由覺察其所犯家錢並準元和十二年勅納官據數五分取一分充賞糾告人賞錢數止於五千貫應犯錢法人色目決斷科貶並準元和十二年勅處分其所由覺察亦量賞一半事竟不行五年二月鹽鐵使奏湖南管內諸州百姓私鑄造到錢伏緣衡道數州連接嶺南山洞深邃百姓依模監司錢樣競鑄造到脆惡姦錢轉將賤價博易與好錢相和行用其江西鄂岳桂管鑄濫錢並請委本道觀察使條疏禁絕勅旨宜依會昌六年二月勅緣諸道鼓鑄佛像鐘磬等新錢已有次第須令舊錢流布絹帛價稍增文武百僚俸料宜起三月一日並給見錢其一半先給虛估匹段對估價支給勅比緣錢重幣輕生人坐困今加鼓鑄必在流行通變救時莫切於此宜申先甲之令以誡居貨之徒京城及諸道起今年十月以後公私行用並取新錢其舊錢權停三數年如有違犯同用鉛錫惡錢例科斷其舊錢並納官事竟不行

開元元年十一月河中尹姜師度以安邑鹽池漸涸師度開拓疏決水道置爲鹽屯公私大收其利其年十一月五日左拾遺劉彤上表曰臣聞漢孝武爲政廄馬三十萬後宮數萬人外討戎夷內興宮室殫費之甚實百當今而古費多而貨有餘今用少而財不足何也豈非古取山澤而今取貧民哉取山澤則公利厚而人歸於農取貧民則公利薄而人去其業故先王作法也山海有官虞衡有職輕重有術禁發有時一則專農二則饒國濟人盛事也臣實爲今疑之夫煑海爲鹽採山鑄錢伐木爲室農餘之輩寒而無衣飢而無食傭賃自資者窮苦之流也若能以山海厚利資農之餘人厚斂重徭免窮苦之子所謂損有餘而益不足帝王之道可不謂然乎臣願陛下詔鹽鐵本等官收興利貿遷於人則不及數年府有餘儲矣然後下寬貸之令蠲窮獨之徭可以惠羣生可以柔荒服雖戎狄猾下堯湯水旱無足虞也奉天適變惟在陛下行之上令宰臣議其可否咸以鹽鐵之利甚益國用遂令將作大匠姜師度戶部侍郎強循俱攝御史中丞與諸道按察使檢責海內鹽鐵之課比令使人勾當除此外更無別求在外不細委知如聞稱有侵刻宜令本州刺史上佐一人檢校依令式收稅如有落帳欺沒仍委按察使糾覺奏聞其姜師度除蒲州鹽池以外州自餘處更不須巡檢貞元十六年十二月史牟奏澤潞鄭等州多是末鹽請禁斷從之元和五年正月度支奏鄜州邠州涇原諸將士請同當處百姓例食烏白兩池鹽六年閏十二月度支盧坦奏河中兩池顆鹽勅文只許於京畿鳳翔陝虢河中澤潞河南許汝等十五州界內糶貨比來因循兼越與鳳文成等六州臣移牒勘責得山南西道觀察使報其果閬兩州鹽本土戶人及巴南諸郡市糴又供當軍士馬尚有懸欠若兼數州自然闕絕又得興元府詔耆老狀申訴臣今商量河中鹽請放入六州界糶貨從之十年七月度支使皇甫鎛奏加峽內四鹽劒南東西川山南西道鹽估以利供軍從之十二年鹽鐵使程异奏應諸州府先請置茶鹽店收稅伏準今年正月一日赦文其諸州府因用兵已來或慮有權置職名及擅加科配事非常制一切禁斷者伏以榷稅茶鹽本資財賦贍濟軍鎭蓋是從權昨兵罷自合便停事久實爲重斂其諸道先所置店及收諸色錢物等雖非擅加且異常制伏請準赦文勒停從之十四年三月鄆靑兗三州各置榷鹽院長慶元年三月勅河朔初平人希德澤且務寬泰使之獲安其河北榷鹽法且權停仍令度支與鎭冀魏博等道節度審察商量如能約計課利錢數分付榷鹽院亦任穩便自天寶末兵興以來河北鹽法羈縻而已暨元和中皇甫鎛奏置稅鹽院同江淮兩池榷利人苦犯禁戎鎭亦頻上訴故有是命其月鹽鐵使王播奏揚州白沙兩處納榷場請依舊爲院又奏諸道鹽院糶鹽付商人請每斗加五十通舊二百文價諸處煎鹽停場置小鋪糶鹽每斗加二十文通舊一百九十文價又奏應管煎鹽戶及鹽商幷諸鹽院停場官吏所由等前後制勅除兩稅外不許差役追擾今請更有違越者縣令刺史貶黜罰俸從之二年五月詔曰兵革初寧亦資榷筦閭閻重困則可蠲除如聞淄靑鄆三道往來糶鹽價錢近取七十萬貫軍資給費優贍有餘自鹽鐵使收管已來軍府頓絕其利遂使經行陣者有停糧之怨服隴畝者有加稅之嗟犯鹽禁者困鞭撻之刑理生業者乏蠶醬之具雖縣官受利而郡府益空俾人獲安寧我因節用其鹽鐵先於淄靑兗鄆等道管內置小鋪糶鹽巡院納榷起今年五月一日已後一切並停仍各委本道約校比來節度使自收管充軍府逐急用度及均減管內貧下百姓兩稅錢數至年終各具糶鹽所得錢幷均減兩稅奏聞

安邑解縣兩池舊置榷鹽使仍各別置院官元和三年七月復以安邑解縣兩池留後爲榷鹽使先是兩池鹽務隸度支其職視諸道巡院貞元十六年史牟以金部郎中主池務恥同諸院遂奏置使額二十一年鹽鐵度支合爲一使以杜佑兼領佑以度支旣稱使其所管不宜更有使名遂與東渭橋使同奏罷之至是裴均主池務職轉繁劇復有是請太和三年四月勅安邑解縣兩池榷課以實錢一百萬貫爲定額至大中二年正月勅但取匹段精好不必計舊額錢數及大中年度支奏納榷利一百二十一萬五千餘貫女鹽池在解縣朝邑小池在同州鹵池在京兆府奉先縣並禁斷不榷烏池在鹽州舊置榷稅使長慶元年三月勅烏池每年糶鹽收博榷米以一十五萬石爲定額溫池大中四年三月因收復河隴勅令度支收管溫池鹽仍差靈州分巡院官勾當至六年三月勅令割屬威州置榷稅使緣新制置未立榷課定額胡落池在豐州界河東供軍使收管每年採鹽約一萬四千餘石供振武天德兩軍及營田水運官健自大中四年党項叛擾饋運不通供軍使請榷市河東白池鹽供食其白池屬河東節度使不係度支初玄宗已前亦有鹽池使景雲四年三月蒲州刺史充關內鹽池使先天二年九月強循除幽州刺史充鹽

池使此卽鹽州池也開元十五年五月兵部尚書蕭嵩除關內鹽池使此是朔方節度常帶鹽池使也

舊唐書卷四十八考證

食貨志上調則隨鄉土所產綾絹絁各二丈○新書絹二匹

有事而加役者旬有五日免其調○新書二十五日

更鑄重輪乾元錢一當五十二十斤成貫○新書十二斤成貫

四年閏三月京城時用錢每貫頭除二十文陌內欠錢及有鉛錫錢等○沈炳震曰按上文義未完下又接貞元九年勅應屬闕文

京城及諸道起今年十月以後公私行用並取新錢○武帝本紀作來年正月

# 舊唐書卷四十九

後晉司空同中書門下平章事劉　昫撰

## 食貨志第二十九

### 食貨下

武德八年十二月水部郎中姜行本請於隴州開五節堰引水通運許之永徽元年薛大鼎爲滄州刺史界內有無棣河隋末塡廢大鼎奏開之引魚鹽於海百姓歌之曰新河得通舟檝利直達滄海魚鹽至昔日徒行今騁駟美哉薛公德滂被咸亨三年關中飢監察御史王師順奏請運晉絳州倉粟以贍之上委以運職河渭之間舟檝相繼會于渭南自師順始之也大足元年六月於東都立德坊南穿新潭安置諸州租船神龍三年滄州刺史姜師度於薊州之北漲水爲溝以備奚契丹之寇又約舊渠傍海穿漕號爲平虜渠以避海難運糧開元二年河南尹李傑奏汴州東有梁公堰年久堰破江淮漕運不通發汴鄭丁夫以濬之省功速就公私深以爲利十五年正月令將作大匠范安及檢行鄭州河口斗門先是洛陽人劉宗器上言請塞汜水舊汴河口於下流滎澤界開梁公堰置斗門以通淮汴擢拜左衛率府胄曹至是新漕塞行舟不通貶宗器焉安及遂發河南府懷鄭汴滑三萬人疏決兼舊河口旬日而畢十八年宣州刺史裴耀卿上便宜事條曰江南戶口稍廣倉庫所資惟出租庸更無征防緣水陸遙遠轉運艱辛功力雖勞倉儲不益竊見每州所送租及庸調等本州正二月上道至揚州入斗門卽逢水淺已有阻礙須留一月已上至四月已後始渡淮入汴多屬汴河乾淺又般運停留至六七月始至河口卽逢黃河水漲不得入河又須停一兩月待河水小始得上河入洛卽漕路乾淺船艘隘鬧般載停滯備極艱辛計從江南至東都停滯日多得行日少糧食既皆不足欠折因此而生又江南百姓不習河水皆轉顧河師水手更爲損費伏見國家舊法往代成規擇制便宜以垂長久河口元置武牢倉江南船不入黃河卽於倉內便貯鞏縣置洛口倉從黃河不入漕洛卽於倉內安置爰及河陽倉柏崖倉太原倉永豐倉渭南倉節級取便例皆如此水通則隨近運轉不通卽且納在倉不滯遠船不憂久耗比於曠年長運利便一倍有餘今若且置武牢洛口等倉江南船至河口卽却還本州更得其船充運并取所減腳錢更運江淮變造義倉每年剩得一二百萬石卽望數年之外倉廩轉加其江淮義倉下濕不堪久貯若無船可運三兩年色變卽給貸費散公私無益疏奏不省至二十一年耀卿爲京兆尹京師雨水害稼穀價踊貴玄宗以問耀卿奏稱昔貞觀永徽之際祿廩未廣每歲轉運不過二十萬石便足今國用漸廣漕運數倍猶不能支從都至陝河路艱險既用陸運無由廣致若能兼河漕變陸爲水則所支有餘動盈萬計且江南租船候水始進吳人不便漕輓由是所在停留日月既淹遂生竊盜臣望於河口置一倉納江東租米便放船歸從河口卽分入河洛官自雇船載運三門之東置一倉三門既水險卽於河岸開山車運十數里三門之西又置一倉每運至倉卽般下貯納水通卽運水細便止自太原倉泝河更無停留所省鉅萬前漢都關中年月稍久及隋亦在京師緣河皆有舊倉所以國用常贍上深然其言至二十二年八月置河陰縣及河陰倉河西柏崖倉三門東集津倉三門西鹽倉開三門山十八里以避湍險自江淮而泝鴻溝悉納河陰倉自河陰送納含嘉倉又送納太原倉謂之北運自太原倉浮于渭以實關中上大悅尋以耀卿爲黃門侍郎同中書門下平章事充江淮河南轉運都使以鄭州刺史崔希逸河南少尹蕭炅爲副凡三年運七百萬石省陸運之傭四十萬貫舊制東都含嘉倉積江淮之米載以大輿而西至于陝三百里率兩斛計傭錢十此耀卿所省之數也明年耀卿拜侍中而蕭炅代焉二十五年運米一百萬石二十九年陝郡太守李齊物鑿三門山以通運闢三門巔輸巖險之地俾負索引艦昇于安流自齊物始也天寶三載韋堅代蕭炅以滻水作廣運潭於望春之東而藏舟焉是年楊釗以殿中侍御史爲水陸運使以代韋堅先是米至京師或砂礫糠粃雜乎其間開元初詔使揚擲而較其虛實揚擲之名自此始也十四載八月詔水陸運宜停一半天寶以來楊國忠王鉷皆兼重使以權天下肅宗初第五琦始以錢穀得見請於江淮分置租庸使市輕貨以救軍食遂拜監察御史爲之使乾元元年加度支郎中尋兼中丞爲鹽鐵使於是大變鹽法就山海井竈收榷其鹽立監院官吏其舊業戶洎浮人欲以鹽爲業者免其雜役隸鹽鐵使常戶自租庸外無橫賦人不益稅而國用以饒明年琦以戶部侍郎同平章事詔兵部侍郎呂諲代之寶應元年五月元載以中書侍郎代呂諲是時淮河阻兵飛輓路絕鹽鐵租賦皆泝漢而上以侍御史穆寧爲河南道轉運租庸鹽鐵使尋加戶部員外遷鄂州刺史以總東南貢賦是時朝議以寇盜未戢關東漕運宜有倚辦遂以通州刺史劉晏爲戶部侍郎京兆尹度支鹽鐵轉運使鹽鐵兼漕運自晏始也二年拜吏部尚書同平章事依前充使晏始以鹽利爲漕傭自江淮至渭橋率十萬斛傭七千緡補綱吏督之不發丁男不勞郡縣蓋自古未之有也自此歲運米數千萬石自淮北列置巡院搜擇能吏以主之廣牢盆以來商賈凡所制置皆自晏始廣德二年正月復以第五琦專判度支鑄錢鹽鐵事而晏以檢校戶部尚書爲河南及江淮已來轉運使及與河南副元帥計會開決汴河永泰二年晏爲東道轉運常平鑄錢鹽鐵使琦爲關內河東劍南三川轉運常平鑄錢鹽鐵使大曆五年詔停關內河東三川轉運常平鹽鐵使自此晏與戶部侍郎韓滉分領關內河東山劍租庸青苗使至十四年天下財賦皆以晏掌之建中初宰相楊炎用事尤惡劉晏炎乃奪其權詔曰朕以征稅多門郡邑凋耗聽于羣議思有變更將致時雍宜遵古制其江淮米準旨轉運入京者及諸軍糧儲宜令庫部郎中崔河圖權領之今年夏稅以前諸道財賦多輸京者及鹽鐵財貨委江州刺史包佶權領之天下錢穀皆歸金部倉部委中書門下簡兩司郎官準格式條理尋貶晏爲忠州刺史晏既罷黜天下錢穀歸尚書省既而出納無所統乃復置使領之其年三月以韓洄爲戶部侍郎判度支金部郎中杜佑權勾當江淮水陸運使炎尋殺晏于忠州自兵興已來凶荒相屬京師米斛萬錢官廚無兼時之食百姓在畿甸者拔穀挼穗以供禁軍泊晏掌國計復江淮轉運之制歲入米數十萬斛以濟關中代第五琦領鹽務其法益密初年入錢六十萬季年則十倍其初大曆末通天下之財而計其所入總一千二百萬貫而鹽利過半李靈耀之亂河南皆爲盜據不奉法制賦稅不上供州縣益減晏以羨餘相補人不加賦所入仍舊議者稱之其相與商榷財用之術者必一時之選故晏沒後二十年韓洄元琇裴腆包佶盧貞李衡相繼分掌財賦出晏門下屬吏在千里外奉教如目前四方水旱及軍府纖芥莫不先知焉其年詔曰天下山澤之利當歸王者宜總榷鹽鐵使三年以包佶爲左庶子汴東水陸運鹽鐵租庸使崔縱爲右庶子汴西水陸運鹽鐵租庸使四年度支侍郎趙贊議常平事竹木茶漆盡稅之茶之有稅肇於此矣貞元元年元琇以御史大夫爲鹽鐵水陸運使其年七月以尚書右僕射韓滉統之滉歿宰相竇參代之五年十二月度支轉運鹽鐵奏比年自揚子運米皆分配緣路觀察使差長綱發遣運路既遠實謂勞人今請當使諸院自差綱節級般運以救邊食從之八年詔東南兩稅財賦自河南江淮嶺南東道至于渭橋以戶部侍郎張滂主之河東劍南山南西道以戶部尚書度支使班宏主之今戶部所領三川鹽鐵轉運自此始也其後宏滂互有短長宰相趙憬陸贄以其事上聞由是遵大曆故事如劉晏韓滉所分焉九年張滂奏立稅茶法自後裴延齡專判度支與鹽鐵益殊塗而理矣十年潤州刺史王緯代之理于朱方數年而李錡代之鹽院津堰改張侵剝不知紀極私路小堰厚斂行人多自錡始時鹽鐵轉運有上都留後以副使潘孟陽主之王叔文權傾朝野亦以鹽鐵副使兼學士爲留後順宗卽位有司重奏鹽法以杜佑判鹽鐵轉運使理於揚州元和二年三月以李巽代之先是李錡判使天下榷酤漕運由其操割專事貢獻牢其寵渥中朝柄事者悉以利積於私室而國用日耗巽既爲鹽鐵使大正其事其堰埭先隸浙西觀察使者悉歸之因循權置者盡罷之增置河陰敖倉置桂陽監鑄平陽銅山爲錢又奏江淮河南峽內兗鄆嶺南鹽法監院去年收鹽價緡錢七百二十七萬比舊法張其估一千七百八十餘萬非實數也今請以其

數除煮之外付度支收其數鹽鐵使煮鹽利繫度支自此始也又以程异爲揚子留後四月五日巽卒自攉筦之興惟劉晏得其術而異次之然初年之利類晏之季年季年之利則三倍於晏矣舊制每歲運江淮米五十萬斛至河陰留十萬四十萬送渭倉晏歿久不登其數惟巽秉使三載無升斗之闕焉六月以河東節度使李鄘代之五年李鄘爲淮南節度使以宣州觀察使盧坦代之六年坦奏每年江淮運米四十萬石到渭橋近日欠闕太半請旋收糴遞年貯備從之坦改戶部侍郎以京兆尹王播代之播遂奏元和五年江淮河南嶺南峽中兗鄆等鹽利錢六百九十八萬貫比量改法已前舊鹽利時價四倍虛估卽此錢爲一千七百四十餘萬貫矣請付度支收管從之其年詔曰兩稅之法悉委郡國初極便人但緣約法之時不定物估今度支鹽鐵泉貨是司各有分巡置於都會爰命帖職周視四方簡而易從庶叶權便政有所弊事有所宜皆得舉聞副我憂寄以揚子鹽鐵留後爲江淮已南兩稅使江陵留後爲荆衡漢沔東界彭蠡已南兩稅使度支山南西道分巡院官充三川兩稅使峽內煎鹽五監先屬鹽鐵使今宜割屬度支便委山南西道兩稅使兼知糶賣峽內鹽屬度支自此始也七年王播奏去年鹽利除割峽內鹽收錢六百八十五萬從實估也又奏商人於戶部度支鹽鐵三司飛錢謂之便換八年以崔倰爲揚子留後淮嶺已來兩稅使崔祝爲江陵留後荆南已東兩稅使十三年正月播又奏以軍興之時財用是切頃者劉晏領使皆自按置租庸至於州縣否臧錢穀利病之物虛實皆得而知今臣守務在城不得自往請令臣副使程异出巡江淮其州府上供錢穀一切勘問從之閏五月异至江淮得錢一百八十五萬貫以進其年以播守禮部尚書以衞尉卿程异代之十四年异卒以刑部侍郎柳公綽代之長慶初王播復代公綽四年王涯以戶部侍郎代播敬宗初播復以鹽鐵使爲揚州節度使文宗卽位入覲以宰相判使其後王涯復判二使表請使茶山之人移植根本舊有貯積皆使焚棄天下怨之九年涯以事誅而令狐楚以戶部尚書右僕射主之以是年茶法大壞奏請付州縣而入其租于戶部人人悅焉開成元年李石以中書侍郎判收茶法復貞元之制也三年以戶部尚書同平章事楊嗣復主之多革前監院之陳事開成三年至大中壬申凡一十五年多任以元臣以集其務崔珙自刑部尚書拜杜悰以淮南節度領之既而

皆踐公台薛元賞李執方盧弘正馬植敬晦五人於九年之中相踵理之植亦自是居相位大中五年二月以戶部侍郎裴休爲鹽鐵轉運使明年八月以本官平章事依前判使始者漕米歲四十萬斛其能至渭倉者十不三四漕吏狡蠹敗溺百端官舟之沉多者歲至七十餘隻緣河姦犯大紊晏法休使寮屬按之委河次縣令董之自江津達渭以四十萬斛之傭計緡二十八萬悉使歸諸漕吏巡院胥吏無得侵牟舉之爲法凡十事奏之六年五月又立稅茶之法凡十二條陳奏上大悅詔曰裴休興利除害深見奉公盡可其奏由是三歲漕米至渭濱積一百二十萬斛無升合沉棄焉武德元年九月四日置社倉其月二十二日詔曰特建農圃本督耕耘思俾齊民既康且富鍾庾之量冀同水火宜置常平監官以均天下之貨市肆騰踊則減價而出田穡豐羡則增糴而收庶使公私俱濟家給人足抑止兼并宣通擁滯至五年十二月廢常平監官貞觀二年四月尚書左丞戴胄上言曰水旱凶災前聖之所不免國無九年儲畜禮經之所明誡今喪亂之後戶口凋殘每歲納租未實倉廩隨時出給纔供當年若有凶災將何賑卹故隋開皇立制天下之人節級輸粟多爲社倉終於文皇得無饑饉及大業中年國用不足並貸社倉之物以充官費故至末塗無以支給今請自王公已下爰及衆庶計所墾田稼穡頃畝至秋熟準其見在苗以理勸課盡令出粟稻麥之鄉亦同此稅各納所在爲立義倉若年穀不登百姓飢饉當所州縣隨便取給太宗曰既爲百姓預作儲貯官爲舉掌以備凶年非朕所須橫生賦斂利人之事深是可嘉宜下所司議立條制戶部尚書韓仲良奏王公已下墾田畝納二升其粟麥粳稻之屬各依土地貯之州縣以備凶年可之自是天下州縣始置義倉每有飢饉則開倉賑給以至高宗則天數十年間義倉不許雜用其後公私窮迫漸貸義倉支用自中宗神龍之後天下義倉費用向盡高宗永徽二年六月勑義倉據地收稅實是勞煩宜令率戶出粟上上戶五石餘各有差六年京東西二市置常平倉明慶二年十二月京常平倉置常平署官員開元二年九月勑天下諸州今年稍熟穀價全賤或慮傷農常平之法行之自古宜令諸州加時價三兩錢糴不得抑斂仍交相付領勿許懸欠蠶麥時熟穀米必貴卽令減價出糶豆穀等堪貯者熟亦準此以時出入務在利人其常平所須錢物宜令所司支料奏聞四年五月二十一日詔諸州縣義

倉本備飢年賑給近年已來每三年一度以百姓義倉糙米遠赴京納仍勒百姓私出脚錢自今已後更不得義倉變造七年六月勑關內隴右河南河北五道及荆揚襄夔綿益彭蜀漢劒茂等州並置常平倉其本上州三千貫中州二千貫下州一千貫十六年十月勑自今歲普熟穀價至賤必恐傷農加錢收糴以實倉廩縱逢水旱不慮阻飢公私之間或亦爲便宜令所在以常平本錢及當處物各於時價上量加三錢百姓有糶易者爲收糴事須兩和不得限數配糴訖具所用錢物及所糴物數申所司仍令上佐一人專勾當天寶六載三月太府少卿張瑄奏準四載五月幷五載三月勑節文至貴時賤價出糶賤時加價收糴若百姓未辦錢物者任準開元二十年七月勑量事賒糶至粟麥熟時徵納臣使司商量且糶舊糴新不同別用其賒糶者至納錢日若粟麥雜種等時價甚賤恐更迴易艱辛請加價便與折納廣德二年正月第五琦奏每州常平倉及庫使司商量置本錢隨當處米物時價賤則加價收糴貴則減價糶賣建中元年七月勑夫常平者常使穀價如一大豐不爲之減大儉不爲之加雖遇災荒人無菜色自今已後忽米價貴時宜量出官米十萬石麥十萬石每石量付兩市行人下價糶貨三年九月戶部侍郎趙贊上言曰伏以舊制置倉儲粟名曰常平軍興已來此事闕廢或因凶荒流散餓死相食者不可勝紀古者平準之法使萬室之邑必有萬鍾之藏千室之邑必有千鍾之藏春以奉耕夏以奉耘雖有大賈富家不得豪奪吾人者蓋謂能行輕重之法也自陛下登極以來許京城兩市置常平官糶鹽米雖經頻年少雨米價騰貴此乃卽日明驗實要推而廣之當興軍之時與承平或異事須兼儲布帛以備時須臣今商量請於兩都幷江陵東都揚汴蘇洪等州府各置常平輕重本錢上至百萬貫下至數十萬貫隨其所宜量定多少唯置斛斗疋段絲麻等候物貴則下價出賣物賤則加價收糴權其輕重以利疲人從之贊於是條奏諸道要都會之所皆置吏閱商人財貨計錢每貫稅二十天下所出竹木茶漆皆十一稅之以充常平本時國用稍廣常賦不足所稅亦隨時而盡終不能爲常平本貞元八年十月勑諸軍鎭和糴貯備共三十三萬石價之外更量與優饒其粟及麻據米數準折虛價直委度支以停江淮運脚錢充並支綾絹絁綿勿令折估所糴粟等委本道節度使監軍同勾當別貯非承特勑不得給用十四年六月詔以米價

稍貴令度支出官米十萬石於兩街賤糶其年九月以歲飢出太倉三十萬石出糶是歲冬河南府穀貴人流令以含嘉倉粟七萬石出糶十五年二月以久旱歲飢出太倉粟十八萬石於諸縣賤糶元和元年正月制歲時有豐歉穀價有重輕將備水旱之虞在權聚斂之術應天下州府每年所稅地子數內宜十分取二分均充常平倉及義倉仍各逐穩便收貯以時出糶務在救人賑貸所宜速奏六年二月制如聞京畿之內舊穀已盡宿麥未登宜以常平義倉粟二十四萬石貸借百姓諸道州府有乏少糧種處亦委所在官長用常平義倉米借貸淮南浙西宣歙等道元和二年四月賑貸並且停徵容至豐年然後塡納九年四月詔出太倉粟七十萬石開六場糶之幷賑貸外縣百姓至秋熟徵納便於外縣收貯以防水旱十二年四月詔出粟二十五萬石分兩街降估出糶其年九月詔諸道應遭水州府河中澤潞河東幽州江陵府等管內及鄭滑滄景易定陳許晉隰蘇襄復台越唐隨鄧等州人戶宜令本州厚加優恤仍各以當處義倉斛斗據所損多少量事賑給十三年正月戶部侍郎孟簡奏天下州府常平義倉等斛斗請準舊例減估出糶但以石數奏申有司更不收管內州縣得專達利百姓從之長慶四年二月勑出太倉陳粟三十萬石於兩街出糶其年三月制曰義倉之制其來日久近歲所在盜用沒入致使小有水旱生人坐委溝壑永言其弊職此之由宜令諸州錄事參軍專主勾當苟爲長吏迫制卽許驛表上聞考滿之日戶部差官交割如無欠負與減一選如欠少者量加一選欠數過多戶部奏聞節級科處太和四年八月勑今年秋稼似熟宜於關內七州府及鳳翔府和糴一百萬石大中六年四月戶部奏諸州府常平義倉斛斗本防水旱賑貸百姓其有災沴州府地遠申奏往復已至流亡自今已後諸道遭災旱請委所在長吏差清強官審勘如實有水旱處便任先從貧下不支濟戶給貸從之建中四年六月戶部侍郎趙贊請置大田天下田計其頃畝官收十分之一擇其上腴樹桑環之曰公桑自王公至于匹庶差借其力得穀絲以給國用詔從其說贊熟計之自以爲非便皆寢不下復請行常平稅茶之法又以軍須迫蹙常平利不時集乃請稅屋間架等除陌錢間架法凡屋兩架爲一間屋有貴賤約價三等上價間出錢二千中價一千下價五百所由吏秉算執籌入人之廬舍而計其數衣冠士族或貧無他財獨守故業坐多屋出算

者動數十萬人不勝其苦凡沒一間者杖六十告者賞錢五十貫取於其家除陌法天下公私給與貨易率一貫舊算二十益加算爲五十給與他物或兩換者約錢爲率算之市牙各給印紙人有買賣隨自署記翌日合算之有自貿易不用市牙者給其私簿無私簿者投狀自集其有隱錢百者沒入二千杖六十告者賞十千取其家貲法既行而主人市牙得專其柄率多隱盜公家所入曾不得半而怨讟之聲囂然滿於天下至興元二年正月一日赦悉停罷貞元九年正月初稅茶先是諸道鹽鐵使張滂奏曰伏以去歲水災詔令減稅今之國用須有供儲伏請於出茶州縣及茶山外商人要路委所由定三等時估每十稅一充所放兩稅其明年以後所得稅外貯之若諸州遭水旱賦稅不辦以此代之詔可之仍委滂具處置條奏自此每稅得錢四十萬貫然稅無虛歲遭水旱處亦未嘗以錢拯贍元和七年御史臺奏伏準太和三年十一月十八日赦文天下除兩稅外不得妄有科配其擅加雜榷率一切宜停令御史臺嚴加察訪者臣昨因嶺南道擅置竹練場稅法至重害人頗深伏請起今已後應諸道自太和三年準赦文所停兩稅外科配雜榷率等復却置者仰勅至後十日內具却置事由聞奏仍申臺司每有出使郎官御史便令嚴加察訪苟有此色本判官重加懲責長吏奏聽進止從之九年十二月左僕射令狐楚奏新置榷茶使額伏以江淮間數年以來水旱疾疫凋傷頗甚愁歎未平今夏及秋稍校豐稔方須惠恤各使安存昨者忽奏榷茶實爲蠹政蓋是王涯破滅將至怨怒合歸豈有令百姓移茶樹就官場中栽摘茶葉於官場中造有同兒戲不近人情方有恩權無敢沮議朝班相顧而失色道路以目而吞聲今宗社降靈姦兇盡戮聖明垂佑黎庶各安微臣伏蒙天恩兼授使務官銜之內猶帶此名俯仰若驚夙宵知愧伏乞特迴聖聽下鑒愚誠速委宰臣除此使額緣國家之用或闕山澤之利有遺許臣條疏續具奏聞諸採造欲及妨廢爲虞前月二十一日內殿奏對之次鄭覃與臣同陳論訖伏望聖慈早賜處分一依舊法不用新條惟納榷之時須節級加價商人轉擡必校稍貴卽是錢出萬國利歸有司既無害茶商又不擾茶戶上以彰陛下愛人之德下以竭微臣憂國之心遠近傳聞必當咸悅詔可之先是鹽鐵使王涯表請使茶山之人移植根本舊有貯積皆使焚棄天下怨之及是楚主之故奏罷焉開成二年十二月武寧軍節度使薛元賞奏泗口稅場應是經過衣冠商客金銀羊馬斛斗見錢茶鹽綾絹等一物已上並稅今商量其雜稅並請停絕詔許之大中六年正月鹽鐵轉運使裴休請諸道節度觀察使置店停上茶商每斤收搨地錢幷稅經過商人頗乖法理今請釐革橫稅以通舟船商旅既安課利自厚今又正稅茶商多被私販茶人侵奪其利今請強幹官吏先於出茶山口及廬壽淮南界內布置把捉曉諭招收量加半稅給陳首帖子令其所在公行從此通流更無苛奪所冀招恤窮困下絕姦欺使私販者免犯法之憂正稅者無失利之歎欲尋究根本須舉綱條勅旨依奏其年四月淮南及天平軍節度使幷浙西觀察使皆奏軍用困竭伏乞且賜依舊稅茶勅旨裴休條疏茶法事極精詳制置之初理須畫一並宜準今年正月二十六日勅處分建中三年初榷酒天下悉令官釀斛收直三千米雖賤不得減二千委州縣綜領醨薄私釀罪有差以京師王者都特免其榷元和六年六月京兆府奏榷酒錢除出正酒戶外一切隨兩稅青苗據貫均率從之會昌六年九月勅揚州等八道州府置榷麴幷置官店沽酒代百姓納榷酒幷充資助軍用各有權許限揚州陳許汴州襄州河東五處榷麴浙西浙東鄂岳三處置官沽酒如聞禁止私酤過於嚴酷一人違犯連累數家閭里之間不免咨怨宜從今以後如有人私沽酒及置私麴者但許罪止一身幷所由容縱任據罪處分鄉井之內如不知情並不得追擾其所犯之人任用重典兼不得沒入家產

舊唐書卷四十九考證

食貨志下上大悅尋以燿卿爲黃門侍郎同中書門下平章事○沈炳震曰按此開元二十二年置河陰倉自河陰北運浮于渭以實關中用裴燿卿謀也据本紀燿卿二十一年入相當在二十二年以前

四年度支侍郎趙贊議常平事竹木茶漆盡稅之○沈炳震曰按德宗本紀在三年應從紀 臣宗萬按建中三年趙贊上言竹木茶漆皆什一稅一以充常平之本至貞元九年初稅茶又從張滂之奏蓋始於贊行於滂鹽鐵既開其利而計及于他貨亦必至之勢也

臣德潛按食貨志中闕百官俸料一項新書具載

# 舊唐書卷五十

後晉司空同中書門下平章事劉　昫撰

## 刑法志第三十

### 刑法

古之聖人爲人父母莫不制禮以崇敬立刑以明威防閑於未然懼爭心之將作也故有輕重二典之異宮墨五刑之差度時而施宜因事以議制大則陳之原野小則肆諸市朝以禦姦宄用懲禍亂與邦致理罔有弗由於此者也暨淳朴既消澆僞斯起刑增爲九章積三千雖有凝脂次骨之峻而錐刀之末盡爭之矣自漢迄隋世有增損而罕能折衷隋文帝參用周齊舊政以定律令除苛慘之法務在寬平比及晚年漸亦滋虐煬帝忌刻法令尤峻人不堪命遂至於亡高祖初起義師於太原卽布寬大之令百姓苦隋苛政競來歸附旬月之間遂成帝業既平京城約法爲十二條惟制殺人劫盜背軍叛逆者死餘並蠲除之及受禪詔納言劉文靜與當朝通識之士因開皇律令而損益之盡削大業所由煩峻之法又制五十三條格務在寬簡取便於時尋又勅尚書左僕射裴寂尚書右僕射蕭瑀及大理卿崔善爲給事中王敬業中書舍人劉林甫顏師古王孝遠涇州別駕靖延太常丞丁孝烏隋大理丞房軸上將府參軍李桐客太常博士徐上機等撰定律令大略以開皇爲準于時諸事始定邊方尚梗救時之弊有所未暇惟正五十三條格入於新律餘無所改至武德七年五月奏上乃下詔曰古不云乎萬邦之君有典有則故九疇之敘興於夏世兩觀之法大備隆周所以禁暴懲姦弘風闡化安民立政莫此爲先自戰國紛擾恃詐任力苛制煩刑於茲競起秦幷天下隳滅禮教恣行酷烈害虐蒸民宇內騷然遂以顛覆漢氏撥亂思易前軌雖復務從約法蠲削嚴刑尚行葅醢之誅猶設錙銖之禁安民之道實有未弘刑措之風以茲莫致爰及魏晉流弊相沿寬猛乖方綱維失序下凌上替政散民凋皆由法令湮訛條章混謬自斯以後寓縣瓜分戎馬交馳未遑典制有隋之世雖云釐革然而損益不定疏舛尚多品式章程罕能甄備加以微文曲致覽者惑其淺深異例同科用者殊其輕重遂使姦吏巧詆任情與奪愚民妄觸動陷羅網屢聞釐革卒以無成朕膺期受籙寧濟區宇永言至治興寐爲勞補千年之墜典拯百王之餘弊思所以正本澄源式清流末永垂憲則貽範後昆爰命羣才修定科律但今古異務文質不同喪亂之後事殊曩代應機適變救弊斯在是以斟酌繁省取合時宜矯正差遺務從體要迄茲歷稔撰次始畢宜下四方卽令頒用庶使吏曹簡肅無取懸石之多奏讞平允靡競錐刀之末勝殘去殺此焉非遠於是頒行天下及太宗卽位又命長孫無忌房玄齡與學士法官更加釐改戴冑魏徵又言舊律令重於是議絞刑之屬五十條免死罪斷其右趾應死者多蒙全活太宗尋又愍其受刑之苦謂侍臣曰前代不行肉刑久矣今忽斷人右趾意甚不忍諫議大夫王珪對曰古行肉刑以爲輕罪今陛下矜死刑之多設斷趾之法格本合死今而獲生刑者幸得全命豈憚去其一足且人之見者甚足懲誡上曰本以爲寬故行之然每聞惻愴不能忘懷又謂蕭瑀陳叔達等曰朕以死者不可再生思有矜愍故簡死罪五十條從斷右趾朕復念其受痛極所不忍叔達等咸曰古之肉刑乃在死刑之外陛下於死刑之內改從斷趾便是以生易死足爲寬法上曰朕意以爲如此故欲行之又有上書言此非便公可更思之其後蜀王法曹參軍裴弘獻又駮律令不便於時者四十餘事太宗令參掌刪改之弘獻於是與玄齡等建議以爲古者五刑刖居其一及肉刑廢制爲死流徒杖笞凡五等以備五刑今復設刖足是爲六刑減死在於寬弘加刑又加煩峻乃與八座定議奏聞於是又除斷趾法改爲加役流三千里居作二年又舊條疏兄弟分後蔭不相及連坐俱死祖孫配沒會有同州人房强弟任統軍於岷州以謀反伏誅强當從坐太宗嘗錄囚徒憫其將死爲之動容顧謂侍臣曰刑典仍用蓋風化未洽之咎愚人何罪而肆重刑乎更彰朕之不德也用刑之道當審事理之輕重然後加之以刑罰何者有不察其本而一槩加誅非所以恤刑重人命也然則反逆有二一爲興師動衆一爲惡言犯法輕重有差而連坐皆死豈朕情之所安哉更令百寮詳議於是玄齡等復定議曰案禮孫爲王父尸案令祖有蔭孫之義然則孫重而兄弟屬輕應重反流合輕翻死據禮論情深爲未愜今定律祖孫與兄弟緣坐俱配沒其以惡言犯法不能爲害者情狀稍輕兄弟免死配流爲允從之自是比古死刑殆除其半玄齡等遂與法司定律五百條分爲十二卷一曰名例二曰衞禁三曰職制四曰戶婚五曰廄庫六曰擅興七曰賊盜八曰鬬訟九曰詐僞十曰雜律十一曰捕亡十二曰斷獄有笞杖徒流死爲五刑笞刑五條自笞十至五十杖刑五條自杖六十至杖一百徒刑五條自徒一年遞加半年至

三年流刑三條自流二千里遞加五百里至三千里死刑二條絞斬大凡二十等又有議請減贖當免之法八一日議親二曰議故三曰議賢四曰議能五曰議功六曰議貴七曰議賓八曰議勳八議者犯死罪皆條所坐及應議之狀奏請議定奏裁流罪已下減一等若官爵五品已上及皇太子妃大功已上親應議者周以上親犯死罪者上請流罪已下亦減一等若七品已上官爵得請者之祖父母兄弟姊妹妻子孫犯流罪已下各減一等若應議請減及九品已上官若官品得減者之祖父母父母妻子孫犯流罪已下聽贖其贖法笞十贖銅一斤遞加一斤至杖一百則贖銅十斤自此已上遞加十斤至徒三年則贖銅六十斤流二千里者贖銅八十斤流二千五百里者贖銅九十斤流三千里者贖銅一百二十斤又許以官當罪以官當徒者五品已上犯罪者一官當徒二年九品已上一官當徒一年若犯公罪者各加一年以官當流者三流同比徒四年仍各解見任除名者比徒三年免官者比徒二年免所居官者比徒一年又有十惡之條一曰謀反二曰謀大逆三曰謀叛四曰謀惡逆五曰不道六曰大不敬七曰不孝八曰不睦九曰不義十曰內亂其犯十惡者不得依議請之例年七十以上十五以下及廢疾犯流罪以下亦聽贖八十已上十歲以下及篤疾犯反逆殺人應死者上請盜及傷人亦收贖餘皆勿論九十以上七歲以下雖有死罪不加刑比隋代舊律減大辟者九十二條減流入徒者七十一條其當徒之法唯奪一官除名之人仍同士伍凡削煩去蠹變重爲輕者不可勝紀又定令一千五百九十條爲三十卷貞觀十一年正月頒下之又删武德貞觀已來勑格三千餘件定留七百條以爲格十八卷留本司施行斟酌今古除煩去弊甚爲寬簡便於人者以尚書省諸曹爲之目初爲七卷其曹之常務但留本司者別爲留司格一卷蓋編錄當時制勑永爲法則以爲故事貞觀格十八卷房玄齡等删定永徽留司格十八卷散頒格七卷長孫無忌等删定永徽中又令源直心等删定惟改易官號曹局之名不易篇目永徽留司格後本劉仁軌等删定垂拱留司格六卷散頒格三卷裴居道删定太極格十卷岑義等删定開元前格十卷姚崇等删定開元後格十卷宋璟等删定皆以尚書省二十四司爲篇目凡式三十有三篇亦以尚書省列曹及秘書太常司農光祿太僕太府少府及監門宿衛計帳名其篇目爲二十卷永徽式十四卷垂拱神龍開元式並二十卷其删定格令同太宗又制在京見禁囚刑部每月一奏從立春至秋分不得奏決死刑其大祭祀及致齊朔望上下弦二十四氣雨未晴夜未明斷屠日月及假日並不得奏決死刑其有赦之日武庫令設金雞及鼓於宮城門外之右勒集囚徒於闕前撾鼓千聲訖宣詔而釋之其赦書頒諸州用絹寫行下又繫囚之具有枷杻鉗鏁皆有長短廣狹之制量罪輕重節級用之其杖皆削去節目長三尺五寸訊囚杖大頭徑三分二釐小頭二分二釐常行杖大頭二分七釐小頭一分七釐笞杖大頭二分小頭一分半其決笞者腿分受決杖者背腿臀分受乃須數等拷訊者亦同其拷囚不過三度總數不得過二百杖罪已下不得過所犯之數諸斷罪而無正條其應出罪者則舉重以明輕其應入罪者則舉輕以明重稱加者就重次稱減者就輕次惟二死三流同爲一減不得加至於死斷獄而失於出入者以其罪罪之失入者各減三等失出者各減五等初太宗以古者斷獄必訊於三槐九棘之官乃詔大辟罪中書門下五品已上及尚書等議之其後河內人李好德風疾瞀亂有妖妄之言詔按其事大理丞張蘊古奏好德癲病有徵法不當坐治書侍御史權萬紀劾蘊古貫相州好德之兄厚德爲其刺史情在阿縱奏事不實太宗曰吾常禁囚於獄內蘊古與之奕棊今復阿縱好德是亂吾法也遂斬於東市既而悔之又交州都督盧祖尚以忤旨斬於朝堂帝亦追悔下制凡決死刑雖令即殺仍三覆奏尋謂侍臣曰人命至重一死不可再生昔世充殺鄭頲既而悔之追止不及今春府史取財不多朕怒殺之後亦尋悔皆由思不審也比來決囚雖三覆奏須臾之間三奏便訖都未得思三奏何益自今已後宜二日中五覆奏下諸州三覆奏又古者行刑君爲徹樂減膳朕今庭無常設之樂莫知何徹然對食即不啖酒肉自今已後令與尚食相知刑人日勿進酒肉內教及太常並宜停教且曹司斷獄多據律文雖情在可矜而不敢違法守文定罪或恐有寃自今門下覆理有據法合死而情可宥者宜錄狀奏自是全活者甚衆其五覆奏以決前一日二日覆奏決日又三覆奏惟犯惡逆者一覆奏而已著之於令太宗既誅張蘊古之後法官以出罪爲誡時有失入者又不加罪焉由是刑網頗密帝嘗問大理卿劉德威曰近來刑網稍密何也德威對曰律文失入減三等失出減五等今失入則無辜失出則便獲大罪所由吏皆深文太宗然其言由是失於出入者令依律文斷獄者漸爲平允十四年又制流罪三等不限以里數量配邊惡之州其後雖存寬典而犯者漸少高宗即位遵貞觀故事務在恤刑嘗問大理卿唐臨在獄繫囚之數臨對曰見囚五十餘人惟二人合死帝以囚數全少怡然形於顏色永徽初勅太尉長孫無忌司空李勣左僕射于志寧右僕射張行成侍中高季輔黃門侍郎宇文節柳奭右丞段寶玄太常少卿令狐德棻吏部侍郎高敬言刑部侍郎劉燕客給事中趙文恪中書舍人李友益少府丞張行實大理丞元紹太府丞王文端刑部郎中賈敏行等共撰定律令格式舊制不便者皆隨删改遂分格爲兩部曹司常務爲留司格天下所共者爲散頒格其散頒格下州縣留司格但留本司行用焉三年詔曰律學未有定疏每年所舉明法遂無憑準宜廣召解律人條義疏奏聞仍使中書門下監定於是太尉趙國公無忌司空英國公勣尚書左僕射兼太子少師監修國史燕國公志寧銀青光祿大夫刑部尚書唐臨太中大夫守大理卿段寶玄朝議大夫守尚書右丞劉燕客朝議大夫守御史中丞賈敏行等參撰律疏成三十卷四年十月奏之頒于天下自是斷獄者皆引疏分析之永徽五年五月上謂侍臣曰獄訟繁多皆由刑罰枉濫故曰刑者成也一成而不可變末代斷獄之人皆以苛刻爲明是以秦氏網密秋荼而獲罪者衆今天下無事四海乂安欲與公等共行寬政今日刑罰得無枉濫乎無忌對曰陛下欲得刑法寬平臣下猶不識聖意此法弊來已久非止今日若情在體國即共號癡人意在深文便稱好吏所以罪雖合杖必欲遣徒理有可生務入於死非憎前人陷於死刑陛下矜而令放法司亦宜固請但陛下喜怒不妄加於人刑罰自然適中上以爲然永徽六年七月上謂侍臣曰律通比附條例太多左僕射志寧等對舊律多比附斷事乃稍難解科條極衆數至三千隋日再定惟留五百以事類相似者比附科斷今日所停即是參取隋律修易條章既少極成省便龍朔二年改易官號因勅司刑太常伯源直心少常伯李敬玄司刑大夫李文禮等重定格式惟改曹局之名而不易篇第麟德二年奏上至儀鳳中官號復舊又勅左僕射劉仁軌右僕射戴志德侍中張文瓘中書令李敬玄右庶子郝處俊黃門侍郎來恒左庶子高智周右庶子李義琰吏部侍郎裴行儉馬戴兵部侍郎蕭德昭裴炎工部侍郎李義琛刑部侍郎張楚金部郎中盧律師等删緝格式儀鳳二年二月九日撰定奏上先是詳刑少卿趙仁本撰法例三卷引以斷獄時議亦爲折衷後高宗覽之以爲煩文不便因謂侍臣曰律令格式天下通規非朕庸虛所能創制並是武德之際貞觀已來或取定宸衷參詳衆議條章備舉軌躅昭然臨事遵行自不能盡何爲更須作例致使觸緒多疑計此因循非適今日速宜改轍不得更然自是法例遂廢不用則天臨朝初欲大收人望垂拱初年令鑄銅爲匭四面置門各依方色共爲一室東面名曰延恩匭上賦頌及許求官爵者封表投之南面曰招諫匭有言時政得失及直言諫諍者投之西面曰申寃匭有得罪寃濫者投之北面曰通玄匭有玄象災變及軍謀秘策者投之每日置之於朝堂以收天下表疏既出之後不逞之徒或至攻訐陰私謗訕朝政者後乃令中書門下官一人專監其所投之狀仍責識官然後許進封行之至今爲則天又勅內史裴居道夏官尚書岑長倩鳳閣侍郎韋方質與删定官袁智弘等十餘人删改格式加計帳及勾帳式通舊式成二十卷又以武德已來垂拱已後詔勅便於時者編爲新格二卷則天自製序其二卷之外別編六卷堪爲當司行用爲垂拱留司格時韋方質詳練法理又委其事及咸陽尉王守慎又有經理之才故垂拱格式議者稱爲詳密其律令惟改二十四條又有不便者大抵依舊然則天嚴於用刑屬徐敬業作亂及豫博兵起之後恐人心動搖欲以威制天下漸引酷吏務令深文以案刑獄長壽年有上封事言嶺表流人有陰謀逆者乃遣司刑評事萬國俊攝監察御史就案之若得反狀斬決國俊至廣州遍召流人擁之水曲以次加戮三百餘人一時併命然後鍛鍊曲成反狀乃更誣奏云諸道流人忽有怨望若不推究爲變不遙則天深然其言又命攝監察御史劉光業劉德壽鮑思恭王大貞屈貞筠等分往劒南黔中安南嶺南等六道按鞫流人光業所在殺戮光業誅九百人德壽誅七百人其餘少者不減數百人亦在雜犯及遠年流人亦枉及禍焉時周興來俊臣等相次受制推究大獄乃於都城麗景門內別置推事使院時人謂之新開獄俊臣又與侍御史侯思止王弘義郭霸李敬仁評事康暐衛遂忠等招集告事數百人共爲羅織以陷良善前後枉遭殺害者不可勝數又造告密羅織經一卷其意旨皆網羅前人織成反狀俊臣每鞫囚無問輕重多以醋灌鼻禁地牢中或盛之于甕以火圜遶炙之兼絶其糧餉至有抽衣絮以噉之者其所作大枷凡有十號一

日定百脉二曰喘不得三曰突地吼四曰著即承五曰失魂膽六曰實同反七曰反是實八曰死豬愁九曰求即死十曰求破家又令寢處糞穢備諸苦毒每有制書寬宥囚徒俊臣必先遣獄卒盡殺重罪然後宣示是時海內懾懼道路以目麟臺正字陳子昂上書曰臣聞古之御天下者其政有三王者化之用仁義也霸者威之任權智也强國脅之務刑罰也是以化之不足然後威之威之不足然後刑之故至於刑則非王者之所貴矣況欲光宅天下追功上皇專任刑殺以為威斷可謂策之失者也臣伏覩陛下聖德聰明遊心太古將制靜宇宙保乂黎民發號施令出於誠慊天下蒼生莫不懸望聖風既見神化道德為政將待於陛下矣臣聞之聖人出必有驅除蓋天人之符應休命也日者東南微孽敢謀亂常陛下順天行誅罪惡咸伏豈非天意欲彰陛下威武之功哉而執事者不察天心以為人意惡其首亂唱禍法合誅屠將息姦源窮其黨與遂使陛下大開詔獄重設嚴刑冀以懲姦觀于天下逆黨親屬及其交遊有涉嫌疑辭相連及莫不窮捕考校枝葉蟠挐大忽流血小禦魑魅至有姦人熒惑乘險相誣糺告疑似冀圖爵賞刑于闕下者日有數矣于時朝廷遑遑莫能自固海內傾聽以相驚恐賴陛下仁慈憫其危懼賜以恩詔許其大功已上一切勿論人時獲泰謂生再造愚臣竊以忻然賀陛下聖明得天之機也不謂議者異見又執前圖比者刑獄紛紛復起陛下不深思天意以順休期尚以督察為理威刑為務使前者之詔不信於人愚臣昧焉竊恐非五帝三王伐罪弔人之意也臣竊觀當今天下百姓思安久矣曩屬北胡侵塞西戎寇邊兵革相屠向歷十載關河自北轉輸幽燕秦蜀之西馳騖湟海當時天下疲極矣重以大兵之後屬遭凶年流離飢餓死喪略半幸賴陛下以至聖之德撫寧兆人邊境獲安中國無事陰陽大順年穀累登天下父子始得相養矣揚州構禍殆有五旬而海中晏然纖塵不動豈非天下蒸庶厭凶亂哉臣以此卜之百姓思安久矣今陛下不務玄默以救疲民而又任威刑以失其望欲以察察為政肅理寰區愚臣暗昧竊有大惑且臣聞刑者政之末節也先王以禁暴釐亂不得已而用之今天下幸安萬物思泰陛下乃以末節之法察理平人愚臣以為非適變隨時之義也頃年以來伏見諸方告密囚累百千輩大抵所告皆以揚州為名及其窮竟百無一實陛下仁恕又屈法容之傍訐他事亦為推劾遂使姦臣之黨快意相讎睚眦之嫌即稱有密一人被告百人滿獄使者推捕冠蓋如市或謂陛下愛一人而害百人天下喁喁莫知寧所臣聞自非聖人不有外患必有內憂物理自然也臣不敢以古遠言之請指隋而說臣聞長老云隋之末世天下猶平煬帝不恭窮毒威武厭居皇極自總元戎以百萬之師觀兵遼海天下始騷然矣遂使楊玄感挾不臣之勢有大盜之心欲因人謀以竊皇業乃稱兵中夏將據洛陽哮虓之勢傾宇宙矣然亂未逾月而頭足異處何者天下之弊未有土崩蒸人之心猶望樂業煬帝不悟暗忽人機自以為元惡既誅天下無巨猾也皇極之任可以刑罰理之遂使兵部尚書樊子蓋專行屠戮大窮黨與海內豪士無不罹殃遂至殺人如麻流血成澤天下靡然思為亂矣於是蕭銑朱粲起於荊南李密竇建德亂於河北四海雲搖遂並起而亡隋族矣豈不哀哉長老至今談之委曲如是觀三代夏殷興亡已下至秦漢魏晉理亂莫不皆以毒刑而致敗壞也夫大獄一起不能無濫何者刀筆之吏寡識大方斷獄能者名在急刻文深網密則共稱至公爰及人主亦謂其奉法於是利在殺人害在平恕故獄吏相誡以殺為詞非憎於人也而利在己故上以希人主之旨以圖榮身之利徇利既多則不能無濫濫及良善則淫刑逞矣夫人情莫不自愛其身陛下以此察之豈非無濫矣冤人吁嗟感傷和氣和氣悖亂羣生癘疫水旱隨之則有凶年人既失業則禍亂之心怵然而生矣頃來亢陽愆候雲而不雨農夫失耒瞻望嗷嗷豈不由陛下之有聖德而不降澤於人也儻旱遂過春廢於時種今年稼穡必有損矣陛下可不敬承天意以澤恤人臣聞古者明王重慎刑罰蓋懼此也書不云乎與其殺不辜寧失不經陛下奈何以堂堂之聖猶務強國之威愚臣竊為陛下不取且愚人安則樂生危則思變故事有招禍法有起姦儻大獄未休支黨日廣天下疑惑相恐無辜人情之變不可不察昔漢武帝時巫蠱獄起江充行詐作亂京師至使太子奔走兵交宮闕無辜被害者以萬千數當時劉宗幾覆滅矣賴武帝得壺關三老上書幡然感悟夷江充三族餘獄不論天下少以安耳臣讀書至此未嘗不為戾太子流涕也古人云前事不忘後事之師伏願陛下念之今臣不避湯鑊之罪以螻蟻之命輕觸宸嚴臣非不惡死而貪生也誠以負陛下恩遇以微命蔽塞聰明亦非敢欲陛下頓息嚴刑望在恤刑耳乞與三事大夫圖其可否夫往者不可諫來者猶可追無以臣微而忽其奏天下幸甚疏奏不省時司刑少卿徐有功常駮酷吏所奏每日與之廷爭得失以雪冤濫因此全濟者亦不可勝數語在有功傳及俊臣弘義等伏誅刑獄稍息前後宰相王及善姚元崇朱敬則等皆言垂拱已來身死破家者皆是枉濫則天頗亦覺悟於是監察御史魏靖上言曰臣聞國之綱紀在乎生殺其周興來俊臣丘神勣萬國俊王弘義侯思止郭弘霸李敬仁彭先覺王德壽張知默者即堯年四凶矣恣騁愚暴縱虐含毒讎嫉在位安忍朝臣罪逐情加形隨意改當其時也囚圄如市朝廷以目既而素虛不昧冤魂有託行惡其報禍淫可懲具嚴天刑以懲亂首切見來俊臣身處極法者以其羅織良善陷忠賢籍沒以勸將來顯戮以謝天下臣又聞之道路上至聖主傍洎貴臣明明知有羅織之事矣俊臣既死推者獲功胡元禮超遷裴談顯授中外稱慶朝廷載安破其黨者既能賞不逾時被其陷者豈可淹之累歲且稱反徒須得反狀惟據臣辯即請行刑拷楚妄加款荅何罪故徐有功以寬平而見忌斛瑟羅以妓女而受拘中外具知枉直斯在借以為喻其餘可詳臣又聞之郭弘霸自刺而唱快萬國俊被遮而遽亡霍獻可臨終膝拳於項李敬仁將死舌至於臍皆衆鬼滿庭羣妖橫道惟徵集應若響隨聲備在人謠不為虛說俱有晝見殆無以過此亦羅織之一變也臣以至愚不識大體儻使平反者數人衆共詳覆來俊臣等所推大獄庶鄧艾獲申於今日孝婦不濫於昔時恩渙一流天下幸甚疏奏制令錄來俊臣丘神勣等所推鞫人身死籍沒者令三司重推勘有冤濫者並皆雪免中宗神龍元年制以故司僕少卿徐有功執法平恕追贈越州都督特受一子官又以丘神勣來子珣萬國俊周興來俊臣魚承曄王景昭索元禮傅遊藝王弘義張知默裴籍焦仁亶侯思止郭霸李敬仁皇甫文備陳嘉言劉光業王德壽王處貞屈貞筠鮑思恭二十三人自垂拱已來並枉濫殺人所有官爵並令追奪天下稱慶時既改易制盡依貞觀永徽故事勅中書令韋安石禮部侍郎祝欽明尚書右丞蘇瓌兵部郎中狄光嗣等刪定垂拱格後至神龍元年已來制勅為散頒格七卷又刪補舊式為二十卷頒於天下景雲初睿宗又勅戶部尚書岑羲中書侍郎陸象先右散騎常侍徐堅右司郎中唐紹刑部員外郎邵知與刪定官大理寺丞陳義海右衛長史張處斌大理評事張名播左衛率府倉曹參軍羅思貞刑部主事閻義顓凡十人刪定格式律令太極元年二月奏上名為太極格開元初玄宗勅黃門監盧懷慎紫微侍郎兼刑部尚書李乂紫微侍郎蘇頲紫微舍人呂延祚給事中魏奉古大理評事高智靜同州韓城縣丞侯郢璡瀛州司法參軍閻義顓等刪定格式令至三年三月奏上名為開元格六年玄宗又勅吏部侍郎兼侍中宋璟中書侍郎蘇頲尚書左丞盧從愿吏部侍郎裴漼慕容珣戶部侍郎楊滔中書舍人劉令植大理司直高智靜幽州司功參軍侯郢璡等九人刪定律令格式至七年三月奏上律令式仍舊名格曰開元後格十九年侍中裴光庭中書令蕭嵩又以格後制勅行用之後頗與格文相違於事非便奏令所司刪撰格後長行勅六卷頒于天下二十二年戶部尚書李林甫又受詔改修格令林甫遷中書令乃與侍中牛仙客御史中丞王敬從與明法之官前左武衛胄曹參軍崔見衛州司戶參軍直中書陳承信酸棗尉直刑部俞元杞等共加刪緝舊格式律令及勅總七千二十六條其一千三百二十四條於事非要並刪之二千一百八十條隨文損益三千五百九十四條仍舊不改總成十一卷律疏三十卷令三十卷式二十卷開元新格十卷又撰格式律令事類四十卷以類相從便於省覽二十五年九月奏上勅於尚書都省寫五十本發使散於天下其年刑部斷獄天下死罪惟有五十八人大理少卿徐嶠上言大理獄院由來相傳殺氣太盛鳥雀不棲至是有鵲巢其樹於是百寮以幾至刑措上表陳賀玄宗以宰相燮理法官平允之功封仙客為邠國公林甫為晉國公刑部大理官共賜帛二千匹自明慶至先天六十年間高宗寬仁政歸宮闈則天女主猜忌果於殺戮宗枝大臣鍛於酷吏至於移易宗社幾亡李氏神龍之後后族干政景雲繼立歸妹怙權開元之際刑政賞罰斷於宸極四十餘年可謂太平矣及家臣懷邪邊將內侮乘輿幸于巴蜀儲副立於朔方曾未逾年載收京邑書契以來未有剋復宗社若斯之速也而兩京衣冠多被脅從至是相率待罪闕下而執事者務欲峻刑以取威盡誅其族以令天下議久不定竟置三司使以御史大夫兼京兆尹李峴兵部侍郎呂諲戶部侍郎兼御史中丞崔器刑部侍郎兼御史中丞韓擇木大理卿嚴向等五人為之初西京文武官陸大鈞等陷賊來歸崔器草儀盡令免冠徒跣撫膺號泣以金吾府縣人吏圍之於朝謝罪收附大理京兆府獄繫之及陳希烈等大臣至者數百人又令朝堂待跣如初令宰相苗晉卿崔圓

李麟等百寮同視以爲棄辱宣詔以責之朝廷又以負罪者衆獄中不容乃賜楊國忠宅鞫之器謹多希旨深刻而擇木無所是非獨李峴力爭之乃定所推之罪爲六等集百寮尚書省議之肅宗方用刑名公卿但唯唯署名而已於是河南尹達奚珣等三十九人以爲罪重與衆共棄珣等十一人於子城西伏誅陳希烈張垍郭納獨孤朗等七人於大理寺獄賜自盡達奚摯張岯李有孚劉子英冉大華二十一人於京兆府門決重杖死大理卿張均引至獨柳樹下刑人處免死配流合浦郡而達奚珣韋恒乃至腰斬先是慶緒至相州史思明高秀巖等皆送款請命肅宗各令復位便領所管至是懼不自安各率其黨叛其後三司用刑連年不定流貶相繼及王璵爲相素聞物議請下詔自今已後三司推勘未畢者一切放免大收人望後蕭華拔魏州歸國嘗話於朝云初河北官聞國家宣詔放陳希烈等脅從官一切不問各令復位聞者悔歸國之晚舉措自失及後聞希烈等死皆相賀得計無敢歸者於是河北將吏人人益堅大兵不解後有毛若虛敬羽之流皆深酷割剝驟求權柄殺人以逞刑厚歛以資國六七年間大獄相繼州縣之內多是貶降人肅宗復聞三司多濫嘗悔云朕爲三司所誤深恨之及彌留之際以元載爲相乃詔天下流降人等一切放歸代宗寶應元年廻紇與史朝義戰勝擒其將士妻子老幼四百八十人上以婦人雖爲賊家口皆是良家子女被賊逼略惻然愍之令萬年縣於勝業佛寺安置給糧料若有親屬認者任還之如無親族者任其所適仍給糧遞過於是人情莫不感戴忻悅大曆十四年六月一日德宗御丹鳳樓大赦赦書節文律令格式條目有未折衷者委中書門下簡擇理識通明官共刪定自至德已來制勅或因人奏請或臨事頒行差互不同使人疑惑中書門下與刪定官詳決取堪久長行用者編入格條三司使準式以御史中丞中書舍人給事中各一人爲之每日於朝堂受詞推勘處分建中二年罷刪定格令使幷三司使先是以中書門下充刪定格令使又以給事中中書舍人御史中丞爲三司使至是中書門下奏請復舊以刑部御史臺大理寺爲之其格令委刑部刪定元和四年九月勑刑部大理決斷罪四過爲淹遲是長姦倖自今已後大理寺檢斷不得過二十日刑部覆下不得過十日如刑部覆有異同寺司重加不得過十五日省司量覆不得過七日如有牒外州府節目及於京城內勘本推卽日以報牒到後計日數被勘司却報不得過五日仍令刑部具遣牒及報牒月日牒報都省及分察使各準勑文勾舉糺訪六年九月富平縣人梁悅爲父殺仇人秦果投縣請罪勅復讎殺人固有彝典以其申冤請罪視死如歸自詣公門發於天性志在徇節本無求生之心寧失不經特從減死之法宜決一百配流循州職方員外郎韓愈獻議曰伏奉今月五日勅復讎據禮經則義不同天徵法令則殺人者死禮法二事皆王教之端有此異同必資論辯宜令都省集議聞奏者伏以子復父讎見於春秋見於禮記又見於周官又見於諸子史不可勝數未有非而罪之者也最宜詳於律而律無其條非闕文也蓋以爲不許復讎則傷孝子之心而乖先王之訓許復讎則人將倚法專殺無以禁止其端矣夫律雖本於聖人然執而行之者有司也經之所明者制有司也丁寧其義於經而深沒其文於律者其意將使法吏一斷於法而經術之士得引經而議也周官曰凡殺人而義者令勿讎讎之則死義宜也明殺人而不得其宜者子得復讎也此百姓之相讎者也公羊傳曰父不受誅子復讎可也不受誅者罪不當誅也又周官曰凡報仇讎者書於士殺之無罪言將復讎必先言於官則無罪也今陛下垂意典章思立定制惜有司之守憐孝子之心示不自專訪議羣下臣愚以爲復讎之名雖同而其事各異或百姓相讎如周官所稱可行於今者或爲官吏所誅如公羊所稱不可行於今者又周官所稱子復讎先告於士則無罪者若孤稚羸弱抱微志而伺敵人之便恐不能自言於官未可以爲斷於今也然則殺之與赦不可一例宜定其制曰凡有復父讎者事發具其事由下尚書省集議奏聞酌其宜而處之則經律無失其指矣元和十三年八月鳳翔節度使鄭餘慶等詳定格後勑三十卷右司郎中崔郾等六人修上其年刑部侍郎許孟容蔣乂等奉詔刪定復勒成三十卷刑部侍郎劉伯芻等考定如其舊卷長慶元年五月御史中丞牛僧孺奏天下刑獄苦於淹滯請立程限大事大理寺限三十五日詳斷畢申刑部限三十日聞奏中事大理寺三十日刑部二十五日小事大理寺二十五日刑部二十日一狀所犯十人以上所斷罪二十件以上爲大所犯六人以上所斷罪十件以上爲中所犯五人以下所斷罪十件以下爲小其或所抵罪狀幷所結刑名並同者則雖人數甚多亦同一人之例違者罪有差二年四月刑部員外郎孫革奏京兆府雲陽縣人張莅欠羽林官騎康憲錢米憲徵之莅承醉拉憲氣息將絕憲男買得年十四將救其父以莅角觝力人不敢搊解遂持木鍤擊莅之首見血後三日致死者準律父爲人所毆子往救擊其人折傷減凡鬬三等至死者依常律卽買得救父難是性孝非暴擊張莅是切非兇以髫丱之歲正父子之親若非聖化所加童子安能及此王制稱五刑之理必原父子之親以權之慎測淺深之量以別之春秋之義原心定罪周書所訓諸罰有權今買得生被皇風幼符至孝哀矜之宥伏在聖慈臣職當讞刑合分善惡勑康買得尚在童年能知子道雖殺人當死而爲父可哀若從沉命之科恐失原情之義宜付法司減死罪一等太和七年十二月刑部奏先奉勅詳定前大理丞謝登新編格後勅六十卷者臣等據謝登所進詳諸理例叅以格式或事非久要恩出一時或前後差殊或書寫錯誤並已落下及改正訖去繁舉要列司分門都爲五十卷伏請宣下施行可之八年四月詔應犯輕罪人除情狀巨蠹法所難原者其他過誤罪愆及尋常公事違犯不得鞭背遵太宗之故事也俄而京兆尹韋長奏京師浩穰姦豪所聚終日懲罰抵犯猶多小有寬容卽難禁戢若恭守勅旨則無以肅清若臨事用刑則有違詔命伏望許依前式輕重處置從之開成四年兩省詳定刑法格一十卷勅令施行會昌元年九月庫部郎中知制誥紇干泉等奏準刑部奏犯贓官五品已上合抵死刑請準獄官令賜死於家者伏請永爲定格從之大中五年四月刑部侍郎劉瑑等奉勅修大中刑法總要格後勅六十卷起貞觀二年六月二十日至大中五年四月十三日凡二百二十四年雜勅都計六百四十六門一千一百六十五條七年五月左衛率倉曹參軍張戣進大中刑法統類一十二卷勅刑部詳定奏行之

## 舊唐書卷五十考證

刑法志又定令一千五百九十條爲三十卷○新書一千五百四十六條

六年玄宗又勅吏部侍郎兼侍中宋璟等九人刪定律令格式○新書在二十六年

其年刑部斷獄天下死罪惟有五十八人大理少卿徐嶠上言云云○本紀作徐岵

臣德潛按兵刑並重而舊書獨闕兵志雖節度經略都護守捉等官散見于地理志中而唐初之制府兵府兵廢而爲彍騎彍騎廢而重方鎮其始終盛衰治亂之迹未之及也亦屬殘闕無疑

# 舊唐書卷五十一

後晉司空同中書門下平章事劉　昫撰

## 列傳第一

## 后妃上

高祖太穆皇后竇氏　太宗文德皇后長孫氏
賢妃徐氏　高宗廢后王氏 良娣蕭氏
中宗和思皇后趙氏　中宗韋庶人
上官昭容　睿宗肅明皇后劉氏
睿宗昭成皇后竇氏　玄宗廢后王氏
玄宗貞順皇后武氏　玄宗楊貴妃

三代宮禁之職周官最詳自周已降彤史沿革各載本書此不備述唐因隋制皇后之下有貴妃淑妃德妃賢妃各一人爲夫人正一品昭儀昭容昭媛脩儀脩容脩媛充儀充容充媛各一人爲九嬪正二品婕妤九人正三品美人九人正四品才人九人正五品寶林二十七人正六品御女二十七人正七品采女二十七人正八品其餘六尚諸司分典乘輿服御龍朔二年官名改易內職皆更舊號咸亨二年復舊開元中玄宗以皇后之下立四妃法帝嚳也而后妃四星一爲正后今旣立正后復有四妃非典法也乃於皇后之下立惠妃麗妃華妃等三位以代三夫人爲正一品又置芳儀六人爲正二品美人四人爲正三品才人七人爲正四品尚宮尚儀尚服各二人爲正五品自六品至九品卽諸司諸典職員品第而序之後亦叅用前號然而三代之政莫不以賢妃開國嬖寵傾邦秦漢已還其流寖盛大至移國小則臨朝煥車服以王宗枝裂土壤而侯肺腑洎末塗淪敗赤族夷宗高祖龍飛宮無正寢而婦言是用釁起維城大帝孝和仁而不武但恣池臺之賞寧顧衽席之嫌武室韋宗幾危運祚東京帝后殁從夫諡光烈和熹之類是也高宗自號天皇武氏自稱天后而韋庶人生

有翌聖之名肅宗欲后張氏此不經之甚皆以凶終玄宗以惠妃之愛擯斥椒宮繼以太真幾喪天下歷觀前古邦家喪敗之由多基於子弟召禍子弟之亂必始於宮闈不正故息隱鬩牆秦王謀歸東洛馬嵬塗地太子不敢西行若中有聖善之慈胡能若是易曰家道正而天下定不其然歟自後累朝長秋虛位或以旁宗入繼母屬皆微徒有冊拜之文諒乏關雎之德今錄其存於史冊者爲后妃傳云

高祖太穆皇后竇氏京兆始平人隋定州總管神武公毅之女也后母周武帝姊襄陽長公主后生而髮垂過頸三歲與身齊周武帝特愛重之養於宮中時武帝納突厥女爲后無寵后尚幼竊言於帝曰四邊未靜突厥尚强願舅抑情撫慰以蒼生爲念但須突厥之助則江南關東不能爲患矣武帝深納之毅聞之謂長公主曰此女才貌如此不可妄以許人當爲求賢夫乃於門屏畫二孔雀諸公子有求婚者輒與兩箭射之潛約中目者許之前後數十輩莫能中高祖後至兩發各中一目毅大悅遂歸於我帝及周武帝崩后追思如喪所生隋文帝受禪后聞而流涕自投於床曰恨我不爲男以救舅氏之難毅與長公主遽掩口曰汝勿妄言滅吾族矣后事元貞太后以孝聞太后素有羸疾時或危篤諸姒以太后性嚴懼譴皆稱疾而退惟后晝夜扶侍不脫衣履者動淹旬月焉善書學類高祖之書人不能辨工篇章而好存規誡大業中高祖爲扶風太守有駿馬數疋常言於高祖曰上好鷹愛馬公之所知此堪進御不可久留人或言者必爲身累願熟思之高祖未決竟以此獲譴未幾后崩於涿郡時年四十五高祖追思后言方爲自安之計數求鷹犬以進之俄而擢拜將軍因流涕謂諸子曰我早從汝母之言居此官久矣初葬壽安陵後祔葬獻陵上元元年八月改上尊號曰太穆順聖皇后

太宗文德順聖皇后長孫氏長安人隋右驍衛將軍晟之女也晟妻隋揚州刺史高敬德女生后少好讀書造次必循禮則年十三嬪于太宗隋大業中常歸寧於永興里后舅高士廉媵張氏於后所宿舍外見大馬高二丈鞍勒皆具以告士廉命筮之遇坤之泰筮者曰至哉坤元萬物資生乃順承天坤厚載物德合無疆牝馬地類行地無疆變而之泰內陽而外陰內健而外順是天地交而萬物通也象曰后以輔相天地之宜而左右人也龍乾之象也馬坤之象也變而爲泰天地交也繇協於歸妹婦人之兆也女處尊位履中居順也此女貴不可言武德元年冊爲秦王妃時太宗功業既高隱太子猜忌滋甚后孝事高祖恭順妃嬪盡力彌縫以存內助及難作太宗在玄武門方引將士入宮授甲后親慰勉之左右莫不感激九年冊拜皇太子妃太宗即位立爲皇后贈后父晟司空齊獻公后性尤儉約凡所服御取給而已太宗彌加禮待常與后論及賞罰之事對曰牝雞之晨惟家之索妾以婦人豈敢豫聞政事太宗固與之言竟不之荅時后兄無忌夙與太宗爲布衣之交又以佐命元勳委以腹心出入臥內將任之朝政后固言不可每乘間奏曰妾既託身紫宮尊貴已極實不願兄弟子姪布列朝廷漢之呂霍可爲切骨之誡特願聖朝勿以妾兄爲宰執太宗不聽竟用無忌爲左武候大將軍吏部尚書右僕射后又密遣無忌苦求遜職太宗不獲已而許焉改授開府儀同三司后意乃懌有異母兄安業好酒無賴獻公之薨也后及無忌並幼安業斥還舅氏后殊不以介意每請太宗厚加恩禮位至監門將軍及預劉德裕逆謀太宗將殺之后叩頭流涕爲請命曰安業之罪萬死無赦然不慈於妾天下知之今寘以極刑人必謂妾恃寵以復其兄無乃爲聖朝累乎遂得減死后所生長樂公主太宗特所鍾愛及將出降敕所司資送倍於長公主魏徵諫曰昔漢明帝時將封皇子帝曰朕子安得同於先帝子乎然謂長主者良以尊於公主也情雖有差義無等別若令公主之禮有過長主理恐不可願陛下思之太宗以其言退而告后后歎曰嘗聞陛下重魏徵殊未知其故今聞其諫實乃能以義制主之情可謂正直社稷之臣矣妾與陛下結髮爲夫婦曲蒙禮待情義深重每言必候顏色尚不敢輕犯威嚴況在臣下情疏禮隔故韓非爲之說難東方稱其不易良有以也忠言逆於耳而利於行有國有家者急務納之則俗寧杜之則政亂誠願陛下詳之則天下幸甚后因請遣中使齎帛五百疋詣徵宅以賜之太子承乾乳母遂安夫人常白后曰東宮器用闕少欲有奏請后不聽曰爲太子所患德不立而名不揚何憂少於器物也八年從幸九成宮染疾危惙太子承乾入侍密啓后曰醫藥備盡尊體不瘳請奏赦囚徒并度人入道冀蒙福助后曰死生有命非人力所加若修福可延吾素非爲惡若行善無効何福可求赦者國之大事佛道者示存異方之教耳非惟政體靡弊又是上所不爲豈以吾一婦人而亂天下法承乾不敢奏以告左僕射房玄齡玄齡以聞太宗及侍臣莫不歔欷朝臣咸請肆赦太宗從之后聞之固爭乃止將大漸與太宗辭訣時玄齡以譴歸第后固言玄齡事陛下最久小心謹慎奇謀秘計皆所預聞竟無一言漏洩非有大故願勿棄之又妾之本宗幸緣姻戚既非德舉易履危機其保全永久慎勿處之權要但以外戚奉朝請則爲幸矣妾生既無益於時今死不可厚費且葬者藏也欲人之不見自古聖賢皆崇儉薄惟無道之世大起山陵勞費天下爲有識者笑但請因山而葬不須起墳無用棺槨所須器服皆以木瓦儉薄送終則是不忘妾也十年六月己卯崩于立政殿時年三十六其年十一月庚寅葬於昭陵后嘗撰古婦人善事勒成十卷名曰女則自爲之序又著論駁漢明德馬皇后以爲不能抑退外戚令其當朝貴盛乃戒其龍馬水車此乃開其禍源而防其末事耳且誡主守者曰此吾以自防閑耳婦人著述無條貫不欲至尊見之愼勿言崩後宮司以聞太宗覽而增慟以示近臣曰皇后此書足可垂於後代我豈不達天命而不能割情乎以其每能規諫補朕之闕今不復聞善言是內失一良佐以此令人哀耳上元元年八月改上尊號曰文德順聖皇后

太宗賢妃徐氏名惠右散騎常侍堅之姑也生五月而能言四歲誦論語毛詩八歲好屬文其父孝德試擬楚辭云山中不可以久留詞甚典美自此徧涉經史手不釋卷太宗聞之納爲才人其所屬文揮翰立成詞華綺贍俄拜婕妤再遷充容時軍旅亟動宮室互興百姓頗倦勞役上疏諫曰自貞觀已來二十有二載風調雨順年登歲稔人無水旱之弊國無饑饉之災昔漢武守文之常主猶登刻玉之符齊桓小國之庸君尚圖泥金之事望陛下推功損己讓德不居億兆傾心猶闕告成之禮云亭佇謁未展升中之儀此之功德足以咀嚼百王網羅千代者矣古人有云雖休勿休良有以也守初保末聖哲罕兼是知業大者易驕願陛下難之善始者難終願陛下易之竊見頃年已來力役兼總東有遼海之軍西有崐丘之役士馬疲於甲冑舟車倦於轉輸且召募役戍去留懷死生之痛因風阻浪人米有漂溺之危一夫力耕卒無數十之獲一船致損則傾數百之糧是猶運有盡之農功填無窮之巨浪圖未獲之他衆喪已成之我軍雖除凶伐暴有國常規然黷武翫兵先哲所戒昔秦皇并吞六國反速危亡之基晉武奄有三方翻成覆敗之業豈非矜功恃大棄德而輕邦圖利忘害肆情而縱欲遂使悠悠六合雖廣不救其亡嗷嗷黎庶因弊以成其禍是知地廣非常安之術人勞乃易亂之源願陛下布澤流人矜弊恤乏減行役之煩增湛露之惠妾又聞爲政之本貴在無爲竊見土木之功不可兼遂北闕初建南營翠微曾未踰時玉華創制雖復因山藉水非無架築之勞損之又損頗有工力之費終以茅茨示約猶興木石之疲假使和雇取人不無煩擾之弊是以卑宮菲食聖主之所安金屋瑤臺驕主之爲麗故有道之君以逸逸人無道之君以樂樂身願陛下使之以時則力無竭矣用而息之則人斯悅矣夫珍翫伎巧乃喪國之斧斤珠玉錦繡實迷心之酖毒竊見服翫纖靡如變化於自然織貢珍奇若神仙之所製雖馳華於季俗實敗素於淳風是知漆器非延叛之方桀造之而人叛玉杯豈招亡之術紂用之而國亡方驗侈麗之源不可不遏作法於儉猶恐其奢作法於奢何以制後伏惟陛下明鑑未形智周無際窮奧祕於麟閣盡探賾於儒林千王治亂之蹤百代安危之跡興衰禍福之數得失成敗之機故亦苞吞心府之中循環目圍之內乃宸衷之久察無假一二言焉惟恐知之非難行之不易志驕於業泰體逸於時安伏願抑志裁心愼終如始削輕過以添重德循今是以替前非則令名與日月無窮盛業與乾坤永大太宗善其言優賜甚厚及太宗崩追思顧遇之恩哀慕愈甚發疾不自醫病甚謂所親曰吾荷顧實深志在早歿魂其有靈得侍園寢吾之志也因爲七言詩及連珠以見其志永徽元年卒時年二十四詔贈賢妃陪葬於昭陵之石室

高宗廢后王氏并州祁人也父仁祐貞觀中羅山令同安長公主即后之從祖母也公主以后有美色言於太宗遂納爲晉王妃高宗登儲冊爲皇太子妃以父仁祐爲陳州刺史永徽初立爲皇后以仁祐爲特進魏國公母柳氏爲魏國夫人仁祐尋卒贈司空初武皇后貞觀末隨太宗嬪御居於感業寺后及左右數爲之言高宗由是復召入宮立爲昭儀俄而漸承恩寵遂與后及良娣蕭氏遞相譖毀帝終不納后言而昭儀寵遇日厚后懼不自安密與母柳氏求巫祝厭勝事發帝大怒斷柳氏不許入宮中后舅中書令柳奭罷知政事并將廢后長孫無忌褚遂良等固諫乃止俄又納李義府之策永徽六年十月廢后及蕭良娣皆爲庶人囚之別院武昭儀令人皆縊殺之后母柳氏兄尚衣奉御全信及蕭氏兄弟並配流嶺外遂立昭儀爲皇后尋又追改后姓爲

蟒氏蕭良娣爲梟氏庶人良娣初囚大罵曰願阿武爲老鼠吾作猫兒生生扼其喉武后怒自是宮中不畜猫初囚高宗念之閒行至其所見其室封閉極密惟開一竅通食器出入高宗惻然呼曰皇后淑妃安在庶人泣而對曰妾等得罪廢棄爲宮婢何得更有尊稱名爲皇后言訖悲咽又曰今至尊思及疇昔使妾等再見日月出入院中望改此院名爲迴心院妾等再生之幸高宗曰朕卽有處置武后知之令人杖庶人及蕭氏各一百截去手足投於酒甕中曰令此二嫗骨醉數日而卒後則天頻見王蕭二庶人披髮瀝血如死時狀武后惡之禱以巫祝又移居蓬萊宮復見故多在東都中宗卽位復后姓爲王氏梟氏還爲蕭氏

中宗和思皇后趙氏京兆長安人祖綽武德中以戰功至右領軍衞將軍父瓌尚高祖女常樂公主歷遷左千牛將軍中宗爲英王時納后爲妃既而妃母公主得罪妃亦坐廢幽死於內侍省則天臨朝瓌爲壽州刺史坐與越王貞連謀被誅公主亦坐死神龍元年贈后謚爲恭皇后贈瓌左衞大將軍及中宗崩將葬于定陵議者以韋后得罪不宜祔葬於是追謚后爲和思莫知瘞所行招魂祔葬之禮太常博士彭景直上言古無招魂葬之禮不可備棺槨置轀輬宜據漢書郊祀志葬黃帝衣冠於橋山故事以皇后禕衣於陵所寢宮招魂置衣於魂轝以太牢告祭遷衣於寢宮舒於御榻之右覆以夷衾而祔葬焉從之

中宗韋庶人京兆萬年人也祖弘表貞觀中爲曹王府典軍中宗爲太子時納后爲妃仍擢后父普州參軍玄貞爲豫州刺史嗣聖元年立爲皇后其年中宗見廢后隨從房州時中宗懼不自安每聞制使至惶恐欲自殺后勸王曰禍福倚伏何常之有豈失一死何遽如是也累年同艱危情義甚篤所生懿德太子永泰永壽長寧安樂四公主安樂最幼生於房州帝自脫衣裹之遂名曰裹兒特寵異焉及中宗復立爲太子又立后爲妃時昭容上官氏常勸后行則天故事乃上表請天下士庶爲出母服喪三年又請百姓以年二十三爲丁五十九免役改易制度以收時望制皆許之帝在房州時常謂后曰一朝見天日誓不相禁忌及得志受上官昭容邪說引武三思入宮中升御牀與后雙陸帝爲點籌以爲歡笑醜聲日聞于外乃大出宮女雖左右內職而許時出禁中上官氏及宮人貴倖者皆立外宅出入不節朝官邪佞者候之恣爲狎遊祈其賞秩以至要官時侍中敬暉謀去諸武武三思患之乃結上官氏以爲援因得幸於后潛入宮中謀議乃諷百官上帝尊號爲應天皇帝后爲順天皇后帝與后親謁太廟告謝受尊號之意於是三思驕橫用事敬暉王同晈相次夷滅天下咸歸咎於后后方優寵親屬內外封拜遍列清要又欲寵樹安樂公主乃制公主開府置官屬太平公主儀比親王長寧安樂二府不置長史而已宜城公主等以非后所生各減太平之半安樂恃寵驕恣賣官鬻獄勢傾朝廷常自草制敕掩其文而請帝書焉帝笑而從之竟不省視又請自立爲皇太女帝雖不從亦不加譴所署府寮皆猥濫非才又廣營第宅侈靡過甚長寧及諸公主迭相倣效天下咸嗟怨之神龍三年節愍太子死後宗楚客率百寮上表加后號爲順天翊聖皇后景龍二年春宮中希旨妄稱后衣箱中有五色雲出帝使畫工圖之出示於朝乃大赦天下百寮母妻各加邑號右驍衞將軍知太史事迦葉志忠上表曰昔高祖未受命時天下歌桃李子太宗未受命時天下歌秦王破陣樂高宗未受命時天下歌側堂堂天后未受命時天下歌武媚娘伏惟應天皇帝未受命時天下歌英王石州順天皇后未受命時天下歌桑條韋也女行六合之內齊首蹀足應四時八節之會歌舞同歡豈與夫簫韶九成百獸率舞同年而語哉伏惟皇后降帝女之精合爲國母主蠶桑以安天下后妃之德於斯爲盛謹進桑條歌十二篇伏請宣布中外進入樂府皇后先蠶之時以享宗廟帝悅而許之特賜志忠莊一區雜綵七百段太常少卿鄭愔又引而申之播於舞詠亦受厚賞兵部尚書宗楚客又諷補闕趙延禧表陳符命解桑條以爲十八代之符請頒示天下編諸史冊帝大悅擢延禧爲諫議大夫時上官昭容與其母鄭氏及尚宮柴氏賀婁氏樹用親黨廣納貨賂別降墨敕斜封授官或出臧獲屠販之類累居榮秩又引女巫趙氏出入禁中封爲隴西夫人勢與上官氏爲比三年冬帝將親祠南郊國子祭酒祝欽明司業郭山惲建議云皇后亦合助祭太常博士唐紹蔣欽緒上疏爭之尚書右僕射韋巨源詳定儀注遂希旨協同欽明之議帝納其言以后爲亞獻仍以宰相女爲齋娘以執籩豆欽明又欲請安樂公主爲終獻迫於時議而止四年正月望夜帝與后微行市里以觀燒燈又放宮女數千夜遊縱觀因與外人陰通逃逸不還時國子祭酒葉靜能善符禁小術散騎常侍馬秦客頗閑醫藥光祿少卿楊均以調膳侍奉皆出入宮掖均與秦客皆得幸於后相次丁母憂旬日悉起復舊職時安樂公主與駙馬武延秀侍中紀處訥中書令宗楚客司農卿趙履温互相猜貳迭爲朋黨六月帝遇毒暴崩時馬秦客侍疾議者歸罪於秦客及安樂公主后懼秘不發喪引所親入禁中謀自安之策以刑部尚書裴談工部尚書張錫知政事留守東都又命左金吾大將軍趙承恩及宦者左監門衞大將軍薛崇簡帥兵五百人往均州以備譙王重福后與兄太子少保温定策立温王重茂爲皇太子召諸府兵五萬人屯京城分爲左右營然後發喪少帝卽位尊后爲皇太后臨朝攝政韋温總知內外兵馬守援宮掖駙馬韋捷韋濯分掌左右屯營武延秀及温從子播族弟璿外甥高崇共典左右羽林軍及飛騎萬騎播璿欲先樹威嚴拜官日先鞭萬騎數人衆皆怨不爲之用時京城恐懼相傳將有革命之事往往偶語人情不安臨淄王率薛崇簡鍾紹京劉幽求領萬騎及總監丁夫入自玄武門至左羽林軍斬將軍韋璿韋播及中郎將高崇於寢帳遂斬關而入至太極殿后惶駭遁入殿前飛騎營及武延秀安樂公主皆爲亂兵所殺分遣萬騎誅其黨與韋温温從子捷及族弟嬰宗楚客弟晉卿紀處訥馬秦客葉靜能楊均趙履温衞尉卿王哲太常卿李璡將作少匠李守質及韋氏武氏宗族無少長皆斬之梟后及安樂公主首於東市翌日敕收后屍葬以一品之禮追貶爲庶人安樂公主葬以三品之禮追貶爲悖逆庶人

中宗上官昭容名婉兒西臺侍郎儀之孫也父庭芝與儀同被誅婉兒時在繈褓隨母配入掖庭及長有文詞明習吏事則天時婉兒忤旨當誅則天惜其才不殺但黥其面而已自聖曆已後百司表奏多令參決中宗卽位又令專掌制命深被信任尋拜爲昭容封其母鄭氏爲沛國夫人婉兒既與武三思淫亂每下制敕多因事推尊武后而排抑皇家節愍太子深惡之及舉兵至肅章門扣閤索婉兒婉兒大言曰觀其此意卽當次索皇后以及大家帝與后遂激怒并將婉兒登玄武門樓以避兵鋒俄而事定婉兒常勸廣置昭文學士盛引當朝詞學之臣數賜遊宴賦詩唱和婉兒每代帝及后長寧安樂二公主數首並作辭甚綺麗時人咸諷誦之婉兒又通於吏部侍郎崔湜引知政事湜嘗充使開商山新路功未半而中宗崩婉兒草遺制曲敘其功而加褒賞及韋庶人敗婉兒亦斬於旗下玄宗令收其詩筆撰成文集二十卷令張說爲之序初婉兒在孕時其母夢人遺已大秤占者曰當生貴子而秉國權衡既生女聞者嗤其無効及婉兒專秉內政果如占者之言

睿宗肅明順聖皇后劉氏刑部尚書德威之孫也父延景陝州刺史景雲元年追贈尚書右僕射沛國公儀鳳中睿宗居藩納后爲孺人尋立爲妃生寧王憲壽昌代國二公主文明元年睿宗卽位冊爲皇后及降爲皇嗣后從降爲妃長壽中與昭成皇后同被譖爲則天所殺景雲元年追謚肅明皇后招魂葬於東都城南陵曰惠陵睿宗崩遷祔橋陵以昭成太后故不得入太廟配饗常別祀於儀坤廟開元二十年始祔太廟

睿宗昭成順聖皇后竇氏將作大匠抗曾孫也祖誕大理卿莘國公父孝諶潤州刺史景雲元年追贈太尉邠國公后姿容婉順動循禮則睿宗爲相王時爲孺人甚見禮異光宅元年立爲德妃生玄宗及金仙玉真二公主長壽二年爲戶婢團兒誣譖與肅明皇后厭蠱呪詛正月二日朝則天皇后於嘉豫殿既退而同時遇害梓宮祕密莫知所在睿宗卽位謚曰昭成皇后招魂葬於都城之南陵曰靖陵又立廟於京師號爲儀坤廟睿宗崩后以帝母之重追尊爲皇太后謚仍舊祔葬橋陵遷神主于太廟

玄宗廢后王氏同州下邽人梁冀州刺史神念之後上爲臨淄王時納后爲妃上將起事頗預密謀贊成大業先天元年爲皇后以父仁晈爲太僕卿累加開府儀同三司邠國公后兄守一以后無子常懼有廢立導以符厭之事有左道僧明悟爲祭南北斗刻霹靂木書天地字及上諱合而佩之且呪曰佩此有子當與則天皇后爲比事發上親究之皆驗開元十二年秋七月己卯下制曰皇后王氏天命不祐華而不實造起獄訟朋扇朝廷見無將之心有可諱之惡焉得敬承宗廟母儀天下可廢爲庶人別院安置刑于家室有媿昔王爲國大計蓋非獲已守一賜死其年十月庶人卒以一品禮葬於無相寺寶應元年雪免復尊爲皇后

玄宗貞順皇后武氏則天從父兄子恒安王攸止女也攸止卒後后尚幼隨例入宮上卽位漸承恩寵及王庶人廢後特賜號爲惠妃宮中禮秩一同皇后所生母楊氏封爲鄭國夫人同母弟忠累遷國子祭酒信祕書監惠妃開元初產夏悼王及懷哀王上仙公主並襁褓不育上特垂傷悼及生壽王瑁不敢養於宮中命寧王憲於外養之又生盛王琦咸宜太華二公主惠妃以開元二十五年十二月薨年四十餘下制曰存有懿範沒有

寵章豈獨被於朝班故乃施於亞政可以垂裕斯爲通典故惠妃武氏少而婉順長而賢明行合禮經言應圖史承戚里之華胄昇後庭之峻秩貴而不恃謙而益光以道飭躬以和逮下四德粲其兼備六宮咨而是則法度在已靡資珩珮躬儉化人率先絺紘夙有奇表將加正位前後固讓辭而不受奄至淪歿載深感悼遂使玉衣之慶不及於生前象服之榮徒增於身後可贈貞順皇后宜令所司擇日冊命葬於敬陵時慶王琮等請制齊衰之服有司請以忌日廢務上皆不許之立廟於京中昊天觀南乾元之後祠享亦絶

玄宗楊貴妃高祖令本金州刺史父玄琰蜀州司戶妃早孤養於叔父河南府士曹玄璬開元初武惠妃特承寵遇故王皇后廢黜二十四年惠妃薨帝悼惜久之後庭數千無可意者或奏玄琰女姿色冠代宜蒙召見時妃衣道士服號曰太真旣進見玄宗大悅不期歲禮遇如惠妃太真姿質豐豔善歌舞通音律智筭過人每倩盼承迎動移上意宮中呼爲娘子禮數實同皇后有姊三人皆有才貌玄宗並封國夫人之號長曰大姨封韓國三姨封虢國八姨封秦國並承恩澤出入宮掖勢傾天下妃父玄琰累贈太尉齊國公母封涼國夫人叔玄珪光祿卿再從兄銛鴻臚卿錡侍御史尚武惠妃女太華公主以母愛禮遇過於諸公主賜甲第連於宮禁韓虢秦三夫人與銛錡等五家每有請託府縣承迎峻如詔勑四方賂遺其門如市五載七月貴妃以微譴送歸楊銛宅比至亭午上思之不食高力士探知上旨請送貴妃院供帳器玩廩餼等辦具百餘車上又分御饌以送之帝動不稱旨暴怒笞撻左右力士伏奏請迎貴妃歸院是夜開安興里門入內妃伏地謝罪上歡然慰撫翌日韓虢進食上作樂終日左右暴有賜與自是寵遇愈隆韓虢秦三夫人歲給錢千貫爲脂粉之資銛授三品上柱國私第立戟姊妹昆仲五家甲第洞開僭擬宮掖車馬僕御照耀京邑遞相夸尚每構一堂費踰千萬計見制度宏壯於已者卽徹而復造土木之工不捨晝夜玄宗頒賜及四方獻遺五家如一中使不絶開元已來豪貴雄盛無如楊氏之比也玄宗凡有遊幸貴妃無不隨侍乘馬則高力士執轡授鞭宮中供貴妃院織錦刺繡之工凡七百人其雕刻鎔造又數百人揚益嶺表刺史必求良工造作奇器異服以奉貴妃獻賀因致擢居顯位玄宗每年十月幸華清宮國忠姊妹五家扈從每家爲一隊著一色衣五家合隊照映如百花之煥發而遺鈿墜舄瑟瑟珠翠璨瓓芳馥於路而國忠私於虢國而不避雄狐之刺每入朝或聯鑣方駕不施帷幔每三朝慶賀五鼓待漏靚粧盈巷蠟炬如晝而十宅諸王百孫院婚嫁皆因韓虢爲紹介仍先納賂千貫而奏請罔不稱旨天寶九載貴妃復忤旨送歸外第時吉温與中貴人善温入奏曰婦人智識不遠有忤聖情然貴妃久承恩顧何惜宮中一席之地使其就戮安忍取辱於外哉上卽令中使張韜光賜御饌妃附韜光泣奏曰妾忤聖顏罪當萬死衣服之外皆聖恩所賜無可遺留然髮膚是父母所有乃引刀翦髮一繚附獻玄宗見之驚惋卽使力士召還國忠旣居宰執兼領劍南節度勢漸恣橫十載正月望夜楊家五宅夜遊與廣平公主騎從爭西市門楊氏奴揮鞭及公主衣公主墮馬駙馬程昌裔扶公主因及數撾公主泣奏之上令殺楊氏奴昌裔亦停官國忠二男朏暄妃弟鑑皆尚公主楊氏一門尚二公主二郡主貴妃父祖立私廟玄宗御製家廟碑文并書玄珪累遷至兵部尚書天寶中范陽節度使安祿山大立邊功上深寵之祿山來朝帝令貴妃姊妹與祿山結爲兄弟祿山母事貴妃每宴賜錫賚稠沓及祿山叛露檄數國忠之罪河北盜起玄宗以皇太子爲天下兵馬元帥監撫軍國事國忠大懼諸楊聚哭貴妃銜土陳請帝遂不行內禪及潼關失守從幸至馬嵬禁軍大將陳玄禮密啓太子誅國忠父子旣而四軍不散玄宗遣力士宣問對曰賊本尚在蓋指貴妃也力士復奏帝不獲已與妃詔遂縊死於佛室時年三十八瘞於驛西道側上皇自蜀還令中使祭奠詔令改葬禮部侍郞李揆曰龍武將士誅國忠以其負國兆亂今改葬故妃恐將士疑懼葬禮未可行乃止上皇密令中使改葬於他所初瘞時以紫褥裹之肌膚已壞而香囊仍在內官以獻上皇視之悽惋乃令圖其形於別殿朝夕視之馬嵬之誅國忠也虢國夫人聞難作奔馬至陳倉縣令薛景仙率人吏追之走入竹林先殺其男裴徽及一女國忠妻裴柔曰娘子爲我盡命卽刺殺之已而自刎不死縣吏載之閉於獄中猶謂吏曰國家乎賊乎吏曰互有之血凝至喉而卒遂瘞于郭外韓國夫人壻祕書少監崔峋女爲代宗妃虢國男裴徽尚代宗女延安公主女嫁讓帝男秦國夫人壻柳澄先死男鈞尚長清縣主澄弟潭尚肅宗女和政公主

舊唐書卷五十一考證

高祖太穆皇后竇氏傳后父毅於門屏畫二孔雀諸公子有求婚者輒與兩箭射之潛約中目者許之前後數十輩莫能中高祖後至兩發各中一目毅大悅遂歸于我帝○臣德潛按後代作史不應稱我帝此仍唐人紀錄未曾删正者也書中類此者極多

太宗文德順聖皇后長孫氏傳后因請遣中使齎帛五百疋詣徵宅以賜之○臣宗萬按魏徵傳皇后遣使齎錢四十萬絹四百匹詣徵宅以賜之兩傳互異又按魏徵傳太宗與徵論忠良賜絹五百匹通鑑亦載其事則二者必有一誤也

高宗廢后王氏傳武昭儀令人皆縊殺之○臣德潛按旣云武昭儀令人皆縊殺之後又云截去手足投酒甕中數日而卒是一傳中自相矛盾矣

中宗韋庶人傳中宗廢後每聞制使至惶恐欲自殺后勸王曰禍福倚伏何常之有豈失一死何遽如是也○臣德潛按新書禍福何常早晚等死耳無遽及語意較明舊書豈失一死句或有譌字

玄宗楊貴妃傳韓國夫人壻古壻字祕書少監崔珣女爲代宗妃○臣德潛按韓國夫人崔峋非崔珣後崔妃傳甚明已改正

虢國男裴徽尚代宗女延安公主○臣德潛按肅宗七女中郜國公主下嫁裴徽此誤作代宗而代宗十八主中又並無延安延安乃穆宗女也一語中凡有三誤

# 舊唐書卷五十二

後晉司空同中書門下平章事劉　昫撰

## 列傳第二

### 后妃下



玄宗元獻皇后楊氏弘農華陰人曾祖士達隋納言天授中以則天母族追封士達爲鄭王贈太尉父知慶左千牛將軍贈太尉鄭國公后景雲元年八月選入太子宮時太平公主用事尤忌東宮宮中左右持兩端而潛附太平者必陰伺察事雖纖芥皆聞於上太子心不自安后時方娠太子密謂張說曰用事者不欲吾多息胤恐禍及此婦人其如之何密令說懷去胎藥而入太子於曲室躬自煑藥醺然似寐夢神人覆鼎旣寤如夢如是者三太子異之告說說曰天命也無宜他慮旣而太平誅后果生肅宗太子妃王氏無子后班在下后不敢母肅宗王妃撫鞠慈甚所生開元中肅宗爲忠王后爲妃又生寧親公主張說以舊恩特承寵異說亦奇忠王儀表必知運曆所鍾故寧親公主降說子垍開元十七年后薨葬細柳原玄宗命說爲志文其銘云石獸溢兮綠苔黏宿草殘兮白露霑園寢閉兮脂粉膩不知何年開鏡奩二十四年忠王立爲皇太子至德元年肅宗卽位於靈武二載五月玄宗在蜀誥曰聖人垂範是推顧復之恩王者建極抑有追尊之禮蓋母以子貴德以謚尊故妃弘農楊氏特稟坤靈久叠陰教往以禎塗山之慶降華渚之祥誕發異圖載光帝業而冊命猶闕幽靈尚閟夏王繼統方軫陽域之恩漢后褒榮庶協昭靈之稱宜於彼追冊爲元獻太后寶應二年正月祔葬泰陵

肅宗張皇后本南陽西鄂人後徙家昭應祖母竇氏玄宗母昭成皇太后之妹也昭成爲天后所殺玄宗幼失所恃爲竇姨鞠養景雲中封鄧國夫人恩渥甚隆其子去惑去疑去奢去逸皇姨弟也皆至大官去盈尚玄宗女常芬公主去逸生后天寶中選入太子宮爲良娣后弟淸又尚大寧郡主后辯惠豐頎巧中上旨祿山之亂玄宗幸蜀太子與良娣俱從車駕渡渭百姓遮道請留太子收復長安肅宗性仁孝以上皇播越不欲違離左右宦者李靖忠啓太子請留良娣贊成之白於玄宗太子如靈武時賊已陷京師從官單寡道路多虞每太子次舍宿止良娣必居其前太子曰捍禦非婦人之事何以居前良娣曰今大家跋履險難兵衛非多恐有倉卒妾自當之大家可由後而出庶幾無患及至靈武產子

三日起縫戰士衣太子勞之曰產忌作勞安可容易后曰此非妾自養之時須辦大家事肅宗卽位冊爲淑妃贈父大僕卿去逸左僕射母竇氏封義章縣主姊李羣妻封清河郡夫人妹師師封郕國夫人乾元元年四月冊爲皇后弟駙馬都尉清加特進太常卿同正封范陽郡公皇后寵遇專房與中官李輔國持權禁中干預政事請謁過當帝頗不悅無如之何后於光順門受外命婦朝親蠶苑中內外命婦相見儀注甚盛先在靈武時太子弟建寧王倓爲后誣譖而死自是太子憂懼常恐后之構禍乃以恭遜取容后以建寧之隙常欲危之張后生二子興王佋定王侗興王早薨侗又孩幼故儲位獲安寶應元年四月肅宗大漸后與內官朱輝光馬英俊啖廷瑤陳仙甫等謀立越王係矯詔召太子入侍疾中官程元振李輔國知其謀及太子入二人以難告請太子在飛龍廄元振率禁軍收越王捕朱輝光等俄而肅宗崩太子監國遂移后於別殿幽崩誅馬英俊女道士許靈素配流山人申大芝賜死駙馬都尉清貶硤州司馬弟延和郡主壻鴻臚卿潛貶郴州司馬舅鴻臚卿竇履信貶道州刺史

肅宗韋妃父元珪兗州都督肅宗爲忠王時納爲孺人及昇儲位爲太子妃生兗王僩絳王佺永和公主永穆公主天寶中宰相李林甫不利於太子妃兄堅爲刑部尚書林甫羅織起柳勣之獄堅連坐得罪兄弟並賜死太子懼上表自理言與妃情義不睦請離婚玄宗慰撫之聽離妃遂削髮被尼服居禁中佛舍西京失守妃亦陷賊至德二年薨於京城

肅宗章敬皇后吳氏坐父事沒入掖庭開元二十三年玄宗幸忠王邸見王服御蕭然傍無媵侍命將軍高力士選掖庭宮人以賜之而吳后在籍中容止端麗性多謙抑寵遇益隆明年生代宗皇帝二十八年薨葬於春明門外代宗卽位之年十二月羣臣以肅宗山陵有期準禮以先太后祔陵廟宰臣郭子儀等上表曰儼宸極者允歸於淑德諡徽號者必副於鴻名當履運而承天則因心而追往此先王之明訓聖人之茂典也伏惟先太后圖精挺質方祇禀秀禎符協於四星典禮敦於萬國得元和之正氣韞霄漢之清英顧史求箴道先於壼則撝謙率禮教備於中闈太陰無畀朓之徵丙殿有祝延之慶尊敬師傅佩服禮經勤於蘋藻之薦罔貴珩璜之飾徽音允穆嘉慶聿彰憲度輔佐之勞緝熙玄默之化足以光昭宗祀作配紫微豈羈虞之風行於江漢之域葛覃之詠起自岐陽之下爰膺曆數作啓聖明大拯艱難永清夷夏雖復文母成周王之業慶都誕帝堯之聖異代同符彼多慙德昊蒼不弔聖善長違當圓蒐之成王英早落有坤儀之美象服未加悲懷於先遠之辰感慟於易名之日伏以山陵貞兆良吉有期虞祔之儀式資配享率由故實敬奉嘉名謹按諡法敬慎高明曰章法度明大曰章夙興夜寐曰敬齊莊中正曰敬敢遵先典仰圖懿德謹上尊諡曰章敬皇后二年三月祔葬建陵啓春明門外舊壟后容狀如生粉黛如故而衣皆赭黃色見者駭異以爲聖子符兆之先后父令珪實應初贈太尉母李氏贈秦國夫人叔令瑤拜太子家令封馮翊郡公令瑜太子右諭德封濟陰郡公后兄漵鴻臚少卿封鄄城縣公澄太子賓客濮陽縣公湊太子詹事臨濮縣公並加開府儀同三司漵位終金吾大將軍湊位終京兆尹見外戚傳

代宗睿真皇后沈氏吳興人世爲冠族父易直祕書監開元末以良家子選入東宮賜太子男廣平王天寶元年生德宗皇帝祿山之亂玄宗幸蜀諸王妃主從幸不及者多陷於賊后被拘於東都掖庭及代宗破賊收東都見之留於宮中方經略北征未暇迎歸長安俄而史思明再陷河洛及朝義敗復收東都失后所在莫測存亡代宗遣使求訪十餘年寂無所聞德宗卽位下詔曰王者事父孝故事天明事母孝故事地察則事天莫先於嚴父事地莫盛於尊親朕恭承天命以主社稷執珪璧以事上帝祖宗克配園寢永終而內朝虛位闕問安之禮銜悲內惻憂戀終歲思欲歷舟車之路以聽求音問而主茲重器莫匪深哀是用仰稽舊儀敬崇大號舉茲禮命式遵前典宜令公卿大夫稽度前訓上皇太后尊號建中元年十一月遙尊聖母沈氏爲皇太后陳禮于含元殿庭如正至之儀上袞冕出自東序門立於東方朝臣班於位冊曰嗣皇帝臣名言恩莫重於顧復禮莫貴於徽號上以展愛敬之道下以正春秋之義則祖宗之所禀命臣子之所盡心尊尊親親此焉而在兩漢而下帝王嗣位崇奉尊稱厥有舊章永惟丕烈敢墜前典臣名謹上尊號曰皇太后帝再拜歔欷不自勝左右皆泣下仍以睦王述爲奉迎皇太后使工部尚書喬琳副之候太后問至昇平公主宜備起居於是分命使臣周行天下明年二月吉問至羣臣稱賀既而詐妄自是詐稱太后者數四皆不之罪終貞元之世無聞焉德宗敦崇外族贈太后父易直太師易直子庫部員外郎介福贈太傅介福子德州刺史士衡贈太保易直第二子祕書少監震贈太尉時沈氏封贈拜爵者百餘人貞元七年詔外曾祖隋陝令沈琳贈司徒追封徐國公與外祖贈太師易直等立五廟以琳爲始祿祠廟所須官給后無近屬惟族子房爲近德宗用爲金吾將軍主沈氏之祀憲宗卽位之年九月禮儀使奏太后沈氏厭代登真於今二十七載大行皇帝至孝惟深哀思罔極建中之初已發明詔舟車所至靡不周遍歲月滋深迎訪理絕按晉庾蔚之議尋求三年之後又俟中壽而服之今參詳禮例伏請以大行皇帝啓攢宮日百官舉哀於肅章門內之正殿先令有司造褘衣一副發哀日令內官以褘衣置於幄自後宮人朝夕上食先啓告元陵次告天地宗廟昭德皇后廟太皇太后諡冊造神主擇日祔於代宗廟其褘衣備法駕奉迎於元陵祠復置於代宗皇帝袞衣之右便以發哀日爲國忌詔如奏其年十一月冊諡曰睿真皇后奉神主祔於代宗之室

代宗崔妃博陵安平人父峋祕書少監母楊氏韓國夫人天寶中楊貴妃寵幸卽妃之姨母也時韓國虢國之寵冠於戚里時代宗爲廣平王故玄宗選韓國之女嬪于廣平邸禮儀甚盛生召王偲初妃挾母氏之勢性頗妬悍及西京陷賊母黨皆誅妃從王至靈武恩顧漸薄達京而薨

代宗貞懿皇后獨孤氏父穎左威衛錄事參軍以后貴贈工部尚書后以美麗入宮嬖幸專房故長秋虛位諸姬罕所進御后始冊爲貴妃生韓王迥華陽公主華陽聰悟過人能候上顏色發言必隨喜慍上之所賞則因而美之上之所惡則曲以全之由是鍾愛特異大曆九年公主薨上嗟悼過深數日不視朝宰臣等因中使吳承倩附奏言修短常理以社稷之重宜節哀視事初公主疾上令宗師道教名曰瓊華真人及疾亟上親自臨視屬纊之際嚙傷上指其愛念如此上既未聽朝宰臣等諫曰公主夙成神悟仁眷特鍾嘗禱必親已承減膳幽明遼間倍軫慈衷臣等微誠無由感達伏惟陛下守累聖之公器御羣生之重畜夷百戰之艱患撫四海之傷殘虞候爲虞戎師近警一言萬務裁成聖心得失謬於毫釐安危存於晷刻伏慮顧懷猶切神志未和衆情以之不寧臣子以之兢悸伏願抑周喪之私痛均品物於至公下慰黔黎上安宗社上始聽朝大曆十年五月貴妃薨追諡曰貞懿皇后殯於內殿累年不忍出宮十三年十月方葬命宰臣常袞爲哀冊曰維大曆十年歲在辛卯十月辛酉朔六日丙寅貴妃獨孤氏薨粤明日追諡曰貞懿皇后殯于內殿之西階十三年十月癸酉乃命門下侍郎同平章事常袞持節冊命以其月二十五日丁酉遷座于莊陵禮也素紗列位黼帟周庭輅升玉綴軒軼珠欃皇帝悼鶯掖以追懷感麟迹而增慟備百禮以殷遣命六宮而哀送宗祝薦告司儀降收爰詔侍臣紀垂鴻休其辭曰祚祉悠久寵靈誕受元魏戚藩周隋帝后五侯迭興七貴居右肇啓皇運光膺文母纘女是因以綱大倫生知陰教育我蒸人瑞雲呈彩瑤星降神聰明睿智婉麗貞仁惟昔天監搜求才淑龍德在田葛覃于谷周姜胥宇漢后推轂王業惟艱嬪風已穆繼文傳聖嗣徽克令不曜其光乃終有慶祗奉園寢肅恭靈命越在哀煢聿追孝敬文織絲組朱綠玄黃上供祭服以祀明堂法度有節不待珩璜箴訓之制自盈纖細敘我邦族風于天下始於憂勤協成王化慈厚諸女寵臨下嫁登進賢才勞謙日夜服絺示儉脫簪申誡訪問後言譏遊夙退內加羣娣動有矜誨外睦諸親泣辭封拜闞翟有日親蠶俟時忽歸清漢言復方祗萬乘悼懷羣臣慕思玉衣追慶金鈿同儀嗚呼哀哉去昭陽兮窅然乘雲駕兮何在人代究兮如舊炎涼倏兮已改翠葆森以成列素旗儼而相待言從玉兆之貞永閟瑤華之彩別長秋之西苑過望春兮南登招帝子于北渚從母后於東陵下土清兮動金翠外無像兮中有馮合蕭挽以攢咽結雲雨之淒凝吾君感於幽期俯層亭而望思慘嬪媛以延竚極容衛以盡時搖巾袂兮遠訣隔軒檻兮羣悲不復見兮迴御輦傷如何兮軫睿慈下蘭臯兮背芷陽旌悠悠兮野蒼蒼帶白花兮掩淚衣玄帉兮斷腸嘗盛明兮共樂忽幽處兮獨傷去故廷兮日遠卽新宮兮夜長禭無文繡之飾器無珠貝之藏蓋自我之立制刑有國之大方嗚呼哀哉見送往之空歸歎終焉之如此方士神兮是與非甘泉畫兮疑復似遺音在於玉瑱陳迹留於金卮獻萬壽兮無期存二南之餘美帝追思不已每事欲極哀情常袞當代才臣詔爲哀詞文旨悽悼覽之者惻然華陽公主先葬于城東地卑濕至是徙葬祔於莊陵之園故哀詞云招帝子于北渚從母后於東陵乃詔常參官爲挽歌上自選其傷切者令挽士歌之大曆初后寵遇無雙以恩澤官其宗屬叔太常少卿卓爲少府監后兄良佐太子中允

德宗昭德皇后王氏父遇官至祕書監德宗爲魯王時納后爲嬪上元二年生順宗皇帝特承寵異德宗卽位

冊爲淑妃貞元二年妃病十一月甲午冊爲皇后是日崩於兩儀殿臨畢素服視事旣大殮成服百寮服三日而釋用晉文明后崩天下發哀三日止之義上服凡七日而釋謚曰昭德初令兵部侍郎李紓撰謚冊文旣進帝以紓文謂皇后曰大行皇后非禮留中不出詔翰林學士吳通玄爲之通玄又云咨后王氏議者亦以爲非知禮者以貞觀中岑文本撰文德皇后謚冊曰皇后長孫氏斯得之矣五月葬于靖陵后母郕國夫人鄭氏請設祭詔曰祭筵不可用假花果欲祭者從之自是宗室諸親及李晟渾瑊神策六軍大將皆設祭自啓攢後日數祭至發引方止宰臣韓滉爲哀冊又命宰相張延賞柳渾撰昭德皇后廟樂章旣進上以詞句非工留中不下令學士吳通玄別撰進初后爲淑妃德宗贈后父遇揚州大都督遇子果眉州司馬甥姪拜官者二十餘人永貞元年十一月從靖陵祔葬于崇陵

德宗韋賢妃不知氏族所出初爲良娣貞元二年冊爲賢妃性敏惠言無苟容動必由禮德宗深重之六宮師其德行及德宗崩請於崇陵終喪紀因侍於寢園元和四年薨

順宗莊憲皇后王氏琅邪人曾祖思敬試太子賓客祖難得贈潞州都督封琅邪郡公父顏金紫光祿大夫衞尉卿后幼以良家子選入宮爲才人順宗在藩時代宗以才人賜之時年十三大曆十三年生憲宗皇帝立爲宣王孺人順宗升儲冊爲良娣后言容恭謹宮中稱其德行順宗卽位疾恙未平后供侍醫藥不離左右屬帝不能言冊禮將行復止及永貞內禪冊爲太上皇后元和元年正月順宗晏駕五月尊太上皇后爲皇太后冊禮畢憲宗御紫宸殿宣赦太后居興慶宮后性仁和恭遜深抑外戚無絲毫假貸訓厲內職有母儀之風焉元和十一年三月崩於南內之咸寧殿謚曰莊憲皇后初太常少卿韋繩進謚議公卿署定欲告天地宗廟禮院奏議曰謹按曾子問賤不誄貴幼不誄長禮也古者天子稱天以誄之皇后之謚則讀於廟江都集禮引白虎通曰皇后何所謚之以爲於廟又曰皇后無外事無爲于郊傳曰故雖天子必有尊也準禮賤不得誄貴子不得爵母所以必謚于廟者謚宜受成於祖宗故天子謚成于郊后妃謚成于廟今請準禮集百官連署謚狀訖讀於太廟然後上謚於兩儀殿旣符故事允合禮經從之初稱謚並云莊憲皇太后禮儀使鄭絪奏議秦漢已來天子之后稱皇后母稱皇太后祖母稱太皇太后崩亦如之加太字者所以別尊稱也國朝典禮皆依舊制開元六年正月太常奏昭成皇太后謚號以牒禮部禮部非之太常報曰入廟稱后義繫於夫在朝稱太后義繫於子此載於史冊垂之不刊今百司移牒及奏狀悉詳典故恐不合除太字如謚冊入陵神主入廟卽當去之其年八月祔葬于豐陵后生福王綰漢陽雲安遂安三公主后之祖父母弟見外戚傳

憲宗懿安皇后郭氏尚父子儀之孫贈左僕射駙馬都尉曖之女母代宗長女昇平公主憲宗爲廣陵王時納后爲妃以母貴父祖有大勳於王室順宗深寵異之貞元十一年生穆宗皇帝元和元年八月冊爲貴妃八年十二月百寮拜表請立貴妃爲皇后凡三上章上以歲暮來年有子午之忌且止帝後庭多私愛以后門族華盛慮正位之後不容嬖幸以是冊拜後時元和十五年正月穆宗嗣位閏正月冊爲皇太后陳儀宣政殿庭冊曰嗣皇帝臣名再拜言伏以正坤元母天下符至德以昇大號因景運而飾鴻徽煥乎前聞焯彼古訓以極尊尊親親之義明因天事地之經有自來矣伏惟大行皇帝貴妃大虹毓慶霽月披祥導靈派於昭回揖殊仁於氣母範圍百行表飭六宮粤在中闈流宣陰教輔佐先聖勤勞庶工顧以沖眇遭罹閔凶荷成命於守器之時奉寶圖於鑄鼎之日哀纏易月痛鉅終天而四海無虞萬邦有截仰惟顧復之德敢揚聖善之風謹上尊號曰皇太后是日百寮稱慶外命婦奉賀光順門詔皇太后曾祖贈太保追封岐國公敬之贈太傅太后父駙馬都尉曖贈太尉母號國大長公主贈齊國大長公主后兄司農卿釗爲刑部尚書鏦爲金吾大將軍太后居興慶宮帝每月朔望參拜三朝慶賀帝自率百官詣門上壽或遇良辰美景六宮命婦戚里親屬車騎駢噎於南內鑾珮之音鏘如九奏穆宗意頗奢縱朝夕供御尤爲華侈太后嘗幸驪山登石瓮寺上命景王率禁軍侍從帝自於昭應奉迎遊豫行樂數日方還敬宗卽位尊爲太皇太后及寶曆季年凶徒竊發昭愍暴殞內外震駭宦官迎絳王監國尋又加害太皇太后下令曰大行皇帝睿哲多能對越天命宜荷九廟之重永享億年之祚豈謂姦妖竊發矯專神器蠱惑中外扇誘羣情駭動神人疊深梟鏡咨爾江王聰哲精粹清明在躬智算機閑玄謀雷發躬率義勇大清醜類允膺當璧之符爰攄枕戈之憤旣殲巨逆當享豐福是命爾陟于元后宜令司空平章事晉國公度奉冊卽皇帝位文宗孝而謙謹奉祖母有禮膳羞珍果蠻夷奇貢獻郊廟之後及三宮而後進御武宗卽位以后祖母之尊門地素貴奉之益隆旣而宣宗繼統卽后之諸子也恩禮愈異於前朝大中年崩於興慶宮謚曰懿安皇太后祔葬於景陵后歷位七朝五居太母之尊人君行子孫之禮福壽隆貴四十餘年雖漢之馬鄧無以加焉識者以爲汾陽社稷之功未泯復鍾慶於懿安焉

憲宗孝明皇后鄭氏宣宗之母也蓋內職御女之列舊史殘缺未見族姓所出入宮之由宣宗爲光王時后爲王太妃旣卽位尊爲皇太后會昌六年后弟光夔車中載日月光芒燭六合占者曰必暴貴月餘武宗崩宣宗卽位光以元舅之尊檢校戶部尚書諸衞將軍出爲平盧節度使后大中末崩謚曰孝明

女學士尚宮宋氏者名若昭貝州清陽人父庭芬世爲儒學至庭芬有詞藻生五女皆聰惠庭芬始教以經藝旣而課爲詩賦年未及笄皆能屬文長曰若莘次曰若昭若倫若憲若荀若莘若昭文尤淡麗性復貞素閑雅不尚紛華之飾嘗白父母誓不從人願以藝學揚名顯親若莘教誨四妹有如嚴師著女論語十篇其言模倣論語以韋逞母宣文君宋氏代仲尼以曹大家等代顏閔其間問答悉以婦道所尚若昭注解皆有理致貞元四年昭義節度使李抱真表薦以聞德宗俱召入宮試以詩賦兼問經史中大義深加賞歎德宗能詩與侍臣唱和相屬亦令若莘姊妹應制每進御無不稱善嘉其節槩不羣不以宮妾遇之呼爲學士先生庭芬起家受饒州司馬習藝館內勑賜第一區給俸料元和末若莘卒贈河內郡君自貞元七年已後宮中記注簿籍若莘掌其事穆宗復令若昭代司其職拜尚宮姊妹中若昭尤通曉人事自憲穆敬三帝皆呼爲先生六宮嬪媛諸王公主駙馬皆師之爲之致敬進封梁國夫人寶曆初卒將葬詔所司供鹵簿敬宗復令若憲代司宮籍文宗好文以若憲善屬文能論議奏對尤重之太和中神策中尉王守澄用事委信翼城醫人鄭注賊臣李訓干竊時權訓注惡宰相李宗閔李德裕構宗閔儉邪爲吏部侍郎時令駙馬都尉沈䉪通賂於若憲求爲宰相文宗怒貶宗閔爲潮州司戶䉪柳州司馬幽若憲於外第賜死若憲弟姪女壻等連坐者十三人皆流嶺表李訓敗文宗悟其誣構深惜其才若倫若荀早卒

穆宗恭僖皇后王氏越人父紹卿婺州金華令后少入太子宮元和四年生敬宗穆宗皇帝立爲妃長慶四年二月尊爲皇太后昭愍崇重母族贈紹卿司空后母張氏贈趙國夫人文宗卽位之初號寶曆太后太和八年詔伏以皇太后與寶曆太后每有司行遣稱號未分禮式非便稽諸前代詔令所施不斥言太后以宮名爲稱今寶曆太后居義安殿宜準故事稱義安太后

敬宗郭貴妃父義右威衞將軍長慶末以姿貌選入太子宮敬宗卽位爲才人生晉王普帝以少年有子復以才人容德冠絕特寵異之贈其父禮部尚書又以兄環爲少府少監賜第一區俄冊爲貴妃及昭愍遇盜宮闈變起文宗卽位尤憐晉王有若已子故貴妃禮遇不衰太和二年晉王薨帝深嗟惜贈曰悼懷太子

穆宗貞獻皇后蕭氏福建人初入十六宅爲建安王侍者元和四年十月生文宗皇帝寶曆三年正月敬宗遇弒中尉王守澄率兵討賊迎江王卽位文宗踐祚之日奉冊曰嗣皇帝臣名言古先哲王之有天下也必以孝敬奉於上慈惠浹於下極誠意以厚人倫思由近以及遠故自家而刑國以臣奉嚴慈之訓承教撫之仁而長樂尚鬱其鴻名內朝未崇於正位則率土臣子懃懃懇懇延頸企踵曷以塞其心乎是用特舉彝章式遵舊典稽首再拜謹上穆宗睿文惠孝皇帝妃尊號曰皇太后伏惟與天合德義申錫慶允釐陰教祇修內則廣六宮之教參十亂之功頤神保和弘覆萬有后因亂去鄉里自入王邸不通家問別時父母已喪有母弟一人文宗以母族鮮親惟舅獨存詔閩越連率於故里求訪有戶部茶綱役人蕭洪自言有姊流落估人趙縝引洪見后姊徐國夫人女壻呂璋夫人亦不能省認俱見太后嗚咽不自勝上以爲復得元舅遂拜金吾將軍檢校戶部尚書河陽懷節度使遷檢校左僕射鄜坊節度使先是有自神策兩軍出爲方鎭者軍中多資其行裝至鎭三倍償之時有自左軍出爲鄜坊者資錢未償而卒于鎭乃徵錢於洪宰相李訓雅知洪詐稱國舅洪懼請訓兄仲京爲鄜坊從事以彌縫之洪恃與訓交不與所償又徵於卒者之子洪俾其子接訴於宰相李訓判絕之左軍中尉仇士良深銜之時有閩人蕭本者復稱太后弟士良以本上聞發洪詐假自鄜坊追洪下獄御史臺按鞫具服其僞詔長流驩州賜死于路趙縝呂璋亦從坐洪以僞敗謂本爲真乃拜贊善大夫賜緋魚仍追封其曾祖倰爲太保祖聰爲太傅父倰爲太師賜與鉅萬計本福建人太后有真母弟孱弱不能自達本就之得其家代及內外族屬名諱復士良保任之上亦不疑詐妄

本歷衛尉少卿左金吾將軍開成二年福建觀察使唐扶奏得泉州晉江縣令蕭弘狀自稱是皇太后親弟送赴闕庭詔送御史臺按問事皆僞妄詔遂還本貫開成四年昭義節度使劉從諫上章論蕭本僞稱太后弟云今自上及下異口同音皆言蕭弘是眞蕭本是僞請追蕭弘赴闕與本證明若舍垢於一時終取笑於千古遂詔御史中丞高元裕刑部侍郎孫簡大理卿崔郇三司按弘本之獄具並僞詔曰恭以皇太后族望承齊梁之後僑寓流滯久在閩中慶靈鍾集早歸椒掖終鮮兄弟常所咨嗟朕自臨御已來便遣尋訪冀得諸舅以慰慈顏而姦濫之徒探我情抱因緣州里之近附會祖先之名覬幸我恩假託我外族蕭洪之惡迹未遠蕭本之覆轍相尋弘之本末尤更乖戾三司推鞫曾無似是之蹤宰臣參驗見其難容之狀文欵繼入留中久之朕於視膳之時頻有咨稟恭聞處分惟在眞實巧沐墮桑既無可驗鑿空作僞豈得更容據其罪狀合當極法尚爲含忍投之荒裔蕭本除名長流愛州蕭弘配流儋州初蕭洪詐稱國舅十數年兩授旄鉞寵貴崇於天下蕭本因士良鄉導發洪之詐聯歷顯榮及從諫奏論僞迹難掩而太后終不獲眞弟文宗孝義天然太和中太皇太后居興慶宮寶曆太后居義安殿皇太后居大內時號三宮太后上五日參拜四節獻賀皆由複道幸南內朝臣命婦詣宮門起居上尤執禮造次不失有司嘗獻新苽櫻桃命獻陵寢宗廟之後中使分送三宮十宅初有司送三宮物一例稱賜帝曰物上三宮安得名賜遽取筆塗籍改賜爲奉開成中正月望夜帝於咸泰殿陳燈燭奏仙韶樂三宮太后俱集奉觴獻壽如家人禮諸親王公主駙馬戚屬皆侍宴上性恭儉延安公主衣裾寬大卽時遣還罰駙馬竇澣兩月賜錢武宗卽位供養彌謹蕭太后徙居積慶殿號積慶太后會昌中崩謚曰貞獻

穆宗宣懿皇后韋氏武宗昭肅皇帝之母也事闕

武宗王賢妃事闕

宣宗元昭皇后晁氏懿宗皇帝之母也事闕

懿宗惠安皇后王氏僖宗皇帝之母也事闕

昭宗積善皇后何氏東蜀人入侍壽王邸婉麗多智特承恩顧生德王輝王昭宗卽位立爲淑妃乾寧中車駕在華州冊爲皇后國家自乾符已後盜滿天下妖生九重宮闈榛蕪奔播不暇景福之際姦臣內侮后於蒙塵薄狩之中嘗膳禦侮不離左右左闢右輔之幸時事危迫后消息撫御終獲保全自岐下還京崔亂盡誅黃門宦官每宣諭宰臣但令宮嬪來往是時國命奪於朱氏左右前後皆是汴人宮中動息雖纖芥必聞于朱全忠宮人常懷惴慄帝后垂泣相視天祐初全忠逼遷輿駕東幸洛陽其年八月昭宗遇弒翌日宰相柳璨獨孤損等詐宣皇后令云帝爲宮人害輝王祚宜昇帝位仍尊后爲皇太后遭罹變故迫以凶威宮中哭泣不敢聲聞于外明年十二月全忠將僭位先行九錫然後受禪全忠牙將蔣玄暉在洛陽宮知樞密與太常卿張廷範私議云山西河北未平禪代無利請俟盪定欲有咨諫宣徽副使趙殷衡素與張蔣不恊且欲代知樞密事因使于梁誣告云玄暉私於何太后相與盟詛誓復唐室不欲王受九錫全忠大怒卽日遣使至洛陽誅玄暉廷範柳璨等太后亦被害於積善宮又殺宮人阿秋阿虔仍廢太后爲庶人

贊曰坤德旣軌彤管有煒韋武喪邦毒侔蛇虺陰敎斯僻嬪風寢毀賢哉長孫母儀何偉

舊唐書卷五十二考證

肅宗章敬皇后吳氏傳開元二十三年玄宗幸忠王邸命高力士選掖庭宮人以賜之而吳后在籍中○沈炳震曰按代宗紀以開元十四年生此云二十三年賜以宮人應誤下文云明年生代宗皇帝則二十三年當作十三年也

代宗睿眞皇后沈氏傳德宗敦崇外族贈太后父易直太師易直子庫部員外郎介福贈太傅介福子德州刺史士衡贈太保○沈炳震曰易直子乃易直父介福子乃介福父應誤書也新書中甚明

德宗韋賢妃傳貞元二年冊爲賢妃○新書在四年

順宗莊憲皇后王氏傳傳曰故雖天子必有尊也○舊本必有上多一不字下云準禮賤不得誅貴子不得爵母子下少一不字今並改正

憲宗孝明皇后鄭氏傳后大中末崩○沈炳震曰按本紀咸通六年崩新書亦然此作大中末誤

女學士尚宮宋氏傳○父庭芬生五女長若華後又互書若莘而新書則專云若莘今從新書

穆宗貞獻皇后蕭氏傳太后會昌中崩○沈炳震曰本紀于大中元年崩此應誤

# 舊唐書卷五十三

後晉司空同中書門下平章事劉　昫撰

## 列傳第三

### 李密

李密字玄邃本遼東襄平人魏司徒弼曾孫後周賜弼姓徒何氏祖曜周太保魏國公父寬隋上柱國蒲山公皆知名當代徙爲京兆長安人密以父蔭爲左親侍嘗在仗下煬帝顧見之退謂許公宇文述曰向者左仗下黑色小兒爲誰許公對曰故蒲山公李寬子密也帝曰箇小兒視瞻異常勿令宿衞他日述謂密曰弟聰令如此當以才學取官三衞叢脞非養賢之所密大喜因謝病專以讀書爲事時人希見其面嘗欲尋包愷乘一黃牛被以蒲韉仍將漢書一帙掛於角上一手捉牛靷一手翻卷書讀之尚書令越國公楊素見於道從後按轡躡之旣及問曰何處書生耽學若此密識越公乃下牛再拜自言姓名又問所讀書荅曰項羽傳越公奇之與語大悅謂其子玄感等曰吾觀李密識度汝等不及於是玄感傾心結託大業九年煬帝伐高麗使玄感於黎陽監運時天下騷動玄感將謀舉兵潛遣人入關迎密以爲謀主密至謂玄感曰今天子出征遠在遼外地去幽州懸隔千里南有巨海之限北有胡戎之患中間一道理極艱危今公擁兵出其不意長驅入薊直扼其喉前有高麗退無歸路不過旬朔賫糧必盡舉麾一召其衆自降不戰而擒此計之上也關中四塞天府之國有衞文昇不足爲意若經城勿攻西入長安掩其無備天子雖還失其襟帶據險臨之固當必尅萬全之勢此計之中也若隨近逐便先向東都頓堅城之下勝負殊未可知此計之下也玄感曰公之下計乃上策也今百官家口並在東都若不取之安能動物且經城不拔何以示威密計遂不行玄感旣至東都頻戰皆捷自謂天下嚮應功在朝夕及獲內史舍人韋福嗣又委以腹心是以軍旅之事不專歸密福嗣旣非同謀因戰被執每設籌畫皆持兩端玄感後使作檄文福嗣固辭不肯密揣其情因謂玄感曰福嗣旣非同盟實懷觀望明公初起大事而姦人在側必爲所誤請斬之以謝衆方可安輯玄感曰何至於此密知言之不用退謂所親曰楚公好反而不圖勝如何吾屬今爲虜矣後玄感將西入福嗣竟亡歸東都隋左武衞大將軍李子雄坐事被收繫送行在所於路殺使者亡投玄感乃勸玄感速稱尊號玄感問於密密曰昔陳勝自欲稱王張耳諫而被外魏武將求九錫荀彧止而見疎今者密若正言還恐追蹤二子阿諛順意又非密之本圖何者兵起已來雖復頻捷至於郡縣未有從者東都守禦尚彊天下救兵益至公當身先士衆早定關中迺欲急自尊崇何示人不廣也玄感笑而止及隋將宇文述來護兒等率軍且至玄感謂曰計將安出密曰元弘嗣統彊兵於隴右今可陽言其反遣使迎公因此入關可得紿衆因引軍西入至陝縣欲圍弘農宮密諫之曰公今詐衆西入事宜在速況乃追兵將至安可稽留若前不得據關退無所守大衆一散何以自全玄感不從遂圍之三日不拔方引而西至於閿鄉追兵遂及玄感敗密乃間行入關爲捕者所獲時煬帝在高陽密與其黨俱送帝所謂其徒曰吾等之命同於朝露若至高陽必爲葅醢今在道中猶可爲計安得行就鼎鑊不規逃避也衆然之其多有金者密令出示使者曰吾等死日幸用相瘞其餘卽皆報德使者利其金許之及出關外防禁漸弛密請市酒食每夜醼飲諠譁竟夕使者不以爲意行至邯鄲密等七人穿墻而遁抵平原賊帥郝孝德孝德不甚禮之密又捨去詣淮陽隱姓名自稱劉智遠聚徒教授經數月鬱鬱不得志爲五言詩曰金風蕩初節玉露凋晚林此夕窮塗士鬱陶傷寸心野平葭葦合村荒藜藿深眺聽良多感徙倚獨霑襟霑襟何所爲悵然懷古意秦俗猶未平漢道將何冀樊噲市井徒蕭何刀筆吏一朝時運會千古傳名謚寄言世上雄虛生眞可愧詩成而泣下數行時人有怪之者以告太守趙佗下縣捕之密又亡去會東郡賊帥翟讓聚黨萬餘人密往歸之或有知密是玄感亡將潛勸讓害之讓囚密於營外密因王伯當以策干讓曰當今主昏於上人怨於下銳兵盡於遼東和親絕於突厥方乃巡遊揚越委弃京都此亦劉項奮起之會以足下之雄才大略士馬精勇席卷二京誅滅暴虐則隋氏之不足亡也讓深加敬慕遽釋之遣說諸小賊所至皆降密又說讓曰今兵衆旣多糧無所出若曠日持久則人馬困弊大敵一臨死亡無日矣未若直取滎陽休兵館穀待士勇馬肥然後與人爭利讓以爲然自是破金隄關掠滎陽諸縣城堡多下之滎陽太守楊慶及通守張須陁以兵討讓讓曾爲須陁所敗聞其來大懼將遠避之密曰須陁勇而無謀兵又驟勝旣驕且狠可一戰而擒之公但列陣以待爲公破之讓不得已勒兵將戰密分兵千餘人於木林間設伏讓與戰不利稍卻密發伏自後掩之須陁衆潰與讓合擊大破之遂斬須

隨於陣讓於是令密別統所部密軍陣整肅凡號令兵士雖盛夏皆若背負霜雪躬服儉素所得金寶皆頒賜麾下由是人為之用尋復說讓曰昏主蒙塵播蕩吳越羣兵競起海內飢荒明公以英傑之才而統驍雄之旅宜當廓清天下誅翦羣凶豈可求食草間常為小盜而已今東都士庶中外離心留守諸官政令不一明公親率大衆直掩興洛倉發粟以賑窮乏遠近孰不歸附百萬之衆一朝可集先發制人此機不可失也讓曰僕起隴畝之間望不至此必如所圖請君先發僕領諸軍便為後殿得倉之日當別議之大業十三年春密與讓領精兵千人出陽城北踰方山自羅口襲興洛倉破之開倉恣人所取老弱襁負道路不絕衆至數十萬隋越王侗遣虎賁郎將劉長恭率步騎二萬五千討密密一戰破之長恭僅以身免讓於是推密為主號為魏公二月於鞏南設壇場即位稱元年其文書行下稱行軍元帥魏公府以房彥藻為左長史邴元真為右長史楊得方為左司馬鄭德韜為右司馬拜翟讓為司徒封東郡公單雄信為左武候大將軍徐世勣為右武候大將軍祖君彥為記室其餘封拜各有差於是城洛口周迴四十里以居之長白山賊孟讓率所部歸密鞏縣長柴孝和侍御史鄭頤以鞏縣降密隋虎賁郎將裴仁基率其子行儼以武牢歸密拜為上柱國封河東郡公因遣仁基與孟讓率兵三萬餘人襲迴洛倉破之入東郡俘掠居人燒天津東都出兵乘之仁基等大敗僅以身免密復親率兵三萬逼東都將軍段達虎賁郎將高毗劉長林等出兵七萬拒之戰於故都城隋軍敗走密復下迴洛倉而據之大修營塹以逼東都仍作書以移郡縣曰自元氣肇闢厥初生人樹之帝王以為司牧是以羲農軒頊之后堯舜禹湯之君靡不祇畏上玄愛育黔首乾乾終日翼翼小心馭朽索而同危履春冰而是懼故一物失所若納隍而愧之一夫有罪遂下車而泣之謙德軫於責躬憂勞切於罪己普天之下率土之濱蟠木距於流沙瀚海窮於丹穴莫不鼓腹擊壤鑿井耕田治致昇平驅之仁壽是以愛之如父母敬之若神明用能享國多年祚延長世未有暴虐臨人克終天位者也隋氏往因周末預奉綴衣狐媚而圖聖寶胠篋以取神器及纘承負扆狼虎其心始曀明兩之暉終干少陽之位先皇大漸侍疾禁中遂為梟獍便行鴆毒禍深於莒僕釁酷於商臣天地難容人神嗟憤州吁安忍闕伯日尋劒閣所以懷凶晉陽所以興亂甸人為罄淫刑斯逞夫九族既睦唐帝闡其欽明百世本枝文王表其光大況復隳壞盤石剿絕維城脣亡齒寒寧止虞虢欲其長久其可得乎其罪一也禽獸之行在於聚麀人倫之體別於內外而蘭陵公主逼幸告終誰謂敤首之賢翻見齊襄之恥逮於先皇嬪御並進銀鐶諸王子女咸貯金屋牝雞鳴於詰旦雄雉恣其羣飛衵衣戲陳侯之朝穹廬同冒頓之寢爵賞之出女謁遂成公卿宣淫無復綱紀其罪二也平章百姓一日萬機未曉求衣昃晷不食大禹不貴於尺璧光武不隔於支體以是憂勤深慮幽枉而荒湎于酒俾晝作夜式號且呼甘嗜聲伎常居窟室每藉糟丘朝謁罕見其身羣臣希覩其面斷決自此不行敷奏於是停擁中山千日之飲酩酊無名襄陽三雅之盃留連詎比又廣召良家充選宮掖潛為九市親駕四驢自比商人見要逆旅殷辛之譴為小漢靈之罪更輕內外驚心遐邇失望其罪三也上棟下宇著在易爻茅茨采椽陳諸史籍聖人本意惟避風雨詎待朱玉之華寧須綈錦之麗故璿室崇構商辛以之滅亡阿房崛起二世是以傾覆而不遵古典不念前章廣立池臺多營宮觀金鋪玉戶青瑣丹墀蔽虧日月隔閡寒暑窮生人之筋力罄天下之資財使鬼尚難為之勞人固其不可其罪四也公田所徹不過十畝人力所供纔止三日是以輕徭薄賦不奪農時寧積於人無藏於府而科稅繁猥不知紀極猛火屢燒漏巵難滿頭會箕斂逆折十年之租杼軸其空日損千金之費父母不保其赤子夫妻相棄於匡牀萬戶則城郭空虛千里則煙火斷滅西蜀王孫之室翻同原憲之貧東海糜竺之家俄成鄧通之鬼其罪五也古先哲王卜征巡狩唐虞五載周則一紀本欲親問疾苦觀省風謠乃復廣積薪芻多備饔餼年年歷覽處處登臨從臣疲弊供頓辛苦飄風凍雨聊竊比於先驅車轍馬跡遂周行於天下秦皇之心未已周穆之意難窮宴西母而歌雲浮東海而觀日家苦納秸之勤人阻來蘇之望且夫天下有道守在海外夷不亂華在德非險長城之役戰國所為乃是狙詐之風非關稽古之法而追蹤秦代板築更興襲其基墟延袤萬里屍骸蔽野血流成河積怨滿於山川號哭動於天地其罪六也遼水之東朝鮮之地禹貢以為荒服周王棄而不臣示以羈縻達其聲教苟欲愛人非求拓土又强弩末矢理無穿於魯縞衝風餘力詎能動於鴻毛石田得而無堪雞肋啖而何用而恃衆怙力强兵黷武惟在并吞不思長策夫兵猶火也不戢將自焚遂令億兆夷人隻輪莫返夫差喪國實為黃池之盟苻堅滅身良由壽春之役欲捕鳴蟬於前不知挾彈在後復矢相顧髽而成行義夫切齒壯士扼腕其罪七也直言啓沃王臣匪躬惟木從繩若金須礪唐堯建鼓思聞獻替之言夏禹懸鞀時聽箴規之美而愎諫違卜蠹賢嫉能直士正人皆由屠害左僕射齊國公高熲上柱國宋國公賀若弼或文昌上相或細柳功臣暫吐良藥之言翻加屬鏤之賜龍逢無罪便遭夏癸之誅王子何辜濫被商辛之戮遂令君子結舌賢人緘口指白日而比盛射蒼天而敢欺不悟國之將亡不知死之將至其罪八也設官分職貴在銓衡察獄問刑無聞販鬻而錢神起論銅臭為公梁冀受黃金之蛇孟佗薦蒲萄之酒遂使彝倫攸斁政以賄成君子在野小人在位積薪居上同汲黯之言囊錢不如傷趙壹之賦其罪九也宣尼有言無信不立用命賞祖義豈食言自昏主嗣位每歲行幸南北巡狩東西征伐至如浩亹陪蹕東都守固閭鄉野戰鴈門解圍自外征夫不可勝紀既立功勳須酬官爵而志懷翻覆言行浮詭危急則勳賞懸授克定則絲綸不行異商鞅之頒金同項王之刓印芳餌之下必有懸魚惜其重賞求人死力走丸逆坂匹此非難凡百驍雄誰不讎怨至於匹夫蕞爾宿諾不虧既在乘輿二三其德其罪十也有一於此未或不亡況四維不張三靈總瘁無小無大愚夫愚婦共識殷亡咸知夏滅罄南山之竹書罪未窮決東海之波流惡難盡是以窮奇災於上國猰貐暴於中原三河縱封豕之貪四海被長蛇之毒百姓殲亡殆無遺類十分為計纔一而已蒼生懍懍咸憂杞國之崩赤子嗷嗷但愁歷陽之陷且國祚將改必有常期六百殷亡之年三十姬終之世故讖籙云隋氏三十六年而滅此則厭德之象已彰代終之兆先見皇天無親惟德是輔況乃攙搶竟天申繻謂之除舊歲星入井甘公以為義興兼朱雀門燒正陽日蝕狐鳴鬼哭川竭山崩並是宗廟為墟之妖荊棘旅庭之事夏氏則災釁非多殷人則咎徵更少牽牛入漢方知大亂之期王良策馬始驗兵車之會今者順人將革先天不違大誓孟津陳命景亳三千列國八百諸侯不謀而同辭不召而自至轟轟隱隱如霆如雷彪虎嘯而谷風生應龍驤而景雲起我魏公聰明神武齊聖廣淵總七德而在躬包九功而挺出周太保魏公之孫上柱國蒲山公之子家傳盛德武王承季歷之基地啓元勳世祖嗣元皇之業篤生白水日角之相便彰載誕丹陵大寶之文斯著加以姓符圖緯名協歌謠六合所以歸心三靈所以改卜文王厄於羑里赤雀方來高祖隱於碭山彤雲自起兵誅不道赤伏至自長安鋒銳難當黃星出於梁宋九五龍飛之始天人豹變之初歷試諸難大敵彌勇上柱國司徒東郡公翟讓功宣締構翼亮經綸伊尹之佐成湯蕭何之輔高帝上柱國總管齊國公孟讓柱國歷城公孟暢柱國絳郡公裴行儼大將軍左長史邴元真等並運籌千里勇冠三軍擊劒則截蛟斷鼇彎弧則吟猿落鴈韓彭絳灌成沛公之基寇賈吳馮奉蕭王之業復有蒙輪挾輈之士拔距投石之夫驥馬追風吳戈照日魏公屬當期運伏茲億兆躬擐甲胄跋涉山川櫛風沐雨豈辭勞倦遂起西伯之師將問南巢之罪百萬成旅四七為名呼吸則河渭絕流叱咤則嵩華自拔以此攻城何城不陷以此擊陣何陣不摧譬猶瀉滄海而灌殘熒舉崑崙而壓小卵鼓行而進百道俱前以今月二十一日屆於東都而昏朝文武留守段達等昆吾惡稔飛廉姦佞久迷天數敢拒義兵驅率醜徒衆有十萬迴洛倉北遂來舉斧於是熊羆角逐貔虎爭先因其倒戈之心乘我破竹之勢曾未旋踵瓦解冰銷坑卒則長平未多積甲則熊耳為小達等助桀為虐嬰城自固梯衝亂舞徒設九拒之謀鼓角將鳴空憑百樓之險鷰巢衛幕魚遊宋池殄滅之期匪朝伊暮然興洛虎牢國家儲積我已先據為日久矣既得迴洛又取黎陽天下之倉盡非隋有四方起義足食足兵無前無敵裴光祿仁基雄才上將受脤專征遐邇攸憑安危是託乃識機知變遷殷事夏袁謙擒自藍水張須陁獲在滎陽竇慶戮沒於淮南郭詢授首於河北隋之亡候聊可知也清河公房彥藻近秉戎律畧地東南師之所臨風行電擊安陸汝南隨機蕩定淮安濟陽俄然送款徐圓朗已平魯郡孟海公又破濟陽海內英雄咸來響應封民瞻取平原之境郝孝德據黎陽之倉李士雄虎視於長平王德仁鷹揚於上黨滑公李景考功郎中房山基發自臨渝劉興祖起於白狼崔白駒在潁川起方獻伯以譙郡來各擁數萬之兵俱期牧野之會滄溟之右函谷以東牛酒獻於軍前壺漿盈於道路諸軍等並衣冠世胄杞梓良才神鼎靈繹之秋裂地封侯之始豹變鵲起今也其時鼉鳴鼈應見機而作宜各鳩率子弟共建功名耿弇之赴光武蕭何之奉高帝豈止金章紫綬華蓋朱輪富貴以重當年忠貞以傳奕葉豈不盛哉若隋代官人同吠堯之犬尚荷王莽之恩仍懷蒯聵之祿審配死於袁氏不如張洽歸曹

范增困於項王未若陳平從漢魏公推以赤心當加好爵擇木而處令不自疑脫猛虎猶豫舟中敵國夙沙之人共縛其主彭寵之僕自殺其君高官上賞即以相授如閣於成事守迷不反崑山縱火玉石俱焚爾等噬臍悔將何及黃河帶地明余旦旦之言皎日麗天知我勤勤之意布告海內咸使聞知祖君彥之辭也俄而德德方俱死復以鄭頲為左司馬鄭虔象為右司馬柴孝和說密曰秦地阻山帶河西楚背之而亡漢高都之而霸如愚意者令仁基守迴洛翟讓守洛口明公親簡精銳西襲長安百姓孰不郊迎必當有征無戰既剋京邑業固兵強方更長驅崤函掃蕩東洛傳檄指撝天下可定但今英雄競起實恐他人我先一朝失之噬臍何及密曰君之所圖僕亦思之久矣誠乃上策但昏主尚存從兵猶衆我之所部並是山東人既見未下洛陽何肯相隨西入諸將出於羣盜留之各競雄雌若然者殆將敗矣密將兵鋒甚銳每入苑與隋軍連戰會密為流矢所中卧於營內東都復出兵乘之密衆大潰弃迴洛倉歸于洛口煬帝遣王世充率勁卒五萬擊之密與戰不利孝和溺死於洛水密哭之甚慟世充營於洛西與密相拒百餘日大小六十餘戰武陽郡丞元寶藏黎陽賊帥李文栢洹水賊帥張昇清河賊帥趙君德平原賊帥郝孝德並歸於密共襲破黎陽倉據之永安大族周法明舉江黃之地以附密齊郡賊帥徐圓朗任城大俠徐師仁淮陽太守趙佗皆歸之翟讓部將王儒信勸讓為大冢宰總統衆務以奪密之權讓兄寬復謂讓曰天子止可自作安得與人汝若不能作我當為之密聞其言陰有圖讓之計會世充列陣而至讓出拒之為世充所擊讓軍少失利密與單雄信等率精銳赴之世充敗走明日讓徑至密所欲為宴樂密具饌以待之其所將左右各分令就食密引讓入坐以良弓示讓讓方引滿密遣壯士自後斬之并殺其兄寬及王儒信讓部將徐世勣為亂兵所斫中重瘡密遽止之得免單雄信等頓首求哀密並釋而慰諭之於是詣讓營諭其將士無敢動者乃命徐世勣單雄信王伯當分統其衆未幾世充襲倉城密復破之世充復移營洛北造浮橋悉衆以擊密密與千餘騎拒之不利而退世充因薄其城下密簡銳卒數百人以邀之世充大潰爭趣浮橋溺死者數萬虎賁郎將楊威王辯霍舉劉長恭梁德董智皆沒于陣世充僅而獲免其夜大雨雪士卒凍死者殆盡密乘勝陷偃師於是修金墉城居之有衆三十餘萬留守韋津

又與密戰於上春門津大敗執於陣將作大匠宇文愷叛東都降于密東至海岱南至江淮郡縣莫不遣使歸密竇建德朱粲楊士林孟海公徐圓朗盧祖尚周法明等並隨使通表於密勸進於是密下官屬咸勸密即尊號密曰東都未平不可議此及義旗建密負其強盛欲自為盟主乃致書呼高祖為兄請合從以滅隋大畧云欲與高祖為盟津之會殪商辛於牧野執子嬰於咸陽其旨以弑後主執代王為意高祖覽書笑曰李密陸梁放肆不可以折簡致之吾方安輯京師未遑東討即相阻絕便是更生一秦密今適所以為吾拒東都之兵守成臯之扼更求韓彭莫如用密宜卑辭推獎以驕其志使其不虞於我我得入關據蒲津而屯永豐阻崤函而臨伊洛吾大事濟矣令記室溫大雅作書報密曰頃者崑山火烈海水羣飛赤縣丘墟黔黎塗炭布衣戎卒鋤耰棘矜爭霸圖王狐鳴蜂起翼翼京洛強弩圍城膴膴周原僵屍滿路主上南巡泛膠舟而忘返匈奴北熾將被髮於伊川輦上無虞羣下結舌大盜移國莫之敢指忽焉至此自貽伊戚七百之基窮於二世周齊以往書契以還邦國淪胥未有如斯之酷者也天生蒸民必有司牧當今為牧非子而誰老夫年餘知命願不及此欣戴大弟攀鱗附翼惟冀早應圖籙以寧兆庶宗盟之長屬籍見容復封於唐斯榮足矣殪商辛於牧野所不忍言執子嬰於咸陽非敢聞命汾晉左右尚須安輯盟津之會未暇卜期今日鑾輿南幸恐同永嘉之勢顧此中原鞠為茂草興言感歎實疚于懷脫知動靜數遲貽報未面靈襟用增勞軫名利之地鋒鏑縱橫深慎垂堂勉茲鴻業密得書甚悅示其部下曰唐公見推天下不足定也於是不虞義師而專意於世充俄而宇文化及率衆自江都北指黎陽兵十餘萬密乃自將步騎二萬拒之隋越王侗稱尊號遣使授密太尉尚書令東南道大行臺行軍元帥魏國公令先平化及然後入朝輔政密將與化及相抗恐前後受敵因卑辭以報謝焉化及至黎陽與密相遇密知其軍少食利在急戰故不與交鋒又遏其歸路密遣徐世勣守倉城化及攻之不能下密知化及糧且盡因偽與和以弊其衆化及弗之悟大喜恣其兵食冀密饋之後知其計化及怒與密大戰于衛州之童山下密為流矢所中頓於汲縣化及力竭糧盡衆多叛之掠汲縣北趣魏縣其將陳智畧張童仁等率所部兵歸于密者前後相繼初化及留輜重於東都遣其所署刑部尚書王軌守之至是軌舉郡降密密引兵

而西遣使朝于東都執弑煬帝人于弘達獻越王侗侗召密入朝至溫縣聞世充作難而止乃歸金墉城時密兵少衣世充兵乏食乃請交易密初難之邴元真好求私利屢勸密密遂許焉初東都絕糧兵士歸密者日有數百至此得食而降人益少密方悔而止密雖據倉而無府庫兵數戰皆不獲賞又厚撫初附之兵由是衆心漸怨武德元年九月世充以其衆五千來決戰密留王伯當守金墉自引精兵就偃師北阻邙山以待之世充軍至密遂敗績裴仁基祖君彥並為世充所虜密與萬餘人馳向洛口世充圍偃師守將鄭頲之下兵士刼叛以城降世充密將入洛口倉城邴元真已遣人潛引世充密陰知之不發其事欲待世充兵半渡洛水然後擊之及世充軍至密候騎不時覺比將出戰世充軍已濟矣密自度不能支引騎而遁徑赴武牢元真竟以城降於世充密將如黎陽或謂密曰殺翟讓之際徐世勣幾至於死今向其所安可保乎時王伯當弃金墉保河陽密以輕騎自武牢歸之謂伯當曰兵敗矣久苦諸君我今自刎請以謝衆伯當抱密號叫慟絕衆皆泣莫能仰視密復曰諸軍幸不相棄當共歸關中密身雖媿無功諸君必保富貴其府掾柳奭對曰昔盆子歸漢尚食均輸明公與唐公同族兼有疇昔之遇雖不陪從起義然而阻東都斷隋歸路使唐公不戰而據京師此亦公之功也衆咸曰然密又謂王伯當曰將軍室家重大豈復與孤俱行哉伯當曰昔漢高誅項蕭何率子弟以從伯當恨不昆季盡從以此為愧耳豈以公今日失利遂輕去就縱身分原野亦所甘心左右莫不感激於是從入關者尚二萬人高祖遣使迎勞相望於道密大喜謂其徒曰我有衆百萬一朝至此命也今事敗歸國幸蒙殊遇當思竭忠以事所奉耳且山東連城數百知吾至此遣使招之盡當歸國比於竇融勲亦不細豈不以一台司見處乎及至京師禮數益薄執政者又來求賄意甚不平尋拜光祿卿封邢國公未幾聞其所部將帥皆不附世充高祖使密領本兵往黎陽招集故時將士經畧世充時王伯當為左武衛將軍亦令為副密行至桃林高祖復徵之密大懼謀將叛伯當頗止之密不從因謂密曰義士之立志也不以存亡易心伯當荷公恩禮期以性命相報公必不聽今秖可同去死生以之然終恐無益也乃簡驍勇數千人著婦人衣戴羃䍦藏刀裙下詐為妻妾自率之入桃林縣舍須臾變服突出因據縣城驅掠畜產直趣南山乘險而東遣人馳告張善相令

以兵應接時右翊衛將軍史萬寶留鎮熊州遣副將盛彥師率步騎數千追躡至陸渾縣南七十里與密相及彥師伏兵山谷密軍半度橫出擊敗之遂斬密時年三十七王伯當亦死之與密俱傳首京師時李勣為黎陽總管高祖以勣舊經事密遣使報其反狀勣表請收葬詔許之高祖歸其屍勣發喪行服備君臣之禮大具威儀三軍皆縞素葬于黎陽山南五里故人哭之多有歐血者邴元真之降世充也以為行臺僕射鎮滑州密故將杜才幹恨元真背密詐與之會伏甲斬之以其首祭于密冢

單雄信者曹州人也翟讓與之友善少驍健尤能馬上用槍密軍號為飛將密偃師失利遂降於王世充署為大將軍太宗圍逼東都雄信出軍拒戰援槍而至幾及太宗徐世勣呵止之曰此秦王也雄信惶懼遂退太宗由是獲免東都平斬於洛陽

史臣曰當隋政板蕩煬帝荒淫搖動中原遠征遼海內無賢臣以匡國外乏良吏以理民兩京空虛兆庶疲弊李密因民不忍首為亂階心斷機謀身臨陣敵據鞏洛之口號百萬之師竇建德輩皆効樂推唐公紿以欣戴不亦偉哉及偃師失律猶存麾下數萬衆苟去猜忌疾趨黎陽任世勣為將臣信魏徵為謀主成敗之勢或未可知至於天命有歸大事已去比陳涉有餘矣始則稱首舉兵終乃甘心為降虜其為計也不亦危乎又不能委質為臣竭誠事上竟為叛者終是狂夫不取伯當之言遂及桃林之禍或以項羽擬之文武器度即有餘壯勇斷果則不及楊素既知密之才幹合為王之爪牙委之癡兒卒為謀主覆族之禍其宜也哉

贊曰烏陽既昇爝火不息狂哉李密始亂終逆

舊唐書卷五十三考證

李宻傳祖曜周太保魏國公○沈炳震曰周書作邢國公新書亦然此存疑

唐公見推天下不足可定○臣德潛按資治通鑑及綱目皆云宻得高祖書甚悅示其部下曰唐公見推天下不足定也句意較明今改正

遣副將盛彥師率步騎數千追躡至陸渾縣南七十里○臣宗萬按通鑑與傳相同河洛記云宻曉入桃林據縣城驅掠畜產趨南山時左翊衛將軍史萬寶在熊州遣將劉善武領兵追躡善武兄善績往在洛口為宻所虜善武因此發憤志在取宻十日十夜倍道

兼行追至陸渾縣南七十里據此所載之事與傳約略相同惟所遣之將劉善武與傳不同而善武取密之故又不知所據何書也

# 舊唐書卷五十四

後晉司空同中書門下平章事劉　昫撰

## 列傳第四

王世充　竇建德

王世充字行滿本姓支西域胡人也寓居新豐祖支頹耨早死父收隨母嫁霸城王氏因冒姓焉仕至汴州長史世充頗涉經史尤好兵法及龜策推步之術開皇中以軍功拜儀同累轉兵部員外郎善敷奏明習法律然舞弄文法高下其心或有駁難之者世充利口飾非辭議鋒起衆雖知其不可而莫能屈大業中累遷江都丞兼領江都宮監時煬帝數幸江都世充善候人主顏色阿諛順旨每入言事帝必稱善乃雕飾池臺陰奏遠方珍物以媚於帝由是益昵之世充知隋政將亂陰結豪俊多收羣心有繫獄抵罪皆枉法出之以樹私恩及楊玄感作亂吳人朱燮晉陵人管崇起兵江南以應之自稱將軍擁衆十餘萬隋遣將軍吐萬緒魚俱羅等討之不尅世充爲其偏將募江都萬餘人頻擊破之每有尅捷必歸功於下所獲軍實皆推與士卒由此人爭爲用功最居多十年齊郡賊帥孟讓自長白山寇掠諸郡至盱眙有衆十餘萬世充以兵拒之保都梁山爲五柵相持不戰乃倡言兵走羸師自弱讓笑曰王世充文法小吏安能領兵吾今生縛取之鼓行而入江都時百姓皆入壁野無所掠賊衆漸餒又苦柵當其道不得南侵卽分兵圍五柵世充每日擊之陽不利走還入柵如是數日讓益輕之乃稍分人於南方抄留兵纔足以圍柵世充知其懈乃於營中夷竈撤幕設方陣四面外向毀柵而出奮擊大破之讓以數十騎遁去斬首萬餘級俘虜十餘萬人煬帝以世充有將帥才畧復遣領兵討諸小盜所向盡平十一年突厥圍煬帝於鴈門世充盡發江都人將往赴難在軍中蓬首垢面悲泣無度曉夜不解甲藉草而卧煬帝聞之以爲忠益信任之十二年遷江都通守時厭次人格謙爲盜數年兵十餘萬在豆子䴚中爲太僕卿楊義臣所殺世充帥師擊其餘衆破之又擊盧明月於南陽虜獲數萬後還江都煬帝大悅自執杯酒以賜之及李密攻陷洛口倉進逼東都煬帝特詔世充大發兵於洛口拒密前後百餘戰未有勝負又遣就軍拜世充爲將軍趣令破賊世充引軍渡洛水與李密戰世充軍敗績溺死者萬餘人乃率餘衆歸河陽時天寒大雪兵士在道凍死者又數萬人比至河陽纔以千數世充自繫獄請罪越王侗遣使赦之徵還洛陽置營於含嘉倉城收合亡散復得萬餘人俄而宇文化及作難太府卿元文都武衛將軍皇甫無逸右司郎中盧楚奉越王侗嗣位於東都拜世充爲吏部尚書封鄭國公文都謂楚等曰今化及弑逆讎恥未報吾雖志在枕戈而力所不及爲國計者莫如以尊官寵李密以庫物權啗之使擊化及令兩賊自鬬化及既破而密之兵固亦疲矣又其士卒得我之賞居我之官內外相親易爲反間我師養力以乘其弊則密亦可圖也楚等以爲然卽日遣使拜密爲太尉尚書令令討化及密遂稱臣奉制以兵拒化及於黎陽每戰勝則遣使告捷衆皆悅世充獨謂其麾下諸將曰文都之輩刀筆吏耳吾觀其勢必爲李密所擒且吾軍人每與密戰殺其父兄子弟前後已多一旦爲之下吾屬無類矣出言以激怒其衆文都知而大懼與楚等謀因世充入內伏甲而殺之期有日矣納言段達庸懦恐事不果遣其女聟張志以楚等謀告世充其夜勒兵圍宮城將軍費曜田闍等拒戰於東太陽門外曜軍敗世充遂攻門而入無逸以單騎遁走獲楚殺之時宮門閉世充遣人扣門言於侗曰元文都等欲執皇帝降于李密段達知而告臣臣非敢反誅反者耳初文都聞變入奉侗於乾陽殿陳兵衛之令將帥乘城以拒難段達矯侗命執文都送於世充至則亂擊而死達又矯侗命開門以納世充世充悉遣人代宿衛者然後入謁陳謝曰文都等無狀謀相屠害事急爲此不敢背國侗與之盟其日進拜尚書左僕射總督內外諸軍事世充去含嘉城移居尚書省專宰朝政以其兄世惲爲內史令入居禁中子弟咸擁兵馬鎮諸城邑未幾李密破化及還其勁兵良馬多戰死士卒疲倦世充欲乘其弊而擊之恐人心不一乃假託鬼神言夢見周公乃立祠於洛水遣巫宣言周公欲令僕射急討李密當有大功不則兵皆疫死世充兵多楚人俗信妖言衆皆請戰世充簡練精勇得二萬餘人馬二千餘匹軍於洛水南密軍偃師北山上時密新破化及有輕世充之心不設壁壘世充夜遣三百餘騎潛入北山伏谿谷中令軍人秣馬蓐食遲明而薄密密出兵應之陣未成列而兩軍合戰其伏兵發乘高而下馳壓密營又縱火焚其廬舍密軍潰降其將張童仁陳智畧進下偃師密走保洛口初世充兄世偉及子玄應隨化及至東郡密得而囚之於城中至是盡獲之又執密長史邴元眞妻子司馬鄭虔象之母及諸將子弟皆撫慰之各令潛呼其父兄世充進兵次洛口邴元眞鄭虔象等舉倉城以應之密以數十騎走河陽率餘衆入朝世充盡收其衆振旅而還侗進拜世充太尉以尚書省爲其府備置官屬世充立三牓於府門之外一求文才學識堪濟世務者一求武藝絶人摧鋒陷陣者一求能理冤枉擁抑不申者於是上書陳事日有數百世充皆躬自省覽殷懃慰勞好行小惠下至軍營騎士皆飾辭以誘之當時有識者見其心口相違頗以懷貳世充嘗於侗前賜食還家大嘔吐疑遇毒所致自是不復朝請與侗絶矣遣雲定興段達入奏於侗請加九錫之禮二年三月遂策授相國總百揆封鄭王加九錫備物有道士桓法嗣者自言解圖讖乃上孔子閉房記畫作丈夫持一竿以驅羊釋云隋楊姓也干一者王字也王居羊後明相國代隋爲帝也又取莊子人間世德充符二篇上之法嗣釋曰上篇言世下篇言充此卽相國名矣明當德被人間而應符命爲天子也世充大悅曰此天命也再拜受之卽以法嗣爲諫議大夫世充又羅取雜鳥書帛繫其頸自言符命而散放之有彈射得鳥來而獻者亦拜官爵段達雲定興等入見於侗曰天命不常鄭王功德甚盛願陛下揖讓告禪遵唐虞之迹侗怒曰天下者高祖之天下若隋德未衰此言不可發必天命有改亦何論於禪讓公等皆是先朝舊臣忽有斯言朕復當何所望段達等莫不流涕世充又使人謂曰今海內未定須得長君待四方乂安復子明辟必若前盟義不違負四月假爲侗詔策禪位遣兄世惲廢侗於含涼殿世充僭卽皇帝位建元曰開明國號鄭先封同姓王隆爲淮陽王整爲東郡王楷爲馮翊王素爲樂安王次封叔瓊爲陳王兄世衡爲秦王世偉爲楚王世惲爲齊王又封瓊子辯爲杞王衡子虔壽爲蔡王偉子弘烈爲魏王行本爲荊王琬爲代王惲子仁則爲唐王道誠爲衛王道詢爲趙王道稜爲燕王兄世師子太爲宋王君度爲越王立子玄應爲皇太子封子玄恕爲漢王世充每聽朝必殷懃誨諭言辭重復千端萬緒百司奉事疲於聽受或輕騎遊歷街衢亦不清道百姓但避路而已按轡徐行謂百姓曰昔時天子深坐九重在下事情無由聞徹世充非貪寶位本欲救時今當如一州刺史每事親覽當與士庶共評朝政恐門禁有限慮致壅塞今止順天門外置座聽朝又令西朝堂受抑屈東朝堂受直諫於是獻書上事日有數百條疏既煩省覽難遍數日後不復更出五月世充禮部尚書裴仁基及其子左輔大將軍行儼尚書左丞宇文儒童等數十人謀誅世充復尊立侗事洩皆見害夷其三族六月世惲因勸世充害侗以絶衆望世充遣其姪行本鴆殺侗諡曰恭皇帝其將軍羅士信率其衆千餘人來降十月世充率衆東徇地至于滑州仍以兵臨黎陽十一月竇建德入世充之殷州殺掠居人焚燒積聚以報黎陽之役三年二月世充殺中監豆盧達來降世充見衆心日離乃嚴刑峻制家一人逃者無少長皆坐爲戮父子兄弟夫妻許其相告而免之又令五家相保有全家叛去而鄰人不覺者誅及四鄰殺人相繼其逃亡益甚至於樵採之人出入皆有限數公私窘急皆不聊生又以宮城爲大獄意有所忌卽收繫其人及家屬於宮中又每使諸將出外亦收其親屬質於宮內囚者相次不減萬口既粮食餧死者日數十人世充屯兵不散倉粟日盡城中人相食或握土置瓮中用水淘汰沙石沉下取其上浮泥投以米屑作餅餌而食之人皆體腫而脚弱枕倚於道路其尚書郎盧君業郭子高等皆死於溝壑七月秦王率兵攻之師至新安世充鎮堡相次來降八月秦王陳兵於青城宮世充悉兵來拒隔澗而言曰隋末喪亂天下分崩長安洛陽各有分地世充唯願自守不敢西侵計熊穀二州相去非遠若欲取之豈非度內既敦隣好所以不然王乃盛相侵軼遠入吾地三崤之道千里饋糧以此出師未見其可太宗謂曰四海之內皆承正朔唯公執迷獨阻聲教東都士庶亟請王師關中義勇感恩致力至尊重違衆願有斯弔伐若轉禍來降則富貴可保如欲相抗無假多言世充無以報太宗分遣諸將攻其城鎮所至輒下九月王君廓攻拔世充之轘轅縣東徇地至管城而還於是河南州縣相次降附竇建德自侵殷州之後與世充遂結深隙信使斷絶十一月竇建德又遣人結好并陳救援之意世充乃遣其兄子琬及內史令長孫安世報聘且乞師四年二月世充率兵出方諸門與王師相

抗世充軍敗因乘勝追之屯其城門世充步卒不得入驚散南走追斬數千級虜五千餘人世充從此不復敢出但嬰城自守以待建德之援三月秦王擒建德并王琬長孫安世等于武牢迴至東都城下以示之且遣安世入城使言敗狀世充惶惑不知所爲將潰圍而出南走襄陽謀於諸將皆不荅乃率其將吏詣軍門請降於是收其府庫頒賜將士世充黄門侍郎薛德音以文檄不遜先誅之次收世充黨與段達楊汪單雄信陽公卿郭士衡郭什柱董濬張童仁朱粲等十餘人皆斬于洛渚之上秦王以世充至長安高祖數其罪世充對曰計臣之罪誠不容誅但陛下愛子秦王許臣不死高祖乃釋之與兄芮妻子同徙于蜀將行爲讎人定州刺史獨孤修所殺子玄應及兄世偉等在路謀叛伏誅世充自篡位凡三年而滅

竇建德貝州漳南人也少時頗以然諾爲事嘗有鄉人喪親家貧無以葬時建德耕於田中聞而嘆息遽輟耕牛往給喪事由是大爲鄉黨所稱初爲里長犯法亡去會赦得歸父卒送葬者千餘人凡有所贈皆讓而不受大業七年募人討高麗本郡選勇敢尤異者以充小帥遂補建德爲二百人長時山東大水人多流散同縣有孫安祖家爲水所漂妻子餒死縣以安祖驍勇亦選在行中安祖辭貧白言漳南令令怒笞之安祖刺殺令亡投建德建德舍之是歲山東大飢建德謂安祖曰文皇帝時天下殷盛發百萬之衆以伐遼東尚爲高麗所敗今水潦爲災黎庶窮困而主上不恤親駕臨遼加以往歲西征瘡痍未復百姓疲弊累年之役行者不歸今重發兵易可搖動丈夫不死當立大功豈可爲逃亡之虜也我知高雞泊中廣大數百里莞蒲阻深可以逃難承間而出虜掠足以自資既得聚人且觀時變必有大功於天下矣安祖然其計建德招誘逃兵及無產業者得數百人令安祖率之入泊中爲羣盜安祖自稱將軍鄃人張金稱亦結聚得百人在河阻中蓚人高士達又起兵得千餘人在清河界中時諸盜往來漳南者所過皆殺掠居人焚燒舍宅獨不入建德之閭由是郡縣意建德與賊徒交結收繫家屬無少長皆殺之建德聞其家被屠滅率麾下二百人亡歸士達自稱東海公以建德爲司兵後安祖爲張金稱所殺其兵數千人又盡歸于建德自此漸盛兵至萬餘人猶往來高雞泊中每傾身接物與士卒均執勤苦由是能致人之死力十二年涿郡通守郭絢率兵萬餘人來討士達士達自以智畧不及建德乃進爲軍司馬咸以兵授焉建德既初董衆欲立奇功以威羣賊請士達守輜重自簡精兵七千人以拒絢詐爲與士達有隙而叛之士達又宣言建德背亡而取虜獲婦人紿爲建德妻子於軍中殺之建德僞遣人遺絢書請降願爲前驅破士達以自効絢信之即引兵從建德至長河界期與爲盟共圖士達絢兵益懈而不備建德襲之大破絢軍殺畧數千人獲馬千餘匹絢以數十騎遁走遣將追及於平原斬其首以獻士達由是建德之勢益振隋遣太僕卿楊義臣率兵萬餘人討張金稱破之於清河所獲賊衆皆屠滅餘散在草澤間者復相聚而投建德義臣乘勝至平原欲入高雞泊中建德謂士達曰歷觀隋將善用兵者唯義臣耳新破金稱遠來襲我其鋒不可當請引兵避之令其欲戰不得空延歲月將士疲倦乘便襲擊可有大功今與爭鋒恐公不能敵也士達不從其言因留建德守壁自率精兵逆擊義臣戰小勝而縱酒高宴有輕義臣之心建德聞之曰東海公未能破賊而自矜大此禍至不久矣隋兵乘勝必長驅至此人心驚駭吾恐不全遂留人守壁自率精鋭百餘據險以防士達之敗後五日義臣果大破士達於陣斬之乘勢追奔將圍建德守兵既少聞士達敗衆皆潰散建德率百餘騎亡去行至饒陽觀其無守備攻陷之撫循士衆人多願從又得三千餘兵初義臣既殺士達以爲建德不足憂建德復還平原收士達敗兵之死者悉收葬焉爲士達發喪三軍皆縞素招集亡卒得數千人軍復大振始自稱將軍初羣盜得隋官及山東士子皆殺之唯建德每獲士人必加恩遇初得饒陽縣長宋正本引爲上客與參謀議此後隋郡長吏稍以城降之軍容益盛勝兵十餘萬人十三年正月築壇場於河間樂壽界中自稱長樂王年號丁丑署置官屬七月隋遣右翊衛將軍薛世雄率兵三萬來討之至河間城南營於七里井建德聞世雄至選精兵數千人伏河間南界澤中悉拔諸城僞遁云亡入豆子䴚中世雄以爲建德畏已乃不設備建德覘知之自率敢死士一千人襲擊世雄會雲霧晝晦兩軍不辯隋軍大潰自相踏藉死者萬餘世雄以數百騎而遁餘軍悉陷於是建德進攻河間頻戰不下其後城中食盡又聞煬帝被弒郡丞王琮率士吏發喪建德遣使弔之琮因使者請降建德退舍具饌以待焉琮率官屬素服面縛詣軍門建德親解其縛與言隋亡之事琮俯伏悲哀建德亦爲之泣諸賊帥或進言曰琮拒我久殺傷甚衆計窮方出今請烹之建德曰此義士也方加擢用以勵事君者安可殺之往在泊中共爲小盜容可恣意殺人今欲安百姓以定天下何得害忠良乎因令軍中曰先與王琮有隙者今敢動搖罪三族即日授琮瀛州刺史始都樂壽號曰金城宮自是郡縣多下之武德元年冬至日於金城宮設會有五大鳥降于樂壽羣鳥數萬從之經日而去因改年爲五鳳有宗城人獻玄珪一枚景城丞孔德紹曰昔夏禹膺籙天錫玄珪今瑞與禹同宜稱夏國建德從之先是有上谷賊帥王須拔自號漫天擁衆數萬入掠幽州中流矢而死其亞將魏刀兒代領其衆自號歷山飛入據深澤有徒十萬建德與之和刀兒因弛守備建德襲破之又盡并其地二年宇文化及僭號於魏縣建德謂其納言宋正本內史侍郎孔德紹曰吾爲隋之百姓數十年矣隋爲吾君二代矣今化及殺之大逆無道此吾讎矣請與諸公討之何如德紹曰今海內無主英雄競逐大王以布衣而起漳浦隋郡縣官人莫不爭歸附者以大王仗順而動義安天下也宇文化及與國連姻父子兄弟受恩隋代身居不疑之地而行弒逆之禍篡隋自代乃天下之賊也此而不誅安用盟主建德稱善即日引兵討化及連戰大破之化及保聊城建德縱撞車拋石機巧絕妙四面攻城陷之建德入城先謁隋蕭皇后與語稱臣悉收弒煬帝元謀者宇文智及楊士覽元武達許弘仁孟景集隋文武官對而斬之梟首轅門之外化及并其二子同載以檻車至大陸縣斬之建德每平城破陣所得資財並散賞諸將一無所取又不噉肉常食唯有菜蔬脫粟之飯其妻曹氏不衣紈綺所使婢妾纔十數人至此得宮人以千數並有容色應時放散得隋文武官及驍果尚且一萬亦放散聽其所去又以隋黄門侍郎裴矩爲尚書左僕射兵部侍郎崔君肅爲侍中少府令何稠爲工部尚書自餘隨才拜授委以政事其有欲往關中及東都者亦恣聽之仍給其衣糧以兵援之送出其境攻陷洺州虜刺史袁子幹遷都于洺州號萬春宮遣使往灌津祠竇青之墓置守冢二十家又與王世充結好遣使朝隋越王侗於洛陽後世充廢侗自立乃絕之始自尊大建天子旌旗出警入蹕下書言詔追謚隋煬帝爲閔帝封齊王暕子政道爲鄖公然猶依倚突厥隋義城公主先嫁突厥及是遣使迎蕭皇后建德勒兵千餘騎送之入蕃又傳化及首以獻公主既與突厥相連兵鋒益盛九月南侵相州河州大使淮安王神通不能拒退奔黎陽相州陷殺刺史呂珉又進攻衛州陷黎陽左武衛大將軍李世勣皇妹同安長公主及神通並爲所虜滑州刺史王軌爲奴所殺攜其首以奔建德曰奴殺主爲大逆我何可納之命立斬奴而返軌首於滑州吏人感之即日而降齊濟二州及兗州賊帥徐圓朗皆聞風而下建德釋李世勣使其領兵以鎮黎州三年正月世勣捨其父而逃歸執法者請誅之建德曰勣本唐臣爲我所虜不忘其主逃還本朝此忠臣也其父何罪竟不誅舍同安長公主及神通於別館待以客禮高祖遣使與之連和建德即遣公主與使俱歸嘗破趙州執刺史張昂邢州刺史陳君賓大使張道源等以侵軼其境建德將戮之其國子祭酒淩敬進曰夫犬各吠非其主今鄰人堅守力屈就擒此乃忠確士也若加酷害何以勸大王之臣乎建德盛怒曰我至城下猶迷不降勞我師旅罪何可赦敬又曰今大王使大將軍高士興於易水抗禦羅藝兵纔至士興即降大王之意復爲可不建德乃悟即命釋之其寬厚從諫多此類也又遣士興進圍幽州攻之不剋退軍籠火城爲藝所襲士興大潰先是其大將王伏寶多勇畧功冠等倫羣帥嫉之或言其反建德將殺之伏寶曰我無罪也大王何聽讒言自斬左右手乎既殺之後用兵多不利九月建德自帥師圍幽州藝出兵與戰大破之斬首千二百級藝兵頻勝而驕進襲其營建德列陣於營中填塹而出擊藝敗之建德薄其城不剋遂歸洺州其納言宋正本好直諫建德又聽讒言殺之是後人以爲誡無復進言者由此政教益衰先曹州濟陰人孟海公擁精兵三萬據周橋城以掠河南之地其年十一月建德自率兵渡河以擊之時秦王攻王世充於洛陽建德中書舍人劉斌說建德曰今唐有關內鄭有河南夏居河北此鼎足相持之勢也聞唐兵悉衆攻鄭首尾二年鄭勢日蹙而唐兵不解唐強鄭弱其勢必破鄭鄭破則夏有齒寒之憂爲大王計者莫若救鄭鄭拒其內夏攻其外破之必矣若却唐全鄭此常保三分之勢也若唐軍破後而鄭可圖則因而滅之總二國之衆乘唐軍之敗長驅西入京師可得而有此太平之基也建德大悅曰此良策矣適會世充遣使乞師于建德即遣其職方侍郎魏處繪入朝請解世充之圍四年二月建德剋周橋虜海公留其將范願守曹州悉發海公及徐圓朗之衆來救世充軍至滑州世充行臺僕射韓洪開城納之遂進逼元州梁州管州皆陷之屯于滎陽三月秦王入武牢進薄其營多所傷殺并擒其將殷秋石瓚時世

充弟世辯爲徐州行臺遣其將郭士衡領兵數千人從之合衆十餘萬號爲三十萬軍大成皋築宮于板渚以示必戰又遣間使約世充共爲表裏經二月迫於武牢不得進秦王遣將軍王君廓領輕騎千餘抄其糧運獲其大將張青特虜獲甚衆建德數不利人情危駭將帥已下破孟海公皆有所獲思歸洺州凌敬進說曰宜悉兵濟河攻取懷州河陽使重將居守更率衆鳴鼓建旗踰太行入上黨先聲後實傳檄而定漸趨壺口稍駭蒲津收河東之地此策之上也行此必有三利一則入無人之境師有萬全二則拓土得兵三則鄭圍自解建德將從之而世充之使長孫安世陰齎金玉啗其諸將以亂其謀衆咸進諫曰凌敬書生耳豈可與言戰乎建德從之退而謝敬曰今衆心甚銳此天贊我矣因此決戰必將大捷已依衆議不得從公言也敬固爭建德怒扶出焉其妻曹氏又言於建德曰祭酒之言可從大王何不納也請自滏口之道乘唐國之虛連營漸進以取山北又因突厥西抄關中唐必還師以自救此則鄭圍解矣今頓兵武牢之下日月淹久徒爲自苦事恐無功建德曰此非女子所知也且鄭國懸命朝暮以待吾來既許救之豈可見難而退示天下以不信也於是悉衆進逼武牢官軍按甲挫其銳及建德結陣於汜水秦王遣騎挑之建德進軍而戰竇抗當之建德少卻秦王馳騎深入反覆四五合然後大破之建德中槍竄於牛口渚車騎將軍白士讓楊武威生獲之先是軍中有童謠曰豆入牛口勢不得久建德行至牛口渚甚惡之果敗於此地建德所領兵衆一時奔潰妻曹氏及其左僕射齊善行將數百騎遁于洺州餘黨欲立建德養子爲主善行曰夏王平定河朔士馬精強一朝被擒如此豈非天命有所歸也不如委心請命無爲塗炭生人遂以府庫財物悉分士卒各令散去善行乃與建德右僕射裴矩行臺曹旦及建德妻率僞官屬舉山東之地奉傳國等八璽來降七月秦王俘建德至京師斬于長安市年四十九自起軍至滅凡六歲河北悉平其年劉黑闥復盜據山東

史臣曰世充姦人遭逢昏主上則諛佞詭俗以取榮名下則強辯飾非以制羣論終行篡逆自恣陸梁安忍殺人矯情馭衆凡所委任多是叛亡出降秦王不致顯戮其爲幸也多矣建德義伏鄉閭盜據河朔撫馭士卒招集賢良中絕世充終斬化及不殺徐蓋生還神通沉機英斷靡不有初及朱正本王伏寶被讒見害凌敬曹氏陳謀不行遂至亡滅鮮克有終矣然天命有歸人謀不及

贊曰世充篡逆建德愎諫二凶卽誅中原弭亂

舊唐書卷五十四考證

王世充傳進下偃師密走保洛口○臣宗萬按革命記曰世充先於衆中覓得一人眉目狀似李密者陰畜之而不令出師至偃師城下與密未大相接遽令數十騎馳將所畜人頭來云殺得李密世充佯不信遣衆共看咸言是密頭遂於城下勒兵擲於城中城中人亦言是密頭也遂以城降通鑑云世充先索得一人貌類密者縛而匿之戰方酣使牽以過陳前譟曰已獲李密矣此蓋從壺關錄也兩書俱載其事而微有異同傳獨不載故附識之

秦王以世充至長安高祖釋之徙於蜀將行爲讐人定州刺史獨孤脩德所殺○新書作羽林將軍獨孤脩德脩德父機謀歸唐爲世充所屠者也

竇建德傳二年宇文化及僭號於魏縣○新書作武德元年臣宗萬按通鑑化及聞王軌叛大懼引兵欲北其將陳智略等皆降於密化及以二萬衆北趣魏縣時武德元年七月也八月至魏自知必敗鴆殺秦王浩卽皇帝位于魏縣據此當從新書元年爲是

化及并其二子同載以檻車至大陸縣斬之○臣宗萬按隋書載之河間斬之通鑑至襄國斬之三書互異又按河洛記云建德將化及并蕭后南陽公主隨軍於時襄國郡尚爲隋守建德因其廻兵欲攻之營于城下遣大理官引化及出營東南二里許宣令數其罪并二子同時受戮通鑑本諸此也

# 舊唐書卷五十五

後晉司空同中書門下平章事劉　昫撰

## 列傳第五

薛舉子仁杲　李軌　劉武周苑君璋附

高開道　劉黑闥徐圓朗

薛舉河東汾陰人也其父汪徙居金城舉容貌瓌偉凶悍善射驍武絕倫家產鉅萬交結豪猾雄於邊朔初爲金城府校尉大業末隴西羣盜蜂起百姓飢餒金城令郝瑗募得數千人使舉討捕授甲於郡中吏人咸集置酒以饗士舉與其子仁杲及同謀者十三人於座中劫瑗矯稱收捕反者因發兵囚郡縣官開倉以賑貧乏自稱西秦霸王建元爲秦興封仁杲爲齊公少子仁越爲晉公有宗羅睺者先聚黨爲羣盜至是帥衆會之封爲義興公餘皆以次封拜掠官收馬招集羣盜兵鋒甚銳所至皆下隋將皇甫綰屯兵一萬在枹罕舉選精銳二千人襲之與綰軍遇於赤岸陳兵未戰俄而風雨暴至初風逆舉陣而綰不擊之忽返風正逆綰陣氣色昏昧軍中擾亂舉策馬先登衆軍從之隋軍大潰遂陷枹罕時羌首鍾利俗擁兵二萬在岷山界盡以衆降舉兵遂大振進仁杲爲齊王授東道行軍元帥仁越爲晉王兼河州刺史羅睺爲義興王以副仁杲總兵略地又剋鄯廓二州數日間盡有隴西之地衆至十三萬十三年秋七月舉僭號於蘭州以妻鞠氏爲皇后母爲皇太后起墳塋置陵邑立廟於城南其月舉陳兵數萬出拜墓禮畢大會仁杲進兵圍秦州仁越兵趣劒口至河池郡太守蕭瑀拒退之舉命其將常仲興渡河擊李軌與軌將李贇大戰于昌松仲興敗績全軍陷於軌及仁杲剋秦州舉自蘭州遷都之遣仁杲引軍寇扶風郡汧源賊帥唐弼率衆拒之兵不得進初弼起扶風立隴西李弘芝爲天子有徒十萬舉遣使招弼弼殺弘芝引軍從舉仁杲因弼弛備襲破之並有其衆弼以數百騎遁免舉勢益張軍號三十萬將圖京師會義兵定關中遂留攻扶風太宗帥師討敗之斬首數千級追奔至隴坻而還舉又懼太宗踰隴追之乃問其衆曰古來天子有降事否僞黃門侍郎褚亮曰昔趙佗卒歸漢祖蜀主劉禪亦仕晉朝近代蕭琮至今猶貴轉禍爲福自古有之其衛尉卿郝瑗趣而進曰皇帝失問褚亮之言又何悖也昔漢祖屢經敗績蜀先主亟亡妻子戰之利害何代無之安得一戰不捷而爲亡國之計也舉亦悔之荅曰聊發此問試君等耳乃厚賞瑗引爲謀主瑗又勸舉連結梁師都共爲聲勢厚賂突厥餌其戎馬合從并力進逼京師舉從其言與突厥莫賀咄設謀取京師莫賀咄設許以兵隨之期有日矣會都水監宇文歆使于突厥歆說莫賀咄設止其出兵故舉謀不行武德元年豐州總管張長遜進擊宗羅睺舉悉衆來援軍屯高墌縱兵虜掠至于豳岐之地太宗又率衆擊之軍次高墌城度其糧少意在速戰乃命深溝堅壁以老其師未及與戰會太宗不豫行軍長史劉文靜殷開山請觀兵於高墌西南恃衆不設備爲舉兵掩乘其後太宗聞之知其必敗遽與書責之未至兩軍合戰竟爲舉所敗死者十五六大將慕容羅睺李安遠劉弘基皆陷于陣太宗歸于京師舉軍取高墌又遣仁杲進圍寧州郝瑗言於舉曰今唐兵新破將帥並擒京師騷動可乘勝直取長安舉然之臨發而舉疾召巫視之巫言唐兵爲祟舉惡之未幾而死舉每破陣所獲士卒皆殺之殺人多斷舌割鼻或碓擣之其妻性又酷暴好鞭撻其下見人不勝痛而宛轉於地則埋其足纔露腹背而捶之由是人心不附仁杲代董其衆僞謚舉爲武皇帝未葬而仁杲滅仁杲舉長子也多力善騎射軍中號爲萬人敵然所至多殺人納其妻妾獲庾信子立怒其不降磔於猛火之上漸割以啗軍士初拔秦州悉召富人倒懸之以醋灌鼻或杙其下竅以求金寶舉每誡之曰汝智略縱橫足辦我家事而傷於苛虐與物無恩終當覆我宗社舉死仁杲立於折墌城與諸將帥素多有隙及嗣位衆咸猜懼郝瑗哭舉悲思因病不起自此兵勢日衰自劉文靜爲舉所敗後高祖命太宗率諸軍以擊仁杲師次高墌而堅壁不動諸將咸請戰太宗曰我士卒新敗銳氣猶少賊以勝自驕必輕敵好鬭故且閉壁以折之待其氣衰而後奮擊可一戰而破此萬全計也乃令軍中曰敢言戰者斬相持者久之仁杲勇而無謀兼糧餽不屬將士稍離其內史令翟長孫以其衆來降仁杲妹夫僞左僕射鍾俱仇以河州歸國太宗知其可擊遣將軍龐玉擊賊將宗羅睺於淺水原兩軍酣戰太宗以勁兵出賊不意奮擊大破之乘勝進薄其折墌城仁杲窮蹙率僞百官開門降太宗納之王師振旅以仁杲歸於京師及其首帥數千人皆斬之舉父子相繼僞位至滅凡五年隴西平

李軌字處則武威姑臧人也有機辯頗窺書籍家富於財賑窮濟乏人亦稱之大業末爲鷹揚府司馬時薛舉作亂於金城軌與同郡曹珍關謹梁碩李贇安修仁等謀曰薛舉殘暴必來侵擾郡官庸怯無以禦之今宜同心勠力保據河右以觀天下之事豈可束手於人妻子分散乃謀共舉兵皆相讓莫肯爲主曹珍曰常聞圖讖云李氏當王今軌在謀中豈非天命也遂拜賀之推以爲主軌令修仁夜率諸胡入內苑城建旗大呼軌於郭下聚衆應之執縛隋虎賁郎將謝統師郡丞韋士政軌自稱河西大涼王建元安樂署置官屬並擬開皇故事初突厥曷娑那可汗率衆內屬遣弟闕達度闕設領部落在會寧川中有二千餘騎至是自稱可汗來降于軌武德元年冬軌僭稱尊號以其子伯玉爲皇太子長史曹珍爲左僕射謹等議欲盡殺隋官分其家產軌曰諸

人見逼爲主便須稟吾處分義兵之起意在救焚今殺人取物是爲狂賊立計如此何以求濟乎迺署統師太僕卿士政太府卿薛舉遣兵侵軌軌遣其將李贇擊敗于昌松斬首二千級盡虜其衆復議放還之贇言於軌曰今竭力戰勝俘虜賊兵又縱放之還使資敵不如盡坑之軌曰不然若有天命自擒其主此輩士卒終爲我有若事不成留此何益遂遣之未幾攻陷張掖燉煌西平枹罕盡有河西五郡之地其年軌殺其吏部尚書梁碩初軌之起也碩爲謀主甚有智畧衆咸憚之碩見諸胡種落繁盛乃陰勸軌宜加防察與其戶部尚書安修仁由是有隙又軌子仲琰懷恨形於辭色修仁因之構成碩罪更譖毀之云其欲反軌令齎鴆就宅殺焉是後故人多疑懼之心朁從此稍離時高祖方圖薛舉遣使潛往涼州與之相結下璽書謂之爲從弟軌大悅遣其弟懋入朝獻方物高祖授懋大將軍還涼州又令鴻臚少卿張侯德持節冊拜爲涼州總管封涼王給羽葆鼓吹一部軌召羣寮廷議曰今吾從兄膺受圖籙據有京邑天命可知一姓不宜競立今去帝號受冊可乎曹珍進曰隋失天下英雄競逐稱王號帝鼎峙瓜分唐國自據關中大涼自處河右已爲天子奈何受人官爵若欲以小事大宜依蕭詧故事自稱梁帝而稱臣於周軌從之二年遣其尚書左丞鄧曉隨使者入朝表稱皇從弟大涼皇帝臣軌而不受官時有胡巫惑之曰上帝當遣玉女從天而降遂徵兵築臺以候玉女多所糜費百姓患之又屬年飢人相食軌傾家賑之私家罄盡不能周遍又欲開倉給粟召衆議之珍等對曰國以人爲本本既不立國將傾危安可惜此倉粟而坐觀百姓之死乎其故人皆云給粟爲便謝統師等隋舊官人爲軌所獲雖被任使情猶不附每與羣胡相結引進朋黨排軌舊人因其大餧欲離其衆乃詬珍曰百姓餓者自是弱人勇壯之士終不肯困國家倉粟須備不虞豈可散之以供小弱僕射苟悅人情殊非國計軌以爲然由是士庶怨憤多欲叛之初安修仁之兄興貴先在長安表請詣涼州招慰軌高祖謂曰李軌據河西之地連好吐谷渾結援於突厥興兵討擊尚以爲難豈單使所能致也興貴對曰李軌凶强誠如聖旨今若諭之以逆順曉之以禍福彼則憑固負遠必不見從何則臣於涼州奕代豪望凡厥士庶靡不依附臣之弟爲軌所信任職典樞密者數十人以此候隙圖之易於反掌無不濟矣高祖從之興貴至涼州軌授以左右衛大將軍又問以自安之術興貴諭之曰涼州僻遠人物凋殘勝兵雖餘十萬開地不過千里既無險固又接蕃戎戎狄豺狼非我族類此而可久實用爲疑今大唐據有京邑畧定中原攻必取戰必勝是天所啓非人力焉今若舉河西之地委質事之即漢家竇融未足爲比軌默然不答久之謂興貴曰昔吳濞以江左之兵猶稱已爲東帝我今以河右之衆豈得不爲西帝彼雖强大其如帝何君與唐爲計誘引於我酬彼恩遇耳興貴懼乃僞謝曰竊聞富貴不在故鄉有如衣錦夜行今合家子弟並蒙信任榮慶實在一門豈敢興心更懷他志興貴知軌不可動乃與修仁等潛謀引諸胡衆起兵圖軌將圍其城軌率步騎千餘出城拒戰先時有薛舉柱國奚道宜率羌兵三百人亡奔于軌既許其刺史而不授之禮遇又薄深懷憤怨道宜率所部共修仁擊軌軌敗入城引兵登陴冀有外救興貴宣言曰大唐使我來殺李軌不從者誅及三族於是諸城老幼皆出詣修仁軌歎曰人心去矣天亡我乎攜妻子上玉女臺置酒爲別修仁執之以聞時鄧曉尚在長安聞軌敗舞蹈稱慶高祖數之曰汝委質於人爲使來此聞軌淪陷曾無慼容苟悅朕情妄爲慶躍既不能留心於李軌何能盡節於朕乎竟廢而不齒軌尋伏誅自起至滅三載河西悉平詔授興貴右武候大將軍上柱國封涼國公食實封六百戶賜帛萬段修仁左武候大將軍封申國公并給田宅食實封六百戶

劉武周河間景城人父匡徙家馬邑匡嘗與妻趙氏夜坐庭中忽見一物狀如雄雞流光燭地飛入趙氏懷振衣無所見因而有娠遂生武周驍勇善射交通豪俠其兄山伯每誡之曰汝不擇交遊終當滅吾族也數詈辱之武周因去家入洛爲太僕楊義臣帳內募征遼東以軍功授建節校尉還家爲鷹揚府校尉太守王仁恭以其州里之雄甚見親遇每令率虞候屯於閤下因與仁恭侍兒私通恐事泄又見天下已亂陰懷異計乃宣言於郡中曰今百姓飢餓死人相枕於野王府尹閉倉不恤豈憂百姓之意乎以此激怒衆人皆發憤怨武周知衆心搖動因稱疾不起鄉閭豪傑多來候問遂椎牛縱酒大言曰盜賊若此壯士守志並死溝壑今倉內積粟皆爛誰能與我取之諸豪傑皆許諾與同郡張萬歲等十餘人候仁恭視事武周上謁萬歲自後而入斬仁恭於郡廳持其首出徇郡中無敢動者於是開廩以賑窮乏馳檄境內其屬城皆歸之得兵萬餘人武周自稱太守遣使附于突厥隋鴈門郡丞陳孝意虎賁將王智辯合兵討之圍其桑乾鎮會突厥大至與武周共擊智辯隋師敗績孝意奔還鴈門部人殺之以城降于武周於是襲破樓煩郡進取汾陽宮獲隋宮人以賂突厥始畢可汗以馬報之兵威益振乃攻陷定襄復歸于馬邑突厥立武周爲定楊可汗遺以狼頭纛因僭稱皇帝以妻沮氏爲皇后建元爲天興以衛士楊伏念爲左僕射妹壻同縣人苑君璋爲內史令先是上谷人宋金剛有衆萬餘人在易州界爲羣盜定州賊帥魏刀兒與相表裏後刀兒爲竇建德所滅金剛救之戰敗率餘衆四千人奔武周武周聞金剛善用兵得之甚喜號爲宋王委以軍事中分家產遺之金剛亦深自結納遂出其妻請聘武周之妹又說武周入圖晉陽南向以爭天下武周授金剛西南道大行臺令率兵二萬人侵并州軍黃蛇鎮又引突厥之衆兵鋒甚盛襲破榆次縣進陷介州高祖遣太常少卿李仲文率衆討之爲賊所執一軍全沒仲文後得逃還復遣右僕射裴寂拒之戰又敗績武周進逼總管齊王元吉委城遁走武周遂據太原遣金剛進攻晉州六日城陷右驍衛大將軍劉弘基沒于賊進取澮州屬縣悉下夏縣人呂崇茂殺縣令自號魏王以應賊河東賊帥王行本又密與金剛連和關中大駭高祖命太宗益兵進討屯于栢壁相持者久之又命永安王孝基陝州總管于筠工部尚書獨孤懷恩內史侍郎唐儉進取夏縣不能克軍于城南崇茂與賊將尉遲敬德襲破孝基營諸軍並陷四將俱沒敬德還澮州太宗邀擊於美良川大破之敬德與賊將尋相又援王行本於蒲州太宗復破之於蒲州高祖親幸蒲津關太宗自栢壁輕騎謁高祖於行在所宋金剛遂圍絳州及太宗還金剛懼而引退武周復攻李仲文于浩州頻戰皆敗又餽運不屬賊衆大餧於是金剛遂遁太宗復追及金剛于雀鼠谷一日八戰皆破之俘斬數萬人獲輜重千餘兩金剛走入介州王師逼之金剛尚有衆二萬出其西門背城而陣太宗與諸將力戰破之金剛輕騎遁走其驍將尉遲敬德尋相張萬歲收其精兵舉介州及永安來降武周大懼率五百騎棄并州北走自乾燭谷亡奔突厥金剛復收其亡散以拒官軍人莫之從與百餘騎復奔突厥太宗進平并州悉復故地未幾金剛背突厥而亡將還上谷爲追騎所獲腰斬之武周又欲謀歸馬邑事洩爲突厥所殺武周自初起至死凡六載初武周引兵南侵苑君璋說曰唐主舉一州之兵定三輔之地郡縣影附所向風靡此固天命豈曰人謀且并州已南地形險阻若懸軍深入恐後無所繼不如連和突厥結援唐朝南面稱孤足爲上策武周不聽遣君璋守朔州遂侵汾晉及敗泣謂君璋曰恨不用君言乃至於此武周既死突厥又以君璋爲大行臺統其餘衆仍令郁射設督兵助鎮高祖遣諭之君璋部將高滿政謂君璋曰夷狄無禮本非人類豈可北面事之不如盡殺突厥以歸唐朝君璋不從滿政因人心夜逼君璋君璋亡奔突厥滿政遂以城來降拜朔州總管封榮國公明年君璋復引突厥來攻馬邑滿政死之君璋盡殺其黨而去退保恒安君璋所部稍稍離散勢蹙請降高祖許之遣使賜以金券會突厥頡利可汗復遣召之君璋猶豫未決其子孝政曰劉武周足爲殷鑒今既降唐又歸頡利取滅之道也糧儲已盡人情悉離如更遲留變生肘腋恒安人郭子威說君璋曰恒安之地王者舊都山川形勝足爲險固突厥方强爲我脣齒據此堅城足觀天下之變何乃欲降於人也君璋然其計乃執我行人送於突厥與突厥合軍寇太原之北境君璋復見頡利政亂竟率所部來降拜安州都督封芮國公賜實封五百戶

高開道滄州陽信人也少以煑鹽自給有勇力走及奔馬隋大業末河間人格謙擁兵於豆子䴚開道往從之署爲將軍後謙爲隋師所滅開道與其黨百餘人亡匿海曲復出掠滄州招集得數百人北掠城鎮臨渝至于懷遠皆破之悉有其衆武德元年隋將李景守北平郡開道引兵圍之連年不能尅景自度不能支拔城而去開道又取其地進陷漁陽郡有馬數千匹衆且萬人自立爲燕王都于漁陽先是有懷戎沙門高曇晟者因縣令設齋士女大集曇晟與其僧徒五十人擁齋衆而反殺縣令及鎮將自稱大乘皇帝立尼靜宣爲耶輪皇后建元爲法輪至夜遣人招誘開道結爲兄弟改封齊王開道以衆五千人歸之居數月襲殺曇晟悉并其衆三年復稱燕王建元署置百官羅藝在幽州爲竇建德所圍告急於開道乃率二千騎援之建德懼其驍銳於是引去開道因藝遣使來降詔封北平郡王賜姓李氏授蔚州總管時幽州大饑開道許給之粟藝遣老弱就食開道皆厚遇之藝甚悅不以爲虞乃發兵三千人車數百乘驢馬千餘匹請粟于開道悉留之北連突厥告絕於藝復稱燕國是歲劉黑闥入寇山東開道與之連和引兵攻易州不尅而退又遣其將謝稜詐降於藝請兵援接藝出兵應之將至懷戎稜襲破藝兵開道又引突厥頻來爲寇恒定幽易等州皆罹其患突厥頡利可汗

攻馬邑以開道兵善爲攻具引之陷馬邑而去時天下大定開道欲降自以數翻復終恐致罪又北恃突厥之衆其將士多山東人思還本土人心頗離先是劉黑闥亡將張君立奔於開道因與其將張金樹潛相結連時開道親兵數百人皆勇敢士也號爲義兒常在閤內金樹每督兵於閤下金樹將圖開道潛令數人入其閤內與諸義兒陽爲遊戲至日將夕陰斷其弓弦又藏其刀仗聚其矟於床下迨暝金樹以其徒大呼來攻閤下向所遣人抱義兒矟一時而出諸義兒遽將出戰而弓弦皆絕刀仗已失君立於外城舉火相應表裏驚擾義兒窮蹙爭歸金樹開道知不免於是擐甲持兵坐堂上與其妻妾樂酣宴金樹之黨憚其勇不敢逼天將曉開道先縊其妻妾及諸子而後自殺金樹陳兵執其義兒皆斬之又殺張君立死者五百餘人遂歸國開道自初起至滅凡八歲以其地爲嬀州

劉黑闥貝州漳南人無賴嗜酒好博弈不治產業父兄患之與竇建德少相友善家貧無以自給建德每資之隋末亡命從郝孝德爲羣盜後歸李密爲裨將密敗爲王世充所虜世充素聞其勇以爲騎將見世充所爲而竊笑之乃亡歸質其父蓋而使世勣典兵攻新鄉詐以取信遂虜黑闥獻於建德建德署爲將軍封漢東郡公令將奇兵東西掩襲黑闥既遍遊諸賊善觀時變素驍勇多姦詐建德有所經畧必令專知斥候常間入敵中覘視虛實或出其不意乘機奮擊多所尅獲軍中號爲神勇及建德敗黑闥自匿於漳南杜門不出會高祖徵建德故將范願董康買曹湛高雅賢等將赴長安願等相與謀曰王世充以洛陽降其下驍將公卿單雄信之徒皆被夷滅我輩若至長安必無保全之理且夏王往日擒獲淮安王全其性命遣送還之唐家今得夏王即加殺害我輩殘命若不起兵報讎實亦恥見天下人物於是相率復謀反叛卜以劉氏爲主吉共往漳南見建德故將劉雅告之且請雅曰天下已平樂在丘園爲農夫耳起兵之事非所願也衆怒殺雅而去范願曰漢東公劉黑闥果敢多奇畧寬仁容衆恩結於士卒吾久常聞劉氏當有王者今舉大事欲收夏王之衆非其人莫可遂往詣黑闥以告其意黑闥大悅殺牛會衆舉兵得百餘人襲破漳南縣貝州刺史戴元詳魏州刺史權威合兵擊之並爲黑闥所敗元詳及威皆沒于陣黑闥盡收其器械及餘衆千餘人於是范願高雅賢等宿舊左右漸來歸附衆至二千人武德四年七月設壇於漳南祭建德告以舉兵之意自稱大將軍淮安王神通將軍秦武通王行敏前後討之皆爲所敗於是移書趙魏其建德將士往往殺官吏以應黑闥北連懷戎賊帥高開道兵鋒甚銳進至宗城有衆數萬黎州總管李世勣不能拒棄城走保洺州黑闥追擊破之步卒五千人皆歿于陣世勣與武通僅以身免黑闥又徵王琮爲中書令劉斌爲中書侍郎以掌文翰遣使北連突厥頡利可汗遣俟斤宋耶那率胡騎從之黑闥軍大振進陷相州半歲悉復建德故地兗州賊帥徐圓朗舉齊兗之地以附于黑闥其勢益張五年正月黑闥至相州僭稱漢東王建元爲天造以范願爲左僕射董康買爲兵部尚書高雅賢爲右領軍又引建德時文武悉復本位都於洺州其設法行政皆師建德而攻戰勇決過之於是太宗又自請統兵討之師次衛州黑闥數以兵挑戰輒爲官軍所挫黑闥懼委相州而退保于列人營時洺水縣人請爲內應太宗遣總管羅士信入城據守黑闥又攻陷其城士信死之遂據洺州三月太宗阻洺水列營以逼之分遣奇兵斷其糧道黑闥又數挑戰太宗堅壁不應以挫其鋒黑闥城中糧盡太宗度其必來決戰預擁洺水上流謂守堤吏曰我擊賊之日候賊半度而決堰黑闥果率步騎二萬渡洺水而陣與官軍大戰賊衆大潰水又大至黑闥衆不得渡斬首萬餘級溺死者數千人黑闥與范願等以千餘人奔于突厥山東悉定太宗遂引軍於河南以討徐圓朗六月黑闥復借兵於突厥來寇山東七月至定州其舊將曹湛董康買先亡在鮮虞復聚兵以應黑闥高祖遣淮陽王道玄原國公史萬寶討之戰于下博王師敗績道玄死于陣萬寶輕騎逃還由是河北諸州盡叛又降于黑闥旬日間悉復故城復都洺州十一月高祖遣齊王元吉擊之遲留不進又令隱太子建成督兵進討頻戰大捷六年二月又大破之于館陶黑闥引軍北走建成與元吉合千餘騎屯於永濟渠縱騎擊之黑闥敗走命騎將劉弘基追之黑闥爲王師所蹙不得休息道遂兵疲比至饒陽從者纔百餘人衆皆餒入城求食黑闥所署饒州刺史葛德威出門迎拜延之入城黑闥初不許德威謬爲誠敬涕泣固請黑闥乃進至城傍德威勒兵執之送于建成斬於洺州山東復定

徐圓朗者兗州人也隋末亡命爲羣盜據本郡縱兵畧地自瑯邪已西北至東平盡有之勝兵二萬餘人初附於李密密敗歸王世充及洛陽平歸國拜兗州總管封魯郡公高祖令葛國公盛彥師安輯河南行至任城會劉黑闥作亂潛結於圓朗因執彥師舉兵應黑闥自稱魯王黑闥以圓朗爲大行臺元帥兗鄆陳杞伊洛曹戴等八州豪猾皆殺其長吏以應之太宗平黑闥進師曹州遣淮安王神通及李世勣攻之圓朗數出戰不利城內百姓爭踰城降圓朗窮蹙與數騎棄城夜遁爲野人所殺其地悉平

史臣曰薛舉父子勇悍絕倫性皆好殺仁杲尤甚無恩衆叛雖猛何爲李軌竊據鷹揚僭號河西安隋朝官屬不奪其財破李贇甲兵放還其衆是其與也及殺害謀主崇信妖巫衆叛親離其亡也宜哉武周始爲鼠竊偶恣鴟張不用君璋之謀竟爲突厥所殺苑君璋及總餘衆別生異圖見頡利歸朝亦是見機者也黑闥開道勇而無謀顧其行師祗是狂賊皆爲麾下所殺馭衆之道謬哉

贊曰國無紀綱盜興草澤不有隋亂焉知唐德

舊唐書卷五十五考證

薛舉傳其妻性又酷暴好鞭撻其下見人不勝痛而宛轉于地則埋其足纔露腹背而捶之○臣德潛按新書於其子仁杲傳中云其妻亦凶暴喜鞭楚人見宛轉于地者則埋其足露腹背受捶兩書互異

劉武周傳復遣右僕射裴寂拒之戰又敗績武周進逼總管齊王元吉委城遁走○沈炳震曰進逼下應有太原字屬闕文

苑君璋傳君璋然其計執我行人送於突厥○臣德潛按執我行人我字蓋從紀錄原文而未經改正者如我帝之類是也

劉黑闥傳爲王世充所虜世充素聞其勇以爲騎將見世充所爲而竊笑之乃亡歸質其父蓋而使世勣典兵攻新鄉詐以取信遂虜黑闥獻于建德建德署爲將軍○臣德潛按乃亡歸下明有闕文據勣傳及新書時世勣陷于建德建德使攻新鄉虜黑闥獻之明是建德質其父蓋而使世勣行詐謀也闕數語文義不明

七月至定州其舊將曹湛董康買先亡在鮮虞復聚兵以應黑闥高祖遣淮陽王道玄等討之戰于下博王師敗績○曹湛新書作曹該高祖本紀事在十月非七月

史臣總論破李贇甲兵放還其衆○臣德潛按李軌本傳軌遣贇破薛舉兵贇請坑之軌不從則破李贇甲兵一語乃誤認也

見頡利歸朝亦是見機者也○臣德潛按苑君璋本傳見頡利政亂竟率所部來降論中見頡利下明脫落政亂意

# 舊唐書卷五十六

後晉司空同中書門下平章事劉　昫撰

## 列傳第六

蕭銑　杜伏威（闞稜　王雄誕）　輔公祏　沈法興
李子通（朱粲　張善安）　林士弘　羅藝　梁師都（劉季真　李子和）

蕭銑後梁宣帝曾孫也祖巖隋開皇初叛隋降於陳陳亡爲文帝所誅銑少孤貧傭書自給事母以孝聞煬帝時以外戚擢授羅川令大業十三年岳州校尉董景珍雷世猛旅帥鄭文秀許玄徹萬瓚徐德基郭華沔州人張繡等同謀叛隋郡縣官屬衆欲推景珍爲主景珍曰吾素寒賤雖假名號衆必不從今若推主當從衆望羅川令蕭銑梁氏之後寬仁大度有武皇之風吾又聞帝王膺籙必有符命而隋氏冠帶盡號起梁斯乃蕭家中興之兆今請以爲主不亦應天順人乎衆乃遣人諭意銑大悅報景珍書曰我之本國昔在有隋以小事大朝貢無闕乃貪我土宇滅我宗祊我是以痛心疾首無忘雪恥今天啓公等協我心事若合符節豈非上玄之意也吾當糾率士庶敬從來請即日集得數千人揚言討賊而實欲相應遇潁川賊帥沈柳生來寇羅川縣銑擊之不利因謂其衆曰岳州豪傑首謀起義請我爲主今隋政不行天下皆叛吾雖欲獨守力不自全且吾先人昔都此地若從其請必復梁祚遣召柳生亦當從我衆皆大悅即日自稱梁公改隋服色建梁旗幟柳生以衆歸之拜爲車騎大將軍率衆往巴陵自起軍五日遠近投附者數萬人景珍遣徐德基郭華率州中首領數百人詣軍迎謁未及見銑而前造柳生柳生謂其下曰我先奉梁公勳居第一今岳州兵衆位多於我我若入城便出其下不如殺德基質其首領獨挾梁王進取州城遂與左右殺德基方詣中軍白銑銑大驚曰今欲撥亂忽自相殺我不能爲汝主矣乃步出軍門柳生大懼伏

地請罪銑責而赦之令復舊位銑陳兵入城景珍進言於銑曰徐德基丹誠奉主柳生凶悖擅殺之若不加誅何以爲政且其爲賊凶頑已久今雖從義不革此心同處一城必將爲變若不預圖後悔無及銑又從之景珍遂斬柳生於城內其下將帥皆潰散銑於是築壇於城南燔燎告天自稱梁王以有異鳥之瑞建元爲鳳鳴義寧二年僭稱皇帝署置百官一準梁故事僞謚其從父琮爲孝靖帝祖巖爲河間忠烈王父璿爲文憲王封董景珍爲晉王雷世猛爲秦王鄭文秀爲楚王許玄徹爲燕王萬瓚爲魯王張繡爲齊王楊道生爲宋王隋將張鎮州王仁壽擊之不能尅及聞隋滅鎮州因與甯長真等率嶺表諸州盡降於銑九江鄱陽初有林士弘僭號俄自相誅滅士弘逃于安成之山洞其郡亦降於銑遣其將楊道生攻陷南郡張繡畧定嶺表東至三硤南盡交阯北拒漢川皆附之勝兵四十餘萬武德元年遷都江陵修復園廟引岑文本爲中書侍郎令掌機密銑又遣楊道生攻硤州刺史許紹出兵擊破之赴水死者大半高祖詔夔州總管趙郡王孝恭率兵討之拔其通開二州斬僞東平郡王蕭闍提時諸將橫恣多專殺戮銑因令罷兵陽言營農實奪將帥之權也其大司馬董景珍之弟爲僞將軍怨銑放其兵遂謀爲亂事洩爲銑所誅時景珍出鎮長沙銑下書赦之召還江陵景珍懼遣間使詣孝恭送款銑遣其齊王張繡攻之景珍謂繡曰前年醢彭越往年殺韓信卿豈不見之乎柰何今日相攻繡不答進兵圍之景珍潰圍而走爲其麾下所殺銑以繡爲尚書令繡恃勲驕慢專恣弄權銑又惡而殺之既大臣相次誅戮故人邊將皆疑懼多有叛者銑不能復制以故兵勢益弱四年高祖命趙郡王孝恭及李靖率巴蜀兵發自夔州沿流而下廬江王瑗從襄州道黔州刺史田世康趣辰州道黃州總管周法明趣夏口道以圖銑及大軍將至銑江州總管蓋彥舉以五州降又遣其將文士弘等率兵拒戰孝恭與李靖皆擊破之進逼其都初銑之放兵散也自留宿衞兵士數千人忽聞孝恭至而倉卒追兵並江嶺之南道里遼遠未能相及孝恭縱兵入郭布長圍以守之數日尅其水城獲其舟舩數千艘其交州總管丘和長史高士廉司馬杜之松等先來謁銑聞兵敗便詣李靖來降銑自度救兵不至謂其羣下曰天不祚梁數歸於滅若待力屈必害黎元豈以我一人致傷百姓及城未拔宜先出降冀免亂兵幸全衆庶諸人失我何患無君乃巡城號令守陴者皆慟哭銑以太牢告于其廟率官屬緦縗布幘而詣軍門曰當死者唯銑百姓非有罪也請無殺掠孝恭囚之送于京師銑降後數日江南救兵十餘萬一時大至知銑降皆送款於孝恭銑至高祖數其罪銑對曰隋失其鹿英雄競逐銑無天命故至於此亦猶田横南面非負漢朝若以爲罪甘從鼎鑊竟斬于都市年三十九銑自初起五年而滅

杜伏威齊州章丘人也少落拓不治產業家貧無以自給每穿窬爲盜與輔公祏爲刎頸之交公祏姑家以牧羊爲業公祏數攘羊以餽之姑有憾焉因發其盜事郡縣捕之急伏威與公祏遂俱亡命聚衆爲羣盜時年十六常營護諸盜出則居前入則殿後故其黨咸服之共推爲主大業九年率衆入長白山投賊帥左君行不被禮因捨去轉掠淮南自稱將軍時下邳有苗海潮亦聚衆爲盜伏威使公祏謂曰今同苦隋政各興大義力分勢弱常恐見擒何不合以爲強則不患隋軍相制若公能爲主吾當敬從自揆不堪可來聽命不則一戰以決雄雌海潮懼卽以其衆歸于伏威江都留守遣校尉宋顥率兵討之伏威與戰陽爲奔北引入葭蘆中而從上風縱火迫其步騎陷于大澤火至皆燒死有海陵賊帥趙破陣聞伏威兵少而輕之遣使召伏威請與并力伏威令公祏嚴兵居外以待變親將十人持牛酒入謁破陣大悅引伏威入幕盡集其酋帥縱酒高會伏威於坐斬破陣而并其衆由此兵威稍盛復屠安宜煬帝遣右禦衞將軍陳稜以精兵八千討之稜不敢戰伏威遺稜婦人之服以激怒之并致書號爲陳姥稜大怒悉兵而至伏威逆拒自出陣前挑戰稜部將射中其額伏威怒指之曰不殺汝我終不拔箭遂馳之稜部將走奔其陣伏威因入稜陣大呼衝擊所向披靡獲所射者使其拔箭然後斬之攜其首復入稜軍奮擊殺數十人稜陣大潰僅以身免乘勝破高郵縣引兵據歷陽自稱總管分遣諸將畧屬縣所至輒下江淮間小盜爭來附之伏威嘗選敢死之士五千人號爲上募寵之甚厚與同甘苦有攻戰輒令上募擊之及戰罷閱視有中在背便殺之以其退而被擊也所獲貲財皆以賞軍士有戰死者以其妻妾殉葬故人自爲戰所向無敵宇文化及之反也署爲歷陽太守伏威不受又移居丹陽進用人士大修器械薄賦斂除殉葬法其犯姦盜及官人貪濁者無輕重皆殺之仍上表於越王侗侗拜伏威爲東道大總管封楚王太宗之圍王世充遣使招之伏威請降高祖遣使就拜東南道行臺尚書令江淮以南安撫大使上柱國封吳王賜姓李氏預宗正屬籍封其子德俊爲山陽公賜帛五千段馬三百匹伏威遣其將軍陳正通徐紹宗率兵來會武德四年遣其將軍王雄誕討李子通於杭州擒之以獻又破汪華於歙州盡有江東淮南之地南接於嶺東至于海尋聞太宗平劉黑闥進攻徐圓朗伏威懼而來朝拜爲太子太保仍兼行臺尚書令留于京師禮之甚厚位在齊王元吉之上以寵異之初輔公祏之反也詐稱伏威之令以紿其衆高祖遣趙郡王孝恭討之時伏威在長安暴卒及公祏平孝恭收得公祏反辭不曉其詐遽以奏聞乃除伏威名籍役其妻子貞觀元年太宗知其寃赦之復其官爵葬以公禮

輔公祏齊州臨濟人隋末從杜伏威爲羣盜初伏威自稱總管以公祏爲長史李子通之敗沈法興也伏威使公祏以精卒數千渡江討之子通率衆數萬以拒公祏兵鋒甚銳公祏簡甲士千人皆使執長刀仍令千餘人躡後令之曰有却者斬公祏自領餘衆復居其後俄而子通方陣而前公祏所遣千人皆殊死決戰公祏乃縱左右翼攻之子通大潰降其衆數千人公祏尋與伏威遣使歸國拜爲淮南道行臺尚書左僕射封舒國公初伏威與公祏少相愛狎公祏年長伏威每兄事之軍中咸呼爲伯畏敬與伏威等伏威潛忌之爲署其養子闞稜爲左將軍王雄誕爲右將軍推公祏爲僕射外示尊崇而陰奪其兵權公祏知其意怏怏不平乃與故人左遊仙僞學道辟穀以遠其事武德五年伏威將入朝留公祏居守復令雄誕典兵以副公祏陰謂曰吾入京若不失職無令公祏爲變其後左遊仙乃說公祏令反會雄誕屬疾於家公祏奪其兵詐言伏威不得還江南貽書令其起兵因僭卽僞位自稱宋國於陳故都築宮以居焉署置百官以左遊仙爲兵部尚書東南道大使越州總管大修兵甲轉漕糧饋時吳興賊帥沈法興據毗陵公祏擊破之又遣其將馮惠亮屯於博望山陳正通徐紹宗屯於青林山以拒官軍高祖命趙郡王孝恭率諸將奮擊大破之紹宗正通以五騎奔於丹陽公祏懼而遁走欲就左遊仙於會稽至武康爲野人所執送於丹陽孝恭斬之傳首京師公祏與伏威同起至滅凡十三載江東悉平初伏威養壯士三十餘人爲假子分領兵馬唯闞稜王雄誕知名

闞稜齊州臨濟人善用大刀長一丈施兩刃名爲陌刀每一舉輒斃數人前無當者及伏威據有江淮之地稜數有戰功署爲左將軍伏威步兵皆出自羣賊類多放縱有相侵奪者稜必殺之雖親故無所捨令行禁止路不拾遺後從伏威入朝拜左領軍將軍遷越州都督及公祏僭號稜從軍討之與陳正通相遇陣方接稜脫兜鍪謂賊衆曰汝不識我邪何敢來戰其衆多稜舊之所部由是各無闘志或有還拜者公祏之破稜功居多頗有自矜之色及擒公祏誣稜與己通謀又杜伏威王雄誕及稜家產在賊中者合從原放孝恭乃皆籍沒稜訴理之有忤於孝恭孝恭怒遂以謀反誅之

王雄誕者曹州濟陰人初伏威之起也用其計屢有尅獲署爲驃騎將軍伏威後率衆渡淮與海陵賊李子通合後子通惡伏威雄武使騎襲之伏威被重瘡墮馬雄誕負之逃於葭蘆中伏威復招集餘黨攻刼郡縣隋將來整又擊破之亡失餘衆其部將西門君儀妻王氏勇決多力負伏威而走雄誕率麾下壯士十餘人衞護隋軍追至雄誕輒還禦之身被數槍勇氣彌厲竟脫伏威時闞稜年長於雄誕故軍中號稜爲大將軍雄誕爲小將軍後伏威令輔公祏擊李子通於江都使雄誕與稜爲副戰于溧水子通大敗公祏乘勝追之却爲子通所破軍士皆堅壁不敢出雄誕謂公祏曰子通軍無營壘且狃於初勝而不設備若擊之必尅公祏不從雄誕以其私屬數百人銜枚夜擊之因順風縱火子通大敗走渡太湖復破沈法興居其地高祖聞伏威據有吳楚遣使諭之雄誕率衆討之子通以精兵守獨松嶺雄誕遣其部將陳當率千餘人出其不意乘高據險多張旗幟夜則縛炬火於樹上布滿山澤間子通大懼燒營而走保於杭州雄誕追擊敗之擒子通於陣送于京師歙州首領汪華隋末據本郡稱王十餘年雄誕迴軍擊之華出新安洞口以拒雄誕甲兵甚銳雄誕伏精兵於山谷間率羸弱數千人當之戰纔合僞退歸本營華攻之不能尅會日暮欲還雄誕伏兵已據其洞口華不得入窘急面縛而降蘇州賊帥聞人遂安據崑山縣而無所屬伏威又命雄誕攻之雄誕以崑山險隘難以力勝遂單騎詣其城下陳國威靈示以禍福遂安感悅率諸將出降以前後功授歙州總管封宜春郡公伏威之入朝也留輔公祏鎮江南而兵馬屬於雄誕公祏將爲逆奪其兵拘之別室遣西門君儀諭以反計雄誕曰當今方太平吳王又在京輦國家威靈無遠不被公何得爲族滅事耶雄誕有死而已不敢聞命公祏知不可屈遂縊殺之雄誕善撫恤將士皆得其死力每破城鎮約勒部下

繇毫無犯故死之日江南士庶莫不爲之流涕高祖嘉其節命其子果襲封宜春郡公太宗卽位追贈左衛大將軍越州都督謚曰忠果垂拱初官至廣州都督安西大都護

沈法興湖州武康人也父恪陳特進廣州刺史法興隋大業末爲吳興郡守東郡賊帥樓世幹舉兵圍郡城煬帝令法興與太僕丞元祐討之俄而宇文化及弒煬帝於江都法興自以代居南土宗族數千家爲遠近所服乃與祐部將孫士漢陳果仁執祐於坐號令遠近以誅化及爲名發自東陽行收兵將趨江都下餘杭郡比至烏程精卒六萬毗陵郡通守路道德率兵拒之法興請與連和因會盟襲殺道德進據其城時齊郡賊帥樂伯通據丹陽爲化及城守法興使果仁攻陷之於是據有江表十餘郡自署江南道總管後聞越王侗立乃上表於侗自稱大司馬錄尚書事天門公承制置百官以陳果仁爲司徒孫士漢爲司空蔣元超爲尚書左僕射殷芊爲尚書左丞徐令言爲尚書右丞劉子翼爲選部侍郎李百藥爲府掾法興自剋毗陵後謂江淮已南可指撝而定專立威刑將士有小過便卽誅戮而言笑自若由是將士解體稱梁建元曰延康改易隋官頗依陳氏故事是時杜伏威據歷陽陳稜據江都李子通據海陵並握强兵俱有窺覦江表之志法興三面受敵軍數挫衄陳稜尋被李子通圍於江都稜窘急送質求救法興使其子綸領兵數萬救之子通率衆攻綸大敗乘勝渡江陷其京口法興使蔣元超拒之於庱亭元超戰死法興左右數百人投吳郡賊帥聞人遂安遣其將葉孝辯迎之法興至中路而悔欲殺孝辯更向會稽孝辯覺之法興懼乃赴江死初法興以義寧二年起兵至武德三年而滅

李子通東海丞人也少貧賤以魚獵爲事居鄉里見班白提挈者必代之性好施惠家無蓄積睚眦之怨必報隋大業末有賊帥左才相自號博山公據齊郡之長白山子通歸之以武力爲才相所重有鄉人陷於賊者必全護之時諸賊皆殘忍唯子通獨行仁恕由是人多歸之未半歲兵至萬人才相稍忌之子通自引去因渡淮與杜伏威合尋爲隋將來整所敗子通擁其餘衆奔海陵得衆二萬自稱將軍初宇文化及以隋將軍陳稜爲江都太守子通率師擊之稜南求救於沈法興西乞師於杜伏威二人各以兵至伏威屯淸流法興保楊子相去數十里間子通納言毛文深進計募江南人詐爲法興之兵夜襲伏威伏威不悟恨法興之侵己又遣兵襲法興二人相疑莫敢先動子通遂得盡銳攻陷江都陳稜奔于伏威子通入據江都盡虜其衆因僭卽皇帝位國稱吳建元爲明政丹陽賊帥樂伯通率衆萬餘來降子通拜尚書左僕射更進擊法興於庱亭斬其僕射蔣元超法興棄城宵遁遂有晉陵之地獲法興府掾李百藥引爲內史侍郎使典文翰以法興尚書左丞殷芊爲太常卿使掌禮樂由是隋郡縣及江南人士多歸之後伏威遣輔公祏攻陷丹陽進屯溧水子通擊之反爲公祏所敗又屬粮盡子通棄江都保于京口江西之地盡歸伏威子通又東走太湖鳩集亡散得二萬人襲沈法興於吳郡破之率其官屬都于餘杭東至會稽南至千嶺西距宣城北至太湖盡有其地未幾杜伏威遣其將王雄誕攻之大戰於蘇州子通敗績退保餘杭雄誕進逼之戰於城下軍復敗子通窮蹙請降伏威執之并其左僕射樂伯通送于京師盡收其地高祖不之罪賜宅一區公田五頃禮賜甚厚及伏威來朝子通謂伯通曰伏威既來東方未靜我所部兵多在江外往彼收之可有大功於天下矣遂相與亡至藍田關爲吏所獲與伯通俱伏誅時又有朱粲林士弘張善安皆僭號於江淮之間

朱粲者亳州城父人也初爲縣佐史大業末從軍討長白山賊遂聚結爲羣盜號可達寒賊自稱迦樓羅王衆至十餘萬引軍渡淮屠竟陵沔陽後轉掠山南郡縣不能守所至殺戮噍類無遺義寧中招慰使馬元規擊破之俄而收輯餘衆兵又大盛僭稱楚帝於冠軍建元爲昌達攻陷鄧州有衆二十萬粲所剋州縣皆發其藏粟以充食遷徙無常去輒焚餘貲毀城郭又不務稼穡以刼掠爲業於是百姓大餒死者如積人多相食軍中罄竭無所虜掠乃取嬰兒蒸而噉之因令軍士曰食之美者寧過於人肉乎但令他國有人我何所慮卽勒所部有畧得婦人小兒皆烹之分給軍士乃稅諸城堡取小弱男女以益兵粮隋著作佐郎陸從典通事舍人顏愍楚因譴左遷並在南陽粲悉引之爲賓客後遭饑餒合家爲賊所噉又諸城懼稅皆相攜逃散顯州首領楊士林田瓚率兵以背粲諸州響應相聚而攻之大戰于淮源粲敗以數千兵奔于菊潭縣遣使請降高祖令假散騎常侍段確迎勞之確因醉侮粲曰聞卿噉人作何滋味粲曰若噉嗜酒之人正似糟藏猪肉確怒慢罵曰狂賊入朝後一頭奴耳更得噉人乎粲懼於坐收確及從者數十人奔于王世充拜爲龍驤大將軍東都平獲之斬于洛水之上士庶嫉其殘忍競投瓦礫以擊其屍須臾封之若冢

林士弘者饒州鄱陽人也大業十二年與其鄉人操師乞起爲羣盜師乞自號元興王攻陷豫章郡而據之以士弘爲大將軍隋遣持書侍御史劉子翊率師討之師乞中矢而死士弘代董其衆復與子翊大戰于彭蠡湖隋師敗績子翊死之士弘大振兵至十餘萬大業十三年徙據虔州自稱皇帝國號楚建元太平以其黨王戎爲司空攻陷臨川廬陵南康宜春等諸郡北至九江南洎番禺悉有其地其黨張善安保南康郡懷貳於士弘以舟師循江而下擊破豫章士弘尙有南昌虔循潮數州之地及蕭銑破後散兵稍往歸之士弘復振荆州總管趙王孝恭遣使招慰之其循潮二州並來降武德五年士弘遣其弟鄱陽王藥師率兵二萬攻圍循州刺史楊略與戰大破之士弘懼而遁走潛保于安城之山洞王戎亦以南昌來降拜爲南昌州刺史戎於是召士弘藏之于宅招誘舊兵更謀作亂其年洪州總管張善安密知其事發兵討之會士弘死部兵潰散戎爲善安所虜

張善安者兗州方與人也年十七便爲刼盜轉掠淮南有衆百餘人會孟讓爲王世充所破其散卒稍歸之得八百人襲破廬江郡因渡江附林士弘於豫章士弘不信之營於南塘上善安憾之襲擊士弘焚其郛郭而去士弘後去豫章善安復來據之仍以其地歸國授洪州總管輔公祏之反也善安亦舉兵相應公祏以爲西南道大行臺安撫使李大亮以兵擊之兩軍隔水而陣大亮諭以禍福答曰善安無背逆之心但爲將士所誤今欲歸降又恐不免於死大亮謂曰張總管既有降心吾亦不相疑阻因獨身踰澗就之入其陣與善安握手交言示無猜意善安大喜因許降將數十騎至大亮營大亮引之而入因令武士執之從者遁走旣而送善安於長安稱不與公祏交通高祖初善遇之及公祏敗搜得其書與相往復遂誅之

羅藝字子延本襄陽人也寓居京兆之雲陽父榮隋監門將軍藝性桀黠剛愎不仁勇於攻戰善射能弄稍大業時屢以軍功官至虎賁郎將煬帝令受右武衛大將軍李景節度督軍於北平藝少習戎旅分部嚴肅然任氣縱暴每凌侮於景頻爲景所辱藝深銜之後遇天下大亂涿郡物殷阜加有伐遼器仗倉粟盈積又臨朔宮中多珍產屯兵數萬而諸賊競來侵掠留守官虎賁郎將趙什住賀蘭誼晉文衍等皆不能拒唯藝獨出戰前後破賊不可勝計威勢日重什住等頗忌藝藝陰知之將圖爲亂乃宣言於衆曰吾輩討賊甚有功效城中倉庫山積制在留守之官而無心濟貧此豈存恤之意也以此言激怒其衆衆人皆怨旣而旋師郡丞出城候藝藝因執之陳兵而什住等懼皆來聽命於是發庫物以賜戰士開倉以賑窮乏境內咸悅殺渤海太守唐禕等不同己者數人威振邊朔柳城懷遠並歸附之藝黜柳城太守楊林甫改郡爲營州以襄平太守鄧暠爲總管藝自稱幽州總管宇文化及至山東遣使召藝藝曰我隋室舊臣感恩累葉大行顚覆實所痛心乃斬化及使者而爲煬帝發喪大臨三日竇建德高開道亦遣使於藝藝謂官屬曰建德開道皆劇賊耳化及弒逆並不可從今唐公起兵皆符人望入據關右事無不成吾率衆歸之意已決矣有沮衆異議者必戮之會我使人張道源綏輯山東遣人諭意藝大悅武德三年奉表歸國詔封燕王賜姓李氏預宗正屬籍太宗之擊劉黑闥也藝領本兵數萬破黑闥弟什善於徐河俘斬八千人明年黑闥引突厥俱入寇藝復將兵與隱太子建成會於洺州因請入朝高祖遇之甚厚俄拜左翊衛大將軍藝自以功高位重無所降下太宗左右嘗至其營藝無故毆擊之高祖怒以屬吏久而乃釋待之如初時突厥屢爲寇患以藝素有威名爲北夷所憚令以本官領天節軍將鎮涇州太宗卽位拜開府儀同三司而藝懼不自安遂於涇州詐言閱武因追兵矯稱奉密詔勒兵入朝率衆軍至于豳州治中趙慈皓不知藝反馳出謁之藝遂入據豳州太宗命吏部尚書長孫無忌右武候大將軍尉遲敬德率衆討藝王師未至慈皓與統軍楊岌潛謀擊之事洩藝執慈皓繫獄岌時在城外覺變遽勒兵攻之藝大潰棄妻子與數百騎奔於突厥至寧州界過烏氏驛從者漸散其左右斬藝傳首京師梟之于市復其本姓羅氏藝弟壽時爲利州都督緣坐伏誅先是曹州女子李氏爲五戒自言通於鬼物有病癩者就療多愈流聞四方病人自遠而至門多車騎高祖聞之詔赴京師因往來藝家謂藝妻孟氏曰妃骨相貴不可言必當母儀天下孟篤信之命密覘藝又曰妃之貴者由於王王貴色發矣十日間當昇大位孟氏由是遽勸反孟及李皆坐斬

梁師都夏州朔方人也代爲本郡豪族仕隋爲鷹揚郎將

大業末罷歸屬盜賊羣起師都陰結徒黨數千人殺郡丞唐宗據郡反自稱大丞相北連突厥隋將張世隆擊之反爲所敗師都因遣兵掠定雕陰弘化延安等郡於是僭卽皇帝位稱梁國建元爲永隆突厥始畢可汗遺以狼頭纛號爲大度毗伽可汗師都乃引突厥居河南之地攻破鹽川郡武德二年高祖遣延州總管段德操督兵討之師都與突厥之衆數千騎來寇延安營於野豬嶺德操以衆寡不敵按甲以挫其銳伺師都稍怠遣副總管梁禮率衆擊之德操以輕騎出其不意師都與禮酣戰久之德操多張旗幟奄至其後師都大潰逐北二百餘里虜男女二百餘口經數月師都又以步騎五千來寇德操擊之俘斬略盡及劉武周之敗師都大將張舉劉旻相次來降師都大懼遣其尚書陸季覽說處羅可汗曰比者中原喪亂分爲數國勢均力弱所以北附突厥今武周既滅唐國益大師都甘從亡破亦恐次及可汗願可汗行魏孝文之事遣兵南侵師都請爲鄉導處羅從之謀令莫賀咄設入自原州泥步設與師都入自延州處羅入自并州突利可汗與奚霫契丹靺鞨入自幽州合于竇建德經滏口道來會于晉絳兵臨發遇處羅死乃止高祖又令德操悉發邊兵進擊師都拔其東城師都退據西城又求救於突厥頡利可汗頡利以勁兵萬騎救援之時稽胡大帥劉仚成率衆降師都師都信讒殺之於是羣情疑懼多叛師都來降師都勢蹙乃往朝頡利爲陳入寇之計自此頻致突厥之寇邊州略無寧歲頡利可汗之寇渭橋亦師都計也頡利政亂太宗知師都勢危援孤以書諭之不從遣夏州長史劉旻司馬劉蘭經略之有得其生口者輒縱遣令爲反間離其君臣之計頻選輕騎踐其禾稼城中漸虛歸命者相繼皆善遇之由是益相猜阻有李正寶辛獠兒者皆其名將謀執師都事洩不果正寶竟來降貞觀二年太宗遣右衛大將軍柴紹殿中少監薛萬均討之又使劉旻劉蘭率勁卒直據朔方東城以逼之頡利可汗遣兵來援師都紹逆擊破之進屯城下師都兵勢日蹙其從父弟洛仁斬師都詣紹降拜洛仁爲右驍衛將軍封朔方郡公師都自起至滅凡十二歲以其地爲夏州時又有劉季真李子和屯據北邊與劉武周梁師都遞爲表裏

劉季真者離石胡人也父龍兒隋末擁兵數萬自號劉王以季真爲太子龍兒爲虎賁郎將梁德所斬其衆漸散及義師起季真與弟六兒復舉兵爲盜引劉武周之衆攻陷石州季真北連突厥自稱突利可汗以六兒爲拓定王甚爲邊患時西河公張綸眞鄉公李仲文俱以兵臨之季真懼而來降授石州總管賜姓李氏封彭城郡王季真見宋金剛與官軍相持於澮州久而未決遂親伏武周與之合勢及金剛敗季真亡奔高滿政尋爲所殺

李子和者同州蒲城人也本姓郭氏大業末爲左翊衛犯罪徙榆林見郡内大饑遂潛引敢死士得十八人攻郡門執郡丞王才數以不恤百姓斬之開倉以賑窮乏自稱永樂王建元爲正平尊其父爲太公以弟子政爲尚書令子端子升爲左右僕射有衆二千餘騎南連梁師都北附突厥始畢可汗並送子爲質以自固始畢先署劉武周爲定楊天子梁師都爲解事天子又以子和爲平楊天子子和固辭不敢當始畢乃更署子和爲屋利設武德元年遣使歸款授榆林郡守尋就拜雲州總管封金河郡公二年進封郇國公時師都強暴子和慮爲所攻尋勒兵襲師都寧朔城尅之子和既絕師都又伺突厥間釁遣使以聞爲處羅可汗候騎所獲處羅大怒囚其弟子升子和自以孤危甚懼四年拔戶口南徙詔以延州故城居之五年從太宗平劉黑闥陷陣有功高祖嘉其誠節賜姓李氏拜右武衛將軍貞觀元年賜實封三百戶十一年除婺州刺史改封夷國公顯慶元年累轉黔州都督以年老乞骸骨許之加金紫光祿大夫麟德九年卒

史臣曰蕭銑聚烏合之衆當鹿走之時放兵以奪將權殺舊以求位定泊大軍奄至束手出降宜哉杜伏威恃勇聚徒見機歸國或致疑於高祖竟見雪於太宗輔公祏竊兵爲叛王雄誕守節不回訓子孫以忠貞感士庶之流涕子通修仁馭衆終懷貳以伏誅羅藝歸國立功信妖言而爲叛善始令終者鮮矣沈法興狂賊梁師都凶人皆至覆亡殊無改悔自隋朝維絕宇縣瓜分小則鼠竊狗偷大則鯨吞虎據大唐舉義兆庶歸仁高祖運應瑝圖太宗天資神武羣凶席卷寰海鏡淸祚享永年功宣後代謚曰神堯文武豈不韙哉

贊曰失政貪盜圖王僭號眞主勃興風驅電掃

舊唐書卷五十六考證

蕭銑傳今天啓公等協我心事若合符節豈非上玄之意也○若合符節句舊本脫節字句法不完今補入

輔公祏傳時吳興賊帥沈法興據毗陵公祏擊破之○沈炳震曰武德三年法興已爲李子通所滅不應六年尚據毗陵也 臣宗萬按沈法興傳是時伏威據歷陽陳稜據江都子通據海陵俱有窺江表之心法興三面受敵軍數挫衂則知公祏爲伏威將當曾擊破法興於毗陵時是史家追敘之體非編年而紀其事也翫傳文自明

初伏威養壯士三十餘人爲假子分領兵馬唯闞稜王雄誕知名○臣德潛按此公祏傳末語也下應接闞王二傳向闞王二傳在前公祏傳在後于文法不合蓋傳以杜伏威爲主輔闞王連類及之故闞王二傳附在公祏後也今已更正

闞稜傳善用大刀長一丈施兩刃名爲拍刀○臣德潛按唐六典有陌刀長一丈卽斬馬刀也今改正

王雄誕傳高祖聞伏威據有吳楚遣使諭之雄誕率衆討之○遣使諭之下明有闕文蓋此時伏威令輔公祏擊李子通而以雄誕爲副也應脫去伏威遣公祏意

# 舊唐書卷五十七

後晉司空同中書門下平章事劉　昫撰

## 列傳第七

裴寂

劉文靜 弟文起 文靜子樹藝 李孟嘗 劉世龍 趙文恪 張平高 李思行 李高遷 許世緒 劉師立 錢九隴 樊興 公孫武達 龐卿惲 張長遜 李安遠

裴寂字玄眞蒲州桑泉人也祖融司木大夫父瑜絳州刺史寂少孤爲諸兄之所鞠養年十四補州主簿及長疎眉目偉姿容隋開皇中爲左親衛家貧無以自業每徒步詣京師經華嶽廟祭而祝曰窮困至此敢脩誠謁神之有靈鑒其運命若富貴可期當降吉夢再拜而去夜夢白頭翁謂寂曰卿年三十已後方可得志終當位極人臣耳後爲齊州司戶大業中歷侍御史駕部承務郞晉陽宮副監高祖留守太原與寂有舊時加親禮每延之宴語間以博奕至於通宵連日情忘厭倦時太宗將舉義師而不敢發言見寂爲高祖所厚乃出私錢數百萬陰結龍山令高斌廉與寂博戲漸以輸之寂得錢既多大喜每日從太宗遊見其歡甚遂以情告之寂卽許諾寂又以晉陽宮人私侍高祖高祖從寂飲酒酣寂白狀曰二郎密纘兵馬欲舉義旗正爲寂以宮人奉公恐事發及誅急爲此耳今天下大亂城門之外皆是盜賊若守小節旦夕死亡若舉義兵必得天位衆情已協公意如何高祖曰我兒誠有此計既已定矣可從之及義兵起寂進宮女五百人并上米九萬斛雜綵五萬段甲四十萬領以供軍用大將軍府建以寂爲長史賜爵聞喜縣公從至河東屈突通拒守攻之不下三輔豪傑歸義者日有千數高祖將先定京師議者恐通爲後患猶豫未決寂進說曰今通據蒲關若不先平前有京城之守後有屈突之援此乃腹背受敵敗之道也未若攻蒲州下之而後入關京師絕援可不攻而定矣太宗曰不然兵法尚權權在於速宜乘機早渡以駭其心我若遲留彼則生計且關中羣盜所在屯結未有定主易以招懷賊附兵強何城不尅屈突通自守賊耳不足爲虞若失入關之機則事未可知矣高祖兩從之留兵圍河東而引軍入關及京師平賜良田千頃甲第一區物四萬段轉大丞相府長史進封魏國公食邑三千戶及隋恭帝遜位高祖固讓不受寂勸進又不荅寂請見曰桀紂之亡亦各有子未聞湯武臣輔之可爲龜鏡無所疑也寂之茅土大位皆受之於唐陛下不爲唐帝臣當去官耳又陳符命十餘事高祖乃從之寂出命太常具禮儀擇吉日高祖既受禪謂寂曰使我至此公之力也拜尚書右僕射賜以服翫不可勝紀仍詔尚食奉御每日賜寂御膳高祖視朝必引與同坐入閤則延之臥內言無不從呼爲裴監而不名當朝貴戚親禮莫與爲比武德二年劉武周將黃子英宋金剛頻寇太原行軍總管姜寶誼李仲文相次陷沒高祖患之寂自請行因爲晉州道行軍總管得以便宜從事師次介休而金剛據城以抗寂寂保于度索原營中乏水賊斷其澗路由是危迫欲移營就水賊因犯之師遂大潰死散略盡寂一日一夜馳至晉州以東城鎭俱沒金剛進逼絳州寂抗表陳謝高祖慰諭之復令鎭撫河東之地寂性怯無捍禦之才唯發使絡繹催督虞秦二州居人勸入城堡焚其積聚百姓惶駭復思爲亂夏縣人呂崇茂遂殺縣令舉兵反引金剛爲援寂擊之復爲崇茂所敗被徵入朝高祖數之曰義舉之始公有翼佐之勳官爵亦極矣前拒武周兵勢足以破敵致此喪敗不獨愧於朕乎以之屬吏尋釋之顧待彌重高祖有所巡幸必令居守麟州刺史韋雲起告寂謀反訊之無端高祖謂寂曰朕之有天下者本公所推今豈有貳心皐白須分所以推究耳因

令貴妃三人齎珍饌寶器就寂第宴樂極歡經宿而去又嘗從容謂寂曰我李氏昔在隴西富有龜玉降及祖禰姻婭帝室及舉義兵四海雲集纔涉數日昇爲天子至如前代皇王多起微賤劬勞行陣下不聊生公復世冑名家歷職清顯豈若蕭何曹參起自刀筆吏也唯我與公千載之後無媿前修矣其年改鑄錢特賜寂令自鑄造又爲趙王元景聘寂女爲妃六年遷尚書左僕射賜宴於含章殿高祖極歡寂頓首而言曰臣初發太原以有慈旨清平之後許以退耕今四海乂安伏願賜臣骸骨高祖泣下霑襟曰今猶未也要相偕老耳公爲台司我爲太上逍遙一代豈不快哉俄冊司空賜實封五百戶遣尚書員外郎一人每日更直寂第其見崇貴如此貞觀元年加實封并前一千五百戶二年太宗祠南郊命寂與長孫無忌同昇金輅寂辭讓太宗曰以公有佐命之勳無忌亦宣力於朕同載參乘非公而誰遂同乘而歸三年有沙門法雅初以恩倖出入兩宮至是禁絕之法雅怨望出妖言伏法兵部尚書杜如晦鞫其獄法雅乃稱寂知其言寂對曰法雅惟云時候方行疾疫初不聞妖言法雅證之坐是免官削食邑之半放歸本邑寂請住京師太宗數之曰計公勳庸不至於此徒以恩澤特居第一武德之時政刑紕繆官方弛紊職公之由但以舊情不能極法歸掃墳墓何得復辭寂遂歸蒲州未幾有狂人自稱信行寓居汾陰言多妖妄常謂寂家僮曰裴公有天分于時信行已死寂監奴恭命以其言白寂寂惶懼不敢聞奏陰呼恭命殺所言者恭命縱令亡匿寂不知之寂遣恭命收納封邑得錢百餘萬因用而盡寂怒將遣人捕之恭命懼而上變太宗大怒謂侍臣曰寂有死罪者四位爲三公而與妖人法雅親密罪一也事發之後乃負氣憤怒稱國家有天下是我所謀罪二也妖人言其有天分匿而不奏罪三也陰行殺戮以滅口罪四也我殺之非無辭矣議者多言流配朕其從衆乎於是徙交州竟流靜州俄逢山羌爲亂或言反獠劫寂爲主太宗聞之曰我國家於寂有性命之恩必不然矣未幾果稱寂率家僮破賊太宗思寂佐命之功徵入朝會卒時年六十贈相州刺史工部尚書河東郡公子律師嗣尚太宗妹臨海長公主官至汴州刺史律師子承先則天時爲殿中監爲酷吏所殺

劉文靜字肇仁自云彭城人代居京兆之武功祖懿用石州刺史父韶隋時戰沒贈上儀同三司少以其父身死王事襲父儀同三司偉姿儀有器幹倜儻多權略隋末爲晉陽令遇裴寂爲晉陽宮監因而結友夜與同宿寂見城上烽火仰天歎曰卑賤之極家道屢空又屬亂離當何取濟文靜笑曰世途若此時事可知吾二人相得何患於卑賤及高祖鎮太原文靜察高祖有四方之志深自結託又竊觀太宗謂寂曰非常人也大度類於漢高神武同於魏祖其年雖少乃天縱矣寂初未然之後文靜坐與李密連婚煬帝令繫於郡獄太宗以文靜可與謀議入禁所視之文靜大喜曰天下大亂非有湯武高光之才不能定也太宗曰卿安知無但恐常人不能別耳今入禁所相看非兒女之情相憂而已時事如此故來與君圖舉大計請善籌其事文靜曰今李密長圍洛邑主上流播淮南大賊連州郡小盜阻山澤者萬數矣但須真主驅駕取之誠能應天順人舉旗大呼則四海不足定也今太原百姓避盜賊者皆入此城文靜爲令數年知其豪傑一朝嘯集可得十萬人尊公所領之兵復且數萬君言出口誰敢不從乘虛入關號令天下不盈半歲帝業可成太宗笑曰君言正合人意於是部署賓客潛圖起義候機當發恐高祖不從沉吟者久之文靜見高祖厚於裴寂欲因寂開說於是引寂交於太宗得通謀議及高君雅爲突厥所敗高祖被拘太宗又遣文靜共寂進說曰易稱知幾其神乎今大亂已作公處嫌疑之地當不賞之功何以圖全其裨將敗衂以罪見歸事誠迫矣當須爲計晉陽之地士馬精強宮監之中府庫盈積以茲舉事可立大功關中天府代王冲幼權豪並起未有適從願公興兵西入以圖大事何乃受單使之囚乎高祖然之時太宗潛結死士與文靜等協議尅日舉兵會高祖得釋而止乃命文靜詐爲煬帝勅發太原西河鴈門馬邑人年二十已上五十已下悉爲兵期以歲暮集涿郡將伐遼東由是人情大擾思亂者益衆文靜因謂裴寂曰公豈不聞先發制人後發制於人乎唐公名應圖讖聞於天下何乃推延自貽禍釁宜早勸唐公以時舉義又脅寂曰且公爲宮監而以宮人侍客公死可爾何誤唐公也寂甚懼乃屢促高祖起兵會馬邑人劉武周殺太守王仁恭自稱天子引突厥之衆將侵太原太宗遣文靜及長孫順德等分部募兵以討武周爲辭又令文靜與裴寂僞作符勅出宮監庫物以供留守資用因募兵集衆及義兵將起副留守王威高君雅獨懷猜貳後數日將大會於晉祠威及君雅潛謀害高祖晉陽鄉長劉世龍以白太宗太宗既知迫急欲先事誅之遣文靜與鷹揚府司馬劉政會投急變之書詣留守告威等二人謀反是日高祖與威君雅同坐視事文靜引政會至庭中云有密狀知人欲反高祖指威等取狀看之政會不肯與曰所告是副留守事唯唐公得看之耳高祖陽驚曰豈有是乎覽狀訖謂威等曰此人告公事如何君雅大詬曰此是反人欲殺我也文靜叱左右執之囚于別室既拘威等竟得舉兵高祖開大將軍府以文靜爲軍司馬文靜勸改旗幟以彰義舉又請連突厥以益兵威高祖並從之因遣文靜使于始畢可汗始畢曰唐公起事今欲何爲文靜曰皇帝廢冢嫡傳位後主致斯禍亂唐公國之懿戚不忍坐觀成敗故起義軍欲黜不當立者願與可汗兵馬同入京師人衆土地入唐公財帛金寶入突厥始畢大喜即遣將康鞘利領騎二千隨文靜而至又獻馬千疋高祖大悅謂文靜曰非公善辭何以致此尋率兵禦隋將屈突通於潼關通遣武牙郎將桑顯和率勁兵來擊文靜苦戰者半日死者數千人文靜度顯和軍稍怠潛遣奇兵掩其後顯和大敗悉虜其衆通尚擁兵數萬將遁歸東都文靜遣諸將追而執之略定新安以西之地轉大丞相府司馬進授光祿大夫封魯國公高祖踐祚拜納言時高祖每引重臣共食文靜奏曰陛下君臨億兆率土莫非臣而當朝撝挹言尚稱名又宸極位尊帝座嚴重乃使太陽俯同萬物臣下震恐無以措身帝不納時制度草創命文靜與當朝通識之士更刊隋開皇律令而損益之以爲通法高祖謂曰本設法令使人共解而往代相承多爲隱語執法之官緣此舞弄宜更刊定務使易知會薛舉寇涇州命太宗討之以文靜爲元帥府長史遇太宗不豫委於文靜及司馬殷開山誡之曰舉糧少兵疲懸軍深入意在決戰不利持久即欲挑戰慎無與決待吾差當爲君等取之文靜用開山計出軍爭利王師敗績文靜奔還京師坐除名俄又從太宗討舉平之以功復其爵邑拜民部尚書領陝東道行臺左僕射武德二年從太宗鎮長春宮文靜自以才能幹用在裴寂之右又屢有軍功而位居其下意甚不平每廷議多相違戾寂有所是文靜必非之由是與寂有隙文靜嘗與其弟通直散騎常侍文起酣宴出言怨望拔刀擊柱曰必當斬裴寂耳家中妖怪數見文起憂之遂召巫者於星下被髮銜刀爲厭勝之法時文靜有愛妾失寵以狀告其兄妾兄上變高祖以之屬吏遣裴寂蕭瑀問狀文靜曰起義之初忝爲司馬計與長史位望略同今寂爲僕射據甲第臣官賞不異衆人東西征討家口無託實有觖望之心因醉或有怨言不能自保高祖謂羣臣曰文靜此言反明白矣李綱蕭瑀皆明其非反太宗以文靜義旗初起先定非常之策始告寂知及平京城任遇懸隔止以文靜爲觖望非敢謀反極佑助之而高祖素疎忌之裴寂又言曰文靜才略實冠時人性復麤險忿不思難醜言悖逆其狀已彰當今天下未定外有勍敵今若赦之必貽後患高祖竟聽其言遂殺文靜文起仍籍沒其家文靜臨刑撫膺歎曰高鳥逝良弓藏故不虛也時年五十二貞觀三年追復官爵以子樹義襲封魯國公許尚公主後與其兄樹藝怨其父被戮又謀反伏誅文靜初爲納言時有詔以太原元謀立功尚書令秦王某尚書左僕射裴寂及文靜特恕二死左驍衞大將軍長孫順德右驍衞大將軍劉弘基右屯衞大將軍竇琮左翊衞大將軍柴紹內史侍郎唐儉吏部侍郎殷開山鴻臚卿劉世龍衞尉少卿劉政會都水監趙文恪庫部郎中武士彠驃騎將軍張平高李思行李高遷左屯衞府長史許世緒等十四人約免一死武德九年十月太宗始定功臣實封差第文靜已死於是裴寂加食九百戶通前爲一千五百戶長孫無忌王君廓尉遲敬德房玄齡杜如晦等五人食邑一千三百戶長孫順德柴紹羅藝趙郡王孝恭等四人食邑一千二百戶侯君集張公謹劉師立等三人食邑一千戶李勣劉弘基二人食邑九百戶高士廉宇文士及秦叔寶程知節四人食七百戶安興貴安脩仁唐儉竇軌屈突通蕭瑀封德彝劉義節八人各食六百戶錢九隴樊興公孫武達李孟嘗段志玄龐卿惲張亮李藥師杜淹元仲文十人各食四百戶張長遜張平高李安遠李子和秦行師馬三寶六人各食三百戶其王君廓事在廬江王瑗傳安興貴安修仁事在李軌傳李子和事在梁師都傳馬三寶事在柴紹傳

李孟嘗趙州平棘人官至右威衞大將軍漢東郡公元仲文洛州人至右監門將軍河南縣公秦行師并州太原人至左監門將軍清水郡公並事微不錄自餘無傳者盡附於此

劉世龍者并州晉陽人大業末爲晉陽鄉長高祖鎮太原裴寂數薦之由是甚見接待亦出入王威高君雅家然獨歸心於高祖義兵將起威與君雅內懷疑貳世龍輒探得其情以白高祖及誅威等授銀青光祿大夫從平京城累轉鴻臚卿仍改名義節時草創之始傾竭府藏以賜勳人而國用不足義節進計曰今義師數萬並

在京師樵薪貴而布帛賤若採街衢及苑中樹為樵以易布帛歲收數十萬疋立可致也又藏內緒絹疋疋軸之使申截取剩物以供雜費動盈十餘萬段矣高祖並從之大收其利再遷太府卿封葛國公貞觀初轉少府監以罪配流嶺南尋授欽州別駕卒義節從子思禮萬歲通天二年為箕州刺史思禮少嘗學相術於許州張憬藏相己必歷刺史位至太師及授箕州益自喜以為太師之職位極人臣非佐命無以致之與洛州錄事參軍綦連耀結搆謀反謂耀曰公體有龍氣耀亦謂思禮曰公是金刀合為我輔因相解釋圖讖即定君臣之契又令思禮自衒相術每所見人皆謂之合得三品使務進之士聞之滿望然始謂云綦連耀有天分公因之以得富貴事發繫獄乃多證引朝士冀以自免所誅陷者三十餘家耀思禮並伏誅鳳閣侍郎李元素夏官侍郎孫元亨知天官侍郎事石抱忠鳳閣舍人王勮勮兄前涇州刺史勔太子司議郎路敬淳等坐與耀及思禮交結皆死初則天命河內王武懿宗按思禮之獄懿宗寬思禮於外令廣引逆徒而思禮以為得計從容自若嘗與相忤者必引令枉誅臨刑猶在外尚不之覺及衆人就戮乃收誅之

趙文恪者并州太原人也隋末為鷹揚府司馬義師之舉授右三統軍武德二年拜都水監封新興郡公時大亂之後中州少馬遇突厥蕃市牛馬以資國用俄而劉武周將宋金剛來寇太原屬城皆沒眞鄉公李仲文退守浩州城孤兵弱元吉遣文恪率步騎千餘助為聲援及太原為賊所陷文恪遂棄城遁去坐是賜死獄中

張平高綏州膚施人也隋末為鷹揚府校尉戍太原為高祖所識因參謀議義旗建以為軍頭從平京城累授左領軍將軍封蕭國公貞觀初出為丹州刺史坐事免令以右光祿大夫還第卒後改封羅國公永徽中追贈潭州都督

李思行趙州人也嘗避仇太原高祖將舉義兵令赴京城觀覘動靜及還具論機變深稱旨授左三統軍從破宋老生平京城累授嘉州刺史封樂安郡公永徽初卒贈洪州都督謚曰襄

李高遷岐州岐山人也隋末客遊太原高祖常引之左右及擒高君雅王威等高遷有功焉授右三統軍從平霍邑圍京城力戰功最累遷左武衛大將軍封江夏郡公檢校西麟州刺史武德初突厥寇馬邑朔州總管高滿政請救高祖令高遷督兵助鎮俄而賊兵甚盛高遷乃斬關宵遁其將士皆沒竟坐除名徙邊後以佐命功拜陵州刺史永徽五年卒贈梁州都督

許世緒者并州人也大業末為鷹揚府司馬見隋祚將亡言於高祖曰天道輔德人事與能蹈機不發必貽後悔今隋政不綱天下鼎沸公姓當圖籙名應歌謡握五郡之兵當四戰之地若遂無他計當敗不旋踵未若首建義旗為天下唱此帝王業也高祖甚奇之親顧日厚義兵起授右一府司馬武德中累除蔡州刺史封眞定郡公卒弟洛仁亦以元從功臣官至冠軍大將軍行左監門將軍永徽初卒贈代州都督謚曰勇陪葬昭陵

劉師立者宋州虞城人也初為王世充將軍親遇甚密洛陽平當誅太宗惜其才特免之為左親衛太宗之謀建成元吉也嘗引師立密籌其事或自宵達曙其後師立與尉遲敬德龐卿惲李孟嘗等九人同誅建成有功超拜左衛率尋遷左驍衛將軍封襄武郡公賜絹五千疋後人告師立自云眼有赤光體有非常之相姓氏又應符讖太宗謂之曰人言卿欲反如何師立大懼俯而對曰臣任隋朝不過六品身材駑下不敢輒希富貴過蒙非常之遇常以性命許國而陛下功成事立臣復致位將軍顧已循躬實踰涯分臣是何人輒敢言反太宗笑曰知卿不然此妄言耳賜帛六十疋延入臥內慰諭之羅藝之反也長安人情騷動以師立檢校右武候大將軍以備非常及藝平憲司窮究黨與師立坐與交通遂除名又以藩邸之舊尋檢校岐州都督師立上書請討吐谷渾書奏未報便遣使間其部落諭以利害多有降附列其地為開橋二州又有党項首領拓拔赤辭先附吐谷渾負險自固師立亦遣人為陳利害赤辭遂率其種落內屬太宗甚嘉之拜赤辭為西戎都督後師立以毋憂當去職父老上表請留詔不許赴哀復令居任時河西党項破丑氏常為邊患又阻新附師立總兵擊之軍未至破丑氏大懼遁於山谷師立追之至鄯于眞山而還吐谷渾於小莫門川擊破之多所虜獲尋轉始州刺史十四年卒謚曰肅

錢九隴本晉陵人也父在陳為境上所獲沒為皇家隸人九隴善騎射高祖信愛之常置左右義兵起以軍功授金紫光祿大夫及剋京城拜左監門郎將從平薛仁杲劉武周以前後戰功累授右武衛將軍其後從太宗擒獲竇建德平王世充從隱太子討劉黑闥於魏州力戰破賊策勳為最累封郇國公仍以本官為苑遊將軍貞觀初出為眉州刺史再遷右監門大將軍十二年改封郇國公加食盧州實封六百戶尋卒贈左武衛大將軍潭州都督謚曰勇陪葬獻陵

樊興者本安陸人也父犯罪配沒為皇家隸人與從平京城累除右監門將軍又從太宗破薛舉平王世充竇建德積戰功累封營國公賜物二千段黃金三十鋌尋坐事削爵貞觀六年陵州獠反興率兵討之拜左驍衛將軍又從特進李靖擊吐谷渾為赤水道行軍總管坐遲留不赴軍期又士卒多死失亡甲仗以勳減死久之累拜左監門大將軍封襄城郡公太宗之征遼東以興忠謹令副司空房玄齡留守京師俄又檢校右武候將軍永徽初卒贈左武候大將軍洪州都督陪葬獻陵

公孫武達者雍州櫟陽人也少有膂力稱為豪俠在隋為驍果武德初至長春宮請謁太宗從討劉武周力戰功居最又從平王世充竇建德累遷秦王府右三軍驃騎封清水縣公貞觀初檢校右監門將軍尋除肅州刺史歲餘突厥數千騎輜重萬餘入侵肅州欲南入吐谷渾武達領二千人與其精銳相遇力戰虜稍却急攻之遂大潰擠之於張掖河又命軍士於上流以栰渡兵擊其餘衆賊半濟兩岸夾攻之斬溺略盡璽書慰勉之拜左監門將軍後又受詔擊鹽州叛突厥武達引兵趨靈州追及之賊方渡河見武達至據河南岸武達引兵擊之斬其渠帥可邏拔扈餘黨幾盡進封東萊郡公永徽中累授右武衛大將軍及卒高宗廢朝舉哀贈荊州都督給東園祕器陪葬昭陵謚曰壯

龐卿惲者并州太原人從太宗討隱太子有功累拜右驍衛將軍封鄴國公尋卒追封濮國公子同善官至右金吾大將軍同善子承宗開元初為太子賓客

張長遜雍州櫟陽人也隋代為里長平陳有功累至五原郡通守及天下亂遂附于突厥號長遜為割利特勤及義旗建長遜以郡降授五原太守尋除豐州總管是時梁師都薛舉請兵於突厥欲令渡河長遜知之偽為詔書與莫賀咄設示知其謀突厥乃拒師都等使高祖嘉之武德元年勑右武候驃騎將軍高靜致幣於始畢可汗路經豐州會可汗死勑於所到處納庫突厥聞而大怒欲南渡長遜乃遣高靜出塞中國家賻贈之禮突厥乃引還及征薛舉長遜不待命而至以功授豐州總管進封巴國公賜以錦袍金甲是時言事者以長遜久居豐州與突厥連結長遜懼請入朝拜右武候將軍從封息國公賜以宮人綵物千餘段會有疾車駕親幸其第及竇軌率巴蜀兵擊王世充以長遜檢校益州行臺左僕射歷遂夔二州摠管所在皆有惠政貞觀十一年卒

李安遠者夏州朔方人也隋雲州刺史徹子也家富於財少從博徒不遑曉始折節讀書敬慕士友襲父爵城陽公與王珪友善大業初珪坐叔頗當配流安遠為之營護免後為正平令及義兵攻絳郡安遠與通守陳叔達嬰城自守城陷高祖與安遠有舊馳至其宅撫慰之引與同食拜右翊衛統軍封正平縣公武德元年授右武衛大將軍從太宗征伐特蒙恩澤累戰功改封廣德郡公又使於吐谷渾與敦和好於是吐谷渾主伏允請與中國互市安遠之功也後隱太子建成潛引以為黨援安遠固拒之由是太宗益加親信貞觀初歷潞州都督懷州刺史歷任頗有聲績然傷於嚴急時論少之七年卒追贈涼州都督謚曰密十三年追封為遂安郡公

史臣曰裴寂歷任仕隋官至為宮監總子女玉帛之務據倉廩兵甲之饒喜博戲之利苟多啓舉義之謀為首謁獄神以徼福始彰不遑之心留貴妃以經宿終昧為臣之道居第一之位亡之在三之規恃高祖之舊思致文靜之極法終歸四罪尚保再生幸也文靜奮縱橫之畧立締構之功罔思寵辱之機過為輕躁之行未及封而禍也惜哉凡關佐命爰第實封小大不遺賢愚自勸太宗之行賞也明矣

贊曰風雲初合共竭智力勢利既分違變讎敵

舊唐書卷五十七考證

裴寂傳結龍山令高斌廉與寂博戲○臣宗萬按通鑑注是時不復有龍山豈斌廉在開皇中嘗為令史以舊官書之邪蓋龍山縣為後齊所置帶太原郡開皇十年則改曰晉陽矣

劉文靜傳又請連突厥以益兵威○臣宗萬按創業起居注突厥夜遁明旦城外覘入馳報文武官入賀帝曰且莫相賀為諸君召而使之即自手與突厥書據此則結連突厥高祖自為之非由文靜之請通鑑則書劉文靜勸李淵與突厥相結與傳相合乃知溫大雅欲歸功於高祖故與傳不同耳

劉師立傳時河西党項破丑氏常為邊患○新書作破丑氏

張長遜傳勑右武候驃騎將軍高靜致幣于始畢可汗○新書作高世靜

以功授豐州總管進封巴國公○新書作楊國公

# 舊唐書卷五十八

後晉司空同中書門下平章事劉　昫撰

## 列傳第八

唐儉　長孫順德　劉弘基
殷嶠　劉政會　柴紹 平陽公主 馬三寶附
武士彠 長兄士稜 次兄士逸

唐儉字茂約并州晉陽人北齊尚書左僕射邕之孫也父鑒隋戎州刺史儉落拓不拘規檢然事親頗以孝聞初鑒與高祖有舊同領禁衛高祖在太原留守儉與太宗周密儉從容說太宗以隋室昏亂天下可圖太宗白高祖乃召入密訪時事儉曰明公日角龍庭李氏又在圖牒天下屬望非在今朝若開府庫南嘯豪傑北招戎狄東收燕趙長驅濟河據有秦雍海內之權指麾可取願弘達節以順羣望則湯武之業不遠高祖曰湯武之事非所庶幾今天下已亂言私則圖存語公則拯溺卿宜自愛吾將思之及開大將軍府授儉記室參軍太宗爲渭北道行軍元帥以儉爲司馬平京城加光祿大夫相國府記室封晉昌郡公武德元年除內史舍人尋遷中書侍郎特加授散騎常侍王行本守蒲州城不降勑工部尚書獨孤懷恩率兵屯於其東以經略之尋又夏縣人呂崇茂以城叛降於劉武周高祖遣永安王孝基工部尚書獨孤懷恩陝州總管于筠等率兵討之時儉使至軍所屬武周遣兵援崇茂儉與孝基筠等並爲所獲初懷恩屯兵蒲州與其屬元君實謀反時君實亦陷於賊中與儉同被拘執乃謂儉曰古人有言當斷不斷反受其亂獨孤尚書近者欲舉兵圖事遲疑之間遂至今日豈不由不斷耶俄而懷恩脫身得還仍令依前屯守君實又謂儉曰獨孤尚書今遂拔難得還復在蒲州屯守可謂王者不死儉聞之懼懷恩爲逆乃密令親信劉世讓以懷恩之謀奏聞適遇王行本以蒲州歸降高祖將入其城浮舟至中流世讓謁見高祖讀奏大驚曰豈非天命也廻舟而歸分捕反者按驗之懷恩自縊餘黨伏誅俄而太宗擊破武周部將宋金剛追至太原武周懼而北走儉乃封其府庫收兵甲以待太宗高祖嘉儉身沒虜庭心存朝闕復舊官仍爲并州道安撫大使以便宜從事并賜獨孤懷恩田宅貲財等使還拜禮部尚書授天策府長史兼檢校黃門侍郎封莒國公與功臣等元勳恕一死仍除遂州都督食綿州實封六百戶圖形凌煙閣貞觀初使于突厥說誘之因以隋蕭后及楊正道以歸太宗謂儉曰卿觀頡利可圖否對曰銜國威恩亦可望獲遂令儉馳傳至虜庭示之威信頡利部落歡然定歸款之計因而兵衆弛懈李靖率輕騎掩襲破之頡利北走儉脫身而還歲餘授民部尚書後從幸洛陽苑射猛獸羣豕突出林中太宗引弓四發殪四豕有雄彘突及馬鐙儉投馬搏之太宗拔劍斷豕顧笑曰天策長史不見上將擊賊耶何懼之甚對曰漢祖以馬上得之不以馬上治之陛下以神武定四方豈復逞雄心於一獸太宗納之因爲罷獵尋加光祿大夫又特令其子善識尚豫章公主儉在官每盛修肴饌與親賓縱酒爲樂未嘗以職務留意又嘗託鹽州刺史張臣合收其私羊爲御史所劾以舊恩免罪貶授光祿大夫永徽初致仕于家加特進顯慶元年卒年七十八高宗爲之舉哀罷朝三日贈開府儀同三司并州都督賻布帛一千段粟一千石賜東園祕器陪葬昭陵謚曰襄官爲立碑儉少子觀最知名官至河西令有文集三卷儉孫從心神龍中以子晙娶太平公主女官至殿中監晙先天中爲太常少卿坐與太平連謀伏誅

長孫順德文德順聖皇后之族叔也祖澄周秦州刺史父愷隋開府順德仕隋右勳衞避遼東之役逃匿於太原深爲高祖太宗所親委時羣盜並起郡縣各募兵爲備太宗外以討賊爲名因令順德與劉弘基等召募旬月之間衆至萬餘人結營於郭下遂誅王威高君雅等義兵起拜統軍從平霍邑破臨汾下絳郡俱有戰功尋與劉文靜擊屈突通於潼關每戰摧鋒及通將奔洛陽順德追及於桃林執通歸京師仍略定陝縣高祖即位拜左驍衞大將軍封薛國公武德九年與秦叔寶等討建成餘黨於玄武門太宗踐祚真食千二百戶特賜以宮女每宿內省後順德監奴受人餽絹事發太宗謂近臣曰順德地居外戚功即元勳位高爵厚足稱富貴若能勤覽古今以自鑒誡弘益我國家者朕當與之同有府庫耳何乃不遵名節而貪冒發聞乎然惜其功不忍加罪遂於殿庭賜絹數十疋以媿其心大理少卿胡演進曰順德枉法受財罪不可恕柰何又賜之絹太宗曰人生性靈得絹甚於刑戮如不知愧一禽獸耳殺之何益尋坐與李孝常交通除名歲餘太宗閱功臣圖見順德之像閔然憐之遣宇文士及視其所爲見順德頹然而醉論者以爲達命召拜澤州刺史復其爵邑順德素多放縱不遵法度及此折節爲政號爲明肅先是長吏多受百姓餽餉順德糺擿一無所容稱爲良牧前刺史張長貴趙士達並占境內膏腴之田數十頃順德並劾而追奪分給貧戶尋又坐事免發疾太宗聞而鄙之謂房玄齡曰順德無慷慨之節多兒女之情今有此疾何足問也未幾而卒太宗爲之罷朝遣使弔祭贈荊州都督謚曰襄貞觀十三年追改封爲邳國公永徽五年重贈開府儀同三司

劉弘基雍州池陽人也父昇隋河州刺史弘基少落拓交通輕俠不事家產以父蔭爲右勳侍大業末嘗從煬帝征遼東家貧不能自致行至汾陰度已後期當斬計無所出遂與同旅屠牛潛諷吏捕之繫於縣獄歲餘竟以贖論事解亡命盜馬以供衣食因至太原會高祖鎮太原遂自結託又察太宗有非常之度尤委心焉由是大蒙親禮出則連騎入同臥起義兵將舉弘基召募得二千人王威高君雅欲爲變高祖伏弘基及長孫順德於廳事之後弘基因麾左右執威等又從太宗攻下西河義軍次賈胡堡與隋將宋老生戰破之進攻霍邑老生率衆陣於城外弘基從太宗擊之老生敗走弃馬投塹弘基下斬其首拜右光祿大夫師至河東弘基以兵千人先濟河進下馮翊爲渭北道大使得便宜從事以殷開山爲副西略地扶風有衆六萬南渡渭水屯於長安故城威聲大振耀軍金光門衞文昇遣兵來戰弘基逆擊走之擒甲士千餘人馬數百疋時諸軍未至弘基先至一戰而捷高祖大悅賜馬二十疋及破京城功爲第一從太宗擊薛舉於扶風破之追奔至隴山而返累拜右領都督封河間郡公又從太宗經略東都戰于瓔珞門外破之師旋弘基爲殿隋將段達張志陳於三王陵弘基擊敗之武德元年拜右驍衞大將軍以元謀之勳恕其一死領行軍左一總管又從太宗討薛舉時太宗以疾頓於高墌城弘基劉文靜等與舉接戰於淺水原王師不利八總管咸敗唯弘基一軍盡力苦鬭矢盡爲舉所獲高祖嘉其臨難不屈賜其家粟帛甚厚仁杲平得歸復其官爵會宋金剛陷太原遣弘基屯晉州裴寂爲宋金剛所敗人情崩駭莫有固志金剛以兵造城下弘基不能守復陷於賊俄得逃歸高祖慰諭之授左一總管從太宗屯于柏壁率兵二千自隰州趨西河斷賊歸路時賊鋒甚勁弘基堅壁不能進及金剛遁弘基率騎邀之至于介休與太宗會追擊大破之累封任國公尋從擊劉黑闥於洺州師旋授秉鉞將軍會突厥入寇弘基率步騎一萬自豳州北界東拒子午嶺西接臨涇修營鄣塞副淮安王神通備胡寇於北鄙九年以佐命功真食九百戶太宗即位頤待益隆李孝常長孫安業之謀逆也坐與交遊除名歲餘起爲易州刺史復其封爵徵拜衞尉卿九年改封夔國公世襲朗州刺史例停不行後以年老乞骸骨授輔國大將軍朝朔望祿賜同於職事太宗征遼東以弘基爲前軍大總管從擊高延壽於駐蹕山力戰有功太宗屢加勞勉永徽元年加實封通前一千一百戶其年卒年六十九高宗爲之舉哀廢朝三日贈開府儀同三司并州都督陪葬昭陵仍爲立碑謚曰襄弘基遺令給諸子奴婢各十五人良田五頃謂所親曰若賢固不藉多財不賢守此可以免饑凍餘財悉以散施子仁實襲官至左典戎衞郎將從子仁景神龍初官至司農卿

殷嶠字開山雍州鄠縣人陳司農卿不害孫也其先本居陳郡陳亡徙關中父僧首隋祕書丞有名於世嶠少以學行見稱尤工尺牘仕隋太谷長有治名義兵起召補大將軍府掾參預謀略授心腹之寄累以軍功拜光祿大夫從隱太子攻剋西河太宗爲渭北道元帥引爲長史時關中羣盜往往聚結衆無適從令嶠招慰之所至皆下又與統軍劉弘基率兵六萬屯長安故城隋將衞孝節自金光門出戰嶠與弘基擊破之京城平賜爵陳郡公遷丞相府掾尋授吏部侍郎從擊薛舉爲元帥府司馬時太宗有疾委軍於劉文靜誡之曰賊衆遠來利在急戰難與爭鋒且宜持久待粮盡然後可圖嶠退謂文靜曰王體不安慮公不濟故發此言宜因機破賊何乃以勍敵遺王也久之言於文靜曰王不豫恐賊輕我請耀武以威之遂陳兵於折墌爲舉所乘軍乃大敗嶠坐減死除名後從平薛仁杲復其爵位武德二年兼陝東道大行臺兵部尚書遷吏部尚書從太宗討平王世充以功進爵鄖國公復從征劉黑闥道病卒太宗親臨喪哭之甚慟贈陝東道大行臺右僕射謚曰節貞觀十四年詔與贈司空淮安王神通贈司空河間王孝恭贈民部尚書劉政會俱以佐命功配饗高祖廟庭十七年又與長孫無忌唐儉長孫順德劉弘基劉政會柴紹等十七人俱圖其形於凌煙閣永徽五年追贈司空嶠從祖弟聞禮有文學武德中爲太子中舍人修梁史未就而卒聞禮子仲容亦知名則天深愛其才官至申州刺史

劉政會滑州胙城人也祖環儁北齊中書侍郎政會隋大業中爲太原鷹揚府司馬高祖爲太原留守政會率兵隸於麾下太宗與劉文靜謀起義兵副留守王威高君雅獨懷猜貳後數日將大會於晉祠威與君雅謀危

高祖有人以白太宗既知迫急欲先事誅之因遣政會為急變之書詣留守告威等二人謀反是日高祖與威君雅同坐視事文靜引政會入至庭中云有密狀知人欲反高祖指威等令視之政會不肯曰所告是副留守事唯唐公得省之耳君雅攘袂大呼曰此是反人欲殺我也時太宗已列兵馬布於街巷文靜因令左右引威等囚于別室既拘威等竟得舉兵政會之功也大將軍府建引為戶曹參軍從平長安除丞相府掾武德初授衞尉少卿留守太原政會內輔軍士外和戎狄遠近莫不悅服尋而劉武周進逼并州晉陽豪右薛深等以城應賊政會為賊所擒於賊中密表論武周形勢賊平復其官爵歷刑部尚書光祿卿封邢國公貞觀初累轉洪州都督賜實封三百戶九年卒太宗手勑曰舉義之日實有殊功所葬並宜優厚贈民部尚書謚曰襄後與殷開山同配饗高祖廟庭子玄意襲爵改封渝國公尚南平公主授駙馬都尉高宗時為汝州刺史玄子奇長壽中為天官侍郎為酷吏所陷也

柴紹字嗣昌晉州臨汾人也祖烈周驃騎大將軍歷遂梁二州刺史封冠軍縣公父慎隋太子右內率封鉅鹿郡公紹幼趫捷有勇力任俠聞於關中少補隋元德大子千牛備身高祖微時妻之以女即平陽公主也義旗建紹自京間路趣太原時建成元吉自河東往會於道建成謀於紹曰追書甚急恐已起事隋郡縣連城千有餘里中間偷路勢必不全今欲且投小賊權以自濟紹曰不可追既急宜速去雖稍辛苦終當獲全若投小賊知君唐公之子執以為功徒然死耳建成從之遂共走大原入雀鼠谷知已起義於是相賀以紹之計為得授右領軍大都督府長史大軍發晉陽兼領馬軍總管將至霍邑紹先至城下察宋老生形勢白曰老生有疋夫之勇我師若到必來出戰戰則成擒矣及義師至老生果出紹力戰有功下臨汾平絳郡並先登陷陣授右光祿大夫隋將桑顯和來擊孫華率精銳渡河以援之紹引軍直掩其背與史大奈合勢擊之顯和大敗因與諸將進下京城武德元年累遷左翊衞大將軍尋從太宗平薛舉破宋金剛攻王世充於洛陽擒竇建德於武牢封霍國公賜實封千二百戶轉右驍衞大將軍吐谷渾與党項俱來寇邊命紹討之虜據高臨下射紹軍中矢下如雨紹乃遣人彈胡琵琶二女子對舞虜異之駐弓矢而相與聚觀紹見虜陣不整密使精騎自後擊之虜大潰斬首五百餘級貞觀元年拜右衞大將軍二年擊梁師都於夏州平之轉左衞大將軍出為華州刺史七年加鎮軍大將軍行右驍衞大將軍改封譙國公十二年寢疾太宗親自臨問尋卒贈荊州都督謚曰襄平陽公主高祖第三女也太穆皇后所生義兵將起公主與紹並在長安遣使密召之紹謂公主曰尊公將掃清多難紹欲迎接義旗同去則不可獨行恐罹後患為計若何公主曰君宜速去我一婦人臨時易可藏隱當別自為計矣紹即間行赴太原公主乃歸鄠縣莊所遂散家資招引山中亡命得數百人起兵以應高祖時有胡賊何潘仁聚衆於司竹園自稱總管未有所屬公主遣家僮馬三寶說以利害潘仁攻鄠縣陷之三寶又說羣盜李仲文向善志丘師利等各率衆數千人來會時京師留守頻遣軍討公主三寶潘仁屢挫其鋒公主掠地至盩厔武功始平皆下之每申明法令禁兵士無得侵掠故遠近奔赴者甚衆得兵七萬人公主令間使以聞高祖大悅及義軍渡河遣紹將數百騎趨華陰傍南山以迎公主時公主引精兵萬餘與太宗軍會於渭北與紹各置幕府俱圍京城營中號曰娘子軍京城平封為平陽公主以獨有軍功每賞賜異於他主六年薨及將葬詔加前後部羽葆鼓吹大輅麾幢班劒四十人虎賁甲卒太常奏議以禮婦人無鼓吹高祖曰鼓吹軍樂也往者公主於司竹舉兵以應義旗親執金鼓有克定之勳周之文母列於十亂公主功參佐命非常婦人之所匹也何得無鼓吹遂特加之以旌殊績仍令所司按謚法明德有功曰昭謚公主為昭子哲威歷右屯營將軍襲爵譙國公坐弟令武謀反徙嶺南起為交州都督卒官令武尚巴陵公主累除太僕少卿衞州刺史封襄陽郡公永徽中坐與公主及房遺愛謀反遣使收之行至華陰自殺仍戮其屍公主賜死馬三寶初以平京城功拜太子監門率別擊叛胡劉拔眞於北山破之又從平薛仁杲遷左驍衞將軍復從柴紹擊吐谷渾於岷州先鋒陷陣斬其名王前後虜男女數千口累封新興縣公嘗從幸司竹高祖顧謂三寶曰是汝建英雄之處衞青大不惡累除左驍衞大將軍貞觀三年卒太宗為之廢朝謚曰忠

武士彠并州文水人也家富於財頗好交結高祖初行軍於汾晉休止其家因蒙顧接及為太原留守引為行軍司鎧時盜賊蜂起士彠嘗陰勸高祖舉兵自進兵書及符瑞高祖謂曰幸勿多言兵書禁物尚能將來深識雅意當同富貴耳及義兵將起高祖募人遣劉弘基長孫順德等分統之王威高君雅陰謂士彠曰弘基等皆背征三衞所犯當死安得領兵吾欲禁身推覈士彠曰此並唐公之客也若爾便大紛紜威等由是疑而不發留守司兵田德平又欲勸威等鞫問募人之狀士彠謂德平曰討捕之兵總隸唐公王威高君雅等並寄坐耳彼何能為德平遂止義旗起以士彠為大將軍府鎧曹從平京城功拜光祿大夫封太原郡公初義師將起士彠不預知及平京師乃自說云嘗夢高祖入西京升為天子高祖哂之曰汝王威之黨也以汝能諫止弘基等微心可錄故加酬効今見事成乃說迂誕而取媚也武德中累遷工部尚書進封應國公又歷利州荊州都督貞觀九年卒官贈禮部尚書謚曰定顯慶元年以后父累贈司徒改封周國公咸亨中又贈太尉太原王特詔配饗高祖廟庭列在功臣之上孫承嗣事在外戚傳士彠長兄士稜性恭順勤於稼穡從起義官至司農少卿封宣城縣公常居苑中委以農圃之事貞觀中卒贈潭州都督次兄士逸亦有戰功武德初為齊王府戶曹賜爵安陸縣公從齊王鎮并州為劉武周所獲於賊中密令人詣京師陳武周可圖之計及武周平甚見慰勉累授益州行臺左丞數陳時政得失高祖每嘉納之貞觀初為韶州刺史卒

史臣曰唐儉委質義旗之下立功草昧之初被拘虜庭脫高祖蒲州之急侍獵苑囿諫太宗馬上之言可謂純臣矣順德佐命立功理郡著明肅之政弘基臨難不屈陷陣多勍捷之勳殷嶠劉政會柴嗣昌並在太原首預舉義從微至著善始令終馬三寶出廝養之徒處將軍之位亦馬之善走者也武士彠首參起義例封功臣無戡難之勞有因人之跡載窺他傳過為褒詞慮當武后之朝佞出敬宗之筆凡涉虛美削而不書

贊曰茂約忠純順德功勳弘基六士義合風雲

# 舊唐書卷五十九

後晉司空同中書門下平章事劉　昫撰

## 列傳第九

屈突通子壽 少子詮 詮子仲翔　任瓌　丘和子行恭 行恭子神勣
許紹孫力士 力士子欽寂 欽明 紹次子智仁 少子圉師　李襲志弟襲譽
姜謩子行本 行本子簡 簡子猶 簡弟柔遠 柔遠子皎 晦 皎男慶初

屈突通雍州長安人父長卿周邛州刺史通性剛毅志尚忠慤檢身清正好武略善騎射開皇中為親衞大都督文帝遣通往隴西檢覆群牧得隱藏馬二萬餘匹文帝盛怒將斬太僕卿慕容悉達及諸監官千五百人通諫曰人命至重死不再生陛下至仁至聖子育群下豈容以畜產之故而戮千有餘人愚臣狂狷輒以死請文帝瞋目叱之通又頓首曰臣一身如死望免千餘人命帝寤曰朕之不明以至於是感卿此意良用惻然今從所請以旌諫諍悉達等竟以減死論由是漸見委信擢為右武候車騎將軍奉公正直雖親戚犯法無所縱捨時通弟蓋為長安令亦以嚴整知名時人為之語曰寧食三斗艾不見屈突蓋寧服三斗葱不逢屈突通為人所忌憚如此及文帝崩煬帝遣通以詔徵漢王諒先是文帝與諒有密約曰若璽書召汝於勑字之傍別加一點又與玉麟符合者當就徵及發書無驗諒覺變詰通通占對無所屈竟得歸長安大業中累轉左驍衞大將軍時秦隴盜賊蜂起以通為關內討捕大使有安定人劉迦論舉兵反據雕陰郡僭號建元署置百官有衆十餘萬稽胡首領劉鷂子聚衆與迦論相影響通發關中兵擊之師臨安定初不與戰軍中以通為怯通乃揚聲旋師而潛入上郡迦論不之覺遂進兵南寇去通七十里而舍分兵掠諸城邑通候其無備簡精甲夜襲之賊衆大潰斬迦論并首級萬餘於上郡南山築為京觀虜男女數萬口而還煬帝幸江都令通鎮長安義兵起代王遣通進屯河東既而義師濟河大破通將桑顯和於飲馬泉永豐倉又為義師所剋通大懼留鷹揚郎將堯君素守河東將自武關趨藍田以赴長安軍至潼關為劉文靜所遏不得進相持月餘通又令顯和夜襲文靜詰朝大戰義軍不利顯和縱兵破二柵惟文靜一柵獨存顯和兵復入柵而戰者往覆數焉文靜為流矢所中義軍氣奪垂至於敗顯和以兵疲傳餐而食文靜因得分兵以實二柵又有遊軍數百騎自南山來擊其背三柵之兵復大呼而出表裏齊奮顯和軍潰僅以身免悉虜其衆通勢彌蹙或說通歸降通泣曰吾蒙國重恩歷事兩主受人厚祿安可逃難有死而已每自摩其頸曰要當為國家受人一刀耳勞勉將士未嘗不流涕人亦以此懷之高祖遣其家僮召之通遽命斬之通聞京師平家屬盡沒乃留顯和鎮潼關率兵東下將趨洛陽通適進路而顯和降於劉文靜遣副將竇琮段志玄等率精騎與顯和追之及於稠桑通結陣以自固竇琮縱通子壽令往諭之通大呼曰昔與汝為父子今與汝為仇讎命左右射之顯和呼其衆曰京師陷矣汝並關西人欲何所去衆皆釋仗通知不免乃下馬東南向再拜號哭曰臣力屈兵敗不負陛下天地神祇實所鑒察遂擒

通送于長安高祖謂曰何相見晚耶通泣對曰通不能盡人臣之節力屈而至爲本朝之辱以愧代王高祖曰隋室忠臣也命釋之授兵部尚書封蔣國公仍爲太宗行軍元帥長史從平薛舉時珍物山積諸將皆爭取之通獨無所犯高祖聞而謂曰公清正奉國著自終始名下定不虛也特賜金銀六百兩綵物一千段尋以本官判陝東道行臺僕射復從太宗討王世充時通有二子並在洛陽高祖謂通曰東征之事今以相屬其如兩子何通對曰臣以老朽誠不足以當重任但自惟疇昔執就軍門至尊釋其縲囚加之恩禮既不能死實荷再生當此之時心口相誓暗以身命奉許國家久矣今此行臣願先驅兩兒若死自是其命終不以私害義高祖歎息曰徇義之夫一至於此及大兵圍洛陽竇建德且至太宗中分麾下以屬通令與齊王元吉圍守洛陽世充平通功爲第一尋拜陝東大行臺右僕射鎮于洛陽數歲徵拜刑部尚書通自以不習文法固辭之轉工部尚書隱太子之誅也通復檢校行臺僕射馳鎮洛陽貞觀元年行臺廢授洛州都督賜實封六百戶加左光祿大夫明年卒年七十二太宗痛惜久之贈尚書右僕射謚曰忠子壽襲爵太宗幸洛陽宮思通忠節拜其少子詮果毅都尉賜束帛以䘏其家焉十七年詔圖形於凌煙閣二十三年與房玄齡配饗太宗廟庭永徽五年重贈司空詮官至瀛州刺史詮子仲翔神龍中亦爲瀛州刺史

任瓌字瑋廬州合肥人陳鎮東大將軍蠻奴弟之子也父七寶仕陳定遠太守瓌早孤蠻奴愛之情踰己子每稱曰吾子姪雖多並傭保耳門戶所寄惟在於瓌年十九試守靈溪令俄遷衡州司馬都督王勇甚敬異之委以州府之務屬隋師滅陳瓌勸勇據嶺南求陳氏子孫立以爲帝勇不能用以嶺外降隋瓌乃棄官而去仁壽中爲韓城尉俄又罷職及高祖討捕於汾晉瓌謁高祖於轅門承制爲河東縣戶曹高祖將之晉陽留隱太子建成以託於瓌義師起瓌至龍門謁見高祖謂之曰隋氏失馭天下沸騰吾忝以外戚屬當重寄不可坐觀時變晉陽是用武之地士馬精強今率驍雄以匡國難卿將家子深有智謀觀吾此舉將爲濟否瓌曰後主殘酷無道征役不息天下恟恟思聞拯亂公天縱神武親舉義師所下城邑秋毫無犯軍令嚴明將士用命關中所在蜂起惟待義兵仗大順從衆欲何憂不濟瓌在馮翊積年人情諳練願爲一介之使銜命入關同州已東必當欵伏於梁山舩濟直指韓城進逼郃陽分取朝邑且蕭造文吏本無武略仰懼威靈理當自下孫華諸賊未有適從必當相率而至然後鼓行整衆入據永豐雖未得京城關中固已定矣高祖曰是吾心也迺授銀青光祿大夫遣陳演壽史大奈領步騎六千趨梁山渡河使瓌及薛獻爲招慰大使高祖謂演壽曰閫外之事宜與任瓌籌之孫華白玄度等聞兵且至果競來降幷具舟于河師遂利涉瓌說下韓城縣與諸將進擊飲馬泉破之拜左光祿大夫留守永豐倉高祖卽位改授穀州刺史王世充數率衆攻新安瓌拒戰破之以功累封管國公太宗率師討世充瓌從至邙山使檢校水運以供餉饋關東初定持節爲河南道安撫大使世充弟辯爲徐州行臺尚書令率所部詣瓌降瓌至宋州屬徐圓朗據兗州反曹戴諸州咸應之副使柳濬勸瓌退保汴州瓌笑曰柳公何怯也老將居邊甚久自當有計非公所知圓朗俄又攻陷楚丘引兵將圍虞城瓌遣崔樞張公謹自鄢陵領諸州豪右質子百餘人守虞城以拒賊濬又諫曰樞與公謹並世充之將又諸州質子父兄皆反此必爲變瓌不荅樞至則分配質子並與土人合隊居守賊既稍近質子有叛者樞因斬其隊帥城中人懼曰質子父兄悉來爲賊賊之子弟安可守城樞因縱諸隊各殺質子梟首于門外遣使報瓌瓌陽怒曰遣將去者欲招慰耳何罪而殺之退謂濬曰固知崔樞辦之既遣縣人殺賊質子兗隙已大吾何患焉樞果拒却圓朗事平遷徐州總管仍爲大使瓌選補官吏頗私親故或依倚其勢多所求納瓌知而不禁又妻劉氏妬悍無禮爲世所譏及輔公祏平拜邢州都督隱太子之誅也瓌弟璨時爲典膳監瓌坐左遷通州都督貞觀三年卒

丘和河南洛陽人也父壽魏鎮東將軍和少便弓馬重氣任俠及長始折節與物無忤無貴賤皆愛之周爲開府儀同三司入隋累遷右武衞將軍封平城郡公漢王諒之反也以和爲蒲州刺史諒使兵士服婦人服戴羃䍦奄至城中和脫身而免由是除名時宇文述方被任遇和傾心附之又以發武陵公元冑罪拜代州刺史屬煬帝北巡過代州和獻食甚精及至朔州刺史楊廓獨無所獻帝不悅而宇文述又盛稱之乃以和爲博陵太守仍令楊廓至博陵觀和爲式及駕至博陵和上食又豐帝益稱之由是所幸處獻食者競爲華侈和在郡善撫吏士甚得歡心尋遷天水郡守大業末以海南僻遠吏多侵漁百姓咸怨數爲亂逆於是選淳良太守以撫之黃門侍郎裴矩奏言丘和歷居二郡皆以惠政著聞寬而不擾煬帝從之遣和爲交阯太守既至撫諸豪傑甚得蠻夷之心會煬帝爲化及所弒鴻臚卿甯長眞以鬱林始安之地附於蕭銑馮盎以蒼梧高涼珠崖番禺之地附于林士弘各遣人召之和初未知隋亡皆不就林邑之西諸國並遣遺和明珠文犀金寶之物富埒王者銑利之遣長眞率百越之衆渡海侵和和遣高士廉率交愛首領擊之長眞退走境內獲全郡中樹碑頌德會舊驍果從江都還者審知隋滅遂以州從銑及銑平和以海南之地歸國詔使李道裕卽授上柱國譚國公交州總管和遣司馬高士廉奉表請入朝詔許之高祖遣其子師利迎之及謁見高祖爲之興引入臥內語及平生甚歡奏九部樂以饗之拜左武候大將軍和時年已衰老乃拜稷州刺史以是本鄉令自怡養九年除特進貞觀十一年卒年八十六贈荊州總管諡曰襄賜東園秘器陪葬獻陵有子十五人多至大官惟行恭知名

行恭善騎射勇敢絶倫大業末與兄師利聚兵於岐雍間有衆一萬保故郿城百姓多附之羣盜不敢入境初原州奴賊數萬人圍扶風郡太守竇璡堅守經數月賊中食盡野無所掠衆多離散投行恭者千餘騎行恭遣其酋渠說諸奴賊共迎義軍行恭又率五百人皆負米麥持牛酒自詣賊營奴帥長揖行恭手斬之謂其衆曰汝等並是好人何因事奴爲主使天下號爲奴賊衆皆俯伏曰願改事公行恭率其衆與師利共謁太宗于渭北拜光祿大夫從平京城討薛舉劉武周王世充竇建德皆立殊勳授左一府驃騎賞賜甚厚隱太子之誅也行恭以功遷左衞將軍貞觀中坐與嫡兄爭葬所生母爲法司所劾除名因從侯君集平高昌封天水郡公累除右武候將軍高宗嗣位歷遷右武候大將軍冀陝二州刺史尋請致仕拜光祿大夫麟德二年卒年八十贈荊州都督諡曰襄賜溫明秘器陪葬昭陵行恭性嚴酷所在僚列皆懾憚之數坐事解免太宗每思其功不踰時月復其官初從討王世充會戰於邙山之上太宗欲知其虛實強弱乃與數十騎衝之直出其後衆皆披靡莫敢當其鋒所殺傷甚衆既而限以長堤與諸騎相失惟行恭獨從尋有勁騎數人追及太宗矢中御馬行恭乃迴騎射之發無不中餘賊不敢復前然後下馬拔箭以其所乘馬進太宗行恭於御馬前步執長刀巨躍大呼斬數人突陣而出得入大軍貞觀中有詔刻石爲人馬以象行恭拔箭之狀立於昭陵闕前子神勣嗣聖元年爲左金吾將軍則天使於巴州害章懷太子既而歸罪於神勣左遷疊州刺史尋復入爲左金吾衞大將軍深見親委嘗受詔鞫獄與周興來俊臣等俱號爲酷吏尋以罪伏誅神龍初禁錮其子孫和少子行掩高宗時爲少府監

許紹字嗣宗本高陽人也梁末徙于周因家于安陸祖弘父法光俱爲楚州刺史元皇帝爲安州總管故紹兒童時得與高祖同學特相友愛大業末爲夷陵郡通守是時盜賊競起紹保全郡境流戶自歸者數十萬口開倉賑給甚得人心及江都弒逆紹率郡人大臨三日仍以郡通屬越王侗王世充篡位乃率黔安武陵澧陽等諸郡遣使歸國授陝州刺史封安陸郡公高祖降勑書曰昔在子衿同遊庠序博士吳琰其妻姓仇追想此時宛然心目荏苒歲月遂成累紀且在安州之日公家乃莅岳州渡遼之時伯裔又同戎旅安危契闊累葉同之其間遊處觸事可想雖盧綰與劉邦同里吳質共曹丕接席以今方古何足稱焉而公追硯席之舊歡存通家之曩好明鑒去就之理洞識成敗之機爰自荊門馳心絳闕綏懷士庶糺合賓寮踰越江山遠申誠欵覽此忠至彌以慰懷及蕭銑將董景珍以長沙來降命紹率兵應之以破銑功拜其子智仁爲溫州刺史委以招慰時蕭銑遣其將楊道生圍硤州紹縱兵擊破之銑又遣其將陳普環乘大艦泝江入硤與開州賊蕭闍提規取巴蜀紹遣智仁及錄事參軍李弘節子壻張玄靜追至西陵硤大破之生擒普環收其船艦江南岸有安蜀城與硤州相對次東有荊門城皆險峻銑並以兵鎮守紹遣智仁及李弘節攻荊門鎮破之高祖大悅下制褒美許以便宜從事紹與王世充蕭銑疆界連接紹之士卒爲賊所虜者輒見殺害紹執敵人皆資給而遣之賊感其義不復侵掠闔境獲安趙郡王孝恭之擊蕭銑也復令紹督兵以圖荊州會卒於軍高祖聞而流涕貞觀中贈荊州都督嫡孫力士襲爵官至洛州長史卒子欽寂嗣萬歲登封年爲夔州都督府長史時契丹入寇以欽寂兼龍山軍討擊副使軍次崇州戰敗被擒其後賊將圍安東令欽寂說屬城之未下者安東都督裴玄珪時在城下欽寂謂之曰狂賊天殃滅在朝夕公但謹守勵兵以全忠節賊大怒遂害之則天下制褒美贈蘄州刺史諡曰忠又授其子輔乾左監門衞中候仍爲海東慰勞使令迎其喪柩以禮改葬輔乾開元中官至光祿卿欽寂弟欽明少以軍功歷左玉鈐衞將軍安西大都護封

鹽山郡公萬歲通天元年授金紫光祿大夫涼州都督欽明嘗出按部突厥默啜率衆數萬奄至城下欽明拒戰久之力屈被執賊將欽明至靈州城下令說城中早降欽明大呼曰賊中都無飮食城內有美醬乞二升粱米乞二斗墨乞一梃是時賊營處四面阻泥河惟有一路得入欽明乞此物以喻城中冀其簡兵陳將候夜掩襲城中無悟其旨者尋遇害兄弟同年皆死王事論者稱之紹次子智仁初以父勳授溫州刺史封孝昌縣公尋繼其父爲硤州刺史後歷太僕少卿涼州都督貞觀中卒紹少子圓師有器幹博涉藝文舉進士顯慶二年累遷黃門侍郎同中書門下三品兼修國史三年以修實錄功封平恩縣男賜物三百段四遷龍朔中爲左相俄以子自然因獵射殺人隱而不奏又爲李義府所擠左遷虔州刺史尋轉相州刺史政存寬惠人吏刊石以頌之嘗有官吏犯贓事露圓師不令推究但賜清白詩以激之犯者愧懼遂改節爲廉士其寬厚如此上元中再遷戶部尚書儀鳳四年卒贈幽州都督陪葬恭陵謚曰簡

李襲志字重光本隴西狄道人也五葉祖景避地安康復稱金州安康人也周信州總管安康郡公遷哲孫也父敬猷隋台州刺史安康郡公襲志初任隋歷始安郡丞大業末江外盜賊尤甚襲志散家產招募得三千人以守郡城時蕭銑林士弘曹武徹等爭來攻擊襲志固守久之後聞宇文化及弑逆乃集士庶舉哀三日有郡人勸襲志曰公累葉冠族久臨鄙郡蠻夷畏威士女悅服雖曰隋臣實我之君長今江都篡逆四海鼎沸王號者非止一人公宜因此時據有嶺表則百越之人皆拱手向化追蹤尉佗亦千載一遇也襲志厲聲曰吾世樹忠貞見危授命今雖江都陷沒而宗社猶存當與諸君戮力中原共雪讎恥豈可怙亂稱兵以圖不義吾寧蹈忠而死不爲逆節而求生尉佗愚鄙無識何足景慕於是欲斬勸者從衆議而止襲志固守經二年而無援卒爲蕭銑所陷銑署爲工部尚書檢校桂州總管武德初高祖遣其子玄嗣齎書召之襲志乃密說嶺南首領隨永平郡守李光度與之歸國高祖又令間使齎書諭襲志曰卿昔久在桂州仍屬隋室運終四方圮絕率衆保境未知所統朕撫臨天下志在綏育眷彼幽遐思沾聲教況卿朕之宗姓情異於常家弟姪並立誠效公又分遣首領申諭諸州情深奉國甚副所望卿之子弟並據州縣俱展誠績每所嘉歎不能已已令並入屬籍著於宗正及蕭銑平江南道大使趙郡王孝恭授襲志桂州總管武德五年入朝授柱國封始安郡公拜江州都督及輔公祏反又以襲志爲水軍總管討平之轉桂州都督襲志前後凡任桂州二十八載政尚清簡嶺外安之後表請入朝拜右光祿大夫行汾州刺史致仕卒於家襲志弟襲譽襲譽字茂實少通敏有識度隋末爲冠軍府司兵時陰世師輔代王爲京師留守所在盜賊蜂起襲譽說世師遣兵據永豐倉發粟以賑窮乏出庫物賞戰士移檄郡縣同心討賊世師不能用乃求外出募山南士馬世師許之既至漢中會高祖定長安召授太府少卿封安康郡公仍令與兄襲志附籍於宗正太宗討王世充以襲譽爲潞州總管時突厥與國和親又通使於世充襲譽掩擊悉斬之因委令轉運以餽大軍後歷光祿卿蒲州刺史轉揚州大都督府長史爲江南道巡察大使多所黜陟江都俗好商賈不事農桑襲譽乃引雷陂水又築勾城塘溉田八百餘頃百姓獲其利召拜太府卿襲譽性嚴整所在以威肅聞凡獲俸祿必散之宗親其餘資多寫書而已及從揚州罷職經史遂盈數車嘗謂子孫曰吾近京城有賜田十頃耕之可以充食河內有賜桑千樹蠶之可以充衣江東所寫之書讀之可以求官吾沒之後爾曹但能勤此三事亦何羨於人尋轉涼州都督加金紫光祿大夫行同州刺史坐在涼州陰憾番禾縣丞劉武杖而殺之至是有司議當死制除名流於泉州無幾而卒撰五經妙言四十卷江東記三十卷忠孝圖二十卷兄子懷儼頗以文才著名歷蘭臺侍郎受制檢校寫四部書進內以書有汙左授郢州刺史後卒于禮部侍郎

姜謩秦州上邽人祖眞後魏南秦州刺史父景周梁州總管建平郡公謩大業末爲晉陽長會高祖留守太原見謩深器之謩退謂所親曰隋祚將亡必有命世大才以應圖籙唐公有霸王之度以吾觀之必爲撥亂之主由是深自結納及大將軍府建引爲司功參軍從平霍邑拔絳郡監督大軍濟河時兵士爭渡謩部勒諸軍自昏至曉六軍畢濟高祖稱歎之平京城除相國兵曹參軍封長道縣公時薛舉寇秦隴以謩西州之望詔於隴右安撫承制以便宜從事謩將行奏曰天人之望誠有所歸願早膺圖籙以寧兆庶老夫犬馬暮齒恐先朝露得一覩昇紫殿死無所恨高祖大悅謩與竇軌出散關下河池漢陽二郡軍次長道與薛舉相遇軌輕敵爲舉所敗徵謩還京拜員外散騎常侍及平薛仁杲拜謩秦州刺史高祖謂曰衣錦還鄉古人所尚今以本州相授用荅元功涼州之路近爲荒梗宜弘方略有以靜之謩至州撫以恩信州人相謂曰吾輩復見太平官府矣盜賊悉來歸首士庶安之尋轉隴州刺史七年以老疾去職貞觀元年卒贈岷州都督謚曰安子行本貞觀中爲將作大匠太宗修九成洛陽二宮行本總領之以勤濟稱旨賞賜甚厚有所遊幸未嘗不從又轉左屯衛將軍時太宗選趫捷之士衣五色袍乘六閑馬直屯營以充仗內宿衞名爲飛騎每遊幸卽騎以從分隸於行本及高昌之役以行本爲行軍副總管率衆先出伊州未至柳谷百餘里依山造攻具其處有班超紀功碑行本磨去其文更刻頌陳國威德而去遂與侯君集進平高昌璽書勞之曰攻戰之重器械爲先將士屬心待以制敵卿星言就路躬事修營干戈纔動梯衝暫臨三軍勇士因斯樹績萬里遄寇用是勉平方之前古豈足相況及還進封金城郡公賜物一百五十段奴婢七十人十七年太宗將征高麗行本諫以爲師未可動太宗不從行本從至蓋牟城中流矢卒太宗賦詩以悼之贈左衞大將軍郕國公謚曰襄陪葬昭陵子簡嗣永徽中官至安北都護卒子晞嗣開元初左散騎常侍簡弟柔遠美姿容善於敷奏則天時至左鷹揚衞將軍通事舍人內供奉柔遠子皎長安中累遷尚衣奉御時玄宗在藩見而悅之皎察玄宗有非常之度尤委心焉尋出爲潤州長史玄宗卽位召拜殿中少監數召入臥內命之捨敬坐侍宴私與后妃連榻間以擊毬鬭雞常呼之爲姜七而不名也兼賜以宮女名馬及諸珍物不可勝數玄宗又嘗與皎在殿庭翫一嘉樹皎稱其美玄宗遽令徙植於其家其寵遇如此及竇懷貞等潛謀逆亂玄宗將討之皎協贊謀議以功拜殿中監封楚國公實封四百戶玄宗以皎在藩之舊皎又有先見之明欲宣布其事乃下勑曰朕聞士之生代始於事親中於事君終於立身此其本也若乃移孝成忠策名委質命有太山之重義徇則爲輕草有疾風之力節全則知勁況君臣之相遇而故舊之不遺乎銀青光祿大夫殿中監楚國公姜皎簪紱聯華珪璋特秀寬厚爲量體靜而安仁精微用心理和而專直往居藩邸潛欵風雲亦由彭祖之同書子陵之共學朕常遊幸于外至長楊鄠杜之間皎於此時與之累宿私謂朕曰太上皇卽登九五王必爲儲副凡如此者數四朕叱而後止寧知非僕雖玩於鄧晨可收護軍遂訶於朱祐皎復言於朕兄弟及諸駙馬等因聞徵太上皇太上皇違奏於中宗孝和皇帝尋遣嗣虢王邕等鞫問皎保護無怠辭意轉堅李通之讖記不言田叔之髡鉗罔憚仍爲宗楚客紀處訥等密奏請投皎炎荒中宗特降恩私左遷潤州長史讒邪正構忠懇逾深載于朕躬憂存王室以爲天且有命預覩成龍之徵人而無禮常懷逐鳥之志游辭枉陷旋罷貶斥嚴憲將及始見誅夷履危本於初心遭險期於不貳雖禍福之際昭然可圖而艱難之中是所緊賴洎朕纂膺寶位又共翦姦臣拜以光寵不忘撝挹敬愛之極神明所知造膝則會莫詭隨匪躬則動多規諫補朕之闕斯人孔臧而悠悠之談嗷嗷妄作醜正惡直竊生於謗考言詢事益亮其誠昔漢昭帝之保霍光魏太祖之明程昱朕之不德庶幾於此划夫否當其悔則滅宗毀族朕負之必深泰至其亨則如山如河朕酬之未補豈流言之足聽而厚德之遂忘謀始有之圖終可也宜示中外咸令知悉尋遷太常卿監修國史弟晦又歷御史中丞吏部侍郎兄弟當朝用事侍中宋璟以其權寵太盛恐非久安之道屢奏請稍抑損之開元五年下勑曰西漢諸將多以權貴不全南陽故人並以優閑自保觀夫先後之迹吉凶之數較然可知良有以也太常卿上柱國楚國公監修國史姜皎衣纓奕代忠讜立誠精識比於橋玄密私方於朱祐朕昔在藩邸早申款洽當謂我以不遺亦起予以自愛及膺大位屢錫崇班茅土列爵山河傳誓備蒙光寵時冠等夷朕每欲戒盈用克終吉未若避榮公府守靖私第自弘高尚之風不涉囂塵之境沐我恩貸庇爾子孫宜放歸田園以恣娛樂又遷晦爲宗正卿以去其權久之皎復起爲秘書監十年坐漏洩禁中語爲嗣濮王嶠所奏勑中書門下究其狀嶠卽王守一之妹夫中書令張嘉貞希守一意構成其罪仍奏請先決杖配流嶺外下制曰秘書監姜皎往屬艱難頗效誠信功則可錄寵是以加既忘滿盈之誡又虧靜愼之道假說休咎妄談宮掖據其作孽合處極刑念茲舊勳免此殊死宜決一頓配流欽州皎旣決杖行至汝州而卒年五十餘皎之所親都水使者劉承祖配流雷州自餘流死者數人時朝廷頗以皎爲寃而咎嘉貞源乾曜時爲侍中不能有所持正論者亦深譏之玄宗復思皎舊勳令遞其柩還以禮葬之仍遣中使存問其家十五年追贈澤州刺史晦坐皎左遷春州司馬俄遷海州刺史卒天寶六載授皎男慶初等官七載贈皎吏部尚書仍贈實封二百戶以充享祀慶初襲封楚國公慶初生未晬

玄宗許尚公主後淪落二十餘年李林甫爲相當軸用事林甫即岐之甥從容奏之故驟加恩命天寶十載詔慶初尚新平公主授駙馬都尉永泰元年拜太常卿

史臣曰或問屈突通盡忠於隋而功立於唐事兩國而名愈彰者何也答云若立純誠遇明主一心可事百君寧限於兩國爾被棚桑之擒臨難無苟免破仁杲之衆臨財無苟得君子哉任瓌丘和許紹李襲志咸遇眞主得爲故人或敘舊立功或率衆歸國尋其履迹皆有可稱襲志爲政襲譽訓子庶幾弘遠矣姜謩恩信有能官之譽行本勤濟多剋敵之功皎雖故舊恩倖不倫雖嘉貞致寃亦冒寵自擬豈非無德而祿禍過災生之驗歟任瓌縱妒妻無禮任親戚求財丘和進食邀幸皆無取焉

贊曰屈突守節求仁得仁諸君遇主不足擬倫

舊唐書卷五十九考證

屈突通傳義師濟河大破通將桑顯和於飲馬泉又軍至潼關爲劉文靜所遏不得進相持月餘又令顯和夜襲文靜顯和軍潰○臣宗萬按傳自是兩事創業起居注曰通聞孫華導長諳等渡河遣獸牙郎將桑顯和率驍果精騎數千人夜馳掩襲長諳等軍營諳及孫華等奉敕備豫故並覺之伺和赴營設伏分擊顯和走入河東城僅以身免據此則是一時之事非先破于飲馬泉月餘又破于潼關也又按高祖本紀云義師不利太宗以遊騎數百掩其後顯和潰散通鑑注云是時太宗未過河西而傳亦云遊軍數百騎自南山來擊其背並未載人名即通鑑只書孫華史大奈亦未載及太宗也

遂擒通送于長安高祖謂曰何相見晚耶通泣對曰通不能盡人臣之節力屈而至爲本朝之辱以愧相王○臣德濬按當時無相王其人前文云義兵起代王遣通進屯河東此必代王之譌也已改正

# 舊唐書卷六十

後晉司空同中書門下平章事劉　昫撰

## 列傳第十

宗室太祖諸子代祖諸子

永安王孝基

淮安王神通子道彥 孝察 孝同 孝慈 孝友 孝節 孝義 孝逸

襄邑王神符子德懋 文暕

長平王叔良子孝協 孝斌 孝斌子思訓 思誨 叔良弟德良 幼良

襄武王琛

河間王孝恭子晦 孝恭弟瑊 瓌

廬江王瑗王君廓附

淮陽王道玄

江夏王道宗

隴西王博乂

永安王孝基高祖從父弟也父璋周梁州刺史與趙王招謀殺隋文帝事洩被誅高祖即位追封畢王孝基武德元年封永安王歷陝州總管鴻臚卿以罪免二年劉武周將宋金剛來寇汾澮夏縣人呂崇茂殺縣令舉兵反自稱魏王請援於武周復以孝基爲行軍總管討之工部尚書獨孤懷恩內史侍郎唐儉陝州總管于筠悉隸焉武周遣其將尉遲敬德潛援崇茂大戰於夏縣王師敗績孝基與唐儉等皆沒於賊後謀歸國爲武周所害高祖爲之發哀廢朝三日賜其家帛千匹賊平購其屍不得招魂而葬之贈左衞大將軍謚曰壯無子以從兄韶子道立爲嗣封高平郡王九年降爲縣公永徽初卒於陳州刺史

淮安王神通高祖從父弟也父亮隋海州刺史武德初追封鄭王神通隋末在京師義師起隋人捕之神通潛入鄠縣山南與京師大俠史萬寶河東裴勣柳崇禮等舉兵以應義師遣使與司竹賊帥何潘仁連結潘仁奉平陽公主而至神通與之合勢進下鄠縣衆踰一萬自稱關中道行軍總管以史萬寶爲副裴勣爲長史柳崇禮爲司馬令狐德棻爲記室高祖聞之大悅授光祿大夫從平京師拜宗正卿武德元年拜右翊衞大將軍封永康王尋改封淮安王爲山東道安撫大使擊宇文化及於魏縣化及不能抗東走聊城神通進兵躡之至聊城會化及糧盡請降神通不受其副使黃門侍郎崔幹勸納之神通曰兵士暴露已久賊計窮糧盡剋在旦暮正當攻取以示國威散其玉帛以爲軍賞若受降者吾何以藉手乎幹曰今建德方至化及未平兩賊之間事必危迫不攻而下之此勳甚大今貪其玉帛敗無日矣神通怒囚幹于軍中既而士及自濟北餽之化及軍稍振遂拒戰神通督兵薄而擊之貝州刺史趙君德攀堞而上神通心害其功因止軍不戰君德大詬而下城又堅守神通乃分兵數千人往魏州取攻具中路復爲莘人所敗竇建德軍且至遂引軍而退後二日化及爲建德所虜賊勢益張山東城邑多歸建德神通兵漸散退保黎陽依徐勣俄爲建德所陷及建德敗復授河北道行臺尚書左僕射從太宗平劉黑闥遷左武衞大將軍貞觀元年拜開府儀同三司賜實封五百戶時太宗謂諸功臣曰朕敘公等勳效量定封邑恐不能盡當各自言神通曰義旗初起臣率兵先至今房玄齡杜如晦等刀筆之人功居第一臣且不服上曰義旗初起人皆有心叔父雖率兵先至未嘗身履行陣山東未定受委專征建德南侵全軍陷沒及劉黑闥翻動叔父望風而破今計勳行賞玄齡等有籌謀帷幄定社稷功所以漢之蕭何雖無汗馬指縱推轂故功居第一叔父于國至親誠無所愛必不可緣私濫與勳臣同賞耳四年薨太宗爲之廢朝贈司空謚曰靖十四年詔與河間王孝恭贈陝州大行臺右僕射鄖節公殷開山贈民部尚書渝襄公劉政會配饗高祖廟庭有子十一人長子道彥武德五年封膠東王次孝察高密王孝同淄川王孝慈廣平王孝友河間王孝節清河王孝義膠西王初高祖受禪以天下未定廣封宗室以威天下皇從弟及姪年始孩童者數十人皆封爲郡王太宗即位因舉宗正屬籍問侍臣曰遍封宗子於天下便乎尚書右僕射封德彝對曰歷觀往古封王者今最爲多兩漢已降唯封帝子及親兄弟若宗室踈遠者非有大功如周之郇滕漢之賈澤並不得濫封所以別親踈也先朝敦睦九族一切封王爵命既隆多給力役蓋以天下爲私殊非至公馭物之道太宗曰朕理天下本爲百姓非欲勞百姓以養已之親也於是宗室率以屬疏降爵爲郡公唯有功者數十人封王是時道彥等並隨例降爵道彥與季弟孝逸最知名

道彥幼而事親甚謹初義師起神通逃難被疾于山谷綿歷數旬山中食盡道彥著故弊衣出人間乞丐及採野實以供其父身無所噉其父分以食之輒詐言已啗而覆藏留之以備闕乏及神通應義舉授朝請大夫高祖受禪封義興郡公進封膠東王授隴州刺史貞觀初轉相州都督例降爵爲公拜岷州都督丁父憂廬於墓側負土成墳躬植松栢容貌哀毀親友皆不復識之太宗聞而嘉歎令侍中王珪就加開喻復授岷州都督道彥遣使告喻党項諸部中國威靈多有降附李靖之擊吐谷渾也詔道彥爲赤水道行軍總管時朝廷復厚幣遺党項令爲鄉導党項首領拓拔赤辭來詣靖軍請諸將曰往者隋人來擊吐谷渾我党項每資軍用而隋人無信必見侵掠今將軍若無他心者我當資給糧運如或我欺當即固險以塞軍路諸將與之歃血而盟赤辭信之道彥既至闊水見赤辭無備遂襲之虜牛羊數千頭於是諸羌怨怒屯兵野狐硤道彥不能進爲赤辭所乘軍大敗死者數萬人道彥退保松州竟坐減死徙邊後起爲涼州都督尋卒贈禮部尚書孝逸少好學解屬文初封梁郡公高宗末歷給事中四遷益州大都督府長史則天臨朝入爲左衞將軍甚見親遇光宅元年徐敬業據揚州作亂以孝逸爲左玉鈐衞大將軍揚州行軍大總管督軍以討之孝逸引軍至淮而敬業方南攻潤州遣其弟敬猷屯兵淮陰僞將韋超據都梁山以拒孝逸禆將馬敬臣擊斬賊之別帥尉遲昭夏侯瓚等超乃擁衆憑山以自固或謂孝逸曰超衆守險且憑山爲阻攻之則士無所施其力騎無所騁其足窮寇殊死殺傷必衆不若分兵守之大軍直趣揚州未數日其勢必降也支度使廣府司馬薛克構曰超雖據險其卒非多今逢小寇不擊何以示武若加兵以守則有闕前機捨之而前則終爲後患不如擊之剋超則淮陰自懾淮陰破則楚州諸縣必開門而候官軍然後進兵高郵直趣江都逆豎之首可指掌而懸也孝逸從其言進兵擊超賊衆歷伏官軍登山急擊之殺數百人日暮圍解超銜枚夜遁孝逸引兵擊淮陰大破敬猷之衆時敬業迴軍屯於下阿溪以拒官軍有流星墜其營孝逸引兵渡溪以擊之敬業初勝後敗孝逸乘勝追奔數十里敬業窘迫與其黨攜妻子逃入海曲孝逸進據揚州盡捕斬敬業等振旅而還以功進授鎭軍大將軍轉左豹韜衞大將軍改封吳國公孝逸素有名望自是時譽益重武承嗣等深所忌嫉數讒毀之垂拱二年左遷施州刺史其冬承嗣等又使人誣告孝逸往任益州嘗自解逸字云走遶兎者常在月中月既近天合有天分則天以孝逸常有功減死配徙儋州尋卒景雲初贈益州大都督孝銳曾孫齊物孝同曾孫國貞別有傳

襄邑王神符神通弟也幼孤事兄以友悌聞義寧初授光祿大夫封安吉郡公武德元年進封襄邑郡王四年累遷并州總管突厥頡利可汗率衆來寇神符出兵與戰於汾水東敗之斬首五百級虜其馬二千匹又戰於沙河之北獲其乙利達官并可汗所乘馬及甲獻之由

是召拜太府卿九年遷揚州大都督移州府及居人自丹陽渡江州人賴焉貞觀初再遷宗正卿後以疾辭職太宗幸其第問疾賜以縑帛每給羊酒又令乘小輿引入紫微殿以神符脚疾乃遣三衞輿之而升尋授開府儀同三司永徽二年薨年七十三贈司空荆州都督陪葬獻陵謚曰恭有子七人武德初並封郡王後例降封縣公次子德懋少子文暕最知名德懋官至少府監臨川郡公文暕歷幽州都督魏郡公垂拱中坐事貶爲藤州別駕尋被誅文暕子佺開元中爲宗正卿

長平王叔良高祖從父弟也父禕隋上儀同三司武德初追封郇王叔良義寧中授左光祿大夫封長平郡公武德元年拜刑部侍郎進爵爲王師鎮涇州以禦薛舉舉乃陽言食盡引兵南去遣高墌人僞以降叔良遣驃騎劉感率衆赴之至百里細川伏兵發官軍敗績劉感没于陣叔良大懼出金以賜士卒嚴爲守備涇州僅全四年突厥入寇命叔良率五軍擊之叔良中流矢而薨贈左翊衞大將軍靈州總管謚曰肅子孝協嗣武德五年封范陽郡王貞觀初以屬疏例降封郇國公累遷魏州刺史麟德中坐受賍賜死孝協弟孝斌官至原州都督府長史孝斌子思訓高宗時累轉江都令屬則天革命宗室多見構陷思訓遂棄官潛匿神龍初中宗初復宗社以思訓舊齒驟遷宗正卿封隴西郡公實封二百戶歷益州長史開元初左羽林大將軍進封彭國公更加實封二百戶尋轉右武衞大將軍開元六年卒贈秦州都督陪葬橋陵思訓尤善丹青迄今繪事者推李將軍山水思訓弟思誨垂拱中揚州參軍思誨子林甫別有傳叔良弟德良少有疾不仕武德初封新興王貞觀十一年薨贈涼州都督德良孫晉先天中爲殿中監兼雍州長史甚有威名紹封新興王尋坐附會太平公主伏誅改姓厲氏初晉之就誅寮吏皆奔散唯司功李撝步從不失在官之禮仍哭其屍姚崇聞之曰欒向之儔也擢爲尚書郎後官至澤州刺史德良弟幼良武德初封長樂王時有人盜其馬者幼良獲盜而擅殺之高祖怒曰昔人賜盜馬者酒終獲其報爾輒行戮何無古風盜者信有罪矣專殺豈非枉邪遣禮部尚書李綱於朝堂集宗室王公而撻之自後累遷涼州都督嘗引不逞百餘人爲左右多侵暴市里行旅苦之太宗即位有告幼良陰養死士交通境外恐謀爲反叛詔遣中書令宇文士及代爲都督并按其事士及慮其爲變遂縊殺之

襄武王琛高祖從父兄子也祖蔚周朔州總管父安隋領軍大將軍武德初追封蔚爲蔡王安爲西平王琛義寧中封襄武郡公與太常卿鄭元璹賫女妓遺突厥始畢可汗以結和親始畢甚重之贈名馬數百匹遣骨咄祿特勒隨琛貢方物高祖大悅拜刑部侍郎進爵爲王歷蒲絳二州總管及宋金剛陷澮州時稽胡多叛轉琛爲隰州總管以鎮之馭衆寬簡夷夏安之三年薨子儉嗣後隨例降爵爲公

河間王孝恭琛之弟也高祖剋京師拜左光祿大夫尋爲山南道招慰大使自金州出于巴蜀招攜以禮降附者三十餘州孝恭進擊朱粲破之諸將曰此食人賊也爲害實深請坑之孝恭曰不可自此已東皆爲寇境若聞此事豈有來降者乎盡赦而不殺由是書檄所至相繼降款武德二年授信州總管承制拜假蕭銑據江陵孝恭獻平銑之策高祖嘉納之三年進爵爲王改信州爲夔州使拜孝恭爲總管令大造舟楫教習水戰以圖蕭銑孝恭召巴蜀首領子弟量才授用致之左右外示引擢而實以爲質也尋授荆湘道行軍總管統水陸十二總管發自硤州進軍江陵攻其水城剋之所得船散於江中諸將皆曰虜得賊船當藉其用何爲弃之無乃資賊耶孝恭曰不然蕭銑僞境南極嶺外東至洞庭若攻城未拔援兵復到我則內外受敵進退不可雖有舟楫何所用之今銑緣江州鎮忽見船舸亂下必知銑敗未敢進兵來去覘伺動淹旬月用緩其救吾剋之必矣銑救兵至巴陵見船被江而下果狐疑不敢輕進旣內外阻絕銑於是出降高祖大悅拜孝恭荆州大總管使畫工貌而視之於是開置屯田創立銅冶百姓利焉六年遷襄州道行臺尚書左僕射時荆襄雖定嶺表尚未悉平孝恭分遣使人撫慰嶺南四十九州皆來款附及輔公祏據江東反發兵寇壽陽命孝恭爲行軍元帥以擊之七年孝恭自荆州趣九江時李靖李勣黃君漢張鎮州盧祖尚並受孝恭節度將發與諸將宴集命取水忽變爲血在座者皆失色孝恭舉止自若徐諭之曰禍福無門唯人所召自顧無負於物諸公何見憂之深公祏惡積禍盈今承廟算以致討盌中之血乃公祏授首之後徵遂盡飲而罷時人服其識度而能安衆公祏遣其僞將馮惠亮陳當時領水軍屯于博望山陳正通徐紹宗率步騎軍于青林山孝恭至堅壁不與鬬使奇兵斷其糧道賊漸餒夜薄我營孝恭安臥不動明日縱羸兵以攻賊壘使盧祖尚率精騎列陣以待之俄而攻壘者敗走賊出追奔數里遇祖尚軍與戰大敗之正通弃營而走復與馮惠亮保梁山孝恭乘勝攻之破其梁山別鎮赴水死者數千人正通率陸軍夜遁總管李靖又下廣陵城拔楊子鎮公祏窮蹙弃丹陽東走孝恭命騎將追之至武康擒公祏及其僞僕射西門君儀等數十人致于麾下江南悉平璽書褒賞賜甲第一區女樂二部奴婢七百人金寶珍翫甚衆授東南道行臺尚書左僕射後廢行臺拜揚州大都督孝恭旣破公祏江淮及嶺南皆統攝之自大業末羣雄競起皆爲太宗所平謀臣猛將並在麾下罕有別立勳庸者唯孝恭著方面之功聲名甚盛厚自崇重欲以威名鎮遠築宅於石頭陳廬徼以自衞尋徵拜宗正卿九年賜實封一千二百戶貞觀初遷禮部尚書以功臣封河間郡王除觀州刺史與長孫無忌等代襲刺史孝恭性奢豪重遊宴歌姬舞女百有餘人然而寬恕退讓無驕矜自伐之色太宗甚加親待諸宗室中莫與爲比孝恭嘗悵然謂所親曰吾所居宅微爲宏壯非吾心也當賣之別營一所粗令充事而已身歿之後諸子若才守此足矣如其不才冀免他人所利也十四年暴薨年五十太宗素服舉哀哭之甚慟贈司空揚州都督陪葬獻陵謚曰元配享高祖廟庭子崇義嗣降爵爲譙國公歷蒲同二州刺史益州大都督長史甚有威名後卒於宗正卿孝恭次子晦乾封中累除營州都督以善政聞璽書勞問賜物三百段轉右金吾將軍兼檢校雍州長史糺發姦豪無所容貸爲人吏畏服晦私第有樓下臨酒肆其人嘗候晦言曰微賤之人雖則禮所不及然家有長幼不欲外人窺之家迫明公之樓出入非便請從此辭晦即日毀其樓高宗將幸洛陽令在京居守顧謂之曰關中之事一以付卿但令式蹋人不可以成官政令式之外有利於人者隨事即行不須聞奏晦累有異績則天臨朝遷戶部尚書垂拱初拜右金吾衞大將軍轉秋官尚書永昌元年卒贈幽州都督子榮爲酷吏所殺孝恭弟瑊武德中爲尚書右丞封濟北郡王卒於始州刺史瑊弟瓌義師剋京城授瓌左光祿大夫武德元年封漢陽郡公五年進爵爲王時突厥屢爲侵寇高祖使瓌賫布帛數萬段與結和親頡利可汗初見瓌箕踞瓌餌以厚利頡利大悅改容加敬遣使隨瓌獻名馬後復將命頡利謂左右曰李瓌前來恨不屈之今者必令下拜瓌微知之及見頡利長揖不屈節頡利大怒乃留瓌不遣瓌神意自若竟不爲之屈頡利知不可以威脅終禮遣之拜左武候將軍轉衞尉卿代兄孝恭爲荆州都督政存清靜深爲士庶所懷嶺外豪帥屢相攻擊遣使喻以威德皆相次歸附嶺表遂定太宗即位例降爵爲公時長史馮長命曾爲御史大夫素矜衒事多專決瓌怒杖之坐是免貞觀四年拜宜川刺史加散騎常侍卒子沖玄垂拱中官至冬官尚書沖虛卒于尚方監

廬江王瑗高祖從父兄子也父哲隋柱國備身將軍追封濟南王瑗武德元年歷信州總管封廬江王九年累遷幽州大都督朝廷以瑗懦愞非邊將才遣右領軍將軍王君廓助典兵事君廓故嘗爲盜勇力絕人瑗倚仗之許結婚姻以布心腹時隱太子建成將有異圖外結於瑗及建成誅死遣通事舍人崔敦禮召瑗入朝瑗有懼色君廓素險薄欲因事陷之以爲己功遂紿瑗曰京都有變事未可知大王國之懿親受委作鎮寧得擁兵數萬而從一使召耶且聞趙郡王先以被拘太子齊王又言若此大王今去能自保乎相與共泣瑗乃囚敦禮舉兵反召北齊州刺史王詵將與計事兵曹參軍王利涉說瑗曰王不奉詔而擅發兵此爲反矣須改易法度以權宜應變先定衆心今諸州刺史或有逆命王徵兵不集何以保全瑗曰若之何利涉曰山東之地先從竇建德酋豪首領皆是僞官今並黜之退居匹庶此人思亂若旱苗之望雨王宜發使復其舊職各於所在遣募本兵諸州儻有不從即委隨便誅戮此計若行河北之地可呼吸而定也然後分遣王詵北連突厥道自太原南臨蒲絳大王整駕親詣洛陽西入潼關兩軍合勢不盈旬月天下定矣瑗從之瑗以內外機悉付君廓利涉以君廓多翻覆又說瑗委兵於王詵而除君廓瑗不能決君廓知之馳斬詵持首告其衆曰李瑗與王詵共反禁錮敕使擅追兵集今王詵已斬獨李瑗在無能爲也汝若從之終亦族滅從我取之立得富貴禍福如是意欲何從衆曰皆願討賊君廓領其麾下登城西面瑗未之覺君廓自領千餘人先往獄中出敦禮瑗始知之遽率數百人披甲纔出至門外與君廓相遇君廓謂其衆曰李瑗作逆誤人何忽從之自取塗炭衆皆倒戈一時潰走瑗塊然獨存謂君廓曰小人賣我以自媚汝行當自及矣君廓擒瑗縊殺之年四十一傳首京師絕其屬籍君廓并州石艾人也少亡命爲羣盜聚徒千餘人轉掠長平進逼夏縣李密遣使召之遂投於密尋又率衆歸國歷遷右武衞將軍累封彭國公從平劉黑闥令鎮幽州會突厥入寇君廓邀擊破之俘斬二千餘人獲馬五千匹高祖大悅徵入朝賜以御馬令於殿庭乘之而

出因謂侍臣曰吾聞藺相如叱秦皇目皆出血君廓往擊竇建德將出戰李靖遏之君廓發憤大呼目及鼻耳一時流血此之壯氣何謝古人不可以常例賞之復賜錦袍金帶還鎮幽州尋以誅瑗功拜左領軍大將軍兼幽州都督以瑗家口賜之加左光祿大夫賜物千段食實封千三百戶在職多縱逸長史李玄道數以朝憲脅之懼爲所奏殊不自安後追入朝行至渭南殺驛史而遁將奔突厥爲野人所殺追削其封邑

淮陽王道玄高祖從父兄子也祖繪隋夏州總管武德初追封雍王父贇追封河南王道玄武德元年封淮陽王授右千牛從太宗擊宋金剛于介州先登陷陣時年十五太宗壯之賞物千段後從討王世充頻戰皆捷竇建德至武牢太宗以輕騎誘賊令道玄率伏兵於道左會賊至追擊破之又從太宗轉戰于汜水麾戈陷陣直出賊後衆披靡復衝突而歸太宗大悅命副乘以給道玄又從太宗赴賊再入再出飛矢亂下箭如蝟毛猛氣益厲射人無不應弦而倒東都平拜洛州總管及府廢改授洛州刺史五年劉黑闥引突厥寇河北復授山東道行軍總管師次下博與賊軍遇道玄帥騎先登命副將史萬寶督軍繼進萬寶與之不協及道玄深入而擁兵不進謂所親曰吾奉手詔言淮陽小兒雖名爲將而軍之進止皆委於吾今其輕脫越滹交戰大軍若動必陷泥溺莫如結陣以待之雖不利於王而利於國道玄遂爲賊所擒全軍盡沒惟萬寶逃歸道玄遇害年十九太宗追悼久之嘗從容謂侍臣曰道玄終始從朕見朕深入賊陣所向必剋意嘗企慕所以每陣先登蓋學朕也惜其年少不遂遠圖因爲之流涕贈左驍衛大將軍諡曰壯無子詔封其弟武都郡公道明爲淮陽王令主道玄之祀累遷左驍衛將軍送弘化公主還蕃坐洩主非太宗女奪爵國除後卒於鄆州刺史

江夏王道宗道玄從父弟也父韶追封東平王贈戶部尚書道宗武德元年封略陽郡公起家左千牛備身討劉武周戰于度索原軍敗賊徒進逼河東道宗時年十七從太宗率衆拒之太宗登玉壁城望賊顧謂道宗曰賊恃其衆來邀我戰汝謂如何對曰羣賊乘勝其鋒不可當易以計屈難與力競今深壁高壘以挫其鋒烏合之徒莫能持久糧運致竭自當離散可不戰而擒太宗曰汝意與我合後賊果食盡夜遁追及介州一戰滅之又從平竇建德破王世充屢有殊効五年授靈州總管梁師都據夏州遣弟洛仁引突厥兵數萬至于城下道宗閉門拒守伺隙而戰賊徒大敗高祖聞而嘉之謂左僕射裴寂中書令蕭瑀曰道宗今能守邊以寡制衆昔魏任城王彰臨戎却敵道宗勇敢有同於彼遂封爲任城王初突厥連於梁師都其郁射設入居五原舊地道宗逐出之振耀威武開拓疆界斥地千餘里邊人悅服貞觀元年徵拜鴻臚卿歷左領軍大理卿時太宗將經略突厥又拜靈州都督三年爲大同道行軍總管遇李靖襲破頡利可汗頡利以十餘騎來奔其部道宗引兵逼之徵其執送頡利頡利以數騎夜走匿于荒谷沙鉢羅懼馳追獲之遣使送於京師以功賜實封六百戶召拜刑部尚書吐谷渾寇邊詔右僕射李靖爲崑丘道行軍大總管道宗與吏部尚書侯君集爲之副賊聞兵至走入嶂山已行數千里諸將議欲息兵道宗固請追討李靖然之而君集不從道宗遂率偏師并行倍道去大軍十日追及之賊據險苦戰道宗潛遣千餘騎踰山襲其後賊表裏受敵一時奔潰十二年遷禮部尚書改封江夏王尋坐贓下獄太宗謂侍臣曰朕富有四海士馬如林欲使轍跡周宇內遊觀無休息絕域採奇玩海外訪珍羞豈不得耶勞萬姓而樂一人朕所不取也人心無厭唯當以理制之道宗俸料甚高宴賜不少足有餘財而貪婪如此使人嗟惋豈不鄙乎遂免官削封邑十三年起爲茂州都督未行轉晉州刺史十四年復拜禮部尚書時侯君集立功於高昌自負其才潛有異志道宗嘗因侍宴從容言曰君集智小言大舉止不倫以臣觀之必爲戎首太宗曰何以知之對曰見其恃有微功深懷矜伐恥在房玄齡李靖之下雖爲吏部尚書未滿其志非毀時賢常有不平之語太宗曰不可億度浪生猜貳其功勳才用無所不堪朕豈惜重位第未到耳俄而君集謀反誅太宗笑謂道宗曰君集之事果如公所揣及大軍討高麗令道宗與李勣爲前鋒濟遼水剋蓋牟城逢賊兵大至軍中僉欲深溝保險待太宗至徐進道宗曰不可賊赴急遠來兵實疲頓恃衆輕我一戰必摧昔耿弇不以賊遺君父我既職在前軍當須清道以待輿駕李勣然之乃與壯士數十騎直衝賊陣左右出入靖因合擊大破之太宗至深加賞勞賜奴婢四十人又築土山攻安市城土山崩道宗失於部署爲賊所據歸罪於果毅傅伏愛斬之道宗跣行詣旗下請罪太宗曰漢武殺王恢不如秦穆赦孟明土山之失且非其罪捨而不問道宗在陣損足太宗親爲其針賜以御膳二十一年以疾請居閑職轉太常卿永徽元年加授特進增實封并前六百戶四年房遺愛伏誅長孫無忌褚遂良素與道宗不協上言道宗與遺愛交結配流象州道病卒年五十四及無忌遂良得罪詔復其官爵道宗晚年頗好學敬慕賢士不以地勢凌人宗室中唯道宗及河間王孝恭昆季最爲當代所重道宗子景恒降封盧國公官至相州刺史

隴西王博乂高祖兄子也高祖長兄曰澄次曰湛次曰洪並早卒武德初追封澄爲梁王湛爲蜀王洪爲鄭王澄洪並無後博乂卽湛第二子也武德元年受封高祖時歷宗正卿禮部尚書加特進博乂有妓妾數百人皆衣羅綺食必粱肉朝夕絃歌自娛驕侈無比與其弟渤海王奉慈俱爲高祖所鄙帝謂曰我怨讎有善猶擢以不次況於親戚而不委任聞汝等唯昵近小人好爲不軌先王墳典不聞習學今賜絹二百匹可各買經史習讀務爲善事咸亨二年薨贈開府儀同三司荆州都督諡曰恭奉慈武德初封渤海王顯慶中累遷原州都督薨諡曰敬

史臣曰無私於物物亦公焉高祖纔定中原先封疏屬致盧江爲叛神通爭功封德彝論之於前房玄齡譏之於後若河間機謀深沉識度弘遠縱虛舟而降蕭銑飲妖血而平公祏入朝定君臣之分責第爲子孫之謀善始令終論功行賞卽無私矣或問曰水變爲血信妖矣竟成功而無咎者何也荅曰河間節貫神明志匡宗社故妖不勝德明矣道宗軍謀武勇好學下賢於羣從之中稱一時之傑無忌遂良銜不協之素致千載之寃永徽中無忌遂良忠而獲罪人皆哀之殊不知誣陷劉洎吳王恪於前枉害道宗於後天網不漏不得其死也宜哉

贊曰疏屬盡封啟亂害公河間孝恭獨稱軍功

舊唐書卷六十考證

永安王孝基傳諡曰壯無子以從兄郃子道立爲嗣○沈炳震曰按新書宗室傳郃畢王璋子今孝基亦璋子是同父兄非從兄也

淮安王神通子道彥傳坐減死徙邊後起爲凉州都督○新書作嶲州

神通子孝逸傳垂拱二年冬承嗣等又使人誣告孝逸則天以孝逸常有功減死配徙儋州尋卒○沈炳震曰按新書則天本紀天授元年五月殺梁郡公孝逸年與月俱不符也証之綱目當從舊書

景雲初贈益州大都督○新書作金州

襄邑王神符傳有子七人武德初並封郡王後例降封縣公○沈炳震曰按通鑑時降封郡公應誤

長平王叔良傳武德元年師鎮涇州以禦薛擧○臣德潛按綱目武德元年唐將軍劉感鎮涇州薛仁杲圍之唐長平王叔良將兵至是禦仁杲非禦擧也時擧已先卒矣新書亦作禦仁杲

隴西王博乂傳武德初追封澄爲梁王湛爲蜀王洪爲鄭王○新書表洪封漢王

# 舊唐書卷六十一

五代司空同中書門下平章事劉　昫撰

## 列傳第十一

溫大雅 子無隱 大雅弟彥博 子振 挺 大雅弟大有　陳叔達

竇威 子惲 兄子軌 軌子奉節 琮 從子抗 抗子衍 靜 子逵 誕 誕子孝慈 孝慈子希瑊 誕少子孝諶 弟璡

溫大雅字彥弘太原祁人也父君悠北齊文林館學士隋泗州司馬大業末爲司隸從事見隋政日亂謝病而歸大雅性至孝少好學以才辯知名仕隋東宮學士長安縣尉以父憂去職後以天下方亂不求仕進高祖鎮太原甚禮之義兵起引爲大將軍府記室參軍專掌文翰禪代之際與司錄竇威主簿陳叔達參定禮儀武德元年歷遷黃門侍郎弟彥博爲中書侍郎對居近密議者榮之高祖從容謂曰我起義晉陽爲卿一門耳尋轉工部進拜陝東道大行臺工部尚書太宗以隱太子巢刺王之故令大雅鎮洛陽以俟變大雅數陳祕策甚蒙嘉賞太宗卽位累轉禮部尚書封黎國公大雅將改葬其祖父筮者曰葬於此地害兄而福弟大雅曰若得家弟永康我將含笑入地葬訖歲餘而卒諡曰孝撰創業起居注三卷永徽五年贈尚書右僕射子無隱官至工部侍郎大雅弟彥博彥博幼聰悟有口辯涉獵書記初其父友薛道衡李綱常見彥博兄弟三人咸歎異曰皆卿相才也開皇末爲州牧秦孝王俊所薦授文林郎直內史省轉通直謁者及隋亂幽州總管羅藝引爲司馬藝以幽州歸國彥博贊成其事授幽州總管府長史未幾徵爲中書舍人俄遷中書侍郎封西河郡公時高麗遣使貢方物高祖謂羣臣曰名實之間理須相副高麗稱臣於隋終拒煬帝此亦何臣之有朕敬於萬物不欲驕貴但據土宇務共安人何必令其稱臣以自尊大可卽爲詔述朕此懷也彥博進曰遼東之地周爲箕子之

國漢家之玄菟郡耳魏晉已前近在提封之內不可許以不臣若與高麗抗禮則四夷何以瞻仰且中國之於夷狄猶太陽之比列星理無降尊俯同夷貊高祖乃止其年突厥入寇命右衞大將軍張瑾爲幷州道行軍總管出拒之以彥博爲行軍長史與虜戰於太谷軍敗彥博沒於虜庭突厥以其近臣苦問以國家虛實及兵馬多少彥博固不肯言頡利怒遷於陰山苦寒之地太宗卽位突厥送款始徵彥博還朝授雍州治中尋檢校吏部侍郎彥博意有沙汰多所損抑而退者不伏嚻訟盈庭彥博惟騁辭辯與之相詰終日諠擾頗爲識者所嗤復拜中書侍郎兼太子右庶子貞觀二年遷御史大夫仍檢校中書侍郎事彥博善於宣吐每奉使入朝詔問四方風俗承受綸言有若成誦聲韻高朗響溢殿庭進止雍容觀者拭目四年遷中書令進爵虞國公高祖常宴朝臣詔太宗諭旨旣而顧謂近臣曰何如溫彥博其見重如此初突厥之降也詔議安邊之術朝士多言突厥恃強擾亂中國爲日久矣今天實喪之窮來歸我本非慕義之心也因其歸命分其種落俘之河南散屬州縣各使耕田變其風俗百萬胡虜可得化而爲漢則中國有加戶之利塞北常空矣惟彥博議曰漢建武時置降匈奴於五原塞下全其部落得爲捍蔽又不離其土俗因而撫之一則實空虛之地二則示無猜之心若遣向西南則乖物性故非含育之道也太宗從之遂處降人于朔方之地其入居長安者近且萬家議者尤爲不便欲建突厥國於河外彥博又執奏曰旣已納之無故遣去深爲可惜與魏徵等爭論數年不決十年遷尚書右僕射明年薨年六十四彥博自掌知機務卽杜絕賓客國之利害知無不言太宗以是嘉之及薨謂侍臣曰彥博以憂國之故勞精竭神我見其不逮已二年矣恨不縱其閑逸致夭性靈彥博家無正寢及卒之日殯於別室太宗命有司爲造堂焉贈特進謚曰恭陪葬昭陵子振少有雅望官至太子舍人居喪以毀卒振弟挺尚高祖女千金公主官至延州刺史大雅弟大有字彥將性端謹少以學行稱隋仁壽中尚書右丞李綱表薦之授羽騎尉尋丁憂去職歸鄉里義旗初舉高祖引爲太原令從太宗擊西河高祖謂曰士馬尚少要資經畧以卿參謀軍事其善建功名也事之成敗當以此行卜之若剋西河帝業成矣及破西河而還復以本官攝大將軍府記室與兄大雅共掌機密大有以昆季同在機務意不自安固請他職高祖曰我虛心相待不以爲疑卿何自疑也大有雖應命然每退讓遠避機權寮列以此多之武德元年累轉中書侍郎會卒高祖甚傷惜之贈鴻臚卿初大雅在隋與顏思魯俱在東宮彥博與思魯弟愍楚同直內史省彥將與愍楚弟遊秦典校祕閣二家兄弟各爲一時人物之選少時學業顏氏爲優其後職位溫氏爲盛

陳叔達字子聰陳宣帝第十六子也善容止頗有才學在陳封義陽王年十餘歲嘗侍宴賦詩十韻援筆便就僕射徐陵甚奇之歷侍中丹陽尹都官尚書入隋久不得調大業中拜內史舍人出爲絳郡通守義師至絳郡叔達以郡歸款授丞相府主簿封漢東郡公與記室溫大雅同掌機密軍書赦令及禪代文誥多叔達所爲武德元年授黃門侍郎二年兼納言四年拜侍中叔達明辯善容止每有敷奏搢紳莫不屬目江南名士薄遊長安者多爲薦拔五年進封江國公嘗賜食於御前得蒲萄執而不食高祖問其故對曰臣母患口乾求之不能致欲歸以遺母高祖喟然流涕曰卿有母遺乎因賜物三百段貞觀初加授光祿大夫尋坐與蕭瑀對御忿爭免官未幾丁母憂叔達先有疾太宗慮其危殆遣使禁絕弔賓服闋授遂州都督以疾不行久之拜禮部尚書建成元吉嫉害太宗陰行譖毀高祖惑其言將有貶責叔達固諫乃止至是太宗勞之曰武德時危難潛構知公有讜言今之此拜有以相荅叔達謝曰此不獨爲陛下社稷計耳後坐閨庭不理爲憲司所劾朝廷惜其名臣不欲彰其罪聽以散秩歸第九年卒謚曰繆後贈戶部尚書改謚曰忠有集十五卷

竇威字文蔚扶風平陸人太穆皇后從父兄也父熾隋太傅威家世勳貴諸昆弟並尚武藝而威躭翫文史介然自守諸兄哂之謂爲書癡隋內史令李德林舉秀異射策甲科拜祕書郎秩滿當遷而固守不調在祕書十餘歲其學業益廣時諸兄並以軍功致仕通顯交結豪貴賓客盈門而威職掌閑散諸兄更謂威曰昔孔子積學成聖猶狼狽當時棲遲若此汝效此道復欲何求名位不達固其宜矣威笑而不荅久之蜀王秀辟爲記室以秀行事多不法稱疾還田里及秀廢黜府僚多獲罪唯威以先見保全大業四年累遷內史舍人以數陳得失忤旨轉考功郎中後坐事免歸京師高祖入關召補大丞相府司錄參軍時軍旅草創五禮曠墜威旣博物多識舊儀朝章國典皆其所定禪代文翰多參預焉高祖常謂裴寂曰叔孫通不能加也武德元年拜內史令威奏議雍容多引古爲諭高祖甚親重之或引入臥內常爲膝席又嘗謂曰昔周朝有八柱國之貴吾與公家咸登此職今我已爲天子公爲內史令本同末異乃不平矣威謝曰臣家昔在漢朝再爲外戚至於後魏三處外家陛下龍興復出皇后臣又階緣戚里位忝鳳池自惟叨濫曉夕兢懼高祖笑曰比見關東人與崔盧爲婚猶自矜伐公代爲帝戚不亦貴乎及寢疾高祖自往臨問尋卒家無餘財遺令薄葬謚曰靖贈同州刺史追封延安郡公葬日詔太子及百官並出臨送有文集十卷子惲嗣官至岐州刺史威兄子軌從兄子抗並知名軌字士則周雍州牧鄭國公恭之子也隋大業中爲資陽郡東曹掾後去官歸于家義兵起軌聚衆千餘人迎謁於長春宮高祖見之大悅降席握手語及平生賜良馬十匹使掠地渭南軌先下永豐倉收兵得五千人從平京城封贊皇縣公拜大丞相諮議參軍時稽胡賊五萬餘人掠宜春軌討之行次黃欽山與賊相遇賊乘高縱火王師稍却軌斬其部將十四人拔隊中小帥以代之軌自率數百騎殿於軍後令之曰聞鼓聲有不進者自後斬之旣聞鼓士卒爭先赴敵賊射之不能止因大破之斬首千餘級虜男女二萬口武德元年授太子詹事會赤排羌作亂與薛舉叛將鍾俱仇同寇漢中拜軌秦州總管與賊連戰皆捷餘黨悉降進封酇國公三年還益州道行臺左僕射許以便宜從事屬党項寇松州詔軌援之又令扶州刺史蔣善合與軌連勢時党項引吐谷渾之衆其鋒甚銳軌師未至善合先期至鉗川遇賊力戰走之軌復軍於臨洮進擊左封破其部衆尋令率所部兵從太宗討王世充于洛陽四年還益州時蜀土寇往往聚結悉討平之軌每臨戎對寇或經旬月身不解甲其部衆無貴賤少長不恭命卽立斬之每日吏士多被鞭撻流血滿庭見者莫不重足股慄軌初入蜀將其甥以爲心腹嘗夜出呼之不以時至怒而斬之每誡家僮不得出外嘗遣奴就官厨取漿而悔之謂奴曰我誠使汝要當斬汝頭以明法耳遣其部將收奴斬之其奴稱寃監刑者猶豫未決軌怒俱斬之行臺郎中趙弘安知名士也軌動輒榜箠歲至數百後徵入朝賜坐御榻軌容儀不肅又坐而對詔高祖大怒因謂曰公之入蜀車騎驃騎從者二十人爲公所斬略盡我隴種車騎未足給公詔下獄俄而釋之還鎭益州軌與行臺尚書韋雲起郭行方素不協及隱太子誅有詔下益州軌藏詔懷中雲起問曰詔書安在軌不之示但曰卿欲反矣執而殺之行方大懼奔于京師軌追斬不及是歲行臺廢卽授益州大都督加食邑六百戶貞觀元年徵授右衞大將軍二年出爲洛州都督洛陽因隋末喪亂人多浮偽軌並遣務農各令屬縣有遊手怠惰者皆按之由是人吏懾憚風化整肅四年卒官贈幷州都督子奉節嗣尚高祖永嘉公主歷左衞將軍秦州都督軌弟琮亦有武幹隋左親衞大業末犯法亡命奔太原依於高祖琮與太宗有宿憾每自疑太宗方捜羅英傑降禮納之出入臥內其意乃解及將義舉琮協贊大謀大將軍府建爲統軍從平西河破霍邑拜金紫光祿大夫扶風郡公尋從劉文靜擊屈突通於潼關通遣禪將桑顯和來逼文靜義軍不利琮與段志玄等力戰久之隋軍大潰通遁走琮率輕騎追至稠桑獲通而返進兵東畧下陜縣拔太原倉拜右領軍大將軍賜物五百段時隋河陽都尉獨孤武潛謀歸國乃令琮以步騎一萬自栢崖道應接之遲留不進武見殺坐是除名武德初以元謀勳特恕一死拜右屯衞大將軍復轉右領軍大將軍時將圖洛陽遣琮留守陝城以督糧運王世充遣其驍將羅士信來斷糧道琮潛使人說以利害士信遂帥衆降及從平東都賞物一千四百段後以本官檢校晉州總管尋從隱太子討平劉黑闥以功封譙國公賞黃金五十斤未幾而卒高祖以佐命之舊甚悼之贈左衞大將軍謚曰敬永徽五年重贈特進抗字道生太穆皇后之從兄也隋洛州總管陳國公榮之子也母隋文帝萬安公主抗在隋以帝甥甚見崇寵少入太學略涉書史釋褐千牛備身儀同三司屬其父寢疾抗躬親扶侍衣不解帶者五十餘日及居喪哀毀過禮後襲爵陳國公累轉梁州刺史將之官隋文帝幸其第命抗及公主酣宴如家人之禮賞賜極厚母卒號慟絕而復蘇者數焉文帝令宮人至第節其哭泣歲餘起爲岐州刺史轉幽州總管政並以寬惠聞及漢王諒作亂煬帝恐其爲變遣李子雄馳往代之子雄因言抗得諒書而不奏按之無驗以疑貳除名抗與高祖少相親狎及楊玄感作亂高祖統兵隴右抗言於高祖曰玄感抑爲發蹤耳李氏有名圖籙可乘其便天之所啓也高祖曰無爲禍始何言之妄也大業末抗於靈武巡長城以伺盜賊及聞高祖定京城抗對衆而忭曰此吾家妹壻也豁達有大度眞撥亂之主矣因歸長安高祖見之大悅握手引坐曰李氏竟能成事何如因縱酒爲樂尋拜將作大匠武德元年以本官兼納言高祖聽朝或升御坐退朝之後延入臥

內命之捨敬縱酒談謔敦平生之歎常侍宴移時或留宿禁內高祖每呼爲兄而不名也宮內咸稱爲舅常陪侍遊宴不知朝務轉左武候大將軍領左右千牛備身大將軍尋從太宗平薛舉勳居第一四年又從征王世充及東都平册勳太廟者九人抗與從弟軌俱預焉朝廷榮之賜女樂一部金寶萬計武德四年因侍宴暴卒贈司空謚曰密子衍衍嗣官至左武衛將軍時抗羣從內三品七人四品五品十餘人尚主三人妃數人冠冕之盛當朝無比靜字元休抗第二子也武德初累轉幷州大總管府長史時突厥數爲邊患師旅歲興軍糧不屬靜表請太原置屯田以省饋運時議者以民物凋零不宜動衆書奏不省靜頻上書辭甚切至於是徵靜入朝與裴寂蕭瑀封德彝等爭論於殿庭寂等不能屈竟從靜議歲收數千斛高祖善之令檢校幷州大總管靜又以突厥頻來入寇請斷石嶺以爲鄣塞復從之太宗即位徵拜司農卿封信都男尋轉夏州都督值突厥携貳諸將出征多詣其所靜知虜中虛實潛令人間其部落郁射設所部鬱孤尼等九俟斤竝率衆歸款太宗稱善賜馬百匹羊千口及擒頡利處其部衆於河南以爲不便上封曰臣聞夷狄者同夫禽獸窮則搏噬羣則聚塵不可以刑法威不可以仁義教衣食仰給不務耕桑徒損有爲之民以資無知之虜得之則無益於治失之則無損於化然彼首丘之情未易忘也誠恐一旦變生犯我王略愚臣之所深慮如臣計者莫如因其破亡之後加其無妄之福假以賢王之號妻以宗室之女分其土地析其部落使其權弱勢分易爲羈制自可永保邊塞俾爲藩臣此實長轡遠馭之道于時務在懷輯雖未從之太宗深嘉其志制曰北方之務悉以相委以卿爲寧朔大使撫鎮華戎朕無北顧之憂矣再遷民部尚書貞觀九年卒謚曰肅子遠遠尚太宗女遂安公主襲爵信都男誕抗第三子也隋仁壽中起家爲朝請郎義寧初辟丞相府祭酒轉殿中監封安豐郡公尚高祖女襄陽公主從太宗征薛舉爲元帥府司馬遷刑部尚書轉太常卿高祖諸少子荆王元景等未出宮者十餘王所有國司家產之事皆令誕主之出爲梁州都督貞觀初召拜右領軍大將軍轉大理卿莘國公修營太廟賜物五百段復爲殿中監以疾解官復拜宗正卿太宗常與之言昏忘不能對乃手詔曰朕聞爲官擇人者治爲人擇官者亂竇誕比來精神衰耗殊異常時知不肖而任之覩尸祿而不退非唯傷風亂政亦恐爲君不明考績黜陟古今常典誕可光祿大夫還第尋卒贈工部尚書荆州刺史謚曰安子孝慈孝慈嗣官至左衛將軍孝慈子希玠希玠少襲爵中宗時爲禮部尚書以恩澤賜實封二百五十戶開元初爲太子少傅開府儀同三司誕少子孝諶在外戚傳竇氏自武德至今再爲外戚一品三人三品已上三十餘人尚主者八人女爲王妃六人唐世貴盛莫與爲比璡字之推抗季弟也大業末爲扶風太守高祖定京師以郡歸國歷禮部民部二尚書從太宗平薛仁杲尋鎭益州時蜀中尚多寇賊璡屢討平之時皇甫無逸在蜀與之不協璡屢請入朝高祖徵之中路詔令還鎭璡不得志遂於路左題山以申鬱積有使者至其所璡宴之臥內遺以綾綺無逸奏其事坐免官未幾拜祕書監封鄧國公貞觀初授太子詹事後爲將作大匠修葺洛陽宮璡於宮中鑿池起山崇飾雕麗虛費功力太宗怒遽令毀之坐事免會納其女爲酆王妃俄而復位加右光祿大夫七年卒贈禮部尚書謚曰安璡頗曉音律武德中與太常少卿祖孝孫受詔定正聲雅樂璡討論故實撰正聲調一卷行於代

史臣曰得人者昌如諸溫儒雅清顯爲一時之稱叔達才學明辯中二國之選皆抱廊廟之器俱爲社稷之臣威守道軌臨戎抗居喪靜經略璡音律仍以懿親俱至顯位才能門第輝映數朝豈非得人歟唐之昌也不亦宜乎然彥博之禍竇軌之酷亦非全器焉

贊曰溫陳才位文蔚典禮諸竇戚里榮盛無比

# 舊唐書卷六十二

五代司空同中書門下平章事劉昫撰

## 列傳第十二

李綱子少植 少植子安仁　鄭善果從兄元璹

楊恭仁子思訓 恭仁少弟師道 思訓孫睿交 恭仁從孫執柔

皇甫無逸　李大亮族孫迥秀

李綱字文紀觀州蓨人也祖元則後魏清河太守父制周車騎大將軍綱少慷慨有志節每以忠義自許初名瑗字子玉讀後漢書張綱傳慕而改之周齊王憲引爲叅軍宣帝將害憲召僚屬證成其罪綱誓之以死終無撓辭及憲遇害露車載屍而出故吏皆散唯綱撫棺號慟躬自埋瘞哭拜而去隋開皇末爲太子洗馬皇太子勇嘗以歲首宴宮臣左庶子唐令則自請奏琵琶又歌武媚娘之曲綱白勇曰令則身任公卿職當調護乃於宴座自比倡優進淫聲穢視聽事若上聞令則罪不測豈不累於殿下臣請遽正其罪勇曰我欲爲樂耳君勿多事綱趨而出及勇廢黜文帝召東宮官屬切讓之無敢對者綱對曰今日之事乃陛下之過非太子罪也勇器非上品性是常人若得賢明之士輔導之足堪繼嗣皇業方今多士盈朝當擇賢者居其任奈何以絃歌鷹犬之才侍側至令致此乃陛下訓導不足豈太子之罪耶辭氣凜然左右皆爲之失色文帝曰令汝在彼豈非擇人綱曰臣在東宮非得言者帝奇其對擢拜尚書右丞時左僕射楊素蘇威當朝用事綱每固執所見不與之同由是二人深惡之會遣大將軍劉方誅討林邑楊素言於文帝曰林邑多珍寶自非正人不可委因言綱可任文帝以爲行軍司馬劉方承素之意屈辱綱幾至於死及軍還久不得調後拜齊王府司馬未幾蘇威復令綱詣南海應接林邑久而不召綱後自來奏事威復言綱擅離所職以之屬吏綱見善卜者令筮之遇鼎因謂綱曰公易姓之後方可得志而爲卿輔宜早退不然有折足之敗也尋會赦免屛居于鄠大業末賊帥何潘仁以綱爲長史義師至京城綱來謁見高祖大悅授丞相府司錄封新昌縣公專掌選高祖踐祚拜禮部尚書兼太子詹事典選如故先是巢王元吉授幷州總管於是縱其左右攘奪百姓宇文歆頻諫不納乃上表曰王在州之日多出微行常共竇誕遊獵蹂踐穀稼放縱親昵公行攘奪境內獸畜取之殆盡當衢而射觀人避箭以爲笑樂分遣左右戲爲攻戰至相擊刺痍傷致死夜開府門宣淫他室百姓怨毒各懷憤嘆以此守城安能自保元吉竟坐免又諷父老詣闕請之尋令復職時劉武周率五千騎至黃蛇嶺元吉遣車騎將軍張達以步卒百人先嘗之達以步卒少固請不行元吉强遣之至則盡没于賊達憤怒因引武周攻陷榆次進逼幷州元吉大懼紿其司馬劉德威曰卿以老弱守城吾以强兵出戰因夜出兵携其妻孥弃軍奔還京師幷州遂陷高祖怒甚謂綱曰元吉幼小未習時事故遣竇誕宇文歆輔之强兵數萬食支十年起義興運之資一朝而弃宇文歆首畫此計我當斬之綱曰賴歆令陛下不失愛子臣以爲有功高祖問其故綱對曰罪由竇誕不能規諷致令軍人怨憤又齊王年少肆行驕逸放縱左右侵漁百姓誕曾無諫止乃隨順掩藏以成其釁此誕之罪宇文歆論情則疎向彼又淺王之過失悉以聞奏且父子之際人所難言歆言之豈非忠懇今欲誅罪不錄其心臣愚竊以爲過翌日高祖召綱入升御坐謂曰今我有公遂使刑罰不濫元吉自惡結怨於人歆既曾以表聞誕亦焉能制禁時高祖拜舞人安叱奴爲散騎常侍綱上疏諫曰謹案周禮均工樂胥不得預於仕伍雖復才如子野妙等師襄皆身終子繼不易其業故魏武使禰衡擊鼓衡先解朝服露體而擊之云不敢以先王法服爲伶人之衣雖齊高緯封曹妙達爲王授安馬駒爲開府既招物議大斁彝倫有國有家者以爲殷鑒方今新定天下開太平之基起義功臣行賞未遍高才碩學猶滯草萊而先令舞胡致位五品鳴玉曳組趨馳廊廟顧非創業垂統貽厥子孫之道也高祖不納尋令叅詳律令綱在東宮隱太子建成初甚禮遇建成常往溫湯綱時以疾不從有進生魚於建成者將召饔人作鱠時唐儉趙元楷在座各自贊能爲鱠建成從之既而謂曰飛刀鱠鯉調和鼎食公實有之至於審諭弼諧固屬於李綱矣於是遣使送絹二百匹以遺之建成後漸狎無行之徒有猜忌之謀不可諫止又思筮者之言頻乞骸骨高祖謾罵之曰卿爲潘仁長史何乃羞爲朕尚書且建成在東宮遣卿輔導何爲屢致辭乎綱頓首陳謝曰潘仁賊也誠在殺害每諫便止所活極多爲其長史故得無愧陛下功成業泰頗自矜伐臣以凡劣才乖元凱所言如水投石安敢久爲尚書兼以愚臣事太子所懷鄙見復不採納既無補益所以請退高祖謝曰知公直士勉弼我兒於是擢拜太子少保尚書詹事竝如故綱又上書諫太子曰綱耄矣日過時流墳樹已拱幸未就土許傳聖躬無以酬恩請効愚直伏願殿下詳之竊見飲酒過多誠非養生之術且凡爲人子者務於孝友以慰君父之心不宜聽受邪言妄生猜忌建成覽書不懌而所爲如故綱以數言事忤太子旨道既不行鬱鬱不得志武德二年以老表辭職優詔解尚書仍爲太子少保高祖以綱隋代名臣甚加優禮每手勑未嘗稱名其見重如此貞觀四年拜太子少師時綱有脚疾不堪踐履太宗特賜步輿令綱乘至閤下數引入禁中問以政道又令轝入東宮皇太子引上殿親拜之綱於是陳君臣父子之道問寢視膳之方理順辭直聽者忘倦太子每親政事太宗必令綱及左僕射房玄齡侍中王珪侍坐

太子嘗商略古來君臣名教竭忠盡節之事綱凜然曰託六尺之孤寄百里之命古人以爲難綱以爲易每吐論發言皆辭色慷慨有不可奪之志及遇疾太宗遣尚書左僕射房玄齡詣宅存問賜絹二百匹五年卒年八十五贈開府儀同三司諡曰貞太子爲之立碑初周齊王憲女孀居孑立綱自以齊王故吏贍恤甚厚及綱卒其女被髮號哭如喪所生焉子少植隋武陽郡司功書佐先綱卒少植子安仁永徽中爲太子左庶子屬太子被廢歸于陳邸宮寮皆逃散無敢辭送者安仁獨涕泣拜辭而去朝野義之後卒於恒州刺史

鄭善果鄭州滎澤人也祖孝穆西魏少司空岐州刺史父誠周大將軍開封縣公大象初討尉遲迥力戰遇害善果年九歲以父死王事詔令襲其官爵家人以其嬰孺弗之告也受冊悲慟擗踊不能勝觀者莫不爲之流涕隋開皇初改封武德郡公拜沂州刺史大業中累轉魯郡太守善果篤慎事親至孝母崔氏賢明曉於政道每善果理務崔氏嘗於閤內聽之聞其剖斷合理歸則大悅若處事不允母則不與之言善果伏於牀前終日不敢食崔氏謂之曰吾非怒汝反愧汝家耳汝先君在官清恪未嘗問私以身徇國繼之以死吾亦望汝繼父之心自童子承襲茅土今位至方伯豈汝身能致之耶安可不思此事而妄加瞋怒內則墜爾家風或亡官爵外則虧天子之法以取罪戾吾寡婦也有慈無威使汝不知教訓以負清忠之業吾死之日亦何面以事汝先君乎善果由此遂勵己爲清吏所在有政績百姓懷之及朝京師煬帝以其居官儉約莅政嚴明與武威太守樊子蓋考爲天下第一各賞物千段黃金百兩再遷大理卿後突厥圍煬帝於鴈門以守禦功拜右光祿大夫從幸江都宇文化及弒逆署爲民部尚書隨化及至遼城淮安王神通圍化及善果爲化及守禦督戰爲流矢所中及神通退還竇建德進軍尅之建德將王琮獲善果誚之曰公隋室大臣也自尊夫人亡後而清稱益衰又忠臣子奈何爲弒君之賊殉命苦戰而傷痍若此善果深愧赧欲自殺僞中書令宋正本馳往救止之建德又不爲之禮乃奔相州淮安王神通送于京師高祖遇之甚厚拜太子左庶子檢校內史侍郎封滎陽郡公善果在東宮數進忠言多所匡諫未幾檢校大理卿兼民部尚書正身奉法甚有善績制與裴寂等十人每奏事及侍立竝令升殿與從兄元璹在其數時以爲榮尋坐事免及山東平持節爲招撫大使坐選舉不平除名後歷禮部刑部二尚書貞觀元年出爲岐州刺史復以公事免三年起爲江州刺史卒元璹隋岐州刺史沛國公譯子也少以父功拜儀同大將軍襲爵沛國公累轉右武候將軍改封莘國公大業中出爲文城郡守義師至河東元璹以郡來降徵拜太常卿及定京城以本官兼參旗將軍元璹少在戎旅尤明軍法高祖常令巡諸軍教其兵事突厥始畢可汗弟乙力設代其兄爲叱羅可汗又劉武周將宋金剛與叱羅共爲犄角來寇汾晉詔元璹入蕃諭以禍福叱羅竟不納乃欲總其部落入寇太原以爲武周聲援未幾叱羅遇疾療之弗愈其下疑元璹令人毒之乃囚執元璹不得歸叱羅竟死頡利嗣立留元璹每隨其牙帳經數年頡利後聞高祖遺其財物又許結婚始放元璹來還高祖勞之曰卿在虜庭累載拘縶蘇武弗之過也拜鴻臚卿尋而突厥又寇并州時元璹在母喪高祖令墨絰充使招慰突厥從介休至晉州數百里間精騎數十萬塡映山谷及見元璹責中國違背之事元璹隨機應對竟無所屈因數突厥背誕之罪突厥大慙不能報元璹又謂頡利曰漢與突厥風俗各異漢得突厥既不能臣突厥得漢復何所用且抄掠資財皆入將士在於可汗一無所得不如早收兵馬遣使和好國家必有重賚幣帛皆入可汗免爲劬勞坐受利益大唐初有天下卽與可汗結爲兄弟行人往來音問不絕今乃捨善取怨違多就少何也頡利納其言卽引還太宗致書慰之曰知公已共可汗結和遂使邊亭息警爟火不然和戎之功豈唯魏絳金石之錫固當非遠元璹自義寧已來五入蕃充使幾至於死者數矣貞觀三年又使入突厥還奏曰突厥興亡唯以羊馬爲準今六畜疾羸人皆菜色又其牙內炊飯化而爲血徵祥如此不出三年必當覆滅太宗然之無幾突厥果敗元璹後累轉左武候大將軍坐事免尋起爲宜州刺史復封沛國公元璹有幹略所在頗著聲譽然其父譯事繼母失溫凊之禮隋文帝會贈以孝經至元璹事親又不以孝聞清論鄙之二十年卒贈幽州刺史諡曰簡弟孫杲知名則天時爲天官侍郎

楊恭仁本名綸弘農華陰人隋司空觀王雄之長子也隋仁壽中累除甘州刺史恭仁務舉大綱不爲苛察戎夏安之文帝謂雄曰恭仁在州甚有善政非唯朕舉得人亦是卿義方所致也大業初轉吏部侍郎楊玄感作亂煬帝制恭仁率兵經略與玄感戰于破陵大敗之玄感兄弟挺身遁走恭仁與屈突通等追討獲之軍旋煬帝召入內殿謂曰我聞破陵之陣唯卿力戰功最難比雖知卿奉法清慎都不知勇決如此也納言蘇威曰仁者必有勇固非虛也時蘇威及左衞大將軍宇文述御史大夫裴蘊黃門侍郎裴矩等皆受詔參掌選事多納賄賂士流嗟怨恭仁獨雅正自守不爲蘊等所容由是出爲河南道大使討捕盜賊時天下大亂行至譙郡爲朱粲所敗奔還江都宇文化及弒逆署吏部尚書隨至河北爲化及守魏縣時元寶藏據有魏郡會行人魏徵說下寶藏執恭仁送于京師高祖甚禮遇之拜黃門侍郎封觀國公尋爲涼州總管恭仁素習邊事深悉羌胡情僞推心馭下人吏悅服自葱嶺已東竝入朝貢未幾遙授納言總管如故俄而突厥頡利可汗率衆數萬奄至州境恭仁隨方備禦多設疑兵頡利懼而退走屬瓜州刺史賀拔威擁兵作亂朝廷僻遠未遑征討恭仁乃募驍勇倍道兼進賊不虞兵至之速尅其二城恭仁悉放俘虜賊衆感其寬惠遂相率執威而降久之徵拜吏部尚書遷左衞大將軍鼓旗將軍貞觀初拜雍州牧加左光祿大夫行揚州大都督府長史五年遷洛州都督太宗曰洛陽要重古難其人朕之子弟多矣恐非所任特以委公也恭仁性虛澹必以禮度自居謙恭下士未嘗忤物時人方之石慶恭仁弟師道尚桂陽公主從姪女爲巢剌王妃弟子思訓尚安平公主連姻帝室益見崇重後以老病乞骸骨聽以特進歸第十三年卒冊贈開府儀同三司潭州都督陪葬昭陵諡曰孝子思訓襲爵顯慶中歷右屯衞將軍時右衞大將軍慕容寶節有愛妾置于別宅嘗邀思訓就之宴樂思訓深責寶節與其妻隔絕妾等怒密以毒藥置酒思訓飲盡便死寶節坐是配流嶺表思訓妻又詣闕稱冤制遣使就斬之仍改賊盜律以毒藥殺人之科更從重法思訓孫睿交本名璬少襲爵觀國公尚中宗女長寧公主預誅張易之有功賜實封五百戶神龍中爲祕書監後被貶卒於絳州別駕恭仁弟續頗有辭學貞觀中爲鄆州刺史續孫執柔則天時爲地官尚書則天以外氏近屬甚優寵之時武承嗣攸寧相次知政事則天嘗曰我今當宗及外家常一人爲宰相由是執柔同中書門下三品尋卒執柔子滔開元中官至吏部侍郎同州刺史執柔弟執一神龍初以誅張易之功封河東郡公累至右金吾衞大將軍恭仁少弟師道隋末自洛陽歸國授上儀同爲備身左右尋尚桂陽公主超拜吏部侍郎累轉太常卿封安德郡公貞觀七年代魏徵爲侍中性周愼謹密未嘗漏洩內事親友或問禁中之言乃更對以他語嘗曰吾少窺漢史至孔光不言溫室之樹每欽其餘風所庶幾也師道退朝後必引當時英俊宴集園池而文會之盛當時莫比雅善篇什又工草隸酣賞之際援筆直書有如宿構太宗每見師道所製必吟諷嗟賞之十三年轉中書令太子承乾逆謀事洩與長孫無忌房玄齡同按其獄師道妻前夫之子趙節與承乾通謀師道微諷太宗冀活之由是獲譴罷知機密轉吏部尚書師道貴家子四海人物未能委練所署用多非其才而深抑貴勢及其親黨以避嫌疑時論譏之太宗嘗從容謂侍臣曰楊師道性行純善自無愆過而情實怯懦未甚更事緩急不可得力未幾從征高麗攝中書令及軍還有毀之者稍貶爲工部尚書尋轉太常卿二十一年卒贈吏部尚書并州都督陪葬昭陵賜東園祕器幷爲立碑子豫之尚巢剌王女壽春縣主居母喪與永嘉公主淫亂爲主壻竇奉節所擒具五刑而殺之師道兄子思玄高宗時爲吏部侍郎國子祭酒玄弟思敬禮部尚書師道從兄子崇敬太子詹事始恭仁父雄在隋以同姓寵貴自武德之後恭仁兄弟名位尤盛則天時又以外戚崇寵一家之內駙馬三人王妃五人贈皇后一人三品已上官二十餘人遂爲盛族

皇甫無逸字仁儉安定烏氏人父誕隋并州總管府司馬其先安定著姓徙居京兆萬年仁壽末漢王諒於并州起兵反誕抗節不從爲諒所殺無逸時在長安聞諒反卽同居喪之禮人問其故泣而對曰大人平生徇節義既屬亂常必無苟免尋而凶問果至在喪柴毀過禮事母以孝聞煬帝以誕死節贈柱國弘義郡公令無逸襲爵時五等皆廢以其時忠義之後特封平輿侯拜淯陽太守甚有能名差品爲天下第一再轉右武衞將軍甚見親委帝幸江都以無逸留守洛陽及江都之變與段達元文都尊立越王侗爲帝王世充作難無逸棄老母妻子斬關而走追騎且至無逸曰吾死而後已終不能同爾爲逆因解所服金帶投之於地曰以此贈卿無爲相迫追騎競下馬取帶自相爭奪由是得免高祖以隋代舊臣甚尊禮之拜刑部尚書封滑國公歷陝東道行臺民部尚書明年遷御史大夫時益部新開刑政未洽長吏橫恣贓汚狼藉令無逸持節巡撫之承制除授無逸宣揚朝化法令嚴肅蜀中甚賴之有皇甫希仁者見無逸專制方面徼倖上變云臣父在洛陽無逸爲母之故陰遣臣與王世充相知高祖審其詐數之曰無逸

偪於世充棄母歸朕今之委任異於衆人其在益州極爲清正此蓋羣小不耐欲誣之也此乃離間我君臣惑亂我視聽於是斬希仁於順天門遣給事中李公昌馳往慰諭之俄而又告無逸陰與蕭銑交通者無逸時與益州行臺僕射竇璡不協於是上表自理又言璡罪狀高祖覽之曰無逸當官執法無所迴避必是邪佞之徒惡直醜正共相構扇也因令劉世龍溫彥博將按其事卒無驗而止所告者坐斬竇璡亦以罪黜無逸既返命高祖勞之曰公立身行己朕之所悉比多譖訴者但爲正直致邪佞所憎耳尋拜民部尚書累轉益州大都督府長史閉門自守不通賓客左右不得出門凡所貨易皆往他州每按部樵採不犯於人嘗夜宿人家遇燈炷盡主人將續之無逸抽佩刀斷衣帶以爲炷其廉介如此然過於審慎所上表奏懼有誤失必讀之數十遍仍令官屬再三披省使者就路又追而更審每遣一使輒連日不得上道議者以此少之母在長安疾篤太宗令驛召之無逸性至孝承問惶懼不能飲食因道病卒贈禮部尚書太常考行謚曰孝禮部尚書王珪駁之曰無逸入蜀之初自當扶侍老母與之同去申其色養而乃留在京師子道未足何得爲孝竟謚爲良孫忠開元中爲衛尉卿

李大亮雍州涇陽人後魏度支尚書琰之曾孫也其先本居隴西狄道代爲著姓祖綱後魏南岐州刺史父充節隋朔州總管武陽公大亮少有文武才幹隋末署韓國公龐玉行軍兵曹在東都與李密戰敗同輩百餘人皆就死賊帥張弼見而異之獨釋與語遂定交於幕下義兵入關大亮自東都歸國授土門令屬百姓饑荒盜賊侵寇大亮賣所乘馬分給貧弱勸以墾田歲因大稔躬捕寇盜所擊輒平時太宗在藩巡撫北境聞而嗟歎下書勞之賜馬一匹帛五十段其後胡賊寇境大亮衆少不敵遂單馬詣賊營召其豪帥諭以禍福羣胡感悟相率請降大亮又殺所乘馬以與之宴樂徒步而歸前後降者千餘人縣境以清高祖大悅超拜金州總管府司馬時王世充遣其兄子弘烈據襄陽令大亮安撫樊鄧以圖進取大亮進兵擊之所下十餘城高祖下書勞勉遷安州刺史又令徇廣州巴東行次九江會輔公祏反大亮以計擒公祏將張善安公祏尋遣兵圍猷州刺史左難當嬰城自守大亮率兵進援擊賊破之以功賜奴婢百人大亮謂曰汝輩多衣冠子女破亡至此吾亦何恐以汝爲賤隸乎一皆放遣高祖聞而嗟異復賜婢二十人拜越州都督貞觀元年轉交州都督封武陽縣男在越州寫書百卷及徙職皆委之廨宇尋召拜太府卿出爲涼州都督以惠政聞嘗有臺使到州見有名鷹諷大亮獻之大亮密表曰陛下久絕畋獵而使者求鷹若是陛下之意深乖昔旨如其自擅便是使非其人太宗下之書曰以卿兼資文武志懷貞確故委藩牧當茲重寄比在州鎮聲績遠彰念此忠勤無忘寤寐使遣獻鷹遂不曲順論今引古遠獻直言披露腹心非常懇到覽用嘉歎不能便已有臣若此朕復何憂宜守此誠終始若一古人稱一言之重侔於千金卿之此言深足貴矣今賜卿胡缾一枚雖無千鎰之重是朕自用之物又賜荀悅漢紀一部下書曰卿立志方直竭節至公處職當官每副所委方大任使以申重寄公事之閑宜尋典籍然此書叙致既明論議深博極爲治之體盡君臣之義今以賜卿宜加尋閱也時頡利可汗敗亡北荒諸部相率內屬有大度設拓設泥熟特勒及七姓種落等尚散在伊吾以大亮爲西北道安撫大使以綏之多所降附朝廷愍其部衆凍餒遣於磧口貯糧特加賑給大亮以爲於事無益上疏曰臣聞欲綏遠者必先安近中國百姓天下本根四夷之人猶如枝葉擾於根本以厚枝附而求久安未之有也自古明王化中國以信馭夷狄以權故春秋云戎狄豺狼不可厭也諸夏親暱不可棄也自陛下君臨區宇深根固本人逸兵强九州殷盛四夷自服今者招致突厥雖入提封臣愚稍覺勞費未悟其有益也然河西氓庶積禦蕃夷州縣蕭條戶口鮮少加因隋亂減耗尤多突厥未平之前尚不安業匈奴微弱已來始就農畝若即勞役恐致妨損以臣愚惑請停招慰且謂之荒服者故臣而不內是以周室愛人攘狄竟延七百之齡秦王輕戰事胡四十載而遂絕漢文養兵靜守天下安豐孝武揚威遠略海內虛耗雖悔輪臺追已不及至于隋室早得伊吾兼統鄯善既得之後勞費日甚虛內致外竟損無益遠尋秦漢近觀隋室動靜安危昭然備矣伊吾雖已臣附遠在藩磧人非中夏地多沙鹵其自豎立稱藩附庸者請羈縻受之使居塞外必畏威懷德永爲藩臣蓋行虛惠而收實福矣近日突厥傾國入朝既不能俘之江淮以變其俗置於內地去京不遠雖則寬仁之義亦非久安之計也每見一人初降賜物五匹袍一領酋帥悉授大官祿厚位尊理多糜費以中國之幣帛供積惡之兇虜其衆益多非中國之利也太宗納其奏八年爲劍南道巡省大使大亮激濁揚清甚獲當時之譽及討吐谷渾以大亮爲河東道行軍總管與大總管李靖等出北路涉清海歷河源遇賊於蜀渾山接戰破之俘其名王虜雜畜五萬計以功進爵爲公賜物千段奴婢一百五十人悉遺親戚仍罄其家資收葬五葉宗族無後者三十餘喪送終之禮一時稱盛後拜左衞大將軍十七年晉王爲皇太子東宮僚屬皆盛選重臣以大亮兼領太子右衞率俄兼工部尚書身居三職宿衞兩宮甚爲親信大亮每當宿直必通宵假寐太宗嘗勞之曰至公宿直我便通夜安卧其見任如此太宗每有巡幸多令居守房玄齡甚重之每稱大亮有王陵周勃之節可以當大位大亮雖位望通顯而居處卑陋衣服儉率至性忠謹雖妻子不見其惰容事兄嫂有同於父母每懷張弼之恩而久不能得弼時爲將作丞自匿不言大亮嘗遇諸途而識之持弼而泣恨相得之晚多推家產以遺弼弼拒而不受太亮言於太宗曰臣有今日之榮張弼力也有官爵請迴太宗遂遷弼爲中郎將俄代州都督時人皆賢大亮不背恩而多弼不自伐也十八年太宗幸洛陽令大亮副司空玄齡居中尋遇疾太宗親爲調藥馳驛賜之臨終上表請停遼東之役又言京師宗廟所在願深以關中爲意表成而歎曰吾聞禮男子不死婦人之手於是命屏婦人言終而卒時五十九死之日家無珠玉可以爲唅唯有米五石布三十端親戚孤遺爲大亮所鞠養服之如父者十五人太宗爲舉哀於別次哭之甚慟廢朝三日贈兵部尚書秦州都督謚曰懿陪葬昭陵兄子道裕永徽中爲大理卿迥秀大亮族孫也祖玄明濟州刺史父義本宣州刺史迥秀弱冠應英材傑出舉拜相州參軍累轉考功員外郎則天雅愛其材甚寵待之掌舉數年遷鳳閣舍人迥秀母氏庶賤而色養過人其妻崔氏嘗叱其媵婢母聞之不悅迥秀即時出之或止云賢室雖不避嫌疑然過非出狀何遽如此迥秀曰娶妻本以承順顏色顏色苟違何敢留也竟不從長安初歷天官夏官二侍郎俄同鳳閣鸞臺平章事則天令宮人參問其母又嘗迎入宮中待之甚優迥秀雅有文才飲酒斗餘廣接賓朋當時稱爲風流之士然頗託附權倖傾心以事張易之昌宗兄弟由是深爲讜正之士所譏俄坐贓出爲廬州刺史景龍中累轉鴻臚卿修文館學士又持節爲朔方道行軍大總管所居宅中生芝草數莖又有猫爲犬所乳中宗以爲孝感所致使旌其門閭俄代姚崇爲兵部尚書病卒子齊損開元十年與權梁山等構逆伏誅籍沒其家也

史臣曰孔子云邦有道危言危行如李綱直道事人執心不回始對隋文慷慨獲免終忤楊素屈辱尤深及高祖臨朝諫舞胡鳴玉懷不吐不茹之節存有始有卒之規可謂危矣非逢有道焉能免諸易曰王臣蹇蹇匪躬之故李綱有焉善果幼事賢母長爲正人元璹於國有功秖練邊事承家不孝終爲匪人恭仁仕隋忠厚馭衆謙恭破賊立功方見仁者有勇掌選被斥所謂獨正者危自僞歸朝懷才遇主連婚帝室列位藩宣始終無玷者鮮矣師道愼密純善怯懦無更事之名抑勢避嫌署用致非才之誚無逸知父守節陷難離母避逆終吉忠信之道著矣絕賓客以閉府門斷衣帶以續燈炷廉介之志彰矣於乎蜀道初開親老地梗至孝滅性子道可知不得謚爲孝也惜哉大亮文武兼才貞確成性賣馬勸農是爲政也投身論賊略也放奴婢從良者仁也因鷹諫獵臨終上表忠也論伊吕之衆智也葬五葉無後報張弼恩義也侍兄嫂如父母孝也不死婦人之手禮也無珠玉爲唅廉也房玄齡云大亮有王陵周勃之節名下無虛士矣迥秀諂事權倖爰至台司餘不足觀清風替矣

贊曰李綱守道言行俱危善果母訓清貞是資元璹父子要道何虧恭仁獨正令德無違師道愼密抑勢見機無逸廉介終於孝思大亮才德陵勃名隨迥秀託附實污台司

舊唐書卷六十二考證

楊恭仁傳瓜州刺史賀拔威○新書作賀拔行威

恭仁子思訓傳慕容寶節有愛妾置于別宅嘗邀思訓就之宴樂思訓深責寶節與其妻隔絕妾等怒密以毒藥置酒思訓飲盡便死○新書云顯慶中從高宗幸并州右衞大將軍慕容寶節夜邀思訓謀亂思訓不敢對寶節懼毒酒以進思訓死兩書各異

舊唐書卷六十三

後晉司空同中書門下平章事劉　昫撰

列傳第十三

封倫　蕭瑀子銳兄子鈞鈞子瓘鈞兄子嗣業

裴矩　宇文士及

封倫字德彝觀州蓨人北齊太子太保隆之孫父子繡隋通州刺史倫少時其舅盧思道每言曰此子智識過人必能致位卿相開皇末江南作亂內史令楊素往征之署為行軍記室船至海曲素召之倫墜於水中人救免溺乃易衣以見竟寢不言素後知問其故曰私事也所以不白素甚嗟異之素將營仁壽宮引為土木監隋文帝至宮所見制度奢侈大怒曰楊素為不誠矣殫百姓之力雕飾離宮為吾結怨於天下素惶恐慮將獲譴倫曰公當弗憂待皇后至必有恩詔明日果召素入對獨孤后勞之曰公知吾夫妻年老無以娛心盛飾此宮豈非孝順素退問倫曰卿何以知之對曰至尊性儉故初見而怒然雅聽后言后婦人也惟麗是好后心既悅帝慮必移所以知耳素歎伏曰揣摩之才非吾所及素負貴恃才多所凌侮唯擊賞倫每引與論宰相之務終日忘倦因撫其牀曰封郎必當據吾此座驟稱薦於文帝由是擢授內史舍人大業中倫見虞世基幸於煬帝而不閑吏務每有承受多失事機倫又託附之密為指畫宣行詔命諂順主心外有表疏如忤意者皆寢而不奏決斷刑法多峻文深誣策勳行賞必抑削之故世基之寵日隆而隋政日壞皆倫所為也宇文化及之亂逼帝出宮使倫數帝之罪帝謂曰卿是士人何至於此倫赧然而退化及尋署內史令從至聊城倫見化及勢蹙乃潛結化及弟士及請於濟北運糧以觀其變遇化及敗與士及來降高祖以其前代舊臣遣使迎勞拜內史舍人尋遷內史侍郎高祖嘗幸溫湯經秦始皇墓謂倫曰古者帝王竭生靈之力殫府庫之財營起山陵此復何益倫曰上之化下猶風之靡草自秦漢帝王盛為厚葬故百官眾庶競相遵倣凡是古冢丘封悉多藏珍寶咸見開發若死而無知厚葬深為虛費若魂而有識被發豈不痛哉高祖稱善謂倫曰從今之後宜自上導下悉為薄葬太宗之討王世充詔倫參謀軍事高祖以兵久在外意欲旋師太宗遣倫入朝親論事勢倫言於高祖曰世充得地雖多而羈縻相屬其所用命者唯洛陽一城而已計盡力窮破在朝夕今若還兵賊勢必振更相連結後必難圖未若乘其已衰破之必矣高祖納之及太宗凱旋高祖謂侍臣曰朕初發兵東討眾議多有不同唯秦王請行封倫贊成此計昔張華協同晉武亦復何以加也封平原縣公兼天冊府司馬會突厥寇太原復遣使來請和親高祖問羣臣和之與戰策將安出多言戰則怨深不如先和倫曰突厥憑陵有輕中國之意必謂兵弱而不能戰如臣計者莫若悉眾以擊之其勢必捷勝而後和恩威兼著若今歲不戰明年必當復來臣以擊之為便高祖從之六年以本官檢校吏部尚書曉習吏職甚獲當時之譽八年進封道國公尋徙封於密蕭瑀嘗薦倫於高祖高祖任倫為中書令太宗嗣位瑀遷尚書左僕射倫為右僕射倫素險詖與瑀商量可奏者至太宗前盡變易之由是與瑀有隙貞觀元年遘疾於尚書省太宗親自臨視即命尚輦送還第尋薨年六十太宗深悼之廢朝三日冊贈司空謚曰明初倫數從太宗征討特蒙顧遇以建成元吉之故數進忠款太宗以為至誠前後賞賜以萬計而倫潛持兩端陰附建成時高祖將行廢立猶豫未決謀之於倫倫固諫而止然所為祕隱時人莫知事具建成傳卒後數年太宗方知其事十七年治書侍御史唐臨追劾倫曰臣聞事君之義盡命不渝為臣之節歲寒無貳苟虧其道罪不容誅倫位望鼎司恩隆胙土無心報效乃肆姦謀熒惑儲藩獎成元惡寘于常典理合誅夷但苞藏之狀死而後發猥加褒贈未正嚴科罪惡既彰宜加貶黜豈可仍疇爵邑尚列台槐此而不懲將何沮勸太宗令百官詳議民部尚書唐儉等議倫罪暴身後恩結生前所歷眾官不可追奪請降贈改謚詔從之於是改謚繆黜其贈官削所食實封子言道尚高祖女淮南長公主官至宋州刺史倫兄子行高以文學知名貞觀中官至禮部郎中

蕭瑀字時文高祖梁武帝曾祖昭明太子祖察後梁宣帝父巋明帝瑀年九歲封新安郡王幼以孝行聞姊為隋晉王妃從入長安聚學屬文端正鯁亮好釋氏常修梵行每與沙門難及苦空必詣微旨常觀劉孝標辯命論惡其傷先王之教迷性命之理乃作非辯命論以釋之大旨以為人稟天地以生孰云非命然吉凶禍福亦因人而有若一之於命其蔽已甚時晉府學士柳顧言諸葛穎見而稱之曰自孝標後數十年間言性命之理者莫能詆詰今蕭君此論足療劉子膏肓煬帝為太子也授太子右千牛及踐祚遷尚衣奉御檢校左翊衞鷹揚郎將忽遇風疾命家人不即醫療仍云若天假餘年因此望為栖遁之資耳蕭后聞而誨之以爾才智足堪揚名顯親豈得輕毀形骸而求隱逸若以此致譴則罪在不測病且愈其姊勸勉之故復有仕進志累加銀青光祿大夫內史侍郎既以后弟之親委之機務後數以言忤旨漸見疎斥煬帝至鴈門為突厥所圍瑀進謀曰如聞始畢託校獵至此義成公主初不知其有違背之心且北蕃夷俗可賀敦知兵馬事昔漢高祖解平城之圍乃閼氏之力況義成以帝女為妻必恃大國之援若發一單使以告義成假使無益事亦無損臣又竊聽輿人之誦乃慮陛下平突厥後更事遼東所以人心不一或致挫敗請下明詔告軍中赦高麗而專攻突厥則百姓心安人自為戰煬帝從之於是發使詣可賀敦諭旨俄而突厥解圍去於後獲其諜人云義成公主遣使告急於始畢稱北方有警由是突厥解圍蓋公主之助也煬帝又將伐遼東謂羣臣曰突厥狂悖為寇勢何能為以其少時未散蕭瑀遂相恐動情不可恕因出為河池郡守即日遣之既至郡有山賊萬餘人寇暴縱橫瑀潛募勇敢之士設奇而擊之當陣而降其眾所獲財畜咸賞有功由是人竭其力薛舉遣眾數萬侵掠郡境瑀要擊之自後諸賊莫敢進郡中復安高祖定京城遣書招之瑀以郡歸國授光祿大夫封宋國公拜民部尚書太宗為右元帥攻洛陽以瑀為府司馬武德五年遷內史令時軍國草創方隅未寧高祖乃委以心腹凡諸政務莫不關掌高祖每臨軒聽政必賜升御榻瑀既獨孤氏之壻與語呼之為蕭郎國典朝儀亦責成於瑀瑀孜孜自勉繩違舉過人皆憚之常奏便宜數十條多見納用手勅曰得公之言社稷所賴運智者之策以能成人之美納諫者之言以金寶酬其德今賜金一函以報智者勿為推退瑀固辭優詔不許其年州置七職務取才望兼美者為之及太宗臨雍州牧以瑀為州都督高祖常有勅而中書不時宣行高祖責其遲瑀曰臣大業之日見內史宣勅或前後相乖者百司行之不知何所承用所謂易必在前難必在後臣在中書日久備見其事今皇基初構事涉安危遠方有疑恐失機會比每受一勅臣必勘審使與前勅不相乖背者始敢宣行遲晚之愆實由於此高祖曰卿能用心若此我有何憂初瑀之朝也關內產業並先給勳人至是特還其田宅瑀皆分給諸宗子弟唯留廟堂一所以奉烝嘗及平王世充瑀以預軍謀之功加邑二千戶拜尚書右僕射內外考績皆委之司會為羣寮指南庶務繁總瑀見事有時偏駮而持法稍深頗為時議所少瑀嘗薦封倫於高祖高祖以倫為中書令太宗即位遷尚書左僕射封倫為右僕射倫素懷險詖與商量將為可奏者至太宗前盡變易之于時房玄齡杜如晦既新用事疎瑀親倫瑀心不能平遂上封事論之而辭旨寥落太宗以玄齡等功高由是忤旨廢于家俄拜特進太子少師未幾復為尚書左僕射賜實封六百戶太宗常謂瑀曰朕欲使子孫長久社稷永安其理如何瑀對曰臣觀前代國祚所以長久者莫若封諸侯以為盤石之固秦并六國罷侯置守二代而亡漢有天下郡國參建亦得年餘四百魏晉廢之不能永久封建之法實可遵行太宗然之始議封建尋坐與侍中陳叔達於上前忿諍聲色甚厲以不敬免歲餘授晉州都督明年徵授左光祿大夫兼領御史大夫與宰臣參議朝政瑀多辭辯每有評議玄齡等不能抗然心知其是不用其言瑀彌怏怏玄齡魏徵溫彥博嘗有微過瑀劾之而罪竟不問因此自失由是罷御史大夫以為太子少傅不復預聞朝政六年授特進行太常卿八年為河南道巡省大使人有坐當推劾苦未得其情者遂置格置繩以至於死太宗特免責之九年拜特進復令參預政事太宗嘗從容謂房玄齡曰蕭瑀大業之日進諫隋主出為河池郡守應遭剖心之禍翻見太平之日北叟失馬事亦難常瑀頓首拜謝太宗又曰武德六年已後太上皇有廢立之心而不之定也我當此日不為兄弟所容實有功高不賞之懼此人不可以厚利誘之不可以刑戮懼之真社稷臣也因賜瑀詩曰疾風知勁草版蕩識誠臣又謂瑀曰卿之守道耿介古人無以過也然而善惡太明亦有時而失瑀再拜謝曰臣特蒙誡訓又許臣以忠諒雖死之日猶生之年也魏徵進而言曰臣有逆眾以執法明主恕之以忠臣有孤特以執節明主恕之以勁昔聞其言今覩其實蕭瑀不遇明聖必及於難太宗悅其言十七年與長孫無忌等二十四人並圖形於凌烟閣是歲立晉王為皇太子拜瑀太子太保仍知政事太宗之伐遼東也以洛邑衝要襟帶關河以瑀為洛陽宮守車駕自遼還請解太保仍同中書門下太宗以瑀好佛道嘗賚繡佛像一軀并繡瑀形狀於佛像側以為供養之容又賜王褒所書大品般若經一部并賜袈裟以充講誦之服焉瑀嘗稱玄齡以下同中書門下內臣悉皆朋黨比周無至心奉上累獨奏云此等相與執權有同膠漆陛下不細諳知但未反耳太宗謂瑀曰為人君者驅駕英材推心待士公言不亦

甚乎何至如此太宗數日謂瑀曰知臣莫若君夫人不可求備自當捨其短而用其長朕雖才謝聰明不應頓迷臧否因數爲瑀信誓瑀既不自得而太宗積久銜之終以瑀忠貞居多而未廢也會瑀請出家太宗謂曰甚知公素愛桑門今者不能違意瑀旋踵奏曰臣頃思量不能出家太宗以對羣臣吐言而取捨相違心不能平瑀尋稱足疾時詣朝堂又不入見太宗謂侍臣曰瑀豈不得其所乎而自慊如此遂手詔曰朕聞物之順也雖異質而成功事之違也亦同形而罕用是以舟浮楫舉可濟千里之川轅引輪停不越一毫之地故知動靜相循易爲務曲直相反難爲功況乎上下之宜君臣之際者矣朕以無明於元首期託德於股肱思欲去僞歸眞除澆反朴至於佛教非意所遵雖有國之常經固弊俗之虛術何則求其道者未驗福於將來修其教者翻受辜於既往至若梁武窮心於釋氏簡文銳意於法門傾帑藏以給僧祇殫人力以供塔廟及乎三淮沸浪五嶺騰烟假餘息於熊蹯引殘魂於雀鷇子孫覆亡而不暇社稷俄頃而爲墟報施之徵何其繆也而太子太保宋國公瑀踐覆車之餘軌襲亡國之遺風棄公就私未明隱顯之際身俗口道莫辯邪正之心修累葉之殃源祈一躬之福本上以違忤君主下則扇習浮華往前朕謂張亮云卿既事佛何不出家瑀乃端然自應請先入道朕即許之尋復不用一迴一惑在於瞬息之間自可自否變於帷扆之所乖棟梁之大體豈具瞻之量乎朕猶隱忍至今瑀尚全無悛改宜即去茲朝闕出牧小藩可商州刺史仍除其封二十一年徵授金紫光祿大夫復封宋國公從幸玉華宮遘疾薨於宮所年七十四太宗聞而輟膳高宗爲之舉哀遣使弔祭太常謚曰肅太宗曰易名之典必考其行瑀性多猜貳此謚失於不直更宜摭實改謚曰貞褊公冊贈司空荊州都督賜東園祕器陪葬昭陵臨終遺書曰生而必死理之常分氣絕後可著單服一通以充小斂棺內施單席而已冀其速朽不得別加一物無假卜日惟在速辦自古賢哲非無等例爾宜勉之諸子遵其遺志斂葬儉薄子銳嗣尚太宗女襄城公主歷太常卿汾州刺史公主雅有禮度太宗每令諸公主凡厥所爲皆視其楷則又令所司別爲營第公主辭曰婦人事舅姑如事父母若居處不同則定省多闕再三固讓乃止令於舊宅而改創焉永徽初公主薨詔葬昭陵瑀兄璟亦有學行武德中爲黃門侍郎累轉祕書監封蘭陵縣公貞觀中卒贈禮部尚書瑀兄子鈞隋遷州刺史梁國公珣之子也博學有才望貞觀中累除中書舍人甚爲房玄齡魏徵所重永徽二年歷遷諫議大夫兼弘文館學士時有左武候別駕盧文操踰垣盜左藏庫物高祖以別駕職在糺繩身行盜竊命有司殺之鈞進諫曰文操所犯情實難原然恐天下聞之必謂陛下輕法律賤人命任喜怒貴財物臣之所職以諫爲名愚衷所懷不敢不奏帝謂曰卿職在司諫能盡忠規遂特免其死罪顧謂侍臣曰此乃眞諫議也尋而太常樂工宋四通等爲宮人通傳信物高宗特令處死乃遺附律鈞上疏言四通等犯在未附律前不合至死手詔曰朕聞防禍未萌先賢所重宮闕之禁其可漸歟昔如姬竊符朕用爲永鑒不欲今茲自彰其過所搦憲章想非濫也但朕翹心紫禁思覿引裾側席朱檻冀旌折檻今乃喜得其言特免四通等死遠處配流鈞尋爲太子率更令兼崇賢館學士顯慶中卒所撰韻旨二十卷有集三十卷行於代子瓘官至渝州長史母終以毀卒瓘子嵩別有傳鈞兄子嗣業少隨祖姑隋煬帝后入于突厥貞觀九年歸朝以深識蕃情充使統領突厥之衆累轉鴻臚卿兼單于都護府長史調露中單于突厥反叛嗣業率兵戰敗配流嶺南而死

裴矩字弘大河東聞喜人祖佗後魏東荊州刺史父訥之北齊太子舍人矩襁褓而孤爲伯父讓之所鞠及長博學早知名仕齊爲高平王文學齊亡隋文帝爲定州總管召補記室甚親敬之文帝即位遷給事郎直內史省奏舍人事伐陳之役領元帥記室及陳平晉王廣令矩與高熲收陳圖籍歸之祕府累遷吏部侍郎以事免大業初西域諸蕃款張掖塞與中國互市煬帝遣矩監其事矩知帝方勤遠略欲吞并夷狄乃訪西域風俗及山川險易君長姓族物產服章撰西域圖記三卷入朝奏之帝大悅賜物五百段每日引至御座顧問西方之事矩盛言西域多珍寶及吐谷渾可并之狀帝信之仍委以經略拜民部侍郎俄遷黃門侍郎參預朝政令往張掖引至西蕃至者十餘國三年帝有事於恒嶽咸來助祭帝將巡河右復令矩往燉煌矩遣使說高昌王麴伯雅及伊吾吐屯設等啗以厚利導使入朝及帝西巡次燕支山高昌王伊吾設等及西蕃胡二十七國盛服珠玉錦罽焚香奏樂歌舞相趨謁於道左復令武威張掖士女盛飾縱觀塡咽周亘數十里帝見之大悅及滅吐谷渾蠻夷納貢諸蕃懾服相繼來庭雖拓地數千里而役戍委輸之費歲巨萬計中國騷動焉帝以矩有綏懷之略加位銀青光祿大夫其年帝至東都矩以蠻夷朝貢者多諷帝大徵四方奇技作魚龍曼延角觝於洛邑以誇諸戎狄終月而罷又令三市店肆皆設帷帳盛酒食遣掌蕃率蠻夷與人貿易所至處悉令邀延就座醉飽而散夷人有識者咸私哂其矯飾焉帝稱矩至誠謂宇文述牛弘曰裴矩大識朕意凡所陳奏皆朕之成算朕未發頃矩輒以聞自非奉國用心孰能若是尋令與將軍薛世雄城伊吾而還賜錢四十萬矩因進計縱反間於射匱使潛攻處羅後處羅爲射匱所迫竟隨使者入朝帝甚悅賜矩貂裘及西域珍器從帝巡于塞北幸啟民可汗帳時高麗遣使先通于突厥啟民不敢隱引之見帝矩因奏曰高麗之地本孤竹國也周代以之封箕子漢時分爲三郡晉氏亦統遼東今乃不臣列爲外域故先帝欲征之久矣但以楊諒不肖師出無功當陛下時安得不有事於此使冠帶之境仍爲蠻貊之鄉乎今其使者朝於突厥親見啟民從化必懼皇靈之遠暢慮後服之先亡脅令入朝當可致也請面詔其使還本國遣語其王令速朝覲不然者當率突厥即日誅之帝納焉高麗不用命始建征遼之策王師臨遼以本官領虎賁郎將明年復從至遼東兵部侍郎斛斯政亡入高麗帝令矩兼掌兵部事以前後渡遼功進位右光祿大夫矩後從幸江都及義兵入關屈突通敗問至帝問矩方略矩曰太原有變京畿不靜遙爲處分恐失事機唯鑾輿早還方可平定矩見天下將亂恐爲身禍每遇人盡禮雖至胥吏皆得其歡心時從駕驍果多逃散矩言於帝曰車駕留此已經二歲人無匹合則不能久安請聽兵士於此納室私相奔誘者因而配之帝從其計軍中漸安咸曰裴公之惠也是時帝既昏侈逾甚矩無所諫諍但悅媚取容而已宇文化及弒逆署爲尚書右僕射化及敗竇建德復以爲尚書右僕射令專掌選事時建德起自羣盜事無節文矩爲之創定朝儀權設法律憲章頗備建德大悅每諮訪焉及建德敗矩與僞將曹旦及建德之妻齎傳國八璽舉山東之地來降封安邑縣公武德五年拜太子左庶子俄遷太子詹事令與虞世南撰吉凶書儀參按故實甚合禮度爲學者所稱至今行之八年兼檢校侍中及太子建成被誅其餘黨尚保宮城欲與秦王決戰王遣矩曉諭之宮兵乃散尋遷民部尚書矩年且八十而精爽不衰以曉習故事甚見推重太宗初即位務止姦吏或聞諸曹按典多有受賂者乃遣人以財物試之有司門令史受餽絹一匹太宗怒將殺之矩進諫曰此人受賂誠合重誅但陛下以物試之即行極法所謂陷人以罪恐非導德齊禮之義太宗納其言因召百僚謂曰裴矩遂能廷折不肯面從每事如此天下何憂不治貞觀元年卒贈絳州刺史謚曰敬撰開業平陳記十一卷行於代子宣機高宗時官至銀青光祿大夫太子左中護

宇文士及雍州長安人隋右衛大將軍述子化及弟也開皇末以父勳封新城縣公隋文帝嘗引入臥內與語奇之令尚煬帝女南陽公主大業中歷尚輦奉御從幸江都以父憂去職尋起爲鴻臚少卿化及之潛謀逆亂也以其主壻深忌之而不告既弒煬帝署爲內史令初高祖爲殿內少監時士及爲奉御深自結託及隨化及至黎陽高祖手詔召之士及亦潛遣家僮間道詣長安申赤心又因使密貢金環高祖大悅謂侍臣曰我與士及素經共事今貢金環是其來意也及至魏縣兵威日蹙士及勸之西歸長安化及不從士及乃與封倫求於濟北徵督軍糧俄而化及爲竇建德所擒濟北豪右多勸士及發青齊之衆北擊建德收河北之地以觀形勢士及不納遂與封倫等來降高祖數之曰汝兄弟率思歸之卒爲入關之計當此之時若得我父子豈肯相存今欲何地自處士及謝曰臣之罪誠不容誅但臣早奉龍顏久存心腹往在涿郡嘗夜中密論時事後於汾陰宮復盡丹赤自陛下龍飛九五臣實傾心西歸所以密申貢獻冀此贖罪耳高祖笑謂裴寂曰此人與我言天下事至今已六七年矣公輩皆在其後時士及妹爲昭儀有寵由是漸見親待授上儀同從太宗平宋金剛以功復封新城縣公妻以壽光縣主仍遷秦王府驃騎將軍又從平王世充竇建德以功進爵郢國公遷中書侍郎再轉太子詹事太宗即位代封倫爲中書令眞食益州七百戶尋以本官檢校涼州都督時突厥屢爲邊寇士及欲立威以鎭邊服每出入陳兵盛爲容衞又折節禮士涼士服其威惠徵爲殿中監以疾出爲蒲州刺史爲政寬簡吏人安之數歲入爲右衞大將軍甚見親顧每延入閤中乙夜方出遇其歸沐仍遣馳召同列莫與爲比然尤謹密其妻每問向中使召有何樂事士及終無所言尋錄其功別封一子爲新城縣公在職七年復爲殿中監加金紫光祿大夫及疾篤太宗親問撫之流涕貞觀十六年卒贈左衞大將軍涼州都督陪葬昭陵士及撫幼弟及孤兄子以友愛見稱親戚故人貧乏者輒遺之然厚自封植衣食服玩必極奢侈謚曰恭黃門

侍郎劉洎毀之曰士及居家後縱不宜爲恭竟諡曰縱

史臣曰封倫多揣摩之才有附託之巧黨化及而數煬帝或有赧顏託士及以歸唐朝殊無愧色當建成之際事持兩端背蕭瑀之恩奏多異議太宗明主也不見其心玄齡賢相焉尚容其詔從筭醜行死而後彰苟非唐臨之劾唐儉等議則姦人得計矣蕭瑀骨鯁亮直儒術淸明執政隋朝忠而獲罪委質高祖知無不爲及太宗臨朝房杜用事不容小過欲居成功既形猜貳之言寧固或躍之位易名而秖加褊字所幸者猶多奉佛而不失道情非善也而何謂裴矩方略寬簡士及通變謹密皆一時之稱也

贊曰封倫揣摩諂詐蕭瑀骨鯁儒術裴矩方略寬簡士及通變謹密

舊唐書卷六十三考證

蕭瑀傳遘疾薨于宮所年七十四太宗聞而輟膳高祖爲之舉哀○臣德潛按瑀之薨在貞觀二十一年時高祖崩久矣安得爲之舉哀此必高宗之誤也

# 舊唐書卷六十四

後晉司空同中書門下平章事劉　昫撰

## 列傳第十四

### 高祖二十二子

隱太子建成　衞王玄霸　巢王元吉
楚王智雲　荊王元景　漢王元昌
酆王元亨　周王元方　徐王元禮
韓王元嘉　彭王元則　鄭王元懿
霍王元軌　虢王鳳　道王元慶
鄧王元裕　舒王元名　魯王靈夔
江王元祥　密王元曉　滕王元嬰

高祖二十二男太穆皇后生隱太子建成及太宗衞王玄霸巢王元吉萬貴妃生楚王智雲尹德妃生酆王元亨莫嬪生荊王元景孫嬪生漢王元昌宇文昭儀生韓王元嘉魯王靈夔崔嬪生鄧王元裕楊嬪生江王元祥小楊嬪生舒王元名郭婕妤生徐王元禮劉婕妤生道王元慶楊美人生虢王鳳張美人生霍王元軌張寶林生鄭王元懿柳寶林生滕王元嬰王才人生彭王元則魯才人生密王元曉張氏生周王元方

隱太子建成高祖長子也大業末高祖捕賊汾晉建成攜家屬寄於河東義旗初建遣使密召之建成與巢王元吉間行赴太原建成至高祖大喜拜左領軍大都督封隴西郡公引兵略西河郡從平長安義寧元年冬隋恭帝拜唐國世子開府置僚屬二年授撫軍大將軍東討元帥將兵十萬徇洛陽及還恭帝授尚書令武德元年立爲皇太子二年司竹羣盜祝山海有衆一千自稱護鄉公詔建成率將軍桑顯和進擊山海平之時涼州人安興貴殺賊帥李軌以衆來降令建成往原州應接之時甚暑而馳獵無度士卒不堪其勞逃者過半高祖憂其不閑政術每令習時事自非軍國大務悉委決之又遣禮部尚書李綱民部尚書鄭善果俱爲宮官與參謀議四年稽胡酋帥劉仚成擁部落數萬人爲邊害又詔建成率師討之軍次鄜州與仚成軍遇擊大破之斬首數百級虜獲千餘人建成設詐放其渠帥數十人並授官爵令還本所招慰羣胡仚成與胡中大帥亦請降建成以胡兵尚衆恐有變將盡殺之乃揚言增置州縣須有城邑悉課羣胡執板築之具會築城所陰勒兵士皆執之仚成聞有變奔於梁師都竟誅降胡六千餘人時太宗功業日盛高祖私許立爲太子建成密知之乃與齊王元吉潛謀作亂及劉黑闥重反王珪魏徵謂建成曰殿下但以地居嫡長爰踐元良功績既無可稱仁聲又未遐布而秦王勳業克隆威震四海人心所向殿下何以自安今黑闥率破亡之餘衆不盈萬加以糧運限絕瘡痍未瘳若大軍一臨可不戰而擒也願請討之且以立功深自封植因結山東英俊建成從其計遂請討劉黑闥擒之而旋時高祖晚生諸王諸母擅寵椒房親戚並分事宮府競求恩惠太宗每總戎律惟以撫接才賢爲務至於參請妃媛素所不行初平洛陽高祖遣貴妃等馳往東都選閱宮人及府庫珍物因私有求索兼爲親族請官太宗以財簿先已封奏官爵皆酬有功並不允許因此銜恨彌切時太宗爲陝東道行臺詔於管內得專處分淮安王神通有功太宗乃給田數十頃後婕妤張氏之父令婕妤私奏以乞其地高祖手詔賜焉神通以教給在前遂不肯與婕妤矯奏曰勅賜妾父地秦王奪之以與神通高祖大怒攘袂責太宗曰我詔勅不行爾之教命州縣即受他日高祖呼太宗小名謂裴寂等此兒典兵既久在外專制爲讀書漢所教非復我昔日子也又德妃之父尹阿鼠所爲橫恣秦王府屬杜如晦行經其門阿鼠家僮數人牽如晦墜馬毆擊之罵云汝是何人敢經我門而不下馬阿鼠或慮上聞乃令德妃奏言秦王左右凶暴凌轢妾父高祖又怒謂太宗曰爾之左右欺我妃嬪之家一至於此況凡人百姓乎太宗深自辯明卒不被納妃嬪等因奏言至尊萬歲後秦王得志母子定無子遺因悲泣哽咽又云東宮慈厚必能養育妾母子高祖惻愴久之自是於太宗恩禮漸薄廢立之心亦以此定建成元吉轉蒙恩寵自武德初高祖令太宗居西宮之承乾殿元吉居武德殿後院與上臺東宮晝夜並通更無限隔皇太子及二王出入上臺皆乘馬攜弓刀雜用之物相遇則如家人之禮由是皇太子令及秦齊二王教與詔勅並行百姓惶惑莫知準的建成元吉又外結小人內連嬖幸高祖所寵張婕妤尹德妃皆與之淫亂復與諸公主及六宮親戚驕恣縱橫并兼田宅侵奪犬馬同惡相濟掩蔽聰明苟行己志惟以甘言諛辭承候顏色建成乃私召四方驍勇并募長安惡少年二千餘人畜爲宮甲分屯左右長林門號爲長林兵及高祖幸仁智宮留建成居守建成先令慶州總管楊文幹募健兒送京師欲以爲變又遣郎將爾朱煥校尉橋公山齎甲以賜文幹令起兵共相應接公山煥等行至豳州懼罪馳告其事高祖託以他事手詔追建成詣行在所既至高祖大怒建成叩頭謝罪奮身自投於地幾至於絕其夜置之幕中令殿中監陳萬福防禦而文幹遂舉兵反高祖馳使召太宗以謀之太宗曰文幹小豎狂悖起兵州府官司已應擒勦縱其假息時刻但須遣一將耳高祖曰文幹事連建成恐應之者衆汝宜自行還立汝爲太子吾不能傚隋文帝誅殺骨肉廢建成封作蜀王地既僻小易制若不能事汝亦易取耳太宗既行元吉及四妃更爲建成內請封倫又外爲遊說高祖意便頓改遂寢不行復令建成還京居守惟責以兄弟不能相容歸罪於中允王珪左衞率韋挺及天策兵曹杜淹等並流之巂州後又與元吉謀行酖毒引太宗入宮夜宴既而太宗心中暴痛吐血數升淮安王神通狼狽扶還西宮高祖幸第問疾因勅建成秦王素不能飲更勿夜聚乃謂太宗曰發跡晉陽本是汝計尅平宇內是汝大功欲升儲位汝固讓不受以成汝美志建成自居東宮多歷年所今復不忍奪之觀汝兄弟是不和同在京邑必有忿競汝還行臺居於洛陽自陝已東悉宜主之仍令汝建天子旌旗如梁孝王故事太宗泣而奏曰今日之授實非所願不能遠離膝下言訖嗚咽悲不自勝高祖曰昔陸賈漢臣尚有遞過之事況吾四方之主天下爲家東西兩宮塗路咫尺憶汝卽往無勞悲也及將行建成元吉相與謀曰秦王今往洛陽既得土地甲兵必爲後患留在京師制之一匹夫耳密令數人上封事曰秦王左右多是東人聞往洛陽非常欣躍觀其情狀自今一去不作來意高祖於是遂停是後日夜陰與元吉連結後宮譖訴愈切高祖惑之太宗懼不知所爲李靖李勣等數言大王以功高被疑靖等請申犬馬之力封倫亦潛勸太宗圖之並不許倫反言於高祖曰秦王恃有大勳不服居太子之下若不立之願早爲之所又說建成作亂曰夫爲四海者不顧其親漢高乞羹此之謂矣九年突厥犯邊詔元吉率師拒之元吉因兵集將與建成尅期舉事長孫無忌房玄齡杜如晦尉遲敬德侯君集等日夜固爭曰事急矣若不行權道社稷必危周公聖人豈無情於骨肉爲存社稷大義滅親今大王臨機不斷坐受屠戮於義何成若不見聽無忌等將竄身草澤不得居王左右太宗然其計六月三日密奏建成元吉淫亂後宮因自陳曰臣於兄弟無絲毫所負今欲殺臣似爲世充建德報讎臣今枉死永違君親魂歸地下實亦恥見諸賊高祖省之愕然報曰明日當勘問汝宜早參四日太宗將左右九人至玄武門自衞高祖已召裴寂蕭瑀陳叔達封倫宇文士及竇誕顏師古等欲令窮覆其事建成元吉行至臨湖殿覺變卽迴馬將東歸宮府太宗隨而呼之元吉馬上張弓再三不彀太宗乃射之建成應弦而斃元吉中流矢而走尉遲敬德殺之俄而東宮及齊府精兵二千人結陣馳攻玄武門守門兵仗拒之不得入良久接戰流矢及于內殿太宗左右數百騎來赴難建成等兵遂敗散高祖大驚謂裴寂等曰今日之事如何蕭瑀陳叔達進曰臣聞內外無限父子不親當斷不斷反受其亂建成元吉義旗草創之際並不預謀建立已來又無功德常自懷憂相濟爲惡釁起蕭牆遂有今日之事秦王功蓋天下率土歸心若處以元良委之國務陛下如釋重負蒼生自然又安高祖曰善此亦吾之夙志也乃命召太宗而撫之曰近日已來幾有投杼之惑太宗哀號久之建成死時年三十八長子太原王承宗早卒次子安陸王承道河東王承德武安王承訓汝南王承明鉅鹿王承義並坐誅太宗卽位追封建成爲息王諡曰隱以禮改葬葬日太宗於宜秋門哭之甚哀仍以皇子趙王福爲建成嗣十六年五月又追贈皇太子諡仍依舊

衞王玄霸高祖第三子也早薨無子武德元年追贈衞

王謚曰懷。四年封太宗子泰爲宜都王以奉其祀以禮改葬太子以下送于郭外泰後徙封於越又以宗室贈西平王瓊之子保定爲嗣貞觀五年薨無子國除

巢王元吉高祖第四子也義師起授太原郡守封姑臧郡公尋進封齊國公授十五郡諸軍事鎮北大將軍留鎮太原許以便宜行事武德元年進爵爲王授并州總管二年劉武周南侵汾晉詔遣右衛將軍宇文歆助元吉守并州元吉性好畋獵載網罟三十餘兩嘗言我寧三日不食不能一日不獵又縱其左右攘奪百姓歆頻諫不納乃上表曰王在州之日多出微行常共竇誕遊獵蹂踐穀稼放縱親昵公行攘敓境內六畜因之殆盡當衢而射觀人避箭以爲笑樂分遣左右戲爲攻戰至相擊刺毀傷至死夜開府門宣淫他室百姓怨毒各懷憤歎以此守城安能自保元吉竟坐免又諷父老詣闕請之尋令復職時劉武周率五千騎至黃蛇嶺元吉遣車騎將軍張達以步卒百人先嘗之達以步卒少固請不行元吉强遣之至則盡没於賊達憤怒因引武周攻陷榆次進逼并州元吉大懼紿其司馬劉德威曰卿以老弱守城吾以强兵出戰因夜出兵攜其妻妾棄軍奔還京師并州遂陷高祖怒甚謂禮部尚書李綱曰元吉幼小未習時事故遣竇誕宇文歆輔之强兵數萬食支十年起義興運之基一朝而棄宇文歆首畫此計我當斬之綱曰賴歆令陛下不失愛子臣以爲有功高祖問其故綱對曰罪由竇誕不能規諷致令軍人怨憤又齊王年少肆行驕逸放縱左右侵漁百姓誕曾無諫止乃隨順掩藏以成其釁此誕之罪宇文歆論情則疎向彼又淺王之過失悉以聞奏且父子之際人所難言而歆言之豈非忠懇今欲誅罪不錄其心臣愚竊以爲過翌日高祖召綱入升御坐謂曰今我有公遂使刑罰不濫元吉自惡結怨於人歆既曾以表聞誕亦焉能禁制皆非其罪也尋加授元吉侍中襄州道行臺尚書令稷州刺史四年太宗征竇建德留元吉與屈突通圍王世充於東都世充出兵拒戰元吉設伏擊破之斬首八百級生擒其大將樂仁昉甲士千餘人世充平拜司空餘官如故加賜袞冕之服前後部鼓吹樂二部班劒二十人黃金二千斤與太宗各聽三鑪鑄錢以自給六年加授隰州總管及與建成連謀各募壯士多匿罪人復內結宮掖遞加稱譽又厚賂中書令封倫以爲黨助由是高祖頗疎太宗而加愛元吉太宗嘗從高祖幸其第元吉伏其護軍宇文寶於寢內將以刺太宗建成恐事不果而止之元吉慍曰爲兄計耳於我何害九年轉左衛大將軍尋進位司徒兼侍中并州大都督隰州都督稷州刺史並如故高祖將避暑太和宮二王當從元吉謂建成曰待至宮所當興精兵襲取之置土窟中唯開一孔以通飲食耳會突厥郁射設屯軍河南入圍烏程建成乃薦元吉代太宗督軍北討仍令秦府驍將秦叔寶尉遲敬德程知節段志玄等並與同行又追秦府帳簡閱驍勇將奪太宗兵以益其府又譖杜如晦房玄齡逐令歸第高祖知其謀而不制元吉因密請加害太宗高祖曰是有定四海之功罪迹未見一旦欲殺何以爲辭元吉曰秦王常違詔敕初平東都之日偃蹇顧望不急還京分散錢帛以樹私惠違戾如此豈非反逆但須速殺何患無辭高祖不對元吉遂退建成謂元吉曰既得秦王精兵統數萬之衆吾與秦王至昆明池於彼宴別令壯士拉之於幕下因云暴卒主上諒無不信吾當使人進說令付吾國務正位已後以汝爲太弟敬德等既入汝手一時坑之孰敢不服率更丞王晊聞其謀密告太宗太宗召府僚以告之皆曰大王若不正斷社稷非唐所有若使建成元吉肆其毒心羣小得志元吉狠戾終亦不事其兄往者護軍薛寶上齊王符籙云元吉合成唐字齊王得之喜曰但除秦王取東宮如反掌耳爲亂未成預懷相奪以大王之威襲二人如拾地芥太宗遲疑未決衆又曰大王以舜爲何如人也曰濬哲文明溫恭允塞爲子孝爲君聖焉可議之乎府僚曰向使舜浚井不出自同魚鱉之斃焉得爲孝子乎塗廩不下便成煨燼之餘焉得爲聖君乎小杖受大杖避良有以也太宗於是定計誅建成及元吉元吉死時年二十四有五子梁郡王承業漁陽王承鸞普安王承獎江夏王承裕義陽王承度並坐誅尋詔絕建成元吉屬籍太宗踐祚追封元吉爲海陵郡王謚曰刺以禮改葬貞觀十六年又追封巢王謚如故復以曹王明爲元吉後

楚王智雲高祖第五子也母曰萬貴妃性恭順特蒙高祖親禮宮中之事皆諮稟之諸王妃主莫不推敬後授楚國太妃薨陪葬獻陵智雲本名稚詮大業末從高祖於河東及義師將起隱太子建成潛歸太原以智雲年小委之而去因爲吏所捕送于長安爲陰世師所害年十四義寧元年贈尚書左僕射楚國公武德元年追封楚王謚曰哀無子三年以太宗子寬爲嗣寬薨貞觀二年復以濟南公世都子靈龜嗣焉靈龜永徽中歷魏州刺史政尚清嚴姦盜屏跡又開永濟渠入于新市以控引商旅百姓利之卒官子福嗣嗣降爵爲公儀鳳中卒於右威衛將軍子承況神龍中爲右羽林將軍與節愍太子同舉兵入玄武門爲亂兵所殺

荊王元景高祖第六子也武德三年封爲趙王八年授安州都督貞觀初歷遷雍州牧右驍衛大將軍十年徙封荊王授荊州都督十一年定制元景等爲代襲刺史詔曰皇王受命步驟之迹以殊經籍所紀質文之道匪一雖治亂不同損益或異至於設官司以制海內建藩屏以輔王室莫不明其典章義存於致治崇其賢戚志在於無疆朕以寡昧丕承鴻緒寅畏三靈憂勤百姓考明哲之餘論求經邦之長策帝業之重獨任難以成務天下之曠因人易以獲安然則侯伯肇於自昔州郡始於中代聖賢異術沿革隨時復古則義難頓從尋今則事不盡理遂規模周漢斟酌曹馬採按部之嘉名參建侯之舊制共治之職重矣分土之實存焉已有制書陳其至理繼世垂範貽厥後昆維城作固同符前烈荊州都督荊王元景梁州都督漢王元昌徐州都督徐王元禮潞州都督韓王元嘉遂州都督彭王元則鄭州刺史鄭王元懿絳州刺史霍王元軌虢州刺史虢王鳳豫州刺史道王元慶鄧州刺史鄧王元裕壽州刺史舒王元名幽州都督燕王靈夔蘇州刺史許王元祥安州都督吳王恪相州都督魏王泰齊州都督齊王祐益州都督蜀王愔襄州刺史蔣王惲揚州都督越王貞并州都督晉王某秦州都督紀王慎等或地居旦奭或夙聞詩禮或望及間平早稱才藝並爵隆土宇寵兼車服誠孝之心無忘於造次風政之舉克著於期月宜冠恒冊祚以休命其所任刺史咸令子孫代代承襲尋又罷代襲之制元景久之轉鄜州刺史高宗即位進位司徒加實封通前滿一千五百戶永徽二年坐與房遺愛謀反賜死國除後追封沈黎王備禮改葬以渤海王奉慈子長沙爲嗣降爵爲侯神龍初追復爵土并封其孫逖爲嗣荊王尋薨國除

漢王元昌高祖第七子也少好學善隸書武德三年封爲魯王貞觀五年授華州刺史轉梁州都督十年改封漢王元昌在州頗違憲法太宗手敕責之初不自咎更懷怨望知太子承乾嫉魏王泰之寵乃相附託圖爲不軌十六年元昌來朝京師承乾頻召入東宮夜宿因謂承乾曰願陛下早爲天子近見御側有一宮人善彈琵琶事平之後當望垂賜承乾許諾又刻臂出血以帛拭之燒作灰和酒同飲共爲信誓潛伺間隙十七年事發太宗弗忍加誅特敕免死大臣高士廉李世勣等奏言王者以四海爲家以萬姓爲子公行天下情無獨親元昌苞藏兇惡圖謀逆亂觀其指趣察其心府罪深燕旦釁甚楚英天地之所不容人臣之所切齒五刑不足申其罰九死無以當其愆而陛下情屈至公恩加梟獍欲開疎網漏此鯨鯢臣等有司期不奉制伏願敦師憲典誅此兇慝順羣臣之願敘鷹鸇之心則吳楚七君不幽歎於往漢管蔡二叔不沉恨於有周太宗事不獲已乃賜元昌自盡於家妻子籍沒國除

酆王元亨高祖第八子也武德三年受封貞觀二年授散騎常侍拜金州刺史及之藩太宗以其幼小甚思之中路賜以金盞遣使爲之設宴六年薨無子國除

周王元方高祖第九子也武德四年受封貞觀二年授散騎常侍三年薨贈左光祿大夫無子國除

徐王元禮高祖第十子也少恭謹善騎射武德四年封鄭王貞觀六年賜實封七百戶授鄭州刺史徙封徐王遷徐州都督十七年轉絳州刺史以善政聞太宗降璽書勞勉賜以錦綵二十三年加實封千戶永徽四年加授司徒兼潞州刺史咸亨三年薨贈太尉冀州大都督陪葬獻陵子淮南王茂嗣茂險薄無行元禮姬趙氏有美色及元禮遇疾茂逼之元禮知而切加責讓茂乃屏斥元禮侍衛斷其藥膳仍云既得五十年爲王更何煩服藥竟以餧終上元中事洩配流振州而死神龍初又封茂子璀爲嗣徐王景龍四年加銀青光祿大夫開元中除宗正員外卿卒子延年嗣開元二十六年封嗣徐王除員外洗馬天寶初拔汗那王入朝延年將嫁女與之爲右相李林甫所奏貶文安郡別駕彭城長史坐贓貶永嘉司士至德初餘杭郡司馬卒永泰元年女婿黔中觀察使趙國珍入朝請以延年子前施州刺史諷爲嗣因封嗣徐王

韓王元嘉高祖第十一子也母宇文昭儀隋左武衛大將軍述之女也早有寵於高祖高祖初即位便欲立爲皇后固辭不受元嘉少以母寵特爲高祖所愛自登極晚生皇子無及之者武德四年封宋王徙封徐王貞觀六年賜實封七百戶授潞州刺史時年十五在州聞太妃有疾便涕泣不食及京師發喪哀毀過禮太宗嗟其至性屢慰勉之九年授右領軍大將軍十年改封韓王授潞州都督二十三年加實封滿千戶元嘉少好學聚書至萬卷又採碑文古跡多得異本閨門修整有類寒素士大夫與其弟靈夔甚相友愛兄弟集見如布衣之

禮其修身潔已內外如一當代諸王莫能及者唯霍王元軌抑其次焉高宗末元嘉轉澤州刺史及天后臨朝攝政欲順物情乃進授元嘉爲太尉定州刺史霍王元軌爲司徒青州刺史舒王元名爲司空隆州刺史魯王靈夔爲太子太師蘇州刺史越王貞爲太子太傅安州都督紀王愼爲太子太保並外示尊崇實無所綜理其後漸將誅戮宗室諸王不附己者元嘉大懼與其子通州刺史黃公譔及越王貞父子謀起兵於是皇宗國戚內外相連者甚廣遣使報貞及貞子琅邪王沖曰四面同來事無不濟沖與諸道計料未審而先發兵倉卒唯貞應之諸道莫有赴者故其事不成元嘉坐誅譔少以文才見知諸王子中與琅邪王沖爲一時之秀凡所交結皆當代名士時天下犯罪籍沒者甚衆唯沖與譔父子書籍最多皆文句詳定秘閣所不及神龍初追復元嘉爵土并封其第五子訥爲嗣韓王官至員外祭酒開元十七年卒元嘉長子訓高祖時封潁川王早卒次子誼封武陵王官至濮州刺史開元中封訥子叔璿爲嗣韓王國子員外司業

彭王元則高祖第十二子也武德四年封荆王貞觀七年授豫州刺史十年改封彭王除遂州都督尋坐章服奢僭免官十七年拜澧州刺史更折節厲行頗著聲譽永徽二年薨高宗爲之廢朝三日贈司徒荆州都督陪葬獻陵謚曰思發引之日高宗登望春宮望其靈車哭之甚慟無子以霍王元軌子絢嗣龍朔中封南昌王子志暕神龍初封嗣彭王景龍初加銀青光祿大夫開元中宗正卿同正員卒

鄭王元懿高祖第十三子也頗好學武德四年封滕王貞觀七年授兗州刺史賜實封六百戶十年改封鄭王歷鄭潞二州刺史二十三年加實封滿千戶總章中累授絳州刺史數斷大獄甚有平允之譽高宗嘉之降璽書襃美賜物三百段咸亨四年薨贈司徒荆州大都督謚曰惠陪葬獻陵子璥上元初封爲嗣鄭王官至鄂州刺史神龍初又封璥嫡子希言爲嗣鄭王景龍四年嗣鄭王希言等共一十四人並加銀青光祿大夫開元中右金吾大將軍天寶初再爲太子詹事同正員卒

霍王元軌高祖第十四子也少多才藝高祖甚奇之武德六年封蜀王八年徙封吳王貞觀初太宗嘗問羣臣曰朕子弟孰賢侍中魏徵對曰臣愚闇不盡知其能唯吳王數與臣言未嘗不自失上曰朕亦器之卿以爲前代誰比徵曰經學文雅亦漢之間平也由是寵遇彌厚因令娶徵女爲從太宗遊獵遇羣獸命元軌射之矢不虛發太宗撫其背曰汝武藝過人恨今無所施耳當天下未定我得汝豈不美乎七年拜壽州刺史賜實封六百戶高祖崩去職毀瘠過禮自後嘗衣布示有終身之慼焉每至忌辰輒數日不食十年改封霍王授絳州刺史尋轉徐州刺史元軌前後爲刺史至州唯閉閤讀書吏事責成於長史司馬謹愼自守與物無忤爲人不妄在徐州唯與處士劉玄平爲布衣之交人或問玄平王之長玄平答曰無長問者怪而復問之玄平曰夫人有短所以見其長至於霍王無所不備吾何以稱之哉二十三年加實封滿千戶爲定州刺史突厥來寇元軌令開門偃旗虜疑有伏懼而宵遁州人李嘉運與賊連謀事洩高宗令收按其黨元軌以强寇在境人心不安惟殺嘉運餘無所及因自劾違制上覽表大悅謂使曰朕亦悔之向無王則失定州矣有王文操遇賊而二子鳳賢遂以身蔽捍文操獲全二子皆死縣司抑而不申元軌察知遣使弔祭表上其事詔並贈朝散大夫令加旌表其禮賢愛善如此後因入朝屢上疏陳時政得失多所匡益高宗甚尊重之及在外藩朝廷每有大事或密制問焉高宗崩與侍中劉齊賢等知山陵葬事齊賢服其識練故事每謂人曰非我輩所及也元軌嘗使國令徵封令白請依諸國賦物貿易取利元軌曰汝爲國令當正吾失反說吾以利耶拒而不納垂拱元年加位司徒尋出爲襄州刺史轉青州四年坐與越王貞連謀起兵事覺徙居黔州仍令載以檻車行至陳倉而死有子七人長子緒最有才藝上元中封江都王累除金州刺史垂拱中坐與裴承光交通被殺神龍初與元軌並追復爵位仍封諸孫暉爲嗣霍王景龍四年加銀青光祿大夫開元中左千牛員外將軍

虢王鳳高祖第十五子也武德六年封豳王貞觀七年授鄧州刺史賜實封六百戶十年徙封虢王歷虢豫二州刺史二十三年加實封滿千戶麟德初累授青州刺史上元元年薨年五十二贈司徒揚州大都督陪葬獻陵謚曰莊子平陽郡王翼嗣官至光州刺史永隆二年卒子寓嗣則天時失爵鳳第三子定襄郡公宏則天初爲曹州刺史第五子東莞郡公融少以武勇見知垂拱中爲申州刺史初黃公譔將與越王貞通謀深倚仗融以爲外助時詔追諸親赴都融私使問其所親成均助教高子貢曰可入朝以否子貢報曰來必取死融乃稱疾不朝以俟諸藩期及得越王貞起兵書倉卒不能相應爲僚吏所逼不獲已而奏之於是擢授銀青光祿大夫行太子右贊善大夫未幾爲支黨所引被誅子徽神龍元年襲封東莞郡公開元五年繼密王元曉改爲嗣密王十二年改封濮陽郡王歷宗正卿金紫光祿大夫卒神龍初封鳳嫡孫邕爲嗣虢王邕娶韋庶人妹爲妻由是中宗時特承寵異轉秘書監俄又改封汴王開府置僚屬月餘而韋氏敗邕揮刃截其妻首以至於朝深爲物議所鄙貶沁州刺史不知州事削封邑景雲二年復嗣虢王還封二百戶累遷衛尉卿開元十五年卒子巨嗣別有傳

道王元慶高祖第十六子也武德六年封漢王八年改封陳王貞觀九年拜趙州刺史賜實封八百戶十年改封道王授豫州刺史二十三年加實封滿千戶永徽四年歷滑州刺史以政績聞賜物二百段後歷徐沁衛三州刺史元慶事母甚謹及母薨又請躬脩墳墓優詔不許麟德元年薨贈司徒益州都督陪葬獻陵謚曰孝子臨淮王誘嗣官至澧州刺史永淳中坐贓削爵次子詢壽州刺史詢子微神龍初封爲嗣道王景龍四年加銀青光祿大夫景雲元年宗正卿卒子鍊開元二十五年襲封嗣道王廣德中官至宗正卿

鄧王元裕高祖第十七子也貞觀五年封鄶王十一年改封鄧王賜實封八百戶歷鄧梁黃三州刺史元裕好學善談名理與典籤盧照鄰爲布衣之交二十三年加實封通前一千五百戶高宗時又歷壽襄二州刺史兗州都督麟德二年薨贈司徒益州大都督陪葬獻陵謚曰康無子以弟江王元祥子廣平公炅嗣神龍初封炅子孝先爲嗣鄧王開元十三年右監門衛大將軍冠軍大將軍卒

舒王元名高祖第十八子也年十歲時高祖在大安宮太宗晨夕使尚宮起居送珍饌元名保傅等謂元名曰尚宮品秩高者見宜拜之元名曰此我二哥家婢也何用拜爲太宗聞而壯之曰此眞我弟也貞觀五年封譙王十一年徙封舒王賜實封八百戶拜壽州刺史後歷滑許鄭三州刺史二十三年加實封滿千戶轉石州刺史元名性高潔罕問家人產業朝夕矜莊門庭肅肅常誡其子豫章王亶等曰藩王所乏者不慮無錢財官職但勉行善事忠孝持身此吾志也及亶爲江州刺史以善政聞高宗手敕褒美元名以賞其義方之訓高宗每欲授元名大州刺史固辭曰忝預藩戚豈以州郡戶口爲仕進之資辭情懇到故在石州二十年賞翫林泉有塵外之意垂拱年除青州刺史又除鄭州刺史州境隣接都畿諸王及帝戚莅官者或有不檢攝家人爲百姓所苦及元名到大革其弊轉滑州刺史政理如在鄭州尋加授司空永昌年與子亶俱爲丘神勣所陷被殺神龍初贈司徒復其官爵仍令以禮改葬亶子津爲嗣舒王景龍四年加銀青光祿大夫開元中左威衛將軍卒子萬嗣天寶二年卒子藻嗣天寶九載封嗣舒王

魯王靈夔高祖第十九子也少有美譽善音律好學工草隸與同母兄韓王元嘉特相友愛貞觀五年封魏王十年改封燕王賜實封八百戶授幽州都督十四年改封魯王授兗州都督二十三年加實封滿千戶永徽六年轉隆州刺史後歷絳滑定等州刺史太子太師垂拱元年授邢州刺史四年與兄元嘉子黃公譔結謀欲起兵應接越王貞父子事洩配流振州自縊而死有二子長子銑封清河王次子藹封范陽王歷右散騎常侍爲酷吏所陷神龍初追復靈夔官爵仍令以禮改葬封藹子道堅爲嗣魯王性嚴整雖在閨門造次必於莊敬少年佐郡聲實已彰景龍四年加銀青光祿大夫歷果隴吉冀洺汾滄等七州刺史國子祭酒開元二十二年兼檢校魏州刺史未行改汴州刺史河南道採訪使此州都會水陸輻湊實曰膏腴道堅特以清毅聞入爲宗正卿卒子宇嗣二十九年封嗣魯王至德元年從幸巴蜀爲右金吾將軍寶應元年皇太子封爲魯王改宇嗣鄒王道堅弟道邃中興初封戴國公以恭默自守修山東婚姻故事頻任清列天寶中爲右丞大理宗正二卿卒

江王元祥高祖第二十子也貞觀五年封許王十一年徙封江王授蘇州刺史賜實封八百戶二十三年加實封滿千戶高宗時又歷金鄜鄭三州刺史性貪鄙多聚金寶營求無厭爲人吏所患時滕王元嬰蔣王惲虢王鳳亦稱貪暴有授得其府官者以比嶺南惡處爲之語曰寧向儋崖振白不事江滕蔣虢元祥體質洪大腰帶十圍飲啖亦兼數人其時韓王元嘉虢王鳳魏王恭狀貌亦偉不逮於元祥又耿一目永隆元年薨贈司徒并州大都督陪葬獻陵謚曰安子永嘉王晫永隆中爲復州刺史以禽獸其行賜死于家中興初元祥子鉅鹿郡公晃子欽嗣江王景龍四年加銀青光祿大夫娶王仁皎女至千牛將軍卒

密王元曉高祖第二十一子也貞觀五年受封九年授虢州刺史十四年賜實封八百戶二十三年加滿千戶轉澤州刺史永徽四年除宣州刺史後歷徐州刺史上

元三年薨贈司徒揚州都督陪葬獻陵謚曰貞子南安王潁嗣神龍初封潁弟亮子曇爲嗣密王

滕王元嬰高祖第二十二子也貞觀十三年受封十五年賜實封八百戶授金州刺史二十三年加實封滿千戶永徽中元嬰頗驕縱逸遊動作失度高宗與書誡之曰王地在宗枝寄深磐石幼聞詩禮夙承義訓實冀孜孜無怠漸以成德豈謂不遵軌轍踰越典章且城池作固以備不虞關鑰閉開須有常準鴆合散樂并集府僚嚴關夜開非復一度過密之悲尚纒比屋王以此情事何遠紛紜又巡省百姓本觀風問俗遂乃驅率老幼借狗求罝志從禽之娛忽黎元之重時方農要屢出畋遊以彈彈人將爲笑樂取適之方亦應多緒何必此事方得爲娛晉陵虐主未可取則趙孝文趨走小人張四又倡優賤隸王親與博戲極爲輕脫一府官僚何所瞻望凝寒方甚以雪埋人虐物既深何以爲樂家人奴僕侮弄官人至於此事彌不可長朕以王骨肉至親不能致王於法令與王下上考以媿王心人之有過貴在能改國有憲章私恩難再興言及此慙歎盈懷三年遷蘇州刺史尋轉洪州都督又數犯憲章削邑戶及親事帳內之半於滁州安置後起授壽州刺史轉隆州刺史弘道元年加開府儀同三司兼梁州都督文明元年薨贈司徒冀州都督陪葬獻陵子長樂王循琦嗣兄弟六人垂拱中並陷詔獄神龍初以循琦弟循琦子涉嗣滕王本名茂宗狀貌類胡而豐碩開元十二年加銀青光祿大夫左驍衛將軍天寶初淮安郡別駕卒子湛然嗣十一載封滕王十五載從幸蜀除左金吾將軍

史臣曰一人元良萬國以貞若明異重離道非出震雖枯嫡長寧固錤鎡兒當開創之初未見太平之兆建成殘忍豈主鬯之才元吉兇狂有覆巢之迹若非太宗逆取順守積德累功何以致三百年之延洪二十帝之纂嗣或堅持小節必虧大猷欲比秦二世隋煬帝亦不及矣元嘉脩身元軌無短元裕名理元名高潔靈夔嚴整皆有封冊之名而無磐石之固武氏之亂或連頸被刑姦臣擅權則束手爲制其望本枝百世也不亦難乎

贊曰有功曰祖有德曰宗建成元吉實爲二兇中外交構人神不容用晦而明殷憂啓聖運屬文皇功成守正善惡既分社稷乃定盤維封建本枝茂盛元嘉元軌修身愼行元裕元名行簡居正犬牙不固武氏易姓既無兵民若拘陷穽敢告後人無或失政

舊唐書卷六十四考證

隱太子建成傳二年授撫軍大將軍東討元帥將兵十萬徇洛陽○新書作將兵萬人

荊王元景傳神龍初追復爵土并封其孫逖爲嗣荊王○新書以孫元逖嗣唐代重諱無孫同祖名者應從舊書

韓王元嘉傳十年改封韓王授潞州都督○新書作遷滑州

彭王元則傳貞觀七年授豫州刺史○新書作婺州

魯王靈夔傳垂拱元年授邢州刺史○新書作相州

# 舊唐書卷六十五

後晉司空同中書門下平章事劉　昫撰

## 列傳第十五

高士廉子履行眞行　長孫無忌

高儉字士廉渤海蓨人曾祖飛雀後魏贈太尉祖嶽北齊侍中左僕射太尉清河王父勵字敬德北齊樂安王尚書左僕射隋洮州刺史士廉少有器局頗涉文史隋司隸大夫薛道衡起居舍人崔祖濬並稱先達與士廉結忘年之好由是公卿藉甚大業中爲治禮郎士廉妹先適隋右驍衛將軍長孫晟生子無忌及女晟卒士廉迎妹及甥於家恩情甚重見太宗潛龍時非常人因以晟女妻焉卽文德皇后也隋軍伐遼時兵部尚書斛斯政亡奔高麗士廉坐與交遊謫爲朱鳶主簿事父母以孝聞嶺南瘴癘不可同行留妻鮮于氏侍養供給不足又念妹無所庇乃賣大宅買小宅以處之分其餘資輕裝而去尋屬天下大亂王命阻絕交阯太守丘和署爲司法書佐士廉久在南方不知母問北顧彌切嘗晝寢夢其母與之言宛如膝下既覺而涕泗橫集明日果得母訊議者以爲孝感之應時欽州寧長眞率衆攻和和欲出門迎之士廉進說曰長眞兵勢雖多懸軍遠至內離外蹙不能持久且城中勝兵足以當之柰何而欲受人所制和從之因命士廉爲行軍司馬水陸俱進逆擊破之長眞僅以身免餘衆盡降及蕭銑敗高祖使徇嶺南武德五年士廉與和上表歸國累遷雍州治中時太宗爲雍州牧以士廉是文德皇后之舅素有才望甚親敬之及將誅隱太子士廉與其甥長孫無忌並預密謀六月四日士廉率吏卒釋繫囚授以兵甲馳至芳林門備與太宗合勢太宗昇春宮拜太子右庶子貞觀元年擢拜侍中封義興郡公賜實封九百戶士廉明辯善容止凡有獻納搢紳之士莫不屬目時黃門侍郎王珪有密表附士廉以聞士廉寢而不言坐是出爲安州都督轉益州大都督府長史蜀土俗薄畏鬼而惡疾父母病有危殆者多不親扶侍杖頭挂食遙以哺之士廉隨方訓誘風俗頓改秦時李冰守蜀導引汶江創浸灌之利至今地居水側者須直千金富強之家多相侵奪士廉乃於故渠外別更疏決蜀中大獲其利又因暇日汲引辭人以爲文會兼命儒生講論經史勉勵後進蜀中學校粲然復興蜀人朱桃椎者澹泊爲事隱居不仕披裘帶索沉浮人間竇軌之鎭益州也聞而召見遺以衣服逼爲鄉正桃椎口竟無言棄衣於地逃入山中結菴澗曲夏則裸形冬則樹皮自覆人有贈遺一無所受每爲芒履置之於路人見之者曰朱居士之履也爲鬻米置於本處桃椎至夕而取之終不與人相見議者以爲焦先之流士廉下車以禮致之及至降階與語桃椎不答直視而去士廉每令存問桃椎見使者輒入林自匿近代以來多輕隱逸士廉獨加褒禮蜀中以爲美談五年入爲吏部尚書進封許國公仍封一子爲縣公獎鑒人倫雅諳姓氏凡所署用莫不人地俱允高祖崩士廉攝司空營山陵制度事畢加特進上柱國是時朝議以山東人士好自矜夸雖復累葉陵遲猶恃其舊地女適他族必多求聘財太宗惡之以爲甚傷敎義乃詔士廉與御史大夫韋挺中書侍郎岑文本禮部侍郎令狐德棻等刊正姓氏於是普責天下譜諜仍憑據史傳考其眞僞忠賢者褒進悖逆者貶黜撰爲氏族志士廉乃類其等第以進太宗曰我與山東崔盧李鄭舊既無嫌爲其世代衰微全無冠蓋猶自云士大夫婚姻之間則多邀錢幣才識凡下而偃仰自高販鬻松檟依託富貴我不解人間何爲重之祇緣齊家惟據河北梁陳僻在江南當時雖有人物偏僻小國不足可貴至今猶以崔盧王謝爲重我平定四海天下一家凡在朝士皆功效顯著或忠孝可稱或學藝通博所以擢用見居三品以上欲共衰代舊門爲親縱多輸錢帛猶被偃仰我今特定族姓者欲崇重今朝冠冕何因崔幹猶爲第一等昔漢高祖止是山東一匹夫以其平定天下主尊臣貴卿等讀書見其行迹至今以爲美談心懷敬重卿等不貴我官爵耶不須論數世以前止取今日官爵高下作等級遂以崔幹爲第三等及書成凡一百卷詔頒於天下賜士廉物千段尋同中書門下三品十二年與長孫無忌等以佐命功並代襲刺史授申國公其年拜尚書右僕射士廉既任遇益隆多所表奏成輒焚藁人莫知之攝太子少師特令掌選十六年加授開府儀同三司等表請致仕聽解尚書右僕射令以開府儀同三司依舊平章事又正受詔與魏徵等集文學之士撰文思博要一千二百卷奏之賜物千段十七年二月詔圖形凌煙閣十九年太宗伐高麗皇太子定州監國士廉攝太子太傅仍典朝政皇太子下令曰攝太傅申國公士廉朝望國華儀刑攸屬寡人忝膺監守實資訓導比聽政常屈同榻庶因諮白少袪蒙滯但據案奉對情所未安已約束不許更進太傅誨諭深至使遵常式辭不獲免輒復敬從所司亦宜別以一案供太傅士廉固讓不敢當二十年遇疾太宗幸其第問之因敍說生平流涕歔欷而訣二十一年正月壬辰薨于京師崇仁里私第時年七十二太宗又命駕將臨之司空玄齡以上餌藥石不宜臨喪抗表切諫上曰朕之此行豈獨爲君臣之禮兼以故舊情深姻戚義重卿勿復言也太宗從數百騎出興安門至延喜門長孫無忌馳至馬前諫曰餌石臨喪經方明忌陛下含育黎元須爲宗社珍愛臣舅士廉知將不救顧謂臣曰至尊覆載恩隆不遺簪履亡歿之後或至親臨內省凡才無益聖日安可以死亡之餘輒迴宸駕魂而有靈負譴斯及陛下恩深故舊亦請察其丹誠其言甚切太宗猶不許無忌乃伏於馬前流涕帝乃還宮贈司徒并州都督陪葬昭陵謚曰文獻士廉祖父洎身並爲僕射子爲尚書甥爲太尉當代榮之六子履行至行純行眞行審行愼行及喪柩出自橫橋太宗登故城西北樓望而慟高宗卽位追贈太尉與房玄齡屈突通並配享太宗廟庭子履行貞觀初歷祠部郎中丁母憂哀悴踰禮太宗遣使諭之曰孝子之道毀不滅性汝宜強食不得過禮服闋累遷滑州刺史尚太宗女東陽公主拜駙馬都尉十九年除戶部侍郎加銀青光祿大夫無幾遭父艱居喪復以孝聞太宗手詔敦喻曰古人立孝毀不滅身聞卿絕粒殊乖大體幸抑摧裂之情割傷生之累俄起爲衛尉卿進加金紫光祿大夫襲爵申國公永徽元年拜戶部尚書檢討太子詹事太常卿顯慶元年出爲益州大都督府長史先是士廉居此職頗著能名至是履行繼之亦有善政大爲人吏所稱三年坐與長孫無忌親累左授洪州都督轉永州刺史卒於官履行弟眞行官至右衛將軍其子典膳丞岐坐與章懷太子陰謀事洩詔付眞行令自懲誡眞行遂手刃之仍棄其屍於衢路高宗聞而鄙之貶眞行爲睦州刺史卒

長孫無忌字輔機河南洛陽人其先出自後魏獻文帝第三兄初爲拓拔氏宣力魏室功最居多世襲大人之號後更跋氏爲宗室之長改姓長孫氏七世祖道生後魏司空上黨靖王六世祖旃後魏特進上黨齊王五世祖觀後魏司徒上黨定王高祖稚西魏太保馮翊文宣王曾祖子裕西魏衛尉卿平原郡公祖光周開府儀同三司襲平原公父晟隋右驍衛將軍無忌貴戚好學該博文史性通悟有籌略文德皇后卽其妹也少與太宗友善義軍渡河無忌至長春宮謁見授渭北道行軍典籤常從太宗征討累除比部郎中封上黨縣公武德九年隱太子建成齊王元吉謀將害太宗無忌請太宗先發誅之於是奉旨密召房玄齡杜如晦等共爲籌略六月四日無忌與尉遲敬德侯君集張公謹劉師立公孫武達獨孤彥雲杜君綽鄭仁泰李孟嘗等九人入玄武門討建成元吉平之太宗昇春宮授太子左庶子及卽位遷左武候大將軍貞觀元年轉吏部尚書以功第一進封齊國公實封千三百戶太宗以無忌佐命元勳地兼外戚禮遇尤重嘗令出入臥內其年拜尚書右僕射時突厥頡利可汗新與中國和盟政教紊亂言事者多陳攻取之策太宗召蕭瑀及無忌問曰北番君臣昏亂殺戮無辜國家不違舊好便失攻昧之機今欲取亂侮亡復爽同盟之義二途不決孰爲勝耶蕭瑀曰兼弱攻昧擊之爲善無忌曰今國家務在戢兵待其寇邊方可討擊彼既已弱必不能來若深入虜廷臣未見其可且按甲存信臣以爲宜太宗從無忌之議突厥尋政衰而滅或有密表稱無忌權寵過盛太宗以表示無忌曰朕與卿君臣之間凡事無疑若各懷所聞而不言則君臣之意無以獲通因召百寮謂之曰朕今有子皆幼無忌於朕實有大功今者委之猶如子也疎間親新間舊謂之不順朕所不取也無忌深以盈滿爲誡懇辭機密文德皇后又爲之陳請太宗不獲已乃拜開府儀同三司解尚書右僕射是歲太宗親祠南郊及將還命無忌與司空裴寂同昇金輅五年與房玄齡杜如晦尉遲敬德四人以元勳各封一子爲郡公七年十月冊拜司空無忌固辭不許又因高士廉奏曰臣幸居外戚恐招聖主私親之誚敢以死請太宗曰朕之授官必擇才行若才行不至縱朕至親亦不虛授襄邑王神符是也若才有所適雖怨讎而不棄魏徵等是也朕若以無忌居后兄之愛當多遺子女金帛何須委以重官蓋是取其才行耳無忌聰明鑒悟雅有武略公等所知朕故委之台鼎

無忌又上表切讓詔報之曰昔黃帝得力牧而爲五帝先夏禹得咎繇而爲三王祖齊桓得管仲而爲五伯長朕自居藩邸公爲腹心遂得廓清宇內君臨天下以公功績才望允稱具瞻故授此官無宜多讓也太宗追思王業艱難佐命之力又作威鳳賦以賜無忌其辭曰有一威鳳憩翮朝陽晨遊紫霧夕飲玄霜資長風以舉翰戾天衢而遠翔西翥則煙氛閉色東飛則日月騰光化垂鵬於北裔馴羣鳥於南荒殄亂世而方降應明時而自彰俛翼雲路歸功本樹仰喬枝而見猜俯修條而抱蠹同林之侶俱嫉共幹之儔並忤無恒山之義情有炎洲之凶度若巢葦而居安獨懷危而履懼鴟鴞嘯乎側葉鷙雀喧乎下枝慙已陋之至鄙害他賢之獨奇或聚咮而交擊乍分羅而見羈戢凌雲之逸羽韜偉世之清儀遂乃蓄情宵影結志晨暉霜殘綺翼露點紅衣嗟憂患之易結歎矰繳之難違期畢命於一死本無情於再飛幸賴君子以依以恃引此風雲濯斯塵滓披蒙翳於葉下發光華於枝裏仙翰屈而還舒靈音摧而復起眄八極以遐翥臨九天而高峙庶廣德於衆禽非崇利於一己是以徘徊感德顧慕懷賢憑明哲而禍散託英才而福全答惠之情彌結報功之志方宣非知難而行易思令後而終前俾賢德之流慶畢萬葉而芳傳十一年令與諸功臣世襲刺史詔曰周武定業胙茅土於子弟漢高受命誓帶礪於功臣豈止重親賢之地崇其典禮抑亦固磐石之基寄以藩翰魏晉已降事不師古建侯之制有乖名實非所謂作屏王室永固無窮者也隋氏之季四海沸騰朕運屬殷憂戡翦多難上憑明靈之祐下賴英賢之輔廓清寓縣嗣膺寶曆豈予一人獨能致此時迺共資其力世安事享其利乃睠於斯甚所不取但今刺史卽古之諸侯雖立名不同監統一也故申命有司斟酌前代宜條委共理之寄象賢存世及之典司空齊國公無忌等並策名運始功叅締構義貫休戚效彰夷險嘉庸懿績簡於朕心宜委以藩鎮改錫土宇無忌可趙州刺史改封趙國公尚書左僕射魏國公玄齡可宋州刺史改封梁國公故司空蔡國公杜如晦可贈密州刺史改封萊國公特進代國公靖可濮州刺史改封衞國公特進吏部尚書許國公士廉可申州刺史改封申國公兵部尚書潞國公侯君集可陳州刺史改封陳國公刑部尚書任城郡王道宗可鄂州刺史改封江夏郡王晉州刺史趙郡王孝恭可觀州刺史改封河間郡王同州刺史吳國公尉遲敬德可宣州刺史改封鄂

國公并州都督府長史曹國公李勣可蘄州刺史改封英國公左驍衛大將軍楚國公段志玄可金州刺史改封褒國公左領軍大將軍宿國公程知節可普州刺史改封盧國公太僕卿任國公劉弘基可朗州刺史改封夔國公相州都督府長史鄖國公張亮可澧州刺史改封鄖國公餘官食邑並如故卽令子孫奕葉承襲無忌等上言曰臣等披荊棘以事陛下今海內寧一不願違離而乃世牧外州與遷徙何異乃與房玄齡上表曰臣等聞質文迭變皇王之迹有殊今古相沿致理之方乃革緬惟三代習俗靡常爰制五等隨時作教蓋由力不能制因而利之禮樂節文多非已出逮於兩漢用矯前違置守頒條蠲除曩弊爲無益之文覃及四方建不易之理有逾千載今曲爲臣等復此奄荒欲其優隆錫之茅社施于子孫永貽長世斯乃大鈞播物毫髮並施其生小人諭分後世必嬰其禍何者違時易務曲樹私恩謀及庶僚義非僉允方招史冊之誚有紊聖代之綱此其不可一也又臣等智效罕施器識庸陋或情緣右戚遂陟台階或顧想披荊便蒙夜拜直當今日猶愧非才重裂山河愈彰濫賞此其不可二也又且孩童嗣職義乖師儉之方任以褰帷寧無傷錦之弊上干天憲彝典既有常科下擾生民必致餘殃於後一挂刑網自取誅夷陛下深仁務延其世翻令剿絕誠有可哀此其不可三也當今聖曆欽明求賢分政古稱良守寄在共理此道之目爲日滋久因緣臣等或有改張封植兒曹失於求瘼百姓不幸將焉用之此其不可四也在茲一舉爲損實多曉夕深思憂貫心髓所以披丹上訴指事明心不敢浮辭同於矯飾伏願天澤諒其愚欵特停渙汗之旨賜其性命之恩太宗覽表謂曰割地以封功臣古今通義意欲公之後嗣翼朕子孫長爲藩翰傳之永久而公等薄山河之誓發言怨望朕亦安可强公以土宇耶於是遂止十二年太宗幸其第凡是親族班賜有差十六年冊拜司徒十七年令圖畫無忌等二十四人於凌煙閣詔曰自古皇王褒崇勳德既勒銘於鍾鼎又圖形於丹青是以甘露良佐麟閣著其美建武功臣雲臺紀其跡司徒趙國公無忌故司空揚州都督河間元王孝恭故司空萊國成公如晦故司空相州都督太子太師鄭國文貞公徵司空梁國公玄齡開府儀同三司鄂國公敬德特進衞國公靖特進宋國公瑀故輔國大將軍揚州都督褒忠壯公志玄輔國大將軍夔國公弘基故尚書左僕射蔣忠公通故陝東道行臺右僕射鄖節公

開山故荊州都督譙襄公柴紹故荊州都督邳襄公順德洛州都督鄖國公張亮光祿大夫吏部尚書陳國公侯君集故左驍衛大將軍郯襄公張公謹左領軍大將軍盧國公程知節故禮部尚書永興文懿公虞世南故戶部尚書渝襄公劉政會光祿大夫戶部尚書莒國公唐儉光祿大夫兵部尚書英國公勣故徐州都督胡壯公秦叔寶等或材推棟梁謀猷經遠綢繆帷帳經綸霸圖或學綜經籍德範光茂隱犯同致忠讜日聞或竭力義旗委質藩邸一心表節百戰標奇或受脤廟堂闢土方面重氛載廓王略遐宣並契闊屯夷劬勞師旅贊景業於草昧翼淳化於隆平茂績殊勳冠冕列辟昌言直道牢籠搢紳宜酌故實弘茲令典可並圖畫於凌煙閣庶念功之懷無謝於前載旌賢之義永貽於後昆其年太子承乾得罪太宗欲立晉王而限以非次迴惑不決御兩儀殿羣官盡出獨留無忌及司空房玄齡兵部尚書李勣謂曰我三子一弟所爲如此我心無憀因自投於牀抽佩刀欲自刺無忌等驚懼爭前扶抱取佩刀以授晉王無忌等請太宗所欲報曰我欲立晉王無忌曰謹奉詔有異議者臣請斬之太宗謂晉王曰汝舅許汝宜拜謝晉王因下拜太宗謂無忌等曰公等既符我意未知物論何如無忌曰晉王仁孝天下屬心久矣伏乞召問百寮必無異辭若不蹈舞同音臣負陛下萬死於是建立遂定因加授無忌太子太師尋而太宗又欲立吳王恪無忌密爭之其事遂輟太宗嘗謂無忌等曰朕聞主賢則臣直人苦不自知公宜面論攻朕得失無忌奏言陛下武功文德跨絕古今發號施令事皆利物孝經云將順其美臣順之不暇實不見陛下有所愆失太宗曰朕冀聞己過公乃妄相諛悅朕今面談公等得失以爲鑒誡言之者可以無過聞之者可以自改因目無忌曰善避嫌疑應對敏速求之古人亦當無比而總兵攻戰非所長也高士廉涉獵古今心術聰悟臨難既不改節爲官亦無朋黨所少者骨鯁規諫耳唐儉言辭便利善和解人酒杯流行發言啟齒事朕三十載遂無一言論國家得失楊師道性行純善自無愆過而情實怯懦未甚任事緩急不可得力岑文本性道敦厚文章是其所長而持論常據經遠自當不負於物劉洎性最堅貞言多利益然其意上然諾於朋友能自補闕亦何以尚馬周見事敏速性甚貞正至於論量人物直道而行朕比任使多所稱意褚遂良學問稍長性亦堅正既寫忠誠甚親附於朕譬如飛鳥依人自加憐愛十九年太

宗征高麗令無忌攝侍中還無忌固辭師傅之位優詔聽罷太子太師二十一年遙領揚州都督二十三年太宗疾篤引無忌及中書令褚遂良二人受遺令輔政太宗謂遂良曰無忌盡忠於我我有天下多是此人力爾輔政後勿令讒毀之徒損害無忌若如此者爾則非復人臣高宗即位進拜太尉兼揚州都督知尚書及門下二省事並如故無忌固辭知尚書省事許之仍令以太尉同中書門下三品永徽二年監修國史高宗嘗謂公卿朕開獻書之路冀有意見可錄將擢用之比者上疏雖多而遂無可採者無忌對曰陛下即位政化流行條式律令固無遺闕言事者率其鄙見妄希僥倖至於裨俗益教理當無足可取然須開此路猶冀時有讜言如或杜絕便恐下情不達帝曰又聞所在官司猶自多有顏面無忌曰顏面阿私自古不免然聖化所漸人皆向公至於肆情曲法實謂必無此事小小收取人情恐陛下尚亦不免況臣下私其親戚豈敢頓言絕無時無忌位當元舅數進謀議高宗無不優納之明年以旱上疏辭職高宗頻降手詔敦喻不許五年親幸無忌第見其三子並擢授朝散大夫又命圖無忌形像親爲畫贊以賜之六年帝將立昭儀武氏爲皇后無忌屢言不可帝乃密遣使賜無忌金銀寶器各一車綾錦十車以悅其意昭儀母楊氏復自詣無忌宅屢加祈請時禮部尚書許敬宗又屢申勸請無忌皆厲色折之帝後又召無忌左僕射于志寧右僕射褚遂良謂曰武昭儀有令德朕欲立爲皇后卿等以爲如何無忌曰自貞觀二十三年後先朝付託遂良望陛下問其可否帝竟不從無忌等言而立昭儀爲皇后皇后以無忌先受重賞而不助已心甚銜之顯慶元年無忌與史官國子祭酒令狐德棻綴集武德貞觀二朝史爲八十卷表上之無忌以監領功賜物二千段封其子潤爲金城縣子四年中書令許敬宗遣人上封事稱監察御史李巢與無忌交通謀反帝令敬宗與侍中辛茂將鞫之敬宗奏言無忌謀反有端帝曰我家不幸親戚中頻有惡事高陽公主與朕同氣往年遂與房遺愛謀反今阿舅復作惡心近親如此使我慚見萬姓敬宗曰房遺愛乳臭兒與女子謀反豈得成事且無忌與先朝謀取天下衆人服其智作宰相三十年百姓畏其威可謂威能服物智能動衆臣恐無忌知事露即爲急計攘袂一呼嘯命同惡必爲宗廟深憂誠願陛下斷之不日即收捕準法破家帝泣曰我決不忍處分與罪後代良史道我不能和其親戚使至於此敬宗曰漢文帝漢室明主薄昭即是帝舅從代來日亦有大勳與無忌不別於後惟坐殺人文帝惜國之法令朝臣喪服就宅哭而殺之良史不以爲失今無忌忘先朝之大德捨陛下之至親聽受邪謀遂懷悖逆意在塗炭生靈若比薄昭罪惡未可同年而語案諸刑典合誅五族臣聞當斷不斷反受其亂大機之事間不容髮若少遲延恐即生變惟請早決帝竟不親問無忌謀反所由惟聽敬宗誣構之說遂去其官爵流黔州仍遣使發次州府兵援送至流所其子秘書監駙馬都尉沖等並除名流於嶺外敬宗尋與吏部尚書李義府遣大理正袁公瑜就黔州重鞫無忌反狀公瑜逼令自縊而死籍沒其家無忌既有大功而死非其罪天下至今哀之上元元年優詔追復無忌官爵特令無忌孫延主齊獻公之祀無忌從父兄安世仕王世充署爲內史令東都平死於獄中安世子祥以文德皇后近屬累除刑部尚書坐與無忌通書見殺

史臣曰士廉才望素高操秉無玷保君臣終始之義爲子孫襲繼之謀社稷之臣功亦隆矣獎遇之恩賞亦厚矣及子真行手刃其子何凶忍也若是積慶之道不其惑哉無忌戚里右族英冠人傑定立儲闈力安社稷勳庸茂著終始不渝及黜廢中宮竟不阿旨報先帝之顧託爲敬宗之誣構嗟乎忠信獲罪今古不免無名受戮族滅何辜主暗臣姦足貽後代

贊曰嚴嚴申公功名始終文皇題品信謂酌中趙公右戚兩朝宜力功成不去竟逢鬼蜮

舊唐書卷六十五考證

長孫無忌傳七世祖道生後魏司空上黨靖王六世祖旃後魏特進上黨齊王○臣德潛按魏書長孫道生傳道生子抗抗子觀無旃名且抗早卒觀襲祖爵此云旃襲且封齊二史互異

上元元年優詔追復無忌官爵特令無忌孫延主齊獻公之祀○新書無忌孫名元翼

# 舊唐書卷六十六

後晉司空同中書門下平章事劉　昫撰

## 列傳第十六

房玄齡子遺直 遺愛　杜如晦弟楚客 叔淹

房喬字玄齡齊州臨淄人曾祖翼後魏鎮遠將軍宋安郡守襲壯武伯祖熊字子繹褐州主簿父彥謙好學通涉五經隋涇陽令隋書有傳玄齡幼聰敏博覽經史工草隸善屬文嘗從其父至京師時天下寧晏論者咸以國祚方永玄齡乃避左右告父曰隋帝本無功德但誑惑黔黎不爲後嗣長計混諸嫡庶使相傾奪諸后藩枝競崇淫侈終當內相誅夷不足保全家國今雖清平其亡可翹足而待彥謙驚而異之年十八本州舉進士授羽騎尉吏部侍郎高孝基素稱知人見之深相嗟挹謂裴矩曰僕閱人多矣未見如此郎者必成偉器但恨不覩其聳壑凌霄耳父病綿歷十旬玄齡盡心藥膳未嘗解衣交睫父終酌飲不入口者五日後補隰城尉會義旗入關太宗徇地渭北玄齡杖策謁於軍門溫彥博又薦焉太宗一見便如舊識署渭北道行軍記室參軍玄齡既遇知己罄竭心力知無不爲賊寇每平衆人競求珍玩玄齡獨先收人物致之幕府及有謀臣猛將皆與之潛相申結各盡其死力既而隱太子見太宗勳德尤盛轉生猜間太宗嘗至隱太子所食中毒而歸府中震駭計無所出玄齡因謂長孫無忌曰今嫌隙已成禍機將發天下恟恟人懷異志變端一作大亂必興非直禍及府朝正恐傾危社稷此之際會安可不深思也僕有愚計莫若遵周公之事外寧區夏內安宗社申孝養之禮古人有云爲國者不顧小節此之謂歟孰若家國淪亡身名俱滅乎無忌曰久懷此謀未敢披露公今所說深會宿心無忌乃入白之太宗召玄齡謂曰阽危之兆其迹已見將若之何對曰國家患難今古何殊自非睿聖欽明不能安輯大王功蓋天地事鍾壓紐神贊所在匪藉人謀因與府屬杜如晦同心戮力仍隨府遷授秦王府記室封臨淄侯又以本職兼陝東道大行臺考功郎中加文學館學士玄齡在秦府十餘年常典管記每軍書表奏駐馬立成文約理贍初無稾草高祖嘗謂侍臣曰此人深識機宜足堪委任每爲我兒陳事必會人心千里之外猶對面語耳隱太子以玄齡如晦爲太宗所親禮甚惡之譖之於高祖由是與如晦並被驅斥隱太子將有變也太宗令長孫無忌召玄齡及如晦令衣道士服潛引入閤計事及太宗入春宮擢拜太子右庶子賜絹五千匹貞觀元年代蕭瑀爲中書令論功行賞以玄齡及長孫無忌杜如晦尉遲敬德侯君集五人爲第一進爵邢國公賜實封千三百戶太宗因謂諸功臣曰朕敘公等勳效量定封邑恐不能盡當各許自言皇從父淮安王神通進曰義旗初起臣率兵先至今房玄齡杜如晦等刀筆之吏功居第一臣竊不服上曰義旗初起人皆有心叔父雖率得兵來未嘗身履行陣山東未定受委專征建德南侵全軍陷沒及劉黑闥翻動叔父望風而破今計勳行賞玄齡等有籌謀帷幄定社稷之功所以漢之蕭何雖無汗馬指蹤推轂故得功居第一叔父於國至親誠無所愛必不可緣私濫與功臣同賞耳初將軍丘師利等咸自矜其功或攘袂指天以手畫地及見神通理屈自相謂曰陛下以至公行賞不私其親吾屬何可妄訴三年拜太子少師固讓不受攝太子詹事兼禮部尚書明年代長孫無忌爲尚書左僕射改封魏國公監修國史既任總百司虔恭夙夜盡心竭節不欲一物失所聞人有善若已有之明達吏事飾以文學審定法令意在寬平不以求備取人不以己長格物隨能收敘無隔卑賤論者稱爲良相焉或時以事被譴則累日朝堂稽顙請罪悚懼踧踖若無所容九年護高祖山陵制度以功加開府儀同三司十一年與司空長孫無忌等四人並代襲刺史以本官爲宋州刺史改封梁國公事竟不行十三年加太子少師玄齡頻表請解僕射詔報曰夫選賢之義無私爲本奉上之道當仁是貴列代所以弘風通賢所以協德公忠肅恭懿明允篤誠草昧霸圖綢繆帝道儀刑黃閣庶政惟和輔翼春宮望實斯著而忘彼大體徇茲小節雖恭教諭之職乃辭機衡之務豈所謂弼予一人共安四海者也玄齡遂以本官就職時皇太子將行拜禮備儀以待之玄齡深自卑損不敢修謁遂歸於家有識者莫不重其崇讓玄齡自以居端揆十五年女爲韓王妃男遺愛尚高陽公主實顯貴之極頻表辭位優詔不許十六年又與士廉等同撰文思博要成錫賚甚優進拜司空仍綜朝政依舊監修國史玄齡抗表陳讓太宗遣使謂之曰昔留侯讓位竇融辭榮自懼盈滿知進能退善鑒止足前代美之公亦欲齊蹤往哲實可嘉尚然國家久相任使一朝忽無良相如失兩手公若筋力不衰無煩此讓玄齡遂止十八年與司徒長孫無忌等圖形於凌煙閣讚曰才兼藻翰思入機神當官勵節奉上忘身高宗居春宮加玄齡太子太傅仍知門下省事監修國史如故尋以撰

高祖太宗實錄成，降璽書褒美，賜物一千五百段。其年玄齡丁繼母憂去職，特勑賜以昭陵葬地。未幾，起復本官。太宗親征遼東，命玄齡京城留守，手詔曰：「公當蕭何之任，朕無西顧之憂矣。」軍戎器械，戰士糧廩，並委令處分發遣。玄齡屢上言敵不可輕，尤宜誡愼。尋與中書侍郎褚遂良受詔重撰晉書，於是奏取太子左庶子許敬宗、中書舍人來濟、著作郎陸元仕劉子翼、前雍州刺史令狐德棻、太子舍人李義府薛元超、起居郎上官儀等八人，分功撰錄，以臧榮緒晉書爲主，參考諸家，甚爲詳洽。然史官多是文詠之士，好採詭謬碎事，以廣異聞；又所評論，競爲綺艷，不求篤實，由是頗爲學者所譏。唯李淳風深明星曆，善於著述，所修天文、律曆、五行三志，最可觀採。太宗自著宣、武二帝及陸機、王羲之四論，於是總題云御撰。至二十年，書成，凡一百三十卷，詔藏于秘府，頒賜加級各有差。玄齡嘗因微譴歸第，黃門侍郎褚遂良上疏曰：「君爲元首，臣號股肱，龍躍雲興，不謀而集，苟有時來，千年朝暮。陛下昔在布衣，心懷拯溺，手提輕劍，仗義而起，平諸寇亂，皆自神功，文經之助，頗由輔翼。爲臣之懃，玄齡爲最。昔呂望之扶周武，伊尹之佐成湯，蕭何關中，王導江外，方之於斯，可以爲匹。且武德初策名伏事，忠勤恭孝，衆所同歸。而前宮、海陵，憑凶恃亂，干時事主，人不自安，居累卵之危，有倒懸之急，命視一刻，身縻寸景，玄齡之心，終始無變。及九年之際，機臨事迫，身被斥逐，闕於謨謀，猶服道士之衣，與文德皇后同心影助，其於臣節，自無所負。及貞觀之始，萬物惟新，甄吏事君，物論推與，而勳庸無比，委質惟舊。自非罪狀無赦，搢紳同尤，不可以一犯一愆，輕示遐棄。陛下必矜玄齡齒髮，薄其所爲，古者有諷諭大臣遣其致仕，自可在後式遵前事，退之以禮，不失善聲。今數十年勳舊，以一事而斥逐，在外云云，以爲非是。夫天子重大臣則人盡其力，輕去就則物不自安。臣以庸薄，忝預左右，敢冒天威，以申管見。」二十一年，太宗幸翠微宮，授司農卿李緯爲民部尚書。玄齡時在京城留守，會有自京師來者，太宗問曰：「玄齡聞李緯拜尚書如何？」對曰：「玄齡但云李緯好髭鬚，更無他語。」太宗遽改授緯洛州刺史，其爲當時準的如此。二十三年，駕幸玉華宮，時玄齡舊疾發，詔令臥總留臺。及漸篤，追赴宮所，乘擔轝入殿，將至御座乃下。太宗對之流涕，玄齡亦感咽不能自勝。勑遣名醫救療，尚食每日供御膳。若微得減損，太宗卽喜見顏色；如聞增劇，便爲改容悽愴。玄齡因謂諸子曰：「吾自度危篤，而恩澤轉深，若孤負聖君，則死有餘責。當今天下淸謐，咸得其宜，唯東討高麗不止，方爲國患。主上含怒意決，臣下莫敢犯顏；吾知而不言，則銜恨入地。」遂抗表諫曰：

臣聞兵惡不戢，武貴止戈。當今聖化所覃，無遠不屆，洎上古所不臣者，陛下皆能臣之；所不制者，皆能制之。詳觀今古，爲中國患害者，無如突厥。遂能坐運神策，不下殿堂，大小可汗，相次束手，分典禁衛，執戟行間。其後延陁鴟張，尋就夷滅，鐵勒慕義，請置州縣，沙漠以北，萬里無塵。至如高昌叛渙於流沙，吐渾首鼠於積石，偏師薄伐，俱從平蕩。高麗歷代逋誅，莫能討擊。陛下責其逆亂，殺主虐人，親總六軍，問罪遼碣，未經旬月，卽拔遼東，前後虜獲，數十萬計，分配諸州，無處不滿。雪往代之宿恥，掩崤陵之枯骨，比功較德，萬倍前王。此聖心之所自知，微臣安敢備說。且陛下仁風被於率土，孝德彰於配天。覩夷狄之將亡，則指期數歲；授將帥之節度，則決機萬里。屈指而候驛，視景而望書，符應若神，算無遺策。擢將於行伍之中，取士於凡庸之末。遠夷單使，一見不忘；小臣之名，未嘗再問。箭穿七札，弓貫六鈞。加以留情墳典，屬意篇什，筆邁鍾、張，辭窮班、馬。文鋒旣振，則管磬自諧；輕翰蹔飛，則花藹競發。撫萬姓以慈，遇羣臣以禮。褒秋毫之善，解吞舟之網。逆耳之諫必聽，膚受之訴斯絕。好生之德，焚障塞於江湖；惡殺之仁，息鼓刀於屠肆。鳧鶴荷稻粱之惠，犬馬蒙帷蓋之恩。降乘吮思摩之瘡，登堂臨魏徵之柩。哭戰亡之卒，則哀動六軍；負塡道之薪，則精感天地。重黔黎之大命，特盡心於庶獄。臣心識昏憒，豈足論聖功之深遠，談天德之高大哉！陛下兼衆美而有之，靡不備具，微臣深爲陛下惜之重之，愛之寶之。周易曰：「知進而不知退，知存而不知亡，知得而不知喪。」又曰：「知進退存亡，不失其正者，惟聖人乎！」由此言之，進有退之義，存有亡之機，得有喪之理，老臣所以爲陛下惜之者，蓋此謂也。老子曰：「知足不辱，知止不殆。」謂陛下威名功德，亦可足矣；拓地開疆，亦可止矣。彼高麗者，邊夷賤類，不足待以仁義，不可責以常禮。古來以魚鱉畜之，宜從濶略。若必欲絕其種類，恐獸窮則搏。且陛下每決一死囚，必令三覆五奏，進素食、停音樂者，蓋以人命所重，感動聖慈也。況今兵士之徒，無一罪戾，無故驅之於行陣之間，委之於鋒刃之下，使肝腦塗地，魂魄無歸，令其老父孤兒、寡妻慈母，望轊車而掩泣，抱枯骨以摧心，足以變動陰陽，感傷和氣，實天下冤痛也。且兵者凶器，戰者危事，不得已而用之。向使高麗違失臣節，陛下誅之可也；侵擾百姓，而陛下滅之可也；久長能爲中國患，而陛下除之可也。有一於此，雖日殺萬夫，不足爲愧。今無此三條，坐煩中國，內爲舊王雪恥，外爲新羅報讎，豈非所存者小，所損者大？願陛下遵皇祖老子止足之誡，以保萬代巍巍之名。發霈然之恩，降寬大之詔，順陽春以布澤，許高麗以自新，焚凌波之船，罷應募之衆，自然華夷慶賴，遠肅邇安。臣老病三公，旦夕入地，所恨竟無塵露，微增海嶽。謹罄殘魂餘息，預代結草之誠。儻蒙錄此哀鳴，卽臣死且不朽。

太宗見表，謂玄齡子婦高陽公主曰：「此人危惙如此，尚能憂我國家。」後疾增劇，遂鑿苑牆開門，累遣中使候問。上又親臨，握手敘別，悲不自勝。皇太子亦就之與之訣。卽日授其子遺愛右衛中郎將，遺則中散大夫，使及目前見其通顯。尋薨，年七十。廢朝三日，冊贈太尉、并州都督，謚曰文昭，給東園秘器，陪葬昭陵。玄齡嘗誡諸子以驕奢沉溺，必不可以地望凌人，故集古今聖賢家誡，書於屏風，令各取一具，謂曰：「若能留意，足以保身成名。」又云：「袁家累葉忠節，是吾所尚，汝宜師之。」高宗嗣位，詔配享太宗廟庭。子遺直嗣，永徽初爲禮部尚書、汴州刺史。次子遺愛，尚太宗女高陽公主，拜駙馬都尉，官至太府卿、散騎常侍。初，主有寵於太宗，故遺愛特承恩遇，與諸主壻禮秩絕異。主旣驕恣，謀黜遺直而奪其封爵，永徽中誣告遺直無禮於己。高宗令長孫無忌鞫其事，因得公主與遺愛謀反之狀，遺愛伏誅，公主賜自盡，諸子配流嶺表。遺直以父功特宥之，除名爲庶人。停玄齡配享。

杜如晦，字克明，京兆杜陵人也。曾祖皎，周贈開府儀同大將軍、遂州刺史。高祖徽，周河內太守。祖果，周溫州刺史，入隋工部尚書、義興公，周書有傳。父吒，隋昌州長史。如晦少聰悟，好談文史。隋大業中以常調預選，吏部侍郎高孝基深所器重，顧謂之曰：「公有應變之才，當爲棟梁之用，願保崇令德。今欲俯就卑職，爲須少祿俸耳。」遂補滏陽尉，尋棄官而歸。太宗平京城，引爲秦王府兵曹參軍，俄遷陝州總管府長史。時府中多英俊，被外遷者衆，太宗患之。記室房玄齡曰：「府僚去者雖多，蓋不足惜。杜如晦聰明識達，王佐才也。若大王守藩端拱，無所用之；必欲經營四方，非此人莫可。」太宗大驚曰：「爾不言，幾失此人矣！」遂奏爲府屬。後從征薛仁杲、劉武周、王世充、竇建德，嘗參謀帷幄。時軍國多事，剖斷如流，深爲時輩所服。累遷陝東道大行臺司勳郎中，封建平縣男，食邑三百戶。尋以本官兼文學館學士。天策府建，以爲從事中郎。畫象於丹青者十有八人，而如晦爲冠首，令文學褚亮爲之贊曰：「建平文雅，休有烈光，懷忠履義，身立名揚。」其見重如此。隱太子深忌之，謂齊王元吉曰：「秦王府中所可憚者，唯杜如晦與房玄齡耳。」因譖之於高祖，乃與玄齡同被斥逐。後又潛入畫策，及事捷，與房玄齡功等，擢拜太子左庶子，俄遷兵部尚書，進封蔡國公，賜實封千三百戶。貞觀二年，以本官檢校侍中，攝吏部尚書，仍總監東宮兵馬事，號爲稱職。三年，代長孫無忌爲尚書右僕射，仍知選事。與房玄齡共掌朝政，至於臺閣規模及典章人物，皆二人所定，甚獲當代之譽，談良相者，至今稱房、杜焉。如晦以高孝基有知人之鑒，爲其樹神道碑以紀其德。其年冬，遇疾，表請解職，許之，祿賜特依舊。太宗深憂其疾，頻遣使存問，名醫上藥，相望於道。四年，疾篤，令皇太子就第臨問，上親幸其宅，撫之流涕，賜物千段。及其未終，見子拜官，遂超遷其子左千牛構爲尚舍奉御。尋薨，年四十六。太宗哭之甚慟，廢朝三日，贈司空，徙封萊國公，謚曰成。太宗手詔著作郎虞世南曰：「朕與如晦，君臣義重。不幸奄從物化，追念勳舊，痛悼于懷。卿體吾此意，爲制碑文也。」太宗後因食瓜而美，愴然悼之，遂輟食之半，遣使奠於靈座。又嘗賜房玄齡黃銀帶，顧謂玄齡曰：「昔如晦與公同心輔朕，今日所賜，唯獨見公。」因泫然流涕。又曰：「朕聞黃銀多爲鬼神所畏。」命取黃金帶，遣玄齡親送於靈所。其後太宗忽夢見如晦若平生，及曉，以告玄齡，言之歔欷，令送御饌以祭焉。明年如晦亡日，太宗復遣尚宮至第慰問其妻子，其國官府佐並不之罷，終始恩遇，未之有焉。子構襲爵，官至慈州刺史，坐弟荷謀逆，徙於嶺表而卒。初，荷以功臣子尚城陽公主，賜爵襄陽郡公，授尚乘奉御。貞觀中，與太子承乾謀反，坐斬。如晦弟楚客，少隨叔父淹沒於王世充。淹素與如晦兄弟不睦，譖如晦兄於王行滿，王世充殺之，并囚楚客，幾至餓死，楚客竟無怨色。洛陽平，淹當死，楚客泣涕請如晦救之，如晦初不從。楚客曰：「叔已殺大兄，今兄又結恨棄叔，一門之內，相殺而盡，豈不痛哉！」因欲自剄。如晦感其言，請於太宗，淹遂蒙恩宥。楚客因隱於嵩山。貞觀四年，召拜給事中，上謂曰：「聞卿山居日久，志意甚高，自非宰相之任，則不能出，何有是理耶？夫涉遠者必自邇，升高者必自下，但在官爲衆所許，無慮官之不大。爾兄雖與我體異，其心猶一。於我國家，非無大功，爲憶爾兄，意欲見爾，宜識朕意，繼爾兄之忠義也。」拜楚客蒲州刺史，甚有能名。後歷魏王府長史，拜工部尚書攝魏王泰府事楚客知太宗不悅承乾魏王泰又潛令楚客友朝臣用事者至有懷金以賂之因說泰聰明可爲嫡嗣人或以聞太宗隱而不言及釁發太宗始揚其事以其兄有佐命功免死廢于家尋授虔化令卒如晦叔父淹淹字執禮祖業周豫州刺史父徵河內太守淹聰辯多才藝弱冠有美名與同郡韋福嗣爲莫逆之交相與謀曰上好用嘉遁蘇威以幽人見徵擢居美職遂共入太白山揚言隱逸實欲邀求時譽隋文帝聞而惡之謫戍江表後還鄉里雍州司馬高孝基上表薦之授承奉郎大業末官至御史中丞王世充僭號署爲吏部大見親用及洛陽平初不得調淹將委質於隱太子時封德彝典選以告房玄齡恐隱太子得之長其姦計於是遽啓太宗引爲天策府兵曹參軍文學館學士武德八年慶州總管楊文幹作亂辭連東宮歸罪於淹及王珪韋挺等並流於越巂太宗知淹非罪贈以黃金三百兩及卽位徵拜御史大夫封安吉郡公賜實封四百戶以淹多識典故特詔東宮儀式簿領並取淹節度尋判吏部尚書參議朝政前後表薦四十餘人後多知名者淹嘗薦刑部員外郎邸懷道太宗因問淹懷道才行何如淹對曰懷道在隋日作吏部主事甚有清慎之名又煬帝向江都之日召百官問去住之計時行計已決公卿皆阿旨請去懷道官位極卑獨言不可臣目見此事太宗曰卿爾可從何計對曰臣從行計太宗曰事君之義有犯無隱卿稱懷道爲是何因自不正諫對曰臣爾日不居重任又知諫必不從徒死無益太宗曰孔子稱從父之命未爲孝子故父有爭子國有爭臣若以主之無道何爲仍仕其世既食其祿豈得不匡其非因謂羣臣曰公等各言諫事如何王珪曰昔比干諫紂而死孔子稱其仁洩冶諫而被戮孔子曰民之多辟無自立辟是則祿重責深理須極諫官卑望下許其從容太宗又召淹笑謂曰卿在隋日可以位下不言近仕世充何不極諫對曰亦有諫但不見從太宗曰世充若修德從善當不滅亡既無道拒諫卿何免禍淹無以對太宗又曰卿在今日可爲備任復欲極諫否對曰臣在今日必盡死無隱且百里奚在虞虞亡在秦秦霸臣竊比之太宗笑時淹兼二職而無清潔之譽又素與無忌不協爲時論所譏及有疾太宗親自臨問賜帛三百匹貞觀二年卒贈尚書右僕射謚曰襄子敬同襲爵官至鴻臚少卿敬同子從則中宗時爲蒲州刺史

史臣曰房杜二公皆以命世之才遭逢明主謀猷允協以致昇平議者以比漢之蕭曹信矣然萊成之見用文昭之所舉也世傳太宗嘗與文昭圖事則曰非如晦莫能籌之及如晦至焉竟從玄齡之策也蓋房知杜之能斷大事杜知房之善建嘉謀裨諶草創東里潤色相須而成俾無悔事賢達用心良有以也若以往哲方之房則管仲子產杜則鮑叔罕虎矣

贊曰肇啓聖君必生賢輔猗歟二公實開運祚文含經緯謀深夾輔笙磬同音唯房與杜

舊唐書卷六十六考證

房玄齡傳祖熊字子釋褐州主簿○沈炳震曰隋書房彥謙傳父熊釋褐州簿不載其字新書宰相世系字子彪据此子字下闕彪字而釋乃釋字之譌也考地理志初無褐州

遺直以父功特宥之除名爲庶人○新書貶銅陵尉

# 舊唐書卷六十七

後晉司空同中書門下平章事劉　昫撰

## 列傳第十七

李靖客師 令問 彥芳　李勣孫敬業

李靖本名藥師雍州三原人也祖崇義後魏殷州刺史永康公父詮隋趙郡守靖姿貌瓌偉少有文武材略每謂所親曰大丈夫若遇主逢時必當立功立事以取富貴其舅韓擒虎號爲名將每與論兵未嘗不稱善撫之曰可與論孫吳之術者惟斯人矣初仕隋爲長安縣功曹後歷駕部員外郎左僕射楊素吏部尚書牛弘皆善之素嘗拊其牀謂靖曰卿終當坐此大業末累除馬邑郡丞會高祖擊突厥於塞外靖察高祖知有四方之志因自鎖上變將詣江都至長安道塞不通而止高祖尅京城執靖將斬之靖大呼曰公起義兵本爲天下除暴亂不欲就大事而以私怨斬壯士乎高祖壯其言太宗又固請遂捨之太宗尋召入幕府武德三年從討王世充以功授開府時蕭銑據荊州遣靖安輯之輕騎至金州遇蠻賊數萬屯聚山谷廬江王瑗討之數爲所敗靖與瑗設謀擊之多所剋獲既至硤州阻蕭銑久不得進高祖怒其遲留陰勑硤州都督許紹斬之紹惜其才爲之請命於是獲免會開州蠻首冉肇則反率衆寇夔州趙郡王孝恭與戰不利靖率兵八百襲破其營後又要險設伏臨陣斬肇則俘獲五千餘人高祖甚悅謂公卿曰朕聞使功不如使過李靖果展其効因降璽書勞曰卿竭誠盡力功効特彰遠覽至誠極以嘉賞勿憂富貴也又手勑靖曰既往不咎舊事吾久忘之矣四年靖又陳十策以圖蕭銑高祖從之授靖行軍總管兼攝孝恭行軍長史高祖以孝恭未更戎旅三軍之任一以委靖其年八月集兵於夔州銑以時屬秋潦江水泛漲三峽路險必謂靖不能進遂休兵不設備九月靖乃率師而進將下峽諸將皆請停兵以待水退靖曰兵貴神速機不可失今兵始集銑尚未知若乘水漲之勢倏忽至城下所謂疾雷不及掩耳此兵家上策縱彼知我倉卒徵兵無以應敵此必成擒也孝恭從之進兵至夷陵銑將文士弘率精兵數萬屯淸江孝恭欲擊之靖曰士弘銑之健將士卒驍勇今新失荊門盡兵出戰此是救敗之師恐不可當也宜自泊南岸勿與爭鋒待其氣衰然後奮擊破之必矣孝恭不從留靖守營率師與賊合戰孝恭果敗奔於南岸賊舟大掠人皆負重靖見其軍亂縱兵擊破之獲其舟艦四百餘艘斬首及溺死將萬人孝恭遣靖率輕兵五千爲先鋒至江陵屯營於城下士弘既敗銑甚懼始徵兵於江南果不能至孝恭以大軍繼進靖又破其驍將楊君茂鄭文秀俘甲卒四千餘人更勒兵圍銑城明日銑遣使請降靖卽入據其城號令嚴肅軍無私焉時諸將咸請孝恭云銑之將帥與官軍拒戰死者罪狀既重請籍沒其家以賞將士靖曰王者之師義存弔伐百姓既受驅逼拒戰豈其所願且犬吠非其主無容同叛逆之科此蒯通所以免大戮於漢祖也今新定荊郢宜弘寬大以慰遠近之心降而籍之恐非救焚拯溺之義但恐自此已南城鎭各堅守不下非計之善於是遂止江漢之域聞之莫不爭下以功授上柱國封永康縣公賜物二千五百段詔命檢校荊州刺史承制拜授乃度嶺至桂州遣人分道招撫其大首領馮盎李光度寧眞長等皆遣子弟來謁靖承制授其官爵凡所懷輯九十六州戶六十餘萬優詔勞勉授嶺南道撫慰大使檢校桂州總管十六年輔公祏於丹陽反詔孝恭爲元帥靖爲副以討之李勣任瓌張鎭州黃君漢等七總管並受節度師次舒州公祏遣將馮惠亮率舟師三萬屯當塗陳正通徐紹宗領步騎二萬屯青林山仍於梁山連鐵鎖以斷江路築卻月城延袤十餘里與惠亮爲犄角之勢孝恭集諸將會議皆云惠亮正通並握強兵爲不戰之計城柵既固卒不可攻請直指丹陽掩其巢穴丹陽既破惠亮自降孝恭欲從其議靖曰公祏精銳雖在水陸二軍然其自統之兵亦皆勁勇惠亮等城柵尚不可攻公祏既保石頭豈應易拔若我師至丹陽留停旬月進則公祏未平退則惠亮爲患此便腹背受敵恐非萬全之計惠亮正通皆是百戰餘賊必不憚於野戰止爲公祏立計令其持重但欲不戰以老我師今欲攻其城柵乃是出其不意滅賊之機唯在此舉孝恭然之靖乃率黃君漢等先擊惠亮苦戰破之殺傷及溺死者萬餘人惠亮奔走靖率輕兵先至丹陽公祏大懼先遣僞將左遊仙領兵守會稽以爲引援公祏擁兵東走以趨遊仙至吳郡與惠亮正通並相次擒獲江南悉平於是置東南道行臺拜靖行臺兵部尚書賜物千段奴婢百口馬百匹其年行臺廢又檢校揚州大都督府長史丹陽連罹兵寇百姓凋弊靖鎭撫之吳楚以安八年突厥寇太原以靖爲行軍總管統江淮兵一萬與張瑾屯大谷時諸軍不利靖衆獨全尋檢校安州大都督高祖每云李靖是蕭銑輔公祏膏肓古之名將韓白衛霍豈能及也九年突厥莫賀咄設寇邊徵靖爲靈州道行軍總管頡利可汗入涇陽靖率兵倍道趨豳州邀賊歸路既而與虜和親而罷太宗嗣位拜刑部尚書并錄前後功賜實封四百戶貞觀二年以本官兼檢校中書令三年轉兵部尚書突厥諸部離叛朝廷將圖進取以靖爲代州道行軍總管率驍騎三千自馬邑出其不意直趨惡陽嶺以逼之突利可汗不虞於靖見官軍奄至於是大懼相謂曰唐兵若不傾國而來靖豈敢孤軍而至一日數驚靖候知之潛令間諜離其心腹其所親康蘇密來降四年靖進擊定襄破之獲隋齊王暕之子楊正道及煬帝蕭后送于京師可汗僅以身遁以功進封代國公賜物六百段及名馬寶器焉太宗嘗謂曰昔李陵提步卒五千不免身降匈奴尚得書名竹帛卿以三千輕騎深入虜庭克復定襄威振北狄古今所未有足報往年渭水之役自破定襄後頡利可汗大懼退保鐵山遣使入朝謝罪請舉國內附又以靖爲定襄道行軍總管往迎頡利頡利雖外請朝謁而潛懷猶豫其年二月太宗遣鴻臚卿唐儉將軍安修仁慰諭靖揣知其意謂將軍張公謹曰詔使到彼虜必自寬遂選精騎一萬齎二十日糧引兵自白道襲之公謹曰詔許其降行人在彼未宜討擊靖曰此兵機也時不可失韓信所

以破齊也如唐儉等輩何足可惜督軍疾進師至陰山遇其斥候千餘帳皆俘以隨軍頡利見使者大悅不虞官兵至也靖軍將逼其牙帳十五里虜始覺頡利畏威先走部衆因而潰散靖斬萬餘級俘男女十餘萬殺其妻隋義成公主頡利乘千里馬將走投吐谷渾西道行軍總管張寶相擒之以獻俄而突利可汗來奔遂復定襄常安之地斥土界自陰山北至於大漠太宗初聞靖破頡利大悅謂侍臣曰朕聞主憂臣辱主辱臣死往者國家草創太上皇以百姓之故稱臣於突厥朕未嘗不痛心疾首志滅匈奴坐不安席食不甘味今者暫動偏師無往不捷單于款塞恥其雪乎於是大赦天下酺五日御史大夫溫彥博害其功譖靖軍無綱紀致令虜中奇寶散於亂兵之手太宗大加責讓靖頓首謝久之太宗謂曰隋將史萬歲破達頭可汗有功不賞以罪致戮朕則不然當赦公之罪錄公之勳詔加左光祿大夫賜絹千匹眞食邑通前五百戶未幾太宗謂靖曰前有人讒公今朕意已悟公勿以爲懷賜絹二千匹拜尚書右僕射靖性沉厚每與時宰參議恂恂然似不能言八年詔爲畿內道大使伺察風俗尋以足疾上表乞骸骨言甚懇至太宗遣中書侍郎岑文本謂曰朕觀自古已來身居富貴能知止足者甚少不問愚智莫能自知才雖不堪強欲居職縱有疾病猶自勉強公能識達大體深足可嘉朕今非直成公雅志欲以公爲一代楷模乃下優詔加授特進聽在第攝養賜物千段尚乘馬兩匹祿賜國官府佐並依舊給患若小瘳每三兩日至門下中書平章政事九年正月賜靖靈壽杖助足疾也未幾吐谷渾寇邊太宗顧謂侍臣曰得李靖爲帥豈非善也靖乃見房玄齡曰靖雖年老固堪一行太宗大悅即以靖爲西海道行軍大總管統兵部尚書任城王道宗涼州都督李大亮右衞將軍李道彥利州刺史高甑生等三總管征之九年軍次伏俟城吐谷渾燒去野草以餧我師退保大非川諸將咸言春草未生馬已羸瘦不可赴敵唯靖決計而進深入敵境遂踰積石山前後戰數十合殺傷甚衆大破其國吐渾之衆遂殺其可汗來降靖又立大寧王慕容順而還初利州刺史高甑生爲鹽澤道總管以後軍期靖薄責之甑生因有憾於靖及是與廣州都督府長史唐奉義告靖謀反太宗命法官按其事甑生等竟以誣罔得罪靖乃闔門自守杜絕賓客雖親戚不得妄進十一年改封衞國公授濮州刺史仍令代襲例竟不行十四年靖妻卒有詔墳塋制度依漢衞霍故事築闕象突厥內鐵山吐谷渾內積石山形以旌殊績十七年詔圖畫靖及趙郡王孝恭等二十四人於凌煙閣十八年帝幸其第問疾仍賜絹五百匹進位衞國公開府儀同三司太宗將伐遼東召靖入閤賜坐御前謂曰公南平吳會北清沙漠西定慕容唯東有高麗未服公意如何對曰臣往者憑藉天威薄展微効今殘年朽骨唯擬此行陛下不棄老臣病期瘳矣太宗愍其其羸老不許二十三年薨于家年七十九冊贈司徒并州都督給班劍四十人羽葆鼓吹陪葬昭陵謚曰景武子德謇嗣官至將作少匠靖弟客師貞觀中官至右武衞將軍以戰功累封丹陽郡公永徽初以年老致仕性好馳獵四時從禽無蹔止息有別業在昆明池南自京城之外西際灃水鳥獸皆識之每出則鳥鵲隨逐而噪野人謂之鳥賊總章中卒年九十餘客師孫令問玄宗在藩時與令問款狎及即位以協贊功累遷至殿中少監先天中預誅竇懷貞等功封宋國公實封五百戶令問固辭實封詔不許開元中轉殿中監左散騎常侍知尚食事令問雖特承恩寵未嘗干預時政深爲物論所稱然厚於自奉食饌豐侈廣畜芻豢躬臨宰殺時方奉佛其篤信之士或譏之令問曰此物畜生與果菜何異胡爲強生分別不亦遠於道乎略不以恩眄自恃閑適郊野從禽自娛十五年涼州都督王君㚟奏廻紇部落叛令問坐與連姻左授撫州別駕尋卒大和中令問孫彥芳鳳翔府司錄參軍詣闕進高祖太宗所賜衞國公靖官告勅書手詔等十餘卷內四卷太宗文皇帝筆迹文宗寶惜不能釋手其佩筆尚堪書金裝木匣製作精巧帝並留禁中令書工模寫本還之賜芳絹二百匹衣服靴笏以酬之

李勣曹州離狐人也隋末徙居滑州之衞南本姓徐氏名世勣永徽中以犯太宗諱單名勣焉家多僮僕積粟數千鍾與其父蓋皆好惠施拯濟貧乏不問親疏大業末韋城人翟讓聚衆爲盜勣往從之時年十七謂讓曰今此土地是公及勣鄉壤人多相識不宜自相侵掠且宋鄭兩郡地管御河商旅往還船乘不絕就彼邀截足以自相資助讓然之於是劫公私船取物兵衆大振隋遣齊郡通守張須陁率師二萬討之勣與頻戰竟斬須陁於陣初李密亡命在雍丘浚儀人王伯當匿於野伯當共勣說翟讓奉密爲主隋令王世充討密勣以奇計敗世充於洛水之上密拜勣爲東海郡公時河南山東大水死者將半隋帝令飢人就食黎陽開倉賑給時政教已禁倉司不時賑給死者日數萬人勣言於密曰天下大亂本是爲飢今若得黎陽一倉大事濟矣密乃遣勣領麾下五千人自原武濟河掩襲即日尅之開倉恣食一旬之間勝兵二十萬餘經歲餘宇文化及於江都弒逆擁兵北上直指東郡時越王侗即位於東京赦密之罪拜爲太尉封魏國公授勣右武候大將軍命討化及密遣勣守倉城勣於城外掘深溝以固守化及設攻具四面攻倉阻塹不得至城下勣於塹中爲地道出兵擊之大敗而去武德二年密爲王世充所破擁衆歸朝其舊境東至于海南至于江西至汝州北至魏郡勣並據之未有所屬謂長史郭孝恪曰魏公既歸大唐今此人衆土地魏公所有也吾若上表獻之即是利主之敗自爲己功以邀富貴吾所恥也今宜具錄州縣名數及軍人戶口總啓魏公聽公自獻此則魏公之功也乃遣使啓密使人初至高祖聞其無表惟有啓與密甚怪之使者以勣意聞奏高祖大喜曰徐世勣感德推功實純臣也詔授黎陽總管上柱國萊國公尋加右武候大將軍改封曹國公賜姓李氏賜良田五十頃甲第一區封其父蓋爲濟陰王蓋固辭王爵乃封舒國公授散騎常侍陵州刺史令勣總統河南山東之兵以拒王世充及李密反叛伏誅高祖以勣舊經事密遣使報其反狀勣表請收葬詔許之勣服衰絰與舊僚吏將士葬密於黎山之南墳高七仞釋服而散朝野義之尋而竇建德擒化及於魏縣復進軍攻勣力屈降之建德收其父從軍爲質令勣復守黎陽三年自拔歸京師四年從太宗伐王世充於東都累戰大捷又東略地至武牢僞鄭州司兵沈悅請翻武牢勣夜潛兵應接剋之擒其僞刺史荊王行本又從太宗平竇建德降王世充振旅而還論功行賞太宗爲上將勣爲下將與太宗俱服金甲乘戎輅告捷于太廟其父自洺州與裴矩入朝高祖見之大喜復其官爵勣又從太宗破劉黑闥徐圓朗累遷左監門大將軍圓朗重據兗州反授勣河南大總管以討之尋獲圓朗斬首以獻兗州平七年詔與趙郡王孝恭討輔公祏孝恭領舟師巡江而下勣領步卒一萬渡淮拔其壽陽至硤石公祏之將陳正通率兵十萬屯於梁山又遣其大將馮惠亮帥水軍十萬鎖連大艦以斷江路仍於江西結壘分守水陸以禦王師勣攻其壘尋尅之惠亮單騎而遁勣乘勝逼正通大潰以十餘騎奔於丹陽公祏弃城夜遁勣縱騎追斬之於武康江南悉定八年突厥寇并州命勣爲行軍總管擊之於太谷走之太宗即位拜并州都督賜實封九百戶貞觀三年爲通漠道行軍總管至雲中與突厥頡利可汗兵會大戰於白道突厥敗屯營於磧口遣使請和詔鴻臚卿唐儉往赦之勣時與定襄道大總管李靖軍會相與議曰頡利雖敗人衆尚多若走渡磧保於九姓道遙阻深追則難及今詔使唐儉至彼其必弛備我等隨後襲之此不戰而平賊矣靖扼腕喜曰公之此言乃韓信滅田橫之策也於是定計靖將兵逼夜而發勣勒兵繼進靖軍既至賊營大潰頡利與萬餘人欲走渡磧勣屯軍於磧口頡利至不得渡磧其大酋長率其部落並降於勣虜五萬餘口而還時高宗爲晉王遙領并州大都督授勣光祿大夫行并州大都督府長史父憂解尋起復舊職十一年改封英國公代襲蘄州刺史時並不就國復以本官遙領太子左衞率勣在并州凡十六年令行禁止號爲稱職太宗謂侍臣曰隋煬帝不能精選賢良安撫邊境惟解築長城以備突厥情識之惑一至於此朕今委任李世勣於并州遂使突厥畏威遁走塞垣安靜豈不勝遠築長城耶十五年徵拜兵部尚書未赴京會薛延陁遣其子大度設帥騎八萬南侵李思摩部落命勣爲朔州行軍總管率輕騎三千追及延陁於青山擊大破之斬其名王一人俘獲首領虜五萬餘計以功封一子爲縣公勣時遇暴疾驗方云鬚灰可以療之太宗乃自翦鬚爲其和藥勣頓首見血泣以懇謝帝曰吾爲社稷計耳不煩深謝十七年高宗爲皇太子轉勣太子詹事兼左衞率加位特進同中書門下三品太宗謂曰我兒新登儲貳卿舊長史今以宮事相委故有此授雖屈階資可勿恠也太宗又嘗閑宴顧勣曰朕將屬以幼孤思之無越卿者公往不遺於李密今豈負於朕哉勣雪涕致辭因噬指流血俄而沉醉乃解御服覆之其見委信如此十八年太宗將親征高麗授勣遼東道行軍大總管攻破蓋牟遼東白崖等數城又從太宗摧殄駐蹕陣以功封一子爲郡公二十年延陁部落擾亂詔勣將二百騎便發突厥兵討擊至烏德鞬山大戰破之其大首領梯眞達干率衆來降其可汗咄摩支南竄於荒谷遣通事舍人蕭嗣業招慰部領送於京師磧北悉定二十二年轉太常卿仍同中書門下三品旬日復除太子詹事二十三年太宗寢疾謂高宗曰汝於李勣無恩我今將責出之我死後汝當授以僕射即荷汝恩必致其死力乃出爲疊州都督高宗即位其月召拜洛州刺史尋加開府儀同三司令同中書門下參掌機密是歲冊拜尚書左

僕射永徽元年抗表求解僕射仍令以開府儀同三司依舊知政事四年冊拜司空初貞觀中太宗以勳庸特著嘗圖其形於凌煙閣至是帝又命寫形焉仍親爲之序顯慶三年從幸東都在路遇疾帝親臨問麟德初東封泰山詔勣爲封禪大使乃從駕次滑州其姊早寡居勣舊閭皇后親自臨問賜以衣服仍封爲東平郡君勣又墜馬傷足上親降問以所乘賜之乾封元年高麗莫離支男產爲其弟男建所逐保於國內城遣子獻城詣闕乞師總章元年命勣爲遼東道行軍總管率兵二萬略地至鴨綠水賊遣其弟來拒戰勣縱兵擊敗之追奔二百里至於平壤城男建閉門不敢出賊中諸城駭懼多拔人衆遁走降欵者相繼勣又引兵圍平壤遼東道副大總管劉仁軌郝處俊將軍薛仁貴並會於平壤犄角圍之經月餘尅其城虜其王高藏及男建男產裂其諸城並爲州縣振旅而旋令勣便道以高藏及男建獻於昭陵禮畢備軍容入京城獻太廟二年加太子太師增食實封通前一千一百戶其年寢疾詔以勣弟晉州刺史弼爲司衛正卿使得視疾尋薨年七十六帝爲之舉哀輟朝七日贈太尉揚州大都督謚曰貞武給東園秘器陪葬昭陵令司平太常伯楊昉攝同文正卿監護及葬日帝幸未央古城登樓臨送望柳車慟哭并爲設祭皇太子亦從駕臨送哀慟悲感左右詔百官送至故城西北所築墳一準衞霍故事象陰山鐵山及烏德鞬山以旌破突厥薛延陁之功光宅元年詔勣配享高宗廟庭勣前後戰勝所得金帛皆散之於將士初得黎陽倉就倉者數十萬人魏徵高季輔杜正倫郭孝恪皆遊其所一見於衆人中卽加禮敬引之卧內談謔忘倦及平武牢獲僞鄭州長史戴冑知其行能尋釋於竟推薦咸至顯達當時稱其有知人之鑒又初平王世充獲其故人單雄信依例處死勣表稱其武藝絕倫若收之於合死之中必大感恩堪爲國家盡命請以官爵贖之高祖不許臨將就戮勣對之號慟割股肉以啖之曰生死永訣此肉同歸於土矣仍收養其子每行軍用師頗任籌算臨敵應變動合事機與人圖計識其臧否聞其片善扼腕而從事捷之日多推功於下以是人皆爲用所向多尅捷洎勣之死聞者莫不悽愴與弟弼特存友愛閨門之內肅若嚴君自遇疾高宗及皇太子送藥卽取服之家中召醫巫皆不許入門子弟固以藥進勣謂曰我山東一田夫耳攀附明主濫居富貴位極三台年將八十豈非命乎修短必是有期寧容浪就醫人求活竟拒而不進忽謂弼曰我似得小差可置酒以申宴樂於是堂上奏女妓簷下列子孫宴罷謂弼曰我自量必死欲與汝一別耳恐汝悲哭誑言似差可未須啼泣聽我約束我見房玄齡杜如晦高季輔辛苦作得門戶亦望垂裕後昆並遭癡兒破家蕩盡我有如許豚犬將以付汝汝可防察有操行不倫交遊非類急卽打殺然後奏知又見人多埋金玉亦不須爾惟以布裝露車載我棺柩棺中斂以常服惟加朝服一副死儻有知庶著此奉見先帝明器惟作馬五六匹下帳用幔布爲頂白紗爲裙其中著十箇木人示依古禮芻靈之義此外一物不用姬媵已下有兒女而願住自養者聽之餘並放出事畢汝卽移入我堂撫恤小弱違我言者同於戮屍此後略不復語弼等遵行遺言勣少弟感幼有志操李密之敗也陷於王世充世充逼令以書召勣感曰家兄立身不虧名節今已事主君臣分定決不以感造次改圖卒不肯世充怒遂害焉時年十五勣長子震顯慶初官至桂州刺史先勣卒勣孫敬業高宗崩則天太后臨朝旣而廢帝爲廬陵王立相王爲皇帝而政由天后諸武皆當權任人情憤怨時給事中唐之奇貶授括蒼令長安主簿駱賓王貶授臨海丞詹事司直杜求仁黜縣丞敬業坐事左授柳州司馬其弟盩厔令敬猷亦坐累左遷俱在揚州敬業用前盩厔尉魏思溫謀據揚州嗣聖元年七月敬業遣其黨監察御史薛璋先求使江都又令雍州人韋超詣璋告變云揚州長史陳敬之與唐之奇謀逆璋乃收敬之繫獄居數日敬業矯制殺敬之自稱揚州司馬詐言高州首領馮子猷叛逆奉密詔募兵進討是日開府庫令士曹參軍李宗臣解繫囚及丁役工匠得數百人皆授之以甲錄事參軍孫處行拒命敬業斬之以徇遂據揚州鳩聚民衆以匡復廬陵爲辭乃開三府一曰匡復府二曰英公府三曰揚州大都督府敬業自稱匡復府上將領揚州大都督以杜求仁唐之奇駱賓王爲府屬餘皆僞署職位旬日之間勝兵有十餘萬仍移檄諸郡縣曰僞臨朝武氏者人非溫順地實寒微昔充太宗下陳嘗以更衣入侍洎乎晚節穢亂春宮密隱先帝之私陰圖後庭之嬖入門見嫉蛾眉不肯讓人掩袖工讒狐媚偏能惑主踐元后於翬翟陷吾君於聚麀加以虺蜴爲心豺狼成性近狎邪僻殘害忠良殺姊屠兄弒君鴆母人神之所同嫉天地之所不容猶復包藏禍心窺竊神器君之愛子幽之於別宮賊之宗盟委之以重任嗚呼霍子孟之不作朱虛侯之已亡鷰啄皇孫知漢祚之將盡龍漦帝后識夏廷之遽衰敬業皇唐舊臣公侯冢胤奉先君之成業荷本朝之舊恩宋微子之興悲良有以也袁君山之流涕豈徒然哉是用氣憤風雲志安社稷因天下之失望順宇內之推心爰舉義旗誓清妖孽南連百越北盡三河鐵騎成羣玉軸相接海陵紅粟倉儲之積靡窮江浦黃旗匡復之功何遠班聲動而北風起劒氣衝而南斗平喑嗚則山嶽崩頹叱咤則風雲變色以此制敵何敵不摧以此圖功何功不克公等或家傳漢爵或地協周親或膺重寄於爪牙或受顧命於宣室言猶在耳忠豈忘心一抔之土未乾六尺之孤何託儻能轉禍爲福送往事居共立勤王之師無廢舊君之命凡諸爵賞同裂山河請看今日之域中竟是誰家之天下則天命左玉鈐衞大將軍李孝逸將兵三十萬討之追削敬業祖父官爵剖墳斲棺復本姓徐氏初敬業兵集圖其所向薛璋曰金陵王氣猶在大江設險可以自固且取常潤等州以爲霸基然後治兵北渡魏思溫曰兵貴神速但宜早渡淮而北招合山東豪傑乘其未集直取東都據關決戰此上策也敬業不從十月率衆渡江攻拔潤州殺刺史李思文先是太子賢爲天后所廢死於巴州敬業乃求狀貌似賢者置於城中奉之爲主云賢本不死孝逸軍渡淮至楚州敬業之衆狼狽還江都屯兵高郵以拒之頻戰大敗孝逸乘勝追躡敬業奔至揚州與唐之奇杜求仁等乘小舸將入海投高麗追兵及皆捕獲之初敬業傳檄至京師則天讀之微哂至一抔之土未乾遽問侍臣曰此語誰爲之或對曰駱賓王之辭也則天曰宰相之過安失此人中宗返正詔曰故司空勣往因敬業毁廢墳塋朕追想元勳永懷佐命昔竇憲干紀無累安豐之祠霍禹亂常猶全博陸之祀罪不相及國之通典宜特垂恩禮令所司速爲起墳所有官爵並宜追復勣諸子孫坐敬業誅殺靡有遺胤偶脫禍者皆竄迹胡越貞元十七年吐蕃陷麟州驅掠民畜而去至鹽州西橫槽烽蕃將號徐舍人者環集漢俘於呼延州謂僧延素曰師勿甚懼予本漢五代孫也屬武太后斲喪王室吾祖建義不果子孫流落絕域今三代矣雖代居職任掌握兵要然思本之心無忘於國但族屬已多無由自拔耳此地蕃漢交境放師還鄉數千百人解縛而遣之

史臣曰近代稱爲名將者英衞二公誠煙閣之最英公振彭黥之迹自拔草莽常能以義藩身與物無忤遂得功名始終賢哉垂命之誡敬業不蹈貽謀至於覆族悲夫衞公將家子綽有渭陽之風臨戎出師凜然威斷位重能避功成益謙銘之鼎鍾何慙耿鄧美哉

贊曰功以懋賞震主則危辭祿避位除猜破疑功定華夷志懷忠義白首平戎賢哉英衞

舊唐書卷六十七考證

李靖傳公祏遣將馮惠亮率舟師三萬屯當塗○公祏本傳屯博望山

御史大夫溫彥博害其功譖靖軍無綱紀致令虜中奇寶散于亂兵之手○新書譖靖者爲蕭瑀

李勣傳○臣德潛按新書詳勣與李義甫許敬宗勸高宗立武后事此生平大玷不可不書也舊書不及是其識短處

敬業傳蕃將號徐舍人者環集漢俘于呼延州謂僧延素曰師勿甚懼予本漢五代孫也○臣德潛按漢字下有闕文應是予本漢徐敬業五代孫也

# 舊唐書卷六十八

後晉司空同中書門下平章事劉　昫撰

## 列傳第十八

尉遲敬德　秦叔寶　程知節

段志玄　張公謹子大素 大安

尉遲敬德朔州善陽人大業末從軍於高陽討捕羣賊以武勇稱累授朝散大夫劉武周起以爲偏將與宋金剛南侵陷晉澮二州敬德深入至夏縣應接呂崇茂襲破永安王孝基執獨孤懷恩唐儉等武德三年太宗討武周於柏壁武周令敬德與宋金剛來拒王師於介休金剛戰敗奔於突厥敬德收其餘衆城守介休太宗遣任城王道宗宇文士及往諭之敬德與尋相舉城來降太宗大悅賜以曲宴引爲右一府統軍從擊王世充於東都既而尋相與武周下降將皆叛諸將疑敬德必叛囚於軍中行臺左僕射屈突通尚書殷開山咸言敬德初歸國家情志未附此人勇健非常縶之又久既被猜貳怨望必生留之恐貽後悔請卽殺之太宗曰寡人所見有異於此敬德若懷翻背之計豈在尋相之後耶遽命釋之引入卧內賜以金寶謂曰丈夫以意氣相期勿以小疑介意寡人終不聽讒言以害忠良公宜體之必

應欲去今以此物相資表一時其事之情也是日因從獵於榆窠遇王世充領步騎數萬來戰世充驍將單雄信領騎直趨太宗敬德躍馬大呼橫刺雄信墜馬賊徒稍却敬德翼太宗以出賊圍更率騎兵與世充交戰數合其衆大潰擒僞將陳智略獲排矟兵六千人太宗謂敬德曰比衆人證公必叛天誘我意獨保明之福善有徵何相報之速也特賜金銀一篋此後恩眄日隆敬德善解避矟每單騎入賊陣賊矟攢刺終不能傷又能奪取賊矟還以刺之是日出入重圍往返無礙齊王元吉亦善馬矟聞而輕之欲親自試命去矟刃以竿相刺敬德曰縱使加刃終不能傷請勿除之敬德矟謹當却刃元吉竟不能中太宗問曰奪矟避矟何者難易對曰奪矟難乃命敬德奪元吉矟元吉執矟躍馬志在刺之敬德俄頃三奪其矟元吉素驍勇雖相歎異甚以爲恥及竇建德營於板渚太宗將挑戰先伏李勣程知節秦叔寶等兵太宗持弓矢敬德執矟造建德壘下大呼致師賊衆大驚擾出兵數千騎太宗逡巡漸却前後射殺數人敬德所殺亦十數人遂引賊以入伏內於是與勣等奮擊大破之王世充兄子僞代王琬使於建德軍中乘隋煬帝所御驄馬鎧甲甚鮮迥出軍前以誇衆太宗曰彼之所乘眞良馬也敬德請往取之乃與高甑生梁建方三騎直入賊軍擒琬引其馬以歸賊衆無敢當者又從討劉黑闥於臨洺黑闥軍來襲李世勣太宗勒兵掩賊復以救之既而黑闥衆至其軍四合敬德率壯士犯圍而入大破賊陣太宗與江夏王道宗乘之以出又從破徐圓朗累有戰功授秦王府左二副護軍隱太子巢剌王元吉將謀害太宗密致書以招敬德曰願迂長者之眷敦布衣之交幸副所望也仍贈以金銀器物一車敬德辭曰敬德起自幽賤逢遇隋亡天下土崩竄身無所久淪逆地罪不容誅實荷秦王惠以生命今又隷名藩邸唯當以身報恩於殿下無功不敢謬當重賜若私許殿下便是二心徇利忘忠殿下亦何所用建成怒是後遂絕敬德尋以啓聞太宗曰公之素心鬱如山嶽積金至斗知公情不可移送來但取寧須慮也若不然恐公身不安且知彼陰計足爲良策元吉等深忌敬德令壯士往刺之敬德知其計乃重門洞開安卧不動賊頻至其庭終不敢入元吉乃譖敬德於高祖下詔獄訊驗將殺之太宗固諫得釋會突厥侵擾烏城建成舉元吉爲將密謀請太宗同送於昆明池將加屠害敬德聞其謀與長孫無忌遽啓太宗曰大王若不速正之則恐被其所害社稷危矣太宗歎曰今二公離阻骨肉滅弃君親危亡之機共所知委寡人雖深被猜忌禍在須臾然同氣之情終所未忍欲待其先起然後以義討之公意以爲何如敬德曰人情畏死衆人以死奉王此天授也若天與不取反受其咎雖存仁愛之小情忘社稷之大計禍至而不恐將亡而自安失人臣臨難不避之節乏先賢大義滅親之事非所聞也以臣愚誠請先誅之王若不從敬德言請奔逃亡命不能交手受戮且因敗成功明賢之高見轉禍爲福智士之先機敬德今若逃亡無忌亦欲同去太宗猶豫未決無忌曰王今不從敬德之言必知敬德等非王所有事今敗矣其若之何太宗曰寡人所言未可全弃公更圖之敬德曰王今處事有疑非智臨難不決非勇王縱不從敬德言請自決計其如家國何其如身命何且在外勇士八百餘人今悉入宮控弦被甲事勢已就王何得辭敬德又與侯君集日夜進勸然後計定時房玄齡杜如晦皆被高祖斥出秦府不得復入太宗令長孫無忌密召之玄齡等報曰有勅不許更事王今若私謁必至誅滅不敢奉命太宗大怒謂敬德曰玄齡如晦豈背我耶取所佩刀授敬德曰公且往觀其無來心可並斬其首持來也敬德又與無忌喻曰王已決計尅日平賊公宜即入籌之我等四人不宜羣行在道於是玄齡如晦著道士服隨無忌入敬德別道亦至六月四日建成既死敬德領七十騎躡踵繼至元吉走馬東奔左右射之墜馬太宗所乘馬又逸於林下橫被所繣墜不能興元吉遽來奪弓垂欲相扼敬德躍馬叱之於是步走欲歸武德殿敬德奔逐射殺之其宮府諸將薛萬徹謝叔方馮立等率兵大至屯於玄武門殺屯營將軍敬德持建成元吉首以示之宮府兵遂散是時高祖泛舟於海池太宗命敬德侍衛高祖敬德擐甲持矛直至高祖所高祖大驚問曰今日作亂是誰卿來此何也對曰秦王以太子齊王作亂舉兵誅之恐陛下驚動遣臣來宿衛高祖意乃安南衙北門兵馬及二宮左右猶相拒戰敬德奏請降手勅令諸軍兵並授秦王處分於是內外遂定高祖勞敬德曰卿於國有安社稷之功賜珍物甚衆太宗昇春宮授太子左衛率時議者以建成等左右百餘人並合從坐籍沒唯敬德執不聽曰爲罪者二兇今已誅訖若更及支黨非取安之策由是獲免及論功敬德與長孫無忌爲第一各賜絹萬匹齊王府財幣器物封其全邸盡賜敬德貞觀元年拜右武候大將軍賜爵吳國公與長孫無忌房玄齡杜如晦四人並食實封千三百戶會突厥來入寇授涇州道行軍總管以擊之賊至涇陽敬德輕騎與之挑戰殺其名將賊遂敗敬德好訐直負其功每見無忌玄齡如晦等短長必面折廷辯由是與執政不平三年出爲襄州都督八年累遷同州刺史嘗侍宴慶善宮時有班在其上者敬德怒曰汝有何功合坐我上任城王道宗次其下因解喻之敬德勃然拳毆道宗目幾至眇太宗不懌而罷謂敬德曰朕覽漢史見高祖功臣獲全者少意常尤之及居大位以來常欲保全功臣令子孫無絕然卿居官輒犯憲法方知韓彭夷戮非漢祖之愆國家大事唯賞與罰非分之恩不可數行勉自修飭無貽後悔也十一年封建功臣爲代襲刺史冊拜敬德宣州刺史改封鄂國公後歷鄜夏二州都督十七年抗表乞骸骨授開府儀同三司令朝朔望尋與長孫無忌等二十四人圖形於凌煙閣及太宗將征高麗敬德奏言車駕若自往遼左皇太子又在定州東西二京府庫所在雖有鎭守終是空虛遼東路遙恐有玄感之變且邊隅小國不足親勞萬乘伏望委之良將自可應時摧滅太宗不納令以本官行太常卿爲左一馬軍總管從破高麗於駐蹕山軍還依舊致仕敬德末年篤信仙方飛鍊金石服食雲母粉穿築池臺崇飾羅綺嘗奏清商樂以自奉養不與外人交通凡十六年顯慶三年高宗以敬德功追贈其父爲幽州都督其年薨年七十四高宗爲之舉哀廢朝三日令京官五品以上及朝集使赴宅哭冊贈司徒并州都督謚曰忠武賜東園秘器陪葬於昭陵子寶琳嗣官至衞尉卿

秦叔寶名瓊齊州歷城人大業中爲隋將來護兒帳內叔寶喪母護兒遣使弔之軍吏恠曰士卒死亡及遭喪者多矣將軍未嘗降問獨弔叔寶何也答曰此人勇悍加有志節必當自取富貴豈得以卑賤處之隋末羣盜起從通守張須陁擊賊帥盧明月於下邳賊衆十餘萬須陁所統纔萬人力勢不敵去賊六七里立柵相持十餘日糧盡將退謂諸將士曰賊見兵却必輕來追我其衆既出營內即虛若以千人襲營可有大利此誠危險誰能去者人皆莫對唯叔寶與羅士信請行於是須陁委柵遁使二人分領千兵伏於蘆葦間既而明月果悉兵追之叔寶與士信馳至其柵柵門閉不得入二人超升其樓拔賊旗幟各殺數人營中大亂叔寶士信又斬關以納外兵因縱火焚其三十餘柵煙焰漲天明月奔還須陁又迴軍奮擊大破賊衆明月以數百騎遁去餘皆虜之由是勇氣聞於遠近又擊孫宣雅於海曲先登破之以前後累勳授建節尉從須陁進擊李密於滎陽軍敗須陁死之叔寶以餘衆附裴仁基會仁基以武牢降於李密密得叔寶大喜以爲帳內驃騎待之甚厚密與化及大戰於黎陽童山爲流矢所中墮馬悶絕左右奔散追兵且至唯叔寶獨捍衞之密遂獲免叔寶又收兵與之力戰化及乃退後密敗又爲王世充所得署龍驤大將軍叔寶薄世充之多詐因其出抗官軍至於九曲與程齩金吳黑闥牛進達等數十騎西馳百許步下馬拜世充曰雖蒙殊禮不能仰事請從此辭世充不敢逼於是來降高祖令事秦府太宗素聞其勇厚加禮遇從鎭長春宮拜馬軍總管又從征於美良川破尉遲敬德功最居多高祖遣使賜以金瓶勞之曰卿不顧妻子遠來投我又立功効朕肉可爲卿用者當割以賜卿況子女玉帛乎卿當勉之尋授秦王右三統軍又從破宋金剛於介休錄前後勳賜黃金百斤雜綵六千段授上柱國從討王世充每爲前鋒太宗將拒竇建德於武牢叔寶以精騎數十先陷其陣世充平進封翼國公賜黃金百斤帛七千段從平劉黑闥賞物千段叔寶每從太宗征伐敵中有驍將銳卒炫燿人馬出入來去者太宗頗怒之輒命叔寶往取叔寶應命躍馬負槍而進必刺之萬衆之中人馬辟易太宗以是益重之叔寶亦以此頗自矜尚六月四日從誅建成元吉事寧拜左武衞大將軍食實封七百戶其後每多疾病因謂人曰吾少長戎馬所經二百餘陣屢中重瘡計吾前後出血亦數斛矣安得不病乎十二年卒贈徐州都督陪葬昭陵太宗特令所司就其塋內立石人馬以旌戰陣之功焉十三年改封胡國公十七年與長孫無忌等圖形於凌煙閣

程知節本名齩金濟州東阿人也少驍勇善用馬矟大業末聚徒數百共保鄉里以備他盜後依李密署爲內軍驃騎時密於軍中簡勇士尤異者八千人隷四驃騎分爲左右以自衞號爲內軍自云此八千人可當百萬知節既領其一甚被恩遇及王世充出城決戰知節領內馬軍與密同營在北邙山上單雄信領外馬軍營在偃師城北世充來襲雄信營密遣知節及裴行儼助之行儼先馳赴敵爲流矢所中墜於地知節救之殺數人世充軍披靡乃抱行儼重騎而還爲世充騎所逐刺槊洞過知節迴身捩折其槊兼斬獲追者於是與行儼俱免及密敗世充得之接遇甚厚知節謂秦叔寶曰世充器度淺狹而多妄語好爲呪誓乃巫師老嫗耳豈是撥

亂主乎及世充拒王師於九曲知節領兵在其陣與秦叔寶等馬上揖世充曰荷公接待極欲報恩公性猜貳傍多扇惑非僕託身之所今謹奉辭於是躍馬與左右數十人歸國世充懼不敢追之授秦王府左三統軍破宋金剛擒竇建德降王世充並領左一馬軍總管每陣先登以功封宿國公武德七年建成忌之搆之於高祖除康州刺史知節白太宗曰大王手臂今並翦除身必不久知節以死不去願速自全六月四日從太宗討建成元吉事定拜太子右衛率遷右武衛大將軍賜實封七百戶貞觀中歷瀘州都督左領軍大將軍與長孫無忌等代襲刺史改封盧國公授普州刺史十七年累轉左屯衛大將軍檢校北門屯兵加鎮軍大將軍永徽六年遷左衛大將軍顯慶二年授葱山道行軍大總管以討賀魯師次怛篤城有胡人數千家開門出降知節屠城而去賀魯遂即遠遁軍還坐免官未幾授岐州刺史表請乞骸骨許之麟德二年卒贈驃騎大將軍益州大都督陪葬昭陵子處默襲爵盧國公處亮以功臣子尚太宗女清河長公主授駙馬都尉左衛中郎將少子處弼官至右金吾將軍處弼子伯獻開元中左金吾大將軍

段志玄齊州臨淄人也父偃師隋末爲太原郡司法書佐從高祖起義官至郢州刺史志玄從父在太原甚爲太宗所接待義兵起志玄募得千餘人授右領大都督府軍頭從平霍邑下絳郡攻永豐倉皆爲先鋒歷遷左光祿大夫從劉文靜拒屈突通於潼關文靜爲通將桑顯和所襲軍營已潰志玄率二十騎赴擊殺數十人而還爲流矢中足慮衆心動忍而不言更入賊陣者再三顯和軍亂大軍因此復振擊大破之及屈突通之遁志玄與諸將追而擒之以功授樂遊府驃騎將軍後從討王世充深入陷陣馬倒爲賊所擒兩騎夾持其髻將渡洛水志玄踊身而奮二人俱墮馬馳歸追者數百騎不敢逼及破竇建德平東都功又居多遷秦王府右二護軍賞物二千段隱太子建成巢剌王元吉競以金帛誘之志玄拒而不納密以白太宗竟與尉遲敬德等同誅建成元吉太宗即位累遷左驍衛大將軍封樊國公食實封九百戶文德皇后之葬也志玄與宇文士及分統士馬出肅章門太宗夜使宮官至二將軍所士及開營內使者志玄閉門不納曰軍門不可夜開使者曰此有手勅志玄曰夜中不辯眞僞竟停使者至曉太宗聞而歎曰此眞將軍也周亞夫無以加焉十一年定世封之制授金州刺史改封褒國公十二年拜右衛大將軍十四年加鎮軍大將軍十六年寢疾太宗親自臨視涕泣而別顧謂曰當與卿子五品志玄頓首固請迴授母弟志感太宗遂授志感左衛郎將及卒上爲發哀哭之甚慟贈輔國將軍揚州都督陪葬昭陵謚曰忠壯十七年正月詔圖形於凌煙閣子瓚襲爵褒國公武太后時官至左屯衛大將軍子懷簡襲爵開元中官至太子詹事

張公謹字弘愼魏州繁水人也初爲王世充洧州長史武德元年與王世充所署洧州刺史崔樞以州城歸國授鄒州別駕累除右武候長史初未知名李勣驟薦於太宗尉遲敬德亦言之乃引入幕府時太宗爲隱太子建成巢王元吉所忌因召公謹問以自安之策對甚合旨漸見親遇及太宗將討建成元吉遣卜者灼龜占之公謹自外來見遽投於地而進曰凡卜筮者將以決嫌疑定猶豫今既事在不疑何卜之有縱卜之不吉勢不可已願大王思之太宗深然其言六月四日公謹與長孫無忌等九人伏於玄武門以俟變及斬建成元吉其黨來攻玄武門兵鋒甚盛公謹有勇力獨閉門以拒之以功累授左武候將軍封定遠郡公賜實封一千戶貞觀元年拜代州都督上表請置屯田以省轉運又前後言時政得失十餘事並見納用後遣李靖經略突厥以公謹爲副公謹因言突厥可取之狀曰頡利縱欲肆情窮凶極暴誅害良善昵近小人此主昏於上其可取一也又其別部同羅僕骨迴紇延陀之類並自立君長將圖反噬此則衆叛於下其可取二也突厥被疑輕騎自免拓設出討匹馬不歸欲谷喪師立足無地此則兵挫將敗其可取三也塞北霜早糧餱乏絕其可取四也頡利疎其突厥親委諸胡胡人翻覆是其常性大軍一臨內必生變其可取五也華人入北其類實多比聞自相嘯聚保據山險師出塞垣自然有應其可取六也太宗深納之破定襄敗頡利璽書慰勞進封鄒國公轉襄州都督甚有惠政卒官年三十九太宗聞而嗟悼出次發哀有司奏言準陰陽書日子在辰不可哭泣又爲流俗所忌太宗曰君臣之義同於父子情發於哀安避辰日遂哭之贈左驍衛大將軍謚曰襄十三年追思舊功改封郯國公十七年圖形於凌煙閣永徽中又贈荊州都督長子大象嗣官至戶部侍郎次子大業大安並知名大素龍朔中歷位東臺舍人兼修國史卒於懷州長史撰後魏書一百卷隋書三十卷大安上元中歷太子庶子同中書門下三品時章懷太子在春宮令大安與太子洗馬劉訥言等注范曄後漢書宮廢左授普州刺史光宅中卒於橫州司馬大安子晙開元中爲國子祭酒

史臣曰敬德奪矟陷陣皷勇王師郤賂報恩竭忠霸主然而奮拳負氣非自全之道文皇告誡之言可爲功臣藥石叔寶善用馬矟拔賊壘則以寡敵衆可謂勇矣知節志平國難拜隼旗則致命輔君可謂忠矣而並曉世充之猜貳識唐代之霸圖可謂見幾君子矣志玄中鏑不言竟安師旅公謹投龜定議志助儲君皆所謂猛將謀臣知機識變有唐之盛斯實賴焉

贊曰太宗經綸實賴虎臣胡鄂諸將奮不顧身圖形凌煙配食嚴禋光諸簡冊爲報君親

# 舊唐書卷六十九

後晉司空同中書門下平章事劉　昫撰

## 列傳第十九

侯君集　張亮

薛萬徹兄萬均　盛彥師　盧祖尚　劉世讓　劉蘭　李君羨等附

侯君集豳州三水人也性矯飾好矜誇翫弓矢而不能成其藝乃以武勇自稱太宗在藩引入幕府數從征伐累除左虞候車騎將軍封全椒縣子漸蒙恩遇參預謀議建成元吉之誅也君集之策居多太宗即位遷左衛將軍以功進封潞國公賜邑千戶尋拜右衛大將軍貞觀四年遷兵部尚書參議朝政時將討吐谷渾伏允命李靖爲西海道行軍大總管以君集及任城王道宗並爲之副九年三月師次鄯州君集言於靖曰大軍已至賊虜尚未走險宜簡精銳長驅疾進彼不我虞必有大利若此策不行潛遁必遠山障爲阻討之實難靖然其計乃簡精銳輕齎深入道宗追及伏允之衆於庫山破之伏允輕兵入磧以避官軍靖乃中分士馬爲兩道並入靖與薛萬均李大亮趣北路使侯君集道宗趣南路歷破邏眞谷踰漢哭山經途二千餘里行空虛之地盛夏降霜山多積雪轉戰過星宿川至於柏海頻與虜遇皆大剋獲北望積玉山觀河源之所出焉乃旋師與李靖會於大非川平吐谷渾而還十一年與長孫無忌等俱受世封授君集陳州刺史改封陳國公明年拜吏部尚書進位光祿大夫君集出自行伍素無學術及被任遇方始讀書典選舉定考課出爲將領入參朝政並有時譽高昌王麴文泰時遏絕西域商賈太宗徵文泰入朝而稱疾不至詔以君集爲交河道行軍大總管討之文泰聞王師將起謂其國人曰唐國去此七千里涉磧闊二千里地無水草冬風凍寒夏風如焚風之所吹行人多死常行百人不能得至安能致大軍乎若頓兵於吾城下二十日食必盡自然魚潰乃接而虜之何足憂也及軍至磧口而文泰卒其子智盛襲位君集率兵至柳谷候騎言文泰尅日將葬國人咸集諸將請襲之君集曰不可天子以高昌驕慢無禮使吾恭行天罰今襲人於墟墓之間非問罪之師也於是鼓行而前攻其田地賊嬰城自守君集諭之不行先是大軍之發也上召山東善爲攻城器械者悉遣從軍君集遂刊木塡隍推撞車撞其睥睨數丈穎穴拋車石擊其城中其所當者無不糜碎或張氈被用障拋石城上守陴者不得復立遂拔之虜其男女七千餘口仍進兵圍其都城智盛窮蹙致書於君集曰有罪於天子者先王也天罰所加身己喪背智盛襲位未幾不知所以愆闕冀尚書哀憐君集報曰若能悔禍宜束手軍門智盛猶不出因命士卒塡其隍塹發拋車以攻之又爲十丈高樓仰視城內有行人及飛石所中處皆唱言之人多入室避石初文泰與西突厥欲谷設約有兵至共爲表裏及聞君集至欲谷設懼而西走千餘里智盛失援計無所出遂開門出降君集分兵略地遂平其國俘智盛及其將吏刻石紀功而還君集初破高昌曾未奏請輒配沒無罪人又私取寶物將士知之亦競來盜竊君集恐發其事不敢制及京師有司請推其罪詔下獄中書侍郎岑文本以爲功臣大將不可輕加屈辱上疏曰君集等或位居輔佐或職惟爪牙並蒙拔擢受將帥之任不能正身奉法以報陛下之恩舉厝肆情罪負盈積實宜繩之刑典以肅朝倫但高昌昏迷人神共棄在朝議者以其地在遐荒咸欲置之度外唯陛下運獨見之明授決勝之略君集等奉行聖算遂得指期平殄若論事實並是陛下之功君集等有道路之勞未足稱其勳力而陛下天德弗宰乃推功於將帥露布初至便降大恩從征之人皆霑滌蕩及其凱旋特蒙曲宴又對萬國加之重賞內外文武

咸欣陛下賞不踰時而不經旬日並付大理雖乃君集等自挂網羅而在朝之人未知所犯恐海內又疑陛下唯錄其過似遺其功臣以下才謬忝近職既有所見不敢默然臣聞古之人君出師命將克敵則獲重賞不克則受嚴刑是以賞其有功也雖貪殘淫縱必蒙青紫之寵當其有罪也雖勤躬潔已不免鈇鉞之誅故周書曰記人之功忘人之過宜爲君者也昔漢貳師將軍李廣利損五萬之師糜億萬之費經四年之勞唯獲駿馬三十匹雖斬宛王之首而貪不愛卒罪惡甚多武帝爲萬里征伐不錄其過遂封廣利海西侯食邑八千戶又校尉陳湯矯詔興師雖斬郅支單于而湯素貪盜所收康居財物事多不法爲司隸所繫湯乃上疏曰與吏士共誅郅支幸得擒滅今司隸乃收繫案驗是爲郅支報讎也元帝赦其罪封湯關內侯賜黃金百斤又晉龍驤將軍王濬有平吳之功而王渾等論濬違詔不受節度軍人得孫皓寶物并燒皓宮及船濬上表曰今年平吳誠爲大慶於臣之身更爲咎累武帝赦而不推拜輔國大將軍封襄陽侯賜絹萬匹近隋新義郡公韓擒虎平陳之日縱士卒暴亂叔寶宮內文帝亦不問罪雖不進爵拜擒虎上柱國賜物八千段由斯觀之將帥之臣廉慎者寡貪求者衆是以黃石公軍勢曰使智使勇使貪使愚故智者樂立其功勇者好行其志貪者邀趨其利愚者不計其死是知前聖莫不收人之長弃人之短良爲此也臣又聞夫天地之道以覆載爲先帝王之德以含弘爲美夫以區區漢武及歷代諸帝猶能有廣利等況陛下天縱神武振宏圖以定六合豈獨正茲刑網不行古人之事哉伏惟聖懷當自已有斟酌臣今所以陳聞非敢私君集等庶以螢爝末光增暉日月儻陛下降雨露之澤收雷電之威錄其微勞忘其大過使君集重升朝列復預驅馳雖非清貞之臣猶是貪愚之將斯則陛下聖德雖屈法而德彌顯君集等雖蒙宥而過更彰足使立功之士因茲而皆勸負罪之將由斯而改節矣疏奏乃釋君集自以有功於西域而以貪冒被囚志殊怏怏十七年張亮以太子詹事出爲洛州都督君集激怒亮曰何爲見排亮曰是公見排更欲誰冤君集曰我平一國還觸天子大嗔何能抑排因攘袂曰鬱鬱不可活公能反乎當與公反耳亮密以聞太宗謂亮曰卿與君集俱是功臣君集獨以語卿無人聞見若以屬吏君集必言無此兩人相證事未可知遂寢其事待君集如初尋與諸功臣同畫像於凌煙閣時庶人承乾在東宮恐有廢立又知君集怨望遂與通謀君集子壻賀蘭楚石時爲東宮千牛承乾令數引君集入內問以自安之術君集以承乾劣弱意欲乘釁以圖之遂贊承乾陰圖不軌嘗舉手謂承乾曰此好手當爲用之君集或慮謀洩心不自安每中夜蹶然而起歎咤久之其妻怪而謂之曰公國之大臣何爲乃爾必當有故若有不善之事孤負國家宜自歸罪首領可全君集不能用及承乾事發君集被收楚石又詣闕告其事太宗親臨問曰我不欲令刀筆吏辱公故自鞫驗耳君集辭窮太宗謂百寮曰往者家國未安君集實展其力不忍寘之於法我將乞其性命公卿其許我乎羣臣爭進曰君集之罪天地所不容請誅之以明大法太宗謂君集曰與公長訣矣而今而後但見公遺像耳因歔欷下泣遂斬於四達之衢籍沒其家君集臨刑容色不改謂監刑將軍曰君集豈反者乎蹉跌至此然嘗爲將破滅二國頗有微功爲言於陛下乞令一子以守祭祀由是特原其妻及一子徙於嶺南

張亮鄭州滎陽人也素寒賤以農爲業倜儻有大節外敦厚而內懷詭詐人莫之知大業末李密略地滎汴亮杖策從之未被任用屬軍中有謀反者亮告之密以爲至誠署驃騎將軍隸於徐勣及勣以黎陽歸國亮頗贊成其事乃授鄭州刺史會王世充陷鄭州亮不得之官孤軍無援遂亡命於共城山澤後房玄齡李勣以亮倜儻有智謀薦之於太宗引爲秦府車騎將軍漸蒙顧遇委以心膂會建成元吉將起難太宗以洛州形勝之地一朝有變將出保之遣亮之洛陽統左右王保等千餘人陰引山東豪傑以俟變多出金帛恣其所用元吉告亮欲圖不軌坐是屬吏亮卒無所言事釋遣還洛陽及建成死授懷州總管封長平郡公貞觀五年歷遷御史大夫轉光祿卿進封鄅國公賜實封五百戶後歷豳夏鄜三州都督七年魏王泰爲相州都督而不之部進亮金紫光祿大夫行相州大都督長史十一年改封鄖國公亮所莅之職潛遣左右伺察善惡發擿姦隱動若有神抑豪强而恤貧弱故所在見稱初亮之在州也弃其本妻更娶李氏李素有淫行驕妬特甚亮寵憚之後至相州有鄴縣小兒以賣筆爲業善歌舞李見而悅之遂與私通假言亮先與其母野合所生收爲亮子名曰慎幾亮前婦子慎微每以養慎幾致諫亮不從李尤好左道所至巫覡盈門又干預政事由是亮之聲稱漸損十四年又爲工部尚書明年遷太子詹事出爲洛州都督及侯君集誅以亮先奏其將反優詔褒美遷刑部尚書參預朝政太宗將伐高麗亮頻諫不納因自請行以亮爲滄海道行軍大總管管率舟師自東萊渡海襲沙卑城破之俘男女數千口進兵頓於建安城下營壘未固士卒多樵牧賊衆奄至軍中惶駭亮素怯懦無計策但踞胡床直視而無所言將士見之翻以亮爲有膽氣其副總管張金樹等乃鳴鼓令士衆擊賊破之太宗知其無將帥材而不之責有方術人程公穎者亮親信之初在相州陰召公穎謂曰相州形勝之地人言不出數年有王者起公以爲何如公穎知其有異志因言亮卧似龍形必當大貴又有公孫常者頗擅文辭自言有黃白之術尤與亮善亮謂曰吾嘗聞圖讖有弓長之君當別都雖有此言實不願聞之常又言亮名應圖籙亮大悅二十年有陝人常德玄告其事并言亮有義兒五百人太宗遣法官按之公穎及常證其罪亮曰此二人畏死見誣耳又自陳佐命之舊冀有寬貸太宗謂侍臣曰亮有義兒五百畜養此輩將何爲也正欲反耳命百寮議其獄多言亮當誅唯將作少匠李道裕言亮反形未具明其無罪太宗既盛怒竟斬於市籍沒其家歲餘刑部侍郎有闕令執政者妙擇其人累奏皆不可太宗曰朕得其人也往者李道裕議張亮云反形未具此言當矣雖不即從至今追悔遂授道裕刑部侍郎

薛萬徹雍州咸陽人自燉煌徙焉隋左禦衞大將軍世雄子也世雄大業末卒於涿郡太守萬徹少與兄萬均隨父在幽州俱以武略爲羅藝所親待尋與藝歸附高祖授萬均上柱國永安郡公萬徹車騎將軍武安縣公會竇建德率衆十萬來寇范陽藝逆拒之萬均謂藝曰衆寡不敵今若出門百戰百敗當以計取之可令羸兵弱馬阻水背城爲陣以誘之觀賊之勢必渡水交兵萬均請精騎百人伏於城側待其半渡擊之破賊必矣藝從其言建德果引軍渡水萬均邀擊大破之明年建德率衆二十萬復攻幽州賊已攀堞萬均與萬徹率敢死士百人從地道而出直掩賊背擊之賊遂潰走及太宗平劉黑闥引萬均爲右二護軍恩顧甚至隱太子建成又引萬徹置於左右建成被誅萬徹率宮兵戰於玄武門鼓譟欲入秦府將士大懼及梟建成首示之萬徹與數十騎亡於終南山太宗累遣使諭意萬徹釋仗而來太宗以其忠於所事不之罪也萬均貞觀初歷遷殿中少監柴紹之擊梁師都以萬徹爲副未至朔方數十里突厥四面而至官軍稍却萬均與萬徹橫出擊之斬其驍將虜陣亂因而乘之殺傷被野鼓行而進遂圍師都俄而師都見殺城降突厥不敢來援萬徹後從李靖擊突厥頡利可汗於塞北以功授統軍進爵郡公初靖將擊吐谷渾請萬徹同行及至賊境與諸將各率百餘騎先行卒與虜數千騎相遇萬徹單騎馳擊之虜無敢當者還謂諸將曰賊易與耳躍馬復進諸將隨之斬數千級人馬流血勇冠三軍又與萬均破吐谷渾天柱王於赤水源獲其雜畜二十萬計追至河源萬均此後官至左屯衞大將軍累封潞國公而卒萬徹尋丁母憂解職俄起爲右衞將軍出爲蒲州刺史會薛延陁率迴紇同羅之衆渡磧南擊李思摩萬徹副李勣援之與虜相遇率數百騎爲先鋒擊其陣後騎皆散賊顧見遂大潰追奔數十里斬首三千餘級獲馬萬五千匹以功別封一子爲縣侯十八年授左衞將軍尚丹陽公主拜駙馬都尉尋遷右衞大將軍轉杭州刺史遷代州都督復召拜右武衞大將軍太宗從容謂從臣曰當今名將唯李勣道宗萬徹三人而已李勣道宗不能大勝亦不大敗萬徹非大勝卽大敗太宗嘗召司徒長孫無忌等十餘人宴於丹霄殿各賜以膜皮萬徹預焉太宗意在賜萬徹而誤呼萬均因愴然曰萬均朕之勳舊不幸早亡不覺呼名豈其魂靈欲朕之賜也因令取膜皮呼萬均以同賜而焚之於前侍坐者無不感歎二十二年萬徹又爲青丘道行軍大總管率甲士三萬自萊州泛海伐高麗入鴨綠水百餘里至泊汋城高麗震懼多弃城而遁泊汋城主所夫孫率步騎萬餘人拒戰萬徹遣右衞將軍裴行方領步卒爲支軍繼進萬徹及諸軍乘之賊大潰追奔百餘里於陣斬所夫孫進兵圍泊汋城其城因山設險阻鴨綠水以爲固攻之未拔高麗遣將高文率烏骨安地諸城兵三萬餘人來援分置兩陣萬徹分軍以當之鋒刃纔接而賊大潰萬徹在軍仗氣凌物人或奏之及謁見太宗謂曰上書者論卿與諸將不協朕錄功弃過不罪卿也因取書焚之尋爲副將右衞將軍裴行方言其怨望於是廷驗之萬徹辭屈英國公李勣進曰萬徹職乃將軍親惟主壻發言怨望罪不容誅因除名徙邊會赦得還永徽二年授寧州刺史入朝與房遺愛欵昵因謂遺愛曰今雖患脚坐置京師諸輩猶不敢動遺愛謂萬徹曰公若國家有變我當與公立荆王元景爲主及謀洩吏逮之萬徹不之伏遺愛證之遂伏誅臨刑大言曰薛萬徹大健兒留爲國家効死力固好豈得坐房遺愛殺之乎遂解衣謂監刑者疾斫執刀者斬之

不殊萬徹叱之曰何不加刃三斫乃絶萬徹長兄萬淑亦有戰功貞觀初至營州都督檢校東夷校尉封梁郡公季弟萬備有孝行母終廬於墓側太宗降璽書弔慰仍旌表其門後官至右衛將軍並先萬徹卒初武德貞觀之際有盛彥師盧祖尚劉世讓劉蘭李君羨等並有功名而不終其位

盛彥師者宋州虞城人大業中爲澄城長義師至汾陰率賓客千餘人濟河上謁拜銀青光祿大夫行軍總管從平京城俄與史萬寶鎮宜陽以拒東寇及李密之叛將出山南史萬寶懼密威名不敢拒謂彥師曰李密驍賊也又輔以王伯當決策而叛其下兵士思欲東歸若非計出萬全則不爲也兵在死地殆不可當彥師笑曰請以數千之衆邀之必梟其首萬寶曰計將安出對曰軍法尚詐不可爲公說之便領衆踰熊耳山南傍道而止令弓弩者夾路乘高刀楯者伏於溪谷令曰待賊半渡一時齊發弓弩據高縱射刀楯即亂出薄之或問之曰聞李密欲向洛州而公入山何也彥師曰密聲言往洛實走襄城就張善相耳必當出人不意若賊入谷口我自後追之山路險隘無所展力一夫殿後必不能制今吾先得入谷擒之必矣李密既度陜州以爲餘不足慮遂擁衆徐行果踰山南彥師擊之密衆首尾斷絶不得相救遂斬李密追擒伯當以功封葛國公拜武衛將軍仍鎮熊州太宗討王世充遣彥師與萬寶軍於伊闕絶其山南之路賊平除宋州總管初彥師之入關也王世充以其將陳寶遇爲宋州刺史處其家不以禮及此彥師因事殺之平生所惡數十家亦皆殺之州中震駭重足而立會徐圓朗反彥師爲安撫大使因戰遂沒於賊圓朗禮厚之令彥師作書報其弟令舉城降已彥師爲書曰吾奉使無狀被賊所擒爲臣不忠誓之以死汝宜善侍老母勿以吾爲念圓朗初色動而彥師自若圓朗乃笑曰盛將軍乃有壯節不可殺也待之如舊賊平彥師竟以罪賜死

盧祖尚者字季良光州樂安人也父禕隋虎賁郎將累葉豪富傾財散施甚得人心大業末召募壯士逐捕羣盜時年甚少而武力過人又御衆嚴整所向有功羣盜畏憚不敢入境及宇文化及作亂州人請祖尚爲刺史祖尚時年十九昇壇歃血以誓其衆泣涕歔欷悲不自勝衆皆感激王世充立越王侗祖尚遣使從之侗授祖尚光州總管及世充自立遂舉州歸款高祖嘉之賜璽書勞勉拜光州刺史封弋陽郡公武德六年從趙郡王孝恭討輔公祏爲前軍總管攻其宣歙州克之進擊賊帥馮惠亮陳正通並破之賊平以功授蔣州刺史又歷壽州都督瀛州刺史並有能名貞觀初交州都督遂安公壽以貪冒得罪太宗思求良牧朝臣咸言祖尚才兼文武廉平正直徵至京師臨朝謂之曰交州大藩去京甚遠須賢牧撫之前後都督皆不稱職卿有安邊之略爲我鎮邊勿以道遠爲辭也祖尚拜謝而出既而悔之以舊疾爲辭太宗遣杜如晦諭旨祖尚固辭又遣其妻兄周範往諭之曰匹夫相許猶須存信卿面許朕豈得後方悔之宜可早行三年必自相召卿勿推拒朕不食言對曰嶺南瘴癘皆日飲酒臣不便酒去無還理太宗大怒曰我使人不從何以爲天下命斬之於朝時年三十餘尋悔之使復其官廕

劉世讓字元欽雍州醴泉人也仕隋徵仕郎高祖入長安世讓以湋川歸國拜通議大夫時唐弼餘黨寇扶風世讓自請安輯許之俄得數千人復爲安定道行軍總管率兵以拒薛舉戰敗世讓及弟寶俱爲舉軍所獲舉將至城下令紿說城中曰大軍五道已趣長安宜開門早降世讓僞許之因告城中曰賊兵多少極於此矣宜善自固以圖安全舉重其執節竟不之害太宗時屯兵高墌世讓潛遣寶逃歸言賊中虛實高祖嘉之賜其家帛千匹及賊平得歸授彭州刺史尋領陝東道行軍總管與永安王孝基擊呂崇茂於夏縣諸軍敗績世讓與唐儉俱爲賊所獲獄中聞獨孤懷恩有逆謀逃還以告高祖時高祖方濟河將幸懷恩之營聞難驚曰劉世讓之至豈非天命哉因勞之曰卿往陷薛舉遣弟潛効款誠今復冒危告難是皆憂國忘身也尋封弘農郡公賜莊一區錢百萬累轉并州總管統兵屯於鴈門突厥處羅可汗與高開道苑君璋合衆攻之甚急鴻臚卿鄭元璹先使在蕃可汗令元璹來說之世讓厲聲曰大丈夫奈何爲夷狄作說客耶經日餘虜乃退及元璹還述世讓忠貞勇幹高祖下制褒美之錫以良馬未幾召拜廣州總管將之任高祖問以備邊之策世讓答曰突厥南寇徒以馬邑爲其中路耳如臣所計請於崞城置一智勇之將多儲金帛有來降者厚賞賜之數出奇兵略其城下芟踐禾稼敗其生業不出歲餘彼當無食馬邑不足圖也高祖無可任者乃使馳驛往經略之突厥懼其威名乃縱反間言世讓與可汗通謀將爲亂高祖不之察遂誅世讓籍沒其家貞觀初突厥來降者言世讓初無逆謀始原其妻子

劉蘭字文郁青州北海人也仕隋鄱陽郡書佐頗涉經史善言成敗然性多兇狡見隋末將亂交通不逞之時北海完富蘭利其子女玉帛與羣盜相應破其本鄉城邑武德中淮安王神通爲山東道安撫大使蘭率宗黨往歸之以功累遷尚書員外郎貞觀初梁師都尚據朔方蘭上言攻取之計太宗善之命爲夏州都督府司馬時梁師都以突厥之師頓於城下蘭偃旗卧鼓不與之爭鋒賊徒宵遁蘭追擊破之遂進軍夏州及師都平以功遷豐州刺史徵爲右領軍將軍十一年幸洛陽以蜀王愔爲夏州都督愔不之藩以蘭爲長史總其府事時突厥攜離有郁射設阿史那摸末率其部落入居河南蘭縱反間以離其部落頡利果疑摸末摸末懼而頡利又遣兵追之蘭率衆逆擊敗之太宗以爲能超拜豐州刺史再轉夏州都督封平原郡公貞觀末以謀反腰斬右驍衛大將軍丘行恭探其心肝而食之太宗聞而召行恭讓之曰典刑自有常科何至於此必若食逆者心肝而爲忠孝則劉蘭之心爲太子諸王所食豈至卿邪行恭無以答

李君羨者洺州武安人也初爲王世充驃騎惡世充之爲人乃與其黨叛而來歸太宗引爲左右從討劉武周及王世充等每戰必單騎先鋒陷陣前後賜以宮女馬牛黃金雜綵不可勝數太宗即位累遷華州刺史封武連郡公貞觀初太白頻晝見太史占曰女主昌又有謠言當有女武王者太宗惡之時君羨爲左武衛將軍在玄武門太宗因武官內宴作酒令各言小名君羨自稱小名五娘子太宗愕然因大笑曰何物女子如此勇猛又以君羨封邑及屬縣皆有武字深惡之會御史奏君羨與妖人員道信潛相謀結將爲不軌遂下詔誅之天授二年其家屬詣闕稱冤則天乃追復其官爵以禮改葬

史臣曰侯君集摧兇克敵効用居多恃寵矜功釁率無檢弃前功而罹後患貪愚之將明矣張亮聽公穎之妖言恃弓長之邪讖義兒斯畜惡跡遂彰雖道裕云反狀未形而詭詐之性於斯驗矣萬徹籌深行陣勇冠戎夷不能保其首領以至誅戮夫二三子非慎始而保終也

贊曰君子立功守以謙沖小人得位足爲身害侯張兇險望窺聖代雄若韓彭難逃葅醢

舊唐書卷六十九考證

張亮傳收爲亮子名曰慎幾亮前婦子慎徵每以養慎幾致誅○新書亮子顗數諫止

薛萬徹傳卒與虜數千騎相遇萬徹單騎馳擊之○新書追奔至積石山大風折旗萬均曰虜且來乃勒兵俄而虜至萬均直前斬其將衆遂潰是單騎馳擊者萬徹兄萬均也

劉世讓傳高祖無可任者○臣德潛按上文世讓答高祖備邊之策應是高祖曰非公無可任者高祖二字下疑有闕文

# 舊唐書卷七十

後晉司空同中書門下平章事劉　昫撰

## 列傳第二十

王珪　戴冑兄子至德　岑文本兄子長倩　倩子羲　格輔元附

杜正倫

王珪字叔玠太原祁人也在魏爲烏九氏曾祖神念自魏奔梁復姓王氏祖僧辯梁太尉尚書令父顗北齊樂陵太守珪幼孤性雅澹少嗜慾志量沈深能安於貧賤體道履正交不苟合季叔頗當時通儒有人倫之鑒嘗謂所親曰門戶所寄唯在此兒耳開皇末爲奉禮郎及頗坐漢王諒反事被誅珪當從坐遂亡命於南山積十餘歲高祖入關丞相府司錄李綱薦珪貞諒有器識引爲世子府諮議參軍及東宮建除太子中舍人尋轉中允甚爲太子所禮後以連其陰謀事流于嶲州建成誅後太宗素知其才召拜諫議大夫貞觀元年太宗嘗謂侍臣曰正主御邪臣不能致理正臣事邪主亦不能致理唯君臣相遇有同魚水則海內可安也昔漢高祖田舍翁耳提三尺劍定天下既而規模弘遠慶流子孫者此蓋任得賢臣所致也朕雖不明幸諸公數相匡救冀憑嘉謀致天下於太平耳珪對曰臣聞木從繩則正后從諫則聖故古者聖主必有諍臣七人言而不用則相繼以死陛下開聖慮納芻蕘臣處不諱之朝實願罄其狂瞽太宗稱善勑自今後中書門下及三品以上入閤必遣諫官隨之珪每推誠納忠多所獻替太宗顧待益厚賜爵永寧縣男遷黃門侍郎兼太子右庶子二年代高士廉爲侍中太宗嘗閒居與珪宴語時有美人侍側本廬江王瑗之姬瑗敗籍沒入宮太宗指示之曰廬江不道賊殺其夫而納其室暴虐之甚何有不亡者乎珪避席曰陛下以廬江取此婦人爲是邪爲非邪太宗曰殺人而取其妻卿乃問朕是非何也對曰臣聞於管子

曰齊桓公之郭問其父老曰郭何故亡父老曰以其善善而惡惡也桓公曰若子之言乃賢君也何至於亡父老曰不然郭君善善而不能用惡惡而不能去所以亡也今此婦人尚在左右竊以聖心爲是之陛下若以爲非此謂知惡而不去也太宗雖不出此美人而甚重其言時太常少卿祖孝孫以教宮人聲樂不稱旨爲太宗所讓珪及溫彥博諫曰孝孫妙解音律非不用心但恐陛下顧問不得其人以惑陛下視聽且孝孫雅士陛下忽爲教女樂而怪之臣恐天下怪愕太宗怒曰卿皆我之腹心當進忠獻直何乃附下罔上反爲孝孫言也彥博拜謝珪獨不拜曰臣本事前宮罪已當死陛下矜恕性命不以不肖置之樞近責以忠直今臣所言豈是爲私不意陛下忽以疑事誚臣是陛下負臣臣不負陛下帝默然而罷翌日帝謂房玄齡曰自古帝王能納諫者固難矣昔周武王尚不用伯夷叔齊宣王賢主杜伯猶以無罪見殺吾夙夜庶幾前聖恨不能仰及古人昨責彥博王珪朕甚悔之公等勿以此而不進直言也時房玄齡李靖溫彥博戴胄魏徵與珪同知國政後嘗侍宴太宗謂珪曰卿識鑒清通尤善談論自房玄齡等咸宜品藻又可自量孰與諸子賢對曰孜孜奉國知無不爲臣不如玄齡才兼文武出將入相臣不如李靖敷奏詳明出納惟允臣不如溫彥博處繁理劇衆務必舉臣不如戴胄以諫諍爲心恥君不及於堯舜臣不如魏徵至如激濁揚清嫉惡好善臣於數子亦有一日之長太宗深然其言羣公亦各以爲盡己所懷謂之確論後進爵爲郡公七年坐漏泄禁中語左遷同州刺史明年召拜禮部尚書十一年與諸儒正定五禮書成賜帛三百段封一子爲縣男是歲兼魏王師既而上問黃門侍郎韋挺曰王珪爲魏王泰師與其相見若爲禮節挺對曰見師之禮拜答如禮王問珪以忠孝珪答曰陛下王之君也事君思盡忠陛下王之父也事父思盡孝忠孝之道可以立身可以成名當年可以享天祐餘芳可以垂後葉王曰忠孝之道已聞教矣願聞所習珪答曰漢東平王蒼云爲善最樂上謂侍臣曰古來帝子生於宮閨及其成人無不驕逸是以傾覆相踵少能自濟我今嚴教子弟欲令皆得安全王珪我久驅使是所諳悉以其意存忠孝選爲子師爾宜語泰汝之待珪如事我也可以無過泰每爲之先拜珪亦以師道自居物議善之時珪子敬直尚南平公主禮有婦見舅姑之儀自近代公主出降此禮皆廢珪曰今主上欽明動循法制吾受公主謁見豈爲身榮所以成國家之美耳遂與其妻就席而坐令公主親執笄行盥饋之道禮成而退是後公主下降有舅姑者皆備婦禮自珪始也珪少時貧寒人或遺之初不辭謝及貴皆厚報之雖其人已亡必賑贍其妻子事寡嫂盡禮撫孤姪恩義極隆宗姻困匱者亦多所周卹珪通貴漸久而不營私廟四時蒸嘗猶祭於寢坐爲法司所劾太宗優容弗之譴也因爲立廟以媿其心珪既儉不中禮時論以是少之十三年遇疾勑公主就第省視又遣民部尚書唐儉增損藥膳尋卒年六十九太宗素服舉哀於別次悼惜久之詔魏王泰率百官親往臨哭贈吏部尚書謚曰懿長子崇基襲爵官至主爵郎中少子敬直以尚主拜駙馬都尉坐與太子承乾交結徙于嶺外崇基孫旭開元初爲左司郎中兼侍御史時光祿少卿盧崇道犯罪配流嶺南逃歸匿於東都爲讎家所發玄宗令旭究其獄旭欲擅其威權因捕繫崇道親黨數十人皆極其楚毒然後結成其罪崇道及其三子並坐死親友皆決杖流貶時得罪多是知名之士四海寃之旭又與御史大夫李傑不協遞相糺訐傑竟坐左遷衢州刺史旭既得志擅行威福由是朝廷畏而鄙之俄以贓罪黜爲龍川尉憤恚而死甚爲時之所快

戴胄字玄胤相州安陽人也性貞正有幹局明習律令尤曉文簿隋大業末爲門下錄事納言蘇威黃門侍郎裴矩甚禮之越王侗以爲給事郎王世充將篡侗位胄言於世充曰君臣之分情均父子理須同其休戚易以終始明公以文武之才當社稷之寄與存與亡在於今日所願推誠王室擬跡伊周使國有泰山之安家傳代祿之盛則率土之濱莫不幸甚世充詭辭稱善勞而遣之世充後逼越王加其九錫胄又抗言切諫世充不納由是出爲鄭州長史令與兄子行本鎮武牢太宗剋武牢而得之引爲秦府士曹參軍及即位除兵部郎中封武昌縣男貞觀元年遷大理少卿時吏部尚書長孫無忌嘗被召不解佩刀入東上閤尚書右僕射封德彝議以監門校尉不覺罪當死無忌誤帶入罰銅二十斤上從之胄駁曰校尉不覺與無忌帶入同爲誤耳臣子之於尊極不得稱誤準律云供御湯藥飲食舟船誤不如者皆死陛下若錄其功非憲司所決若當據法罰銅未爲得衷太宗曰法者非朕一人之法乃天下之法也何得以無忌國之親戚便欲阿之更令定議德彝執議如初太宗將從其議胄又曰校尉緣無忌以致死於法當輕若論其誤則爲情一也而生死頓殊敢以固請上嘉之竟免校尉之死于時朝廷盛開選舉或有詐僞資蔭者帝令其自首不首者罪至于死俄有詐僞者事洩胄據法斷流以奏之帝曰朕下勑不首者死今斷從流是示天下以不信卿欲賣獄乎胄曰陛下當即殺之非臣所及既付所司臣不敢虧法帝曰卿自守法而令我失信邪胄曰法者國家所以布大信於天下言者當時喜怒之所發耳陛下發一朝之忿而許殺之既知不可而寘之於法此乃忍小忿而存大信也若順忿違信臣竊爲陛下惜之帝曰法有所失公能正之朕何憂也胄前後犯顏執法多此類所論刑獄皆事無寃濫隨方指擿言如泉涌其年轉尚書右丞尋遷左丞先是每歲水旱皆以正倉出給無倉之處就食他州百姓多致饑乏二年胄上言水旱凶災前聖之所不免國無九年儲蓄禮經之所明誡今喪亂已後戶口凋殘每歲納租未實倉廩隨即出給纔供當年若有災凶將何賑卹故隋開皇立制天下之人節級輸粟名爲社倉終文皇代得無饑饉及大業中年國用不足並取社倉之物以充官費故至末塗無以支給自王公已下爰及衆庶計所墾田稼穡頃畝每至秋熟準其苗以理勸課盡令出粟稻麥之鄉亦同此稅各納所在立爲義倉太宗從其議以其家貧賚錢十萬時尚書左僕射蕭瑀免官僕射封德彝又卒太宗謂胄曰尚書省天下綱維百司所稟若一事有失天下必有受其弊者今以令僕繫之於卿當稱朕所望也胄性明敏達於從政處斷明速議者以爲左右丞稱職武德已來一人而已又領諫議大夫令與魏徵更日供奉三年進拜民部尚書兼檢校太子左庶子先是右僕射杜如晦專掌選舉臨終請以選事委胄由是詔令兼攝吏部尚書其民部庶子諫議並如故胄雖有幹局而無學術居吏部抑文雅而獎法吏甚爲時論所譏四年罷吏部尚書以本官參預朝政尋進爵爲郡公五年太宗將修復洛陽宮胄上表諫曰陛下當百王之弊屬暴隋之後拯餘燼於塗炭救遺黎於倒懸遠至邇安率土清謐大功大德豈臣之所稱贊臣誠小人才識非遠唯知耳目之近不達長久之策敢竭區區之誠論臣職司之事比見關中河外盡置軍團富室強丁並從戎旅重以九成作役餘丁向盡去京二千里內先配司農將作假有遺餘勢何足紀亂離甫爾戶口單弱一人就役舉家便廢入軍者督其戎仗從役者責其餱糧盡室經營多不能濟以臣愚慮恐致怨嗟七月已來霖潦過度河南河北厥田洿下時豐歲稔猶未可量加以軍國所須皆資府庫布絹所出歲過百萬丁既役盡賦調不減費用不止帑藏其虛且洛陽宮殿足蔽風雨數年功畢亦謂非晚若頓修營恐傷勞擾太宗甚嘉之因謂侍臣曰戴胄於我無骨肉之親但以忠直勵行情深體國事有機要無不以聞所進官爵以酬厥誠耳七年卒太宗爲之舉哀廢朝三日贈尚書右僕射追封道國公謚曰忠詔虞世南撰爲碑文又以胄宅宇弊陋祭享無所令有司特爲造廟房玄齡魏徵並美胄才用俱與之親善及胄卒後嘗見其遊處之地數爲之流涕胄無子以兄子至德爲後至德乾封中累遷西臺侍郎同東西臺三品尋轉戶部尚書依舊知政事父子十數年間相繼爲尚書預知國政時以爲榮咸亨中高宗爲飛白書以賜侍臣賜至德曰泛洪源俟舟檝賜郝處俊曰飛九霄假六翮賜李敬玄曰資啓沃罄丹誠又賜中書侍郎崔知悌曰竭忠節贊皇猷其辭皆有興比俄遷尚書右僕射時劉仁軌爲左僕射每遇申訴寃滯者輒美言許之而至德先據理難詰未嘗與奪若有理者密爲奏之終不顯己之斷決由是時譽歸於仁軌或以問至德答曰夫慶賞刑罰人主之權柄凡爲人臣豈得與人主爭權柄哉其愼密如此後高宗知而深歎美之儀鳳四年薨輟朝三日使百官以次赴宅哭之贈開府儀同三司并州大都督謚曰恭

岑文本字景仁南陽棘陽人祖善方仕蕭詧吏部尚書父之象隋末爲邯鄲令嘗被人所訟理不得申文本性沈敏有姿儀博考經史多所貫綜美談論善屬文時年十四詣司隸稱寃辭情慨切召對明辯衆頗異之試令作蓮花賦下筆便成屬意甚佳合臺莫不歎賞其父寃雪由是知名其後郡舉秀才以時亂不應蕭銑僭號於荊州召署中書侍郎專典文翰及河間王孝恭定荊州軍中將士咸欲大掠文本進說孝恭曰自隋室無道羣雄鼎沸四海延頸以望眞主今蕭氏君臣江陵父老決計歸降者實望去危就安耳王必欲縱兵虜掠誠非鄙州來蘇之意亦恐江嶺以南向化之心沮矣孝恭稱善遂止之署文本荊州別駕孝恭進擊輔公祏召典軍書復署行臺考功郎中貞觀元年除秘書郎兼直中書省遇太宗行藉田之禮文本上藉田頌及元日臨軒宴百寮文本復上三元頌其辭甚美文本才名既著李靖復稱薦之擢拜中書舍人漸蒙親顧初武德中詔誥及軍國大事文皆出於顏師古至是文本所草詔誥或衆務繁湊即命書僮六七人隨口並寫須臾悉成亦殆盡其

妙時中書侍郎顏師古以讜免職項之溫彥博奏曰師古諳練時事長於文法時無及者冀蒙復用太宗曰我自舉一人公勿憂也於是以文本爲中書侍郎專典機密又先與令狐德棻撰周史其史論多出於文本至十年史成封江陵縣子十一年從至洛陽宮會穀洛泛溢文本上封事曰臣聞創撥亂之業其功旣難守已成之基其道不易故居安思危所以定其業也有始有卒所以隆其基也今雖億兆乂安方隅寧謐旣承喪亂之後又接凋弊之餘戶口減損尚多田疇墾闢猶少覆燾之恩著矣而瘡痍未復德教之風被矣而資產屢空是以古人譬之種樹年祀綿遠則枝葉扶踈若種之日淺根本未固雖壅之以黑墳暖之以春日一人搖之必致枯槁今之百姓頗類於此常加含養則日就滋息暫有征役則隨而凋耗凋耗旣甚則人不聊生人不聊生則怨氣充塞怨氣充塞則離叛之心生矣故帝舜曰可愛非君可畏非人孔安國曰人以君爲命故可愛君失道人叛之故可畏仲尼曰君猶舟也人猶水也水所以載舟亦所以覆舟是以古之哲王雖休勿休日愼一日者良爲此也伏惟陛下覽古今之事察安危之機上以社稷爲重下以億兆爲念明選舉愼賞罰進賢才退不肖聞過卽改從諫如流爲善在於不疑出令期於必信頤神養性省畋遊之娛去奢從儉減工役之費務靜方內而不求闢土載櫜弓矢而無忘武備凡此數者雖爲國之常道陛下之所常行臣之愚心唯願陛下思之而不倦行之而不怠則至道之美與三五比隆億載之祚與天地長久雖使桑穀爲妖龍蛇作孽雉雊於鼎耳石言於晉地猶當轉禍爲福變咎爲祥況水雨之患陰陽常理豈可謂之天譴而繫聖心哉臣聞古人有言農夫勞而君子養焉愚者言而智者擇焉輒陳狂瞽伏待斧鉞是時魏王泰寵冠諸王盛修第宅文本以爲侈不可長上疏盛陳節儉之義言泰宜有抑損太宗並嘉之賜帛三百段十七年加銀青光祿大夫文本自以出自書生每懷撝損平生故人雖微賤必與之抗禮居處卑陋室無茵褥帷帳之飾事母以孝聞撫弟姪恩義甚篤太宗每言其弘厚忠謹吾親之信之是時新立晉王爲皇太子名士多兼領宮官太宗欲令文本兼攝文本再拜曰臣以庸才久踰涯分守此一職猶懼滿盈豈宜更忝春坊以速時謗臣請一心以事陛下不願更希東宮恩澤太宗乃止仍令五日一參東宮皇太子執賓友之禮與之荅拜其見待如此俄拜中書令歸家有憂色其母怪而問之文本曰非勳非舊濫荷寵榮責重位高所以憂懼親賓有來慶賀輒曰今受弔不受賀也又有勸其營產業者文本歎曰南方一布衣徒步入關疇昔之望不過秘書郎一縣令耳而無汗馬之勞徒以文墨致位中書令斯亦極矣荷俸祿之重爲懼已多何得更言產業乎言者歎息而退文本旣久在樞揆當塗任事賞錫稠疊凡有財物出入皆委季弟文昭一無所問文昭時任校書郎多與時人遊欵太宗聞而不悅嘗從容謂文本曰卿弟過多交結恐累卿朕將出之爲外官如何文本泣曰臣弟少孤老母特所鍾念不欲信宿離于左右若令外出母必憂悴儻無此弟亦無老母也歔欷嗚咽太宗愍其意而止唯召見文昭嚴加誡約亦卒無愆過及將伐遼凡所籌度一皆委之文本受委旣深神情頓竭言辭舉措頗異平常太宗見而憂之謂左右曰文本今與我同行恐不與我同返及至幽州遇暴疾太宗親自臨視撫之流涕尋卒年五十一其夕太宗聞嚴鼓之聲曰文本殞逝情深惻怛今宵夜警所不忍聞命停之贈侍中廣州都督謚曰憲賜東園秘器陪葬昭陵有集六十卷行於代文本兄文叔文叔子長倩少爲文本所鞠同於己子永淳中累轉兵部侍郎同中書門下平章事垂拱初自夏官尚書遷內史知夏官事俄拜文昌右相封鄧國公則天初革命尤好符瑞長倩懼罪頗有陳奏又上疏請改皇嗣姓爲武氏以爲周室儲貳則天許之實封五百戶天授二年加特進輔國大將軍其年鳳閣舍人張嘉福與洛州人王慶之等列名上表請立武承嗣爲皇太子長倩以皇嗣在東宮不可更立承嗣與地官尚書格輔元竟不署名仍奏請切責上書者由是大忤諸武意乃斥令西征吐蕃充武威道行軍大總管中路召還下制獄被誅仍發掘其父祖墳墓來俊臣又脅迫長倩子靈源令誣納言歐陽通及格輔元等數十人皆陷以同反之罪並誅死長倩子義長安中爲廣武令有能名則天嘗令宰相各舉堪爲員外郎者鳳閣侍郎韋嗣立薦義且奏曰恨其從父長倩犯逆爲累則天曰苟有材幹何恨微累遂拜天官員外郎由是緣坐近親相次入省登封令劉守悌爲司門員外郎渭南令裴惓爲地官員外郎先是義爲金壇令守悌及惓稱爲清德義以文吏著名俱爲巡察使所薦皆授畿縣令又同爲尚書郎悉有美譽守悌後至陜州刺史惓至杭州刺史義神龍初爲中書舍人時武三思用事侍中敬暉欲上表請削諸武之爲王者募爲疏者衆畏三思皆辭託不敢爲之義便操筆辭甚切直由是忤三思意轉秘書少監再遷吏部侍郎時吏部侍郎崔湜太常少卿鄭愔大理少卿李元恭分掌選事皆以贓貨聞義最守正時議美之尋加銀青光祿大夫右散騎常侍同中書門下三品睿宗卽位出爲陝州刺史復歷刑部戶部二尚書門下三品監修國史刪定格令仍修氏族錄初中宗時侍御史冉祖雍誣奏睿宗及太平公主與節愍太子連謀請加推究義與中書侍郎蕭至忠密申保護及義監修中宗實錄自書其事睿宗覽而大加賞歎賜物三百段良馬一疋仍下制書褒美之時義兄獻爲國子司業弟翊爲陝州刺史休爲商州刺史從族兄弟子姪因義引用登清要者數十人義歎曰物極則返可以懼矣然竟不能有所抑退尋遷侍中先天元年坐預太平公主謀逆伏誅籍沒其家

格輔元者汴州浚儀人也伯父德仁隋剡縣丞與同郡人齊王文學王孝逸文林郎繁師玄羅川郡戶曹靖君亮司隸從事鄭祖咸宣城縣長鄭師善王世充中書舍人李行簡處士盧協等八人以辭學擅名當時號爲陳留八俊輔元弱冠舉明經歷遷御史大夫地官尚書同鳳閣鸞臺平章事初張嘉福等請立武承嗣也則天以問輔元固稱不可遂爲承嗣所譖而死海內冤之輔元兄希元高宗時洛川司法參軍章懷太子召令與洗馬劉訥言等注解范曄後書行於代先輔元卒

杜正倫相州洹水人也隋仁壽中與兄正玄正藏俱以秀才擢第隋代舉秀才止十餘人正倫一家有三秀才甚爲當時稱美正倫善屬文深明釋典仕隋爲羽騎尉武德中歷遷齊州總管府錄事參軍太宗聞其名令直秦府文學館貞觀元年尚書右丞魏徵表薦正倫以爲古今難匹遂擢授兵部員外郎太宗謂曰朕今令舉行能之人非朕獨私於行能者以其能益於百姓也朕於宗親及以勳舊無行能者終不任之以卿忠直朕今舉卿卿宜勉稱所舉二年拜給事中兼知起居注太宗嘗謂侍臣曰朕每日坐朝欲出一言卽思此言於百姓有利益否所以不能多言正倫進曰君舉必書言存左右史臣職當修起居注不敢不盡愚直陛下若一言乖於道理則千載累於聖德非直當今損於百姓願陛下愼之太宗大悅賜絹二百段四年累遷中書侍郎六年正倫與御史大夫韋挺秘書少監虞世南著作郎姚思廉等咸上封事稱旨太宗爲之設宴因謂曰朕歷觀自古人臣立忠之事若值明王便得盡誠規諫至如龍逢比干竟不免孥戮爲君不易爲臣極難我又聞龍可擾而馴然喉下有逆鱗觸之則殺人人主亦有逆鱗卿等遂不避犯觸各進封事常能如此朕豈慮有危亡哉我思卿等此意豈能暫忘故聊設宴樂也仍並賜帛有差尋加散騎常侍行太子右庶子兼崇賢館學士太宗謂曰國之儲副自古所重必擇善人爲之輔佐今太子年在幼沖志意未定朕若朝夕見之可得隨事誡約今旣委以監國不在目前知卿志懷貞慤能敦直道故輟卿於朕以匡太子宜知委任輕重也十年復授中書侍郎賜爵南陽縣侯仍兼太子左庶子正倫出入兩宮參典機密甚以幹理稱時太子承乾有足疾不能朝謁好昵近羣小太宗謂正倫曰我兒疾病乃可事也但全無令譽不聞愛賢好善私所引接多是小人卿可察之若教示不得須來告我正倫數諫不納乃以太宗語告之承乾抗表聞奏太宗謂正倫曰何故漏洩我語對曰開導不入故以陛下語嚇之冀其有懼或當反善帝怒出爲穀州刺史又左授交州都督後承乾搆逆事與侯君集相連稱遺君集將金帶遣正倫由是配流驩州顯慶元年累授黃門侍郎兼崇賢館學士尋同中書門下三品二年兼度支尚書仍依舊知政事俄拜中書令兼太子賓客弘文館學士進封襄陽縣公三年坐與中書令李義府不協出爲橫州刺史仍削其封邑尋卒有集十卷行於代

史臣曰王珪履正不回忠讜無比君臣時命胥會于茲易曰自天祐之吉無不利叔玠有焉戴胄兩朝仕官一乃心力刑無僭濫事有箴規雖學術不能求備而匡益自可濟時亦所謂巧於任大矣文本文傾江海忠貫雪霜申慈父之冤匡明主之業及委繁劇俄致暴終書曰小心翼翼昭事上帝所謂憂能傷人不復永年矣洎義而下登清要者數十人積善之道焉可忽諸正倫以能文被舉以直道見委參典機密出入兩宮斯謂得時然被承乾金帶之譏孰與夫薏苡之謗士大夫愼之

贊曰五靈嘉瑞出繫汙隆人中鱗鳳王戴諸公動必由禮言皆匡躬獻規納諫貞觀之風

舊唐書卷七十考證

王珪傳季叔頗當時通儒○沈炳震曰按隋書文學傳作頍兩書俱作頗

長子崇基崇基孫旭○新書珪孫旭

岑文本傳長倩子義長安中爲廣武令○沈炳震曰按

舊書作長倩子新書作文本孫觀下文韋嗣立薦蓺日恨其從兄長倩犯逆爲累則固非長倩之子而亦非文本之孫蓋長倩爲文本兄子義當是文本子也

格輔元傳伯父德仁○伯父新書作父德仁新書名處仁

# 舊唐書卷七十一

後晉司空同中書門下平章事劉　昫撰

## 列傳第二十一

### 魏徵

魏徵字玄成鉅鹿曲城人也父長賢北齊屯留令徵少孤貧落拓有大志不事生業出家爲道士好讀書多所通涉見天下漸亂尤屬意縱橫之說大業末武陽郡丞元寶藏舉兵以應李密召徵使典書記密每見寶藏之疏未嘗不稱善旣聞徵所爲遽使召之徵進十策以干密雖奇之而不能用及王世充攻密於洛口徵說密長史鄭頲曰魏公雖驟勝而驍將銳卒死傷多矣又軍無府庫有功不賞戰士心惰此二者難以應敵未若深溝高壘曠日持久不過旬月敵人糧盡可不戰而退追而擊之取勝之道且東都食盡世充計窮意欲死戰可謂窮寇難與爭鋒請愼無與戰頲曰此老生之常談耳徵曰此乃奇謀深策何謂常談因拂衣而去及密敗徵隨密來降至京師久不見知自請安輯山東乃授秘書丞驅傳至黎陽時徐世勣尙爲李密擁衆徵與世勣書曰自隋末亂離羣雄競逐跨州連郡不可勝數魏公起自叛徒奮臂大呼四方響應萬里風馳雲合霧聚衆數十萬威之所被將半天下破世充于洛口摧化及於黎山方欲西蹈咸陽北凌玄闕揚旌瀚海飲馬渭川翻以百勝之威敗於奔亡之虜固知神器之重自有所歸不可以力爭是以魏公思皇天之乃睠入函谷而不疑公生于擾攘之時感知己之遇根本已拔確乎不動鳩合遺散據守一隅世充以乘勝餘勇息其東略建德因僨亡之勢不敢南謀公之英聲足以振于今古然誰無善始終之慮難去就之機安危大節若策名得地則九族蔭其餘輝委質非人則一身不能自保殷鑒不遠公所聞見孟賁猶豫童子先之知幾其神不俟終日今公處必爭之地乘宜速之機更事遲疑坐觀成敗恐凶狡之輩先人生心則公之事去矣世勣得書遂定計遣使歸國開倉運糧以餽淮安王神通之軍俄而建德悉衆南下攻陷黎陽獲徵署爲起居舍人及建德就擒與裴矩西入關隱太子聞其名引直洗馬甚禮之徵見太宗勳業日隆每勸建成早爲之所及敗太宗使召之謂曰汝離間我兄弟何也徵曰皇太子若從徵言必無今日之禍太宗素器之引爲詹事主簿及踐祚擢拜諫議大夫封鉅鹿縣男使安輯河北許以便宜從事徵至磁州遇前宮千牛李志安齊王護軍李思行錮送詣京師徵謂副使李桐客曰吾等受命之日前宮齊府左右皆令赦原不問今復送思行此外誰不自疑徒遣使往彼必不信此乃差之毫釐失之千里且公家之利知無不爲寧可慮身不可廢國家大計今若釋遣思行不問其罪則信義所感無遠不臻古者大夫出疆苟利社稷專之可也況今日之行許以便宜從事主上旣以國士見待安可不以國士報之乎卽釋遣思行等仍以啓聞太宗甚悅

太宗新卽位勵精政道數引徵入臥內訪以得失徵雅有經國之才性又抗直無所屈撓太宗與之言未嘗不欣然納受徵亦喜逢知己之主思竭其用知無不言太宗嘗勞之曰卿所陳諫前後二百餘事非卿至誠奉國何能若是其年遷尙書左丞或有言徵阿黨親戚者帝使御史大夫溫彥博案驗無狀彥博奏曰徵爲人臣雖存形迹不能遠避嫌疑遂招此謗雖情在無私亦有可責帝令彥博讓徵且曰自今後不得不存形迹他日徵入奏曰臣聞君臣協契義同一體不存公道唯事形迹若君臣上下同遵此路則邦之興喪或未可知帝瞿然改容曰吾已悔之徵再拜曰願陛下使臣爲良臣勿使臣爲忠臣帝曰忠良有異乎徵曰良臣稷契咎陶是也忠臣龍逢比干是也良臣使身獲美名君受顯號子孫傳世福祿無疆忠臣身受誅夷君陷大惡家國並喪空有其名以此而言相去遠矣帝深納其言賜絹五百匹

貞觀二年遷秘書監參預朝政徵以喪亂之後典章紛雜奏引學者校定四部書數年之間秘府圖籍粲然畢備時高昌王麴文泰將入朝西域諸國咸欲因文泰遣使貢獻太宗令文泰使人厭怛紇干往迎接之徵諫曰中國始平瘡痍未復若微有勞役則不自安往年文泰入朝所經州縣猶不能供況加於此輩若任其商賈來往邊人則獲其利若爲賓客中國卽受其弊矣漢建武二十二年天下已寧西域請置都護送侍子光武不許蓋不以蠻夷勞弊中國也今若許十國入貢其使不下千人欲使緣邊諸州何以取濟人心萬端後雖悔之恐無所及上善其議時厭怛紇干已發遽追止之後太宗幸九成宮因有宮人還京憩於湋川縣之官舍俄又右僕射李靖侍中王珪繼至官屬移宮人於別所而舍靖等太宗聞之怒曰威福之柄豈由靖等何爲李靖而輕我宮人卽令案驗湋川官屬及靖等徵諫曰靖等陛下心膂大臣宮人皇后掃除之隸論其委付事理不同又靖等出外官吏訪朝廷法式歸來陛下問人間疾苦靖等自當與官吏相見官吏亦不可不謁也至於宮人供食之外不合參承若以此罪責縣吏恐不益德音徒駭天下耳目帝曰公言是也乃釋官吏之罪李靖等亦寢而不問尋宴於丹霄樓酒酣太宗謂長孫無忌曰魏徵王珪昔在東宮盡心所事當時誠亦可惡我能拔擢用之以至今日足爲無愧古人然徵每諫我不從發言輒卽不應何也對曰臣以事有不可所以陳論若不從輒應便恐此事卽行帝曰但當時且應更別陳論豈不得耶徵曰昔舜誡羣臣爾無面從退有後言若臣面從陛下方始諫此卽退有後言豈是稷契事堯舜之意耶帝大笑曰人言魏徵舉動疎慢我但覺嫵媚適爲此耳徵拜謝曰陛下導之使言臣所以敢諫若陛下不受臣諫豈敢數犯龍鱗是月長樂公主將出降帝以皇后所生勅有司資送倍於永嘉長公主徵曰不可昔漢明欲封其子云我子豈與先帝子等可半楚淮陽前史以爲美談天子姊妹爲長公主子爲公主旣加長字卽是有所尊崇或可情有淺深無容禮相踰越上然其言入告長孫皇后后遣使齎錢四十萬絹四百匹詣徵宅以賜之尋進爵郡公七年代王珪爲侍中尙書省滯訟有不決者詔徵評理之徵性非習法但存大體以情處斷無不悅服初有詔遣令狐德棻岑文本撰周史孔穎達許敬宗撰隋史姚思廉撰梁陳史李百藥撰齊史徵受詔總加撰定多所損益務存簡正隋史序論皆徵所作梁陳齊各爲總論時稱良史史成加左光祿大夫進封鄭國公賜物二千段徵自以無功於國徒以辯說遂參帷幄深懼滿盈後以目疾頻表遜位太宗曰朕拔卿於讎虜之中任公以樞要之職見朕之非未嘗不諫公獨不見金之在鑛也何足貴哉良冶鍛而爲器便爲人所寶朕方自比於金以卿爲良匠卿雖有疾未爲衰老豈得便爾其年徵又面請遜位太宗難違之乃拜徵特進仍知門下事其後又頻上四疏以陳得失其一曰臣觀自古受圖膺運繼體守文控御英傑南面臨下皆欲配厚德於天地齊高明於日月本枝百代傳祚無窮然而克終者鮮敗亡相繼其故何哉所以求之失其道也殷鑒不遠可得而言昔在有隋統一寰宇甲兵强盛四十餘年風行萬里威動殊俗一旦舉而棄之盡爲他人之有彼煬帝豈惡天下之治安不欲社稷之長久故行桀虐以就滅亡哉恃其富强不虞後患驅天下以從欲罄萬物以自奉採域中之子女求遠方之奇異宮宇是飾臺榭是崇徭役無時干戈不戢外示威重內多險忌讒邪者必受其福忠正者莫保其生上下相蒙君臣道隔人不堪命率土分崩遂以四海之尊殞於匹夫之手子孫殄滅爲天下笑深可痛哉聖哲乘機拯其危溺八柱傾而復正四維絕而更張遠肅邇安不踰於朞月勝殘去殺無待於百年今宮觀臺榭盡居之矣奇珍異物盡收之矣姬姜淑媛盡侍於側矣四海九州盡爲臣妾矣若能鑒彼之所以亡念我之所以得日愼一日雖休勿休焚鹿臺之寶衣毀阿房之廣殿懼危亡於峻宇思安處於卑宮則神化潛通無爲而理德之上也若成功不毀卽仍其舊除其不急損之又損雜茅茨於桂棟參玉砌以土階悅以使人不竭其力常念居之者逸作之者勞億兆悅以子來羣生仰而遂性德之次也若惟聖罔念不愼厥終忘締搆之艱難謂天命之可恃忽彩椽之恭儉追雕牆之侈靡因其基以廣之增其舊而飾之觸類而長不思止足人不見德而勞役是聞斯爲下矣譬之負薪救火揚湯止沸以亂易亂與亂同道莫可則也後嗣何觀則人怨神怒人怨神怒則災害必下而禍亂必作禍亂既作而能以身名令終者鮮矣順天革命之后降七百之祚貽厥孫謀傳之萬世難得易失可不念哉其二曰臣聞求木之長者必固其根本欲流之遠者必浚其泉源思國之安者必積其德義源不深而豈望流之遠根不固而何求木之長德不厚而思國之治雖在下愚知其不可而況於明哲乎人君當神器之重居域中之大將崇極天之峻永保無疆之休不念於居安思危戒貪以儉德不處其厚情不勝其欲斯亦伐根以求木茂塞源而欲流長者也凡百元首承天景命莫不殷憂而道著功成而德衰有善始者實繁能克終者蓋寡豈其取之易而守之難乎昔取之而有餘今守之而不足何也夫在殷憂必竭誠以待下既得志則縱情以傲物竭誠則胡越爲一體傲物則骨肉爲行路雖董之以嚴刑振之以威怒終苟免而不懷仁貌恭而不心服怨不

在大可畏惟人載舟覆舟所宜深愼奔車朽索其可忽乎君人者誠能見可欲則思知足以自戒將有所作則思知止以安人念高危則思謙沖而自牧懼滿溢則思江海而下百川樂盤遊則思三驅以爲度恐懈怠則思愼始而敬終慮壅蔽則思虛心以納下想讒邪則思正身以黜惡思所加則思無因喜以謬賞罰所及則思無因怒而濫刑總此十思弘茲九德簡能而任之擇善而從之則智者盡其謀勇者竭其力仁者播其惠信者效其忠文武爭馳君臣無事可以盡豫遊之樂可以養松喬之壽鳴琴垂拱不言而化何必勞神苦思代下司職役聰明之耳目虧無爲之大道哉其三曰臣聞書曰明德愼罰惟刑恤哉禮云爲上易事爲下易知則刑不煩矣上多疑則百姓惑下難知則君長勞矣夫上易事下易知君長不勞百姓不惑故君有一德臣無二心上播忠厚之誠下竭股肱之力然後太平之基不墜康哉之詠斯起當今道被華夷功高宇宙無思不服無遠不臻然言尙於簡大志在於明察刑賞之本在乎勸善而懲惡帝王之所以與天下爲畫一不以親疏貴賤而輕重者也今之刑賞未必盡然或申屈在乎好惡輕重由乎喜怒遇喜則矜其刑於法中逢怒則求其罪於事外所好則鑽皮出其毛羽所惡則洗垢求其瘢痕瘢痕可求則刑斯濫矣毛羽可出則賞典謬矣刑濫則小人道長賞謬則君子道消小人之惡不懲君子之善不勸而望治安刑措非所聞也且夫暇豫淸談皆敦尙於孔老威怒所至則取法於申韓直道而行非無三黜危人自安蓋亦多矣故道德之旨未弘刻薄之風已扇夫上風既扇則下生百端人競趨時則憲章不一稽之王度實虧君道昔州黎上下其手楚國之法遂差張湯輕重其心漢朝之刑以弊人臣之頗僻猶莫能申其欺罔況人君之高下將何以措其手足乎以叡聖之聰明無幽微而不燭豈神有所不達智有所不通哉安其所安不以卹刑爲念樂其所樂遂忘先笑之變禍福相倚吉凶同域唯人所召安可不思頃者責罰稍多威怒微厲或以供給不贍或以人不從欲皆非致治之所急實乃驕奢之攸漸是知貴不與驕期而驕自來富不與奢期而奢自至非徒語也且我之所代實在有隋隋氏亂亡之源聖明之所臨照以隋氏之甲兵況當今之士馬以隋氏之府藏譬今日之資儲以隋氏之戶口校今時之百姓度長計大曾何等級然隋氏以富強而喪敗動之也我以貧寡而安寧靜之也靜之則安動之則亂人皆知之非隱而難見也微而難察也鮮蹈平易之塗多遵覆車之轍何哉在於安不思危治不念亂存不慮亡之所致也昔隋氏之未亂自謂必無亂隋氏之未亡自謂必不亡所以甲兵屢動徭役不息至于身將戮辱竟未悟其滅亡之所由也可不哀哉夫鑒形之美惡必就於止水鑒國之安危必取於亡國詩曰殷鑒不遠在夏后之世又曰伐柯伐柯其則不遠臣願當今之動靜思隋氏以爲鑒則存亡治亂可得而知若能思其所以危則安矣思其所以亂則治矣思其所以亡則存矣存亡之所在節嗜欲以從人省畋遊之娛息靡麗之作罷不急之務愼偏聽之怒近忠厚遠便佞杜悅耳之邪說聽苦口之忠言去易進之人賤難得之貨採堯舜之誹謗追禹湯之罪己惜十家之產順百姓之心近取諸身恕以待物思勞謙以受益不自滿以招損有動則庶類以和出言而千里斯應超上德於前載樹風聲於後昆此聖哲之宏規帝王之盛業能事斯畢在乎愼守而已夫守之則易取之實難既得其所以難豈不能保其所以易其或保之不固則驕奢淫泆動之也愼終如始可不勉歟易云君子安不忘危存不忘亡治不忘亂是以身安而國家可保誠哉斯言不可以不深察也伏惟陛下欲善之志不減於昔時聞過必改少虧於曩日若能以當今之無事行疇昔之恭儉則盡善盡美固無得而稱焉其四曰臣聞爲國之基必資於德禮君子所保惟在於誠信誠信立則下無二心德禮形則遠人斯格然則德禮誠信國之大綱在於父子君臣不可斯須而廢也故孔子曰君使臣以禮臣事君以忠又曰自古皆有死人無信不立文子曰同言而信信在言前同令而行誠在令外然則言而不行言不信也令而不從令無誠也不信之言無誠之令爲上則敗國爲下則危身雖在顚沛之中君子所不爲也自王道休明十有餘載威加海外萬國來庭倉廩日積土地日廣然而道德未益厚仁義未益博者何哉由乎待下之情未盡於誠信雖有善始之勤未覩克終之美故也其所由來者漸非一朝一夕之故昔貞觀之始聞善若驚暨五六年間猶悅以從諫自茲厥後漸惡直言雖或勉強時有所容非復曩時之豁如也謇諤之士稍避龍鱗便佞之徒肆其巧辯謂同心者爲朋黨謂告訐者爲至公謂強直者爲擅權謂忠讜者爲誹謗謂之朋黨雖忠信而可疑謂之至公雖矯僞而無咎強直者畏擅權之議忠讜者慮誹謗之尤至於竊斧生疑投杼致惑正人不得盡其言大臣莫能與之爭熒惑視聽鬱於大道妨化損德其在茲乎故孔子惡利口之覆邦家蓋爲此也且君子小人貌同心異君子掩人之惡揚人之善臨難無苟免殺身以成仁小人不恥不仁不畏不義唯利之所在危人以自安夫苟在危人則何所不至今將求致治必委之於君子事有得失或訪之於小人其待君子也則敬而疏遇小人也必輕而狎狎則言無不盡疏則情或不通是譽毀在於小人刑罰加於君子實興喪所在亦安危所繫可不愼哉夫中智之人豈無小慧然才非經國慮不及遠雖竭力盡誠猶未免於傾敗況內懷姦利承顏順旨其爲患禍不亦深乎故孔子曰君子而有不仁者焉未見小人而仁者然則君子不能無小惡惡不積無妨於正道小人或時有小善善不積不足以立忠今謂之善人矣復慮其有不信何異夫立直木而疑其影之不直乎雖竭精神勞思慮其不可亦已明矣夫君能盡禮臣得竭忠必在於內外無私上下相信上不信則無以使下下不信則無以事上信之爲義大矣哉故自天祐之吉無不利昔齊桓公問於管仲曰吾欲酒腐於爵肉腐於俎得無害於霸乎管仲曰此極非其善者然亦無害霸也公曰何如而害霸乎曰不能知人害霸也知而不能用害霸也用而不能信害霸也既信而又使小人參之害霸也晉中行穆伯攻鼓經年而不能下餽間倫曰鼓之嗇夫間倫知之請無疲士大夫而鼓可得穆伯不應左右曰不折一戟不傷一卒而鼓可得君奚爲不取穆伯曰間倫之爲人也佞而不仁若間倫下之吾不可以不賞賞之是賞佞人也佞人得志是使晉國之士捨仁而爲佞雖得鼓將何用之夫穆伯列國大夫管仲霸者之佐猶愼於信任遠避佞人也如此況乎爲四海之大君應千齡之上聖而可使巍巍之盛德復將有所間然乎若欲令君子小人是非不雜必懷之以德待之以信厲之以義節之以禮然後善善而惡惡審罰而明賞則小人絶其佞邪君子自強不息無爲之化何遠之有善善而不能進惡惡而不能去罰不及於有罪賞不加於有功則危亡之期或未可保永錫祚胤將何望哉太宗手詔嘉美優納之嘗謂長孫無忌曰朕即位之初上書者或言人主必須威權獨運不得委任羣下或欲耀兵振武懾服四夷唯有魏徵勸朕偃革興文布德施惠中國既安遠人自服朕從其語天下大寧絶域君長皆來朝貢九夷重譯相望於道此皆魏徵之力也太宗嘗嫌上封者衆不近事實欲加黜責徵奏曰古者立誹謗之木欲聞已過今之封事謗木之流也陛下思聞得失祇可恣其陳道若所言衷則有益於陛下若不衷無損於國家太宗曰此言是也並勞而遣之後太宗在洛陽宮幸積翠池宴羣臣酒酣各賦一事太宗賦尚書曰日昃翫百篇臨燈披五典夏康既逸豫商辛亦流湎恣情昏主多克己明君鮮滅身資累惡成名由積善徵賦西漢曰受降臨軹道爭長趣鴻門驅傳渭橋上觀兵細柳屯夜宴經柏谷朝遊出杜原終藉叔孫禮方知皇帝尊太宗曰魏徵每言必約我以禮也尋以修定五禮當封一子爲縣男請讓孤兄子叔慈太宗愴然曰卿之此心可以勵俗遂許之十二年禮部尚書王珪奏言三品以上遇親王於塗皆降乘違法申敬有乖儀準太宗曰卿輩皆自崇貴卑我兒子乎徵進曰自古迄茲親王班次三公之下今三品皆曰天子列卿及八座之長爲王降乘非王所宜當也求諸故事則無可憑行之於今又乖國憲太宗曰國家所以立太子者擬以爲君也然則人之修短不在老少設無太子則母弟次立以此而言安得輕我子耶徵曰殷家尙質有兄終弟及之義自周以降立嫡必長所以絶庶孽之窺覦塞禍亂之源本有國者之所深愼於是遂可珪奏會皇孫誕育召公卿賜宴太宗謂侍臣曰貞觀以前從我平定天下周旋艱險玄齡之功無所與讓貞觀之後盡心於我獻納忠讜安國利民犯顏正諫匡朕之違者唯魏徵而已古之名臣何以加也於是親解佩刀以賜二人徵以戴聖禮記編次不倫遂爲類禮二十卷以類相從削其重復採先儒訓注擇善從之研精覃思數年而畢太宗覽而善之賜物一千段錄數本以賜太子及諸王仍藏之秘府先是遣使詣西域立葉護可汗未還又遣使多齎金銀帛歷諸國市馬徵諫曰今以立可汗爲名可汗未定卽詣諸國市馬彼必以爲意在市馬不爲專意立可汗可汗得立則不甚懷恩諸蕃聞之以爲中國薄義重利未必得馬而失義矣昔漢文有獻千里馬者曰吾凶行日三十里吉行五十里鑾輿在前屬車在後吾獨乘千里馬將安之乃償其道里所費而返之漢光武有獻千里馬及寶劒者馬以駕鼓車劒以賜騎士陛下凡所施爲皆邈踰三王之上柰何至於此事欲爲孝文光武之下乎又魏文帝欲求市西域大珠蘇則曰若陛下惠及四海則不求自至求而得之不足爲貴也陛下縱不能慕漢文之高行可不畏蘇則之言乎太宗納其言而止時公卿大臣並請封禪唯徵以爲不可太宗曰朕欲卿極言之豈功不高耶德不厚

耶諸夏未治安耶遠夷不慕義耶嘉瑞不至耶年穀不登耶何爲而不可對曰陛下功則高矣而民未懷惠德雖厚矣而澤未滂流諸夏雖安未足以供事遠夷慕義無以供其求符瑞雖臻爵羅猶密積歲豐稔倉廩尚虛此臣所以竊謂未可臣未能遠譬且借喻於人今有人十年長患療治且愈此人應皮骨僅存便欲使負米一石日行百里必不可得隋氏之亂非止十年陛下爲之良醫疾苦雖已乂安未甚充實告成天地臣竊有疑且陛下東封萬國咸萃要荒之外莫不奔走今自伊洛以東暨乎海岱灌莽巨澤蒼茫千里人煙斷絕雞犬不聞道路蕭條進退艱阻豈可引彼戎狄示以虛弱竭財以賞未厭遠人之望重加給復不償百姓之勞或遇水旱之災風雨之變庸夫橫議悔不可追豈獨臣之懇誠亦有輿人之誦太宗不能奪是後右僕射缺欲拜之徵固讓乃止及皇太子承乾不修德業魏王泰寵愛日隆內外庶僚並有疑議太宗聞而惡之謂侍臣曰當今朝臣忠謇無踰魏徵我遣傳皇太子用絕天下之望十六年拜太子太師知門下省事如故徵自陳有疾詔答曰漢之太子四皓爲助我之賴公卽其義也知公疾病可臥護之其年稱綿惙中使相望徵宅先無正寢太宗欲爲小殿輟其材爲徵營構五日而成遣中使齎素褥布被而賜之遂其所尚也及病篤輿駕再幸其第撫之流涕問所欲言徵曰嫠不恤緯而憂宗周之亡後數日太宗夜夢徵若平生及旦而奏徵薨時年六十四太宗親臨慟哭廢朝五日贈司空相州都督謚曰文貞給羽葆鼓吹班劍四十人賻絹布千段米粟千石陪葬昭陵及將祖載徵妻裴氏曰徵平生儉素今以一品禮葬羽儀甚盛非亡者之志悉辭不受竟以布車載柩無文彩之飾太宗登苑西樓望喪而哭詔百官送出郊外帝親製碑文并爲書石其後追思不已賜其實封九百戶嘗臨朝謂侍臣曰夫以銅爲鏡可以正衣冠以古爲鏡可以知興替以人爲鏡可以明得失朕常保此三鏡以防己過今魏徵殂逝遂亡一鏡矣徵亡後朕遣人至宅就其書函得表一紙始立表草字皆難識唯前有數行稍可分辯云天下之事有善有惡任善人則國安用惡人則國亂公卿之內情有愛憎憎者唯見其惡愛者唯見其善愛憎之間所宜詳愼若愛而知其惡憎而知其善去邪勿疑任賢勿貳可以興矣其遺表如此然在朕思之恐不免斯事公卿侍臣可書之於笏知而必諫也徵狀貌不逾中人而素有膽智每犯顏進諫雖逢王赫斯怒神色不移嘗密薦中書侍郞杜正倫及吏部尚書侯君集有宰相之材徵卒後正倫以罪黜君集犯逆伏誅太宗始疑徵阿黨徵又自錄前後諫諍言辭往復以示史官起居郞褚遂良太宗知之愈不悅先許以衡山公主降其長子叔玉於是手詔停婚顧其家漸衰矣徵四子叔琬叔璘叔瑜叔玉襲爵國公官至光祿少卿叔瑜至潞州刺史叔璘禮部侍郞則天時爲酷吏所殺神龍初繼封叔玉子膺爲鄭國公叔瑜子華開元初太子右庶子

史臣曰臣嘗讀漢史劉更生傳見其上書論王氏擅權恐移運祚漢成不悟更生徘徊伊鬱極言而不顧禍患何匡益忠蓋也如此當更生時諫者甚多如谷永楊興之上言圖爲姦利與賊臣爲鄉導梅福王吉之言雖近古道未切事情則納諫任賢詎宜容易臣嘗閱魏公故事與文皇討論政術往復應對凡數十萬言其匡過弼違能近取譬博約連類皆前代諍臣之不至者其實根於道義發爲律度身正而心勁上不負時主下不阿權幸中不侈親族外不爲朋黨不以逢時改節不以圖位賣忠所載章疏四篇可爲萬代王者法雖漢之劉向魏之徐邈晉之山濤宋之謝朏才則才矣比文貞之雅道不有遺行乎前代諍臣一人而已

贊曰智者不諫諫或不智智者盡言國家之利鄭公達節才周經濟太宗用之子孫長世

舊唐書卷七十一考證

魏徵傳○臣德潛按新舊二書所載魏徵言行去取各有所見新書有諫鄭仁基女事舊書無與封德彝論大亂易治猶饑人之易食也云云新書有舊書無論長樂公主資送倍于永嘉長公主事舊書有新書無帝于苑中作層臺以望昭陵事新書有舊書無徵上四疏舊書全錄新書不載十思貞觀之初導人使諫三年以後見諫者悅而從之比一二年勉强受諫而終不平也云云新書有舊書無十漸不終疏新書有舊書無卻封禪議新書有舊書無又舊書祇載停婚而遺征遼還重爲立碑之事于君臣之義有遺憾也必合二書參攷之乃見完備

# 舊唐書卷七十二

後晉司空同中書門下平章事劉 昫撰

## 列傳第二十二

虞世南 李百藥子安期 褚亮劉孝孫 李守素附 李玄道

虞世南字伯施越州餘姚人隋內史侍郞世基弟也祖檢梁始興王諮議父荔陳太子中庶子俱有重名叔父寄陳中書侍郞無子以世南繼後故字曰伯施世南性沈靜寡欲篤志勤學少與兄世基受學於吳郡顧野王經十餘年精思不倦或累旬不盥櫛善屬文常祖述徐陵陵亦言世南得己之意又同郡沙門智永善王羲之書世南師焉妙得其體由是聲名藉甚天嘉中荔卒世南尚幼哀毀殆不勝喪陳文帝知其二子博學每遣中使至其家將護之及服闋召爲建安王法曹參軍寄陷於陳寶應在閩越中世南雖除喪猶布衣蔬食至大建末寶應破寄還方令世南釋布食肉至德初除西陽王友陳滅與世基同入長安俱有重名時人方之二陸時煬帝在藩聞其名與秦王俊辟書交至以母老固辭晉王命使者追之大業初累授秘書郞遷起居舍人時世基當朝貴盛妻子服擬於王者世南雖同居而躬履勤儉不失素業及至隋滅宇文化及弒逆之際世基爲內史侍郞將被誅世南抱持號泣請以身代化及不納因哀毀骨立時人稱焉從化及至聊城又陷于竇建德僞授黃門侍郞太宗滅建德引爲秦府參軍尋轉記室仍授弘文館學士與房玄齡對掌文翰太宗嘗命寫列女傳以裝屏風于時無本世南暗疏之不失一字太宗昇春宮遷太子中舍人及卽位轉著作郞兼弘文館學士時世南年已衰老抗表乞骸骨詔不許遷太子右庶子固辭不拜除秘書少監上聖德論辭多不載七年轉秘書監賜爵永興縣子太宗重其博識每機務之隙引之談論共觀經史世南雖容貌懦愞若不勝衣而志性抗烈每論及古先帝王爲政得失必存規諷多所補益太宗嘗謂侍臣曰朕因暇日與虞世南商略古今有一言之失未嘗不悵恨其懇誠若此朕用嘉焉羣臣皆若世南天下何憂不理八年隴右山崩大蛇屢見山東及江淮多大水太宗以問世南對曰春秋時山崩晉侯召伯宗而問焉對曰國主山川故山川崩竭君爲之不舉降服乘縵徹樂出次祝幣以禮焉梁山晉所主也晉侯從之故得無害漢文帝元年齊楚地二十九山同日崩水大出令郡國無來貢獻施惠於天下遠近歡洽亦不爲災後漢靈帝時青蛇見御座晉惠帝時大蛇長三百步見齊地經市入朝案蛇宜在草野而入市朝所以可爲怪耳今蛇見山澤蓋深山大澤必有龍蛇亦不足怪也又山東足雨雖則其常然陰淫過久恐有冤獄宜省繫囚庶幾或當天意且妖不勝德唯修德可以銷變太宗以爲然因遣使者賑恤饑餒申理獄訟多所原宥後有星孛于虛危歷于氐百餘日乃滅太宗謂羣臣曰天見彗星是何妖也世南曰昔齊景公時有彗星見公問晏嬰對曰穿池沼畏不深起臺榭畏不高行刑罰畏不重是以天見彗爲公誡耳景公懼而修德後十六日而星沒臣聞天時不如地利地利不如人和若德義不修雖獲麟鳳終是無補但政事無闕雖有災星何損於時然願陛下勿以功高古人而自矜伐勿以太平漸久而自驕怠愼終如始彗星雖見未足爲憂太宗斂容謂曰吾之撫國良無景公之過但吾纔弱冠舉義兵年二十四平天下未三十而居大位自謂三代以降撥亂之主莫臻於此重以薛舉之驍雄宋金剛之鷙猛竇建德跨河北王世充據洛陽當此之時足爲勍敵皆爲我所擒及逢家難復決意安社稷遂登九五降服北夷吾頗有自矜之意以輕天下之士此吾之罪也上天見變良爲是乎秦始皇平六國隋煬帝富四海旣驕且逸一朝而敗吾亦何得自驕也言念於此不覺惕焉震懼四月康國獻獅子詔世南爲之賦命編之東觀辭多不載後高祖崩有詔山陵制度準漢長陵故事務從隆厚程限旣促功役勞弊世南上封事諫曰臣聞古之聖帝明王所以薄葬者非不欲崇高光顯珍寶具物以厚其親然審而言之高墳厚壟珍物畢備此適所以爲親之累非曰孝也是以深思遠慮安於菲薄以爲長久萬代之計割其常情以定耳昔漢成帝造延昌二陵制度甚厚功費甚多諫議大夫劉向上書其言深切皆合事理其略曰孝文居霸陵悽愴悲懷顧謂羣臣曰嗟乎以北山石爲槨用紵絮斮陳漆其間豈可動哉張釋之進曰使其中有可欲雖錮南山猶有隙使其中無可欲雖無石槨又何戚焉夫死者無終極而國家有廢興釋之所言爲無窮計也孝文寤焉遂以薄葬又漢氏之法人君在位三分天下貢賦以一分入山陵武帝歷年長久比葬陵中不復容物霍光暗於大體奢侈過度其後至更始之敗赤眉賊入長安破茂陵取物猶不能盡無故聚斂百姓爲盜之用甚無謂也魏文帝於首陽東爲壽陵作終制其略曰昔堯葬壽陵因山爲體無封樹無立寢殿園邑爲棺槨足以藏骨爲衣衾足以朽肉吾營此不食之地

欲使易代之後不知其處無藏金銀銅鐵一以瓦器自古及今未有不亡之國無有不發之墓至乃燒取玉匣金縷骸骨並盡乃不重痛哉若違詔妄有變改吾爲戮屍於地下死而重死不忠不孝使魂而有知將不福汝以爲永制藏之宗廟魏文帝此制可謂達於事矣向使陛下德止如秦漢之君臣則緘口而已不敢有言伏見聖德高遠堯舜猶所不逮而俯與秦漢之君同爲奢泰捨堯舜殷周之節儉此臣所以尤戚也今爲丘壠如此其內雖不藏珍寶亦無益也萬代之後但見高墳大墓豈謂無金玉耶臣之愚計以爲漢文霸陵既因山勢雖不起墳自然高顯今之所卜地勢卽平不可不起宜依白虎通所陳周制爲三仞之墳其方中制度事事減少事竟之日刻石於陵側明丘封大小高下之式明器所須皆以瓦木合於禮文一不得用金銀銅鐵使萬代子孫並皆遵奉一通藏之宗廟豈不美乎且臣下除服用三十六日已依霸陵今爲墳壠又以長陵爲法恐非所宜伏願深覽古今爲長久之慮臣之赤心唯願萬歲之後神道常安陛下孝名揚於無窮耳書奏不報世南又上疏曰漢家卽位之初便營陵墓近者十餘歲遠者五十年方始成就今以數月之間而造數十年之事其於人力亦已勞矣又漢家大郡五十萬戶卽目人衆未及往時而功役與之一等此臣所以致疑也時公卿又上奏請遵遺詔務從節儉因下其事付所司詳議於是制度頗有減省焉太宗後頗好獵世南上疏諫曰臣聞秋獮冬狩蓋惟恒典射隼從禽備乎前誥伏惟陛下因聽覽之餘辰順天道以殺伐將欲躬摧班掌親御皮軒窮猛獸之窟穴盡逸材于林藪夷凶剪暴以衞黎元收革擢羽用充軍器舉旗效獲式遵前古然黃屋之尊金輿之貴八方之所仰德萬國之所係心淸道而行猶戒銜橜斯蓋重愼防微爲社稷也是以馬卿直諫於前張昭變色於後臣誠微淺敢忘斯義且天弧星畢所殪已多頒禽賜獲皇恩亦溥伏願時息獵車且韜長戟不拒芻蕘之請降納涓澮之流袒裼徒搏任之羣下則貽範百王永光萬代其有犯無隱多此類也太宗以是益親禮之嘗稱世南有五絕一曰德行二曰忠直三曰博學四曰文辭五曰書翰十二年又表請致仕優制許之仍授銀青光祿大夫弘文館學士祿賜防閤並同京官職事尋卒年八十一太宗舉哀於別次哭之甚慟賜東園秘器陪葬昭陵贈禮部尚書謚曰文懿手勅魏王泰曰虞世南於我猶一體也拾遺補闕無日暫忘實當代名臣人倫準的吾有小失必犯顏而諫之今其云亡石渠東觀之中無復人矣痛惜豈可言耶未幾太宗爲詩一篇追述往古興亡之道既而歎曰鍾子期死伯牙不復鼓琴朕之此詩將何以示令起居郎褚遂良詣其靈帳讀訖焚之冀世南神識感悟後數歲太宗夜夢見之有若平生翌日下制曰禮部尚書永興文懿公虞世南德行淳備文爲辭宗夙夜盡心志在忠益奄從物化倏移歲序昨因夜夢忽覩其人兼進讜言有如平生之日追懷遺美良增悲歎宜資冥助申朕思舊之情可於其家爲設五百僧齋幷爲造天尊像一區又勅圖其形於凌煙閣有集三十卷令褚亮爲之序世南子昶官至工部侍郎

李百藥字重規定州安平人隋內史令安平公德林子也爲童兒時多疾病祖母趙氏故以百藥爲名七歲解屬文父友齊中書舍人陸乂馬元熙嘗造德林讌集有讀徐陵文者云旣取成周之禾將刈琅邪之稻並不知其事百藥時侍立進曰傳稱鄅人藉稻杜預注云鄅國在琅邪開陽乂等大驚異之開皇初授東宮通事舍人遷太子舍人兼東宮學士或嫉其才而毀之者乃謝病免去十九年追赴仁壽宮令襲父爵左僕射楊素吏部尚書牛弘雅愛其才奏授禮部員外郎皇太子勇又召爲東宮學士詔令修五禮定律令撰陰陽書臺內奏議文表多百藥所撰煬帝出鎭揚州嘗召之百藥辭疾不赴煬帝大怒及卽位出爲桂州司馬爲沈法興所得署爲掾其後罷州置郡因解職還鄉里大業五年授魯郡臨泗府步兵校尉九年充戍會稽尋授建安郡丞行達烏程屬江都難作復會沈法興爲李子通所破子通又命爲中書侍郎國子祭酒及杜伏威攻滅子通又以百藥爲行臺考功郎中或有譖之者伏威囚之百藥著省躬賦以致其情伏威亦知其無罪乃令復職伏威旣據有江南高祖遣使招撫百藥勸伏威入朝伏威從之遣其行臺僕射輔公祏與百藥留守遂詣京師及渡江至歷陽狐疑中悔將害百藥乃飲以石灰酒因大洩痢而宿病皆除伏威知百藥不死乃作書與公祏令殺百藥賴伏威養子王雄誕保護獲免公祏反又授百藥吏部侍郎有譖百藥於高祖云百藥初說杜伏威入朝又與輔公祏同反高祖大怒及公祏平得伏威與公祏令殺百藥書高祖意稍解遂配流涇州太宗重其才名貞觀元年召拜中書舍人賜爵安平縣男受詔修定五禮及律令撰齊書二年除禮部侍郎朝廷議將封建諸侯百藥上封建論曰臣聞經國庇民王者之常制尊主安上人情之本方思闡治定之規以弘長世之業者萬古不易百慮同歸然命曆有賒促之殊邦家有理亂之異遐觀載籍論之詳矣咸云周過其數秦不及期存亡之理在於郡國可以監夏殷之長久遵黃唐之並建維城盤石深根固本雖王綱弛廢枝幹相持故使逆節不生宗祀不絕秦氏背師古之訓棄先王之道踐華恃險罷侯置守子弟無尺土之邑兆庶罕共治之憂故一夫號澤七廟隳祀臣以爲自古皇王君臨宇內莫不受命上玄飛名帝籙締構遇興王之運殷憂屬啓聖之期雖魏武攜養之資漢高徒役之賤非止意有覬覦推之亦不能去也若其獄訟不歸菁華已竭雖帝堯之光被四表大舜之上齊七政非止情存揖讓守之亦不可固焉以放勛重華之德尚不能克昌厥後是知祚之長短必在天時政或盛衰有關人事隆周卜代三十卜年七百雖淪胥之道斯極而文武之器猶存斯則龜鼎之祚已懸定於杳冥也至使南征不返東遷避逼禋祀如綫郊畿不守此乃陵夷之漸有累於封建焉暴秦運短閏餘數鍾百六受命之主德異禹湯繼世之君才非啓誦借使李斯王綰之輩盛開四履將閭子嬰之徒俱啓千乘豈能逆帝子之勃興抗龍顏之基命者也然則得失成敗各有由焉而著述之家多守常轍莫不情亡今古理蔽澆淳欲以百王之季行三代之法天下五服之內盡封諸侯王畿千乘之間俱爲采地是以結繩之化行虞夏之朝用象刑之典治劉曹之末紀綱旣紊斷可知焉鍥船求劍未見其可膠柱成文彌所多惑徒知問鼎請隧有懼霸王之師白馬素車無復藩籬之援不悟望夷之釁未甚羿浞之災高貴之殃寧異申繒之酷乃欽明昏亂自革安危固非守宰公侯以成興廢且數世之後王室浸微始自藩屏化爲仇敵家殊俗國異政強陵弱衆暴寡疆埸彼此干戈日尋狐駘之役女子盡髽崤陵之師隻輪不返斯蓋略舉一隅其餘不可勝數陸士衡方規規然云嗣王委其九鼎凶族據其大邑天下晏然以治待亂何斯言之謬也而設官分職任賢使能以循吏之才膺共治之寄剌郡分竹何代無人至使地或呈祥天不愛寶民稱父母政比神明曹元首方區區然稱與人共其樂者人必憂其憂與人同其安者人必拯其危豈容委以侯伯則同其安危任之牧宰則殊其憂樂何斯言之妄也封君列國藉慶門資忘其先業之艱難輕其自然之崇貴莫不世增淫虐代益驕侈自離宮別館切漢凌雲或刑人力而將盡或召諸侯而共樂陳靈則君臣悖禮共侮徵舒衞宣則父子聚麀終誅壽朔乃云爲己思治豈若是乎內外羣官選自朝廷擢士庶以任之澄水鏡以鑒之年勞優其階品考績明其黜陟進取事切砥礪情深或俸祿不入私門妻子不之官舍頒條之貴食不舉火剖符之重衣唯補葛南郡太守斂布裹身萊蕪縣長凝塵生甑專云爲利圖物何其爽歟總而言之爵非世及用賢之路斯廣民無定主附下之情不固此乃愚智所辨安可惑哉至如滅國弒君亂常干紀春秋二百年間略無寧歲次雎咸秩遂用玉帛之名魯道有蕩每等衣裳之會縱使西漢哀平之際東洛桓靈之時下吏淫暴必不至此爲政之理可一言以蔽之伏惟陛下握紀御天膺期啓聖救億兆之焚溺掃氛祲於寰區創業垂統配二儀以立德發號施令妙萬物而爲言獨照宸衷永懷前古將復五等而脩舊制建萬國以親諸侯竊以漢魏以還餘風之弊未盡勛華旣往至公之道斯革況晉氏失馭寓縣崩離後魏時乘華夷雜處重以關河分阻吳楚懸隔習文者學長短縱橫之術習武者盡干戈戰爭之心畢爲狙詐之階彌長澆浮之俗開皇在運因藉外家驅御羣英任雄猜之數坐移時運非克定之功年踰二紀民不見德及大業嗣文世道交喪一時人物掃地將盡雖天縱神武削平寇虐兵威不息勞止未康自陛下仰順聖慈嗣膺寶曆情深致治綜覈前王雖至道無名言象所紀略陳梗槩實所庶幾愛敬蒸蒸勞而不倦大舜之孝也訪安內豎親嘗御膳文王之德也每憲司讞罪尚書奏獄大小必察枉直咸申舉斷趾之法易大辟之刑仁心隱惻貫徹幽顯大禹之泣辜也正色直言虛心受納不簡鄙陋無棄芻蕘帝堯之求諫也弘獎名教勸勵學徒旣擢明經於青紫將升碩儒於卿相聖人之善誘也羣臣以宮中暑濕寢膳或乖請徙御高明營一小閣遂惜家人之產竟抑子來之願不悋陰陽所感以安卑陋之居去歲荒儉普天饑饉喪亂甫爾倉廩空虛聖情矜愍勤加惠卹竟無一人流離道路猶且食啗藜藿樂撤簨簴言必悽動貌成癯瘠公旦喜於重譯文命矜其卽序陛下每四夷款附萬里歸仁必退思進省凝神動慮恐妄勞中國以事遠方不藉萬古之英聲以存一時之茂實心切憂勞跡絕遊幸每旦視朝聽受無倦智周於萬物道濟於天下罷朝之後引進名臣討論是非備盡肝膈唯及政事更無異辭纔及日昃命才學之士賜以清閑高談典籍雜以文詠

間以玄言乙夜忘疲中宵不寐此之四道獨邁往初斯實生民以來一人而已弘茲風化昭示四方信可以朞月之間彌綸天壤而淳粹尚阻浮詭未移此由習之永久難以卒變請待斲雕成朴以質代文刑措之教一行登封之禮云畢然後定疆理之制議山河之賞未爲晚焉易稱天地盈虛與時消息況於人乎美哉斯言也太宗竟從其議四年授太子右庶子五年與左庶子于志寧中允孔穎達舍人陸敦信侍講于弘教殿時太子頗留意典墳然閑燕之後嬉戲過度百藥作贊道賦以諷焉辭多不載太宗見而遣使謂百藥曰朕於皇太子處見卿所獻賦悉述古來儲貳事以誡太子甚是典要朕選卿以輔弼太子正爲此事大稱所委但須善始令終耳因賜綵物五百段然太子卒不悟而廢十年以撰齊史成加散騎常侍行太子左庶子賜物四百段俄除宗正卿十一年以撰五禮及律令成進爵爲子後數歲以年老固請致仕許之太宗嘗制帝京篇命百藥並作上歎其工手詔曰卿何身之老而才之壯何齒之宿而意之新乎二十二年卒年八十四謚曰康百藥以名臣之子才行相繼四海名流莫不宗仰藻思沈鬱尤長於五言詩雖樵童牧豎並皆吟諷性好引進後生提獎不倦所得俸祿多散之親黨又至性過人初侍父母喪還鄉徒跣單衣行數千里服闋數年容貌毀悴爲當時所稱及懸車告老怡然自得穿池築山文酒談賞以舒平生之志有集三十卷子安期安期幼聰辯七歲解屬文初百藥大業末出爲桂州司馬行至太湖遇逆賊將加白刃安期跪泣請代父命賊哀而釋之貞觀初累轉符璽郎預修晉書成除主客員外郎永徽中遷中書舍人又與李義府等於武德殿內修書再轉黃門侍郎龍朔中爲司列少常伯參知軍國有事太山詔安期爲朝覲壇碑文安期前後三爲選部頗爲當時所稱時高宗屢引侍臣責以不進賢良衆皆莫對獨安期進曰臣聞聖帝明王莫不勞於求賢逸於任使設使堯舜苦已癃瘠不能用賢終亦王化不行自夏殷已來歷國數十皆委賢良以共致理且十室之邑必有忠信況今天下至廣非無英彥但比來公卿有所薦引卽遭囂謗以爲朋黨沈屈者未申而在位者已損所以人思苟免競爲緘默若陛下虛已招納務於搜訪不忌親讎唯能是用讒毁亦既不入誰敢不竭忠誠此皆事由陛下非臣等所能致也高宗深然其言俄檢校東臺侍郎同東西臺三品出爲荆州大都督府長史咸亨初卒自德林至安期三世皆掌制誥安期孫義仲又爲中書舍人

褚亮字希明杭州錢塘人曾祖湮梁御史中丞祖蒙太子中舍人父玠陳秘書監並著名前史其先自陽翟徙居焉亮幼聰敏好學善屬文博覽無所不至經目必記於心喜遊名賢尤善談論年十八詣陳僕射徐陵陵與商確文章深異之陳後主聞而召見使賦詩江總及諸辭人在坐莫不推善禎明初爲尚書殿中侍郎陳亡入隋爲東宮學士大業中授太常博士時煬帝將改置宗廟亮奏議曰謹按禮記天子七廟三昭三穆與太祖之廟而七鄭玄注曰此周制也七者太祖及文王武王之祧與親廟四也殷則六廟契及湯與二昭二穆也夏則五廟無太祖禹與二昭二穆而已玄又據禮王者禘其祖之所自出而立四廟案鄭玄義天子唯立四親廟并始祖而爲五周以文武爲受命之祖特立二祧是爲七廟王肅註禮記曰尊者尊統上卑者尊統下故天子七廟諸侯五廟其有殊功異德非太祖而不毀不在七廟之數案肅以爲天子七廟是百代之言又據王制天子七廟諸侯五廟大夫三廟降二爲差是則天子立四親廟又立高祖之父高祖之祖父太祖而爲七周有文武姜嫄合爲十廟漢世諸帝之廟各立無迭毀之義至元帝時貢禹匡衡之徒始議其禮以高帝爲太祖而立四親是爲五廟唯劉歆以爲天子七廟諸侯五廟降殺以兩之義七者其正法可常數也宗不在此數內有功德則宗之不可豫設爲數也是以班固稱考論諸儒之儀劉歆博而篤矣光武卽位建高廟於洛陽乃立南頓君以上四廟就祖宗而爲七至魏初高堂隆爲鄭學議立親廟四太祖武帝猶在四親之內乃虛置太祖及二祧以待後世至景初間乃依王肅更立六廟二世祖就四親而爲六廟晉武受禪博議宗祀自文帝以上至六世親祖征西府君而宣帝亦序於昭穆未升太祖故祭止六世江左中興賀循知禮至於寢廟之議皆依魏晉舊事宋武初受命爲王依諸侯立親廟四卽位之後增祠五世祖相國掾府君六世祖右北平府君止於六廟逮身沒主升亦從昭穆猶太祖之位也降及齊梁守而勿革加宗迭毀禮無違舊臣又按姬周自太祖已下皆別立廟至於禘祫俱合食於太祖是以炎漢之初諸廟各立歲時常享亦隨處而祭所用廟樂皆像功德而歌舞焉至光武乃總立一堂而羣主異室斯則新承寇亂欲從約省自此已來因循不變皇隋太祖武元皇帝仁風潛暢至澤傍通以昆彭之勳開稷契之緒高祖文皇帝睿哲玄覽神武應期撥亂返正遠肅邇安受命開基垂統聖嗣鴻名冠於三代寶祚傳於七百當文明之運定祖宗之禮且損益不同沿襲異趣時王所制可以垂法自歷代已來親用王鄭二義若尋其旨歸校以優劣康成止論周代非謂經通子雍總貫皇王事兼長遠今請依據古典崇建七廟受命之廟宜別立廟祧百世之後不毀之法至於鑾駕親奉申孝享於高廟有司行事竭誠敬於羣主俾夫規模可則嚴祀易遵表有功而彰明德大復古而貴能變臣又按周人立廟亦無處置之文據冢人職而言之先王居中以昭穆爲左右阮忱所撰禮圖亦從此義漢京諸廟既遠又不序禘祫今若依周制理有未安雜用漢儀事難全採謹詳立別圖附之議未行尋坐與楊玄感有舊左遷西海郡司戶時京兆郡博士潘徽亦以筆札爲玄感所禮降威定縣主簿當時寇盜縱橫六親不能相保亮與同行至隴山徽遇病終亮親加棺斂瘞之路側慨然傷懷遂題詩於隴樹好事者皆傳寫諷誦信宿遍於京邑焉薛舉僭號隴西以亮爲黃門侍郎委之機務及舉滅太宗聞亮名深加禮接因從容自陳太宗大悅賜物二百段馬四匹從還京師授秦王文學時高祖以寇亂漸平每冬畋狩亮上疏諫曰臣聞堯鼓納諫舜木求箴茂克昌之風致昇平之道伏惟陛下應千祀之期拯百王之弊平壹天下劬勞帝業旰食思政廢寢憂人用農隙之餘遵冬狩之禮獲車之所遊踐虞旗之所涉歷網唯一面禽止三驅縱廣成之獵士觀上林之手搏斯固畋弋之常規而皇王之壯觀至於親逼猛獸臣竊惑之何者筋力驍悍爪牙輕捷連弩一發未必挫其凶心長戟纔撝不能當其憤氣雖孟賁抗左夏育居前卒然驚軼事生慮表如或近起林叢未塡坑谷駭屬車之後乘犯官騎之清塵小臣怯懦私懷戰慄陛下以至聖之資垂將來之教降情納下無隔直言臣叨逢明時遊宦藩邸身漸榮渥日用不知敢緣天造冒陳丹懇高祖甚納之太宗每有征伐亮常侍從軍中宴筵必預歡賞從容諷議多所裨益又與杜如晦等十八人爲文學館學士太宗入居春宮除太子舍人遷太子中允貞觀元年爲弘文館學士九年進授員外散騎常侍封陽翟縣男拜通直散騎常侍學士如故十六年進爵爲侯食邑七百戶後致仕歸于家太宗幸遼東亮子遂良爲黃門侍郎詔遂良謂亮曰昔年師旅卿常入幕今茲遐伐君已懸車倏忽之間移三十載眷言疇昔我勞如何今將遂良東行想公於朕不惜一兒於膝下耳故遣陳離意善居加食亮奉表陳謝及寢疾詔遣醫藥救療中使候問不絕卒時年八十八太宗甚悼惜之不視朝一日贈太常卿陪葬昭陵謚曰康長子遂賢守雍王友次子遂良自有傳始太宗既平寇亂留意儒學乃於宮城西起文學館以待四方文士於是以屬大行臺司勳郎中杜如晦記室考功郎中房玄齡及于志寧軍諮祭酒蘇世長天策府記室薛收文學褚亮姚思廉太學博士陸德明孔穎達主簿李玄道天策倉曹李守素記室參軍虞世南參軍事蔡允恭顏相時著作佐郎攝記室許敬宗薛元敬太學助教蓋文達軍諮典籤蘇勗並以本官兼文學館學士及薛收卒復徵東虞州錄事參軍劉孝孫入館尋遣圖其狀貌題其名字爵里乃命亮爲之像贊號十八學士寫眞圖藏之書府以彰禮賢之重也諸學士並給珍膳分爲三番更直宿于閣下每軍國務靜參謁歸休卽便引見討論墳籍商略前載預入館者時所傾慕謂之登瀛洲顏相時兄師古蘇勗兄子幹劉孝孫者荆州人也祖貞周石臺太守孝孫弱冠知名與當時辭人虞世南蔡君和孔德紹庾抱庾自直劉斌等登臨山水結爲文會大業末沒于王世充世充弟僞杞王辯引爲行臺郎中洛陽平辯面縛歸國衆皆離散孝孫猶攀援號慟追送遠郊時人義之武德初歷虞州錄事參軍太宗召爲秦府學士貞觀六年遷著作佐郎吳王友嘗採歷代文集爲王撰古今類序詩苑四十卷十五年遷本府諮議參軍尋遷太子洗馬未拜卒

李玄道者本隴西人也世居鄭州爲山東冠族祖瑾魏著作佐郎父行之隋都水使者玄道仕隋爲齊王府屬李密據洛口引爲記室及密破爲王世充所執是時同遇凶俘者並懼死達曙不寐唯玄道顏色自若曰死生有命非憂能了同拘者雅推其識量及見世充舉措不攺其常世充素知其名益重之釋縛以爲著作佐郎東都平太宗召爲秦王府主簿文學館學士貞觀元年累遷給事中封姑臧縣男時王君廓爲幽州都督朝廷以其武將不習時事拜玄道爲幽州長史以維持府事君廓在州屢爲非法玄道數正議裁之嘗又遺玄道一婢玄道問婢所由云本良家子爲君廓所掠玄道因放遣之君廓甚不悅後遇君廓入朝房玄齡卽玄道之從甥也玄道附書君廓私發不識草字疑其謀已懼而奔叛玄道流巂州未幾徵還爲常州刺史在職清簡百姓安之太宗下詔褒美賜以綾綵三年表請致仕加銀青光

祿大夫以祿歸第尋卒子雲將知名官至尚書左丞

李守素者趙州人代爲東山名族太宗平王世充徵爲文學館學士署天策府倉曹參軍守素尤工譜學自晉宋已降四海士流及諸勳貴華戎閥閱莫不詳究當時號爲行譜嘗與虞世南共談人物言江左山東世南猶相酬對及言北地諸侯次第如流顯其世業皆有援證世南但撫掌而笑不復能答歎曰行譜定可畏許敬宗因謂世南曰李倉曹以善談人物乃得此名雖爲美事然非雅目公既言成準的宜當有以改之世南曰昔任彥昇美談經籍梁代稱爲五經笥今目倉曹爲人物志可矣貞觀初卒

史臣曰劉井州有言和氏之璧不獨耀於郢握夜光之珠何專玩於隋掌天下之寶固當與天下共之虞永興之從建德李安平之佐公祏褚陽翟之依薛舉蓋大渴不能擇泉而飲大暑不能擇蔭而息耳非不識其飲憩之所及文皇帝揭三辰而燭天下羣賢霧集人之所奉方得躍鱗天池擅價春山爲一代之至寶則所託之勢異也隋掌郢握曷有常哉二虞昆仲文章炳蔚於隋唐之際褚河南父子箴規獻替洋溢於貞觀永徽之間所謂代有人焉而三家尤盛

贊曰猗與文皇盪滌蒼昊十八文星連輝炳耀虞褚之筆動若有神安平之什老而彌新

舊唐書卷七十二考證

褚亮傳曾祖湮梁御史中丞○沈炳震曰陳書褚玠傳作澐

劉孝孫○臣德潛按因褚亮傳中敘薛收卒復徵東虞州錄事劉孝孫入館壽遺圖其狀貌是因薛收而及其生平不必更立傳也今附亮傳末

舊唐書卷七十三

後晉司空同中書門下平章事劉　昫撰

列傳第二十三

薛收兄子元敬 收子元超 從子稷　姚思廉

顏師古弟相時　令狐德棻鄧世隆 顧胤 李延壽 李仁實等附

孔穎達司馬才章 王恭 馬嘉運等附

薛收字伯褒蒲州汾陰人隋內史侍郎道衡子也事繼從父孺以孝聞年十二解屬文以父在隋非命乃潔志不仕大業末郡舉秀才固辭不應義旗起遁於首陽山將協義舉蒲州通守堯君素潛知收謀乃遣人迎收所生母王氏置城內收乃還城後君素將應王世充收遂踰城歸國秦府記室房玄齡薦之於太宗卽日召見問以經略收辯對縱橫皆合旨要授秦府主簿判陝東道大行臺金部郎中時太宗專任征伐檄書露布多出於收言辭敏速還同宿構馬上卽成曾無點竄太宗討王世充也竇建德率兵來拒諸將皆以爲宜且退軍以觀賊形勢收獨建策曰世充據有東都府庫塡積其兵皆是江淮精銳所患者在於乏食是以爲我所持求戰不可建德親總軍旅來拒我師亦當盡彼驍雄期於奮決若縱其至此兩寇相連轉河北之糧以相資給則伊洛之間戰鬬不已今宜分兵守營深其溝防卽世充欲戰愼勿出兵大王親率猛銳先據成皐之險訓兵坐甲以待其至彼以疲弊之師當我堂堂之勢一戰必尅建德卽破世充自下矣不過兩旬二國之君可面縛麾下若退兵自守計之下也太宗納之卒擒建德東都平太宗入觀隋氏宮室嗟後主罄人力以逞奢侈收進曰竊聞峻宇雕墻殷辛以滅土階茅棟唐堯以昌秦帝增阿房之飾漢后罷露臺之費故漢祚延而秦禍速自古如此後主曾不能察以萬乘之尊困一夫之手使土崩瓦解取譏後代以奢虐所致也太宗悅其對及軍還授天策府記室參軍太宗初授天策上將尚書令命收與世南並作第一讓表竟用收者太宗曾侍高祖遊後園中獲白魚命收爲獻表收援筆立就不復停思時人推其二表贍而速從平劉黑闥封汾陰縣男武德六年以本官兼文學館學士與房玄齡杜如晦特蒙殊禮受心腹之寄又嘗上書諫獵太宗手詔曰覽讀所陳實悟心膽今日成我卿之力也明珠兼乘豈比來言當以誡心書何能盡今賜卿黃金四十鋌以酬雅意七年寢疾太宗遣使臨問相望於道尋命輿疾詣府太宗親以衣袂撫收論敘生平潸然流涕尋卒年三十三太宗親自臨哭哀慟左右與收從父兄子元敬書曰吾與卿叔共事或軍旅多務或文詠從容何嘗不驅馳經略款曲襟抱比雖疾苦日冀痊除何期一朝忽成萬古追尋痛悼彌用傷懷且聞其兒子幼小家徒壁立未知何處安置宜加安撫以慰吾懷因使人弔祭贈物三百段及後遍圖學士等形像太宗歎曰薛收遂成故人恨不早圖其像及登極顧謂房玄齡曰薛收若在朕當以中書令處之又嘗夢收如平生又勅有司特賜其家粟帛貞觀七年贈定州刺史永徽六年又贈太常卿陪葬昭陵文集十卷元敬隋選部侍郎邁子也有文學少與收及收族兄德音齊名時人謂之河東三鳳收爲長雛德音爲鸑鷟元敬以年最小爲鵷鶵武德中元敬爲秘書郎太宗召爲天策府參軍兼直記室收與元敬俱爲文學館學士時房杜等處心腹之寄深相友託元敬畏於權勢竟不之狎如晦常云小記室不可得而親不可得而疏太宗入東宮除太子舍人時軍國之務總於東宮元敬專掌文翰號爲稱職尋卒收子元超早孤九歲襲爵汾陰男及長好學善屬文太宗甚重之令尚巢剌王女和靜縣主累授太子舍人預撰晉書高宗卽位擢拜給事中時年二十六數上書陳君臣政體及時事得失高宗皆嘉納之俄轉中書舍人加弘文館學士兼修國史中書省有一盤石初道衡爲內史侍郎嘗踞而草制元超每見此石未嘗不泫然流涕永徽五年丁母憂解明年起授黃門侍郎兼檢校太子左庶子元超既擅文辭兼好引寒俊嘗表薦任希古高智周郭正一王義方孟利貞等十餘人由是時論稱美後以疾出爲饒州刺史三年拜東臺侍郎右相李義府以罪配流巂州舊制流人禁乘馬元超奏請給之坐貶爲簡州刺史歲餘西臺侍郎上官儀伏誅又坐與文章款密配流巂州上元初遇赦還拜正諫大夫三年遷中書侍郎尋同中書門下三品時高宗幸溫泉校獵諸蕃酋長亦持弓矢而從元超以爲旣非族類深可爲虞上疏切諫帝納焉時元超特承恩遇常召入與諸王同預私讌又重其文學政理之才曾謂元超曰長得卿在中書固不藉多人也永隆二年拜中書令兼太子左庶子高宗幸東都太子於京師監國因留元超以侍太子常臨行謂元超曰朕之留卿如去一臂但吾子未閑庶務關西之事悉以委卿所寄旣深不得默爾於是元超表薦鄭祖玄鄧玄挺崔融爲崇文館學士又數上疏諫太子高宗知而稱善遣使慰諭賜物百段弘道元年以疾乞骸加金紫光祿大夫聽致仕其年冬卒年六十二贈光祿大夫秦州都督陪葬乾陵文集四十卷子曜亦以文學知名聖曆中修三教珠英官至正諫大夫元超從子稷稷舉進士累轉中書舍人時從祖兄曜爲正諫大夫與稷俱以辭學知名同在兩省爲時所稱景龍末爲諫議大夫昭文館學士好古博雅尤工隸書自貞觀永徽之際虞世南褚遂良時人宗其書跡自後罕能繼者稷外祖魏徵家富圖籍多有虞褚舊跡稷銳精模倣筆態遒麗當時無及之者又善畫博探古跡睿宗在藩留意於小學稷於是特見招引俄又令其子伯陽尚仙源公主及踐祚累拜中書侍郎與蘇頲等對掌制誥俄與中書侍郎崔日用參知政事睿宗以鍾紹京爲中書令稷勸令禮讓因入言於帝曰紹京素無才望出自胥吏雖有功勳未聞令德一朝超居元宰師長百寮臣恐清濁同貫失於聖朝具瞻之美帝然其言因紹京表讓遂轉爲戶部尚書稷又於帝前面折崔日用遞相短長由是罷知政事遷左散騎常侍歷工部禮部二尚書以翊贊睿宗功封晉國公賜實封三百戶除太子少保睿宗常召稷入宮中參決庶政恩遇莫與爲比及竇懷貞伏誅稷以知其謀賜死於萬年縣獄中子伯陽以尚公主拜右千牛衞將軍駙馬都尉亦以功封安邑郡公別食實封四百戶及父死特免坐左遷晉州員外別駕尋而配徙嶺表在道自殺伯陽子談開元十六年尚常山公主拜駙馬都尉光祿員外卿旬日暴卒

姚思廉字簡之雍州萬年人父察陳吏部尚書入隋歷太子內舍人秘書丞北絳公學兼儒史見重於三代陳亡察自吳興始遷關中思廉少受漢史於其父能盡傳家業勤學寡慾未嘗言及家人產業在陳爲揚州主簿入隋爲漢王府參軍丁父憂解職初察在陳嘗修梁陳二史未就臨終令思廉續成其志丁繼母憂廬於墓側毀瘠加人服闋補河間郡司法書佐思廉上表陳父遺言有詔許其續成梁陳史煬帝又令與起居舍人崔祖濬修區宇圖志遷代王侑侍讀會義師尅京城侑府寮奔駭唯思廉侍王不離其側兵將昇殿思廉厲聲謂曰唐公舉義本匡王室卿等不宜無禮於王衆服其言於是布列階下高祖聞而義之許其扶侑至順陽閤下泣拜而去觀者咸歎曰忠烈之士也仁者有勇此之謂乎高祖受禪授秦王文學後太宗征徐圓朗思廉時在洛陽太宗嘗從容言及隋亡之事慨然歎曰姚思廉不懼兵刃以明大節求諸古人亦何以加也因寄物三百段以遺之書曰想節義之風故有斯贈尋引爲文學館學士太宗入春宮遷太子洗馬貞觀初遷著作郎弘文館學士寫其形像列於十八學士圖令文學褚亮爲之讚曰志苦精勤紀言實錄臨危殉義餘風勵俗三年又受詔與秘書監魏徵同撰梁陳二史思廉又採謝炅等諸家梁史續成父書并推究陳事刪益博綜顧野王所修舊史撰成梁書五十卷陳書三十卷魏徵雖裁其總論其編次筆削皆思廉之功也賜綵絹五百段加通直散騎常侍思廉以藩邸之舊深被禮遇政有得失常遣密奏之思廉亦直言無隱太宗將幸九成宮思廉諫曰

離宮遊幸秦皇漢武之事固非堯舜禹湯之所爲也言甚切至太宗諭曰朕有氣疾熱便頓劇固非情好遊賞也因賜帛五十匹九年拜散騎常侍賜爵豐城縣男十一年卒太宗深悼惜之廢朝一日贈太常卿謚曰康賜葬地於昭陵子處平官至通事舍人處平子璹艇別有傳

顏籀字師古雍州萬年人齊黄門侍郎之推孫也其先本居琅邪世仕江左及之推歷事周齊齊滅始居關中父思魯以學藝稱武德初爲秦王府記室參軍師古少傳家業博覽羣書尤精詁訓善屬文隋仁壽中爲尚書左丞李綱所薦授安養尉尚書左僕射楊素見師古年弱貌羸因謂曰安養劇縣何以克當師古曰割雞焉用牛刀素奇其對到官果以幹理聞時薛道衡爲襄州總管與高祖有舊又悅其才有所綴文嘗使其掎摭疵病甚親昵之尋坐事免歸長安十年不得調家貧以教授爲業及起義師古至長春宮謁見授朝散大夫從平京城拜燉煌公府文學轉起居舍人再遷中書舍人專掌機密于時軍國多務凡有制誥皆成其手師古達於政理冊奏之工時無及者太宗踐祚擢拜中書侍郎封琅邪縣男以母憂去職服闋復爲中書侍郎歲餘坐事免太宗以經籍去聖久遠文字訛謬令師古於秘書省考定五經師古多所釐正既成奏之太宗復遣諸儒重加詳議于時諸儒傳習已久皆共非之師古輒引晉宋已來古今本隨言曉答援據詳明皆出其意表諸儒莫不歎服於是兼通直郎散騎常侍頒其所定之書於天下令學者習焉貞觀七年拜秘書少監專典刊正所有奇書難字衆所共惑者隨宜剖析曲盡其源是時多引後進之士爲讎校師古抑素流先貴勢雖富商大賈亦引進之物論稱其納賄由是出爲郴州刺史未行太宗惜其才謂之曰卿之學識良有可稱但事親居官未爲清論所許今之此授卿自取之朕以卿曩日任使不忍遐弃宜深自誡勵也於是復以爲秘書少監師古既負其才又早見驅策累被任用及頻有罪譴意甚喪沮自是闔門守靜杜絕賓客放志園亭葛巾野服然搜求古跡及古器耽好不已俄又奉詔與博士等撰定五禮十一年禮成進爵爲子時承乾在東宮命師古注班固漢書解釋詳明深爲學者所重承乾表上之太宗令編之秘閣賜師古物二百段良馬一匹十五年太宗下詔將有事於泰山所司與公卿幷諸儒博士詳定儀注太常卿韋挺禮部侍郎令狐德棻爲封禪使參考其儀時論者競起異端師古奏曰臣撰定封禪儀注書在十一年春于時諸儒參詳以爲適中於是詔公卿定其可否多從師古之說然而事竟不行師古俄遷秘書監弘文館學士十九年從駕東巡道病卒年六十五謚曰戴有集六十卷其所注漢書及急就章大行於世永徽三年師古子揚庭爲符璽郎又表上師古所撰匡謬正俗八卷高宗下詔付秘書閣仍賜揚庭帛五十疋師古弟相時亦有學業武德中與房玄齡等爲秦府學士貞觀中累遷諫議大夫拾遺補闕有諍臣之風尋轉禮部侍郎相時羸瘠多疾病太宗常使賜以醫藥性仁友及師古卒不勝哀慕而卒師古叔父遊秦武德初累遷廉州刺史封臨沂縣男時劉黑闥初平人多以强暴寡禮風俗未安遊秦撫恤境內敬讓大行邑里歌曰廉州顏有道性行同莊老愛人如赤子不殺非時草高祖璽書勞勉之俄拜鄆州刺史卒于官撰漢書決疑十二卷爲學者所稱後師古注漢書亦多取其義耳

令狐德棻宜州華原人隋鴻臚少卿熙之子也先居燉煌代爲河西右族德棻博涉文史早知名大業末爲藥城長以世亂不就職及義旗建淮安王神通據太平宮自稱總管以德棻爲記室參軍高祖入關引直大丞相府記室武德元年轉起居舍人甚見親待五年遷秘書丞與侍中陳叔達等受詔撰藝文類聚高祖問德棻曰比者丈夫冠婦人髻競爲高大何也對曰在人之身冠爲上飾所以古人方諸君上昔東晉之末君弱臣强江左士女皆衣小而裳大及宋武正位之後君德尊嚴衣服之製俄亦變改此卽近事之徵高祖然之時承喪亂之餘經籍亡逸德棻奏請購募遺書重加錢帛增置楷書令繕寫數年間羣書略備德棻嘗從容言於高祖曰竊見近代已來多無正史梁陳及齊猶有文籍至周隋遭大業離亂多有遺闕當今耳目猶接尚有可憑如更十數年後恐事跡湮沒陛下既受禪於隋復承周氏歷數國家二祖功業並在周時如文史不存何以貽鑑今古如臣愚見並請修之高祖然其奏下詔曰司典序言史官記事考論得失究盡變通所以裁成義類懲惡勸善多識前古貽鑑將來伏犧以降周秦斯及兩漢傳緒三國受命迄于晉宋載籍備焉自有魏南徙乘機撫運周隋禪代歷世相仍梁氏稱邦跨據淮海齊遷龜鼎陳建皇宗莫不自命正朔綿歷歲祀各殊徽號刪定禮儀至於發跡開基受終告代嘉謀善政名臣奇士立言著績無乏於時然而簡牘未編紀傳咸闕炎凉已積謠俗遷訛餘烈遺風倏焉將墜朕握圖馭宇長世字人方立典謩永垂憲則顧彼湮落用深軫悼有懷撰次實資良直中書令蕭瑀給事中王敬業著作郎殷聞禮可修魏史侍中陳叔達秘書丞令狐德棻太史令庾儉可修周史兼中書令封德彝中書舍人顏師古可修隋史大理卿崔善爲中書舍人孔紹安太子洗馬蕭德言可修梁史太子詹事裴矩兼吏部郎中祖孝孫前秘書丞魏徵可修齊史秘書監竇璡給事中歐陽詢秦王文學姚思廉可修陳史務加詳覈博採舊聞義在不刊書法無隱瑀等受詔歷數年竟不能就而罷貞觀三年太宗復勑修撰乃令德棻與秘書郎岑文本修周史中書舍人李百藥修齊史著作郎姚思廉修梁陳史秘書監魏徵修隋史與尚書左僕射房玄齡總監諸代史衆議以魏史既有魏收魏彥二家已爲詳備遂不復修德棻又奏引殿中侍御史崔仁師佐修周史德棻仍總知類會梁陳齊隋諸史武德已來創修撰之源自德棻始也六年累遷禮部侍郎兼修國史賜爵彭城男十年以修周史賜絹四百匹十一年修新禮成進爵爲子又以撰氏族志成賜帛二百匹十五年轉太子右庶子承乾敗隨例除名十八年起爲雅州刺史以公事免尋有詔改撰晉書房玄齡奏德棻令預修撰當時同修一十八人並推德棻爲首其體制多取決焉書成除秘書少監永徽元年又受詔撰定律令復爲禮部侍郎兼弘文館學士監修國史及五代史志尋遷太常卿兼弘文館學士時高宗初嗣位留心政道常召宰臣及弘文館學士於中華殿而問曰何者爲王道霸道又孰爲先後德棻對曰王道任德霸道任刑自三王已上皆行王道唯秦任霸術漢則雜而行之魏晉已下王霸俱失如欲用之王道爲最而行之爲難高宗曰今之所行何政爲要德棻對曰古者爲政清其心簡其事以此爲本當今天下無虞年穀豐稔薄賦斂少征役此乃合於古道爲政之要莫過於此高宗曰政道莫尚於無爲也又問曰禹湯何以興桀紂何以亡德棻對曰傳稱禹湯罪己其興也勃焉桀紂罪人其亡也忽焉二主惑於妹喜妲己誅戮諫者造炮烙之刑是其所以亡也高宗甚悅既罷各賜以繒綵四年遷國子祭酒以修貞觀十三年以後實錄功賜物四百段兼授崇賢館學士尋又撰高宗實錄三十卷進爵爲公龍朔二年表請致仕許之仍加金紫光祿大夫乾封元年卒于家年八十四謚曰憲德棻暮年尤勤於著述國家凡有修撰無不參預自武德已後有鄧世隆顧胤李延壽李仁實前後修撰國史頗爲當時所稱

鄧世隆者相州人也大業末王世充兄子太守河陽引世隆爲賓客大見親遇及太宗攻洛陽遺書諭太世隆爲復書言辭不遜洛陽平後世隆懼罪變姓名自號隱玄先生竄於白鹿山貞觀初徵授國子主簿與崔仁師慕容善行劉顗庾安禮敬播等俱爲修史學士世隆負宿罪猶不自安太宗聞之遣房玄齡諭之曰爾爲王太作書誠合重罪但各爲其主於朕豈有惡哉朕今爲天子何能追責匹夫之過爾宜坦然勿懷危懼也擢授著作佐郎歷衞尉丞初太宗以武功定海內櫛風沐雨不暇於詩書暨于嗣業進引忠良銳精思政數年之後道致隆平遂於聽覽之暇留情文史敘事言懷時有構屬天才宏麗興託玄遠貞觀十三年世隆上疏請編錄御集太宗竟不許之世隆又採隋代舊事撰爲東都記三十卷遷著作郎尋卒

顧胤者蘇州吳人也祖越陳給事黄門侍郎父覽隋秘書學士胤永徽中歷遷起居郎兼修國史撰太宗實錄二十卷成以功加朝散大夫授弘文館學士以撰武德貞觀兩朝國史八十卷成加朝請大夫封餘杭縣男賜帛五百段龍朔三年遷司文郎中尋卒胤又撰漢書古今集二十卷行於代子琮長安中爲天官侍郎同鳳閣鸞臺平章事

李延壽者本隴西著姓世居相州貞觀中累補太子典膳丞崇賢館學士嘗受詔與著作佐郎敬播同修五代史志又預撰晉書尋轉御史臺主簿兼直國史延壽嘗撰太宗政典三十卷表上之歷遷符璽郎兼修國史尋卒調露中高宗嘗觀其所撰政典歎美久之令藏于秘閣賜其家帛五十段延壽又嘗刪補宋齊梁陳及魏齊周隋等八代史謂之南北史凡一百八十卷頗行於代李仁實魏州頓丘人官至左史嘗著格論三卷通曆八卷戎州記並行於時

孔穎達字仲達冀州衡水人也祖碩後魏南臺丞父安齊青州法曹參軍穎達八歲就學日誦千餘言及長尤明左氏傳鄭氏尚書王氏易毛詩禮記兼善算曆解屬文同郡劉焯名重海內穎達造其門焯初不之禮穎達請質疑滯多出其意表焯改容敬之穎達固辭歸焯固留不可還家以教授爲務隋大業初舉明經高第授河內郡博士時煬帝徵諸郡儒官集于東都令國子秘書學士與之論難穎達爲最時穎達少年而先輩宿儒恥爲之屈潛遣刺客圖之禮部尚書楊玄感舍之於家由

是獲免補太學助教屬隋亂避地於武牢太宗平王世充引爲秦府文學館學士武德九年擢授國子博士貞觀初封曲阜縣男轉給事中時太宗初卽位留心庶政穎達數進忠言益見親待太宗嘗問曰論語云以能問於不能以多問於寡有若無實若虛何謂也穎達對曰聖人設教欲人謙光已雖有能不自矜大仍就不能之人求訪能事已之才藝雖多猶以爲少仍就寡少之人更求所益已之雖有其狀若無已之雖實其容若虛非唯匹庶帝王之德亦當如此夫帝王內蘊神明外須玄默使深不可測度不可知易稱以蒙養正以明夷莅衆若其位居尊極炫燿聰明以才凌人飾非拒諫則上下情隔君臣道乖自古滅亡莫不由此也太宗深善其對六年累除國子司業歲餘遷太子右庶子仍兼國子司業與諸儒議曆及明堂皆從穎達之說又與魏徵撰成隋史加位散騎常侍十一年又與朝賢修定五禮所有疑滯咸諮決之書成進爵爲子賜物三百段庶人承乾令撰孝經義疏穎達因文見意更廣規諷之道學者稱之太宗以穎達在東宮數有匡諫與左庶子于志寧各賜黃金一斤絹百匹十二年拜國子祭酒仍侍講東宮十四年太宗幸國學觀釋奠命穎達講孝經既畢穎達上釋奠頌手詔褒美後承乾不循法度穎達每犯顏進諫承乾乳母遂安夫人謂曰太子成長何宜屢致面折穎達對曰蒙國厚恩死無所恨諫諍逾切承乾不能納先是與顏師古司馬才章王恭王琰等諸儒受詔撰定五經義訓凡一百八十卷名曰五經正義太宗下詔曰卿等博綜古今義理該洽考前儒之異說符聖人之幽旨實爲不朽付國子監施行賜穎達物三百段時又有太學博士馬嘉運駁穎達所撰正義詔更令詳定功竟未就十七年以年老致仕十八年圖形於凌煙閣讚曰道光列第風傳闕里精義霞開摛辭飈起二十二年卒陪葬昭陵贈太常卿謚曰憲

司馬才章者魏州貴鄉人也父烜博涉五經善緯候才章少傳其業隋末爲郡博士貞觀六年左僕射房玄齡薦之屢蒙召問擢授國子助教論議該洽學者稱之

王恭者滑州白馬人也少篤學博涉六經每於鄉閭教授弟子自遠方至數百人貞觀初徵拜太學博士其所講三禮皆別立義證甚爲精博蓋文懿文達等皆當時大儒罕所推借每講三禮皆遍舉先達義而亦暢恭所說

馬嘉運者魏州繁水人也少出家爲沙門明於三論後更還俗專精儒業尤善論難貞觀初累除越王東閤祭酒頃之罷歸隱居白鹿山十一年召拜太學博士兼弘文館學士預修文思博要嘉運以穎達所撰正義頗多繁雜每掎摭之諸儒亦稱爲允當高宗居春宮引爲崇賢館學士數與洗馬秦暐侍講殿中甚蒙禮異十九年遷國子博士卒

史臣曰唐德勃興英儒間出佐命協力寔有其人薛收左右厥猷經謀雅道不幸短命殲我良士上言恨不圖形若在當以中書令處之才可知矣元敬藻翰明敏而畏權勢竟不狎房杜深沉至愼不亦優哉元超藉父風望溺亮宏略諒非其罪而再遷流及登大任益有嘉謀汲引多才以隆弘納其感恩之重時其聞諸有始有卒其殆庶幾乎稷出自名家涉于大用及自貽謀釁如貞亮何姚思廉篤學寡欲受漢史於家尊果執明義臨大節而不可奪及筆削成書箴規翊聖言其命世亦當仁乎師古家籍儒風該博經義至于詳注史策探測典禮清明在躬天有才格然而三黜之負竟在時譏孔子曰才難不其然乎令狐德棻貞度應時待問平直徵舊史修新禮以暢國風辨治亂談王霸以資帝業元首明哉股肱良哉其斯之謂歟鄧世隆國史時譽固有諒直其復書不遜何不知之甚也上疏請編御集其弼直乎顧胥清芬可觀彝範積善餘慶其有子哉李延壽研考史學修撰刪補克成大典方之班馬何代無人仁實据摭抑又次焉孔穎達風格高爽幼而有聞探賾明敏辨析應對天有通才人道惡盈必有毀訏及正義炳煥乃異人也雖其掎摭亦何損於明司馬才章藉時崇儒明嚴致業王恭弘闡聲教禮學研詳馬嘉運達識自通克成典雅並符才用潤色丹青其掎摭繁雜蓋求備者也

贊曰河東三鳳俱瑞黃圖棻爲良史穎實名儒解經不窮希顏之徒登瀛入館不其盛乎

# 舊唐書卷七十四

後晉司空同中書門下平章事劉　昫撰

## 列傳第二十四

劉　洎　馬　周

崔仁師 孫湜 湜弟液 液弟滌 液子諭

劉洎字思道荊州江陵人也隋末仕蕭銑爲黃門侍郎銑令略地嶺表得五十餘城未還而銑敗遂以所得城歸國授南康州都督府長史貞觀七年累拜給事中封清苑縣男十五年轉治書侍御史上疏曰尚書萬機寔爲政本伏尋此選受授誠難是以八座比於文昌二丞方於管轄爰至曹郎上應列宿苟非稱職竊位興譏伏見比來尚書省詔勅稽停文案壅滯臣誠雖庸劣請述其源貞觀之初未有令僕于時省務繁雜倍多於今左丞戴胄右丞魏徵並曉達吏方質性平直事應彈舉無所迴避陛下又假以恩慈自然肅物百司匪懈抑此之由及杜正倫續任右丞頗亦厲下比者綱維不舉並爲勳親在位品非其任功勢相傾凡在官寮未循公道雖欲自強先懼囂謗所以郎中抑奪唯事諮稟尚書依違不得斷決或擁聞奏故事稽延案雖理窮仍更盤下去無程限來不責遲一經出手便涉年載或希旨失情或避嫌抑理勾司以案成爲事了不究是非尚書用便僻爲奉公莫論當否遞相姑息唯務彌縫且選賢授能非材莫舉天工人代焉可妄加至於懿戚元勳但優其禮秩或年高耄及或積病智昏既無益於時宜當致之以閑逸久妨賢路殊爲不可將救茲弊且宜精簡四員左右丞左右司郎中如並得人自然綱維略舉亦當矯正趨競豈唯息其稽滯哉書奏未幾拜尚書右丞十三年遷黃門侍郎十七年加授銀青光祿大夫尋除散騎常侍洎性疏峻敢言太宗工王羲之書尤善飛白嘗宴三品已上於玄武門帝操筆作飛白字賜羣臣或乘酒爭取於帝手洎登御座引手得之皆奏曰洎登御牀罪當死請付法帝笑而言曰昔聞婕妤辭輦今見常侍登牀尋攝黃門侍郎加上護軍太宗善持論每與公卿言及古道必詰難往復洎上書諫曰帝王之與凡庶聖哲之與庸愚上下相懸擬倫斯絕是知以至愚而對至聖以極卑而對至尊徒思自強不可得也陛下降恩旨假慈顏凝旒以聽其言虛襟以納其說猶恐羣下未敢對敭況動神機縱天辯飾辭以折其理援古以排其議欲令凡庶何階應答臣聞皇天以無言爲貴聖人以不言爲德老君稱大辯若訥莊生稱至道無文此皆不欲煩也齊侯讀書輪扁竊笑漢皇慕古長孺陳譏此亦不欲勞也且多記則損心多語則損氣心氣內損形神外勞初雖不覺後必爲累須爲社稷自愛豈爲性好自傷乎竊以今日昇平皆陛下力行所至欲其長久匪由辯博但當忘彼愛憎愼茲取捨每事敦朴無非至公若貞觀之初則可矣至如秦政強辯失人心於自矜魏文宏才虧衆望於虛說此才辯之累較然可知矣伏願略茲雄辯浩然養氣簡彼緗圖淡焉自怡固萬壽於南岳齊百姓於東戶則天下幸甚皇恩斯畢手詔答曰非慮無以臨下非言無以述慮比有談論遂致煩多輕物驕人恐由茲道形神心氣非此爲勞今聞讜言虛懷以改時皇太子初立洎以爲宜尊賢重道上書曰臣聞郊迎四方孟侯所以成德齒學三讓元良由是作貞斯皆屈主祀之尊申下交之義故得芻言咸薦睿問旁通不出軒庭坐知天壤率由茲道永固鴻基者焉原夫太子宗祧是繫善惡之際興亡斯在不勤於始將悔于終是以晁錯上書令先通政術賈誼獻策務前知禮教竊惟皇太子孝友仁義明允篤誠皆挺自天姿非勞審諭固以華夷仰德翔泳希風矣然則寢門視膳已表於三朝藝宮論道宜弘於四術雖春秋鼎盛飭躬有漸實恐歲月易徂墮業與議取適宴安方從此始臣以愚短幸忝侍從思廣離明願聞徑術不敢曲陳故事請以聖德言之伏惟陛下誕叡膺圖登庸歷試多才多藝道著於匡時允武允文功成於纂祀萬方卽序九圍清宴尚且雖休勿休日愼一日求異聞於振古勞睿思於當年乙夜觀書事高漢帝馬上披卷勤過魏后陛下自勵如此而令太子優游棄日不習圖書臣所未諭一也加以蹔屏機務卽寓雕蟲綜寶思於天文則長河韜映摛玉字於仙札則流霞成彩固以錙銖萬代冠冕百王屈宋不足以升堂鍾張何階於入室陛下自好如此而太子悠然靜處不尋篇翰臣所未諭二也陛下歷該衆妙獨秀寰中猶晦天聽俯詢凡識聽朝之隙引見羣官降以溫顏訪以今古故得朝廷是非里閭好惡凡有巨細必關聽覽陛下自好如此而令太子久入趨侍不接正人臣所未諭三也陛下若謂無益則何事勞神若謂有成則宜申貽厥蔑而不急未見其可伏願俯推睿範訓及儲君授以良書娛之嘉客晨披經史觀成敗於前蹤晚接賓遊訪得失於當代間以書札繼以篇章則日聞所未聞日見所未見副德適光羣生之福也古之太子問安而退所以廣敬於君父異宮而處所以分別於嫌疑今太子一侍天闈動移旬朔師傅以下無由接見假令供奉有隙暫還東宮拜謁既疏且事欣仰規諫之道固所未暇陛下不可以親教宮寀無由以進言雖有具寮竟將何補伏願俯循前躅稍抑下流弘遠大之規展師友之義則儲藩克茂帝圖斯廣凡在黎元孰不慶賴自此勅洎令與岑文本同馬周遞日往東宮與皇太子談論太宗嘗怒苑西守監穆裕命於朝堂斬之皇太子遽進諫太宗謂司徒長孫無忌曰夫人久相與處自然染習自朕臨御天下虛心正直卽有魏徵朝夕進諫自徵云亡劉洎岑文本馬周褚遂良等繼之皇太子幼在朕膝前每見朕心

悅諫昔者因染以成性固有今日之諫耳十八年遷侍中太宗嘗謂侍臣曰夫人臣之對帝王多順旨而不逆甘言以取容朕今發問欲聞己過卿等須言朕愆失長孫無忌李勣楊師道等咸云陛下聖化致太平臣等不見其失洎對曰陛下化高萬古誠如無忌等言然頃上書人不稱旨者或面加窮詰無不慚退恐非獎進言者之路太宗曰卿言是也當爲卿改之太宗征遼令洎與高士廉馬周留輔皇太子定州監國仍兼左庶子檢校民部尚書太宗謂洎曰我今遠征使卿輔翼太子社稷安危之機所寄尤重卿宜深識我意洎進曰願陛下無憂大臣有愆失者臣謹卽行誅太宗以其妄發頗怪之謂曰君不密則失臣臣不密則失身卿性疎而太健恐以此取敗深宜誡慎以保終吉十九年太宗遼東還發定州在道不康洎與中書令馬周入謁洎周出遂良傳問起居洎泣曰聖體患癰極可憂懼遂良誣奏之曰洎云國家之事不足慮正當傅少主行伊霍故事大臣有異志者誅之自然定矣太宗疾愈詔問其故洎以實對又引馬周以自明太宗問周周對與洎所陳不異遂良又執證不已乃賜洎自盡洎臨引決請紙筆欲有所奏憲司不與洎死太宗知憲不與紙筆怒之並令屬吏洎文集十卷行於時則天臨朝其子弘業上言洎被遂良譖而死詔令復其官爵

馬周字賓王淸河茌平人也少孤貧好學尤精詩傳落拓不爲州里所敬武德中補博州助教日飲醇酎不以講授爲事刺史達奚恕屢加咎責周乃拂衣遊於曹汴又爲浚儀令崔賢所辱遂感激西遊長安宿於新豐逆旅主人唯供諸商販而不顧待周遂命酒一斗八升悠然獨酌主人深異之至京師舍於中郎將常何之家貞觀五年太宗令百寮上書言得失何以武吏不涉經學周乃爲何陳便宜二十餘事令奏之事皆合旨太宗怪其能問何何答曰此非臣所能家客馬周具草也每與臣言未嘗不以忠孝爲意太宗卽日召之未至間遣使催促者數四及謁見與語甚悅令直門下省六年授監察御史奉使稱旨帝以常何擧得其人賜帛三百匹是歲周上疏曰微臣每讀經史見前賢忠孝之事臣雖小人竊希大道未嘗不廢卷長想思履其迹臣以不幸早失父母犬馬之養已無所施顧來事可爲者唯忠義而已是以徒步二千里而自歸于陛下陛下不以臣愚瞽過垂齒錄竊自顧瞻無階答謝輒以微軀丹款惟陛下所擇臣伏見大安宮在宮城之西其牆宇宮闕之制方之紫極尙爲卑小臣伏以東宮皇太子之宅猶處城中大安乃至尊所居更在城外雖太上皇游心道素志存淸儉陛下重違慈旨愛惜人力而蕃夷朝見及四方觀聽有不足焉臣願營築雉堞修起門樓務從高顯以稱萬方之望則大孝昭乎天下矣臣又伏見明勑以二月二日幸九成宮臣竊惟太上皇春秋已高陛下宜朝夕視膳而晨昏起居今所幸宮去京三百餘里鑾輿動軔嚴蹕經旬非可以旦暮至也太上皇情或思感而欲卽見陛下者將何以赴之且車駕今行本爲避暑然則太上皇尙留熱所而陛下自逐涼處溫凊之道臣竊未安然勑書既出業已成就願示速返之期以開衆惑臣又見詔書令宗室勳賢作鎭藩部貽厥子孫嗣守其政非有大故無或黜免臣竊惟陛下封植之者誠愛之重之欲其胤裔承守而與國無疆也臣以爲如詔旨者陛下宜思所以安存之富貴之然則何用代官也何則以堯舜之父猶有朱均之子儻有孩童嗣職萬一驕愚兆庶被其殃而國家受其敗正欲絶之也則子文之治猶在正欲留之也而欒黶之惡已彰與其毒害於見存之百姓則寧使割恩於已亡之臣明矣然則向所謂愛之者乃適所以傷之也臣謂宜賦以茅土疇其戶邑必有材行隨器方授則雖其翰翮非强亦可以獲免尤累昔漢光武不任功臣以吏事所以終全其代者良得其術也願陛下深思其事使夫得奉大恩而子孫終其福祿也臣又聞聖人之化天下莫不以孝爲基故曰孝莫大於嚴父嚴父莫大於配天又曰國之大事在祀與戎孔子亦云吾不預祭如不祭是聖人之重祭祀也如此伏惟陛下踐祚以來宗廟之享未曾親事伏緣聖情獨以鑾輿一出勞費稍多所以恐其孝思以便百姓遂使一代之史不書皇帝入廟之事將何以貽厥孫謀垂則來葉臣知大孝誠不在俎豆之間然聖人之訓人固有屈己以從時願聖慈顧省愚款臣又聞致化之道在於求賢審官爲政之基在於揚淸激濁孔子曰唯名與器不以假人是言愼擧之爲重也臣伏見王長通白明達本自樂工輿皁雜類韋槃提斛斯正則更無他材獨解調馬縱使術踰儕輩伎能有取乍可厚賜錢帛以富其家豈得列預士流超授高爵遂使朝會之位萬國來庭騶子倡人鳴玉曳履與夫朝賢君子比肩而立同坐而食臣竊恥之然朝命既往縱不可追謂宜不使在朝班預於士伍太宗深納之尋除侍御史加朝散大夫十一年周又上疏曰臣歷觀前代自夏殷及漢氏之有天下傳祚相繼多者八百餘年少者猶四五百年皆爲積德累業恩結於人心豈無僻王賴前哲以免自魏晉以還降及周隋多者不過六十年少者纔二三十年而亡良由創業之君不務廣恩化當時僅能自守後無遺德可思故傳嗣之主政教少衰一夫大呼而天下土崩矣今陛下雖以大功定天下而積德日淺固當思隆禹湯文武之道廣施德化使恩有餘地爲子孫立萬代之基豈欲但令政教無失以持當年而已然自古明王聖主雖因人設教寬猛隨時而大要唯以節儉於身恩加於人二者是務故其下愛之如日月畏之如雷霆此其所以卜祚遐長而禍亂不作也今百姓承喪亂之後比於隋時纔十分之一而供官徭役道路相繼兄去弟還首尾不絶遠者往來五六千里春秋冬夏略無休時陛下雖每有恩詔令其減省而有司作既不廢自然須人徒行文書役之如故臣每訪問四五年來百姓頗有嗟怨之言以爲陛下不存養之昔唐堯茅茨土階夏禹惡衣菲食如此之事臣知不可復行於今漢文帝惜百金之費輟露臺之役集上書囊以爲殿帷所幸愼夫人衣不曳地至景帝以錦繡纂組妨害女功特詔除之所以百姓安樂至孝武帝雖窮奢極侈而承文景遺德故人心不動向使高祖之後卽有武帝天下必不能全此於時代差近事迹可見今京師及益州諸處營造供奉器物幷諸王妃主服飾議者皆不以爲儉臣聞昧旦丕顯後世猶怠作法於理其弊猶亂陛下少處人間知百姓辛苦前代成敗目所親見尙猶如此而皇太子生長深宮不更外事卽萬歲之後固聖慮所當憂也臣尋往代以來之事但有黎庶怨叛聚爲盜賊其國無不卽滅人主雖改悔未有重能安全者凡脩政教當修於可修之時若事變一起而後悔之則無益者也故人主每見前代之亡則知其政教之所由喪而皆不知其身之失是以殷紂笑夏桀之亡而幽厲亦笑殷紂之滅隋煬帝大業之初又笑齊魏之失國今之視煬帝亦猶煬帝之視齊魏也故京房謂漢元帝云臣恐後之視今亦猶今之視古此言不可不誡也往者貞觀之初率土荒儉一匹絹纔得一斗米而天下帖然百姓知陛下甚憂憐之故人人自安曾無謗讟自五六年來頻歲豐稔一匹絹得粟十餘石而百姓皆以爲陛下不憂憐之咸有怨言又今所營爲者頗多不急之務故也自古以來國之興亡不由積畜多少唯在百姓苦樂且以近事驗之隋家貯洛口倉而李密因之東都積布帛而世充據之西京府庫亦爲國家之用至今未盡向使洛口東都無粟帛則世充李密未能必聚大衆但貯積者固是有國之常事要當人有餘力而後收之豈人勞而强斂之更以資寇積之無益也然儉以息人貞觀之初陛下已躬爲之故今行之不難也爲之一日則天下知之式歌且舞矣若人既勞矣而用之不息儻中國被水旱之災邊方有風塵之患狂狡因之以竊發則有不可測之事非徒聖躬旰食晏寢而已古語云動人以行不以言應天以實不以文以陛下之明誠欲勵精爲政不煩遠采上古之術但及貞觀之初則天下幸甚昔賈誼爲漢文帝云可慟哭及長歎息者言當韓信王楚彭越王梁英布王淮南之時使文帝卽天子位必不能安又言賴諸王年少傅相制之長大之後必生禍亂歷代以來皆以誼言爲是臣竊觀今諸將功臣陛下所與定天下者皆仰稟成規備鷹犬之用無威略振主如韓彭之難駕馭者而諸王年並幼少縱其長大當陛下之日必無他心然卽萬代之後不可不慮自漢晉以來亂天下者何嘗不是諸王皆爲樹置失宜不預爲節制以至於滅亡人主熟知其然但溺於私愛故使前車既覆而後車不改轍也今天下百姓極少諸王甚多寵遇之恩有過厚者臣之愚慮不唯慮其恃恩驕矜也昔魏武帝寵陳思及文帝卽位防守禁閉有同獄囚以先帝加恩太多故嗣王疑而畏之也此則武帝寵陳思適所以苦之也且帝子何患不富貴身食大國封戶不少好衣美食之外更何所須而每年加別優賜曾無紀極俚語曰貧不學儉富不學奢言自然也今大聖創業豈唯處置見在子弟而已當制長久之法使萬代遵行又言臨天下者以人爲本欲令百姓安樂唯在刺史縣令縣令既衆不能皆賢若每州得良刺史則合境蘇息天下刺史悉稱聖意則陛下端拱巖廊之上百姓不慮不安自古郡守縣令皆妙選賢德欲有擢昇宰相必先試以臨人或從二千石入爲丞相今朝廷獨重內官縣令刺史頗輕其選刺史多是武夫勳人或京官不稱職方始外出而折衝果毅之內身材强者先入爲中郎將其次始補州任邊遠之處用人更輕其材堪宰位以德行見稱擢者十不能一所以百姓未安殆由於此疏奏太宗稱善久之先是京城諸街每至晨暮遣人傳呼以警衆周遂奏諸街置鼓每擊以警衆令罷傳呼時人便之太宗益加賞勞俄拜給事中十二年轉中書舍人周有機辯能敷奏深識事端動無不中太宗嘗曰我於馬周暫不見則便思之中書侍郎岑文本謂

所親曰吾見馬君論事多矣援引事類揚搉古今舉要刪蕪會文切理一字不可加一言不可減聽之靡靡令人亡倦昔蘇張終賈正應此耳然鳶肩火色騰上必速恐不能久耳十五年遷治書侍御史兼知諫議大夫又兼檢校晉王府長史王爲皇太子拜中書侍郎兼太子右庶子十八年遷中書令依舊兼太子右庶子周既職兼兩宮處事精審甚獲當時之譽太宗伐遼東皇太子定州監守令周與高士廉劉洎留輔皇太子太宗還以本官攝吏部尚書二十一年加銀青光祿大夫太宗嘗以神筆賜周飛白書曰鸞鳳凌雲必資羽翼股肱之寄誠在忠良周病消渴彌年不瘳時駕幸翠微宮敕求勝地爲周起宅名醫中使相望不絕每令尚食以膳供之太宗躬爲調藥皇太子親臨問疾周臨終索所陳事表草一帙手自焚之慨然曰管晏彰君之過求身後名吾弗爲也二十二年卒年四十八太宗爲之舉哀贈幽州都督陪葬昭陵高宗即位追贈尚書右僕射高唐縣公垂拱中配享高宗廟庭子載咸亨年累遷吏部侍郎善選補于今稱之卒於雍州長史

崔仁師定州安喜人武德初應制舉授管州錄事參軍五年侍中陳叔達薦仁師才堪史職進拜右武衞錄事參軍預修梁魏等史貞觀初再遷殿中侍御史時青州有逆謀事發州縣追捕反黨俘囚滿獄詔仁師按覆其事仁師至州悉去杻械仍與飲食湯沐以寬慰之唯坐其魁首十餘人餘皆原免及奏報詔使將往決之大理少卿孫伏伽謂仁師曰此獄徒侶極衆而足下雪免者多人皆好生誰肯讓死今既臨命恐未甘心深爲足下憂也仁師曰嘗聞理獄之體必務仁恕故稱殺人刖足亦皆有禮豈有求身之安知枉不爲申理若以一介暗短但易得十四之命亦所願也伏伽慙而退及勅使至青州更訊諸囚咸曰崔公仁恕事無枉濫請伏罪皆無異辭仁師後爲度支郎中嘗奏支庶財物數千言手不執本太宗怪之令黃門侍郎杜正倫齎本仁師對唱一無差殊太宗大奇之時校書郎王玄度注尚書毛詩毀孔鄭舊義上表請廢舊注行已所注者詔禮部集諸儒詳議玄度口辯諸博士皆不能詰之郎中許敬宗請付秘閣藏其書河間王孝恭特請與孔鄭並行仁師以玄度穿鑿不經乃條其不合大義駮奏請罷之詔竟依仁師議玄度遂廢十六年遷給事中時刑部以賊盜律反逆緣坐兄弟沒官爲輕請改從死奏請八座詳議右僕射高士廉吏部尚書侯君集兵部尚書李勣等議請從重民部尚書唐儉禮部尚書江夏王道宗工部尚書杜楚客等議請依舊不改時議者以漢及魏晉謀反皆夷三族咸欲依士廉等議仁師獨駁曰自羲農以降爰及唐虞或設言而人不犯或畫象而下知禁三代之盛泣辜解網父子兄弟罪不相及咸臻至理俱爲稱首及其世亂獄訟滋煩周之季年不勝其弊烈火原於子產峭潤起於安于韓季申商爭持急刻參夷相坐始於此也秦用其法遂至土崩漢高之務寬大未爲盡善文帝之存仁厚仍多涼德遂使新垣族滅信越葅醢見譏良史謂之過刑魏晉至隋有損有益凝脂猶密秋荼尙煩皇上爰發至仁念茲刑憲酌前王之令典採往代之嘉猷革弊蠲苛可大可久仍降綸綍頒之九區故得斷獄數簡手足有措刑清化洽未有不安忽以暴秦酷法爲隆周中典垂惻隱之情反惟行之令進退參詳未見其可且父子天屬昆季同氣誅其父子足累其心此而不顧何愛兄弟既欲改法請更審量竟從仁師駁議後仁師密奏請立魏王爲太子忤旨轉爲鴻臚少卿遷民部侍郎征遼之役詔太常卿韋挺知海運仁師爲副仁師又別知河南水運仁師以水路險遠恐遠州所輸不時至海遂便宜從事遞發近海租賦以充轉輸及韋挺以壅滯失期除名爲民仁師以運夫逃走不奏坐免官既不得志遂作體命賦以暢其情辭多不載太宗還至中山起爲中書舍人尋兼檢校刑部侍郎太宗幸翠微宮仁師上清暑賦以諷太宗稱善賜帛五十段二十二年遷中書侍郎參知機務時仁師甚承恩遇中書令褚遂良頗忌嫉之會有伏閤上訴者仁師不奏太宗以仁師罔上遂配龔州會赦還永徽初起授簡州刺史尋卒年六十餘神龍初以子挹爲國子祭酒恩例贈同州刺史挹子湜湜少以文辭知名舉進士累轉左補闕預修三教珠英遷殿中侍御史神龍初轉考功員外郎時桓彥範敬暉等既知國政懼武三思讒間引湜爲耳目使伺其動靜俄而中宗疎忌功臣於三思恩寵漸厚湜乃反以桓敬等計議潛告三思尋遷中書舍人及桓敬等從于嶺外湜又說三思盡宜殺之以絕其歸望三思問誰可使者湜表兄周利貞先爲桓敬等所惡自侍御史出嘉州司馬湜乃舉充此行桓敬等聞利貞至多自殺三思引利貞爲御史中丞湜景龍二年遷兵部侍郎挹爲禮部父子同爲南省副貳有唐已來未有也時昭容上官氏屢出外宅湜託附之由是中宗遇湜甚厚俄拜吏部侍郎尋轉中書侍郎同中書門下平章事與鄭愔同知選事銓綜失序爲御史李尚隱所劾愔坐配流嶺表湜左轉爲江州司馬上官昭容密與安樂公主曲爲申理中宗乃以愔爲江州司馬授湜襄州刺史未幾入爲尚書左丞韋庶人臨朝復爲中書侍郎同中書門下三品睿宗即位出爲華州刺史俄又拜太子詹事初湜景龍中獻策開南山新路以通商州水陸之運役徒數萬死者十三四仍嚴錮舊道禁行旅所開新路以通竟爲夏潦衝突崩壓不通至是追論湜開山路功加銀青光祿大夫俄爲太平公主所引復遷中書門下三品先天元年拜中書令與劉幽求爭權不協陷幽求徙于嶺表仍促廣州都督周利貞以逗留殺之不果而止時挹以年老累除戶部尚書致仕挹性貪冒受人請託數以公事干湜湜多違拒不從大爲時論所嗤玄宗在東宮數幸其第恩意甚密湜既私附太平公主時人咸爲之懼門客陳振鷺獻海鷗賦以諷之湜雖稱善而心實不悅及帝將誅蕭至忠等召將託爲腹心湜弟滌謂湜曰主上若有所問不得有所隱也湜不從及見帝對問失旨至忠等既誅湜坐徙嶺外時新興王晉亦連坐伏誅臨刑歎曰本謀此事出自崔湜今我就死而湜得生何寃濫也俄而所司奏宮人元氏款稱與湜曾密謀進酖乃追湜賜死初湜與張說有隙說時爲中書令議者以爲說構陷之時湜與尚書右丞盧藏用同配流俱行湜謂藏用曰家弟承恩或冀寬宥因遲留不速進行至荊州夢於講堂照鏡曰鏡者明象吾當爲人主所明也以告占夢人張由對曰講堂者受法之所鏡者於文爲立見金此非吉徵其日追使至縊於驛中時年四十三湜美姿儀早有才名弟液滌及從兄涖並有文翰居清要每宴私之際自比東晉王導謝安之家謂人曰吾之一門及出身歷官未嘗不爲第一丈夫當先據要路以制人豈能默默受制於人也是故進趣不已而不以令終液尤工五言之作湜常歎伏之曰海子我家之龜也海子即液小名官至殿中侍御史坐兄配流逃匿於郢州人胡履虛之家作幽征賦以見意辭甚典麗遇赦還道病卒友人裴耀卿纂其遺文爲集十卷液子論以吏幹稱天寶中自櫟陽令還司勳員外郎濮陽太守乾元後歷典名郡皆以理行稱大曆末元載以罪誅朝廷方振起淹滯遷同州刺史未幾爲黜陟使庾何所按廢免議者以何舉奏涉於深刻復用論爲衢州刺史秩滿寓於揚楚間德宗以舊族耆年授大理卿致仕卒液弟滌多辯智善諧謔素與玄宗款密兄湜坐太平黨誅玄宗常思之故待滌踰厚用爲秘書監出入禁中與諸王侍宴不讓席而坐或在寧王之上後賜名澄從東封還加金紫光祿大夫封安喜縣子開元十四年卒贈兗州刺史

史臣曰劉洎始以章疏切直以至位望隆顯至于提綱整帶啓聖嘉猷籍國士之談體廊廟之器噎樞機之發榮辱之主一言不慎竟陷誣奏雖君親甚悔而駟不及舌良足悲矣馬周道承際會天性深沉悟主談微作忠本孝沖識廣度宛涉穹崇詩曰嘉樂君子顯顯令德惜其中壽不憖遺乎崔仁師以史材獲進其刊正褒貶雅得詳明至于本仁恕申枉濫其事可觀沮穿鑿之注止從重之刑其言甚直書曰疑謀勿成而以魏王爲請不亦惑乎及參機務竟致忌嫉罔上之名抑有由也崔湜之德去祖逾遠謂勢可恃謂進無傷及位極人臣而心無止足覽海鷗賦知而不誡及荊州之夢人知不免易曰不節之嗟又誰咎也

贊曰驥逢造父一日千里英主取賢不拘階陛賓王徒步洎爲賊吏一見文皇皆登相位

舊唐書卷七十四考證

馬周傳太宗嘗以神筆賜周飛白書曰鸞鳳凌雲必資羽翼股肱之寄誠在忠良○沈炳震曰新書作誠在忠力以叶上韻也

崔仁師傳太宗以仁師罔上遂配龔州○太宗本紀作連州

# 舊唐書卷七十五

後晉司空同中書門下平章事劉　昫撰

## 列傳第二十五

蘇世長子良嗣　韋雲起孫方質

孫伏伽　張玄素

蘇世長雍州武功人也祖彤後魏直散騎常侍父振周宕州刺史建威縣侯周武帝時世長年十餘歲上書言事武帝以其年小召問讀何書對曰讀孝經論語武帝曰孝經論語何所言對曰孝經云爲國者不敢侮於鰥寡論語曰爲政以德武帝善其對令於獸門館讀書以

其父歿王事因令襲爵世長於武帝前擗踊號泣武帝爲之改容隋文帝受禪世長又屢上便宜頗有補益超遷長安令大業中爲都水少監使於上江督運會江都難作世長爲煬帝發喪慟哭哀感路人王世充僭號署爲太子太保行臺右僕射與世充兄子弘烈及將豆盧褒俱鎭襄陽時弘烈娶褒女爲妻深相結託高祖與褒有舊璽書諭之不從頻斬使者武德四年洛陽平世長首勸弘烈歸降既至京師高祖誅褒而責世長來晚之故世長頓顙曰自古帝王受命爲逐鹿之喻一人得之萬夫斂手豈有獲鹿之後忿同獵之徒問爭肉之罪也陛下應天順人布德施惠又安得忘管仲雍齒之事乎且臣武功之士經涉亂離死亡略盡惟臣殘命得見聖朝陛下若復殺之是絕其類也實望天恩使有遺種高祖與之有故笑而釋之尋授玉山屯監後於玄武門引見語及平生恩意甚厚高祖曰卿自謂諂佞耶正直耶對曰臣實愚直高祖曰卿若直何爲背世充而歸我對曰洛陽既平天下爲一臣智窮力屈始歸陛下向使世充尚在臣據漢南天意雖有所歸人事足爲勍敵高祖大笑嘗嘲之曰名長意短口正心邪棄忠貞於鄭國忘信義於吾家世長對曰名長意短實如聖旨口正心邪未敢奉詔昔竇融以河西降漢十世封侯臣以山南歸國惟蒙屯監卽日擢拜諫議大夫從幸涇陽校獵大獲禽獸於旌門高祖入御營顧謂朝臣曰今日畋樂乎世長進曰陛下遊獵薄廢萬機不滿十旬未爲大樂高祖色變既而笑曰狂態發耶世長曰爲臣私計則狂爲陛下國計則忠矣及突厥入寇武功郡縣多失戶口是後下詔將幸武功校獵世長又諫曰突厥初入大爲民害陛下救恤之道猶未發言乃於其地又縱畋獵非但仁育之心有所不足百姓供頓將何以堪高祖不納又嘗引之於披香殿世長酒酣奏曰此殿隋煬帝所作耶是何雕麗之若此也高祖曰卿好諫似直其心實詐豈不知此殿是吾所造何須設詭疑而言煬帝乎對曰臣實不知但見傾宮鹿臺琉璃之瓦並非受命帝王愛民節用之所爲也若是陛下作此誠非所宜臣昔在武功幸常陪侍見陛下宅宇纔蔽風霜當此之時亦以爲足今因隋之侈民不堪命數歸有道而陛下得之實謂懲其奢淫不忘儉約今初有天下而於隋宮之內又加雕飾欲撥其亂寧可得乎高祖深然之後歷陝州長史天策府軍諮祭酒秦府初開文學館引爲學士與房玄齡等一十八人皆蒙圖畫令文學褚亮爲之贊曰軍諮諧噱超然辯悟正色于庭匪躬之故貞觀初聘于突厥與頡利爭禮不受賂遺朝廷稱之出爲巴州刺史覆舟溺水卒世長機辯有學博涉而簡率嗜酒無威儀初在陝州部內多犯法世長莫能禁乃責躬引咎自撻於都街伍伯嫉其詭鞭之見血世長不勝痛大呼而走觀者咸以爲笑議者方稱其詐子良嗣高宗時遷周王府司馬王時年少舉事不法良嗣正色匡諫甚見敬憚王府官屬多非其人良嗣守文檢括莫敢有犯深爲高宗所稱遷荊州大都督府長史高宗使宦者緣江採異竹將於苑中植之宦者科舟載竹所在縱暴還過荊州良嗣囚之因上疏切諫稱遠方求珍異以疲道路非聖人抑己愛人之道又小人竊弄威福以虧皇明言甚切直疏奏高宗下制慰勉遽令棄竹於江中永淳中爲雍州長史時關中大飢人相食盜賊縱橫良嗣爲政嚴明盜發三日內無不擒擿則天臨朝還工部尚書尋代王德眞爲納言累封溫國公爲西京留守則天賦詩餞送賞遇甚渥時尚方監裴匪躬檢校西苑將鬻苑中果菜以收其利良嗣駁之曰昔公儀相魯猶能拔葵去織未聞萬乘之主鬻其果菜以與下人爭利也匪躬遂止無幾追入都還文昌左相同鳳閣鸞臺三品載初元年春罷文昌左相加位特進仍依舊知政事與地官尚書韋方質不協及方質坐事當誅辭引良嗣則天特保明之良嗣謝恩拜伏便不能復起輿歸其家詔御醫張文仲韋慈藏往視疾其日薨年八十五則天輟朝三日舉哀於觀風門勅百官就宅赴弔贈開府儀同三司益州都督賜絹布八百段米粟八百碩兼降璽書弔祭其子踐言太常丞尋爲酷吏所陷配流嶺南而死追削良嗣官爵籍沒其家景龍元年追贈良嗣司空踐言子務玄襲爵溫國公開元中爲邠王府長史

韋雲起雍州萬年人伯父澄武德初國子祭酒綿州刺史雲起隋開皇中明經舉授符璽直長嘗因奏事文帝問曰外間有不便事汝可言之時兵部侍郎柳述在帝側雲起應聲奏曰柳述驕豪未嘗經事兵機要重非其所堪徒以公主之壻遂居要職臣恐物議以陛下官不擇賢濫以天秩加於私愛斯亦不便之大者帝甚然其言顧謂述曰雲起之言汝藥石也可師友之仁壽初詔在朝文武舉人述乃舉雲起進授通事舍人大業初改爲通事謁者又上疏奏曰今朝廷之內多山東人而自作門戶更相剡薦附下罔上共爲朋黨不抑其端必傾朝政臣所以痛心扼腕不能默已謹件朋黨人姓名及姦狀如左煬帝令大理追究於是左丞郎蔚之司隷別駕郎楚之並坐朋黨配流漫頭赤水餘免官者九人會契丹入抄營州詔雲起護突厥兵往討契丹部落啓民可汗發騎二萬受其處分雲起分爲二十營四道俱引營相去各一里不得交雜聞鼓聲而行聞角聲而止自非公使勿得走馬三令五申之後擊鼓而發軍中有犯約者斬紇干一人持首以徇於是突厥將帥來入謁之皆膝行股戰莫敢仰視契丹本事突厥情無猜忌雲起既入其界使突厥詐云向柳城郡欲共高麗交易勿言營中有隋使敢漏泄者斬之契丹不備去賊營百里詐引南度夜復退還去營五十里結陣而宿契丹弗之知也既明俱發馳騎襲之盡獲其男女四萬口女子及畜產以半賜突厥餘將入朝男子皆殺之煬帝大喜集百官曰雲起用突厥而平契丹行師奇譎才兼文武又立朝謇諤朕今親自舉之擢爲治書御史雲起乃奏劾曰內史侍郎虞世基職典樞要寄任隆重御史大夫裴蘊特蒙殊寵維持內外今四方告變不爲奏聞賊數實多或減言少陛下既聞賊少發兵不多衆寡懸殊往皆莫尅故使官軍失利賊黨日滋此而不繩爲害將大請付有司詰正其罪大理卿鄭善果奏曰雲起詆訾名臣所言不實非毀朝政妄作威權由是左遷大理司直煬帝幸揚州雲起告歸長安屬義旗入關於長樂宮謁見義寧元年授司農卿封陽城縣公武德元年加授上開府儀同三司判農圃監事是歲欲大發兵討王世充雲起上表諫曰國家承喪亂之後百姓流離未蒙安養頻年不熟關內阻飢京邑初平物情未附鼠竊狗盜猶爲國憂盩厔司竹餘氛未殄藍田谷口羣盜實多朝夕伺間極爲國害雖京城之內每夜賊發北有師都連結胡寇斯乃國家腹心之疾也捨此不圖而窺兵函洛若師出之後內盜乘虛一旦有變禍將不小臣謂王世充遠隔千里山川懸絕無能爲害待有餘力方可討之今內難未弭且宜弘於度外如臣愚見請暫戢兵務穡勸農安人和衆關中小盜自然寧息秦川將卒賈勇有餘三年之後一舉便定今雖欲速臣恐未可乃從之會突厥入寇詔雲起總領豳寧已北九州兵馬便宜從事四年授西麟州刺史司農卿如故尋代趙郡王孝恭爲夔州刺史轉遂州都督懷柔夷獠咸得衆心遷益州行臺民部尚書尋轉行臺兵部尚書行臺僕射竇軌多行殺戮又妄奏獠反冀得集兵因此作威肆其凶暴雲起多執不從雲起又嘗私產交通生獠以規其利軌亦對衆言之由是構隙情相猜貳隱太子之死也勅遣軌息馳驛詣益州報軌軌乃疑雲起弟慶儉堂弟慶嗣及親族並事東宮慮其聞狀或將爲變先設備而後告之雲起果不信問曰詔書何在軌曰公建成黨也今不奉詔同反明矣遂執殺之初雲起年少時師事太學博士王頍頍每與之言及時事甚嘉歎之乃謂之曰韋生識悟如是必能自取富貴然剛腸嫉惡終當以此害身竟如頍言子師實垂拱初官至華州刺史太子少詹事封扶陽郡公師實子方質則天初鸞臺侍郎地官尚書同鳳閣鸞臺平章事時改修垂拱格式方質多所損益甚爲時人所稱俄而武承嗣三思當朝用事諸宰相咸傾附之方質疾假承嗣等詣宅問疾方質據牀不爲之禮左右云踞見權貴恐招危禍方質曰吉凶命也大丈夫豈能折節曲事近戚以求苟免也尋爲酷吏周興來子珣所構配流儋州仍籍沒其家尋卒神龍初雪免

孫伏伽貝州武城人大業末自大理寺史累補萬年縣法曹武德元年初以三事上諫其一曰臣聞天子有諍臣雖無道不失其天下父有諍子雖無道不陷於不義故云子不可不諍於父臣不可不諍於君以此言之臣之事君猶子之事父故也隋後主所以失天下者何也止爲不聞其過當時非無直言之士由君不受諫自謂德盛唐堯功過夏禹窮侈極慾以恣其心天下之士肝腦塗地戶口減耗盜賊日滋而不覺知者皆由朝臣不敢告之也向使修嚴父之法開直言之路選賢任能賞罰得中人人樂業誰能搖動者乎所以前朝好爲變更不師古訓者止爲天誘其咎將以開今聖唐也陛下龍舉晉陽天下響應計不旋踵大位遂隆陛下勿以唐得天下之易不知隋失之不難也陛下貴爲天子富有天下動則左史書之言則右史書之既爲竹帛所拘何可恣情不愼凡有蒐狩須順四時既代天理安得非時妄動陛下二十日龍飛二十一日有獻鷂鶵者此乃前朝之弊風少年之事務何忽今日行之又聞相國參軍事盧牟子獻琵琶長安縣丞張安道獻弓箭頻蒙賞勞但普天之下莫非王土率土之濱莫非王臣陛下必有所欲何求而不得陛下所少者豈此物哉願陛下察臣愚忠則天下幸甚其二曰百戲散樂本非正聲有隋之末大見崇用此謂淫風不可不改近者太常官司於人間借婦女裙襦五百餘具以充散妓之服云擬五月五日於玄武門遊戲臣竊思審實損皇猷亦非貽厥子孫謀爲後代法也故書云無以小怨爲無傷而弗去恐從小

至於大故也論語云放鄭聲遠佞人又云樂則韶舞以此言之散妓定非功成之樂也如臣愚見請並廢之則天下不勝幸甚其三曰臣聞性相近而習相遠以其所好相染也故書云與治同道罔弗興與亂同事罔弗亡以此言之興亂其在斯與皇太子及諸王等左右羣僚不可不擇而任之也如臣愚見但是無義之人及先來無賴家門不能邕睦及好奢華馳獵馭射專作慢遊狗馬聲色歌舞之人不得使親而近之也此等止可悅耳目備驅馳至於拾遺補闕決不能爲也臣歷窺往古下觀近代至於子孫不孝兄弟離間莫不爲左右亂之也願陛下妙選賢才以爲皇太子僚友如此卽克隆盤石永固維城矣高祖覽之大悅下詔曰秦以不聞其過而亡典籍豈無先誡臣僕諂諛故弗之覺也漢高祖反正從諫如流洎乎文景繼業宣元承緒不由斯道孰隆景祚周隋之季忠臣結舌一言喪邦諒足深誡永言於此常深歎息朕每惟寡薄恭膺寶命雖不能性與天道庶思勉力常冀弼諧以匡不逮而羣公卿士罕進直言將申虛受之懷物所未論萬年縣法曹孫伏伽至誠慷慨詞義懇切指陳得失無所迴避非有不次之舉曷貽利行之益伏伽既懷諒直宜處憲司可治書侍御史仍須示遠近知朕意焉兼賜帛三百匹時軍國多事賦斂繁重伏伽屢奏請改革高祖並納焉二年高祖謂裴寂曰隋末無道上下相蒙主則驕矜臣惟諂佞上不聞過下不盡忠至使社稷傾危身死匹夫之手朕撥亂反正志在安人平亂任武臣守成委文吏庶得各展器能以匡不逮比每虛心接待冀聞讜言然惟李綱善盡忠款孫伏伽可謂誠直餘人猶踵弊風俛首而已豈朕所望哉及平王世充竇建德大赦天下既而責其黨與並令配遷伏伽上表諫曰臣聞王言無戲自古格言去食存信聞諸舊典故書云爾無不信朕不食言又論語云一言出口駟不及舌以此而論言之出口不可不慎伏惟陛下光臨區宇覆育羣生率土之濱誰非臣妾絲綸一發取信萬方使聞之者不疑見之者不惑陛下今月二日發雲雨之制光被黔黎無所間然公私蒙賴既云常赦不免皆赦除之此非直赦其有罪亦是與天下斷當許其更新以此言之但是赦後卽便無事因何王世充及建德部下赦後乃欲遷之此是陛下自違本心欲遣下人若爲取則若欲子細推尋逆城之內人誰無罪故書云殲厥渠魁脅從罔治若論渠魁世充等爲首渠魁尚免脅從何辜且古人云蹠狗吠堯蓋非其主在東都城內及建德部下乃有與陛下積小故舊編髮友朋猶尙有人敗後始至者此等豈忘陛下皆云被壅故也以此言之自外疎者竊謂無罪又書云非知之艱行之惟艱上古已來何代無君所以秖稱堯舜之善者何也直由爲天子者實難善名難得故也往者天下未平威權須應機而作今四方既定設法須與人共之但法者陛下自作之還須守之使天下百姓信而畏之今自爲無信欲遣兆人若爲信畏故書云無偏無黨王道蕩蕩無黨無偏王道平平賞罰之行達乎貴賤聖人制法無限親疎如臣愚見世充建德下僞官經赦合免責情欲遷配者請並放之則天下幸甚又上表請置諫官高祖皆納焉太宗卽位賜爵樂安縣男貞觀元年轉大理少卿太宗嘗馬射伏伽上書諫曰臣聞千金之子坐不垂堂百金之子立不倚衡以此言之天下之主不可履險乘危明矣臣又聞天子之居也則禁衞九重其動也則出警入蹕此非極尊其居處乃爲社稷生靈之大計耳故古人云一人有慶兆人賴之臣竊聞陛下猶自走馬射帖娛悅近臣此乃無禁乘危竊爲陛下有所不取也何者一則非光史冊二則未足顯揚又非所以導養聖躬亦不可以垂範後代此秖是少年諸王之所務豈得既爲天子今日猶行之乎陛下雖欲自輕其柰社稷天下何如臣愚見竊謂不可太宗覽之大悅五年坐奏囚誤失免官尋起爲刑部郎中累遷大理少卿轉民部侍郎十四年拜大理卿後出爲陝州刺史永徽五年以年老致仕顯慶三年卒

張玄素蒲州虞鄉人隋末爲景城縣戶曹竇建德攻陷景城玄素被執將就戮縣民千餘人號泣請代其命曰此人清慎若是今儻殺之乃無天也大王將定天下當深加禮接以招四方如何殺之使善人解體建德遽命釋之署爲治書侍御史固辭不受及江都不守又召拜黃門侍郎始應命建德平授景城都督府錄事參軍太宗聞其名及卽位召見訪以政道對曰臣觀自古已來未有如隋室喪亂之甚豈非其君自專其法日亂向使君虛受於上臣弼違於下豈至於此且萬乘之重又欲自專庶務日斷十事而五條不中中者信善其如不中者何況一日萬機已多虧失以日繼日乃至累年乖謬既多不亡何待如其廣任賢良高居深視百司奉職誰敢犯之臣又觀隋末沸騰被於寓縣所爭天下者不過十數人餘皆保邑全身思歸有道是知人欲背主爲亂者鮮矣但人君不能安之遂致於亂陛下若近覽危亡日慎一日堯舜之道何以能加太宗善其對擢拜侍御史尋遷給事中貞觀四年詔發卒修洛陽宮乾陽殿以備巡幸玄素上書諫曰微臣竊思秦始皇之爲君也藉周室之餘六國之盛將貽之萬葉及其子而亡良由逞嗜奔慾逆天害人者也是知天下不可以力勝神祇不可以親恃惟當弘儉約薄賦斂慎終如始可以永固方今承百王之末屬凋弊之餘必欲節之以禮制陛下宜以身爲先東都未有幸期卽何須補葺諸王今並出藩又須營構興發漸多豈疲人之所望其不可一也陛下初平東都之始層樓廣殿皆令撤毀天下翕然同心欣仰豈有初則惡其侈靡今乃襲其雕麗其不可二也每承音旨未卽巡幸此則事不急之務成虛費之勞國無兼年之積何用兩都之好勞役過度怨讟將起其不可三也百姓承亂離之後財力凋盡天恩含育粗見存立飢寒猶切生計未安三五年間恐未平復柰何營未幸之都奪疲人之力其不可四也昔漢高祖將都洛陽婁敬一言卽日西駕豈不知地惟土中貢賦所均但以形勝不如關內也伏惟陛下化凋弊之人革澆漓之俗爲日尙淺未甚淳和斟酌事宜詎可東幸其不可五也臣又嘗見隋室造殿楹棟宏壯大木非隨近所有多從豫章採來二千人曳一柱其下施轂皆以生鐵爲之若用木輪卽便火出鐵轂既生行一二里卽有破壞仍數百人別齎鐵轂以隨之終日不過進三二十里略計一柱已用數十萬功則餘費又過於此臣聞阿房成秦人散章華就楚衆離及乾陽畢功隋人解體且以陛下今時功力何如隋日役瘡痍之人襲亡隋之弊以此言之恐甚於煬帝深願陛下思之無爲由余所笑則天下幸甚太宗曰卿謂我不如煬帝何如桀紂對曰若此殿卒興所謂同歸於亂且陛下初平東都太上皇勅大殿高門並宜焚毀陛下以瓦木可用不宜焚灼請賜與貧人事雖不行然天下翕然謳歌至德今若遵舊制卽是隋役復興五六年間趨捨頓異何以昭示子孫光敷四海大宗歎曰我不思量遂至於此顧謂房玄齡曰洛陽土中朝貢道均朕故修營意在便於百姓今玄素上表實亦可依後必事理須行露坐亦復何苦所有作役宜卽停之然以卑干尊古來不易非其忠直安能若此可賜綵二百匹侍中魏徵歎曰張公論事遂有迴天之力可謂仁人之言其利博哉累遷太子少詹事轉右庶子時承乾居春宮頗以遊畋廢學玄素上書諫曰臣聞皇天無親惟德是輔苟違天道人神同棄然古三驅之禮非欲教殺將爲百姓除害故湯羅一面天下歸仁今苑中娛獵雖名異遊畋若行之無常終虧雅度且傅說曰學不師古匪說攸聞然則弘道在於學古學古必資師訓既奉恩詔令孔穎達侍講望數存問以補萬一仍博選有名行學士兼朝夕侍奉覽聖人之遺教察既行之往事日知其所不足月無忘其所能此則盡善盡美夏啓周誦焉足言哉夫爲人上者未有不求其善但以性不勝情耽惑成亂耽惑既甚忠言遂塞所以臣下苟順君道漸虧古人有言勿以小惡而不去小善而不爲故知禍福之來皆起於漸殿下地居儲兩當須廣樹嘉猷既有好畋之淫何以主斯匕鬯慎終如始猶懼漸衰始尙不慎終將安保尋又兼太子少詹事十三年又上書諫曰臣聞周公以大聖之材猶握髮吐飱引納白屋而況後之聖賢敢輕斯道是以禮制皇太子入學而行齒胄欲使太子知君臣父子長幼之道然君臣之義父子之親尊卑之序長幼之節用之方寸之內弘之四海之外皆因行以遠聞假言以光被伏惟殿下睿質已隆尙須學文以飾其表至如孔穎達趙弘智等非惟宿德鴻儒亦兼達政要望令數得侍講開釋物理覽古論今增暉睿德而雕蟲小伎之流秖可時命追隨以代博奕耳若其騎射畋遊酣歌戲翫以悅耳目終穢心神漸染既久必移情性古人有言心爲萬事主動而無節卽亂臣恐殿下敗德之源在於此矣承乾並不能納太宗知玄素在東宮頻有進諫十四年擢授銀青光祿大夫行太子左庶子時承乾久不坐朝玄素諫曰宮內止有婦人耳不知如樊姬之徒可與弘益聖德者有幾若遂無賢哲便是親嬖倖遠忠良人不見德何以光敷三善且宮儲之寄於國爲重所以廣置羣僚以輔睿德今乃動經時月不見宮臣納誨既疎將何補闕承乾嫉其數諫遣戶奴夜以馬撾擊之殆至於死承乾又嘗於宮中擊鼓聲聞于外玄素扣閤請見極言切諫承乾乃出宮內鼓對玄素毀之是歲太宗嘗對朝問玄素歷官所由玄素既出自刑部令史甚以慙恥諫議大夫褚遂良上疏曰臣聞君子不失言於人聖主不戲言於臣言則史書之禮成之樂歌之居上能禮其臣臣始能盡力以奉其上近代宋孝武輕言肆口侮弄朝臣攻其門戶乃至狼狽良史書之以爲非是陛下昨見問張玄素云隋任何官奏云縣尉又問未爲縣尉已前奏云流外又問在何曹司玄素將出閤門殆不能移步精爽頓盡色類死灰朝臣見之多所驚怪大唐創曆任官以才卜祝庸保量能使用

陛下禮重玄素頻年任使擢授三品翼贊皇儲自不可更對羣臣窮其門戶弃昔日之殊恩成一朝之愧恥人君之御臣下也禮義以導之惠澤以驅之使其負戴玄天罄輸臣節猶恐德禮不加人不自勵若無故忽略使其羞慙鬱結於懷衷心靡樂責其伏節死義其可得乎書奏太宗謂遂良曰朕亦悔此問今得卿疏深會我心承乾既敗德日增玄素又上書諫曰臣聞孔子云能近取譬可謂仁之方也已然書傳所載言之或遠尋覽近事得失斯存至如周武帝平定山東卑宮菲食以安海內太子贇舉措無端穢德日著烏九軌知其不可具言於武帝武帝慈仁望其漸改及至踐祚狂暴肆情區宇崩離宗祀覆滅卽隋文帝所代是也文帝因周衰弱憑藉女資雖無大功於天下然布德行仁足爲萬姓所賴勇爲太子不能近遵君父之節儉而務驕侈今之山池遺跡卽殿下所親覩是也此時亦恃君親之恩自謂太山之固詎知邪臣敢進其說向使動靜有常進退合度親君子踈小人捨浮華尙恭儉雖有邪臣間之何能致慈父之隙豈不由積德未弘令聞不著讒言一至遂成其禍竊惟皇儲之寄荷戴殊重如其積德不弘何以嗣守成業聖上以殿下親則父子事兼家國所應用物不爲節限恩旨未踰六旬用物已過七萬驕奢之極孰云過此龍樓之下惟聚工匠望苑之內不覩賢良今言孝敬則闕視膳問安之禮語恭順則違君父慈訓之方求風聲則無愛學好道之實觀舉措則有因緣誅戮之罪宮臣正士未嘗在側羣邪淫巧昵近深宮愛好者皆遊手雜色施與者並圖畫雕鏤在外瞻仰已有此失居中隱密寧可勝計哉宣猷禁門不異闤闠朝入暮出穢聲已遠臣以德音日損頻上諫書自爾已來縱逸尤甚右庶子趙弘智經明行修當今善士臣每奏請望數召進與之談論庶廣徽猷令旨反有猜嫌謂臣妄相推引從善如流尙恐不逮飾非拒諫必招敗損方崇閉塞之源不慕欽明之術雖抱睿哲之資終罹罔念之咎古人云苦藥利病苦言利行伏惟居安思危日愼一日書入承乾不納乃遣刺客將加屠害俄屬宮廢玄素隨例除名十八年起授潮州刺史轉鄧州刺史永徽中以年老致仕龍朔三年加授銀青光祿大夫麟德元年卒

史臣曰伏伽上疏於高祖玄素進言於太宗從諫賤以干至尊懷切直以明正理可謂至難矣旣而並見抽獎咸蒙顧遇自非下情忠到劾匪躬之節上聽聰明致如流之美孰能至於此乎書曰木從繩則正后從諫則聖斯之謂矣世長幼而聰悟長能規諫雲起屏絶朋黨罔避驕豪歷覽言行咸有可觀而雲起吐茹無方世長終成詭詐其不令也宜哉方諸孫張二子知不逮矣

贊曰言爲身文感義忘身不有忠膽安輕逆鱗蘇韋果俊伽素忠純悟主匡失猗歟諍臣

# 舊唐書卷七十六

後晉司空同中書門下平章事劉　昫撰

## 列傳第二十六

### 太宗諸子

恒山王承乾　楚王寬　吳王恪（子成王千里　孫信安王禕）

濮王泰　庶人祐　蜀王愔

蔣王惲　越王貞（子琅邪王沖）

紀王愼　江王囂　代王簡

趙王福　曹王明

太宗十四子文德皇后生高宗大帝恒山王承乾濮王泰楊妃生吳王恪蜀王愔陰妃生庶人祐燕妃生越王貞江王囂韋妃生紀王愼楊妃生趙王福楊氏生曹王明王氏生蔣王惲後宮生楚王寬代王簡

恒山王承乾太宗長子也生於承乾殿因以名焉武德三年封恒山王七年徙封中山太宗卽位爲皇太子時年八歲性聰敏太宗甚愛之太宗居諒闇庶政皆令聽斷頗識大體自此太宗每行幸常令居守監國及長好聲色慢遊無度然懼太宗知之不敢見其迹每臨朝視事必言忠孝之道退朝後便與羣小褻狎宮臣或欲進諫者承乾必先揣其情便危坐斂容引咎自責樞機辨給智足飾非羣臣拜荅不暇故在位者初皆以爲明而莫之察也承乾先患足行甚艱難而魏王泰有當時美譽太宗漸愛重之承乾恐有廢立甚忌之泰亦負其材能潛懷奪嫡之計於是各樹朋黨遂成釁隙有太常樂人年十餘歲美姿容善歌舞承乾特加寵幸號曰稱心太宗知而大怒收稱心殺之坐稱心死者又數人承乾意泰告訐其事怨心逾甚痛悼稱心不已於宮中構室立其形像列偶人車馬於前令宮人朝暮奠祭承乾數至其處徘徊流涕仍於宮中起冢而葬之并贈官樹碑以申哀悼承乾自此託疾不朝參者輒逾數月常命戶奴數十百人專習伎樂學胡人椎髻翦綵爲舞衣尋橦跳劍晝夜不絶鼓角之聲日聞於外時左庶子于志寧右庶子孔穎達受詔輔導志寧撰諫苑二十卷諷之穎達又多所規奏太宗並嘉之二人各賜帛百匹黃金十斤以勵承乾之意仍遷志寧爲詹事未幾志寧以母憂去職承乾後縱日甚太宗復起志寧爲詹事志寧與左庶子張玄素數上書切諫承乾並不納又嘗召壯士左衞副率封師進及刺客張師政紇干承基深禮賜之令殺魏王泰不剋而止尋與漢王元昌兵部尚書侯君集左屯衞中郎將李安儼洋州刺史趙節駙馬都尉杜荷等謀反將縱兵入西宮貞觀十七年齊王祐反於齊州承乾謂紇干承基曰我西畔宮牆去大內正可二十步來耳此間大親近豈可並齊王乎會承基亦外連齊王繫獄當死遂告其事太宗召承乾幽之別室命司徒長孫無忌司空房玄齡特進蕭瑀兵部尚書李勣大理卿孫伏伽中書侍郎岑文本御史大夫馬周諫議大夫褚遂良等參鞫之事皆明驗廢承乾爲庶人徙黔州元昌賜令自盡侯君集等咸伏誅其宮僚左庶子張玄素右庶子趙弘智令狐德棻中書舍人蕭鈞並以材選用承乾既敗太宗引大義以讓之咸坐免十九年承乾卒於徙所太宗爲之廢朝葬以國公之禮二子象厥象官至懷州別駕厥至鄂州別駕象子適之別有傳

楚王寬太宗第二子也出繼叔父楚哀王智雲早薨貞觀初追封無後國除

吳王恪太宗第三子也武德三年封蜀王授益州大都督以年幼不之官十年又徙封吳王十二年累授安州都督及將赴職太宗書誡之曰吾以君臨兆庶表正萬邦汝地居茂親寄惟藩屏勉思橋梓之道善侔間平之德以義制事以禮制心三風十愆不可不愼如此則克固盤石永保維城外爲君臣之忠內有父子之孝宜自勵志以勗日新汝方違膝下悽戀何已欲遺汝珍翫恐益驕奢故誡此一言以爲庭訓高宗卽位拜司空梁州都督恪母隋煬帝女也恪又有文武才太宗常稱其類己既名望素高甚爲物情所向長孫無忌既輔立高宗深所忌嫉永徽中會房遺愛謀反遂因事誅恪以絶衆望海內冤之有子四人仁瑋琨璄並流于嶺表尋追封恪爲鬱林王并爲立廟又封仁爲鬱林縣侯永昌元年授襄州刺史不知州事後改名千里天授後歷唐廬許衞蒲五州刺史時皇室諸王有德望者必見誅戮惟千里褊躁無才復數進獻符瑞事故則天朝竟免禍長安三年充嶺南安撫討擊使歷遷右金吾將軍中興初進封成王拜左金吾大將軍兼領益州大都督又追贈其父爲司空三年又領廣州大都督五府經略安撫大使節愍太子誅武三思千里與其子天水王禧率左右數十人斫右延明門將殺三思黨與宗楚客紀處訥等及太子兵敗千里與禧等坐誅仍籍沒其家改姓蝮氏睿宗卽位詔曰故左金吾衞大將軍成王千里保國安人克成忠義願除兇醜翻陷誅夷永言淪沒良深痛悼宜復舊班用加新寵可還舊官又令復姓瑋早卒中興初追封朗陵王子祗本名褕出繼蜀王愔景龍四年加銀青光祿大夫祕書少監開元十三年改封廣漢郡王太僕卿同正員薨琨則天朝歷淄衞宋鄭梁幽六州刺史有能名聖曆中嶺南獠反勑琨爲招慰使安輯荒徼甚得其宜長安二年卒官贈司衞卿神龍初贈張掖郡王開元十七年以子禕貴贈工部尚書追封吳王璄中興初封歸政郡王歷宗正卿坐千里事貶南州司馬卒琨子禕禕少有志尙事母甚謹撫弟祇等以友愛稱景龍四年爲太子僕兼徐州別駕加銀青光祿大夫少繼江王囂後封爲嗣江王景雲元年復爲德蔡衢等州刺史開元後累轉蜀濮等州刺史政號清嚴人吏畏而服之漸見委任入爲光祿卿遷將作大匠丁母憂去官起復授瀛州刺史又上表固請終制許之十二年改封信安郡王十五年服除拜左金吾衞大將軍朔方節度副大使知節度事兼攝御史大夫尋遷禮部尚書仍充朔方軍節度使先是石堡城爲吐蕃所據侵擾河右勑禕與河西隴右議取之禕到軍總率士伍尅期攻之或曰此城據險又爲吐蕃所惜今總兵深入賊必併力拒守事若不捷退則狼狽不如按軍持重以觀形勢禕曰人臣之節豈憚艱險必期衆寡不敵吾則以死繼之苟利國家此身何惜於是督率諸將倍道兼進併力攻之遂拔石堡城斬獲首級并獲糧儲器械其數甚衆仍分兵據守以遏賊路上聞之大悅始改石堡城爲振武軍自是河隴諸軍遊弈拓地千餘里十九年契丹衙官可突干殺其王邵固率部落降于突厥玄宗遣忠王爲河北道行軍元帥以討奚及契丹兩蕃以禕爲副王既不行禕率戶部侍郎裴耀卿等諸副將分道統兵出於范陽之北大破兩蕃之衆擒其酋長餘黨竄入山谷軍還禕以功加開封儀同三司兼關內支度營田等使兼採訪處置使仍與二子官禕既有勳績執政頗害其功故其賞不厚甚爲當時所歎二十二年遷兵部尚書入爲朔方

節度大使久之坐事出爲衢州刺史天寶初拜太子少師以年老仍聽致仕二年遷太子少師制出病薨年八十餘上聞而痛惜者久之褘居家嚴毅善訓諸子皆有令命三子峘嶧峴皆至達官別有傳祗神龍中封爲嗣吳王景雲元年加銀青光祿大夫天寶十四載爲東平太守安祿山反率衆渡河兇威甚盛河南陳留滎陽靈昌等郡皆陷於賊祗起兵勤王玄宗壯之十五載二月授祗靈昌太守又左金吾大將軍河南都知兵馬使其月又加兼御史中丞陳留太守持節充河南道節度採訪使本官如故五月詔以爲太僕卿遣御史大夫虢王巨代之

濮王泰字惠褒太宗第四子也少善屬文武德三年封宜都王四年進封衞王以繼衞懷王霸後貞觀二年改封越王授揚州大都督五年兼領左武候大都督並不之官八年除雍州牧左武候大將軍七年轉鄜州大都督十年徙封魏王遙領相州都督餘官如故太宗以泰好士愛文學特令就府別置文學館任自引召學士又以泰腰腹洪大趨拜稍難復令乘小輿至於朝所其寵異如此十二年司馬蘇勖以自古名王多引賓客以著述爲美勸泰奏請撰括地志泰遂奏引著作郎蕭德言秘書郎顧胤記室參軍蔣亞卿功曹參軍謝偃等就府修撰十四年太宗幸泰延康坊宅因曲赦雍州及長安大辟罪已下免延康坊百姓無出今年租賦又賜泰府官僚帛有差十年泰撰括地志功畢表上之詔令付秘閣賜泰物萬段蕭德言等咸加給賜物俄又每月給泰料物有踰於皇太子諫議大夫褚遂良上疏諫曰昔聖人制禮尊嫡卑庶謂之儲君道亞睿極其爲崇重用物不計泉貨財帛與王者共之庶子體卑不得爲例所以塞嫌疑之漸除禍亂之源而先王必本人情然後制法知有國家必有嫡庶然庶子雖愛不得超越嫡子正體特須尊崇如當親者疎當尊者卑則佞巧之姦乘機而動私恩害公惑志亂國伏惟陛下功超邃古道冠百王發號施令爲世作法一日萬機或未盡美臣職在諫諍無容靜默伏見儲君料物翻少魏王朝野見聞不以爲是傳曰臣聞愛子教之以義方忠孝恭儉義方之謂昔漢竇太后及景帝遂驕恣梁孝王封四十餘城苑方三百里大營宮室複道彌望積財鉅萬計出入警蹕小不得意發病而死宣帝亦驕恣淮陽憲王幾至於敗輔以退讓之臣僅乃獲免且魏王既新出閤伏願常存禮則言提其耳且示儉節自可在後月加歲增妙擇師傅示其成敗既敦之以謙儉又勸之以文學惟忠惟孝因而獎之道德齊禮乃爲良器此所謂聖人之教不肅而成者也太宗又令泰入居武德殿侍中魏徵上奏曰伏見勅旨令魏王泰移居武德殿此殿在內處所寬閑參奉往來極爲便近但魏王既是愛子陛下常欲其安全每事抑其驕奢不處嫌疑之地今移此殿便在東宮之西海陵昔居時人以爲不可雖時與事異猶恐人之多言又王之本心亦不安息既能以寵爲懼伏願成人之美明早是朔日或恐未得面陳愚慮有疑不敢寧寢輕干聽覽追深戰慄太宗並納其言時皇太子承乾有足疾泰潛有奪嫡之意招駙馬都尉柴令武房遺愛等二十餘人厚加贈遺寄以腹心黃門侍郎韋挺工部尚書杜楚客相繼攝泰府事二人俱爲泰要結朝臣津通賂遺文武羣官各有附託自爲朋黨承乾懼其凌奪陰遣人詐稱泰府典籤詣玄武門爲泰進封事太宗省之其書皆言泰之罪狀太宗知其詐而捕之不獲十七年承乾敗太宗面加譴讓承乾曰臣貴爲太子更何所求但爲泰所圖特與朝臣謀自安之道不逞之人遂教臣爲不軌之事今若以泰爲太子所謂落其度內太宗因謂侍臣曰承乾言亦是我若立泰便是儲君之位可經求而得耳泰立承乾晉王皆不存晉王立泰共承乾可無恙也乃幽泰於將作監下詔曰朕聞生育品物莫大乎天地愛敬罔極莫重乎君親是故爲臣貴於盡忠虧之者有罰爲子在於行孝違之者必誅大則肆諸市朝小則終貽黜辱雍州牧相州都督左武候大將軍魏王泰朕之愛子實所鍾心幼而聰令頗好文學恩遇極於崇重爵位逾於寵章不思聖哲之誡自搆驕僭之咎惑讒諛之言信離間之說以承乾雖居長嫡久纏痾恙潛有代宗之望靡思孝義之則承乾懼其凌奪泰亦日增猜阻爭結朝士競引凶人遂使文武之官各有託附親戚之內分爲朋黨朕志存公道義在無偏彰厥巨釁兩從廢黜非惟作則四海亦乃貽範百代可解泰雍州牧相州都督左武候大將軍降封東萊郡王太宗因謂侍臣曰自今太子不道藩王窺嗣者兩棄之傳之子孫以爲永制尋改封泰爲順陽王徙居均州之鄖鄉縣太宗後嘗持泰所上表謂近臣曰泰文辭美麗豈非才士我中心念泰卿等所知但社稷之計斷割恩寵責其居外者亦是兩全也二十一年進封濮王高宗即位爲泰開府置僚屬車服羞膳特加優異永徽三年薨于鄖鄉年三十有五贈太尉雍州牧謚曰恭文集二十卷二子欣徽欣封嗣濮王徽封新安郡王欣則天初陷酷吏獄貶昭州別駕卒子嶠本名餘慶中興初封嗣濮王景雲元年加銀青光祿大夫開元十二年爲國子祭酒同正員以王守一妹壻貶邵州別駕移鄧州別駕後復其爵

庶人祐太宗第五子也武德八年封宜陽王其年改封楚王貞觀二年徙封燕王累轉幽州都督十年改封齊王授齊州都督其舅尚乘直長陰弘智謂祐曰王兄弟既多即上百年之後須得武士自助乃引其妻兄燕弘信謁祐祐接之甚厚多賜金帛令潛募劍士初太宗以子弟成長慮乖法度長史司馬必取正人王有愆違皆遣聞奏而祐溺情羣小尤好弋獵長史薛大鼎屢諫不聽太宗以大鼎輔導無方竟坐免權萬紀前爲吳王恪長史有正直節以萬紀爲祐長史以匡正之萬紀見祐非法常犯顏切諫有昝君謩梁猛彪者並以善騎射得幸於祐萬紀驟諫不納遂斥逐之而祐潛遣招延狎暱逾甚太宗慮其不能悔過數以書責讓祐萬紀恐并獲罪謂祐曰王帝之愛子陛下欲王改悔故加教訓若能飭躬行過萬紀請入言之祐因附表謝罪萬紀既至言祐必能改過太宗意稍解賜萬紀而論之仍以祐前過勑書誥誡之祐聞萬紀勞勉而獨被責以爲賣已意甚不平萬紀性又褊隘專以嚴急維持之城門外不許祐出所有鷹犬並令解放又斥出君謩猛彪不許與祐相見祐及君謩以此銜怒謀殺萬紀會事洩萬紀悉收繫獄而發驛奏聞十七年詔刑部尚書劉德威往按之并追祐及萬紀入京祐大懼俄而萬紀奉詔先行祐遣燕弘信兄弘亮追于路射殺之既殺萬紀君謩等勸祐起兵乃召城中男子年十五已上僞署上柱國開府儀同三司開官庫物以行賞驅百姓入城繕甲兵署官司其官有拓東王拓西王之號詔遣兵部尚書李勣與劉威便道發兵討之祐每夜引弘亮等五人對妃宴樂以爲得志戲笑之隙語及官軍弘亮曰不須憂也右手持酒啗左手刀拂之祐愛信弘亮聞之甚樂太宗手詔祐曰吾常誡汝勿近小人正爲此也汝素乖誠德重惑邪言自延伊禍以取覆滅痛哉何愚之甚也遂乃爲梟爲獍忘孝忘忠擾亂齊郊誅夷無罪去維城之固就積薪之危壞盤石之親爲尋戈之釁且夫背禮違義天地所不容棄父逃君人神所共怒往是吾子今爲國讎萬紀存爲忠烈死不妨義汝生爲賊臣死爲逆鬼彼則嘉聲不隤爾則惡跡無窮吾聞鄭叔漢戾並爲猖獗豈期生子乃自爲之吾所以上慙皇天下愧后土歎惋之甚知復何云太宗題書畢爲之灑泣時李勣等兵未至齊境而青淄等數州兵並不從祐之命祐又傳檄諸縣亦不從或勸祐虜城中子女走入豆子䴚爲盜計未決而兵曹杜行敏謀將執祐兵士多願從是夜乃鑿垣而入祐與弘亮等五人披甲控弦入室以自固行敏列兵圍之謂祐曰昔爲帝子今乃國賊行敏爲國討賊更無所顧王不速降當爲煨燼命薪草欲積而焚之祐遂出就擒餘黨悉伏誅行敏送祐至京師賜死於內省貶爲庶人國除尋以國公禮葬之

蜀王愔太宗第六子也貞觀五年封梁王七年授襄州刺史十年改封蜀王轉益州都督十三年賜實封八百戶除岐州刺史愔常非理毆擊所部縣令又畋獵無度數爲非法太宗怒曰禽獸調伏可以馴擾於人鐵石鐫鍊可爲方圓之器至如愔者曾不如禽獸鐵石乎乃削封邑及國官之半貶爲虢州刺史二十三年加實封滿千戶愔在州數遊獵不避禾稼深爲百姓所怨典軍楊道整叩馬諫愔曳而捶之永徽元年爲御史大夫李乾祐所劾高宗謂荊王元景等曰先朝櫛風沐雨平定四方遠近肅清車書混一上天降禍奄棄萬邦朕纂承洪業懼均馭朽與王共感同憂爲家爲國蜀王畋獵無度侵擾黎庶縣令典軍無罪被罰阿諛即喜忤意便嗔如此居官何以共理百姓歷觀古來諸王若能動遵禮度則慶流子孫違越條章則誅不旋踵愔爲法司所劾朕實恥之帝又引楊道整勞勉之拜爲匡道府折衝都尉賜絹五十匹貶愔爲黃州刺史四年坐與恪謀逆黜爲庶人徙居巴州尋改爲涪陵王乾封二年薨咸亨初復其爵土贈益大都督陪葬昭陵謚曰悼封子璠爲嗣蜀王永昌年配流歸誠州而死神龍初以吳王恪孫朗陵王瑋子褕爲嗣蜀王

蔣王惲太宗第七子也貞觀五年封郯王八年授洛州刺史十年改封蔣王安州都督賜實封八百戶二十三年加實封滿千戶永徽三年除梁州都督惲在安州多造器用服翫及將行有遞車四百兩州縣不堪其勞爲有司所劾帝特宥之後歷遂相二州刺史上元年有人詣闕誣告惲謀反惶懼自殺贈司空荊州大都督陪葬昭陵子煒嗣歷沂州刺史垂拱中爲則天所害子銑早卒神龍初封銑子紹宗爲嗣蔣王景龍二年加銀青光祿大夫開元初爲太子家令同正員卒子欽福嗣爲率更令同正員天寶初削官於錦州安置十二載爲南郡長史同正惲子煌蔡國公煌孫之芳幼有令譽頗善五

言詩宗室推之開元末爲駕部員外郎天寶十三載安祿山奏爲范陽司馬及祿山起逆自拔歸西京授右司郎中歷工部侍郎太子右庶子廣德元年兵革未清吐蕃又犯邊侵軼原會乃遣之芳兼御史大夫使吐蕃被留境上二年而歸除禮部尚書尋改太子賓客俾子休道道子琚本名思順中興封嗣趙王加銀青光祿大夫開元十二年改封中山郡王右領軍將軍

越王貞太宗第八子也貞觀五年封漢王七年授徐州都督十年改封原王尋徙封越王拜揚州都督賜實封八百戶十七年轉相州刺史二十三年加實封滿千戶永徽四年授安州都督咸亨中復轉相州刺史貞少善騎射頗涉文史兼有吏幹所在或偏受讒言官僚有正直者多被貶退又縱諸僮豎侵暴部人由是人伏其才而鄙其行則天臨朝加太子太傅除蔡州刺史自則天稱制貞與韓王元嘉魯王靈夔霍王元軌及元嘉子黃國公譔靈夔子范陽王藹元軌子江都王緒并貞長子博州刺史琅邪王沖等密有匡復之志垂拱三年七月譔作謬書與貞云內人病漸重恐須早療若至今冬恐成痼疾宜早下手仍速相報是歲則天以明堂成將行大享之禮追皇宗赴集元嘉因遞相語云大享之際神皇必遣人告諸王密因大行誅戮皇家子弟無遺種矣譔遂詐爲皇帝璽書與沖云朕被幽縶王等宜各救拔我也沖在博州又僞爲皇帝璽書云神皇欲傾李家之社稷移國祚於武氏遂命長史蕭德琮等召募士卒分報韓魯霍越紀等五王各令起兵應接以赴神都初沖與諸王連謀及沖先發而莫有應者惟貞以父子之故獨舉兵以應之尋遣兵破上蔡縣聞沖敗恐懼索鏁欲自拘馳驛詣闕謝罪會其所署新蔡令傅延慶得勇士二千餘人貞遂有拒敵之意乃宣言於其衆曰琅邪王已破魏相數州聚兵至二十萬朝夕卽到爾宜勉之徵屬縣兵至七千人分爲五營貞自爲中營署其所親汝陽縣丞裴守德爲大將軍內營總管趙成美爲左中郎將押左營閻弘道爲右中郎將押右營安摩訶爲郎將後軍總管王孝志爲右將軍前軍總管又以蔡州長史韋慶禮爲銀青光祿大夫行其府司馬凡署九品已上官五百餘人令道士及僧轉讀諸經以祈事集家僮戰士咸帶符以辟兵其所署官皆迫脅見從本無鬭志惟裴守德與之同守德驍勇善騎射貞將起事便以女良鄉縣主妻之而委以爪牙心腹之任則天命左豹韜衛大將軍麴崇裕爲中軍大總管夏官尚書岑長倩爲後軍大總管率兵十萬討之仍令鳳閣侍郎張光輔爲諸軍節度於是制削貞及沖屬籍改姓虺氏崇裕等軍至蔡州城東四十里貞命少子規及裴守德拒戰規等兵潰而歸貞大懼閉門自守裴守德排閣入問王安在意欲殺貞以自贖也官軍進逼州城貞家僮悉力衛貞曰事旣如此豈得受戮辱當須自爲計貞乃飲藥而死家僮方始一時散捨仗就擒規亦縊其母自殺守德攜良鄉縣主亦同縊于別所麴崇裕斬貞父子及裴守德等傳首東都梟於闕下貞起兵凡二十日而敗貞之在蔡州數奏免所部租賦以結人心家僮千人馬數千匹外託以畋獵內實習武備嘗遊于城西水門橋臨水自鑒不見其首心甚惡之未幾而及禍神龍初追復爵土與子沖俱復舊姓初貞將起兵作書與壽州刺史駙馬都尉趙瓌曰佇總義兵來入貴境瓌甚喜復許率兵相應瓌妻常樂長公主高祖第七女和思皇后之母也謂其使曰爲我報越王與其進不與其退爾諸王若是男兒不應至許時尙未舉動我常見耆老云隋文帝將篡奪周室尉遲迥是周家外甥猶能起兵相州連結突厥天下聞風莫不響應況爾諸王並國家懿親宗社是託豈不學尉遲迥感恩効節捨生取義耶夫爲臣子若救國家則爲忠不救則爲逆諸王必須以匡救爲急不可虛生浪死取笑於後代及貞等敗瓌與公主亦伏誅沖貞長子也好文學善騎射歷密濟博三州刺史皆有能名初沖自博州募得五千餘人欲渡河攻濟州先取武水縣縣令郭務悌赴魏州請援魏州莘縣令馬玄素領兵千七百人邀之于路恐力不敵先入武水城閉門拒守沖乃令積草車上放火燒南門擬乘火突入火之未起南風甚急及火已燃遽迴爲北風未至城門燒草已甚沖軍由是沮氣有堂邑丞董玄寂爲沖統帥兵仗及沖擊武水玄寂曰琅邪王與國家交戰此乃反也沖聞之斬玄寂以徇兵衆懼而散入草澤不可禁止惟有家僮左右不過數十而乃却走入博州城爲守門者所殺則天命左金吾將軍丘神勣爲淸平道行軍大總管以討沖兵未至沖已死傳首東都梟於闕下沖起兵凡七日而敗沖三弟倩封常山公歷常州別駕坐以父兄連謀伏誅溫以告其朋黨得實減死流嶺南尋卒神龍初侍中敬暉等以沖父子翼戴皇家義存社稷請復其官爵武三思令昭容上官氏代中宗手詔不許開元四年詔追復爵土令備禮改葬太常奏諡議曰故越王貞往者顧匡宗社夙懷誅呂之謀適心王國用擊非劉之議以茲獲戾上悼聖心謹按諡法死不忘君曰敬請諡曰敬從之五年下詔曰九族以親克敦其敘百代必祀允敬厥德故蔡州刺史越王貞執心不回臨事能斷粤自藩國勤于王家弘道之後寶圖將鈌懷劉章之輔漢追鄭武之翊周遂能奮不顧身率先唱義雖英謀未剋而忠節居多嗣絕國除年踰二紀莫享淪廢甚爲惻焉永言典繼式備典冊其封貞姪孫故許王男左監門衛將軍夔國公琳爲嗣越王以奉其祀仍官爲立碑琳尋卒國除

紀王愼太宗第十子也貞觀五年封申王七年授秦州都督十年改封紀王賜實封八百戶十七年遷襄州刺史以善政聞璽書勞勉百姓爲之立碑二十三年加實封滿千戶永徽元年拜左衛大將軍二年授荊州都督累除邢州刺史文明元年加授太子太師轉貝州刺史愼少好學長於文史皇族中與越王貞齊名時人號爲紀越初貞將起事愼不肯同謀及貞敗愼亦下獄臨刑放免改姓虺氏仍載以檻車配流嶺表道至蒲州而卒愼長子和州刺史東平王續最知名早卒次子沂州刺史義陽王琮楚國公叡遂州別駕襄郡公秀廣化郡公獻建平郡公欽等五人垂拱中並遇害家屬徙嶺南中興初追復官爵令以禮改葬封愼少子鐵誠爲嗣紀王後改名澄景雲元年加銀青光祿大夫開元初歷德瀛冀三州刺史左驍衛將軍薨子行同嗣天寶中爲右贊善大夫同正員

江王囂太宗第十一子也貞觀五年受封六年薨諡曰殤

代王簡太宗第十二子也貞觀五年受封其年薨無後國除

趙王福太宗第十三子也貞觀十三年受封出後隱太子建成十八年授秦州都督賜實封八百戶二十三年加右衛大將軍累授梁州都督咸亨元年薨贈司空并州都督陪葬昭陵中興初封蔣王惲孫思順爲嗣趙王

曹王明太宗第十四子貞觀二十一年受封二十三年賜實封八百戶尋加滿千戶顯慶中授梁州都督後歷虢蔡蘇三州刺史詔令繼巢剌王元吉後永崇中坐與庶人賢通謀降封零陵王徙於黔州都督謝祐希旨逼脅令自殺帝深悼之黔府官僚咸坐免職景雲元年明喪柩歸于京師陪葬昭陵有二子南州別駕零陵王俊黎國公傑垂拱中並遇害中興初封傑子亂爲嗣曹王亂叔父備自南州還又封備爲嗣曹王衞尉少卿同正員亂遂停封後備招慰忠州叛獠沒于賊又封亂爲王銀青光祿大夫右武衛將軍卒子戢嗣左衛率府中郎將卒子臯嗣臯自有傳

史臣曰太宗諸子吳王恪濮王泰最賢皆以才高辯悟爲長孫無忌忌嫉離間父子遽爲豺狼而無忌破家非陰禍之報歟武后斵喪王室潛移龜鼎越王貞父子痛憤義不圖全毀室之悲鴟鴞之詩傷矣比齊祐之妄作豈同年而語哉

贊曰子弟作藩磐石維城驕侈取敗身無令名沖譔憤發視死如生承乾齊祐愚弟庸兄

舊唐書卷七十六考證

吳王恪傳封仁爲鬱林縣侯○新書縣男歷岳州別駕爵郡公

越王貞傳則天臨朝加太子太傅除蔡州刺史○新書豫州刺史

垂拱三年七月譔作謬書與貞云云○本紀在四年當從紀

# 舊唐書卷七十七

後晉司空同中書門下平章事劉　昫撰

## 列傳第二十七

韋挺子待價 萬石　楊纂族子弘禮 弘武 武子元亨 元禧
劉德威子審禮 孫易從 審禮從弟延嗣　閻立德弟立本
柳亨族子範 兄子奭 亨孫澤 渙　崔義玄子神慶

韋挺雍州萬年人隋民部尚書沖子也少與隱太子相善及高祖平京城引爲隴西公府祭酒武德中累遷太子左衛驃騎檢校左率太子遇之甚厚宮臣罕與爲比七年高祖避暑仁智宮會有上書言事者稱太子與宮臣潛構異端時慶州刺史楊文幹構逆伏誅辭涉東宮挺與杜淹王珪等並坐流於越巂及太宗在東宮徵拜主爵郎中貞觀初王珪數擧之由是遷尚書右丞俄授吏部侍郎轉黃門侍郎進拜御史大夫封扶陽縣男太宗以挺女爲齊王祐妃常與房玄齡王珪魏徵戴胄等俱承顧問議以政事又與高士廉令狐德棻等同修氏族志累承賞賚太宗嘗謂挺曰卿之任御史大夫獨朕意耳左右大臣無爲卿地者卿勉之哉挺陳謝曰臣駑下不足以辱陛下高位且臣非勳非舊而超處藩邸故寮之上臣願後之以勸立功者太宗不許尋改授銀青

光祿大夫行黃門侍郎兼魏王泰府事時泰有寵太子承乾多過失太宗微有廢立之意中書侍郎杜正倫以漏泄禁中語左遷時挺亦預泰事太宗謂曰朕已罪正倫不忍更置卿於法特原之尋遷太常卿初挺爲大夫時馬周爲監察御史挺以周寒士殊不禮之至是周爲中書令太宗嘗復欲用挺在門下周密陳挺傲很非宰相器遂寢十九年將有事於遼東擇人運糧周又奏挺才堪麤使太宗從之挺以父在隋爲營州總管有經畧高麗遺文因此奏之太宗甚悅謂挺曰幽州以北遼水二千餘里無州縣軍行資糧無所取給卿宜爲此使但得軍用不乏功不細矣以人部侍郎崔仁師爲副使任自擇文武官四品十人爲子使以幽易平三州驍勇二百人官馬二百匹爲從詔河北諸州皆取挺節度許以便宜行事太宗親解貂裘及中廄馬二匹賜之挺至幽州令燕州司馬王安德巡渠通塞先出幽州庫物市木造船運米而進自桑乾河下至盧思臺去幽州八百里逢安德還曰自此之外漕渠壅塞挺以北方寒雪不可更進遂下米於臺側權貯之待開歲發春方事轉運度大兵至軍糧必足仍馳以聞太宗不悅詔挺曰兵尚拙速不貴工遲朕欲十九年春大舉今言二十年運漕甚無謂也乃遣繁時令韋懷質往挺所支度軍糧檢覆渠水懷質還奏曰挺不先視漕渠輒集工匠造船運米卽下至盧思臺方知渠閉欲進不得還復水涸乃便貯之通逵平夷之區又挺在幽州日致飲會實乖至公陛下明年出師以臣度之恐未符聖策太宗大怒令將作少監李道裕代之仍令治書侍御史唐臨馳傳械挺赴洛陽依議除名仍令白衣散從及前軍破蓋牟城招挺統兵士鎭蓋牟示漸用之也挺城守去大軍懸遠與高麗新城鄰接日夜戰鬭鼓譟之聲不絕挺不堪其憂且不平於失職素與衞士公孫常善乃與常書以叙所懷會常以他事被拘自縊而死索其囊中得挺書論城中危蹙兼有歎悵之辭太宗以挺怨望謫爲象州刺史歲餘卒年五十八子待價初爲左千牛備身永徽中江夏王道宗得罪待價卽道宗之壻也緣坐左遷盧龍府果毅時將軍辛文陵率兵招慰高麗行至吐護眞水高麗掩其不備襲擊敗之待價與中郎將薛仁貴受詔經畧東蕃因率所部救之文陵苦戰賊漸退軍始獲全待價被重瘡流矢中其左足竟不言其功以足疾免官而歸後累授蘭州刺史時吐蕃屢爲邊患高宗以沛王賢爲涼州大都督以待價爲司馬俄又遷肅州刺史頻有守禦之功徵拜右武衞將軍兼檢校右羽林軍事儀鳳三年吐蕃又犯塞待價復以本官檢校涼州都督兼知鎭守兵馬事俄又徵還舊職復封扶陽侯則天臨朝拜吏部尚書攝司空營高宗山陵功畢加金紫光祿大夫改爲天官尚書同鳳閣鸞臺三品賜物一千段仍與一子五品待價素無藻鑑之才自武職而起居選部旣銓綜無叙甚爲當時所嗤垂拱元年十月復爲燕然道行軍大總管以禦突厥明年春還六月拜文昌右相依舊同鳳閣鸞臺三品旣累登非據頗不自安頻上表辭職則天每降優制不許之又表請削官秩迴恩贈父於是贈挺潤州刺史明年上疏請自効戎旅之用於是拜安息道行軍大總管督三十六總管以討吐蕃進封扶陽郡公軍至寅識迦河與吐蕃合戰初勝後敗又屬天寒凍雪師人多死糧餽又不支給乃旋師弓月頓於高昌則天大怒副將閻溫古以逗留伏法待價坐除名配流繡州尋卒弟萬石頗有學業而特善音律上元中自吏部郎中遷太常少卿當時郊廟樂調及燕會雜樂皆萬石與太史令姚玄辯增損之時人以爲稱職尋又兼知吏部選事卒官挺從祖兄子安石別有傳

楊纂華州華陰人也祖儉周東雍州刺史父文偉隋溫州刺史纂畧涉經史尤明時務少與琅邪顏師古燉煌令狐德棻友善大業中進士舉授朔方郡司法書佐坐楊玄感近屬除名乃家于蒲城義軍渡河于長春宮謁見累授侍御史數上書言事因被召問擢爲考功郎中貞觀初長安令賜爵長安縣男有婦人袁氏妖逆爲人所告纂究問之不得其狀袁氏後又事發伏誅太宗以纂爲不忠將殺之中書令溫彥博以纂過悞罪不至死固諫乃赦之三遷吏部侍郎八年副特進蕭瑀爲河南道巡察大使與瑀情有不協屢相表奏瑀因以獲罪纂尋拜尚書左丞纂旣長於吏道所在皆有聲績俄又除吏部侍郎前後典選十餘載銓叙人倫稱爲允當然而抑文雅進酷吏觀時任數頗爲時論所譏後歷太常少卿雍州別駕加銀青光祿大夫復爲尚書左丞遷太僕卿檢校雍州別駕遷戶部尚書永徽初卒贈幽州都督謚曰敬子守愚則天時官至雍州長史守挹岐州刺史族子弘禮弘禮隋尚書令素弟之子也父岳大業中爲萬年令與素子玄感不協嘗密上表稱玄感必爲亂及玄感被誅岳在長安繫獄帝遽使赦之比使至岳已爲留守所殺弘禮等遂免從坐高祖受禪以楊素隋代有勳業詔弘禮襲封清河郡公拜太子通事舍人貞觀中歷兵部員外郎仍爲西河道行軍大總管府長史三遷中書舍人太宗有事遼東以弘禮有文武材擢拜兵部侍郎專典兵機之務弘禮每入參謀議出則統衆攻戰駐蹕之陣領馬步二十四軍出其不意以擊之所向摧破太宗自山下見弘禮所統之衆人皆盡力殺獲居多甚壯之謂許敬宗等曰越公兒郎故有家風矣時諸宰相並在定州留輔皇太子唯有褚遂良許敬宗及弘禮在行在所掌知機務二十年拜中書侍郎明年加銀青光祿大夫尋遷司農卿兼充崑丘道副大總管諸道軍將咸受節度於是破處月降處密殺焉耆王降馺支部獲龜茲于闐王凱旋未及行賞太宗晏駕弘禮頗忤大臣之旨由是出爲涇州刺史永徽初論崑丘之功改授勝州都督尋遷太府卿四年卒贈蘭州都督謚曰質弟弘武弘武少修謹武德初拜左千牛備身永徽中爲吏部郎中孝敬初爲皇太子精擇寮寀以弘武爲中舍人麟德中將有事於東岳弘武自荆州司馬擢拜司戎少常伯從駕還高宗特令弘武補授吏部選人五品已上官由是漸見親委后母榮國夫人楊氏以與弘武同宗又稱薦之俄遷西臺侍郎乾封二年與戴至德李安期等同東西臺三品及在政事頗以清簡見稱總章元年卒于官贈汴州刺史謚曰恭子元亨則天時爲司府少卿元禧尚舍奉御元禧頗有豎術爲則天所任嘗忤張易之之意易之密奏元禧是楊素兄弟之後素父子在隋有逆節子孫不合供奉則天乃下制曰隋尚書令楊素昔在本朝早荷殊遇稟凶邪之德懷諂佞之才惑亂君上離間骨肉搖動冢嫡寧唯掘蠱之禍誘扇後主卒成請蹯之釁隋室喪亡蓋惟多僻究其萌兆寔此之由生爲不忠之人死爲不義之鬼身雖幸免子竟族誅斯則姦逆之謀是其庭訓險薄之行遂成門風刑戮雖加枝亂仍在豈可復肩隨近侍齒迹朝行朕接統百王恭臨四海上嘉賢佐下捍賊臣常欲從容於萬機之餘褒貶於千載之外況年代未遠耳目所存者乎其楊素及兄弟子孫並不得任京官及侍衞於是左貶元亨爲睦州刺史元禧爲資州長史元禧弟緱氏令元禕爲梓州司馬張易之誅後元亨等皆復任京職元亨至齊州刺史元禧台州刺史元禕宣州刺史

劉德威徐州彭城人也父子將隋毗陵郡通守德威姿貌魁偉頗以幹畧見稱大業末從左光祿大夫裴仁基討賊淮左手斬賊帥李青珪傳首於行在所後與仁基同歸李密密素聞其名與麾下兵令於懷州鎭守武德元年密與王世充戰敗入朝德威亦率所部隨密歸欵高祖嘉之授左武候將軍封滕縣公及劉武周南侵詔德威統兵擊之又判并州總管府司馬俄而裴寂失律於介州齊王元吉棄并州還朝留德威總知留府事元吉纔出武周已至城下百姓相率投賊武周獲德威令率其本兵往浩州招慰德威自拔歸朝高祖親勞問之兼陳賊中虛實及晉絳諸部利害高祖皆嘉納之改封彭城縣公未幾檢校大理少卿從擒建德平世充皆有功轉刑部侍郎加散騎常侍妻以平壽縣主貞觀初歷大理太僕二卿加金紫光祿大夫俄出爲綿州刺史以廉平著稱百姓爲之立碑尋檢校益州大都督府長史十一年復授大理卿太宗嘗問之曰近來刑網稍密其過安在德威奏言誠在主上不由臣下人主好寬則寬好急則急律文失入減三等失出減五等今則反是失入則無辜失出便獲大罪所以吏各自愛競執深文非有敎使之然畏罪之所致耳陛下但捨所急則寧失不經復行於今日矣太宗深然之數歲遷刑部尚書兼檢校雍州別駕十七年馳驛往濟州推齊王祐還至濮州聞祐殺長史權萬紀德威入據濟州遣使以聞詔德威便發河南兵馬以申經畧會遭母憂而罷十八年起爲遂州刺史三遷同州刺史永徽三年卒年七十一贈禮部尚書幽州都督謚曰襄陪葬獻陵德威閨門友穆接物寬平所得財貨多以分贍宗親子審禮襲爵審禮少喪母爲祖母元氏所養隋末德威從裴仁基討擊道路不通審禮年未弱冠自鄉里負載元氏渡江避亂及天下定始西入長安元氏若有疾審禮必親嘗湯藥元氏顧謂孫曰我兒孝順貫徹幽微吾一顧念宿疾頓輕貞觀中歷左驍衞郎將丁父憂去職及葬跣足隨車流血灑地行路稱之服闋當襲爵累表讓弟朝議不許永徽中累遷將作大匠兼檢校燕然都護襲封彭城郡公審禮父歿雖久猶悲慕不已每見父時寮舊必嗚咽流涕母鄭氏早亡事繼母平壽縣主稍疾輒憂懼形于容色終夕不寐撫繼母男延景友愛甚篤所得祿俸皆送母處以資延景之費而審禮妻子處飢寒晏然未嘗介意再從同居家無異爨合門二百餘口人無間言稍遷工部尚書兼檢校左衞大將軍儀鳳二年吐蕃寇涼州命審禮爲行軍總管與中書令李敬玄合勢討擊遇賊於青海敬玄後期不至審禮軍敗爲賊所執永隆二年卒于蕃中贈工部尚書謚曰僖延景官至陝州刺史睿宗初以后父追贈尚書右僕射審禮子易從歷位岐州司兵

參軍審禮之沒吐蕃詔許易從入蕃省之及審禮卒易從號哭晝夜不止毀瘠過禮吐蕃哀其志行還其父屍柩易從徒跣萬里扶護歸彭城爲朝野之所嗟賞後歷彭城長史任城男永昌中坐爲徐敬貞所誣搆遇害易從在官仁恕及將刑人吏無遠近奔走競解衣相率造功德以爲長史祈福州人從之者十餘萬其爲人所愛如此易從子昇開元中爲中書舍人太子右庶子審禮從父弟延嗣文明年爲潤州司馬屬徐敬業作亂率衆攻潤州延嗣與刺史李思文固守不降俄而城陷敬業執延嗣邀之令降辭曰延嗣世蒙國恩當思效命州城不守多負朝廷終不能苟免偷生以累宗族豈以一身之故爲千載之辱今日之事得死爲幸敬業大怒將斬之其黨魏思溫救之獲免乃囚之于江都獄俄而賊敗竟以裴炎近親不得敘功遷爲梓州長史再轉汾州刺史卒宗族至刺史者二十餘人

閻立德雍州萬年人隋殿內少監毗之子也其先自馬邑徙關中毗初以工藝知名立德與弟立本早傳家業武德中累除尚衣奉御立德所造衮冕大裘等六服并腰輿傘扇咸依典式時人稱之貞觀初歷遷將作少匠封大安縣男高祖崩立德以營山陵功擢爲將作大匠貞觀十年文德皇后崩又令攝司空營昭陵坐怠慢解職俄起爲博州刺史十三年復爲將作大匠十八年從征高麗及師旅至遼澤東西二百餘里泥淖人馬不通立德填道造橋兵無留礙太宗甚悅尋受詔造翠微宮及玉華宮咸稱旨賞賜甚厚俄遷工部尚書二十三年攝司空營護太宗山陵事畢進封爲公顯慶元年卒贈吏部尚書并州都督子玄邃官至司農少卿玄邃子知微聖曆初歷位右豹韜衛將軍時突厥默啜有女請和親則天令淮陽王武延秀往納其女命知微攝春官尚書送赴虜庭默啜以延秀非皇室諸王大怒遂拘之別所與知微率衆自恒岳道攻陷趙定二州知微經歲餘自突厥所還則天以其隨賊入寇令百官臠割然後斬之并夷其三族立本顯慶中累遷將作大匠後代立德爲工部尚書兄弟相代爲八座時論榮之總章元年遷右相賜爵博陵縣男立本雖有應務之才而尤善圖畫工於寫真秦府十八學士圖及貞觀中凌烟閣功臣圖並立本之跡也時人咸稱其妙太宗嘗與侍臣學士泛舟於春苑池中有異鳥隨波容與太宗擊賞數詔坐者爲詠召立本令寫焉時閣外傳呼云畫師閻立本時已爲主爵郎中奔走流汗俛伏池側手揮丹粉瞻望座賓不勝媿赧退誡其子曰吾少好讀書幸免面墻緣情染翰頗及儕流唯以丹青見知躬廝役之務辱莫大焉汝宜深誡勿習此末伎立本爲性所好欲罷不能也及爲右相與左相姜恪對掌樞密恪既歷任將軍立功塞外立本唯善於圖畫非宰輔之器故時人以千字文爲語曰左相宣威沙漠右相馳譽丹青咸亨元年百司復舊名改爲中書令四年卒

柳亨蒲州解人魏尚書左僕射慶之孫也父旦隋太常少卿新城縣公亨隋末歷熊耳王屋二縣長陷於李密密敗歸國累授駕部郎中亨容貌魁偉高祖甚愛重之特以殿中監竇誕之女妻焉卽帝之外孫也三遷左衛中郎將封壽陵縣男未幾以譴出爲邛州刺史加散騎常侍被代還數年不調因兄葬遇太宗遊於南山召見與語頗哀矜之數日北門引見深加誨獎拜銀青光祿大夫行光祿少卿太宗每誡之曰與卿舊親情素兼宿卿爲人交遊過多今授此職宜存簡靜亨性好射獵有饕湎之名比後頗自勗勵杜絕賓客約身節儉勤於職事太宗亦以此稱之二十三年以修太廟功加金紫光祿大夫久之拜太常卿從幸萬年宮檢校岐州刺史永徽六年卒贈禮部尚書幽州都督謚曰敬亨族子範貞觀中爲侍御史時吳王恪好畋獵損居人範奏彈之太宗因謂侍臣權萬紀事我兒不能匡正其罪合死範進曰房玄齡事陛下猶不能諫止畋獵豈可獨罪萬紀太宗大怒拂衣而入久之獨引範謂曰何得逆折我範曰臣聞主聖臣直陛下仁明臣敢不盡愚直太宗意乃解範高宗時歷位尚書右丞揚州大都督府長史亨兄子奭奭父則隋左衛騎曹因使卒於高麗奭入蕃迎喪柩哀號逾禮深爲夷人所慕貞觀中累遷中書舍人後以外生女爲皇太子妃擢拜兵部侍郎妃爲皇后奭又遷中書侍郎永徽三年代褚遂良爲中書令仍監修國史俄而后漸見疏忌奭憂懼頻上疏請辭樞密之任轉爲吏部尚書及后廢累貶愛州刺史尋爲許敬宗李義府所構云奭潛通宮掖謀行鴆毒又與褚遂良等朋黨構扇罪當大逆高宗遣使就愛州殺之籍沒其家奭既死非其罪甚爲當時之所傷痛神龍初則天遺制與褚遂良韓瑗等並還官爵子孫親屬當時緣坐者咸從曠蕩開元初亨孫渙爲中書舍人表曰臣堂伯祖奭去明慶三年與褚遂良等五家同被譴戮雖蒙遺制盪雪而子孫亡歿並盡唯有曾孫無忝見貫襄州蒙雪多年猶同遠竄陛下自臨寓縣優政必被鴻恩及於泉壤大造加於亡絕先天已後頻降綸綍曾任宰相之家並許收其淪滯況臣伯祖往叨執政無犯受誅藁窆尚隔故鄉後嗣遂編蠻服臣不申號訴義所難安伏乞許臣伯祖還葬鄉里其曾孫無忝放歸本貫疏奏勅令奭歸葬官造靈轝遞還無忝後歷位潭州都督渙弟澤景雲中爲右率府鎧曹參軍先是姚元之宋璟知政事奏請停中宗朝斜封官數千員及元之等出爲刺史太平公主又特爲之言有勅總令復舊職澤上疏諫曰臣聞藥不毒不可以蠲疾詞不切不可以補過是以習甘旨者非攝養之方逾諛佞者積危殆之本臣實愚樸志懷剛勵或聞政之不當事之不直常慷慨關心夢寐懷憤每願徇身以諫伏死而爭但利於社稷有便於君上雖蒙禍被難殺身不悔也竊見神龍以來羣邪作孽法網不振綱維大紊實由內寵專命外嬖擅權因貴憑寵賣官鬻爵朱紫之榮出於僕妾之口賞罰之命乖於章程之典妃主之門有同商賈舉選之署實均闤闠屠販之子悉由邪而忝官黜斥之人咸因姦而冒進天下爲亂社稷幾危賴陛下聰明神武拯其將墜此陛下耳目之所親擊固可永爲炯誡者也臣聞作法於理猶恐其亂作法於亂誰能救之祇如斜封授官皆是僕妾汲引迷謬先帝昧自前朝豈是孝和情之所憐心之所愛陛下初卽位時納姚元之宋璟之計所以咸令黜之頃日已來又令敘之將謂爲斜封之人不忍棄也以爲先帝之意不可違也若斜封之人不忍棄也是韋月將燕欽融之流亦不可褒贈也李多祚鄭克義之徒亦不可清雪也陛下何不能忍於此而獨能忍於彼使善惡不定反覆相攻使君子道銷小人道長爲邪者獲利爲正者銜冤奈何導人以爲非勸人以爲僻將何以懲風俗將何以止姦邪今海內咸稱太平公主令胡僧慧範曲引此輩將有誤於陛下矣謗議盈耳咨嗟滿衢故語曰姚宋爲相邪不如正太平用事正不如邪書曰無偏無陂遵王之義無反無側王道正直臣恐因循流近致遠積小爲大累微起高勿謂何傷其禍將長勿謂何害其禍將大又賞罰之典紀綱不謬天秩有禮君爵有功不可因怒以妄罰不可因喜以妄賞伏見尚醫奉御彭君慶以邪巫小道超授三品奈何輕用名器加非其才昔公主爲子求郎明帝不許今聖朝私愛賞及憸人董狐不亡豈有所隱臣聞賞一人而千萬人悅者賞之罰一人而千萬人勸者罰之臣雖未覩聖朝之妄罰已覩聖朝之妄賞矣書曰官不及私昵惟其能爵罔及惡德惟其賢臣恐近習之人爲其先容有謬於陛下也惟陛下熟思而察之雖往者不可諫而來者猶可追願杜請謁之路塞恩倖之門鑒誡前非無累後悔申畫一之法明不二之刑不詢之謀勿庸無稽之言勿聽則天下之化人無間焉日新之德天鑒不遠澤後參選會有勅令選人上書陳事將加收擢澤又上書曰頃者韋氏險詖姦臣同惡賞罰紊弛綱紀紛綸政以賄成官因寵進言正者獲戾行殊者見疑海內寒心實將莫救賴神明祐德宗廟降靈天討有罪人用不保陛下叡謀神聖勇智聰明安宗廟於已危拯黎庶於將溺今尨眉鮐背歡欣踴躍望聖朝之撫輯聽聖朝之德音今陛下蠲煩省徭法明德舉萬邦愷樂室家胥慶臣又聞危者保其存也亂者有其理也伏惟陛下安不忘危理不忘亂存不忘亡則克享天心國家長保矣詩曰罔不有初鮮克有終伏惟陛下愼厥終修其初非禮勿視非禮勿動書曰惟德罔小萬邦惟慶惟不德罔大墜厥宗甚可畏也甚可懼也伏惟陛下愼之哉夫驕奢起於親貴綱紀亂於寵倖願陛下禁之於親貴則天下隨風矣制之於寵倖則天下法明矣詩曰刑于寡妻至于兄弟以御于家邦若親貴爲之而不禁寵倖撓之而見從是政之不常令之不一則姦詐斯起暴亂生焉雖嚴刑峻制朝施暮戮而法不行矣縱陛下親之愛之莫若安之福之寵祿之過罪之漸也非安之也驕奢之淫危之本也非福之也前事不忘後之師也伏願陛下精求俊哲朝夕納誨縱有逆于耳謬于心者無速之罰姑籌之以道省于厥躬雖木樸忤願恕之以直開諫諍之路也或有順於耳便於身者無急之賞當求諸非道稽之典訓其不協於德必寘之以法用杜側媚之行也有羞淫巧於陛下者遠黜之則淫巧息矣有進忠讜於陛下者遠賞之則忠讜進矣臣又聞生於富者驕生於貴者傲石碏曰臣聞愛子教之以義方不納於邪驕奢淫逸所自邪也書曰罔淫於逸罔遊於樂穆王有命實賴前後左右有位之士繩衍糺謬格其非心今儲宮肇建王府初啓至於寮友必惟妙擇今驕奢之後流波未變慢遊之樂餘風或存夫小人倖臣易合於意奇伎淫巧多適於心臣恐狎於非德玆爲愈怠書曰愼簡乃僚無以巧言令色其惟吉士僕臣正厥后克正僕臣諛厥后自聖伏願採溫良博聞之士恭儉忠鯁之人任以東宮及諸王府官仍請東宮量署拾遺補闕之職令朝夕講論出入時從授以訓誥交修不逮臣又聞馳騁畋獵令人發狂名教之中自有樂地承前貴戚

鮮克由禮或打毬擊鼓比周伎術或飛鷹奔犬盤遊藪澤此甚爲不道非進德修業之本也書曰內作色荒外作禽荒又曰無若丹朱傲惟慢遊是好朋淫于家用殄厥世伏惟陛下誕降謀訓敦勸學業示之以好惡陳之以成敗以義制事以禮制心圖之於未萌慮之於未有則福祿長享與國並休矣臣又聞富不與驕期而驕自至驕不與罪期而罪自至罪不與死期而死自至信矣斯語明哉至誠項章庶人安樂公主武延秀等可謂貴矣可謂寵矣權侔人主威震天下然怙侈滅德神怒人棄豈不謂愛之太極富之太多不節之以禮不防之以法終轉吉爲凶變福爲禍諺曰千人所指無病自死不其然歟書曰殷鑒不遠在彼夏王今陛下何勸豈非皇祖謀訓之則也今陛下何懲豈非孝和寵任之甚也禮曰愛而知其惡憎而知其善可不慎哉夫寵愛之心則不免去其太甚閑之禮節適則可矣今諸王公主駙馬亦陛下之所親愛也矯枉之道在於厥初鑒誡之義其取不遠使觀過務善居寵思危庶夙夜惟寅聿修厥德經曰在上不驕高而不危所以長守貴也制節謹度滿而不溢所以長守富也富貴不離其身然後能保其社稷書曰制于官刑警于有位敢有常舞于宮酣歌于室時謂巫風敢有殉于貨色常于遊畋時謂淫風敢有侮聖言逆忠直遠耆德比頑童時謂亂風惟茲三風十愆卿士有一于身家必喪邦君有一于身國必亡甚可畏也甚可懼也伏惟陛下必察而明之必信而勸之有耆階驕怠者削其祿封樸素修業者錫以紳服以勖其非心使其奉命無使久而忽之無使遠而墜之臣聞非知之艱行之惟艱又曰常厥德保厥位厥德匪常九有以亡伏惟陛下慎之哉前車之覆實惟明證先王之誡可以終吉若陛下奉伊尹之訓崇傅說之命不作無益不啓私門刑不差賞不濫則惟德是輔惟人之懷天祿永終景福是集儻陛下忘精一之德開恩倖之門爵賞有差刑罰不當則忠臣正士亦不復談矣睿宗覽而善之令中書省重詳議擢拜監察御史開元中累遷太子右庶子出爲鄭州刺史未行病卒贈兵部侍郎

崔義玄貝州武城人也大業末往依李密初不見用義玄見羣鼠渡洛又稍刃有花文謂所親曰此王敦敗亡之兆也時黃君漢守據柏崖義玄往說之曰見機而作不俟終日今羣盜蜂起九州幅裂神器所歸必在有德唐公據有秦京名應符籙此眞主也足下孤城獨立宜遵寇恂竇融之策及時歸誠以取封侯也君漢然之即與義玄歸國拜懷州總管府司馬世充遣將高毗侵掠河內義玄擊敗之多下城堡君漢將分子女金帛與之義玄皆拒而不受以功封清丘縣公後從太宗討世充屢獻籌策太宗頗納用之東都平轉隰州都督府長史貞觀初歷左司郎中兼韓王府長史行州府事與友人孟神慶雖志好不同各以介直匡正府幕王並委任之永徽初累遷婺州刺史屬睦州女子陳碩眞舉兵反遣其黨童文寶領徒四千人掩襲婺州義玄將督軍拒戰時百姓訛言碩眞嘗昇天犯其兵馬者無不滅門衆皆兇懼司功參軍崔玄籍言於義玄曰起兵仗順猶且不成此乃妖誑豈能得久義玄以爲然因命玄籍爲先鋒義玄率兵繼進至下淮戍擒其間諜二十餘人夜有流星墜賊營義玄曰此賊滅之徵也詰朝進擊身先士卒左右以楯蔽箭義玄曰刺史尚欲避箭誰肯致死由是士卒戮力斬首數百級餘悉許其歸首進兵至睦州界歸降萬計及碩眞平義玄以功拜御史大夫義玄少愛章句之學五經大義先儒所疑及音韻不明者兼採衆家皆爲釋解傍引證據各有條疏至是高宗令義玄討論五經正義與諸博士等詳論是非事竟不就高宗之立皇后武氏義玄協贊其謀及長孫無忌等得罪皆義玄承中旨繩之顯慶元年出爲蒲州刺史尋卒年七十一贈幽州都督謚曰貞則天時思其功重贈揚州大都督賜其家實封二百戶子神基襲爵長壽中爲司賓卿同鳳閣鸞臺平章事爲相月餘爲酷吏所陷減死配流後漸錄用中宗初爲大理卿神基弟神慶神慶明經舉則天時累遷萊州刺史因入朝待制於億歲殿奏事稱旨則天以神慶歷職皆有美政又其父嘗有翊贊之勳甚賞慰之擢拜并州長史因謂曰并州朕之枌榆又有軍馬比日簡擇無如卿者前後長史皆從尚書爲之以其委重所以授卿也因自爲按行圖擇日而遣之神慶到州有豪富僞作改錢文勑文書下州穀麥踊貴百姓驚擾神慶執奏以爲不便則天下制褒賞之先是并州有東西二城隔汾水神慶始築城相接每歲省防禦兵數千人邊州甚以爲便尋而兄神基下獄當死神慶馳赴都告事得召見則天出神基推狀以示之神慶據狀申理神基竟得減死神慶亦緣坐貶授歙州司馬長安中累轉禮部侍郎數上疏陳時政利害則天每嘉納之轉太子右庶子賜爵魏縣子時有突厥使入朝準儀注太子合預朝參先降勑書神慶上疏曰伏以五品已上所以佩龜者比爲別勑徵召恐有詐妄內出龜合然後應命況太子元良國本萬方所瞻古來徵召皆用玉契此誠重慎之極防萌之慮昨緣突厥使見太子合預朝參直有文符下宮曾不降勑處分令人稟淳化內外同心然古人慮事於未萌之前所以長無悔吝之咎況太子至重不可不深爲誡慎以臣愚見太子既與陛下異宮伏望每召太子預報來日非朔望朝參應須別喚望降墨勑及玉契則天甚然之尋令神慶與詹事祝欽明更日於東宮侍讀俄歷司刑司禮二卿神慶常受詔推張昌宗而竟寬其罪神龍初昌宗等伏誅神慶坐流於欽州尋卒年七十餘明年敬暉等得罪緣昌宗被流貶者例皆雪免贈神慶幽州都督開元中神慶子琳等皆至大官羣從數十人趨奏省闥每歲時家宴組珮輝映以一榻置笏重疊於其上開元天寶間中外族屬無緦麻之喪其福履昌盛如此東都私第門琳與弟太子詹事珪光祿卿瑤俱列棨戟時號三戟崔家琳位終太子少保

史臣曰周隋已來韋氏世有令人鬱爲冠族而安石嗣立竟大其門挺恃才傲物因齡長者之風賓王報之以不仁雖與議乎君子矣議者以堯舜有溢美桀紂有溢惡蓋以一爲凶德則羣惡所歸楊素父子傾覆隋祚醜聲流聞雖弘禮弘武之正士而元亨兄弟竟以凶族寘逐古人守死善道不無爲也德威奏議練刑名之要俾長秋卿美哉審禮仁孝治行可爲世範卒與禍會悲夫二閻曲學甚工措思精巧藝成而下垂誡宜然柳氏世稱謇諤奭澤有正人風彩忠規獻納抑有人焉義玄附麗武后神慶寬縱穢臣奕世纖邪以至傾敗宜哉

贊曰韋子驕矜終損功名楊家積惡宗門擯落閻以藝辱劉以孝傯二崔能吏行無取焉

舊唐書卷七十七考證

韋挺子待價傳軍至寅識迦河與吐蕃合戰初勝後敗又屬天寒凍雪師人多死○沈炳震曰按新書本紀寅識迦河之敗在永昌元年五月吐蕃雖處極西無五月中天寒凍雪之理恐於情事不合

柳亨傳贈禮部尚書幽州都督謚曰敬○新書謚恭

史臣總論楊素父子傾覆隋祚醜聲流聞雖弘禮弘武之邪士而元亨兄弟竟以凶族寘逐古人守死善道不無爲也○臣德潛按弘禮弘武本傳皆守正之士弘武子元亨等緣忤張易之兄弟誣以楊素之後俱遭斥逐禁錮玩文義邪士應是正士之譌言守正如弘禮弘武猶以祖宗之不善累之也今改正

# 舊唐書卷七十八

後晉司空同中書門下平章事劉　昫撰

## 列傳第二十八

于志寧　高季輔

張行成族孫易之昌宗

于志寧雍州高陵人周太師燕文公謹之曾孫也父宣道隋內史舍人志寧大業末爲冠氏縣長時山東羣盜起乃棄官歸鄉里高祖將入關率羣從於長春宮迎接高祖以其有名於時甚加禮遇授銀青光祿大夫太宗爲渭北道行軍元帥召補記室與殷開山等參贊軍謀及太宗爲秦王天策上將志寧累授天策府從事中郎每侍從征伐兼文學館學士貞觀三年累遷中書侍郎太宗命貴臣內殿宴怪不見志寧或奏曰勑召三品已上志寧非三品所以不來太宗特令預宴即加授散騎常侍行太子左庶子累封黎陽縣公時議者欲立七廟以涼武昭王爲始祖房玄齡等皆以爲然志寧獨建議以爲武昭遠祖非王業所因不可爲始祖太宗又以功臣爲代襲刺史志寧以今古事殊恐非久安之道上疏爭之皆從志寧所議太宗因謂志寧曰古者太子既生士負之即置輔弼昔成王幼小周召爲師傅日聞正道習以成性今皇太子既幼少卿當輔之以正道無使邪僻開其心勉之無怠當稱所委官賞可不次而得也志寧以承乾數虧禮度志在匡救撰諫苑二十卷諷之太宗大悅賜黃金十斤絹三百匹十四年兼太子詹事明年以母憂解尋起復本官屢表請終喪禮太宗遣中書侍郎岑文本就宅敦諭之曰忠孝不並我兒須人輔弼卿宜抑割不可徇以私情志寧遂起就職時皇太子承乾嘗以盛農之時營造曲室累月不止所爲多不法志寧上書諫曰臣聞克儉節用實弘道之源崇侈恣情乃敗德之本是以凌雲概日戎人於是致譏峻宇雕墻夏

書以之作誡昔趙盾匡晉呂望師周或勸之以節財或諫之以厚斂莫不盡忠以佐國竭誠以奉君欲茂實播於無窮英聲被乎物聽咸著簡策以爲美談今所居東宮隋日營建覩之者尚譏其侈見之者猶歎其華何容此中更有修造財帛日費土木不停窮斤斧之工極磨礱之妙且丁匠官奴入內比者曾無伏監此等或兄犯國章或弟羅王法往來御苑出入禁闈鉗鑿緣其身捶杵在其手監門本防非慮宿衞以備不虞直長既自不知千牛又復不見爪牙在外廝役在內所司何以自安臣下豈容無懼又鄭衞之樂古謂淫聲昔朝歌之鄉迴車者墨翟夾谷之會揮劍者孔子先聖既以爲非通賢將以爲失頃聞宮內屢有鼓聲大樂伎兒入便不出聞之者股慄言之者心戰往年口勑伏請重尋聖旨殷勤明誡懇切在於殿下不可不思至於微臣不得無懼臣自驅馳宮闕已積歲年犬馬尚解識恩木石猶能知感所有管見敢不盡言如鑒以丹誠則臣有生路若責其忤旨則臣是罪人但悅意取容臧孫方之疾疢犯顏逆耳春秋比之藥石伏望停工匠之作罷久役之人絕鄭衞之音斥羣小之輩則三善允備萬國作貞矣承乾不納承乾又令閹官多在左右志寧上書諫曰臣聞堯稱稽古功著於搜揚舜日聰明績彰於去惡然開元立極布政辨方莫不旌賁英賢驅除不肖理亂之本咸在於茲況閹宦之徒體非全氣更番階闥左右宮闈託親近以立威權假出納以爲禍福昔易牙被任變起齊邦張讓執鈞亂生漢室伊戾爲詐宋國受其殃趙高作姦秦氏鍾其弊加以弘石用事京賈則連首受誅王曹掌權何竇則踵武被戮遂使搢紳重足宰司屏氣然順其情者則榮逮幼沖迕其意者則災及襁褓爰暨高齊都鄴亦弊閹官鄧長顒位至侍中陳德信爵隆開府外干朝政內預宴私宗枝藉其吹噓重臣仰其鼻息罪積山嶽靡挂於刑書功無涓塵已勒於鍾鼎富踰金穴財甚銅山是以家起怨嗟人懷憤歎骨鯁之士語不見聽謇諤之臣言必被斥齊都顚覆職此之由向使任諒直之臣退佞給之士據趙魏之地擁漳滏之兵修德行仁養政施化何區區周室而敢窺覦者焉然杜漸防萌古人所以遠禍以大喻小先哲於焉取則伏惟殿下道茂重離德光守器憲章古始祖述前修欲使休譽遠聞英聲遐暢臣竊見寺人一色未識上心或輕忽高班淩轢貴仕便是品命失序綱紀不立取笑通方之人見譏有識之士然典內職掌唯在門外通傳給使主司但緣階闥供奉今乃往來閤內出入宮中行路之人咸以爲怪伏望狎近君子屏黜小人上副聖心下允衆望承乾覽書甚不悅承乾嘗驅使司馭等不許分番又私引突厥達哥支入宮內志寧上書諫曰臣聞上天蓋高日月以光其德明君至聖輔佐以贊其功是以周誦升儲見匡毛畢漢盈居震取資黃綺姬旦抗法於伯禽賈生陳事於文帝莫不殷勤於端士懇切於正人昔鄧禹名臣方居審諭之任疏受宿望始除輔導之官歷代賢君莫不丁寧於太子者良以地膺上嗣位處副君善則率土霑其恩惡則海內罹其禍近聞僕寺司馭爰及駕士獸醫始自春初迄茲夏晚常居內役不放分番或家有尊親闕於溫凊或室有幼弱絕於撫養春則廢其耕墾夏又妨其播殖事乖存愛恐致怨嗟且突厥達哥支等人面獸心豈得以禮教期不可以仁信待心則未識於忠孝言則莫辯其是非近之有損於英聲暱之無益於盛德引之入閤人皆驚駭豈臣愚識獨用不安臣下爲殿下之股肱殿下爲臣下之君父君父以存撫爲務股肱以匡救爲心是以苦口之藥以奉身逆耳之言以安位古人樹誹謗之木以求己諐懸敢諫之鼓以思身過由是從諫之主鼎祚克昌愎諫之君洪業隳墜承乾大怒陰遣刺客張師政紇干承基就殺之二人潛入其第見志寧寢處苫廬竟不忍而止及承乾敗後推鞫具知其事太宗謂志寧曰知公數有規諫事無所隱深加勉勞右庶子令狐德棻等以無諫書皆從貶責及高宗爲皇太子復授志寧太子左庶子未幾遷侍中永徽元年加光祿大夫進封燕國公二年監修國史時洛陽人李弘泰坐誣告太尉長孫無忌詔令不待時而斬決志寧上疏諫曰伏惟陛下情篤功臣恩隆右戚以無忌橫遭誣告事並是虛欲戮告人以明賞罰一以絕誣告之路二以慰勳戚之心又以所犯是眞無忌便有破家之罪今告爲妄弘泰宜戮不待時且眞犯之人事當罪逆誣謀之類罪唯及身以罪較量明非惡逆若欲依律合待秋分今時屬陽和萬物生育而特行刑罰此謂傷春竊案左傳聲子曰賞以春夏刑以秋冬順天時也又禮記月令曰孟春之月無殺孩蟲省囹圄去桎梏無肆掠止獄訟又漢書董仲舒曰王者欲有所爲宜求其端於天道天道之大者在陰陽陽爲德陰爲刑刑主殺而德主生陽常居大夏而以生育養長爲事陰常居大冬而積於空虛不用之處以此見天之任德不任刑也伏惟陛下纂聖昇祚繼明御極追連胥之絕軌蹈軒項之良規欲使舉動順於天時刑罰依於律令陰陽爲之式序景宿於是靡差風雨不愆雩禜輟祀方今太蔟統律靑陽應期當生長之辰施肅殺之令伏願蹔迴聖慮察古人言儻蒙垂納則生靈幸甚疏奏帝從之是時衡山公主欲出降長孫氏議者以時旣公除合行吉禮志寧上疏曰臣聞明君馭曆當俟獻替之臣聖主握圖必資鹽梅之佐所以堯詢四岳景化洽於區中舜任五臣懿德被於無外左有記言之史右立記事之官大小咸書善惡俱載著懲勸於簡牘垂褒貶於人倫爲萬古之範圍作千齡之龜鏡伏見衡山公主出降欲就今秋成禮竊按禮記云女十五而笄二十而嫁有故二十三而嫁鄭玄云有故謂遭喪也固知須終三年春秋云魯莊公如齊納幣杜預云母喪未再期而圖婚二傳不譏失禮明故也此則史策具載是非歷然斷在聖情不待問於臣下其有議者云準制公除之後須竝從吉此漢文創制其儀爲天下百姓至於公主服是斬縗縱使服隨例除無宜情隨例改心喪之內方復成婚非唯違於禮經亦是人情不可伏惟陛下嗣膺寶位臨統萬方理宜繼美羲軒齊芳湯禹弘獎仁孝之日敦崇名教之秋此事行之若難猶須抑而守禮況行之甚易何容廢而受譏此理有識之所共知非假愚臣之說也伏願遵高宗之令軌略孝文之權制國家於法無虧公主情禮得畢於是詔公主待三年服闋然後成禮其年拜尚書左僕射同中書門下三品三年以本官兼太子少師顯慶元年遷太子太傅嘗與右僕射張行成中書令高季輔俱蒙賜地志寧奏曰臣居關右代襲箕裘周魏以來基址不墜行成等新營莊宅尚少田園於臣有餘乞申私讓帝嘉其意乃分賜行成及季輔四年表請致仕聽解尚書左僕射拜太子太師仍同中書門下三品高宗之將廢王庶人也長孫無忌褚遂良執正不從而李勣許敬宗密申勸請志寧獨無言以持兩端及許敬宗推鞫長孫無忌詔獄因誣構志寧黨附無忌坐是免職尋降授榮州刺史麟德元年累轉華州刺史年老請致仕許之二年卒于家年七十八贈幽州都督諡曰定上元三年追復其左光祿大夫太子太師志寧雅愛賓客接引忘倦後進文筆之士無不影附然亦不能有所薦達議者以此少之前後預撰格式律令五經義疏及修禮修史等功賞賜不可勝計有集二十卷子立政太僕少卿志寧玄孫休烈休烈子益自有傳

高季輔德州蓨人也祖表魏安德太守父衡隋萬年令季輔少好學兼習武藝居母喪以孝聞兄元道仕隋爲汲令武德初縣人翻城從賊元道被害季輔率其黨出鬬竟擒殺其兄者斬之持首以祭墓甚爲士友所稱由是羣盜多歸附之衆至數千尋與武陟人李厚德率衆來降授陟州總管府戶曹參軍貞觀初擢拜監察御史多所彈糾不避權要累轉中書舍人時太宗數召近臣令指陳時政損益季輔上封事五條其畧曰陛下平定九州富有四海德超邃古道高前烈時已平矣功已成矣然而刑典未措者何哉良由謀猷之臣不弘簡易之政臺閣之吏昧於經遠之道執憲者以深刻爲奉公當官者以侵下爲益國未有坦平恕之懷副聖明之旨至如設官分職各有司存尙書八座責成斯在王者司契義屬於茲伏願隨方訓誘使各揚其職仍須擢溫厚之人升淸潔之吏敦朴素革澆浮先之以敬讓示之以好惡使家識孝慈人知廉恥醜言過行見嗤於鄉閭忘義私昵取擯於親族杜其利欲之心載以淸淨之化自然家肥國富氣和物阜禮節於是競興禍亂何由而作又曰竊見聖躬每存節儉而凡諸營繕工徒未息正丁正匠不供驅使和雇和市非無勞費人主所欲何事不成猶願愛其財而勿殫惜其力而勿竭今畿內數州實惟邦本地狹人稠耕植不博菽粟雖賤儲蓄未多特宜優矜令得休息彊本弱枝自古常事關河之外徭役全少帝京三輔差科非一江南河北彌復優閑須爲差等均其勞逸又曰今公主之室封邑足以給資用勳貴之家俸祿足以供器服乃戚戚於儉約汲汲於華侈放息出舉追求什一公侯尙且求利黎庶豈覺其非錐刀必競實由於此有虧朝風謂宜懲革又曰仕以應務代耕外官卑品猶未得祿旣離鄉家理必貧匱但妻子之戀賢達猶累其懷飢寒之切夷惠罕全其行爲政之道期於易從若不恤其匱乏唯欲責其淸勤凡在末品中庸者多止恐巡察歲去輶軒繼軌不能肅其侵漁何以求其政術今戶口漸殷倉廩已實斟量給祿使得養親然後督以嚴科責其報効則庶官畢力物議斯允又曰竊見密王元曉等俱是懿親陛下友愛之懷義高古昔分以車服委以藩維須依禮儀以副瞻望比見帝子拜諸叔諸叔亦答拜王爵旣同家人有禮豈合如此顚倒昭穆伏願一垂訓誡永循彝則書奏太宗稱善十七年授太子右庶子又上疏切諫時政得失特賜鍾乳一劑曰進藥石之言故以藥石相報十八年加銀青光祿大夫兼吏部侍郞凡所銓敍時稱允當太宗嘗賜金背鏡一面

以表其清鑒焉二十二年遷中書令兼檢校吏部尚書監修國史賜爵脩縣公永徽二年授光祿大夫行侍中兼太子少保以風疾廢於家乃召其兄虢州刺史季通爲宗正少卿視其疾又屢降中使觀其進食問其增損尋卒年五十八帝爲之舉哀廢朝三日贈開府儀同三司荆州都督謚曰憲子正業仕至中書舍人坐與上官儀善配流嶺外

張行成定州義豐人也少師事河間劉炫勤學不倦炫謂門人曰張子體局方正廊廟才也大業末察孝廉爲謁者臺散從員外郎王世充僭號以爲度支尚書世充平以隋資補宋州穀熟尉又應制舉乙科授雍州富平縣主簿理有能名秩滿補殿中侍御史糺劾不避權戚太宗以爲能謂房玄齡曰觀古今用人必因媒介若行成者朕自舉之無先容也太宗嘗言及山東關中人意有同異行成正侍宴跪而奏曰臣聞天子以四海爲家不當以東西爲限若如是則示人以隘陋太宗善其言賜名馬一匹錢十萬衣一襲自是每有大政常預議焉累遷給事中太宗嘗臨軒謂侍臣曰朕所以不能恣情欲取樂當年而勵節苦心卑宮菲食者正爲蒼生耳我爲人主兼行將相之事豈不是奪公等名昔漢高祖得蕭曹韓彭天下寧晏舜禹湯武有稷契伊呂四海乂安此事朕並兼之行成退而上書諫曰有隋失道天下沸騰陛下撥亂反正拯生人於塗炭何周漢君臣之所能擬陛下聖德含光規模弘遠雖文武之烈實兼將相何用臨朝對衆與其較量以萬乘至尊共臣下爭功哉臣聞天何言哉四時行焉又聞汝惟不矜天下莫與汝爭能臣備員樞近非敢知獻替之事輒陳狂直伏待葅醢太宗深納之轉刑部侍郎太子少詹事太宗東征皇太子於定州監國卽行成本邑也太子謂行成曰今者送公衣錦還鄉於是令有司祀其先人墓行成因薦鄉人魏唐卿崔寶權馬龍駒張君劼等皆以學行著聞太子召見以其老不任職皆厚賜而遣之太子又使行成詣行在所太宗見之甚悅賜馬二匹縑三百匹駕還京爲河南巡察大使還稱旨以本官兼檢校尚書左丞是歲太宗幸靈州太子當從行成上疏曰伏承皇太子從幸靈州臣愚以爲皇太子養德春宮日月未幾華夷遠邇佇聽嘉音如因以監國接對百寮決斷庶務明習政理旣爲京師重鎭且示四方盛德與其出陪私愛曷若俯從公道太宗以爲忠進位銀青光祿大夫二十三年遷侍中兼刑部尚書太宗崩與高季輔侍高宗卽位於太極殿梓宮前尋封北平縣公監修國史時晉州地連震有聲如雷高宗以問行成對曰天陽也地陰也陽君象陰臣象君宜轉動臣宜安靜今晉州地動彌旬不休雖天道玄邈窺算不測而人事較量昭然作戒恐女謁用事大臣陰謀修德禳災在於陛下且陛下本封晉也今地震晉州下有徵應豈徒然耳伏願深思遠慮以杜未萌二年八月拜尚書左僕射尋加授太子少傅四年自三月不雨至于五月復抗表請致仕高宗手制答曰密雲不雨遂淹旬月此朕之寡德非宰臣咎實甘萬方之責用陳六事之過策免之科義乖罪已令勅斷表勿復爲辭賜宮女黃金器物固請乞骸骨高宗曰公我之故舊腹心奈何舍我而去因愴然流涕行成不得已復起視事九月卒於尚書省時年六十七高宗哭之甚哀輟朝三日令九品已上就第哭比斂中使三至賜內衣服令尚宮宿於家以視殯斂贈開府儀同三司并州都督所司備禮冊命祭以少牢賻絹布八百段米粟八百石賜東園秘器謚曰定弘道元年詔以行成配享高宗廟庭子洛客嗣官至雍州渭南令行成族孫易之昌宗易之父希臧雍州司戶易之初以門蔭累遷爲尚乘奉御年二十餘白皙美姿容善音律歌詞則天臨朝通天二年太平公主薦易之弟昌宗入侍禁中既而昌宗啓天后曰臣兄易之器用過臣兼工合鍊卽令召見甚悅由是兄弟俱侍宮中皆傅粉施朱衣錦繡服俱承辟陽之寵俄以昌宗爲雲麾將軍行左千牛中郎將易之爲司衞少卿賜第一區物五百段奴婢駝馬等信宿加昌宗銀青光祿大夫賜防閤同京官朔望朝參仍贈希臧襄州刺史母韋氏阿臧封太夫人使尚宮至宅問訊仍詔尚書李迥秀私侍阿臧武承嗣三思懿宗宗楚客宗晉卿候其門庭爭執鞭轡呼易之爲五郎昌宗爲六郎俄加昌宗左散騎常侍聖曆二年置控鶴府官員以易之爲控鶴監內供奉餘官如故久視元年改控鶴府爲奉宸府又以易之爲奉宸令引辭人閻朝隱薛稷員半千並爲奉宸供奉每因宴集則令嘲戲公卿以爲笑樂若內殿曲宴則二張諸武侍坐樗蒲笑謔賜與無算時諛佞者奏云昌宗是王子晉後身乃令被羽衣吹簫乘木鶴奏樂於庭如子晉乘空辭人皆賦詩以美之崔融爲其絕唱其句有昔遇浮丘伯今同丁令威中郎才貌是藏史姓名非天后令選美少年爲左右奉宸供奉右補闕朱敬則諫曰臣聞志不可滿樂不可極嗜慾之情愚智皆同賢者能節之不使過度則前聖格言也陛下內寵已有薛懷義張易之昌宗固應足矣近聞上舍奉御柳模自言子良賓潔白美鬚眉左監門衞長史侯祥云陽道壯偉過於薛懷義專欲自進堪奉宸內供奉無禮無儀溢於朝聽臣愚職在諫諍不敢不奏則天勞之曰非卿直言朕不知此賜綵百段以昌宗醜聲聞于外欲以美事掩其迹乃詔昌宗撰三教珠英於內乃引文學之士李嶠閻朝隱徐彥伯張說宋之問崔湜富嘉謨等二十六人分門撰集成一千三百卷上之加昌宗司僕卿封鄴國公易之爲麟臺監封恒國公各實封三百戶俄改昌宗爲春官侍郎易之昌宗皆粗能屬文如應詔和詩則宋之問閻朝隱爲之代作則天春秋高政事多委易之兄弟中宗爲皇太子太子男邵王重潤及女弟永泰郡主竊言二張專政易之訴於則天付太子自鞫問處置太子並自縊殺之又御史大夫魏元忠嘗奏二張之罪易之懼不自安乃誣奏元忠與司禮丞高戩云天子老矣當挾太子爲耐久朋則天曰汝何以知之易之曰鳳閣舍人張說爲證翌日則天召元忠及說廷詰之皆妄則天尚以二張之故逐元忠爲高要尉張說長流欽州長安二年易之贓賂事發爲御史臺所劾下獄兄司府少卿昌儀司禮少卿同休皆貶黜及則天臥疾長生院宰臣希得進見唯易之兄弟侍側恐禍變及已乃引用朋黨陰爲之備人有牓其事于路左臺御史中丞宋璟請按之則天陽許尋勅宋璟使幽州按都督屈突仲翔令司禮卿崔神慶鞫之神慶希旨雪昌宗兄弟神龍元年正月則天病甚是月二十日宰臣崔玄暐張柬之等起羽林兵迎太子至玄武門斬關而入誅易之昌宗於迎仙院並梟首於天津橋南則天遜居上陽宮易之兄昌期歷岐汝二州刺史所在苛猛暴橫是日亦同梟首朝官房融崔神慶崔融李嶠宋之問杜審言沈佺期閻朝隱等皆坐二張竄逐凡數十人

史臣曰于燕公輔導儲皇高侍中敷陳理行張北平斥言陰沴皆人所難言者苟非金玉貞度松筠挺操安能咈人主之意獻苦口之忠宜其論道巖廊克終顯盛古所謂能以義匡主之失三君有焉

贊曰猗歟于公獻替兩宮前修克繼嗣德彌隆高酬藥劑張感宸衷君臣之義斯爲始終

舊唐書卷七十八考證

于志寧傳志寧玄孫休烈○新書作曾孫

張行成傳○臣德潛按張易之昌宗行成族孫也生平醜行宜另立傳不合附行成正人後况既附易之兄弟而論贊中又不之及何也

# 舊唐書卷七十九

後晉司空同中書門下平章事劉　昫撰

## 列傳第二十九

祖孝孫　傅仁均　傅奕　李淳風　呂才

祖孝孫幽州范陽人也父崇儒以學業知名仕至齊州長史孝孫博學曉曆算早以達識見稱初開皇中鍾律多缺雖何妥鄭譯蘇夔萬寶常等亟共討詳紛然不定及平江左得陳樂官蔡子元于普明等因置清商署時牛弘爲太常卿引孝孫爲協律郎與子元普明參定雅樂時又得陳陽山太守毛爽妙知京房律法布琯飛灰順月皆驗爽時年老弘恐失其法於是奏孝孫從其受律孝孫得爽之法一律而生五音十二律而爲六十音因而六之故有三百六十音以當一歲之日又祖述沈重依淮南本數用京房舊術求之得三百六十律各因其月律而爲一部以律數爲母以一中氣所有日爲子以母命子隨所多少分直一歲以配七音起于冬至以黃鍾爲宮太簇爲商林鍾爲徵南呂爲羽姑洗爲角應鍾爲變宮蕤賓爲變徵其餘日建律皆依運行每日各以本律爲宮旋宮之義由斯著矣然牛弘旣初定樂難復改張至大業時又採晉宋舊樂唯奏皇夏等十有四曲旋宮之法亦不施用高祖受禪擢孝孫爲著作郎歷吏部郎太常少卿漸見親委孝孫由是奏請作樂時軍國多務未遑改創樂府尚用隋氏舊文武德七年始命孝孫及祕書監竇璡修定雅樂孝孫又以陳梁舊樂雜用吳楚之音周齊舊樂多涉胡戎之伎於是斟酌南北考以古音作大唐雅樂以十二月各順其律旋相爲宮制十二樂合三十二曲八十四調事具樂志旋宮之義亡絕已久世莫能知一朝復古自孝孫始也孝孫尋卒其後協律郎張文收復採三禮增損樂章然因孝孫之本音

傅仁均滑州白馬人也善曆算推步之術武德初太史令庾儉太史丞傅奕表薦之高祖因召令改修舊曆仁均因上表陳七事其一曰昔洛下閎以漢武太初元年歲在丁丑創曆起元元在丁丑今大唐以戊寅年受命甲子日登極所造之曆即上元之歲歲在戊寅命日又起甲子以三元之法一百八十去其積歲武德元年戊寅爲上元之首則合璧連珠懸合於今日其二曰堯典爲日短星昴以正仲冬前代造曆莫能允合臣今創法五十餘年冬至輒差一度則却檢周漢千載無違其三曰經書日蝕毛詩爲先十月之交朔日辛卯臣今立法却推得周幽王六年辛卯朔蝕即能明其中間並皆符合其四曰春秋命曆序云魯僖公五年壬子朔旦冬至諸曆莫能符合臣今造曆却推僖公五年正月壬子朔旦冬至則同自斯以降並無差爽其五曰古曆日蝕或在於晦或在二日月蝕或在望前或在望後臣今立法月有三大三小則日蝕常在於朔月蝕在望前却驗魯史並無違爽其六曰前代造曆命辰不從子半命度不起虛中臣今造曆命辰起子半度起於虛六度命合辰得中於子符陰陽之始會曆術之宜其七曰前代諸曆月行或有晦猶東見朔以西朓臣今以遲疾定朔永無此病經數月曆成奏上號曰戊寅元曆高祖善之武德元年七月詔頒新曆授仁均員外散騎常侍賜物二百段後中書令封德彝奏曆術差謬勅吏部郎中祖孝孫考其得失又太史丞王孝通執甲辰曆法以駁之曰案堯典云日短星昴以正仲冬孔氏云七宿畢見舉中者言耳是知中星無定故互舉一分兩至之星以爲成驗也昴西方處中之宿虛爲北方居中之星一分各舉中者即餘六星可知若乃仲冬舉鳥仲夏舉火此一至一分又舉七星之體則餘二方可見今仁均專守昴中而爲定朔執文害意不亦謬乎又案月令仲冬昏在東壁明知昴中則非常準若言陶唐之代定是昴中後代漸差遂至東壁然則堯前七千餘載冬至之日即便合翼中逾遠彌却尤成不隱且今驗東壁昏中日體在斗十有三度若昏於翼中日應在井十有三度夫井極北去人最近而斗極南去人最遠在井則大熱在斗乃大寒寒暑易位以理推尋必不然矣又鄭康成博達之士也對弟子孫皓云日永星火只是大火之次二十度有其中者非謂心之火星也實正中也又平朔定朔舊有二家平望定望由來兩術然三大三小是定朔定望之法一大一小是平朔平望之義且日月之行有遲有疾每月一相及謂之合會故晦朔無定由人消息若定大小合朔者合會雖定而蔀元紀首三端並失若上合履端之始下得歸餘於終合會時有進退履端又皆允協則甲辰元曆爲通術矣仁均對曰宋代祖沖之久立差術至於隋代張胄玄等因而修之雖差度不同各明其意今孝通不達宿度之差移未曉黃道之遷改乃執南斗爲東至之恒星東井爲夏至之常宿率意生難豈爲通理夫太陽行於宿度如郵傳之過逆旅宿度每歲既差黃道隨而變易豈得以膠柱之說而爲斡運之難乎又案易云治曆明時禮云天子玄端聽朔於南門之外尚書云正月上日受終于文祖孔氏云上日朔日也又云季秋月朔辰不集于房孔氏云集合也不合則日蝕隨可知矣又云先時不及時皆殺無赦先時謂朔日不及時也若有先後之差是不知定朔之道矣詩云十月之交朔日辛卯又春秋日蝕三十有五左丘明云不書朔官失之也明聖人之教不論於晦唯取朔耳自春秋以後去聖久遠曆術差違莫能詳正故秦漢以來多非朔蝕而宋代御史中丞何承天微欲見意不能詳究乃爲太史令錢樂之散騎侍郎皮延宗之抑止孝通今語乃是延宗舊辭承天既非甄明故有當時之屈今略陳梗概申以明之夫理曆之本必推上元之歲日月如合璧五星如連珠夜半甲子朔旦冬至自此以後既行度不同七曜分散不知何年更得餘分普盡還復總會之時也唯日分氣分得有可盡之理因其得盡即有三端之元故造經立法者小餘盡即爲元首此乃紀其日數之元不關合璧之事矣時人相傳皆云大小餘俱盡即定夜半甲子朔旦冬至者此不達其意故也何者冬至自有常數朔名由於月起既月行遲疾無常三端豈得即合故必須日月相合與冬至同日者始可得名爲合朔冬至耳故前代諸曆不明其意乃於大餘正盡之年而立其元法將以爲常而不知七曜散行氣朔不合今法唯取上元連珠合璧夜半甲子朔旦冬至合朔之始以定一九相因行至於今日常取定朔之宜不論三端之事皮延宗本來不知何承天亦自未悟何得引而相難耶孝孫以仁均之言爲然貞觀初有益州人陰弘道又執孝通舊說以駁之終不能屈李淳風復駁仁均曆十有八事勅大理卿崔善爲考二家得失七條改從淳風餘一十一條並依舊定仁均後除太史令卒官

傅奕相州鄴人也尤曉天文曆數隋開皇中以儀曹事漢王諒及諒舉兵謂奕曰今茲熒惑入井是何祥也奕對曰天上東井黃道經其中正是熒惑行路所涉不爲怪異若熒惑入地上井是爲災也諒不悅及諒敗由是免誅徙扶風高祖爲扶風太守深禮之及踐祚召拜太史丞太史令庾儉以其父質在隋言占候忤煬帝意竟死獄中遂懲其事又恥以數術進乃薦奕自代遂遷太史令奕既與儉同列數排毀儉而儉不之恨時人多儉仁厚而稱奕之率直奕所奏天文密狀屢會上旨置參旗井鉞等十二軍之號奕所定也武德三年進漏刻新法遂行於時七年奕上疏請除去釋教曰佛在西域言妖路遠漢譯胡書恣其假託故使不忠不孝削髮而揖君親遊手遊食易服以逃租賦演其妖書述其邪法僞啓三塗謬張六道恐嚇愚夫詐欺庸品凡百黎庶通識者稀不察根源信其矯詐乃追既往之罪虛規將來之福布施一錢希萬倍之報持齋一日冀百日之糧遂使愚迷妄求功德不憚科禁輕犯憲章其有造作惡逆身墜刑網方乃獄中禮佛口誦佛經晝夜忘疲規免其罪且生死壽夭由於自然刑德威福關之人主乃謂貧富貴賤功業所招而愚僧矯詐皆云由佛竊人主之權擅造化之力其爲害政良可悲矣案書云惟辟作福威惟辟玉食臣有作福作威玉食害于而家凶于而國人用側頗僻降自犧農至于漢魏皆無佛法君明臣忠祚長年久漢明帝假託夢想始立胡神西域桑門自傳其法西晉以上國有嚴科不許中國之人輒行髡髮之事洎于苻石羌胡亂華主庸臣佞政虐祚短皆由佛教致災也梁武齊襄足爲明鏡昔褒姒一女妖惑幽王尚致亡國況天下僧尼數盈十萬翦刻繒綵裝束泥人而爲厭魅迷惑萬姓者乎今之僧尼請令匹配即成十萬餘戶產育男女十年長養一紀教訓自然益國可以足兵四海免蠶食之殃百姓知威福所在則妖惑之風自革淳朴之化還興且古今忠諫鮮不及禍竊見齊朝章仇子他上表言僧尼徒衆糜損國家寺塔奢侈虛費金帛爲諸僧附會宰相對朝讒毀諸尼依託妃主潛行謗讟子他竟被囚執刑於都市及周武平齊制封其墓臣雖不敏竊慕其蹤又上疏十一首詞甚切直高祖付羣官詳議唯太僕卿張道源稱奕奏合理中書令蕭瑀與之爭論曰佛聖人也奕爲此議非聖人者無法請寘嚴刑奕曰禮本於事親終於奉上此則忠孝之理著臣子之行成而佛踰城出家逃背其父以匹夫而抗天子以繼體而悖所親蕭瑀非出於空桑乃遵無父之教臣聞非孝者無親其瑀之謂矣瑀不能荅但合掌曰地獄所設正爲是人高祖將從奕言會傳位而止奕武德九年五月密奏太白見秦分秦王當有天下高祖以狀授太宗及太宗嗣位召奕賜之食謂曰汝前所奏幾累於我然今後但須盡言無以前事爲慮也太宗常臨朝謂奕曰佛道玄妙聖迹可師且報應顯然屢有徵驗卿獨不悟其理何也奕對曰佛是胡中桀黠欺誑夷狄初止西域漸流中國遵尚其教皆是邪僻小人模寫莊老玄言文飾妖幻之教耳於百姓無補於國家有害太宗頗然之貞觀十三年卒年八十五臨終誡其子曰老莊玄一之篇周孔六經之說是爲名教汝宜習之妖胡亂華舉時皆惑唯獨竊歎衆不我從悲夫汝等勿學也古人裸葬汝宜行之奕生平遇患未嘗請醫服藥雖究陰陽數術之書而並不之信又常醉臥蹶然起曰吾其死矣因自爲墓誌曰傅奕青山白雲人也因酒醉死嗚呼哀哉其縱達皆此類注老子并撰音義又集魏晉已來駁佛教者爲高識傳十卷行於世

李淳風岐州雍人也其先自太原徙焉父播隋高唐尉以秩卑不得志棄官而爲道士頗有文學自號黃冠子注老子撰方志圖文集十卷並行於代淳風幼俊爽博涉羣書尤明天文曆算陰陽之學貞觀初以駁傅仁均曆議多所折衷授將仕郎直太史局尋又上言曰今靈臺候儀是魏代遺範觀其制度疏漏實多臣案虞書稱舜在璿璣玉衡以齊七政則是古以混天儀考七曜之盈縮也周官大司徒職以土圭正日景以定地中此亦據混天儀日行黃道之明證也暨于周末此器乃亡漢孝武時洛下閎復造渾天儀事多疏闕故賈逵張衡各有營鑄陸績王蕃遞加修補或綴附經星機應漏水或孤張規郭不依日行推驗七曜並循赤道今驗冬至極南夏至極北而赤道當定於中全無南北之異以測七曜豈得其真黃道渾儀之闕至今千餘載矣太宗異其說因令造之至貞觀七年造成其制以銅爲之表裏三重下據準基狀如十字末樹鼇足以張四表焉第一儀名曰六合儀有天經雙規渾緯規金常規相結於四極之內備二十八宿十干十二辰經緯三百六十五度第二名三辰儀圓徑八尺有璿璣規月遊規天宿矩度七曜所行並備于此轉於六合之內第三名四遊儀玄樞爲軸以連結玉衡遊筩而貫約規矩又玄樞北樹北辰南距地軸傍轉於內又玉衡在玄樞之間而南北遊仰以觀天之辰宿下以識器之晷度時稱其妙又論前代

渾儀得失之差著書七卷名爲法象志以奏之太宗稱善置其儀於凝暉閣加授承務郎十五年除太常博士尋轉太史丞預撰晉書及五代史其天文律曆五行志皆淳風所作也又預撰文思博要二十二年遷太史令初太宗之世有祕記云唐三世之後則女主武王代有天下太宗嘗密召淳風以訪其事淳風曰臣據象推算其兆已成然其人已生在陛下宮內從今不踰三十年當有天下誅殺唐氏子孫殲盡帝曰疑似者盡殺之如何淳風曰天之所命必無禳避之理王者不死多恐枉及無辜且據上象今已成復在宮內已是陛下眷屬更三十年又當衰老老則仁慈雖受終易姓其於陛下子孫或不甚損今若殺之即當復生少壯嚴毒殺之立讎若如此即殺戮陛下子孫必無遺類太宗善其言而止淳風每占候吉凶合若符契當時術者疑其別有役使不因學習所致然竟不能測也顯慶元年復以修國史功封樂昌縣男先是太史監候王思辯表稱五曹孫子十部算經理多踳駁淳風復與國子監算學博士梁述太學助教王真儒等受詔注五曹孫子十部算經書成高祖令國學行用龍朔二年改授祕閣郎中時戊寅曆法漸差淳風又增損劉焯皇極曆改撰麟德曆奏之術者稱其精密咸亨初官名復舊還爲太史令年六十九卒所撰典章文物志乙巳占祕閣錄并演齊人要術等凡十餘部多傳於代子諺孫仙宗並爲太史令

呂才博州清平人也少好學善陰陽方伎之書貞觀三年太宗令祖孝孫增損樂章孝孫乃與明音律人王長通白明達遞相長短太宗令侍臣更訪能者中書令溫彥博奏才聰明多能眼所未見耳所未聞一聞一見皆達其妙尤長於聲樂請令考之侍中王珪魏徵又盛稱才學術之妙徵曰才能爲尺十二枚尺八長短不同各應律管無不諧韻太宗即徵才令直引文館太宗嘗覽周武帝所撰三局象經不曉其旨太子洗馬蔡允恭年少時嘗爲此戲太宗召問亦廢而不通乃召才使問焉才尋繹一宿便能作圖解釋允恭覽之依然記其舊法與才正同由是才遂知名累遷太常博士太宗以陰陽書近代以來漸致訛僞穿鑿既甚拘忌亦多遂命才與學者十餘人共加刊正削其淺俗存其可用者勒成五十三卷并舊書四十七卷十五年書成詔頒行之才多以典故質正其理雖爲術者所短然頗合經義今略載其數篇其敘宅經曰易曰上古穴居而野處後世聖人易以宮室蓋取諸大壯迨于殷周之際乃有卜宅之文故詩稱相其陰陽書云卜惟洛宅此則卜宅吉凶其來尚矣至於近代師巫更加五姓之說言五姓者謂宮商角徵羽等天下萬物悉配屬之行事吉凶依此爲法至如張王等爲商武庚等爲羽欲似同韻相求及其以柳姓爲宮以趙姓爲角又非四聲相管其間亦有同是一姓分屬宮商後有復姓數字徵羽不別驗於經典本無斯說諸陰陽書亦無此語直是野俗口傳竟無所出之處唯堪輿經黃帝對於天老乃有五姓之言且黃帝之時不過姬姜數姓暨於後代賜族者多至如管蔡成霍魯衛毛聃郜雍曹滕畢原酆郇並是姬姓子孫孔殷宋華向蕭亳皇甫並是子姓苗裔自餘諸國準例皆然因邑因官分枝布葉未知此等諸姓是誰配屬又檢春秋以陳衛及秦並同水姓齊鄭及宋皆爲火姓或承所出之祖或繫所屬之星或取所居之地亦非宮商角徵共相管攝此則事不稽古義理乖僻者也敘祿命曰謹案史記宋忠賈誼譏司馬季主云夫卜筮者高人祿命以悅人心矯言禍福以盡人財又案王充論衡云見骨體而知命祿覩命祿而知骨體此即祿命之書行之久矣多言或中人乃信之今更研尋本非實錄但以積善餘慶不假建祿之吉積惡餘殃豈由劫殺之災皇天無親常與善人禍福之應其猶影響故有夏多罪天命剿絕宋景修德妖孛夜移學也祿在豈待生當建學文王勤憂損壽不關月値空亡長平坑卒未聞共犯三刑南陽貴士何必俱當六合歷陽成湖非獨河魁之上蜀郡炎燎豈由災厄之下今時亦有同年同祿而貴賤懸殊共命共胎而夭壽更異案春秋魯桓公六年七月魯莊公生今檢長曆莊公生當乙亥之歲建申之月以此推之莊公乃當祿之空亡依祿命書法合貧賤又犯勾絞六害背驛馬三刑當此三者並無官爵火命七月生當病鄉爲人尫弱身合矬陋今案齊詩譏莊公猗嗟昌兮頎若長兮美目揚兮巧趨蹌兮唯有向命一條法當長命依檢春秋莊公薨時計年四十五矣此則祿命不驗一也又案史記秦莊襄王四十八年始皇帝生宋忠注云因正月生乃名政依檢襄王四十八年歲在壬寅此年正月生者命當背祿法無官爵假得祿合奴婢尚少始皇又當破驛馬三刑身剋驛馬法當望官不到金命正月生當絕下爲人無始有終老而彌吉今檢史記始皇乃是有始無終老更彌凶唯建命生法合長壽計其崩時不過五十祿命不驗二也又漢武故事武帝以乙酉之歲七月七日平旦時生亦當祿空亡下法無官爵雖向驛馬尚隔四辰依祿命法少無官榮老而方盛今檢漢書武帝即位年始十六末年已後戶口減半祿命不驗三也又按後魏書云孝文皇帝皇興元年八月生今按長曆其年歲在丁未以此推之孝文皇帝背祿命并驛馬三刑身剋驛馬依祿命書法無官爵命當父死中生法當生不見父今檢魏書孝文皇帝身受其父顯祖之禪禮云嗣子位定於初喪踰年之後方始正號是以天子無父事三老也孝文受禪異於常禮躬率天子以事其親而祿命云不合識父祿命不驗四也又按沈約宋書云宋高祖癸亥歲三月生依此而推祿之與命並當空亡依祿命書法無官爵又當子墓中生唯宜嫡子假有次子法當早卒今檢宋書高祖長子先被篡弒次子義隆享國多年高祖又當祖祿下生法得嫡孫財祿今檢宋書其孫劉劭劉濬並爲篡逆幾失宗祧祿命不驗五也敘葬書曰易曰古之葬者衣之以薪不封不樹喪期無數後世聖人易之以棺槨蓋取諸大過禮云葬者藏也欲使人不得見之然孝經云卜其宅兆而安厝之以其顧復事畢長爲感慕之所窀穸禮終永作魂神之宅朝市遷變不得豫測於將來泉石交侵不可先知於地下是以謀及龜筮庶無後艱斯乃備於慎終之禮曾無吉凶之義暨乎近代以來加之陰陽葬法或選年月便利或量墓田遠近一事失所禍及死生巫者利其貨賄莫不擅加妨害遂使葬書一術乃有百二十家各說吉凶拘而多忌且天覆地載乾坤之理備焉一剛一柔消息之義詳矣或成於晝夜之道感於男女之化三光運於上四氣通於下斯乃陰陽之大經不可失之於斯須也至於喪葬之吉凶乃附此爲妖妄傳云王者七日而殯七月而葬諸侯五日而殯五月而葬大夫經時而葬士及庶人逾月而已此則貴賤不同禮亦異數欲使同盟同軌赴弔有期量事制宜遂爲常式法既一定不得違之故先期而葬謂之不懷後期而不葬譏之殆禮此則葬有定期不擇年月一也春秋又云丁巳葬定公雨不克葬至於戊午襄事禮經善之禮記云卜葬先遠日者善選月終之日所以避不懷也今檢葬書以己亥之日用葬最凶謹按春秋之際此日葬者凡有二十餘件此則葬不擇日二也禮記又云周尚赤大事用平旦殷尚白大事用日中夏尚黑大事用昏時鄭玄注云大事者何謂喪葬也此則直取當代所尚不擇時之早晚春秋云鄭卿子產及子太叔葬鄭簡公於時司墓大夫室當葬路若壞其室即平旦而窆不壞其室即日中而窆子產不欲壞室欲待日中子大叔云若至日中而窆恐久勞諸侯大夫來會葬者然子產既云博物君子太叔乃爲諸侯之選國之大事無過喪葬必是義有吉凶斯等豈得不用今乃不問時之得失唯論人事可否曾子問云葬逢日蝕捨於路左待明而行所以備非常也若依葬書多用乾艮二時並是近半夜此即文與禮違今檢禮傳葬不擇時三也葬書云富貴官品皆由安葬所致年命延促亦曰墳壠所招然今按孝經云立身行道則揚名於後世以顯父母易曰聖人之大寶曰位何以守位曰仁是以日慎一日則澤及於無疆苟德不建則人而無後此則非由安葬吉凶而論福祚延促臧孫有後於魯不關葬得吉日若敖絕祀於荆不由遷厝失所此則安葬吉凶不可信用其義四也今之喪葬吉凶皆依五姓便利古之葬者並在國都之北域兆既有常所何取姓墓之義趙氏之葬並在九原漢之山陵散在諸處上利下利蔑爾不論大墓小墓其義安在及其子孫富貴不絕或與三代同風或分六國而王此則五姓之義大無稽古吉凶之理何從而生其義五也且人臣名位進退何常亦有初賤而後貴亦有始泰而終否是以子文三已令尹展禽三黜士師卜葬一定更不迴改冢墓既成曾不革易則何因名位無時暫安故知官爵弘之在人不由安葬所致其義六也野俗無識皆信葬書巫者詐其吉凶愚人因而徼幸遂使擗踊之際擇葬地而希官品荼毒之秋選葬時以規財祿或云辰日不宜哭泣遂睆爾而對賓客受弔或云同屬忌於臨壙乃吉服不送其親聖人設教豈其然也葬書敗俗一至於斯其義七也太宗又令才造方域圖及教飛騎戰陣圖皆稱旨擢授太常丞永徽初預修文思博要及姓氏錄顯慶中高宗以琴曲古有白雪近代頓絕使太常增修舊曲才上言曰臣按禮記及家語云舜彈五弦之琴歌南風之詩是知琴操曲弄皆合於歌又張華博物志云白雪是天帝使素女鼓五十弦瑟曲名又楚大夫宋玉對襄王云有客於郢中歌陽春白雪國中和者數十人是知白雪琴曲本宜合歌以其調高人和遂寡自宋玉已來迄今千祀未有能歌白雪曲者臣今準勑依琴中舊曲定其宮商然後教習並合於歌輒以御製雪詩爲白雪歌詞又案古今樂府奏正曲之後皆別有送聲君唱臣和事彰前史今取太尉長孫無忌僕射于志寧侍中許敬宗等奉和雪詩以爲送聲合十六節今悉教訖並皆合韻高宗大悅更作白雪歌詞十六首付太常

編於樂府時右監門長史蘇敬上言陶弘景所撰本草事多舛謬詔中書令許敬宗與才及李淳風禮部郎中孔志約并諸名醫增損舊本仍令司空李勣總監定之并圖合成五十四卷大行於代才龍朔中爲太子司更大夫麟德二年卒著隋記二十卷行於時子方毅七歲能誦周易毛詩太宗聞其幼敏召見甚奇之賜以縑帛後爲右衛鎧曹參軍母終哀慟過禮竟以毀卒布車載喪隨轜車而葬友人郎餘令以白粥玄酒生芻一束於路隅奠祭甚爲時人之所哀惜

史臣曰孝孫定音律仁均正曆數淳風候象緯呂才推陰陽訂於其倫咸以爲稗梓京管之流也然旋宮三代之法秦火藉煬歷代鈌其正音而云孝孫復始大可歎也淳風精於術數能知女主革命而不知其人則所未喻矣呂才毀拘忌之曲學皆有經據不亦賢乎古人所以存而不議蓋有意焉

贊曰祖傅淳才彰往考來裁筠嶰谷運籌清臺推迎幹運圖寫昭回重黎之後諸子賢哉

舊唐書卷八十

後晉司空同中書門下平章事劉　昫撰

列傳第三十

褚遂良　韓瑗　來濟　上官儀

褚遂良散騎常侍亮之子也大業末隨父在隴右薛舉僭號署爲通事舍人舉敗歸國授秦州都督府鎧曹參軍貞觀十年自祕書郎遷起居郎遂良博涉文史尤工隸書父友歐陽詢甚重之太宗嘗謂侍中魏徵曰虞世南死後無人可以論書徵曰褚遂良下筆遒勁甚得王逸少體太宗卽日召令侍書太宗嘗出御府金帛購求王羲之書迹天下爭齎古書詣闕以獻當時莫能辯其眞僞遂良備論所出一無舛誤十五年詔有事太山先幸洛陽有星孛于太微犯郎位遂良言於太宗曰陛下撥亂反正功超前烈將告成東嶽天下幸甚而行至洛陽彗星輒見此或有所未允合者也且漢武優柔數年始行岱禮臣愚伏願詳擇太宗深然之下詔罷封禪之事其年遷諫議大夫兼知起居事太宗嘗問卿知起居記錄何事大抵人君得觀之否遂良對曰今之起居古左右史書人君言事且記善惡以爲鑒誡庶幾人主不爲非法不聞帝王躬自觀史太宗曰朕有不善卿必記之耶遂良曰守道不如守官臣職當載筆君舉必記黃門侍郎劉洎曰設令遂良不記天下亦記之矣太宗以爲然時魏王爲太宗所愛禮秩如嫡其年太宗問侍臣曰當今國家何事最急中書侍郎岑文本曰傳稱導之以德齊之以禮由斯而言禮義爲急遂良進曰當今四方仰德誰敢爲非但太子諸王須有定分陛下宜爲萬代法以遺子孫太宗曰此言是也朕年將五十已覺衰怠既以長子守器東宮弟及庶子數將五十心常憂慮頗在此耳但古嫡庶無良何嘗不傾敗國家公等爲朕搜訪賢德以傅儲宮爰及諸王咸求正士且事人歲久卽分義情深非意窺窬多由此作於是限王府官僚不得過四考七年太宗問遂良曰舜造漆器禹雕其俎當時諫舜禹者十餘人食器之間苦諫何也遂良對曰雕琢害農事纂組傷女工首創奢淫危亡之漸漆器不已必金爲之金器不已必玉爲之所以諍臣必諫其漸及其滿盈無所復諫太宗以爲然因曰夫爲人君不憂萬姓而事奢淫危亡之機可反掌而待也時皇子年幼者多任都督刺史遂良上疏曰昔兩漢以郡國理人除郡以外分立諸子割土分疆雜用周制皇唐州縣粗依秦法皇子幼年或授刺史陛下豈不以王之骨肉鎮扞四方此之造制道高前烈如臣愚見有小未盡何者刺史郡帥民仰以安得一善人部內蘇息遇一不善合州勞弊是以人君愛恤百姓常爲擇賢或稱河潤九里京師蒙福或人興歌詠生爲立祠漢宣帝云與我共理者惟良二千石如臣愚見陛下兒子內年齒尚幼未堪臨人者且留京師教以經學一則畏天之威不敢犯禁二則覩見朝儀自然成立因此積習自知爲人審堪臨州然後遣出臣謹按漢明章和三帝能友愛子弟自茲已降取爲準的封立諸王雖各有國土年尚幼小者召留京師訓以禮法垂以恩惠訖三帝世諸王數十百人唯二王稍惡自餘飡和染教皆爲善人則前事已驗惟陛下詳察太宗深納之其年太子承乾以罪廢魏王泰入侍太宗面許立爲太子因謂侍臣曰昨青雀自投我懷云臣今日始得與陛下爲子更生之日也臣唯有一子臣百年之後當爲陛下殺之傳國晉王父子之道故當天性我見其如此甚憐之遂良進曰陛下失言伏願審思無令錯誤也安有陛下百年之後魏王執權爲天下之主而能殺其愛子傳國於晉王者乎陛下昔立承乾爲太子而復寵愛魏王禮數或有踰於承乾者良由嫡庶不分所以至此殷鑒不遠足爲龜鏡陛下今日旣立魏王伏願陛下別安置晉王始得安全耳太宗涕泗交下曰我不能卽日召長孫無忌房玄齡李勣與遂良等定策立晉王爲皇太子時頻有飛雉集於宮殿之內太宗問羣臣曰是何祥也對曰昔秦文公時有童子化爲雉雌者鳴於陳倉雄者鳴於南陽童子曰得雄者王得雌者霸文公遂以爲寶雞後漢光武得雄遂起南陽而有四海陛下舊封秦王故雄雉見於秦地此所以彰表明德也太宗悅曰立身之道不可無學遂良博識深可重也尋授太子賓客時薛延陁遣使請婚太宗許以女妻之納其財聘旣而不與遂良上疏曰臣聞信爲國本百姓所歸是以文王許枯骨而不違仲尼寧去食而存信延陁㜸歲廼一俟斤耳值神兵北指蕩平沙塞狼山瀚海萬里蕭條陛下兵加諸外而恩起於內以爲餘寇奔波須立酋長璽書鼓纛立爲可汗其懷恩光仰天無極而餘方戎狄莫不聞知以共沐和風同飡恩信頃者頻年遣使請婚大國陛下復降鴻私許其姻媾於是報吐蕃告思摩示中國五尺童子人皆知之於是御幸北門受其獻食于時百寮端笏戎夷左衽虔奉歡宴皆承德音口歌手舞樂以終日百官會畢亦各有言咸以爲陛下欲得百姓安寧不欲邊境交戰遂不惜一女而妻可汗預在含生所以感德今一朝生進退之意有改悔之心臣爲國家惜茲聲聽君子不失色於物不失口於人晉文公圍原命三日糧原不降命去之諜出曰原將降矣軍吏請待之公曰信國之寶也民之庇也得原失信何以庇之陛下慮生意表信在言前今者臨事忽然乖殊所惜尤少所失滋多情旣不通方生嫌隙一方所以相畏忌邊境不得無風塵西州朔方能無勞擾彼胡以主被欺而心怨此士以此無信而懷慚不可以訓戎兵不可以勵軍事伏惟陛下以聖德神功廓清四表自君臨天下十有七載以仁恩而結庶類以信義而撫戎夷莫不欣然負之無力其見在之人皆思報厚德其所生亂嗣亦望報陛下子孫今者得一公主配之以成陛下之信有始有卒其唯聖人乎且又龍沙以北部落無算中國擊之終不能盡亦由可北敗芮芮興突厥亡延陁盛時以古人虛外實內懷之以德爲惡在夷不在華失信在彼不在此伏惟陛下聖德無涯威靈遠震遂平高昌破吐渾立延陁滅頡利輕刑薄賦庶事無壅菽粟豐賤祥符累臻此則堯舜禹湯不及陛下遠矣伏願旁垂愷悌廣茲含育而常嗔絕域有意遠藩非偃伯興文之道非止戈爲武之義臣以庸暗忝居左右敢獻瞽言不勝戰懼時太宗欲親征高麗顧謂侍臣曰高麗莫離支賊殺其王虐用其人夫出師弔伐當乘機便今因其弒虐誅之甚易遂良對曰陛下兵機神算人莫能知昔隋末亂離手平寇亂及北狄侵邊西蕃失禮陛下欲命將擊之羣臣莫不苦諫陛下獨斷進討卒並誅夷海內之人徼外之國畏威懾伏爲此舉也今陛下將興師遼東臣意熒惑何者陛下神武不比前代人君兵旣渡遼指期剋捷萬一差跌無以威示遠方若再發忿兵則安危難測太宗深然之兵部尚書李勣曰近者延陁犯邊陛下必欲追擊此時陛下取魏徵之言遂失機會若如聖策延陁無一人生還可五十年間疆場無事帝曰誠如卿言由魏徵誤計耳朕不欲以一計不當而尤之後有良算安肯矢謀繇是從勣之言經畫渡遼之師遂良以太宗銳意三韓懼其遺悔翌日上疏諫曰臣聞有國家者譬諸身兩京等於心腹四境方乎手足他方絕域若在身外臣近於坐下伏奉口勑布語臣下云自欲伐遼臣數夜思量不達其理高麗王爲陛下之所立莫離支飆殺其主陛下討逆收地斯實乘機關東賴陛下德澤久無征戰但命一二勇將發兵四五萬飛石輕梯取如迴掌大聖人有作必履常規貴能剋平兇亂駕馭才傑惟陛下弘兩儀之道扇三五之風提厲人物皆思効命昔侯君集李靖所謂庸夫猶能掃萬里之高昌平千載之突厥皆是陛下發蹤指示聲歸聖明臣旁求史籍訖乎近代爲人之主無自伐遼人臣往征則有之矣漢朝則荀彘楊僕魏代則毋丘儉王頎司馬懿猶爲人臣慕容眞僭號之子皆爲其主長驅高麗虜其人民削平城壘陛下立功同於天地美化包於古昔自當超邁於百王豈止俯同於六子陛下昔翦平寇逆大有爪牙年齒未衰猶堪任用匪唯陛下之所使亦何行而不克方今太子新立年實幼少自餘藩屏陛下所知今一旦棄金湯之全渡遼海之外臣忽三思煩愁並集大魚依於巨海神龍據於川泉此謂人君不可輕而遠也且以長遼之左或遇霖淫水潦騰波平地數尺夫帶方玄菟海途深渺非萬乘所宜行踐東京太原謂之中地東擣可以爲聲勢西指足以摧延陁其於西京逕路非遠爲其節度以設軍謀繫莫離支頸獻皇家之廟此實處安全之上計社稷之根本特乞天慈一垂省察太宗不納十八年拜黃門侍郎參綜朝政高麗莫離支遣使貢白金遂良言於太宗曰莫離支虐弒其主九夷所不容陛下以之興兵將事弔伐爲遼山之人報主辱之恥古者討弒

君之賊不受其賂昔宋督遺魯君以郜鼎桓公受之於太廟臧哀伯諫曰君人者昭德塞違今滅德立違而寘其賂器於太廟百官象之其又何誅焉武王克商遷九鼎於洛邑義士猶或非之而況將昭違亂之賂器寘諸太廟其若之何夫春秋之書百王取法若受不臣之筐篚納弒逆之朝貢不以爲愆何所致伐臣謂莫離支所獻自不得受太宗納焉以其使屬吏太宗旣滅高昌每歲調發千餘人防遏其地遂良上疏曰臣聞古者哲后必先事華夏而後夷狄務廣德化不事遐荒是以周宣薄伐至境而止始皇遠塞中國分離漢武負文景之聚財翫士馬之餘力始通西域初置校尉軍旅連出將三十年復得天馬於宛城採蒲萄於安息而海內虛竭生人失所租及六畜算至舟車因之凶年盜賊並起搜粟都尉桑弘羊復希主意遣士卒遠田輪臺築城以威西域帝翻然追悔情發於中棄輪臺之野下哀痛之詔人神感悅海內乃康向使武帝復用弘羊之言天下生靈皆盡之矣是以光武中興不踰葱嶺孝章卽位都護來歸陛下誅滅高昌威加西域收其鯨鯢以爲州縣然則王師初發之歲河西供役之年飛芻輓粟十室九空數郡蕭然五年不復陛下歲遣千餘人遠事屯戍終年離別萬里思歸去者資裝自須營辦旣賣菽粟傾其機杼經途死亡復在其外兼遣罪人增其防遏彼罪人者生於販肆終朝惰業犯禁違公止能擾於邊城實無益於行陣所遣之內復有逃亡官司捕捉爲國生事高昌途路沙磧千里冬風冰冽夏風如焚行人去來遇之多死易云安不忘危理不忘亂設令張掖塵飛酒泉烽舉陛下豈能得高昌一人菽粟而及事乎終須發隴右諸州星馳電擊由斯而言此河西者方於心腹彼高昌者他人手足豈得糜費中華以事無用書曰不作無益害有益其此之謂乎陛下道映先天威行無外平頡利於沙塞滅吐渾於西海突厥餘落爲立可汗吐渾遺甿更樹君長復立高昌非無前例此所謂有罪而誅之旣伏而立之四海百蠻誰不聞見蠕動懷生畏威慕德宜擇高昌可立者立之徵給首領遣還本國負戴洪恩長爲藩翰中國不擾旣富且寧傳之子孫以貽永世二十年太宗於寢殿側別置一院令太子居絶不令往東宮遂良復上疏諫曰臣聞周世問安三至必退漢儲視膳五日乃來前賢作法規模弘遠禮曰男子十年出就外傅出宿於外學書計也然則古之達者豈無慈心減茲私愛欲使成立凡人尚猶如此況君之世子乎自當春誦夏絃親近師傅體人間之庶事適君臣之大道使翹足延首皆聆善聲若獻歲之有陽春玄天之有日月弘此懿德乃作元良伏惟陛下道育三才功包九有親樹太子莫不欣欣旣云廢昏立明須稱天地瞻望而教成之道實深乖闕不離膝下常居宮內保傅之說無暢經籍之談蔑如且朋友不可以深交深交必有怨父子不可以滯愛滯愛或生愁伏願遠覽殷周近遵漢魏不可頓革事須階漸嘗計旬日半遣還宮專學藝以潤身布芳聲於天下則微臣雖死猶曰生年太宗從之遂良前後諫奏及陳便宜書數十上多見採納其年加銀青光祿大夫二十一年以本官檢校大理卿尋丁父憂解明年起復舊職俄拜中書令二十三年太宗寢疾召遂良及長孫無忌入臥內謂之曰卿等忠烈簡在朕心昔漢武寄霍光劉備託葛亮朕之後事一以委卿太子仁孝卿之所悉必須盡誠輔佐永保宗社又顧謂太子曰無忌遂良在國家之事汝無憂矣仍命遂良草詔高宗卽位賜爵河南縣公永徽元年進封郡公尋坐事出爲同州刺史三年徵拜吏部尚書同中書門下三品監修國史加光祿大夫其月又兼太子賓客四年代張行成爲尚書右僕射依舊知政事六年高宗將廢皇后王氏立昭儀武氏爲皇后召太尉長孫無忌司空李勣尚書左僕射于志寧及遂良以籌其事將入遂良謂無忌等曰上意欲廢中宮必議其事遂良今欲陳諫衆意如何無忌曰明公必須極言無忌請繼焉及入高宗難於發言再三顧謂無忌曰莫大之罪絶嗣爲甚皇后無胤息昭儀有子今欲立爲皇后公等以爲何如遂良曰皇后出自名家先朝所娶伏事先帝無愆婦德先帝不豫執陛下手以語臣曰我好兒好婦今將付卿陛下親承德音言猶在耳皇后自此未聞有愆恐不可廢臣今不敢曲從上違先帝之命特願再三思審愚臣上忤聖顏罪合萬死但願不負先朝厚恩何顧性命遂良致笏於殿陛曰還陛下此笏仍解巾叩頭流血帝大怒令引出長孫無忌曰遂良受先朝顧命有罪不加刑翌日帝謂李勣曰冊立武昭儀之事遂良固執不從遂良旣是受顧命大臣事若不可當且止也勣對曰此乃陛下家事不合問外人帝乃立昭儀爲皇后左遷遂良潭州都督顯慶二年轉桂州都督未幾又貶爲愛州刺史明年卒官年六十三遂良卒後二歲餘許敬宗李義府奏言長孫無忌所構逆謀並遂良扇動乃追削官爵子孫配流愛州弘道元年二月高宗遺詔放還本郡神龍元年則天遺制復遂良及韓瑗爵位

韓瑗雍州三原人也祖紹隋太僕少卿父仲良武德初爲大理少卿受詔與郎楚之等掌定律令仲良言於高祖曰周代之律其屬三千秦法已來約爲五百若遠依周制繁紊更多且官吏至公自當奉法苟若徇己豈顧刑名請崇寬簡以允惟新之望高祖然之於是採定開皇律行之時以爲便貞觀中位至刑部尚書秦州都督府長史潁川縣公瑗少有節操博學有吏才貞觀中累至兵部侍郎襲父潁川公永徽三年拜黃門侍郎四年與中書侍郎來濟皆同中書門下三品監修國史五年加銀青光祿大夫六年遷侍中其年兼太子賓客時高宗欲廢王皇后瑗涕泣諫曰皇后是陛下在藩府時先帝所娶今無愆過欲行廢黜四海之士誰不惕然且國家屢有廢立非長久之術願陛下爲社稷大計無以臣愚不垂採察帝不納明日瑗又諫悲泣不能自勝帝大怒促令引出尋而尚書左僕射褚遂良以忤旨左授潭州都督瑗復上疏理之曰古之聖王立諫鼓設謗木冀欲聞逆耳之言甘苦口之議發揚大化裨益洪猷垂令譽於將來播休聲於不朽者也伏見詔書以褚遂良爲潭州都督臣夙夜思之用增感激臣識慚知遠業謝通經載撫愚情誠爲未可遂良運偶昇平道昭前烈束髮從官方淹累稔趨侍陛下俄歷歲年不聞涓滴之愆常覩勤勞之効竭忠誠於早歲罄直道於茲年體國忘家捐身徇物風霜其操鐵石其心誠可重於皇明詎專方於曩昔且先帝納之於帷幄寄之以心膂德逾水石義冠舟車公家之利言無不可及纏悲四海遏密八音竭忠國家親承顧託一德無二千古懍然此不待臣言陛下備知之矣臣嘗有此心未敢聞奏且萬姓失業旰食忘勞一物不安納隍軫慮在於微細寧得過差況社稷之舊臣陛下之賢佐無聞罪狀斥去朝廷內外甿黎咸嗟舉措觀其近日言事披誠懇切詎肯後陛下之德異於堯舜懼陛下之過塵於史冊而乃深遭厚謗重負醜言可以痛志士之心損陛下之明也臣聞晉武弘裕不貽劉毅之誅漢祖深仁無恚周昌之直而遂良被遷已經寒暑違忤陛下其罰塞焉伏願緬鑒無辜稍寬非罪俯矜微欵以順人情疏奏帝謂瑗曰遂良之情朕亦知之矣然其悖戾犯上以此責之朕豈有過卿言何若是之深也瑗對曰遂良可謂社稷忠臣臣恐以諛佞之輩蒼蠅點白損陷忠貞昔微子去之而殷國以亡張華不死而綱紀不亂國之欲謝善人其兆今陛下富有四海八紘清泰忽驅逐舊臣而不垂省察乎伏願違彼覆車以收往過垂勸誡於事君則羣生幸甚帝竟不納瑗以言不見用憂憤上表請歸田里詔不許顯慶二年許敬宗李義府希皇后之旨誣奏瑗與褚遂良潛謀不軌以桂州用武之地故授遂良桂州刺史實以爲外援於是更貶遂良爲愛州刺史左授瑗振州刺史四年卒官年五十四明年長孫無忌死敬宗等又奏瑗與無忌通謀遣使殺之及使至瑗已死更發棺驗屍而還籍沒其家孫配徙嶺表神龍元年則天遺制令復其官爵

來濟揚州江都人隋左翊衛大將軍榮國公護子也宇文化及之難闔門遇害濟幼逢家難流離艱險而篤志好學有文詞善談論尤曉時務舉進士貞觀中累轉通事舍人太子承乾之敗太宗謂侍臣曰欲何以處承乾羣臣莫敢對濟進曰陛下上不失作慈父下得盡天年卽爲善矣帝納其言俄除考功員外郎十八年初置太子司議郎妙選人望遂以濟爲之仍兼崇賢館直學士尋遷中書舍人與令狐德棻等撰晉書永徽二年拜中書侍郎兼弘文館學士監修國史四年同中書門下三品五年加銀青光祿大夫以修國史功封南陽縣男賜物七百段六年遷中書令檢校吏部尚書時高宗欲立昭儀武氏爲宸妃濟密表諫曰宸妃古無此號事將不可武皇后旣立濟等懼不自安后乃抗表稱濟忠公請加賞慰而心實惡之顯慶元年兼太子賓客進爵爲侯中書令如故二年又兼太子詹事尋而許敬宗等奏濟與褚遂良朋黨構扇左授台州刺史五年徙庭州刺史龍朔二年突厥入寇濟總兵拒之謂其衆曰吾嘗挂刑網蒙赦性命當以身塞責特報國恩遂不釋甲胄赴賊沒於陣時年五十三贈楚州刺史給靈轝遞還鄉有文集三十卷行於代濟兄亘有學行與濟齊名上元中官至黃門侍郎同中書門下三品

上官儀本陝州陝人也父弘隋江都宮副監因家于江都大業末弘爲將軍陳稜所殺儀時幼藏匿獲免因私度爲沙門遊情釋典尤精三論兼涉獵經史善屬文貞觀初楊仁恭爲都督深禮待之舉進士太宗聞其名召授弘文館直學士累遷祕書郎時太宗雅好屬文每遣儀視草又多令繼和凡有宴集儀嘗預焉俄又預撰晉書成轉起居郎加級賜帛高宗嗣位遷祕書少監龍朔二年加銀青光祿大夫西臺侍郎同東西臺三品兼弘文館學士如故本以詞彩自達工於五言詩好以綺錯婉媚爲本儀旣貴顯故當時多有斅其體者時人謂爲

上官體儀頗恃才任勢故爲當代所嫉麟德元年宦者王伏勝與梁王忠抵罪許敬宗乃構儀與忠通謀遂下獄而死家口籍沒子庭芝歷位周王府屬與儀俱被殺庭芝有女中宗時爲昭容每侍帝草制誥以故追贈儀爲中書令秦州都督楚國公庭芝黃門侍郎岐州刺史天水郡公仍令以禮改葬

史臣曰褚河南上書言事亹亹有經世遠略魏徵王珪之後骨鯁風彩落落負王佐器者殆難其人名臣事業河南有焉昔齊人饋樂而仲尼去戎王溺妓而由余奔婦人之言聖哲懼罹其禍況二佞據衡軸之地爲正人之魑魅乎古之志士仁人一言相期死不之悔況於君臣之間受託孤之寄而以利害禍福忘平生之言哉而韓來諸公可謂守死善道求福不回者焉

贊曰褚公之言和樂愔愔鍾石在簴動成雅音二佞鼓吹三賢一心人皆觀望我不浮沉

# 舊唐書卷八十一

後晉司空同中書門下平章事劉　昫撰

## 列傳第三十一

崔敦禮　盧承慶　劉祥道　李敬玄

李義琰　孫處約　樂彥瑋　趙仁本

崔敦禮雍州咸陽人隋禮部尚書仲方孫也其先本居博陵世爲山東著姓魏末徙關中敦禮本名元禮高祖改名焉頗涉文史重節義嘗慕蘇子卿之爲人武德中拜通事舍人九年太宗使敦禮往幽州召廬江王瑗瑗舉兵反執敦禮問京師之事敦禮竟無異詞太宗聞而壯之遷左衞郎將賜以良馬及黃金雜物貞觀元年擢拜中書舍人遷兵部侍郎頻使突厥累轉靈州都督二十年徵爲兵部尚書又奉詔安撫迴紇鐵勒部落時延陁寇邊敦禮與英國公李勣擊破之又有瀚海都督迴紇吐迷度爲其下所殺詔敦禮往就部落綏輯之因立其嗣子而還敦禮深識蕃情凡所奏請事多允會永徽四年代高季輔爲侍中累封固安縣公仍修國史六年加光祿大夫代柳奭爲中書令尋又兼檢校太子詹事敦禮以老疾屢陳乞請退顯慶元年拜太子少師仍同中書門下三品勅召其子定襄都督府司馬餘慶使侍其疾尋卒年六十餘高宗舉哀於東雲龍門賜東園祕器贈開府儀同三司并州大都督陪葬昭陵賻絹布八百段米粟八百碩諡曰昭子餘慶官至兵部尚書敦禮孫貞愼神龍初爲兵部侍郎

盧承慶幽州范陽人隋武陽太守思道孫也父赤松大業末爲河東令與高祖有舊聞義師至霍邑棄縣迎接拜行臺兵部郎中武德中累轉率更令封范陽郡公尋卒承慶美風儀博學有才幹少襲父爵貞觀初爲秦州都督府戶曹參軍因奏河西軍事太宗奇其明辯擢拜考功員外郎累遷民部侍郎太宗嘗問歷代戶口多少之數承慶敘夏殷以後迄于周隋皆有依據太宗嗟賞久之尋令兼檢校兵部侍郎仍知五品選事承慶辭曰選事職在尚書臣今掌之便是越局太宗不許曰朕今信卿卿何不自信也俄歷雍州別駕尚書左丞永徽初爲褚遂良所構出爲益州大都督府長史遂良俄又求索承慶在雍州舊事奏之由是左遷簡州司馬歲餘轉洪州長史會高宗將幸汝州之溫湯擢承慶爲汝州刺史入爲光祿卿顯慶四年代杜正倫爲度支尚書仍同中書門下三品尋坐度支失所出爲潤州刺史再遷雍州長史加銀青光祿大夫總章二年代李乾祐爲刑部尚書以年老請致仕許之仍加金紫光祿大夫三年病卒年七十六臨終誡其子曰死生至理亦猶朝之有暮吾終斂以常服晦朔常饌不用牲牢墳高可認不須廣大事辦卽葬不須卜擇墓中器物瓷漆而已有棺無槨務在簡要碑誌但記官號年代不須廣事文飾贈幽州都督諡曰定弟承業亦有學識貞觀末官至雍州長史檢校尚書左丞兄弟相次居此任時人榮之俄坐承慶事左遷忠州刺史顯慶初復爲雍州長史前後皆有能名三遷左肅機兼掌司列選事賜爵魏縣子總章中卒於揚州大都督府長史贈洛州刺史諡曰簡承業弟承泰齊州長史承泰子齊卿長安初爲雍州錄事參軍時則天令雍州長史薛季旭擇寮吏堪爲御史者季旭以聞齊卿薦長安尉盧懷愼李休光萬年尉李乂崔湜咸陽丞倪若水盩厔尉田崇壁新豐尉崔日用後皆至大官齊卿開元初爲幽州刺史時張守珪爲果毅齊卿禮接之謂曰十年內當知節度果如其言時人謂齊卿有人倫之鑒齊卿好酒飲至斗餘不亂寬厚可親士友以此善之累遷太子詹事封廣陽縣公尋卒承慶弟孫藏用別有傳

劉祥道魏州觀城人也父林甫武德初爲內史舍人時兵機繁速庶事草創高祖委林甫專典其事以才幹見稱尋詔與中書令蕭瑀等撰定律令林甫因著律議萬餘言久之擢拜中書侍郎賜爵樂平男貞觀初再遷吏部侍郎初隋代赴選者以十一月爲始至春卽停選限既促選司多不究悉時選人漸衆林甫奏請四時聽選隨到注擬當時甚以爲便時天下初定州府及詔使多有赤牒授官至是停省盡來赴集將萬餘人林甫隨才銓擢咸得其宜時人以林甫典選比隋之高孝基三年病卒臨終上表薦賢太宗甚嘉悼之賜絹二百五十疋祥道少襲父爵永徽初歷中書舍人御史中丞吏部侍郎顯慶二年遷黃門侍郎仍知吏部選事祥道以銓綜之術猶有所闕乃上疏陳其得失其一曰今之選司取士傷多且濫每年入流數過一千四百傷多也雜色入流不加銓簡是傷濫也經明行修之士猶或罕有正人多取胥徒之流豈能皆有德行卽知共釐務者善人少而惡人多有國以來已四十載尚未刑措豈不由此乎但服膺先王之道者奏第然始付選趨走几案之間者不簡便加祿秩稽古之業雖則難知斗筲之材何其易進其雜色應入流人望令曹司試判訖簡爲四等奏聞第一等付吏部第二等付兵部次付主爵次付司勳其行署等私犯公坐情狀可責者雖經赦降亦量配三司不經赦降者放還本貫冀入流不濫官無冗雜且令胥徒之輩漸知勸勉其二曰古之選者爲官擇人不聞取人多而官員少今官員有數入流無限以有數供無限遂令九流繁總人隨歲積謹約準所須人量支年別入流者今內外文武官一品以下九品已上一萬三千四百六十五員略舉大數當一萬四千人壯室而仕耳順而退取其中數不過支三十年此則一萬四千人三十年而略盡若年別入流者五百人經三十年便得一萬五千人定須者一萬三千四百六十五人足充所須之數況三十年之外在官者猶多此便有餘不慮其少今年常入流者遂逾一千四百計應須數外其餘兩倍又常選放還者仍停六七千人更復年別新加實非處置之法其三曰儒爲教化之本學者之宗儒教不興風俗將替今庠序遍於四海儒生溢於三學誘掖之方理實爲備而獎進之道事或未周但永徽已來于今八載在官者以善政粗聞論事者以一言可採莫不光被綸音超升不次而儒生未聞恩及臣故以爲獎進之道未周其四曰國家富有四海已四十年百姓官寮未有秀才之舉豈今人之不如昔人將薦賢之道未至寧可方稱多士遂闕斯人望六品已下爰及山谷特降綸言更審搜訪仍量爲條例稍加優奬不然赫赫之辰斯舉遂絕一代盛事實爲朝廷惜之其五曰唐虞三載考績黜陟幽明兩漢用人亦久居其職所以因官命氏有倉庾之姓魏晉以來事無可紀今之在任四考卽遷官人知將秩滿必懷去就百姓見有遷代能無苟且以去就之人臨苟且之輩責以移風易俗其可得乎望經四考就任加階至八考滿然後聽選還淳反樸雖未敢必期送故迎新實稍減勞弊其六曰尚書省二十四司及門下省中書都事主書主事等比來選補皆取舊任流外有刀筆之人縱欲參用士流皆以儔類爲恥前後相承遂成故事且掖省崇峻王言祕密尚書政本人物攸歸而多用胥徒恐未盡銓衡之理望有釐革稍清其選明年中書令杜正倫亦言入流人多爲政之弊高宗遣祥道與正倫詳議其事時公卿已下憚於改作事竟不行祥道尋以修禮功進封陽城縣侯四年遷刑部尚書每覆大獄必歔欷累歎奏決之日爲之再不食龍朔元年權檢校蒲州刺史三年兼檢校雍州長史俄遷右相祥道性謹愼既居宰相深懷憂懼數自陳老疾請退就閑職俄轉司禮太常伯罷知政事麟德二年將有事於泰山有司議依舊禮皆以太常卿爲亞獻光祿卿爲終獻祥道駁曰昔在三代六卿位重故得佐祠漢魏以來權歸臺省九卿皆爲常伯屬官今登封大禮不以八座行事而用九卿無乃徇虛名而忘實事乎高宗從其議竟以司徒徐王元禮爲亞獻祥道爲終獻事畢進爵廣平郡公乾封元年又上表乞骸骨優制加金紫光祿大夫聽致仕其年卒年七十一贈幽州都督諡曰宣子齊賢襲爵齊賢初自侍御史出爲晉州司馬高宗聞其方正甚禮之時將軍史興宗嘗從帝於苑中弋獵因言晉州出好鷂劉齊賢見爲司馬請使捕之帝曰劉齊賢豈是覓鷂人耶卿何以此待之遂止齊賢後避章懷太子名改名景先永淳中累遷黃門侍郎同中書門下平章事則天臨朝代裴炎爲侍中及裴炎下獄景先與鳳閣侍郎胡元範抗詞明其不反則天甚怒之炎既誅死景先左遷普州刺史未到又貶授吉州長史永昌年爲酷吏所陷繫於獄自縊死仍籍沒其家景先自祖父三代皆爲兩省侍郎及典選又叔父吏部郎中應道從父弟禮部侍郎令植等八人前後爲吏部郎中員外有唐已來無有其比云

李敬玄亳州譙人也父孝節穀州長史敬玄博覽羣書

臺平章事加銀青光祿大夫萬歲通天二年坐與洛州錄事參軍綦連耀交結爲武懿宗所陷被殺神龍初雪免

特善五禮貞觀末高宗在東宮馬周啓薦之召入崇賢館兼預侍讀仍借御書讀之敬玄雖風格高峻有不可犯之色然勤於造請不避寒暑馬周及許敬宗等皆推薦延譽之乾封初歷遷西臺舍人弘文館學士總章二年累轉西臺侍郎兼太子右中護同東西臺三品兼檢校司列少常伯時員外郎張仁禕有時務才敬玄以曹事委之仁禕始造姓曆改修狀樣銓曆等程式處事勤勞遂以心疾而卒敬玄因仁禕之法典選累年銓綜有序自永徽以後選人轉多當其任者罕聞稱職及敬玄掌選天下稱其能預選者歲有萬餘人每於街衢見之莫不知其姓名其被放有訴者即口陳其書判失錯及身負殿累略無差殊時人咸服其強記莫之敢欺選人有杭州參軍徐太玄者初在任時同僚有張惠犯贓至死太玄哀其母老乃詣獄自陳與惠同受惠贓數既少遂得減死太玄亦坐免官不調十餘年敬玄知而大嗟賞之擢授鄭州司功參軍太玄由是知名後官至祕書少監申王師以德行爲時所重敬玄賞鑒多此類也咸亨二年授中書侍郎餘並如故三年加銀青光祿大夫行吏部侍郎依舊兼太子右庶子同中書門下三品四年監修國史上元二年拜吏部尚書仍依舊兼太子左庶子監修國史同中書門下三品敬玄久居選部人多附之前後三娶皆山東士族又與趙郡李氏合譜故臺省要職多是其同族婚媾之家高宗知而不悅然猶不彰其過儀鳳元年代劉仁軌爲中書令調露二年吐蕃入寇仁軌先與敬玄不協遂奏請敬玄鎮守西邊敬玄自以素非邊將之才固辭高宗謂曰仁軌若須朕朕即自往卿不得辭也竟以敬玄爲洮河道大總管兼安撫大使仍檢校鄯州都督率兵以禦吐蕃及將戰副將工部尚書劉審禮先鋒擊之敬玄聞賊至狼狽却走審禮旣無繼援遂没于陣俄有詔留敬玄於鄯州防禦敬玄累表稱疾乞還醫療許之旣入見驗疾不重高宗責其詐妄又積其前後愆失貶授衡州刺史稍遷揚州大都督府長史永淳元年卒年六十八贈兗州都督撰禮論六十卷正論三卷文集三十卷子思沖神龍初歷工部侍郎左羽林軍將軍從節愍太子誅武三思事敗見殺籍没其家敬玄弟元素亦有吏才初爲武德令時懷州刺史李文暕將調率金銀造常滿樽以獻百姓甚弊之官吏無敢異議者元素抗詞固執文暕乃損其制度以家財營之延載元年自文昌左丞遷鳳閣侍郎鳳閣鸞臺平章事加銀青光祿大夫萬歲通天二年坐與洛州錄事參軍綦連耀交結爲武懿宗所陷被殺神龍初雪免

李義琰魏州昌樂人常州刺史玄道族孫也其先自隴西徙山東世爲著姓父玄德變陶令義琰少舉進士累補太原尉時李勣爲并州都督寮吏皆望風慴懼義琰獨廷折曲直勣甚禮之義琰麟德中爲白水令有能名拜司刑員外郎上元中累遷中書侍郎又授太子右庶子同中書門下三品時天后預知國政高宗嘗欲下詔令后攝知國事義琰與中書令郝處俊固爭以爲不可事竟寢義琰身長八尺博學多識高宗每有顧問言皆切直章懷太子之廢也高宗慰勉官寮盡捨罪令復其位庶子薛元超等皆舞蹈謝恩義琰獨引罪涕泣時論美之義琰宅無正寢弟義璡爲司功參軍乃市堂材送焉及義璡來覲義琰謂曰以吾爲國相豈不懷愧更營美室是速我禍此豈愛我意哉義璡曰凡人仕爲丞尉即營第宅兄官高祿重豈宜卑陋以偪下也義琰曰事難全遂物不兩興既有貴仕又廣其宇若無令德必受其殃吾非不欲之懼獲戾也竟不營構其木爲霖雨所腐而棄之義琰後改葬父母使舅氏移其舊塋高宗知而怒曰豈以身在樞要凌蔑外家此人不可更知政事義琰聞而不自安以足疾上疏乞骸骨乃授銀青光祿大夫聽致仕乃將歸東都田里公卿已下祖餞於通化門外時人以比漢之二疏垂拱初起爲懷州刺史義琰自以失則天意恐禍及固辭不拜四年卒於家義琰從祖弟義琛永淳初爲雍州長史時關輔大飢高宗令貧人散於商鄧逐食義琛恐黎人流轉因此不還固爭之由是忤旨出爲梁州都督轉岐州刺史稱爲良吏卒官

高宗時宰相又有孫處約樂彥瑋趙仁本並有名跡

孫處約者汝州郟城人也貞觀中爲齊王祐記室祐既失德處約數上書諫之祐既誅太宗親檢其家文疏得處約諫書甚嗟賞之累轉中書舍人其年中書令杜正倫奏請更授一舍人與處約同知制誥高宗曰處約一人足辦我事何須多也處約以預修太宗實錄成賜物七百段三遷中書侍郎與李勣許敬宗同知國政尋避中宮諱改名茂道坐事左轉司禮少常伯顯慶中拜少司成以老疾請致仕許之尋卒子佺睿宗時爲左羽林大將軍征契丹戰歿

樂彥瑋者雍州長安人顯慶中爲給事中時故侍中劉洎之子詣闕上言洎貞觀末爲褚遂良所譖枉死稱寃請雪中書侍郎李義府又左右之高宗以問近臣衆希義府之旨皆言其枉彥瑋獨進曰劉洎大臣舉措須合軌度人主暫有不豫豈得即擬負國先朝所責未是不愜且國君無過舉若雪洎之罪豈可謂先帝用刑不當乎然其言遂寢其事彥瑋尋丁憂起爲唐州刺史及入辭高宗記其言直復拜東臺舍人累遷西臺侍郎同東西臺三品乾封元年代劉仁軌爲大司憲官名復舊改爲御史大夫上元三年卒贈秦州都督永昌年以子思晦貴重贈揚州大都督思晦則天時官至鸞臺侍郎兼檢校天官尚書同鳳閣鸞臺三品爲酷吏所殺

趙仁本者陝州河北人也貞觀中累轉殿中侍御史自義寧已來詔勅皆手自纂錄臨事皆暗記之甚爲當時所伏會有勅差一御史遠使同列遞相辭託仁本越次請行言於治書侍御史馬周曰食君之祿死君之事難復跋涉艱險所不敢辭也及迴事又稱旨擢吏部員外郎乾封中歷遷東臺侍郎同東西臺三品尋轉司列少常伯知政事如故時許敬宗爲右相頗任權勢仁本拒其請託遂爲敬宗所搆俄授尚書左丞罷知政事咸亨初卒官

史臣論曰崔盧數公皆以忠清文行致位樞要恪恭匪懈以保名位誠所謂持盈守成太平之君子然敬玄之擢太玄可謂能舉善者矣義琰腐材而不營第舍可謂有儉德矣彥瑋獨遏姦臣仁本請當遠使終昇輔相不亦宜乎

贊曰盧劉兩族奕世名卿二李二樂俱號公清權臣獨抗美第不營以茲輔弼無愧德聲

舊唐書卷八十一考證

崔敦禮傳勅召其子定襄都督府司馬餘慶使侍其疾○新書作弟餘慶

盧承慶弟承泰傳子齊卿開元初爲幽州刺史○新書作幽州

樂彥瑋傳卒贈秦州都督○新書作齊州

# 舊唐書卷八十二

後晉司空同中書門下平章事劉昫撰

## 列傳第三十二

許敬宗　李義府 少子湛

許敬宗杭州新城人隋禮部侍郎善心子也其先自高陽南渡世仕江左敬宗幼善屬文舉秀才授淮陽郡司法書佐俄直謁者臺奏通事舍人事江都之難善心爲宇文化及所害敬宗流轉投於李密密以爲元帥府記室與魏徵同爲管記武德初赤牒擬漣州別駕太宗聞其名召補秦府學士貞觀八年累除著作郎兼修國史遷中書舍人十年文德皇后崩百官縗絰率更令歐陽詢狀貌醜異衆或指之敬宗見而大笑爲御史所劾左授洪州都督府司馬累遷給事中兼修國史十七年以修武德貞觀實錄成封高陽縣男賜物八百段權檢校黃門侍郎高宗在春宮遷太子右庶子十九年太宗親伐高麗皇太子定州監國敬宗與高士廉等共知機要中書令岑文本卒於行所令敬宗以本官檢校中書侍郎太宗大破遼賊於駐蹕山敬宗立於馬前受旨草詔書詞彩甚麗深見嗟賞先是庶人承乾廢黜宮僚多被除削久未收敘敬宗上表曰臣聞先王慎罰務在於恤刑往哲寬仁義在於宥過聖人之道莫尚于茲竊見廢官五品以上除名棄斥頗歷歲時但庶人嚮昔之年身處不疑之地苞藏悖逆陽結宰臣所預姦謀多連宗戚器執謂無兗焚山毀玉稍同遷怒伏尋先典例有可原昔吳國陪臣則爰絲不坐於劉濞邑中尉則王吉免緣於海昏譬諸欒布乃策名於彭越比乎田叔亦委質於張敖主以凶逆陷其誅夷臣以賢良荷彼收擢歷觀往代此類尤多近者有隋又遵斯義楊勇之廢罪止加於佞人李綱之徒皆不預於刑網古今裁其折衷史籍稱爲美談而今張玄素令狐德棻趙弘智裴宣機蕭鈞等並砥節勵操有雅望於當朝經明行修播令名於天下或以直言而遭箠扑或以忤意而見猜嫌一槩雷同並罹天憲恐於王道傷在未弘由是玄素等稍得敘用二十一年加銀青光祿大夫高宗嗣位代于志寧爲禮部尚書敬宗嫁女與蠻酋馮盎之子多納金寶爲有司所劾左授鄭州刺史永徽三年入爲衛尉卿加弘文館學士兼修國史六年復拜禮部尚書高宗將廢皇后王氏而立武昭儀敬宗特贊成其計長孫無忌褚遂良韓瑗等並直言忤旨敬宗與李義府潛加誣構並流死於

嶺外顯慶元年加太子賓客尋冊拜侍中監修國史三年進封郡公尋贈其父善心爲冀州刺史高宗因於古長安城遊覽問侍臣曰朕觀故城舊基宮室似與百姓雜居自秦漢已來幾代都此敬宗對曰秦都咸陽郭邑連跨渭水故云渭水貫都以象天河至漢惠帝始築此城其後苻堅姚萇後周並都之帝又問昆明池是漢武帝何年中開鑿敬宗對曰武帝遣使通西南夷而爲昆明滇池所閉欲伐昆明國故因鎬之舊澤以穿此池用習水戰元狩三年事也帝因令敬宗與弘文館學士具檢秦漢已來歷代宮室處所以奏其年代李義府爲中書令任遇之重當朝莫比龍朔二年從新令改爲右相加光祿大夫三年冊拜太子少師同東西臺三品並依舊監修國史乾封初以敬宗年老不能行步特令與司空李勣每朝日各乘小馬入禁門至內省敬宗自掌知國史記事阿曲初虞世基與敬宗父善心同爲宇文化及所害封德彝時爲內史舍人備見其事因謂人曰世基被誅世南匍匐而請代善心之死敬宗舞蹈以求生人以爲口實敬宗深銜之及爲德彝立傳盛加其罪惡敬宗嫁女與左監門大將軍錢九隴本皇家隸人敬宗貪財與婚乃爲九隴曲敘門閥妄加功績并升與劉文靜長孫順德同卷敬宗爲子娶尉遲寶琳孫女爲妻多得賂遺及作寶琳父敬德傳悉爲隱諸過咎太宗作威鳳賦以賜長孫無忌敬宗改云賜敬德白州人龐孝泰蠻酋凡品率兵從征高麗賊知其懦襲破之敬宗又納其寶貨稱孝泰頻破賊徒斬獲數萬漢將驍健者唯蘇定方與龐孝泰耳曹繼叔劉伯英皆出其下虛美隱惡如此初高祖太宗兩朝實錄其敬播所修者頗多詳直敬宗又輒以己愛憎曲事刪改論者尤之然自貞觀已來朝廷所修五代史及晉書東殿新書西域圖志文思博要文館詞林累璧瑤山玉彩姓氏錄新禮皆總知其事前後賞賚不可勝紀敬宗好色無度其長子昂頗有才藻歷位太子舍人母裴氏早卒裴侍婢有姿色敬宗嬖之以爲繼室假姓虞氏昂素與通烝之不絕敬宗怒黜虞氏加昂以不孝奏請流于嶺外顯慶中表乞昂還除虔化令尋卒咸亨元年抗表乞骸骨詔聽致仕仍加特進俸祿如舊三年薨年八十一高宗爲之舉哀廢朝三日詔文武百官就第赴哭冊贈開府儀同三司揚州大都督陪葬昭陵文集八十卷太常將定謚博士袁思古議曰敬宗位以才昇歷居清級然棄長子於荒徼嫁少女於夷落聞詩學禮事絕於趨庭納采問名唯聞於黷貨白圭斯玷有累清塵易名之典須憑實行按謚法名與實爽曰繆請謚爲繆敬宗孫太子舍人彥伯不勝其恥與思古大相忿競又稱思古與許氏先有嫌隙請改謚官太常博士王福畤議曰謚者飾終之稱也得失一朝榮辱千載若使嫌隙是實卽合據法推繩如其不虧直道義不可奪官不可侵二三其德何以言禮福畤忝當官守匪躬之故若順風阿意背直從曲更是甲令虛設將謂禮院無人何以激揚雅道顧視同列請依思古謚議爲定戶部尚書戴至德謂福畤曰高陽公任遇如此何以定謚爲繆答曰昔晉司空何曾薨太常博士秦秀謚爲繆醜公何曾既忠且孝徒以日食萬錢所以貶爲繆醜況敬宗忠孝不逮於曾飲食男女之累有逾於何氏而謚之爲繆無負於許氏矣時有詔令尚書省五品已下重議禮部尚書袁思敬議稱按謚法既過能改曰恭請謚曰恭詔從其議彥伯昂之子起家著作郎敬宗末年文筆多令彥伯代作又納婢妾讒言奏流於嶺表後遇赦得還除太子舍人早卒有集十卷

李義府瀛州饒陽人也其祖爲梓州射洪縣丞因家於永泰貞觀八年劍南道巡察大使李大亮以義府善屬文表薦之對策擢第補門下省典儀黃門侍郎劉洎持書御史馬周皆稱薦之尋除監察御史又敕義府以本官兼侍晉王及昇春宮除太子舍人加崇賢館直學士與太子司議郎來濟俱以文翰見知時稱來李義府嘗獻承華箴其辭曰邃初冥昧元氣氤氳二儀始闢三才既分司乾立宰出震爲君化昭淳朴道映典墳功成揖讓事極華勛肇興夏啓降及姬文咸資繼德永樹高芬百代沿襲千齡奉聖粵若我后丕承寶命允穆三階爰齊七政時雍化洽風移俗盛載崇國本式延家慶震維標德離警體正寄切宗祧事隆監撫思皇茂則敬詢端輔業光啓誦藝優干羽九載崇儒三朝問豎歷選儲儀遺文在斯望試登俎高論喬枝俯容思順非禮無施前修盛業來哲通規飭躬是蹈則叡問風馳立志或爽則玄猷日虧無恃尊極修途難測無恃親賢失德靡全勿輕小善積小而名自聞勿輕微行累微而身自正佞諛有類邪巧多方其萌不絕其害必彰監言斯屏儲業攸昌竊惟令嗣有殊前事雖以貴以賢而非長非次皇明瞻德超倫作貳匪懋聲華莫酬恩異匪崇徽烈莫符天志勉之又勉光茲守器下臣司箴敢告近侍太子表上其文優詔賜帛四十疋又令預撰晉書高宗嗣位遷中書舍人永徽二年兼修國史加弘文館學士高宗將立武昭儀爲皇后義府嘗密申協贊尋擢拜中書侍郎同中書門下三品監修國史賜爵廣平縣男義府貌狀溫恭與人語必嬉怡微笑而褊忌陰賊既處權要欲人附己微忤意者輒加傾陷故時人言義府笑中有刀又以其柔而害物亦謂之李貓顯慶元年以本官兼太子右庶子進爵爲侯有洛州婦人淳于氏坐姦繫於大理義府聞其姿色囑大理丞畢正義求爲別宅婦特爲雪其罪卿段寶玄疑其故遽以狀聞詔令按其事正義惶懼自縊而死侍御史王義方廷奏義府犯狀因言其初容貌爲劉洎馬周所幸由此得進言詞猥褻帝怒出義方爲萊州司戶而不問義府姦濫之罪義府云王御史妄相彈奏得無愧乎義方對云仲尼爲魯司寇七日誅少正卯於兩觀之下義方任御史旬有六日不能去姦邪於雙闕之前實以爲愧尋兼太子左庶子二年代崔敦禮爲中書令兼檢校御史大夫監修國史學士並如故尋加太子賓客進封河間郡公三年又追贈其父德晟爲魏州刺史諸子孩抱者並列清官詔爲造甲第榮寵莫之能比而義府貪冒無厭與母妻及諸子女婿賣官鬻獄其門如市多引腹心廣樹朋黨傾動朝野初杜正倫爲中書侍郎義府時任典儀至是乃與正倫同爲中書令正倫每以先進自處不下義府而中書侍郎李友益密與正倫共圖議義府更相伺察義府知而密令人封奏其事正倫與義府訟於上前各有曲直上以大臣不和兩責之左貶義府爲普州刺史正倫爲橫州刺史友益配流峯州四年復召義府兼吏部尚書同中書門下三品自餘官封如故龍朔元年丁母憂去職二年起復爲司列太常伯同東西臺三品義府尋請改葬其祖父營墓於永康陵側三原令李孝節私課丁夫車牛爲其載土築墳晝夜不息於是高陵櫟陽富平雲陽華原同官涇陽等七縣以孝節之故懼不得已悉課丁車赴役高陵令張敬業恭勤怯懦不堪其勞死於作所王公已下爭致贈遺其羽儀導從轜輤器服並窮極奢侈又會葬車馬祖奠供帳自灞橋屬於三原七十里間相繼不絕武德已來王公葬送之盛未始有也義府本無藻鑑才怙武后之勢專以賣官爲事銓序失次人多怨讟時殷王初出閤又以義府兼王府長史三年遷右相殷王府長史仍知選事並如故義府入則諂言自媚出則肆其姦宄百僚畏之無敢言其過者帝頗知其罪失從容誡義府云聞卿兒子女婿皆不謹愼多作罪過我亦爲卿掩覆未卽公言卿可誡勗勿令如此義府勃然變色腮頸俱起徐曰誰向陛下道此上曰但我言如是何須問我所從得耶義府睕然殊不引咎緩步而去上亦優容之初五禮儀注自前代相沿吉凶畢舉太常博士蕭楚材孔志約以皇室凶禮爲預備凶事非臣子所宜言之義府深然之於是悉刪而焚焉義府既貴之後又自言本出趙郡始與諸李敘昭穆而無賴之徒苟合藉其權勢拜伏爲兄叔者甚衆給事中李崇德初亦與同譜敘昭穆及義府出爲普州刺史遂卽除削義府聞而銜之及重爲宰相乃令人誣構其罪竟下獄自殺初貞觀中太宗命吏部尚書高士廉御史大夫韋挺中書侍郎岑文本禮部侍郎令狐德棻等及四方士大夫諳練門閥者修氏族志勒成百卷升降去取時稱允當須下諸州藏爲永式義府恥其家代無名乃奏改此書專委禮部郎中孔志約著作郎楊仁卿太子洗馬史玄道太常丞呂才重修志約等遂立格云皇朝得五品官者皆升士流於是兵卒以軍功致五品者盡入書限更名爲姓氏錄由是搢紳士大夫多恥被甄敘皆號此書爲勳格義府仍奏收天下氏族志本焚之關東魏齊舊姓雖皆淪替猶相矜尚自爲婚姻義府爲子求婚不得乃奏隴西李等七家不得相與爲婚陰陽占候人杜元紀爲義府望氣云所居宅有獄氣發積錢二千萬乃可猒勝義府信之聚斂更急切義府居母服有制朔望給哭假義府輒微服與元紀凌晨共出城東登古塚候望哀禮都廢由是人皆言其窺覘災眚陰懷異圖義府又遣其子右司議郎津召長孫無忌之孫延謂曰相爲得一官數日詔書當出居五日果授延司津監乃取延錢七百貫於是右金吾倉曹參軍楊行穎表言義府罪狀制下司刑太常伯劉祥道與侍御詳刑對推其事仍令司空李勣監焉按皆有實乃下制曰右相行殷王府長史河間郡公李義府漏禁中之語鬻寵授之朝恩交占候之人輕朔望之哀禮蓄邪黷貨實玷衣冠稔惡嫉賢載虧政道特以任使多年未忍便加重罰宜從遐棄以肅朝倫可除名長流巂州其子太子右司議郎津專恃權門罕懷忌憚姦淫是務賄賂無猒交遊非所潛報機密亦宜明罰屏跡荒裔可除名長流振州義府次子率府長史洽千牛備身洋子婿少府主簿柳元貞等皆憑恃受贓並除名長流廷州朝野莫不稱慶時人爲之語曰今日巨唐年還誅四凶族四凶者謂洽及柳元貞等四人也或作河間道行軍元帥劉祥道破銅山大賊李義府露布牓之通衢義府先多取人奴婢及敗一時奔散各

歸其家露布稱混奴婢而亂放各識家而競入者謂此也乾封元年大赦長流人不許還義府憂憤發疾卒年五十餘文集三十卷傳於代又著宦遊記二十卷尋亡失自義府流放後朝士常憂懼恐其復來及聞其死於是始安上元元年大赦義府妻子得還洛陽如意元年則天以義府與許敬宗御史大夫崔義玄中書舍人王德儉大理正侯善業大理丞袁公瑜等六人在永徽中有翊贊之功追贈義府揚州大都督義玄益州大都督德儉魏州刺史公瑜江州刺史長安元年又賜義府子司賓卿湛德儉子殿中監璿實封各二百五十戶善業左千牛衛將軍湛及敬宗諸子實封各三百戶義玄子子太子右庶子知一公瑜子殿中丞忠臣實封各二百戶睿宗即位景雲元年並停義府等六家實封義府少子湛年六歲時以父貴授周王文學神龍初累遷右散騎常侍襲封河間郡公時鳳閣侍郎張柬之將誅張易之兄弟遂引湛爲左羽林將軍令與敬暉等啓請皇太子備陳將誅易之兄弟意太子許之及兵發湛與右羽林大將軍李多祚等詣東宮迎皇太子拒而不時出湛進啓曰逆豎反道亂常將圖不軌宗社危敗實在須臾湛等諸將與南衙執事剋期誅翦伏願殿下暫至玄武門以副衆望太子曰凶豎悖亂誠合誅夷然聖躬不豫慮有驚動公等且止以俟後圖湛曰諸將棄家族共宰相同心戮力匡輔社稷殿下奈何不哀其懇誠而欲陷之鼎鑊湛等徼命雖不足惜殿下速出自止過太子乃馳馬就路湛從至玄武門斬關而入率所部兵直至則天所寢長生殿環繞侍衛因奏臣等奉令誅逆賊易之昌宗恐有漏洩遂不獲預奏輒陳兵禁掖是臣等死罪則天謂湛曰卿亦是誅易之軍將耶我於汝父子恩不少何至是也則天移就上陽宮因留湛宿衛中宗即位拜右羽林大將軍進封趙國公加實封通前滿五百戶頃之復授左散騎常侍累轉左領軍衛大將軍開元初卒崔義玄別有傳

史臣曰許高陽武德之際已爲文皇入館之賓垂三十年位不過列曹尹而馬周劉洎起羈旅徒步六七年間皆登宰執考其行實則高陽之文學宏奧周洎無以過之然而太宗任遇相殊者良以高陽才優而行薄故也及屬嗣君沖暗嬖妾姦邪阿附豺狼窺圖權軸人之兇險一至於斯仲尼所謂雖有周公之才不足觀也義府才思精密所謂猩猩能言鄙哉

贊曰貞觀文士高陽河間圖形學館染翰書山進身以筆得位由姦爲虎傅翼即又胡顏

舊唐書卷八十二考證

李義府傳尋擢拜中書侍郞同中書門下三品○新書紀表皆參知政事

義府恥其家代無名乃奏改此書○臣宗萬按通鑑許敬宗等以其書不叙武氏本望奏請改之敬宗傳不載其事於此詳載之蓋義府創其議敬宗贊成之者借武后以立言無非遂其欲改之心可謂深於自爲者小人之假公濟私大率類此

授延司津監乃取延錢七百貫○臣宗萬按司津監掌川澤津梁之政令職從六品龍朔元年改置即漢之都水長後漢之河隄謁者晉之都水臺使梁之太舟卿隋之都水監貞觀時都水使是也又通鑑受其錢七百緡漢書注緡絲也以貫錢也据此貫緡無異義惟新書作七十萬然以數核之當亦是七百貫也

# 舊唐書卷八十三

後晉司空同中書門下平章事劉　昫撰

## 列傳第三十三

郭孝恪　張儉　蘇定方　薛仁貴

程務挺　張士貴　趙道興

郭孝恪許州陽翟人也少有志節隋末率鄉曲數百人附於李密密大悅之謂曰昔稱汝頴多奇士故非謬也令與徐勣守黎陽後密敗勣令孝恪入朝送款封陽翟郡公拜宋州刺史令與徐勣經營武牢已東所得州縣委以選補其後竇建德率衆來援王世充孝恪於青城宮進策於太宗曰世充日蹙月迫力盡計窮懸首面縛翹足可待建德遠來助虐糧運阻絕此是天喪之時請固武牢屯軍氾水隨機應變則易爲剋殄太宗然其計及破建德平世充太宗於洛陽置酒高會諸將曰郭孝恪謀擒建德之策王長先龍門下米之功皆出諸人之右也歷遷貝趙江涇四州刺史所在有能名入爲太府少卿轉左驍衛將軍貞觀十六年累授金紫光祿大夫行安西都護西州刺史其地高昌舊都士流與流配及鎮兵雜處又限以沙磧與中國隔絕孝恪推誠撫御大獲其歡心初王師之滅高昌也制以高昌所虜焉耆生口七百盡還之焉耆王尋叛歸欲谷可汗朝貢稀至令孝恪伺其機便因表請擊之以孝恪爲西道行軍總管率步騎三千出銀山道以伐焉耆孝恪夜襲其城虜其王龍突騎支太宗大悅璽書勞之曰卿破焉耆虜其僞王功立威行深副所委但焉耆絕域地阻天山恃遠憑深敢懷叛逆卿望崇位重報効情深遠涉沙場龔行罰罪取其堅壁曾不崇朝再廓遊魂遂無遺寇緬思竭力必大艱辛超險成功深足嘉尚俄又以孝恪爲崑丘道副大總管以討龜茲破其都城孝恪自留守之餘軍分道別進龜茲國相那利率衆遁逃孝恪以城外未賓乃出營於外有龜茲人來謂孝恪曰那利爲相人心素歸今亡在野必思爲變城中之人頗有異志公宜備之孝恪不以爲虞那利等果率衆萬餘陰與城內降胡表裏爲應孝恪失於警候賊將入城鼓譟孝恪始覺之乃率部下千餘人入城與賊合戰城中人復應那利攻孝恪孝恪力戰而入至其王所居旋復出戰於城門中流矢而死孝恪子待詔亦同死於陣賊竟退走將軍曹繼叔復拔其城太宗聞之初責孝恪不加警備以致顛覆後又憐之爲其家舉哀高宗即位追贈安西都護陽翟郡公待詔贈遊擊將軍仍賻物三百段孝恪性奢侈僕妾器玩務極鮮華雖在軍中床帳完具嘗以遺行軍大總管阿史那社爾社爾一無所受太宗聞之曰三將優劣之不同也郭孝恪今爲寇虜所屠可謂自貽伊咎耳次子待封高宗時官至左豹韜衛將軍咸亨中與薛仁貴率兵討吐蕃於大非川戰敗減死除名少子待聘長安中官至宋州刺史

張儉雍州新豐人隋相州刺史皖城公威之孫也父植車騎將軍連城縣公儉即高祖之從甥也貞觀初以軍功累遷朔州刺史時頡利可汗自恃强盛每有所求輒遺書稱勅緣邊諸州遞相承稟及儉至遂拒不受太宗聞而嘉之儉又廣營屯田歲至穀十萬斛邊糧益饒及遭霜旱勸百姓相贍遂免饑餒州境獨安後檢校勝州都督以母憂去職儉前在朔州屬李靖平突厥之後有思結部落貧窮離散儉招慰安集之其不來者或居磧北既親屬分住私相往還儉並不拘責但存綱紀羈縻而已及儉移任州司謂其將叛遂以奏聞朝廷議發兵進討仍起儉爲使就觀動靜儉單馬推誠入其部落召諸首領布以腹心咸匍匐啓顙而至便移就代州即令檢校代州都督儉遂勸其營田每年豐熟慮其私蓄富實易生驕侈表請和糴擬充貯備蕃人喜悅邊軍大收其利遷營州都督兼護東夷校尉太宗將征遼東遣儉率蕃兵先行抄掠儉軍至遼西爲遼水汎漲久而未渡太宗以爲畏懦召還儉詣洛陽謁見面陳利害因說水草好惡山川險易太宗甚悅仍拜行軍總管兼領諸蕃騎卒爲六軍前鋒時有獲高麗候者稱莫離支將至遼東詔儉率兵自新城路邀擊之莫離支竟不敢出儉因進兵渡遼趨建安城賊徒大潰斬首數千級以功累封皖城郡公賞賜甚厚其後改東夷校尉爲東夷都護仍以儉爲之永徽初加金紫光祿大夫四年卒於官年六十謚曰密儉兄大師累以軍功仕至太僕卿華州刺史武功縣男儉弟延師永徽初累授左衛大將軍封范陽郡公延師廉謹周慎典羽林屯兵前後三十餘年未嘗有過朝廷以此稱之龍朔三年卒官贈荆州都督謚曰敬陪葬昭陵唐制三品已上門列棨戟儉兄弟三院門皆立戟時人榮之號爲三戟張家

蘇定方冀州武邑人也父邕大業末率鄉閭數千人爲本郡討賊定方驍悍多力膽氣絕倫年十餘歲隨父討捕先登陷陣父卒郡守又令定方領兵破賊首張金稱于郡南手斬金稱又破楊公卿于郡西追奔二十餘里殺獲甚衆鄉黨賴之後仕竇建德建德將高雅賢甚愛之養以爲子雅賢俄又爲劉黑闥攻陷城邑定方每有戰功及黑闥雅賢死定方歸鄉里貞觀初爲匡道府折衝隨李靖襲突厥頡利于磧口靖使定方率二百騎爲前鋒乘霧而行云賊一里許忽然霧歇望見其牙帳馳掩殺數十百人頡利及隋公主狼狽散走餘衆俯伏靖軍既至遂悉降之軍還授左武候中郎將永徽中轉左衛勳一府中郎將從左衛大將軍程知節征賀魯爲前軍總管至鷹娑川突厥有二萬騎來拒總管蘇海政與戰互有前却既而突厥別部鼠尼施等又領二萬餘騎續至定方正歇馬隔一小嶺去知節十許里望見塵起率五百騎馳往擊之賊衆大潰追奔二十里殺千五百餘人獲馬二千疋死馬及所棄甲仗綿亘山野不可勝計副大總管王文度害其功謂知節曰雖云破賊官軍亦有死傷蓋決成敗法耳何爲此事自今正可結爲方陣輜重並納腹中四面布隊人馬被甲賊來即戰自保萬全無爲輕脫致有傷損又矯稱別奉聖旨以知節恃勇輕敵使文度爲其節制遂收軍不許深入終日跨馬被甲結陣由是馬多瘦死士卒疲勞無有戰志定方謂知節曰本來討賊今乃自守馬餓兵疲逢賊即敗怯懦如此何功可立又公爲大將閫外之事不許自專別遣

軍副專其號令理必不然須四縶文度飛表奏之知節不從至恒篤城有胡降附文度又曰比我兵迴彼還作賊不如盡殺取其資財定方曰如此自作賊耳何成伐叛文度不從及分財唯定方一無所取師還文度坐處死後得除名明年擢定方爲行軍大總管又征賀魯以任雅相迴紇婆潤爲副自金山之北指處木昆部落大破之其俟斤嬾獨祿以衆萬餘帳來降定方撫之發其千騎進至突騎施部賀魯率胡祿屋闕啜懾舍提暾啜鼠尼施處半啜處木昆屈律啜五弩失畢兵馬衆且十萬來拒官軍定方率迴紇及漢兵萬餘人擊之賊輕定方兵少四面圍之定方令步卒據原攢矟外向親領漢騎陣於北原賊先擊步軍三衝不入定方乘勢擊之賊遂大潰追奔三十里殺人馬數萬明日整兵復進於是胡祿屋等五弩失畢悉衆來降賀魯獨與處木昆屈律啜數百騎西走餘五咄六聞賀魯敗各向南道降于步眞於是西蕃悉定唯賀魯及咥運率其牙內餘衆而奔定方追之復大戰於伊麗水上殺獲略盡賀魯及咥運十餘騎逼夜亡走定方遣副將蕭嗣業追捕之至於石國擒之而還高宗臨軒定方戎服操賀魯以獻列其地爲州縣極於西海定方以功遷左驍衞大將軍封邢國公又封子慶節爲武邑縣公俄有思結闕俟斤都曼先鎭諸胡擁其所部及疎勒朱俱般葱嶺三國復叛詔定方爲安撫大使率兵討之至葉葉水而賊保馬頭川於是選精卒一萬人馬三千疋馳掩襲之一日一夜行三百里詰朝至城西十里都曼大驚率兵拒戰於城門之外賊師敗績退保馬保城王師進屯其門入夜諸軍漸至四面圍之伐木爲攻具布列城下都曼自知不免面縛開門出降俘還至東都高宗御乾陽殿定方操都曼特勒獻之葱嶺以西悉定以功加食邢州鉅鹿眞邑五百戶顯慶五年從幸太原制授熊津道大總管率師討百濟定方自城山濟海至熊津江口賊屯兵據江定方升東岸乘山而陣與之大戰揚帆蓋海相續而至賊師敗績死者數千人自餘奔散遇潮且上連舳入江定方於岸上擁陣水陸齊進飛檝鼓譟直趣眞都去城二十許里賊傾國來拒大戰破之殺虜萬餘人追奔入郭其王義慈及太子隆奔于北境定方進圍其城義慈次子泰自立爲王嫡孫文思曰王與太子雖並出城而身見在叔總兵馬卽擅爲王假令漢兵退我父子當不全矣遂率其左右投城而下百姓從之泰不能止定方命卒登城建幟於是泰開門頓顙其大將禰植又將義慈來降太子隆并與諸城主皆同送款百濟悉平分其地爲六州俘義慈及隆泰等獻于東都定方前後滅三國皆生擒其主賞賜珍寶不可勝計仍拜其子慶節爲尙輦奉御定方俄遷左武衞大將軍乾封二年卒年七十六高宗聞而傷惜謂侍臣曰蘇定方於國有功例合褒贈卿等不言遂使哀榮未及興言及此不覺嗟悼遽下詔贈幽州都督謚曰莊

薛仁貴絳州龍門人貞觀末太宗親征遼東仁貴謁將軍張士貴應募請從行至安地有郎將劉君昂爲賊所圍甚急仁貴往救之躍馬徑前手斬賊將懸其頭於馬鞍賊皆懾伏仁貴遂知名及大軍攻安地城高麗莫離支遣將高延壽高惠眞率兵二十五萬來拒戰依山結營太宗分命諸將四面擊之仁貴自恃驍勇欲立奇功乃異其服色著白衣握戟腰鞬張弓大呼先入所向無前賊盡披靡却走大軍乘之賊乃大潰太宗遙望見之遣馳問先鋒白衣者爲誰特引見賜馬兩疋絹四十疋擢授游擊將軍雲泉府果毅仍令北門長上并賜生口十人及軍還太宗謂曰朕舊將並老不堪受閫外之寄每欲抽擢驍雄莫如卿者朕不喜得遼東喜得卿也尋遷右領軍郎將依舊北門長上永徽五年高宗幸萬年宮甲夜山水猥至衝突玄武門宿衞者散走仁貴曰安有天子有急輒敢懼死遂登門桄叫呼以驚宮內高宗遽出乘高俄而水入寢殿上使謂仁貴曰賴得卿呼方免淪溺始知有忠臣也於是賜御馬一疋蘇定方之討賀魯也於是仁貴上疏曰臣聞兵出無名事故不成明其爲賊敵乃可伏今泥熟仗素幹不伏賀魯爲賊所破虜其妻子漢兵有於賀魯諸部落得泥熟等家口將充賤者宜括取送還仍加賜賚卽是矜其枉破使百姓知賀魯是賊知陛下德澤廣及也高宗然其言使括泥熟家口送還之於是泥熟等請隨軍効其死節顯慶二年詔仁貴副程名振於遼東經略破高麗於貴端城斬首三千級明年又與梁建方契苾何力於遼東共高麗大將溫沙門戰於橫山仁貴疋馬先入莫不應弦而倒高麗有善射者於石城下射殺十餘人仁貴單騎直往衝之其賊弓矢俱失手不能舉便生擒之俄又與辛文陵破契丹於黑山擒契丹王阿卜固及諸首領赴東都以功封河東縣男尋又領兵擊九姓突厥於天山將行高宗內出甲令仁貴試之上曰古之善射有穿七札者卿且射五重仁貴射而洞之高宗大驚更取堅甲以賜之時九姓有衆十餘萬令驍健數十人逆來挑戰仁貴發三矢射殺三人自餘一時下馬請降仁貴恐爲後患並坑殺之更就磧北安撫餘衆擒其僞葉護兄弟三人而還軍中歌曰將軍三箭定天山戰士長歌入漢關九姓自此衰弱不復更爲邊患乾封初高麗大將泉男生率衆內附高宗遣將軍龐同善高等迎接之男生弟男建率國人逆擊同善等詔仁貴統兵爲後援同善等至新城夜爲賊所襲仁貴領驍勇赴救斬首數百級同善等又進至金山爲賊所敗高麗乘勝而進仁貴橫擊之賊衆大敗斬首五萬餘級遂拔其南蘇木底蒼巖等三城始與男生相會高宗手勅勞之曰金山大陣兇黨實繁卿身先士卒奮不顧命左衝右擊所向無前諸軍賈勇致斯剋捷宜善建功業全此令名也仁貴乘勝領二千人進攻扶餘城諸將咸言兵少仁貴曰在主將善用耳不在多也遂先鋒而行賊衆來拒逆擊大破之殺獲萬餘人遂拔扶餘城扶餘川四十餘城乘風震慴一時送款仁貴便並海略地與李勣大會軍于平壤城高麗既降詔仁貴率兵二萬人與劉仁軌於平壤留守仍授右威衞大將軍封平陽郡公兼檢校安東都護移理新城撫恤孤老有幹能者隨才任使忠孝節義咸加旌表高麗士衆莫不欣然慕化咸亨元年吐蕃入寇又以仁貴爲邏娑道行軍大總管率將軍阿史那道眞郭待封等以擊之待封嘗爲鄯城鎭守恥在仁貴之下多違節度軍至大非川將發赴烏海仁貴謂待封曰烏海險遠車行艱澀若引輜重將失事機破賊卽迴又煩轉運彼多瘴氣無宜久留大非嶺上足堪置柵可留二萬人作兩柵輜重等並留柵內吾等輕銳倍道掩其未整卽撲滅之矣仁貴遂率先行至河口遇賊擊破之斬獲略盡收其牛羊萬餘頭迴至烏海城以待後援待封遂不從仁貴之命領輜重繼進比至烏海吐蕃二十餘萬悉衆來救邀擊待封敗走趨山軍糧及輜重並爲賊所掠仁貴遂退軍屯於大非川吐蕃又益衆四十餘萬來拒戰官軍大敗仁貴遂與吐蕃大將論欽陵約和仁貴歎曰今年歲在庚午軍行逆歲鄧艾所以死於蜀吾知所以敗也仁貴坐除名尋而高麗衆相率復叛詔起仁貴爲雞林道總管以經略之上元中坐事徙象州會赦歸高宗思其功開耀元年復召見謂曰往九成宮遭水無卿已爲魚矣卿又北伐九姓東擊高麗漢北遼東咸遵聲教者並卿之力也卿雖有過豈可相忘有人云卿烏海城下自不擊賊致使失利朕所恨者唯此事耳今西邊不靜瓜沙路絕卿豈可高枕鄉邑不爲朕指撝耶於是起授瓜州長史尋拜右領軍衞將軍檢校代州都督又率兵擊突厥元珍等於雲州斬首萬餘級獲生口二萬餘人駝馬牛羊三萬餘頭賊聞仁貴復起爲將素憚其名皆奔散不敢當之其年仁貴病卒年七十贈左驍衞將軍官造靈轝并家口給傳還鄉子訥別有傳

程務挺洺州平恩人也父名振大業末仕竇建德爲普樂令甚有能名諸賊不敢犯其境尋棄建德歸國高祖遙授永年令仍令率兵經略河北名振夜襲鄴縣俘其男女千餘人以歸去鄴八十里閱婦人有乳汁者九十餘人悉放遣之鄴人感其仁恕爲之設齋以報其恩及建德敗始之任俄而劉黑闥陷洺州名振復與刺史陳君賓自拔歸朝母潘妻李在路爲賊所掠沒於黑闥名振又從太宗討黑闥時黑闥於冀貝滄瀛等州水陸運糧以拒官軍名振率千餘人邀擊之盡毀其舟車黑闥聞之大怒遂殺名振母妻及黑闥平名振請手斬黑闥以其首祭母名振以功拜營州都督府長史封東郡公賜物二千段黃金三百兩累轉洺州刺史太宗將征遼東召名振問以經略之事名振初對失旨太宗動色詰之名振酬對逾辯太宗意解謂左右曰房玄齡常在我前每見別嗔餘人猶顏色無主名振生平不見我向來責讓而詞理縱橫亦奇士也卽日拜右驍衞將軍授平壤道行軍總管前後攻沙卑城破獨山陣皆以少擊衆稱爲名將永徽六年累除營州都督兼東夷都護又率兵破高麗於貴端水焚其新城殺獲甚衆後歷晉蒲二州刺史龍朔二年卒贈右衞大將軍謚曰烈務挺少隨父征討以勇力聞遷右領軍衞中郎將永隆中突厥史伏念反叛定襄道行軍總管李文暕曹懷舜竇義昭等相次戰敗又詔禮部尙書裴行儉率兵討之務挺爲副將仍檢校豐州都督時伏念屯於金牙山務挺與副總管唐玄表引兵先逼之伏念懼不能支遂間道降於行儉許伏念以不死中書令裴炎以伏念懼務挺等兵勢而降非行儉之功伏念遂伏誅務挺以功遷右衞將軍封平原郡公永淳二年綏州城平縣人白鐵余率部落稽之黨據縣城反僞稱尊號署百官又進寇綏德殺掠人吏焚燒村落詔務挺與夏州都督王方翼討之務挺進攻其城拔之生擒白鐵余盡平其餘黨又以功拜左驍衞大將軍檢校左羽林軍嗣聖初與右領軍大將軍檢校左羽林軍張虔勗同受則天密旨帥兵入殿庭廢中宗爲廬陵王立豫王爲皇帝則天臨朝褒受賞賜特拜其子齊之爲尙乘奉御務挺泣請迴授其弟則天嘉

之下制褒美乃拜其弟原州司馬務忠爲太子洗馬又明年以務挺爲左武衛大將軍單于道安撫大使督軍以禦突厥務挺善於綏禦威信大行偏裨已下無不盡力突厥甚憚之相率遁走不敢近邊及裴炎下獄務挺密表申理之由是忤旨務挺素與唐之奇杜求仁友善或構言務挺與裴炎徐敬業皆潛相應接則天遣左鷹揚將軍裴紹業就軍斬之籍沒其家突厥聞務挺死所在宴樂相慶仍爲務挺立祠每出師攻戰卽祈禱焉貞觀永徽間軍將又有張士貴趙道興狀跡可錄

張士貴者虢州盧氏人也本名忽峍善騎射膂力過人大業末聚衆爲盜攻剽城邑遠近患之號爲忽峍賊高祖降書招懷之士貴以所統送款拜右光祿大夫累有戰功賜爵新野縣公從平東都授虢州刺史高祖謂之曰欲卿衣錦晝遊耳尋入爲右武候將軍貞觀七年破反獠而還太宗勞之曰聞公親當矢石爲士卒先雖古名將何以加也朕嘗聞以身報國者不顧性命但聞其語未聞其實於公見之矣後累遷左領軍大將軍改封虢國公顯慶初卒贈荆州都督陪葬昭陵

趙道興者甘州酒泉人隋右武候大將軍才之子也道興貞觀初歷遷左武候中郎將明閑宿衛號爲稱職太宗嘗謂之曰卿父爲隋武候將軍甚有當官之譽卿今克傳弓冶可謂不墜家聲因授右武候將軍賜爵天水縣子其父時廨宇仍舊不改時人以爲榮道興嘗自指其廳事曰此是趙才將軍廳還使趙才將軍兒坐爲朝野所笑傳爲口實儀鳳中累遷左金吾衛大將軍文明年以老病致仕於家子旼亦爲金吾將軍凡三代執金吾爲時所稱

史臣曰孝恪機鈐果毅協草昧之際樹勳建策有傑世之風然而務奢爲恒既未盡善舉衆失律不其惑與張公經略有天然才度務穡勸分董和成績惜哉中壽其才未盡邢國公神略翕張雄謀戡定輔平屯難始終成業疏封陟位未暢茂典蓋闕如也仁貴驍悍壯勇爲一時之傑至忠大略勃然有立隱待封不協以敗全略孔子曰可與立未可與權上加明命竟致立功知臣者君信哉務挺勇力驍果固有父風英槩輔時克繼洪烈然而苟預廢立竟陷譏構古之言曰惡之來也如火之燎于原不可嚮爾其是之謂乎士貴道興逢時立効得盡義勇以觀厥成而繼父風槩三代執金不亦美乎

贊曰五將雄雄俱立邊功張蘇二族功名始終郭薛務挺徽功奮命垂則窮邊兵無常勝

舊唐書卷八十三考證

郭孝恪傳以孝恪爲西道行軍總管率步騎三千出銀山道以伐焉耆○新書作錫山道

蘇定方傳顯慶五年從幸太原制授熊津道大總管率師討百濟○新書作神丘道臣德潛按新羅傳云定方爲熊津道大總管實錄亦然而唐曆則云以定方爲神丘道大總管舊書據實錄新書本唐曆也

薛仁貴傳明年又與梁建方契苾何力於遼東共高麗大將溫沙門戰于橫山○臣德潛按上文顯慶二年則明年爲三年也而通鑑載于四年冬蓋本之實錄云

其年仁貴病卒○臣德潛按玩上文乃開耀元年也然據綱目永淳元年突厥骨篤祿寇并州薛仁貴大破之非卒于開耀中明矣新書在永淳二年爲合

程務挺傳時伏念屯於金牙山○臣宗萬按通鑑注此東突厥可汗所居之金牙山也蘇定方直抵金牙山擒賀魯是西突厥可汗所居蓋突厥之初建牙於金山其後分爲東西突厥凡建牙之地率謂之金牙山故定方傳云自金山之北指處未嘗云金牙也又可汗所居謂金帳故亦以金牙言之厥後裴行儉爲金牙道大總管卽此地也

# 舊唐書卷八十四

後晉司空同中書門下平章事劉　昫撰

## 列傳第三十四

劉仁軌　郝處俊　裴行儉子光庭

劉仁軌汴州尉氏人也少恭謹好學遇隋末喪亂不遑專習每行坐所在輒書空地由是博涉文史武德初河南道大使管國公任瓌將上表論事仁軌見其起草因爲改定數字瓌甚異之遂赤牒補息州參軍稍除陳倉尉部人有折衝都尉魯寧者恃其高班豪縱無禮歷政莫能禁止仁軌特加誡喻期不可再犯寧又暴橫尤甚竟杖殺之州司以聞太宗怒曰是何縣尉輒殺吾折衝遽追入與語奇其剛正擢授櫟陽丞貞觀十四年太宗將幸同州校獵屬收穫未畢仁軌上表諫曰臣聞屋漏在上知之者在下愚夫之計擇之者聖人是以周王詢于芻蕘殷后謀于板築故得享國彌久傳祚無疆功宣清廟慶流後葉伏惟陛下天性仁愛躬親節儉朝夕克念百姓爲心一物失所納隍軫慮臣伏聞大駕欲幸同州教習臣伏知四時蒐狩前王恒典事有沿革未必因循今年甘雨應時秋稼極盛玄黃亘野十分纔收一二盡力刈穫月半猶未訖功貧家無力禾下始擬種麥直據尋常科喚田家已有所妨今旣供承獵事兼之修理橋道縱大簡略動費一二萬工百姓收歛實爲狼狽臣願陛下少留萬乘之恩垂聽一介之言退近旬日收刈總了則人盡暇豫家得康寧輿輪徐動公私交泰太宗特降璽書勞曰卿職任雖卑竭誠奉國所陳之事朕甚嘉之尋拜新安令累遷給事中顯慶四年出爲青州刺史五年高宗征遼令仁軌監統水軍以後期坐免特令以白衣隨軍自効時蘇定方旣平百濟留郎將劉仁願於百濟府城鎮守又以左衞中郎將王文度爲熊津都督安撫其餘衆文度濟海病卒百濟爲僧道琛舊將福信率衆復叛立故王子扶餘豐爲王引兵圍仁願於府城詔仁軌檢校帶方州刺史代文度統衆便道發新羅兵合勢以救仁願轉鬬而前仁軌軍容整肅所向皆下道琛等乃釋仁願之圍退保任存城尋而福信殺道琛并其兵馬招誘亡叛其勢益張仁軌乃與仁願合軍休息時蘇定方奉詔伐高麗進圍平壤不克而還高宗勑書與仁軌曰平壤軍迴一城不可獨固宜拔就新羅共其屯守若金法敏藉卿等留鎮宜且停彼若其不須卽宜泛海還也將士咸欲西歸仁軌曰春秋之義大夫出彊有可以安社稷便國家專之可也況在滄海之外密邇豺狼者哉且人臣進思盡忠有死無貳公家之利知無不爲主上欲吞滅高麗先誅百濟留兵鎮守制其心腹雖妖孽充斥而備預甚嚴宜礪戈秣馬擊其不意彼旣無備何攻不剋戰而有勝士卒自安然後分兵據險開張形勢飛表聞上更請兵船朝廷知其有成必當出師命將聲援纔接凶逆自殲非直不弃成功實亦永清海外今平壤之軍旣迴熊津又拔則百濟餘燼不日更興高麗逋藪何時可滅且今以一城之地居賊中心如其失腳卽爲亡虜拔入新羅又是坐客脫不如意悔不可追況福信兇暴殘虐過甚餘豐猜惑外合內離鴟張共處勢必相害唯宜堅守觀變乘便取之不可動也衆從之時扶餘豐及福信等以眞峴城臨江高險又當衝要加兵守之仁軌引新羅之兵乘夜薄城四面攀草而上比明而入據其城遂通新羅運糧之路俄而餘豐襲殺福信又遣使往高麗及倭國請兵以拒官軍詔右威衞將軍孫仁師率兵浮海以爲之援仁師旣與仁軌等相合兵士大振於是諸將會議或曰加林城水陸之衝請先擊之仁軌曰加林險固急攻則傷損戰士固守則用日持久不如先攻周留城周留賊之巢穴群兇所聚除惡務本須拔其源若剋周留則諸城自下於是仁師仁願及新羅王金法敏帥陸軍以進仁軌乃別率杜爽扶餘隆率水軍及糧船自熊津江往白江會陸軍同趣周留城仁軌遇倭兵於白江之口四戰捷焚其舟四百艘煙焰漲天海水皆赤賊衆大潰餘豐脫身而走獲其寶劒僞王子扶餘忠勝忠志等率士女及倭衆并耽羅國使一時並降百濟諸城皆復歸順賊帥遲受信據任存城不降先是百濟首領沙吒相如黑齒常之自蘇定方軍迴後鳩集亡散各據險以應福信至是率其衆降仁軌諭以恩信令自領子弟以取任存城又欲分兵助之孫仁師曰相如等獸心難信若授以甲仗是資寇兵也仁軌曰吾觀相如常之皆忠勇有謀感恩之士從我則成背我必滅因機立効在於茲日不須疑也於是給其糧仗分兵隨之遂拔任存城遲受信棄其妻子走投高麗於是百濟之餘燼悉平孫仁師與劉仁願振旅而還詔留仁軌勒兵鎮守初百濟經福信之亂合境凋殘殭屍相屬仁軌始令收歛骸骨瘞埋弔祭之修錄戶口署置官長開通塗路整理村落建立橋梁補葺堤堰修復陂塘勸課耕種賑貸貧乏存問孤老頒宗廟忌諱立皇家社稷百濟餘衆各安其業於是漸營屯田積糧撫士以經略高麗仁願旣至京師上謂曰卿在海東前後奏請皆合事宜而雅有文理卿本武將何得然也對曰劉仁軌之詞非臣所及也上深歎賞之因超加仁軌六階正授帶方州刺史并賜京城宅一區厚賚其妻子遣使降璽書勞勉之仁軌又上表曰臣蒙陛下曲垂天獎棄瑕錄用授之刺舉又加連率材輕職重憂責更深常思報効冀酬萬一智力淺短淹滯無成久在海外每從征役軍旅之事實有所聞具狀封奏伏願詳察臣看見在兵募手腳沉重者多勇健奮發者少兼有老弱衣服單寒唯望西歸無心展効臣聞往在海西見百姓人人投募爭欲征行乃有不用官物請自辦衣糧投名義征

何因今日募兵如此儜弱皆報臣云今日官府與往日不同人心又別貞觀永徽年中東西征役身死王事者並蒙敕使弔祭追贈官職亦有迴亡者官爵與其子弟從顯慶五年以後征役身死更不借問往前渡遼海者卽得一轉勳官從顯慶五年以後頻經渡海不被記錄州縣發遣兵募人身少壯家有錢財參逐官府者東西藏避並卽得脫無錢參逐者雖是老弱推背卽來顯慶五年破百濟勳及向平壤苦戰勳當時軍將號令並言與高官重賞百方購募無種不道洎到西岸唯聞枷鎖推禁奪賜破勳州縣追呼求住不得公私困弊不可言盡發海西之日已有自害逃走非獨海外始逃又爲征役蒙授勳級將爲榮寵頻年征役唯取勳官牽挽辛苦與白丁無別百姓不願征行特由於此陛下再興兵馬平定百濟留兵鎮守經略高麗百姓有如此議論若爲成就功業臣聞琴瑟不調改而更張布政施化隨時取適自非重賞明罰何以成功臣又問見在兵募舊留鎮五年尚得支濟爾等始經一年何因如此單露並報臣道發家來日唯遣作一年裝束自從離家已經二年在朝陽甕津又遣來去運糧涉海遭風多有漂失臣勘責見在兵募衣裳單露不堪度冬者給大軍還日所留衣裳且得一冬充事來年秋後更無準擬陛下若欲殄滅高麗不可棄百濟土地餘豐在北餘勇在南百濟高麗舊相黨援倭人雖遠亦相影響若無兵馬還成一國既須鎮壓又置屯田事藉兵士同心同德兵士既有此議不可膠柱因循須還其渡海官勳及平百濟向平壤功効除此之外更相褒賞明敕慰勞以起兵募之心若依今日以前布置臣恐師老且疲無所成就臣又見晉代平吳史籍具載內有武帝張華外有羊祜杜預籌謀策畫經緯諮詢王濬之徒折衝萬里樓船戰艦已到石頭賈充王渾之輩猶欲斬張華以謝天下武帝報云平吳之計出自朕意張華同朕見耳非其本心是非不同乖亂如此平吳之後猶欲苦繩王濬賴武帝擁護始得保全不逢武帝聖明王濬不存首領臣每讀其書未嘗不撫心長歎伏惟陛下旣得百濟欲取高麗須外內同心上下齊奮舉無遺策始可成功百姓既有此議更宜改調臣恐是逆耳之事無人爲陛下盡言自顧老病日侵殘生詎幾奄忽長逝銜恨九泉所以披露肝膽昧死聞奏上深納其言又遣劉仁願率兵渡海與舊鎮兵交代仍授扶餘隆熊津都督遣以招輯其餘衆扶餘勇者扶餘隆之弟也是時走在倭國以爲扶餘豐之應故仁軌表言之於是仁軌浮海西還初仁軌將發帶方州謂人曰天將富貴此翁耳於州司請曆日一卷并七廟諱人怪其故荅曰擬削平遼海頒示國家正朔使夷俗遵奉焉至是皆如其言麟德二年封泰山仁軌領新羅及百濟耽羅倭四國酋長赴會高宗甚悅擢拜大司憲乾封元年遷右相兼檢校太子左中護累前後戰功封樂城縣男三年爲熊津道安撫大使兼浿江道總管副司空李勣討平高麗總章二年軍迴以疾辭職加金紫光祿大夫聽致仕咸亨元年復授隴州刺史三年徵拜太子左庶子同中書門下三品監修國史五年爲雞林道大總管東伐新羅仁軌率兵徑度瓠盧河破其北方大鎮七重城以功進爵爲公并子姪三人並授上柱國州黨榮之號其所居爲樂城鄉三柱里上元二年拜尚書左僕射同中書門下三品兼太子賓客依舊監修國史儀鳳二年以吐蕃入寇命仁軌爲洮河道行軍鎮守大使仁軌每有奏請多被中書令李敬玄抑之由是與敬玄不協仁軌知敬玄素非邊將才冀欲中傷之上言西蕃鎮守事非敬玄莫可高宗遽命敬玄代之敬玄至洮河軍尋爲吐蕃所敗永隆二年兼太子太傅未幾以老乞骸骨聽解尚書左僕射以太子太傅依舊知政事永淳元年高宗幸東都皇太子京師監國遣仁軌與侍中裴炎中書令薛元超留輔太子二年太子赴東都又令太孫重照京師留守仍令仁軌爲副則天臨朝加授特進復拜尚書左僕射同中書門下三品專知留守事仁軌復上疏辭以衰老請罷居守之任因陳呂后禍敗之事以申規諫則天使武承嗣賫璽書往京慰喻之曰今日以皇帝諒闇不言眇身且代親政遠勞勸誡復表辭衰疾怪望既多徊徨失據又云呂后見嗤於後代祿產貽禍於漢朝引喻良深愧慰交集公忠貞之操終始不渝勁直之風古今罕比初聞此語能不罔然靜而思之是爲龜鏡且端揆之任儀刑百辟況公先朝舊德遐邇具瞻願以匡救爲懷無以暮年致請尋進封郡公垂拱元年從新令改爲文昌左相同鳳閣鸞臺三品尋薨年八十四則天廢朝三日令在京百官以次赴弔冊贈開府儀同三司并州大都督陪葬乾陵賜其家實封三百戶仁軌雖位居端揆不自矜倨每見貧賤時故人不改布衣之舊初爲陳倉尉相工袁天綱謂曰君終當位鄰台輔年將九十後果如其言仁軌身經隋末之亂輯其見聞著行年記行於代子濬官至太子中舍人垂拱二年爲酷吏所陷被殺妻子籍沒中宗卽位以仁軌春宮舊寮追贈太尉濬子晃開元中爲祕書省少監表請爲仁軌立碑諡曰文獻史臣韋述曰世稱劉樂城與戴至德同爲端揆劉則甘言接人以收物譽戴則正色拒下推美於君故樂城之善於今未弭而戴氏之勣無所聞焉嗚呼高名美稱或因邀飾而致遠深仁至行或以韜晦而莫傳豈唯劉戴而然蓋自古有之矣故孔子曰衆好之必察焉衆惡之必察焉非夫聖智鮮不惑也且劉公逞其私忿陷人之所不能覆徒貽國之恥忠恕之道豈其然乎

郝處俊安州安陸人也父相貴隋末與妻父許紹據硤州歸國以功授滁州刺史封甑山縣公處俊年十歲餘其父卒於滁州父之故吏賻送甚厚僅滿千餘匹悉辭不受及長好讀漢書略能暗誦貞觀中本州進士舉吏部尚書高士廉甚奇之解褐授著作佐郎襲爵甑山縣公兄弟篤睦事諸舅甚謹再轉滕王友恥爲王官遂棄官歸耕久之召拜太子司議郎五遷吏部侍郎乾封二年改爲司列少常伯屬高麗反叛詔司空李勣爲浿江道大總管以處俊爲副嘗次賊城未遑置陣賊徒奄至軍中大駭處俊獨據胡床方餐乾糒乃潛簡精銳擊敗之將士多服其膽略總章二年拜東臺侍郎尋同東西臺三品咸亨初高宗幸東都皇太子於京師監國盡留侍臣戴至德張文瓘等以輔太子獨以處俊從時東州道總管高侃破高麗餘衆於安市城奏稱有高麗僧言中國災異請誅之上謂處俊曰朕聞爲君上者以天下之目而視以天下之耳而聽蓋欲廣聞見也且天降災異所以警悟人君其變苟實言之者何罪其事必虛聞之者足以自戒舜立謗木豈有以也欲箝天下之口其可得乎此不足以加罪特令赦之因謂處俊曰王者無外何藉於守禦雖然重門擊柝蓋備不虞方知禁衞在於謹肅朕嘗以秦法猶爲太寬荆軻匹夫耳而匕首竊發始皇駭懼莫有拒者豈不由積習寬慢使其然乎處俊對曰此由法急所致非寬慢也上曰何以知之對曰秦法輒升殿者夷三族人皆懼族安有敢拒者遑乎魏武法尙峻臣見魏令云京城有變九卿各居其府其後嚴才作亂與其徒屬數十人攻左掖門魏武登銅雀臺遠望無敢救者時王修爲奉常聞變召車馬未至便將官屬步至宮門魏武望見之曰彼來者必王修乎此由王修察變知機違法赴難向各守法遂成其禍故王者設法敷化不可以太急夫政寬則人慢政急則人無所措手足聖王之道寬猛相濟詩曰不懈于位人之攸塈謂仁政也又曰式遏寇虐無俾作慝謂威刑也洪範曰高明柔克沉潛剛克謂中道也上曰善又有胡僧盧伽阿逸多受詔合長年藥高宗將餌之處俊諫曰修短有命未聞萬乘之主輕服蕃夷之藥昔貞觀末年先帝令婆羅門僧那羅邇娑寐依其本國舊方合長生藥胡人有異術徵求靈草祕石歷年而成先帝服之竟無異効大漸之際名醫莫知所爲時議者歸罪於胡人將申顯戮又恐取笑夷狄法遂不行龜鏡若是惟陛下深察高宗納之但加盧伽爲懷化大將軍不服其藥尋而官名復舊處俊授黃門侍郎三年加銀青光祿大夫轉中書侍郎四年監修國史上元元年高宗御含元殿東翔鸞閣觀大酺時京城四縣及太常音樂分爲東西兩朋帝令雍王賢爲東朋周王顯爲西朋務以角勝爲樂處俊諫曰臣聞禮所以示童子無誑者恐其欺詐之心生也伏以二王春秋尚少意趣未定當須推多讓美相敬如一今忽分爲二朋遞相誇競且俳優小人言辭無度酣樂之後難爲禁止恐其交爭勝負譏誚失禮非所以導仁義示和睦也高宗瞿然曰卿之遠識非衆人所及也遽令止之尋代閻立本爲中書令歲餘兼太子賓客檢校兵部尚書三年高宗以風疹欲遜位令天后攝知國事與宰相議之處俊對曰嘗聞禮經云天子理陽道后理陰德則帝之與后猶日之與月陽之與陰各有所主守也陛下今欲違反此道臣恐上則謫見于天下則取怪于人昔魏文帝著令身崩後尚不許皇后臨朝今陛下奈何遂欲躬自傳位於天后況天下者高祖太宗二聖之天下非陛下之天下也陛下正合謹守宗廟傳之子孫誠不可持國與人有私於后族伏乞特垂詳納中書侍郎李義琰進曰處俊所引經旨足可依憑惟聖慮無疑則蒼生幸甚帝曰是遂止儀鳳二年加金紫光祿大夫行太子左庶子並依舊知政事監修國史四年代張文瓘爲侍中處俊性儉素土木形骸自參綜朝政每與上言議必引經籍以應對多有匡益甚得大臣之體侍中平恩公許圉師卽處俊之舅早同州里俱宦達於時又其鄉人田氏彭氏以殖貨見稱有彭志筠顯慶中上表請以家絹布二萬段助軍詔受其絹萬疋特授奉義郎仍布告天下故江淮間語曰貴如許郝富若田彭處俊遷太子少保開耀元年薨年七十五贈開府儀同三司荆州大都督高宗甚傷悼之顧謂侍臣曰處俊志存忠正兼有學識至於雕飾服翫雖極知無益然常人不能抑情棄捨皆好尚奢侈處俊嘗保其質素終始不

淪雖非元勳佐命固亦多時驅使又見遺表憂國忘家今既云亡深可傷惜卽於光順門舉哀一日不視事終祭以少牢賻絹布八百段米粟八百碩令百官赴哭給靈轝并家口遞還鄉官供葬事其子祕書郎北叟上表辭所贈賜及葬遞之事高宗不許侍中裴炎曰處俊臨亡臣往見之屬臣曰生既無益明時死後何宜煩費瞑目之後儻有恩賜贈物及歸鄉遞送葬日營造不欲勞官司供給高宗深嘉歎之從其遺意唯加贈物而已處俊孫象賢垂拱中爲太子通事舍人坐事伏誅臨刑言多不順則天大怒令斬訖仍支解其體發其父母墳墓焚爇屍體處俊亦坐斲棺毀柩自此法司每將殺人必先以木丸塞其口然後加刑訖於則天之代

裴行儉絳州聞喜人曾祖伯鳳周驃騎大將軍汾州刺史琅邪郡公祖定高馮翊郡守襲封琅邪公父仁基隋左光祿大夫陷於王世充後謀歸國事洩遇害武德中贈原州都督謚曰忠行儉幼以門蔭補弘文生貞觀中舉明經拜左屯衞倉曹參軍時蘇定方爲大將軍甚奇之盡以用兵奇術授行儉顯慶二年六遷長安令時高宗將廢皇后王氏而立武昭儀行儉以爲國家憂患必從此始與太尉長孫無忌尚書左僕射褚遂良私議其事大理袁公瑜於昭儀母榮國夫人譖之由是左授西州都督府長史麟德二年累拜安西大都護西域諸國多慕義歸降徵拜司文少卿總章中遷司列少常伯咸亨初官名復舊改爲吏部侍郎與李敬玄爲貳同時典選十餘年甚有能名時人稱爲裴李行儉始設長名姓歷牓引銓注等法又定州縣升降官資高下以爲故事上元二年加銀青光祿大夫高宗以行儉工於草書嘗以絹素百卷令行儉草書文選一部帝覽之稱善賜帛五百段行儉嘗謂人曰褚遂良非精筆佳墨未嘗輒書不擇筆墨而妍捷者唯余及虞世南耳三年吐蕃背叛詔行儉爲洮州道左二軍總管尋又爲秦州鎭撫右軍總管並受元帥周王節度儀鳳二年十姓可汗阿史那匐延都支及李遮匐扇動蕃落侵逼安西連和吐蕃議者欲發兵討之行儉建議曰吐蕃叛渙干戈未息敬玄審禮失律喪元安可更爲西方生事今波斯王身沒其子泥涅師師充質在京望差使往波斯冊立卽路由二蕃部落便宜從事必可有功高宗從之因命行儉冊送波斯王仍爲安撫大食使途經莫賀延磧屬風沙晦暝導者益迷行儉命下營虔誠致祭令告將吏泉井非遙俄而雲收風靜行數百步水草甚豐後來之人莫知其處衆皆悅服比之貳師將軍至西州人吏郊迎行儉召其豪傑子弟千餘人隨己而西乃揚言給其下曰今正炎蒸熱坂難冒涼秋之後方可漸行都支覘知之遂不設備行儉仍召四鎭諸蕃酋長豪傑謂曰憶昔此遊未嘗厭倦雖還京輦無時蹔忘今因是行欲尋舊賞誰能從吾獵也是時蕃酋子弟投募者僅萬人行儉假爲畋遊教試部伍數日遂倍道而進去都支部落十餘里先遣都支所親問其安否外示閑暇似非討襲續又使人趣召相見都支先與遮匐通謀秋中擬拒漢使卒聞軍到計無所出自率兒姪首領等五百餘騎就營來謁遂擒之是日傳其契箭諸部酋長悉來請命並執送碎葉城簡其精騎輕齎曉夜前進將虜遮匐途中果獲都支還使與遮匐使同來行儉釋遮匐行人令先往曉喻其主兼述都支已擒遮匐尋復來降於是將吏已下立碑於碎葉城以紀其功擒都支遮匐而還高宗廷勞之曰比以西服未寧遣卿總兵討逐孤軍深入經途萬里卿權略有聞誠節夙著兵不血刃而兇黨殄滅伐叛柔服深副朕委尋又賜宴謂行儉曰卿文武兼資今故授卿二職卽日拜禮部尚書兼檢校右衞大將軍調露元年突厥阿史德溫傅反單于管內二十四州並叛應之衆數十萬單于都護蕭嗣業率兵討之返爲所敗於是以行儉爲定襄道行軍大總管率太僕少卿李思文營州都督周道務等部兵十八萬并西軍程務挺東軍李文暕等總三十餘萬連亘數千里並受行儉節度唐世出師之盛未之有也行儉行至朔州知蕭嗣業以運糧被掠兵多餒死遂詐爲糧車三百乘每車伏壯士五人各齎陌刀勁弩以羸兵數百人援車兼伏精兵令居險以待之賊果大下羸兵棄車散走賊驅車就泉水解鞍牧馬方擬取糧車中壯士齊發伏兵亦至殺獲殆盡餘衆奔潰自是續遣糧車無敢近之者及軍至單于之北際晚下營壕塹方周遽令移就崇岡將士皆以士衆方就安堵不可勞擾行儉不從更令促之比夜風雨暴至前設營所水深丈餘將士莫不歎伏賊衆於黑山拒戰行儉頻戰皆捷前後殺虜不可勝數僞可汗泥熟匐爲其下所殺以其首來降又擒其大首領奉職而還餘黨走依狼山行儉既迴阿史那伏念又僞稱可汗與溫傅合勢鳩集餘衆明年行儉復總諸軍討之頓軍於代州之陘口縱反間說伏念與溫傅令相猜貳伏念恐懼密送降款仍請自効行儉不泄其事而密表以聞數日有煙塵漲天而至斥候惶惑來白行儉召三軍謂曰此是伏念執溫傅來降非他然受降如受敵但須嚴備更遣單使迎前勞之少間伏念果率其屬縛溫傅詣軍門請罪盡平突厥餘黨高宗大悅遣戶部尚書崔知悌赴軍勞之侍中裴炎害行儉之功總管程務挺張虔勗上言伏念爲子營逼逐又磧北迴紇等同向南逼之窘急而降由是行儉之功不錄斬伏念及溫傅於都市行儉歎曰渾濬前事古今耻之但恐殺降之後無復來者因稱疾不出以勳封聞喜縣公永淳元年十姓僞可汗車薄反叛詔復以行儉爲金牙道大總管率十將軍以討之師未行其年四月行儉病卒年六十四贈幽州都督謚曰獻特詔令皇太子差六品京官一人檢校家事五六年間待兒孫稍成長日停中宗卽位追贈揚州大都督有集二十卷撰草字雜體數萬言並傳於代又撰選譜十卷安置軍營行陣部統剋料勝負甄別器能等四十六訣則天令祕書監武承嗣詣宅並密收入內行儉尤曉陰陽算術兼有人倫之鑒自掌選及爲大總管凡遇賢俊無不甄採每制敵摧兇必先期捷日時有後進楊炯王勃盧照鄰駱賓王並以文章見稱吏部侍郎李敬玄盛爲延譽引以示行儉行儉曰才名有之爵祿蓋寡楊應至令長餘並鮮能令終是時蘇味道王劇未知名因調選行儉一見深禮異之仍謂曰有晚年子息恨不見其成長二公十數年當居衡石願記識此輩其後相繼爲吏部皆如其言行儉嘗所引偏裨有程務挺張虔勗崔智䛒王方翼党金毗劉敬同郭待封李多祚黑齒常之盡爲名將至刺史將軍者數十人其所知賞多此類也行儉嘗令醫人合藥請犀角麝香送者誤遺失已而惶懼潛竄又有敕賜馬及新鞍令史輒馳騾馬倒鞍破令史亦逃行儉並委所親招到謂曰爾曹豈相輕耶皆錯誤耳待之如故初平都支遮匐大獲瓌寶蕃酋將士願觀之行儉因宴設遍出歷示有馬腦盤廣二尺餘文彩殊絕軍吏王休烈捧盤歷階趨進誤躡衣足跌便倒盤亦隨碎休烈驚惶叩頭流血行儉笑而謂曰爾非故也何至於是更不形顏色詔賜都支等資產金器皿三千餘事駞馬稱是並分給親故并副使已下數日便盡少子光庭開元中爲侍中以恩例贈行儉爲太尉光庭早孤母庫狄氏則天時召入宮甚見親待光庭由是累遷太常丞後以武三思之壻緣坐左遷郢州司馬開元初六遷右率府中郎將擢授司門郎中歲餘轉兵部郎中光庭沉靜少言寡於交遊既歷清要時人初未許之及在職公務修整衆方歎伏焉十三年將有事于岱岳中書令張說以大駕東巡京師空虛恐夷狄乘閑竊發議欲加兵守邊以備不虞召光庭謀兵事光庭曰封禪者所以告成功也夫成功者恩德無不及百姓無不安萬國無不懷今將告成而懼夷狄何以昭德也大興力役用備不虞且非安人也方謀會同而阻戎心又非懷遠也有此三者則名實乖矣且諸蕃之國突厥爲大贄幣往來願修恩好有年矣今茲遣一使徵其大臣赴會必欣然應命突厥受詔則諸蕃君長必相率而來雖偃旗息鼓高枕有餘矣說曰善吾所不及矣因奏而行之尋轉鴻臚少卿東封還遷兵部侍郎十七年拜中書侍郎同中書門下平章事尋兼御史大夫無幾遷黃門侍郎依舊知政事從巡五陵迴拜侍中兼吏部尚書又加弘文館學士光庭乃撰瑤山往則及維城前軌各壹卷上表獻之手制褒美賜絹五百疋上令皇太子已下於光順門與光庭相見以重其諷誡之意光庭又引壽安丞李融拾遺張琪著作左郎司馬利賓等令直弘文館撰續春秋傳上表請以經爲御撰而光庭等依左氏之體爲之作傳上又手制褒賞之光庭委筆削於李融書竟不就時有上書請以皇室爲金德者中書令蕭嵩奏請集百寮詳議光庭以國家符命久著史策若有改易恐貽後學之誚密奏請依舊爲定乃下詔停百寮集議之事二十年扈從祠后土加光祿大夫封正平男尋卒年五十八優制贈太師輟朝三日初光庭與蕭嵩爭權不協及爲吏部奏用循資格并促選限至正月三十日令畢其流外行署亦令門下省之光庭卒後嵩又奏請一切罷之光庭所引進者盡出爲外職時有門下主事閻麟之爲光庭腹心專知吏部選官每麟之裁定光庭隨而下筆時人語曰麟之口光庭手太常博士孫琬將議光庭謚以其用循資格非獎勸之道建議謚爲克時人以爲希嵩意旨上聞而特下詔賜謚曰忠獻仍令中書令張九齡爲其碑文史官韋述以改謚爲非論之曰春秋之義諸侯死王事者葬之加一等嘉其有功而不及其賞也爰至漢魏則襚之印綬寵被窀穸唯德是褒豈虛授也近代已來寵贈無紀或以職位崇顯一切優錫或以子孫榮貴恩例所加賢愚虛實爲一貫矣裴光庭以守法之吏驟登相位踐歷機衡豈不多愧贈以師範何其濫歟張燕公有扶翊之勳居講諷之舊秩躋九命官歷二端議者猶謂贈之過當況光庭去斯猶遠何妄竊之甚哉蓋名器假人昔賢之所惋也

史臣曰昔晉侯選任將帥取其說禮樂而敦詩書良有

以也夫權謀方略兵家之大經邦國繫之以存亡政令
因之而强弱則馬衆怙力豨勇虎暴者安可輕言推轂
授任哉故王猛諸葛亮振起窮巷驅駕豪傑左指右顧
廓定霸圖非他道也蓋智力權變適當其用耳劉樂城
裴聞喜文雅方略無謝昔賢治戎安邊綽有心術儒將
之雄者也天后預政之時刑峻如壑多以諛佞希恩而
樂城翫山昌言規正若時無君子安及此言正平銓藻
吏能文學政事頗有深識而前史譏其謏諂有涉陳壽
短武侯應變之論乎非通論也
贊曰殷禮阿衡周師呂尚王者之兵儒者之將樂城聞
喜當仁不讓管葛之譚是吾心匠

舊唐書卷八十四考證

劉仁軌傳仁軌率兵徑度瓠盧河○臣宗萬按胡三省
曰此瓠盧河當在高麗南界新羅七重城之北又胡
嶠曰黑車子之北有牛蹄突厥人身牛足其地有寒
水曰瓠𤬪河者非也盧通鑑作蘆
裴行儉傳祖定高○沈炳震曰按隋書裴仁基傳父名
定無高字
時人稱爲裴李○沈炳震曰按與李敬玄同典選也新
書與馬載同典選有能名人稱裴馬
行儉行至朔州○臣宗萬按通鑑作朔川胡三省曰唐
朔州治善陽縣漢定襄縣地單于府治金河縣漢雲
中郡城也自朔州至單于府三百五十七里以行儉
軍行大舍考之當先至朔州而後至單于府北據此
則朔州爲是通鑑蓋本實錄及統紀州川易譌傳寫
之失也
賊衆於黑山拒戰行儉頻戰皆捷○臣宗萬按通鑑注
黑山一名殺胡山在豐州中受降城正北如東八十
里亦謂之呼延谷

# 舊唐書卷八十五

後晉司空同中書門下平章事劉　昫撰

## 列傳第三十五

唐臨孫紹　張文瓘兄文琮 從弟文收　徐有功

唐臨京兆長安人周内史瑾孫也其先自北海徙關中
伯父令則開皇末爲左庶子坐諂事太子勇誅死臨少
與兄皎俱有令名武德初隱太子總兵東征臨詣軍獻
平王世充之策太子引直典書坊尋授右衛率府鎧曹
參軍宮殿廢出爲萬泉丞縣有輕囚十數人會春暮時
雨臨白令請出之令不許臨曰明公若有所疑臨請自
當其罪令因請假臨召囚悉令歸家耕種與之約令歸
繫所囚等皆感恩貸至時畢集詣獄臨因是知名再遷
侍御史奉使嶺外按交州刺史李道彥等申叩冤繫三
千餘人累轉黃門侍郎加銀青光祿大夫儉薄寡欲不
治第宅服用簡素寬於待物嘗欲弔喪令家童自歸家
取白衫家僮誤將餘衣懼未敢進臨察知之使召謂曰
今日氣逆不宜哀泣向取白衫且止之也又嘗令人煮
藥失制潛知其故謂曰陰暗不宜服藥宜即棄之竟不
揚言其過其寬恕如此高宗即位檢校吏部侍郎其年
遷大理卿高宗嘗問臨在獄繫囚之數臨對詔稱旨帝
喜曰朕昔在東宮卿已事朕朕承大位卿又居近職以
疇昔相委故授卿此任然爲國之要在於刑法法急則
人殘法寬則失罪務令折中稱朕意焉高宗又嘗親錄
死囚前卿所斷者號叫稱冤臨所入者獨無言帝怪問
狀囚曰罪實自犯唐卿所斷既非冤濫所以絶意耳帝
歎息良久曰爲獄者不當如此耶永徽元年爲御史大
夫明年華州刺史蕭齡之以前任廣州都督贓事發制
付羣官集議及議奏帝怒令於朝堂處置臨奏曰臣聞
國家大典在於賞刑古先聖王惟刑是卹虞書曰罪疑
惟輕功疑惟重與其殺弗辜寧失弗經周禮刑平國用
中典刑亂國用重典天下太平應用堯舜之典比來有
司多行重法敘勳必須刻削論罪務從重科非是憎惡
前人止欲自爲身計今議蕭齡之事有輕有重重者流
死輕者請除名以齡之受委大藩贓罪狼藉原情取事
死有餘辜然既遣詳議終須近法竊惟議事羣官未盡
識議刑本意律有八議並依周禮舊文矜其異於衆臣
所以特制議法禮王族刑於隱者所以議親刑不上大
夫所以議貴知重其親貴議欲緩刑非爲嫉其賢能謀
致深法今既許議而加重刑是與堯舜相反不可爲萬
代法高宗從其奏齡之竟得流於嶺外尋遷刑部尚書
加金紫光祿大夫復歷兵部度支吏部三尚書顯慶四
年坐事貶爲潮州刺史卒官年六十所撰冥報記二卷
大行於世兄皎武德初爲秦府記室從太宗征討專掌
書檄深見親待貞觀中累轉吏部侍郎先是選集無限
隨到補職時漸太平選人稍衆皎始請以冬初一時大
集終季春而畢至今行之歷遷益州長史卒贈太常卿
子之奇調露中爲給事中坐嘗爲章懷太子僚屬徙邊
文明元年起爲括蒼令與徐敬業作亂伏誅臨孫紹博
學善三禮神龍中爲太常博士景龍二年韋庶人上言
自妃主及命婦宮官葬日請給鼓吹中宗特制許之紹
上疏諫曰竊聞鼓吹之樂本爲軍容昔黃帝涿鹿有功
以爲警衛故棡鼓曲有靈夔吼鵰鶚爭石墜崖壯士怒
之類自昔功臣備禮適得用之丈夫有四方之功以恩
加寵錫假如郊天祀地誠是重儀惟有宮懸本無案據
故知軍樂所備尙不洽於神祇鉦鼓之音豈能接於閨
闈準式公主王妃已下葬禮惟有團扇方扇綵帷錦鄣
之色加之鼓吹歷代未聞又準令五品官婚葬元無鼓
吹惟京官五品得借四品官則不當給限便是班秩本
因天子儀飾乃復過之事非倫次難爲定制參詳義理
不可常行請停前勑各依常典疏奏不納紹尋遷左臺
侍御史兼太常博士中宗將親拜南郊國子祭酒祝欽
明等希旨皇后爲亞獻紹與博士蔣欽緒固爭以爲不
可又則天父母二陵各置守戶五百人武三思及子崇
訓墓各置守戶六十人以武氏外戚乃與昭陵禮同三
思等復逾親王之制又上疏切諫當時雖皆不從深爲
議者所美睿宗即位又數陳時政損益累轉給事中仍
知禮儀事先天二年冬今上講武於驪山紹以修儀注
不合旨坐斬時今上旣怒講武失儀坐紹於纛下右金
吾將軍李邈遽請宣勑遂斬之時人旣痛惜紹而深咎
於邈尋有勑罷邈官遂擯廢終其身

張文瓘貝州武城人大業末從家魏州之昌樂瓘幼孤
事母兄以孝友聞貞觀初舉明經補并州參軍時英國
公李勣爲長史深禮之累遷水部員外郎時兄文琮爲
戶部侍郎舊制兄弟不許並居臺閣遂出爲雲陽令龍
朔年累授東西臺舍人參知政事尋遷東臺侍郎同東
西臺三品兼知左史事時初造蓬萊上陽合璧等宮又
征討四夷廐馬有萬疋倉庫漸虛文瓘因進諫曰人力
不可不惜百姓不可不養養之逸則富以康使之勞則
怨以叛秦皇漢武廣事四夷多造宮室使土崩瓦解戶
口減半臣聞制化於未亂保邦於未危人罔常懷懷於
有仁陛下不制於未亂之前安能救於旣危之後百姓
不堪其弊必構禍難殷鑒不遠近在隋朝臣願稍安撫
之無使生怨上深納其言於是節減廐馬數千疋賜文
瓘繒錦百段咸亨三年官名復舊改授黃門侍郎兼太
子左庶子俄遷大理卿依舊知政事文瓘至官旬日決
遣疑事四百餘條無不允當自是人有抵罪者皆無怨
言文瓘常有疾繫囚相與齋禱願其視事當時咸稱其
執法平恕以比戴冑上元二年拜侍中兼太子賓客大
理諸囚聞文瓘改官一時慟哭其感人心如此文瓘性
嚴正諸司奏議多所糾駁高宗甚委之或時卧疾在家
朝廷每有大事上必問諸宰臣曰與文瓘議未奏云未
者則遣共籌之奏云已議者皆報可從之其後新羅外
叛高宗將發兵討除時文瓘疾病在家乃輿疾請見奏
曰比爲吐蕃犯邊兵屯寇境新羅雖未卽順師不內侵
若東西俱事征討臣恐百姓不堪其弊請息兵修德以
安百姓高宗從之儀鳳二年卒年七十三贈幽州都督
謚曰懿以其經事孝敬皇帝特勑陪葬恭陵四子潛沛
洽涉中宗時潛官至魏州刺史沛同州刺史洽衞尉卿
涉殿中監父子兄弟五人皆至三品官時人謂之萬石
張家及韋溫等被誅之際涉爲亂兵所殺兄文琮貞觀
中爲持書侍御史三遷亳州刺史爲政清簡百姓安之
永徽初表獻太宗文皇帝頌優制褒美賜絹百疋徵拜
戶部侍郎從母弟房遺愛以罪貶授房州刺史文琮作
詩祖餞及遺愛誅坐是出爲建州刺史州境素尙淫祀
不修社稷文琮下敎書曰春秋二社蓋本爲農惟獨此
州廢而不立禮典旣闕風俗何觀近年已來田多不熟
抑不祭先農所致乎神在於敬何以邀福於是示其節
限條制百姓欣而行之尋卒文集二十卷子戩官至江
州刺史撰喪儀纂要七卷行於時戩弟錫則天時爲鳳
閣侍郎同鳳閣鸞臺平章事先是姊子李嶠知政事錫
拜官而嶠罷相出爲國子祭酒舅甥相代爲相時人榮
之錫與鄭杲俱知天官選事坐贓則天將斬之以徇臨
刑而特赦之中宗時累遷工部尚書兼修國史尋令於
東都留守中宗崩韋庶人臨朝詔錫與刑部尚書裴談
並同中書門下三品旬日出爲絳州刺史累封平原郡
公以年老致仕而卒文琮從父弟文收隋内史舍人虔
威子也尤善音律嘗覽蕭吉樂譜以爲未甚詳悉更博
採羣言及歷代沿革裁竹爲十二律吹之備盡旋宮之
義時太宗將創制禮樂召文收於太常令與少卿祖孝
孫參定雅樂太樂有古鍾十二近代惟用其七餘有五
俗號啞鍾莫能通者文收吹律調之聲皆響徹時人咸
服其妙尋授協律郎十一年文收表請釐正太樂上謂
侍臣曰樂本緣人人和則樂和至如隋煬帝末年天下
喪亂縱令改張音律知其終不和諧若使四海無事百
姓安樂音律自然調和不藉更改竟不依其請十四年
景雲見河水清文收採朱鴈天馬之義制景雲河清樂
名曰燕樂奏之管絃爲樂之首今元會第一奏者是也
咸亨元年遷太子率更令卒官撰新樂書十二卷

徐有功國子博士文遠孫也舉明經累轉蒲州司法參
軍紹封東莞男爲政寬仁不行杖罰吏人感其恩信遞

相約曰若犯徐司法杖者衆必斥罰之由是人爭用命終於代滿不戮一人載初元年累遷司刑丞時酷吏周興來俊臣丘神勣王弘義等構陷無辜皆抵極法公卿震恐莫敢正言有功獨存平恕詔下大理者有功皆議出之前後濟活數十百家常於殿庭論奏曲直則天厲色詰之左右莫不悚慄有功神色不撓爭之彌切尋轉秋官員外郎轉郎中俄而鳳閣侍郎任知古冬官尚書裴行本等七人被構陷當死則天謂公卿曰古人以殺止殺我今以恩止殺就羣公乞知古等賜以再生各授以官佇申來效俊臣張知默等又抗表請申大法則天不許之俊臣乃獨引行本重驗前罪奏曰行本潛行悖逆告張知謇與廬陵王反不實罪當處斬有功駁奏曰俊臣乖明主再生之賜虧聖人恩信之道爲臣雖當嫉惡然事君必將順其美行本竟以免死道州刺史李仁褒及弟榆次令長沙又爲唐奉一所構高宗末私議吉凶謀復李氏將誅之有功又固爭之不能得秋官侍郎周興奏有功曰臣聞兩漢故事附下罔上者腰斬面欺者亦斬又禮云析言破律者殺有功故出反囚罪當不赦請推按其罪則天雖不許繫問然竟坐免官久之起爲左臺侍御史則天特褒異之時遠近聞有功授職皆欣然相賀有功嘗上疏論天官秋官及朝堂三司理匭使愆失其略曰陛下卽位已來海內職員一定而天下選人漸多掌選之曹用捨不平補擬乖次囑請公行顏面罔懼遂使囂謗滿路怨讟盈朝浸以爲常殊無愧憚又往屬唐朝季年時多逆節鞫訊結斷刑獄至嚴革命以來載祀遽積餘風未殄用法猶深令推鞫者猶行酷法妄劾斷臣卽按驗奏而劾之獲其狀請卽付法斷罪亦奪祿貶考以懲其德其三司受表及理匭申寃使不速與奪致令擁塞有理不爲申者亦望準前彈奏貶考奪祿臣昔處法緣蒙擢用臣無以上荅至造願以執法酬恩無縱詭隨不避強禦猛噬鷙擊是臣之分如蒙允納請降勅施行庶不越旬時亦可以除殘革弊刑措不用天下幸甚後潤州刺史竇孝諶妻龐氏爲奴誣告云夜解祈福則天令給事中薛季昶鞫之季昶鍛鍊成其罪龐氏當坐斬有功獨明其無罪而季昶等返陷有功黨援惡逆奏付法法司結刑當棄市有功方視事令史垂泣以告有功曰豈吾獨死而諸人長不死耶乃徐起而歸則天覽奏召有功詰之曰卿比斷獄失出何多對曰失出臣下之小過好生聖人之大德願陛下弘大德則天下幸甚則天默然於是龐氏減死流於嶺表有功除名爲庶人尋起爲左司郎中累遷司刑少卿有功謂所親曰今身爲大理人命所懸必不能順旨詭辭以求苟免故前後爲獄官以諫奏枉誅者三經斷死而執志不渝酷吏由是少衰時人比漢之于張焉或曰若獄官皆然刑措何遠久之轉司僕少卿長安二年卒年六十二贈司刑卿中宗卽位制曰忠正之臣自昔攸尚褒贈之典舊章所重故贈大理卿徐有功節操貞勁器懷亮直徇古人之志業實一代之賢良司彼刑書深存敬愼周興來俊臣等性惟殘酷務在誅夷不順其情立加誣害有功卓然守法雖死不移無屈撓之心有忠烈之議當其執斷並遇平反定國釋之何以加此朕惟新庶政追想前跡其人既歿其德可稱追往贈終慰茲泉壤可贈越州刺史仍遣使就家弔祭賜物百段授一子官今上踐祚竇孝諶之子希瑊等請以身之官爵讓有功子倫以報舊恩倫由是自太子司議郎恭陵令累遷申王府司馬卒

史臣曰文法理具之大者故舜命皐陶爲士昌言誡勅勤亦至焉蓋人命所懸一失其平寃不可復聖王所以疚心也如臨之守法文瓘之議刑時屬哲王可以理奪當賊后遷鼎之際酷吏羅織之辰徐有功獨抗羣邪持平不撓此所以爲難也比釋之定國徐又過之希瑊讓爵酬恩可知遺愛

贊曰聽訟惟明持法惟平二者或爽人何以生猗歟徐公解豸之精世皆紛濁不改吾清

舊唐書卷八十五考證

唐臨傳宮殿廢出爲萬泉丞○臣德潛按宮殿字疑譌應是春宮新書太子廢出爲萬泉丞可證也

徐有功傳今上踐祚竇孝諶之子希瑊等請以身之官爵讓有功子倫○今上指玄宗也沿舊文未改

# 舊唐書卷八十六

後晉司空同中書門下平章事劉　昫撰

## 列傳第三十六

### 高宗中宗諸子

燕王忠　原王孝

澤王上金　許王素節

孝敬皇帝弘 裴居道附　章懷太子賢 賢子邠王守禮

懿德太子重潤　庶人重福

節愍太子重俊　殤帝重茂

高宗八男則天順聖皇后生中宗睿宗及孝敬皇帝弘章懷太子賢後宮劉氏生燕王忠鄭氏生原王孝楊氏生澤王上金蕭淑妃生許王素節

燕王忠字正本高宗長子也高宗初入東宮而生忠宴宮寮於弘教殿太宗幸宮顧謂宮臣曰頃來王業稍可非無酒食而唐突卿等宴會者朕初有此孫故相就爲樂耳太宗酒酣起舞以屬羣臣在位於是遍舞盡日而罷賜物有差貞觀二十年封爲陳王永徽元年拜雍州牧時王皇后無子其舅中書令柳奭說后謀立忠爲皇太子以忠母賤冀其親已后然之奭與尚書右僕射褚遂良侍中韓瑗諷太尉長孫無忌右僕射于志寧等固請立忠爲儲后高宗許之三年立忠爲皇太子大赦天下五品已上子爲父後者賜勳一級六年加元服制大辟罪已下並降一等大酺三日其年王皇后被廢武昭儀所生皇子弘年三歲禮部尚書許敬宗希旨上疏曰伏惟陛下憲章千古含育萬邦爰立聖慈母儀天下既而皇后生子合處少陽出自塗山是謂吾君之胤鳳闈胎敎宜展問豎之心乃復爲孽奪宗降居藩邸是使前星匿彩瑤嶽韜峰臣以愚誠竊所未喻且今之守器素非皇嫡永徽爰始國本未生權引彗星越升明兩近者元妃載誕正胤降神重光日融爝暉宜息安可以茲傍統叨據溫文國有諍臣孰逃其責竊惟息姑克讓可以思齊劉彊守藩宜遵往軌追蹤太伯不亦休哉踵武延陵故常安矣寧可反植枝幹久易位於天庭倒襲衣裳使違方於震位蠢爾黎庶云誰係心垂裕後昆將何播美高宗從之顯慶元年廢忠爲梁王授梁州都督賜實封二千戶物二萬段甲第一區其年轉房州刺史忠年漸長大常恐不自安或私衣婦人之服以備刺客又數有妖夢常自占卜事發五年廢爲庶人徙居黔州囚於承乾之故宅麟德元年又誣忠與東臺侍御上官儀宦者王伏勝謀反賜死於流所年二十二無子儀等伏誅明年皇太子弘表請收葬許之神龍初追封燕王贈太尉揚州大都督

原王孝高宗第二子也永徽元年封王三年拜并州都督顯慶三年累除遂州刺史麟德元年薨贈益州大都督謚曰悼神龍初追贈原王司徒益州大都督

澤王上金高宗第三子也永徽元年封杞王三年遙授益州大都督乾封元年累轉壽州刺史有罪免官削封邑仍於澧州安置上金既爲則天所惡所司希旨求索罪失以奏之故有此黜永隆二年二月則天矯抗表杞王上金鄱陽王素節許同朝集之例義陽宣城二公主緣母蕭氏獲譴從夫外官請授官職以上金爲沔州刺史素節爲岳州刺史仍不預朝集嗣聖元年上金素節義陽宣城二公主聽赴哀文明元年上金封畢王素節封爲葛王又改上金封爲澤王蘇州刺史素節許王隆州刺史垂拱元年改陳州刺史永昌元年授太子左衞率出爲隨州刺史載初元年武承嗣使酷吏周興誣告上金素節謀反召至都繫於御史臺舒州刺史許王素節見殺於都城南驛因害其支黨上金恐懼自縊死子義珍義玫義璋義環義瑾義璲七人並配流顯州而死神龍初追復上金官爵封庶子義珣爲嗣澤王先是義珣竄在嶺外匿於傭保之間及紹封無幾有人告義珣非上金子假冒襲爵義珣不能自明復流於嶺外開元初封素節子璆爲嗣澤王繼上金後十二年玉眞公主表稱義珣實上金遺胤被嗣許王瓘兄弟利其封爵謀構廢之令上由是削璆王爵復召義珣爲嗣澤王拜率更令因是諸宗室非本宗襲爵自中興已後繼爲嗣王者皆令歸宗削其爵邑也

許王素節高宗第四子也年六歲永徽二年封雍王尋授雍州牧素節能日誦古詩賦五百餘言受業於學士徐齊聃精勤不倦高宗甚愛之又轉岐州刺史年十二改封郇王初則天未爲皇后也與素節母蕭淑妃爭寵遞相譖毀六年則天立爲皇后後淑妃竟爲則天所譖毀幽辱而殺之素節尤被讒嫉出爲申州刺史乾封初下勅曰素節既舊疾患宜不須入朝而素節實無疾素節自以久乖朝覲遂著忠孝論以見意詞多不載時王府倉曹參軍張柬之因使潛封此論以進則天見之逾不悅誣以贓賄降封鄱陽郡王仍於袁州安置儀鳳二年禁錮終身又改於岳州安置永隆元年轉岳州刺史後改封葛王則天稱制又進封許王累除舒州刺史天授中與上金同被誣告追赴都臨發州聞有遭喪哭者謂左右曰病死何由可得更何須哭行至都城南龍門驛被縊死年四十三則天令以庶人禮葬之中宗卽位追封許王贈開府儀同三司許州刺史仍以禮改葬陪於乾陵素節被殺之時子瑛琬璣瑒等九人並爲則天所殺惟少子琳瓘璆欽古以年小特令長禁雷州神龍初封瓘爲嗣許王開元初封琳爲嗣越王以紹越王貞之後璆爲嗣澤王以繼伯父澤王上金之後琳官至右監門將軍卒瓘開元十一年爲衞尉卿以抑伯上金男不得承襲以弟璆繼之遽譴瓘爲鄂州別駕於是下詔絕其外繼乃以故澤王上金男義珣爲嗣澤王江王禕

爲信安郡王，嗣蜀王褕爲廣漢郡王，嗣密王徹爲濮陽郡王，嗣曹王臻爲濟國公，嗣趙王琚爲中山郡王，武陽郡王繼宗爲澧國公。璀累遷邠州刺史、祕書監、守太子詹事。璆性仁厚謹愿，居家邕睦，朝廷重之。天寶六載卒，贈蜀郡大都督。璀晚有子，命璆子益爲嗣。及卒，有解、需二子，皆幼孺。十一載，益襲封許王。十四載，解娶楊銛女，乃襲許王。璆初爲嗣澤王，降爲鄅國公、宗正卿同正員，特封褒信郡王。進龍池皇德頌，遷宗正卿、光祿卿、殿中監。天寶初，重拜宗正卿，加金紫光祿大夫。璆友弟聰敏，聞善若驚，宗子中有一善，無不薦拔，故宗枝居省闥者多是璆之所舉。九載卒，贈江陵大都督。

孝敬皇帝弘，高宗第五子也。永徽四年，封代王。顯慶元年，立爲皇太子，大赦改元。弘嘗受春秋左氏傳於率更令郭瑜，至楚子商臣之事，廢卷而歎曰：「此事臣子所不忍聞，經籍聖人垂訓，何故書此？」瑜對曰：「孔子修春秋，義存褒貶，故善惡必書。褒善以示代，貶惡以誡後，故使商臣之惡顯於千載。」太子曰：「非唯口不可道，故亦耳不忍聞，請改讀餘書。」瑜再拜賀曰：「里名勝母，曾子不入；邑號朝歌，墨子迴車。殿下誠孝冥資，睿情天發，凶悖之迹，黜於視聽。循奉德音，實深慶躍。臣聞安上理人，莫善於禮，非禮無以事天地之神，非禮無以辨君臣之位，故先王重焉。孔子曰：『不學禮，無以立。』請停春秋而讀禮記。」太子從之。龍朔元年，命中書令、太子賓客許敬宗，侍中兼太子右庶子許圉師，中書侍郎上官儀，太子中舍人楊思儉等於文思殿博採古今文集，摘其英詞麗句，以類相從，勒成五百卷，名曰瑤山玉彩，表上之。制賜物三萬段，敬宗已下加級賜帛有差。總章元年二月，親釋菜，司成館因請贈顏回太子少師，曾參太子少保，高宗並從之。時有勑，征邊遼軍人逃亡限內不首及更有逃亡者，身並處斬，家口沒官。太子上表諫曰：「竊聞所司以背軍之人，身久不出，家口皆擬沒官。亦有限外出首，未經斷罪，諸州囚禁，人數至多。或臨時遇病，不及軍伍，緣茲怖懼，遂卽逃亡；或因樵採，被賊抄掠；或渡海來去，漂沒滄波；或深入賊庭，有被傷殺。軍法嚴重，皆須相傔，若不及傔，及不因戰亡，卽同隊之人，兼合有罪。遂有無故死失，多注爲逃。軍旅之中，不暇勘當，直據隊司通狀，將作眞逃，家口令總沒官，論情實可哀愍。書曰：『與其殺不辜，寧失不經。』伏願逃亡之家，免其配沒。」制從之。咸亨二年，駕幸東都，留太子於京師監國。時屬大旱，關中饑乏，令取廊下兵士糧視之，見有食榆皮蓬實者，乃令家令等各給米使足。是時戴至德、張文瓘兼左庶子，與右庶子蕭德昭同爲輔弼，太子多疾病，庶政皆決於至德等。時義陽、宣城二公主以母得罪，幽于掖庭，太子見之驚惻，遽奏請令出降。又請以同州沙苑地分借貧人，詔並許之。又召詣東都，納右衛將軍裴居道女爲妃。所司奏以白鴈爲贄，適會苑中獲白鴈，高宗喜曰：「漢獲朱鴈，遂爲樂府；今獲白鴈，得爲婚贄。彼禮但成謠頌，此禮便首人倫，異代相望，我無慙德也。」裴氏甚有婦禮，高宗嘗謂侍臣曰：「東宮內政，吾無憂矣。」上元二年，太子從幸合璧宮，尋薨，年二十四。制曰：「皇太子弘，生知誕質，惟幾毓性。直城趨駕，肅敬著於三朝；中寢問安，仁孝聞於四海。自琰圭在手，沉瘵嬰身，顧惟耀掌之珍，特切鍾心之念，庶其痊復，以禪鴻名。及腠理微和，將遜于位，而弘天資仁厚，孝心純確，旣承朕命，掩欻不言，因茲感結，舊疾增甚。億兆攸繫，方崇下武之基；五福無徵，俄遷上賓之駕。昔周文至愛，遂延慶於九齡；朕之不慈，遽永訣於千古。天性之重，追懷哽咽，宜申往命，加以尊名。夫諡者，行之跡也；號者，事之表也。慈惠愛親曰孝，死不忘君曰敬，諡爲孝敬皇帝。」其年，葬於緱氏縣景山之恭陵，制度一準天子之禮，百官從權制三十六日降服。高宗親爲製叡德紀，并自書之於石，樹於陵側。初將營築恭陵，功費鉅億，萬姓厭役，呼嗟滿道，遂亂投磚瓦而散。太子無子，長壽中，制令楚王瑋繼其後。中宗踐祚，制祔于太廟，號曰義宗，又追贈妃裴氏爲哀皇后。景雲元年，中書令姚元之、吏部尚書宋璟奏言：「準禮，大行皇帝山陵事終，卽合祔廟。其太廟第七室，先祔皇昆義宗孝敬皇帝、哀皇后裴氏神主。伏以義宗未登大位，崩後追尊，至神龍之初，乃特令昇祔。春秋之義，國君卽位未踰年者，不合列昭穆。又古者祖宗各別立廟，孝敬皇帝恭陵旣在洛州，望於東都別立義宗之廟，遷祔孝敬皇帝、哀皇后神主，命有司以時享祭，則不違先旨，又協古訓，人神允穆，進退得宜。在此神主，望入夾室安置。伏願陛下以禮斷恩。」詔從之。開元六年，有司上言：「孝敬皇帝今別廟將建，享祔有期，準禮不合更以義宗爲廟號，請以本諡孝敬爲廟稱。」於是始停義宗之號。

裴居道，絳州聞喜人，隋兵部侍郎鏡民孫也。父熙載，貞觀中爲尚書左丞。居道以女爲太子妃，則天時歷位納言、內史、太子少保，封翼國公。載初元年春，爲酷吏所陷，下獄死。

章懷太子賢，字明允，高宗第六子也。永徽六年，封潞王。顯慶元年，遷授岐州刺史。其年，加雍州牧、幽州都督。時始出閤，容止端雅，深爲高宗所嗟賞。高宗嘗謂司空李勣曰：「此兒已讀得尙書、禮記、論語，誦古詩賦復十餘篇，暫經領覽，遂卽不忘。我曾遣讀論語，至『賢賢易色』，遂再三覆誦。我問何爲如此，乃言性愛此言。方知夙成聰敏，出自天性。」龍朔元年，徙封沛王，加揚州都督，兼左武衛大將軍，雍州牧如故。二年，加揚州大都督。麟德二年，加右衛大將軍。咸亨三年，改名德，徙封雍王，授涼州大都督、雍州牧、右衛大將軍如故，食實封一千戶。上元元年，又依舊名賢。上元二年，孝敬皇帝薨。其年六月，立爲皇太子，大赦天下。尋令監國，賢處事明審，爲時論所稱。儀鳳元年，手勅褒之曰：「皇太子賢自頃監國，留心政要。撫字之道，旣盡於哀矜；刑網所施，務存於審察。加以聽覽餘暇，專精墳典，往聖遺編，咸窺壼奧；先王策府，備討菁華。好善載彰，作貞斯在，家國之寄，深副所懷。可賜物五百段。」賢又招集當時學者太子左庶子張大安、洗馬劉訥言、洛州司戶格希玄、學士許叔牙成玄一史藏諸周寶寧等，注范曄後漢書，表上之，賜物三萬段，仍以其書付祕閣。時正議大夫明崇儼以符劾之術爲則天所任，使密稱「英王狀類太宗」。又宮人潛議云「賢是后姊韓國夫人所生」，賢亦自疑懼。則天又嘗爲賢撰少陽政範及孝子傳以賜之，仍數作書以責讓賢，賢逾不自安。調露二年，崇儼爲盜所殺，則天疑賢所爲。俄使人發其陰謀事，詔令中書侍郎薛元超、黃門侍郎裴炎、御史大夫高智周與法官推鞫之，於東宮馬坊搜得皁甲數百領，乃廢賢爲庶人，幽于別所。永淳二年，遷於巴州。文明元年，則天臨朝，令左金吾將軍丘神勣往巴州檢校賢宅，以備外虞。神勣遂閉於別室，逼令自殺，年三十二。則天舉哀於顯福門，貶神勣爲疊州刺史，追封賢爲雍王。神龍初，追贈司徒，仍遣使迎其喪柩，陪葬於乾陵。睿宗踐祚，又追贈皇太子，諡曰章懷。有三子：光順、守禮、守義。光順，大授中封安樂郡王，尋被誅。守義，文明年封犍爲郡王，垂拱四年徙封永安郡王，病卒。守禮本名光仁，垂拱初改名守禮，授太子洗馬，封嗣雍王。時中宗遷於房陵，睿宗雖居帝位，絕人朝謁，諸武贊成革命之計，深嫉宗枝。守禮以父得罪，與睿宗諸子同處於宮中，凡十餘年不出庭院。至聖曆元年，睿宗自皇嗣封爲相王，許出外邸，睿宗諸子五子皆封郡王，與守禮始居於外。神龍元年，中宗纂位，授守禮光祿卿同正員。神龍中，遺詔進封邠王，賜實封五百戶。景雲二年，帶光祿卿兼幽州刺史，轉左金吾衛大將軍，遙領單于大都護。先天二年，遷司空。開元初，歷虢、隴、襄、晉、滑六州刺史，非奏事及大事，並上佐知州。時寧、申、岐、薛、邠同爲刺史，皆擇首僚以持綱紀，源乾曜、袁嘉祚、潘好禮皆爲邠府長史兼州佐。守禮唯弋獵、伎樂、飮謔而已。九年已後，諸王並徵還京師。守禮以外枝爲王，才識猥下，尤不逮岐、薛，多寵嬖，不修風教，男女六十餘人，男無中才，女負貞稱，守禮居之自若。高歌擊鼓，常帶數千貫錢債。或有諫之者曰：「王年漸高，家累甚衆，須有愛惜。」守禮曰：「豈有天子兄沒人葬？」諸王因內讌言之，以爲歡笑。時積陰累日，守禮白於諸王曰：「欲晴。」果晴。愆陽涉旬，守禮曰：「卽雨。」果連澍。岐王等奏之，云邠哥有術。守禮曰：「臣無術也。則天時以章懷遷謫，臣幽閉宮中十餘年，每歲被勅杖數頓，見瘢痕甚厚。欲雨，臣春上卽沉悶；欲晴，卽輕健。臣以此知之，非有術也。」涕泗霑襟，玄宗亦憫然。二十九年薨，年七十餘，贈太尉。子承宏，開元初封廣武郡王，歷祕書員外監，又爲宗正卿同正員。廣德元年，吐蕃犯上都，乘輿幸陝，蕃渾之衆入城，吐蕃宰相馬重英立承宏爲帝，以于可封、霍瓌等爲宰相，補署百餘人。旬餘日，賊退，郭子儀率衆入城，送承宏於行在，上不之責，止於虢州，尋死。承寧，天寶初授率更令同正員。嗣邠王承寀，至德二載封爲燉煌郡王，加開府儀同三司，與僕固懷恩使迴紇和親，因納其女爲妃，冊爲毗伽公主。迴紇著勳，承寀甚遇恩寵。乾元元年六月卒，贈司空。唐法，嗣邠王但加四品階，親王子例著緋。開元中，張九齡爲中書令，奏請寧、薛王男並賜紫，邠王三男衣紫，餘二十八人衣緋，官亦不越六局郎、王府掾屬，仍員外置。十五載，扈從至巴蜀，依例著紫。

中宗四男：韋庶人生懿德太子重潤，後宮生庶人重福、節愍太子重俊、殤帝重茂。

懿德太子重潤，中宗長子也。本名重照，以避則天諱，故改爲。開耀二年，中宗爲皇太子，生重潤於東宮內殿，高宗甚悅。及月滿，大赦天下，改元爲永淳。是歲，立爲皇太孫，開府置官屬。及中宗遷於房州，其府坐廢。聖曆初，中宗爲皇太子，封爲邵王。大足元年，爲人所構，與其妹永泰郡主、壻魏王武延基等竊議張易之兄弟何得恣入宮中。則天令杖殺，時年十九。重潤風神俊朗，早以孝友知名，旣死非其罪，大爲當時所悼惜。中宗卽位，追贈皇太子，諡曰懿德，陪葬乾陵。仍爲聘國子監丞裴粹亡女爲冥婚，與之合葬。又贈永泰郡主爲公主，令備禮改葬，仍號其墓爲陵焉。

庶人重福，中宗第二子也。

庶人重福中宗第二子也初封唐昌王聖曆三年徙封平恩王長安四年進封譙王歷遷國子祭酒左散騎常侍神龍初爲韋庶人所譖云與張易之兄弟搆成重潤之罪由是左授濮州員外刺史轉均州司防守不許視事景龍三年中宗親祀南郊大赦天下流人並放還重福不得歸京師尤深鬱快上表自陳曰臣聞功同賞異則勞臣疑罪均刑殊則百姓惑伏惟陛下德侔造化明齊日月恩及飛鳥惠加走獸近者焚柴展禮郊祀上玄萬物霑愷悌之仁六合承曠蕩之澤事無輕重咸赦除之蒼生並得赦除赤子偏加擯棄皇天平分之道固若此乎天下之人聞者爲臣流涕況陛下慈念豈不愍臣栖惶伏望捨臣罪愆許臣朝謁儻得一仰雲陛再覩聖顏雖沒九泉實爲萬足重投荒徼亦所甘心表奏不報及韋庶人臨朝遽令左屯衛大將軍趙承恩以兵五百人就均州守衛重福俄而韋氏伏誅睿宗即位又轉集州刺史未及行洛陽人張靈均進計於重福曰大王地居嫡長自合繼爲天子相王雖有討平韋氏功安可越次而居大位昔漢誅諸呂猶迎代王今東都百官士庶皆願王來王若潛行直詣洛陽亦是從天上落遣人襲殺留守即擁兵西據陝州東下河北此天下可圖也初景龍三年鄭愔自吏部侍郎出爲江州司馬便道詣重福陰相結託至是又與靈均通傳動靜亦密遣使勸重福構逆預推尊重福爲天子溫王重茂爲皇太弟自署爲左丞相重福乃遣家臣王道先赴東都潛募勇敢之士重福遽自均州詐乘驛與靈均繼進王道始至東都俄有洩其謀者洛州司馬崔日知捕獲其黨數十人頃聞重福至王道等率衆隨重福徑取左右屯營兵作亂將至天津橋願從者已數百人皆執持器仗助其威勢侍御史李邕先詣左掖門令閉關拒守又至右屯營號令云重福雖先帝之子已得罪於先帝今者無故入城必是作亂君等皆委質聖朝宜盡誠節立功立事以取富貴有頃重福果來奪右屯營堅壁不動營中矢射如雨便趣左掖門擬取留守遇門閉遂縱火以燒城門左屯營兵又來逼之重福度數窮出自上東門而遁匿於山谷間明日東都留守裴談等大出兵搜索重福窘迫自投漕河而死磔屍三日時年三十一詔曰集州刺史譙王重福幼則兇頑長而險詖幸託體於先聖嘗通交於巨逆子而不子自絕於天有國有家莫容於代往者頗不含忍長令幽縶自大行晏駕韋氏臨朝將肆屠滅尤加防衛洎天有成命集于朕躬永懷猶子之情庶協先親之義所以開置寮屬任隆剌舉冀其悛改以怙恩榮而詿誤有徒狂狡未息便即私出均州詐乘驛騎至于都下遂逞其謀先犯屯兵次燒左掖計窮力屈投河而斃雖人所共棄邦有常刑我非不慈爾自招咎且聞其故有惻于懷昔劉長既歿楚英遂殞以禮收葬抑惟舊章屈法申恩宜仍舊寵可以三品禮葬

節愍太子重俊中宗第三子也聖曆元年封義興郡王長安中累授衛尉員外少卿神龍初封衛王拜洛州牧賜實封千戶尋遷左衛大將軍兼遙授揚州大都督二年秋立爲皇太子重俊性雖明果未有賢師傅舉事多不法俄以祕書監楊璬太常卿武崇訓並爲太子賓客璬等皆主婿年少唯以蹴鞠猥戲取狎於重俊竟無調護之意左庶子姚珽數上疏諫諍右庶子平貞愼又獻孝經議養德傳以諷重俊皆優納焉時武三思得幸中宮深忌重俊三思子崇訓尚安樂公主常教公主凌忽重俊以其非韋氏所生常呼之爲奴或勸公主請廢重俊爲王自立爲皇太女重俊不勝忿恨三年七月率左羽林大將軍李多祚右羽林將軍李思沖李承況獨孤禕之沙吒忠義等矯制發左右羽林兵及千騎三百餘人殺三思及崇訓于其第並殺黨與十餘人又令左金吾大將軍成王千里分兵守宮城諸門自率兵趨肅章門斬關而入求韋庶人及安樂公主所在又以昭容上官氏素與三思姦通扣閤索之韋庶人及公主遽擁帝馳赴玄武門樓召左羽林將軍劉仁景等令率留軍飛騎及百餘人於樓下列守俄而多祚等兵至欲突玄武門樓宿衞者拒之不得進帝據檻呼多祚等所將千騎謂曰汝並是我爪牙何故作逆若能歸順斬多祚等與汝富貴於是千騎王歡喜等倒戈斬多祚及李承況獨孤禕之沙吒忠義等於樓下餘黨遂潰散重俊既敗率其屬百餘騎趨肅章門奔終南山帝令長上果毅趙思愼率輕騎追之重俊至鄠縣西十餘里騎不能屬唯從奴數人會日暮憩林下爲左右所殺制令梟首于朝又獻之於太廟并以祭三思崇訓屍柩睿宗即位下制曰朕聞曾氏之孝也慈親惑於疑聽趙虜之族也明主哀而望思歷考前聞率由舊典重俊大行之子元良守器往罹構間困於讒嫉莫顧鈇鉞輕盜甲兵有此誅夷無不悲惋今四凶咸服十起何追方申赤軍之冤以紓黃泉之痛可贈皇太子謚曰節愍陪葬定陵一子宗暉開元初封湖陽郡王初重俊被害宮府僚吏莫敢近者永和丞甯嘉勗解衣裹重俊首號哭時人義之宗楚客聞而大怒收付制獄貶爲平輿丞尋卒睿宗踐祚下制曰甯嘉勗能重名節事高欒向幽塗已往生氣凜然靜言忠義追存褒寵可贈永和縣丞宗暉天寶中爲衛尉員外卿十一載王鉷反宗暉以賣宅與鉷貶涪州郡長史量移盧陽長史至德元年追赴行在所授特進鴻臚卿宗暉無他才以外族之親愛恩顧轉隆太常員外卿卒

殤皇帝重茂中宗第四子也聖曆三年封北海王神龍初進封溫王授右衛大將軍兼遙領并州大都督未出閤景龍四年中宗崩韋庶人立重茂爲帝而自臨朝稱制及韋氏敗重茂遂遜位讓叔父相王退居別所景雲二年改封襄王遷於集州令中郎將率兵五百人守衛開元二年轉房州刺史尋薨時年十七謚曰殤皇帝葬於武功西原

史臣曰前代以嬖婦孽子破國亡家者多矣然未如大帝孝和之甚也高宗八子二王早世爲武后所斃者四人章懷以母子之愛賴悟之賢猶不免於虎口況燕澤素節異腹之亂乎覆載胡心產茲鴆毒悲夫孝和母嚚婦傲女暴如置身羣魅之中安有保其終吉哉天將滌盪昏氛非重茂所能枝也

贊曰父子天性嬖能害正宜臼申生毓爲不令唐年鈞德章懷最仁兇母畏明取樂於身

舊唐書卷八十六考證

許王素節傳永隆元年轉岳州刺史○新書儀鳳三年

裴居道傳○臣德潛按居道係太子妃兄附高宗諸子孝敬皇帝弘下殊不合體新書入外戚傳中爲允

章懷太子傳子守義垂拱四年徙封永安郡王○新書桂陽郡王

# 舊唐書卷八十七

後晉司空同中書門下平章事劉　昫撰

## 列傳第三十七

裴炎　劉禕之　魏玄同　李昭德

裴炎絳州聞喜人也少補弘文生每遇休假諸生多出遊炎獨不廢業歲餘有司將薦舉辭以學未篤而止在館垂十載尤曉春秋左氏傳及漢書擢明經第尋爲濮州司倉參軍累歷兵部侍郎中書門下平章事侍中中書令永淳元年高宗幸東都留太子哲守京師命炎與劉仁軌薛元超爲輔明年高宗不豫炎從太子赴東都侍疾十一月高宗疾篤命太子監國炎奉詔與黃門侍郎劉齊賢中書侍郎郭正一並於東宮平章事十二月丁巳高宗崩太子即位未聽政宰臣奏議天后降令於門下施行中宗既立欲以后父韋玄貞爲侍中又欲與乳母子五品炎固爭以爲不可中宗不悅謂左右曰我讓國與玄貞豈不得何爲惜侍中耶炎懼乃與則天定策廢立炎與中書侍郎劉禕之羽林將軍程務挺張虔勗等勒兵入內宣太后令扶帝下殿帝曰我有何罪太后報曰汝若將天下與韋玄貞何得無罪乃廢中宗爲廬陵王立豫王旦爲帝炎以定策功封河東縣侯太后臨朝天授初又降豫王爲皇嗣時太后姪武承嗣請立武氏七廟及追王父祖太后將許之炎進諫曰皇太后天下之母聖德臨朝當存至公不宜追王祖禰以示自私且獨不見呂氏之敗乎臣恐後之視今亦猶今之視昔太后曰呂氏之王權在生人今者追尊事歸前代存歿殊迹豈可同日而言炎曰蔓草難圖漸不可長殷鑒未遠當絕其源太后不悅而止時韓王元嘉魯王靈夔等皆皇屬之近承嗣與從父弟三思屢勸太后因事誅之貴絕宗室之望劉禕之韋仁約並懷畏憚唯唯無言炎獨固爭以爲不可承嗣深憾之文明元年官名改易炎爲內史秋徐敬業構逆太后召炎議事炎奏曰皇帝年長未俾親政乃致猾豎有詞若太后返政則此賊不討而解矣御史崔察聞而上言曰裴炎伏事先朝二十餘載受遺顧託大權在己若無異圖何故請太后歸政乃命御史大夫騫味道御史魚承曅鞫之鳳閣侍郎胡元範奏曰炎社稷忠臣有功於國悉心奉上天下所知臣明其不反右衛大將軍程務挺密表申理之文武之間證炎不反者甚衆太后皆不納光宅元年十月斬炎于都亭驛之前街炎初被擒左右勸炎遜詞於使者炎歎曰宰相下獄焉有更全之理竟無折節及籍沒其家乃無儋石之蓄胡元範申州義陽人坐救炎流死瓊州程務挺伏法納言劉齊賢貶吉州長史吏部侍郎郭待舉貶岳州刺史皆坐救炎之罪也先是開耀元年十月定襄道行軍大總管裴行儉獻定襄所獲俘囚除曲赦外斬阿史那伏念溫傳等五十四人於都市初行儉討伐之時許伏念以不死伏念乃降時炎害行儉之功奏云伏念是程務挺張虔勗逼逐于營又磧北迴紇南向逼之窘急而降乃殺之行儉歎曰渾濬之事古今恥之但恐殺降之後無復來者行儉因此稱疾不出炎致國家負義而殺降妬能害功構成陰禍其敗也宜哉睿宗

踐祚下制曰飾終追遠斯乃舊章表德旌賢有光恒策故中書令裴炎含弘稟粹履信居貞望重國華才稱人秀唯幾成務績宣于代工偶居無猜義深於奉上文明之際王室多虞保乂朕躬實著誠節而危疑起釁倉卒羅災歲月屢遷丘封莫樹永言先正感悼良多宜追賁於九原俾增榮於萬古可贈益州大都督炎長子彥先後爲太子舍人從子伷先後爲工部尚書

劉禕之常州晉陵人也祖興宗陳鄱陽王諮議參軍父子翼善吟諷有學行隋大業初歷秘書監河東柳顧言甚重之性不容非朋僚有短長面折之友人李伯藥常稱曰劉四雖復罵人人都不恨貞觀元年詔追入京以母老固辭太宗許其終養江南大使李襲譽嘉其至孝恒以米帛賚之因上表旌其門閭改所居爲孝慈里母卒服竟徵拜吳王府功曹再遷著作郎弘文館直學士預修晉書加朝散大夫永徽初卒高宗遣使弔贈給靈輿還鄉有集二十卷禕之少與孟利貞高智周郭正一俱以文藻知名時人號爲劉孟高郭尋與利貞等同直昭文館上元中遷左史弘文館直學士與著作郎元萬頃左史范履冰苗楚客右史周思茂韓楚賓等皆召入禁中共撰列女傳臣軌百寮新誡樂書凡千餘卷時又密令參決以分宰相之權時人謂之北門學士禕之兄懿之時爲給事中兄弟並居兩省論者美之儀鳳二年轉朝議大夫中書侍郎兼豫王府司馬尋加中大夫禕之有姊在宮中爲內職天后令省榮國夫人之疾禕之潛伺見之坐是配流嶲州歷數載天后表請高宗召還拜中書舍人轉相王府司馬復遷檢校中書侍郎高宗謂曰相王朕之愛子以卿忠孝之門藉卿師範所冀蓬生麻中不扶自直耳禕之居家孝友甚爲士族所稱每得俸祿散於親屬高宗以此重之則天臨朝甚見親委及豫王立禕之參預其謀擢拜中書侍郎同中書門下三品賜爵臨淮男時軍國多事所有詔勑獨出禕之構思敏速皆可立待及官名改易禕之爲鳳閣侍郎同鳳閣鸞臺三品時有司門員外郎房先敏得罪左授衛州司馬詣宰相陳訴內史騫味道謂曰此乃皇太后處分也禕之謂先敏曰緣坐改官例從臣下奏請則天聞之以味道善則歸己過則推君貶青州刺史以禕之推善於君引過在己加授太中大夫賜物百段細馬一疋因謂侍臣曰夫爲臣之體在揚君之德君德發揚豈非臣下之美事且君爲元首臣作股肱情同休戚義均一體未聞以手足之疾移於腹背而得一體安者味道不存忠赤已從屏退禕之竭忠奉上情甚可嘉納言王德眞對曰昔臧至德每有善事必推於君太后曰先朝每稱至德能有此事逮其終歿有制褒崇爲臣之道豈過斯行傳名萬代可不善歟儀鳳中吐蕃爲邊患高宗謂侍臣曰吐蕃小醜屢犯邊境我比務在安輯未卽誅夷而戎狄豺狼不識恩造置之則疆埸日駭圖之則未聞上策宜論得失各盡所懷時劉景仙郭正一皇甫文亮楊思徵薛元超各有所奏禕之時爲中書舍人對曰臣觀自古明王聖主皆患夷狄吐蕃時擾邊隅有同禽獸得其土地不可攸居被其憑凌未足爲恥願戢萬乘之威且寬百姓之役高宗嘉其言後禕之嘗竊謂鳳閣舍人賈大隱曰太后既能廢昏立明何用臨朝稱制不如返政以安天下之心大隱密奏其言則天不悅謂左右曰禕之我所引用乃有背我之心豈復顧我恩也垂拱三年或誣告禕之受歸州都督孫萬榮金兼與許敬宗妾有私則天特令肅州刺史王本立推鞫其事本立宣勅示禕之禕之曰不經鳳閣鸞臺何名爲勅則天大怒以爲拒捍制使乃賜死於家時年五十七初禕之既下獄睿宗爲之抗疏申理禕之親友咸以爲必見原宥竊賀之禕之曰吾必死矣太后臨朝獨斷威福任己皇帝上表徒使速吾禍也禕之在獄時嘗上疏自陳及臨終既洗沐而神色自若命其子執筆草謝表其子將絕殆不能書監刑者促之禕之乃自操數紙援筆立成詞理懇至見者無不傷痛時麟臺郎郭翰太子文學周思鈞共稱歎其文則天聞而惡之左遷翰爲巫州司法思鈞爲播州司倉睿宗卽位以禕之宮府舊僚追贈中書令有集七十卷傳於時

魏玄同定州鼓城人也舉進士累轉司列大夫坐與上官儀文章屬和配流嶺外上元初赦還工部尚書劉審禮薦玄同有時務之才拜岐州長史累遷至吏部侍郎玄同以既委選舉恐未盡得人之術乃上疏曰臣聞製器者必擇匠以簡材爲國者必求賢以莅官匠之不良無以成其工官之非賢無以致於理君者所以牧人也臣者所以佐君也君不養人失君道矣臣不輔君失臣任矣任人者誠國家之基本百姓之安危也方今人不加富盜賊不衰獄訟未清禮義猶闕者何也下吏不稱職庶官非其才也官之不得其才者取人之道有所未盡也臣又聞傳說曰明王奉若天道建邦設都樹后王君公承以大夫師長不惟逸豫惟以理人昔之邦國今之州縣士有常君人有定主自求臣佐各選英賢其大臣乃命於王朝耳秦并天下罷侯置守漢氏因之有沿有革諸侯得自置吏四百石以下其傅相大官則漢爲置之州郡掾吏督郵從事悉任之於牧守爰自魏晉始歸吏部遞相祖襲以迄于今用刀筆以量才按簿書而察行法令之弊其來日久蓋君子重因循而憚改作有不得已者亦當運獨見之明定卓然之議如今選司所行者非上皇之令典乃近代之權道所宜遷徙實爲至要何以言之夫尺丈之量所及者蓋短鍾庾之器所積者寧多非其所及焉能度之非其所受何以容之況天下之大士人之衆而可委之數人之手乎假使平如權衡明如水鏡力有所極照有所窮銓綜既多紊失斯廣又以比居此任時有非人豈直愧彼清通昧於甄察亦將竭其庸妄懋彼棼絲情故既行何所不至贓私一啓以及萬端至乃爲人擇官爲身擇利顧親疏而下筆看勢要而措情悠悠風塵此焉奔競擾擾遊宦同乎市井加以厚貌深衷險如溪壑擇言觀行猶懼不周今使百行九能折之於一面具僚庶品專斷於一司不亦難矣且魏人應運所據者乃三分晉氏播遷所臨者非一統逮乎齊宋以及周隋戰爭之日多安泰之時少瓜分瓦裂各在一方隋氏平陳十餘年耳接以兵禍繼以饑饉既德業之不逮或時事所未遑非謂是今而非古也武德貞觀與今亦異皇運之初庶事草創豈唯日不暇給亦乃人物常稀天祚大聖享國永年比屋可封異人間出咸以爲有道恥賤得時無怠諸色入流歲以千計羣司列位無復新加官有常員人無定限選集之始霧積雲屯擢敍於終十不收一淄澠雜混玉石難分用捨去留得失相半撫卽事之爲弊知及後之滋失夏殷已前制度多闕周監二代煥乎可覩豈諸侯之臣不皆命於天子王朝庶官亦不專於一職故周穆王以伯冏爲太僕正命之曰愼簡乃僚無以巧言令色便辟側媚唯吉士此則令其自擇下吏之文也太僕正中大夫耳尚以僚屬委之則三公卿亦必然矣周禮太宰內史並掌爵祿廢置司徒司馬別掌興賢詔事當是分任於羣司而統之以數職各自求其小者而王命其大者焉夫委任責成君之體也所委者當所用者精故能得濟濟之多士盛芃芃之棫樸裴子野有言曰官人之難先王言之尚矣居家視其孝友鄉黨服其誠信出入觀其志義憂歡取其智謀煩之以事以觀其能臨之以利以察其廉周禮始於學校論之州里告諸六事而後貢之王庭其在漢家尚猶然矣州郡積其功能然後爲五府所辟五府舉其掾屬而昇于朝三公參得除署尚書奏之天子一人之身所關者衆一士之進其謀也詳故官得其人鮮有敗事魏晉反是所失弘多子野所論蓋區區之宋朝耳猶謂不勝其弊而況于當今乎又夫從政莅官不可以無學故書曰學古入官議事以制傳曰我聞學以從政不聞以政入學今貴戚子弟例早求官髫齓之年已腰銀艾或童丱之歲已襲朱紫弘文崇賢之生千牛輦腳之類課試既淺藝能亦薄而門閥有素資望自高夫象賢繼父古之道也所謂胄子必裁諸學修六禮以節其性明七教以興其德齊八政以防其淫舉上賢以崇德簡不肖以黜惡少則受業長而出仕並由德進必以才昇然後可以利用賓王移家事國少仕則廢學輕試則無才於此一流良足惜也又勳官三衛流外之徒不待州縣之舉直取之於書判恐非先德而後言才之義也臣又以爲國之用人有似人之用財貧者猒糟糠思短褐富者餘糧肉衣輕裘然則當衰弊乏賢之時則可磨策朽鈍而乘馭之在太平多士之日亦宜妙選髦俊而任使之詩云翹翹錯薪言刈其楚楚荊也在薪之翹翹者方之用才理亦當爾選人幸多尤宜簡練臣竊見制書每令三品五品薦士下至九品亦令舉人此聖朝側席旁求之意也但以褒貶不甚明得失無大隔故人上不憂黜責下不盡搜揚苟以應命莫愼所舉且惟賢知賢聖人篤論伊皐既舉不仁咸遠復患階秩雖同人才異等身且濫進鑒豈知人今欲務得實才兼宜擇其舉主流清以源潔影端由表正不詳舉主之行能而責舉人之庸濫不可得已漢書云張耳陳餘之賓客厮役皆天下俊傑彼之蕞爾猶能若斯況以神皇之聖明國家之德業而不建久長之策爲無窮之基盡得賢取士之術而但顧望魏晉之遺風留意周隋之末事臣竊惑之伏願稍迴聖慮時採芻言略依周漢之規以分吏部之選卽望所用精詳鮮於差失疏奏不納弘道初轉文昌左丞兼地官尚書同中書門下三品則天臨朝遷太中大夫鸞臺侍郎依前知政事垂拱三年加銀青光祿大夫檢校納言封鉅鹿男玄同素與裴炎結交能保始終時人呼爲耐久朋而與酷吏周興不協永昌初爲周興所構云玄同言太后老矣須復皇嗣太后聞之怒乃賜死於家監刑御史房濟謂玄同曰何不告事冀得召見當自陳訴玄同歎曰人殺鬼殺有何殊也豈能爲告人事乎乃就刑年七十三子恬開元中爲潁王傅

李昭德京兆長安人也父乾祐貞觀初爲殿中侍御史

時有鄃令裴仁軌私役門夫太宗欲斬之乾祐奏曰法令者陛下制之於上率土尊之於下與天下共之非陛下獨有也仁軌犯輕罪而致極刑是乖畫一之理刑罰不中則人無所措手足臣忝憲司不敢奉制太宗意解仁軌竟免乾祐尋遷侍御史母卒廬於墓側負土成墳太宗遣使就墓弔之仍旌表其門後歷長安令治書御史皆有能名擢拜御史大夫乾祐與中書令褚遂良不協竟爲遂良所構永徽初繼受邢魏等州刺史乾祐雖强直有器幹而昵於小人既典外郡與令史結友書疏往返令伺朝廷之事俄爲友人所發坐流愛州乾封中起爲桂州都督歷拜司刑太常伯舉京兆功曹參軍崔擢爲尚書郎事既不果私以告擢後擢有犯乃告乾祐泄禁中語以贖罪乾祐復坐免官尋卒昭德即乾祐之孽子也强幹有父風少舉明經累遷至鳳閣侍郎長壽二年增置夏官侍郎三員時選昭德與婁師德侯知一爲之是歲又遷鳳閣鸞臺平章事尋加檢校內史長壽中神都改作文昌臺及定鼎上東諸門又城外郭皆昭德創其制度時人以爲能初都城洛水天津之東立德坊西南隅有中橋及利涉橋以通行李上元中司農卿韋機始移中橋置于安衆坊之左街當長夏門都人甚以爲便因廢利涉橋所省萬計然歲爲洛水衝注常勞治葺昭德創意積石爲脚銳其前以分水勢自是竟無漂損時則天以武承嗣爲文昌左相昭德密奏曰承嗣陛下之姪又是親王不宜更在機權以惑衆庶且自古帝王父子之間猶相篡奪況在姑姪豈得委權與之脫若乘便寶位寧可安乎則天矍然曰我未之思也承嗣亦嘗返譖昭德則天曰自我任昭德每獲高卧是代我勞苦非汝所及也承嗣俄轉太子少保罷知政事延載初鳳閣舍人張嘉福令洛陽人王慶之率輕薄惡少數百人詣闕上表請立武承嗣爲皇太子則天不許慶之固請不已則天令昭德詰責之令散昭德便杖殺慶之餘衆乃息昭德因奏曰臣聞文武之道布在方策豈有姪爲天子而爲姑立廟乎以親親言之則天皇是陛下夫也皇嗣是陛下子也陛下正合傳之子孫爲萬代計況陛下承天皇顧託而有天下若立承嗣臣恐天皇不血食矣則天寤之乃止時朝廷諛佞者多獲進用故幸恩者事無大小但近諂諛皆獲進見有人於洛水中獲白石數點赤詣闕輒進諸宰相詰之對云此石赤心所以來進昭德叱之曰此石赤心洛水中餘石豈能盡反耶左右皆笑是時來俊臣侯思止等枉撓刑法誣陷忠良人皆懾懼昭德每廷奏其狀由是俊臣黨與少自摧屈來俊臣又嘗棄故妻而娶太原王慶詵女侯思止亦奏娶趙郡李自挹女勅政事堂共商量昭德撫掌謂諸宰相曰大可笑往年俊臣賊劫王慶詵女已大辱國今日此奴又請索李自挹女無乃復辱國耶尋奏寢之侯思止後竟爲昭德所繩搒殺之既而昭德專權用事頗爲朝野所惡前魯王府功曹參軍丘愔上疏言其罪狀曰臣聞百王之失皆由權歸於下宰臣持政常以勢盛爲殃魏冉誅庶族以安秦非不忠也弱諸侯以强國亦有功也然以出入自專擊斷無忌威震人主不聞有王張祿一進深言卒用憂死向使昭王不即覺悟魏冉果以專權則秦之霸業或不傳其子孫陛下創業興王撥亂英主總權收柄司契握圖天授已前萬機獨斷發命皆中舉事無遺公卿百寮具職而已自長壽已來猒怠細政委任昭德使掌機權然其幹濟小才不堪軍國大用直以性好凌轢氣負剛强盲聾下人芻狗同列刻薄慶賞矯枉憲章國家所賴者微所妨者大天下杜口莫敢一言聲威翕赫日已熾盛臣近於南臺見勅日諸處奏事陛下已依昭德請不依陛下便不依如此改張不可勝數昭德參奉機密獻可替否事有便利不預諮謀要待畫旨將行方始別生駁異揚露專擅顯示於人歸美引愆義不如此州縣列位臺寺庶官入謁出辭望塵懾氣一切奏獻與奪事宜皆承旨意附會上言今有秩之吏多爲昭德之人陛下勿謂昭德小心是我手臂臣觀其膽乃大於身鼻息所衝上拂雲漢近者新陷來張兩族兼挫侯王二仇鋒鋭更不可當方寸良難窺測書曰知人亦未易人亦未易知漢光武將寵龐萌可以託孤卒爲戎首魏明帝期司馬懿以安國竟肆姦回夫小家治生有千百之資將以託人尚憂失授況兼天下之重而可輕忽委任者乎今昭德作福專威横絕朝野愛憎與奪傍若無人陛下恩遇至深蔽過甚厚臣聞蟻穴壞堤針芒寫氣涓涓不絕必成江河履霜堅冰須防其漸權重一去收之極難臣又聞輕議近臣犯顏深諫明君聖主亦有不容臣孰知今日言之於前明日伏誅於後但使國安身死臣實不悔陛下深覽臣言爲萬姓自愛時長上果毅鄧注又著碩論數千言備述昭德專權之狀鳳閣舍人逄弘敏遽奏其論則天乃惡昭德謂納言姚璹曰昭德身爲內史備荷殊榮誠如所言實負於國延載初左遷欽州南賓尉數日又命免死配流尋又召拜監察御史時太僕少卿來俊臣與昭德素不協乃誣構昭德有逆謀因被下獄與來俊臣同日而誅是日大雨士庶莫不痛昭德而慶俊臣也相謂曰今日天雨可謂一悲一喜矣神龍中降制曰故李昭德勤恪在公强直自達立朝正色不吐剛以茹柔當軸勵詞必抗情以歷詆墉隍府寺樹勤良多變更規模歿而不朽道淪福善業虧嫉惡名級不追風流將沫式旌壞樹光被幽明可贈左御史大夫德宗建中三年加贈司空

史臣曰裴炎位居相輔時屬艱難歷覽前蹤非無忠節但見遲而慮淺又遭命以會時何者當是時高宗晏駕尚新武氏革命未見炎也唯慮中宗之過失是其淺也不見太后之苞藏是其遲也及乎承嗣請封祖禰三思勸殺宗親然後徒有諫章何嘗濟事是辜遺託豈痛伏誅時論則然遲淺須信況聞覩構逆則示其閑暇俾殺降則彰彼猜嫌小數有餘大度何足又其驗也禕之名父之子諒知其才著述頗精履歷無愧師範王府秉執相權咸有能名固愜羣議何乃失言於大隱取金於萬榮潛見內人私通孌妾使濁跡玷其清譽淫行汙於貞名若言俗困濫刑公行誣告即又自昧周防之道人非盡戮之冤賜死於家猶爲多幸臨終不撓抑又徒勞玄同富於詞學公任權衡當爲典選之時備疏擇才之理但以高宗棄代之後則天居位之間革命是懷附己爲愛苟一言之不順則赤族以難逃是以唐之名臣難忘中興之計周之酷吏常謀並進之讒玄同欲復皇儲固宜難免死而無過人殺何妨昭德强幹爲臣機巧莅事凡所制置動有規模武承嗣方持左相權將立爲皇太子尋更所任復寢其謀咸由昭德之言能拒則天之旨又觀其誅侯思止法王慶之挫來俊臣致朋黨漸衰諛佞稍退又則天謂承嗣曰我任昭德每獲高卧代我勞苦非汝所及也此則强幹機巧之驗焉公忠之道亦在其中矣不然則何以致是哉若使昭德用謙御下以柔守剛不恃專權常能寡過則復皇嗣而非晚保臣節而必終蓋由道之弘持器難苞貯純剛是失卷智不全所以丘愔抗陳鄧注深論瓦解而固難收捨風摧而豈易扶持自取誅夷人誰怨懟

贊曰政無刑法時屬艱危裴炎之智慮淺見遲禕之履行貨色自欺昭德强猛何由不斃死無令譽孰謂非宜玄同不幸顛殞亦隨

舊唐書卷八十七考證

裴炎傳以定策功封河東縣侯○新書永淸縣男

魏玄同傳垂拱三年封鉅鹿縣男○新書永淳元年封

李昭德傳乾封中起爲桂州都督○新書滄州刺史

# 舊唐書卷八十八

後晉司空同中書門下平章事劉　昫撰

## 列傳第三十八

韋思謙子承慶 嗣立　陸元方子象先　蘇瓌子頲

韋思謙鄭州陽武人也本名仁約字思謙以音類則天父諱故稱字焉其先自京兆南徙家于襄陽舉進士累補應城令歲餘調選思謙在官坐公事微殿舊制多未敍進吏部尚書高季輔曰自居選部今始得此一人豈以小疵而棄大德擢授監察御史由是知名嘗謂人曰御史出都若不動搖山岳震懾州縣誠曠職耳時中書令褚遂良賤市中書譯語人地思謙奏劾其事遂良左授同州刺史及遂良復用思謙不得進出爲淸水令謂人曰吾狂鄙之性假以雄權觸機便發固宜爲身災也大丈夫當正色之地必明目張膽以報國恩終不能爲碌碌之臣保妻子耳左肅機皇甫公義檢校沛王府長史引思謙爲同府倉曹謂思謙曰公豈池中之物屈公爲數旬之客以望此府耳累遷右司郎中永淳初歷尚書左丞御史大夫時武候將軍田仁會與侍御史張仁禕不協而誣奏之高宗臨軒問仁禕仁禕惶懼應對失次思謙歷階而進曰臣與仁禕連曹頗知事由仁禕懦而不能自理若仁會眩惑聖聰致仁禕非常之罪即臣亦事君不盡矣請專對其狀辭辯縱横音旨明暢高宗深納之思謙在憲司每見王公未嘗行拜禮或勸之荅曰鵰鶚鷹鸇豈衆禽之偶奈何設拜以狎之且耳目之官固當獨立也初拜左丞奏曰陛下爲官擇人非其人則闕今不惜美錦令臣製之此陛下知臣之深亦微臣盡命之秋振舉綱目朝廷肅然則天臨朝轉宗正卿會官名改易改爲司屬卿光宅元年分置左右肅政臺復以思謙爲右肅政大夫大夫舊與御史抗禮思謙獨坐受其拜或以爲辭思謙曰國家班列自有差等奈何以

姑息爲事耶垂拱初賜爵博昌縣男遷鳳閣鸞臺三品二年代蘇良嗣爲納言三年上表告老請致仕許之仍加太中大夫永昌元年九月卒於家贈幽州都督二子承慶嗣立承慶字延休少恭謹事繼母以孝聞弱冠舉進士補雍王府參軍府中文翰皆出於承慶辭藻之美擅於一時累遷太子司議郎儀鳳四年五月詔皇太子賢監國時太子頗近聲色與戶奴等款狎承慶上書諫曰臣聞太子者君之貳國之本也所以承宗廟之重繫億兆之心萬國以貞四海屬望殿下以仁孝之德明叡之姿岳峙泉渟金貞玉裕天皇升殿下以儲副寄殿下以監撫欲使照無不及恩無不覃百寮仰重曜之暉萬姓聞洊雷之響夫君無民無以保其位人非食無以全其生故孔子曰百姓足君孰與不足百姓不足君孰與足自頃年已來頻有水旱菽粟不能豐稔黎庶自致煎窮今夏亢陽米價騰踊貧窶之室無以自資朝夕遑遑唯憂餒饉下人之瘼實可哀矜稼穡艱難所宜詳悉天皇所以垂衣北極殿下所以守器東宮爲天下之所尊得天下之所利者豈唯上玄之幽贊亦百姓之力也百姓危則社稷不得獨安百姓亂則帝王不能獨理故古之明君飽而知人飢溫而知人寒每以天下爲憂不以四海爲樂今關隴之外兇寇憑凌西土編甿凋喪將盡干戈日用烽柝荐興千里有勞於饋糧三農不遑於稼穡殿下爲臣爲子乃國乃家爲臣在於竭忠爲子期於盡孝在家不可以自逸在國不可以自康一物有虧聖上每留神念三邊或梗殿下豈不兢懷況當養德之秋非是任情之日伏承北門之內造作不常甄好所營或有煩費倡優雜伎不息於前鼓吹繁聲亟聞於外既喧聽覽且黷宮闈兼之僕隸小人緣此得親左右亦既奉承顏色能不恃託恩光作福作威莫不由此不加防慎必有愆非儻使微累德音於後悔之何及書云不作無益害有益此皆無益之事固不可耽而悅之臣又聞高而不危所以長守貴滿而不溢所以長守富是知高危不可不慎滿溢不可不持易曰君子終日乾乾夕惕若厲無咎敬慎之謂也在於凡庶能守而行之猶可以高振聲華坐致榮祿況殿下有少陽之位有天挺之姿片善而天下必聞小能而天下咸服豈可不爲藎善盡美之道以取可大可久之名哉伏願博覽經書以廣其德屏退聲色以抑其情靜默無爲恬虛寡欲非禮勿動非法不言居處服玩必循節儉畋獵遊娛不爲縱逸正人端士必引而親之便僻側媚必斥而遠之使惠聲溢於遠近仁風翔於內外則可以克享終吉長保利貞爲上嗣之稱首奉聖人之鴻業者矣又嘗爲諭善箴以獻太子太子善之賜物甚厚承慶又以人之用心多擾濁浮躁罕詣沖和之境乃著靈臺賦以廣其志辭多不載調露初東宮廢出爲烏程令風化大行長壽中累遷鳳閣舍人兼掌天官選事承慶屬文迅捷雖軍國大事下筆輒成未嘗起草尋坐忤大臣旨出爲沂州刺史未幾詔復舊職依前掌天官選事久之以病免改授太子諭德後歷豫虢等州刺史頗著聲績制書褒美長安初入爲司僕少卿轉天官侍郎兼修國史承慶自天授以來三掌天官選事銓授平允海內稱之尋拜鳳閣侍郎同鳳閣鸞臺平章事仍依舊兼修國史神龍初坐附推張易之弟昌宗失實配流嶺表時易之等既伏誅承慶去巾解帶而待罪時欲草赦書衆議以爲無如承慶者乃召承慶爲之承慶神色不撓援筆而成辭甚典美當時咸歎服之歲餘起授辰州刺史未之任入爲秘書員外少監兼修國史尋以修則天實錄之功賜爵扶陽縣子賚物五百段又制撰則天皇后紀聖文中宗稱善特加銀青光祿大夫俄授黃門侍郎仍依舊兼修國史未拜而卒中宗傷悼久之乃召其弟相州刺史嗣立令赴葬事仍拜黃門侍郎令繼兄位其見用如此贈秘書監謚曰溫子長裕膳部員外郎嗣立承慶異母弟也母王氏遇承慶甚嚴每有杖罰嗣立必解衣請代母不聽輒私自杖母察知之漸加恩貸議者比晉人王祥王覽少舉進士累補雙流令政有殊績爲蜀中之最三遷萊蕪令會承慶自鳳閣舍人以疾去職則天召嗣立謂曰卿父往日嘗謂朕曰臣有兩男忠孝堪事陛下自卿兄弟効職如卿父言今授卿鳳閣舍人令卿兄弟自相替代即日遷鳳閣舍人時學校頹廢刑法濫酷嗣立上疏諫曰臣聞古先哲王立學官掌教國子以六德六行六藝三教備而人道畢矣禮記曰化人成俗必由學乎學之於人其用蓋博故立太學以教於國設庠序以化於邑王之諸子卿大夫士之子及國之俊選皆造焉八歲入小學十五入大學春秋教以禮樂冬夏教以詩書是以教洽而化流行成而不悖自天子以至於庶人未有不須學而成者也國家自永淳已來二十餘載國學廢散胄子衰缺時輕儒學之官莫存章句之選貴門後進競以僥倖昇班寒族常流復因凌替弛業考試之際秀茂罕登驅之臨人何以從政又垂拱之後文明在辰盛典鴻休日書月至因藉際會入仕尤多加以讒邪兇黨來俊臣之屬妄執威權恣行枉陷正直之伍死亡爲憂道路以目人無固志罕有執不撓之懷殉至公之節偷安苟免聊以卒歲遂使綱領不振請託公行選舉之曹彌長渝濫隨班少經術之士攝職多庸瑣之才徒以猛暴相誇罕能清惠自勗使海內黔首騷然不安州縣官寮貪鄙未息而望事必循理俗致康寧不可得也陛下誠能下明制發德音廣開庠序大敦學校三館生徒即令追集王公已下子弟不容別求仕進皆入國學服膺訓典崇飾館廟尊尚儒師盛陳奠菜之儀宏敷講說之會使士庶觀聽有所發揚弘獎道德於是乎在則四海之內靡然向風延頸舉足咸知所向然後審持衡鏡妙擇良能以之臨人寄之調俗則官無侵暴之政人有安樂之心居人則相與樂業百姓則皆戀桑梓豈復憂其逃散而貧窶哉今天下戶口亡逃過半租調既減國用不足理人之急尤切於茲故知務學之源豈唯潤身進德而已將以誨人利國可不務之哉臣聞堯舜之日畫其衣冠文景之時幾致刑措歷茲千載以爲美談臣伏惟陛下叡哲欽明窮神知化自軒昊已降莫之與京獨有往之論法或未盡善皆由主司姦兇惑亂視聽尋而陛下聖察具詳之矣然竟未能顯其本源明其前事令天下萬姓識陛下本心尚使四海多銜冤之人九泉有抱痛之鬼臣誠愚暗不識大綱請爲陛下始末而言其事揚豫之後刑獄漸興用法之伍務於窮竟連坐相牽數年不絕遂使巨姦大猾伺隙乘間內苞豺狼之心外示鷹鸇之跡陰圖潛結共相影會構似是之言成不赦之罪皆深爲巧詆恣行楚毒人不勝痛便乞自誣公卿士庶連頸受戮道路籍籍雖知非辜而鍛鍊已成辯占皆合縱皐陶爲理于公定刑則謂汙宮毀柩猶未塞責雖陛下仁慈哀念恤獄緩死及覽辭狀便已周密皆謂勘鞫得情是其實犯雖欲寬捨其如法何於是小乃身誅大則族滅相緣共坐者不可勝言此豈宿構讐嫌將申報復皆圖苟成功効自求官賞當時稱傳謂爲羅織其中陷刑得罪者雖有敏識通材被告言者便遭枉抑心徒痛其寃酷口莫能以自明或受誅夷或遭竄殛並甘心引分赴之如歸故知弄法徒文傷人實甚賴陛下特迴聖察昭然詳究周興丘勣之類弘義俊臣之徒皆相次伏誅事暴遐邇而朝野慶泰若再覩陽和且如仁傑元忠俱羅枉陷被勘鞫之際亦皆已自誣向非陛下至明垂以省察則葅醢之戮已及其身欲望輸忠聖代安可復得陛下擢而升之各爲良輔國之棟幹稱此二人何乃前非而後是哉誠由枉陷與甄明爾但恐往之得罪者多並此流則向時之冤者其數甚衆昔殺一孝婦尚或降災而濫者蓋多寧無怨氣怨氣上達則水旱所興欲望歲登不可得也儻陛下弘天地之大德施雷雨之深仁歸罪於削刻之徒降恩於枉濫之伍自垂拱已來大辟罪已下常赦所不原者罪無輕重一皆原洗被以昭蘇伏法之輩追還官爵緣累之徒普霑恩造如此則天下知此所陷罪元非陛下之意咸是虐吏之辜幽明歡欣則感通和氣和氣下降則風雨以時風雨以時則五穀豐稔歲既稔矣人亦安矣太平之美亦何遠哉伏願陛下深察尋遷秋官侍郎三遷鳳閣侍郎同鳳閣鸞臺平章事長安中則天嘗與宰臣議及州縣官吏納言李嶠夏官尚書唐休璟等奏曰臣等謬膺大任不能使兵革止息倉府殷盈戶口尚有逋逃官人未免貪濁使陛下臨朝軫歎屢以爲言夙夜慙惶不知啓處伏思當今要務莫過富國安人富國安人之方在擇刺史竊見朝廷物議莫不重內官輕外職每除授牧伯皆再三披訴比來所遣外任多是貶累之人風俗不澄實由於此今望於臺閣寺監妙簡賢良分典大州共康庶績臣等請輟近侍率先具寮務在憂國濟人庶當有所補益則天曰卿等處鸞臺鳳閣誰爲此行嗣立率先對曰臣以庸愚謬膺獎擢內掌機密非臣所堪承乏外臺庶當盡節儻垂採錄臣願此行於是嗣立帶本官檢校汴州刺史無幾嗣立兄承慶入知政事嗣立轉成均祭酒兼檢校魏州刺史又徙洺州刺史尋坐承慶左授饒州長史歲餘徵爲太僕少卿兼掌吏部選事神龍二年爲相州刺史及承慶卒代爲黃門侍郎轉太府卿加修文館學士景龍三年轉兵部尚書同中書門下三品時中宗崇飾寺觀又濫食封邑者衆國用虛竭嗣立上疏諫曰臣聞國無九年之儲家無三年之蓄家非其家國非其國故知立國立家皆資於儲蓄矣夫水旱之災關之陰陽運數非人智力所能及也堯遭大水湯遭大旱則知仁聖之君所不能免當此時不至於困弊者積也今陛下倉庫之內比稍空竭尋常用度不支一年儻有水旱人須賑給徵發時動兵要資裝則將何以備之其緣倉庫不實妨於政化者觸類而是臣竊見比者營造寺觀其數極多皆務取宏博競崇瓌麗大則費耗百十萬小則尚用三五萬餘略計都用資財動至千萬已上轉運木石人牛不停廢人功害農務事既非急時多怨咨故書曰不作無益害有益功乃成不貴異物賤用物民乃足誠

哉此言非虛談也且玄旨秘妙歸於空寂苟非修心定慧諸法皆涉有爲至如土木雕刻等功唯是殫竭人力但學相誇壯麗豈關降伏身心且凡所興功皆須掘鑿蟄虫在土種類實多每日殺傷動盈萬計連年如此損害可知聖人慈悲爲心豈有須行此事不然之理皎在目前世俗衆僧未通其旨不慮府庫空竭不思聖人憂勞謂廣樹福田卽是增修法教儻水旱爲災人至饑餒夷狄作梗兵無資糧陛下雖有龍象如雲伽藍櫱日豈能裨萬分之一救元元之苦哉於道法既有乖在生人極爲損陛下豈可不深思之臣竊見食封之家其數甚衆昨略問戶部云用六十餘萬丁一丁兩匹卽是一百二十萬已上臣頃在太府知每年庸調絹數多不過百萬少則七八十萬已來比諸封家所入全少儻有虫霜旱澇曾不半在國家支供何以取給臣聞自封茅土裂礪之恩皇運之初功臣共定天下當時食封才上三二十家今以尋常特恩遂至百家已上國家租賦大半私門私門則資用有餘國家則支計不足有餘則或致奢侈不足則坐致憂危制國之方豈謂爲得封戶之物諸家自徵或是官典或是奴僕多挾勢騁威凌突州縣凡是封戶不勝侵擾或輸物多索裹頭或相知要取中物百姓怨歎遠近共知復有因將貨易轉更生釁徵打紛紛曾不寧息貧乏百姓何以克堪若必限丁物送太府封家但於左藏請受不得輒自徵催則必免侵擾人冀蘇息臣又聞設官分職量事置吏此本於理人而務安之也故書曰在官人在安人官人則哲安人則惠能哲而惠何憂乎驩兜何畏乎有苗者也是明官得其人而天下自理矣古者取人必先採鄉曲之譽然後辟於州郡州郡有聲然後辟於五府才著五府然後昇之天朝此則用一人所擇者甚悉擢一士所歷者甚深孔子曰譬有美錦不可使人學製此明用人不可不審擇也用得其才則理非其才則亂理亂所設焉可不深擇之哉今之取人有異此道多未甚試効卽頓至遷擢夫趨競者人之常情僥倖者人之所趣而今務進不避僥倖者接踵比肩布於文武之列有文者用理內外則有回邪贓汙上下敗亂之憂有武者用將軍戎則有庸懦怯弱師旅喪亡之患補授無限員闕不供遂至員外置官數倍正闕曹署典吏困於祇承府庫倉儲竭於資奉國家大事豈甚於此古者懸爵待士唯有才者得之若任用無才則有才之路塞賢人君子所以遁迹銷聲常懷歎恨者也且賢人君子守於正直之道遠於僥倖之門若僥倖開則賢者不可復出矣賢者遂退若欲求人安化洽復不可得也人若不安國將危矣陛下安可不深慮之又刺史縣令理人之首近年已來不存簡擇京官有犯及聲望下者方遣牧州吏部選人暮年無手筆者方擬縣令此風久扇上下同知將此理人何以率化今歲非豐稔戶口流亡國用空虛租調減削陛下不以此留念將何以理國乎臣望下明制具論前事使有司改換簡擇天下刺史縣令皆取才能有稱望者充自今已往應有遷除諸曹侍郎兩省兩臺及五品已上清望官先於刺史縣令中選用牧宰得人天下大理萬姓欣欣然豈非太平樂事哉唯陛下詳擇疏奏不納嗣立與韋庶人宗屬疏遠中宗特令編入屬籍由是顧賞尤重嘗於驪山構營別業中宗親往幸焉自製詩序令從官賦詩賜絹二千匹因封嗣立爲逍遙公名其所居爲清虛原幽棲谷韋氏敗幾爲亂兵所害寧王憲以嗣立是從母之夫救護免之睿宗踐祚拜中書令尋日出爲許州刺史以定冊尊立睿宗之功賜實封一百戶開元初入爲國子祭酒先是中宗遺制睿宗輔政宗楚客韋溫等改削藁草嗣立時知政事府不能正之至是爲憲司所劾左遷岳州別駕久之遷陳州刺史時河南道巡察使工部尚書劉知柔奏嗣立清白可陟之狀詔命未下開元七年卒贈兵部尚書謚曰孝中書門下又奏嗣立衣冠之內夙表才名兄弟之間特稱和睦承恩歷事位列宰臣中年以不能正身頗近兇戚爲憲司糺劾因茲出貶若循其始終是吉人宜棄其瑕以從衆望請贈物一百段從之嗣立承慶俱以學行齊名長壽中嗣立代承慶爲鳳閣舍人長安三年承慶代嗣立爲天官侍郎頃之又代嗣立知政事及承慶卒嗣立又代爲黃門侍郎前後四職相代又父子三人皆至宰相有唐已來莫與爲比嗣立三子孚恒濟皆知名孚累遷至左司員外郎恒開元初爲碭山令爲政寬惠人吏愛之會車駕東巡縣當供帳時山東州縣皆懼不辦務於鞭扑恒獨不杖罰而事皆濟理遠近稱焉御史中丞宇文融卽恒之姑子也嘗密薦恒有經濟之才請以己之官秩迴授乃擢拜殿中侍御史歷度支左司等員外太常少卿給事中二十九年爲隴右道河西黜陟使恒至河西時節度使蓋嘉運恃託中貴公爲非法兼僞敍功勞恒抗表請劾之人代其懼因出爲陳留太守未行而卒時人甚傷惜之濟早以辭翰聞開元初調補鄄城令時有人密奏玄宗令歲吏部選敍太濫縣令非材全不簡擇及縣令謝官日引入殿庭問安人策一道試者二百餘人獨濟策第一或有不書紙者擢濟爲醴泉令二十餘人還舊官四五十人放歸習讀侍郎盧從愿李朝隱貶爲刺史濟至醴泉以簡易爲政人用稱之三遷爲庫部員外郎二十四年爲尚書戶部侍郎累歲轉太原尹製先德詩四章述祖父之行辭致高雅天寶七載又爲河南尹遷尚書左丞三代爲省轄衣冠榮之濟從容雅度所莅人推善政後出爲馮翊太守

陸元方蘇州吳縣人世爲著姓曾祖琛陳給事中黃門侍郎伯父東之以工書知名官至太子司議郎元方舉明經又應八科舉累轉監察御史則天革命使元方安輯嶺外將涉海時風濤甚壯舟人莫敢舉帆元方曰我受命無私神豈害我遽命之濟既而風濤果息使還稱旨除殿中侍御史卽以其月擢拜鳳閣舍人仍判侍郎事俄爲來俊臣所陷則天手勅特赦之長壽二年再遷鸞臺侍郎同鳳閣鸞臺平章事延載初又加鳳閣侍郎證聖初內史李昭德得罪以元方附會昭德貶綏州刺史尋復爲春官侍郎又轉天官侍郎尚書左丞尋拜鸞臺侍郎平章事則天嘗問以外事對曰臣備位宰臣有大事卽奏人間碎務不敢以煩聖覽由是忤旨責授太子右庶子罷知政事尋轉文昌左丞病卒元方在官清謹再爲宰相則天將有遷除每先以訪之必密封以進未嘗露其私恩臨終取前後草奏悉命焚之且曰吾陰德於人多矣其後庶幾福不衰矣又有書一匣常自緘封家人莫有見者及卒視之乃前後勅書其慎密如此贈越州都督開元十八年又贈揚州大都督子象先象先本名景初少有器量應制舉拜揚州參軍秩滿調選時吉頊爲吏部侍郎擢授洛陽尉元方時亦爲吏部固辭不敢當頊曰爲官擇人至公之道陸景初才望高雅非常流所及實不以吏部之子妄推薦也竟奏授之遷左臺監察御史轉殿中歷授中書侍郎景雲元年冬同中書門下平章事監修國史初太平公主將引中書侍郎崔湜知政事密以告之湜固讓象先主不許之湜因亦請辭主遽言於睿宗乃並拜焉象先清淨寡欲不以細務介意言論高遠雅爲時賢所服湜每謂人曰陸公加於人一等太平公主時既用事同時宰相蕭至忠岑羲及湜等咸傾附之唯象先孤立未嘗造謁先天二年至忠等伏誅象先獨免其難以保護功封兗國公賜實封二百戶加銀青光祿大夫時窮討至忠等枝黨連累稍衆象先密有申理全濟甚多然未嘗言及當時無知之者其年出爲益州大都督府長史仍爲劍南道按察使在官務以寬仁爲政司馬韋抱眞言曰望明公稍行杖罰以立威名不然恐下人怠墮無所懼也象先曰爲政者理則可矣何必嚴刑樹威損人益己恐非仁恕之道竟不從抱眞之言歷遷河中尹六年廢河中府依舊爲蒲州象先爲刺史仍爲河東道按察使嘗有小人犯罪但示語而遣之錄事白曰此例當合與杖象先曰人情相去不遠此豈不解吾言若必須行杖卽當自汝爲始錄事慙懼而退象先嘗謂人曰天下本自無事祇是庸人擾之始爲繁耳但當靜之於源則亦何憂不簡前後爲刺史其政如一人吏咸懷思之按察使停入爲太子詹事歷工部尚書十年冬知吏部選事又加刑部尚書以繼母憂免官十三年起復同州刺史尋遷太子少保二十四年卒年七十二贈尚書左丞相謚曰文貞象先弟景倩歷監察御史景融歷大理正滎陽郡太守河南尹兵吏部侍郎左右丞工部尚書東都留守襄陽郡太守陳留郡太守並兼採訪使景獻歷殿中侍御史屯田員外郎景裔河南令庫部郎中皆有美譽僧一行少時嘗與象先昆弟相善常謂人曰陸氏兄弟皆有才行古之荀陳無以加也其爲當時所稱如此元方從叔餘慶陳右軍將軍珣孫也少與知名之士陳子昂宋之問盧藏用道士司馬承禎道人法成等交遊雖才學不逮子昂等而風流强辯過之累遷中書舍人則天嘗引入草詔餘慶惶惑至晚竟不能措一辭責授左司郎中累除大理卿散騎常侍太子詹事以老疾致仕尋卒象先四代孫文宗太和四年除釋褐叅軍文學

蘇瓌字昌容京兆武功人隋尚書右僕射威曾孫也祖夔隋鴻臚卿父勗貞觀中台州刺史瓌弱冠本州舉進士累授豫王府錄事叅軍長史王德眞司馬劉禕之皆器重之長安中累遷揚州大都督府長史揚州地當衝要多富商大賈珠翠珍怪之產前長史張潛于辯機皆致之數萬唯瓌挺身而去神龍初入爲尚書右丞以明習法律多識臺閣故事特命刪定律令格式尋加銀青光祿大夫是歲再遷戶部尚書奏計帳所管戶時有六百一十五萬六千一百四十一尋加侍中封淮陽縣子充西京留守時秘書員外監鄭普思謀爲妖逆雍岐二州妖黨大發瓌收普思繫獄考訊之普思妻第五氏以鬼道爲韋庶人所寵居止禁中由是中宗特勅慰諭瓌令釋普思之罪瓌上言普思幻惑罪當不赦中宗至京

瓌又面陳其狀尙書左僕射魏元忠奏曰蘇瓌長者其忠懇如此願陛下察之帝乃配流普思於儋州其黨並誅瓌遷吏部尙書進封淮陽縣侯景龍三年轉尙書右僕射同中書門下三品進封許國公是歲將拜南郊國子祭酒祝欽明希庶人旨建議請皇后爲亞獻安樂公主爲終獻瓌深非其議嘗於御前面折欽明帝雖悟竟從欽明所奏公卿大臣初拜官者例許獻食名爲燒尾瓌拜僕射無所獻後因侍宴將作大匠宗晉卿曰拜僕射竟不燒尾豈不喜耶帝默然瓌奏曰臣聞宰相者主調陰陽代天理物今粒食踊貴百姓不足臣見宿衞兵至有三日不得食者臣愚不稱職所以不敢燒尾是歲六月與唐休璟並加監修國史四年中宗崩秘不發喪韋庶人召諸宰相韋安石韋巨源蕭至忠宗楚客紀處訥韋溫李嶠韋嗣立唐休璟趙彥昭及瓌等十八人入禁中會議初遺制遣韋庶人輔少主知政事授安國相王太尉參謀輔政中書令宗楚客謂溫曰今須請皇太后臨朝宜停相王輔政且皇太后於相王居嫂叔不通問之地甚難爲儀注理全不可瓌獨正色拒之謂楚客等曰遺制是先帝意安可更改楚客及韋溫大怒遂削相王輔政而宣行焉是月韋氏敗相王卽帝位下詔曰尙書右僕射同中書門下三品監修國史許國公蘇瓌自周旋近密損益樞機謀猷有成匡贊無忌頃者遺恩顧託先意昭明姦回動搖內外危逼獨申讜議實挫邪謀況藩邸衆屬念殷惟舊無德不報抑惟令典可尙書左僕射餘如故景雲元年以老疾轉太子少傅是歲十一月薨贈司空荊州大都督謚曰文貞瓌臨終遺令薄葬及祖載之日官給儀仗外唯有布車一乘論者稱焉開元二年下詔曰疇庸賞善百王攸先追遠飾終千載同德故尙書左丞相太子少傅贈司空荊州大都督許國文貞公瓌履正體道外方內直悉心奉上卑身率禮協贊帷幄三朝有鹽梅之任燮諧台衮九命爲社稷之臣先朝晏駕釁起宮掖國擅稱制之姦人懷綴旒之懼兇威孔熾宗祀幾傾顧命遺恩太皇輔政逆臣刋削韋氏臨朝遂能首發昌言侃然正色列諸視聽暴於朝野松檟已遠風烈猶存緬懷誠節良深耿歎可賜實封一百戶四年詔與徐國公劉幽求配享睿宗廟庭十七年加贈司徒瓌子頲少有俊才一覽千言弱冠舉進士授烏程尉累遷左臺監察御史長安中詔頲按覆來俊臣等舊獄頲皆申明其枉由此雪冤者甚衆神龍中累遷給事中加修文館學士俄拜中書舍人尋而頲父同中書門下三品父子同掌樞密時以爲榮機事塡委文誥皆出頲手中書令李嶠歎曰舍人思如湧泉嶠所不及也俄遷太常少卿景雲中瓌薨詔頲起復爲工部侍郎加銀青光祿大夫頲抗表固辭辭理懇切詔許其終制服闋就職襲父爵許國公玄宗謂宰臣曰有從工部侍郎得中書侍郎否對曰任賢用能非臣等所及玄宗曰蘇頲可中書侍郎仍供政事食明日加知制誥有政事食自頲始也頲入謝玄宗曰常欲用卿每有好官闕卽望宰相論及宰相皆卿之故人卒無言者朕爲卿歎息中書侍郎朕極重惜自陸象先歿後朕每思之無出卿者時李乂爲紫微侍郎與頲對掌文誥他日上謂頲曰前朝有李嶠蘇味道謂之蘇李今有卿及李乂亦不讓之卿所製文誥可錄一本封進題云臣某撰朕要留中披覽其禮遇如此玄宗欲於靖陵建碑頲諫曰帝王及后無神道碑且事不師古動皆不法若靖陵獨建陛下祖宗之陵皆須追造玄宗從其言而止開元四年遷紫微侍郎同紫微黃門平章事與侍中宋璟同知政事璟剛正多所裁斷頲皆順從其美若上前承旨敷奏及應對則頲爲之助相得甚悅璟嘗謂人曰吾與蘇家父子前後同時爲宰相僕射長厚誠爲國器若獻可替否罄盡臣節斷割吏事至公無私卽頲過其父也八年除禮部尙書罷政事俄知益州大都督府長史事前司馬皇甫恂破庫物織新樣錦以進頲一切罷之或謂頲曰公今在遠豈得忤聖意頲曰明主不以私愛奪至公豈以遠近間易忠臣節也竟奏罷之巂州蠻酋苴院私與吐蕃連謀將爲內寇頲獲其間諜將士咸請出兵討之頲不從乃作書幷間諜以送苴院苴院慙悔竟不敢入寇十三年從駕東封玄宗令頲撰朝覲碑文俄又知吏部選事頲性廉儉所得俸祿盡推與諸弟或散之親族家無餘貲十五年卒年五十八初優贈之制未出起居舍人韋述上疏曰臣伏見貞觀永徽之時每有公卿大臣薨卒皆輟朝舉哀所以成終始之恩厚君臣之義上有旌賢錄舊之德下有生榮死哀之美列於史冊以示將來昔智悼子卒平公宴樂杜蒯一言方始感悟春秋載其盛烈禮經以爲美譚今古舊事昭然可覩臣伏見故禮部尙書蘇頲累葉輔弼代傳忠淸頲又伏事軒陛二十餘載入參謀猷出總藩牧誠績斯著操履無虧天不憖遺奄違聖代伏願陛下思惟蓋之舊念股肱之親修先朝之盛典鑒晉平之遠跡爲之輟朝舉哀以明同體之義使歿者荷德於泉壤存者盡節於周行凡百卿士孰不幸甚臣官忝記事君舉必書敢申舊典上黷宸扆希降恩貸俯垂詳擇卽日於洛城南門舉哀輟朝兩日贈尙書右丞相謚曰文憲及葬日玄宗遊咸宜宮將出獵聞頲喪出愴然曰蘇頲今日葬吾寧忍娛遊中路還宮頲弟詵冰乂詵歷授右司郎中給事中徐州刺史先是拜給事中時頲爲中書侍郎上表讓詵所授玄宗曰古來有內舉不避親乎頲曰晉祁奚是也玄宗曰若然則朕用蘇詵何得屢言近日卿父子猶同在中書兄弟有何不得卿言非至公也冰爲虞部郎中乂爲職方郎中幹瓌從父兄也父勗武德中爲秦王府文學館學士貞觀中尙南康公主拜駙馬都尉累遷魏王泰府司馬勗旣博學有美名甚爲泰所重因勸泰請開文學館引才名之士撰括地志後歷吏部郎太子左庶子卒幹少以明經累授徐王府記室參軍徐王好畋獵幹每諫止之垂拱中歷遷魏州刺史時河北饑饉舊吏苛酷百姓多有逃散幹乃督察姦吏務勸農桑由是逃散者皆來復業稱爲良牧召拜右羽林將軍尋遷冬官尙書酷吏來俊臣素忌嫉之遂誣奏幹在魏州與琅邪王沖私書往復因繫獄鞫訊幹發憤而卒瓌四代孫翔文宗太和四年釋褐文學參軍

史臣曰韋思謙始以州縣奮於煙霄持綱不避於權豪報國能忘於妻子自強不息剛毅近仁信有之矣高季輔皇甫公義可謂知人矣且福善餘慶不謂無徵二子構堂俱列相輔文皆經濟政盡明能加以承慶方危柰翰而曾非恐悚嗣立見用襲封而罔墜逍遙無忝父風寧慙祖德謚溫謚孝何愧易名陸元方博學大度再踐鈞衡當則天時非有忠貞應無黜責綏州之任抑又何慙觀其濟海無私狂風自止臨終焚藁溫樹始彰故知正可以動神明德可以延家代象先益高人品尤著相才全濟有名孤立無禍景倩景融景獻景裔等咸居淸列得非有後於魯乎蘇瓌孔子云居其室出其言善則千里之外應之況其邇者乎又言行君子之樞機樞機之發榮辱之主也當中宗棄代韋氏奪權預謀者十有九人咸生異議瓌志存大節獨發讜言其後善惡顯彰黜陟明著聖人之言驗於斯矣頲唯公是相以儉承家李嶠許之湧泉宋璟稱其過父艱難之際節操不回善始令終先後無愧

贊曰善人君子懷忠秉正盡富文章咸推諫諍豈愧明廷無慙重柄子子孫孫演承餘慶

舊唐書卷八十八考證

韋思謙子嗣立傳若循其始終是吉人○終字下闕一字

陸元方子象先傳景雲元年冬同中書門下平章事○沈炳震曰按通鑑綱目象先入相俱在二年新書亦然此應誤

元方從叔餘慶傳道士司馬承禎法成等交遊○法成新書作懷一

象先四代孫文宗太和四年除釋褐參軍文學○四代孫不詳其名應闕

蘇瓌傳父勗貞觀中台州刺史○沈炳震曰瓌從父兄幹父名勗瓌父不應亦名勗新書本傳不書宰相世系表名亶宜從新書表

瓌子頲傳玄宗欲於靖陵建碑頲諫曰帝王及后無神道碑云云玄宗從其言而止○新書帝不納其言互異

# 舊唐書卷八十九

後晉司空同中書門下平章事劉昫撰

## 列傳第三十九

狄仁傑族曾孫兼謨　王方慶　姚璹弟班

狄仁傑字懷英并州太原人也祖孝緒貞觀中尙書左丞父知遜夔州長史仁傑兒童時門人有被害者縣吏就詰之衆皆接對唯仁傑堅坐讀書吏責之仁傑曰黃卷之中聖賢備在猶不能接對何暇偶俗吏而見責耶後以明經舉授汴州判佐時工部尙書閻立本爲河南道黜陟使仁傑爲吏人誣告立本見而謝曰仲尼云觀過知仁矣足下可謂海曲之明珠東南之遺寶薦授幷州都督府法曹其親在河陽別業仁傑赴幷州登太行山南望見白雲孤飛謂左右曰吾親所居在此雲下瞻望佇立久之雲移乃行仁傑孝友絕人在幷州有同府法曹鄭崇質母老且病當充使絕域仁傑謂曰太夫人有危疾而公遠使豈可貽親萬里之憂乃詣長史藺仁基請代崇質而行時仁基與司馬李孝廉不協因謂曰吾等豈獨無愧耶由是相待如初仁傑儀鳳中爲大理丞周歲斷滯獄一萬七千人無冤訴者時武衞大將軍權善才坐誤斫昭陵栢樹仁傑奏罪當免職高宗令卽

誅之仁傑又奏罪不當死帝作色曰善才斫陵上樹是使我不孝必須殺之左右矚仁傑令出仁傑曰臣聞逆龍鱗忤人主自古以爲難臣愚以爲不然居桀紂時則難堯舜時則易臣今幸逢堯舜不懼比干之誅昔漢文時有盜高廟玉環張釋之廷諍罪止弃市魏文將徙其人辛毗引裾而諫亦見納用且明主可以理奪忠臣不可以威懼今陛下不納臣言瞑目之後羞見釋之辛毗於地下陛下作法懸之象魏徒流死罪俱有等差豈有犯非極刑即令賜死法既無常則萬姓何所措其手足陛下必欲變法請從今日爲始古人云假使盜長陵一抔土陛下何以加之今陛下以昭陵一株栢殺一將軍千載之後謂陛下爲何主此臣所以不敢奉制殺善才陷陛下於不道帝意稍解善才因而免死居數日授仁傑侍御史時司農卿韋機兼領將作少府二司高宗以恭陵玄宮狹小不容送終之具遣機續成其功機於埏之左右爲便房四所又造宿羽高山上陽等宮莫不壯麗仁傑奏其太過機竟坐免官左司郎中王本立恃寵用事朝廷懾懼仁傑奏之請付法寺高宗特原之仁傑奏曰國家雖乏英才豈少本立之類陛下何惜罪人而虧王法必欲曲赦本立請弃臣於無人之境爲忠貞將來之誡本立竟得罪繇是朝廷肅然尋加朝散大夫累遷度支郎中高宗將幸汾陽宮以仁傑爲知頓使并州長史李沖玄以道出妬女祠俗云盛服過者必致風雷之災乃發數萬人別開御道仁傑曰天子之行千乘萬騎風伯清塵雨師灑道何妬女之害耶遽令罷之高宗聞之歎曰眞大丈夫也俄轉寧州刺史撫和戎夏人得歡心郡人勒碑頌德御史郭翰巡察隴右所至多所按劾及入寧州境内耆老歌刺史德美者盈路翰既授館召州吏謂之曰入其境其政可知也願成使君之美無爲久留州人方散翰薦名於朝徵爲冬官侍郎充江南巡撫使吳楚之俗多淫祠仁傑奏毀一千七百所唯留夏禹吳太伯季札伍員四祠轉文昌右丞出爲豫州刺史時越王貞稱兵汝南事敗緣坐者六七百人籍没者五千口司刑使逼促行刑仁傑哀其詿誤緩其獄密表奏曰臣欲顯奏似爲逆人申理知而不言恐乖陛下存恤之旨表成復毀意不能定此輩咸非本心伏望哀其詿誤特勑原之配流豐州豫囚次於寧州父老迎而勞之曰我狄使君活汝輩耶相攜哭於碑下齋三日而後行豫囚至流所復相與立碑頌狄君之德初越王之亂宰相張光輔率師討平之將士恃功多所求取仁傑不之應光輔怒曰州將輕元帥耶仁傑曰亂河南者一越王貞耳今一貞死而萬貞生光輔質其辭仁傑曰明公董戎三十萬平一亂臣不戢兵鋒縱其暴橫無罪之人肝腦塗地此非萬貞何耶且兇威脅從勢難自固及天兵暫臨乘城歸順者萬計縋壓四面成蹊公奈何縱邀功之人殺歸降之衆但恐冤聲騰沸上徹于天如得尚方斬馬劒加於君頸雖死如歸光輔不能詰心甚銜之還都奏仁傑不遜左授復州刺史入爲洛州司馬天授二年九月丁酉轉地官侍郎判尚書同鳳閣鸞臺平章事則天謂曰卿在汝南時甚有善政欲知譖卿者乎仁傑謝曰陛下以臣爲過臣當改之陛下明臣無過臣之幸也臣不知譖者並爲善友臣請不知則天深加歎異未幾爲來俊臣誣構下獄時一問即承者例得減死來俊臣逼脅仁傑令一問承反仁傑歎曰大周革命萬物唯新唐朝舊臣甘從誅戮反是實俊臣乃少寬之判官王德壽謂仁傑曰尚書必得減死德壽意欲求少階級憑尚書牽楊執柔可乎仁傑曰若何牽之德壽曰尚書爲春官時執柔任其司員外引之可也仁傑曰皇天后土遣仁傑行此事以頭觸柱流血被面德壽懼而謝焉既承反所司但待日行刑不復嚴備仁傑求守者得筆硯拆被頭帛書冤置綿衣中謂德壽曰時方熱請付家人去其綿德壽不之察仁傑子光遠得書持以告變則天召見覽之而問俊臣曰仁傑不免冠帶寢處甚安何由伏罪則天使人視之俊臣遽命仁傑巾帶而見使者乃令德壽代仁傑作謝死表附使者進之則天召仁傑謂曰承反何也對曰向若不承反已死於鞭笞矣何爲作謝死表曰臣無此表示之乃知代署也故得免死貶彭澤令武承嗣屢奏請誅之則天曰朕好生惡殺志在恤刑涣汗已行不可更返萬歲通天年契丹寇陷冀州河北震動徵仁傑爲魏州刺史前刺史獨孤思莊懼賊至盡驅百姓入城繕修守具仁傑既至悉放歸農畝謂曰賊猶在遠何必如是萬一賊來吾自當之必不關百姓也賊聞之自退百姓咸歌誦之相與立碑以紀恩惠俄轉幽州都督神功元年入爲鸞臺侍郎同鳳閣鸞臺平章事加銀青光祿大夫兼納言仁傑以百姓西戍疏勒等四鎮極爲凋弊乃上疏曰臣聞天生四夷皆在先王封疆之外故東拒滄海西隔流沙北橫大漠南阻五嶺此天所以限夷狄而隔中外也自典籍所紀聲教所及三代不能至者國家盡兼之矣此則今日之四境已逾於夏殷者也詩人矜薄伐於太原美化行於江漢則是前代之遠裔而國家之域中至前漢時匈奴無歲不陷邊殺掠吏人後漢則西羌侵軼漢中東寇三輔入河東上黨幾至洛陽由此言之則陛下今日之土宇過於漢朝遠矣若其用武荒外邀功絶域竭府庫之實以爭磽确不毛之地得其人不足以增賦獲其土不可以耕織苟求冠帶遠夷之稱不務固本安人之術此秦皇漢武之所行非五帝三皇之事業也若使越荒外以爲限竭資財以騁欲非但不愛人力亦所以失天心也昔始皇窮兵極武以求廣地男子不得耕於野女子不得蠶於室長城之下死者如亂麻於是天下潰叛漢武追高文之宿憤藉四帝之儲實於是定朝鮮討西域平南越擊匈奴府庫空虛盜賊蜂起百姓嫁妻賣子流離於道路者萬計末年覺悟息兵罷役封丞相爲富民侯故能爲天所祐也昔人有言與覆車同軌者未嘗安此言雖小可以喻大近者國家頻歲出師所費滋廣西戍四鎮東戍安東調發日加百姓虛弊開守西域事等石田費用不支有損無益轉輸靡絶杼軸殆空越磧踰海分兵防守行役既久怨曠亦多昔詩人云王事靡盬不能蓺稷黍豈不懷歸畏此罪罟念彼蒸人涕零如雨此則前代怨思之辭也上不是恤則政不行而邪氣作邪氣作則蟲螟生而水旱起若此雖禱祀百神不能調陰陽矣方今關東饑饉蜀漢逃亡江淮以南徵求不息人不復業則相率爲盜本根一搖憂患不淺其所以然者皆爲遠戍方外以竭中國爭蠻貊不毛之地乖子養蒼生之道也昔漢元納賈捐之之謀而罷珠崖郡宣帝用魏相之策而弃車師之田豈不欲慕尚虛名蓋憚勞人力也近貞觀年中剋平九姓冊李思摩爲可汗使統諸部者蓋以夷狄叛則伐之降則撫之得推亡固存之義無遠戍勞人之役此則近日之令典經邊之故事竊見阿史那斛瑟羅陰山貴種代雄沙漠若委之四鎮使統諸蕃封爲可汗遣禦寇患則國家有繼絶之美荒外無轉輸之役如臣所見請捐四鎮以肥中國罷安東以實遼西省軍費於遠方并甲兵於塞上則恒代之鎮重而邊州之備實矣況綏撫夷狄蓋防其越逸無侵侮之患則可矣何必窮其窟穴與螻蟻計校長短哉且王者外寧必有內憂蓋爲不勤修政故也伏惟陛下弃之度外無以絶域未平爲念但當勑邊兵謹守備蓄銳以待敵待其自至然後擊之此李牧所以制匈奴也當今所要者莫若令邊城警守遠備斥候聚軍實蓄威武以逸待勞則戰士力倍以主禦客則我得其便堅壁清野則寇無所得自然賊深入必有顛躓之慮淺入必無虜獲之益如此數年可使二虜不擊而服矣仁傑又請廢安東復高氏爲君長停江南之轉輸慰河北之勞弊數年之後可以安人富國事雖不行識者是之尋檢校納言兼右肅政臺御史大夫聖曆初突厥侵掠趙定等州命仁傑爲河北道元帥以便宜從事突厥盡殺所掠男女萬餘人從五迴道而去仁傑揔兵十萬追之不及便制仁傑河北道安撫大使時河朔人庶多爲突厥逼脅賊退後懼誅又多逃匿仁傑上疏曰臣聞朝廷議者以爲契丹作梗始明人之逆順或因迫脅或有願從或受僞官或爲招慰或兼外賊或是土人跡雖不同心則無別誠以山東雄猛由來重氣一顧之勢至死不回近緣軍機調發傷重家道悉破或至逃亡剔屋賣田人不爲售內顧生計四壁皆空重以官典侵漁因事而起取其髓腦曾無心媿修築池城繕造兵甲州縣役使十倍軍機官司不矜期之必取枷杖之下痛切肌膚事迫情危不循禮義愁苦之地不樂其生有利則歸且圖賒死此乃君子之愧辱小人之常行人猶水也壅之則爲泉疏之則爲川通塞隨流豈有常性昔董卓之亂神器播遷及卓被誅部曲無赦事窮變起毒害生人京室丘墟化爲禾黍此由恩不普洽失在機先臣一讀此書未嘗不廢卷歎息今以負罪之伍必不在家露宿草行潛竄山澤赦之則出不赦則狂山東羣盜緣茲聚結臣以邊塵暫起不足爲憂中土不安以此爲事臣聞持大國者不可以小道理事廣者不可以細分人主恢弘不拘常法罪之則衆情恐懼恕之則反側自安伏願曲赦河北諸州一無所問自然人神道暢率土歡心諸軍凱旋得無侵擾制從之軍還授內史聖曆三年則天幸三陽宮王公百寮咸經侍從唯仁傑特賜宅一區當時恩寵無比是歲六月左玉鈐衛大將軍李楷固右武威衛將軍駱務整討契丹餘衆擒之獻俘於含樞殿則天大悅特賜楷固姓武氏楷固務整並契丹李盡忠之別帥也初盡忠之作亂楷固等屢率兵以陷官軍後兵敗來降有司斷以極法仁傑議以爲楷固等並有驍將之才若恕其死必能感恩効節又奏請授其官爵委以專征制並從之及楷固等凱旋則天召仁傑預宴因舉觴親勸歸賞於仁傑授楷固左玉鈐衛大將軍賜爵燕國公則天又將造大像用功數百萬令天下僧尼每日人出一錢以助成之仁傑上疏諫曰臣聞爲政之本必先人事陛下矜羣生迷謬溺喪無歸欲令像教兼行覩相生善非爲塔廟必欲

崇奢豈令僧尼皆須檀施得秕尚捨而況其餘今之伽藍制過宮闕窮奢極壯畫繢盡工寶珠殫於綴飾瓌材竭於輪奐工不使鬼止在役人物不天來終須地出不損百姓將何以求生之有時用之無度編戶所奉常若不充痛切肌膚不辭箠楚遊僧一說矯陳禍福翦髮解衣仍慙其少亦有離間骨肉事均路人身自納妻謂無彼我皆託佛法詿誤生人里陌動有經坊闤闠亦立精舍化誘倍急切於官徵法事所須嚴於制敕膏腴美業倍取其多水礙莊園數亦非少逃丁避罪併集法門無名之僧凡有幾萬都下檢括已得數千且一夫不耕猶受其弊浮食者衆又劫人財臣每思惟實所悲痛往在江表像法盛興梁武簡文捨施無限及其三淮沸浪五嶺騰煙列剎盈衢無救危亡之禍緇衣蔽路豈有勤王之師比年已來風塵屢擾水旱不節征役稍繁家業先空瘡痍未復此時興役力所未堪伏惟聖朝功德無量何必要營大像而以勞費爲名雖斂僧錢百未支一尊容既廣不可露居覆以百層尚憂未徧自餘廊廡不得全無又云不損國財不傷百姓以此事主可謂盡忠臣今思惟兼採衆議咸以爲如來設教以慈悲爲主下濟羣品應是本心豈欲勞人以存虛飾當今有事邊境未寧宜寬征鎮之徭省不急之費設令雇作皆以利趨既失田時自然弃本今不樹稼來歲必饑役在其中難以取給況無官助義無得成若費官財又盡人力一隅有難將何救之則天乃罷其役是歲九月病卒則天爲之舉哀廢朝三日贈文昌右相謚曰文惠仁傑常以舉賢爲意其所引拔桓彥範敬暉竇懷貞姚崇等至公卿者數十人初則天嘗問仁傑曰朕要一好漢任使有乎仁傑曰陛下作何任使則天曰朕欲待以將相對曰臣料陛下若求文章資歷則今之宰臣李嶠蘇味道亦足爲文吏矣豈非文士齷齪思得奇才用之以成天下之務者乎則天悅曰此朕心也仁傑曰荆州長史張柬之其人雖老眞宰相才也且久不遇若用之必盡節於國家矣則天乃召拜洛州司馬他日又求賢仁傑曰臣前言張柬之猶未用也則天曰已遷之矣對曰臣薦之爲相今爲洛州司馬非用之也又遷爲秋官侍郎後竟召爲相柬之果能興復中宗蓋仁傑之推薦也仁傑嘗爲魏州刺史人吏爲立生祠及去職其子景暉爲魏州司功參軍頗貪暴爲人所惡乃毀仁傑之祠長子光嗣聖曆初爲司府丞則天令宰相各舉尚書郎一人仁傑乃薦光嗣拜地官員外郎蒞事稱職則天喜而言曰祁奚內舉果得其人開元七年自汴州刺史轉揚州大都督府長史坐贓貶歙州別駕卒初中宗在房陵而吉頊李昭德皆有匡復讜言則天無復辟意唯仁傑每從容奏對無不以子母恩情爲言則天亦漸省悟竟召還中宗復爲儲貳初中宗自房陵還宮則天匿之帳中召仁傑以廬陵爲言仁傑慷慨敷奏言發涕流遽出中宗謂仁傑曰還卿儲君仁傑降階泣賀既已奏曰太子還宮人無知者物議安審是非則天以爲然乃復置中宗於龍門具禮迎歸人情感悅仁傑前後匡復奏對凡數萬言開元中北海太守李邕撰爲梁公別傳備載其辭中宗返正追贈司空睿宗追封梁國公仁傑族曾孫兼謨兼謨登進士第祖郊父邁仕官皆微兼謨元和末解褐襄陽推官試校書郎言行剛正使府知名憲宗召爲左拾遺累上書言事歷尚書郎長慶太和中歷鄭州刺史以治行稱入爲給事中開成初度支左藏庫妄破漬汚縑帛等贓罪文宗以事在赦前不理兼謨封還敕書文宗召而諭之曰嘉卿舉職然朕已赦其長官典吏亦宜在宥然事或不可卿勿以封敕爲艱遷御史中丞謝日文宗顧謂之曰御史臺朝廷綱紀臺綱正則朝廷理朝廷正則天下理凡執法者大抵以畏忌顧望爲心職業由茲不舉卿梁公之後自有家法豈復爲常常之心哉兼謨謝曰朝法或未得中臣固悉心彈奏會江西觀察使吳士矩違額加給軍士破官錢數十萬計兼謨奏曰觀察使守陛下土地宣陛下詔條臨戎賞軍州有定數而士矩與奪由己盈縮自專不唯貽弊一方必致諸軍援例請下法司正行朝典士矩坐貶蔡州別駕兼謨尋轉兵部侍郎明年檢校工部尚書太原尹充河東節度使會昌中累歷方鎮卒

王方慶雍州咸陽人也周少司空石泉公褒之曾孫也其先自瑯邪南度居於丹陽爲江左冠族褒北徙入關始家咸陽焉祖鼒隋衞尉丞伯父弘讓有美名貞觀中爲中書舍人父弘直爲漢王元昌友畋獵無度乃上書切諫其略曰夫宗子維城之託者所以固邦家之業也大王功無任城戰剋之効行無河間樂善之譽爵高五等邑富千室當思荅極施之洪慈保無疆之永祚其爲計者在乎修德冠屨詩禮畋獵史傳覽古人成敗之所由鑒既往存亡之興跡覆前戒後居安慮危奈何列騎齊驅交橫壠畝野有遊客巷無居人貽衆庶之憂遲一情之樂從禽不息寔用寒心元昌覽書而遽止漸見疏斥轉荆王友龍朔中卒方慶年十六起家越王府參軍嘗就記室任希古受史記漢書希古遷爲太子舍人方慶隨之卒業永淳中累遷太僕少卿則天臨朝拜廣州都督廣州地際南海每歲有崑崙乘舶以珍物與中國交市舊都督路元睿冒求其貨崑崙懷刃殺之方慶在任數載秋毫不犯又管內諸州首領舊多貪縱百姓有詣府稱寃者府官以先受首領參餉未嘗鞫問方慶乃集止府寮絕其交往首領縱暴者悉繩之由是境內清肅當時議者以爲有唐以來治廣州者無出方慶之右有制褒之曰朕以卿歷職著稱故授此官既美化遠聞實副朝寄令賜卿雜綵六十段并瑞錦等物以彰善政也證聖元年召拜洛州長史尋加銀青光祿大夫封石泉縣男萬歲登封元年轉并州長史封瑯邪縣男未行遷鸞臺侍郎同鳳閣鸞臺平章事俄轉鳳閣侍郎依舊知政事神功元年七月淸邊道大總管建安王攸宜破契丹凱還欲以是月詣闕獻俘內史王及善以爲將軍入城例有軍樂既今上孝明高皇帝忌月請備而不奏方慶奏曰臣按禮經但有忌日而無忌月晉穆帝納后用九月九日是康帝忌月于時持疑不定下太常禮官荀訥議稱禮秖有忌日無忌月若有忌月卽有忌時忌歲益無理據當時從訥所議軍樂是軍容與常不等臣謂振作於事無嫌則天從之則天嘗幸萬安山玉泉寺以山逕危懸欲御腰輿而上方慶諫曰昔漢元帝嘗祭廟出便門御樓船光祿勳張猛奏曰乘船危就橋安元帝乃從橋卽前代舊事今山逕危險石路曲狹上瞻駭目下視寒心比於樓船安危不等陛下蒸人父母奈何踐此畏塗伏望停輿駐蹕則天納其言而止是歲敕封石泉子時有制每月一日於明堂行告朔之禮司禮博士辟閭仁諝奏議其略曰經史正文無天子每月告朔之事唯禮記玉藻云天子聽朔於南門之外其每月告朔者諸侯之禮也臣謹按禮論及三禮義宗江都集禮貞觀禮顯慶禮及祠令無天子每月告朔之事若以爲無明堂故無告朔之禮有明堂卽合告朔則周秦有明堂而無天子每月告朔之事臣等參求既無其禮不可習非以天子之尊而用諸侯之禮方慶又奏議其略曰明堂天子布政之宮也謹按穀梁傳云閏者附月之餘日天子不以告朔非禮也閏以正時時以作事事以厚生生人之道於是乎在矣不告閏朔棄時政也臣據此文則天子閏月亦告朔矣寧有他月而廢其禮乎先儒舊說天子行事一年十八度入明堂矣大享不問卜一入也每月告朔十二入也四時迎氣四入也巡狩之年一入也今禮官議唯歲首一入耳與先儒既異在臣不敢同宋朝何承天纂集其文以爲禮論雖加編次事則闕如梁代崔靈恩撰三禮義宗但捃摭前儒因循故事而已隋煬帝命學士撰江都集禮秖抄撮舊禮更無異文貞觀顯慶禮及祠令不言告朔者蓋爲歷代不傳所以其文乃闕各有緣由不足依據今禮官引爲明證在臣誠實有疑則天又令春官廣集衆儒取方慶仁諝所奏議以定得失時成均博士吳揚善太學博士郭山惲等奏按周禮及三傳皆有天子告朔之禮秦滅詩書由是告朔禮廢望依方慶議有制從之則天以方慶家多書籍嘗訪求右軍遺跡方慶奏曰臣十代從伯祖羲之書先有四十餘紙貞觀十二年太宗購求先臣並已進之唯有一卷見今在又進臣十一代祖導十代祖洽九代祖珣八代祖曇首七代祖僧綽六代祖仲寶五代祖騫高祖規曾祖褒并九代三從伯祖晉中書令獻之已下二十八人書共十卷則天御武成殿示羣臣仍令中書舍人崔融爲寶章集以敍其事復賜方慶當時甚以爲榮方慶又舉令杖朞喪大功未葬不預朝賀未終喪不預宴會比來朝官不遵禮法身有哀容陪預朝會手舞足蹈公違憲章名教既虧實玷皇化伏望申明令式更禁斷從之方慶漸以老疾乞從閑逸乃授麟臺監修國史及中宗立爲東宮方慶兼檢校太子左庶子聖曆二年壹日則天欲季冬講武有司稽緩延入孟春方慶上疏曰謹按禮記月令孟冬之月天子命將帥講武習射御角力此乃三時務農一時講武以習射御角校才力蓋王者常事安不忘危之道也孟春之月不可以稱兵兵者甲胄干戈之摠名兵金性剋木春盛德在木而舉金以害盛德逆生氣孟春行冬令則水潦爲敗雪霜大摯首種不入蔡邕月令章句云太陰新休少陽尚微而行冬令以導水氣故水潦至而敗生物也雪霜大摯折陽者也太陰干時雨雪而霜故大傷首種首種謂宿麥也麥以秋種故謂之首種入收也春爲沍寒所傷故至夏麥不成長也今孟春講武是行冬令以陰政犯陽氣害發生之德臣恐水潦敗物霜雪損稼夏麥不登無所收入也伏望天恩不違時令至孟冬教習以順天道手制荅曰比爲久屬太平多歷年載人皆廢戰並悉學文今者用整兵威故令教習卿以春行冬令則水潦爲敗舉金傷木則便害發生循覽所陳深合典禮若違此請乃月令虛行佇啓直言用依來表是歲正授太子左庶子封石泉公餘並如故俸料同職事三品兼侍皇太

子讀書方慶又上言謹按史籍所載人臣與人主言及上表未有稱皇太子名者當爲太子皇儲其名尊重不敢指斥所以不言晉尚書僕射山濤啓事稱皇太子而不言名濤中朝名士必詳典故其不稱名應有憑准朝官尚猶如此宮臣歸則不疑今東宮殿及門名皆有觸犯臨事論啓迴避甚難孝敬皇帝爲太子時改弘教門爲崇教門沛王爲皇太子改崇賢館爲崇文館皆避名諱以遵典禮此卽成例足爲軌模伏望天恩因循舊式付司改換制從之長安二年五月卒贈兗州都督謚曰貞中宗卽位以宮寮之舊追贈吏部尚書方慶博學好著述所撰雜書凡二百餘卷尤精三禮好事者多詢訪之每所酬答咸有典據故時人編次名曰禮雜荅問聚書甚多不減秘閣至於圖畫亦多異本諸子莫能守其業卒後尋亦散亡長子光輔開元中官至潞州刺史少子晙工書知名尤善琴棊而性多嚴整官至殿中侍御史

姚璹字令璋散騎常侍思廉之孫也少孤撫弟妹以友愛稱博涉經史有才辯永徽中明經擢第累補太子宮門郎與司議郎孟利貞等奉令撰瑤山玉彩書書成遷秘書郎調露中累遷至中書舍人封吳興縣男則天臨朝遷夏官侍郎坐從父弟敬節同徐敬業之亂貶桂州都督府長史時則天雅好符瑞璹至嶺南訪諸山川草樹其名號有武字者皆以爲上應國姓列奏其事則天大悅召拜天官侍郎善於選補時人稱之長壽二年遷文昌左丞同鳳閣鸞臺平章事自永徽以後左右史雖得對仗承旨仗下後謀議皆不預聞璹以爲帝王謨訓不可暫無紀述若不宣自宰相史官無從得書乃表請仗下所言軍國政要宰相一人專知撰錄號爲時政記每月封送史館宰相之撰時政記自璹始也是歲九月坐事轉司賓少卿罷知政事延載初擢拜納言有司以璹從父弟犯法奏言不合更爲侍臣璹上言昔王敦稱兵犯順王導仍典樞機嵇康戮於晉朝嵇紹忠於晉室竊惟前古尚不爲疑今奉聖恩豈由臣下必以體例有乖伏請甘從屏退則天曰此乃我意卿復何言但當盡忠無聽浮說時武三思率蕃夷酋長請造天樞於端門外刻字紀功以頌周德璹爲督作使證聖初璹加秋官尚書同平章事是歲明堂災則天欲責躬避正殿璹奏曰此實人火非曰天災至如成周宣榭卜代愈隆漢武建章盛德彌永臣又見彌勒下生經云當彌勒成佛之時七寶臺須臾散壞覩此無常之相便成正覺之因故知聖人之道隨緣示化方便之利博濟良多可使由之義存於此況今明堂乃是布政之所非宗廟之地陛下若避正殿於禮未爲得也左拾遺劉承慶廷奏云明堂宗祀之所今既被焚陛下宜輟朝思過璹又持前議以爭則天乃依璹奏先令璹監造天樞至是以功當賜爵一等璹表請迴贈父一官乃追贈其父豫州司戶參軍處平爲博州刺史天后將封嵩岳命璹總知撰儀注并充封禪副使及重造明堂又令璹充使督作以功加銀青光祿大夫時有大石國使請獻獅子璹上疏諫曰獅子猛獸唯止食肉遠從碎葉以至神都肉既難得極爲勞費陛下以百姓爲心慮一物有失鷹犬不蓄漁獵總停運不殺以闡大慈垂好生以敷至德凡在翾飛蠢動莫不感荷仁恩豈容自菲薄於身而厚資給於獸求之至理必不然乎疏奏遽停來使又九鼎初成制令黃金千兩塗之璹進諫曰夫鼎者神器貴在質朴自然無假別爲浮飾臣觀其狀先有五彩輝煥錯雜其間豈待金色方爲炫耀則天又從之尋屬契丹犯塞命梁王武三思爲榆關道安撫大使璹爲副使以備之及還坐事神功初左授益州大都督府長史蜀中官吏多貪暴璹屢有發擿姦無所容則天嘉之降璽書勞之曰夫嚴霜之下識貞松之擅奇疾風之前知勁草之爲貴物既有此人亦宜哉卿早荷朝恩委任斯重居中作相弘益已多防邊訓兵心力俱盡歲寒無改終始不渝迺眷蜀中甿俗殷雜久缺良守弊於侵漁政以賄成人無厝足是用命卿出鎮寄茲存養果能攬轡澄清下車整肅吏不敢犯姦無所容前後糺擿蓋非一緒貪殘之伍屏跡於列城剽奪之儔遁形於外境詎勞朞月康此黎元言念德聲良深嘉尚宜布琅邪之化當以豫州爲法則天又嘗謂侍臣曰凡爲長官能清自身者甚易清得寮吏者甚難至於姚璹可謂兼之矣時新都丞朱待辟坐贓至死逮捕繫獄待辟素善沙門理中陰結諸不逞因待辟以殺璹爲名擬據巴蜀爲亂人密表告之者制令璹按其獄璹深持之事涉疑似引而誅死者僅以千數則天又令洛州長史宋元爽御史中丞霍獻可等重加詳覆亦無所發明逮繫獄數百人不勝酷毒遞相附會以就反狀因此籍沒者復五十餘家其餘稱知反配流者亦十八九道路冤之監察御史袁恕己劾奏其事則天初令璹與恕己對定又尋令罷推俄拜地官尚書歲餘轉冬官尚書仍西京留守長安中累表乞骸骨制聽致仕進爵爲伯遇官名復舊爲工部尚書神龍元年卒遺令薄葬贈越州都督謚曰成弟班少好學以勤苦自立舉明經累除定汴滄虢豳等五州刺史加銀青光祿大夫轉秦州刺史以善政有聞璽書褒美賜絹百匹神龍元年累封宣城郡公三遷太子詹事仍兼左庶子時節愍太子舉事不法班前後上書進諫今載四事其一曰臣聞賈誼曰選天下之端士孝悌博聞有道術者使與太子居處出入故太子見正事聞正言行正道左右前後皆正人也夫習與正人居之不能無正習與不正人居之不能無不正太子既冠成人免於保傅之嚴則有記過之史徹膳之宰進善之旌誹謗之木敢諫之鼓瞽史誦箴大夫進謀故習與智長化與心成夫教得而左右正則太子正矣太子正而天下定矣臣又聞之木從繩則正后從諫則聖善言古者所以驗於今伏惟殿下睿德洪深天姿聰敏近代成敗前古安危莫不懸鑒在心動合典禮臣以庸朽濫居輔弼虛備耳目叨預股肱輒薦塵露庶裨山海伏以內置作坊工巧得入宮闈之內禁衛之所或言語內出或事狀外通小人無知不識輕重因爲詐僞有玷徽猷臣望並付所司以停宮內造作如或要須役造猶望宮外安置庶得工匠不於宮禁出入其二曰臣聞漢文帝身衣弋綈足履革舃齊高帝欄檻用銅者皆易以鐵經侯帶玉具劍環珮以過魏太子不視經侯曰魏國亦有寶乎太子曰主信臣忠魏之寶也經侯委劍珮而去太子使追還之謂曰珠玉珍玩寒不可衣饑不可食無遺我賊經侯杜門不出臣觀聖賢經籍務以簡素爲貴皇王政化皆以菲薄爲德伏惟殿下留心恭儉靡尚浮奢臣愚猶望損之又損之居簡以行簡減省造作節量用度其三曰臣聞銀牓銅樓宮闈嚴秘門閣來往皆有簿曆殿下時有所須唯門司宣令或恐姦僞之輩因此妄爲增減脫有文狀舛錯事理便卽差違且近日呂昇之便乃代署宣勑伏賴殿下睿敏當卽覺其姦僞自餘臣下庸淺豈能深辨眞虛望墨令及覆事行下並用內印印畫署之後冀得免有詐僞乃是長久規模臣又聞之忠臣事君有犯而無隱明主馭下納諫以進德故書云有言逆於志必求諸道有言順於心必求諸非道伏惟殿下仁明昭著聖敬日躋探幽洞微窮神索隱事之善惡毫釐靡差理有危疑錙銖無爽臣以庸謬叨侍春闈職居獻替豈敢緘默其四曰臣聞聖人不專其德賢智必有所師故曰與善人言如入芝蘭之室久自芬芳與不善人言如火銷膏不覺而盡今司經見無學士供奉未有侍讀伏望時因視膳奏請置人所冀講席談筵務盡忠規之道披文摘句方資審諭之勤臣又聞臣之事主必盡乃誠君之進賢務求忠讜伏惟殿下養德儲闈以端靜爲務恭膺守器以學業爲先經所以立行修身史所以諳識成敗雅誥既習忠孝乃成傳記方通安危斯辨知父子君臣之道識古今盛戒之規經史爲先斯乃急務至於工巧造作寮吏直司實爲末事無足勞慮臣以庸淺獻替是司臣而不言負譴聖日言而獲罪是所甘心伏願留意經書簡略細事一蒙採納萬殞無辭尤降儲明俯矜狂瞽疏奏太子雖稱善竟不悛革太子敗詔遣索其宮中得班諫書中宗嘉其切直時宮臣皆貶黜唯班擢拜右散騎常侍歲餘遷秘書監睿宗卽位累授戶部尚書轉太子賓客先天二年加金紫光祿大夫復拜戶部尚書班與兄璹數年間俱爲定州刺史戶部尚書時人榮之開元二年卒年七十四班嘗以其曾祖察所撰漢書訓纂多爲後之注漢書者隱沒名氏將爲己說班乃撰漢書紹訓四十卷以發明舊義行於代

史臣曰天子有諍臣七人雖無道不失其天下致廬陵復位唐祚中興諍由狄公一人以蔽或曰許之太甚荅曰當革命之時朋邪甚衆非推誠竭力致身忘家者孰能與於此乎仁傑流死不避骨鯁有彰雖逢好殺無辜能使終畏大義竟存天下豈不然乎王方慶千城南海羽翼東宮臺閣樞機無不功濟所謂君子不器者也苟非文學斯焉取斯璹成都布政始卒不侔相國上章或否或中且焚明堂而避正殿固諍何多黜唐頌而立天樞一言非措矧乃妄求符瑞已失忠貞精擇楚茅難裨過咎不常其德罔畏承羞班規諫有才牧守多善儲幄之任可謂得人

贊曰犯顏忤旨返政扶危是人難事狄能有之終替武氏克復唐基功之莫大人無以師方慶之才周旋特立璹也無常班能操執

舊唐書卷八十九考證

狄仁傑傳韋機造宿羽高山上陽等宮仁傑奏其太過機竟坐免官○臣宗萬按唐六典宿羽高山二宮在東都禁苑中又統紀云駕幸東都上遊韋弘機所造宿羽高山等宮乘高臨深有登眺之美乃卽勑弘機造高館及成臨幸卽上陽宮也據此仁傑之奏是矣但按機傳云造上陽宮時人稱其省功便事則不可云太過矣又云儀鳳中坐家人犯盜爲憲司所劾免

官則機之去位又不由此矣二者未知孰是而通鑑則本仁傑傳或有所折衷歟新書及通鑑均作韋弘機

初中宗在房陵而吉頊李昭德皆有匡復讜言唯仁傑每從容奏對竟召還○臣宗萬按談賓錄張易之兄弟貴寵逾分懼不全請計于吉頊頊曰天下思唐德久矣主上春秋高武氏諸王殊非所屬意公何不從容請立廬陵王以繫生人之望易之乘間屢言之旣召問頊則天意乃定御史臺記及吉頊傳所載略同新書則以易之問計于仁傑仁傑勸迎廬陵爲免禍計若然不惟抹去吉頊之論且使仁傑非强李抑武祇爲易之兄弟計矣或曰仁傑爲易之計正所以爲李氏謀也梁公正色立朝雖處危疑之地時伸讜直之言豈肯藉易之輩以行其詭遇哉又按朝野僉載曰則天夢鸚鵡兩翅俱折仁傑云鵡者陛下姓也兩翅折者廬陵相王也陛下起此二子則兩翅全矣据此則仁傑之從容奏對可見而勸召中宗豈爲易之昌宗地哉司馬光作通鑑故採衆說之可信者存之其大旨則與舊書相合

仁傑前後匡復奏對凡數萬言開元中北海太守李邕撰爲梁公別傳備載其辭○臣宗萬按通鑑考異曰世有狄梁公傳其辭鄙誕殆非邕所爲其言曰陛下將欲繼統非廬陵餘非臣所知是時睿宗爲皇嗣若仁傑請以廬陵王繼統則是勸太后廢立也此未可信按中宗於永隆元年爲皇太子弘道元年高宗崩受遺詔卽帝位天后臨朝稱制嗣聖元年廢帝爲廬陵王立相王爲帝是廬陵爲高宗所立之皇嗣受高宗所遺之帝位非廬陵不可繼統卽有相王何嫌于廢立仁傑此言所以正君臣之分明兄弟之倫全母子之情侃侃而談何可厚非且仁傑匡復之言史官不能備載而李邕別撰之舊書載此者良以正史之不備者當於別傳求之乃斥爲鄙誕何耶

# 舊唐書卷九十

後晉司空同中書門下平章事劉　昫撰

## 列傳第九十

王及善　杜景儉　朱敬則　楊再思

李懷遠子景伯景伯子彭年附　豆盧欽望張光輔史務滋崔元綜周允元附

王及善洺州邯鄲人也父君愕隋大業末并州人王君廓掠邯鄲君愕往說君廓曰方今萬乘失御英雄競起誠宜撫納遺甿保全形勝按甲以觀時變擁衆而歸眞主此富貴可圖也今足下居無尺土之地守無兼旬之糧恣行殘忍所過攘敓竊爲足下寒心矣君廓曰計將安出君愕爲陳井陘之險可先往據之君廓從其言乃屯井陘山歲餘會義師入定關中乃與君廓率所部萬餘人來降拜大將軍頻以戰功封新興縣公累遷左武衛將軍從太宗征遼東兼領左屯營兵馬與高麗戰於駐蹕山君愕先鋒陷陣力戰而死太宗深痛悼之贈左衛大將軍幽州都督邢國公賜東園秘器陪葬昭陵及善年十四以父死王事授朝散大夫襲爵邢國公高宗時累遷左奉裕率孝敬之居春宮因宴集命宮官擲倒次至及善辭曰殿下自有樂官臣止當守職此非臣任也臣將奉令恐非殿下羽翼之備太子謝而遣之高宗聞而特加賞慰賜絹百匹尋除右千牛衛將軍高宗謂曰朕以卿忠謹故與卿三品要職他人非搜辟不得至朕所卿佩大橫刀在朕側知此官貴否俄以病免尋起爲衛尉卿垂拱中歷司屬卿時山東饑及善爲巡撫賑給使尋拜春官尚書秦州都督轉益州大都督府長史以老病請乞致仕加授光祿大夫後契丹作亂山東不安起授滑州刺史則天謂曰邊賊反叛卿雖疾病可將妻子日行三十里緩步至彼與朕臥理此州以斷河路也因問朝廷得失及善備陳理亂之宜十餘道則天曰彼末事也此爲本也卿不可行乃留拜內史時御史中丞來俊臣常以飛禍陷良善自侯王將相被其羅織受戮者不可勝計後俊臣坐事繫獄有司斷以極刑則天欲赦之及善執奏曰俊臣兇狡不軌所信任者皆屠販小人所誅戮者多名德君子臣愚以爲若不勦絕元惡恐搖動朝廷禍從此始則天納之俄而則天將追廬陵王立爲太子及善贊成其計及太子立又請太子外朝以慰人心則天從之及善雖無學術在官每以淸正見知臨事難奪有大臣之節時張易之兄弟恃寵每內宴皆無人臣之禮及善數奏抑之則天不悅謂及善曰卿旣高年不宜更侍遊讌但檢校閣中可也及善因病請假月餘則天都不問之及善歎曰豈有中書令而天子得一日不見乎事可知矣乃上疏乞骸骨三上不許聖曆二年拜文昌左相旬日而薨年八十二廢朝三日贈益州大都督謚曰貞陪葬乾陵

杜景儉冀州武邑人也少舉明經累除殿中侍御史出爲益州錄事參軍時隆州司馬房嗣業除益州司馬除書未到卽欲視事又鞭笞僚吏將以示威景儉謂曰公雖受命爲此州司馬而州司未受命也何藉數日之祿而不待九重之旨卽欲視事不亦急耶嗣業益怒景儉又曰公今持咫尺之制眞僞未知卽欲攬一州之權誰敢相保揚州之禍非此類耶乃叱左右各令罷散嗣業慙赧而止俄有制除嗣業荆州司馬竟不如志人吏爲之語曰錄事意與天通益州司馬折威風景儉由是稍知名入爲司賓主簿轉司刑丞天授中與徐有功來俊臣侯思止專理制獄時人稱云遇徐杜者必生遇來侯者必死累遷洛州司馬尋轉鳳閣侍郎同鳳閣鸞臺平章事則天嘗以季秋內出梨花一枝示宰臣曰是何祥也諸宰臣曰陛下德及草木故能秋木再花雖周文德及行葦無以過也景儉獨曰謹按洪範五行傳陰陽不相奪倫瀆之卽爲災又春秋云冬無愆陽夏無伏陰春無淒風秋無苦雨今已秋矣草木黃落而忽生此花瀆陰陽也臣慮陛下布教施令有虧禮典又臣等忝爲宰臣助天理物理而不和臣之罪也於是再拜謝罪則天曰卿眞宰相也延載初爲鳳閣侍郎周允元奏景儉黨於李昭德左遷秦州刺史後累除司刑卿聖曆二年復拜鳳閣侍郎同鳳閣鸞臺平章事時契丹入寇河北諸州多陷賊中及事定河內王武懿宗將盡論其罪景儉以爲皆是驅逼非其本心請悉原之則天竟從景儉議歲餘轉秋官尚書坐漏洩禁中語左授司刑少卿出爲并州長史道病卒贈相州刺史子澄頗以文藻著名官至鞏縣尉

朱敬則字少連亳州永城人也代以孝義稱自周至唐三代旌表門標六闕州黨美之敬則倜儻重節義早以辭學知名與三從兄同居財產無異又與左史江融左僕射魏元忠特相友善咸亨中高宗聞而召見與語甚奇之將加擢用爲中書舍人李敬玄所毀乃授洹水尉長壽中累除右補闕敬則以則天初臨朝稱制天下頗多流言異議至是旣漸寧晏宜絕告密羅織之徒上疏曰臣聞李斯之相秦也行申商之法重刑名之家杜私門張公室弃無用之費損不急之官惜日愛功疾耕急戰人繁國富乃屠諸侯此救弊之術也故曰刻薄可施於進趨變詐可陳於攻戰兵猶火也不戢將自焚況鋒鏑已銷石城又毀諒可易之以寬泰潤之以淳和八風之樂以柔之三代之禮以導之秦旣不然淫虐滋甚往而不返卒至土崩此不知變之禍也陸賈叔孫通之事漢王也當滎陽成皐之間糧饋已窮智勇俱困不敢開一說効一奇唯進豪猾之材薦貪暴之客及區宇適平干戈向戢金鼓之聲未歇傷痍之痛尙聞二子顧眄綽有餘態乃陳詩書說禮樂開王道謀帝圖高皇帝忿然曰吾以馬上得之安事詩書乎對曰馬上得之可馬上理之乎高皇默然於是陸賈著新語叔孫通定禮儀始知天子之尊此知變之善也向使高皇排二子而不用置詩書而不顧重攻戰之吏尊首級之材復道爭功張良已知其變拔劍擊柱吾屬不得無謀卽畧漏難逾何十二帝乎亡秦之續何二百年乎故曰仁義者聖人之蘧廬禮經者先王之陳迹然則祝祠向畢芻狗須投淳精已流糟粕可弃仁義尙捨況輕此者乎自文明草昧天地屯蒙三叔流言四凶構難不設鉤距無以應天順人不切刑名不可摧姦息暴故置神器開告端曲直之影必呈包藏之心盡露神道助直無罪不除人心保能無妖不戮以茲妙算窮造化之幽深用此神謀入天人之秘術故能計不下席聽不出闈蒼生晏然紫宸易主大哉偉哉無得而稱也豈比造攻鳴條大戰牧野血變草木頭折不周可同年而語乎然而急趨無善迹促柱少和聲拯溺不規行療饑非鼎食卽向時之妙策乃當今之芻狗也伏願覽秦漢之得失考時事之合宜審糟粕之可遺覺蘧廬之須毀見機而作豈勞終日乎陛下必不可偃蹇太平徘徊中路伏願改法制立章程下恬愉之辭流曠蕩之澤去萋菲之牙角頓姦險之鋒芒窒羅織之源掃朋黨之迹使天下蒼生坦然大悅豈不樂哉則天甚善之長安三年累遷正諫大夫尋同鳳閣鸞臺平章事時御史大夫魏元忠鳳閣舍人張說爲張易之兄弟所誣搆將陷重辟諸宰相無敢言者敬則獨抗疏申理曰元忠張說素稱忠正而所坐無名若令得罪豈不失天下之望也乃得減死四年以老疾請罷知政事許之累轉冬官侍郎仍依舊兼修國史張易之昌宗嘗命畫工圖寫武三思及納言李嶠鳳閣侍郎蘇味道夏官侍郎李迥秀麟臺少監王紹宗等十八人形像號爲高士圖每引敬則預其事固辭不就其高絜守正如此神龍元年出爲鄭州刺史尋以老致仕二年侍御史

冉祖雍素與敬則不協，乃誣奏云與王同皎親善，貶授廬州刺史。經數月，洎代到，還鄉里，無淮南一物，唯有所乘馬一匹，諸子姪步從而歸。敬則重然諾，善與人交，觧拯人急難，不求其報。又嘗與三從兄同居四十餘年，財產無異。雅有知人之鑒，凡在品論者，後皆如其言。景龍三年五月，卒于家，年七十五。敬則嘗採魏晉已來君臣成敗之事，著十代興亡論。又以前代文士論廢五等者，以秦爲失，事未折衷，乃著五等論曰：昔秦廢五等，崔寔、仲長統、王朗、曹冏等皆以爲秦之失，予竊異之，試通其志云。蓋明王之理天下也，先之以博愛，本之以仁義，張四維，尊五美，懋禮樂於庭宇，置軌範於中衢，然後決玄波使橫流，揚薰風以高扇，流愷悌之甘澤，浸曠蕩之膏腴，正理革其淫邪，淳風柔其骨髓，使天下之人心醉而神足。其於忠義也，立則見其叅於前；其於進趨也，若章程之在目。禮經所及，等日月之難踰；聲教所行，雖風雨之不輟。聖人知俗之漸化也，王道之已行也，於是體國經野，庸功勳親，分山裂河，設磐石之固，內守外禦，有維城之基，連絡偏於城中，膠葛盡於封內。雖道昏時喪，澤竭政塞，鄭伯逐王，申侯弒主，魯不供物，宋不成周，吳徵伯牢，楚問九鼎，小白之一匡天下，重耳之一戰諸侯，無君之迹顯然，篡奪之謀中寢者，直以周禮尚存，簡書不隕，故曰不敢失墜，天威在顏。自春秋之後，禮義漸頹，風俗塵昏，愧恥心盡，疾走先得者爲上，奪攘投會者爲能。加以八世專齊，三家分晉，子貢之亂五國，蘇秦之鬬七雄，苛刻繁興，經籍道息，莫不長詐術，貴攻戰，萬姓皆戴爪牙，無人不屬觜距。所以商鞅欺故友，李斯囚舊交，孫臏喪足於龐涓，張儀得志于陳軫。一旅之衆，便欲稱王；再戰之雄，爭來奉帝。先王會盟之禮，昔時樽俎之容，二代玄風，掃地至盡。況始皇削平區宇，殊非至公，李斯之作股肱，罕循大道，人無見德，唯虐是聞。當此時也，主猜於上，人駭於下，父不能保之於子，君不能得之於臣，欲使始皇分土，姦雄建侯，薄俗若喻晉鄭之可依，便借賊兵而賫盜糧，寄龍魚而助風雨，不可行也。是以秦鑒周德之綿深，懼己圖之不遠，罷侯置守，高下在心，天下制在一人，百姓不聞二主，直是不得行其世封，非薄功臣而賤骨肉也。高皇帝揭日月之明，懷天地之量，筭財不足以分賞，論地不足以受封，邑皆百城，土有千里，人殷國富，地廣兵強，五十年間，七國同反，賈誼憂失其國，鼂錯請削其地，若言由大而反也，不若召陵之師、踐土之衆也；若言有材而起也，劉濞非王霸之材，田蘇無先管之畧也。是齊晉以逆禮爲懟，吳楚以犯上非媿，嬖由教起，其所由來遠矣。自此之後，雜霸又衰，中興不能改物，創圖黃初，不能深謀遠慮，矯觀漢魏之際，尋其經緯之初，未有積德重光，澤及萬物。觀其教偷薄於秦風，察其人豺狼於漢日，故魏太祖曰：「若使無孤，天下幾人稱帝，幾人稱王。」明竊號議者觸目皆是，欲以此時開賜履之祚，垂萬代之封，必有通車三川以闚周室，介馬汾隰而逐翼侯，而王司徒屢請於當時，曹元首又勸於宗室，皆不知時也。當時賢者是之。敬則知政事時，每以用人爲先。桂州蠻叛，薦裴懷古；鳳閣舍人缺，薦魏知古；右史缺，薦張思敬。則天以爲知人。睿宗即位，嘗謂侍臣曰：「神龍已來，李多祚、王同皎並復舊官，韋月將、燕欽融咸有褒贈，不知更有何人尚抱冤抑？」吏部尚書劉幽求對曰：「故鄭州刺史朱敬則，往在則天朝任正諫大夫、知政事，忠貞義烈，爲天下所推。神龍時，被宗楚客、冉祖雍等誣構，左授廬州刺史。長安年中，嘗謂臣云：『相王必膺期受命，當須盡節事之。』及韋氏篡逆于紀，臣遂見危赴難，翼戴興曆，雖則天誘其事，亦是敬則先啓之心。今陛下龍興寶位，凶黨就戮，敬則尚銜冤泉壤，未蒙昭雪。況復事符先覺，誠即可嘉。」睿宗然之，贈敬則秘書監，謚曰元。

楊再思，鄭州原武人也。少舉明經，授玄武尉，充使詣京師，止於客舍，會盜竊其囊裝，再思邂逅遇之，盜者伏罪。再思謂曰：「足下當苦貧匱至此，無行速去，勿作聲，恐爲他人所擒。幸留公文，餘財盡以相遺。」盜者齎去。再思初不言其事，假貸以歸。累遷天官員外郎，歷左右肅政臺御史大夫。延載初，守鸞臺侍郎、同鳳閣鸞臺平章事。證聖初，轉鳳閣侍郎，依前同平章事，兼太子右庶子。尋遷內史，自弘農縣男累封至鄭國公。再思自歷事三主，知政十餘年，未嘗有所薦達。爲人巧佞邪媚，能得人主微旨，主意所不欲，必因而毀之，主意所欲，必因而譽之。然恭慎畏忌，未嘗忤物。或謂再思曰：「公名高位重，何爲屈折如此？」再思曰：「世路艱難，直者受禍，苟不如此，何以全其身哉！」長安末，昌宗既爲法司所鞫，司刑少卿桓彥範斷解其職。昌宗俄又抗表稱冤，則天意將申理昌宗，廷問宰臣曰：「昌宗於國有功否？」再思對曰：「昌宗往因合鍊神丹，聖躬服之有効，此實莫大之功。」則天甚悅，昌宗竟以復職。時人貴彥範而賤再思也。時左補闕戴令言作兩腳野狐賦以譏刺之，再思聞之甚怒，出令言爲長社令，朝士尤加嗤笑。再思爲御史大夫時，張易之兄司禮少卿同休嘗奏請公卿大臣宴于司禮寺，預其會者皆盡醉極歡。同休戲曰：「楊內史面似高麗。」再思欣然，請翦紙自帖於巾，却披紫袍，爲高麗舞，縈頭舒手，舉動合節，滿座嗤笑。又易之弟昌宗以姿貌見寵倖，再思又諛之曰：「人言六郎面似蓮花，再思以爲蓮花似六郎，非六郎似蓮花也。」其傾巧取媚也如此。長安四年，以本官檢校京兆府長史，又遷檢校揚州大都督府長史。中宗即位，拜戶部尚書，兼中書令，轉侍中，以宮寮封鄭國公，賜實封三百戶。又爲冊順天皇后使，賜物五百段，鞍馬稱是。時武三思將誣殺王同皎，再思與吏部尚書李嶠、刑部尚書韋巨源並受制考按其獄，竟不能發明其枉，致同皎至死，罪衆寃之。再思俄復爲中書令、吏部尚書。景龍三年，遷尚書右僕射，加光祿大夫。其年薨，贈特進、并州大都督，陪葬乾陵，謚曰恭。子植，植子獻，並爲司勳員外郎。再思弟季昭爲考功郎中，溫玉爲戶部侍郎。

李懷遠，邢州柏仁人也。早孤貧，好學，善屬文。有宗人欲以高蔭相假者，懷遠竟拒之，退而歎曰：「因人之勢，高士不爲；假蔭求官，豈吾本志？」未幾，應四科舉擢第，累除司禮少卿。出爲邢州刺史，以其本鄉固辭不就，改授冀州刺史。俄歷揚益等州大都督府長史，未行，又授同州刺史。在職以清簡稱。入爲太子左庶子，兼太子賓客，歷遷右散騎常侍、春官侍郎。大足年，遷鸞臺侍郎，尋同鳳閣鸞臺平章事。歲餘，加銀青光祿大夫，拜秋官尚書，兼檢校太子左庶子，賜爵平鄉縣男。長安四年，以老辭職，聽解秋官尚書，正除太子左庶子，尋授太子賓客。神龍初，除左散騎常侍、兵部尚書、同中書門下三品，加金紫光祿大夫，進封趙郡公，特賜實封三百戶。俄以疾請致仕，許之。中宗將幸京師，又令以本官知東郡留守。懷遠雖久居榮位，而彌尚簡率，園林宅室，無所改作，常乘欵段馬。左僕射豆盧欽望謂曰：「公榮貴如此，何不買駿馬乘之？」荅曰：「此馬幸免驚蹶，無假別求。」聞者莫不歎美。神龍二年八月卒，中宗特賜錦被以充斂，輟朝一日，親爲文以祭之，贈侍中，謚曰成。子景伯。景伯，景龍中爲給事中，又遷諫議大夫。中宗嘗宴侍臣及朝集使，酒酣，令各爲迴波辭。衆皆爲諂佞之辭，及自要榮位。次至景伯，曰：「迴波爾時酒巵，微臣職在箴規。侍宴既過三爵，諠譁竊恐非儀。」中宗不悅。中書令蕭至忠稱之曰：「此眞諫官也。」景雲中，累遷右散騎常侍，尋以老疾致仕。開元中卒。子彭年。彭年有吏才，工於剖析，當時稱之。開元中，歷考功員外郎，知舉，又遷中書舍人、給事中、兵部侍郎。天寶初，又爲吏部侍郎，與右相李林甫善，慕山東著姓爲婚姻，引就清列，以大其門。典銓管七年，後以贓汚爲御史中丞宋渾所劾，長流嶺南臨賀郡。累月，渾及弟恕又以贓下獄，詔渾流嶺南高要郡，恕流南康郡。天寶十二載，起彭年爲濟陰太守，又遷馮翊太守，入爲中書舍人、給事中、吏部侍郎。十五載，玄宗幸蜀，賊陷西京，彭年沒於賊，脅授僞官，憂憤忽忽不得志，與韋斌相次而卒。及尅復兩京，優制贈彭年爲禮部尚書。

豆盧欽望，京兆萬年人也。曾祖通，隋相州刺史、南陳郡公。祖寬，即隋文帝之甥也。大業末，爲梁泉令。及高祖定關中，寬與郡守蕭瑀率豪右赴京師，由是累授殿中監，仍詔其子懷讓尚萬春公主。高祖以寬曾祖萇魏太和中例稱單姓，至是改寬爲盧氏。貞觀中，歷遷禮部尚書、左衞大將軍，封芮國公。永徽元年卒，贈特進、幷州都督，陪葬昭陵，謚曰定，又復其姓爲豆盧氏。父仁業，高宗時爲左衞將軍。欽望，則天時累遷司賓卿。長壽二年，代宗秦客爲內史。時李昭德亦爲內史，執權用事，欽望與同時宰相韋巨源、陸元方、蘇味道、杜景儉等並委曲從之。證聖元年，昭德坐事左遷涪陵尉，則天以欽望等不能執政，又爲司刑少卿皇甫文備奏欽望附會昭德，罔上附下，乃左遷欽望爲趙州刺史，韋巨源自右丞爲鄜州刺史，陸元方自秋官侍郎爲綏州刺史，蘇味道自鳳閣侍郎爲集州刺史。其年，欽望入爲司禮卿，遷秋官尚書，封芮國公。出爲河北道宣勞使。俄而廬陵王復爲皇太子，以欽望爲皇太子宮尹。聖曆二年，拜文昌右相、同鳳閣鸞臺三品，尋授太子賓客，停知政事。中宗即位，以欽望宮寮舊臣，拜尚書左僕射、知軍國重事，兼檢校安國相王府長史，兼中書令，知兵部事，監修國史。欽望作相兩朝，前後十餘年，張易之兄弟及武三思父子皆專權驕縱，圖爲逆亂，欽望獨謹其身，不能有所匡正，以此獲譏於代。神龍二年，拜開府儀同三司。景龍三年五月，表請乞骸，不許。十一月卒，年八十餘，贈司空、幷州大都督，謚曰元，賜東園秘器，陪葬乾陵。則天時宰相又有張光輔、史務滋、崔元綜、周允元等，並有名績。

張光輔者，京兆人也。少明辯，有吏幹，累遷司農少卿、文昌右丞。以討平越王貞之功，拜鳳閣侍郎、知政事。永昌元年，遷納言，旬日又拜內史，皆有名。其年，洛州司馬房嗣業、洛陽令張嗣明坐與徐敬業弟敬眞陰相交結。敬眞自流所繡州逃歸，將北投突厥，引虜入寇，途經洛下，嗣業、嗣明二人給其衣糧而遣之，行至定州，爲人所覺。嗣業於獄中自縊死，嗣明與敬眞多引海內相識，冀緩

其死嗣明稱光輔征豫州日私說圖讖天文陰懷兩端顧望以觀成敗光輔由是被誅家口籍沒

史務滋者宣州溧陽人累至內史天授中雅州刺史劉行實及弟渠州刺史行瑜尚衣奉御行感幷兄子左鷹揚將軍虔通並爲侍御史來子珣誣以謀反誅又於盱眙毀其父左監門大將軍伯英棺柩初務滋素與行感周密意欲寢其反狀則天怒令俊臣鞫之務滋恐被陷刑乃自殺

崔元綜者鄭州新鄭人也祖君肅武德中黃門侍郎鴻臚卿元綜天授中累轉秋官侍郎長壽元年遷鸞臺侍郎同鳳閣鸞臺平章事元綜勤於政事每在中書必束帶至晚未嘗休偃好潔細行薰辛不歷口者二十餘年雖外示謹厚而情深刻薄每受制鞫獄必披毛求瘢陷於重辟以此故人多畏而鄙之明年犯罪配流振州朝野莫不稱慶尋赦還復拜監察御史中宗時累遷尚書左丞蒲州刺史以老疾致仕晚年好攝養導引之術年九十餘卒

周允元者豫州人也弱冠舉進士延載初累轉左肅政御史中丞俄除鳳閣鸞臺平章事嘗與諸宰臣侍宴則天令各述書傳中善言允元曰恥其君不如堯舜武三思以爲語有指斥糾而駮之則天曰聞此言足以爲誡豈特將爲過耶證聖元年卒贈貝州刺史則天爲七言詩以傷之又自繕寫時以爲榮

史官曰王及善在孝敬東宮誠能奉職當俊臣下獄力諫除兇是憂濫及賢良而欲明彰羽翼興復之志不謂無心杜景儉五刑有濫濟活爲心四氣不和歸罪在已則天謂曰眞宰相然柰柔順李昭德不無吐剛之過也朱敬則文學有稱節行無愧諫諍果決推擇情眞苟非洞鑒古今深識王霸何由立其高論哉惜乎相不得時矣楊再思佞而取貴苟以全身掩不善而自欺謂無十目十手也李懷遠名不苟於假蔭貴不衒於故鄉無改陋居常乘劣駟亦一時之善矣然匪躬之道未之聞也豆盧欽望張光輔史務滋崔元綜周允元等或有片言非無小善登于大用可謂具臣

贊曰及善奉職非無智力景儉當權不謂不賢雄文高節少連爲絕守道安貧懷遠當仁欽望之屬片善何足諂媚再思祇宜遄速

舊唐書卷九十考證

王及善傳契丹作亂山東不安起授滑州刺史○新書魏州

杜景儉傳聖曆二年復拜鳳閣侍郎○新書元年則天本紀神功元年臣宗萬按杜景儉新書作景佺蓋實錄以草書致誤新紀表傳因而承之故通鑑從舊書也

舊唐書卷九十一

後晉司空同中書門下平章事劉　昫撰

列傳第四十一

桓彥範　敬暉　崔玄暐　張柬之
袁恕已

桓彥範潤州曲阿人也祖法嗣雍王府諮議參軍弘文館學士彥範慷慨俊爽少以門蔭調補右翊衛聖曆初累除司衛寺主簿納言狄仁傑特相禮異嘗謂曰足下才識如是必能自致遠大尋擢授監察御史長安三年歷遷御史中丞四年轉司刑少卿時司僕卿張昌宗坐遣術人李弘泰占已有天分御史中丞宋璟請收付制獄窮理其罪則天不許彥範上疏曰昌宗無德無才謬承恩寵自宜粉骨碎肌以荅殊造豈得苞藏禍心有此占相陛下以簪履恩久不忍加刑昌宗以逆亂罪多自招其咎此是皇天降怒非唯陛下故誅違天不祥乞陛下裁擇原其本奏以防事敗事敗即言奏訖不敗則候時爲逆此乃姦臣詭計疑惑聖心今果遂其所謀陛下何忍不察若昌宗無此占相奏後不合更與弘泰往還尚令修福復擬禳厄此則期於必遂元無悔心縱雖奏聞情實難恕此而可捨誰其可刑況經兩度事彰天恩並垂捨宥昌宗自爲得計人亦以爲應運即不勞兵甲天下皆從萬方議之以爲陛下縱成其亂也君在臣圖天分是爲逆臣不誅社稷亡矣伏請付鸞臺鳳閣三司考竟其罪疏奏不報時又內史李嶠等奏稱往屬革命之時人多逆節鞫訊決斷刑獄至嚴刻薄之吏恣行酷法其周興丘勣來俊臣所劾破家者並請雪免彥範又奏請自文明元年以後得罪人除揚豫博三州及諸謀逆魁首一切赦之表疏前後十奏辭旨激切至是方見允納彥範凡所奏議若逢人主詰責則辭色無懼爭之愈厲又嘗謂所親曰今既躬爲大理人命所懸必不能順旨詭辭以求苟免是歲冬則天不豫張易之與弟昌宗入閣侍疾潛圖逆亂鳳閣侍郎張柬之與桓彥範及中臺右丞敬暉等建策將誅之柬之遽引彥範及暉並爲左右羽林將軍委以禁兵共圖其事時皇太子每於北門起居彥範與暉因得謁見密陳其計太子從之神龍元年正月彥範與敬暉及左羽林將軍李湛李多祚右羽林將軍楊元琰左威衛將軍薛思行等率左右羽林兵及千騎五百餘人討易之昌宗於宮中令李湛李多祚就東宮迎皇太子兵至玄武門彥範等奉太子斬關而入兵士大譟時則天在迎仙宮之集仙殿斬易之昌宗於廊下幷就第斬其兄汴州刺史昌期司禮少卿同休並梟首於天津橋南士庶見者莫不懽叫相賀或臠割其肉一夕都盡明日太子即位彥範以功加銀青光祿大夫拜納言賜勳上柱國封譙郡公賜實封五百戶又改爲侍中從新令也彥範嘗表論時政數條其大略曰昔孔子論詩以關雎爲始言后妃者人倫之本理亂之端也故皇英降而虞道興任姒歸而姬宗盛桀奔南巢禍階妹喜魯桓滅國惑以齊媛伏見陛下每臨朝聽政皇后必施帷幔坐於殿上預聞政事臣愚歷選列辟詳求往代帝王有與婦人謀及政者莫不破國亡身傾輈繼路且以陰乘陽違天也以婦凌夫違人也違天不祥違人不義由是古人譬以牝雞之晨惟家之索易曰無攸遂在中饋言婦人不得預於國政也伏願陛下覽古人之言察古人之意上以社稷爲重下以蒼生在念宜令皇后無往正殿干預外朝專在中宮聿修陰教則坤儀式固鼎命惟永又曰臣聞京師喧喧道路籍籍皆云胡僧慧範矯託佛教詭惑后妃故得出入禁闈撓亂時政陛下又輕騎微行數幸其室上下媟黷有虧尊嚴臣抑嘗聞興化致理必由進善康國寧人莫大棄惡故孔子曰執左道以亂政者殺假鬼神以危人者殺今慧範之罪不殊於此也若不急誅必生變亂除惡務本去邪勿疑實願天聰早加裁貶疏奏不納時有墨敕授方術人鄭普思秘書監葉淨能國子祭酒彥範苦言其不可帝曰既要用之無容便止彥範又對曰陛下自龍飛寶位遽下制云軍國政化皆依貞觀故事昔貞觀中嘗以魏徵虞世南顏師古爲秘書監孔穎達爲國子祭酒至如普思等是方伎庸流豈足以比蹤前烈臣恐物議謂陛下官不擇才濫以天秩加於私愛惟陛下少加慎擇帝竟不納時韋皇后既干朝政德靜郡王武三思又居中用事以則天爲彥範等所廢常深憤怨又慮彥範等漸除武氏乃先事圖之皇后韋氏既雅爲帝所信寵言無不從三思又私通於韋氏乃日夕譖毀彥範等帝竟用三思計進封彥範爲扶陽郡王敬暉爲平陽郡王張柬之爲漢陽郡王崔玄暐爲博陵郡王袁恕已爲南陽郡王並加特進令罷知政事彥範仍賜姓韋氏令與皇后同屬籍仍賜雜綵錦繡金銀鞍馬等雖外示優崇而實奪其權也易州刺史趙履溫者即彥範之妻兄也彥範誅易之後奏言先與履溫共謀其事於是召拜司農少卿履溫德之乃以二婢遺彥範及彥範罷知政事履溫又脅奪其婢大爲時論所議尋出爲洛州刺史轉濠州刺史二年光祿卿駙馬都尉王同皎以武三思與韋氏姦通潛謀誅之事洩爲三思誣構言同皎將廢皇后韋氏彥範等通知其情乃貶彥範爲瀧州司馬敬暉崖州司馬袁恕已竇州司馬崔玄暐白州司馬張柬之新州司馬並仍令長任勳封並削彥範仍復其本姓桓氏是歲秋武三思又陰令人疏皇后穢行牓於天津橋請加廢黜中宗聞之怒命御史大夫李承嘉推求其人承嘉希三思旨奏言彥範與敬暉張柬之袁恕已崔玄暐等教人密爲此牓雖託廢后爲名實有危君之計請加族滅制依承嘉所奏大理丞李朝隱執奏云敬暉等既未經鞫問不可即肆誅夷請差御史按罪待至準法處分大理卿裴談奏云敬暉等祇合據敕斷罪不可別俟推鞫請並處斬籍沒中宗納其議仍以彥範等五人嘗賜鐵券許以不死乃長流彥範於瀼州敬暉於崖州張柬之於瀧州袁恕已於環州崔玄暐於古州並終身禁錮子弟年十六已上者亦配流嶺外擢授承嘉金紫光祿大夫進封襄武郡公韋氏又特賜承嘉綵物五百段錦被一張擢拜裴談爲刑部尚書左貶李朝隱爲聞喜令三思俄又諷節愍太子抗表請夷彥範等三族中宗以既有前命不依其請三思猶慮彥範等重被進用又納中書舍人崔湜之計特令湜姨兄嘉州司馬周利貞攝右臺侍御史就嶺外並矯制殺之彥範赴流所行至貴州利貞遇之於途乃令左右執縛曳於竹槎之上肉盡至骨然後杖殺時年五十四睿宗即位延和元年並追復其官爵仍特還其子孫實封二百戶玄宗即位開元六年詔曰皇輿肇建必有輔佐之臣天步多艱爰仗經綸之業故侍中譙國公桓彥範侍中平陽郡公敬暉中書令兼吏部尚書漢陽郡公張柬之特進博陵郡公崔玄暐中書令南陽郡公袁恕已等並德惟神降材與運生道協台嶽名書讖緯寅亮帝載勤勞王家

叅復禹之元謀奉昇唐之景命雖殂謝既久而勳烈益彰撫彝鼎以念功想旂常而增感緬遵故實用表徽懿俾列在清廟登于明堂克申從祀之儀式茂疇庸之典並可配享中宗孝和皇帝廟庭其子弟咸加收擢建中元年重贈司徒

敬暉絳州太平人也弱冠舉明經聖曆初累除衞州刺史時河北新有突厥之寇方秋而修城不輟暉下車謂曰金湯非粟而不守豈有弃收穫而繕城郭哉悉令罷散由是人吏咸歌詠之再遷夏官侍郎出爲泰州刺史大足元年遷洛州長史天后幸長安令暉知副留守事在職以清幹著聞璽書勞勉賜物百段長安三年拜中臺右丞加銀青光祿大夫神龍元年轉右羽林將軍以誅張易之昌宗功加金紫光祿大夫擢拜侍中賜爵平陽郡公食實封五百戶尋進封齊國公天后崩遺制加實封通前滿七百戶暉等以唐室中興武氏諸王咸宜降爵上章論奏於是諸武降爲公武三思益怒乃諷帝陽尊暉等爲郡王罷知政事仍賜鐵券恕十死朔望趨朝初暉與彥範等誅張易之兄弟也洛州長史薛季昶謂暉曰二凶雖除產祿猶在請因兵勢誅武三思之屬匡正王室以安天下暉與張柬之屢陳不可乃止季昶歎曰吾不知死所矣翌日三思因韋后之助潛入宮中內行相事反易國政爲天下所患時議以此歸咎於暉暉等既失政柄受制於三思暉每推牀嗟惋或彈指出血柬之歎曰主上疇昔爲英王時素稱勇烈吾留諸武冀自誅鋤耳今事勢已去知復何道三思既深憤惋以許州司功叅軍鄭愔素被暉等廢黜因令上表陳其罪狀中宗詔曰則天大聖皇后往以憂勞不豫凶豎弄權暉等因興甲兵剗除妖孽朕錄其勞効備極寵勞自謂勳高一時遂欲權傾四海擅作威福輕侮國章悖道弃義莫斯之甚然收其薄効猶爲隱忍錫其郡王之重優以特進之榮不謂谿壑之志殊難盈滿既失大權多懷怨望乃與王同晈窺覘內禁潛相謀結更欲權兵絳闕圖廢椒宮險迹醜辭驚視駭聽屬以帝圖伊始務靜狴牢所以久爲含容未能暴諸遐邇自同晈伏法舋跡彌彰儻若無其發明何以懲茲悖亂迹其巨逆合寘嚴誅緣其昔立微功所以特從寬宥咸宜貶降出佐遐藩暉可崖州司馬柬之可新州司馬恕已可竇州司馬玄暐可白州司馬並員外置暐到崖州竟爲周利貞所殺睿宗卽位追復五王官爵贈暉秦州都督謚曰肅愍建中初重贈太尉曾孫元膺開成三年自試太子通事舍人爲河南縣丞

崔玄暐博陵安平人也父行謹爲胡蘇令本名曅以字下體有則天祖諱乃改爲玄暐少有學行深爲叔父秘書監行功所器重龍朔中舉明經累補庫部員外郎其母盧氏嘗誡之曰吾見姨兄屯田郎中辛玄馭云兒子從宦者有人來云貧乏不能存此是好消息若聞貲貨充足衣馬輕肥此惡消息吾常重此言以爲確論比見親表中仕宦者多將錢物上其父母父母但知喜悅竟不問此物從何而來必是祿俸餘資誠亦善事如其非理所得此與盜賊何別縱無大咎獨不內愧於心孟母不受魚鮓之饋蓋爲此也汝今坐食祿俸榮幸已多若其不能忠清何以戴天履地孔子云雖日殺三牲之養猶爲不孝又曰父母惟其疾之憂特宜修身潔己勿累吾此意也玄暐遵奉母氏教誡以清謹見稱尋授天官郎中遷鳳閣舍人長安元年超拜天官侍郎每介然自守都絕請謁頗爲執政者所忌轉文昌左丞經月餘則天謂曰自卿改職以來選司大有罪過或聞令史乃設齋自慶此欲盛爲貪惡耳今要卿復舊任又除天官侍郎賜雜綵七十段三年拜鸞臺侍郎同鳳閣鸞臺平章事兼太子左庶子四年遷鳳閣侍郎加銀青光祿大夫仍依舊知政事先是來俊臣周興等誣陷良善冀圖爵賞因緣籍沒者數百家玄暐固陳其枉狀則天乃感悟咸從雪免則天季年宋璟劾奏張昌宗謀爲不軌玄暐亦屢有讜言則天乃令法司正斷其罪玄暐弟昇時爲司刑少卿又請寘以大辟其兄弟守正如此是時則天不豫宰相不得召見者累月及疾少間玄暐奏言皇太子相王仁明孝友足可親侍湯藥宮禁事重伏願不令異姓出入則天曰深領卿厚意尋以預誅張易之功擢拜中書令封博陵郡公中宗將授方術人鄭普思爲秘書監玄暐切諫竟不納尋進爵爲王賜實封四百戶檢校益州大都督府長史兼知都督事其後被累貶授白州司馬在道病卒建中初贈太子太師玄暐與弟昇甚相友愛諸子弟孤貧者多躬自撫養教授頗爲當時所稱昇官至尚書左丞玄暐少時頗屬詩賦晚年以爲非己所長乃不復構思唯篤志經籍述作爲事所撰行己要範十卷友義傳十卷義士傳十五卷訓注文館辭林策二十卷並行於代子璩頗以文學知名官歷中書舍人禮部侍郎璩子渙自有傳曾孫郢開成三年自商州防禦判官兼殿中侍御史入爲監察御史

張柬之字孟將襄州襄陽人也少補太學生涉獵經史尤好三禮國子祭酒令狐德棻甚重之進士擢第累補青城丞永昌元年以賢良徵試同時策者千餘人柬之獨爲當時第一擢拜監察御史聖曆初累遷鳳閣舍人時弘文館直學士王元感著論云三年之喪合三十六月柬之著論駮之曰三年之喪二十五月不刊之典也謹案春秋魯僖公三十三年十二月乙巳公薨文公二年冬公子遂如齊納幣左傳曰禮也杜預注云僖公喪終此年十一月納幣在十二月士婚禮納采納徵皆有玄纁束帛諸侯則謂之納幣蓋公爲太子已行婚禮故傳稱禮也公羊傳曰納幣不書此何以書譏喪娶在三年之外何以譏三年之內不圖婚何休注云僖公以十二月薨至此冬未滿二十五月納采問名納吉皆在三年之內故譏何休以公十二月薨至此冬十二月纔二十四月非二十五月是未三年而圖婚也按經書十二月乙巳公薨杜預以長曆推乙巳是十一月十二日非十二月書十二月是經誤文公元年四月葬我君僖公傳曰緩也諸侯五月而葬若是十二月薨卽是五月不得言緩明知是十一月薨故注僖公喪終此年至十二月而滿二十五月故丘明傳曰禮也據此推步杜之考校豈公羊之所能逮況丘明親受經於仲尼乎且二傳何杜所爭唯爭一月不爭一年其二十五月除喪由來無別此則春秋三年之喪二十五月之明驗也尚書伊訓云成湯既沒太甲元年惟元祀十有二月伊尹祀于先王奉嗣王祗見厥祖孔安國注云湯以元年十一月崩據此則二年十一月小祥三年十一月大祥故太甲中篇云惟三祀十有二月朔伊尹以冕服奉嗣王歸于亳是十一月大祥訖十二月朔日加王冕服吉而歸亳也是孔言湯元年十一月之明驗顧命云四月哉生魄王不懌是四月十六日也翌日乙丑王崩是十七日也丁卯命作冊度是十九日也越七日癸酉伯相命士須材是四月二十五日也則成王崩至康王麻冕黼裳中間有十月康王方始見廟則知湯崩在十一月淹停至殮訖方始十二月祗見其祖顧命見廟訖諸侯出廟門俟伊訓言祗見厥祖侯甸羣后咸在則崩及見廟殯周之禮並同此周因於殷禮損益可知也不得元年以前別有一年此尚書三年之喪二十五月之明驗也禮記三年問云三年之喪二十五月而畢哀痛未盡思慕未忘然而服以是斷之者豈不送死有已復生有節又喪服四制云變而從宜故大祥鼓素琴告人以終又問傳云朞而小祥食菜果又朞而大祥有醯醬中月而禫食酒肉又喪服小記云再朞之喪三年也朞之喪二年也九月七月之喪三時也五月之喪二時也三月之喪一時也此禮記三年之喪二十五月之明驗也儀禮士虞禮云朞而小祥又朞而大祥中月而禫是月也吉祭此禮周公所制則儀禮三年之喪二十五月之明驗也此四驗者並禮經正文或周公所制或仲尼所述吾子豈得以禮記戴聖所修輒欲排毀漢初高堂生傳禮既未周備宣帝時少傅后蒼因淹中孔壁所得五十六篇著曲臺記以授弟子戴德戴聖慶溥三人合以正經及孫卿所述並相符會列于學官年代已久今無端構造異論既無依據深可歎息其二十五月先儒考校唯鄭康成注儀禮中月而禫以中月間一月自死至禫凡二十七月又解禫云言澹澹然平安之意也今皆二十七月復常從鄭議也踰月入禫禫既復常則二十五月爲免喪矣二十五月二十七月其議本同竊以子之於父母喪也有終身之痛創巨者日久痛深者愈遲豈徒歲月而已乎故練而慨然者蓋悲慕之懷未盡而踊擗之情已歇祥而廓然者蓋哀傷之痛已除而孤邈之念更起此皆情之所致豈外飾哉故記曰三年之喪義同過隙先王立其中制以成文理是以祥則縞帶素紕禫則無所不佩今吾子將徇情弃禮實爲乖僻夫弃縗麻之服襲錦縠之衣行道之人皆不忍也直爲節之以禮無可奈何故由也不能過制爲姊服鯉也不能過朞哭其母夫豈不懷懼名教逼已也若孔鄭何杜之徒並命代挺生範模來裔宮牆積仞未易可窺但鑽仰不休當漸入勝境詎勞終年矻矻虛肆莠言請所有掎摭先儒願且以時消息時人以柬之所駁頗合於禮典是歲突厥默啜表言有女請和親則天盛意許之欲令淮陽郡王延秀娶之柬之奏曰自古無天子求娶夷狄女以配中國王者表入頗忤其旨神功初出爲合州刺史尋轉蜀州刺史舊例每歲差兵募五百人往姚州鎮守路越山險死者甚多柬之表論其弊曰臣竊按姚州者古哀牢之舊國絕域荒外山高水深自生人以來洎於後漢不與中國交通前漢唐蒙開夜郎滇筰而哀牢不附至光武季年始請內屬漢置永昌郡以統理之乃收其鹽布氈罽之稅以利中土其國西通大秦南通交阯奇珍異寶進貢歲時不闕劉備據有巴蜀常以甲兵不充及備死諸葛亮五月渡瀘收其金銀鹽布以益軍儲使張伯岐選其勁卒搜兵以增武備故蜀志稱自亮南征之後國以富饒甲兵充足由此言之則前代置郡其利頗深今

鹽布之稅不供珍奇之貢不入戈戟之用不實於戎行寶貨之資不輸於大國而空竭府庫驅率平人受役蠻夷肝腦塗地臣竊爲國家惜之昔漢以得利旣多歷博南山涉蘭倉水更置博南哀牢二縣蜀人愁怨行者作歌曰歷博南越蘭津渡蘭倉爲他人蓋譏漢貪珍奇鹽布之利而爲蠻夷之所驅役也漢獲其利人且怨歌今減耗國儲費用日廣而使陛下之赤子身膏野草骸骨不歸老母幼子哀號望祭於千里之外於國家無絲髮之利在百姓受終身之酷臣竊爲國家痛之往者諸葛亮破南中使其渠率自相統領不置漢官亦不留兵鎮守人問其故亮言置官留兵有三不易大意以置官夷漢雜居猜嫌必起留兵運糧爲患更重忽若反叛勞費更多但粗設紀綱自然安定臣竊以亮之此策妙得羈縻蠻夷之術今姚府所置之官旣無安邊靜寇之心又無葛亮且縱且擒之伎唯知詭謀狡筭恣情割剝貪叨劫掠積以爲常扇動酋渠遺成朋黨折支諂笑取媚蠻夷拜跪趨伏無復慙恥提挈子弟嘯引凶愚聚會蒲博一擲累萬劒南逋逃中原亡命有二千餘戶見散在彼州事以掠奪爲業姚州本龍朔中武陵縣主簿石子仁奏置之後長史李孝讓辛文協並爲羣蠻所殺前朝遣郎將趙武貴討擊貴及蜀兵應時破敗噍類無遺又使將軍李義摠等往征郎將劉惠基在陣戰死其州乃廢臣竊以諸葛亮稱置官留兵有三不易其言乃驗至垂拱四年蠻郎將王善寶昆州刺史爨乾福又請置州奏言所有課稅自出姚府管內更不勞擾蜀中及置州後錄事參軍李稜爲蠻所殺延載中司馬成琛奏請於瀘南置鎮七所遣蜀兵防守自此蜀中騷擾于今不息且姚府總管五十七州巨猾遊客不可勝數國家設官分職本以化俗防姦無恥無厭狼籍至此今不問夷夏負罪並深見道路劫殺不能禁止恐一旦驚擾爲禍轉大伏乞省罷姚州使隸嶲府歲時朝覲同之蕃國瀘南諸鎮亦皆悉廢於瀘北置關百姓自非奉使入蕃不許交通往來增嶲府兵選擇淸良宰牧以統理之臣愚將爲穩便疏奏則天不納後累拜荊州大都督府長史長安中召爲司刑少卿遷秋官侍郎時夏官尚書姚崇爲靈武軍使將行則天令舉外司堪爲宰相者崇對曰張柬之沉厚有謀能斷大事且其人年老惟陛下急用之則天登時召見尋同鳳閣鸞臺平章事未幾遷鳳閣侍郎仍知政事及誅張易之兄弟柬之首謀其事中宗卽位以功擢拜天官尚書鳳閣鸞臺三品封漢陽郡公食實封五百戶未幾遷中書令監修國史月餘進封漢陽郡王加授特進令罷知政事其年秋柬之表請歸襄州養疾許之仍特授襄州刺史又拜其子漪爲著作郎令隨父之任上親賦詩祖道又令羣公餞送於定鼎門外柬之至襄州有鄉親舊交抵罪者必深文致法無所縱捨其子漪特以立功每見諸少長不以禮接時議以爲不能易荊楚之剽性焉尋爲武三思所構貶授新州司馬柬之至新州憤恚而卒年八十餘景雲元年制曰褒德紀功事華典冊飾終追遠理光名教故吏部尚書張柬之翼戴興運謨明帝道經綸謇諤風範猶存往屬回邪構成纍咎無辜放逐淪沒荒遐言念勳賢良深軫悼宜加寵贈式賁幽泉可贈中書令封漢陽郡公建中初又贈司徒玄孫璟開成二年自宜城尉遷壽安尉

袁恕己滄州東光人也長安中歷遷司刑少卿兼知相王府司馬事敬暉等將誅張易之兄弟恕己預其謀議又從相王統率南衙兵仗以備非常及事定加銀青光祿大夫行中書侍郞同中書門下三品封南陽郡公食實封五百戶將作少匠楊務廉素以工巧見用中興初恕己恐其更啓遊娛侈靡之端言於中宗曰務廉致位九卿積有歲年苦言嘉謀無足可紀每宮室營構必務其侈若不斥之何以廣昭聖德由是左授務廉陵州刺史恕己俄擢拜中書令仍加特進封南陽郡王罷知政事則天崩遺制加實封滿七百戶後與敬暉等累遭貶黜流于環州尋爲周利貞所逼飲野葛汁數升恕己常服黃金餌毒發憤悶以手掘地取土而食爪甲殆盡竟不死乃擊殺之建中初贈太子太傅曾孫德文舉進士開成三年授秘書省校書郎

史臣曰昔夫差入越勾踐保於會稽不聽子胥之言而有甬東之歎此五王除兇返正得討成功當是時彥範敬暉握兵全勢三思攸暨其黨半藏若從季昶之言寧有利貞之禍蓋以心懷不忍遽失後圖黜削流移理固然也且芟蔓而不能拔本建謀而倘欠防微死卽無辜禍由自掇失斷召亂也不亦宜哉

贊曰嗟彼五王忠于有唐知火在木謂其無傷禍發旣剋勢推靡當何事不敏周身之防

舊唐書卷九十一考證

敬暉傳柬之歎曰主上疇昔爲英王時素稱勇烈吾留諸武冀自誅勠云云○新書作桓彥範語

# 舊唐書卷九十二

後晉司空同中書門下平章事劉　昫撰

## 列傳第九十二

魏元忠　韋安石 子陟 斌 斌子況 從父兄子抗 從祖兄子巨源　趙彥昭附

蕭至忠 宗楚客 紀處訥附

魏元忠宋州宋城人也本名眞宰以避則天母號改焉初爲太學生志氣倜儻不以舉薦爲意累年不調時有左史盩厔人江融撰九州設險圖備載古今用兵成敗之事元忠就傳其術儀鳳中吐蕃頻犯塞元忠赴洛陽上封事言命將用兵之工拙曰臣聞理天下之柄二事焉文與武也然則文武之道雖有二門至於制勝御人其歸一揆方今王略遐宣皇威遠振建禮樂而陶士庶訓軍旅而懾生靈然論武者以弓馬爲先而不稽之以權略談文者以篇章爲首而不問之以經綸而奔競相因遂成浮俗臣嘗讀魏晉史每鄙何晏王衍終日談空近觀齊梁書才士亦復不少並何益於理亂哉從此而言則陸士衡著辯亡論而不救河橋之敗養由基射能穿札而不止鄢陵之奔斷可知矣昔趙岐撰禦寇之論山濤陳用兵之本皆坐運帷幄暗合孫吳宣尼稱有德者必有言仁者必有勇則何平叔王夷甫豈得同日而言哉臣聞才生於代代實須才何代而不生才何才而不生代故物有不求未有無物之歲士有不用未有無士之時夫有志之士在富貴之與貧賤皆思立於功名冀傳芳於竹帛故班超投筆而歎祖逖擊楫而誓此皆有其才而申其用矣且知己難逢英哲罕遇士之懷琬琰以就埃塵抱棟梁而困溝壑者則悠悠之流直覩此士之貧賤安知此士之方略哉故漢拜韓信舉軍驚笑蜀用魏延羣臣觖望嗟乎富貴者易爲善貧賤者難爲功至於此也亦有位處立功之際而不展其志略身爲時主所知竟不能盡其才用則貧賤之士焉足道哉漢文帝時魏尚李廣並身任邊將位爲郡守文帝不知魏尚之賢而囚之不知李廣之才而不能用之常歎李廣恨生不逢時令當高祖日萬戶侯豈足道哉夫以李廣才氣天下無雙匈奴畏之號爲飛將爾時胡騎憑凌足伸其用文帝不能大任反歎其生不逢時近不知魏尚李廣之賢而乃遠想廉頗李牧故馮唐曰雖有頗牧而不能用近之矣從此言之疏斥賈誼復何怪哉此則身爲時主所知竟不能盡其才用晉羊祜獻計平吳賈充荀勗沮其策祜歎曰天下不如意恒十居七八綠荀賈不同竟不大舉此則位處立功之際而不得展其志略而布衣韋帶之人懷一奇抱一策上書闕下朝進而望夕召何可得哉臣請歷訪內外文武職事五品已上得不有智計如羊祜武藝如李廣在用與不用之間不得騁其才略伏願降寬大之詔使各言其志無令汲黯直氣卧死於淮陽仲舒大才位屈於諸侯相又曰臣聞帝王之道務崇經略經略之術必仗英奇自國家良將可得言矣李靖破突厥侯君集滅高昌蘇定方開西域李勣平遼東雖奉國威靈亦其才力所致古語有之人無常俗政有理亂兵無强弱將有能否由此觀之安邊境立功名在於良將也故趙充國征先零馮子明討南羌皆計不空施機不虛發則良將立功之驗也然兵革之用王者大事存亡所繫若任得其才則摧兇而扼暴苟非其任則敗國而殄人北齊段孝玄云持大兵者如擊盤水傾在俛仰間一致蹉跌求止豈得哉從此而言周亞夫堅壁以挫吳楚司馬懿閉營而困葛亮俱爲上策此皆不戰而却敵全軍以制勝是知大將臨戎以智爲本漢高之英雄大度尚曰吾寧鬬智魏武之機神冠絕猶依法孫吳假有項籍之氣袁紹之基而皆泯智任情終以破滅何況復出其下哉且上智下愚明暗異等多筭少謀衆寡殊科故魏用栢直以拒漢韓信輕爲豎子燕任慕容評以抗秦王猛謂之奴才卽栢直慕容評智勇俱亡者也夫中材之人素無智略一旦居元帥之任而意氣軒昂自謂當其鋒者無不摧碎豈知戎昭果毅教詩說禮之事乎故李信求以二十萬衆獨舉鄢郢其後果辱秦軍樊噲願得十萬衆横行匈奴登時見折季布皆其事也當今朝廷用人類取將門子弟亦有死事之家而蒙抽擢者此等本非幹略見知雖竭力盡誠亦不免於傾敗若之何使當閫外之任哉後漢馬賢討西羌皇甫規陳其必敗宋文帝使王玄謨收復河南沈慶之懸知不剋謝玄以書生之姿拒符堅天下之衆郗超明其必勝桓溫提數萬之兵萬里而襲成都劉直長期於決取雖時有今古人事皆可推之取驗大體觀其銳志與識略耳明者隨分而察成敗之形昭然自露京房有言後之視今亦猶今之視古則昔賢之與今哲意況何殊當事機之際也皆隨時而立功豈復取賢於往代待才於未來也卽論知與不知用與不用夫建功者言其所濟不言所起言其所能不言所藉若陳湯呂蒙馬隆孟觀並出自貧賤勳濟甚高未聞其家代爲將帥董仲舒曰爲政之用譬之琴瑟不調甚者必解絃而更張之乃可鼓也故陰陽不和擢士爲相蠻夷不龔拔卒爲

將帥更張之義也以四海之廣億兆之衆其中豈無卓越奇絕之士臣恐未之思也夫何遠之有又曰臣聞賞者禮之基罰者刑之本故禮崇謀夫竭其能賞厚義士輕其死刑正君子勗其心罰重小人懲其過然則賞罰者軍國之綱紀政教之藥石綱紀舉而衆務自理藥石行而文武用命彼吐蕃蟻結蜂聚本非勍敵薛仁貴郭待封受閫外之寄奉命專征不能激勵熊羆乘機掃撲敗軍之後又不能轉禍爲福因事立功遂乃棄甲喪師脫身而走幸逢寬政罪止削除國家網漏吞舟何以過此天皇遲念舊恩收其後效當今朝廷所少豈此一二人乎且賞不勸謂之止善罰不懲謂之縱惡仁貴自宣力海東功無尺寸坐玩金帛瀆貨無厭今又不誅縱惡更甚臣以疏賤干非其事豈欲間天皇之君臣生厚薄於仁貴直以刑賞一虧百年不復區區所懷實在於此古人云國無賞罰雖堯舜不能爲化今罰不能行賞亦難信故人間議者皆言近日征行虛有賞格而無其事良由中才之人不識大體恐賞賜勳庸傾竭倉庫留意錐刀將此益國徇目前之近利忘經久之遠圖所謂錯之毫釐失之千里者也且黔首雖微不可欺以得志瞻望恩澤必因事而生心既有所因須應之以實豈得懸不信之令設虛賞之科比者師出無功未必不由於此文子曰同言而信信在言前同令而行誠在令外故商君移木以表信曹公割髮以明法豈禮也哉有由然也自蘇定方定遼東李勣破平壤賞絕不行勳仍淹滯數年紛紜眞僞相雜縱加沙汰未至澄清臣以吏不奉法慢自京師僞勳所由主司之過其則不遠近在尚書省中不聞斬一臺郎戮一令史使天下知聞天皇何能照遠而不照近哉神州化首萬國共尊文昌政本四方是則執物宣風理亂攸在臣是以披露不已昌死盡言且明鏡所以照形往事所以知今臣識不稽古請以近事言之貞觀年中萬年縣尉司馬玄景舞文飾智以邀乾沒太宗審其姦詐棄之都市及征高麗也總管張君乂擊賊不進斬之旗下臣以僞勳之罪多於玄景仁貴等敗重於君乂向使早誅薛仁貴郭待封則自餘諸將豈敢失利於後哉韓子云慈父多敗子嚴家無格虜此言雖小可以喻大公孫弘有言人主病不廣大人臣病不節儉臣恐天皇病之於不廣大過在於慈父斯亦日月之一蝕也又今之將吏率多貪暴所務唯狗馬所求唯財物無趙奢吳起散金養士之風縱使行軍悉是此屬臣恐吐蕃之平未可旦夕望也帝甚歎異之授秘書省正字令直中書省仗內供奉尋除監察御史文明年遷殿中侍御史其年徐敬業據揚州作亂左玉鈐衛大將軍李孝逸督軍討之則天詔元忠監其軍事孝逸至臨淮而偏將雷仁智爲敬業先鋒所敗敬業又攻陷潤州迴兵以拒孝逸孝逸懼其鋒按甲不敢進元忠謂孝逸曰朝廷以公王室懿親故委以閫外之事天下安危實資一決且海內承平日久忽聞狂狡莫不注心傾耳以俟其誅今大軍留而不進則解遠近之望萬一朝廷更命他將代公其將何辭以逃逗撓之罪幸速進兵以立大效不然則禍難至矣孝逸然其言乃部勒士卒以圖進討時敬業屯於下阿谿敬業弟敬猷率偏師以逼淮陰元忠請先擊敬猷諸將咸曰不如先攻敬業敬業敗則敬猷不戰而擒矣若擊敬猷則敬業引兵救之是腹背受敵也元忠曰不然賊之勁兵精卒盡在下阿蟻聚而來利在一決萬一失捷則大事去矣敬猷本出博徒不習戰鬭其衆寡弱人情易搖大軍臨之其勢必剋既剋敬猷我軍乘勝而進彼若引救淮陰計程則不及又恐我之進掩江都必邀我於中路彼則勞倦我則以逸待之破之必矣譬之逐獸弱者先擒豈可捨必擒之弱獸趨難敵之强兵恐未可也孝逸從之乃引兵擊敬猷一戰而破之敬猷脫身而遁孝逸乃進軍與敬業隔溪相拒前軍總管蘇孝祥爲賊所破孝逸又懼欲引退初敬業至下阿有流星墜其營及是有羣鳥飛噪於陣上元忠曰驗此卽賊敗之兆也風順荻乾火攻之利固請決戰乃平敬業元忠以功擢司刑正稍遷洛陽令尋陷周興獄詣市將刑則天以元忠有討平敬業功特免死配流貴州時承勑者將至市先令傳呼監刑者遽釋元忠令起元忠曰未知勑虛實豈可造次徐待宣勑然始起謝觀者咸歎其臨刑而神色不撓聖曆元年召授侍御史擢拜御史中丞又爲來俊臣侯思止所陷再被流于嶺表復還授御史中丞元忠前後三被流於時人多稱其無罪則天嘗謂曰卿累負謗鑠何也對曰臣猶鹿也羅織之徒有如獵者苟須臣肉作羹耳此輩殺臣以求達臣復何辜聖曆二年擢拜鳳閣侍郎同鳳閣鸞臺平章事檢校幷州長史未幾加銀青光祿大夫遷左肅政臺御史大夫兼檢校洛州長史政號清嚴長安中相王爲幷州元帥元忠爲副時奉宸令張易之嘗縱其家奴凌暴百姓元忠笞殺之權豪莫不敬憚時突厥與吐蕃數犯塞元忠加爲大總管拒之元忠在軍唯持重自守竟無所剋獲然亦未嘗敗失中宗在春宮時元忠檢校太子左庶子時張易之昌宗權寵日盛傾朝附之元忠嘗奏則天曰臣承先帝顧眄受陛下厚恩不徇忠死節使小人得在君側臣之罪也則天不悅易之昌宗由是含怒因則天不豫乃譖元忠與司禮丞高戩潛謀曰主上老矣吾屬當挾太子而令天下則天惑其言乃下元忠詔獄召太子相王及諸宰相令昌宗與元忠等殿前叅對反復不決昌宗又引鳳閣舍人張說令執證元忠說初僞許之及則天召說驗問說確稱元忠實無此語則天乃悟元忠被誣然以昌宗之故特貶授端州高要尉中宗卽位其日驛召元忠授衛尉卿同中書門下三品旬日又遷兵部尚書知政事如故尋進拜侍中兼檢校兵部尚書時則天崩中宗居諒闇多不視事軍國大政獨委元忠者數日未幾遷中書令加授光祿大夫累封齊國公監修國史神龍二年元忠與武三思祝欽明徐彦伯柳沖韋承慶崔融岑羲徐堅等撰則天皇后實錄二十卷編次文集一百二十卷奏之中宗稱善賜元忠物千段仍封其子衞王府諮議叅軍昇爲任城縣男時元忠特承寵榮當朝用事初元忠作相於則天朝議者以爲公清至是再居政事天下莫不延首傾屬冀有所弘益元忠乃親附權豪抑棄寒俊竟不能賞善罰惡勉修時政議者以此少之四年秋代唐璟爲尚書右僕射兼中書令仍知兵部尚書事監修國史未幾元忠請歸鄉拜掃特賜錦袍一領銀千兩幷給千騎四人充其左右手勑曰衣錦晝遊在乎茲日散金敷惠諒屬斯辰元忠至鄉里竟自藏其銀無所賑施及還帝又幸白馬寺以迎勞之其恩遇如此是時安樂公主嘗私請廢節愍太子立己爲皇太女中宗以問元忠元忠固稱不可乃止尋遷左僕射餘並如故元忠又嫉武三思專權用事心常憤歎思欲誅之三年秋節愍太子起兵誅三思元忠及左羽林大將軍李多祚等皆潛預其事太子既斬三思又率兵詣闕將請廢韋后爲庶人遇元忠子太僕少卿昇於永安門脅令從已太子兵至玄武樓下多祚等猶豫不戰元忠又持兩端由是不剋昇爲亂兵所殺中宗以元忠有平寇之功又素爲高宗天后所禮遇竟不以昇爲累委任如初是時三思之黨兵部尚書宗楚客與侍中紀處訥等又執證元忠及昇云素與節愍太子同謀構逆請夷其三族中宗不許元忠懼不自安上表固請致仕手制聽解左僕射以特進齊國公致仕于家仍朝朔望楚客等又引右衞郎將姚庭筠爲御史中丞令劾奏元忠由是貶渠州員外司馬侍中楊再思中書令李嶠皆依楚客之旨以致元忠之罪唯中書侍郎蕭至忠正議云當從寬宥楚客大怒又遣給事中冉祖雍與楊再思奏言元忠既緣犯逆不合更授內地官遂左遷思州務川尉頃之楚客又令御史袁守一奏言則天昔在三陽宮不豫內史狄仁傑奏請陛下監國元忠密進狀云不可據此則知元忠懷逆日久伏請加以嚴誅中宗謂楊再思等曰以朕思之此是守一大錯人臣事主必在一心豈有主上少有不安卽請太子知事乃是狄仁傑樹私惠未見元忠有失守一假借前事羅織元忠豈是道理楚客等遂止元忠行至涪陵而卒年七十餘景龍四年追贈尚書左僕射齊國公本州刺史仍令所司給靈輿遞至鄉里睿宗卽位制令陪葬定陵景雲三年又降制曰故左僕射齊國公魏元忠代協人望時稱國良歷事三朝俱展誠效晚年遷謫頗非其罪宜特還其子著作郎晃實封一百戸開元六年謚曰貞二子昇晃

韋安石京兆萬年人周大司空鄖國公孝寬曾孫也祖津大業末爲民部侍郎煬帝之幸江都勑津與段達元文都等於洛陽留守仍檢校民部尚書事李密逼東都津拒戰於上東門外兵敗爲密所囚及王世充殺文都等津獨免其難密敗歸東郡世充僭號深被委遇及洛陽平高祖與津有舊徵授諫議大夫檢校黃門侍郎出爲陵州刺史卒父琬成州刺史叔琨戸部侍郎琨弟璲倉部員外安石應明經舉累授乾封尉蘇良嗣甚禮之永昌元年三遷雍州司兵良嗣時爲文昌左相謂安石曰大材須大用何爲徒勞於州縣也特薦於則天擢拜膳部員外郎永昌令幷州司馬則天手制勞之曰聞卿在彼庶事存心善政表於能官仁明彰於鎭撫如此稱職深慰朕懷俄拜幷州刺史又歷德鄭二州刺史安石性持重少言笑爲政清嚴所在人吏咸畏憚之久視年遷文昌右丞尋拜鸞臺侍郎同鳳閣鸞臺平章事兼太子左庶子長安三年爲神都留守兼判天官秋官二尚書事後與崔神慶等同爲侍讀尋知納言事是歲又加檢校中臺左丞兼太子左庶子鳳閣鸞臺三品如故時張易之兄弟及武三思皆恃寵用權安石數折辱之甚爲易之等所忌嘗於內殿賜宴易之引蜀商宋霸子等數人於前博戲安石跪奏曰蜀商等賤類不合預登此筵因顧左右令逐出之座者皆爲失色則天以安石辭直深慰勉之時鳳閣侍郎陸元方在座退而告人曰此眞宰相非吾等所及也則天嘗幸興泰宮欲就捷路安

石奏曰千金之子且有垂堂之誡萬乘之尊不宜輕乘危險此路板築初成無自然之固鑾駕經之臣等敢不請罪則天登時爲之迴輦安石俄又舉奏易之等罪狀初有勑付安石及夏官尚書唐休璟推問未竟而事變四年出爲揚州大都督府長史神龍初徵拜刑部尚書是歲又遷吏部尚書復知政事俄代張柬之爲中書令封鄖國公以嘗爲宮寮賜實封三百戶又兼相王府長史俄轉戶部尚書復爲侍中監修國史中宗與庶人嘗因正月十五日夜幸其第賜賚不可勝數又中宗嘗幸安樂公主城西池館公主具舟楫請御樓舩安石諫曰御輕舟乘不測臣恐非帝王之事乃止睿宗踐祚拜太子少保改封郇國公俄又歷侍中中書令景雲二年加開府儀同三司時太平公主與竇懷貞等潛有異圖將引安石預其事公主屢使子壻唐晙邀安石至宅安石竟拒而不往睿宗嘗密召安石謂曰聞朝廷傾心東宮卿何不察也安石對曰陛下何得亡國之言此必太平之計太子有大功於社稷仁明孝友天下所稱願陛下無信讒言以致惑也睿宗矍然曰朕知之矣卿勿言也太平於簾中竊聽之乃構飛語欲令鞫之賴郭元振保護獲免俄而遷尚書左僕射兼太子賓客依舊同中書門下三品雖假以崇寵實去其權其冬罷知政事拜特進充東都留守太常主簿李元澄卽安石之子壻其妻病死安石夫人薛氏疑元澄先所幸婢厭殺之其婢久已轉嫁薛氏使人捕而捶之致死由是爲御史中丞楊茂謙所劾出爲蒲州刺史無幾轉青州刺史安石初在蒲州時太常卿姜皎有所請託安石拒之皎大怒開元二年皎弟晦爲御史中丞以安石等作相時同受中宗遺制宗楚客韋溫削除相王輔政之辭安石不能正其事令侍御史洪子輿舉劾之子輿以事經赦令固稱不可監察御史郭震希皎等意越次奏之於是下詔曰青州刺史韋安石太子賓客韋嗣立刑部尚書趙彥昭等往在先朝曲蒙厚賞因緣幸會久在廟堂朋黨比周闇於行路景龍之末長蛇縱禍倉卒之間人神憤怨未聞捨生取義直道昌言遂刪太上皇輔政之辭用韋氏臨朝之策比常隱忍復以崇班將期愧畏稍懲前惡而尚款回邪苟安榮寵宜從謫官之典以勵事君之節安石可沔州別駕嗣立可嶽州別駕彥昭可袁州別駕並員外置安石既至沔州晦又奏云安石嘗檢校定陵造作隱官物入己勑符下州徵贓安石歎曰此祗應須我死耳憤激而卒年六十四開元十七年贈蒲州刺史天寶初以子貴追贈開府儀同三司尚書左僕射郇國公謚曰文貞二子陟斌並早知名陟字殷卿代爲關中著姓人物衣冠弈世榮盛安石晚有子及爲并州司馬始生陟及斌俱少聰敏頗異常童陟自幼風標整峻獨立不羣安石尤愛之神龍二年安石爲中書令陟始十歲拜溫王府東閤祭酒加朝散大夫累遷秘書太常丞有文彩善隸書辭人秀士已遊其門矣開元初丁父憂居喪過禮自此杜門不出八年與弟斌相勸勵探討典墳不捨晝夜文華當代俱有盛名于時才名之士王維崔顥盧象等常與陟唱和遊處廣平宋公見陟歎曰盛德遺範盡在是矣歷洛陽令轉吏部郎中張九齡一代辭宗爲中書令引陟爲中書舍人與孫逖梁涉對掌文誥時人以爲美談後爲禮部侍郎陟好接後輩尤鑒于文雖辭人後生靡不諳練曩者主司取與皆以一場之善登其科目不盡其才陟先責舊仍令舉人自通所工詩筆先試一日知其所長然後依常式考覈片善無遺美聲盈路後爲吏部侍郎常病選人冒名接腳闕員既少取士良難正調者被擠僞集者冒進陟剛腸嫉惡風彩嚴正選人疑其有瑕案聲盤詰無不首伏每歲皆贖得數百員闕以待淹滯常謂所親曰使陟知銓衡一二年則無人可選矣陟門地豪華早踐清列侍兒閹閽列侍左右者十數衣書藥食咸有典掌而輿馬僮奴勢侔於王家主第自以才地人物坐取三公頗以簡貴自處善誘納後進其同列朝要視之蔑如也如道義相知靡隔貴賤而布衣韋帶之士恒虛席倒屣以迎之時人以此稱重李林甫忌之出爲襄陽太守兼本道採訪使又改陳留採訪使復加銀青光祿大夫天寶中襲封郇國公以親累貶鍾離太守重貶義陽太守尋移河東太守充本道採訪使十二年入考在華清宮右相楊國忠惡其才望恐踐台衡乃引河東人吳豸之謂曰子能使人告陟乎吾以子爲御史豸之曰能乃告陟與御史中丞吉溫結託欲謀陷朝廷又誘陟姪韋元志證之陟坐貶爲桂州桂嶺尉未之任再貶昭州平樂尉會祿山反陷洛陽陟愛弟斌爲賊所得國忠欲構陟與賊通應潛令吏卒伺其所居欲脅之令陟憂死其土豪人勸陟曰昔張燕公竄逐藏於陳氏以免危亡詔命儻來誰敢申覆未若輕舟千里且泛谿洞候事清徐出豈不美也陟慨然應之曰我積信於國朝非一代也況素所秉心無負神理命之合爾其敢逃刑燕公之謀誠媿厚意不能從也因謝遣之乃堅卧不動經歲餘潼關失守肅宗卽位於靈武起爲吳郡太守兼江南東道採訪使未到郡肅宗使中官賈遊巖手詔追之未至鳳翔會江東永王擅起兵令陟招諭除御史大夫兼江東節度使陟以季廣琛從永王下江非其本意懼罪出奔未有所適乃有表請拜廣琛爲丹陽太守兼御史中丞緣江防禦使以安反側因與淮南節度使高適淮西節度使來瑱等同至安州陟謂適瑱曰今中原未復江淮動搖人心安危實在茲日若不齊盟質信以示四方令知三帥協心萬里同力則難以集事矣陟推瑱爲地主乃爲載書登壇誓衆曰淮西節度使兼御史大夫瑱江東節度使御史大夫陟淮南節度使御史大夫適等銜國威命各鎮方隅糺合三垂翦除兇慝好惡同之無有異志有渝此盟墜命亡族皇天后土祖宗神明實鑒斯言陟等辭旨慷慨血淚俱下三軍感激莫不隕泣其後江表樹碑以紀忠烈無何有詔令陟赴行在陟以廣琛雖承恩命猶且遲迴恐後變生禍貽於陟欲往招慰然後赴徵乃發使上表懇言其急陟馳至歷陽見廣琛且宣恩旨勞徠行賞陟自以私馬數四賜之安其疑懼卽日便赴行在謁見肅宗肅宗深器之拜御史大夫拾遺杜甫上表論房琯有大臣度眞宰相器聖朝不容辭旨迂誕肅宗令崔光遠與陟及憲部尚書顏眞卿同訊之陟因入奏曰杜甫所論房琯事雖被貶黜不失諫臣大體上由此踈之時朝臣立班多不整肅至有班頭相弔哭者乃罷陟御史大夫顏眞卿代授吏部尚書自後任事寵臣皆後來初用望風畏忌道竟不行因宗人代墓栢坐不能禁出爲絳州刺史乾元二年入爲太常卿呂諲再入相薦爲禮部尚書東京留守判尚書省事兼東京畿觀察處置等使逆賊史思明寇逼河洛副元帥李光弼議守河陽令陟率東京官屬入關迴避乃領兵守陝州有詔遷吏部尚書留守如故令止於永樂不許至京候光弼收復河洛令陟依前居守陟早有台輔之望間被李林甫楊國忠所擠及中原兵起天下事殷陟常自謂負經緯之器遭後生謗明主見疑常鬱鬱不得志乃歎曰吾道窮於此乎有志不伸得非天命乎因遘疾上元元年八月卒於虢州時年六十五贈荊州大都督永泰元年詔曰竭忠之臣殁不廢命奉上之節行固無私言念飾終抑惟恒典故金紫光祿大夫吏部尚書兼御史大夫充東京留守兼判留司尚書省事東京畿觀察處置使上柱國郇國公韋陟敦敏直方端嚴峻整弘敷典禮表正人倫學冠通儒文合大雅頃者詢謨舊德保釐成周眷彼郊圻資其慎固而兇胡殘醜密邇河洛命居陝虢時俟翦除纔加喉舌之榮遽嬰霜露之疾方期克享眉壽翼其有瘳奄此殂殁良深震悼昇車而復以申三襚之恩在臚加紳宜崇八座之寵可贈尚書左僕射太常博士程皓議謚爲忠孝刑部尚書顏眞卿以爲忠則以身許國見危致命孝則晨昏色養取樂庭闈不合二行殊難以成忠孝主客員外郎歸崇敬又駁之紛議不已右僕射郭英乂不達其體請從太常之狀而奏陟子允斌景雲初安石爲宰輔時授太子通事舍人早修整尚文藝容止嚴厲有大臣體與兄陟齊名開元十七年司徒薛王業爲女平恩縣主求婚以斌才地奏配焉遷秘書丞天寶初轉國子司業徐安貞王維崔顥當代辭人特爲推挹天寶中拜中書舍人兼集賢院學士兄陟先爲中書舍人未幾遷禮部侍郎陟在南省斌又掌文誥改太常少卿天寶五載右相李林甫構陷刑部尚書韋堅斌以親累貶巴陵太守移臨安太守加銀青光祿大夫斌授五品時兄陟爲河東太守堂兄由爲右金吾將軍縚爲太子少師四人同時列戟衣冠之盛罕有其比十四載安祿山反陷洛陽斌爲賊所得僞授黃門侍郎憂憤而卒及剋復兩京肅宗乾元元年贈秘書監安石兄叔夏別有傳從父兄子抗從祖兄子巨源抗弱冠舉明經累轉吏部郎中以清謹著稱景雲初爲永昌令不務威刑而政令肅一都輦繁劇前後爲政寬猛得中無如抗者無幾遷右臺御史中丞入吏詣闕請留不許因立碑於通衢紀其遺惠開元三年自左庶子出爲益州長史四年入爲黃門侍郎八年河曲叛胡康待賓擁徒作亂詔抗持節慰撫抗素無武略不爲寇所憚在路遲留不敢進因墜馬稱疾竟不至賊所而還俄以本官檢校鴻臚卿代王晙爲御史大夫兼按察京畿時抗弟拯爲萬年令兄弟同領本部時人榮之尋以薦御史非其人出爲安州都督轉蒲州刺史十一年入爲大理卿其年代陸象先爲刑部尚書尋又分掌吏部選事十四年卒抗歷職以清儉自守不務產業及終喪事殆不能給玄宗聞其貧特令給靈轝遞送還鄉贈太子少傅謚曰貞抗爲京畿按察使時舉奉天尉梁昇卿新豐尉王倕金城尉王冰華原尉王燾爲判官及度支使其後昇卿等皆名位通顯時人以抗有知人之鑒巨源周京兆尹總曾孫也祖匡伯襲祖爵鄖國公入隋改封舒國公官至尚衣奉御巨源則天時累遷司賓少卿轉司府卿文昌右丞同鳳閣鸞臺平章事三年轉夏官侍郎依前平章事有吏

才勻覆省內文案下符剿徵雖爲下所怨苦然亦頗收其利證聖初出爲麟州刺史尋拜地官尚書神都留守長安二年詔入轉刑部尚書又加太子賓客再爲神都留守神龍初入拜工部尚書封同安縣子又遷吏部尚書同中書門下三品進封鄖縣伯時安石爲中書令以是巨源近屬罷知政事巨源尋遷侍中中書令進封舒國公附入韋后三等親敘爲兄弟編在屬籍是歲巨源奉制與唐休璟李懷遠祝欽明蘇瓌等定垂拱格及格後勑前後計二十卷頒下施行時武三思先有實封數千戶在貝州時屬大水刺史宋璟議稱租庸及封丁並合捐免巨源以爲穀稼雖被淹沉其蠶桑見在可勒輸庸調由是河朔戶口頗多流散景龍二年順天翊聖皇后衣箱中裙上有五色雲起久而方歇巨源以爲非常佳瑞請布告天下許之中宗又令畫工圖其狀以示百寮仍大赦天下內外五品已上官母妻各加封邑時中宗既雅信符瑞巨源又贊成其妖妄是歲星墜如雷野雉皆雊咎徵若此不聞巨源有言蓋與韋皇后繼敘源流佞媚官爵疑其開導以踵則天時有驍衛將軍迦葉志忠太常少卿鄭愔兵部尚書宗楚客右補闕趙延禧等或相諷諭或上表章謬說符祥朋黨取媚識者嗟憤景龍三年拜尚書左僕射依舊知政事未幾又拜尚書令同中書門下三品仍舊監修國史時國家將有事於南郊而巨源希韋后之旨協同祝欽明之議言皇后合助郊祀竟以皇后爲亞獻巨源爲終獻又以大臣女爲齋娘及韋庶人之難家人令巨源逃匿巨源曰吾國之大臣豈得聞難不赴乃出至都街爲亂兵所殺時年八十睿宗即位贈特進荊州大都督太常博士李處直議巨源謚曰昭戶部員外郎李邕駁之曰三思引之爲相阿韋託之爲親無功而封無德而祿同族則醜正安石他人則附邪楚客謚之曰昭良恐不當初巨源與安石迭爲宰相時人以爲情不相協故邕以此稱之處直仍固請依前謚爲定邕又駮曰夫古之謚在乎勸沮將杜小人之業興長君子之風故爲善者雖存不貴仕而没有餘名此賢達所以砥節也爲惡者雖生有所幸死懷所懲此回邪所以易心也嗚呼巨源嘗未斯察而乃聞義不從與惡相濟蓄罔上之志協羣兇之謀苟容聖朝貪昧厚祿自以宰臣之貴不崇朝而罹害者固鬼得而誅之也彼則匹夫之微未受命而行刑者固人得而誅之也幽明之憤斷焉可知天地之心自此而見矣頃者皇運中興功臣翼政時序未幾邪逆執權姦慝者拜爵於私門忠正者降黜於藩郡巨源此際用事方殷且於阿韋何親而結爲昆季於國家何力而累忝大官此則闇通中人附會武氏託城社之固亂皇家之基其罪一也又國之大事在祀與戎酌於禮經陳於郊祭將以對越天地光揚祖宗既告成功以觀海內惟昔亞獻不聞婦人阿韋蓄無君之心懷自達之意潛圖帝位議啄皇孫昇壇擬儀拜賜明命將預家事無守國章巨源創跡於前悖逆演成於後時有禮部侍郎徐堅太常博士唐紹蔣欽緒彭景直並言之莫從其罪二也又上天不弔先帝遇毒悔禍無徵阿韋將篡畫計未果逆心尚搖周章夷猶倉卒迷謬於是太平公主矯爲陳謨上官昭容紿草遺詔故得今上輔政阿韋忝謀將大業垂成而休命中輟者職由巨源躡韋溫之足楚客附巨源之耳皋聲遠發狠顧相驚以阿韋臨朝以韋溫當國其罪三也又人爲邦本財實聚人奪其財則人心自離無其人則國本何恃巨源屢踐台輔專行勾徵廢越條章崇尚侵刻樹怨天下剝害生靈兆庶流離戶口減耗況以三思食邑往在貝州時屬久陰災逢多雨租庸捐免申令昭明匪今獨然自古不易三思慮其封物巨源啓此異端以爲稼穡湮沉雖無菽粟蠶桑織絍可輸庸調致使河朔黎人海隅士女去其鄉井鬻其子孫饑寒切身朝夕奔命其罪四也但巨源長於華宗仕於累代作萬國之相處具瞻之地蔽日月之曆輝負丘山之重責今乃妄加褒述安能分謗者哉當時雖不從邕議而論者是之巨源與安石及則天時文昌右相待價並是五服之親自餘近屬至大官者數十人

趙彥昭者甘州張掖人也父武孟初以馳騁佃獵爲事嘗獲肥鮮以遺母母泣曰汝不讀書而佃獵如是吾無望矣竟不食其膳武孟感激勤學遂博通經史舉進士官至右臺侍御史撰河西人物志十卷彥昭少以文辭知名中宗時累遷中書侍郎同中書門下三品兼修國史充修文館學士景龍四年金城公主出降吐蕃贊普中宗命彥昭爲使彥昭以既充外使恐失其寵殊不悅司農卿趙履溫私謂曰公國之宰輔而爲一介之使不亦鄙乎彥昭曰計將安出履溫因爲陰託安樂公主密奏留之中宗乃遣左驍衛大將軍楊矩代彥昭而往睿宗時出爲涼州都督爲政清嚴將士已下皆動足股慄又爲宋州刺史入爲吏部侍郎又爲刑部尚書關內道持節巡邊使檢校左御史臺大夫彥昭素與郭元振張說友善及蕭至忠等伏誅元振說等稱彥昭先嘗密圖其事乃以功遷刑部尚書封耿國公賜實封一百戶殿中侍御史郭震奏彥昭以女巫趙五娘左道亂常託爲諸姑潛相影援既因提挈乃踐台階驅車造門著婦人之服攜妻就謁申猶子之情于時南憲直臣劾以霜憲暫加微貶旋登寵秩同惡相濟一至於此乾坤交泰宇宙再清不加戮削法將安措請付紫微黃門準法處分俄而姚崇入相甚惡彥昭之爲人由是累貶江州別駕卒

蕭至忠秘書少監德言曾孫也少仕爲畿尉以清謹稱嘗與友人期於路隅會風雪凍冽諸人皆奔避就宇下至忠曰寧有與人期而求安失信乎獨不去衆咸歎服神龍初武三思擅權至忠附之自吏部員外擢拜御史中丞遷吏部侍郎仍兼御史中丞時武三思勢掌選無所忌憚請謁杜絶威風大行尋遷中書侍郎兼中書令節愍太子誅武三思後有三思黨與宗楚客紀處訥令侍御史冉祖雍奏言安國相王及鎮國太平公主亦與太子連謀舉兵請收付制獄中宗召至忠令按其事至忠泣而奏曰陛下富有四海貴爲天子豈不能保一弟一妹受人羅織宗社存亡實在於此臣雖愚昧竊爲陛下不取漢書云一尺布尚可縫一斗粟尚可舂兄弟二人不相容願陛下詳察此言且往者則天皇后欲令相王爲太子王累日不食請迎陛下固讓之誠天下傳說足明冉祖雍等所奏咸是構虛帝深納其言而止尋轉黃門侍郎同中書門下平章事至忠上疏陳時政曰臣聞王者列職分司爲人求理求理之道必在用賢得其人則公務克修非其才則厥官如曠官曠則事廢事廢則人殘漸至陵遲率由於此頃者選曹授職政事官人或異才昇多非德進皆因依貴要互爲粉飾苟得即是曾無遠圖上下相蒙誰肯言及臣聞官爵者公器也恩倖者私惠也秖可金帛富之粱肉食之以存私澤也若以公器爲私用則公議不行而勞人解體以小私而妨至公則私謁門開而正言路絶憸人遽進君子道消日削月朘卒見凋弊者爲官非其人也昔漢館陶公主爲子求郎明帝謂曰郎官上應列宿出宰百里苟非其人則人受其殃賜錢十萬而已此即至公之道不虧恩私之情無替良史直筆將爲美談于今稱之不輟其口者也當今列位已廣冗員倍多祈求未厭日月增數陛下降不貲之澤近戚有無涯之請賣官利已鬻法徇私臺寺之內朱紫盈滿官秩益輕恩賞彌數憸利之輩冒進而莫識廉隅方雅之流知難而歛分丘隴才者莫用用者不才二事相形十有其五故人不效力而官匪其人欲求其理實亦難哉臣竊見宰相及近侍要官子弟多居美爵此並勢要親戚罕有才藝遞相囑託虛踐官榮詩云東人之子職勞不賚西人之子粲粲衣服私人之子百寮是試或以其酒不以其漿鞙鞙佩璲不以其長此言王政不平衆官廢職私家之子列試於榮班非任之人徒長其飾佩臣愚伏願陛下想居安思危之義行改絃易張之道愛惜爵賞審量材識官無虛授人必爲官進大雅於樞近退小子於閑僻政令惟一威恩以信私不害公情不撓法則天下幸甚臣伏見永徽故事宰相子弟多居外職者非直抑强宗分大族亦以退不肖擇賢才伏願陛下遠稽舊典近遵先聖特降明勑令宰相已下及諸司長官子弟並改授外官庶望分職四方共寧百姓表裏相統遐邇人安疏奏不納明年代韋巨源爲侍中仍依舊修史尋遷中書令時宗楚客紀處訥潛懷姦計自樹朋黨韋巨源楊再思李嶠皆唯諾自全無所匡正至忠處於其間頗存正道時議翕然重之中宗亦曰諸宰相中至忠最憐我韋庶人又爲亡弟贈汝南王洵與至忠亡女爲冥婚合葬及韋氏敗至忠發墓持其女柩歸人以此譏之至忠又以女適庶人舅崔從禮之子成禮日中宗爲蕭氏婚主韋庶人爲崔氏婚主時人謂之天子嫁女皇后娶婦睿宗即位景雲初出爲晉州刺史甚有能名時太平公主用事至忠潛遣間使申意求入爲京職誅韋氏之際至忠一子任千牛爲亂兵所殺公主與至忠以此怨望可與謀事即納其請召拜刑部尚書右御史大夫再遷吏部尚書先天二年復爲中書令是歲至忠與竇懷貞魏知古崔湜陸象先柳沖徐堅劉子玄等撰成姓族系錄二百卷有制加爵賜物各有差未幾左僕射竇懷貞侍中岑羲及至忠并戶部尚書李晉太子少保薛稷左散騎常侍賈膺福左羽林大將軍常元楷右羽林將軍李慈等與太平公主謀逆事洩至忠遽遁入山寺數日捕而伏誅籍沒其家至忠雖清儉刻已然簡約自高未嘗接待賓客所得俸祿亦無所賑施及籍沒財帛甚豐由是頓絶聲望矣弟元嘉工部侍郎廣微工部員外

宗楚客者蒲州河東人則天從父姊之子也兄秦客垂拱中潛勸則天革命稱帝由是累遷內史後與楚客及弟晉卿並以姦贓事發配流嶺外秦客死楚客等尋復追還楚客累遷夏官侍郎同鳳閣鸞臺平章事神龍初爲太僕卿武三思用事引楚客爲兵部尚書同中書門

下三品晉卿累遷將作大匠節愍太子既殺武三思兵敗逃於鄠縣楚客遣使追斬之仍令以其首祭三思及崇訓喪柩韋庶人及安樂公主尤加親信未幾遷中書令楚客雖跡附韋氏而嘗別有異圖與侍中紀處訥共爲朋黨故時人呼爲宗紀景龍中西突厥娑葛與阿史那忠節不和屢相侵擾西陲不安安西都護郭元振奏請徙忠節於內地楚客與晉卿處訥等各納忠節重賂奏請發兵以討娑葛不納元振所奏娑葛知而大怒舉兵入寇甚爲邊患於是監察御史崔琬劾奏楚客等曰臣聞四牡項領良御不乘二心事君明罰無捨謹案宗楚客紀處訥等性惟險詖志越溪壑幸以遭逢聖主累忝殊榮承愷悌之恩居弼諧之地不能刻意砥操憂國如家微效涓塵以裨川嶽遂乃專作威福敢樹朋黨有無君之心闕大臣之節潛通獫狁納賄不貲公引頑兇受賂無限醜問充斥穢行昭彰且境外之交情狀難測今娑葛反叛邊鄙不寧由此賊臣取怨中國論之者懼禍以結舌語之者避罪以鉗口但晉卿昔居榮職素闕忠誠屢抵嚴刑皆由黷貨今又叨忝頻沐殊恩厚祿重權當朝莫比曾無悛改仍徇贓私此而可容孰不可恕臣謬忝直指義在觸邪請除巨蠹用答天造楚客處訥晉卿等驕恣跋扈人神同疾不加天誅詎清王度並請收禁差三司推鞫舊制大臣有被御史對仗劾彈者即俯僂趨出立于朝堂待罪楚客更咤鰓作色而進自言以執性忠鯁被琬誣奏中宗竟不能窮覈其事遽令琬與楚客等結爲義兄弟以和解之及韋氏敗楚客與晉卿等皆伏誅

紀處訥者秦州上邽人也娶武三思妻之姊由是累遷太府卿神龍中嘗因穀貴中宗召處訥親問其故武三思諷知太史事右驍衛將軍迦葉志忠太史令傅孝忠奏言其夜有攝提星入太微至帝座此則王者與大臣私相接大臣能納忠故有斯應帝以爲然降勅褒述處訥賜衣一副綵六十段無幾進拜侍中與楚客等同時伏誅

史官曰大帝孝和之朝政不由已則天在位已絕綴旒韋氏司晨前蹤覆轍當是時姦邪有黨宰執求容順之則惡其名彰逆之則憂其禍及欲存身致理者非中智常才之所能也況元忠安石巨源至忠彥昭等行非純一識昧存亡徇利食榮有始無卒不得其死宜哉楚客晉卿處訥等讒諂並進威虐貫盈不使逃刑可謂政正

贊曰爲唐重臣食唐重祿顛危不持富貴何足二宗一紀讒邪酷毒與前數公死不知辱

舊唐書卷九十二考證

韋安石子陟傳太常博士程皓議謚爲忠孝刑部尚書顏眞卿以爲不合二行殊高以成忠孝○臣德潛按高字應難字之譌也已改正

宗楚客傳武三思用事引楚客爲兵部尚書同中書門下三品○沈炳震曰按新書楚客拜同中書門下三品在已誅三思後本紀亦同當從新書

# 舊唐書卷九十三

後晉司空同中書門下平章事劉昫撰

## 列傳第四十三

婁師德　王孝傑　唐休璟　張仁愿　薛訥
王晙

婁師德鄭州原武人也弱冠進士擢第授江都尉揚州長史盧承業奇其才嘗謂之曰吾子台輔之器當以子孫相託豈可以官屬常禮待也上元初累補監察御史屬吐蕃犯塞募猛士以討之師德抗表請爲猛士高宗大悅特假朝散大夫從軍西討頻有戰功遷殿中侍御史兼河源軍司馬并知營田事天授初累授左金吾將軍兼檢校豐州都督仍依舊知營田事則天降書勞曰卿素積忠勤兼懷武略朕所以寄之襟要授以甲兵自卿受委北陲總司軍任往還靈夏檢校屯田收率既多京坻遽積不煩和糴之費無復轉輸之艱兩軍及北鎮兵數年咸得支給勤勞之誠久而彌著覽以嘉尚欣悅良深長壽元年召拜夏官侍郎判尚書事明年同鳳閣鸞臺平章事則天謂師德曰王師外鎮必藉邊境營田卿須不憚劬勞更充使檢校又以爲河源積石懷遠等軍及河蘭鄯廓等州檢校營田大使稍遷秋官尚書證歲登封元年轉左肅政御史大夫仍並依舊知政事萬聖元年吐蕃寇洮州令師德與夏官尚書王孝傑討之與吐蕃大將論欽陵贊婆戰於素羅汗山官軍敗績師德貶授原州員外司馬萬歲通天二年入爲鳳閣侍郎同鳳閣鸞臺平章事是歲兼檢校右肅政御史大夫仍知左肅政臺事又與王懿宗狄仁傑分道安撫河北諸州神功元年拜納言累封譙縣子尋詔師德充隴右諸軍大使仍校檢河西營田事聖曆二年突厥入寇復令檢校并州長史仍充天兵軍大總管是歲九月卒贈涼州都督謚曰貞初狄仁傑未入相時師德嘗薦之及爲宰相不知師德薦已數排師德令充外使則天嘗出師德舊表示之仁傑大慙謂人曰吾爲婁公所含如此方知不逮婁公遠矣師德頗有學涉器量寬厚喜怒不形於色自專綜邊任前後三十餘年恭勤接下孜孜不怠雖忝知政事深懷畏避竟能以功名始終甚爲識者所重

王孝傑京兆新豐人也高宗末爲副總管從工部尚書劉審禮西討吐蕃戰於大非川爲賊所獲吐蕃贊普見孝傑垂泣曰貌類吾父厚加敬禮由是免死尋得歸則天時累遷右鷹揚衛將軍孝傑久在吐蕃中悉其虛實長壽元年爲武威軍總管與左武衛大將軍阿史那忠節率衆以討吐蕃乃克復龜茲于闐疏勒碎葉四鎮而還則天大悅謂侍臣曰昔貞觀中具綾得此蕃城其後西陲不守並陷吐蕃今既盡復於舊邊境自然無事孝傑建斯功效竭此款誠遂能裹足徒行身與士卒齊力如此忠懇深是可嘉乃拜孝傑爲左衛大將軍明年遷夏官尚書同鳳閣鸞臺三品封清源男延載初又爲瀚海道行軍總管餘如故證聖初又爲朔方道總管尋坐與吐蕃戰敗免官萬歲通天年契丹李盡忠孫萬榮反叛復詔孝傑白衣起爲清邊道總管統兵十八萬以討之孝傑軍至東峽石谷遇賊道隘虜甚衆孝傑率精銳之士爲先鋒且戰且前及出谷布方陣以捍賊後軍總管蘇宏暉畏賊衆棄甲而遁孝傑既無後繼爲賊所乘營中潰亂孝傑墮谷而死兵士爲賊所殺及奔踐而死殆盡時張說爲節度管記馳奏其事則天問孝傑敗亡之狀說曰孝傑忠勇敢死乃誠奉國深入寇境以少禦衆但爲後援不至所以致敗於是追贈孝傑夏官尚書封耿國公拜其子無擇爲朝散大夫遣使斬宏暉以徇使未至幽州而宏暉已立功贖罪竟免誅開元中無擇官至左驍衛將軍以恩例贈孝傑特進

唐休璟京兆始平人也曾祖規周驃騎大將軍安邑縣公祖宗隋大業末爲朔方郡丞時爲梁師都舉兵將據城宗抗節不從乃爲所害休璟少以明經擢第永徽中解褐吳王府典籤無異材調授營州戶曹調露中單于突厥背叛誘扇奚契丹侵掠州縣後奚羯胡又與桑乾突厥同反都督周道務遣休璟將兵擊破之於獨護山斬獲甚衆超拜豐州司馬永淳中突厥圍豐州都督崔智辯戰歿朝議欲罷豐州徙百姓于靈夏休璟以爲不可上書曰豐州控河遏賊實爲襟帶自秦漢已來列爲郡縣田疇良美尤宜耕牧隋季喪亂不能堅守乃遷徙百姓就寧慶二州致使戎羯交侵乃以靈夏爲邊界貞觀之末始募人以實之西北一隅方得寧謐今若廢棄則河傍之地復爲賊有靈夏等州人不安業非國家之利也朝廷從其言豐州復存垂拱中遷安西副都護會吐蕃攻破焉耆安息道大總管文昌右相韋待價及副使閻溫古失利休璟收其餘衆以安西土遷西州都督上表請復取四鎮則天遣王孝傑破吐蕃拔四鎮亦休璟之謀也聖曆中爲司衛卿兼涼州都督右肅政御史大夫持節隴右諸軍州大使久視元年秋吐蕃大將麴莽布支率騎數萬寇涼州入自洪源谷將圍昌松縣休璟以數千人往擊之臨陣登高望見賊衣甲鮮盛謂麾下曰自欽陵死贊婆降麴莽布支新知賊兵欲曜威武故其國中貴臣酋豪子弟皆從之人馬雖精不習軍事吾爲諸君取之乃被甲先登與賊六戰六剋大破之斬其副將二人獲首二千五百級築京觀而還是後休璟入朝吐蕃亦遣使來請和因宴屢覘休璟則天問其故對曰往歲洪源戰時此將軍雄猛無比殺臣將士甚衆故欲識之則天大加歎異擢拜右武威右金吾二衛大將軍休璟尤諳練邊事自碣石西踰四鎮綿亘萬里山川要害皆能記之長安中西突厥烏質勒與諸蕃不和舉兵相持安西道絕表奏相繼則天令休璟與宰相商度事勢俄頃間草奏便遣施行後十餘日安西諸州表請兵馬應接程期一如休璟所畫則天謂休璟曰恨用卿晚因遷夏官尚書同鳳閣鸞臺三品又謂魏元忠及楊再思李嶠姚元崇李迥秀等曰休璟諳練邊事卿等十不當一也尋轉太子右庶子依舊知政事以契丹入寇復拜夏官尚書兼檢校幽營等州都督兼安東都護時中宗在春宮將行進啓於皇太子曰張易之兄弟幸蒙寵遇數侍宴禁中縱情失禮非人臣之道惟加防察中宗卽位召拜輔國大將軍同中書門下三品封酒泉郡公顧謂曰卿曩日直言朕今不忘初欲召卿計事但以遐遠兼懷北狄之憂耳未幾加特進拜尚書右僕射是歲秋大水休璟兩上表自咎請免官甚切辭多不載中宗竟不允手制答曰陰陽乖爽事屬在予待罪私門難依來表尋遷中書令充京師留守俄加檢校吏部尚書又以官寮之舊賜實封三百戶累封宋國公休璟在任無所弘益景龍二年致仕于家年力雖衰進取彌銳時尚宮賀婁氏頗關預國政憑附者皆得寵榮休璟乃爲其子娶賀婁氏養女爲妻因以自達由是起爲太子少師同中書門下三品監修國史仍封宋國公休璟年

踰八十而不知止足依託求進爲時所譏景雲元年又拜特進充朔方道行軍大總管以備突厥厥停其舊封別賜實封二百戶二年表請致仕許之祿及一品子課並令全給休璟初得封時以絹數千匹分散親族又以家財數十萬大開塋域備禮葬其五服之親時人稱之延和元年七月薨年八十六贈荊州大都督謚曰忠子先慎襲爵官至陳州刺史次子先擇開元中爲右金吾衛將軍

張仁愿華州下邽人也本名仁亶以音類睿宗諱改焉少有文武材幹累遷殿中侍御史時有御史郭霸上表稱則天是彌勒佛身鳳閣舍人張嘉福與洛州人王慶之等請立武承嗣爲皇太子皆請仁愿連名署表仁愿正色拒之甚爲有識所重尋而夏官尚書王孝傑爲吐蕃軍總管統衆以禦吐蕃詔仁愿往監之仁愿與孝傑不協因入奏事稱孝傑軍敗誣罔之狀孝傑由是免爲庶人仁愿遽遷侍御史萬歲通天二年監察御史孫承景監清邊軍戰還書戰圖以奏每陣必畫承景躬當矢石先鋒禦賊之狀則天歎曰御史乃能盡誠如此擢拜右肅政臺中丞令仁愿敘錄承景下立功人仁愿未發都先問承景對陣勝負之狀承景身實不行問之皆不能對又虛增功狀仁愿廷奏承景罔上之罪於是左遷崇仁令擢仁愿爲肅政臺中丞檢校幽州都督會突厥默啜入寇攻陷趙定擁衆迴至幽州仁愿勒兵出城邀擊之流矢中手賊亦引退則天遣使勞問賜以醫藥累遷并州大都督府長史神龍二年中宗還京以仁愿爲左屯衛大將軍兼檢校洛州長史時都城穀貴盜竊甚衆仁愿一切皆捕獲杖殺之積屍府門遠近震慴無敢犯者初高宗時賈敦頤爲洛州刺史亦有政績與仁愿皆爲一時之最故時人爲之語曰洛州有前賈後張可敵京兆三王其見稱如此三年突厥入寇朔方軍總管沙吒忠義爲賊所敗詔仁愿攝御史大夫代忠義統衆仁愿至軍而賊衆已退乃躡其後夜掩大破之先朔方軍北與突厥以河爲界河北岸有拂雲神祠突厥將入寇必先詣祠祭酹求福因牧馬料兵而後渡河時突厥默啜盡衆西擊突騎施娑葛仁愿請乘虛奪取漠南之地於河北築三受降城首尾相應以絕其南寇之路太子少師唐休璟以爲兩漢已來皆北守黃河今於寇境築城恐勞人費功終爲賊虜所有建議以爲不便仁愿固請不已中宗竟從之仁愿表留年滿鎮兵以助其功時咸陽兵二百餘人逃歸仁愿盡擒之一時斬於城下軍中股慄役者盡力六旬而三城俱就以拂雲祠爲中城與東西兩城相去各四百餘里皆據津濟遙相應接北拓地三百餘里於牛頭朝那山北置烽候一千八百所自是突厥不得度山放牧朔方無復寇掠減鎮兵數萬人仁愿初建三城不置壅門及卻敵戰格之具或問曰此邊城禦賊之所不爲守備何也仁愿曰兵貴在攻取不宜退守寇若至此卽當併力出戰迴顧望城猶須斬之何用守備生其退恧之心也其後常元楷爲朔方軍總管始築壅門以備寇議者以此重仁愿而輕元楷焉仁愿在朔方奏用監察御史張敬忠何鸞長安尉寇泚鄠縣尉王易從始平主簿劉體微分判軍事太子文學柳彥昭爲管記義烏尉晁良貞爲隨機敬忠等皆以文吏著稱多至大官時稱仁愿有知人之鑒景龍二年拜左衛大將軍同中書門下三品累封韓國公春還朝秋復督軍備邊中宗賦詩祖餞賞賜不可勝紀尋加鎮軍大將軍睿宗卽位以老致仕特全給祿俸又拜兵部尚書加光祿大夫依舊致仕開元二年卒贈太子少傅賜物二百段命五品官一人爲監護使子之輔開元初爲趙州刺史

薛訥絳州萬泉人也左武衛大將軍仁貴子也爲藍田令有富商倪氏於御史臺理其私債中丞來俊臣受其貨財斷出義倉米數千石以給之訥曰義倉本備水旱以爲儲蓄安敢絕衆人之命以資一家之產竟報上不與會俊臣得罪其事乃不行其後突厥入寇河北則天以訥將門使攝左武威衛將軍安東道經略臨行於同明殿召見與語訥因奏曰醜虜憑凌以廬陵爲辭今雖有制昇儲外議猶恐未定若此命不易則狂賊自然款伏則天深然其言尋拜幽州都督兼安東都護轉并州大都督府長史兼檢校左衛大將軍久當邊鎮之任累有戰功玄宗卽位於新豐講武訥爲左軍節度時元帥與禮官得罪諸部頗亦失序唯訥及解琬之軍不動玄宗令輕騎召訥等至軍門皆不得入禮畢上甚加慰勞時契丹及奚與突厥連和屢爲邊患訥建議請出師討之開元二年夏詔與左監門將軍杜賓客定州刺史崔宣道等率衆二萬出檀州道以討契丹等杜賓客以爲時屬炎暑將士負戈甲齎資糧深入寇境恐難爲制勝中書令姚元崇亦以爲然訥獨曰夏月草茂羔犢生息之際不費糧儲亦可漸進一舉振國威靈不可失也時議咸以爲不便玄宗方欲威服四夷特令訥同紫微黃門三品總兵擊奚契丹議者乃息六月師至灤河遇賊時旣蒸暑諸將失計會盡爲契丹等所覆訥脫身走免歸罪於崔宣道及蕃將李思敬等八人詔盡令斬之特免杜賓客之罪下制曰并州大都督府長史兼檢校左衛大將軍和戎大武等諸軍州節度大使同紫微黃門三品薛訥總戎禦邊建議爲首暗於料敵輕於接戰張我王師衂之虜境覩其疇昔頗常輸罄每欲貪忠報主見義忘身特緩嚴刑俾期來效宜赦其罪所有官爵等並從除削其年八月吐蕃大將坌達延乞力徐等率衆十萬寇臨洮軍又進寇蘭州及渭州之渭源縣掠羣牧而去詔訥白衣攝左羽林將軍爲隴右防禦使與太僕少卿王晙等率兵邀擊之十月訥領衆至渭源遇賊戰於武階驛與王晙掎角夾攻之大破賊衆追奔至洮水又戰于長城堡豐安軍使王海賓先鋒力戰死之將士乘勢進擊又敗之殺獲萬人擒其將六指鄉彌洪盡收其所掠羊馬并獲其器械不可勝數時有詔將以十二月親征吐蕃及聞訥等剋捷玄宗大悅乃停親征追贈王海賓左金吾衛大將軍賜物三百段粟三百石名其稚子爲忠嗣拜朝散大夫命紫微舍人倪若水往卽便敘錄功狀拜訥爲左羽林軍大將軍復封平陽郡公仍拜子暢朝散大夫俄又充涼州鎮軍大總管尋以年老特聽致仕八年卒年七十餘贈太常卿謚曰昭定訥沉勇寡言臨大敵而益壯訥弟楚玉開元中爲幽州大都督府長史以不稱職見代而卒

王晙滄州景城人徙家于洛陽祖有方岷州刺史晙弱冠明經擢第歷遷殿中侍御史加朝散大夫時朔方軍元帥魏元忠討賊失利歸罪於副將韓思忠奏請誅之晙以思忠旣是偏裨制不由己又有勇智可惜不可獨殺非辜乃廷議爭之思忠竟得釋而晙亦由是出爲渭南令景龍末累轉爲桂州都督桂州舊有屯兵常運衡永等州糧以饋之晙始改築羅郭奏罷屯兵及轉運又堰江水開屯田數千頃百姓賴之尋上疏請歸鄉拜墓州人詣闕請留晙乃下勅曰彼州往緣寇盜戶口凋殘委任失材乃令至此卿處事彊濟遠邇寧靜築城務農利益已廣隱括綏緝復業者多宜須政成安此黎庶百姓又有表請不須來也晙在州又一年州人立碑以頌其政再轉鴻臚大卿充朔方軍副大總管兼安西大都護豐安定遠三城及側近軍並受晙節度後轉太僕少卿隴右羣牧使開元二年吐蕃精甲十萬寇臨洮軍晙率所部二千人卷甲倍程與臨洮兩軍合勢以拒之賊營於大來谷口吐蕃將坌達延又率兵繼至晙乃出奇兵七百人衣之蕃服夜襲之相去五里置鼓角令前者至寇大呼後者擊鼓以應之賊衆大懼疑有伏兵自相殺傷死者萬計俄而攝右羽林將軍薛訥率衆邀擊吐蕃至武階谷去大來谷二十里爲賊所隔晙率兵迎訥之軍賊置兵於兩軍之間連亘數十里晙夜出壯士銜枚擊之賊又大潰乃與訥合軍掩其餘衆追奔至洮水殺獲不可勝數盡收所掠牧馬而還以功加銀青光祿大夫封清源縣男兼原州都督仍拜其子珽爲朝散大夫尋除并州大都督府長史明年突厥默啜爲九姓所殺其下酋長多款塞投降置之河曲之內俄而小殺繼立降者漸叛晙上疏曰突厥時屬亂離所以款塞降附其與部落非有讎嫌情異北風理固明矣養成其釁雖悔何追今者河曲之中安置降虜此輩生梗實難處置日月漸久姦詐逾深窺邊間隙必爲患難今有降者部落不受軍州進止輙動兵馬屢有傷殺詢問勝州左側被損五百餘人私置烽鋪潛爲抗拒公私行李頗實危懼北虜如或南牧降戶必與連衡臣問沒蕃歸人云却逃者甚衆南北信使委曲通傳此輩降人翻成細作儻收合餘燼來逼軍州虜騎憑凌胡兵應接表裏有敵進退無援雖復韓彭之勇孫吳之策令其制勝其可必乎望至秋冬之際令朔方軍盛陳兵馬告其禍福啗以繒帛之利示以麋鹿之饒說其魚米之鄉陳其畜牧之地並分配淮南河南寬鄉安置仍給程糧送至配所雖復一時勞弊必得久長安穩二十年外漸染淳風將以充兵皆爲勁卒若以北狄降者不可南中安置則高麗俘虜置之沙漠之曲西域編甿散在青徐之右唯利是視務安疆埸何獨降胡不可移徙近者在邊將士爰及安蕃使人多作諛辭不爲實對或言北虜破滅或言降戶安靜志欲自言功効非有以徇邦家伏願察斯利口行茲遠慮邊荒清晏黎元幸甚臣料留住之議謀者云遵故事必言降戶之輩舊置河曲之中昔年旣得康寧今日還應穩便但同時異事先典攸傳往者頡利破亡邊境寧謐降戶之輩無復他心所以多歷歲年此類皆無動靜今虜見未破滅降戶私使往來或畏北虜之威或懷北虜之惠又是北虜戚屬夫豈不識親疎將此昔年安可同日臣料其中頗有三策若盛陳兵馬散令分配內獲精兵之實外祛黠虜之謀蹔勞永安此上策也若多屯士卒廣爲備擬亭障之地蕃漢相參費甚人勞此下策也若置之朔塞任之來往通傳信息結成禍胎此無策也伏願察斯三者詳其善惡利害之狀長短可尋

縱因遷移或致逃叛但有移得之者卽是今日良圖留待河冰恐卽有變臣當天澤吻居重鎭逆耳利行敢不盡言疏奏未報降虜果叛勅晙帥并州兵西濟河以討之晙乃間行倍道以夜繼晝卷甲捨幕而趨之夜於山中忽遇風雪甚盛晙恐失期仰天誓曰晙若事君不忠不討有罪明靈所殛固自當之而士衆何辜令其勞苦若誠心忠烈天監孔明當止雪迴風以濟戎事言訖風迴而雪止時叛者分爲兩道其在東者晙追及之殺一千五百餘人生獲一千四百餘人駞馬牛羊甚衆晙以功遷左散騎常侍持節朔方道行軍大總管尋遷御史大夫時突厥跌跌部落及僕固都督勺磨等散在受降城左右居止且謀引突厥共爲表裏陷軍城而叛晙因入奏密請誅之八年秋晙誘跌跌等黨與八百餘人於中受降城由是乃授晙兵部尙書復充朔方軍大總管九年蘭池州胡苦於賦役誘降虜餘燼攻夏州反叛詔隴右節度使羽林將軍郭知運與晙相知討之晙奏朔方軍兵自有餘力其郭知運請還本軍未報而知運兵至與晙頗不相協晙所招撫降者知運縱兵擊之賊以爲晙所賣皆相率叛走晙進封淸源縣公仍兼御史大夫俄而賊衆復相結聚晙坐左遷梓州刺史十年拜太子詹事累封中山郡公屬車駕北巡以晙爲吏部尙書兼太原尹十一年夏代張說爲兵部尙書同中書門下三品追錄破胡之功加金紫光祿大夫仍充朔方軍節度大使其年冬上親郊祀追晙赴京以會大禮晙以時屬氷壯恐虜騎乘隙入寇表辭不赴手勅慰勉仍賜衣一副會許州刺史王喬家奴告喬與晙潛謀構逆勅侍中源乾曜中書令張說鞫其狀晙旣無反狀乃以違詔追不到左遷蘄州刺史十四年累遷戶部尙書復爲朔方軍節度使二十年卒年七十餘贈尙書左丞相謚曰忠烈往歲魏元忠爲張易之昌宗所構左授高要尉晙密狀申明之宋璟時爲鳳閣舍人謂晙曰魏公且全矣子須威嚴而坐理恐子之狼狽也晙曰魏公忠而獲罪晙爲義所激顚沛無恨璟歎曰璟不能申魏公之枉深負朝廷矣晙氣貌雄壯時人謂之有熊虎之狀然慕義激勵有古人之風御下整肅人吏畏而愛之晙卒後信安王禕於幽州討奚告捷奏稱軍士咸見晙與蕃將高昭領兵馬先軍討賊上聞而嗟異久之戶部郎中揚伯誠上疏請晙等墳特乞增修封域量加表異降使饗祭優其子孫玄宗乃遣使就其家廟祭仍加其子官秩

史臣曰婁師德應召而慷慨勇也薦仁傑而入用忠也不使仁傑知之公也營田贍軍智也恭勤接下和也叅知政事功名有卒是人之難也又何愧於將相乎王孝傑唐休璟張仁愿薛訥王晙等皆韜武幹亟立邊功然孝傑失於再擒休璟虧於餘行先敗後勝薛訥何慙止雪迴風王晙難掩仁愿操履中否相兼

贊曰拯物之心不形於色將相之材人何以測臣有始終功無爽忒多忌梁公自招慙德唐張訥晙善陣能師共服戎虜不憂邊陲

## 舊唐書卷九十三考證

婁師德傳萬歲登封元年轉左肅政御史大夫○沈炳震曰按萬歲登封卽萬歲通天也在證聖後下文云證聖元年吐蕃寇洮州明倒置矣新書官御史大夫無萬歲登封元年句應是衍文

證聖元年與吐蕃大將論欽陵贊婆戰于素羅汗山官軍敗績○臣德潛按通鑑綱目素羅汗山之敗在萬歲通天元年三月非證聖也新書本紀亦然而新書本傳亦作證聖蓋承舊書之譌

# 舊唐書卷九十四

後晉司空同中書門下平章事劉　昫撰

## 列傳第四十四

蘇味道　李嶠　崔融　盧藏用　徐彥伯

蘇味道趙州欒城人也少與鄉人李嶠俱以文辭知名時人謂之蘇李弱冠本州舉進士累轉咸陽尉吏部侍郎裴行儉先知其貴甚加禮遇及征突厥阿史那都之引爲管記孝敬皇帝妃父裴居道再登左金吾將軍訪當時才子爲謝表託於味道援筆而成辭理精密盛傳於代延載初歷遷鳳閣舍人檢校鳳閣侍郎同鳳閣鸞臺平章事尋加正授證聖元年坐事出爲集州刺史俄召拜天官侍郎聖曆初遷鳳閣侍郎同鳳閣鸞臺三品味道善敷奏多識臺閣故事然而前後居相位數載竟不能有所發明但脂韋其間苟度取容而已嘗謂人曰處事不欲決斷明白若有錯誤必貽咎譴但摸稜以持兩端可矣時人由是號爲蘇摸稜長安中請還鄉改葬其父優制令州縣供其葬事味道因此侵毀鄉人墓田役使過度爲憲司所劾左授坊州刺史未幾除益州大都督府長史神龍初以親附張易之昌宗貶授郿州刺史俄而復爲益州大都督府長史未行而卒年五十八贈冀州刺史味道與其弟太子洗馬味玄甚相友愛味玄若請託不諧輒面加凌折味道對之怡然不以爲忤論者稱焉有文集行於代

李嶠趙州贊皇人隋內史侍郎元操從曾孫也代爲著姓父鎭惡襄城令嶠早孤事母以孝聞爲兒童時夢有神人遺之雙筆自是漸有學業弱冠舉進士累轉監察御史時嶺南邕巖二州首領反叛發兵討擊高宗令嶠往監軍事嶠乃宣朝旨特赦其罪親入獠洞以招諭之叛者盡降因罷兵而還高宗甚嘉之累遷給事中時酷吏來俊臣構陷狄仁傑李嗣眞裴宣禮等三家奏請誅之則天使嶠與大理少卿張德裕侍御史劉憲覆其獄德裕等雖知其枉懼罪並從俊臣所奏嶠曰豈有知其枉濫而不爲申明哉孔子曰見義不爲無勇也乃與德裕等列其枉狀由是忤旨出爲潤州司馬詔入轉鳳閣舍人則天深加接待朝廷每有大手筆皆特令嶠爲之時初置右御史臺巡按天下嶠上疏陳其得失曰陛下創置右臺分巡天下察吏人善惡觀風俗得失斯政途之綱紀禮法之準繩無以加也然猶有未折衷者臣請試論之夫禁網尙疏法令宜簡簡則法易行而不煩雜疏則所羅廣而無苛碎竊見垂拱二年諸道巡察使所奏科目凡有四十四件至於別準格勅令察訪者又有三十餘條而巡察使率是三月已後出都十一月終奏事時限迫促簿書塡委晝夜奔逐以赴限期而每道所察文武官多至二千餘人少者一千已下皆須品量才行褒貶得失欲令曲盡行能則皆不暇此非敢墮於職而慢於官也實才有限而力不及耳臣望量其功程與其節制使器周於用力濟於時然後進退可以責成得失可以精覈矣又曰今之所察但準漢之六條推而廣之則無不包矣無爲多張科目空費簿書且朝廷萬機非無事也機事之動恒在四方是故冠蓋相望郵驛繼踵今巡使旣出其他外州之事悉當委之則傳驛大減矣然則御史之職故不可得閑自非分州統理無由濟其繁務請大小相兼率十州置御史一人以周年爲限使其親至屬縣或入閭里督察姦訛觀採風俗然後可以求其實効課其成功若此法果行必大裨政化且御史出持霜簡入奏天闕其於勵已自修奉職存憲比於他吏可相百也若其按劾姦邪糺擿欺隱比於他吏可相十也陛下試用臣言妙擇賢能委之心膂假溫言以制之陳賞罰以勸之則莫不盡力而効死矣何政事之不理何禁令之不行何妖孽之敢興則天善之乃下制分天下爲二十道簡擇堪爲使者會有沮議者竟不行尋知天官侍郎事遷麟臺少監聖曆初與姚崇偕遷同鳳閣鸞臺平章事俄轉鸞臺侍郎依舊平章事兼修國史久視元年嶠舅天官侍郎張錫入知政事嶠轉成均祭酒罷知政事及修史舅甥相繼在相位時人榮之嶠尋檢校文昌左丞東都留守長安三年嶠復以本官平章事尋知納言事明年遷內史嶠後固辭煩劇復拜成均祭酒平章事如故長安末則天將建大像於白司馬坂嶠上疏諫之其略曰臣以法王慈敏菩薩護持唯擬饒益衆生非要營修土木伏聞造像稅非戶口錢出僧尼不得州縣祇承必是不能濟辦終須科率豈免勞擾天下編戶貧弱者衆亦有傭力客作以濟糇糧亦有賣舍貼田以供王役造像錢見有一十七萬餘貫若將散施廣濟貧窮人與一千濟得一十七萬餘戶拯饑寒之弊省勞役之勤順諸佛慈悲之心霑聖君亭育之意人神胥悅功德無窮疏奏不納中宗卽位嶠以附會張易之兄弟出爲豫州刺史未行又貶爲通州刺史數月徵拜吏部侍郎封贊皇縣男無幾遷吏部尙書進封縣公神龍二年代韋安石爲中書令初嶠在吏部時志欲曲行私惠冀得復居相位奏置員外官數千人至是官寮倍多府庫減耗乃抗表引咎辭職幷陳利害十餘事中宗以嶠昌言時政之失輒請罷免手制慰諭而不允尋令復居舊職三年又加修文館大學士監修國史封趙國公景龍三年罷中書令以特進守兵部尙書同中書門下三品睿宗卽位出爲懷州刺史尋以年老致仕初中宗崩嶠密表請處置相王諸子勿令在京及玄宗踐祚宮內獲其表以示侍臣或請誅之中書令張說曰嶠雖不辯逆順然亦爲當時之謀吠非其主不可追討其罪上從其言乃下制曰事君之節危而不變爲臣則忠貳乃無赦特進趙國公李嶠往緣宗韋弒逆朕恭行戡定揖讓之際天命有歸嶠有窺覦不知逆順狀陳詭計朕親覽焉以其早負辭學累居台輔忍而莫言特掩其惡今忠邪旣辨具物惟新賞罰儻乖下人安勸雖經赦令猶宜放斥矜其老疾俾遂餘生宜聽隨子虔州刺史暢赴任尋起爲廬州別駕而卒有文集五十卷

崔融齊州全節人初應八科舉擢第累補宮門丞兼直崇文館學士中宗在春宮制融爲侍讀兼侍屬文東朝表疏多成其手聖曆中則天幸嵩嶽見融所撰啓母廟碑深加歎美及封禪畢乃命融撰朝覲碑文自魏州司功參軍擢授著作佐郎尋轉右史聖曆二年除著作郎

仍兼右史內供奉。四年，遷鳳閣舍人。久視元年，坐忤張昌宗意，左授婺州長史。頃之，昌宗怒解，又請召爲春官郎中，知制誥事。長安二年，再遷鳳閣舍人。三年，兼修國史。時有司表稅關市，融深以爲不可，上疏諫曰：伏見有司稅關市事條，不限工商，但是行人盡稅者。臣謹按周禮九賦，其七曰關市之賦。竊惟市縱繁巧，關通末遊，欲令此徒止抑，所以咸增賦稅。臣謹商度今古，料量家國，竊將爲不可稅，謹件事跡如左，伏惟聖旨擇焉。往古之時，淳樸未散，公田籍而不稅，關防譏而不征。中代已來，澆風驟進，桑麻疲弊，稼穡辛勤，於是各徇通財，爭趨作巧。求徑捷之欲速，忘歲計之無餘，遂使田萊日荒，倉廩不積，蠶織休廢，弊緼闕如，饑寒猥臻，亂離斯起。先王懲其若此，所以變古隨時，依本者恒科，占末者增稅。夫關市之稅者，謂市及國門關門者也，唯斂出入之商賈，不稅來往之行人。今若不論商人，通取諸色，事不師古，法乃任情。悠悠末代，於何瞻仰；濟濟盛朝，自取嗤笑。雖欲憲章姬典，乃是違背周官。臣知其不可者一也。臣謹案易繫辭稱：「庖羲氏沒，神農氏作，日中爲市，致天下之人，聚天下之貨，交易而退，各得其所。」班志亦云：「財者帝王聚人守位，養成羣生，奉順天德，理國安人之本也。」仕農工商，四人有業。學以居位曰仕，闢土殖穀曰農，作巧成器曰工，通財鬻貨曰商。聖王量能授事，四人陳力受職，然則四人各業久矣，今復安得動而搖之？蕭何云：「人情一定，不可復動。」班固又云：「曹參相齊，國安集，大稱賢相。參去，屬其後相曰：『以齊獄市爲寄，慎勿擾也。』後相曰：『理無大於此者乎？』參曰：『不然。夫獄市者，所以幷容也。今若擾之，姦人安所容乎？吾是以先之。』」夫獄市兼受善惡，若窮極，姦人無所容竄；姦人無所容竄，久且爲亂。秦人極刑而天下叛，孝武峻法而刑獄繁，此其効也。老子曰：「我無爲而人自化，我好靜而人自正。」參欲以道化其本，不欲擾其末。臣知其不可者二也。四海之廣，九州之雜，關必據險路，市必憑要津。若乃富商大賈，豪宗惡少，輕死重義，結黨連羣，喑嗚則彎弓，睚眦則挺劒。小有失意，且猶如此，一旦變法，定是相驚。乘茲困窮，或致騷動，便恐南走越，北走胡，非唯流逆齊人，亦自攪亂殊俗。又如邊徼之地，寇賊爲鄰，興胡之旅，歲月相繼，儻同科賦，致有猜疑，一從散亡，何以制禁？求利雖切，爲害方深。而有司上言，不識大體，徒欲益帑藏，助軍國，殊不知軍國益擾，帑藏逾空。臣知其不可者三也。孟軻又云：「古之爲關也，將以禦暴；今之爲關也，將以爲暴。」今行者皆稅，本末同流。且如天下諸津，舟航所聚，旁通巴、漢，前指閩、越，七澤十藪，三江五湖，控引河洛，兼包淮海。弘舸巨艦，千軸萬艘，交貿往還，昧旦永日。今若江津河口，置鋪納稅，納稅則檢覆，檢覆則遲留。此津纔過，彼鋪復止，非唯國家稅錢，更遭主司僦賂。船有大小，載有少多，量物而稅，觸途淹久。統論一日之中，未過十分之一，因此壅滯，必致吁嗟。一朝失利，則萬商廢業，萬商廢業，則人不聊生。其間或有輕訬任俠之徒，斬龍刺蛟之黨，鄱陽暴虐之客，富平悍壯之夫，居則藏鏹，出便竦劒，加之以重稅，因之以威脅，一旦獸窮則搏，鳥窮則攫，執事者復何以安之哉？臣知其不可者四也。五帝之初，不可詳已；三王之後，厥有著云。秦、漢相承，典章大備，至如關市之稅，史籍有文。秦政以雄圖武力，捨之而不用也；漢武以霸略英才，去之而勿取也。何則？關爲禦暴之所，市爲聚人之地，稅市則人散，稅關則暴興。暴興則起異圖，人散則懷不軌。夫人心莫不背善而樂禍，易動而難安，一市不安，則天下之市心搖矣；一關不安，則天下之關心動矣。況澆風久扇，變法爲難，徒欲禁末流，規小利，豈知失玄默，亂大倫。魏、晉眇小，齊、隋齷齪，亦所不行斯道者也。臣知其不可者五也。今之所以稅關市者何也？豈不以國用不足，邊寇爲虞？一行斯術，冀有殷贍。然也微臣敢借前箸以籌之。伏惟陛下當聖期，御玄籙，沉璧于洛，刻石于嵩，鑄寶鼎以窮姦，坐明堂而布政，神化廣洽，至德潛通。東夷讋驚，應時平殄；南蠻纔動，計日歸降。西域五十餘國，廣輪一萬餘里，城堡清夷，亭堠靜謐。比爲患者，唯苦二蕃。今吐蕃請命，邊事不起，卽目雖尚屯兵，久後終成弛柝。獨有默啜，假息孤恩，惡貫禍盈，覆亡不暇。征役日已省矣，繁費日已稀矣。然猶下明制，遵太樸，愛人力，惜人財，王侯舊封，妃主新禮，所有支料，咸令減削。此陛下以躬率先，堯舜之用心也。且關中、河北，水旱數年，諸處逃亡，今始安輯，儻加重稅，或慮相驚。況承平歲積，薄賦日久，俗荷深恩，人知自樂，卒有變法，必多生怨，生怨則驚擾，驚擾則不安。中旣不安，外何能禦？文王曰：「帝王富其人，霸王富其地，理國若不足，亂國若有餘。」古人有言：「帝王藏於天下，諸侯藏於百姓，農夫藏於庾，商賈藏於篋。」惟陛下詳之。必若師興有費，國儲多窘，卽請倍算商客，加斂平人，如此則國保富強，人免憂懼，天下幸甚。臣知其不可者六也。陛下留神繫表，屬想政源，冒茲炎熾，早朝晏坐，一日二日，機務不遺，先天後天，虛心密應，時政得失，小子何知，率陳瞽辭，伏紙惶懼。疏奏，則天納之，乃寢其事。四年，除司禮少卿，仍知制誥。時張易之兄弟頗招集文學之士，融與納言李嶠、鳳閣侍郎蘇味道、麟臺少監王紹宗等俱以文才降節事之。及易之伏誅，融左授袁州刺史。尋召拜國子司業，兼修國史。神龍二年，以預修則天實錄成，封清河縣子，賜物五百段，璽書褒美。融爲文典麗，當時罕有其比，朝廷所須洛出寶圖頌、則天哀册文及諸大手筆，並手敕付融。撰哀册文，用思精苦，遂發病卒，時年五十四。以侍讀之恩，追贈衛州刺史，諡曰文。有集六十卷。二子禹錫、翹，開元中相次爲中書舍人。

盧藏用字子潛，度支尚書承慶之姪孫也。父璥，有名於時，官至魏州司馬。藏用少以辭學著稱。初舉進士選，不調，乃著芳草賦以見意。尋隱居終南山，學辟穀、練氣之術。長安中，徵拜左拾遺。時則天將營興泰宮於萬安山，藏用上疏諫曰：臣愚雖不達時變，竊嘗讀書，見自古帝王之迹衆矣。臣聞土階三尺，茅茨不翦，采椽不斲者，唐堯之德也；卑宮室，菲飲食，盡力於溝洫者，大禹之行也；惜中人十家之產，而罷露臺之制者，漢文之明也。並能垂名無窮，爲帝皇之烈，豈不以克念徇物，博施濟衆，以臻於仁恕哉？今陛下崇臺邃宇，離宮別館，亦已多矣，更窮人之力以事土木，臣恐議者以陛下爲不憂人務奉已也。且頃歲已來，雖年穀頗登，而百姓未有儲蓄。陛下西幸東巡，人未休息，土木之役，歲月不空。陛下不因此時施德布化，復廣造宮苑，臣恐人未易堪。今左右近臣多以順意爲忠，朝廷具僚皆以犯忤爲患，至令陛下不知百姓失業，百姓亦不知左右傷陛下之仁也。臣聞忠臣不避死亡之患以納君於仁，明主不惡切直之言以垂名千載。陛下誠能發明恕之制，以勞人爲辭，則天下必以陛下爲惜人力而苦已也。小臣固陋，不識忌諱，敢冒死上聞，乞下臣此章與執事者議其可否，則天下幸甚。神龍中，累轉起居舍人，兼知制誥，俄遷中書舍人。藏用常以俗多拘忌，有乖至理，乃著析滯論以暢其事，辭曰：客曰：「天道玄微，神理幽化，聖人所以法象，衆庶由其運行。故大撓造甲子，容成著律曆，黃公裁變，玄女啓謨，八門御時，六神直事，從之者則兵強國富，違之者則將弱朝危，有同影響，若合符契。先生亦嘗聞之乎？」主人曰：「何爲其然也？子所謂曲學所習，曖昧所守，徒識偏方之詭說，未究亨衢之通論。蓋易曰『先天不違』，傳稱『人神之主』，範圍不過三才，所以虛中進退，非邪百王所以無外。故曰『國之將興，聽於人；將亡，聽於神』。又曰『禍福無門，唯人所召』。『人無釁焉，妖不自作』。由是言之，得喪興亡，並關人事，吉凶悔悋，無涉天時。且皇天無親，唯德是輔，爲不善者，天降之殃。高宗修德，桑穀以變；宋君引過，法星退舍。此天道所以從人者也。古之爲政者，刑獄不濫則人壽，賦斂省則人富，法令有常則國靜，賞罰得中則兵強。所以禮者士之所歸，賞者士之所死，禮賞不倦，則士爭先。苟違此途，雖卜時行刑，擇日出令，必無成功矣。自叔世澆訛，俗多徼倖，競稱怪力，爭誦詭言，屈政教而就孤虛，棄信賞而從推步，附會前史，變易舊經，依託空文，以爲徵據。覆軍敗將者則隱秘無聞，偶同幸中者則共相文飾，豈唯德之增惑，亦乃學人自是。嗚呼！習俗訛謬，一至此焉。昔者甲子興師，非成功之日；往亡用事，異制勝之辰。人事苟脩，何往不濟？至若環城自守，接陣重圍，無關地形，不乖天道。若兵強將智，粟積城堅，雖復屢轉魁剛，頻移太歲，坐推白虎，行計貪狼，自符雞闞之祥，多貽蟻附之困。故曰任賢使能，則不時日而事利；明法審令，則不卜筮而事吉；養勞賞功，則不禱祠而得福。此所謂天時不如地利，地利不如人和。太公犯雨，逆天時也；韓信背水，乖地利也；並存人事，俱成大業。削樹而斬龐涓，舉火而屠張郃，未必暗同歲德，冥會日遊。俱運三門，並占四殺，杜郵齒劒，抑唯計沮；垓下悲歌，實階刓印。若以並資厭勝，不事良圖，則長平盡坑，固須恒濟；襄城無噍，亦可常保。是知拘而多忌，終喪大功；百姓與能，必遺小數。金雞玉鶴，方爲楚國之殃；萬畢枕中，適構淮南之禍。刻符指盜，反更亡身；被髮邀神，翻招夷族。嗟乎！威斗豬鞭，不禳赤伏之運；築城斷岡，何救素靈之哭。火災不驗，禪竈無力以窺天；超乘階凶，王孫取監於觀德。九徵九變，是曰長途；人謀鬼謀，良歸有道。此並經史陳迹，賢聖通規，仁遠乎哉，詎宜滯執。」客乃蹙然避席曰：「鄙人困蒙，不階至道，請事斯語，歸于正途。而今而後，焚蓍龜，毀律曆，廢六合，斥五行，浩然淸慮，則將奚若？」答曰：「此所謂過猶不及也。夫甲子所以配日月，律曆所以通歲時，金木所以備法象，蓍龜所以筮吉凶，聖人以此神明德行，輔助謀猷，存之則協贊成功，執之則凝滯於物，消息之義，其在茲乎！」客於是循牆匍匐，帖然無氣，口坎心醉，不知所以答矣。景龍中，爲吏部侍郎。藏用性無挺特，多爲權要所逼，頗隳公道。又遷黃門侍郎，兼昭文館學士，轉工部侍郎、尚書右丞。先天中，坐託附太平公主，配流嶺表。開元初，起爲黔州都督府長史，兼判都督事，未行而卒，年五十餘。有集二十卷。藏用工篆隸，好琴碁，當時稱爲多能之士少與陳子昂趙貞固友善二人並早卒藏用厚撫其子爲時所稱然初隱居之時有貞儉之操往來于少室終南二山時人稱爲隨駕隱士及登朝趑趄詭佞專事權貴奢靡淫縱以此獲譏于世

徐彥伯兗州瑕丘人也少以文章擅名河北道安撫大使薛元超表薦之對策擢第累轉蒲州司兵參軍時司戶韋暠善判事司士李亘工於翰札而彥伯以文辭雅美時人謂之河中三絕彥伯聖曆中累除給事中時王公卿士多以言語不慎密爲酷吏周興來俊臣等所陷彥伯乃著樞機論以誡于代其辭曰書曰惟口起羞惟甲冑起戎又云齊乃位度乃口易曰愼言語節飲食又云出其言善千里應之出其言不善千里違之禮亦云可言也不可行也君子不言也可行也不可言也君子不行也嗚呼先聖知言之爲大也知言之爲急也精微以勸之典謩以告之禮經以防之守名教者何可不脩其詁訓而服其糟粕乎故曰言語者君子之樞機動則物應物應則得失之見也得之者江海比隣失之者肝膽楚越然後知否泰榮辱繫於言乎夫言者德之柄也行之主也志之端也身之文也既可以濟身亦可以覆身故中庸鏤其心左階銘其背南容復於白圭箕子疇於洪範良有以也是以掎摭瑕玷參詳躁競審無常以階亂將不吝以致危利生於口森然覆邦之說道不由衷變彼如簧之刺可不懼之哉其有識暗邪正慮微形朕破金湯之籥封禍亂之根用詁譎爲全計以號諛爲令德至若梧宮問答荊齊所以奔命韓魏加肘智伯所以危殘蔡侯繩息嬀也亟招甲兵之罰鄭曼圖宗卿也而受鼎鑊之誅史遷輕議終下蠶室張紘詭說更齒龍淵凡此過言其流匪一或礙猶糞土或動成刀劒或茍且其心或脂膏其吻挾邪作蠱守之而不懈往輒破的去之而彌遠亦何異韓盧聚音龐也羣吠得死爲幸何循名之立乎雖復伯玉沮顏追謝於元凱蔣濟貽恨失譽於王陵犀首沒齒於季章曹瞞齰舌於劉主當何及哉孔子曰予欲無言又云終身爲善一言敗之惜也老子亦云多言數窮又云聰明深察而近於死者議人者也何聖人之深思偉慮杜漸防萌之至乎夫不可言而言者曰狂可言而不言者曰隱鉗舌拱默曷通彼此之懷括囊而處孰啓謩明之訓則上言者下聽也下言者上用也睿喆之言猶天地也人覆燾而生焉大雅之言猶鐘鼓也人考擊而樂焉作以龜鏡姬公之言也出爲金石曾子之言也存其家邦國僑之言也立而不朽臧孫之言也是謂德音詰我宗極滿于天下貽厥後昆殷宗甘之於酒醴孫卿諭之以琴瑟闕里重於四時郢都輕其千乘豈不韙哉豈不休哉但楙探世猷克念丕訓審思而應精慮而動謀其心以後發擇其交以後談不蹙趨於非黨不屏營於詭遇非先王之至德不敢行非先王之法言不敢道翦其諜諜之緒撲其炎炎之勢自然介爾景福錫茲純嘏則悔吝何由而生怨惡何由而至哉孔子曰終日行不遺己患終日言不遺己憂如此迺可以言也戒之哉戒之哉神龍元年遷太常少卿兼修國史以預修則天實錄成封高平縣子賜物五百段未幾出爲衞州刺史以善政聞璽書勞勉俄轉蒲州刺史入爲工部侍郎尋除衞尉卿兼昭文館學士景龍三年中宗親拜南郊彥伯作南郊賦以獻辭甚典美景雲初加銀青光祿大夫遷右散騎常侍太子賓客仍兼昭文館學士先天元年以疾乞骸骨許之開元二年卒彥伯事寡嫂甚謹撫諸姪同於己子自晚年屬文好爲強澁之體頗爲後進所效焉有文集二十卷行於時

史臣曰才出於智行出於性故文章巧拙由智之深淺也行義詭實由性之善惡也然則智性禀之於氣不可使之彊也蘇味道李嶠等俱爲輔相各處穹崇觀其章疏之能非無奧贍驗以弼諧之道罔有貞純故狄仁傑有言曰蘇李足爲文吏矣得非齷齪者乎摸稜之病尤足可譏崔融盧藏用徐彥伯等文學之功不讓蘇李知有守常之道而無應變之機規諫之深崔比盧徐稍爲優矣

贊曰房杜姚宋俱立大功咸以二族譁爲美風蘇李文學一代之雄有慙輔弼稱之豈同凡人有言未必有德崔與盧徐皆攻翰墨文雖堪尚義無可則備位守常斯言罔忒

# 舊唐書卷九十五

後晉司空同中書門下平章事劉　昫撰

## 列傳第四十五

### 睿宗諸子

讓皇帝憲　惠莊太子撝　惠文太子範

惠宣太子業　隋王隆悌

睿宗六子昭成順聖皇后竇氏生玄宗肅明順聖皇后劉氏生讓皇帝宮人柳氏生惠莊太子崔孺人生惠文太子王德妃生惠宣太子後宮生隋王隆悌

讓皇帝憲本名成器睿宗長子也初封永平郡王文明元年立爲皇太子時年六歲及睿宗降爲皇嗣則天冊授成器爲皇孫與諸弟同日出閤開府置官屬長壽二年改封壽春郡王仍却入閤長安中累轉左贊善大夫加銀青光祿大夫中宗卽位改封蔡王遷宗正員外卿加賜實封四百戶通舊爲七百戶成器固辭不敢當大國依舊爲壽春郡王唐隆元年進封宋王其月睿宗踐祚拜左衞大將軍時將建儲貳以成器嫡長而玄宗有討平韋氏之功意久不定成器辭曰儲副者天下之公器時平則先嫡長國難則歸有功若失其宜海內失望非社稷之福臣今敢以死請累日涕泣固讓言甚切至時諸王公卿亦言楚王有社稷大功合居儲位睿宗嘉成器之意乃許之玄宗又以成器嫡長再抗表固讓睿宗不許乃下制曰左衞大將軍宋王成器朕之元子當踐副君以隆基有社稷大功人神僉屬由是朕前懇讓言在必行天下至公誠不可奪爰符立季之典庶協從人之願成器可雍州牧揚州大都督太子太師別加實封二千戶賜物五千段細馬二十匹奴婢十房甲第一區良田三十頃其年十一月拜尚書左僕射尋遷司徒其太師都督並如故明年表讓司徒拜太子賓客兼揚州大都督如故時太平公主陰有異圖姚元之宋璟等請出成器及申王成義爲刺史以絕謀者之心由是成器以司徒兼蒲州刺史玄宗嘗製一大被長枕將與成器等共申友悌之好睿宗知而大悅累加賞歎先天元年八月進封司空及玄宗討平蕭至忠岑羲等成器又進位太尉依舊兼揚州大都督加實封一千戶月餘加授開府儀同三司其太尉揚州大都督並停開元初歷岐州刺史開府如故四年避昭成皇后尊號改名憲封爲寧王實封累至五千五百戶又歷澤涇等州刺史初玄宗兄弟聖曆初出閤列第於東都積善坊五人分院同居號五王宅大足元年從幸西京賜宅於興慶坊亦號五王宅及先天之後興慶是龍潛舊邸因以爲宮憲於勝業東南角賜宅申王撝岐王範於安興坊東南賜宅薛王業於勝業西北角賜宅邸第相望環於宮側玄宗於興慶宮西南置樓西面題曰花蕚相輝之樓南面題曰勤政務本之樓玄宗時登樓聞諸王音樂之聲咸召登樓同榻宴謔或便幸其第賜金分帛厚其歡賞諸王每日於側門朝見歸宅之後卽奏樂縱飲擊毬鬬雞或近郊從禽或別墅追賞不絕於歲月矣遊踐之所中使相望以爲天子友悌近古無比故人無間然玄宗既篤於昆季雖有讒言交搆其間而友愛如初憲尤恭謹畏愼未曾干議時政及與人交結玄宗尤加信重之嘗與憲及岐王範等書曰昔魏文帝詩云西山一何高高處殊無極上有兩仙童不飲亦不食賜我一丸藥光耀有五色服藥四五日身輕生羽翼朕每思服藥而求羽翼何如骨肉兄弟天生之羽翼乎陳思有超代之才堪佐經綸之務絕其朝謁卒令憂死魏祚未終遭司馬宣王之奪豈神丸之効也虞舜至聖捨象傲之愆以親九族九族既睦平章百姓此爲帝王之軌則于今數千歲天下歸善焉朕未嘗不廢寢忘食欽歎者也頃因餘暇妙選仙經得此神方古老云服之必驗今分此藥願與兄弟等同保長齡永無限極憲開元九年兼太常卿十四年停太常卿依舊爲開府儀同三司二十一年復拜太尉二十八年冬憲寢疾上令中使送醫藥及珍膳相望於路僧崇一療憲稍瘳上大悅特賜緋袍魚袋以賞異崇一時申王等皆先薨唯憲獨在上尤加恩貸每年至憲生日必幸其宅移時宴樂居常無日不賜酒酪及異饌等尚食搃監及四方有所進獻食之稍甘卽皆分以賜之憲嘗奏請年終錄付史館每年至數百紙二十九年冬京城寒甚凝霜封樹時學者以爲春秋雨木冰卽此是亦名樹介言其象介冑也憲見而歎曰此俗謂樹稼者也諺曰樹稼達官怕必有大臣當之吾其死矣十一月薨時年六十三上聞之號叫失聲左右皆掩涕翌日下制曰能以位讓爲吳太伯存則用成其節歿則當表其賢非常之稱旌德斯在故太尉寧王憲誕含粹靈允膺大雅孝悌之至本乎中誠仁和之深非因外獎率由禮度雅尚文儒謙以自牧樂以爲善比兩獻而有光與二南而合德自出臨方鎭入配台階逾勵忠勤益聞周愼實謂永爲藩屏以輔邦家曾不慭遺奄焉殂沒友于之痛震慟良深惟王朕之元昆合昇王嗣以朕奉先朝之睿略定宗社之阽危推而不居請予主鬯又承慈旨焉敢固違不然者則宸極之尊豈歸於薄德茂行若此易名是憑自非大號孰副休烈按謚法推功尚善曰讓德性寬柔曰讓敬追謚曰讓皇帝宜令所司擇日備禮冊命憲長子汝陽郡王璡又上表懇辭盛陳先意謙退不敢當帝號手制不許及冊歛之日內出御衣一副仍令右監門大將軍高力士賫手書寘于靈座之前其書曰隆基白一代兄弟一朝存歿家人之禮是用申情與言感思悲涕交集大哥孝友近古莫儔嘗號五王同開邸第遠自童幼洎乎長成出則同遊學則同業事均形影無不相隨頃以國步艱危義資克定先帝御極

日月照臨大哥嫡長合當儲貳以功見讓爰在薄躬旣嗣守紫宸萬機事總聽朝之暇得展于懷十數年間棣華凋落謂之手足唯有大哥今復淪亡眇然無對以茲感慕何恨如之然以厥初生人孰不殂謝所貴光昭德行以示崇高立德立名斯爲不朽大哥事跡身歿讓存故冊曰讓皇帝神之昭格當茲寵榮況庭訓傳家璡等申讓善述先志實有遺風成其美也恭惟緒言悅焉如在寄之翰墨悲不自勝又制追贈憲妃元氏爲恭皇后祔葬于橋陵之側及將葬上遣中使勑璡等務令儉約送終之物皆令衆見所司請依諸陵舊例壙內置千味食監護使左僕射裴耀卿奏曰尚食所料水陸等味一千餘種每色瓶盛安於藏內皆是非時瓜菓及馬牛驢犢麞鹿等肉並諸藥酒三十餘色儀注禮料皆無所憑臣據禮司所料奠祭相次事無不備典制分明天恩每申讓帝之志務令儉約禮外加數竊恐不安又非時之物馬犢驢等並野味魚鴈鵝鴨之屬所用銖兩動皆宰殺盛夏胎養聖情所禁又須造作什物動踰千計求徵市井實謂煩勞千味不供禮無所闕伏望依禮減省以取折衷制從之及發引時屬大雨上令慶王潭已下泥中步送十數里制號其墓爲惠陵憲凡十子璡嗣莊琳璹珣瑀玢珽琯璀等十人歷官封襲璡封汝陽郡王歷太僕卿與賀知章褚庭誨爲詩酒之交天寶初終父喪加特進九載卒贈太子太師莊嗣封濟陰郡王早卒琳封嗣寧王歷秘書員外監從玄宗幸蜀郡至德二載卒璹封嗣申王珣封同安郡王珣脩身淳謹不自矜貴閨門之內常默如也開元二十五年薨玄宗甚悼之輟朝三日制曰猶子之恩特深於情禮睦親之義必備於哀榮同安郡王珣稟氣淳和執心忠順邦國垣翰宗枝羽儀磐石疏封將期永固逝川不捨俄歎促齡悼往之懷因心所切宜增寵命用飾幽泉可贈太子少保葬事官給陪葬橋陵瑀封漢中王歷都水使者恒王府司馬衞尉員外卿瑀早有才望偉儀表初爲隴西郡公天寶十五載從玄宗幸蜀至漢中因封漢中王仍加銀青光祿大夫漢中郡太守乾元二年以特進試太常卿送寧國公主至迴紇充冊立使玢蒼梧郡開國公歷銀青光祿大夫秘書監員外置同正員卒贈江陵大都督珽封晉昌郡開國公琯魏郡開國公璀文安郡開國公天寶十一載珽琯璀並食邑三千戶

惠莊太子撝睿宗第二子也本名成義母柳氏掖庭宮人撝之初生則天嘗以示僧萬迴萬迴曰此兒是西域大樹之精養之宜兄弟則天甚悅始令列於兄弟之次垂拱三年封恒王尋却入閤改封衡陽郡王累授尚衣奉御神龍元年加賜實封二百戶通前五百戶遷司農少卿加銀青光祿大夫睿宗踐祚進封申王遷右衞大將軍景雲元年七月遷殿中監兼檢校右衞大將軍二年轉光祿卿右金吾衞大將軍先天元年七月加實封一千戶八月行司徒兼益州大都督開元二年帶司徒兼幽州刺史俄避昭成太后之稱改名撝歷鄧虢絳三州刺史八年因入朝停刺史依舊爲司徒性弘裕儀形瓌偉善於飲啖十二年病薨冊贈惠莊太子陪葬橋陵無子初養讓帝子珣封同安郡王先卒天寶三載又以讓帝子璹爲嗣申王授鴻臚員外卿

惠文太子範睿宗第四子也本名隆範後避玄宗連名改單稱範初封鄭王尋改封衞王長壽二年隨例却入閤徙封巴陵郡王累授尚食奉御神龍元年遷太府員外少卿加賜實封二百戶通前五百戶景龍年兼隴州別駕加銀青光祿大夫睿宗踐祚進封岐王又加實封五百戶拜太常卿兼左羽林大將軍先天二年從上討竇懷貞蕭至忠等以功加賜實封滿五千戶下制褒美開元初拜太子少師帶本官歷絳鄭岐三州刺史八年遷太子太傅範好學工書雅愛文章之士士無貴賤皆盡禮接待與閻朝隱劉庭琦張諤鄭繇篇題唱和又多聚書畫古跡爲時所稱時上禁約王公不令與外人交結駙馬都尉裴虛已坐與範遊讌兼私挾讖緯之書配徙嶺外萬年尉劉庭琦太祝張諤皆坐與範飲酒賦詩黜庭琦爲雅州司戶諤爲山茌丞然上未嘗間範恩情如初謂左右曰我兄弟友愛天至必無異意秖是趨競之輩强相託附耳我終不以纖介之故責及兄弟也時王毛仲等本起微賤皆崇貴傾於朝廷諸王每相見假立引待獨範見之色莊十四年病薨上哭之甚慟輟朝三日爲之追福手寫老子經徹膳累旬百寮上表勸喩然後復常開元十四年命工部尚書攝太尉盧從愿冊贈王爲惠文太子陪葬橋陵一子瑾封河東郡王官至太僕卿昬于酒色竟暴卒贈太子少師天寶三載又以惠宣太子男署陽公珍爲嗣岐王銀青光祿大夫宗正員外卿上元二年珍與朱融善珍儀表偉如頗類玄宗融乃誘崔昌趙非熊等幷中官六軍人同謀逆融謂金吾將軍邢濟曰今城中草草關外近冦憑凌若何濟曰我金吾天子押衙死生隨之安能自脫融曰有一人足下見之自當知縱不出城亦無慮乃引以見珍濟奏之乃令御史中丞敬羽訊之珍賜死其同謀右武衞將軍竇如玢試都水使者崔昌右羽林軍大將軍劉從諫蔚州長鎮將朱融右衞將軍胡刻直司天臺通玄院高抱素右司禦率府率魏兆內侍省內謁者監王道成等九人特宜斬決試太子洗馬兼知司天臺冬官正事趙非熊陳王府長史陳閎楚州司馬張昂右武衞兵曹焦自榮前鳳翔府郿縣主簿李昷國子監廣文進士張奐等六人特宜決殺駙馬都尉薛履謙預逆謀宜賜自盡乃以濟兼桂州都督侍御史充桂管防禦都使左散騎常侍張鎬坐與交通貶辰州司戶鄭繇者鄭州滎陽人北齊吏部尚書述五代孫也工五言詩開元初範爲岐州刺史繇爲長史範失白鷹繇爲失白鷹詩當時以爲絕唱後爲湖州刺史子審亦善詩詠乾元中任袁州刺史

惠宣太子業睿宗第五子也本名隆業後單名業垂拱三年封趙王開府置官屬長壽二年隨例却入閤改封中山郡王累授都水使者尋又改封彭城郡王神龍元年加賜實封二百戶通前五百戶景龍二年兼陳州別駕銀青光祿大夫太僕少卿別駕如故睿宗卽位進封薛王加封滿一千戶拜秘書監兼右羽林大將軍俄轉宗正卿睿宗以業好學而授秘書監及玄宗誅蕭至忠岑羲等業以翊從之功加實封通舊爲五千戶開元初歷太子少保同涇幽衞虢等州刺史八年遷太子太保初業母早終從母賢妃親鞠養之至是迎賢妃出就外宅事之甚謹業同母妹淮陽涼國二公主亦早卒業撫愛其子逾於己子上以業孝友特加親愛業嘗疾病上親爲祈禱及愈車駕幸其第置酒讌樂更爲初生之歡玄宗賦詩曰昔見漳濱卧言將人事違今逢誕慶日猶謂學仙歸棠棣花重滿鴒原鳥再飛其恩意如此十三年上嘗不豫業妃弟內直郎韋賓與殿中監皇甫恂私議休咎事發玄宗令杖殺韋賓左遷皇甫恂爲錦州刺史妃惶懼降服待罪業亦不敢入謁上遽令召之業至階下逡巡請罪上降階就執其手曰吾若有心猜阻兄弟者天地神明所共咎罪乃歡讌久之仍慰諭妃令復其位二十一年業進拜司徒二十年正月薨冊贈惠宣太子陪葬橋陵有子十一人瑗樂安郡王瑒宗正卿滎陽郡王琄封嗣薛王珍嗣岐王琄爲金紫光祿大夫鴻臚卿同正員天寶五載坐舅刑部尚書韋堅爲右相李林甫所構貶夷陵郡別駕長任母隨琄竟以憂死七載琄於夜郎安置後移南浦郡十四載安祿山反赴于西京

隋王隆悌睿宗第六子也初封汝南郡王長安初拜尚乘直長早薨睿宗踐極追封隋王贈荊州大都督無子

史臣曰夫得天下而治者其道舒而有變讓天下而退者其道卷而常存何者飛龍在天舒也亢龍有悔變也讓皇帝守無咎於或躍利終吉於勞謙其用有光其聞莫朽惠莊惠文惠宣隋王等或守常而獲免終保皇枝或過望而包羞竟塵靑史略陽公信魁偉之狀起圖謀之心福善禍淫宜哉不令

贊曰謙而受益讓以成賢唐屬之美憲得其先長不居震剛不乘乾讓之大者胡可比焉撝範已降同氣連枝性習何遠非革卽睽有善有惡禍福不欺

# 舊唐書卷九十六

後晉司空同中書門下平章事劉　昫撰

## 列傳第四十六

姚崇　宋璟

姚崇本名元崇陝州硤石人也父善懿貞觀中任巂州都督元崇爲孝敬挽郎應下筆成章舉授濮州司倉五遷夏官郎中時契丹冦陷河北數州兵機塡委元崇剖析若流皆有條貫則天甚奇之超遷夏官侍郎又尋同鳳閣鸞臺平章事聖曆初則天謂侍臣曰往者周興來俊臣等推勘詔獄朝臣遞相牽引咸承反逆國家有法朕豈能違中間疑有枉濫更使近臣就獄親問皆得手狀承引不虛朕不以爲疑卽可其奏近日周興來俊臣死後更無聞有反逆者然則以前就戮者不有寃濫耶元崇對曰自垂拱已後被告身死破家者皆是枉酷自誣而死告者特以爲功天下號爲羅織甚於漢之黨錮陛下令近臣就獄問者近臣亦不自保何敢輒有動搖被問者若翻又懼遭其毒手將軍張虔勗李安靜等皆是也賴上天降靈聖情發寤誅鋤兇豎朝廷乂安今日已後臣以微軀及一門百口保見在內外官更無反逆者乞陛下得告狀但收掌不須推問若後有徵驗反逆

有實臣請受知而不告之罪則天大悅曰以前宰相皆順成其事陷朕爲淫刑之主聞卿所說甚合朕心其日遣中使送銀千兩以賜元崇時突厥叱利元崇構逆則天不欲元崇與之同名乃改爲元之俄遷鳳閣侍郎依舊知政事長安四年元之以母老表請解職侍養言甚哀切則天難違其意拜相王府長史罷知政事俾獲其養其月又令元之兼知夏官尚書事同鳳閣鸞臺三品元之上言臣事相王知兵馬不便臣非惜死恐不益相王則天深然其言改爲春官尚書是時張易之請移京城大德僧十人配定州私置寺僧等苦訴元之斷停易之屢以爲言元之終不納由是爲易之所譖改爲司僕卿知政事如故使充靈武道大揔管神龍元年張柬之桓彦範等謀誅易之兄弟適會元之自軍還都遂預謀以功封梁縣侯賜實封二百戶則天移居上陽宮中宗率百官就閤起居王公已下皆欣躍稱慶元之獨嗚咽流涕彦範柬之謂元之曰今日豈是啼泣時恐公禍從此始元之曰事則天歲久乍此辭違情發於衷非忍所得昨預公誅兇逆者是臣子之常道豈敢言功今辭違舊主悲泣者亦臣子之終節緣此獲罪實所甘心無幾出爲亳州刺史轉常州刺史睿宗即位召拜兵部尚書同中書門下三品尋遷中書令時玄宗在東宮太平公主干預朝政宋王成器爲閑廄使岐王範薛王業皆掌禁兵外議以爲不便元之同侍中宋璟密奏請令公主往就東都出成器等諸王爲刺史以息人心睿宗以告公主公主大怒玄宗乃上疏以元之璟等離間兄弟請加罪乃貶元之爲申州刺史再轉揚州長史淮南按察使爲政簡肅人吏立碑紀德俄除同州刺史先天二年玄宗講武在新豐驛召元之代郭元振爲兵部尚書同中書門下三品復遷紫微令避開元尊號又改名崇進封梁國公固辭實封乃停其舊封特賜新封一百戶先是中宗時公主外戚皆奏請度人爲僧尼亦有出私財造寺者富戶強丁皆經營避役遠近充滿至是崇奏曰佛不在外求之於心佛圖澄最賢無益於全趙羅什多藝不救於亡秦何充苻融皆遭敗滅齊襄梁武未免災殃但發心慈悲行事利益使蒼生安樂即是佛身何用妄度姦人令壞正法上納其言令有司隱括僧徒以僞濫還俗者萬二千餘人開元四年山東蝗蟲大起崇奏曰毛詩云秉彼蟊賊以付炎火又漢光武詔曰勉順時政勸督農桑去彼蝗蜮以及蟊賊此並除蝗之義也蟲既解畏人易爲驅逐又苗稼皆有地主救護必不辭勞蝗既解飛夜必赴火夜中設火火邊掘坑且焚且瘞除之可盡時山東百姓皆燒香禮拜設祭祈恩眼看食苗手不敢近自古有討除不得者祇是人不用命但使齊心戮力必是可除乃遣御史分道殺蝗汴州刺史倪若水執奏曰蝗是天災自宜修德劉聰時除既不得爲害更深仍拒御史不肯應命崇大怒牒報若水曰劉聰僞主德不勝妖今日聖朝妖不勝德古之良守蝗蟲避境若其修德可免彼豈無德致然今坐看食苗何忍不救因以飢饉將何自安幸勿遲迴自招悔恡若水乃行焚瘞之法獲蝗一十四萬石投汴渠流下者不可勝紀時朝廷喧議皆以驅蝗爲不便上聞之復以問崇崇曰庸儒執文不識通變凡事有違經而合道者亦有反道而適權者昔魏時山東有蝗傷稼緣小忍不除致使苗稼總盡人至相食後秦時有蝗禾稼及草木俱盡牛馬至相噉毛今山東蝗蟲所在流滿仍極繁息實所稀聞河北河南無多貯積儻不收穫豈免流離事繫安危不可膠柱縱使除之不盡猶勝養以成災陛下好生惡殺此事請不煩出勑乞容臣出牒處分若除不得臣在身官爵並請削除上許之黃門監盧懷慎謂崇曰蝗是天災豈可制以人事外議咸以爲非又殺蟲太多有傷和氣今猶可復請公思之崇曰楚王吞蛭厥疾用瘳叔敖殺蛇其福乃降趙宣至賢也恨用其犬孔丘將聖也不愛其羊皆志在安人思不失禮今蝗蟲極盛驅除可得若其縱食所在皆空山東百姓豈宜餓殺此事崇已面經奏定訖請公勿復爲言若救人殺蟲因緣致禍崇請獨受義不仰關懷慎既庶事曲從竟亦不敢逆崇之意蝗因此亦漸止息是時上初即位務修德政軍國庶務多訪於崇同時宰相盧懷慎源乾曜等但唯諾而已崇獨當重任明於吏道斷割不滯然縱其子光祿少卿彝宗正少卿异廣引賓客受納饋遺由是爲時所譏時有中書主書趙誨爲崇所親信受蕃人珍遺事發上親加鞫問下獄處死崇結奏其罪復營救之上由是不悅其冬曲赦京城勑文時標誨名令決杖一百配流嶺南崇自是憂懼頻面陳避相位薦宋璟自代俄授開府儀同三司罷知政事居月餘玄宗將幸東都而太廟屋壞上召宋璟蘇頲問其故璟等奏言陛下三年之制未畢誠不可行幸凡災變之發皆所以明教誡陛下宜增崇大道以答天意且停幸東都上又召崇問曰朕臨發京邑太廟無故崩壞恐神靈誡以東行不便耶崇對曰太廟殿本是苻堅時所造隋文帝創立新都移宇文朝故殿造此廟國家又因隋氏舊制歲月滋深朽蠹而毀山有朽壤尚不免崩既久來枯木合將摧折偶與行期相會不是緣行乃崩且四海爲家兩京相接陛下以關中不甚豐熟轉運又有勞費所以爲人行幸豈是無事煩勞東都百司已作供擬不可失信於天下以臣愚見舊廟既朽爛不堪修理望移神主於太極殿安置更改造新廟以申誠敬車駕依前逕發上曰卿言正合朕意賜絹二百匹令所司奉七廟神主於太極殿改新廟車駕乃幸東都因令崇五日一參仍入閤供奉甚承恩遇後又除太子少保以疾不拜九年薨年七十二贈揚州大都督謚曰文獻崇先分其田園令諸子姪各守其分仍爲遺令以誡子孫其畧曰古人云富貴者人之怨也貴則神忌其滿人惡其上富則鬼瞰其室虜利其財自開闢已來書籍所載德薄任重而能壽考無咎者未之有也故范蠡疏廣之輩知止足之分前史多之況吾才不逮古人而久竊榮寵位逾高而益懼恩彌厚而增憂往在中書遘疾虛憊雖終匪懈而諸書多闕薦賢自代屢有誠祈人欲天從竟蒙哀允優游園沼放浪形骸人生一代斯亦足矣田巴云百年之期未有能至王逸少云俛仰之間已爲陳迹誠哉此言比見諸達官身亡以後子孫既失覆蔭多至貧寒斗尺之間參商是競豈唯自玷乃更辱先無論曲直俱受嗤毀莊田水碾既衆有之遞相推倚或致荒廢陸賈石苞皆古之賢達也所以預爲定分將以絕其後爭吾靜思之深所歎服昔孔子亞聖母墓毀而不修梁鴻至賢父亡席卷而葬昔楊震趙咨盧植張奐皆當代英達通識今古咸有遺言屬以薄葬或濯衣時服或單帛幅巾知真魂去身貴於速朽子孫皆遵成命迄今以爲美談凡厚葬之家例非明哲或溺於流俗不察幽明咸以奢厚爲忠孝以儉薄爲慳惜至令亡者致戮尸暴骸之酷存者陷不忠不孝之誚可爲痛哉可爲痛哉死者無知自同糞土何煩厚葬使傷素業若也有知神不在柩復何用違君父之令破衣食之資吾身亡後可殮以常服四時之衣各一副而已吾性甚不愛冠衣必不得將入棺墓紫衣玉帶足便於身念爾等勿復違之且神道惡奢冥塗尚質若違吾處分使吾受戮於地下於汝心安乎念而思之今之佛經羅什所譯姚興執本與什對翻姚興造浮屠於永貴里傾竭府庫廣事莊嚴而興命不得延國亦隨滅又齊跨山東周據關右周則多除佛法而修繕兵威齊則廣置僧徒而依憑佛力及至交戰齊氏滅亡國既不存寺復何有修福之報何其蔑如梁武帝以萬乘爲奴胡太后以六宮入道豈特身戮名辱皆以亡國破家近日孝和皇帝發使贖生傾國造寺太平公主武三思悖逆庶人張夫人等皆度人造寺竟術彌街咸不免受戮破家爲天下所笑經云求長命得長命求富貴得富貴刀尋段段壞火坑變成池比求緣精進得富貴長命者爲誰生前易知尚覺無應身後難究誰見有徵且五帝之時父不葬子兄不哭弟言其致仁壽無夭橫也三王之代國祚延長人用休息其人臣則彭祖老聃之類皆享遐齡當此之時未有佛教豈抄經鑄像之力設齋施佛之功耶宋書西域傳有名僧爲白黑論理證明白足解沉疑宜觀而行之且佛者覺也在乎方寸假有萬像之廣不出五蘊之中但平等慈悲行善不行惡則佛道備矣何必溺於小說惑於凡僧仍將喻品用爲實錄抄經寫像破業傾家乃至施身亦無所悋可謂大惑也亦有緣亡人造像名爲追福方便之教雖則多端功德須自發心旁助寧應獲報遞相欺誑浸成風俗損耗生人無益亡者假有通才達識亦爲時俗所拘如來普慈意存利物損衆生之不足厚豪僧之有餘必不然矣且死者是常古來不免所造經像何所施爲夫釋迦之本法爲蒼生之大弊汝等各宜警策正法在心勿效兒女子曹終身不悟也吾亡後必不得爲此弊法若未能全依正道須順俗情從初七至終七任設七僧齋若隨齋須布施宜以吾緣身衣物充不得輒用餘財爲無益之枉事亦不得妄出私物徇追福之虛談道士者本以玄牝爲宗初無趨競之教而無識者慕僧家之有利約佛教而爲業敬尋老君之說亦無過齋之文抑同僧例失之彌遠汝等勿拘鄙俗輒屈於家汝等身沒之後亦教子孫依吾此法云十七年重贈崇太子太保崇長子彝開元初光祿少卿次子异坊州刺史少子弈少而修謹開元末爲禮部侍郎尚書右丞天寶元年右相牛仙客薨彝男閎爲侍御史仙客判官見仙客疾亟逼爲仙客表請以弈及兵部侍郎盧奐爲宰相代已其妻因中使奏之玄宗聞而怒之閎決死弈出爲永陽太守奐爲臨淄太守玄孫合登進士第授武功尉遷監察御史位終給事中

宋璟邢州南和人其先自廣平徙焉後魏吏部尚書弁七代孫也父玄撫以璟貴贈邢州刺史璟少耿介有大節博學工於文翰弱冠舉進士累轉鳳閣舍人當官正色則天甚重之長安中倖臣張易之誣構御史大夫魏元忠有不順之言引鳳閣舍人張說令證之說將入於

御前對覆惶惑迫懼璟謂曰名義至重神道難欺必不可黨邪陷正以求苟免若緣犯顏流貶芬芳多矣或至不測吾必叩閤救子將與子同死努力萬代瞻仰在此舉也說感其言及入乃保明元忠竟得免死璟尋遷左御史臺中丞張易之與弟昌宗縱恣益橫傾朝附之昌宗私引相工李弘泰觀占吉凶言涉不順爲飛書所告璟廷奏請窮究其狀則天曰易之等已自奏聞不可加罪璟曰易之等事露自陳情在難恕且謀反大逆無容首免請勒就御史臺勘當以明國法易之等久蒙驅使分外承恩臣必知言出禍從然義激於心雖死不恨則天不悅內史楊再思恐忤旨遽宣敕令璟出璟曰天顏咫尺親奉德音不煩宰臣擅宣王命則天意稍解乃收易之等就臺將加鞫問俄有特敕原之仍令易之等詣璟辭謝璟拒而不見曰公事當公言之若私見則法無私也璟嘗侍宴朝堂時易之兄弟皆爲列卿位三品璟本階六品在下座易之素畏璟妄悅其意虛位揖璟曰公第一人何乃下座璟曰才劣品卑張卿以爲第一人何也當時朝列皆以二張內寵不名官呼易之爲五郎昌宗爲六郎天官侍郎鄭善果謂璟曰中丞奈何呼五郎爲卿璟曰以官言之正當爲卿若以親故當爲張五足下非易之家奴何郎之有鄭善果一何懦哉其剛正皆此類也自是易之等常欲因事傷之則天察其情竟以獲免神龍元年遷吏部侍郎中宗嘉璟正直仍令兼諫議大夫內供奉仗下後言朝廷得失尋拜黃門侍郎時武三思恃寵執權嘗請託於璟璟正色謂之曰當今復子明辟王宜以侯就第何得尙干朝政王獨不見產祿之事乎俄有京兆人韋月將上書訟三思潛通宮掖將爲禍患之漸三思諷有司奏月將大逆不道中宗特令誅之璟執奏請按除罪狀然後申明典憲月將竟免極刑配流嶺南而死中宗幸西京令璟權檢校幷州長史未行又帶本官檢校貝州刺史時河北頻遭水潦百姓飢餒三思封邑在貝州專使徵其租賦璟又拒而不與由是爲三思所擠又歷杭相二州刺史在官淸嚴人吏莫有犯者中宗晏駕拜洛州長史睿宗踐祚遷吏部尙書同中書門下三品玄宗在春宮又兼右庶子加銀靑光祿大夫先是外戚及諸公主干預朝政請託滋甚崔湜鄭愔相次典選爲權門所制九流失叙預用兩年員闕注擬不足更置比冬選人大爲士庶所歎至是璟與侍郎李乂盧從愿等大革前弊取捨平允銓綜有敘時太平公主謀不利於玄宗嘗於光範門內乘輦伺執政以諷之衆皆失色璟昌言曰東宮有大功於天下眞宗廟社稷之主安得有異議乃與姚崇同奏請令公主就東都玄宗懼抗表請加罪於璟等乃貶璟爲楚州刺史無幾歷魏兗冀三州刺史河北按察使遷幽州都督兼御史大夫尋拜國子祭酒兼東都留守歲餘轉京兆尹復拜御史大夫坐事出爲睦州刺史轉廣州都督仍爲五府經略使廣州舊族皆以竹茅爲屋屢有火災璟教人燒瓦改造店肆自是無復延燒之患人皆懷惠立頌以紀其政開元初徵拜刑部尙書四年遷吏部尙書兼黃門監明年官名改易爲侍中累封廣平郡公其秋駕幸東都次永寧之崤谷馳道隘狹車騎停擁河南尹李朝隱知頓使王怡並失於部伍上令黜其官爵璟入奏曰陛下富有春秋方事巡狩一以壅隘致罪二臣竊恐將來人受艱弊於是遽令捨之璟曰陛下責之以臣言免之是過歸於上而恩由於下請且使待罪於朝然後詔復其職則進退得其度矣上深善之俄又令璟與中書侍郎蘇頲爲皇子制名及封邑幷公主等邑號璟等奏曰王子將封三十餘國周之麟趾漢之犬牙彼何足云於斯爲盛竊以郯郯王等傍有古邑字臣等以類推擇謹件三十國名又王子先有名者皆上有副字又公主邑號亦選擇三十美名皆文不害意言足定體又令臣等別撰一佳名及一美邑號者七子均養百王至仁今若同等別封或緣母寵子愛骨肉之際人所難言天地之中典有常度昔袁盎降愼夫人之席文帝竟納之愼夫人亦不以爲嫌美其得久長之計臣等故同進更不別封上彰覆載無偏之德上稱歎之七年開府儀同三司王晈卒及將築墳晈子駙馬都尉守一請同昭成皇后父竇孝諶故事其墳高五丈一尺璟及蘇頲請一依禮式上初從之翼日又令準孝諶舊例璟等上言曰夫儉德之恭侈惡之大高墳乃昔賢所誡厚葬實君子所非古者墓而不墳蓋此道也凡人子於哀送之際則不以禮制爲思故周孔設齊斬緦免之差衣衾棺槨之度賢者俯就私懷不果且蒼梧之野驪山之徒善惡分區圖史所載衆人皆務奢靡而獨能革之斯所謂至孝要道也中宮若以爲言則此理固可敦諭在外或云竇太尉墳甚高取則不遠者縱令往日無極言其事偶行令出一時故非常式又貞觀中文德皇后嫁所生女長樂公主奏請儀注加於長公主魏徵諫云皇帝之姑姊爲長公主皇帝之女爲公主既有長字合高於公主若加於長公主事甚不可引漢明故事云羣臣欲封皇子爲王帝曰朕子豈敢與先帝子等時太宗嘉納之文德皇后奏降中使致謝於徵此則乾坤輔佐之間綽有餘裕豈若韋庶人父追加王位擅作酆陵禍不旋踵爲天下笑則犯顏逆耳阿意順旨不可同日而言也況今之所載預作紀綱情旣無窮故爲之制度不因人以搖動不變法以愛憎頃謂金科玉條蓋以此也比來蕃夷等輩及城市閒人遞以奢靡相高不將禮儀爲意今以后父之寵開府之榮金穴玉衣之資不憂少物高墳大寢之役不畏無人百事皆出於官一朝亦可以就而臣等區區不已以闘諒欲成朝廷之政崇國母之德化浹寰區聲光竹素儻中宮情不可奪陛下不能苦違即準一品合陪陵葬者墳高三丈已上四丈已下降敕將同陪陵之例即極是高下得宜上謂璟等曰朕每事常欲正身以成綱紀至於妻子情豈有私然人所難言亦在於此卿等乃能再三堅執成朕美事足使萬代之後光揚我史策乃遣使賚綵絹四百匹分賜之先是朝集使每至春將還多有改轉率以爲常璟奏請一切勒還絕其僥求之路又禁斷惡錢發使分道檢括銷毀之頗招士庶所怨俄授璟開府儀同三司罷知政事明年京兆人權梁山搆逆伏誅制河南尹王怡馳傳往長安窮其枝黨怡禁繫極衆久之未能決斷乃詔璟兼京兆留守幷按覆其獄璟至惟罪元謀數人其餘緣梁山詐稱婚禮因假借得罪及脅從者盡奏原之十二年駕又東巡璟復爲留守上臨發謂璟曰卿國之元老爲朕股肱耳目今將巡洛邑爲別歷時所有嘉謀嘉猷宜相告也璟因極言得失特賜綵絹等仍手制曰所進之言書之座右出入觀省以誡終身其見重如此俄又兼吏部尙書十七年遷尙書右丞相與張說源乾曜同日拜官敕太官設饌太常奏樂於尙書都省大會百寮玄宗賦詩襃述自寫與之二十年以年老上表曰臣聞力不足者老則更衰心無主者疾而尤廢臣昔聞其語今驗諸身況且兼之何能爲也臣自拔跡幽介欽屬盛明才不逮人藝非經國復以久承驅策歷忝試用命偶時來榮因歲積遂使再升台座三入冢司進階開府增封本郡所更中外已紊彝章逮居端揆左叨名職何者丞相官師之長任重昔時愚臣衰朽之餘用懃他日位則逾盛人則浸微晝夘其然何居而可頃偭俛從政蒼黃不言實懷覆載之德鼻竭涓塵之効今積羸成憊沉錮莫瘳耳目更昏手足多廢顧惟殞越寧遂宿心安可以苟狥大名仍尸重祿且留章綬不上闕庭儀刑此乖禮法何設伏惟陛下審能以授爲官而擇察臣之懇詞矜臣之不逮使罷歸私第養疾衡門上弭官謗下知死所則歸全之望獲在愚臣養老之恩成於聖代日暮途遠天高聽卑瞻望軒墀伏深感戀謹奉表陳乞以聞手敕許之仍令全給祿俸璟乃退歸東都私第屏絕人事以就醫藥二十二年駕幸東都璟於路左迎謁上遣榮王親勞問之自是頻遣使送藥餌二十五年薨年七十五贈太尉謚曰文貞子昇天寶初太僕少卿次尙漢東太守次渾與右相李林甫善引爲諫議大夫平原太守御史中丞東京採訪使次恕都官郎中劍南採訪判官依倚權勢頗爲貪暴渾在平原重徵一年庸調作東畿採訪使又使河南尉楊朝宗影娶妻鄭氏鄭氏即薛稷外孫姊爲宗婦孀居有色渾有妻使朝宗聘而渾納之奏朝宗爲赤尉恕在劍南有雒縣令崔珪恕之表兄妻美恕誘而私之而貶珪官又養刺客李晏至九載並爲人所發贓私各數萬貫林甫奏稱璟子渾就東京臺推恕就本使劍南推皆有實狀渾流嶺南高要郡恕流海康郡尙其載又爲人訟其贓貶臨海長史其子華衡居官皆坐贓相次流貶其後渾會赦量移至東陽郡下請託過求及役使人吏求其資課人不堪其弊訟之配流潯江郡然兄弟盡善飲謔俳優雜戲衡最麤險廣平之風教無復存矣廣德後渾除太子諭德爲物議薄之乃留寓於江嶺卒

史臣曰履艱危則易見良臣處平定則難彰賢相故房杜預創業之功不可儔匹而姚宋經武韋二后政亂刑淫頗涉履於中克全聲跡抑無愧焉

贊曰姚宋入用刑政多端爲政匪易防刑益難諫諍以猛施張用寬不有其道將何以安

舊唐書卷九十六考證

姚崇傳○臣德潛按崇上陳十事使玄宗力行此生平大節而傳中不及新書詳之此足補舊書之闕

宋璟傳內史楊再思恐忤旨遽宣敕令璟出○新書作姚璹通鑑綱目俱再思

舊唐書卷九十七

後晉司空同中書門下平章事劉　昫撰

列傳第四十七

劉幽求　鍾紹京　郭元振　張說子均　垍　陳希烈附

劉幽求冀州武强人也聖曆年應制舉拜閬中尉刺史不禮焉乃弃官而歸久之授朝邑尉初桓彥範敬暉等雖誅張易之兄弟竟不殺武三思幽求謂桓敬曰三思尙存公輩終無葬地若不早圖恐噬臍無及桓敬等不從其言後果爲三思誣構死於嶺外及韋庶人將行簒逆幽求與玄宗潛謀誅之乃與苑總監鍾紹京長上果毅麻嗣宗及太平公主之子薛崇暕等夜從入禁中討平之是夜所下制勅百餘道皆出於幽求以功擢拜中書舍人令參知機務賜爵中山縣男食實封二百戶翼日又授其二子五品官祖父俱追贈刺史睿宗即位加銀青光祿大夫行尙書右丞仍舊知政事進封徐國公加實封通前五百戶賜物千段奴婢二十人宅一區地十頃馬四匹加以金銀雜器景雲二年遷戶部尙書罷知政事月餘轉吏部尙書擢拜侍中降璽書曰頃者王室不造中宗厭代外戚專政姦臣擅國將傾社稷幾遷龜鼎朕躬與王公皆將及於禍難卿見危思奮在變能通翊贊儲君協和義士殄殲元惡放殛凶徒我國家之復存繫茲是賴厥庸甚茂朕用嘉焉故委卿以衡軸胙卿以茅土然征賦未廣寵錫猶輕昔西漢行封更擇多戶東京定賞復增大邑故加賜卿實封二百戶兼舊七百戶使夫高岸爲谷長河如帶子子孫孫傳國無絕又以卿忘軀徇難宜有恩榮故特免卿十死罪並書諸金鐵俾傳于後卿其保茲功業永作國楨可不美歟先天元年拜尙書右僕射同中書門下三品監修國史幽求初自謂功在朝臣之右而志求左僕射兼領中書令俄而竇懷貞爲左僕射崔湜爲中書令幽求心甚不平形於言色湜又託附太平公主將謀逆亂幽求乃與右羽林將軍張暐請以羽林兵誅之乃令暐密奏玄宗曰宰相中有崔湜崔羲俱是太平公主進用見作方計其事不輕殿下若不早謀必成大患一朝事出意外太上皇何以得安古人云當斷不斷反受其亂唯請急殺此賊劉幽求巳共臣作定謀計訖願以身正此事赴死如歸臣既職典禁兵若奉殿下命當即除翦上深以爲然暐又洩其謀於侍御史鄧光賓玄宗大懼遽列上其狀睿宗下幽求等詔獄令法官推鞫之法官奏幽求等以疏間親罪當死玄宗屢救獲免乃流幽求于封州暐于峯州歲餘太平公主等伏誅其日下詔曰劉幽求風雲玄感川嶽粹靈學綜九流文窮三變義以臨事精能貫日忠以成謀用若投水茂勳立艱難之際嘉話盈啓沃之初存讜直以不顧爲姦邪之所忌疊萌頗露譖端潛發元宰見逐讒人孔多既殄羣兇方宣大化期問政於經始載登賢於夢卜可依舊金紫光祿大夫守尙書左僕射知軍國事監修國史上柱國徐國公仍依舊還封七百戶幷賜錦衣一襲開元初改尙書左右僕射爲左右丞相乃授幽求尙書左丞相兼黃門監未幾除太子少保罷知政事姚崇素嫉忌之乃奏言幽求鬱快於散職兼有怨言貶授睦州刺史削其實封六百戶歲餘稍遷杭州刺史三年轉桂陽郡刺史在道憤恚而卒年六十一贈禮部尙書謚曰文獻配享睿宗廟庭建中三年重贈司徒

鍾紹京虔州贛人也初爲司農錄事以工書直鳳閣則天時明堂門額九鼎之銘及諸宮殿門牓皆紹京所題景龍中爲苑總監玄宗之誅韋氏紹京夜中帥戶奴及丁夫以從及事成其夜拜紹京銀青光祿大夫中書侍郞參知機務翼日進拜中書令加光祿大夫封越國公賜實封五百戶賜物二千段馬十匹紹京既當朝用事恣情賞罰甚爲時人所惡俄又抗疏讓官睿宗納薛稷之言乃轉爲戶部尙書出爲蜀州刺史玄宗即位復召拜戶部尙書遷太子詹事時姚崇素惡紹京之爲人因奏紹京發言怨望左遷綿州刺史及坐事累貶琰川尉盡削其階爵及實封俄又歷遷溫州別駕開元十五年入朝因垂泣奏曰陛下豈不記疇昔之事耶何忍弃臣荒外永不見闕庭且當時立功之人今並亡殁唯臣衰老獨在陛下豈不垂愍耶玄宗爲之憫然即日拜銀青光祿大夫右諭德久之轉少詹事年八十餘卒紹京雅好書畫古跡聚二王及褚遂良書至數十百卷建中元年重贈太子太傅

郭元振魏州貴鄉人舉進士授通泉尉任俠使氣不以細務介意前後掠賣所部千餘人以遺賓客百姓苦之則天聞其名召見與語甚奇之時吐蕃請和乃授元振右武衛鎧曹充使聘於吐蕃吐蕃大將論欽陵請去四鎭兵分十姓之地朝廷使元振因察其事宜元振還上疏曰臣聞利或生害害亦生利國家難消息者唯吐蕃與默啜耳今吐蕃請和默啜受命是將大利於中國也若圖之不審則害必隨之今欽陵欲分裂十姓去四鎭兵此誠動靜之機不可輕舉措也今若直塞其善意恐邊患之起必甚於前若以鎭不可拔兵不可抽則宜爲計以緩之藉事以誘之使彼和望未絕則其惡意亦不得頓生且四鎭之患遠甘涼之患近取捨之計實宜深圖今國之外患者十姓四鎭是也內患者甘涼瓜肅是也關隴之人久事屯戍向三十年力用竭矣脫甘涼有不虞豈堪廣調發耶夫善爲國者當先料內以敵外不貪外以害內然後夷夏晏安昇平可保如欽陵云四鎭諸部接界懼漢侵竊故有是請此則吐蕃所要者然靑海吐渾密邇蘭鄯比爲漢患實在茲輩斯亦國家之要者今宜報欽陵云國家非恡四鎭本置此以扼蕃國之要分蕃國之力使不得幷兵東侵今委之於蕃力强易爲東擾必實無東侵意則還漢吐渾諸部及靑海故地即俟斤部落亦還吐蕃如此則足塞欽陵之口而事未全絕也如欽陵小有乖則曲在彼矣又西邊諸國款附歲久論其情義豈可與吐蕃同日而言今未知其利害未審其情實遙有分裂亦恐傷彼諸國之意非制馭之長算也則天從之又上言曰臣揣吐蕃百姓倦徭戍久矣咸願早和其大將論欽陵欲分四鎭境統兵專制故不欲歸款若國家每歲發和親使而欽陵常不從命則彼蕃之人怨欽陵日深望國恩日甚設欲廣舉醜徒固亦難矣斯亦離間之漸必可使其上下俱懷情阻則天甚然之自是數年間吐蕃君臣果相猜貳因誅大將論欽陵其弟贊婆及兄子莽布支並來降則天仍令元振與河源軍大使夫蒙令卿率騎以接之後吐蕃將麴莽布支率兵入寇涼州都督唐休璟勒兵破之元振參預其謀以功拜主客郞中大足元年遷涼州都督隴右諸軍州大使先是涼州封界南北不過四百餘里旣逼突厥吐蕃二寇頻歲奄至城下百姓苦之元振始於南境破口置和戎城北界磧中置白亭軍控其要路乃拓州境一千五百自是寇虜不復更至城下元振又令甘州刺史李漢通開置屯田盡其水陸之利舊涼州粟斛售至數千及漢通收率之後數年豐稔乃至一匹絹粟數十斛積軍糧支數十年元振風神偉壯而善於撫御在涼州五年夷夏畏慕令行禁止牛羊被野路不拾遺神龍中遷左驍衛將軍兼檢校安西大都護時西突厥首領烏質勒部落强盛款塞通和元振就其牙帳計會軍事時天大雪元振立於帳前與烏質勒言議須臾雪深風凍元振未嘗移足烏質勒年老不勝寒苦會罷而死其子娑葛以元振故殺其父謀勒兵攻之副使御史中丞解琬知其謀勸元振夜遁元振曰吾以誠信待人何所疑懼且深在寇庭遁將安適乃安臥帳中明日親入虜帳哭之甚哀行弔贈之禮娑葛乃感其義復與元振通好因遣使進馬五千匹及方物制以元振爲金山道行軍大總管先是娑葛與阿史那闕啜忠節不和屢相侵掠闕啜兵衆寡弱漸不能支元振奏請追闕啜入朝宿衞移其部落入於瓜沙等州安置制從之闕啜行至播仙城與經畧使右威衞將軍周以悌相遇以悌謂之曰國家以高班厚秩待君者以君統攝部落下有兵衆故也今輕身入朝是一老胡耳在朝之人誰復喜見非唯官資難得亦恐性命在人今宰相有宗楚客紀處訥並專權用事何不厚貺二公請留不行仍發安西兵幷引吐蕃以擊娑葛求阿史那獻爲可汗以招十姓使郭虔瓘往拔汗那徵甲馬以助軍用既得報讎又得存其部落如此與入朝受制於人豈復同也闕啜然其言便勒兵攻陷于闐坎城獲金寶及生口遣人間道納賂於宗紀元振聞其謀遽上疏曰往者吐蕃所爭唯論十姓四鎭國家不能捨與所以不得通和今吐蕃不相侵擾者不是顧國家和信不來直是其國中諸豪及泥婆羅門等屬國自有攜貳故贊普躬往南征身殞寇庭國中大亂嫡庶競立將相爭權自相屠滅兼以人畜疲癘財力困窮人事天時俱未稱愜所以屈志且共漢和非是本心能忘情於十姓四鎭也如國力殷足之後則必爭小事方便絕和縱其醜徒來相吞擾此必然之計也今忠節乃不論國家大計直欲爲吐蕃作鄉導主人四鎭危機恐從此啓頃緣默啜憑陵所應處兼四鎭兵士歲久貧羸其勢未能得爲忠節經畧非是憐突騎施也忠節不體國家中外之意而別求吐蕃吐蕃得志忠節則在其掌握若爲復得事漢往年吐蕃於國非有恩有力猶欲爭十姓四鎭今若効力樹恩之後或請分于闐疏勒不知欲以何理抑之又其國中諸蠻及婆羅門等國見今攜背忽請漢兵助其除討亦不知欲以何詞拒之是以古之賢人皆不願夷狄妄惠非是不欲其力懼後求請無厭益生中國之事故臣愚以爲用吐蕃之力實爲非便又請阿史那獻者豈不以獻等並可汗子孫來即可以招脅十姓但獻父元慶叔僕羅兄俀子幷斛瑟羅及懷道豈不俱是可汗子孫往四鎭以他匐十姓不安請冊元慶爲可汗竟不能招脅得十姓却令元慶沒賊四鎭盡淪頃年忠節請斛瑟羅及懷道俱爲可汗亦不能招脅得十姓却遣碎葉數年被圍兵士飢餒又吐

蕃頃年亦冊俀子及僕羅并拔布相次爲可汗亦不能招得十姓皆自磨滅何則此等子孫非有惠下之才恩義素絶故人心不歸來者既不能招攜唯與四鎮卻生瘡痏則知冊可汗子孫亦未獲招脅十姓之算也今料獻之恩義又隔遠於其父兄向來既未樹立威恩亦何由即遣人心懸附若自舉兵力勢能取則可招脅十姓不必要須得可汗子孫也又欲令郭虔瓘入拔汗那稅甲稅馬以充軍用者但往年虔瓘已曾與忠節擅入拔汗那稅甲稅馬臣在疏勒具訪不聞得一甲入軍拔汗那胡不勝侵擾南勾吐蕃即將俀子重擾四鎮又虔瓘往入之際拔汗那四面無賊可勾恣意侵吞如獨行無人之境猶引俀子爲蔽今此有娑葛強寇知虔瓘等西行必請相救胡人則內堅城壘突厥則外伺邀遮必知虔瓘等不能更如往年得恣其吞噬內外受敵自陷危道徒與賊結隙令四鎮不安臣愚揣之亦爲非計疏奏不省楚客等既受闕啜之賂乃建議遣攝御史中丞馮嘉賓持節安撫闕啜御史呂守素處置四鎮持璽書便報元振除牛師獎爲安西副都護便領甘涼已西兵募兼徵吐蕃以討娑葛娑葛進馬使娑臘知楚客計馳還報娑葛娑葛是日發兵五千騎出安西五千騎出撥換五千騎出焉耆五千騎出疏勒時元振在疏勒於河口柵不敢動闕啜在計舒河口候見嘉賓娑葛兵掩至生擒闕啜殺嘉賓等呂守素至僻城亦見害又殺牛師獎於火燒城乃陷安西四鎮路絶楚客又奏請周以悌代元振統衆徵元振將陷之使阿史那獻爲十姓可汗置軍焉耆以取娑葛娑葛遺元振書曰與漢本來無惡只讎於闕啜而宗尚書取闕啜金枉擬破奴部落馮中丞牛都護相次而來奴等豈坐受死又聞史獻欲來徒擾亂軍州恐未有寧日乞大使商量處置元振奏娑葛狀楚客怒奏言元振有異圖元振使其子鴻間道奏其狀以悌竟得罪流于白州復以元振代以悌赦娑葛罪冊爲十四姓可汗元振奏稱西土未寧事資安撫逗遛不敢歸京師會楚客等被誅睿宗即位徵拜太僕卿加銀青光祿大夫景雲二年同中書門下三品代宋璟爲吏部尚書無幾轉兵部尚書封館陶縣男時元振父愛年老在鄉就拜濟州刺史仍聽致仕其冬與韋安石張說等俱罷知政事先天元年爲朔方軍大總管始築定遠城以爲行軍計集之所至今賴之明年復同中書門下三品及蕭至忠竇懷貞等附太平公主潛謀不順玄宗發羽林兵誅之睿宗登承天門元振躬率兵侍衛之事定論功進封代國公食實封四百戶賜物一千段又令兼御史大夫持節爲朔方道大總管以備突厥未行玄宗於驪山講武坐軍容不整坐于纛下將斬以徇劉幽求張說於馬前諫曰元振有翊贊大功雖有罪當從原宥乃赦之流於新州尋又思其舊功起爲饒州司馬元振自恃功勳怏怏不得志道病卒開元十年追贈太子少保有文集二十卷

張說字道濟其先范陽人代居河東近又徙家河南之洛陽弱冠應詔舉對策乙第授太子校書累轉右補闕預修三教珠英久視年則天幸三陽宮自夏涉秋不時還都說上疏諫曰陛下屯萬乘幸離宮暑退涼歸未降還旨愚臣固陋恐非良策請爲陛下陳其不可三陽宮去洛城一百六十里有伊水之隔崿坂之峻過夏涉秋水潦方積道壞山險不通轉運河廣無梁咫尺千里扈從兵馬日費資給連雨彌旬即難周濟陛下太倉武庫並在都邑紅粟利器蘊若山丘奈何去宗廟之上都安山谷之僻處是猶倒持劍戟示人鐏柄臣竊爲陛下不取夫禍變之生在人所忽故曰安樂必誡無行所悔此不可止之理一也宮城褊小萬方輻湊填城溢郭併錘無所排斥居人蓬宿草次風雨暴至不知庇託孤惸老病流轉衢巷陛下作人父母將若之何此不可止之理二也池亭奇巧誘掖上心削巒起觀竭流漲海俯貫地脉仰出雲路易山川之氣奪農桑之土延木石運斧斤山谷連聲春夏不輟勸陛下作此者豈正人耶詩云人亦勞止汔可小康此不可止之理三也御苑東西二十里所出入來往雜人甚多外無牆垣局禁內有榛蘩谿谷猛獸所伏暴慝是憑陛下往往輕行警蹕不肅歷蒙密乘崄巇卒然有逸獸狂夫驚犯左右豈不殆哉雖萬全無疑然人主之動不宜易也易曰思患預防願陛下爲萬姓持重此不可止之理四也今國家北有胡寇覷邊南有夷獠騷徼關西小旱耕稼是憂安東近平輸漕方始臣願陛下及時旋軫深居上京息人以展農修德以來遠罷不急之役省無用之費澄心澹懷惟億萬年蒼蒼羣生莫不幸甚臣自度芻議十不一從何者沮盤遊之娛間林泚之玩規遠圖而替近適要後利而弃前歡未沃明主之心已戾貴臣之意然臣血誠密奏而不愛死者不願負陛下言責之職耳輕觸天威伏地待罪疏奏不省長安初修三教珠英畢遷右史內供奉兼知考功貢舉事擢拜鳳閣舍人時臨臺監張易之與其弟昌宗構陷御史大夫魏元忠稱其謀反引說令證其事說至御前揚言元忠實不反此是易之誣構耳元忠由是免誅說坐忤旨配流欽州在嶺外歲餘中宗即位召拜兵部員外郎累轉工部侍郎景龍中丁母憂去職起復授黃門侍郎累表固辭言甚切至優詔方許之是時風教頹紊多以起復爲榮而說固節懇辭竟終其喪制大爲識者所稱服終復爲工部侍郎俄拜兵部侍郎加弘文館學士睿宗即位遷中書侍郎兼雍州長史景雲元年秋譙王重福於東都構逆而死留守捕繫枝黨數百人考訊結構之狀經時不決睿宗令說往按其獄一宿捕獲重福謀主張靈均鄭愔等盡得其情狀自餘枉被繫禁者一切釋放睿宗勞之曰知卿按此獄不枉良善又不漏罪人非卿忠正豈能如此玄宗在東宮說與國子司業褚无量俱爲侍讀深見親敬明年同中書門下平章事監修國史是歲二月睿宗謂侍臣曰有術者上言五日內有急兵入宮卿等爲朕備之左右相顧莫能對說進曰此是讒人設計擬搖動東宮耳陛下若使太子監國則君臣分定自然窺覦路絶災難不生睿宗大悅即日下制皇太子監國明年又制皇太子即帝位俄而太平公主引蕭至忠崔湜等爲宰相以說爲不附已轉爲尚書左丞罷知政事仍令往東都留司說既知太平等陰懷異計乃因使獻佩刀於玄宗請先事討之玄宗深嘉納焉及至忠等伏誅徵拜中書令封燕國公賜實封二百戶其冬改易官名拜紫微令自則天末年季冬爲潑寒胡戲中宗嘗御樓以觀之至是因蕃夷入朝又作此戲說上疏諫曰臣聞韓宣適魯見周禮而歎孔子會齊數倡優之罪列國如此況天朝乎今外蕃請和選使朝謁所望接以禮樂示以兵威雖曰戎夷不可輕易焉知無駒支之辯由余之賢哉且潑寒胡未聞典故裸體跳足盛德何觀揮水投泥失容斯甚法殊魯禮褻比齊優恐非干羽柔遠之義樽俎折衝之禮自是此戲乃絶俄而爲姚崇所構出爲相州刺史仍充河北道按察使俄又坐事左轉岳州刺史仍停所食實封三百戶還右羽林將軍兼檢校幽州都督開元七年檢校并州大都督府長史兼天兵軍大使攝御史大夫兼修國史仍齎史本隨軍修撰八年秋朔方大使王晙誅河曲降虜阿布思等千餘人時并州大同橫野等軍有九姓同羅拔曳固等部落皆懷震懼說率輕騎二十人持旌節直詣其部落宿于帳下召酋帥以慰撫之副使李憲以爲夷虜難信不宜輕涉不測馳狀以諫說報書曰吾肉非黃羊必不畏喫血非野馬必不畏刺士見危致命是吾効死之秋也於是九姓感義其心乃安九年四月胡賊康待賓率衆反據長泉縣自稱葉護攻陷蘭池等六州詔王晙率兵討之仍令說相知經畧時叛胡與党項連結攻銀城連谷以據倉糧說統馬步萬人出合河關掩擊大破之追至駱駝堰胡及党項自相殺阻夜胡乃西遁入鐵建山餘黨潰散說招集党項復其居業副使史獻請因此誅党項絶其翻動之計說曰先王之道推亡固存如盡誅之是逆天道也因奏置麟州以安置党項餘燼其年拜兵部尚書同中書門下三品仍依舊修國史明年又勑說爲朔方軍節度大使往巡五城處置兵馬時有康待賓餘黨慶州方渠降胡康願子自立爲可汗舉兵反謀掠監牧馬西涉河出塞說進兵討擒之并獲其家屬於木盤山送都斬之其黨悉平獲男女三千餘人於是移河曲六州殘胡五萬餘口配許汝唐鄧仙豫等州始空河南朔方千里之地說以討賊功復賜實封二百戶先是緣邊鎮兵常六十餘萬說以時無強寇不假師衆奏罷二十餘萬勒還營農玄宗頗以爲疑說奏曰臣久在疆場具悉邊事軍將但欲自衛及雜使營私若禦敵制勝不在多擁閑冗以妨農務陛下若以爲疑臣請以闔門百口爲保以陛下之明四夷畏伏必不慮減兵而招寇也上乃從之時當番衛士浸以貧弱逃亡畧盡說又建策請一切召募強壯令其宿衛不簡色役優爲條例逋逃者必爭來應募上從之旬日得精兵一十三萬人分繫諸衛更番上下以實京師其後彍騎是也是歲玄宗將還京而便幸并州說進言曰太原是國家王業所起陛下行幸振威耀武并建碑紀德以申永思之意若便入京路由河東有漢武脽上后土之祀此禮久闕歷代莫能行之願陛下紹斯墜典以爲三農祈穀此誠萬姓之福也上從其言及祀后土禮畢說代張嘉貞爲中書令夏四月玄宗親爲詔曰動惟直道累聞獻替之誠言則不諛自得謀猷之體政令必俟其增損圖書又藉其刊削才望兼著理合褒升考中上說又首建封禪之議十三年受詔與右散騎常侍徐堅太常少卿韋縚等撰東封儀注舊儀不便者說多所裁正語在禮志玄宗尋召說及禮官學士等賜宴於集仙殿謂說曰今與卿等賢才同宴於此宜改名爲集賢殿因下制改麗正書院爲集賢殿書院授說集賢院學士知院事及將東封授說爲右丞相兼中書令源乾曜爲左丞相兼侍中蓋勒成岱宗以明宰相佐成王化也說又撰封禪壇頌以紀聖德初源乾曜本意不欲封禪而

說因贊其事由是頗不相平及登山說引所親攝供奉官及主事等從升加階超入五品其餘官多不得上又行從兵士惟加勳不得賜物由是頗爲內外所怨先是御史中丞宇文融獻策請括天下逃戶及籍外剩田置十道勸農使分往檢察說嫌其擾人不使數建議違之及東封還融又密奏分吏部置十銓融與禮部尚書蘇頲等分掌選事融等每有奏請皆爲說所抑由是銓綜失敘融乃與御史大夫崔隱甫中丞李林甫奏彈說引術士夜解及受賕等狀勅宰臣源乾曜刑部尚書韋抗大理少卿胡珪御史大夫崔隱甫就尚書省鞫問說兄左庶子光詣朝堂割耳稱寃時中書主事張觀左衛長史范堯臣並依倚說勢詐假納賂又私度僧王慶則往來與說占卜吉凶爲隱甫等所鞫伏罪說經兩宿玄宗使中官高力士視之迴奏說坐於草上於瓦器中食蓬首垢面自罰憂懼之甚玄宗憫之力士奏曰說曾爲侍讀又於國有功玄宗然其奏由是停兼中書令觀及慶則決杖而死連坐遷貶者十餘人隱甫及融等恐說復用爲巳患又密奏毀之明年詔說致仕仍令在家修史初說爲相時玄宗意欲討吐蕃說密奏許其通和以息邊境玄宗不從及瓜州失守王君㚟死說因獲巂州鬭羊上表獻之以申諷諭其表臣聞勇士冠雞武夫戴鶡推情舉類獲此鬭羊遠生越巂蓄性剛決敵不避强戰不顧死難爲微物志不可挫伏惟陛下選良家於六郡求猛士於四方鳥不遁才獸不藏伎如棠劲奇靈圖角力天場却鼓怒以作氣前躑躅以奮擊趹若奔雲之交觸碎如轉石之相叩裂骨賭勝濺血爭雄敢毅見而衝冠鷙狠聞而擊節冀將少助明主市駿骨揖怒蛙之意也若使羊能言必將曰若鬭不解立有死者所賴至仁無殘量力取勸焉臣緣損足未堪履地謹遣男詣金明門奉進玄宗深悟其意賜絹及雜綵一千匹十七年復拜尚書左丞相集賢院學士尋代源乾曜爲尚書左丞相視事之日上勅所司供帳設音樂內出酒食御製詩一篇以敘其事尋以修謁陵儀注功加開府儀同三司時長子均爲中書舍人次子垍尚寧親公主拜駙馬都尉又特授說兄慶王傅光爲銀青光祿大夫當時榮寵莫與爲比十八年遇疾玄宗每日令中使問疾幷手寫藥方賜之十二月薨時年六十四上惜惻久之遽於光順門舉哀因罷十九年元正朝會詔曰弘濟艱難參其功者時傑經緯禮樂贊其道者人師式瞻而百度允釐既往而千載貽範台衡軒鼎垂黼藻於當今徽策寵章播芳蕤於後葉故開府儀同三司尚書左丞相集賢院學士知院事上柱國燕國公張說辰象降靈雲龍合契元和體其冲粹妙有釋其至賾挹而莫測仰之彌高精義探繫表之微英辭鼓天下之動昔侍春誦綢繆歲華含春容之聲叩而盡應蘊泉源之智啓而斯沃授命輿國則天衢以通濟用和民則朝政惟允司鈞總六官之紀端揆爲萬方之式方弘風緯俗返本於上古之初而遵德振仁不臻於中壽之福於嗟不憖旣喪斯文宣室餘談泠然在耳玉殿遺草宛留其蹟言念忠賢良深震悼是使當宁撫几臨樂徹懸罷稱觴之儀遵往襚之禮可贈太師賜物五百段始玄宗在東宮說巳蒙禮遇及太平用事儲位頗危說獨排其黨請太子監國深謀密畫竟淸內難遂爲開元宗臣前後三秉大政掌文學之任凡三十年爲文俊麗用思精密朝廷大手筆皆特承中旨撰述天下詞人咸諷誦之尤長於碑文墓誌當代無能及者喜延納後進善用巳長引文儒之士佐佑王化當承平歲久志在粉飾盛時其封泰山祠睢上謁五陵開集賢修太宗之政皆說爲倡首而又敦氣義重然諾於君臣朋友之際大義甚篤時中書舍人徐堅自負文學常以集賢院學士多非其人所司供膳太厚嘗謂朝列曰此輩於國家何益如此虛費將建議罷之說曰自古帝王功成則有奢縱之失或興池臺或玩聲色今聖上崇儒重道親自講論刊正圖書詳延學者今麗正書院天子禮樂之司永代規模不易之道也所費者細所益者大徐子之言何其隘哉玄宗知之由是薄堅說旣遭詘鑠罷知政事專集賢文史之任每軍國大事帝遣中使先訪其可否說嘗自製其父騭丹州刺史隲碑文玄宗聞之而御書其碑額賜之曰嗚呼積善之墓有文集三十卷太常諡議曰文貞左司郎中陽伯誠駮議以爲不稱工部侍郎張九齡立議請依太常爲定紛紜未決玄宗爲說自製神道碑文御筆賜諡曰文貞繇是方定均垍皆能文說在中書兄弟巳掌綸翰之任居父憂服闋均除戶部侍郎轉兵部二十六年坐累貶饒州刺史以太子左庶子徵復爲戶部侍郎九載遷刑部尚書自以才名當爲宰輔常爲李林甫所抑及林甫卒依附權臣陳希烈期於必取旣而楊國忠用事心頗惡之罷希烈知政事引文部侍郎韋見素代之仍以均爲大理卿均大失望意常鬱鬱祿山之亂受僞命爲中書令掌賊樞衡李峴呂諲條疏陷賊官均當大辟肅宗於說有舊恩特免死長流合浦郡垍以主壻玄宗特深恩寵許於禁中置內宅侍爲文章嘗賜珍玩不可勝數時兄均亦供奉翰林院常以所賜示均均戲謂垍曰此婦翁與女壻非天子賜學士也天寶中玄宗嘗幸垍內宅謂垍曰希烈累辭機務朕擇其代者孰可垍錯愕未對帝卽曰無踰吾愛壻矣垍降階陳謝楊國忠聞而惡之及希烈罷相擧韋見素代相垍深觖望天寶十三年正月范陽節度使安祿山入朝時祿山立破奚契丹功尤加寵異祿山求帶平章事下中書擬議國忠進言曰祿山誠立軍功然眼不識字制命若行臣恐四夷輕國玄宗乃止加左僕射而已及祿山還鎭命中官高力士餞於滻坡旣還帝曰祿山慰意否力士曰觀其深心鬱鬱必何知宰相之命不行故也帝告國忠國忠曰此議他人不知必張垍所告帝怒盡逐張垍兄弟出均爲建安太守垍爲盧溪郡司馬埱爲宜春郡司馬歲中召還再遷爲太常卿祿山之亂玄宗幸蜀宰相韋見素楊國忠御史大夫魏方進等從朝臣多不至次咸陽帝謂高力士曰昨日蒼黃離京朝官不知所詣今日誰當至者力士曰張垍兄弟世受國恩又連戚屬必當先至房琯素有宰相望深爲祿山所器必不此來帝曰事未可料是日琯至帝大悅因問均垍琯曰臣離京時亦過其舍比約同行均報云巳於城南取馬觀其趣向來意不切旣而均弟兄果受祿山僞命垍與陳希烈爲賊宰相垍死於賊中

陳希烈者宋州人也精玄學書無不覽開元中玄宗留意經義自褚无量元行冲卒後得希烈與鳳翔人馮朝隱常於禁中講老易累遷至秘書少監代張九齡專判集賢院事玄宗凡有撰述必經希烈之手李林甫知上睠待深異又以和裕易制乃引爲宰相同知政事相得甚歡而林甫居位日久雖陰謀姦畫足以自固亦希烈佐佑唱和之力也累遷兼兵部尚書左相封潁川郡開國公寵遇侔於林甫及林甫死楊國忠用事素忌嫉之乃引韋見素同列罷希烈知政事守太子太師希烈失恩心頗怏怏祿山之亂與張垍達奚珣同掌賊之機衡六等定罪希烈當斬肅宗以上皇素遇賜死于家

史臣曰劉徐公負不羈之材逢抵巇之運遂能奮命決策扶力中興朝爲徒步之人夕據公侯之位苟非輕死重利不恥不義之富安及此哉郭代公張燕公解逢掖而登將壇驅貔虎之師斷獯戎之臂暨居衡軸克致隆平可謂武緯文經惟申與甫而已惜乎均垍務速失節賊庭自武德巳來稱賢相者房杜姚宋四公皆遭無賴子弟汙圮先業非獨燕國之不幸也希烈柔而多智長於名理竟死於名所謂離婁不見其眉睫與夫平叔太初同膏盲耳

贊曰箕徵去紂閎散扶昌謀不近義旋踵而亡幽求不令道濟允臧偉哉郭侯勳德煌煌

舊唐書卷九十七考證

張說子垍傳及希烈罷相擧韋見素代相垍深觖望○沈炳震曰按天寶十三載三月垍貶盧溪郡司馬八月韋見素入相則見素入相時垍已貶非因此而觖望也

# 舊唐書卷九十八

後晉司空同中書門下平章事劉　昫撰

## 列傳第四十八

魏知古　盧懷慎子奐　源乾曜從孫光裕 光裕子洧　李元紘　杜暹　韓休　裴耀卿孫佶

魏知古深州陸澤人也性方直早有才名弱冠擧進士累授著作郎兼修國史長安中歷遷鳳閣舍人衛尉少卿時睿宗居藩兼檢校相王府司馬神龍初擢拜吏部侍郎仍並依舊兼修國史尋進位銀青光祿大夫明年丁母憂去職服闋授晉州刺史睿宗卽位以故吏召拜黃門侍郎兼修國史景雲二年遷右散騎常侍睿宗女金仙玉眞二公主入道有制各造一觀雖屬季夏盛暑尚營作不止知古上疏諫曰臣聞穀梁傳曰古之君人者必時視人之所勤人勤於力則功築罕人勤於財則貢賦少人勤於食則百事廢書曰不作無益害有益又曰罔咈百姓以從巳之欲禮曰季夏之月樹木方盛無有斬伐不可興土功以妨農又曰季夏行冬令則風寒不時語曰修巳以安百姓此皆興化立理之教爲政養人之本今陛下爲公主造觀將樹功德以祈福祐但兩觀之地皆百姓之宅卒然迫逼令其轉移扶老攜幼投

寔無所發剔椽瓦呼嗟道路垂人事違天時起無用之作崇不急之務羣心摇摇衆口籍籍陛下爲人父母欲何以安之且國有簡册君舉必記動則左史書之言則右史書之是以非禮勿言非禮勿動夫如是則君之所舉可不慎歟微臣備位諫諍兼秉史筆書而不法後嗣何觀臣愚必以爲不可伏願俯順人欲仰稽天意降德音下明策速罷功役收之桑榆疏奏不納項之又進諫曰臣聞人以君爲天君以人爲本人安則政理本固則邦寧自陛下翦除兇逆君臨寶位蒼生顒顒以爲朝有新政今風教頹替日甚一日府庫空虛人力凋弊造作不息官員日增今諸司試及員外檢校等官僅至二千餘人大府之布帛以殫太倉之米粟難給又金仙玉眞等觀造作咸非急務臣先奏請停竟仍未止今歲前水後旱五穀不熟若至來春必甚饑饉陛下爲人父母欲何方以賑恤療饑拯溺須及其時又突厥爲患其來自久本無禮儀焉有誠信今雖遣使來請結婚豺狼之心首鼠何定弱則卑順强則驕逆屬草衰月滿弓勁馬肥乘中國飢虛在和親際會儻或窺犯亭鄣國家何以防之臣所論者事甚急切伏願特垂詳察睿宗嘉其切直尋令同中書門下平章事玄宗在春宮又令兼左庶子未幾遷戶部尚書餘如故明年擢拜侍中先天元年冬從上畋獵于渭川因獻詩諷曰嘗聞夏太康五弟訓禽荒我后來冬狩三驅盛禮張順時鷹隼擊講事武功揚奔走未及去翺飛豈暇翔非熊從渭水瑞雀想陳倉此欲誠難縱茲遊不可常子雲陳羽獵僖伯諫漁棠得失鑒齊楚仁恩念禹湯邕熙諒在宥亭毒匪多傷辛甲今爲史虞箴遂孔彰手制褒之曰夫詩者志之所以寫其心懷實可諷論君主是故揚雄陳羽獵馬卿賦上林爰自風雅率由茲道予頃向溫泉觀省風俗時因暇景掩渭而畋方開一面之羅式展三驅之禮躬親校獵聊以從禽豈意卿有箴規輔予不逮自非款誠夙著其孰能繼於此耶今賜卿物五十段用申勸獎二年累封梁國公竇懷貞等將謀逆也知古獨密奏其事及懷貞誅賜實封二百戶物五百段仍以前賞猶薄又手勑曰魏知古去年十月已前屢申啓沃每竭忠誠姦臣有謀預奏其兆事君之節良有可嘉可更賜實封一百戶其年冬令往東都知吏部尚書事深以爲稱職手制曰卿以宰臣往知大選官人之委情寄尤切遂能端本革弊忘私徇公正色而行居心不撓鏡已澈則姸媸必鑒衡已舉則輕重罔違朕遠聞之益用嘉歎今賜卿衣裳一副以示所懷開元元年官名改易改爲黃門監二年還京上屢有顧問恩意甚厚尋改紫微令姚崇深忌憚之陰加譖毀乃除工部尚書罷知政事三年卒時年六十九御史大夫宋璟聞而歎曰叔向古之遺直子產古之遺愛能兼之者其在魏公贈幽州都督謚曰忠知古初爲黃門侍郎表薦洹水令呂太一蒲州司功參軍齊澣前右內率府騎曹參軍柳澤及知吏部尚書事又擢用密縣尉宋遙左補闕袁暉右補闕封希顏伊闕尉陳希烈後咸累居清要時論以爲有知人之鑒文集七卷

盧懷慎滑州靈昌人其先家于范陽爲山東著姓祖悊爲靈昌令因徙焉懷慎少淸謹舉進士歷監察御史吏部員外郎景龍中遷右御史臺中丞上疏以陳時政得失今畧載其三篇其一曰臣聞孔子曰爲邦百年可以勝殘去殺又曰苟有用我者期月而已三年有成故書云三載考績校其功也昔子產相鄭更法令布刑書一年而人歌之曰取我田疇而伍之取我衣冠而褚之孰殺子產吾其與之二年而人又歌之曰我有子弟子產教之我有田疇子產殖之子產而死誰其嗣之終有遺愛流芳史策子產賢者也其爲政尚累年而化成況其常材乎臣竊見比來州牧上佐及兩畿縣令下車布政罕終四考在任多者一二年少者三五月遽即遷除不論課最或有歷時未改便傾耳而聽企踵而望爭求冒進不顧廉耻亦何暇爲陛下宣風布化求瘼恤人哉禮義未能興行風俗未能齊一戶口所以流散倉庫所以空虛百姓凋弊日更滋甚職爲此也何則人知吏之不久則不從其教吏知遷之不遥又不盡其力偷安爵祿但養資望陛下雖勤勞之懷宵衣旰食然僥倖路啓上下相蒙共爲苟且而已寧盡至公乎此國之病也昔賈誼所謂蹠盭之病乃小小者耳此弊久而不革臣恐爲膏肓雖和緩不能療豈蹠盭而已哉漢宣帝綜覈名實興理致化黃霸良二千石也就增秩賜金以旌其能而不遷於潁川前代之美政也又古之爲吏者長子孫倉氏庾氏卽其後也書云事不師古以克永代匪說攸聞臣望請諸州都督刺史上佐及兩畿縣令等在任未經四考已上不許遷除察其課効尤異者或錫以車裘或就加祿秩或降使臨問幷璽書慰勉若公卿有闕則擢以勸能其政績無聞及犯貪暴者免歸田里以明聖朝賞罰之信則萬方之人一變于道矣致此之美革彼之弊易於反掌陛下何惜而不行哉其二曰臣聞尚書云唐虞稽古建官惟百夏商官倍亦克用乂此省官之義也又云官不必備惟其才又云無曠庶官天工人其代之此爲官擇人之義也臣竊見京諸司員外官所在委積多者數餘十倍近古以來未之有也官不必備此則有餘人代天工多不釐務廣有除拜無所裨益俸祿之費歲巨億萬空竭府藏而已豈致理之基哉方今倉庫空虛百姓凋弊河渭漕輓西給京師公私損耗不可勝紀況邊隅未靜兵革尤興節用愛人正在今日增官廣費豈日其時儻水旱成災租稅減入水衡無貫朽之蓄京庾闕流衍之儲或疆埸外守兵車遠出或收藏無歲賑救在辰此軍國之急務也陛下將何以濟之乎書云無輕人事惟艱無安厥位惟危又云不見是圖此皆愼微之深旨也臣竊見員外官中或簪裾雅望或臺閣舊人或明習憲章或諳閑政要皆一時之良幹也多不司案牘空尸祿俸滯其才而不申其用尊其位而不盡其力周稱多士漢曰得人豈其然歟必有異於此矣臣望請諸司員外官有才能器識衆共聞知堪爲州牧縣宰及上佐者並請遷擢使宣力四方申其智効有老病及不堪理務者咸從廢省使賢不肖較然殊貫此濟時之切務也安可謂行之艱哉其三曰臣聞天吏逆德烈於猛火貪人敗類取與大風則知冒于寵賂侮於鰥寡爲政之蠹莫先于茲臣竊見內外官人有不率憲章公犯贓汚侵牟萬姓剝割烝人豹按非虛刑憲已及者或俄復舊資雖負殘削之名還膺牧宰之任或江淮嶺磧徼示懲貶而徇財黷貨罕能悛革委以共理俟河之清臣聞明主之於萬姓也必暢以平分而無偏施若犯罪之吏作牧遐方便是屈法惠姦恤近遺遠矣凡左降之人鮮能省過必懷自弃長惡滋深則小州遠郡蠻陬夷落何負於聖化獨受其弊政乎昔孟嘗廉明方臨合浦隱之淸絜乃莅番禺郅都之鎭靜朔方耿恭之輯寧疏勒地則遐僻必擇賢良務以寧濟爲懷豈以遐荒見隔況邊徼之地夷夏雜處負險恃遠易擾難安彌藉循良以寄綏撫若委失其任官非其才凌虐黎庶侵剝蕃部小則坐致流亡大則起爲盜賊由此言之不可用凡材而況於滑吏乎其內外官人有犯贓賄推勘得實者臣望請削迹簪裾十數年間不許齒錄書云旌別淑慝黜陟幽明卽其義也若不循此道去邪有疑善政能官甄獎或未之徧擿贓負賄僥倖或卽蒙升則賞罰無章沮勸安寄浮競之風轉扇廉恥之行漸隤其源不塞爲蠹斯甚疏奏不納累遷黃門侍郎賜爵漁陽伯先天二年與侍中魏知古於東都分掌選事尋徵還同中書門下三品開元三年遷黃門監懷慎與紫微令姚崇對掌樞密懷愼自以爲吏道不及崇每事皆推讓之時人謂之伴食宰相四年兼吏部尚書其秋以疾篤累表乞骸骨許之旬日而卒贈荆州大都督謚曰文成懷愼臨終遺表曰臣素無才識叨沐恩榮待罪樞密頗積年序報國之心空知自竭推賢之志終未克申孤負明恩夙夜惶懼臣染疾已久形神欲離梟鳳之飛未爲之少而犬馬之志終祈上聞其鳴也哀乞求聖察宋璟立性公直執心貞固文學足以經務識畧期於佐時動惟直道行不苟合聞諸朝野之說實爲社稷之臣李傑勤苦絕倫貞介獨立公家之事知無不爲幹時之材衆議推許李朝隱操履堅貞才識通贍守文奉法頗懷鐵石之心事上竭誠實盡人臣之節盧從愿清貞謹愼理識周密始終若一朝野共知簡要之才不可多得並明時重器聖代良臣比經任使微有愆失所坐者小所弃者大所累者輕所貶者遠日月雖近譴責傷深望垂矜錄漸加進用臣竊聞黃帝所以垂衣裳而天下理者任風力也帝堯所以光宅天下者任稷禼也且朝廷者天下之本賢良者風化之源得人則庶績其凝失士則彝倫攸斁臣每見陛下憂勞庶政勤求理道愼舉羣司必期稱職使鵷鷺成列草澤無遺故得歲稔時和政平訟理此陛下用賢之明効也臣非木石早識天心瞑目不遥厚恩未報黜殯之義敢不庶幾城郢之言思布愚懇上深嘉納之懷愼淸儉不營產業器用服飾無金玉綺文之麗所得祿俸皆隨時分散而家無餘蓄妻子匱乏及車駕將幸東都四門博士張星上言懷愼忠淸直道終始不虧不加寵贈無以勸善乃下制賜其家物壹伯段米粟貳伯碩明年上還京師因校獵於城南經懷愼別業見家人方設祥齋憫其貧匱賜絹百匹仍遣中書侍郎蘇頲爲製碑文上自書焉子奐早修整歷任皆以淸白聞開元中爲中書舍人御史中丞陝州刺史二十四年玄宗幸京師次陝城頓審其能政於廳事題贊而去曰專城之重分陝之雄人多惠愛性實謙冲亦旣利物在乎匪躬斯爲國寶不墜家風尋除兵部侍郎天寶初爲晉陵太守時南海郡利兼水陸瓌寶山積劉巨鱗彭杲相替爲太守五府節度皆坐贓鉅萬而死乃特授奐爲南海太守遐方之地貪吏斂迹人用安之以爲自開元已來四十年廣府節度淸白者有四謂宋璟裴伷先李朝隱及奐中使市舶亦不干法加銀靑光祿大夫經三年入爲尚書右丞卒弟弈亦傳淸白歷御史中丞而死王事見忠

義傳弈子杞德宗朝位至宰輔別有傳

源乾曜相州臨漳人隋比部侍郎師之孫也父直心高宗時爲司刑太常伯坐事配流嶺南而卒乾曜舉進士景雲中累遷諫議大夫時久廢公卿百官三九射禮乾曜上疏曰夫聖王之教天下也必制禮以正人情人情正則孝於家忠於國此道不替所以理也所以君子三年不爲禮禮必壞三年不爲樂樂必崩竊以古之擇士先觀射禮以明和容之義非取一時之樂夫射者別正邪觀德行中祭祀辟寇戎古先哲王莫不遞襲臣竊見數年已來射禮便廢或緣所司惜費遂令大射有虧臣愚以爲所費者財所全者禮故孔子云爾愛其羊我愛其禮今乾坤再闢日月貞明臣望大射之儀春秋不廢聖人之教今古常行則天下幸甚乾曜尋出爲梁州都督開元初邠王府寮吏有犯法者上令左右求堪爲王府長史者太常卿姜皎薦乾曜公清有吏幹因召見與語乾曜神氣清爽對答皆有倫序上甚悅之乃拜少府少監兼邠王府長史尋遷戶部侍郎兼御史中丞無幾轉尚書左丞四年冬擢拜黃門侍郎同紫微黃門平章事旬日與姚元之俱罷知政事時行幸東都以乾曜爲京兆尹仍京師留守乾曜政存寬簡不嚴而理嘗有使內白鷹因縱遂失所在上令京兆切捕之俄於野外獲之其鷹掛於叢棘而死官吏懼得罪相顧失色乾曜徐曰事有邂逅死亦常理主上仁明當不以此實罪必其不問之衆咸伏乾曜臨事不懾而能引過在己也在京兆三年政令如一八年春復爲黃門侍郎同中書門下三品尋加銀青光祿大夫遷侍中久之上疏曰臣竊見形要之家併求京職俊乂之士多任外官王道平分不合如此臣三男俱是京任望出二人與外官以叶均平之道上從之於是改其子河南府參軍弼爲絳州司功太祝絜爲鄭尉因下制曰源弼等父在樞近深惟謙挹恐代官之咸列慮時才之未序率先庶寮崇是讓德既請外其職復降資以授傳不云乎晉范宣子讓其下皆讓晉國之人於是大和道之或行仁豈云遠因令文武百寮父子兄弟三人併任京司者任自通容依資次處分由是公卿子弟京官出外者百餘人俄又有上書者以爲國之執政同其休戚若不稍加崇寵何以責其盡心十年十一月勅中書門下共食實封三百戶自乾曜及張嘉貞始也乾曜後扈從東封拜尚書左丞相仍兼侍中乾曜在政事十年時張嘉貞張說相次爲中書令乾曜不敢與之爭權每事皆推讓之及李元紘杜暹知政事乾曜遂無所參議但唯諾署名而已初乾曜因姜皎所薦遂擢用及皎得罪爲張嘉貞所擠乾曜竟不救之議者以此譏焉十七年夏停兼侍中事其秋遷太子少師以祖名師固辭乃拜太子少傅封安陽郡公十九年駕幸東都乾曜以年老辭疾不堪扈從因留京養疾是年冬卒詔贈幽州大都督上於洛城南門舉哀輟朝二日乾曜從孫光裕亦有令譽歷職清謹撫諸弟以友義聞初爲中書舍人與楊滔劉令植等同刪定開元新格歷刑部戶部二侍郎尚書左丞累遷鄭州刺史稱爲良吏尋卒光裕子洧亦早有美稱閨門雍睦士友推之歷踐清要天寶中爲給事中鄭州刺史襄州刺史本道採訪使及安祿山反旣犯東京乃以洧爲江陵郡大都督府長史本道採訪防禦使攝御史中丞以兵部郎中徐浩爲襄州刺史本州防禦守捉使以禦之洧至鎭卒

李元紘其先滑州人世居京兆之萬年本姓丙氏曾祖粲隋大業中屯衛大將軍屬關中賊起煬帝令粲往京城以西二十四郡逐捕盜賊粲撫循士衆甚得其心及義旗入關粲率其衆歸附拜宗正卿封應國公賜姓李氏高祖與之有舊特蒙恩禮遷爲左監門大將軍以年老特令乘馬於宮中檢校年八十餘卒謚曰明祖寬高宗時爲太常卿封隴西郡公父道廣則天時爲汴州刺史時屬突厥及契丹寇陷河北兼發河南諸州兵募百姓騷擾道廣寬猛折衷稱爲善政存心慰撫汴州獨不逃散尋入爲殿中監同鳳閣鸞臺平章事累封金城縣侯卒贈秦州都督謚曰成元紘少謹厚初爲涇州司兵累遷雍州司戶時太平公主與僧寺爭碾磑公主方承恩用事百司皆希其旨意元紘遂斷還僧寺竇懷貞爲雍州長史大懼太平勢促令元紘改斷元紘大署判後曰南山或可改移此判終無搖動竟執正不撓懷貞不能奪之俄轉好畤令遷潤州司馬所歷咸有聲績開元初三遷萬年縣令賦役平允不嚴而理俄擢爲京兆尹尋有詔令元紘疏決三輔諸王公權要之家皆緣渠立磑以害水田元紘令吏人一切毀之百姓大獲其利又歷工部兵部吏部三侍郎十三年戶部侍郎楊瑒白知慎坐支度失所皆出爲刺史上令宰臣及公卿已下精擇堪爲戶部者多有薦元紘者將授以戶部尚書時執政以其資淺未宜超授加中大夫拜戶部侍郎元紘因條奏人間利害及時政得失以奏之上大悅因賜衣一副絹二百匹明年擢拜中書侍郎同中書門下平章事頃之加銀青光祿大夫賜爵清水男元紘性清儉既知政事稍抑奔競之路務進者頗憚之時初廢京司職田議者請於關輔置屯以實倉廩元紘建議曰軍國不同中外異制若人閑無役地棄不墾發閑人以耕棄地省餽運以實軍糧於是乎有屯田其爲益多矣今百官所退職田散在諸縣不可聚也百姓所有私田皆力自耕墾不可取也若置屯田卽須公私相換徵發丁夫徵役則業廢於家免庸則賦闕於國內地置屯古所未有得不補失或恐未可其議遂止先是左庶子吳兢舊任史官撰唐書一百卷唐春秋三十卷其書未成以丁憂罷職至是上疏請終其功有詔特令就集賢院修成其書及張說致仕又令在家修史元紘奏曰國史者記人君善惡國政損益一字襃貶千載稱之前賢所難事匪容易今張說在家修史吳兢又在集賢撰錄遂令國之大典散在數處且太宗別置史館在於禁中所以重其職而秘其事也望勒說等就史館參詳撰錄則典冊有憑舊章不墜矣從之乃詔說及吳兢並就史館修撰元紘在政事累年不改第宅僕馬弊劣未嘗改飾所得封物皆散之親族右丞相宋璟嘗嘉歎之每謂人曰李侍郎引宋遙之美才黜劉晃之貪冒貴爲國相家無儲積雖季文子之德何以加也後與杜暹多所異同情遂不叶至有相執奏者上不悅由是罷知政事出爲曹州刺史以疾去官久之拜戶部尚書仍聽致仕二十一年疾瘳起爲太子詹事旬日而卒贈太子少傅謚曰文忠

杜暹濮州濮陽人也父承志則天初爲監察御史時懷州刺史李文暕以皇枝近屬爲讎人所告承志推出之俄而文暕得罪承志坐貶授方義令累轉天官員外郎旣羅織事起承志恐懼遂稱疾去官而歸卒于家自暹高祖至暹五代同居暹尤恭謹事繼母以孝聞初舉明經補婺州參軍秩滿將歸州吏以紙萬餘張以贈之暹惟受一百餘悉還之時州寮別者見而歎曰昔清吏受一大錢復何異也俄授鄭尉復以清節見知華州司馬楊孚公直士也深賞重之尋而孚遷大理正暹坐公事下法司結罪孚謂人曰若此尉得罪則公清之士何以勸矣特薦之於執政由是擢拜大理評事開元四年遷監察御史仍往磧西覆屯會安西副都護郭虔瓘與西突厥可汗史獻鎭守使劉遐慶等不叶更相執奏詔暹按其事實時暹已迴至涼州承詔復往磧西因入突厥騎施以究虔瓘等犯狀蕃人賫金以遺暹固辭不受左右曰公遠使絕域不可失蕃人情暹不得已受之埋幕下旣去出境乃移牒令收取之蕃人大驚度磧追之不及而止暹累遷給事中丁繼母憂去職十二年安西都護張孝嵩遷爲太原尹或薦暹往使安西蕃人伏其清愼深思慕之乃奪情擢拜黃門侍郎兼安西副大都護暹單騎赴職明年于闐王尉遲眺陰結突厥及諸蕃國圖爲叛亂暹密知其謀發兵捕而斬之幷誅其黨與五十餘人更立君長于闐遂安暹以功特加光祿大夫暹在安西四年綏撫將士不憚勤苦甚得夷夏之心十四年詔暹同中書門下平章事仍遣中使往迎之及謁見又賜絹二百匹馬一匹宅一區後與李元紘不叶罷知政事出爲荊州大都督府長史又歷魏州刺史太原尹二十年上幸北都拜暹爲戶部尚書便令扈從入京行幸東都詔暹爲京留守暹因抽當番衛士繕修三宮增峻城隍躬自巡檢未嘗休懈上聞而嘉之賜勅書曰卿素以清直兼之勤幹自委居守每事多能政肅官寮惠及黎庶城隍宮室隨事修營且有成功不疲人力甚善甚善慰朕懷也俄代李林甫爲禮部尚書累封魏縣侯二十八年病卒年六十餘詔贈尚書右丞相暹在家孝友愛撫異母弟昱甚厚然素無學術每當朝談議涉於淺近常以公清勤儉爲己任時亦矯情爲之弱冠便自誓不受親友贈遺以終其身及卒上甚悼惜之遣中使就家視其喪事內出絹三百匹以賜之尚書省及故吏賻贈者其子孝友遵其素約皆拒而不受太常謚曰貞肅右司員外郎劉同升都官員外郎韋廉以暹有忠孝之美所謚不盡其行建議駁之太常博士裴總執曰杜尚書往以墨縗受職事雖云奉國不得爲孝請依舊爲定孝友又詣闕陳訴上聞而更令所司詳定竟謚曰貞孝

韓休京兆長安人伯父大敏則天初爲鳳閣舍人時梁州都督李行褒爲部人誣告云有逆謀則天令大敏就州推究或謂大敏曰行褒諸李近屬太后意欲除之忽若失旨禍將不細不可不爲身謀也大敏曰豈有求身之安而陷人非罪竟奏雪之則天俄又命御史重覆遂構成其罪大敏坐推反失情與知反不告同罪賜死于家父大智官至洛州司功休早有詞學初應制舉累授桃林丞又舉賢良玄宗時在春宮親問國政休對策與校書郎趙冬曦並爲乙第擢授左補闕尋判主爵員外郎歷遷中書舍人禮部侍郎兼知制誥出爲虢州刺史時虢州以地在兩京之間駕在京及東都並爲近州常被支稅草以納閑廐休奏請均配餘州中書令張說駁

之日若獨免虢州卽當移向他郡牧守欲爲私惠國體固不可依又下符不許之休復將執奏寮吏曰更奏必忤執政之意休曰爲刺史不能救百姓之弊何以爲政必以忤上得罪所甘心也竟執奏獲免歲餘以母艱去職固陳誠乞終禮制許之服闋除工部侍郎仍知制誥遷尚書右丞開元二十一年侍中裴光庭卒上令蕭嵩舉朝賢以代光庭者嵩盛稱休志行遂拜黃門侍郎同中書門下平章事休性方直不務進趨及拜甚允當時之望俄有萬年尉李美玉得罪上特令流之嶺外休進曰美玉卑位所犯又非巨害今朝廷有大姦尚不能去豈得捨大而取小也臣竊見金吾大將軍程伯獻依恃恩寵所在貪冒第宅輿馬僭擬過縱臣請先出伯獻而後罪美玉上初不許之休固爭曰美玉微細猶不容伯獻巨猾豈得不問陛下若不出伯獻臣卽不敢奉詔流美玉上以其切直從之初蕭嵩以休柔和易制故薦引之休既知政事多折正嵩遂與休不叶宋璟聞之曰不謂韓休乃能如是仁者之勇也其年夏加銀青光祿大夫十二月轉工部尚書罷知政事二十四年遷太子少師封宜陽子二十七年病卒年六十八贈揚州大都督謚曰文忠寶應元年重贈太子太師子洽洪汯滉皆有學尚風韻高雅洽天寶初爲殿中侍御史卒洪爲司庫員外郎洽弟渾除大理司直御史大夫王鉷犯法籍沒其家洽兄浩爲萬年主簿捕其資財有所容隱爲京兆尹鮮于仲通所發配流循州洪汯並坐貶職後遇赦量移洪爲華州長史屬安祿山反西京失守洪陷於賊賊授官將見委任洪與浩及汯滉渾同奔山谷以投行在至谷口洪浩渾及洪子四人並爲賊所擒併命於通衢洪重交友籍甚於時見者掩涕肅宗聞其重臣子能以忠而死贈太常卿浩贈吏部郎中渾贈太常少卿汯上元中爲諫議大夫滉洄別有傳

裴耀卿贈戶部尚書守眞子也少聰敏數歲解屬文童子舉弱冠拜秘書正字俄補相王府典籤時睿宗在藩甚重之令與掾丘悅文學韋利器更直府中以備顧問府中稱爲學直及睿宗升極拜國子主簿開元初累遷長安令長安舊有配戶和市之法百姓苦之耀卿到官一切令出儲蓄之家預給其直遂無姦僦之弊公私甚以爲便在職二年寬猛得中及去官縣人甚思詠之十三年爲濟州刺史其年車駕東巡州當大路道里綿長而戶口寡弱耀卿躬自條理科配得所時大駕所歷凡十餘州耀卿稱爲知頓之最又歷宣冀二州刺史皆有善政入爲戶部侍郎二十年禮部尚書信安王禕受詔討契丹詔以耀卿爲副俄又令耀卿賫絹二十萬匹分賜立功奚官就部落以給之耀卿謂人曰夷虜貪殘見利忘義今賫持財帛深入寇境不可不爲備也乃令先期而往分道互進一朝而給付並畢時突厥及室韋果勒兵邀險謀劫襲之比至而耀卿已還其冬遷京兆尹明年秋霖雨害稼京城穀貴上將幸東都獨召耀卿問救人之術耀卿對曰臣聞前代聖王亦時有憂害更施惠澤活國濟人由是蒼生仰德史冊書美伏以陛下仁聖至深憂勤庶政小有飢乏降情哀矜躬親支計救其危急上玄降鑒當更延福祚是因有小災而增輝聖德也今既大駕東巡百司扈從太倉及三輔先所積貯且隨見在發重臣分道賑給計可支一二年從東都更廣漕運以實關輔待稍充實車駕西還卽事無不濟臣以國家帝業本在京師萬國朝宗百代不易之所但爲秦中地狹收粟不多儻遇水旱便卽匱乏往者貞觀永徽之際祿廩數少每年轉運不過一二十萬石所用便足以此車駕久得安居今國用漸廣漕運數倍於前支猶不給陛下數幸東都以就貯積爲國大計不憚劬勞祇爲憂人而行豈是故欲不往若能更廣陝運支粟入京倉廩常有三二年糧卽無憂水旱今天下輸丁約有四百萬人每丁支出錢百文五十文充營窖等用貯納司農及河南府陝州以充其費租米則各隨遠近任自出脚送納東都從都至陝河路艱險既用陸脚無由廣致若能開通河漕變陸爲水則所支有餘動盈萬計且河南租船候水始進吳人不便河漕由是所在停留日月既淹遂生隱盜臣望沿流相次置倉上深然其言尋拜黃門侍郎同中書門下平章事充轉運使語在食貨志凡三年運七百萬石省脚錢三十萬貫或說耀卿請進所省脚錢以明功利耀卿曰此蓋公卿盈縮之利耳不可以之求寵也乃奏充所司和市和糴等錢明年遷侍中二十四年拜尚書左丞相罷知政事累封趙城侯時夷州刺史楊濬犯贓處死詔令杖六十配流古州耀卿上疏諫曰伏以聖恩天覆仁育庶類凡死罪之屬不欲尸諸市朝全其性命流竄而已所以政致刑措獄無冤人曠古以來未有斯美臣愚以爲全生免死誠爲至化有恥且格爲訓將來苟有未安不敢緘默臣以爲刺史縣令與諸吏稍別人之父母風化所瞻一爲本部長官卽合終身致敬決杖者五刑之末只施於扶扑徒隸之閒官蔭稍高卽免鞭撻令決杖贖死誠則已優解體受笞事頗爲辱法至於死天下共之刑至於辱或有所恥況本州刺史百姓所崇一朝對其人吏背脊加杖屈挫拘執人或哀憐忘其免死之恩且有傷心之痛恐非敬官長勸風俗之意又雜犯死罪無杖刑奏報三覆然後行決今非時不覆決杖便發儻獄或未盡又暑熱不耐因杖或死卽是促期處分不得順時將欲生之却夭其命又恐非聖明寬宥之意前後頻在州縣或緣犯決人每大暑盛夏之時決杖多死秋冬已後至有全者伏望凡刺史縣令於本部決杖及夏暑生長之時所定杖刑並乞停減卽副陛下好生之德於死者皆有再生之恩俄而特進蓋嘉運破突騎施立功還詔加河西隴右兩節度使仍令經略吐蕃嘉運既承恩寵日夕酣宴不時赴軍耀卿密上疏曰伏見蓋嘉運立功破賊更委兩軍以勇果之才承戰勝之勢吐蕃小醜不足殲夷然臣近日與其同班觀其舉措精勁勇烈誠則有餘言氣矜誇恐難成事莫敖敗於蒲騷之役舉趾稍高春秋書之爲懲誡恐其有驕敵之色臣竊憂之人秋防邊日月稍逼接對人吏須識其宜今將撫邊軍未言發日若臨事始去人吏未識雖決在一時恐將非制勝萬全之道況兵未訓練不知禮法人未懷惠士未同心求其忘性命於一時憚嚴刑於少頃縱威逼而進因而立功恐非師中以律久長之義又萬人性命決在將軍不得已而行之鑿凶門而卽路今酣宴朝夕優渥有餘亦恐非愛人憂國之意不可不察若不可迴換卽望速遣進途仍乞聖恩勗以嚴命疏奏上乃促嘉運赴軍竟以無功而還天寶元年改爲尚書右僕射尋轉左僕射一歲薨年六十三贈太子太傅謚曰文獻子綜吏部郎中綜子佶佶字弘正幼能屬文弱冠舉進士補校書郎判入高等授藍田尉時有詔命畿內諸縣城奉天時嚴郢爲京兆政尚峻暴加以朝旨甚迫尹正之命急如風霆本曹尉韋重規其室方娠而疾畏郢之暴不敢以事故免佶因請代役無愆程當時義之德宗南狩佶詣行在拜拾遺轉補闕李懷光以河中叛朝廷欲以含垢爲意佶抗議請討上深器之前席慰免三遷吏部員外歷駕部兵部郎中遷諫議大夫會黔中觀察使韋士文條酷馭下爲夷獠所逐俾佶代之黔渠自化其後爲瘴毒所侵堅請入覲拜同州刺史徵入爲中書舍人遷尚書右丞時兵部尚書李巽兼鹽鐵使將以使局置於本行經構已半會佶拜命堅執以爲不可遂令徹之巽恃恩而強時重佶之有守就拜吏部侍郎以疾除國子祭酒尋遷工部尚書致仕元和八年卒年六十二贈吏部尚書佶清勁溫敏凡所定交時稱爲第一流與鄭餘慶特相友善佶歿後餘慶行朋友之服搢紳美之

史臣曰魏知古盧懷愼源乾曜李元紘杜暹韓休裴耀卿悉蘊器能咸居宰輔或心存啓沃或志在薦賢或出愛子爲外官或止屯田於關輔或不受蕃人之賂或堅劾伯獻之姦或廣漕渠以充國用此皆立事立功有足嘉尚者也盧李杜三君子又以清白垂美簡書公孫弘之流也乾曜職當機密無所是非持祿保身焉用彼相

贊曰盧魏乾曜彌縫進賢裴韓李杜遠財劾姦汗簡書事清風肅然萬歲之後其名不刊

舊唐書卷九十八考證

魏知古傳睿宗嘉其切直尋令同中書門下平章事○本紀同三品

尋改紫微令姚崇深忌憚之陰加讒毁乃除工部尚書○本紀及表俱無改紫微事

舊唐書卷九十九

後晉司空同中書門下平章事劉　昫撰

列傳第四十九

崔日用從兄日知　張嘉貞弟嘉祐　蕭嵩子華　張九齡仲方　李適之子季卿　嚴挺之

崔日用滑州靈昌人其先自博陵徙家焉進士舉初爲芮城尉大足元年則天幸長安路次陝州宗楚客時爲刺史日用支供頓事廣求珍味稱楚客之命徧饋從官楚客知而大加賞歎盛稱薦之由是擢爲新豐尉無幾拜監察御史神龍中秘書監鄭普思納女後宮潛謀左道日用遽奏劾之普思方承恩中宗不之省日用廷爭懇至詞甚抗直普思竟伏其罪時宗楚客武三思武延秀等遞爲朋黨日用潛皆附之驟遷兵部侍郎兼修文館學士中宗暴崩韋庶人稱制日用恐禍及己知玄宗將圖義舉乃因沙門普潤道士王曄密詣藩邸深自結納潛謀翼戴玄宗嘗謂曰今謀此舉直爲親不爲身日用曰此乃孝感動天事必剋捷望速發出其不意若少遲延或恐生變及討平韋氏其夜令權知雍州長史事以功授銀青光祿大夫黃門侍郎參知機務封齊國公食實封二百戶爲相月餘與中書侍郎薛稷不協於中

書忿競由是轉雍州長史停知政事尋出爲楊州長史歷婺汴二州刺史兖州都督荆州長史因入奏事言太平公主謀逆有期陛下往在宮府欲有討捕猶是子道臣道須用謀用力今既光臨大寶但須下一制誰敢不從忽姦究得志則禍亂不小上曰誠如此直恐驚動太上皇卿宜更思之日用曰臣聞天子孝與庶人孝全別庶人孝謹身節用承順顏色天子孝安國家定社稷今若逆黨竊發即大業都弃豈得成天子之孝乎伏請先定北軍次收逆黨即不驚動太上皇玄宗從其議及討蕭至忠竇懷貞之際又令權檢校雍州長史加實封通前滿四百戶尋拜吏部尚書日用嘗採毛詩大雅小雅二十篇及司馬相如封禪書因上生日表上之以申規諷并述告成之事手詔荅曰夫詩者動天地感鬼神厚於人美於教矣朕志之所尚思與之齊庶乎採詩之官補朕之闕且古者封禪升中告成朕以菲德未明於至道竦然以聽頗壯相如之詞惕然載懷復懸夷吾之語卿洽聞殫見温故知新逮此發揮益彰忠懇豈非討蓬山之籍心不忘於起予因蘭殿之祥言固深於啓沃朕循環覽諷用慰于懷今賜卿衣裳一副物五十段以示無言不酬之信也尋出爲常州刺史削實封三百戶轉汝州刺史開元七年差降口賦特下勑曰唐元之際逆黨構兇崔日用當時潛論其事及于戡翦實預元謀而所食之封後以例減功既居多特宜準初食之封與二百戶十年轉并州大都督長史尋卒時年五十贈吏部尚書諡曰昭後又贈荆州大都督子宗之襲日用才辯過人見事敏速每朝廷有事轉禍爲福以取富貴及先天已後復求入相竟亦不遂常謂人曰吾一生行事皆臨時制變不必重專守始謀每一念之不覺芒刺在於背也日用從父兄日知亦有吏幹景雲中爲洛州司馬會譙王重福入東都作亂羣臣皆避難逃匿日知獨督率人吏赴留守與屯營合勢討賊重福既死以功加銀青光祿大夫累遷京兆尹坐贓爲御史李如璧所劾左遷歙縣丞俄又歷遷殿中監日知素與張說友善說薦之奏請授御史大夫上不許遂以爲左羽林衞大將軍而以河南尹崔隱甫爲御史大夫隱甫由是與說不叶日知俄遷太常卿自以歷任年久每朝士參集常與尚書同列時人號爲尚書裏行遂爲口實開元十六年出爲潞州大都督府長史尋以年老致仕卒諡曰襄

張嘉貞蒲州猗氏人也弱冠應五經舉拜平鄉尉坐事免歸鄉里長安中侍御史張循憲爲河東採訪使薦嘉貞材堪憲官請以己之官秩授之則天召見垂簾與之言嘉貞奏曰以臣草萊而得入謁九重是千載一遇也咫尺之間如隔雲霧竟不覩日月恐君臣之道有所未盡則天遽令卷簾與語大悅擢拜監察御史累遷中書舍人歷秦州都督并州長史爲政嚴肅甚爲人吏所畏開元初因奏事至京師上聞其善政數加賞慰嘉貞因奏曰臣少孤兄弟相依以至今臣弟嘉祐今授鄯州別駕與臣各在一方同心離居魂絶萬里乞移就臣側近臣兄弟盡力報國死無所恨上嘉其友愛特改嘉祐爲忻州刺史時突厥九姓新來內附散居太原以北嘉貞奏請置軍以鎮之於是始於并州置天兵軍以嘉貞爲使六年春嘉貞又入朝俄有告其在軍奢僭及贓賄者御史大夫王晙因而劾奏之按驗無狀上將加告者反坐之罪嘉貞奏曰昔者天子聽政於上瞍賦矇誦百工諫庶人謗而後天子斟酌焉今反坐此輩是塞言者之路則天下之事無由上達特望免此罪以廣謗誦之道從之遂令減死自是帝以嘉貞爲忠嘉貞又嘗奏曰今志力方壯是効命之秋更三數年即衰老無能爲也惟陛下早垂任使死且不憚上以其明辯尤重之八年春宋璟蘇頲罷知政事擢嘉貞爲中書侍郎同中書門下平章事數月加銀青光祿大夫遷中書令嘉貞斷決敏速善於敷奏然性强躁自用頗爲時論所譏時中書舍人苗延嗣呂太一考功員外郎員嘉靜殿中侍御史崔訓皆嘉貞所引位列清要常在嘉貞門下共議朝政時人爲之語曰令公四俊苗呂崔員開元十年車駕幸東都有洛陽主簿王鈞爲嘉貞修宅將以求御史因受贓事發上特令朝堂集衆決殺之嘉貞促所由速其刑以滅口乃歸罪於御史大夫韋抗中丞韋虛心皆貶黜之其冬秘書監姜皎犯罪嘉貞又附會王守一奏請杖之皎遂死于路俄而廣州都督裴伷先下獄上召侍臣問當何罪嘉貞又請杖之兵部尚書張說進曰臣聞刑不上大夫以其近於君也故曰士可殺不可辱臣今秋受詔巡邊中途聞姜皎以罪於朝堂決杖配流而死皎官是三品亦有微功若其有犯應死即殺應流即流不宜決杖廷辱以卒伍待之且律有八議勳貴在焉皎事以往不可追悔伷先秖宜據狀流貶不可輕又決罰上然其言嘉貞不悅退謂說曰何言事之深也說曰宰相者時來即爲豈能長據若貴臣盡當可杖但恐吾等行當及之此言非爲伷先乃爲天下士君子也初嘉貞爲兵部員外郎時張說爲侍郎及是說位在嘉貞下既無所推讓說頗不平因以此言激怒嘉貞由是與說不叶上又以嘉貞弟嘉祐爲金吾將軍兄弟並居將相之位甚爲時人之所畏憚十一年上幸太原行在所嘉祐贓汗事發張說勸嘉貞素服待罪不得入謁因出爲幽州刺史說遂代爲中書令嘉貞惋恨謂人曰中書令幸有二員何相迫之甚也明年復拜戶部尚書兼益州長史判都督事勅嘉貞就中書省與宰相會宴嘉貞既恨張說擠已因攘袂勃罵源乾曜王晙共和解之明年坐與王守一交往左轉台州刺史復代盧從愿爲工部尚書定州刺史知北平軍事累封河東侯將行上自賦詩詔百寮於上東門外餞之至州於恒嶽廟中立頌嘉貞自爲其文乃書於石其碑用白石爲之素質黑文甚爲奇麗先是嶽祠爲遠近祈賽有錢數百萬嘉貞自以爲頌文之功納其數萬十七年嘉貞以疾請就醫東都制從之至都目瞑無所見上令醫人內直郎田休裕郎將呂弘泰馳傳往省療之其秋卒年六十四贈益州大都督諡曰恭肅嘉貞雖久歷清要然不立田園及在定州所親有勸植田業者嘉貞曰吾忝歷官榮曾任國相未死之際豈憂飢餒若負譴責雖富田莊亦無用也比見朝士廣占良田及身没後皆爲無賴子弟作酒色之資甚無謂也聞者皆歎伏初嘉貞作相薦萬年縣主簿韓朝宗擢爲監察御史及嘉貞卒後十數歲朝宗爲京兆尹因奏曰自陛下臨御已來所用宰相皆進退以禮善始令終身雖已没子孫咸在朝廷唯張嘉貞晚年一子今猶未登官序上亦惻然遽令召之賜名延賞特拜左內率府兵曹參軍德宗朝位至宰輔自有傳嘉祐有幹畧自右金吾將軍貶浦陽府折衝至二十五年爲相州刺史相州自開元已來刺史死貶者十數人嘉祐訪知尉遲迥周末爲相州總管身死國難乃立其神祠以邀福經三考改左金吾將軍後吳兢爲鄴郡守又加尉遲神冕服自後郡守無患

蕭嵩貞觀初左僕射宋國公瑀之曾姪孫祖鈞中書舍人有名於時嵩美鬚髯儀形偉麗初娶會稽賀晦女與吳郡陸象先爲僚壻象先時爲洛陽尉宰相子門望甚高嵩尚未入仕宣州人夏榮稱有相術謂象先曰陸郎十年內位極人臣然不及蕭郎一門盡貴官位高而有壽時人未之許神龍元年嵩調補洛州參軍尋而侍中扶陽王桓彦範出爲洛州刺史見之推重待以殊禮景雲元年爲醴泉尉時陸象先已爲中書侍郎引爲監察御史及象先知政事嵩又驟遷殿中侍御史開元初爲中書舍人與崔琳王丘齊澣同列皆以嵩寡學術未異之而紫微令姚崇許其致遠眷之特深歷宋州刺史三遷爲尚書左丞兵部侍郎十五年涼州刺史河西節度王君㚟侍衆每歲攻擊吐蕃吐蕃大將悉諾邏恭祿及燭龍莽布支攻陷瓜州城執刺史田元獻及君㚟父壽盡取城中軍資及倉糧仍毁其城而去又攻玉門軍及常樂縣縣令賈師順嬰城固守賊遂引退無何君㚟又爲迴紇諸部殺之於鞏筆驛河隴震駭玄宗以君㚟勇將無謀果及於難擇堪邊任者乃以嵩爲兵部尚書河西節度使判涼州事嵩乃請以裴寬郭虛已牛仙客在其幕下又請以建康軍使左金吾將軍張守珪爲瓜州刺史修築州城招輯百姓令其復業又加嵩銀青光祿大夫時悉諾邏恭祿威名甚振嵩乃縱反間於吐蕃言其與中國潛通贊普遂召而誅之明年秋吐蕃大下悉末明復率衆攻瓜州守珪出兵擊走之隴右節度使鄯州都督張志亮引兵至青海西南渴波谷與吐蕃接戰大破之八月嵩又遣副將杜賓客率弩手四千人與吐蕃戰于祁連城下自晨至暮散而復合賊徒大潰臨陣斬其副將一人散走山谷哭聲四合露布至玄宗大悅乃加嵩同中書門下三品恩顧莫比十七年授宇文融裴光庭宰相又加嵩兼中書令自十四年燕國公張說罷中書令後缺此位四年而嵩居之常帶河西節度遥領之加集賢殿學士知院事兼修國史進位金紫光祿大夫子衡尚新昌公主嵩夫人賀氏入覲拜席玄宗呼爲親家母禮儀甚盛尋又進封徐國公二十一年二月侍中裴光庭卒光庭與嵩同位數年情頗不協及是玄宗遣嵩擇相嵩以右丞韓休長者舉之及休入相嵩舉事休峭直輒不相假互於玄宗前論曲直因讓位玄宗眷嵩厚乃許嵩授尚書右丞相令罷相以休爲工部尚書尋又以嵩子華爲給事中二十四年拜太子太師及幽州節度使張守珪坐賂遺中官牛仙童貶爲括州刺史嵩嘗賂仙童李林甫發之貶青州刺史尋又追拜太子太師嵩又請老嵩性好服餌及罷相於林園植藥合鍊自適華時爲工部侍郎衡以主壻三品嵩皤然就養十餘年家財豐贍衣冠榮之天寶八年薨年八十餘贈開府儀同三司子華天寶末轉兵部侍郎祿山之亂從駕不及陷賊僞署魏州刺史乾元元年郭子儀與九節度之師渡河攻安慶緒於相州華潛通表疏俟官軍至爲內應賊伺知之禁錮華於獄崔光遠收魏州破械出華魏人美華之惠政詣光遠請留朝廷正授魏州刺史

既而史思明率衆南下子儀懼華復陷乃表崔光遠代華召至軍中及相州兵潰華歸京仍以僞命所汙降授試秘書少監華謹重方雅綽有家法人士稱之尋遷尚書右丞乾元二年出爲河中尹河中晉絳節度使上元元年十二月制曰弼予之選審象是求天步未平廟謨尤切必資明表佇以佐時畫一之才取則不遠正議大夫前河中尹兼御史中丞充本府晉絳等州節度觀察等使上柱國嗣徐國公賜紫金魚袋蕭華公輔成名承家繼業詞標麗則德蘊謨明再履宮坊尤知至行致君望美閤相求能且推伊陟之賢更啓漢臣之閤還依日月佐理陰陽俾叅政於紫宸用建中於皇極可中書侍郎同中書門下平章事集賢殿崇文館大學士監修國史時中官李輔國專典禁兵怙寵用事求爲宰相諷宰臣裴冕等薦己華頗拒之輔國怒肅宗方寢疾輔國矯命罷華相位守禮部尚書仍引元載代華肅宗崩代宗在諒闇元載希輔國旨貶華爲硤州員外司馬卒於貶所衡子復德宗朝位亦至宰輔華子恒悟恒子俛大和中宰輔悟子倣咸通中宰輔皆自有傳

張九齡字子壽一名博物曾祖君政韶州別駕因家于始興今爲曲江人父弘愈以九齡貴贈廣州刺史九齡幼聰敏善屬文年十三以書干廣州刺史王方慶大嗟賞之曰此子必能致遠登進士第應舉登乙第拜校書郎玄宗在東宮舉天下文藻之士親加策問九齡對策高第遷右拾遺時帝未行親郊之禮九齡上疏曰伏以天者百神之君而王者之所由受命也自古繼統之主必有郊配之義蓋以敬天命以報所受故於郊之義則不以德澤未洽年穀不登凡事之故而闕其禮孝經云昔者周公郊祀后稷以配天斯謂成王幼沖周公居攝猶用其禮明不暫廢漢丞相匡衡亦云帝王之事莫重乎郊祀董仲舒又云不郊而祭山川失祭之序逆於禮正故春秋非之臣愚以爲匡衡仲舒古之知禮者皆謂郊之爲祭所宜先也伏惟陛下紹休聖緒其命惟新御極已來於今五載既光太平之業未行大報之禮竊考經傳義或未通今百穀嘉生鳥獸咸若夷狄內附兵革用寧將欲鑄劒爲農泥金封禪用彰功德之美允荅神祇之心能事畢行光耀帝載況郊祀常典猶闕其儀有若怠於事天臣恐不可以訓伏望以迎日之至展焚柴之禮升紫壇陳采席定天位明天道則聖朝典則可謂無遺矣九齡以才鑒見推當時吏部試拔萃選人及應舉者咸令九齡與右拾遺趙冬曦考其等第前後數四每稱平允開元十年三遷司勳員外郎時張說爲中書令與九齡同姓敍爲昭穆尤親重之常謂人曰後來詞人稱首也九齡既欣知己亦依附焉十一年拜中書舍人十三年車駕東巡行封禪之禮說自定侍從升中之官多引兩省錄事主書及己之所親攝官而上遂加特進階超授五品初令九齡草詔九齡言於說曰官爵者天下之公器德望爲先勞舊次焉若顛倒衣裳則譏謗起矣今登封霈澤千載一遇清流高品不沐殊恩胥吏末班先加章紱但恐制出之後四方失望今進草之際事猶可改唯令公審籌之無貽後悔也說曰事已決矣悠悠之談何足慮也竟不從及制出內外甚咎於說時御史中丞宇文融方知田戶之事每有所奏說多建議違之融亦以此不平於說九齡復勸說爲備說又不從其言無幾說果爲融所劾罷知政事九齡亦改太常少卿尋出爲冀州刺史九齡以母老在鄉而河北道里遼遠上疏固請換江南一州望得數承母音耗優制許之改爲洪州都督俄轉桂州都督仍充嶺南道按察使上又以其弟九章九皐爲嶺南道刺史令歲時伏臘皆得寧覲初張說知集賢院事常薦九齡堪爲學士以備顧問說卒後上思其言名拜九齡爲秘書少監集賢院學士副知院事再遷中書侍郎常密有陳奏多見納用尋丁母喪歸鄉里二十一年十二月起復拜中書侍郎同中書門下平章事明年遷中書令兼修國史時范陽節度使張守珪以裨將安祿山討奚契丹敗衂執送京師請行朝典九齡奏劾曰穰苴出軍必誅莊賈孫武敎戰亦斬宮嬪守珪軍令必行祿山不宜免死上特捨之九齡奏曰祿山狼子野心面有逆相臣請因罪戮之冀絕後患上曰卿勿以王夷甫知石勒故事誤害忠良遂放歸藩二十三年加金紫光祿大夫累封始興縣伯李林甫自無學術以九齡文行爲上所知心頗忌之乃引牛仙客知政事九齡屢言不可帝不悅二十四年遷尚書右丞相罷知政事後宰執每薦引公卿上必問風度得如九齡否故事皆搢笏於帶而後乘馬九齡體羸常使人持之因設笏囊笏囊之設自九齡始也初九齡爲相薦長安尉周子諒爲監察御史至是子諒以妄陳休咎上親加詰問令於朝決殺之九齡坐引非其人左遷荆州大都督府長史俄請歸拜墓因遇疾卒年六十八贈荆州大都督謚曰文憲九齡在相位時建議復置十道採訪使又敎河南數州水種稻以廣屯田議置屯田費功無利竟不能就罷之性頗躁急動輒忿詈議者以此少之子極伊闕令祿山之亂陷賊不受僞命兩京克復詔加太子右贊善弟九皐自尚書郎歷唐徐宋襄廣五州刺史九章歷吉明曹三州刺史鴻臚卿九齡爲中書令時天長節百寮上壽多獻珍異唯九齡進金鏡錄五卷言前古興廢之道上賞異之又與中書侍郎嚴挺之尚書左丞袁仁敬右庶子梁升卿御史中丞盧怡結交友善挺之等有才幹而交道終始不渝甚爲當時之所稱至德初上皇在蜀思九齡之先覺下詔褒贈曰正大厦者柱石之力昌帝業者輔相之臣生則保其榮名歿乃稱其盛德節終未允於人望加贈實存乎國章故中書令張九齡維嶽降神濟川作相開元之際寅亮成功讜言定其社稷先覺合於蓍策永懷賢弼可謂大臣竹帛猶存樵蘇必禁爰從八命之秩更進三台之位可贈司徒仍遣使就韶州致祭有集二十卷九皐曾孫仲方少朗秀爲兒童時父友高郢見而奇之曰此子非常必爲國器吾獲高位必振發之後郢爲御史大夫首請仲方爲御史歷金州刺史郡人有田產爲中人所奪仲方三疏奏聞竟理其冤入爲度支郎中駮李吉甫謚吉甫之黨惡之出爲遂州司馬稍還復曹鄭三郡守爲諫議大夫時鄠縣令崔發因辱小黃門敬宗赫怒付臺推鞫及元日大赦獨發不得宥仲方上疏其畧曰鴻恩將布於天下而不行御前霈澤始被於昆蟲而獨遺崔發由是發得不死時論美之太和九年爲京兆尹將相從累者皆大戮仲方密令識之旋詔下許令收葬得認遺骸實仲方之力也是時軍人橫恣仲方脂韋坐不稱職出爲華州刺史改秘書監開成二年卒年七十二贈禮部尚書謚曰成

李適之一名昌恒山王承乾之孫也父象官至懷州別駕適之神龍初起家拜左衛郎將開元中累遷通州刺史以强幹見稱時給事中韓朝宗爲按察使特表薦之擢拜秦州都督俄轉陝州刺史入爲河南尹適之性簡率不務苛細人吏便之歲餘拜御史大夫開元二十七年兼幽州大都督府長史知節度事適之以祖得罪見廢父又遭則天所黜葬禮有闕上疏請歸葬昭陵之闕內於是下詔追贈承乾爲恒山愍王象爲越州都督郇國公伯父厥及亡兄數人並有褒贈數喪同至京師葬禮甚盛仍刊石於墳所俄拜刑部尚書適之雅好賓友飲酒一斗不亂夜則宴賞晝決公務庭無留事天寶元年代牛仙客爲左相累封淸和縣公與李林甫爭權不叶適之性疎爲其陰中林甫嘗謂適之曰華山有金鑛採之可以富國上未之知適之心善其言他日從容奏之玄宗大悅顧問林甫對曰臣知之久矣然華山陛下本命王氣所在不可穿鑿臣故不敢上言帝以爲愛己薄適之言疎隴右節度皇甫惟明刑部尚書韋堅戶部尚書裴寬京兆尹韓朝宗悉與適之善林甫皆中傷之構成其罪相繼放逐適之懼不自安求爲散職五載罷知政事守太子少保遽命親故歡會賦詩曰避賢初罷相樂聖且銜盃爲問門前客今朝幾箇來竟坐與韋堅等相善貶宜春太守後御史羅希奭奉使殺韋堅盧幼臨裴敦復李邕等於貶所州縣且聞希奭到無不惶駭希奭過宜春郡適之聞其來仰藥而死子季卿弱冠舉明經頗工文詞應制舉登博學宏詞科再遷京兆府鄠縣尉肅宗朝累遷中書舍人以公事坐貶通州別駕代宗卽位大舉淹抑自通州徵爲京兆少尹尋復中書舍人拜吏部侍郎俄兼御史大夫奉使河南江淮宣慰振拔幽滯進用忠廉時人稱之在銓衡數年轉右散騎常侍季卿有宇量性識博達善與人交襟懷豁如其在朝以進賢爲務士以此多之大曆二年卒贈禮部尚書孫融立性嚴整善吏事貞元十年歷官至渭州節度使卒

嚴挺之華州華陰人叔父方嶷景雲中戶部郎中挺之少好學舉進士神龍元年制舉擢第授義興尉遇姚崇爲常州刺史見其體質昂藏雅有吏幹深器異之及崇再入爲中書令引挺之爲右拾遺睿宗好樂聽之忘倦玄宗又善音律先天二年正月望胡僧婆陁請夜開門燃百千燈睿宗御延喜門觀樂凡經四日又追作先天元年大酺睿宗御安福門樓觀百司酺宴以夜繼晝經月餘日挺之上疏諫曰微臣竊惟陛下應天順人發號施令躬親大禮昭布鴻澤孜孜庶政業業萬幾蓋以天下心爲心深戒安危之理此誠堯舜禹湯之德敎也奈何親御城門以觀大酺累日兼夜臣愚竊所未諭夫酺者因人所利合醵爲歡無相奪倫不至靡弊且臣卜其晝史册攸存君舉必書帝王重慎今乃暴衣冠於上路羅妓樂於中宵雜鄭衛之音縱倡優之樂陛下還淳復古宵衣旰食不矜細行恐非聖德所宜臣以爲一不可也誰何警夜伐鼓通晨以備非常存之善敎今陛下不深惟戒慎輕違動息重門弛禁巨猾多徒儻有躍馬奔車流言駭叫一塵聽覽有累宸衷臣以爲二不可也且一人向隅滿堂不樂一物失所納隍增慮陛下北宮多暇西墉暫臨青春日長已積埃塵之弊紫微漏永重窮歌舞之樂儻令有司跛倚下人饑倦以陛下近猶不恤

而況於遠乎聖情攸鬧豈不懍然祗畏臣以爲四不可也且元正首祚大禮頻光百姓顒顒咸謂業盛配天功垂曠代今陛下恩似薄於衆望酺卽過於往年王公貴人各承微旨州縣坊曲競爲課稅吁嗟道路貿易家產損萬人之力營百戲之資適欲同其歡而乃遺其患復令兼夜人何以堪臣以爲五不可也書曰罔咈百姓以從己之欲況自去夏霪霖經今亢旱農乏收成市有騰貴損其實崇其虛馳不急之務擾方春之業前代聖主明王忽於細微而成過患多矣陛下可效之哉伏望晝則歡娛暮令休息要令兼夜恐無益於聖朝上納其言而止時侍御史任知古恃憲威於朝行詬詈衣冠挺之深讓之以爲不敬乃爲臺司所劾左遷萬州員外參軍開元中爲考功員外郎典舉二年大稱平允登科者頓減二分之一遷考功郎中特敕又令知考功貢舉事稍遷給事中時黃門侍郎杜暹中書侍郎李元紘同列爲相不叶暹與挺之善元紘素重宋遙引爲中書舍人及與起居舍人張烜等同考吏部等第判遙復與挺之好尙不同遙言於元紘元紘詰譙挺之挺之曰明公位尊國相情溺小人乃有憎惡甚爲不取也詞色俱厲元紘曰小人爲誰挺之曰卽宋遙也因出爲登州刺史太原少尹殿中監王毛仲使太原朔方幽州計會兵馬事陽數年乃牒太原索器仗挺之以不挾敕毛仲寵幸久恐有變故密奏之尋遷濮汴二州刺史挺之所歷皆嚴整吏不敢犯及莅大郡人乃重足側息二十年毛仲得罪賜死玄宗思曩日之奏擢爲刑部侍郎深見恩遇改太府卿與張九齡相善九齡入相用挺之爲尙書左丞知吏部選陸景融知兵部選皆爲一時精選時侍中裴耀卿禮部尙書李林甫與九齡同在相位九齡以詞學進入視草翰林又爲中書令甚承恩顧耀卿與九齡素善林甫巧密知九齡方承恩遇善事之意未相與林甫引蕭炅爲戶部侍郎嘗與挺之同行慶弔客次有禮記蕭炅讀之曰蒸嘗伏獵炅早從官無學術不識伏臘之意誤讀之挺之戲問炅對如初挺之白九齡曰省中豈有伏獵侍郎由是出爲岐州刺史林甫深恨之九齡嘗欲引挺之同居相位謂之曰李尙書深承聖恩足下宜一造門款狎挺之素負氣薄其爲人三年非公事竟不私造其門以此彌爲林甫所嫉及挺之囑蔚州刺史王元琰林甫使人詰於禁中以此九齡罷相挺之出爲洺州刺史二十九年移絳郡太守天寶元年玄宗嘗謂林甫曰嚴挺之何在此人亦堪進用林甫乃召其弟損之至

門敍故云當授子員外郎因謂之曰聖人視賢兄極深要須作一計入城對見當有大用令損之取絳郡一狀云有少風氣請入京就醫林甫將狀奏云挺之年高近患風且須授閑官就醫玄宗歎吒久之林甫奏授員外詹事便令東京養疾挺之素歸心釋典事僧惠義及至東都鬱鬱不得志成疾自爲墓誌曰天寶元年嚴挺之自絳郡太守抗疏陳乞天恩允請許養疾歸閑兼授太子詹事前後歷任二十五官每承聖恩嘗忝獎擢不盡驅策駑蹇何階仰荅鴻造春秋七十無所展用爲人士所悲其年九月寢疾終於洛陽某里之私第十一月葬於大照和尙塔次西原禮也盡忠事君叨載國史勉拙從仕或布人謡陵谷可以自紀文章焉用爲飾遺文薄葬斂以時服挺之與裴寬皆奉佛開元末惠義卒挺之服緦麻送於龕所寬爲河南尹僧普寂卒寬與妻子皆服縗絰設次哭臨妻子送喪至嵩山故挺之誌文云葬於大照塔側祈其靈祐也挺之素重交結有許與凡舊交先歿者厚撫其妻子凡嫁孤女數十人時人重之子武廣德中黃門侍郎成都尹劍南節度使

史臣曰崔日用附會三思以取高位預討韋氏遂握重權自言吾一生行事皆臨時制變不必事守始謀信矣與夫守死善道者不可同年而語也張嘉貞雖不立田園柰急於勢利朋比近習杖姜皎佃先非中立之士也蕭嵩位極中令異政無聞樹破虜之勳眞致遠之器九齡文學政事咸有所稱一時之選也適之臨下雖簡在公克勤惜乎不得其死也挺之才略器識不下諸公耻近權門爲人所惡不登台輔養疾宮寮雖富貴在天窮達有命彼林甫者誠可投畀豺虎也

贊曰開元之代多士盈庭日用無守嘉貞近名嵩齡適挺各有度程大位俱極半慙德馨

舊唐書卷九十九考證

崔日用傳尋出爲揚州長史歷婺汴二州刺史兖州都督○揚州新書作婺州婺汴新書作揚汴兖州都督新書作兖州刺史皆互異

張九齡傳子諒以妄陳休咎上親加詰問令於朝決殺之○沈炳震曰按綱目命撲于殿庭絕而復蘇仍杖之朝堂流瀼州至藍田驛死　臣宗萬按流瀼州事新書載之兩傳各據其一也

九齡進金鏡錄○新書進千秋金鑑錄綱目同

臣德潛按武惠妃陷太子事此玄宗治亂之關九齡林甫忠姦之分也舊書不載不及新書之識

李適之子季卿傳○新書作李適子見文苑傳中未知孰是

# 舊唐書卷一百

後晉司空同中書門下平章事劉　昫撰

## 列傳第五十

尹思貞　李傑　解琬　畢構　蘇珦子晉　鄭惟忠　王志愔　盧從愿　李朝隱　裴漼從祖弟寬　王丘

尹思貞京兆長安人也弱冠明經舉補隆州參軍時晉安縣有豪族蒲氏縱橫不法前後官吏莫能制州司令思貞推按發其姦贓萬計竟論殺之遠近稱慶刻石以紀其事由是知名累轉明堂令以善政聞三遷殿中少監檢校洺州刺史會契丹孫萬榮作亂河朔不安思貞善於綏撫境內獨無驚擾則天降璽書褒美之長安中七遷秋官侍郎以忤張昌宗被構出爲定州刺史轉晉州刺史尋復入爲司府少卿時卿侯知一亦厲威嚴吏人爲之語曰不畏侯卿杖惟畏尹卿筆其爲人所伏若此尋加銀青光祿大夫於宅中掘得古戟十二俄而門加棨戟時人異焉神龍初爲大理卿時武三思擅權御史大夫李承嘉附會之雍州人韋月將上變告三思謀逆中宗大怒命斬之思貞以發生之月固執奏以爲不可行刑竟有敕決杖配流嶺南三思令所司因此非法害之思貞又固爭之承嘉希三思旨託以他事不許思貞入朝廷謂承嘉曰公擅作威福不顧憲章附託姦臣以圖不軌將先除忠良以自恣耶承嘉大怒遂劾奏思貞出爲青州刺史境內有蠶一年四熟者黜陟使衞州司馬路敬潛八月至州見繭歎曰非善政所致孰能至於此乎特表薦之思貞前後爲十三州刺史皆以清簡爲政奏課連最睿宗卽位徵爲將作大匠累封天水郡公時左僕射竇懷貞與造金仙玉眞兩觀調發夫匠思貞常節減之懷貞怒頻詰責思貞思貞曰公職居端揆任重弼諧不能翼贊聖明光宣大化而乃盛興土木害

及黎元豈不愧也又受小人之譖輕辱朝臣今日之事不能苟免請從此辭拂衣而去闔門累日上聞而特令視事其年懷貞伏誅乃下制曰國之副相位亞中台自匪邦直孰司天憲將作大匠尹思貞賢良方正碩儒耆德剛不護缺清而畏知簡言易從莊色難犯徵先王之體要敷祖必陳折佞臣之怙權拂衣而謝故以事聞海內名動京師鷹隼是擊豺狼自遠必能條理前弊發揮舊章宜承弄印之榮式允登車之志可御史大夫俄兼中王府長史遷戶部尙書轉工部尙書以老疾累表請致仕許之開元四年卒年七十七贈黃門監謚曰簡

李傑本名務光相州滏陽人後魏并州刺史寶之後也其先自隴西徙焉傑少以孝友著稱舉明經累遷天官員外郎明敏有吏才甚得當時之譽神龍初累遷衞尉少卿爲河東道巡察黜陟使奏課爲諸使之最開元初爲河南尹傑旣勤於聽理每有訴列雖衢路當食無廢處斷由是官無留事人吏愛之先是河汴之間有梁公堰年久堰破江淮漕運不通傑奏調發汴鄭丁夫以濬之省功速就公私深以爲利刊石水濱以紀其績尋代宋璟爲御史大夫時皇后妹壻尙衣奉御長孫昕與其妹壻楊仙玉因於里巷遇傑遂毆擊之上大怒令斬昕等散騎常侍馬懷素以爲陽和之月不可行刑累表陳請乃下敕曰夫爲令者自近而及遠行罰者先親而後疎長孫昕楊仙玉等憑恃姻戚恣行兇險輕侮常憲損辱大臣情特難容故令斬決今群官等累陳表疏固有誠請以陽和之節非肅殺之時援引古今詞義懇切朕志從深諫情亦惜法宜寬異門之罰聽從枯木之斃卽宜決殺以謝百寮傑明年以護橋陵作賜爵武威子初傑護作時引侍御史王旭爲判官旭貪冒受贓傑將繩之而不得其實反爲旭所構出爲衢州刺史俄轉揚州大都督府長史又爲御史所劾免官歸第尋卒贈戶部尙書

解琬魏州元城人也少應幽素舉拜新政尉累轉成都丞因奏事稱旨超遷監察御史丁憂離職則天以琬識練邊事起復舊官令往西域安撫夷虜抗疏固辭則天嘉之下敕曰解琬孝性淳至哀情懇切固辭權奪之榮乞就終憂之典足可以激揚風俗敦獎名教宜遂雅懷允其所請仍令服闋後赴上聖曆初遷侍御史充使安撫烏質勒及十姓部落咸得其便宜蕃人大悅以功擢拜御史中丞兼北庭都護持節西域安撫使琬素與郭元振同官相善遂爲宗楚客所毀由是左遷滄州刺史

爲政務存大體甚得人和景龍中遷右臺御史大夫兼持節朔方行軍大總管晙前後在軍二十餘載務農習戰多所利益邊境安之景雲二年復爲朔方軍大總管晙分遣隨軍要籍官河陽丞張冠宗肥鄉令韋景駿普安令于處忠等校料三城兵募於是減十萬人奏罷之尋授右武衛大將軍兼檢校晉州刺史賜爵濟南縣男以年老乞骸骨拜表訖不待報而去優詔加金紫光祿大夫聽致仕其祿準品全給尋降璽書勞之曰卿器局堅正才識高遠公忠彰其立身貞固足以幹事頻張騫之出使同魏絳之和戎職綰文武功申方面勤于王家是爲國老頃者顧斯側景願言勇退深惜馬援之能未遂祁奚之請然章疏頻上雅懷難奪今知脫屣歸閑拂衣高謝固可以激勵頹俗儀形庶僚永言終始良可嘉尚宜善攝養以介期頤未幾吐蕃寇邊復召拜左散騎常侍令與吐蕃分定地界兼處置十姓降戶晙言吐蕃必潛懷叛計請預支兵十萬於秦渭等州嚴加防遏其年冬吐蕃果入寇竟爲支兵所擊走之俄又表請致仕不許遷太子賓客開元五年出爲同州刺史明年卒年八十餘

畢構河南偃師人也父憬則天時爲司衛少卿構少舉進士神龍初累遷中書舍人時敬暉等奏請降削武氏諸王構次當讀表旣聲韻朗暢兼分析其文句左右聽者皆歷然可曉由是武三思惡之出爲潤州刺史累除益州大都督府長史景雲初召拜左御史大夫轉陝州刺史加銀青光祿大夫封魏縣男頃之復授益州大都督府長史兼充劍南道按察使所歷州府咸著聲績在蜀中尤革舊弊政號清嚴睿宗聞而善之璽書勞曰我國家創開天地再造黎元四夷來王萬邦會至置州立郡分職設官貞觀永徽之前皇猷惟穆咸亨垂拱之後淳風漸替征賦將急調役頗繁選吏舉人涉於浮濫省閣臺寺罕有公直苟貪祿秩以度歲時中外因循紀綱弛紊且無懲革弊乃滋深爲官旣不擇人非親即賄爲法又不按罪作孽寧逃貪殘放手者相仍清白潔己者斯絕蓋由賞罰不舉生殺莫行更以水旱時乖邊隅未謐日損一日徵斂不休大東小東杼軸爲怨就更割剝何以克堪昔聞當官以留犢還珠爲上今之從職以充車聯駟爲能或交結富豪抑弃貧弱或矜假典正樹立腹心邑屋之間囊橐俱委或地有椿幹梓漆或家有畜産資財即被暗通並從取奪若有固悋即因事以繩麤杖大枷動傾性命懷寃抱痛無所告陳比差御史委令巡察或有貴要所囑未能不避權豪或有親故在官又罕絕於顏面載馳原隰徒煩出使之名安問狐狸未見埋車之節揚清激濁涇渭不分嫉惡好善蕭蘭莫別官守旣且若此下人豈以聊生數年已來凋殘更甚卿孤潔獨行有古人之風自臨蜀川弊化頓易覽卿前後執奏何異破柱求姦諸使之中在卿爲最並能盡節似卿如此百郡何憂乎不理萬人何慮乎不安卿當益堅勿爲後顧朕嘉卿直道今賜袍帶並衣一副尋拜戶部尚書轉吏部尚書並遙領益州大都督府長史玄宗即位累拜河南尹遷戶部尚書開元四年遇疾上手疏豎方以賜之時議戶部尚書爲凶官遽改授太子詹事冀其有瘳尋卒贈黃門監謚曰景構初喪繼母時有二妹在襁褓親加鞠養咸得成立及構卒二妹號絕久之以撫育恩遂制三年之服其弟栩亦甚哀毀並爲當時所稱栩官至荊州司馬

蘇珦雍州藍田人明經舉累授鄠縣尉雍州長史李義琰名而謂曰鄠縣本多訴訟近日遂絕訪問果由明公爲其疏理因顧指廳事曰此座即明公座也但恨非遲暮所見耳垂拱初拜右臺監察御史時則天將誅韓魯等諸王使珦按其密狀珦訊問皆無徵驗或誣告珦與韓魯等同情則天名見詰問珦抗議不回則天不悅曰卿大雅之士朕當別有驅使此獄不假卿也遂令珦於河西監軍五遷右司郎中時御史王弘義託附來俊臣構陷無罪朝廷疾之嘗受詔於虢州採木役使不節丁夫多死珦按奏其事弘義竟以坐黜珦尋遷給事中累授左肅政臺御史大夫時有詔白司馬坂營大像糜費巨億珦以妨農上疏切諫則天納焉神龍初武三思擅權韋月將告三思將有逆謀返爲三思所構中宗令斬之珦奏非時不可行刑由是忤三思旨轉爲右御史大夫尋出爲岐州刺史復爲右臺大夫會節愍太子敗詔珦窮其黨與時睿宗在藩爲得罪者所引珦因辯析事狀密奏以保持之中宗意解因是多所原免擢珦爲戶部尚書賜爵河內郡公尋授太子賓客檢校詹事以年老致仕開元三年卒年八十一贈兖州都督謚曰文子晉亦知名晉數歲能屬文作八卦論吏部侍郎房穎叔秘書少監王紹宗見而賞歎曰此後來王粲也弱冠舉進士又應大禮舉皆居上第先天中累遷中書舍人兼崇文館學士玄宗監國每有制命皆令晉及賈曾爲之晉亦數進讜言深見嘉納俄出爲泗州刺史以父老乞辭職歸侍許之父卒後歷戶部侍郎襲爵河內郡公開元十四年遷吏部侍郎時開府宋璟兼尚書事晉及齊澣遞於京都知選事旣糊名考判晉獨多賞拔甚得當時之譽俄而侍中裴光庭知尚書事每過官應批退者但對衆披簿以朱筆點頭而已晉遂牓選院云門下點頭者更引注擬光庭以爲侮己甚不悅遂出爲汝州刺史三遷魏州刺史加銀青光祿大夫入爲太子左庶子二十二年卒年五十九初晉與洛陽人張循之仲之兄弟友善循之等並以學業著名循之則天時上書忤旨被誅仲之神龍中謀殺武三思爲友人宋之遜所發下獄死晉厚撫仲之子漸有如己子敎之書記爲營婚宦及晉卒漸制猶子之服時人甚以此稱之

鄭惟忠宋州宋城人也儀鳳中進士舉授井陘尉轉湯陰尉天授中應舉召見則天臨軒問諸舉人何者爲忠諸人對不稱旨惟忠對曰臣聞忠者外揚君之美內匡君之惡則天曰善授左司禦率府胄曹參軍累遷水部員外郎則天幸長安惟忠待制引見則天謂曰朕識卿前於東都言忠臣外揚君之美內匡君之惡至今不忘尋加朝散大夫再遷鳳閣舍人中宗即位甚敬重之擢拜黃門侍郎時議請禁嶺南首領家畜兵器惟忠曰夫爲政不可革以習俗且吳都賦云家有鶴膝戶有犀渠如或禁之豈無驚擾耶遂寢無何守大理卿節愍太子與將軍李多祚等舉兵誅武三思事覺伏誅其詿誤守門者並配流將行有韋氏黨與密奏請盡誅之中宗令推斷惟忠奏曰今大獄始決人心未寧若更改推必遞相驚恐則反側之子無由自安勑令百司議遂依舊斷所全者甚多俄拜御史大夫持節賑給河北道仍黜陟牧宰還敷奏稱旨加銀青光祿大夫封滎陽縣男開元初爲禮部尚書轉太子賓客十年卒贈太子少保

王志愔博州聊城人也少以進士擢第神龍年累除左臺御史加朝散大夫執法剛正百僚畏憚時人呼爲皁鵰言其顧瞻人吏如鵰鶚之視鷰雀也尋遷大理正嘗奏言法令者人之隄防隄防不立則人無所禁竊見大理官寮多不奉法以縱罪爲寬恕以守文爲苛刻臣濫執刑典實恐爲衆所謗遂表上所著應正論以見志其詞曰嘗讀易至萃利見大人亨聚以正也六二引吉无咎注曰居萃之時體柔當位處坤之中己獨處正異操而聚獨正者危未能變體以遠於害故必見引然後乃吉而无咎王肅曰六二與九五相應俱履貞正引由迎也爲吉所迎何咎之有未嘗不輟書而歎曰居中履正事之常體見引无咎道亦宜然有客聞而惑之因謂僕曰今主上文明域中理定君累司典憲不務和同處正之志雖存見引之吉誰應行之不已余竊懼焉僕歛襟降階揖而謝曰補遺闕於袞職用忠讜爲己任以蒙養正見引獲吉應此道也仁何遠哉昔咎繇謨虞登朝作士設教理物闡訓成務是以五流有宅五宅三居怙終賊刑刑故無小於是舜美其事曰汝明於五刑以弼五教期于予理刑期于無刑人協于中時乃功懋哉故孔子歎其政曰舜舉咎繇不仁者遠此非明辟執法大人見引之應乎季孫行父之事君也舉竊寶之愆黜投邑之賞明善惡而糺慝議僭賞以塞違在虞舜之功居二十之一主司得行其道時君不以爲嫌此非己獨處正應正而无咎觀魚於棠臧伯正色賂鼎在廟哀伯抗詞言者得盡其忠聞之不加其罪故春秋稱臧氏之正曰積善之家必有餘慶此非異操而聚引吉之所致乎魏絳理直胥侯乃復其位郗人辭順趙盾不伐其國此非正體未變爲吉所迎者乎夫在上垂拱臣下守制若正應乎上乃引吉於下而中士聞道若存若亡交戰於譎正之門懷疑乎語默之境懼獨正之莫引忘此正之必亨吁嗟乎行己立身居正踐義其動也直其正也方維正直而是與何往而非攸利何以明之坤六二直方大不習無不利文言曰直其正也方其義也君子敬以直內義以方外敬義立而德不孤直方大則不疑其所行也嵇康撰釋私論曹羲著至公篇皆以崇公激俗抑私事主一言可以蔽之歸於體正而已矣禮記曰刑者侀也侀者成也一成而不可變故君子盡心焉若以喜怒制刑輕重設比是則橋前驚馬用希旨論人死中獵兔以從欲廢法理有違而合道物貴和而不同不同之和正在其中矣昔任延爲武威太守漢帝誡之曰善事上官無失名譽延對曰臣聞忠臣不私私臣不忠上下雷同非國家之福善事上官臣不敢奉詔任延雅奏漢主是其言此則歸正不回乖旨順義不以忤懷見忌斯亦違而合道晏子春秋景公見梁丘據曰據與我和晏子曰此同也和者君甘則臣酸君澹則臣鹹今據也君甘亦甘所謂同也安得爲和是以濟鹽梅以調羹乃適乎心之味獻可否而論道方恢政體之節侯引正而避度故曰物貴和而不同劉曼山辯和同之義有旨哉若以不同見譏未敢聞誨客曰和同乖訓則已聞之援法成而不變者豈恤獄之寬憲耶書曰御衆以寬傳曰寬則得衆若以嚴統物異乎寬政矣對曰刑賞二柄唯人主操之崇厚任寬是謂帝王之德愼子曰以力役法者百

姓也以死守法者有司也以道變法者君上也然則匪人臣所操後魏游肇之爲廷尉也魏帝嘗私勅肇有所降恕肇執而不從曰陛下自能恕之豈可令臣曲筆也是知寬恕是君道曲從非臣節人或未達斯旨不料其務以平刑爲峻將曲法爲寬謹守憲章號爲深密內律釋種虧戒一誅五百人如來不救其罪豈謂佛法爲殘刻耶老子道德經云天網恢恢疎而不漏豈謂道教爲凝峻耶家語曰王者之誅有五而竊盜不預焉卽心辯言僞之流禮記亦陳四殺破律亂名之謂豈是儒家執禁孔子之深文哉此三教之用法者所以明貞諦重玄獄存天綱立人極也然則乾象震曜天道明威齊衆惟刑百王所以垂範析人以法三后於是成功所務掌憲決平斯廷尉之職耳易曰家人嗃嗃无咎婦子嘻嘻終吝嚴於其家可移於國昔崔實達於理而作政論仲長統曰凡爲人主宜寫政論一通置諸坐側其大抵云爲國者以嚴致平非以寬致平者也然則稱嚴者不必踰條越制凝網重罰在於施隱括以矯枉用平典以禁非刑故有常罰輕無捨人不易犯防之難越故也但人慢吏濁僞積贓深而曰以寬理之可以無過何異乎命王良御舁捨銜策於奔踶請俞跗攻疾停藥石於膚腠適見秋駕轉逸膏肓更深人鑒僕夫何功之有又謂僕曰成法而變唯帝王之命歟對曰何爲其然也昔漢武帝甥昭平君殺人以公主子廷尉上請論左右爲言武帝垂涕歎曰法令者先王之所造也用親故誣先帝之法吾何面目入高廟乎又下負萬人乃可其奏近代隋文帝子秦王俊爲并州總管以奢縱免官僕射楊素奏言王陛下愛子請捨其過文帝曰法不可違若如公意我是五兒之父非兆人之父何不別制天子兒律乎我安能虧法卒不許此是帝王操法協於禮經不變之義況於秋官典職司寇肅事而可變動者乎我皇睿哲登圖高視巖廊之上宰衡明允就列輯穆廟堂之下乾坤交泰日月光華庶績其凝衆工咸理聚以正也僕幸利見大人引其吉焉期養正於下位中正是託予何懼乎夫君子百行之基出處二塗而已出則策名委質行直道以事人進善納忠仰太階而緝政謇諤其節思爲社稷之臣謇謇匪躬願爲柱石之任處則高謝公卿孝友揚名是亦爲政烟霞尙志其用永貞行藏事業心迹斯在至如水中泛泛天下悠悠孰馭爲榮掃門自媚拜塵邀勢括囊守祿從來長息以爲深耻客乃逡巡不對遂無以間僕也中宗覽而嘉之稍遷駕部郎中景雲元年累轉左御史中丞尋遷大理少卿二年制依漢置刺史監郡於天下衝要大州置都督二十人妙選有威重者爲之遂拜志愔齊州都督事竟不行又授齊州刺史充河南道按察使未幾遷汴州刺史仍舊充河南道按察使太極元年又令以本官兼御史中丞內供奉特賜實封一百戶尋加銀青光祿大夫拜戶部侍郎出爲魏州刺史轉揚州大都督府長史俱充本道按察使所在令行禁止姦猾屛迹境內肅然久之名拜刑部尙書開元九年上幸東都令充京師留守十年有京兆人權梁山僞稱襄王男自號光帝與其黨及左右屯營押官謀反夜半時擁左屯營兵百餘人自景風長樂等門斬關入宮城將殺志愔志愔踰牆避賊俄而屯營兵潰散翻殺梁山等五人傳首東都志愔遂以駭卒

盧從愿相州臨漳人後魏度支尙書昶六代孫也自范陽徙家焉世爲山東著姓弱冠明經舉授絳州夏縣尉又應制舉拜右拾遺俄遷右肅政監察御史充山南道黜陟巡撫使奉使稱旨拜殿中侍御史累遷中書舍人睿宗踐祚拜吏部侍郎中宗之後選司頗失綱紀從愿精心條理大稱平允其有冒名僞選及虛增功狀之類皆能擿發其事典選六年前後無及之者上嘉之特與一子太子通事舍人從愿上疏乞迴恩贈父乃贈其父吉陽丞敬一爲鄭州長史初高宗時裴行儉馬載爲吏部最爲稱職及是從愿與李朝隱同時典選亦有美譽時人稱曰吏部前有馬裴後有盧李開元四年上盡召新授縣令一時於殿庭策試考入下第者一切放歸學問從愿以注擬非才左遷豫州刺史爲政嚴簡按察使奏課爲天下第一等璽書勞問賜絹百匹無幾入爲工部侍郎轉尙書左丞又與楊滔及吏部侍郎裴漼禮部侍郎王丘中書舍人劉令植刪定開元後格遷中書侍郎十一年拜工部尙書加銀青光祿大夫仍令東都留守十三年從升泰山又加金紫光祿大夫代韋抗爲刑部尙書頻年充校京外官考使前後咸稱允當御史中丞宇文融承恩用事以括獲田戶之功本司校考爲上下從愿抑不與之融頗以爲恨密奏從愿廣占良田至有百餘項其後上嘗擇堪爲宰相者或薦從愿上曰從愿廣占田園是不廉也遂止不用從愿又因早朝途中爲人所射中其從者捕賊竟不獲時議從愿久在選司爲被抑者所讎十六年東都留守時坐子起居郎論糶米入官有剩利爲憲司所糺出爲絳州刺史再遷太子賓客二十年河北穀貴勅從愿爲宣撫處置使開倉以救饑餒使迴以年老抗表乞骸骨乃拜吏部尙書聽致仕給全祿二十五年卒年七十餘贈益州大都督謚曰文

李朝隱京兆三原人也少以明法舉拜臨汾尉累授大理丞神龍年功臣敬暉桓彥範爲武三思所構諷侍御史鄭愔奏請誅之勑大理結其罪朝隱以暉等所犯不經推窮未可卽正刑名時裴談爲大理卿異筆斷斬仍籍沒其家朝隱由是忤旨中宗令貶嶺南惡處侍中韋巨源中書令李嶠奏曰朝隱素稱清正斷獄亦甚當事一朝遠徙嶺表恐天下疑其罪中宗意解出爲聞喜令尋遷侍御史三遷長安令有宦官閭興貴詣縣請託朝隱命拽出之睿宗聞而嘉歎廷名朝隱勞曰卿爲京縣令能如此朕復何憂乃下制曰夫不吐剛而諂上不茹柔而顯下者君子之事也踐霤必繩登車無屈者正人之務也長安縣令李朝隱德義不回清强自遂亟聞嘉政累著能名近者品官入縣有乖儀式遂能責之以禮繩之以愆但閽豎之流多有憑恃柔寬之代必弄威權歷觀載籍常所歎息朕規誡前古勤求典憲能副朕意實賴斯人昔虞延持皇后之客梅陶鞭太子之傅古稱遺直復見於今思欲旌其美行遷以重職爲時屬閱戶政在養人宜加一階用表剛烈可太中大夫特賜中上考兼絹百匹七遷絳州刺史兼知吏部選事開元二年遷吏部侍郎銓敘平允甚爲當時所稱降璽書褒美授一子太子通事舍人四年春以授縣令非其人出爲滑州刺史轉同州刺史駕幸東都路由同州朝隱蒙旨名見賞慰賜衣一副絹百匹尋遷河南尹政甚清嚴豪右屛跡時太子舅趙常奴恃勢侵害平人朝隱曰此而不繩何以爲政執而杖之上聞又降勅書慰勉之十年遷大理卿時武强令裴景仙犯乞取贓積五千匹事發逃走上大怒令集衆殺之朝隱執奏曰裴景仙緣是乞贓犯不至死又景仙曾祖故司空寂往屬締構首預元勳載初年中家陷非罪凡有兄弟皆被誅夷唯景仙獨存今見承嫡據贓表當死坐準犯猶入請條十代宥賢功實宜錄一門絕祀情或可哀願寬暴市之刑俾就投荒之役則舊勳斯允手詔不許朝隱又奏曰有斷自天處之極法生殺之柄人主合專輕重有條臣下當守枉法者枉理而取十五疋便抵死刑乞取者因乞爲贓數千匹止當流坐今若乞取得罪便處斬刑後有枉法當科欲加何辟所以爲國惜法期守律文非敢以法隨人曲矜仙命射兔魏苑驚馬漢橋初震皇赫竟從廷議豈威不能制而法貴有常又景仙曾祖寂草昧忠節定爲元勳位至台司恩倍常數載初之際被枉破家諸子各犯非辜唯仙今見承嫡若寂勳都弃仙罪特加則叔向之賢何足稱者若敖之鬼不其餒而捨罪念功乞垂天聽應勑決杖及有犯配流近發德音普標殊澤杖者既聽減數流者仍許給程天下顒顒孰不幸甚嚮彼四海已被深恩豈於一人獨峻常典伏乞採臣之議致仙於法乃下制曰罪不在大本乎情罰在必行不在重朕垂範作訓庶動植咸若豈嚴刑逞戮使手足無措者哉裴景仙幸藉緒餘超升令宰輕我憲法蠹我風猷不慎畏知之金詎識無貪之寶家盈黷貨身乃逃亡殊不知天孼可違自愆難逭所以不從本法加以殊刑冀懲貪暴之流以塞侵漁之路然以其祖父昔預經綸佐命有功締構斯重緬懷賞延之義俾協政寬之典宜捨其極法以竄遐荒仍決杖一百流嶺南惡處朝隱俄轉岐州刺史母憂去官起爲揚州大都督府長史抗疏固辭制許之朝隱性孝友時年已衰暮在喪尤加毀瘠明年制又起爲揚州長史不獲已而就職復入爲大理卿累封金城伯代崔隱甫爲御史大夫朝隱素有公直之譽每御史大夫缺時議咸許之及居其職竟無所糺劾唯煩於細務時望由是稍減俄轉太常卿二十一年兼判廣州事仍攝御史大夫充嶺南採訪處置使明年卒於嶺外年七十贈吏部尙書官給靈轝兼家口給遞還鄉謚曰貞

裴漼絳州聞喜人也世爲著姓父琰之永徽中爲同州司戶參軍時年少美容儀刺史李崇義初甚輕之先是州中有積年舊案數百道崇義促琰之使斷之琰之命書吏數人連紙進筆斯須剖斷並畢文翰俱美且盡與奪之理崇義大驚謝曰公何忍藏鋒以成鄙夫之過由是大知名號爲霹靂手後爲永年令有惠政人吏刊石頌之歷任倉部郎中以老疾廢於家漼色養劬勞十數年不求仕進父卒後應大禮舉拜陳留主簿累遷監察御史時吏部侍郎崔湜鄭愔坐贓爲御史李尙隱所劾漼同鞫其獄安樂公主及上官昭容阿黨湜等漼竟執正奏其罪甚爲當時所稱三遷中書舍人太極元年睿宗爲金仙玉真公主造觀及寺等時屬春旱興役不止漼上疏諫曰臣謹案禮記春秋令曰無聚大衆無起大役不可興土功恐妨農事若號令乖度役使不時則加疾疫之危國有水旱之災此五行之必應也今自春至夏時雨愆期下人憂心莫知所出陛下雖降哀矜之旨兩都仍有寺觀之作時旱之應實此之由且春令告期

東作方始正是丁壯就功之日而土木方興臣恐所妨尤多所益尤少耕夫蠶妾饑寒之源故春秋莊公三十一年冬不雨五行傳以爲歲三築臺僖公二十一年夏大旱五行傳以時作南門勞人興役陛下每以萬方爲念睿旨殷勤安國濟人防微慮遠伏願下明制發德音順天時副人望兩京公私營造及諸和市木石等並請且停則蒼生幸甚農桑失時戶口流散縱寺觀營構豈救黎元饑寒之弊哉疏奏不報尋轉兵部侍郎以銓敍平允特授一子爲太子通事舍人開元五年遷吏部侍郎典選數年多所持拔再轉黃門侍郎代韋抗爲御史大夫漼早與張說特相友善時說在相位數稱薦之漼又善於敷奏上亦嘉重焉由是擢拜吏部尚書尋轉太子賓客漼家世儉約旣久居清要頗飾妓妾後庭有綺羅之賞由是爲時論所譏二十四年卒年七十餘贈禮部尚書謚曰懿漼從祖弟寬寬父無晦袁州刺史寬通略以文詞進騎射彈棊投壺特妙景雲中爲潤州參軍刺史韋銑爲按察使引爲判官清幹善於剖斷銑重其才以女妻之後應拔萃舉河南丞再轉爲長安尉時宇文融爲侍御史括天下田戶使奏差爲江南東道勾當租庸地稅兼覆田判官轉太常博士禮部擬國忌之辰享廟用樂下太常寬深達禮節特建新意以爲廟尊忌卑則登歌廟卑忌尊則去籥中書令張說謂寬明識舉而行之再遷爲刑部員外郎有萬騎將軍馬崇正晝殺人時開府霍國公王毛仲恩幸用事將囑其獄寬執之不回兵部尚書蕭嵩爲河西節度使奏寬及郭虛己爲判官累年專見委任嵩加中書令寬歷中書舍人御史中丞兵部侍郎開元二十一年冬裴耀卿以黃門侍郎知政事扈從出關知江淮轉運於河陰置倉奏寬爲戶部侍郎爲其副寬性友愛弟兄多宦達子姪亦有名稱於東京立第同居八院相對甥姪皆有休憩所擊鼓而食當世榮之遷吏部侍郎及玄宗還京又改蒲州刺史州境久旱入境雨乃大浹遷河南尹不附權貴務於恤隱政乃大理改左金吾衛大將軍一年除太原尹賜紫金魚袋玄宗賦詩而餞之曰德比岱雲布心如晉水清天寶初除陳留太守兼採訪使尋而范陽節度李適之入爲御史大夫除寬范陽節度兼採訪使河北替之其年又加御史大夫時北平軍使烏承恩恃以蕃酋與中貴通恣求貨賄寬以法按之檀州刺史何僧獻生口數十人寬悉命歸之故夷夏感悅三載以安祿山爲范陽節度寬爲戶部尚書兼御史大夫玄宗素重寬日加恩顧刑部尚書裴敦復討海賊迴頗張賊勢又廣敍功以開請托之路寬嘗幾微奏之居數日有河北將士入奏盛言寬在范陽能政塞上思之玄宗嗟賞久之李林甫懼其入相又惡寬與李適之善乃呼裴敦復且以寬之語告之敦復使氣性疏與寬素不相下以爲林甫推誠於己因願結之且訴其冤先是寬以親故名囑敦復求請軍功至是敦復氣憤發其事林甫曰公宜速奏無後於人尋而敦復扈從幸溫泉宮寬在京城未發遇有敦復下軍將程藏曜郎將曹鑒鑒郴州富人藏曜嶺南首領之子皆有他事與人詣臺告訴寬受其狀捕鑒等鞫之敦復判官太常博士王悅聞之謂寬求其過連夜請湯所以告敦復大懼促裝待罪因令子婿以五百金賂於貴妃姊楊三娘楊氏遽爲言之明日貶寬爲睢陽太守寬以清簡爲政故所莅人皆愛之當時望爲宰輔及韋堅構禍寬又以親累貶爲安陸別駕員外置林甫使羅希奭南殺李適之紆路至安陸過擬怖死之寬叩頭祈請希奭不宿而過寬又懼死上表請爲僧詔不許然崇信釋典常與僧徒往來焚香禮懺老而彌篤累遷東海太守襄州採訪使銀青光祿大夫轉馮翊太守入拜禮部尚書十四載卒年七十五詔贈太子少傅賻帛一百五十段粟一百五十石兄弟八人皆明經及第入臺省典郡者五人寬歿之後弟㻌爲河內郡太守安祿山反以執父喪將投闕庭恐累其母乃詣河東節度訴誠而退後在母憂又陷史思明授其僞官委任使弟朗密奉表疏至上京代宗時爲左司郎中兼侍御史河東道租庸判官

王丘光祿卿同皎從兄子也父同晊左庶子丘年十一童子舉擢第時類皆以誦經爲課丘獨以屬文見擢由是知名弱冠又應制舉拜奉禮郎丘神氣清古而志行修潔尤善詞賦族人左庶子方慶及御史大夫魏元忠皆稱薦之長安中自偃師主簿擢第拜監察御史開元初累遷考功員外郎先是考功舉人請托大行取士頗濫每年至數百人丘一切覈其實材登科者僅滿百人議者以爲自則天已後凡數十年無如丘者其後席豫嚴挺之爲其次焉三遷紫微舍人以知制誥之勤加朝散大夫再轉吏部侍郎典選累年甚稱平允擢用山陰尉孫逖桃林尉張鏡微湖城尉張晉明進士王泠然皆稱一時之秀俄換尚書左丞十一年拜黃門侍郎其年山東旱儉朝議選朝臣爲刺史以撫貧民制曰昔咎繇與禹言曰在知人在安人此皆念存邦本光於帝載乾乾夕惕無忘一日而長吏或不稱蒼生或未寧深思循良以矯過弊仍重諸侯之選故自朝廷始之於是以丘爲懷州刺史又以中書侍郎崔沔等數人皆爲山東諸州刺史至任皆無可稱唯丘在職清嚴人吏甚畏慕之俄又分知吏部選事入爲尚書左丞丁父憂去職服闋拜右散騎常侍仍知制誥二十一年侍中裴光庭病卒中書令蕭嵩與丘有舊將薦丘知政事丘知而固辭且盛推尚書右丞韓休嵩因而奏之及休作相遂薦丘代崔琳爲御史大夫丘旣訥於言詞敷奏多不稱旨俄轉太子賓客襲父爵宿預男尋以疾拜禮部尚書仍聽致仕丘雖歷要職固守清儉未嘗受人饋遺第宅輿馬稱爲敝陋致仕之後藥餌殆將不給上聞而嘉歎下制曰王丘夙負良材累升茂秩比緣疾疹假以優閑聞其家道屢空醫藥靡給久此從宦遂無餘資持操若斯古人何遠且優賢之義方册所先用急之宜沮勸攸在其俸祿一事已上並宜全給式表殊常之澤用旌貞白之吏天寶二年卒贈荊州大都督

史臣曰有唐之興緜歷年所骨鯁清廉之士懷忠抱義之臣臺省之間駕肩接武但時有夷險道有汙隆用與不用而已睿玄之世若李傑畢構蘇珦鄭惟忠王志愔盧從愿裴漼王丘並位歷亞台名德兼著如尹思貞李朝隱折李承嘉竇懷貞辱閻興貴趙常奴詩人所謂不畏強禦者也解琬總兵朔野料敵如神功遂身退深知止足茲亦有足多也

贊曰尚書亞台京尹方伯我朝重官云誰稱職傑構珦忠能竭其力愔愿漼丘聿修厥德貞蔑大僚隱繩貴戚琬馳令名燕蜀之北

# 舊唐書卷一百一

後晉司空同中書門下平章事劉　昫撰

## 列傳第五十一

李乂　薛登　韋湊從子虛心虛舟　韓思復孫佽
張廷珪　王求禮　辛替否

李乂本名尚眞趙州房子人也少與兄尚一尚貞俱以文章見稱舉進士景龍中累遷中書舍人時中宗遣使江南分道贖生以所在官物充直乂上疏曰江南水鄉採捕爲業魚鱉之利黎元所資土地使然有自來矣伏以聖慈含育恩周動植布天下之大德及鱗介之微品雖雲雨之私有霑於末類而生成之惠未洽於平人何則江湖之饒生育無限府庫之用支供易殫費之若少則所濟何成用之儻多則常支有闕在於拯物豈若憂人且鬻生之徒唯利斯視錢刀日至網罟年滋施之一朝營之百倍未若廻救贖之錢物減困貧之徭賦活國愛人其福勝彼乂知制誥凡數載景雲元年遷吏部侍郎與宋璟盧從愿同時典選銓敍平允甚爲當時所稱尋轉黃門侍郎時睿宗令造金仙玉眞二觀乂頻上疏諫帝每優容之開元初特令乂與中書侍郎蘇頲纂集起居注錄其嘉謩昌言可體國經遠者別編奏之乂在門下多所駁正開元初姚崇爲紫微令乂爲紫微侍郎外託薦賢其實引在己下去其糺駮之權也俄拜刑部尚書乂方雅有學識朝廷稱其有宰相之望會病卒兄尚一清源尉早卒尚貞官至博州刺史兄弟同爲一集號曰李氏花萼集總二十卷

薛登本名謙光常州義興人也父士通大業中爲鷹揚郎將江都之亂士通與鄉人聞人嗣安等同據本郡以禦寇賊武德二年遣使歸國高祖嘉之降璽書勞勉拜東武州刺史俄而輔公祏於江都構逆遣其將西門君儀等寇常州士通率兵拒戰大破之君儀等僅以身免及公祏平累功封臨汾侯貞觀初歷遷泉州刺史卒謙光博涉文史每與人談論前代故事必廣引證驗有如目擊少與徐堅劉子玄齊名友善文明中解褐閬中主簿天授中爲左補闕時選舉頗濫謙光上疏曰臣聞國以得賢爲寶臣以舉士爲忠是以子皮之讓國僑鮑叔之推管仲燕昭委兵於樂毅苻堅託政於王猛子產受國人之謗夷吾貪共賈之財昭王錫輅馬以止讒永固戮樊世以除譖處猜嫌而益信行間毀而無疑此由默而識之委而察之深也至若宰我見愚於宣尼逢萌被知於文叔韓信無聞於項氏毛遂不齒於平原此失士之故也是以人主受不肖之士則政乖得賢良之佐則時泰故堯資八元而庶績其理周任十亂而天下和平由是言之則士不可不察而官不可妄授也何者比來舉薦多不以才假譽馳聲互相推奬希潤身之小計忘臣子之大猷非所以報國求賢副陛下翹翹之望者也臣竊窺古之取士實異於今先觀名行之源考其鄉邑之譽崇禮讓以勵己明節義以標信以敦朴爲先最以雕蟲爲後科故人崇勸讓之風士去輕浮之行希仕者必修貞確不拔之操行難進易退之規衆議以定其高下郡將難誣於曲直故計貢之賢愚卽州將之榮辱穢

行之彰露亦鄉人之厚顏是以李陵降而隴西慙干木隱而西河美故名勝於利則小人之道消利勝於名則貪暴之風扇是以化俗之本須擯輕浮昔冀缺以禮讓升朝則晉人知禮文翁以儒林獎俗則蜀士多儒燕昭好馬則駿馬來庭葉公好龍則眞龍入室由是言之未有上之所好而下不從其化者也自七國之季雖雜縱橫而漢代求才猶徵百行是以禮節之士敏德自修閭里推高然後爲府寺所辟魏氏取人尤愛放達晉宋之後秖重門資獎爲人求官之風乖授職惟賢之義有梁薦士雅愛屬詞陳氏簡賢特珍賦詠故其俗以詩酒爲重不以修身爲務逮至隋室餘風尚在開皇中李諤論之於文帝曰魏之三祖更好文詞忽君人之大道好雕蟲之小藝連篇累牘不出月露之形積案盈箱唯是風雲之狀代俗以此相高朝廷以茲擢士故文筆日煩其政日亂帝納李諤之策由是下制禁斷文筆浮詞其年泗州刺史司馬幼之以表不典實得罪於是風俗改勵政化大行煬帝嗣興又變前法置進士等科於是後生之徒復相放傚因陋就寡赴速邀時緝綴小文名之策學不以指實爲本而以浮虛爲貴有唐纂曆雖漸革於故非陛下君臨思察才於共理樹本崇化惟在旌賢今之舉人有乖事實鄉議決小人之筆行修無長者之論策第喧競於州府祈恩不勝於拜伏或明制纔出試遣搜敭驅馳府寺之門出入王公之第上啓陳詩唯希欬唾之澤摩頂至足冀荷提攜之恩故俗號舉人皆稱覓舉覓爲自求之稱未是人知之辭察其行而度其材則人品於茲見矣狥己之心切則至公之理乖貪仕之性彰則廉潔之風薄是知府命雖高異叔度勤勤之讓黃門已貴無秦嘉耿耿之辭縱不能抑己推賢亦不肯待於三命豈與夫白駒皎皎不雜風塵束帛戔戔榮高物表校量其廣狹也是以耿介之士羞自拔而致其辭循常之人捨其疎而取其附故選司補署諠然於禮闈州貢賓王爭訟於階闥謗議紛合浸以成風夫競榮者必有競利之心謙遜者亦無貪賄之累自非上智焉能不移在於中人理由習俗若重謹厚之士則懷祿者必崇德以修名若開趨競之門邀仕者皆戚施而附會附會則百姓罹其弊潔己則兆庶蒙其福故風化之漸靡不由茲今訪鄉閭之談唯秖歸於里正縱使名虧禮則罪挂刑章或冒籍以偷資或邀勳而竊級假其不義之賂則是無犯鄉閭豈得比郭有道之銓量茅容望重裴逸人之賞拔夏少名高語其優劣也秖如才應經邦之流唯令試策武能制敵之例只驗彎弧若其文擅清奇便充甲第藻思微減便卽告歸以此收人恐乖事實何者樂廣假筆於潘岳靈運詞高於穆之平津文劣於長卿子建筆麗於荀彧若以射策爲最則潘謝曹馬必居孫樂之右若使協贊機猷則安仁靈運亦無裨附之益由此言之不可一槩而取也至如武藝則趙雲雖勇資諸葛之指撝周勃雖雄乏陳平之計畧若使樊噲居蕭何之任必失指縱之機使蕭何入戲下之軍亦無免主之効關將長於摧鋒謀將審於料事是以文泉聚米知隗囂之可圖陳湯屈指識烏孫之自解八難之謀設高祖追慙於酈生九拒之計窮公輸息心於伐宋謀將不長於弓馬良相寧資於射策豈與夫元長自表妄飾詞鋒曹植題章虛飛麗藻校量其可否也伏願陛下降明制頒峻科千里一賢尚不爲少僥倖冒進須立隄防斷浮虛之飾詞收實用之良策不取無稽之說必求忠告之言文則試以効官武則令其守禦始既察言觀行終亦循名責實自然僥倖濫吹之伍無所藏其妄庸故晏嬰云舉之以語考之以事寡其言而多其行拙於文而工於事此取人得賢之道也其有武藝超絶文鋒挺秀有効伎之偏用無經國之大才爲軍鋒之爪牙作詞賦之標準自可試凌雲之策練穿札之工承上命而賦甘泉禀中軍而令赴敵既有隨才之任必無負乘之憂臣謹案吳起臨戰左右進劍吳子曰夫提鼓揮桴臨難決疑此將事也一劍之任非將事也謹案諸葛亮臨戎不親戎服頓蜀兵於渭南宣王持劍卒不敢當此豈弓矢之用也謹案楊得意誦長卿之文武帝曰恨不得與此人同時及相如至終於文園令不以公卿之位處之者蓋非其所任故也謹案漢法所舉之主終身保任楊雄之坐田儀責其冒薦成子之居魏相酬於得賢賞罰之令行則請謁之心絶退讓之義著則貪競之路消自然朝廷無爭祿之人選司有謙撝之士仍請寛立年限容其採訪簡汰堪用者令其試守以觀能否參驗行事以別是非不實免王丹之官得人加翟璜之賞自然見賢不隱食祿不專荀彧進鍾繇郭嘉劉隱薦李膺朱穆勢不云遠有稱職者受薦賢之賞濫舉者抵欺罔之罪自然舉得賢行則君子之道長矣尋轉水部員外郎累遷給事中檢校常州刺史屬宣州狂寇朱大目作亂百姓奔走謙光嚴備安輯闔境肅然轉刑部侍郎加銀青光祿大夫再遷尙書左丞景雲中擢拜御史大夫時僧惠範恃太平公主權勢逼奪百姓店肆州縣不能理謙光將加彈奏或請寢之謙光曰憲臺理寃滯何所迴避朝彈暮黜亦可矣遂與殿中慕容珣奏彈之反爲太平公主所構出爲岐州刺史惠範旣誅遷太子賓客轉刑部尙書加金紫光祿大夫昭文館學士開元初爲東都留守又轉太子賓客以與太子同名表請行字特敕賜名登尋以孽子悅千牛爲憲司所劾放歸田里朝廷以其家貧又特給致仕祿七年卒年七十三贈晉州刺史撰四時記二十卷

韋湊京兆萬年人曾祖瓚隋尙書右丞祖叔諧蒲州刺史父玄桂州都督府長史湊永淳二年解褐授婺州參軍累轉揚府法曹參軍州人前仁壽令孟神爽豪縱數犯法交通貴戚前後官吏莫敢繩按湊白長史張潛請因事除之會神爽坐事推問湊無所假借神爽妄稱有密究問引虛遂杖殺之遠近稱伏湊景龍中歷遷將作少匠司農少卿嘗以公事忤宗楚客出爲貝州刺史睿宗即位拜鴻臚少卿加銀青光祿大夫景龍二年轉太府少卿又兼通事舍人時改葬節愍太子優詔加謚又雪李多祚等罪還其官爵仍議更加贈官湊上書曰臣聞王者發號施令必法乎天道使三綱敘十等咸若者善善明惡惡著也善善者懸爵賞以勸之也惡惡者設刑罰以懲之也其賞罰所不加者則考行立謚以褒貶之所以勸誡將來也斯並至公之大猷非私情之可徇故箕微獲用管蔡爲戮謚者臣議其君子議其父而曰靈曰厲者不敢以私而亂大猷也則其餘安可失衷哉臣竊見節愍太子與李多祚等擁北軍禁旅上犯宸居破扉斬關突禁而入兵指黃屋騎騰紫微孝和皇帝移御玄武門親降德音諭以逆順而太子據鞍自若督衆不停俄而其黨悔非轉逆爲順或迴兵討賊或投狀自拘多祚等伏誅太子方事逃竄向使同惡相濟天道無徵賊徒闕倒戈之人侍臣虧陛戟之衞其爲禍也胡可忍言于時臣任將作少匠賜通事舍人內供奉其明日孝和皇帝引見供奉官等雨淚謂曰幾不與卿等相見其爲危懼不亦甚乎而今聖朝雪罪禮葬謚爲節愍以臣愚識竊所惑焉夫臣子之禮嚴敬斯極故過位必趨蹙路馬芻有誅昔漢成之爲太子也行不敢絶馳道當周室之衰微也秦師過周北門左右免胄而下王孫滿猶以其不卷甲束兵譏其無禮知其必敗由是言之則太子稱兵宮內跨馬御前悖禮已甚矣況將更甚乎而可褒謚此臣所未諭也以其斬武三思父子而嘉之乎然弄兵討逆以安君父則可嘉也而乃因欲自取之是競爲逆可褒謚乎此又臣所未諭也將廢韋氏而嘉之乎然韋氏逆彰義絶雖誅之亦可也當此時也韋氏未有逆彰未有義絶於太子爲母豈有廢母之理乎且旣非中宗之命而廢之是劫父廢母亦悖逆也可褒謚乎此又臣所未諭也夫君或不君臣安可不臣父或不父子安可不子借如君父有桀紂之行臣子無廢殺之理況先帝功格宇宙德被生靈廟號中宗謚曰孝和皇帝而逆命之子可褒謚乎此又臣所未諭也昔獻公惑驪姬之譖將殺其太子申生公子重耳謂之曰子盍言子之志於公乎太子曰不可君安驪姬是我傷君之心也曰然則盍行乎曰不可君謂我欲弒君也天下豈有無父之國哉吾何行之使人辭於狐突曰申生不敢愛其死雖然吾君老矣子少國家多難伯氏苟出而圖吾君申生受賜而死再拜稽首乃自縊其行如是其謚僅可爲恭今太子之行反是可謚爲節愍乎此又臣所未諭也昔漢武帝末年江充與太子有隙恐帝晏駕後爲太子所誅會巫蠱事起充典理其事因此爲姦遂至太子宮掘蠱得桐木以誣太子時武帝避暑甘泉宮獨皇后太子在太子不能自明納其少傅石德謀遂矯節斬充因敗逃匿非稱兵詣闕無逆謀於父然身死於湖不葬無謚至昭帝時有男子詣北闕自稱衞太子制使公卿識視至者莫敢發言京兆尹雋不疑後至叱從吏收縛之或曰是非未可知且安之不疑曰諸君何患於衞太子昔蒯聵出奔輒拒而不納春秋是之衞太子得罪先帝亡不卽死今來自詣此罪人也遂送制獄天子聞而嘉之曰公卿大臣當用經術明於大義者及後太子孫立爲天子是曰孝宣皇帝太子方獲禮葬而謚曰戾今節愍太子之行比之豈可同年而語其於陛下又猶子也而謚爲節愍乎此又臣所未諭也昔項羽之臣丁公常將危漢高祖高祖謂之曰二賢豈相厄哉丁公乃止及高祖滅項氏遂戮丁公以徇曰使項王失天下者丁公也夫戮之大義至公也不私德之所以誡其後之事君者今節愍太子之爲逆復非欲保護陛下其可褒謚乎此又臣之所未諭也陛下天縱聖哲所任賢明以臣至愚寧可干議然臣又惟堯舜聖君也八凱五臣良佐也猶廣聽芻蕘之言者蓋爲智者千慮或有一失愚者千慮或有一得也故曰狂夫之言聖人擇焉臣輒緣斯義敢以陳聞願得與議謚者對議於御前若臣言非也甘受謗聖政之罪赴鼎鑊之誅仍請申明義以示天下使臣輩愚惑者咸蒙冰釋則無復異議矣若所謚未當

奈何施之聖朝垂之史冊使後代逆臣賊子因而引譬資以爲辭是開悖亂之門豈示將來之法伏望改定其謚務合禮經其李多祚等罪請從宥免不謂爲雪以順天下之心則盡善盡美矣書奏睿宗引湊謂曰誠如卿言事已如此如何改動湊曰太子實行悖逆不可褒美請稱其行改謚以一字多祚等以兵犯君非曰無罪祇可云放不可稱雪帝然其言當時執政以制令已行難於改易唯多祚等停贈官而已明年春起金仙玉眞兩觀用工巨億湊進諫曰陛下去夏以妨農停兩觀作今正農月翻欲興功雖知用公主錢不出庫物但土木作起高價雇人三輔農人趨目前之利捨農受雇棄本逐末臣聞一夫不耕天下有受其饑者臣竊恐不可帝不應湊又奏曰日陽和布氣萬物生育土木之間昆蟲無數此時興造傷殺甚多臣亦恐非仁聖本旨睿宗方納其言令在外詳議中書令崔湜侍中岑羲謂湊曰公敢言此大是難事湊曰叨食厚祿死且不辭況在明時必知不死尋出爲陝州刺史無幾轉汝州刺史開元二年夏勅靖陵建碑徵料夫匠湊以自古園陵無建碑之禮又時正旱儉不可興功飛表極諫工役乃止尋遷岐州刺史四年入爲將作大匠時有勅復孝敬廟爲義宗湊上書曰臣聞王者制禮是曰規模規模之興實由師古師古之道必也正名名之與實故當相副其在宗廟禮之大者豈可失哉禮祖有功而宗有德祖宗之廟百代不毀故殷太甲爲太宗太戊曰中宗武丁曰高宗周宗文王武王漢則文帝爲太宗武帝爲世宗其後代有稱宗者皆以方制海內德澤可宗列於昭穆期於不毀稱宗之義不亦大乎伏惟孝敬皇帝位止東宮未嘗南面聖道誠冠於儲副德教不被於寰瀛立廟稱宗恐非合禮況別起寢廟不入昭穆稽諸祀典何義稱宗而廟號義宗稱之萬代以臣庸識竊謂不可陛下率循典禮以闡大猷有司所議以致此失或虧盡善豈不惜哉望更詳議務合於禮於是勅太常議遂停義宗之號湊前後上書論時政得失多見採納再遷河南尹累封彭城郡公以公事左授杭州刺史轉汾州刺史十年拜太原尹兼節度支度營田大使其年卒官年六十五贈幽州都督謚曰文子見素自有傳湊從子虛心虛心父維少習儒業博涉文史舉進士自大理丞累至戶部郎中善於剖判時員外郎宋之問工於詩時人以爲戶部有二妙終於左庶子虛心舉孝廉爲官嚴整累至大理丞侍御史神龍年推按大獄時僕射竇懷貞侍中劉幽求意欲寬假虛心堅執法令有不可奪之志景龍中西域羌胡背叛時並擒獲有勅盡欲誅之虛心論奏但罪元首其所全者千餘人虛心有孝行及丁父憂哀毀過禮鬚鬢盡白朝廷深所嗟尙後遷御史中丞左右丞兵部侍郎荊揚潞長史兼採訪使所在官吏振肅威令甚舉中外以爲標準歷戶部尙書東京留守卒年六十七季弟虛舟亦以舉孝廉自御史累至戶部司勳左司郎中歷荊州長史洪魏州刺史兼採訪使多著能政入爲刑部侍郎終大理卿家有禮則父子兄弟更踐郎署時稱郎官家

韓思復京兆長安人也祖倫貞觀中爲左衛率賜爵長山縣男思復少襲祖爵初爲汴州司戶參軍爲政寬恕不行杖罰在任丁憂家貧鬻薪終喪制時姚崇爲夏官侍郎知政事深嘉歎之擢授司禮博士景龍中累遷給事中時左散騎常侍嚴善思坐譙王重福事下制獄有司言善思昔嘗任汝州刺史素與重福交遊名至京師竟不言其謀逆唯奏云東都有兵氣據狀正當匿反請從絞刑思復駮奏曰議獄緩死列聖明規刑疑從輕有國常典嚴善思往在先朝屬韋氏擅內侍寵宮掖謀危宗社善思此時遂能先覺因詣相府有所發明進論聖躬必登宸極雖交遊重福蓋謀陷韋氏及其謁見猶不奏聞將此行藏即從極法且勅追善思書至便發向懷逆節寧即奔命一面疎網誠合順生三驅取禽來而可宥惟刑是恤事合昭詳請付刑部集羣官議定奏裁以符愼獄是時議者多云善思合從原宥有司仍執前議請誅之思復又駮曰臣聞刑人於市爵人於朝必僉謀攸同始行之無惑謹按諸司所議嚴善思十纔一入抵罪惟輕夫帝閽九重塗遠千里故借天下之耳以聽聽無不聽借天下之目以視視無不接今羣言上聞採擇宜審若棄多就少臣實懼焉輿誦一乖下情不達雖欲從衆其可及乎凡百京司逢時之泰列官分職有賢有親親則列藩諸王陛下愛子賢則胙茅開國陛下名臣見無禮於君寧肯雷同不異今措詞多出法令從輕上納其奏竟免善思死配流靜州思復尋轉中書舍人數上疏陳得失多見納用開元初爲諫議大夫時山東蝗蟲大起姚崇爲中書令奏遣使分往河南河北諸道殺蝗蟲而埋之思復以爲蝗蟲是天災當修德以禳之恐非人力所能翦滅上疏曰臣聞河南河北蝗蟲頃日更益繁熾經歷之處苗稼都損今漸翾飛河西游食至洛使命來往不敢昌言山東數州甚爲惶懼且天災流行埋瘞難盡望陛下悔過責躬發使宣慰損不急之務召至公之人上下同心君臣一德持此誠實以荅休咎前後驅蝗使等伏望總停書云皇天無親惟德是輔人心無親惟惠是懷不可不收攬人心也上深然之出思復疏以付崇崇乃請遣思復往山東檢蝗蟲所損之處及還具以實奏崇又請令監察御史劉沼重加詳覆沼希崇旨意遂箠撻百姓迴改舊狀以奏之由是河南數州竟不得免思復遂爲崇所擠出爲德州刺史轉絳州刺史入爲黃門侍郎加銀青光祿大夫代裴漼爲御史大夫思復性恬澹好玄言安仁體道非紀綱之任無幾轉太子賓客十三年卒年七十餘子朝宗天寶初爲京兆尹曾孫佽字相之少有文學性尙簡澹舉進士累辟藩方自襄州從事徵拜殿中侍御史遷刑部員外求爲澧州刺史歲滿受代宰相牛僧孺鎮鄂渚辟爲從事徵拜刑部郎中轉京兆少尹遷給事中出爲桂州觀察使桂管二十餘郡州掾而下至邑長三百員由吏部而補者什一他皆廉吏量其才而補之佽既至桂吏以常所爲官者數百人引謁一吏執籍而前曰具員請補其闕佽戒曰在任有政者不奪所理有過者必繩以法缺者當俟稽諸故籍取其可者然後補之會春衣使內官至求賄於鄣吏三豪家因厚其賚以求邑宰佽悉諾之使去坐以撓法各笞其背自是豪猾斂跡皆得清廉吏以蘇活其人未幾詔置五管都監計所費盡一境地征不足飽其意佽特用儉約處之遂爲定制君子以爲難開成二年卒於官贈工部侍郎

張廷珪河南濟源人其先自常州徙焉廷珪少以文學知名性慷慨有志尙弱冠應制舉長安中累遷監察御史則天稅天下僧尼出錢欲於白司馬坂營建大像廷珪上疏諫曰夫佛者以覺知爲義因心而成不可以諸相見也經云若以色見我以音聲求我是人行邪道不能見如來此眞如之果不外求也陛下信心歸依發弘誓願壯其塔廟廣其尊容已徧於天下久矣蓋有住於相而行布施非最上第一希有之法何以言之經云若人滿三千大千世界七寶以用布施及恒河沙等身命布施其福甚多若人於此經中受持及四句偈等爲人演說其福勝彼如佛所言則陛下傾四海之財殫萬人之力窮山之木以爲塔極冶之金以爲像雖勞則甚矣費則多矣而所獲福不愈於一禪房之匹夫菩薩作福德不應貪著蓋有爲之法不足高也況此營建事殷土木或開發盤礴峻築基階或塞穴洞通轉採斫輾壓蟲蟻動盈巨億豈佛標坐夏之義愍蠢動而不忍害其生哉又役鬼不可唯人是營通計工匠率多貧窶朝驅暮役勞筋苦骨簞食瓢飲晨炊星飯饑渴所致疾疹交集豈佛標徒行之義愍畜獸而不忍殘其力哉又營築之資僧尼是稅雖乞丐所致而貧闔猶多州縣徵輸星火逼迫或謀計靡所或鬻賣以充怨聲載路和氣未洽豈佛標隨喜之義愍愚蒙而不忍奪其產哉且邊朔未寧軍裝日給天下虛竭海內勞弊伏惟陛下愼之重之思菩薩之行爲利益一切衆生應如是布施則其福德若南西北方四維上下虛空不可思量夫何必勤於住相凋蒼生之業崇不急之務乎臣以時政論之則宜先邊境畜府庫養人力臣以釋教論之則宜救苦厄滅諸相崇無爲伏願陛下察臣之愚行佛之意務以理爲上不以人廢言幸甚幸甚則天從其言卽停所作仍於長生殿名見深賞慰之景龍末爲中書舍人再轉洪州都督仍爲江南西道按察使開元初入爲禮部侍郎時久旱關中饑儉下制求直諫昌言弘益政理者廷珪上疏曰臣聞古有多難興王殷憂啓聖者皆以事危則志銳情迫則思深故能自下登高轉禍爲福者也伏見景龍之末中宗遇禍先天之際兇黨構謀社稷有危於綴旒國朝將均於絕綖陛下神武超代精誠動天再掃氛沴六合清朗而後上順皇旨俯念黔黎高運璿衡光膺寶籙日月所燭之地書軌未通之鄉無不霑濡渥恩被服淳化十堯九舜未足稱也明明上帝照臨下土宜錫介祉以荅鴻休然屬頃歲已來陰陽愆候九穀失稔萬姓阻饑關輔之間更爲尤劇至有樵蘇莫爨糧粒靡資不復聊生方憂轉死偶會昌運遘茲難否者臣竊思之皇天之意將恐陛下春秋鼎盛神聖在躬不崇朝而建大功自藩邸而陟元后或簡下濟之道獨滿雄圖之志輕虞舜而不法思漢武以自高是故昭見咎徵載加善誘將欲大君日愼一日雖休勿休永保太和以固邦本也斯皇天於陛下睠顧深矣陛下焉可不奉若休旨而寅畏哉臣愚誠願陛下約心削志澄思勵精考羲農之書敦素朴之道登庸端士放黜佞人屏退後宮減徹外廐場無蹴踘之翫野絕從禽之賞休石田之遠境罷金甲之戀軍矜恤惸嫠蠲薄徭賦去奇伎淫巧捐和璧隋珠不見可欲使心不亂自然波清四海塵銷九域農夫樂其業餘糧棲於畝則和氣上通於天雖五星連珠兩曜合璧未足多也珍祥下降於地雖鳳皇巢閣麒麟在郊未足奇也或謂天之炯戒不足畏者則將上帝憑怒風雨

迷錯荒饉日甚無以濟下矣或謂人之窮乏不足恤者則將齊甿沮志億兆攜離愁苦勢極無以奉上矣斯蓋安危所繫禍福之源柰何朝廷曾不是察況今陛下受命伊始敦政惟新卿士百寮華夷萬族莫不清耳以聽刮目而視延頸企踵冀有所聞見顒顒如也何可怠棄典則坐辜其望哉再遷黃門侍郎時監察御史蔣挺以監決杖刑稍輕勑朝堂杖之廷珪奏曰御史憲司清望耳目之官有犯當殺卽殺當流卽流不可決杖士可殺不可辱也時制命已行然議者以廷珪之言爲是俄坐泄禁中語出爲沔州刺史又歷蘇宋魏三州刺史入爲少府監加金紫光祿大夫封范陽男四遷太子詹事以老疾致仕二十二年卒年七十餘贈工部尚書謚曰貞穆廷珪素與陳州刺史李邕親善屢上表薦之邕所撰碑碣之文必請廷珪八分書之廷珪既善楷隸甚爲時人所重

王求禮許州長社人則天朝爲左拾遺遷監察御史性忠謇敢言每上封彈事無所畏避時契丹李盡忠反叛其將孫萬榮寇陷河北數州河內王武懿宗擁兵討之畏懦不敢進既而賊大掠而去懿宗條奏滄瀛百姓爲賊詿誤者數百家請誅之求禮執而劾之曰此詿誤之人比無良吏教習城池又不完固爲賊驅逼苟徇圖全豈素有背叛之心哉懿宗擁強兵數十萬聞賊將至走保城邑罪當誅戮今乃移禍於詿誤之人豈是爲臣之道請斬懿宗以謝河北百姓懿宗大懼則天竟降制赦之契丹陷幽州饋輓不給左相豆盧欽望請輟京官兩月俸料以助軍求禮謂欽望曰公祿厚俸優輟之可也國家富有四海足以儲軍國之用何籍貧官薄俸公此舉豈宰相法邪欽望作色拒之乃奏曰秦漢皆有稅算以贍軍求禮不識大體妄有訟辭求禮對曰秦皇漢武稅天下虛中以事邊柰何使聖朝則效不知欽望此言是大體耶事遂不行時三月雪鳳閣侍郎蘇味道等以爲瑞草表將賀求禮止之曰宰相調燮陰陽而致雪降暮春災也安得爲瑞如三月雪爲瑞雪則臘月雷亦瑞雷也舉朝哄笑以爲口實求禮竟以剛正名位不達而卒

辛替否京兆人也景龍年爲左拾遺時中宗置公主府官屬安樂公主府所補尤多猥濫又駙馬武崇訓死後棄舊宅別造一宅侈麗過甚時又盛興佛寺百姓勞弊帑藏爲之空竭替否上疏諫曰臣聞古之建官員不必備九卿已下皆有其位而闕其選賞一人謀乎三事職一人訪乎羣司負寵者畏權勢之在躬知榮者避權門而不入故稱賞不僭官不濫士皆完行家有廉節朝廷有餘俸百姓有餘食下忠於上上禮於下委裘而無倉卒之危垂拱而無顛沛之患夫事有惕耳目動心慮作不師古以行於今者蓋有之矣伏惟陛下百倍行賞十倍增官金銀不供其印束帛無充於錫何愧於無用之臣何慙於無力之士至於公府補授罕存推擇遂使富商豪賈盡居纓冕之流鬻伎行巫咸涉膏腴之地臣聞古人曰福生有基禍生有胎伏惟公主陛下之愛女選賢良以嫁之設官職以輔之傾府庫以賜之壯第觀以居之廣池籞以嬉之可謂之至重也可謂之至憐也然而用不合於古義行不根於人心將恐變愛成憎轉福爲禍何者竭人之力人怨也費人之財人怨也奪人之家人怨也愛數子而取三怨於天下使邊疆之士不盡力朝廷之士不盡忠人之散矣獨持所愛何所恃乎向者魯王賞同諸壻禮等朝臣則亦有今日之福無曩時之禍人徒見其禍不知禍之所來所以禍者寵愛過於臣子也去年七月五日已見其徵矣而今事無改更尙因循棄一宅而造一宅忘前禍而忽後禍臣竊謂陛下憎之矣非愛之也臣聞君以人爲本本固則邦寧邦寧則陛下夫婦母子長相保也伏惟外謀宰臣爲久安之計以存之不使姦臣賊子以伺之臣聞微不可不防遠不可不慮當今疆場危駭倉廩空虛揭竿守禦之士賞不及肝腦塗地之卒輸不充而方大起寺舍廣造第宅伐木空山不足充梁棟運土塞路不足充墻壁誇古耀今踰章越制百僚鉗口四海傷心夫釋教者以清淨爲基慈悲爲主故當體道以濟物不欲利己以損人故常去己以全眞不爲榮身以害教三時之月掘山穿池損命也殫府虛帑損人也廣殿長廊榮身也損命則不慈悲損人則不濟物榮身則不清淨豈大聖大神之心乎臣以爲非眞教非佛意違時行違人欲自像王西下佛教東傳青螺不入於周前白馬方行於漢後風流雨散千帝百王飾彌盛而國彌空役彌重而禍彌大覆車繼軌曾不改途晉臣以佞佛取譏梁主以捨身構隟若以造寺必爲其理體養人不足以經邦則殷周已往皆暗亂漢魏已降皆聖明殷周已往爲不長漢魏已降爲不短臣聞夏爲天子二十餘代而殷受之殷爲天子二十餘代而周受之周爲天子三十餘代而秦受之自漢已後歷代可知也何者有道之長無道之短豈因其窮金玉修塔廟方得久長之助乎臣聞於經曰菩薩心住於法而行布施如人入暗卽無所見又曰一切有爲法如夢幻泡影如露亦如電臣以減雕琢之費以賑貧下是有如來之德息穿掘之苦以全昆蟲是有如來之仁罷營構之直以給邊陲是有湯武之功迴不急之祿以購廉清是有唐虞之理陛下緩其所急急其所緩親未來而疏見在失眞實而冀虛無重俗人之所爲而輕天子之功業臣竊痛之矣當今出財依勢者盡度爲沙門避役姦訛者盡度爲沙門其所未度唯貧窮與善人將何以作範乎將何以役力乎臣以爲出家者捨塵俗離朋黨無私愛今殖貨營生非捨塵俗拔親樹知非離朋黨畜妻養孥非無私愛是致人以毀道非廣道以求人伏見今之宮觀臺榭京師之與洛陽不增修飾猶恐奢麗陛下尙欲塡池壍捐苑囿以賑貧人無産業者今天下之寺蓋無其數一寺當陛下一宮壯麗之甚矣用度過之矣是十分天下之財而佛有七八陛下何有之矣百姓何食之矣雖以陰陽爲炭萬物爲銅役不食之人使不衣之士猶尙不給況資於天生地養風動雨潤而後得之乎臣聞國無九年之儲國非其國伏計倉廩度府庫百寮供給百事用度臣恐卒歲不充況九年之積乎一旦風塵再擾霜雹荐臻沙門不可擐干戈寺塔不足穰饑饉臣竊痛之矣疏奏不納歲餘安樂公主被誅睿宗卽位又爲金仙玉眞公主廣營二觀先是中宗時斜封受官人一切停任凡數百千人又有勑放令却上替否時爲左補闕又上疏陳時政曰臣嘗以爲古之用度不時爵賞不當破家亡國者口說不如身逢耳聞不如眼見臣請以有唐已來理國之得失陛下之所眼見者以言之惟陛下審之聽之擇善而從之則萬歲之業自可致矣何憂乎黎庶之不康福祚之不永伏以太宗文武聖皇帝陛下之祖撥亂反正開階立極得至理之體設簡要之方省其官清其吏舉天下職司無一虛受用天下財帛無一枉費賞必俟功官必得俊所爲無不成所征無不伏不多造寺觀而福德自至不多度僧尼而殃咎自滅道合乎天地德通乎神明故天地憐之神明祐之使陰陽不愆風雨合度四人樂其業五穀遂其成腐粟爛帛塡街委巷千里萬里貢賦於郊九夷百蠻歸款於闕自有帝皇已來未有若斯之神聖者也故得享國久長多歷年所陛下何不取而則之中宗孝和皇帝陛下之兄居先人之業忽先人之化不取賢良之言而恣子女之意官爵非擇虛食祿者數千人封建無功妄食土者百餘戶造寺不止枉費財者數百億度人不休免租庸者數十萬是使國家所出加數倍所入減數倍倉不停卒歲之儲庫不貯一時之帛所惡者逐逐多忠良所愛者賞賞多讒慝朋佞喋喋交相傾動容身不爲於朝廷保位皆由於黨附奪百姓之食以養殘兇剝萬人之衣以塗土木於是人怨神怒親忿衆離水旱不調疾疫屢起遠近殊論公私罄然五六年間再三禍變享國不永受終於兇婦人寺舍不能保其身僧尼不能護妻子取譏萬代見笑四夷此陛下之所眼見也何不除而改之依太宗之理國則百官以理百姓無憂故太山之安立可致矣依中宗之理國則萬人以怨百事不寧故累卵之危立可致矣頃自夏已來霪雨不解穀荒於壟麥爛於場入秋已來亢旱成災苗而不實霜損蟲暴草葉枯黃下人咨嗟未知賙賑而營寺造觀日繼於時檢校試官充臺塡署伏惟陛下愛兩女爲造兩觀燒瓦運木載土塡坑道路流言皆云計用錢百餘萬貫惟陛下聖人也無所不知陛下明君也無所不見既知且見知倉有幾年之儲庫有幾年之帛知百姓之間可存活乎三邊之上可轉輸乎當今發一卒以禦邊陲遣一兵以衞社稷多無衣食皆帶饑寒賞賜之間迥無所出軍旅驟敗莫不由斯而乃以百萬貫錢造無用之觀以受六合之怨乎以違萬人之心乎伏惟陛下續阿韋之醜跡而不改阿韋之亂政忍棄太宗之理本不忍棄中宗之亂階忍棄太宗久長之謀不忍棄中宗短促之計陛下又何以繼祖宗親萬國昔陛下爲皇太子在阿韋之時危亡是懼常切齒於羣兇今貴爲天子富有海內而不改羣兇之事臣恐復有切齒於陛下者也陛下又何以非羣兇而誅之臣往見明勑自今已後一依貞觀故事且貞觀之時豈有今日之造寺營觀加僧尼道士益無用之官行不急之務而亂政者也臣以爲棄其言而不行其信慕其善而不遷其惡陛下又何以刑於四海往者和帝之憐悖逆也爲姦人之所誤宗晉卿勸爲第宅趙履溫勸爲園亭損數百家之居侵數百家之地工徒斲而未息義兵紛以交馳卒使亭不得遊宅不得坐信邪佞之說成骨肉之刑此陛下之所眼見也今茲造觀臣必知非陛下公主之本意得無趙履溫之徒將勸爲之冀誤其骨肉不可不明察也臣聞出家修道者不預人事專清其身心以虛泊爲高以無爲爲妙依兩卷老子視一軀天尊無欲無營不損不害何必璇臺玉榭寶像珍龕使人困窮然後爲道哉且舊觀足可歸依無造無營以取窮竭若此行之三年國不富人不安朝廷

不清陛下不樂則臣請殺身於朝以令天下言事者伏惟陛下行非常之惠權停兩觀以俟豐年以兩觀之財爲公主施貧窮塡府庫則公主福德無窮矣不然臣恐下人怨望不減於前朝之時前朝之時賢愚知敗人雖有口而不敢言言未發聲禍將及矣韋月將受誅於丹徼燕欽融見殺於紫庭此人皆不惜其身而納忠於主身既死矣朝亦危矣故先朝誅之陛下賞之是陛下知直言之士有裨於國臣今直言亦先代之直惟陛下察之疏奏睿宗嘉其公直稍遷爲右臺殿中侍御史開元中累轉潁王府長史天寶初卒年八十餘

史臣曰夫好聞其善惡聞其過君人者之常情也寧諂媚以取容不逆耳以招禍臣人者之常情也能反此者不亦善乎李薛等六君吐忠讜之言補朝廷之失有犯無隱不愧古人有唐之良臣也

贊曰臣之事君有邪有正君之使臣從諫則聖李薛輸忠救人之命韋韓讜言醫國之病辛王章疏犯顏諫聽張子法言實裨時政

舊唐書卷一百一考證

薛登傳屬宣州狂寇朱大目作亂○新書鍾大眼

韋湊傳使三綱紊十等滅若者善善明惡惡著也○十等二字下有闕文

王求禮傳欽望作色拒之乃奏曰秦漢皆有稅算以贍軍求禮不識大體妄有訟辭○新書作姚璹語

# 舊唐書卷一百二

後晉司空同中書門下平章事劉　昫撰

## 列傳第五十二

馬懷素　褚无量　劉子玄 兄知柔 子貺 餗 彙 秩 迅 迥　徐堅

元行沖　吳兢　韋述 弟逌 迪 蕭直 蕭穎士 母煚 殷踐猷附

馬懷素潤州丹徒人也寓居江都少師事李善家貧無燈燭晝採薪蘇夜燃讀書遂博覽經史善屬文舉進士又應制舉登文學優贍科拜郿尉四遷左臺監察御史長安中御史大夫魏元忠爲張易之所構配徙嶺表太子僕崔貞愼東宮率獨孤禕之餞于郊外易之怒使人誣告貞愼等與元忠同謀則天令懷素按鞫遣中使促迫諷令構成其事懷素執正不受命則天怒召懷素親加詰問懷素奏曰元忠犯罪配流貞愼等以親故相送誠爲可責若以爲謀反臣豈誣罔神明昔彭越以反伏誅欒布奏事於其屍下漢朝不坐況元忠罪非彭越陛下豈加追送之罪陛下當生殺之柄欲加之罪取決聖衷可矣若付臣推鞫臣敢不守陛下之法則天意解貞愼等由是獲免時夏官侍郎李迥秀恃張易之之勢受納貨賄懷素奏劾之迥秀遂罷知政事懷素累轉禮部員外郎與源乾曜盧懷愼李傑等充十道黜陟使懷素處事平恕當時稱之使還遷考功員外郎時貴戚縱恣請託公行懷素無所阿順典舉平允擢拜中書舍人開元初爲戶部侍郎加銀青光祿大夫累封常山縣公三遷秘書監兼昭文館學士懷素雖居吏職而篤學手不釋卷謙恭謹愼深爲玄宗所禮令與左散騎常侍褚无量同爲侍讀每次閤門則令乘肩轝以進上居別館以路遠則命宮中乘馬或親自送迎以申師資之禮是時秘書省典籍散落條疏無敘懷素上疏曰南齊已前墳籍舊編王儉七志已後著述其數盈多隋志所書亦未詳悉或古書近出前志闕而未編或近人相傳浮詞鄙而猶記若無編錄難辯淄澠望括檢近書篇目并前志所遺者續王儉七志藏之秘府上於是召學涉之士國子博士尹知章等分部撰錄并刊正經史粗創首尾會懷素病卒年六十上特爲之舉哀廢朝一日贈潤州刺史謚曰文

褚无量字弘度杭州鹽官人也幼孤貧勵志好學家近臨平湖時湖中有龍鬬傾里閈就觀之无量時年十二讀書晏然不動及長尤精三禮及史記舉明經累除國子博士景龍三年遷國子司業兼修文館學士是歲中宗將親祀南郊詔禮官學士修定儀注國子祭酒祝欽明司業郭山惲皆希旨請以皇后爲亞獻无量獨與太常博士唐紹蔣欽緒固爭以爲不可无量建議曰夫郊祀者明王之盛事國家之大禮行其禮者不可以臆斷不可以情求皆上順天心下符人事欽若稽古率由舊章然後可以交神明可以膺福祐然禮文雖衆莫如周禮周禮者周公致太平之書先聖極由衷之典法天地而行教化辯方位而敘人倫其義可以幽贊神明其文可以經緯邦國備物致用其可忽乎至如冬至圜丘祭中最大皇后內主禮位甚尊若合郊天助祭則當具著禮典今徧檢周官無此儀制蓋由祭天南郊不以地配唯將始祖爲主不以祖妣配天故唯皇帝親行其禮皇后不合預也謹按大宗伯職云若王不祭祀則攝位注云王有故代行其祭事下文云凡大祭祀王后不與則攝而薦豆籩徹若皇后合助祭承此下文即當云若不祭祀則攝而薦豆籩今於文上更起凡則是別生餘事夫事與上異則別起凡凡者生上起下之名不專繫於本職周禮一部之內此例極多備在文中不可具錄又王后助祭親薦豆籩而不徹案九嬪職云凡祭贊后薦徹豆籩注云后進之而不徹則知中徹者爲宗伯生文若宗伯攝祭則宗伯親徹不別使人又案外宗掌宗廟之祀王后不與則贊宗伯此之一文與上相證何以明之案外宗唯掌宗廟祭祀不掌郊天足明此文是宗廟祭也案王后行事總在內宰職中檢其職文唯云大祭祀后祼獻則贊瑤爵亦如之鄭注云謂祭宗廟也注所以知者以文云祼獻祭天無祼以此得知又祭天之器則用陶匏亦無瑤爵注以此得知是宗廟也又內司服掌王后六服無祭天之服而巾車職掌王后之五輅亦無后祭天之輅祭天七獻無后亞獻以此諸文參之故知后不合助祭天也唯漢書郊祀志則有天地合祭皇后預享之事此則西漢末代强臣擅朝悖亂彝倫黷神諂祭不經之典事涉誣神故易傳曰誣神者殃及三代太誓曰正稽古立功立事可以永年承天之大律斯史策之良誡豈可不知今南郊禮儀事不稽古忝守經術不敢默然請旁詢碩儒俯摭舊典採曲臺之故事行圜丘之正儀使聖朝叶昭曠之塗天下知文物之盛豈不幸甚時左僕射韋巨源等阿旨叶同欽明之議竟不從无量所奏尋以母老請停官歸侍景雲初玄宗在春宮召拜國子司業兼皇太子侍讀嘗撰翼善記以進之皇太子降書嘉勞賚絹四十匹太極元年皇太子國學親釋奠令无量講孝經禮記各隨端立義博而且辯觀者歎服焉既畢進授銀青光祿大夫兼賜以章服并綵絹百段玄宗即位遷郯王傅兼國子祭酒尋以師傅恩遷左散騎常侍仍兼國子祭酒封舒國公實封二百戶未幾丁憂解職廬於墓側其所植松柏時有鹿犯之无量泣而言曰山中衆草不少何忍犯吾先塋樹哉因通夕守護俄有羣鹿馴狎不復侵害无量因此終身不食鹿肉服闋召拜左散騎常侍復爲侍讀以其年老每隨仗出入特許緩行又爲造腰輿令內給使與於內殿无量頻上書陳時政得失多見納用又嘗手敕褒美賜物二百段无量以內庫舊書自高宗代即藏在宮中漸致遺逸奏請繕寫刊校以弘經籍之道玄宗令於東都乾元殿前施架排次大加搜寫廣采天下異本數年間四部充備仍引公卿已下入殿前令縱觀焉開元六年駕還又敕无量於麗正殿以續前功皇太子及郯王嗣直等五人年近十歲尚未就學无量繕寫論語孝經各五本以獻上覽之曰吾知无量意无量遽令選經明篤行之士國子博士郄恒通郭謙光左拾遺潘元祚等爲太子及郯王已下侍讀七年詔太子就國子監行齒胄之禮无量登座說經百寮集觀禮畢賞賜甚厚明年无量病卒年七十五臨終遺言以麗正寫書未畢爲恨上爲舉哀廢朝兩日贈禮部尚書謚曰文初无量與馬懷素俱爲侍讀頗待甚厚及无量等卒後秘書少監康子原國子博士侯行果等又入侍講雖屢加賞賜而禮遇不逮褚焉

劉子玄本名知幾楚州刺史胤之族孫也少與兄知柔俱以詞學知名弱冠舉進士授獲嘉主簿證聖年有制文武九品已上各言時政得失知幾上表陳四事詞甚切直是時官爵僭濫而法網嚴密士類競爲趨進而多陷刑戮知幾乃著思愼賦以刺時且以見意鳳閣侍郎蘇味道李嶠見而歎曰陸機豪士所不及也知幾長安中累遷左史兼修國史擢拜鳳閣舍人修史如故景龍初再轉太子中允依舊修國史時侍中韋巨源紀處訥中書令楊再思兵部尚書宗楚客中書侍郎蕭至忠並監修國史知幾以監修者多甚爲國史之弊蕭至忠又嘗責知幾著述無課知幾於是求罷史任奏記於至忠曰僕自策名士伍待罪朝列三爲史臣再入東觀竟不能勒成國典貽彼後來者何哉靜言思之其不可者五也何者古之國史皆出自一家如魯漢之丘明子長晉齊之董狐南史咸能立言不朽藏諸名山未聞藉以衆功方云絕筆唯後漢東觀大集羣儒而著述無主條章靡立由是伯度譏其不實公理以爲可焚張蔡二子糺之於當代傅范兩家嗤之於後葉今史司取士有倍東京人自以爲荀袁家自稱爲政駿每欲記一事載一言皆閣筆相視含毫不斷故首白可期而汗青無日其不可一也前漢郡國計書先上太史副上丞相後漢公卿所撰始集公府乃上蘭臺由是史官所修載事爲博原自近古此道不行史臣編錄唯自詢採而左右二史闕注起居衣冠百家罕通行狀求風俗於州郡視聽不該討沿革於臺閣簿籍難見雖使尼父再出猶且成其管窺況限以中才安能遂其博物其不可二也昔董狐之

書法也以示於朝南史之書弒也執簡以往而近代史局皆通籍禁門幽居九重欲人不見尋其義者由杜彼顏面防諸請謁故也然今館中作者多士如林皆願長喙無聞齰舌儻有五始初成一字加貶言未絕口而朝野具知筆未棲毫而搢紳咸誦夫孫盛實錄取嫉權門王韶直書見讎貴族人之情也能無畏乎其不可三也古者刊定一史纂成一家體統各殊指歸咸別夫尚書之教也以疏通知遠為主春秋之義也以懲惡勸善為先史記則退處士而進姦雄漢書則抑忠臣而飾主闕斯並曩賢得失之例良史是非之準作者言之詳矣頃史官注記多取稟監修楊令公則云必須直詞宋尚書則云宜多隱惡十羊九牧其事難行一國三公適從焉在其不可四也竊以史置監修雖無古式尋其名號可得而言夫言監者蓋總領之義耳如創紀編年則年有斷限草傳敘事則事有豐約或可略而不略或應書而而不書此失刊削之例也屬詞比事勞逸宜均揮鉛奮墨勤惰須等某袠某篇付之此職某紀某傳歸之此官此銓配之理也斯並宜明立科條審定區域儻人思自勉則書可立成今監之者既不指授修之者又無遵奉用使爭學苟且務相推避坐變炎涼徒延歲月其不可五也凡此不可其流實多一言以蔽三隅自反而時談物議焉得笑僕編次無聞者哉比者伏見明公每汲汲於勸誘勤勤於課績或云墳籍事重努力用心或云歲序已淹何時輟手竊以綱維不舉而督課徒勤雖威以刺骨之刑勗以懸金之賞終不可得也語曰陳力就列不能則止僕所以比者布懷知已歷詆羣公屢辭載筆之官願罷記言之職者正謂此耳當今朝號得人國稱多士蓬山之下良直差肩芸閣之中英奇接武僕既功虧刻鵠筆未獲麟徒殫太官之膳虛索長安之米乞以本職還其舊居多謝簡書請避賢路惟明公足下哀而許之至忠惜其才不許解史任宗楚客嫉其正直謂諸史官曰此人作書如是欲置我何地時知幾又著史通子二十卷備論史策之體太子右庶子徐堅深重其書嘗云居史職者宜置此書於座右知幾自負史才常慨時無知己乃委國史於著作郎吳兢別撰劉氏家史十五卷譜考三卷推漢氏為陸終苗裔非堯之後彭城叢亭里諸劉出自宣帝子楚孝王囂曾孫司徒居巢侯劉愷之後不承楚元王交皆按據明白正前代所誤雖為流俗所譏學者服其該博初知幾每云若得受封必以居巢為名以紹司徒舊邑後以修則天實錄功果封居巢縣子又鄉人以知幾兄弟六人進士及第文學知名改其鄉里為高陽鄉居巢里景雲中累遷太子左庶子兼崇文館學士仍依舊修國史加銀青光祿大夫時玄宗在東宮知幾以名音類上名乃改子玄二年皇太子將親釋奠於國學有司草儀注令從臣皆乘馬著衣冠子玄進議曰古者自大夫已上皆乘車而以馬為騑服魏晉已降迄乎隋代朝士又駕牛車歷代經史具有其事不可一二言也至如李廣北征解鞍憩息馬援南伐據鞍顧眄斯則鞍馬之設行於軍旅戎服所乘貴於便習者也按江左官至尚書郎而輒輕乘馬則為御史所彈又顏延之罷官後好騎馬出入閭里當代稱其放誕此則專車憑軾可擐朝衣單馬御鞍宜從褻服求之近古灼然之明驗也自皇家撫運沿革隨時至如陵廟巡謁王公冊命則盛服冠履乘彼輅車其士庶有衣冠親迎者亦時以服箱充馭在於他事無復乘車貴賤所行通用鞍馬而已臣伏見比者鑾輿出幸法駕首途左右侍臣皆以朝服乘馬夫冠履而出只可配車而行今乘車既停而冠履不易可謂唯知其一而未知其二也何者褒衣博帶革履高冠本非馬上所施自是車中之服必也襪而升鐙跣以乘鞍非唯不師古道亦自取驚今俗求諸折中進退無可且長裾廣袖襜如翼如鳴珮行組鏘鏘弈弈馳驟於風塵之內出入於旌棨之間儻馬有驚逸人從顛墜遂使屬車之右遺履不收清道之傍絓驂相續固以受嗤行路有損威儀今議者皆云秘閣有梁武帝南郊圖多有危冠乘馬者此則近代故事不得謂無其文臣案此圖是後人所為非當時所撰且觀代間有古今圖畫者多矣如張僧繇畫羣公祖二疏而兵士有著芒屩者閻立本畫明君入匈奴而婦人有著帷帽者夫芒屩出於水鄉非京華所有帷帽創於隋代非漢宮所作議者豈可徵此二畫以為故實者乎由斯而言則梁氏南郊之圖義同於此又傳稱因俗禮貴緣情殷輅周冕規模不一秦冠漢佩用捨無常況我國家道軼百王功高萬古事有不便理資變通其乘馬衣冠竊謂宜從省廢臣懷此異議其來自久日不暇給未及摧揚今屬殿下親從齒胄將臨國學凡有衣冠乘馬皆憚此行所以輒進狂言用申鄙見皇太子手令付外宜行仍編入令以為常式開元初遷左散騎常侍修史如故九年長子貺為太樂令犯事配流子玄詣執政訴理上聞而怒之由是貶授安州都督府別駕子玄掌知國史首尾二十餘年多所撰述甚為當時所稱禮部尚書鄭惟忠嘗問子玄曰自古已來文士多而史才少何也對曰史才須有三長世無其人故史才少也三長謂才也學也識也夫有學而無才亦猶有良田百頃黃金滿籯而使愚者營生終不能致於貨殖者矣如有才而無學亦猶思兼匠石巧若公輸而家無楩柟斧斤終不果成其宮室者矣猶須好是正直善惡必書使驕主賊臣所以知懼此則為虎傅翼善無可加所向無敵者矣脫苟非其才不可叨居史任自敻古已來能應斯目者罕見其人時人以為知言子玄至安州無幾而卒年六十一自幼及長述作不倦朝有論著必居其職預修三教珠英文館詞林姓族系錄論孝經非鄭玄注老子河上公注修唐書實錄皆行於代有集三十卷後數年玄宗勑河南府就家寫史通以進讀而善之追贈汲郡太守尋又贈工部尚書謚曰文兒知柔少以文學政事歷荊揚曹益宋海唐等州長史刺史戶部侍郎國子司業鴻臚卿尚書右丞工部尚書東都留守卒贈太子少保謚曰文代傳儒學之業時人以述作名其家子玄子貺餗彙秩迅迥皆知名於時貺博通經史明天文律曆音樂醫筭之術終於起居郎修國史撰六經外傳三十七卷續說苑十卷太樂令壁記三卷眞人肘後方三卷天宮舊事一卷餗右補闕集賢殿學士修國史著史例三卷傳記三卷樂府古題解一卷彙給事中尚書右丞左散騎常侍荊南長沙節度有集三卷秩給事中尚書右丞國子祭酒撰政典三十五卷止戈記七卷至德新議十二卷指要三卷論喪紀制度加籩豆許私鑄錢改制國學事各在本志迅右補闕撰六說五卷迥諫議大夫給事中有集五卷貺子浹滋彙子贊滋貞元中位至宰輔贊觀察使自有傳

徐堅西臺舍人齊聃子也少好學徧覽經史性寬厚長者進士舉累授太學聖曆中車駕在三陽宮御史大夫楊再思太子左庶子王方慶為東都留守引堅為判官表奏專以委之方慶善三禮之學每有疑滯常就堅質問堅必能徵舊說訓釋詳明方慶深善之又賞其文章典實常稱曰掌綸誥之選也再思亦曰此鳳閣舍人樣如此才識走避不得堅又與給事中徐彥伯定王府倉曹劉知幾右補闕張說同修三教珠英時麟臺監張昌宗及成均祭酒李嶠總領其事廣引文詞之士日夕談論賦詩聚會歷年未能下筆堅獨與說構意撰錄以文思博要為本更加姓氏親族二部漸有條彙諸人依堅等規制俄而書成遷司封員外郎則天又令堅刪改唐史會則天遜位而止神龍初再遷給事中時雍州人韋月將上書告武三思不臣之跡反為三思所陷中宗即令殺之時方盛夏堅上表曰月將誣構良善故違制命準其情狀誠合嚴誅但今朱夏在辰天道生長即從明戮有乖時令謹按月令夏行秋令則丘隰水潦禾稼不熟陛下誕膺靈命中興聖圖將弘羲軒之風以光史策之美豈可非時行戮致傷和氣哉君舉必書將何以訓伏願詳依國典許至秋分則知恤刑之規冠於千載哀矜之惠洽乎四海中宗納堅所奏遂令決杖配流嶺表睿宗即位堅自刑部侍郎加銀青光祿大夫拜左散騎常侍俄轉黃門侍郎時監察御史李知古請兵以擊姚州西貳河蠻既降附又請築城重征稅之堅以蠻夷生梗可以羈縻屬之未得同華夏之制勞師涉遠所損不補所獲獨建議以為不便睿宗不從令知古發劒南兵往築城將以列置州縣知古因是欲誅其豪傑沒子女以為奴婢蠻衆恐懼乃殺知古相率反叛役徒奔潰姚嶲路由是歷年不通堅妻即侍中岑義之妹堅以與義近親固辭機密乃轉太子詹事謂人曰非敢求高蓋避難也及義誅堅竟免坐累出為絳州刺史五轉復入為秘書監開元十三年再遷左散騎常侍其年玄宗改麗正書院為集賢院以堅為學士副張說知院事累封東海郡公以修東封儀注及從升太山之功特加光祿大夫堅多識典故前後修撰格式氏族及國史等凡七入書府時論美之十七年卒年七十餘上深悼惜之遣中使就家弔內出絹布以賻之贈太子少保謚曰文堅長姑為太宗充容次姑為高宗婕妤並有文藻堅父子以詞學著聞議者方之漢世班氏

元行沖河南人後魏常山王素連之後也少孤為外祖司農卿韋機所養博學多通尤善音律及詁訓之書舉進士累轉通事舍人納言狄仁傑甚重之行沖性不阿順多進規誡嘗謂仁傑曰下之事上亦猶蓄聚以自資也譬貴家儲積則脯腊膎胰以供滋膳參术芝桂以防痾疾伏想門下賓客堪充旨味者多願以小人備一藥物仁傑笑而謂人曰此吾藥籠中物何可一日無也九遷至陝州刺史兼隴右關內兩道按察使未行拜太常少卿行沖以本族出於後魏而未有編年之史乃撰魏典三十卷事詳文簡為學者所稱初魏明帝時河西柳谷瑞石有牛繼馬後之象魏收舊史以為晉元帝是牛氏之子冒姓司馬以應石文行沖推尋事跡以後魏昭成帝名犍繼晉受命考校謠讖著論以明之開元初自

太子詹事出爲岐州刺史又充關內道按察使行沖自以書生不堪搏擊之任固辭按察乃以寧州刺史崔琬代焉俄復入爲右散騎常侍東都副留守時嗣彭王志暕庶兄志謙被人誣告謀反考訊自誣繫獄待報連坐十數人行沖察其冤濫並奏原之四遷大理卿時揚州長史李傑爲侍御史王旭所陷詔下大理結罪行沖以傑歷政清貞不宜枉爲讒邪所構又奏請從輕條出之當時雖不見從深爲時論所美俄又固辭刑獄之官求爲散職七年復轉左散騎常侍九遷國子祭酒月餘拜太子賓客弘文館學士累封常山郡公先是秘書監馬懷素集學者續王儉今書七志左散騎常侍褚无量於麗正殿校寫四部書事未就而懷素无量卒詔行沖總代其職於是行沖表請通撰古今書目名爲羣書四錄命學士鄠縣尉毋煚櫟陽尉韋述曹州司法參軍殷踐猷太學助教余欽等分部修檢歲餘書成奏上上嘉之又特令行沖撰御所注孝經疏義列於學官尋以衰老罷知麗正殿校寫書事初有左衞率府長史魏光乘奏請行用魏徵所注類禮上遽令行沖集學者撰義疏將立學官行沖於是引國子博士范行恭四門助教施敬本檢討刊削勒成五十卷十四年八月奏上之尚書左丞相張說駁奏曰今之禮記是前漢戴德戴聖所編錄歷代傳習已向千年著爲經教不可刊削至魏孫炎始改舊本以類相比有同抄書先儒所非竟不行用貞觀中魏徵因孫炎所修更加整比兼爲之注先朝雖厚加賞錫其書竟亦不行今行沖等解徵所注勒成一家然與先儒第乖章句隔絕若欲行用竊恐未可上然其奏於是賜行沖等絹二百匹留其書貯於內府竟不得立於學官行沖恚諸儒排已退而著論以自釋名曰釋疑其詞曰客問主人曰小戴之學行之已久康成銓注見列學官傳聞魏公乃有刊易又承制旨造疏將頒未悉二經孰爲優劣主人荅曰小戴之禮行於漢末馬融注之時所未覩盧植分合二十九篇而爲說解代不傳習鄭絪子幹師於季長屬黨錮獄起師門道喪康成於竄伏之中理紛挐之典志存探究靡所咨謀而猶緝述忘疲聞義能徙具於鄭志向有百科章句之徒曾不窺覽猶遵覆轍頗類刻舟王肅因之重茲開釋或多改駮仍按本篇又鄭學之徒有孫炎者雖扶玄義乃易前編自後條例支分箴石間起馬伷增革向踰百篇葉遵刪修僅全十二魏公病羣言之錯雜紬衆說之精深經文不同未敢刊正注理暌誤寧不芟蘖成畢上聞太宗嘉賞賚縑千匹錄賜儲藩將期頒宣未有疏義聖皇纂業耽古崇儒高曾規矩宜所修襲乃制昏愚甄分舊義其有注遺往說理變新文務加搜窮積稔方畢具錄呈進勅付羣儒庶能斟詳以課疎密豈悟章句之士堅持昔言特嫌知新欲仍舊貫沉疑多月擯壓不申優劣短長定於通識手成口荅安敢銓量客曰當局稱迷傍觀見審累朝銓定故是周詳何所爲疑不爲申列荅曰是何言歟談豈容易昔孔安國注壁中書會巫蠱事經籍道息族兄臧與之書曰相如常忿俗儒淫詞冒義欲撥亂反正而未能果然雅達通博不代而生浮學守株比肩皆是衆非難正自古而然誠恐此道未申而以獨智爲議也則知變易章句其難一矣漢有孔季產者專於古學有孔扶者隨俗浮沉扶謂產云今朝廷皆爲章句內學而君獨修古義修古義則非章句內學非章句內學則危身之道也獨善不容於代必將貽患禍乎則知變易章句其難二矣劉歆以通書屬文待詔官署見左氏傳而大好之後蒙親近欲建斯業哀帝欣納令其討論各遷延推辭不肯置對劉歆移書責讓其言甚切諸博士等皆忿恨之名儒龔勝時爲光祿見歆此議乃乞骸骨司空師丹因大發怒奏歆改亂前志非毀先朝所立帝曰此廣道術何爲毀耶由是犯忤大臣懼誅求出爲河南太守宗室不典三河又徙五原太守以君實之著名好學公仲之深博守道猶迫同門朋黨之議卒令子駿負謗於時則知變易章句其難三矣子雍規玄數十百件守鄭學者時有中郎馬昭上書以爲肅繆詔王學之輩占荅以聞又遣博士張融案經論詰融登召集分別推處理之是非具呈證論王肅酬對疲於歲時則知變易章句其難四矣卜商疑聖納誚於曾輿木賜近賢貽嗤於武叔自此之後唯推鄭公王粲稱伊洛已東淮漢之北一人而已莫不宗焉咸云先儒多闕鄭氏道備粲竊嗟怪因求其學得尚書注退而思之以盡其意意皆盡矣所疑之者猶未喻焉凡有兩卷列於其集又王肅改鄭六十八條張融覈之將定臧否融稱玄注泉深廣博兩漢四百餘年未有偉於玄者然二郊之祭殊天之祀此玄誤也其如皇天祖所自出之帝亦玄慮之失也及服虔釋傳未免差違後代言之思弘聖意非謂揚己之善掩人之名也何者君子用心願聞其過故仲尼曰過也人皆見之更也人皆仰之是也而專門之徒恕己及物或攻先師之誤如聞父母之名將謂亡者之德言而見壓於重壞也故王邵史論曰魏晉浮華古道夷替洎王肅杜預更開門戶歷載三百士大夫恥爲章句唯草野生以專經自許不能究覽異義擇從其善徒欲父康成兄子慎寧道孔聖誤諱聞鄭服非然於鄭服甚憒憒鄭服之外皆讎也則知變易章句其難五也伏以安國尚書劉歆左傳悉遭擯於曩葉見重於來今故知二人之鑒高於漢廷遠矣孔季產云物極則變比及百年外當有明直君子恨不與吾同代者於戲道之行廢必有其時者歟僕非專經罕習章句高名不著易受經誣項者修撰殆淹年月賴諸賢輩能左右之免致愆尤仍叨賞賚內省昏朽其榮已多何遽持一己之區區抗羣情之嘷嗜捨勿矜之美成自我之私觸近名之誡興犯衆之禍一舉四失中材不爲是用韜聲甘此沉默也行沖俄又累表請致仕制許之十七年卒年七十七贈禮部尚書謚曰獻

吳兢汴州浚儀人也勵志勤學博通經史宋州人魏元忠亳州人朱敬則深器重之及居相輔薦兢有史才堪居近侍因令直史館修國史累月拜右拾遺內供奉神龍中遷右補闕與韋承慶崔融劉子玄撰則天實錄成轉起居郎俄遷水部郎中丁憂還鄉里開元三年服闋抗疏言曰臣修史已成數十卷自停職還家匪忘紙札乞終餘功乃拜諫議大夫依前修史俄兼修文館學士歷衞尉少卿右庶子居職殆三十年敘事簡要人用稱之末年傷於太簡國史未成十七年出爲荊州司馬制許以史藁自隨中書令蕭嵩監修國史奏取兢所撰國史得六十五卷累遷台洪饒蘄四州刺史加銀青光祿大夫遷相州長垣縣子天寶初改官名爲鄴郡太守入爲恒王傅兢嘗以梁陳齊周隋五代史繁雜乃別撰梁齊周史各十卷陳史五卷隋史二十卷又傷疎略兢雖衰耗猶希史職而行步傴僂李林甫以其年老不用天寶八年卒於家時年八十餘兢卒後其子進兢所撰唐史八十餘卷事多紕繆不逮於壯年兢家聚書頗多嘗目錄其卷第號吳氏西齋書目

韋述司農卿弘機曾孫也父景駿房州刺史述少聰敏篤志文學家有書二千卷述爲兒童時記覽皆徧人駭異之景龍中景駿爲肥鄉令述從父至任洺州刺史元行沖景駿姑子爲時大儒常載書數車自隨述入其書齋忘寢與食行沖異之引與之談貫穿經史事如指掌探賾奧旨如遇師資又試以綴文操牘便就行沖大悅引之同榻曰此吾外家之寶也舉進士西入關時述甚少儀形眇小考功員外郎宋之問曰韋學士童年有何事業述對曰性好著書述有所撰唐春秋三十卷恨未終篇至如詞策仰待明試之問曰本求異才果得遷固是歲登科開元五年爲櫟陽尉秘書監馬懷素受詔編入圖書乃奏用左散騎常侍元行沖左庶子齊澣秘書少監王珣衞尉少卿吳兢并述等二十六人同於秘閣詳錄四部書懷素尋卒行沖代掌其事五年而成其總目二百卷述好譜學秘閣中見嘗侍柳沖先撰姓族系錄二百卷述於分課之外手自抄錄暮則懷歸如是周歲寫錄皆畢百氏源流轉益詳悉乃於柳錄之中別撰成開元譜二十卷其篤志忘倦皆此類也轉右補闕中書令張說專集賢院事引述爲直學士遷起居舍人說重詞學之士述與張九齡許景先袁暉趙冬曦孫逖王幹常遊其門趙冬曦兄冬日弟知壁居貞安貞頤貞等六人述弟迪逌迥迟巡亦六人並詞學登科說曰趙韋昆季今之杞梓也十八年兼知史官事轉屯田員外職方吏部二郎中學士知史官事如故及張九齡爲中書令卽集賢之同職裴耀卿爲侍中卽述舅皆相推重語必移晷二十七年轉國子司業停知史事俄而復兼史職充集賢學士天寶初歷左右庶子加銀青光祿大夫九載兼充禮儀使其載遷尚書工部侍郎封方城縣侯述在書府四十年居史職二十年嗜學著書手不釋卷國史自令狐德棻至於吳兢雖累修撰竟未成一家之言至述始定類例補遺續闕勒成國史一百一十二卷并史例一卷事簡而記詳雅有良史之才蘭陵蕭穎士以爲譙周陳壽之流述早以儒術進當代宗仰而純厚長者澹於勢利道之同者無間貴賤皆禮接之家聚書二萬卷皆自校定鉛槧雖御府不逮也兼古今朝臣圖歷代知名人畫魏晉已來草隸眞跡數百卷古碑古器藥方格式錢譜璽譜之類當代名公尺題無不畢備及祿山之亂兩京陷賊玄宗幸蜀述抱國史藏於南山經籍資產焚剽殆盡述亦陷於賊庭授僞官至德二年收兩京三司議罪流於渝州爲刺史薛舒困辱不食而卒其甥蕭直爲太尉李光弼判官廣德二年直因入奏言事稱旨乃上疏理述於蒼黃之際能存國史致聖唐大典得無遺逸以功補過合霑恩宥乃贈右散騎常侍議者云自唐已來氏族之盛無踰於韋氏其孝友詞學承慶嗣立爲最明於音律則萬石爲最達於禮義則叔夏爲最史才博識以述爲最所撰唐職儀三十卷高宗實錄三十卷御史臺記十卷兩京新記五卷凡著書二百餘卷皆行於代迺學業亦亞於述尤精三禮與述對爲

學士迪同爲禮官時人榮之累遷考功員外郎國子司業以風疾卒蕭穎士者聰儁過人富詞學有名於時賈曾席豫張垍及逖皆引爲談客開元二十三年登進士第考功員外郎孫逖稱之於朝褊躁無威儀與時不偶前後五授官旋即駮落乾元初終於揚府功曹述在秘閣時與鄠縣尉母煚曹州司法殷踐猷並友善二人相次卒踐猷申州刺史仲容從子明班史通於族姓子寅有至性早孤事母以孝聞應宏詞舉爲永寧尉

史臣曰前代文學之士氣壹矣然以道義偶乖遭遇斯難馬懷素褚无量好古嗜學博識多聞遇好文之君隆師資之禮儒者之榮可謂際會矣劉徐等五公學際天人才兼文史俾西垣東觀一代粲然蓋諸公之用心也然而子玄鬱結於當年行冲彷徨於極筆官不過俗吏寵不逮常才非過使然蓋此道非趨時之具也其窮也宜哉

贊曰學者如市博通甚難文士措翰典麗惟艱馬褚兢述徐元子玄文學之書胡寧比焉

舊唐書卷一百二考證

徐堅傳睿宗郎位堅自刑部侍郎加銀青光祿大夫拜左散騎常侍○新書太子左庶子兼崇文館學士

韋述傳○臣德潛按傳末附蕭穎士而文苑中另有蕭穎士傳此爲贅設

# 舊唐書卷一百三

後晉司空同中書門下平章事劉　昫撰

## 列傳第五十三

郭虔瓘 張嵩　郭知運 子英傑 英乂　王君㚟 賈師順附

張守珪　牛仙客　王忠嗣

郭虔瓘齊州歷城人也開元初累遷右驍衛將軍兼北庭都護二年春突厥默啜遣其子移江可汗及同俄特勒率精騎圍逼北庭虔瓘率衆固守同俄特勒單騎親逼城下虔瓘使勇士伏於路左突起斬之賊衆既至失同俄相率於城下乞降請盡軍中衣資器仗以贖同俄及聞其死三軍慟哭便引退默啜女壻火拔頡利發石阿失畢時與同俄特勒同領兵以同俄之死懼不敢歸遂將其妻歸降虔瓘以破賊之功拜冠軍大將軍又下制曰朕聞賞有功報有德者政之急也若功不賞德不報則人何謂哉雲麾將軍檢校右驍衛將軍兼北庭都護瀚海軍經略使金山道副大總管招慰營田等使上柱國太原縣開國子郭虔瓘宣威將軍守右驍衛翊府中郎將檢校伊州刺史兼伊吾軍使借紫金魚袋上柱國郭知運等早負名節見稱義勇頃者柳中金滿偏師禦敵蕭條窮漠之外奔迫孤城之下強寇益侵援兵不至旣守而戰自秋涉冬櫪馬長嘶戍人遠望謀以十勝成其九拒遂能摧日逐之遺種斬天驕之愛息豈耿恭班超獨高前史將廉頗李牧與朕同時眷言茂勳是所嘉歎信可以疇其井邑昭示遐邇俾勞臣觀而懦夫立焉虔瓘可進封太原郡開國公知運可封介休縣開國公虔瓘俄轉安西副大都護攝御史大夫四鎭經略安撫使進封潞國公賜實封一百戶虔瓘乃奏請募關中兵一萬人往安西討擊皆給公乘兼供熟食勑許之將作大匠韋湊上疏曰臣聞兵者凶器不獲已而用之今西域諸蕃莫不順軌縱鼠竊狗盜有戍卒鎭兵足宣式遏之威非降赫斯之怒此師之出未見其名臣又聞安不妄危理必資備自近及遠強幹弱枝是以漢實關中徙諸豪族今關輔戶口積久逋逃承前先虛見猶未實屬北虜犯塞西戎駭邊凡在丁壯征行略盡豈宜更募驍勇遠資荒服又一萬行人詣六千餘里咸給遞馱並供熟食道次州縣將何以供秦隴之西人戶漸少涼州已去沙磧悠然遣彼居人如何得濟又萬人賞賜費用極多萬里資糧破損尤廣縱令必剋其獲幾何儻稽天誅無乃甚損請令計議所用所得校其多少卽知利害況用者必賞獲者未量何要此行頓空畿甸且上古之時大同之化不獨子子不獨親親何隔華戎務均安靖洎皇道謝古帝德慙皇猶尚綏懷不從征伐有占風覘雨之客無越海踰山之師其後漢武膺圖志恢土宇西通絕域北擊匈奴雖廣獲珍奇多斬首級而中國疲耗殆至危亡是以俗號昇平君稱盛德者咸指唐堯之代不歸漢武之年其要功不成者復焉足比議惟陛下圖之虔瓘竟無克獲之功尋遷右威衛大將軍以疾卒其後又以張嵩爲安西都護以代虔瓘嵩身長七尺偉姿儀初進士舉常以邊任自許及在安西務農重戰安西府庫遂爲充實十年轉太原尹卒官俄又以黃門侍郎杜暹代嵩爲安西都護

郭知運字逢時瓜州常樂人壯勇善射頗有膽略初爲秦州三度府果毅以戰功累除左驍衛中郎將瀚海軍經略使又轉檢校伊州刺史兼伊吾軍使開元二年春副郭虔瓘破突厥於北庭以功封界休縣公加雲麾將軍擢拜右武衛將軍其秋吐蕃入寇隴右掠監牧馬而去詔知運率衆擊之知運與薛訥王晙等掎角擊敗之拜知運鄯州都督隴右諸軍節度大使四年冬突厥降戶阿悉爛跌跌思太等率衆反叛單于副都護張知運爲賊所執詔薛訥領兵討之叛賊至綏州界詔知運領朔方兵募橫擊之大破賊衆於黑山呼延谷賊捨甲仗走六年知運又率兵入討吐蕃賊徒無備遂掩至九曲獲鎧及甲馬犛牛等數萬計知運獻捷遂分賜京文武五品已上淸官及朝集使拜知運爲兼鴻臚卿攝御史中丞加封太原郡公八年六州胡康待賓等反詔知運與王晙討平之拜左武衛大將軍授一子官賜金銀器百事雜綵千段九年卒於軍贈涼州都督錫米粟五百斛絹帛五百段仍令中書令張說爲其碑文知運自居西陲甚爲蕃夷所憚其後王君㚟亦號勇將時人稱王郭焉子英傑英乂英傑官至左衛將軍開元二十一年幽州長史薛楚玉遣英傑及裨將吳克勤烏知義羅守忠等率精騎萬人及降奚之衆以討契丹屯兵於榆關之外契丹首領可突于引突厥之衆拒戰於都山之下官軍不利知義守忠率麾下便道遁歸英傑與克勤逢賊力戰皆沒于陣其下精銳六千餘人仍與賊苦戰賊以英傑之首示之竟不降盡爲賊所殺英乂劒南西川節度使自有傳

王君㚟瓜州常樂人也初爲郭知運別奏驍勇善騎射以戰功累除右衛副率及知運爲河西隴右節度使遷右羽林軍將軍判涼州都督事開元十六年冬吐蕃大將悉諾邏率衆入寇大斗谷又移攻甘州焚燒市里而去君㚟以其兵疲整士馬以掩其後會大雪賊徒凍死者甚衆賊遂取積石軍西路而還君㚟令副使馬元慶裨將車蒙追之不及君㚟先令人潛入賊境於歸路燒草悉諾邏還至大非川將息甲牧馬而野草皆盡馬死過半君㚟襲其後入至青海之西時海水冰合君㚟與秦州都督張景順等率將士並乘冰而渡會悉諾邏已度大非山輜重及疲兵尚在青海之側君㚟縱兵盡俘獲之及羊馬萬數君㚟以功遷右羽林軍大將軍攝御史中丞依舊判涼州都督封晉昌伯拜其父壽爲少府監仍聽致仕上又嘗於廣達樓引君㚟及妻夏氏設宴賜以金帛夏氏亦有戰功故特賞之封爲武威郡夫人其冬吐蕃寇陷瓜州執刺史田仁獻及君㚟父壽殺掠人戶并取軍資及倉糧又進攻玉門軍及常樂縣仍縱僧徒使歸涼州謂君㚟曰將軍常欲以忠勇報國今日何不一戰君㚟聞父被執登陴西向哭竟不敢出兵初涼州界有迴紇契苾思結渾四部落代爲酋長君㚟微時往來涼府爲迴紇等所輕及君㚟爲河西節度使迴紇等怏怏恥在其麾下君㚟以法繩之迴紇等積怨密使人詣東都自陳枉狀君㚟遽發驛奏迴紇部落難制潛有叛謀上使中使往按問之迴紇等竟不得理由是瀚海大都督迴紇承宗長流瀼州渾大得長流吉州賀蘭都督契苾承明長流藤州盧山都督思結歸國長流瓊州右散騎常侍李令問特進契苾嵩以與迴紇等結婚貶令問爲撫州別駕嵩連州別駕於是承宗之黨瀚海州司馬護輸糾合黨與謀殺君㚟以復其怨會吐蕃使間道往突厥君㚟率精騎往肅州掩之還至甘州南鞏筆驛護輸伏兵突起奪君㚟旌節先殺其左右宗貞剖其心云是其始謀也君㚟從數十人與賊力戰自朝至晡左右盡死遂殺君㚟馱其屍以奔吐蕃追及之護輸遂棄君㚟屍而走上甚痛惜之制贈特進荊州大郡督給靈轝遞歸京師葬於京城之東官供喪事仍令張說爲其碑文上自書石以寵異之吐蕃之寇瓜州也分遣副將莽布支攻常樂縣令賈師順嬰城固守及瓜州城陷大將悉諾邏又盡引其衆乘勢以攻之數日不陷賊中有分得漢口爲妻者其妻弟在常樂城中悉諾邏使夜就城下詐爲私見謂師順曰瓜州已破吐蕃盡衆來此豈有拒守之理小人妻弟在城情有所念明府何不早降以全城中之衆師順荅曰漢法降賊者九族爲戮吾受國官爵祇可以死拒寇豈得背恩降賊悉諾邏知師順不降又攻城八日復令前使謂師順曰明府既不肯降吾衆欲還城中豈無財物以相贈耶師順請脫士卒衣裳以爲賂悉諾邏知城中無財帛夜燒死人收營而去引衆毀瓜州城師順遽開門收器械更修守備吐蕃果使精騎迴襲而巡城知有備始去賈師順者岐州人也以守城之功累遷鄯州都督隴右節度使入爲左領軍將軍病卒

張守珪陝州河北人也初以戰功授平樂府別駕從郭虔瓘於北庭鎭遣守珪率衆救援在路逢賊甚衆守珪身先士卒與之苦戰斬首千餘級生擒賊率頡斤一人

開元初，突厥又寇北庭，虔瓘令守珪間道入京奏事。守珪因上書陳利害，請引兵自蒲昌輪臺翼而擊之。及賊敗，守珪以功特加游擊將軍，再轉幽州良社府果毅。守珪儀形瓌壯，善騎射，性慷慨，有節義。時盧齊卿為幽州刺史，深禮遇之，常共榻而坐，謂曰：「足下數年外必節度幽涼，為國之良將，方以子孫相託，豈得以寮屬常禮相期耶！」守珪後累轉左金吾員外將軍，為建康軍使。十五年，吐蕃寇陷瓜州，王君㚟死，河西恟懼，以守珪為瓜州刺史、墨離軍使，領餘眾修築州城。板堞纔立，賊又暴至城下，城中人相顧失色，雖相率登陴，略無守禦之意。守珪曰：「彼眾我寡，又創痍之後，不可以矢石相持，須以權道制之也。」乃於城上置酒作樂，以會將士。賊疑城中有備，竟不敢攻城而退。守珪縱兵擊敗之。於是修復廨宇，收合流亡，皆復舊業。守珪以戰功加銀青光祿大夫，仍以瓜州為都督府，以守珪為都督。瓜州地多沙磧，不宜稼穡，每年少雨，以雪水溉田。至是渠堰盡為賊所毀，既地少林木，難為修葺。守珪設祭祈禱，經宿而山水暴至，大漂材木，塞澗而流，直至城下。守珪使取充堰，於是水道復舊，州人刻石以紀其事。明年，遷鄯州都督，仍充隴右節度。二十一年，轉幽州長史、兼御史中丞、營州都督、河北節度副大使，俄又加河北採訪處置使。先是，契丹及奚連年為邊患，契丹衙官可突于驍勇有謀略，頗為夷人所伏，趙含章、薛楚玉等前後為幽州長史，竟不能拒。及守珪到官，頻出擊之，每戰皆捷。契丹首領屈剌與可突于恐懼，遣使詐降。守珪察知其偽，遣管記右衛騎曹王悔詣其部落就謀之。悔至屈剌帳，賊徒初無降意，乃移其營帳漸向西北，密遣使引突厥，將殺悔以叛。會契丹別帥李過折與可突于爭權不叶，悔潛誘之，斬屈剌、可突于，盡誅其黨，率餘眾以降。守珪因出師次于紫蒙川，大閱軍實，讌賞將士，傳屈剌、可突于等首于東都，梟於天津橋之南。詔封李過折為北平王，使統其眾，尋為可突于餘黨所殺。二十三年春，守珪詣東都獻捷，會藉田禮畢酺宴，便為守珪飲至之禮，上賦詩以褒美之。遂拜守珪為輔國大將軍、右羽林大將軍、兼御史大夫，餘官並如故，仍賜雜綵一千匹及金銀器物等，與二子官，仍詔於幽州立碑以紀功賞。二十六年，守珪裨將趙堪、白真陁羅等假以守珪之命，逼平盧軍使烏知義令率騎邀叛奚餘眾於湟水之北，將踐其禾稼。知義初猶固辭，真陁羅又詐稱詔命以迫之，知義不得已而行。及逢賊，初勝後敗，守珪隱其敗狀而妄奏克獲之功。事頗泄，上令謁者牛仙童往按之。守珪厚賂仙童，遂附會其事，但歸罪於白真陁羅，逼令自縊而死。二十七年，仙童事露伏法，守珪以舊功減罪，左遷括州刺史，到官無幾，疽發背而卒。弟守琦，左驍衛將軍；守瑜，金吾將軍。守珪子獻誠，守瑜子獻恭，守琦子獻甫，三人皆為興元節度使，各自有傳。

牛仙客，涇州鶉觚人也。初為縣小吏，縣令傅文靜甚重之。文靜後為隴右營田使，引仙客參預其事，遂以軍功累轉洮州司馬。開元初，王君㚟為河西節度使，以仙客為判官，甚委信之。時又有判官宋貞與仙客俱為腹心之任。及君㚟死，宋貞亦為迴紇所殺，仙客以不從獲免。俄而蕭嵩代君㚟為河西節度，又以軍政委於仙客。仙客清勤不倦，接待上下，必以誠信。及嵩入知政事，數稱薦之，稍遷太僕少卿，判涼州別駕事，仍知節度留後事。竟代嵩為河西節度使，判涼州事。歷太僕卿、殿中監，軍使如故。開元二十四年秋，代信安王褘為朔方行軍大總管，右散騎常侍崔希逸代仙客知河西節度事。初，仙客在河西節度時，省用所積鉅萬，希逸以其事奏聞。上令刑部員外郎張利貞馳傳往覆視之，仙客所積倉庫盈滿，器械精勁，皆如希逸之狀。上大悅，以仙客為尚書。中書令張九齡執奏以為不可，乃加實封二百戶。其年十一月，九齡等罷知政事，遂以仙客為工部尚書、同中書門下三品，仍知門下事。時有監察御史周子諒竊言于御史大夫李適之曰：「牛仙客不才，濫登相位，大夫國之懿親，豈得坐觀其事？」適之遽奏子諒之言，上大怒，廷詰之，子諒辭窮，於朝堂決配流瀼州，行至藍田而死。仙客既居相位，獨善其身，唯諾而已。所有錫賚，皆緘封不啓。百司有所諮決，仙客曰：「但依令式可也。」不敢措手裁決。明年，特封豳國公，贈其父意為禮部尚書，祖會為涇州刺史。俄又進拜侍中、兼兵部尚書。天寶年，改易官名，拜左相，尚書如故。其年七月卒，年六十八。內出絹一千匹、布五百端，遣中使送至宅以賻之，贈尚書左丞，謚曰貞簡。初，仙客為朔方軍使，以姚崇孫閎為判官。及知政事，閎累遷侍御史，自云能通鬼道，預知休咎，仙客頗信惑之。及疾甚，閎請為仙客祈禱，在其門下，遂逼仙客令作遺表，薦閎叔尚書右丞弈及兵部侍郎盧奐堪代已。閎為起草，仙客時既危殆，署字不成。其妻因中使來弔，以其表上。玄宗覺而怒之，左遷弈為永陽太守，盧奐為臨淄太守，賜閎死。

王忠嗣，太原祁人也，家于華州之鄭縣。父海賓，太子右衛率、豐安軍使、太谷男，以驍勇聞隴上。開元二年七月，吐蕃入寇，朝廷起薛訥攝左羽林將軍，為隴右防禦使，率杜賓客、郭知運、王晙、安思順以禦之，以海賓為先鋒。及賊于渭州西界武階驛，苦戰勝之，殺獲甚眾。諸將嫉其功，按兵不救，海賓以眾寡不敵，歿于陣。大軍乘其勢擊之，斬首一萬七千級，獲馬七萬五千匹，羊牛十四萬頭。玄宗聞而憐之，詔贈左金吾大將軍。忠嗣初名訓，年九歲，以父死王事，起復拜朝散大夫、尚輦奉御，賜名忠嗣，養於禁中累年。肅宗在忠邸，與之游處。及長，雄毅寡言，嚴重有武略。玄宗以其兵家子，與之論兵，應對縱橫，皆出意表。玄宗謂之曰：「爾後必為良將。」十八年，又贈其父安西大都護。其後遂從河西節度、兵部尚書蕭嵩，河東副元帥、信安王褘，並引為兵馬使。二十一年，再轉左領軍衛郎將、河西討擊副使、左威衛將軍，賜紫金魚袋、清源男，兼檢校代州都督。嘗短皇甫惟明義弟王昱慽焉，遂為所陷，貶東陽府左果毅。屬河西節度使杜希望謀拔新城，或言忠嗣之材足以輯事，必欲取勝，非其人不可。希望卽奏聞，詔追忠嗣赴河西。既下新城，忠嗣之功居多，因授左威衛郎將，專知行軍兵馬。是秋，吐蕃大下報新城之役，晨壓官軍，眾寡不敵，師人皆懼焉。忠嗣乃以所部策馬而前，左右馳突，當者無不辟易，出而復合，殺數百人，賊眾遂亂。三軍翼而擊之，吐蕃大敗。以功最，詔拜左金吾衛將軍同正員，尋又兼左羽林軍上將軍、河東節度副使、兼大同軍使。二十八年，以本官兼代州都督、攝御史大夫、兼充河東節度，又加雲麾將軍。二十九年，代韋光乘為朔方節度使，仍加權知河東節度事。其月，以田仁琬充河東節度使，忠嗣依舊朔方節度。天寶元年，兼靈州都督。是歲北伐，與奚怒皆戰于桑乾河，三敗之，大虜其眾，耀武漠北，高會而旋。時突厥葉護新有內難，忠嗣盛兵磧口以威振之。烏蘇米施可汗懼而請降，竟遷延不至。忠嗣乃縱反間於拔悉密與葛邏祿、迴紇三部落，攻米施可汗，走之。忠嗣因出兵伐之，取其右廂而歸。其西葉護及毗伽可敦男殺葛臘哆率其部落千餘帳入朝，因加左武衛大將軍。明年，又再破怒皆及突厥之眾，自是塞外晏然，虜不敢入。天寶三載，突厥十姓拔悉密葉等竟攻殺烏蘇米施可汗，傳首京師。四載，加攝御史大夫，充河東節度採訪使。五月，進封清源縣公。忠嗣少以勇敢自負，及居節將，以持重安邊為務。嘗謂人云：「國家昇平之時，為將者在撫其眾而已。吾不欲疲中國之力以徼功名耳。」但訓練士馬，缺則補之。有漆弓百五十斤，嘗貯之袋中，示無所用。軍中皆日夜思戰，因多縱間諜以伺虜之隙，時以奇兵襲之，故士樂為用，師出必勝。每軍出，卽各召本將付其兵器，令給士卒，雖一弓一箭，必書其名姓於上以記之，軍罷却納，若遺失，卽驗其名罪之，故人人自勸，甲仗充牣矣。四載，又兼河東節度採訪使。自朔方至雲中，緣邊數千里，當要害地開拓舊城，或自創制，斥地各數百里。自張仁亶之後四十餘年，忠嗣繼之，北塞之人復罷戰矣。五年正月，河隴以皇甫惟明敗衄之後，因忠嗣以持節充西平郡太守，判武威郡事，充河西隴右節度使。其月，又權知朔方、河東節度使事。忠嗣佩四將印，控制萬里，勁兵重鎮，皆歸掌握，自國初已來，未之有也。尋遷鴻臚卿，餘如故。又加金紫光祿大夫，仍授一子五品官。後頻戰青海、積石，皆大剋捷。尋又伐吐谷渾於墨離，虜其全國而歸。初，忠嗣在河東、朔方日久，備諳邊事，得士卒心。及至河隴，頗不習其物情，又以功名富貴自處，望減於往日矣。其載四月，固讓朔方、河東節度，許之。玄宗方事石堡城，詔問以攻取之略，忠嗣奏云：「石堡險固，吐蕃舉國而守之。若頓兵堅城之下，必死者數萬，然後事可圖也。臣恐所得不如所失，請休兵秣馬，觀釁而取之，計之上者。」玄宗因不快。李林甫尤忌忠嗣，日求其過。六載，會董延光獻策請下石堡城，詔忠嗣分兵應接之。忠嗣僶俛而從，延光不悅。河西兵馬使李光弼危之，遽而入告，將及於庭，忠嗣曰：「李將軍有何事乎？」光弼進而言曰：「請議軍。」忠嗣曰：「何也？」對曰：「向者大夫以士卒為心，有拒董延光之色，雖曰受詔，實奪其謀。何者？大夫以數萬眾付之，而不懸重賞，則何以賈三軍之勇乎？大夫財帛盈庫，何惜數萬段之賞以杜其讒口乎？彼如不捷，歸罪於大夫矣。」忠嗣曰：「李將軍，忠嗣計已決矣。平生始望，豈及貴乎？今爭一城，得之未制於敵，不得之未害於國，忠嗣豈以數萬人之命易一官哉？假如明主見責，豈失一金吾羽林將軍歸朝宿衛乎？其次，豈失一黔中上佐乎？此所甘心也。雖然，公實愛我。」光弼謝曰：「向者恐累大夫，敢以哀告。大夫能行古人之事，非光弼所及也。」遂趨而出。及延光過期不剋，訴忠嗣緩師，故師出無功。李林甫又令濟陽別駕魏林告忠嗣稱「往任朔州刺史，忠嗣為河東節度，云『早與忠王同養宮中，我欲尊奉太子』」。玄宗大怒，因徵入朝，令三司推訊之，幾陷極刑。會哥舒翰代忠嗣為隴右節度，特承恩顧，因奏忠嗣之枉，詞甚懇切，請以己官爵贖罪。玄宗怒稍解。十一月，貶漢陽太守。七載，量移漢東郡太守明年暴卒年四十五子震天寶中秘書丞其後哥舒翰大舉兵伐石堡城拔之死者太半竟如忠嗣之言當代稱爲名將先是忠嗣之在朔方也每至互市時卽高估馬價以誘之諸蕃聞之競來求市來輒買之故蕃馬益少而漢軍益壯及至河隴又奏請徙朔方河東戎馬九千匹以實之其軍又壯迄于天寶末戰馬蕃息寶應元年追贈兵部尚書

史臣曰郭虔瓘郭知運王君㚟張守珪牛仙客王忠嗣立功邊域爲世虎臣班超傳介子之流也然虔瓘以萬人征西請給公乘熟食可謂謀之不臧矣君㚟以父執登陣兵竟不出此則不知門外之事義斷恩也守珪以至誠感神取材成堰與夫耿恭拜井有何異焉仙客爰自方隅驟登廊廟顯招物議獨善其身蓋才有不周眛於陳力就列忠嗣因靑蠅之點幾危其身譏人之言誠可畏也

贊曰隴山之西幽陵之北爰有戎夷世爲殘賊二郭二王守珪仙客禦寇之功存乎方策

# 舊唐書卷一百四

後晉司空同中書門下平章事劉　昫撰

## 列傳第五十四

高仙芝　封常淸　哥舒翰

高仙芝本高麗人也父舍雞初從河西軍累勞至四鎭十將諸衞將軍仙芝美姿容善騎射勇決驍果少隨父至安西以父有功授游擊將軍年二十餘卽拜將軍與父同班秩事節度使田仁琬蓋嘉運未甚任用後夫蒙靈詧累拔擢之開元末爲安西副都護四鎭都知兵馬使小勃律國王爲吐蕃所招妻以公主西北二十餘國皆爲吐蕃所制貢獻不通後節度使田仁琬蓋嘉運并靈詧累討之不捷玄宗特勑仙芝以馬步萬人爲行營節度使往討之時步軍皆有私馬自安西行十五日至撥換城又十餘日至握瑟德又十餘日至疏勒又二十餘日至葱嶺守捉又行二十餘日至播密川又二十餘日至特勒滿川卽五識匿國也仙芝乃分爲三軍使疏勒守捉使趙崇玼統三千騎趣吐蕃連雲堡自北谷入使撥換守捉使賈崇瓘自赤佛堂路入仙芝與中使邊令誠自護密國入約七月十三日辰時會于吐蕃連雲堡堡中有兵千人又城南十五里因山爲柵有兵八九千人城下有婆勒川水漲不可渡仙芝以三牲祭河命諸將選兵馬人齎三日乾糧早集河次水旣難渡將士皆以爲狂旣至人不濕旗馬不濕韉已濟而成列矣仙芝喜謂令誠曰向吾半渡賊來吾屬敗矣今旣濟成列是天以此賊賜我也遂登山挑擊從辰至巳大破之至夜奔逐殺五千人生擒千人餘並走散得馬千餘匹軍資器械不可勝數玄宗使術士韓履冰往視日懼不欲行邊令誠亦懼仙芝留令誠等以羸病尫弱三千餘人守其城仙芝遂進三日至坦駒嶺直下峭峻四十餘里仙芝料之曰阿弩越胡若速迎卽是好心又恐兵士不下乃先令二十餘騎詐作阿弩越城胡服上嶺來迎旣至坦駒嶺兵士果不肯下云大使將我欲何處去言未畢其先使二十人來迎云阿弩越城胡並好心奉迎娑夷河藤橋已斫訖仙芝陽喜以號令兵士盡下娑夷河卽古之弱水也不勝草芥毛髮下嶺三日越胡果來迎明日至阿弩越城當日令將軍席元慶賀婁餘潤先修橋路仙芝明日進軍又令元慶以一千騎先謂小勃律王曰吾取汝城亦不斫汝橋但借汝路過向大勃律去城中有首領五六人皆赤心吐蕃仙芝先約元慶云軍到首領百姓必走入山谷招呼取以勑命賜綵物等首領至齊縛之以待我元慶旣至一如仙芝之所教縛諸首領王及公主走入石窟取不可得仙芝至斬其爲吐蕃者五六人急令元慶斫藤橋去勃律猶六十里及暮纔斫了吐蕃兵馬大至已無及矣藤橋闊一箭道修之一年方成勃律先爲吐蕃所詐借路遂成此橋至是仙芝徐自招諭勃律及公主出降並平其國天寶六載八月仙芝虜勃律王及公主趣赤佛堂路班師九月復至婆勒川連雲堡與邊令誠等相見其月末還播密川令劉單草告捷書遣中使判官王廷芳告捷仙芝軍還至河西夫蒙靈詧都不使人迎勞罵仙芝曰噉狗腸高麗奴噉狗屎高麗奴于闐使誰與汝奏得仙芝曰中丞焉耆鎭守使誰邊得曰中丞安西副都護使誰邊得曰中丞安西都知兵馬使誰邊得曰中丞靈詧曰此旣皆我所奏安得不待我處分懸奏捷書據高麗奴此罪合當斬但緣新立大功不欲處置又謂劉單曰聞爾能作捷書單恐懼請罪令誠具奏其狀曰仙芝立奇功今將憂死其年六月制授仙芝鴻臚卿攝御史中丞代夫蒙靈詧爲四鎭節度使徵靈詧入朝靈詧大懼仙芝每日見之趨走如故靈詧益不自安將軍程千里時爲副都護大將軍畢思琛爲靈詧押衙行官王滔康懷順陳奉忠等嘗構譖仙芝靈詧仙芝旣領節度事謂程千里曰公面似男兒心如婦人何也又謂思琛曰此胡敢來我城東一千石種子莊被汝將去憶之乎對曰此是中丞知思琛辛苦見乞仙芝曰吾此時懼汝作威福豈是憐汝與之我欲不言恐汝懷憂言了無事矣又呼王滔等至捽下將笞良久皆釋之由是軍情不懼八載入朝加特進兼左金吾衞大將軍同正員仍與一子五品九載將兵討石國平之獲其國王以歸仙芝性貪獲石國大瑟瑟十餘石眞金五六駱駝名馬寶玉稱是初舍雞以仙芝爲懦緩恐其不能自存至是立功家財鉅萬頗能散施人有所求言無不應其載入朝拜開府儀同三司尋除武威太守河西節度使代安思順思順諷羣胡剺耳務面請留監察御史裴周南奏之制復留思順以仙芝爲右羽林大將軍十四載封密雲郡公十一月安祿山據范陽叛是日以京兆牧榮王琬爲討賊元帥仙芝爲副命仙芝領飛騎彍騎及朔方河西隴右應赴京兵馬并召募關輔五萬人繼封常淸出潼關進討仍以仙芝兼御史大夫十二月師發玄宗御望春亭慰勞遣之仍令監門將軍邊令誠監其軍屯於陝州是月十一日封常淸兵敗於汜水十三日祿山陷東京常淸以餘衆奔陝州謂仙芝曰累日血戰賊鋒不可當且潼關無兵若狂寇奔突則京師危矣宜棄此守急保潼關常淸仙芝乃率見兵取太原倉錢絹分給將士餘皆焚之俄而賊騎繼至諸軍惶駭棄甲而走無復隊伍仙芝至關繕修守具又令索承光守善和戍賊騎至關已有備矣不能攻而去仙芝之力也

封常淸蒲州猗氏人也外祖犯罪流安西効力守胡城南門頗讀書每坐常淸於城門樓上教其讀書多所歷覽外祖死常淸孤貧三十餘屬夫蒙靈詧爲四鎭節度使將軍高仙芝爲都知兵馬使頗有材能每出軍奏傔從三十餘人衣服鮮明常淸慨然發憤投牒請預一傔常淸細瘦目纇脚短而跛仙芝見其貌寢不納明日又投牒仙芝謂曰吾奏傔已足何煩復來常淸怒倨謂仙芝曰常淸慕公高義願事鞭轡所以無媒而前何見拒之深乎公若方圓取人則士大夫所望若以貌取人恐失之子羽矣仙芝猶未納常淸自爾仙芝之出入晨夕不離其門凡數十日仙芝不得已補爲傔開元末會達奚部落背叛自黑山北向西趣碎葉玄宗勑靈詧邀擊之靈詧使仙芝以兵北至綾嶺下遇賊擊之達奚行遠人馬皆疲斬殺略盡常淸於幕中潛作捷書具言次舍井泉遇賊形勢克獲謀略事頗精審仙芝所欲言無不周悉仙芝大駭異之仙芝軍迴靈詧貲勞仙芝去奴袜帶刀見判官劉眺獨孤峻等逆問之曰前者捷書誰之所作副大使幕下何得有如此人仙芝曰卽仙芝傔人封常淸也眺等揖仙芝命常淸進坐與語如舊相識衆人方異之以破達奚功授疊州地下戍主便以爲判官累以軍功授鎭將果毅折衝天寶六年從仙芝破小勃律十二月仙芝代夫蒙靈詧爲安西節度使便奏常淸爲慶王府錄事參軍充節度判官賜紫金魚袋加朝散大夫專知四鎭倉庫屯田甲仗支度營田事仙芝每出征討常令常淸知留後事常淸有才學果決知留後時仙芝乳母子鄭德詮已爲郎將德詮母在宅內仙芝視之如兄弟家事皆令知之威望動三軍常淸出迴諸將皆引前德詮見常淸出其門素易之自後走馬突常淸而去常淸至使院命左右密引至廳連節度使宅院凡經數重門德詮旣過命隨後閉之德詮至常淸離席謂之曰常淸起自細微預中丞兵馬使傔中丞再不納郎將豈不知乎今中丞過聽以常淸爲留後使郎將何得無禮對中使相凌因叱之曰郎將須蹔死以肅軍容因令勒迴杖六十面仆地曳出仙芝妻及乳母於門外號哭救之不得因以其狀上仙芝仙芝覽之驚曰已死矣及見常淸遂無一言常淸亦不之謝諸大將有罪者擊殺二人於是軍中股慄十載仙芝改河西節度使奏常淸爲判官王正見爲安西節度奏常淸爲四鎭支度營田副使行軍司馬十一載正見死乃以常淸爲安西副大都護攝御史中丞持節充安西四鎭節度經略支度營田副大使知節度事十三載入朝攝御史大夫仍與一子五品官賜第一區亡父母皆贈封爵俄而北庭都護程千里入爲右金吾大將軍仍令常淸權知北庭都護持節充伊西節度等使常淸性勤儉每出征或乘驛私馬不過一兩匹賞罰嚴明十四載入朝十一月謁玄宗於華淸宮時祿山已叛玄宗言兇胡負恩之狀何方誅討常淸奏曰祿山領兇徒十萬徑犯中原太平斯久人不知戰然事有逆順勢有奇變臣請走馬赴東京開府庫募驍勇挑馬箠渡河計日取逆胡之首懸於闕下玄宗方憂壯其言翌日以常淸爲范陽節度俾募兵東討其日常淸乘驛赴東京召募旬日得兵六萬皆傭保市井之流乃斫斷河陽橋於東京爲固守之備十二月祿山渡河陷陳留入郹子谷兇威轉熾先鋒至葵園常淸使驍騎與柘羯逆戰殺賊數十百人賊大軍繼至常淸

退入上東門又戰不利賊鼓譟於四城門入殺掠人吏常清又戰於都亭驛不勝退守宣仁門又敗乃從提象門入倒樹以礙之至穀水西奔至陝郡遇高仙芝具以賊勢告之恐賊難與爭鋒仙芝遂退守潼關玄宗聞常清敗削其官爵令白衣與仙芝軍効力仙芝令常清監巡左右廂諸軍常清衣皂衣以從事監軍邊令誠每事干之仙芝多不從令誠入奏事具言仙芝常清逗撓奔敗之狀玄宗怒遣令誠齎勑至軍並誅之令誠至潼關引常清於驛南西街宣勑示之常清曰常清所以不死者不忍汚國家旌麾受戮賊手討逆無効死乃甘心初常清兵敗入關欲馳赴闕庭至渭南有勑令却赴潼關自草表待罪是日臨刑託令誠上之其表曰中使駱奉仙至奉宣口勑恕臣萬死之罪收臣一朝之効令臣却赴陝州隨高仙芝行營負斧縲囚忽焉解縛敗軍之將更許增修臣常清誠懽誠喜頓首頓首臣自城陷已來前後三度遣使奉表具述赤心竟不蒙引對臣之此來非求苟活實欲陳社稷之計破虎狼之謀冀拜首闕庭吐心陛下論逆胡之兵勢陳討捍之別謀酬萬死之恩以報一生之寵豈料長安日遠謁見無由函谷關遙陳情不暇臣讀春秋見狼瞫稱未獲死所臣今獲矣昨日者與羯胡接戰自今月七日交兵至于十三日不已臣所將之兵皆是烏合之徒素未訓習率周南市人之衆當漁陽突騎之師尚猶殺敵塞路血流滿野臣欲挺身刃下死節軍前恐長逆胡之威以挫王師之勢是以馳御就日將命歸天一期陛下斬臣於都市之下以誡諸將二期陛下問臣以逆賊之勢將誡諸軍三期陛下知臣非惜死之徒許臣竭露臣今將死抗表陛下或以臣失律之後誑妄爲辭陛下或以臣欲盡所忠肝膽見察臣死之後望陛下不輕此賊無忘臣言則冀社稷復安逆胡敗覆臣之所願畢矣仰天飲鴆向日封章即爲屍諫之臣死作聖朝之鬼若使歿而有知必結草軍前迴風陣上引王師之旗鼓平寇賊之戈鋋生死酬恩不任感激臣常清無任永辭聖代悲戀之至常清既刑陳其尸於蘧蒢上仙芝歸至廳令誠索陌刀手百餘人隨而從之曰大夫亦有恩命仙芝遽下遂至常清所刑處仙芝曰我退罪也死不辭然以我爲減截兵糧及賜物等則誣我也謂令誠曰上是天下是地兵士皆在足下豈不知乎其召募兵排列在外素愛仙芝呼謂之曰我於京中召兒郎輩雖得少許物裝束亦未能足方與君輩破賊然後取高官重賞不謂賊勢憑陵引軍至此亦欲固守潼關故也我若實有此君輩即言實我若實無之君輩當言枉兵齊呼曰枉其聲殷地仙芝又目常清之尸謂之曰封二子從微至著我則引拔子爲我判官俄又代我爲節度使今日又與子同死於此豈命也夫遂斬之

哥舒翰突騎施首領哥舒部落之裔也蕃人多以部落稱姓因以爲氏祖沮左清道率父道元安西副都護世居安西翰家富於財倜儻任俠好然諾縱蒱酒年四十遭父喪三年客居京師爲長安尉不禮慨然發憤折節仗劍之河西初事節度使王倕倕攻新城使翰經略三軍無不震懾後節度使王忠嗣補爲衙將翰好讀左氏春秋傳及漢書疎財重氣士多歸之忠嗣以爲大斗軍副使嘗使翰討吐蕃于新城有同列爲副者見翰禮倨不爲用翰怒撾殺之軍中股慄遷左衞郎將後吐蕃寇邊翰拒之于苦拔海其衆三行從山差池而下翰持半段槍當其鋒擊之三行皆敗無不摧靡由是知名天寶六載擢授右武衞員外將軍充隴西節度副使都知關西兵馬使河源軍使先是吐蕃每至麥熟時即率部衆至積石軍獲取之共呼爲吐蕃麥莊前後無敢拒之者至是翰使王難得楊景暉等潛引兵至積石軍設伏以待之吐蕃以五千騎至翰於城中率驍勇馳擊殺之略盡餘或挺走伏兵邀擊匹馬不還翰有家奴曰左車年十五六亦有膂力翰善使槍追賊及之以槍搭其肩而喝之賊驚顧翰從而刺其喉皆剔高三五尺而墮無不死者左車輒下馬斬首率以爲常其冬玄宗在華清宮王忠嗣被劾勑召翰至與語悅之遂以爲鴻臚卿兼西平郡太守攝御史中丞代忠嗣爲隴右節度支度營田副大使知節度事仍極言救忠嗣上起入禁中翰叩頭隨之而前言詞慷慨聲淚俱下帝感而寬之貶忠嗣爲漢陽太守朝廷義而壯之明年築神威軍於青海上吐蕃至攻破之又築城於青海中龍駒島有白龍見遂名爲應龍城吐蕃屏跡不敢近青海吐蕃保石堡城路遙而險久不拔八載以朔方河東羣牧十萬衆委翰總統攻石堡城翰使麾下將高秀巖張守瑜進攻不旬日而拔之上錄其功拜特進鴻臚員外卿與一子五品官賜物千匹莊宅各一所加攝御史大夫十一載加開府儀同三司翰素與祿山思順不協上每和解之爲兄弟其冬祿山思順翰並來朝上使內侍高力士及中貴人於京城東駙馬崔惠童池亭宴會翰母尉遲氏于闐之族也祿山以思順惡翰嘗銜之至是忽謂翰曰我父是胡母是突厥公父是突厥母是胡與公族類同何不相親乎翰應之曰古人云野狐向窟嘷不祥以其忘本也敢不盡心焉祿山以爲譏其胡也大怒罵翰曰突厥敢如此耶翰欲應之高力士目翰翰遂止十二載進封涼國公食實封三百戶加河西節度使尋封西平郡王時楊國忠有隙於祿山頻奏其反狀故厚賞翰以親結之十三載拜太子太保更加實封三百戶又兼御史大夫翰好飲酒頗恣聲色至土門軍入浴室遘風疾絕倒良久乃蘇因入京廢疾于家及安祿山反上以封常清高仙芝喪敗召翰入拜爲皇太子先鋒兵馬元帥以田良丘爲御史中丞充行軍司馬以王思禮鉗耳大福李承光蘇法鼎管崇嗣及蕃將火拔歸仁李武定渾萼契苾寧等爲裨將河隴朔方兵及蕃兵與高仙芝舊卒共二十萬拒賊於潼關上御勤政樓勞遣之百寮出餞于郊十五載加翰尚書左僕射同中書門下平章事翰至潼關或勸翰曰祿山阻兵以誅楊國忠爲名公若留兵三萬守關悉以精銳迴誅國忠此漢挫七國之計也公以爲何如翰心許之未發有客泄其謀於國忠國忠大懼乃奏曰兵法安不忘危今潼關兵衆雖盛而無後殿萬一不利京師得無恐乎請選監牧小兒三千人訓練於苑中詔從之遂遣劍南軍將李福劉光庭分統焉又奏召募一萬人屯於灞上令其腹心杜乾運將之翰慮爲所圖乃上表請乾運兵隸於潼關遂召乾運赴潼關計事因斬之自是翰心不自安又素有風疾至是頗甚軍中之務不復躬親委政於行軍司馬田良丘良丘復不敢專斷教令不一頗無部伍其將王思禮李承光又爭長不叶人無鬬志先是翰數奏祿山雖竊河朔而不得人心請持重以弊之彼自離心因而翦滅之可不傷兵擒茲寇矣賊將崔乾祐於陝郡潛鋒蓄銳而覘者奏云賊殊無備上然之命悉衆速討之翰奏曰賊既始爲兇逆祿山久習用兵必不肯無備是陰計也且賊兵遠來利在速戰今王師自戰其地利在堅守不利輕出若輕出關是入其算乞更觀事勢楊國忠恐其謀已屢奏使出兵上久處太平不練軍事既爲國忠眩惑中使相繼督責翰不得已引師出關六月四日次于靈寶縣之西原八日與賊交戰官軍南迫險峭北臨黃河崔乾祐以數千人先據險要翰及良丘等浮船中流以觀進退謂乾祐兵少輕之遂促將士令進爭路擁塞無復隊伍午後東風急乾祐以草車數十乘縱火焚之煙焰亘天將士掩面開目不得因爲兇徒所乘王師自相排擠墜于河後者見前軍陷敗悉潰塡委于河死者數萬人號叫之聲振天地縛器械以槍爲楫投北岸十不存一二軍既敗翰與數百騎馳而西歸爲火拔歸仁執降於賊祿山謂之曰汝常輕我今日如何翰懼俯伏稱肉眼不識陛下遂至於此陛下爲撥亂主今天下未平李光弼在土門來瑱在河南魯炅在南陽但留臣以尺書招之不日平矣祿山大喜遂僞署翰司空作書招光弼等諸將報書皆讓翰不死節祿山知事不諧遂閉翰於苑中潛殺之翰之守潼關也主天下兵權肆志報怨誣奏戶部尚書安思順與祿山潛通僞令人爲祿山遺思順書於關門擒之以獻其年三月思順及弟太僕卿元貞並坐誅徙其家屬于嶺外天下冤之

史臣曰大盜作梗祿山亂常詞雖欲誅國忠志則謀危社稷于時承平日久金革道消封常清高仙芝相次率不教之兵募市人之衆以抗兇寇失律喪師哥舒翰廢疾于家起專兵柄二十萬衆拒賊關門軍中之務不親委任又非其所及遇羯賊旋致敗亡天子以之播遷自身以之拘執此皆命帥而不得其人也禮曰大夫死衆又曰謀人之軍師敗則死之翰受署賊庭苟延視息忠義之道即可知也豈不愧於顏杲卿乎抑又聞之古之命將者推轂而謂之曰閫外之事將軍裁之觀楊國忠之奏事邊令誠之護戎又掣肘於軍政者也未可偏責三帥不尤伊人後之君子得不深鑑

贊曰羯賊犯順戎車啓行委任失所封高敗亡虔劉圻甸僭竊衣裳醜哉舒翰不能死王

舊唐書卷一百四考證

高仙芝傳六月制授仙芝鴻臚卿攝御史中丞代夫蒙靈詧爲四鎭節度使○臣德潛按此天寶六載六月也而封常清傳又云天寶六載從仙芝破小勃律十二月仙芝代夫蒙靈詧爲安西節度使使奏常清爲慶王府錄事參軍二傳互異

封常清傳十二月祿山渡河陷陳留○新書陷滎陽

舊唐書卷一百五

後晉司空同中書門下平章事劉　昫撰

列傳第五十五

宇文融　韋堅　楊愼矜　王鉷

宇文融京兆萬年人，隋禮部尚書平昌公弢之玄孫也祖節貞觀中爲尚書右丞明習法令以幹局見稱時江夏王道宗嘗以私事託於節節遂奏之太宗太悅賜絹二百匹仍勞之曰朕所以不置左右僕射者正以卿在省耳永徽初累遷黃門侍郎同中書門下三品代于志寧爲侍中坐房遺愛事配流桂州而卒父嶠萊州長史融開元初累轉富平主簿明辯有吏幹源乾曜孟温相次爲京兆尹皆厚禮之俄拜監察御史時天下戶口逃士免役多僞濫朝廷深以爲患融乃陳便宜奏請檢察僞濫搜括逃戶玄宗納其言因令融充使推勾無幾獲僞濫及諸免役甚衆特加朝散大夫再遷兵部員外郎兼侍御史融於是奏置勸農判官十人並攝御史分往天下所在檢括田疇招攜戶口其新附客戶則免其六年賦調但輕稅入官議者頗以爲擾人不便陽翟尉皇甫憬上疏曰臣聞智者千慮或有一失愚夫千計亦有一得且無益之事繁則不急之務衆不急之務衆則數役數役則人疲人疲則無聊生矣是以太上務德以靜爲本其次化之以安爲上但責其疆界嚴之隄防山水之餘卽爲見地何必聚人阡陌親遣括量故奪農時遂令受弊又應出使之輩未識大體所由殊不知陛下愛人至深務以句剝爲計州縣懼罪據牒卽徵逃亡之家鄰保代出鄰保不濟又便更輸急之則都不謀生緩之則慮法交及臣恐逃逆從此更深至如澄流在源止沸由火不可不愼今之具寮向逾萬數蠶食府庫侵害黎人國絕數載之儲家無經月之畜雖其厚稅亦不可供戶口逃亡莫不由此縱使伊皐申術管晏陳謀豈息玆弊若以此給將何以堪雖東海南山盡爲粟帛亦恐不足豈括田稅客能周給也左拾遺楊相如上書咸陳括客爲不便上方委任融侍中源乾曜及中書舍人陸堅皆贊成其事乃貶憬爲盈川尉於是諸道括得客戶凡八十餘萬田亦稱是州縣希融旨意務於獲多皆虛張其數亦有以實戶爲客者歲終徵得客戶錢數百萬融由是擢拜御史中丞言事者猶稱括客損居人上令集百寮於尚書省議公卿已下懼融恩勢皆雷同不敢有異詞唯戶部侍郎楊瑒獨建議以括客不利居人徵籍外田稅使百姓困弊所得不補所失無幾瑒出爲外職融乃馳傳巡歷天下事無大小先牒上勸農使而後申中書省司亦待融指撝而後決斷融之所至必招集老幼宣上恩命百姓感其心至有流淚稱父母者融使還具奏乃下制曰人惟邦本本固邦寧必在安人方能固本永言理道實獲朕心思所以康濟黎庶寵綏華夏上副宗廟乾坤之寄下荅寓縣貢獻之勤何嘗不夜分輟寢日旰忘食然後以眇眇之身當四海之貴雖則長想遐邇不可家至日見至于宣布政教安輯逃亡言念再三其勤至矣莫副朕命實用悉焉當扆永懷靜言厥緒豈人流自久招諭不還上情靡通于下衆心罔達於上求之明發想見其人當屬括地使宇文融謁見于延英殿朕以人必土著因議逃亡嘉其忠讜堪任以事乃授其田戶紀綱兼委之郡縣釐革便令充使奉以安人遂能恤我黎元克將朕命發自夏首及於歲終巡按所及歸首百萬仍聞宣制之日老幼欣躍惟令是從多流涙以感朕心咸吐誠以荷王命猶恐朕之薄德未孚于人撫字安存更冀良算遂命百司長吏方州岳牧僉議廟堂廣徵異見羣詞盈於札翰環省彌于旬日庶廣朕意豈以爲勞稽衆考言謂斯折衷欲人必信期於令行凡爾司存勉以遵守夫食爲人天富而後教經籍彝體前哲至言故平糴行於昔王義倉加於近代所以存九年之蓄收上中之歛穰賤則農不傷財災饉則時無菜色救人活國其利博哉今流戶大來王田載理敖庾之務寤寐所懷其客戶所稅錢宜均充所在常平倉用仍許預付價直任粟麥兼貯并舊常平錢粟並委本道判官句當處置使斂散及時務以矜恤且分災恤患州黨之常情損餘濟闕親鄰之善貸故木鐸云徇里胥均功夜績相從齊俗以贍今陽和布澤丁壯就田言念鰥惸事資拯助宜委使司與州縣商量勸作農社貧富相恤耕耘以時仍每至雨澤之後種穫忙月州縣常務一切停減使趨時急於備寇尺璧賤於寸陰是則天無虛施人無遺力又政在經遠功惟久著今逃亡初復居業未康循逃戶及籍外剩田猶宜勞徠理資存撫其十道分判官三五年內使就厥功令有終始當道覆屯及須推劾並以委之不須廣差餘使示專其事不擾于人政術有能必行賞罰其已奏復業歸首句當州縣每季一申不須挾名致有勞擾其歸首戶各令新首處與本貫計會年戶色役勿欺隱及其兩處徵科宣布天下使明知朕意中書令張說素惡融之爲人又患其權重融之所奏多建議爭之融揣其意先事圖之中書舍人張九齡言於說曰宇文融承恩用事辯給多詞不可不備也說曰此狗鼠輩焉能爲事融尋兼戶部侍郎從東封還又密陳意見分吏部爲十銓典選事所奏又爲說所抑融乃與御史大夫崔隱甫連名劾說廷奏其狀說由是罷知政事融恐說復用爲己患數譖毀之上惡其朋黨尋出融爲魏州刺史俄轉汴州刺史又上表請用禹貢九河舊道開稻田以利人并迴易陸運本錢官收其利雖興役不息而事多不就十六年復入爲鴻臚卿兼戶部侍郎明年拜黃門侍郎與裴光庭並兼同中書門下平章事融既居相位欲以天下爲己任謂人曰使吾居此數月庶令海內無事矣於是薦宋璟爲右丞相裴耀卿爲戶部侍郎許景先爲工部侍郎甚允朝廷之望然性躁急多言又引賓客故人晨夕飲謔由是爲時論所譏時禮部尚書信安王禕爲朔方節度使殿中侍御史李宙驛召將下獄禕既申訴得理融坐阿黨李宙出爲汝州刺史在相凡百日而罷裴光庭時兼御史大夫又彈融交遊朋黨及男受贓等事貶昭州平樂尉在嶺外歲餘司農少卿蔣岑舉奏融在汴州迴造船脚隱沒鉅萬給事中馮紹烈又深文案其事實融於是配流巖州地既瘴毒憂恚發疾遂詣廣府將停畱未還都督耿仁忠謂融曰明公負朝廷深譴以至於此更欲故犯嚴命淹畱他境仁忠見累誠所甘心亦恐朝廷知明公在此必不相容也融遽還卒于路上聞之思其舊恩贈台州刺史

韋堅京兆萬年人父元珪先天中銀青光祿大夫開元初兗州刺史堅姊爲贈惠宣太子妃堅妻又楚國公姜皎女堅姊又爲皇太子妃中外榮盛故早從官敘二十五年爲長安令以幹濟聞與中貴人善探候主意見宇文融楊愼矜父子以句剝財物爭行進奉而致恩顧堅乃以轉運江淮租賦所在置吏督察以裨國之倉廩歲益鉅萬玄宗以爲能天寶元年三月擢爲陝郡太守水陸轉運使自西漢及隋有運渠自關門西抵長安以通山東租賦奏請於咸陽擁渭水作興成堰截灞滻水傍渭東注至關西永豐倉下與渭合於長安城東九里長樂坡下滻水之上架苑墻東面有望春樓樓下穿廣運潭以通舟檝二年而成堅預於東京汴宋取小斛底船三二百隻置於潭側其船皆署牌表之若廣陵郡船卽於栿背上堆積廣陵所出錦鏡銅器海味丹陽郡船卽京口綾衫段晉陵郡船卽折造官端綾繡會稽郡船卽銅器羅吳綾絳紗南海郡船卽瑇瑁眞珠象牙沉香豫章郡船卽名瓷酒器茶釜茶鐺茶椀宣城郡船卽空青石紙筆黃連始安郡船卽蕉葛蚺蛇膽翡翠船中皆有米吳郡卽三破糯米方丈綾凡數十郡駕船人皆大笠子寬袖衫芒屨如吳楚之制先是人間戲唱歌詞云得（丁紇反）体（都董反）紇那也紇囊得体耶潭裏船車鬧揚州銅器多三郎當殿坐看唱得体歌至開元二十九年田同秀上言見玄元皇帝云有寶符在陝州桃林縣古關令尹喜宅發中使求而得之以爲殊祥改桃林爲靈寶縣及此潭成陝縣尉崔成甫以堅爲陝郡太守鑿成新潭又致揚州銅器翻出此詞廣集兩縣官使婦人唱之言得寶弘農野弘農得寶耶潭裏船車鬧揚州銅器多三郎當殿坐看唱得寶歌成甫又作歌詞十首白衣缺胯綠衫錦半臂偏袒膊紅羅抹額於第一船作號頭唱之和者婦人一百人皆鮮服靚粧齊聲接影鼓笛胡部以應之餘船洽進至樓下連檣彌亘數里觀者山積京城百姓多不識驛馬船檣竿人人駭視堅跪上諸郡輕貨又上百牙盤食府縣進奏教坊出樂迭奏玄宗歡悅下詔勑曰古之善政者貴於足食欲求富國者必先利人朕關輔之間尤資殷贍比來轉輸未免艱辛故置此潭以通漕運萬代之利一朝而成將允叶於永圖豈苟求於縱觀其陝郡太守韋堅始終檢校夙夜勤勞賞以懋功則惟常典宜特與三品仍改授一子三品京官兼太守判官等並卽量與改轉其專知檢校始末不（闕）潭所者并孔目官及至典選日優與處分仍委韋堅具名錄奏應役人夫等雖各酬傭直終使役日多並放今年地稅且啓鑿功畢舟檝已通旣涉遠途又能先至永言觀勵稍宜甄奬其押運綱各賜一中上考準前錄奏船夫等宜共賜錢二千貫以充宴樂外郡進上物賜貴戚朝官賜名廣運潭時堅姊故惠宣太子妃亦出寶物供樓上鋪設進食竟日而罷李林甫以堅姜氏壻甚狎之至是懼其詭計求進承恩日深堅又與李適之善益怒之恐入爲相乃與腹心構成其罪四月進銀青光祿大夫左散騎常侍陝郡太守水陸轉運使句當緣河及江淮南租庸轉運處置使並如故又以判官元撝豆盧友除監察御史三年正月堅又加兼御史中丞封韋城男九月拜守刑部尚書奪諸使以楊愼矜代之五載正月望夜堅與河西節度鴻臚卿皇甫惟明夜遊同過景龍觀道士房爲林甫所發以堅戚里不合與節將狎暱是構謀規立太子玄宗惑其言遽貶堅爲晉雲太守惟明爲播川太守尋發使殺惟明於黔中籍其資財六月又貶堅爲江夏員外別駕又構堅與李適之善貶適之爲宜

春太守。七月，堅又長流嶺南臨封郡。堅弟將作少匠蘭鄠縣令冰兵部員外郎芝堅男河南府戶曹諒並遠貶至十月使監察御史羅希奭逐而殺之諸弟及男諒並死堅妻姜氏林甫以其久遭輕賤特放還本宗倉部員外郎鄭章貶南豐丞殿中侍御史鄭欽說貶夜郎尉監察御史豆盧友貶富水尉監察御史楊惠貶巴東尉連累者數十人又勑嗣薛王琄夷陵郡員外別駕長任其母隨男任女壻新貶巴陵太守盧幼林長流合浦郡肅宗時爲皇太子恐懼上表稱與新婦離絕七載嗣薛王琄停仍於夜郎郡安置其母亦勒隨男堅貶黜後林甫諷所司發使於江淮東京緣河轉運使恣求堅之罪以聞因之綱典船夫溢於牢獄郡縣徵剝不止隣伍盡成裸形死於公府林甫死乃停

楊愼矜隋煬帝玄孫也曾祖隋齊王暕祖正道大業末隨宇文化及至河北爲竇建德所破因與其祖母蕭皇后入于建德軍建德送于突厥處羅可汗牙貞觀初李靖擊破頡利可汗胡酋康蘇密以蕭后及正道歸授尚衣奉御父隆禮長安中天官郎中神龍後歷洛梁滑汾懷五州刺史皆以清嚴能檢察人吏絕於欺隱聞景雲中以名犯玄宗上字改爲崇禮開元初擢爲太府少卿雖錢帛充牣丈尺間皆躬自省閱時議以爲前後爲太府者無與爲比擢拜太府卿加銀青光祿大夫進封弘農郡公在職二十年公清如一年九十餘授戶部尚書致仕時太平且久御府財物山積以爲經楊卿者無不精好每歲句剝省便出錢數百萬貫愼矜沉毅有材幹任氣尚朋執初爲汝陽令有能名崇禮罷太府玄宗訪其子堪委其父任者宰臣以愼餘愼矜愼名三人皆勤恪清白有父風而愼矜爲其最因拜監察御史知太府出納愼餘先爲司農丞除太子舍人監京倉壽丁父憂二十六年服闋累遷侍御史仍知太府出納愼名授大理評事攝監察御史充都含嘉倉出納使甚承恩顧愼矜於諸州納物者有水漬傷破及色下者皆令本州徵折估錢轉市輕貨州縣徵調不絕於歲月矣在臺數年又專知雜事風格甚高天寶二年遷權判御史中丞充京畿採訪使知太府出納使並如故時右相李林甫握權愼矜以遷拜不由其門懼不敢居其任固讓之因除諫議大夫兼侍御史仍依舊知太府出納以鴻臚少卿蕭諒爲御史中丞諒至臺無所撝讓頗不相能竟出爲陝郡太守林甫以愼矜屈於已復擢爲御史中丞仍充諸道鑄錢使餘如故時散騎常侍陝郡太守韋堅兼御史中丞爲水陸漕運使權傾宰相侍御史王鉷推堅獄愼矜引身中立以候望鉷恨之林甫亦憾焉愼矜與鉷父瑨中外兄弟鉷卽表姪少相狎鉷入臺愼矜爲臺端亦有推引及鉷遷中丞雖與鉷同列每呼爲王鉷鉷恃與林甫善漸不平之五載愼矜遷戶部侍郎中丞使如故林甫見愼矜受主恩心嫉之又知王鉷於愼矜有間又誘而啗之鉷乃伺其隙以陷之愼矜奪鉷職田背詈鉷詆其母氏鉷不堪其辱愼矜性疎快素昵於鉷嘗話讖書於鉷又與還俗僧史敬忠游處敬忠有學業鉷於林甫構成其罪云愼矜是隋家子孫心規克復隋室故畜異書與凶人來往而說國家休咎時天寶六載十一月玄宗在華清宮林甫令人發之玄宗震怒繫之於尚書省詔刑部尚書蕭隱之大理卿李道邃少卿楊璹侍御史楊釗殿中侍御史盧鉉同鞫之又使京兆士曹吉溫往東京收愼矜兄少府少監愼餘弟洛陽令愼名等雜訊之又令溫於汝州捕史敬忠獲之便赴行在所先令盧鉉收太府少卿張瑄於會昌驛繫而推之瑄不肯答辯鉉百端拷訊不得乃令不良枷瑄以手力絆其足以木按其足間撇其枷柄向前挽其身長校數尺腰細欲絕眼鼻皆血出謂之驢駒拔撅瑄竟不肯答又使鉉與御史崔器入城搜愼矜宅無所得拷其小妻韓珠團乃在堅櫃上作一闇函盛讖書等鉉於袖中出而納之詬以示愼矜愼矜曰他日不見今乃來是命也吾死矣及溫以敬忠至戲水驛東十餘里使証說之若至溫湯卽求首陳不可得矣去溫湯十餘里敬忠乞紙筆於桑樹下具吐之比見愼矜敬忠證之愼矜皆引實二十五日詔楊愼矜愼餘愼名並賜自盡史敬忠決重杖一百鮮于賁范滔並決重杖配流遠郡愼矜外甥前通事舍人辛景湊決杖配流義陽郡司馬嗣虢王巨與敬忠相識解官於南賓郡安置太府少卿張瑄決六十長流嶺南臨封郡亦死於流所愼矜兄弟并史敬忠莊宅官收以男女配流嶺南諸郡其張瑄万俟承暉鮮于賁等準此配流乃使監察御史顏眞卿送勑至東京殿中侍御史崔寓引愼名令河南法曹張萬頃宣勑示之愼名兄愼矜賜自盡初尚撫膺及聞愼餘及身皆爾遂止及宣勑了愼名曰今奉聖恩不敢稽留晷刻但以寡姊老年請作數行書以別之寓揖眞卿眞卿許之愼名神色不變入房中作書曰拙於謀運不能靜退兄弟并命唯姊尚存老年孤煢何以堪此書後又數條事又宅中作一板池池中魚一皆放之遂縊而死監察御史平冽齎勑至大理寺愼餘聞死合掌指天而縊初愼矜至溫湯正食忽見一鬼物長丈餘朱衣冠幘立於門扇後愼矜叱之良久不滅以熱羹投乃滅無何下獄死兄弟甚友愛事寡姊如母皆偉儀形風韻高朗愛客喜飲籍甚於時愼名嘗覽鏡見其鬚面神彩有過於人覆鏡歎惋曰吾兄弟三人盡長六尺餘有如此貌如此材而見容當代以期全難矣何不使我少體弱耶竟如其言

王鉷太原祁人也祖方翼夏州都督爲時名將生珣瑨珣瑨開元初並歷中書舍人珣兵部侍郎秘書監鉷卽瑨之孽子開元十年爲鄠縣尉京兆尹稻田判官二十四年再遷監察御史二十九年累除戶部員外郎常兼御史天寶二年充京和市和糴使遷戶部郎中三載長安令柳升以賄敗初韓朝宗爲京兆尹引升爲京令朝宗又于終南山下爲苟家觜買山居欲以避世亂玄宗怒勑鉷推之朝宗自高平太守貶爲吳興別駕又加鉷長春宮使四載加句戶口色役使又遷御史中丞兼充京畿採訪使五載又爲京畿關內道黜陟使又兼充關內採訪使時右相李林甫怙權用事志謀不利於東儲以除不附已者而鉷有吏幹倚之轉深以爲已用既爲戶口色役使時有勑給百姓一年復鉷卽奏徵其脚錢廣張其數又市輕貨乃甚於不放輸納物者有浸漬折估皆下本郡徵納又勑本郡高戶爲租庸脚士皆破其家產彌年不了恣行割剝以媚於時人用嗟怨古制天子六宮皆有品秩高下其俸物因有等差唐法沿於周隋妃嬪宮官位有尊卑亦隨其品而給授以供衣服鉛粉之費以奉於宸極玄宗在位多載妃御承恩多賞賜不欲頻於左右藏取之鉷探旨意歲進錢寶百億萬便貯於內庫以恣主恩錫賚鉷云此是常年額外物非征稅物玄宗以爲鉷有富國之術利於王用益厚待之丁嫡母憂起復舊職使如故七載又加檢察內作事遷戶部侍郎仍兼御史中丞賜紫金魚袋八載兼充閑廄使及苑內營田五坊宮苑等使隴右羣牧都支度營田使餘並如故太白山人李渾言于金星洞見老人云有玉版石記符聖上長生久視玄宗令鉷入山洞求而得之因上尊號加鉷銀青光祿大夫都知總監及栽接等使九載五月兼京兆尹使並如故鉷威權轉盛兼二十餘使近宅爲使院文案堆積胥吏求押一字卽累日不遂中使賜遺不絕於門雖晉公林甫亦畏避之林甫子岫爲將作監供奉禁中鉷子準衞尉少卿亦鬬鷄供奉每謔岫岫常下之萬年尉韋黃裳長安尉賈季隣常於廳事貯錢數百緡名倡珍饌常有備擬以候準所適又於宅側自有追歡之所鉷與弟戶部郎中銲召術士任海川遊其門問其相命言有王否海川震懼潛匿不出鉷懼洩其事令逐之至馮翊郡得誣以他事杖殺之定安公主男韋會任王府司馬聞之話於私庭乃被侍兒說於傭保者或有憾於會告於鉷鉷遣賈季隣收於長安獄入夜縊之明辰載屍還其家會皇堂外甥同產兄王繇尚永穆公主而惕息不敢言十載封太原縣公又兼殿中監十一載四月銲與故鴻臚少卿邢璹子縡情密累年縡潛構逆謀引右龍武軍萬騎刻取十一月殺龍武將軍因燒諸城門及市分數百人殺楊國忠及右相李林甫左相陳希烈等先期二日事發玄宗臨朝召鉷上於玉案前過狀與鉷鉷好奕棊縡善棊鉷因銲與之交故至是意銲在縡處金城坊密召之日晏始令捕賊官捕之萬年尉薛榮光長安尉賈季隣等捕之逢銲於化度寺門季隣爲鉷所引用爲赤尉銲謂之曰我與邢縡故舊縡今反恐事急妄相引請足下勿受其言榮先等至縡門縡等十餘人持弓刃突出榮先等遂與格戰季隣以銲語白鉷鉷謂之曰我弟何得與之有謀乎鉷與國忠共討逐縡縡下人曰勿損太夫人國忠爲劒南節度使有隨身官以白國忠曰賊有號不可戰須臾驃騎大將軍內侍高力士領飛龍小兒甲騎四百人討之縡爲亂兵所斬擒其黨善射人韋瑶等以獻國忠以白玄宗玄宗以鉷委任深必不與之知情鉷與銲別生嫉其富貴故欲陷鉷耳遂特原銲不問然意欲鉷請罪之上密令國忠諷之國忠不敢洩上意諷鉷曰且主上眷大夫深今日大夫須割慈存門戶但抗疏請罪郎中郎中亦未必至極刑大夫必存何如併命鉷俛首久曰小弟先人餘愛平昔頗有處分義不欲捨之而謀存乃進狀十二日鉷入朝左相陳希烈言語侵之鉷恨之憤訴言氣頗高鉷朝迴於中書侍郎廳修表令人進狀門司已不納矣須臾勑希烈推之鉷以表示宰相林甫曰大夫侵之矣遂不許俄銲至國忠問大夫知否銲未及應侍御史裴冕恐銲引之冕叱詈之曰足下爲臣不忠爲弟不義聖上以大夫之故以足下爲戶部郎中又加五品恩亦厚矣大夫豈知縡事乎國忠愕然謂銲曰實知卽不可隱不知亦不可妄引銲方曰七兄不知季隣證其罪及日暮奏之銲決杖死於朝堂賜鉷自盡於三衞厨明日移於資聖寺廊下裴冕言於國忠令歸宅權斂之又請令妻女送墓所國忠義而許之令鉷判官齊

奇營護之男準除名長流嶺南承化郡備長流珠崖郡至故驛殺之妻薛氏及在室女並流初鉷與御史中丞戶部侍郎楊慎矜親且情厚頗爲汲引及貴盛爭權鉷附於李林甫爲所誘陷慎矜家經五年而鉷至赤族豈天道歟

史臣曰夫姧佞之輩惟事悅人聚斂之臣無非害物貫禍招怨敗國喪身罕不由斯道也君人者中智已降亦心緣利動言爲甘聞志雖慕於聖明情不勝於嗜欲徒有賢佐無如之何所以禮經戒其勿蓄宇文融韋堅楊慎矜王鉷皆開元之倖人也或以括戶取媚或以漕運承恩或以聚貨得權或以剝下獲寵負勢自用人莫敢違張說李林甫手握大權承主恩顧尚遭凌擯以身下之他人卽可知也然天道惡盈器滿則覆終雖不令其弊已多良可痛也宋璟裴耀卿許景先獲居重任因融薦之此亦有鳳之一毛也玄宗以聖哲之姿處高明之位未免此累或承之羞後之帝王得不深鑑

贊曰財能域人聚則民散如何帝王志求餘羨融堅矜鉷因利乘便以徼寵榮宜招後患

舊唐書卷一百五考證

楊慎矜傳太府少卿張瑄決六十長流嶺南○新書瑄與慎矜同賜死

王鉷傳祖方翼爲時名將生瑨○沈炳震曰按王方翼傳作子瑤新書作子瑱

# 舊唐書卷一百六

後晉司空同中書門下平章事劉　昫撰

## 列傳第五十六

李林甫　楊國忠　張暐　王琚　王毛仲 陳玄禮附

李林甫高祖從父弟長平王叔良之曾孫叔良生孝斌官至原州長史孝斌生思誨官至揚府參軍思誨卽林甫之父也林甫善音律初爲千牛直長其舅楚國公姜皎深愛之開元初遷太子中允時源乾曜爲侍中乾曜姪孫光乘姜皎妹壻乾曜與之親乾曜之男潔白其父曰李林甫求爲司門郎中乾曜曰郎官須有素行才望高者哥奴豈是郎官耶數日除諭德哥奴林甫小字累遷國子司業十四年宇文融爲御史中丞引之同列因拜御史中丞歷刑吏二侍郎時武惠妃愛傾後宮二子壽王盛王以母愛特見寵異太子瑛益疎薄林甫多與中貴人善乃因中官白惠妃云願保護壽王惠妃德之初侍中裴光庭妻武三思女詭譎有材畧與林甫私中官高力士本出三思家及光庭卒武氏銜哀祈於力士請林甫代其夫位力士未敢言玄宗使中書令蕭嵩擇相嵩久之以右丞韓休對玄宗然之乃令草詔力士遽漏於武氏乃令林甫白休休既入相甚德林甫與嵩不和乃薦林甫堪爲宰相惠妃陰助之因拜黃門侍郎玄宗眷遇益深二十三年以黃門侍郎平章事裴耀卿爲侍中中書侍郎平章事張九齡爲中書令林甫爲禮部尚書同中書門下三品並加銀青光祿大夫林甫面柔而有狡計能伺候人主意故驟歷清列爲時委任而中官妃家皆厚結託伺上動靜皆預知之故出言進奏動必稱旨而猜忌陰中人不見於詞色朝廷受主恩顧不由其門則構成其罪與之善者雖厮養下士盡至榮寵尋歷戶兵二尚書知政事如故尋又以太子瑛鄂王瑤光王琚皆以母失愛而有怨言駙馬都尉楊洄白惠妃玄宗怒謀於宰臣將罪之九齡曰陛下三箇成人兒不可得太子國本長在宮中受陛下義方人未見過陛下奈何以喜怒間恐欲廢之臣不敢奉詔玄宗不悅林甫惘然而退初無言既而謂中貴人曰家事何須謀及於人時朔方節度使牛仙客在鎮有政能玄宗加實封九齡又奏曰邊將訓兵秣馬儲蓄軍實常務耳陛下賞之可也欲賜實賦恐未得宜惟聖慮思之帝默然林甫以其言告仙客仙客翌日見上泣讓官爵玄宗欲行實封之命兼爲尚書九齡執奏如初帝變色曰事總由卿九齡頓首曰陛下使臣待罪宰相事有未允臣合盡言違忤聖情合當萬死玄宗曰卿以仙客無門籍耶卿有何門閥九齡對曰臣荒徼微賤仙客中華之士然陛下擢臣踐臺閣掌綸誥仙客本河湟一使典目不識文字若大任之臣恐非宜林甫退而言曰但有材識何必辭學天子用人何有不可玄宗滋不悅九齡與中書侍郎嚴挺之善挺之初娶妻出之妻乃嫁蔚州刺史王元琰時元琰坐贓詔三司使推之挺之救免其罪玄宗察之謂九齡曰王元琰不無贓罪嚴挺之囑託所由輩有顏面九齡曰此挺之前妻今已婚崔氏不合有情玄宗曰卿不知雖離之亦却有私玄宗籍前事以九齡有黨與裴耀卿俱罷知政事拜左右丞相出挺之爲洺州刺史元琰流于嶺外卽日林甫代九齡爲中書集賢殿大學士修國史拜牛仙客工部尚書同中書門下平章事知門下省事監察御史周子諒言仙客非宰相器玄宗怒而殺之林甫言子諒本九齡引用乃貶九齡爲荊州長史玄宗終用林甫之言廢太子瑛鄂王瑤光王琚爲庶人太子妃兄駙馬都尉薛鏽長流瀼州死於故驛人謂之三庶聞者冤之其月佞媚者言有烏鵲巢於大理獄戶天下幾致刑措玄宗推功元輔封林甫晉國公仙客豳國公其冬惠妃病三庶人爲祟而薨儲宮虛位玄宗未定所立林甫曰壽王年已成長儲位攸宜玄宗曰忠王仁孝年又居長當守器東宮乃立爲皇太子自是林甫懼巧求陰事以傾太子林甫既秉樞衡兼領隴右河西節度又加吏部尚書天寶改易官名爲右相停知節度事加光祿大夫遷尚書左僕射六載加開府儀同三司賜實封三百戶而恩渥彌深凡御府膳羞遠方珍味中人宣賜道路相望與宰相李適之雖同宗屬而適之輕率嘗與林甫同論時政多失大體由是主恩益疎以至罷免黃門侍郎陳希烈性便佞嘗曲事林甫適之既罷乃引希烈同知政事林甫久典樞衡天下威權並歸於己台司機務希烈不敢參議但唯諾而已每有奏請必先賂遺左右伺察上旨以固恩寵上在位多載倦於萬機恒以大臣接對拘檢難徇私欲自得林甫一以委成故杜絕逆耳之言恣其宴樂衽席無別不以爲耻由林甫之贊成也林甫京城邸第田園水磑利盡上腴城東有薛王別墅林亭幽邃甲於都邑特以賜之及女樂二部天下珍玩前後賜與不可勝紀宰相用事之盛開元已來未有其比然每事過慎條理衆務增修綱紀中外遷除皆有恒度而耽寵固權已自封植朝望稍著必陰計中傷之初韋堅登朝以堅皇太子妃兄引居要職示結恩信實圖傾之乃潛令御史中丞楊慎矜陰伺堅隙會正月望夜皇太子出遊與堅相見慎矜知之奏上上大怒以爲不軌黜堅免太子妃韋氏林甫因是奏李適之與堅昵狎及裴寬韓朝宗並曲附適之上以爲然賜堅自盡裴韓皆坐之斥逐後楊慎矜權位漸盛林甫又忌之乃引王鉷爲御史中丞託以心腹鉷希林甫意遂誣罔密奏慎矜左道不法遂族其家楊國忠以椒房之親出入中禁奏請多允乃擢在臺省令按刑獄會皇太子良娣杜氏父有鄰與子壻柳勣不叶勣飛書告有鄰不法引李邕爲證詔王鉷與國忠按問鉷與國忠附會林甫奏之於是賜有鄰自盡出良娣爲庶人李邕裴敦復枝黨數人並坐極法林甫之苞藏安忍皆此類也林甫自以始謀不佐皇太子慮爲後患故屢起大獄以危之賴太子重愼無過流言不入林甫嘗令濟陽別駕魏林告隴右河西節度使王忠嗣林往任朔州刺史忠嗣時爲山東節度自云與忠王同養宮中情意相得欲擁兵以佐太子玄宗聞之曰我兒在內何路與外人交通此妄也然忠嗣亦左授漢陽太守八載咸寧太府趙奉章告林甫罪狀二十餘條告未上林甫知之諷御史臺逮捕以爲妖言重杖決死十載林甫兼領安西大都護朔方節度俄兼單于副大都護十一載以朔方副使李獻忠叛讓節度舉安思順自代國家武德貞觀已來蕃將如阿史那杜爾契苾何力忠孝有才畧亦不專委大將之任多以重臣領使以制之開元中張嘉貞王晙張說蕭嵩杜暹皆以節度使入知政事林甫固位志欲杜出將入相之源嘗奏曰文士爲將怯當矢石不如用寒族蕃人蕃人善戰有勇寒族卽無黨援帝以爲然乃用思順代林甫領使自是高仙芝哥舒翰皆專任大將林甫利其不識文字無入相由然而祿山竟爲亂階由專得大將之任故也林甫恃其早達輿馬被服頗極鮮華自無學術僅能秉筆有才名於時者尤忌之而郭愼微苑咸文士之闒茸者代爲題尺林甫典選部時選人嚴迥判語有用杕杜二字者林甫不識杕字謂吏部侍郎韋陟曰此云杕杜何也陟俛首不敢言太常少卿姜度林甫舅子度妻誕子林甫手書慶之曰聞有弄麞之慶客視之掩口初楊國忠登朝林甫以微才不之忌及位至中司權傾朝列林甫始惡之時國忠兼領劍南節度會南蠻寇邊林甫請國忠赴鎮帝雖依奏然待國忠方渥有詩送行句末言又相之意又曰卿止到蜀郡處置軍事屈指待卿林甫心尤不悅林甫時已寢疾其年十月扶疾從幸華清宮數日增劇巫言一見聖人差減帝欲視之左右諫止乃勑林甫出於庭中上登降聖閣遙視舉紅巾招慰之林甫不能興使人代拜於席翌日國忠自蜀還謁林甫拜於牀下林甫垂涕託以後事尋卒贈太尉揚州大都督給班劍西園秘器諸子以吉儀護柩還京師發喪於平康坊之第林甫晚年溺於聲妓姬侍盈房自以結怨於人常憂刺客竊發重扃複壁絡板甃石一夕屢徙雖家人不知之有子二十五人女二十五人岫爲將作監崿爲司儲郎中嶼爲太常少卿子壻

張博濟爲鴻臚少卿鄭平爲戶部員外郎杜位爲右補闕齊宣爲諫議大夫元撝爲京兆府戶曹初林甫嘗夢一白皙多鬚長丈夫逼已接之不能去既寤言曰此形狀類裴寬寬謀代我故也時寬爲戶部尚書兼御史大夫故因李適之黨斥逐之是時楊國忠始爲金吾胄曹參軍至是不十年林甫卒國忠竟代其任其形狀亦類寬焉國忠素憾林甫既得志誣奏林甫與蕃將阿布思同構逆謀誘林甫親族間素不悅者爲之證詔奪林甫官爵廢爲庶人岫崿諸子並謫於嶺表林甫性沉密城府深阻未嘗以愛憎見於容色自處台衡動循格令衣冠士子非常調無仕進之門所以秉鈞二十年朝野側目憚其威權及國忠誣構天下以爲冤

楊國忠本名釗蒲州永樂人也父珣以國忠貴贈兵部尚書則天朝幸臣張易之即國忠之舅也國忠無學術拘檢能飲酒蒱博無行爲宗黨所鄙乃發憤從軍事蜀帥以屯優當遷益州長史張寬惡其爲人因事笞之竟以屯優授新都尉稍遷金吾衞兵曹參軍太眞妃即國忠從祖妹也天寶初太眞有寵劍南節度使章仇兼瓊引國忠爲賓佐既而擢授監察御史去就輕率驟履清貴朝士指目嗤之時李林甫將不利於皇太子掎摭陰事以傾之侍御史楊愼矜望風旨誣太子妃兄韋堅與皇甫惟明私謁太子以國忠怙寵敢言援之爲黨以按其事京兆府法曹吉溫舞文巧詆爲國忠爪牙之用因深竟堅獄堅及太子良娣杜氏親屬柳勣杜昆吾等痛繩其罪以樹威權於京城別置推院自是連歲大獄追捕擠陷誅夷者數百家皆國忠發之林甫方深阻保位國忠凡所奏劾涉疑似於太子者林甫雖不明言以指導之皆林甫所使國忠乘而爲邪得以肆意上春秋高意有所愛惡國忠探知其情動契所欲驟遷檢校度支員外郎兼侍御史監水陸運及司農出納錢物內中市買召募劍南健兒等使以稱職遷度支郎中不朞年兼領十五餘使轉給事中兼御史中丞專判度支事是歲貴妃姊虢國韓國秦國三夫人同日拜命兄銛拜鴻臚卿八載玄宗召公卿百寮觀左藏庫喜其貨幣山積面賜國忠金紫兼權太府卿事國忠既專錢穀之任出入禁中日加親幸初楊愼矜希林甫旨引王鉷爲御史中丞同構大獄以傾東宮既帝意不迴愼矜稍避事防患因與鉷有隙鉷乃附國忠奏誣愼矜誅其昆仲繇是權傾內外公卿惕息吉溫爲國忠陳移奪執政之策國忠用其謀尋兼兵部侍郎京兆尹蕭炅御史中丞宋渾皆林甫所親善國忠皆誣奏譴逐林甫不能救王鉷爲御史大夫兼京兆尹恩寵侔於國忠而位望居其右國忠忌其與己分權會邢縡事泄乃陷鉷兄弟誅之因代鉷爲御史大夫權京兆尹賜名國忠乃窮竟邢縡獄令引林甫交私鉷銲與阿布思事狀而陳希烈哥舒翰附會國忠證成其狀上由是疏薄林甫南蠻質子閤羅鳳亡歸不獲帝怒甚欲討之國忠薦閬州人鮮于仲通爲益州長史令率精兵八萬討南蠻與羅鳳戰于瀘南全軍陷沒國忠掩其敗狀仍敍其戰功仍令仲通上表請國忠兼領益部十載國忠權知蜀郡都督府長史充劍南節度副大使知節度事仍薦仲通代已爲京兆尹國忠又使司馬李宓率師七萬再討南蠻宓渡瀘水爲蠻所誘至和城不戰而敗李宓死於陣國忠又隱其敗以捷書上聞自仲通李宓再舉討蠻之軍其徵發皆中國利兵然於土風不便沮洳之所陷瘴疫之所傷饋餉之所乏物故者十八九凡舉二十萬衆棄之死地隻輪不還人銜冤毒無敢言者國忠尋兼山南西道採訪使十一載南蠻侵蜀蜀人請國忠赴鎮林甫亦奏遣之將辭雨泣懇陳必爲林甫所排帝憐之不數月召還會林甫卒遂代爲右相兼吏部尚書集賢殿大學士太清太微宮使判度支劍南節度山南西道採訪兩京出納租庸鑄錢等使並如故國忠本性疏躁强力有口辯既以便佞得宰相剖決幾務居之不疑立朝之際或攘袂扼腕自公卿已下皆頤指氣使無不讋憚故事宰相居台輔之地以元功盛德居之不務威權出入騎從簡易自林甫承恩顧年深每出車騎滿街節將侍郎有所關白皆趨走辟易有同案吏舊例宰相午後六刻始出歸第林甫奏太平無事以巳時還第機務填委皆決於私家主書吴珣持籍就左相陳希烈之第希烈引籍署名都無可否國忠代之亦如前政國忠自侍御史以至宰相凡領四十餘使又專判度支吏部三銓事務鞅掌但署一字猶不能盡皆責成胥吏賄賂公行國忠既以宰臣典選奏請銓日便定留放不用長名先天已前諸司官知政事午後歸本司決事兵部尚書侍郎亦分銓注擬開元已後宰臣數少始崇其任不歸本司故事吏部三銓三注三唱自春及夏才終其事國忠使胥吏於私第暗定官員集百寮於尚書省對注唱一日令畢以誇神速資格差謬無復倫序明年注擬又於私第大集選人令諸女弟垂簾觀之笑語之聲朗聞於外故事注官訖過門下侍中給事中國忠注官時呼左相陳希烈於座隅給事中在列曰既對注擬過門下了矣吏部侍郎韋見素張倚皆衣紫是日與本曹郎官同咨事趨走於屏樹之間既退國忠謂諸姊曰兩員紫袍主事何如人相對大噱其所昵京兆尹鮮于仲通中書舍人竇華侍御史鄭昂諷選人於省門立碑以頌國忠銓綜之能貴妃姊虢國夫人國忠與之私於宣義里構連甲第土木被緹繡棟宇之盛兩都莫比晝會夜集無復禮度有時與虢國並轡入朝揮鞭走馬以爲諧謔衢路觀之無不駭歎玄宗每年冬十月幸華清宮常經冬還宮國忠山第在宮東門之南與虢國相對韓國秦國甍棟相接天子幸其第必過五家賞賜宴樂每扈從驪山五家合隊國忠以劍南幢節引於前出有餞路還有軟脚遠近餉遺珍玩狗馬閹侍歌兒相望于道進封衞國公食實封三百戶俄拜司空時安祿山恩寵特深總握兵柄國忠知其跋扈終不出其下將圖之屢於上前言其悖逆之狀上不之信是時祿山已專制河北聚幽并勁騎陰圖逆節動未有名伺上千秋萬歲之後方圖叛換及見國忠用事慮不利於己祿山遙領內外閑廐使遂以兵部侍郎吉溫知留後兼御史中丞京畿採訪使內伺朝廷動靜國忠使門客蹇昂何盈求祿山陰事圍捕其宅得李超安岱等使侍御史鄭昂縊殺於御史臺又奏貶吉溫於合浦以激怒祿山幸其搖動內以取信於上上竟不之悟由是祿山惶懼遂舉兵以誅國忠爲名玄宗聞河朔變起欲以皇太子監國自欲親征謀於國忠國忠大懼歸謂姊妹曰我等死在旦夕今東宮監國當與娘子等併命矣姊妹哭訴於貴妃貴妃銜土請命其事乃止及哥舒翰守潼關諸將以函關距京師三百里利在守險不利出攻國忠以翰持兵未決慮反圖己欲其速戰自中督促之翰不獲已出關及接戰桃林王師奔敗哥舒受擒敗國喪師皆國忠之誤惑也自祿山兵起國忠以身領劍南節制乃布置腹心於梁益間以圖自全之計六月九日潼關不守十二日凌晨上率龍武將軍陳玄禮左相韋見素京兆尹魏方進國忠與貴妃及親屬擁上出延秋門諸王妃主從之不及慮賊奄至令內侍曹大仙擊鼓于春明門外又焚芻藁之積煙火燭天既渡渭即令斷便橋辰時至咸陽望賢驛官吏駭竄無復貴賤坐宮門大樹下亭午上猶未食有老父獻麨帝令具飯始得食翌日至馬嵬軍士飢而憤怒龍武將軍陳玄禮懼亂先謂軍士曰今天下崩離萬乘震蕩豈不由楊國忠割剝甿庶朝野怨咨以至此耶若不誅之以謝天下何以塞四海之怨憤衆曰念之久矣事行身死固所願也會吐蕃和好使在驛門遮國忠訴事軍士呼曰楊國忠與蕃人謀叛諸軍乃圍驛擒國忠斬首以徇是日貴妃既縊韓國虢國二夫人亦爲亂兵所殺御史大夫魏方進死左相韋見素傷良久兵解陳玄禮等見上謝罪曰國忠撓敗國經構興禍亂使黎元塗炭乘輿播越此而不誅患難未已臣等爲社稷大計請矯制之罪帝曰朕識之不明任寄失所近亦覺悟審其詐佞意欲到蜀肆諸市朝今神明啓卿諸朕夙志將疇爵賞何至言焉是時祿山雖據河洛其兵鋒東止於梁宋南不過許鄧李光弼郭子儀統河朔勁卒連收恒定若崤函固守兵不妄動則兇逆之勢不討自弊及哥舒翰出師凡不數日乘輿遷幸朝廷陷沒百寮繫頸妃主被戮兵滿天下毒流四海皆國忠之召禍也國忠子暄昢曉晞暄爲太常卿兼戶部侍郎尚延和郡主昢爲鴻臚卿尚萬春公主兄弟各立第於親仁里窮極奢侈國忠娶蜀倡裴氏女曰裴柔國忠既死柔與虢國夫人皆自剄死暄死於馬嵬昢陷賊被殺曉走漢中郡漢中王瑀榜殺之晞走至陳倉爲追兵所殺國忠之黨翰林學士張漸竇華中書舍人宋昱吏部郎中鄭昂等憑國忠之勢招來賂遺車馬盈門財貨山積及國忠敗皆坐誅滅其斬喪王室俱一時之沴氣焉

張暐汝州襄城人也祖德政武德中鄆州刺史暐景龍初爲銅鞮令家本豪富好賓客以弋獵自娛會臨淄王爲潞州別駕暐潛識英姿傾身事之日奉遊處及樂人趙元禮自山東來有女美麗善歌舞王幸之止於暐第生廢太子瑛唐隆元年六月王淸內難升爲皇太子召暐拜宮門大夫每與諸王姜皎崔滌李令問王守一薛伯陽在太子左右以接歡命問其年擢拜左臺侍御史數月遷左御史臺中丞先天元年太子即位帝居武德殿太平公主有異謀廣樹朋黨暐與僕射劉幽求請先爲備太平聞之白於睿宗乃流暐於嶺南峯州幽求謫於嶺外及太平之敗幽求追拜尚書左僕射兼侍中暐爲大理卿封鄧國公實封三百戶逾月又加權兼雍州長史其年十二月改元開元以雍州爲京兆府長史爲尹暐首遷京兆尹入侍宴私出主都政以爲榮寵之極暐亦有應務才幹遷太子詹事判尚書左右丞再除左羽林大將軍三爲左金吾大將軍又爲殿中監太僕卿二十年以暐年高加特進子履冰季良弟晤皆居淸列天寶初暐還鄉拜掃特賜錦袍繒綵御賜詩以寵異之

乘傳來往，敕郡縣供擬。璹鬢髮華皓，在輿中，子弟車馬連接數里，衣冠榮之。中使中路追賜藥物。至襄城月餘，詔還京。五載薨，年九十餘，贈開府儀同三司。其後履冰爲金吾將軍，季良殿中監，俱列棨戟，時人美之。璹壽考善保終始。

王琚，懷州河內人也。叔父隱客，則天朝爲鳳閣侍郎。琚少孤而聰敏，有才略，好玄象合鍊之學。神龍初，年二十餘，嘗謁駙馬王同皎，同皎甚器之，益歡洽，言及刺武三思事，琚義而許之，與周璟、張仲之爲忘年之友。及同皎敗，琚恐爲吏所捕，變姓名詣於江都，傭書於富商家，主人後悟其非傭者，以女嫁之，資給其財。經四五年，睿宗登極，琚具白主人，厚資其行裝，乃至長安。遇玄宗爲太子監國，爲太平公主所忌，思立孱弱以竊威權，太子憂危。沙門普潤先與玄宗筮尅清內難，加三品，食實封，常入太子宮，琚見之，說以天時人事歷然可觀。普潤白玄宗，玄宗異之。及琚於吏部選補諸暨主簿，於東宮過謝，及殿而行徐視高，中官曰：「殿下在簾下。」琚曰：「在外只聞有太平公主，不聞有太子。太子有大功於社稷，大孝於君親，何得有此聲？」玄宗遽召見之。琚曰：「頃韋庶人智識淺短，親行弑逆，人心盡搖，思立李氏，殿下誅之爲易。今社稷已安，太平則天之女，凶猾無比，專思立功，朝之大臣多爲其用，主上以元妹之愛，能忍其過，賤臣淺識，爲殿下深憂。」玄宗命之同榻而坐，玄宗泣曰：「四哥仁孝，同氣唯有太平，言之恐有違犯，不言憂患轉深，爲臣爲子，計無所出。」琚曰：「天子之孝，貴於安宗廟，定萬人，儻之於昔，蓋主，漢帝之長姊，帝幼，蓋主共養帝於宮中，後與上官桀、燕王謀害大司馬霍光，不議及君上，漢主恐危劉氏，以大義去之。況殿下功格天地，位尊儲貳，太平雖姑，臣妾也，何敢議之。今劉幽求、張說、郭元振一二大臣，心輔殿下，太平之黨，必有移奪安危之計，不可立談。」玄宗又曰：「公有何小藝，可隱跡與寡人遊處？」琚曰：「飛丹鍊藥，談諧嘲詠，堪與優人比肩。」玄宗益喜，與之爲友，恨相知晚，呼爲王十一。翌日，奏授詹事府司直，內供奉，兼崇文學士，日與諸王及姜皎等侍奉焉，獨琚常預秘計。踰月，又拜太子舍人，尋又兼諫議大夫，內供奉。又贈其父故下邽丞仲友楚州刺史。先天元年七月，玄宗居尊位，在武德殿。八月，擢拜中書侍郎。時劉幽求、張暐並流於嶺外，琚見事迫，請早爲之計。二年七月三日，琚與岐王範、薛王業、姜皎、李令問、王毛仲、王守一並預誅逆，以鐵騎至承天門。時睿宗聞鼓譟聲，召郭元振升承天樓，宣詔下關，侍御史任知古召募數百人於朝堂，不得入。頃間，琚等從玄宗至樓上，誅蕭至忠、岑羲、竇懷貞、常元楷、李慈、李猷等，睿宗遜居百福殿。十日，拜琚銀青光祿大夫、戶部尚書，封趙國公，食實封五百戶；皎銀青光祿大夫、工部尚書，封楚國公，實封五百戶；令問銀青光祿大夫、殿中監、宋國公，實封三百戶；毛仲輔國大將軍、左武衞大將軍、檢校閑廄兼知監牧使、霍國公，實封五百戶；守一銀青光祿大夫、太常卿員外置同正員，進封晉國公，實封五百戶。琚、皎、令問並固讓尚書、殿中監不上。十八日，琚、皎依舊官，各加實封二百戶，通前七百戶。累日，玄宗讌於內殿，賜功臣金銀器皿各一牀，雜綵各一千匹，絹一千匹，列於庭，讌慰終夕，載之而歸。琚轉見恩顧，每延入閤中，迄夜方出。歸休之日，中官至第召之。中官亦使尚宮就琚宅問訊琚母，時果珍味賚之，助其甘旨。琚在帷幄之側，常參聞大政，時人謂之內宰相，無有比者。又贈其父魏州刺史。或有上說於玄宗曰：「彼王琚、麻嗣宗譎詭縱橫之士，可與履危，不可得志。天下已定，宜益求純樸經術之士。」玄宗乃疎之。十一月，令御史大夫持節巡天兵以北諸軍。十二月，改年號爲開元，又改官名，與蘇頲同爲紫微侍郎。二年二月，廻未及京，便除澤州刺史，削封。歷衡、郴、滑、虢、沔、夔、許、潤九州刺史，又復其封。二十年，丁母憂。二十二年，起復右庶子，兼嶲州刺史。又改同、蒲、通、鄧、蔡五州刺史。天寶後，又爲廣平、鄴郡二太守。性豪侈，著勳中朝，又食實封，典十五州，常受饋遺，下檐帳設，皆數千貫。玄宗念舊，常優容之。侍兒二十人，皆居寶帳，家累三百餘口，作造不遵於法式。雖居州伯，與佐官胥吏酋豪連榻飲謔，或樗蒲藏鉤，以爲樂。每移一州，車馬塡路數里不絕，攜妓從禽，恣爲歡賞，垂四十年矣。時李邕、王弼與琚皆年齒尊高，久在外郡，書疏尺題，來往有譴謫留落之句。右相林甫以琚等負材使氣，陰議除之。五載正月，琚果爲林甫構成其罪，貶琚江華郡員外司馬，削階封。至任未幾，林甫使羅希奭重按之，希奭排馬牒至，琚懼，仰藥，竟不能死，及希奭至，遂自縊而卒。死非其罪，人用憐之。天寶元年，贈太子少保。

王毛仲，本高麗人也。父游擊將軍職事求婁，犯事沒官，生毛仲，因隸于玄宗。性識明悟，玄宗爲臨淄王，常伏事左右。及出兼潞州別駕，又見李宜德趫捷善騎射，爲人蒼頭，以錢五萬買之。景龍三年冬，玄宗還長安，以二人挾弓矢爲翼。初，太宗貞觀中，擇官戶蕃口中少年驍勇者百人，每出遊獵，令持弓矢於御馬前射生，令騎豹文韉，著畫獸文衫，謂之百騎。至則天時，漸加其人，謂之千騎，分隸左右羽林營。孝和謂之萬騎，亦置使以領之。玄宗在藩邸時，常接其豪俊者，或賜飲食財帛，以此盡歸心焉。毛仲亦悟玄宗旨，待之甚謹，玄宗益憐其敏惠。及四年六月，中宗遇弑，韋后稱制，令韋播、高嵩爲羽林將軍，令押千騎營，榜棰以取威，其營長葛福順、陳玄禮等相與見玄宗訴冤。會玄宗已與劉幽求、麻嗣宗、薛崇簡等謀舉大計，相顧益歡，令幽求諷之，皆願決死從命。及二十日夜，玄宗入苑中，宜德從焉，毛仲避之不入。乙夜，福順等至，玄宗曰：「與公等除大逆，安社稷，各取富貴，在於俄頃，何以取信？」福順等請號而行，斯須斬韋播、韋璿、高嵩等頭來，玄宗舉火視之。又召鍾紹京領總監丁匠刀鋸百人至，因斬關而入，后及安樂公主等皆爲亂兵所殺。其夜，少帝以玄宗著大勳，進封平王，以紹京、幽求知政事，署詔勑，崇簡、嗣宗及福順、宜德功大者爲將軍，次者爲中郎將。其時梓宮在殯，舉城縞素，及明，玄宗引新立功者皆衣紫衣緋，持滿鐵騎而出，傾城聚觀歡慰，其犯道者盡曝屍於城外。毛仲數日而歸，玄宗不責，又超授將軍。及玄宗爲皇太子監國，因奏改左右萬騎左右營爲龍武軍，與左右羽林爲北四門軍，以福順等爲將軍以押之。龍武官盡功臣，受錫賚，號爲唐元功臣。長安良家子避征徭，納資以求隸於其中，遂每軍至數十人。毛仲專知東宮駝馬鷹狗等坊，未逾年已至大將軍，階三品矣。及先天二年七月，毛仲預誅蕭、岑等功，授輔國大將軍、左武衞大將軍、檢校內外閑廄兼知監牧使，進封霍國公，實封五百戶。毛仲奉公正直，不避權貴，兩營萬騎功臣、閑廄官吏皆懼其威，人不敢犯。苑中營田草萊常收，率皆豐溢，玄宗以爲能。開元十四年，贈其父秦州刺史。毛仲雖有賜莊宅、奴婢、駝馬、錢帛不可勝紀，常於閑廄側內宅住，每入侍讌賞，與諸王、姜皎等御幄前連榻而坐。玄宗或時不見，則悄然如有所失；見之則歡洽連宵，有至日晏。其妻已邑號國夫人，賜妻李氏又爲國夫人，每入內朝謁，二夫人同承賜賚，生男孩稚已授五品，與皇太子同遊。故中官楊思勗、高力士等常避畏之。七年，進位特進，行太僕卿，餘並如故。九年，持節充朔方道防禦討擊大使，仍以左領軍大總管王晙與天兵軍節度張說、東與幽州節度裴伷先等計會。毛仲部統嚴整，羣牧孳息，遂數倍其初，芻粟之類，不敢盜竊，每歲迴殘，常致數萬斛。不三年，扈從東封，以諸牧馬數萬匹從，每色爲一隊，望如雲錦，玄宗益喜。於岳下以宰相源乾曜、張說加左右丞相，毛仲加開府儀同三司。自玄宗先天正位後，以后父王同皎及姚崇、宋璟及毛仲，十五年間四人至開府。又勑張說爲監牧頌以美之。十七年，從朝五陵，又贈毛仲父益州大都督。毛仲益驕，嘗求爲兵部尚書，玄宗不悅，毛仲快快，見於詞色。又福順子娶毛仲女，宜德、唐地文等數十人皆與毛仲善，倚之多爲不法。中官等妬其全盛逾已，專發其罪。尤倨慢之，中官高品者，毛仲視之蔑如也；如卑品者，小忤意則坐辱如已之僮僕。力士輩恨入骨髓。毛仲承恩遇，妻產，嘗借苑中亭子納涼，玄宗借之，中官構之彌甚，曰：「北門奴官太盛，豪者皆一心，不除之，必起大患。」後毛仲索甲仗於太原軍器監，時嚴挺之爲少尹，奏之，玄宗恐其黨震懼爲亂，乃隱其實狀，詔曰：「開府儀同三司兼殿中監霍國公內外閑廄監牧都使王毛仲，是惟微細，非有功績，擢自家臣，升于朝位，恩寵莫二，委任斯崇，無涓塵之益，肆驕盈之至。往屬艱難，遽茲逃匿，念深惟舊，義在優容，仍荷殊榮，蔑聞悛悔，在公無竭盡之効，居常多怨望之詞。迹其深愆，合從誅殛，恕其庸昧，宜從遠貶。可瀼州別駕員外置長任，差使馳驛領送至任，勿許東西及判事。」左領軍大將軍耿國公葛福順貶壁州員外別駕，左監門將軍盧龍子唐地文貶振州員外別駕，右武衞將軍成紀侯李守德貶嚴州員外別駕，守德本宜德也，立功後改名。右威衞將軍王景耀貶黨州員外別駕，右威衞將軍高廣濟貶道州員外別駕。毛仲男太子僕守貞貶施州司戶，太子家令守廉貶溪州司戶，率更令守慶貶鶴州司倉，左監門長史守道貶涪州參軍。連累者數十人。又詔殺毛仲及永州而縊之。其後中官益盛，而陳玄禮以淳樸自檢，宿衞宮禁，志節不衰。天寶中，玄宗在華淸宮，乘馬出宮門，欲幸虢國夫人宅，玄禮曰：「未宣勑報臣，天子不可輕去就。」玄宗爲之迴轡。他年在華淸宮，逼正月半，欲夜遊，玄禮奏曰：「宮外卽是曠野，須有備預，若欲夜遊，願歸城闕。」玄宗又不能違。及安祿山反，玄禮欲於城中誅楊國忠，事不果，竟於馬嵬斬之。從玄宗入巴蜀，迴封蔡國公，實封三百戶。上元元年八月致仕。

史臣曰：李林甫以諂佞進身，位極台輔，不懼盈滿，蔽主聰明，生既唯務陷人，死亦爲人所陷，得非彼蒼假手以示禍淫者乎！楊國忠稟性奸回，才薄行穢，領四十餘使，恣弄威權，天子莫見其非，羣臣由之杜口，致祿山叛逆，鑾輅播遷，梟首覆宗，莫救艱步。以玄宗之睿哲，而惑於二人者，蓋巧言令色，先意承旨，財利誘之，迷而不悟也。

開元任姚崇宋璟而治幸林甫國忠而亂與夫齊桓任管仲隰朋幸豎刀易牙亦何異哉書曰臣有作福作威害于而家凶于而國孔子曰佞人殆誠哉是言也張暐王琚王毛仲皆鄧通閎孺之流也琚有締構之功過多僭侈死於非罪亦可惜之

贊曰天啓亂階甫忠當國蔽主聰明秉心讒慝暐同二王亦承恩德吁哉僭踰不知紀極

舊唐書卷一百六考證

李林甫傳○李林甫楊國忠新書入姦臣傳

楊國忠傳是日貴妃既縊韓國虢國二夫人亦爲亂兵所殺○臣德潛按楊貴妃傳虢國至陳倉爲縣令薛景仙所殺未嘗從入蜀也此顯誤

# 舊唐書卷一百七

後晉司空同中書門下平章事劉　昫撰

## 列傳第五十七

### 玄宗諸子

靖德太子琮　庶人瑛　棣王琰
庶人瑤　靖恭太子琬　庶人琚
夏悼王一　儀王璲　潁王璬
懷哀王敏　永王璘　壽王瑁
延王玢　盛王琦　濟王環
信王瑝　義王玼　陳王珪
豐王珙　恒王瑱　涼王璿
汴哀王璥

玄宗三十子元獻楊皇后生肅宗劉華妃生奉天皇帝琮靖恭太子琬儀王璲趙麗妃生廢太子瑛錢妃生棣王琰皇甫德儀生鄂王瑤劉才人生光王琚貞順武皇后生夏悼王一懷哀王敏壽王瑁盛王琦高婕妤生潁王璬郭順儀生永王璘柳婕妤生延王玢鍾美人生濟王環盧美人生信王瑝閻才人生義王玼王美人生陳王珪陳美人生豐王珙鄭才人生恒王瑱武賢儀生涼王璿汴哀王璥餘七王早夭

奉天皇帝琮玄宗長子也本名嗣直景雲元年九月封許昌郡王先天元年八月進封郯王開元四年正月遙領安西大都護仍充安撫河東關內隴右諸蕃大使三年改封慶王仍改名潭十五年遙領涼州都督兼河西諸軍節度大使二十一年加太子太師改名琮二十四年拜司徒天寶元年兼太原牧十載薨贈靖德太子葬於渭水之南細柳原仍於啓夏門內置廟祔享焉肅宗元年建寅月九日詔追冊爲奉天皇帝妃竇氏爲恭應皇后備禮改葬於華淸宮北齊陵以尚書右僕射冀國公裴冕爲其使初開元二十五年太子瑛得罪廢令琮養其子及天寶十一載琮薨以瑛子俅爲嗣慶王除秘書監同正員

廢太子瑛玄宗第二子也本名嗣謙景雲元年九月封眞定郡王先天元年八月進封郢王開元三年正月立爲皇太子十年正月加元服其年玄宗又令太子詣國子學行齒胄之禮仍勅右散騎常侍褚无量升筵講論學官及文武百官節級加賜十三年改名鴻納妃薛氏禮畢曲赦京城之內侍講潘肅等並加級改職中書令蕭嵩親迎特封徐國公二十五年七月改名瑛瑛母趙麗妃本伎人有才貌善歌舞玄宗在潞州得幸及景雲升儲之後其父元禮兄常奴擢爲京職開元初皆至大官及武惠妃寵幸麗妃恩乃漸弛時鄂王瑤母皇甫德儀光王琚母劉才人皆玄宗在臨淄邸以容色見顧出子朗秀而母加愛焉及惠妃承恩鄂王之母亦漸疏薄惠妃之子壽王瑁鍾愛非諸子所比瑛於內第與鄂光王等自謂母氏失職嘗有怨望惠妃女咸宜公主出降於楊洄洄希惠妃之旨規利於己日求其短譖於惠妃妃泣訴於玄宗以太子結黨將害於妾母子亦指斥於至尊玄宗惑其言震怒謀於宰相意將廢黜中書張九齡奏曰陛下纂嗣鴻業將三十年太子已下常不離深宮日受聖訓今天下之人皆慶陛下享國日久子孫蕃育不聞有過陛下柰何以一日之間廢棄三子伏惟陛下思之且太子國本難於動搖昔晉獻公惑寵嬖之言太子申生憂死國乃大亂漢武威加六合受江充巫蠱之事將禍及太子遂至城中流血晉惠帝有賢子爲太子容賈后之譖以至喪亡隋文帝取寵婦之言廢太子勇而立晉王廣遂失天下由此而論之不可不愼今太子既長無過二王又賢臣待罪左右敢不詳悉玄宗默然事且寢其年駕幸西京以李林甫代張九齡爲中書令希惠妃之旨託意於中貴人揚壽王瑁之美惠妃深德之二十五年四月楊洄又構於惠妃言瑛兄弟三人與太子妃兄駙馬薛鏽常構異謀玄宗遽召宰相籌之林甫曰此蓋陛下家事臣不合參知玄宗意乃決矣使中官宣詔於宮中並廢爲庶人鏽配流俄賜死於城東驛天下之人不見其過咸惜之其年武惠妃數見三庶人爲祟怖而成疾巫者祈請彌月不痊而殞瑛有六男儼伸倩俅備僙慶王琮先無子瑛得罪後玄宗遣鞠之天寶中儼爲新平郡王光祿卿同正員伸爲平原郡王宗正卿同正員俅爲嗣慶王寶應元年詔雪瑤瑛琚之罪贈瑛爲皇太子瑤琚復贈爲王

棣王琰玄宗第四子也初名嗣眞開元二年十二月封爲鄫王十二年三月改封棣王仍改名洽十五年遙領太原牧太原已北諸軍節度大使二十二年加太子太傅餘如故二十四年改名琰天寶元年六月遙領兼武威郡都督河西隴右經略節度大使先是琰妃韋氏有過琰怒之不敢奏聞乃斥於別室寵二孺人孺人又不相協至十一載孺人乃密求巫者書符置於琰履中以求媚琰與監院中官有隙中官聞其事密奏於玄宗云琰厭魅聖躬玄宗使人掩其履而獲之玄宗大怒引琰詰責之琰頓首謝曰臣之罪合死矣請一言以就鼎鑊然臣與新婦情義絶者二年于茲臣有二孺人又皆爭長臣實不知有符恐此三人所爲也惟三哥辯其罪人及推問之竟孺人也玄宗猶疑琰知情怒未解太子已下皆爲請命囚於鷹狗坊中絶朝請憂懼而死琰妃即少師韋滔女無子琰死後妃得還其父琰男女繁衍至五十五人天寶中封爲王者三人僎爲汝南郡王秘書監同正員僑爲宜都王衛尉卿同正員儁爲濟南王光祿卿同正員寶應元年五月代宗即位捨琰罪贈其王位

鄂王瑤玄宗第五子也初名嗣初開元二年五月封爲鄄王十二年改名涓遙領幽州都督河北道節度大使二十一年四月加太子太保兼幽州都督餘如故二十三年改名瑤二十五年得罪廢寶應元年五月追復

靖恭太子琬玄宗第六子也初名嗣玄開元二年三月封爲甄王十二年三月改名滉封爲榮王十五年授京兆牧又遙領隴右節度大使二十三年加開府儀同三司餘如故二十五年改名琬天寶元年六月授單于大都護十四年十一月安祿山反於范陽其月制以琬爲征討元帥高仙芝爲副令仙芝徵河隴兵募屯於陝郡以禦之數日琬薨琬素有雅稱風格秀整時士庶冀琬有所成功忽然殂謝遠近咸失望焉贈靖恭太子葬于見子西原琬諸子尤繁衍男女五十八人天寶中封爲郡王者二俯爲濟陰王太僕卿同正員偕爲北平王國子祭酒同正員

光王琚玄宗第八子也開元十二年封爲光王十五年遙領廣州都督五府經略大使二十三年七月光王琚儀王灘潁王澐壽王淸延王洄盛王沐信王沔義王漼等十王並授開府儀同三司皇子珪封爲陳王澄封爲豐王澂封爲亘王滔封爲汴王陳王已下第四王幼未授官並置府官寮屬其日光儀等十人同於東宮尚書省上詔宰臣及文武百寮送儀注甚盛俄除十五王府元僚並未有府幕同於禮院上亦無精選其時琚兼廣州都督餘如故琚與鄂王瑤皇子中有學尚才識同居內宅最相愛狎琚有才力善騎射初封甚善玄宗愛之以母見疎薄嘗有怨言爲人所構得罪人用憐之寶應元年五月追復官爵無子

夏悼王一玄宗第九子也母貞順皇后爲惠妃見寵一生而美秀上鍾愛無比名之爲一開元五年孩孺而薨玄宗追封謚時車駕在東都葬於城南龍門東岑欲宮中舉目見之

儀王璲玄宗第十二子也初名灘開元十三年五月封爲儀王十五年授河南牧二十三年加開府儀同三司兼河西牧其年改名璲永泰元年二月薨廢朝三日贈太傅天寶中有子封王者二人侁爲鍾陵郡王光祿卿同正員倢爲廣陵王國子祭酒同正員

潁王璬玄宗第十三子也讀書有文詞初名澐開元十三年封潁王十五年遙領安東都護平盧軍節度大使二十三年加開府儀同三司改名璬安祿山反除蜀郡大都督劍南節度大使楊國忠爲之副玄宗幸蜀令御史大夫魏方進充置頓使先移牒至蜀託以潁王之藩令設儲供玄宗至馬嵬方進被殺乃令璬先赴本郡以蜀郡長史崔圓爲副璬性儉率將渡綿州江登舟見綵縧席爲藉者顧曰此可以爲寢處柰何踐之命撤去璬初奉命之藩卒遽不遑受節綿州司馬史賁進說曰王帝子也且爲節度大使今之藩而不持節單騎徑進人何所瞻請建大槊蒙之油囊爲旌節狀先驅道路足以威衆璬笑曰但爲眞王何用假旌節乎將至成都崔圓迓之拜於馬前璬不止之圓頗怒玄宗至璬視事兩月人甚安之爲圓所奏罷居內宅後令宣慰肅宗於彭原遂從歸京師建中四年薨年六十六輟朝三日子伸天

實中封滎陽郡王授衞尉卿同正員

懷哀王敏玄宗第十五子也幼而豐秀以母惠妃之寵玄宗特加顧念纔晬開元八年二月薨追封謚權窆於景龍觀天寶十三載改葬京城南以祔其母敬陵也

永王璘玄宗第十六子也母曰郭順儀劍南節度尚書虛已之妹璘數歲失母肅宗收養夜自抱眠之少聰敏好學貌陋視物不正開元十三年三月封爲永王十五年五月遙領荆州大都督二十年七月加開府儀同三司改名璘天寶十四載十一月安祿山反范陽十五載六月玄宗幸蜀至漢中郡下詔以璘爲山東南路及嶺南黔中江南西路四道節度採訪等使江陵郡大都督餘如故璘七月至襄陽九月至江陵召募士將數萬人恣情補署江淮租賦山積於江陵破用鉅億以薛鏐李臺卿蔡坰爲謀主因有異志肅宗聞之詔令歸覲于蜀璘不從命十二月擅領舟師東下甲仗五千人趨廣陵以季廣琛渾惟明高仙琦爲將璘生於宮中不更人事其子襄城王偒又勇而有力馭兵權爲左右眩惑遂謀狂悖璘雖有窺江左之心而未露其事吳郡採訪使李希言乃平牒璘大署其名璘遂激怒牒報曰寡人上皇天屬皇帝友于地尊侯王禮絕寮品簡書來往應有常儀今乃平牒抗威落筆署字漢儀隳紊一至於斯乃使渾惟明取希言季廣琛趣廣陵攻採訪李成式璘進至當塗希言在丹陽令元景曜閻敬之等以兵拒之身走吳郡李成式使將李承慶拒之先是肅宗以璘不受命先使中官啖廷瑤段喬福招討之中官至廣陵成式括得馬數百匹時河北招討判官司虞郎中李銑在廣陵瑤等結銑爲兄弟求之將兵銑麾下有騎一百八十人遂率所領屯于揚子成式使判官評事裴茂以廣陵步卒三千同拒于瓜步洲伊婁埭希言將元景曜及成式將李神慶並以其衆迎降于璘璘又殺丹徒太守閻敬之以徇江左大駭裴茂至瓜步洲廣張旗幟耀于江津璘與偒登陴望之竟日始有懼色季廣琛召諸將割臂而盟以貳於璘是日渾惟明走于江寧馮季康謙投于廣陵之白沙廣琛以步卒六千趨廣陵璘使騎追之廣琛曰我感王恩是以不能決戰逃而歸國若逼我我則不擇地而迴戰矣使者返報其夕銑等多燃火人執兩炬以疑之隔江望者兼水中之影一皆爲二矣璘軍又以火應之璘懼以官軍悉濟矣遂以兒女及麾下宵遁遲明不見濟者遂入城具舟檝使襄城王驅其衆以奔晉陵胥謀曰王走矣於是江北之軍齊進募敢死士趙侶庫狄岫趙連城等共二十八人先鋒遊弈于新豐皆因醉而寐璘聞官軍之至乃使襄城王高仙琦逆擊之驛騎奔告侶等介馬而出襄城王已隨而至銑等奔救張左右翼擊之射中襄城王首偒軍遂敗高仙琦等四騎與璘南奔至鄱陽郡司馬陶備閉城拒之璘怒命焚其城至餘干及大庾嶺將南投嶺外爲江西採訪使皇甫侁下防禦兵所擒因中矢而薨子偒等爲亂兵所害肅宗以璘愛弟隱而不言

壽王瑁玄宗第十八子也初名清初瑁母武惠妃開元元年見幸寵傾後宮頻產夏悼王懷哀王上僊公主皆端麗襁褓不育及瑁之初生讓帝妃元氏請瑁在於邸中收養妃自乳之名爲己子十餘年在寧邸故封建之事晚諸王宮中常呼爲十八郎十三年三月封爲壽王始入宮中十五年遙領益州大都督劍南節度大使二十三年加開府儀同三司改名瑁二十五年惠妃薨葬以后禮二十九年讓帝薨瑁請制服以報乳養之恩玄宗從之瑁天寶中有子封爲王者二人俙爲濟陽郡王僀爲廣陽郡王鴻臚卿同正員唐法親王食封八百戶有至一千戶公主三百戶長公主加三百戶有至六百戶高宗朝以沛英豫王太平公主武后所生食逾於制垂拱中太平至一千二百戶聖曆初皇嗣封爲相王食封與太平同三千戶長安中壽春王兄弟五人並賜實封三百戶神龍初相府與太平同至千戶衞王三千戶溫王二千戶成王七百戶壽春王加四百戶通前七百戶嗣雍衡陽臨淄巴陵中山各加二百戶通前五百戶安樂初封二千戶長寧一千五百戶宣城宜城宣安各一千戶相王女爲縣主者各三百戶衞王尋升儲位相府增至七千戶太平至五千戶安樂三千戶長寧二千五百戶宣城已下各二千戶相府太平長寧安樂皆以七千爲限雖水旱亦不破損免以正租庸充數唐隆元年遺制以嗣雍王守禮壽春王成器封爲親王各賜實封一千戶開元之後朝恩睦親以寧府最長封至五千五百戶岐薛愛弟著勳五千戶申府以外家微至四千戶邠府以外枝至一千八百戶皇妹爲公主者食封一千戶中宗女亦同其後皇子封王者賜封二千戶皇女爲公主者賜封五百戶咸宜賜湯沐以母惠妃封至一千戶諸皇女爲公主者例加至一千戶其封自開元已來皆約以三千爲限

延王玢玄宗第二十子也初名泗玢母郎尚書右丞柳範孫也最爲名家玄宗深重之玢亦仁愛有學問開元十三年封爲延王十五年遙領安西大都護磧西節度大使二十三年七月加開府儀同三司餘如故改名玢天寶十五載玄宗幸蜀玢男女三十六人不忍棄於道路數日不及行在所玄宗怒之賴漢中王瑀抗疏救之聽歸於靈武興元元年薨天寶末封子倬彭城郡王秘書監同正員偡平陽郡王殿中監同正員

盛王琦玄宗第二十一子也壽王母弟初名沐十三年三月封爲盛王十五年領揚州大都督二十年加開府儀同三司餘如故改名琦天寶十五年六月玄宗幸蜀在路除琦爲廣陵大都督仍領江南東路及淮南河南等路節度支度採訪等使以前江陵大都督府長史劉彙爲之副以廣陵長史李成式爲副大使兼御史中丞琦竟不行廣德二年四月薨贈太傅天寶末有子封王者二人僙真定郡王太常卿同正員佩封武都郡王殿中監同正員

濟王環玄宗第二十二子也初名溢開元十三年三月封濟王二十三年七月授開府儀同三司其月改名環天寶末有子封爲王者二人僳爲永嘉郡王衞尉卿同正員俛爲平樂郡王光祿卿同正員

信王瑝玄宗第二十三子也初名沔開元十三年三月封爲信王二十三年七月授開府儀同三司仍改名瑝天寶末有子封爲王者二人佟爲新安郡王太常卿同正員倜爲晉陵郡王光祿卿同正員

義王玼玄宗第二十四子也初名漼開元十三年三月封爲義王二十三年七月授開府儀同三司仍改名玼天寶末有子封爲王者二人儀爲舞陽郡王太僕卿同正員僇爲高密郡王宗正卿同正員

陳王珪玄宗第二十五子也初名溴開元二十三年七月封爲陳王二十四年三月改名珪天寶末男女二十一人封爲王者二人侘爲臨淮郡王太常卿同正員俊爲安陽王殿中監同正員

豐王珙玄宗第二十六子也初名澄開元二十三年七月封爲豐王二十四年二月改名珙天寶十五年六月玄宗幸蜀至扶風郡授珙武威郡都督仍領河西隴右安西北庭等路節度支度採訪使以隴右太守鄧景山爲之副兼武威長史御史中丞充都副大使珙竟不行廣德元年十月吐蕃凌逼上都上將幸陝州自苑中而出騎從半渡滻水將軍王懷忠遂閉苑門橫截五百餘騎擁十宅諸王西投吐蕃至城西適遇元帥郭子儀懷忠謂子儀曰主上東遷社稷無主萬國顒顒何所瞻仰今僕奉諸王等西奔以副天下之望令公身爲元帥廢置在手何不行冊立之事乎子儀未及對珙遂越次而言曰令公作何語何不言也行軍司馬王延昌責之曰主上雖蒙塵于外聖德欽明王身爲藩翰何乃發狂悖之詞也延昌當奏聞于上子儀又數讓之命軍士領之盡赴行在潼關謁見上不之責珙歸幕次詞又不順羣臣恐遂爲亂請除之遂賜死天寶中有子二人爲王佻齊安郡王宗正卿同正員伷宜春郡王鴻臚卿同正員

恒王瑱玄宗第二十七子也初名漶開元二十三年七月封爲恒王性好道常服道士衣授右衞大將軍加開府儀同三司二十四年二月改名瑱天寶十五載從幸巴蜀不復衣道士衣矣

涼王璿玄宗第二十九子也初名漎母武賢儀則天府高平王重規女也開元中入宮中號爲小武妃二十三年七月封爲涼王二十四年二月改名璿初貞觀中高宗爲晉王以文德皇后最少子后崩後累年太宗憐之不令出閤至立爲太子高宗朝睿宗爲豫王雖成長亦以則天最小子不令出閤及至聖曆初封爲相王始出閤中宗時以譙王重福失愛出還外藩衞王重俊爲太子入與成王千里等起兵將誅韋后故溫王重茂雖年十六七竟亦居中先天之後皇子幼則居內東封年以漸成長乃於安國寺東附苑城同爲大宅分院居爲十王宅令中官押之於夾城中起居每日家令進膳又引詞學工書之人入教謂之侍讀十王謂慶忠棣鄂榮光儀潁永延濟蓋舉全數其後盛儀壽陳豐恒涼六王又就封入內宅二十五年鄂光得罪忠繼大統天寶中慶棣又歿唯榮儀等十四王居院而府幕列於外坊時通名起居而已外諸孫成長又於十宅外置百孫院每歲幸華清宮宮側亦有十王院百孫院宮人每院四百百孫院三四十人又於宮中置維城庫諸王月俸物約之而給用諸孫納妃嫁女亦就十宅中太子不居於東宮但居於乘輿所幸之別院太子亦分院而居婚嫁則同親王公主在於崇仁之禮院天寶十五載六月玄宗幸蜀儀王已下十三王從至漢中郡遣永王璘出鎮荆州至德二年十月從還京廣德元年十二月五日上都失守有儀潁壽延盛濟信義陳恒涼十一王扈從幸陝州十二月從還上都璿之子天寶中封爲王者一人仂瀘陽郡王殿中監同正員

汴哀王璥玄宗第三十子也初名滔開元二十五年七月封爲汴王二十四年二月改名璥以其月薨

史臣曰前史有云毋愛者子抱太子瑛之廢有由然矣琬爲元帥不幸遽薨豈天啓亂階何失衆望之速也永王璘父在蜀城兄居靈武不能立忠孝之節爲社稷之謀而乃聚兵江上規爲巳利不義不昵以災其身書所謂自作孽不可逭也豐王珙因緣厄運竊有覬覦不愼樞機自貽伊咎悲矣

贊曰螽斯之詠樂有子孫用建藩屏以崇本根讒勝瑛廢恩移至尊盜熾琬卒情乖萬民口禍豐珙自災永璘惜乎二角不如仁人

舊唐書卷一百七考證

廢太子瑛傳十年正月加元服其年玄宗又令太子詣國子學行齒胄之禮○沈炳震曰按玄宗本紀加元服在八年行齒胄之禮在七年當從本紀

瑛有六男儼伸倩俅備僜○新書五男無僜

# 舊唐書卷一百八

後晉司空同中書門下平章事劉　昫撰

## 列傳第五十八

韋見素子諤益益子顗　崔圓　崔渙子縱

杜鴻漸

韋見素字會微京兆萬年人父湊開元中太原尹見素學科登第景龍中解褐相王府參軍歷衛佐河南府倉曹丁父憂服闋起爲大理寺丞襲爵彭城郡公坐事出爲坊州司馬入爲庫部員外郎加朝散大夫歷右司兵部二員外左司兵部二郎中遷諫議大夫天寶五年充江西山南黔中嶺南等黜陟使觀省風俗彈糾長吏所至肅然使還拜給事中駮正繩違頗振臺閣舊典尋檢校尚書工部侍郎改右丞九載遷吏部侍郎加銀青光祿大夫見素仁恕長者意不忤物及典選累年銓敘平允人士稱之時右相楊國忠用事左相陳希烈畏其權寵凡事唯諾無敢發明玄宗頗知之聖情不悅天寶十三年秋霖雨六十餘日京師廬舍垣墉頹毀殆盡凡一十九坊汙潦天子以宰輔或未稱職見此咎徵命楊國忠精求端士時兵部侍郎吉溫方承寵遇上意用之國忠以溫祿山賓佐懼其威權奏寢其事國忠訪於中書舍人竇華宋昱等華昱言見素方雅柔而易制上亦以經事相王府有舊恩可之其年八月拜武部尚書同中書門下平章事充集賢院學士知門下省事代陳希烈見素既爲國忠引用心德之時祿山與國忠爭寵兩相猜嫌見素亦無所是非署字而已遂至兇胡犯順不措一言十五年六月哥舒翰兵敗桃林潼關不守是月玄宗蒼黃出幸莫知所詣楊國忠以身領劍南旄鉞請幸成都見素與國忠御史大夫魏方進遇上於延秋門便扈從之咸陽翌日次馬嵬驛軍士不得食流言不遜龍武將軍陳玄禮懼其亂乃與飛龍馬家李護國謀於皇太子請誅國忠以慰士心是日玄禮等禁軍圍行宮盡誅楊氏見素遁走爲亂兵所傷衆呼曰勿傷韋相識者救之獲免上聞之令壽王瑁宣慰賜藥傅瘡魏方進爲亂兵所殺是日朝士獨見素一人是夜宿馬嵬上命見素子京兆府司錄參軍諤爲御史中丞充置頓使淩晨將發六軍將士曰國忠反叛不可更往蜀川請之河隴或言靈武太原或云還京議者不一上意在劍南慮違士心無所言諤曰還京須有捍賊之備今兵馬數少恐非萬全不如且至扶風徐圖去就上詢于衆衆以爲然乃令皇太子後殿上至扶風郡從駕諸軍各圖去就頗出醜言陳玄禮不能制上聞之憂懼會益州貢春綵十萬疋乃以其綱使潁陽尉劉景溫爲監察御史其綵悉陳於廷召六軍將士等入上謂之曰卿等皆國之功臣勳勞素著朕之優賞常亦不輕逆胡負恩事須迴避甚知卿等不得別父母妻子朕亦不及辭九廟言發涕流又曰朕今須幸蜀蜀路險狹人若多往恐難祇供今有此綵卿等卽宜分取各自圖去就朕自有子弟中官等相隨便與卿等訣別衆咸俯伏號泣曰死生從陛下上良久曰去住聽卿自便自是醜言方息七月至巴西郡以見素兼左相武部尚書數日至蜀郡加金紫光祿大夫進封豳國公與一子五品官是月皇太子卽位於靈武道路艱澁音驛未通八月肅宗使至始知靈武卽位尋命見素與宰臣房琯賫傳國寶玉冊奉使靈武宣傳詔命便行冊禮將行上皇謂見素等曰皇帝自幼仁孝與諸子有異朕豈不知往十三年已有傳位之意屬其歲水旱左右勸朕且俟豐年爾來便屬祿山構逆方隅震擾未遂此心昨發馬嵬亦有處分今皇帝受命朕心頓如釋負勞卿等遠去勉輔佐之多難興王自古皆有卿等乃心王室以宗社爲念早定中原吾之望也見素等悲泣不自勝仍以見素子諤及中書舍人賈至充冊禮使判官時肅宗巳迴幸順化郡九月見素等至冊禮畢從幸彭原郡肅宗在東宮素聞房琯名重故虛懷以待以見素常附國忠禮遇稍薄明年至鳳翔三月除左僕射罷知政事以憲部尚書致仕苗晉卿代爲左相初肅宗在鳳翔喪亂之後綱紀未立兵吏三銓簿籍煨燼南曹選人文符悉多僞濫上以兇醜未滅且示招懷據到注擬一無檢括見素曰臣典選歲久周知此弊今寰區未復員闕不多若摠無條綱恐難持久上然之未暇釐革及還京選人數千補授無所喧訴于朝由是行見素之言及房琯以敗軍左降崔圓崔渙等皆罷知政事上皇所命宰臣無知政事者五月遷見素太子太師十一月肅宗自右輔還京詔見素入蜀奉迎太上皇十二月上皇至京師肅宗御樓大赦見素以奉上皇幸蜀功加開府儀同三司食實封三百戶上元中以足疾上表請致仕許之寶應元年十二月卒年七十六贈司空謚曰忠貞喪事官給子倜諤益哲倜諤皆位至給事中益終刑部員外郎哲終秘書丞倜子頌益子顗字周人生一歲而孤事姊稱爲恭孝性嗜學尤精陰陽象緯經略風俗之書善持論有清譽少以門廕補千牛備身自鄠縣尉判入等授萬年尉歷御史補闕尚書郎累遷給事中尚書左丞戶部侍郎中丞吏部侍郎其在諫垣與李約李正辭迭申裨諷頗迴大政宰相裴垍李絳崔羣輩多與友善而後進之有浮名者亦遊其門以是稱有時望及李逢吉爲朋黨以專政柄而顗附麗之跡尤密頗爲時人所譏然處身儉約有足多者著易蘊解推演潛亢終始之義甚有奧旨寶曆元年七月卒贈禮部尚書

崔圓淸河東武城人也後魏左僕射亮之後父景晊官至大理評事圓少孤貧志尚閎博好讀兵書有經濟宇宙之心開元中詔搜訪遺逸圓以鈐謀射策甲科授執戟自負文藝擭武職頗不得意蕭炅爲京兆尹薦爲會昌丞累遷司勳員外郎宰臣楊國忠遙制劍南節度使引圓佐理乃奏授尚書郎兼蜀郡大都督府左司馬知節度留後天寶末玄宗幸蜀郡特遷蜀郡大都督府長史劍南節度圓素懷功名初聞國難潛使人探國忠深旨知有行幸之計乃增修城池建置館宇儲備什器及乘輿至殿宇牙帳咸如宿設玄宗甚嗟賞之卽日拜中書侍郎同中書門下平章事劍南節度餘如故肅宗卽位玄宗命圓同房琯韋見素並赴肅宗行在所玄宗親製遺愛碑于蜀以寵之從肅宗還京以功拜中書令封趙國公賜實封五百戶明年罷知政事遷太子少師留守東都會官軍不利於相州軍迴過洛陽所在剽掠圓弃城南奔襄陽詔削除階封尋起爲濟王傅李光弼用爲懷州刺史除太子詹事改汾州刺史皆以理行稱拜揚州大都督府長史淮南節度觀察使加檢校右僕射兼御史大夫轉檢校左僕射知省事大曆三年六月薨年六十四輟朝三日贈太子太師謚曰昭襄

崔渙祖玄暐神龍功臣封博陵郡王父璩文學知名位至禮部侍郎渙少以士行聞博綜經籍尤善談論累遷尚書司門員外郎天寶末楊國忠出不附巳者渙出爲劍州刺史天寶十五載七月玄宗幸蜀渙迎謁於路抗詞忠懇皆究理體玄宗嘉之以爲得渙晚宰臣房琯又薦之卽日拜黃門侍郎同中書門下平章事扈從成都府肅宗靈武卽位八月與左相韋見素同平章事房琯崔圓同賫冊赴行在時未復京師舉選路絕詔渙充江淮宣諭選補使以收遺逸彧於聽受爲下吏所鬻濫進者非一以不稱職聞乃罷知政事除左散騎常侍兼餘杭太守江東採訪防禦使旋授正議大夫太子賓客乾元三年正月轉大理卿再遷吏部侍郎檢校工部尚書集賢院待詔性尚簡澹不交世務頗爲時望所歸遷御史大夫加稅地青苗錢物使時以此錢充給京百官料渙爲屬吏希中以下估爲使料上估爲百官料其時爲皇城副留守張淸發之詔下有司訊鞫渙無詞以對坐是貶道州刺史大曆三年十二月壬寅以疾終子縱初以廕補協律郎三遷爲監察御史詔擇令長於臺省除藍田令寬明勤幹德化大行縣人爲之立碑頌德轉京兆府司錄累遷金部員外郎以父貶道州刺史弃官就養丁父憂終制六遷大理卿兼御史中丞汴西水陸運兩稅鹽鐵等使田悅連敗走魏州嬰城自守諸道兵圍之屢乏食詔縱兼魏州四節度糧料使軍儲稍給德宗幸奉天四方握兵未有至者縱先知之潛告李懷光勸令奔命懷光從之縱乃悉斂軍財與懷光俱來調給具備懷光兵士久戰河外及次河中將遷延縱之貨幣先巳渡河縱謂衆曰若濟悉以分賜衆利之乃西至奉天加右庶子充使無幾拜京兆尹兼御史大夫數奏懷光剛愎反覆宜陰備之及行幸梁州左右或短之曰縱素善懷光今不來矣上曰他人不知縱吾可保其心不數日縱至拜御史大夫嘗議其大體不親細事獄訟儀制皆付之僚吏貞元元年親祠南郊爲大禮使屬兵旱之後賦入尚少縱裁定文物儉而中禮無何萬年丞源邃爲京兆尹李齊運所抑捽至死縱劾奏不行數月除吏

部侍郎尋檢校禮部尚書東畿唐汝鄧都觀察使河南尹是時兵革甫定民耗六七縱悉心求瘼爲理簡易先是戍邊之師由洛陽者儲餼取辦於編戶縱始官備不徵於人令五家相保俾自占告發斂以絕胥吏之私又引伊洛水以通里閈都中灌溉濟不逮爲十一二人甚安之徵拜太常卿貞元七年六月卒官年六十二謚曰忠贈吏部尚書縱孝悌修飭自立以父爲元載排抑居退十餘年左官外府訖載得罪不求聞達初渙有寵妾鄭氏縱以母事之鄭氏性剛戾待縱不以理雖爲大僚每加笞詬縱率妻子候顏敬順不懈時以爲難

杜鴻漸故相暹之族子祖愼行益州長史父鵬舉官至王友鴻漸敏悟好學舉進士解褐王府參軍天寶末累遷大理司直朔方留後支度副使肅宗北幸至平涼未知所適鴻漸與六城水運使魏少遊節度判官崔漪支度判官盧簡金關內鹽池判官李涵謀曰今胡羯亂常二京陷沒主上南幸於巴蜀皇太子理兵於平涼然平涼散地非聚兵之處必欲制勝非朔方不可若奉殿下旬日之間西收河隴迴紇方強與國通好北徵勁騎南集諸城大兵一舉可復二京雪社稷之恥上報明主下安蒼生亦臣子之用心國家之大計也鴻漸即日草牋具陳兵馬招集之勢錄軍資器械倉儲庫物之數令李涵賫赴平涼肅宗大悅鴻漸知肅宗發平涼於北界白草頓迎謁因勞諸使及兵士進言曰朔方天下勁兵靈州用武之處今迴紇請和吐蕃內附天下郡邑人皆堅守以待制命其中雖爲賊所據亦望不日收復殿下整理軍戎長驅一舉則逆胡不足滅也肅宗然之及至靈武鴻漸與裴冕等勸即皇帝位以歸中外之望五上表乃從鴻漸素習帝王陳布之儀君臣朝見之禮遂採摭舊儀綿蕝其事城南設壇壝先一日具儀注草奏肅宗曰聖君在遠寇逆未平宜罷壇場餘可其奏肅宗即位授兵部郎中知中書舍人事尋轉武部侍郎至德二年兼御史大夫爲河西節度使涼州都督兩京平遷荊州大都督府長史荊南節度使襄州大將康楚元張嘉延盜所管兵據襄州城叛刺史王政遁走嘉延南襲荊州鴻漸聞之棄城而遁澧朗硤歸等州聞鴻漸出奔皆惶駭潛竄山谷歲餘徵拜尚書右丞吏部侍郎太常卿充禮儀使二聖晏駕鴻漸監護儀制山陵畢加光祿大夫封衛國公廣德二年代宗將享郊廟拜鴻漸兵部侍郎同中書門下平章事尋轉中書侍郎永泰元年十月劍南西川兵馬使崔旰殺節度使郭英乂據成都自稱留後邛州衙將柏貞節瀘州衙將楊子琳劍州衙將李昌夔等興兵討旰西蜀大亂明年二月命鴻漸以宰相兼充山劍副元帥劍南西川節度使以平蜀亂鴻漸心無遠圖志氣怯懦又酷好浮圖道不喜軍戎既至成都懼旰雄武不復問罪乃以劍南節制表讓於旰時西戎寇邊關中多事鴻漸孤軍陷險兵威不振代宗不獲已從之仍以旰爲劍南西川行軍司馬柏貞節爲邛州刺史楊子琳爲瀘州刺史各罷兵尋請入覲仍表崔旰爲西川兵馬留後大曆二年詔以旰爲成都尹劍南西川節度使召鴻漸還京鴻漸仍率旰同入覲代宗嘉之後知政事轉門下侍郎讓山南副元帥三年八月代王縉爲東都留守充河南淮西山南東道副元帥平章如故以疾上表乞骸骨從之竟不之任四年十一月卒贈太尉謚曰文憲輟朝三日賜物五百疋粟五百石鴻漸晚年樂於退靜私第在長興里館宇華靡賓僚宴集鴻漸悠然賦詩曰常願追禪理安能挹化源朝士多屬和之及休致後病令僧剃頂髮及卒遺命其子依胡法塔葬不多封樹冀類緇流物議哂之

史臣曰祿山狂悖已顯玄宗寵任無疑見素知國危陳廟筭直言極諫而君不從獨正犯難而人不咎出生入死善始令終者鮮矣時論以見素取容於國忠無言匡大政且國忠恃內戚弄重權沮林甫姦豪取其大位若見素之孤直豈許取容蓋禍胎已成政柄久紊見素入相餘年言不從而難作雖有周孔之才其能匡救者乎謂才辯顗儉約雅符積善之慶矣圓守文之士非禦侮之才渙才兼行闕命與時會發言上沃主意遽致顯榮當官屢爲吏欺終及竄逐所謂可與適道未可與權縱忠於國能於官孝於家三者備矣孰能繼之鴻漸有衛社之功非干城之責時以任崔旰爲非則不然矣且旰南拒貞節北敗獻誠宜以懷來未可力制終致歸國豈非臧謀向討之即爲劇賊矣然事佛徼福朋勢取容非君子之道焉

贊曰玄宗失德祿山肆逆見素竭節諸公協力

# 舊唐書卷一百九

後晉司空同中書門下平章事劉　昫撰

## 列傳第五十九

馮盎　阿史那社尒 子道真 叔祖蘇尼失 蘇尼失子忠附

契苾何力　黑齒常之　李多祚

李嗣業　白孝德

馮盎高州良德人也累代爲本部大首領盎少有武略隋開皇中爲宋康令仁壽初潮成等五州獠叛盎馳至京請討之文帝勅左僕射楊素與盎論賊形勢素曰不意蠻夷中有此人大可奇也即令盎發江嶺兵擊之賊平授金紫光祿大夫仍除漢陽太守武德三年廣新二州賊帥高法澄洗寶徹等並受林士弘節度殺害隋官吏盎率兵擊破之既而寶徹兄子智臣又聚兵於新州自爲渠帥盎趨往擊之兵交盎却兜鍪大呼曰爾等頗識我否賊多弃戈肉袒而拜其徒遂潰擒寶徹智臣等嶺外遂定或有說盎曰自隋季崩離海內騷動今唐雖應運而風教未浹南越一隅未有所定公尅平五嶺二十餘州豈與趙佗九郡相比今請上南越王之號盎曰吾居南越于茲五代本州牧伯唯我一門子女玉帛吾之有也人生富貴如我殆難常恐弗克負荷以墜先業本州衣錦便足餘復何求越王之號非所聞也四年盎以南越之衆降高祖以其地爲羅春白崖儋林等八州仍授盎上柱國高羅總管封吳國公尋改封越國公拜其子智戴爲春州刺史智彧東合州刺史徙封盎耿國公貞觀五年盎來朝太宗宴賜甚厚俄而羅竇諸洞獠叛詔令盎率部落二萬爲諸軍先鋒時有賊數萬屯據險要不可攻逼盎持弩語左右曰盡吾此箭可知勝負連發七矢而中七人賊退走因縱兵乘之斬首千餘級太宗令智戴還慰省之自後賞賜不可勝數盎奴婢萬餘人所居地方二千里勤於簿領詰擿姦狀甚得其情二十年卒贈左驍衛大將軍荊州都督

阿史那社尒突厥處羅可汗子也年十一以智勇稱於本蕃拜爲拓設建牙于磧北與欲谷設分統鐵勒紇骨同羅等諸部在位十年無所課斂諸首領或鄙其不能富貴社尒曰部落既豐於我便足諸首領咸畏而愛之武德九年延陁迴紇等諸部皆叛攻破欲谷設社尒擊之復爲延陁所敗貞觀二年遂率其餘衆保于西偏依可汗浮圖後遇頡利滅而西蕃葉護又死奚利邲咄陸可汗兄弟爭國社尒揚言降之引兵西上因襲破西蕃半有其國得衆十餘萬自稱都布可汗謂其諸部曰首爲背叛破我國者延陁之罪也今我據有西方大得兵馬不平延陁而取安樂是忘先可汗爲不孝也若天令不捷死亦無恨其酋長咸諫曰今新得西方須留鎮壓若即棄去遠擊延陁只恐葉護子孫必來復國社尒不從親率五萬餘騎討延陁於磧北連兵百餘日遇我行人劉善因立同娥設爲咥利始可汗社尒部兵又苦久役多委之逃延陁因縱擊敗之復保高昌國其舊兵在者纔萬餘人又與西蕃結隙九年率衆內屬拜左騎衛大將軍歲餘令尚衡陽長公主授駙馬都尉典屯兵於苑內十四年授行軍總管以平高昌諸人咸即受賞社尒以未奉詔旨秋毫無所取及降別勑然後受之及所取唯老弱故弊而已軍還太宗美其廉愼以高昌所得寶刀并雜綵千段賜之仍令檢校北門左屯營封畢國公十九年從太宗征遼至駐蹕陣頻遭流矢拔而又進其所部兵士人百其勇盡獲殊勳師旋兼授鴻臚卿二十一年爲崑丘道行軍大總管征龜茲明年軍次西突厥擊處蜜大破之餘衆悉降又下龜茲大撥換城虜龜茲王白訶黎布失畢及大臣那利等百餘人而還屬太宗崩請以身殉葬高宗遣使喻以先旨不許遷右衛大將軍永徽四年加位鎮軍大將軍六年卒贈輔國大將軍并州都督陪葬昭陵起冢以象葱山仍爲立碑謚曰元子道真位至左屯衛大將軍貞觀初阿史那蘇尼失者啓民可汗之母弟社尒叔祖也其父始畢可汗以爲沙鉢羅設督部落五萬家牙直靈州之西北驍雄有恩惠甚得種落之心及頡利政亂而蘇尼失所部獨不攜離突利之來奔也頡利乃立蘇尼失爲小可汗及頡利爲李靖所破獨騎而投之蘇尼失遂舉其衆歸國因令子忠擒頡利以獻太宗賞賜優厚拜北寧州都督右衛大將軍封懷德郡王貞觀八年卒忠以擒頡利功拜左屯衛將軍妻以宗女定襄縣主賜名爲忠單稱史氏貞觀九年遷右衛大將軍永徽初封薛國公累遷右驍衛大將軍所歷皆以清謹見稱時人比之金日磾上元初卒贈鎮軍大將軍陪葬昭陵子暕襲封薛國公垂拱中歷位司僕卿

契苾何力其先鐵勒別部之酋長也父葛隋大業中繼爲莫賀咄特勒以地偪吐谷渾所居隘狹又多瘴癘遂入龜茲居于熱海之上特勒死何力時年九歲降號大俟利發至貞觀六年隨其母率衆千餘家詣沙州奉表內附太宗置其部落於甘涼二州何力至京授左領軍將軍七年與涼州都督李大亮將軍薛萬均同征吐谷

渾軍次赤水川萬均率騎先行爲賊所攻兄弟皆中槍墜馬徒步而鬬兵士死者十六七何力聞之將數百騎馳往突圍而前縱橫奮擊賊兵披靡萬均兄弟由是獲免時吐谷渾主在突淪川何力復欲襲之萬均懲其前敗固言不可何力曰賊非有城郭逐水草以爲生若不襲其不虞便恐鳥驚魚散一失機會安可傾其巢穴耶乃自選驍兵千餘騎直入突淪川襲破吐谷渾牙帳斬首數千級獲駝馬牛羊二十餘萬頭渾主脫身以免俘其妻子而還有詔勞於大斗拔谷萬均乃排毀何力自稱己功何力不勝憤怒拔刀而起欲殺萬均諸將勸止之太宗聞而責問其故何力言萬均敗衂之事太宗怒將解其官迴授何力固讓曰以臣之故而解萬均恐諸蕃聞之以爲陛下厚蕃輕漢轉相誣告馳競必多又夷狄無知或謂漢臣皆如此輩固非安寧之術也太宗乃止尋令北門宿衛檢校屯營事勑尚臨洮縣主十四年爲葱山道副大總管討平高昌時何力母姑臧夫人母弟賀蘭州都督沙門並在涼府十六年詔許何力覲省其母兼撫巡部落時薛延陁强盛契苾部落皆願從之何力至聞而大驚曰主上於汝有厚恩任我又重何忍而圖叛逆諸首領皆曰可敦及都督已去何故不行何力曰我弟沙門孝而能養我以身許國終不能去也於是衆共執何力至延陁所置於可汗牙前何力箕踞而坐拔佩刀東向大呼曰豈有大唐烈士受辱蕃庭天地日月願知我心又割左耳以明志不奪也可汗怒欲殺之爲其妻所抑而止初太宗聞何力之延陁明非其本意或曰人心各樂其土何力今入延陁猶魚之得水也太宗曰不然此人心如鐵石必不背我會有使自延陁至具言其狀太宗泣謂羣臣曰契苾何力竟如何遽遣兵部侍郎崔敦禮持節入延陁許降公主求何力由是還拜右驍衛大將軍太宗旣許公主於延陁行有日矣何力抗表固言不可太宗曰吾聞天子無戲言旣已許之安可廢何力曰然臣本請延緩其事不謂總停臣聞六禮之內壻合親迎宜告延陁親來迎婦縱不敢至京邑卽當使詣靈州畏漢必不敢來論親未可有成日旣憂悶臣又攜離不盈一年自相猜忌延陁志性很戾若死必兩子相爭坐而制之必然之理太宗從之延陁恐有詐竟不至靈州自後常悒悒不得志一年而死兩子果爭權各立爲主太宗征遼東以何力爲前軍總管軍次白崖城爲賊所圍被矟中腰瘡重疾甚太宗自爲傅藥及拔賊城勑求傷之者高突勃付何力自殺之何力奏言犬馬猶爲其主況於人乎彼爲其主況致命胃白刃而刺臣是其義勇士也本不相識豈是冤讐遂捨之二十二年爲崑丘道總管擊龜茲獲其王訶黎布失畢及諸首領等太宗崩何力欲殺身以殉高宗諭而止之永徽二年處月處蜜叛以何力爲弓月道大總管討平之擒其渠帥處蜜時健俟斤合支賀等以歸顯慶二年遷左驍衛大將軍累封郕國公兼檢校鴻臚卿龍朔元年又爲遼東道行軍大總管九月次于鴨綠水其地卽高麗之險阻莫支男生以精兵數萬守之衆莫能濟何力始至會層冰大合趨卽渡兵鼓譟而進賊遂大潰追奔數十里斬首三萬級餘衆盡降男生僅以身免會有詔班師乃還其年九姓叛以何力爲鐵勒道安撫大使乃簡精騎五百馳入九姓中賊大驚何力乃謂曰國家知汝被詿誤遂有翻動使我捨汝等過皆可自新罪在酋渠得之則已諸姓大喜共擒僞葉護及設特勒等同惡二百餘人以歸何力數其罪而誅之乾封元年又爲遼東道行軍大總管兼安撫大使高麗有衆十五萬屯於遼水又引靺鞨數萬據南蘇城何力奮擊皆大破之斬首萬餘級乘勝而進凡拔七城乃迴軍會英國公李勣於鴨綠水共攻辱夷大行二城破之勣頓軍於鴨綠柵何力引蕃漢兵五十萬先臨平壤勣仍繼至共拔平壤城執勇健虜其王還授鎮軍大將軍行左衛大將軍徙封涼國公仍檢校右羽林軍儀鳳二年卒贈輔國大將軍并州都督陪葬昭陵諡曰烈有三子明光貞明左鷹揚衛大將軍兼賀蘭都督襲爵涼國公光則天時右豹韜衛將軍爲酷吏所殺貞司膳少卿

黑齒常之百濟西部人長七尺餘驍勇有謀略初在本蕃仕爲達率兼郡將猶中國之刺史也顯慶五年蘇定方討平百濟常之率所部隨例送降欵時定方縶左王及太子隆等仍縱兵劫掠丁壯者多被戮常之恐懼遂與左右十餘人遁歸本部鳩集亡逸共保任存山築柵以自固旬日而歸附者三萬餘人定方遣兵攻之常之領敢死之士拒戰官軍敗績遂復本國二百餘城定方不能討而還龍朔三年高宗遣使招諭之常之盡率其衆降累轉左領軍員外將軍儀鳳中吐蕃犯邊常之從李敬玄擊之劉審禮之沒賊敬玄欲抽軍却阻泥溝而計無所出常之夜率敢死之兵五百人進掩賊營吐蕃首領跋地設棄軍宵遁敬玄因此得還高宗歎其才略擢授左武衛將軍兼檢校左羽林軍賜金五百兩絹五百疋仍充河源軍副使時吐蕃贊婆及素和貴等賊徒三萬餘屯於良非川常之率精騎三千夜襲賊營殺獲二千級獲羊馬數萬贊婆等單騎而遁擢常之爲大使又賞物四百疋常之以河源軍正當賊衝欲加兵鎮守恐有運轉之費遂遠置烽戍七十餘所度開營田五千餘頃歲收百餘萬石開耀中贊婆等屯於青海常之率精兵一萬騎襲破之燒其糧貯而還常之在軍七年吐蕃深畏憚之不敢復爲邊患嗣聖元年遷左武衛大將軍仍檢校左羽林軍垂拱二年突厥犯邊命常之率兵拒之躡至兩井忽逢賊三千餘衆常之見賊徒爭下馬著甲遂領二百餘騎身當先鋒直衝賊遂棄甲而散俄頃賊衆大至及日將暮常之令伐木營中燃火如烽燧時東南忽有大風起賊疑有救兵相應遂狼狽夜遁以功進封燕國公三年突厥入寇朔州常之又充大總管以李多祚王九言爲副追躡至黃花堆大破之追奔四十餘里賊散走磧北時有中郎將爨寶璧表請窮追餘賊制常之與寶璧會遙爲聲援寶璧以爲破賊在朝夕貪功先行竟不與常之謀議遂全軍而沒尋爲周興等誣構云與右鷹揚將軍趙懷節等謀反繫獄遂自縊而死常之嘗有所乘馬爲兵士所損副使牛師獎等請鞭之常之曰豈可以損私馬而決官兵乎竟赦之前後所得賞賜金帛等皆分給將士及死時甚惜之

李多祚代爲靺鞨酋長多祚驍勇善射意氣感激少以軍功歷位右羽林軍大將軍前後掌禁兵北門宿衛二十餘年神龍初張柬之將誅張易之兄弟引多祚將籌其事謂曰將軍在北門幾年曰三十年矣柬之曰將軍擊鍾鼎食金章紫綬貴寵當代位極武臣豈非大帝之恩乎曰然又曰將軍旣感大帝殊澤能有報乎大帝之子見在東宮逆豎張易之兄弟擅權朝夕危逼宗社之重於將軍誠能報恩正屬今日多祚曰苟緣王室惟相公所使終不顧妻子性命因卽引天地神祇爲要誓詞氣感動義形於色遂與柬之等定謀誅易之兄弟以功進封遼陽郡王食實封八百戶仍拜其子承訓爲衛尉少卿其年將有事於太廟特令多祚與安國相王登輦夾侍監察御史王覿上疏諫曰竊惟祔廟之禮在於尊祖奉先肅事之儀豈厭惟親與德伏見恩勑令安國相王與李多祚參乘且多祚夷人有功於國適可加之寵爵豈宜逼奉至尊侍帝弟而連衡與吾君而共輦誠恐萬方之人不允所望昔文帝引趙談參乘盎伏車前曰臣聞天子所共六尺輿者皆天下豪英今漢雖乏人陛下獨柰何與刀鋸之餘共載於是斥而下之多祚雖無趙談之累亦非卿相之重不自循省無聞固讓豈國之良輔更無其人史官所書將示於後何袁盎之强諫獨微臣之不及惟陛下詳擇焉上謂覿曰多祚雖是夷人緣其有功委以心腹特令侍輦卿勿復言也節愍太子之殺武三思也多祚與羽林大將軍李千里等率兵以從太子令多祚先至玄武樓下冀上問以殺三思之意遂按兵不戰時有宮闈令楊思勗於樓上侍帝請拒其先鋒多祚子壻羽林中郎將野呼利爲先軍總管思勗挺刃斬之兵衆大沮多祚俄爲左右所殺并殺其二子籍沒其家睿宗卽位下制曰以忠報國典冊所稱感義捐軀名節斯在故右羽林大將軍上柱國遼陽郡王李多祚三韓貴種百戰餘雄席寵禁營廼心王室仗茲誠信翻陷誅夷賴彼神明重清姦慝永言徽烈深合褒崇宜追殁後之榮以復生前之命可還舊官仍宥其妻子

李嗣業京兆高陵人也身長七尺壯勇絕倫天寶初隨募至安西頻經戰鬬于時諸軍初用陌刀咸推嗣業爲能每爲隊頭所向必陷節度使馬靈察知其勇健每出師令嗣業與焉累遷至中郎將天寶七載安西都知兵馬使高仙芝奉詔總軍專征勃律選嗣業與郎將田珍爲左右陌刀將于時吐蕃聚十萬衆於娑勒城據山因水塹斷崖谷編木爲城仙芝夜引軍渡信圖河奄至城下仙芝謂嗣業與田珍曰不午時須破此賊嗣業引步軍持長刀上山頭拋檑蔽空而下嗣業獨引一旗於絕險處先登諸將因之齊上賊不虞漢軍暴至遂大潰塡溪谷投水溺死僅十八九遂長驅至勃律城擒勃律王吐蕃公主斬藤橋以兵三千人戍於是拂林大食諸胡七十二國皆歸國家款塞朝獻嗣業之功也由此拜右威衛將軍十載又從平石國及破九國胡并背叛突騎施以跳盪加特進兼本官初仙芝紿石國王約爲和好乃將兵襲破之殺其老弱虜其丁壯取金寶瑟瑟駝馬等國人號哭因掠石國王東獻之于闕下其子逃難奔走告於諸胡國羣胡忿之與大食連謀將欲攻四鎮仙芝懼領兵二萬深入胡地與大食戰仙芝大敗會夜兩軍解仙芝衆爲大食所殺存者不過數千事窘嗣業白仙芝曰將軍深入胡地後絕救兵今大食戰勝諸胡知必乘勝而併力事漢若全軍沒嗣業與將軍俱爲賊所虜則何人歸報主不如馳守白石嶺早圖奔逸之計仙芝曰爾戰將也吾欲收合餘燼明日復戰期一勝耳嗣業曰愚者千慮或有一得勢危若此不可膠柱固請行乃從之路隘人馬魚貫而奔會跋汗那兵衆先奔人及

驍馬塞路不克過嗣業持大棒前驅擊之人馬應手俱斃胡等遁路開仙芝獲免仙芝表其功加驃騎左金吾大將軍及祿山反兩京陷上在靈武詔嗣業赴行在嗣業自安西統衆萬里威令肅然所過郡縣秋毫不犯至鳳翔謁見上曰今日得卿勝數萬衆事之濟否實在卿也遂與郭子儀僕固懷恩等常犄角爲先鋒將嗣業每持大棒衝擊賊衆披靡所向無敵祿山之亂兩京未復肅宗在鳳翔至德六年九月嗣業從廣平王收復京城與賊大戰于香積寺北西拒澧水東臨大川十里間軍容不斷嗣業時爲鎮西北庭支度行營節度使爲前軍朔方右行營節度使郭子儀爲中軍關內行營節度王思禮爲後軍戈鋋鼓鞞震曜山野距賊軍數里列長陣而待之賊將李歸仁初以銳師數來挑戰我師攢矢而逐之賊軍大至逼我追騎突入我營我師囂亂嗣業謂郭子儀曰今日之事若不以身啖寇決戰於陣萬死而冀其一生不然則我軍無孑遺矣嗣業乃脫衣徒搏執長刀立於陣前大呼當嗣業刀者人馬俱碎殺十數人陣容方駐前軍之士盡執長刀而出如墻而進嗣業先登奮命所向摧靡是時賊先伏兵於營東偵者知之元帥廣平王分迴紇銳卒令擊其伏兵賊將大敗嗣業出賊營之背與迴紇合勢表裏夾攻自午及酉斬首六萬級塡溝壍而死者十二三賊帥張通儒安守忠李歸仁等收合殘卒東走保陝郡慶緒又命嚴莊率衆數萬赴陝助通儒輩以拒官軍廣平王郭子儀王思禮等大軍營於陝西嗣業與子儀遇賊於新店與之力戰數合我師初勝而後敗嗣業遂急應接迴紇從南山望見官軍敗曳白旗而下徑抵賊背穿賊陣賊陣西北角先陷嗣業又率精騎前擊表裏齊進賊衆大敗走河北子儀遂收東都嗣業以功加開府儀同三司衞尉卿封虢國公食實封二百戶乾元二年諸將同圍相州是時築堤引漳水灌城經月餘城不拔是時軍無統帥諸將自圖全人無鬬志賊每出戰嗣業被堅衝突履鋒冒刃爲流矢所中數日瘡欲愈臥於帳中忽聞金鼓之聲因而大叫瘡中血出數升注地而卒上聞之震悼嗟惜久之詔曰臨難忘身爲臣之大節念功加贈經國之常典故衞尉卿兼懷州刺史充北庭行營節度使虢國公李嗣業植操沉厚秉心忠烈懷幹時之勇略有戡難之遠謀久仕邊陲備經任使自兇渠構亂中夏不寧持感激之誠總驍果之衆親當矢石頻立勳庸壯節可嘉將謀於百勝忠誠未遂空恨於九原言念其功良深憫悼死於王事禮有可加宜贈裂土之封用廣飾終之義可贈武威郡王其賻贈及緣葬事所司倍於常式仍令官給靈轝遞還所在以其子佐國襲其官爵食實封二百戶

白孝德安西胡人也驍悍有膽力乾元中事李光弼爲偏裨史思明攻河陽使驍將劉龍仙率鐵騎五十臨城挑戰龍仙捷勇自恃舉右足加馬鬣上嫚罵光弼光弼登城望顧諸將曰孰可取者僕固懷恩請行光弼曰此非大將所爲歷選其次左右曰白孝德可光弼乃招孝德前問曰可乎曰可光弼問所要幾何兵孝德曰可獨往耳光弼壯之終問所欲對曰願選五十騎於軍門爲繼兼請大軍鼓譟以增氣勢他無所用光弼撫其背以遣之孝德挾二矛策馬截流而渡半濟懷恩賀曰剋矣光弼曰未及何知其剋懷恩曰觀其攬轡便辟可萬全者龍仙見其獨來甚易之足不降鬣稍近將動孝德搖手示之若使其不動龍仙不之測乃止孝德呼曰侍中使余致辭非他也龍仙去十步與之言褻罵如初孝德息馬伺便因瞋目曰賊識我乎龍仙曰誰耶曰我國之大將白孝德也龍仙曰是何猪狗孝德發聲虓闞持矛躍馬而搏之城上鼓譟五十騎繼進龍仙矢不暇發環走堤上孝德追及斬首攜之而歸賊徒大駭其後累戰功至安西北庭行營節度鄜坊邠寧節度使歷檢校刑部尚書封昌化郡王以家難去職服闋復舊官大曆十四年九月轉太子少傅尋卒時年六十六贈太子太保

史臣曰歷代武臣壯勇出衆者有諸節行勵俗者鮮矣矧蠻夷之人乎如馮盎智勇守節社尒廉慎知足蘇尼失恩惠史忠清謹凡用兵破吐蕃谷渾勇也心如鐵石忠也不解萬均官恕也叵延寵之親智也捨高突勃之死議也立大功居顯位夙夜匪懈者何力有焉常之以私馬恕官兵與將士均賞賜古之名將無以加焉多祚忘身許國孝德壯勇立功皆三軍之傑也豈九夷之陋哉嗣業力贊中興終歿王事未可倫而擬也

贊曰君子之居九夷無陋壯哉嗣業孰出其右

舊唐書卷一百九考證

阿史那社尒傳阿史那蘇尼失者啓民可汗之母弟社尒叔祖也其父始畢可汗○沈炳震曰按始畢啓民子蘇尼失兄子也云其父誤

契苾何力傳陪葬昭陵謚曰烈○烈新書作毅

# 舊唐書卷一百十

後晉司空同中書門下平章事劉　昫撰

## 列傳第六十

李光弼　王思禮　鄧景山　辛雲京

李光弼營州柳城人其先契丹之酋長父楷洛開元初左羽林將軍同正朔方節度副使封薊國公以驍果聞光弼幼持節行善騎射能讀班氏漢書少從戎嚴毅有大略起家左衞郎丁父憂終喪不入妻室天寶初累遷左清道率兼安北都護府朔方都虞候五載河西節度王忠嗣補爲兵馬使充赤水軍使忠嗣遇之甚厚常云光弼必居我位邊上稱爲名將八載充節度副使封薊郡公十一載拜單于副使都護十三載朔方節度安思順奏爲副使知留後事思順愛其材欲妻之光弼稱疾辭官隴右節度哥舒翰聞而奏之得還京師祿山之亂封常清高仙芝戰敗斬於潼關又以哥舒翰率師拒賊尋命郭子儀爲朔方節度收兵河西玄宗眷求良將委以河北河東之事以問子儀子儀薦光弼堪爲閫寄十五載正月以光弼爲雲中太守攝御史大夫充河東節度副使知節度事二月轉魏郡太守河北道採訪使以朔方兵五千會郭子儀軍東下井陘收常山郡賊將史思明以卒數萬來援常山追擊破之進收藁城等十餘縣南攻趙郡三月八日光弼兼范陽長史河北節度使拔趙郡自祿山反常山爲戰場死人蔽野光弼酹其屍而哭之爲賊幽閉者出之誓平寇難以慰其心六月與賊將蔡希德史思明尹子奇戰于常山郡之嘉山大破賊黨斬首萬計生擒四千思明露髮跣足奔于博陵河北歸順者十餘郡光弼以范陽祿山之巢穴將先斷之使絕根本會哥舒翰潼關失守玄宗幸蜀人心驚駭肅宗理兵於靈武遣中使劉智達追光弼子儀赴行在授光弼戶部尚書兼太原尹北京留守同中書門下平章事以景城河間之卒五千赴太原時節度王承業軍政不修詔御史崔衆交兵於河東衆侮易承業或褁甲持槍突入承業廳事玩謔之光弼聞之素不平至是交衆兵於光弼衆以麾下來光弼出迎旌旗相接而不避光弼怒其無禮又不卽交兵令收繫之頃中使至除衆御史中丞懷其勑問衆所在光弼曰衆有罪繫之矣中使以勑示光弼光弼曰今只斬侍御史若宣制命卽斬中丞若拜宰相亦斬宰相中使懼遂寢之而還翌日以兵仗圍衆至碑堂下斬之威震三軍命其親屬弔之二年賊將史思明蔡希德高秀巖牛廷玠等四僞帥率衆十餘萬來攻太原光弼經河北苦戰精兵盡赴朔方麾下皆烏合之衆不滿萬人思明謂諸將曰光弼之兵寡弱可屈指而取太原鼓行而西圖河隴朔方無後顧矣光弼所部將士聞之皆懼議欲修城以待之光弼曰城周四十里賊垂至今興功役是未見敵而自疲矣乃躬率士卒百姓於城外作掘壕以自固作壍數十萬衆莫知所用及賊攻城於外光弼卽令增壘於內壞輒補之賊城外詬詈戲侮者光弼令穿地道一夕而擒之自此賊將行皆覗地不敢逼城強弩發石以擊之賊驍將勁卒死者十二三城中長幼咸伏其勤智懦兵增氣而皆欲出戰史思明揣知之先歸留蔡希德等攻之月餘我怒而寇怠光弼率敢死之士出擊大破之斬首七萬餘級軍資器械一皆委棄賊始至及遁五十餘日光弼設小幕宿於城東南隅有急卽應行過府門未嘗迴顧賊退三日決軍事畢始歸府第轉檢校司徒收淸夷橫野等軍擒賊將李弘義以歸詔曰銀青光祿大夫檢校司徒兼戶部尚書同中書門下平章事兼御史大夫鴻臚卿太原尹北京留守河東節度副大使薊國公光弼全德挺生英才間出千城禦侮坐甲安邊可守司空兼兵部尚書中書門下平章事進封魏國公食實封八百戶乾元元年與關內節度使王思禮入朝勑朝官四品已上出城迎謁遷侍中改封鄭國公二年七月制曰元帥之任實屬於師貞左軍之選諒資於邦傑自非道申啓沃學富韜鈐則何以翊分閫而專征膺鑿門而受律求諸將相允得其人司空兼侍中鄭國公光弼器識弘遠志懷沉毅蘊孫吳之略有文武之材往屬艱難備彰忠勇協風雲而經始保宗社於阽危由是出備長城入扶大厦茂功懸於日月嘉績被於巖廊屬殘寇猶虞總戎有命用擇惟賢之佐式弘建親之典必能緝寧邦國協贊天人誓于丹浦之師勦彼綠林之盜載明朝奬爰籍舊勳宜副出車之命仍踐分麾之寵爲天下兵馬元帥趙王係之副知節度行營事八月兼幽州大都督府長史河北節度支度營田經略等使餘如故與九節度兵圍安慶緒於相州拔有日矣史思明自范陽來救慶緒糧道光弼身先士卒苦戰勝之屬大風晦冥諸將引衆而退所在剽掠唯光弼所部不散東京留守崔圓河南尹蘇震南奔襄陽郭子儀率衆屯于穀水史思明因殺安慶緒卽僞位縱兵河南加光弼太尉兼中書令代郭子儀爲朔方節度兵馬副元帥以東師委之左廂兵馬使張用濟承子儀之寬懼光弼之令與諸將頗有異議欲

逗留其衆光弼以數千騎出次汜水縣用濟單騎迎謁即斬於轅門諸將懾伏都兵馬使僕固懷恩先期而至初光弼次汴州聞思明悉衆且至謂許叔冀曰大夫能守此城浹旬我必將兵來救叔冀曰諾光弼還東京思明至汴叔冀與戰不利遂與董秦梁浦劉從諫率衆降思明賊勢甚熾遣梁浦劉從諫田神功等將兵徇江淮謂之曰收得其地每人貢兩船玉帛思明乘勝而西光弼整衆徐行至洛謂留守韋陟曰賊乘鄭下之勝再犯王畿宜按甲以挫其鋒不利速戰洛城非禦備之所公計若何陟曰加兵陝州退守潼關據險以待之足挫其銳矣光弼曰此蓋兵家常勢非用奇之策也夫兩軍相冦貴進尺寸之間耳今委五百里而不顧是張賊勢也若移軍河陽北阻澤潞三城以抗勝則擒之敗則自守表裏相應使賊不敢西侵此則猨臂之勢也夫辨朝廷之禮光弼不如公論軍旅之事公不如光弼陟無以應判官韋損曰東京帝宅侍中何不守之光弼曰若守洛城汜水崿嶺皆須人守子爲兵馬判官能守之乎遂移牒留守及河南尹并留司官坊市居人出城避冦空其城率軍士運油鐵諸物以爲戰守之備時史思明已至偃師光弼悉軍赴河陽賊已至洛城光弼軍方至石橋日暮令秉炬徐行與賊相隨而不敢來犯乙夜入河陽三城排閱守備號令嚴明與士卒同甘苦咸誓力戰賊憚光弼威略頓兵白馬寺南不出百里西不敢犯宮闕於河陽南築月城掘壕以拒光弼十月賊攻城於中潬城西大破逆黨五千餘衆斬首千餘級生擒五百餘人溺死者大半初光弼謂李抱玉曰將軍能爲我守南城二日乎抱玉曰過期若何光弼曰過期而救不至任棄也抱玉禀命勒兵守南城將陷抱玉紿賊曰吾糧盡明日當降賊衆大喜斂軍以俟之抱玉復得繕完設備明日堅壁請戰賊怒見欺急攻之抱玉出奇兵表裏夾擊殺傷甚衆賊帥周摯領軍而退光弼自將於中潬城城外置柵柵外大掘塹濶二丈深亦如之周摯捨南城併力攻中潬光弼命荔非元禮出勁卒於羊馬城以拒賊光弼於城東北角樹小紅旗下望賊軍賊恃衆直逼其城以車二乘載木鵝蒙衝鬭樓橦車隨其後督兵填城下塹三面各八道過其兵又當塹開柵各置一門光弼遥望賊逼城使人語荔非元禮曰中丞看賊填塹開柵過兵居然不顧何也元禮報曰太尉擬守乎擬戰乎光弼曰戰元禮曰若戰賊爲我填塹復何嫌也光弼曰吾智不及公公其勉之元禮俟柵開率其勇敢出戰一逼賊軍退走數百步元禮料敵陣堅難出入馳突不足破賊收軍稍退以怠其冦而攻之光弼望見收軍大怒使人喚元禮欲按軍令元禮曰戰正忙喚作何物艮久令軍中鼓譟出柵門徒搏齊進賊大潰周摯復整軍押北城而下將攻之光弼遽率衆入北城登城望曰彼雖衆亂而囂不足懼也當爲公等日午而破之命出將戰及期不決謂諸將曰向來戰何處最堅而難犯或曰西北角遽命郝玉曰爾往擊之玉曰玉步卒也請騎軍五百翼之光弼與之三百又問何處最堅曰東南隅即命倫惟貞以所部往擊之對曰貞蕃將也不知步戰請鐵騎三百與之百光弼又出賜馬四十疋分給且令之曰爾等望吾旗而戰若麾旗緩任爾觀望便宜吾旗連麾三至地則萬衆齊入生死以之少退者斬無捨玉策馬赴賊有一人將援槍刺賊洞馬腹連刺數人一人逢賊不戰而退光弼召不戰者斬賞援槍者絹五百疋須臾郝玉奔歸光弼望之驚曰郝玉退吾事危矣命左右取玉頭來玉見使者曰馬中箭非敢敗也使者馳報光弼令換馬遣之玉換馬復入決死而前光弼連麾三軍望旗而進聲動天地一鼓而賊大潰斬萬餘級生擒八千餘人軍資器械糧儲數萬計臨陣擒其大將徐璜玉李秦授周摯其大將安太清走保懷州思明不知摯等敗尚攻南城光弼悉驅俘囚臨河以示之殺數十人以威之餘衆懼投河赴南岸光弼皆斬之初光弼將戰謂左右曰戰危事勝負繫之光弼位爲三公不可死於賊手苟事之不捷繼之以死及是擊賊常納短刀於靴中有決死之志城上面西拜舞三軍感動賊既敗走光弼收懷州思明來救迎擊於沁水之上又敗之賊將安太清極力拒守月餘不下光弼令僕固懷恩郝玉由地道而入得其軍號乃登陴大呼我師同登城遂拔生擒安太清周摯楊希文等送於闕下即日懷州平以功進爵臨淮郡王累加實封至一千五百戸觀軍容使魚朝恩屢言賊可滅之狀朝旨令光弼速收東都光弼屢表賊鋒尚銳請候時而動不可輕進僕固懷恩又害光弼之功潛附朝恩言賊可滅由是中使督戰光弼不獲已進軍列陣於北邙山下賊悉精銳來戰光弼敗績軍資器械並爲賊所有時李抱玉亦棄河陽光弼渡河保聞喜朝旨以懷恩異同致敗優詔徵之光弼自河中入朝抗表請罪詔釋之光弼懇讓太尉遂加開府儀同三司侍中河南尹行營節度使俄復拜太尉充河南淮南山南東道荆南等副元帥侍中如故出鎮臨淮史朝義乘邙山之勝寇申光等十三州自領精騎圍李岑於宋州將士皆懼請南保揚州光弼徑赴徐州以鎮之遣田神功擊敗之浙東賊首袁晁攻剽郡縣浙東大亂光弼分兵除討尅定江左人心乃安初光弼將赴臨淮在道昇疾而行監軍使以袁晁方擾江淮光弼兵少請保潤州以避其鋒光弼曰朝廷寄安危於我今賊雖强未測吾衆寡若出其不意當自退矣遂徑往泗州光弼未至河南也田神功平劉展後逗留於揚府尚衡殷仲卿相攻於兗鄆來瑱旅拒於襄陽朝廷患之及光弼輕騎至徐州史朝義退走田神功遽歸河南尚衡殷仲卿來瑱皆懼其威名相繼赴闕寶應元年進封臨淮王賜鐵券圖形凌烟閣廣德初吐蕃入寇京畿代宗詔徵天下兵光弼與程元振不協遷延不至十月西戎犯京師代宗幸陝朝廷方倚光弼爲援恐成嫌疑數詔問其母吐蕃退乃除光弼東都留守以察其去就光弼伺知之辭以久待勑不至且歸徐州欲收江淮租賦以自給代宗還京二年正月遣中使往宣慰光弼母在河中密詔子儀輿歸京師其弟光進與李輔國同掌禁兵委以心膂至是以光進爲太子太保兼御史大夫涼國公渭北節度使上遇之益厚光弼御軍嚴肅天下服其威名每申號令諸將不敢仰視及懼朝恩之害不敢入朝田神功等皆不禀命因愧耻成疾遣衙將孫珍奉遺表自陳廣德二年七月薨於徐州時年五十七輟朝三日贈太保謚曰武穆光弼既疾亟將吏問以後事曰吾久在軍中不得就養既爲不孝子夫復何言因取已封絹布各三千疋錢三千貫文分給將士部下護喪柩還京師代宗遣中官開府魚朝恩弔問其母於私第又命京兆尹第五琦監護喪事十一月葬於三原詔宰臣百官祖送於延平門外母李氏有鬚數十莖長五六寸以子貴封韓國太夫人二子皆節制一品光弼十年間三入朝與弟光進在京師雖與光弼異母性亦孝悌雙旌在門鼎味就養甲第並開往來追歡極一時之榮

王思禮營州城傍高麗人也父虔威爲朔方軍將以習戰聞思禮少習戎旅隨節度使王忠嗣至河西與哥舒翰對爲押衙及翰爲隴右節度使思禮與中郎周佖爲翰押衙以拔石堡城功除右金吾衛將軍充關西兵馬使兼河源軍使十一載加雲麾將軍十二載翰征九曲思禮後期欲引斬之續使命釋之思禮徐言曰斬則斬却喚何物諸將皆壯之十三年吐谷渾蘇毗王款塞詔翰至磨環川應接之思禮墜馬損脚翰謂中使李大宜曰思禮既損脚更欲何之十四載六月加金城太守祿山反哥舒翰爲元帥奏思禮加開府儀同三司兼太常卿同正員充元帥府馬軍都將每事獨與思禮決之十五載二月思禮白翰謀殺安思順父元貞於紙隔上密語翰請抗表誅楊國忠翰不應復請以三十騎劫之橫馱來潼關殺之翰曰此乃翰反何預祿山事六月潼關失守思禮西赴行在至安化郡思禮與呂崇賁李承光並引於纛下責以不能堅守並從軍令或救之可收後効遂斬承光而釋思禮崇賁與房琯爲副使便橋之戰又不利除爲關內節度使尋遣守武功賊將安守忠及李歸仁安泰清來戰思禮以其衆退守扶風賊兵分至大和關去鳳翔五十里王師大駭鳳翔戒嚴中官及朝官皆出其孥上使左右巡御史虞候書其名乃止遂命司徒郭子儀以朔方之衆擊之而退至德二年九月思禮從元帥廣平王收西京既破賊思禮領兵先入景清宮又從子儀戰陝城曲沃新店賊軍既敗收東京思禮又於絳郡破賊六千餘衆器械山積牛馬萬計遷戸部尚書霍國公食實封三百戸乾元二年與子儀等九節度圍安慶緒於相州思禮領關內及潞府行營步卒三萬馬軍八千大軍潰唯思禮與李光弼兩軍獨全及光弼鎮河陽制以思禮爲太原尹北京留守河東節度使兼御史大夫貯軍糧百萬器械精鋭尋加守司空自武德已來三公不居宰輔唯思禮而已上元二年四月以疾薨輟朝一日贈大尉謚曰武烈命鴻臚卿監護喪事思禮長於支計短於用兵然立法嚴整士卒不敢犯時議稱之

鄧景山曹州人也文吏見稱天寶中自大理評事至監察御史至德初擢拜青齊節度使遷揚州長史淮南節度爲政簡肅聞於朝廷居職四年會劉展作亂引平盧副大使田神功兵馬討賊神功至揚州大掠居人資產鞭笞發掘略盡商胡大食波斯等商旅死者數千人上元二年十月追入朝拜尚書左丞太原尹北京留守王思禮軍儲豐實其外又別積米萬石奏請割其半送京師屬思禮薨以管崇嗣代之委任左右失於寬緩數月之間費散殆盡唯存陳爛萬餘石上聞之即日召景山代崇嗣及至太原以鎮撫紀綱爲已任檢覆軍吏隱沒者衆懼有一偏將抵罪當死諸將各請贖其罪景山不許其弟請以身代其兄又不許弟請納馬一疋以贖兄罪景山許其減死衆咸怒謂景山曰我等人命輕如一馬乎軍衆憤怒遂殺景山上以景山統馭失所不復驗

其罪遣使諭之軍中因請以都知兵馬使代州刺史辛雲京爲節度使從之

辛雲京者河西之大族也代掌戎旅兄弟數人並以將帥知名雲京有膽略志氣剛决不畏强禦每在戎行以擒生斬馘爲務累建勳勞官至北京都知兵馬使代州刺史鄧景山統馭失所爲軍士所殺請雲京爲節度使因授兼太原尹以北門委之雲京質性沉毅部下有犯令者不貸纖毫其賞功効亦如之故三軍整肅廻紇恃舊勳每入漢界必肆狼貪至太原雲京以戎狄之道待之虜畏雲京不敢惕息數年間太原大理無烽警之虞累加檢校左僕射同中書門下平章事大曆三年八月庚午薨上追悼發哀爲之流涕冊贈太尉輟朝三日謚曰忠獻後宰臣子儀元載等見上言及雲京泫然久之十一月葬命中使弔祭時宰相及諸道節度使祭者凡七十餘幄

史臣曰凡言將者以孫吳韓白爲首如光弼至性居喪人子之情顯矣雄才出將軍旅之政肅然以奇用兵以少敗衆將今比古詢事考言彼四子者或有慙德邙山之敗閫外之權不專徐州之留君側之人伺隙失律之尤雖免匪躬之義或虧令名不全良可惜也然閫外之事君側之人得不慎諸思禮法令嚴整儲廩豐盈節制之才固不易得景山始以文吏或有虛名仗鉞揚州召匪人而劫掠士庶分茅并部持小法而全昧機權貴馬賤人衆怒身死宜哉雲京賞善懲惡靜亂安邊功著軍中寵加身後不亦美歟

贊曰光弼雄名思禮刑清始致亂者鄧景山何以救之辛雲京

舊唐書卷一百十考證

李光弼傳屬大風晦冥諸將引衆而退所在剽掠惟光弼所部不散○臣德濳按此乾元二年八月文也肅宗本紀相州之敗在乾元二年三月通鑑綱目俱同此應誤

即日懷州平以功進爵臨淮郡王○臣德濳按封王賜鐵券在寶應元年此臨淮郡公非王也

舊唐書卷一百十一

後晉司空同中書門下平章事劉　昫撰

列傳第六十一

崔光遠　房琯子孺復　從子式

張鎬　高適　暢璀

崔光遠滑州靈昌人也本博陵舊族祖敬嗣好樗蒲飲酒則天初爲房州刺史中宗爲廬陵王安置在州官吏多無禮度敬嗣獨以親賢待之供給豐贍中宗深德之及登位有益州長史崔敬嗣既同姓名每進擬官皆御筆超拜之者數四後引與語始知誤寵訪敬嗣已卒乃遣中書令韋安石授其子汪官汪嗜酒不堪職任且授洛州司功又改五品光遠即汪之子雖無學術頗有祖風勇决任氣身長六尺餘目睛白黑分明少歷仕州縣開元末爲蜀州唐安令與楊國忠以博徒相得累遷至左贊善大夫天寶十一載京兆尹鮮于仲通舉光遠爲長安令十四載遷京兆少尹其載使吐蕃弔祭十五載五月使廻十餘日潼關失守玄宗幸蜀詔留光遠爲京兆尹兼御史中丞充西京留守採訪使駕發百姓亂入宮禁取左藏大盈庫物既而焚之自日及午火勢漸盛亦有乘驢上紫宸興慶殿者光遠與中官將軍邊令誠號令百姓救火又募人攝府縣官分守之殺十數人方令使其息東見祿山祿山大悅僞勑復本官先是祿山已令張休攝京兆尹十餘日既得光遠歸欵召休歸洛八月同羅背祿山以廐馬二千出至滻水孫孝哲安神威從而召之不得神威懼而憂死府縣官吏驚走獄囚皆空光遠以爲賊且逃矣命所由守神威孝哲以光遠之狀報祿山光遠閉府門斬爲盜曳落河二人遂與長安令蘇震等同出至開遠門使人前謂門官曰尹巡諸門門官具器仗以迎至則皆斬之領府縣官千餘人於京西號令百姓赴召者百餘人夜過咸陽遂達靈武上喜之擢拜御史大夫兼京兆尹仍使光遠於渭北召集人吏之歸順者嘗有賊剽掠涇陽縣界於僧寺中椎牛釃酒連夜酣飲去光遠營四十里光遠偵知之率馬步二千乙夜趨其所賊徒多醉光遠領百餘騎持滿扼其要分命驍勇持陌刀呼而斬之殺賊徒二千餘人虜馬千疋俘其渠酋一人賊中以光遠勇勁常避其鋒及扈從還京論功行賞制曰持節京畿採訪計會招召宣慰處置等使崔光遠毀家成國致命前矛可特進行禮部尚書封鄴國公食實封三百戶乾元元年兼御史大夫五月爲河南節度使八月代張鎬爲汴州刺史兼本州

防禦使十二月代蕭華爲魏州刺史充魏州節度使初司徒郭子儀與賊戰於汲郡光遠率汴師千人渡河援之及代蕭華入魏州使將軍李處崟拒賊賊大至連戰不利子儀怒不救處崟遂敗奔還賊逐處崟至城下反間之曰處崟召我來何爲不出光遠乃腰斬處崟處崟善戰有勇衆皆倚之及死人用危懼魏州城自祿山反袁知泰能元皓等皆繕完之甚爲堅峻光遠不能守遂夜潰圍而出度河而還肅宗不之罪除太子少保襄州將士康楚元張嘉延率衆爲亂陷荆襄澧朗等州以光遠兼御史大夫持節荆襄招討仍充山南東道處置兵馬都使三年除鳳翔尹充本府及秦隴觀察使先是岐隴吏人郭愔等爲土賊掠州縣爲五堡光遠使判官監察御史嚴侁召而降之光遠在官好蒲酒晚年不親戎事上元元年冬愔等潛連党項及奴剌突厥敗韋倫於秦隴殺監軍使擊黃戍肅宗追還以李鼎代之二年兼成都尹充劍南節度營田觀察處置使仍兼御史大夫及段子璋反東川節度使李奐敗走投光遠率將花驚定等討平之將士肆其剽劫婦女有金銀臂釧兵士皆斷其腕以取之亂殺數千人光遠不能禁肅宗遣監軍官使按其罪光遠憂恚成疾上元二年十月卒

房琯河南人天后朝正議大夫平章事融之子也琯少好學風儀沉整以門蔭補弘文生性好隱遁與東平呂向於陸渾伊陽山中讀書爲事凡十餘歲開元十二年玄宗將封岱岳琯撰封禪書一篇及牋啓以獻中書令張說奇其才奏授秘書省校書郎調補同州馮翊尉無幾去官應堪任縣令舉授號州盧氏令政多惠愛人稱美之二十二年拜監察御史其年坐鞫獄不當貶睦州司戶歷慈溪宋城濟源縣令所在爲政多興利除害繕理廨宇頗著能名天寶元年拜主客員外郎三年遷試主客郎中五年正月擢試給事中賜爵漳南縣男時玄宗企慕古道數遊幸近甸乃分新豐縣置會昌縣於驪山下尋改會昌爲昭應縣又改溫泉宮爲華淸宮於宮所立百司廨舍以琯雅有巧思令充使繕理事未畢坐與李適之韋堅等善貶宜春太守歷琅邪鄴郡扶風三太守所至多有遺愛十四年徵拜左庶子遷憲部侍郎十五年六月玄宗蒼黃幸蜀大臣陳希烈張倚等銜於失恩不時赴難琯結張均張垍兄弟與韋述等行至城南十數里山寺均垍同行皆以家在城中逗留不進琯獨馳蜀路七月至普安郡謁見玄宗大悅即日拜文部尚書同中書門下平章事賜紫金魚袋從幸成都加銀

青光祿大夫仍與一子官其年八月與左相韋見素門下侍郎崔渙等奉使靈武冊立肅宗至順化郡謁見陳上皇傳付之旨因言時事詞情慷慨肅宗爲之改容時潼關敗將王思禮呂崇賁李承光等引於纛下將斬之琯從容救諫獨斬承光而已肅宗以琯素有重名傾意待之琯亦自負其才以天下爲己任時行在機務多决之於琯凡有大事諸將無敢預言尋抗疏自請將兵以誅寇孽收復京都肅宗望其成功許之詔加持節招討西京兼防禦蒲潼兩關兵馬節度等使乃與子儀光弼等計會進兵琯請自選叅佐乃以御史中丞鄧景山爲副戶部侍郎李揖爲行軍司馬中丞宋若思起居郎知制誥賈至右司郎中魏少遊爲判官給事中丞劉秩爲叅謀既行又令兵部尚書王思禮副之琯分爲三軍遣楊希文將南軍自宜壽入劉悊將中軍自武功入李光進將北軍自奉天入琯自將中軍爲前鋒十月庚子師次便橋辛丑二軍先遇賊於咸陽縣之陳濤斜接戰官軍敗績時琯用春秋車戰之法以車二千乘馬步夾之既戰賊順風揚塵鼓譟牛皆震駭因縛芻縱火焚之人畜撓敗爲所傷殺者四萬餘人存者數千而已癸卯琯又率南軍即戰復敗希文劉悊並降於賊琯等奔赴行在肉袒請罪上並宥之琯好賓客喜談論用兵素非所長而天子採其虛聲冀成實効琯既自無廟勝又以虛名擇將吏以至於敗琯之出師戎務一委於李揖劉秩秩等亦儒家子未嘗習軍旅之事琯臨戎謂人曰逆黨曳落河雖多豈能當我劉秩等及與賊對壘琯欲持重以伺之爲中使邢延恩等督戰蒼黃失據遂及於敗上猶待之如初仍令收合散卒更圖進取會北海太守賀蘭進明自河南至詔授南海太守攝御史大夫充嶺南節度使中謝肅宗謂之曰朕處分房琯與卿正大夫何爲攝也進明對曰琯與臣有隙上以爲然進明因奏曰陛下知晉朝何以至亂上曰卿有說乎進明曰晉朝以好尚虛名任王夷甫爲宰相祖習浮華故至於敗今陛下方興復社稷當委用實才而琯性疎闊徒大言耳非宰相器也陛下待琯至厚以臣觀之琯終不爲陛下用上問其故進明曰琯昨於南朝爲聖皇制置天下乃以永王爲江南節度潁王爲劍南節度盛王爲淮南節度制云命元子北略朔方命諸王分守重鎮且太子出爲撫軍入曰監國琯乃以枝庶悉領大藩皇儲反居邊鄙此雖於聖皇似忠於陛下非忠也琯立此意以爲聖皇諸子但一人得天下即不失恩寵又各樹其私黨劉秩

李揖劉彙鄧景山竇紹之徒以副戎權推此而言琯豈肯盡誠於陛下乎臣欲正衙彈劾不敢不先聞奏上由是惡琯詔以進明爲河南節度兼御史大夫崔圓本蜀中拜相肅宗幸扶風始來朝謁琯意以爲圓纔到當卽免相故待圓禮薄圓厚結李輔國到後數日頗承恩渥亦憾於琯琯又多稱病不時朝謁於政事簡惰時議以兩京陷賊車駕出次外郊天下人心惴恐當主憂臣辱之際此時琯爲宰相略無匪懈之意但與庶子劉秩諫議李揖何忌等高談虛論說釋氏因果老子虛無而已此外則聽董廷蘭彈琴大招集琴客筵宴朝官往往因庭蘭以見琯自是亦大招納貨賄姦贓頗甚顏眞卿時爲大夫彈何忌不孝琯既黨何忌遽託以酒醉入朝貶爲西平郡司馬憲司又奏彈董庭蘭招納貨賄琯入朝自訴上叱出之因歸私第不敢關預人事諫議大夫張鎬上疏言琯大臣門客受贓不宜見累二年五月貶爲太子少師仍以鎬代琯爲宰相其年十一月從肅宗還京師十二月大赦策勳行賞加琯金紫光祿大夫進封清河郡公琯既在散位朝臣多以爲言琯亦常自言有文武之用合當國家驅策冀蒙任遇又招納賓客朝夕盈門遊其門者又將琯言議暴揚於朝琯又多稱疾上頗不悅乾元元年六月詔曰崇黨近名實爲害政之本黜華去薄方啓至公之路房琯素表文學夙推名器由是累階清貴致位台衡而率情自任怙氣恃權虛浮簡傲者進爲同人溫讓謹令者捐於異路所以輔佐之際謀猷匪弘頃者時屬艱難擢居將相朕永懷反席冀有成功而喪我師徒旣虧制勝之任升其親友悉彰浮誕之迹曾未踰時遽從敗績自合首明軍令以謝師旅猶尚矜其萬死擢以三孤或云緣其切直遂見斥退朕示以堂案令觀所以咸知乖舛曠於政事誠宜效茲忠懇以奉國家而乃多稱疾疹莫申朝謁郤擘爲政曾不疾其迂迴亞夫事君翻有懷於鬱快又與前國子祭酒劉秩前京兆少尹嚴武等潛爲交結輕肆言談有朋黨不公之名違臣子奉上之體何以儀刑王國訓導儲闈但以嘗踐台司未忍致之于理況秩武遽更相尚同務虛求不議典章何成沮勸宜從貶秩俾守外藩琯可邠州刺史秩可閬州刺史武可巴州刺史散官封如故並卽馳驛赴任庶各增修朕自臨御寰區薦延多士常思聿求賢哲共致雍熙深嫉比周之徒虛僞成俗今茲所譴實屬其辜猶以琯等妄自標持假延浮稱雖周行具悉恐流俗多疑所以事必縷言蓋欲人知不濫凡百卿士宜悉朕懷時邠州久屯軍旅多以武將兼領刺史法度隳廢州縣廨宇並爲軍營官吏侵奪百姓室屋以居人甚弊之琯到任舉陳令式令州縣恭守又緝理公館寮吏各歸官曹頗著政聲二年六月詔褒美之徵拜太子賓客上元元年四月改禮部尚書尋出爲晉州刺史八月改漢州刺史琯長子乘自少兩目盲琯到漢州廼厚結司馬李銳以財貨乘聘銳外甥女盧氏時議薄其無士行寶應二年四月拜特進刑部尚書在路遇疾廣德元年八月四日卒於閬州僧舍時年六十七贈太尉孺復琯之孽子也少黠慧年七八歲卽粗解綴文親黨奇之稍長狂疎傲慢任情縱欲年二十淮南節度陳少遊辟爲從事多招陰陽巫覡令揚言已過三十必爲宰相德宗幸奉天包佶掌賦於揚州少遊將抑奪之佶聞而奔出少遊方遣人刼佶令迴孺復請行會佶已過江南乃還及少遊卒浙西節度韓滉又辟入幕其長兄宗偃先貶官嶺下而卒及喪柩到揚州孺復未嘗弔初娶鄭氏惡賤其妻多畜婢僕妻之保母累言之孺復乃先具棺櫬而集家人生斂保母遠近驚異及妻在產蓐三四日遽令上船卽路數日妻遇風而卒孺復以宰相子年少有浮名而奸惡未甚露累拜杭州刺史又娶台州刺史崔昭女崔妬悍甚一夕杖殺孺復侍兒二人埋之雪中觀察使聞之詔發使鞫案有實孺復坐貶連州司馬仍令與崔氏離異孺復久之遷辰州刺史改容州刺史本管經略使乃潛與妻往來久而上疏請合詔從之二歲餘又奏與崔氏離異其爲取捨恣逸不顧禮法也如此貞元十三年九月卒時年四十二式琯之姪舉進士李泌觀察陝州辟爲從事泌入爲相累遷起居郎出入泌門爲其耳目及泌卒再除忠州刺史韋皐表爲雲南安撫使兼御史中丞皐卒詔除兵部郎中屬劉闢反式留不得行性便佞又懼闢毎於座中數贊闢之德美比之劉備同陷於賊者皆惡之高崇文既至成都式與王良士崔從盧士玫等白衣麻蹻銜土請罪崇文寬禮之乃表其狀尋除吏部郎中時河朔節度劉濟王士眞張茂昭皆以兵壯氣豪相持短長屢以表聞迭請加罪上欲止其兵李吉甫薦式爲給事中將命于河朔式歷使諸鎮諷諭之還奏愜旨除陝虢觀察使兼御史中丞轉河南尹時討王承宗於鎮州配河南府饋運車四千兩式表以凶旱人貧力微難以徵發憲宗可其奏旣免力役人懷而安之明年移授宣歙池觀察使元和七年七月卒贈左散騎常侍

張鎬博州人也風儀魁岸廓落有大志涉獵經史好談王霸大略少時師事吳兢兢甚重之後遊京師端居一室不交世務性嗜酒好琴常置座右公卿或有邀之者鎬杖策徑往求醉而已天寶末楊國忠以聲名自高搜天下奇傑聞鎬名召見薦之自褐衣拜左拾遺及祿山阻兵國忠屢以軍國事咨於鎬鎬舉贊善大夫來瑱可當方面之寄數月玄宗幸蜀鎬自山谷徒步扈從肅宗卽位玄宗遣鎬赴行在所鎬至鳳翔奏議多有弘益拜諫議大夫尋遷中書侍郎同中書門下平章事時供奉僧在內道場晨夜念佛動數百人聲聞禁外鎬奏曰臣聞天子修福要在安養蒼生靖一風化未聞區區僧教以致太平伏願陛下以無爲爲心不以小乘而撓聖慮肅宗甚然之時方興軍戎帝注意將帥以鎬有文武才尋命兼河南節度使持節都統淮南等道諸軍事鎬既發會張巡宋州圍急倍道兼進傳檄濠州刺史閭丘曉引兵出救曉素愎戾馭下少恩好獨任己及鎬信至略無稟命又慮兵敗禍及於己遂逗遛不進鎬至淮口宋州已陷鎬怒曉卽杖殺之及收復兩京加鎬銀青光祿大夫封南陽郡公詔以本軍鎮汴州招討殘孽時賊帥史思明表請以范陽歸順鎬揣知其僞恐朝廷許之手書密表奏曰思明兇豎因逆竊位兵强則衆附勢奪則人離包藏不測禽獸無異可以計取難以義招伏望不以威權假之又曰滑州防禦使許叔冀性狡多謀臨難必變望追入宿衛肅宗計意已定表入不省鎬爲人簡澹不事中要會有宦官自范陽及滑州使還者皆言思明叔冀之誠懇肅宗以鎬不切事機遂罷相位授荊州大都督府長史後思明叔冀之僞皆符鎬言尋徵爲太子賓客改左散騎常侍屬嗣岐王珍被誣告構逆伏法鎬買珍宅坐累貶辰州司戶代宗卽位推恩海內拜撫州刺史遷洪州刺史饒吉等七州都團練觀察等使尋正授江南西道都團練觀察等使廣德二年九月卒鎬自入仕三十年致位宰相居身清廉不營資產謙恭下士善談論多識大體故天下具瞻雖考秩至淺推爲舊德云

高適者渤海蓨人也父從文位終韶州長史適少濩落不事生業家貧客於梁宋以求丐取給天寶中海內事干進者注意文詞適年過五十始留意詩什數年之間體格漸變以氣質自高每吟一篇已爲好事者稱誦宋州刺史張九皐深奇之薦舉有道科時右相李林甫擅權薄於文雅唯以舉子待之解褐汴州封丘尉非其好也乃去位客遊河右河西節度哥舒翰見而異之表爲左驍衛兵曹充翰府掌書記從翰入朝盛稱之於上前祿山之亂徵翰討賊拜適左拾遺轉監察御史仍佐翰守潼關及翰兵敗適自駱谷西馳奔赴行在及河池郡謁見玄宗因陳潼關敗亡之勢曰僕射哥舒翰忠義感激臣頗知之然疾病沉頓智力將竭監軍李大宜與將士約爲香火使倡婦彈箜篌琵琶以相娛樂樗蒱飲酒不恤軍務蕃渾及秦隴武士盛夏五六月於赤日之中食倉米飯且猶不足欲其勇戰安可得乎故有望敵散亡臨陣翻動萬全之地一朝而失南陽之軍魯炅何履光趙國珍各皆持節監軍等數人更相用事寧有是戰而能必勝哉臣與楊國忠爭終不見納陛下因此履巴山劍閣之險西幸蜀中避其蠆毒未足爲恥也玄宗嘉之尋遷侍御史至成都八月制曰侍御史高適立節貞峻植躬高朗感激懷經濟之略紛綸贍文雅之才長策遠圖可云大體讜言義色實謂忠臣宜迴糺逖之任俾超諷諭之職可諫議大夫賜緋魚袋適負氣敢言權幸憚之二年永王璘起兵於江東欲據揚州初上皇以諸王分鎮適切諫不可及是永王叛肅宗聞其論諫有素召而謀之適因陳江東利害永王必敗上奇其對以適兼御史大夫揚州大都督府長史淮南節度使詔與江東節度來瑱率本部兵平江淮之亂會于安州師將渡而永王敗乃招季廣琛于歷陽兵罷李輔國惡適敢言短於上前乃左授太子少詹事未幾蜀中亂出爲蜀州刺史遷彭州劍南自玄宗還京後於綿益二州各置一節度百姓勞敝適因出西山三城置戍論之曰劍南雖名東西兩川其實一道自邛關黎雅界於南蠻也茂州而西經羌中至平戎數城界於吐蕃也臨邊小郡各舉軍戎並取給於劍南其運糧戍以全蜀之力兼山南佐之而猶不舉今梓遂果閬等八州分爲東川節度歲月之計西川不可得而參也而嘉陵比爲夷獠所陷今雖小定瘡痍未平又一年已來耕織都廢而衣食之業皆貨易於成都則其人不可得而役明矣今可稅賦者成都彭蜀漢州又以四州殘敝當他十州之重役其於終久不亦至艱又言利者穿鑿萬端皆取之百姓應差科者自朝至暮案牘千重官吏相承懼於罪譴或責之於鄰保或威之以杖罰督促不已逋逃益滋欲無流亡理不可得比日關中米貴而衣冠士庶頗亦出城山南劍南道路相望村坊市肆與蜀人雜居其升合斗儲皆求於蜀人矣且田土疆界蓋亦有涯賦稅差科乃無涯矣

爲蜀人之計不亦難哉今所界吐蕃城堡而疲於蜀人不過平戎以西數城矣邈在窮山之巔垂於險絕之末運糧於束馬之路坐甲於無人之鄉以戎狄言之不足以利戎狄以國家言之不足以廣土宇柰何以險阻彈丸之地而困於全蜀太平之人哉恐非今日之急務也國家若將已戍之地不可廢已鎮之兵不可收當宜卽停東川并力從事猶恐狼狽安可仰於成都彭漢蜀四川哉慮乖聖朝洗盪關東掃清逆亂之意也儻蜀人復擾豈不貽陛下之憂昔公孫弘願罷西南夷臨海專事朔方賈捐之請棄珠崖以寧中土讜言政本匪一朝一夕臣愚望罷東川節度以一劍南西山不急之城稍以減削則事無窮頓庶免倒懸陛下若以微臣所陳有裨萬一下宰相廷議降公忠大臣定其損益與劍南節度終始處置疏奏不納後梓州副使段子璋反以兵攻東川節度使李奐適率州兵從西川節度使崔光遠攻子璋斬之西川牙將花驚定者恃勇既誅子璋大掠東蜀天子怒光遠不能戢軍乃罷之以適代光遠爲成都尹劍南西川節度使代宗卽位吐蕃陷隴右漸逼京畿適練兵於蜀臨吐蕃南境以牽制之師出無功而松維等州尋爲蕃兵所陷代宗以黃門侍郎嚴武代還用爲刑部侍郎轉散騎常侍加銀青光祿大夫進封渤海縣侯食邑七百戶永泰元年正月卒贈禮部尚書諡曰忠適喜言王霸大略務功名尚節義逢時多難以安危爲己任然言過其術爲大臣所輕累爲藩牧政存寬簡吏民便之有文集二十卷其與賀蘭進明書令疾救梁宋以親諸軍與許叔冀書綢繆繼好使釋他憾同援梁宋未過淮先與將校書使絕永王各求自白君子以爲義而知變而有唐已來詩人之達者唯適而已

暢璀河東人也鄉舉進士天寶末安祿山奏爲河北海運判官三遷大理評事副元帥郭子儀辟爲從事至德初肅宗卽位大收俊傑或薦璀召見悅之拜諫議大夫累轉吏部侍郎廣德二年十二月爲散騎常侍河中尹兼御史大夫永泰元年復爲左常侍與裴冕並集賢院待制大曆五年兼判大常卿遷戶部尚書十年七月卒贈太子太師璀廓落有口才好談王霸之略居職責成屬吏齪齪無過而已

史臣曰祿山寇陷兩京儒生士子被脅從懷苟且者多矣去逆効順毀家爲國者少焉如光遠勇決任氣會權變以立功房琯文學致身全節義以避寇阽危之時顛沛之際有足稱者然光遠居重藩掌軍政琯登相位奪將權聚浮薄之徒敗軍旅之事不知機而固位竟無德以自危禍復咒狂式之便佞獲令終者幸焉鎬直躬居位重德鎮時其爲人也鮮矣適以詩人爲戎帥險難之際名節不虧君子哉璀擢第居官守分無過又何咎焉

贊曰光遠房琯有始有終張鎬國器適璀儒風

# 舊唐書卷一百十二

後晉司空同中書門下平章事劉　昫撰

## 列傳第六十二

李暠 族弟齊物 暠族弟若水 齊物子復　李麟

李國貞 子錡　李峘 弟嶧 峴　李巨 子則之

李暠淮安王神通玄孫清河王孝節孫也暠少孤事母甚謹睿宗時累轉衛尉少卿丁憂去職在喪柴毀家人密親未嘗窺其言笑開元初授汝州刺史爲政嚴簡州境肅然與兄昇弟暈尤相篤睦昇等每月自東都省暠往來微行州人不之覺其清慎如此俄入授太常少卿三遷黃門侍郎兼太原尹仍充太原已北諸軍節度使太原舊俗有僧徒以習禪爲業及死不殮但以屍送近郊以飼鳥獸如是積年士人號其地爲黃坑側有餓狗千數食死人肉因侵害幼弱遠近患之前後官吏不能禁止暠到官申明禮憲期不再犯發兵捕殺羣狗其風遂革久之轉太常卿旬日拜工部尚書東都留守開元二十一年正月制曰繼好之義雖屬邊鄙受命以出必在親賢事欲重於當時禮故崇於殊俗選衆之舉無出宗英工部尚書李暠體含柔嘉識致明允爲公族之領袖是朝廷之羽儀金城公主既在蕃中漢庭公卿非無專對有懷於遠夫豈能忘宜持節充入吐蕃使准式發遣以國信物一萬匹私覿物二千匹皆雜以五綵遣之及還金城公主上言請以今年九月一日樹碑於赤嶺定蕃漢界樹碑之日詔張守珪李行禕與吐蕃使莽布支同往觀焉既而吐蕃遣其臣隨漢使分往劍南及河西磧西歷告邊州曰兩國和好無相侵掠漢使告亦如之以暠奉使稱職轉兵部尚書時吏部告身印與曹印文同行用叅雜難以區分暠奏請准司勳兵部印文例加官告兩字至今行之暠風儀秀整所歷皆以威重見稱朝廷稱其有宰相之望累封武都縣伯俄爲太子少傳病卒年六十餘贈益州大都督齊物淮安王神通子盟州刺史銳孫也齊物無學術在官嚴整開元二十四年後歷懷陝二州刺史齊物天寶初開砥柱之險以通流運於石中得古鐵犁鏵有平陸字因改河北縣爲平陸縣加齊物銀青光祿大夫爲鴻臚卿河南尹齊物與右相李適之善適之爲林甫所構貶官齊物坐譴竟陵太守入爲司農鴻臚卿至德初拜太子賓客遷刑部尚書鳳翔尹太常卿京兆尹爲政發官吏陰事以察爲能於物少恩而清廉自飭人吏莫敢抵犯晚年除太子太傳兼宗正卿上元二年五月卒輟朝一日詔曰故金紫光祿大夫太子太傅兼宗正卿齊物宗室珪璋士林楨幹清廉獨斷剛毅不羣歷踐周行備經中外威名益振忠効彌彰三尹神州一登會府擒姦掩鈎距之術恤獄正喉舌之官遂令調護儲闈再登師傅從容賓友師長官寮桑榆之時壯志逾勵松柏之性晚歲常堅天不憖遺奄然殂謝念親感舊深軫于懷宜錫寵章載光營魄可贈太子太師子復字初陽以父蔭累官至江陵府司錄精曉吏道衛伯玉厚遇之府中之事多以咨委性苛刻爲伯玉所信奏爲江陵縣令遷少尹歷饒州蘇州刺史皆著政聲李希烈背叛荊南節度張伯儀數出兵爲希烈所敗朝廷憂之以復久在江陵得軍民心復方在母喪起爲江陵少尹兼御史中丞充節度行軍司馬伯儀既受代以復爲容州刺史兼御史中丞克本管招討使加檢校常侍先時西京叛亂前後經略使征討反者獲其人皆沒爲官奴婢配作坊重役復乃令訪其親屬悉歸還之在容州三歲南人安悅遷廣州刺史兼御史大夫嶺南節度觀察使會安南經略使高正平張應相次卒官其下叅佐偏裨李元度胡懷義等阻兵黷亂州縣姦贓狼籍復誘懷義杖殺之奏元度流於荒裔又勸導百姓令變茅屋爲瓦舍瓊州久陷於蠻獠中復累遣使喻之因奏置瓊州都督府以綏撫之復曉於政道所在稱理徵拜宗正卿加檢校工部尚書未一歲會華州節度李元諒卒以復爲華州刺史潼關禦鎮國軍使仍檢校戶部尚書兼御史大夫貞元十年鄭滑節度使李融卒軍中潰亂以復檢校兵部尚書兼滑州刺史義成軍節度鄭滑觀察營田等使兼御史大夫復到任置營田數百頃以資軍食不率於民衆皆悅之十二年加檢校左僕射十三年四月卒官年五十九廢朝三日贈司空賻布帛米粟有差復久典方面積財頗甚爲時所譏若水齊物族弟累官至左金吾大將軍兼通事舍人容貌甚偉在館三十年多識舊儀每宣勞贊導周旋俯仰有可觀者建中元年八月卒

李麟皇室之疎屬太宗之從孫也父濬開元初置十道按察使精選吏才以濬爲潤州刺史江南東道按察使轉虢潞二州刺史益州大都督府長史攝御史大夫劍南節度按察使所歷以誠信待物稱爲良吏八年卒贈戶部尚書諡曰誠麟以父任補職累授京兆府戶曹開元二十二年舉宗室異能轉殿中侍御史歷戶部考功吏部三員外郎天寶元年遷郎中尋改諫議大夫五載充河西隴右磧西等道黜陟使稱旨遷給事中七載遷兵部侍郎同列楊國忠專權不悅麟同職宰臣奏麟以本官權知禮部貢舉俄而國忠爲御史大夫麟復本官十一載遷銀青光祿大夫國子祭酒十四年七月以本官出爲河東太守河東道採訪使爲政清簡民吏稱之其年冬祿山構逆朝廷以麟儒者恐非禦侮之用乃以將軍呂崇賁代還復以祭酒歸朝賜爵渭源縣男六月玄宗幸蜀麟奔赴行在既至成都拜戶部侍郎兼左丞遷憲部尚書至德二年正月拜同中書門下平章事時扈從宰相韋見素房琯崔渙已赴鳳翔俄而崔圓繼去玄宗以麟宗室子獨留之行在百司麟總攝其事其年十一月從上皇還京策勳行賞加金紫光祿大夫刑部尚書同中書門下三品進封褒國公時張皇后干預朝政殿中監李輔國以翊衛肅宗之勞判天下兵馬事充元帥府行軍司馬勢傾朝宰相苗晉卿崔圓已下懼其威權傾心事之唯麟正身謹事無所依附輔國不悅乾元元年罷麟知政事守太子少傳二年八月卒時年六十六贈太子太傳賻絹二百匹葬日詔京兆府差官護送官給所須麟好學能文嘗編聚皇朝已來制集五十卷行於時

李國貞淮安王神通子淄川王孝同之曾孫父廣業劍州長史國貞本名若幽性剛正有吏才歷安定扶風錄事叅軍皆稱職乾元中累遷長安令尋拜河南尹會史思明逼城元帥李光弼東保河陽國貞領官吏寓于陝數月徵爲京兆尹上元初改成都尹兼御史大夫充劍南節度使入爲殿中監二年八月遷戶部尚書兼御史大夫持節充朔方鎮西北庭興平陳鄭等節度行營兵馬及河中節度都統處置使鎮于絳賜名國貞既至又加充管內河中晉絳慈隰沁等州觀察處置等使餘並如故國貞既至絳屬軍中素無儲積百姓飢饉難爲聚斂將士等糧賜多闕國貞頻以狀聞未報軍中諠諠怨

譖左右以告國貞國貞喩之曰軍將何苦如是已爲奏聞終有所給信宿軍亂攻國貞國貞夜燒衙城門國貞莫知所圖左右勸國貞棄城遁去國貞曰吾銜命爲將不能靖難安可棄城乎左右固勸迴避乃隱於州獄詐爲縲紲會國貞麾下爲賊所擒因指所在遂於獄中執國貞將害之國貞曰軍中乏糧已有陳請人不堪賦予無負於將士耳衆引退突將王元振獨曰今日之事豈須問焉抽刀害國貞及二男三大將國貞有風采清白守法爲政急於操下時論以辨吏稱之追贈揚州大都督子錡以父蔭貞元中累至湖杭二州刺史多以寶貨賂李齊運由是遷潤州刺史兼鹽鐵使持積財進奉以結恩澤德宗甚寵之錡恃恩驕恣有淛西人布衣崔善貞詣闕上封論錡罪狀而德宗械送賜錡錡遂坑殺善貞天下切齒乃增置兵額選善弓矢者聚之一營名曰挽硬隨身以胡奚雜類虬鬚者爲一將名曰蕃落健兒德宗復於潤州置鎮海軍以錡爲節度使罷其鹽鐵使務錡雖罷其利權且得節度反狀未發憲宗卽位已二年諸道倔强者入朝而錡不自安亦請入朝乃拜錡左僕射錡乃署判官王澹爲留後旣而遷延發期澹與中使頻喩之不悅遂諷將士以給冬衣日殺澹而食之監軍使聞亂遣衙將趙琦慰喩又臠食之復以兵注中使之頸錡佯驚救解之囚於別館遂稱兵室五劒分授管內鎮將令殺刺史於是常州刺史顏防用客李雲謀矯制傳檄于蘇杭湖睦等州遂殺其鎮將李深湖州辛秘亦殺其鎮將趙惟忠而蘇州刺史李素爲鎮將姚志安所繫釘於船舷生致於錡未至而錡敗得免初錡以宣州富饒有幷吞之意遣兵馬使張子良李奉仙田少卿領兵三千分略宣池等州三將夙有向順志而錡甥裴行立亦思向順其密謀多決於行立乃迴戈趣城執錡於幕縋而出之斬於闕下年六十七其挽硬蕃落將士或投井自縊紛紛枕籍而死者不可勝紀宰相鄭絪等議錡所坐親疎未定乃召兵部郎中蔣武問曰詔罪李錡一房當是大功內耶武曰大功是錡堂兄弟卽淮安王神通之下淮安有大功於國不可以孽孫而上累又問錡親兄弟從坐否武曰錡親兄弟是若幽之子若幽有死王事之功如令錡兄弟從坐若幽卽宜削籍亦所未安宰相頗以爲然故誅錡詔下唯止元惡一房而已

李峘太宗第三子吳王恪之孫恪第三子琨生信安王禕禕生三子峘嶧峴峘志行修立天寶中爲南宮郎歷典諸曹十餘年居父喪哀毀得禮服闋以郡王子例封趙國公楊國忠秉政郎官不附已者悉出於外峘自考功郎中出爲睢陽太守尋而弟峴出爲魏郡太守兄弟夾河典郡皆以理行稱十四載入計京師屬祿山之亂玄宗幸蜀峘奔赴行在除武部侍郎兼御史大夫俄拜蜀郡太守劒南節度採訪使上皇在成都健兒郭千仭夜謀亂上皇御玄英樓招諭不從峘與六軍兵馬使陳玄禮等平之以功加金紫光祿大夫時峴爲鳳翔太守匡翊肅宗兄弟俱効勳力從上皇還京爲戶部尚書峴爲御史大夫兼京兆尹封梁國公兄弟同制封公乾元初兼御史大夫持節都統淮南江南江西節度宣慰觀察處置等使二年以宋州刺史劉展握兵河南有異志乃陽拜展淮南節度使而密詔揚州長史鄧景山與峘圖之時展徒黨方强旣受詔卽以兵渡淮景山峘拒之壽春爲展所敗峘走渡江保丹陽坐貶袁州司馬寶應二年病卒於貶所追贈揚州大都督官給遞乘護柩還京初峘爲戶部尚書峴爲吏部尚書知政事嶧爲戶部侍郎銀青光祿大夫兄弟同居長興里第門列三戟兩國公門十六戟一三品門十二戟榮耀冠時嶧位終蜀州刺史峴樂善下士少有吏幹以門廕入仕累遷高陵令政術知名特遷萬年令河南少尹魏郡太守入爲金吾將軍遷將作監改京兆府尹所在皆著聲績天寶十三載連雨六十餘日宰臣楊國忠惡其不附已以雨災歸咎京兆尹乃出爲長沙郡太守時京師米麥踊貴百姓謠曰欲得米粟賤無過追李峴其爲政得人心如此至德初朝廷務收才傑以清冠難峴召至行在拜扶風太守兼御史大夫至德二年十二月制曰銀青光祿大夫守禮部尚書李峴饋軍周給開物成務可光祿大夫行御史大夫兼京兆尹封梁國公乾元二年制曰李峴朝廷碩德宗室藎臣可中書侍郎同中書門下平章事與呂諲李揆第五琦同拜相峴位望稍高軍國大事諸公莫敢言皆獨決於峴由是諲等銜之初李輔國判行軍司馬潛令官軍於人間聽察是非謂之察事忠良被誣構者繼有之須有追呼諸司莫敢抗御史臺大理寺重囚有獄推斷未了牒追就銀臺不問輕重一時釋放莫敢違者每日於銀臺門決天下事須處分便稱制勅禁中符印悉佩之出入縱有勅輔國押署然後施行及峴爲相叩頭論輔國專權亂國上悟賞峴正直事並變革輔國以此讓行軍司馬請歸本官察事等並停由是深怨峴鳳翔七馬坊押官先頗爲盜劫掠平人州縣不能制天興縣令知捕賊謝夷甫擒獲決殺之其妻進狀訴夫寃輔國先爲飛龍使黨其人爲之上訴詔監察御史孫鎣推之鎣初直其事其妻又訴詔令御史中丞崔伯陽刑部侍郎李曄大理卿權獻三司與鎣同妻論訴不已詔令侍御史毛若虛覆之若虛歸罪於夷甫又言伯陽等有情不能質定刑獄伯陽怒使人召若虛詞氣不順伯陽欲上言之若虛先馳謁告急於肅宗云已知卿出去若虛奏曰臣出卽死上因留在簾內有頃伯陽至上問之伯陽頗言若虛順旨附會中人上怒叱出之伯陽貶瑞州高要尉權獻郴州桂陽尉鳳翔尹嚴向及李曄皆貶嶺下一尉鎣除名長流播州峴以數人咸非其罪所責太重欲理之遂奏若虛希旨用刑不守國法陛下若信之重輕是無御史臺上怒峴言出峴爲蜀州刺史時右散騎常侍韓擇木入對上謂之曰峴欲專權耶何乃云任毛若虛是無御史臺也令貶蜀州刺史朕自覺用法太寬擇木對曰峴言直非專權陛下寬之祇益聖德爾代宗卽位徵峴爲荆南節度江陵尹知江淮選補使入爲禮部尚書兼宗正卿屬鑾輿幸陝峴由商山路赴行在旣還京師拜峴爲黃門侍郎同中書門下平章事故事宰臣不于政事堂邀客時海內多務宰相元載等見中官傳詔命至中書者引之升政事堂仍置榻待之峴爲宰相令去其榻奏請常叅官各舉堪任諫官憲官者不限人數初收東京授僞官陳希烈已下數百人崔器希旨深刻奏皆處死上意亦欲懲勸天下欲從器議時峴爲三司使執之曰夫事有首從情有輕重若一槩處死恐非陛下含弘之義又失國家惟新之典且羯胡亂常無不凌據二京全陷萬乘南巡各顧其生衣冠蕩覆或陛下親戚或勳舊子孫皆寘極法恐乖仁恕之旨昔者明王用刑殲厥渠魁脅從罔理況河北殘寇未平官吏多陷苟容漏網適開自新之路若盡行誅是堅叛逆之黨誰人更圖効順困獸猶鬭況數萬人乎崔器呂諲皆守文之吏不識大體殊無變通廷議數日方從峴奏全活甚衆其料敵決事皆此類竟爲中官所擠罷知政事爲太子詹事尋遷吏部尚書知江淮舉選置銓洪州明年改檢校兵部尚書兼衢州刺史永康二年七月以疾終時年五十八

李巨曾祖父虢王鳳高祖之第十四子也鳳孫邕嗣虢王巨卽邕之第二子也剛銳果決頗涉獵書史好屬文開元中爲嗣虢王天寶五載出爲西河太守皇太子杜良娣之妹壻柳勣陷詔獄巨母扶餘氏吉溫嫡母之妹也溫爲京兆士曹推勣之黨以徐徵等往來巨家貲給之由是坐貶義陽郡司馬六載御史中丞楊愼矜爲李林甫王鉷構陷得罪其黨史敬忠亦伏法以巨與敬忠相識坐解官於南賓郡安置又起爲夷陵郡太守及祿山陷東京玄宗方擇將帥張垍言巨善騎射有謀略玄宗追至京師楊國忠素與巨相識忌之謂人曰如此小兒豈得令見人主經月餘日不得見玄宗使中官召入奏事玄宗大悅遂令中官劉奉庭宣勅令宰相與巨語幾亭午方出國忠頗怠對奉庭謂巨曰比來人多口打賊公不爾乎巨曰不知若箇軍將能與相公手打賊乎尋授陳留譙郡太守攝御史大夫河南節度使翌日巨稱官銜奉謝玄宗驚曰何得令攝卽日詔兼御史大夫巨奏曰方今艱難恐爲賊所詐如忽召臣不知何以取信玄宗劈木契分授之遂以巨兼統嶺南節度使何履光黔中節度使趙國珍南陽節度使魯炅先領三節度事有詔貶炅爲果毅以潁川太守來瑱兼御史中丞代之巨奏曰若炅能存孤城其功足以補過則何以處之玄宗曰卿隨宜處置之巨至內鄉趣南陽賊將畢思琛聞之解圍走巨趣何履光趙國珍同至南陽宣勅貶炅削其章服令隨軍効力至日晚以恩命令炅復位至德二年爲太子少傅十月收西京爲留守兼御史大夫三年夏四月加太子少師兼河南尹充東京留守判尚書省事充東畿採訪等使於城市橋梁稅出入車牛等錢以供國用頗有乾沒士庶怨讟後與妃張氏不睦張氏卽皇后從父妹也宗正卿李遵構之發其所犯贓賄貶爲遂州刺史屬劒南東川節度兵馬使梓州刺史段子璋反以衆襲節度使李奐於綿州路經遂州巨蒼黃修屬郡禮迎之爲子璋所殺子則之以宗室歷官好學年五十餘每執經詣太學聽受嗣曹王皐自荆南來朝稱薦之貞元二年自睦王府長史遷左金吾衞大將軍以從父甥竇申追遊無閒親累貶昭州司馬

史臣曰暠孝友清愼居官有稱齊物貞廉整肅復節制權謀國貞清白守法皆神通之曾玄宗室之翹楚錡之爲逆不累其親前人之積德彰矣當朝之用法明矣然暠發人陰私齊物積財與議國貞急於操下皆尺之短也麟修整峘循良匪躬立事始終無玷者皆宗室之英也峴之剛正才略有足可稱初爲國忠所憎終沮朝恩之勢處羣邪之內堅獨正之心是不吐也活東都之命是不茹也庶幾乎仲山甫之道焉巨以剛銳果決亦可嘉焉終以贓賄貪殘良可痛也

贊曰宗室賢良枝葉茂盛最尤者誰峴獨守正

舊唐書卷一百十二考證

李暠弟齊物傳齊物淮安王神通子盧州刺史銑孫也○宗室傳作曾孫新書作子

李峴傳詔令御史中丞崔伯陽刑部侍郎李曄大理卿權獻三司與瑩同鞫論訴不已○三司下應屬闕文

史臣總論初爲國忠所憎終沮朝恩之勢○臣德潛按李峴傳中乃爲李輔國擠擯非魚朝恩也應誤

# 舊唐書卷一百十三

後晉司空同中書門下平章事劉　昫撰

## 列傳第六十三

苗晉卿　裴冕　裴遵慶子向向子寅寅子樞

苗晉卿上黨壺關人世以儒素稱祖夔高道不仕追贈禮部尚書父殆庶官至絳州龍門縣丞早卒以晉卿贈太子少保晉卿幼好學善屬文進士擢第初授懷州修武縣尉歷奉先縣尉坐累貶徐州司戶參軍秩滿隨調判入高等授萬年縣尉遷侍御史歷度支兵吏部三員外郎開元二十三年遷吏部郎中二十四年與吏部郎中孫逖並拜中書舍人二十七年以本官權知吏部選事晉卿性謙柔選人有訴訟索好官者雖至數千言或聲色甚厲者晉卿必含容之略無慍色二十九年拜吏部侍郎前後典選五年政既寬弛胥吏多因緣爲姦賄賂大行時天下承平每年赴選常萬餘人李林甫爲尚書專任廟堂銓事唯委晉卿及同列侍郎宋遙主之選人既多每年兼命他官有識者同考定書判務求其實天寶一載春御史中丞張倚男奭參選晉卿與遙以倚初承恩欲悅附之考選人判等凡六十四人分甲乙丙科奭在其首衆知奭不讀書論議紛然有蘇孝慍者嘗爲范陽薊令事安祿山具其事告之祿山恩寵特異謁見不常因而奏之玄宗大集登科人御花蕚樓親試登第者十無一二而奭手持試紙竟日不下一字時謂之曳白上怒晉卿貶爲安康郡太守遙爲武當郡太守張倚爲淮陽太守勑曰門庭之間不能訓子選調之際仍以託人時士子皆以爲戲笑天寶三載閏二月轉魏郡太守充河北採訪處置使居職三年政化洽聞會入計因上表請歸鄉里既至壺關望縣門而步小吏進曰太守位高德重不宜自輕晉卿曰禮下公門式路馬況父母之邦所宜尊敬汝何言哉大會鄉黨歡飲累日而去又出俸錢三萬爲鄉學本以教授子弟尋改河東太守河東採訪使入爲尚書東京留守徵爲憲部尚書屬祿山叛逆楊國忠以晉卿有時望將抑之乃奏云宜以大臣鎮遏東道遂出爲陝州刺史陝虢兩州防禦使及入對固辭老病由是忤旨改憲部尚書致仕及朝廷失守衣冠流離道路多爲逆黨所脅自陳希烈張均已下數十人盡赴洛陽晉卿潛遁山谷南投金州會肅宗至鳳翔手詔追晉卿赴行在卽日拜爲左相軍國大務悉以咨之旣收兩京以功封韓國公食實封五百戶改爲侍中後以賊寇漸除屢乞骸骨優詔許之罷知政事爲太子太傅明年帝思舊臣復拜爲侍中晉卿寬厚廉謹爲政舉大綱不問小過所到有惠化魏人思之爲立碑頌德及秉鈞衡小心畏慎未嘗忤人意性聰敏達練事體百司文簿經目必曉而修身守位以智自全議者比漢之胡廣玄宗崩肅宗詔晉卿攝冢宰上表固辭曰臣聞古者殷高宗在諒闇之中百官聽於冢宰更無事跡但存文字且一時之事禮不相沿今殘寇猶虞日殷萬務皆緣兵馬屯守討襲善算良謀立勝擒敵陛下若行古之道居喪不言蒼生何依百事皆廢伏讀國家起居注亦於禮部檢見舊勑恭惟太宗高宗大行皇帝在位之日皆有國哀視事不輟以爲君臨天下難徇常情今遺詔有處分皇帝宜三日而聽政陛下遵太宗故事則無冢宰遵大行皇帝遺詔便合聽朝萬姓顒顒不勝大願伏惟陛下知理國之重順人心之切以義斷恩從宜無改今朝臣一命已上皆言臣心昏貌朽加以疾病事有急速斷在須臾凡聖不同豈合受詔陛下發哀已五日矣願准遺詔聽政則四夷萬國無任悲幸肅宗時疾彌留覽表殞絕乃許數日肅宗晏駕代宗踐祚又詔晉卿攝冢宰晉卿上表懇辭曰臣以昔者天子居喪之時百官聽於冢宰者蓋君幼小御極事殷情理當然沿革不一今古異同而周武漢文合於通變垂範作則可舉而行又士或墨縗時遇金革豈非衛恤謂義在斷恩且百善之至無加於孝也其有容卒心絕指景悼生此匹夫守節之常情殊王者嗣續之大計昨二十日陛下於大行皇帝柩前卽位是承先帝遺顧之言亦前代不易之典則知所略不爲害所存是適權防威滅端所利者大陛下因心純至天地明察伏以報劬勞之恩申罔極之思終身之痛豈計朝夕但以一日之內萬務在中須達宸聰始成國政百寮萬姓及僧道耆壽等相顧聚言以臣老且無能愚豈測聖況久無居攝臣不敢奉詔特乞陛下遵遺命三日而聽政臣博聽衆情不勝懇願伏望割痛抑哀則天下悲幸上號泣從之時晉卿年已衰暮又患兩足上特許肩輿至中書入閤不趨累日一視事歷三朝皆以謹密見稱廣德初吐蕃寇長安晉卿時病臥於私第蕃聞之輿入逼脅晉卿閉口不言賊不敢害及上自陝至冊爲太保罷知政事又詔以太保致仕永泰元年四月薨輟朝三日令京兆少尹一員護喪事緣葬諸物並官給賻絹布五百段米粟五百石太常議謚曰懿獻初晉卿東都留守引用大理評事元載爲推官至是載爲中書侍郎平章事懷舊恩諷有司改謚曰文貞大曆七年令配享肅宗廟庭

裴冕河東人也爲河東冠族天寶初以門蔭再遷渭南縣尉以吏道聞御史中丞王鉷充京畿採訪使表爲判官遷監察御史歷殿中侍御史冕雖無學術守職通明果於臨事鉷甚委之及鉷得罪伏法時宰臣李林甫方竊權柄人咸懼之鉷賓佐數百不敢窺鉷門冕獨收鉷屍親自護喪瘞于近郊冕自是知名河西節度使哥舒翰表爲行軍司馬累遷員外郎中玄宗幸蜀至益昌郡遙詔太子充天下兵馬元帥以冕爲御史中丞兼左庶子爲之副是時冕爲河西行軍司馬授御史中丞詔赴朝廷遇太子於平涼具陳事勢勸之朔方亟入靈武冕與杜鴻漸崔漪等勸進曰主上厭勤大位南幸蜀川宗社神器須有所歸天意人事不可少失況賢智乎太子曰南平寇逆奉迎鑾輿退居儲貳侍膳左右豈不樂哉公等何言之過也冕與杜鴻漸又進曰殿下藉累聖之資有天下之表元貞萬國二十餘年殷憂啓聖正在今日所從殿下六軍將士皆關輔百姓日夜思歸大軍一散不可復集不如因而撫之以從衆臣等敢以死請凡勸進五上乃依肅宗卽位以定策功遷中書侍郎同中書門下平章事倚以爲政冕性忠勤悉心奉公稍得人心然不識大體以聚人曰財乃下令賣官鬻爵度尼僧道士以儲積爲務人不願者科令就之其價益賤事轉爲弊肅宗移幸鳳翔罷冕知政事遷右僕射兩京平以功封冀國公食實封五百戶尋加御史大夫成都尹充劍南西川節度使又入爲右僕射永泰元年與裴遵慶等並集賢待制代宗求舊拜冕兼御史大夫充護山陵使冕以倖臣李輔國權盛將附之乃表輔國親昵術士中書舍人劉烜充山陵使判官烜坐法冕坐貶施州刺史數月移澧州刺史復徵爲左僕射元載秉政載爲新平縣尉王鉷辟在巡內冕常引之載頗德冕會宰臣杜鴻漸卒載遂舉冕代之冕時已衰瘵載以其順已引爲同列受命之際蹈舞絕倒載趨而扶起代爲謝詞冕兼掌兵權留守之任俸錢每月二千餘貫性本侈靡好尚車服及營珍饌名馬在櫪直數百金者常十數每會賓友滋味品數坐客有昧於名者自創巾子其狀新奇市肆因而効之呼爲僕射樣初代鴻漸小吏以俸錢文簿白之冕顧子弟喜見於色其嗜利若此拜職未盈月卒大曆四年十二月也上悼之輟朝三日贈太尉賻帛五百匹粟五百石

裴遵慶絳州聞喜人也代襲冠冕爲河東著族遵慶志氣深厚機鑒敏達自幼强學博涉載籍謹身晦跡不干當世之務以門蔭累授潞府司法參軍時年已老未爲人所知隨調吏部授大理寺丞剖斷刑獄舉正綱條理行始著遷司門員外吏部員外郎專判南曹天寶中海內無事九流輻輳會府每歲吏部選人動盈萬數遵慶敏識强記精覈文簿詳而不滯時稱吏事第一由是大知名天寶末楊國忠當國出不附已者例爲外官遵慶亦出爲郡守肅宗卽位徵拜給事中尚書右丞吏部侍郎恭儉克已遲重謹密頗有時望上元中蕭華輔政素知遵慶每奏見累稱之遷黃門侍郎同中書門下平章事廣德初僕固懷恩阻兵汾上指中官爲詞上以遵慶忠純特遣往汾州宣慰懷恩遵慶旣見懷恩具陳朝旨懷恩引過聽命將隨遵慶朝謁爲副將范志誠以邪說惑之懷恩遂以懼死爲詞會蕃寇陷京師乘輿幸陝遵慶自汾州奔赴行在及乘輿還京以遵慶爲太子少傅永泰元年與裴冕等並於集賢院待制罷知政事尋改吏部尚書右僕射復知選事時有選人天興縣尉陳琯於銓庭言詞不遜凌突無禮代宗詔付遵慶於省門鞭三十貶爲吉州員外司戶參軍遵慶敦守儒行老而彌謹嘗爲風狂族姪撾登聞鼓告以不順上知遵慶不省其見信如此大曆十年十月薨於位年九十餘遵慶初登省郎嘗著王政記述今古禮體識者覽之知有公輔之量子向字傃仁少以門蔭歷官至太子司議郎建中初李紓爲同州刺史奏向爲從事朱泚反李懷光又叛河中使其將趙貴先築壘于同州紓來奔奉天向領州務貴先因脅縣尉林寶役徒板築不及期將斬之吏人百姓奔竄向卽詣貴先軍壘以逆順之理責之貴先感悟遂來降故同州不陷向繇是知名累爲京兆府戶曹轉櫟陽渭南縣令奏課皆第一朝廷亟聞其理行擢爲戶部員外郎德宗季年天下方鎮副倅多自選于朝防

一日有變遂就而授之節制向已選爲太原少尹德宗召見喻旨尋用爲行軍司馬兼御史中丞改汾州刺史轉鄭州又復爲太原少尹兼河東節度副使改晉州刺史充本州防禦使遷虢州刺史入爲京兆少尹拜同州刺史充本州防禦使入爲大理寺卿出遷陝虢都防禦觀察使三歲拜左散騎常侍自常侍復爲大理向本以名相子以學行自飭謹守其門風歷官仁智推愛利及於人至是以年過致政朝廷優異乃以吏部尚書致仕于新昌里第內外支屬百餘人向所得俸祿必同其費及領外任亦挈而隨之有孤惸疾苦不能自恤向尤周給至今稱其孝睦焉大和四年九月卒年八十贈太子少保子寅登進士第累官至御史大夫卒子樞字紀聖咸通十二年登進士第宰相杜審權出鎭河中辟爲從事得祕書省校書郎再遷藍田尉直弘文館大學士王鐸深知之鐸罷相失職樞亦久之不調從僖宗幸蜀中丞李煥奏爲殿中侍御史遷起居郎中和初王鐸復見用以舊恩從爲鄭滑掌書記檢校司封郎中賜金紫入朝歷兵吏二員外郎龍紀初擢拜給事中改京兆尹宰相孔緯尤深獎遇大順中緯以用兵無功貶官樞坐累爲右庶子尋出爲歙州刺史乾寧初入爲右散騎常侍從昭宗幸華州爲汴州宣諭使初樞自歙州罷郡歸朝路經大梁時朱全忠兵威已振樞以兄事之全忠繇是重之及樞傳詔全忠皆稟朝旨獻奉相繼昭宗甚悅乃遷兵部侍郎時崔胤專政亦倚全忠二人因是相結改樞吏部侍郎未幾換戶部侍郎同平章事其年冬昭宗幸華州崔胤貶官樞亦爲工部尚書天子自岐下還宮以樞檢校右僕射同平章事出爲廣南節度使制出朱全忠保薦之言樞有經世才不可棄之嶺表尋復拜門下侍郎監修國史累兼吏部尚書判度支崔胤誅以全忠素厚相位如故從昭宗遷洛陽駐驛陝州進右僕射弘文館大學士太清宮使充諸道鹽鐵轉運使哀帝初嗣位柳璨用事全忠嘗奏用牙將張廷範爲太常卿諸相議樞曰廷範勳臣幸有方鎭節鉞之命何藉樂卿恐非元帥梁王之旨乃持之不下俄而全忠聞樞言謂賓佐曰吾常以裴十四器識真純不入浮薄之伍觀此議論本態露矣切齒含怒柳璨聞全忠言尋希旨罷樞相位和陵祔享拜尚書左僕射五月責授朝散大夫登州刺史尋再貶瀧州司戶六月十一日行及滑州全忠遣人殺之於白馬驛投屍於河時年六十五

史臣曰晉卿謹身莅事足爲純臣避寇全忠固彰大節然博達精審豈不知寬猛之道哉奉林甫之旨順胥吏之意悅附張倚欺罔時君生爲重臣詔林甫之勢也殁改美謚引元載之恩焉或言晉卿不爲巧宦者誠不信也晃力贊中興名居大位奉公抱義可以致身賣官度僧是何爲政及其老也貪冒尤深遵慶學術貞明爲國忠所出恭儉謹密遇蕭華素知位重行純老而彌篤彼二公固有慚德向克荷堂構不墜門風樞因盜而振盜憎而亡宜哉君子守道遠刑蓋慮此也

贊曰奧矣晉卿貪哉裴冕遵慶父子及之者鮮

# 舊唐書卷一百十四

後晉司空同中書門下平章事劉　昫撰

## 列傳第六十四

魯炅　裴茙　來瑱　周智光

魯炅范陽人也身長七尺餘涉獵書史天寶六年隴右節度使哥舒翰引爲別奏顏真卿爲監察御史使至隴右翰嘗設宴真卿謂翰曰中丞自郎將授將軍便登節制後生可畏得無人乎炅時立在階下翰指炅曰此人後當爲節度使矣後以隴右破吐蕃跳盪功累授右領軍大將軍同正員賜紫金魚袋祿山之亂選任將帥十五載正月拜炅上洛太守未行遷南陽太守本郡守捉仍充防禦使尋兼御史大夫充南陽節度使以嶺南黔中山南東道子弟五萬人屯葉縣北滍水之南築柵四面掘壕以自固至五月賊將武令珣畢思琛等來擊之衆欲出戰炅不許賊於營西順風燒烟營內坐立不得橫門扇及木爭出賊矢集如雨炅與中使薛道等挺身道走餘衆盡沒嶺南節度使何履光黔中節度使趙國珍襄陽太守徐浩未至裨將嶺南黔中荆襄子弟半在軍多懷金銀爲資糧軍資器械盡棄於路如山積至是賊徒不勝其富炅收合殘卒保南陽郡爲賊所圍尋而潼關失守賊使哥舒翰招之不從又使僞將豫州刺史令珣等攻之累月不能尅武令珣死又令田承嗣攻之潁川太守來瑱襄陽太守魏仲犀合勢救之犀使弟孟馴爲將領兵至明府橋望賊而走衆遂大敗炅城中食盡煮牛皮筋角而食之米斗至四五十千有價無米鼠一頭至四百文餓死者相枕藉肅宗使中官將軍曹日昇來宣慰路絶不得入日昇請單騎入致命仲犀曰不可賊若擒吾勅使我亦何安顏真卿適自河北來于襄陽謂仲犀曰曹使既果決不顧萬死之地何得沮之縱爲賊所獲是亡一使者苟得入城則萬人之心固矣公何愛焉中官馮廷瓌曰將軍必能入我請以兩騎助之日昇又自有傔騎數人仲犀又以數騎共十人同行賊徒望見知其驍銳不敢逼日昇既入城炅衆初以爲望絶忽有使來宣命皆踴躍一心日昇以其十人至襄陽取糧賊雖追之不敢擊遂以一千人取音聲路運糧而入賊亦不能遏又得相持數月炅在圍中一年救兵不至晝夜苦戰人相食至德二年五月十五日率衆持滿傳矢突圍而出南陽投襄陽田承嗣來追苦戰二日殺賊甚衆賊又知其決死遂不敢逼朝廷因除御史大夫襄陽節度使時賊志欲南侵江漢賴炅奮命扼其衝要南夏所以保全十月王師收兩京承嗣令珣等奔於河北南陽遭大亂之後距鄧州二百里人烟斷絶遺骸委積於牆壍間十二月策勳行賞詔曰特進太僕卿南陽郡公兼御史大夫權知襄陽節度事上柱國金鄉縣公魯炅蘊是韜略副兹節制竭節保邦悉心陷敵表之旗幟分以土田可開府儀同三司兼御史大夫封岐國公食實封二百戶兼京兆尹乾元元年兼鄭州刺史充鄭陳潁亳等州節度使上元二年爲淮西襄陽節度使鄧州刺史十月與朔方節度使司徒郭子儀河東節度使太尉李光弼等九節度同圍安慶緒於相州炅領淮西襄陽節度行營步卒萬人馬軍三百以李抱玉爲兵馬使炅分界知東面之北二年六月六日賊將史思明自范陽來救戰於安陽河北王師不利炅中流矢奔退時諸節度以迴紇戰敗因而退散盡棄軍糧器械所過虜掠炅兵士剽奪尤甚人因驚怨五日至新鄭縣聞郭子儀已整衆屯穀水李光弼還太原炅憂懼仰藥而卒

裴茙以門蔭入仕累遷京兆府司錄叅軍來瑱鎭陝州引爲判官瑱移襄州又爲瑱行軍司馬瑱遇之甚厚及瑱淮西之敗逗留不行茙密表聞奏朝廷以瑱掌重兵惡之密詔以茙代瑱爲襄州刺史充防禦使茂本鎭穀城及受密命乃率麾下二千人赴襄陽時瑱亦奉詔依舊任瑱遂設具於江津以俟之茙初聲言假道入朝及見瑱卽云奉代且欲視事瑱報曰瑱已奉恩命復任此茙惶惑喻其麾下曰此言必妄遂引射瑱軍因與瑱兵交戰茙大敗士卒死傷殆盡茙走還穀城舊營瑱追擒之朝旨務安漢南乃歸咎於茙寶應元年七月勑曰前襄州刺史裴茙性本頑疎行惟狂悖頃因試用爰委軍戎守在要衝無聞方略所以申命來瑱重撫漢南卽宜奔赴闕廷謝其曠職而乃顧惜名位輕圖異端誣構忠良妄興兵甲違命追召敢欲逗留是有無君之心不唯罔上之罪又轉輸之物軍國所資擅爲費用其數甚廣據其抵犯合寘嚴誅但自朕登極已來屢施恩宥肆諸朝市所未忍爲宜寬殊死之刑俾就投荒之譴宜除名長流費州茙器局輕褊初興師徒給用無節及敗撓遲廻赴召將至京師會有是命旣行至藍田驛賜自盡

來瑱邠州永壽人也父曜起於卒伍開元十八年爲鴻臚卿同正員安西副都護持節磧西副大使四鎭節度使後爲右領軍大將軍仗內五坊等使名著西陲寶應元年以子貴贈太子太保瑱少尚名節慷慨有大志頗涉書傳天寶初四鎭從職十一載爲左贊善大夫殿中侍御史充伊西北庭行軍司馬玄宗詔朝臣舉智謀果決才堪統衆者各一人拾遺張鎬薦瑱有縱橫之略臨事能斷堪當禦侮之任丁母憂以孝聞安祿山反張垍復薦之起復兼汝南郡太守未行改潁川太守賊攻之城中積粟素多瑱繕修有備賊繼至城下瑱親射之無不應弦而斃賊使降將畢思琛招瑱琛卽瑱父曜故將城下拜泣弔瑱瑱不應前後殺賊頗衆咸呼瑱爲來嚼鐵以功加銀青光祿大夫攝御史中丞本郡防禦使及河南淮南遊奕逐要招討等使魯炅敗於葉縣退守南陽乃以瑱爲南陽太守兼御史中丞充山南東道節度防禦處置等使以代炅尋以嗣虢王巨爲御史大夫河南節度使因奏炅能守南陽詔各復本位賊攻圍南陽累月瑱分兵與襄陽節度使魏仲犀救之犀遣弟孟馴將兵至明府橋望風敗走賊追躡大敗而還兵素少遇敗人情恟懼瑱綏撫訓練賊不能侵詔爲淮南西道節度使收復兩京與魯炅同制加開府儀同三司兼御史大夫封潁國公食實封二百戶餘如故乾元元年召爲殿中監二年初除涼州刺史河南節度經略副大使未行屬相州官軍爲史思明所敗東京震駭元帥司徒郭子儀鎭穀水乃以瑱爲陝州刺史充陝虢等州節度幷潼關防禦團練鎭守使乾元三年四月十三日襄州軍將張維瑾曹玠率衆謀亂殺刺史翽以瑱爲襄州刺史兼御史大夫充山南東道襄鄧均房金商隨郢復十州節度觀察處置使上元二年肅宗召瑱入京瑱樂襄州將士亦慕瑱之政因諷將吏州牧縣宰上表請留之身赴詔命行及鄧州復詔歸鎭肅宗聞其計而惡之後呂諲王仲昇及中官皆言瑱布恩惠懼其得士心以瑱爲鄧州刺史充山南東道襄鄧唐復郢隨等六州節度餘並如故俄而淮西節度王仲昇與賊將謝欽讓戰於申州城下爲賊所虜初仲昇被圍累月呂諲病於江陵瑱

在襄州又恐仲昇構已遂頗望不救及師出仲昇已沒裴茙頻表陳瑱之狀謀奪其位稱瑱善謀而勇崛強難制宜早除之可一戰而擒也肅宗然之遂以瑱檢校戶部尚書兼御史大夫安州刺史充淮西申安蘄黃光沔節度觀察兼河南陳豫許鄭汴曹宋潁泗十五州節度觀察使外示尊崇實奪其權也加裴茙兼御史中丞襄鄧等七州防禦使以代之瑱懼不自安上表稱淮西無糧饋軍臣去秋種得麥請待收麥畢赴上復諷屬吏請留之裴茙於商州召募以窺去就寶應元年五月代宗卽位因復授瑱襄州節度奉義軍渭北兵馬等使官如故潛令裴茙圖之其月十九日裴茙率衆浮漢江而下日暮候者白瑱謀於帳下副使薛南陽曰尚書奉詔留鎭裴茙以兵代是無名也且茙之智勇非尚書敵也衆心歸尚書不歸於茙彼若乘我之不虞今夕而至直燒城市我衆必懼而亂彼乘亂而擊則可憂也若及明而至尚書破之必矣翌日平明茙督軍士五千列于穀水比瑱以兵逆之登高而陣呼茙將士告之曰爾何事來曰尚書不受命謹奉中丞伐罪人若尚書受替謹當釋兵瑱曰恩制復除瑱此州乃取告身勑書以示茙軍皆曰僞也承命討君豈千里空歸富貴在於今日遂爭射之瑱奔歸旗下薛南陽曰事急矣請以三百騎爲奇兵尚書勿與之戰兩軍相見遂以麾下旁萬山而出其背表裏夾擊茙軍大敗投水而死殺獲殆盡茙及弟薦脫身北走妻子並爲瑱所擒瑱甚厚撫之因抗表謝罪擒茙於申口送至京師長流費州賜死於藍田故驛八月瑱入朝謝罪代宗特寵異之遷兵部尚書同中書門下平章事依前山南東道節度觀察等使代左僕射裴冕充山陵使時中官驃騎大將軍程元振居中用事發瑱言涉不順王仲昇賊平來歸證瑱與賊合故令仲昇陷賊三年代宗含怒久之因是下詔曰春秋之義貴在於必書君臣之間法存於無赦沮勸式遵於前典進退莫匪於至公惡稔旣彰明罰難貸開府儀同三司行兵部尚書中書門下平章事充山南東道節度觀察處置等使上柱國潁國公來瑱謬當任用素乏器能亟歷班榮累經節制莅職蔑聞於成績登朝虛美於崇名頃者分閫頒條久淹江漢或頻徵不至或移鎭遲留實乖堂陛之儀爰及干戈之忿朕以舊臣宿將道在含弘會其來庭用甄後効超登宰輔光拜夏卿列在三台掩其一眚山陵先遠事委近臣謀謨素闕於大猷卜祝頗聞於私議實虧周愼且間樞言何以輔弼鼎司儀刑朞紱據其所犯合寘殊科以嘗侍軒闈用存寬免之幸緬範舊章兼膺黜削之譴其身官爵一切削除寶應二年正月貶播州縣尉員外置翌日賜死於鄠縣籍沒其家瑱之被刑也門客四散掩于坎中校書郎殷亮後至獨哭於屍側貨所乘驢以備棺衾夜詣縣令長孫演以情告之演義而從之亮夜葬而祭走歸京師代宗旣悟元振之誣構積其過而配流溱州先是瑱行軍司馬龐充統兵二千人赴河南至汝州聞瑱死將士魚目等迴兵襲襄州左兵馬使李昭禦之奔房州昭及薛南陽與右兵馬使梁崇義不叶相圖爲崇義所殺朝廷授崇義節度使兼御史中丞以代瑱崇義爲瑱立祠四時拜饗不居瑱廳及正堂視事於東廂下構一小室而寢止抗疏哀請收葬優詔許之廣德元年追復官爵

周智光本以騎射從軍常有戎捷自行間登偏裨宦官魚朝恩爲觀軍容使鎭陝州與之昵狎朝恩以扈從功恩渥崇厚奏請多允屢於上前賞拔智光累遷華州刺史同華二州節度使及潼關防禦使加檢校工部尚書兼御史大夫永泰元年吐蕃迴紇党項羌渾奴剌十餘萬衆寇奉天醴泉等縣智光邀戰破於澄城收駝馬軍資萬計因逐賊至鄜州智光與杜冕不協遂殺鄜州刺史張麟坑杜冕家屬八十一人焚坊州廬舍三千餘家懼罪召不赴命朝廷外示優容俾杜冕使梁州實避讐也永泰二年十二月智光專殺前虢州刺史兼御史中丞龐充充方居縗絰潛行智光追而斬之又劫諸節度使進奉貨物及轉運米二萬碩據州反智光自鄜坊專殺朝廷患之遂聚亡命不逞之徒衆至數萬縱其剽掠以結其心初與陝州節度使皇甫溫不協監軍張志斌自陝入奏智光館給禮慢志斌責其不肅智光大怒曰僕固懷恩豈有反狀皆由爾鼠輩作福作威懼死不敢入朝我本不反今爲爾作之因叱下斬之臠其肉以飼從者時淮南節度使檢校右僕射崔圓入覲方物百萬智光强留其半舉選之士竦駭或竊同州路以過智光使部將邀斬於乾坑店橫死者衆優詔以智光爲尚書左僕射遣中使余元仙持告身以授之智光受詔慢罵曰智光有數子皆彎弓二百斤有萬人敵堪出將入相只如挾天子令諸侯天下只有周智光合作因歷數大臣之過元仙股慄智光贈絹百匹遣之於州郭置生祠俾將吏百姓祈禱大曆二年正月密詔關內河東副元帥中書令郭子儀率兵討智光許以便宜從事時同華路絕上召子儀女婿工部侍郎趙縱受口詔付子儀縱裂帛寫詔置蠟丸中遣家童間道達焉子儀奉詔將出師華州將士相顧携貳智光大將李漢惠自同州以其所管降子儀貶智光爲澧州刺史散官勳封如故乃聽將一百人隨身便路赴任其所部將士官吏一無所問乃以兵部侍郎張仲光爲華州刺史兼御史大夫潼關防禦使又以大理卿敬括爲同州刺史兼御史大夫長春宮等使是日智光爲帳下將斬首并子元耀元幹等二人來獻丁卯梟智光首于皇城之南街二子腰斬以示衆判官監察御史邵賁都虞候蔣羅漢並伏誅餘黨各以親疎准法定罪命有司具儀奏告太淸宮太廟七陵時淮西節度使李忠臣入覲次潼關聞智光阻兵駐所部將往禦之及智光死忠臣進兵入華州大掠自赤水至潼關二百里間畜產財物殆盡官吏至有著紙衣或數日不食者

史臣曰嘗讀李陵傳戰敗不能死屈節降虜庭君不得爲忠臣母不得爲孝子每長歎久之炅收泚水敗衆守南陽孤城每蹈危機竟効死節料敵雖非其良將事君不失爲忠臣茙浮躁無行狂悖用兵宜其死矣瑱善軍政得士心庶幾干城禦侮者哉始固名位爲裴茙巧言終歸朝廷遭元振誣構賜死之辜匪辨用刑之道不明致舊將立祠門吏偷葬出將入相一至於斯惜哉智光狂悖不足與論

贊曰魯炅竭節來瑱枉死裴茙兇人智光逆子

舊唐書卷一百十四考證

魯炅傳乾元元年兼鄭州刺史○肅宗本紀在二年

上元二年十日與朔方節度使司徒郭子儀等九節度同圍安慶緒于相州○臣德潛按九節度圍安慶緒乃乾元元年秋八月非上元二年也但上已書元年此不當重書

二年六月六日賊將史思明自范陽來救戰于安陽河北王師不利○臣德潛按此二年三月事誤作六月六日

# 舊唐書卷一百十五

後晉司空同中書門下平章事劉昫撰

## 列傳第六十五

崔器　趙國珍　崔瓘　敬括

韋元甫　魏少遊　衞伯玉　李承

崔器深州安平人也曾祖恭禮狀貌豐碩飲酒過斗貞觀中拜駙馬都尉尚神堯館陶公主父肅然平陰丞器有吏才性介而少通舉明經歷官淸謹天寶六載爲萬年尉踰月拜監察御史中丞宋渾爲東畿採訪使引器爲判官渾坐贓流貶嶺南器亦隨貶十三年量移京兆府司錄轉都官員外郎出爲奉先令逆胡陷西京器沒於賊仍守奉先居無何屬賊黨同羅叛賊長安守將安守忠張通儒並亡匿又渭上義兵起一朝聚徒數萬器懼所受賊文牒符勑一時焚之牓召義師欲應渭上軍及渭上軍破賊將崔乾祐先鎭蒲同使麾下騎三十人捉器器遂北走靈武器素與呂諲善諲引爲御史中丞兼戶部侍郎從肅宗至鳳翔加禮儀使尅復二京爲三司使器草儀注駕入城令陷賊官立於含元殿前露頭跣足撫膺頓首請罪以刀杖環衞令扈從羣官宰臣已下視之及收東京令陳希烈已下數百人如西京之儀器性陰刻樂禍殘忍寡恩希旨奏陷賊官準律並合處死肅宗將從其議三司使梁國公李峴執奏固言不可乃六等定罪多所原宥唯陳希烈達奚珣斬於獨柳樹下後蕭華自相州賊中仕賊官歸闕奏云賊中仕官等重爲安慶緒所驅脅至相州初聞廣平王奉宣恩命釋放陳希烈已下皆相顧曰我等國家見待如此悔恨何及及聞崔器議刑太重衆心復搖肅宗曰朕幾爲崔器所誤呂諲驟薦器爲吏部侍郎御史大夫上元元年七月器病腳腫月餘疾亟瞑目則見達奚珣叩頭曰大尹不自由左右問之器荅曰達奚大尹嘗訴寃於我我不之許如是三日而器卒

趙國珍牂牁之苗裔也天寶中以軍功累遷黔府都督兼本管經略等使時南蠻閤羅鳳叛宰臣楊國忠兼劍南節度遙制其務屢喪師徒中書舍人張漸薦國珍有武略習知南方地形國忠遂奏用之在五溪凡十餘年中原興師唯黔中封境無虞代宗踐祚特嘉之召拜工部尚書大曆三年九月以疾終贈太子太傅

崔瓘博陵人也以士行聞莅職淸謹累遷至澧州刺史下車削去煩苛以安人爲務居二年風化大行流亡襁負而至增戶數萬有司以聞優詔特加五階至銀靑光

祿大夫以甄能政遷潭州刺史兼御史中丞充湖南都團練觀察處置使璀到官政在簡肅恭守禮法將吏自經時艱久不奉法多不便之大曆五年四月會月給糧儲兵馬使臧玠與判官達奚觀忿爭覩曰今幸無事玠曰有事何逃厲色而去是夜玠遂搆亂犯州城以殺達奚觀爲名璀惶遽走逢玠兵至遂遇害代宗聞其事悼惜久之

敬括河東人也少以文詞稱鄉舉進士又應制登科再遷右拾遺內供奉殿中侍御史天寶末宰臣楊國忠出不附已者括以例爲果州刺史累遷給事中兵部侍郎大理卿性深厚志尚簡淡在職不務求名因循而已大曆初叛臣周智光伏誅詔選循良爲近輔以括爲同州刺史歲餘入爲御史大夫遲重推誠於下未嘗以私害公士頗稱焉而從容養望不舉綱紀士亦以此少之大曆六年三月卒

韋元甫少修謹敏於學行初任滑州白馬尉以吏術知名本道採訪使韋涉深器之奏充支使與同幕判官員錫齊名元甫精於簡牘錫詳於訊覆涉推誠待之時謂員推韋狀元甫有器局所莅有聲累遷蘇州刺史浙江西道都團練觀察等使大曆初宰臣杜鴻漸首薦之徵爲尚書右丞會淮南節度使缺鴻漸又薦堪當重寄遂授揚州長史兼御史淮南節度觀察等使在揚州三年政尚不擾事亦粗理大曆六年八月以疾卒於位

魏少遊鉅鹿人也早以吏幹知名歷職至朔方水陸轉運副使肅宗幸靈武杜鴻漸等奉迎留少遊知留後備宮室掃除之事少遊以肅宗遠離宮闕初至邊藩故豐供具以悅之將至靈武少遊整騎卒千餘干戈耀日於靈武南界鳴沙縣奉迎備威儀振旅而入肅宗至靈武殿宇御幄皆象宮闈諸王公主各設本院飲食進御窮其水陸肅宗曰我至此本欲成大事安用此爲命有司稍去之累遷衛尉卿乾元二年十月議率朝臣馬以助軍少遊與漢中郡王瑀沮其議上知之貶渠州長史後爲京兆尹請中書門下及兩省五品已上尚書省四品已上諸司正員三品已上諸王駙馬中朞周已上親及女婿外甥不得任京兆府判官畿令赤縣丞簿尉勑從之遷刑部侍郎大曆二年四月出爲洪州刺史兼御史大夫充江南西道都團練觀察等使四年六月封趙國公賈明觀者本萬年縣捕賊小胥劉希暹恃魚朝恩之勢恣行兇忍毒甚豺虺朝恩希暹既誅元載當權納明觀姦謀容之特令江西効力明觀未出城百姓萬衆聚於城外皆懷塼石候之期投擊以快意載聞之特令所由吏擁百姓入城內由是獲免在洪州二年少遊爲觀察使承元載意苟容之及路嗣恭代少遊到州即日杖殺識者以是減魏之名多路之政大曆六年三月已未卒於官贈太師少遊居職緣飾成務有規檢善任人果於集事前後四領京尹雖無赫赫之名而齪齪廉謹有足稱者

衛伯玉有膂力幼習藝天寶中杖劍之安西以邊功累遷至員外諸衛將軍肅宗即位興師靖難伯玉激憤思立功名自安西歸長安初爲神策軍兵馬使出鎮乾元二年十月逆賊史思明遣僞將李歸仁鐵騎三千來犯伯玉以數百騎於疆子坂擊破之積尸滿野虜馬六百匹歸仁與其黨東走以功遷右羽林軍大將軍知軍事轉四鎮北庭行營節度使獻俘百餘人至闕下詔解縛而赦之遷伯玉神策軍節度上元二年二月史思明領衆西下圖長安史朝義率其黨夜襲陝州伯玉以兵逆擊大破賊於永寧賊退進位特進封河東郡公廣德元年冬吐蕃寇京師乘輿幸陝以伯玉有幹略可當重寄乃拜江陵尹兼御史大夫充荆南節度觀察等使尋加檢校工部尚書封城陽郡王大曆初丁母憂朝廷以王昂代其任伯玉潛諷將吏不受詔遂起復以本官爲荆南節度等使時議醜之大曆十一年二月入覲以疾卒於京師

李承趙郡高邑人吏部侍郎至遠之孫國子司業畬之第二子也承幼孤兄曄鞠養之既長事兄以孝聞舉明經高第累至大理評事充河南採訪使郭納判官尹子奇圍汴州陷賊拘承送洛陽承在賊庭密疏姦謀多獲聞達兩京尅復例貶撫州臨川尉數月除德清令旬日拜監察御史淮南節度使崔圓請留充判官累遷檢校刑部員外郎兼侍御史圓卒歷撫州江州二刺史課績連最遷檢校考功郎中兼江州刺史徵拜吏部郎中尋爲淮南西道黜陟使奏於楚州置常豐堰以禦海潮屯田瘠鹵歲收十倍至今受其利時梁崇義縱恣倨慢朝廷將加討伐李希烈揣知之上表數崇義過惡請率先誅討上悅之每對朝臣多稱希烈忠誠承自黜陟迴因奏之曰希烈將兵討伐必有微勳但恐立功之後縱恣跋扈不稟朝憲必勞王師問罪上初未之信無幾希烈既平崇義果有不順之跡上思承言故驟加擢用建中二年七月拜同州刺史河中尹晉絳都防禦觀察使九月轉襄州刺史山南東道節度觀察鹽鐵等使希烈既破崇義擁兵襄州遂有其地朝廷慮不受命欲以禁兵送承承請單騎徑行既至希烈處承於外館迫脅萬態承恬然自安誓死王事希烈不能屈遂剽虜闔境所有而去襄漢爲之空承治之一年頗得完復初希烈雖歸蔡州留將校等於襄州守當時所掠得財帛什物等後使襄漢往來不絕承亦使腹心臧叔雅往來許蔡厚結希烈腹心周曾王玢姚憺等及曾等謀殺希烈以衆歸朝多承首建謀也累賜密詔褒美之承尋改檢校工部尚書兼潭州刺史湖南都團練觀察使建中四年七月卒於位年六十二贈吏部尚書承少有雅望至其從官頗以貞廉才術見稱於時

史臣曰自古酷吏濫刑幸免者多矣苟無强莧爲崇沮議者惑焉器深文樂禍居官令終非達奚訴冤無以顯其陰責矣國珍守黔溪璀修禮法括推誠馭下元甫爲政寬簡少遊規檢集事皆可稱者伯玉破敵立功足爲猛士丁憂冒寵終是武夫承忠懿謀議勤勞盡瘁方之者鮮矣

贊曰崔器深文達奚作崇七子伊何李承爲最

舊唐書卷一百十六

後晉司空同中書門下平章事劉　昫撰

# 列傳第六十六

## 肅宗代宗諸子　肅宗十三子　代宗二十子

越王係　承天皇帝倓　衛王佖　彭王僅
兗王僩　涇王侹　鄆王榮　襄王僙
杞王倕　召王偲　恭懿太子佋　定王侗
淮陽王僖　昭靖太子邈　均王遐
睦王述　丹王逾　恩王連　韓王迥
簡王遘　益王迺　隋王迅　荆王選
蜀王遡　忻王造　韶王暹　嘉王運
端王遇　循王遹　恭王通　原王逵
雅王逸

肅宗皇帝十四子章敬皇后生代宗皇帝宮人孫氏生越王係張氏生承天皇帝王氏生衛王佖陳婕妤生彭王僅韋妃生兗王僩張美人生涇王侹裴昭儀生襄王僙段婕妤生杞王倕崔妃生召王偲張皇后生恭懿太子佋定王侗宮人生鄆王榮宋王僖

越王係本名儋肅宗第二子也天寶中封南陽郡王授特進至德二年十二月進封趙王乾元二年三月九節度之兵潰於河北史思明僭號於相州王師未集朝廷震駭詔以李光弼握兵關東以代子儀光弼請以親賢統師七月詔曰握兵之要古先爲重命帥之道心膂攸憑是知靖難夷兇必資於金革總戎授律實伏於親賢蓋將底寧邦家保息黎獻者矣朕以薄德纘承鴻緒往屬元兇暴亂中夏不寧上憑宗社之靈下藉熊羆之力由是廓清咸洛拯此生人頃以河朔殘妖尚稽天討蛇豕竊依於城堡塗炭久被於齊甿朕爲人父母寧忘閔念雖好生息戰每冀其歸降而餘孽昧恩靡聞于悔禍所以軒后親征於獯鬻周文致役於昆夷古之用兵蓋非獲已越王係幼稟異操夙懷韜略負東平之文學蘊任城之智勇性惟忠孝持愛敬以立身志尚權謀有經通之遠智知子者父方有屬於維城擇能而授俾克申於戎律且兇徒嘯聚頗歷歲時惡既貫盈理當撲滅君親有命可不敬乎俾展龍豹之韜永清梟獍之類可充天下兵馬元帥仍令司空兼侍中薊國公光弼副知節度行營事應緣軍司署置所司準式九月史思明陷洛陽光弼以副元帥董兵守河陽王不出京師十月下詔車駕親征諫官論奏乃止王請行不許三年四月改封越王寶應元年四月肅宗寢疾彌留皇后張氏與中官李輔國有隙因皇太子監國謀誅輔國使人以肅宗命召太子入宮皇后謂太子曰賊臣輔國久典禁軍四方詔令皆出其口頃矯制命逼徙聖皇今聖體彌留心懷怏怏常忌吾與汝又聞射生內侍程元振結託黃門將圖不軌若不誅之禍在頃刻太子泣而對曰此二人是陛下勳舊內臣今聖躬不康重以此事驚撓聖慮情所難任若決行此命當出外徐圖之后知太子難與共事乃召係謂之曰皇太子仁惠不足以圖平禍難復以除輔國謀告之曰汝能行此事乎係曰能后令內謁者監段恒俊與越王謀召中官有武勇者二百餘人授甲於長生殿是月乙丑皇后矯詔召太子程元振伺知之告輔國元振握兵於凌霄門候之太子既至以難告太子曰必無此事聖恙危篤吾豈懼死不赴召乎元振曰爲社稷計行則禍及矣遂以兵護太子匿於飛龍廐丙寅夜元振輔國勒兵於三殿前收捕越王及同謀內侍朱光輝段恒俊等百餘人禁繫幽皇后於別殿侍者十數人隨之是日皇后越王俱爲輔國所害係子建適逾建中元年十一月封武威郡王授殿中監同正員適封興道郡王授中監同正員逾封齊國公光祿卿同正員

承天皇帝倓肅宗第三子也天寶中封建寧郡王授太

常卿同正員英毅有才略善射祿山之亂玄宗幸蜀倓兄弟典親兵扈從車駕渡渭百姓遮道乞留太子太子諭之曰至尊奔播吾不忍違離左右俟吾見上奏聞倓於行宮謂太子曰逆胡犯順四海分崩不因人情何以興復夫有國家者大孝莫若存社稷今從至尊入蜀則散關已東非皇家所有何以維屬人情殿下宜購募豪傑暫往河西收拾戎馬點集防邊將卒不下十萬人光弼子儀全軍河朔謀爲興復計之上也廣平王亦贊成之於是令李輔國奏聞玄宗忻然聽納乃分從官士卒以遣之時敗卒贍破兵仗不完太子既北上渡渭一日百戰倓自選驍騎數百衛從每蒼黃顛沛之際血戰在前太子或過時不得食倓涕泗不自勝上尤憐之軍士屬目歸於倓至靈武太子卽帝位廣平旣爲元子欲以倓爲天下兵馬元帥侍臣曰廣平王冢嗣有君人之量上曰廣平地當儲貳何假更爲元帥左右曰廣平今未冊立艱難時人尤屬望於元帥況太子從曰撫軍守曰監國今之元帥撫軍也廣平爲宜遂以廣平爲元帥倓典親軍李輔國爲元帥府司馬時張良娣有寵倓性忠謇因侍上屢言良娣頗自恣輔國連結內外欲傾動皇嗣自是日爲良娣輔國所構云建寧恨不得兵權頗畜異志肅宗怒賜倓死旣而省悟悔之明年冬廣平王收復兩京遣判官李泌入朝獻捷泌與上有東宮之舊從容語及建寧事肅宗改容謂泌曰倓於艱難時實得氣力無故爲下人之所間欲圖害其兄朕以社稷大計割愛而爲之所也泌對曰爾時臣在河西豈不知其故廣平兄弟天倫篤睦至今廣平言及建寧則嗚咽不已陛下之言出於讒口也帝因泣下曰事已及此無如之何泌因奏曰臣幼稚時念黃臺瓜辭陛下嘗聞其說乎高宗大帝有八子睿宗最幼天后所生三子曰爲行第故睿宗第四長曰孝敬皇帝爲太子監國而仁明孝悌天后方圖臨朝乃鴆殺孝敬立雍王賢爲太子賢每日憂惕知必不保全與二弟同侍於父母之側無由敢言乃作黃臺瓜辭令樂工歌之冀天后聞之省悟卽生哀愍辭云種瓜黃臺下瓜熟子離離一摘使瓜好再摘令瓜稀三摘猶尚可四摘抱蔓歸而太子賢終爲天后所逐死于黔中陛下有今日運祚已一摘矣愼無再摘上愕然曰公安得有是言時廣平王立大功亦爲張皇后所忌潛搆流言泌因事諷動之及代宗卽位深思建寧之寃追贈齊王大曆三年五月詔曰故齊王倓承天祚之慶保鴻名之光降志尊賢高才好學藝文博洽智略宏通斷必知來謀皆先事識無不達理至逾精乃者冠盜橫流鑾輿南幸先聖以宸扆之戀將侍君親惟王以宗廟之重誓寧家國克協朕志載符天時立辨羣議之非同獻五原之計中興之盛實藉奇功景命不融早從厚夜天倫之愛震惕良深流涕追封胙于東海頊加表飾未極哀榮夫以忝舊邦再造之勤成天下一家之業而存未峻其等歿未尊其稱非所以旌徽烈明至公也朕以眇身纘膺大寶不及讓王之禮莫申太弟之嗣所懷靡殫邈想逾切非常之命寵錫攸宜敬用追謚曰承天皇帝與興信公主第十四女張氏冥婚謚曰恭順皇后有司準式擇日冊命改葬于順陵仍祔于奉天皇帝廟同殿異室焉

衛王佖肅宗第四子天寶中封西平郡王授殿中監同正員早薨寶應元年五月追贈衛王

彭王僅肅宗第五子天寶中封新城郡王授鴻臚卿同正員至德二年十二月進封彭王乾元二年冬史思明再陷河洛關東用兵人情震懼羣臣請以親王遙統兵柄三年四月詔曰古之哲王宅中御宇莫不內封子弟外建藩維故周稱百代抑聞麟趾之美漢命六官亦樹犬牙之制歷考前載率由舊章朕以薄德纘承鴻緖屬豺狼未殄金革猶虞賴文武藎臣協心同德庶克清於玄祲期永保於皇圖且授鉞分符義已先於用武又維城作翰道方弘於建親咨爾分閫之崇成予磐石之固彭王僅等銀潢毓慶瑤萼分輝忠孝禀於天成文武稱其備用今三秦之地萬國來庭誠宜列皇子以建封崇懿藩而制勝是資固本委以臨戎彭王僅可充河西節度大使兗王僩可充北庭節度大使涇王侹可充隴右節度大使杞王倕可充陝西節度大使興王佋可充鳳翔節度大使僅是歲薨子鎭授太僕卿同正員封常山郡王

兗王僩肅宗第六子母韋妃刑部尚書堅之妹肅宗在東宮選爲太子妃生僩及永和公主後爲李林甫誣構被誅太子懼奏請與妃離異於別宮安置僩天寶中封潁川郡王授太子詹事同正員至德二年十二月進封兗王乾元三年領北庭節度大使寶應元年薨

涇王侹肅宗第七子天寶中封東陽郡王授光祿卿同正員至德二載十二月進封涇王乾元三年領隴右節度大使興元元年薨

鄆王榮肅宗第八子天寶中封靈昌郡王早世寶應元年五月追贈鄆王

襄王僙肅宗第九子至德二載十二月封襄王貞元七年正月薨

杞王倕肅宗第十子母段婕妤貞元六年六月贈爲昭儀倕至德二載封貞元十四年薨

召王偲肅宗第十一子至德二載十二月封元和元年薨

恭懿太子佋肅宗第十二子至德二載封興王上元元年六月薨佋皇后張氏所生上尤鍾愛后屢危太子欲以興王爲儲貳會薨而止七月丁亥詔曰厚禮所以飾終易名所以表行況情鍾天屬寵及褒封載疇加等之美式備元儲之贈永懷軫念有惻彝章第十二子故興王佋毓慶璿源分華若木天資純孝神假聰明河間聚書幼聞樂善之旨延陵聽樂早得知音之妙頊以暫嬰沉瘵殆積旬時而資敬益彰穎晤逾爽愛親之戀言不間於斯須告訣之辭事先符於夢寐顧惟至性實切深哀將祚土析珪載崇藩翰聞詩對易爰就琢磨方冀成立豈期天喪瑤英始茂遽摧於當春隙駟俄遷忽沉於厚夜與言痛悼閔惜良深宜賁寵於青宮俾哀榮於玄穸可贈太子謚曰恭懿應緣喪葬所司準式仍令京兆尹劉晏充監護使詔宰臣李揆持節冊命十一月葬于高陽原其哀冊曰維上元元年太歲庚子六月己未朔二十六日甲申皇第十二子持節鳳翔等四州節度觀察大使興王佋薨于中京內邸殯于寢之西階粤八月丁亥冊贈皇太子廟號恭懿冬十一月庚寅詔葬于長安之高陽原禮也鸞隧開封龍輴進輅陳祖載而就位儼塗芻以成列皇帝哀玉林之閟景憫璿萼之惟霜贈龍綍而增思懷鴈池而永傷考謚惟古褒崇有式爰詔史司恭宣懿德其辭曰惟天祚唐累葉重光中興宸景再紐乾綱本枝建國磐石疏疆克開龍肩實曰賢王驪源孕彩日幹騰芳深仁廣孝蘊藝含章秀發童年惠彰齔齒蹈禮知方承尊叶旨對日流辯占鳳擅美魯衞後塵間平絕軌胡孽初構王師未班爰從襁褓載歷險艱愛備中掖名崇懿藩居常禀訓動不違顏禮及佩觿朝加分器胙土延渥登壇受帥玉質金聲文經武緯樂善爲寶崇儒是貴濬哲外朗溫文內深閱書成誦觀樂表音五經在口六律諧心才優藝洽絕古超今蛇豕猶梗實區未乂滌慮祈眞焚香演偈食去葷血心依定惠庶福邦家俾清兇穢霧露嬰疾聰明害神沉痾始遘彌曠盈旬止慮無擾發言有倫在膏方亟問勝逾勤雲物告徵星辰變象楚藥無救秦醫莫仗靈儀宵而上賓徽音邈其長往違舊邸於青社卽幽陵於黃壤嗚呼哀哉寬氣奪兮去何之精靈存兮孝有思念君親之永隔託夢寐而來辭延桂宮而震悼貫椒壺而纏悲旌遺芳於碣館賁新命於儲闈嗚呼哀哉先遠戒候占龜獻吉指鷄野而西臨背鳳城而右出天慘慘而苦霧山蒼蒼而曀日望馳道而長辭赴幽塗而永畢嗚呼哀哉生爲寵王兮宸愛所鍾歿追上嗣兮朝典斯崇升玉笙於洞府閱銀榮於泉宮金石誰固人生有終簡冊攸記兮德音無窮敢直詞於篆美庶永代而成風嗚呼哀哉佋薨時年八歲旣薨之夕肅宗張后俱夢佋有如平昔拜辭流涕而去帝方寢疾追念過深故特以儲闈之贈寵之上疾累月方平

定王侗肅宗第十三子亦張后所生佋之母弟至德二載封定王寶應初薨時年甚幼

宋王僖肅宗第十四子初封淮陽王早夭追封宋王

代宗皇帝二十子睿眞皇后沈氏生德宗皇帝崔妃生昭靖太子邈獨孤皇后生韓王迥餘十七王舊史不載母氏所出

昭靖太子邈代宗第二子寶曆元年封鄭王大曆初代皇太子爲天下兵馬元帥王好讀書以儒行聞大曆九年薨廢朝三日由是罷元帥之職上惜其才早夭冊贈昭靖太子葬於萬年縣界

均王遐代宗第三子早夭貞元八年追封

睦王述代宗第四子大曆九年冬田承嗣謀亂河朔時鄭王居長典兵師不幸薨落諸王皆幼多未封建大臣奏議請封親王分領戎師以威天下十年二月詔曰虞夏之制諸子疏封漢魏以還十連授律是用錫珪班瑞盤石開疆信通邑之紀綱爲中都之屏翰然則旌鉞之寄推擇攸難因親之任各膺其命第四子述第五子逾第六子連第七子迥第八子遘第十三子造第十四子暹第十五子運第十六子遇第十七子適第十八子通第十九子逵第二十子逸等並敏茂純懿禀於衷誠溫良孝恭形於進對動皆合義居必有常可以理衆靖人撫封宣化而總列城之賦纘分閫之謀克勤公家允輔王室今則均茅社之寵盛槐庭之儀授鉞登車嗣茲朝典維城之固爾其懋哉述可封睦王充嶺南節度支度營田五府經略觀察處置等大使逾可封郴王充渭北鄜坊等州節度大使連可封恩王韓王迥可汴宋等節度觀察處置等大使遘可封鄜王造可封忻王充昭義軍節度觀察處置等大使暹可封韶王運可封嘉王遇

可封端王遇可封循王遹可封恭王逵可封原王逸可
封雅王仍並可封開府儀同三司是時皇子勝衣者盡
加王爵不出閤德宗朝迹爲諸王之長時分命中使周
行天下求訪沈太后詔以睦王爲奉迎太后使以工部
尚書喬琳副之貞元七年薨

丹王逾代宗第五子大曆十年封郴王領渭北鄜坊節
度大使建中四年改丹王元和十五年薨

恩王連代宗第六子大曆十年封元和十二年薨

韓王迥代宗第七子以母寵既生而受封雖沖幼恩在
鄭王之亞寶應元年封韓王貞元十二年薨時年四十
七

簡王遘代宗第八子大曆十年封鄜王建中四年改封
簡王元和四年薨

益王迺代宗第九子大曆四年封

隋王迅代宗第十子大曆十年封興元元年薨

荆王選代宗第十一子早世建中二年正月追封荆王
贈開府儀同三司

蜀王遡代宗第十二子大曆十四年封本名遂建中二
年改今名

忻王造代宗第十三子大曆十年封仍領昭義軍節度
觀察大使元和六年薨

韶王暹代宗十四子大曆十年封貞元十二年薨

嘉王運代宗十五子大曆十年封貞元十七年薨

端王遇代宗十六子大曆十年封貞元七年薨

循王遹代宗第十七子大曆十年封

恭王通代宗第十八子大曆十年封

原王逵代宗第十九子大曆十年封太和六年薨

雅王逸代宗第二十子大曆十年封貞元十五年薨

史臣曰豔妻破國孽子敗宗前代英傑之君率不免於
斯累者何也良以愛惡不由於義斷毀譽遽逐於情移
雖申生孝巳之仁卒不能迴君父之愛悲哉孝宣皇帝
當屯剝之運收忠義之心忍行愛子之刑終宥姦閹之
罪大雅君子爲之痛心張后卒以凶終固其宜矣

讚曰牀簀之愛人情易惑以義制情哲王令德李侯悟
主韻諧金石襄謚建寧良堪太息

# 舊唐書卷一百十七

後晉司空同中書門下平章事劉　昫撰

## 列傳第六十七

嚴武　郭英乂　崔寧（弟寬　從孫蠡　蠡子蕘　蕘子贍）

嚴震　嚴礪

嚴武中書侍郎挺之子也神氣雋爽敏於聞見幼有成
人之風讀書不究精義涉獵而已弱冠以門蔭策名隴
右節度使哥舒翰奏充判官遷侍御史至德初肅宗興
師靖難大收才傑武杖節赴行在宰相房琯以武名臣
之子素重之及是首薦才略可稱累遷給事中既收長
安以武爲京兆少尹兼御史中丞時年三十二以史思
明阻兵不之官優游京師頗自矜大出爲綿州刺史遷
劍南東川節度使入爲太子賓客兼御史中丞上皇誥
以劍兩川合爲一道拜武成都尹兼御史大夫充劍南
節度使入爲太子賓客遷京兆尹兼御史大夫二聖山
陵以武爲橋道使無何罷兼御史大夫改吏部侍郎尋
遷黃門侍郎與宰臣元載深相結託冀其引在同列事
未行求爲方面復拜成都尹充劍南節度等使廣德二
年破吐蕃七萬餘衆拔當狗城十月取鹽川城加檢校
吏部尚書封鄭國公前後在蜀累年肆志逞欲恣行猛
政梓州刺史章彝初爲武判官及是小不副意赴成都
杖殺之由是威震一方蜀土頗饒珍產武窮極奢靡賞
賜無度或由一言賞至百萬蜀方閭里以徵斂殆至匱
竭然蕃虜亦不敢犯境而性本狂蕩視事多率胷臆雖
慈母言不之顧初爲劍南節度使舊相房琯出爲管內
刺史琯於武有薦導之恩武驕倨見琯略無朝禮甚爲
時議所貶永泰元年四月以疾終時年四十

郭英乂先朝隴右節度使左羽林軍將軍知運之季子
也少以父業習知武藝策名河隴間以軍功累遷諸衛
員外將軍至德初肅宗興師朔野英乂以將門子特見
任用遷隴右節度使兼御史中丞既收二京徵還闕下
掌禁兵遷羽林軍大將軍加特進以家艱去職朝廷方
討史思明選任將帥乃起英乂爲陝州刺史充陝西節
度潼關防禦等使尋加御史大夫兼神策軍節度代宗
即位加檢校戶部尚書兼御史大夫元帥雍王自陝統
諸軍討賊洛陽留英乂在陝爲後殿東都平以英乂權
爲東都留守既至東都不能禁暴縱麾下兵與朔方迴
紇之衆大掠都城延及鄭汝等州比屋蕩盡廣德元年
策勳加實封二百戶徵拜尚書右僕射封定襄郡王恃
富而驕於京城創起甲第窮極奢靡與宰臣元載交結
以久其權會劍南節度使嚴武卒載以英乂代之兼成
都尹充劍南節度使既至成都肆行不軌無所忌憚玄
宗幸蜀時舊宮置爲道士觀內有玄宗鑄金眞容及乘
輿侍衛圖畫先是節度使每至皆先拜而後視事英乂
以觀地形勝乃入居之其眞容圖畫悉遭毀壞見者無
不憤怒以軍政苛酷無敢發言又頗恣狂蕩聚女人騎
驢擊毬製鈿驢鞍及諸服用皆侈靡裝飾日費數萬以
爲笑樂未嘗問百姓間事人頗怨之又以西山兵馬使
崔旰得衆心屢抑之旰因蜀人之怨自西山率麾下五
千餘衆襲成都英乂出軍拒之其衆皆叛反攻英乂英
乂奔於簡州普州刺史韓澄斬英乂首以送旰并屠其
妻子焉

崔寧衞州人本名旰雖儒家子喜縱橫之術衞州刺史
茹璋授旰符離令既罷久不調遂客遊劍南從軍爲步
卒事鮮于仲通又隨李宓討雲南宓戰敗旰歸成都行
軍司馬崔論見旰悅其狀貌又以其宗姓厚遇薦爲衙
將歷事崔圓裴冕冕遭流謗朝廷將遣使推按旰部下
截耳稱冤中使奏之旰亦赴京師授司戈歷司階折衝
郎將軍等官寶應初蜀中亂山賊擁絕縣道代宗憂之
嚴武薦旰爲利州刺史既至山賊遁散由是知名嚴武
爲劍南節度赴鎭過利州心欲辟旰爲部將以利非屬
部旰難輒去俾旰籌之旰曰節度使張獻誠見忌且又
好利誠能重賂之旰可以從大夫矣武至劍南遺獻誠
奇錦珍貝價兼百金獻誠大悅武乃遺獻誠書求旰獻
誠然之令旰移疾去郡旰乃之劍南武奏爲漢州刺史
久之吐蕃與諸雜羌戎寇陷西山柘靜等州詔嚴武收
復武遣旰統兵西山旰善撫士卒皆願致死命始次賊
城周圍皆石磧攻具無所設唯東南隅環丈之地壤土
可穴謀知之以告旰晝夜穿地道攻之再宿而拔其城
因拓地數百里下城寨數四番衆相語曰崔旰神兵也
將更前進以糧盡還師武大悅裝七寶轝迎旰入成都
以誇士衆賞賚過厚永泰元年五月嚴武卒杜濟爲西
川行軍司馬權知軍府事時郭英幹爲都知兵馬使郭
嘉琳爲都虞候皆請英幹兄英乂爲節度使旰時爲西
山都知兵馬使與軍衆共請大將王崇俊爲節度使二
奏俱至京師會朝廷已除英乂旰使因見英乂陳其事
英乂至成都數日誣殺王崇俊又召旰還成都英乂減
將健糧賜人心怨怒旰在西山聞之大恐乃託備吐蕃
未赴成都英乂怒出兵聲言助旰討吐蕃其實襲之也
旰家在漢州英乂遷之成都通其妾媵旰知之轉入深
山英乂自率師攻旰值天大寒雪深數尺英乂士馬凍
死者數百人衆心離叛旰遂出兵拒敵英乂與之接戰
英乂軍大敗而還收餘兵纔千人歸成都將卒因多逃
散初天寶中劍南節度使鮮于仲通嘗建一使院院宇
甚華麗及玄宗幸蜀嘗居之因爲道觀兼寫玄宗眞容
置之正室英乂因入觀行香悅其竹樹遂奏請以仲通
舊院爲軍營乃移去眞容自居之旰聞之謂將士曰英
乂反矣不然何得除毀玄宗眞容而自居之乃率兵攻
成都英乂出兵於城西門令栢茂琳爲前軍郭英幹爲
左軍郭嘉琳爲後軍與旰戰茂琳等軍累敗軍人多投
旰旰令降將統兵與英乂轉戰大敗之兵至子城英乂
單騎奔簡州爲普州刺史韓澄所殺時邛劍所在起兵
相攻劍南大亂永泰二年二月乃以黃門侍郎平章事
杜鴻漸兼成都尹山南西道劍南東川西川南邛等道
副元帥劍南西川節度使鴻漸出駱谷有謀者曰相公
駐車閬州遙制劍南數移牒述英乂過失言旰有方略
旰腹心攝諸州刺史者皆奏正之令旰及將校不疑怨
然後與東川節度使張獻誠及諸賊帥合議數出兵攻
旰既數道連兵未經一年兵勢減耗旰窮必束身歸朝
此上策也鴻漸畏懦計疑未決會旰使至卑辭厚禮送
繒錦數千匹鴻漸貪其利遂至成都日與判官杜亞楊
炎將吏等高會縱觀軍州政事悉委旰仍連表聞薦先
時張獻誠數與旰戰獻誠屢敗旌節皆爲旰所奪朝廷
因鴻漸之請加成都尹兼西山防禦使西川節度行軍
司馬仍賜名曰寧大曆二年鴻漸歸朝遂授寧西川節
度使恃地險人富乃厚斂財貨結權貴令弟寬留京師
元載及諸子有所欲寬恣與之故寬驟歷御史知雜事
御史中丞寬兄審亦任郎中諫議大夫給事中寧在蜀
十餘年地險兵强肆侈窮慾將吏妻妾多爲所淫汙朝
廷患之而不能詰累加尚書左僕射大曆十四年入朝
遷司空平章事兼山陵使尋代喬琳爲御史大夫平章
事寧以爲選擇御史當出大夫不謀及宰相乃奏請以
李衡于結等數人爲御史楊炎大怒其狀遂寢炎又數
譏毀劉晏寧又救解之寧既厚結元載巳久楊炎又出
自載門寧初附炎炎因此大怒其年十月南蠻大下與
吐蕃三道合進一出茂州過文川及灌口一出扶文過
方維白壩一出黎壩雅過邛郲戎酋誡其衆曰吾要蜀
川爲東府凡伎巧之工皆送邏娑平歲賦一縑而已是
蠻之入連陷郡邑士庶奔亡山谷屬寧在朝軍中無帥
德宗促寧還鎭炎懼寧怨巳入蜀難制謂德宗曰蜀川

天下輿壤自寧擅置其中朝廷失其外府十四年矣今寧來朝尚有全師守蜀貨利之厚適中奉給貢賦所入與無地同始寧與諸將等夷獨因叛亂得位不敢自有以恩柔煦育威令不行今雖歸之必無功是徒遺也若有功義不可奪則西川之輿敗固失之勝亦非國家所有陛下熟察帝曰卿策何從炎曰請無歸寧今朱泚所部范陽勁兵戍在近甸促令與禁兵雜往擧無不捷因是役得實親兵內其腹中蜀將必不敢動然後換授他帥以收其權得千里肥饒之地是因小禍受大福也帝曰善卽止寧不行乃發禁兵四千范陽兵五千赴援東川出軍自江油趨白壩與山南兵合擊蠻兵敗走范陽軍又擊破於七盤遂拔新城戎蠻大敗凡斬馘六千生擒六百傷者殆半饑寒墮於崖谷者八九萬寧遂罷西川節度使制授檢校司空同中書門下平章事御史大夫京畿觀察使兼靈州大都督單于鎭北大都護朔方節度等使兼鄜坊丹延都團練觀察使託以重臣綏靖北邊但令居鄜州雖以寧爲節度每道皆置留後自得奏事炎悉諷令伺寧過犯杜希全爲靈州王翃爲振武李建徽爲鄜州及戴休顏杜從政呂希倩等皆炎署置也寧巡邊至夏州刺史呂希倩與寧同力招撫党項歸降者甚多炎惡之因奏希倩撫綏之功才堪委任召歸朝除右僕射知省事以神武將軍時常春代之朱泚之亂上卒迫行幸百寮諸王鮮有知者寧後數日自賊中來上初喜甚寧私謂所親曰聖上聰明英邁從善如轉規但爲盧杞所惑至此爾杞聞之潛與王翃圖議陷之初渾原兵作亂之夕寧與翃及御史大夫于頎俱出延平門而西數下馬便液每下輒良久翃等促之不敢前又懼賊兵追及翃乃大聲而言曰已至此不必顧望至奉天翃具以事聞會朱泚行反間僞除柳渾宰相署寧中書令寧朔方掌書記康湛時爲盩厔尉翃逼湛作寧遺朱泚書使寧無以自辯翃遂獻之杞因誣奏曰崔寧初無葵藿向日之心聞於城中與朱泚堅爲盟約所以後於百辟今事果驗使兇渠外逼姦臣內謀則大事去矣因俯伏歔欷曰臣備位宰相危不能持顚不能扶宜當萬死伏待斧鉞上命左右扶起之旣還俄有中人引寧於幕後二力士自後縊殺之時年六十一初將誅寧召至朝堂云令江淮宣慰尋命翰林學士陸贄草誅寧制贄求寧與泚書將以狀生之復亂言云其書已失寧旣得罪籍沒其家中外稱其冤乃赦其家歸其資產貞元十二年六月寧故將夏綏銀節度使韓潭奏請以新加禮部尚書恩制以雪寧之罪詔從之任其家收葬初寧入朝留弟寬守成都瀘州楊子琳乘間以精騎數千突入成都據城守之寬屢戰力屈子琳威聲頗盛寧妾任氏魁偉果幹乃出其家財十萬募勇士信宿間得千人設隊伍將校手自麾兵以逼子琳子琳懼城內糧盡乃拔城自潰子琳素有妖術其夕致大雨引舟至庭除登之而遁寧季弟密密子繪父子皆以文雅稱歷使府從事繪生四子蠡黯確顏皆以進士擢第蠡字越卿元和五年擢第累辟使府寶曆中入朝監察御史太和初爲侍御史三遷戶部郎中出爲汝州刺史開成初以司勳郎中徵尋以本官知制誥明年正拜舍人三年權知禮部貢擧四年拜禮部侍郎轉戶部上疏論國忌日設僧齋百官行香事無經據詔曰朕以郊廟之禮嚴奉祖宗備物盡誠庶幾昭格恭惟忌日之感所謂終身之憂而近代以來歸依釋老徵二教以設食會百辟以行香將以有助聖靈冥資福祚有異皇王之術頗乖教義之宗昨得崔蠡奏論遂遣討尋本末禮文令式曾不該明習俗因循雅當整革其兩京天下州府以國忌日爲寺觀設齋焚香赴今已後並宜停罷蠡尋爲華州刺史鎭國軍等使再歷方鎭子蕘字野夫大中二年擢進士第累官至尚書郎知制誥正拜中書舍人戶部侍郎乾符中自尚書右丞遷吏部侍郎蕘美文詞善談論而馭事簡率銓管非所長出爲陝州觀察使以器韻自高不屑細故權移僕下時河南寇盜蜂起王仙芝亂漢南朝綱不振而蕘自恃清貴不恤人之疾苦百姓訴旱蕘指庭樹曰此尚有葉何旱之有乃笞之吏民結怨旣而爲軍人所逐饑渴甚投民舍求水民以溺飮之初爲軍人所俘翦其髭髮拜而獲免以失守貶端州司馬復入爲左散騎常侍卒子居敬居儉居敬終尚書郎居儉中興終戶部尚書黯字直卿太和二年進士擢第開成初爲青州從事入爲監察御史奏郊廟祭器不虔請勑有司文宗謂宰臣曰宗廟之事朕合親奉其禮但以千乘萬騎動費國用每有司行事之日被衣冠坐以俟旦比聞主者不虔祭器勞敝非事神蠲潔之義卿宜嚴勑有司道吾此意黯具條奏以聞尋遷員外郎會昌中爲諫議大夫確字岳卿顏字希卿位皆至尚書郎

嚴震字遐聞梓州鹽亭人世爲田家以財雄於鄉里至德乾元已後震屢出家財以助邊軍授州長史王府諮議叅軍東川節度判官韋收薦震才用於節度使嚴武遂授合州長史及嚴武移西川署爲押衙改恒王府司馬嚴武以宗姓之故軍府之事多以委之又歷試衛尉太常少卿嚴武卒廼罷歸東川節度使又奏爲渝州刺史以疾免山南西道節度使又奏爲鳳州刺史加侍御史丁母憂罷起復本官仍充興鳳兩州團練使累加開府儀同三司兼御史中丞爲政清嚴興利除害遠近稱美建中初司勳郎中韋楨爲山劔黜陟使薦震理行爲山南第一特賜上下考封鄖國公在鳳州十四年能政不渝建中三年代賈耽爲梁州刺史兼御史大夫山南西道節度觀察等使及朱泚竊據京城李懷光頓軍咸陽又與之連結泚令腹心穆庭光宋瑗等齎白書誘震同叛震集衆斬庭光等時李懷光連賊德宗欲移幸山南震旣聞順動遣吏馳表往奉天迎駕仍令大將張用誠領兵五千至盩厔已東迎護上聞之喜旣而用誠爲賊所誘欲謀背逆朝廷憂之會震又遣牙將馬勛奉表迎候上臨軒召勛與之語勛對曰臣請計日至山南取節度使符召用誠卽不受召臣當斬其首以復上喜曰卿何日當至勛尅日時而奏帝勉勞之勛旣得震符乃請壯丁五人偕行旣出駱谷用誠以勛未知其謀乃以數百騎迎勛勛與俱之傳舍用誠左右森然勛先聚草發火於驛外軍士爭附火勛乃從容出懷中符示之曰大夫召君用誠惶懼起走壯士自背束手而擒之不虞用誠子居後引刀斫勛勛左右遽承其臂刀下不甚微傷勛首遂格殺其子而仆用誠於地壯士跨其腹以刃擬其喉曰出聲卽死勛卽其營軍士已被甲執兵矣勛大言曰汝等父母妻子皆在梁州一朝棄之欲從用誠反逆有何利也但滅汝族耳大夫使我取張用誠不問汝輩欲何爲乎衆皆讋服於是縛用誠送州震杖殺之及入駱谷李懷光遣數百騎來襲賴山南兵擊之而退輿駕無警急之患尋加震檢校戶部尚書賜實封二百戶三月德宗至梁州山南地貧糧食難給宰臣議請幸成都府震奏曰山南地接京畿李晟方圖收復藉六軍聲援如幸西川則晟未見收復之期也幸陛下徐思其宜議未決李晟表至請車駕駐蹕梁洋以圖收復羣議乃止梁漢之間刀耕火耨民以採梠爲事雖節察十五郡而賦額不敵中原三數縣自安史之後多爲山賊剽掠戶口流散太半洎六師駐蹕震設法勸課鳩聚財賦以給行在民不至煩供億無闕其年六月收復京城車駕將還京師進位檢校尚書左僕射詔曰朕遭罹寇難播越梁岷蒸庶煩於供億武旅勤於扞衛凡百執事各奉厥司眷于是邦復我興運宜加崇大以示將來宜改梁州爲興元府官名品制同京兆河南府鄭縣昇爲赤諸縣昇爲畿見任州縣官考滿日放選百姓給復一年洋州宜昇爲望見任州縣官考滿減兩選山南西道將士並與甄叙以震爲興元尹賜實封二百戶貞元元年十一月德宗親祀昊天上帝于南郊震入朝陪祭十一年二月加同平章事貞元十五年六月卒時年七十六廢朝三日冊贈太保賻布帛米粟有差及喪將至令百官以次赴宅弔哭

嚴礪震之宗人也性輕躁多姦謀以便佞在軍歷職至山南東道節度都虞候興州刺史兼監察御史貞元十五年嚴震卒以礪權留府事兼遺表薦礪才堪委任七月超授興元尹兼御史大夫山南西道節度支度營田觀察使詔下諫官御史以爲除拜不當是日諫議給事補闕拾遺並歸門下省共議礪資歷甚淺人望素輕遽領節旄恐非允當旣兼雜話發論喧然拾遺李繁獨奏云昨除拜嚴礪衆以爲不當諫議大夫苗拯云已三度表論未見聽允給事中許孟容曰誠如此不曠職矣又云李元素陳京王舒並見拯及孟容言議上遣三司使詰之拯狀云實於衆中言曾論奏不言三度繁證之不已孟容等又云拯實言兩度拯請依衆狀翌日貶拯萬州刺史李繁播州叅軍並同正礪在位貪殘士民不堪其苦素惡鳳州刺史馬勛誣奏貶賀州司戶縱情肆志皆此類也元和四年三月卒卒後御史元稹奉使兩川按察糾劾礪在任日贓罪數十萬詔徵其贓以死恕其罪

史臣曰爵人於朝與衆共之刑人於市與衆棄之縱崔寧除嚴礪時君之政可知矣輔相之才可見矣武不禀父風有違母誨凡爲人子者得不誡哉雖有周孔之才不足稱也況狂夫乎英乂失政其死也宜哉嚴震立功其道也顯矣

贊曰英乂失政崔寧發身武爲士子震作純臣

舊唐書卷一百十七考證

嚴武傳上皇誥以劍兩川合爲一道○沈炳震曰按方鎭表廣德二年合兩川爲一道則是代宗時事非上皇誥也

崔寧傳尋代喬琳爲御史大夫平章事○沈炳震曰按紀及宰相表喬琳免後皆無寧入相文疑代琳爲御

史大夫非平章事也

杜希全爲靈州王翃爲振武〇本紀張光晟非王翃

贊語武爲士子震作純臣〇沈炳震曰按傳意言武之狂暴不得爲克家子也士字誤

# 舊唐書卷一百十八

後晉司空同中書門下平章事劉　昫撰

## 列傳第六十八

元載王昂　李少良　郇謨附　王縉

楊炎　黎幹　劉忠翼附　庾準

元載鳳翔岐山人也家本寒微父景昇任員外官不理產業常居岐州載母攜載適景昇冒姓元氏載自幼嗜學好屬文性敏惠博覽子史尤學道書家貧徒步隨鄉賦累上不升第天寶初玄宗崇奉道教下詔求明莊老文列四子之學者載策入高科授邠州新平尉監察御史韋鎰充使監選黔中引載爲判官載名稍著遷大理評事東都留守苗晉卿又引爲判官遷大理司直肅宗即位急於軍務諸道廉使隨才擢用時載避地江左蘇州刺史江東採訪使李希言表載爲副拜祠部員外郎遷洪州刺史兩京平入爲度支郎中載智性敏悟善奏對肅宗嘉之委以國計俾充使江淮都領漕輓之任尋加御史中丞數月徵入遷戶部侍郎度支使并諸道轉運使既至朝廷會肅宗寢疾載與倖臣李輔國善輔國妻元氏載之諸宗因是相暱狎時輔國權傾海內舉無違者會選京尹輔國乃以載兼京兆尹載意屬國柄詣輔國懇辭京尹輔國識其意然之翌日拜載同中書門下平章事度支轉運使如故旬日肅宗晏駕代宗即位輔國勢愈重稱載於上前載能伺上意頗承恩遇遷中書侍郎同中書門下平章事加集賢殿大學士修國史又加銀青光祿大夫封許昌縣子載以度支轉運使職務繁碎負荷且重慮傷名阻大位素與劉晏相友善乃悉以錢穀之務委之薦晏自代載自加營田使李輔國罷職又加判天下元帥行軍司馬廣德元年與宰臣劉晏裴遵慶同扈從至陝及輿駕還宮遵慶皆罷所任載恩寵彌盛輔國死載復結內侍董秀多與之金帛委主書卓英倩潛通密旨以是上有所屬載必先知之承意探微言必玄合上益信任之妻王氏狠戾自專載出朝謁縱子伯和等遊于外上封人顧繇奏之上方任載以政反罪繇而已內侍魚朝恩負侍權寵不與載協載常憚之大曆四年冬乘間密奏朝恩專權不軌請除之朝恩驕橫天下咸怒上亦知之及聞載奏適會於心載遂結北軍大將同謀以防萬慮五年三月朝恩伏法度支使第五琦以朝恩黨坐累載兼判度支志氣自若謂已有除惡之功是非前賢以爲文武才略莫己之若外委胥吏內聽婦言城中開南北二甲第室宇宏麗冠絕當時又於近郊起亭榭所至之處帷帳什器皆於宿設儲不改供城南膏腴別墅連疆接畛凡數十所婢僕曳羅綺一百餘人恣爲不法侈僭無度江淮方面京輦要司皆排去忠良引用貪猥士有求進者不結子弟則謁主書貨賄公行近年以來未有其比與王縉同列縉方務聚財遂睦於載二人相得甚歡日益縱橫代宗盡察其跡以載任寄多年欲全君臣之分載嘗獨見上誡之不悛初扈駕自陝還與縉上表請以河中府爲中都秋杪行幸春首還京以避蕃戎侵軼之患帝初納之遣條奏以聞自魚朝恩就誅志頗盈滿遂抗表請建中都文多不載大略以關輔河東等十州戶稅入奉京師創置精兵五萬管在中都以威四方辭多開闔自以爲表入事行潛遣所由吏於河中經營節度寄理於涇州大曆八年蕃戎入邠寧之後朝議以爲三輔已西無襟帶之固而涇州散地不足爲守載嘗爲西州刺史知河西隴右之要害指畫於上前曰今國家西境極于潘源吐蕃防戍在摧沙堡而原州界其間原州當西塞之口接隴山之固草肥水甘舊壘存焉吐蕃比毀其垣墉棄之不居其西則監牧故地皆有長濠巨塹重複深固原州雖早霜黍稷不蓺而有平涼附其東獨耕一縣可以足食請移京西軍戍原州乘間築之貯粟一年戎人夏牧多在青海羽書覆至已逾月矣今運築並作不二旬可畢移子儀大軍居涇以爲根本分兵守石門木峽隴山之關北抵于河皆連山峻嶺寇不可越稍置鳴沙縣豐安軍爲之羽翼北帶靈武五城爲之形勢然後舉隴右之地以至安西是謂斷西戎之脛朝廷可高枕矣兼圖其地形以獻載密使人踰隴山入原州量井泉計徒庸車乘畚鍤之器皆具檢校左僕射田神功沮之曰夫興師料敵老將所難陛下信一書生言舉國從之聽誤矣上遲疑不決會載得罪乃止初六年載條奏應緣別勅授文武六品以下勑出後望令吏部兵部便附甲團奏不得檢勘從之時功狀奏擬結銜多謬載欲權歸於己慮有司駮正會有上封人李少良密以載醜跡聞載知之奏於上前少良等數人悉斃於公府由是道路以目不敢議載之短門庭之內非其黨與不接平素交友涉於道義者悉疎棄之代宗寬仁明恕審其所由凡累年載長惡不悛衆怒上聞大曆十二年三月庚辰仗下後上御延英殿命左金吾大將軍吳湊收載縉于政事堂各留繫本所并中書主事卓英倩李待榮及載男仲武季能並收禁命吏部尚書劉晏訊鞫晏以載受任樹黨布于天下不敢專斷請他官共事勑御史大夫李涵右散騎常侍蕭昕兵部侍郎袁傪禮部侍郎常袞諫議大夫杜亞同推究其狀辯罪問端皆出自禁中仍遣中使詰以陰事載縉皆伏罪是日宦官左衞將軍知內侍省事董秀與載同惡先載於禁中杖殺之勑曰任直去邪懸於帝典獎善懲惡急於時政和鼎之寄匪易其人中書侍郎同中書門下平章事元載性頗姦回跡非正直寵待踰分早踐鈞衡亮弼之功未能經邦成務挾邪之志常以罔上面欺陰託妖巫夜行解禱用圖非望庶逭典章納受贓私貿鬻官秩凶妻忍害暴子侵牟曾不隄防恣其凌虐行僻辭矯心狠貌恭使沉抑之流無因自達賞罰差謬罔不由茲頃以君臣之間重於去就冀其遷善掩而不言曾無悔非彌益凶戾年序滋遠釁惡貫盈將肅政於朝班俾申明於憲網宜賜自盡朕涉道猶淺知人不明理績未彰遺闕斯衆致茲刑辟憫愧良深僶俛行之務申沮勸凡在中外悉朕懷焉又制曰門下侍郎同中書門下平章事王縉附會姦邪阿諛讒佞據茲犯狀罪至難容矜以耄及未忍加刑俾申屈法之恩貸以岳牧之秩可使持節括州諸軍事守括州刺史宜即赴任於戲朕恭己南面推誠股肱數求哲人將弼予理昧於任使過在朕躬無曠厥官各慎厥職初晏等承旨縉亦處極法晏謂涵曰重刑再覆國之常典況誅大臣豈得不覆奏又法有首從二人同刑亦宜重取進止涵等咸聽命及晏等覆奏上乃減縉罪從輕載長子伯和先是貶在揚州兵曹參軍載得罪命中使馳傳於揚州賜死次子仲武祠部員外郎次子季能祕書省校書郎并載妻王氏並賜死女資敬寺尼眞一收入掖庭王氏開元中河西節度使忠嗣之女也素以兇戾聞恣其子伯和等爲虐伯和恃父威勢唯以聚歛財貨徵求音樂爲事載在相位多年權傾四海外方珍異皆集其門如恐不及名姝異樂資貨不可勝計故伯和仲武等得肆其志輕浮之士奔其門者如恐不及名姝異樂禁中無者有之兄弟各貯妓妾于室倡優猥褻之戲天倫同觀略無愧恥及得罪行路無嗟惜者中使董秀主書卓英倩李待榮及陰陽人李季連以載之故皆處極法遣中官於萬年縣界黃臺鄉毀載祖及父母墳墓斵棺棄柩及私廟木主并載大寧里安仁里二宅充修百司廨宇以載籍沒鍾乳五百兩分賜中書門下御史臺五品已上尚書省四品已上

王昂者出自戎旅以軍功累遷河中尹充河中節度使貪縱不法務於聚歛以貨藩身永泰元年正月檢校刑部尚書知省事改殿中少監元載秉政與載深相結託大曆五年六月爲江陵尹兼御史大夫充荊南節度觀察使代衞伯玉昂既行伯玉諷大將楊鉥等拒昂乞留伯玉詔許之昂復檢校刑部尚書知省事專事奢靡廣修第宅多畜妓妾以逞其志在刑部雖公務有程昂耽狥私宴連日不視曹事性貪悋無媿苟得乃鬻公廨園菜收其錢以潤屋甚爲時論所醜元載誅貶連州刺史遣中使監至萬州過硤江墜江而卒

李少良者以吏用早從使幕因職遷殿中侍御史罷遊京師干謁權貴時元載專政所居第宅崇侈子弟縱橫貨賄公行士庶咸嫉之少良怨不見用乘衆怒以抗疏上聞留少良於禁內客省少良友人韋頌因至禁門訪少良少良漏其言頌不愼密遂爲載備知之乃奏少良狂妄詔下御史臺訊鞫是時御史大夫缺載以張延賞爲之屬意焉少良以泄禁中奏議制使陸珽同伏罪初韋頌及珽俱與少良友善與載子弟親黨欵狎頌得少良微旨漏於載所親遂達於載載密召珽問之珽具白其狀及禁中語載得之奏于上前上大怒並付京兆府決殺珽珽國子司業善經之子也少傳父業頗通經史性浮躁而疎故及于累大曆中元載弄權自恣人皆惡之八年七月晉州男子郇謨以麻辮髮持竹筐及葦席哭於東市人問其故對曰有三十字請獻於上若無堪便以竹筐貯屍棄之于野京兆府以聞上即召見賜衣館於禁內客省其獻三十字各論一事其要者團字監字團者請罷諸州團練使監者請罷諸道監軍使殿中御史楊護職居左巡郇謨哭市護不聞奏上以爲蔽匿貶連州桂陽縣丞員外置元載當承寵得志每改張朝政出於載手中外共怒當時歸咎於載故少良封事於前郇謨哭市於後凡百有位宜爲明誡

王縉字夏卿河中人也少好學與兄維早以文翰著名

縉連應草澤及文辭清麗舉累授侍御史武部員外郞山之亂選爲太原少尹與李光弼同守太原功効謀略衆所推先加憲部侍郎兼本官時兄維陷賊受僞署賊平維付吏議縉請以已官贖維之罪特爲減等縉尋入拜國子祭酒改鳳翔尹秦隴州防禦使歷工部侍郎左散騎常侍撰玄宗哀冊文時稱爲工改兵部侍郎屬平珍史朝義河朔未安詔縉以本官河北宣慰奉使稱旨廣德二年拜黃門侍郎同平章事太微宮使弘文崇賢館大學士其年河南副元帥李光弼薨於徐州以縉爲侍中持節都統河南淮西山南東道諸節度行營事縉懇讓侍中從之加上柱國兼東都留守歲餘遷河南副元帥請減軍資錢四十萬貫修東都殿宇大曆三年幽州節度使李懷仙死以縉領幽州盧龍節度縉赴鎭而還委政於燕將朱希彩又屬河東節度辛雲京卒遂兼太原尹北都留守河東節度營田觀察等使縉又讓河南副元帥東都留守從之太原舊將王無縱張奉璋等恃功且以縉儒者易之每事多違約束縉一朝悉召斬之將校股慄二歲罷河東歸朝授門下侍郎中書門下平章事時元載用事縉卑附之不敢與忤然恃才與老多所傲忽載所不悅心雖希載旨然以言辭凌詬無所忌憚時京兆尹黎幹者戎州人也數論事載甚病之而力不能去也幹嘗白事於縉縉曰尹南方君子也安知朝禮其慢而侮人率如此類縉弟兄奉佛不茹葷血縉晚年尤甚與杜鴻漸捨財造寺無限極妻李氏卒捨道政里第爲寺爲之追福奏其額曰寶應度僧三十人住持每節度觀察使入朝必延至寶應寺諷令施財助己修繕初代宗喜祠祀未甚重佛而元載杜鴻漸與縉喜飯僧徒代宗嘗問以福業報應事載等因而啓奏代宗由是奉之過當嘗令僧百餘人於宮中陳設佛像經行念誦謂之內道場其飮膳之厚窮極珍異出入乘廐馬度支具廩給每西蕃入寇必令群僧講誦仁王經以攘虜寇苟幸其退則橫加錫賜胡僧不空官至卿監封國公通籍禁中勢移公卿爭權擅威日相凌奪凡京畿之豐田美利多歸於寺觀吏不能制僧之徒侶雖有贓姦畜亂敗戮相繼而代宗信心不易乃詔天下官吏不得箠曳僧尼又見縉等施財立寺窮極瓌麗每對揚啓沃必以業果爲證以爲國家慶祚靈長皆福報所資業力已定雖小有患難不足道也故祿山思明毒亂方熾而皆有子禍僕固懷恩將亂而死西戎犯闕未擊而退此皆非人事之明徵也帝信之愈甚公卿大臣既挂以業報則人事棄而不修故大曆刑政日以陵遲有由然也五臺山有金閣寺鑄銅爲瓦塗金於上照曜山谷計錢巨億萬縉爲宰相給中書符牒令臺山僧數十人分行郡縣聚徒講說以求貨利代宗七月望日於內道場造盂蘭盆飾以金翠所費百萬又設高祖已下七聖神座備幡節龍傘衣裳之制各書尊號于幡上以識之舁出內陳於寺觀是日排儀仗百寮序立於光順門以俟之幡花鼓舞迎呼道路歲以爲常而識者嗤其不典其傷敎之源始於縉也李氏初爲左丞韋濟妻濟卒奔縉縉嬖之冒稱爲妻實妾也又縱弟妹女尼等廣納財賄貪猥之跡如市賈焉元載得罪縉連坐貶括州刺史移處州刺史大曆十四年除太子賓客留司東都建中二年十二月卒年八十二

楊炎字公南鳳翔人曾祖大寶武德初爲龍門令劉武周陷晉絳攻之不降城破被害褒贈全節侯祖哲以孝行有異旌其門閭父播登進士第隱居不仕玄宗徵爲諫議大夫棄官就養亦以孝行禎祥表其門閭肅宗就加散騎常侍賜號玄靖先生名在逸人傳炎美鬚眉風骨峻峙文藻雄麗汧隴之間號爲小楊山人釋褐辟河西節度掌書記神烏令李大簡嘗因醉辱炎至是與炎同幕率左右反接之鐵棒撾之二百流血被地幾死節度使呂崇賁愛其才不之責後副元帥李光弼奏爲判官不應徵拜起居舍人辭祿就養岐下丁憂廬於墓前號泣不絕聲有紫芝白雀之祥又表其門閭孝著三代門樹六闕古未有也服闋久之起爲司勳員外郎改兵部轉禮部郎中知制誥遷中書舍人與常袞並掌綸誥袞長於除書炎善爲德音自開元已來言詔制之美者時稱常楊焉炎樂賢下士以汲引爲己任人士歸之嘗爲李楷落碑辭甚工文士莫不成誦之遷吏部侍郎修國史元載自作相常選擢朝士有文學才望者一人厚遇之將以代己初引禮部郎中劉單單卒引吏部侍郎薛邕邕貶又引炎載親重炎無與爲比載敗坐貶道州司馬德宗即位議用宰相崔祐甫薦炎有文學器用上亦自聞其名拜銀青光祿大夫門下侍郎同平章事炎有風儀博以文學早負時稱天下翕然望爲賢相初國家舊制天下財賦皆納於左藏庫而太府四時以數聞尚書比部覆其出入上下相轄無失遺及第五琦爲度支鹽鐵使京師多豪將求取無節琦不能禁乃悉以租賦進入大盈內庫以中人主之意天子以取給爲便故不復出是以天下公賦爲人君私藏有司不得窺其多少國用不能計其贏縮殆二十年矣中官以冗名持簿書領其事者三百人皆奉給其間連結根固不可動及炎作相頓首於上前論之曰夫財賦邦國之大本生人之喉命天下理亂輕重皆由焉是以前代歷選重臣主之猶懼不集往往覆敗大計一失則天下動搖先朝權制中人領其職以五尺宦豎操邦之本豐儉盈虛雖大臣不得知則無以計天下利害臣愚待罪宰輔陛下至德惟人是恤叅校蠹弊無斯之甚請出之以歸有司度宮中經費一歲幾何量數奉入不敢虧用如此然後可以議政惟陛下察焉詔曰凡財賦皆歸左藏庫一用舊式每歲於數中量進三五十萬入大盈而度支先以其全數聞炎以片言移人主意議者以爲難中外稱之初定令式國家有租賦庸調之法開元中玄宗修道德以寬仁爲理本故不爲版籍之書人戶寖溢隄防不禁丁口轉死非舊名矣田畝移換非舊額矣貧富升降非舊第矣戶部徒以空文總其故書蓋得非當時之實舊制人丁戍邊者蠲其租庸六歲免歸玄宗方事夷狄戍者多死不返邊將怙寵而諱不以死申故其貫籍之名不除至天寶中王鉷爲戶口使方務聚斂以丁籍且存則丁身焉往是隱課而不出耳遂案舊籍計除六年之外積徵其家三十年租庸天下之人苦而無告則租庸之法弊久矣迨至德之後天下兵起始以兵役因之饑癘徵求運輸百役並作人戶凋耗版圖空虛軍國之用仰給於度支轉運二使四方征鎭又自給於節度都團練使賦斂之司數四而莫相統攝於是綱目大壞朝廷不能覆諸使諸使不能覆諸州四方貢獻悉入內庫權臣猾吏因緣爲姦或公託進獻私爲贓盜者動萬萬計河南山東荆襄劒南有重兵處皆厚自奉養王賦所入無幾吏職之名隨人署置俸給厚薄由其增損故科斂之名凡數百廢者不削重者不去新舊仍積不知其涯百姓受命而供之瀝膏血鬻親愛旬輸月送無休息吏因其苛蠶食于人凡富人多丁者率爲官爲僧以色役免貧人無所入則丁存故課免於上而賦增於下是以天下殘瘁蕩爲浮人鄉居地著者百不四五如是者殆三十年炎因奏對懇言其弊乃請作兩稅法以一其名曰凡百役之費一錢之斂先度其數而賦於人量出以制入戶無主客以見居爲簿人無丁中以貧富爲差不居處而行商者在所郡縣稅三十之一度所與居者均使無僥利居人之稅秋夏兩徵之俗有不便者正之其租庸雜傜悉省而丁額不廢申報出入如舊式其田畝之稅率以大曆十四年墾田之數爲準而均徵之夏稅無過六月秋稅無過十一月逾歲之後有戶增而稅減輕及人散而失均者進退長吏而以尚書度支總統焉德宗善而行之詔諭中外而掌賦者沮其非利言租庸之令四百餘年舊制不可輕改上行之不疑天下便之人不土斷而地著賦不加斂而增入版籍不造而得其虛實貪吏不誡而姦無所取自是輕重之權始歸於朝廷炎救時之弊頗有嘉聲莅事數月屬崔祐甫疾病多不視事喬琳罷免炎遂獨當國政祐甫之所制作炎隳之初減薄護作元陵功優人心始不悅又專意報恩復讐道州錄事叅軍王沼有微恩於炎擧沼爲監察御史感元載恩專務行載舊事以報之初載得罪左僕射劉晏訊劾之元載誅炎亦坐貶故深怨晏晏領東都河南江淮山南東道轉運租庸青苗鹽鐵使炎作相數月欲貶晏先罷其使天下錢穀皆歸金部倉部又獻議開豐州陵陽渠發京畿人夫於西城就役閭里騷擾事竟無成初大曆末元載議請城原州以遏西番入寇之衝要事未行而載誅及炎得政建中二年二月奏請城原州先牒涇原節度使段秀實令爲之具秀實報曰凡安邊卻敵之長策宜緩以計圖之無宜草草興功也又春事方作請待農隙而緝其事炎怒徵秀實爲司農卿以邠寧別駕李懷光居前督作以檢校司空平章事朱泚御史大夫平章事崔寧各統兵萬人以翼後三月詔下涇州爲具涇軍怒而言曰吾曹爲國西門之屏十餘年矣始治于邠纔置農桑地著之安而徙于此置榛莽之中手披足踐纔立城壘又投之塞外吾何罪而寘此乎李懷光監朔方軍法令嚴峻頻殺大將涇州裨將劉文喜因人怨怒拒不受詔上疏復求段秀實爲帥否則朱泚於是以朱泚代懷光文喜又不奉詔涇有勁兵二萬閉城拒守令其子入質吐蕃以求援時方炎旱人情騷動羣臣皆請赦文喜上皆不省德宗減服御以給軍人城中軍士當受春服賜與如故命朱泚李懷光等軍攻之乃築壘環之涇州別將劉海賓斬文喜首傳之闕下苟非海賓効順必生邊患皆因炎以喜怒易帥涇師結怨故也原州竟不能城炎既構劉晏之罪貶官司農卿庾準與晏有隙乃用準爲荆南節度使諷令誣晏以忠州叛殺之妻子徙嶺表朝野爲之側目李正己上表請殺晏之罪指斥朝廷炎懼乃遣腹心分往諸道裴冀東都河陽魏博孫成澤潞磁邢幽州盧東美河南淄青李舟山南湖南王定淮西聲言宣慰而意實說謗且言晏之得

罪以昔年附會姦邪謀立獨孤妃爲皇后上自惡之非他過也或有密奏炎遣五使往諸鎭者恐天下以殺劉晏之罪歸已推過於上耳乃使中人復炎辭於正己還報信然自此德宗有意誅炎矣待事而發乃擢用盧杞爲門下侍郎平章事炎轉中書侍郎仍平章事二人同事秉政杞無文學儀貌寢陋炎惡而忽之每託疾息於他閤多不會食杞亦銜恨之舊制中書舍人分押尚書六曹以平奏報開元初廢其職杞請復之炎固以爲不可杞益怒又密啓中書主書過逐之炎怒曰主書吾局吏也有過吾自治之柰何而相侵畧梁崇義叛換德宗欲以淮西節度使李希烈統諸軍討之炎諫曰希烈始與李忠臣爲子親任無雙竟逐忠臣而取其位背本若此豈可信也居常無尺寸功猶强不奉法異日平賊後恃功邀上陛下何以馭之初炎之南來途經襄漢固勸崇義入朝崇義不能從已懷反側尋又使其黨李舟使馳說崇義固而拒命遂圖叛逆皆炎迫而成之至是德宗欲假希烈兵勢以討崇義然後別圖希烈炎又固言不可上不能平乃曰朕業許之矣不能食言遂以希烈統諸軍會德宗嘗訪宰相羣臣中可以大任者盧杞薦張鎰嚴郢而炎舉崔昭趙惠伯上以炎論議疎闊遂罷炎相爲左僕射後數日中謝對於延英及出馳歸不至中書盧杞自是益怒焉杞尋引嚴郢爲御史大夫初郢爲京兆尹不附炎炎怒之諷御史張著彈郢郢罷兼御史中丞炎又風聞源休與郢有隙乃拔休自流人爲京兆尹令伺郢過休莅官後與郢友善炎大怒張光晟方謀議殺迴紇會帥炎乃以休爲入迴紇使休幾爲虜所殺郢尋坐以度田不實改爲大理卿時人惜之至是杞因羣情所欲又知郢與炎有隙故引薦之炎子弘業不肖多犯禁受賂請託郢按之兼得其他過初炎將立家廟先有私第在東都令河南尹趙惠伯貨之惠伯爲炎市爲官廨時惠伯自河中尹都團練觀察等使初受代郢奏追捕惠伯詰案御史以炎爲宰相抑吏貨市私第貴估其宅賤入其幣計以爲贓杞召大理正田晉評罪晉曰宰臣於庶官比之監臨官市賈有羨利計其利以乞取論罪當奪官杞怒謫晉衡州司馬更召他吏繩之曰監主自盜罪絞開元中蕭嵩將於曲江南立私廟尋以玄宗臨幸之所恐置廟非便乃罷之至是炎以其地爲廟有飛語者云此地有王氣炎故取之必有異圖語聞上愈怒及臺司上具獄詔三司使同覆之建中二年十月詔曰尚書左僕射楊炎託以文藝累登清貫雖謫居荒服而虛稱猶存朕初臨萬邦思弘大化務擢非次招納時髦拔自郡佐登于鼎司獨委心膂信任無疑而乃不思竭誠敢爲姦蠹進邪醜正旣僞且堅黨援因依動涉情故隳法敗度罔上行私苟利其身不顧於國加以內無訓誡外有交通縱恣詐欺以成贓賄詢其事跡本末乖謬蔑恩棄德負我何深考狀議刑罪在難宥但以朕於將相義切始終顧全大體特有弘貸俾從遠謫以肅具寮可崖州司馬同正仍馳驛發遣去崖州百里賜死年五十五炎早有文章亦勵志節及爲中書舍人附會元載時議已薄之後坐載貶官憤恚益甚歸而得政睚眦必讐險害之性附於心唯其愛憎不顧公道以至於敗惠伯亦坐炎貶費州多田尉尋亦殺之

黎幹者戎州人始以善星緯數術進待詔翰林累官至諫議大夫尋遷京兆尹以嚴肅爲理人頗便之而因緣附會與時上下大曆二年改刑部侍郎魚朝恩伏誅坐交通出爲桂州刺史本管觀察使至江陵丁母憂久之會京兆尹缺人頗思幹八年復拜京兆尹兼御史大夫幹自以得志無心爲理貪暴益甚徇於財色十三年除兵部侍郎性險挾左道結中貴以希主恩代宗甚惑之時中官劉忠翼寵任方盛幹結之素厚嘗通其姦謀及德宗初卽位幹猶以詭道求進密居輿中詣忠翼第事發詔曰兵部侍郎黎幹害若豺狼特進劉忠翼掩義隱賊並除名長流旣行市里兒童數千人譟聚懷瓦礫投擊之捕賊尉不能止遂皆賜死於藍田驛忠翼宦官也本名清潭與董秀皆有寵於代宗天憲在口勢迴日月貪饕納賄貨產巨萬大曆中德宗居東宮幹及清潭嘗有姦謀動搖及是積前罪以誅之

庾準常州人父光先天寶中文部侍郎準以門蔭入仕昵於宰相王縉縉驟引至職方郎中知制誥遷中書舍人準素寡文學以柔媚自進旣非儒流甚爲時論所薄尋改御史中丞遷尚書左丞縉得罪出爲汝州刺史復入爲司農卿與楊炎厚善炎欲殺劉晏知準與晏有隙乃用爲荊南節度準乃上言得晏與朱泚書且有怨望又召補州兵以拒命於是先殺晏然後下詔賜自盡海內冤之炎以殺晏徵準爲尚書左丞建中三年六月丁巳卒時年五十一贈工部尚書

史臣曰仲尼云富與貴是人之欲不以道得之不處反乎是道者小人載謟輔國以進身弄時權而固位衆怒難犯長惡不悛家亡而誅及妻兒身死而殃及祖禰縉附會姦邪以至顚覆炎隳崔祐甫之規怒段秀實之直酬恩報怨以私害公三子者咸著文章殊乖德行不常其德或承之羞大易之義也富貴不以其道小人之事哉觀庾準之憸遭王縉之復徇楊炎之意曲致劉晏之寃積惡而獲令終者其在餘殃乎

贊曰載縉炎準交相附會左傳有言貪人敗類

舊唐書卷一百十八考證

元載傳父景昇任員外官不理產業常居岐州載母携載適景昇冒姓元氏○沈炳震曰按此景昇本姓元氏載始冒姓也据新書父昇本景氏曹王明妃元氏賜田在扶風昇主其租入有勞請于妃冒姓元氏則載父本姓景而冒元也未知孰是

自以爲表入事行潛遣所由吏于河中經營節度寄理於涇州○臣德潛按河中經營下應有闕文据新書敕所由于河中經圖宮殿築私第帝聞惡之置其議初四鎭北庭行營節度使寄治涇州此另起文義也書中闕經營宮殿築私第等意

附王昂傳大曆五年六月爲江陵尹○据衞伯玉傳當是元年

# 舊唐書卷一百十九

後晉司空同中書門下平章事劉　昫撰

## 列傳第六十九

楊綰　崔祐甫子植 植再從兄倰　常袞

楊綰字公權華州華陰人也祖溫玉則天朝爲戶部侍郎國子祭酒父侃開元中醴泉令皆以儒行稱綰生聰惠年四歲處羣從之中敏識過人嘗夜宴親賓各舉坐中物以四聲呼之諸賓未言綰應聲指鐵燈樹曰燈盞柄曲衆咸異之及長好學不倦博通經史九流七略無不該覽尤工文辭藻思清贍而宗尚玄理沉靜寡欲常獨處一室左右經書凝塵滿席澹如也含光晦用不欲名彰每屬文恥於自白非知已不可得而見早孤家貧養母以孝聞甘旨或闕憂見于色親友諷令干祿舉進士調補太子正字天寶十三年玄宗御勤政樓試博通墳典洞曉玄經辭藻宏麗軍謀出衆等舉人命有司供食旣暮而罷取辭藻宏麗外別試詩賦各一首制舉試詩賦自此始也時登科者三人綰爲之首超授右拾遺天寶末安祿山反肅宗卽位於靈武綰自賊中冒難披榛求食以赴行在時朝廷方急賢及綰至衆心咸悅拜起居舍人知制誥歷司勳員外郎職方郎中掌誥如故遷中書舍人兼修國史故事舍人年深者謂之閣老公廨雜料歸閣老者五之四綰以爲品秩同列給受宜均悉平分之甚爲時論歸美再遷禮部侍郎上疏條奏貢舉之弊曰國之選士必藉賢良蓋取孝友純備言行敦實居常育德動不違仁體忠信之資履謙恭之操藏器則未嘗自伐虛心而所應必誠夫如是故能率已從政化人鎭俗者也自叔葉澆詐茲道浸微爭尚文辭互相矜衒馬卿浮薄竟不周於任用趙綰虛誕終取擯於鄉閭自時厥後其道彌盛不思實行皆徇空名敗俗傷教備載前史古人比文章於鄭衞蓋有由也近煬帝始置進士之科當時猶試策而已至高祖朝劉思立爲考功員外郎又奏進士加雜文明經塡帖從此積弊浸轉成俗幼能就學皆誦當代之詩長而博文不越諸家之集遞相黨與用致虛聲六經則未嘗開卷三史則皆同挂壁況復徵以孔門之道責其君子之儒者哉祖習旣深奔競爲務矜能者曾無愧色勇進者但欲凌人以毀讟爲常談以向背爲已任投刺干謁驅馳於要津露才揚已喧騰於當代古之賢良方正豈有如此者乎朝之公卿以此待士家之長老以此垂訓欲其返淳朴懷禮讓守忠信識廉隅何可得也譬之於水其流已濁若不澄本何當復淸方今聖德御天再寧寰宇四海之內顒顒向化皆延頸舉踵聖朝之理也不以此時而理之則太平之政又乖矣凡國之大柄莫先擇士自古哲后皆側席待賢今之取人令投牒自舉非經國之體也望請依古制縣令察孝廉審知其鄉閭有孝友信義廉恥之行加以經業才堪策試者以孝廉爲名薦之於州刺史當以禮待之試其所通之學其通者送名於省自縣至省不得令舉人輒自陳牒比來有到狀保辯識牒等一切並停其所習經取左傳公羊穀梁禮記周禮儀禮尚書毛詩周易任通一經務取深義奧旨通諸家之義試日差諸司有儒學者對問每經問義十條問畢對策三道其策皆問古今理體及當時要務取堪行用者其經義幷對策全通爲上第望付吏部便與官其經義通八策通二爲中第與出身下第罷歸其明經比試帖經殊非古義皆誦帖括冀圖僥倖幷近有道舉亦非理國之體望請與明經進士並停其國子監舉人亦請準此如有行業不著所由妄相推薦請量加貶黜所冀數年之間人倫一變旣歸實學當識大猷居家者必修德業從政者皆知廉恥浮競自止敦龐自勸教人之本實在茲焉事若施行卽別立條例詔左右丞諸司侍郎御史大夫

中丞給舍同議奏聞給事中李廙給事中李栖筠尚書左丞賈至京兆尹兼御史大夫嚴武所奏議狀與綰同尚書左丞至議曰謹按夏之政尚忠殷之政尚敬周之政尚文然則文與忠敬皆統人之行也且夫謚行美極人文人文興則忠敬存焉是故前代以文取士本文行也由辭以觀行則及辭也宣父稱顏子不遷怒不貳過謂之好學至乎修春秋則游夏之徒不能措一辭不亦明乎間者禮部取人有乖斯義易曰觀乎人文以化成天下關雎之義曰先王以是經夫婦成孝敬厚人倫美教化移風俗蓋王政之所由廢興也故延陵聽詩知諸侯之存亡今試學者以帖字爲精通不窮旨義豈能知遷怒貳過之道乎考文者以聲病爲是非唯擇浮艷豈能知移風易俗化天下之事乎是以上失其源而下襲其流波蕩不知所止先王之道莫能行也夫先王之道消則小人之道長小人之道長則亂臣賊子生焉臣弒其君子弒其父非一朝一夕之故其所由來者漸矣漸者何謂忠信之淩頹恥尚之失所末學之馳騁儒道之不舉四者皆取士之失也夫一國之事繫一人之本謂之風贊揚其風繫卿大夫也卿大夫何嘗不出於士乎今取士試之小道而不以遠者大者使干祿之徒趨馳末術是誘導之差也夫以蝸蚓之餌雜垂滄海而望吞舟之魚不亦難乎所以食垂餌者皆小魚就科目者皆小藝四人之業士最關於風化近代趨仕靡然向風致使祿山一呼而四海震蕩思明再亂而十年不復向使禮讓之道弘仁義之道著則忠臣孝子比屋可封逆節不得而萌也人心不得而搖也且夏有天下四百載禹之道喪而殷始興焉殷有天下六百祀湯之法棄而周始興焉周有天下八百年文武之政廢而秦始并焉觀二代之選士任賢皆考實行故能風化淳一運祚長遠秦坑儒士二代而亡漢興雜三代之政弘四科之舉西京始振經術之學東都終持名節之行至有近戚竊位強臣擅權弱主孤立母后專政而社稷不隕終彼四百豈非興學行道扇化於鄉里哉厥後文章道弊尚於浮侈取士術異苟濟一時自魏至隋僅四百載三光分景九州阻域竊號僭位德義不修是以子孫速顛享國咸促國家革魏晉梁隋之弊承夏殷周漢之業四隩既宅九州攸同覆燾亭育合德天地安有捨皇王舉士之道縱亂代取人之術此公卿大夫之辱也楊綰所奏實爲正論然自典午覆敗中原版蕩戎狄亂華衣冠遷徙南北分裂人多僑處聖朝一平區宇尚復因循版圖則張閭井未設士居鄉土百無一二百緣官族所在耕築地望繫之數百年之外而身皆東西南北之人焉今欲依古制鄉舉里選猶恐取士之未盡也請兼廣學校以弘訓誘今京有太學州縣有小學兵革一動生徒流離儒臣師氏祿廩無向貢士不稱行實胄子何嘗講習禮部每歲擢甲乙之第謂弘獎擢不其謬歟祇足長浮薄之風啓僥倖之路矣其國子博士等望加員數厚其祿秩選通儒碩生間居其職十道大郡量置太學館令博士出外兼領郡官召置生徒依乎故事保桑梓者鄉里舉焉在流寓者庠序推焉朝而行之夕見其利如此則青青不復興刺擾擾由其歸本矣人倫之始王化之先不是過也李廙等議與綰協文多不載宰臣等奏以舉人舊業已成難於速改其今歲舉人望且許應舊舉來歲奉詔仍勑禮部郎具條例奏聞代宗以廢進士科問翰林學士對曰進士行來已久遽廢之恐失人業乃詔孝廉與舊舉兼行綰又奏歲貢孝悌力田及童子科等其孝悌力田宜有實狀童子越衆不在常科同之歲貢恐長僥倖之路詔停之再遷吏部侍郎歷典舉選精覈人物以公平稱時元載秉政公卿多附之綰孤立中道清貞自守未嘗私謁載以綰雅望素高外示尊重心實疏忌會魚朝恩死載以朝恩嘗判國子監事塵汚太學宜得名儒以清其秩乃奏爲國子祭酒實欲以散地處之載貪冒日甚天下清議亦歸於綰上深知之以載久在樞衡未卽罷遣仍遷綰爲太常卿充禮儀使以郊廟禮久廢藉綰振起之也亦以觀其効用是年三月載伏誅上乃拜綰中書侍郎同中書門下平章事集賢殿崇文館大學士兼修國史綰久積公輔之望及詔出朝野相賀綰累表懇讓上屬意稍重綰不敢辭綰素以德行著聞質性貞廉車服儉朴居廟堂未數月人心自化御史中丞崔寬劍南西川節度使寧之弟家富於財有別墅在皇城之南池館臺榭當時第一寬卽日潛遣毀拆中書令郭子儀在邠州行營聞綰拜相座內音樂減散五分之四京兆尹黎幹以承恩每出入騶馭百餘亦卽日減損車騎唯留十騎而已其餘望風變奢從儉者不可勝數其鎮俗移風若此綰有宿痼疾居職旬日中風優詔令就中書省攝養每引見延英殿特許扶入時釐革舊弊唯綰是聽恩過莫二綰累抗疏辭位頻詔敦勉不許及綰疾亟上日發中使就第存問尚書御醫旦夕在側上聞其有間喜見容色數日而薨中使在門馳奏於上代宗震悼久之輟朝三日詔曰王者之於大臣也存則寄其腹心均於肢體叅於軍國之重敘以陰陽之和歿則誄其事功加之命數告於宗廟之祭謚以紱冕之章則九原可歸百辟知勸故朝議大夫守中書侍郎同中書門下平章事集賢殿崇文館大學士監修國史上柱國賜紫金魚袋楊綰性合元和身齊律度道匡雅俗器重宗彝寬柔敬恭協於九德文行忠信弘於四教內無耳目之役以孝悌傳於家外無車服之容以貞實形於代西掖專宥密之地南宮領選舉之源以儒術首於國庠以禮度掌於高廟簡廉其質條職同休項以任非其才毒流于政爰登清淨之輔庶諧至理之期道風旣穆於朝班儉德已行於海內雖賢人之業異於可久而夫子之命末如之何方有憑依遽此淪謝屏予之歎震悼良深所懷莫從長想何及況歷官有素絲之節居家無匹帛之餘故飾以華袞增其法賻備膺典策載賁朝經可贈司徒又詔文武百寮臨於其第遣內常侍吳承倩會弔贈絹千匹布三百端上深惜之顧謂朝臣曰天不使朕致太平何奪我楊綰之速也俯及大歛與卿等悲悼同之宰輔賻贈恩遇哀榮之盛近年未有其比太常初謚曰文貞詔曰褒德勸善春秋之舊章考行易名禮經之通典垂範作則存乎格言朝議大夫中書侍郎同中書門下平章事集賢殿崇文館大學士修國史上柱國賜紫金魚袋贈司徒楊綰履道居貞含和毓德行爲人紀文合典謨清而晦名無自伐之善約以師儉有不矜之謙方冊直書秩宗相禮辭稱良史學茂醇儒委在樞衡掌茲密命彌契沃心之道累陳造膝之誠將以布天下五行之和同君臣一德之運遽彰藏舟之歎未展濟川之才素業久而彌彰清風歿而可尚自古飾終之義皆錫以美名謚法曰忠信愛人曰文平易不懈曰簡宜謚曰文簡比部郎中蘇端性疏狂嫉其賢乃肆毀黷異同其議上怒貶端爲廣州員外司馬綰儉薄自樂未嘗留意家產口不問生計累任清要無宅一區所得俸祿隨月分給親故清識過人至如往哲微言五經奧義先儒未悟者綰一覽究其精理雅尚玄言宗釋道二教嘗著王開先生傳以見意文多不載凡所知友皆一時名流或造之者清談終日未嘗及名利或有客欲以世務干者見綰言必玄遠不敢發辭內愧而退大曆中德望日崇天下雅正之士爭趨其門至有數千里來者以清德坐鎮雅俗時比之楊震邴吉山濤謝安之儔也

崔祐甫字貽孫祖暟懷州長史父沔黃門侍郎謚曰孝公家以清儉禮法爲士流之則祐甫舉進士歷壽安尉安祿山陷洛陽士庶奔迸祐甫獨崎危於矢石之間潛入私廟負木主以竄歷起居舍人司勳吏部員外郎累拜兼御史中丞永平軍行軍司馬尋知本軍京師留後性剛直無所容受遇事不回累遷中書舍人時中書侍郎闕祐甫省事數爲宰相常袞所侵祐甫不從袞怒之奏令分知吏部選每有擬官袞多駁下言數相侵時朱泚上言隴州將趙貴家猫鼠同乳不相爲害以爲禎祥詔遣中使以示於朝袞率百僚慶賀祐甫獨否中官詰其故答曰此物之失常也可弔不可賀中使徵其狀祐甫上奏言臣聞天生萬物剛柔有性聖人因之垂訓作則禮記郊特牲曰迎猫爲其食田鼠也然則猫之食鼠載在禮典以其除害利人雖微必錄今此猫對鼠不食仁則仁矣無乃失於性乎鼠之爲物晝伏夜動詩人賦之曰相鼠有體人而無禮又曰碩鼠碩鼠無食我黍其序曰貪而畏人若大鼠也臣旋觀之雖云動物異於麋鹿麏兔彼皆以時殺獲爲國之用猫受人養育職既不修亦何異於法吏不勤觸邪疆吏不勤扞敵又按禮部式具列三瑞無猫不食鼠之目以茲稱慶臣所未詳伏以國家化洽理平天符洊至紛綸雜沓史不絕書今茲猫鼠不可濫廁若以劉向五行傳論之恐須申命憲司察聽貪吏誡諸邊候無失徼巡猫能致功鼠不爲害代宗深嘉之袞益惡祐甫代宗初崩發哀於西宮袞以獨受任遇哀逾等禮例晨夕臨者皆十五舉音而袞輒哀慟涕泗或中墀返哭顧慕若不能去同列者皆不悅及袞與禮司議羣臣喪服曰案禮爲君斬衰三年漢文權制猶三十六日國家太宗崩遺詔亦三十六日而羣臣延之旣葬而除約四月也高宗崩服絕輕重如漢故事武太后崩亦然及玄宗肅宗崩始變天子喪爲二十七日且當時遺詔雖曰天下吏人三日釋服在朝羣臣實服二十七日而除則朝臣宜如皇帝之制祐甫執曰伏準遺詔無朝臣庶人之別但言天下人吏勑到後出臨三日皆釋服則朝野中外何非天下凡百執事誰非吏職則皇帝宜二十七日而羣臣當三日也袞曰案賀循注義吏者謂官長所署則今胥吏耳非公卿百寮之例祐甫曰左傳云委之三吏則三公也史稱循吏良吏者豈胥徒歟袞曰禮非天降地出人情而已且公卿大臣榮受殊寵故宜異數今與黔首同制信宿而除之於爾安乎祐甫曰若遺詔何詔旨可改孰不可改堅諍不服而聲色甚厲不爲禮節又袞方哭於鈎陳之前而袞從

吏或扶之祐甫指示於衆曰哭於君前有扶禮乎袞聞之不堪其怒乃上言祐甫率情變禮輕議國典請謫爲潮州刺史內議太重改爲河南少尹初肅宗時天下事殷而宰相不減三四員更直掌事若休沐各在第有詔旨出入非大事不欲歷抵諸第許令直事者一人假署同列之名以進遂爲故事是時中書令郭子儀檢校司空平章事朱泚名是宰臣當署制敕至於密勿之議則莫得聞時德宗踐祚未旬日居不言之際袞循舊事代署二人之名進貶祐甫敕出子儀及泚皆表明祐甫不當貶謫上曰向言可謫今言非罪何也二人皆奏實未嘗有可謫之言德宗大駭謂袞誣罔是日百寮苴絰序立於月華門立貶袞爲河南少尹以祐甫爲門下侍郎平章事兩換其職祐甫出至昭應縣徵還尋轉中書侍郎修國史仍平章事上初卽位庶務皆委宰司自至德乾元中天下多戰伐啓奏塡委故官賞紊雜及永泰之後四方既定而元載秉政公道隘塞官由賄成中書主書卓英倩李待榮輩用事勢傾朝列天下官爵大者出元載小者自倩榮四方齎貨賄求官者道路相屬靡不稱遂而去於是綱紀大壞及元載敗楊綰尋卒常袞當國杜絕其門四方奏請莫有過者雖權勢與匹夫等非以辭賦登科者莫得進用雖賄賂稍絕然無所甄異故賢愚同滯及祐甫代袞薦延推舉無復疑滯日除十數人作相未逾年凡除吏幾八百員多稱允當上嘗謂曰有人謗卿所除擬官多涉親故何也祐甫奏曰臣頻奉聖旨令臣進擬庶官進擬必須諳其才行臣若與其相識方可粗諳若素不知聞何由知其言行獲謗之由實在於此上以爲然神策軍使王駕鶴掌禁兵十餘年權傾中外德宗初登極將令白琇珪代之懼其生變祐甫召駕鶴與語留連之琇珪已赴軍前視事矣時李正己畏懼德宗威德乃表獻錢三十萬貫上欲納其奏慮正己未可誠信以計逗留止之未有其辭延問宰相祐甫對曰正己姦詐誠如聖慮臣請因使往淄青便令宣慰將士因以正己所獻錢錫賚諸軍人且使深荷聖德又令外藩知朝廷不重財貨上悅從之正己大慙而心畏服焉祐甫謀猷啓沃多所弘益天下以爲可復貞觀開元之太平也至冬被疾肩輿入中書臥而承旨或休假在第大事必令中使咨決甍時年六十上甚悼惜之廢朝三日冊贈太傅賻布帛米粟有差謚曰文貞無子遺命猶子植爲嗣有文集三十卷故事門下侍郎未嘗有贈三師者德宗以祐甫謇謇有大臣節故特寵異之朱泚之亂祐甫妻王氏陷於賊中泚以嘗與祐甫同列雅重其爲人乃遺王氏繒帛菽粟王氏受而緘封之及德宗還京具陳其狀以獻士君子益重祐甫家法宜其享令名也植字公修祐甫弟盧江令嬰甫子植既爲相上言出繼伯父亂推恩不及於父詔贈嬰甫吏部侍郎植潛心經史尤精易象累歷清要爲給事中時稱舉職時皇甫鏄以宰相判度支請減內外官俸祿植封還敕書極諫而止鏄復奏諸州府鹽院兩稅榷酒鹽利匹段等加估定數及近年天下所納鹽酒利擡估者一切徵收詔皆可之植抗疏論奏令宰臣召植宣旨嘉諭之物議罪鏄而美植尋除御史中丞入閤彈事頗振綱紀長慶初拜中書侍郎同中書門下平章事穆宗嘗謂侍臣曰國家貞觀中文皇帝躬行帝道治致昇平及神龍景龍之間繼有內難玄宗平定興復不易而聲明最盛歷年長久何道而然植對曰前代創業之君多起自人間知百姓疾苦初承丕業皆能厲精思理太宗文皇帝特稟上聖之資同符堯舜之道是以貞觀一朝四海寧晏有房玄齡杜如晦魏徵王珪之屬爲輔佐股肱君明臣忠事無不理聖賢相遇固宜如此玄宗守文繼體嘗經天后艱危開元初得姚崇宋璟委之爲政此二人者天生俊傑動必推公夙夜孜孜致君於道璟嘗手寫尚書無逸一篇爲圖以獻玄宗置之內殿出入觀省咸記在心每歎古人至言後代莫及故任賢戒慾心歸冲漠開元之末因無逸圖朽壞始以山水圖代之自後既無座右箴規又信姦臣用事天寶之世稍倦于勤王道于斯缺矣建中初德宗皇帝嘗問先臣祐甫開元天寶治亂之殊先臣具陳本末臣在童丱卽聞其說信知古人以韋弦作戒其益弘多陛下既虛心理道亦望以無逸爲元龜則天下幸甚穆宗善其對他日復謂宰臣曰前史稱漢文帝惜十家之產而罷露臺又云身衣弋綈履革舄集上書囊以爲殿帷何太儉也信有此乎植對曰良史所記必非妄言漢興承亡秦殘酷之後項氏戰爭之餘海內凋弊生人力竭漢文仁明之主起自代邸知稼穡之艱難是以卽位之後躬行儉約繼以景帝猶遵此風由是海內黔首咸樂其生家給戶足迨至武帝公私殷富用能出師征伐威行四方錢至貫朽穀至紅腐上務侈靡資用復竭末年稅及舟車六畜人不聊生戶口減半乃下哀痛之詔封丞相爲富人侯皆漢史明徵用爲事實且耕蠶之勤出自人力用既無度何由以至富强據武帝嗣位之初物力阜殷前代無比固當因文帝儉約之致也上曰卿言甚善患行之爲難耳憲宗皇帝削平羣盜河朔三鎮復入提封長慶初幽州節度使劉總表以幽薊七州上獻請朝廷命帥總仍懼部將搆亂乃籍其豪銳者先送京師時朱克融在籍中植與同列杜元穎素不知兵且無遠慮克融等在京羈旅窮餓日詣中書乞官殊不介意及張弘靖赴鎮令克融等從還不數月克融囚弘靖害賓佐結王廷湊國家復失河朔職植兄弟之由乃罷知政事守刑部尚書出爲華州刺史太和三年正月卒年五十八植雖器量謹厚而無開物成務之才及喪師異方天下尤其失策倰字德長祖濤大理卿孝公沔之弟也濤生儀甫終大理丞卽倰之父以門蔭由太廟齋郎調授太平東陽二主簿李衡廉察湖南江西辟爲賓佐坐事沉廢久之復以選授宣州錄事參軍觀察使崔衍奇其才奏加章服倰辭而不受李巽鎮江西奏爲副使得監察裏行又從巽領使爲河陰院鹽鐵留後入爲侍御史尋改膳部員外充轉運判官入爲膳部郎中充荊襄十道兩稅使賜金紫遷蘇州刺史理行爲第一轉潭州刺史湖南都團練觀察使湖南舊法豐年貿易不出境鄰部災荒不相恤倰至謂屬吏曰此非人情也無宜閉糶重困於民也自是商賈通流入爲戶部侍郎判度支時倰再從弟植爲宰相倰性剛褊恃其權寵與奪任情時朝廷以王承元歸國命田弘正移帥鎮州弘正之行以魏卒二千爲帳下又以常山之人久隔朝化人情易爲變擾累表請留魏卒爲綱紀其糧賜請度支歲給穆宗下宰臣議倰固言魏鎮各有鎮兵朝廷無例支給恐爲事例不可聽從弘正不獲已遣魏卒還藩不數日而鎮州亂弘正遇害穆宗失德倰黨方盛人不敢糾其罪罷領度支檢校禮部尚書出爲鳳翔節度等使不朞歲召爲河南尹時年七十抗疏致仕詔以戶部尚書歸第明年暴卒輟朝一日贈太子少保謚曰肅倰居官清嚴所至必理然時介急待僚屬不以禮節恃己之廉見贓汙者如讎焉子巖登進士第辟襄陽掌書記監察御史方雅有父風

常袞京兆人也父無爲三原縣丞以袞累贈僕射袞天寶末舉進士歷太子正字累授補闕起居郎寶應二年選爲翰林學士考功員外郎中知制誥依前翰林學士永泰元年遷中書舍人袞文章俊拔當時推重與楊炎同爲舍人時稱爲常楊性清直孤絕不妄交遊內侍魚朝恩恃權寵兼領國子監事袞上疏以爲不可時朝廷多事西北邊虜連爲寇盜袞累上章陳其利害代宗甚顧遇之加集賢院學士大曆元年遷禮部侍郎仍爲學士時中官劉忠翼權傾內外涇原節度馬璘又累著功勳恩寵莫二各有親戚干貢部及求爲兩館生袞皆執理人皆畏之元載之得罪令袞與劉晏李涵等鞫之獄竟拜袞門下侍郎同平章事太清太微宮使崇文弘文館大學士與楊綰同掌樞務代宗尤信重綰綰弘通多可袞頗務苛細求清儉之稱與綰之道不同先是百官俸料寡薄綰與袞奏請加之時韓滉判度支袞與滉各騁私懷所加俸料厚薄由己時少列各定月俸爲三十五千滉怒司業張參唯止給三十千袞惡少詹事趙甚遂給二十五千太子洗馬實司經局長官文學爲之貳袞有親戚任文學者給十二千而給洗馬十千其輕重任情不通時政多如此類無幾楊綰卒袞獨當政故事每日出內廚食以賜宰相饌可食十數人袞特請罷之迄今便爲故事又將故讓堂封同列以爲不可而止議者以爲厚祿重賜所以優賢崇國政也不能當辭位不宜辭祿食政事堂有後門蓋宰相時到中書舍人院咨訪政事以自廣也袞又塞絕其門以示尊大不相往來既懲元載爲政時公道梗澁賄賂朋黨大行不以財勢者無因入仕袞一切杜絕之中外百司奏請皆執不與權與匹夫等尤排擯非辭登科第者雖窒賣官之路故事大致壅滯代宗既素重楊綰欲以政事委之綰尋卒袞與綰志尚素異嫉而怒之有司議謚綰爲文貞袞徵諷比部郎中蘇端令駁之毀綰過甚端坐黜官時既無中書侍郎舍人崔祐甫領省事袞以爲同中書門下平章事兼得總中書省遂管綜中書胥吏省事去就及其案牘祐甫不能平之累至忿競遂令祐甫分知吏部選事所擬官又多駁下時袞散官尚朝議又無封爵郭子儀因入朝奏之遂特加銀青光祿大夫封河南郡公及代宗崩與祐甫爭論喪服輕重代相署奏初換祐甫河南少尹再貶爲潮州刺史楊炎入相素與袞善建中元年遷福建觀察使四年正月卒時年五十五久之贈左僕射有文集六十卷

史臣曰善人爲邦百年卽可勝殘去殺楊綰入相數日遂致移風易俗周召伊傅蕭張房杜歷代爲相之顯者蔑聞斯道也嘗讀諸集賞善多溢美書罪多溢惡如楊綰拜相之麻贈官之制改謚之詔則當時秉筆者無媿色矣昔趙文子薦士七十古爲美談崔祐甫除吏八百人無間言開物成務之才減私徇公之道可知也噫公權餘旬日而甍貽孫未朞年而逝遂古已來理世少而

亂世多其義在兹矣常衮之輩不足云爾

贊曰公灌儒道貽孫相才命乎不利時哉可哀

舊唐書卷一百十九考證

楊綰傳又奏進士加文明經加闕○臣德潛按新書選舉志進士加雜文明經塡帖照此增入

# 舊唐書卷一百二十

後晉司空同中書門下平章事劉　昫撰

## 列傳第七十

郭子儀（子曜　晞　曖　曙　映　晞子鋼　曖子釗　鏦　族弟幼明子昕）

郭子儀華州鄭縣人父敬之歷綏渭桂壽泗五州刺史以子儀貴贈太保追封祁國公子儀長六尺餘體貌秀傑始以武舉高等補左衞長史累歷諸軍使天寶八載於木剌山置橫塞軍及安北都護府命子儀領其使拜左衞大將軍十三載移橫塞軍及安北都護府於永清柵北築城仍改橫塞爲天德軍子儀爲之使兼九原太守朔方節度右兵馬使十四載安祿山反十一月以子儀爲衞尉卿兼靈武郡太守充朔方節度使詔子儀以本軍東討遂舉兵出單于府收靜邊軍斬賊將周萬頃傳首闕下祿山遣大同軍使高秀巖寇河曲子儀擊敗之進收雲中馬邑開東陘以功加御史大夫十五載正月賊將蔡希德陷常山郡執顏杲卿河北郡縣皆爲賊守二月子儀與河東節度使李光弼率師下井陘拔常山郡破賊於九門南攻趙郡生擒賊四千皆捨之斬僞太守郭獻璆獲兵仗數萬師還常山賊將史思明以數萬人踵其後我行亦行我止亦止子儀選驍騎五百更挑之三日至行唐賊疲乃退我軍乘之又敗於沙河祿山聞思明敗乃以精兵益之我軍至恒陽賊亦隨至子儀堅壁自固賊來則守賊去則追晝揚其兵夕襲其幕賊人不及息數日光弼議曰賊怠矣可以戰六月子儀光弼率僕固懷恩渾釋之陳迴光等陣於嘉山賊將史思明蔡希德尹子奇等亦結陣而至一戰敗之斬馘四萬級生擒五千人獲馬五千匹思明露髮跣足奔于博陵於是河北十餘郡皆斬賊守者以迎王師子儀將北圖范陽軍聲大振是月哥舒翰爲賊所敗潼關不守玄宗幸蜀肅宗幸靈武子儀副使杜鴻漸爲朔方留後奏迎車駕七月肅宗卽位以賊據兩京方謀收復詔子儀班師八月子儀與李光弼率步騎五萬至自河北時朝廷初立兵衆寡弱雖得牧馬軍容缺然及子儀光弼全師赴行在軍聲遂振興復之勢民有望焉詔以子儀爲兵部尚書同中書門下平章事依前靈州大都督府長史朔方軍節度使肅宗大閱六軍南趨關輔至彭原郡宰相房琯請兵萬人自爲統帥以討賊帝素重琯許之兵及陳濤爲賊所敗喪師殆盡方事討除而軍半殪唯倚朔方軍爲根本十一月賊將阿史那從禮以同羅僕骨五千騎出塞誘河曲九府六胡州部落數萬欲迫行在子儀與迴紇首領葛邏支往擊敗之斬獲數萬河曲平定賊將崔乾祐守潼關二年三月子儀大破賊於潼關崔乾祐退保蒲津時永樂尉趙復河東司戶韓旻司士徐炅宗子李藏鋒等陷賊在蒲州四人密謀俟王師至則爲內應及子儀攻蒲州趙復等斬賊守陣者開門納子儀乾祐與麾下數千人走安邑安邑百姓僞降乾祐兵入將半下懸門擊之乾祐未入遂得脫身東走子儀遂收陝郡永豐倉自是潼陝之間無復寇鈔是月安祿山死朝廷欲圖大舉詔子儀還鳳翔四月進位司空充關內河東副元帥五月詔子儀帥師趨京城師於潏水之西與賊將安太清安守忠戰王師不利其衆大潰盡委兵仗於清渠之上子儀收合餘衆保武功詣闕請罪乞降官資乃降爲左僕射餘如故九月從元帥廣平王率蕃漢之師十五萬進收長安迴紇遣葉護太子領四千騎助國討賊子儀與葉護宴狎修好相與誓平國難相得甚好子儀奉元帥爲中軍與賊將安守忠李歸仁戰於京西香積寺之北王師結陣橫亘三十里賊衆十萬陣於北歸仁先薄我軍我軍亂李嗣業奮命馳突擒賊十餘騎乃定迴紇以奇兵出賊陣之後夾攻之賊軍大潰自午至酉斬首六萬級賊將張通儒守長安聞歸仁等敗是夜奔陝郡翌日廣平王入京師老幼百萬夾道歡叫涕泣而言曰不圖今日復見官軍廣平王休士三日率師東趨肅宗在鳳翔聞捷羣臣稱賀帝以宗廟被焚悲咽不自勝臣寮無不感泣十月安慶緒遣嚴莊悉其衆十萬來赴陝州與張通儒同抗官軍賊聞官軍至悉其衆屯於陝西負山爲陣子儀以大軍擊其前迴紇登山乘其背遇賊潛師於山中與鬭過期大軍稍却賊分兵三千人絕我歸路衆心大搖子儀麾迴紇令進盡殺之師馳至其後於黃埃中發十餘箭賊驚顧曰迴紇來卽時大敗僵屍遍山澤嚴莊張通儒走歸洛陽遂與安慶緒渡河保相州子儀奉廣平王入東都陳兵於天津橋南士庶歡呼於路僞侍中陳希烈僞中書令張垍等三百餘人素服請罪王慰撫遣之是時河東河西南賊所盜郡邑皆平以功加司徒封代國公食邑千戶尋入朝天子遣兵仗戎容迎于灞上肅宗勞之曰雖吾之家國實由卿再造子儀頓首感謝十二月還東都命子儀經營北討乾元元年七月破賊河上擒僞將安守忠以獻遂朝京師敕百寮班迎於長樂驛帝御望春樓待之進位中書令九月奉詔大舉子儀與河東節度使李光弼關內節度使王思禮北庭行營節度李嗣業襄鄧節度使魯炅荊南節度李廣琛河南節度使崔光遠滑濮節度許叔冀平盧兵馬使董秦等九節度之師討安慶緒帝以子儀光弼俱是元勳難相統屬故不立元帥唯以中官魚朝恩爲觀軍容宣慰使十月子儀自杏園渡河圍衞州安慶緒與其驍將安雄俊崔乾祐薛嵩田承嗣悉其衆來援分爲三軍子儀陣以待之預選射者三千人伏於壁內誡之曰俟吾小却賊必爭進則登城鼓譟弓弩齊發以迫之既戰子儀僞遁賊果乘之及壘門遽聞鼓譟俄而弓弩齊發矢注如雨賊徒震駭子儀整衆追之賊衆大敗是役也獲僞鄭王安慶和以獻遂收衞州進軍趨鄴與賊再戰于愁思岡賊軍又敗乃連營圍之慶緒遣薛嵩以所乘馬十匹求救於史思明且言禪代十二月思明遣將李歸仁率衆赴之營于滏陽二年正月史思明自率范陽精卒復陷魏州乃僞稱燕王王師雖衆軍無統帥進退無所承禀自冬徂春竟未破賊但引漳水以灌其城城中食盡易子而食二月思明率衆自魏州來李光弼王思禮許叔冀魯炅前軍遇賊于鄴南與之接戰夷傷相半魯炅中流矢子儀爲使陣未及合戰大風遽起吹沙拔木天地晦瞑跬步不辨物色我師潰而南賊軍潰而北委棄兵仗輜重累積於路諸軍各還本鎮子儀以朔方軍保河陽斷浮橋有詔令留守東都三月以子儀爲東都畿山南東道河南諸道行營元帥中官魚朝恩素害子儀之功因其不振媒孽之尋召還京師天子以趙王係爲天下兵馬元帥李光弼副之委以陝東軍事代子儀之任子儀雖失兵柄乃思王室以禍難未平不遑寢息俄而史思明再陷河洛朝廷旰食復慮蕃寇逼迫京畿三年正月授子儀邠寧鄜坊兩鎮節度使仍留京師言事者以子儀有社稷大功今殘孽未除不宜置之散地肅宗深然之上元元年九月以子儀爲諸道兵馬都統管崇嗣副之令率英武威遠等禁軍及河西河東諸鎮之師取邠寧朔方大同橫野徑抵范陽詔下旬日復爲朝恩所間事竟不行上元二年二月李光弼兵敗於邙山河陽失守魚朝恩退保陝州三年二月河中軍亂殺其帥李國貞時太原節度鄧景山亦爲部下所殺恐其合從連賊朝廷憂之後輩帥臣未能彈壓勢不獲已遂用子儀爲朔方河中北庭潞儀澤沁等州節度行營兼興平定國副元帥充本管觀察處置使進封汾陽郡王出鎮絳州三月子儀辭赴鎮肅宗不豫羣臣莫有見者子儀請曰老臣受命將死於外不見陛下目不瞑矣帝乃引至臥內謂子儀曰河東之事一以委卿子儀嗚咽流涕賜御馬銀器雜綵別賜絹四萬匹布五萬端以賞軍子儀至絳擒其殺國貞賊首王元振數十人誅之太原辛雲京聞子儀誅元振亦誅害景山者由是河東諸鎮率皆奉法四月代宗卽位內官程元振用事自矜定策之功忌嫉宿將以子儀功高難制巧行離間請罷副元帥加實封七百戶充肅宗山陵使子儀旣謝恩上表進肅宗所賜前後詔敕因自陳訴曰臣德薄蟬翼命輕鴻毛累蒙國恩猥厠朝列會天地震盪中原血戰臣北自靈武冊先皇帝乃舉兵而南大蒐於岐陽先帝憂勤宗社託臣以家國俾副陛下掃兩京之妖祲陛下雄圖丕斷再造區宇自後不以臣寡劣委文武之二柄外敷邦教內調鼎餁是以常許國家之死實荷日月之明臣本愚淺言多訐直慮此招謗上瀆冕旒陛下居高聽卑察臣不貳皇天后土察臣無私伏以器忌滿盈日增兢惕焉敢偷全久妨賢路自受恩塞下制敵行間東西十年前後百戰天寒劍折濺血霑衣野宿魂驚飲水傷骨跋涉難阻出沒死生所仗唯天以至今日陛下曲垂惠獎念及勤勞貽臣詔書一千餘首聖旨微婉慰諭綢繆彰微臣一時之功成子孫萬代之寶自靈武河北河南彭原鄜坊河東鳳翔兩京絳州臣所經行賜手詔敕書凡二十卷昧死上進庶煩聽覽詔答曰朕不德不明俾大臣憂疑朕之過也朕甚自愧公勿以爲慮代宗以子儀頃同患難收復兩京禮之逾厚時史朝義尚據洛陽元帥雍王率師進討代宗欲以子儀副之而魚朝恩程元振亂政殺裴茙來瑱子儀既爲所間其事遂寢乃留京師俄而梁崇義據襄陽叛僕固懷恩阻兵於汾州引迴紇吐蕃之衆入寇河西明年十月吐蕃陷涇州虜刺史高暉暉遂與蕃軍爲鄉導引賊深入京畿掠奉天武功濟渭而南緣山而東渭北行營兵馬使呂日將逆戰于盩厔自辰

至西殺蕃軍數千然其徒多殞賊將逼京師君上計無所出遽詔子儀爲關內副元帥出鎮咸陽子儀自相州不利李光弼代掌兵柄及徵還朝廷部曲散去及是承詔部下唯二十騎强取民家畜產以助軍至咸陽蕃軍已過渭水其日天子避狄幸陝州子儀聞上避狄雪涕還京至則車駕已發射生將王獻忠從駕沿路遂以四百騎叛仍逼豐王已下十王欲投於賊子儀入開遠門遇之詰豐王等所向遂護送行在子儀以三千騎傍南山至商州得武關防兵及六軍散卒四千人招輯亡逸其軍漸振蕃寇犯京城得故邠王守禮孫廣武王承宏立帝號假署百官子儀遣六軍兵馬使張知節烏崇福羽林軍使長孫全緒等將兵萬人爲前鋒營於韓公堆盛張旗幟鼓鞞震山谷全緒遣禁軍舊將王甫入長安陰結少年豪俠以爲內應一日齊擊鼓於朱雀街蕃軍惶駭而去大將李忠義先屯兵苑中渭北節度使王仲升守朝堂子儀以大軍續進至滻西射生將王撫自署爲京兆尹聚兵二千人擾亂京城子儀召撫殺之詔子儀權京城留守自西蕃入寇車駕東幸天下皆咎程元振東宮屢論之元振懼又以子儀復立功不欲天子還京勸帝且都洛陽以避蕃寇代宗然之下詔有日子儀聞之因兵部侍郎張重光宣慰迴附章論奏曰臣聞雍州之地古稱天府右控隴蜀左扼崤函前有終南太華之險後有淸渭濁河之固神明之奧王者所都地方數千里帶甲十餘萬兵强士勇雄視八方有利則出攻無利則入守此用武之國非諸夏所同秦漢因之卒成帝業其後或處之而泰去之而亡前史所書不唯一姓及隋氏季末煬帝南遷河洛丘墟兵戈亂起高祖唱義亦先入關惟能翦滅姦雄底定區宇以至于太宗高宗之盛中宗玄宗之明多在秦川鮮居東洛間者羯胡構亂九服分崩河北河南盡從逆命然而先帝仗朔方之衆慶緒奔亡陛下藉西土之師朝義就戮豈唯天道助順抑亦地形使然此陛下所知非臣飾說近因吐蕃凌逼鑾駕東巡蓋以六軍之兵素非精練皆市肆屠沽之人務挂虛名苟避征賦及驅以就戰百無一堪亦有潛輸貨財因以求免又中官掩蔽庶政多荒遂令陛下振蕩不安退居陝服斯蓋關於委任失所豈可謂秦地非良者哉今道路云云不知信否咸謂陛下已有成命將幸洛都臣熟思其端未見其利夫以東周之地久陷賊中宮室焚燒十不存一百曹荒廢曾無尺椽中間畿內不滿千戶井邑榛棘豺狼所嗥旣乏軍儲又鮮人力東至鄭汴達于徐方北自覃懷經于相土人烟斷絕千里蕭條將何以奉萬乘之牲餼供百官之次舍矧其土地狹阨纔數百里間東有成皐南有二室險不足恃適爲戰場陛下奈何棄久安之勢從至危之策忽社稷之計生天下之心臣雖至愚竊爲陛下不取且聖旨所慮豈不以京畿新遭剽掠田野空虛恐糧食不充國用有闕以臣所見深謂不然昔衛文公小國之君諸侯之主耳遭懿公爲狄所滅始廬于漕衣大布之衣冠大帛之冠元年革車三十乘季年三百乘卒能恢復舊業享無疆之休況明明天子躬儉節用苟能黜素飡之吏去冗食之官抑豎刁易牙之權任蘧瑗史鰌之直薄征弛力卹隱追鰥委諸相以簡賢任能付老臣以練兵禦侮則黎元自理寇盜自平中興之功旬月可冀卜年之期永永無極矣願時邁順動迴鑾上都再造邦家唯新庶政奉宗廟以修薦享謁陵寢以崇孝思臣雖隕越死無所恨代宗省表垂泣謂左右曰子儀用心眞社稷臣也可亟還京師十一月車駕自陝還宮子儀伏地請罪帝駐車勞之曰朕用卿不早故及於此乃賜鐵券圖形凌烟閣是時河北副元帥僕固懷恩方頓軍汾州掠并汾諸縣以爲己邑乃以子儀兼關內河東副元帥河中節度觀察使出鎮河中蕃戎旣退僕固懷恩部下離散是月懷恩子瑒主兵榆次爲帳下將張惟岳所殺傳首京師惟岳以瑒之衆歸於子儀懷恩懼棄其母而走靈州明年九月以子儀守太尉充北道邠寧涇原河西已東通和蕃及朔方招撫觀察使其關內河東副元帥中書令如故子儀以懷恩未誅不宜讓使堅辭太尉曰太尉職雄任重竊憂非據輒敢上聞伏奉詔書未允誠懇臣疇昔之分早知止足今茲累請竊懼滿盈義實由衷事非矯飾志之所至敢不盡言自兵亂已來紀綱寖壞時多躁競俗少廉隅德薄而位尊功微而賞厚實繁有衆不可殫論臣每見之深以爲念昔范宣子讓其下皆讓欒黶爲汰不敢違也臣誠薄劣竊慕古人務欲以身率先大變浮俗是用勤勤懇懇願罷此官庶禮讓興行由臣而致也臣位爲上相爵爲眞王叅啓沃之謀受腹心之寄恩榮已極功業已成壽合乞骸保全餘齒但以寇讎在近家國未安臣子之心不敢寧處苟西戎卽敘懷恩就擒疇昔官爵誓無所受必當追蹤范蠡繼迹留侯臣之鄙懷切在於此優詔不許子儀見上感泣懇讓乃止十月僕固懷恩引吐蕃迴紇党項數十萬南下京師大恐子儀出鎮奉天召子儀問禦戎之計子儀曰以臣所見懷恩無能爲也帝問其故對曰懷恩雖稱驍勇素失士心今所以能爲亂者引思歸之人耳懷恩本臣偏將其下皆臣之部曲臣恩信嘗及之今臣爲大將必不忍以鋒刃相向以此知其無能爲也虜寇邠州子儀在涇陽子儀令長男朔方兵馬使曜率師援之與邠寧節度使白孝德閉城拒守懷恩前鋒至奉天近城挑戰諸將請擊之子儀止之曰夫客兵深入利在速戰不可爭鋒彼皆吾之部曲緩之自當攜貳若迫之是速其戰戰則勝負未可知敢言戰者斬堅壁待之果不戰而退子儀自涇陽入朝帝御安福門待之命子儀樓上行朝見之禮宴賜隆厚十一月以子儀爲尚書令上表懇辭曰臣以薄劣素乏行能逢時擾攘猥蒙驅策內叅朝政外總兵權上不能翼戴三光下不能糺逖羣慝功微賞厚任重恩深覆餗之憂實盈寤寐臣昨所以固辭太尉乞保餘年殊私曲臨遂見矜許竊謂陛下已知其願深察其心豈意未歷旬時復延寵命以臣褊淺又寡智謀安可謬職南宮當茲大任况太宗昔居藩邸嘗踐此官累聖相承曠而不置皇太子爲雍王之日陛下以其總兵薄伐平定關東飲至策勳再有斯授豈臣末職敢亂大倫德薄位尊難逃天子之責負乘致寇復速神明之誅伏乞天慈俯停新命答詔不允翌日敕所司令子儀於尚書省視事詔宰相百寮送上遣射生五百騎執戟翼從自朝堂至省賜教坊樂子儀不受復上表曰臣伏以尚書令武德之際太宗爲之昨瀝懇上陳請罷斯職而陛下未垂亮察務欲褒崇區區微誠益用惶懼何則太宗立極之主聖德在人自後因廢此官永代作則陛下守文繼體固當奉而行之豈可猥私老臣隳廢成式上掩陛下之德下貽萬方之非臣雖至愚安敢輕受況久經兵亂僭賞者多一人之身兼官數四朱紫同色淸濁不分爛羊之謠復聞聖代臣頃觀其弊思革其源以逆寇猶存未敢輕議今元兇沮敗計日成擒中外無虞妖氛漸息此陛下作法之際審官之時固合始於老臣化及班列豈可輕爲此舉以亂國章國章亂於上則庶政隳於下海內之政皆亂則國家又安得永代而無患哉陛下苟能從臣之言俯察誠請彼貪榮冒進者亦將各讓其所兼之官自然天下文明百工式敘太平之業可得而復也臣誠蒙鄙識昧古今志之所切實在於此手詔答曰優崇之命所以報功總領之司期於賦政卿入居台鉉出統戎旃爰自先朝累匡多難靖羣氛於海表凝庶績於天階敏事而寡言居敬而行簡人難其易爾易其難所以命掌六聯首茲百辟顧循時議僉謂允諧而屢拜封章懇懷讓挹守淳素之道語政理之源無待禮成曲從德讓宜宣示於外編之史冊遣內侍魚朝恩傳詔賜美人盧氏等六人從者八人并車服帷帳牀蓐珍玩之具時蕃虜屢寇京畿倚蒲陝爲內地常以重兵鎮之永泰元年五月以子儀都統河南道節度行營出鎮河中八月僕固懷恩誘吐蕃迴紇党項羌渾奴剌山賊任敷鄭庭郝德劉開元等三十餘萬南下先發數萬人掠同州期自華陰趨藍田以扼南路懷恩率重兵繼其後迴紇吐蕃自涇邠鳳翔數道寇京畿掠奉天醴泉京師震恐天子下詔親征命李忠臣屯東渭橋李光進屯雲陽馬璘郝廷玉屯便橋駱奉先李日越屯盩厔李抱玉屯鳳翔周智光屯同州杜冕屯坊州天子以禁軍屯苑內京城壯丁並令團結城二門塞其一魚朝恩括士庶私馬重兵捉城門市民由竇穴而遁去人情危迫是時急召子儀自河中至屯於涇陽而虜騎已合子儀一軍萬餘人而雜虜圍之數重子儀使李國臣高昇拒其東魏楚玉當其南陳迴光當其西朱元琮當其北子儀率甲騎二千出沒於左右前後虜見而問曰此誰也報曰郭令公也迴紇曰令公存乎僕固懷恩言天可汗已棄四海令公亦謝世中國無主故從其來今令公存天可汗存乎報之曰皇帝萬歲無疆迴紇皆曰懷恩欺我子儀又使諭之曰公等頃年遠涉萬里翦除兇逆恢復二京是時子儀與公等周旋艱難何日忘之今忽棄舊好助一叛臣何其愚也且懷恩背主棄親於公等何有迴紇曰謂令公亡矣不然何以至此令公誠存安得而見之子儀將出諸將諫曰戎狄之心不可信也請無往子儀曰虜有數十倍之衆今力固不敵且至誠感神況虜輩乎諸將曰請選鐵騎五百衛從子儀曰適足以爲害也乃傳呼曰令公來虜初疑持滿注矢以待之子儀以數十騎徐出免胄而勞之曰安乎久同忠義何至於是迴紇皆捨兵下馬齊拜曰果吾父也子儀召其首領各飲之酒與之羅錦歡言如初子儀說迴紇曰吐蕃本吾舅甥之國無負而至是無親也若倒戈乘之如拾地芥耳其羊馬滿野長數百里是謂天賜不可失也今能逐戎以利舉與我繼好而凱旋不亦善乎會懷恩暴死于鳴沙羣虜無所統攝遂許諾乃遣首領石野那等入朝子儀遣朔方兵馬使白元光與迴紇會軍吐蕃知其謀是夜奔退迴紇與元光追之子儀大軍繼其後大破吐蕃十餘萬於靈武臺西原斬首五萬生擒萬人收其所掠

士女四千人獲牛羊駝馬三百里內不絕子儀自涇陽入朝加實封二百戶還鎮河中大曆元年十二月華州節度使周智光殺監軍張志斌謀叛帝以同華路阻召子儀女壻工部侍郎趙縱受口詔往河中令子儀起軍討之縱請爲蠟書令家僮間道賜子儀奉詔大閱軍戎將發同華將吏聞軍起乃斬智光父子傳首京師二年二月子儀入朝宰相元載王縉僕射裴冕京兆尹黎幹內侍魚朝恩共出錢三十萬置宴於子儀第恩出羅錦二百匹爲子儀纏頭之費極歡而罷九月吐蕃寇涇州詔子儀以步騎三萬自河中移屯涇陽十月蕃軍退至靈州邀擊敗之斬馘二萬十二月盜發子儀父墓捕盜未獲人以魚朝恩素惡子儀疑其使之子儀心知其故及自涇陽將入議者慮其構變公卿憂之及子儀入見帝言之子儀號泣奏曰臣久主兵不能禁暴軍士殘人之墓固亦多矣此臣不忠不孝上獲天譴非人患也朝廷乃安三年三月還河中八月吐蕃寇靈武九月詔子儀率師五萬自河中移鎮奉天是月白元光大破吐蕃於靈武十月子儀入朝還鎮河中時議以西蕃侵寇京師不安馬璘雖在邠州力不能拒乃以子儀兼邠寧慶節度自河中移鎮邠州徙馬璘爲涇原節度使八年十月吐蕃寇涇州子儀遣先鋒兵馬使渾瑊逆戰于宜祿不利會馬璘設伏於潘源與瑊合擊大破蕃軍俘斬數萬計迴紇赤心賣馬一萬匹有司以國計不充請市千匹子儀以迴紇前後立功不宜阻意請自納一年俸物充迴紇馬價雖詔旨不允內外稱之九年入朝代宗召對延英語及西蕃充斥苦戰不暇言發涕零既退復上封論備吐蕃利害曰朔方國之北門西禦犬戎北虞獫狁五城相去三千餘里開元天寶中戰士十萬戰馬三萬纔敵一隅自先皇帝龍飛靈武戰士從陛下收復兩京東西南北曾無寧歲中年以僕固之役又經耗散人亡三分之二比於天寶中有十分之一今吐蕃充斥勢强十倍兼河隴之地雜羌渾之衆每歲來闚近郊以朔方減十倍之軍當吐蕃加十倍之騎欲求制勝豈易爲力入近內地稱四節度每將盈萬每賊兼乘數四臣所統將士不當賊四分之一所有征馬不當賊百分之二誠合固守不宜與戰又得馬璘牒賊疑涉渭而南臣若堅壁恐犯畿甸若過畿內則國人大恐諸道易搖外有吐蕃之强中有易搖之衆外畏內懼將何以安臣伏以陛下橫制勝之術力非不足但慮簡練未精進退未一時淹師老地闊勢分願陛下更詢讜議慎擇名將俾之統軍於諸道各抽精卒成四五萬則制勝之道必矣未可失時臣又料河南河北山南江淮小鎮數千大鎮數萬空耗月餼曾不習戰臣請抽赴關中教之戰陣則軍聲益振攻守必全亦長久之計也臣猥蒙任遇垂二十年今齒髮已衰願避賢路止足之誠神明所鑒詔曰卿憂深慮遠殊沃朕心始終倚賴未可執辭也德宗卽位詔還朝攝冢宰充山陵使賜號尚父進位太尉中書令增實封通計二千戶給一千五百人糧二百匹馬草料所領諸使副元帥並罷諸子弟女壻拜官者十餘人建中二年夏子儀病甚德宗令舒王誼傳詔省問及門郭氏子弟迎拜於外王不荅拜子儀臥不能興以手叩頭謝恩而已六月十四日薨時年八十五德宗聞之震悼廢朝五日詔曰天地以四時成物元首以股肱作輔公台之任鼎足相承上以調三光下以蒙五岳允釐庶績鎮撫四夷體元和之氣根貞一之德功至大而不伐身處高而更安尚父比呂望之名爲師增周公之位盛業可久歿而彌光故太尉兼中書令杜國汾陽郡王尚父子儀天降人傑生知王佐訓師如子料敵如神昔天寶多難羯胡作禍咸秦失險河洛爲戎公能扶翼肅宗載造區夏於國有患勞其戡定於邊有寇藉其驅除安社稷必有於絳侯定羌戎無踰於充國絳臺緌四散之衆涇陽降十萬之虜動高今古名讋夷狄而勞乎征鎮二紀于茲頃以春秋既高疆場多事罷彼旌鉞寵在台衡以公柱石四朝藩翰萬里忠貞懸於日月寵遇冠於人臣尊其元老加以崇號期壽考之永養勳賢之德膏肓生疾藥石靡攻人之云亡梁木斯壞雖賻禮加等輟朝增日悼之流涕曷可弭忘更議追崇名位斯極而尊爲尚父官協太師雖爵秩則同而體望尤重斂以衮冕旌我元臣聖祖園陵所宜陪葬式墓表文終之德象山追去病之勳千載如存九原可作冊命之禮有司備焉可贈太師陪葬建陵仍令所司備禮冊命賻絹三千匹布三千端米麥三千石舊令一品墳高丈八而詔特加十尺羣臣以次赴宅弔哭凶喪所須並令官給及葬上御安福門臨哭送之百寮陪位隕泣賜謚曰忠武配饗代宗廟庭子曜旰晞昢晤曖曙映等八人壻七人皆朝廷重官諸孫數十人每羣孫問安不盡辨頷之而已叅佐官吏六十餘人後位至將相昇朝秩貴位勒其姓名於石今在河中府人士榮之史臣裴洎曰汾陽事上誠蓋臨下寬厚每降城下邑所至之處必得士心前後遭罹倖臣程元振魚朝恩譖毀百端時方握强兵或方臨戎敵詔命徵之未嘗不卽日應召故讒謗不能行代宗幸陝時令以數十騎覘賊及在涇陽又陷於胡虜重圍之中皆以身許國未嘗以危亡易慮亦遇天幸竟免患難田承嗣方跋扈魏州傲狠無禮子儀嘗遣使至承嗣西望拜之指其膝謂使者曰茲膝不屈於人若干歲矣今爲公拜李靈曜據汴州公私財賦一皆遏絕獨子儀封幣經其境莫敢留之必持兵衛送其爲豺虎所服如此麾下老將若李懷光輩數十人皆王侯重貴子儀頤指進退如僕隸焉幕府之盛近代無比始與李光弼齊名雖威略不逮而寬厚得人過之歲入官俸二十四萬貫私利不在焉其宅在親仁里居其里四分之一中通永巷家人三千相出入者不知其居前後賜良田美器名園甲館聲色珍玩堆積羨溢不可勝紀代宗不名呼爲大臣天下以其身爲安危者殆二十年校中書令考二十有四權傾天下而朝不忌功蓋一代而主不疑侈窮人欲而君子不之罪富貴壽考繁衍安泰哀榮終始人道之盛此無缺焉唯以讒怒誣奏判官戶部郎中張譚杖殺之物議爲薄曜子儀長子性孝友廉謹子儀出征於外留曜治家少長千人皆得其所諸弟爭飾池館盛其車服曜以儉朴自處累遷至太子賓客建中初子儀罷兵柄乃遍加諸子官以曜爲太子少保子儀薨曜遵遺命四朝所賜名馬珍玩悉皆上獻德宗復賜之曜乃散諸昆弟子儀薨後楊炎盧杞相次秉政姦諂用事尤忌勳族子儀之壻太僕卿趙縱少府少監李洞清光祿卿王宰皆以家人告訐細過相次貶黜曜家大恐賴宰相張鎰力爲庇護姦人幸其危懼多論奪田宅奴婢曜不敢訴德宗微知之詔曰尚父子儀有大勳力保乂皇家嘗誓以山河琢之金石十世之宥其可忘也其家前時與人爲市以子儀身歿或被誣構欲論奪之有司無得爲理詔下方已曜居喪得禮若儒家子服未闋寢疾或勸其茹葱薤曜竟不屬口建中四年三月卒贈太子太傅晞子儀第三子少善騎射常從父征伐初以戰功授左贊善大夫從廣平王收復兩京晞力戰於香積寺陝西皆出奇兵赳捷以功加銀青光祿大夫鴻臚卿後河中軍亂殺節度使李國貞荔非元禮於絳詔以子儀爲河東關內副元帥鎮絳州時四方擾叛多逐戎帥子儀至絳誅其元惡其黨頗不自安欲謀翻變晞知其謀選親兵四千伏甲以防之常持弓警夜不寐者凡七十日叛將竟不敢發以功拜殿中監廣德二年僕固懷恩誘吐蕃迴紇入寇加晞御史中丞領朔方軍以援邠州與馬璘合勢大破蕃軍其年冬懷恩誘虜再寇邠州陣于涇北子儀令晞率步卒五千騎軍五百出西南掩擊之晞以兵寡不敢持而不戰及至晡曉乘其半濟而擊之大破獯虜斬首五千級是時連戰皆捷詔加御史大夫子儀固讓不受永泰二年檢校左散騎常侍大曆七年加開府儀同三司十二年丁母憂服除加檢校工部尚書判祕書省事建中二年丁父喪持服京城朱泚構逆遣人就第問訊欲令掌兵晞佯瘖禁口不言泚以兵脅之晞終不語賊知其不可用乃止晞潛奔奉天僅而獲免初晞兄曜襲父代國公實封二千戶及曜卒詔曰故尚父太尉中書令汾陽王功格上玄道光下土積其善慶垂裕無窮雖嫡長云殂支宗斯盛汾陽舊邑盡有丕承其男前左散騎常侍駙馬都尉食實封五百戶曖夙稟義方居忠履孝儷崇銀牓擕美金章繼撫先封允宜聽復曖兄檢校工部尚書守太子賓客趙國公晞并弟右金吾將軍祁國公食實封二百五十戶曙太子諭德映等並休有令名保其先業宜允推恩之典以明延嗣之誠其實封二千戶宜準式減半餘可分襲曖可襲代國公仍通前襲三百戶晞可二百五十戶曙可五十戶通前三百七十戶映可二百三十五戶壽又詔尚父子儀男晞曖映曙四人所襲實封各減五十戶以賜郭曜男鍇郭晤男鐇各襲一百戶晞至行在復檢校工部尚書太子詹事從駕還京改太子賓客晞子鋼爲朔方節度使杜希全賓佐希全以鋼攝豐州刺史晞以鋼幼弱恐不任邊職貞元七年晞上章請罷鋼官德宗遣中使召之鋼疑以他事見攝乃單騎走入吐蕃蕃將見鋼獨叛不納置之筏上流入黃河令歸杜希全得之送赴京師賜鋼自盡晞亦坐子免官明年復授太子賓客貞元十年卒贈兵部尚書晞次子鈞鈞子承嘏別有傳曖子儀第六子年十餘歲尚代宗第四女昇平公主時昇平年亦與曖相類大曆中恩寵冠於戚里歲時錫賚珍玩不可勝紀大曆十三年有詔毀除白渠水支流碾磑以妨民溉田昇平有脂粉磑兩輪郭子儀私磑兩輪所司未敢毀徹公主見代宗訴之帝謂公主曰吾行此詔蓋爲蒼生爾豈不識我意耶可爲衆率先公主卽日命毀由是勢門碾磑八十餘所皆毀之曖檢校左散騎常侍建中末公主坐事留之禁中曖亦令出入既而朱泚之亂不知車駕幸奉天爲賊所逼欲受僞官曖辭以居喪被疾既而與兄晞弟曙及昇平公主皆奔奉天德宗喜並釋前咎待之如初復銀青光祿大夫檢校左散騎

常侍從駕至山南改太常卿同正員貞元中帝爲皇孫廣陵郡王納曖女爲妃曖貞元十六年七月卒贈尚書左僕射昇平公主元和五年十月薨贈虢國大長公主謚曰懿廣陵王卽位爲憲宗皇帝妃生穆宗皇帝元和十五年穆宗卽位尊郭妃爲皇太后詔曰追遠飾終先王令典況積仁累義事已顯於身前祥會慶傳福遂流於天下式光盛德爰舉徽章尊尊親親於是乎在皇太后父贈尚書左僕射曖克荷崇構有勞王家孝友本於生知英華發於事任實修一德歷仕三朝建中末年屬有大難畢力扈駕忘軀卽戎忠貞之節國史明備才高望洽是膺沁水之祥德厚流光乃啓塗山之祚肆予小子獲纘大業未展定申之命敢緣褒紀之恩俾繼維師用光彝禮可贈太傅曖子釗鏦銛曙代宗朝累歷司農卿居父憂建中三年冬舒王誼爲淮西山南諸道大元帥以曙檢校左庶子爲元帥府都押牙京城亂從幸山南轉太府卿隨駕還京拜左金吾衞大將軍貞元末卒釗偉姿儀身長七尺方口豐下沉默寡言母昇平長公主代宗朝釗爲外孫恩寵踰等起家爲太常寺奉禮郎德宗朝累官至太子右庶子元和初爲左金吾衞大將軍充左街使九年十一月檢校工部尚書兼邠州刺史充邠寧節度使數歲檢校戶部尚書入爲司農卿釗大勳之後姻聯戚里而謙和接物恭慎自持居家臨民無驕怠之色無奢侈之失士君子重之十五年正月憲宗寢疾彌旬諸中貴人秉權者欲議廢立紛紛未定穆宗在東宮心甚憂之遣人問計於釗釗曰殿下身爲皇太子但旦夕視膳謹守以俟又何慮乎迄今稱釗得元舅之體穆宗卽位冊皇太后南內推崇外氏以釗兼司農卿未幾檢校戶部尚書充河陽三城懷節度使歲中換河中尹河中晉絳慈隰節度使釗歷踐藩鎭以汾陽胄亂材能選用不獨憑椒房之勢所莅簡約不撓其俗自理敬宗卽位尊郭太后爲太皇太后徵釗爲兵部尚書兼檢校尚書左僕射明年出爲梓州刺史劍南東川節度使文宗卽位加司空太和三年冬南蠻陷嶲州遂寇西川杜元穎失於控禦蠻軍陷成都府外城朝廷未暇除帥乃以釗兼領西川節度蠻軍已寇梓州諸道授軍未至川軍寡弱不可令戰釗致書於蠻首領嵯巔責以侵寇之意嵯巔曰杜元穎不守疆場屢侵吾圉以是修報也與釗修好而退朝廷嘉之授成都尹劍南西川節度與南詔立約疆陲不擾以疾求代四年入爲太常卿檢校司徒十二月在道卒詔贈司徒子仲文仲辭鏦毋昇平長公主大曆貞元之間恩禮冠諸主順宗在東宮以女德陽郡主尚鏦時鏦與公主年未及冠郡主尤爲德宗之所鍾愛故鏦之貴寵焜燿一時順宗卽位改封德陽爲漢陽公主鏦累官至衞尉卿駙馬都尉改殿中監穆宗卽位鏦爲叔舅改右金吾衞大將軍兼御史大夫充左街使城南有汾陽王別墅林泉之致莫之與比穆宗常遊幸之置酒極歡而罷賜鏦甚厚俄加檢校工部尚書兼太子詹事充閑廐宮苑使從容貴位三十餘年而椒房之寵國舅之恩近代已來無有其比而鏦恭遜虔恪不以富貴驕人士無賢不肖接之以禮由是中外稱之長慶二年十月卒贈尚書左僕射仍以其弟銛代鏦爲太子詹事充閑廐宮苑使仲文太和末爲殿中少監開成初詔仲文襲父太原郡公制下給事中封敕奏曰伏準制書贈司徒郭釗嫡男仲文襲封太原郡公者臣近訪知郭釗妻沈氏公主之女代宗皇帝外孫有男仲辭已選尚主仲文不合假冒自稱嫡子若仲文承嫡郎沈氏須黜居別室仲辭不合配尚貴主伏以郭仲文尚父子儀之孫太皇太后之姪戚里勳門無與儔比婚姻嫡庶朝野具知奪宗之配實玷風教且仲文仲辭既非同出襲封尚主不可並行伏請付臺勘當詔曰以萬年縣尉仲辭襲封仲文落下以太皇太后姪不之罪尋以仲辭爲銀青光祿大夫檢校殿中少監駙馬都尉襲封太原郡公尚饒陽公主又仲辭兄詹事府丞仲恭爲銀青光祿大夫尚金堂公主幼明尚父子儀之母弟也性謹愿無過不工武藝喜賓客飲讌居家御衆皆得其歡心以子儀勳業累歷大卿監大曆八年卒贈太子太傅子昕肅宗末爲四鎭留後自關隴陷蕃爲虜所隔其四鎭北庭使額李嗣業茘非元禮皆遥領之昕阻隔十五年建中二年與伊西北庭節度使李元忠俱遣于朝德宗嘉之詔曰四鎭二庭統任西夏五十七蕃十姓部落國朝已來相次率職自關隴失守東西阻絶忠義之徒泣血相守愼固封略奉尊朝法皆侯伯守將交修共理之所致也伊西北庭節度使李元忠可北庭大都護四鎭節度留後郭昕可安西大都護四鎭節度使其將吏已下敘官可超七資李元忠本姓曹名令忠以功賜姓名時昕使自迴紇歷諸蕃部方達於朝又有袁光庭者爲伊州刺史隴右諸郡皆陷光庭堅守伊州吐蕃攻之累年兵盡食竭光庭先刃其妻子自焚而死因昕使知之贈工部尚書

史臣曰天寶之季盜起幽陵萬乘播遷兩都覆没天祚土德實生汾陽自河朔班師關西殄寇身扞豺虎手披荊榛七八年間其勤至矣再造王室勳高一代及國威復振羣小肆讒位重懇辭失寵無怨不幸危而邀君父不挾憾以報仇雖晏然効忠有死無二誠大雅君子社稷純臣自秦漢已還勳力之盛無與倫比而睎曖於繚椒之中拔身虎口赴難奉天可謂忠孝之門有嗣矣

贊曰猗歟汾陽功扶昊蒼秉仁蹈義鐵心石腸四朝靜亂五福其昌爲臣之節敢告忠良

# 舊唐書卷一百二十一

後晉司空同中書門下平章事劉　昫撰

## 列傳第七十一

僕固懷恩　梁崇義　李懷光

僕固懷恩鐵勒部落僕骨歌濫拔延之曾孫語訛謂之僕固貞觀二十年鐵勒九姓大首領率其部落來降分置瀚海燕然金微幽陵等九都督府於夏州別爲蕃州以禦邊授歌濫拔延爲右武衞大將軍金微都督拔延生乙李啜拔乙李啜拔生懷恩世襲都督天寶中加左領軍大將軍同正員特進歷事節度王忠嗣安思順皆以善格鬬達諸蕃情有統禦材委之心腹及安祿山反從儀子討高秀巖于雲中破之又敗薛忠義于背度山下抗賊七千騎生擒忠義男襲下馬邑郡十五載進軍與李光弼合勢及史思明戰于常山趙郡沙河嘉山皆大破之懷恩功居多肅宗卽位於靈武懷恩從郭子儀赴行在所時同羅部落自西京叛賊北寇朔方子儀與懷恩擊之懷恩子玢領徒擊賊兵敗而降尋又自拔而歸懷恩叱而斬之將士懾駭無不一當百遂破同羅千餘騎於河上盡收其器械駝馬肅宗雖仗朔方之衆將假蕃兵以張形勢乃遣懷恩與燉煌王承寀使于迴紇請兵結好迴紇可汗遂以女妻承寀兼請公主遣首領隨懷恩入朝二年正月又從子儀下馮翊河東二郡走僞將崔乾祐又襲破潼關賊將安守忠李歸仁自京率衆來援苦戰二日官軍敗績懷恩退至渭水無舟楫抱馬以渡存者僅半乃奔歸子儀於河東整其餘衆四月子儀赴鳳翔李歸仁以勁卒五千邀之於三原北子儀窘急使懷恩及王昇陳迴光渾釋之李國貞等五將伏兵於白渠留運橋以待之賊至伏發歸仁大敗而走又從子儀戰于清渠不利歸于鳳翔及迴紇使葉護帝得數千騎來赴國難南蠻大食之卒相繼而至肅宗乃遣廣平王爲元帥以子儀爲副而懷恩領回紇兵從之汝水賊伏兵於營東懷恩引迴紇馳殺之匹馬不歸賊乃大潰日暮懷恩謂王曰賊必棄城走矣請以二百騎馬追之縛取李歸仁田乾眞安守忠張通儒王曰將軍戰亦疲矣且休息迨明而後圖之懷恩曰歸仁守忠天下驍賊也驟勝而敗此天與我也奈何縱之不取若使得衆復爲我患雖悔無及夫戰尚速何明日爲王固止之令還營懷恩又固請往而復反一夕四五起遲明諜至守忠等果逃又從王大破賊於陝西之新店收兩京皆立殊功以前後功加開府儀同三司鴻臚卿同正員同節度副使十二月封豐國公食實封二百戶乾元元年九月遣九節度擊安慶緒於相州從郭子儀領朔方行營破安太清下懷衞二州圍相州戰愁思岡凡經五月常爲先鋒堅敵大陣必經其戰勇冠三軍尋充都知兵馬使及李光弼代子儀懷恩又副之乾元二年進封大寧郡王遷御史大夫朔方行營節度又從李光弼守河陽破周又擒徐璜玉安太清拔懷州皆摧鋒陷敵功冠諸將其男瑒又以開府儀同三司從將兵於其軍每深入虜陣以勇敢聞軍中號爲鬬將懷恩爲人雄毅寡言應對舒緩而剛決犯上始居偏裨之中意有不合雖主將必詬怒之郭子儀爲帥以寬厚容衆素重懷恩其麾下皆朔方蕃漢勁卒恃功怙將多爲不法子儀每事優容之行師用兵倚以輯事而光弼持法嚴肅法不貸下懷恩心憚而頗不叶上元二年從李光弼史思明戰于邙山不利肅宗以懷恩功高恩顧特異諸將至冬加工部尚書敕李輔國及常參官送上太官造食以寵之代宗卽位拜隴右節度未行改朔方行營節度以副郭子儀其秋上使中官劉清潭請兵於迴紇登里可汗登里已爲史朝義誘之傾國入塞衆號十萬關中騷擾上使殿中監藥子昂馳於塞上勞之遇於忻州先是肅宗以寧國公主下嫁於毗伽闕可汗毗伽闕可汗又以少子請婚肅宗以懷恩女妻之毗伽可汗死小子代立卽登里可汗登里立以懷恩女爲可敦至是可汗請與懷恩及懷恩之母相見詔從之懷恩嫌疑不敢上因賜鐵券手詔以遣之卽令其母便發懷恩與迴紇可汗相見於太原可汗大悅遂許助討朝義於是進兵歷太原汾晉營于陝州以俟期十月詔天下兵馬元帥雍王爲中軍先鋒以懷恩爲副加同中書門下平章事領河東朔方節度行營及鎭西迴紇兵馬赴陝州并令諸道節度一時齊進懷恩與迴紇左殺爲先鋒觀軍容使魚朝恩

陝州節度郭英乂爲後殿自澠池入陳鄭節度李抱玉自河陽入河南副元帥雍王留陝州懷恩等師至黃水賊徒數萬堅柵自固懷恩陣于西原上廣張旗幟以當之命驍騎及迴紇之衆傍南山出於東北兩軍舉旗內應表裏擊之一鼓而拔賊死者數萬朝義領鐵騎十萬來救陣於昭覺寺賊皆殊死決戰短兵既接相殺甚衆官軍驟擊之賊陣而不動魚朝恩令射生五百人下馬弓弩亂發多中賊而死陣亦如初鎮西節度使馬璘曰事急矣遂援旗而進單騎奔擊奪賊兩牌突入萬衆之中左右披靡大軍乘之而入朝義大敗斬首一萬六千級生擒四千六百人降者三萬二千人轉戰于石榴園老君廟賊黨又敗人馬蹂踐塡於尚書谷朝義輕騎而走懷恩乃收進東京及河陽城封其府庫僞中書令許叔冀王伷等承制釋之悉皆安堵懷恩留迴紇可汗營於河陽乃使其子右廂兵馬使瑒北庭朔方兵馬使高輔成以步軍萬餘衆乘勝逐北懷恩常歷賊而行至于鄭州再戰皆捷進至汴州僞節度張獻誠開門出降又拔滑州追破朝義于衞州僞睢陽節度田承嗣李進超李盧達等兵馬四萬餘衆又與朝義合據河來拒瑒連盤濟師登岸薄之賊黨悉奔長驅至昌樂縣東朝義率魏州兵馬來戰又敗走達盧來降賊徒震駭於是相州僞節度薛嵩以相衞洺邢趙降于李抱玉高輔成尚文哲僞恒陽節度李寶臣以深恒定易四州降于河東節度辛雲京朝義至貝州又與僞大將薛忠義兩節度合瑒至臨清縣懼賊氣盛駐軍以俟變朝義領衆三萬并攻具來攻瑒令高彥崇渾日進李光逸等設三伏以待之賊半渡伏發合擊而走之其時迴紇又至官軍益振瑒卷甲馳之大戰于下博縣東南賊背水而陣大軍衝擊而崩之積屍擁流而下朝義又走莫州於是河南副元帥都知兵馬使薛兼訓兵馬使郝廷玉兗鄆節度使辛雲京會師于下博進軍莫州城下朝義與田承嗣頻出挑戰大敗而旋臨陣殺其僞尚書敬榮朝義懼自分萬餘衆投歸義縣留承嗣守城於是淄青節度侯希逸繼諸將同爲攻守凡月餘日瑒與高彥崇侯希逸薛兼訓等以衆三萬追及朝義於歸義縣交鋒而賊潰屬兵追躡二年三月朝義至平州石城縣溫泉柵窮蹙走入長林自縊懷仙使妻弟徐有濟傳其首以獻又降田承嗣之軍河北悉平懷恩乃與諸將班師先是去冬郭子儀以懷恩有平定河朔之功讓位於懷恩遂授河北副元帥尚書左僕射兼中書令靈州大都督府長史單于鎭北大都護朔方節度使仍加實封四百戶通前一千戶春又加太子少師充朔方都知兵馬使同節度副大使食實封五百戶莊宅各一所仍與一子五品官高輔成太子少傅兼御史中丞充河北副元帥都知兵馬使實封三百戶仍與一子五品官高彥崇太子賓客依舊朔方右廂兵馬使實封二百戶莊宅各賜一所與一子五品官遂詔懷恩統可汗還蕃遂自相州西郭口趣潞州與迴紇可汗會出太原之北懷恩初至太原辛雲京以可汗是其子壻疑其召戎閉關不報且懼可汗相襲不敢犒軍及還亦如之懷恩父子宣力王室攻城野戰無役不從一舉滅史朝義復燕趙韓魏之地自以爲功無以讓至是又爲雲京所拒懷恩怒上表列其狀頓軍汾州會中官駱奉先使于雲京雲京言懷恩與可汗爲約逆狀已露乃與奉先厚結歡奉先迴至懷恩所其母數讓奉先曰爾等與我兒約爲兄弟今又親雲京何兩面乎雖然前事勿論自今母子兄弟如初酒酣懷恩起舞奉先贈纏頭綵懷恩將酬其賜奉先遽告發懷恩曰明日端午請宿爲令節奉先固辭懷恩苦邀之命藏其馬中夕謂其從者曰向者責吾又收吾馬是將害我也奉先懼遂踰垣而走懷恩驚遽令追還其馬奉先使迴奏其反狀懷恩累表請誅雲京奉先上以雲京有功手詔和解之懷恩遂有貳於我至七月改元廣德冊勳拜太保仍與一子三品一子四品官并階仍實封五百戶僕固瑒一子五品官加實封一百戶仍賜鐵券以名藏太廟畫像於凌烟閣尋以瑒爲御史大夫朔方行營節度懷恩以寇難已來一門之內死王事者四十六人女嫁絕域再收兩京皆導引迴紇摧滅强敵而爲人媒孼蕃性獷戾怏怏不已乃上書自敘功伐曰廣德元年八月二十三日開府儀同三司尚書左僕射兼中書令朔方節度副大使河北副元帥上柱國大寧郡王臣懷恩刺肝瀝血謹頓首頓首上書寶應聖文神武皇帝陛下臣家本蕃夷代居邊塞爰自祖父早沐國恩臣年未弱冠即蒙上皇驅策出入死生竭力疆場叨承先帝報功時年已授特進洎乎祿山作亂大振王師臣累任偏裨決死靜難上以安社稷下以拯生靈仗皇天之威神滅狂胡之醜類無何思明繼逆又據東周宸極不安海內騰沸臣謬承大行皇帝委任授以兵權誓雪國讎以匡時難闔門忠烈咸願殺身野戰攻城皆先士卒兄弟死於陣敵子姪沒於軍前九族之親十不存一縱有在者瘡痍徧身況陛下潛龍之時親統師旅臣忝事麾下陛下悉臣愚誠大行皇帝未捐宮館之時臣頻立微效累蒙官賞遂被輔國等讒害幾至破家便奪兵權逾年宿衞臣雖內省無疚終懼讒佞傾危以日繼時命懸秋葉至將歸骨泉壤永謝明時幸遇陛下龍躍天衢纘繼鴻業知臣負謗察臣丹心遂開獨見之明杜絕衆多之口特拔臣於汧隴再任臣於朔方誠謂遊魂返骸枯骨再肉使臣得竭駑蹇之力効錐刀之功上荅陛下再造之恩下展微臣犬馬之志去年秋末迴紇仗義而來士庶不知悉皆驚駭陛下以臣與其姻婭令至太原祇迎一切事宜許臣逐便處置遂與可汗計議分道用兵尅復洛陽平蕩幽薊惟有神策兵馬頓軍獨住陳留可汗時在洛陽即被朝恩猜阻要爲流議已失蕃情臣自平賊却迴天恩又令餞送臣遂罄竭家產爲國周旋發遣外蕃貴圖上道行至山北被奉先雲京共生異見妄作加諸閉城不出祇迎仍令潛行竊盜蕃夷怨怒早欲相讐臣遂彌縫方得出界及其祖餞事了迴至太原臣忝跡鼎司又承重寄奉先雲京曾無禮數閉關不出相看臣遂過汾州休息士馬凡經數日不遣一介知聞自以行事乖疎恐臣先有論奏遂乃構其謗讟妄起異端扇動軍城以爲設備又臣從潞府過日見抱玉祇迎迴紇庶事用心懇稱家資罄於公用又與臣馬兼銀器四事臣與迴紇處得絹便與抱玉二千匹以充荅贈令被抱玉共相組織將此往來之貺便爲結託之私貴在厚誣務相傾奪陛下不垂明察採聽流言欲令忠直之臣枉陷讒邪之黨臣實不欺天地不負神明夙夜三思臣罪有六往年同羅背叛河曲騷然經略數軍兵圍不解臣不顧老母走投靈州先帝嘉臣忠誠遂遣徵兵討叛使得河曲清泰賊徒奔亡是臣不忠於國其罪一也臣男玢嘗被同羅虜將蓋亦制不由己旋即棄逆歸順却來投臣臣斬之以令士衆且臣不愛骨肉之重而徇忠義之誠是臣不忠於國其罪二也臣有二女俱聘遠蕃爲國和親合從討難致使賊徒殄滅寰宇清平是臣不忠於國其罪三也臣及男瑒不顧危亡身先行陣父子効命志寧邦家是臣不忠於國其罪四也陛下委臣副元帥之權令臣指麾河北其新附節度使皆握强兵臣之撫綏悉安反側州縣既定賦稅以時是臣不忠於國其罪五也臣叶和迴紇戡定兇徒天下削平蕃夷歸國使其永爲鄰好義著急難萬姓安寧干戈止息二聖山陵事畢陛下忠孝兩全是臣不忠於國其罪六也臣既負六罪誠合萬誅延頸轅門以待斧鑕過此以往更無他違陛下若以此誅臣何異伍子胥存吳卒浮屍於江上大夫種霸越終賜劍於稽山唯當吞恨九泉銜冤千古復何訴哉復何訴哉且葵藿尚解仰陽犬馬猶能戀主臣忝恩至重委任非輕夙夜思奉天顏豈暫心離魏闕誠恐以忠獲罪龜鏡不遙頃者來瑱受誅朝廷不示其罪天下忠義從此生疑況來瑱功業素高人多所忌不審聖衷獨斷復爲姦臣弄權臣欲入朝恐罹斯禍諸道節度使皆懼非臣獨敢如此近聞追詔數人並皆不至實畏中官讒口又懼陛下損傷豈唯是臣不忠只爲回邪在側且臣前後所奏駱奉先詞情非不摭實陛下竟無處置寵用彌深皆由同類相從致蒙蔽聖聰人皆懼死誰復敢言臣義切君臣志憂社稷若無極諫有負聖朝敢肆愚忠以干鼎鑊況今西有犬戎背亂東有吳越不庭均房羣盜縱橫鄜坊稽胡草擾陛下不思外禦而乃內忌忠良何以混一車書而使梯航納貢天下至大豈可暫輕伏承四方敷奏之人引對之時陛下皆云與驃騎商量曾不委宰臣可否或有稽留數月不放歸還遠近之心轉加疑阻且臣朔方將士功効最高爲先帝中興主人是陛下蒙塵故吏曾不別加優獎却信嫉妬謗詞子儀先已被猜臣今又遭毀讟弓藏鳥盡兎死犬烹臣昔謂非今方知實且臣息軍汾上關鍵大開收馬放羊曾無守備分兵數郡貴免飢饉勸課農桑務安黎庶有何狀跡而涉異端陛下必信矯詞何殊指鹿爲馬陛下儻斥逐邪佞親附忠良翦削狐疑敷陳政化使君臣無二天下歸心則窺邊之戎不足爲患梗命之寇將復何憂偃武修文其則不遠陛下若不納愚懇且貴因循臣實不敢保家陛下豈能安國忠言利行良藥愈病伏惟陛下圖之臣今戎事已安糧儲且繼深願一至闕下披露心肝再覲聖顏萬死無恨臣欲公然進發慮恐將士留連臣今便託巡晉絳等州於彼遷延且住謹遣押衙開府儀同三司試太常卿張休藏先進書兼口奏事伏惟陛下覽臣此書知臣誠懇特垂聖斷勿議近臣待臣如初浮謗不入臣當死節王命誓酬國恩仍請遣一介專使至絳州問臣臣即便與同行冀獲蹈舞軒陛鄙臣愚慮不顧死亡輕觸天威戰汗無地九月上以迴紇近塞懷恩又與辛雲京有隙上欲其悔過推心以待之恐其不信詔黃門侍郎裴遵慶使汾州喻旨且察其去就遵慶既至懷恩抱其足號泣而訴遵慶因宣聖恩優厚諷令入朝懷恩許諾副將范志誠說之曰公以讒

言交構有功高不賞之懼嫌隙已成奈何入不測之朝公不見來瑱李光弼之事乎功成而不見容二臣以走誅懷恩然之明日又以懼死爲辭許令一子入朝志誠又不可遵慶復命御史大夫王翊自迴紇使還懷恩與可汗往來恐洩其事乃止之遂令子瑒率衆攻雲京雲京出戰瑒大敗而旋進圍榆次朝廷患之先是尚書右丞顏眞卿請奉詔召懷恩因以眞卿爲刑部尚書兼御史大夫往宣慰之眞卿曰臣往請行者時也今方受命事無益矣上問其故對曰懷恩阻兵是其反側明矣頃陛下避狄于陝郊臣方責以春秋之義云寡君蒙塵於郊敢不恭問官守當是時也懷恩來朝以助討賊則其辭順今陛下攘去犬戎即宮京邑懷恩進不勤王退不釋衆其辭曲必不來矣且明懷恩反者獨辛雲京李抱玉駱奉先魚朝恩四人耳自外朝臣咸言其枉然懷恩將士皆子儀部曲恩信結其心陛下何不以子儀代之喻以逆順禍福必相率而歸耳上從之子儀至河中僕固瑒已爲朔方兵馬使張惟岳等四人斬其首獻於闕下懷恩聞之率麾下數百騎棄其母渡河北走靈武餘衆聞子儀到束甲來奔歸者數萬懷恩至靈武嘯聚亡命其衆復振上念其勳舊不欲罪功臣厚撫其家懷恩終不從其母月餘日竟以壽終又遙授太師兼中書令大寧王餘並停是秋爲鄉導誘吐蕃十萬入寇涇邠州祭來瑱之墓自序云俱遭放逐寇奉天醴泉郭子儀拒之而退永泰元年上徵天下兵以防之懷恩又糺合諸蕃衆號二十萬南犯京師遣吐蕃之衆自北道先寇醴泉奉天任敷鄭庭郝德自東道寇奉先同州羌渾奴刺之衆自西道寇盩厔鳳翔朝廷大駭詔遣郭子儀屯涇陽渾日進白元光屯奉天李光進屯雲陽馬璘郝廷玉屯中渭橋董秦屯東渭橋駱奉先李日越屯盩厔李抱玉屯鳳翔周智光杜冕屯同州上親率六軍令魚朝恩屯苑中下詔親征懷恩領迴紇及朔方之衆繼進行至鳴沙縣遇疾舁歸九月九日死於靈武部曲以鄉法焚而葬之張韶代領其衆爲徐璜玉所殺璜玉領其衆又爲范志誠所殺志誠領其衆迴紇進寇涇陽諸軍堅壁不戰吐蕃相持二十餘日又聞懷恩死與迴紇爭長自相疑貳莫敢先進遂大掠居人焚燒舍宇驅男女數萬而去所過踐禾穀殆盡迴紇乃詣子儀降請擊吐蕃以自効子儀分兵隨之大破吐蕃於涇州界任敷又敗走羌渾又多降於李抱玉懷恩逆命三年再犯順連諸蕃之衆爲國大患士不解甲糧盡餽軍適幸天亡而上爲之隱惡前後下制未嘗言其反及懷恩死羣臣以聞上爲之憫默曰懷恩不反爲左右所誤其寬仁如此閏十月懷恩姪名臣領千餘騎來降

梁崇義長安人以升斗給役於市有膂力能卷金舒鉤後爲羽林射生從來瑱於襄陽沉默寡言衆悅之累遷爲偏裨瑱朝京師分使諸將戍福昌南陽來瑱被誅戍者皆潰歸崇義時在南陽統歸師徑來襄州與同列李昭薛南陽相讓爲長不決諸將請曰兵非梁卿主之不可遂推崇義爲帥寶應二年三月崇義殺昭與南陽以畜衆心朝廷因授其節度焉以襄州荐履兵禍屈法含容姑務息人也歷御史中丞大夫尚書遂與田承嗣李正已薛嵩李寶臣爲輔車之勢奄有襄漢七州之地帶甲二萬連結根固未嘗朝覲然於羣兇地最褊兵最少法令最理禮貌最恭其地跨東南之衝數有王命之所宣洽故其人知化所親嘗勸其來朝崇義曰吾本帥來公有大勳當上元中以閹豎讒譖逡巡稽召及代宗嗣位不俟駕行旋見誅族今吾釁盈而事久若之何見上建中元年淮西節度使李希烈數請興師討崇義崇義懼軍旅之事加嚴焉流人郭昔告其爲變崇義聞之請罪昔坐決杖配流命金部員外郎李舟諭旨以安之初劉文喜作難舟嘗入其城說利害文喜拘之會帳下殺文喜而降四方反側者聞之謂舟必能覆軍殺將是以皆惡及舟至又勸其入覲言頗切直崇義益不悅二年春發五使宣諭諸道而舟復如荊襄崇義慮有變拒境不納上言軍中疑懼請換他使繇是益不安兇謀日深賓僚或有忠言沮勸多遭傷害時羣兇方自疑阻朝廷將仗大信欲來而安之以示天下乃加崇義同平章事其妻子悉加封賞且賜鐵券誓之兼授其裨將藺杲爲鄧州刺史遣御史張著齎手詔徵之崇義益恐怖誤持滿而受命藺杲奉詔書又不敢發馳詣崇義請命崇義益疑懼對著號哭不受詔由是徵四方兵使希烈統擊之崇義乃發兵攻江陵以通黔嶺及四望大敗而歸遂屯襄鄧希烈先發千餘人守臨漢崇義屠之無遺噍既而希烈統大軍緣漢而崇義使將翟暉杜少誠迎戰於蠻水希烈大破之復合於涑口又破之二將求降希烈受之使統本兵入襄陽號令以安百姓崇義領親兵老小閉壁將守者斬關爭出不可止其年八月崇義與其妻投井而死傳首闕下其親戚希烈皆戮之選其嘗從臨漢之役者三千人悉斬之

李懷光渤海靺鞨人也本姓茹其先徙于幽州常爲朔方列將以戰功賜氏更名嘉慶懷光少從軍以武藝壯勇稱朔方節度使郭子儀禮之益厚上元中累遷試太僕太常卿主右衙兵將積功勞至開府儀同三司爲朔方軍都虞候永泰初實封三百戶大曆六年兼御史中丞間一年兼御史大夫加爲軍都虞候性清勤嚴猛而敢誅殺雖親戚犯法皆不撓避子儀性寬厚不親軍事紀綱任懷光軍中尤畏之亦稱爲理十二年以母憂罷職明年起復本官仍兼邠寧慶三州都將德宗即位罷子儀節度副元帥以其所部分隸諸將遂以懷光起復檢校刑部尚書兼河中尹邠州刺史邠寧慶晉絳慈隰節度支度營田觀察押諸蕃部落等使先是懷光頻歲率師城長武以處軍士城據原首臨涇水俯瞰通道吐蕃自是不敢南侵爲西邊要防矣建中初涇原四鎮節度使段秀實爲宰相楊炎所惡徵爲司農卿上將復城原州乃以懷光兼涇州刺史涇原四鎮北庭節度使時懷光挾私怨新誅殺朔方舊將溫儒雅等數人涇州軍士咸畏之劉文喜因衆不欲遂以城叛詔朱泚與懷光將兵討平之加檢校太子少師二年遷檢校左僕射兼靈州大都督單于鎮北大都護朔方節度支度營田觀察鹽池押諸蕃部落六城水運使實封四百戶邠寧節度等使如故時馬燧李抱眞諸軍同討魏城未拔朱滔王武俊皆反連兵救悅三年詔遣懷光統朔方兵步騎一萬五千同討田悅懷光勇而無謀至魏城之日營壘未設因與滔等大戰于愜山爲滔等所敗復爲悅決水以灌之諸軍不利因與燧等退軍于魏縣尋加同平章事益實封二百戶自是與滔等相持不戰明年十月涇原之卒叛上居奉天朱泚既僭大號遣中使馳告河北諸帥懷光率軍奔命時屬泥淖懷光奮厲軍士道自蒲津渡河敗泚騎兵於醴泉直赴奉天前數日先遣裨將張韶持表封蠟丸隨賊攻城乘間逾壍呼城上人曰朔方軍使也乃以繩引上城而入比登堞身中數十矢時上在重圍中守拒益急既知懷光軍至令張韶號令於城上人心乃安懷光又敗泚兵於魯店泚乃解兵還走入城懷光性麤厲疎愎緣道數言盧杞趙贊白志貞等姦佞且曰天下之亂皆此輩也吾見上當請誅之杞等微知之懼甚因說上令懷光乘勝逐泚收復京師不可許至奉天德宗從之懷光屯軍咸陽數上表暴揚杞等罪惡上不得已爲貶杞趙贊白志貞以慰安之又疏中使翟文秀上之信任也又殺之懷光既不敢進軍遷延自疑因謀爲亂初詔遣崔漢衡使於吐蕃出兵佐收京城蕃相尚結贊曰蕃法進軍以統兵大臣爲信今奉制書無懷光名署故不敢前上聞之遣翰林學士陸贄詣懷光議用蕃軍懷光堅執言不可者三不肯署制詞慢且謂贄曰爾何所能興元元年二月詔加太尉兼賜鐵券遣李昇及中使鄧鳴鶴齎券喻旨懷光怒甚投券於地曰凡人臣反則賜鐵券今授懷光是使反也詞氣益悖衆爲之懼時懷光部將韓遊瓌掌兵在奉天懷光乃與遊瓌書約令爲變遊瓌密奏之翌日懷光又使趣之遊瓌復奏聞數日懷光又使趣遊瓌爲門者所捕懷光且宣言曰吾今與朱泚連和車駕當須引避由是上遽幸梁州時李晟已移軍東渭橋懷光復劫李建徽楊惠元等軍移於好畤其下頗多攜貳先是朱泚甚畏之至是因欲臣之懷光虜無所得益疑懼不自安居二旬乃驅兵分爲部隊掠涇陽三原富平自同州往河中神策將孟涉段威勇自三原擁兵三千餘人奔歸李晟懷光不能遏韓遊瓌殺懷光留後張昕以邠州從順戴休顏自奉天令於軍曰懷光已反乃令城守馳表以聞上於是授遊瓌休顏節度使乃除懷光太子太保罷其餘官其所管委本軍擇一人功高望崇者統之皆不奉詔四月懷光至河中遂偷有同絳等州按兵觀望李晟既收復京師上遣給事中孔巢父中使啖守盈持詔徵之懷光素服受命巢父乃宣言於衆太尉軍中誰可領軍事者懷光左右皆胡虜因發怒亂持兵殺巢父及守盈自是繕兵益修守拒上還京師以侍中渾瑊爲河中節度副元帥將兵討懷光瑊復破同州屯軍不進數爲懷光所敗時仍歲旱蝗京師初復經費不給言事者多請赦懷光時河東節度使馬燧威名素著乃加燧副元帥與瑊及鎭國軍節度駱元光邠寧節度韓遊瓌鄜坊節度唐朝臣會兵同討懷光燧率軍拔絳州至寶鼎慮懷光西走唐突京邑乃捨軍朝京師既還與瑊先自河東而降其驍將尉珪徐庭光統諸軍以圍河中貞元元年秋朔方部將牛名俊斬懷光首以降燧其子璀刃其弟數人乃自殺懷光死時年五十七詔以男一人爲嗣賜莊宅各一所仍還懷光屍首任其收葬妻子並從澧州五年又詔曰懷舊念功仁之大也興滅繼絕義之弘也昔蔡叔圮族周公封其子於東土韓信干紀漢后爵其孥以弓高侯君集之不率畀化我太宗存其亂以主祀詳考先王之道洎乎烈祖之訓皆以刑佐德俾人嚮方則斧鉞之誅甲兵之伐蓋不得已而用也曩歲盜臣竊發國步多虞狹狩于近郊指期薄伐將振昆陽之旅以

與涿鹿之功徵師未達于諸侯衛士且疲于七萃而李懷光三軍夙駕千里勤王上假雷霆之威下逐虎狼之衆議功方始守節靡終潛構禍胎拒違朝命棄同即異捨順効逆爲臣至此在法必誅猶示紱懷庶其牽復而梟音益厲豨突莫還大戮所加曾無噍類雖自貽伊戚與衆棄之而言念舊勞何嗟及矣以其前効猶在孤魂無歸懷之惻然是用悽軫予欲布陳大惠冀以化成保合太和期於刑措宜以懷光外孫燕八八賜姓李氏名承緒授左衛率府冑曹參軍承懷光之後仍賜錢一千貫任於懷光墓側置立莊園侍養懷光妻王氏井備四時享奠之禮嗚呼朕實不德臨於兆人泣辜宥罪素誠所志爾其保姓受氏宣力承家勉紹乃考之建國庸無若爾父之違王命初懷光授首其子璀等皆死唯妻王氏在故上特捨其死及是又思懷光舊勳哀其絕後乃命承緒繼之

史臣曰僕固懷恩李懷光咸以勇力有勞王家爲臣不終遂行反噬其罪大矣然辛雲京駱奉先盧杞白志貞輩致彼二逆貽憂時君亦可謂國之讒賊矣梁崇義旣無令始又無善終與妻投泉何塞其咎

贊曰臣之事君有死無二懷恩懷光凶終一致崇義多姦國家所棄迷而亡歸自速其斃

舊唐書卷一百二十一考證

僕固懷恩傳懷恩領回紇兵從之汶水○沈炳震曰按西京無汶水回紇傳作澶當從傳

公不見來瑱李光弼之事乎功成而不見容二臣以走誅○句疑有誤新書云二臣功高不賞瑱已及誅文義較明

張韶代領其衆爲徐璜玉所殺○新書回鶻傳韶爲懷恩囚死

# 舊唐書卷一百二十二

後晉司空同中書門下平章事劉　昫撰

## 列傳第七十二

張獻誠弟獻恭 獻恭子煦 獻甫　路嗣恭子恕　曲環
崔漢衡　楊朝晟　樊澤　李叔明　裴胄

張獻誠陝西平陸人幽州節度使幽州大都督府長史守珪之子也天寶末陷逆賊安祿山受僞官連陷史思明爲思明守汴州統逆兵數萬寶應元年冬東都平史朝義逃歸汴州獻誠不納舉州及所統兵歸國詔拜汴州刺史充汴州節度使踰年來朝代宗寵賜甚厚三遷檢校工部尚書兼梁州刺史充山南西道觀察使廣德二年十月擒南山賊帥高玉以獻永泰二年正月獻名馬二絲絹雜貨共十萬匹是月兼充劍南東川節度觀察使封鄧國公西川崔旰殺郭英乂獻誠率衆戰於梓州爲旰所敗獻誠僅以身免大曆二年四月獻誠以疾上表乞歸私第仍薦堂弟試太常卿兼右羽林將軍獻恭以自代詔許之以獻誠檢校戶部尚書知省事八月獻誠以疾抗疏辭官無幾卒於私第獻恭守珪之弟守瑜子累以軍功官至試太常卿兼右羽林將軍代獻誠爲梁州刺史兼御史中丞充山南西道節度觀察使大曆十三年七月獻恭破吐蕃萬餘衆於岷州建中二年正月加檢校兵部尚書爲東都留守三年正月爲太府卿容州刺史本管經略招討使四年七月與渾瑊盧杞司農卿段秀實與吐蕃尚結贊築壇於京城之西會盟如淸水之儀興元元年六月轉檢校吏部尚書仍與一子正員官盧杞移饒州刺史給事中袁高論其不可獻恭因入對紫宸殿上言高所奏至當臣恐煩聖聽不敢纔陳其事德宗不悟獻恭復奏曰袁高是陛下一良臣望特優異德宗顧謂宰臣李勉等曰朕欲授杞一小州刺史可乎對曰陛下授大州亦可其奈士庶失望何獻恭守正不撓也如此獻甫守珪弟左武衞將軍贈戶部尚書守琦之子獻甫少隨諸兄從軍初爲偏裨以軍功累授試光祿卿殿中監河中節度副元帥都知兵馬使檢校兵部尚書兼御史大夫建中初從節度使賈耽征梁崇義於襄漢以功加太子詹事及幸奉天興元獻甫首至從渾瑊征討有功及復京邑入爲金吾將軍時李懷光未平吐蕃侵擾西邊獻甫領禁軍出鎭咸陽凡累年軍民悅之貞元四年還檢校刑部尚書兼邠州刺史邠寧慶節度觀察使乃於彭原置義倉方渠馬嶺等縣選險要之地以爲烽堡又上疏請復鹽州及洪門洛原等鎭各置兵防以備蕃寇朝廷從之貞元四年九月吐蕃將尚志董星論莽羅等寇寧州獻甫率衆禦之斬首百餘級吐蕃遁邊城貞元十二年加檢校左僕射五月丙申卒年六十一廢朝三日贈司空賻物有差獻恭子煦嘗隨獻甫征討積戰功累遷至夏州節度使元和八年十二月振武軍逐出節度使李進賢而屠其家殺判官嚴澈憲宗怒遣煦以夏州兵二千人赴振武仍許以便宜擊斷九年正月賜絹三萬匹以助軍資河東節度使王鍔遣兵五千會煦於善羊柵詔煦入振武誅作亂蘇國珍等二百五十三人乃定是歲十二月卒贈太子太保

路嗣恭京兆三原人始名劍客歷仕郡縣有能名累至神烏令考績上上爲天下最以其能賜名嗣恭歷工部尚書兼御史大夫靈州大都督府長史充關內副元帥郭子儀副使知朔方節度營田押諸蕃部落等使嗣恭披荊棘以守之大將御史中丞孫守亮握重兵偃強不受制嗣恭稱疾召至因殺之威信大行永泰三年檢校刑部尚書知省事大曆六年七月爲江南西道都團練觀察使在官恭恪善理財賦賈明觀者事北軍都虞候劉希暹魚朝恩誅希暹從坐明觀積惡犯衆怒時宰相元載受賂遣江南効力魏少遊承載意苟容之及嗣恭代少遊卽日杖殺識者稱之大曆八年嶺南將哥舒晃殺節度使呂崇賁反五嶺騷擾詔加嗣恭兼嶺南節度觀察使嗣恭擢流人孟瑤敬冕使分其務瑤主大軍當其衝冕自間道輕入招集義勇得八千人以擣其心腹二人皆有全策詭計出其不意遂斬晃及誅其同惡萬餘人築爲京觀俚洞之宿惡者皆族誅之五嶺削平拜檢校兵部尚書知省事嗣恭起於郡縣吏以至大官皆以恭恪爲理著稱及平廣州商舶之徒多因晃事誅之嗣恭前後沒其家財寶數百萬貫盡入私室不以貢獻代宗心甚銜之故嗣恭雖有平方面功止轉檢校兵部尚書無所酬勞及德宗卽位楊炎受其貨始敍前功除兵部尚書東都留守尋加懷鄭汝陝四州河陽三城節度及東都畿觀察使徵至京師卒時年七十一廢朝一日贈左僕射子恕字體仁初嶺南衙將哥舒晃反詔嗣恭自江西致討授檢校工部員外郎得以軍前便宜從事俄而降者繼路於是擢降將伊愼推心用之賊平恕功居多年纔三十爲懷州刺史久之轉京兆少尹監門衞大將軍兼御史中丞教練招討等使其後爲鄜坊觀察使太子詹事坐事貶吉州刺史遷太子賓客以右散騎常侍致仕卒年七十三贈洪州都督恕私第有佳林園自貞元初李紓包佶輩迄于元和末僅四十年朝之名卿咸從之遊高歌縱酒不屑外慮未嘗問家事人亦以和易稱之

曲環陝州安邑人也父彬爲南使正監因家於隴右以環故累贈兵部尚書環少讀兵書尤以勇敢騎射聞天寶中從哥舒翰攻拔石堡城收黃河九曲洪濟等城累授果毅別將安祿山反從襄陽節度魯炅守鄧州拒賊將武令珣戰數十合環功居多超授左淸道率又從李抱玉守河陽南城尋將兵守澤州破賊驍將安曉赦特拜羽林將軍又將別部兵合諸軍同討史朝義平河北累轉金吾大將軍並同正員隨李抱玉移軍京西大曆中領兵隴州頻破吐蕃加特進太常卿上初嗣位吐蕃大寇劍南詔環以邠隴兵五千馳往大破戎虜收七盤城威武軍及維茂二州西戎奔遁環大振功名而還加太子賓客賜以名馬與諸將討涇州叛將劉文喜平之加開府儀同三司兼御史中丞充邠隴兩軍都知兵馬使時李納擁兵侵逼徐州令環與劉玄佐同救援累破李納逆黨環以功最加御史大夫建中三年十月加檢校左常侍充邠隴行營節度使李希烈侵陷汴州環與諸軍守固寧陵陳州大破希烈軍於陳州城下殺逆黨三萬五千人擒其驍將翟曄以獻希烈因遁歸蔡州環以功加檢校工部尚書兼陳州刺史希烈平加環兼許州刺史陳許等州節度觀察加實封三百戶陳蔡二州以希烈擾亂遭剽劫頗甚人多逃竄他邑以避禍環勤身恭儉賦稅均平政令寬簡不三二歲襁負而歸者相屬訓農理戎兵食皆豐羨十二年加檢校左僕射卒時年七十四廢朝一日贈司空賻布帛米粟有差

崔漢衡博陵人也性沉厚寬博善與人交釋褐授沂州費令滑州節度使令狐彰奏署掌記累遷殿中侍御史大曆六年拜檢校禮部員外郎爲和吐蕃副使還遷右司郎中改萬年令建中三年爲殿中少監兼御史大夫充和蕃使與吐蕃使區頰贊至自蕃中時吐蕃大相尚結息忍而好殺以常覆敗於劍南思刷其恥不肯約和其次相尚結贊有材略因言於贊普請定界明約以息邊人贊普然之竟以結贊代結息爲大相約和好期以十月十五日會盟於境上戊申以漢衡爲鴻臚卿四年吐蕃朝貢加檢校工部尚書復使吐蕃興元初上居奉天吐蕃遣帥佐渾瑊敗朱泚兵於武功以功轉檢校兵部尚書兼祕書監西京留守無幾眞拜兵部尚書爲東都淄青魏博賑給宣慰使明年爲幽州宣慰使所至皆稱職貞元三年副侍中渾瑊與吐蕃會盟於平凉吐蕃背約瑊僅免時無備預在會免者什無一二士卒死者以千數漢衡與同陷者並至河州結贊令召之以頻使於蕃結贊素信重與孟日華中官劉延邕俱至石門而遣五騎送至境上四年七月加檢校吏部尚書晉慈隰觀察使尋加都防禦使十一年四月卒

楊朝晟字叔明夏州朔方人也初在朔方爲步軍先鋒嘗有功授甘泉府果毅建中初從李懷光討劉文喜于涇州斬獲生擒居多授驃騎大將軍稍爲右先鋒兵馬

使後李納寇徐州從唐朝臣征討嘗冠軍鋒以功授開府儀同三司檢校太子賓客上在奉天李懷光自山東赴難以朝晟爲左廂兵馬使將千餘人下咸陽以挫朱泚加御史中丞實封一百五十戶及懷光反于河中朝晟被脅在軍上幸梁洋韓遊瓌退于邠寧懷光以嘗在邠寧迫制如屬城以賊黨張昕在邠州總後務昕懼難作乃大索軍資徵卒乘約明潛發歸于懷光朝晟父懷賓爲遊瓌將因夜以數十騎斬昕及同謀遊瓌即日使懷賓奉表聞奏上召勞問授兼御史中丞正除遊瓌邠寧節度使間諜至河中朝晟聞其事泣告懷光曰父立功於國子合誅戮不可主兵矣懷光遂縶之及諸軍進圍河中韓遊瓌營于長春宮懷賓身當戰伐及懷光平上念其忠俾副元帥渾瑊特原朝晟遂爲遊瓌都虞候時父子同軍皆爲開府賓客御史中丞營於軍中後詔徵遊瓌宿衛以左金吾將軍張獻甫爲檢校刑部尚書兼御史大夫邠寧慶節度觀察使代韓遊瓌初遊瓌以吐蕃犯塞自將兵戍寧州及受代以是月壬子夜輕騎潛遁歸闕其將卒素驕怠畏張獻甫之嚴因遊瓌夜出衙內千餘人遂叛掠且因監軍楊明義邀奏出奔將范希朝爲節度朝晟時爲都虞候初逃於郊翌日乃來紿其衆曰所請甚愜我來賀也由是稍安朝晟及諸將謀誅首惡者乙卯朝晟率諸將經數日以告曰前請者不獲張尚書昨日已入邠州汝等皆當死吾不能盡殺各言戎首以歸罪焉餘無所問於是衆中唱二百餘人斬之乃定上擢希朝爲寧州刺史以副獻甫獻甫入奏朝晟功加御史大夫九年城鹽州徵兵以護外境朝晟分統士馬鎮木波獻甫卒詔以朝晟代之其年丁母憂起復左金吾大將軍同正邠州刺史大夫如故十年春朝晟奏方渠合道木波皆賊路也請城其地以備之詔問所須幾何朝晟奏曰臣部下兵自可集事不煩外助復問前築鹽州凡興師七萬今何其易也朝晟曰鹽州之役諸軍蕃戎盡知之今臣境迫虜若大興兵即蕃戎來寇寇則戰戰則無暇城矣今請密發軍士不十日至塞下未三旬而功畢蕃人始乘障數日而退初軍次方渠無水師徒囂然遽有青蛇乘高而下視其跡水隨而流朝晟令築防環之遂爲停泉軍人仰飲以足圖其事上聞詔置祠焉十五年二月免喪加檢校工部尚書是夏以防秋移軍寧州遘疾來年正月卒

樊澤字安時河中人也父詠開元中舉草澤授試大理評事累贈兵部尚書澤長於河朔相衛節度薛嵩奏爲磁州司倉堯山縣令建中元年舉賢良對策禮部侍郎于邵厚遇之與楊炎善薦爲補闕歷都官員外郎澤好讀兵書朝廷以其有將帥材尋兼御史中丞充通和蕃使蕃中用事宰相尚結贊深禮之尋從鳳翔節度張鎰與吐蕃會盟於淸水遷金部郎中御史中丞山南節度行軍司馬時李希烈背叛詔以普王爲行軍元帥徵澤爲諫議大夫元帥行軍右司馬屬駕幸奉天普王不行澤改右庶子兼中丞復爲山南東道行軍司馬尋代賈耽爲襄州刺史兼御史大夫山南東道節度觀察使澤有武藝每與諸將射獵常出其右人心服之賊衆畏焉頻與李希烈兇黨接戰前後擒降其驍將張嘉瑜杜文朝梁俊之李克誠薛翼等收唐隨二州希烈既平澤丁母憂起復右衞大將軍同正餘如故三年代張伯儀爲荆南節度觀察等使江陵尹兼御史大夫三歲加檢校禮部尚書會襄州節度曹王皐卒於鎮軍中剽劫擾亂以澤威惠素著於襄漢復代曹王皐爲襄州刺史山南東道節度使十二年加檢校右僕射卒年五十贈司空賻布帛米粟有差其日將宴百官廢朝改取他日

李叔明字晉卿閬州新政人本姓鮮于氏代爲豪族兄仲通天寶末爲京兆尹劍南節度使兄弟並涉學輕財好施叔明初爲劍南節度使楊國忠判官乾元後爲司勳員外郎副漢中王瑀使迴紇迴紇接禮稍倨叔明離位責之曰大國通好賢王奉使可汗於大唐子壻豈可恃微功而傲乎唐法不然可汗改容加敬復命遷司門郎中後爲京兆少尹無幾以疾辭除右庶子出爲邛州刺史尋拜東川節度遂州刺史後移鎮梓州檢校戶部尚書時東川兵荒之後凋殘頗甚叔明理之近二十年招撫甿庶夷落獲安大曆末有閬州嚴氏子上疏稱叔明少孤養子於外族遂冒姓焉請復之詔從焉叔明初不知其從外氏姓意醜其事遂抗表乞賜宗姓代宗以戎鎮寄重許之仍賓嚴氏子於法及駕幸奉天其子昇翊從叔明每私疏誡勵見危臨難當誓以死昇奉父嚴訓果著勳効識者嘉之叔明既朝京師以本官兼右僕射乞骸骨改太子太傅致仕卒諡曰襄叔明總戎年深積聚財貨子孫驕淫殁纔數年遺業蕩盡

裴胄字胤叔其先河東聞喜人今代葬河南伯父寬戶部尚書有名於開元天寶間胄明經及第解褐補太僕寺主簿屬二京陷覆淪避他州賊平授祕書省正字累轉祕書郎陳少遊陳鄭節度留後奏胄試大理司直少遊罷隴右節度李抱玉奏授監察御史不得意歸免陳少遊爲宣歙觀察復辟在幕府抱玉怒奏桐廬尉浙西觀察使李栖筠有重望虛心下士幕府盛選才彥觀察判官許鴻謙有學識栖筠嘗異席事多咨之崔造輩皆所薦引一見胄深重之薦於栖筠奏授大理評事觀察支度使代宗以元載撩紊朝綱徵栖筠入朝內制授御史大夫方將大用載怙權栖筠居顧問剸舉之職與不平及栖筠卒胄護栖筠喪歸洛陽衆論危之胄坦然行心無所顧望淮南節度陳少遊奏檢校主客員外兼侍御史觀察判官尋爲行軍司馬還宣州刺史楊炎初作相銳意爲元載報讎凡其枝黨無漏適會胄部人積胄官時服雜俸錢爲贓者炎命酷吏員寓深按其事貶汀州司馬尋徵爲少府少監除京兆少尹以父名不拜換國子司業遷湖南觀察都團練使移江南西道前江西觀察使李兼罷省南昌軍千餘人收其資糧分爲月進胄至奏其本末罷之會京南節度樊澤移鎮襄陽宰相方議其人上首命胄代澤仍兼御史大夫胄簡儉恒一時諸道節度觀察使競剝下厚斂製奇錦異綾以進奉爲名又貴人宣命必竭公藏以買其歡胄待之有節皆不盈數金常賦之外無橫斂宴勞禮止三爵未嘗酣樂時武臣多厮養畜賓介微失則奏流死胄以書生始奏貶書記梁易從君子薄其進退賓客不以禮物議薄之貞元十九年十月卒時年七十五贈右僕射諡曰成

史臣曰三獻軍謀臣節克紹家風路嗣恭從微至著執法簡廉環理兵勸農獨彰善政漢衡誠愨奉職朝晟忠孝權謀澤威惠荆襄叔明見危誓死立政惠民胄抱義危行守政奉公皆賢帥矣然嗣恭聚財爲功名之瑕玷叔明聚財致子孫之驕淫財之汚人誠可誡也

贊曰張路曲崔樊楊李裴守忠臣之道皆賢帥之才

舊唐書卷一百二十二考證

張獻誠傳充山南西道觀察使○新書作節度使

楊朝晟傳十五年免喪加檢校工部尚書來年正月卒○新書十七年卒于屯据德宗本紀十五年五月卒當從新書　臣德潛按一百四十四卷中復立楊朝晟傳文中略有更易惟前傳云十年春朝晟奏方渠合道木波皆賊路也請城其地以備之後傳云十三年顯然互異

樊澤傳三年代張伯儀爲荆南節度觀察等使○本紀代嗣曹王皐

# 舊唐書卷一百二十三

後晉司空同中書門下平章事劉　昫撰

## 列傳第七十三

劉晏　第五琦　班宏　王紹　李巽

劉晏字士安曹州南華人年七歲舉神童授祕書省正字累授夏縣令有能名歷殿中侍御史遷度支郎中杭隴華三州刺史尋遷河南尹時史朝義盜據東都寄理長水入爲京兆尹頃之加戶部侍郎兼御史中丞判度支委府事於司錄張羣杜亞綜大體議論號爲稱職無何爲酷吏敬羽所構貶通州刺史復入爲京兆尹戶部侍郎判度支時顏眞卿以文學正直出爲利州刺史晏舉眞卿自代爲戶部乃加國子祭酒寶應二年遷吏部尚書平章事領度支鹽鐵轉運租庸使坐與中官程元振交通元振得罪晏罷相爲太子賓客尋授御史大夫領東都河南江淮山南等道轉運租庸鹽鐵使如故時新承兵戈之後中外艱食京師米價斗至一千宮厨無兼時之積禁軍乏食畿縣百姓乃挼穗以供之晏受命後以轉運爲已任凡所經歷必究利病之由至江淮以書遺元載曰浮于淮泗達于汴入于河西循底柱硤石少華楚帆越客直抵建章長樂此安社稷之奇策也晏賓于東朝猶有官謗相公終始故舊不信流言賈誼復召宣室弘羊重興功利敢不悉力以荅所知驅馬陝郊見三門渠津遺迹到河陰鞏洛見宇文愷置梁公堰分黃河水入通濟渠大夫李傑新堤故事飾像河廟凜然如生涉滎郊浚澤遙瞻淮甸步步探討知昔人用心則潭衡桂陽必多積穀關輔汲汲只緣兵糧漕引瀟湘洞庭萬里幾日淪波挂席西指長安三秦之人待此而飽六軍之衆待此而强天子無側席之憂都人見泛舟之役四方旅拒者可以破膽三河流離者於茲請命相公匡戴明主爲富人侯此今之切務不可失也使僕湔洗瑕穢率罄愚懦當憑經義請護河隄宜勤在官不辭水死然運之利病各有四五焉晏自尹京入爲計相共五年矣京師三輔百姓唯苦稅畝傷多若使江湖米來每年三二十萬即頓減徭賦歌舞皇澤其利一也東都殘毀百無一存若米運流通則飢人皆附村落邑廛從此滋多命之日引海陵之倉以食鞏洛是計之得者其利二也諸將有在邊者諸戎有侵敗王略者或聞三江五湖貢輸紅粒雲帆桂楫輸納帝鄉軍志曰先聲後實可以震耀夷夏其利三也自古帝王之盛皆云書同文車同軌日月所照莫不率俾今舟車旣通商賈往來百貨

雜集航海梯山神聖輝光漸近貞觀永徽之盛其利四也所可疑者函陝凋殘東周尤甚過宜陽熊耳至武牢成皋五百里中編戶千餘而已居無尺椽人無烟爨蕭條悽慘獸遊鬼哭牛必羸角輿必說輹棧車輓漕亦不易求今於無人之境興此勞人之運固難就矣其病一也河汴有初不修則毀澱故每年正月發近縣丁男塞長茭決沮淤淸明桃花已後遠水自然安流陽侯宓妃不復太息頃因寇難總不掏拓澤滅木岸石崩役夫需於沙津吏旋於濘千里洄上罔水舟行其病二也東垣底柱澠池二陵北河運處五六百里戍卒久絕縣吏空拳奪攘姦宄窟穴囊橐夾河爲藪豺狼狺狺舟行所經寇亦能往其病三也東自淮陰西臨蒲坂亘三千里屯戍相望中軍皆鼎司元侯賤卒儀同靑紫每云食半菽又云無挾纊輓漕所至船到便留卽非單車使折簡書所能制矣其病四也惟小子畢其慮奔走之惟中書詳其利病裁成之晏累年已來事缺名毀聖慈含育特賜生全月餘家居遽卽臨遣恩榮感切思殞百身見一水不通願荷鍤而先往見一粒不運願負米而先趨焦心苦形期報明主丹誠未克漕引多虞屛營中流掩泣獻狀自此每歲運米數十萬石以濟關中又至德初爲國用不足令第五琦於諸道榷鹽以助軍用及晏代其任法益精密官無遺利初歲入錢六十萬貫季年所入逾十倍而人無厭苦大曆末通計一歲征賦所入總一千二百萬貫而鹽利且過半累遷吏部尚書大曆四年六月與右僕射裴遵慶同赴本曹視事敕尚食增置儲供許內侍魚朝恩及宰臣已下常朝官咸詣省送上八年知三銓選事十二年三月誅宰臣元載晏奉詔訊鞫晏以載居任樹黨布于天下不敢專斷請他官共事敕御史大夫李涵右散騎常侍蕭昕兵部侍郎袁傪禮部侍郎常袞諫議大夫杜亞同推載皆欵伏初晏承旨門下侍郎同平章事王縉亦處極法晏謂涵等曰重刑再覆國之常典況誅大臣得不覆奏又法有首從二人同刑亦宜重取進止涵等從命及晏等覆奏代宗乃減縉罪從輕縉之生晏平反之力也十三年十二月爲尚書左僕射時宰臣常袞專政以晏久掌銓衡時議平允兼司儲蓄職舉功深慮公望日崇上心有屬竊忌之乃奏晏朝廷舊德宜爲百吏師長外示崇重內實去其權及奏上以晏使務方理代其任者難其人使務知三銓並如故李靈曜之亂也河南節帥所據多不奉法令征賦亦隨之州縣雖益減晏以羨餘相補人不加賦所入仍舊議者稱其能自諸道巡院距京師重價募疾足置遞相望四方物價之上下雖極遠不四五日知故食貨之重輕盡權在掌握朝廷獲美利而天下無甚貴賤之憂得其術矣凡所任使多收後進有幹能者其所總領務乎急促趨利者化之遂以成風當時權勢或以親戚爲託晏亦應之俸給之多少命官之遲速必如其志然未嘗得親職事其所領要務必一時之選故晏沒後二十餘年韓洄元琇裴腆包佶盧徵李衡繼掌財賦皆晏故吏其部吏居數千里之外奉教令如在目前雖寢興宴語而無欺紿四方動靜莫不先知事有可賀者必先上章奏江淮茶橘晏與本道觀察使各歲貢之皆欲其先至有土之官或封山斷道禁前發者晏厚以財力致之常先他司由是甚不爲藩鎭所便晏理家以儉約稱而重交敦舊頗以財貨遺天下名士故人多稱之善訓諸子咸有學藝任事十餘年權勢之重鄰於宰相要官重職頗出其門既有材力視事敏速乘機無滯然多任數挾權貴固恩有口者必利啗之當大曆時事貴因循軍國之用皆仰於晏未嘗檢轄德宗嗣位言事者稱轉運可罷多矣初楊炎爲吏部侍郎晏爲尚書各恃權使氣兩不相得炎坐元載貶晏快之昌言於朝及炎入相追怒前事且以晏與元載隙憾時人言載之得罪晏有力焉炎將爲載復讎又時人風言代宗寵獨孤妃而又愛其子韓王迥晏密啓請立獨孤爲皇后炎因對敭流涕奏言賴祖宗福祐先皇與陛下不爲賊臣所間不然劉晏黎幹之輩搖動社稷凶謀果矣今幹以伏罪晏猶領權臣爲宰相不能正持此事罪當萬死崔祐甫奏言此事曖昧陛下以廓然大赦不當究尋虛語朱泚崔寧又從傍與祐甫救解之寧言頗切炎大怒斥寧令出鎭鄜坊以擠挫之遂罷晏轉運等使尋貶爲忠州刺史炎欲誣構其罪知庾準與晏素有隙舉爲荊南節度以伺晏動靜準乃奏晏與朱泚書祈救解言多怨望炎又證成其事上以爲然是月庚午晏已受誅使迴奏報誣晏以忠州謀叛下詔暴言其罪時年六十六天下冤之家屬徙嶺表連累者數十人貞元五年上悟方錄晏子執經授太常博士少子宗經祕書郎執經上請削官贈父特追贈鄭州刺史

第五琦京兆長安人少孤事兄華敬順過人及長有吏才以富國强兵之術自任天寶初事韋堅堅貶官累至須江丞時太守賀蘭進明甚重之會安祿山反進明遷北海郡太守奏琦爲錄事參軍祿山已陷河間信都等五郡進明未有戰功玄宗大怒遣中使封刀促之曰收地不得卽斬進明之首進明惶懼莫知所出琦乃勸令厚以財帛募勇敢軍士出奇力戰遂收所陷之郡令琦奏事至蜀中琦得謁見奏言方今之急在兵兵之强弱在賦賦之所出江淮居多若假臣職任使濟軍須臣能使賞給之資不勞聖慮玄宗大喜卽日拜監察御史勾當江淮租庸使尋拜殿中侍御史尋加山南等五道度支使促辦應卒事無違闕遷司金郎中兼御史中丞使如故於是創立鹽法就山海井竈收榷其鹽官置吏出糶其舊業戶并浮人願爲業者免其雜徭隸鹽鐵使盜煮私市罪有差百姓除租庸外無得橫賦人不益稅而上用以饒遷戶部侍郎兼御史中丞專判度支領河南等道支度都勾當轉運租庸鹽鐵鑄錢司農太府出納山南東西江淮南館驛等使乾元二年以本官加同中書門下平章事初琦以國用未足幣重貨輕乃請鑄乾元重寶錢以一當十行用之及作相又請更鑄重輪乾元錢一當五十與乾元錢及開元通寶錢三品並行既而穀價騰貴餓殣死亡枕藉道路又盜鑄爭起中外皆以琦變法之弊封奏日聞乾元二年十月貶忠州長史既在道有告琦受人黃金二百兩者遣御史劉期光追按之琦對曰二百兩金十三斤重忝爲宰相不可自持若其付受有憑卽請準法科罪期光以爲此是琦伏罪也遽奏之請除名配流夷州馳驛發遣仍差綱領送至彼寶應初起爲朗州刺史甚有能政入遷太子賓客屬吐蕃寇陷京師代宗幸陝關內副元帥郭子儀請琦爲糧料使兼御史大夫充關內元帥副使未幾改京兆尹車駕尅復專判度支兼諸道鑄錢鹽鐵轉運常平等使累封扶風郡公又加京兆尹改戶部侍郎判度支前後領財賦十餘年魚朝恩伏誅琦坐與欵狎出爲處州刺史歷饒湖二州入爲太子賓客東都留司上以其材將復任用召還京師信宿而卒年七十贈太子少保子峯峯婦鄭氏女皆以孝著旌表其門

班宏衞州汲人也祖思簡春官員外郞父景倩祕書監宏少舉進士授右司禦胄曹後爲薛景先鳳翔掌書記又爲高適劍南觀察判官累拜大理司直攝監察御史時靑城山有妖賊張安居以左道惑衆事覺多誣引大將冀以緩死宏驗理而速殺之人心乃安既而郭英乂代適以厭人望奏署祕書郎兼雒令以疾免大曆三年還起居舍人尋兼理匭使四遷至給事中時李寶臣卒於其位子惟岳匿喪求位上遣宏使成德問疾且喻之惟岳厚賂宏皆不受還報合旨遷刑部侍郎兼官考使時右僕射崔寧考兵部侍郎劉迺上下宏駮曰夷荒靖難專在節制尺籍伍符不校省司夫上行宣美之名則下開趨競之路上行阿容下必朋黨因削去之迺知而謝曰迺雖不敏敢掠一美以徼二罪乎尋除吏部侍郎爲吐蕃會盟使李揆之副貞元初仍歲旱蝗上以賦調爲急改戶部侍郎爲度支使韓滉之副遷尚書復副竇參參初爲大理司直宏已爲刑部侍郎及參爲相領度支上以宏久司國計因令副之且曰朕藉參宰相以臨遠衆務悉委於卿勿以辭也參以宏先貴常私解悅之曰參後來一朝居尚書之上甚不自安一年之後當歸此使宏心喜歲餘參絕不復言宏性剛愎爲人間之且怒食言公事多異揚子院鹽鐵轉運委藏也宏以御史中丞徐粲主之既不理且以賄聞參欲代之宏執不可參又選諸院吏未嘗訪宏乃疏參所用者過惡以聞事輒留中無何參以使務加吏部尚書而宏進封蕭國公怨參以虛號寵之間惡愈甚每奉詔營建宏必極壯麗親程課役又厚結權倖以傾參張滂先善於宏宏薦爲司農少卿及參欲以滂分掌江淮鹽鐵詢之於宏宏以滂嫉惡慮以法繩徐粲因曰滂强戾難制不可用滂知之八年三月參遂爲上所疎乃讓度支使遂以宏專判而參不欲使務悉歸於宏問計京兆尹薛珏珏曰二子交惡而滂剛決若分鹽鐵轉運於滂必能制宏參乃薦滂爲戶部侍郎鹽鐵使判轉運尚隸於宏以悅之江淮兩稅悉宏主之置巡院然令宏滂共擇其官滂請鹽鐵舊簿書於宏宏不與之每署院官宏滂更相是非莫有用者滂乃奏曰班宏與臣相戾巡院多闕官臣掌財賦國家大計職不修無所逃罪令宏若此何以輯事遂令分掌之無幾宏言於宰相趙憬陸贄曰宏職轉運年運江淮米五十萬斛前年增七十萬斛以實太倉幸無過今職移於人不知何謂滂時在側忿然曰尚書失言甚矣若運務畢舉朝廷固不奪之蓋由喪公錢縱姦吏故也且凡爲度支胥吏不一歲貲累鉅萬僮馬第宅僭於王公非盜官財何以致是道路喧喧無不知之聖上故令滂分掌公問所言無乃歸怨於上乎宏默然不對是日宏稱疾於第滂往問之宏不見憬贄乃以宏滂之言上聞由是遵大曆故事如劉晏韓滉所分滂至揚州按徐粲逮僕妾子姪得贓鉅萬乃徙嶺表故參得罪宏頗有力焉勤恪官署晨入夕歸下吏勞而未嘗厭苦淸白勤幹稱之於時貞元八年年七十三廢朝加贈

諡曰敬

王紹本家于太原今爲京兆萬年人舊名與憲宗同永貞年改焉少時顏眞卿器重之因紹舊名字之曰德素奏授武康尉蕭復爲常州刺史辟爲從事包佶領租庸鹽鐵亦以紹爲判官時李希烈阻兵江淮租輸所在艱阻特移運路自潁入汴紹奉佶表詣闕屬德宗西幸紹乃督緣路輕貨趣金商路倍程出洋州以赴行在德宗親勞之謂紹曰六軍未有春服我猶衣褢紹俯伏流涕奏曰包佶令臣間道進奉數約五十萬上曰道路回遠經費懸急卿之所奏豈可望耶後五日而所督繼至上深賴焉貞元中爲倉部員外郎時屬兵革旱蝗之後令戸部收闕官俸兼稅茶及諸色無名之錢以爲水旱之備紹自拜倉部便準詔主判及遷戸部兵部郎中皆獨司其務擢拜戸部侍郎尋判度支後二年遷戸部尚書德宗臨馭歲久機務不由台司自竇參陸贄已後宰臣備位而已德宗以紹謹密恩遇特異凡主重務八年政之大小多所訪決紹未嘗洩漏亦不矜衒順宗卽位王叔文始奪其權拜兵部尚書尋除檢校吏部尚書東都留守元和初遷檢校尚書右僕射徐州刺史武寧軍節度復以濠泗二州隸焉時承張愔之後兵驕難治紹修輯軍政人甚安之六年徵拜兵部尚書兼判戸部事九年卒年七十二贈左僕射諡曰敬

李巽字令叔趙郡人少苦心爲學以明經調補華州參軍拔萃登科授鄠縣尉周歷臺省由左司郎中出爲常州刺史踰年召爲給事中出爲湖南觀察使銳於爲理五年改江西觀察使加檢校散騎常侍兼御史大夫巽持下以法吏不敢欺而動必察之順宗卽位入爲兵部侍郎司徒杜佑判度支鹽鐵轉運使以巽幹治奏爲副使佑辭重位巽遂專領度支鹽鐵使權筦之法號爲難重唯大曆中僕射劉晏雅得其術賦入豐羨巽掌使一年征課所入類晏之多歲明年過之又一年加一百八十萬貫舊制每歲運江淮米五十萬斛抵河陰久不盈其數唯巽三年登焉遷兵部尚書明年改吏部尚書使任如故巽精於吏職蓋性使然也雖在私家亦置案牘簿書勾檢如公署焉人吏有過絲毫無所貸雖在千里外其恐慄如在巽前初程异附王叔文貶竄巽知其吏才明辨奏而用之憲宗不違其請异勾檢簿籍又精於巽故課最加衍亦异之助焉巽爲吏部尚書臥疾郎官相率省問巽初不言其病與之考校程課商略功利至其夕而卒然性强很狡惡忌刻頗甚乘德宗之怒謀殺竇參物論冤之初參爲宰相不悅於巽自左司郎中出爲常州刺史仍促其行不數月參貶郴州司馬久之巽自給事中爲湖南觀察使郴卽屬郡也宣武軍節度使劉士寧以擅襲父任物議不可朝廷不得已而授之及參之貶士寧嘗以絹數千匹賂參巽在湖南具奏其事言參與藩鎮交通德宗怒遂賜參死議者冤之巽廉察江西徇喜怒之情而無罪被戮者多矣元和四年四月卒時年七十一贈尚書左僕射

史臣曰歷代操利柄爲國計者莫不損下益上危人自安變法以弄權斂怨以構禍皆有之矣如劉晏通擁滯任才能富其國而不勞於民儉於家而利於衆或問曰鄭子產吏不能欺宓子賤吏不忍欺西門豹吏不敢欺三子者古之賢人也吏皆懷其欺而不能不忍不敢也晏之吏遠近自不欺者何也荅曰蓋任其才而得其人也晏歿故吏二十餘年繼掌財賦不其是哉史記貨殖云平糶齊物關市不乏治國之道也晏治天下無甚貴甚賤之物泛言治國者其可及乎舉眞卿才忠也減王縉罪正也忠正之道復出於人嗚呼木秀於林風必摧之常袞見忌於前楊炎致冤於後可爲長歎息矣時議有口者以利啖之苟不塞讒口何以持重權卽無以展其才濟其國矣是其術也又何譏焉第五琦促辦應卒民不加賦而國豐饒亦庶幾矣然鑄錢變法物貴身危其何陋哉凡利國者農商之外不可爲也宏滂爭權樹黨皆非令人紹之謹密幹事巽之嚴察精辨亦足可稱

贊曰豐財忠良晏道爲長琦宏滂巽咸以利彰

舊唐書卷一百二十三考證

班宏傳滂至揚州按徐粲逮僕妾子侄得贓鉅萬乃徙嶺表故參得罪宏頗有力焉○臣德潛按徙嶺表下明有闕文上初未明竇參之得罪而以故字接下殊不連屬

宏頗有力焉勤恪官署晨入夕歸○臣德潛按宏頗有力焉下亦不應如此接疑有闕文

舊唐書卷一百二十四

後晉司空同中書門下平章事劉　昫撰

列傳第七十四

薛嵩子平　嵩弟崿　令狐彰子建　運　通　田神功弟神玉

侯希逸　李正己子納　納子師古　師道　宗人洧附

薛嵩絳州萬泉人祖仁貴高宗朝名將封平陽郡公父楚玉爲范陽平盧節度使嵩少以門蔭落拓不事家產有膂力善騎射不知書自天下兵起束身戎伍委質逆徒廣德元年東都平時皇太子爲天下兵馬元帥遣僕固懷恩東收河朔嵩爲賊守相州聞賊朝義兵潰王師至嵩惶惑迎拜于懷恩馬前懷恩釋之令守舊職時懷恩二心已萌懷恩平河朔旋乃奏嵩及田承嗣張志忠李懷仙分理河北道遂以嵩爲相州刺史充相衞洺邢等州節度觀察使承嗣鎭魏州志忠鎭恒州懷仙鎭幽州各據數州之地時多事之後姑欲安人遂以重寄委嵩嵩感恩奉職數年間管內粗理累遷檢校右僕射大曆八年正月卒詔遣弟崿知留後累加崿太子少師大曆十年正月丁酉昭義軍兵馬使裴志清盜所將兵逐崿崿衆歸田承嗣以叛崿奔于洺州上表乞入朝許之至京素服於銀臺門待罪詔釋之嵩子平年十二爲磁州刺史嵩卒軍吏欲用河北故事脅平知留後務平僞許之讓於叔父崿一夕以喪歸及免喪累授右衞將軍在南衙凡三十年宰相杜黃裳深器之薦爲汝州刺史兼御史中丞理有能名元和七年淮西用兵自左龍武大將軍授兼御史大夫滑州刺史鄭滑節度觀察等使累有戰功滑州城西距黃河二里每歲常爲水患平詢訪得古河道接衞州黎陽縣界平率魏博節度使田弘正同上聞開古河南北長十四里決舊河以分水勢滑人遂無水患居鎭六年入爲左金吾大將軍未幾復爲鄭滑節度觀察使及平李師道朝廷以東平十二州析爲三道以淄青齊登萊五州爲平盧軍以平爲節度觀察等使仍押新羅渤海兩蕃使長慶元年幽鎭叛杜叔良統橫海全軍討伐不勝王庭湊圍牛元翼於深州棣州爲賊所窘朝廷乃委平以偏師援棣州平卽遣將李叔佐以兵五百救之居數月刺史王稷餽給稍薄兵士怨怒叔佐不能戢宵潰而歸仍推突將馬狼兒爲帥行及青城鎭劫鎭將李自勸并其衆次至博昌鎭復劫其鎭兵共得七千餘人徑逼青州城城中兵士不敵平悉府庫并家財募二千精卒逆擊之仍先以騎兵掩其家屬輜重賊衆惶惑反顧因大敗狼兒與其同惡十數輩脫身竄匿餘黨降稍後者斬於鞠場明日狼兒亦就擒戮脅從者放歸田里詔加右僕射進封魏國公由是遠近畏伏平之威略在鎭六周歲兵甲完利井賦均一至是入覲百姓遮道乞留數日乃得出時人以爲近日節制罕有其比寶曆元年歸朝進加檢校左僕射兼戸部尚書踰月復檢校司空兼河中絳隰節度觀察等使太和二年復以晉州慈州隸河中益兵三千人加平檢校司徒在河中凡六年召拜太子太保明年上疏乞老以司徒致仕居一年卒冊贈太傅嵩族子雄初爲嵩屬吏知衞州事嵩歿特詔授衞州刺史魏博節度田承嗣誘爲亂雄不從承嗣遣刺客盜殺之

令狐彰京兆富平人也遠祖自燉煌徙家焉代有冠冕父潓天寶中任鄚州錄事參軍以淸白聞本道採訪使宋鼎引爲判官初任范陽縣尉通幽州人女生彰及秩滿留彰于母氏彰遂少長范陽倜儻有膽氣涉獵書傳粗知文義善弓矢乃策名從軍事安祿山天寶中以軍功累遷至左衞員外郎將安祿山叛隨賊黨張通儒赴京師通儒僞署爲城內左街使王師收復二京隨通儒等遁走河朔又陷逆賊史思明僞署爲博州刺史及滑州刺史令統數千兵戍滑臺彰感激忠義思立名節乃潛謀歸順會中官楊萬定監滑州軍彰遂募勇士善於水者俾乘夜涉河達表奏于萬定請以所管賊一將兵馬及州縣歸順萬定以聞自祿山構逆爲賊守者未有舉州向化肅宗得彰表大悅賜書慰勞時彰移鎭杏園渡遂爲思明所疑思明乃遣所親薛岌統精卒圍杏園攻之彰乃明示三軍曉以逆順衆心感附咸悉力爲用與賊兵戰大破之潰圍而出遂以麾下將士數百人隨萬定入朝肅宗深獎之禮甚優厚賜甲第一區名馬數匹并帷帳什器頗盛拜御史中丞兼滑州刺史滑亳魏博等六州節度仍加銀青光祿大夫鎭滑州委平殘寇及史朝義滅遷御史大夫封霍國公尋加檢校工部尚書未幾檢校右僕射餘並如故彰在職風化大行滑州瘡痍未復城邑爲墟彰以身勵下一志農戰內檢軍戎外牧黎庶法令嚴酷人不敢犯數年間田疇大闢庫藏充積歲奉王稅及修貢獻未嘗暫闕時犬戎犯邊徵兵防秋彰遣屬吏部統營伍自滑至京之西郊向二千餘里甲士三千人率自賫糧所過州縣路次供擬皆讓而不受經閭里不犯秋毫識者稱之然性識猜阻人有忤意不加省察輒至斃踣此其短也臨終手疏辭表誡子以忠孝守節又舉能自代表曰臣自事陛下得備藩守

受恩則重，効節未終長辭聖朝痛入心骨臣誠哀懇頓首頓首臣受性剛拙亦能包含頃因魚朝恩將掠亳州遂與臣結怨當其縱暴臣不敢入朝專聽天誅即欲奔謁及魚朝恩死即臣屬疾苦又遭家艱力微眼暗行動須人拜舞不能數月有闕欲請替辭退即日望稍瘳異得康强榮歸朝覲自冬末舊疾益重瘡腫又生氣息奄奄遂期殞歿不遂一朝天闕一拜龍顔臣禮不終忠誠莫展臣之大罪下慙先代仰媿聖朝臣竭誠事上誓立大節天地神明實知臣心心不遂行言發自痛當使倉糧錢絹羊馬牛畜一切已上並先有部署三軍兵士州縣官吏等各恭舊職祇待聖恩臣伏見吏部尚書劉晏及工部尚書李勉知識忠貞堪委大事伏願陛下速令檢校上副聖心臣男建等性不爲非行亦近道今勒歸東都私第使他年爲臣報國下慰幽魂臨歿昏亂伏表哀咽上覽表嗟悼久之特下詔褒美曰中衞社稷外修疆事合於一體以靖庶邦其在有終謂之不朽覿前代文武通賢有匡時戡難迫於大化不忘時君未嘗不嘉尚而流歎也今有忠烈之臣彰剛直形外純和積中本於孝敬輔以才略統制藩閫服勞王家往以母老躬於就養豈不戀闕以茲曠年及茸麻在艱優諭權奪踴絶傷足淚盡喪明入覲之期良願莫遂想其風彩久軫顧懷遽見淪没用深追悼嗟乎方疾之時以情自疏無所有隱見之於詞復節守常條上軍簿請擇良帥命于中朝乃令遺亂爰歸東洛敎忠以報國約禮以居喪古人所謂生不交利死不屬其子夫豈遠哉節槩誠亮高絶無鄰喟然感傷鑒寐增慟有以見東州士大夫勤王尊主之志用嘉其休可以垂範宣付史館式昭名臣子建運通建大曆四年十二月彰遣入朝特加兼御史中丞歸滑州及彰卒滑三軍逼奪情禮建守死不從舉家歸京師服闋累轉至右龍虎軍使德宗以涇原兵亂出幸奉天建方教射於軍中遂以四百人隨駕爲後殿至奉天以建爲行在中軍鼓角使幸梁州轉行在右廂兵馬使右羽林大將軍兼御史大夫興元元年六月加檢校左散騎常侍行在都知兵馬使左神武大將軍建妻李氏恒帥寶臣女也建惡將棄之乃誣與傭敎生邢士倫姦通建召士倫榜殺之因逐其妻士倫母聞不勝其痛卒李氏奏請按劾詔令三司詰之李氏及奴婢款證被誣頗明白建方自首伏建會赦免坐德宗詔曰子育黎元未能禁暴在予之責用軫于懷宜輟常膳五百千文充葬士倫母子其父既衰耄至無所歸良深矜念委京兆尹厚加存恤貞元四年七月以前官爲右領軍大將軍五年三月以專殺不辜德宗念舊勳特容貸之復陳訴詞甚虛罔遂貶施州別駕同正卒於貶所貞元六年九月贈右領軍大將軍十年贈揚州大都督運爲東都留守將逐賊出郊其日有刼轉運絹於道者杜亞以運豪家子意其爲之乃令判官穆員及從事張弘靖同鞫其事員與弘靖皆以運職在牙門必不爲盜抗請不按亞不聽而怒斥逐員等令親事將武金鞫之金笞箠運從者十餘人一人笞死九人不勝考掠自誣竟無贓狀亞具以聞請流運於嶺表德宗令侍御史李元素刑部員外崔從質大理司直盧士瞻三司覆按運獄既竟明運迹非行盜以曾捕掠人於家配流歸州武金肆虐作威教人通款配流建州後歲餘齊抗捕得劫轉運絹賊郭部朱瞿曇等七人及贓絹詔令杜亞與留臺同劾之皆首伏然終不原運運死於歸州衆寃之通元和中宰相李吉甫奏曰臣伏見代宗朝滑州節度使令狐彰臨終上表悉以土地兵甲籍上朝廷遣諸子隨表歸闕代宗以彰遺表宣示百寮當時在位者聞之無不感歎今有次子通在臣每感彰同時河朔諸鎮付子傳孫無不燻灼數代唯彰忠義感激奉國忘家遣子入朝以土地歸於先帝貞元中長子建坐事死於施州幼子運亦無罪流於歸州欲使忠義之人何所激勸今通幸存得遇明聖伏乞陛下召之與語如堪用望垂奬錄憲宗念彰之忠即授通贊善大夫出爲宿州刺史時討淮蔡用爲泗州刺史歲中改壽州團練使檢校御史中丞每與賊戰必虛張虜獲得賊數人即爲露布上之宰相武元衡笑而不奏如有敗衄即不敢上聞後爲賊所攻境上城柵並陷通走固州城閉壁不出憲宗遣李文通往宣慰度其將至遂令代通貶爲昭州司戶移撫州司馬十四年徵爲右衞將軍制下給事中崔植封還制書言通前刺壽州失律不宜遽加奬任憲宗令宰相宣喻門下言通父有功於國不宜逐棄其子制命方行歲餘出爲淄州刺史長慶初入爲左衞大將軍卒

田神功冀州人也家本微賤天寶末爲縣里胥會河朔兵興從事幽薊上元元年爲平盧節度都知兵馬使兼鴻臚卿於鄭州破賊四千餘衆生擒逆賊大將四人牛馬器械不可勝數尋爲鄧景山所引至揚州大掠百姓商人資產郡內比屋發掘略徧商胡波斯被殺者數千人二年二月生擒逆賊劉展送于闕下以擒展功累遷檢校工部尚書兼御史大夫汴宋等八州節度使大曆三年三月朝京師獻馬十匹金銀器五十件繒綵一萬匹時郭子儀入朝請宴宰臣等於私第神功効其請亦以許之尋加檢校右僕射赴尚書省視事特詔宰臣已下百官送上仍加知省事以寵之神功忠朴幹勇當時所稱八年冬復觀闕廷遘疾信宿而終上悼惜爲之徹樂廢朝三日贈司徒賻絹一千匹布五百端特許百官弔喪賜屏風茵褥於靈座并賜千僧齋以追福至德已來將帥不兼三事者哀榮無比弟神玉自曹州刺史權汴州留後大曆十年正月加檢校兵部郎中兼御史中丞爲汴州刺史知汴州節度觀察留後事并河陽澤潞等兵馬直據淇門會李承昭討魏博田承嗣卒詔滑州李勉代之

侯希逸平盧人也少習武藝天寶末安祿山反署其腹心徐歸道爲平盧節度希逸爲平盧裨將率兵與安東都護王玄志襲殺歸道使以聞詔以玄志爲平盧節度使乾元元年冬玄志病卒軍人共推立希逸爲平盧軍使朝廷因授節度使既數爲賊所迫希逸率勵將士累破賊徒向潤客李懷仙等既淹歲月且無救援又爲奚虜所侵希逸拔其軍二萬餘人且戰遂達于青州會田神功能元皓於兗州青州遂陷於希逸詔就加希逸爲平盧淄青節度使自是迄今淄青節度皆帶平盧之名也希逸初領淄青甚著聲稱理兵務農遠近美之寶應元年與諸節度同討襲史朝義平之加檢校工部尚書賜實封圖形凌烟閣以私艱去職大曆十一年九月起復檢校尚書右僕射上柱國封淮陽郡王後漸縱恣政事怠惰尤崇奉釋教且好畋遊興功創寺宇軍州苦之永泰元年因與巫者夜宿於城外軍士乃閉之不納希逸奔歸朝廷拜檢校右僕射久之加知省事遷司空詔出而卒廢朝三日贈太保

李正己高麗人也本名懷玉生於平盧乾元元年平盧節度使王玄志卒會有敕遣使來存問懷玉恐玄志子爲節度遂殺之與軍人共推立侯希逸爲軍帥希逸母即懷玉姑也後與希逸同至青州累至折衝將軍驍健有勇力寶應中衆軍討史朝義至鄭州迴紇方强暴恣橫諸節度皆下之正己時爲軍候獨欲以氣吞之因與其角逐衆軍聚觀約曰後者批之既逐而先正己擒其領而批其背迴紇尿液俱下衆軍呼笑虜慙繇是不敢爲暴節度使侯希逸即其外兄也用爲兵馬使正己沉毅得衆心希逸因事解其職軍中皆言其非罪不當廢會軍人逐希逸希逸奔走遂立正己爲帥朝廷因授平盧淄青節度觀察使海運押新羅渤海兩蕃使檢校工部尚書兼御史大夫青州刺史賜今名尋加檢校尚書右僕射封饒陽郡王大曆十一年十月檢校司空同中書門下平章事十三年請入屬籍從之爲政嚴酷所在不敢偶語初有淄青齊海登萊沂密德棣等州之地與田承嗣令狐彰薛嵩李寶臣梁崇義更相影響大曆中薛嵩死及李靈曜之亂諸道共攻其地得者爲己邑正己復得曹濮徐兗鄆共十有五州內視同列貨市渤海名馬歲歲不絶法令齊一賦稅均輕最稱强大嘗攻田承嗣威震鄰敵歷檢校司空左僕射兼御史大夫加平章事太子太保司徒後自青州徙居鄆州使子納及腹心之將分理其地建中後畏懼朝廷多不自安聞將築汴州乃移兵屯濟陰晝夜教習爲備河南騷然天下爲憂羽檄馳走徵兵以益備又於徐州增兵以扼江淮於是運輸爲之改道未幾發疽卒時年四十九子納擅總兵政祕之數月乃發喪興元元年四月歸順方贈正己太尉納少時正己遣將兵備秋代宗召見嘉之自奉禮郎超拜殿中丞兼侍御史賜紫金魚袋歷檢校倉部郎中兼總父兵奏署淄州刺史正己將兵擊田承嗣奏署節度觀察留後尋遷青州刺史又奏署行軍司馬兼曹州刺史曹濮徐兗沂海留後又加御史大夫建中初正己卒納祕喪統父衆仍復爲亂比會悅於濮陽遣大將衞俊將兵一千救悅爲河東節度使馬燧敗於洹水殺傷殆盡詔諸軍誅之納從叔父洧以徐州李士眞以德州及棣州李長卿皆以州歸順納以彭城險阨又怒洧背宗乃悉兵圍之詔宣武軍節度劉洽與諸軍救之大敗納兵於城下後將兵於濮陽洽攻破其城外納自城上見洽涕泣悔罪遣判官房說以其弟經男成務朝京師請因洽從順會中使宋鳳朝見之謂納計蹙欲誅破之以爲己功奏請無捨上乃械說等繫禁中納遂歸鄆州復與李希烈朱滔王武俊田悅合兵謀皆反僞稱齊王建置百官及興元之降罪己詔納乃効順詔加檢校工部尚書平盧軍節度淄青等州觀察使無幾檢校右僕射同中書門下平章事時希烈圍陳州納遣兵與諸軍奮擊大破之因解圍加檢校司空封五百戶貞元初升鄆州爲大都督府改授長史年三十四薨於位廢朝三日贈賻有差子師古累奏至青州刺史貞元八年納死軍中以師古代其位而上請朝廷因而授之起復右金吾大將軍同正平盧及青淄齊節度營田觀察海運陸運押新

羅渤海兩蕃使成德軍節度王武俊率師次于德棣二州將取蛤蝃及三汊城棣州之鹽池與蛤蝃歲出鹽數十萬斛棣州之隸淄青也其刺史李長卿以城入朱滔而蛤蝃爲納所據因城而戍之以專鹽利其後武俊以敗朱滔功以德棣二州隸之蛤蝃猶爲納戍納初於德州南跨河而城以守之謂之三汊交田緒以通魏博路而侵掠德州爲武俊患及納卒師古繼之武俊以其年弱初立舊將多死心頗易之乃率衆兵以取蛤蝃三汊爲名其實欲窺納之境師古令棣州降將趙鎬拒之武俊令其子士清將兵先濟於滴河會士清營中火起軍驚恐之未進德宗遣使諭旨武俊即罷還師古毀三汊口城從詔旨師古雖外奉朝命而嘗畜侵軼之謀招集亡命必厚養之其得罪於朝而逃詣師古者因即用之其有任使于外者皆留其妻子或謀歸欵於朝事洩族其家衆畏死而不敢異圖貞元十年五月師古服闋加檢校禮部尚書十二年正月檢校尚書右僕射十一月師古丁母憂起復左金吾上將軍同正十五年正月師古杜佑李欒妾媵並爲國夫人十六年六月與淮南節度使杜佑同制加中書門下平章事及德宗遺詔下告哀使未至義成軍節度使李元素以與師古鄰道録遺詔報師古以示無外師古遂集將士引元素使者謂曰師古近得邸吏狀具承聖躬萬福李元素豈欲反乃忽僞録遺詔以寄師古三代受國恩位兼將相見賊不可以不討遂杖元素使者遽出兵以討元素爲名冀因國喪以侵州縣俄聞順宗即位師古乃罷兵後累官至檢校司徒兼侍中卒贈太傅師道師古異母弟其母張忠志女師道時知密州事師古死其奴不發喪潛使迎師道於密而奉之朝命久未至師道謀於將吏或欲加兵於四境其判官高沐固止之乃請進兩稅守鹽法申官員遣判官崔承寵孔目官林英相繼奏事時杜黃裳作相欲乘其未定也以計分削之憲宗以蜀川方擾不能加兵於師道元和元年七月遂命建王審遙領節度授師道檢校左散騎常侍兼御史大夫權知鄆州事充淄青節度留後十月加檢校工部尚書兼鄆州大都督府長史充平盧軍及淄青節度副大使知節度事管內支度營田觀察處置陸運海運押新羅渤海兩蕃等使自正己至師道竊有鄆曹等十二州六十年矣懼衆不附己皆用嚴法制之大將持兵鎮于外者皆質其妻子或謀歸欵於朝事洩其家無少長皆殺之以故能劫其衆父子兄弟相傳焉五年七月檢校尚書右僕射十年王師討蔡州師道使賊燒河陰倉斷建陵橋初師道置留邸於河南府兵諜雜以往來吏不敢辨因吳元濟北犯汝鄭郊畿多警防禦兵盡戍伊闕師道潛以兵數十百人內其邸謀焚宮闕而肆殺掠既烹牛饗衆矣明日將出會有小將楊進李再興者詣留守呂元膺告變元膺追伊闕兵圍之半日不敢進攻防禦判官王茂元殺一人而後進或有毀其墉而入者賊衆突出殺人圍兵奔駭賊得結伍中衢內其妻子於囊橐中以甲胄殿而行防禦兵不敢追賊出長夏門轉掠郊墅東濟伊水入嵩山元膺誡境上兵重購以捕之數月有山棚鬻鹿於市賊遇而奪之山棚走而徵其黨或引官軍共圍之谷中盡獲之窮理得其魁首乃中岳寺僧圓靜年八十餘嘗爲史思明將偉悍過人初執之使巨力者奮鎚不能折頸圓靜罵曰鼠子折人脚猶不能敢稱健兒乎乃自置其足教折之臨刑乃曰誤我事不得使洛城流血死者凡數十人留守禦將二人都亭驛卒五人甘水驛卒三人皆潛受其職署而爲之耳目自始謀及將敗無知者初師道多買田於伊闕陸渾之間凡十所處欲以舍山棚而衣食之有訾嘉珍門察者潛部分之以屬圓靜以師道錢千萬僞理嵩山之佛光寺期以嘉珍竊發時舉火於山中集二縣山棚人作亂及窮按之嘉珍門察乃賊武元衡者元膺具狀以聞及誅吳元濟師道恐懼上表乞聽朝旨請割三州并遣長子入侍宿衛詔許之師道識暗政事皆決於羣婢婢有號蒲大姊袁七娘者爲謀主乃言曰自先司徒以來有此十二州奈何一日無苦而割之耶今境內兵士數十萬人不獻三州不過發兵相加可以力戰戰不勝乃議割地未晚也師道從之而止表言軍情不叶乃詔諸軍討伐十年十二月武寧軍節度使李愿遣將王智興擊破師道之衆九千斬首二千餘級獲牛馬四千遂至平陰十一年十一月加師道司空仍遣給事中柳公綽往宣慰且觀所爲欲寬容之師道苟以遜順爲辭長惡不悛十三年七月滄州節度使鄭權破淄青賊於齊州福城縣斬首五百餘級十月徐州節度使李愬兵馬使李祐於兖州魚臺縣破賊三千餘人魏博節度使田弘正率本軍自陽劉渡河距鄆州九十里下營再接戰破賊三萬餘衆生擒三千人收器械不可勝紀陳許節度使李光顏於濮陽縣界破賊收斗門城杜莊柵田弘正復於故東阿縣界破賊五萬諸軍四合累下城柵師道使劉悟將兵當魏博軍既敗數令促戰師未進乃使奴召悟計事悟知其來殺已乃稱病不出召將吏謀曰魏博兵強乘勝出戰必敗吾師不出則死今天子所誅司空一人而已悟與公等皆初驅逐就死地何如轉禍爲福殺其來使以兵趣鄆州立大功以求富貴衆皆曰善乃迎其使而斬之遂賚師道追牒以兵趣鄆州及夜至門示以師道追牒乃得入兵士繼進至毬場因圍其內城以火攻之擒師道而斬其首送于魏博軍元和十四年二月也是月弘正獻於京師天子命左右軍如受馘儀先獻于太廟郊社憲宗御興安門受之百寮稱賀初東軍諸道行營節度擒逆賊將夏侯澄等共四十七人詔曰附麗兇黨拒抗王師國有常刑悉合誅戮朕以久居汚俗皆被脅從況討伐已來時日未幾縱懷轉禍之計未有効欵之由情似可矜朕不忍殺況三軍百姓孰非吾人詔令頒行罪止師道方欲拯於塗炭是用活其性命誠爲屈法庶使知恩並宜特從釋放仍令却遞送至魏博及義成行營各委節度收管驅使如父母血屬猶在賊中或羸老疾病情切歸還者仍量事優當放去務相全貸何所疑留及澄等至行營賊覘知傳告叛徒皆感朝恩由是劉悟得行其謀焉師道妻魏氏及小男並配掖庭堂弟師賢師智配流春州姪弘巽配流雷州詔分其十二州爲三節度俾馬總薛平王遂分鎮焉仍命宰臣崔羣撰碑以紀其績國家自天寶末安祿山首亂兩河至寶應元年王師平史朝義其將薛嵩李懷仙田承嗣李寶臣等受僞命分領州郡朝廷厭兵因僕固懷恩請就加官爵及侯希逸爲軍人逐出正己又據齊魯之地既而遞相膠固聯結姻好職貢不入法令不加率以爲常仍皆署其子爲副大使父死子立則以三軍之請聞亦有爲大將所殺而自立者自安史以後迄至于貞元朝廷多務優容每聞擅襲因而授之以故六十餘年兩河號爲反側之俗憲宗知人善任剗平亂迹兩河復爲王土焉師道妻魏氏元和十五年出家爲尼洧正己從父兄也正己用爲徐州刺史正己死子納犯宋州洧以其州歸順加御史大夫封潮陽郡王食實封二百戶充招諭使初洧遣攝巡官崔程奉表至京師令口奏并白宰相徐州恐不能獨當賊若得徐海沂三州節度都團練使即必立功況海沂兩州亦並爲賊納所據非國家州縣其刺史王涉馬萬通等洧並素與之約若有詔命冀必成功程乍自外到闕以爲宰相一也乃先以其言白張鎰鎰言於盧杞杞怒程不先白己故洧所請不行杞妬公害私皆此類也及李納遣兵攻徐州劉洽與諸將擊退之賊勢未衰始加洧徐海沂都團練觀察使尋加密州時海密州皆爲賊所據不受洧命旋加洧檢校戶部尚書未幾疽發背稍平乃大具糜餅飯僧於市洧乘平肩輿自臨其場市人歡呼洧驚疽潰於背而卒贈左僕射

史臣曰自安史亂離河朔割據雖外尊朝旨而內蓄姦謀薛嵩祖父國之名將及身濡足賊廷既沐國恩尚存家法守土奉職終身一心果有令人克全餘慶彰居喪循禮有士子之風馭衆權謀著將軍之業中外善政終始令名成功不居告老致仕方之者鮮矣背逆歸國治兵牧民上表推誠舉賢代己時稱能善始善終者也建志禀遺訓克全令名不能終保功業惜哉神功忠勇竟著勳名希逸荒狂自失茅土師道祖父弟兄盜據青鄆得計則潛圖兇逆失勢則僞奉朝旨向背任情數十年矣或問曰師古之前三師而不滅師道繼立數年而亡者何哉荅曰納與師古自運姦謀躬臨戎事朝廷任盧杞以私妬公致懷光變忠爲逆李納父子宜其苟延洎憲宗當朝裴度爲相君臣道合中外情通師道外任諸奴內聽羣婢軍民攜貳家族滅亡不亦宜乎假息數年猶爲多矣何所疑焉

贊曰田神功勇能立勳令狐彰死不失節薛平振家世以顯揚師道任臧獲而亡滅

# 舊唐書卷一百二十五

後晉司空同中書門下平章事劉　昫撰

## 列傳第七十五

張鎰 馬河清附　劉從一　蕭復

柳渾

張鎰蘇州人朔方節度使齊丘之子也以門蔭授左衛兵曹參軍郭子儀爲關內副元帥以嘗伏事齊丘辟鎰爲判官授大理評事還殿中侍御史乾元初華原令盧從以公事呵責邑人內侍齊令詵令詵銜之構誣外發鎰按驗從當降官及下有司從當杖死鎰具公服白其

母曰上疏理縱縱必免死鎰必坐貶若以私則鎰負於當官貶則以太夫人爲憂敢問所安母曰爾無累於道吾所安也遂執奏正罪縱獲配流鎰貶撫州司戶量移晉陵令未之官洪吉觀察張鎬辟爲判官奏授殿中侍御史遷屯田員外郎轉祠部右司二員外母憂居喪有聞免喪除司勳員外交遊不雜與楊綰崔祐甫相善大曆五年除濠州刺史爲政清淨州事大理乃招經術之士講訓生徒比去郡升明經者四十餘人撰三禮圖九卷五經微旨十四卷孟子音義三卷李靈曜反于汴州鎰訓練鄉兵嚴守禦之備詔書褒異加侍御史沿淮鎮守使尋遷壽州刺史使如故德宗即位除江南西道都團練觀察使洪州刺史兼御史中丞徵拜吏部侍郎尋除河中晉絳都防禦觀察使到官數日改汴滑節度觀察使汴州刺史兼御史大夫以疾辭逗留於中路徵入養疾私第未幾拜中書侍郎平章事集賢殿學士修國史建中三年正月太僕卿趙縱爲奴當千發其陰事縱下御史臺貶循州司馬留當千於內侍省鎰上疏論之曰伏見趙縱爲奴所告下獄人皆震懼未測聖情貞觀二年太宗謂侍臣曰比有奴告其主謀逆此極弊法特須禁斷假令有謀反者必不獨成自有他人論之豈藉其奴告也自今已後奴告主者皆不受盡令斬決由是賤不得干貴下不得陵上教化之本既正悖亂之漸不生爲國之經百代難改欲全其事體實在防微頃者長安令李濟得罪因奴萬年令霍晏得罪因婢愚賤之輩悖慢成風主反畏之動遭誣告充溢府縣莫能斷決建中元年五月二十八日詔曰準鬭競律諸奴婢告主非謀叛已上者同自首法並準律處分自此奴婢復順獄訴稍息今趙縱非叛逆奴實姦兇奴在禁中縱獨下獄考之於法或恐未正將帥之功莫大於子儀人臣之位莫大於尚父歿身未幾墳土僅乾兩壻先已當辜趙縱今又下獄設令縱實抵法所告非奴纔經數月連罪三壻錄勳念舊猶或可容況在章程本宜看免陛下方誅羣賊大用武臣雖見寵於當時恐息望於他日太宗之令典尚在陛下之明詔始行一朝偝違不與衆守於敎化恐失於刑法恐傾所益悉無所傷至廣臣非私趙縱非惡此奴叨居股肱職在匡弼斯是大體敢不極言伏乞聖慈納臣愚懇上深納之縱於是左貶而已當千杖殺之鎰乃令召子儀家僮數百人以死奴示之盧杞忌鎰名重道直無以陷之以方用兵西邊杞乃僞請行上固以不可因薦鎰以中書侍郎爲鳳翔隴右節度使代朱泚與吐蕃相尚結贊等盟於清水將盟鎰與結贊約各以二千人赴壇所執兵者半之列於壇外二百步散從者半之分立壇下鎰與賓佐齊映齊抗及盟官崔漢衡樊澤常魯于頔等七人皆朝服結贊與其本國將相論悉頰藏論熱論利陁斯官者論力徐等亦七人俱昇壇爲盟初約漢以牛蕃以馬爲牲鎰恥與之盟將殺其禮乃請結贊曰漢非牛不田蕃非馬不行今請以羊豕犬三物代之結贊許諾時塞外無豕結贊請以羝羊鎰出犬白羊乃坎於壇北刑之雜血一器而歃盟文曰唐有天下恢奄禹跡舟車所至莫不率俾以累聖重光十年惟永恢王者之丕業被四海以聲教與吐蕃贊普代爲婚姻因結鄰好安危同體甥舅之國將二百年其間或因小忿弃惠爲讎封疆騷然靡有寧歲皇帝踐阼愍茲黎元乃釋俘囚悉歸蕃落二國展禮同茲協和行人往復累布成命是必詐謀不起兵革不用矣彼猶以兩國之要求之永久古有結盟今請用之國家務息邊人外其故地棄利蹈義堅盟從約今國家所守界涇州西至彈箏峽西口隴州西至清水縣鳳州西至同谷縣暨劍南西山大渡河東爲漢界蕃國守鎮在蘭渭原會西使臨洮又東至成州抵劍南西界磨些諸蠻大渡水西南爲蕃界其兵馬鎮守之處州縣見有居人彼此兩邊見屬漢諸蠻以今所分見住處依前爲定其黃河以北從故新泉軍直北至大磧南至賀蘭山駱駝嶺爲界中間悉爲閑田盟文所有不載者蕃有兵馬處蕃守漢有兵馬處漢守不得侵越其先未有兵馬處不得雜置幷築城堡耕種今二國將相受辭而會齋戒將事告天地山川之神照臨無得愆墜其盟文藏於郊廟副在有司二國之誠其永保之結贊亦出盟文不加於坎但埋牲而已盟畢結贊請鎰就壇之西南隅佛幄中焚香爲誓誓畢復昇壇飲酒獻酬之禮各用其物以將厚意而歸德宗將幸奉天鎰竊知之將迎鑾駕具財貨服用獻行在李楚琳者嘗事朱泚得其心軍司馬齊映等密謀曰楚琳不去必爲亂乃遣楚琳屯於隴州楚琳知其謀乃託故不時發鎰始以迎駕心憂惑以楚琳承命去矣殊不促其行鎰修飾邊幅不爲軍士所悅是夜楚琳遂與其黨王汾李卓牛僧伽等作亂鎰夜縋而走判官齊映自水竇出齊抗爲傭保負荷而逃皆獲免鎰出鳳翔三十里及二子皆爲候騎所得楚琳俱殺之判官王沼張元度柳遇李潊被殺尋贈太子太傅葬事官給

馮河清者京兆人也初以武藝從軍隸朔方節度郭子儀以戰功授左衛大將軍同正隸涇原節度馬璘頻以偏師禦吐蕃甚有殺獲之功歷試太子詹事兼御史中丞充兵馬使建中四年節度使姚令言奉詔率兵赴闕東以河清知兵馬留後判官殿中侍御史姚況知州事及令言至京師所統兵叛上幸奉天河清與況聞之乃集三軍大哭因共激勵將吏誓效誠節衆頗義之卽時發甲仗器械車百餘兩連夜送行在所時駕初遷幸六軍雖集蒼黃之際都無戎器及涇州甲仗至軍士大振特詔褒其誠効拜四鎮北庭行軍涇原節度使兼御史大夫姚況兼御史中丞行軍司馬俄加河清檢校工部尚書賊泚及姚令言累遣間諜招誘河清輒拘而戮焉及駕幸梁州其將田希鑒潛通泚使結兇黨害河清尋贈尚書左僕射葬事官給興元元年贈太子少傅

劉從一中書侍郎林甫之玄孫也祖令植禮部侍郎父孺之京兆府少尹從一少舉進士大曆中宏詞授祕書省校書郎以調中第補渭南尉雅爲常袞所推重及袞爲相遷監察御史居無何丁母憂服除宰相盧杞薦之超遷侍御史居數月以親避除刑部員外郎建中末普王之爲元帥也遷吏部郎中兼御史中丞爲元帥判官德宗居奉天拜刑部侍郎平章事從幸梁州明年六月改中書侍郎平章事歲中加集賢殿大學士修史上遇之甚厚以容身遠罪而已不能有所匡輔無幾以疾請告至是病甚辭位章疏六上乃許除戶部尚書尋卒年四十四輟朝三日贈太子太傅初林甫生祥道麟德初爲右相祥道卽從一曾伯祖也令植從父兄齊賢弘道初爲侍中自祥道至從一劉氏凡三相

蕭復字履初太子太師嵩之孫新昌公主之子父衡太僕卿駙馬都尉少秉清操其羣從兄弟競飾輿馬以侈靡相尚復衣澣濯之衣獨居一室習學不倦非詞人儒士不與之遊伯華每歎異之以主蔭初爲宮門郎累至太子僕廣德中連歲不稔穀價翔貴家貧將鬻昭應別業時宰相王縉聞其林泉之美心欲之乃使弟紘誘焉曰足下之才固宜居右職如以別業奉家兄當以要地處矣復對曰僕以家貧而鬻舊業將以拯濟孀幼耳儻以易美職於身令門內凍餒非鄙夫之心也縉憾之乃罷復官沉廢數年復處之自若後累至尚書郎大曆十四年自常州刺史爲潭州刺史湖南觀察使及爲同州刺史州人阻饑有京畿觀察使儲廩在境內復輒以賑貸爲有司所劾削階朋友唁之復怡然曰苟利於人敢憚薄罰尋爲兵部侍郎建中末普王爲襄漢元帥以復爲戶部尚書統軍長史以復父名衡特詔避之未行屬駕奉天拜吏部尚書平章事復嘗奏曰宦者自艱難已來初爲監軍自爾恩倖過重此輩只合委宮掖之寄不可參兵機政事之權上不悅又請別對奏云陛下臨御之初聖德光被自用楊炎盧杞秉政慆瀆皇猷以致今日今雖危急伏願陛下深革睿思微臣敢當此任若令臣依阿偷免臣不敢曠職盧杞奏對於上前阿諛順旨復正色曰盧杞之詞不正德宗愕然退謂左右曰蕭復頗輕朕遂令往江南宣撫先時淮南節度陳少遊首稱臣於李希烈鳳翔將李楚琳殺節度使張鎰以應朱泚鎰判官韋皐先知隴西留後首殺幽叛卒數百人不應楚琳復江南使迴與宰相同對訖復獨留奏曰陛下自返宮闕勳臣已棠官爵唯旌善懲惡未有區分陳少遊將相之寄最崇首敗臣節韋皐名宦最卑特建忠義請令韋皐代少遊則天下明然知逆順之理上許之復出宰相李勉盧翰劉從一方同歸中書中使馬欽緒至揖從一附耳語而退諸相各歸閤從一詣復曰適欽緒宣旨令與公商量朝來所奏便進勿令李勉盧翰知復曰適來奏對亦聞斯旨然未諭聖心已面陳述上意尚爾復未敢言其事復又曰唐虞有僉曰之論朝廷有事尚合與公卿同議今勉翰不可在相位卽去之既在相位合同商量何故獨避此之一節且與公行之無爽但恐寖以成俗此政之大弊也竟不言於從一從一奏之上浸不悅復累表辭疾請罷知政事從之守太子左庶子三年坐郜國公主親累檢校左庶子於饒州安置四年終于饒州時年五十七復門望高華志礪名節與流俗不甚通狎及登台輔臨事不苟頗爲同列所嫉以故居位不久性孝友居家甚睦爲族子所累晏然屏退口未嘗言郜國公主者肅宗之女也出降駙馬蕭升升於復爲從兄弟升早卒貞元中蜀州別駕蕭鼎商州豐陽令韋恪前彭州司馬李萬太子詹事李昇等出入主第穢聲流聞德宗怒幽主於別第李萬決殺昇貶嶺南蕭鼎韋恪決四十長流嶺表又言公主行厭禱其子位爲禱文位弟佩儒偲及異父兄駙馬都尉裴液並長流端州公主女爲皇太子妃卽順宗也太子懼亦請與妃離婚六年郜國薨位兄弟及液詔還京師液父徽初尚郜國徽卒尚蕭升

柳渾字夷曠襄州人其先自河東徙焉六代祖惔梁僕射渾少孤父慶休官至渤海丞而志學棲貧天寶初舉進士補單父尉至德中爲江西採訪使皇甫侁判官累

除衢州司馬，未至，召拜監察御史。臺中執法之地，動限儀矩，渾性放曠，不甚檢束，寮長拘局，忿其疎縱，渾不樂，乞外任。執政惜其才，奏爲左補闕，明年，除殿中侍御史，知江西租庸院事。大曆初，魏少遊鎮江西，奏署判官，累授檢校司封郎中。州理有開元寺僧與徒夜飲醉而延火，歸罪於守門瘖奴，軍候亦受財，同上其狀，少遊信焉，人知奴冤，莫肯言。渾與崔祐甫遽入白少遊，驚問醉僧，首伏。旣而謝曰：「微二君子，幾成老夫暗劣矣。」自此以公正聞。及路嗣恭領鎮，復以爲都團練副使。十二年，拜袁州刺史。居二年，崔祐甫入相，薦爲諫議大夫、浙江東西黜陟使，累遷尚書左丞。及駕在奉天，微服徒行，適終南山谷，踰旬方達行在，扈從至梁州，改左散騎常侍。初，渾之歸行在，賊泚籍其名，甚願以致之，猶疑匿在閭里，乃加宰相。及克復，渾尚名載，乃上言：「頃爲狂賊點穢，臣實恥稱舊名，矧字或帶戈，時當偃武，請改名渾。」貞元二年，拜兵部侍郎，封宜城縣伯。二年正月，加同平章事，仍判門下省。時上命玉工爲帶，墜壞一銙，乃私市以補。及獻，上指曰：「此何不相類？」工人伏罪，上命決死。詔至中書，渾執曰：「陛下若便殺則已，若下有司，卽須議讞。且方春行刑，容臣條奏定罪。」以誤傷乘輿器服，杖六十，餘工釋放，詔從之。復奏：「故尚書左丞田季羔公忠正直，先朝名臣，其祖父皆以孝行旌表門閭，京城隋朝舊第，季羔一家而已。今被堂姪伯强進狀，請貨宅召市人馬以討吐蕃。一開此門，恐滋不逞，討賊自有國計，豈資僥倖之徒。且毁棄義門，虧損風敎，望少責罰，亦可懲勸。」上可其奏。先時，韓滉自浙西入覲，朝廷委政待之，至於調兵食、籠鹽鐵、勾官吏贓罰、鋤豪强兼幷，上悉仗焉。每奏事或日旰，他相充位而已，公卿救過不能暇，無敢枝梧者。渾雖滉所引，心惡其專政，正色讓之曰：「先相公以狷察爲相，不滿歲而罷，今相公榜吏於省中，至死。且非刑人之地，奈何蹈前非而又甚焉。專立威福，豈尊主卑臣之禮？」滉感悟愧悔，爲霽威焉。及白志貞除浙西觀察使，渾奏曰：「志貞一末吏憸人，縱稱廉謹，不當頓居重職。」適遇渾以疾稱告，卽日詔下，疾間，因乞骸骨，優詔不許。其判門下，主吏白當過官，渾愀然曰：「列官分職，復更撓之，非禮法也。事不在此。」故其年注擬無退量者。及渾瑊與吐蕃會盟之日，上御便殿謂宰相曰：「和戎息師，國之大計，今日將士與卿同歡。」馬燧前賀曰：「今之一盟，百年內更無蕃寇。」渾曰：「五帝無誥誓之盟，皆在季末。今盛明之代，豈又行於夷狄！人面獸心，難以信結，今日盟約，臣竊憂之。」李晟繼言曰：「臣生長邊城，知蕃戎心，今日之事，誠如渾言。」上變色曰：「柳渾書生，未達邊事，大臣智略，果亦有斯言乎！」皆頓首俯伏，遂令歸中書。其夜三更，邠寧節度韓遊瓌飛驛叩苑門，奏盟會不成，將校覆沒，兵臨近鎮。上驚歎，卽遞其表以示渾。詰旦，臨軒慰勉渾曰：「卿文儒之士，而萬里知軍戎之情。」自此驟加禮異。時張延賞與渾同列，延賞怙權矜己，而嫉渾守正，俾其所厚謂渾曰：「相公舊德，但節言於廟堂，則重位可久。」渾曰：「爲吾謝張相公，柳渾頭可斷，而舌不可禁也。」自是爲其所擠，尋除常侍，罷知政事。貞元五年二月，以疾終，年七十五。有文集十卷。

渾母兄識，篤意文章，有重名於開元、天寶間，與蕭穎士、元德秀、劉迅相亞。其練理創端，往往詣極，當時作者咸伏其簡拔，而趣尚辨博。渾亦善爲文，然趣時向功，非沉思之所及。渾警辯，好諧謔，放達，與人交豁然無隱，性節儉，不治產業。官至丞相，假宅而居，罷相數日，則命親族尋勝讌醉，方歸陶陶然，忘其黜免。時李勉、盧翰皆退罷居第，相謂曰：「吾輩方柳宜城，悉爲拘俗之人也。」

史臣曰：張鎰、蕭復、柳渾，節行才能，訏謨亮直，皆足相明主平泰階。而盧杞忌之於前，延賞排之於後。管仲有言：任君子，使小人間之，害霸也。德宗黜賢相，位姦臣，致朱泚、懷光之亂，是失其人也，豈尤其時哉！河清殁於王事，乃顯忠貞；從一奉自姦人，固宜循默。

贊曰：得人則與，失人則亡。鎰、復、渾去，宗社其殃。

# 舊唐書卷一百二十六

後晉司空同中書門下平章事劉　昫撰

## 列傳第七十六

李揆　李涵　陳少遊　盧惎　裴諝

李揆，字端卿，隴西成紀人，而家于鄭州，代爲冠族。秦府學士、給事中玄道玄孫，祕書監、贈吏部尚書成裕之子。少聰敏好學，善屬文。開元末，舉進士，補陳留尉，獻書闕下，詔中書試文章，擢拜右拾遺。改右補闕、起居郎，知宗子表疏。遷司勳員外郎、考功郎中，並知制誥。扈從劍南，拜中書舍人。乾元初，兼禮部侍郎。揆嘗以主司取士多不考實，徒峻其隄防，索其書策，殊未知藝不至者，文史之囿亦不能摛詞，深昧求賢之意也。其試進士文章，請於庭中設五經、諸史及切韻本於床，而引貢士謂之曰：「大國選士，但務得才，經籍在此，請恣尋檢。」由是數月之間，美聲上聞。未及畢事，遷中書侍郎、平章事、集賢殿崇文館大學士，修國史。揆美風儀，善奏對，每有敷陳，皆符獻替。肅宗賞歎之，嘗謂揆曰：「卿門地、人物、文章，皆當代所推。」故時人稱爲三絕。其爲舍人也，宗室請加張皇后翊聖之號，肅宗召揆問之，對曰：「臣觀往古，后妃終則有諡，生加尊號，未之前聞。景龍失政，韋氏專恣，加號翊聖，今若加皇后之號，與韋氏同。陛下明聖，動遵典禮，豈可蹤景龍故事哉！」肅宗驚曰：「凡才幾誤我家事。」遂止。時代宗自廣平王改封成王，張皇后有子數歲，陰有奪宗之議。揆因對見，肅宗從容曰：「成王嫡長有功，今當命嗣，卿意何如？」揆拜賀曰：「陛下言及於此，社稷之福，天下幸甚，臣不勝大慶。」肅宗喜曰：「朕計決矣。」自此頗承恩遇，遂爲大用。時京師多盜賊，有通衢殺人寘溝中者，李輔國方恣横，上請選羽林騎士五百人以備巡檢。揆上疏曰：「昔西漢以南北軍相統攝，故周勃因南軍入北軍，遂安劉氏。皇朝置南北衙，文武區分，以相伺察。今以羽林代金吾警夜，忽有非常之變，將何以制之？」遂制罷羽林之請。揆在相位，決事獻替，雖甚博辨，性銳於名利，深爲物議所非。又其兄皆自有時名，滯於冗官，竟不引進。同列呂諲，地望雖懸，政事在揆之右，罷相自賓客爲荆南節度，聲問甚美。懼其重入，遂密令直省至諲管內搆求諲過失。諲密疏自陳，乃貶揆萊州長史同正員。其制旨曰「扇湖南之八州，沮江陵之節制」。揆旣黜官數日，其兄皆改授爲司門員外郎。後累年，揆量移歙州刺史。初，揆秉政，侍中苗晉卿累薦元載爲重官。揆自恃門望，以載地寒，意甚輕易，不納，而謂晉卿曰：「龍章鳳姿之士不見用，麞頭鼠目之子乃求官。」載銜恨頗深。及載登相位，因揆當徙職，遂奏爲試祕書監，江淮養疾。旣無祿俸，家復貧乏，孀孤百口，丐食取給，萍寄諸州，凡十五六年，其牧守稍薄，則又移居，故其遷徙者蓋十餘州焉。元載以罪誅，除揆睦州刺史。入拜國子祭酒、禮部尚書，爲盧杞所惡。德宗在山南，令充入蕃會盟使，加左僕射，行至鳳州，以疾卒，興元元年四月也，年七十四。贈司空，喪事官給。

李涵，高平王道之曾孫。父少康，宋州刺史。涵簡素恭愼，有名宗室，累授贊善大夫，兼侍御史、朔方節度郭子儀奏爲關內鹽池判官。肅宗北幸平涼，未有所適，涵與朔方留後杜鴻漸草牋，具朔方兵馬招集之勢，軍資倉儲庫物之數，咸推涵宗枝之英，純厚忠信，乃令涵奉牋至平涼謁見。涵敷奏明辯，動合事機，肅宗大悅，除右司員外郎，累至司封郎中、宗正少卿。寶應元年，初平河朔，代宗以涵忠謹洽聞，遷左庶子，兼御史中丞、河北宣慰使。會丁母憂，起復本官而行，每州縣郵驛，公事之外，未嘗啓口，疏飯飲水，席地而息。使還，請罷官終喪制，代宗以其毁瘠，許之。服闋，除給事中，遷尚書左丞。以幽州之亂，充河朔宣慰使。大曆六年正月，爲蘇州刺史、兼御史大夫，充浙江西道都團練觀察等使。十一年，來朝，拜御史大夫、京畿觀察使。李栖筠歿，代之。德宗卽位，以涵和易無剸割之才，除太子少傅，充山陵副使。涵判官、殿中侍御史呂渭上言：「涵父名少康，今官名犯諱，恐乖禮典。」宰相崔祐甫奏曰：「若朝廷事有乖舛，羣臣悉能如此，實太平之道。」除渭司門員外郎。尋有人言涵昔爲宗正少卿，此時無言，今爲少傅，妄有奏議。詔曰：「呂渭僭陳章奏，爲其本使薄訴官名。朕以宋有司城之嫌，晉有詞曹之諱，歎其忠於所事，亦謂確以上聞，乃加殊恩，俾膺厚賞。近聞所陳少字，往歲已任少卿，昔是今非，罔我何甚，豈得謬當朝典，更廁周行。宜佐遐藩，用誡薄俗，可歙州司馬同正。」由是改涵爲檢校工部尚書，兼光祿卿，仍充山陵副使。無幾，以右僕射致仕。興元元年九月卒，追贈太子太保。

陳少遊，博州人也。祖儼，安西副都護。父慶，右武衛兵曹參軍，以少遊累贈工部尚書。少遊幼聰辯，初習莊、列、老子，爲崇玄館學生，衆推引講經。時同列有私習經義者，期昇坐日相問難。及會，少遊攝齊昇坐，音韻淸辯，觀者屬目，所引文句，悉兼他義，諸生不能對，甚爲大學士陳希烈所歎賞，又以同宗遇之甚厚。旣擢第，補渝州南平令，理甚有聲。至德中，河東節度王思禮奏爲參謀，累授大理司直、監察殿中侍御史、節度判官。寶應元年，入爲金部員外郎，尋授侍御史、廻紇糧料使，改檢校職方員外郎，充使檢校郎官，自少遊始也。明年，僕固懷恩奏爲河北副元帥判官、兵部郎中、兼侍御史，遷晉州刺史，改同州刺史，未視事，又歷晉、鄭二州刺史。少遊爲理長於權變，時推幹濟，然厚斂財貨，交結權倖，以是頻獲遷擢。無幾，澤潞節度使李抱玉表爲副使、御史中丞、陳鄭二州留後。永泰二年，抱玉又奏爲隴右行軍司馬，拜檢校左庶子，兼中丞。其年，除桂州刺史、桂管觀察使。少遊以嶺徼遐遠，欲規求近郡，時中官董秀掌樞密用事少遊乃宿於其里候其下直際曉謁之從容曰七郎家中人數幾何每月所費復幾何秀曰久忝近職家累甚重又屬時物騰貴一月過千餘貫少遊曰據此之費俸錢不足支數日其餘常須數求外人方可取濟儻有輸誠供億者但留心庇覆之固易爲力耳少遊雖不才請以一身獨供七郎之費每歲請獻錢五萬貫今見有大半請即受納餘到官續送免貴人勞慮不亦可乎秀既踰於始望欣愜頗甚因與之厚相結少遊言訖泣曰南方炎瘴深恰違辭但恐不生還再覩顏色矣秀遽曰中丞美才不當遠官請從容旬日冀竭蹇分時少遊又已納賄於元載子仲武矣秀載內外引薦數日拜宣州刺史宣歙池都團練觀察使大曆五年改越州刺史兼御史大夫浙東觀察使八年遷揚州大都督府長史淮南節度觀察使仍加銀青光祿大夫封潁川縣開國子所在悉心綏緝而多以任數爲政好行小惠胥吏得職人亦獲安及朝廷多事奏請本道兩稅錢千增二百因詔諸道悉如淮南鹽每一㪷更加一百文少遊十餘年間三總大藩皆天下殷厚處也以故徵求貿易且無虛日斂積財寶累巨億萬多賂遺權貴視文雅淸流之士蔑如也初結元載每年饋金帛約十萬貫又多納賂於用事中官駱奉先劉淸潭吳承倩等由是美聲達於中禁後見元載在相位年深以過犯漸見疑忌少遊亦稍疎之無何載子伯和貶官揚州少遊外與之交結而陰使人伺其過失密以上聞代宗以爲忠待之益厚上即位累加檢校禮部兵部尚書建中三年李納反叛少遊以師收徐海等州尋棄之退軍盱眙又加檢校左僕射賜實封三百戶其年就加同平章事關播嘗爲少遊賓僚盧杞早年與之同在僕固懷恩使府故驟加其官秩四年十月駕幸奉天度支汴東兩稅使包佶在揚州尚未知也佶判官崔沅遽報少遊佶時所總賦稅錢帛約八百萬貫在焉少遊意以爲賊據京師未即收復遂脅取其財物先使判官崔頎就佶強索其納給文曆并請供二百萬貫錢物以助軍費佶答曰所用財帛須承勅命未與之頎勃然曰中丞若得爲劉長卿不爾爲崔衆矣長卿嘗任租庸使爲吳仲孺所困崔衆供軍恡財爲光弼所殺故頎言及之佶大懼不敢固護財帛將轉輸入京師者悉爲少遊奪之佶自謁少遊止爲長揖而遣旣懼禍奔往白沙少遊又遣判官房孺復召之佶愈懼託以巡檢因急棹過江妻子伏案牘中至上元復爲韓滉所拘留佶先有兵三千守禦財貨令高越元甫將焉少遊盡奪之隨佶渡江者又爲韓滉所留佶但領胥吏往江鄂等州佶於彈丸中置表以少遊脅取財帛事會少遊使繼至上問曰少遊取包佶財帛有之乎對曰臣發揚州後非所知也上曰少遊國之守臣或防他盜供費軍旅收亦何傷時方隅阻絕國命未振遠近聞之大驚咸以聖情達於變通明見萬里少遊後聞之乃安及李希烈陷汴州聲言欲襲江淮少遊懼乃使參謀溫述由壽州送款於希烈曰濠壽舒廬尋令罷壘韜戈卷甲佇候指揮少遊又遣巡官趙詵於鄆州結李納其年希烈僭號遣其將楊豐齎僞赦書赴揚州至壽州爲刺史張建封候騎所得建封對中使二人及少遊判官許子瑞廷責豐而斬之希烈聞之大怒即署其大將杜少誠爲僞僕射淮南節度令先平壽州後取廣陵建封於霍丘堅柵嚴加守禁少誠竟不能進後包佶入朝具奏少遊奪財賦事狀少遊大懼乃上表以所取包佶財貨皆是供軍急用今請據數却納旣而州府殘破無以上塡乃與腹心孔目官等設法重稅管內百姓以供之無何劉洽收汴州得希烈僞起居注某月日陳少遊上表歸順少遊聞之慙惶發疾數日而卒年六十一贈太尉賻布帛葬祭如常儀

盧惎幽州范陽人也貞觀中工部侍郎義恭玄孫也父子騫潁王府諮議參軍以惎贈祕書少監惎少以門蔭入仕在職以幹局稱累授閬州錄事參軍監察殿中御史侍御史金州刺史宰相楊炎遇之頗厚召入左司郎中京兆少尹遷大尹惎無術學善事權要爲政苛躁盧杞甚惡之諷有司彈奏坐貶撫州司馬同正改饒州刺史遷福州刺史福建觀察使貞元二年七月以疾終

裴諝字士明河南洛陽人父寬禮部尚書有重名於開元天寶間諝少舉明經補河南府參軍通達簡率不好苛細積官至京兆倉曹丁父喪居東都是時安祿山盜陷二京東都收復遷太子司議郎無幾虢王巨奏署侍御史襄鄧營田判官丁母憂東都復爲史思明所陷諝藏匿山谷思明嘗爲諝父將校懷舊恩又素慕諝名欲必得之因令捕騎數十跡逐得諝思明見之甚喜呼爲郎君不名僞授御史中丞主擊斷時思明殘殺宗室諝陰緩之全活者數百人又嘗疏賊短長以聞事泄思明大怒詬罵僅而免死賊平除太子中允遷考功郎中數召見言事代宗居陝諝步懷考功及南曹二印赴行在上見而謂之曰疾風知勁草果信矣將以爲御史中丞爲元載所排爲河東道租庸鹽鐵等使時關輔大旱諝入計代宗召見便殿問諝榷酤之利一歲出入幾何諝久之不對上復問之對曰臣有所思上曰何思對曰臣自河東來其間所歷三百里見農人愁歎穀菽未種誠謂陛下軫念先問人之疾苦而乃責臣以利孟子曰理國者仁義而已何以利爲由是未敢即對也上前坐曰微公言吾不聞此拜左司郎中上時訪以事執政者忌之出爲虔州刺史歷饒廬亳三州刺史入爲右金吾將軍建中初上以刑名理天下百吏震悚時十月禁屠殺以甫近山陵禁益嚴尚父汾陽王郭子儀隷人殺羊以入門者覺之諝列奏狀上以爲不畏強禦累遣宣諭或謂諝曰郭公有社稷功豈不爲蓋之諝笑曰非爾所解且郭公威權太盛上新即位必謂黨附者衆今發其細過以明不弄權耳吾上以盡事君之道下以安大臣不亦可乎時於朝堂別置三司以決庶獄辯爭者輒擊登聞鼓諝上疏曰夫諫鼓謗木之設所以達幽枉延直言令輕猾之人援桴鳴鼓始動天聽竟因纖微若然者安用吏理乎上然之悉歸有司諝以法吏舞文多挾宿怨因獻獄官箴以諷無何坐所善僧抵法貶閬州司馬徵爲右庶子改千牛上將軍會吐蕃入寇尋拜吏部侍郎兼御史大夫爲吐蕃使不行無幾轉太子賓客兵部侍郎河南尹東都副留守諝自河南凡五代爲官入視事未嘗當正處不鞫人於贓罪以寬厚和易爲理貞元九年十一月以疾終年七十五贈禮部尚書

史臣曰李揆發言沃心幸遇明主蔽賢固位終非令人少遊逐勢利隨時盧惎事權要巧宦察言觀行皆無可稱涵節行著聞諝和易爲理庶幾近仁也

贊曰李陳盧惎言行非眞涵諝和易庶乎近仁

# 舊唐書卷一百二十七

後晉司空同中書門下平章事劉　昫撰

## 列傳第七十七

姚令言　張光晟　源休　喬琳

張涉　蔣鎮　洪經綸　彭偃

姚令言河中人也少應募起於卒伍隷涇原節度馬璘以戰功累授金吾大將軍同正爲衙前兵馬使改試太常卿兼御史中丞建中元年孟皡爲涇原節度留後自以文吏進身不樂軍旅頻表薦令言謹肅堪任將帥皡尋歸朝廷遂拜令言爲四鎮北庭行營涇原節度使涇州刺史兼御史大夫建中四年李希烈叛寇陷汝州詔哥舒曜率師攻之營于襄城希烈兵數萬圍襄城勢甚危急十月詔令言率本鎮兵五萬赴援涇師離鎮多攜子弟而來望至京師以獲厚賞及師上路一無所賜時詔京兆尹王翃犒軍士唯糲食菜啖而已軍士覆而不顧皆憤怒揚言曰吾輩棄父母妻子將死於難而食不得飽安能以草命捍白刃耶國家瓊林大盈寶貨堆積不取此以自活何往耶行次滻水乃返戈大呼鼓譟而還令言曰比約東都有厚賞兒郎勿草草此非求活之良圖也衆不聽以戈環令言請退令言急奏之上恐令內庫出繒綵二十車馳賜之軍聲浩浩令言不能戢衛市居人狼狽走竄亂兵呼曰勿走不稅汝間架矣德宗令普王與學士姜公輔往撫勞之纔出內門賊已斬關陣于丹鳳樓下是日德宗倉卒出幸賊縱入府庫輦運極力而止時太尉朱泚罷鎮居晉昌里第是夜叛卒謀曰朱太尉久囚於宅若迎爲主大事濟矣泚嘗節制涇州衆知其失權廢居怏怏又幸泚寬和乃請令言率騎迎泚於晉昌里泚初遲疑以食飼之徐觀衆意旣而諸校齊至乃自第張炬火入居含元殿旣僭號乃以令言爲侍中與源休同知賊政事旣以身先逆亂頗盡心於賊害宗室圖奉天皆令言爲首帥也羣兒宴樂旣醉令言與源休論功令言自比蕭何源休曰帷幄之謀成秦之業無出予之右者吾比蕭何無讓子當曹參可矣時朝士在賊廷者聞之皆笑謂源休爲火迫酇侯朱泚敗令言與張廷芝尚有衆萬人從泚將入吐蕃至涇州欲投田希鑒希鑒僞致禮誘之與泚俱斬首來獻

張光晟京兆盩厔人起於行間天寶末哥舒翰兵敗潼關大將王思禮所乘馬中流矢而斃光晟時在騎卒之中因下以馬授思禮思禮問其姓名不告而退思禮陰記其形貌常使人密求之無何思禮爲河東節度使其偏將辛雲京爲代州刺史屢爲將校譖毀思禮怒焉雲京惶懼不知所出光晟時隷雲京麾下因間進曰光晟素有德於王司空比不言者恥以舊恩受賞今使君憂迫光晟請奉命一見司空則使君之難可解雲京然其計即令之太原乃謁思禮未及言舊思禮識之遽曰爾豈非吾故人乎何相見之晚也光晟遂陳潼關之事思禮大喜因執其手感泣曰吾有今日子之力也求子頗久竟此相遇何慰如之命同榻而坐結爲兄弟光晟遂述雲京之屈思禮曰雲京比涉謗言過亦不細今爲故人特捨之矣即日擢光晟爲兵馬使賫田宅縑帛甚厚

累奏特進試太常少卿委以心腹及雲京爲河東節度使又奏光晟爲代州刺史大曆末遷單于都護兼御史中丞振武軍使代宗密謂之曰北蕃縱橫日久當思所禦之計光晟既受命至鎮威令甚行建中元年迴紇突董梅錄領衆并雜種胡等自京師還國輿載金帛相屬於道光晟訝其裝橐頗多潛令驛吏以長錐刺之則皆輦歸所誘致京師婦人也遂給突董及所領徒悉令赴宴酒酣光晟伏甲盡拘而殺之死者千餘人唯留二胡歸國復命遂部其婦人給糧還京收其金帛賞賚軍士後迴紇遣使來訴上不欲甚阻蕃情徵拜右金吾將軍迴紇猶怨懟不已又降爲睦王傅尋改太僕卿負才怏怏不得志賊泚僭逆署光晟僞節度使兼宰相及泚衆頻敗遂擇精兵五千配光晟營於九曲去東渭橋凡十餘里光晟潛使於李晟有歸順之意晟進兵入苑光晟勸賊泚宜速西奔光晟以數千人送泚出城因率衆迴降於晟晟以其誠款又愛其材欲奏用之俾令歸私第表請特減其罪每大宴會皆令就坐華州節度使駱元光詬之曰吾不能與反虜同席拂衣還營晟不得已拘之私第後有詔言其狀跡不可原乃斬之

源休相州臨漳人京兆尹光輿之子也休以幹局累授監察御史殿中侍御史青苗使判官遷虞部員外郎出潭州刺史入爲主客郎中遷給事中御史中丞左庶子其妻卽吏部侍郎王翊女也因小忿而離妻族上訴下御史臺驗理休遲留不答款狀除名配流溱州久之移岳州建中初楊炎執政以京兆尹嚴郢威名稍著心欲傾之郢卽王翊甥婿也休與王氏離絕之時炎風聞休郢有隙遂擢休自流人爲京兆少尹俾令伺郢過失休既職久與郢親善炎怒之奏令以本官兼御史中丞奉使迴紇休至振武軍使張光晟已殺迴紇突董等上初欲遂絕其使令休還待命于太原久之方遣仍令休歸其突董翳密施大小梅錄等四屍突董者卽義可汗之叔父也屍既至可汗令宰臣已下具縗服車馬來迎其宰相頡于思迦坐大帳立休等於帳外雪中詰殺突董等故休曰突董等自與張光晟忿鬬而死非天子也又問使者背唐國負罪當死不能自戮耶不然何假手於我殺之也凡將殺者數矣言頗悖慢乃引去供餼甚薄留之五十餘日乃得還可汗使謂休曰我國人皆欲殺汝唯我不然汝國已殺突董等吾又殺汝猶以血洗血汙益甚爾吾今以水洗血不亦善乎所欠吾馬直絹一百八十萬疋當速歸之遣散支將軍康赤心等隨休來朝休竟不得見其可汗尋遣赤心等歸與之帛十萬疋金銀十萬兩償其馬直休履危而還宰相盧杞又恐復命之日以口辯結恩將至太原遽奏爲光祿卿休以其遠使賞薄居常怨望會涇原兵叛立朱泚爲主初但稱太尉朝官謁泚者悉勸奉迎鑾駕既不合泚意而退及休至遂屏人移時言及悖逆盛陳成敗稱述符命勸令僭號泚悅其言以休爲宰相判度支休遂爲謀主至於兵食軍資遷除補擬內外咨謀一稟休畫故時人云源休之逆甚於朱泚朝廷大臣之奔竄不獲者多爲休所誘致以至戮辱職休而爲蓋非一焉又勸泚斸翦宗室以絕人望命萬年縣賊曹尉楊偡專其斷決諸王子孫遇害不可勝數泚敗走休隨至寧州泚死休走鳳翔爲其部曲所殺傳首來獻休三子並斬于東市籍沒其家

喬琳太原人少孤貧志學以文詞稱天寶初舉進士補成武尉累授興平尉朔方節度郭子儀辟爲掌書記尋拜監察御史琳倜儻疎誕好談諧侮謔僚列頗無禮檢同院御史畢耀初與琳嘲誚往復因成釁隙遂以公事互相告訴坐貶巴州員外司戶遂起爲南鄭令改殿中侍御史充山南節度張獻誠行軍司馬使罷爲劍南東川節度鮮于叔明判官故檢校駕部郎中果綿遂三州刺史兼御史中丞入爲大理少卿國子祭酒出爲懷州刺史琳素與張涉友善上在春宮涉嘗爲侍讀及嗣位多以政事詢訪於涉盛稱琳識度材略堪備大用因拜御史大夫平章事琳本麤材又年高有耳疾上每顧問對答失次論奏不合時倖居相位凡八十餘日除工部尚書罷知政事尋加迎皇太后副使朱泚之亂扈從至奉天轉吏部尚書遷太子少師再幸梁洋琳從至盩厔託以馬乏遲留上以琳舊老心敬重之慰諭頗至以御馬一疋給焉又懇辭以老疾不堪山阻登頓上悵然賜之所執策曰勉爲良圖與卿決矣後數日乃削髮爲僧止仙遊寺賊泚聞之遂令數十騎追至京城俾爲僞吏部尚書令源休被公服饋肉食琳雖辭讓而僧言求施琳掌賊中吏部選人前請曰所注某官不穩便琳謂之曰足下謂此選竟穩便乎及官軍收京師當處極刑時琳已七十餘李晟憫其衰老表請減死上以其累經重任頓虧臣節自受逆命頗聞譏誚悖慢之言背義負恩固不可捨命斬之臨刑歎曰喬琳以七月七日生亦以此日死豈非命歟

張涉者蒲州人家世儒者涉依國學爲諸生講說稍遷國子博士亦能爲文嘗請有司日試萬言時呼張萬言德宗在春宮授經于涉及卽位之夕召涉入宮訪以庶政大小之事皆咨之翌日詔居翰林恩禮甚厚親重莫比自博士遷散騎常侍上方屬意宰輔唯賢是擇故求人於不次之地涉舉懷州刺史喬琳爲相上授之不疑天下聞之者皆愕然數月琳以不稱職罷上由是疎涉俄授前湖南都團練使辛京杲贓事發詔曰尊師之道禮有所加議故之法恩有所掩張涉賄賂交通頗駭時聽常所親重良深歎惜宜放歸田里

蔣鎭常州義興人尚書左丞冽之子也與兄鍊並以文學進天寶末舉賢良累授左拾遺司封員外郎轉諫議大夫時戶部侍郎判度支韓滉上言河中鹽池生瑞鹽實土德之上瑞上以秋霖稍多水潦爲患不宜生瑞命鎭池驛撿行之鎭奏與滉同仍上表賀請宣付史館并請置神祠錫其嘉號寶應靈慶池時霖潦彌月壞居人廬舍非一鹽池爲潦水所入其味多苦韓滉慮鹽戶減稅詐奏雨不壞池池生瑞鹽鎭庇之飾詐議者醜之轉給事中工部侍郎以簡儉稱於時其妹壻源溥卽休之弟也以姻媾之故與休交好涇師之叛鎭潛竄夜至鄠縣西馬蹶墮溝澗中傷足不能進時兄鍊已與源休相率受賊僞官鎭僕人有逃歸投鍊云鎭病足在鄠鍊與源休聞之大喜遂言於賊泚泚素慕鎭清名卽令騎二百求之鄠縣西明日擁鎭而至署爲僞宰相既知不免每憂沮常懷刃將自裁多爲兄鍊所救而罷數日後復謀竄匿竟以性儒畏怯計終不果然源休與泚頻議欲逼脅潛藏衣冠大加殺戮鎭輒力爭救獲全者甚衆至是與兄鍊等並授僞職斬於東市西北街初鎭父冽叔渙當祿山思明之亂並授僞職然以家風修整爲士大夫所稱鎭兄弟亦以教義禮法爲己任而貪祿愛死節隳身戮爲天下笑

洪經綸建中初爲黜陟使至東都訪聞魏州田悅食糧兵凡七萬人經綸素昧時機先以符停其兵四萬人令歸農畝田悅僞順命卽依符罷之而大集所罷兵士激怒之曰爾等在軍旅各有父母妻子既爲黜陟使所罷如何得衣食遂大哭悅乃盡出家財衣服厚給之各令還其部伍自此人堅叛心由是罷職及朱泚反僞授太常少卿

彭偃少負俊才銳於進取爲當塗者所抑形於言色大曆末爲都官員外郎時劍南東川觀察使李叔明上言以佛道二教無益于時請粗加澄汰其東川寺觀請定爲二等上等留僧二十一人上觀留道士十四人降殺以七皆精選有道行者餘悉令返初蘭若道場無名者皆廢德宗曰叔明此奏可爲天下通制不唯劍南一道下尚書集議偃獻議曰王者之政變人心爲上因人心次之不變不因循常守故者爲下故非有獨見之明不能行非常之事今陛下以惟新之政爲萬代法若不革舊風令歸正道者非也當今道士有名無實時俗鮮重亂政猶輕唯有僧尼頗爲穢雜自西方之敎被于中國去聖日遠空門不行五濁比丘但行蠶法爰自後漢至于陳隋僧之廢滅其亦數乎或至坑殺殆無遺餘前代帝王豈惡僧道之善如此之深耶蓋其亂人亦已甚矣且佛之立敎清淨無爲若以色見卽是邪法開示悟入唯有一門所以三乘之人比之外道況今出家者皆是無識下劣之流縱其戒行高潔在于王者已無用矣況是苟避征徭於殺盜婬穢無所不犯者乎今叔明之心甚善然臣恐其姦吏詆欺而去者未必非留者不必是無益於國不能息姦既不變人心亦不因人心彊制力持難致遠耳臣聞天生烝人必將有職遊行浮食王制所禁故有才者受爵祿不肖者出租征此古之常道也今天下僧道不耕而食不織而衣廣作危言險語以惑愚者一僧衣食歲計約三萬有餘五丁所出不能致此舉一僧以計天下其費可知陛下日旰憂勤將去人害此而不救奚其爲政臣伏請僧道未滿五十者每年輸絹四疋尼及女道士未滿五十者每年輸絹二疋其雜色役與百姓同有才智者令入仕請還俗爲平人者聽但令就役輸課爲僧何傷臣竊料其所出不下今之租賦三分之一然則陛下之國富矣蒼生之害除矣其年過五十者請皆免之夫子曰五十而知天命列子曰不班白不知道人年五十嗜慾已衰縱不出家心已近道況戒律檢其情性哉臣以爲此令既行僧道規避還俗者固已太半其年老精修者必盡爲人師則道釋二教益重明矣議者是之上頗善其言大臣以二教行之已久列聖奉之不宜頓擾宜去其太甚其議不行偃以才地當掌文誥以躁求爲時論所抑鬱鬱不得志涇師之亂從駕不及匿於田家爲賊所得朱泚素知之得偃甚喜僞署中書舍人僭號辭令皆偃爲之賊敗與僞中丞崔宜賊將杜如江吳希光等十三人李晟收之俱斬於安國寺前

史臣曰肇分陰陽爰有生死修短二事賢愚一途故君子遇夷險之機不易其節小人昧逆順之道而陷於刑鴻毛泰山斯爲至論令言遠總師徒首爲叛逆光晟初

當委任危輸款誠源休雖曰士流甚於元惡喬琳巧辭奐主俯就僞官蔣鎮貪祿虧節皆曰小人經綸之徒不足言爾

贊曰時爭逆順命繫死生君子守節小人正刑

# 舊唐書卷一百二十八

後晉司空同中書門下平章事劉昫撰

## 列傳第七十八

段秀實子伯倫　顏眞卿子頵碩曾孫弘式

段秀實字成公隴州汧陽人也祖達左衞中郎父行琛洮州司馬以秀實贈揚州大都督秀實性至孝六歲母疾水漿不入口七日疾有間然後飲食及長沉厚有斷天寶四載安西節度馬靈察署爲別將從討護蜜有功授安西府別將七載高仙芝代靈察舉兵圍怛邏斯黑衣救至靈察大衄軍士相失夜中聞都將李嗣業之聲因大呼責之曰軍敗而求免非丈夫也嗣業甚慙遂與秀實收合散卒復得成軍師還嗣業請于仙芝以秀實爲判官授斥候府果毅十二載封常清代仙芝討大勃律師次賀薩勞城一戰而勝常清逐之秀實進曰賊兵羸餌我也請備左右搜其山林遂殲其伏改綏德府折衝肅宗卽位於靈武徵安西兵節度使梁宰宰潛懷異圖秀實謂嗣業曰豈有天子告急臣下晏然信浮妄之說豈明公之意耶嗣業遂見宰請發兵從之乃出步騎五千令嗣業統赴朔方以秀實爲援累有戰功而秀實父歿哀毀過禮嗣業既授節制思秀實如失左右手表請起復爲義王友充節度判官安慶緒奔鄴嗣業與諸軍圍之安西輜重委於河內乃奏秀實爲懷州長史知軍州加節度留後諸軍進戰于愁思岡嗣業爲流矢所中卒于軍衆推安西兵馬使荔非元禮代之秀實聞嗣業之喪乃遣先鋒將白孝德書令發卒護嗣業喪送河內秀實率將吏哭待于境傾私財以奉葬事元禮多其義奏試光祿少卿依前節度判官邙山之敗軍徙翼城元禮爲麾下所殺將佐亦多遇害而秀實獨以智全衆推白孝德爲節度使人心稍定又遷試光祿卿爲孝德判官孝德改鎮邠寧奏秀實試太常卿支度營田二副使大軍西還所過掠奪又以邠寧乏食難於饋運乃請軍於奉天是時公廪亦竭縣吏憂恐多逃匿羣行剽盜孝德不能禁秀實私曰使我爲軍候當不如此軍司馬言之遂以秀實爲都虞候權知奉天行營事號令嚴一軍府安泰代宗聞而嗟賞久之兵還于邠寧復爲都虞候尋拜涇州刺史大曆元年馬璘奏加開府儀同三司軍中有能引二十四弓而犯盜者璘欲免之秀實曰將有私愛則法令不一雖韓白復生亦不能爲理璘善其議竟使殺之璘決事有不合理者必固爭之得璘引過乃已璘城涇州秀實掌留後歸還加御史中丞璘既奉詔徙鎮涇州其士衆嘗自四鎮北庭赴難中原僑居驟移頗積勞怨刀斧將王童之因人心動搖導以爲亂或告其事且曰候嚴禁鼓爲約矣秀實乃詔鼓人陽怒失節且戒之曰每更籌盡必來報每白之輒延數刻四更畢而曙既差互童之亂不能作明日告者復曰今夜將焚草場期救火者同作亂秀實使嚴加警備夜半火發乃使令於軍中曰救火者斬童之居外營請入救火不許明日斬之捕殺其黨凡十餘人以徇曰敢後者徙族於是還涇州既至其理所人烟夐絕兵無廪食朝廷憂之遂詔璘遙管鄭潁二州以贍涇原軍俾秀實爲留後二州甚理璘思其績用又奏行軍司馬兼都知兵馬使八年吐蕃來寇戰于鹽倉我軍不利璘爲寇戎所隔逮暮未還敗將潰兵爭道而入時都將焦令諶與諸將四五輩狼狽而至秀實召讓之曰兵法失將麾下當斬公等忘其死而欲安其家耶令諶等恐懼下拜數十秀實乃悉驅城中士卒未出戰者使驍將統之東依古原列奇兵示賊將戰且以收合敗亡蕃衆望之不敢逼及夜璘方獲歸十一年璘疾甚不能視事請秀實攝節度副使兼左廂兵馬使秀實乃以十將張羽飛爲招召將分兵按甲以備非常璘卒而軍中行哭赴喪事於內李漢惠接賓客於外非其親不得居喪側族談離立者捕而囚之都虞候史廷幹裨將崔珍張景華謀作亂秀實乃送廷幹於京師徙珍及景華外鎮軍中遂定不戮一人尋拜秀實涇州刺史兼御史大夫四鎮北庭行軍涇原鄭潁節度使三四年間吐蕃不敢犯塞清約率易遠近稱之非公會不聽樂飲酒私室無妓媵無贏財退公之後端居靜慮而已德宗嗣位就加檢校禮部尚書張掖郡王建中元年宰相楊炎欲行元載舊志築原州城開陵陽渠詔中使上聞仍問秀實可否之狀秀實以爲方春不可興土功請俟農隙炎以其沮已之謀遂除司農卿以邠寧節度李懷光兼涇原節度使以事西拓無何劉文喜叛亦不果城四年朱泚盜據宮闕源休教泚僞迎鑾駕陰濟逆志泚乃遣其將韓旻領馬步三千疾趨奉天時蒼黃之中未有武備泚以秀實嘗爲涇原節度頗得士心後罷兵權以爲蓄憤且久必肯同惡乃召與謀議秀實初詐從之陰說大將劉海賓何明禮姚令言判官岐靈岳同謀殺泚以兵迎乘輿三人者皆秀實夙所獎遇遂皆許諾及韓旻追駕秀實以爲宗社之危期於頃刻乃使人走諭靈岳竊令言印不遂乃倒用司農印印符以追兵旻至駱驛得符軍人亦莫辯其印文惶遽而迴秀實海賓等曰旻之來吾黨無遺類矣我當直搏殺泚不得則死終不能向此賊稱臣乃與海賓約事急爲繼而令明禮應於外明日泚召秀實議事源休姚令言李忠臣李子平皆在坐秀實戎服與泚並膝語至僭位秀實勃然而起執休腕奪其象笏奮躍而前唾泚面大罵曰狂賊吾恨不斬汝萬段我豈逐汝反耶遂擊之泚舉臂自捍纔中其額流血匍匐而走兇徒愕然初不敢動而海賓等不至秀實乃曰我不同汝反何不殺我兇黨羣至遂遇害焉海賓明禮靈岳相次被殺德宗在奉天聞其事惜其委用不至垂涕久之初秀實見禁兵寡少不足以備非常乃上疏曰臣聞天子曰萬乘諸侯曰千乘大夫曰百乘此蓋以大制小以十制一也尊君卑臣强幹弱枝之義在於此矣今外有不庭之虜內有梗命之臣竊觀禁兵不精其數全少卒有患難將何待之且猛虎所以百獸畏者爲爪牙也若去其爪牙則犬彘馬牛悉能爲敵伏願少留聖慮冀裨萬一及涇原兵作亂召神策六軍遂無一人至者秀實守節不二竟歿於賊其明略義烈如此興元元年二月詔曰見危致命之謂忠臨義有勇之謂烈惟爾克勵臣節不憚殺身惟予式嘉乃勳懋昭大典曰台不德罔克若天遘並殷憂變起都邑惟爾卿士放然靡依逼畏所加淄澠共混故開府儀同三司檢校禮部尚書兼司農卿上柱國張掖郡王段秀實操行岳立忠厚精至義形於色勇必有仁頃者嘗鎮涇原克著威惠判卒知訓否爾以誠賊泚藏姦欺爾以詐守人臣之大節見元惡之深情端委國門挺身白刃誓碎兇渠之首以敵君父之讐視死如歸履虎致咥噫天未悔禍事乖垂成雄風壯圖振駭群盜昔王蠋守死以全節周顗正色而抗詞惟我信臣無愧前哲聲震寰宇義冠古今足以激勵人倫光昭史冊不有殊等之賞孰表非常之功爰議疇庸特超檢限著之甲令樹此風聲可贈太尉諡曰忠烈宜付史官仍賜實封五百戶莊宅各一區長子與三品正員官諸子並與五品正員官仍廢朝三日收京城之後以禮葬祭旌表門閭朕承天子人臨馭億兆一夫不獲時予之辜況誠信不達屢致寇戎使抱義之臣陷于凶逆有臨危致命歿而逾彰有因事成功權以合道苟利社稷存亡一致酬報之典豈限常倫並委所司訪其事跡續具條奏當加褒異錫其井賦圖形雲閣書功鼎彝以彰我有服節死義之臣傳于不朽德宗還京又詔曰贈太尉秀實授乎貞烈激其頹風蒼黃之中密蘊雄斷將紓國難詭收寇兵撓其兇謀果集吾事挺身徑進奮擊渠魁英名凜然振邁千古宜差官致祭并旌表門閭緣葬所須一切官給仍於墓所官爲立碑以揚徽烈自貞元後累朝凡赦書節文褒獎忠烈必以秀實爲首其子伯倫累官至太子詹事太和二年正月奏亡父贈太尉秀實準前後制勑令所司置廟立碑今營造已畢取今月二十五日行外祔禮詔曰秀實忠衞宗社功配廟食義風所激千載凜然間代勳力須異等夷宜賜綾絹五百疋以度支物充仍令所司供少牢并給鹵簿人夫兼太常博士一人檢校尋加伯倫檢校左散騎常侍兼殿中監太和四年十一月遷右金吾衞大將軍兼御史大夫充街使八年七月檢校工部尚書充福建等州都團練觀察使入爲太僕卿卒宰臣李石奏曰伯倫秀實之子自古歿身以衞社稷者無如秀實之賢文宗憫然曰伯倫宜加賻贈仍輟朝一日以禮忠臣之嗣

顏眞卿字清臣琅邪臨沂人也五代祖之推北齊黃門侍郎眞卿少勤學業有詞藻尤工書開元中舉進士登甲科事親以孝聞四命爲監察御史充河西隴右軍試覆屯交兵使五原有冤獄久不決眞卿至立辯之天方旱獄決乃雨郡人呼之爲御史雨又充河東朔方試覆屯交兵使有鄭延祚者母卒二十九年殯僧舍垣地眞卿劾奏之兄弟三十年不齒天下聳動遷殿中侍御史東都畿採訪判官轉侍御史武部員外郎楊國忠怒其不附己出爲平原太守安祿山逆節頗著眞卿以霖雨爲託修城浚池陰料丁壯儲廪實乃陽會文士泛舟外池飲酒賦詩或讒於祿山祿山亦密偵之以爲書生不足慮也無幾祿山果反河朔盡陷獨平原城守具備乃使司兵參軍李平馳奏之玄宗初聞祿山之變歎曰河北二十四郡豈無一忠臣乎得平來大喜顧左右曰朕不識顏眞卿形狀何如所爲得如此祿山初尚移牒眞

卿令以平原博平軍屯七千人防河津以博平太守張獻直爲副眞卿乃募勇士旬日得萬人遣錄事參軍李擇交統之簡閱以刃萬歲和琳徐浩馬相如高抗朗等爲將祿山旣陷洛陽殺留守李憕御史中丞盧奕判官蔣清以三首遣段子光來徇河北眞卿恐搖人心乃詐謂諸將曰我識此三人首皆非也遂腰斬子光密藏三首異日乃取三首冠飾草續支體棺斂祭殯爲位慟哭人心益附祿山遣其將李欽湊高邈何千年等守土門眞卿從父兄常山太守杲卿與長史袁履謙謀殺湊邈擒千年送京師土門旣開十七郡同日歸順共推眞卿爲帥得兵二十餘萬橫絕燕趙詔加眞卿戶部侍郎依前平原太守清河客李蕚年二十餘與郡人來乞師謂眞卿曰聞公義烈首唱大順河朔諸郡待公爲長城今清河實公之西鄰也僕幸寓家得其虛實知可爲長者用今計其蓄積足以三平原之富士卒可以二平原之强公因而撫之腹心輔車之郡其他小城運之如臂使指耳唯公所意誰敢不從眞卿借兵千人蕚將去眞卿謂之曰兵出也吾子何以教我蕚曰今聞朝廷使程千里統衆十萬自太行東下將出崞口爲賊所扼兵不得前今若先伐魏郡斬袁知泰太守司馬垂使爲西南主分兵開崞口之路出千里之兵使討鄴幽陵平原清河合同志十萬之衆徇洛陽分兵而制其衝計王師亦不下十萬公當堅壁無與挑戰不數十日賊必潰而相圖矣眞卿然之乃移牒清河等郡遣其大將李擇交副將平原縣令范東馥裨將和琳徐浩等進兵與清河四千人合勢而博平以千人來三郡之師屯於博平去堂邑縣西南十里袁知泰遣其將白嗣深乙舒蒙等以二萬人來拒戰賊大敗斬首萬餘級肅宗幸靈武授工部尚書兼御史大夫河北採訪招討使祿山乘虛遣史思明尹子奇急攻河北諸郡饒陽河間景城樂安相次陷沒獨平原博平清河三郡城守然人心危蹙不可復振至德元年十月棄郡渡河歷江淮荆襄二年四月朝於鳳翔授憲部尚書尋加御史大夫中書舍人兼吏部侍郎崔漪帶酒容入朝諫議大夫李何忌在班不肅眞卿劾之貶漪爲右庶子何忌西平郡司馬元帥廣平王領朔方蕃漢兵號二十萬來收長安出辭之日百寮致謁於朝堂百寮拜答拜辭亦如之王當闕不乘馬步出木馬門而後乘管崇嗣爲王都虞候先王上馬眞卿進狀彈之肅宗曰朕兒子每出諄諄教誡之故不敢失禮崇嗣老將有足疾姑欲優容之卿勿復言乃以奏狀還眞卿雖天子蒙塵典法不廢洎鑾輿將復宮闕遣左司郎中李巽先行陳告宗廟之禮有司署祝文稱嗣皇帝眞卿謂禮儀使崔器曰上皇在蜀可乎器遽奏改之中旨宣勞以爲名儒深達禮體時太廟爲賊所毁眞卿奏曰春秋時新宮災魯成公三日哭今太廟旣爲盜毁請築壇於野皇帝東向哭然後遣使竟不能從軍國之事知無不言爲宰相所忌出爲同州刺史轉蒲州刺史爲御史唐旻所搆貶饒州刺史旋拜昇州刺史浙江西道節度使徵爲刑部尚書李輔國矯詔遷玄宗居西宮眞卿乃首率百寮上表請問起居輔國惡之奏貶蓬州長史代宗嗣位拜利州刺史遷戶部侍郎除荆南節度使未行而罷除尚書左丞車駕自陝將還眞卿請皇帝先謁五陵九廟而後還宮宰相元載謂眞卿曰公所見雖美其如不合事宜何眞卿怒前曰用捨在相公耳言者何罪然朝廷之事豈堪相公再破除耶載深銜之旋改檢校刑部尚書知省事累進封魯郡公時元載引用私黨懼朝臣論奏其短乃請百官凡欲論事皆先白長官長官白宰相然後上聞眞卿上疏曰御史中丞李進等傳宰相語稱奉進止緣諸司官奏事頗多朕不憚省覽但所奏多挾讒毁自今論事者諸司官皆須先白長官長官白宰相宰相定可否然後奏聞者臣自聞此語已來朝野囂然人心亦多衰退何則諸司長官皆達官也言皆專達於天子也郎官御史者陛下腹心耳目之臣也故其出使天下事無巨細得失皆令訪察迴日奏聞所以明四目達四聰也今陛下欲自屏耳目使不聰明則天下何述焉詩云營營青蠅止于棘讒言罔極交亂四國以其能變白爲黑變黑爲白也詩人深惡之故曰取彼讒人投畀豺虎豺虎不食投畀有北則夏之伯明楚之無極漢之江充皆讒人也孰不惡之陛下惡之深得君人之體矣陛下何不深迴聽察其言虛誣者則讒人也因誅殛之其言不虛者則正人也因奬勵之陛下捨此不爲使衆人皆謂陛下不能明察倦於聽覽以此爲辭拒其諫諍臣竊爲陛下痛惜之臣聞太宗勤於聽覽庶政以理故著司門式云其有無門籍人有急奏者皆令監門司與仗家引奏不許關礙所以防壅蔽也并置立仗馬二疋須有乘騎便往所以平治天下正用此道也天寶已後李林甫威權日盛羣臣不先諮宰相輒奏事者仍託以他故中傷猶不敢明約百司令先白宰相又閹官袁思藝日宣詔至中書玄宗動靜必告林甫先意奏請玄宗驚喜若神以此權柄恩寵日甚道路以目上意不下宣下情不上達所以漸致潼關之禍皆權臣誤主不遵太宗之法故也陵夷至于今日天下之蔽盡萃于聖躬豈陛下招致之乎蓋其所從來者漸矣自艱難之初百姓尚未周弊太平之理立可便致屬李輔國用權宰相專政遞相姑息莫肯直言大開三司不安反側逆賊散落將士北走党項合集土賊至今爲患僞將更相驚恐因思明危懼扇動却反又今相州敗散東都陷沒先帝由此憂勤至於損壽臣每思之痛切心骨今天下兵戈未戢瘡痏未平陛下豈得不日聞讜言以廣視聽而欲頓隔忠讜之路乎臣竊聞陛下在陝州時奏事者不限貴賤務廣聞見乃堯舜之事也凡百臣庶以爲太宗之理可翹足而待也臣又聞君子難進易退由此言之朝廷開不諱之路猶恐不言況懷猒怠令宰相宣進止使御史臺作條目不令直進從此人人不敢奏事則陛下聞見只在三數人耳天下之事方鉗口結舌陛下後見無人奏事必謂朝廷無事可論豈知懼不敢進即林甫國忠復起矣凡百臣庶以爲危殆之期又翹足而至也如今日之事曠古未有雖李林甫楊國忠猶不敢公然如此今陛下不早覺悟漸成孤立後縱悔之無及矣臣實知忤大臣者罪在不測不忍孤負陛下無任懇迫之至其激切如此於是中人爭寫內本布於外後攝祭太廟以祭器不修言於朝載坐以誹謗貶硤州別駕撫州湖州刺史元載伏誅拜刑部尚書代宗崩爲禮儀使又以高祖已下七聖謚號繁多乃上議請取初謚爲定袁傪以謟言排之遂罷楊炎爲相惡之改太子少傅禮儀使如舊外示崇寵實去其權也盧杞專權忌之改太子太師罷禮儀使諭於眞卿曰方面之任何處爲便眞卿候杞於中書曰眞卿以褊性爲小人所憎竄逐非一今已羸老幸相公庇之相公先中丞傳首至平原面上血眞卿不敢衣拭以舌舐之相公忍不相容乎杞矍然下拜而含怒心會李希烈陷汝州杞乃奏曰顏眞卿四方所信使諭之可不勞師旅上從之朝廷失色李勉聞之以爲失一元老貽朝廷羞乃密表請留又遣逆於路不及初見希烈欲宣詔旨希烈養子千餘人露刃爭前迫眞卿將食其肉諸將叢遶慢罵舉刃以擬之眞卿不動希烈遽以身蔽之而麾其衆衆退乃揖眞卿就館舍因逼爲章表令雪己願罷兵馬累遣眞卿兄子峴與從吏凡數輩繼來京師上皆不報每與諸子書令嚴奉家廟恤諸孤而已希烈大宴逆黨召眞卿坐使觀倡優斥黷朝政爲戲眞卿怒曰相公人臣也柰何使此曹如是乎拂衣而起希烈慙亦呵止時朱滔王武俊田悅李納使在坐目眞卿謂希烈曰聞太師名德久矣相公欲建大號而太師至非天命正位欲求宰相孰先太師乎眞卿正色叱之曰是何宰相耶君等聞顏杲卿無是吾兄也祿山反首舉義兵及被害詬罵不絕於口吾今年向八十官至太師守吾兄之節死而後已豈受汝輩誘脅耶諸賊不敢復出口希烈乃拘眞卿令甲士十人守掘方丈坎於庭曰坑顏眞卿怡然不介意後張伯儀敗績於安州希烈令賫伯儀旌節首級誇示眞卿眞卿慟哭投地後其大將周曾等謀襲汝州因迴兵殺希烈奉眞卿爲節度事洩希烈殺曾等遂送眞卿於龍興寺眞卿度必死乃作遺表自爲墓誌祭文常指寢室西壁下云吾殯所也希烈旣陷汴州僭僞號使人問儀於眞卿眞卿曰老夫耄矣曾掌國禮所記者諸侯朝覲禮耳興元元年王師復振逆賊慮變起蔡州乃遣其將辛景臻安華至眞卿所積柴庭中沃之以油且傳逆詞曰不能屈節當自燒眞卿乃投身赴火景臻等遽止之復告希烈德宗復宮闕希烈弟希倩在朱泚黨中例伏誅希烈聞之怒興元元年八月三日乃使閹奴與景臻等殺眞卿先曰有勑眞卿拜奴曰宜賜卿死眞卿曰老臣無狀罪當死然不知使人何日從長安來奴曰從大梁來眞卿罵曰乃逆賊耳何勑耶遂縊殺之年七十七及淮泗平貞元元年陳仙奇使護送眞卿喪歸京師德宗痛悼異常廢朝五日謚曰文忠復下詔曰君臣之義生錄其功歿厚其禮況才優匡國忠至滅身朕自興歎勞於寤寐故光祿大夫守太子太師上柱國魯郡公顏眞卿器質天資公忠傑出出入四朝堅貞一志屬賊臣擾亂委以存諭拘脅累歲死而不撓稽其盛節寔謂猶生朕致貽斯禍慙悼靡及式崇嘉命兼延爾嗣可贈司徒仍賜布帛五百端男頵碩等喪制終所司奏超授官秩貞元六年十一月南郊赦書節文授眞卿一子五品正員官故頵得錄用文宗詔曰朕每覽國史見忠烈之臣未嘗不嗟歎久之思有以報如聞從覽弘式實眞卿之孫永惟九原旣不可作旌其嗣續諒協典彝考績已深於宦途者命立於中臺官次未齒於搢紳者俾佐於左輔庶使天下再新義風以眞卿曾孫弘式爲同州參軍

史臣曰每思先軫免胄子路結纓雖云其忠未聞於道如成公孝於家能於軍忠於國是武之英也苟無楊炎弄權若任之爲將遂展其才豈有朱泚之禍焉如清臣富於學守其正全其節是文之傑也苟無盧杞惡直若

任之爲相遂行其道豈有希烈之叛焉夫國得賢則安失賢則危德宗內信姦邪外斥良善幾致危亡宜哉噫仁以爲己任不亦重乎死而後已不亦遠乎二君守道殁身爲時垂訓希代之士也光文武之道焉

贊曰自古皆死得正爲順二公云亡萬代垂訓

舊唐書卷一百二十八考證

段秀實傳○臣德潛按柳宗元段太尉逸事狀一載其屈服郭晞見其剛正一載其媿耻焦令諶見其慈惠一載其不受朱泚餽綾見其清節至于以笏擊賊此殺身成仁大節不在逸事內也宗元上之史館俾作唐書時仍逸之何耶

顏眞卿傳代宗嗣位拜利州刺史遷戶部侍郎○新書作吏部

除尚書左丞○新書作右丞

楊炎爲相惡之改太子少傅○新書作少保

# 舊唐書卷一百二十九

後晉司空同中書門下平章事劉　昫撰

## 列傳第七十九

韓滉子皐　弟洄　張延賞子弘靖 弘靖子文規 次宗

韓滉字太沖太子少師休之子也少貞介好學以蔭解褐左威衛騎曹叅軍出爲同官主簿至德初青齊節度鄧景山辟爲判官授監察御史兼北海郡司馬以道路阻絕因避地山南採訪使李承昭奏充判官授通州長史彭王府諮議叅軍鄧景山移鎮淮南又表爲賓佐未行除殿中侍御史追赴京師先是滉兄法知制誥草王璵拜官之詞不加虛美璵頗銜之及其秉政諸使奏滉兄弟者必以冗官授之璵免相羣議稱其屈累遷至祠部考功吏部三員外郎滉公潔强直明於吏道判南曹凡五年詳究簿書無遺纖隱大曆中改吏部郎中給事中時盜殺富平令韋當縣吏捕獲賊黨而名隸北軍監軍魚朝恩以有武材請詔原其罪滉密疏駁奏賊遂伏辜遷尚書右丞五年知兵部選六年改戶部侍郎判度支自至德乾元已後所在軍興賦稅無度帑藏給納多務因循滉既掌司計清勤檢轄不容姦妄下吏及四方行綱過犯者必痛繩之又屬大曆五年已後蕃戎罕侵連歲豐稔故滉能儲積穀帛帑藏稍實然苛剋頗甚覆治按牘勾剝深文人多咨怨大曆十二年秋霖雨害稼京兆尹黎幹奏畿縣損田滉執云幹奏不實乃命御史巡覆迴奏諸縣凡損三萬一千一百九十五頃時渭南令劉藻曲附滉言所部無損戶部分巡御史趙計復檢行奏與藻合代宗覽奏以爲水旱咸均不宜渭南獨免申命御史朱敖再檢渭南損田三千餘頃上謂敖曰縣令職在字人不損猶宜稱損而不問豈有恤隱之意也卿之此行可謂稱職下有司訊鞫藻計皆伏罪藻貶萬州南浦員外尉計貶豐州員外司戶滉弄權樹黨皆此類也俄改太常卿議未息又出爲晉州刺史數月拜蘇州刺史浙江東西都團練觀察使尋加檢校禮部尚書兼御史大夫潤州刺史鎮海軍節度使滉既移鎮安輯百姓均其租稅未及踰年境內稱理及建中年冬涇師之亂德宗出幸河汴騷然滉訓練士卒鍛礪戈甲稱爲精勁李希烈旣陷汴州滉乃擇其銳卒令裨將李長榮王栖曜與宣武軍節度劉玄佐犄角討襲解寧陵之圍復宋汴之路滉功居多然自關中多難滉卽於所部閉關梁築石頭五城自京口至玉山禁馬牛出境造樓船戰艦三十餘艘以舟師五千人由海門揚威武至申浦而還毀撤上元縣佛寺道觀四十餘所修塢壁建業抵京峴樓雉相屬以佛殿材於石頭城繕置館第數十時滉以國家多難恐有永嘉渡江之事以爲備預以迎鑾駕亦申儆自守也城中穿深井十丈近百所下與江平俾偏將丘涔督其役涔酷虐士卒日役千人朝令夕辦去城數十里內先賢丘墓多令毀廢明年正月追李長榮等戍鄮還以其所親吏盧復爲宣州刺史採石軍使增營壘教習長兵以佛寺銅鐘鑄弩牙兵器陳少遊時鎮揚州以甲士三千人臨江大閱滉亦以兵三千人臨金山與少遊相應樓船於江中以金銀繒綵互相聘賚而自德宗出居及歸京師軍用旣繁道路又阻關中飢饉加之以災蝗江南兩浙轉輸粟帛府無虛月朝廷賴焉興元元年就加檢校吏部尚書數月又加檢校右僕射貞元元年七月拜檢校左僕射同平章事使並如故二年春特封晉國公其年十一月來朝京師時右丞元琇判度支以關輔旱儉請運江淮租米以給京師上以滉浙江東節度素著威名加江淮轉運使欲令專督運務琇以滉性剛愎難與集事乃條奏滉督運江南米至揚子凡一十八里揚子以北皆元琇主之滉深怒於琇琇以京師錢重貨輕切疾之乃於江東監院收穫見錢四十餘萬貫令轉送入關滉不許乃誣奏云運千錢至京師費錢至萬於國有害請罷之上以問琇琇奏曰一千之重約與一斗米均自江南水路至京一千之所運費三百耳豈至萬乎上然之遣中使齎手詔令運錢滉堅執以爲不可其年十二月加滉度支諸道轉運鹽鐵等使遂逞宿怒累誣奏琇貶雷州司戶其責旣重舉朝以爲非罪多竊議者尚書左丞董晉謂宰臣劉滋齊映曰元左丞忽有貶責未知罪名用刑一濫誰不危懼假有權臣騁志相公何不奏請三司詳斷之去年關輔用兵時方蝗旱琇總國計夙夜憂勤以贍給師旅不增一賦軍國皆濟斯可謂之勞臣也今見播逐恐失人心人心一搖則有聞鷄起舞者矣竊爲相公痛惜之滋映但引過而已給事袁高又抗疏申理之滉誣以朋黨寢而不行時兩河罷兵中土寧乂滉上言吐蕃盜有河湟爲日已久大曆已前中國多難所以肆其侵軼臣聞其近歲已來兵衆寖弱西迫大食之强北病迴紇之衆東有南詔之防計其分鎮之外戰兵在河隴五六萬而已國家第令三數良將長驅十萬衆於涼鄯洮渭並修堅城各置二萬人是當守禦之要臣請以當道所貯蓄財賦爲饋運之資以充三年之費然後營田積粟且耕且戰收復河隴二十餘州可翹足而待也上甚納其言滉之入朝也路由汴州厚結劉玄佐將薦其可任邊事玄佐納其賂因許之及來覲上訪問焉初頗禀命及滉以疾歸第玄佐意怠遂辭邊任盛陳犬戎未衰不可輕進滉貞元三年二月以疾薨遂寢其事年六十五上震悼久之廢朝三日贈太傅賻布帛米粟有差滉宰相子幼有美名其所結交皆時之儁彥非公直者不與之親密性持節儉志在奉公衣裘茵衽十年一易居處陋薄纔蔽風雨弟洄常於里宅增修廊宇滉自江南至卽命撤去之曰先公容焉吾輩奉之常恐失墜所有摧圮葺之則已豈敢改作以傷儉德自居重位愈清儉嫉惡彌縫闕漏知無不爲家人資產未嘗在意入仕之初以至卿相凡四十年相繼乘馬五疋皆及敝帷尤工書兼善丹青以繪事非急務自晦其能未嘗傳之好易象及春秋著春秋通例及天文事序議各一卷然以前輩早達稍薄後進晚歲至京師丞卽卿佐接之頗倨衆不能平其在浙右也政令明察末年傷於嚴急巡內婺州傍縣有犯其令者誅及鄰伍死者數十百人又俾推覆官分察境內情涉疑似必寘極法誅殺殘忍一判卽勦數十人且無虛日雖令行禁止而冤濫相尋議者以滉統制一方頗著勤績自幼立名貞廉晩途政甚苛慘身未達則飾情以進得其志則本質遂彰子群皐群官至考功員外郎皐字仲聞夙負令名而器質重厚有大臣之度由雲陽尉擢賢良科拜左拾遺轉左補闕累遷起居郞考功員外郎俄丁父艱德宗遣中人就第慰問仍宣令論譔滉之事業皐號泣承命立草數千言德宗嘉之及免喪執政者擬考功郞中御筆加知制誥遷中書舍人御史中丞尚書右丞兵部侍郎皆稱職改京兆尹奏鄭鋒爲倉曹專掌錢穀鋒苛刻剝下爲事人皆咨怨又勸皐搜索府中雜錢折糴百姓粟麥等三十萬石進奉以圖恩寵皐納其計尋奏鋒爲興平縣令及貞元十四年春夏大旱粟麥枯槁畿內百姓累經皐陳訴以府中倉庫虛竭憂迫惶惑不敢實奏會唐安公主女出適右庶子李愬內官中使於愬家往來百姓遮道投狀內官繼以事上聞德宗下詔曰京邑爲四方之則長吏受親人之寄實繫邦本以分朕憂苟非其才是紊於理正議大夫守京兆尹賜紫金魚袋韓皐比踐清貴頗聞謹恪委之尹正冀劾公忠乃者邦畿之間粟麥不稔朕念玆黎庶方議蠲除自宜悉心以副勤恤皐奏報失實處理無方致令閭井不安囂然上訴及令覆試皆涉虛詞壅蔽頗深罔惑斯甚宜加懲誡以勗守官可撫州司馬員外置同正員馳驛發遣鋒亦尋出爲汀州司馬皐無幾移杭州刺史復拜尚書右丞皐恃前輩頗以簡倨自處順宗時王叔文黨盛皐嫉之謂人曰吾不能事新貴皐從弟曅幸於叔文以告之因出爲鄂州刺史岳鄂蘄沔等州觀察使入爲東都留守元和八年六月加檢校吏部尚書兼許州刺史充忠武軍節度等使以陳許二州水潦之後賜皐綾絹布葛十萬端疋以助軍資宴賞所理以簡儉稱入爲吏部尚書兼太子少傅判太常卿事元和十一年三月皇太后王氏崩以皐充大明宮使十五年閏正月充憲宗山陵禮儀使三月穆宗以師保之舊加檢校右僕射十二月以銓司考科目人失實與刑部侍郎知選事李建罰一月俸料長慶元年正月正拜尚書右僕射二年四月轉左僕射赴尚書省上事命中使宣賜酒饌及宰臣百寮送上皆如近式其年以本官東都留守行及戲源驛暴卒年七十九贈太子太保太和元年謚曰貞皐生知音律嘗觀彈琴至止息歎曰妙哉嵇生之爲是曲也其當晉魏之際乎其音主商商爲秋聲秋也者天將搖落肅殺其歲之晏乎又晉乘金運商金聲此所以知魏之季而晉將代也慢其箕絃與宮同音

是臣奪君之義也所以知司馬氏之將篡也司馬懿受魏明帝顧託後嗣反有篡奪之心自誅曹爽逆節彌露王陵都督揚州謀立荊王彪毋丘儉文欽諸葛誕前後相繼爲揚州都督咸有匡復魏室之謀皆爲懿父子所殺叔夜以揚州故廣陵之地彼四人者皆魏室文武大臣咸敗散於廣陵始也止息者晉雖暴興終止息於此也其哀憤躁蹙痛迫脅之旨盡在於是矣永嘉之亂其應乎叔夜撰此將貽後代之知音者且避晉魏之禍所以託之神鬼也洄以蔭緒受任劉晏判鹽鐵度支辟爲屬吏累官至諫議大夫知制誥與元載善載誅以累貶邵州司戶同正員建中元年二月復諫議大夫先以劉晏兼領度支晏既罷黜令天下錢穀各歸尚書省本司廢職罷事久無綱紀徒收其名而莫綜其任國用出入未有所統故轉洄戶部侍郎判度支洄上言江淮七監歲鑄錢四萬五千貫輸于京師度工用轉送之費每貫計錢二千是本倍利也今商州有紅崖冶出銅益多又有洛源監久廢不理請增工鑿山以取銅興洛源故監置十鑪鑄之歲計出錢七萬二千貫度工用轉送之費貫計錢九百則利浮本矣其江淮七監請皆罷之復以天下銅鐵之冶是曰山澤之利當歸於王者非諸侯方岳所有今諸道節度都團練使皆占之非宜也請總隸鹽鐵使皆從之洄與楊炎善炎得罪常不自安無何兄子皋抗疏理炎罪德宗意洄令爲之壽貶蜀州刺史興元元年三月入爲兵部侍郎六月爲京兆尹七月加御史大夫貞元二年正月刑部侍郎劉太眞黨於宰相盧杞得罪以洄代太眞爲刑部侍郎尋復兵部侍郎貞元七年十一月爲國子祭酒

張延賞中書令嘉貞之子幼孤本名寶符開元末玄宗召見賜名延賞取賞延於世之義特授左司禦率府兵曹參軍博涉經史達於政事侍中韓國公苗晉卿見而奇之以女妻焉肅宗在鳳翔擢拜監察御史賜緋魚袋轉殿中侍御史關內節度使王思禮請爲從事思禮領河東又爲太原少尹兼行軍司馬北都副留守代宗幸陝除給事中轉御史中丞中書舍人大曆二年拜河南尹充諸道營田副使河洛久當兵衝閭井丘墟延賞勤身率下政尚簡約疏河渠道修築宮廟數年間流庸歸附邦畿復完詔書褒美焉時罷河南西山山南副元帥以其兵鎭東都延賞權知東都留守以領之理行第一入朝拜御史大夫初上封人李少良潛以元載陰事聞載黨知之奏少良狂妄下御史臺訊鞫欲有所屬延賞不承其意尋出爲揚州刺史淮南節度觀察等使屬歲旱歉人有亡去他境者吏或拘之延賞曰夫食人之所恃而生也此居而坐斃適彼而可生得存吾人又何限於彼也乃具舟楫而遣之俾吏修其廬室已其逋債而歸者增於其舊邊江之瓜洲舟航湊會而懸屬江南延賞奏請以江爲界人甚爲便尋以母憂去職終制授檢校禮部尚書江陵尹兼御史大夫荊南節度觀察使數年改檢校兵部尚書成都尹劍南西川節度觀察使依前兼御史大夫尋就加吏部尚書建中四年十一月部將西山兵馬使張朏以兵入成都爲亂延賞奔漢州鹿頭戍將叱干遂等討之其月斬朏及同惡者復歸成都先是兵革屢擾自天寶末楊國忠用事南蠻三蜀疲弊屬車駕還幸其後郭英乂淫崔寧之室遂縱崔寧楊琳交亂及崔寧得志復極侈靡故蜀土殘弊蕩然無制度延賞薄賦約事動遵法度僅至庶富焉建中末駕在山南延賞貢奉供億頗竭忠力焉駕在梁州倚劍南蜀州爲根本貞元元年以宰相劉從一有疾詔徵延賞爲中書侍郎同中書門下平章事與鳳翔節度使李晟不協晟表論延賞過惡德宗重違晟意延賞至興元改授左僕射初大曆末吐蕃寇劍南李晟領神策軍戍之及旋師以成都官妓高氏歸延賞聞而大怒卽使將吏令追還焉晟頗銜之形於詞色三年正月晟入朝詔晟與延賞釋憾德宗注意於延賞將用之會浙西觀察使韓滉來朝嘗有德於晟因會讌說晟使釋憾遂同飲極歡且請晟表薦爲相晟然之於是復加同中書門下平章事及延賞當國用事晟請一子聘其女固情好焉延賞拒而不許晟謂人曰武人性快若釋舊惡於盃酒之間終歡可解文士難犯雖修睦於外而蓄怒于內今不許婚釁未忘也得無懼焉無幾延賞果謀罷晟兵權初吐蕃尚結贊興兵入隴州抵鳳翔無所虜掠且曰召我來何不持牛酒勞軍徐乃引去持是以間晟晟令牙將王佖選銳兵三千設伏汧陽大敗吐蕃結贊僅免自是數遣使乞和晟朝於京師奏曰戎狄無信不可許宰相韓滉又扶晟議請調軍食以繼之上意將帥主事邀功會滉卒延賞揣上意遂行其志奏令給事中鄭雲逵代之上不許且曰晟有社稷之功令自舉代己者於是始用邢君牙焉拜晟太尉兼中書令奉朝請而已是年五月吐蕃果背約以劫渾瑊及冊晟太尉故事臨軒冊拜三公中書令讀冊侍中奉禮如闕卽以宰相攝之延賞欲輕其禮始令兵部尚書崔漢衡攝中書令讀冊時議非之延賞奏議請省官員曰爲政之本必先命官舊制官員繁而且費州縣殘破職此之由臣荊南劍南所管州縣闕官員者少不下數十年吏部未嘗補授但令一官假攝公事亦理以此言之員可減無疑也請減官員收其祿俸資幕職戰士俾劉玄佐復河湟軍用不乏矣上然之初韓滉入朝至汴州厚結劉玄佐將薦其可委邊任玄佐亦欲自効初稟命及滉卒玄佐以疾辭上遣中官勞問卧以受命延賞知不可用奏用李抱眞抱眞亦辭不行時抱眞判官陳曇奏事京師延賞俾曇勸抱眞竟拒絕之蓋以延賞挾怨罷李晟兵柄由是武臣不附自建議減員之後物議不平延賞懼量留其官下詔曰諸州府停減及所留官並合釐務其中有先考滿及充職掌遇停減或恐公務有闕宜委長吏於合停官中取考淺人清白幹舉者留塡闕官差攝訖聞奏但取才堪不限資序如當州官少任以鄰州官充其州縣諸色部送準舊例以當州官及本土寄客有資產幹了者差遣及減員人衆道路怨歎自聞於上侍中馬燧奏減員太甚恐不可行太子少保韋倫及常參官等各抗疏以減員招怨並請復之浙西觀察使白志貞亦以疏論時延賞疾甚在私第李泌初爲相採於羣情由是官員悉復貞元三年七月薨年六十一廢朝三日贈太保賻禮加等謚曰成肅子弘靖字元理雅厚信直少以門蔭授河南府參軍調藍田尉東都留守杜亞辟爲從事奏改監察御史裏行轉殿中侍御史內供奉留守將令狐運逐賊出郊其日有劫轉運絹於道者亞以運豪家子意其爲之乃令判官穆員及弘靖同鞫其事員與弘靖皆以運職在牙門必不爲盜堅請不按亞不聽遂以獄聞仍斥員及弘靖出幕府有詔令三司使雜治之後果於河南界得賊無何德陽公主下嫁治第將侵弘靖家廟弘靖拜表陳情具述祖考之德德宗慰撫之不令毀廟又獻賦美二京之制德宗嘉其文擢授監察御史轉殿中侍御史禮部員外郎遷兵部郎中知制誥中書舍人知東都選事拜工部侍郎轉戶部侍郎陝州觀察河中節度使拜刑部尚書同中書門下平章事吳少陽死其子元濟擅主留務憲宗怒欲下詔誅之弘靖請先命弔贈使待其不恭然後加兵憲宗從其議尋加中書侍郎平章事盜殺宰相武元衡京師索賊未得時王承宗邸中有鎭卒張晏輩數人行止無狀人多意之詔錄付御史陳中師按之皆附致其罪如京中所說弘靖疑其不直驟於上前言之憲宗不聽竟殺張晏輩及田弘正入鄆按簿書亦有殺元衡者但事曖昧互有所說卒未得其實又殺張晏後憲宗欲遂伐承宗弘靖以爲戎事並興鮮有濟者不若併攻元濟待淮西平然後悉師河朔憲宗業已北討不爲之止然亦重違其言弘靖知終不聽用遂自陳乞罷政事俄檢校吏部尚書同中書門下平章事充太原節度使行未及鎭果下詔誅承宗弘靖以驟諫不行宜用自効大閱軍實請躬討承宗詔許出軍不許自往俄而魏博澤潞悉爲承宗所敗有詔賞其前言弘靖卽間道發使懇喻承宗承宗因亦款附旋徵拜吏部尚書遷檢校右僕射宣武軍節度使時韓弘入覲之後也弘靖用政寬緩代弘之理俄以劉總累求歸闕且請弘靖代已制加檢校司空平章事充幽州盧龍等軍節度使弘靖之入幽州也薊人無老幼男女皆夾道而觀焉河朔軍帥冒寒暑多與士卒同無張蓋安輿之別弘靖久富貴又不知風土入燕之時肩輿於三軍之中薊人頗駭之弘靖以祿山思明之亂始自幽州欲於事初盡革其俗乃發祿山墓毀其棺柩人尤失望從事有韋雍張宗厚數輩復輕肆嗜酒常夜飲醉歸燭火滿街前後呵叱薊人所不習之事又雍等詬責吏卒多以反虜名之謂軍士曰今天下無事汝輩挽得兩石力弓不如識一丁字軍中以意氣自負深恨之劉總歸朝以錢一百萬貫賜軍士弘靖留二十萬貫充軍府雜用薊人不勝其憤遂相率以叛囚弘靖於薊門館執韋雍張宗厚輩數人皆殺之續有張徹者自遠使迴軍人以其無過不欲加害將引置館中徹不知其心遂索弘靖所在大罵軍人亦爲亂兵所殺明日吏卒稍稍自悔悉詣館請弘靖爲帥願改心事之凡三請弘靖卒不對軍人乃相謂曰相公無言是不赦吾曹必矣軍中豈可一日無帥遂取朱洄爲兵馬留後朝廷既除洄子克融爲幽州節度使乃貶弘靖爲撫州刺史未幾遷太子賓客少保少師長慶四年六月卒年六十五元和初王承宗阻兵劉總父濟備陳征討之術請身先之及出軍累拔城邑總既繼父願述先志且欲盡更河朔舊風長慶初累表求入朝兼請分割所理之地然後歸朝其意欲以幽涿營州一道請弘靖理之瀛州爲一道請盧士玫理之平薊嬀檀爲一道請薛平理之仍籍軍中宿將盡薦於闕下因望朝廷昇奬使幽薊之人皆有希美爵祿之意及疏上穆宗且欲速得范陽宰臣崔植杜元穎又不爲遠大經略但欲重弘靖所授而省其事局唯瀛莫兩州許置觀察使其他郡縣悉命弘靖統之時總所校俱在京

師旅舍中久而不問朱克融輩僅至假衣丐食日詣中書求官不勝其困及除弘靖命悉還本軍克融輩雖得復歸皆深懷觖望其後因爲叛亂初總以平劃嬀檀請薛平於分裂之中尤爲上策而朝廷不能行之竟致後患人到于今惜之子文規景初嗣慶次宗文規歷拾遺補闕吏部員外郎開元三年十一月右丞韋溫彈劾文規長慶中父弘靖陷在幽州文規徘徊京師不尋赴難不宜塵汙南宮乃出爲安州刺史累遷右散騎常侍兼御史中丞桂管都防禦觀察使景初歷職使府官止殿中侍御史嗣慶位終河南少尹次宗最有文學稽古履行開成中爲起居舍人文宗復故事每入閣左右史執筆立于螭頭之下宰相奏事得以備錄宰臣既退上召左右史更質證所奏是非故開成政事詳於史氏次宗尤稱奉職改禮部員外郎以兄文規爲韋溫不放入省出官次宗堅辭省秩改國子博士兼史館修撰出爲舒州刺史卒文規子彥遠大中初由左補闕爲尚書祠部員外郎景初子天保嗣慶子彥修次宗子曼容延賞東都舊第在思順里亭館之麗甲於都城子孫五代無所加工時號三相張氏云

史臣曰君民足則國富將相和則國安反是道焉非得人者況殺元琇奏瑞鹽逞幹運之能非貞純之士刻下罔上以爲己功幸逢多事之朝例在姑息之地幸而獲免餘無可稱延賞以私害公罷李晟兵柄使武臣不陳其力矣惡直醜正擠柳渾相位致賢者不進其才矣彖恭僻功皆四凶之跡也雖以蔭繼世以才進身蹈非道者實小人哉延賞歷典名藩皆稱善政及登大位乃彰飾情阜迭處大寮徒稱舊德弘靖輕傲邊事欺減軍賫迴附元載楊炎繼及累貶俱非守正中立者也書云世祿之家鮮克由禮不其是歟

贊曰韓滉刻下延賞害公阜迴繼世弘靖輿戎

# 舊唐書卷一百三十

後晉司空同中書門下平章事劉　昫撰

## 列傳第八十

王璵道士李國禎附　李泌子繁顧況附

崔造　關播李元平附

王璵少習禮學博求祠祭儀注以干時開元末玄宗方尊道術靡神不宗璵抗疏引古今祀典請置春壇祀青帝於國東郊玄宗甚然之因遷太常博士侍御史充祠祭使璵專以祀事希倖每行祠禱或焚紙錢禱祈福祐迎於巫覡由是過承恩遇肅宗卽位累遷太常卿以祠禱每多賜賚乾元三年七月兼蒲州刺史充蒲同絳等州節度使中書令崔圓罷相乃以璵爲中書侍郎同中書門下平章事人物時望素不爲衆所稱及當樞務聲問頓減璵又奏置太一神壇於南郊之東請上躬行祀事肅宗嘗不豫太卜云祟在山川璵乃遣女巫分行天下祈祭名山大川巫皆盛服乘傳而行上令中使監之因緣爲姦所至干託長吏以邀賂遺一巫盛年而美以惡少年數十自隨尤爲蠹弊與其徒宿於黃州傳舍刺史左震晨至驛門扃鐍不可啓震破鎖而入曳女巫階下斬之所從惡少年皆斃閱其贓賂數十萬震籍以上聞仍請贓錢代貧民租稅其中使發遣歸京肅宗不能詰肅宗親謁九宮神慇懃於祠禱皆璵所啓也歲餘罷知政事爲刑部尚書上元二年兼揚州長史御史大夫充淮南節度使肅宗南郊禮畢以璵使持節都督越州諸軍事越州刺史充浙江東道節度觀察處置使本官兼御史大夫祠祭使如故入爲太子少保轉少師大曆三年六月卒璵以祭祀妖妄致位將相時以左道進者往往有之廣德二年八月道士李國禎以道術見因奏皇室仙系宜修崇靈跡請於昭應縣南三十里山頂置天華上宮露臺天地婆父三皇道君太古天皇中古伏羲媧皇等祠堂幷置掃灑宮戶一百戶又於縣之東義扶谷故湫置龍堂並許之時歲飢荒人甚不安昭應縣令梁鎮上表曰臣聞國以人爲本害其本則非國神以人爲主虐其主則非神故昔之聖王所以極陳理道明著祀典將愛其人而愼用其財力敬其神而虔恭於祠祭故神享其明德而降之福人受其大賴而盡其力然後神人以和而國家可保也一昨蟊賊作孽水旱爲災雖王畿皆遍而臣縣最苦此則神之不能禦大災明矣又何力於陛下而得列祀典哉且以殘弊之餘當凶荒之歲丁壯素出家入仕羸老方飛芻輓粟令但供億王事已不堪命更奔走鬼道何以聊生臣又聞天地之神尊之極者掃地可祭精意可饗陛下亦何必廢先王之典崇俗巫之說走南畝之客殺東鄰之牛而後冀非妄之福陛下雖欲爲人祈福福未至而人已困矣其不可一也陛下不覩昔者有道之君至德之后曷不卑宮室惡飲食恭己以遂萬物之性哉陛下今違神亭育之心竭人疲困之力如是又何從而致其福哉此又不可二也又陛下宗廟之敬極矣尚無一月三祭之禮今此獨爲則宗廟之靈將等以親疎校以厚薄陛下又何以言哉此又不可三也又大地婆父祀典無文言甚不經義無可取若陛下特與大地建祖宗之廟必上天貽向背之責陛下又何以爲詞哉此又不可四也夫湫者龍之所居也龍得水則神無水則螻蟻之匹也故知水存則龍在水竭則龍亡此愚智之所同知矣今湫竭已久龍安所存陛下又崇飾祠宇豐潔薦奠爲去龍之穴破生人之產人且怨矣神何歆哉此又不可五也其道君三皇五帝則兩京及所都之處皆建宮觀祠廟時設齋醮饗祀國有彝典官有常禮蓋無闕失何勞神役靈此又不可六也臣稽先王之典禮觀前聖之軌躅休咎豐凶災祥禍福必主帝王五事不在山川百神此又不可七也臣伏祭此弊頗知其由蓋以道士李國禎等動衆則得人興工則獲利祭祀則受胙主執則弄權是以鼓動禁中熒惑天聽踰越險阻負荷粢盛以日繫年無時而息曾不謂神功力空止竭人膏血以使人神胥怨災孽並生罔上害人左道亂政原情定罪非殺而何臣昨受命之時親承聖旨務存安緝許逐權宜誠願沉鄴縣之巫安流弊之俗其所興兩祠土木之功丹青之役三六之祭灑掃之戶謹明宣旨並以權宜停訖人吏百姓等知陛下以從善爲心嫉惡爲務蠲除不急剗革煩苛皆喧呼於庭抃躍於路所徵粮糗無不樂輸臣伏以國禎等並交結中貴狡蠹成性臣雖忘身許國不懼讒構終恐賄及豪右復爲姦惡其國禎等見據狀推勘如獲贓狀伏望許臣徵收便充當縣郵館本用其湫既竭不可更置祠堂又不當爲大地建立祖廟臣並請停其三皇道君天皇伏犧女媧等既先各有宮廟望請並於本所依禮齋祭上從之

李泌字長源其先遼東襄平人而魏太保八柱國司徒何弼之六代孫今居京兆吳房令承休之子少聰敏博涉經史精究易象善屬文尤工於詩以王佐自負張九齡韋虛心張廷珪皆器重之泌操尚不羈恥隨常格仕進天寶中自嵩山上書論當世務玄宗召見令待詔翰林仍東宮供奉楊國忠忌其才辯奏泌嘗爲感遇詩諷刺時政詔於蘄春郡安置乃潛遁名山以習隱自適天寶末祿山構難肅宗北巡至靈武卽位遣使訪召會泌自嵩潁間冒難奔赴行在至彭原郡謁見陳古今成敗之機甚稱旨延致臥內動皆顧問泌稱山人固辭官秩特以散官寵之解褐拜銀青光祿大夫俾掌樞務至於四方文狀將相遷除皆與泌參議權逾宰相仍判元帥廣平王軍司馬事肅宗每謂曰卿當上皇天寶中爲朕師友下判廣平王行軍朕父子三人資卿道義其見重如此尋爲中書令崔圓李輔國害其能將有不利於泌泌懼乞遊衡山優詔許之給以三品祿俸遂隱衡岳絕粒棲神數年代宗卽位召爲翰林學士頗承恩遇及元載輔政惡其異己因江南道觀察都團練使魏少遊奏求參佐稱泌有才拜檢校祕書少監充江南西道判官幸其出也尋改爲檢校郎中依前判官元載誅乃馳傳入謁上見悅之又爲宰相常袞所忌出爲楚州刺史及謝恩具陳戀闕上素重之留京數月會澧州刺史闕袞盛陳泌理行以荆南凋瘵遂報泌理之詔曰荆南都會奧在澧陽俾人歸厚惟賢是牧以泌文可以化成風俗政可以全活惸嫠爰命頒條期乎共理無薄淮陽之守勉思渤海之功可檢校御史中丞充澧朗硤團練使重其禮而遣之無幾改杭州刺史以理稱興元初徵赴行在遷左散騎常侍貞元元年除陝州長史充陝虢都防禦觀察使二年六月泌奏虢州盧氏山冶近出瑟瑟請充獻禁人開採詔曰瑟瑟之寶中土所無今產於近甸實爲靈貺朕不飾器玩不尚珍奇常思返朴之風用明躬儉之節其出瑟瑟之處任百姓求採不宜禁止就加泌檢校禮部尚書時陳許戍邊卒三千自京西逃歸至州境泌潛師險隘左右攻擊盡誅之尋拜中書侍郎平章事集賢崇文館學士修國史初張延賞大減官員人情恣怨泌請復之以從人欲因是奏罷兼試額內占闕等官加百官俸料隨閑劇加置手力課上從之人人以爲便而竇參旁奏遂改易使同品之內月俸多少縣等泌又奏請罷拾遺補闕上雖不從亦不授人故諫司惟韓皐歸登而已泌仍命收其署殘錢令登等寓食於中書舍人故時戲云韓諫議雖分左右歸拾遺莫辨存亡如是者三年至貞元五年以前東都防禦判官殿中侍御史內供奉韋綬爲左補闕監察御史梁肅右補闕既復置人心忻然順宗在春宮妃蕭氏母郜國公主交通外人上疑其有他連坐貶黜者數人皇儲亦危泌百端奏說上意方解泌頗有讜直之風而談神仙詭道或云嘗與赤松子王喬安期羨門遊處故爲代所輕雖詭道求容不爲時君所重德宗初卽位尤惡巫祝怪誕之士初肅宗重陰陽祠祝之說用妖人王璵爲宰相或命巫媼乘驛行郡縣以爲厭勝凡有所興造功役動牽禁忌而黎幹用左道位至尹京嘗內集衆工編刺珠繡爲御衣既成而焚之以爲禳禬且無虛月德宗在中宮熟知其事卽位之後罷集僧於內道場除巫祝之祀有司言宣政內廊壞請修繕而太卜云孟冬爲魁岡不利

穿築請卜他月帝曰春秋之義啓塞從時何慰岡之有卒命修之又代宗山陵靈駕發引上號送于承天門見轀輬不當道稍指午未間問其故有司對曰陛下本命在午故不敢當道上號泣曰安有枉靈駕而謀身利卒命直午而行及建中末寇戎內梗桑道茂有城奉天之說上稍以時日禁忌爲意而雅聞泌長於鬼道故自外徵還以至大用時論不以爲愜及在相位隨時俯仰無足可稱復引顧況輩輕薄之流動爲朝士戲侮頗貽譏誚年六十八薨贈太子太傅賻禮有加泌放曠敏辯好大言自出入中禁累爲權倖忌嫉恒由智免終以言論縱橫上悟聖主以躋相位有文集二十卷子繁少聰警有才名無行義泌爲相嘗引薦夏縣處士北平陽城爲諫議大夫城道直旣遇知己深德之及泌歿戶部尚書裴延齡巧佞奉上德宗信任竊弄威權舉朝側目城中正之士尤忿嫉之一日盡疏其過惡欲密論奏以繁故人子爲可親信遂示其疏草兼請繁繕寫繁旣寫悉能記之其夕乃徑詣延齡具述其事延齡聞之卽時請對盡以城章中欲論事件一一先自解及城疏入德宗以爲妄不之省泌與右補闕翰林學士梁肅友善嘗命繁持所著文請肅潤色繁亦自有學術肅待之甚厚因許師事日熟其門及肅卒繁亂其配士君子無不歎駭積年委棄後起爲太常博士太常卿權德輿奏斥之除河南府士曹掾以其警悟異常泌之故人爲宰相左右援拯後得累居郡守而力學不倦罷隨州刺史歸京師久不承恩韋處厚入相厚待之寶曆二年六月敬宗降誕日御三殿特詔兵部侍郎丁公著太常少卿陸亘與繁等三人抗浮圖道士講論九月除大理少卿復加弘文館學士時諫官御史章疏相繼宰臣不得已出爲亳州刺史州境嘗有群賊剽人廬舍劫取貨財累致擒捕不獲繁潛設機謀悉知賊之巢穴出兵盡加誅斬時議責繁以不先啓聞廉使涉於擅興之罪朝廷遣監察御史舒元輿按問元輿素與繁有隙復以初官銳於生事乃盡反其獄辭以爲繁濫殺無辜狀奏勅於京兆府賜死時人冤之其後元輿被禍人以爲有報應焉初泌流放江南與柳渾顧況爲人外之交吟詠自適而渾先達故泌復得入官於朝

顧況者蘇州人能爲歌詩性詼諧雖王公之貴與之交者必戲侮之然以嘲誚能文人多狎之柳渾輔政以校書郎徵復遇李泌繼入自謂已知秉樞要當得達官久之方遷著作郎況心不樂求歸於吳而班列群官咸有侮玩之目皆惡嫉之及泌卒不哭而有調笑之言爲憲司所劾貶饒州司戶有文集二十卷其贈柳宜城辭句率多戲劇文體皆此類也子非熊登進士第累佐使府亦有詩名于時

崔造字玄宰博陵安平人少涉學永泰中與韓會盧東美張正則爲友皆僑居上元好談經濟之略嘗以王佐自許時人號爲四夔浙西觀察使李栖筠引爲賓僚累至左司員外郎與劉晏善及晏遭楊炎庾準誣奏伏誅造累貶信州長史朱泚之逆造爲建州刺史聞難作馳檄鄰州請齊舉義兵遂調發所部得二千人德宗聞而嘉之及收京師詔徵造至藍田以舅源休明逆伏誅上疏請罪不敢卽赴闕上以爲知禮優詔慰勉拜吏部郎中給事中貞元二年正月與中書舍人齊映各守本官同平章事時京畿兵亂之後仍歲蝗旱府無儲積德宗以造能言爲能立事故不次登用造久從事江外嫉錢穀諸使罔上之弊乃奏天下兩稅錢物委本道觀察使本州刺史選官典部送上都諸道水陸運使及度支巡院江淮轉運使等並停其度支鹽鐵委尚書省本司判其尚書省六職令宰臣分判乃以戶部侍郎元琇判諸道鹽鐵榷酒等事戶部侍郎吉中孚判度支及諸道兩稅事宰臣齊映判兵部承旨及雜事宰臣李勉判刑部宰臣劉滋判吏部禮部造判戶部工部又以歲飢浙江東西道入運米每年七十五萬石今更令兩稅折納米一百萬石委兩浙節度使韓滉運送一百萬石至東渭橋其淮南濠壽旨米洪潭屯米委淮南節度使杜亞運送二十萬石至東渭橋諸道有鹽鐵處依舊置巡院勾當河陰見在米及諸道先付度支巡院般運在路錢物委度支依前勾當其未離本道者分付觀察使發遣仍委中書門下年終類例諸道課最聞奏造與元琇素厚罷使之後以鹽鐵之任委之而韓滉方司轉運朝廷仰給其漕發滉以司務久行不可遽改德宗復以滉爲江淮轉運使餘如造所條奏元琇以滉性剛難制乃復奏江淮轉運其江南米自江至揚子凡十八里請滉主之揚子已北琇主之滉聞之怒擿摭琇鹽鐵司事論奏德宗不獲已罷琇判使轉尚書右丞其年秋初江淮漕米大至京師德宗嘉其功以滉專領度支諸道鹽鐵轉運等使造所條奏皆改物議亦以造所奏雖舉舊典然凶荒之歲難爲集事乃罷造知政事守太子右庶子貶琇雷州司戶造初奏太銳及琇改官憂懼成疾數月不能視事明年九月卒年五十一

關播字務元衛州汲人也天寶末舉進士鄧景山爲淮南節度使辟爲從事累授衛佐評事遷右補闕善言物理尤精釋氏之學大曆中神策軍使王駕鶴妻關氏以播與同宗深遇之元載惡其交往出爲河南府兵曹攝職數縣皆有政能陳少遊領浙東淮南又辟爲判官歷檢校金部員外攝滁州刺史李靈曜阻兵跋扈於梁汴少遊自總兵鎮汴上所在盜賊蜂起播調閱州兵令其守備又爲政清淨簡惠旣無盜賊人甚安之楊綰常袞知政事薦播爲都官員外郎德宗登極湖南山洞中有王國良者聚衆爲盜令播往宣撫之臨行召對於別殿上問政理之要播奏云爲政之本須求有道賢人乃可得理上謂播云朕下詔求賢良當躬親閱試亦遣使臣黜陟廣加搜訪聞薦擢其能者用之兾以傳理播奏曰下詔求賢黜陟舉薦唯得求名文詞之士安有有道賢人肯隨牒舉選乎上悅其言謂播曰卿且使去迴日當與卿論政事播又奏曰臣今奉詔招撫國良不受命臣請便宜恩命語鄰境速出兵翦除上曰卿言深合朕意使迴改兵部員外遷河中少尹建中初張鎰爲河中少尹鎰尋入相二年七月遷播給事中舊例諸司甲庫皆是胥吏掌知爲弊頗久播始建議並以士人知之至今稱當轉刑部侍郎奉迎皇太后副使盧杞以播柔緩兾其易制驟稱薦之尋遷吏部侍郎轉刑部尚書知刪定奏上元中詔擇古今名將十人於武成王廟配享如文宣王廟之儀播以太公古稱大賢今其下稱亞聖於義不安又孔子十哲皆是當時弟子今所擇名將年代不同於義旣乖於事又失臣請刪去名將配享之儀及十哲之稱從之建中三年十月拜銀青光祿大夫中書侍郎同中書門下平章事集賢殿崇文館大學士修國史時政事決在盧杞播但斂衽取容而已乏於知人之鑒好大言虛誕者播必悅而親信之有李元平陶公達張愻劉承誡皆言談詭妄誇大可立功名亦有微材薄藝播累奏云元平等皆可將相也請閱試用之上以爲然以元平爲補闕會淮西節度李希烈叛亂上以汝州要鎮令遷擇刺史播薦元平爲汝州刺史尋加檢校吏部郎中汝州別駕知州事元平至州旬日爲希烈所擒汝州陷賊中外哂之由是公達等未赴任用播與盧杞等從駕幸奉天旣而盧杞白志貞等並貶黜播尚知政事中外囂然以爲不可遂罷相改刑部尚書大臣韋倫等泣於朝曰宰相不能謀猷翊贊以至今日而尚爲尚書可痛心也貞元四年迴紇請和親以咸安公主出降可汗令播以本官加檢校右僕射兼御史大夫持節充送咸安公主及冊可汗奉使往來皆清儉謹慎蕃人悅之使迴遷兵部尚書固辭疾請罷官改太子少師致仕播致仕之後減去僮僕車騎閉關守靜不禁外事士君子重之貞元十三年正月卒時年七十九廢朝一日贈太子太保

李元平者宗室子始爲湖南觀察使蕭復判官試大理評事性疎傲敢大言好論兵天下賢士大夫無可其意者以是人多銜怒關播奇重之許以將帥時希烈反判朝廷以汝州與賊接壤刺史韋光裔懦弱不任職播乃盛稱元平特召見超左補闕不數日擢爲檢校吏部郎中兼汝州別駕知州事旣至部募工徒繕理郛郭希烈乃使勇士應募執役板築凡十數百人元平不之覺希烈遣僞將李克誠以數百騎突至其城先應募執役者應於內縛元平馳去旣見希烈遺下汚地希烈見其無鬚眇小戲謂克誠曰使汝取李元平何得將元平兒來因嫚罵曰盲宰相使汝當我何待我淺耶僞署爲御史中丞播聞元平得用仍欺於人曰李生功業濟矣言必能覆希烈而建功也居無何希烈用爲宰相或告其有二者乃斷一指以自誓希烈旣死或有人言在賊中徵有謀慮貸死流於珍州會赦得歸剡中浙東觀察使皇甫政表聞其到以發上怒復流賀州而死

史臣曰蒸嘗礿祀前王制以奉先怪力亂神宣聖鄙而不語凡云左道固有舊章璵假於鬼神乃至將相旣處代天之位爰滋亂政之源國禎妖人疑衆妄恢其祀典梁鎮正士抗疏方悟其上心泌見可進而知難退足爲高宰智辯之士居相位而談鬼神乃見狂妄浮薄之蹤王制云執左道以亂政殺寧無畏乎繁之醜行棄於當時竟陷非辜諒由素履造爲臣得禮莅事非能播居位取容舉人敗事皆非國器咸歷台司失人者亡國其危矣

贊曰璵泌造播俱非相材國禎左道梁生直哉

舊唐書卷一百三十考證

王璵傳乾元三年七月兼蒲州刺史充蒲同絳等州節度使○沈炳震曰按本紀乾元三年閏四月改元上元無七月明矣且璵蒲州之拜紀在二年七月兩書皆作三年誤

中書令崔圓罷相乃以璵爲中書侍郎同中書門下平章事○沈炳震曰按璵乾元二年入相二年三月罷

為刑部尚書舊紀新表皆同七月始出為蒲同絳等州節度使非自蒲州入相也兩書傳皆誤

上元二年兼揚州長史御史大夫充淮南節度使〇沈炳震曰按本紀上元二年二月崔圓拜淮南節度使既除崔圓何又除璵此亦未詳

李泌傳〇臣德潛按泌為童子時賦方圓動靜斥蕭誠軟美已見生平品概至調護玄宗肅代父子間後又保全順宗儲位俱能言人所不敢言此為生平大節他如建議令李郭制賊辨盧杞姦邪破桑道茂語不使人君以命自諉並識見之卓絕者舊書都不之及但敘其為宰相後長于鬼道唯以神仙惑人而論斷中謂乃見狂惑浮薄之蹤與王璵並論為左道惑衆者殺非公論也當以新書為正

# 舊唐書卷一百三十一

後晉司空同中書門下平章事劉　昫撰

## 列傳第八十一

李勉　李皐　子象古道古

李勉字玄卿鄭王元懿曾孫也父擇言為漢褒相岐四州刺史安德郡公所歷皆以嚴幹聞在漢州張嘉貞為益州長史判都督事性簡貴待管內刺史禮隔而引擇言同榻坐談政理時人榮之勉幼勤經史長而沉雅清峻宗於虛玄以近屬陪位累授開封尉時昇平日久且汴州水陸所湊邑居庬雜號為難理勉與聯尉盧成軌等並有擒姧擿伏之名至德初從至靈武拜監察御史屬朝廷右武勳臣恃寵多不知禮大將管崇嗣於行在朝堂背闕而坐言笑自若勉劾之拘於有司肅宗特原之歎曰吾有李勉始知朝廷尊也遷司膳員外郎時關東獻俘百餘詔並處斬囚有仰天歎者勉過問之對曰某被脅制守官非逆者勉乃哀之上言曰元惡未殄遭點汙者半天下皆欲渫心歸化若盡殺之是驅天下以資兇逆也肅宗遽令奔騎宥釋由是歸化日至克復西京累歷清要四遷至河南少尹累為河東節度王思禮朔方河東都統李國貞行軍司馬尋遷梁州都督山南西道觀察使勉以故吏前密縣尉王晬勤幹俾攝南鄭令俄有詔處死勉問其故乃為權倖所誣勉詢將吏曰上方藉牧宰為人父母豈以譖言而殺不辜乎卽停詔拘晬飛表上聞晬遂獲宥而勉竟為執政所非追入為大理少卿謁見面陳王晬無罪政事條舉盡力吏也肅宗嘉其守正乃除太常少卿王晬後以推擇拜大理評事龍門令終有能名時稱知人肅宗將大用勉會李輔國寵任意欲勉降禮於己勉不為之屈竟為所抑出歷汾州虢州刺史改京兆尹檢校右庶子兼御史中丞都畿觀察使尋兼河南尹明年罷尹以中丞歸西臺又除江西觀察使賊帥陳莊連陷江西州縣偏將呂太一武日昇相繼背叛勉與諸道力戰悉攻平之部人有病父以蠱道為木偶人署勉名位瘞于其隴或以告曰為父禳災亦可矜也捨之大曆二年來朝拜京兆尹兼御史大夫政尚簡肅宦官魚朝恩為觀軍容使仍知國子監事恃寵含威天憲在舌前尹黎幹寫心候事動必求媚每朝恩入監傾府人吏具數百人之饌以待之及勉莅職旬月朝恩入監府吏先期有請勉曰軍容使判國子監事勉候太學軍容宜厚具主禮勉忝京尹軍容儻惠顧府廷豈敢不具蔬饌朝恩聞而銜之因不復至太學勉亦尋受代四年除廣州刺史兼嶺南節度觀察使番禺賊帥馮崇道桂州叛將朱濟時等阻洞為亂前後累歲陷沒十餘州勉至遣將李觀與容州刺史王翃併力招討悉斬之五嶺平前後西域舶泛海至者歲纔四五勉性廉潔舶來都不檢閱故末年至者四千餘在官累年器用車服無增飾及代歸至石門停舟悉搜家人所貯南貨犀象諸物投之江中耆老以為可繼前朝宋璟盧奐李朝隱之徒人吏詣闕請立碑代宗許之十年拜工部尚書及滑亳永平軍節度令狐彰卒遺表舉勉自代因除之在鎮八年以舊德清重不嚴而理東諸帥雖暴驁者亦宗敬之十一年汴宋留後田神玉卒詔加勉汴州刺史汴宋節度使未行汴州將李靈曜阻兵北結田承嗣承嗣使姪悅將銳兵戍之詔勉與李忠臣馬燧等攻討大破之悅僅以身免靈曜北走勉騎將杜如江擒之以獻代宗褒賞甚厚既而李忠臣代鎮汴州而勉仍舊鎮忠臣遇下貪虐明年為麾下所逐詔復加勉汴宋節度使移理汴州餘並如故德宗嗣位加檢校吏部尚書尋加平章事建中元年檢校左僕射充河南汴宋滑亳河陽等道都統餘如故四年李希烈反以他盜為名悉衆來寇汴州勉城守累月救援莫至謂其將曰希烈兇逆殘酷若與較力必多殺無辜吾不忍也遂潛師潰圍南奔宋州詔以司徒平章事徵既至朝廷素服請罪優詔復其位勉引過備位而已無何盧杞自新州員外司馬除澧州刺史給事中袁高以杞邪佞蠹政貶未塞責停詔執表遂授澧州別駕他日上謂勉曰衆人皆言盧杞姦邪朕何不知卿知其狀乎對曰天下皆知其姦邪獨陛下不知所以為姧邪也時人多其正直然自是見疎累表辭位遂罷知政事加太子太保貞元四年卒年七十二上頗懟悼之冊贈太傅賻物有差喪葬官給勉坦率素淡好古尚奇清廉簡易為宗臣之表善鼓琴好屬詩妙知音律能自制琴又有巧思及在相位向二十年祿俸皆遺親黨身沒而無私積其在大官禮賢下士終始盡心以名士李巡張參為判官卒於幕三歲之內每遇宴飲必設虛位於筵次陳膳執酹辭色悽惻論者美之或曰勉失守梁城亦可貶也議者曰不然當賊烈之始亂其慓悍陰禍兇焰不可當天方厚其毒而降之罰況勉應變非長援軍莫至又其時闕輔已假擾矣人心已動搖矣以文吏之才當虎狼之隊其全師奔走非量力之恥也與其坐受喪敗不猶愈乎

李皐字子蘭曹王明玄孫嗣王戢之子少補左司禦率府兵曹參軍天寶十一載嗣封授都水使者三遷至祕書少監皆同正多智數善因事以自便奉太妃鄭氏以孝聞上元初京師旱米斗直數千死者甚多皐度俸不足養亟請外官不允乃故抵微法貶溫州長史無幾攝行州事歲儉州有官粟數十萬斛皐欲行賑救掾吏叩頭乞候上旨皐曰夫人日不再食當死安暇稟命若殺我一身活數千人命利莫大焉於是開倉盡散之以擅貸之罪飛章自劾天子聞而嘉之答以優詔就加少府監皐行縣見一媼垂白而泣哀而問之對曰李氏之婦有二子鈞鍔宦遊二十年不歸貧無以自給時鈞為殿中侍御史鍔為京兆府法曹俱以文藝登科名重於時皐曰入則孝出則悌行有餘力然後可以學文若二子者豈可備於列位由是舉奏並除名勿齒改處州別駕行州事以良政聞徵至京未召見因上書言理道拜衡州刺史坐小法貶潮州刺史時楊炎謫官道州知皐事直及為相復拜衡州初皐為御史覆訊懼貽太妃憂竟出則素服入則公服言貌如平常太妃竟不知及為潮州詭詞謂遷至是復位方泣以白且言非疾不敢有聞建中元年遷湖南觀察使前使辛京杲貪殘有將王國良鎮邵州武岡縣豪富京杲以死罪加之國良危懼因人所苦遂散財聚衆據縣以叛諸道同討聯歲不能下皐授命日乃曰驅疲甿誅反側非所以奉聖朝事遣使遺國良書曰觀將軍非敢大逆蓋遭讒嫉救誤死而已將軍遇我何不速降我與將軍同為辛京杲所構我已蒙聖朝昭雪使我何心持刃殺將軍耶將軍以為不然我以陣術破將軍陣以攻法屠將軍城非將軍所度也國良捧書且憂且喜遣使請降亦未必決皐卽日赴縣受降中道有候騎馳告曰國良軍中有變言降是詐也皐曰非爾輩所知遂留麾下兵單騎假稱使者徑入國良壘中國良召使者入皐遂大叫軍中曰有人識曹王否只我是國良何不速降一軍愕眙不敢動適有識者走至傳呼曰是國良匍匐叩頭請罪皐執手約為兄弟盡焚攻守之備散倉庫給兵士令復農桑有詔赦國良罪賜名惟新建中二年丁母艱奉喪至江陵會梁崇義反乃授起復左衞大將軍復還湖南尋加散騎常侍李希烈反遷江西道節度使洪州刺史兼御史大夫至州集將吏而令曰嘗有功未申者別為行有策謀及器能堪佐軍者別為行有裨將伊慎李伯潛劉旻皆自占皐察其詞氣驗其有功悉補大將擢王鍔委之中軍以馬彝許孟容為賓佐繕甲兵具戰艦將軍二萬餘初伊慎將江西兵從李希烈平襄州及反懼皐任之乃陰遣遺之鏁甲又詐為慎書往復置遺于境上聞卽遣中使斬慎皐表請捨令自効會與賊夾江為陣中使又至皐乃勉令以功自贖賜之以所乘馬及器甲令將鋒而先皐率軍繼之責其有功果大破賊斬首數百級慎方得免罪賊樹堡柵於蔡山皐度峻險不可攻乃聲言西取蘄州理戰艦分兵傍南涯與舟師泝江而上賊以老弱守柵引軍循江隨戰艦南北與皐兵相去直蔡山三百餘里皐令步兵登舟順流東下不日拔蔡山賊還救間一日方至大破之因進拔蘄州降其將李良又取黃州斬首千餘兵益振舒王為元帥加皐前軍兵馬使德宗居奉天淮南節度陳少遊強取鹽鐵錢其使包佶以財幣泝江次于蘄口時希烈已居汴州又遣驍將杜少誠將步騎萬餘來寇蘄黃將絕江道皐遣伊慎將七千衆禦之遇于永安戍慎列三柵相去纔四里列鼓角中柵少誠至分兵圍之部隊未嚴聲鼓而三柵齊出奮擊不為行陣賊亂少誠敗走斬首萬級封尸為京觀以功加銀青光祿大夫進封五百戶上至梁州進獻繼至皐以上近縣為軍市商貨畢至加工部尚書駕還京師又遣伊

愼王鍔將兵圍安州州城阻溳水爲固攻之累日不下希烈遣甥劉戒虛將步騎八千來援皐命李伯潛分師迎擊於應山獲戒虛及大將二裨將二十斬首千餘函縛戒虛等之城下乃使人說之賊曰得大將及賓佐一二人爲信當降皐乃使王鍔馬彝縋城而入城中大呼乃出降希烈又遣兵援隨州皐令伊愼擊於厲鄉大破之復平靜白鴈等關希烈懼乃戢兵貞元初拜江陵尹荆南節度等使江漢倚皐爲固未幾李思登以隨州降凡下州四縣十七大小十餘陣未嘗敗衄淮西既平請護喪祔東都上遣中使弔贈父右僕射母曹國太妃葬畢來朝詔還鎮出東都以拜墓觀者榮之先江陵東北有廢田傍漢古隄二處每夏則溢皐始命塞之廣田五千頃畝得一鍾規江南廢洲爲廬舍架江爲二橋流人自占二千餘戶自荆至樂鄉凡二百里旅舍鄉聚凡數十大者皆數百家楚俗佻薄不穿井飲陂澤皐始命合錢開井以便人初平希烈吳少誠殺陳仙奇上以襄鄧要阨三年除襄州刺史山南東道節度等使割汝隋隸焉練兵積糧市迴鶻馬益騎兵賞大畋以教士少誠憚之性勤儉知人疾苦設監司能察聽下持將吏短長賞罰必信所至常平物價貴出賣之給將吏廩俸豪家不得擅其利常運心巧思爲戰艦挾二輪蹈之翔風鼓疾若挂帆席所造省易而久固又造欹器進入內中每遣人物常自秤量署之官匹帛皆印之絕吏之私初扶風馬彝未知名皐始辟之卒以正直稱漢陽王張柬之有林園在州西公府多假之游宴皐將買之彝斂袵而言曰張漢陽有中興功今遺業當百代保之王縱欲之柰何令其子孫自鬻焉皐謝曰主吏失詞爲足下羞微足下安得聞此言以改過遷善知人任下爲己任故賓從將佐多至大官貞元八年三月暴卒于位年六十廢朝三日贈右僕射賻弔有差謚曰成子象古道古復古象古自衡州刺史爲安南都護元和十四年爲楊清所殺妻子支黨無噍類焉楊清者代爲南方酋豪屬象古貪縱人心不附又惡清之强自驩州刺史召爲牙門將鬱鬱不快無何邕管黃家賊叛詔象古發兵數道共討之象古命清領兵三千赴焉清與其子志烈及所親杜士交潛謀迴戈夜襲安南數日城陷象古故及於害朝廷命唐州刺史桂武仲爲都護且招諭之赦清以爲瓊州刺史仲武至境清不納復約束部署刑戮僭虐人無聊生仲武使人諭其酋豪數月間歸附繼至約兵七千餘人收其城斬清及其子志貞籍沒其家志烈與士交敗保于長州之鑿溪尋以所部兵來降道古登進士第遷司門員外郎便佞巧宦早昇朝籍常以酒肴棊博游公卿門角賭之際每僞爲不勝而厚償之故當時有虛名而嗜利者悉與之狎歷利隋唐睦四州刺史由黔中觀察爲鄂岳沔蘄安黃團練觀察使時元和十一年也初以柳公綽在鎮無功議將代之裴度言道古嗣曹王皐之子皐嘗以江漢兵遏希烈之亂威惠至今在人復用其子必能繼美憲宗然之故有此授及赴鎮倍道而行以數騎徑入安州城時公綽殊未意道古至惶駭而出家財多爲所奪十二年道古攻申州克其羅城乃進圍逼其中城城中守卒夜帥婦人登城而呼懸門竊發分出其衆道古之衆驚亂爲虜所殺初李聽守安州未嘗退衄及道古至誣奏聽移去之乃自帥兵出木陵士卒驕惰賜給多闕其度支供軍錢道古半以奉權倖半以沒己人皆怨怒不肯力戰賊亦易道古以羸兵抵之故道古前後再攻破申州外城而不能拔至李愬入蔡州乃降元和十三年入爲宗正卿道古在鄂州日以貪暴聞懼終得罪乃薦山人柳泌以媚於上後又爲左金吾衞將軍憲宗季年頗信方士銳於服食詔天下搜訪奇士宰相皇甫鎛方諛媚固寵道古言柳泌有道術鎛得而進之待詔翰林憲宗服餌過當暴成狂躁之疾以至棄代穆宗在東宮扼腕於其事及居喪皆竄逐誅之鎛既貶責授道古循州司馬終以服丹藥歐血而卒

史臣曰李勉李皐稟性端莊處身廉潔臨民莅事動有美聲可謂宗臣之英也若夫治軍旅禦寇戎謀必臧戰必勝則又勉不及皐遠矣道古便佞姦以事君何父子之不相類也

贊曰我宗之英曰皐與勉才雖不同道豈相遠

舊唐書卷一百三十一考證

李勉傳忠臣遇下貪虐明年爲麾下所逐○蒙上文乃大曆十二年也据本紀當作十四年

李皐傳未幾李思登以隨州降凡下州四縣十七大小十餘陣未嘗敗衄○新書大小戰三十二取州五縣二十斬首三萬三千禽生萬六千

# 舊唐書卷一百三十二

後晉司空同中書門下平章事劉　昫撰

## 列傳第八十二

李抱玉　李抱眞　王虔休

盧從史　李芃　李澄族弟元素

李抱玉武德功臣安興貴之裔代居河西善養名馬爲時所稱羣從兄弟或徙居京華習文儒與士人通婚者稍染士風抱玉少長西州好騎射常從軍幕沉毅有謀小心忠謹乾元初太尉李光弼引爲偏裨屢建勳績由是知名二年自特進右羽林軍大將軍知軍事遷鴻臚卿員外置同正員持節鄭州諸軍事兼鄭州刺史攝御史中丞鄭陳潁亳四州節度時史思明陷洛陽光弼守河陽賊兵鋒方盛光弼謂抱玉曰將軍能爲我守南城二日乎抱玉曰過期若何光弼曰過期而救不至任棄城也賊帥周摯領安太清徐黃玉等先犯南城將陷之抱玉乃紿之曰吾糧盡明日當降賊衆大喜斂軍以俟之抱玉因得繕完設備明日堅壁請戰賊怒欺紿急攻之抱玉出奇兵表裏夾攻殺傷甚衆摯軍退光弼自將于中潬城摯捨南城攻中潬不勝乃整軍將攻北城光弼以兵出戰大敗之固河陽復懷州皆功居第一遷澤州刺史兼御史中丞代宗卽位擢爲澤潞節度使潞州大都督府長史兼御史大夫加領陳鄭二州遷兵部尚書抱玉上言臣貫屬涼州本姓安氏以祿山構禍恥與同姓去至德二年五月蒙恩賜姓李氏今請割貫屬京兆府長安縣許之因是舉宗並賜國姓廣德元年冬吐蕃寇京師乘輿幸陝諸軍潰卒及村閭亡命相聚爲盜京城南面子午等五谷羣盜頗害居人朝廷遣薛景仙領兵爲五谷使招討連月不捷乃詔抱玉兼鳳翔節度使討之抱玉採知賊帥行止之處先分屯諸谷乃設奇潛使輕銳數百南自洋州入攻之賊帥高玉方與諸偷會遽爲銳卒數十人掩擒之因大搜獲偷黨悉斬之餘黨不討自潰旬日內五谷平以功遷司空餘並如故時吐蕃每歲犯境上以岐陽國之西門寄在抱玉恩寵無比遷同中書門下平章事又兼山南西道節度使河西隴右山南西道副元帥判梁州事連統三道節制兼領鳳翔潞梁三大府秩處三公抱玉以任位崇重抗疏懇讓司空及山南西道節度判梁州事乞退授兵部尚書上嘉其謙讓許之抱玉凡鎮鳳翔十餘年雖無破虜之功而禁暴安人頗爲當時所稱大曆十二年卒上甚悼之輟朝三日贈太保

李抱眞抱玉從父弟也抱玉爲澤潞節度使甚器抱眞任以軍事累授汾州別駕當是時僕固懷恩反于汾州抱眞陷焉乃脫身歸京師代宗以懷恩倚迴紇所將朔方兵又勁憂甚召見抱眞問狀因奏曰郭子儀領朔方之衆人多思之懷恩欺其衆曰子儀爲朝恩所殺詐而用之今復子儀之位可不戰而克其後懷恩子瑒爲其下所殺懷恩奔遁多如抱眞策因是遷殿中少監居頃之爲陳鄭澤潞節度留後抱眞因中謝言曰臣雖無可取當今百姓勞逸繫在牧守願得一郡以自試上許之改授澤州刺史兼爲澤潞節度副使居二年轉懷州刺史復爲懷澤潞觀察使留後凡八年抱玉卒抱眞仍領留後抱眞密揣山東當有變上黨且當兵衝是時乘戰餘之地土瘠賦重人益困無以養軍士籍戶丁男三選其一有材力者免其租徭給弓矢令之曰農之隙則分曹角射歲終吾當會試及期按簿而徵之都試以示賞罰復命之如初比三年則皆善射抱眞曰軍可用矣於是舉部內鄉得成卒二萬前既不廩費府庫益實乃繕甲兵爲戰具遂雄視山東是時天下稱昭義軍步兵冠諸軍無幾復代李承昭爲昭義軍及磁邢節度觀察留後加散騎常侍德宗卽位拜檢校工部尚書兼潞州長史昭義軍節度支度營田澤潞磁邢觀察使建中三年田悅以魏博反乃悉兵圍邢州及臨洺急詔河東節度使馬燧及神策兵救之抱眞與燧敗悅兵於雙岡斬悅將楊朝光又擊破悅于臨洺遂解臨洺及邢州之圍以功加檢校兵部尚書復與燧大破悅於洹水悅以數百騎走歸魏州復與燧圍魏州又敗悅於城下以功加檢校右僕射時悅窘蹙朱滔王武俊皆反聯兵救悅抱眞與燧等退次魏縣上幸奉天中使告問至諸將皆仰天慟哭李懷光席卷奔命馬燧李芃各引兵歸鎮朱泚既汙宮闕時李希烈陷大梁李納亦反鄆州無何上幸梁州李懷光又竊據河中抱眞獨於擾攘傾潰之中以山東三州外抗群賊內輯軍士群賊深憚之興元初遷檢校左僕射平章事時朱滔悉幽薊軍借兵迴紇擁衆五萬南向以應泚攻圍貝州初群賊附於希烈希烈僭僞有臣屬群賊意群心稍離上自奉天下罪己之詔悉赦群賊抱眞乃遣門客賈林以大義說武俊合從擊朱滔武俊許之時兩軍尚相疑抱眞乃以數騎徑入武俊營其將去也賓客皆止之抱眞遣軍司馬盧玄卿勒軍部分曰僕今日此舉繫天下安危僕死不還領軍事以聽朝命亦唯子奮勵士馬東向雪僕之恥亦唯子言訖

而去武俊設備甚嚴抱眞曰朱泚希烈僭竊大位朱滔攻圍貝州此輩皆欲陵駕吾屬足下既不能自振數賊之上捨九葉天子而北面臣反虜乎乃者聖上奉天下罪己之詔可謂禹湯之主也因言及播越持武俊哭涕泗交下武俊亦哭感動左右因退卧武俊帳中酣寢久之武俊感其不疑待之益恭指心仰天曰此身已許公死敵矣遂與結爲兄弟而別約明日合戰遂擊破朱滔于經城以功加檢校司空實封五百戶貞元初朝于京師居頃之還鎭抱眞沉斷多智計嘗欲招致天下賢儁聞人之善必令持貨幣數千里邀致之至與語無可採者漸退之時天下無事乃大起臺榭穿池沼以自娛晚節又好方士以冀長生有孫季長者爲抱眞鍊金丹紿抱眞曰服之當昇僊遂署爲賓僚數謂參佐曰此丹秦皇漢武皆不能得唯我遇之他年朝上淸不復偶公輩矣復夢駕鶴沖天寤而刻木鶴衣道士衣以習乘之凡服丹二萬丸腹堅不食將死不知人者數日矣道士牛洞玄以猪肪穀漆下之殆盡病少間季長復曰垂上僊何自棄也益服三千丸頃之卒初抱眞久疾好禨祥或令厭勝爲巫祝所惑請降官爵以禳除之是年凡七上章讓司空復爲檢校左僕射貞元十年卒時年六十二廢朝三日贈太保賻以布帛米粟有差抱眞薨之日其子殿中侍御史緘匿喪不發營田副使盧會昌令抱眞從甥元仲經潛與緘謀其明日將吏會集仲經詐爲抱眞令曰吾疾甚不能莅職令令緘掌軍事諸軍善佐之節度副使李說及諸將吏俛首皆曰諾須臾緘盛服而出衆皆拜之緘乃悉府藏頒賞軍士盧會昌仍詐爲抱眞表請以職事付緘翌日又令諸將連奏請緘領軍上已聞抱眞卒乃遣中使第五守進馳傳觀變且令以軍事屬於大將王延貴守進至潞州緘詐言抱眞疾病請見明日如此者凡三日緘乃出見中使左右皆陳兵甚嚴備中使謂緘曰朝廷已知相公薨歿令以兵務屬延貴侍御宜歸發喪行服也緘愕然出謂諸將曰有詔不許緘掌事諸公意若何將吏莫有對者緘懼以退遽以使印及管鑰歸監軍是日乃發喪畢一哭中使召延貴以口詔令視事趣遣緘赴東都元仲經逃于外延貴捕得殺之既歸罪仲經盧會昌得不坐緘初謀亂遣裨將陳榮詐以文書告成德節度使王武俊求假財帛武俊大怒曰吾與汝府公善者冀恭王命非同惡也今聞已亡孰詐令其子而不俟朝旨耶何敢告我況有求也乃因陳榮而遣使讓緘焉

王虔休字君佐汝州梁人也本名延貴少涉獵書籍鄉里間以信義見慕之尤好武藝大曆中汝州刺史李深用之爲將久之澤潞節度李抱眞聞名厚以財帛招之累授兵馬使押衙建中初抱眞統兵馬與諸將征討河北其雙岡水寨營等陣虔休攻戰居多擢爲步軍都虞候累加兼御史中丞大夫賜實封百戶洎抱眞卒裨將元仲經等議立抱眞子緘軍中擾亂虔休正色言於衆曰軍州是天子軍州將帥闕合待朝命何乃云云妄生異意軍中服從其言由是竟免潰亂朝廷知而嘉之以邕王爲昭義節度觀察大使授虔休潞州左司馬依前兼御史大夫掌留後仍賜名虔休號令安撫軍州大理二歲遷潞州長史昭義軍節度澤潞磁邢洺觀察使尋加檢校工部尚書貞元十五年卒年六十二廢朝三日贈左僕射賻以布帛米粟虔休性恭勤儉省節用管內州倉庾皆積糧儲可支軍人數歲又常撰誕聖樂曲以進其表曰臣聞於師夫君子爲能知樂是故審音以知聲審樂以知政則理道備矣清明廣大終始周旋與天地同其和與四時合其序豈止於鍾鼓管磬云乎哉臣伏見開元中天長節著于甲令每於是日海縣懽娛稱萬壽之無疆樂一人之有慶故能追堯接舜邁禹踰湯自周已後不能議矣臣竊以陛下降誕之辰未有惟新之曲雖太和已布於六氣而大樂未宣於八音無乃臣子之分或有所闕愚臣不揆頑昧敢思祖述每思歌竊抃忘寢與食久矣適遇有知音者與臣論及樂章採徵賾與窮理盡性臣乃遣造繼天誕聖樂一曲大抵以宮爲調表五音之奉君也以土爲德知五運之居中也凡二十五遍法二十四氣而足成一歲也每遍一十六拍象八元八凱登庸於朝也所冀雲門咸池永傳於律呂空桑孤竹合薦於宮懸不聞沾滯之聲長作中和之樂可使九域之人頓忘於肉味四夷之俗皆播於薰風與唐惟休終古盡善臣不勝懇欵屏營之至謹昧死陳獻以聞其所造譜謹同封進先時有太常樂工劉玠流落至潞州虔休因令造此曲以進今中和樂起此也

盧從史其先自元魏已來冠冕頗盛父虔少孤好學舉進士歷御史府三院刑部郎中江汝二州刺史祕書監從史少矜力習騎射遊澤潞間節度使李長榮用爲大將德宗中歲每命節制必令採訪本軍爲其所歸者長榮卒從史因軍情且善迎奉中使得授昭義軍節度使漸狂恣不道至奪部將妻妾而辯給矯妄從事孔戡等以言直不從引去前年丁父憂朝旨未議起復屬王士眞卒從史竊獻誅承宗計以希上意用是起授委其成功及詔下討賊兵出逗留不進陰與承宗通謀令軍士潛懷賊號又高其芻粟之價售於度支諷朝廷求宰相且誣奏諸軍與賊通兵不可進上深患之護軍中尉吐突承璀將神策兵與之對壘從史往往過其營博戲從史沓貪好得承璀出寶帶奇玩以炫燿之時其愛悅而遺焉從史喜甚日益狎上知其事取裴垍之謀因戒承璀伺其來博揖語幕下伏壯士突起持捽出帳後縛之內車中馳以赴闕從者驚亂斬十數人餘號令乃定且宣諭密詔赴闕庭都將烏重胤素懷忠順乃嚴戒其軍衆不敢動會夜使疾驅未明出境道路人莫知元和五年四月制曰邪以蓄衆自致覆車姦以事君所宜用鉞故楚人告變韓信患釋於事先蜀土徵災鍾會禍生於部下況害深楚蜀功匪鍾韓構此厲階布於公議懷私負德合寘於嚴科屈法申恩尚從於寬典前昭義軍節度副大使知節度事盧從史擢自裨將居于大藩不思報國之誠每設徇身之計比丁家禍曾無戚容行棄人倫孝齡天性屬常山稱亂朝制未行固顧與師苟求復位刻期効用請以身先指日投誠誓云獨致示於懷撫推以信誠排衆論以釋其萑麻決中心而授之鈇鉞委以重任命之專征章奏所陳事無違者恩光是貸寸何愛焉而乃冒利蓄姦釁政敗度成師既出保敵而交通邪計以行臨戎而向背諸侯盡力而不應遺寇遊魂而是託臣節既喪恩豈念於生成台位干求禮頓虧於忠敬肆其醜行熾以兇威至於逼脅軍中潛施賊號陵汙麾下實玷皇風貨以藩身虐而用衆士庶怨而罔恤將校勞而不圖稟於陶鈞行事至此視於天地負我何多且宰覆載之仁寧逭神鬼之責況頃年上請就食山東及遣旋師不時恭命致動其衆覬生其心頓劉濟抗忠正之辭使邪豎絕遷迴之計加以偏毀隣境密疏事情反覆百端高下萬變心無恥愧事至滿盈朕念以始終務於含貸所期悔過豈謂踰兇而昭義軍忠節夙彰義聲昭著發其衆怒叶以一心顧大惡而不容幸全軀而自免宜從大戮以正彝章尚以曾列方隅嘗經任使惜君臣之體抑中外之情俾投魑魅之鄉以解人神之憤可貶驩州司馬嗚呼姦由事驗自開棄絕之門禍實己招豈漏恢疎之網凡百多士宜諒朕懷子繼宗等四人並貶嶺外

李芃字茂初趙郡人也解褐上邽主簿三遷試大理評事攝監察御史山南東道觀察支使嚴武爲京兆尹舉爲長安尉李勉爲江西觀察使署奏祕書郎兼監察御史爲判官永泰初轉兼殿中侍御史時宜饒二州人方淸陳莊聚衆據山洞西絕江路刼商旅以爲亂芃乃請於秋浦置州守其要地以破其謀李勉然其計以聞代宗嘉之以宣州之秋浦青陽饒州之至德置池州焉芃攝行州事無幾乃兼侍御史居無何魏少遊代勉爲使復署奏檢校虞部員外郎賜金紫爲都團練副使頃之攝江州刺史州人便之丁母憂免喪永平軍節度李勉署奏檢校工部郎中兼侍御史爲判官尋攝陳州刺史歲中即值李靈耀反於汴州勉署芃兼亳州防禦使練達軍事兵備甚肅又開陳潁運路以通漕輓德宗嗣位授檢校太常少卿兼御史中丞河陽三城鎭遏使撫勞備至賓廩膳者必先軍士間一年爲節度使路嗣恭之副加檢校左庶子河陽三城懷州節度觀察使以東畿氾水等五縣隸焉時河南北連大兵詔益以神策汝陜之師芃進收新鄉共城遂圍衞州明年詔與河東節度馬燧等諸軍破田悅於洹水以功加檢校兵部尚書累封開郡王實封一百戶進圍悅於魏州將符璘以精騎五百夜降芃開營以納之明日歸璘於招討使上居奉天斂軍還興元初檢校右僕射無何以疾固讓罷歸芃將請告謂所親曰今年夏被蝗旱人主猒兵革然則天下城壘堅厚矣戈鋋銛利矣以力勝之則有得失其可盡乎除弊之急莫先德化循而理之斯易致耳方鎭之戴翼時主宜先退讓貪權持祿吾所不取也吾既疾病豈能言而不踐乎乃手疏乞罷貞元元年卒年六十四廢朝一日贈太子太保

李澄遼東襄平人隋蒲山公寬之後也居京兆父鎬淸江太守以澄贈工部尚書澄以武藝爲偏將累除試將作監隸於江淮都統李峘建中初以檢校太子賓客兼御史中丞隸於永平軍節度使李勉及勉移理汴州乃奏澄爲滑州刺史四年冬李希烈陷汴州勉奔歸行在澄遂以城降希烈僞署尚書令兼滑州永平軍節度使興元元年春澄密令親信人盧融間道賫表達於奉天上嘉之乃以帛詔藏於蠟丸中加澄刑部尚書兼汴州刺史汴滑節度觀察使澄祕而未宣乃集州兵嚴加訓習希烈頗疑之乃令養子六百人戍之以虞其變希烈苦攻寧陵邀澄率其衆至石柱澄令縱火焚營而僞遁誘六百人因驚行剽而加其罪果大俘掠悉令斬之以告希烈不能窮詰焉無幾希烈遣其將翟暉等寇陳州久之未復是歲十月澄以汴州兵寡度希烈不能制己

又會中官薛盈珍持節且至加檢校兵部尚書封武威郡王賜實封五百戶澄乃乘勢力焚賊旌節誓衆歸國及十一月希烈既失澄又聞翟暉大敗由是奔歸蔡州澄遽率衆將復汴州屯於城北門框怯不敢進及宣武軍節度使劉洽師至城東門賊將田懷珍開關以納之翌日澄方自北入洽已據子城澄乃舍於浚儀縣兩軍將士日有忿競不自安會鄭州賊將孫液通款於澄澄遣其子清赴之先是河陽軍節度使李艽遣其將雍顥攻鄭州顥所過縱掠液拒之尤固及清至遂納之顥怒攻液清以衆助之殺登城者數十人顥方引退又焚陽武而歸澄乃出赴鄭州朝廷特授清檢校太子賓客兼御史中丞更名克寧貞元元年三月就加澄檢校左僕射義成軍鄭滑許等州節度使二年卒年五十四廢朝一日贈司空賵布帛粟有差仍令左散騎常侍歸崇敬充弔祭使所緣喪葬並勒官給澄實以八月癸未終克寧祕之以九月庚寅欲自起視事其行軍司馬馬鉉不許克寧陰遣殺之乃墨絰而出加卒於城門將爲不順劉洽出師屯於境上以制之且使告諭切至由是克寧不敢妄發然道路絕商旅者凡十四五日及賈躭代澄克寧護喪將歸乃悉索府中財貨以夜出城軍人從而剽奪及明殆盡澄柩至京師又賜克寧莊一所錢千貫粟麥二千碩初封隴西郡公進武威郡王每上疏連稱二封頗爲時人所哂

李元素字大朴蒲山公密之孫任侍御史時杜亞爲東都留守惡大將令狐運會盜發洛城之北運適與其部下畋于北郊亞意其爲盜遂執訊之逮繫者四十餘人監察御史楊寧按其事亞以爲不直密表陳之寧遂得罪亞將逞其宿怒且以得賊爲功上表指明運爲盜之狀上信而不疑宰臣以獄大宜審奏請覆之命元素就決亞迎路以獄成告元素驗之五日盡釋其囚以還亞大驚且怒親追送馬上責之元素不答亞遂上疏又誣元素元素還奏言未畢上怒曰出俟命元素曰臣未盡詞上又曰且去元素復奏曰一出不得復見陛下乞容盡詞上意稍緩元素盡言運冤狀明白上乃寤曰非卿孰能辨之後數月竟得其眞賊元素由是爲時器重遷給事中時美官缺必指元素遷尚書右丞數月鄭滑節度盧羣卒遂命元素兼御史大夫鎭鄭滑就加檢校工部尚書在鎭稱理元和初徵拜御史大夫自貞元中位缺久難其人至是元素以名望召拜中外聳聽及居位一無修舉但規求作相久之寖不得志見客必曰無以某官散相疏也見屬官必先拜脂韋在列大失人情李錡爲亂江南遂授元素浙西道節度觀察處置等使數月受代入拜國子祭酒尋遷太常卿轉戶部尚書判度支元素少孤奉長姊友敬加於人及其姊歿沉悲遘疾上疏懇辭職從之數月以出妻免官初元素再娶妻王氏石泉公方慶之孫性柔弱元素爲郎官時娶之甚禮重及貴溺情僕妾遂薄之且又無子而前妻之子已長無良元素寢疾昏惑聽譖遂出之給與非厚妻族上訴乃詔曰李元素病中上表懇切披陳云妻王氏禮義殊乖願與離絕初謂素有醜行不能顯言以其大官之家所以令自處置訪聞不曾告報妻族亦無明過可書蓋是中情不和遂至於此脅以王命當日遣歸給送之間又至單薄不唯王氏受辱實亦朝情悉驚如此理家合當懲責宜停官仍令與王氏錢物通所奏數五千貫元和五年卒贈陝州大都督

史臣曰李抱玉李抱眞以武勇之材兼忠義之行有唐之良將也且如農隙致潞人之射數騎入武俊之營非有奇謀孰能如是惜乎服食求仙爲藥所悞王虔休不黨僭命有足可嘉盧從史動多懷姧自貽伊戚艽則老也知足澄則過而改圖元素爲御史時執德不回居大夫日其心甚短因緣七出盜露醜聲善少惡多又何足算

贊曰抱玉抱眞我朝良將虔休之心亦多可尚史懷姧謀艽將祿讓澄迷却行素貪一黜吾誰與欺豈如忠諒

# 舊唐書卷一百三十三

後晉司空同中書門下平章事劉　昫撰

## 列傳第八十三

李晟子愿　愬　聽　憲　憑　恕　惎　王佖附

李晟字良器隴右臨洮人祖思恭父欽代居隴右爲裨將晟生數歲而孤事母孝謹性雄烈有才善騎射年十八從軍身長六尺勇敢絕倫時河西節度使王忠嗣擊吐蕃有驍將乘城拒鬭頗傷士卒忠嗣募軍中能射者射之晟引弓一發而斃三軍皆大呼忠嗣厚賞之因撫其背曰此萬人敵也鳳翔節度使高昇雅聞其名召補列將嘗擊疊州叛羌於高當川又擊宕州連狂羌於罕山皆破之累遷左羽林大將軍同正廣德初鳳翔節度使孫志直署晟總遊兵擊破党項羌高玉等以功授特進試光祿卿轉試太常卿大曆初李抱玉鎭鳳翔署晟爲右軍都將四年吐蕃圍靈州抱玉遣晟將兵五千以擊吐蕃晟辭曰以衆則不足以謀則太多乃請將兵千人疾出大震關至臨洮屠定秦堡焚其積聚虜堡帥慕容谷鍾而還吐蕃因解靈州之圍而去拜開府儀同三司無幾兼左金吾衞大將軍涇原四鎭北庭都知兵馬使并總遊兵無何節度使馬璘與吐蕃戰於鹽倉兵敗晟率所部橫擊之拔璘出亂兵之中以功封合川郡王璘忌晟威名又遇之不以禮令朝京師代宗留居宿衞爲右神策都將德宗卽位吐蕃寇劍南時節度使崔寧朝京師三川震恐乃詔晟將神策兵救之授太子賓客晟乃踰漏天拔飛越廓清肅寧三城絕大渡河獲首虜千餘級虜乃引退因留成都數月而還建中二年魏博田悅反將兵圍臨洺邢州詔以晟爲神策先鋒都知兵馬使與河東節度使馬燧昭義節度使李抱眞合兵救臨洺尋加兼御史中丞河東昭義軍攻楊朝光於臨洺南晟與河東騎將李自良李奉國擊悅於雙岡悅兵却遂斬朝光戰於臨洺諸軍皆却晟引兵渡洺水乘冰而濟橫擊悅軍王師復振擊悅大破之三年正月復以諸道軍擊敗悅軍於洹水遂進攻魏州以功加檢校左散騎常侍實封百戶無幾兼魏府左司馬時朱滔王武俊聯兵在深趙怒朝廷賞功薄田悅知其可間遣使求援滔與武俊應之遂以兵圍康日知于趙州李抱眞分兵二千人守邢州馬燧大怒欲班師晟謂燧曰初奉詔進討三帥齊進李尚書以邢州與趙州接壤分兵守之誠未爲害其精卒銳將皆在於此令公遽自引去奈王事何燧釋然謝晟燧乃自造抱眞壘與之交歡如初王武俊攻趙州晟乃獻狀請解趙州之圍欲引兵赴定州與張孝忠合勢欲圖范陽德宗壯之加晟御史大夫俾禁軍將軍莫仁擢趙光銑杜季泚皆隸焉晟自魏州引軍而北徑趨趙州武俊聞之解圍而去晟留趙州三日與孝忠兵合北略恒州圍朱滔將鄭景濟於清苑決水以灌之田悅王武俊皆遣兵來救戰於白樓賊犯義武軍稍却晟引步騎擊破之晟所乘馬連中流矢踰月城中益急滔武俊大懼乃悉收魏博之衆而來復圍晟軍晟內圍景濟外與滔等拒戰日數合自正月至于五月會晟病甚不知人者數焉軍吏合謀乃以馬輿還定州賊不敢逼晟疾間復將進師會京城變起德宗在奉天詔晟赴難晟承詔泣下卽日欲赴關輔義武軍閒於朱滔王武俊倚晟爲輕重不欲晟去數謀沮止晟軍晟謂將吏曰天子播越於外人臣當百舍一息死而後已張義武欲沮吾行吾當以愛子爲質選良馬以賂其意乃留子憑以爲婚義武軍有大將爲孝忠委信者謁晟晟乃解玉帶以遺之因曰吾欲西行願以爲別陳赴難之意受帶者果德晟乃諫孝忠勿止晟晟得引軍踰飛狐師次代州詔加晟檢校工部尚書神策行營節度使實封二百戶晟軍令嚴肅所過樵採無犯自河中由蒲津而軍渭北壁東渭橋以逼泚時劉德信將子弟軍救襄城敗於扈澗聞難率餘軍先次渭南與晟合軍軍無統一晟不能制因德信入晟軍乃數其罪斬之晟以數騎馳入德信軍撫勞其衆無敢動者既併德信軍軍益振時朔方節度使李懷光亦自河北赴難軍於咸陽不欲晟獨當一面以分己功乃奏請與晟兵合乃詔晟移軍合懷光軍晟奉詔引軍至陳濤斜軍壘未成賊兵遽至晟乃出陣且言於懷光曰賊堅保宮苑攻之未必剋今離其窟穴敢出索戰此殆天以賊賜明公也懷光恐晟立功乃曰吾軍適至馬未秣士未飯詎可戰耶不如蓄銳養威俟時而舉晟知其意遂收軍入壘時興元元年正月也每將合戰必自異衣錦裘繡帽前行親自指導懷光望見惡之乃謂晟曰將帥當持重豈宜自表飾以啗賊也晟曰晟久在涇原軍士頗相畏服故欲令其先識以奪其心耳懷光益不悅陰有異志遷延不進晟因人說懷光曰寇賊竊據京邑天子出居近甸兵柄廟略屬在明公公宜觀兵速進晟願以所部得奉嚴令爲公前驅雖死不悔懷光益拒之晟兵軍於朔方軍北每晟與懷光同至城下懷光軍輒虜驅牛馬百姓苦之晟軍無所犯懷光軍惡其獨善乃分所獲與之晟軍不敢受久之懷光將謀沮晟軍計未有所出時神策軍以舊例給賜厚於諸軍懷光奏曰賊寇未平軍中給賜咸宜均一今神策獨厚諸軍皆以爲言臣無以止之惟陛下裁處懷光計欲因是令晟自署侵削己軍以撓破之德宗憂之欲以諸軍同神策則財賦不給無可奈何乃遣翰林學士陸贄往懷光軍宣諭仍令懷光與晟參議所宜以聞贄晟俱會於懷光軍懷光言曰軍士稟賜不均何以令戰贄未有言數顧晟晟曰公爲元帥弛張號令皆得專之晟當將一軍唯公所指以効死命至於增損衣食公當裁之懷光黙然無以難晟又不欲侵刻神策軍發

於自己乃止懷光屯咸陽堅壁八十餘日不肯出軍德宗憂之屢降中使促以收復之期懷光託以卒疲更請休息以伺其便然陰與朱泚交通其迹漸露晟懼爲所併乃密疏請移軍東渭橋以分賊勢上初未之許晟以懷光反狀已明緩急宜有所備蜀漢之路不可壅也請以裨將趙光銑爲洋州刺史唐良臣爲利州刺史晟子壻張彧爲劍州刺史各將兵五百以防未然上初納之未果行無何吐蕃請以兵佐誅泚上欲親總六師移幸咸陽以促諸軍進討懷光聞之大駭疑上奪其軍謀亂益急時鄜坊節度李建徽神策將楊惠元及晟並與懷光聯營晟以事迫會有中使過晟軍晟乃宣令云奉詔從屯渭橋乃結陣而行至渭橋不數日懷光果劫建徽惠元而併其兵建徽遁免惠元爲懷光所害是日車駕幸梁州時變生倉卒百官扈從者十二三駱谷道路險阻儲供無素從官乏食上歎曰早從李晟之言三蜀可坐致也晟大將張少弘自行在傳口詔授晟尚書左僕射同中書門下平章事以安衆心晟拜哭受命且曰長安宗廟所在爲天下本若皆執羈靮誰復京師乃浚城隍繕兵甲以圖收復晟以孤軍獨當强寇恐爲二賊之所併乃卑詞厚幣僞致誠於懷光外示推崇內爲之備時芻粟未集乃令檢校戶部郎中張彧假京兆少尹擇官吏以賦渭北畿縣不旬日芻糧皆足晟乃大陳三軍令之曰國家多難亂逆繼興屬車駕西幸關中無主子代受國恩見危死節臣子之分況當此時不能誅滅兇渠以取富貴非人豪也渭橋橫跨大川斷賊首尾吾與公等戮力勤王擇利而進與復大業建不世之功能從我乎三軍無不泣下曰唯公所使晟亦歔欷流涕是時朱泚盜據京城懷光圖爲反噬河朔僭僞者三李納虎視於河南希烈鴟張於汴鄭晟內無貨財外無轉輸以孤軍而抗劇賊而鋭氣不衰徒以忠義感於人心故英豪歸向戴休顏率奉天之衆韓遊瓌治邠寧之師駱元光以華州之兵守潼關尚可孤以神策之旅屯七盤皆稟晟節度晟軍大振懷光以休顏遊瓌從晟益懼晟又致書於懷光諭以禍福令破賊迎鑾以掩前過懷光卒不悟軍衆漸多離散糗糧且竭虜剽無所得懼爲晟所襲三月懷光自三原富平東抵奉天所至焚掠乃自馮翊入據河中懷光將孟涉段威勇者本神策將惡懷光之不臣既至富平結陣於軍中外向大呼而去懷光不能制涉威勇以數千人歸晟乃陳兵受涉等降卒乃奏授涉檢校工部尚書威勇兼御史大夫德宗之幸山南旣入駱谷謂渾瑊曰渭橋在賊腹內兵勢懸隔李晟可辦事乎瑊對曰李晟秉義執志臨事不可奪以臣計之破賊必矣帝意始安是月渾瑊步將上官望自閬道懷詔書加晟檢校右僕射兼河中尹河中晉絳慈隰節度使益實封三百戶又兼京畿渭北鄜坊丹延節度招討使晟承詔流涕時帝欲移幸西川晟上表請駐蹕梁漢繫億兆之心圖剪滅之勢若規小捨大作都岷峨卽人心失望武士謀臣無所施矣四月有詔加晟京畿渭北鄜坊商華兵馬副元帥時京兆府司錄李敬仲自京城來諫議大夫鄭雲逵自奉天至晟以京兆少尹張彧爲副使鄭雲逵爲行軍司馬李敬仲爲節度判官俾同主軍畫又請以懷光舊將唐良臣保潼關以河中節度授之戴休顏守奉天請以鄜坊節度授之上皆從之渭橋舊有粟十餘萬斛度支先饋懷光軍欲盡晟又奏曰近畿雖乘兵亂猶可賦斂儻寇賊未滅宿兵曠時人廢耕桑又無儲蓄非防微制勝之術也上納之晟乃於畿甸率聚征賦吏民樂輸守禦益固由是軍不乏食神策軍家族多陷於泚晟家亦百口在賊中左右或有言及家者晟因泣下曰乘輿何在而敢恤家乎泚又使晟小吏王無忌之壻詣晟軍且曰公家無恙城中有書聞晟曰爾敢與賊爲間遽命斬之時轉輸不至盛夏軍士或衣裘褐晟亦同勞苦每以大義奮激士心卒無離叛者會將吏數輩自賊中逃來言泚衆携離可滅之狀士心益奮先是賊將姚令言及僞中丞崔宣咸使諜覘我軍爲邏騎所得拘送於晟晟解縛食而遣之誡之曰爾報崔宣善爲賊守諸人勉力自固勿不忠於賊也五月三日晟引軍抵通化門耀武而還賊不敢出晨集將佐圖兵所向諸將曰先拔外城旣有市里然後北清宮闕晟曰若先收坊市巷陌隘狹間以居人若賊設伏格鬬百姓囂潰非計也且賊重兵堅甲皆在苑中若自苑擊其心腹彼將圖走不暇如此則宮闕保安市不易肆計之上也諸將曰善乃移書渾瑊駱元光尚可孤剋期進軍於城下其月二十五日夜晟自東渭橋移軍於光泰門外米倉村以薄京城晟臨高指麾令設壕柵以候賊軍俄而賊衆大至賊驍將張庭芝李希倩逼柵求戰晟謂諸將曰吾恐賊不出今冒死而來天贊我也勒吳詵康英俊史萬頃孟涉等縱兵擊之時華州營在北兵少賊併力攻之晟遣李演孟華以精卒救之中軍鼓譟演力戰大破之乘勝入光泰門再戰又敗之僵屍蔽地餘衆走入白華夜聞慟哭之聲翌日將復出師諸將請待西軍至則左右夾攻晟曰賊旣傷敗須乘勝撲滅若俟其有備豈王師之利耶如待西軍恐失機便二十八日晟大集諸將駱元光尚可孤兵馬使吳詵王佖都虞候邢君牙李演史萬頃神策將孟涉康英俊華州將郭審金權文成商州將彭元俊等號令誓師畢陳兵於光泰門外乃使王佖李演率騎軍史萬頃領步卒直抵苑牆神麢村晟先是夜使人開苑牆二百餘步至是賊已樹木柵之賊倚柵拒戰晟叱軍士曰安得縱賊如此當先斬公等萬頃懼先登拔柵而入王佖騎軍繼進賊卽奔潰獲賊將段誠諫大軍分道並入鼓譟雷動姚令言張庭芝李希倩猶力捍官軍晟令決勝軍使唐良臣兵馬使趙光銑楊萬榮孟日華等步騎齊進賊軍陣成而屢北戰十餘合乘勝驅蹙至于白華忽有賊騎千餘出於官軍之背晟以麾下百餘騎馳之左右呼曰相公來賊聞之驚潰官軍追斬不可勝計朱泚姚令言張庭芝尚有衆萬人相率遁走晟遣田子奇追之其餘兇黨相率來降是日晟軍入京城勒兵屯於含元殿前晟舍於右金吾仗仍號令諸軍曰晟實不武上憑睿算下賴士心幸得殲厥兇渠肅清宮禁皆三軍之力也長安士庶久陷賊庭若小有震驚則非伐罪弔人之義也晟與公等各有家室離別數年今已成功相見非晚五日內不得輒通家信違命者斬乃遣京兆尹李齊運攝長安令陳元衆攝萬年令韋上仮告喻百姓居人安堵秋毫無所犯尚可孤軍人有擅取賊馬者晟大將高明曜虜賊女妓一人司馬伷取賊馬二匹晟皆立斬之莫敢忤視士庶無不感悅咸歔欷流涕遠坊居人亦有經宿方知者二十九日令孟涉屯於白華尚可孤屯望仙門駱元光屯章敬寺晟自屯於安國寺是日斬賊將李希倩等八人徇于市六月四日晟破賊露布至梁州上覽之感泣羣臣無不隕涕因上壽稱萬歲奏曰李晟虔奉聖謨盪滌兇醜然古之樹勳力復都邑者往往有之至於不驚宗廟不易市肆長安人不識旗鼓安堵如初自三代以來未之有也上曰天生李晟爲社稷萬人不爲朕也百官拜賀而退是日晟斬僞相李忠臣張光晟蔣鎮喬琳洪經綸崔宣等又表守臣節不屈于賊者程鎮之劉迺蔣沆趙曄薛岌等晟初屯渭橋時熒惑守歲久之方退賓介或勸曰今熒惑已退皇家之利也可速用兵晟曰天子外次人臣但當死節垂象玄遠吾安知天道耶至是謂參佐曰前者士大夫勸晟出兵非敢拒也且軍可用之不可使知之嘗聞五緯盈縮無準晟懼復來守歲則我軍不戰而自潰參佐歎服皆曰非所及也尋拜晟司徒兼中書令實封一千戶晟綜理以備百司令大將吳詵將兵三千至寶雞清道晟又請至鳳翔迎扈不許七月十三日德宗至自興元渾瑊韓遊瓌戴休顏以其兵扈從晟與駱元光尚可孤以其兵奉迎時元從禁軍及山南隴州鳳翔之衆步騎凡十餘萬旌旗連亘數十里傾城士庶夾道歡呼晟以戎服謁見于三橋上駐馬勞之晟再拜稽首初賀元惡殄滅宗廟再清宮闕咸肅抃舞感涕跪而言曰臣忝備爪牙之任不能早誅妖逆至鑾輿再遷及師於城隅累月方殄賊寇皆臣庸懦不任職之責敢請死罪伏於路左上爲之掩涕命給事中齊映宣旨令左右起晟於馬前是月御殿大赦贈晟父欽太子太保母王氏贈代國夫人賜永崇里第及涇陽上田延平門之林園女樂八人入第之日京兆府供帳酒饌賜教坊樂具鼓吹迎導宰臣節將送之京師以爲榮觀上思晟勳力製紀功碑俾皇太子書之刊石立於東渭橋與天地悠久又令太子書碑詞以賜晟晟以涇州倚邊屢害戎帥數爲亂階乃上書請理不用命者兼備耕以積粟攘却西蕃上皆從之詔以晟兼鳳翔尹鳳翔隴右節度使仍充隴右涇原節度兼管內諸軍及四鎮北庭行營兵馬副元帥改封西平郡王初帝在奉天鳳翔軍亂殺其帥張鎰立小將李楚琳至是楚琳在朝晟請以楚琳俱往鳳翔將誅之上以初復京師方安反側不許八月晟至鳳翔理殺張鎰之罪斬王斌等十餘人初朱泚亂時涇州亦殺其帥馮河清立別將田希鑒方屬播遷不遑討伐以涇帥授之至是晟奏曰近者中原兵禍皆起涇州且其地逼西戎易爲反覆希鑒兇徒將校驕逆若不懲革終爲後患從之晟至鳳翔託以巡邊至涇州希鑒迎謁於坐執而誅之并誅害河清者石奇等三十餘人具事以聞上曰涇州亂逆泉藪非晟莫能理之還鎮表右龍武將軍李觀爲涇原節度使吐蕃深畏之晟常曰河隴之陷也豈吐蕃力取之皆因將帥貪暴種落攜貳人不得耕稼展轉東徙自棄之耳且土無絲絮人苦征役思唐之心豈有已乎乃傾家財以賞降者以懷來之降虜浪息曩晟奏封王每蕃使至晟必置息曩於坐衣以錦袍金帶以寵異之蕃人皆相指目榮羨息曩蕃相尚結贊頗多詐謀尤惡晟乃相與議云唐之名將李晟與馬燧渾瑊耳不去三人必爲我憂乃行反間遣使因馬燧以請和旣和卽請盟復因盟以虜瑊因以賣燧貞元二年九月吐蕃用尚結贊之計乃大興兵

入隴州抵鳳翔無所虜掠且曰召我來何不以牛酒犒勞徐乃引去持是間晟也是役也晟先令衙將王佖選銳兵三千設伏於汧陽誡之曰蕃軍過城下勿擊首尾首尾縱敗中軍力全若合勢攻汝必受其弊但俟其前軍已過見五方旗武豹衣則其中軍也突其不意可建奇功佖如晟節度果遇結贊及出奮擊賊皆披靡佖軍不識結贊故結贊僅而獲免十月晟出師襲吐蕃摧沙堡拔之斬其堡使扈屈律悉蒙等自是結贊數遣使乞和十二月晟朝京師奏曰戎狄無信不可許宰相韓滉又扶晟議請調軍食以給晟命將擊之上方厭兵疑將帥生事邀功會滉卒張延賞秉政與晟有隙屢於上前間晟言不可久令典兵延賞欲用劉玄佐李抱真委以西北邊事俾立功以壓晟德宗竟納延賞之言罷晟兵柄三年三月冊拜晟爲太尉中書令奉朝請而已其年閏五月渾瑊與尚結贊同盟於平涼果爲蕃兵所劫瑊單馬僅免將吏皆陷六月罷河東節度使馬燧爲司徒盡中尚結贊之謀晟既罷兵權朝謁之外罕所過從有通王府長史丁瓊者亦爲張延賞所排心懷怨望乃求見晟言事且曰太尉功業至大猶罷兵權自古功高無有保全者國家儻有變故瓊願備左右狡兔三穴盍早圖之晟怒曰爾安得不祥之言遽執瓊以聞四年三月詔爲晟立五廟以晟高祖芝贈隴州刺史曾祖嵩贈澤州刺史祖思恭贈幽州大都督廟成官給牲牢祭器牀帳禮官相儀以祔焉五年九月晟與侍中馬燧見於延英殿上嘉其勳力詔曰昔我列祖乘乾坤之盪滌掃隋季之荒屯體元御極作人父母則亦有熊羆之士不二心之臣左右經綸參翊締構昭文德恢武功威不若康不又用端命于上帝付畀四方宇宙既清日月既貞王業既成太階既平乃圖厥容列于斯閣懋昭績効式表儀形一以不忘于朝夕一以永垂乎來裔君臣之義厚莫重焉貞元己巳歲秋九月我行西宮瞻宏閣崇構見老臣遺像顒然肅然和敬在色想雲龍之叶應感致業之艱難覩往思今取類非遠且功與時並才爲代生苟蘊其才遇其時尊主庇人何代不有在中宗則桓彥範等著其輔戴之績在玄宗則劉幽求等申翼奉之勳在肅宗則郭子儀掃殄氛祲今則李晟等保寧朕躬咸宣力肆勤光復宗祉訂之前烈夫豈多謝闕而未錄孰謂旌賢況念功紀德文祖所爲也在予曷其敢怠有司宜敘年代先後各圖其像於舊臣之次仍令皇太子書朕是命紀于壁焉庶播嘉庸式昭于下俾後來者尚揖清顏知元勳之不朽復命皇太子書其文以賜晟晟刻石於門左初晟在鳳翔謂賓介曰魏徵能直言極諫致太宗於堯舜之上眞忠臣也僕所慕之行軍司馬李叔度對曰此搢紳儒者之事非勳德所宜晟斂容曰行軍失言傳稱邦有道危言危行今休明之期晟幸得備位將相必有不可忍而不言豈可謂有犯無隱知無不爲者耶是非在人主所擇耳叔度慚而退故晟爲相每當上所顧問必極言匪躬盡大臣之節性沉默未嘗泄於所親臨下明察每理軍必曰某有勞某能其事雖廝養小善必記姓名尤惡下爲朋黨相構好善嫉惡出於天性嘗有恩者厚報之初譚元澄爲嵐州刺史嘗有恩於晟後坐貶於岳州比晟貴上疏理之詔贈元澄寧州刺史元澄三子晟撫待勤至皆爲成就宦學人皆義之理家以嚴稱諸子姪非晨昏不得謁見言不及公事視王氏甥如己子嘗正歲崔氏女歸省未及階晟却之曰爾有家況姑在堂婦當奉酒醴供饋以待賓客遂不視而遣還家其達禮敦教如此貞元九年八月薨時年六十七上震悼出涕廢朝五日令百官就第臨弔命京兆尹李充監護喪事官給葬具賵賻加等比大斂上手書致意送柩前日皇帝遣宮闈令第五守進致旨於故太尉中書令西平郡王贈太師之靈曰天祚我邦是生才傑稟陰陽之粹氣實山岳之降靈弘濟患難保佑王室掃盪氛祲廓清上京忠誠感於人神功業施於社稷匡時定亂實賴元勳洎領上台克諧中外訏謨帝道叶贊皇猷常竭嘉言以匡不逮情所親重義無間然方期與國同休永爲邦翰比嬰疾恙雖歷旬時日冀痊除重期相見弼予在位終致和平豈圖藥餌無徵奄至薨逝喪我賢哲虧我股肱天不慭遺痛惜何極嗚呼大廈方構旋失棟樑巨川未濟遂亡舟檝君臣之義追慟益深循省遺章倍增感切卿一門胤嗣朕必終始保持況愿等弟兄承卿教訓朕之志義豈忘平生縱卿不言朕亦存信比者卿在之日却未見朕深心今卿與朕長乖方冀知朕誠志無以爲念發言涕零是用躬述數行貴寫所懷得盡臨紙遺使不能飾詞魂而有知當體朕意冊贈太師諡曰忠武晟薨後城鹽州復鹽池上賜宰臣新鹽惻然思晟乃令致鹽於靈座又時遣中使至晟第存撫諸子教戒備至聞愿等有一善上喜形於色眷遇終始無與晟比元和四年詔曰夫能定社稷濟生人存不朽之名垂可久之業者必報以殊常之寵待以親比之恩與國無窮時惟茂典故奉天定難功臣太尉兼中書令上柱國西平郡王食實封一千五百戶贈太師李晟開代英賢自天忠義邁齊時之宏算抱經武之長材貫以至誠協于一德嘗遭屯難之際實著戡定之功鯨鯢既殲宮廟斯復眷茲勳伐則旣褒崇永言天步之夷載懷邦傑之力思加崇於往烈爰協比於後昆雖以宗親將予厚意其家宜令編附屬籍晟配饗德宗廟庭晟十五子侗佃偕無祿早世次愿聰總愻憑恕憲愬懿聽惎慇聰總官卑而卒而愿愬聽最知名愿幼謙謹寡過晟立大勳諸子猶無官宰相奏陳德宗即日召愿拜銀青光祿大夫太子賓客上柱國舊制勳至上柱國賜門戟郎令賜愿乃與父並列棨戟於門九年丁父憂十二年服闋德宗召見愿等於延英憫然久之曰朕在宮中常念卿等追懷勳德何日忘之又聞卿等居喪得禮朕甚嘉之各賜衣一襲絹三千匹愿依前授太子賓客兄弟同日拜官者九人尋轉左衛大將軍元和元年八月檢校禮部尚書兼夏州刺史夏綏銀宥等州節度使威令簡肅甚得綏懷之術客有亡馬者以狀告愿愿以狀牓於路懸金以購之不三日所亡馬繫之牓下仍置書一緘曰馬逸及羣不時告罪當死敢以良馬一匹贖罪并亡馬謹納於路愿付客亡馬而縱其良馬境內嚴肅多如此類轉徐州刺史武寧軍節度使到鎮以青鄆不恭奉命討伐屠城下邑捷奏屢聞無何有疾以其弟愬代爲徐帥入爲刑部尚書疾愈檢校尚書左僕射兼鳳翔尹鳳翔隴右節度使然自是頗怠於爲理無復素志聲色之外全不介懷長慶二年二月檢校司空兼汴州刺史宣武軍節度使先是張弘靖爲汴帥以厚賞安士心及愿至帑藏已竭而愿恣其奢侈門內數百口仰給官司不恤軍政賞賚不及弘靖時而以威刑馭下又令妻弟竇緩將親兵緩亦驕傲黷貨以是羣情聚怨是歲七月四日夜牙將李臣則薛志忠秦鄰等三人宿直突入竇緩帳中斬緩首以徇愿聞有變與左右數人露髮而走登子城北樓懸縋而下由水竇而出比曉行十數里遇野人驅驢奪而乘之得至鄭州愿妻竇氏死於亂兵之手子三人匿而獲免僕妾爲軍士所俘城中大掠三日乃立其牙將李岕爲留後以邀旄鉞月餘方誅之愿坐貶隋州刺史朝廷念晟之勳終不加罪入爲左金吾衛大將軍長慶四年六月復檢校司空兼河中尹充河中晉絳慈隰節度使河中之政亦如岐梁加以愿結託權幸厚行賂遺賦入隨盡軍府蕭然賴遘疾終不爾蒲人必有更變寶應元年六月卒贈司徒愬以父蔭起家授太常寺協律郎遷衞尉少卿愬早喪所出保養於晉國夫人王氏及卒晟以本非正室令服緦號哭不忍晟感之因許服縗既練丁父憂愬與仲弟憲廬于墓側德宗不許詔令歸第居一宿徒跣復往上知不可奪遂許終制服闋授右庶子轉少府監左庶子出爲坊晉二州刺史以理行殊異加金紫光祿大夫復爲庶子累遷至太子詹事宮苑閑廐使愬有籌略善騎射元和十一年用兵討蔡州吳元濟七月唐鄧節度使高霞寓戰敗又命袁滋爲帥滋亦無功愬抗表自陳願於軍前自効宰相李逢吉亦以愬才可用遂檢校左散騎常侍兼鄧州刺史御史大夫充隋唐鄧節度使兵士摧敗之餘氣勢傷沮愬揣知其情乃不肅軍陣不齊部伍或以不肅爲言愬曰賊方安袁尚書之寬易吾不欲使其改備乃紿告三軍曰天子知愬柔而忍恥故令撫養爾輩戰者非吾事也軍衆信而樂之愬又散其優樂未嘗宴樂士卒傷痍者親自撫之賊以嘗敗高袁二帥又以愬名位非所畏憚者不甚增其備愬沉勇長算推誠待士故能用其卑弱之勢出賊不意居半歲知人可用乃謀襲蔡表請濟師詔河中鄜坊騎兵二千人益之由是完緝器械陰計戎事嘗獲賊將丁士良召入與語辭氣不撓愬異之因釋其縛署爲捉生將士良感之乃曰賊將吳秀琳總衆數千不可遽破者用陳光洽之謀也士良能擒光洽以降秀琳愬從之果擒光洽十二月吳秀琳以文成柵兵三千降愬乃徑往之新興柵遂以秀琳之衆攻吳房縣收其外城初將攻吳房軍吏曰往亡日請避之愬曰賊以往亡謂吾不來正可擊也及戰勝捷而歸賊以驍騎五百追愬愬下馬據胡床令衆悉力赴戰射殺賊將孫忠憲乃退或勸愬遂拔吳房愬曰取之則合勢而固其穴不如留之以分其力初吳秀琳之降愬單騎至柵下與之語親釋其縛署爲衙將秀琳感恩期於効報謂愬曰若欲破賊須得李祐某無能爲也祐者賊之騎將有膽略守興橋柵常侮易官軍去來不可備愬召其將史用誠誡之曰今祐以衆穫麥於張柴爾可以三百騎伏旁林中又使搖旆於前示將焚麥者祐素易我軍必輕而來逐爾以輕騎搏之必獲祐用誠等如其料果擒祐而還官軍常苦祐皆請殺之愬不聽解縛而客禮之愬乘間常召祐及李忠義屏人而語或至夜分忠義亦降將也本名憲愬致之軍中多諫愬愬益寵祐始募敢死者三千人以爲突將愬自教習之愬將襲元濟會雨水自五月至七月不止溝塍潰溢不可出師軍吏咸以不殺

祐爲言簡輸日至且言得賊諜者具言其事愬無以止之乃持祐泣曰豈天意不欲平此賊何爾一身見奪於衆口愬又慮諸軍先以謗聞則不能全祐乃械送京師先表請釋且言必殺祐則無以成功者比祐至京詔釋以還愬乃署爲散兵馬使令佩刀巡警出入帳中略無猜間又改爲六院兵馬使舊軍令有舍賊諜者屠其家愬除其令因使厚之諜反以情告愬愬益知賊中虛實陳許節度使李光顏勇冠諸軍賊遂以精卒抗光顏由是愬乘其無備十月將襲蔡州其月七日使判官鄭澥告師期於裴度十日夜以李祐率突將三千爲先鋒李忠義副之愬自帥中軍三千田進誠以後軍三千殿而行初出文成柵衆請所向愬曰東六十里止至賊境曰張柴砦盡殺其戍卒令軍士少息繕羈靮甲冑發刃彀弓復建旆而出是日陰晦雨雪大風裂旗旆馬慄而不能躍士卒苦寒抱戈僵仆者道路相望其川澤梁逕險夷張柴已東師人未嘗蹈其境皆謂投身不測初至張柴諸將請所止愬曰入蔡州取吳元濟也諸將失色監軍使哭而言曰果落李祐計中愬不聽促令進軍皆謂必不生還然已從愬之令無敢爲身計者愬道分五百人斷洄曲路橋其夜凍死者十二三又分五百人斷朗山路自張柴行七十里比至懸瓠城夜半雪愈甚近城有鵝鴨池愬令驚擊之以雜其聲賊恃吳房朗山之固晏然無一人知者李祐李忠義坎墉而先登敢銳者從之盡殺守門卒而登其門留擊柝者黎明雪亦止愬入止元濟外宅蔡吏告元濟曰城已陷矣元濟曰是洄曲子弟歸求寒衣耳俄聞愬軍號令將士云常侍傳語乃曰何常侍得至於此遂驅率左右乘子城拒捍田進誠以兵環而攻之愬計元濟猶望董重質來救乃令訪重質家安卹之使其家人持書召重質重質單騎而歸愬白衣泥首愬以客禮待之田進誠焚子城南門元濟城上請罪進誠梯而下之乃檻送京師其申光二州及諸鎮兵尚二萬餘人相次來降自元濟就擒愬不戮一人其爲元濟執事帳下廚廐之間者皆復其職使之不疑乃屯兵鞠場以待裴度翌日度至愬具櫜鞬候度馬首度將避之愬曰此方不識上下等威之分久矣請公因以示之度以宰相禮受愬迎謁衆皆聳觀明日愬軍還於文成柵十一月詔以愬檢校尚書左僕射兼襄州刺史山南東道節度襄鄧隋唐復郢均房等州觀察等使上柱國封涼國公食邑三千戶食實封五百戶一子五品正員憲宗有意復隴右故地元和十三年五月授愬鳳翔隴右節度使仍詔路由闕下愬未發屬李師道再叛詔田弘正義成宣武等軍討之乃移愬爲徐州刺史武寧軍節度使代其兄愿兄弟交換岐徐二鎮旬日間再踐父兄之任愬至徐方理兵有方略時蔡將董重質貶春州司戶愬上表請恕重質賜之堪於軍前驅使卽詔徵還送武寧軍愬乃署爲牙將愬破賊金鄉凡十一戰擒賊將五十俘斬萬計淄青平將有事燕趙元和十五年九月以愬檢校左僕射同中書門下平章事潞州大都督府長史昭義節度使仍賜與寧里第十月王承宗卒魏博田弘正移任鎮州愬至潞州四月遷魏州大都督府長史魏博節度使長慶元年幽鎮復亂愬聞之素服以令三軍曰魏人所以富庶而能通知聖化者由田公故也天子以其仁而愛人使理鎮冀且田公出於魏撫師七年一旦鎮人不道敢茲殘害以魏爲無人也若父兄子弟食田公恩者其何以報衆皆慟哭又以玉帶寶劒與牛元翼遣使謂之曰吾先人常以此劒立大勳吾又以此劒平蔡寇今鎮人叛逆公以此翦之元翼承命感激乃以劒及帶令於軍中報之曰願以衆從竭其死力方有制置會疾作不能治軍人違紀律功遂無成朝廷以田布代之除太子少保歸東都是年十月卒於洛陽時年四十九穆宗聞之震悼賵賻加等贈太尉始晟尅復京城市不改肆及愬平淮蔡復踵其美父子仍建大勳雖昆仲皆領兵符而功業不侔於愬近代無以比倫加以行己有常儉不違禮弟兄席父勳寵率以僕馬第宅相矜唯愬六遷大鎮所處先人舊宅一院而已晚歲忽於取士辟請不得其人至使吏緣爲奸軍政不肅物論稍減惜哉聽七歲以蔭授太常寺協律郎常入公署吏胥小之不爲致敬聽令鞭之見血父晟奇之後隨吐突承璀討王承宗爲神策行營兵馬使時昭義盧從史持兩端無心討賊承璀用聽計擒從史以獻轉左驍衞將軍兼御史中丞出爲安州刺史隨鄂岳觀察使柳公綽討吳元濟軍中動靜悉用聽謀軍聲遂振元和中討李師道聽爲楚州刺史統淮南之師鄆人素易淮軍聽潛訓練出其不意趨海州據險要破沭陽兵降朐山戍懷仁東海兩城望風乞降山東平元和十四年五月以功授檢校左散騎常侍夏州刺史夏綏銀宥節度使十五年六月改靈州大都督府長史靈鹽節度使境內有光祿渠廢塞歲久欲起屯田以代轉輸聽復開決舊渠溉田千餘頃至今賴之就加檢校工部尚書初聽爲羽林將軍有名馬穆宗在東宮令近侍諷聽獻之聽以職總親軍不敢從及卽位之始幽冀不廷太原與二鎮接境方議易帥宰臣進擬上皆不允謂宰臣曰李聽爲羽林將軍不與朕馬是必可任長慶二年二月授檢校兵部尚書太原尹北京留守河東節度使代裴度四年七月轉滑州刺史義成軍節度使太和二年討李同捷時魏博行營將丌志沼潛結滄鎮擅迴戈攻其帥史憲誠詔聽帥師援之大破其叛卒志沼奔鎮州爲王庭湊所殺聽遂凱旋以功封涼國公授一子五品官王庭湊再違朝旨詔聽以全師屯貝州路由魏州史憲誠懼聽見襲束甲郊迎候吏密白聽乃令兵士匣刃櫜弓休於野外魏人遂安後憲誠欲入覲竭其府庫魏人怨之殺憲誠衙軍立其大將何進滔詔聽兼領魏博節度使將兵北渡魏人不納聽乘城拒守乃屯兵館陶魏人遽襲聽不爲備其軍大敗無復部伍晝夜奔走僅而獲免喪師過半輜車兵仗並皆委棄御史中丞溫造殿中侍御史崔蠡彈之曰臣聞賞罰不立無以示天下是非一貫莫能建大中竊見義成軍節度使李聽昨者資其承藉委以統戎俾代憲誠付之雄鎮總二萬虎貔之旅位極寵榮兼兩藩節制之權心無報効況陛下授以神算假以天威入魏之期尅日先定而聽擁旄觀望按甲遷延熒惑人心逗撓軍政遂使憲誠陷於屠戮亂衆肆其奸兇失六郡於垂成固危巢於己覆委貝州而不守燒劫無遺望淺口而疾驅狼狽就道自圖苟免不忝苞羞蔑棄朝章有同兒戲魏州之亂職聽之由論其負恩萬死猶幸伏以封常清河南失律斬於關門高霞寓唐鄧破傷投諸遐裔渾鎬節制易定將戰而兵力不支袁滋逗留西川欲進而兇渠尚在或親當矢石或躬歷艱危勢屈賊鋒竟申朝典未曾貸法必震皇威今李聽罪狀夙聞中外憤惋比之常清等輩萬萬過之若陛下猶示含弘不寘極法臣等恐憲章墜地天下寒心伏請付法上不之罪罷兵柄爲太子少師聽頗賂遺權幸以爲援居無何復檢校司徒起爲邠寧節度使邠州衙廳相傳不利葺修以至隳壞聽曰帥臣鑿凶門而出豈有拘于巫祝而壞公署耶遂命葺之卒無變異太和六年轉武寧軍節度使時聽有蒼頭爲徐州將不欲聽至聽先使親吏慰勞徐人爲蒼頭所殺聽不敢進固以疾辭用爲太子太保七年出守鳳翔時人榮之九年改陳許節度未至鎮復除太子太保分司開成元年出爲河中尹河中晉慈隰節度使四年以疾求代除太子太保是歲十月卒時年六十一贈司徒聽十領節旗所不至者三鎭莅官苛細好將迎遺賂故急於聚斂窮極侈欲位至一品竟終牖下非西平之遺德焉能及此乎憲晟第五子晟十子憲愬最仁孝及長好儒術以禮法修整起家太原府參軍醴泉縣尉于頔鎮襄陽辟爲從事時吳少誠據淮西獨憚頔之威當時咸以憲謀畫致之元和八年田弘正以魏博奉朝旨辟憲爲從事授衞州刺史遷絳州所至以理行稱入爲宗正少卿遷光祿卿穆宗卽位以太和公主降迴鶻命金吾大將軍胡証充送公主使命憲副之使還獻入蕃道里記遷檢校左散騎常侍兼太府卿出爲洪州刺史江西觀察使太和二年轉嶺南節度使憲雖勳伐之家然累歷事任皆以吏能擢用所履官秩政績流聞性本明恕尤精律學屢詳決冤獄活無罪者數百人以能入官官無敗事士君子多之太和三年八月卒時年五十六憑累歷諸衞大將軍恕太子洗馬並以蔭授官累遷至少卿監甚累官至右龍武大將軍沉湎酒色恣爲豪侈積債至數千萬其子貸迴鶻錢一萬餘貫不償爲迴鶻所訴文宗怒貶甚爲定州司法參軍

王佖晟之甥雄武善騎射自晟河西河北出師佖無役不從朱泚之亂晟攻賊於光泰門賊鋒尚勁佖與兵馬使李演踰苑牆血戰敗賊前鋒諸軍方振論功爲神策將吐蕃之寇涇原佖伏卒擊尚結贊幾獲由是深爲吐蕃所畏晟視佖恩寵與愿愬不殊給與過之晟旣爲張延賞媒孽罷兵權亦不用佖爲將帥入爲左衞上將軍元和中愿愬兄弟在方鎮佖檢校工部尚書靈州大都督府長史朔方靈鹽節度使先是吐蕃欲成烏蘭橋於河壖先貯材木朔方節度使每遣人潛載之委於河流終莫能成至是蕃人知佖貪而無謀先厚遺之然後併役成橋仍築月城團守之自是朔方禦寇不暇邊上至今爲恨長慶三年四月卒

史臣曰西平器偉材雄人望而畏出身事主落落有將帥之風見義能勇聽受不疑忠於事君長於應變誠一代之賢將也觀恒山之役立談釋二帥之憾涇師之亂號哭赴奉天之危可不爲忠義乎對白華之進軍知平涼之必詐沮星變之議移渭橋之軍可不爲應變乎解帶結孝忠之心請婚釋延賞之怨嫉惡有楚琳之誅懲亂行希鑒之誅可不爲明於決斷乎而德宗皇帝聽斷不明無人君之量俾功臣困讒慝之口奸人秉衡石之權丁瓊之言誠堪太息雖齗齗刻渭橋之石區區賜煙閣之銘亦何心哉作善遺慶諸子俱才元和平賊之功

聽懇居其半父子昆弟皆以功名始終道家所忌之談李氏以善勝矣

贊曰桓桓太師義勇天資運鍾禍亂力拯顛危懇事章武誅蔡平齊夌煙畫圖父子爲宜

舊唐書卷一百三十三考證

李晟傳劉德信敗于扈澗率餘軍先次渭南與晟合軍軍無統一晟不能制德信因入晟軍乃數其罪斬之○臣酉按此李晟斬劉信也今云德信因入晟軍乃數其罪斬之文法不順據通鑑晟因德信至營中數以罪斬之因字當在德信字上今改正

蔣沇○沇誤沆今改正

愿聞有變與左右數人露髮而走登子城北樓懸縋而下水由窓而出○臣酉按張孝忠傳程華聞亂由竇而遁通鑑德宗建中四年鳳翔李楚琳作亂齊映自水竇出此處水由二字當倒窓字當是竇字之訛蓋既下子城至大城門閉乃由水竇而出也訛誤顯然今改正

魏博行營將刀志紹○刀誤于今改正

# 舊唐書卷一百三十四

後晉司空同中書門下平章事劉 昫撰

## 列傳第八十四

馬燧子暢 燧兄炫 渾瑊子鎬 鐬

馬燧字洵美汝州郟城人其先自右扶風徙焉祖珉官至左玉鈐衛倉曹父季龍嘗舉明孫吳假儻善兵法官至嵐州刺史幽州經略軍使燧少時嘗與諸兄讀書乃輟卷歎曰天下將有事矣丈夫當建功於代以濟四海安能矻矻爲一儒哉燧姿度魁異長六尺二寸沉勇多智略該涉群書尤善兵法安祿山反俾光祿卿賈循守范陽燧說循曰祿山負恩首亂雖陷洛城必當夷滅公盍建不代之功誅其逆將向潤客牛廷玠拔其根柢祿山西不能入關則坐而受擒天下可定也循雖善之計不時決事洩祿山果遣韓朝陽來召循朝陽至范陽與循語陰伏壯士以弓弦縊殺之燧脫身走西山隱者徐遇匿之踰月間行歸平原平原不守復走魏郡寶應中澤潞節度使李抱玉署奏趙城尉是時迴紇大軍還國恃復東都之功偪强恣睢所過或虜掠廩粟供饋小不如意恣行殺害抱玉具供辦賓介皆憚不敢行燧自贊請主郵驛比迴紇至則先賂其渠帥與明要約迴紇乃授燧旗幟爲識犯令者命燧戮之燧取死囚給左右廝役小違令輒殺之迴紇相顧失色虜涉其境無敢暴掠抱玉益奇之燧因說抱玉曰屬者與迴紇言燧得其情今僕固懷恩恃功樹黨李懷仙張忠志薛嵩田承嗣分授疆土皆出於懷恩其子瑒佻勇不義以燧度之將必窺太原西山以爲亂公宜深備之無何懷恩果與太原都將李竭誠通謀將取太原其帥辛雲京覺之斬竭誠固城自守懷恩遣其子瑒率兵圍之初迴紇北歸遣其將安恪石常庭將兵數百及誘募附麗者復數千人以守河陽東都所虜掠重貨悉積河陽是時懷恩遣薛嵩自相衛餽糧以絕河津抱玉令燧詣薛嵩說之嵩乃絕懷恩從順署奏左武衛兵曹歷太子通事舍人遷著作郎營田判官無幾遷秘書少監兼殿中侍御史爲節度判官承務郎遷鄭州刺史燧乃勸課農畝總其戶籍歲一稅之州人以爲便大曆四年改懷州刺史乘亂兵之後其夏大旱人失耕稼燧乃務修教化將吏有父母者燧輒造之施敬收葬暴骨去其煩苛至秋界中生穭穀人頗賴之抱玉移鎮鳳翔以汧陽被邊署奏隴州刺史兼御史中丞州西有通道廣二百餘步上連峻山山與吐蕃相直虜每入寇皆出於此燧乃按行險易立石種樹以塞之下置二門設籬櫓八日而功畢會抱玉入覲與燧俱行久之代宗知其能召見拜商州刺史兼御史中丞防禦水陸運使大曆十年河陽三城兵亂逐鎮將常休明以燧檢校左散騎常侍御史大夫河陽三城使十一年五月汴州太將李靈耀反因據州城絕運路以邀節制代宗務姑息人因授靈耀汴宋等八州節度留後靈耀不受命乃潛結魏博田承嗣乃遣兄子悅將兵援靈耀破永平軍將劉洽詔燧與淮西節度使李忠臣合軍討靈耀忠臣懼賊焚廬舍西走燧勸其還兵請爲前鋒擊破田悅進逼汴州忠臣行汴南燧引軍行汴北又敗靈耀將張清於西梁固靈耀選銳兵八千號爲餓佷軍燧獨引軍擊破之進至浚儀是時河陽兵寇諸軍承嗣又遣悅將兵二萬救靈耀破永平軍將杜如江畧曹州又敗李正己遊軍擊走劉洽長孫全緒等軍乘勝去汴州一舍方陣而進忠臣會宋州淮南浙西兵與戰不利請救於燧燧引四千人爲奇兵擊破之田悅匹馬遁去靈耀知悅敗明日以百騎夜走汴州悉降燧讓功於忠臣忠臣素暴戾燧不欲入汴城乃引軍退舍於板橋忠臣入城果專其功因會擊殺宋州刺史李僧惠燧還河陽大曆十四年六月檢校工部尚書太原尹北都留守河東節度留後尋爲節度使太原承前政鮑防百井敗軍之後兵甲寡弱燧乃悉召將吏牧馬廝役得數千人悉補騎卒教之數月爲精騎造甲者必令長短三等稱其所衣以便進趨又造戰車蒙以狻猊象列戟於後行則載兵甲止則爲營陣或塞險以遏奔衝器械無不犀利居一年陳兵三萬開廣場以習戰陣教其進退坐作之勢建中二年六月朝於京師加檢校兵部尚書令還太原初田悅新代承嗣統兵恐人不附已詐効誠欵燧上疏明其必反宜先備之其年悅果與淄青恒冀通謀自將兵三萬圍邢州次臨洺築重城絕其內外以拒救兵邢州將李洪臨洺將張伾皆堅守不拔昭義軍告急乃詔燧將步騎二萬與昭義節度使李抱眞神策行營兵馬使李晟合軍救臨洺燧軍出鄣口兵未過險乃遣持書喻悅且示之好悅謂燧畏之十一月師次邯鄲悅遣使至燧皆斬之以徇遣兵擊破其支軍射殺其將成炫之悅自攻臨洺遣大將楊朝光將兵萬人於臨洺南雙岡東西列二柵以禦燧燧乃率李抱眞李晟進軍營於二柵之中其夜東柵走歸悅明日燧進軍營明山取其棄柵以置輜重悅謂將吏曰朝光堅柵不下萬人假令燧等盡銳攻之比數日計不能下殺傷必甚吾此必拔臨洺賞勞軍士而與之戰必勝之術也悅乃分恒州李惟岳救兵五千以助朝光燧率軍攻朝光田悅將萬餘人救之燧乃令大將李自良李奉國將騎兵合神策軍於雙岡禦之令曰令悅得過當斬爾自良等擊却悅燧乃令推火車以焚其柵斬朝光及大將盧子昌斬首五千餘級生虜八百餘人居五日進軍至臨洺田悅悉軍復戰燧自將銳兵振其衝口凡百餘合士皆決死悅兵大敗斬首萬餘級生虜九百人得穀三十萬斛器甲稱是悅收敗兵夜遁邢州圍亦解以功加右僕射先戰燧誓軍中戰勝請以家財行賞既勝盡出其私財以頒將士德宗嘉之詔度支出錢五萬貫行賞還燧家財尋加魏博招討使三年正月田悅求救於淄青恒冀李納遣大將衛俊將兵萬人救悅李惟岳亦遣兵三千赴援悅收合散卒二萬餘人壁于洹水淄青軍其東恒冀軍其西首尾相應燧率諸軍進屯於鄴奏請益河陽兵詔河陽節度使李芃將兵會之軍次于漳悅遣將王光進以兵守長橋築月城以爲固軍不得渡燧乃於下流以車數百乘維以鐵鏁絕中流實以土囊以遏水水稍淺諸軍畢渡是時軍糧少悅深壁不戰欲老燧軍燧令諸軍持十日糧進次倉口與悅夾洹水而軍抱眞與李芃問曰糧少而深入何也燧曰糧少利速戰兵法善於致人不致於人今田悅與淄青恒三軍爲首尾計欲不戰以老我師若分軍擊其左右兵少未可必破悅且來救是前後受敵也兵法所謂攻其必救彼固當戰也燧爲諸軍合而破之燧乃造三橋道逾洹水日挑戰悅不敢出恒州兵以軍少懼爲燧所并引軍合於悅悅謂燧明日復挑戰乃伏兵萬人欲邀燧燧乃令諸軍半夜皆食先雞鳴時擊鼓吹角潛師傍洹水徑趨魏州令曰聞賊至則止爲陣又令百騎吹鼓角皆留於後仍抱薪持火待軍畢發止鼓角匿其旁伺悅軍畢渡焚其橋軍行十數里悅乃率淄青恒州步騎四萬餘人踰橋掩其後乘風縱火鼓譟而進燧乃坐申令無動命前除草斬榛棘廣百步以爲陣燧出陣募勇力得五千餘人分爲前列以俟賊至比悅軍至則火止氣乏力少衰乃縱兵擊之悅軍大敗時神策昭義河陽軍小郄河東軍既勝諸軍還鬭合擊又大破之追洹水悅軍走橋橋已焚矣悅軍亂赴水斬首二萬餘級殺大將孫晉卿安墨啜生獲三千餘人溺死者不可勝紀淄青軍殆盡死者相枕藉三十餘里悅收敗卒千餘人走魏州至門州將李長春閉門不納久之追兵不至比明乃納悅悅既入殺長春嬰城自守數日李再春以博州降悅兄昂以洺州降王光進以長橋降悅遣符璘李瑤將五百騎送淄青兵還鎮璘瑤因來降燧魏州先引御河入南流燧令塞其領口河流絕城中益恐悅乃遣許士則侯臧徒步間行說朱滔王武俊借兵求救時王武俊已殺李惟岳傳首京師授武俊恒冀觀察都防禦使時武俊同列張孝忠已爲易定節度使武俊獨爲防禦使又割趙深二州爲一鎭以康日知爲觀察使甚爲怨望且素輕孝忠恥名在下時朱滔討李惟岳拔深州求隸幽州不得亦怨望由是滔武俊同謀救悅悅恃燕趙之援又出兵二萬背城而陣燧復與諸軍擊破之五月加燧同中書門下平章事六月朱滔王武俊聯兵五萬來救悅至于城下諸帥議退兵燧固不可德宗遣朔方節度使李懷光將朔方軍步騎萬五千人赴燧是月晦懷光亦至懷光勇而無謀軍至之日未休息堅請與滔等戰王師不利悅等決水灌燧等軍燧兵屈糧少七日燧與諸軍退次魏縣是月詔加燧魏州大都督府長史兼魏博貝四州節度觀察招討等使田悅朱滔王武俊軍亦至魏縣與官軍隔河對壘十一月三盜於魏縣軍中遞相推獎王號朱滔稱冀王田悅稱魏王王武俊稱趙王又遣使於李

納納稱齊王四道共推淮西李希烈爲天下兵馬元帥太尉建興王皆僞署官號如國初行臺之制而名目頗有妖僻者然未敢僞稱年號而五盜合從圖傾社稷兩河鼎沸寇盜横行燧等雖志在勤王竟莫能戢患難四年十月涇師犯闕帝幸奉天燧引軍還太原議者云燧若乘田悅洹水之敗併力攻之時城中敗卒無三二千人皆夷傷未起日夕俟降燧與抱眞不和遷延於擊賊乃致三盜連結至今爲梗職燧之由燧至太原遣行軍司馬王權將兵五千赴奉天又遣男彙及大將之子與俱來壁於中渭橋及帝幸梁州權彙領兵還鎮燧以晉陽王業所起度都城東面平易受敵時天下騷動北邊數有警急乃引晉水架汾而注城之東瀦以爲池寇至計省守陴者萬人又決汾水環城多爲池沼樹柳以固隄尋兼保寧軍節度使興元元年正月加檢校司徒節度并管內諸軍行營副元帥令與侍中渾瑊鎮國軍封北平郡王七月德宗還京加燧奉誠軍及晉絳慈隰節度使駱元光同討河中初李懷光據河中燧遣使招諭之懷光妹壻要廷珍守晉州裔將毛朝敭守隰州鄭抗守慈州皆相次降燧初王武俊自魏縣還鎮雖去僞號而攻圍趙州不解康日知窘蹙欲棄趙州燧奏曰可詔武俊與抱眞同擊朱滔以深趙隸武俊請改日知爲晉慈隰節度使日知未至而三州降燧故又加燧晉慈隰節度使燧乃表讓三州於日知且言因降而授之恐後有功者踵以爲常上嘉而許之燧乃遣使迎日知既至籍府庫而歸之日知喜且過望九月十五日燧帥步騎三萬次于絳分兵收夏縣略稷山攻龍門降其將馮萬與任象玉燧以兵攻絳州十月拔其外城其夜僞刺史王克同與大將達奚小進棄城走降其衆四千人又遣大將李自良谷秀分兵略定聞喜夏縣萬泉虞鄉永樂猗氏六縣降其將辛兟及兵五千人谷秀以犯令虜士女斬之以徇貞元元年軍次寶鼎敗賊騎兵於陶城前鋒將李黯追擊之射殺賊將徐伯文斬首萬餘級獲馬五百匹是歲天下蝗旱物價騰踊軍乏糧餉而京師言事多請捨懷光上意未決燧以懷光逆節尤甚河中密邇京邑反覆不可保信捨之無以示天下慮上爲左右所惑且兵事尚密六月燧乃捨軍以數百騎朝于京師比召見燧曰臣雖不武得蒭糧支一月足以平河中上許之七月燧因朝京師乃與渾瑊駱元光韓遊瓌合軍次于長春宮懷光將徐廷光以兵六千守宮城禦備甚嚴燧度長春不下則懷光自固攻之曠日持久所傷必甚乃挺身至城下呼廷光廷光素憚燧威名則拜於城上燧度廷光心已屈乃徐謂之曰我來自朝廷可西面受命廷光復拜燧乃喻之曰公等皆朔方將士祿山以來首建大勳四十餘年功伐最高柰何棄祖父之勳力背君上爲族滅之計耶從吾非止免禍富貴可圖也賊徒皆不對燧又曰爾以吾言不誠今相去不遠數步爾當射我乃披襟示之廷光感泣俯伏軍士亦泣下先一日賊焦籬堡守將尉珪以兵二千因堡降燧廷光東道既絕乃率衆出降燧以數騎徑入城處之不疑莫不畏服衆大呼曰吾輩復得爲王人矣渾瑊繇是服燧私謂恭佐曰予嘗謂馬公用兵與予不相遠但驚怪累敗田悅今觀其行兵料敵吾不逮遠矣八月燧移軍於焦籬堡其夜賊太原堡守將吳冏棄堡而遁其下皆降燧率諸軍濟河兵凡八萬陣於城下是日賊將牛名俊斬懷光首以城降其守兵猶一萬六千人斬賊將閻晏孟寶張清吳冏等七人以徇爲懷光脅虜者皆捨之燧自朝京師還行營凡二十七日而河中平詔書褒美遷光祿大夫兼侍中仍與一子五品正員官宴賜畢還太原是行也德宗賜燧宸扆台衡二銘序曰朕每覽上古之書及唐虞之際君臣相得聖賢同時日夕孜孜講論至道或陳其鑒誡或諷以詠歌煥乎典謨百代是式有以見啟沃之道理化之端意甚慕之而未能追也頃靈鹽節度使杜希全著書上獻多所規諫聊爲君臣箴用答其意河東等道副元帥司徒燧固請勒石貽厥後人朕以文既非工義又非備垂諸來裔良所恧焉起予者商因之有作庶乎朝夕自儆且俾後代知我文武殿邦之臣歟宸扆銘曰天生烝人性命元淳嗜欲交馳利害糺紛無主乃亂樹之以君九域茫茫萬情云云目不備覩耳難徧聞覩之聞之糺又非眞事失其源道遠莫親理得其要化行如神失源維何不自正身正身之方先誠其意罔從爾欲罔載爾僞體道崇德本仁率義必信若寒暑無私象天地感而遂通百慮一致任人之術各當其器捨短從長理無求備事多總集衆才咸遂知而必任任而勿貳以天下之目爲鑒我鑒斯明以天下之心爲謀我謀則智求賢惟廣辯理惟精逆耳咈心必嘉乃誠順旨苟容亦察其情斥去奸諛全度忠貞先人立言爲代作程諤諤者昌唯唯者傾繫以興亡曷云其輕承天子人夫豈不貴伊昔哲王夙夜祗畏馭朽爲戒納隍爲志神將害盈天匪假易四海爲家夫豈不富伊昔哲王勤儉固陋土階罔飾露臺罷構遼奇伎淫巧放珍禽怪獸敬之愼之天命可祐欲令必行順人之情欲誠必著淸己之慮心無億詐事必忠恕凡將有爲靡不三思喜怒以節動靜以時毫釐或差禍害亦隨慢易厥初悔其曷追刑不可長武不可恃作威逞力厲階斯起垂旒蔽聰黈纊塞耳含弘光大是亦爲美覆之如天愛之如子仁心感人率土自理嗟予寡昧嗣守丕圖寇戎薦興德化未孚大業兢兢其敢以渝俯察物情仰稽典謨作誡斯言寘于坐隅台衡銘曰天列台星垂象于人聖人則天亦建輔臣以翼以弼爲衡爲鈞如耳目應心如股肱運身是則同體孰云非親陰陽相推四序成歲君臣相得萬邦作乂感同風雲合若符契以道匡救盡規獻替木必從繩金其用礪帝者之盛時惟陶唐乃聞疇咨仄陋明敭洎乎有虞二八騰芳爰逮伊尹相于成湯載生姜牙諒彼武王道無不行謀無不臧君聖臣賢運泰時康漢高既興蕭曹亦彰烈烈我祖膺期而昌剗滅羣兇砥平四方惟衡及英啟闢封疆曰房與杜振理維綱亦有魏徵謇謇昂昂偉茲衆材爲棟爲梁蕩蕩巍巍邦家有光是知道之廢興繫于時主主之得失資于台輔經之以文緯之以武出爲方伯入作申甫絕維載張闕袞斯補惟德是倚惟才是求人不易知德亦難周傅說板築夷吾射鉤任之不疑千載垂休體於至公何鄙何讐追惟哲主必賴良弼矧予不德暗於理術師旅繁起政刑多失遘茲艱屯夙夜祇慄翊我戴我實惟勳賢內熙庶績外總十連威武載揚謀猷日宣長城壓境巨艦濟川同德同心扶危持顛予嘉爾誠爾相予理惟后失道亦臣之恥自昔格言愼終如始功藏鼎彝道冠圖史無俾伊傅克專厥美作鑒勒銘永世是紀燧至太原乃勒二銘於起義堂西偏帝爲題額其崇寵如此二年冬吐蕃大將尚結贊陷鹽夏二州各留兵守之結贊大軍屯於鳴沙自冬及春羊馬多死糧餉不繼德宗以燧爲綏銀麟勝招討使令與華帥駱元光邠帥韓遊瓌及鳳翔諸鎭之師會於河西進討燧出師次石州結贊聞之懼遣使請和仍約盟會上皆不許又遣其大將論頰熱厚禮卑辭申情於燧請和燧頻表論奏上堅不許三年正月燧軍還太原四月燧與論頰熱俱入朝燧盛言蕃情可保請許其盟上然之燧既入朝結贊遽自鳴沙還蕃是歲閏五月十五日侍中渾瑊與蕃相尚結贊盟于平涼爲蕃軍所劫狼狽僅免陷將吏六十餘員由燧之謬謀也坐是奪兵權六月以燧守司徒兼侍中北平王如故仍賜妓樂奉朝請而已五年九月燧與太尉李晟召見于延英殿上嘉其有大勳力皆圖形凌煙閣列於元臣之次九年七月燧對于延英初上以燧足疾不令朝謁是日燧以冬首入朝勅許不拜而坐時太尉晟初薨帝謂燧曰常時卿與太尉晟同來今獨見卿不覺悲慟上歔欷久之燧既退足疾仆於地上親掖起之送及於陛燧頓首泣謝累上表乞骸陳讓侍中優詔不許貞元十一年八月薨時年七十先是司天頻奏熒惑太白犯太微上將閒一月而燧薨廢朝四日詔京兆尹韓皐監護喪事嗣吳王獻爲弔祭賻賵使册贈太尉謚曰莊武子彙暢以父蔭累遷至鴻臚少卿留京師建中三年燧討田悅於山東時歲旱京師括率商戶人心甚搖鳳翔留鎭幽州兵多離散入南山爲盜殿中丞李雲端與其黨袁封單超俊李誠信冀信等與暢善因飲食聚會言時事將危暢乃遣家人溫靖與父書具陳利害可班師還鎭燧怒執靖具奏其狀令兄炫執暢請罪德宗以燧方討賊不竟其事誅雲端等十一人勅炫就第杖暢三十上於是罷括率之令燧貲貨甲天下燧既卒暢承舊業屢爲豪幸邀取貞元末中尉申志廉諷暢令獻田園第宅順宗復賜暢初爲彙妻所訴析其產中貴又過取仍指使施於佛寺暢不敢恡晚年財產並盡身殁之後諸子無室可居以至凍餒今奉誠園亭館卽暢舊第也暢終少府監贈工部尚書子繼祖以祖蔭四歲爲太子舍人累遷至殿中少監年三十七卒炫字弱翁燧之仲兄少以儒學聞於時隱居蘇門山不應辟召至德中李光弼鎭太原辟爲掌書記試大理評事監察御史歷侍御史常參謀議光弼甚重之奏授比部刑部郎中田神功鎭汴州奏授節度判官檢校兵部郎中轉漣州刺史徵拜吏部郎中又出爲閬州刺史入爲大理少卿建中初爲潤州刺史黜陟使柳載以淸白聞徵拜太子右庶子遷左散騎常侍弟燧爲司徒以親比拜刑部侍郎以疾辭改兵部尚書致仕貞元七年卒時年七十九

史臣曰燧雄勇強力常先計役戰又善誓師將戰親自號令士無不慷慨感動戰皆決死未嘗折北謀得兵勝冠於一時然力能擒田悅而不取納蕃帥之僞款而保其必盟平凉之會大臣幾陷關畿搖動此謂才有餘而心不至議者惜而恨之

渾瑊皐蘭州人也本鐵勒九姓部落之渾部也高祖大俟利發渾阿貪支貞觀中爲皐蘭州刺史曾祖元慶祖大壽父釋之皆代爲皐蘭都督大壽開元初歷左領衛中郎將太子僕同正釋之少有武藝從朔方軍積戰功

於邊上累遷至開府儀同三司試太常卿寧朔郡王廣德中與吐蕃戰沒於靈武年四十九璘本名曰進年十餘歲卽善騎射隨父戰伐破賀魯部下石堡城收龍駒島勇冠諸軍累授折衝果毅後節度使安思順遣璘提偏師深入葛祿部經狐媚磧略特羅斯山大破阿思布部又與諸軍城永清柵天安軍遷中郎將安祿山構逆璘從李光弼出師河北定諸郡邑賊將有李立節者素稱驍勇與璘格鬬臨陣斬之遷右驍衛將軍既而肅宗卽位於靈武璘統兵赴行在至天德遇蕃軍入寇璘擊敗之從郭子儀收兩京討安慶緒破賊於新鄉改檢校太僕卿充武鋒軍使又從僕固懷恩討史朝義前後數十戰朝義平加開府儀同三司太常卿賜實封二百戶及懷恩謀亂令子瑒與璘率軍圍榆次朔方將殺瑒璘率所部歸郭子儀會璘父釋之戰死又起復本官爲朔方行營左廂兵馬使從子儀討吐蕃於邠州以功加御史中丞軍還盛秋於邠會吐蕃大入寇至奉天璘拒戰於漠谷大破蕃軍以功加太子賓客復屯於奉天華州周智光反子儀奉詔討之令璘領馬步萬人攻下同州智光平詔以邠寧慶三州隸朔方軍子儀領之子儀令璘先率兵至邠州便於宜祿縣防秋歲餘加兼御史大夫大曆七年吐蕃大寇邊璘與涇原節度使馬璘會兵大破蕃賊於黃菩原自是每年常戍於長武城臨盛秋十一年領邠州刺史其年吐蕃入寇慶州方渠懷安等鎮璘擊却之十二年子儀入朝令璘知邠寧慶三州兵馬留後十三年迴紇侵太原破鮑防軍北歸頗爲邊患以璘爲石嶺關已南諸軍都知兵馬使率兵犄角逐之虜騎引退其年八月加檢校工部尚書單于副都護振武軍使十四年郭子儀拜太尉號尚父分所管內別置三節度以璘兼單于大都護充振武軍東受降城鎮北大都護府綏銀麟勝等軍州節度副大使知節度使事管內支度營田等使其年復以崔寧爲朔方節度使領子儀舊管徵璘爲左金吾衛大將軍兼左街使建中四年李希烈遣間諜詐爲璘書與希烈交通璘奏其狀上特保證之仍賜璘馬一匹并鞍轡錦綵二百匹時以普王爲荊襄等道兵馬元帥討李希烈大開府幕以璘檢校戶部尚書御史大夫充中軍都虞候會涇師亂德宗幸奉天後三日璘率家人子弟自京城至乃署爲行在都虞候檢校兵部尚書京畿渭北節度觀察使居數日邠寧節度使韓遊瓌與慶州刺史論惟明統兵三千自乾陵北過赴醴泉以拒朱泚會諜報泚已出兵帝遽令

追遊瓌兵纔至奉天賊軍果至遊瓌等戰于城東王師不利遂乘勝奔突將入官軍與賊隔門相持自卯至午殺傷頗甚門內有草車數乘璘令推車塞門焚之以外禦乘火力戰賊方解去然重圍已合賊大修攻具以僧法堅爲匠師毀佛寺房宇以爲梯櫓是月賊自丁未至辛未四面攻城晝夜矢石不絕璘隨機應敵僅能自固十一月靈武節度使杜希全鹽州刺史戴休顏夏州刺史常春合兵六千人赴難將至上議其所向宰相盧杞白志貞以漠谷路爲便璘曰漠谷險隘必爲賊所邀不若取乾陵北過附柏城而行便取城東北鷄子堆下營與城中犄角相應且分賊勢朱泚必不更於陵寢往來杞曰漠谷路近若慮逆賊邀擊卽出兵應接若取乾陵路恐驚陵寢璘曰今朱泚圍城斬伐柏城以夜繼晝驚動已多今城中危急佇望救軍唯希全等率先赴難安危是賴所繫非輕制置不宜差跌但令希全等於鷄子堆下營固守善地賊泚可以計破也盧杞等曰陛下以順討逆不可自驚陵寢白志貞從而贊之上從杞議希全等進至漠谷果爲賊軍邀擊奪據水口乘高以大弩巨石左右夾擊殺傷頗甚城中出兵應援亦爲賊挫銳而退希全等各歸還本鎮賊攻城逾急壕塹圍之旬日復偏攻東北角矢石亂入晝夜如雨城中死傷者甚衆重圍救絕芻粟俱盡城中伺賊休息輒遣人城外捃拾樵採以進御人心危蹙上與璘對泣賊泚北據乾陵下瞰城內身衣黃衣蔽以翟扇前後左右皆朱紫閹官宴賜拜舞紛紜旁午城中動息賊俯窺之慢辭戲侮以爲破在漏刻之頃時令騎將環城招公卿士庶責以不識天命十五日賊造雲橋成闊數十丈以巨輪爲脚推之使前施濕氈生牛革多懸水囊以爲障直指城東北隅兩旁構木爲廬冒以牛革迴環相屬負土運薪於其下以塡壕塹矢石不能傷城中恟懼相顧失色上召璘勉諭之令齋空名告身自御史大夫實封五百戶已下者千餘軸募諸軍突將敢死之士以當之兼賜璘御筆一管當戰勝量其功伐卽署其名授之不足者筆書其身因命以位仍謂璘曰朕便與卿別更不用對來縱有急切令馬承倩在卿處但令附奏璘俯伏嗚咽上亦悲慟不自勝撫璘背而遣之前一日璘與防城使侯仲莊揣雲橋來路先鑿地道下可深丈餘上積馬糞深五六尺次二日卽令爇火次一日復下柴薪夜燒之平明火焰高於城壘是時北風正急賊乃隨風推橋以薄城下賊三千餘人相繼而登城上士卒皆久寒餒又少甲冑璘

但感激誠厲之以飢弱之衆當劇賊之鋒雖力戰應敵人憂不濟公卿已下仰首祝天賊徒至地道所橋脚偏陷不能進須臾風迴焰轉雲橋焚爲灰燼賊焚死者數千城中歡譟振地時璘中流矢遽自拔之血流霑沫格鬬不已初不言瘡痛以激士心是日上先授璘二子官餘授將校有差賊又別造雲橋周以重鐵方就而朔方節度使李懷光自魏縣行營赴難先遣兵馬使張韶入奏韶至奉天與賊塡塹者相雜臨城忽大呼謂城上曰我李懷光使也懷光自河北領大軍至矣卽繩引而登城中得懷光表歡聲振動賊衆不之測乃令昇韶巡於城上翌日懷光大軍次醴泉是夜賊解圍而去興元元年正月以璘爲行在都知兵馬使二月賜實封五百戶是月德宗移幸山南時懷光叛逆二賊連結寇盜縱橫璘分布諸軍以爲翼衞纔入谷口而懷光追騎遽至璘令侯仲莊以後軍擊敗之三月加檢校左僕射同中書門下平章事兼靈州都督靈鹽豐夏等州定遠西城天德軍節度等使仍充朔方邠寧振武等道兼永平軍奉天行營兵馬副元帥上臨軒授鉞用漢拜韓信故事是月璘將諸軍赴京畿賊將韓旻張廷芝宋歸朝等拒我師於武功璘與吐蕃將論莽羅之衆大破賊於武亭川斬首萬餘級璘便赴奉天應接李晟抗京城西面五月李晟自東渭橋抵京城攻賊璘亦與韓遊瓌戴休顏西面諸軍會合晟破賊之日璘亦進收咸陽尋聞朱泚姚令言奔敗命諸軍分道邀擊其衆離潰相率來降選勁騎三千急追泚至涇州賊將誅泚傳首來獻六月加璘侍中論收京城之功加實封李晟一千戶璘八百戶韓遊瓌戴休顏四百戶駱元光尚可孤五百戶七月德宗還宮以璘守本官兼河中尹河中絳慈隰節度使仍充河中同陝虢節度及管內諸軍行營兵馬副元帥改封咸寧郡王九月賜璘大寧里甲第女樂五人入第之日宰臣節將送之一如李晟入第之儀以李懷光未平又加朔方行營兵馬副元帥與河東節度使馬燧會兵進討貞元元年八月河中平以功加檢校司空與一子五品正員官是冬望皇帝親郊昊天上帝璘入朝陪祀畢還鎭河中三年吐蕃入寇至鳳翔爲李晟邀擊之又襲破其摧沙堡吐蕃深恨之尙結贊入寇陷我鹽夏二州以兵守之欲長驅犯京師而畏璘與李晟馬燧欲陰計圖之乃卑詞遜禮告馬燧請重立盟誓則蕃軍引去德宗不許馬燧自入朝言之上乃令崔翰入蕃報結贊言還我鹽夏則許同盟結贊謂翰曰清水之會同盟人少

是以和好輕慢不成今蕃相及元帥已下凡二十一人赴盟靈州節度使杜希全涇原節度使李觀皆和善守信境外重之此時須請預盟翰約盟于清水且先歸我鹽夏二州結贊曰清水非吉地請會盟於原州土梨樹又請盟畢歸二州翰歸備奏其事神策將馬有麟奏曰土梨樹地多險恐蕃軍隱伏不利不如於平涼其地坦平且近涇州就之爲便乃定盟於平涼川初結贊請李觀杜希全預盟欲執之徑犯京師詔報之曰杜希全職在靈州不可出境李觀又已改官今遣侍中渾瑊充盟會使五月瑊自咸陽入朝詔授平涼盟會使兵部尚書崔漢衡副之司勳郎中鄭叔矩爲判官瑊統兵二萬又詔華州節度使駱元光以本鎭兵從瑊閏月十五日瑊與結贊會平涼初約以兵三千列於壇之東西散手四百人至壇下各遣遊軍相覘伺是時蕃軍精騎數萬列於壇西蕃之遊軍貫穿我軍之中瑊將梁奉貞率六十騎爲遊軍纔至壇所爲蕃軍所執結贊又謂瑊曰請侍中已下具衣冠劒珮瑊與監軍宋鳳朝崔漢衡等入幕次坦無他慮結贊命伐鼓三通其衆呼譟而至瑊遽出自幕後偶得他馬跨而奔馳追騎雲合流矢雨集而不傷會瑊將辛榮以數百人據北阜與賊血戰追騎方止瑊僅得免辛榮兵盡矢窮力屈而降宋鳳朝瑊判官鄭弁爲追兵所殺崔漢衡中官俱文珍劉延李清朝漢衡判官鄭叔矩瑊判官路泌袁同直大將軍扶餘準馬寧神策將孟日華李至言樂演明范澄馬弁等六十餘人皆陷于賊尙結贊至原州列坐帳中召陷蕃將吏讓之因怒瑊曰武功之捷吐蕃之力許以涇州靈州相報竟食其言負我深矣舉國同怨本劫是盟志在擒瑊吾已爲金枷待瑊將獻贊普旣已失之虛致君等何爲乃放俱文珍馬寧馬弁歸朝七月瑊自奉天入朝素服待罪詔釋之而後見俄而吐蕃入寇京畿瑊鎭奉天十月還河中四年七月加邠寧慶副元帥十二年二月加檢校司徒兼中書令諸使副元帥如故十五年十二月二日薨於鎭廢朝五日羣臣於延英奉慰詔贈太師謚曰忠武賻絹布四千匹米粟三千碩及喪車將至又爲廢朝應緣喪事所司準式支給命京兆尹監護葬日賜絹五百匹瑊忠勤謹愼功高不伐在藩方歲時貢奉必躬親閱視每有頒錫雖居遠地如在帝前位極將相無忘謙抑物論方之金日磾故深爲德宗委信猜間不能入君子多之子鍊鎬鐬鎬瑊第二子性謙謹多與士大夫遊歷延唐二州刺史軍政吏職有可稱者及元和中諸道

出師討王承宗屬義武軍節度使任迪簡病不能軍以鎬嘗父威名足以鎭定乃以鎬檢校右散騎常侍充義武軍節度副使九月六日加檢校工部尚書代迪簡爲節度使鎬治兵練卒頗有威望然不能觀釁養銳以期必勝鎭定相去九十里元和十一年冬鎬率全師壓賊境而軍距賊壘三十里鎬謀慮不周但耀兵鋒無所控制賊乃分兵潛入定州界焚燒驅掠鎬怒進攻賊壘交鋒而敗師徒殆喪其半餘衆還定州亂不可遏朝廷乃除陳楚代之楚聞亂馳入定州鎬爲亂兵所劫以至倮露楚既整戢於亂兵處率斂衣服還鎬方得歸朝坐貶韶州刺史後代州刺史韓重華奏收得鎬供軍錢絹十餘萬貫匹再貶循州刺史歲餘卒鐬瑊第三子以父蔭起家爲諸衞參軍歷諸衞將軍元和初出爲豐州刺史天德軍使坐贓貶袁州司戶憲宗思咸寧之勳比例從輕五年徵爲袁王傅復賜金紫遷殿中監開成初宰相擬壽州刺史文宗曰鐬勳臣子弟豈可委以牧民仲尼有言不如多與之邑今我念其先人之功與之致富可也宰臣曰鐬常歷名郡有政能乃從之三年入爲右金吾衞大將軍知街事歷諸衞大將軍卒

史臣曰馬司徒之方畧渾咸寧之忠藎各奮節義爲時名臣然元城之師失策於田悅平涼之會幾陷於吐蕃此亦術有所不至也緬思建中之亂四海波騰賊泚竊發之辰宗祀不絕如綫苟非忠臣致命化危爲安則李氏之宗社傾矣

贊曰北平之勳排難解紛咸寧蹈義感慨匡君再隆基構克殄昏氛迴天捧日實賴將軍

舊唐書卷一百三十四考證

馬燧傳悅恃燕趙之援又出兵二萬背城而陣燧復與諸軍擊破之五月加燧同中書門下平章事六月加燧魏州大都督府長史興元元年正月封北平郡王○臣宗萬按新書於破悅背城陣後連類書之不分年月似加爵封王是一時事然當燧擊破之時悅未嘗屈不當疊加晉封也是時燧退次魏縣加長史兼節度等使所以重其威也及軍還太原燧以晉陽王業所起瀦池固堤爲守禦計燧之進戰退守功有足多此封王之自也其爵自當遞加不應一時並及且此年月鑿鑿無可疑也

渾瑊傳是月賊自丁未至辛未四面攻城晝夜矢石不絕○臣酉按德宗紀十月戊申如奉天丁未在戊申前一日德宗尚未出奔其非朱泚攻城之日明矣未字當是卯字之訛考本紀甲子瑊及泚戰于城下敗之乙丑將軍高重捷死之通鑑乙丑賊復攻城將軍高重捷破泚將李日月乘勝逐北賊伏兵擒之乙丑後二日爲丁卯蓋乙丑以前官軍猶時與賊戰至高重捷死後則城中奪氣官軍不復能出戰而重圍既合自丁卯至辛未攻城尤力者凡五日也

十一月靈武節度使杜希全鹽州刺史戴休顏夏州刺史常春合兵六千人赴難○臣酉按新書德宗紀杜希全李建徽及朱泚戰于漠谷敗績事在十月辛酉非十一月也兩書不合未知孰是

若取乾陵北過附使城守固而行便取城東北鷄子堆下與城中犄角相應○臣酉按通鑑云不若自乾陵北過附柏城而行營于城北鷄子堆與城中犄角相應語意明白此處若字上當脫一不字使字乃柏字之訛守固二字衍蓋因下有固守善地語故誤衍此二字也下字下當脫一營字俱改正

# 舊唐書卷一百三十五

後晉司空同中書門下平章事劉　昫撰

## 列傳第八十五

盧杞子元輔　白志貞　裴延齡

韋渠牟　李齊運　李實　韋執誼

王叔文王伾附　程异　皇甫鎛弟鏞

盧杞字子良故相懷愼之孫父奕天寶末爲東臺御史中丞洛城爲安祿山所陷奕守司而遇害杞以門蔭解褐淸道率府兵曹朔方節度使僕固懷恩辟爲掌書記試大理評事監察御史以病免入補鴻臚丞遷殿中侍御史膳部員外郎出爲忠州刺史至荆南謁節度使衞伯玉伯玉不悅杞移病歸京師歷刑部員外郎金部吏部三郎中杞貌陋而色如藍人皆鬼視之不恥惡衣糲食人以爲能嗣懷愼之淸節亦未識其心頗有口辯出爲虢州刺史建中初徵爲御史中丞時尙父子儀病百官造問皆不屛姬侍及聞杞至子儀悉令屛去獨隱几以待之杞去家人問其故子儀曰杞形陋而心險左右見之必笑若此人得權卽吾族無類矣及居糺彈顧問之地論奏稱旨遷御史大夫旬日爲門下侍郎同中書門下平章事既居相位忌能妬賢迎吠陰害小不附者必致之於死將起勢立威以久其權楊炎以杞陋貌無識同處台司心甚不悅爲杞所譖逐於崖州德宗幸奉天崔寧流涕論時事杞聞惡之譖於德宗言寧與朱泚盟誓故至遲迴寧遂見殺惡顏眞卿之直言令奉使李希烈竟歿於賊初京兆尹嚴郢與楊炎有隙杞乃擢郢爲御史大夫以傾炎炎既貶死心又惡郢圖欲去之宰相張鎰忠正有才上所委信杞頗惡之會朱滔朱泚弟兄不睦有泚判官蔡廷玉者離間滔滔論奏請殺之廷玉既貶殿中侍御史鄭詹遣吏監送廷玉投水而卒杞因奏曰恐朱泚疑爲詔旨請三司按鞫詹又御史所爲稟大夫命并令按郢詹與張鎰善每伺杞晝眠輒詣鎰杞知之他日杞假寢佯熟伺詹果來方與鎰語杞遽至鎰閤中詹趨避杞杞遽言密事鎰曰殿中鄭侍御在此杞佯愕曰向者所言非他人所宜聞時三司使方按詹郢獄未具而奏殺詹貶郢爲驩州刺史鎰尋罷相出鎭鳳翔其陰禍賊物如此李揆舊德慮德宗復用乃遣使西蕃天下無不扼腕痛憤然無敢言者戶部侍郎判度支杜佑甚承恩顧爲杞媒孽貶饒州刺史初上卽位擢崔祐甫爲相頗用道德寬大以弘上意故建中初政聲藹然海內想望貞觀之理及杞爲相諷上以刑名整齊天下初李希烈請討梁崇義崇義誅而希烈叛盡據淮右襄鄧之郡邑恒州李寶臣死其子惟岳邀節鉞遂與田悅締結以抗王師繇是河北河南連兵不息度支使杜佑計諸道用軍月費一百餘萬貫京師帑廩不支數月且得五百萬貫可支半歲則用兵濟矣杞乃以戶部侍郎趙贊判度支贊亦計無所施乃與其黨太常博士韋都賓等謀行括率以爲泉貨所聚在於富商錢出萬貫者留萬貫爲業有餘官借以給軍冀得五百萬貫上許之約以罷兵後以公錢還敕既下京兆少尹韋禎督責頗峻長安尉薛萃荷校乘車搜人財貨意其不實卽行搒箠人不勝冤痛或有自縊而死者京師囂然如被賊盜都計富戶田宅奴婢等估纔及八十八萬貫又以僦櫃納質積錢貨貯粟麥等一切借四分之一封其櫃窖長安爲之罷市百姓相率千萬衆邀宰相於道訴之杞初雖慰諭後無以遏卽疾驅而歸計僦質與借商纔二百萬貫德宗知下民流怨詔皆罷之然宿師在野日須供饋明年六月趙贊又請稅間架算除陌凡屋兩架爲一間分爲三等上等每間二千中等一千下等五百所由吏秉筆執籌入人第舍而計之凡沒一間杖六十告者賞錢五十貫文除陌法天下公私給與貿易率一貫舊算二十益加算爲五十給與物或兩換者約錢爲率算之市主人牙子各給印紙人有買賣隨自署記翌日合算之有自貿易不用市牙子者驗其私簿投狀自其有私簿投狀其有隱錢百沒入二千杖六十告者賞錢十千出於其家法既行主人市牙得專其柄率多隱盜公家所入百不得半怨讟之聲囂然滿於天下及十月涇師犯闕亂兵呼於市曰不奪汝商戶僦質矣不稅汝間架除陌矣是時人心愁怨涇師乘間謀亂奉天之奔播職杞之由故天下無賢不肖視杞如讐德宗在奉天爲朱泚攻圍李懷光自魏縣赴難或謂王翃趙贊曰懷光累歎憤以爲宰相謀議乖方度支賦斂煩重京尹刻薄軍糧乘輿播遷三臣之罪也今懷光勳業崇重聖上必開襟布誠詢問得失使其言入豈不殆哉翃贊白於杞杞大駭懼從容奏曰懷光勳業宗社是賴臣聞賊徒破膽皆無守心若因其兵威可以一舉破賊今若許其朝覲則必賜宴賜宴則留連使賊得京城則從容完備恐難圖之不如使懷光乘勝進收京城破竹之勢不可失也帝然之乃詔懷光率衆屯便橋克期齊進懷光大怒遂謀異志德宗方悟爲杞所構物議喧騰歸咎於杞乃貶爲新州司馬白志貞恩州司馬趙贊爲播州司馬遇赦移吉州長史在貶所謂人曰吾必再入用是日上果用杞爲饒州刺史給事中袁高宿直當草杞制遂執以謁宰相盧翰劉從一曰杞作相三年矯誣陰賊排斥忠良朋附者欬唾立至青雲睚眦者顧盼已擠溝壑傲很背德反亂天常播越鑾輿瘡痍天下皆杞之爲也幸免誅戮唯示貶黜尋已稍遷近地更授大郡恐失天下望惟相公執奏之事尙可救翰從一不悅遂改命舍人草制明日詔下袁高執奏曰盧杞爲政極恣兇惡三軍將校願食其肉百辟卿士嫉之若讐諫官趙需裴佶宇文炫盧景亮張薦等上疏曰伏以吉州長史盧杞外矯儉簡內藏奸邪三年擅權百揆失序惡直醜正亂國殄人天地神祇所知蠻夷華夏同棄伏惟故事皆得上聞自杞爲相要官大臣動踰月不敢奏聞百寮惴惴常懼顚危及京邑傾淪皇輿播越陛下炳然覺悟出棄遐荒制曰忠讜壅於上聞朝野爲之側目由是忠良激勸內外歡忻今復用爲饒州刺史衆情失望皆謂非宜臣聞君之所以臨萬姓者政也萬姓之所以戴君者心也儻加巨奸之寵必失萬姓之心乞迴聖慈遽輟新命疏奏不荅諫官又論曰盧杞蒙蔽天聽隳紊朝典致亂危國職杞之由可謂公私巨蠹中外棄物自聞再加擢用

忠良痛骨士庶寒心臣恥者瀝肝上聞冒死不恐冀迴宸聰用快羣情至今拳拳未奉聖旨物議騰沸行路驚嗟人之無良一至於此伏乞俯從衆望永弃奸臣幸免誅夷足明恩貸特加榮寵恐造禍階臣等忝列諫司令陳狂瞽給事中袁高堅執不下乃改授澧州別駕翌日延英上謂宰臣曰朕欲授杞一小州刺史可乎李勉對曰陛下授杞大郡亦可其如兆庶失望何上曰衆人論杞奸邪朕何不知勉曰盧杞奸邪天下人皆知唯陛下不知此所以爲奸邪也德宗默然良久散騎常侍李泌復對上曰盧杞之事朕已可袁高所奏如何泌拜而言曰累日外人竊議以陛下同漢之桓靈臣今親承聖旨乃知堯舜之不逮也德宗大悅慰勉之杞尋卒於澧州子元輔字子望少以清行聞於時進士擢第授崇文館校書郎德宗思杞不已乃求其後特恩拜左拾遺再遷左司員外郎歷杭常絳三州刺史以課最高徵爲吏部郎中遷給事中改刑部侍郎自兵部侍郎出爲華州刺史潼關防禦鎮國軍等使復爲兵部侍郎元輔自祖至曾以名節著於史冊元輔簡絜貞方綽繼門風歷踐清貫人亦不以父之醜行爲累人士歸美大和三年八月卒時年五十六

白志貞者太原人本名琇珪出於胥吏事節度使李光弼小心勤恪動多計數光弼深委信之帳中之事與琇珪叅決代宗素知之光弼薨後用爲司農少卿遷太卿在寺十餘年德宗嘗召見與語引爲腹心遂用爲神策軍使檢校左散騎常侍兼御史大夫賜名志貞善伺候上意言無不從建中四年李希烈陷汝州命志貞爲京城召募使時尚父子儀壻端王傳吳仲孺家財巨萬以國家召募有急懼不自安乃上表請以子弟率奴客從軍德宗嘉之超授五品官由是志貞請令節度觀察團練等使并嘗爲是官者令家出子弟甲馬從軍亦與其男官是時豪家不肖子幸之貧而有知者苦之自是京師人心搖震不保家室時禁軍募致悉委志貞兩軍應赴京師殺傷殆盡都不奏聞皆以京師沽販之徒以塡其闕其人皆在市鄽及涇師犯闕詔志貞以神策軍拒賊無人至者上無以禦寇乃圖出幸時令狐建以龍武軍四百人從駕至奉天仍以志貞爲行在都知兵馬使聞李懷光至恐暴揚其罪乃與盧杞同沮懷光入朝衆議喧沸言致播遷盧杞志貞之罪也故與杞同貶遇赦量移閬州別駕貞元二年遷果州刺史宰臣李勉及諫官表疏論列言志貞與盧杞罪均未宜敍用固執不許凡旬日方下其詔貞元三年遷潤州刺史兼御史大夫浙西觀察使是年六月卒

裴延齡河東人父旭和州刺史延齡乾元末爲汜水縣尉遇東都陷賊因寓居鄂州綴緝裴駰所注史記之闕遺自號小裴後華州刺史董晉辟爲防禦判官黜陟使薦其能調授太常博士盧杞爲相擢爲膳部員外郎集賢院直學士改祠部郎中崔造作相改易度支之務令延齡知東都度支院及韓滉領度支召赴京守本官延齡不待詔命遽入集賢院視事宰相延賞惡其輕率出爲昭應令與京兆尹鄭叔則論辨是非攻訐叔則之短時李泌爲相厚於叔則中丞竇叅恃恩寵惡泌而佑延齡叔則坐貶爲永州刺史延齡改著作郎竇叅尋作相用爲太府少卿轉司農少卿貞元八年班宏卒以延齡守本官權領度支自揣不通殖貨之務乃多設鉤距召度支老吏與謀以求恩顧乃奏云天下每年出入錢物新陳相因常不減六七千萬貫唯有一庫差舛散失莫可知之請於左藏庫中分置別庫欠負耗賸等庫及季庫月庫納諸色錢物上皆從之且欲多張名目以惑上聽其實於錢物更無增加唯虛費簿書人吏耳其年遷戶部侍郎判度支奏請令京兆府以兩稅青苗錢市草百萬圍送苑中宰相陸贄趙憬議以爲若市送百萬圍草即一府百姓自冬歷夏般載不了百役供應須悉停罷又妨奪農務請令府縣量市三二萬圍各貯側近處他時要即支用京西有汙池卑濕處時有蘆葦生焉亦不過數畝延齡乃奏云廐馬冬月合在槽櫪秣飼夏中即須牧放臣近尋訪知長安咸陽兩縣界有陂池數百頃請以爲內廐牧馬之地且去京城十數里與苑廐中無別上初信之言於宰相對曰恐必無此上乃差官閱視事皆虛妄延齡既慙且怒又誣奏李充爲百姓妄請積年和市物價特敕令折塡謂之底折錢嘗因奏對請積年錢帛以實帑藏上曰若爲可得錢物延齡奏曰開元天寶中天下戶僅千萬百司公務殷繁官員尚或有闕自兵興已來戶口減耗大半今一官可兼領數司伏請自今已後內外百司官闕未須補置收其闕官祿俸以實帑藏後因對事上謂延齡曰朕所居浴堂院殿一栿以年多之故似有損蠹欲換之未能對曰宗廟事至重殿栿事至輕況陛下自有本分錢物用之不竭上驚曰本分錢何也對曰此是經義證據愚儒常材不能知陛下正合問臣唯臣知之準禮經天下賦稅當爲三分一分充乾豆一分充賓客一分充君之庖廚乾豆者供宗廟也今陛下奉宗廟雖至敬至嚴至豐至厚亦不能用一分財物也只如鴻臚禮賓諸國蕃客至於迴紇馬價用一分錢物尚有羸羨甚多況陛下御膳宮廚皆極簡儉所用外分賜百官充俸料飱錢等猶未能盡據此而言庖廚者之餘其數尚多皆陛下本分也用修數十殿亦不合疑慮何況一栿上曰經義如此人總不曾言之頷之而已又因計料造神龍寺須長五十尺松木延齡奏曰臣近於同州檢得一谷木可數千條皆長八十尺上曰人言開元天寶中側近求覓長五六十尺木尚未易須於嵐勝州採市如今何爲近處便有此木延齡奏曰臣聞賢材珍寶異物皆在處常有但遇聖君卽出見今此木生關輔蓋爲聖君豈開元天寶合得有也時陸贄秉政上素所禮重每於延英極論其誕妄不可令掌財賦德宗以爲排擯待延齡益厚贄上書疏其失曰前歲秋首班宏喪亡特詔延齡繼司邦賦數日之內遽銜功能奏稱勾獲隱欺計錢二十萬貫請貯別庫以爲羨餘供御所須永無匱乏陛下欣然信納因謂委任得人既賴盈餘之財稍弘心意之欲興作浸廣宣索漸多延齡務實前言且希睿旨不敢告闕不敢辭難勾獲旣是虛言無以應命供辦皆承嚴約苟在及期遂乃搜求市鄽豪奪入獻追捕夫匠迫脇就功以勅索爲名而不酬其直以和雇爲稱而不償其傭都城之中列肆爲之晝閉興役之所百工比於幽囚聚詛連郡遮訴盈路持綱者莫敢致詰巡察者莫敢爲言時有訐而言之翻謂黨邪醜直天子轂下囂聲沸騰四方觀聽何所取則傷心于上斂怨于人欺天陷君遠近危懼此其罪之大者也總制邦用度支是司出納貨財太府攸職凡是太府出納皆稟度支文符太府依符以奉行度支憑案以勘覆互相關鍵用絕姦欺其出納之數則每旬申聞見在之數則每月計奏皆經度支勾覆又有御史監臨旬旬相承月月相繼明若指掌端如貫珠財貨多少無容隱漏延齡務行邪諂公肆誣欺遂奏云左藏庫司多有失落近因檢閱使置簿書乃於糞土之中收得十三萬兩其匹段雜貨又百萬有餘皆是文帳脫遺並同已棄之物今所收獲卽是羨餘悉合移入雜庫以供別勑支用者其時特宣進旨並依所奏施行太府卿韋少華抗疏上陳殊不引伏確稱每月申奏皆是見在數中請令推尋足驗奸詐兩司既有論執理須詳辨是非陛下縱其姦欺不加按問以在庫之物爲收獲之功以常賦之財爲羨餘之廢罔上無畏示人不慚此又罪之大者也國家府庫出納有常延齡險猾售奸詭譎求媚遂於左藏之內分建六庫之名意在別貯羸餘以奉人主私欲曾不知王者之體天下爲家國不足則取之於人人不足則資之於國在國爲官物在人爲私財何謂羸餘須別收貯是必巧詐以變移官物暴法以刻削私財捨此二途其將安取陛下方務崇信不加檢裁姑務保持曾無詰責延齡謂能蔽惑不復懼思奸威既沮於四方憸態復行於內府由是蹂躪官屬傾倒貨財移東就西便爲課績取此適彼遂號羨餘愚弄朝廷有同兒戲夫理天下者以義爲本以利爲末以人爲本以財爲末本盛則其末自舉末大則其本必傾自古及今德義立而利用不豐人庶安而財貨不給因以喪邦失位者未之有也故曰不患寡而患不均不患貧而患不安有德必有人有人必有土有土必有財百姓足君孰與不足蓋謂此也自古及今德義不立而利用克宣人庶不安而財貨可保因以興邦固位者未之有也故曰財散則人聚財聚則人散與其有聚斂之臣寧有盜臣無令侵削兆人爲天子取怨于下也且陛下初膺寶曆志剪羣兇師旅繁興徵求寖廣權算侵剝下無聊生是以涇原叛徒乘人怨咨白晝犯闕都邑甿庶恬然不驚反與賊衆相從比肩而入宮殿雖蚩蚩之性靡所不爲然亦由德澤未洽而暴令驅之以至於是也于時內府之積尚如丘山竟資兇渠以餌貪卒此則陛下躬覩之矣是乃失人而聚貨夫何利之有焉車駕既幸奉天逆泚旋肆圍逼一壘之內萬乘所屯窘如涸流庶物空匱嘗欲發一健步出覘賊軍其人懇以苦寒爲辭跪奏乞一襦袴陛下爲之求覓不致竟閔默而遣之又嘗宮壼之中服用有闕聖旨方以戎事爲急不忍重煩於人乃刳親王飾帶之金賣以給直是時行從將吏赴難師徒倉黃奔馳咸未冬服漸屬凝沍且無薪蒸饑凍內攻矢石外迫晝則荷戈奮迅夜則映堞呻吟凌風飈冒霜雪踰四旬而衆無攜貳卒能走強賊全危城者陛下豈有嚴刑重賞使之然耶唯以不厚其身不藏其貨與衆庶同其憂患與士伍共其有無乃能使人捐軀命而扞寇讐餒之不離凍之不憾臨危而不易其守見死而不去其君所謂聖人感人心而天下和平此其効也及乎重圍既解諸路稍通賦稅漸臻貢獻繼至乃於行宮外廡之下別置瓊林大盈之司未賞功勞遽私賄玩甚沮惟新之望頗携死義之心於是輿誦興譏而軍士始怨矣財聚人散不其然乎旋屬蟊賊內興翠華南狩奉天所積財貨悉復殲於

亂軍旣遷岷梁日不暇給獨懲大順遂復皇都是知天子者以得人爲資以蓄義爲富人苟歸附何患蔑資義苟修崇何憂不富豈在貯之內府方爲己有哉故藏於天下者天子之富也藏於境內者諸侯之富也藏於囷倉篋櫝者農夫商賈之富也奈何以天子之貴海內之富而猥行諸侯之棄德守農商之鄙業哉陛下若謂厚取可以恢武功則建中之取既無成矣若謂多積可以爲己有則建中之積又不在矣若謂徇欲不足傷理化則建中之失傷已甚矣若謂斂怨不足致危亡則建中之亂危亦至矣然而遽能靖滔天之禍成中興之功者良以陛下有側身修勵之志有罪己悔懼之辭罷息誅求敦尚節儉渙發大號與人更新故靈祇感陛下之誠臣庶感陛下之意釋憾過慮化危爲安陛下亦當爲宗廟社稷建不拔之永圖爲子孫黎元立可久之休業懲前事徇欲之失復日新盛德之言豈宜更縱險邪復行剋暴事之追悔其可再乎臣又竊慮陛下納彼盜言墮其奸計以爲搏噬拏攫怨集有司積聚豐盈利歸君上是又大謬所宜愼思夫人主昏明繫於所任咎繇夔契之道長而虞舜享濬哲之名皇甫聚橋之孽行而周厲嬰顛覆之禍自古何嘗有小人柄用而災患不及邦國者乎譬猶操兵以刃人天下不委罪於兵而委罪於所操之主畜蠱以殃物天下不歸咎於蠱而歸咎於所畜之家理有必然不可不察臣伏慮陛下以延齡之進獨出宸衷延齡之言多順聖旨今若以罪實辟則似爲衆所擠故欲保持用彰堅斷若然陛下與人終始之意則美矣其於改過勿吝去邪勿疑之道或未盡善今希旨自黙浸以成風獎之使言猶懼不旣若又阻抑誰當貢誠或恐未亮斯言請以一事爲證只如延齡兇妄流布寰區上自公卿近臣下洎輿臺賤品喧喧談議億萬爲徒能以上言其人有幾陛下誠令親信博採輿詞參較比來所聞足鑒人間情僞臣以卑鄙位當台衡旣極崇高又承渥澤豈不知觀時附會足保舊恩隨衆沉浮免貽厚責謝病黜退獲知幾之名黨奸苟容無見嫉之患何急自苦獨當豺狼上違歡情下餌讒口良以内顧庸昧一無所堪夙蒙眷知唯以誠直綢繆帷扆一紀于茲聖慈旣以此見容愚臣亦以此自負從陛下歷播遷之危覩陛下致興復之難至今追思猶爲心悸所以畏覆車而駭慮懼燬室而悲鳴蓄情激於衷雖欲罷而不能自黙也因事陳請雖已頻煩天聽尚高未垂諒察輒申悃款以極愚誠憂深故語煩意懇故詞切以微臣自固之謀則過於陛下慮患之計則忠靡軀奉君所不敢避沽名衒直亦不忍爲願迴睿聰爲國熟慮社稷是賴豈唯微臣書奏德宗不悅待延齡益厚時鹽鐵轉運使張滂京兆尹李充司農卿李銛以事相關皆證延齡矯妄德宗罷陸贄知政事爲太子賓客滂充銛悉罷職左遷

十一年春暮上數畋于苑中時久旱人情憂惴延齡遽上疏曰陸贄李充等失權心懷怨望今專大言於衆曰天下炎旱人庶流亡度支多欠闕諸軍糧草以激怒羣情後數日上又幸苑中適會神策軍人訴度支欠廐馬芻草上思延齡言即時迴駕下詔斥逐贄充滂銛等朝廷中外惴恐延齡方謀害在朝正直之士會諫議大夫陽城等伏閤切諫事遂且止贄充等雖已貶黜延齡憾之未已乃掩補李充腹心吏張忠捶掠楚痛令爲之詞云前後隱沒官錢五十餘萬貫米麥稱是其錢物多結託權勢充妻常於犢車中將金寶繒帛遺陸贄妻忠不勝楚毒並依延齡教抑之辭具於款占忠妻母於光順門投匭訴冤詔御史臺推問一宿得其實狀事皆虛乃釋忠延齡又奏京兆府妄破用錢穀請令比部勾覆以比部郎中崔元嘗爲陸贄所黜故也及崔元勾覆錢穀又無交涉延齡既銳意以苛刻剝下附上爲功每奏對際皆恣騁詭怪虛妄他人莫敢言者延齡言之不疑亦人之所未嘗聞德宗頗知其誕妄但以其敢言無隱且欲訪聞外事故斷意用之延齡恃之謂必得宰相尤好慢罵毀詆朝臣班行爲之側目及卧病載度支官物置於私家亦無敢言者貞元十二年卒時年六十九延齡死中外相賀唯德宗悼惜不已冊贈太子少保

韋渠牟京兆萬年人六代祖範魏西陽太守後周封郿城公渠牟少慧悟涉覽經史初爲道士復爲僧貞元中韓滉鎮浙西奏授試秘書郎累轉四門博士貞元十二年四月德宗誕日御麟德殿召給事中徐岱兵部郎中趙需禮部郎中許孟容與渠牟及道士萬參成沙門譚延等十二人講論儒道釋三教渠牟枝詞游說捷口水注上謂其講耨有素聽之意動數日轉秘書郎奏詩七十韻旬日遷右補闕内供奉僚列初不有之在延英旣對宰相多使中貴人召渠牟於官次同輩始注目矣歲終遷右諫議大夫時延英對秉政賦之臣晝漏率下二三刻爲常渠牟奏事率漏下五六刻上笑語欸狎往往外聞渠牟形神佻躁無士君子器志向不根道德衆雅知不能以正道開悟上意陸贄免相後上躬親庶政不復委成宰相廟堂備員行文書而已除守宰御史皆帝自選擇然居深宮所狎而取信者裴延齡李齊運王紹李實韋執誼洎渠牟皆權傾相府延齡李實奸欺多端甚傷國體紹無所發明而渠牟名素輕頗張恩勢以招趨嚮者門庭塡委茅山處士崔芊徵至闕下鄭隨自山人再至補闕馮伉自醴泉令爲給事中皇太子侍讀皆渠牟延薦之上旣偏有所聽浮薄率背本衒進不復藏器蘊德皆奔馳請謁刓踣甘辭以附渠牟居無何遷太府卿賜金紫又轉太常卿貞元十七年卒時年五十三贈刑部尚書仍謚曰忠

李齊運者蔣王惲之孫也解褐寧王府東閤祭酒七遷至監察御史江淮都統李峘辟爲幕府累轉工部郎中爲長安縣令職事修理歷京兆少尹陝府長史建中末改河中尹晉絳慈隰觀察使時李懷光自山東卷甲奔難晝夜倍道比至河中力疲休兵三日齊運傾力犒設軍人皆悅懷光旣反驅兵還保河中齊運不能敵棄城而走除爲京兆尹兼御史大夫時賊據京城李晟軍東渭橋齊運擾攘之中徵募工役版築城壘飛芻輓粟以應晟收復之際頗有力焉貞元中蝗旱方熾齊運無政術乃以韓洄代之改宗正卿兼御史大夫閑廐宮苑使改檢校禮部尚書兼殿中監尋正拜禮部尚書兼殿中監使如故其後十餘歲宰臣内殿對後齊運常次進貢其計慮以決羣議齊運無學術不知大體但甘言取信而已薦李錡爲浙西觀察使受賂數十萬計舉李詞爲湖州刺史旣而邑人告其贓犯上以齊運故不問而遣之齊運被疾歲餘不能朝請朝廷除授往往降中人就宅咨決末以妾衞氏爲正室身爲禮部尚書冕服以行其禮人士嗤誚貞元十二年卒時年七十二贈尚書左僕射

李實者道王元慶玄孫以蔭入仕六轉至潭州司馬洪州節度使嗣曹王皐辟爲判官遷蘄州刺史皐爲山南東道節度使復用爲節度判官檢校太子賓客員外郎皐卒新帥未至實知留後刻薄軍士衣食軍士怨叛謀殺之實夜縋城而出歸詣京師用爲司農少卿加檢校工部尚書司農卿貞元十九年爲京兆尹卿及兼官如故尋封嗣道王自爲京尹恃寵強愎不顧文法人皆側目二十年春夏旱關中大歉實爲政猛暴方務聚斂進奉以固恩顧百姓所訴一不介意因入對德宗問人疾苦實奏曰今年雖旱穀田甚好由是租稅皆不免人窮無告乃徹屋瓦木賣麥苗以供賦斂優人成輔端因戲作語爲秦民艱苦之狀云秦地城池二百年何期如此賤田園一項麥苗伍碩米三間堂屋二千錢凡如此語有數十篇實聞之怒言輔端誹謗國政德宗遽令決殺當時言者曰瞽誦箴諫取其詼諧以託諷諫優伶舊事也設謗木採芻蕘本欲達下情存諷議輔端不可加罪德宗亦深悔京師無不切齒以怒實故事府官避臺官實常遇侍御史王播于道實不肯避導從如常播詰其從者實怒奏播爲三原令謝之日庭詬之陵轢公卿百執事隨其喜怒誣奏遷逐者相繼朝士畏而惡之又誣奏萬年令李衆貶虔州司馬奏虞部員外郎房啓代衆昇黜如其意怙勢之色瞀然在眉睫間故事吏部將奏科目奧密朝官不通書問而實身詣選曹迫趙宗儒且以勢恐之前歲權德輿爲禮部侍郎實託私薦士不能如意後遂大錄二十人迫德輿曰可依此第之不爾必出外官悔無及也德輿雖不從然頗懼其誣奏二十一年有詔蠲畿內逋租實違詔徵之百姓大困官吏多遭笞罰剝割掊斂聚錢三十萬貫胥吏或犯者即按之有乞丐絲髮固死無者且曰死亦不屈亦杖殺之京師貴賤同苦其暴虐順宗在諒闇逾月實斃人於府者十數遂議逐之乃貶通州長史制出市人皆袖瓦石投其首實知之由月營門自苑西出人人相賀後遇赦量移虢州在道卒

韋執誼者京兆人父浼官卑執誼幼聰俊有才進士擢第應制策高等拜右拾遺召入翰林爲學士年纔二十餘德宗尤寵異相與唱和歌詩與裴延齡韋渠牟等出入禁中略備顧問德宗載誕日皇太子獻佛像德宗命執誼爲畫像贊上令太子賜執誼縑帛以酬之執誼至東宮謝太子卒然無以藉言太子因曰學士知王叔文乎彼偉才也執誼因是與叔文交甚密俄丁母憂服闋起爲南宮郎德宗時召入禁中初貞元十九年補闕張正一因上書言事得召見王仲舒韋成季劉伯芻裴茝常仲孺呂洞等以嘗同官相善以正一得召見偕往賀之或告執誼曰正一等上疏論君與王叔文朋黨事執誼信然之因召對奏曰韋成季等朋聚覬望德宗令金吾伺之得其相過從飲食數度於是盡逐成季等六七人當時莫測其由及順宗即位久疾不任朝政王叔文用事乃用執誼爲宰相乃自朝議郎吏部郎中騎都尉賜緋魚袋授尚書左丞同平章事仍賜金紫叔文欲專國政故令執誼爲宰相於外已自專於内執誼旣爲叔文引用不敢負情然迫於公議時時立異密令人謝叔文曰不敢負約爲異欲共成國家之事故也叔文詬怒

遂成仇怨執誼既因之得位亦欲矛盾掩其迹及憲宗受內禪王伾王叔文徒黨並逐尚以執誼是宰相杜黃裳之壻故數月後貶崖州司戶初執誼自卑官常忌諱不欲人言嶺南州縣名爲郎官時嘗與同舍詣職方觀圖每至嶺南州執誼遽命去之閉目不視及拜相還所坐堂見北壁有圖不就省七八日試觀之乃崖州圖也以爲不祥甚惡之不敢出口及坐叔文之貶果往崖州卒於貶所

王叔文者越州山陰人也以碁待詔粗知書好言理道德宗令直東宮太子嘗與侍讀論政道因言宮市之弊太子曰寡人見上當極言之諸生稱贊其美叔文獨無言罷坐太子謂叔文曰向論宮市君獨無言何也叔文曰皇太子之事上也視膳問安之外不合輒預外事陛下在位歲久如小人離間謂殿下收取人情則安能自解太子謝之曰苟無先生安得聞此言由是重之宮中之事倚之裁決每對太子言則曰某可爲相某可爲將幸異日用之密結當代知名之士而欲僥倖速進者與韋執誼陸質呂溫李景儉韓曄韓泰陳諫柳宗元劉禹錫等十數人定爲死交而凌準程异又因其黨以進藩鎮侯伯亦有陰行賂遺請交者德宗崩已宣遺詔時上寢疾久不復關庶政深居施簾帷閹官李忠言美人牛昭容侍左右百官上議自帷中可其奏王伾常諭上屬意叔文宮中諸黃門稍稍知之其日召自右銀臺門居于翰林爲學士叔文與吏部郎中韋執誼相善請用爲宰相叔文因王伾伾因李忠言忠言因牛昭容轉相結搆事下翰林叔文定可否宣于中書俾執誼承奏於外與韓泰柳宗元劉禹錫陳諫凌準韓曄唱和曰管曰葛曰伊曰周凡其黨僩然自得謂天下無人叔文賦時每言錢穀爲國大本將可以盈縮兵賦可操柄市士叔文初入翰林自蘇州司功爲起居郎俄兼充度支鹽鐵副使以杜佑領使其實成於叔文數月轉尚書戶部侍郎領使學士如故內官俱文珍惡其弄權乃削去學士之職制出叔文大駭謂人曰叔文須時至此商量公事若不帶此職無由入內王伾爲之論請乃許三五日一入翰林竟削內職叔文始入內庭陰搆密命機形不見因騰口善惡進退之人未窺其本信爲奇才及司兩使利柄齒于外朝愚智同曰城狐山鬼必夜號窟居以禍福人亦神而畏之一旦晝出路馳無能必矣叔文在省署不復舉其職事引其黨與竊語謀奪內官兵柄乃以故將范希朝統京西北諸鎮行營兵馬使韓泰副之初中人尚未悟會邊上諸將各以狀辭中尉且言方屬希朝中人始悟兵柄爲叔文所奪中尉乃止諸鎮無以兵馬入希朝韓泰已至奉天諸將不至乃還無幾叔文母死前一日叔文置酒饌於翰林院宴諸學士及內官李忠言俱文珍劉光奇等中飲叔文白諸人曰叔文母疾病比來盡心戮力爲國家事不避好惡難易者欲以報聖人之重知也若一去此職百謗斯至誰肯助叔文一言者望諸君開懷見察又曰羊士諤非毀叔文欲杖殺之而韋執誼懦而不遂叔文生平不識劉闢乃以韋皐意求領三川闢排門相干欲執叔文手豈非凶人耶叔文已令掃木場將斬之韋執誼苦執不可每念失此兩賊令人不快又自陳判度支已來興利除害以爲己功俱文珍隨語折之叔文無以對叔文未欲立皇太子順宗既久疾未平羣臣中外請立太子既而詔下立廣陵王爲太子天下皆悅叔文獨有憂色而不敢言其事但吟杜甫題諸葛亮祠堂詩末句云出師未捷身先死長使英雄淚滿襟因歔欷泣下人皆竊笑之皇太子監國貶爲渝州司戶明年誅之王伾杭州人始爲翰林侍書待詔累遷至正議大夫殿中丞皇太子侍書順宗即位遷左散騎常侍依前翰林待詔伾闒茸不如叔文唯招賄賂無大志貌寢陋吳語素爲太子之所褻狎而叔文頗任氣自許粗知書好言事順宗稍敬之不得如伾出入無間叔文入止翰林而伾入至柿林院見李忠言牛昭容等然各有所主伾主往來傳授王叔文主決斷韋執誼爲文誥劉禹錫陳諫韓曄韓泰柳宗元房啓凌準等謀議唱和採聽外事而伾與叔文及諸朋黨之門車馬塡湊而伾門尤盛珍玩賂遺歲時不絕室中爲無門大櫃唯開一竅足以受物以藏金寶其妻或寢臥於上與叔文同貶開州司馬王叔文最所重者李景儉呂溫叔文用事時景儉居喪於東都呂溫使吐蕃留半歲叔文敗方歸陸質爲皇太子侍讀尋卒伾叔文既逐詔貶其黨韓曄饒州司馬韓泰虔州司馬陳諫台州司馬柳宗元永州司馬劉禹錫朗州司馬凌準連州司馬程异郴州司馬韋執誼崖州司馬韓曄宰相滉之族子有俊才依附韋執誼累遷尚書司封郎中叔文敗貶池州刺史尋改饒州司馬量移汀州刺史又轉永州卒陳諫至叔文敗已出爲河中少尹自台州司馬量移封州刺史轉通州卒凌準貞元二十年自浙東觀察判官侍御史召入王叔文與準有舊引用爲翰林學士轉員外郎坐叔文貶連州準有史學尚古文撰邠志二卷韓泰貞元中累遷至戶部郎中王叔文用爲范希朝神策行營節度行軍司馬泰最有籌畫能決陰事深爲伾叔文之所重坐貶自虔州司馬量移漳州刺史遷郴州柳宗元劉禹錫自有傳

程异京兆長安人嘗侍父疾鄉里以孝悌稱明經及第釋褐揚州海陵主簿登開元禮科授華州鄭縣尉精於吏職剖判無滯杜確刺同州帥河中皆從爲賓佐貞元末擢授監察御史遷虞部員外郎充鹽鐵轉運揚子院留後時王叔文用事由逕放利者皆附之异亦被引用叔文敗坐貶岳州刺史改郴州司馬元和初鹽鐵使李巽薦异曉達錢穀請棄瑕錄用擢爲侍御史復爲揚子留後累檢校兵部郎中淮南等五道兩稅使异自悔前非厲己竭節江淮錢穀之弊多所鏟革入爲太府少卿太卿轉衛尉卿兼御史中丞充鹽鐵轉運副使時淮西用兵國用不足异使江表以調征賦且諷有土者以饒羨入貢至則不剝下不浚財經費以贏人頗便之由是專領鹽鐵轉運使兼御史大夫三年九月轉工部侍郎同中書門下平章事領使如故議者以异起錢穀吏一旦位冠百寮人情大爲不可异自知叨據以謙遜自牧月餘日不敢知印秉筆异知西北邊軍政不理建議置巡邊使上問誰可使者异請自行議未決無疾而卒元和十四年四月也贈左僕射謚曰恭异性廉約歿官第家無餘財人士多之

皇甫鎛安定朝那人祖鄰幾汝州刺史父愉常州刺史鎛貞元初登進士第登賢良文學制科授監察御史丁母憂免喪坐居喪時薄游除詹事府司直轉吏部員外郎判南曹凡三年頗鈐制奸吏改吏部郎中三遷司農卿兼御史中丞賜金紫判度支俄拜戶部侍郎時方討淮西切於饋運鎛勾剝嚴急儲供辦集益承寵遇加兼御史大夫十三年與鹽鐵使程异同日以本官同平章事領使如故鎛雖有吏才素無公望特以聚斂媚上刻削希恩詔書既下物情駭異至於賈販無識亦相嗤誚宰相崔羣裴度以物議上聞憲宗怒而不聽度上疏乞罷知政事因論之曰臣日昨於延英陳乞伏奉聖旨未遂愚衷竊以上古明王聖帝致理興化雖由元首亦在股肱所以述堯舜之道則言稷契皐夔紀太宗玄宗之德則言房杜姚宋自古至今未有不任輔弼而能獨理天下者況今天下異於十年已前方驅駕文武廓清寇亂建昇平之業十已得八九然華夏安否繫於朝廷朝廷輕重在於宰相如臣駑鈍夙夜戰兢常以爲上有聖君下無賢臣不能增日月之明廣天地之德遂使每事皆勞聖心所以平賊安人費力如此實由臣輩不稱所職方期陛下博採物議旁求人望致之輔弼責之化成而乃忽取微人列於重地始則殿庭班列相與驚駭次則街衢市肆相與笑呼伏計遠近流聞與京師無異何者天子如堂宰臣如陛陛高則堂高陛卑則堂不得高矣宰臣失人則天子不得尊矣伏以陛下叡哲文明唯天所授凡所閱視洞達無遺所以比來選任宰相縱道不周物才不濟時公望所歸皆有可取況皇甫鎛自掌財賦唯事割剝以苛爲察以刻爲明自京北京西城鎮及百司并遠近州府應是仰給度支之處無不苦口切齒願食其肉猶賴臣等每加勸誡或爲奏論庶事之中抑令通濟比者淮西諸軍糧料所破五成錢其實只與一成兩成士卒怨怒皆欲離叛臣到行營方且慰喻直其還延不進供軍漸難俱能前行必有優賞以此約定然後切勒供軍官且支九月一日兩成已上錢俱容努力方將小安不然必有潰散今舊兵悉向淄青討伐忽聞此人入相則必相與驚憂以爲更有前時之事則無告訴之憂雖侵刻不少然漏落亦多所以罷兵之後經費錢數一千三十萬貫此事猶可直以性惟狡詐言不誠實朝三暮四天下共知惟能上惑聖聽足見奸邪之極程异雖人品凡俗然心事和平處之煩劇或亦得力但异之相位便在公卿之上實亦非宜如皇甫鎛天下之人怨入骨髓陛下今日收爲股肱列在台鼎切恐不可伏惟圖之儻陛下納臣懇欵速賜移易以副天下之望則天下幸甚伏聞李修疾病亦求入來如浙西觀察使且與亦得臣知一言出口必犯天威但使言行甘心獲戾今者臣若不退天下之人謂臣有負恩寵今退既未許言又不聽如火燒心若箭攢體臣自無足惜惜陛下今日事勢何者淮西盪定河北咸寧承宗斂手削地程權束身赴闕韓弘輿疾討賊此豈京師氣力能制其命秖是朝廷處置能服其心今既開中興再造區夏陛下何忍却自破除使億萬之衆離心四方諸侯解體凡百君子皆欲慟哭況陛下任臣之意豈比常人臣事陛下之心敢同衆士所以昧死重封以聞如不足觀臣當引領受責陛下引一市肆商徒與臣同列在臣亦有何損陛下實有所傷不勝憤懣惶恐之至時憲宗以世道漸平欲肆意娛樂池臺館宇稍增崇飾而异鎛探知上旨數貢羨餘以備經構故帝獨排物議相之見裴度疏以爲朋黨竟不省覽鎛知公議不可益以巧媚自固奏

減內外官俸錢以贍國用勑下給事中崔祐封還詔書其事方罷時內出積年庫物付度支估價例皆陳朽鎛盡以善價買之以給邊軍羅縠繒綵觸風斷裂隨手散壞軍士怨怒皆聚而焚之裴度奏事因言邊軍焚賜之意鎛因引其足奏曰此靴乃內庫出者臣以俸錢二千買之堅韌可以久服所言不可用皆詐也帝以爲然由是鎛益無忌憚裴度有用兵伐叛之功鎛心嫉之與宰相李逢吉令狐楚合勢擠度出鎮太原崔羣有公望爲搢紳所重屢言時政之弊鎛惡之因議憲宗尊號乃奏曰昨羣臣議上徽號崔羣於陛下惜孝德兩字憲宗怒黜羣爲湖南觀察使又與金吾將軍李道古叶爲奸謀薦引方士柳泌僧大通言可致長生中尉吐突承璀恩寵莫二鎛厚賂結其歡心故及相位穆宗在東宮備聞鎛之奸邪及居諒闇聽政之日詔皇甫鎛器本凡近性惟險狹行靡所顧文無可觀雖早踐朝倫而素乖公望自掌邦計屬當軍興以剝下爲徇公旣鼓衆怒以矯迹爲孤立用塞人言洎塵台司益蠹時政不知經國之大體不慮安邊之遠圖三軍多凍餒之憂百姓深凋瘵之弊事皆罔蔽言悉虛誣遠近咸知朝野同怨而又忝求方士上惑先朝潛通奸人罪在難捨合加竄殛以正刑章俾黜遐荒尚存寬典又詔曰山人柳泌輒懷左道上惑先朝固求牧人貴欲疑衆自知虛誕仍便奔逃僧大通醫方不精藥術皆妄旣延禍釁俱是奸邪邦國固有常刑人神所宜共棄宜付京兆府決重杖一頓處死柳泌本曰楊仁力少習醫術言多誕妄李道古奸回巧宦與泌密謀求進言之於皇甫鎛因徵入禁中自云能致靈藥言天台山多靈草羣仙所會臣嘗知之而力不能致願爲天台長吏因以求之起徒步爲台州刺史仍賜金紫諫官論奏曰列聖亦有好方士者亦與官號未嘗令賦政臨民憲宗曰煩一郡之力而致神仙長年臣子於君父何愛焉由是莫敢有言者裴潾以極言被黜泌到天台驅役吏民於山谷間聲言採藥鞭笞躁急歲餘一無所得懼詐發獲罪舉家入山谷浙東觀察使追捕送於京師鎛與李道古懇保證之必能可致靈藥乃待詔翰林院憲宗服泌藥日益煩躁喜怒不常內官懼非罪見戮遂爲弑逆大通自云壽一百五十載久得藥力又有田佐元者鳳翔虢人自言有奇術能變瓦礫爲金白衣授虢縣令初柳泌繫京兆府獄吏叱之曰何苦作此虛矯泌曰吾本無此心是李道古教我且云壽四百歲府吏防虞周密恐其隱化及解衣就誅一無變異但炙灼之瘢痕浹身而已鎛卒於貶所鎛弟鏞端士也亦進士擢第累歷宣歙鳳翔使府從事入爲殿中侍御史轉比部員外郎河南縣令都官郎中河南少尹時鎛爲宰相領度支恩寵殊異鏞惡其太甚每弟兄讌語即極言之鎛頗不悅乃求爲分司除右庶子及鎛獲罪朝廷素知鏞有先見之明不之罪徵爲國子祭酒以太子賓客秘書監開成初除太子少保分司卒年四十九鏞能文尤工詩什樂道自怡不屑世務當時名士皆與之交有集十八卷著性言十四篇

史臣曰奸邪害正自古有之而矯誕無忌妬賢傷善未有如延齡皇甫之甚也臣每讀陸丞相論延齡疏未嘗不泣下霑衿其守正効忠爲宗社大計非端士益友安能感激犯難如此異哉德宗之爲人主也忠良不用讒慝是崇乃至身播國屯幾將覆滅尚獨保延齡之是不悟盧杞之非悲夫執誼叔文乘時多僻而欲斡運六合斟酌萬幾劉柳諸生逐臭市利何狂妄之甚也章武雄材睿斷翦削厲階洎逐羣度而相异鎛蓋季年之妖惑也夫何言哉

贊曰貞元之風好佞惡忠齡鎛害善爲國蠹蟲裴陸獻替嫉惡如風天聽匪諶吾道斯窮

舊唐書卷一百三十五考證

盧杞傳貶郢爲驩州刺史○新書作費州舊書本紀亦作費州

驗其私簿投狀自其有私簿投狀其有隱錢百沒入二千○臣酉按自其有私簿投狀其八字當是衍文

裴延齡傳請于左藏庫中分置別庫欠負耗賸等庫及季庫月給納諸色錢物○臣酉按新書以天下宿負八百萬緡爲負庫抽貫三百萬緡爲賸庫樣物三十萬緡爲季庫帛以素出以色入者爲月庫舊書欠負耗賸季庫俱與新書合獨無月庫給字當是庫字之訛今改正

# 舊唐書卷一百三十六

後晉司空同中書門下平章事劉　昫撰

## 列傳第八十六

竇參 從子申附　齊映　劉滋 從兄贊附

盧邁　崔損　齊抗

竇參字時中工部尚書誕之玄孫父審言聞喜尉以參貴贈吏部尚書參習法令通政術性矜嚴強直而果斷少以門蔭累官至萬年尉時同僚有直官曹者將夕聞親疾請參代之會獄囚亡走京兆尹按直簿將奏參遽請曰彼以不及狀謁參實代之宜當罪坐貶江夏尉人多義之累遷奉先尉縣人曹芬名隸北軍芬素兇暴因醉毆其女弟其父救之不得遂投井死參捕理芬兄弟當死衆官皆請俟免喪參曰子因父生父由子死若以喪延罪是殺父不坐也皆正其罪而杖殺之一縣畏伏轉大理司直按獄江淮次揚州節度使陳少游驕蹇不郊迎令軍吏傳問參正辭讓之少游悔懼促詣參參不俟濟江還奏合旨時婺州刺史鄧珽坐贓八千貫珽與執政有舊以會赦欲免贓詔百寮於尚書省雜議多希執政意參獨堅執正之於法竟徵贓明年除監察御史奉使按湖南判官馬彝獄時彝舉屬令贓罪至千貫爲得罪者之子因權幸誣奏彝參竟白彝無罪彝實能吏後累佐曹王皐以正直強幹聞參轉殿中侍御史改金部員外郎刑部郎中侍御史知雜事無幾遷御史中丞不避權貴理獄以嚴稱數蒙召見論天下事又與執政多異同上深器之或參決大政時宰頗忌之多所排抑亦無以傷參然多率情壞法初定百官俸料以嘗爲司直黨其官故給俸多於本寺丞又定百官班秩初令太常少卿在左右庶子之上又惡詹事李昇遂移詹事班退居諸府尹之下甚爲有識所嗤尋兼戶部侍郎時京師人家豕生兩首四足有司欲奏參曰此爲豕禍安可上聞命棄之是時郊牛生犢有六足者太僕卿周皓白宰相請奏李泌亦戲答以遺之故淮南節度使陳少游子正儀請襲封參大署尚書省門曰陳少游位兼將相之崇節變艱危之際君上含垢未能發明愚子何心輒求傳襲正儀懼不敢求封而去時神策將軍孟華有戰功爲大將軍所誣奏稱華謀反有右龍武將軍李建玉前陷吐蕃久之自拔爲部曲誣告潛通吐蕃皆當死無以自白參悉理出之由是人皆屬望明年拜中書侍郎同平章事領度支鹽鐵轉運使每宰相間日於延英召對諸相皆出參必居後久之以度支爲辭實專大政參無學術但多引用親黨使居要職以爲耳目四方藩帥皆畏懼之李納旣憚參饋遺畢至外示敬參實陰間之上所親信多非毀參竇申又與吳通玄通犯事覺參任情好惡恃權貪利不知紀極終以此敗貶參郴州別駕貞元八年四月也參至郴州汴州節度使劉士寧遺參絹五千匹湖南觀察使李巽與參有隙遂具以聞又中使逢士寧使於路亦奏其事德宗大怒欲殺參宰相陸贄曰竇參與臣無分因事報怨人之常情然臣參宰衡合存公體以參罪犯置之於死恐用刑太過於是且止尋又遣中使謂贄等曰卿等所奏於大體雖好然此人交結中外其意難測朕尋情狀其事灼然又竇參在彼與諸戎帥交通社稷事重卿等速進文書處分贄奏曰臣面承德音幸奉密旨皆以社稷爲言又知根尋已審敢不上同憂憤內絕狐疑豈願遲迴更貽念慮但以參常經重任斯謂大臣進退之間猶宜有禮誅戮之際不可無名劉晏久掌貨財當時亦招怨讟及加罪責事不分明叛者旣得以爲辭衆人亦爲之懷慼用刑曖昧損累不輕事例未遙所宜重慎竇參頃司鈞軸頗怙恩私貪受貨財引縱親黨此則朝廷同議天下共傳至於潛懷異圖將起大惡迹旣未露人皆莫知臣等親奉天顏議加刑辟但聞兇險之意尚昧結構之由況在衆流何由備悉忽行峻罰必謂冤誣羣情震驚事亦非細若不付外推鞫則恐難定罪名乞留睿聰更少詳度竇參於臣素亦無分陛下固已明知有何顧懷輒欲營救良以事關國體義絕私嫌所冀典刑不濫於清時君道免虧於聖德乃再貶爲驩州司馬男景伯配泉州女尼眞如隸郴州其財物婢妾傳送京師參特爲左右中官深怒謗沮不已未至驩州賜死於邕州武經鎮時年六十竇申者參之族子累遷至京兆少尹轉給事中參特愛之每議除授多訪於申申或泄之以招權受賂申所至人目之爲喜鵲德宗頗聞其事數誡參曰卿他日必爲申所累不如出之以掩物議參曰臣無彊子姪申雖疎屬臣素親之不忍遠出請保無他犯帝曰卿雖自保如衆人何參固如前對申亦不悛兵部侍郎陸贄與參有隙吳通微弟兄與贄同在翰林俱承德宗顧遇亦爭寵不協金吾大將軍嗣虢王則之與申及通微通玄善遂相與傾贄考貢舉言贄考貢不實吳通玄取宗室女爲外婦德宗知其毀贄且令察視具得其奸狀乃貶則之爲昭州司馬吳通玄爲泉州司馬竇申爲道州司馬不旬日貶參郴州別駕即日以陸贄爲宰相明年竇參再貶

驩州德宗謂陸贄曰竇申竇榮李則之首末同惡無所不至又並細微不比竇參便宜商量處置所有親密並發遣於遠惡處贄奏曰竇參罪犯誠合誅夷聖德含弘務全事體特寬嚴憲俯貸餘生始終之恩實足感於庶品仁煦之惠不獨幸於斯人所議貶官謹具別狀其竇申竇榮李則之等既皆同惡固亦難容然以得罪相因法有首從首當居重從合從輕參既蒙恩矜全申等亦宜減降又於黨與之內亦有淑慝之殊稍示區分足彰沮勸竇榮與參雖非近屬亦甚相親然於敘密之中都無邪僻之事仍聞激憤屢有直言因此漸搆猜嫌晚年頗見疎忌若論今者陰事則尚未究端由如據比來所行應不至兇險恐須差異以表詳明臣等商量竇榮更貶遠官竇申則之並除名配流庶允從輕之典以洽好生之恩夫趨勢附權時俗常態苟無高節出衆何能特立不羣竇參久塵鈞衡特承寵渥君之所任孰敢不從或游於門庭或序以中表或偏被接引或驟與薦延如此之徒十常八九若聽流議皆謂黨私自非甚與交親安可悉從貶累況竇參罷黜殆欲周星應是私黨近親當時並已連坐人心久定不可復搖臣等商量除與竇參陰謀邪事外一切不問詔從之由是申等得配流嶺南既賜參死乃杖殺申諸竇皆貶榮得免死

齊映瀛州高陽人父圯試太常少卿兼檢校工部郎中映登進士第應博學宏辭授河南府參軍滑亳節度使令狐彰辟爲掌書記累授監察御史彰疾甚映草遺表因與謀後事映說彰令上表請代令子建歸京師彰皆從之因妻以女彰卒後兵亂映脫身歸東都河陽三城使馬燧辟爲判官奏殿中侍御史建中初盧杞爲宰相薦之遷刑部員外郎會張鎰出鎮鳳翔奏爲判官映口辯頗更軍事數以論奏合旨尋轉行軍司馬兼御史中丞德宗在奉天鳳翔逼於賊泚鎰儒緩不曉兵家事部將有李楚琳者慓悍兇暴軍中畏之乘間將謀亂先數日映與同列齊抗覺其謀乃言於鎰請早圖之鎰不從映言乃示其寬大召楚琳語之曰欲令公使於外楚琳恐是夜作亂乃殺鎰以應泚軍中多爲映指道故得免因赴奉天行在除御史中丞興元初從幸梁州每過險映常執轡會御馬遽駭奔跳頗甚帝懼傷映令捨轡映堅執久之乃止帝問其故曰馬奔蹶不過傷臣如捨之或犯清塵雖臣萬死何以塞責上嘉獎無已在梁州拜給事中映白皙長大言音高朗上自山南還京常令映侍左右或令前馬至城邑州鎮俾映宣詔令帝益親信之其年冬轉中書舍人貞元二年以本官與左散騎常侍劉滋給事中崔造同拜平章事滋以端默雅重寡言映謙和美言悅下無所是非政事多決於造無幾造疾病映當國政乘間亦敢言事時吐蕃數入寇人情搖動且言帝欲行幸避狄映奏曰戎狄亂華臣之罪也今人情恟懼謂陛下理裝具糗糧臣聞大福不再奈何不與臣等熟計之因俯伏流涕上亦爲之感動時給事中袁高忤旨映連請爲左丞御史大夫映於東都舉進士及宏詞時張延賞爲河南尹東都留守厚映及映爲相延賞罷相爲左僕射數畫時事令映行之及爲所親求官映多不應延賞怒言映非宰相器三年正月貶映夔州刺史又轉衡州七年授御史中丞桂管觀察使又改洪州刺史江西觀察使映常以頃爲相輔無大過而罷冀其復入用乃掊斂貢奉及大爲金銀器以希旨先是銀缾高者五尺餘李兼爲江西觀察使乃進六尺者至是因帝誕日端午映爲缾高八尺者以獻貞元十一年七月卒時年四十八贈禮部尚書

劉滋字公茂左散騎常侍子玄之孫父貺開元初爲左拾遺父子仍代爲史官貺依劉向說苑撰續說苑一十卷以獻玄宗嘉之滋少以門廕調授太子正字歷漣水令吏部侍郎楊綰薦滋堪爲諫官拜左補闕改太常卿復爲左補闕辭官侍親還東都河南尹李廙署奏功曹參軍無幾丁母喪服除遷屯田員外郎轉司勳員外郎判南曹勤於吏職孜孜奉法遷司勳郎中累拜給事中從幸奉天轉太常少卿掌禮儀興元元年改吏部侍郎往洪州知選事時京師寇盜之後天下蝗旱穀價翔貴選人不能赴調乃命滋江南典選以便江嶺之人時稱舉職貞元二年遷左散騎常侍同中書門下平章事在相位無所啓奏但多謙退廉謹畏愼而已三年正月守本官罷知政事四年復爲吏部侍郎六年遷吏部尚書竇參以宰相爲吏部尚書換刑部尚書無何御史臺劾奏滋前在吏部選人渝濫詔奪金紫階滋有經學善持論性廉潔刻苦嫉惡掌選多所發擿更代詐僞者尤畏之十年十月卒時年六十六贈陝州大都督滋從兄贊大曆中左散騎常侍彙之子少以資蔭補吏累授鄠縣丞宰相杜鴻漸自劍南還朝途出於鄠贊儲供精辦鴻漸判官楊炎以贊名儒之子薦之累授侍御史浙江觀察判官楊炎作相擢爲歙州刺史以勤幹聞有老婦人捃拾橡藁間猛獸將噬之幼女號呼搏獸而救之母子俱免宣歙觀察使韓滉表其異行加金紫之服再遷常州刺史韓滉入相分舊所統爲三道以贊爲宣州刺史兼御史中丞宣歙池都團練觀察使贊在宣州十餘年贊祖子玄開元朝一代名儒父彙博涉經史唯贊不知書但以强猛立威官吏畏之重足一迹宣爲天下沃饒贊久爲廉察厚斂殖貨務貢奉以希恩子弟皆虧庭訓雖童年稚齒便能侮易驕人人士鄙之貞元十二年卒時年七十贈吏部尚書

盧邁字子玄范陽人少以孝友謹厚稱深爲叔舅崔祐甫所親重兩經及第歷太子正字藍田尉以書判拔萃授河南主簿充集賢校理朝臣薦其文行遷右補闕侍御史刑部吏部員外郎邁以叔父兄弟姊妹悉在江介屬蝗蟲歲饑懇求江南上佐由是授滁州刺史入爲司門郎中遷右諫議大夫累上表言時政得失轉給事中屬校定考課邁固讓以授官日近未有政績不敢當上考時人重之遷尚書右丞將作監元亘當攝太尉享昭德皇后廟以私忌日不受誓誡爲御史劾奏詔尚書省與禮官法官集議邁奏狀曰臣按禮記大夫士將祭於公既視濯而父母死猶奉祭又按唐禮散齋有大功之喪致齋有周親喪齋中疾病卽還家不奉祭事皆無忌日不受誓誡之文雖假寧令忌日給假一日春秋之義不以家事辭王事今直以假寧常式而違攝祭新命酌其輕重誓誡則祀事之嚴校其禮式忌日乃尋常之制詳求典據事緣薦獻不宜以忌日爲辭由是亘坐罰俸邁九年以本官同中書門下平章事歲餘遷中書侍郎時大政決在陸贄趙憬邁謹身中立守文奉法而已而友愛恭儉邁從父弟迢爲劍南西川判官卒於成都歸葬於洛陽路由京師邁奏請至城東哭於其柩許之近代宰臣多自以爲崇重三服之親或不過從而弔臨而邁獨振薄俗請臨弟喪士君子是之十二年九月邁於政事堂中風肩輿而歸上表請罷官不許詔宰臣就第問疾自是凡五上表堅乞骸骨詔曰卿操履貞方器識淹茂自居台輔益見忠清方藉謀猷遽嬰疾疹歲月滋久章表屢聞陳請再三撝謙難奪且備養賢之禮宜遂優閑之秩告免之誠雖爲懇至俯從來奏良用憮然乃除太子賓客貞元十四年卒時年六十贈太子太傅賻以布帛邁再娶無子以從父弟子紀爲嗣

崔損字至無博陵人高祖行功已後名位卑替損大曆末進士擢第登博學宏詞科授秘書省校書郎再授咸陽尉外舅王翃爲京兆尹改大理評事累遷兵部郎中貞元十一年遷右諫議大夫會門下侍郎平章事趙憬卒中書侍郎平章事盧邁風病請告戶部尚書裴延齡素與損善乃薦之于德宗十二年以本官同中書門下平章事與給事中趙宗儒同日知政事並賜金紫初二相有故旬日中外顒望名德損比無聲實及制下之日中外失望性齷齪謹愼每延英論事未嘗有言十四年秋轉門下侍郎平章事是歲以昭陵舊宮爲野火所焚所司請修奉昭陵舊宮在山上置來歲久曾經野火燒爇摧毀略盡其宮尋移在瑤臺寺左側今屬通年欲議修置緣供水稍遠百姓勞弊今欲於見住行宮處修創冀久遠便人又爲移改舊制恐禮意未周宜令宰臣百寮集議議者多云舊宮既焚宜移就山下上意不欲遷移只於山上重造命損爲八陵修奉使於是獻昭乾定泰五陵造屋五百七十間橋陵一百四十間元陵三十間唯建陵仍舊但修葺而已所緣陵寢中牀蓐帷幄一事以上帝親自閱視然後授損送於陵所損以久疾在家賜絹二百匹以爲醫藥南北兩省淸要損皆歷踐之在位無稱於人者身居宰相母野殯不言展墓不議遷祔姊爲尼沒於近寺終喪不臨士君子罪之加以過爲恭遜接見便僻不止於容身而已自建已以後宰相罕有久在位者數歲罪黜損用此中上意竊大任者八年上亦知物議鄙其持祿取容然憐而厚之貞元十九年卒贈太子太傅賻布帛五百端米粟四百石

齊抗字遐舉天寶中平陽太守澣之孫父翙一命卑官卒以抗貴累贈國子祭酒抗少隱會稽剡中讀書爲文長於牋奏大曆中壽州刺史張鎰辟爲判官明閑吏事敏於文學鎰甚重之建中初鎰爲江西觀察使抗亦隨在幕府三年鎰自中書侍郎平章事出鎮鳳翔奏抗爲監察御史仍爲賓佐幕中籌畫多出於抗德宗在奉天鎰爲李楚琳所害抗奔赴行在拜侍御史旬日改戶部員外郎宰相蕭復爲江淮宣慰使以抗爲判官德宗還京大盜之後天下旱蝗國用盡竭鹽鐵轉運使元琇以抗有才用奏授倉部郎中條理江淮鹽務貞元初爲水陸運副使督江淮漕運以給京師遷諫議大夫歷處州刺史轉潭州刺史湖南都團練觀察使入爲給事中又爲河南尹歷秘書監太常卿代鄭餘慶爲中書侍郎同中書門下平章事先時每年吏部選人試判別奏官考覆第其上下既考中書門下復奏擇官覆定寖以爲例抗乃奏曰吏部尚書侍郎已是朝廷精選不宜別差考官重覆其年他官考判訖俾吏部侍郎自覆一歲遂除考判官蓋抗所論奏也故事禮部侍郎掌貢舉其親故

卽試於考功謂之別頭舉人抗亦奏罷之尋奏省諸州府別駕田曹司田官及判司之雙曹者復省中書省騶使官及諸胥吏尋加修國史抗雖讀書無遠智大略凡爲官必求至精末乃滋彰物論薄其隘刻遇疾上表請罷改太子賓客竟不任朝謝貞元二十年卒時年六十五贈戸部尚書又賜其家絹二百匹

史臣曰竇參朋黨不顧君上之誠斯爲悖矣齊映曲貢希用甚謬而愛君莅事往往有長者之言滋邁家行修謹臨事可稱器雖齷齪無廢爲君子矣而損抗之比夫何足云遂汚台槐蓋時主之容易耳

贊曰物之同器貴於私通竇阿齊佞偏詖斯同滋邁之行可以飾躬康濟蒸民胡爲厠中

舊唐書卷一百三十六考證

竇參傳縣人曹芬素凶暴因醉毆其女弟族人救之不得遂投井死參捕理芬兄弟當死衆官皆請俟免喪參曰子因父生父由子死若以喪延罪是殺父不坐也○新書父救不止恚赴井死臣酉按下文衆官請免喪者卽免父喪也參曰父由子死者謂其父以子毆妹而恚赴井死也族人二字是其父二字之訛今改正

劉滋傳晲從兄贊○臣酉按滋乃子元之孫晲與稾皆子元子晲子滋稾子贊贊乃滋之從兄也晲字當是滋字之訛今改正

# 舊唐書卷一百三十七

後晉司空同中書門下平章事劉　昫撰

## 列傳第八十七

徐浩　趙涓子博宣　劉太眞　李紓

邵說　于邵　崔元翰　于公異

呂渭子溫恭儉讓　鄭雲逵　李益　李賀

徐浩字季海越州人父嶠官至洛州刺史浩少舉明經工草隸以文學爲張說所器重調授魯山主簿說薦爲麗正殿校理三遷右拾遺仍爲校理幽州節度使張守珪奏在幕府改監察御史丁父憂服除授京兆司錄以母憂去職數年調授河南司錄歷河陽令以善政稱拜太子司議郎遷金部員外郎歷憲部郎中安祿山反出爲襄陽太守本郡防禦使賜以金紫之服肅宗卽位召拜中書舍人時天下事殷詔令多出於浩浩屬詞贍給又工楷隸肅宗悅其能加兼尚書右丞玄宗傳位誥冊皆浩爲之恭兩宮文翰寵遇罕與爲比除國子祭酒坐事貶廬州長史代宗徵拜中書舍人集賢殿學士尋遷工部侍郎嶺南節度觀察使兼御史大夫又爲吏部侍郎集賢殿學士坐以妾弟冒選託侍郎薛邕注授京尉爲御史大夫李栖筠所彈坐貶明州別駕德宗卽位徵拜彭王傅建中三年以疾卒年八十贈太子少師初浩以文雅稱及授廣州典選部多積貨財又嬖其妾侯莫陳氏頗干政事爲時論所貶

趙涓冀州人也幼有文學天寶初舉進士補鄠城尉累授監察御史右司員外郎河南副元帥王縉奏充判官授檢校兵部郎中兼侍御史遷給事中太常少卿出爲衢州刺史永泰初涓爲監察御史時禁中失火燒屋室數十間火發處與東宮稍近代宗深疑之涓爲巡使俾令卽訊涓周歷壖垣按據迹狀乃上直中官遺火所致也推鞫明審頗盡事情旣奏代宗稱賞焉德宗時在東宮常感涓之究理詳細及刺衢州年考旣深又與觀察使韓滉不相得滉奏免涓官德宗見其名謂宰臣曰豈非永泰初御史趙涓乎對曰然卽拜尚書左丞無何知吏部選扈從梁州興元元年卒贈戸部尚書子博宣登進士第文章俊拔性率多酒陳許節度使曲環辟爲從事賓筵之間多所忽略環不能容朝廷方討淮蔡環誣奏博宣受吳少誠賂爲反間又妄說國家休咎扇惑軍情時博宣權知舞陽縣事詔令環決杖四十流於康州人皆以爲枉先是侍御史盧南史坐事貶信州員外司馬至郡準例得廳吏一人每月請紙筆錢前後五年計錢一千貫南史以官閑冗放吏歸納其紙筆錢六十餘千刺史姚驥劾奏南史以爲贓又劾南史買鉛燒黃丹德宗遣監察御史鄭楚相刑部員外郎裴澥大理評事陳正儀充三司使同往按鞫將行並召於延英謂之曰卿等必須詳審無令漏罪銜冤三人將退裴澥獨留奏曰臣按姚驥奏狀稱南史取廳吏紙筆錢計贓六十餘貫雖於公法有違量事且非巨蠹上曰此事亦未爲甚未知燒鉛何如澥曰燒鉛爲丹格令不禁準天寶十三載勑鉛銅錫不許私家買賣貨易蓋防私鑄錢本亦不言燒鉛爲丹南史違勑買鉛不得無罪伏以陛下自登寶位及天寶大曆以來未曾降三司使至江南今忽錄此小事令三司使往非唯損耗州縣亦恐遠處聞之各懷憂懼臣聞開元中張九齡爲五嶺按察使有錄事參軍告齡非法朝廷止令大理評事往按大曆中鄂岳觀察使吳仲孺與轉運使判官劉長卿紛競仲孺奏長卿犯贓二十萬貫時止差監察御史苗伾就推今姚驥所奏事狀無多臣堪任此行卽請獨往恐不須三司並行爲使德宗忻然曰卿言是矣乃復召楚相正儀與澥俱坐謂之曰朕備於理道處事未精適見裴澥所奏深協事宜亦不用三人總去但行首一人行可也卿等便宜付宰臣改勑德宗不務大體以察爲明皆此類也而博宣南史坐誣枉擯逐賴裴澥悟主南史不至深罪後得召還

劉太眞宣州人涉學善屬文少師事詞人蕭穎士天寶末舉進士大曆中爲淮南節度使陳少遊掌書記徵拜起居郎累歷臺閣自中書舍人轉工部刑部二侍郎性怯懦詭隨及轉禮部侍郎掌貢舉宰執姻族方鎭子弟先收擢之又常敍少遊勳績擬之桓文大招物論貞元五年貶信州刺史到州尋卒太眞尤長於詩句每出一篇人皆諷誦德宗文思俊拔每有御製卽命朝臣畢和貞元四年九月賜宴曲江亭帝爲詩序曰朕在位僅將十載實賴忠賢左右克致小康是以擇三令節錫茲宴賞俾大夫卿士得同歡洽也夫共其戚者同其休有其初者貴其終咨爾羣寮頒朕不暇樂而能節職思其憂咸若時則庶乎理矣因重陽之會聊示所懷早衣對廷燎躬化勤意誠時此萬樞暇適與佳節并曲池潔寒流芳菊舒金英乾坤爽氣澄臺殿秋光清朝野慶年豐高會多歡聲永懷無荒誡良士同斯情因詔曰卿等重陽會宴朕想歡洽欣慰良多情發于中因製詩序今賜卿等一本可中書門下簡定文詞士三五十人應制同用清字明日內於延英門進來宰臣李泌等雖奉詔簡擇難於取捨由是百寮皆和上自考其詩以太眞及李紓等四人爲上等鮑防于邵等四人爲次等張濛殷亮等二十三人爲下等而李晟馬燧李泌三宰相之詩不加考第初朱泚懷光之亂關輔薦饑貞元三年以後仍歲豐稔人始復生人之樂德宗詔曰比者卿士內外朝夕公務今方隅無事蒸民小康其正月晦日三月三日九月九日三節日宜任文武百寮擇勝地追賞每節宰相常參官共賜錢五百貫文翰林學士一百貫文左右神威神策等十軍各賜五百貫金吾英武威遠及諸衛將軍共賜二百貫客省奏事共賜一百貫委度支每節前五日支付永爲常制

李紓字仲舒禮部侍郎希言之子少有文學天寶末拜秘書省校書郎大曆初吏部侍郎李季卿薦爲左補闕累遷司封員外郎知制誥改中書舍人尋自虢州刺史徵拜禮部侍郎德宗居奉天擇爲同州刺史尋棄州詣梁州行在拜兵部侍郎反正兼知選事李懷光誅河東節度及諸軍會河中詔往宣勞節度使還數奏合旨拜禮部侍郎紓通達善談諾好接後進厚自奉養鮮華輿馬以放達蘊藉稱雖爲大官而佚遊佐宴不嘗自忘嘗議享武成王不當視文宣廟奏云準開元十九年敕置齊太公廟以張良配太常卿及少卿丞充三獻官又按開元禮祝文云皇帝遣某官昭告于齊太公漢留侯至上元年敕追贈太公爲武成王享祭之典一同文宣王有司因差太尉充獻官兼御署祝板伏以太公卽周之太師張良卽漢之少傅聖朝列於祀典已極褒崇今屈禮於至尊施敬於臣佐理或過當神何敢歆伏以文宣垂教百代宗師五常三綱非其訓不明有國有家非其制不立故孟軻稱生人已來一人而已由是正素王之位加先聖之名樂用宮縣獻差太尉尊師崇道雅合政經且太公述作止於六韜勳業形於一代豈宜擬諸盛德均其殊禮其祝文請不進署敢昭告請改爲敬祭于其昭告請改爲致祭于留侯其獻官請準舊式差太常卿已下充詔百寮進議文武官上言互有異同詔曰帝德廣運乃武乃文文化武功皇王之二柄祀禮教敬國章孔明自今宜上將軍以下充獻官餘依紓所奏紓又奉詔爲興元紀功述及郊廟樂章諸所論著甚衆卒于官年六十二貞元八年贈禮部尚書

邵說相州安陽人舉進士爲史思明判官歷事思明朝義常掌兵事朝義之敗說降於軍前郭子儀愛其才留於幕下累授長安令秘書少監遷吏部侍郎太子詹事以才幹稱談者或以宰相許之金吾將軍裴儆謂諫議大夫柳載曰以鄙夫所度說得禍不久矣且說與史思明父子定君臣之分居劇官掌兵柄亡軀犯順前後百戰於賊庭掠名家子女以爲婢僕者數十人剽盜寶貨不知紀極力屈然後降朝廷宥以不死獲齒班序無厚顏而又遑遑求財崇飾第宅附託貴倖以求大用不知愧懼而有得色其能久乎建中三年嚴郢得罪說與郢厚善勸朱泚抗疏申其冤說爲草其奏上知之貶說歸州刺史竟卒于貶所

于邵字相門其先家于代今爲京兆萬年人曾祖筠戶部尚書邵天寶末進士登科書判超絕授崇文館校書郎累歷使府入爲起居郎再遷比部郎中尙二十考第於吏部以當稱無何出爲道州刺史未就道轉巴州時歲儉夷獠數千相聚山澤圍州掠衆邵勵州兵以拒之旬有二日遣使說喻盜邀邵面降邵儒服出城盜羅拜而降圍解節度使李抱玉以聞超遷梓州以疾不至遷兵部郎中西川節度使崔寧請留爲支度副使尋拜諫議大夫知制誥再遷禮部侍郎史館修撰爲三司使以撰上尊號册賜階三品當時大詔令皆出於邵頃之與御史中丞袁高給事中蔣鎭雜理左丞薛邕詔獄邵以爲邕犯在赦前奏出之失旨貶桂州長史貞元初除原王傅後爲太子賓客與宰相陸贄不睦八年出爲杭州刺史以疾請告坐貶衢州別駕移江州別駕卒年八十一邵性孝悌內行修潔老而彌篤初樊澤常舉賢良方正邵一見之於京師曰將相之材也不十五年澤爲節將崔元翰年近五十始舉進士邵異其文擢第甲科且曰不十五年當掌詔令竟如其言獨孤授舉博學宏詞吏部考爲乙第在中書覆昇甲科人稱其當有集四十卷

崔元翰者博陵人進士擢第登博學宏詞制科又應賢良方正直言極諫科三舉皆昇甲第年已五十餘李汧公鎭滑臺辟爲從事後北平王馬燧在太原聞其名致禮命之又爲燧府掌書記入朝爲太常博士禮部員外郎竇參輔政用爲知制誥詔令溫雅合於典謨然性太剛褊簡傲不能取容於時每發言論畧無阿徇忤執政旨故掌誥二年而官不遷竟罷知制誥守比部郎中元翰苦心文章時年七十餘好學不倦既介獨耿直故少交遊唯秉一操伏膺翰墨其對策及奏記碑誌師法班固蔡伯喈而致思精密爲時所稱終于散位

于公異者吳人登進士第文章精拔爲時所稱建中末爲李晟招討府掌書記興元元年收京城公異爲露布上行在云臣已肅淸宮禁祗奉寢園鍾簴不移廟貌如故德宗覽之泣下不自勝左右爲之嗚咽既而曰不知誰爲之或對曰于公異之詞也上稱善久之公異初應進士時與舉人陸贄不協至是贄爲翰林學士聞上稱與尤不悅時議者言之公異少時不爲後母所容自遊宦成名不歸鄉里及貞元中陸贄爲宰相奏公異無素行黜之詔曰祠部員外郎于公異頃以才名昇於省闥其少也爲父母之所不容宜其引慝在躬孝行不匱名跡於畝畝候安否於門閭俾其親之過不彰庶其誠之至必感安於棄斥遊學遠方忘其溫淸之戀竟至存亡之隔爲人子者忍至是乎宜放歸田里俾自循省其舉公異官尙書左丞盧邁宜奪俸兩月時中書舍人高郢薦監察御史元敦義及覩公異譴逐懼爲所累乃上疏首陳敦義虧於禮教詔嘉郢之知過俾敦義罷歸公異竟名位不振轗軻而卒人士惜其才惡贄之褊急焉

呂渭字君載河中人父延之越州刺史浙江東道節度使渭舉進士累授婺州永康令大理評事浙西觀察使李涵辟爲支使再遷殿中侍御史涵自御史大夫改太子少傅渭上言涵父名少康今涵爲少傅恐乖朝典由是特授渭司門員外郎尋爲御史臺劾奏涵再任少卿此時都不言今爲少傅疑以散慢迴爲不可由是貶渭歙州司馬改涵檢校工部尙書兼光祿卿渭累授舒州刺史吏部員外駕部郎中知制誥中書舍人母憂罷服闋授太子右庶子禮部侍郎中書省有柳樹建中末枯死興元元年車駕還京後其樹再榮人謂之瑞柳渭試進士取瑞柳爲賦題上聞而嘉之渭又結附裴延齡之子操舉進士文詞非工渭擢之登第爲正人嗤鄙因入閤遺失請託文記遂出爲潭州刺史兼御史中丞湖南都團練觀察使在任三歲政甚煩碎貞元十六年卒年六十六贈陝州大都督子溫恭儉讓溫字化光貞元末登進士第與翰林學士韋執誼善順宗在東宮侍書王叔文勸太子招納時之英俊以自輔溫與執誼尤爲叔文所睠起家再命拜左拾遺二十年冬副工部侍郎張薦爲入吐蕃使行至鳳翔轉侍御史賜緋袍牙笏明年德宗晏駕順宗即位張薦卒於靑海吐蕃以中國喪禍留溫經年時王叔文用事故與溫同遊東宮者皆不次任用溫在蕃中悲歎久之元和元年使還轉戶部員外郎時柳宗元等九人坐叔文貶逐唯溫以奉使免溫天才俊拔文彩贍逸爲時流柳宗元劉禹錫所稱然性多險詐好奇近利與竇羣羊士諤趣尙相狎羣爲韋夏卿所薦自處士不數年至御史中丞李吉甫尤奇待之三年吉甫爲中官所惡將出鎭揚州溫欲乘其有間傾之溫自司封員外郎轉刑部郎中竇羣請爲知雜吉甫以疾在第召醫人陳登診視夜宿于安邑里第溫伺知之詰旦令吏捕登鞫問之又奏劾吉甫交通術士憲宗異之召登面訊其事皆虛乃貶羣爲湖南觀察使羊士諤資州刺史溫均州刺史朝議以所責太輕羣再貶黔南溫貶道州刺史五年轉衡州秩滿歸京不得意發疾卒溫文體富艷有丘明班固之風所著淩烟閣功臣銘張始興畫贊移博士書頗爲文士所賞有文集十卷恭儉皆至侍御史讓至太子右庶子皆有美才自後吉甫再入中書長慶以後李德裕黨盛呂氏諸子無至達官者

鄭雲逵滎陽人大曆初舉進士性果誕敢言客遊兩河以畫干于朱泚泚悅乃表爲節度掌書記檢校祠部員外郎仍以弟滔女妻之泚將入覲先令雲逵入奏及泚至京以事怒雲逵奏貶莫州參軍滔代泚後請爲判官滔助田悅爲逆雲逵諭之不從遂棄妻子馳歸長安帝嘉其來留於客省超拜諫議大夫奉天之難雲逵奔赴行在李晟以爲行軍司馬戎畧多以咨之歷秘書少監給事中尋拜大理卿遷刑部兵部二侍郎遷御史中丞充順宗山陵橋道置頓使雲逵初爲朱泚判官常忤同幕蔡庭玉庭玉白泚黜爲莫州錄事參軍滔復奏爲判官因深構庭玉於滔滔爲泚留後事有請於泚庭玉又輒癈之又有判官朱體微亦蒙泚親信與庭玉常從容言於泚曰滔非長者不可付以兵權滔竊知之後滔南討有功雲逵數激怒之滔乃抗表論庭玉等離間骨肉及滔叛帝乃召泚以表示之故歸罪於庭玉等以悅滔滔亦終叛三年雲逵奏其弟前太僕丞方逵受性兇悖不知君親衆惡備身訓教莫及結聚兇黨江中劫人臣亡父先臣聊杖至一百終不能斃張延賞任揚州日亦曾犯延賞法決殺復蘇至於常言皆呼臣亡父先臣名親戚所知無可教語昨聞於邠寧慶等州干謁節度及州縣乞丐今見在武功縣南西戎俯近恐有異謀若不自死奏聞必恐覆臣家族詔令京兆府錮身遞送黔州付李模於僻遠州驅使勿許東西雲逵元和元年拜右金吾衛大將軍歲中改京兆尹五年五月卒

李益肅宗朝宰相揆之族子登進士第長爲歌詩貞元末與宗人李賀齊名每作一篇爲教坊樂人以賂求取唱爲供奉歌詞其征人歌早行篇好事者畫爲屛障迴樂峯前沙似雪受降城外月如霜之句天下以爲歌詞然少有癡病而多猜忌防閑妻妾過爲苛酷而有散灰扃戶之譚聞於時故時謂妬癡爲李益疾以是久之不調而流輩皆居顯位益不得意北遊河朔幽州劉濟辟爲從事常與濟詩而有不上望京樓之句憲宗雅聞其名自河北召還用爲秘書少監集賢殿學士自負才地多所凌忽爲衆不容諫官舉其幽州詩句降居散秩俄復用爲秘書監遷太子賓客集賢學士判院事轉右散騎常侍太和初以禮部尙書致仕卒

李賀字長吉宗室鄭王之後父名晉肅以是不應進士韓愈爲之作諱辯賀竟不就試手筆敏捷尤長於歌篇其文思體勢如崇巖峭壁萬仞崛起當時文士從而效之無能髣髴者其樂府詞數十篇至於雲韶樂工無不諷誦補太常寺協律郎卒時年二十四

史臣曰文學之士代不乏才永泰貞元之間如徐浩趙涓諸公可謂一時之秀也然太眞以畏懦聞邵說以僭侈失于公異呂渭李益皆有微累故知全其德者罕矣

贊曰名以才顯才兼德尊徐趙劉李厥聲遠聞邵于呂鄭其名久存乎乏全德愧于後人

舊唐書卷一百三十七考證

李紓傳佚游佐宴不嘗自忘○語意不明當有脫文誤字

李賀傳父名晉肅以是不應進士韓愈爲之作諱辯賀竟不就試○臣宗萬按劇談錄云元和中李賀善爲歌篇韓公深所知重於搢紳間每加延譽由是聲華籍甚時元稹年少以明經擢第常願交結賀一日執贄造門賀覽刺令僕者謂曰明經及第何事來看李賀稹慙憤而退其後稹制策登科日當要路及爲禮部郎中因議賀父諱晉肅不合應進士舉文公惜其才爲著諱辯以明之摭言亦云賀舉進士或謗賀不避家諱文公特著諱辯一篇據此則賀嘗舉進士而元稹謗之史云竟不就試非也

卒時年二十四○新書作二十七

# 舊唐書卷一百三十八

後晉司空同中書門下平章事劉　昫撰

## 列傳第八十八

趙憬　韋倫　賈耽　姜公輔

趙憬字退翁天水隴西人也總章中吏部侍郎同東西臺三品仁本之曾孫祖誼歷左司郎中父道先洪州錄事參軍憬少好學志行修潔不求聞達寶應中玄宗肅宗梓宮未祔有司議山陵制度時西蕃入寇天下饑饉憬以褐衣上疏宜遵儉制時人稱之後連爲州從事試江夏尉累遷監察御史隨牒藩府歷殿中侍御史太子

舍人居母憂哀毀幾絕服除建中初擢授水部員外郎未拜會湖南觀察使李承請爲副使檢校工部郎中充職歲餘承卒遂知留後事尋授潭州刺史兼御史中丞湖南觀察使仍賜金紫居二歲受代歸京師闔門靜居不與人交久之特召對於別殿憬多學問有辭辯數奏稱旨上悅拜給事中貞元四年迴紇請結和親詔以咸安公主降迴紇命檢校右僕射關播充使憬以本官兼御史中丞爲副前後使迴紇者多私賚繒絮蕃中市馬迴以規利憬一無所市人歎美之使還遷尚書左丞綱轄省務清勤奉職竇參爲宰相惡其能請出爲同州刺史上不從八年四月竇參罷黜憬與陸贄並拜中書侍郎同中書門下平章事憬深於理道常言爲政之本在於選賢能務節儉薄賦斂寬刑罰對揚之際必以此爲言乃獻審官六議曰臣謬登宰府四年于茲恭承德音未嘗不以求賢爲切至於延薦職在愚臣雖當代天之工且乏知人之鑒漸積歲月負於聖明無補王猷有妨賢路況多疾恙兼慮闕遺頃奉表章備陳肝膈陛下以臣性拙直身病可矜不棄孱微尚加委任自此思省報効尤難莫副堯舜之心空懷尸素之懼伏惟陛下法象應期聖神廣運雲行雨施皆發自然訓誥典謨悉經睿覽臣所以不敢援引古昔上煩天聰且以用人之要願伸鄙見復念稽顙丹陛仰對宸嚴謇訥易窮處數難辯理詳則塵瀆頗甚言略則利害未宣若默以求容苟而竊位縱天地之仁幸免而中外之責何逃非陛下用臣之意也其所欲言者皆陛下聖慮之內臣以頂戴恩造不知所爲身被風毒漸覺沉痼是以勤勤懇切於愚誠也臣聞貞觀開元之際宰輔論事或多上書所冀獲盡情理今臣酌前代之損益體當時之通變謹獻審官六議伏惟閑宴時賜省覽其大指議相則曰宜博採衆賢用爲輔弼今中外知其賢者伏願陛下用之議其能者任之求其全材恐不可得議進用庶官則曰異同之論是非難辨由考課難於實効好惡雜於衆聲所以訪之彌多得之彌少選士古今爲難拔十得五賢愚猶半陛下謂臣曰何必五也十得二三斯可矣聖主思賢至是而宰臣不能進之臣之罪也進賢在於廣任用明殿最舉大節棄其小瑕隨其所能試之以事用人之大綱也議京諸司闕官則曰當今要官多闕閑官十無一二文武任用資序遞遷要官本以材行閑官多由恩澤朝廷或將任多擬要官則人少闕多閑官則人多闕少明當選拔者轉少在優容者轉多宜補闕員務育材用大廈永固是棟梁榱桷之全也聖朝致理亦庶官羣吏之能也議中外考課官則曰漢以數易長吏謂之弊政其有能理者輒增秩賜金或八九年十餘年乃入爲九卿或遷三輔功績茂異遂至丞相其間不隔數官今陛下內選庶僚外委州府課績高者不次超昇致理之法無踰於此臣愚以爲黜陟且立年限若所居要重未當遷移就加爵秩其餘進退令知褒貶之必應遲速之有常如課績在中年考及限與之平轉中外迭處歷試其能使無苟且之心又無滯淹之慮議舉遺滯則曰官司既廣必委宰輔以舉之宰輔不能遍知又詢于庶官庶官不能遍知又訪於衆人衆聲囂然互有臧否十人舉之未信一人毀之可疑迨至于今茲弊未改其所以然者非盡爲愛憎也苦於不審實而承聲言之大凡常人之心以稱人之善爲淸以攻人之過爲直苟有除授多生橫議由是宰臣每將薦用亦自重難日往月來未副聖意宜須採聽時論以所舉多者先用必非大故皆不棄之議擢用諸使府僚屬則曰諸使辟吏各自精求務於得人將重府望既經試効能否可知擢其賢能置之朝列或曰外使須才固不可奪臣知必不然也屬者使府賓介每有登朝本使殊以爲榮自喜知人且明公選大凡才能之士名位未達多在方鎭日月在上誰不知之思登闕庭如望霄漢宜須博採無宜久滯上優詔荅之時吏部侍郎杜黃裳爲中貴讒譖及他過犯御史中丞穆贊京兆少尹韋武萬年縣令李宜長安令盧雲皆爲裴延齡搆陷將加斥逐憬保護救解之故多從輕貶初憬廉察湖南令狐峘崔儆並爲巡屬刺史峘嘗歷中書舍人禮部侍郎儆久在朝列所爲或虧法令憬每以正道制之峘儆密遣人數憬罪狀毀之於朝及憬爲相拔儆自大理卿爲尚書右丞峘先貶官爲別駕又擢爲吉州刺史時人多之憬與陸贄同知政事贄恃久在禁庭特承恩顧以國政爲已任纔周歲轉憬爲門下侍郎憬由是深銜之數以目疾請告不甚當政事因是不相協裴延齡姦詐恣睢滿朝側目憬初與贄約於上前論之及延英奏對贄極言延齡姦邪誑誕之狀不可任用德宗不悅形於顏色憬默然無言由是罷贄平章事而憬當國矣時宰相賈躭盧邁與憬三人十二年春正月躭邁皆有假故憬獨對於延英上問曰近日起居注記何事憬對曰古者左史記言人君動止有實言隨即記錄起居注是也國朝永徽中起居唯得對仗承旨仗下後謀議皆不得聞其記注唯編制勑更無他事所以長壽中姚璹知政事以爲親承德音謨訓若不宣旨宰相史官無以得書璹請宰相一人記錄所論軍國政事謂之時政記每月送史館既而時政記又廢上曰君舉必書義存勸誡既嘗有時政記宰臣宜依故事爲之無何憬卒時政記亦不行憬特承恩顧性淸儉雖爲宰輔居第僕使類貧士大夫之家所得俸入先置私廟而竟不立第舍田産其年八月遇暴疾信宿而卒時年六十一子元亮進憬遺表草曰臣叨荷聖慈竊塵台鼎年序頗久績用無聞負乘之敗已彰覆餗之咎俄及而天與之疾福過生災自今日卯時以來稍加困重針灸不及藥餌奚施奄然遊魂終當就木冥冥殘喘豈忍辭天號呼涕零側息心斷反風結草誓報深恩雖死猶生豈孤素願無任感恩嗚咽痛恨之至德宗尤悼惜之廢朝三日册贈太子太傅賻帛五百端米粟四百石令鴻臚卿王權充册弔使元亮官至左司郎中侍御史知雜事卒次子全亮官至侍御史桂管防禦判官元亮兄宣亮弟承亮皆以門蔭授官

韋倫開元天寶中朔方節度使光乘之子少以蔭累授藍田縣尉以吏事勤恪楊國忠署爲鑄錢內作使判官國忠恃權寵又邀名稱多徵諸州縣農人令鑄錢農夫既非本色工匠被所由抑令就役多遭箠罰人不聊生倫白國忠曰鑄錢須得本色人今抑百姓農人爲之尤費力無功人且興謗請厚懸市估價募工曉者爲之由是役使減少而益鑄錢之數天寶末宮內土木之功無虛日內作人吏因緣爲姦倫乃躬親閱視省費減倍改大理評事會安祿山反車駕幸蜀拜倫監察御史劍南節度行軍司馬兼充置頓使判官尋改屯田員外兼侍御史時內官禁軍相次到蜀所在侵暴號爲難理倫淸儉率身以化之蜀川咸賴其理竟遭中官毀譖貶衡州司戶屬東都河南並陷賊漕運路絕度支使第五琦薦倫有理能拜商州刺史充荊襄等道租庸使會襄州裨將康楚元張嘉延聚衆爲叛兇黨萬餘人自稱東楚義王襄州刺史王政棄城遁走嘉延又南襲破江陵漢沔饋運阻絕朝廷旰食倫乃調發兵甲駐鄧州界兇黨有來降者必厚加接待數日後楚元衆頗怠倫進軍擊之生擒楚元以獻餘衆悉走散收租庸錢物僅二百萬貫並不失墜荊襄二州平詔除崔光遠爲襄州節度使徵倫爲衞尉卿旬日又以本官兼寧州刺史招討處置等使尋又兼隴州刺史乾元二年襄州大將張瑾殺節度使史翽作亂乃以倫爲襄州刺史兼御史大夫山南東道襄鄧等十州節度使時李輔國秉權用事節將除拜皆出其門倫既爲朝廷公用又不私謁輔國倫受命未行改秦州刺史兼御史中丞本州防禦使時吐蕃党項歲歲入寇邊將奔命不暇倫至秦州屢與虜戰兵寡無援頻致敗衂連貶巴州長史思州務川縣尉代宗即位起爲忠州刺史歷台饒二州以中官呂太一於嶺南矯詔募兵爲亂乃以倫爲部州刺史兼御史中丞部連柳三州都團練使竟遭太一用賂反間貶信州司馬虔州司戶隋州司戶隨州司馬遇赦旅寓於洪州十數年德宗即位選堪使絕域者徵倫拜太常少卿兼御史中丞持節充通和吐蕃使倫至蕃中初宣諭皇恩次述國威德遠振蕃人大悅贊普入獻方物使還遷太常卿兼御史大夫加銀青光祿大夫再入吐蕃奉使稱旨西蕃敬服朝廷得失數上疏言之又爲宰相盧杞所惡改太子少保累加開府儀同三司涇師之亂駕幸奉天及盧杞白志貞趙贊等貶官關播罷相爲刑部尚書倫於朝堂嗚咽而言曰宰相不能弼諧啓沃使天下一至於此仍爲尚書天下何由致理聞者敬憚之從駕梁州還京又欲擢用盧杞爲荊州刺史倫又上表切言不可深爲忠正之士所稱歎以年踰七十表請休官改太子少師致仕封郢國公時李楚琳以僕射兼衞尉卿李忠誠以尚書兼少府監倫上言曰楚琳兇逆忠誠蕃戎醜類不合廁列淸班又表請置義倉以防水旱擇賢良任之左右又言吐蕃必無信約專須防備不可輕易上每善遇之倫居家孝友撫弟姪以慈愛稱貞元十四年十二月卒時年八十三贈揚州都督

賈躭字敦詩滄州南皮人以兩經登第調授貝州臨淸縣尉上疏論時政授絳州正平尉從事河東檢校膳部員外郎太原少尹北都副留守又檢校禮部郎中節度副使改汾州刺史在郡七年政績茂異入爲鴻臚卿時左右威遠營隸鴻臚躭仍領其使大曆十四年十一月檢校左散騎常侍兼梁州刺史御史大夫山南西道節度使建中三年十一月檢校工部尚書兼御史大夫山南東道節度使德宗移幸梁州興元元年二月躭使行軍司馬樊澤奏事於行在澤既復命方大宴諸將有急牒至言澤代躭爲節度使而召躭爲工部尚書躭得牒內懷中宴飲不改容及散召樊澤以詔授之曰詔以行軍爲節度使躭今即上路因告將吏使謁澤牙將張獻甫曰天子巡幸山南尚書使行軍奉表起居而行軍敢自圖節鉞潛奪尚書土地此可謂事人不忠軍中皆不

伏請殺樊澤躭曰公是何言歟天子有命卽爲節度使矣躭今赴行在便與公偕行卽日離鎭以獻甫自隨軍中乃安尋以本官爲東都留守東畿汝南防禦使貞元二年改檢校右僕射兼滑州刺史義成軍節度使是時淄青節度使李納雖去僞王號外奉朝旨而心常蓄併吞之謀納兵士數千人自行營歸路由滑州大將請城外館之躭曰與人鄰道奈何野處其兵命館之城內淄青將士皆心服之躭善射好獵每出畋不過百騎往往獵於李納之境納聞之大喜心畏其度量不敢異圖九年徵爲右僕射同中書門下平章事躭好地理學凡四夷之使及使四夷還者必與之從容訊其山川土地之終始是以九州之夷險百蠻之土俗區分指畫備究源流自吐蕃陷隴右積年國家守於內地舊時鎭戍不可復知躭乃畫隴右山南圖兼黃河經界遠近聚其說爲書十卷表獻曰臣聞楚左史倚相能讀九丘晉司空裴秀創爲六體九丘乃成賦之古經六體則爲圖之新意臣雖愚昧夙嘗師範累蒙拔擢遂忝台司雖歷踐職任誠多曠闕而率土山川不忘寤寐其大圖外薄四海內別九州必藉精詳乃可摹寫見更纘集續冀畢功然而隴右一隅久淪蕃寇職方失其圖記境土難以區分輒扣課虛微採掇輿議畫關中隴右及山南九州等圖一軸伏以洮湟舊壚連接監牧甘涼右地控帶朔陲岐路之偵候交通軍鎭之備禦衝要莫不匠意就實依稀像眞如聖恩遣將護邊新書授律則靈慶之設險在目原會之封略可知諸州諸軍須論里數人額諸山諸水須言首尾源流圖上不可備書憑據必資記注謹撰別錄六卷又黃河爲四瀆之宗西戎乃羣羌之帥臣並研尋史牒蘋棄浮詞罄所聞知編爲四卷通錄都成十卷文義鄙朴伏增慙悚德宗覽之稱善賜廐馬一匹銀綵百匹銀鉼盤各一至十七年又譔成海內華夷圖及古今郡國縣道四夷述四十卷表獻之曰臣聞地以博厚載物萬國棊布海以委輸環外百蠻繡錯中夏則五服九州殊俗則七戎六狄普天之下莫非王臣昔毋丘出師東銘不耐甘英奉使西抵條支奄蔡乃大澤無涯罽賓則懸度作險或道理回遠或名號改移古來通儒罕遍詳究臣弱冠之歲好聞方言筮仕之辰注意地理究觀研考垂三十年絕域之比鄰異蕃之習俗梯山獻琛之路乘船來朝之人咸究竟其源流訪求其居處闤闠之行賈戎貊之遺老莫不聽其言而揆其要閭閻之瑣語風謠之小說亦收其是而芟其僞然殷周以降封略益明承曆數者八家渾區宇者五姓聲教所及惟唐爲大秦皇罷侯置守長城起於臨洮孝武却地開邊障塞限於鷄鹿東漢則哀牢請吏西晉則裨離結轍隋室列四郡於卑和海西創三州於扶南江北遼陽失律因而棄之高祖神堯皇帝誕膺天命奄有四方太宗纘明重熙柔遠能邇踰太磧通道北至仙娥於骨利幹置玄闕州高宗嗣守丕績克廣前烈遣單車賫詔西越葱山於波剌斯立疾陵府中宗復配天之業不失舊物睿宗含先天之量惟新永圖玄宗以大孝清內以無爲理外大宛驥騄歲充內廐與貳師之窮兵黷武豈同年哉肅宗埽平氛祲潤澤生人代宗剗除殘孽彝倫攸敘伏惟皇帝陛下以上聖之姿當太平之運敦信明義履信包元惠養黎蒸懷柔遐裔故瀘南貢麗水之金漠北獻余吾之馬玄化洋溢率土霑濡臣幼切磋於師友長趨侍於軒墀自揣孱愚叨榮非據鴻私莫荅夙夜兢惶去興元元年伏奉進止令臣修撰國圖旋卽充使魏州汴州出鎭東洛東都間以衆務不遂專門續用尚虧憂愧彌切近乃力竭衰病思殫所聞見藂於丹青謹令工人畫海內華夷圖一軸廣三丈從三丈三尺率以一寸折成百里別章甫左衽奠高山大川縮四極於纖縞分百郡於作繢宇宙雖廣舒之不盈庭舟車所通覽之咸在目并撰古今郡國縣道四夷述四十卷中國以禹貢爲首外夷以班史發源郡縣紀其增減蕃落敘其衰盛前地理書以黔州屬酉陽今則改入巴郡前西戎志以安國爲安息今則改入康居凡諸疎舛悉從釐正隴西十地播棄於永初之中遼東樂浪陷屈於建安之際曹公棄陘北晉氏遷江南緣邊累經侵盜故墟日致堙毀舊史撰錄十得二三今書搜補所獲太半周禮職方以淄時爲幽州之浸以華山爲荊河之鎭既有乖於禹貢又不出於淹中多聞闕疑詎敢編次其古郡國題以墨今州縣題以朱今古殊文執習簡易臣學謝小成才非博物伏波之聚米開示衆軍酇侯之圖書方知阨塞企慕前哲嘗所寄心輒罄庸陋多慙紕繆優詔荅之賜錦綵二百匹袍段六錦帳二銀鉼盤各一銀榼二馬一匹進封魏國公順宗卽位檢校司空守左僕射知政事如故時王叔文用事政出羣小躭惡其亂政屢移病乞骸不許躭性長者不喜臧否人物自居相位凡十三年雖不能以安危大計啓沃於人主而常以檢身厲行以律人每自朝歸第接對賓客終日無倦至於家人近習未嘗見其喜慍之色古之淳德君子何以加焉永貞元年十月卒時年七十六廢朝四日冊贈太傅謚曰元靖

姜公輔不知何許人登進士第爲校書郎應制策科高等授左拾遺召入翰林爲學士歲滿當改官公輔上書自陳以母老家貧以府掾俸給稍優乃求兼京兆尹戶曹叅軍特承恩顧才高有器識每對見言事德宗多從之建中四年十月涇師犯闕德宗蒼黃自苑北便門出幸公輔馬前諫曰朱泚嘗爲涇原帥得士心昨以朱滔叛坐奪兵權泚常憂憤不得志不如使人捕之使陪鑾駕忽羣兇立之必貽國患臣頃曾陳奏陛下苟不能坦懷待之則殺之養獸自貽其患悔且無益德宗曰已無及矣從幸至奉天拜諫議大夫俄以本官同中書門下平章事從幸山南車駕至城固縣唐安公主薨上之長女昭德皇后所生性聰敏仁孝上所鍾愛初詔尚韋宥未克禮會而遇播遷及薨上悲悼尤甚詔所司厚其葬禮公輔諫曰非久克復京城公主必須歸葬今於行路且宜儉薄以濟軍士德宗怒謂翰林學士陸贄曰唐安夭亡不欲於此爲塋壠宜令造一磚塔安置功費甚微不合關宰相論列姜公輔忽進表章都無道理但欲指朕過失擬自取名朕比擢拔爲腹心乃負朕如此贄對曰公輔官是諫議職居宰衡獻替固其職分本立輔臣置之左右朝夕納誨意在防微微而弱之乃其所也陛下以造塔役費微小非宰相所論之事但問理之是非豈論事之大小若造塔爲是役雖大而作之何傷若造塔爲非費雖小而言者何罪帝又曰卿未會朕意朕以公輔才行共宰相都不相當在奉天時已欲罷免後因公輔辭退朕已面許尋屬懷光背叛遂且因循容至山南公輔知朕擬改官所以固論造塔賣直取名據此用心豈是良善朕所惆悵者只緣如此贄再三救護帝怒不已乃罷爲左庶子尋丁母憂服闋授右庶子久之不遷洎陸贄知政事以有翰林之舊數告贄求官贄密謂公輔曰予嘗見郴州竇相言爲公奏擬數矣上旨不允有怒公之言公輔恐懼上疏乞罷官爲道士久之未報後又庭奏德宗問其故公輔不敢洩贄便以叅言爲對帝怒貶公輔爲泉州別駕又遣中使賫詔責竇叅順宗卽位起爲吉州刺史尋卒憲宗朝贈禮部尚書

史臣曰賈魏公以溫克長者致位丞相拒獻甫之請畋李納之郊則器略可知矣韋鄖公慷慨節義困於讒邪命矣夫趙丞相區分檢裁求爲雅士以爭權而陷陸贄則前時以德報怨其可信乎公輔一言悟主驟及台司一言不合禮遽疎薄則加滕墜泉之間君道可知矣

贊曰元靖訏謨眞謂純儒手調鼎飪心運地圖姜躁趙險並躍天衢哀哉韋公終困讒夫

# 舊唐書卷一百三十九

後晉司空同中書門下平章事劉　昫撰

## 列傳第八十九

### 陸贄

陸贄字敬輿蘇州嘉興人父侃溧陽令以贄貴贈禮部尚書贄少孤特立不羣頗勤儒學年十八登進士第以博學宏詞登科授華州鄭縣尉罷秩東歸省母路由壽州刺史張鎰有時名贄往謁之鎰初不甚知留三日再見與語遂大稱賞請結忘年之契及辭遺贄錢百萬曰願備太夫人一日之膳贄不納唯受新茶一串而已曰敢不承君厚意又以書判拔萃選授渭南縣主簿遷監察御史德宗在東宮時素知贄名乃召爲翰林學士轉祠部員外郎贄性忠藎既居近密感人主重知思有以効報故政或有缺巨細必陳繇是顧待益厚建中四年朱泚謀逆從駕幸奉天時天下叛亂機務塡委徵發指蹤千端萬緒一日之內詔書數百贄揮翰起草思如泉注初若不經思慮既成之後莫不曲盡事情中於機會胥吏簡札不暇同舍皆伏其能轉考功郎中依前充職嘗啓德宗曰今盜遍天下輿駕播遷陛下宜痛自引過以感動人心昔成湯以罪己勃興楚昭以善言復國陛下誠能不恡改過以言謝天下使書詔無忌臣雖愚陋可以仰副聖情庶令反側之徒革心向化德宗然之故奉天所下書詔雖武夫悍卒無不揮涕感激多贄所爲也其年冬議欲以新歲改元而卜祝之流皆以國家數鍾百六凡事宜有變革以應時數上謂贄曰往年羣臣請上尊號聖神文武四字今緣寇難諸事並宜改更衆欲朕舊號之中更加一兩字其事何如贄奏曰尊號之興本非古制行於安泰之日已累謙沖襲乎喪亂之時尤傷事體今者鑾輿播越未復宮闈宗社震驚尚愆禋祀中區多梗大憝猶存此乃人情向背之秋天意去就

之際陛下宜深自懲勵收覽羣心痛自貶損以謝靈譴不可近從末議重益美名帝曰卿所奏陳雖理體甚切然時運必須小有改變亦不可執滯卿更思量贄曰古之人君稱號或稱皇稱帝或稱王但一字而已至暴秦乃兼皇帝二字後代因之及昏僻之君乃有聖劉天元之號是知人輕重不在自稱崇其號無補於徽猷損其名不傷其德美然而損之有謙光稽古之善崇之獲矜能納謟之譏得失不侔居然可辨況今時遭迍否事屬傾危尤宜懼思以自貶抑必也俯稽術數須有變更與其增美稱而失人心不若黜舊號以祗天戒天時人事理必相符人既好謙天亦助順陛下誠能斷自宸鑒煥發德音引咎降名深示刻責惟謙與順一舉而二美從之德宗從之但改興元年號而已初德宗倉黃出幸府藏委棄凝冽之際士衆多寒服御之外無尺縑丈帛及賊泚解圍諸藩貢奉繼至乃於奉天行在貯貢物於廊下仍題曰瓊林大盈二庫名贄諫曰瓊林大盈自古悉無其制傳諸耆舊之說皆云創自開元貴臣貪權飾巧求媚乃言郡邑貢賦所用盍各區分賦稅當委於有司以給經用貢獻宜歸於天子以奉私求玄宗悅之新是二庫蕩心侈欲萌柢於兹迨乎失邦終以餌寇記曰貨悖而入必悖而出豈其効歟陛下嗣位之初務遵理道敦行儉約斥遠貪饕雖內庫舊藏未歸太府而諸方曲獻不入禁闈清風肅然海內不變近以寇逆亂常鑾輿外幸既屬憂危之運宜增儆勵之誠臣昨奉使軍營出經行殿忽覩右廊之下牓列二庫之名矍然若驚不識所以何者天衢尚梗師旅方殷痛心呻吟之聲噢咻未息忠勤戰守之効賞賚未行諸道貢珍遽私別庫萬目所視孰能忍情竊揣軍情或生觖望或忿形謗讟或醜肆謳謠頗含思亂之情亦有悔忠之意是知甿俗昏鄙識昧高卑不可以尊極臨而可以誠義感頃者六師初降百物無儲外扞兇徒內防危堞晝夜不息殆將五旬凍餒交侵死傷相枕畢命同力竟夷大艱良以陛下不厚其身不私其欲絕甘以同卒伍輟食以啗功勞無猛制人而不携懷所感也無厚賞士而不怨悉所無也今者攻圍已解衣食已豐而謗讟方興軍情稍沮豈不以勇夫常性嗜貨矜功其患難既與之同憂而好樂不與之同利苟異恬默能無怨咨此理之常故不足怪記曰財散則民聚豈其効歟陛下天資英聖見善必遷是將化蓄怨爲銜恩反過差爲至當促殄遺寇永垂鴻名大聖應機固當不俟終日上嘉納之令去其題署與元元年李懷光異志已萌欲激怒諸軍上表論諸軍衣糧薄神策衣糧厚厚薄不均難以驅戰意在撓沮進軍李晟密奏恐其有變上憂之遣贄使懷光軍宣諭使還贄奏事曰賊泚稽誅保聚宮苑勢窮援絕引日偷生懷光揔仗順之軍乘制勝之氣鼓行芟翦易若摧枯而乃寇奔不追師老不用諸帥每欲進取懷光輒沮其謀據兹事情殊不可解陛下意在全護委曲聽從觀其所爲亦未知感若不別爲規略漸相制持唯以姑息求安終恐變故難測此誠事機危迫之秋也故不可以尋常容易處之今李晟奏請移軍適遇臣銜命宣慰懷光偶論此事臣遂泛問所宜懷光乃云李晟既欲別行某亦都不要藉臣猶慮有翻覆因美其軍強盛懷光大自矜夸轉有輕晟之意臣又從容問云昨發離行在之日未知有此商量今日從此却迴或恐聖旨顧問事之可否決定何如懷光已肆輕言不可中變遂云恩命許去事亦無妨要約再三非不詳審雖欲追悔固難爲詞伏望即以李晟表出付中書勑下依奏別賜懷光手詔示以移軍事由其手詔大意云昨得李晟奏請移軍城東以分賊勢朕緣未知利害本欲委卿商量適會陸贄從彼宣慰迴云見卿論叙軍情語及於此仍言許去事亦無妨遂勑本軍允其所請卿宜授以謀略分路夾攻務使叶齊尅平寇孽如此詞婉而直理當而明雖蓄異端何由起怨臣初奉使諭旨本緣糧料不均偶屬移軍事相諧會又幸懷光詭對且無阻絕之言機宜合并若有幽贊一失其便後何可追幸垂裁察德宗初望懷光迴意破賊故晟屢奏移軍不許及贄縷陳懷光反狀乃可晟之奏遂移軍東渭橋而鄜坊節度李建徽神策行營陽惠元猶在咸陽贄慮懷光併建徽等軍又奏曰懷光當管師徒足以獨制兇寇逗留未進抑有他由所患太強不資傍助比者又遣李晟李建徽陽惠元三節度之衆附麗其營無益成功祗憂生事何則四軍懸壘羣帥異心論勢力則懸絕高卑據職名則不相統屬懷光輕晟等兵微位下而忿其制不從心晟等疑懷光養寇蓄奸而怨其事多陵己端居則互防飛謗欲戰則遞恐分功齟齬不和嫌疊遂構俾之同處必不兩全強者惡積而後亡弱者勢危而先覆覆亡之禍翹足可期舊寇未平新患方起憂歎所切實堪疚心太上消慝於未萌其次救失於始兆況乎事情已露禍難垂成委而不謀何以制亂李晟見機慮變先請移軍就東建徽惠元勢轉孤弱爲其吞噬理在必然他日雖有良圖亦恐不能自拔拯其危急唯在此時今因李晟願行便遣合軍同往託言晟兵素少慮爲賊泚所邀藉此兩軍迭爲犄角仍先諭旨密使促裝詔書至營即日進路懷光意雖不欲然亦計無所施是謂先人有奪人之心疾雷不及掩耳者也夫制軍馭將所貴見情離合疾徐各有宜適當離者合之則召亂當合者離之則寡功當疾而徐則失機當徐而疾則漏策得其要契其時然後舉無敗謀措無危勢而今者屯兵而不肯爲用聚將而罔能叶心自爲鯨鯢變在朝夕留之不足以相制徒長厲階析之各競於擅能或成勳績事有必應斷無可疑德宗曰卿之所料極善然李晟移軍懷光心已惆悵若更遣建徽惠元就東則使得爲詞且俟旬時晟至東渭橋不旬日懷光果奪兩節度兵建徽單騎遁而獲免惠元中路被執害之報至行在人情大恐翌日移幸山南贄練達兵機率如此類二月從幸梁州轉諫議大夫依前充學士先是鳳翔衙將李楚琳乘涇師之亂殺節度使張鎰歸欵朱泚及奉天解圍楚琳遣使貢奉時方艱阻不獲已命爲鳳翔節度使然德宗忿其弑逆心不能容纔至漢中欲令渾瑊代爲節度贄諫曰楚琳之罪固不容誅但以乘輿未復大憝猶存勤王之師悉在畿內急宣速告晷刻是爭商嶺則道迂且遥駱谷復爲賊所扼僅通王命唯在褒斜此路若又阻艱南北便成隔絕以諸鎮危疑之勢居二逆誘脅之中恟恟羣情各懷向背賊勝則往我勝則來其間事機不容差跌儻楚琳發憾公肆猖狂南塞要衝東延巨猾則我咽喉梗而心膂分矣其勢豈不病哉上釋然開悟乃善待楚琳使優詔安慰其心德宗至梁欲以谷口已北從臣賜號曰奉天定難功臣谷口已南隨扈者曰元從功臣不選朝官一例俱賜贄奏曰破賊扞難武臣之効至如宮闈近侍班列員寮但馳走從行而已忽與介冑奮命之士俱號功臣伏恐武臣憤惋乃止李晟既收京城遣中使宣付翰林院具錄先散失宮人名字令草詔賜渾瑊遣於奉天尋訪以得爲限仍量與資糧送赴行在贄不時奉詔進狀論之曰頃以理道乖錯禍亂荐鍾陛下思咎懼災裕人罪己屢降大號誓將更新天下之人垂涕相賀懲忿釋怨煦仁戴明畢力同心共平多難止土崩於絕岸收版蕩於橫流殄寇清都不失舊物實由陛下至誠動於天地深悔感於神人故得百靈降康兆庶歸德苟不如此自古何嘗有捐棄宮闕失守宗祧繼逆於赴難之師再遷於蒙塵之日不踰半歲而復興大業者乎今渠魁始平法駕將返近自郊甸遠周寰瀛百役疲瘵之甿重戰傷殘之卒皆忍死扶病傾耳聳肩想聞德聲翹望聖澤陛下固當感上天悔禍之眷荷列祖垂裕之休念將士鋒刃之殃愍黎元塗炭之酷以致寇爲戒以居上爲危以務理爲憂以復宮爲急損之又損尚懼汰侈之易滋艱之惟艱猶患戒慎之難久謀始盡善克終已稀始而不謀終則何有夫以內人爲號蓋是中壼末流天子之尊富有宮掖如此等輩固繁有徒但恐傷多豈憂乏使翦除元惡曾未浹辰奔賀往來道途如織何必自虧君德首訪婦人又令資裝速赴行在萬目闚視衆口流傳恐非所以荅慶賴之心副惟新之望也夫事有先後義有重輕重者宜先輕者宜後武王剋殷有未及下車而爲之者有下車而爲之者蓋美其不失先後之宜也自翠華播越萬姓靡依清廟震驚三時乏祀當今所務莫大於斯誠宜速遣大臣馳傳先往迎復神主修整郊壇展禋享之儀申告謝之意然後弔恤死義慰犒有功綏輯黎烝優問耆耋安定反側寬宥脅從宣暢鬱堙褒獎忠直官失職之士復廢業之人是皆宜先不可後也至如崇飾服器繕緝殿臺備耳目之娛選巾櫛之侍是皆宜後不可先也散失內人已經累月既當離亂之際必爲將士所私其人若稍有知不求當自陳獻其人若甚無識求之適使憂虞自因寇亂喪亡頗有大於此者一聞搜索懷懼必多餘孽尚繁羣情未一因而善撫猶恐危疑若又懼之於何不爲君之體然也以小妨大明者不爲天下固多孌人何必獨在於此所令撰賜渾瑊詔書未敢順旨帝遂不降詔但遣使而已德宗還京轉中書舍人學士如故初贄受張鎰知得居內職及鎰爲盧杞所排贄常憂惴及杞貶黜始敢上書言事德宗好文益深顧遇奉天解圍後德宗言及違離宗廟嗚咽流涕曰致寇之由實朕之過贄亦流涕而對曰臣思致今日之患者羣臣之罪也贄意蓋爲盧杞趙贊等也上欲掩杞之失則曰雖朕德薄致茲禍亂亦運數前定事不由人贄又極言杞等罪狀上雖貌從心頗不說吳通微兄弟俱在翰林亦承德宗寵遇文章才器不迨贄而能交結權幸共短贄於上前故劉從一姜公輔自卑品蒼黃之中皆登輔相而贄爲朋黨所擠同職害其能加以言事激切動失上之歡心故久之不爲輔相其於議論應對明練理體敷陳剖判下筆如神當時名流無不推挹貞元初李抱眞入朝從容奏曰陛下幸奉天山南時赦書至山東宣諭之時士

卒無不感泣臣卽時見人情如此知賊不足平也時贄母韋氏在江東上遣中使迎至京師搢紳榮之俄丁母憂東歸洛陽寓居嵩山豐樂寺藩鎭賻贈及別陳餉遺一無所取與韋皐布衣時相善唯西川致遺奏而受之贄父初葬蘇州至是欲合葬上遣中使護其柩車至洛其禮遇如此免喪權知兵部侍郎依前充學士申謝日贄伏地而泣德宗爲之改容敘慰恩遇旣隆中外屬意爲輔弼而宰相竇參素忌贄贄亦短參之所爲言參黷貨繇是與參不平七年罷學士正拜兵部侍郎知貢舉時崔元翰梁肅文藝冠時贄輸心於肅肅與元翰推薦藝實之士昇第之日雖衆望不愜然一歲選士纔十四五數年之內居臺省淸近者十餘人八年四月竇參得罪以贄爲中書侍郎門下同平章事贄久爲邪黨所擠困而得位意在不負恩獎悉心報國以天下事爲已任上卽位之初用楊炎盧杞秉政樹立朋黨排擯良善卒致天下沸騰鑾輿奔播懲是之失貞元已後雖立輔臣至於小官除擬上必再三詳問久之方下及贄知政事請許臺省長官自薦屬官仍保任之事有曠敗兼坐舉主上許之俄又宣旨曰外議云諸司所舉多引用親黨兼通賂遺不得實才此法行之非便今後卿等宜自選擇勿用諸司延薦贄論奏曰臣實頑鄙一無所堪猥蒙任使待罪宰相雖懷竊位之懼且乏知人之明自揣庸虛終難上報唯知廣求才之路使賢者各以彙征啓至公之門令職司皆得自達旣蒙允許卽宜宣行南宮舉人纔至十數或非臺省舊吏則是使府佐僚累經薦延多歷事任論其資望旣不愧於班行考其行能又未聞于闕敗遽以騰口上煩聖聽道之難行亦可知矣陛下勤求理道務徇物情因謂舉薦非宜復委宰臣揀擇其爲崇任輔弼博採輿詞可謂聖德之盛者然於委任責成之道聽言考實之方閑邪存誠猶恐有闕陛下旣納臣言而用之旋聞橫議而止之於臣謀不責成於橫議不考實此乃謀失者得以辭其罪議曲者得以肆其誣率是而行觸類而長固無必定之計亦無必實之言計不定則理道難成言不實則小人得志國家之病常必由之昔齊桓公問管仲害霸之事對曰得賢不能任害霸也用而不能終害霸也與賢人謀事而與小人議之害霸也爲小人者不必悉懷險詖故覆邦家蓋以其意性回邪趣向狹促以沮議爲出衆以自異爲不羣趨近利而昧遠圖効小信而傷大道況又言行難保恣其非心者乎伏以宰輔常制不過數人人之所知固有限極不能遍諳諸士備閱羣才若令悉命羣官理須展轉詢訪是則變公舉爲私薦易明敭爲暗投儻如議者之言所舉多有情故舉于君上且未絕私薦於宰臣安肯無詐失人之弊必又甚焉所以承前命官罕有不涉私謗雖則秉鈞不一或自行情亦由私訪所親轉爲所賣其弊非遠聖鑒明知今又將徇浮言專任宰臣除吏宰臣不徧諳識踵前須訪於人若訪親朋則是悔其覆車不易故轍若訪於朝列則是求其私薦不如公舉之愈也二者利害惟陛下更詳擇焉恐不如委任長官慎揀僚屬所揀旣少所求亦精得賢有鑑識之名失實當暗謬之責人之常性莫不愛身況於臺省長官皆是當朝華選孰肯徇私妄舉以傷名取責者耶所謂臺省長官卽僕射尚書左右丞侍郎及御史大夫中丞是也陛下比擇輔相多亦出於其中今之宰臣則往日臺省長官也今之臺省長官乃將來之宰臣也但是職名暫異固非行業頓殊豈有爲長官之時不能舉一二屬吏居宰臣之位則可擇千百具僚物議悠悠其惑斯甚夫求才貴廣考課貴精求廣在於各舉所知長吏之薦擇是也貴精在於按名責實宰臣之序進是也往者則天太后踐祚臨朝欲收人心尤務拔擢弘委任之意開汲引之門進用不疑求訪無倦非但人得薦士亦許自舉其才所薦必行所舉輒試其於選士之道豈不傷於容易哉而課責旣嚴進退皆速不肖者旋黜才能者驟昇是以當代謂知人之明累朝賴多士之用此乃近於求才貴廣考課貴精之効也陛下誕膺寶曆思致理平雖好賢之心有踰於前哲而得人之盛未逮於往時蓋由賞鑒獨任於聖聰搜擇頗難於公舉仍啓登延之路罕施練覈之方遂使先進者漸益凋訛後來者不相接續施一令則謗沮互起用一人則瘡痏立成此乃失於選才太精制法不一之患也則天舉用之法傷易而得人陛下慎揀之規太精而失士陛下選任宰相必異於庶官精擇長官必愈於末品及至宰相獻規長吏薦士陛下卽但納橫議不稽始謀是乃任以重者輕其言待以輕者重其事且又不辨所毀之虛實不校所試之短長人之多言何所不至是將使人無所措其手足豈獨選任之道失其端而已乎上雖嘉其所陳長官薦士之詔竟追寢之國朝舊制吏部選人每年調集自乾元已後屬宿兵于野歲或凶荒遂三年一置選由是選人停擁其數猥多文書不接眞僞難辨吏緣爲姧注授乖濫而有十年不得調者贄奏吏部分內外官員爲三分計闕集人每年置選故選司之弊十去七八天下稱之贄與賈耽盧邁趙憬同知政事百司有所申覆皆更讓不言可否舊例宰臣當旬秉筆決事每十日一易贄請準故事令秉筆者以應之又以河隴陷蕃已來西北邊常以重兵守備謂之防秋皆河南江淮諸鎭之軍也更番往來疲於戍役贄以中原之兵不習邊事及扞虜戰賊多有敗衄又苦邊將名目太多諸軍統制不一緩急無以應敵乃上疏論其事曰臣歷觀前代書史皆謂鎭撫四夷宰相之任不揆闇劣屢敢上言誠以備邊禦戎國家之重事理兵足食備禦之大經兵不治則無可用之師食不足則無可固之地理兵在制置得所足食在斂導有方陛下幸聽愚言先務積穀人無加賦官不費財坐致邊儲數逾百萬諸鎭收糴今已向終分貯軍城用防艱急縱有寇戎之患必無乏絕之憂守此成規以爲永制常收冗費益贍邊農則更經二年可積十萬人三歲之糧矣足食之原粗立理兵之術未精敢議籌量庶備採擇伏以戎狄爲患自古有之其於制禦之方得失之論備存史籍可得而言大抵尊卽序者則曰非德無以化要荒曾莫知威不立則德不能馴也樂武威者則曰非兵無以服凶獷曾莫知德不修則兵不可恃也務和親者則曰要結可以睦隣好曾莫知我結之而彼復解也美長城者則曰設險可以固邦國而扞寇讎曾莫知力不足兵不堪則險之不能有也尚薄伐者則曰驅遏可以禁侵暴而省征徭曾莫知兵不銳壘不完則遏之不能勝驟之不能去也議邊之要略盡於斯雖互相譏評然各有偏駮聽一家之說則例理可徵考歷代所行則成敗異効是由執常理以御其不常之勢徇所見而昧於所遇之時夫中夏有盛衰夷狄有強弱事機有利害措置有安危故無必定之規亦無長勝之法夏后以序戎而聖化茂古公以避狄而王業興周城朔方而獫狁攘秦築臨洮而宗社覆漢武討匈奴而貽悔太宗征突厥而致安文景約和親而不能弭患於當年宣元弘撫納而足以保寧於累葉蓋以中夏之盛衰異勢夷狄之強弱異時事機之利害異情措置之安危異便知其事而不度其時則敗附其時而不失其稱則成形變不同胡可專一夫以中國強盛夷狄衰微而能屈膝稱臣歸心受制拒之則阻其嚮化威之則類於殺降安得不存而撫之卽而序之也又如中國強盛夷狄衰微而尚棄信姧盟蔑恩肆毒諭之不變責之不懲安得不取亂推亡息人固境也其有遇中國喪亡之弊當夷狄強盛之時圖之則彼釁未萌禦之則我力不足安得不卑詞降禮約好通和啗之以親紓其交禍縱不必信且無大侵雖非禦戎之善經蓋時事亦有不得已也儻或夷夏之勢強弱適同撫之不寧威之不靖力足以自保不足以出攻得不設險以固軍訓師以待寇來則薄伐以遏其深入去則攘斥而戒於遠追雖爲安邊之令圖蓋勢力亦有不得不然也故夏之卽序周之于攘太宗之翦亂皆乘其時而善用其勢也古公之避狄文景之和親神堯之降禮皆順其時而不失其稱也秦皇之長城漢武之窮討皆知其事而不度其時者也向若遇孔熾之勢行卽序之方則見侮而不從矣乘可取之資懷畏避之志則失機而養寇矣有攘却之力用和親之謀則示弱而勞費矣當降屈之時務翦伐之略則召禍而危殆矣故曰知其事而不度其時則敗附其時而不失其稱則成是無必定之規亦無長勝之法得失著効不其然歟至於察安危之大情計成敗之大數百代之不變易者蓋有之矣其要在於失人肆欲則必蹙任人從衆則必全此乃古今所同而物理之所壹也國家自祿山搆亂河隴用兵以來肅宗中興撤邊備以靖中邦借外威以寧內難於是吐蕃乘釁呑噬無猒廻紇矜功憑陵亦甚中國不遑振旅四十餘年使傷耗遺甿竭力蠶織西輸賄幣北償馬資尚不足塞其煩言滿其驕志復乃遠徵士馬列戍疆陲猶不能遏其奔衝止其侵侮小入則驅略黎庶深入則震驚邦畿時有議安邊策者多務於所難而忽於所易勉於所短而略於所長遂使所易所長者行之而其要不精所難所短者圖之而其功靡就憂患未弭職斯之由夫制敵行師必量事勢勢有難易事有先後力大而敵脆則先其所難是謂奪人之心暫勞而永逸者也力寡而敵堅則先其所易是謂固國之本觀釁而後動者也頃屬多故人勞未瘳而欲廣發師徒深踐寇境復其侵地攻其堅城前有勝負未必之虞後有餽運不繼之患儻或撓敗適所以啓戎心而挫國威以此爲安邊之謀可謂不量事勢而務於所難矣天之授者有分事無全功地之產者有物宜無兼利是以五方之俗長短各殊長者不可踰短者不可企勉所短而敵其所長必殆用所長而乘其所短必安強者乃以水草爲邑居以射獵供飲茹多馬而尤便馳突輕生而不恥敗亡此戎狄之所長也戎狄之所長乃中國之所短而欲益兵蒐乘角力爭驅交鋒原野之間決命尋常之內以此爲禦寇之術可謂勉所短而校其所長矣務所難勉

所短勞費百倍終於無成雖果成之不挫則廢豈不以越天授而違地產虧時勢以反物宜者哉將欲去危就安息費從省在愼守所易精用所長而已若乃擇將吏以撫寧衆庶修紀律以訓齊師徒耀德以佐威能邇以柔遠禁侵抄之暴以彰吾信抑攻取之議以安戎心彼求和則善待而勿與結盟彼爲寇則嚴備而不務報復此當今之所易也賤力而貴智惡殺而好生輕利而重人忍小以全大安其居而後動俟其時而後行是以修封疆守要害塹蹊隧壘軍營謹禁防明斥候務農以足食練卒以蓄威非萬全不謀非百尅不鬬寇小至則張聲勢以遏其入寇大至則謀其人以邀其歸據險以乘之多方以悞之使其勇無所加衆無所用掠則靡獲攻則不能進有腹背受敵之虞退有首尾難救之患所謂乘其弊不戰而屈人之兵此中國之所長也我之所長乃戎狄之所短我之所易乃戎狄之所難以長制短則用力寡而見功多以易敵難則財不匱而事速就捨此不務而反爲所乘斯謂倒持戈矛以鐏授寇者也今則皆務之矣猶且守封未固寇戎未懲者其病在於謀無定用衆無適從所任不必才才者不必任所聞不必實實者不必聞所信不必誠誠者不必信所行不必當當者未必行故令措置乖方課責虧度財匱於兵衆力分於將多怨生於不均機失於遙制臣請爲陛下粗陳六者之失惟明主愼聽而熟察之臣聞工欲善其事必先利其器武欲勝其敵必先練其兵練兵之中所用復異用之於救急則權以紓難用之於暫敵則緩以應機故事有便宜而不拘常制謀有奇詭而不徇衆情進退死生唯將所命此所謂攻討之兵也用之於屯戍則事資可久勢異從權非物理所愜不寧非人情所欲不固夫人情者利焉則勸習焉則安保親戚則樂生顧家業則忘死故可以理術馭不可以法制驅此所謂鎮守之兵也夫欲備封疆禦戎狄非一朝一夕之事固當選鎮守之兵以置焉古之善選置者必量其性習辨其土宜察其伎能知其欲惡用其力而不違其性齊其俗而不易其宜引其善而不責其所不能禁其非而不處其所不欲而又類其紀伍安其室家然後能使之樂其居定其志奮其氣勢結其恩情撫之以惠則感而不驕臨之以威則肅而不怨靡督課而人自爲用弛禁防而衆自不攜故出則足兵居則足食守則固戰則强其術無他便於人情而已矣今者散徵士卒分戍邊陲更代往來以爲守備是則不量性習不辨土宜邀其所不能强其所不欲求廣其數而不考其用將致其力而不察其情斯可以爲羽衞之儀而無益於備禦之實也何者窮邊之地千里蕭條寒風裂膚驚沙慘目與豺狼爲鄰伍以戰鬬爲嬉遊晝則荷戈而耕夜則倚烽而覘日有剽害之慮永無休暇之娛地惡人勤於斯爲甚自非生於其域習於其風幼而覩焉長而安焉不見樂土而遷焉則罕能寧其居而狎其敵也關東之地百物阜殷從軍之徒尤被優養慣於温飽狎於歡康比諸邊隅若異天地聞絶塞荒陬之苦則辛酸動容聆强蕃勁虜之名則懾駭奪氣而乃使之去親族捨園廬甘其所辛酸抗其所懾駭將冀爲用不亦疏乎矧又有休代之期無統帥之馭資奉若驕子姑息如倩人進不邀之以成功退不處之以嚴憲其來也咸負得色其止也莫有固心屈指計歸張頤待飼徼倖者猶患還期之賖緩常念戎醜之充斥王師挫傷則將乘其亂離布路東潰情志且爾得之奚爲平居則殫耗資儲以奉浮冗之衆臨難則拔棄城鎮以搖遠近之心其弊豈惟無益哉固亦將有所撓也復有抵犯刑禁謫徙軍城意欲增戶實邊兼令展効自贖既是無良之類且加懷土之情思亂幸災又甚戍卒適足煩於防衞諒無望於功庸雖前代時或行之固非良算之可遵者也復有擁旄之帥身不臨邊但分偏師俾守疆埸大抵軍中壯鋭元戎例選自隨委其疲羸乃配諸鎮節將既居內地精兵祇備紀綱遂令守要禦衝常在寡弱之輩寇戎每至乃勢不支入壘者纔足閉關在野者悉遭劫執恣其芟蹂盡其搜毆比及都府聞知虜已尅獲旋返且安邊之本所切在兵理兵若斯可謂措置乖方矣夫賞以存勸罰以示懲勸以懋有庸懲以威不恪故賞罰之於馭衆也猶繩墨之於曲直權衡之揣重輕輗軏之所以行車銜勒之所以服馬也馭衆而不用賞罰則善惡相混而能否莫殊用之而不當功過則姦妄寵榮而忠實擯抑夫如是若聰明可衒律度無章則用與不用其弊一也自頃權移於下柄失於朝將之號令既鮮克行之於軍國之典章又不能施之於將務相遵養苟度歲時欲賞一有功翻慮無功者反側欲罰一有罪復慮同惡者憂虞罪以隱忍而不彰功以嫌疑而不賞姑息之道乃至於斯故使忘身効節者獲誚於等夷率衆先登者取怨於士卒僨軍蹙國者不懷於愧畏緩救失期者自以爲智能褒貶既闕而不行稱毀復紛然相亂人雖欲善誰爲言之況又公忠者直己而不求於人反罹困厄敗撓者行私而苟媚於衆例獲優崇此義士所以痛心勇夫所以解體也又有遇敵而所守不固陳謀而其効靡成將帥則以資糧不足爲詞有司復以供給無闕爲解既相執證理合辨明朝廷每爲含糊未嘗窮究曲直措理者吞聲而靡訴誣善者罔上而不慙馭衆若斯可謂課責虧度矣課責虧度措置乖方將不得竭其材卒不得盡其力屯集雖衆戰陣莫前虜每越境横行若涉無人之地遞相推倚無敢誰何虛張賊勢上聞則曰兵少不敵朝廷莫之省察惟務徵發益師無裨備禦之功重增供億之弊閭井日耗徵求日繁以編戶傾家破產之資兼有司榷鹽稅酒之利總其所入半以事邊制用若斯可謂材匱於兵衆矣今四夷之最强盛爲中國甚患者莫大於吐蕃舉國勝兵之徒纔當中國十數大郡而已其於內虞外備亦與中國不殊所能寇邊數則蓋寡且又器非犀利甲不堅完識迷韜鈐藝乏趫敏動則中國畏其衆而不敢抗靜則中國憚其强而不敢侵厥理何哉良以中國之節制多門蕃醜之統帥專一故也夫統帥專則人心不分人心不分則號令不貳號令不貳則進退可齊進退可齊則疾徐如意疾徐如意則機會靡愆機會靡愆則氣勢自壯斯乃以少爲衆以弱爲强變化翕闢在於反掌之內是猶臂之使指心之制形若所任得人則何敵之有夫節制多門則人心不一人心不一則號令不行號令不行則進退難必進退難必則疾徐失宜疾徐失宜則機會不及機會不及則氣勢自衰斯乃勇廢爲尫衆散爲弱逗撓離析兆乎戰陣之前是猶一國三公十羊九牧欲令齊肅其可得乎開元天寶之間控禦西北兩蕃唯朔方河西隴右三節度而已猶慮權分勢散或使兼而領之中興已來未遑外討僑隸四鎮於安定權附隴右於扶風所當西北兩蕃亦朔方涇原隴右河東節度而已關東戍卒至則屬焉雖委任未盡得人而措置尚存典制自頃逆泚誘涇隴之衆叛懷光汙朔方之軍割裂誅鋤所餘無幾而又分朔方之地建牙擁節者凡三使焉其餘鎮軍數且四十皆承特詔委寄各降中貴監臨人得抗衡莫相稟屬每俟邊書告急方令計會用兵既無軍法下臨唯以客禮相待是乃從容拯溺揖讓救焚冀無阽危固亦難矣夫兵以氣勢爲用者也氣聚則盛散則消勢合則威析則弱今之邊備勢弱氣消建軍若斯可謂力分於將多矣理戎之要最在均齊故軍法無貴賤之差軍實無多少之異是將所以同其志而盡其力也如或誘其志意勉其藝能則當閱其材程其勇校其勞逸度其安危明申練覆優劣之科以爲衣食等級之制使能者企及否者息心雖有薄厚之殊而無觖望之釁蓋所謂日省月試餼稟均事如權量之無情於物萬人莫不安其分而服其平也今者窮邊之地長鎮之兵皆百戰傷夷之餘終年勤苦之劇角其所能則練習度其所處則孤危考其服役則勞察其臨敵則勇然衣糧所給唯止當身例爲妻子所分常有凍餒之色而關東戍卒歲月踐更不安危城不習戎備怯於應敵懈於服勞然衣糧所頒厚踰數等繼以茶藥之饋益以蔬醬之資豐約相形懸絶斯甚又有素非禁旅本是邊軍將校詭爲媚詞因請遙隸神策不離舊所唯改虛名其於稟賜之饒遂有三倍之益此儔類所以忿恨忠良所以憂嗟疲人所以流亡經費所以褊匱夫事業未異而給養有殊人情之所不能甘也況乎矯佞行而稟賜厚績藝劣而衣食優苟未忘懷能無慍怒不爲戎首則已可嘉而欲使其叶力同心以攘寇難雖有韓白孫吳之將臣知其必不能焉養士若斯可謂怨生於不均矣凡欲選任將帥必先考察行能然後指以所授之方語以所委之事令其自揣可否自陳規模須某色甲兵藉某人參佐要若干士馬用若干資糧某處置軍某時成績始終要領悉俾經綸於是觀其計謀校其聲實若謂材無足取言不可行則當退之於初不宜貽慮於其後也若謂志氣足任方畧可施則當要之於終不宜掣肘於其間也夫如是則疑者不使使者不疑勞神於選才端拱於委任既委其事既足其求然後可以覈其否臧行其賞罰受賞者不以爲濫當罰者無得而辭付授之柄既專苟且之心自息是以古之遣將帥者君親推轂而命之曰自閫以外將軍裁之又賜鈇鉞示令專斷故軍容不入國國容不入軍將在軍君命有所不受誠謂機宜不可以遠決號令不可以兩從未有委任不專而望其尅敵成功者也自頃邊軍去就裁斷多出宸衷選置戎臣先求易制多其部以分其力輕其任以弱其心雖有所懲亦有所失遂令分閫責成之義廢死綏任咎之志衰一則聽命二亦聽命爽於軍情亦聽命乖於事宜亦聽命若所置將帥必取於承順無違則如斯可矣若有意乎兇靖難則不可夫兩境相接兩軍相持事機之來間不容息蓄謀而俟猶恐失之臨時始謀固已疏矣況乎千里之遠九重之深陳述之難明聽覽之不一欲其事無遺策雖聖者亦有所不能焉設使謀慮能周其加權變無及戎虜馳突迅如風飆驛書上聞旬月方報守土者以

兵寡不敢抗敵分鎮者以無詔不肯出師逗留之間寇已奔逼託於救援未至各且閉壘自全牧馬屯牛鞠為椎剽穡夫樵婦罄作俘囚雖詔諸鎮發兵唯以虛聲應援互相瞻顧莫敢遮邀賊既縱掠退歸此乃陳功告捷其敗喪則減百而為一其捃獲則張百而成千將帥既幸於總制在朝不憂於罪累陛下又以為大權由己不究事情用師若斯可謂機失於遙制矣理兵而措置乖方馭將而賞罰虧度制用而財匱建兵而力分養士而怨生用師而機失此六者疆埸之蟊賊軍旅之膏肓也蟊賊不除而但滋之以糞溉膏肓不療而唯啗之以滑甘適足以養其害速其災欲求稼穡豐登膚革充美固不可得也臣愚謂宜罷諸道將士番替防秋之制率因舊數而三分之其一分委本道節度使募少壯願住邊城者以徙焉其一分則本道但供衣糧委關內河東諸軍州募蕃漢子弟願傳邊軍者以給焉又一分亦令本道但出衣糧加給應募之人以資新徙之業又令度支散於諸道和市耕牛兼雇召工人就諸軍城繕造器具募人至者每家給耕牛一頭又給田農水火之器皆令充備初到之歲與家口二人糧并賜種子勸之播植待經一稔俾自給家若有餘糧官為收糴各酬倍價務奬營田既息踐更徵發之煩且無幸災苟免之弊寇至則人自為戰時至則家自力農是乃兵不得不強食不得不足與夫倏來忽往豈可同等而論哉臣又謂宜擇文武能臣一人為隴右元帥應涇隴鳳翔長武城山南西道等節度管內兵馬悉以屬焉又擇一人為朔方元帥應鄜坊邠寧靈夏等節度管內兵馬悉以屬焉又擇一人為河東元帥河東振武等節度管內兵馬悉以屬焉三帥各選臨邊要會之州以為理所見置節度有非要者隨所便近而併之唯元帥得置統軍餘並停罷其三帥部內太原鳳翔等府及諸部戶口稍多者慎揀良吏以為尹守外奉師律內課農桑俾為軍糧以壯戎府理兵之宜既得選帥之授既明然後減姧濫虛浮之費以豐財定衣糧等級之制以和衆弘委任之道以宣其用懸賞罰之典以考其成而又慎守中國之所長謹行當今之所易則八利可致六失可除如是而戎狄不威懷疆埸不寧謐者未之有也諸侯軌道庶類服從如是而教令不行天下不理者亦未之有也以陛下之英鑒民心之思安四方之小休兩寇之方靜加以頻年豐稔所在積糧此皆天贊國家可以立制垂統之時也時不久居事不常兼已過而追雖悔無及明主者不以言為罪不以人廢言罄陳狂愚惟所省擇德宗極深嘉納優詔褒獎之贄在中書政不便於時者多所條奏德宗雖不能皆可而心頗重之初竇參既貶郴州節度使劉士寧餉參絹數千匹湖南觀察使李巽與參有隙具事奏聞德宗不悅會右庶子姜公輔於上前聞奏稱竇參嘗語臣云陛下怒臣未已德宗怒再貶參竟殺之時議云公輔奏竇參語得之於贄云參之死贄有力焉又素惡于公異于邵既輔政而逐之談者亦以為阨戶部侍郎判度支裴延齡姧宄用事天下嫉之如讎以得幸於天子無敢言者贄獨以身當之屢於延英面陳其不可累上疏極言其弊延齡日加譖毀十年十二月除太子賓客罷知政事贄性畏慎及策免私居朝謁之外不通賓客無所過從十一年春旱邊軍芻粟不給具事論訴延齡言贄與張滂李充等搖動軍情語在延齡傳德宗怒將誅贄等四人會諫議大夫陽城等極言論奏乃貶贄為忠州別駕贄初入翰林特承德宗異顧歌詩戲狎朝夕陪遊及出居艱阻之中雖有宰臣而謀猷參決多出於贄故當時目為內相從幸山南道途艱險扈從不及與帝相失一夕不至上喻軍士曰得贄者賞千金翌日贄謁見上喜形顏色其寵待如此既與二吳不協漸加浸潤恩禮稍薄及通玄敗上知誣枉遂復見用贄以受人主殊遇不敢愛身事有不可極言無隱朋友規之以為太峻贄曰吾上不負天子下不負吾所學不恤其他精於吏事斟酌決斷不失錙銖嘗以詞詔所出中書舍人之職軍興之際促迫應務權令學士代之朝野乂寧合歸職分其命將相制詔却付中書行遣又言學士私臣玄宗初令待詔止於唱和文章而已物議是之德宗以贄指斥通微通玄故不可其奏贄在忠州十年常閉關靜處人不識其面復避謗不著書家居瘴鄉人多癘疫乃抄撮方書為陸氏集驗方五十卷行於代初贄秉政貶駕部員外郎李吉甫為明州長史量移忠州刺史贄在忠州與吉甫相遇昆弟門人咸為贄憂而吉甫忻然厚禮都不銜前事以宰相禮事之猶恐其未信不安日與贄相狎若平生交契者贄初猶慚懼後乃深交時論以吉甫為長者後有薛延者代吉甫為刺史延朝辭日德宗令宣旨慰安而韋皐累上表請以贄代己順宗即位與陽城鄭餘慶同詔徵還詔未至而贄卒時年五十二贈兵部尚書謚曰宣子簡禮登進士第累辟使府

史臣曰近代論陸宣公比漢之賈誼而高邁之行剛正之節經國成務之要激切仗義之心初蒙天子重知末塗淪躓皆相類也而誼止中大夫贄及台鉉不為不遇矣昔公孫鞅挾三策說秦王淳于髡以隱語見齊君從古以還正言不易昔周昭戒急論議正為此也贄居珥筆之列調飪之地欲以片心除衆弊獨手遏羣邪君上不亮其誠羣小共攻其短欲無放逐其可得乎詩稱其維哲人告之話言又有誨爾聽我之恨此皆賢人君子歎言不見用也故堯咨禹拜千載一時攜手提耳豈容易哉

贊曰良臣悟主我有嘉猷多僻之君為善不周忠言救失啓沃曰讎勿貽天問蒼昊悠悠

# 舊唐書卷一百四十

後晉司空同中書門下平章事劉 昫撰

## 列傳第九十

韋皐 劉闢附 張建封 盧羣

韋皐字城武京兆人大曆初以建陵挽郎調補華州參軍累授使府監察御史宰相張鎰出為鳳翔隴右節度使奏皐為營田判官得殿中侍御史權知隴州行營留後事建中四年涇師犯闕德宗幸奉天鳳翔兵馬使李楚琳殺張鎰以府城叛歸於朱泚隴州刺史郝通奔于楚琳先是朱泚自范陽入朝以甲士自隨後泚為鳳翔節度使既罷留范陽五百人戍隴州而泚舊將牛雲光督之時泚既以逆徒圍奉天雲光因稱疾請皐為帥將謀亂擒皐以赴泚皐將翟曄伺知之白皐為備雲光知事洩遂率其兵以奔泚行及汧陽遇泚家僮蘇玉將使于皐所蘇玉謂雲光曰太尉已登寶位使我持詔以韋皐為御史中丞君可以兵歸隴州皐若承命即為吾人如不受詔彼書生可以圖之事無不濟矣乃反旆疾趨隴州皐迎勞之先納蘇玉受其偽命乃問雲光曰始不告而去今又來何也雲光曰前未知公心故潛去知公有新命今乃復還願與公戮力定功同其生死皐曰善又謂雲光曰大使苟不懷詐請納器甲使城中無所危疑乃可入雲光以書生待皐且以為信然乃盡付弓矢戈甲皐既受之乃內其兵明日皐犒宴蘇玉雲光之卒於郡舍伏甲於兩廊酒既行伏發盡誅之斬雲光蘇玉首以徇泚又使家僮劉海廣以皐為鳳翔節度使皐斬海廣及從者三人生一人使報泚於是詔以皐為御史大夫隴州刺史置奉義軍節度以旌之皐遣從兄平及弇繼入奉天城城中聞皐有備士氣增倍皐乃築壇于廷血牲與將士等盟曰上天不弔國家多難逆臣乘間盜擬宮闈而李楚琳亦扇兇徒傾陷城邑酷虐所加爰及本使既不事上安能卹下皐是用激心憤氣不遑底寧誓與羣公竭誠王室凡我同盟一心協力仗順除兇先祖之靈必當幽贊言誠則志合義感則心齊粉骨糜軀決無所顧有渝此志明神殛之迨於子孫亦罔遺類皇天后土當兆斯言又遣使入吐蕃求援十一月加檢校禮部尚書興元元年德宗還京徵為左金吾衛將軍尋遷大將軍貞元元年拜檢校戶部尚書兼成都尹御史大夫劍南西川節度使代張延賞皐以雲南蠻衆數十萬與吐蕃和好蕃人入寇必以蠻為前鋒四年皐遣判官崔佐時入南詔蠻說令向化以離吐蕃之助佐時至蠻國羊咀咩城其王異牟尋忻然接遇請絕吐蕃遣使朝貢其年遣東蠻鬼主驃傍苴夢衝苴烏等相率入朝南蠻自嶲州陷沒臣屬吐蕃絕朝貢者二十餘年至是復通五年皐遣大將王有道簡習精卒以入蕃界與東蠻於故嶲州臺登北谷大破吐蕃青海臘城二節度斬首二千級生擒籠官四十五人其投崖谷而死者不可勝計蕃將乞藏遮遮者蕃之驍將也久為邊患自擒遮遮城柵無不降數年之內終復嶲州以功加吏部尚書九年朝廷築鹽州城慮為吐蕃掩襲詔皐出兵牽維之乃命大將董勔張芬出西山及南道破峨和城通鶴軍吐蕃南道元帥論莽熱率衆來援又破之殺傷數千人焚定廉城凡平堡柵五十餘所以功進位檢校右僕射皐又招撫西山羌女訶陵白狗逋租弱水南王等八國酋長入貢闕廷十一年九月加統押近界諸蠻西山八國兼雲南安撫等使十二年二月就加同中書門下平章事十三年收復嶲州城十六年皐命將出軍累破吐蕃於黎嶲二州吐蕃怒遂大搜閱築壘造舟欲謀入寇皐悉挫之於是吐蕃酋帥兼監統曩貢臘城等九節度嬰籠官馬定德與其大將八十七人舉部落來降定德有計略習知兵法及山川地形吐蕃毎用兵定德常乘驛計事蕃中諸將稟其成算至是自以扞邊失律懼得罪而歸心焉十七年吐蕃昆明城管些蠻千餘戶又降贊普以其衆外潰遂北寇靈朔陷麟州德宗遣使至成都府令皐出兵深入蕃界皐乃令鎮靜軍使陳泊等統兵萬人出三奇路威戎軍使崔堯臣兵千人出龍溪石門路南維保二州兵馬使仇冕保霸二州刺史董振等兵二千趨吐蕃維州城中北路兵馬使邢玼等四千趨吐蕃棲雞老翁城都將高倜王英俊兵二千趨故松州隴東兵馬使元膺兵八千人出南道雅邛黎嶲路又令鎮南軍使韋良金兵一千三百續進雅州經畧使路

惟明等兵三千趨吐蕃租松等城，黎州經畧使王有道兵二千人過大渡河深入蕃界，嶲州經畧使陳孝陽兵馬使何大海韋義等及磨些蠻東蠻二部落主苴那時等兵四千進攻昆明城諾濟城。自八月出軍齊入，至十月，破蕃兵十六萬，拔城七，軍鎮五，戶三千，擒生六千，斬首萬餘級，遂進攻維州。救軍再至，轉戰千里，蕃軍連敗。於是寇靈朔之衆引而南下，贊普遣論莽熱以內大相兼東境五道節度兵馬都羣牧大使，率雜虜十萬而來解維州之圍。蜀師萬人據險設伏以待之，先出千人挑戰。莽熱見我師之少，悉衆追之，發伏掩擊，鼓譟雷駭，蕃兵自潰，生擒論莽熱，虜衆十萬，殲夷者半。是歲十月，遣使獻論莽熱于朝，德宗數而釋之，賜第於崇仁里。皋以功加檢校司徒、兼中書令，封南康郡王。順宗即位，加檢校太尉。順宗久疾，不能臨朝聽政，宦者李忠言、侍碁待詔王叔文、侍書待詔王伾等三人頗干國政，高下在心。皋乃遣支度副使劉闢使於京師，闢私謁王叔文曰：「太尉使致誠於足下，若能致某都領劍南三川，必有以相酬；如不留意，亦有以奉報。」叔文大怒，將斬闢以徇，韋執誼固止之，闢乃私去。皋知王叔文人情不附，又知與韋執誼有隙，自以大臣可議社稷大計，乃上表請皇太子監國曰：「臣聞上承宗廟，下鎮黎元，永固無疆，莫先儲兩。伏聞聖明以山陵未祔，哀毀逾制，心勞萬幾，伏計旬月之間，未甚痊復。皇太子睿質已長，淑問日彰，四海之心，實所倚賴。伏望權令皇太子監撫庶政，以俟聖躬痊平，一日萬幾，免令壅滯。」又上皇太子牋曰：「殿下體重離之德，當儲貳之重，所以克昌九廟，式固萬方，天下安危，繫於殿下。皋位居將相，志切匡扶，先朝獎知，早承恩顧，人臣之分，知無不爲，願上荅眷私，罄輸肝鬲。伏以聖上嗣膺鴻業，睿哲英明，攀感先朝，志存孝理，諒闇之際，方委大臣，但付託偶失於善人，而參決多虧於公政。今羣小得志，隳紊紀綱，官以勢遷，政由情改，朋黨交構，熒惑宸聰，樹置腹心，遍於貴位，潛結左右，難在蕭墻。國賦散於權門，王稅不入天府，褻慢無忌，高下在心，貨賄流聞，遷轉失敘，先聖屏黜贓犯之類，咸擢居省寺之間，至令忠臣隕涕，正人結舌，遐邇痛心，人知不可，伏恐奸雄乘便，因此謀動干戈，危殿下之家邦，傾太宗之王業。伏惟太宗櫛沐風雨，經營廟朝，將垂二百年，欲及千萬祀，而一朝使叔文奸佞之徒，侮弄朝政，恣其胷臆，坐致傾危。臣每思之，痛心疾首。伏望殿下斥逐羣小，委任賢良，慺慺血誠，輸寫於此。」太子優令荅之。而裴均、嚴綬牋表繼至，由是政歸太子，盡逐伾、文之黨。是歲，暴疾卒，時年六十一。贈太師，廢朝五日。皋在蜀二十一年，重賦斂以事月進，卒致蜀土虛竭，時論非之。其從事累官稍崇者，則奏爲屬郡刺史，或又署在府幕，多不令還朝，蓋不欲洩所爲於闕下故也。故劉闢因皋故態，圖不軌以求三川，厲階之作，蓋有由然。皋兄聿，時爲國子司業。劉闢與盧文若據西川叛，皋姪行式先娶文若妹，而聿不奏。旣收行式，以其妻沒官，詔御史臺按聿，聿下獄。有司以行式妻在遠，不與兄同情，不當連坐，詔歸行式妻而釋聿。

劉闢者，貞元中進士擢第，宏詞登科，韋皋辟爲從事，累遷至御史中丞、支度副使。永貞元年八月，韋皋卒，闢自爲西川節度留後，率成都將校上表請降節鉞，朝廷不許，除給事中，便令赴闕。闢不奉詔。時憲宗初即位，以無事息人爲務，遂授闢檢校工部尚書，充劍南西川節度使。闢益兇悖，出不臣之言，而求都統三川，與同幕盧文若相善，欲以文若爲東川節度使，遂舉兵圍梓州。憲宗難於用兵，宰相杜黄裳奏：「劉闢一狂蹶書生耳，王師鼓行而俘之，兵不血刃。臣知神策軍使高崇文驍果可任，舉必成功。」帝數日方從之。於是令高崇文、李元奕將神策京西行營兵相續進發，令與嚴礪、李康掎角相應以討之，仍許其自新。元和元年正月，崇文出師；三月，收復東川。乃下詔曰：「朕聞皇祖玄元之誡曰：兵者凶器也，不得已而用之。恭惟聖謨，常所祇服，故惟文誥有所不至，誠信有所未孚，始務安人，必能恐耻，朕之此志，亦可明徵。近者德宗皇帝舉柔服之規，授宰衡之傑，弘我廟勝，遂康巴庸，故得南詔入貢，西戎寢患。成績始究，元臣喪亡，劉闢乘此變故，坐邀符節。朕以成狂命者，雖乖於理體；從權便者，所冀於輯寧。竟乖卿士之謀，遂允倖求之志，朕之於闢，恩亦弘矣。曾不知恩，負牛羊之力，飽則逾兇；畜梟獍之心，馴之益悖。誑惑士伍，圍逼梓州，誘陷戎臣，塞絕劍路，師徒所至，燒劫無遺，干紀之辜，擢髮難數。朕爲人司牧，字彼黎元，如闢之罪，非朕敢捨，可削奪在身官爵。」六月，崇文破鹿頭關，進收漢州；九月，崇文收成都府。劉闢以數十騎遁走，投水不死，騎將酈定進入水擒闢於成都府西洋灌田。盧文若先自刃其妻子，然後縋石投江，失其屍。闢檻送京師，在路飲食自若，以爲不當死。及至京西臨皋驛，左右神策兵士迎之，以帛繫首及手足，曳而入，乃驚曰：「何至於是？」或紿之曰：「國法當爾，無憂也。」是日，詔曰：「劉闢生於士族，敢蓄梟心，驅劫蜀人，拒扞王命，肆其狂逆，詿誤一州，俾我黎元，肝腦塗地。賊將崔綱等同惡相扇，至死不迴，咸宜伏辜，以正刑典。劉闢男超郎等九人並處斬。」闢入京城，上御興安樓受俘馘，令中使於樓下詰闢反狀。闢曰：「臣不敢反，五院子弟爲惡，臣不能制。」又遣詰之曰：「朕遣中使送旌節官告，何故不受？」闢乃伏罪。令獻太廟郊社，徇于京師，日戮於子城西南隅。初，闢嘗病，見諸問疾者來，皆以手據地倒行入闢口，闢因磔裂食之；惟盧文若至，則如平常，故尤與文若厚。竟以同惡俱赤族，不其怪歟！

張建封字本立，兗州人。祖仁範，洪州南昌縣令，貞元初贈鄭州刺史。父玠，少豪俠，輕財重士。安祿山反，令僞將李庭偉率蕃兵脅下城邑，至魯郡，太守韓擇木具禮郊迎，置於郵館。玠率鄉豪張貴、孫邑、段絳等集兵將殺之，擇木怯懦大懼，唯員外司兵張孚然其計，遂殺庭偉幷其黨數十人。擇木方遣使奏聞，擇木、張孚俱受官賞。玠因遊蕩江南，不言其功。以建封貴，贈祕書監。建封少頗屬文，好談論，慷慨負氣，以功名爲已任。寶應中，李光弼鎮河南，時蘇常等州草賊寇掠郡邑，代宗遣中使馬日新與光弼將兵馬同征討之。建封乃見日新，自請說喩賊徒，日新從之。遂入虎窟蒸里等賊營，以利害禍福喩之，一夕，賊黨數千人並詣日新請降，遂悉放歸田里。大曆初，道州刺史裴虬薦建封於觀察使韋之晉，辟爲參謀，奏授左清道兵曹，不樂吏役而去。滑亳節度使令狐彰聞其名，辟之。彰旣未曾朝覲，建封心不悅之，遂投刺於轉運使劉晏，自述其志，不願仕於彰也。晏奏試大理評事，勾當軍務。歲餘，復罷歸。建封素與馬燧友善，大曆十年，燧爲河陽三城鎮遏使，辟爲判官，奏授監察御史，賜緋魚袋。李靈曜反於梁宋間，與田悅掎角，同爲叛逆，燧與李忠臣同討平之，軍務多咨於建封。及燧爲河東節度使，復奏建封爲判官，特拜侍御史。建中初，燧薦之於朝，楊炎將用爲度支郎中，盧杞惡之，出爲岳州刺史。時淮西節度使李希烈乘破滅梁崇義之勢，漸縱恣跋扈，壽州刺史崔昭數書疏往來，淮南節度使陳少遊奏之。上遽召宰相令選壽州刺史，盧杞本惡建封，是日蒼黄，遂薦建封以代崔昭牧壽陽。李希烈稱兵，寇陷汝州，擒李元平，擊走胡德信、唐漢臣等，又摧破哥舒曜於襄城，連陷鄭汴等州，李勉棄城而遁。涇師內逆，駕幸奉天，賊鋒益盛。淮南陳少遊潛通希烈，希烈尋稱僞號改元，遣將楊豐賫僞赦書二道，令送少遊及建封。至壽州，建封縛楊豐徇於軍中，適會中使自行在及使江南迴者同至，建封集衆對中使斬豐於通衢，封僞赦書送行在。遠近震駭。陳少遊聞之，旣怒且懼。建封乃具奏少遊與希烈往來事狀。希烈又僞署其黨杜少誠爲淮南節度使，令先平壽州，趣江都。建封令其將賀蘭元均、邵怡等守霍丘秋柵，少誠竟不能侵軼，乃南掠蘄黄等州，又爲伊慎所挫衂。尋加建封兼御史中丞、本州團練使。車駕還京，陳少遊憂憒而卒。興元元年十二月，乃加兼御史大夫，充濠壽廬三州都團練觀察使。於是大修緝城池，悉心綏撫，遠近悅附，自是威望益重。李希烈選兇黨精悍者，率勁卒以攻建封，曠日持久，無所尅獲而去。及希烈平，進階封，賜一子正員官。初，建中年，李洧以徐州歸附，洧尋卒，其後高承宗父子、獨孤華相繼爲刺史，爲賊侵削，貧困不能自存。又咽喉要地，據江淮運路，朝廷思擇重臣以鎮者久之。貞元四年，以建封爲徐州刺史，兼御史大夫、徐泗濠節度支度營田觀察使。旣創置軍伍，建封觸事躬親，性寬厚，容納人過誤，而按據綱紀，不妄曲法貸人。每言事，忠義感激，人皆畏悅。七年，進位檢校禮部尚書。十二年，加檢校右僕射。十三年冬，入覲京師，德宗禮遇加等，特以雙日開延英召對，又令朝參入大夫班，以示殊寵。建封賦朝天行一章上獻，賜名馬珍玩頗厚。時宦者主宮中市買，謂之宮市，抑買人物，稍不如本估。末年不復行文書，置白望數十百人於兩市及要鬧坊曲，閱人所賣物，但稱宮市，則斂手付與，眞僞不復可辨，無敢問所從來及論價之高下者。率用直百錢物買人直數千物，仍索進奉門戶及脚價銀。人將物詣市，至有空手而歸者。名爲宮市，其實奪之。嘗有農夫以驢馱柴，宦者市之，與絹數尺，又就索門戶，仍邀驢送柴至內。農夫啼泣，以所得絹與之，不肯受，曰：「須得爾驢。」農夫曰：「我有父母妻子，待此而後食。今與汝柴，而不取直而歸，汝尚不肯，我有死而已！」遂毆宦者。街使擒之以聞，乃黜宦者，賜農夫絹十匹。然宮市不爲之改，諫官御史表疏論列，皆不聽。吳湊以戚里爲京兆尹，深言其弊。建封入覲，具奏之，德宗頗深嘉納。而戶部侍郎、判度支蘇弁希宦者之旨，因入奏事，上問之，弁對曰：「京師游手墮業者數千萬家，無土著生業，仰宮市取給。」上信之，凡言宮市者皆不聽用。詔書矜免百姓諸色逋賦，上問建封，對曰：「凡逋賦殘欠，皆是累積年月，無可徵收，雖蒙陛下憂恤，百姓亦無所裨益。」時河東節度使李說、華州刺史盧徵皆中風疾，口不能言，足不能行，但信任左右胥吏決遣之，建封皆悉聞奏，上深嘉納。又金吾大將軍李翰好伺察城中細事，加諸聞奏，冀求恩寵，人畏而惡之，建封亦奏之乃下詔曰比來朝官或諸處過從金吾皆有上聞其間如素是親故或曾同僚友伏臘歲序時有還往亦是常禮人情所通自今以後金吾不須聞十四年春上巳賜宰臣百寮宴於曲江亭特令建封與宰相同座而食貞元已後藩帥入朝及還鎮加馬燧渾瑊劉玄佐李抱真曲環之崇秩鴻勳未有獲御製詩以送者建封將還鎮特賜詩曰牧守寄所重才賢生爲時宣風自淮甸授鉞膺藩維入覲展遐戀臨軒慰來思忠誠在方寸感激陳清詞報國爾所尚恤人予是資歡宴不盡懷車馬當還期穀雨將應候行春猶未遲勿以千里遥而云無已知又令高品中使賫常所執鞭以賜之曰以卿忠貞節義歲寒不移此鞭朕久執用故以賜卿表卿忠節也建封又獻詩一篇以自警勵建封在彭城十年軍州稱理復又禮賢下士無賢不肖遊其門者皆禮遇之天下名士嚮風延頸其往如歸貞元時文人如許孟容韓愈諸公皆爲之從事十六年遇疾連上表請速除代方用韋夏卿爲徐泗行軍司馬未至而建封卒時年六十六冊贈司徒子愔愔以蔭授虢州參軍初建封卒判官鄭通誠權知留後事通誠懼軍士謀亂適遇浙西兵遷鎮通誠欲引入州城爲援事洩三軍怒五六千人斫甲仗庫取戈甲執帶環繞衙城請愔爲留後乃殺通誠楊德宗大將段伯熊吉遂曲澄張秀等軍衆請於朝廷乞授愔旄節初不之許乃割濠泗二州隸淮南加杜祐同平章事以討徐州既而泗州刺史張伾以兵攻埇橋與徐軍接戰伾大敗而還朝廷不獲已乃授愔起復右驍衞將軍同正兼徐州刺史御史中丞充本州團練使知徐州留後仍以泗州刺史張伾爲泗州留後濠州刺史杜兼爲濠州留後正授武寧軍節度檢校工部尚書元和元年被疾上表請代徵爲兵部尚書以東都留守王紹爲武寧軍節度代愔復隸濠泗二州於徐徐軍喜復得二州不敢爲亂而愔遂赴京師未出界卒愔在徐州七年百姓稱理詔贈右僕射

盧羣字載初范陽人少好讀書初學於太安山淮南節度使陳少遊聞其名辟爲從事建中末薦於朝廷會李希烈反叛詔諸將討之以羣爲監察御史江西行營糧料使興元元年江西節度嗣曹王皋奏爲判官曹王移鎮江陵襄陽羣皆從之幕府之事委以咨決以正直聞貞元六年入拜侍御史有人誣告故尚父子儀嬖人張氏宅中有寶玉者張氏兄弟又與尚父家子孫相告訴詔促按其獄羣奏曰張氏以子儀在時分財子弟不合爭奪然張氏宅與子儀親仁宅皆子儀家事子儀有大勳伏望陛下特赦而勿問俾私自引退德宗從其言時人嘉其識大體累轉左司職方兵部三員外郎中淮西節度使吳少誠擅開決司洧等水漕輓溉田遣中使止之少誠不奉詔令羣使蔡州詰之少誠曰開大渠大利於人羣曰爲臣之道不合自專雖便於人須俟君命且人臣須以恭恪爲事若事君不盡恭恪卽責下吏恭恪固亦難矣凡數百千言論以君臣之分忠順之義少誠乃從命卽停工役羣博涉有口辨好談論與少誠言古今成敗之事無不聳聽又與唱和賦詩自言以反側常懞隔在恩外羣於筵中醉而歌曰祥瑞不在鳳凰麒麟太平須得邊將忠臣衞霍眞誠奉主貔虎十萬一身江河潛注息浪蠻貊款塞無塵但得百寮師長肝膽不用三軍羅綺金銀少誠大感悅羣以奉使稱旨俄遷檢校秘書監兼御史中丞義成軍節度行軍司馬貞元十六年四月節度姚南仲歸朝拜羣天成軍節度鄭滑觀察等使先寓居鄭州典質良田數頃及爲節度使至鎮各與本地契書分付所管令長令召還本主時論稱美尋遇疾其年十月卒時年五十九廢朝一日贈工部尚書賵賻布帛米粟有差

史臣曰皐南康張徐州慷慨下位之中橫身喪亂之際力扶衰運氣激壯圖義風凜凜聳動羣醜舂盜之喉折賊之角可謂忠矣而韋公季年惑賊闢之姧說欲兼巴益則志未可量徐州請覲頗有規諫之言所謂以道匡君能以功名始終者盧載初喻少誠還地券君子哉三子之賢不可多得

贊曰南康英壯力匡交喪張侯義烈志平亂象見危能振蹈利無謗韋德不周張心可亮

# 舊唐書卷一百四十一

後晉司空同中書門下平章事劉　昫撰

## 列傳第九十一

田承嗣 姪悅 子緒 緒子季安　田弘正 子布

張孝忠 子茂昭 茂昭子克勤 弟茂宗 茂和 陳楚附

田承嗣平州人世事盧龍軍爲裨校祖璟父守義以豪俠聞於遼碣承嗣開元末爲軍使安祿山前鋒兵馬使累俘斬奚契丹功補左淸道府率遷武衞將軍祿山搆逆承嗣與張忠志等爲前鋒陷河洛祿山敗史朝義再陷洛陽承嗣爲前導僞授魏州刺史代宗遣朔方節度使僕固懷恩引迴紇軍討平河朔帝以二兇繼亂郡邑傷殘務在禁暴戢兵屢行赦宥凡爲安史詿誤者一切不問時懷恩陰圖不軌慮賊平寵衰欲留賊將爲援乃奏承嗣及李懷仙張忠志薛嵩等四人分帥河北諸郡乃以承嗣檢校戶部尚書鄭州刺史俄遷魏州刺史貝博滄瀛等州防禦使居無何授魏博節度使承嗣不習教義沉猜好勇雖外受朝旨而陰圖自固重加稅率修繕兵甲計戶口之衆寡而老弱事耕稼丁壯從征役故數年之間其衆十萬仍選其魁偉強力者萬人以自衞謂之衙兵郡邑官吏皆自署置戶版不籍於天府稅賦不入於朝廷雖曰藩臣實無臣節代宗以黎元久罹寇虐姑務優容累加檢校尚書僕射太尉同中書門下平章事封鴈門郡王賜實封千戶及昇魏州爲大都督府以承嗣爲長史仍以其子華尚永樂公主冀以結固其心庶其悛革而生於朔野志性兇逆每王人慰安言詞不遜大曆八年相衞節度使薛嵩卒其弟崿欲邀旄節及用李承昭代崿衙將裴志清謀亂逐崿崿率衆歸於承嗣十年薛崿歸朝承嗣使親黨扇惑相州將吏謀亂遂將兵襲擊謬稱救應代宗遣中使孫知在使魏州宣慰令各守封疆承嗣不奉詔遣大將盧子期攻洺州楊光朝攻衞州殺刺史薛雄仍逼知在令巡磁相二州諷其大將割耳剺面請承嗣爲帥知在不能詰四月詔曰田承嗣出自行間策名邊戍早參戎秩効用無聞常輔兇渠驅馳有素洎再平河朔歸命轅門朝廷俯念遺黎久罹兵革自祿山召禍廣博流離思明繼釁趙魏堙厄以至農桑井邑靡獲安居骨肉室家不能相保念其凋瘵思用撫寧以其先布欵誠寄之爲理所以委授旄鉞之任假以方面之榮期爾知恩庶能自効崇資茂賞首冠朝倫列異姓之苴茅登上公之禮命子弟童稚皆聯臺閣之華妻妾僕媵並受國邑之號人臣之寵舉集其門將相之權兼領其職夫宰相者所以盡忠而乃據國家之封壤仗國家之兵戈安國家之黎人調國家之征賦掩有資實憑竊寵靈內包兇邪外示歸順且相衞之略所管素殊而逼脅軍人使之翻潰因其驚擾便進軍師事跡暴彰姦邪可見不然豈志清之亂曾未崇朝子期光朝會于明日足知先有成約指期而來是爲蔑棄典刑擅興戈甲既云相州騷擾隣境救災旋又更取磁州重行威虐此實自矛盾不窕始終三州既空遠邇驚陷更移兵馬又赴洺州實爲暴惡不仁窮極殘忍薛雄乃衞州刺史固非本藩忿其不附橫加凌虐一門盡屠非復噍類酷烈無狀人神所冤又四州之地皆列屯營長史屬官任情補署精甲利刃良馬勁兵全實之資裝農藏之積實盡收魏府罔有孑遺其爲蓋在無赦欲行討問正厥刑書猶示含容冀其遷善抑于典憲務在懸安乃遣知在遠奉詔書諭以深旨乃命承昭副茲麾下撫彼舊封而承昭又遣親將劉渾先傳詔命承嗣迫逐磁相仍刼知在偕行先令姪悅權扇軍吏至使引刀自割抑令騰口相稽當衆諠譁請歸承嗣論其姦狀足以爲憑此而可容何者爲罪承嗣宜貶永州刺史仍許一幼男女從行便路赴任委河東節度使薛兼訓成德軍節度使李寶臣幽州節度留後朱滔昭義節度李承昭淄靑節度李正己淮西節度李忠臣永平軍節度使李勉汴宋節度田神玉等掎角進軍如承嗣不時就職所在加討按軍法處分詔下承嗣懼而麾下大將復多攜貳倉黃失圖乃遣牙將郝光朝奉表請罪乞束身歸朝代宗重勞師旅特恩詔允并姪悅等悉復舊官仍詔不須入覲十一年汴將李靈耀據城叛詔近鎮加兵靈耀求援於魏承嗣令田悅率衆五千赴之爲馬燧李忠臣逆擊敗之悅僅而獲免兵士死者十七八復詔誅之十二年承嗣復上章請罪又赦之復其官爵承嗣有貝博魏衞相磁洺等七州復爲七州節度使於是承嗣弟廷琳及從子悅承嗣子綰緒等皆復本官仍令給事中杜亞宣諭賜鐵券十三年九月卒時年七十五有子十一人維朝華繹綸綰緒繪純紳縉等維爲魏州刺史朝神武將軍華太常少卿駙馬都尉尚永樂公主再尚新都公主餘子皆幼而悅勇冠軍中承嗣愛其才及將卒命悅知軍事而諸子佐之悅初爲魏博中軍兵馬使檢校右散騎常侍魏府左司馬大曆十三年承嗣卒朝廷用悅爲節度留後驍勇有膂力性殘忍好亂而能外飾行義傾財散施人多附之故得兵柄尋拜檢校工部尚書御史大夫充魏博七州節度使大曆末悅尚恭順建中初黜陟使洪經綸至河北方聞悅軍七萬經綸素昧時機先以符停其兵四萬令歸農畝悅僞亦順命卽依符罷之既而大集所罷將士激怒之曰爾等久在軍戎各有父母妻子既爲黜陟使所罷如何得衣食自資衆遂大哭悅乃盡出其家財帛衣服以給之各令還其部伍自此魏博感悅而怨朝廷居無何或謬稱車駕將東封而李勉增廣汴州城李正己聞而猜懼以兵萬人屯曹州遣使說悅同爲拒命悅乃與正己梁崇義等謀各阻兵以判官王侑扈蕚許士則爲腹心邢曹俊孟希祐李

長春符璘康愔爲爪牙建中二年鎭州李寶臣卒子惟岳求襲節鉞而淄青李正已卒子納亦求節鉞朝廷皆不允遂與惟岳李納同謀叛逆時朝廷遣張孝忠等討恒州悅將孟希祐率兵五千援之又遣將康愔率兵八千圍邢州楊朝光五千人營於邯鄲西北盧家砦絕昭義糧餉之路悅自將兵甲數萬繼進邢州刺史李洪臨洺將張伾爲賊所攻禦備將竭詔河東節度使馬燧河陽李芃與昭義軍討悅七月三日師自壺關東下收賊盧家砦大破賊於雙岡邢州解圍悅衆遁走保洹水馬燧等三帥距悅軍三十里爲壘李納遣兵八千人助悅魏將邢曹俊者承嗣之舊將老而多智頗知兵法悅昵於扈蕚以曹俊爲貝州刺史及悅拒官軍於臨洺大爲王師所破悅乃召曹俊而問計焉曹俊曰兵法十倍則攻尚書以逆犯順勢且不侔宜於嘟口置兵萬人以遏西師則河北二十四州悉爲尚書有矣今於臨洺武安設攻城之計糧竭卒盡危凶立至未見其可也祐等以其異已咸譖毀悅復令守貝州悅與淄青兵三萬餘人陣於洹水馬燧等三帥與神策將李晟等來攻悅之衆復敗死傷二萬計悅收合殘卒奔魏州至南郭外大將李長春拒關不內以俟官軍三師雖進頓兵於魏州南平邑浮圖咸遲留不進長春乃開門內之悅持佩刀立於軍門謂軍士百姓曰悅藉伯父餘業久與卿等同事今既敗喪相繼不敢圖全然悅所以堅拒天誅者特以淄青恒冀二大人在日爲悅保薦於先朝方獲承襲今二帥云亡子弟求襲悅既不能報効以至興師今軍旅敗亡士民塗炭此皆悅之罪也以母親之故不能自到公等當斬悅首以取功勳無爲俱死也乃自馬投地衆皆憐之或前撫持悅曰久蒙公恩不忍聞此今士民之衆猶可一戰生死以之悅收涕言曰諸公不以悅喪敗猶願同心悅縱身死寧忘厚意於地下乎悅乃自割一髻以爲要誓於是將士自斷其髮結爲兄弟誓同生死其將符璘李再春李瑶悅從兄昂相次以郡邑歸國璘等家在魏州者無少長悉爲悅所害悅觀城內兵仗罄之士衆衰減甚爲惶駭乃復召邢曹俊與之謀既至完整徒旅繕修營壁人心復堅經旬餘日馬燧等進至城下向使燧等乘勝長驅襲其未備則魏城屠之久矣識者痛惜之會王武俊殺李惟岳朱滔攻深州下之朝廷以武俊爲恒州刺史又以寶臣故將康日知爲深趙二州觀察使是以武俊怨賞功在日知下朱滔怨不得深州二將有憾於朝廷悅知其可間遣判官王侑許士則使於北軍說朱滔曰昨者司徒奉詔征伐徑趨賊境旬朔之內拔束鹿下深州惟岳勢蹙故王大夫獲殄兇渠皆因司徒勝勢又聞司徒離幽州日有詔得惟岳郡縣使隸本鎭今割深州與日知是國家無信於天下也且今上英武獨斷有秦皇漢武之才誅夷豪傑欲掃除河朔不令子孫嗣襲又朝臣立功立事如劉晏輩皆被屠滅昨破梁崇義殺三百餘口投之漢江此司徒之所明知也如馬燧抱真等破魏博後朝廷必以儒德大臣以鎭之則燕趙之危可翹足而待也若魏博全則燕趙無患田尚書必以死報恩義合從連衡救災卹患春秋之義也春秋時諸侯有危者桓公不能救則恥之今司徒聲振宇宙雄略命世救降之急非徒立義且有利也尚書以貝州奉司徒命某送孔目惟司徒熟計之滔既有貳於國忻然從之乃命判官王郅與許士則同往恒州說王武俊仍許還武俊深州武俊大喜卽令判官王巨源報滔仍知深州事武俊又說張孝忠同援悅孝忠不從恐爲後患乃遣小校鄭侄築壘於北境以拒孝忠仍令其子士眞爲恒冀深三州留後以兵圍趙州三年五月悅以救軍將至率其衆出戰於御河之上大敗而還四月朱滔武俊蒐軍於寧晉縣共步騎四萬五月十四日起軍南下次宗城滔判官鄭雲逵及弟方逵背滔歸馬燧六月二十八日滔武俊之師至魏州會神策將李懷光軍亦至懷光銳氣不可遏堅欲與賊戰遂徑薄朱滔陣殺千餘人王武俊與騎將趙琳趙萬敵等二千騎橫擊懷光陣滔軍繼踵而進禁軍大敗人相蹈藉投屍於河三十里河水爲之不流馬燧等收軍保壘是夜王武俊決河水入王莽故河欲隔官軍水已深三尺糧餉路絕王師計無從出乃遣人告朱滔曰鄙夫輒不自量與諸人合戰王大夫善戰天下無敵司徒五郎與王君圖之放老夫歸鎭必得聞奏以河北之事委五郎時武俊戰勝滔心忌之卽曰大夫二兄敗官軍馬司徒卑屈若此不宜迫人於險也武俊曰燧等連兵十萬皆是國之名臣一戰而北貽國之恥不知此等何面見天子耶然吾不惜放還但不行五十里必反相拒燧等至魏縣軍於河西武俊等三將壁於河東兩軍相持自七月至十月勝負未決悅感朱滔救助欲推爲盟主滔判官李子牟武俊判官鄭儒等議曰古有戰國連衡誓約以抗秦請依周末七雄故事並建國號爲諸侯用國家正朔今年號不可改也於是朱滔稱冀王悅稱魏王武俊稱趙王又請李納稱齊王十一月一日築壇於魏縣中告天受之滔爲盟主稱孤武俊悅納稱寡人滔以幽州爲范陽府恒州爲眞定府魏州爲大名府鄆州爲東平府皆以長子爲元帥僞冊之日其軍上有雲物稍異馬燧等望而笑曰此雲無知乃爲賊瑞又其營地前三年土長高三尺餘魏州戶曹韋稔爲土長頌曰益土之兆也四年十月涇師犯闕諸師各還本鎭悅滔武俊互相疑惑各去王號遣使歸國悅亦致書於抱眞遣使聞奏興元元年正月加悅檢校尚書右僕射封濟陽王使並如故仍令給事中兼御史大夫孔巢父往魏州宣慰時悅阻兵四年身雖驍猛而性愎無謀以故頻致破敗士衆死者十七八魏人苦於兵革頗思肩息聞巢父至莫不舞抃悅方晏巢父爲其從弟緒所殺緒承嗣第六子大曆末授京兆府參軍承嗣卒時緒年幼稚承嗣慮諸子不任軍政以從子悅便弓馬性狡黠故任遇之俾代爲帥守及緒年長悅以承嗣委遇之厚待緒等無間令主衙軍緒兇險多過悅不忍嘗笞而拘之緒頗怨望常候釁隙會興元元年朝廷宥悅仍令孔巢父往宣慰悅既順命門階徹警悅宴巢父夜歸緒率左右數十人先殺悅腹心蔡濟扈蕚許士則等挺劍而入其兩弟止之緒斬止者遂徑升堂悅方沉醉緒手刃悅并悅妻高氏又入別院殺悅母馬氏自河北諸盜殘害骨肉無酷於緒者緒懼衆不附奔出北門邢曹俊孟希祐等領徒數百追及之遥呼之曰節度使須郎君爲之他人固不可也乃以緒歸衙推爲留後明日歸罪於扈蕚以其首徇然後稟於孔巢父遣使以聞時緒兄綸居長爲亂兵所殺遂以緒爲留後朝廷授緒銀青光祿大夫魏州大都督府長史兼御史大夫魏博節度使時朱滔率兵兼引迴紇之衆南侵緒遣兵助王武俊李抱眞大破朱滔于涇城以功授檢校工部尚書貞元元年以嘉誠公主出降緒加駙馬都尉尋遷檢校左僕射封常山郡王食邑三千戶改封鴈門郡王食實封五百戶尋加同平章事初田悅性儉嗇衣服飲食皆有節度而緒等兄弟心常不足緒既得志頗縱豪侈酒色無度貞元十二年四月暴卒時年三十三贈司空賻賚加等子三人季和季直季安季和爲澶州刺史季直爲衙將季安最幼爲嫡嗣季安字夔母微賤嘉誠公主蓄爲己子故寵異諸兄年數歲授左衞冑曹參軍改著作佐郎兼侍御史充魏博節度副大使累加至試光祿少卿兼御史大夫緒卒時季安年纔十五軍人推爲留後朝廷因授起復左金吾衞將軍兼魏州大都督府長史魏博節度營田觀察處置等使服闋拜銀青光祿大夫檢校尚書右僕射進位檢校司空襲封鴈門郡王未幾加金紫光祿大夫以本官同中書門下平章事季安幼守父業懼嘉誠之嚴雖無他才能亦麄脩禮法及公主薨遂頗自恣擊鞠從禽色之娛其軍中政務大抵任徇情意賓僚將校言皆不從免公主喪加檢校司徒元和中王承宗擅襲戎帥憲宗命吐突承璀爲招撫使會諸軍進討季安亦遣大將率兵赴會仍自供糧餉師還加太子太保季安性忍酷無所畏懼有進士丘絳者嘗爲田緒從事及季安爲帥絳與同職侯臧不協相持爭權季安怒斥絳爲下縣尉使人召還先掘坎於路左旣至坎所活排而瘞之其兇暴如此元和七年卒時年三十二贈太尉子懷諫懷禮懷詢懷讓懷諫母元誼女及季安卒元氏召諸將欲立懷諫衆皆唯唯懷諫幼未能御事軍政無巨細皆取決於私白身蔣士則數以愛憎移易將校衙軍怒取前臨清鎭將田興爲留後遣懷諫歸第殺蔣士則等十餘人田興葬季安畢送懷諫於京師乃起復授右監門衞將軍賜第一區芻米甚厚田氏自承嗣據魏州至懷諫四世相傳襲四十九年而田興代焉

田弘正本名興祖延惲魏博節度使承嗣之季父也位終安東都護府司馬延惲生廷玠幼敦儒雅不樂軍職起家爲平舒丞遷樂壽清池東城河間四縣令所至以良吏稱大曆中累官至太府卿滄州別駕遷滄州刺史兼御史中丞充橫海軍使承嗣與淄青李正已恒州李寶臣不協承嗣旣令廷玠守滄州而寶臣朱滔聯兵攻擊欲兼其土宇廷玠嬰城固守連年受敵兵盡食竭人易子而食卒無叛者卒能保全城守朝廷嘉之遷洺州刺史又改相州屬薛嵩之亂承嗣蠶食薛嵩所部廷玠守正字民不以宗門回避而改節建中初族姪悅代承嗣領軍政志圖兇逆慮廷玠不從召爲節度副使悅姦謀頗露廷玠謂悅曰爾藉伯父遺業可稟守朝廷法度坐享富貴何苦與恒鄆同爲叛臣自兵亂已來謀叛國家者可以歷數鮮有保完宗族者爾若狂志不悛可先殺我無令我見田氏之赤族也乃謝病不出悅過其第而謝之廷玠杜門不納將吏請納建中三年鬱憤而卒弘正廷玠之第二子少習儒書頗通兵法善騎射勇而有禮伯父承嗣愛重之當季安之世爲衙內兵馬使季安惟務侈靡不卹軍務屢行殺罰弘正每從容規諷軍中甚賴之季安以人情歸附乃出爲臨清鎭將欲捃摭其過害之弘正假以風痺請告灸灼滿身季安謂其無

能爲及季安病篤其子懷諫幼騃乃召弘正署其舊職季安卒懷諫委家僮蔣士則改易軍政人情不悅咸曰都知兵馬使田興可爲吾帥也衙兵數千詣興私第陳請興拒關不出衆呼噪不已興出衆環而拜請入府署興頓仆於地久之度終不免乃令於軍中曰三軍不以興不肖令主軍務欲與諸軍前約當聽命否咸曰惟命是從興曰吾欲守天子法以六州版籍請吏勿犯副大使可乎皆曰諾是日入府視事殺蔣士則十數人而已曉自府歸第其兄融責興曰爾卒不能自晦取禍之道也翌日具事上聞憲宗嘉之加興銀青光祿大夫檢校工部尚書魏州大都督府長史兼御史大夫上柱國沂國公充魏博等州節度觀察處置支度營田等使仍賜名弘正仍令中書舍人裴度使魏州宣慰賜魏博三軍賞錢一百五十萬貫弘正既受節鉞上表曰臣聞君臣父子是謂大倫爰立紀綱以正上下其或子不爲子臣不爲臣覆載莫可得容幽明所宜共殛臣家本邊塞累代唐人從乃祖乃父以來沐文子文孫之化臣幸因宗族早列偏裨驅馳戎馬之鄉不覩朝廷之禮惟忠與孝天與臣心常思奮不顧生以身殉國無由上達私自感傷豈意命偶昌時事緣難故白刃之下謬見推崇天慈遠臨免書罪累朝章荐及仍委旌旄錫封壤於全藩列班榮於八座君父之恩巳極絲毫之效未伸但以靦冒知羞低徊自愧是知功榮所著必俟危亂之時徼幸之來却在清平之日循涯揣分以寵爲憂伏自天寶已還幽陵肇亂山東奧壤悉化戎墟外撫車馬內懷梟獍官封代襲刑賞自專國家含垢匿瑕垂六十載臣每思此事當食忘餐若稍假天年得奉宸算兼弱攻昧批亢擣虛竭鷹犬之資展獲禽之用導揚和氣洗滌僞風然後退歸田園以避賢路臣懷此志陛下察之優詔褒美弘正樂聞前代忠孝立功之事於府舍起書樓聚書萬餘卷視事之隙與賓佐講論古今言行可否今河朔有沂公史例十卷弘正客爲弘正所著也魏州自承嗣已來館宇服玩有踰常制者悉命徹毀之以正廳大侈不居乃視事于採訪使廳賓寮參佐請之於朝頗好儒書尤通史氏左傳國史知其大略自弘正歸國幽恒鄆蔡有齒寒之懼屢遣客間說多方誘阻而弘正終始不移其操裴度明理體詞說雄辯弘正聽其言終夕不倦遂深相結納由是奉上之意逾謹元和十年朝廷用兵討吳元濟弘正遣子布率兵三千進討屢戰有功李師道以弘正勍忠又襲其後不敢顯助元濟故絕其掎角之援王師得致討焉俄而王承宗叛詔弘正以全師壓境承宗懼遣使求救於弘正遂表其事承宗遂納二子獻德棣二州以自解十三年王師加兵於鄆詔弘正與宣武義成武寧橫海等五鎮之師會軍齊進十一月弘正自帥全師自楊劉渡河築壘距鄆四十里師道遣大將劉悟率重兵以抗弘正結壘相望前後合戰魏軍大捷而李愬李光顏三面進攻賊皆挫敗其勢將危十四年二月劉悟以河上之衆倒戈入鄆斬師道首詣弘正請降淄青十二州平論功加檢校司徒同中書門下平章事是年八月弘正入覲憲宗待之隆異對於麟德殿參佐將校二百餘人皆有頒錫進加檢校司徒兼侍中實封三百戶仍以其兄檢校刑部尚書相州刺史融爲太子賓客東都留司弘正三上章願留闕下憲宗勞之曰昨韓弘至朝稱疾懇辭戎務朕不得不從今卿復請留意誠可尚然魏土樂卿之政隣境服卿之威爲我長城不可辭也可亟歸藩弘正每懼有一旦之憂嗣襲之風不革兄弟子姪悉仕於朝憲宗皆擢居班列朱紫盈庭當時榮之十五年十月鎮州王承宗卒穆宗以弘正檢校司徒兼中書令鎮州大都督府長史充成德軍節度鎮冀深趙觀察等使弘正以新與鎮人戰伐有父兄之怨乃以魏兵二千爲衞從十一月二十六日至鎮州時賜鎮州三軍賞錢一百萬貫不時至軍衆諠騰以爲言弘正親自撫喻人情稍安仍表請留魏兵爲紀綱之僕以持衆心其糧賜請給於有司時度支使崔倰不知大體固阻其請凡四上表不報明年七月歸卒於魏州是月二十八日夜軍亂弘正幷家屬參佐將吏等三百餘口竝遇害穆宗聞之震悼册贈太尉賵賻加等弘正孝友慈惠骨肉之恩甚厚兄弟子姪在兩都者數十人競爲崇飾日費約二十萬魏鎮州之財皆輦屬於道河北將卒心不平之故不能盡變其俗竟以此致亂弘正子布羣牟布弘正第三子始弘正爲田季安裨將鎮臨淸布年尚幼知季安身世必危密白其父帥其所鎮之衆歸朝弘正甚奇之及弘正節制魏博布掌親兵國家討淮蔡布率偏師隸嚴綬軍於唐州授檢校秘書監兼殿中侍御史前後十八戰破凌雲柵下郾城布皆有功擢授御史中丞時裴度爲宣撫使嘗觀兵於沱口賊將董重質領驍騎遽至布以二百騎突出溝中擊之俄而諸軍大集賊乃退去淮西平拜左金吾衞將軍兼御史大夫十三年丁母憂起復舊官十五年冬弘正移鎮成德軍仍以布爲河陽三城懷節度使父子俱擁節旄同日拜命時韓弘亦與子公武俱爲節度使然人以忠勤多田氏長慶元年春移鎮涇原其秋鎮州軍亂害弘正都知兵馬使王廷湊爲留後時魏博節度使李愬病不能軍無以捍廷湊之亂且以魏軍田氏舊旅乃急詔布至起復爲魏博節度使仍遷檢校工部尚書令布乘傳之鎮布喪服居堊室去旌節道從之飾及入魏州居喪御事動皆得禮其祿俸月入百萬一無所取又籍魏中舊產無巨細計錢十餘萬貫皆出之以頒軍士牙將史憲誠出己麾下謂必能輸誠報効用爲先鋒兵馬使精銳悉委之時屢有急詔促令進軍十月布以魏軍三萬七千討之結壘於南宮縣之南十二月進軍下賊二柵時朱克融囚張弘靖據幽州與廷湊掎角拒命河朔三鎮素相連衡憲誠陰有異志而魏軍驕侈怯於格戰又屬雪寒糧餉不給以此愈無鬬志憲誠從而間之俄有詔分布軍與李光顏合勢東救深州其衆自潰多爲憲誠所有布得其衆八千是月十日還魏州十一日會諸將復議興師而將卒益倨咸曰尚書能行河朔舊事則死生以之若使復戰皆不能也布以憲誠離間度衆終不爲用嘆曰功無成矣卽日密表陳軍情且稱遺表略曰臣觀衆意終負國恩臣旣無功不敢忘死伏願陛下速救光顏元翼不然則義士忠臣皆爲河朔屠害奉表號哭拜授其從事李石乃入啓父靈抽刀自刺曰上以謝君父下以示三軍言訖而絕時議以布才雖不足能以死謝家國心志決烈得燕趙之古風焉穆宗聞之駭嘆廢朝三日詔曰故魏博節度使起復寧遠將軍檢校工部尚書兼魏州大都督府長史御史大夫賜紫金魚袋田布朕以寡昧臨御萬邦威刑不能禁干紀之徒道化不能馴多僻之俗致使上公罹禍田氏銜冤爰整旅以徂征每終食而浩嘆自兹弔伐驟歷寒暄雖良將銳師率皆協力而俟時覩釁未卽齊驅嗟我誠臣結其哀憤引遷延之咎以自刻責奮決烈之志以謝君親白刃實於肝心鴻毛論其生死忠臣孝子一舉兩全晉稱卞氏之門漢表尸鄉之節比方於布今古爲鄰況其臨命須臾處之不撓載形章表益深衷悃間使發緘悼心疾首從先臣於厚載爾則無愧覩遺像於麟閣予何所堪端拱崇名職垂彝典據斯以報聊攄永懷可贈尚書右僕射布子在宥大中年爲安南都護頗立邊功羣太和八年爲少府少監充入吐蕃使歷棣州刺史安南都護牟會昌初爲豐州刺史天德軍使歷武寧軍節度使大中朝爲兗海節度使移鎮天平軍諸子皆以邊上立功累更藩鎮以忠義爲談者所稱

張孝忠本奚之種類曾祖靖祖遜代乙失活部落酋帥父謐開元中以衆歸國授鴻臚卿同正以孝忠貴贈戶部尚書孝忠以勇聞於燕趙時號張阿勞王沒諾干二人齊名阿勞孝忠本字沒諾干王武俊本字孝忠形體魁偉長六尺餘性寬裕事親恭孝天寶末以善射授內供奉安祿山奏爲偏將破九姓突厥先登陷陣以功授果毅折衝祿山史思明繼陷河洛孝忠皆爲其前鋒史朝義敗入李寶臣帳下上元中奏授左領軍郎將累加左金吾衞將軍同正試殿中監仍賜名孝忠歷飛狐高陽二軍使李寶臣以孝忠謹重驍勇甚委信之以妻妹昧谷氏妻焉仍悉以易州諸鎮兵馬令其統制前後居城鎮十餘年甚著威惠田承嗣之寇冀州也寶臣俾孝忠以精騎數千禦之承嗣見其整肅歎曰張阿勞在焉冀州未易圖也乃焚營宵遁及寶臣與朱滔戰於瓦橋常慮滔來攻故以孝忠爲易州刺史選精騎七千配焉使扞幽州奏授太子賓客兼御史中丞封范陽郡王旣而寶臣疑忌大將殺李獻誠等四五人使召孝忠孝忠懼不往寶臣使孝忠弟孝節召焉孝忠命孝節復命曰諸將無狀連頸受戮孝忠懼死不敢往亦不敢叛猶公之不覲於朝慮禍而已無他志也孝節泣曰兄不行吾歸死矣孝忠曰偕往則幷命吾留無患也乃歸果無患無幾寶臣死其子惟岳阻兵不受命朝廷詔幽州節度使討之滔以孝忠宿將善戰有精兵八千在易州慮軍興則撓其後乃使判官蔡雄說孝忠曰惟岳小子驕貴不達人事輒拒朝命滔奉命伐罪使君何用助逆不自求多福耶今昭義河東攻破田悅淮西李僕射收下襄陽梁崇義投井而卒臨漢江而誅者五千人卽河南軍計日北首趙魏滅亡可見也使君誠能去逆効順必受重任有先歸國之功矣孝忠然之乃遣衙官隨雄報滔又遣易州錄事參軍董稹入朝德宗嘉之授孝忠檢校工部尚書恒州刺史兼御史大夫充成德軍節度使便令與滔合兵攻惟岳仍賜實封二百戶其弟孝義及孝忠三女已適人在恒州者悉爲惟岳所害孝忠甚德滔之保薦以其子茂和聘滔之女契約甚密遂合兵破惟岳之師於束鹿惟岳遁歸恒州滔請乘勝襲之孝忠仍引軍西北還營義豐滔大駭孝忠將佐曰尚書布赤心於朱司徒相信至矣今逆寇已潰不終其功竊所未諭孝忠曰本求破賊賊已破矣然恒州宿將尚多迫之則困獸猶鬬緩之必翻然改圖又朱滔言大識淺可以慮

始難與守成吾壁義豐坐待惟岳之殄滅耳既而朱滔屯束鹿不敢進軍月餘王武俊果斬惟岳首以獻如孝忠所料後定州刺史楊政義以州降孝忠遂有易定之地時既誅惟岳分四州各置觀察使武俊得恒州康日知得深趙二州孝忠得易州以成德軍額在恒州孝忠既降政義朝廷乃於定州置義武軍以孝忠檢校兵部尚書爲義武軍節度易定滄等州觀察等使及朱滔王武俊謀叛將救田悅於魏州慮孝忠踵後滔軍將發復遣蔡雄往說之孝忠曰李惟岳背國作逆孝忠歸國今爲忠臣孝忠性直業已効忠不復助逆矣往與武俊同行且孝忠與武俊俱出蕃部少長相狎深知其心僻能翻覆語司徒當記鄙言忽有蹉跌始相憶也滔又啗以金帛終拒而不從易定居二兇之間四面受敵孝忠脩峻溝壘感勵將士竟不受二兇之熒惑議者多之又加檢校左僕射實封至三百戶後孝忠爲朱滔侵逼詔神策兵馬使李晟中官竇文瑒率師援之孝忠以女妻晟子憑與晟戮力同心整訓士衆竟全易定賊不敢深入及上幸奉天令大將楊榮國提銳卒六百從晟入關赴難收京城榮國有功興元元年正月詔以本官同平章事滄州本隸成德軍既移隸義武其刺史李固烈者惟岳妻兄也請還恒州是歲孝忠遣牙將程華往滄州交檢府藏固烈輜車數十乘上路滄州軍士呼曰士皆菜色刺史不垂賑卹乃捆載而歸官物不可得也殺固烈而剽之程華聞亂由竇而遁將士追之謂曰固烈貪暴已誅之矣押牙且知州務孝忠即令攝刺史事及朱滔王武俊稱僞國華與孝忠阻絕不能相援華嬰城拒賊一州獲全朝廷嘉之乃拜華滄州刺史御史中丞充横海軍使仍改名曰華令每歲以滄州稅錢十二萬貫供義武軍貞元二年河北蝗旱米斗一千五百文復大兵之後民無蓄積餓殍相枕孝忠所食豆䜺而已其下皆甘粗糲人皆服其勤儉孝忠爲一時之賢將也三年加檢校司空仍以其子茂宗尚義章公主孝忠遣其妻鄒國夫人昧谷氏入朝執親迎之禮上嘉之賞賚隆厚五年七月爲將佐所惑以兵入蔚州尋詔歸鎮仍以擅興削檢校司空七年三月卒時年六十二廢朝三日追封上谷郡王贈太傅再贈魏州大都督冊贈太師諡曰貞武子茂昭茂宗茂和茂昭本名昇雲幼有志氣好儒書以父蔭累官至檢校工部尚書貞元七年孝忠卒德宗以邕王諒爲義武軍節度大使易定觀察使以昇雲爲定州刺史起復左金吾衞大將軍充節度觀察留後仍賜名茂昭元年正月授節度使累遷檢校僕射司空二十年十月入朝累陳奏河北及西北邊事詞情忠切德宗聳聽嘆曰恨見卿之晚錫宴於麟德殿賜良馬甲第器用珍幣甚厚仍以其第三男克禮尚晉康郡主德宗方欲委之以邊任明年晏駕茂昭入臨於太極殿每朝晡預列聲哀氣咽人皆獎其忠懇順宗聽政加中書門下平章事且令還鎮賜女樂二人三表辭讓及中使押犢車至第茂昭立謂中使曰女樂出自禁中非臣下所宜目覩昔汾陽咸寧西平北平嘗受此賜不讓爲宜茂昭無四賢之功述職入覲人臣常禮柰何當此寵賜後有立功之臣陛下何以加賞順宗聞之深加禮異允其所讓又錫安仁里第亦固讓不受元和二年又請入覲五上章懇切憲宗許之冬十月至京師留數月詔令歸鎮茂昭願奉朝請於闕下不許加太子太保復令還鎮四年王承宗叛詔河東河中振武三鎮之師合義武軍爲恒州北道招討茂昭創廩廐開道路以待西軍屬正月望夜軍吏請曰舊例上元前後三夜不止行人不閉里門今外道軍戎方集請如軍令茂昭曰三鎮兵馬官軍也安得言外道放燈一如常歲使長男克讓與諸軍分道並進克讓渡木刀溝與賊接戰屢勝茂昭親擐甲胄爲諸軍前鋒累獻戎捷幾覆承宗會朝廷洗雪承宗乃詔班師加檢校太尉兼太子太傅自安史之亂兩河藩帥多阻命自固父死子代唯茂昭表請舉族還朝鄰藩累遣遊客間說茂昭志意堅決拜表求代者數四上乃命左庶子任簡迪爲其行軍司馬乘驛赴之以兩郡之簿書管鑰符印付簡迪遣其妻季氏男克讓克恭等先就路將行誡之曰吾使爾曹侍親出易者庶後之子孫不爲風俗所染則吾無恨矣時五年冬也行及晉州拜檢校太尉兼中書令充河中晉絳慈隰等州節度觀察等使十二月十二日至京師故事雙日不坐是日特開延英殿對茂昭五刻乃罷又上表請遷祖考之骨墓于京兆在朝兩月未之鎮六年二月疽發於首卒時年五十廢朝五日冊贈太師賻絹三千匹布一千端米粟三十碩喪事所須官給詔京兆尹監護謚曰獻武憲宗念其忠藎諸昆仲子姪皆居職秩仍詔每年給絹二千匹春秋分給克讓克恭官至諸衞大將軍小男克勤長慶中左武衞大將軍時有赦文許一子五品官克勤以子幼請準近例迴授外甥狀至中書下吏部員外郎判廢置裴夷直斷曰一子官恩在念功貴於延賞若無已子許及宗男今張克勤自有息男妄以外甥奏請稜於他族知是何人儻涉賣官實爲亂法雖援近日勅例難破著定格文國章既在必行宅相恐難虛授具狀上中書門下克勤所請望宜不允遂爲定例茂宗以父蔭累官至光祿少卿同正貞元三年許尚公主拜銀青光祿大夫本官駙馬都尉以公主幼待年十三屬茂宗母亡遺表請終嘉禮德宗念茂昭之勳即日授雲麾將軍起復授左衞將軍同正駙馬都尉諫官蔣乂等論曰自古以來未聞有駙馬起復而尚公主者上曰卿所言古禮也如今人家往往有借吉爲婚嫁者卿何苦固執又奏曰臣聞近日人家有不甚知禮教者或女居父母服家既貧乏且無强近至親即有借吉以就親者至於男子借吉婚娶從古未聞今忽令駙馬起復成禮實恐驚駭物聽況公主年幼更俟一年出降時既未失且合禮經太常博士韋彤裴堪曰伏見駙馬都尉張茂宗猶在母喪聖恩念其亡母遺表所請許公主出降仍令茂宗即吉就婚者伏以夫婦之義人倫大端所以關雎冠於詩首者王化所先也天屬之親孝行爲本所以齊斬五服之重者人道之厚也聖人知此二端爲訓人之本不可變也故制婚禮上以承宗廟下以繼後嗣至若墨衰奪情事緣金革若使茂宗釋衰服而衣冕裳去堊室而爲親迎雖云輟哀借吉是亦以凶瀆嘉伏願抑茂宗亡母之請顧典章不易之義待其終制然後賜婚德宗不納竟以義章公主降茂宗自是以戚里之親頗承恩顧元和中爲閑廄使國家自貞觀中至於麟德國馬四十萬匹在河隴間開元中尚有二十七萬雜以牛羊雜畜不啻百萬置八使四十八監占隴右金城平凉天水四郡幅員千里自長安至隴右置七馬坊爲會計都領岐隴間善水草及　田皆屬七馬坊至麟德以後西戎陷隴右國馬盡散監牧使與七馬坊名額盡廢其地利因歸於閑廐使寶應中鳳翔節度使請以監牧賦給貧民爲業土著相承十數年矣又有别勅賜諸寺觀凡千餘頃及茂宗掌閑廐與中尉吐突承璀善遂恃恩舉舊事並以監牧地租歸閑廐司茂宗又奏麟遊縣有岐陽馬坊按舊圖地方三百四十頃制下閑廐司檢計百姓紛紜論訴節度使李惟簡具事上聞詔監察御史孫革往按問之革還奏曰天興縣東五里有隋故岐陽馬坊地在其側蓋因監爲名與今岐陽所指百姓侵占處不相接皆有明驗茂宗怒恃有中助誣革所奏不實又令侍御史范傳式覆按乃附茂宗盡翻前奏遂奪居人田業皆屬閑廐乃罷革官長慶初岐人論訴不已詔御史按驗明白乃復以其地還百姓貶傳式官茂宗俄授左金吾衞大將軍長慶二年檢校工部尚書兼兗州刺史御史大夫充兗海沂節度等使加檢校兵部尚書太和五年入爲左金吾衞大將軍充左衞使轉左龍武統軍卒茂和元和中爲左武衞將軍裴度爲淮西行營處置用兵討吳元濟建牙赴行營奏用茂和爲都押衙茂和嘗以膽氣才略自贊於相府故度奏用之茂和慮度無功淮蔡不可平乃辭之以疾度怒甚奏請斬茂和以勵行者憲宗曰予以其家門忠順爲卿遠貶後復用爲諸衞將軍卒

陳楚者定州人茂昭之甥少有武幹爲義勇牙將事茂昭每出征伐必令典精卒隨茂昭入朝授諸衞大將軍元和十二年義武軍節度使渾鎬喪師定州兵亂乃除楚易定節度令馳傳赴任亂猶未弭楚夜馳入州城楚家世久在定州軍中部校皆楚之舊卒人情大悅軍卒帖然轉河陽三城懷節度使前後亟立戰功入爲龍武統軍長慶三年卒

史臣曰朝廷治亂在法制當否形勢得失而已秦人叛上法制失也漢道勃興形勢得也臣觀開元之政舉坐制百蠻天寶之法衰遂淪四海玄宗一失其勢橫流莫救地分於羣盜身播於九夷河朔二十餘州竟爲盜穴諸田兇險不近物情而弘正孝忠頗達人臣之節沂國力善無報殆天意之好亂惡治歟茂昭忠梗有禮明禍福大端近代之賢侯也

贊曰田宗不令禍淫無應謂天輔仁胡覆弘正茂昭知止終以善勝孰生厲階上失威柄

舊唐書卷一百四十一考證

田承嗣傳十三年九月卒○新書作十四年臣酉按舊書代宗紀亦作十四年九月作三月未知孰是

田布傳十五年秋弘正移鎮○臣酉按弘正傳十月王承宗卒十一月弘正至鎮州皆十五年冬事也秋字誤今改正

張茂宗傳特舉恩舊事○沈炳震本作恃恩舉舊事今從之

舊唐書卷一百四十二

後晉司空同中書門下平章事劉　昫撰

列傳第九十二

李寶臣 子惟岳 惟誠 惟簡 惟簡子元本

王武俊 子士眞 士平 士則 士眞子承宗 承元

王廷湊 子元逵 元逵子紹鼎 紹懿 紹鼎子景崇 景崇子鎔

李寶臣范陽城旁奚族也故范陽將張鏁高之假子故姓張名忠志幼善騎射節度使安祿山選爲射生官天寶中隨祿山入朝玄宗留爲射生子弟出入禁中及祿山叛忠志遁歸范陽祿山喜錄爲假子姓安常給事帳中祿山兵將指闕使忠志領驍騎八千人入太原劫太原尹楊光翽忠志挾光翽出太原萬兵追之不敢近祿山使董精甲扼井陘路軍於土門安慶緒僞署爲恒州刺史九節度之師圍慶緒於相州忠志懼獻章歸國肅宗因授恒州刺史及史思明復渡河僞授忠志工部尚書恒州刺史恒趙節度使統衆三萬守常山及思明敗不受朝義之命乃開土門路以內王師河朔平定忠志與李懷仙薛嵩田承嗣各舉其地歸國皆賜鐵券誓以不死因授忠志開府儀同三司檢校禮部尚書恒州刺史實封二百戶仍舊爲節度使以恒州爲成德軍賜姓名曰李寶臣時寶臣有恒定易趙深冀六州之地後又得滄州步卒五萬馬五千疋當時勇冠河朔諸帥寶臣以七州自給軍用殷積招集亡命之徒繕閱兵仗與薛嵩田承嗣李正已梁崇義等連結姻婭互爲表裏意在以土地傳付子孫不稟朝旨自補官吏不輸王賦初天寶中天下州郡皆鑄銅爲玄宗眞容擬佛之制及安史之亂賊之所部悉鎔毀之而恒州獨存由是實封百戶初寶臣正已皆爲承嗣所易寶臣弟寶正娶承嗣女在魏州與承嗣子維擊鞠寶正馬驟觸殺維承嗣怒縶寶正以告寶臣寶臣謝爲教不謹緘杖令承嗣以示責承嗣遂鞭殺之由是交惡大曆十年寶臣正已更言承嗣之罪請討之代宗欲因其相圖乃從其請時幽州節度留後朱滔方恭順朝廷詔滔與寶臣及太原之師攻其北正已與滑亳河陽江淮之師攻其南寶臣正已會軍于棗強椎牛釃酒犒勞將士仍須優賞寶臣軍賞厚正已軍賞薄既罷會正已軍中咄咄有辭正已聞懼有變即時引退由是寶臣朱滔共攻承嗣之滄州連年未下時承嗣使腹心將盧子期攻邢州城將陷寶臣發精卒赴救擊敗之擒子期來獻河南諸將又大破田悅于陳留正已收承嗣之德州以重兵臨其境指期進討承嗣大懾遂求解於寶臣寶臣不許初正已將發兵使人至魏承嗣囚之及是乃厚禮遣歸發使與俱具列境內戶口兵糧之數悉以奉正已且告曰承嗣老矣今年八十有六形體支離無日月焉已子不令悅亦孱弱不足保其後業今之所有爲公守耳曷足辱公師旅焉立使者于廷南向拜而授書又圖正已形焚香事之如神謂人曰眞聖人也正已聞之且得其歡乃止諸軍莫敢進者承嗣止正已無南軍之虞又知范陽寶臣故里生長其間心常欲得之乃勒石爲讖密瘞寶臣境內使望氣者云此中有玉氣寶臣掘地得之有文曰二帝同功勢萬全將田作伴入幽燕二帝指寶臣正已也承嗣又使客諷之曰公與朱滔共舉取吾滄州設得之當歸國非公所有誠能捨承嗣之罪請以滄州奉獻可不勞師而致願取范陽以自効公將騎爲前驅承嗣率步卒從此萬全之勢寶臣喜以爲事合符命遂與承嗣通謀割州與之寶臣乃密圖范陽承嗣亦陳兵境上寶臣謂朱滔使曰吾聞朱公貌如神安得而識之願因繪事而觀可乎滔乃圖其形以示之寶臣懸於射堂命諸將熟視之曰朱公信神人也他日滔出軍寶臣密選精卒刦之戒其將曰取彼貌如射堂所懸者是時二軍不相虞有變滔與戰於瓦橋滔適衣他服以不識免承嗣聞與滔交鋒其謀已成乃旋軍使告寶臣曰河內有警急不暇從公石上讖文吾戲爲之耳寶臣慙怒而退遷左僕射封隴西郡王檢校司空同中書門下平章事德宗即位拜司空兼太子太傅寶臣名位既高自擅一方專貯異志妖人僞爲讖語言寶臣終有天位寶臣乃爲符瑞及靈芝朱草作朱書符又於深室齋戒築壇上置金匜玉斝云甘露神酒自出又僞刻玉爲印金塡文字告境內云天降靈瑞非予所求不斬而至將吏無敢言者妖輩慮其詐發乃曰相公須飲甘露湯即天神降寶臣然之妖人寘堇湯中飲之三日而卒寶臣暮年益多猜忌以惟岳暗懦諸將不服即殺大將辛忠義盧俶定州刺史張南容趙州刺史張彭老許崇俊等二十餘人家口沒入自是諸將離心建中二年春卒時年六十四廢朝三日冊贈太保子惟岳惟誠惟簡寶臣卒時惟岳爲行軍司馬三軍推爲留後仍遣使上表求襲父任朝旨不允魏博節度使田悅上章保薦請賜旄節不許惟岳乃與田悅李正已同謀拒命判官邵眞泣諫以爲不可惟岳暗懦初雖聽從終爲左右所惑而止而所與圖議皆姦吏胡震家人王他奴等唯勸拒逆爲事惟岳舅谷從政者有智略爲寶臣所忌稱病不出至是知惟岳之謀慮其覆宗乃出諫惟岳曰今天下無事遠方朝貢主上神武必致太平如至不允必至加兵雖大夫恩及三軍萬一不捷孰爲大夫用命者又先朝相公與幽帥不協今國家致討必命朱滔爲帥彼嘗切齒今遂復讐可不懼乎又項者相公誅滅軍中將校其子弟存者口雖不言心寧無憤兵猶火也不戢自焚往者田承嗣佐安祿山史思明謀亂天下千征百戰及頃年侵擾洛相等州爲官軍所敗及貶永州仰天垂泣賴先相公佐佑保援方獲赦宥若雷霆不收承嗣豈有生理今田悅兇狂何如承嗣名望苟欲坐邀富貴不料破家覆族而況今之將校罕有義心因利乘便必相傾陷爲大夫畫久長之計莫若令惟誠知留後大夫自速入朝國家念先相公之功見大夫順命何求而不得今與羣逆爲自危之計非保家之道也惟岳亦素忌從政皆不聽竟與魏齊謀叛既而惟岳大將張孝忠以郡歸國朝廷以孝忠爲成德軍節度使仍詔朱滔與孝忠合勢討之惟岳以精甲屯束鹿以抗之田悅遣大將孟佑率兵五千助惟岳建中三年正月朱滔孝忠大破恒州軍於束鹿惟岳燒營而遁惟岳大將趙州刺史康日知以郡歸國惟岳乃令衙將衛常寧率士卒五千兵馬使王武俊率騎軍八百同討日知武俊既出恒州謂常寧曰武俊盡心於本使大夫信讒頗相猜忌所謂朝不謀夕豈圖生路且趙州用兵捷與不捷武俊不復入恒州矣妻子任從屠滅且以殘生往定州事張尚書去也孰能持頸就戮常寧曰中丞以大夫不可事且有詔書云斬大夫首者以其官爵授自大夫拒命已來張尚書以易州歸國得節度使今聞日知已得官爵觀大夫事勢終爲朱滔所滅此際轉禍爲福莫若倒戈入使府誅大夫以取富貴也況大夫暗昧左右誑惑其實易圖事苟不捷歸張尚書非晩武俊然之三年閏正月武俊與常寧自趙州迴戈達明至恒武俊子士眞應於內武俊兵突入府署遣虞任越刦擒惟岳縊死於戟門外又誅惟岳妻父鄭華及長慶王他奴等二十餘人傳首京師惟誠惟岳異母兄以父蔭爲殿中丞累遷至檢校戶部員外郎好儒書理道寶臣愛之委以軍事性謙厚以惟岳嫡嗣讓而不受同母妹嫁李正已子納寶臣以其宗姓請惟誠歸本姓又令入仕於鄆州爲李納營田副使歷兗淄濟淮四州刺史竟客死東平惟簡寶臣第三子初王武俊既誅惟岳又械惟簡送京師德宗拘於客省防伺甚峻朱泚之亂惟簡斬關而出赴奉天德宗嘉之用爲禁軍將從渾瑊率師討賊頻戰屢捷加御史中丞從幸山南得元從功臣之號封武安郡王後授左神威大將軍轉天威統軍元和初檢校戶部尚書左金吾衛大將軍充街使俄拜鳳翔隴右節度使元和十三年正月卒贈尚書右僕射子元本生於貴族輕薄無行初張茂昭子克禮尚襄陽公主長慶中主縱恣不法常遊行市里有士族子薛樞薛渾者俱得幸於主尤愛渾每詣渾家謁渾母行事姑之禮有吏誰何者即以厚賂啗之渾與元本皆少年遂相誘掖元本亦得幸於主出入主第張克禮不勝其忿上表陳聞乃召主幽于禁中以元本功臣之後得減死杖六十流象州樞渾以元本之故亦從輕杖八十長流崖州

王武俊契丹怒皆部落也祖可訥干父路俱開元中饒樂府都督李詩率其部落五千帳與路俱南河襲冠帶有詔褒美從居薊武俊初號沒諾干年十五能騎射上元中爲史思明恒州刺史李寶臣裨將寶應元年王師入井陘將平河朔武俊謂寶臣曰以寡敵衆以曲遇直戰則離守則潰銳師遠鬬庸可禦乎寶臣遂徹警備以恒定深趙易五州歸國與王師協力東襲遺寇寶臣除恒定等州節度使以武俊搆謀奏兼御史中丞充本軍先鋒兵馬使大曆十年田承嗣因薛嵩死兼有相衛磁邢洛五州承嗣遣將盧子期寇磁州詔令寶臣與李正已李勉李承昭田神玉朱滔李抱眞各出兵討之諸軍與子期戰于清水大破之寶臣將有節生擒子期以獻代宗嘉其功使中貴人馬承倩賚詔宣勞承倩將歸止傳舍寶臣親遺百縑承倩詬詈擲出道中寶臣顧左右有愧色還休府中諸將散歸寶臣潛伺屏間獨武俊佩刀立于門下召入解刀與語曰見向者頑豎乎武俊曰今閣下有功尚爾寇平後天子以幅紙之詔召置京下一匹夫耳可乎寶臣曰爲之若何武俊曰不如玩養承嗣以爲己資寶臣曰今與承嗣有釁矣可推腹心哉武俊曰勢同患均轉寇讎爲父子欬唾間若傳虛言無益也今中貴人劉淸譚在驛斬首送承嗣立質妻孥矣寶臣曰恐不能如此武俊曰朱滔爲國屯兵滄州請擒送承嗣以取信許之立選銳士二千皆乘駿馬通夜馳三百里晨至滔營掩其不備滔軍出戰大敗擒類滔者故得脫自此寶臣與田承嗣李正已更相爲援皆武俊萌之寶臣死其子惟岳謀襲父位寶臣舊將易州刺史張孝忠以州順命遂以孝忠代寶臣俾惟岳護喪歸京惟岳不受命建中三年正月詔朱滔張孝忠合軍討之

惟岳與武俊復統萬餘衆戰於束鹿武俊率三千騎先進爲滔所敗惟岳遁走趙州刺史康日知遂以州順命惟岳令武俊統兵擊之日知遣人謂武俊曰惟岳孱微而無謀何足同反我城堅衆一未可以歲月下且惟岳恃田悅爲援前歲悅之丁勇甲卒塗地於邢州城下猶不能陷況此城乎復給僞手詔招武俊信之遂倒兵入恒州率數百騎入衙門使謂惟岳曰大夫舉兵與魏齊同惡今田尚書已喪敗李尚書爲趙州所間軍士自束鹿之役傷痛軫心朱僕射强兵宿境內張尚書已授定州三軍俱懼殞首喪家聞有詔徵大夫宜亟赴命不爾禍在漏刻惟岳怖遽睢盱武俊子士眞斬惟岳持首而出武俊殺不同已者十數人遂定傳首上聞授武俊檢校秘書少監兼御史大夫恒州刺史恒冀都團練觀察使實封五百戶以康日知爲深趙團練觀察使時惟岳僞定州刺史楊政義以州順命深州刺史楊榮國降朱滔分兵鎮之朝廷既以定州屬張孝忠深州屬康日知武俊怒失趙定二州且名位不滿其志朱滔怒失深州因誘武俊謀反斥言朝廷遂連率勁兵救田悅時馬燧李抱眞李芃李晟方討田悅敗悅於洹水後連歲暴兵然悅勢已蹙至是武俊朱滔復振起之悅勢益張十一月武俊使大將張鍾葵寇趙州康日知擊敗之斬首上獻是日武俊僭建國稱趙王以恒州爲眞定府僞命官秩朱滔田悅李納一同僭號分據所部各遣使勸誘蔡州李希烈同僭位號四年三月希烈既爲周曾謀潰其腹心或傳希烈已死馬燧等四節度軍中聞之歡聲震外六月李抱眞使辯客賈林詐降武俊林至武俊壁曰是來傳詔非降也武俊色動徵其說林曰天子知大夫宿誠及登壇建國之日撫膺顧左右曰我本忠義天子不省是後諸軍曾同表論列大夫天子覽表動容語使者曰朕前事誤追無及已朋友間失意尚可謝朕四海主毫芒安可復念哉武俊曰僕虜將尚知存撫百姓天子固不專務殺人以安天下今山東大兵者五比戰勝骨盡暴野雖勝與誰守今不憚歸國以與諸侯盟約虜性直不欲曲在已朝廷能降恩滌盪之僕首倡歸國不從者於以奉辭則上不負天子下不負朋友此謀既行河朔不五旬可定十月涇原兵犯闕上幸奉天京師問至諸將退軍李抱眞將還潞澤田悅說武俊與朱滔襲擊之賈林復說武俊曰今退軍前輜重後銳師人心固一不可圖也且勝而得地則利歸魏博喪師即成德大傷大夫本部易定滄趙四州何不先復故地武俊遂北馬首背田悅約賈林復說武俊曰大夫冀邦豪族不合謀據中華且滔心幽險王室强即藉大夫援之卑即思有併吞且河朔無冀國唯趙魏燕耳今朱滔稱冀則窺大夫冀州其兆已形矣若滔力制山東大夫須整臣禮不從即爲所攻奪此時臣滔乎武俊投袂作色曰二百年宗社我尚不能臣誰能臣田舍漢由此計定遂南修好抱眞西連盟馬燧會興元元年德宗罪己大赦反側二月武俊集三軍削僞國號詔國子祭酒兼御史大夫董晉中使王進傑自行在至恒州宣命授武俊檢校兵部尚書成德軍節度使三月加司空同中書門下平章事兼幽州盧龍兩道節度使琅邪郡王時朱泚僞冊滔爲皇太弟滔率幽檀勁卒誘迴紇二千騎已圍貝州數十日將絕白馬津南盜洛都與泚合勢時李懷光反據河中李希烈已陷大梁南逼江漢李納尚反於齊田緒未爲用李晟孤軍壁渭上天子羽書所制者天下纔十二三海內蕩析人心失歸賈林又說武俊與抱眞合軍同救魏博爲武俊陳利害曰朱滔此行欲先平魏博更逢田悅被害人心不安旬日不救魏貝必下滔益數萬張孝忠見魏貝已拔必臣朱滔三道連衡兼統迴紇長驅至此家族可得免乎常山不守則昭義退保山西河朔地盡入滔今乘魏貝未下孝忠未附公與昭義合軍破之如掇遺耳此計就則聲振關中京邑可坐復鑾輿反正自公則勳業無二也武俊歡然許之兩軍議定卜日同征五月武俊抱眞會軍於鉅鹿東兩軍既交滔震恐抱眞爲方陣武俊用奇兵朱滔傾壘出戰武俊不擐甲而馳之滔望風奔潰自相蹂踐死者十四五收其輜重器甲馬牛不可勝計滔夜奔還幽州武俊班師表讓幽州盧龍節度使許之乃升恒州爲大都督府以武俊爲長史加檢校司徒實封七百戶餘如故車駕還京寵之逾厚子尚貴主子弟在孩稚者皆賜官名尋丁母憂起復加左金吾上將軍同正免喪加開府儀同三司十二年上念舊勳加檢校太尉兼中書令十七年六月卒時年六十七廢朝五日羣臣詣延英門奉慰如渾瑊故事詔左庶子上公持節冊贈太師賻絹三千匹布千端米粟三千碩太常謚曰威烈德宗曰武俊竭忠奉國宜賜謚忠烈子士眞士清士平士則士眞嗣士眞武俊長子少驍悍冠於軍中沉謀有斷事李寶臣爲帳中親將仍以女妻之寶臣末年慮身後諸子暗弱爲諸將所奪屢行誅戮諸將離心武俊官位雖卑而勇略邁世寶臣惜其才不忍誅之而士眞密結寶臣左右保護其父以是獲免惟岳之世尤加委任武俊亦盡心匡佐既兵敗束鹿張孝忠康日知以地歸國受官賞惟岳稍貯防疑武俊謀自貶損出入不過三兩人左右謂惟岳曰先相公委任武俊以遺大夫兼有治命令披肝膽爲大夫者武俊耳又士眞即大夫妹婿保無異志今勢危急若不坦懷待之若更如康日知即大事去矣惟岳曰我待武俊自厚不獨先公遺旨由是無疑即令將兵攻趙州士眞吏宿於府衙與同職謀事及武俊倒戈士眞等數人擒惟岳出衙縊死之武俊領節鉞以士眞爲副大使建中年武俊僭稱趙王於魏縣以士眞爲司空眞定府留守充元帥及武俊破朱滔順命以武俊兼幽州盧龍軍節度使仍以士眞爲副使檢校工部尚書德宗還京進位檢校兵部尚書充德州刺史德棣觀察使封清河郡王十七年武俊卒起復授左金吾衛大將軍同正恒州大都督府長史充成德軍節度恒冀深趙德棣等州觀察等使尋檢校尚書左僕射順宗即位進位檢校司空士眞佐父立功備歷艱苦得位之後恬然守善雖自補屬吏賦不上供然歲貢貨財名爲進奉者亦數十萬比幽魏二鎮最爲承順元和元年就加同中書門下平章事四年三月卒子承宗承元承通承迪承榮士清以父勳累加官至殿中少監同正元和初爲冀州刺史御史大夫封北海郡王早卒士平以父勳補原王府諮議貞元二年選尚義陽公主加秘書少監同正駙馬都尉元和中累遷至安州刺史時公主縱恣不法士平與之爭忿憲宗怒幽公主於禁中士平幽於私第不令出入後釋之出爲安州刺史坐與中貴交結貶賀州司戶時輕薄文士蔡南獨孤申叔爲義陽主歌詞曰團雪散雪等曲言其遊處離異之狀往往歌於酒席憲宗聞而惡之欲廢進士科令所司網捉搦得南申叔貶之由是稍止及盜殺宰相武元衡旬日捕賊未獲士平與兄士則庭奏盜主於承宗既獲張晏等誅之乃以士平爲左金吾衛大將軍及奪承宗官爵仍以士平襲父實封七則士平異母兄承宗既立爲節度使不容諸父乃奔于京師用爲神策大將軍及承宗叛逆盜殺宰相士則請稾貫有懷之者乃用士則爲邢州刺史兼本州團練使從昭義節度使郗士美討賊冀擕離承宗之黨且許以節制而衛兵如故吏呵止之士則不能平見于辭氣士美惡之密以狀聞乃以張遵代還承宗士眞長子河朔三鎮自置副大使以嫡長爲之承宗累奏至鎮州大都督府右司馬知州事御史大夫充都知兵馬使副大使元和四年三月士眞卒三軍推爲留後朝廷伺其變累月不問承宗懼累上表陳謝至八月上令京兆少尹裴武往宣諭承宗奉詔甚恭且曰三軍見迫不候朝旨今請割德棣二州上獻以表丹懇由是起復雲麾將軍左金吾衛大將軍同正檢校工部尚書鎮州大都督府長史御史大夫成德軍節度鎮冀深趙等州觀察等使又以德州刺史薛昌朝檢校右散騎常侍德州刺史御史大夫充保信軍節度德棣觀察等使昌朝故昭義節度使嵩之子婚姻於王氏入仕於成德軍故爲刺史承宗既獻二州朝廷不欲別命將帥且授其親將保信旌節未至德州承宗遣數百騎馳往德州虜昌朝歸眞定囚之朝廷又加棣州刺史田渙充本州團練守捉使冀漸離之令中使景忠信往諭旨令遣昌朝還鎮承宗不奉詔憲宗怒下詔曰王承宗頃在苫廬潜窺戎鎮而內外以事君之禮逆而必誅分土之儀專則有辟朕念其先祖嘗有茂勳貸以私恩抑於公議使臣旁午以告諭聾童俯伏以陳誠願獻兩州期無二事朕欲收其後効用以曲全授節制於舊疆齒勳賢於列位況德棣本非成德所管昌朝又是承宗懿親俾撫近鄰斯誠厚渥外雖兩鎮中實一家而承宗象恭懷姦肖貌稔禍欺裴武於得位之後縶昌朝於受命之中豺很之心飽之而愈發梟獍之性養之而益兇加以表疏之中悖慢斯甚式遏亂略期于無刑恭行天誅干於有制可削承宗在身官爵詔左神策護軍中尉吐突承璀爲左右神策河中河陽浙西宣歙等道赴鎮州行營兵馬招討處置等使會諸道軍進討神策兵馬使趙萬敵者王武俊之騎將也驍悍聞於燕趙具言進討必捷承璀因得兵柄與萬敵偕行承璀至行營威令不振禁軍屢挫衂都將酈定進前擒劉闢有功號爲驍將又陷於賊唯范陽節度使劉濟易定節度使張茂昭至効忠赤戰賊屢捷而昭義節度使盧從史反復難制陰附於賊憲宗密詔承璀擒之送于京師五年七月承宗遣巡官崔遂上表三封乞自陳首且歸過於盧從史其略曰臣頃在苫廬綿歷時序恭守朝旨罔敢闕違復奉詔書令獻州郡迫以三軍之勢不從孤臣之心今天兵四臨王命久絕白刃之下難避國之兵生海內之亂既不忠於國又不孝於家當其聞父之喪已變爲臣之節迫脅天使潰紊朝經而乃幸臣居

喪敗臣求利上敢欺於聖主下不顧其死親嬌情徒見於封章邪妄素萌於胷臆今搆禍者已就擒獲抱冤者實冀辯明況臣之一軍素守忠義橫被從史離間君臣哀號轅門痛隔恩外伏冀陛下以天地之德容納爲心弘好生之仁許自新之路順陽和而布澤因雷雨以覃恩追念祖父之前勞俯覩臣子之來効特開湯網使樂堯年將朝廷以承璀宿師無功國威日沮頗憂會承宗使至宰臣商量請行赦宥乃全以六郡付之承宗送薛昌朝入朝授以右武衞將軍承宗以國家加兵不勝誣從史姦計得行雖上章表謙恭而心無忌憚十年王師討吳元濟承宗與李師道繼獻章表請宥元濟其牙將尹少卿奏事因爲元濟游說少卿至中書見宰相論列語意不遜武元衡怒叱出之承宗益不順自是與李師道姦計百端以沮用兵四月遣盜燒河陰倉六月遣盜伏於靖安里殺宰相武元衡京師震恐大索旬日天子爲之旰食是時承宗師道之盜所在竊發焚襄州佛寺斬建陵門戟燒獻陵寢宮欲伏甲屠洛陽憲宗赫怒命田弘正出師臨其境并隣道六節度之衆討之時方淮西用兵國用虛竭河北諸軍多觀望不進獨昭義節度使郗士美率精兵壓賊壘欲乘釁而取之軍威甚盛承宗懼不敢犯俄詔權罷河北用兵併力淮西十二年十月誅吳元濟承宗始懼求救於田弘正十三年三月弘正遣人送承宗男知感知信及其牙將石泛等詣闕請命令於客省安置又獻德棣二州圖印兼請入管內租稅除補官吏上以弘正表疏相繼重違其意乃下詔曰帝者承天子人下臨萬國覩乾坤覆載之施常務其曲全用德刑撫御之方每先其弘貸叛則必伐服而捨之倣于典謨亦尚斯道朕祇符前訓纘嗣丕圖底寧方隅蕩滌氛祲上以攄祖宗之宿憤下以致黎庶之阜康思厚者生務去者殺至於包荒藏慝屈法伸恩苟衷誠之可矜則宥過而無大王承宗頃居喪紀見賣於隣封後領藩城受疑於朝野國恩雖厚時憲不容戚實自貽寵非我絕百辟卿士昌言在廷四方諸侯飛奏盈篋竟請致討爭先出軍尚復廣示招懷務存容納至於動衆事豈願然開境懲羅其殺傷退舍爲伏其士伍取陷救溺能無慘嗟以其先祖武俊有勞王室書于甲令銘在景鍾雖再駕王師再從人欲而十代之宥常切朕懷近以三朝稱慶八表流澤廣此鴻霈開其自新而承宗果能翻然改圖披露忠懇遣二子進陳表章緘圖印以上聞獻德棣之名部發困奉粟并竈貢煙地願帥於職方物請歸於司會且天子所臨莫非王土析茲舊服將表爾誠諒由效順之心悉見納忠之志抑而不撫何以示懷朕念此方亦猶赤子一物失所寢興靡寧忍驅樂土之人竟就陳原之戮旣克翦暴常思止戈予之此心天地臨鑒況常山師旅舊有功勞將改往以修來誓酬恩而遷善鑒精誠之俱切俾渙汗而再敷曠滌乃愆斷於朕志復此殊渥當懷永圖承宗可依前銀青光祿大夫檢校吏部尚書鎭州大都督府長史御史大夫充成德軍節度鎭冀深趙觀察等使仍令右丞崔從往鎭州宣慰承宗素服俟命乃以華州刺史鄭權爲德州刺史充橫海軍節度德棣滄景觀察等使明年加金紫光祿大夫檢校尚書左僕射是歲李師道平承宗奉法逾謹請當管四州每州置錄事參軍一員判司三員每縣令一員主簿一員吏補授皆聽朝旨十五年十一月卒贈侍中子知感知信在朝承元士眞第二子兄承宗旣領節鉞奏承元爲觀察支使朝議郎左金吾衞胄曹參軍兼監察御史年始十六勸承宗以二千騎佐王師平李師道承宗不能用其言元和十五年冬承宗卒秘不發喪大將謀取帥於旁郡時參謀崔燧密與握兵者謀乃以祖母涼國夫人之命告親兵及諸將使拜承元承元拜泣不受諸將請之不已承元曰天子使中貴人監軍有事盍先與議及監軍至因以諸將意贊之承元謂諸將曰諸公未忘先德不以承元齒幼欲使領事承元欲効忠於國以奉先志諸公能從之乎諸將許諾遂於衙門都將所理視事約左右不得呼留後事無巨細決之參佐密疏請帥天子嘉之授銀青光祿大夫檢校工部尚書兼滑州刺史義成軍節度鄭滑觀察等使隣鎭以兩河近事諷之承元不聽諸將亦悔及起居舍人柏耆齎詔宣諭滑州之命兵士或拜或泣承元與柏耆於館驛召諸將諭之諸將號哭諠譁承元詰之曰諸公以先世之故不欲承元失此意甚隆厚然奉詔遲留其罪大矣前者李師道未敗時議赦其罪時師道欲行諸將止之他日殺師道亦諸將也今公輩幸勿爲師道之事敢以拜請遂拜諸將泣涕不自勝承元乃盡出家財籍其人以散之酌其勤者擢之牙將李寂等十數人固留承元斬寂等軍中始定承元出鎭州時年十八所從將吏有具器用貨幣而行者承元悉命留之承元昆弟及從父昆弟授郡守者四人登朝者四人從事將校有勞者亦皆擢用祖母涼國夫人入朝穆宗命內官莛待錫賚甚厚俄而王廷湊殺田弘正據鎭州叛移鎭鄜坊丹延節度使便道請覲穆宗器之數召顧問未幾改鳳翔節度使鳳翔西北界接涇原無山谷之險吐蕃由是徑往入寇承元於要衝築壘分兵千人守之賜名曰臨汧城詔襲岐國公累加檢校左僕射鳳翔城東商旅所集居人多以烽火相警承元奏益城以環之居鎭十年加檢校司空御史大夫移授平盧軍節度淄青登萊觀察等使時均輸鹽法未常行於兩河承元首請鹽法歸之有司自是兗鄆諸鎭皆稟均輸之法承元寬惠有制所理稱治太和七年十二月卒於平盧時年三十三冊贈司徒

王廷湊本迴鶻阿布思之種族世隸安東都護府曾祖曰五哥之事李寶臣父子王武俊養爲假子驍果善鬬武俊愛之以軍功累授左武衞將軍同正贈越州都督祖末怛活贈左散騎常侍父升朝贈禮部尚書皆以廷湊貴加贈典祖父世爲王氏騎將累遷右職廷湊沉勇寡言雄猜有斷爲王承元衙內兵馬使初承元上稟朝旨田弘正帥成德軍國家賞錢一百萬貫度支輦運不時至軍情不悅廷湊每抉其細故激怒衆心會弘正以魏兵二千爲衙隊左右有備不能間長慶元年六月魏軍還鎭七月二十八日夜廷湊乃結衙兵譟於府署遲明盡誅弘正與將吏家族三百餘人廷湊自稱留後知兵馬使將吏逼監軍宋惟澄上章請授廷湊節鉞穆宗怒下詔徵隣道兵仍以河東節度裴度充幽鎭兩道招撫使仍以弘正子涇原節度使布代李愬爲魏博節度使令率魏軍進討又以承宗故將深州刺史牛元翼爲成德軍節度使下詔購誅廷湊是月鎭州大將王位等謀殺廷湊泄坐死者二千餘人時朱克融囚張弘靖廷湊殺弘正合從搆逆謀拒王命兩鎭併力討除慮難應接詔朝臣議其可否東川節度使王涯獻狀曰幽鎭兩州悖亂天紀迷亭育之厚德肆狼虎之非心囚縶鼎臣戕賊戎帥毒流州郡釁及賓寮凡在有情孰不痛憤伏以國家文德誕敷武功繼立遠無不伏邇無不安矧茲二方敢逆天理臣竊料詔書朝下諸鎭夕驅以貔貅問罪之師當猖狂失節之寇傾山壓卵決海灌熒勢之相懸不是過也但常山薊郡虞號相依一時與師恐費財力罪有輕重事有後先譬之攻堅宜從易者如聞范陽肇亂出自一時事非宿謀迹亦可驗鎭州搆禍殊匪偶然扇諸屬城以兵拒境如此則幽薊之衆可示寬刑鎭冀之戎可資先討況廷湊闒茸不席父祖之資成德分離又多迫脅之勢今以魏博思復讐之衆昭義願盡敵之師參之晉陽輔以滄德掎角而進實若建瓴盡屠其城然後北首燕路在朝廷不爲失信於軍勢實得機宜臣之愚誠切在於此臣又聞用兵若鬬先扼其喉今瀛鄚易定兩賊之咽喉也誠宜假之威柄戍以重兵俾其死生不相知問謀無所入而以大軍先進冀趙次臨井陘此一舉萬全之勢也於是命易定節度使開境以抗克融諸軍三面進討初以滄德烏重胤獨當一面重胤宿將知不可進頗遲留乃以杜叔良代重胤叔良有中官之援朝辭日大言云賊不足破時廷湊合幽薊之兵圍深州梯衝雲合牛元翼嬰城拒守十一月杜叔良爲賊所敗衆皆陷沒僅以身免乃以德州王日簡代之裴度率衆屯承天軍諸將挫敗深州危急乃以鳳翔節度使李光顏爲忠武節度使兼深冀節度救深州仍以中官楊永和監光顏軍國家自憲宗誅除羣盜帑藏虛竭穆宗即位賞賜過當及幽鎭共起征發百端財力殫竭時諸鎭兵十五餘萬纔出其境便仰給度支置南北供軍院旣深入賊境輦運艱阻芻薪不繼諸軍多分番樵採俄而度支轉運車六百乘盡爲廷湊邀而虜之兵食益困賊圍深州數重雖光顏之善將亦無以施其方畧其供軍院布帛衣賜往往不得至院在途爲諸軍強奪而懸軍深鬬者率無支給復又每軍遣內官一人監軍悉選驍健者自衞羸懦者卽戰以是屢多奔北而廷湊克融之衆不過萬餘而抗官軍十五萬者良以統制不一玩寇邀利故也宰相崔祐甫不曉兵家膠柱於常態以至復失河朔旣無如之何遂議休兵而赦廷湊二年正月魏府牙將史憲誠誘其軍謀叛田布不能止其衆自潰於南宮二月詔赦廷湊仍授檢校右散騎常侍鎭州大都督府長史成德軍節度鎭冀深趙等州觀察等使以牛元翼爲山南東道節度使遣兵部侍郎韓愈至鎭州宣慰又遣中使卿命入深州監元翼赴鎭廷湊雖受命而深州之圍不解招撫使裴度與幽鎭書以大義責之朱克融解圍而去廷湊亦退舍朝廷欲其稟命並加克融檢校工部尚書三月元翼率十餘騎突圍出深州赴闕深州將校臧平以城降廷湊責其固守殺將吏一百八十餘人五月遣中使楊再昌至鎭州取牛元翼家族及田弘正骸骨廷湊曰弘正骸骨不知所在元翼家族請至秋發遣俄而元翼卒廷湊乃盡屠其家其酷毒如此自獲赦宥遂與朱克融史憲誠連衡相應謀拒朝廷大和初滄州李全畧死其子同捷欲效河朔事求代父任文宗授以兗海節度使同捷不奉詔據郡搆逆以珍玩器幣妓女子弟投欵於廷湊及幽州李載義時

載義初代克融輸誠効順盡送同捷所遣赴闕詔徵幽魏徐兗之師進討廷湊出兵撓魏北境以援同捷二年下詔絶廷湊進奉既魏博將亓志治以行營兵叛倒戈攻魏州諸軍擊志治廷湊出兵應之史憲誠危急詔義武軍節度使李聽擊敗之志治奔於廷湊三年六月誅李同捷尋又何進滔殺史憲誠據魏州朝廷厭兵誅之不果遂授進滔魏博節度八月廷湊遣使詣闕請罪朝廷因而赦之依前檢校司徒成德軍節度使鎮冀自李寶臣已來雖惟岳承宗繼叛而猶親隣畏法期自新之路而兇毒好亂無君不仁未如廷湊之甚也又就加太子太傅太原郡開國公食邑二千戶八年十一月卒冊贈太尉累贈至太師子元逵爲鎮州右司馬兼都知兵馬使廷湊卒三軍推主軍事請命於朝乃起復檢校工部尚書鎮州大都督府長史成德軍節度使累遷檢校左僕射元逵素懷忠順頓革父風及領藩垣頗輸誠欵歲時貢奉結轍於途文宗嘉之開成二年詔以壽安公主出降加駙馬都尉元逵遣段氏姑詣闕納聘禮段氏進食二千盤幷御衣戰馬公主粧奩及私白身女口等其從如雲朝野榮之會昌中昭義節度使劉從諫卒其子稹擅領軍政武宗怒誅之命鄰藩分地而進討以元逵爲北面招討使詔至之日出師次趙州與魏博何弘敬同收山東三州元逵進攻邢州俄而賊將裴問高元武降元逵王釗安玉降何弘敬並拔三郡累遷檢校司徒同中書門下平章事以破劉稹功加太傅太原郡開國公食邑二千戶食實封二百戶大中十一年二月卒冊贈太師謚曰忠子紹鼎紹懿紹鼎時爲鎮州大都督府左司馬知府事節度副使都知兵馬使起復授檢校工部尚書鎮府長史成德軍節度鎮深冀趙觀察等使累加光祿大夫尚書左僕射其年七月卒贈司空賻布帛三百段米粟二百碩累贈司徒太尉又贈太傅子景胤景崇景寓景崇爲嫡時年幼紹鼎卒宣宗以昭王汭爲鎮州大都督成德軍節度副使都知兵馬使檢校右散騎常侍鎮府左司馬知府事兼御史中丞王紹懿本官充成德軍節度觀察留後仍賜紫金魚袋尋正授節度使檢校工部尚書累加檢校右僕射兼御史大夫太原縣開國伯食邑七百戶又加檢校司空卒贈司徒景胤初爲成德軍中軍兵馬使銀青光祿大夫檢校太子賓客監察御史紹鼎卒出爲深州刺史兼殿中侍御史充本州團練守捉使景崇於季父紹懿時爲鎮州大都督府左司馬知府事都知兵馬使紹鼎卒三軍立紹懿數月疾篤召景崇謂之曰亡兄以軍政託予以俟汝成立今危惙如此殆將不救汝雖少年勉自負荷下禮藩鄰上奉朝旨俾吾兄家業不墜惟汝之才也言訖而卒時監軍在席奏其治命上嘉之詔起復忠武將軍守左金吾衛將軍同正檢校右散騎常侍充成德軍節度觀察留後仍賜上柱國賜紫金魚袋尋正授節度使檢校工部尚書咸通中景崇以公主嫡孫特承恩渥季年盜起徐方王師進討景崇令大將從諸軍徐寇平以功授檢校右僕射封太原縣男食邑三百戶祖母壽安長公主薨景崇居喪得禮朝野稱之起復左金吾衛上將軍同正進位檢校司空明年同中書門下平章事累加檢校太尉趙國公食邑三千戶食實封二百戶尋進封常山王丁母秦國夫人憂起復本官乾符末盜起河南黃巢犯闕駕幸劒南景崇與定州節度使王處存馳檄藩隣以兵附處存入關討賊奔問行在貢輸相繼關輔平定以功眞拜太尉中和二年十二月卒子鎔時年十歲三軍推爲留後朝廷因授旄鉞檢校工部尚書時天子蒙塵九州鼎沸河東節度李克用虎視山東方謀吞據鎔以重賂結納以脩和好晉軍討孟方立於邢州鎔常奉以芻糧及方立平晉將李存孝侵鎔南部鎔求援於幽州幽帥李匡威率衆三萬赴之存孝退去景福元年鎔乘存孝有間於其師乃出兵攻堯山晉帥遣大將李存質來援大敗鎮人於堯山死者萬計晉人乘勝至趙州鎔復求援於燕二年匡威率衆數萬來援會邢州節度使李存孝背其帥據城自固存孝單騎入鎮州與鎔面相盟約俄而李克用自率全師攻存孝時匡威離鎮後其弟匡籌奪據其位匡威退無歸路鎔感其援助之恩乃迎入府城築第以居之事之如父匡威亦盡心裨益軍中之事皆爲訓練是年五月鎔過匡威第陰遣部下伏甲刼鎔鎔抱持之鎔曰公誡止人勿倉卒吾爲晉人所困賴公獲濟猶吾父也軍政請公帥之卽並轡歸府署鎮軍拒之竟殺匡威晉人知匡威死克用自率師至城下鎔出練二十萬犒勞修好而退及汴宋節度使朱全忠領鄆青三鎮兵强天下遣將葛從周張存敬寇陷邢洺二州乘勝北掠燕趙俄而全忠率親兵薄於城下鎔倉卒無備謂賓佐曰勢危矣計將安出判官周式者率先而對曰敵人迫我兵不能抗此可以理說耳請見梁帥圖之式卽時出見全忠全忠逆謂式曰爾不必言王令朋附幷汾違盟爽信敝賦業已及此期於無捨式曰公言過矣且公爲唐室之桓文當以禮義而成覇業乃欲窮兵黷武困人於險難天下其謂公何全忠喜引式袂而慰之曰前言戲之耳且君爲王令計如何式曰但修好耳卽復見鎔請出牛酒貨幣以犒軍仍以鎔子昭祚及牙將梁公儒李弘規子各一人從昭祚入官于大梁全忠以女妻昭祚及全忠僭天下無主鎔不獲已行其正朔鎔累遷至開府儀同三司守太師中書令仍賜敦睦保定大功臣上柱國趙王食邑一萬五千戶食實封一千戶襲食實封二百五十戶僞梁加尚書及唐室中興去僞尚書令之號天佑七年母魏國太夫人何氏卒起復本官十八年爲其大將王德明所殺至於赤族其後事在中興云

史臣曰土運中微羣盜孔熾寶臣附麗安史流毒中原終竊土疆爲國蟊賊加以武俊之狠狡爲其腹心或叛或臣見利忘義蛇吞蝮吐垂二百年哀哉王政不綱以至于此若使明皇不懈於開元之政姚崇久握於阿衡詎有柳城一胡敢窺佐伯况其下者哉觀此無君可爲太息

贊曰鴟鴞爲性必取其昏人君失政爲盜啓門牙旂金鉞虎子狼孫茫茫黔首於何叫閽

舊唐書卷一百四十二考證

王武俊傳大夫舉兵與魏帥同惡○臣酉按下文田尚書魏也李尚書齊也此句不應專目魏帥新書魏齊同惡較是今從之

朱僕射强兵宿境內張尚書巳授定州○臣酉按新書無張尚書文惟云幽州兵近在定張孝忠傳定州刺史楊政義以州降孝忠遂有易定之地朝廷于定州置義武軍以孝忠爲節度其事在武俊斬惟岳之後此處武俊安得先爲此言新書刪之宜矣

初承宗上稾朝旨○宗當作元今改正

# 舊唐書卷一百四十三

後晉司空同中書門下平章事劉　昫撰

## 列傳第九十三

李懷仙 朱希彩附　朱滔　劉怦 子濟 濟子總 澭

程日華 子懷直 懷直子權　李全畧 子同捷

李懷仙柳城胡人也世事契丹降將守營州祿山之叛懷仙以裨將從陷河洛安慶緒敗又事史思明善騎射有智數朝義時僞授爲燕京留守范陽尹寶應元年元帥雍王統迴紇諸兵收復東都朝義渡河北走乃令副元帥僕固懷恩率兵追之時羣兇兗解國威方振賊黨聞懷恩至望風納欵朝義以餘孽數千奔范陽懷仙誘而擒之斬首來獻屬懷恩私欲樹黨以固兵權乃保薦懷仙可用代宗復授幽州大都督府長史檢校侍中幽州盧龍等軍節度使與賊將薛嵩田承嗣張忠志等分河朔而帥之既而懷恩叛逆西蕃入寇朝廷多故懷仙等四將各招合遺孽治兵繕邑部下各數萬勁兵文武將吏擅自署置貢賦不入於朝廷雖稱藩臣實非王臣也朝廷初集姑務懷安以是不能制懷仙大曆三年爲其麾下兵馬使朱希彩所殺希彩自稱留後恒州節度使張忠志以懷仙世舊無辜覆族遣將率衆討之爲希彩所敗朝廷不獲已宥之以河南副元帥黃門侍郎同平章事王縉爲幽州節度使授希彩御史中丞充幽州節度副使權知軍州事詔縉赴鎮希彩聞縉之來蒐選卒伍大陳戎備以逆之縉晏然建旌節而希彩迎謁甚恭縉知終不可制勞軍旬日而還尋加希彩御史大夫充幽州節度留後十二月加希彩幽州大都督府長史幽州盧龍軍節度使五年封高密郡王既得位暴橫自恣無禮於朝廷七年孔目官李瑗因人之怒伺隙斬之軍人立其兵馬使朱泚爲留後泚自有傳

朱滔賊泚之弟也平州刺史朱希彩爲幽州節度以滔同姓甚愛之常令將腹心親兵及泚爲節度使遂使滔將勁兵三千赴京師請率先諸軍備塞自祿山反後山東范陽外雖示順實皆倔强不庭泚首効臣節代宗喜甚命滔勒兵東入長安通化門西出開遠門出師勞還未有兵還王城者今而許之蓋示優異召滔對于三殿代宗臨軒勞問既而曰卿材孰與泚多滔曰各有長短統御士衆方略明辨臣不及泚臣年二十八獲謁龍顏泚長臣五歲未朝鳳闕此不及臣代宗愈喜大曆九年泚朝覲因乞留西征吐蕃以滔試殿中監權知幽州盧龍節度留後兼御史大夫及田承嗣反與李寶臣李正已等解磁州圍建中二年寶臣死其子惟岳謀襲父位滔與成德軍節度張孝忠征之大破惟岳於束鹿滔命偏師守束鹿進圍深州惟岳乃統萬餘衆及田悅援兵圍束鹿惟岳將王武俊以騎三千方陳橫進滔繢帛爲狻猊象使猛士百人蒙之鼓譟奮馳賊爲驚亂隨擊大破之惟岳焚營而遁以功加檢校司徒爲幽州盧龍軍節度使以德棣二州隸焉朝廷以康日知爲深趙二州團練使王武俊爲恒冀二州團練使滔怒失深州武俊怒失寶臣故地滔構武俊同已反馬燧圍田悅于魏州悅告急滔與武俊遂連兵救悅敗李懷光於愜山三年

十一月滔僭稱大冀王僞署百官與李納田悅王武俊並稱王南結李希烈與元初田悅王武俊以朱泚據京師滔兵强盛首尾相應田悅常謂武俊曰朱滔心險不可隄防遂相率歸順泚既僭號立滔爲皇太弟仍令以重賂招誘迴紇南攻魏貝即西入關興元元年正月滔驅率燕薊之衆及迴紇雜虜號五萬次南河攻圍貝州三月田緒殺田悅魏州亂滔令大將馬寔分兵逼魏州營于王莽河德宗在山南慮二兇兵合遣使授王武俊平章事令與李抱眞叶力擊滔四月恆潞兩軍次涇城北行營相距十里抱眞自率二百騎徑入武俊軍而申盟約結爲兄弟五月四日進軍距貝州三十里而軍翌日滔令大將馬寔盧南史引迴紇契丹來挑戰武俊遣騎將趙珍提精騎三百當之抱眞將王虔休犄角待之武俊與其子士淸自當迴紇契丹部落兩軍既合鼓譟震地迴紇恃捷穿武俊陣而過武俊乘騎勒馬不動俟迴紇引退因而薄之迴紇勢不能止武俊父子縱馬急擊獲迴紇三百騎滔陣亂東走兩邊追斬俘馘數萬計遇夜夾滔壘而軍是夜滔以殘衆千人奔德州委棄戈甲山積滔至瀛州殺騎將蔡雄揚布以其前鋒先敗又殺陰陽人尹少伯以其言舉兵必勝故也六月李晟收京城朱泚姚令言死滔還幽州爲武俊所攻僅不能軍上章待罪九月詔曰朱滔累獻欵疏深効懇誠省之惻然良用憫嘆宜委武俊抱眞開示大信深加曉諭若誠心益固善跡克彰朕當掩疊錄勳與之昭雪貞元元年尋卒于位時年四十贈司徒

劉怦幽州昌平人也父貢常爲廣邊大斗軍使怦即朱滔姑之子積軍功爲雄武軍使廣屯田節用以辦理稱稍遷涿州刺史居數年朱滔將兵討田承嗣奏署怦頗留府事以寬緩得衆心時李寶臣爲田承嗣間說與之通謀承嗣又以滄州與寶臣乃以兵劫朱滔於瓦橋關滔脫身走乘勝欲襲取幽州怦設方略鎮撫寶臣不敢進以功加御史中丞寶臣死子惟岳拒朝命德宗令滔與張孝忠同力討之及惟岳平滔怨朝廷違約不與深州含怒不已會王武俊亦怨割地深趙相謀叛欲救田悅怦時知幽州留後事遣人齎書謂滔曰司徒位崇太尉尊居宰相恩寵冠藩臣之右榮遇極矣今昌平故里朝廷改爲尉卿司徒里此亦大夫不朽之名也但以忠順自持則事無不濟竊思近日務大樂戰不顧成敗而家滅身屠者安史是也暴亂易亡今復何有怦忝密親世荷恩遇默而無告是負重知惟司徒圖之無貽後悔也滔雖不用其言亦嘉其盡言卒無疑貳凡出征伐必以怦總留後事及僭稱大冀王僞署怦爲右僕射范陽留守及泚據京邑召滔南河至貝州挫敗而還兵甲盡喪怦聞滔將至悉蒐范陽兵甲夾道排列二十餘里以迎滔歸於府第人皆嘉怦忠義貞元二年滔卒三軍推怦權撫軍府事怦爲衆所服卒有其地朝廷因授怦幽州大都督府長史兼御史大夫幽州盧龍節度副大使知節度事管內營田觀察押奚契丹經略盧龍軍使居位三月以貞元元年九月卒年五十九廢朝三日贈兵部尚書賜布帛有差子濟繼爲幽州節度使濟怦之長子初母難產既產侍者初見濟是一大虵黑氣勃勃莫不驚走及長頗異常童所居室焚人皆驚救濟從容而出衆異之累歷本管州縣牧宰及怦爲節度使以濟兼御史中丞充行軍司馬怦卒軍人習河朔舊事請濟代父爲帥朝廷姑務便安因而從之累加至檢校兵部尚書貞元五年遷左僕射充幽州節度使時烏桓鮮卑數寇邊濟帥軍擊走之深入千餘里虜獲不可勝紀東北晏然貞元中朝廷優容藩鎮方甚兩河擅自繼襲者尤驕蹇不奉法惟濟最務恭順朝獻相繼德宗亦以恩禮接之尋加同中書門下平章事順宗即位再遷檢校司徒元和初加兼侍中及詔討王承宗諸軍未進濟獨率先前軍擊破之生擒三百餘人斬首千餘級獻逆將於闕優詔褒之又爲詩四韻上獻以表忠憤之志明年春將大軍次瀛州累攻樂壽博陸安平等縣前後大獻俘獲賞功頗厚仍與子孫六品官者凡四人未幾有疾會赦承宗錄功拜兼中書令濟在鎮二十餘年雖輸忠欵竟不入覲又謀殺其弟澭澭歸國爲信臣及濟疾次子總與濟親吏唐弘實通謀酖殺濟數日乃發喪時年五十四詔贈太師廢朝三日賻禮有加謚曰莊武弟源貞元十六年八月爲檢校工部尚書兼左武衞將軍初爲涿州刺史不受兄教令濟奏之貶漠州參軍復不受詔濟帥師至涿州源出兵拒之未合而自潰濟擒源至幽州上言請令入覲故授官以徵之澭濟之異母弟也喜讀書工武藝輕財愛士得人死力事朱滔常陳逆順之理後怦爲盧龍軍節度使病將卒澭在父側即以父命召兄濟自漠州至竟得授節度使濟常感澭奉已澭爲瀛州刺史亦許以澭代已任其後濟乃以其子爲副大使澭既怨濟遂請以所部西捍隴塞拔其所部兵一千五百人男女萬餘口直趨京師在道無一人犯令者德宗寵遇特授秦州刺史以普潤縣爲理所及順宗傳位稱太上皇有山人羅令則詣澭言異端數百言皆廢立之事澭立命繫之令則又云某之黨多矣約以德宗山陵時伺便而動澭械令則送京師杖死之後錄功賜其額曰保義其軍蕃戎畏之不敢爲寇常有復河湟之志議者壯之元和二年十二月卒總濟之第二子也性陰賊險譎元和五年濟奉詔討王承宗使長子緄假爲副使領留務時總爲瀛州刺史濟署爲行營都兵馬使屯軍饒陽師久無功總潛伺其隙與判官張玘孔目官成國寶及帳內小將爲謀使詐自京至曰朝廷以相公逗留不進除副大使爲節度使矣明日又使人曰副大使旌節已到太原又使人走而呼曰旌節過代州舉軍驚恐濟驚惶憤怒不知所爲因殺主兵大將數十人及與緄素厚者乃追緄以張玘兄皐代知留務濟自朝至日晏不食渴索飲總因寘毒而進之濟死緄行至涿州總矯以父命杖殺之總遂領軍務朝廷不知其事因授以斧鉞累遷至檢校司空及王承宗再拒命總遣兵取賊武强縣遂駐軍持兩端以利朝廷供饋賞賜是時吳元濟尚存王承宗方跋扈易定孤危憲宗暫務姑息加總同中書門下平章事及元濟就擒李師道梟首王承宗憂死田弘正入鎮州總既無黨援懷懼每謀自安之計初總弒逆後每見父兄爲祟甚慘懼乃於官署後置數百僧厚給衣食令晝夜乞恩謝罪每公退則憇于道場若入他室則怵惕不敢寐晚年恐悸尤甚故請落髮爲僧冀以脫禍乃以判官張皐爲留後總以落髮上表歸朝穆宗授天平軍節度使既聞落髮乃賜紫號大覺師賻絹布一千五百段米粟五百石先是元和初王承宗阻兵總父濟備陳征伐之術請身先之及出軍累拔城邑旋屬破病不克成功總既繼父願述先志且欲盡更河朔舊風長慶初累疏求入覲兼請分割所理之地然後歸朝其意欲以幽涿營州爲一道請弘靖理之瀛州漠州爲一道請盧士玫理之平薊嬀檀爲一道請薛平理之仍籍軍中宿將盡薦於闕下因望朝廷升奬使幽薊之人皆有希羡爵祿之意及疏上穆宗且欲速得范陽宰臣崔植杜元穎又不爲久大經略但欲重弘靖所授而未能省其使局惟瀛漠兩州許置觀察使其他郡縣悉命弘靖統之時總所薦將校又俱在京師旅舍中久而不問如朱克融輩僅至假衣丐食日詣中書求官不勝其困及除弘靖又命悉遷本軍克融輩雖得復歸皆深懷觖望其後果爲叛亂總既以土地歸國授其弟約及男等一十一人領郡符加命服者五人升朝班佐宿衞者六人

程日華定州安喜人本單名華父元皓事安祿山爲帳下將從陷兩京頗稱勇力史思明時爲定州刺史華少事本軍爲張孝忠牙將初李寶臣授恆州節度吞削藩鄰有恆冀深趙易定滄德等八州寶臣既卒惟岳拒朝命以圖繼襲寶臣部將張孝忠以定州歸國授成德軍節度使令與朱滔討惟岳及惟岳誅朝廷以恆冀授王武俊深趙授康日知易定滄授張孝忠分爲三帥時惟岳將李固烈守滄州孝忠令華詣固烈交郡固烈將歸眞定悉取滄州府藏累乘而還軍人怒殺固烈皆奪其財相與詣華曰李使君貪鄙而死軍州請押牙權領不獲已從之孝忠因授華知滄州事未幾朱滔合武俊謀叛滄定往來艱阻二盜遂欲取滄州多遣人遊說又加兵攻圍華俱不聽從乘城自固久之錄事參軍李宇爲華謀曰使君受圍累年張尚書不能致援論功獻捷須至中山所謂勞而無功者也請爲足下至京師自以一州爲使華即遣之宇入闕備陳華當二盜之間疲於矢石德宗深嘉之拜華御史中丞滄州刺史復置横海軍以華爲使尋加工部尚書御史大夫賜名曰華仍歲給義武軍糧餉數萬自是別爲一使孝忠唯有易定二州而已武俊遣人說華歸己華曰相公欲弊邑仍舊隸恆州且借騎二百以抗賊侯道路通即從命武俊喜即以二百騎助之華乃留其馬遣人皆還武俊怒其背約又以朱滔方攻圍慮爲所有而止及武俊歸國河朔無事日華即遣所留馬還武俊別陳珍幣謝過武俊歡然而釋貞元四年卒贈兵部尚書子懷直懷直習河朔事父卒自知留後事朝廷嘉父之忠起復授檢校工部尚書兼御史大夫升横海軍爲節度以懷直爲留後又於弓高縣置景州管東光景城二縣以爲屬郡累加至檢校尚書右僕射五年起復正授節度觀察使懷直荒於畋獵數日方還不恤軍政軍士不勝寒餒其帳下將從父兄懷信因衆怒閉門不內懷直因來朝覲貞元九年也德宗優容之依前檢校右僕射兼龍武統軍賜安業里甲第妓女一人既而懷信死懷直子執恭知留後事乃遣懷直歸滄州十六年卒年四十九廢朝一日贈楊州大都督執恭代襲父位朝廷因而授之元和六年入朝憲宗禮遇遺之加尚書左僕射嘗夢滄州衙門樓額悉帖權字遂奏請改名權十三年淮西賊平藩方惕息權以父子世襲如三鎮事例心不自安乃請入朝十三年

至京師表辭戎帥因命華州刺史鄭權代之以靖安里私第側狹賜地二十畝令廣其居尋遷檢校司空邠州刺史邠寧節度使十四年十一月卒贈司徒權兄弟子姪在朝列宿衞者三十餘人

李全畧者本姓王名日簡爲鎭州小將事王武俊元和中節度使王承宗没軍情不安自拔歸朝授代州刺史及長慶初鎭州軍亂殺田弘正穆宗爲之旰食以日簡嘗爲鎭將召問其計日簡遂於御前極言利害兼願有以自効因授德州刺史經略其事明年擢拜橫海軍節度使賜姓李氏名全略以崇樹之未幾令子同捷入侍兼進錢千萬踰歲同捷歸覲乃奏請授滄州長史知州事兼主中軍兵馬朝廷初不之許後慮其有奇策將副經略之旨遂從之及得請全略乃陰結軍士潛爲久計外示忠順内蓄姦謀棣州刺史王稷善撫衆且得其心全略忌而殺之仍孥戮其屬凡所爲事大率類此寶曆二年四月卒子同捷初爲副大使居喪擅領留後事仍重賂藩鄰以求纘襲朝廷知其所爲經年不問屬昭愍晏駕文宗即位同捷冀易世之後稍行恩貸即令母弟同志同巽入朝令掌書記崔長奉表備達懇誠請從朝旨詔授同捷檢校左散騎常侍兗州刺史兗海節度使以天平節度使烏重胤爲滄州節度以代之詔下同捷託以三軍乞留拒命乃命烏重胤率鄆齊兵加討又詔徐帥王智興滑帥李聽平盧康志睦魏博史憲誠易定張璠幽州李載義等四面進攻同捷世行姦詐自以嘗在成德軍爲將校燕趙之師可結爲城社乃以玉帛子女賂河北三鎭以求旋鉞李載義初受朝命堅於効順乃囚同捷姪及所賂玉帛妓女四十七人表獻又表朝廷加載義左僕射王廷湊司徒以悅其心事廷湊本蓄狼心欲吞橫海乃出兵于境以赴同捷王智興師次棣州詔曰李同捷幸襲舊勳不思纘緒斬麻未幾私行釁縗毒殺忠良擾我部校稽之國憲難逭常刑朕以頃在先朝已稽中旨實遵成命未議攺圖乃由留務之權授以戎帥拔負海之陋置之中華推恩含垢斯亦至矣而同捷益懷迷執閉境練兵大詬鄰封拒捍中使遐邇憤怨中外驚嗟叛命既彰大義當絕事非獲已良用憮然其同捷在身官爵並宜削奪令諸軍進討俄而烏重胤卒授神策節度使李寰代重胤出師無功召還乃加王智興平章事充行營招撫使史憲誠遣大將丌志沼與子唐帥兵二萬五千攻德州大和二年九月智興收棣州因割隸淄青時諸軍在野朝廷特置供軍糧料使日賚寖多兩河諸帥毎有小捷虚張俘級以邀賞賚實欲困朝廷而緩賊也繒帛征馬賜之無算同捷既窘王廷湊援之不及乃令人誘丌志沼俾倒戈攻憲誠許以代爲魏博節度志沼信其言而叛憲誠告難詔李聽以諸道兵攻之志沼敗奔于鎭州李寰赴闕又以李祐代爲橫海節度三年三月詔諫議大夫栢耆軍前慰撫四月李祐收德州同捷乞降于祐祐疑其詐栢耆請以騎兵三百入滄州祐從之耆徑入滄州取同捷與其家屬赴京師其月二十六日至德州界諜言廷湊兵來劫篡耆乃斬同捷首傳而獻捷百寮稱賀同捷毋孫妻崔兒元達等既獻詔悉宥之配於湖南安置

史臣曰國家崇樹藩屏保界山河得其人則區宇以寧失其授則干戈勃起若懷仙之輩習亂河朔志深狡蠹忠義之談罔經耳目以暴亂爲事業以專殺爲雄豪或父子弟兄或將帥卒伍迭相屠滅以成風俗斯乃王道寖微教化不及惜哉蒸民陷彼虎吻其間劉總粗貯臣誠然而殺父兄以圖榮落鬢髮而避禍未旋踵而暴卒他境斯謂報應之驗與

贊曰國法不綱賊臣鴟張雖曰父子兇如虎狼惡稔族滅身屠地亡蠢兹伏莽汗我彝章

舊唐書卷一百四十三考證

程日華傳李寶臣吞削藩鄰有恒冀深趙易定滄德等八州○臣酉按寶臣傳云時寶臣有恒定易趙深冀六州之地後又得滄州以七州自給又陽惠元傳李寶臣有恒易深趙滄冀定七州之地德州屬淄青且下文云以恒冀授武俊深趙授日知易定滄授孝忠德州並不在數八當作七德衍文

程懷直傳五年起復正授節度觀察使○沈炳震曰華卒于貞元二年六月不當云起復此蓋承上四年之誤

懷直荒于畋獵其從父兄懷信因衆怒閉門不内懷直因來朝覲貞元九年也既而懷信死懷直子執恭知留後事乃遣懷直歸滄州十六年卒執恭代襲父位朝廷因而授之元和六年入朝奏請攺名權○臣酉按新書懷信閉門不納懷直入朝帝不之罪更以虔王爲節度使懷信爲留後明年懷信爲節度矣十六年懷直卒後五年懷信死子權襲領留務二書不合一以權爲懷直子一以權爲懷信子一以懷信卒在前一以懷直卒在前未知孰是至懷直歸滄州新書不載又德宗紀貞元十年懷直入朝復還鎭十一年爲懷信所逐復入朝又與此不合

# 舊唐書卷一百四十四

後晉司空同中書門下平章事劉　昫撰

## 列傳第九十四

尚可孤　李觀　戴休顏　陽惠元

李元諒　韓遊瓌　賈隱林　杜希全

尉遲勝　邢君牙　楊朝晟　張敬則

尚可孤東部鮮卑宇文之别種也代居松漠之間天寶末歸國隸范陽節度安祿山後事史思明上元中歸順累授左右威衞二大將軍同正充神策大將以前後功改試太常卿仍賜實封一百五十戸魚朝恩之統禁軍愛其勇甚委遇之俾爲養子奏姓魚氏名智德以禁兵三千鎭于扶風縣後移武功可孤在扶風武功凡十餘年士伍整肅軍邑安之朝恩死賜可孤姓李氏名嘉勳會李希烈反叛建中四年七月除兼御史中丞荆襄應援淮西使仍復本姓名尚可孤以所統之衆赴山南累有戰功及涇原兵叛詔徵可孤軍至藍田賊衆方盛遂營於七盤修城柵而居之賊將仇敬等來寇可孤頻擊破之因收藍田縣興元元年三月遷檢校工部尚書兼御史大夫神策京畿渭南商州節度使四月仇敬又來寇可孤率兵急擊擒仇敬斬之遂進軍與副元帥李晟決策攻討五月晟率可孤及駱元光之軍收京城可孤之師爲先鋒京師平以功陞檢校右僕射封馮翊郡王增邑通前八百戸實封二百戸可孤性謹愿沉毅既有勳勣衆會之中未嘗言功賊平之後營於白花亭御衆公平號令嚴整時人稱焉李晟甚親重之及李懷光以河中叛詔可孤帥師與諸軍進討次於沙苑遇疾卒于軍贈司徒賻布帛米粟加等喪葬所須並令官給

李觀洛陽人其先自趙郡徙焉秋官員外郎敬仁姪孫也少習武藝沉厚寡言有將帥識度乾元中以策干朔方節度使郭子儀子儀善之令佐坊州刺史吳伷充防遏使尋以憂免居盩厔別業廣德初吐蕃入寇鑾駕之陝觀於盩厔率鄉里子弟千餘人守黑水之西戎人不敢近會嶺南節度楊慎微將之鎭以觀權謀奏充偏將俾總軍政及徐浩李勉繼領廣州尤加信任麾下兵甲悉委之平馮崇道朱泚時有功累遷大將李勉移鎭滑州累奏授試殿中監加開封府儀同三司追赴闕授右龍武將軍建中末涇師叛觀時上直領衞兵千餘人扈從奉天詔都巡警訓練諸軍戍卒三數日間加召二千餘衆列之通衢整肅鞞鼓城内因之增氣德宗倚賴之賜封二百戸二子宏寓授八品京官及駕出奉天與令狐建李昇韋清等咸執羈靮周旋艱險皆著功勞駕還京師詔總後軍禁衞興元元年閏十月拜四鎭北庭行軍涇原節度使檢校兵部尚書在鎭四年雖無拓境之績勵卒儲糧訓整寧輯及平涼之師會渾瑊既無戎備觀伺知狡謀潛擇精兵五千要伏險道及瑊遁歸賴觀游軍及李元諒之師表裏以免帝優賞賜賚甚厚特詔襃美其年朝京師除少府監檢校工部尚書以疾終貞元四年贈太子少傅

戴休顏夏州人在軍伍以膽略稱大曆中爲郭子儀部將以戰功累遷至鹽州刺史奉天之難倍道以所部蕃漢三千人號泣赴難德宗嘉之賜實封二百戸與渾瑊杜希全韓遊瓌等捍禦有功車駕再幸梁洋留守奉天及李懷光叛據咸陽使誘休顏休顏集三軍斬其使嬰城自守懷光大駭遂自涇陽夜遁其月拜檢校工部尚書奉天行營節度使李晟收京師乃與渾瑊破泚偏師斬首三千級休顏追賊至中渭橋李晟既清宮闕休顏與瑊等率兵赴岐陽邀擊泚餘衆及策勳加檢校右僕射封至六百戸七月扈駕至京特賜女樂甲第以襃功伐尋拜左龍武將軍貞元元年年五十九廢朝一日贈賻有差

陽惠元平州人以材力從軍隸平盧節度劉正臣後與田神功李忠臣等相繼泛海至青齊間忠勇多權略稱爲名將又以兵隸神策充神策京西兵馬使鎭奉天初大曆中兩河平定事多姑息李正已有淄青齊海登萊沂密德棣曹濮徐兗鄆十五州之地兵十萬李寶臣有恒易深趙滄冀定七州之地有兵五萬田承嗣有魏博相衞洺貝澶七州之地有兵五萬梁崇義有襄鄧均房復郢六州之地其衆二萬皆始因叛亂得侯各擅土宇雖泛稟朝旨而威刑爵賞生殺自專盤根結固相爲表裏朝廷常示大信不爲拘限緩之則嫌疊自作急之則

合謀或間詔旨將增一城浚一池必皆怨怒有辭則爲之罷役而自於境內治兵繕壘以自固凡歷三朝殆二十年國家不敢與拳石撮土之役代宗性寬柔無怒一切從之凡河朔諸道健步奏計者必獲賜賚及德宗即位嚴察神斷自誅劉文喜之後知朝法不可犯四盜俱不自安奏計者空還無所賞賜歸者多怨或傳說飛語云帝欲東封汴州奏以城隘狹增築城郭李正已聞之移兵萬人屯于曹州田悅亦加兵河上河南大擾羽書警急乃詔移京西戎兵萬二千人以備關東帝御望春樓親誓師以遣之曰嗚呼東鄙之警事非獲已唯爾將校羣士各以忠節勤於王家南赴蜀門西定涇壘甲冑不解瘡痍未平今載用爾分鎮于周鄭之郊敬聽明命夫王者之師有征無戰稽諸理道用正邦國宜勵乃戈甲保固城池以德和人以義制事將備其侵軼不用越境攻取戢而後動可謂正矣今外夷來庭方春生殖品物資始農桑是時俾爾將士暴露中野我心痛悼鬱如焚灼嗟爾有衆其悉予懷士卒多泣下及賜宴諸將列坐酒至神策將士皆不飲帝使問之惠元時爲都將對曰臣初發奉天本軍帥張巨濟與臣等約曰斯役也將策大勳建大名凱旋之日當共爲歡苟未戎捷無以飲酒故臣等不敢違約而飲既發有司供餼於道路他軍無不遺唯惠元一軍餅罍不發上稱嘆久之降璽書慰勞及田悅反詔惠元領禁兵三千與諸將討伐戰御河奪三橋皆惠元之功也尋加檢校工部尚書攝貝州刺史令以兵屬李懷光建中四年冬自河朔與懷光同赴國難解奉天之圍明年二月懷光背國叛逆惠元義不受汙脫身奔竄奉天會乘輿南幸懷光怒惠元之逸令其將冉宗以百餘騎追及於好畤縣惠元計窮父子三人並投人家井中冉宗並出而害之興元元年贈右僕射仍賻絹百匹惠元男尚食奉御晟贈殿中監左衞兵曹參軍晏贈邠州刺史褒死難也

李元諒本駱元光姓安氏其先安息人也少爲宦官駱奉先所養冒姓駱氏元諒長大美鬚勇敢多計少從軍備宿衞積勞試太子詹事鎮國軍節度使李懷讓署奏鎮國軍副使俾領州事元諒嘗在潼關領軍積十數年軍士皆畏服德宗居奉天賊泚遣偽將何望之輕騎襲華州刺史董晉棄州走望之遂據城將聚兵以絕東道元諒自潼關將所部仍令義兵因其未設備徑攻望之遂拔華州望之走歸元諒乃修城隍器械召募不數日得兵萬餘人軍益振以功加御史中丞賊泚數遣兵來寇輒擊却之是時尚可孤守藍田與元諒掎角賊東不能逾渭南元諒功居多無幾遷華州刺史兼御史大夫潼關防禦鎮國軍節度使尋加檢校工部尚書興元元年五月詔元諒與副元帥李晟進收京邑兵次於滻西賊悉衆來攻元諒先士卒奮擊大敗之進軍至苑東與晟力戰壞苑垣而入賊聯戰皆敗遂復京師元諒讓功於晟出屯於章敬佛寺帝還宮加檢校尚書右僕射實封七百戶賜甲第女樂仍與一子六品正員官李懷光反於河中絕河津詔元諒與副元帥馬燧渾瑊同討之時賊將徐庭光以銳兵守長春宮元諒遣使招之庭光素輕易元諒且慢罵之又以優胡爲戲於城上辱元諒先祖元諒深以爲恥及馬燧以河東兵至庭光降於馬燧詔以庭光爲試殿中監兼御史大夫河中平燧待庭光益厚元諒因遇庭光於軍門命左右劫而斬之乃詣燧匍匐請罪燧盛怒將殺元諒久之以其功高乃止德宗以元諒專殺慮有章疏先令宰相諭諫官勿論貞元三年詔元諒將本軍從渾瑊與吐蕃會盟于平涼元諒謂瑊曰本奉詔令營於潘原堡以應援侍中竊思潘原去平涼六七十里蕃情多詐儻有急變何由應赴請次侍中爲營瑊以違詔固止之元諒竟與瑊同進瑊營距盟所二十里元諒營次之壕柵深固及瑊赴會乃戒嚴部伍結陣營中是日虜果伏甲乘瑊無備竊發時士大夫皆朝服就執軍士死者十七八瑊單馬奔還群虜追躡瑊營將李朝彩不能整衆多已奔散瑊至空營而已賴元諒之軍嚴固瑊既入營虜皆散去是日無元諒軍瑊幾不免元諒乃整軍先遣輜重次與瑊俱申號令嚴其部伍而還時謂元諒有將帥之風德宗嘉之賜良馬十匹金銀器錦綵等甚厚丁母憂加右金吾衞上將軍起復本官帝念其勳勞又賜姓李氏改名元諒四年春加隴右節度支度營田觀察臨洮軍使移鎮良原良原古城多摧圮隴東要地虜入寇常牧馬休兵於此元諒遠烽堠培城補堞身率軍士與同勞逸芟林薙草斬荊榛俟乾盡焚之方數十里皆爲美田勸軍士樹藝歲收粟菽數十萬斛生殖之業陶冶必備仍距城築臺上彀車弩爲城守備益固無幾又進築新城以據便地虜每寇掠輒擊却之涇隴由是乂安虜深憚之以疾貞元元年十一月卒于良原年六十二帝甚悼惜廢朝三日贈司空賻布帛米粟有差

韓遊瓌河西靈武人仕本軍累歷偏裨積功至邠寧節度使德宗出幸奉天衞兵未集遊瓌與慶州刺史論惟明合兵三千人赴難自乾陵北過赴醴泉以拒泚會有人自京城來言賊信宿當至上遽令追遊瓌等軍伍纔入壁泚黨果至乃出關城下小不利乃退入城賊急奪門遊瓌與賊隔門血戰會暝方解自是賊日攻城遊瓌惟明乘城拒守躬當矢石不暇寢息赴難之功遊瓌首焉李懷光反從駕山南德宗以禁軍無職局六軍特置統軍一員秩從二品以遊瓌惟明賈隱林等分典從駕禁兵李晟移軍東渭橋與駱元光尚可孤分拒京東要路渾瑊與遊瓌戴休顏分典京西要路掎角進攻興元元年檢校刑部尚書兼御史大夫例授奉天定難功臣李晟收京城遊瓌三將亦破賊於咸陽德宗自興元還京渾瑊與遊瓌休顏三將從李晟尚可孤駱元光三將奉迎論功行封與瑊等相次還鎮邠寧三年以子欽緒與妖賊李廣弘同謀不軌時遊瓌鎮長武城事將發欽緒奔于邠州邠州將吏械送京師遊瓌以子大逆請代歸固欲詣闕詔不許遊瓌鏁繫欽緒二子送京師請從坐上亦宥之十二月遊瓌入朝素服待罪入朝堂遽命釋之勞遇如故復令還鎮初遊瓌入覲邠州將吏以其子謀叛又御軍無政謂必受代餞送之禮甚薄及遊瓌見上盛論邊事請築豐義城以備蕃寇上以特達委用如初及還鎮軍中懼不自安大將范希朝善將兵名聞軍中遊瓌畏其逼已將因事誅之希朝懼出奔鳳翔上素知名召入宿衞及遊瓌遣五百人築豐義城兩板而潰又寧州戍卒數百人縱掠而叛其無方略失士心皆此類也自寧州卒叛吐蕃入寇遊瓌自率衆戍寧州四年七月除將軍張獻甫代遊瓌不俟獻甫至又不告衆知乃輕騎夜出歸朝將卒素驕聞獻甫嚴急因其無帥縱兵大掠且圍監軍楊明義第請奏范希朝爲帥都虞候楊朝晟初逃難郊外翌日聞請希朝乃復入城與軍衆曰所請甚愜我來賀也叛卒稍安朝晟乃與諸將密謀晨率甲兵而出召叛卒告曰前請者不獲張尚書來昨日已入邠州汝等謀叛皆當死吾不盡殺誰爲賊首各言之以罪歸之餘悉不問於衆中唱二百餘人立斬之軍城方定上聞軍情欲希朝乃授寧州刺史爲獻甫邠寧之副遊瓌至京授右龍武統軍十四年卒李廣弘者或云宗室親王之胤落髮爲僧自云見五岳四瀆神已當爲人主貞元三年自邠州至京師有市人董昌者通導廣弘舍于資敬寺尼智因之室智因本宮人董昌以酒食結殿前射生將韓欽緒李政諫南珍霞神策將魏修李傪前越州參軍劉昉陸緩陸絳陸充徐綱等同謀爲逆廣弘言岳瀆神言可以十月十日舉事必捷自欽緒已下皆有署置爲宰相以智因尼爲后謀於舉事日夜令欽緒擊鼓於凌霄門焚飛龍廐舍草積又令珍霞盜擊街鼓集城中人又令政諫修傪等領射生神策兵內應事克縱剽五日朝官悉殺之事未發魏修李傪上變令內官王希遷等捕其黨與斬之德宗因禁止諸色人不得輒入寺觀

賈隱林者滑州牙將也建中初爲本軍兵馬使令率兵宿衞朱泚之亂諸軍未集隱林率衆扈從性質朴在奉天賊急攻城隱林與侯仲莊逐急救應難險備至既而懷光軍至逆賊解圍從臣稱慶隱林抃舞畢奏曰賊泚奔遁臣下大慶此皆宗社無疆之休然陛下性靈太急不能容忍若舊性未改賊雖奔亾臣恐憂未艾也上不以爲忤甚稱之累官至檢校右散騎常侍封武威郡王將幸山南而卒贈左僕射賜其家實封三百戶賻絹百匹米百碩喪葬官給

杜希全京兆醴泉人也少從軍嘗爲郭尚父子儀裨將積功至朔方軍節度使軍令嚴肅士卒皆悅服初德宗居奉天希全首將所部與鹽州刺史戴休顏夏州刺史時常春合兵赴難軍已次漠谷爲賊泚邀擊乘高縱礌又以大弩射之傷者衆德宗令出兵援之不得進希全退次邠州以赴難功加檢校戶部尚書行在都知兵馬使從幸梁州帝還京師遷太子少師檢校右僕射兼靈州大都督御史大夫受降定遠城天德軍靈鹽豐夏等州節度支度營田觀察押蕃落等使餘姚郡王希全將赴靈州當獻體要八章多所規諫德宗深納之乃著君臣箴以賜之其辭曰夫惟德惠人惟辟奉天從諫則聖共理惟賢皇立有極駿命不易總萬機以成務齊六合之殊致一心不能獨鑑一目不能周視敷求哲人式序在位於戲君之任臣必求一德臣之事君咸思正直何啓沃之所宜自古今而未得且以讜言者逆耳讒諛者伺側故下情未通而上聽已惑俾夫忠賢敗於凶慝譬彼輕舟烝徒楫之亦有和羹宰夫膳之孰云理國不自得師覆車之軌予其懲而高以下升和由甘受惟君無良亦臣之咎闇諸辛毗牽裾魏后則有禽息竭忠碎首勉思獻替以平可否勿謂無傷自微而彰勿謂何害積小成大事有隱而必見令既出而焉悔鼓鍾在宮聲聞于外浩然涉水朕未有艾將負扆以虛心期盡忠而納誨在昔稷契實匡舜禹近茲魏徵佑我文祖君臣協德混一區宇肆予寡昧獲纘丕緒臣哉鄰哉爾翼爾輔高

秋始肅我武惟揚輟此禁衞殿于大邦戀闕方甚嘉言乃昌是規是諫金玉其相辭高理要入德知方總彼千慮備于八章宣父有言啓予者商殷有盤銘周有欹器或誡以辭或警以事披圖演義發于爾志與金鏡而高懸將座右而同置人皆有初鮮愼厥終汝其夙夜期保朕躬無曰爾身在外而爾誠不通一言之應千里攸同導彼遐徐達余四聰華夷仰德時乃之功既往既來懷賢忡忡唱予和汝式示深衷尋兼本管及夏綏節度都統加太子少師希全以鹽州地當要害自貞元三年西蕃劫盟之後州城陷虜自是塞外無保障靈武勢隔西通鄜坊甚爲邊患朝議是之九年詔曰設險守國易象垂文有備無患先王令典況修復舊制安固疆里偃甲息人必在於此鹽州地當衝要遠介朔陲東達銀夏西援靈武密邇延慶保扞王畿乃者城池失守制備無據千里庭障烽燧不接三隅要害役戍其勤若非興集師徒繕修壁壘設攻守之具務耕戰之方則封內多虞諸華屢驚由中及外皆靡寧居深惟永圖豈忘終食顧以薄德至化未孚既不能復前古之治致四夷之守與其臨事而重擾豈若先備而卽安是用弘久遠之謀修五原之壘使邊城有守中夏克寧不有暫勞安能永逸宜令左右神策及朔方河中絳邠寧慶兵馬副元帥渾瑊朔方靈鹽豐夏綏銀節度都統杜希全邠寧節度使張獻甫神策行營節度使邢君牙銀夏節度使韓潭鄜坊節度使王栖曜振武節度使范希朝各於所部簡練將士令三萬五千人同赴鹽州神策將軍張昌宜權知鹽州事應板築雜役取六千人充其鹽州防秋將士率三年滿更代仍委杜彥先具名奏聞悉與改轉朕情非已欲志在靖人咨爾將相之臣忠良之士輸誠奉命陳力忘憂勉茂功勳永安疆埸必集兵事實惟衆心各相率勵以副朕志凡役六千人二旬而畢時將板築仍詔涇原劍南山南諸軍深討吐蕃以牽制之由是板築之時虜不及犯塞城畢中外稱賀由是靈武銀夏河西稍安虜不敢深入希全久鎭河西晚節倚邊多恣橫帝嘗寬之豐州刺史李景略威名出其右希全深忌之疑畏代已乃誣奏景略德宗不得已爲貶之素病風眩暴戾益甚判官監察御史李起頗忤之希全又誣奏殺之將吏皆重足脅息元十年正月卒廢朝三日贈司空

尉遲勝本于闐王珪之長子少嗣位天寶中來朝獻名馬美玉玄宗嘉之妻以宗室女授右威衞將軍毗沙府都督還國與西安節度使高仙芝同擊破薩毗播仙以功加銀青光祿大夫鴻臚卿改光祿卿皆同正至德初聞安祿山反勝乃命弟曜行國事自率兵五千赴難國人留勝以少女爲質而後行肅宗待之甚厚授特進兼殿中監廣德中拜驃騎大將軍毗沙府都督于闐王令還國勝固請留宿衞加開府儀同三司封武都王實封百戶勝請以本國王授曜詔從之勝乃於京師修行里盛飾林亭以待賓客好事者多訪之建中未從幸奉天爲兼御史中丞駕在興元勝爲右領軍將軍俄遷右威衞大將軍歷睦王傅貞元初曜遣使上疏稱有國以來代嫡承嗣兄勝既讓國請傳勝子銳上乃以銳爲檢校光祿卿兼毗沙府長史還國辭且言曰曜久行國事人皆悅服銳生於京華不習國俗不可遣往因授韶王諮議兄弟讓國人多稱之府除以勝爲原王傅卒時年六十四貞元十年贈涼州都督子銳嗣

邢君牙瀛州樂壽人也少從軍於幽薊平盧以戰功歷果毅折衝郎將充平盧兵馬使安祿山反隨平盧節度使侯希逸過海至青徐間田神功之討劉展君牙又從神功戰伐有功歷將軍試光祿卿神功旣爲兗鄆節度使令君牙領防秋兵入鎭好畤屬吐蕃陵犯代宗幸陝君牙隸屬禁軍扈從後又以戰功加鴻臚卿累封河間郡公建中初河北諸節帥叛李晟率禁軍助馬燧等征討賊有功君牙擒生斬級居多屬德宗幸奉天晟率君牙統所部兵倍道兼程來赴國難及駐軍咸陽移營渭橋軍中之事晟惟與君牙商之他人莫可得而聞也收復宮闕驟加御史大夫檢校常侍既而晟爲鳳翔涇原元帥數出軍巡邊常令君牙掌知留後軍府安悅貞元三年晟以太尉中書令歸朝君牙代爲鳳翔尹鳳翔隴州都防禦觀察使尋遷右神策行營節度鳳翔隴州觀察使加檢校工部尚書吐蕃連歲犯邊君牙且耕且戰以爲守備西戎竟不能爲大患尋加檢校右僕射貞元十四年卒時年七十一廢朝一日贈司空賻布帛米粟有差

楊朝晟字叔明夏州朔方人初在朔方爲部軍前鋒常有功授甘泉果毅建中初從李懷光討劉文喜于涇州斬獲擒生居多授驃騎大將軍稍遷右先鋒兵馬使後李納寇徐州從唐朝臣征討常冠軍鋒以功授開府儀同三司檢校太子賓客上在奉天李懷光自山東赴難以朝晟爲右廂兵馬使將千餘人下咸陽以挫朱泚加御史中丞實封一百五十戶及懷光反於河中朝晟被脅在軍上幸梁洋韓遊瓌退於邠寧懷光以嘗在邠寧迫制如屬城以賊黨張昕在邠州總後務昕懼難作乃大索軍實徵卒乘約明潛發歸于懷光時朝晟父懷賓爲遊瓌將夜後以數十騎斬昕及同謀者遊瓌卽日使懷賓奉表聞奏上召勞問授兼御史中丞正授遊瓌邠寧節度使間諜至河中朝晟聞其事泣告懷光曰父立功于國子合誅戮不可主兵懷光遂繫之及諸軍進圍河中韓遊瓌營于長春宮懷賓身當戰伐及懷光平上念其忠俾副元帥渾瑊特原朝晟用爲遊瓌都虞候時父子同軍皆爲開府賓客御史中丞異姓王榮於軍中後詔徵遊瓌宿衞以張獻甫代之獻甫在道軍中有裴滿者扇亂劫朝晟朝晟陽許之密計斬三百餘人獻甫入改御史大夫九年城鹽州徵兵以護外境朝晟分統士馬鎭木波堡獻甫卒詔以朝晟代之其年丁母憂起復左金吾大將軍同正邠州刺史兼御史大夫十三年春朝晟奏方渠合道木波皆賊路也請城其地以備之詔問須兵幾何朝晟奏曰臣部下兵自可集事不煩外助復問前築鹽州凡興師七萬今何其易也朝晟曰鹽州之役咸集諸軍番戎盡知之今臣境迫虜若大興兵卽番戎來寇來寇則戰戰則無暇城矣今請密發軍士不十日至塞下未旬而功畢番人始知已無柰何上從之已事軍還至馬嶺吐蕃始來數日而退初軍次方渠無水師旅嚻然遽有青虵乘高而下視其迹水隨而流朝晟命築防環之遂爲渟泉軍人仰飮以足圖其事上聞詔置祠焉免喪加檢校工部尚書是夏以防秋移軍寧州遘疾旬餘而卒

張敬則者不知何許人本名昌後賜名敬則初助劉玄佐累有軍功官至鳳翔節度使常有復河湟之志遣大將野詩良輔發銳卒至隴西番戎大駭元和二年六月卒

史臣曰有唐中否逆寇勃興天王蒼以蒙塵諸侯忠而赴難可孤生居沙漠挺然懷效命之風功冠貔貅屹爾有不矜之色李觀文儒之胄樂習兵戎戴聖主著定難之勳救渾瑊於會盟之變休顏斬使嬰城懷光殷憚惠元窮蹙自致天子軫悼元諒退兵章敬力戰讓功雅有器度及不忍小忿專殺庭光請罪軍門壯哉烈士其下諸將鬱有勞能勝生異域推位讓國堅留宿衞顧慕華風居中土者豈不思廉讓耶斯乃高祖之基太宗之業貽厥孫謀不徒虛語

贊曰建中失國肅聚氛慝景命載延羣雄畢力歃鍾甲第珪組繫錫凡百人臣忠爲令德

舊唐書卷一百四十四考證

陽惠元傳李正已有淄青齊海登萊沂密德曹濮徐兗鄆十五州之地○臣酉按淄青至兗鄆僅十四州考通鑑云李正巳先有淄青齊海登萊沂密德棣十州之地及李靈耀之亂諸道合兵攻之所得之地各爲已有正已又得曹濮徐兗鄆五州據此則德字下當脫一棣字濟字當是齊字之譌今改正

甚爲邊患○新書下有請復城鹽州五字此當有脫文

# 舊唐書卷一百四十五

後晉司空同中書門下平章事劉　昫撰

## 列傳第九十五

劉玄佐子士寧 李萬榮附　董晉

陸長源　劉全諒　李忠臣　李希烈

吳少誠弟少陽 少陽子元濟附

劉玄佐本名洽滑州匡城人也少倜儻不理生業爲縣捕盜吏違法爲令所笞僅死乃亡命從軍大曆中爲永平軍衙將李靈曜據汴州洽將兵乘其無備徑入宋州遂詔以州隸永平軍節度使李勉奏署宋州刺史建中二年加兼御史中丞亳穎節度等使李正巳死子納匿喪謀叛而李洧以徐州歸順納遣兵圍之詔洽與諸軍援洧與賊接戰大破之斬首萬餘級由是轉輸路通加御史大夫又收濮州降將楊令暉分兵挾之徇濮陽降其將高彥昭以通濮陽津遷尚書累封四百戶兼曹濮觀察使尋加淄青兗鄆招討使又加汴滑都統副使李希烈攻汴州德宗在奉天連戰賊稍卻興元初進加檢校左僕射加平章事希烈圍寧陵洽大將劉昌言堅守不下希烈攻陳州洽遣昌言與諸軍救之大敗賊黨獲其將翟崇暉希烈棄汴州洽率軍收汴詔加汴宋節度無幾授本管及陳州諸軍行營都統賜名玄佐是歲來朝又拜涇原四鎭北庭等道兵馬副元帥檢校司空益封八百戶玄佐性豪侈輕財重義厚賞軍士故百姓益困是以汴之卒始於李忠臣訖于玄佐而日益驕恣多逐殺將帥以利剽劫又寵任小吏張士南及養子樂士朝財物鉅萬士朝通玄佐嬖妾玄佐在鎭李納每使來必重賂遺飾美女名樂從其遊娛故多得其陰事常先爲備故納憚其心計貞元三年三月薨于位年五十八廢朝三日贈太傅將佐初匿喪稱疾倂代帝亦爲隱數日乃發喪子士寧士幹初將佐匿喪旣發帝遣問所欲

立吳湊可乎監軍孟介行軍盧瑗皆曰便及湊次汜水柩將遷請備儀瑗不許又令留什物俟新使將士大怒玄佐子婿及親兵乃以三月晦夜激怒三軍明晨衙兵皆甲冑擁士寧登重榻衣以墨縗呼爲留後軍士執城將曹金岸浚儀令李邁曰爾等皆請吳湊者遂臠之唯盧瑗獲免士寧乃以財物分賜將士請之爲帥孟介以聞帝召宰臣問計竇參曰今汴人挾李納以邀命若不許懼合於納遂從之授士寧起復金吾衛將軍同正汴州刺史宣武軍節度等使士寧位未定時遣使通王武俊劉濟田緒以士寧未受詔於國皆留之士寧初授節制諸將多不悦服性忍暴淫亂或彎弓挺刃手殺人於杯案間悉烝父之妓妾又強取人之婦女好倮觀婦人每出畋獵數日方還軍府苦之其大將李萬榮與其父玄佐同里閈少相善寬厚得衆心士寧疑之去其兵權令攝汴州事萬榮深怨之將伺其隙逐之十年正月士寧以衆二萬畋於城南兵既出萬榮晨入士寧廨舍召其所留心腹兵千餘人矯謂之曰有詔徵大夫入朝俾吾掌留務汝輩人賜錢三千貫無他憂也兵士皆拜萬榮既約親兵於內又召各營兵於外以是言令之軍士皆聽命萬榮乃分兵閉城門馳使白士寧曰詔徵大夫宜速即路若遷延不行當傳首以獻士寧知衆不爲用計無所出乃將五百騎走歸京師比至中牟亾走大半至東都所餘僮隸婢妾數十人而已既至京師詔令歸第服喪禁絶出入萬榮乃斬士寧所親之將辛液白英賢以令於軍凡賞軍士錢二十萬貫詔令籍沒士寧家財以分賞焉遂授萬榮宣武軍兵馬留後初萬榮遣兵三千備秋於京西有親兵三百前爲劉士寧所驕者曰益横萬榮惡之悉置行籍中由是深怨萬榮大將韓惟清張彦琳請將往不許萬榮令其子迺將之未發惟清彦琳不得志因親兵銜怨乃作亂共攻萬榮萬榮分兵擊之叛卒兵械少戰不勝乃刼轉運財貨及居人而潰殺傷千餘人叛兵四出多投宋州刺史劉逸準厚撫之韓惟清走鄭州張彦琳走東都以東身歸罪宥以不死並流竄焉萬榮悉捕逆叛將卒妻孥數千人皆誅之萬榮誅叛卒之後人心恟恟不安軍卒數人呼於市曰今夜大兵四面至城當破衆驚駭萬榮悉捕得或云士寧所教萬榮斬之以聞遂以士寧廢處郴州十一年五月授萬榮宣武軍節度使其年八月萬榮病遂署其子迺爲司馬乃勒大將李湛伊婁涚張伾外鎮尋皆令殺之涚伾皆已死惟李湛至尉氏尉氏鎮將郝忠節不肯殺湛是夜軍士逐出李迺遂執送京師萬榮以其日病卒迺至京師付京兆府杖殺劉士幹玄佐養子前爲太府少卿有樂士朝者亦爲玄佐養子因冒劉姓與士幹有隙及玄佐卒或云爲士朝所酖士幹知之及至京師遣奴持刀於喪位語士朝曰有吊客至因誘殺之賜士幹死

董晋字混成河中虞鄉人明經及第至德初肅宗自靈武幸彭原晋上書謁見授校書郎翰林待制再轉衛尉丞出爲汾州司馬未幾刺史崔圓改淮南節度奏晋以本官攝殿中侍御史充判官尋歸臺授本官遷侍御史主客員外郎祠部郎中大曆中兵部侍郎李涵送崇徽公主使迴紇奏晋爲判官使還拜司勳郎中歷秘書太府太常少卿監左金吾將軍旬日德宗嗣位改太常卿遷右散騎常侍兼御史中丞知臺事以清勤謹慎故驟遷右職尋爲華州刺史兼御史中丞潼關防禦使久之加兼御史大夫朱泚僭逆於京師使兒黨侁敬何望之侵逼華州晋奔遁赴行在授國子祭酒尋令往恒州宣慰從車駕還京師遷左金吾衛大將軍改尚書左丞時右丞元琇領度支使爲韓滉所擠貶黜晋嫉之見宰相極言非罪舉朝稱之復拜太常卿五年遷門下侍郎同平章事時政事決在竇參晋但奉詔書頷然諾而已金吾衛將軍沈房有弟喪公除不衣慘服入閤上問宰相對曰準式朝官有周年已下喪者諸繐緦不合衣淺色帝曰南班安得有之對曰因循而然又問晋冠冕之制對曰古人服冠冕者動有佩玉之響所以節步也禮云堂上接武堂下布武至恭也步武有常君前之禮進趨而已今或奔走以致顛仆非恭慎也在式朝官皆是綾袍袄五品已上金玉帶取其文彩畫飾以奉上也是以禹惡衣食而致美乎黻冕君親一致昔尚書郎含香老萊彩服皆此義也服絁縵非制也上深然之遂詔曰常叅官入閤不得趨走周朞已下喪者禁慘服朝會又令服本品綾袍金玉帶晋明於禮學如此竇參驕滿既甚帝漸惡之八年叅諷晋奏其姪給事中竇申爲吏部侍郎帝正色曰豈不是竇叅遣卿奏也晋不敢隱因問叅過失晋具奏之旬日叅貶官晋憂懼累上表辭位九年夏改禮部尚書兵部尚書東都留守東都畿汝州都防禦使會汴州節度李萬榮疾甚其子迺爲亂以晋爲檢校左僕射同平章事兼汴州刺史宣武軍節度營田汴宋觀察使晋既受命唯將幕官傔從等十數人都不召集兵馬既至鄭州宣武軍迎候將吏無至者晋左右及鄭州官吏皆懼共勸晋云鄧惟恭承萬榮疾病之甚遂總領軍州事今相公到此尚不使人迎候其情狀豈可料卽恐須且遲迴以候事勢晋曰奉詔爲汴州節度使卽合準勑赴官何可妄爲逗留人皆憂其不測晋獨恬然未至汴州十數里鄧惟恭方來迎候晋俾不下馬既入乃委惟恭以軍政衆服晋明於事體機變而未測其深淺初萬榮逐劉士寧代爲節度使委兵於惟恭以其同鄉里及疾甚李迺將爲亂惟恭乃與監軍同謀縛迺送歸朝廷惟恭自以當便代居其位故不遣候吏以疑懼晋心冀其不敢進不意晋之速至晋已近方遽出迎之然心常怏怏竟以驕盈慢法潛圖不軌配流嶺南朝廷恐晋柔懦尋以汝州刺史陸長源爲晋行軍司馬晋謙恭簡儉每事因循多可故亂兵粗安長源好更張云爲數請改易舊事務從削刻晋初皆然之及案牘已成晋乃命且罷又委錢穀支計于判官孟叔度叔度輕佻好慢易軍人皆惡之晋十五年二月卒年七十六廢朝三日贈太傅賜布帛有差卒後未十日汴州大亂殺長源叔度等

陸長源字泳之開元天寶中尚書左丞太子詹事餘慶之孫西河太守璪之子長源淑書史乾元中陷河北諸賊因佐昭義軍節度薛嵩卒後久之歷建信二州刺史浙西節度韓滉兼領江淮轉運奏長源檢校郎中兼中丞充轉運副使罷爲都官郎中改萬年縣令出爲汝州刺史貞元十二年授檢校禮部尚書宣武軍行軍司馬汴州政事皆決斷之性輕佻言論容易恃才傲物所在人畏而惡之及至汴州欲以峻法繩驕兵而董晋判官楊凝孟叔度亦縱恣淫湎衆情共怒晋性寬緩事務因循以收士心長源每事守法晋或苟且長源輒執而正之及晋卒令長源知留後事長源揚言曰將士多弛慢不守憲章當以法繩之由是人人恐懼加以叔度苛刻多縱聲色數至樂營與諸婦人嬉戲自稱孟郎衆皆薄之舊例使長薨放散布帛於三軍制服至是人請服長源初固不允軍人求之不已長源等議給其布直叔度高其鹽價而賤爲布直每人不過得鹽三二觔軍情大變或勸長源故事有大變皆賞三軍三軍乃安長源曰不可使我同河北賊以錢買健兒取旌節兵士怨怒滋甚乃執長源及叔度等臠而食之斯須骨肉糜散長源死之日詔下以爲節度使及聞其死中外惜之贈尚書右僕射

劉全諒懷州武涉人也父客奴由征行家於幽州之昌平少有武藝從平盧軍開元中有室韋首領段普恪恃驍勇數苦邊節度使薛楚玉以客奴有膽氣令抗普恪客奴單騎襲之斬首以獻自白身授左驍衛將軍充遊弈使自是數有戰功性忠謹爲軍人所信天寶末安祿山反詔以安西節度封常清爲范陽節度以平盧節度副使呂知誨爲平盧節度以大原尹王承業爲河東節度祿山既僭位於東都遣腹心韓朝陽等招誘知誨知誨遂受逆命誘殺安東副都護保定軍使馬靈詧祿山遂署知誨爲平盧節度使客奴與平盧諸將同議取知誨殺之仍遣與安東將王玄志遙相應援馳以奏聞十五載四月授客奴柳城郡太守攝御史大夫平盧節度支度營田陸運押兩蕃渤海墨水四府經畧及平盧軍使仍賜名正臣又以王玄志爲安東副大都護攝御史中丞保定軍及營田使正臣仍領兵平盧來襲范陽未至爲逆賊將史思明等大敗之正臣奔歸爲王玄志所酖而卒逆賊署徐歸道平盧節度王玄志與平盧將侯希逸等又襲殺歸道大曆九年追贈正臣工部尚書全諒本名逸準以父勳授別駕長史建中初劉玄佐爲宋亳節度使召署爲牙將以勇果騎射聞玄佐以宗姪厚遇之累署都知兵馬使試太僕卿兼御史中丞玄佐卒子士寧代爲節度使疑宋州刺史翟良佐不附已陽言出巡至宋州遽以逸準代良佐爲刺史及董晋卒兵亂殺陸長源監軍俱文珍與大將密召逸準赴汴州令知留後朝廷因授以檢校工部尚書汴州刺史兼宣武軍節度觀察等使仍賜名全諒貞元十五年二月卒年四十九廢朝一日贈右僕射

李忠臣本姓董名秦平盧人也世家于幽州薊縣自云曾祖文昱棣州刺史祖玄獎安東都護府錄事叅軍父神嶠河內府折衝忠臣少從軍在卒伍之中材力冠異事幽州節度薛楚玉張守珪安祿山等頻委征討積勞至折衝郎將將軍同正平盧軍先鋒使及祿山反與其倫輩密議殺僞節度呂知誨立劉正臣爲節度以忠臣爲兵馬使攻長楊戰獨山襲榆關北平殺賊將申子貢榮先欽擒周銑送京師忠臣功多又從正臣破漁陽逆將李歸仁李咸白秀芝等來拒戰約數十合並摧破之無何潼關失守郭子儀李光弼退師忠臣乃引軍北歸奚王阿篤孤初以衆與正臣合後詐言請以萬餘騎同收范陽至后城南中夜反攻忠臣與戰遂至溫泉山破之擒大首領阿布離斬以祭纛鼙鼓正臣卒又與衆議以安東都護王玄志爲節度使至德二載正月玄志令

忠臣以步卒三千自雍奴爲筆筏過海賊將石帝庭烏承洽來拒忠臣與董竭忠退之轉戰累日遂收魯城河間景城等大獲資糧以赴本軍復與大將田神功率兵討平原樂安郡下之擒僞刺史臧瑜等防河招討使李銑承制以忠臣爲德州刺史屬史思明歸順河南節度張鎬令忠臣以兵赴鄆州與諸軍使收河南州縣又與裨將陽惠元大破賊將王福德于舒舍口肅宗累下詔慰諭仍令鎮濮州尋移韋城乾元元年九月改光祿卿同正其年與郭子儀等九節度圍安慶緒於相州明年二月諸軍潰歸忠臣亦退至滎陽賊將敬釭來襲官船忠臣大破之獲米二百餘艘以資汴州軍士尋拜濮州刺史緣河守捉使移鎮杏園渡及史思明陷汴州節度使許叔冀與忠臣並力屈降賊思明撫忠臣背曰吾比秖有左手今得公兼有右手矣與俱寇河陽數日忠臣夜以五百人斫其營突圍歸李光弼以聞詔加開府儀同三司殿中監同正賜實封二百戶名至京師賜姓李氏名忠臣封隴西郡公賜良馬莊宅銀器綵物等時陝西神策兩節度郭英乂衛伯玉鎮陝州以忠臣爲兩軍節度兵馬使魚朝恩亦在陝俾忠臣與賊將李歸仁李感義等戰於永寧莎柵前後數十陣皆摧破之會淮西節度王仲昇爲賊所擒寶應元年七月拜忠臣太常卿同正兼御史中丞淮十一州節度尋加安州刺史仍鎮蔡州其年令忠臣會元帥諸軍收復東都二年六月就加御史大夫時迴紇可汗既歸其國留判官安恪石帝庭於河陽守粜財物因此招聚亡命爲寇道路壅隔詔忠臣討平之永泰元年吐蕃犯西畿京師戒嚴代宗命中使追兵諸道多不時赴難使至淮西忠臣方會鞠卽令整師飾駕監軍大將固請曰軍行須擇吉日忠臣奮臂於衆曰焉有父母遇寇難待揀好日方救患乎卽日進發自此方隅有警忠臣必先期而至由是代宗嘉其忠節加本道觀察使寵賜頗厚及同華節度周智光舉兵反詔忠臣與神策將李太淸等討平之大曆三年加檢校工部尚書實封通前三百戶五年加蔡州刺史七年檢校右僕射知省事李靈曜之叛田承嗣使姪悅援之忠臣與諸軍大破悅等汴州平十一年十二月加檢校司空平章事汴州刺史忠臣性貪殘好色將吏妻女多被誘脅以通之又軍無紀綱所至縱暴人不堪命而以妹壻張惠光爲衙將恃勢兇虐軍中苦之數有言於忠臣不之信也俄以惠光爲節度副使令惠光子爲衙將陵橫甚於其父忠臣所信任大將李希烈素善騎射羣情所伏因衆心之怒以十四年三月與少將丁暠賈子華監軍判官蔣知璋等舉兵斬惠光父子以脅逐忠臣單騎赴京師朝廷方寵武臣不之責也依前檢校司空平章事留京師奉朝請建中初嘗因奏對德宗謂之曰卿耳甚大眞貴人也忠臣對曰臣聞驢耳甚大龍耳甚小臣耳雖大乃驢耳也上說之時常侍張涉承恩用事坐受財賄事露帝將以法繩之涉卽帝在春宮時侍講也忠臣奏曰陛下貴爲天子而先生以乏財抵法以愚臣觀之非先生之過也帝意解但令歸田里前湖南觀察辛京杲嘗以忿怒杖殺部曲有司劾奏京杲殺人當死從之忠臣奏曰京杲合死久矣上問之對曰渠伯叔某於某處戰死兄弟某於某處戰死渠嘗從行獨不死以知渠合死久矣上亦憫然不令加罪改授王傅而已忠臣木强率直不識書不喜儒生及罷兵權官位崇重常鬱鬱不得志及朱泚反以爲僞司空兼侍中泚率兵逼奉天命忠臣京城留守泚敗忠臣走樊川別業李晟下將士擒忠臣至繫之有司興元元年并其子並誅斬之時年六十九籍沒其家

李希烈遼西人父大定希烈少從平盧軍後隨李忠臣過海至河南寶應初忠臣爲淮西節度署希烈爲偏裨累授將軍試光祿卿殿中監忠臣兼領汴州希烈爲左廂都虞候加開府儀同三司大曆末忠臣軍政不脩事多委妹婿張惠光爲押衙弄權縱恣人怨與少將丁暠等斬惠光父子忠臣奔赴朝廷詔以忻王爲淮西節度副大使授希烈蔡州刺史兼御史中丞淮西節度留後令滑亳節度李勉兼領汴州德宗卽位後月餘加御史大夫充淮西節度支度營田觀察使又改淮西節度淮寧軍以寵之建中元年又加檢校禮部尚書會山南東道節度梁崇義拒捍朝命迫脅使臣二年六月詔諸軍節度率兵討之加希烈南平郡王兼漢北都知諸兵馬招撫處置使希烈破崇義衆遂討平之錄希烈功加檢校右僕射同平章事賜實封五百戶淄青節度李正已又謀不軌三年秋加希烈檢校司空兼淄青兗鄆登萊齊等州節度支度營田新羅渤海兩蕃使令討襲正已希烈遂率所部三萬人移居許州聲言遣使往靑州招諭李納其實潛與交通又移牒汴州令備供擬將與納同爲亂李勉以其道路合自陳留乃除道具餼以待之希烈不從乃大慢罵自是志意縱肆言多悖慢日遣使交通河北諸賊帥等是歲長至日朱滔田悅王武俊李納各僭稱王滔使至希烈希烈亦僭稱建興王天下都元帥四年希烈遣其將襲陷汝州執李元平而去東都大擾亂朝廷猶爲含容遣太子太師顔眞卿往宣慰眞卿發後數日以龍武將軍哥舒曜爲東都兼汝州行營兵馬節度希烈既見眞卿但肆兇言令左右慢罵指斥朝廷又遣逆黨董待名韓霜露劉敬宗陳質翟暉等四人伺外侵抄州縣官軍皆爲其所敗荆南節度張伯儀全軍覆沒又令周曾王玢姚憺呂從賁康琳等來襲曜曾玢憺等謀迴軍據蔡州襲討希烈事洩並遇害神策軍使白志貞又獻策謀令嘗爲節度都團練使者各出家僮部曲一人及馬令劉德信總之討希烈尋詔李勉爲淮西招討使哥舒曜爲副至四月曜率衆屯襄城頻與賊戰皆不勝八月希烈率衆二萬圍襄城李勉又令將唐漢臣率兵與劉德信同爲曜之影援皆望風敗衂希烈兇逆既甚帝乃命舒王爲荆襄江西沔鄂等道節度諸軍行營兵馬都元帥大開幕府文武僚屬之盛前後出師未有其比又令涇原諸道出兵皆赴襄城軍未發會涇州兵亂車駕幸奉天其日希烈大破曜軍於襄城曜遁歸東都賊因乘勝攻陷汴州李勉奔歸宋州希烈性慘毒酷每對戰陣殺人流血盈前而言笑飲饌自若以此人畏而服從其教令盡其死力其攻汴州驅百姓令運木土築壘道又怒其未就乃驅以塡之謂之溼梢既入汴州於是僭號曰武成以孫廣鄭賁李綬李元平爲宰相以汴州爲大梁府李淸虛爲尹署百官遣兵東討至寧陵竟爲劉洽所拒不得前又遣將翟暉率精卒襲陳州爲劉洽李納大破之生擒暉以獻諸軍乘勝進攻汴州希烈遁歸蔡州擒其僞署將相鄭賁劉敬宗等李皋樊澤曲環張建封又四面討襲之累拔其郡縣希烈敗衂貞元二年三月因食牛肉遇疾其將陳仙奇令醫人陳仙甫置藥以毒之而死妻男骨肉兄弟共一十七人並誅之初希烈於唐州得象一頭以爲瑞應又上蔡襄城獲其珍寶乃是爛車釭及滑石僞印也陳仙奇者起於行間性忠果自希烈死朝廷授淮西節度頗竭誠節未幾爲別將吳少誠所殺贈太子太保賻布帛米粟有差喪事官給

吳少誠幽州潞縣人父爲魏博節度都虞候少誠以父勳授一子官釋褐王府戶曹後至荆南節度使庾準奇之留爲衙門將準入覲從至襄漢見梁崇義不遵憲度知有異志少誠密計有成擒之略將自陳於闕下屬李希烈初授節制銳意立功見少誠計慮乃以少誠所見條奏有詔慰飭不次封通義郡王未幾崇義違命希烈受制專征以少誠爲前鋒崇義平賜實封五千戶後希烈叛少誠頗爲其用希烈死少誠等初推陳仙奇統戎事朝廷已命仙奇尋爲少誠所殺衆推少誠知留務朝廷遂授以申光蔡等州節度觀察兵馬留後尋正授節度少誠善爲治勤儉無私日事完聚不奉朝廷貞元三年判官鄭常及大將楊冀謀逐少誠以聽命於朝試校書郎劉涉假爲手詔數十潛致於大將欲因少誠之出閉城門以拒之屬少誠將出餞中使常冀等遂謀舉事臨發爲人所告常冀先遇害其將李嘉節等各持假詔請罪少誠悉宥之其大將宋旻曹濟奔歸京師十五年陳許節度曲環卒少誠擅出兵攻掠臨潁縣節度留後上官涚遣兵赴救臨潁鎭使韋淸與少誠通救兵三千餘人悉擒縛而去九月遂圍許州尋下詔削奪少誠官爵分遣十六道兵馬進討十二月官軍敗衂於小溵河明年正月夏州節度使韓全義爲淮蔡招討處置使北路行營諸軍將士並取全義指揮陳許節度留後上官涚充副使五月全義與少誠將吳秀吳少陽等戰於溵水南官軍復敗七月全義頓軍於五樓行營爲賊所乘大潰全義與都監軍使賈秀英賈國良等夜遁遂城守溵水汴宋徐泗淄青兵馬直趣陳州列營四面少誠兵逼溵水五六里下營韓全義諸軍又退保陳州其汴州河陽等兵各私歸本道陳許將孟元陽與神策兵各率所部留軍溵水全義斬昭義滑州河陽河中都將凡四人然竟未嘗整陣交鋒而王師累挫潰少誠尋引兵退歸蔡州遂下詔洗雪復其官爵累加檢校僕射順宗卽位加同中書門下平章事元和初遷檢校司空依前平章事元和四年十一月卒年六十廢朝三日贈司徒吳少陽本滄州淸池人初吳少誠父翔在魏博軍中與少陽相愛及少誠知淮西留守乃厚以金帛取少陽至則名以堂弟署爲軍職累奏官爵出入少誠家情旨甚昵少陽度少誠猜忍懼爲所害乃請出外以任防捍之任少誠乃表爲申州刺史兼御史大夫凡五年少陽頗寬易而少誠之衆悅附焉及少誠病亟家僮單于熊兒者僞以少誠意取少陽至時少誠已不知人乃僞署少陽攝副使知軍州事少誠子元慶年二十餘先爲軍職兼御史中丞少陽密害之及少誠死少陽自爲留後時王承宗求繼士眞不受詔憲宗怒以討承宗不欲兵連兩河乃詔遂王宥遙領彰義軍節度大使以少陽爲留後遂授彰義軍節度使檢校工部尚書少陽據蔡州凡五年不朝覲汝南多廣野大澤得豢馬畜時奪掠壽州茶

山之利內則數居亡命以富實其軍又屢以牧馬來獻詔因善之元和九年九月辛贈右僕射吳元濟少陽長子也初爲試協律郎兼監察御史攝蔡州刺史及父死不發喪以病聞因假爲少陽表請元濟主兵務帝遣醫工候之卽稱少陽疾愈不見而還先是少陽判官蘇兆楊元卿及其將侯惟清嘗同爲少陽畫朝覲計及元濟自領軍兇狠無義唯暱軍中兇悍之徒素不便兆縊殺之歸其屍於家械侯惟清而囚之時朝廷誤聞惟清已死贈兵部尚書贈蘇兆以右僕射楊元卿先奏事在京師得盡言經略淮西事於宰相李吉甫始少陽以病聞元卿請凡淮西使在道路者所在留止之及少陽卒凡四十日不爲輟朝但易將加兵於外以待其郎吏無何妄傳董重質已殺元濟并屠其家李吉甫遽請對拜賀乃輟朝數日知元濟尚在時賊陰計已成羣衆四出狂悍而不可遏屠舞陽焚葉縣攻掠魯山襄城汝州許州及陽翟人多逃伏山谷荊棘間爲其殺傷驅剽者千里關東大恐十月以陳州刺史李光顏爲忠武軍節度使又以山南東道節度使嚴綬充申光蔡等州招撫使仍令內常侍崔潭峻監綬軍十年正月綬軍臨賊西境詔曰吳元濟逆絕人理反易天常不居父喪擅領軍政諭以詔旨曾無謙恭熒惑一方之人迫脅三軍之衆以少陽營經任使爲之軫悼命申弔祭臨遣使臣陵虐封疆遂致稽阻絕朝廷之理忘父子之恩旋又掩寇舞陽傷殘吏卒焚燒葉縣騷擾闔閭恣行殺戮無所畏忌朕念賞延之義重傷藩帥之門尚欲納於忠順之途處在顯榮之地未能銜怒猶爲包荒再降詔書俾申招撫而毒螫滋甚姦心靡悛壽春西南又陷鎮柵窮兇稔惡縱暴延災覆載之所不容人神之所共棄既非獲已致此興戎吳元濟在身官爵並宜令削奪令宣武大寧淮南宣歙等道兵馬合勢山南東道及魏博荊南江西劍南東川兵馬與鄂岳許會東都防禦使與懷鄭汝節度及義成兵馬犄角相應同期進討二月綬兵爲賊所襲敗于磁丘退保唐州四月光顏破賊黨元濟遣人求援于鎮州王承宗淄鄆李師道二帥上表于朝廷請赦元濟之罪朝旨不從自是兩河賊帥所在竊發冀以沮撓王師五月承宗師道遣盜燒河陰倉詔御史中丞裴度於軍前宣喻觀用兵形勢度還奏曰臣觀諸將唯光顏勇義盡心必有成功上意甚悅翌日光顏奏大破賊於時曲上曰度知光顏可謂至矣乃以度兼刑部侍郎自是中外相賀決不赦賊徵天下兵環申蔡之郊大小十餘鎮六月承宗師道遣盜伏於京城殺宰相武元衡中丞裴度衡先死度重傷而免憲宗特怒卽命度爲宰相淮右用兵之事一以委之七月李師道遣嵩山僧圓淨結山賊與留邸兵欲焚燒東都先事敗而禍弭嚴綬退罷乃以汴州節度使韓弘爲淮右行營兵馬都統以高霞寓有名用爲唐鄧節度十一年春諸軍雲合惟李光顏懷汝節度烏重胤心無顧望旦夕血戰繼獻戎捷六月高霞寓爲賊所擊敗于鐵城退保新興柵時諸軍勝負皆不實聞多虛稱克捷及霞寓敗中外恟恟宰相諫官屢以罷兵爲請唯裴度堅於破賊尋以袁滋代霞寓爲唐鄧帥滋柔懦不能軍十二年正月袁滋復貶閑廄使李愬表請軍前自効乃用愬爲唐鄧帥以代滋愬軍壓境拔賊文城柵擒柵將吳秀琳又獲賊將李祐李光顏亦拔賊郾城元濟始懼盡發左右及守城卒屬董重質以抗光顏重胤六月元濟乞降爲羣賊所制不能自拔上以元兇已蹙兵未臨於賊城輓饋日殫因延英問計於宰相裴度曰賊力已困但羣帥不一故未能決降上曰卿決能行乎曰臣誓不與賊偕全七月詔以度爲彰義軍節度使兼申光蔡四面行營招撫使以郾成爲行在蔡州爲節度所八月度至郾城激勵士衆軍士喜度至以賞罰必行皆願輸罄每出勞軍士有流涕者時李愬營文城柵既得吳秀琳李祐知其可用委信無疑日夜與計事於帳中祐曰元濟勁軍多在洄曲西境防捍而守蔡者皆市人疲耄之卒可以乘虛掩襲直抵懸瓠比賊將聞之元濟成擒矣愬然之咨於裴度度曰兵非出奇不勝常侍良圖也十一月愬夜出軍令李祐率勁騎三千爲前鋒田進誠三千爲後軍愬自率三千爲中軍其月十日夜至蔡州城下坎墻而畢登賊不之覺十一日攻衙城擒元濟并其家屬以聞初元濟之叛恃其兇狠然治軍無紀綱其將趙昌洪凌朝江董重質等各權兵外寇李師道鄆州之鹽城往來寧陵雍丘之間韓弘知而不禁淮右自少誠阻兵已來三十餘年王師加討未嘗及其城下常走韓全義敗于頓故驕悍無所顧忌且恃城池重固有陂浸阻迴故以天下兵環攻三年所尅者一縣而已及黜高霞寓李遜袁滋諸軍始進又得陰山府沙陀驍騎邯鄲勇卒光顏重胤之奮命及丞相臨統破諸將首尾之計方擒元惡申蔡之始人劫於希烈少誠之虐法而忘其所歸數十年之後長者衰喪而壯者安於毒暴而恬於搏噬地既少馬而廣畜騾乘之敎戰謂之騾子軍尤稱勇悍而甲仗皆畫爲雷公星文以爲厭勝而少誠能以姦謀固衆心初韓全義敗於溵水蔡兵于全義帳中得公卿間問訊書少誠束而諭衆曰朝廷公卿以此書託全義收蔡州日乞一將士妻女以爲婢妾以此激怒其衆絕其歸向之心是以蔡人有老死不聞天子恩宥者故堅爲賊用地雖中州人心過于夷貊乃至搜閱天下豪銳三年而後屈者彼非將才而力備蓋勢驅性習不知敎義之所致也元濟至京憲宗御興安門受俘百寮樓前稱賀乃獻廟社徇于兩京斬之於獨柳時年三十五其夜失其首妻沈氏沒入掖庭弟二人子三人流於江陵誅之判官劉協庶七人皆斬光蔡等州平始復爲王土矣

史臣曰治亂勢也勢亂不能卒治長源以法繩驕軍禍不旋踵則董公之寬柔不無謂古之名將以陰謀怨望鮮全其族者董秦始奮忠義多長者言宜其顯赫及失意挾邪俄被淮陰之戮惜哉吳少誠爲希烈之亂胎雖謀奪其軍及嗣而滅而元濟効希烈之狂悖謂無天地人之兇險一至於斯是知王者御治之道其可忽諸

贊曰聖哲之君愼名與器不軌之臣得寵則奡董怨而族吳悖而葅好亂樂禍可監前車

舊唐書卷一百四十五考證

董晉傳改禮部尚書兵部尚書○沈炳震曰德宗紀貞元十二年晉爲東都留守兵部上缺十二年文

# 舊唐書卷一百四十六

後晉司空同中書門下平章事劉　昫撰

## 列傳第九十六

薛播　鮑防　李自良　李說　嚴綬

蕭昕　杜亞　王緯　李若初　于頎

盧徵　楊憑　鄭元　杜兼　裴玢

薛伾

薛播河中寶鼎人中書舍人文思曾孫也父元暉什邡令以播贈工部郎中播天寶中舉進士補校書郎累授萬年縣丞武功令殿中侍御史刑部員外郎萬年令播溫敏善與人交李栖筠常袞崔祐甫皆引擢之及祐甫輔政用爲中書舍人出汝州刺史以公事貶泉州刺史尋除晉州刺史河南尹遷尚書左丞轉禮部侍郎遇疾貞元三年卒贈禮部尚書初播伯父元暧終於隰城丞其妻濟南林氏丹陽太守洋之妹有母儀令德博涉五經善屬文所爲篇章時人多諷詠之元暧卒後其子彥輔彥國彥偉彥雲及播兄據揔並早孤幼悉爲林氏所訓導以至成立咸致文學之名開元天寶中二十年間彥輔據等七人並舉進士連中科名衣冠榮之

鮑防襄州人幼孤貧篤志好學善屬文天寶末舉進士爲浙東觀察使薛兼訓從事累至殿中侍御史入爲職方員外郎改太原少尹正拜節度使入爲御史大夫歷福建江西觀察使徵拜左散騎常侍扈從奉天除禮部侍郎尋遷工部尚書致仕防歷洪福京兆皆有政聲唯總戎非所宜而謬執兵柄以太原革車胡騎雄雜而迴鶻深入寇防出拒戰爲虜所敗爲禮部侍郎時嘗遇知雜侍御史竇叅於通衢導騎不時引避僕人爲叅所鞭及叅秉政遽令致仕防謂親友曰吾與蕭昕之子齒而與昕同日懸車非朽邁之致以餘忿見廢防文學舊人歷職中外不因罪戾而爲俗吏所擯竟以憤終衆頗憫防而咎叅故叅之敗不旋踵非不幸也

李自良兗州泗水人初祿山之亂自良從兗鄆節度使能元晧以戰功累授右衛率後從袁傪討袁晁陳莊賊積功至試殿中監隸浙江東道節度使薛兼訓兼訓移鎮太原自良從行授河東軍節度押衙兼訓卒鮑防代又事防爲牙將會迴鶻入寇防令大將焦伯瑜杜榮國將兵擊之自良謂防曰迴鶻遠來求戰未可與爭鋒但於歸路築二壘以兵守之堅壁不動虜求戰不得師老自旋俟其返旆卽乘之縱不甚捷虜必狼狽矣二壘阨其歸路策之上也防不從促伯瑜等逆戰遇虜於百井伯瑜等大敗而還由是稍知名馬燧代防爲帥署奏自良代州刺史兼御史大夫仍爲軍候自良勤恪有謀燧深委信之建中年田悅叛燧與抱眞東討自良常爲河東大將摧鋒陷陣破田悅及討李懷光於河中自良專河東軍都將前後戰績居多燧之立功名由自良協輔之力也貞元三年從燧入朝罷燧兵權德宗欲以自良代燧自良懇辭事燧久不欲代爲軍帥物議多之乃授右龍武大將軍德宗以河東密邇胡戎難於擇帥翌日自良謝上謂之曰卿於馬燧存軍中事分誠爲得禮然北門之寄無易於卿卽日拜檢校工部尚書兼御史大

夫太原尹北都留守河東節度支度營田觀察使在鎮九年以簡儉守職軍民胥悅雖出身戎伍動必循法略不以暴戾加人十一年五月卒於軍年六十三上甚嗟惜之廢朝一日贈左僕射賻布帛米粟有差

李說淮安王神通之裔也父遇天寶中爲御史中丞說以門蔭歷仕累佐使幕馬燧爲河陽三城太原節度皆辟爲從事累轉御史郎官御史中丞太原少尹出爲汾州刺史節度使李自良復奏爲太原少尹檢校庶子兼中丞貞元十一年五月自良病凡六日而卒匿喪陽言病甚數日發喪先是都虞候張瑤久在軍素得士心嘗請假遷葬自良未許至是說與監軍王定遠謀乃給瑤假以大將毛朝陽代瑤然後遣使告自良病中使第五國珍自雲朔使還過太原聞自良病中使遲留信宿自良卒國珍急馳至京先說使至乃下制以通王領河東節度大使以說爲行軍司馬充節度留後北都副留守仍令國珍齎說官告及軍府將吏部內刺史等勑書三十餘通往太原宣賜軍中始定定遠恃立說之功頗恣縱橫軍政皆自專決仍請賜印監軍有印自定遠始也定遠既得印益暴將吏輒自補授說寖不歡遂成嫌隙是歲七月定遠署虞候田宏爲列將以代彭令茵令茵不伏揚言曰超補列將非功不可宏有何功敢代予任定遠聞而含怒召令茵斬之埋於馬糞之中家人請尸不與三軍皆怨說具以事聞德宗以定遠有奉天扈從之功恕死停任制未至定遠怒說奏聞趨府謀殺說昇堂未坐抽刀刺說說走而獲免定遠馳至府門召集將吏於箱中陳勑牒官告二十餘軸示諸將曰有勑令李景略知留後遣說赴京公等皆有恩命指箱中示之諸將方拜抃大將馬良輔呼而麾衆曰箱中皆監軍舊官告非恩命也不可受但備急變爾定遠知事敗走登乾陽樓召其部下將卒多不之應比夜定遠墜城下樣栫傷而不死尋有詔削奪長流崖州大將高迪等同其謀說皆斬之尋正拜河東節度使檢校禮部尚書說在鎮六年初勤心吏職後遇疾言語行步蹇澁不能綜軍府之政悉監軍主之又爲孔目吏宋季等欺誑軍政事多隳紊如此累年十六年十月卒年六十一廢朝一日贈左僕射是月制以河東節度行軍司馬鄭儋檢校工部尚書兼太原尹御史大夫河東節度度支營田觀察等使北都留守在任不朞年而卒

嚴綬蜀人曾祖方約利州司功祖挹之符離尉父丹殿中侍御史綬大曆中登進士第累佐使府貞元中由侍御史充宣歙團練副使深爲其使劉贊委遇政事多所咨訪十二年贊卒綬掌宣歙留務傾府藏以進獻由是有恩召爲尚書刑部員外郎天下賓佐進獻自綬始也未幾河東節度使李說嬰疾事多曠弛行軍司馬鄭儋代綜軍政既而說卒因授儋河東節度使是時姑息四方諸侯未嘗特命帥守物故即用行軍司馬爲帥冀軍情厭伏儋既爲帥德宗選朝士可以代儋爲行軍司馬者因綬前日進獻上頗記之故命檢校司封郎中充河東行軍司馬不周歲儋卒遷綬銀青光祿大夫檢校工部尚書兼太原尹御史大夫北都留守充河東節度支度營田觀察處置等使元和元年楊惠琳叛於夏州劉闢叛於成都綬表請出師討伐綬悉選精甲付牙將李光顏兄弟光顏累立戰功蜀夏平加綬檢校尚書左僕射尋拜司空進階金紫封扶風郡公綬在鎮九年以寬惠爲政士馬蕃息境內稱治四年入拜尚書右僕射綬雖名家子爲吏有方略然銳於勢利不存名節人士以此薄之嘗預百寮廊下食上令中使馬江朝賜櫻桃綬居兩班之首在方鎮時識江朝敘語次不覺屈膝而拜御史大夫高郢亦從而拜是日爲御史所劾綬待罪于朝命釋之翌日責江朝降官一等尋出鎮荊南進封鄭國公有溆州蠻首張伯靖者殺長吏據辰錦等州連九洞以自固詔綬出兵討之綬遣部將李忠烈齎書曉諭盡招降之九年吳元濟叛朝議加兵以綬有弘恕之稱可委以戎柄乃授山南東道節度使尋加淮西招撫使綬自帥師壓賊境無威略以制寇到軍日遽發公藏以賞士卒累年蓄積一旦而盡又厚賂中貴人以招聲援師徒萬餘閉壁而已經年無尺寸功裴度見上屢言綬非將帥之才不可責以戎事乃拜太子少保代歸尋檢校司空久之進位太傅食封至三千戶長慶二年五月卒年七十七詔贈太保綬材器不踰常品事兄嫂過謹爲時所稱常以寬柔自持位躋上公年至大耋前後統臨三鎮皆號雄藩所稱士親睹爲將相者凡九人其貴壽如此

蕭昕河南人少補崇文進士開元十九年首舉博學宏辭授陽武縣主簿天寶初復舉宏辭授壽安尉再遷左拾遺昕嘗與布衣張鎬友善館而禮之表薦之曰如鎬者用之則爲王者師不用則幽谷一叟爾玄宗擢鎬拾遺不數年出入將相及安祿山反昕舉贊善大夫來瑱堪任將帥思明之亂瑱功居多累遷憲部員外郎爲副元帥哥舒翰掌書記潼關敗間道入蜀遷司門郎中尋兼安陸長史爲河南等道都統判官遷中書舍人兼楊府司馬佐軍仍舊入拜本官累遷秘書監代宗幸陝昕出武關詣行在轉國子祭酒大曆初持節弔迴鶻時迴鶻恃功廷詰昕曰祿山思明之亂非我無以平定唐國柰何市馬而失信不時歸價衆皆失色昕荅曰國家自平寇難賞功無絲毫之遺況隣國乎且僕固懷恩我之叛臣乃者爾助爲亂聯西戎而犯郊畿及吐蕃敗走迴紇悔懼啓顙乞和非大唐存念舊功則當匹馬不得出塞矣是迴紇自絕非我失信迴紇慙退加禮以歸爲常侍十二年朱泚之亂徒步出城泚急求之亡竄山谷間至奉天遷太子少傅貞元初兼禮部尚書尋復知貢舉五年致仕七年卒于家年九十廢朝諡曰懿

杜亞字次公自云京兆人也少頗涉學善言物理及歷代成敗之事至德初於靈武獻封章言政事授校書郎其年杜鴻漸爲河西節度辟爲從事累授評事御史後入朝歷工戶兵吏四員外郎永泰末劒南叛亂鴻漸以宰相出領山劒副元帥以亞及楊炎並爲判官使還授吏部郎中諫議大夫炎爲禮部郎中知制誥中書舍人亞自以才用合當柄任雖爲諫議大夫而心不悅李栖筠承恩衆望必爲宰相亞厚結之元載得罪亞與劉晏李涵等七人同鞫訊之載死之翌日亞遷給事中河北宣慰使宰相常袞亦不悅亞歲餘出爲洪州刺史兼御史中丞江西都團練觀察使德宗初嗣位勵精求賢令中使召亞亞自揣必以宰輔見徵乃促程而進累路與人言議語及行宰相事方面或以公事諮祈亞皆納之既至帝微知之不悅又奏對辭旨疎闊出爲陝州觀察使兼轉運使尋遷河中晉絳等州防禦觀察使楊炎作相劉晏得罪亞坐貶睦州刺史興元初召拜刑部侍郎出爲揚州長史兼御史大夫淮南節度觀察使時承陳少遊征稅煩重奢侈僭濫之後又新遭王紹亂兵剽掠淮南之人望亞之至革剗舊弊冀以康寧亞自以材當公輔之選而聯出外職志頗不適政事多委叅佐招引賓客談論而已揚州官河塡淤漕輓堙塞又僑寄衣冠及工商等多侵衢造宅行旅擁弊亞乃開拓疎啓公私悅賴而盛爲奢侈江南風俗春中有競渡之戲方舟並進以急趨疾進者爲勝亞乃令以漆塗船底貴其速進又爲綺羅之服塗之以油令舟子衣之入水而不濡亞本書生奢縱如此朝廷亟聞之貞元五年以戶部侍郎竇覦爲淮南節度代亞亞猶以舊望覦甚畏之改檢校吏部尚書判東都尚書省事充東都留守都防禦使既病風尚建利以固寵奏請開苑內地爲營田以資軍糧減度支每年所給從之亞不躬親部署但委判官張薦楊暎初奏請取荒地營田其苑內地堪耕食者先爲留司中官及軍人等開墾已盡亞計急乃取軍中雜錢舉息與畿內百姓每至田收之際多令軍人車牛散入村鄉收斂百姓所得菽粟將還軍民家略盡無可輸稅人多艱食由是大致流散乃厚賂中官令奏河南尹無政亞自此亦規求兼領河南尹事不果帝漸知虛誕乃以禮部尚書董晉代爲東都留守召亞還京師既風疾漸深又患脚膝不任朝謁貞元十四年卒于家年七十四贈太子少傅

王緯字文卿太原人也祖景司門員外萊州刺史父之咸長安尉與昆弟之賁之渙皆善屬文之咸以緯貴故累贈刺史緯舉明經又書判入等歷長安尉出佐使府授御史郎官入朝爲金部員外郎劒南租庸使檢校司封郎中彭州刺史檢校庶子兼御史中丞西川節度營田副使初大曆中路嗣恭爲江西觀察使陷害判官李泌將誅之緯亦爲路嗣恭判官說諭救解獲免貞元三年泌爲相擢授緯給事中未數日又擢爲潤州刺史兼御史中丞浙江西道都團練觀察使十年加御史大夫兼諸道鹽鐵轉運使三歲加檢校工部尚書緯性勤儉歷官清潔而傷於苛碎多用削刻之吏督察巡屬人不聊生貞元十四年卒年七十一廢朝一日贈太子少保

李若初趙郡人貞觀中并州長史工部侍郎弘節之曾孫也祖道謙太府卿若初少孤貧初爲轉運使劉晏下微冗散職晏判官包佶重其勤幹以女妻之歷陳州太康令刺史李芃初涖官若初獻計請收斂羨餘錢物芃結權貴芃厚遇之累歲芃遷河陽三城使奏若初爲從事軍中之事多以委之累授檢校郎中兼中丞懷州刺史轉虢州刺史坐公事爲觀察使劾奏免歸久之出爲衢州刺史遷福州刺史兼御史中丞福建都團練使尋遷越州刺史浙江東道都團練觀察使十四年秋代王緯爲潤州刺史兼御史大夫浙江都團練觀察諸道鹽鐵轉運使善於吏道性嚴强力束斂下吏人甚畏服方整理鹽法頗有次敘貞元十五年遇疾卒廢朝一日贈禮部尚書

于頎字休明河南人也父庭謂濟王府倉曹累贈尚書左僕射頎少以吏事聞累授京兆府士曹爲尹史翽所賞重翽出鎮襄漢奏爲御史充判官翽爲亂兵所殺頎挺出收葬遺骸時人義之度支使第五琦署爲河東租

庸使累授鳳翔少尹度支郎中兼御史中丞轉運租庸糧料鹽鐵等使頎因奏移轉運汴州院於河陰以汴州累遇兵亂散失錢帛故也元載爲諸道營田使又署爲郎官令於東都汝州開置屯田歷戶部侍郎秘書少監京兆尹太府卿代杜濟爲京兆尹及爲大官好任機數專候權要朝列中無勢利者視之蔑如也由事元載親昵之而爲政苛細無大體丁所生毋憂罷及載得罪後出爲鄭州刺史遷河南尹以無政績代還時徵汾州刺史劉暹暹剛腸嫉惡歷典數州皆爲廉使畏憚宰相盧杞恐暹爲御史大夫戇沮已之所見遽稱薦頎爲御史大夫以其柔佞易制也從幸奉天改左散騎常侍歷左千牛上將軍從大理卿太子少保工部尚書因入朝仆地爲金吾仗衛掖起改太子少師致仕貞元十五年卒時年七十四

盧徵范陽人也家於鄭之中牟少涉獵書記永泰中江淮轉運使劉晏辟爲從事委以腹心之任累授殿中侍御史晏得罪貶珍州司戶元琇亦晏之門人興元中爲戶部侍郎判度支薦徵爲京兆司錄度支員外琇得罪坐貶爲信州長史遷信州刺史入爲右司郎中驟遷給事中戶部侍郎竇參深遇之方倚以自代貞元八年春同州刺史闕參請以尚書左丞趙憬補之特詔用徵以間參腹心也數歲轉華州刺史徵冀復入用深結託中貴厚遺之故事同華以近地人貧每正至端午降誕所獻甚薄徵遂竭其財賦每有所進獻輒加常數人不堪命疾病臥理者數年貞元十六年卒時年六十四

楊憑字虛受弘農人舉進士累佐使府徵爲監察御史不樂檢束遂求免累遷起居舍人左司員外郎禮部兵部郎中太常少卿湖南江西觀察使入爲左散騎常侍刑部侍郎京兆尹憑工文辭少負氣節與母弟凝凌相友愛皆有時名重交游尚然諾與穆質許孟容李鄘王仲舒爲友故時人稱楊穆許李之友仲舒以後進慕而入焉性尚簡傲不能接下以此人多怨之及歷二鎭尤事奢侈元和四年拜京兆尹爲御史中丞李夷簡劾奏憑前爲江西觀察使贓罪及他不法事敕付御史臺覆按刑部尚書李鄘大理卿趙昌同鞫問臺中又捕得憑前江西判官監察御史楊瑗繫於臺復命大理少卿胡珦左司員外郎胡証侍御史韋顗同推鞫之詔曰楊憑頃在先朝委以藩鎭累更選用位列大官近者憲司奏劾暴揚前事計錢累萬曾不報聞蒙蔽之罪於何逃責又營建居室制度過差侈靡之風傷我儉德以其自尹京邑人頗懷之將議刑書是加愍惻宜從遐譴以誡百僚可守賀州臨賀縣尉同正仍馳驛發遣先是憑在江西夷簡自御史出官在巡屬憑頗疏縱不顧接之夷簡常切齒及憑歸朝修第於永寧里功作併興又廣蓄妓妾於永樂里之別宅時人大以爲言夷簡乘衆議舉劾前事且言修營之僭將欲殺之及下獄置對數日未得其事夷簡持之益急上聞且貶焉追舊從事以驗自貞元以來居方鎭者爲德宗所姑息故窮極僭奢無所畏忌及憲宗卽位以法制臨下夷簡首舉憑罪故時議以爲宜然繩之太過物論又譏其深切矣

鄭元舉進士第累遷御史中丞貞元中爲河中節度使杜確行軍司馬確卒遂繼爲節度使入拜尚書左丞元和二年轉戶部侍郎兼御史大夫判度支三年春還刑部尚書兼京兆尹九月復判度支依前刑部尚書兼御史大夫元性嚴毅有威斷更踐劇任時稱其能元和四年以疾辭職守本官逾月卒

杜兼京兆人貞觀中宰相杜正倫五代孫舉進士累辟諸府從事拜濠州刺史兼性浮險豪侈矜氣屬貞元中德宗厭兵革姑息戎鎭至軍郡刺史亦難於更代兼探上情遂練卒脩武占召勁勇三千人以上聞乃恣凶威錄事參軍韋賞團練判官陸楚皆以守職論事忤兼兼密誣奏二人通謀扇動軍中忽有制使至兼率官吏迎于驛中前呼韋賞陸楚出宣制杖殺之賞進士擢第楚兗公象先之孫皆名家有士林之譽一朝以無罪受戮郡中股慄天下寃歎之又誣奏李藩將殺之語在藩事中故兼所至人側目焉元和初入爲刑部吏部郎中拜給事中除金商防禦使旋授河南少尹知府事尋正拜河南尹皆杜佑在相位所借護也元和四年卒于官

裴玢京兆人五代祖疏勒國王綽武德中來朝授鷹揚大將軍封天山郡公因留闕下遂爲京兆人玢初爲金吾將軍論惟明傔德宗幸奉天以戰功封忠義郡王惟明鎭鄜坊累署玢爲都虞候後節度王栖曜卒中軍將何朝宗謀作亂中夜縱火玢匿身不救火遲明而擒朝宗德宗發三司使按問竟斬朝宗及行軍司馬崔輅以同州刺史劉公濟爲節度使以玢爲坊州長史兼侍御史充行軍司馬明年公濟卒拜玢鄜州刺史兼御史大夫充節度觀察等使三年改授山南西道節度觀察等使玢歷二鎭頗以公清苦節爲政不交權倖不務貢獻蔬食弊衣居處纔避風雨而廩庫饒實三軍百姓安業近代將帥無比焉及綿疾辭位請歸長安元和七年卒年六十五贈尚書左僕射謚曰節

薛伾勝州刺史渙之子尚父汾陽王召置麾下著名於諸將間左僕射李揆使西蕃伾爲將從役時賊泚之難昆夷赴義伾馳騎鄉道至于武功擢授左威衞將軍使絕域者前後數四累遷左金吾衞大將軍檢校工部尚書兼將作監出爲鄜坊觀察使元和八年卒于官贈潞州大都督

史臣曰薛播溫敏有文鮑防董戎無術李嚴太原之政可謂美矣蕭昕抱則哲之知杜亞懷非次之望王緯清潔而傷苛碎若初善理而性剛嚴于頎好任機權趨附勢利盧徵厚斂貨賄結託中人楊憑好奢鄭元有斷杜兼殺戮端士怙亂邀君裴玢發姦謀安民和衆而玢弊衣糲食不交權倖務廉咸實郡邑以寧若夫君子無求備於人捨短從長彰善癉惡則裴玢之善抑之更揚杜兼之惡欲蓋而彰耳

舊唐書卷一百四十六考證

杜亞傳竇觀甚畏之○臣酉按新書貞元中罷歸宰相竇參憚其夙望以檢校吏部尚書留守東都竇參憚亞夙望故復出之東都若竇觀則代參爲節度者何所畏耶新書當得其實

# 舊唐書卷一百四十七

後晉司空同中書門下平章事劉　昫撰

## 列傳第九十七

杜黃裳　高郢子定

杜佑子式方　從郁　式方子悰　從郁子牧

杜黃裳字遵素京兆杜陵人也登進士第宏辭科杜鴻漸深器重之爲郭子儀朔方從事子儀入朝令黃裳主留務于朔方邠將李懷光與監軍陰謀代子儀乃爲僞詔書欲誅大將溫儒雅等黃裳立辨其僞以告懷光懷光流汗伏罪諸將有難制者黃裳矯子儀命盡出之數月而亂不作後入爲臺省官爲裴延齡所惡十年不遷貞元末爲太常卿王叔文之竊權黃裳終不造其門嘗語其子壻韋執誼令率百官請皇太子監國執誼遽曰丈人纔得一官可復開口議禁中事耶黃裳勃然曰黃裳受恩三朝豈可以一官見買卽拂衣而出尋拜平章事邠州節度使韓全義曾居討伐之任無功黃裳奏罷之劉闢作亂議者以劒南險固不宜生事唯黃裳堅請討除憲宗從之又奏請不以中官爲監軍秖委高崇文爲使黃裳自經營伐蜀以至成功指授崇文無不懸合崇文素憚劉澭黃裳使人謂崇文曰若不奮命當以劉澭代之由是得崇文之死力旣平闢宰臣入賀帝目黃裳曰此卿之功也後與憲宗語及方鎭除授黃裳奏曰德宗自艱難之後事多姑息貞元中每帥守物故必先命中使偵伺其軍動息其副貳大將中有物望者必厚賂近臣以求見用帝必隨其稱美而命之以是因循方鎭罕有特命帥守者陛下宜熟思貞元故事稍以法度整肅諸侯則天下何憂不治憲宗然其言繇是用兵誅蜀夏之後不容藩臣蹇傲尅復兩河威令復振蓋黃裳啓其衷也黃裳有經畫之才達於權變然檢身律物寡廉潔之譽以是居鼎職不久二年正月檢校司空同平章事兼河中尹河中晉絳等州節度使八月封邠國公三年九月卒於河中年七十一贈司徒謚曰宣黃裳性雅澹寬恕心雖從長口不忤物始爲卿士女嫁韋執誼深不爲執誼所稱及執誼譴逐黃裳終保全之洎死嶺表請歸其喪以辦葬事及是被疾醫人誤進其藥疾甚而不怒然爲宰相除授不分流品或官以賂遷時論惜之黃裳歿後賄賂事發八年四月御史臺奏前永樂令吳憑爲僧鑒虛受託與故司空杜黃裳於故州邠寧節度使高崇文處納賂四萬五千貫並付黃裳男載按問引伏勅曰吳憑曾佐使府忝履宦途自宜畏法惜身豈得爲人通貨事關非道理合懲愆宜配流昭州其付杜載錢物宰輔之任寵寄實深致茲貨財不能拒絕已令按問悉合徵收貴全終始之恩俾弘寬大之典其所取錢物並宜矜免杜載等並釋放載爲太子僕長慶中遷太僕少卿兼御史中丞充入吐蕃使載弟勝登進士第大中朝位給事中勝子廷堅亦進士擢第

高郢字公楚其先渤海蓨人九歲通春秋能屬文天寶末盜據京邑父伯祥先爲好畤尉抵賊禁將加極刑郢時年十五被髮解衣請代其父賊黨義之乃俱釋後舉進士擢第應制舉登茂才異行科授華陰尉嘗以魯不

合用天子禮樂乃引公羊傳著魯議見稱於時由是授咸陽尉郭子儀節制朔方辟爲掌書記子儀嘗怒從事張曇奏殺之郢極言爭救忤子儀旨奏貶猗氏丞李懷光節制邠寧奏爲從事累轉副元帥判官檢校禮部郎中懷光背叛將歸河中郢言西迎大駕豈非忠乎懷光忿而不聽及歸鎮又欲悉衆而西時渾瑊軍孤羣帥未集郢與李鄘誓死駐之屬懷光長子璀候郢郢乃諭以逆順曰人臣所宜效順且自天寶以來阻兵者今復誰在況國家自有天命非獨人力今若恃衆西向自絕于天十室之邑必有忠信安知三軍不有奔潰者乎李璀震懼流淚氣索明年春郢與都知兵馬使呂鳴岳都虞候張延英同謀間道上表及受密詔事洩二將立死懷光乃大集將卒白刃盈庭引郢詰之郢挺然抗辭無所慙隱憤氣感發觀者淚下懷光慙沮而止德宗還京命諫議大夫孔巢父中人啖守盈赴河中宣慰懷光授以太保而懷光怒激其親兵詬詈殺守盈及巢父巢父之被刃也委於地郢就而撫之及懷光被誅馬燧辟郢爲掌書記未幾徵拜主客員外遷刑部郎中改中書舍人凡九歲拜禮部侍郎時應進士舉者多務朋游馳逐聲名每歲冬州府薦送後唯追奉讌集罕肄其業郢性剛正尤嫉其風既領職拒絕請託雖同列通熟無敢言者志在經藝專考程試凡掌貢部三歲進幽獨抑浮華朋濫之風翕然一變拜太常卿貞元十九年冬進位銀青光祿大夫守中書侍郎同中書門下平章事順宗即位轉刑部尚書爲韋執誼等所憚尋罷知政事以本官判吏部尚書事明年出鎮華州元和元年冬復拜太常卿尋除御史大夫數月轉兵部尚書逾月再表乞骸不許又上言曰臣聞勞生佚老天理自然蠕動翾飛日入皆息自非貢禹之守經據古趙喜之正身匪懈韓暨之志節高潔山濤之道德模表縱過常期詎爲貪冒其有當仁不讓急病忘身豈止君命猶宜身舉臣郢不才久辱高位無任由衷瀝懇之至乃授尚書右僕射致仕六年七月卒年七十二贈太子太保謚曰貞郢性恭慎廉潔罕與人交游守官奉法勤恪掌誥累年家無制草或謂之曰前輩皆留制集公焚之何也曰王言不可存私家時人重其慎密與鄭珣瑜並命拜相未幾德宗昇遐時同在相位杜佑以宿舊居上而韋執誼由朋黨專柄順宗風恙方甚樞機不宣而王叔文以翰林學士兼戶部侍郎充度支副使是時政事王叔文謀議王伾通導李忠言宣下韋執誼奉行珣瑜自受命憂形顏色至是以勢不可奪因稱疾不起郢則因循竟無所發以至於罷物論定此爲優劣焉子定嗣定幼聰警絕倫年七歲時讀尚書湯誓問郢曰柰何以臣伐君郢曰應天順人不爲非道又問曰用命賞于祖不用命戮于社是順人乎父不能對仕至京兆參軍小字董二人以幼慧多以字稱之尤精王氏易嘗爲易圖合八出以畫八卦上圓下方合則重轉則演七轉而六十四卦六甲八節備焉著易外傳二十二卷

杜祐字君卿京兆萬年人曾祖行敏荆益二州都督府長史南陽郡公祖愨右司員外郎詳正學士父希望歷鴻臚卿恒州刺史西河太守贈右僕射佑以蔭入仕補濟南郡參軍剡縣丞時潤州刺史韋元甫嘗受恩於希望佑謁見元甫未之知以故人子待之他日元甫視事有疑獄不能決佑時在旁元甫試訊於佑佑口對響應皆得其要元甫奇之乃奏爲司法參軍元甫爲浙西觀察淮南節度皆辟爲從事深所委信累官至檢校主客員外郎入爲工部郎中充江西靑苗使轉撫州刺史改御史中丞充容管經略使楊炎入相徵入朝歷工部金部二郎中並充水陸轉運使改度支郎中兼和糴等使時方軍興餽運之務悉委於佑遷戶部侍郎判度支爲盧杞所惡出爲蘇州刺史佑母在杞以蘇州憂闕授之佑不行俄換饒州刺史未幾兼御史大夫充嶺南節度使時德宗在興元朝廷故事執政往往遺脫舊嶺南節度常兼五管經略使佑獨不兼故五管不屬嶺南自佑始也貞元三年徵爲尚書左丞又出爲陝州觀察使遷檢校禮部尚書揚州大都督府長史充淮南節度使丁母憂特詔起復累轉刑部尚書檢校右僕射十三年徐州節度使張建封卒其子愔爲三軍所立詔佑以淮南節制檢校左僕射同平章事兼徐泗節度使委以討伐佑乃大具舟艦遣將孟準先當之準渡淮而敗佑杖之固境不敢進及詔以徐州授愔而加佑兼濠泗等州觀察使在揚州開設營壘三十餘所士馬修葺然於賓僚間依阿無制判官南宮僔李亞鄭元均爭權頗紊軍政德宗知之並竄於嶺外十九年入朝拜檢校司空同平章事充太淸宮使德宗崩佑攝冢宰尋進位檢校司徒充度支鹽鐵等使依前平章事旋又加弘文館大學士時王叔文爲副使佑雖總統而權歸叔文叔文敗又奏李巽爲副使頗有所立順宗崩佑復攝冢宰尋讓金穀之務引李巽自代先是度支以制用惜費漸權百司之職廣署吏員繁而難理佑始奏營繕歸之將作木炭歸之司農染練歸之少府綱條頗整公議多之朝廷允其議元和元年冊拜司徒同平章事封岐國公時河西党項潛導吐蕃入寇邊將邀功亟請擊之佑上疏論之曰臣伏見党項與西戎潛通屢有降人指陳事迹而公卿廷議以爲誠當謹兵戎備侵軼益發甲卒邀其寇暴此蓋未達事機匹夫之常論也夫蠻夷猾夏唐虞已然周宣中興獫狁爲害但命南仲往城朔方追之太原及境而止誠不欲弊中國而怒遠夷也秦平六國恃其兵力北築長城以拒匈奴西逐諸羌出於塞外勞力擾人結怨階亂中國未靜白徒競起海內雲擾實生謫戍漢武因文景之富命將興師遂至戶口減半竟下哀痛之詔罷田輪臺前史書之尚嘉其先迷而後復蓋聖王之理天下也唯務綏靜蒸人西至流沙東漸于海在南與北亦存聲敎不以遠物爲珍匪求遐方之貢豈疲內而事外終得少而失多故前代納忠之臣並有匡君之議淮南王請息師于閩越賈捐之願棄地于珠崖安危利害高懸前史昔馮奉世矯漢帝之詔擊莎車傳其王首於京師威震西域宣帝大悅議加爵土之賞蕭望之獨以爲矯制違命雖有功效不可爲法恐後之奉使者爭遂發兵爲國家生事述理明白其言遂行國家自天后已來突厥默啜兵強氣勇屢寇邊城爲害頗甚開元初邊將郝靈佺親捕斬之傳首闕下自以爲功代莫與二坐望榮寵宋璟爲相慮武臣邀功爲國生事止授以郎將由是訖開元之盛無人復議開邊中國遂寧外夷亦靜此皆成敗可徵鑒戒非遠且党項小蕃雜處中國本懷我德當示撫綏間者邊將非廉亟有侵刻或利其善馬或取其子女便賄方物徵發役徒勞苦既多叛亡遂起或與北狄通使或與西戎寇邊有爲使然固當懲革傳曰遠人不服則修文德以來之管子曰國家無使勇猛者爲邊境此誠聖哲識微知著之遠略也今戎醜方強邊備未實誠宜慎擇良將誡之完葺使保誠信絕其求取用示懷柔來則懲禦去則謹備自然懷柔革其姦謀何必遽圖興師坐致勞費陛下上聖君人覆育羣類動必師古謀無不臧伏望堅保永圖置兵袵席天下幸甚臣識昧經綸學慙博究竊鼎鉉之寵任爲朝廷之老臣恩深莫倫志懇思報臧否備閱芻蕘上陳有瀆旒扆伏深惶悚上深嘉納歲餘請致仕詔不許但令三五日一入中書平章政事每入奏事憲宗優禮之不名常呼司徒佑城南樊川有佳林亭卉木幽邃佑每與公卿讌集其間廣陳妓樂諸子咸居朝列當時貴盛莫之與比元和七年被疾六月復乞骸骨表四上情理切至憲宗不獲已許之詔曰宣力濟時爲臣之懿躅辭榮告老行已之高風況乎任重公台義深翼贊秉冲讓之志堅金石之誠敎諭既勤所執彌固則當遂其衷懇進以崇名尚齒優賢斯王化之本也金紫光祿大夫守司徒同中書門下平章事兼充弘文館大學士太淸宮使上柱國岐國公食邑三千戶杜佑巖廊上才邦國茂器蘊經通之識履溫厚之姿寬裕本乎性情謀猷彰乎事業博聞強學知歷代沿革之宜爲政惠人審羣黎利病之要由是再司邦用累歷藩方出總戎麾入和鼎實聿膺重寄歷事先朝左右朕躬夙夜不懈命以詔冊登之上公肅恭在廷華髮承弁茲可謂國之元老人之具瞻者也朕纘承丕業思弘景化選勞求舊期致時邕方伸引翼之儀遽抗懸車之請而又固辭年疾乞就休閑已而復來星琯屢變有不可抑良用耿然永惟古先哲王君臣之際臣有耆艾以求其退君有優賜以徇其情乃輟鄧禹敷敎之功仍增王祥輔導之秩俾養浩然之氣安於敬止之鄉庶乎怡神葆和永綏福履仍加階級以厚寵章可光祿大夫守太保致仕宜朝朔望是日上遣中使就佑第賜絹五百匹錢五伯千其年十一月薨壽七十八廢朝三日冊贈太傅謚曰安簡佑性敦厚強力尤精吏職雖外示寬和而持身有術爲政弘易不尚皦察掌計治民物便而濟馭戎應變即非所長性嗜學該涉古今以富國安人之術爲已任初開元末劉秩採經史百家之言取周禮六官所職撰分門書三十五卷號曰政典大爲時賢稱賞房琯以爲才過劉更生佑得其書尋味厥旨以爲條目未盡因而廣之加以開元禮樂書成二百卷號曰通典貞元十七年自淮南使人詣闕獻之曰臣聞太上立德不可庶幾其次立功遂行當代其次立言見志後學由是往哲遞相祖述將施有政用乂邦家臣本以門資幼登官序仕非遊藝才不逮人徒懷自强頗玩墳籍雖履歷叨幸或職劇務殷竊惜光陰未嘗輕廢夫孝經尚書毛詩周易三傳皆父子君臣之要道十倫五敎之宏綱如日月之下臨天地之大德百王是式終古攸遵然多記言罕存法制愚管窺測莫達高深輒肆荒虛誠爲億度每念懵學莫探政經略觀歷代衆賢著論多陳紊失之弊或闕匡拯之方臣既庸淺寧詳損益未原其始莫暢其終尚賴周氏典禮秦皇蕩滅不盡縱有繁雜且用準繩至於往昔是非可爲來今龜鏡布在方冊亦粗研尋自頊纘脩年踰三紀識寡思拙心昧辭

蕪圖籍實多事目非少將事功畢罔愧乖疎固不足發揮大猷但竭愚盡慮而已書凡九門計貳伯卷不敢不具上獻庶明鄙志所之塵瀆聖聰兢惶無措優詔嘉之命藏書府其書大傳於時禮樂刑政之源千載如指諸掌大爲士君子所稱佑性勤而無倦雖位極將相手不釋卷質明視事接對賓客夜則燈下讀書孜孜不怠與賓佐談論人憚其辯而伏其博設有疑悞亦能質正始終言行無所玷缺唯在淮南時妻梁氏亡後昇嬖妾李氏爲正室封密國夫人親族子弟言之不從時論非之三子師損嗣位終司農少卿式方字考元以廕授揚府叅軍轉常州晉陵尉浙西觀察使王緯辟爲從事入爲太子通事舍人改太常寺主簿明練鍾律有所考定深爲高郢所賞時父作鎮揚州家財鉅萬甲第在安仁里杜城有別墅亭館林池爲城南之最昆仲皆在朝廷與時賢遊從樂而有節既而佑入中書出爲昭應令丁父憂服闋遷司農少卿賜金紫加正議大夫太僕卿時少子悰選尚公主式方以右戚移病不視事久之文宗即位轉兼御史中丞充桂管觀察都防禦使長慶二年三月卒於位贈禮部尚書式方性孝友弟兄尤睦季弟從郁少多疾病式方每躬自煎調藥膳水飲非經式方之手不入於口及從郁夭喪終年號泣殆不勝情士友多之子惲憓悰恂惲嗣富平尉憓與平尉悰以廕三遷太子司議郎元和九年選尚公主名見于麟德殿尋尚岐陽公主加銀青光祿大夫殿中少監駙馬都尉岐陽憲宗長女郭妃之所生自項選尚多於貴戚或武臣節將之家于時翰林學士獨孤郁權德輿之女壻時德輿作相郁避嫌辭內職上頗重學士不獲已許之且歎德輿有佳壻遂令宰臣於卿士家選尚文雅之士可居淸列者初於文學後進中選擇皆辭疾不應唯悰願焉累遷至司農卿太和六年轉京兆尹七年檢校刑部尚書出爲鳳翔尹鳳翔隴右節度丁內艱八年起復授忠武軍節度使陳許蔡觀察等使就加兵部尚書開成初入爲工部尚書判度支屬岐陽公主薨久而未謝文宗怪之問左右戶部侍郎李珏對曰近日駙馬爲公主服斬衰三年所以士族之家不願爲國戚者半爲此也杜悰未謝拘此服紀也上愕然曰予初不知乃詔曰制服輕重必由典禮如聞往者駙馬爲公主服三年緣情之義殊非故實違經之制今乃聞知宜令行杖周永爲通制三年改戶部尚書兼判戶部度支事會昌中拜中書侍郎同中書門下平章事尋加左僕射大中初出鎮西川降先沒吐蕃維州州即古西戎地也其地南界江陽岷山連嶺而西不知其極北望隴山積雪如玉東望成都若在井底地接石紐山夏禹生于石紐山是也其州在岷山之孤峯三面臨江天寶後河隴繼陷惟此州在焉吐蕃利其險要二十年間設計得之遂據其城因號曰無憂城吐蕃由是不虞邛蜀之兵先是李德裕鎮西川維州吐蕃首領悉怛謀以城來降德裕奏之執政者與德裕不協遽勒還其城至是復收之亦不因兵刃乃人情所歸也俄復入相加司空繼加司徒歷鎮重藩至是加太傅邠國公悰無他才常延接寒素甘食竊位而已從郁以廕貞元末再遷太子司議郎元和初轉左補闕諫官崔群韋貫之獨孤郁等以從郁宰相子不合爲諫官乃降授左拾遺群等復執曰拾遺之與補闕雖資品有殊皆名諫列父爲宰相子爲諫官若政有得失不可使子論父乃改爲祕書丞終駕部員外郎子牧顗俱登進士第顗後病目而卒牧字牧之既以進士擢第又制舉登乙第解褐弘文館校書郎試左武衛兵曹叅軍沈傳師廉察江西宣州辟牧爲從事試大理評事又爲淮南節度推官監察御史裏行轉掌書記俄眞拜監察御史分司東都以弟顗病目棄官授宣州團練判官殿中侍御史內供奉遷左補闕史館修撰轉膳部比部員外郎並兼史職出牧黃池睦三郡復遷司勳員外郎史館修撰轉吏部員外郎又以弟病免歸授湖州刺史入拜考功郎中知制誥歲中遷中書舍人牧好讀書工詩爲文嘗自負經緯才略武宗朝誅昆夷鮮卑牧上宰相書論兵事言胡戎入寇在秋冬之間盛夏無備宜五六月中擊胡爲便李德裕稱之注曹公所定孫武十三篇行於代牧從兄悰隆盛于時牧居下位心嘗不樂將及知命得病自爲墓志祭文又嘗夢人告曰爾改名畢踰月奴自家來告曰炊將熟而甑裂牧曰皆不祥也俄又夢書行紙曰皎皎白駒在彼空谷寤寢而歎曰此過隙也吾生於角徵還於角爲第八宮吾之甚厄也予自湖守遷舍人木還角足矣其年以疾終於安仁里年五十有集二十卷曰杜氏樊川集行於代子德祥官至丞郎

史臣曰黃裳以道致君持誠奉主辨懷光之詐罷全義之征討賊闢之兒舉無遺筭葬執誼之柩豈曰不仁郢天縱之性總丱之年代父命於臨刑孝也懷光之亂王人被傷撫巢父於賊庭義也抑浮濫之流考藝文之士盡搜幽滯大變時風正也保止足之名辭榮辱之路高避世利遐躅昔賢智也忠孝全矣仁智備矣此二子者皆臨大節而不可奪也佑承廕入仕讞獄受知博古該今輸忠效用位居極品榮逮子孫操修之報不亦宜哉及其賓寮紊法嬖妾受封事重因循難乎語於正矣牧之文章悰之長厚能否旣異才位不倫命矣夫

贊曰貞公壯節臨難奮發言行無玷斯爲明哲戡亂阜俗時泰位隆國之名臣鄭公岐公

# 舊唐書卷一百四十八

後晉 司空同中書門下平章事劉 昫撰

## 列傳第九十八

裴垍 李吉甫 李藩 權德輿子璩

裴垍字弘中河東聞喜人垂拱中宰相居道七代孫垍弱冠舉進士貞元中制舉賢良極諫對策第一授美原縣尉秩滿藩府交辟皆不就拜監察御史轉殿中侍御史尚書禮部考功二員外郎時吏部侍郎鄭珣瑜請垍考詞判垍守正不受請託考覈皆務才實元和初召入翰林爲學士轉考功郎中知制誥尋遷中書舍人李吉甫自翰林承旨拜平章事詔將下之夕感出涕謂垍曰吉甫自尚書郎流落遠地十餘年方歸便入禁署今纔滿歲後進人物罕所接識宰相之職宜選擢賢俊今則懵然莫知能否卿多精鑒今之才傑爲我言之垍取筆疏其名氏得三十餘人數月之內選用略盡當時翕然稱吉甫有得人之稱三年詔舉賢良時有皇甫湜對策其言激切牛僧孺李宗閔亦苦詆時政考官楊於陵韋貫之升三子之策皆上第垍居中覆視無所同異及爲貴倖泣訴請罪於上憲宗不得已出於陵貫之官罷垍翰林學士除戶部侍郎然憲宗知垍好直信任彌厚其年秋李吉甫出鎮淮南遂以垍代爲中書侍郎同平章事明年加集賢院大學士監修國史垍奏集賢御書院請準六典登朝官五品已上爲學士六品已下爲直學士自非登朝官不問品秩並爲校理其餘名目一切勒停史館請登朝官入館者並爲修撰非登朝官並爲直史館仍永爲常式皆從之元和五年中風病憲宗甚嗟惜中使旁午致問至於藥膳進退皆令疏陳疾益痼罷爲兵部尚書仍進階銀青明年改太子賓客卒廢朝賻禮有加贈太子少傅初垍在翰林承旨屬憲宗初平吳蜀勵精思理機密之務一以關垍垍小心敬慎甚稱中旨及作相之後懇請旌別淑慝杜絕蹊徑齊整法度考課吏理皆蒙垂意聽納吐突承璀自春宮侍憲宗恩顧莫二承璀承間欲有所關說憲宗憚垍誡勿復言在禁中常以官呼垍而不名楊於陵爲嶺南節度使與監軍許遂振不和遂振誣奏於陵憲宗令追與慢官垍曰以遂振故罪一藩臣不可請授吏部侍郎嚴綬在太原其政事一出監軍李輔光綬但拱手而已垍具奏其事請以李鄘代之王士眞死其子承宗以河北故事請代父爲帥憲宗意速於太平且頻盪寇孽謂其地可取吐突承璀恃恩謀撓垍權遂伺君意請自征討盧從史陰苞逆節內與承宗相結約而外請興師以圖厚利垍皆陳其不可且言武俊有大功於朝前授李師道而後奪承宗是賞罰不一無以沮勸天下逗留半歲憲宗不決承璀之策竟行及師臨賊境從史果攜貳承璀數督戰從史益驕倨反覆官軍病之時王師久暴露無功上意亦怠從史遣其衙門將王翊元入奏垍延與語微動其心且喻以爲臣之節翊元因吐誠言從史惡稔可圖之狀垍遣再往比復還遂得其大將烏重胤等要領垍因從容啓言從史暴戾有無君之心今聞其視承璀如嬰孩往來神策壁壘間益自恃不嚴是天亡之時也若不因其機而致之後雖興師未可以歲月破也憲宗初愕然熟思其計方許之垍因請密其謀憲宗曰此唯李絳梁守謙知之時絳承旨翰林守謙掌密命後承璀竟擒從史平上黨其年秋班師垍以承璀首唱用兵令還無功陛下縱念舊勞不能加顯戮亦請貶黜以謝天下遂罷承璀兵柄先是天下百姓輸賦於州府一曰上供二曰送使三曰留州建中初定兩稅時貨重錢輕是後貨輕錢重齊人所出固已倍其初征而其留州送使所在長吏又降省估使就實估以自封殖而重賦於人及垍爲相奏請天下留州送使物一切令依省估其所在觀察使仍以其所莅之郡租賦自給若不足然後徵於支郡其諸州送使額悉變爲上供故江淮稍息肩垍雖年少驟居相位而器局峻整有法度雖大寮前輩其造請不敢干以私諫官言時政得失舊事操權者多不悅其舉職垍在中書有獨孤郁李正辭嚴休復自拾遺轉補闕及叅謝之際垍廷語之曰獨孤與李二補闕孜孜獻納今之遷轉可謂酬勞無愧矣嚴補闕官業或異於斯昨者進擬不無疑緩休復悚惡而退垍在翰林舉李絳崔羣同掌密命及在相位用韋貫之裴度知制誥擢李夷簡爲御史中丞其後繼踵入相咸著名跡其餘量材

賦職皆叶人望遴任之精前後莫及議者謂垍作相才與時會知無不爲于時朝無倖人百度寖理而再周遘疾以至休謝公論惜之

李吉甫字弘憲趙郡人父棲筠代宗朝爲御史大夫名重於時國史有傳吉甫少好學能屬文年二十七爲太常博士該洽多聞尤精國朝故實沿革折衷時多稱之遷屯田員外郎博士如故改駕部員外郎宰臣李泌竇參推重其才接遇頗厚及陸贄爲相出爲明州員外長史久之遇赦起爲忠州刺史時贄已謫在忠州議者謂吉甫必逞憾於贄重搆其罪及吉甫到部與贄甚歡未嘗以宿嫌介意六年不從官以疾罷免尋授柳州刺史遷饒州先是州城以頻喪四牧廢而不居物怪變異郡人信驗吉甫至發城門管鑰剪荆榛而居之後人乃安憲宗嗣位徵拜考功郎中知制誥既至闕下旋召入翰林爲學士轉中書舍人賜紫憲宗初即位中書小吏滑渙與知樞密中使劉光琦暱善頗竊朝權吉甫請去之劉闢反帝命誅討之計未決吉甫密贊其謀兼請廣徵江淮之師由三峽路入以分蜀寇之力事皆允從由是甚見親信二年春杜黃裳出鎮擢吉甫爲中書侍郎平章事吉甫性聰敏詳練物務自員外郎出官留滯江淮十五餘年備詳閭里疾苦及是爲相患方鎮貪恣乃上言使屬郡刺史得自爲政敘進群材甚有美稱三年秋裴均爲僕射判度支交結權倖欲求宰相先是制策試直言極諫科其中有譏刺時政忤犯權倖者因此均黨揚言皆執政教指冀以搖動吉甫賴諫官李約獨孤郁李正辭蕭俛密疏陳奏帝意乃解吉甫早歲知獎羊士諤擢爲監察御史又司封員外郎呂溫有詞藝吉甫亦眷接之竇群亦與羊呂善群初拜御史中丞奏請士諤爲侍御史溫爲郎中知雜事吉甫怒其不先關白而所請又有超資者持之數日不行因而有隙群遂伺得日者陳克明出入吉甫家密捕以聞憲宗詰之無姦狀吉甫以裴垍久在翰林憲宗親信必當大用遂密薦垍代已因自圖出鎮其年九月拜檢校兵部尚書兼中書侍郎平章事充淮南節度使上御通化門樓餞之在揚州每有朝廷得失軍國利害皆密疏論列又於高郵縣築堤爲塘溉田數千頃人受其惠五年冬裴垍病免明年正月授吉甫金紫光祿大夫中書侍郎平章事集賢殿大學士監修國史上柱國趙國公及再入相請減省職員并諸色出身胥吏等及量定中外官俸料時以爲當京城諸僧有以莊磑免稅者吉甫奏曰錢米所徵素有定額寬緇徒有餘之力配貧下無告之民必不可許憲宗乃止又請歸普潤軍於涇原七年京兆尹元義方奏永昌公主准禮令起祠堂請其制度初貞元中義陽義章二公主咸於墓所造祠堂一百二十間費錢數萬及永昌之制上令義方減舊制之半吉甫奏曰伏以永昌公主稚年夭枉舉代同悲況於聖情固所鍾念然陛下猶減制造之半示折衷之規昭儉訓人實越今古臣以祠堂之設禮典無文德宗皇帝恩出一時事因習俗當時人間不無竊議昔漢章帝時欲爲光武原陵明帝顯節陵各起邑屋東平王蒼上疏言其不可東平王即光武之愛子明帝之愛弟賢王之心豈惜費於父兄哉誠以非禮之事人君所當慎也今者依義陽公主起祠堂臣恐不如量置墓戶以充守奉翌日上謂吉甫曰卿昨所奏罷祠堂事深愜朕心朕初疑其冗費緣未知故實是以量減覽卿所陳方知無據然朕不欲破二十戶百姓當揀官戶委之吉甫拜賀上曰卿此豈是難事有關朕身不便於時者苟聞之則改此豈足多耶卿但勤匡正無謂朕不能行也七年七月上御延英顧謂吉甫曰朕近日畋遊悉廢唯喜讀書昨於代宗實錄中見其時綱紀未振朝廷多事亦有所鑒誡向後見卿先人事迹深可嘉歎吉甫降階蹈奏曰臣先父伏事代宗盡心盡節迫於流運不待聖時臣之血誠常所追恨陛下耽悅文史聽覽日新見臣先父忠於前朝著在實錄今日特賜褒揚先父雖在九泉如覩白日因俯伏流涕上慰諭之八年十月上御延英殿問時政記記何事時吉甫監修國史先對曰是宰相記天子事以授史官之實錄也古者右史記言今起居舍人是左史記事今起居郎是永徽中宰相姚璹監修國史慮造膝之言或不可聞因請隨奏對而記於仗下以授于史官今時政記是也上曰間或不修何也曰面奉德音未及施行總謂機密故不可書以送史官其間有謀議出於臣下者又不可自書以付史官及已行者制令昭然天下皆得聞知即史官之記不待書以授也且臣觀時政記者姚璹修之於長壽及璹罷而事寢賈耽齊抗修之於貞元及耽抗罷而事廢然則關時政化者不虛美不隱惡謂之良史也是月迴紇部落南過磧取西城柳谷路討吐蕃西城防禦使周懷義表至朝廷大恐以爲迴紇聲言討吐蕃意是入寇吉甫奏曰迴紇入寇且當漸絕和事不應便來犯邊但須設備不足爲慮因請自夏州至天德復置廢館一十一所以通緩急又請發夏州騎士五百人營於經略故城應援驛使兼護党項九年請於經略故城置宥州六胡州以在靈鹽界開元中廢六州日國家舊置宥州以寬宥爲名領諸降戶天寶末宥州寄理於經略軍蓋以地居其中可以總統蕃部北以應接天德南援夏州今經略遙隸靈武又不置軍鎮非舊制也憲宗從其奏復置宥州詔曰天寶中宥州寄理於經略軍寶應已來因循遂廢由是昆夷屢擾党項靡依蕃部之人撫懷莫及朕方弘遠略思復舊規宜於經略軍置宥州仍爲上州於郭下置延恩縣爲上縣屬夏綏銀觀察使淮西節度使吳少陽卒其子元濟請襲父位吉甫以爲淮西內地不同河朔且四境無黨援國家常宿數十萬兵以爲守禦宜因時而取之頗叶上旨始爲經度淮西之謀元和九年冬暴病卒年五十七憲宗傷悼久之遣中使臨弔常贈之外內出絹五百匹以恤其家再贈司空吉甫初爲相頗洽時情及淮南再徵中外延望風采秉政之後視聽時有所蔽人心疑憚之時負公望者慮爲吉甫所忌多避畏憲宗潛知其事未周歲遂擢用李絳大與絳不協而絳性剛訐於上前互有爭論人多直絳然性畏慎雖其不悅者亦無所傷服物食味必極珍美而不殖財產京師一宅之外無他第墅公論以此重之有司諡曰敬憲及會議度支郎中張仲方駁之以爲太優憲宗怒貶仲方賜吉甫諡曰忠懿吉甫嘗討論易象異義附於一行集注之下及綴錄東漢魏晉周隋故事訖其成敗損益大端目爲六代略凡三十卷分天下諸鎮紀其山川險易故事各寫其圖於篇首爲五十四卷號爲元和郡國圖又與史官等錄當時戶賦兵籍號爲國計簿凡十卷纂六典諸職爲百司舉要一卷皆奏上之行於代子德脩德裕

李藩字叔翰趙郡人曾祖至遠天后時李昭德薦爲天官侍郎不詣昭德謝恩時昭德怒奏黜爲壁州刺史祖畬開元時爲考功郎中事母孝謹母卒不勝喪死至遠畬皆以志行名重一時父承爲湖南觀察使亦有名藩少恬淡修檢雅容儀好學父卒家富於財親族弔者有挈去不禁愈務散施不數年而貧年四十餘未仕讀書揚州困於自給妻子怨尤之晏如也杜亞居守東都以故人子署爲從事洛中盜發有誣牙將令狐運者亞信之拷掠竟罪藩知其冤爭之不從遂辭出後獲真盜宋瞿曇藩益知名張建封在徐州辟爲從事居幕中謙謙未嘗論細微杜兼爲濠州刺史帶使職建封病革兼疾驅到府陰有冀望藩與同列省建封出而泣語兼曰僕射公奄忽如此公宜在州防遏今棄州此來欲何也宜疾去不若此當奏聞兼錯愕不虞遂徑歸建封死兼悔所志不就怨藩甚既歸揚州兼因誣奏藩建封死時搖動軍中德宗大怒密詔杜佑殺之佑素重藩懷詔旬日不忍發因引藩論釋氏曰因報之事信有之否藩曰信然曰審如此君宜遇事無恐因出詔藩覽之無動色曰某與兼信爲報也佑曰慎勿出口吾已密論持百口保君矣德宗得佑解怒不釋亟追藩赴闕及召見望其儀形曰此豈作惡事人耶乃釋然除秘書郎王紹持權邀藩一相見即用終不就王仲舒韋成季呂洞輩爲郎官朋黨煇赫日會聚歌酒慕藩名強致同會藩不得已一至仲舒輩好爲謔語俳戲後召藩堅不去曰吾與仲舒輩終日不曉所與言何也後果敗遷主客員外郎尋換右司時順宗冊廣陵王淳爲皇太子兵部尚書王純請改名紹時議非之皆云皇太子亦人臣也東宮之臣改之宜也非其屬而改之諂也如純輩豈爲以禮事上耶藩謂人曰歷代故事皆自不識大體之臣而失之因不可復正無足怪也及太子即位憲宗是也宰相改郡縣名以避上名唯監察御史韋淳不改既而有詔以陸淳爲給事中改名質淳不得已改名處厚議者嘉之藩尋改吏部員外郎元和初遷吏部郎中掌曹事爲吏所蔽濫用官闕黜爲著作郎轉國子司業遷給事中制敕有不可遂於黃敕後批之吏曰宜別連白紙藩曰別以白紙是文狀豈曰批敕耶裴垍言於帝以爲有宰相器屬鄭絪罷免遂拜藩門下侍郎同平章事藩性忠藎事無不言上重之以爲無隱四年冬顧謂宰臣曰前代帝王理天下或家給人足或國貧下困其故何也藩對曰古人云儉以足用蓋足用繫於儉約誠使人君不貴珠玉唯務耕桑則人無淫巧俗自敦本百姓既足君孰與不足自然帑藏充美稼穡豐登若人君竭民力貴異物上行下効風俗日奢去本務末衣食益乏則百姓不足君孰與足自然國貧家困盜賊乘隙而作矣今陛下永鑒前古思躋富庶躬尚勤儉自當理平伏願以知之爲非艱保之爲急務宮室輿馬衣服器玩必務損之又損示人變風則天下幸甚帝曰儉約之事是我誠心貧富之由如卿所說唯當上下相勗以保此道似有踰濫極言箴規此固深期於卿等也藩等拜賀而退帝又問曰禳災祈福之說其事信否藩對曰臣竊觀自古聖達皆不禱祠故楚昭王有疾卜者謂河爲祟昭王以河不在楚非所獲罪孔子以爲知天道仲尼病子路請禱仲尼以

爲神道助順繫於所行已既全德無愧屋漏故答子路云丘之禱久矣書云惠迪吉從逆凶言順道則吉從逆則凶詩云自求多福則禍福之來咸應行事若苟爲非道則何福可求是以漢文帝每有祭祀使有司敬而不祈其見超然可謂盛德若使神明無知則安能降福必其有知則私己求媚之事君子尚不可悅也況於明神乎由此言之則履信思順自天祐之苟異於此實難致福故堯舜之德唯在修己以安百姓管仲云義於人者和於神蓋以人爲神主故但務安人而已虢公求神以致危亡王莽妄祈以速漢兵古今明誡書傳所紀伏望陛下每以漢文孔子之意爲準則百福具臻帝深嘉之時河東節度使王鍔用錢數千萬賂遺權倖求兼宰相藩與權德輿在中書有密旨曰王鍔可兼宰相宜卽擬來藩遂以筆塗兼相字却奏上云不可德輿失色曰縱不可宜別作奏豈可以筆塗詔耶曰勢迫矣出今日便不可止日又暮何暇別作奏事果寢李吉甫自揚州再入相數日罷藩爲詹事後數月上思藩召對復有所論列元和六年出爲華州刺史兼御史大夫未行卒年五十八贈戶部尚書藩爲相材能不及裴垍孤峻頗後韋貫之然人物淸規亦其流也

權德輿字載之天水略陽人父皐字士繇後秦尚書翼之後少以進士補貝州臨清尉安祿山以幽州長史充河北按察使假其才名表爲薊縣尉署從事皐陰察祿山有異志畏其猜虐不可以潔退欲潛去又慮禍及老母天寶十四年祿山使皐獻戎俘自京師迴過福昌福昌尉仲蕃皐從父妹壻也密以計約之比至河陽詐以疾亟召蕃蕃至皐示已喑瞪蕃而瞑蕃乃勉哀而哭手自含襲既逸皐而葬其棺人無知者從吏以詔書還皐母初不知聞皐之死慟哭傷行路祿山不疑其詐死許其母歸皐時微服匿跡候母於淇門既得侍其母乃奉母晝夜南去及渡江祿山已反矣由是名聞天下淮南採訪使高適表皐試大理評事充判官屬永王璘亂多劫士大夫以自從皐懼見迫又變名易服以免玄宗在蜀聞而嘉之除監察御史會丁母喪因家洪州時南北隔絕或踰歲不聞詔命有中使奉宣至洪州經時未復過有求取州縣苦之時有王遘爲南昌令將執按之因見皐白其事皐不言久之垂涕曰方今何由可致一勅使而遽有此言因掩涕而起遘遽拜謝之浙西節度使顏眞卿表皐爲行軍司馬詔徵爲起居舍人又以疾辭嘗曰本白全吾志豈受此之名耶李季卿爲江淮黜陟使奏皐節行改著作郎復不起兩京蹂於胡騎士君子多以家渡江東知名之士如李華柳識兄弟者皆仰皐之德而友善之大曆三年卒于家年四十六元和中諡曰貞孝初皐卒韓洄王定爲服朋友之喪李華爲其墓表以爲分天下善惡一人而已前贈秘書監至是因子德輿爲相立家廟至元和十二年復贈太子太保德輿生四歲能屬詩七歲居父喪以孝聞十五爲文數百篇編爲童蒙集十卷名聲日大韓洄黜陟河南辟爲從事試秘書省校書郎貞元初復爲江西觀察使李兼判官再遷監察御史府罷杜佑裴胄皆奏請二表同日至京德宗雅聞其名徵爲太常博士轉左補闕八年關東大水上疏請降詔恤隱遂命奚陟等四人使裴延齡以巧倖判度支九年自司農少卿除戶部侍郎仍判度支德輿上疏曰臣伏以爵人於朝與衆共之況經費之司安危所繫延齡頃自權判逮今間歲不稱之聲日甚於初羣情衆口諠於朝市不敢悉煩聖聽今謹略舉所聞多云以常賦正額支用未盡者便爲剩利以爲己功又重破官錢買常平先所收市雜物遂以再給估價用充別貯利錢又云邊上諸軍皆至懸闕自今春已來並不支糧伏以疆場之事所慮非細誠聖慕前定終事切有司陛下必以延齡孤貞獨立爲時所抑醜正有黨結此流言何不以新收剩利徵其本末爲分析條奏又擇朝賢信臣與中使一人巡覆邊軍察其資儲有無虛實倘延齡受任已來精心勤力每事省約別收羨餘於正數各有區分邊軍儲蓄實猶可支身自斂怨爲國惜費自宜更示優獎以洗群疑明書厥勞昭示天下如或言者非謬罔上實多豈以邦國重務委之非據臣職在諫曹合採群議正拜已來今已旬日道路云云無不言此豈京師士庶之衆愚智之多合而爲黨共有讐嫉陛下亦宜稍迴聖鑑俯察群心況臣之事君如子事父今當聖明不諱之代若猶愛身隱情是不忠不孝莫大之罪敢瀝肝血伏待刑書十年遷起居舍人歲中兼知制誥轉駕部員外郎司勳郎中職如舊遷中書舍人是時德宗親覽庶政重難除授凡命於朝多補自御札始德輿知制誥給事有徐岱舍人有高郢居數歲岱卒郢知禮部貢舉獨德輿直禁垣數旬始歸嘗上疏請除兩省官德宗曰非不知卿之勞苦禁掖淸切須得如卿者所以久難其人德輿居西掖八年其間獨掌者數歲貞元十七年冬以本官知禮部貢舉來年眞拜侍郎凡三歲掌貢士至今號爲得人轉戶部侍郎元和初歷兵部吏部侍郎坐郎吏課用官闕改太子賓客復爲兵部侍郎遷太常卿五年冬宰相裴垍寢疾德輿拜禮部尚書平章事與李藩同作相河中節度王鍔來朝貴倖多譽鍔者上將加平章事李藩堅執以爲不可德輿繼奏曰夫平章事非序進而得國朝方鎭帶宰相者蓋有大忠大勳大曆已來又有跋扈難制者不得已而與之今王鍔無大忠勳又非姑息之時欲假此名實恐不可上從之運糧使董溪于皐謨盜用官錢詔流嶺南行至湖外密令中使皆殺之他日德輿上疏曰竊以董溪等當陛下憂山東用兵時領糧料供軍重務聖心委付不比尋常敢負恩私恣其贓犯使之萬死不足塞責弘寬大之典流竄太輕陛下合改正罪名兼責臣等疏略但詔令已下四方聞知不書明刑有此處分竊觀衆情有所未喻伏自陛下臨御已來每事以誠實與天地合德與四時同符萬方之人沐浴皇澤至如于董所犯合正典章明下詔書與衆同棄卽人各懼法人各謹身臣誠知其罪不容誅又是已過之事不合論辯上煩聖聽伏以陛下聖德聖姿度越前古頃所下一詔舉一事皆合理本皆順人心伏慮他時更有此比但要有司窮鞫審定罪名或致之極法或使自盡罰一勸百孰不甘心巍巍聖朝事體非細臣每於延英奏對退思陛下求理之言生逢盛明感涕自賀況以愚滯朴訥聖鑒所知伏惟恕臣迂疎察臣丹懇及李吉甫自淮南詔徵未一年上又繼用李絳時上求理方切軍國無大小一付中書吉甫絳議政頗有異同或於上前論事形於言色其有詣於理者德輿亦不能爲發明時人以此譏之竟以循默而罷復守本官尋以檢校吏部尚書爲東都留守後拜太常卿改刑部尚書先是許孟容蔣乂等奉詔刪定格勅孟容等尋改他官乂獨成三十卷表獻之留中不出德輿請下刑部與侍郎劉伯芻等考定復爲三十卷奏上十一年復以檢校吏部尚書出鎭興元十三年八月有疾詔許歸闕道卒年六十贈左僕射諡曰文德輿自貞元至元和三十年間羽儀朝行性直亮寬恕動作語言一無外飾蘊藉風流爲時稱嚮於述作特盛六經百氏游泳漸漬其文雅正而弘博王侯將相洎當時名人薨歿以銘紀爲請者什八九時人以爲宗匠焉尤嗜讀書無寸景暫倦有文集五十卷行於代子璩中書舍人

史臣曰裴垍精鑒默識舉賢任能啟沃帝心弼諧王道如崔羣裴度韋貫之輩咸登將相皆垍之薦達立言立事知無不爲吉甫該洽典經詳練故實仗裴垍之抽擢致朝倫之式序吉甫知垍之能別髦彥垍知吉甫之善任賢良相須而成不忘不克叔翰修身愼行力學承家批制勑有夕郎之風塗御書見宰執之器而乃輕財散施天爵是期偉哉自待之意也德輿孝悌力學磬亂有聞疏延齡恣行巧佞論皐謨不書明刑三十年羽儀朝行實皐之餘慶所鍾此四子者所謂經緯之臣又何慙於王佐矣

贊曰二李秉鈞信爲名臣甫柔而黨藩俊而純裴公鑒裁朝無屈人權之藻思文質彬彬

舊唐書卷一百四十八考證

李吉甫傳裴垍爲僕射判度支○臣酉按垍賢者何至交結權倖以求宰相且垍未爲僕射判度支也當從新書作裴均爲合

# 舊唐書卷一百四十九

後晉司空同中書門下平章事劉　昫撰

## 列傳第九十九

于休烈 子肅 肅子敖 敖子琮　令狐峘
歸崇敬 子登 登子融　奚陟
張薦 子又新 希復 希復子讀　蔣乂 子係 伸
柳登 弟冕 子璟　沈傳師 子詢

于休烈河南人也高祖志寧貞觀中任左僕射爲十八學士父默成沛縣令早卒休烈至性貞慤機鑒敏悟自幼好學善屬文與會稽賀朝萬齊融延陵包融爲文詞之友齊名一時舉進士又應制策登科授秘書省正字累遷右補闕起居郎集賢殿學士轉比部員外郞郞中楊國忠輔政排不附已者出爲中部郡太守值祿山構難肅宗踐祚休烈自中部赴行在擢拜給事中遷太常少卿知禮儀事兼修國史肅宗自鳳翔還京勵精聽受嘗謂休烈曰君舉必書良史也朕有過失卿書之否對曰禹湯罪已其興也勃焉有德之君不忘規過臣不勝大慶時中原蕩覆典章殆盡無史籍檢尋休烈奏曰國史一百六卷開元實錄四十七卷起居注并餘書三千六百八十二卷並在興慶宮史館京城陷賊後皆被焚

燒且國史實錄聖朝大典修撰多時今並無本伏望下御史臺推勘史館所由令府縣招訪有人別收得國史實錄如送官司重加購賞若是史官收得仍赦其罪得一部超授官資得一卷賞絹十匹數月之內唯得一兩卷前修史官工部侍郎韋述陷賊入東京至是以其家藏國史一百一十三卷送于官肅宗以太常鍾磬自隋已來所傳五音或有不調乾元初謂休烈曰古者聖人作樂以應天地之和以合陰陽之序則人不夭札物不疵癘且金石絲竹樂之器也比親享郊廟每聽懸樂宮商不備或鍾磬失度可盡將鍾磬來朕當於內自定太常集樂工考試數日審知差錯然後令別鑄造磨刻及事畢上臨殿親試考擊皆合五音群臣稱慶休烈尋轉工部侍郎修國史獻五代帝王論帝甚嘉之宰相李揆矜能忌賢以休烈修國史與已齊列嫉之奏爲國子祭酒權留史館修撰以下之休烈恬然自持殊不介意舊儀元正冬至百官不於光順門朝賀皇后乾元元年張皇后遂行此禮休烈奏曰周禮有命夫朝人主命婦朝女君自顯慶已來則天皇后始行此禮其日命婦又朝光順門與百官雜處殊爲失禮肅宗詔停之代宗即位甄別名品宰臣元載稱之乃拜右散騎常侍依前兼修國史尋加禮儀使遷工部侍郎又改檢校工部尚書兼判太常卿事正拜工部尚書累封東海郡公加金紫光祿大夫在朝凡三十餘年歷掌清要家無擔石之蓄恭儉溫仁未嘗以喜愠形於顏色而親賢下士推轂後進雖位崇年高曾無倦色篤好墳籍手不釋卷以至于終大曆七年卒年八十一有集十卷行於代嗣子益次子肅相繼爲翰林學士是歲春休烈妻韋氏卒上以休烈父子儒行著聞特詔贈韋氏國夫人葬日給鹵簿鼓吹及聞休烈卒追悼久之褒贈尚書左僕射賻絹百匹布五十端遣謁者內常侍吳承倩就私第宣慰儒者之榮少有其比肅官至給事中肅子敖字蹈中以家世文史盛名少爲時彥所稱志行修謹登進士第釋褐祕書省校書郎湖南觀察使楊憑辟爲從事府罷鳳翔節度使李鄘鄂岳觀察使呂元膺相繼辟召自協律郎大理評事試監察御史元和六年眞拜監察御史轉殿中歷倉部司勳二員外萬年令拜右司郎中出爲商州刺史長慶四年入爲吏部郎中其年遷給事中昭愍初即位李逢吉用事與翰林學士李紳素不叶遂誣紳以不測之罪逐於嶺外紳同職駕部郎中知制誥龐嚴司封員外郎知制誥蔣防坐紳黨左遷信汀等州刺史黜詔下敖封還詔書時人以爲與嚴相善訴其非罪皆曰于給事犯宰執之怒伸龐蔣之屈不亦仁乎及駁奏出乃是論龐嚴貶黜太輕中外無不大噱而逢吉由是獎之尋轉工部侍郎遷刑部出爲宣歙觀察使兼御史中丞敖溫裕長者與物無忤居官亦未嘗有立周踐臺閣三爲列曹侍郎謹順自容而已太和四年八月卒年六十六贈禮部尚書四子球珪瓌琮皆登進士第琮落托有大志雖以門資爲吏久不見用大中朝駙馬都尉鄭顥以琮世故獨以器度奇之會有詔於士族中選人才尚公主衣冠多避之顥謂琮曰子人才甚佳但不護細行爲世譽所抑久而不調能應此命乎琮然之會李藩知貢舉顥託之登第其年遂升諫列尚廣德公主拜駙馬都尉累踐臺閣揚歷藩府乾符中同平章事黃寇犯京師僖宗出幸琮病不能從旣僭號起琮爲相琮以疾辭迫脅不已琮曰吾病亟矣死在旦夕加以唐室親姻義不受命死即甘心竟爲賊所害而赦公主主視琮受禍謂賊曰妾李氏女也義不獨存願與于公并命賊不許公主入室自縊而卒廣德閨門有禮咸通乾符中譽在人口于族內外冠婚喪祭主必自預行禮諸婦斑而見之尊卑荅勞咸有儀法爲時所稱珪球皆至清顯

令狐峘德棻之玄孫登進士第祿山之亂隱居南山豹林谷谷中有峘別墅司徒楊綰未仕時避亂南山止於峘舍峘博學貫通群書有口辯綰甚稱之及綰爲禮部侍郎修國史乃引峘入史館自華原尉拜右拾遺累遷起居舍人皆兼史職修玄宗實錄一百卷代宗實錄四十卷著述雖勤屬大亂之後起居注亡失峘纂開元天寶事雖得諸家文集編其詔策名臣傳記十無三四後人以漏落處多不稱良史大曆八年改刑部員外郎德宗即位將厚奉元陵峘上疏諫曰臣聞傳曰近臣盡規禮記曰事君有犯而無隱臣幸偶昌運謬忝近列敢竭狂愚庶裨分寸伏惟陛下詳察臣讀漢書劉向傳見論王者山陵之誡良史稱歎萬古芬芳何者聖賢之心勤儉是務必求諸道不作無益故舜葬蒼梧不變其肆禹葬會稽不改其列周武葬于畢陌無丘壠之處漢文葬於霸陵因山谷之勢禹非不忠也啓非不順也周公非不悌也景帝非不孝也其奉君親皆從微薄昔宋文公始爲厚葬用蜃炭益車馬其臣華元樂舉春秋書爲不臣秦始皇葬驪山魚膏爲燈燭水銀爲江海珍寶之藏不可勝計千載非之宋桓魋爲石槨夫子曰不如速朽子游問喪具夫子曰稱家之有無張釋之對孝文曰使其中無可欲雖無石槨又何戚焉漢文帝霸陵皆以瓦器不以金銀爲飾由是觀之有德者葬逾薄無德者葬逾厚昭然可覩矣陛下自臨御天下聖政日新進忠去邪減膳節用不珍雲物之瑞不近鷹犬之娛有司給物悉依元估利於人也遠方底貢唯供祀事薄於已也故澤州奏慶雲詔曰以時和爲嘉祥邕州奏金坑詔曰以不貪爲瑞恭惟聖慮無非至理而獨六月一日制節文云應緣山陵制度務從優厚當竭帑藏以供費用者此誠仁孝之德切於聖衷伏以尊親之義貴於合禮陛下每下明詔發德音皆比蹤唐虞超邁周漢豈取悅凡常之目有違賢哲之心與失德之君競其奢侈者也臣又伏讀遺詔曰其喪儀制度務從儉約不得以金銀錦綵爲飾陛下恭順先志動無違者若制度優厚豈顧命之意耶伏惟陛下遠覽虞夏周漢之制深惟夫子張釋之之誡虔奉先旨俯遵禮經爲萬代法天下幸甚今赦書雖已頒行諸條尚猶未出此時奉遺制敷聖理固未晚也伏望速詔有司悉從古禮臣聞愚夫之言明主擇焉況臣忝職史官親逢睿德恥同華元樂舉之爲不臣也願以舜禹之理紀聖猷也夙夜懇迫不敢不言抵犯聖明實憂罪譴言行身黜雖死猶生優詔荅曰朕頃議山陵心方迷謬忘遵先旨遂有優厚之文卿聞見該通識度弘遠深知不可形於至言援引古今依據經禮非唯中朕之病抑亦成朕之躬免朕獲不子之名皆卿之力也敢不聞義而從收之桑榆奉以始終期無失墜古之遺直何以加焉初大曆中劉晏爲吏部尚書楊炎爲侍郎晏用峘判吏部南曹事峘荷晏之舉每分闕必擇其善者送晏不善者送炎炎心不平之及建中初峘爲禮部侍郎炎爲宰相不念舊事有士子杜封者故相鴻漸子求補弘文生炎嘗出杜氏門下託封於峘峘謂使者曰相公誠憐封欲成一名乞署封名下一字峘得以志之炎不意峘賣即署名託封峘以炎所署奏論言宰相迫臣以私臣若從之則負陛下不從則炎當害臣德宗出疏問炎炎具言其事德宗怒甚曰此姦人無可柰何欲決杖流之炎苦救解貶衡州別駕遷衡州刺史貞元中李泌輔政召拜右庶子史館修撰性旣僻異動失人和在史館與同職孔述睿等爭忿細故數侵述睿述睿長者讓而不爭無何泌卒竇參秉政惡其爲人貶吉州別駕久之授吉州刺史齊映廉察江西行部過吉州故事刺史始見觀察使皆戎服趨庭致禮映雖嘗爲宰相然驟達後進峘自恃前輩有以過映不欲以戎服謁入告其妻韋氏恥抹首趨庭謁峘曰卿自視何如人白頭走小生前卿如不以此禮見映雖黜死我亦無恨峘曰諾即以客禮謁之映雖不言深以爲憾映至州奏峘紏前政過失鞫之無狀不宜按部臨人貶衢州別駕衢州刺史田敦峘知舉時進士門生也初峘當貢部放牓日貶逐與敦不相面敦聞峘來喜曰始見座主迎謁之禮甚厚敦月分俸之半以奉峘峘在衢州殆十年順宗即位以秘書少監徵旣至而卒元和三年峘子太僕寺丞丕始獻峘所撰代宗實錄四十卷初峘坐李泌貶監修國史奏峘所撰實錄一分請於貶所畢功至是方奏以功贈工部尚書

歸崇敬字正禮蘇州吳郡人也曾祖奧以崇敬故追贈秘書監祖樂贈房州刺史父待聘亦贈秘書監崇敬少勤學以經業擢第遭喪哀毀以孝聞調授四門助教天寶末對策高第授左拾遺改秘書郎遷起居郎贊善大夫兼史館修撰又加集賢殿校理以家貧求爲外職歷同州潤州長史會玄宗肅宗二帝山陵忝掌禮儀遷主客員外郎又兼史館修撰改膳部郎中崇敬以百官朔望朝服袴褶非古上疏云按三代典禮兩漢史籍並無袴褶之制亦未詳所起之由隋代已來始有服者事不師古伏請停罷從之又諫東都太廟不合置木主謹按典禮虞主用桑練主用栗作桑主則埋栗主作栗主則埋桑主所以神無二主天無二日土無二王也東都太廟是則天皇后所建以置武氏木主中宗去其主而存其廟蓋將以備行幸遷都之置也且殷人屢遷前八後五則前後遷都一十三度不可每都而別立神主也議者或云東都神主已曾虔奉而禮之豈可一朝廢之乎且虞祭則立桑主而虞祀練祭則立栗主而埋桑主豈桑主不曾虔祀而乃埋之又所闕之主何須更作作之不時恐非禮也又議云每年春秋二時釋奠文宣王祝板御署訖北面揖臣以爲禮太重謹按大戴禮師尚父授周武王丹書武王東面而立今署祝板伏請準武王東面之禮輕重庶得其中時有術士巨彭祖上疏云大唐土德千年合符請每四季郊祀天地詔禮官儒者議之崇敬議曰按舊禮立春之日迎春於東郊祭青帝立夏之日迎夏於南郊祭赤帝先立秋十八日迎黃靈於中地祀黃帝秋冬各於其方黃帝於五行爲土王在四季生於火故火用事之末而祭之三季則否漢魏周隋共行此禮國家土德乘時亦以每歲六月土王之日祀黃帝於南郊以后土配所謂合禮今彭祖請用四季祠

祀多憑緯候之說且據陰陽之說事涉不經恐難行用又議祭五人帝不稱臣云太昊五帝人帝也於國家卽爲前後之禮無君臣之義若於人帝而稱臣則於天帝復何稱也議者或云五人帝列於月令分配五時則五神五音五祀五蟲五臭五穀皆備以備其時之色數非謂別有尊崇也又請太祖景皇帝配天事已具禮儀志自是國典大禮崇敬常參議焉大曆初以新羅王卒授崇敬倉部郎中兼御史中丞賜紫金魚袋充弔祭冊立新羅使至海中流波濤迅急舟船壞漏衆咸驚駭舟人請以小艇載崇敬避禍崇敬曰舟中凡數十百人我何獨濟逡巡波濤稍息竟免爲害故事使新羅者至海東多有所求或攜資帛而往貿易貨物規以爲利崇敬一皆絕之東夷稱重其德使還授國子司業兼集賢學士與諸儒官同修通志崇敬知禮儀志衆稱允當時皇太子欲以仲秋之月於國學行齒胄之禮崇敬以國學及官名不稱請改國學之制兼更其名曰禮記王制曰天子學曰辟雍又五經通義云辟雍養老教學之所也以形制言之雍壅也辟璧也壅水環之圓如璧形以義理言之辟明也雍和也言以禮樂明和天下禮記亦謂之澤宮射義云天子將祭必先習射於澤宮故前代文士亦呼云璧池亦曰璧沼亦謂之學省後漢光武立明堂辟雍靈臺謂之三雍宮至明帝躬行養老於其中晉武帝亦作明堂辟雍靈臺親臨辟雍行鄉飲酒之禮又別立國子學以殊士庶永嘉南遷唯有國子學不立辟雍北齊立國子寺隋初亦然至煬帝大業十三年改爲國子監今國家富有四海聲明文物之盛唯辟雍獨闕伏請改國子監爲辟雍省又以祭酒之名非學官所宜按周禮師氏掌以義詔王教國子請改祭酒爲太師氏位正三品又司業者義在禮記云樂正司業正長也言樂官之長司主此業爾雅云大板謂之業按詩周頌設業設虡崇牙樹羽則業是懸鐘磬之栒虡也今太學旣不教樂於義則無所取請改司業一爲左師一爲右師位正四品又以五經六籍古先哲王致理之式也國家創業制取賢之法立明經發微言於衆學釋回增美選賢與能自艱難已來取人頗易考試不求其文義及第先取於帖經遂使專門業廢請益無從師資禮虧傳受義絕今請以禮記左傳爲大經周禮毛詩爲中經尚書周易爲小經各置博士一員其公羊穀梁文疏少請共準一中經通置博士一員所擇博士兼通孝經論語依憑章疏講解分明注引旁通問十得九兼德行純潔文詞雅正儀形規範可爲師表者令四品以上各舉所知在外者給驛年七十已上者蒲輪其國子太學四門三館各立五經博士品秩上下生徒之數各有差其舊博士助教直講經直及律館算館助教請皆罷省其教授之法學生至監謁同業師其所執贄脯脩一束清酒一壺衫布一段其色隨師所服師出中門延入與坐割脩斟酒三爵而止乃發篋出經摳衣前請師爲依經辨理略舉一隅然後就室每朝晡二時請益師亦二時居講堂說釋道義發明大體兼教以文行忠信之道示以孝悌睦友之義旬省月試時考歲貢以生徒及第多少爲博士考課上下其有不率教者則檟楚朴之國子不率教者則申禮部移爲太學太學之不變者移之四門四門之不變者歸本州之學州學之不變者復本役終身不齒雖率教九年而學不成者亦歸之州學其禮部考試之法請無帖經但於所習經中問大義二十得十八爲通兼論語孝經各問十得八兼讀所問文注義疏必令通熟者爲一通又於本經問時務策三道通二爲及第其中有孝行聞於鄉閭者舉解具言於習業之下省試之日觀其所實義少兩道亦請兼收其天下鄉貢亦如之習業考試並以明經爲名得第者授官之資與進士同若此則教義日深而禮讓興禮讓興則強不犯弱衆不暴寡此由太學而來者也詔下尚書集百寮定議以聞議者以爲省者禁也非外司所宜名周禮代掌其職者曰氏國學非代官不宜曰太師氏其餘大抵以習俗旣久重難改作其事不行會國學胥吏以餐錢差舛御史臺按問坐貶饒州司馬建中初又拜國子司業尋遷爲翰林學士遷左散騎常侍加銀青光祿大夫尋兼晉王元帥參謀累加光祿大夫以兩河叛渙之徒初稟朝命令崇敬以本官兼御史大夫持節宣慰奉使稱旨及還上表請歸拜墓許之賜以繒帛儒者榮之尋加特進檢校戶部尚書遷工部尚書並依前翰林學士充皇太子侍讀累表辭以年老乞骸骨改兵部尚書致仕貞元十五年卒時年八十廢朝一日贈左僕射子登嗣登字冲之雅實弘厚事繼母以孝稱大曆七年舉孝廉高第補四門助教貞元初復登賢良科自美原尉拜右拾遺時裴延齡以姦佞有恩欲爲相諫議大夫陽城上疏切直德宗赫怒右補闕熊執易等亦以危言忤旨初執易草疏成示登登愕然曰願寄一名雷電之下安忍令足下獨當自是同列切諫登每聯署其奏無所迴避時人稱重轉右補闕起居舍人三任十五年同列嘗出其下者多以馳騖至顯官而登與右拾遺蔣武退然自守不以淹速介意後遷兵部員外郎充皇子侍讀尋加史館修撰順宗初以東朝舊恩超拜給事中旋賜金紫仍錫衫笏焉遷工部侍郎與孟簡劉伯芻蕭俛受詔同翻譯大乘本生心地觀經又爲東宮及諸王侍讀獻龍樓箴以諷之改左散騎常侍因中謝憲宗問時所切登以納諫爲對時論美之轉兵部侍郎兼判國子祭酒事遷工部尚書元和十五年卒年六十七贈太子少保登有文學工草隸寬博容物嘗使僮飼馬馬踶蹺僮怒擊折馬足登知而不責晚年頗好服食有饋金石之藥者且云先嘗之矣登服之不疑藥發毒幾死方訊云未之嘗他人爲之怒登視之無慍色常慕陸象先之爲人議者亦以爲近之子融嗣融進士擢第自監察拾遺入省拜工部員外郎遷考功員外六年轉工部郎中充翰林學士八年正拜舍人九年轉戶部侍郎開成元年兼御史中丞湖南觀察使盧周仁違敕進羨餘錢十萬貫融奏曰天下一家何非君土中外財賦皆陛下府庫也周仁輒陳小利妄設異端言南方火災恐成灰燼進於京國姑徇私誠入財貨以希恩待朝廷而何淺臣恐天下放效以美餘爲名因緣刻剝生人受弊周仁請行重責以例列藩其所進錢請還湖南代貧下租稅詔周仁所進於河陰院收貯以備水旱金部員外郎韓益判度支案子弟受人賂三千餘貫半是擬贓上問融曰韓益所犯與盧元中姚康孰甚對曰元中與康枉破官錢三萬餘貫益所取受人事比之殊輕乃貶梧州司戶尋遷京兆尹時府司物力不充特敕賜錢五萬貫府司以所賜之半還司農寺菜錢融因對言之上以融學家因問蔬糲字有賴音何也糲是飯之極麤者耶融以義類對之時兩公主出降府司供帳事殷又俯近上巳曲江賜宴奏請改日上曰去年重陽取九月十九日未失重陽之意今改取十三日可也旣而李固言作相素不悅融罷尹月餘授秘書監俄而固言罷楊嗣復輔政以融權知兵部侍郎一年內拜吏部三年檢校禮部尚書興元尹兼御史大夫充山南西道節度使融子仁晦仁翰仁憲仁名仁澤皆登進士第咸通中並至達官

奚陟字殷卿亳州人也祖乾繹天寶中弋陽郡太守陟少好讀書登進士第又登制舉文詞清麗科授弘文館校書尋拜大理評事佐入吐蕃使不行授左拾遺丁父母憂哀毀過禮親朋愍之車駕幸興元召拜起居郎翰林學士辭以疾病久不赴職改太子司議郎歷金部吏部員外郎左司郎中彌綸省闥又累奉使皆稱旨貞元八年擢拜中書舍人是歲江南淮西大雨爲災令陟勞問巡慰所在人安悅之中書省故事姑息胥徒以常在宰相左右也陟皆以公道處之先是右省雜給率分等第皆據職田頃畝卽主書所受與右史等陟乃約以料錢爲率自是主書所得減拾遺時中書令李晟所請紙筆雜給皆不受但告雜事舍人合且貯之他日便悉以遺舍人前例雜事舍人自攜私入陟以所得均分省內官又躬親庶務下至園蔬皆悉自點閱人以爲難陟處之無倦遷刑部侍郎裴延齡惡京兆尹李充有能政專意陷害之誣奏充結陸贄數厚賂遺金帛充旣貶官又奏充比者妄破用京兆府錢穀至多請令比部勾覆以比部郎中崔元翰陷充怨惡贄也詔許之元翰曲附延齡劾治府史府史到者雖無過犯皆笞決以立威時論喧然陟遹躬自閱視府案具得其實奏言據度支奏京兆府貞元九年兩稅及已前諸色羨餘錢共六十八萬餘貫李充並妄破用今所勾勘一千二百貫已來是諸縣供館驛加破及在諸色人戶腹內合收其斛斗共三十二萬石唯三百餘石諸色輸納所由欠折其餘並是準敕及度支符牒給用已盡陟之寬平守法多如此類元翰既不遂其志因此憤恚而卒陟尋以本官知吏部選事銓綜平允有能名遷吏部侍郎所莅之官時以爲稱職貞元十五年卒年五十五贈禮部尚書

張薦字孝舉深州陸澤人祖鷟字文成聰警絕倫書無不覽爲兒童時夢紫色大鳥五彩成文降于家庭其祖謂之曰五色赤文鳳也紫文鸑鷟也爲鳳之佐吾兒當以文章瑞於明廷因以爲名字初登進士第對策尤工考功員外郎騫味道賞之曰如此生天下無雙矣調授岐王府參軍又應下筆成章及才高位下詞標文苑等科鷟凡應八舉皆登甲科再授長安尉遷鴻臚丞凡四參選判策爲銓府之最員外郎員半千謂人曰張子之文如青錢萬簡萬中未聞退時時流重之目爲青錢學士然性褊躁不持士行尤爲端士所惡姚崇甚薄之開元初澄正風俗鷟爲御史李全交所糺言鷟語多譏刺時坐貶嶺南刑部尚書李日知奏論乃追敕移於近處開元中入爲司門員外郎卒鷟下筆敏速著述尤多言頗詼諧是時天下知名無賢不肖皆記誦其文天后朝中使馬仙童陷默啜默啜謂仙童曰張文成在否曰近自御史貶官默啜曰國有此人而不用漢無能爲也新羅日本東夷諸蕃尤重其文每遣使入朝必重出金貝

以購其文其才名遠播如此薦少精史傳顏眞卿一見歎賞之天寶中浙西觀察使李涵表薦其才可當史任乃詔授左司禦率府兵曹參軍既至闕下以母老疾竟不拜命母喪闋禮部侍郎于邵舉前事以聞名充史館修撰兼陽翟尉朱泚之亂變姓名伏匿城中因著史遁先生傳德宗還宮擢拜左拾遺貞元元年冬上親郊時初克復簿籍多失禮文錯亂乃以薦爲太常博士叅典禮儀四年迴紇和親以檢校右僕射刑部尚書關播充使送咸安公主入蕃以薦爲判官轉殿中侍御史使還轉工部員外郎改戶部本司郎中十一年拜諫議大夫仍充史館修撰時裴延齡侍寵譖毀士大夫薦欲上書論之屢揚言未果延齡聞之怒奏曰諫官論朝政得失史官書人君善惡則領史職者不宜兼諫議德宗以爲然薦爲諫議月餘改秘書少監延齡排擯不已會差使冊迴紇毘伽懷信可汗及弔祭乃命薦兼御史中丞入迴紇二十年吐蕃贊普死以薦爲工部侍郎兼御史大夫充入吐蕃弔祭使涉蕃界二千餘里至赤嶺東被病歿於紇壁驛吐蕃傳其柩以歸順宗卽位凶問至詔贈禮部尚書薦自拾遺至侍郎僅二十年皆兼史館修撰三使絕域皆兼憲職以博洽多能敏於占對被選有文集三十卷及所撰五服圖宰輔略靈怪集江左寓居錄等並傳于時子又新希復皆登進士第又新幼工文善於傳會長慶中宰相李逢吉用事翰林學士李紳深爲穆宗所寵逢吉惡之求朝臣中兇險敢言者掎摭紳陰事俾暴揚於搢紳間又新與拾遺李續之劉棲楚尤蒙逢吉聽待指爲鷹犬穆宗崩昭愍初卽位又新等構紳貶端州司馬朝臣表賀又至中書賀宰相及門門者止之曰請少留緣張補闕在齋內與相公談俄而又新揮汗而出旅揖群官曰端溪之事又新不敢多讓人皆辟易憚之與續之等七人時號八關十六子寶曆三年逢吉出爲山南東道節度使請又新爲副使李續之爲行軍司馬逢吉爲宰相時用門下省主事田伾伾犯贓亡命逢吉保之于外及罷相裴度發其事逢吉坐罰俸又詔曰朕在億兆人之上不令而人化不言而人信者法也法行則君主重法廢則朝廷輕田伾常挂亡命之章偷請養賢之祿迹在搜捕公行人間而吏冒選吏曹顯擬郡佐及黃樞覆驗鳥府追擒證逮皆明姦狀盡得三移憲牒一無申陳衆狀滿前群議溢耳終則步健不至琅璫空來蔑視紀綱頗同侮謔顧玆叅畫負我上台閤視連名伊爾二子又新可汀州刺史李續之可涪州刺史及逢吉致仕李訓用事復召二子爲尚書郎訓敗復貶而卒希復子讀登進士第有俊才累官至中書舍人禮部侍郎典貢舉時稱得士位終尚書左丞

蔣乂字德源常州義興人也祖瓌太子洗馬開元中弘文館學士父將明累遷至左司郎中國子司業集賢殿學士副知院事代爲名儒而乂史官吳兢之外孫以外舍富墳史幼便記覽不倦七歲時誦庾信哀江南賦數徧而成誦在口以聰悟強力聞於親黨間弱冠博通羣籍而史才尤長其父在集賢時以兵亂之後圖籍溷雜乃白執政請攜乂入院令整比之宰相張鎰見而奇之乃署爲集賢小職乂編次踰年於亂中勒成部帙得二萬餘卷再遷王屋尉充太常禮院修撰貞元九年轉右拾遺充史館修撰十三年以故河中節度使張茂昭弟光祿少卿同正茂宗尚義章公主茂宗方居母喪有詔起復雲麾將軍成禮詔下乂上疏諫曰墨縗之禮本緣金革從古已來未有駙馬起復尚主者既乖典禮且違人情切恐不可上令中使宣諭云茂宗母臨亡有請重違其心乂又拜疏辭逾激切德宗於延英特召入對上曰卿所言古禮也朕聞如今人家往往有借吉爲婚嫁者卿何苦固執對曰臣聞里俗有不甚知禮法者或女居父母服內家既貧匱旁無至親卽有借吉以就禮者男子借吉而娶臣未嘗聞之況陛下臨御已來每事憲章典禮建中年郡縣主出降皆詔有司依禮不用俗儀天下慶戴忽令駙馬起復成禮實恐驚駭物聽臣或聞公主年甚幼小卽更俟一年出降時既未失且台禮經實天下幸甚上曰卿言甚善更俟商量俄而韋彤裴堪諫疏繼入上不悅促令奉行前詔然上心頗重乂上嘗登凌煙閣見左壁頹剝文字殘缺每行僅有三五字命錄之以問宰臣宰臣遽受宣無以對卽令召乂至對曰此聖曆中侍臣圖贊臣皆記憶卽於御前口誦以補其缺不失一字上歎曰虞世南暗寫列女傳無以加也十八年遷起居舍人轉司勳員外郎皆兼史職時集賢學士甚衆會詔問神策軍建置之由相府討求不知所出諸學士悉不能對乃訪於乂乂徵引根源事甚詳悉宰臣高郢鄭珣瑜相對曰集賢有人矣翌日詔兼判集賢院事乂子代爲學士儒者榮之時順宗祔廟將行祧遷之禮詔公卿議咸云中宗中興之主不當遷乂建議云中宗既正位柩前乃受母后篡奪五王翼戴方復大業此乃由我失之因人得之止可同於返正不得號爲中興群議紛然竟依乂所執元和二年遷兵部郎中與許孟容韋貫之等受詔刪定制勑成三十卷奏行用改秘書少監復兼史館修撰尋奉詔與獨孤郁韋處厚同修德宗實錄五年書成奏御以功拜右諫議大夫明年監修國史裴垍罷相李吉甫再入以乂垍之修撰改授太常少卿久之遷秘書監乂性朴直不能事人或遇權臣專政輒數歲不遷官在朝垂三十年前後每有大政事大議論宰執不能裁決者必召以咨訪乂徵引典故以叅時事多合其宜然亦以此自滯而好學不倦老而彌篤雖甚寒暑手不釋卷旁通百家尤精歷代沿革家藏書一萬五千卷本名武因憲宗召對奏曰陛下已誅群寇偃武修文臣名於義未允請改名乂上忻然從之時帝方用兵兩河乂亦因此諷諭耳乂居史任二十年所著大唐宰輔錄七十卷凌煙閣功臣秦府十八學士史臣等傳四十卷長慶元年卒年七十五贈禮部尚書謚曰懿子係伸偕仙佶係大和初授昭應尉直史館二年拜右拾遺史館修撰典實有父風與同職沈傳師鄭澣陳夷行李漢等受詔撰憲宗實錄四年書成奏御轉尚書工部員外遷本司郎中仍兼史職宰相宋申錫爲北軍羅織罪在不測係與諫官崔玄亮泣諫於玉階之下申錫亦減死時論稱之開成中轉諫議大夫武宗朝李德裕用事惡李漢以係與漢僚壻出爲桂管都防禦觀察使中宗卽位徵拜給事中集賢殿學士判院事轉吏部侍郎改左丞出爲興元節度使入爲刑部尚書俄檢校戶部尚書鳳翔尹充鳳翔隴節度使入爲兵部尚書以弟伸爲丞相懇辭朝秩檢校尚書左僕射襄州刺史山南東道節度使封淮陽縣開國公食邑五百戶伸登進士第歷佐使府大中初入朝右補闕史館修撰轉中書舍人召入翰林爲學士自員外郎中至戶部侍郎學士承旨轉兵部侍郎大中末中書侍郎平章事仙佶皆至刺史偕有史才以父任歷官左拾遺史館修撰轉補闕咸通中與同職盧耽牛叢等受詔修文宗實錄蔣氏世以儒史稱不以文藻爲事唯伸及係子兆有文才登進士第然不爲文士所譽與柳氏沈氏父子相繼修國史實錄時推良史京師云蔣氏日曆士族靡不家藏焉

柳登字成伯河東人父芳肅宗朝史官與同職韋述受詔添修吳兢所撰國史殺青未竟而述亡芳緒述凡例勒成國史一百三十卷上自高祖下止乾元而敍天寶後事絕無倫類取捨非工不爲史氏所稱然芳勤於記註含毫罔倦屬安史亂離國史散落編綴所聞率多闕漏上元中坐事從黔中遇內官高力士亦貶巫州遇諸途芳以所疑禁中事咨於力士力士說開元天寶中時政事芳隨口志之又以國史已成經於奏御不可復改乃別撰唐曆四十卷以力士所傳載於年曆之下芳自永寧尉直史館轉拾遺補闕員外郎皆居史任位終右司郎中集賢學士登少嗜學與弟冕咸以該博著稱登年六十餘方從宦遊累遷至膳部郎中元和初爲大理少卿與刑部侍郎許孟容等七人奉詔刪定開元已後勑格再遷右庶子以衰病改秘書監不拜授右散騎常侍致仕長慶二年卒時九十餘輟朝一日贈工部尚書弟冕

冕文史兼該長於吏職貞元初爲太常博士二年昭德王皇后之喪論皇太子服紀左補闕穆質請依禮周朞而除冕與同職張薦等奏議曰準開元禮子爲母齊縗三年此王公已下服紀皇太子爲皇后喪服國禮無聞昔晉武帝元皇后崩其時亦疑太子所服杜元凱奏議曰古者天子三年之喪既葬除服魏氏革命亦以既葬爲節故天子諸侯之禮當已具矣惡其害己而削去其節今其存者唯士喪禮一篇戴勝之記錯雜其內亦難以取正皇太子配二尊與國爲體固宜卒哭而除服於是山濤魏舒並同其議晉朝從之歷代遵行垂之不朽臣謹按實錄文德皇后以貞觀十年九月崩十一月葬至十一年正月除晉王治爲并州都督晉王卽高宗在藩所封文德皇后幼子據其命官當已除之義也今請皇太子依魏晉故事爲大行皇后喪服葬而虞虞而卒哭卒哭而除心喪終制庶存厭降之禮事下中書宰臣召問禮官曰語云子食於有喪者之側未嘗飽也今豈可令皇太子縗服侍膳至於既葬乎準令羣臣齊縗給假三十日卽公除約於此制更審議之張薦曰請依宋齊間皇后爲父母服三十日公除例爲皇太子喪服之節三十日公除詰於正內則服墨縗歸至本院縗麻如故穆質曰杜元凱既葬除服之論不足爲法臣愚以爲遵三年之制則太重從三十日之變太輕唯行古之道以周年爲定詔宰臣與禮官定可否宰臣以穆質所奏問博士冕對曰準禮三年喪無貴賤一也豈有以父母貴賤而差降喪服之節乎且禮有公門脫齊縗開元禮皇后爲父母服十三月其稟朝旨十三日而除皇太子爲外祖父母服五月其從朝旨則五日而除所以然者恐喪服侍奉有傷至尊之意也故從權制昭著國章公門脫縗義亦在此豈皆爲金革乎皇太子今若抑哀公除墨慘朝覲歸至本院依舊縗麻酌於變通庶可傳繼宰臣然其議遂命太常卿鄭叔則草奏以冕議爲

是而移質堅執前義請依古禮不妨太子壘纊於內也宰臣齊映劉滋參酌羣議請依叔則之議制從之及董晉爲太常卿德宗謂之曰皇太子所行周服非朕本意有諫官橫論之今熟計之卽禮官請依魏晉故事斯甚折衷明年冬上以太子久在喪合至正月晦受吉服欲以其年十一月釋衰麻以及新正稱慶有司皆論不可乃止六年十一月上親行郊享上重愼祀典每事依禮時冕爲吏部郎中攝太常博士與司封郎中徐岱倉部郎中陸質工部郎中張薦皆攝禮官同修郊祀儀注以備顧問初詔以皇太子亞獻終獻當受誓戒否冕對曰準開元禮有之然誓詞云不供其職國有常刑今太子受誓請改云各揚其職肅奉常儀上又問升郊廟去劒履及象劒尺寸之度祀文輕重之宜冕據禮經沿革闡奏上甚嘉之冕言事頗切執政不便之出爲婺州刺史十三年兼御史中丞福州刺史充福建都團練觀察使冕在福州奏置萬安監牧於泉州界置羣牧五悉索部內馬五千七百匹驢騾牛八百頭羊三千口以爲監牧之資人情大擾朞年無所滋息詔罷之以政無狀詔以閻濟美代歸而卒子璟登進士第亦以著述知名璟寶曆初登進士第三遷監察御史時郊廟告祭差攝三公行事多以雜品璟時監察奏曰準開元二十三年勅宗廟大祠宜差左右丞相嗣王特進少保少傅尚書賓客御史大夫又二十五年勅太廟五享差丞相師傅尚書嗣郡王通攝餘司不在差限又元和四年勅太廟告祭攝官太尉以宰相充其攝司空司徒以僕射尚書師傅充餘司不在差限比來吏部因循不守前後勅文用人稍輕請自今年冬季勅吏部準開元元和勅例差官從之再遷度支員外郎轉吏部開成初換庫部員外郎知制誥尋以本官充翰林學士初璟祖芳精於譜學永泰中按宗正譜諜自武德已來宗枝昭穆相承撰皇室譜二十卷號曰永泰新譜自後無人修續璟因召對言及圖譜事文宗曰卿祖嘗爲皇家圖譜朕昨觀之甚爲詳悉卿檢永泰後試修續之璟依芳舊式續德宗後事成十卷以附前譜仍詔戶部供紙筆廚料五年拜中書舍人充職武宗朝轉禮部侍郎再司貢籍時號得人子谿亦以進士擢第

沈傳師字子言吳人父旣濟博通羣籍史筆尤工吏部侍郎楊炎見而稱之建中初炎爲宰相薦旣濟才堪史任召拜左拾遺史館修撰旣濟以吳兢撰國史以則天事立本紀奏議非之曰史氏之作本乎懲勸以正君臣以維家邦前端千古後法萬代使其生不敢差死不妄懼緯人倫而經世道爲百王準的不止屬辭比事以日繫月而已故善惡之道在乎勸誡勸誡之柄存乎褒貶是以春秋之義尊卑輕重升降幾微髣髴雖一字二字必有微旨存焉況鴻名大統其可以貸乎伏以則天皇后初以聰明睿哲內輔時政厥功茂矣及弘道之際孝和以長君嗣位而太后以專制臨朝俄又廢帝或幽或徙旣而握圖稱籙移運革名牝司燕啄之蹤難乎備述其後五王建策皇運復興議名之際得無降損必將義以親隱禮從國諱苟不及損當如其常安可橫絕彝典超居帝籍昔仲尼有言必也正名故夏殷二代爲帝者三十世矣而周人通名之曰王吳楚越之君爲王者百餘年而春秋書之爲子蓋高下自乎彼而是非稽乎我過者抑之不及者援之不爲弱減不爲僭奪握中持平不振不傾使其求不可得而蓋不可掩斯古君子所以愼其名也夫則天體自坤順位居乾極以柔乘剛天紀倒張進以强有退非德讓今史臣追書當稱之太后不宜曰上孝和雖迫母后之命降居藩邸而體元繼代本吾君也史臣追書宜稱曰皇帝不宜曰廬陵王睿宗在景龍已前天命未集徒稟后制假臨大寶於倫非次於義無名史臣書之宜曰相王未宜曰帝若以得失旣往遂而不舉則是非褒貶安所辨正載筆執簡謂之何哉則天廢國家曆數用周正朔廢國家太廟立周七廟鼎命革矣徽號易矣旂裳服色旣已殊矣今安得以周氏年曆而列爲唐書帝紀徵諸禮經是謂亂名且孝和繼天踐祚在太后之前而敘年製紀居太后之下方之躋僖是謂不智詳今考古竝未爲可或曰班馬良史也編述漢事立高后以續帝載豈有非之者乎荅曰昔高后稱制因其曠嗣獨有分王諸呂負於漢約無遷鼎革命之甚況其時孝惠已歿孝文在下宮中二子非劉氏種不紀呂后將紀誰焉雖云其然議者猶爲不可況遷鼎革命者乎或曰若天后不紀帝緒缺也則二十二年行事何所繫乎曰孝和以始年登大位以季年復舊業雖尊名中奪而天命未改足以首事足以表年何所拘閡裂爲二紀昔魯昭之出也春秋歲書其居曰公在乾侯且君在雖失位不敢廢也今請倂天后紀合孝和紀每於歲首必書孝和所在以統之書曰其年春正月皇帝在房陵太后行某事改某制云云則紀稱孝和而事述太后俾名不失正而禮不違常名禮兩得人無間矣其姓氏名諱入宮之由歷位之資才藝智略年辰崩葬別纂錄入皇后傳列於廢后王庶人之下題其篇曰則天順聖武后云事雖不行而史氏稱之德宗初卽位銳於求理建中二年夏勅中書門下兩省分置待詔官三十員以見官前任及同正試攝九品已上擇文學理道韜鈐法度之深者爲之各準品秩給俸錢廩餼幹力什器館宇之設以公錢爲之本收息以贍用物論以爲兩省皆名侍臣足備顧問無勞別置冗員旣濟上疏論之曰臣伏以陛下今日之理患在官煩不患員少患在不問不患無人且中書門下兩省常侍諫議補闕拾遺總四十員及常參待制之官日有兩人皆備顧問亦不少矣中有二十一員尚闕人未充他司缺職累倍其數陛下若謂見官非才不足與議則當選求能者以代其人若欲務廣聰明畢收淹滯則當擇其可者先補缺員則朝無曠官俸不徒費且夫置錢息利是有司權宜非陛下經理之法今官三十員皆給俸錢幹力及廚廩什器建造廳宇約計一月不減百萬以他司息例準之當以錢二千萬爲之本方獲百萬之利若均本配人當復除二百戶或許其入流反覆計之所損滋甚當今關輔大病皆爲百司息錢傷人破產積於府縣實思改革以正本源又臣嘗計天下財賦耗斁之大者唯二事焉最多者兵資次多者官俸其餘雜費十不當二事之一所以黎人重困杼軸猶空方斯輯熙必藉裁減今四方形勢兵罷未得資費之廣蓋非獲已陛下躬行儉約節用愛人豈俾閑官復爲冗食籍舊而置猶可省也若之何加焉陛下必以制出不可改請重難愼擇遷延寢罷其事竟不得行旣而楊炎譴逐旣濟坐貶處州司戶後復入朝位終禮部員外郎傳師擢進士登制科乙第授太子校書郎鄠縣尉直史館轉左拾遺左補闕並兼史職遷司門員外郎知制誥召充翰林學士歷司勳兵部郎中遷中書舍人性恬退無競時翰林未有承旨次當傳師爲之固稱疾宜召不起乞以本官兼史職俄兼御史中丞出爲潭州刺史湖南觀察使入爲尚書右丞出爲洪州刺史江南西道觀察使轉宣州刺史宣歙池觀察使入爲吏部侍郎太和元年卒年五十九贈吏部尚書初傳師父旣濟撰建中實錄十卷爲時所稱傳師在史館預修憲宗實錄未成廉察湖南特詔齎一分史藁成於理所有子樞詢皆登進士第詢歷清顯中書舍人翰林學士禮部侍郎咸通中檢校戶部尚書潞州長史昭義節度使爲政簡易性本恬和奴歸秦者通詢侍者詢將戮之未果奴結牙將爲亂夜攻府第詢舉家遇害

史臣曰前代以史爲學者率不偶於時多罹放逐其故何哉誠以褒貶是非在於手賢愚輕重繫乎言君子道微俗多忌諱一言切己嫉之如讎所以岫薦坎壈於仕塗沈柳不登於顯貫後之載筆執簡者可以爲之痛心道在必伸物不終否子孫藉其餘祐多至公卿者葢有天道存焉

贊曰褒貶以言孔道是模誅亂以筆亦有董狐邦家大典班馬何辜懲惡勸善史不可無

舊唐書卷一百四十九考證

歸崇敬傳作桑主則埋栗主作栗主則埋桑主○沈炳震曰按栗主禮無埋文作桑主以下七字疑衍

多憑緯候之說且據陰陽之說○臣酉按之說二字複見意亦雷同疑有衍文

# 舊唐書卷一百五十

後晉司空同中書門下平章事劉　昫撰

## 列傳第一百

### 德宗順宗諸子

舒王誼　通王諶　虔王諒　肅王詳
文敬太子謜　資王謙　代王諲
昭王誡　欽王諤　珍王誠　郯王經
均王緯　漵王縱　莒王紓　密王綢
郇王綜　邵王約　宋王結　集王緗
冀王絿　和王綺　衡王絢　欽王纉
會王纁　福王綰　珍王繕　撫王紘
岳王緄　袁王紳　桂王綸　翼王綽
蘄王緝

德宗皇帝一十子昭德皇后王氏生順宗皇帝舒王誼昭靖太子之子文敬太子順宗之子諸妃生通王已下八王本錄不載母氏

舒王誼本名謨代宗第三子昭靖太子邈之子也以其最幼德宗憐之命之爲子大曆十四年六月封舒王拜開府儀同三司與通王虔王同日封仍詔所司其開府俸料逐月進內尋以軍興罷支建中元年領四鎮北庭

行軍涇原節度大使以涇州刺史孟皥為節度留後以誼愛弟之子諸王之長軍國大事欲其更踐必委試之明年尚父郭子儀病篤上御紫宸命誼持制書省之誼冠遠遊冠絳紗袍乘象輅駕駟馬飛龍騎士三百人隨之國府之官皆袴褶騎而導前鹵簿備引而不樂在邇密故也及門郭氏子弟迎拜於外王不荅拜子儀臥不能興以手叩頭謝恩而已王解冠珮以常服傳詔勞問之三年蔡帥李希烈叛詔哥舒曜討之八月希烈自帥衆三萬圍哥舒曜于襄城又詔河南都統李勉援之勉捨襄城令大將唐漢臣等選勁兵徑襲許州以解圍漢臣未至許上遣中使追之責以違詔亟旋師為賊所乘漢臣之衆大敗勉恐東都危急乃分兵數千赴洛又為賊所隔賊衆急攻汴滑勉走宋州朝廷大聳乃詔誼為揚州大都督持節荆襄江西沔鄂等道節度兼諸軍行營兵馬元帥改名誼又以哥舒翰聲近士卒竊議改封普王令統攝諸軍進攻希烈仍以兵部侍郎蕭復為戶部尚書兼御史大夫元帥府統軍長史舊例有行軍長史以復父名衡特更之又以新除潭州觀察使孔巢父為右庶子兼御史大夫充行軍司馬以山南東道節度行軍司馬檢校兵部郎中兼御史中丞樊澤為諫議大夫兼御史中丞行軍右司馬刑部員外郎劉從一為吏部郎中兼中丞侍御史韋儹為工部郎中兼中丞並充元帥府判官兵部員外郎高參為本司郎中充元帥府掌書記以右金吾大將軍渾瑊檢校工部尚書兼御史大夫為中軍虞候江西節度使嗣曹王皐為前軍兵馬使鄂岳團練使李兼為之副山南東道節度使賈耽為中軍兵馬使判南節度使張伯儀充後軍兵馬使以左神武軍使王价檢校太子賓客左衛將軍高承謙檢校太子詹事前司農少卿郭曙檢校左庶子前秘書省著作郎常愿為秘書少監並充元帥府押衙制下未行涇原兵亂而止德宗初聞兵士出怨言不得賞設乃令誼與翰林學士姜公輔傳詔安撫許以厚賞行及內門兵已陣於闕前誼狼狽而還遂奉德宗出幸奉天賊之攻城誼晝夜傳詔慰勞諸軍僅不解帶者月餘從車駕還宮復封舒王開府儀同三司揚州大都督如故永貞元年十月薨廢朝三日

通王諶德宗第三子也大曆十四年封制授開府儀同三司貞元九年十月領宣武軍節度大使汴宋等州觀察支度營田等使以宣武都知兵馬使李萬榮為留後王不出閤十一年河東帥李自良卒以諶為河東節度大使以行軍司馬李說知府事充留後亦不出閤

虔王諒德宗第四子大曆十四年封授開府儀同三司貞元二年領蔡州節度大使申光蔡觀察等使以大將吳少誠為留後十年領朔方靈鹽節度大使靈州大都督以朔方行軍司馬李欒為靈府左司馬知府事朔方留後十一年九月橫海大將程懷信逐其帥懷直十月以諒領橫海節度大使滄景觀察等使以都知兵馬使程懷信為留後王不出閤十六年徐帥張建封卒徐軍亂又以諒領徐州節度大使徐泗濠觀察處置等使以建封子愔為留後

肅王詳德宗第五子大曆十四年六月封建中三年十月薨時年四歲廢朝三日贈揚州大都督性聰惠上尤憐之追念無已不令起墳墓詔如西域法議層甎造塔禮儀使判官司門郎中李岩上言曰墳墓之義經典有常自古至今無聞異制層甎起塔始於天竺名曰浮圖行之中華竊恐非禮況肅王天屬名位尊崇喪葬之儀存乎簡冊舉而不法垂訓非輕伏請準令造墳庶遵典禮詔從之

文敬太子謜順宗之子德宗愛之命為子貞元四年封邕王授開府儀同三司七年定州張孝忠卒以謜領義武軍節度大使易定觀察等使以定州刺史張茂昭為留後十年六月潞帥李抱真卒又以謜領昭義節度大使澤潞邢洺磁觀察等使以潞將王虔休為潞府司馬知留後十五年十月薨時年十八廢朝三日贈文敬太子所司備禮冊命其年十二月葬於昭應有陵無號發引之日百官送於通化門外列位哭送是日風雪寒甚近歲未有詔置陵署令丞

資王謙德宗第七子大曆十四年封

代王諲德宗第八子本封縉雲郡王早薨建中二年追封代王

昭王誡德宗第九子貞元二十一年封

欽王諤德宗第十子順宗即位詔曰王者之制子弟畢封所以固藩輔而重社稷古今之通義也第十弟諤等寬簡忠厚生知孝敬行皆由禮志不違仁樂善本於性情好賢宗於師傅績修六藝達人倫風化之源博習羣言知惠和睦友之道溫恭朝夕允茂厥猷克有嘉聞宜封土宇諤可封欽王第十一弟可封珍王

珍王誠德宗第十一子與欽王同制封德宗仁孝動循法度雖子弟姑妹之親無所假借建中初詔親王子弟帶開府朝秩者出就本班又以公主郡縣主出降與舅姑抗禮詔曰冠婚之義人倫大經昔唐堯降嬪帝乙歸妹迨於漢氏同姓主之爰自近古禮教陵夷公郡法度僭差殊制姻族闕齒序之義舅姑有拜下之禮自家刑國多愧古人今縣主有行將俟嘉命俾親執棗栗以見舅姑敬遵宗婦之儀降就家人之禮事資變革以抑浮華其令禮儀使與禮官博士約古今舊儀及開元禮詳定公主郡縣主出降覿見之文儀以聞初開元中置禮會院于崇仁里自兵興已來廢而不修故公郡縣主不時降嫁殆三十年至有華髮而猶丱者雖居內館而不獲覲見十六年矣凡皇族子弟皆散棄無位或流落他縣湮沉不齒錄無異匹庶及德宗即位敘用枝屬以時婚嫁公族老幼莫不悲感初即位將謁太廟始與公郡縣主相見於大次中尊者展其敬幼者申其愛歔欷哭泣之聲聞於朝公卿陪列者為之悽然每將有大禮必與諸父昆弟同其齋次及岳陽信寧宜芳永順朗陵陽安襄城德清南華元城新鄉等十一縣主同月出降勅所司大小之物必周其用至於櫛纚笄總皆經於心各給錢三百萬使中官主之以買田業不得侈用其衣服之飾使內司計造不在此數是時所司度人用一籠花計錢七十萬帝曰籠花首飾婦禮不可闕然用費太廣即無謂也宜損之又損之及三萬而止帝謂主等曰吾非有所愛但不欲無益之費耳各以餘錢六十萬賜之以備他用舊例皇姬下嫁舅姑返拜而婦不荅及是制下禮官定制曰既成婚於禮會院明晨舅坐於堂東階西向姑南向婦執笲盛以棗栗升自西階再拜跪奠於舅席前退降受笲盛以腶修升北面再拜跪奠於姑席前降東面拜壻之伯叔兄弟姊妹已而謝恩於光順門壻之親族亦隨之然後會讌於十六宅是日縣主皆如其制初贈司徒沈易良之妻崔氏即太后之季父母也帝每見之方屣而鞾召王韋二美人出拜勑崔氏坐受勿荅故戚屬之間罔不憚其敬不肅而遵禮法焉

順宗二十三子莊憲皇后王氏生憲宗皇帝王昭儀生郯王經趙昭儀生宋王結王昭儀生郇王綜王昭訓生衡王絢餘十八王本錄不載母氏

郯王經本名澳順宗次子始封建康郡王貞元二十一年進封太和八年薨

均王緯本名沔順宗第三子始封洋川郡王貞元二十一年進封

溆王縱本名洵順宗第四子初授殿中監封臨淮郡王貞元二十一年進封

莒王紓本名浼順宗第五子初授秘書監封弘農郡王貞元二十一年進封太和八年薨

密王綢本名泳順宗第六子始封漢東郡王貞元二十一年進封元和二年九月薨

郇王綜本名湜順宗第七子初授少府監封晉陵郡王貞元二十一年進封元和三年四月薨

邵王約本名溆順宗第八子初授國子祭酒封高平郡王貞元二十一年進封

宋王結本名滋順宗第九子始封雲安郡王貞元二十一年進封長慶二年薨

集王緗貞元二十一年封長慶二年薨

冀王絿本名淮順宗第十子初授太常卿封宣城郡王貞元二十一年進封太和九年薨

和王綺本名湑順宗第十一子始封德陽郡王貞元二十一年進封大和七年薨

衡王絢順宗第十二子貞元二十一年封寶曆二年薨

欽王績順宗第十三子貞元二十一年封

會王纁順宗第十四子貞元二十一年封元和五年十一月薨

福王綰本名浥順宗第十五子母莊憲王皇后憲宗同出初授光祿卿封河東郡王貞元二十一年進封咸通元年特冊拜司空明年薨

珍王繕本名況順宗第十六子初授衛尉卿封洛交郡王貞元二十一年進封

撫王紘順宗第十七子貞元二十一年封咸通四年特冊拜司空五年冊司徒乾符三年冊太尉其年薨

岳王緄順宗第十八子貞元二十一年封太和二年薨

袁王紳順宗第十九子貞元二十一年封太和十四年薨

桂王綸順宗第二十子貞元二十一年封太和九年薨

翼王綽順宗第二十一子貞元二十一年封咸通二年薨

蘄王緝順宗第二十二子咸通八年封

史臣曰夫聖人君臨寓縣肇啓邦基莫不受命上玄膺名帝籙自太昊已降五運相推迄于殷湯曆數綿永但設均平之化未聞封建之名洎乎周漢始以子弟建侯樹屏以作維城及王室浸微遂有莽卓之亂唐室自艱難已後兩河兵革屢興諸王雖封竟不出閤夫帝王居寰宇之尊撫億兆之衆但能平一理道夙夜嚴恭任賢使能設官分職自然四海樂推天命所祐縱無封建亦

鴻基永固安俟嬰孺鎮重哉

贊曰孝文秉禮道弘藩邸睦族展親儀形戚里自閤臨藩所謂周爰無如惡鳥終懷籠樊

舊唐書卷一百五十考證

蘄王緝傳順宗第二十二子咸通八年封○沈炳震曰封字誤當是薨字新書傳云王六年咸通八年薨此云是年封未知孰是

# 舊唐書卷一百五十一

後晉司空同中書門下平章事劉 昫撰

## 列傳第一百一

高崇文子承簡 伊愼 朱忠亮

劉昌裔 范希朝 王鍔子稷 閻巨源

孟元陽 趙昌

高崇文其先渤海人崇文生幽州朴厚寡言少從平盧軍貞元中隨韓全義鎮長武城治軍有聲五年夏吐蕃三萬寇寧州崇文率甲士三千救之戰于佛堂原大破之死者過半韓全義入覲崇文掌行營節度留務遷兼御史中丞十四年爲長武城使積粟練兵軍聲大振永貞元年冬劉闢阻兵朝議討伐宰臣杜黃裳以爲獨任崇文可以成功元和元年春拜檢校工部尚書兼御史大夫充左神策行營節度使兼統左右神策奉天麟游諸鎮兵以討闢時宿將專征者甚衆人人自謂當選及詔出大驚崇文在長武城練卒五千常若寇至及是中使至長武卯時宣命而辰時出師五千器用無闕者軍至興元軍中有折逆旅之七箸斬之以徇西從閬中入遂却劍門之師解梓潼之圍賊將邢泚遁歸屯軍梓州因拜崇文爲東川節度使先是劉闢攻陷東川擒節度使李康及崇文克梓州乃歸康求雪已罪崇文以康敗軍失守遂斬之成都北一百五十里有鹿頭山扼兩川之要闢築城以守又連八柵張犄角之勢以拒王師是日破賊二萬于鹿頭城下大雨如注不克登乃止明日又破于萬勝堆堆在鹿頭之東使驍將高霞寓親鼓士扳緣而上矢石如雨又命敢死士連登奪其堆燒其柵柵中之賊殲焉遂據堆下瞰鹿頭城城中人物可數凡八大戰皆大捷賊搖心矣八月阿跌光顏與崇文約到行營愆一日懼誅乃深入以自贖故軍於鹿頭西大河之口以斷賊糧道賊大駭是日賊緜江柵將李文悅以三千人歸順尋而鹿頭將仇良輔舉城降者衆二萬屬之男方叔子婿蘇强先監良輔軍是日械繫送京師降卒投戈面縛者彌十數里遂長驅而直指成都德陽等縣城皆鎮以重兵莫不望旗率服師無留行闢大懼以親兵及逆黨盧文若齎重寶西走吐蕃吐蕃素受其賂且將啓之崇文遣高霞寓酈定進倍道追之至羊灌田及焉闢自投岷江擒於湧湍之中西蜀平乃檻闢送京師伏法文若赴水死王師入成都介士屯于大逵軍令嚴肅珍寶山積市井不移無秋毫之犯先是賊將邢泚以兵二萬爲鹿頭之援既降又貳斬之以徇衣冠陷逆者皆匍匐衙門請命崇文條奏全活之制授崇文檢校司空兼成都尹充劍南西川節度管內度支營田觀察處置統押近界諸蠻西山八國雲南安撫等使改封南平郡王食實封三百戶詔刻石紀功于鹿頭山下崇文不通文字厭大府案牘諮稟之繁且以優富之地無所陳力乞居塞上以扞邊戍懇疏累上二年冬制加同中書門下平章事邠州刺史邠寧慶三州節度觀察等使仍充京西都統恃其功而侈心大作帑藏之富百工之巧舉而自隨蜀都一罄以不習朝儀憚於入覲優詔令便道之鎮居三年大修戎備元和四年卒年六十四廢朝三日贈司徒諡曰威武配享憲宗廟庭子承簡少爲忠武軍部將後入神策軍以父征劉闢拜嘉王傅裴度征淮蔡奏承簡以本官兼御史中丞爲其軍都押衙淮西平詔以郾城上蔡遂平三縣爲溵州治郾城用承簡爲刺史尋轉邢州刺史值觀察使責時賦急承簡代數百戶出其租遷宋州刺史屬汴州逐其帥以部將李岕行帥事岕遣其將責宋官私財物承簡執而囚之自是汴使來者輒繫之一日幷出斬于軍門之外威震郡中及岕兵大至宋州凡三城已陷南一城承簡保北兩城以拒凡十餘戰會徐州救兵至岕爲汴將李質執之傳送京師兵圍宋者卽遁去授承簡檢校左散騎常侍充海沂密等州節度觀察處置等使俄遷檢校工部尚書義成軍節度鄭滑潁等州觀察處置等使就加檢校尚書右僕射入拜右金吾衛大將軍充右街使復出爲邠寧慶等州節度觀察處置等使先是羌虜多以秋月犯西邊承簡請軍寧州以備之因疾上言乞入覲卽隨表詣闕太和元年八月行至永壽縣傳舍卒贈司空崇文孫駢歷位崇顯終淮南節度使自有傳

伊愼兗州人善騎射始爲果毅喪母將營合祔不識其父之墓晝夜號哭未浹日夢寐有指導焉遂發壠果得舊記驗大曆八年江西節度使路嗣恭討嶺南哥舒晃之亂以愼爲先鋒直逼賊壘疾戰破之斬首三千級由是復始興之地未幾與諸將追斬晃於泔溪函首獻于闕下嗣恭表愼功授連州長史知當州團練副使三遷江州別駕討梁崇義之歲愼以江西牙將統李希烈摧鋒陷敵功又居多江漢既平希烈愛愼之材數遣善馬意欲縻之愼以計遁歸命本道明年希烈果反嗣曹王皋始至鍾陵大集將吏得愼而壯之大集兵將繕理舟師希烈懼愼爲曹王所任遺愼七屬之甲詐爲愼書行間焉上遣中使卽軍以詰之曹王乃抗疏論雪上章未報會賊兵泝江來寇曹王乃召愼勉之令戰大破三千餘衆朝廷始信其不貳累破蔡山柵取蘄州降其將李良又攻黃梅縣殺賊將韓霜露斬首千餘級優詔褒異授試太子詹事封南充郡王又兼御史中丞蘄州刺史充節度都知兵馬使建中末車駕在梁洋鹽鐵使包佶以金幣泝江將進獻次于蘄口時賊已屠汴州遣驍將杜少誠將步騎萬餘來寇黃梅以絕江道愼兵七千遇於永安戍愼列樹三柵相去數里偃旗臥鼓於中柵聲鼓三柵悉兵以擊賊軍大亂少誠脫身以免斬級不可勝數江路遂通又破荀莽柵進兵圍安州賊阻溳水攻之不能下希烈遣其甥劉戒虛將騎八千來援愼分兵迎擊戰于應山擒戒虛縛示城下遂開門請罪以功拜安州刺史兼御史大夫仍賜實封一百戶希烈又遣將援隋州愼擊之於厲鄉走康叔夜斬首五千級希烈死李惠登爲賊守隋州愼飛書招諭惠登遂以城降因密奏惠登可用詔授隋州刺史貞元十五年以愼爲安黃等州節度管內支度營田觀察等使十六年吳少誠阻命詔以本道步騎五千兼統荊南湖南江西三道兵當其一面於申州城南前後破賊數千以例加檢校刑部尚書二十一年於安黃置奉義軍額以爲奉義軍節度使檢校右僕射憲宗卽位入眞拜右僕射元和二年轉檢校左僕射兼右金吾衛大將軍以賂第五從直求鎮河中爲從直所奏貶右衛將軍數月復爲檢校尚書右僕射兼右衛上將軍元和六年卒年六十八贈太子太保

朱忠亮本名士明沛州浚儀人初事薛嵩爲將大曆中詔鎮普潤縣掌屯田朱泚之亂以麾下四十騎奔奉天德宗嘉之封東陽郡王爲奉天定難功臣及大駕南幸爲虜騎所獲繫於長安賊平李晟釋之薦於渾瑊署定平鎮都虞候鎮使李朝寀卒遂代之憲宗卽位加御史大夫築臨涇城有勞特加檢校工部尚書涇原四鎮節度使仍賜名涇土舊俗多賣子忠亮以俸錢贖而還其親者約二百人元和八年卒贈右僕射

劉昌裔太原陽曲人少遊三蜀楊琳之亂昌裔說其歸順及琳授洺州刺史以昌裔爲從事琳死乃去曲環將幽隴兵收濮州也辟爲判官詔授監察御史累加至檢校兵部尚書賜紫兼中丞充營田副使貞元十五年環鎮許州卒詔上官涚知節度留後吳少誠攻許州涚領事欲棄城走昌裔追止之曰留後既受詔宜以死守城況城中士馬足以破賊但堅壁不戰不過五七日賊勢必衰我以全制之可也涚然之賊日夕攻急堞壞不得修昌裔令造戰棚木柵以待募壯士破營得突將千人鑿城分出大破之因立戰棚木柵於城上城以故不陷兵馬使安國寧與涚不善謀反以城降賊事洩昌裔密計斬之卽召其麾下千餘人食之賞縑二匹伏兵諸要巷令持縑者悉斬之無一人得脫十六年以全陳許功以涚爲節度使昌裔爲陳州刺史韓全義之敗溵水也與諸道兵皆走保陳州求舍昌裔登城謂曰天子命公討蔡州今來陳州義不敢納請舍城外而從千騎入全義營持牛酒勞軍全義不自意驚喜歎服十八年改充陳許行軍司馬明年涚卒詔昌裔爲許州刺史充陳許節度使再加檢校右僕射元和八年五月許州大水壞廬舍漂溺居人六月徵昌裔加檢校左僕射兼左龍武統軍初昌裔以老疾而軍府無政因其水敗軍府上乃促令韓皐代之昌裔赴召至長樂驛聞有是命乃上言風眩請歸私第許之其年卒贈潞州大都督

范希朝字致君河中虞鄉人建中年爲邠寧虞候戎政修舉事節度使韓遊瓌及德宗幸奉天希朝戰守有功累加兼中丞爲寧州刺史遊瓌入覲自奉天歸邠州以希朝素整肅有聲畏其逼己求其過將殺之希朝懼奔鳳翔德宗聞之趣召至京師寘於左神策軍中遊瓌歿邠州諸將列名上請希朝爲節度德宗許之希朝讓於張獻甫曰臣始偪而來終代其任非所以防覬覦安反側也詔嘉之以獻甫統邠寧數日除希朝振武節度使就加檢校禮部尚書振武有党項室韋交居川阜凌犯爲盜日入慝作謂之刮城門居人懼駭鮮有寧日希朝周知要害置堡柵斥候嚴密人遂獲安異蕃雖鼠竊狗盜必殺無赦戎虜甚憚之曰有張光晟苦我久矣今聞是乃更姓名而來其見畏如此蕃落之俗有長帥至必効奇駝名馬雖廉者猶曰當從俗以致其歡希朝一無

所受積十四年皆保塞而不爲橫單于城中舊少樹希朝於他處市柳子命軍人種之俄遂成林居人賴之貞元末累表請修朝覲時節將不以他故自遠職者惟希朝一人德宗大悅既至拜檢校右僕射兼右金吾大將軍順宗時王叔文黨用事將授韓泰以兵柄利希朝老疾易制乃命爲左神策京西諸城鎮行營節度使鎮奉天而以泰爲副欲因代之叔文敗而罷憲宗即位復以檢校僕射爲右金吾出拜檢校司空充朔方靈鹽節度使突厥別部有沙陀者北方推其勇勁希朝誘致之自甘州舉族來歸衆且萬人其後以之討賊所至有功遷河東節度使率師討鎮州無功既耄且疾事不理除左龍武統軍以太子太保致仕元和九年卒贈太子太師希朝近代號爲名將人多比之趙充國及張茂昭擊王承宗幾覆希朝翫寇不前物議罪之

王鍔字昆吾自言太原人本湖南團練營將初楊炎貶道州司馬鍔候炎於路炎與言異之後嗣曹王皐爲團練使擢任鍔頗便之使招邵州武岡叛將王國良有功表爲邵州刺史及皐改江西節度使李希烈南侵皐請鍔以勁兵三千鎮尋陽後皐自以全軍臨九江既襲得蘄州盡以衆渡乃表鍔爲江州刺史兼中丞充都虞候因以鍔從小心習事善探得軍府情狀至於言語動靜巨細畢以白皐皐亦推心委之雖家醼妻女之會鍔或在焉鍔感皐之知事無所避後皐攻安州使伊慎盛兵圍之賊懼皐使至城中以約降皐使鍔懸而入既成約殺不從者以出明日城開皐以其衆入伊慎以賊恂懼由其圍也不下鍔鍔稱疾避之及皐爲荆南節度使表鍔爲江陵少尹兼中丞欲列於賓倅馬彝裴泰鄙鍔請去乃復以爲都虞候明年從皐至京師皐稱鍔於德宗曰鍔雖文用小不足他皆可以試驗遂拜鴻臚少卿尋除容管經畧使凡八年谿洞安之遷廣州刺史御史大夫嶺南節度使廣人與夷人雜處地征薄而叢求於川市鍔能計居人之業而榷其利所得與兩稅相埒鍔以兩稅錢上供時進及供奉外餘皆自入西南大海中諸國舶至則盡沒其利由是鍔家財富於公藏日發十餘艇重以犀象珠貝稱商貨而出諸境周以歲時循環不絕凡八年京師權門多富鍔之財拜刑部尚書時淮南節度使杜佑屢請代乃以鍔檢校兵部尚書充淮南副節度使鍔始見佑以趨拜悅佑退坐司馬廳事數日詔杜佑以鍔代之鍔明習簿領善小數以持下吏或有姦鍔畢究之嘗聽理有遺匿名書於前者左右取以授鍔鍔內之韡中韡中先有他書以雜之及吏退鍔探取他書焚之人信其以所匿名者焚也既歸省所告者異日乃以他微事連其所告者因窮按驗之以譎衆下吏以爲神明鍔長於部領程作有法軍州所用竹木其餘碎屑無所棄皆復爲用掾曹簾壞吏以新簾易之鍔察知以故者付舡坊以替箬其他率如此每有饗宴輒錄其餘以備後用或云賣之收利皆自歸故鍔錢流衍天下在鎮四年累至司空元和二年來朝眞拜左僕射未幾除檢校司徒河中節度居三年兼太子太傅移鎮太原時方討鎮州鍔緝綏訓練軍府稱理鍔受符節居方面凡二十餘年九年加同平章事十年卒年七十六贈太尉鍔將卒約束後事甚明如知其死日鍔附太原王翃爲從子以婚閥自炫翃子弟多附鍔以致名宦又嘗讀春秋左氏傳自稱儒者人皆笑之子稷歷官鴻臚少卿鍔在藩鎮稷嘗留京師以家財奉權要視官高下以進賂不待白其父而行之廣治第宅嘗奏請藉坊以益之作複垣洞穴實金錢於其中貴官清品溺其賞宴而遊不憚清議及父卒爲奴所告稷換鍔遺表隱沒所進錢物上令鞫其奴於內仗又發中使就東都驗責其家財宰臣裴度苦諫於是罷其使而殺奴稷長慶二年爲德州刺史廣齎金寶僕妾以行節度使李全畧利其貨而圖之故致本州軍亂殺稷其室女爲全畧所虜以妓媵處之稷子叔泰開成四年滄州節度使劉約上言王稷爲李全畧所殺家無遺類稷男叔泰時年五歲郡人宋忠獻匿之獲免乃收養之今已成長臣奬其義忠獻已補職叔泰津送以聞文宗詔曰王鍔累朝宣力王稷一旦捐軀須錄孤遺微申憫念王叔泰委吏部與九品官令奉祭

閻巨源貞元十九年以勝州刺史攝振武行軍司馬屬希朝入覲遂代爲節度以材力進無他智能初不知書而好文其言輒乖謬時人多摭其談說以爲戲然以寬厚爲將卒所懷後爲邠寧節度使檢校左僕射元和九年卒

孟元陽起於陳許軍中理戎整肅勤事善部署曲環之爲節度元陽已爲大將環使董作西華屯元陽盛夏芒屩立稻田中須役者退而後就舍故其田歲無不稔軍中足食環卒吳少誠寇許州元陽城守外無救兵攻圍甚急而終不能傳其城賊乃罷兵韓全義五樓之敗諸軍多私歸元陽及神策都將蘇元策宣州都將王幹各率部留軍溵水破賊二千餘人兵罷加御史大夫元和初拜河陽節度檢校尚書五年拜右僕射昭義節度入爲右羽林統軍封趙國公俄拜左金吾大將軍復除統軍元和九年卒贈揚州大都督

趙昌字洪祚天水人祖不器父居貞皆有名於時李承昭爲昭義節度辟昌在幕府貞元七年爲虔州刺史屬安南都護爲夷獠所逐拜安南都護夷人率化十年因屋壞傷脛懇疏乞還以檢校兵部郎中裴泰代之入拜國子祭酒及泰爲首領所逐德宗詔昌問狀昌時年七十二而精健如少年者德宗奇之復命爲都護南人相賀憲宗即位加檢校工部尚書尋轉戶部尚書充嶺南節度元和三年遷鎮荆南徵爲太子賓客及得見拜工部尚書兼大理卿歲餘讓卿守本官六年除華州刺史辭於麟德殿時年八十餘趨拜輕捷召對詳明上退而歎異宣宰臣密訪其頤養之道以奏焉在郡三年入爲太子少保九年卒年八十五贈揚州大都督謚曰成

史臣曰高崇文以律貞師勤於軍政戎麾指蜀遽立奇功可謂近朝之良將也伊愼朱忠亮劉昌裔范希朝閻巨源孟元陽趙昌等各立功立事亦一時之名臣王鍔明可照姦忠能奉主此乃垂名於後也至若竹頭木屑曾無棄遺作事有程儉而足用則又士君子之爲也如賤收貴出務積珠金唯利是求多財爲累則與夫清白遺子孫者遠矣凡百在位得不鑑之

贊曰崇文之功顯於西蜀伊愼之忠見平南服朱劉范閻各有其目元陽趙昌不無遺躅惟彼太原戰勳可錄累在多財子孫不祿

# 舊唐書卷一百五十二

後晉司空同中書門下平章事劉　昫撰

## 列傳第一百二

馬璘　郝廷玉　王栖曜子茂元

劉昌子士涇　李景畧　張萬福

高固　郝玼　段佐

史敬奉野詩良輔附

馬璘扶風人也祖正會右威衛將軍父晟右司禦率府兵曹參軍璘少孤落拓不事生業年二十餘讀馬援傳至大丈夫當死於邊野以馬革裹尸而歸慨然歎曰豈使吾祖勳業墜于地乎開元末杖劒從戎自効於安西以前後奇功累遷至左金吾衛將軍同正至德初王室多難璘統甲士三千自二庭赴于鳳翔肅宗奇之委以東討殄寇陝郊破賊河陽皆立殊効嘗從李光弼攻賊洛陽史朝義自領精卒拒王師于北邙營壘如山旌甲耀日諸將愕眙不敢動璘獨率所部橫戈而出入賊陣者數四賊因披靡潰去副元帥李光弼壯之曰吾用兵三十年未見以少擊衆有雄捷如馬將軍者遷試太常卿明年蕃賊寇邊詔璘赴援河西廣德初僕固懷恩不順誘吐蕃入寇代宗避狄陝州璘即日自河右轉鬭戎虜間至于鳳翔時蕃軍雲合鳳翔節度使孫志直方閉城自守璘乃持滿外向突入懸門不解甲背城出戰吐蕃奔潰璘以勁騎追擊俘斬數千計血流于野由是雄名益振代宗還宮召見慰勞之授兼御史中丞永泰初拜四鎮行營節度兼南道和蕃使委之禁旅俾清殘寇俄遷四鎮北庭行營節度及邠寧節度使兼御史大夫旋加檢校工部尚書以大戎浸驕歲犯郊境涇州最鄰戎虜乃詔璘移鎮涇州兼權知鳳翔隴右節度副使涇原節度涇州刺史四鎮北庭行營節度使如故復以鄭滑二州隸之璘詞氣慷慨以破虜爲己任既至涇州分建營堡繕完戰守之具頻破吐蕃以其生口俘馘來獻前後破吐蕃約三萬餘衆在涇州令寬而肅人皆樂爲之用鎮守凡八年雖無拓境之功而城堡獲全虜不敢犯加檢校右僕射上甚重之遷檢校左僕射知省事詔宰臣百寮於尚書省送上進封扶風郡王璘雖生於士族少無學術忠而能勇武幹絕倫艱難之中頗立忠節中興之猛將也年五十六大曆十二年卒德宗悼之廢朝贈司徒璘久將邊軍屬西蕃寇擾國家倚爲屏翰前後賜與無算積聚家財不知紀極在京師治第舍尤爲宏侈天寶中貴戚勳家已務奢靡而垣屋猶存制度然衛公李靖家廟已爲嬖臣楊氏馬廄矣及安史大亂之後法度隳弛內臣戎帥競務奢豪亭館第舍力窮乃止時謂木妖璘之第經始中堂費錢二十萬貫他室降等無幾及璘卒於軍子弟護喪歸京師士庶觀其中堂或假稱故吏爭往赴弔者數十百人德宗在東宮宿聞其事及踐祚條舉格令第舍不得踰制仍詔毀璘中堂及內官劉忠翼之第璘之家園進屬官司自後公卿賜宴多於璘之山池子弟無行家財尋盡

郝廷玉者驍勇善格鬭事太尉李光弼爲帳中愛將乾元中史思明再陷洛陽光弼拔東都之師保河陽時三

城壁壘不完芻糧不支旬日賊將安太淸等率兵數萬四面急攻光弼懼賊勢西犯河潼極力保孟津以掎其後晝夜嬰城血戰不解將士夷傷光弼召諸將訊之曰賊黨何面難抗或對曰西北隅最爲勍敵乃亟召廷玉謂之曰兒渠攻西北者難奈爾爲我決勝而還辭曰廷玉所領步卒也願得騎軍五百光弼以精騎三百授之光弼法令嚴峻是日戰不利而還者不解甲斬之廷玉奮命先登流矢雨集馬傷不能軍而退光弼登堞見之駭然曰廷玉奔還吾事敗矣促令左右取廷玉首來廷玉見使者曰馬中毒箭非敗也光弼命易馬而復徑騎衝賊陣馳突數四俄而賊黨大敗於河壖廷玉擒賊將徐璜而還繇是賊解中潬之圍信宿退去前後以戰功累授開府儀同三司試太常卿封安邊郡王從光弼鎭徐州光弼薨代宗用爲神策將軍永泰初僕固懷恩誘吐蕃迴紇入犯京畿分命諸將屯於要害廷玉與馬璘率五千人屯於渭橋西窰底觀軍容使魚朝恩以廷玉善陣欲觀其教閱廷玉乃於營內列部伍鳴鼓角而出分而爲陣箕張翼舒乍離乍合坐作進退其衆如一朝恩歎曰吾在兵間十餘年始見郝將軍之訓練耳治戎若此豈有前敵耶廷玉悽然謝曰此非末校所長臨淮王之遺法也太尉善御軍賞罰當功過每校旗之日軍士小不如令必斬之以徇由是人皆自效而赴蹈驍突有心破膽裂者太尉薨變已來無復校旗之事此不足軍容見賞王縉爲河南副元帥詔以廷玉爲其都知兵馬使累授秦州刺史大曆八年卒追錄舊勳贈工部尙書

王栖曜濮州濮陽人也初遊鄉學天寶末安祿山叛尙衡起義兵討之以栖曜爲牙將下兗鄆諸縣軍威稍振進爲衙前揔管初逆將邢超然據曹州栖曜攻之超然乘城號令栖曜曰彼可取也一箭殞之城中氣懾遂拔曹州及衙居節制授右威衛將軍先鋒遊弈使隨衙入朝授試金吾衛將軍上元元年王璵爲浙東節度使奏爲馬軍兵馬使廣德中草賊袁晁起亂台州連結郡縣積衆二十萬盡有浙江之地御史中丞袁傪東討奏栖曜與李長爲偏將聯日十餘戰生擒袁晁收復郡邑十六授常州別駕浙西都知兵馬使時江左兵荒詔內常侍馬日新領汴滑軍五千鎭之日新貪暴賊蕭庭蘭乘人怨訴逐之而劫其衆時栖曜遊弈近郊爲賊所脅進圍蘇州栖曜因其懈怠挺身登城率城中兵復出擊賊其衆大潰遷試金吾大將軍李靈曜叛于汴州浙西觀察使李涵俾栖曜將兵四千爲河南掎角以功加銀青光祿大夫累加至御史中丞李希烈旣陷汴州乘勝東侵連陷陳留雍丘頓軍寧陵期襲宋州浙西節度使韓滉命栖曜將强弩數千夜入寧陵希烈不之知晨朝弩矢及希烈坐幄希烈驚曰此江淮弩士入矣遂不敢東去貞元初拜左龍武大將軍旋授鄜坊丹延節度觀察使檢校禮部尙書兼御史大夫貞元十九年卒於位子茂元茂元幼有勇畧從父征伐知名元和中爲右神策將軍太和中檢校工部尙書廣州刺史嶺南節度使在安南招懷蠻落頗立政能南中多異貨茂元積聚家財鉅萬計李訓之敗中官利其財掎摭其事言茂元因王涯鄭注見用茂元懼罄家財以賂兩軍以是授忠武軍節度陳許觀察使會昌中爲河陽節度使是時河北諸軍討劉稹茂元亦以本軍屯天井賊未平而卒

劉昌字公明汴州開封人也出自行間少學騎射及安祿山反昌始從河南節度張介然授易州遂城府左果毅及史朝義遣將圍宋州昌在圍中連月不解城中食盡賊垂將陷之刺史李岑計蹙昌爲之謀曰今河陽有李光弼制勝且江淮足兵此廩中有數千斤麴可以屑食計援兵不二十日當至東南隅之敵衆以爲危昌請守之昌遂被鎧持盾登城陳逆順以告諭賊賊衆畏服後十五日副元帥李光弼救軍至賊乃宵潰光弼聞其謀召置軍中超授試左金吾衛郎將光弼卒宰臣王縉令歸宋州爲牙門將轉太僕卿兼許州別駕李靈曜據汴州叛刺史李僧惠將受靈曜牽制昌密遣曾神表潛說僧惠僧惠召昌問計昌泣陳其逆順僧惠感之乃使神表齎表詣闕請討靈曜遂翦靈曜左翼汴州平李忠臣嫉僧惠功遂欲殺昌昌潛遁及劉玄佐爲刺史乃復其職又轉太常卿兼華州別駕玄佐尋爲宋亳潁宣武軍節度使昌自下軍爲左廂兵馬使李納反以師收考城充行營諸軍馬步都虞候加檢校太子詹事兼御史中丞明年玄佐圍濮州昌攝濮州刺史李希烈旣陷汴州玄佐遣將高翼以精兵五千保援襄邑城陷翼赴水死自宋及江淮人心震恐時昌以三千人守寧陵希烈率五萬衆陣于城下昌深壍以遏地道凡四十五日不解甲胄身勵士卒大破希烈希烈解圍攻陳州刺史李公廉計窮昌從劉玄佐以浙西兵合三萬人救之至陳州西五十里與賊遇昌晨壁其陣及未成列大破之生擒其將翟曜希烈退保蔡州自此不復侵軼詔加檢校左散騎常侍隨玄佐收汴州加檢校工部尙書增實封通前二百戸丁母憂起復加金吾衛大將軍贈其母梁國夫人貞元三年玄佐朝京師上因以宣武士衆八千委昌北出五原軍中有前郤沮事昌繼斬三百人遂行尋以本官授京西北行營節度使歲餘授涇州刺史充四鎭北庭行營兼涇原節度支度營田等使昌躬率士衆力耕三年軍食豐羨名聞闕下復築連雲堡受詔城平涼以扼彈箏峽口昌命徒庀事旬餘而畢又於平涼西別築胡谷堡名曰彰信平涼當四會之衝居北地之要分兵援戍遏其要衝遂以保寧邊鄙加檢校右僕射昌初至平涼劫盟之所收聚亡歿將士骸骨坎瘞之因感夢於昌有媿謝之意昌上聞德宗下詔深自尅責遣祕書少監孔述睿及中使以御饌內造衣服數百襲令昌收其骸骨分爲大將三十人將士百人各具棺櫬衣服葬於淺水原建二塚大將曰旌義塚將士曰懷忠塚詔翰林學士撰銘志祭文昌盛陳兵設幕次具牢饌祭之昌及大將皆素服臨之焚其衣服紙錢別立二石堆題以塚名諸道師徒莫不感泣昌在西邊僅十五年强本節用軍儲豐羨及嬰疾約以是日赴京求醫未發而卒年六十四廢朝一日贈司空子士涇士涇德宗朝尙主官至少列十餘年家富於財結託中貴交通權倖憲宗朝遷太府卿制下給事中韋弘景等封還制書言士涇不合居九卿辭語激切憲宗謂弘景曰士涇父有功於國又是戚屬制書宜下弘景奉詔士涇善胡琴多遊權倖之門以此爲之助時論鄙之

李景畧幽州良鄉人也大父楷固父承悅檀州刺史密雲軍使景畧以門蔭補幽府功曹大曆末寓居河中闔門讀書李懷光爲朔方節度招在幕府五原有偏將張光者挾私殺妻前後不能斷光富於財貨獄吏不能劾景畧訊其實光竟伏法旣而亭午有女厲被髮血身膝行前謝而去左右有識光妻者曰光之妻也因授大理司直遷監察御史及懷光屯軍咸陽反狀始萌景畧時說懷光請復官闕迎大駕懷光不從景畧出軍門慟哭曰誰知此軍一日陷於不義軍士相顧甚義之因退歸私家尋爲靈武節度杜希全辟在幕府轉殿中侍御史兼豐州刺史西受降城使豐州北扼迴紇迴紇使來中國豐乃其通道前爲刺史者多懦弱虜使至則敵禮抗坐時迴紇遣梅錄將軍隨中官薛盈珍入朝景畧欲以氣制之郊迎傳言欲先見中使梅錄初未喻景畧旣見盈珍乃使謂梅錄曰知可汗初沒欲申弔禮乃登高壠位以待之梅錄俯僂前哭景畧因撫之曰可汗棄代助爾號慕虜之驕容威氣索然盡矣遂以父行呼景畧自此迴紇使至景畧皆拜之于庭由是有威名杜希全忌之上表誣奏貶袁州司馬希全死徵爲左羽林將軍對于延英殿奏對衎衎有大臣風彩時河東李說有疾詔以景畧爲太原少尹節度行軍司馬時方鎭節度使少徵入換代者皆死亡乃命焉行軍司馬盡簡自上意受命之日人心以屬景畧居疑帥之地勢已難處迴紇使梅錄將軍入朝說置宴會梅錄爭上下坐說不能遏景畧叱之梅錄前過豐州者也識景畧語音疾趨前拜曰非豐州李端公耶不拜麾下久矣何其瘠也又拜遂命之居次坐將吏賓客顧景畧悉加嚴憚說心不平厚賂中尉竇文場將去景畧使爲內應歲餘風言迴紇將南下陰山豐州宜得其人上素知景畧在邊時事上方軫慮文場在旁言景畧堪爲邊任乃以景畧爲豐州刺史兼御史大夫天德軍西受降城都防禦使迫塞苦寒土地鹵瘠俗貧難處景畧節用約己與士同甘苦將卒安之鑿咸應永淸二渠溉田數百頃公私利焉廩儲備器械具政令肅智畧明二歲後軍聲雄冠北邊迴紇畏之天下皆惜其理未盡景畧之能貞元二十年卒於鎭年五十五贈工部尙書

張萬福魏州元城人自曾祖至其父皆明經止縣令州佐萬福以父祖業儒皆不達不喜爲書生學騎射年十七八從軍遼東有功爲將而還累攝舒廬壽三州刺史舒廬壽三州都團練使州送租賦詣京師至潁州界爲盜所奪萬福領輕兵馳入潁州界討之賊不意萬福至忙迫不得戰萬福悉聚而誅之盡得其所亡物并得前後所掠人妻子財物牛馬等萬計悉還其家不能自致者萬福給船乘以遣之尋眞拜壽州刺史淮南節度副使爲節度使崔圓所忌失刺史改鴻臚卿以節度副使將千人鎭壽州萬福不以爲恨許杲以平盧行軍司馬將卒三千人駐濠州不去有窺淮南意圓令萬福攝濠州刺史杲聞卽提卒去止當塗陳莊賊陷舒州圓又以萬福爲舒州刺史督淮南岸盜賊連破其黨大曆三年召赴京師代宗謂曰聞卿名久欲一識卿面且將累卿以許杲萬福拜謝因前奏曰陛下以一許杲召臣如河北諸將叛欲以屬何人代宗笑謂曰且與吾了許杲事方當大用卿以爲和州刺史行營防禦使督淮南岸盜賊至州杲懼移軍上元杲至楚州大掠節度使韋元甫命萬福追討之未至淮陰杲爲其將康自勸所逐自勸擁兵繼掠循淮而東萬福倍道追而殺之免者十二三

盡得其虜掠金帛婦人等皆送致其家元甫將厚賞將士萬福曰官健常虛費衣糧無所事今乃一小賴之不足過賞請用三之一代宗發詔以勞之賜衣一襲宮錦十雙久之詔以本鎮之兵千五百人防秋西京萬福詣揚州交所領兵會元甫死諸將皆願得萬福爲帥監軍使米重耀亦請萬福知節度事萬福曰某非幸人勿以此相待遂去之帶利州刺史鎮咸陽因留宿衛李正已反將斷江淮路令兵守埇橋渦口江淮進奏舡千餘隻泊渦下不敢過德宗以萬福爲濠州刺史召見謂曰先帝改卿名正者所以褒卿也朕以爲江淮草木亦知卿威名若從先帝所改恐賊不知是卿也復賜名萬福馳至渦口立馬岸上發進奉舡淄青兵馬倚岸睥睨不敢動諸道舡繼進改泗州刺史魏州飢父子相賣餓死者接道萬福曰魏州吾鄉里安可不救令其兄子將米百車往餽之又使人於汴口魏人自賣者給車牛贖而遣之爲杜亞所忌徵拜右金吾將軍召見德宗驚曰杜亞言卿昏耄卿乃如是健耶詔圖形於凌煙閣數賜酒饌衣服并勑度支籍口畜給其費及陽城等於延英門外請對論事伏閤不去德宗大怒不可測萬福揚言曰國有直臣天下太平矣萬福年已八十見此盛事閤前徧揖城等天下益重其名貞元二十一年以左散騎常侍致仕其年五月卒年九十萬福自始從軍至卒祿食七十餘年未嘗病一日典九郡皆有惠愛在泗州時遇德宗幸奉天李希烈反陳少遊悉令管內刺史送妻子在揚州以爲質萬福獨不送謂使者曰爲某白相公萬福妻老且醜不足煩相公寄意終不之遣由是爲人所稱

高固高祖偘永徽中爲北庭安撫使有生擒車鼻可汗之功官至安東都護事具前錄固生微賤爲叔父所賣展轉爲渾瑊家奴號曰黃芩性敏惠有膂力善騎射好讀左氏春秋瑊大愛之養如已子以乳母之女妻之遂以固名取左氏傳高固之名也少隨瑊從戎於朔方德宗幸奉天固猶在瑊麾下是時賊兵已突入東壅門固引甲士亂揮長刀連斫數賊拽車塞闔一以當百賊乃退去衆咸壯之以功封渤海郡王李懷光既反德宗再幸梁漢懷光發跡邠寧至是使留後張昕取將士萬餘人以資援河中固時在軍中乃伺便突入張昕帳中斬首以徇拜檢校右散騎常侍前軍兵馬使貞元十七年節度使楊朝晟卒軍中請固爲帥德宗念固功因授檢校工部尚書順宗即位就加檢校禮部尚書憲宗朝進檢校右僕射數年受代入爲統軍轉檢校左僕射兼右羽林統軍元和四年七月卒贈陝州大都督

郝玼者涇原之戍將也貞元中爲臨涇鎮將勇敢無敵聲振虜庭玼以臨涇地居險要當虜要衝白其帥曰臨涇草木豐茂宜畜牧西蕃入寇每屯其地請完壘益軍以折虜之入寇前帥不從及段佐節制涇原深然其策元和三年佐請築臨涇城朝廷從之仍以爲行涼州詔玼爲刺史以戍之自此西蕃入寇不過臨涇玼出自行間前無堅敵在邊三十年每戰得蕃俘必刳剔而歸其屍蕃人畏之如神贊普下令國人曰有生得郝玼者賞之以等身金蕃中兒啼者呼玼名以怖之十三年檢校左散騎常侍渭州刺史御史大夫充涇原行營節度平涼鎮遏都知兵馬使封保定郡王吐蕃畏其威綱紀欲圖之朝廷慮失驍將移授慶州刺史竟終牖下

段佐者亦以勇敢知名少事汾陽王子儀爲牙將從征邊朔績効居多貞元末爲涇原節度使練卒保邊亦爲西蕃畏憚累至檢校工部尚書右神策大將軍元和五年卒

史敬奉靈武人少事本軍爲牙將元和十四年敬奉大破吐蕃於鹽州城下賜實封五十戶先是西戎頻歲犯邊敬奉白節度杜叔良請兵三千備一月糧深入蕃界叔良以二千五百人授之敬奉既行十餘日人莫知其所向皆謂吐蕃盡殺之矣乃由他道深入突出蕃衆之後戎人驚潰敬奉率衆大破之殺戮不可勝紀驅其餘衆於蘆河獲羊馬駝牛萬數敬奉形甚短小若不能勝衣至於野外馳逐能擒奔馬自執鞍勒隨鞍躍上然後羇帶矛矢在手前無强敵甥姪及僮使僅二百人每以自隨臨入敵輒分其隊爲四五隨逐水草每數日各不相知及相遇已皆有獲虜矣與鳳翔將野詩良輔涇原將郝玼各以名雄邊上吐蕃嘗謂漢使曰唐國既與吐蕃和好何妄語也問曰何謂曰若不妄語何因遣野詩良輔作隴州刺史其畏憚如此

史臣曰自盜起中原河隴陷虜犬戎作梗屢犯郊畿謀臣運策以竭精武士荷戈而不暇如璘昌之材力扼腕奮命欲吞虜于胷中郝史驍雄斬將搴旗將申威于塞外而竟不能北踰白道西出蕭關俾十九郡生民竟淪左衽僅能自保功何取焉雖運使時然亦將畧有所未至栖曜萬福之節槩景畧之負氣壯哉

贊曰馬劉史郝氣雄邊朔力扞獯虜終慙衛霍萬福義勇景畧氣豪爲人所忌慷慨徒勞

# 舊唐書卷一百五十三

後晉司空同中書門下平章事劉　昫撰

## 列傳第一百三

姚南仲　劉迺（子伯芻 孫寬夫 端夫 曾孫允章附）　袁高

段平仲　薛存誠（子廷老 廷老子保遜 保遜子昭緯）　盧坦

姚南仲華州下邽人乾元初制科登第授太子校書歷高陵昭應萬年三縣尉遷右拾遺轉右補闕大曆十三年貞懿皇后獨孤氏崩代宗悼惜不已令於近城爲陵墓冀朝夕臨望於目前南仲上疏諫曰伏聞貞懿皇后今於城東章敬寺北以起陵廟臣不知有司之請乎陛下之意乎陰陽家流希旨乎臣愚以爲非所宜也謹具疏陳論伏願暫留天聽而省察焉臣聞人臣宅於家君上宅於國長安城是陛下皇居也其可穿鑿興動建陵墓於其側乎此非宜一也夫葬者藏也欲人之不得見也是以古帝前王葬后妃莫不憑丘原遠郊郭今則西臨宮闕南迫康莊若使近而可見死而復生雖在西宮待之可也如骨肉歸土魂無不之章敬之北竟何所益視之兆庶則彰溺愛垂之萬代則累明德此非所宜二也夫帝王者居高明燭幽滯先皇所以因龍首建望春蓋爲此也今若起陵目前動傷宸慮天心一傷數日不平且匹夫向隅滿堂爲之不樂萬乘不樂人其可歡心乎又暇日起歌動鐘于內此地皆聞此非宜三也伏以貞懿皇后坤德合天母慈逮下陛下以切軫旒扆久俟蓍龜始謚之以貞懿終待之以褒近臣竊惑焉非所以稱述后德光被下泉也今國人皆曰貞懿皇后之陵邇於城下者主上將日省而時望焉斯有損於聖德無益於貞懿將欲寵之而返辱之此非宜四也凡此數事實玷大猷天下咸知伏惟陛下熟計而取其長也陛下方將偃武靖人一謨於此其傷實多臣恐君子是非史官褒貶大明忽虧於掩蝕至德翻後於堯舜不其惜哉今指日尚遙改卜何害抑皇情之殊眷成貞懿之美號疏奏帝甚嘉之賜緋魚袋特加五品階宣付史館與宰相常衮善衮貶官南仲坐出爲海鹽縣令浙江東西道觀察使韓滉辟爲推官奏授殿中侍御史內供奉充支使尋徵還歷左司兵部員外轉郎中遷御史中丞給事中同州刺史陝虢觀察使貞元十五年代李復爲鄭滑節度使監軍薛盈珍恃勢奪軍政南仲數爲盈珍讒毀德宗頗疑之十六年盈珍遣小使程務盈馳驛奉表誣奏南仲陰事南仲裨將曹文洽亦入奏事京師伺知盈珍表中語文洽私懷憤怒遂晨夜兼道追務盈至長樂驛及之與同舍宿中夜殺務盈沉盈珍表於廁中乃自殺日旰驛吏闢門見血流塗地旁得文洽二緘一告于南仲一表理南仲之冤且陳首殺務盈上聞其事頗駭異之南仲慮釁深遂乞入朝德宗曰盈珍擾軍政耶南仲對曰盈珍不擾軍政臣自隳陛下法耳如盈珍輩所在有之雖羊杜復生撫百姓御三軍必不能成愷悌父母之政師律善陣之制矣上默然久之授尚書右僕射貞元十九年七月終于位年七十四贈太子太保謚曰貞

劉迺字永夷洛州廣平人高祖武幹武德初拜侍中郎中書侍郎林甫從祖兄子也父如璠昫山丞以迺貴贈民部郎中迺少聰穎志學暗記六經日數千言及長文章清雅爲當時推重天寶中舉進士尋丁父艱居喪以孝聞既終制從調選曹迺常以文部選才未爲盡善遂致書於知銓舍人宋昱曰虞書稱知人則哲能官人則惠巍巍唐虞舉以爲難今夫文部既始之以掄材終之以授位是則知人官人斯爲重任昔在禹稷皋陶之衆聖猶曰載采有九德考績以九載近代主司獨委一二小冢宰察言於一幅之判觀行於一揖之內古今遲速何不侔之甚哉夫判者以狹詞短韻語有定規爲體亦猶以一小冶而鼓衆金雖欲爲鼎爲鏞不可得也故曰判之在文至局促者夫銓者必以崇衣冠自媒耀爲賢斯又士之醜行君子所病若引文公尼父登之於銓廷則雖圖書易象之大訓以判體挫之曾不及徐庾雖有至德以喋喋取之曾不若嗇夫鳴呼彼干霄蔽日誠巨樹也當求尺寸之材必後於椓杙龍吟武嘯誠希聲也若向頰舌之感必下於蛙黽觀察之際猶不悲夫執事慮過龜筴文合雅誥豈拘以瑣瑣故事曲折因循哉誠能先資以政事次徵以文學退觀其理家進察其臨節則庬鴻深沉之事亦可以窺其門戶矣其載補剡縣尉改會稽尉宣州觀察使殷日用奏爲判官宣慰使李季卿又以表薦連授大理評事兼監察御史轉運使劉晏奏令巡覆江西多所蠲免改殿中侍御史檢校倉部員外民部郎中並充浙西留後佐晏徵賦頗有裨益晏甚任之大曆十二年元載既誅以迺久在職召拜司門員外郎十四年崔祐甫秉政素與迺友善會加郭子儀尚父以冊禮久廢至是復行之祐甫令兩省官撰冊文未稱旨召迺至閣草之立就詞義典裁祐甫歎賞久之數日擢爲給事中尋遷權知兵部侍郎及楊炎盧杞爲相意多醜正以故五歲不遷建中四年夏但眞拜而已其冬涇師作亂駕幸奉天迺卧疾在私第賊泚遣使以甘

言誘之。逌稱疾篤，又令其僞宰相蔣鎮自來招誘逌託瘖疾炙灼偏身鎮再至知不可劫脅乃歎息曰鎮亦嘗忝列曹郎苟不能死以至於斯寧以自辱羶腥復欲汙穢賢哲乎歔欷而退及聞輿駕再幸梁州逌自投於牀搏膺呼天因是危惙絕食數日而卒時年六十德宗還京聞逌之忠烈追贈禮部尚書子伯芻伯芻字素芝登進士第志行修謹淮南杜佑辟爲從事府罷屏居吳中久之徵拜右補闕遷主客員外郎以過從友人飲噱爲韋執誼密奏貶虔州掾曹復爲考功員外郎裴垍善其應對機捷遷考功郎中集賢院學士轉給事中裴垍罷相爲太子賓客未幾而卒李吉甫復入相與垍宿嫌不加贈官伯芻上疏論之贈垍太子少傳伯芻妻垍從姨也或譏於吉甫以此論奏伯芻懼亟請散地因出爲虢州刺史吉甫卒裴度擢爲刑部侍郎俄知吏部選事元和十年以左常侍致仕卒年六十一贈工部尚書伯芻風姿古雅涉學善談笑而動與時適論者稍薄之子寬夫登進士第歷諸府從事寶曆中入爲監察御史嘗上言曰近日攝祭多差王府官僚位望既輕有乖嚴敬伏請今後攝太尉差尚書省三品已上及保傅賓詹等官如人少即令丞郎通攝之俄轉左補闕少列陳岵進注維摩經得濠州刺史寬夫與同列因對論之言岵因供奉僧進經以圖郡牧敬宗怒謂宰相曰陳岵不因僧得郡諫官安得此言須推排頭首來寬夫奏曰昨論陳岵之時不記發言前後唯握筆草狀即是微臣今論事不當臣合當罪若尋究推排恐傷事體帝嘉其引過欣然釋之寬夫弟端夫爲太常博士駁韋綬謚議知名寬夫子允章煥章允章登進士第累官至翰林學士承旨禮部侍郎咸通九年知貢舉出爲鄂州觀察使檢校工部尚書後遷東都留守黃巢犯洛陽允章不能拒賊不之害坐是廢于家以疾卒

袁高字公頤恕己之孫少慷慨慕名節登進士第累辟使府有贊佐裨益之譽代宗登極徵入朝累官至給事中御史中丞建中二年擢爲京畿觀察使以論事失旨貶韶州長史復拜爲給事中貞元元年德宗復用吉州長史盧杞爲饒州刺史令高草詔書高執詞頭以謁宰相盧翰劉從一曰盧杞作相三年矯詐陰賊退斥忠良朋附者咳唾立至青雲睚眦者顧盻已擠溝壑傲很明德反易天常播越鑾輿瘡痍天下皆杞之爲也爰免族戮雖示貶黜尋已稍遷近地若更授大郡恐失天下之望惟相公執奏之事尚可救翰從一不悅改命舍人草之詔出執之不下仍上奏曰盧杞爲政窮極兇惡三軍將校願食其肉百辟卿士嫉之若讎遺補陳京趙需裴佶宇文炫盧景亮張薦等上疏論奏次日又上疏高又於正殿奏云陛下用盧杞獨秉鈞軸前後三年棄斥忠良附下罔上使陛下越在草莽皆杞之過且漢時三光失序雨旱不時皆宰相請罪小者免官大者刑戮杞罪合至死陛下好生惡殺赦杞萬死唯貶新州司馬旋復遷移今除刺史是失天下之望伏惟聖意裁擇上謂曰盧杞有不逮是朕之過復奏曰盧杞姦臣常懷詭詐非是不逮上曰朕已有赦高曰赦乃赦其罪不宜授刺史且赦文至優黎民今饒州大郡若命姦臣作牧是一州蒼生獨受其弊望引常衆官顧問并擇謹厚中官令採聽於衆若億兆之人異臣之言臣當萬死於是諫官爭論於上前上良久謂曰若與盧杞刺史太優與上佐可乎曰可矣遂追饒州制翌日遣使宣慰高云朕思卿言深理切當依卿所奏太子少保韋倫太府卿張獻恭等奏袁高所奏至當高是陛下一良臣望加優異貞元二年上以關輔禄山之後百姓貧乏田疇荒穢詔諸道進耕牛待諸道觀察使各選揀牛進貢委京兆府勸課民戶勘責有地無牛百姓量其地著以牛均給之其田五十畝已下人不在給限高上疏論之聖慈所憂切在貧下有田不滿五十畝者尤是貧人請量三兩家共給牛一頭以濟農事疏奏從之尋卒於官年六十中外歎惜憲宗朝宰臣李吉甫嘗言高之忠鯁詔贈禮部尚書

段平仲字秉庸武威人隋人部尚書段達六代孫也登進士第杜佑李復相繼鎮淮南皆表平仲爲掌書記復移鎮華州滑州仍爲從事入朝爲監察御史平仲磊落尚氣節嗜酒傲言時德宗春秋高多自聽斷由是庶務壅隔事或不理中外畏上嚴察無敢言者平仲嘗謂人曰主上聰明神武臣下畏懼不言自循默耳如平仲一得召見必當大有開悟貞元十四年京師旱詔擇御史郎官各一人發廩賑恤平仲與考功員外陳歸當奉使因辭得對乃入近御座粗陳本事上察平仲意有所奋以歸在側不言及奏事畢退平仲獨不退欲有奏啓上因兼留歸問之聲色甚厲雜以他語平仲錯愕都不得言因誤稱其名上怒叱出之平仲蒼黃又誤趨御障後歸下階連呼乃得出由是坐廢七年然亦因此名顯後除屯田膳部二員外郎東都留守判官累拜右司郎中元和初遷諫議大夫內官吐突承璀爲招討使征鎮州無功而還平仲與呂元膺抗疏論列請加黜責轉給事中自在要近朝廷有得失未嘗不論奏時人推其狷直轉尚書左丞以疾改太子左庶子卒

薛存誠字資明河東人父勝能文嘗作拔河賦詞致瀏亮爲時所稱存誠進士擢第累辟使府入朝爲監察御史知館驛元和初王師討劉闢郵傳多事上特令中官爲館驛使存誠密表論奏以爲有傷公體會諫官亦論奏上乃罷之轉殿中侍御史遷度支員外郎裴垍作相用爲起居郎轉司勳員外刑部郎中兼侍御史知雜事改兵部郎中給事中瓊林庫使奏占工徒太廣存誠以爲此皆姦人竄名以避征役不可許咸陽縣尉袁儋與軍鎮相競軍人無理遂肆侵誣儋反受罰二勑繼至存誠皆執之上聞甚悅命中使嘉慰之由是擢拜御史中丞僧鑒虛者自貞元中交結權倖招懷賂遺倚中人爲城社吏不敢繩會于頔杜黃裳家私事發連逮鑒虛下獄存誠案鞫得姦贓數十萬獄成當大辟中外權要更於上前保救上宣令釋放存誠不奉詔明日又令中使詣臺宣旨曰朕要此僧面詰之非赦之也存誠附中使奏曰鑒虛罪款已具陛下若召而赦之請先殺臣然後可取不然臣期不奉詔上嘉其有守從之鑒虛竟笞死洪州監軍高重昌誣奏信州刺史李位謀大逆追赴京師上令付仗內鞫問存誠一日三表請付位於御史臺及推案無狀位竟得雪未幾再授給事中數月中丞闕上思存誠前効謂宰相持憲無以易存誠遂復爲御史中丞未視事暴卒憲宗深惜之贈刑部侍郎存誠性和易於人無所不容及當官御事即確乎不拔士友以是稱重之子廷老廷老謹正有父風而性通銳寶曆中爲右拾遺敬宗荒恣宮中造清思院新殿用銅鏡三千片黃白金薄十萬番廷老與同僚入閤奏事曰臣伏見近日除拜往往不由中書進擬或是宣出伏恐綱紀漸壞姦邪恣行敬宗厲聲曰更諫何事舒元褒對曰近日宮中修造太多上色變曰何處修造元褒不能對廷老進曰臣等職是諫官凡有所聞即合論奏莫知修造之所但見運瓦木絕多即知有用乞陛下勿罪臣言帝曰所奏已知尋加史館修撰時李逢吉秉權惡廷老言太切直鄭權因鄭注得廣州節度權至鎮盡以公家珍寶赴京師以酬恩地廷老上疏請按權罪中人由是切齒又論逢吉黨人張權輿程昔範不宜居諫列逢吉大怒廷老告滿十旬逢吉乃出廷老爲臨晉縣令文宗即位入爲殿中侍御史大和四年以本官充翰林學士與同職李讓夷相善廷老之入內署讓夷薦挈之廷老性放逸嗜酒不持檢操終日酣醉文宗知之不悅五年罷職守本官讓夷亦坐廷老罷職方員外郎廷老尋拜刑部員外郎轉郎中遷給事中開成三年卒廷老當官舉職不求虛譽偘偘於公卿之間甚有正人風望贈刑部侍郎子保遜登進士第位亦至給事中保遜子昭緯乾寧中爲禮部侍郎貢舉得人文章秀麗爲崔胤所惡出爲磎州刺史卒

盧坦字保衡河南洛陽人其先自范陽徙焉父巒贈鄭州刺史坦嘗爲義成軍判官節度使李復疾篤監軍使薛盈珍慮變遽封府庫入其麾下五百人於使牙軍中恂恂坦密言於盈珍促收之及復卒坦護喪歸東都後爲壽安令時河南尹徵賦限窮而縣人訴以機織未就坦請延十日府不許坦令戶人但織而輸勿顧限也違之不過罰令俸耳既成而輸坦亦坐罰由是知名累遷至庫部員外郎兼侍御史知雜事會李錡反有司請毀錡祖父廟墓坦常爲錡從事乃上言曰淮安王神通有功於草昧且古之父子兄弟罪不相及況以錡故累五代祖乎乃不毀因賜神通墓五戶以備灑掃及武元衡爲宰相以坦爲中丞李元素爲大夫命坦分司東都未幾歸臺裴均爲僕射在班踰位坦請退之均不受坦曰姚南仲爲僕射例如此均曰南仲何人坦曰南仲是守正而不交權倖者也尋罷爲右庶子時人歸咎於均旬月出爲宣歙池觀察使三年入爲刑部侍郎鹽鐵轉運使改戶部侍郎判度支元和八年西受降城爲河徙浸毀宰相李吉甫請移兵於天德故城坦與李絳叶議以爲西城張仁愿所築制匈奴上策城當磧口居虜要衝美水豐草邊防所利今河流之決不過退就二三里奈何捨萬代永安之策徇一時省費之謀況天德故城僻處确瘠其北枕山與河絕遠烽候警備不相統接虜之唐突勢無由知是無故而蹙國二百里非所利也及城使周懷義奏利害與坦議同事既不行未幾出爲劍南東川節度使在鎮累年後請收閏月軍吏糧料以助軍行營人多非之貞元十二年九月卒年六十九贈禮部尚書

史臣曰古之諍臣有死於言者其次引裾折檻不改其操亦難矣哉袁高之執盧杞存誠之戮鑒虛有古人之遺風焉平仲觸鱗之氣料其謬歟文治奪章以攄府憤永夷絕食不飲盜泉節義之士也南仲非莽之言盧坦西城之議量之深也如數子道爲時無君子乃是厚誣

贊曰靈草指佞諫臣匡失惟袁與薛人中屈軼寬夫雀

躍廷老鴻軒姚盧啟奏君子之言

舊唐書卷一百五十四

後晉司空同中書門下平章事劉昫撰

列傳第一百四

孔巢父 從子戡 戣 戢 許孟容 呂元膺
劉栖楚 張宿 熊望 柏耆

孔巢父冀州人字弱翁父如珪海州司戶參軍以巢父贈工部郎中巢父早勤文史少時與韓準裴政李白張叔明陶沔隱於徂來山時號竹溪六逸永王璘起兵江淮聞其賢以從事辟之巢父知其必敗側身潛遁由是知名廣德中李季卿爲江淮宣撫使薦巢父授左衞兵曹參軍大曆初澤潞節度使李抱玉奏爲賓幕累授監察御史轉殿中檢校庫部員外郎出授歸州刺史建中初涇原節度留後孟皞表巢父試秘書少監兼御史中丞行軍司馬尋拜汾州刺史入爲諫議大夫出爲潭州刺史湖南觀察使未行會普王爲荊襄副元帥以巢父爲元帥府行軍司馬兼御史大夫尋屬涇師之難從德宗幸奉天遷給事中河中陝華等州招討使累獻破賊之謀德宗甚賞之尋兼御史大夫充魏博宣慰使巢父博辯多智對田悅之衆陳逆順利害君臣之道士衆欣悚喜抃曰不圖今日復覩王化及就宴悅酒酣自矜其騎射之藝拳勇之略因曰若蒙見用無堅不摧巢父謂之曰若如公言而不早歸國者但爲一好賊耳悅曰爲賊既曰好賊爲臣當作功臣巢父曰國方有虞待子而息悅起謝焉悅背叛日久其下厭亂且喜巢父之至數日田承嗣之子緒以失職怨望因人心之搖動遂構謀殺悅而與大將邢曹俊等稟命於巢父巢父因其衆意令田緒權知軍務以紓其難興元元年李懷光擁兵河中七月復以巢父兼御史大夫充宣慰使旣傳詔旨懷光以巢父嘗使魏博田悅死於帳下恐禍及又朔方蕃渾之衆數千皆在行列頗驕悖不肅聞罷懷光兵權時懷光素服待命巢父不止之衆咸忿恚咄嗟曰太尉盡無官矣方宣詔讙譟懷光亦不禁止巢父守盈並遇害上聞之震悼贈尚書左僕射仍詔收河中日備禮葬祭賜其家布帛米粟甚厚仍授子正員官從子戡戣戢

巢父兄岑父之子方嚴有家法重然諾尚忠義盧從史鎮澤潞辟爲書記從史寖驕與王承宗田緒陰相連結欲效河朔事以固其位戡每秉筆至不軌之言極諫以爲不可從史怒戡歲餘謝病歸洛陽李吉甫鎮揚州召爲賓佐從史知之上疏論列請行貶逐憲宗不得已授衞尉丞分司洛陽初貞元中藩帥誣奏從事者皆不驗理便行降黜及戡詔下給事中呂元膺執之上令中使慰喻元膺制書方下戡不調而卒贈駕部員外郎戣字君嚴登進士第鄭滑節度使盧羣辟爲從事羣卒命戣權掌留務監軍使以氣凌之戣無所屈降入爲侍御史累轉尚書郎元和初改諫議大夫侃然忠讜有諫臣體上疏論時政四條帝意嘉納六年十月內官劉希光受將軍孫璹賂二十萬貫以求方鎮事敗賜希光死時吐突承璀以出軍無功諫官論列坐希光事出爲淮南監軍使太子通事舍人李涉知上待承璀意未衰欲投匭上疏論承璀有功希光無事久委心腹不宜遽棄戣爲匭使得涉副章不受面詰責之涉乃進疏於光順門戣極論其與中官交結言甚激切詔貶涉爲陝州司倉倖臣聞之側目人爲危之戣高步公卿間以方嚴見憚俄兼太子侍讀遷吏部侍郎轉左丞九年信州刺史李位爲州將韋岳讒譖於本使監軍高重謙言位結聚術士以圖不軌追位至京師鞫於禁中戣奏曰刺史得罪合歸法司按問不合劾於內仗乃出付御史臺戣與三司訊鞫得其狀位好黃老道時修齋籙與山人王恭合鍊藥物別無逆狀以岳誣告決殺貶位建州司馬時非戣論諫罪在不測人士稱之愈爲中官所惡尋出爲華州刺史潼關防禦等使入爲大理卿改國子祭酒十二年嶺南節度使崔詠卒三軍請帥宰相奏擬皆不稱旨因入對上謂裴度曰嘗有上疏論南海進蚶菜者詞甚忠正此人何在卿第求之度退訪之或曰祭酒孔戣嘗論此事度徵疏進之即日授廣州刺史兼御史大夫嶺南節度使戣剛正清儉在南海請刺史俸料之外絕其取索先是帥南海者京師權要多託買南人爲奴婢戣不受託至郡禁絕賣女口先是準詔禱南海神多令從事代祠戣每受詔自犯風波而往韓愈在潮州作詩以美之時桂管經畧使楊旻桂仲武裴行立等騷動生蠻以求功伐遂至嶺表累歲用兵唯戣以清儉爲理不務邀功交廣大理敬宗即位召爲吏部侍郎長慶中或告戣在南海時家人受賂上不之責改右散騎常侍二年轉尚書左丞累請老詔以禮部尚書致仕優詔褒美仍令所司歲致羊酒如漢禮徵士故事長慶四年正月卒時年七十三子遵孺溫裕皆登進士第大中已後迭居顯職溫裕位京兆尹天平軍節度使遵孺子緯自有傳戢字方舉戣母弟也以季父巢父死難德宗嘉其忠詔與一子正員官因授戢修武尉以長兄戡未仕固乞迴授戡明經登第判入高等授秘書省校書郎陽翟尉入拜監察御史轉殿中分司東都時昭義節度判官徐玫以佞慝助成從史之惡從史既得罪孟元陽爲昭義節度復欲用玫爲賓佐戢遂牒澤潞收玫以俟命然後列狀上聞竟流玫播州轉侍御史庫部員外郎初涇師之亂朱泚署彭偃爲舍人至是偃子充符爲鄜坊從事或薦其才執事者召至京師戢謂京兆尹裴武曰朱泚爲僞詔指斥乘輿皆彭偃之詞也悖逆之子不能烏竄獸伏乃違道以干譽子盍效季孫行父之逐莒僕以勉事君者武即日逐充符還京兆尹出爲汝州刺史大理卿出爲潭州刺史湖南觀察使時兄戣爲嶺南兄弟皆居節鎮朝野榮之入爲右散騎常侍拜京兆尹時累月亢旱深軫聖情戢自禱雨於曲池是夕大雨文宗甚悅詔兼御史大夫太和三年正月卒贈工部尚書子溫業登進士第大中後歷位通顯溫業子晦

許孟容字公範京兆長安人也父鳴謙究通易象官至撫州刺史贈禮部尚書孟容少以文詞知名舉進士甲科後究王氏易登科授秘書省校書郎趙贊爲荊襄等道黜陟使表爲判官貞元初徐州節度使張建封辟爲從事四遷侍御史李納屯兵境上揚言入寇建封遣將吏數輩告諭不聽於是遣孟容單車詣納爲陳逆順禍福之計納即日發使追兵因請修好遂表孟容爲濠州刺史無幾德宗知其才徵爲禮部員外郎有公主之子請補弘文崇文館諸生孟容舉令式不許主訴於上命中使問狀孟容執奏竟得還本曹郎中德宗降誕日御麟德殿命孟容等登座與釋老之徒講論十四年轉兵部郎中未滿歲遷給事中十七年夏好畤縣風雹傷麥上命品官覆視不實詔罰京兆尹顧少連已下勑出孟容執奏曰府縣上事不實罪止奪俸停官其於弘宥已是殊澤但陛下使品官覆視後更擇憲官一人再令驗察覆視轉審隱欺益明事宜觀聽法歸綱紀臣受官中謝日伏請詔勑有須詳議者則乞停留晷刻得以奏陳此勑既非急宣可以少駐詔雖不許公議是之十八年浙江東道觀察使裴肅卒以攝副使齊總爲衢州刺史時總爲肅剝下進奉以希恩遂授大郡物議喧然詔出孟容執奏曰陛下比者以兵戎之地或有不獲已超授者今衢州無他虞齊總無殊績忽此超授羣情驚駭總是浙東判官今詔勑稱權知留後攝都團練副使向來無此勑命便用此詔尤恐不可若總必有可錄陛下須要酬勞即明書課最超一兩資與改令舉朝之人不知總之功能衢州浙東大郡總自大理評事兼監察御史授之使遐邇不甘兇惡騰口如臣言不切乞陛下暫停此詔密使人聽察必賀聖朝無私令齊總詔謹隨狀封進尋有諫官論列乃留中不下德宗召孟容對於延英諭之曰使百執事皆如卿朕何憂也自給事中袁高論盧杞後未嘗有可否及聞孟容之奏四方皆感上之聽納嘉孟容之當官十九年夏旱孟容上疏曰臣伏聞陛下數月已來齋居損膳爲兆庶心疲又勑有司走於羣望牲於百神而密雲不雨首種未入豈觴醪有闕祈祝非誠爲陰陽適然豐歉前定何聖意精至甘澤未荅也臣歷觀自古天人交感事未有不由百姓利病之急者切者邦家教令之大者遠者京師是萬國所會強幹弱枝自古通規其一年稅錢及地租出入一百萬貫臣伏冀陛下即日下令全放免之其次三分放二且使旱涸之際免更流亡若播種無望徵斂如舊則必愁怨遷徙不顧墳墓矣臣愚以爲德音一發膏澤立應變災爲福期在斯須戶部所收掌錢非度支歲計本防緩急別用今此炎旱直支一百餘萬貫代京兆百姓一年差科實陛下巍巍睿謀天下鼓舞歌揚者也復更省察庶政之中有流移征防當還而未還者徒役禁錮當釋而未釋者逋懸饋送當免而未免者沉滯鬱抑當伸而未伸者有一於此則特降明命令有司條列三日內聞奏其當還當釋當免當伸者下詔之日所在即時施行臣愚以爲如此而神不監歲不稔古未之有事雖不行物議嘉之貞元末坐裴延齡李齊運等讒謗流貶者動十數年不量移故因旱歉孟容奏此以諷然終貞元世罕有遷移者孟容以諷諭太切改太常少卿元和初遷刑部侍郎尚書右丞四年拜京兆尹賜紫神策吏李昱假貸長安富人錢八千貫滿三歲不償孟容遣吏收捕械繫尅日命還之曰不及期當死自興元已後禁軍有功又中貴之尤有渥恩者方得護軍故軍士日益縱橫府縣不

能制孟容剛正不懼以法繩之一軍盡驚冤訴於上立命中使宣旨令送本軍孟容繫之不遣中使再至乃執奏曰臣誠知不奉詔當誅然臣職司輦轂合爲陛下彈抑豪强錢未盡輸昱不可得上以其守正許之自此豪右斂迹威望大震改兵部侍郎俄以本官權知禮部貢舉頗抑浮華選擇才藝出爲河南尹亦有威名俄知禮部選事徵拜吏部侍郎會十年六月盜殺宰相武元衡并傷議臣裴度時淮夷逆命兇威方熾王師問罪未有成功言事者繼上章疏請罷兵是時盜賊竊發人情甚惑獨孟容詣中書雪涕而言曰昔漢廷有一汲黯姦臣尚爲寢謀今主上英明朝廷未有過失而狂賊敢爾無狀寧謂國無人乎然轉禍爲福此其時也莫若上聞起裴中丞爲相令主兵柄大索賊黨窮其姦源後數日度果爲相而下詔行誅時孟容議論人物有大臣風彩由太常卿爲尚書左丞奉詔宣慰汴宋陳許河陽行營諸軍俄拜東都留守元和十三年四月卒年七十六贈太子少保謚曰憲孟容方勁富有文學其折衷禮法考詳訓典甚堅正論者稱焉而又好推轂樂善拔士士多歸之

呂元膺字景夫鄆州東平人曾祖紹宗右拾遺祖霈殿中侍御史父長卿右衛倉曹參軍以元膺贈秘書監元膺質度瓌偉有公侯之器建中初策賢良對問第授同州安邑尉同州刺史侯鐈聞其名辟爲長春宮判官屬蒲賊侵軼鐈失所元膺遂潛跡不務進取貞元初論惟明節制渭北延在賓席自是名達於朝廷惟明卒王栖曜代領其鎮德宗俾栖曜留署使職咨以軍政累轉殿中侍御史徵入眞拜本官轉侍御史丁繼母憂服闋除右司員外郎出爲蘄州刺史頗著恩信嘗歲終閱郡獄囚囚有自告者曰某有父母在明日元正不得相見因泣下元膺憫焉盡脫其械縱之與爲期守吏曰賊不可縱元膺曰吾以忠信待之及期無後到者由是羣盜感義相引而去元和初徵拜右司郎中兼侍御史知雜事遷諫議大夫給事中規諫駁議大舉其職及鎭州王承宗之叛憲宗將以吐突承璀爲招討處置使元膺與給事中穆質孟簡兵部侍郎許孟容等八人抗論不可且曰承璀雖貴寵然內臣也若爲帥總兵恐不爲諸將所伏指諭明切憲宗納之爲改使號然猶專戎柄無功而還出爲同州刺史及中謝上問時政得失元膺論奏辭氣激切上嘉之翌日謂宰相曰元膺有讜言直氣宜留在左右使言得失卿等以爲何如李藩裴垍賀曰陛下納諫超冠百王乃宗社無疆之休臣等不能廣求端士又不能數進忠言孤負聖心合當罪戾請留元膺給事左右尋兼皇太子侍讀賜以金紫尋拜御史中丞未幾除鄂岳觀察使入爲尚書左丞度支使潘孟陽與太府卿王遂迭相奏論孟陽除散騎常侍遂爲鄧州刺史皆假以美詞元膺封還詔書請明示枉直江西觀察使裴堪奏虔州刺史李將順贓狀朝廷不覆按遽貶將順道州司戶元膺曰廉使奏刺史贓罪不覆檢即謫去縱堪之詞足信亦不可爲天下法又封詔書請發御史按問宰臣不能奪代權德輿爲東都留守檢校工部尚書兼御史大夫都畿防禦使舊例留守賜旗甲與方鎭同及元膺受任不賜朝論以淮西用兵特用元膺守洛不宜削其儀制以沮威望諫官論列援華汝壽三州例上曰此數處並宜不賜留守不賜旗甲自元膺始十年七月鄆州李師道留邸伏甲謀亂初師道於東都置邸院兵諜雜以往來吏不敢辨因吳元濟北犯郊畿多警防禦兵盡戍伊闕師道伏甲百餘於邸院將焚宮室而肆殺掠已烹牛饗衆明日將出會小將李再興告變元膺追兵伊闕圍之半日無敢進攻者防禦判官王茂元殺一人而後進或有毀其墉而入者賊衆突出圍兵奔駭賊乃團結以其孥偕行出長夏門轉掠郊墅奪牛馬東濟伊水望山而去元膺誡境上兵重購以捕之數月有山棚賣鹿於市賊過山棚乃召集其黨引官兵圍於谷中盡獲之窮理其魁乃中岳寺僧圓淨年八十餘嘗爲史思明將偉悍過人初執之使折其脛鎚之不折圓淨罵曰脚猶不解折乃稱健兒乎自置其足教折之臨刑歎曰誤我事不得使洛城流血死者凡數十人留守防禦將二人都亭驛卒五人甘水驛卒三人皆潛受其職署而爲之耳目自始謀及將敗無知者初師道多買田於伊闕陸渾之間凡十餘處故以舍山棚而衣食之有訾嘉珍門察者潛部分之以屬圓淨以師道錢千萬僞理佛寺期以嘉珍竊發時舉火於山中集二縣山棚人作亂及窮按之嘉珍門察皆稱害武元衡者元膺以聞送之上都賞告變人楊進李再興錦綵三百匹宅一區授之郎將元膺因請募山河子弟以衛宮城從之盜發之日都城震恐留守兵寡弱不可倚而元膺坐皇城門指使部分氣意自若以故居人帖然數年改河中尹充河中節度等使時方鎭多事姑息元膺獨以堅正自處監軍使洎往來中貴無不敬憚入拜吏部侍郎因疾固讓改太子賓客元和十五年二月卒年七十二贈吏部尚書元膺學識深遠處事得體正色立朝有台輔之望初遊京師時故相齊映謂人曰吾不及識婁郝殆斯人之類乎其業官行已始終無缺云

劉栖楚出於寒微爲吏鎭州王承宗甚奇之後有薦於李逢吉自鄧掾擢爲拾遺性果敢逢吉以爲鷹犬之用欲中傷裴度及殺李紳敬宗即位畋遊稍多坐朝常晚栖楚出班以額叩龍墀出血苦諫曰臣歷觀前王嗣位之初莫不躬勤庶政坐以待旦陛下即位已來放情嗜寢樂色忘憂安臥宮闈日晏方起西宮密邇未過山陵鼓吹之聲日喧於外伏以憲宗皇帝大行皇帝皆是長君恪勤庶政四方猶有叛亂陛下運當少主即位未幾惡德布聞臣慮福祚之不長也臣忝諫官致陛下有此請碎首以謝遂以額叩龍墀久之不已宰臣李逢吉出位宣曰劉栖楚休叩頭俟詔旨栖楚捧首而起因更陳論搕頭見血上爲之動容以袖連揮令出栖楚又云不可臣奏臣即碎首死中書侍郎牛僧孺復宣示而出敬宗爲之動容無何遷起居郎至諫議俄又宣授刑部侍郎丞郎宣授未之有也改京兆尹摧抑豪右甚有鈎距人多比之於西漢趙廣漢者後恃權寵常以詞氣凌宰相韋處厚遂出爲桂州觀察使逾年卒於任時大和元年九月

張宿者布衣諸生也憲宗爲廣陵王時因軍使張茂宗薦達出入邸第及上在東宮宿時入謁辯譎敢言洎監撫之際驟承顧擢授左拾遺以舊恩數召對禁中機事不密貶郴州郴縣丞十餘年徵入歷贊善大夫左補闕比部員外郎宰相李逢吉惡之數於上前言其狡譎不可保信乃用爲濠州刺史制下宿自理乞留乃追制上欲以爲諫議大夫逢吉奏曰諫議職重當以能可否朝政者爲之宿細人不足以汙賢者位陛下必須用宿請先去臣即可上不悅又逢吉與裴度是非不同上方委度討伐乃出逢吉爲劍南東川節度乃用宿權知諫議大夫俄而內使宣授初宰相崔羣王涯奏曰諫議大夫前時亦有拔自山林起於卒伍者其例則少用皆有由或道義彰明不求聞達或山林卓異出於羣萃以此選求是愜公議或事迹未著恩由一時雖有例超升即時議未允宿本非文辭入用望實稍輕驟加不次之榮[illegible]恐以身爲累臣等所以累有論諫依資且與郎中事冀適中非於此人情有厚薄請授職方郎中上命如初羣等乃請權知尋又宣授宿怨執政擯已頗加讒毀依附皇甫鎛等傷害清正之士陰事中要以圖進取十三年正月充淄青宣慰使至東都暴病卒於是正人相賀詔贈秘書監

熊望者登進士第粗有文詞而性險有口辯往往得遊公卿間率以大言詭意指抉時政既由此而得進士第務進不已而京兆尹劉栖楚以不次驟居清貫廣樹朋黨門庭無晝夜塡委不息望出入栖楚之門爲伺窋機陰佐計畫人無知者昭愍嬉遊之隙學爲歌詩以翰林學士崇重不可褻狎乃議別置東頭學士以備曲宴賦詩令採卑官才堪任學士者爲之栖楚以望名薦送事未行而昭愍崩文宗即位韋處厚輔政大去姦黨既逐栖楚又詔曰孔門高懸百行由至順者其身必榮朝廷廣設衆官踐正途者其道必達前鄉貢進士熊望因緣薄伎偷冀褻幸營居中之密職擾惑朝經鼓倡下之囂聲因依邪隙及衆議波湧累月不寧司門驗繻累月至四考覆謬妄乃非坦途朕大啓康莊以端羣望俾示投荒之典用正向方之流可漳州司戶

柏耆者將軍良器之子素負志略學縱橫家流會王承宗以常山叛朝廷厭兵欲以恩澤撫之者於蔡州行營以畫干裴度請以朝旨奉使鎭州乃白處士授左拾遺旣見承宗以大義陳說承宗泣下請質二男獻兩郡由是知名元和十年王承宗歸國移鎭滑州朝廷賜成德軍賞錢一百萬貫令諫議大夫鄭覃宣慰軍人賞錢未至浩浩然騰口穆宗詔耆往諭旨耆至令承宗集三軍宣導上旨衆心乃安轉兵部郎中太和初遷諫議大夫俄而李同捷叛兩河藩帥加兵滄德宿師於野連年同捷窮蹙求降耆旣宣諭訖與節度使李祐謀耆乃帥數百騎入滄州取同捷赴京滄德平諸將害耆邀功爭上表論列文宗不獲已貶循州司戶判官沈亞之貶虔州南康尉內官馬國亮又奏耆於同捷處取婢九人再命長流愛州尋賜死

史臣曰人臣事君犯顏匡政不避死亡之誅議者以爲徇名臣惡其訐也如許京兆之劾軍吏呂尚書之封詔書詞義可觀聳動人聽以爲沽激傷善何多而栖楚張宿之徒鷹犬下材爲人鳴吠誠可醜也柏耆恃縱橫之算欲俯拾卿相忘身蹈利旋踵而誅宜哉巢父使不辱命志在致君遭羅喪亂竟陷虎吻而殲戩諸子世載忠貞大中之後鬱爲昌族爲善之利豈虛言哉

贊曰君子重義小人殉利巢殞者誅其道即異許呂封駮照耀黃扉死而可作吾誰與歸

# 舊唐書卷一百五十五

後晉司空同中書門下平章事劉　昫撰

## 列傳第一百

穆寧子贊質員賞　崔邠弟鄯郾鄲
竇羣兄常牟弟庠鞏　李遜弟建
薛戎弟放

穆寧懷州河內人也父元休以文學著撰洪範外傳十
篇開元中獻之玄宗賜帛授偃師縣丞安陽令寧清愼
剛正重交遊以氣節自任少以明經調授鹽山尉是時
安祿山始叛僞署劉道玄爲景城守寧唱義起兵斬道
玄首傳檄郡邑多有應者賊將史思明來寇郡寧以攝
東光令將兵禦之思明遣使說誘寧立斬之郡懼賊怨
深後大兵至奪寧兵及攝縣初寧佐採訪使巡按常過
平原與太守顏眞卿密揣祿山必叛至是眞卿亦唱義
舉郡兵以拒祿山會間使持書遺眞卿曰夫子爲衛君
乎更無他詞眞卿得書大喜因奏署大理評事河北採
訪支使寧以長子屬母弟曰惟爾所適苟不乏嗣吾無
累矣因往平原謂眞卿曰先人有嗣矣古所謂死有輕
於鴻毛者寧是也願佐公以定危難眞卿深然之其後
寧計或不行眞卿迫蹙棄郡夜渡河而南見肅宗於鳳
翔帝問拒賊之狀眞卿曰臣不用穆寧之言功業不成
帝奇之發驛召寧將以右職待之會眞卿以抗直失旨
事遂止上元二年累官至殿中侍御史佐鹽鐵轉運使
副元帥李光弼以餉運不繼或惡寧者誣譖於光弼光
弼揚言欲殺寧寧直抵徐州見光弼喻以大義不爲撓
折光弼深重之寧得行其職寶應初轉侍御史爲河南
轉運租庸鹽鐵等副使明年遷戶部員外郎無幾加兼
御史中丞爲河南江南轉運使廣德初加庫部郎中是
時河運不通漕輓由漢沔自商山達京師選鎭夏口者
詔以寧爲鄂州刺史鄂岳沔都團練使及淮西鄂岳租
庸鹽鐵沿江轉運使賜金紫時淮西節度使李忠臣貪
暴不奉法設防戍以稅商賈又縱兵士剽劫行人殆絕
與寧夾淮爲理憚寧威名寇盜輒止沔州別駕薛彥偉
坐事忤旨寧杖之致死寧坐貶虔州司馬重貶昭州平
集尉大曆四年起授監察御史領轉運留後事於淄青
間一年改檢校司封郎中兼侍御史領轉運留後事於
江西明年拜檢校秘書少監兼和州刺史理有善政居
無何官罷代寧者以天寶版籍校見戶誣以逋亡多坐
貶泉州司戶寧子贊守闕三年告冤詔遣御史按覆而
人戶增倍詔書召寧除右諭德寧强毅不能事權貴執
政者以爲不附己且憚其難制故處之散位寧默默不
得志且曰時不我容我不時殉則非吾之進也在於退
乎辭病居家請告幾十旬者數矣親友强之復一朝請
上居奉天寧詣行在拜秘書少監興元初改右庶子德
宗還京師寧曰可以行吾志矣因移病罷歸東都貞元
六年就拜秘書監致仕寧好學善教諸子家道以嚴稱
事寡姊以悌聞通達體命未嘗服藥每誡諸子曰吾聞
君子之事親養志爲大直道而已愼無爲諂吾之志也
貞元十年十月卒時年七十九四子贊質員賞贊字相
明釋褐爲濟源主簿時父寧爲和州刺史以剛直不屈
於廉使遂被誣奏貶泉州司戶參軍贊奔赴闕庭號泣
上訴詔御史覆問寧方得雪詔曰令子申父之冤憲臣
奉君之命楚劍不衡於牛斗秦臺自洗於塵埃由是知
名累遷京兆兵曹參軍殿中侍御史轉侍御史分司東
都時陝州觀察使盧岳妾裴氏以有子岳妻分財不及
訴於官贊鞫其事御史中丞盧佋佐之令深繩裴罪贊
持平不許宰臣竇參與佋善參佋俱持權怒贊以小事
不受指使遂下贊獄侍御史杜倫希其意誣贊受裴之
金鞭其使以成其獄甚急贊弟賞馳詣闕撾登聞鼓詔
三司使覆理無驗出爲郴州刺史參敗徵拜刑部郎中
因次對德宗嘉其才擢爲御史中丞時裴延齡判度支
以姦巧承恩屬吏有贓犯贊鞫理承伏延齡請曲法出
之贊三執不許以款狀聞延齡誣贊不平貶饒州別駕
丁母憂再轉虔常二州刺史憲宗即位拜宣州刺史御
史中丞充宣歙觀察使所莅皆有政聲永貞元年十一
月卒時年五十八贈工部尚書贊與弟質員賞以家行
人材爲搢紳所仰贊官達父母尚無恙家法清嚴贊兄
弟奉指使笞責如僮僕贊最孝謹質强直應制策入第
三等其所條對至今傳之自補闕至給事中時政得失
未嘗不先論諫元和初掌賦使院多擅禁繫戶人而有
笞掠至死者質乃論奏鹽鐵轉運司應決私鹽繫囚須
與州府長吏監決自是刑名畫一憲宗以王承宗叛用
內官吐突承璀爲招討使質率同列伏閤論奏言自古
無以中官爲將帥者上雖改其名心頗不悅尋改質爲
太子左庶子五年坐與楊憑善出爲開州刺史未幾卒
員工文辭尚節義杜亞爲東都留守辟爲從事檢校員
外郎早卒有文集十卷質兄弟俱有令譽而和粹世以
滋味目之贊俗而有格爲酪質美而多入爲酥員爲醍
醐賞爲乳腐近代士大夫言家法者以穆氏爲高
崔邠字處仁清河武城人祖結父倕官卑邠少舉進士
又登賢良方正科貞元中授渭南尉遷拾遺補闕常疏
論裴延齡爲時所知以兵部員外郎知制誥至中書舍
人凡七年又權知吏部選事明年爲禮部侍郎轉吏部
侍郎賜以金紫邠溫裕沉密尤敦清儉上亦器重之裴
垍將引爲相病難於承荅事竟寢兄弟同時奉朝請者
四人頗以孝敬怡睦聞後改太常卿知吏部尚書銓事
故事太常卿初上大閱四部樂於署觀者縱焉邠自私
第去帽親導母輿公卿逢者迴騎避之衢路以爲榮居
母憂歲餘卒元和十年三月也時年六十二贈吏部尚
書謚曰文簡弟鄯郾鄲等六人子瓘璜璀子彥融皆登
進士第歷位臺閣鄯少有文學舉進士元和中歷監察
御史太和元年十月自太子詹事拜左金吾衛大將軍
鄯昆弟六人仕官皆至三品邠郾鄲三人知貢舉掌銓
衡冠族聞望爲時名德鄯大和九年冬爲左金吾大將
軍無病暴亡不旬日有訓注之亂其亂始自金吾君子
乃知鄯之亡崔氏積善之徵也贈禮部尚書子瑄郾字
廣略舉進士平判入等授集賢殿校書郎三命升朝爲
監察御史刑部員外郎姿質秀偉神情重雅人望而愛
之終不可捨不知者以爲事高簡拘靜默耳居內憂釋
服爲吏部員外姦吏不敢欺孤寒無援者未嘗留滯銓
敘之美爲時所稱再遷左司郎中元和十三年鄭餘慶
爲禮儀詳定使選時有禮學者共事以郾爲詳定判官
吏部郎中十五年遷諫議大夫穆宗即位荒於禽酒坐
朝常晚郾與同列鄭覃等延英切諫穆宗甚嘉之畋遊
稍簡長慶中轉給事中昭愍即位選侍講學士轉中書
舍人入思政殿謝恩奏曰陛下用臣爲侍講半歲有餘
未嘗問臣經義今蒙轉改實慚尸素有愧厚恩帝曰朕
機務稍閑即當請益高釴曰陛下意雖樂善既未延接
儒生天下之人寧知重道帝深引咎賜之錦綵郾退與
同列高重抄撮六經嘉言要道區分事類凡十卷名曰
諸經纂要冀人主易於省覽上嘉之賜錦綵二百匹銀
器等其年轉禮部侍郎東都試舉人凡兩歲掌貢士平
心閱試賞拔藝能所擢者無非名士至大中咸通之代
爲輔相名卿者十數人出爲陝州觀察使舊弊有上供
不足奪吏俸以益之歲八十萬郾以廉使常用之直代
之居二年政績聞於朝遷鄂岳安黃等州觀察使又五
年移浙西道都團練觀察使至用寬政安疲人及居鄂
渚則峻法嚴刑未常貰一死罪江湖之間萑蒲是叢因
造蒙衝小艦上下千里朞月而盡獲羣盜凡三按廉車
率由清簡少事財用有餘人遂寧泰開成元年卒年六
十九贈吏部尚書謚曰德郾與兄邠弟鄲等皆有令譽
而郾疎財恢廓昆仲所不及子瑤瓌瑾珮璆瑤大和三
年登進士第出佐藩方入升朝列累至中書舍人大中
六年知貢舉旋拜禮部侍郎出爲浙西觀察使又遷鄂
州刺史鄂岳觀察使終於位瓌珮璆官至郎署給諫瑾
大中十年登進士第累居使府歷尚書郎知制誥咸通
十三年知貢舉選拔頗爲得人尋拜禮部侍郎出爲湖
南觀察使鄲登進士第累遷監察御史三遷考功郎中
大和三年以本官充翰林學士轉中書舍人六年罷學
士八年爲工部侍郎集賢殿學士權知禮部眞拜兵部
侍郎本官判吏部東銓事文宗勤於政道每苦選曹訛
弊延英謂宰臣曰吏部殊不選才安得擿實無濫可釐
革否李石對曰令錄可以商量他官且宜循舊上曰循
舊如配官耳賢不肖安能甄別帝召三銓謂之曰卿等
比選令錄如何注擬鄲對曰資叙相當問其爲治之術
視可否而擬之帝曰依資合得而才劣者何授對曰與
邊遠慢官帝曰如以不肖之才治邊民則疾苦可知也
凡朝廷求理遠近皆須得人苟非其才人受其弊矣尋
拜吏部侍郎開成二年出爲宣州刺史兼御史中丞宣
歙觀察使四年入爲太常卿七月以本官同中書門下
平章事尋加中書侍郎銀青光祿大夫會昌初李德裕
用事與鄲兄素善鄲在相位累年歷方鎭太子師保
卒

竇羣字丹列扶風平陵人祖亶同昌郡司馬父叔向以
工詩稱代宗朝官至左拾遺羣兄常牟弟鞏皆登進士
第唯羣獨爲處士隱居毗陵以節操聞及母卒齧一指
置棺中因廬墓次終喪後學春秋於啖助之門人盧庇
者著書二十四卷號史記名臣疏貞元中蘇州刺史韋
夏卿以丘園茂異薦兼獻其書不報及夏卿入爲吏部
侍郎改京兆尹中謝日因對復薦羣徵拜左拾遺遷侍
御史充入蕃使秘書監張薦判官羣因入對奏曰陛下
即位二十年始自草澤擢臣爲拾遺是難其進也今陛
下以二十年難進之臣用爲和蕃判官一何易也德宗
異其言留之復爲侍御史王叔文之黨柳宗元劉禹錫
皆慢羣羣不附之其黨議欲貶羣官韋執誼止之羣嘗
謁王叔文叔文命徹榻而進羣揖之曰夫事有不可知
者叔文曰如何羣曰去年李實伐恩恃貴傾動一時此
時公逡巡路旁乃江南一吏耳今公已處實形勢又安
得不慮路旁有公者乎叔文雖異其言竟不之用憲宗
即位轉膳部員外兼侍御史知雜出爲唐州刺史節度

使于頔素聞其名既謁見羣危言激切頔甚悅奏留充山南東道節度副使檢校兵部郎中兼御史中丞賜紫金魚袋宰相武元衡李吉甫皆愛重之召入爲吏部郎中元衡輔政舉羣代己爲中丞羣奏刑部郎中呂溫羊士諤爲御史吉甫以羊呂險躁持之數日不下羣等怒怨吉甫三年八月吉甫罷相出鎮淮南羣等欲因失恩傾之吉甫嘗召術士陳登宿于安邑里第翌日羣令吏捕登考劾僞構吉甫陰事密以上聞帝召登面訊之立辯其僞憲宗怒將誅羣等吉甫救之出爲湖南觀察使數日改黔州刺史黔州觀察使在黔中屬大水壞其城郭復築其城徵督谿洞諸蠻程作頗急於是辰錦生蠻乘險作亂羣討之不能定六年九月貶開州刺史在郡二年改容州刺史容管經畧觀察使九年詔還朝至衡州病卒時年五十羣性狠戾頗復恩讎臨事不顧生死是時徵入云欲大用人皆懼駭聞其卒方安二子謙餘審餘兄常字中行大曆十四年登進士第居廣陵之柳楊結廬種樹不求苟進以講學著書爲事凡二十年不出貞元十四年鎮州節度使王武俊聞其賢遣人致聘辟爲掌書記不就其年杜佑鎮淮南奏授校書郎爲節度參謀元和六年自湖南判官入爲侍御史轉水部員外郎出爲朗州刺史歷固陵潯陽臨川三郡守入爲國子祭酒求致仕寶曆元年卒時年七十子弘餘會昌中爲黃州刺史牟字貽周貞元二年登進士第試秘書省校書郎東都留守巡官歷河陽昭義從事檢校水部郎中賜緋再爲留守判官入爲都官郎中出爲澤州刺史入爲國子祭酒長慶二年卒時年七十四子周餘大中年秘書監牟弟庠字胄卿釋褐國子主簿吏部侍郎韓皐出鎮武昌辟爲推官皐移鎮浙西奏庠爲節度副使殿中侍御史遷澤州刺史又爲宣歙副使除奉天令登州刺史東都留守判官歷信婺二州刺史卒年六十三子肇載鞏字友封元和二年登進士第袁滋鎮滑州辟爲從事滋改荊襄二鎮皆從之掌管記之任平盧薛平又辟爲副使入朝拜侍御史歷司勳員外刑部郎中元稹觀察浙東奏爲副使檢校秘書少監兼御史中丞賜金紫稹移鎮武昌鞏又從之鞏能五言詩昆仲之間與牟詩俱爲時所賞重性溫雅多不能持論士友言議之際吻動而不發白居易等目爲囁嚅翁終于鄂渚時年六十子六人景餘師裕最知名

李遜字友道後魏申公發之後於趙郡謂之申公房曾祖進德太子中允祖珍玉昌明令父震雅州別駕世寓於荆州之石首遜登進士第辟襄陽掌書記復從事於湖南主其留務頗有聲績累拜池濠二州刺史先是濠州之都將楊騰削刻士卒州兵三千人謀殺騰騰覺之走揚州家屬皆死濠兵不自戢因行攘剽及遜至郡餘亂未殄徐驅其間爲陳逆順利害之勢衆皆釋甲請罪因以寧息觀察使旨限外徵役皆不從入拜虞部郎中元和初出爲衢州刺史以政績殊尤遷越州刺史兼御史大夫浙東都團練觀察使先是貞元初皇甫政鎮浙東嘗福建兵亂逐觀察使吳詵政以所鎮實壓閩境請權益兵三千俟賊平而罷賊平向三十年而所益兵仍舊遜視事數日舉奏停之遜爲政以均一貧富扶弱抑强爲已任故所至稱理九年入爲給事中遜以舊制隻日視事對羣臣遜奏論曰事君之義有犯無隱陳誠啓沃不必擇辰今羣臣數奏乃候隻日是卑歲臣下覲天顏獻可否能幾何憲宗嘉之乃許不擇時奏對俄遷戶部侍郎元和十年拜襄州刺史充山南東道節度觀察等使襄陽前領八郡唐鄧隋在焉是時方討吳元濟朝議以唐蔡鄰接遂以鄧隸唐州三郡別爲節制命高霞寓領之專俟攻討遜以五州賦餉之時遜代嚴綬鎮襄陽綬以八州兵討賊在唐州既而綬以無功罷兵柄命高霞寓代綬將兵於唐州其襄陽軍隸于霞寓軍士家口在襄州者遜厚撫之士卒多捨霞寓亡歸既而霞寓爲賊所敗乃移過于遜言供饋不時霞寓本出禁軍內官皆佐之既貶官中人皆言遜撓霞寓軍所以致敗上令中使至襄州聽察曲直奏言遜不直乃左授太子賓客分司又降爲恩王傅十三年李師道効順命遜爲左散騎常侍馳赴東平諭之師道得詔意動即請効順旋爲其下所惑而止遜還未幾除京兆尹改國子祭酒十四年拜許州刺史充忠武節度陳許溵蔡等州觀察處置等使是時新罷兵戰難遽完緝及遜至集大軍與之約束嚴具示賞罰必信號令數百言士皆感悅長慶元年幽鎮繼亂遜請身先討賊不許但命以兵一萬會于行營遜奉詔即日發兵故先諸軍而至由是進位檢校吏部尚書尋改鳳翔節度使行至京師以疾陳乞改刑部尚書長慶三年正月卒年六十三廢朝一日贈右僕射遜幼孤寓居江陵與其弟建皆安貧苦易衣併食講習不倦遜兄造知二弟賢日爲營丐成其志業建先遜一年卒兄弟同致休顯士君子多之謚曰恭肅造早卒建字杓直家素清貧無舊業與兄造遜於荆南躬耕致養嗜學力文舉進士選授秘書省校書郎德宗聞其名用爲右拾遺翰林學士元和六年坐事罷職降詹事府司直高郢爲御史大夫奏爲殿中侍御史遷兵部郎中知制誥自以草詔思遲不願司文翰改京兆尹與宰相韋貫之友善貫之罷相建亦出爲澧州刺史徵拜太常少卿尋以本官知禮部貢舉建取捨非其人又惑於請託故其年選士不精坐罰俸料明年除禮部侍郎竟以人情不洽改爲刑部建名位雖顯以廉儉自處家不理垣屋士友推之長慶二年二月卒贈工部尚書三子訥恪朴訥最知名官至華州刺史檢校尚書右僕射

薛戎字元夫河中寶鼎人少有學術不求聞達居於毗陵之陽羨山年餘四十不易其操江西觀察使李衡辟爲從事使者三返方應故相齊映代衡又留署職府罷歸山福建觀察使柳冕表爲從事累月轉殿中侍御史會泉州闕刺史冕署戎權領州事是時姚南仲節制鄭滑從事馬揔以其道直爲監軍使誣奏貶泉州別駕冕附會權勢欲構成揔罪使戎按問曲成之戎以揔無辜不從冕意別白其狀戎還自泉州冕盛氣據衙而見賓客戎遂歷東廂從容而入冕度勢未可屈徐起以見一揖而退又構其罪以狀聞置戎于佛寺環以武夫恣其侵辱如是累月誘令成揔之罪操心如一竟不動搖杜佑鎮淮南知戎之冤乃上其表發書論冕戎難方解遂辭職寓居於江湖間後閻濟美爲福建觀察使備聞其事奏充副使又隨濟美移鎮浙東改侍御史入拜刑部員外郎出爲河南令累改衢湖常三州刺史遷浙東觀察使所莅皆以政績聞居數歲以疾辭官長慶元年十月卒贈左散騎常侍戎檢身處約不務虛名俸入之餘散於宗族身歿之後人無識焉兄弟五人季弟放最知名放登進士第性端厚寡言於是非不甚繫意累佐藩府莅事幹敏官至試大理評事擢拜右拾遺轉補闕歷水部兵部二員外遷兵部郎中遇憲宗以儲皇好書求端士輔導經義選充皇太子侍讀及穆宗嗣位未聽政間放多在左右密參機命穆宗常謂放曰小子初承大寶懼不克荷先生宜爲相以匡不逮放叩頭曰臣實庸淺獲侍冕旒固不足猥塵大位輔弼之任自有賢能其言無矯飾皆此類也穆宗深嘉其誠因召對思政殿賜以金紫之服轉工部侍郎集賢學士雖任非峻切而恩顧轉隆轉刑部侍郎職如故穆宗常謂侍臣曰朕欲習學經史何先放對曰經者先聖之至言仲尼之所發明皆天人之極致誠萬代不刊之典也史記前代成敗得失之迹亦足鑒其興亡然得失相參是非無準的固不可爲經典比也帝曰六經所尚不一志學之士白首不能盡通如何得其要對曰論語者六經之菁華孝經者人倫之本窮理執要眞可謂聖人至言是以漢朝論語首列學官光武令虎賁之士皆習孝經玄宗親爲孝經注解皆使當時大理四海乂寧蓋人知孝慈氣感和樂之所致也上曰聖人以孝爲至德要道其信然乎轉兵部侍郎禮部尚書判院事放閨門之內尤推孝睦孤孀百口家貧每不給贍常苦俸薄放因召對懇求外任其時偶以節制無闕乃授以廉問及鎮江西惟用清絜爲理一方之人至今思之寶曆元年卒於江西觀察使廢朝一日

史臣曰穆秘監之剛正不奪如寒松倚巖千丈勁節而竇容州之敢決如鷙鳥逐雀英氣動人巖穴之流罕能及此然矯激過當君子不爲如塤如篪不通不介士行之美崔氏諸子有焉建遜之貞方戎放之道義元和已來稱爲令族宜哉

贊曰穆之贊賢竇之常羣迹參時傑氣爽人文二李英四崔濟濟薛氏三門難兄難弟

舊唐書卷一百五十五考證

竇羣傳扶風平陵人○沈炳震曰新書京兆金城人案扶風無平陵金城本始平疑爲始平然不屬扶風

# 舊唐書卷一百五十六

後晉司空同中書門下平章事劉　昫撰

## 列傳第一百六

于頔　韓弘子公武　弘弟充　李質附

王智興子晏平　晏宰

于頔字允元河南人也周太師燕文公謹之後也始以蔭補千牛調授華陰尉黜陟使劉灣辟爲判官又以攝陽主簿攝監察御史充入蕃使判官再遷司門員外郎兼侍御史賜紫充入西蕃計會使將命稱於時論以爲有出疆專對之能歷長安縣令駕部郎中出爲湖州刺

史，因行縣至長城方山，其下有水曰西湖，南朝疏鑿，溉田三千頃，久堙廢，頔命設堤塘以復之，歲獲秔稻蒲魚之利，人賴以濟。州境陸地褊狹，其送終者往往不掩其棺櫬，頔葬朽骨凡十餘所。改蘇州刺史，濬溝瀆，整街衢，至今賴之。吳俗事鬼，頔疾其淫祀廢生業，神宇皆撤去，唯吳太伯、伍員等三數廟存。雖爲政有績，然橫暴已甚。追憾湖州舊尉，封杖以計強決之。觀察使王緯奏其事，德宗不省。及後頔累遷，乃與緯書曰：「一蒙惡奏，三度改官。」由大理卿遷陝虢觀察使，自以爲得志，益恣威虐，官吏日加科罰，其惴恐重足一跡。掾姚峴不勝其虐，與其弟汎舟于河，遂自投而死。貞元十四年，爲襄州刺史，充山南東道節度觀察。地與蔡州鄰，吳少誠之叛，頔率兵赴唐州，收吳房、朗山縣，又破賊於濯神溝。於是廣軍籍，募戰士，器甲犀利，僩然專有漢南之地。小失意者皆以軍法從事。因請升襄州爲大都督府，府比鄆、魏。時德宗方姑息方鎭，聞頔事狀，亦無可柰何，但允順而已。頔奏請無不從，於是公然聚斂，恣意虐殺，專以凌上威下爲務。鄧州刺史元洪，頔誣以贓罪，奏聞，朝旨不得已爲流端州，命中使監焉。至隋州棗陽縣，頔命部將領士卒數百人劫洪至襄州，拘留之。中使奔歸京師，德宗怒，笞之數十。頔又表洪其責太重，復降中使景忠信宣旨慰諭，遂除洪吉州長史，然後洪獲赴謫所。又怒判官薛正倫，奏貶峽州長史。及勅下，頔怒已解，復奏請爲判官，德宗皆從之。正倫卒，未殯，頔以兵圍其宅，令孽男逼娶其嫡女。頔累遷至左僕射、平章事、燕國公。俄而不奉詔旨，擅總兵據南陽，朝廷幾爲之旰食。及憲宗卽位，威肅四方，頔稍戒懼，以第四子季友求尚主，憲宗以長女永昌公主降焉。其第二子方屢諷其父歸朝，入覲，册拜司空、平章事。元和中，內官梁守謙掌樞密，頗招權利。有梁正言者，勇於射利，自言與守謙宗盟情厚。頔子敏與之遊處，正言取頔財賄，言賂守謙以求出鎭。久之無効，敏責其貨於正言，乃誘正言之僮，支解棄于溷中。八年春，敏奴王再榮詣銀臺門告其事，卽日捕頔孔目官沈璧家僮十餘人於內侍獄鞫問，尋出付臺獄，詔御史中丞薛存誠、刑部侍郎王播、大理卿武少儀爲三司使按問，乃搜死奴於其第，獲之。頔率其男贊善大夫正、駙馬都尉季友素服單騎，將赴闕下待罪於建福門，門司不納，退於街南負墻而立，遣人進表，閤門使以無引不受。日沒方歸，明日復待罪於建福門。宰相喻令還第。貶爲恩王傅。敏長流雷州，錮身發遣。殿中少監、駙馬都尉季友追奪兩任官階，令其家循省。左贊善大夫正、秘書丞方並停見任。孔目官沈璧決四十，配流封州。奴犀牛與劉幹同手殺人，宜付京兆府決殺。敏行至商山，賜死。梁正言、僧鑒虛並付京兆府決殺。頔其年十月改授太子賓客。十年，王師討淮蔡，諸侯貢財助軍，頔進銀七千兩、金五百兩、玉帶二，詔不納，復還之。十三年，頔表求致仕，宰臣擬授太子少保，御筆改爲太子賓客。其年八月卒，贈太保，謚曰厲。其子季友從獵苑中，訴於穆宗，賜謚曰思。右丞張正甫封勅請還本謚，右補闕高釴上疏論之曰：「夫謚者，所以懲惡勸善，激濁揚清，使忠臣義士知勸，亂臣賊子知懼。雖竊位於當時，死加惡謚者，所以懲暴戾，垂沮勸。孔子修春秋，亂臣賊子懼，蓋爲此也。垂範如此，而不能救，況又隳其典法乎？臣風聞此事是徐泗節度使李愬奏請。李愬勳臣節將，陛下寵其勳勞，賜其爵祿車服第宅則可；若亂朝廷典法，將何以沮勸？仲尼曰：『唯名與器，不可以假人。』名器，君之所司，若以假人，與之政也。政亡則國家從之。頔頃鎭襄漢，殺戮不辜，恣行兇暴，移軍襄鄧，迫脅朝廷，擅留逐臣，微遮天使。當先朝嗣位之始，貴安反側，以靖四方，幸免鈇鉞之誅，得全腰領而斃，誠宜謚之繆厲，以沮兇邪，豈可曲加美名，以惠姦宄？如此則是于頔生爲姦臣，死獲美謚，竊恐天下有識之士謂聖朝無人，有此倒置。伏請速追前詔，却依太常謚爲厲，使朝典無虧，國章不濫。」太常博士王彥威又疏曰：「古之聖王立謚法者，所以彰善惡，垂勸誡，使一字之褒，賞踰紱冕；一言之貶，辱過朝市。此有國之典禮，陛下勸懲之大柄也。頔頃擁節旄，肆行暴虐，人神共憤，法令不容。擅興全師，僭爲正樂，侵辱中使，擅止制囚，殺戮不辜，誅求無度。臣故定謚爲厲。今陛下不忍，改賜爲思，誠出聖慈，實害聖政。伏以陛下自臨宸扆，懋建大中，聞善若驚，從諫不倦，況當統天立極之始，所謂執法慎名之時，一垂恩光，大啓徼倖。且如頔之不法，然而陛下不忍加懲，臣恐今後不逞之徒如頔者衆矣，死援頔例，陛下何以處之？是恩曲於前而弊生於後。若以李吉甫有賜謚之例，則甫之爲相也，有犯上殺人之罪乎？以頔況之，恐非倫類。如以頔常入財助國，改過來覲，兩使絕域，可以贖論。夫傷物害人，剝下奉上，納賄求幸，尤不可長其漸焉。自兩河宿兵，垂七十年，王師憓征，瘡痏未息。及張茂昭以易定入覲，陳權以滄景歸朝，故恩禮殊尤，以勸來者。而于頔以文吏之職，居腹心之地，而偃強犯命，不獲已而入朝，豈茂昭之比乎？縱有入財使遠之勸，何以掩其惡迹？伏望陛下恩由義斷，澤以禮成，褒貶道存，僥倖路絕，則天下幸甚。」疏奏不報，竟謚爲思。長慶中，以戚里勳家諸貴引用，于方復至和王傅。家富於財，方交結遊俠，務於速進。元稹作相，欲以其策平河朔羣盜，方以策畫干稹。而李逢吉之黨欲傾裴度，乃令人告稹欲結客刺度，事下法司，按鞫無狀，而方竟坐誅。

韓弘，潁川人。其祖父無聞，世居滑之匡城。少孤，依母族，劉玄佐卽其舅也。事玄佐爲州掾，累奏試大理評事。玄佐卒，子士寧破逐弘出汴州，爲宋州南城將。劉全諒時爲都知兵馬使，貞元十五年，全諒卒，汴軍懷玄佐之惠，又以弘長厚，共請爲留後，環監軍使請表其事，朝廷亦以玄佐故許之。自試大理評事、檢校工部尚書、汴州刺史、兼御史大夫、宣武軍節度副大使、知節度事、宋亳汴潁觀察等使。時吳少誠遣人至汴，密與劉全諒謀，因曲環卒襲陳許，會全諒卒，其人在傳舍，弘喜獲節鉞，卽斬其人以聞，立出軍三千助禁軍共討少誠。汴州自劉士寧之後，軍益驕恣，及陸長源遇害，頗輕主帥。其爲亂魁黨數十百人，弘視事數月，皆知其人。有部將劉鍔者，兇卒之魁也。弘欲大振威望，一日，引短兵於衙門，召鍔與其黨三百，數其罪，盡斬之以徇，血流道中。弘對賓僚言笑自若。自是訖弘入朝，二十餘年，軍衆十萬，無敢怙亂者。累授檢校左右僕射、司空。憲宗卽位，加同平章事。時王鍔檢校司空、平章事，致書于宰臣武元衡，恥在王鍔之下。憲宗方欲用形勢以臨淮西，乃授以司徒、平章事，班在鍔上。及用嚴綬爲招討，爲賊所敗，弘方鎭汴州，當兩河賊之衝要，朝廷慮其異志，欲以兵柄授之，而令李光顏、烏重胤實當旗鼓，乃授弘淮西諸軍行營都統，令兵部郎中、知制誥李程宣賜官告。弘實不離理所，唯令其子公武率師三千隸李光顏軍。弘雖居統帥，常不欲諸軍立功，陰爲逗撓之計，每聞獻捷，輒數日不怡，其危國邀功如是。吳元濟誅，以統帥功加檢校司徒、兼侍中，封許國公，罷行營都統。十四年，誅李師道，收復河南二州，弘大懼，其年七月，盡攜汴之牙校千餘人入覲，對於便殿。拜舞之際，以其足疾，命中使掖之，宴賜加等。預册徽號大禮，進絹三十五萬匹、絁三萬匹、銀器二百七十件。三上章堅辭戎務，願留京師奉朝請。詔曰：「納大忠，樹嘉績，爲臣所以明極節；錫殊寵，進高秩，有國所以待元臣。況乎邦教誕敷，王言總命，百辟攸憲，四方式瞻，系念于懷，久虛其位，載揚成命，僉曰休哉。宣武軍節度副大使、知節度事、汴宋亳潁等州觀察處置等使、開府儀同三司、守司徒、兼侍中、使持節汴州諸軍事、汴州刺史、上柱國、許國公、食邑三千戶韓弘，降神挺材，積厚成器，中蘊深閎之量，外標嚴重之姿，有匡國濟時之心，推誠不耀；有夷兇禁暴之略，仗義益彰。自鎭浚郊，二十餘載，師徒稟訓而咸肅，吏士奉法而愈明，俗臻和平，人用庶富，威聲之重，隱若山崇。屬者淮濆濯征，命統羣帥，克殄殘孽，惟乃有指蹤之功；及齊境興妖，分師進討，遂梟元惡，惟乃有畧地之効。旣聞旋旆，俄請執珪，深陳魏闕之誠，遠繼韓侯之志。朝天有慶，就日方伸，又抗表章，固辭戎旅。三加敦諭，所守彌堅。于蕃于宣，諒切於注意；我弼我輔，難違其衷懇。式遂良願，載兼上司，論道之榮，因之以齊八政；中樞之長，昇之以贊萬務。玄衮赤舄，備于寵光，不有其人，孰膺斯任？可守司徒、兼中書令。」乃以吏部尚書張弘靖兼平章事，代弘鎭宣武。憲宗崩，以弘攝冢宰。十五年六月，以本官兼河中尹、河中晉絳節度觀察等使。時弘弟充爲鄭滑節度使，子公武爲鄜坊節度使，父子兄弟皆秉節鉞，人臣之寵，冠絕一時。二年，請老乞罷戎鎭，三表從之，依前守司徒、中書令。其年十二月病卒，時年五十八。贈太尉，賻絹二千匹、布七百端、米粟千碩。初，弘鎭大梁二十餘載，四州征賦皆爲已有，未嘗上供，有私錢百萬貫、粟三百萬斛、馬七千匹，兵械稱是。專務聚財積粟，峻法樹威，而莊重寡言，沉謀勇斷，降封如吳少誠、李師道輩皆憚之。詔使宣諭，弘多倨待。及齊蔡賊平，勢屈入覲，兩朝寵待加等，弘竟以名位始終，人臣之幸也。時公武已卒，弘孫紹宗嗣。公武自宣武馬步都虞候將兵誅蔡賊，平，檢校右散騎常侍、鄜州刺史、鄜坊等州節度使。丁所生憂，起復金吾將軍，仍舊職。十四年，父弘入朝，公武乞罷節度，入爲右金吾將軍。旣而弘出鎭河中，季父充移鎭宣武，公武歎曰：「二父聯居重鎭，吾以孺子當執金吾職，家門之盛，懼不克勝。」堅辭宿衛，改右驍衛將軍。性頗恭遜，不以富貴自處。弘罷河中，居永崇里第，公武居宣陽里之北門，因省父，無疾暴卒，贈戶部尚書。充依舅劉玄佐，歷河陽、昭義牙將。及兄弘節制宣武，召歸主親兵，奏授御史大夫。弘頗酷法，人人不自保，充獨謙恭執禮，未嘗懈怠，繇是徧得士心。然以親逼權重，常不自安。元和六年，因獵近郊，單騎歸于洛陽。時朝廷方姑息，弘亦憐充之無異志，擢拜右金吾衛將軍。十二月，轉大將軍，歷少府監。十五年，代姪公武爲鄜坊節度使、檢校工部尚書。長慶二年，幽鎭魏復亂，朝廷以王承元有冀卒數千在滑州，恐封疆相接，復相勸誘，命充與承元更換所守檢校左僕射是歲汴州節度使李愿被三軍所逐立都將李夼爲留後朝廷以充久在汴州衆心悅附命充爲宣武節度使兼統義成之師往討夼會夼疽發腦屬兵於紀綱李質質以計誅首亂送夼歸京師充遂不戰而入大梁時陳許李光顏亦奉詔討夼軍於尉氏意欲必先收汴因大肆俘掠汴州監軍使姚文壽亦欲招許下之師充在中牟聞其謀率衆徑至城下汴人素懷充來皆踊躍相賀無復疑貳詔加檢校司空詔割潁州隸滑州充旣安堵密籍部伍間得嘗構惡者千餘人一日下令并父母妻子立出之敢逡巡境內者斬自是軍政大理汴人無不愛戴四年八月例加司徒詔未至暴疾卒時年五十五贈司徒謚曰肅充雖內外皆將家素不事豪侈常以簡約自持臨機決策動無遺悔善將者多之

李質者汴之牙將李夼旣爲留後倚質爲心腹及朝廷以夼爲郡守志邀節鉞質勸喻不從會夼疽發首乃與監軍姚文壽謀斬夼傳首京師有詔以韓充鎮汴充未至質權知軍州事使衙牙兵二千人皆日給酒食物力爲之損屈充將至質曰若韓公始至頓去二千人日膳人情必大去若不除之後當無繼不可留此弊以遺吾帥遂處分停日膳而後迎充召爲金吾將軍長慶三年四月卒

王智興字匡諫懷州溫縣人也曾祖靖左武衛將軍祖瓌右金吾衛將軍父縉太子詹事智興少驍銳爲徐州衙卒事刺史李洧及李納謀叛欲害洧洧遂以徐州歸國納怒以兵攻徐甚急智興健行不四五日齎表京師求援德宗發朔方軍五千人隨智興赴之淄青圍解自是智興常以徐軍抗納累歷滕豐沛狄四鎮將自是二十餘年爲徐將元和中王師誅吳元濟李師道與蔡賊謀撓沮王師頻出軍侵徐徐帥李愿以所部步騎悉委智興以抗之鄆將王朝晏以兵攻沛智興擊敗之賊又令姚海率勁兵二萬圍豐攻城甚急智興復擊敗之於賊壁獲美妾智興懼軍士爭之乃曰軍中有女子安得不敗此雖無罪違軍法也卽斬之以徇累官至侍御史本軍都押衙十三年王師誅李師道智興率徐軍八千會諸道之師進擊與陳許之軍大破賊於金鄉拔魚臺俘斬萬計以功遷御史中丞賊平授沂州刺史長慶初河朔復亂徵兵進討穆宗素知智興善將遷檢校左散騎常侍兼御史大夫充武寧軍節度副使河北行營都知兵馬使初召智興以徐軍三千渡河徐之勁卒皆在部下節度使崔羣慮其旋軍難制密表請追赴闕授以他官事未行會赦王廷湊諸道班師智興先期入境羣頗憂疑令府僚迎勞且誡之曰兵士悉輸甲仗於外副使以十騎入城智興旣首處賓僚聞之心動率歸師斬關而入殺軍中異己者十餘人然後詣衙謝羣曰此軍情也羣治裝赴闕智興遣兵士援送羣家屬至埇橋遂掠鹽鐵院緡幣及汴路進奉物商旅貲貨率十取七八逐濠州刺史侯弘度弘度棄城走朝廷以罷兵力不能加討遂授智興檢校工部尚書徐州刺史御史大夫充武寧軍節度徐泗濠觀察使自是智興務積財賄以賂權勢賈其聲譽用度不足稅泗口以裒益之累加至檢校僕射司空太和初李同捷據滄德叛智興上章請身督士卒討賊從之乃出全軍三萬自備五月糧餉朝廷嘉之加檢校司徒同平章事兼滄德行營招撫使初同捷狂狡犯命濟之以王廷湊王師經年無功及智興拔棣州賊大懼諸軍稍務進取以智興首功加守太傅封鴈門郡王賊平入朝上賜宴麟德殿賞賜珍玩名馬進位侍中改許州刺史忠武軍節度陳許蔡等州觀察使太和七年改授河中尹河中節度晉磁隰觀察等使智興因入朝九年五月改汴州刺史宣武軍節度宋亳汴穎觀察等使開成元年七月卒年七十九贈太尉不視朝三日葬于洛陽榆林之北原四鎮將校會葬者千人

智興九子晏平晏宰晏皐晏實晏恭晏逸晏深晏斌晏韜而晏平晏宰最知名晏平幼從父征伐以討李同捷功授檢校右散騎常侍靈州大都督府長史朔方靈鹽節度丁父憂奔歸洛陽晏平居官貪黷去鎮日擅將征馬四百餘匹及兵仗七千事自衞爲憲司所糺減死長流康州以父喪未赴流所告於河北三鎮三帥上表救解請從昭雪改授撫州司馬給事中韋溫薛廷老盧弘宣封還制書改永州司戶韋溫又執不下文宗令中使宣諭方行晏宰於昆仲間最稱偉器大中後歷上黨太原節度使扞迴鶻党項屢立邊功晏皐仕至左威衞將軍

史臣曰于燕公以儒家子逢時擾攘不持士範非義非俠健者不爲末塗淪躓固其宜矣韓王二帥乘險蹈利犯上無君豺狼噬人鴟鴞幸夜爵祿過當其可已乎謂之功臣恐多慙色

贊曰于子清狂輕犯彝章韓虐王剽專恣一方元和赫斯揮劍披攘擇肉之倫爪距摧藏

# 舊唐書卷一百五十七

後晉司空同中書門下平章事劉　昫撰

## 列傳第一百七

王翃兄翊　郗士美　李鄘子柱　柱子磎

辛祕　馬摠　韋弘景

王彥威

王翃太原晉陽人也兄翊乾元中累官至京兆少尹性謙柔淡於聲利自商州刺史遷襄州刺史山南東道節度觀察等使入朝充北蕃宣慰使稱職代宗素重之及卽位目爲純臣遷刑部侍郎御史中丞居憲司雖不能舉振綱條然以謹重知名大曆二年卒翃爲侍郎時翃自折衝授辰州刺史遷朗州有威望智術所莅立名大曆五年遷容州刺史容管經略使自安史之亂頻詔徵發嶺南兵募隸南陽魯炅軍炅與賊戰於葉縣大敗餘衆離散嶺南谿洞夷獠乘此相恐爲亂其首領梁崇牽自號平南十道大都統及其黨覃問等誘西原賊張侯夏永攻陷城邑據容州前後經略使陳仁琇李抗侯令儀耿愼或元結長孫全緒等雖容州刺史皆寄理藤州或寄梧州及翃至藤州言於衆曰吾爲容州刺史安得寄理他邑乃出私財募將健許奏以好爵以是人各盡力不數月斬賊魁歐陽珪馳於廣州見節度使李勉求兵爲援勉曰容州陷賊已久羣獠方強卒難圖也若務速攻祗自敗耳郡不可復也翃請曰大夫如未暇出師但請移牒諸州揚言出千兵援助冀藉聲勢成萬一之功勉然之翃乃以手札告諭義州刺史陳仁璀藤州刺史李曉庭等同盟約討賊翃復募三千餘人力戰日數合節度使牒止翃用兵翃慮惑將士匿其牒奮起士卒大破賊數萬衆擒其帥梁崇牽賊遁數百里外盡復容州故境翃發使以聞奏置順州以遏餘寇前後大小百餘戰生擒賊帥上獻者七十餘人累加銀青光祿大夫兼御史中丞充招討處置使翃又令其將張利用李實等分兵討襲西原遂收復鬱林諸州部內漸安後因哥舒晃殺節度使呂崇賁嶺南復亂翃遣大將李實悉所管兵赴援廣州西原賊率覃問復招合夷獠曰容州兵馬盡赴廣州郡可圖也於是悉衆來襲翃知其來伏兵禦之生擒覃問其衆大敗代宗聞而壯之遣中使慰勞加金紫光祿大夫時西蕃入寇河中元帥郭子儀統兵備之乃徵翃爲河中少尹充節度留後領子儀之務有悍將凌正者橫暴擾軍政約其徒夜謀斬關以逐翃有告者翃縮夜漏數刻以差其期賊驚而遁卒誅正軍城乂安歷汾州刺史京兆尹屬發涇原兵討李希烈軍次滻水翃備供頓肉敗糧臭衆怒以叛翃奔至奉天加御史大夫改將作監從幸山南車駕還京改大理卿出爲福州刺史福建觀察使入爲太子賓客貞元十二年檢校禮部尚書代董晉爲東都留守判尚書省事東畿汝防禦使凡開置二十餘屯市勁勇良鐵以爲兵器簡練士卒軍政頗修無何吳少誠阻命翃賦車籍甲不待完繕東畿之人賴之十八年卒時七十餘贈禮部尚書

郗士美字和夫高平金鄉人也父純字高卿爲李邕張九齡等知遇尤以詞學見推與顏眞卿蕭穎士李華皆相友善舉進士繼以書判制策三中高第登朝歷拾遺補闕員外郎中諫議大夫中書舍人處事不迴爲元載所忌魚朝恩署牙將李琮爲兩街功德使琮暴橫於銀臺門毆辱京兆尹崔昭純詣元載抗論以爲國恥請速論奏載不從遂以疾辭退歸東洛凡十年自號伊川田父淸名高節稱於天下及德宗卽位崔祐甫作相召拜左庶子集賢學士到京以年老乞身表三上除太子詹事致仕東歸洛陽德宗召見屢加襃歎賜以金紫公卿大夫皆賦詩祖送於都門搢紳以爲美談有文集六十卷行於世士美少好學善記覽父友顏眞卿蕭穎士輩嘗與之討論經傳應對如流旣而相謂曰吾曹異日當交於二郗之間矣未冠爲陽翟丞李抱眞鎭潞州辟爲從事雅有柔贊之績其後易二帥皆詔士美佐之由坊州刺史爲黔州刺史兼御史大夫持節黔中經略招討觀察鹽鐵等使時溪州賊帥向子琪連結夷獠控據山洞衆號七八千士美設奇略討平之詔書勞慰加檢校右散騎常侍封高平郡公再遷京兆尹每別殿延問必咨訪大政出爲鄂州觀察使貞元十八年伊愼有功特授安黃節度二十年愼來朝其子宥主留事朝廷未能去會宥母卒於京師利主軍權不時發喪士美命從事託以他故過其境宥果迎之告以凶問先備肩轝卽日遣之元和五年拜河南尹明年三月檢校工部尚書潞州大都督府長史充昭義節度前政之豐給浮費至皆減損號令嚴肅及朝廷討王承宗士美遣兵馬使王獻領勁兵一萬爲前鋒獻兇惡恃亂逗撓不進遽令召至數其罪斬之下令曰敢後出者斬士美親鼓之兵旣合而賊軍大敗下三營環柏鄉屢以捷聞上大悅曰吾故知士美能辦吾事于時四面七八鎭兵共十餘萬以環鎭冀未有首功多犯法士美兵士勇敢畏法威聲甚振承宗大懼指期有破亡之勢會詔班師至今兩河間稱

之十二年以疾徵爲工部尚書稍間拜忠武節度使檢校刑部尚書至鎭踰月寢疾元和十四年九月卒年六十四贈尚書左僕射諡曰景士美善與人交然諾之際豁如也當時名稱翕然

李鄘字建侯江夏人北海太守邕之姪孫父暄官至起居舍人鄘大曆中舉進士又以書判高等授祕書正字爲李懷光所辟累遷監察御史及懷光據蒲津叛鄘與母妻陷賊中恐禍及親因僞白懷光曰兄病在洛請毋往視之懷光許焉且戒妻子無得從鄘皆遣行後懷光知責之對曰鄘名隸軍籍不得隨侍老母奈何不使婦隨姑行也懷光無以罪之時與故相高郢同在賊廷乃密奏賊軍虛實及攻取之勢德宗賜手詔以勞之後事泄懷光嚴兵召郢與鄘詰責鄘詞激氣壯三軍義之懷光不敢殺因之獄中懷光死馬燧就獄致禮表爲河東從事尋以言不行歸養洛中襄州節度使嗣曹王皐致禮延辟署從事奏兼殿中侍御史入爲吏部員外郎徐州張建封卒其子愔爲將校所迫俾領軍務詔擇臨難不懾者即其軍以諭之遂命鄘爲徐州宣慰使鄘直抵其軍召將士傳朝旨陳禍福脫監軍使桎梏令復其位兇黨不敢犯及愔上表稱兵馬留後鄘以爲非詔令所加不宜稱號立使削去方受其表遷吏部郎中順宗登極拜御史中丞遷京兆尹尚書右丞元和初以京師多盜復選爲京兆尹擒奸禁暴威望甚著尋拜檢校禮部尚書鳳翔尹鳳翔隴右節度使是鎭承前命帥多用武將有神策行營之號初受命必詣軍修謁鄘既受命表陳其不可詔遂去神策行營字但爲鳳翔隴右節度未幾遷鎭太原入爲刑部尚書兼御史大夫諸道鹽鐵轉運使五年冬出爲揚州大都督府長史淮南節度使鄘前在兩鎭皆以剛嚴操下遽變舊制人情不安故未幾即改去至淮南數歲就加檢校左僕射政嚴事理府廩充積及王師征淮夷鄆寇李師道表裏相援鄘發楚壽等州二萬餘兵分壁賊境日費甚廣未嘗請於有司時憲宗以兵興國用不足命鹽鐵副使程异乘驛諭江淮諸道俾助軍用鄘以境內富實乃大籍府庫一年所蓄之外咸貢於朝廷諸道以鄘爲倡首悉索以獻自此王師無匱乏之憂先是吐突承璀監淮南軍貴寵莫貳鄘亦以剛嚴素著而差相敬憚未嘗稍失承璀歸遂引以爲相十二年徵拜門下侍郎同平章事鄘出入顯重素不以公輔自許年侵勢過頗安外鎭登祖筵聞樂而泣下曰宰相之任非吾所長也行頗緩至京師又辭疾歸第既未朝謁亦不領政事竟以疾辭改授戶部尚書俄換檢校左僕射兼太子賓客分司東都尋以太子少傅致仕元和十五年八月卒贈太子太保諡曰肅鄘強直無私飾與楊憑穆質許孟容王仲舒友善皆任氣自負然鄘當官嚴重爲吏以峻法立操所至稱理而剛決少恩鎭揚州七年令行禁止擒擿生殺一委軍吏參佐束手居人頗陷非法物議以此少之子柱官至浙東觀察使柱子磎字景望博學多通文章秀絶大中十三年一舉登進士第歸仁晦鎭大梁穆仁裕鎭河陽自監察殿中相次奏爲從事入爲尚書水部員外郎累遷吏部郎中兼史館修撰拜翰林學士中書舍人廣明中分司洛下遇巢讓之亂逃於河橋光啓中避亂淮海有僞襄王詔命磎皆不從王鐸鎭滑臺杖策詣之鐸表薦于朝昭宗雅重之復召入翰林爲學士拜戶部侍郎遷禮部尚書景福二年十月與韋昭度並命中書門下平章事宣制日水部郎中知制誥劉崇魯掠其麻哭之奏云李磎奸邪挾附權倖以忝學士不合爲相時宰臣崔昭緯與昭度及磎素不相協密遣崇魯沮之也乃左授太子少師磎因上十章及納諫論三篇自雪且數崇魯之惡議者重其才而鄙其訟昭宗素愛其才而急於大用至乾寧初又上第十一表乃復命爲相數月與昭度同爲王行瑜等所殺磎自在臺省聚書至多手不釋卷時人號曰李書樓所撰文章及注解書傳之闕疑僅百餘卷經亂悉亡王行瑜死德音昭雪贈司徒諡曰文子沇字東濟有俊才與父同日遇害詔贈禮部員外郎

辛祕隴西人少嗜學貞元年中累登五經開元禮科選授華原尉判入高等調補長安尉高郢爲太常卿嘉其禮學奏授太常博士遷祠部兵部員外郎仍兼博士山陵及郊丘二禮儀使皆署爲判官當時推其達禮元和初拜湖州刺史未幾屬李錡命將收支郡遂令大將監守五郡蘇常杭睦四州刺史或以戰敗或被拘執賊黨以祕儒者甚易之祕密遣衙門將丘知二勒兵數百人候賊將動逆戰大破之知二中流矢墜馬起而復戰斬其將焚其營一州遂安賊平以功賜金紫由是僉以祕材堪將帥及太原節度范希朝領全師出討王承宗徵祕爲河東行軍司馬委以留務尋召拜左司郎中出爲汝州刺史九年徵拜諫議大夫改常州刺史遷爲河南尹莅職修政有可稱者十二年拜檢校工部尚書代郗士美爲潞州大都督府長史御史大夫充昭義軍節度澤潞磁洺邢等州觀察使是時以再討王承宗澤潞壁境凋費尤甚朝議以兵革之後思能完復者遂以命祕凡四歲府庫積錢七十萬貫餱糧器械稱是及歸道病先自爲墓誌將殁又爲書一通命緘致几上其家發之皆送終遵儉之旨久歷重任無豐財厚産爲時所稱元和十五年十二月卒年六十四贈左僕射諡曰昭

馬摠字會元扶風人少孤貧好學性剛直不妄交遊貞元中姚南仲鎭滑臺辟爲從事南仲與監軍使不叶監軍誣奏南仲不法及罷免摠坐貶泉州別駕監軍入掌樞密福建觀察使柳冕希旨欲殺摠從事穆贊鞫摠贊稱無罪摠方免死後量移恩王傅元和初遷虔州刺史四年兼御史中丞充嶺南都護本管經略使摠敦儒學長於政術在南海累年清廉不撓夷獠便之於漢所立銅柱之處以銅一千五百斤特鑄二柱刻書唐德以繼伏波之迹以綏鑾功就加金紫八年轉桂州刺史桂管經略觀察使入爲刑部侍郎裴度宣慰淮西奏爲制置副使吳元濟誅度留摠蔡州知彰義軍留後尋檢校工部尚書蔡州刺史兼御史大夫充淮西節度使摠以申光蔡等州久陷賊寇人不知法威刑勸導咸令率化奏改彰義軍日淮西賊之僞迹一皆剷盪十三年轉許州刺史忠武軍節度陳許溵等州觀察處置等使明年改華州刺史潼關防禦鎭國軍等使十四年遷檢校刑部尚書鄆州刺史天平軍節度鄆曹濮等州觀察等使就加檢校尚書左僕射入爲戶部尚書長慶三年卒贈右僕射摠理道素優軍政多暇公務之餘手不釋卷所著奏議集年曆通曆子鈔等書百餘卷行於世

韋弘景京兆人後周逍遙公敻之後祖嗣立終宣州司戶父兢終洋州興道令弘景貞元中始舉進士爲汴州浙東從事元和三年拜左拾遺充集賢殿學士轉左補闕尋召入翰林爲學士普潤鎭使蘇光榮爲涇原節度使弘景草麻漏叙光榮之功罷學士改司門員外郎轉吏部員外左司郎中改吏部郎中張仲方貶李吉甫諡上怒貶仲方弘景坐與仲方善出爲綿州刺史宰相李夷簡出鎭淮南奏爲副使賜以金紫入爲京兆少尹遷給事中劉士涇以駙馬交通邪倖穆宗用爲太僕卿弘景與給事薛存慶封還詔書論士涇曰伏以司僕正卿位居九列在周之命伯冏其人所以惟月膺名象河稱重漢朝亦以石慶之謹愿陳萬年之行潔皆踐斯職謂之大寮今士涇戚里常人班叙散秩以父任將帥家富貲財聲名不在於士林行義無聞於朝野忽長卿寺有瀆官常以親則人物未賢以勲則寵待常厚今叨顯任誠謂謬官傳曰惟名與器不可假人蓋士涇之謂臣等職司違失實在守官其劉士涇新除太僕卿勑未敢行下穆宗遣宰臣宣諭弘景等固執如前宰臣不得已改衛尉少卿穆宗復遣諭弘景曰士涇父昌有邊功士涇爲少列十餘年又尚雲安公主宜有加恩朕思賞勞睦親之意竟行前命穆宗怒乃令弘景使安南邕容宣慰時論翕然推重時蕭俛以淸直在位弘景議論常所輔助遷刑部侍郎轉吏部侍郎銓綜平允權邪憚其嚴勁不敢干以非道掌選二歲改陝虢觀察使歲滿徵拜尚書左丞駮吏部授官不當者六十人弘景素以鯁亮稱及居綱轄之地郎吏望風修整會吏部員外郎楊虞卿以公事爲下吏所訟獄未能辨詔下弘景與憲司就尚書省詳讞虞卿多朋游人多嚮附之弘景素所不悅時已請告在第及準詔就召以公服來謁弘景謂之曰有勑推公虞卿失容自退轉禮部尚書充東都留守判東都尚書省事繕完宮室至今賴之大和五年五月卒年六十六贈尚書左僕射弘景歷官行事始終以直道自立議論操持無所阿附當時風教尤爲倚賴自長慶已來目爲名卿

王彥威太原人世儒家少孤貧苦學尤通三禮無由自達元和中遊京師求爲太常散吏卿知其書生補充檢討官彥威於禮閣掇拾自隋已來朝廷沿革吉凶五禮以類區分成三十卷獻之號曰元和新禮繇是知名特授太常博士憲宗晏駕未定謚淮南節度使李夷簡以憲宗功高列聖宜特稱祖穆宗下禮官議彥威奏曰據禮經三代之制始封之君謂之太祖太祖之外又祖有功而宗有德故夏后氏祖顓頊而宗禹殷人祖契而宗湯周人郊祀后稷祖文王而宗武王自東漢魏晉漸違經意沿革不一子孫以推美爲先自始祖已下並有建祖之制蓋非典訓不可法也國朝祖宗制度本於周禮以景皇帝爲太祖又祖神堯而宗太宗自高宗已降但稱宗謂之尊名可爲成法不然則太宗造有區夏理致昇平玄宗掃清內難翊戴聖父肅宗龍飛靈武收復兩都此皆應天順人撥亂返正至於廟號亦但稱宗謹按經義祖者始也宗者尊也故傳曰始封必爲祖書曰德高可宗故號高宗今宜本三代之定制去魏晉之亂法守貞觀開元之憲章而擬議大名垂以爲訓大行廟號宜稱宗制從之故事祔廟之禮先告於太極殿然後奉神主赴太廟祔禮畢不再告於太極殿時憲宗祔廟禮畢執政詳舊典令有司再告祔享禮畢于太極殿彥威

執議以為不可執政怒會宗正寺進祝版誤以憲宗為睿宗執政銜其強奏祝版參差博士之罪彥威坐削一階奪兩季俸彥威殊不低迴每議禮事守正不阿附君子稱之累轉司封員外郎中弘文館舊不置學士文宗特置一員以待彥威尋使魏博宣慰特賜金紫五年遷諫議大夫朝廷自誅李師道收復淄青十二州未定戶籍乃命彥威充十二州勘定兩稅使朝法振舉人不以為煩以本官兼史館修撰彥威通悉典故宿儒碩學皆讓之時以僕射上事儀注前後不定中丞李漢奏定朝議未以為允中書門下奏請依元和七年已前儀注左右僕射上日請受諸司四品六品丞郎已下拜彥威奏論曰臣謹按開元禮凡受冊官並與卑官答拜國朝官品令三師三公正一品尚書令正二品並是冊拜授官上之日亦無受朝官再拜之文僕射班次三公又是尚書令副貳之職雖端揆之重有異百寮然與羣官比肩事主禮曰非其臣即答拜之又曰大夫之臣不稽首非尊家臣以避君也即僕射上日受常參官拜事頗非儀況元和七年已經奏議酌為定制編在國章近年上儀又有受拜之禮禮文乍變物論未安請依元和七年勑為定時李程為左僕射宰執難於改革雖不從其議論者稱之興平縣人上官興因醉殺人亡竄吏執其父下獄興自首請罪以出其父京兆尹杜悰御史中丞宇文鼎以其首罪免父有光孝義請減死配流彥威與諫官上言曰殺人者死百王共守若許殺人不死是教殺人興雖免父不合減死詔竟許決流彥威詣中書投宰相面論語訐氣盛執政怒左授河南少尹未幾改司農卿李宗閔重之既秉政授青州刺史兼御史大夫充平盧軍節度淄青等觀察使開成元年召拜戶部侍郎尋判度支彥威儒學雖優亦勤吏事然貨泉之柄素非所長性既剛訐自恃有餘嘗紫宸廷奏曰臣自計司按見管錢穀文簿皆量入以為出使經費必足無所刻削且百口之家猶有歲蓄而軍用錢物一切通用悉隨色額占定終歲支給無毫釐之差儻臣一旦愚迷欲自欺竊亦不可得也名曰度支占額圖既而又進供軍圖曰起至德乾元之際迄於貞觀元和之初天下有觀察者十節度二十有九防禦者四經畧者三掎角之師犬牙相制大都通邑無不有兵都計中外各額至八十餘萬長慶戶口凡三百三十五萬而兵額約九十九萬通計三戶資一兵今計天下租賦一歲所入總不過三千五百餘萬而上供之數三之一焉三萬之中二給衣賜自留州留使兵士衣賜之外其餘四十萬衆仰給度支伏以時逢理安運屬神聖然而兵不可弭食哉惟時憂勤之端兵食是切臣謬司邦計虔奉睿圖輒纂事功庶裨聖覽又纂集國初已來至貞元帝代功臣如左氏傳體敍事號曰唐典進之彥威既掌利權心希大用時內官仇士良魚弘志禁中用事先是左右神策軍多以所賜衣物於度支中估判使多曲從厚給其價開成初有詔禁止然趨利者猶希意從其請託至是彥威大結私恩凡內官請託無不如意物議鄙其躁妄復修王播舊事貢奉羨餘殆無虛日會邊軍上訴衣賜不時兼之朽故宰臣惡其所為令攝度支人吏付臺推訊彥威畧不介懷入司視事及人吏受罰左授衛尉卿停務方還私第三年七月檢校禮部尚書代殷侑為許州刺史充忠武軍節度陳許溵觀察等使會昌中入為兵部侍郎歷方鎮檢校兵部尚書卒贈僕射諡曰靖

史臣曰世以治軍戎決權變非儒者之事而王翃郗士美釋縫掖之儒衣奮將軍之旗鼓俾士赴湯火威振藩籬何其壯也所謂非秦無人吾謀適不用也二子遭遇英主伸其効用宜哉李建俟不屈於賊庭馬會元見伸於貝銷臨危挺操所謂貞臣將相之榮固其宜矣辛澥州之特達韋僕射之峻整王尚書之果敢皆一時之偉器也若以道自牧求福不回即能臣也而彥威欲為巧宦不亦疎乎

贊曰見危致命臨難不恐士美建侯仁者之勇弘景陛離駮正黃扉貪名喪道狂哉彥威

舊唐書卷一百五十七考證

王翃傳兄翊自商州刺史遷山南東道節度觀察等使○沈炳震曰按本紀自至德至上元山南東道為魯炅來瑱史翃無王翊也疑是副使

郗士美傳出為鄂州觀察使貞元十八年伊慎有功特授安黃節度○沈炳震曰本紀貞元二十年士美自房州除黔中其拜鄂岳也本紀無文然以時推之當在元和三年韓皐遷浙西之後此貞元以下文乃追序伊慎事非士美之除鄂岳在十八年前也

# 舊唐書卷一百五十八

後晉司空同中書門下平章事劉　昫撰

## 列傳卷第一百八

武元衡從父弟儒衡　鄭餘慶子澣　澣子允謨　茂休　處誨　從讜

韋貫之兄綬　弟纁　子澳

武元衡字伯蒼河南緱氏人曾祖德載天后從父弟官至湖州刺史祖平一善屬文終考功員外郎修文館學士事在逸人傳父就殿中侍御史以元衡貴追贈吏部侍郎元衡進士登第累辟使府至監察御史後為華原縣令時畿輔有鎮軍督將恃恩矜功者多撓吏民元衡苦之乃稱病去官放情事外沉浮讌詠者久之德宗知其才召授比部員外郎一歲遷左司郎中時以詳整稱重貞元二十年遷御史中丞嘗因延英對罷德宗目送之指示左右曰元衡真宰相器也順宗即位以病不親政事王叔文等使其黨以權利誘元衡元衡拒之時奉德宗山陵元衡為儀仗使監察御史劉禹錫叔文之黨也求充儀仗判官元衡不與其黨滋不悅數日罷元衡為右庶子憲宗即位始冊為皇太子元衡贊引因識之及登極復拜御史中丞持平無私綱條悉舉人甚稱重尋遷戶部侍郎元和二年正月拜門下侍郎平章事賜金紫兼判戶部事上為太子時知其進退守正及是用為宰相甚禮信之初浙西節度李錡請入覲乃拜為右僕射令入朝既而又稱疾請至歲暮上問宰臣鄭絪請如錡奏元衡曰不可且錡自請入朝詔既許之即又稱疾是可否在錡今陛下新臨大寶天下屬耳目若使姦臣得遂其私則威令從茲去矣上以為然遽追之錡果計窮而反先是高崇文平蜀因授以節度使崇文理軍有法而不知州縣之政上難其代者乃以元衡代崇文拜檢校吏部尚書兼門下侍郎平章事充劍南西川節度使將行上御安福門以臨慰之高崇文既發成都盡載其軍資金帛帟幕伎樂工巧以行元衡至則庶事節約務以便人比三年公私稍濟撫蠻夷約束明具不輒生事重慎端謹雖淡於接物而開府極一時之選八年徵還至駱谷重拜門下侍郎平章事時李吉甫李絳情不相叶各以事理曲直於上前元衡居中無所違附上稱為長者及吉甫卒上方討淮蔡悉以機務委之時王承宗遣使奏事請赦吳元濟請事於宰相辭禮悖慢元衡叱之承宗因飛章詆元衡咎怨頗結元衡宅在靜安里十年六月三日將朝出里東門有暗中叱使滅燭者導騎訶之賊射之中肩又有匿樹陰突出者以棓擊元衡左股其徒馭已為賊所格奔逸賊乃持元衡馬東南行十餘步害之批其顱骨懷去及衆呼偕至持火照之見元衡已踣於血中即元衡宅東北隅墻之外時夜漏未盡陌上多朝騎及行人鋪卒連呼十餘里皆云賊殺宰相聲達朝堂百官恟恟未知死者誰也須臾元衡馬走至遇人始辨之既明仗至紫宸門有司以元衡遇害聞上震驚却朝而坐延英召見宰相惋慟者久之為之再不食冊贈司徒贈賻布帛五百匹粟四百碩輟朝五日諡曰忠愍元衡工五言詩好事者傳之往往被於管絃初八年元衡自蜀再輔政時太白犯上相歷執法占者言今之三相皆不利始輕末重月餘李絳以足疾免明年十月李吉甫以暴疾卒至是元衡為盜所害年五十八始元衡與吉甫齊年又同日為宰相及出鎮分領揚益及吉甫再入元衡亦還吉甫先一年以元衡生月卒元衡後一年以吉甫生月卒吉凶之數若符會焉先是長安謠曰打麥麥打三三三既而旋其袖曰舞了也解者謂打麥者打麥時也麥打者蓋謂暗中突擊也三三三謂六月三日也舞了也謂元衡之卒也自是京師大恐城門加衛兵察其出入物色伺之其偉狀異製燕趙之音者多執訊之元衡從父弟儒衡儒衡字庭碩才度俊偉氣直貌莊言不妄發與人交友終始不渝相國鄭餘慶不事華潔後進趨其門者多垢衣敗服以望其知而儒衡謁見未嘗輒易所好但與之正言直論餘慶因亦重之憲宗以元衡橫死王事嘗嗟惜之故待儒衡甚厚累遷戶部郎中十二年權知諫議大夫事尋兼知制誥皇甫鎛以宰相領度支剝下以媚上無敢言其罪者儒衡上疏論列鎛密訴其事帝曰勿以儒衡上疏卿將報怨耶鎛不復敢言儒衡氣岸高雅論事有風彩羣邪惡之尤為宰相令狐楚所忌元和末年垂將大用楚畏其明俊欲以計沮之以離其寵有狄兼謨者梁公仁傑之後時為襄陽從事楚乃自草制詞召狄兼謨為拾遺曰朕聽政餘暇躬覽國書知奸臣擅權之由見母后竊位之事我國家神器大寶將遂傳於他人洪惟昊穹降鑒儲祉誕生仁傑保佑中宗使絕維更張明辟乃復宜福胄胤與國無窮及兼謨制出儒衡泣訴於御前言其祖平一在天后朝辭榮終老當時不以為累憲宗再三撫慰之自是薄楚之為人然儒衡守道不回嫉惡太甚終不至大任尋正拜中書舍人時元稹依倚內官得知制誥儒衡深鄙之會食瓜閣下蠅集於上儒衡以扇揮之曰適從何處來而遽集於此同僚失色儒衡意氣

自若遷禮部侍郎長慶四年卒年五十六

鄭餘慶字居業滎陽人祖長裕官至國子司業終潁川太守長裕弟少微爲中書舍人刑部侍郎兄弟有名於當時父慈與元德秀友善官至太子舍人餘慶少勤學善屬文大曆中舉進士建中末山南節度使嚴震辟爲從事累官殿中侍御史丁父憂罷貞元初入朝歷左司兵部員外郎庫部郎中八年選爲翰林學士十三年六月遷工部侍郎知吏部選事時有玄法寺僧法湊爲寺衆所訴萬年縣尉盧伯達斷還俗後又復爲僧伯達上表論之詔中丞宇文邈刑部侍郎張彧大理卿鄭雲逵等三司與功德使判官諸葛述同按鞫時議述胥吏不合與憲臣等同入省按事餘慶上疏論列當時翕然稱重十四年拜中書侍郎平章事餘慶通究六經深旨奏對之際多以古義傅之與度支使于頔素善每奏事餘慶皆議可之未幾頔以罪貶時又歲旱人飢德宗與宰臣議將賑給禁衞六軍事未行爲中書吏所洩餘慶貶郴州司馬凡六載順宗登極徵拜尚書左丞憲宗嗣位之月又擢守本官平章事未幾屬夏州將楊惠琳阻命宰臣等論奏多議兵事餘慶復以古義上言夏州軍士皆仰給縣官又有介馬萬蹄之語時議以餘慶雖好古博雅而未適時有主書滑渙久司中書簿籍與內官典樞密劉光琦情通宰相議事與光琦異同者令渙達意未嘗不遂所欲宰相杜佑鄭絪皆姑息之議者云佑私呼爲滑八四方書幣貲貨充集其門弟泳官至刺史及餘慶再入中書與同僚集議渙指陳是非餘慶怒其僭叱之尋而餘慶罷相爲太子賓客其年八月渙贓汚發賜死上浸聞餘慶叱渙事甚重之乃改爲國子祭酒尋拜河南尹三年檢校兵部尚書兼東都留守六年四月正拜兵部尚書餘慶再爲相罷免皆非大過尤以清儉爲時所稱洎中外踐更鬱爲耆德朝廷得失言成準的時京兆尹元義方戶部侍郎判度支盧坦皆以勳官前任至三品據令合立門戟各請戟立於其第時義方以加上柱國坦以前任宣州觀察使請戟近代立戟者率有銀青階而義方只據勳官有司不詳覆而給之議者非之臺司將劾而未果會餘慶自東都來發論大以爲不可繇是臺司移牒詰禮部左司郎中陸則禮部員外崔備皆罰俸奪元盧之門戟餘慶受詔撰惠昭太子哀冊其辭甚工有盬工崔環自淮南小將爲黃州司馬敕至南省餘慶執之封還以爲諸道散將無故受正員五品官是開徼倖之路且無闕可供言或過理由是稍忤時權改太子少傅兼判太常卿事初德宗自山南還宮關輔有懷光吐蕃之虞都下驚憂遂詔太常集樂去大鼓至是餘慶始奏復用大鼓九年拜檢校右僕射兼興元尹充山南西道節度觀察使三歲受代十二年除太子少師尋以年及懸車請致仕詔不許時累有恩赦階及天子親謁郊廟行事官等皆得以恩授三品五品不復計考其使府賓吏又以軍功借賜命服而後入拜者十八九由是在朝衣綠者甚少郎官諫官有被紫垂金者又丞郎中謝洎郎官出使多賜章服以示加恩於是寵章尤濫當時不以服章爲貴遂詔餘慶詳格令立制條奏以聞十三年拜尚書左僕射自兵興以來處左右端揆之位者多非其人及餘慶以名臣居之人情美洽憲宗以餘慶諳練典章朝廷禮樂制度有乖故事專委餘慶參酌施行遂用爲詳定使餘慶復奏刑部侍郎韓愈禮部侍郎李程爲副使左司郎中崔郾吏部郎中陳珮刑部員外郎楊嗣復禮部員外郎庾敬休並充詳定判官朝廷儀制吉凶五禮咸有損益焉改鳳翔尹鳳翔隴節度使十四年兼太子少師檢校司空封滎陽郡公兼判國子祭酒事以太學荒毀日久生徒不振奏率文官俸給修兩京國子監及穆宗登極以師傅之舊進位檢校司徒優禮甚至元和十五年十一月卒詔曰故金紫光祿大夫檢校司徒兼太子少師上柱國滎陽郡開國公食邑二千戶鄭餘慶始以衣冠禮樂行於山東餘力文章遂成志學出入清近盈五十年再秉台衡屢分戎律凡所要職無不踐更貴而能貧卑以自牧謇諤聞於臺閣柔睦化於閨門受命有考父之恭待士比公孫之廣焚書遜禮盡可口傳古史舊章如因心匠朕方咨稟庶罔昏踰神將祝予痛悼何及乞言旣阻賵禮宜優可贈太保時年七十五謚曰貞餘慶砥名礪行不失儒者之道清儉率素終始不渝四朝居將相之任出入垂五十年祿賜所得分給親黨其家頗類寒素自至德已來方鎭除授必遣中使領旌節就第宣賜皆厚以金帛遣之求媚者唯恐其數不廣故王人一來有獲錢數百萬者餘慶每受方任天子必誡其使曰餘慶家貧不得妄有求取專欲振起儒教後生謁見者率以經學諷之而周其所急理家理身極其儉薄及修官政則喜開廣鎭岐下一歲戎事可觀又創立儒宮以來學者雖行已可學而在任近於沽激故當時議者不全德許之上以家素清貧不辦喪事宜令所司特給一月俸料以充賻贈用示哀榮有文集表疏碑誌詩賦共五十卷行於世兄承慶官不顯弟膺甫官至主客員外郎中楚懷鄭三州刺史次弟具贍羽客時然皆官至縣令賓佐餘慶子瀚瀚本名涵以文宗藩邸時名同改名瀚貞元十年舉進士以父譴官累年不任自秘書省校書郎遷洛陽尉充集賢院修撰改長安尉集賢校理轉太常寺主簿職仍故還太常博士改右補闕獻疏切直人爲危之及餘慶入朝憲宗謂餘慶曰卿之令子朕之直臣可更相賀遂遷起居舍人改考功員外郎刺史有驅迫人吏上言政績請刊石紀政者瀚探得其情條責廉使巧跡遂露人服其敏識時餘慶爲僕射請改省郎乃換國子博士史館修撰丁母憂除喪拜考功郎中復丁內艱終制退居汜上長慶中徵爲司封郎中史館修撰累遷中書舍人文宗登極擢爲翰林侍講學士上命撰經史要錄二十卷書成上喜其精博因摘所上書語類上親自發問瀚應對無滯錫以金紫太和二年遷禮部侍郎典貢舉二年選拔造秀時號得人轉兵部侍郎改吏部出爲河南尹皆著能名入爲左丞旋拜刑部尚書兼判左丞事出爲山南西道節度觀察使檢校戶部尚書興元尹兼御史大夫餘慶之鎭興元創立儒宮開設學館至瀚之來復繼前美開成四年閏正月以戶部尚書徵詔下之日卒于興元年六十四贈右僕射謚曰宣有文集制誥共三十卷行于世瀚四子允謨茂諶處誨從讜允謨以蔭累官臺省歷蜀彭濠晉四州刺史位終太子右庶子茂諶避國諱改茂休開成二年登進士第四遷太常博士兵部員外郎吏部郎中絳州刺史位終秘書監處誨字延美於昆仲間文章拔秀早爲士友所推太和八年登進士第釋褐秘府轉監察拾遺尚書郎給事中累遷工部刑部侍郎出爲越州刺史浙東觀察使檢校刑部尚書汴州刺史宣武軍節度觀察等使卒于汴處誨族父朗初朗爲定州節度使時處誨爲工部侍郎因早朝假寐於待漏院忽夢已爲浙東觀察使經過汴州而朗爲汴帥留連飲餞仰視屋棟飾以黃土賓從皆所識明年朗果自定州鎭宣武辟章重掌書記重將行處誨告以所夢明年處誨轉刑部侍郎其年秋授浙東觀察使行及潼關朗遣從事迎勞仍致手書令先疏所夢比至汴宴于清暑亭賓佐悉符夢中朗仰視屋棟曰此亦黃土也四座感歎移時後五年朗卒處誨繼爲汴州節度使乃賦詩一章刻于廳事以盡思朗之悲處誨方雅好古且勤於著述撰集至多爲校書郎時撰次明皇雜錄三篇行於世從讜字正求會昌二年登進士第釋褐秘書省校書郎歷拾遺補闕尚書郎知制誥故相令狐綯魏扶皆父貢舉門生爲之延譽尋遷中書舍人咸通三年知貢舉拜禮部侍郎轉刑部改吏部侍郎典選平允時無屈人垂將作輔以權臣請託不行改檢校刑部尚書太原尹北都留守河東節度觀察等使踰年乞還不允改檢校兵部尚書汴州刺史宣武軍節度觀察等使朞年報政美聲流聞當途者懼其大用改廣州刺史嶺南節度使五管爲南詔蠻所擾天下徵兵時有龐勛之亂不暇邊事從讜在鎭北兵寡弱夷獠棼然乃擇其土豪授之右職禦侮扞城皆得其効雖郡邑屢陷而交廣晏然俄而懿宗厭代從讜以久在番禺不樂風土思歸戀闕形於賦詠累上章求爲分司散秩僖宗徵還用爲刑部尚書尋以本官同平章事乾符中盜起河南天下騷動陰山府沙陁都督李國昌部族方强虎視北邊屬靈州防禦使段文楚軍儲不繼郡兵乏食乃密引沙陁部攻城殺文楚遂據振武軍雲朔等州又令其子克章克用大合諸部南侵忻代前帥竇瀚李侃李蔚相繼以重臣鎭并部皆不能遏俄而康傳圭爲三軍所殺軍士益驕矜功責賞動爲譟聚加以河南河北七道兵帥雲合都下人不聊生沙陁連陷城邑朝廷難於擇帥僖宗欲以宰臣臨制之詔曰開府儀同三司門下侍郎兼兵部尚書充太清宮使弘文館大學士延資庫使上柱國滎陽郡開國公食邑二千戶鄭從讜自處鈞衡屢來麟鳳才高應變動必研機朕以北門興王故地以爾嘗施惠化尚有去思方當用武之時暫輟調元之職佇殲兇醜副我憂勤可檢校司空同平章事太原尹北都留守河東節度兼行營招討等使制下許自擇參佐乃奏長安令王調爲副使兵部員外郎史館修撰劉崇龜爲節度判官前司勳員外郎史館修撰趙崇爲觀察判官前進士劉崇魯充推官前左拾遺李渥充掌書記前長安尉崔澤充支使開幕之盛冠於一時時中朝瞻望者目太原爲小朝廷言名人之多也時新承軍亂之後殺掠攻摽無日無之從讜貌溫而氣勁沉機善斷奸無遁情凡兇謀盜發無不落其彀中以是羣豪惕息舊府城都虞候張彥球者前帥令率兵三千逐沙陁於百井中路而還縱兵破鑰殺故帥康傳圭及從讜至搜索其魁誅之知彥球意善有方畧召之開喻坦然無疑悉以兵柄委之廣明初李鈞李涿繼率本道之師出鴈門爲沙陁所敗十二月黃巢犯長安僖宗出幸傳詔諭從讜曰卿志安封域權撫戎麾夷夏具瞻社稷全賴今月五日

草賊黃巢奔衝十六日駐驛梁漢上慙九廟下媿萬方藩閫乍聞痛憤應切專差供奉官劉全及往彼慰諭卿宜差點本道兵士酌量多少付北面副招討使諸葛爽俾令入援從讜承詔雪涕團結戎伍遣牙將論安後院軍使朱玫率步騎五千從諸葛爽入關赴難時中和元年五月也論安軍次離石是月沙陁李克用軍奄至營于汾東稱奉詔赴難入關從讜具廩餼犒勞信宿不發克用傳城而呼曰本軍將南下欲與相公面言從讜登城謂之曰僕射父子咸通以來舊激忠義血戰爲國天下之人受賜老夫歷事累朝位忝將相今日羣盜擾攘輿駕奔播蕩覆神州不能荷戈討賊以酬聖獎老夫之罪也然多難圖勳是僕射立功立事之時也所恨受命守藩不敢辱命無以仰陪戎槊若僕射終以君親爲念破賊之後車駕還宮却得待罪闕庭是所願也唯僕射自愛克用拜謝而去然雜虜不戢肆掠近甸從讜遣大將王蟾薛威出師追擊之翌日契苾部救兵至沙陁大敗而還初論安率師入關至陰地以數百卒擅歸從讜集諸部校斬之於鞠塲並以兵衆付朱玫赴難時鄭畋亦以宰相鎭鳳翔與從讜宗人同年登進士畋亦舉兵岐下以遏賊巢廣明首唱仗義斷賊首尾逆徒名爲二鄭國威復振二儒帥之功也二年十一月代北監軍使陳景思奉詔赦沙陁部許討賊自贖繇是沙陁五部數萬人南下不敢蹈境乃自嵐石泝河而南唯李克用以數百騎臨城叙別從讜遺之名馬器幣而訣三年克用破賊立功授河東節度代從讜還至榆次遣使致禮謂從讜曰予家尊在鴈門且還覲省相公徐治行裝勿遽首途從讜承詔卽日牒監軍使周從寓請知兵馬留後事書記劉崇魯知觀察留後事戒之曰俟面李公按籍而還五月十五日從讜離太原時京城雖復車駕未還道途多寇行次絳州唐彥謙爲刺史留駐數月冬詔使追赴行在復輔政歷司空司徒正拜侍中光啓末固辭機務以疾還第卒有司諡曰文忠從讜知人善任性不驕矜故所至有聲績在太原時大將張彥球强傑難制前後帥守以疑間貽釁故軍旅不寧及從讜撫封四年知其才用可委開懷任遇得其死力故抗虜全城多彥球之効也累奏爲行軍司馬及再秉政用爲金吾將軍累郡刺史在絳州時彥謙判官陸扆嗜學有才思寓於郡齋日與之談宴無間先後乃稱之於朝位至淸顯在汴時以兄處誨嘗爲鎭帥歿於是郡訖一政受代不於公署舉樂其友悌知禮操履如此國之名臣文忠有焉

韋貫之本名純以憲宗廟諱遂以字稱八代祖夐仕周號逍遙公父肇官至吏部侍郎有重名於時貫之卽其第二子少舉進士貞元初登賢良科授校書郎秩滿從調判入等再轉長安縣丞德宗末年京兆尹李實權移宰相言其可否必數日而詔行人有以貫之名薦於實者荅曰是其人居與吾同里亟聞其賢但吾得識其面而進於上舉笏示說者曰實已記其名氏矣說者喜驟以其語告於貫之且曰子今日詣實而明日受賀矣貫之唯唯數歲終不往然是後竟不遷永貞中始除監察御史上書舉季弟纁自代時議不以爲私轉右補闕而纁代爲監察元和元年杜從郁爲左補闕貫之與崔羣奏論尋降爲左拾遺又論遺補雖品不同皆是諫官父爲宰相子爲諫官若政有得失不可使子論父改爲秘書丞後與中書舍人張弘靖考制策第其名者十八人其後多以文稱轉禮部員外郎新羅人金忠義以機巧進至少府監蔭其子爲兩館生貫之持其籍不與曰工商之子不當仕忠義以藝通權倖爲請者非一貫之持之愈堅既而疏陳忠義不宜汚朝籍詞理懇切竟罷去之改吏部員外郎三年復策賢良之士又命貫之與戶部侍郎楊於陵左司郎中鄭敬都官郎中李益同爲考策官貫之奏居上第者三人言實指切時病不顧忌諱雖同考策者皆難其詞直貫之獨署其奏遂出爲果州刺史道中黜巴州刺史俄徵爲都官郎中知制誥踰年拜中書舍人改禮部侍郎凡二年所選士大抵抑浮華先行實由是趨競者稍息轉尚書右丞中謝日面賜金紫明年以本官同中書門下平章事淮西之役鎭州盜竊發輦下殺宰相武元衡傷御史中丞裴度及度爲相二寇並征議者以物力不可貫之請釋鎭以養威攻蔡以專力上方急於太平未可其奏貫之進言陛下豈不知建中之事乎天下之兵始於蔡急魏應齊趙同惡德宗率天下兵命李抱眞馬燧急攻之物力用屈於是朱泚乘之爲亂朱滔隨而向闕致使梁漢爲府奉天有行皆陛下所聞見非他不能忍待次第速於撲滅故也陛下獨不能寬歲月俟拔蔡而圖鎭邪上深然之而業已下伐鎭詔後減蔡而鎭自服如其策焉初王師征蔡以汴帥韓弘爲都統又命汝帥烏重胤許帥李光顏合兵而進貫之以爲諸將四面討賊各銳進取今若置統督復令二帥連營則持重養威未可以歲月下也貫之議不從四年而始尅蔡尋遷中書侍郎同列以張仲素段文昌進名爲學士貫之阻之以行止未正不宜在內庭貫之爲相嚴身律下以淸流品爲先故門無雜賓有張宿者有口辯得幸於憲宗擢爲左補闕將使淄青宰臣裴度欲爲請章服貫之曰此人得幸何要假其恩寵耶其事遂寢宿深銜之卒爲所搆誣以朋黨罷爲吏部侍郎不涉旬出爲湖南觀察使弟虢州刺史纁亦貶遠郡時兩河留兵國用不足命鹽鐵副使程异使諸道督課財賦异所至方鎭皆諷令掊拾進獻貫之謂兩稅外不忍橫賦加人所獻未滿异意遂率屬內六州留錢以繼獻由是罷爲太子詹事分司東都上卽位擢爲河南尹徵拜工部尚書未行長慶元年卒於東都年六十二詔贈尚書右僕射貫之自布衣至貴位居室無改易歷重位二十年苞苴寶玉不敢到門性沉厚寡言與人交終歲無欵曲未曾僞詞以悅人身歿之後家無羨財有文集三十卷伯兄綬德宗朝爲翰林學士貞元之政多參決於內署綬所議論常合中道然畏愼致傷晚得心疾故不極其用纁有精識與學爲士林所器閨門之內名敎相樂故韋氏兄弟令稱推於一時纁累官至太常少卿貫之子澳澣澳字子斐太和六年擢進士第又以宏詞登科性貞退寡慾登第後十年不仕伯兄溫與御史中丞高元裕友善溫請用澳爲御史謂澳曰高二十九持憲綱欲與汝相面汝必得御史澳不荅溫曰高君端士汝不可輕澳曰然恐無呈身御史竟不詣元裕之門周墀鎭鄭滑辟爲從事墀輔政以澳爲考功員外郎史館修撰墀初作相私謂澳曰才小任重何以相救澳曰荷公重知願公無權足矣墀愕然不諭其旨澳曰爵賞刑罰非公共欲行者願不以喜怒愛憎行之但令百司羣官各舉其職則公斂衽於廟堂之上天下自理何要權耶墀深然之不周歲以本官知制誥尋召充翰林學士累遷戶部兵部侍郎學士承旨與同寮蕭寘深爲宣宗所遇每二人同直無不召見詢訪時事每有邦國刑政大事中使傳宣草詞澳心欲論諫卽曰此一事須降御札方敢施行遲留至旦必論其可否上旨多從之出爲京兆尹不避權豪京師聳憚會判戶部宰相蕭鄴改判度支澳於延英對上曰戶部闕判使澳對以府事上言戶部闕判使者三又曰卿意何如澳對曰臣近年心力減耗不奈繁劇累曾陳乞一小鎭聖慈未垂矜允上黙然不樂其奏澳甥柳玭知其對謂澳曰舅之獎遇特承聖知延英奏對恐未得中澳曰吾不爲時相所信忽自宸旨委以使務必以吾他岐得之何以自明我意不錯爾須知時事漸不堪是吾徒貪爵位所致爾宜志之大中十二年檢校工部尚書兼孟州刺史充河陽三城懷孟澤節度等使辭於內殿上曰卿自求使我不去卿在河陽累年中使王居方使魏州令傳詔旨謂澳曰久別無恙知卿奉道得何藥術可具居方口奏澳因中使上章陳謝又曰方士殊不可聽金石有毒切不宜服食帝嘉其忠將召之而帝厭代懿宗卽位遷檢校戶部尚書兼青州刺史平盧節度觀察處置等使入爲戶部侍郎轉吏部銓綜平允不受請託爲執政所惡出爲邠州刺史邠寧節度使宰相杜審權素不悅於澳會吏部發澳時簿籍吏緣爲奸坐罷鎭以秘書監分司東都嘗戲吟云若將韋鑒同殷鑒錯認容身作保身此句聞於京師權幸尤怒之上表求致仕宰相疑其怨望拜河南尹制出累上章辭疾以松檟在秦川求歸樊川別業許之踰年復授戶部侍郎以疾不拜而卒贈戶部尚書諡曰貞澣亦登進士第無位而卒澣子庾庠序雍郊庾登進士第累佐使府入朝爲御史累遷兵部郎中諫議大夫從僖宗幸蜀改中書舍人累拜刑部侍郎判戶部事車駕還京充頓遞使至鳳翔病卒序雍郊皆登進士第序雍官至尚書郎郊文學尤高累歷淸顯自禮部員外郎知制誥正拜中書舍人昭宗末召充翰林學士累官戶部侍郎學士承旨卒

史臣曰二武朗拔精裁爲時羽儀嫉惡太甚遭罹不幸傳刃喋血誠可哀哉令狐中傷爲惡滋甚君子之行其若是乎鄭貞公博雅好古一代儒宗文忠致君無忝乃祖衣冠之盛近代罕儔韋氏三宗世多才俊純纁忠讜爲時元龜作輔論兵言皆體國澳之貞亮不替祖風三代諡貞考行無愧

贊曰后族崢嶸平一辭榮高風襲慶鍾在二衡猗與貞公繼以文忠純纁文雅綽有父風

舊唐書卷一百五十九

# 舊唐書卷一百五十九

後晉司空同中書門下平章事劉　昫撰

## 列傳卷第一百九

衛次公　鄭絪（子祗德　祗德子顥）　韋處厚

崔羣　路隨

衛次公字從周河東人器韻和雅弱冠舉進士禮部侍郎潘炎目爲國器擢居上第叅選調禮部侍郎盧翰嘉其才補崇文館校書郎改渭南尉次公善鼓琴京兆尹李齊運使其子交歡意欲次公授之琴次公拒之由是終身未嘗操絃嚴震之鎭興元辟爲從事授監察轉殿

中侍御史貞元八年徵爲左補闕尋兼翰林學士二十一年正月德宗昇遐時東宮疾恙方甚倉卒召學士鄭絪等至金鑾殿中人或云內中商量所立未定衆人未對次公遽言曰皇太子雖有疾地居冢嫡內外繫心必不得已當立廣陵王若有異圖禍難未已絪等隨而唱之衆議方定及順宗在諒闇外有王叔文輩操權樹黨無復經制次公與鄭絪同處內廷多所匡正轉司勳員外郎久之以本官知制誥賜紫金魚袋仍爲學士權知中書舍人尋知禮部貢舉斥浮華進貞實不爲時力所搖眞拜中書舍人仍充史館修撰遷兵部侍郎知制誥復兼翰林學士與鄭絪善會鄭絪罷相次公左授太子賓客改尚書右丞兼判戶部事拜陝虢等州都防禦觀察處置等使請蠲錢三百萬人得蘇息政聞于朝徵爲兵部侍郎選人李勣徐有功之孫名在黜中次公召而謂之曰子之祖先勳在王府豈限常格並優秩而遣之改尚書左丞恩顧頗厚上方命爲相已命翰林學士王涯草詔時淮夷宿兵歲久次公累疏請罷會有捷書至相詔方出憲宗令追之遂出爲淮南節度使檢校工部尚書兼揚州大都督府長史御史大夫元和十三年十月受代歸朝道次病卒贈太子少保年六十六謚曰敬次公自少入仕歷大寮節操趨尚始終如一爲衆推重子洙登進士第尚憲宗女臨眞公主累官至給事中駙馬都尉工部侍郎

鄭絪字文明父羨池州刺史絪少有奇志好學善屬文大曆中有儒學高名如張參蔣乂楊綰常袞皆相知重絪擢進士第登宏詞授秘書省校書郎鄠縣尉張延賞鎮西川辟爲書記入除補闕起居郎兼史職無幾擢爲翰林轉司勳員外郎知制誥德宗朝在內職十三年小心兢謙上遇之頗厚貞元末德宗晏駕順宗初即位遺詔不時宣下絪與同列衞次公密申正論中人不敢違及王伾王叔文朋黨擅權之際絪又能守道中立憲宗監國遷中書舍人依前學士俄拜中書侍郎平章事加集賢殿大學士轉門下侍郎弘文館大學士憲宗初勵精求理絪與杜黃裳同當國柄黃裳多所關決首建議誅惠琳斬劉闢及他制置絪謙默多無所事由是貶秩爲太子賓客出爲嶺南節度觀察等使廣州刺史檢校禮部尚書以廉政稱爲工部尚書轉太常卿又爲同州刺史長春宮使改東都留守入歷兵部尚書旋爲河中節度使太和二年入爲御史大夫檢校左僕射兼太子少保絪以文學進恬澹踐歷華顯出入中外者踰四十年所居雖無赫奕之稱而守道敦篤耽悅墳典與當時博聞好古之士爲講論名理之游時人皆仰其耆德焉及文宗即位以年力衰耄累表陳乞遂以太子太傅致仕三年十月卒年七十八贈司空謚曰宣子祗德祗德子顥登進士第結綬弘文館校書遷右拾遺內供奉詔授銀青光祿大夫遷起居郎尚宣宗女萬壽公主拜駙馬都尉歷尚書郎給事中禮部侍郎典貢士二年振拔滯才至今稱之遷刑部吏部侍郎大中十三年檢校禮部尚書河南尹顥居戚里有器度大中時恩澤無對及宣宗棄代追感恩遇嘗爲詩序曰去年壽昌節赴麟德殿上壽迴想于長興里第昏然晝寢夢與十數人納涼於別館館宇蕭灑相與聯句予爲數聯同遊甚稱賞既寤不全記諸聯唯省十字云石門霧露白玉殿莓苔青乃書之于楹私怪語不祥不敢言於人不數日宣宗不豫廢朝會及宮車上僊方悟其事追惟顧遇續石門之句爲十韻云間歲流虹節歸軒出禁扃奔波陶畏景蕭灑夢殊庭境象非曾到崇嚴昔未經日車烏斂翼風動鶴飄翎異苑人爭集涼臺筆不停石門霧露白玉殿莓苔青若匪災先兆何當思入冥御爐虛仗馬華蓋負云亭白日成千古金縢閟九齡小臣哀絕筆湖上泣青萍未幾顥亦卒

韋處厚字德載京兆人父萬監察御史爲荊南節度參謀處厚本名淳避憲宗諱改名處厚幼有至性事繼母以孝聞居父母憂廬於墓次旣免喪遊長安通五經博覽史籍而文思贍逸元和初登進士第應賢良方正擢居異等授秘書省校書郎裴垍以宰相監修國史奏以本官充直館改咸陽縣尉遷右拾遺並兼史職修德宗實錄五十卷上之時稱信史轉左補闕禮部考功二員外早爲宰相韋貫之所重時貫之以議兵不合旨出官處厚坐友善出爲開州刺史入拜戶部郎中俄以本官知制誥穆宗以其學有師法召入翰林爲侍講學士換諫議大夫改中書舍人侍講如故時張平叔以便佞詼諧他門捷進自京兆少尹爲鴻臚卿判度支不數月宣授戶部侍郎平叔以征利中穆宗意欲希大任以榷鹽舊法爲弊年深欲官自糶鹽可富國強兵權農積貨疏利害十八條詔下其奏令公卿議處厚抗論不可以平叔條奏不周經慮未盡以爲利者返害爲簡者至煩乃取其條目尤不可者發十難以詰之時平叔傾巧有恩自謂言無不允及處厚條件駮奏穆宗稱善令示平叔平叔詞屈無以荅其事遂寢處厚以幼主荒怠不親政務旣居納誨之地宜有以啓導性靈乃銓擇經義雅言以類相從爲二十卷謂之六經法言獻之錫以繒帛銀器仍賜金紫以憲宗實錄未成詔處厚與路隨兼充史館修撰實錄未成許二人分日入內仍放常參處厚俄又權兵部侍郎敬宗嗣位李逢吉用事素惡李紳乃構成其罪禍將不測處厚與紳皆以孤進同年進士心頗傷之乃上疏曰臣竊聞朋黨議論以李紳貶黜尚輕臣受恩至深職備顧問事關聖聽不合不言紳先朝獎用擢在翰林無過可書無罪可戮今羣黨得志讒嫉大興詢於人情皆甚歎駭詩云萋兮斐兮成是貝錦彼譖人者亦已太甚又曰讒言罔極交亂四國自古帝王未有遠君子近小人而致太平者古人云三年無改於父之道可謂孝矣李紳是前朝任使縱有罪愆猶宜洗釁滌瑕念舊忘過以成無改之美今逢吉門下故吏遍滿朝行侵毀加誣何詞不有所貶如此猶爲太輕蓋曾參有投杼之疑先師有拾塵之戒伏望陛下斷自聖慮不惑姦邪則天下幸甚建中之初山東向化只緣宰相朋黨上負朝廷楊炎爲元載復讎盧杞爲劉晏報怨兵連禍結天下不平伏乞聖明察臣愚懇帝悟其事紳得減死貶端州司馬處厚正拜兵部侍郎謝恩於思政殿時昭愍狂恣屢出畋遊每月坐朝不三四日處厚因謝從容奏曰臣有大罪伏乞面首帝曰何也處厚對曰臣前爲諫官不能先朝死諫縱先聖好畋及色以至不壽臣合當誅然所以不死諫者亦爲陛下此時在春宮年已十五今則陛下皇子始一歲矣臣安得更避死亡之誅上深感悟其意賜錦綵一百匹銀器四事寶曆元年四月羣臣上尊號御殿受冊肆赦李逢吉以李紳之故所撰赦文但云左降官已經量移者與量移不言未量移者蓋欲紳不受恩例處厚上疏曰伏見赦文節目中左降官有不該恩澤者在宥之體有所未弘臣聞物議皆言逢吉恐李紳量移故有此節若如此則應是近年流貶官因李紳一人皆不得量移事體至大豈敢不言李紳先朝獎任曾在內廷自經貶官未蒙恩宥古人云人君當記人之功忘人之過管仲拘囚齊桓舉爲國相治長縲紲仲尼選爲密親有罪猶宜滌蕩無辜豈可終累況鴻名大號冊禮重儀天地百靈之所鑒臨億兆八紘之所瞻戴恩澤不廣實非所宜臣與逢吉素無讎嫌與李紳本非親黨所論者全大體所陳者在至公伏乞聖慈察臣肝膽儻蒙允許仍望宣付宰臣應近年左降官並編入赦條令準舊例得量移近處帝覽奏其事乃追改赦文紳方霑恩例處厚爲翰林承旨學士每立視草惬會聖旨常奉急命於宣州徵鷹鷲及楊益兩浙索奇文綾錦皆抗疏不奉命且引前時赦書爲證帝皆可其奏寶曆季年急變中起文宗底綏內難詔命將降未有所定處厚聞難奔赴昌言曰春秋之法大義滅親內惡必書以明逆順正名討罪於義何嫌安可依違有所避諱遂奉藩教行焉是夕詔命制置及踐祚禮儀不暇責所司皆出於處厚之議及禮行之後皆叶舊章以佐命功旋拜中書侍郎同中書門下平章事監修國史加銀青光祿大夫進爵靈昌郡公處厚在相位務在濟時不爲身計中外補授咸得其宜初貞元中宰相齊抗奏減冗員罷諸州別駕其在京百司當入別駕者多處之朝列元和以來兩河用兵偏裨立功者往往擢在周行率以儲寀王官雜補之皆盛服趨朝朱紫塡擁久次當進及受代閑居者常數十人趨中書及宰相私第摩肩候謁繁於辭語及處厚秉政復奏置六雄十望十緊三十四州別駕以處之而清流不雜朝政清肅文宗勤於聽政然浮於決斷宰相奏事得請往往中變處厚常獨論奏曰陛下不以臣等不肖用爲宰相參議大政凡有奏請初蒙聽納尋易聖懷若出自宸衷即示臣等不信若出於橫議臣等何名鼎司且裴度元勳宿德歷輔四朝孜孜竭誠人望所屬陛下固宜親重竇易直良厚忠事先朝陛下固當委信微臣才薄首蒙陛下擢用非出他門言旣不從臣宜先退即趨下再拜陳乞上矍然曰何至此耶卿之志業朕素自知登庸作輔百職斯舉縱朕有所失安可遽辭以彰吾薄德處厚謝之而去出延英門復令召還謂曰凡卿所欲言並宜啓論處厚因對彰善癉惡歸之法制凡數百言又裴度勳高望重爲人盡心切直宜久任可壯國威帝皆聽納自是宰臣敷奏人不敢橫議俄而滄州李同捷叛朝廷加兵魏博史憲誠中懷向背裴度以宿舊自任待憲誠於不疑嘗遣親吏請事至中書處厚謂曰晉公以百口於上前保爾使主處厚則不然但仰俟所爲自有朝典耳憲誠聞之大懼自此輸竭竟有功於滄州又嘗以理財制用爲國之本撰太和國計二十卷以獻李載義累破滄鎮兩軍兵士每有俘執多遺刳剔處厚以書喻之載義深然其旨自此滄鎮所獲生口配隸遠地前後全活數百千人處厚居家循易如不克任至於廷諍敷啓及馭轄待胥吏勁確嶷然不可奪質狀非魁偉如甚儒者而庶僚請事畏惕相顧雖與語移晷不敢私謁急於用才酷嗜文學嘗病

前古有以浮議坐廢者故推擇羣材往往棄瑕錄用亦爲時所譏雅信釋氏因果晩年尤甚聚書踰萬卷多手自刋校奉詔修元和實錄未絶筆其統例取捨皆處厚創起焉太和二年十二月因延英奏對造膝之際忽奏臣病作遽退文宗命中官扶出歸第一夕而卒年五十六贈司空處厚當國柄二周歲啓沃之謀頗叶時譽咸共惜之

崔羣字敦詩清河武城人山東著姓十九登進士第又制策登科授秘書省校書郎累遷右補闕元和初召爲翰林學士歴中書舍人羣在内職常以讜言正論聞於時憲宗嘉賞降宣旨云自今後學士進狀並取崔羣連署然後進來羣以禁密之司動爲故事自爾學士或惡直醜正則其下學士無由上言羣堅不奉詔三疏論奏方允元和七年惠昭太子薨穆宗時爲遂王憲宗以澧王居長又多内助將建儲貳命羣與澧王作讓表羣上言曰大凡己合當之則有陳讓之儀己不合當因何遽有讓表今遂王嫡長所宜正位青宮竟從其奏時魏博節度使田季安進絹五千匹充助修開業寺羣以爲事實無名體尤不可請止其所進羣前後所論多愜旨無不聽納遷禮部侍郎選拔才行咸爲公當轉戸部侍郎二年七月拜中書侍郎同中書門下平章事十四年誅李師道上顧謂宰臣曰李師古雖自襲祖父然朝廷待之始終其妻於師道即嫂叔也雖云逆族若量罪輕重亦宜降等又李宗奭雖抵嚴憲其情比之大逆亦有不同其妻士族也今其子女俱在掖廷於法皆似稍深卿等留意否羣對曰聖情仁惻罪止元兇其妻近屬儻獲寛宥實合弘煦之道於是師古妻裴氏女宜娘詔出於郢州安置宗奭妻韋氏及男女先没掖廷並釋放其奴婢資貨皆復賜之又鹽鐵福建院官權長孺坐贓詔付京兆府決殺長孺母劉氏求哀於宰相羣因入對言之憲宗愍其母耄年乃曰朕將屈法赦長孺何如羣曰陛下仁惻即赦之當速令中使宣諭如待正勑即無及也長孺竟得免死長流羣之啓奏平恕多此類也時憲宗急於盪寇頗獎聚斂之臣故藩府由是希旨往往捃拾目爲進奉處州刺史苗稷進羨餘錢七千貫羣議以爲違詔受之則失信於天下請却賜本州代貧下租稅時論美之度支使皇甫鎛陰結權倖以求宰相羣累疏其姦邪嘗因對而論語及天寶開元中事羣曰安危在出令存亡繫所任玄宗用姚崇宋璟張九齡韓休李元紘杜暹則理用林甫楊國忠則亂人皆以天寶十五年祿山自范陽起兵是理亂分時臣以爲開元二十年罷賢相張九齡專任姦臣李林甫理亂自此已分矣用人得失所繫非小詞意激切左右爲之感動鎛深恨之而憲宗終用鎛爲宰相無何羣臣議上尊號皇甫鎛欲加孝德兩字羣曰有睿聖則孝德在其中矣竟爲鎛所構憲宗不樂出爲湖南觀察都團練使穆宗即位徵拜吏部侍郎召見別殿謂羣曰我昇儲位知卿爲羽翼羣曰先帝之意元在陛下頃者授陛下淮西節度使臣奉命草制且曰能辨南陽之牘允符東海之貴若不知先帝深旨臣豈敢輕言數日拜御史中丞浹旬授檢校兵部尚書兼徐州刺史武寧軍節度徐泗濠觀察等使初幽鎮逆命詔授沂州刺史王智興爲武寧軍節度副使領徐州兵討伐羣以智興早得士心表請因授智興旄鉞竟寢不報智興自河北迴戈城内皆是父兄開關延入羣爲智興所逐朝廷坐其失守授秘書監分司東都未幾改華州刺史兼御史大夫復改宣州刺史歙池等州都團練觀察等使徵拜兵部尚書久之改檢校吏部尚書江陵尹荆南節度觀察使踰歲改檢校右僕射兼太常卿太和五年拜檢校左僕射兼吏部尚書六年八月卒年六十一冊贈司空羣有沖識精裁爲時賢相清議以儉素之節其終不及厥初羣年未冠舉進士陸贄知舉訪於梁肅議其登第有才行者肅曰崔羣雖少年他日必至公輔果如其言羣弟于登進士官至郎署有令名子充亦以文學進歴三署終東都留守

路隨字南式其先陽平人高祖節高宗朝爲越王府東閤祭酒曾祖惟恕官至睦州刺史祖傪之仕終太子通事舍人父泌字安期少好學通五經尤嗜詩易左氏春秋能諷其章句皆究深旨博涉史傳工五言詩性端亮寡言以孝悌聞於宗族建中末以長安尉從調與李益韋綬等書判同居高第泌授城門郎屬德宗違難奉天泌時在京師棄妻子潛詣行在所又從幸梁州排潰軍而出再爲流矢所中裂裳濡血以策說渾瑊瑊深重之辟爲從事瑊討懷光累奏爲副元帥判官檢校戸部郎中兼御史中丞河中平隨瑊與土蕃會盟于平凉因劫盟陷蕃在絶域累年棲心於釋氏之教爲贊普所重待以賓禮卒於戎虜貞元十九年吐蕃遣邊將書求和隨哀泣上疏願允其請表三上德宗命中使諭旨朝廷懲其宿詐俟更要於後信訖數歲不報元和中蕃使復款塞隨復五獻封章請修和好又上書於宰執哀訴裴垍李藩皆協力敷奏憲宗可之命祠部郎中徐復報聘乃特於詔中疏平凉陷蕃者名氏令歸中國吐蕃因復等還遣使來朝遂以泌及鄭叔矩之喪與銘及遺錄至朝野傷歎憲宗憫之贈絳州刺史賜絹二百匹至葬日委所在官給喪事泌累贈太子少保泌陷蕃之歲隨方在孩提後稍長成知父在蕃乃日夜啼號坐必西嚮饌不食肉母氏言其形貌肖先君遂終身不照鏡後以通經調授潤州參軍爲李錡所困使知市事隨翛然坐市中一不介意韋夏卿爲東都留守聞而辟之由是聲名日振元和五年邊吏以訃至隨居喪益以孝聞服闋擢拜左補闕會李絳諷上納諫憲宗皇帝曰諫官路隨韋處厚章疏相繼朕常深用其言自是議者敬伏爲俄遷起居郎轉司勳員外郎自補闕至司勳員外皆充史館修撰穆宗即位遷司勳郎中賜緋魚袋與韋處厚同入翰林爲侍講學士採三代皇王興衰著六經法言二十卷奏之拜諫議大夫依前侍講學士將修憲宗實錄復命兼充史職敬宗登極拜中書舍人翰林學士仍賜紫有以金帛謝除制者必叱而却之曰吾以公事接私財耶終無所納文宗即位韋處厚入相隨代爲承旨轉兵部侍郎知制誥太和二年處厚薨隨代爲相拜中書侍郎加監脩國史初韓愈撰順宗實錄說禁中事頗切直內官惡之往往於上前言其不實累朝有詔改修及隨進憲宗實錄後文宗復令改正永貞時事隨奏曰臣昨面奉聖旨以順宗實錄頗非詳實委臣等重加刊正畢日聞奏臣自奉宣命取史本欲加筆削近見衛尉卿周居巢諫議大夫王彥威給事中李固言史官蘇景胤等各上章疏具陳刊改非甚便宜又聞班行如此議論頗衆臣伏以史冊之作勸誡所存事有當書理宜歸實匹夫美惡尚不可誣人君得失無容虛載聖旨以前件實錄記貞元末數事稍非摭實蓋出傳聞審知差舛便令刊正頃因坐日屢形聖言通計前後至于數日臣及宗閔僧孺亦以永貞已來歲月至近禁中行事在外固難詳知陛下所言皆是接於耳目既聞乖謬因述古今引前史直不疑盜嫂之言及第五倫撾公之說皆多此比類難盡信書所冀睿鑒詳於聽言深宮慎於行事持此比類上開聰明特蒙降察稍恕前謬由是近垂宣命令有改脩臣等伏以貞觀已來累朝實錄有經重撰不敢固辭但欲粗刪深悞亦固盡存諸說宗閔僧孺相與商量緣此書成於韓愈今史官李漢蔣係皆愈之子壻若遣參撰或致私嫌以臣既職監脩盍令詳正及經奏請事遂施行今者庶僚競言不知本起表章交奏似有他疑臣雖至昧容非自請既迫羣議輒目上聞縱臣果獲脩成必懼終爲時累且韓愈所書亦非己出元和之後已是相循縱其密親豈害公理使歸本職實謂正名其實錄伏望條示舊記最錯悞者宣付史官委之修定則冀聖祖垂休永無慙於傳信下臣非據獲減戾於侵官彰清朝立政之方表公器不私之義流言自弭時論攸宜詔曰其實錄中所書德宗順宗朝禁中事尋訪根柢蓋起謬傳諒非信史宜令史官詳正刊去其他不要更修餘依所奏四年轉門下侍郎加崇文館大學士七年兼太子太師備禮冊拜表上史官所修憲宗穆宗實錄八年辭疾不得謝會李德裕連貶至袁州長史隨不署奏狀始爲鄭注所忌九年四月拜檢校尚書右僕射同中書門下平章事兼潤州刺史鎮海軍節度浙江西道觀察等使太和九年七月遘疾于路薨于揚子江之中流年六十冊贈太保謚曰貞隨有學行大度爲諫官能直言在内庭匡益自寶曆初爲承旨學士即參大政以後十五年在相位宗閔德裕朋黨交興攘臂於其間李訓鄭注始終姦詐接武於其後而隨藏器韜光隆汚一致可謂得君子中庸而常居之也

史臣曰衛次公鄭絪韋處厚崔羣路隨等皆以文學飾身致位崇極兼之忠讜垂名簡書茲實有足多也絪有其位有其時懷獨善之謀晦衆濟之道左遷非不幸也次公因獻捷之書假已成之詔命也夫處厚危言切議振士友之急稱同列之善君子哉

贊曰衛鄭韋路兼之博陵文學政事爲時所稱

舊唐書卷一百五十九考證

鄭絪傳爲河中節度使太和二年入爲御史大夫檢校左僕射兼太子少保○沈炳震曰按本紀長慶元年鄭絪自東都留守遷吏部尚書二年爲太子少傅四年自兵部尚書復爲吏部尚書太和二年以吏部尚書改太子少保其間無爲河中節度使文而傳云太和二年自河中入爲御史大夫則當是寶歷中出鎭然本紀太和二年固無拜御史大夫文而河中自寶歷元年至太和二年皆屬薛平又無遷代則絪未嘗爲河中也

舊唐書卷一百六十

後晉司空同中書門下平章事劉　昫撰

列傳卷第一百十

韓愈　張籍　孟郊　唐衢　李翺
宇文籍　劉禹錫　柳宗元　韋辭

韓愈字退之昌黎人父仲卿無名位愈生三歲而孤養於從父兄愈自以孤子幼刻苦學儒不俟奬勵大曆貞元之間文字多尚古學效楊雄董仲舒之述作而獨孤及梁肅最稱淵奥儒林推重愈從其徒遊鋭意鑽仰欲自振於一代洎舉進士投文於公卿間故相鄭餘慶頗爲之延譽由是知名於時尋登進士第宰相董晉出鎮大梁辟爲巡官府除徐州張建封又請爲其賓佐愈發言眞率無所畏避操行堅正拙於世務調授四門博士轉監察御史德宗晚年政出多門宰相不專機務宮市之弊諫官論之不聽愈嘗上章數千言極論之不聽怒貶爲連州山陽令量移江陵府掾曹元和初召爲國子博士遷都官員外郎時華州刺史閻濟美以公事停華陰令柳澗縣務俾攝掾曹居數月濟美罷郡出居公館澗遂諷百姓遮道索前年軍頓役直後刺史趙昌按得澗罪以聞貶房州司馬愈因使過華知其事以爲刺史相黨上疏理澗留中不下詔監察御史李宗奭按驗得澗贓狀再貶澗封溪尉以愈妄論復爲國子博士愈自以才高累被擯黜作進學解以自喻曰國子先生晨入太學召諸生立館下誨之曰業精于勤荒于嬉行成于思毁于隨方今聖賢相逢治具畢張拔去兇邪登崇俊良占小善者率以録名一藝者無不庸爬羅剔抉刮垢磨光蓋有幸而獲選孰云多而不揚諸生業患不能精無患有司之不明行患不能成無患有司之不公言未既有笑于列者曰先生欺予哉弟子事先生于茲有年矣先生口不絕吟於六藝之文手不停披於百家之編記事者必提其要纂言者必鈎其玄貪多務得細大不捐燒膏油以繼晷常矻矻以窮年先生之業可謂勤矣觝排異端攘斥佛老補苴罅漏張皇幽眇尋墜緒之茫茫獨旁搜而遠紹障百川而東之迴狂瀾於既倒先生之於儒可謂有勞矣沉浸醲郁含英咀華作爲文章其書滿家上規姚姒渾渾無涯周誥殷盤佶屈聱牙春秋謹嚴左氏浮誇易奇而法詩正而葩下逮莊騷太史所錄子雲相如同工異曲先生之於文可謂閎其中而肆其外矣少始知學勇於敢爲長通於方左右具宜先生之於爲人可謂成矣然而公不見信於人私不見助於友跋前躓後動輒得咎暫爲御史遂竄南夷三爲博士冗不見治命與仇謀取敗幾時冬煖而兒號寒年豐而妻啼饑頭童齒豁竟死何裨不知慮此而反教人爲先生曰吁子來前夫大木爲杗細木爲桷欂櫨侏儒椳闑居楔各得其宜施以成室者匠氏之工也玉札丹砂赤箭青芝牛溲馬勃敗鼓之皮俱收並蓄待用無遺者醫師之良也登明選公雜進巧拙紆餘爲妍卓犖爲傑校短量長唯器是適者宰相之方也昔者孟軻好辯孔道以明轍環天下卒老于行荀卿守正大論是弘逃讒于楚廢死蘭陵是二儒者吐辭爲經舉足爲法絕類離倫優入聖域其遇于世何如也今先生學雖勤不繇其統言雖多不要其中文雖奇不濟於用行雖修不顯於衆猶且月費俸錢歲糜廩粟子不知耕婦不知織乘馬從徒安坐而食踵常塗之促促窺陳編以盜竊然而聖主不加誅宰臣不見斥此非其幸哉動而得謗名亦隨之投閑置散乃分之宜若夫商財賄之有無計班資之崇庳忘己量之所稱指前人之瑕疵是所謂詰匠氏之不以杙爲楹而訾醫師以昌陽引年欲進其豨苓也執政覽其文而憐之以其有史才改比部郎中史館修撰踰歲轉考功郎中知制誥拜中書舍人俄有不悅愈者摭其舊事言愈前左降爲江陵掾曹荊南節度使裴均館之頗厚均子鍔凡鄙近者鍔還省父愈爲序餞鍔仍呼其字此論喧於朝列坐是改太子右庶子元和十二年八月宰臣裴度爲淮西宣慰處置使兼彰義軍節度使請愈爲行軍司馬仍賜金紫淮蔡平十二月隨度還朝以功授刑部侍郎仍詔愈撰平淮西碑其辭多敘裴度事時先入蔡州擒吳元濟李愬功第一愬不平之愬妻出入禁中因訴碑辭不實詔令磨愈文憲宗命翰林學士段文昌重撰文勒石鳳翔法門寺有護國眞身塔塔內有釋迦文佛指骨一節其書本傳法三十年一開開則歲豐人泰十四年正月上令中使杜英奇押宮人三十人持香花赴臨皐驛迎佛骨自光順門入大內留禁中三日乃送諸寺王公士庶奔走捨施唯恐在後百姓有廢業破產燒頂灼臂而求供養者愈素不喜佛上疏諫曰伏以佛者夷狄之一法耳自後漢時始流入中國上古未嘗有也昔黃帝在位百年年百一十歲少昊在位八十年年百歲顓頊在位七十九年年九十八歲帝嚳在位七十年年百五歲帝堯在位九十八年年百一十八歲帝舜及禹年皆百歲此時天下太平百姓安樂壽考然而中國未有佛也其後殷湯亦年百歲湯孫太戊在位七十五年武丁在位五十年書史不言其壽推其年數蓋亦俱不減百歲周文王年九十七歲武王年九十三歲穆王在位百年此時佛法亦未至中國非因事佛而致此也漢明帝時始有佛法明帝在位纔十八年耳其後亂亡相繼運祚不長宋齊梁陳元魏已下事佛漸謹年代尤促唯梁武帝在位四十八年前後三度捨身施佛宗廟之祭不用牲牢晝日一食止於菜果其後竟爲侯景所逼餓死臺城國亦尋滅事佛求福乃更得禍由此觀之佛不足信亦可知矣高祖始受隋禪則議除之當時羣臣識見不遠不能深究先王之道古今之宜推闡聖明以救斯弊其事遂止臣嘗恨焉伏惟皇帝陛下神聖英武數千百年以來未有倫比卽位之初卽不許度人爲僧尼道士又不許別立寺觀臣當時以爲高祖之志必行於陛下之手今縱未能卽行豈可恣之轉令盛也今聞陛下令羣僧迎佛骨於鳳翔御樓以觀舁入大內令諸寺遞迎供養臣雖至愚必知陛下不惑於佛作此崇奉以祈福祥也直以年豐人樂徇人之心爲京都士庶設詭異之觀戲玩之具耳安有聖明若此而肯信此等事哉然百姓愚冥易惑難曉苟見陛下如此將謂眞心信佛皆云天子大聖猶一心敬信百姓微賤於佛豈合惜身命所以灼頂燔指百十爲羣解衣散錢自朝至暮轉相倣效唯恐後時老幼奔波棄其生業若不卽加禁遏更歷諸寺必有斷臂臠身以爲供養者傷風敗俗傳笑四方非細事也佛本夷狄之人與中國言語不通衣服殊製口不道先王之法言身不服先王之法行不知君臣之義父子之情假如其身尚在奉其國命來朝京師陛下容而接之不過宣政一見禮賓一設賜衣一襲衛而出之於境不令惑於衆也況其身死已久枯朽之骨凶穢之餘豈宜以入宮禁孔子曰敬鬼神而遠之古之諸侯行弔於國尚令巫祝先以桃茢祓除不祥然後進弔今無故取朽穢之物親臨觀之巫祝不先桃茢不用羣臣不言其非御史不舉其失臣實恥之乞以此骨付之水火永絕根本斷天下之疑絕後代之惑使天下之人知大聖人之所作爲出於尋常萬萬也豈不盛哉豈不快哉佛如有靈能作禍祟凡有殃咎宜加臣身上天鑒臨臣不怨悔疏奏憲宗怒甚間一日出疏以示宰臣將加極法裴度崔羣奏曰韓愈上忤尊聽誠宜得罪然而非內懷忠懇不避黜責豈能至此伏乞稍賜寬容以來諫者上曰愈言我奉佛太過我猶爲容之至謂東漢奉佛之後帝王咸致夭促何言之乖剌也愈爲人臣敢爾狂妄固不可赦于是人情驚惋乃至國戚諸貴亦以罪愈太重因事言之乃貶爲潮州刺史愈至潮陽上表曰臣今年正月十四日蒙恩授潮州刺史卽日馳驛就路經涉嶺海水陸萬里臣所領州在廣府極東去廣府雖云二千里然來往動皆踰月過海口下惡水濤瀧壯猛難計期程颶風鱷魚患禍不測州南近界漲海連天毒霧瘴氛日夕發作臣少多病年纔五十髮白齒落理不久長加以罪犯至重所處又極遠惡憂惶慚悸死亡無日單立一身朝無親黨居蠻夷之地與魑魅同羣苟非陛下哀而念之誰肯爲臣言者臣受性愚陋人事多所不通唯酷好學問文章未嘗一日暫廢實爲時輩推許臣於當時之文亦未有過人者至於論述陛下功德與詩書相表裏作爲歌詩薦之郊廟紀太山之封鏤白玉之牒鋪張對天之宏休揚厲無前之偉蹟編於詩書之策而無愧措於天地之間而無虧雖使古人復生臣未肯多讓伏以大唐受命有天下四海之內莫不臣妾南北東西地各萬里自天寶之後政治少懈文致未優武剋不綱孽臣姦隸外順內悖父死子代以祖以孫如古諸侯自擅其地不朝不貢六七十年四聖傳序以至陛下躬親聽斷干戈所麾無不從順宜定樂章以告神明東巡泰山奏功皇天使永永萬年服我成烈當此之際所謂千載一時不可逢之嘉會而臣負罪嬰釁自拘海島戚戚嗟嗟日與死迫曾不得奏薄伎於從官之內隸御之間窮思畢精以贖前過懷痛窮天死不閉目瞻望宸極魂神飛去伏惟陛下天地父母哀而憐之憲宗謂宰臣曰昨得韓愈到潮州表因思其所諫佛骨事大是愛我我豈不知然愈爲人臣不當言人主事佛乃年促也我以是惡其容易上欲復用愈故先語及觀宰臣之奏對而皇甫鎛惡愈狷直恐其復用率先對曰愈終大狂疏且可量移一郡乃授袁州刺史初愈至潮陽旣視事詢吏民疾苦皆曰郡西湫水有鱷魚卵而化長數丈食民畜產將盡以是民貧居數日愈往視之令判官秦濟炮一豚一羊投之湫水呪之曰前代德薄之君棄楚越之地則鱷魚涵泳於此可也今天子神聖四海之外撫而有之況揚州之境刺史縣令之所治出貢賦以供天地宗廟之祀鱷魚豈可與刺史雜處此土哉刺史受天子命令守此土而鱷魚睅然不安谿潭食民畜熊鹿麞豕以肥其身以繁其卵與刺史爭爲長刺史雖駑弱安肯爲鱷魚低首而下哉今潮州大海在其南鯨鵬之大蝦蟹之細無不容鱷魚朝發而

夕至今與鱷魚約三日乃至七日如頑而不徙須爲物害則刺史選材伎壯夫操勁弓毒矢與鱷魚從事矣呪之夕有暴風雷起於湫中數日湫水盡涸徙於舊湫西六十里自是潮人無鱷患袁州之俗男女隸於人者踰約則沒入出錢之家愈至設法贖其所沒男女歸其父母仍削其俗法不許隸人十五年徵爲國子祭酒轉兵部侍郎會鎭州殺田弘正立王廷湊令愈往鎭州宣諭愈既至集軍民諭以逆順辭情切至廷湊畏重之改吏部侍郎轉京兆尹兼御史大夫以不臺叅爲御史中丞李紳所劾愈不伏言準勑仍不臺叅紳愈性皆褊僻移刺往來紛然不止乃出紳爲浙西觀察使愈亦罷尹爲兵部侍郎及紳面辭赴鎭泣涕陳叙穆宗憐之乃追制以紳爲兵部侍郎愈復爲吏部侍郎長慶四年十二月卒時年五十七贈禮部尚書謚曰文愈性弘通與人交榮悴不易少時與洛陽人孟郊東郡人張籍友善二人名位未振愈不避寒暑稱薦於公卿間而籍終成科第榮於祿仕後雖通貴每退公之隙則相與談讌論文賦詩如平昔焉而觀諸權門豪士如僕隸焉瞪然不顧而頗能誘厲後進館之者十六七雖晨炊不給怡然不介意大抵以興起名教弘獎仁義爲事凡嫁內外及友朋孤女僅十人常以爲自魏晉已還爲文者多拘偶對而經誥之指歸遷雄之氣格不復振起矣故愈所爲文務反近體杼意立言自成一家新語後學之士取爲師法當時作者甚衆無以過之故世稱韓文焉然時有恃才肆意亦有盭孔孟之旨若南人妄以柳宗元爲羅池神而愈譔碑以實之李賀父名晉不應進士而愈爲賀作諱辨令舉進士又爲毛穎傳譏戲不近人情此文章之甚紕繆者時謂愈有史筆及撰順宗實錄繁簡不當敘事拙於取捨頗爲當代所非穆宗文宗嘗詔史臣添改時愈壻李漢蔣係在顯位諸公難之而韋處厚竟別撰順宗實錄三卷有文集四十卷李漢爲之序子昶亦登進士第

張籍者貞元中登進士第性詭激能爲古體詩有警策之句傳於時調補太常寺太祝轉國子助教秘書郎以詩名當代公卿裴度令狐楚才名如白居易元稹皆與之遊而韓愈尤重之累授國子博士水部員外郎轉水部郎中卒世謂之張水部云

孟郊者少隱於嵩山稱處士李翺分司洛中與之遊薦於留守鄭餘慶辟爲賓佐性孤僻寡合韓愈一見以爲忘形之契常稱其字曰東野與之唱和於文酒之間鄭餘慶鎭興元又奏爲從事辟書下而卒餘慶給錢數萬葬送贍給其妻子者累年

唐衢者應進士久而不第能爲歌詩意多感發見人文章有所傷歎者讀訖必哭涕泗不能已每與人言論既相別發聲一號音辭哀切聞之者莫不悽然泣下嘗客遊太原屬戎帥軍宴衢得預會酒酣言事抗音而哭一席不樂爲之罷會故世稱唐衢善哭左拾遺白居易遺之詩曰賈誼哭時事阮籍哭路岐唐生今亦哭異代同其悲唐生者何人五十寒且饑不悲口無食不悲身無衣所悲忠與義悲甚則哭之太尉擊賊日尚書叱盜時大夫死兇寇諫議謫蠻夷每見如此事聲發涕輒隨我亦君之徒鬱鬱何所爲不能發聲哭轉作樂府辭其爲名流稱重若此竟不登一命而卒

李翺字習之涼武昭王之後父楚金貝州司法叅軍翺幼勤於儒學博雅好古爲文尚氣質貞元十四年登進士第授校書郎三遷至京兆府司錄叅軍元和初轉國子博士史館修撰十四年太常丞王涇上疏請去太廟朔望上食詔百官議議者以開元禮太廟每歲礿祠烝嘗臘凡五享天寶末玄宗令尚食每月朔望具常饌令宮闈令上食於太廟後遂爲常由是朔望不視朝比之大祠翺奏議曰國語曰王者日祭禮記曰王立七廟皆月祭之周禮時祭禴祠烝嘗漢氏皆雜而用之蓋遭秦火詩書禮經燼滅編殘簡缺漢乃求之先儒穿鑿各伸已見皆託古聖賢之名以信其語故所記各不同也古者廟有寢而不墓祭秦漢始建寢廟於園陵而上食焉國家因之而不改貞觀開元禮並無宗廟日祭月祭之禮蓋以日祭月祭既已行於陵寢矣故太廟之中每歲五饗六告而已不然者房玄齡魏徵輩皆一代名臣窮極經史豈不見國語禮記有日祭月祭之詞乎斯足以明矣伏以太廟之饗籩豆牲牢三代之通禮是貴誠之義也園陵之奠改用常饌秦漢之權制乃食味之道也今朔望上食於太廟豈非用常褻味而貴多品乎且非禮所謂至敬不饗味而貴氣臭之義也傳稱屈到嗜芰有疾召其宗老而屬之曰祭我必以芰及祭薦芰其子違命去芰而用羊饋籩豆脯醢君子是之言事祖考之義當以禮爲重不以其生存所嗜爲獻蓋明非食味也然則薦常饌於太廟無乃與芰爲比乎且非三代聖王之所行也況祭器不陳俎豆祭官不命三公執事者唯宮闈令與宗正卿而已謂之上食也安得以爲祭乎且時享于太廟有司攝事祝文曰孝曾孫皇帝臣某謹遣太尉臣名敢昭告于高祖神堯皇帝祖妣太穆皇后竇氏時惟孟春永懷罔極謹以一元大武柔毛剛鬣明粢薌萁嘉蔬嘉薦醴齊敬脩時享以申追慕此祝辭也前享七日質明太尉誓百官於尚書省曰某月某日時享于太廟各揚其職不供其事國有常刑凡陪享之官散齋四日致齋三日然後可以爲祭也宗廟之禮非敢擅議雖有知者其誰敢言故六十餘年行之不廢今聖朝以弓矢既櫜禮樂爲大故下百寮可得詳議臣等以爲貞觀開元禮並無太廟上食之文以禮斷情罷之可也至若陵寢上食採國語禮記日祭月祭之詞因秦漢之制脩而存之以廣孝道可也如此則經義可據故事不遺大禮既明永息異論可以繼二帝三王而爲萬代法與其瀆禮越古貴因循而憚改作猶天地之相遠也知禮者是之事竟不行翺性剛急論議無所避執政雖重其學而惡其激訐故久次不遷翺以史官記事不實奏狀曰臣謬得秉筆史館以記注爲職夫勸善懲惡正言直筆紀聖朝功德述忠賢事業載姦臣醜行以傳無窮者史官之任也凡人事迹非大善大惡則衆人無由得知舊例皆訪於人又取行狀謚議以爲依據今之作行狀者多是其門生故吏莫不虛加仁義禮智妄言忠肅惠和此不唯其處心不實苟欲虛美於受恩之地耳蓋爲文者又非游夏遷雄之列務於華而忘其實溺於文而棄其理故爲文則失六經之古風紀事則非史遷之實錄臣今請作行狀者但指事實直載事功假如作魏徵傳但記其諫諍之辭足以爲正直段秀實但記其倒用司農印以追逆兵以象笏擊朱泚足以爲忠烈若考功視行狀不依此者不得受依此則考功下太常牒史館然後定謚伏乞以臣此奏下考功從之尋權知職方員外郎十五年六月授考功員外郎並兼史職翺與李景儉友善初景儉拜諫議大夫舉翺自代至是景儉貶黜七月出翺爲朗州刺史俄而景儉復爲諫議大夫翺亦入爲禮部郎中翺自負辭藝以爲合知制誥以久未如志鬱鬱不樂因入中書謁宰相面數李逢吉之過失逢吉不之校翺心不自安乃請告滿百日有司準例停官逢吉奏授廬州刺史太和初入朝爲諫議大夫尋以本官知制誥三年二月拜中書舍人初諫議大夫柏耆將使滄州軍前宣諭翺嘗贊成此行柏耆尋以擅入滄州得罪翺坐謬舉左授少府少監俄出爲鄭州刺史五年出爲桂州刺史御史中丞充桂管都防禦使七年改授潭州刺史湖南觀察使八年徵爲刑部侍郎九年轉戶部侍郎七月檢校戶部尚書襄州刺史充山南東道節度使會昌中卒於鎭謚曰文

宇文籍字夏龜父滔官卑少好學尤通春秋竇羣自處士徵爲右拾遺表籍自代由是知名登進士第宰相武元衡出鎭西蜀奏爲從事以咸陽尉直史館與韓愈同脩順宗實錄遷監察御史王承宗叛詔捕其弟駙馬都尉承系其賓客中有爲悞識者又蘇表以破淮西策干宰相武元衡元衡不用以籍嘗從事令召表訊之籍因與表狎元衡怒坐貶江陵府戶曹叅軍至任節度使孫簡知重之欲令兼幕府職事籍辭曰籍以君命譴黜亦當以君命升假榮偷奬非所願也後考滿連辟藩府入爲侍御史轉著作郎遷駕部員外郎史館修撰與韋處厚韋表微路隨沈傳師同脩憲宗實錄俄以本官知制誥轉庫部郎中太和中遷諫議大夫專掌史筆罷知制誥籍性簡澹寡合耽玩經史精於著述而風望峻整爲時輩推重太和二年正月卒時年五十九贈工部侍郎子臨大中初登進士第

劉禹錫字夢得彭城人祖雲父溆仕歷州縣令佐世以儒學稱禹錫貞元九年擢進士第又登宏辭科禹錫精於古文善五言詩今體文章復多才麗從事淮南節度使杜佑幕典記室尤加禮異從佑入朝爲監察御史與吏部郎中韋執誼相善貞元末王叔文於東宮用事後輩務進多附麗之禹錫尤爲叔文知奬以宰相器待之順宗即位久疾不任政事禁中文誥皆出於叔文引禹錫及柳宗元入禁中與之圖議言無不從轉屯田員外郎判度支鹽鐵案兼崇陵使判官頗怙威權中傷端士宗元素不悅武元衡時武元衡爲御史中丞乃左授右庶子侍御史竇羣奏禹錫挾邪亂政不宜在朝羣即日罷官韓皋憑藉貴門不附叔文黨出爲湖南觀察使既任喜怒凌人京師人士不敢指名道路以目時號二王劉柳叔文敗坐貶連州刺史在道貶朗州司馬地居西南夷土風僻陋舉目殊俗無可與言者禹錫在朗州十年唯以文章吟詠陶冶情性蠻俗好巫每淫祠鼓舞必歌俚辭禹錫或從事於其間乃依騷人之作爲新辭以教巫祝故武陵谿洞間夷歌率多禹錫之辭也初禹錫宗元等八人犯衆怒憲宗亦怒故再貶制有逢恩不原之令然執政惜其才欲洗滌痕累漸序用之會程异復掌轉運有詔以韓皋及禹錫等爲遠郡刺史屬武元衡在中書諫官十餘人論列言不可復用而止禹錫積歲在湘澧間鬱悒不怡因讀張九齡文集乃叙其意曰世

稱曲江爲相建言放臣不宜於善地多徙五谿不毛之鄉今讀其文章自內職牧始安有瘴癘之歎自退相守荆州有拘囚之思託諷禽鳥寄辭草樹鬱然與騷人同風嗟夫身出於遐陬一失意而不能堪矧華人士族而必致醜地然後快意哉議者以曲江爲良臣識胡雛有反相羞與凡器同列密啓廷諍雖古哲人不及而燕翼無似終爲餒魂豈忮心失恕陰謫最大雖二美莫贖耶不然何袁公一言明楚獄而鍾祉四葉以是相較神可誣乎元和十年自武陵召還宰相復欲置之郎署時禹錫作遊玄都觀詠看花君子詩語涉譏刺執政不悅復出爲播州刺史詔下御史中丞裴度奏曰劉禹錫有母年八十餘今播州西南極遠猿狖所居人迹罕至禹錫誠合得罪然其老母必去不得則與此子爲死別臣恐傷陛下孝理之風伏請屈法稍移近處憲宗曰夫爲人子每事尤須謹愼常恐貽親之憂今禹錫所坐更合重於他人卿豈可以此論之度無以對良久帝改容而言曰朕所言是責人子之事然終不欲傷其所親之心乃改授連州刺史去京師又十餘年連刺數郡太和二年自和州刺史徵還拜主客郎中禹錫銜前事未已復作遊玄都觀詩序曰予貞元二十一年爲尚書屯田員外郎時此觀中未有花木是歲出牧連州尋貶朗州司馬居十年召還京師人人皆言有道士手植紅桃滿觀如爍晨霞遂有詩以志一時之事旋又出牧于今十有四年得爲主客郎中重遊玆觀蕩然無復一樹唯兎葵燕麥動搖於春風因再題二十八字以俟後遊其前篇有玄都觀裏桃千樹總是劉郎去後栽之句後篇有種桃道士今何在前度劉郎又到來之句人嘉其才而薄其行禹錫甚怒武元衡李逢吉而裴度稍知之太和中度在中書欲令知制誥執政又聞詩序滋不悅累轉禮部郎中集賢院學士度罷知政事禹錫求分司東都終以恃才褊心不得久處朝列六月授蘇州刺史就賜金紫秩滿入朝授汝州刺史遷太子賓客分司東都禹錫晚年與少傅白居易友善詩筆文章時無在其右者常與禹錫唱和往來因集其詩而序之曰彭城劉夢得詩豪者也其鋒森然少敢當者予不量力往往犯之夫合應者聲同交爭者力敵一往一復欲罷不能由是每制一篇先於視草視竟則興作興作則文成一二年來日尋筆硯同和贈答不覺滋多太和三年春以前紙墨所存者凡一百三十八首其餘乘興仗醉率然口號者不在此數因命小姪龜兒編勒成兩軸仍寫二本一付龜兒一授夢得小男崙郎各令收藏附兩家文集予頃與元微之唱和頗多或在人口嘗戲微之云僕與足下二十年來爲文友詩敵幸也亦不幸也吟詠情性播揚名聲其適遺形其樂忘老幸也然江南士女語才子者多云元白以子之故使僕不得獨步於吳越間此一不幸也今垂老復遇夢得非重不幸耶夢得夢得文之神妙莫先於詩若妙與神則吾豈敢如夢得雪裏高山頭白早海中仙果子生遲沉舟側畔千帆過病樹前頭萬木春之句之類眞謂神妙矣在在處處應有靈物護持豈止兩家子弟祕藏而已其爲名流許與如此夢得嘗爲西塞懷古金陵五題等詩江南文士稱爲佳作雖名位不達公卿大寮多與之交開成初復爲太子賓客分司俄授同州刺史秩滿檢校禮部尚書太子賓客分司會昌二年七月卒時年七十一贈戶部尚書子承雍登進士第亦有才藻

柳宗元字子厚河東人後魏侍中濟陰公之系孫曾伯祖奭高祖朝宰相父鎭太常博士終侍御史宗元少聰警絕衆尤精西漢詩騷下筆搆思與古爲侔精裁密緻璨若珠貝當時流輩咸推之登進士第應擧宏辭授校書郎藍田尉貞元十九年爲監察御史順宗卽位王叔文韋執誼用事尤奇待宗元與監察呂溫密引禁中與之圖事轉尚書禮部員外郎叔文欲大用之會居位不久叔文敗與同輩七人俱貶宗元爲邵州刺史在道再貶永州司馬旣罹竄逐涉履蠻瘴崎嶇堙厄蘊騷人之鬱悼寫情敘事動必以文爲騷文十數篇覽之者爲之悽惻元和十年例移爲柳州刺史時朗州司馬劉禹錫得播州刺史制書下宗元謂所親曰禹錫有母年高今爲郡蠻方西南絕域往復萬里如何與母偕行如母子異方便爲永訣吾於禹錫爲執友胡忍見其若是卽草章奏請以柳州授禹錫自往播州會裴度亦奏其事禹錫終易連州柳州土俗以男女質錢過期則沒入錢主宗元革其鄉法其已沒者仍出私錢贖之歸其父母江嶺間爲進士者不遠數千里皆隨宗元師法凡經其門必爲名士著述之盛名動於時時號柳州云有文集四十卷元和十四年十月五日卒時年四十七子周六周七纔三四歲觀察使裴行立爲營護其喪及妻子還於京師時人義之

韋辭字踐之祖召卿洛陽丞父翃官至侍御史辭少以兩經擢第判入等爲祕書省校書郎貞元末東都留守韋夏卿辟爲從事後累佐使府皆以參畫稱職元和九年自藍田令入拜侍御史以事累出爲朗州刺史再貶江州司馬長慶初韋處厚路隨以公望居顯要素知辭有文學理行亟稱薦之擢爲戶部員外轉刑部郎中充京西北和糴使尋爲戶部郎中兼御史中丞克鹽鐵副使轉吏部郎中文宗卽位韋處厚執政且以澄汰浮華登用藝實爲事乃以辭與李翺同拜中書舍人辭素無清藻文筆不過中才然處事端實游宦無黨與李翺特相善俱擅文學高名踈達自用不事檢操處厚以激時用頗不厭公論辭亦倦於潤色苦求外任乃出爲潭州刺史御史中丞湖南觀察使在鎭二年吏民稱治太和四年卒時年五十八贈右散騎常侍

史臣曰貞元太和之間以文學聳動搢紳之伍者宗元禹錫而已其巧麗淵博屬辭比事誠一代之宏才如俾之詠歌帝載黼藻王言足以平揖古賢氣吞時輩而蹈道不謹暱比小人自致流離遂隳素業故君子羣而不黨戒懼愼獨正爲此也韓李二文公於陵遲之末遑遑仁義有志於持世範欲以人文化成而道未果也至若抑楊墨排釋老雖於道未弘亦端士之用心也

贊曰天地經綸無出斯文愈翺揮翰語切典墳犧雞斷尾害馬敗羣僻塗自噬劉柳諸君

舊唐書卷一百六十考證

韓愈傳韓愈字退之昌黎人○臣宗萬按退之自稱曰昌黎李白作愈父仲卿武昌去思碑云南陽人攷元和姓纂云南陽豬陽頡當元孫騫避王莽亂因居之新書宰相世系表云河南尹騫居堵陽堵音者後魏中郎穎子播徙昌黎棘城然則韓氏初徙南陽之堵陽後徙昌黎之棘城漢書地理志有兩南陽一曰河內修武卽左傳晉啓南陽是一曰南陽堵陽卽韓騫所徙南陽郡在唐屬鄧州故新書以爲鄧州南陽人此云昌黎人又李翺作愈行狀亦云昌黎蓋據韓氏自稱也

宮市之弊諫官論之不聽愈嘗上章數千言極論之不聽怒貶爲連州山陽令○臣宗萬按愈文集祭張署文有云我落陽山以尹鼯猱又連州無山陽顯屬傳寫之訛當從新書作陽山復按程敏道韓文公歷官記貞元十九年遷監察御史是年京師旱民飢詔蠲租半有司徵求反急愈與同列張署李方叔上疏言狀天子惻然卒爲幸臣所讒貶連州陽山令洪興祖曰公陽山之貶寄贈三學士詩敘述甚詳而皇甫持正作公神道碑亦云因疏關中旱飢專政者惡之則其非爲宮市明矣今公集有御史臺論天旱人飢狀與詩正合況皇甫持正從公遊者不應公嘗疏宮市而不及之也据此則愈之貶陽山由言狀旱飢矣然兩書皆言論宮市而貶紀又闕愈貶官文而所上之疏亦復不傳無從質證或者宮市與旱飢兼論史止據其一事也

孟郊傳○新書云年五十得進士第調溧陽尉舊書不載

李翺傳不視朝○朝字誤朔今改正

會昌中卒于鎭○沈炳震曰案文宗紀開成元年殷侑拜山南東道自此至會昌又易數人非翺至會昌時猶爲山南東道也當作開成爲是

劉禹錫傳今垂老復遇夢得非重不幸耶夢得夢得文之神妙莫先于詩若妙與神則吾豈敢○原本于復遇夢得下重夢得二字於文之神妙上又脫夢得二字詩又誤作是今俱從長慶集本改正

柳宗元傳曾伯祖奭○臣宗萬按文安禮柳宗元年譜云子厚有先侍御史府君神道表云曾伯祖諱奭字子燕則奭於侍御史爲曾伯祖於子厚爲高伯祖矣新舊史子厚傳及韓退之子厚墓誌皆云曾伯祖恐誤又按新書宰相世系表云奭字子燕與神道表同而列傳則云字子邵不知何所据也

# 舊唐書卷一百六十一

後晉司空同中書門下平章事劉　昫撰

## 列傳卷第一百十一

李光進弟光顏　烏重胤　王沛子逢　李珙

李祐　董重質　楊元卿子延宗　劉悟子從諫孫稹

劉沔　石雄

李光進本河曲部落稽阿跌之族也父良臣襲雞田州刺史隸朔方軍光進姊適舍利葛旃殺僕固瑒而事河東節度使辛雲京光進兄弟少依葛旃因家于太原光進勇毅果敢其武藝兵畧次于葛旃肅宗自靈武觀兵

光進從郭子儀破賊收兩京累有戰功至德中授代州刺史封范陽郡公食邑二百戶上元初郭子儀爲朔州節度以軍討大同橫野清夷范陽及河北殘寇用光進爲都知兵馬使尋遷渭北節度使永泰初進封武威郡王大曆四年檢校戶部尚書知省事未幾又轉檢校刑部尚書兼太子太保是歲冬十月葬母於京城之南原將相致祭者凡四十四幄窮極奢靡城內士庶觀者如堵元和四年王承宗范希朝引師救易定表光進爲步都虞候戰於木刀溝光進有功六年拜銀青光祿大夫檢校工部尚書充單于大都護振武節度使詔以光進夙有誠節克著茂勳賜姓李氏其弟光顏除洺州刺史充本州團練使兄弟恩澤同時人皆歎異八年遷靈武節度使光進嘗從馬燧救臨洺戰洹水收河中皆有功前後軍中之職無所不歷中丞大夫悉帶兼先是救易定之師光進光顏皆在其行故軍中呼光進爲大大夫光顏爲小大夫十年七月卒光進兄弟少以孝睦推於軍中及居母喪三年不歸寢室光顏先娶妻其母委以家事母卒光進始娶光顏使其妻奉管籥家籍財物歸于其姒光進命反之且謂光顏曰新婦逮事母嘗命以主家不可改也因相持泣良久乃如初卒時年六十五贈尚書左僕射光顏與兄光進以葛旃善騎射兄弟自幼皆師之葛旃獨許光顏之勇健已不能逮及長從河東軍爲裨將討李懷光楊惠琳皆有功後隨高崇文平蜀搴旗斬將出入如神由是稍稍知名自憲宗元和已來歷授代洺二州刺史兼御史大夫九年將討淮蔡九月遷陳州刺史充忠武軍都知兵馬使踰月遷忠武軍節度使檢校工部尚書會朝廷徵天下兵環申蔡而討吳元濟詔光顏以本軍獨當一面光顏於是引兵臨溵水抗洄曲明年五月破元濟之師於時曲初賊衆晨壓光顏之壘而陣光顏不得出乃自毀其柵之左右出騎以突之光顏將數騎冒堅而衝之出入者數四賊衆盡識矢集於身如蝟其子攬光顏馬鞅止其深入光顏舉刃叱之乃退於是人爭奮躍賊乃大潰死者數千人捷聲至京師人人相賀時伐蔡之師大小凡十餘鎭自裴度使還唯奏光顏勇而知義終不辱命至是果立功焉是歲十一月光顏又與懷汝節度烏重胤同破元濟之衆於小溵河平其柵初都統韓弘令諸軍齊攻賊城賊又徑攻烏重胤之壘重胤禦之中數槍馳請救於光顏光顏以小溵橋賊之堡也乘其無備使田穎宋朝隱襲而取之乃平其城塹由是克救重胤韓弘以光顏違令取穎及朝隱將戮之穎及朝隱勇而材軍中皆惋惜之光顏畏弘不敢留會中使景忠信至知其情乃矯詔令所在械繫之走馬入見具以本末聞憲宗赦忠信矯詔罪令卽往釋穎及朝隱弘及光顏迭以表論憲宗謂弘使曰穎等違都統令固當處死但光顏以其襲賊有功亦可宥之軍有三令五申宜捨此以收來效及以詔諭弘弘不悅十一年光顏連敗元濟之衆拔賊凌雲柵憲宗大悅賜其告捷者奴婢銀錦進位檢校尚書左僕射十二年四月光顏敗元濟之衆三萬于郾城其將張伯良奔于蔡州殺其賊什二三獲馬千匹器甲三萬聯皆畫雷公符仍書云速破城北軍尋而郾城守將鄧懷金請以城降光顏許之而收郾城初鄧懷金以官軍圍青陵城絕其歸路懷金懼謀於郾城令董昌齡昌齡母素誡其子令降昌齡因此勸懷金歸款于光顏且曰城中之人父母妻子皆質于蔡州如不屈而降則家盡居矣請來攻城我則舉烽求救救兵將至官軍逆擊之必敗此時當以城降光顏從之賊果敗走於是昌齡執印帥吏列于門外懷金與諸將素服倒戈列于門內光顏受降乃入羅城其城自壞五十餘步時韓弘爲汴帥驕矜倔強常倚賊勢索朝廷姑息惡光顏力戰陰圖撓屈計無所施遂舉大梁城求得一美婦人教以歌舞絃管六博之藝飾之以珠翠金玉衣服之具計費數百萬命使者送遺光顏冀一見悅惑而怠於軍政也使者卽賫書先造光顏壘曰本使令公德公私愛憂公暴露欲進一妓以慰公征役之思謹以候命光顏曰今日已暮明旦納焉詰朝光顏乃大宴軍士三軍咸集命使者進妓妓至則容止端麗殆非人間所有一座皆驚光顏乃於座上謂來使曰令公憐光顏離家室久捨美妓見贈誠有以荷德也然光顏受國家恩深誓不與逆賊同生日月下今戰卒數萬皆背妻子蹈白刃光顏奈何以女色爲樂言訖涕泣嗚咽堂下兵士數萬皆感激流涕乃厚以縑帛酬其來使俾領其妓自席上而廻謂使者曰爲光顏多謝令公光顏事君許國之心死無貳矣自此兵衆之心彌加激勵及裴度至行營率賓從於方城沲口觀板築五溝賊遽至注弩挺刃勢將及度光顏決戰於前以却之時光顏預慮其來先使田布以二百騎伏於溝中出賊不意交擊之度方獲免布又先扼其溝中歸路賊多棄騎越溝相牽墜壓而死者千餘人是日微光顏之救度幾陷矣是月賊知光顏勇冠諸將乃悉其衆出當光顏之師時李愬乘其無備急引兵襲蔡州拔之獲元濟董重質棄洄曲軍入城降愬光顏知之躍馬入賊營大呼以降賊衆萬餘人皆解甲投戈請命賊平加檢校司空十三年春命中官宴光顏於居第賜芻米二十餘車憲宗又御麟德殿召對賜金帶錦綵朝廷東討李師道授光顏義成軍節度使至鎭尋赴行營數旬之內再敗賊軍於濮陽殺戮數千人進軍深入十四年西蕃入寇移授邠寧節度使時鹽州爲吐蕃所毀命李文悅爲刺史令光顏充勾當修築鹽州城使仍許以陳許六千人隨赴邠寧是歲吐蕃侵涇原自用縉鎭夏州以貪猥侵撓党項羌乃引吐蕃入寇及蕃軍攻涇州邊將郝玼血戰始退初光顏聞賊攻涇州料兵赴救邠師喧然曰人給五十千而不識戰陣彼何人也常額衣資不得而前蹈白刃此何人也憤聲恟恟不可過光顏素得士心曲爲陳說大義言發涕流三軍感之亦泣下乃忻然卽路擊賊退之穆宗卽位就加特進仍與一子四品正員官尋詔赴闕賜開化里第進加同中書門下平章事穆宗以光顏功冠諸將故召赴闕讌賜優給已而帶平章復鎭所以報勳臣也長慶初遷鳳翔節度使依前檢校司空同中書門下平章事歲末復授許州節度使朝廷以光顏昔鎭陳許頗得士心將討鎭冀故有此拜赴鎭日宰相百寮以故事送別於章敬寺穆宗御通化門臨送之賜錦綵銀器良馬玉帶等物二年討王廷湊命光顏兼深州行營諸軍節度使光顏既受命而行懸軍討賊艱於饋運朝廷又以滄景德棣等州俾之兼管以其鄰賊之郡可使飛輓光顏以朝廷制置乖方賊帥連結未可朝夕平定事若差跌卽前功悉棄乃懇辭兼鎭尋以疾作表祈歸鎭朝廷果討賊無功而赦廷湊四年敬宗卽位正拜司徒汴州李㝏逐其帥叛詔光顏率陳許之師討之營于尉氏俄而誅㝏遷太原尹北京留守河東節度使進階開府儀同三司仍於正衙受冊司徒兼侍中二年九月卒年六十六廢朝三日贈太尉謚曰忠

烏重胤潞州牙將也元和中王承宗叛王師加討潞帥盧從史雖出軍而密與賊通時神策行營吐突承璀與從史軍相近承璀與重胤謀縛從史於帳下是日重胤戒嚴潞軍無敢動者憲宗賞其功授潞府左司馬遷懷州刺史兼充河陽三城節度使會討淮蔡用重胤壓境仍割汝州隸河陽自王師討淮西三年重胤與李光顏犄角相應大小百餘戰以至元濟誅就加檢校尚書右僕射轉司空蔡將有李端者過溵河降重胤其妻爲賊束縛於樹臠食至死將絕猶呼其夫曰善事烏僕射其得人心如此元和十三年代鄭權爲橫海軍節度使既至鎭上言曰臣以河朔能拒朝命者其大畧可見蓋刺史失其職反使鎭將領兵事若刺史各得職分又有鎭兵則節將雖有祿山思明之姦豈能據一州爲叛哉所以河朔六十年能拒朝命者秖以奪刺史縣令之職自作威福故也臣所管德棣景三州已舉公牒各還刺史職事訖應在州兵並令刺史收管又景州本是弓高縣請却廢爲縣歸化縣本是草市請廢縣依舊屬德州詔並從之由是法制修立各歸名分及屯軍深州重胤以朝廷制置失宜賊方憑凌未可輕進觀望累月穆宗急於誅叛遂以杜叔良代之以重胤檢校司徒兼興元尹充山南西道節度使召至京師復以本官爲天平軍節度鄆曹濮等州觀察等使李同捷據滄州請襲父朝廷不從議者慮狡童拒命欲以重臣代乃移鎭兗海加太子太師平章事俾兼領滄景節度仍舊割齊州隸之蓋望不勞師而底定制出旬日重胤卒贈太尉重胤出自行間及爲長帥赤心奉上能與下同甘苦所至立功未嘗矜伐而善待賓僚禮分同至當時名士咸願依之身殁之日軍士二十餘人皆割股肉以爲祭酹雖古之名將無以加焉子漢弘嗣起復授左領軍衛將軍漢弘上表乞終服紀文宗嘉詔從之服闋方授官

王沛許州人年十八有勇決許州節度使上官涗奇其才以女妻之署爲牙門將及涗卒子埍田併迫涗子欲邀襲位懼監軍使不順其事將結謀伏兵以圖之沛竊知其謀密告監軍因盡擒其黨於伏匿之所監軍范日用以其事聞德宗乃以陳許行軍司馬劉昌裔總統其軍賜沛手詔令護涗之子赴上都既至召見德宗謂之曰據卿忠義寵宜加等但昌裔所奏秖請加監察御史朕意殊爲不足卿速歸便宣付昌裔更令奏來遂馳騎而還未至許州拜開府儀同三司兼御史中丞依前本職吳元濟反李光顏受命攻討奇沛節槩署行營兵馬使別統勁兵屯于近郊及軍合連破蔡寇頻詔進軍諸將觀望無敢先渡溵河沛率兵五千夜渡溵河合流口徑扼賊喉而成城自是河陽宣武太原魏博等軍繼渡犄角進攻郾城沛先結壘與賊對賊將鄧懷金率衆面縛而降蔡賊平沛隨李光顏入朝光顏具陳沛功加御史大夫既還鎭光顏受詔討鄆寇及李師道誅詔分許州兵戍于邠以沛爲都將救鹽州擊退吐蕃以功加寧州刺史遷陳州李㝏反詔沛兼忠武節度副使率師

討齐齐平，加檢校右散騎常侍遷兗海沂密節度觀察等使此邦新造人情獷驁華明申法令選蒐軍政朞年大理明年改檢校工部尚書充忠武軍節度陳許蔡觀察等使卒于鎭贈右僕射子逢逢少沉勇從父征伐有功爲忠武都知兵馬使太和中入宿衞歷諸衞將軍從石雄劉沔破迴紇于天德性果決用法嚴其時有二千人不上陣官賜賞給逢皆不與或非之逢曰健兒向前冒白刃若無功而賞其如冒刃者何王宰攻劉稹逢領陳許七千人屯翼城代田令昭賊平檢校左散騎常侍累遷至忠武軍節度陳許觀察等使

李珙山東甲姓代修婚姻至珙不好讀書唯以弓馬爲務長六尺餘氣貌魁岸嘗詣澤潞謁李抱眞異之將選爲衙門將旋以酒酣使氣復欲棄之都將王虔休謂抱眞曰李珙奇士也若不能用不如殺之無爲他人所得抱眞死虔休爲帥乃依虔休累爲昭義大將吐突承璀之擒盧從史烏重胤實預其謀珙初不知將救從史聞重胤受朝旨乃觀望不進重胤以此德之後領河陽乃置於麾下然朝廷以與從史厚善竟出爲北邊一校元和十年征淮西重胤懇表爲諸道行營都虞候詔特從之俄以母憂去職服闋除右武衞上將軍長慶四年八月卒年六十四廢朝一日

李祐本蔡州牙將事吳元濟驍勇善戰自王師討淮西祐爲行營將每抗官軍皆憚之元和十二年爲李愬所擒愬知祐有膽畧釋其死厚遇之推誠定分與同寢食往往帳中密語達曙不寐人有耳屬於外者但屢聞祐感泣聲而軍中以前時爲祐殺傷者多營壘諸卒會議皆恨不殺祐愬以衆情歸怨慮不能全因送祐於京師乃上表救之憲宗特恕遂遣祐賜愬愬大喜卽以三千精兵付之祐所言無有所疑竟以祐破蔡擒元濟以功授神武將軍遷金吾將軍檢校左散騎常侍夏州刺史御史大夫夏綏銀宥節度使寶曆初入爲右金吾大將軍尋以吐蕃入寇出爲涇州刺史涇原節度使太和初討李同捷遷檢校戶部尚書滄州刺史滄德景節度使太和三年五月卒

董重質本淮西牙將吳少誠之子壻也性勇悍識軍機善用兵及元濟拒命重質又爲謀主領大軍當王師連歲不拔皆重質之謀也元和十二年宰相裴度督兵淮西至郾城元濟乃悉發左右及守城之卒委重質而拒度時李愬乘虛入蔡既擒元濟重質之家在蔡愬乃安䘏之仍使其子持書禮以召重質重質見其子知城已陷及元濟囚窘之狀乃慨然以單騎歸愬白衣叩伏愬揖登堦以賓禮與之食憲宗欲殺之愬奏許以不死而來降請免之且乞於本軍驅使於是貶春州司戶參軍明年轉太子少詹事委武寧軍收管驅使仍加金紫十五年徵入授左神武軍將軍知軍事兼御史中丞仍賜金帛與有功者等尋授鹽州刺史又遷左右神策及諸道劒南西川行營節度使檢校左散騎常侍太和四年又轉夏綏銀宥節度使五年就加檢校工部尚書重質訓兵立法羌戎畏服八年八月卒贈尚書右僕射

楊元卿祖子華德州安陵縣丞父寓中州鍾山縣令元卿少孤慷慨有才畧及冠尚漂蕩江嶺之表縱遊放言人謂之狂生時吳少誠專蔡州朝廷姑息之元卿白衣謁見署以劇縣旋辟爲從事奏授試大理評事亦事少陽後奏轉監察裏行因上奏宰相李吉甫深加慰納自是一歲或再隨奏至京師元卿每與少陽言諭以大義乃爲兇黨所構賴節度判官蘇肇保持故免元卿潛奉朝廷內耗少陽之事及少陽死其子元濟繼立元卿說曰先尚書性忿諸將皆飢寒今須布惠以自固也府中有無元卿熟知之曷若散聘諸道卑辭厚禮以丈人行呼羣帥庶幾一助而諸將大獲矣元卿願將留後表上聞朝廷安得不從哉元濟許之元卿卽日離蔡以賊勢盈虛條奏潛請詔諸道拘留使者及元濟覺元卿妻陳氏并四男並爲元濟所殺同坊一射垛蘇肇以保持元卿亦同日被害詔授元卿岳王府司馬尋遷太子僕射元和十三年授蔡州刺史兼御史中丞未行改授光祿少卿初朝廷比令元卿與李愬會議於唐州東境選要便處權置行蔡州如百姓官健有歸順者便準敕優恤必令全活既而召見元卿遽奏請借度支錢及言事頗多不合旨宰相裴度亦以諸將討賊三年功成在旦暮如更分土地與元卿卽恐相侵生事故罷前命而改授焉是歲既平淮西元卿奏曰淮西甚有寶貨及犀帶臣知之往取必得上曰朕本討賊爲人除害今賊平人安則我求之得矣寶貨犀帶非所求也勿復此言是月詔授左金吾衞將軍未幾改汾州刺史復徵爲左金吾衞將軍長慶初易置鎭魏守臣元卿詣宰相深陳利害并見表其事後穆宗感悟賜白玉帶旋授檢校左散騎常侍涇州刺史涇原渭節度觀察等使兼充四鎭北庭行軍元卿乃奏置屯田五千頃每屯築牆高數仞鍵閉牢密卒然寇至盡可保守加檢校工部尚書營田成復加使號居六年涇人論奏爲立德政碑移授懷州刺史充河陽三城節度觀察等使大和五年就加檢校司空進階光祿大夫以其營田納粟二十萬石以裨經費故也是歲改授汴宋亳觀察等使凡所廢置皆有弘益詔並從之年七十寢疾歸洛陽詔授太子太保是歲八月卒廢朝三日贈司徒元卿始以毀家効順累授方鎭然性險巧所至好聚斂善結交涇人得情亦由此也子延宗開成中爲磁州刺史坐謀逐河陽節度使以自立爲其黨所告臺司推鞫得實誅之

劉悟正臣之孫也正臣本名客奴天寶末祿山叛平盧軍節度使柳知晦受賊僞署客奴時職居牙門襲殺知晦馳章以聞授平盧軍節度使賜名正臣悟少有勇力叔逸准爲汴帥積緡錢數百萬於洛中悟輒破扃鐍悉盜用之既而懼亡歸李師古始亦未甚知後因擊毬馳突衝師古馬仆師古怒將斬之悟猛以氣語押觸師古師古奇而免之因令管壯士將後軍累署衙門右職奏授淄青節度都知兵馬使兼監察御史元和末憲宗既平淮西下詔誅師道遣悟將兵拒魏博軍而數促悟戰悟未及進馳使召之悟度使來必殺已乃僞疾不出令都虞候往迎之使者亦果以誠告其人云奉命殺悟以代悟都虞候卽時先還悟劾之得其實乃召諸將與謀曰魏博田弘正兵强出戰必敗不出則死今天子所誅者司空一人而已悟與公等皆爲所驅迫使就其死何如殺其來使整戈以取鄆立大功轉危亡爲富貴耶衆咸曰善唯都將所命悟於是立斬其使以兵取鄆圍其內城兼以火攻其門不數刻擒師道并男二人並斬其首以獻擢拜悟檢校工部尚書兼御史大夫義成軍節度使封彭城郡王仍賜實封五百戶錢二萬貫莊宅各一區十五年正月入覲又加檢校兵部尚書餘如故穆宗卽位以恩例遷檢校尚書右僕射是歲十月移鎭澤潞旋以本官兼平章事長慶元年幽州大將朱克融叛囚其帥張弘靖朝廷求名將以鎭漁陽乃加悟檢校司空平章事充盧龍軍節度使悟以幽州方亂未克進討請授之節鉞徐圖之乃復以悟爲澤潞節度拜檢校司徒兼太子太傅依前平章事時監軍劉承偕頗恃恩權常對衆辱悟又縱其下亂法悟不能平異日有中使至承偕宴之請悟悟欲往左右皆曰往則必爲其困辱矣軍衆因亂悟不止之乃擒承偕至牙門殺其二僕欲并害承偕悟救之獲免朝廷不獲已貶承偕自是悟頗縱恣欲効河朔三鎭朝廷失意不逞之徒多投寄潞州以求援任往往奏章論事辭旨不遜寶曆元年九月病卒贈太尉遺表請以其子從諫繼纘戎事敬宗下大臣議僕射李絳以澤潞內地與三鎭事理不同不可許宰相李逢吉中尉王守澄受其賂曲爲奏請從諫自將作監主簿起復雲麾將軍守金吾衞大將軍同正檢校左散騎常侍兼御史大夫充昭義節度副大使知節度觀察等留後二年加金吾上將軍檢校工部尚書充昭義節度等使文宗卽位進檢校司空六年十二月入覲七年春歸藩加同中書門下平章事九年李訓事敗宰相王涯等四人被禍時涯兼掌邦計雖不與李訓同謀然不自異於其間既死非其罪悟素德涯之私恩心頗不平四上章請涯等罪名仇士良輩深憚之是時中官頗橫天子不能制朝臣日憂陷族賴從諫論列而鄭覃李石方能粗秉朝政先是有蕭洪者詐稱太后弟因仇士良保任許之厚賂及洪累授方鎭納賂不滿士良之志士良怒遣人上書論洪非太后之親又以蕭本者爲太后弟從諫深知內官之故乃自潞府飛章論之曰臣聞造僞以亂眞者匹夫知之尚不可況天下皆知乎執疎以爲親者在匹夫之家尚不可況處大國之朝乎臣受國恩深奉公心切知有此失安敢不言伏唯皇帝陛下仁及萬方孝敦九族而推心無黨唯理是求微臣所以不避直言切論深事伏見金吾將軍蕭本稱是太后親弟受此官榮今喧然國都迨聞藩府自上及下異口同音皆言蕭弘是眞蕭本是僞臣傍聽衆論遍察羣情咸思發明以正名分今年二月其蕭弘投臣當道求臣上聞自言比者福建觀察使唐扶及監軍劉行立具審根源已曾論奏其時屬蕭本得爲外戚來自左軍臺司既不敢研窮聖意遂勒還鄉里自茲議論轉益沸騰臣亦令潛問左軍權論大體而士良推至公之道發不黨之言蓋蕭本自度孤危妄有憑恃伏以名居國舅位列朝班而眞僞不分中外所耻切慮皇太后受此罔惑已有恩情若含垢於一時終取笑於千古伏乞追蕭弘赴闕與蕭本對推細詰根源必辨眞僞詔令三司使推按帝以二蕭雖詐託名太后之宗不欲誅之俱流嶺表從諫進位檢校司徒會昌三年卒大將郭誼等匿喪用其姪稹權領軍務時宰相李德裕用事素惡從諫之姦回奏請劉稹護喪歸洛以聽朝旨稹竟叛德裕用中丞李回奉使河朔說令三鎭加兵討稹乃削奪稹官命徐許滑孟魏鎭幽并八鎭之師四面進攻四年郭誼斬稹傳首京師從諫妻裴氏初稹拒命裴氏召集大將妻同宴以酒爲壽泣下不能已諸婦請命裴曰新婦各與汝夫文字勿

忘先相公之拔擢莫効李不背恩走投國家子毋爲託故悲不能已也諸婦亦泣下故潞將叛志益堅稹死裴亦以此極刑稹族屬昆仲九人皆誅

劉沔許州牙將也少事李光顏爲帳中親將元和末光顏討吳元濟常用沔爲前鋒蔡將有董重質者守洄曲其部下乘騾即戰號騾子軍最爲勁悍官軍常警備之沔驍銳善騎射每與騾軍接戰必冒刃陷堅俘馘而還故忠武一軍破賊第一淮蔡平隨光顏入朝憲宗留宿衞歷三將軍歷鹽州刺史天德軍防禦使在西北邊累立奇効太和末河西党項羌叛沔以天德之師屢誅其酋渠移授振武節度使檢校右散騎常侍單于大都護開成中党項雜虜大擾河西沔率吐渾契苾沙陀三部落等諸族萬人馬三千騎徑至銀夏討襲大破之俘獲萬計告捷而還以功加檢校戶部尚書會昌初迴紇部飢烏介可汗奉太和公主至漢南求食過杷頭峰犯雲朔北川朝廷以太原重地控扼諸戎乃移沔河東節度使檢校尚書左僕射太原尹北京留守詔與幽州張仲武協力招撫迴鶻竟破虜寇迎公主還宮以功進位檢校司空尋改滑州刺史義成軍節度使四年潞帥劉從諫卒子稹匿喪擅主留務要求旌鉞武宗怒命忠武節度使王宰徐州節度李彥佐等克潞府西南面招撫使遂復授沔太原節度克潞府北面招討使沔與張仲武不協方徵兵幽州乃移沔爲鄭滑節度使進位檢校司徒既而以疾求歸洛陽授太子太保卒初沔爲忠武小校從李光顏討淮西爲捉生將前後遇賊血戰鋒刃所傷發死者數四嘗傷重臥草中月黑不知歸路昏然而睡夢人授之雙燭曰子方大貴此行無患可持此而還既行炯然有雙光在前自後破虜危難每行常有此光及罷鎮後雙光息五年李德裕出鎮罷沔爲太子太保明年以太子太保致仕卒

石雄徐州牙校也王智興之討李同捷以雄爲右廂捉生兵馬使勇敢善戰氣凌三軍自智興以兵臨賊境率先收棣州雄先驅渡河前無堅陣徐人伏雄之撫待惡智興之虐欲逐之而立雄智興以軍在賊境懼其變生因其立功請授一郡刺史朝廷徵赴京師授壁州刺史智興尋殺雄之素相善諸將士百餘人仍奏雄搖動軍情請行誅戮文宗雅知其能惜之乃長流白州太和中河西党項擾亂選求武士乃召還隸振武劉沔軍爲裨將累立破羌之功文宗以智興故未甚提擢而李紳李德裕以崔羣舊將素嘉之會昌初迴鶻寇天德詔命劉沔爲招撫迴鶻使三年迴鶻大掠雲朔北邊牙於五原沔以大原之師屯於雲州沔謂雄曰黠虜離散不足驅除國家以公主之故不欲急攻今觀其所爲氣凌我輩若稟朝旨或恐依違我輩捍邊但能除患專之可也公可選驍健乘其不意徑趨虜帳彼以疾雷之勢不暇枝梧必棄公主亡竄事苟不捷吾自繼進亦無患也雄受教自選勁騎得沙陀李國昌三部落兼契苾拓拔雜虜三千騎月暗夜發馬邑徑趨烏介之牙時虜帳逼振武雄既入城登堞視其衆寡見氈車數十從者皆衣朱碧類華人服飾雄令諜者訊之此何大人虜曰此公主帳也雄諭其人曰國家兵馬欲取可汗公主至此家國也須謀歸路俟兵合時不得動帳幕雄乃大率城內牛馬雜畜及大鼓夜穴城爲十餘門遲明城上立旗幟炬火乃於諸門縱其牛畜鼓譟從之直犯烏介牙帳炬火燭天鼓譟動地可汗惶駭莫測率騎而奔雄率勁騎追至殺胡山急擊之斬首萬級生擒五千羊馬車帳皆委之而去遂迎公主還太原以功加檢校左散騎常侍豐州刺史兼御史大夫天德防禦等使雄沉勇徇義臨財甚廉毎破賊立功朝廷特有賜與皆不入私室置於軍門首取一分餘並分給以此軍士感義皆思奮發累遷檢校左僕射河中尹河中晉絳節度使俄而昭義劉從諫卒其子稹擅主軍務朝議問罪令徐帥李彥佐爲潞府西南面招撫使以晉州刺史李丕爲副時王宰在萬善柵劉沔在石會相顧未進雄受代之翌日越烏嶺破賊五砦斬獲千計武宗聞捷大悅謂侍臣曰今之義而有勇罕有雄之比者雄既率先破賊不旬日王宰收天井關何弘敬王元逵亦收磁洺等郡先是潞州狂人折腰於市謂人曰雄七千人至矣劉從諫捕而誅之及稹危慼大將郭誼密欵請斬稹歸朝軍中疑其詐雄倡言曰賊稹之叛郭誼爲謀主今請斬稹即誼自謀又何疑焉武宗亦以狂人之言詔雄以七千兵受降雄即徑馳潞州降誼盡擒其黨與賊平進加檢校司空王宰智興之子於雄不足雄以轅門子弟善禮之然討潞之役雄有始卒之功宰心惡之及李德裕罷相宰黨排擯雄罷鎮既而聞德裕貶發疾而卒

史臣曰古所謂名將者不必蒙輪拔拒之材拉虎批熊之力要當以義終始好謀而成而阿跌昆仲稟氣陰山率多令範讓家權於主婦拒美妓於姦臣章武佽復之功義師之効也重胤忠於事上仁於撫下淮蔡之役勳亞光顏殿邦之臣也不可多得王沛之擒僚壻李祐之執賊渠皆因事立功轉禍爲福智則智矣仁者不爲而劉悟自恃太尤世邀瀆襲至於赤族報亦曉耶雄沔負羽邊城聲馳沙漠奉迎貴主摧破昆戎不亦壯乎雄能感於已知不爲無義美哉

贊曰淮鄆砥平義將輸誠二凶受縛亦其同惡毀義棄忠必殄爾宗孰稱善將劉沔石雄

舊唐書卷一百六十一考證

李光進傳肅宗自靈武觀兵至觀者如堵○臣酉按肅宗去憲宗閱世者五光進薨于元和七年其不及從郭子儀破賊也明矣此乃光顏弟光進事錯簡於此

石雄傳遷河中尹河中晉絳節度○沈炳震曰按紀雄拜河中在劉稹既平之後非從諫未死之前當從新書在下

# 舊唐書卷一百六十二

後晉司空同中書門下平章事劉　昫撰

## 列傳卷第一百十二

潘孟陽　李翛　王遂　曹華　韋綬

鄭權　盧士玫　韓全義　高霞寓　高瑀

崔戎　陸亘　張正甫 子毅夫 毅夫子禕

潘孟陽禮部侍郎炎之子也孟陽以父蔭進登博學宏辭科累遷殿中侍御史降爲司議郎孟陽母劉晏女也公卿多父友及外祖賓從故得薦用累至兵部郎中德宗末王紹以恩倖數稱孟陽之材因擢授權知戶部侍郎年未四十順宗即位永貞內禪王叔文誅杜佑始專判度支請孟陽代叔文爲副時憲宗新即位乃命孟陽巡江淮省財賦仍加鹽鐵轉運副使且察東南鎮之政理時孟陽以氣豪權重領行從三四百人所歷鎮府但務遊賞與婦女爲夜飲至鹽鐵轉運院廣納財賄補吏職而已及歸大失人望罷爲大理卿三年出爲華州刺史遷梓州刺史劍南東川節度使與武元衡有舊元衡作相復召爲戶部侍郎判度支兼京北五城營田使以和糴使韓重華爲副太府卿王遂與孟陽不協議以營田非便持之不下孟陽忿憾形於言二人俱請對上怒不許乃罷孟陽爲左散騎常侍明年復拜戶部侍郎孟陽氣尚豪俊不拘小節居第頗極華峻憲宗微行至樂遊原見其宏敞工猶未已問之左右以孟陽對孟陽懼而罷工作性喜宴公卿朝士多與之遊時指怒者不一俄以風緩不能行改左散騎常侍元和十年八月卒贈兵部尚書憲宗毎事求理常發江淮宣慰使左司郎中鄭敬奉使辭上誡之曰朕宮中用度一匹已上皆有簿籍唯賑卹貧民無所計算卿經明行修今登車傳命宜體吾懷勿學潘孟陽奉使所至但務酣飲遊山寺而已其爲人主所薄如此

李翛不知何許人起於寒賤以莊憲皇后妹壻元和已來驟階仕進以恩澤至坊州絳州刺史無他才性纖巧承迎常飾厨傳以奉往來中使及禁軍中尉賓客以求善譽治民蒞事粗有政能上以爲才召拜司農卿遷京兆尹十年莊憲太后崩翛爲山陵橋道置頓使侍能惜費毎事減損靈駕至灞橋頓從官多不得食及至渭城北門門壞先是橋道司請改造渭城北門計錢三萬翛以勞費不從令深鑿軌道以通靈駕掘土既深旁柱皆懸因而頓壞所不及轀輬車者數步而已初欲壞城之東北墉以出靈駕中人皆不可乃停駕徹去壞門土木而後行翛懼誣奏轀輬軸折山陵使李逢吉令御史封其車軸自陵還奏請免翛官上以用兵務集財賦以翛前後進奉不之責但罰俸而已逢吉極言其罪乃削銀青階旦日復賜金紫自此朝廷端士多遭譖毀義士爲之側目時宿師於野饋運不集浙西重鎮號爲殷阜乃以翛爲潤州刺史浙西觀察使令設法鳩聚財貨淮西用兵頗賴其賦十四年以病求還京師未朝謁而卒

王遂宰相方慶之孫也以吏能聞於時尤長於興利銳於操下法頗嚴酷累遷至鄧州刺史以曉達錢穀入爲太府卿潘孟陽判度支與遂私憾互有爭論遂爲西北供軍使言營田非便與孟陽會議相非各求請對上怒俱不見出遂爲柳州刺史遂親吏韋行素柳季常請課料於兩池務屬遂罷務季常等爲吏所誣各笞四十遂柳州制出左丞呂元膺執奏曰遂以補吏犯贓法當從坐其除官制云清能業官據遂犯狀不宜有清字柳州大郡出守爲優謹封還制書上令喻之方行數年用兵淮西天子藉錢穀吏以集財賦知遂強幹乃用爲宜州刺史宣歙觀察使淮蔡平王師東討召拜光祿卿充淄青行營諸軍糧料使以光祿職當祠祭改檢校左散騎常侍兼御史大夫初師之出也歲計兵食三百萬石及

鄆賊誅遂進羨餘一百萬上以爲能時分師道所據十二州爲三鎮乃以遂爲沂州刺史沂兗海等州觀察使遂性狷忿不存大體而軍州民吏久染汙俗率多獷戾而遂數因公事訾詈將卒曰反虜將卒不勝其忿牙將王弁乘人心怨怒十四年七月遂方宴集弁謀集其徒害遂於席判官張實李甫等同遇害及曹華代遂至鎮盡擒亂黨王弁等誅之遂器用不弘僻於聚歛而非兼撫之才但峻威刑以繩亂俗其所製笞杖率踰常制遂既死監軍使封其杖進呈上令出示於朝以誡廉使

曹華宋州楚丘人仕宣武軍爲牙校貞元末吳少誠叛本軍以華驍果有智算用爲襄城戍將蔡賊攻襄城華屢敗之德宗特賜旗甲元和九年以功授寧州刺史未行而吳元濟叛朝廷命河陽帥烏重胤討賊重胤請華爲懷汝節度行營副使前後數十戰大破賊於靑陵城賊平授棣州刺史封陳留郡王棣隣於鄆賊屢侵逼華招募羣盜之勁者補之軍卒分據要路其後賊至皆擊敗之鄆人不敢北顧及李師道誅分所管十二州爲三鎮王遂爲沂兗海觀察使褊刻不能馭衆爲牙將王弁所害朝廷遂授華左散騎常侍沂州刺史沂海兗觀察使華至鎮視事三日宴將吏伏甲士千人於幕下羣校既集華喩之曰吾受命廉問奉聖旨以鄆州將士分割三處有道途轉徙之勞今有頒給此州兵稍厚鄆州士卒處右州兵處左冀易以區別分定並令州兵出外旣出閤門乃謂鄆卒曰天子深知鄆人之勞然前害主帥者不能免罪甲士自幕中出周環之凡鄆一千二百人立斬于庭血流成渠是日門屛之間有赤霧高丈餘久之方散自是海沂之人重足股慄無敢爲盜者華惡沂之地褊請移理於兗許之初李正己盜有靑鄆十二州傳襲四世垂五十年人俗頑驁不知禮教華令將吏曰鄒魯儒者之鄉不宜忘於禮義乃躬禮儒士習俎豆之容春秋釋奠於孔子廟立學講經儒冠四集出家財贍給俾成名入仕其往者如歸及鎮州軍亂殺田弘正華表請以本軍進討就加檢校工部尚書昇兗海爲武寧節度賜之節鉞李㝏叛於大梁華不俟命赴討㝏方遣兵三千人取宋州華逆擊敗之由是宋亳不從㝏亂㝏平以功加檢校尚書右僕射以河朔拒命移華爲滑州刺史義成軍節度使長慶三年七月卒於鎮時年六十九華雖出自戎行而動必由禮尤重士大夫未嘗以富貴驕人下逮僕隸走使之徒必待之以誠信人以爲難贈司空

韋綬字子章京兆人少有至性喪父刺血寫佛經初爲長安縣尉遭朱泚之亂變服乘驢赴奉天于頔鎮襄陽辟爲賓佐嘗因言政面刺頔之縱恣入朝爲工部員外轉屯田郎中元和十年改職方郎中充太子諸王侍讀再遷諫議大夫時穆宗在東宮方幼好戲綬講書之隙頗以嘲誚悅之嘗密齎家所造食入宮餉太子憲宗嘗召對綬奏曰太子學書至依字輒去旁人臣問之太子云君父以此字可天下奏事臣子不合全書上益嘉太子之賢賜綬錦綵綬無威儀時以人間鄙說戲言以取悅太子太子因入侍道綬語憲宗不悅謂侍臣曰凡侍讀者當以經義輔導太子納之軌物而綬語及此予何望耶乃罷侍讀出爲虔州刺史穆宗卽位以師友之恩召爲尚書右丞兼集賢院學士甚承恩顧出入禁中綬以七月六日是穆宗載誕節請以是日百官詣光順門賀太后然後上皇帝壽時政道頗僻敕出人不敢議久之宰臣奏古無生日稱賀之儀其事終寢綬在集賢遇重陽賜宰臣百官曲江宴綬請與集賢學士別爲一會從之長慶元年三月轉禮部尚書判集賢院事帝嘗問禳災祈福其可必乎綬對曰昔宋景公以一善言而法星退之三舍此禳災以德也漢文帝除秘祝每於祠祭盡敬而已言無所祈以明福不可以求致也而二君卒能變已變之災享自致之福著於史傳其理甚明如失德以祈災消媚神以祈福至神苟有知當因以致譴非祈禳之道也時人主失德綬因以諷之二年十月檢校戶部尚書興元尹山南西道節度使辭日請門戟十二自將赴鎮又訴家貧請賜錢二百萬又面乞授子元弼官上皆可之綬御事無術洎臨戎鎮庶政隳紊二年八月卒贈尚書右僕射博士劉端夫請謚爲通殿中侍御史孟琯上言以爲非當博士權安請謚爲謬竟不施行

鄭權滎陽開封人也登進士第釋褐涇原從事節度使劉昌符病亟請入覲度軍情必變以權寬厚容衆俾主留務及昌符上路兵果亂權挺身入白刃中抗辭喩以逆順因殺其首亂者數人三軍畏伏德宗聞而嘉之時天子猒兵藩鎮將吏得軍情者多超授官爵自試衞佐擢授行軍司馬御史中丞入朝爲倉部郎中累遷至河南尹十一年代李遜爲襄州刺史山南東道節度使十二年轉華州刺史潼關防禦鎮國軍使十三年遷德州刺史德棣滄景節度使時朝廷用兵討李師道權以德棣之兵臨境奏於平原安德二縣之間置歸化縣以集降民滄州刺史李宗奭與權不協每事多違不稟節制權奏之上令中使追之宗奭諷州兵留已上言懼亂未敢離郡乃以烏重胤鎮橫海代權歸朝滄洲將吏懼其逐宗奭宗奭方奔歸京師詔以悖慢之罪斬於獨柳之下其弟宗爽長流汀州授權邠寧節度會天德軍使上章論宗奭之寃爲權誣奏權降授原王傅尋遷右金吾衞大將軍充左街使穆宗卽位改左散騎常侍充入迴鶻告哀使憚其遠役辭以足疾不獲免肩輿而行權器度魁偉有辭辯旣至虜廷與虜主爭論曲直言辭激壯可汗深敬異之長慶元年使還出爲河南尹入拜工部侍郎還本曹尚書以家人數多俸入不足求爲鎮守旬月檢校右僕射廣州刺史嶺南節度使初權出鎮有中人之助南海多珍貨權頗積聚以遺之大爲朝士所嗤二年十月卒

盧士玫山東右族以文儒進性端厚與物雅有令聞始爲吏部員外郎稱職轉郎中京兆少尹奉憲宗園寢刑簡事集時論推其有才權知京兆尹事會幽州劉總願釋兵柄入朝請用張弘靖代己復請析瀛漠兩州用士玫爲帥朝廷一皆從之士玫遂授檢校右常侍充瀛漠兩州都防禦觀察使無何幽州亂害賓佐縶弘靖取禆將朱克融領軍務遣兵襲瀛漠朝廷慮防禦之名不足抗凶逆卽日除士玫檢校工部尚書充瀛漠節度使士玫亦罄家財助軍用堅拒叛徒者累月竟以官軍救之不至又瀛漠之卒親愛多在幽州遂爲其下陰導克融之兵以擒士玫及從事皆被拘執送幽州囚於賓館及朝廷有克融之罪士玫方得歸東洛尋拜太子賓客留司洛中旋除虢州刺史復爲賓客寶曆元年七月卒贈工部尚書

韓全義出自行間少從禁軍事竇文場及文場爲中尉用全義爲帳中偏將典禁兵在長武城貞元十三年爲神策行營節度長武城使代韓潭爲夏綏銀宥節度詔以長武兵赴鎮全義貪而無勇短於撫御制未下軍中知之相與謀曰夏州沙磧之地無耕蠶生業盛夏移徙吾所不能是夜戍卒鼓譟爲亂全義踰城而免殺其親將王栖巖趙虔曜等賴都虞候高崇文誅其亂首而止之全義方獲赴鎮明年吳少誠拒命詔徵十七鎮之師討之時軍無統帥兵無多少皆以內官監之師之進退不由主將十五年冬王師爲賊所敗于少溵河德宗以文場素待全義乃用爲蔡州四面行營招討使仍以陳許節度使上官涚副之諸鎮之師皆取全義節度全義將畧非所長能以巧佞財賄結中貴人以被薦用及師臨賊境又制在監軍每議兵出一帳之中中人十數紛然爭論莫決蔡賊聞之屢求決戰十六年五月遇賊於溵水南廣利城旗鼓未交諸軍大潰爲賊所乘全義退保五樓賊對壘相望潰兵未集乃與監軍賈英秀賈國良等保溵水縣賊距溵水五六里而軍全義懼其夌突退保陳州其汴宋河北之軍皆亡歸本鎮唯陳許將孟元陽神策將蘇光榮等數千人守溵水全義誘潞州大將夏侯仲宣滑將時昂河陽將權文度河中將郭湘等誅之繇是軍情稍固少誠知王師無能爲致書幣以告監軍顯求昭洗德宗召大臣議宰相賈耽曰昨全義五樓退軍賊不追襲者應望國家恩貸臣伏恐須開生路上然之又得監軍等奏卽下制洗滌加其爵秩十七年全義自陳州班師而中人掩其敗迹上待之如初全義武臣不達朝儀託以足疾不任謁見全義司馬崔放入對德宗勞問放引過言招撫無功德宗曰全義爲招討使招得吳少誠歸國其功大矣何必殺人乃爲功耶旋命還鎮令中使就第賜宴錫賚頗厚自還至辭都不謁見而去議者以隳敗法制從古已還未如貞元之甚憲宗在藩常惡其事及卽位全義懼求入覲詔以太子太保致仕其年七月卒

高霞寓范陽人祖仙父栖鶴皆以孝聞凡五代同爨德宗朝採訪使洪經綸奏旌表其門閭鄉里稱美其事霞寓少讀左氏春秋及孫吳兵法好大言頗以節槩自許貞元中徒步造長武城使高崇文待以猶子之分擢授軍職累奏憲宗甚見委信元和初詔授兼御史大夫從崇文將兵擊劉闢連戰皆克下鹿頭城降李文悅仇良輔蜀平以功拜彭州刺史尋繼崇文爲長武城使封感義郡王元和五年以左威衞將軍隨吐突承璀擊王承宗又加左散騎常侍明年改豐州刺史三城都團練防禦使六遷至檢校工部尚書元和十年朝廷討吳元濟以霞寓宿將乃析山南東道爲兩鎮以霞寓爲唐鄧隋節度使霞寓雖稱勇敢素昧機畧至於統制尤非所長及達所部乃率兵趣蕭陂與賊決戰旣小勝又進至文城柵賊軍僞敗而退霞寓逐之不已因爲伏兵所掩王師大衂霞寓僅以身免坐貶歸州刺史後以恩例徵爲右衞大將軍十三年出爲振武節度使入爲左武衞大將軍長慶元年授邠寧節度使三年就加檢校右僕射四年加檢校司空又加司徒寶曆二年疽發首不能理事求歸闕下其夏授右金吾衞大將軍檢校司徒遂次奉天而卒年五十五贈太保霞寓卒伍常材始因宦官

進用遂階節將位望既高言多不遜朝廷知之欲議移罷霞寓頗懷憂恐捨私第爲佛寺上言請額爲懷恩用資聖福大率姦妄兇狡如此又非斥朝列傲慢僚屬鄙辭俚語日聞於時

高瑀渤海蓨人少好論兵釋褐右金吾胄曹累辟諸府從事歷陳蔡二郡刺史入爲太僕卿太和初忠武節度使王沛卒物議以陳許軍四征有功必自擇帥或以禁軍之將得之宰相裴度韋處厚議瑀深沉方雅曾刺陳蔡人懷良政又熟忠武軍情欲請用瑀事未聞陳許表至果請瑀爲帥乃授檢校左散騎常侍許州刺史忠武節度使自大曆已來節制之除拜多出禁軍中尉凡命一帥必廣輸重賂禁軍將校當爲帥者自無家財必取貣於人得鎮之後則膏血疲民以償之及瑀之拜以內外公議搢紳相慶曰韋公作相債帥鮮矣三年就加檢校工部尚書比年水旱人民薦饑瑀召集州民穠郭立堤塘一百八十里蓄洩既均人無饑年加檢校右僕射六年移授徐州刺史武寧軍節度等使議者以徐泗王智興之後軍士驕恣宜得雄帥鎮之乃以太府卿崔珙代瑀徵爲刑部尚書以疾求分司拜太子少傅其月復授檢校右僕射陳許蔡節度使八年六月卒贈司空瑀性寬和有體量爲官雖無赫赫之譽所至皆理尤得士心論者美之

崔戎字可大高伯祖玄暐神龍初有大功封博陵郡王祖嬰郢州刺史父貞固太原榆次尉戎舉兩經登科授太子校書調判入等授藍田主簿爲藩鎮名公交辟裴度領太原署爲參謀時王承宗據鎮州叛度請戎單車往諭之承宗感泣受教入爲殿中侍御史累拜吏部郎中遷諫議大夫尋爲劒南東西兩川宣慰使西州承蠻寇之後戎既宣撫兼再定征稅廢置得所公私便之還拜給事中駮奏爲當時所稱改華州刺史遷兗海沂密都團練觀察等使將行州人戀惜遮道至有解韡斷鐙者理兗一年太和八年五月卒贈禮部尚書

陸亘字景山吳郡人祖元明睦州司馬父持詮惠陵臺令亘以書判授集賢殿正字華原縣尉應制舉授萬年縣丞自京兆府兵曹參軍拜太常博士寺有禮生孟眞久於其事凡吉凶大儀禮官不能達率訪眞眞亦賴是須要姑息元和七年冊皇太子將撰儀注眞亦欲參預亘笞之由是禮儀不專於胥吏自虞部員外郎出爲郢州刺史其後入爲戶部郎中秘書少監太常少卿歷刺兗蔡虢蘇四郡遷越州刺史浙東團練觀察等使移宣歙觀察使加御史大夫太和八年九月卒年七十一贈禮部尚書亘強明嚴毅所至稱理初赴兗州延英面奏曰凡節度使握兵分屯屬郡者刺史不能制遂爲一州之弊宜有處分因詔天下兵分屯屬郡者隸于刺史越之永嘉郡城于海壖常陷寇境集官吏廩祿之半以代常賦因循相踵吏返爲倖亘按舉贓罪表請郡守以降增給其俸人皆賴之

張正甫字踐方南陽人曾祖大禮坊州刺史祖紹貞尚書右丞父洮蘇州司馬正甫登進士第從樊澤爲襄陽從事累轉監察御史于頔代澤辟留正甫正甫堅辭之遂誣奏貶郴州長史後由邑府徵拜殿中侍御史還戶部員外郎轉司封員外兼侍御史知雜事遷戶部郎中改河南尹由尚書右丞爲同州刺史入拜左散騎常侍集賢殿學士判院事轉工部尚書五年檢校兵部尚書太子詹事明年以吏部尚書致仕正甫仁而端亮泣官清強居外任所至稱理太和八年九月卒年八十三累贈太師子毅夫毅夫登進士第初正甫兄式大曆中進士登第繼之以正甫式子元夫傑夫徵夫又相次登科太和中文章之盛世共稱之元夫太和初兵部郎中知制誥遷中書舍人出爲汝州刺史毅夫位至戶部侍郎弘文館學士判院事諸羣從登第者數人而毅夫子禕最知名禕字冠章釋褐汴州從事戶部判官入爲藍田尉集賢校理趙隱鎮浙西劉鄴鎮淮南皆辟爲賓佐入爲監察御史遷左補闕乾符中詔入翰林爲學士累官至中書舍人黃巢犯京師從僖宗幸蜀拜工部侍郎判戶部事奉使江淮還爲當塗者不協改太子賓客左散騎常侍轉吏部侍郎歷刑部兵部尚書從昭宗在華爲韓建所構貶衡州司馬昭宗還京徵拜禮部尚書太常卿充禮儀使遷兵部尚書禕苦心爲文老而益壯爲刑部時劉鄴子覃當巢寇時避禍於金吾將軍張直方之第被害僖宗還京而惡覃者以託附逆黨死不以義下三司詳罪禕上章申理言覃父子併命於賊廷豈附逆耶其家竟獲洗雪覃亦贈官其行義始終皆如此類

史臣曰孟陽王遂儒雅之曹才有可稱竟以財媚時君陷爲俗吏蹈道之論可不懼耶全義官由妄進霞寓位以卒升勇毅不足以啓行謀慮不足以應變敗亡之辱不亦宜乎朝無責帥之刑盍自恥也權瑀長者未塗喪眞雖牽於食貧純則僞矣

贊曰蘊仁則哲蘊利則狂搢紳之胥勿效潘王全義逃責貞元失策霞寓薄刑元和復興

舊唐書卷一百六十二考證

李傪傳翌日復賜金紫○沈炳震曰新書翌日復賜黃金按傪方以宰相言削銀青階不應翌日反賜金紫當從新書

# 舊唐書卷一百六十三

後晉司空同中書門下平章事劉　昫撰

## 列傳卷第一百十三

孟簡　胡証　崔元畧子鉉鉉子沆元畧弟元受元式元儒

杜元穎　崔弘禮　李虞仲　王質

盧簡辭兄簡能子知猷弟弘正簡求簡求子嗣業汝爲簡能

孟簡字幾道平昌人天后時同州刺史詵之孫工詩有名擢進士第登宏辭科累官至倉部員外郎戶部侍郎王叔文竊政簡爲子司多不附之叔文惡之雖甚亦不至擯斥尋遷司封郎中元和四年超拜諫議大夫知匭事簡明於內典六年詔與給事中劉伯芻工部侍郎歸登右補闕蕭俛等同就醴泉佛寺翻譯大乘本生心地觀經簡最擅其理王承宗叛詔以吐突承璀爲招討使簡抗疏論之坐語訐出爲常州刺史八年就加金紫光祿大夫簡始到郡開古孟瀆長四十一里灌溉沃壤四千餘頃爲廉使舉其課績是有就加之命是歲徵拜爲給事中九年出爲越州刺史兼御史中丞浙東觀察使承李遜抑遏士族恣縱編戶之後及簡爲政一皆反之而農估多受其弊當時以爲兩未可也十二年入爲戶部侍郎十三年代崔元畧爲御史中丞仍兼戶部侍郎是歲出爲襄州刺史山南東道節度使十四年勑於穀城縣置群牧命曰臨漢監令簡充使簡奏請均州鄖鄉縣鎮遏使趙潔充本縣令臺司奏有虧刑典罰一月俸是歲改授太子賓客分司東都十五年穆宗卽位貶吉州司馬員外置同正員初簡在襄陽以腹心吏陸翰知上都進奏委以關通中貴翰持簡陰事漸不可制簡怒追至州以土囊殺之且欲滅口翰子弟詣闕進狀訴冤且告簡贓狀御史臺按驗獲簡賂吐突承璀錢帛等共計七千餘貫匹事狀明白故再貶之長慶元年大赦量移睦州刺史二年移常州刺史三年入爲太子賓客分司東都其年十二月卒簡性俊拔尚義早歲交友先歿者視其孤每厚於周卹議者以爲有前輩風然溺於浮圖之教爲儒曹所誚

胡証字啓中河東人父瑱伯父玫登進士第証貞元中繼登科咸寧王渾瑊辟爲河中從事自殿中侍御史拜韶州刺史以母年高不可適遠改授太子舍人襄陽節度使于頔請爲掌書記檢校祠部員外郎元和四年由侍御史歷左司員外郎長安縣令戶部郎中田弘正以魏博內屬請除副貳乃兼御史中丞充魏博節度副使仍兼左庶子入遷左諫議大夫九年以党項寇邊以証有安邊才畧乃授單于都護御史大夫振武軍節度使前任將帥非統馭之才邊事曠廢朝廷故特用証以鎮十三年徵爲金吾大將軍依前兼御史大夫十四年充京西京北巡邊使訪其利害以聞長慶元年太和公主出降迴紇詔以本官檢校工部尚書充和親使舊制以使車出境有行人私覿之禮官不能給召富家子納貲於使者而命之官及証將行首請釐革儉受省費以絕鬻官之門行及漠南虜騎繼至狠心犬態一日千狀欲以戎服變革華服又欲以王姬疾驅徑路証抗志不拔守漢儀黜夷法竟不辱君命使還拜工部侍郎敬宗卽位之初檢校戶部尚書守京兆尹數月遷左散騎常侍寶曆初拜戶部尚書判度支上表乞免願効藩服二年檢校兵部尚書廣州刺史充嶺南節度使太和二年以疾上表求還京師是歲十月卒于嶺南時年七十一廢朝一日贈左僕射廣州有海之利貨貝狎至証善蓄積務華侈厚自奉養童奴數百於京城脩行里起第連亘閭巷嶺表奇貨道途不絕京邑推爲富家証素與賈餗善及李訓事敗禁軍利其財稱証子溵匿餗乃破其家一日之內家財並盡軍人執溵入左軍仇士良命斬之以狥時溵弟湘爲太原從事忽白晝見緣衣人無首血流被地入于室湘惡之翌日溵凶問至而湘獲免

崔元畧博陵人祖渾之父儆貞元中官至尚書左丞元畧舉進士歷佐使府元和八年拜殿中侍御史十二年遷刑部郎中知臺雜事擢拜御史中丞元和十三年以李夷簡自西川徵拜御史大夫乃命元畧留司東臺尋除京兆少尹知府事仍加金紫數月眞拜京兆尹明年改左散騎常侍穆宗卽位命元畧使党項宣撫辭疾不行出爲黔南觀察使兼御史中丞初元畧受命使党項意宰臣以私憾排斥頗出怨言宰相崔植奏曰比以聖意切在安撫党項乃差元畧往使受命之後苦不樂行

言辭之間頗乖去就豈有身忝重恩不思報效苟非便已即不肯行須有薄懲以肅在位請出為黔中觀察使初崔植任吏部郎中元略任刑部郎中知雜時中丞改京兆尹物議以植有風憲之望元略因入閤妄稱植失儀命御史彈之時二人皆進擬為中丞中旨果授元略植深銜之及植為相元略以左散騎常侍使於党項元略意植之見排辭疾不行被譴出踰年轉鄂州刺史鄂岳都團練觀察使長慶四年入為大理卿敬宗即位復為京兆尹尋兼御史大夫以供徵畿甸經赦免放緡錢萬七千貫為侍御史蕭澈彈劾有詔刑部郎中趙元亮大理正元從質侍御史溫造充三司覆理元略有中助止於削兼大夫初元略有宰相望及是事望益減寶曆元年遷戶部侍郎議者以元略版圖之拜出於宣授時諫官有疏指言內常侍崔潭峻方有權寵元略以諸父事之故雖被彈劾而遽遷顯要元略亦上章自辨且曰一非府縣條疏臺司舉劾孤立無黨謗言益彰不謂詔出宸衷恩延望外處南宮之重位列左戶之清班豈臣庸虛敢自干冒天心所擇雖驚特進之恩衆口相非乃致因緣之說詔答之曰朕所命官豈非公選卿能稱職奚恤人言然元略終不能逃父事潭峻之名寶曆二年四月京兆府以元略前任尹日為橋道使造東渭橋時被本典鄭位判官鄭復虛長物價擡估給用不還人工價直率斂工匠破用計贓二萬一千七百九貫敕云元略不能檢下有涉慢官罰一月俸料時劉栖楚自為京兆尹有覬覦相位之意元略方在次對又多遊裴度門栖楚恐礙己以計擠之乃按舉山陵時錢物以汚之太和三年轉戶部尚書四年判度支五年檢校吏部尚書出為東都留守畿汝等防禦使是歲又遷滑州刺史義成軍節度使十二月卒廢朝三日贈尚書左僕射子鉉鉉字台碩登進士第三辟諸侯府荊南西蜀掌書記會昌初入為左拾遺再遷員外郎知制誥召入翰林充學士累遷戶部侍郎承旨會昌末以本官同平章事為同列李德裕所嫉罷相為陝虢觀察使檢校刑部尚書宣宗即位遷檢校兵部尚書河中尹博陵縣開國子食邑五百戶大中三年召拜御史大夫尋加正議大夫中書侍郎同平章事累遷金紫光祿大夫守左僕射門下侍郎太清宮使弘文館大學士博陵縣開國公食邑至二千戶七年以館中學士崔瑑薛逢等撰續會要四十卷獻之九年檢校司徒揚州大都督長史進封魏國公淮南節度使宣宗於太液亭賦詩宴餞有七載秉鈞調四序之句儒者榮之咸通初移鎮襄州咸通八年徐州戍將龐勛自桂管擅還道途剽掠鉉時為荊南節度聞徐州軍至湖南盡率州兵點募丁壯分扼江湘要害欲盡擒之徐寇聞之踰嶺自江西淮右北渡朝議壯之卒於江陵子沆汀潭沂沆登進士第官至員外郎知制誥拜中書舍人坐事貶循州司戶乾符初復拜舍人尋還禮部侍郎典貢舉選名士十數人多至卿相乾符末本官同平章事遇京國盜據從駕不及而卒沂後官亦隆顯

元略弟元受元式元儒元受登進士第高陵尉直史館元和初于皐謨為河北行營糧料使元受與韋岵薛巽王湘等皆為皐謨判官分督供饋既罷兵或以皐謨贓沒贓罪除名賜死元受從坐皆逐嶺表竟坎壈不達而卒子鈞銂鉥相繼登進士第辟諸侯府元式會昌三年檢校左散騎常侍河中尹河中晉絳觀察使四年檢校禮部尚書太原尹北都留守河東節度使六年入為刑部尚書宣宗朝領度支以本官同平章事元儒元和五年登進士第元式子鍇仕至京兆尹

杜元穎萊公如晦裔孫也父佐官卑元穎貞元末進士登第再辟使府元和中為左拾遺右補闕召入翰林充學士手筆敏速憲宗稱之吳元濟平以書詔之勤賜緋魚袋轉司勳員外郎知制誥穆宗即位召對思政殿賜金紫超拜中書舍人其年冬拜戶部侍郎承旨長慶元年三月以本官同平章事加上柱國建安男元穎自穆宗登極自補闕至侍郎不周歲居輔相之地辭臣速達未有如元穎之比也三年冬帶平章事出鎮蜀州穆宗御安福門臨餞昭愍即位童心多僻務為奢侈而元穎求蜀中珍異玩好之具貢奉相繼以固恩寵以故箕斂刻削工作無虛日軍民嗟怨流聞于朝太和三年南詔蠻攻陷戎巂等州徑犯成都兵及城下一無備擬方率左右固牙城而已蠻兵大掠蜀城玉帛子女工巧之具而去是時蠻三道而來東道攻梓州郭釗禦之而退時元穎幾陷賴郭釗擊敗其衆方還蠻驅蜀人至大渡河謂之曰此南吾境放爾哭別鄉國數萬士女一時慟哭風日為之慘悽哭已赴水而死者千餘怨毒之聲累年不息蠻首領箋顛遣人上表曰蠻軍比修職貢遽敢侵邊但杜元穎不恤三軍令入蠻疆作賊移文報彼都不見信故蜀部軍人繼為鄉導蓋蜀人怨苦之深祈我此行誅虐帥也誅之不遂無以慰蜀士之心願陛下誅之監軍小使張士謙至備言元穎之咎坐貶循州司馬判官崔璜連州司馬紇干臯郢州長史盧并唐州司馬皆以佐元穎無狀也六年卒於貶所臨終上表乞贈官贈湖州刺史元穎弟元絳位終太子賓客絳子審權位至宰相自有傳

崔弘禮字從周博陵人北齊懷遠之七代孫祖育常州江陰令父孚湖州長城令弘禮風貌魁偉磊落有大志舉進士累佐藩府官至侍御史元和中呂元膺為東都留守以弘禮為從事時淮西吳少陽初死吳元濟阻兵拒命山東反側之徒為之影援東結李師道謀襲東洛以脅朝廷弘禮為元膺籌畫部分兵衆以固東都卒亦無患累除汾州棣州刺史會田弘正請入覲請副使乃授弘禮衛州刺史充魏博節度副使歷鄭州刺史長慶元年劉總入覲張弘靖移鎮范陽復加弘禮檢校左散騎常侍充幽州盧龍軍節度副使未及境幽鎮兵亂改為絳州刺史明年汴州李㝏反急詔追弘禮為河南尹兼御史大夫東都畿汝都防禦副使㝏平遷河陽節度使整練戈矛頗壯戎備又上言請於秦渠下闢荒田三百頃歲收粟二萬斛詔皆從之以疾連表請代數歲拜檢校戶部尚書華州刺史會天平軍節度使烏重胤卒朝廷難其人復以弘禮為天平軍節度使仍詔即日乘遞赴鎮文宗即位就加檢校左僕射理鄆三載改授東都留守仍還刑部尚書詔赴闕以疾未至大和四年十月復除留守是歲十二月卒年六十四贈司空弘禮少時專以倜儻意氣自任通涉兵書留心軍旅之要用此累更選用歷踐藩鎮所居無可尚之績雖緝完有素然善治生蓄積物議少之

李虞仲字見之趙郡人祖震大理丞父端登進士第工詩大曆中與韓翃錢起盧綸等文詠唱和馳名都下號大曆十才子時郭尚父少子曖尚代宗女昇平公主賢明有才思尤喜詩人而端等十人多在曖之門下每宴集賦詩公主坐視簾中詩之美者賞百縑曖因拜官會十子曰詩先成者賞時端先獻警句云薰香荀令偏憐小傅粉何郎不解愁主即以百縑賞之錢起曰李校書誠有才此篇宿構也願賦一韻正之請以起姓為韻端即襞牋而獻曰方塘似鏡草芊芊初月如鉤未上弦新開金埒教調馬舊賜銅山許鑄錢曖曰此愈工也起等始服端自校書郎移疾江南授杭州司馬而卒虞仲亦工詩元和初登進士第又以制策登科授弘文校書從事荊南入為太常博士遷兵部員外司勳郎中寶曆中考制策甚精轉兵部郎中知制誥拜中書舍人太和四年出為華州刺史兼御史大夫入拜左散騎常侍兼秘書監八年轉尚書右丞九年為兵部侍郎尋改吏部開成元年四月卒時年六十五虞仲簡澹寡欲立性方雅奕代文學達而不矜士友重之

王質字華卿太原祁人五代祖通字仲淹隋末大儒號文中子通生福祚終上蔡主簿福祚生勉登進士第制策登科位終寶鼎令勉生怡終渝州司戶怡生潛揚州天長丞質則潛之第五子少負志操以家世官卑思立名於世以大其門寓居壽春躬耕以養母專以講學為事門人受業者大集其門年甫強仕不求聞達親友規之曰以華卿之才取名位如俯拾地芥耳安自苦於闒茸者乎揚名顯親非耕稼可致也質乃白於母請赴鄉舉元和六年登進士甲科釋褐嶺南管記歷佐淮蔡許昌梓潼興元四府累奏兼監察御史入朝為殿中遷侍御史戶部員外郎為舊府延薦檢校司封郎中賜金紫充興元節度副使入為戶部郎中遷諫議大夫大和中王守澄搆陷宰相宋申錫文宗怒欲加極法質與常侍崔玄亮雨泣切諫請付外推申錫方從輕典質為中人側目執政出為虢州刺史質射策時深為李吉甫所器及德裕為相甚禮之事必咨決尋召為給事中河南尹八年為宣州刺史兼御史中丞宣歙團練觀察使在政三年開成元年十二月無疾暴卒時年六十八贈左散騎常侍謚曰定質清廉方雅為政有聲雖權臣待之厚而行已有素不涉朋比之議在宣城辟崔珦劉蕡裴夷直趙晳為從事皆一代名流視其所與人士重之子曰慶存

盧簡辭字子策范陽人後徙家于蒲祖翰父綸天寶末舉進士遇亂不第奉親避地於鄱陽與郡人吉中孚為林泉之友大曆初還京師宰相王縉奏為集賢學士秘書省校書郎王縉兄弟有詩名於世縉既官重凡所延辟皆辭人名士以綸能詩禮待逾厚會縉得罪坐累久之調陝府戶曹河南密縣令建中初為昭應令朱泚之亂咸寧王渾瑊充京城西面副元帥乃拔綸為元帥判官檢校金部郎中貞元中吉中孚為翰林學士戶部侍郎典邦賦薦綸于朝會丁家艱而中孚卒大府卿韋渠牟得幸於德宗綸即渠牟之甥也數稱綸之才德宗召之內殿令和御製詩超拜戶部郎中方欲委之掌誥居無何卒初大曆中詩人李端錢起韓翃輩能為五言詩而辭情捷麗綸作尤工至貞元末錢李諸公凋落綸嘗為懷舊詩五十韻敘其事曰吾與吉侍郎中孚司空郎中曙苗員外發崔補闕峒耿拾遺湋李校書端風塵追

遊向三十載數公皆負當時盛稱榮耀未幾俱沉下泉傷悼之際常暢博士追感前事賦詩五十韻見寄輒有所酬以申悲舊兼寄夏侯審侍御其歷言諸子云侍郎文章宗傑出淮楚靈掌賦若吹籟司言如建瓴郎中善慶餘雅韻與琴清鬱鬱松帶雪蕭蕭鴻入冥員外貞貴儒弱冠被華纓月香飄桂實乳溜瀝瓊英補闕思冲融巾拂藝亦精彩蝶戲芳圃瑞雲滋翠屏拾遺興難侔逸調曠無程九醞貯彌潔三花寒轉馨校書才智雄舉世一娉婷賭墅鬼神變屬辭鸞鳳驚差肩曳長裾摠轡奉和鈴共賦瑤臺雪同觀金谷笙倚天方比劒沉水忽如瓶君持玉盤珠寫我懷袖盈讀罷涕交頤願言躋百齡綸之才思皆此類也文宗好文尤重綸詩嘗問侍臣曰盧綸集幾卷有子弟否李德裕對曰綸有四男皆登進士第今員外郎簡能侍御史簡辭是也卽遣中使詣其家令進文集簡能盡以所集五百篇上獻優詔嘉之簡辭元和六年登第三辟諸侯府長慶末入朝爲監察轉侍御史文雅之餘尤精法律歷朝簿籍靡不經懷寶曆中故京兆尹黎幹男煟詣臺治父葉縣舊業臺司莫知本末簡辭曰幹坐魚朝恩黨誅田產籍沒大曆已來多少赦令豈有雪朝恩黎幹節文況其田產分給百姓將及百年而煟恃中助而冒論耶乃移汝州刺史裴通準大曆元年勑給百姓又福建鹽鐵院官盧昂坐贓三十萬簡辭按之於其家得金牀瑟瑟枕大如斗昭愍見之曰此宮中所無而盧昂爲吏可知也尋轉考功員外郎轉郎中太和中坐事自太僕卿出爲衢州刺史會昌中入爲刑部侍郎轉戶部大中初轉兵部侍郎檢校工部尚書許州刺史御史大夫忠武軍節度使遷檢校刑部尚書襄州刺史山南東道節度使卒簡辭兄簡能簡能字子拙登第後再辟藩府入爲監察御史太和九年由駕部員外檢校司封郎中充鳳翔節度判官時鄭注得幸李訓與之謀誅宦官俾注鎮鳳翔仍妙選當時才俊以爲賓佐簡能與蕭俛弟傑錢起子可復皆爲訓所選從注及訓敗注誅簡能蕭傑等四人皆爲監軍使所害簡辭弟弘正簡求弘正字子強元和末登進士第累辟使府掌書記入朝爲監察御史侍御史太和中華州刺史宇文鼎戶部員外盧允中坐贓弘正按之文宗怒將殺鼎弘正奏曰鼎歷持綱憲綰紏之官今爲近輔刺史以贓汚聞死固常典但取受之首罪在允中監司之責鼎當連坐文宗釋之鼎方減等三遷兵部郎中給事中會昌末王師討劉稹時詔河北三帥收山東州郡俄而何弘敬王元逵得邢洺磁三郡宰臣奏議曰山東三郡以賊稹未誅宜且立留後如弘敬元逵有所陳請則朝廷難以依違上曰然誰可任者李德裕曰給事中盧弘正嘗爲昭義判官性又通敏推擇攸宜卽命爲邢洺磁團練觀察留後未行而稹誅乃令弘正銜命宣諭河北三鎮使還拜工部侍郎大中初轉戶部侍郎充鹽鐵轉運使前是安邑解縣兩池鹽法積弊課入不充弘正令判官司空輿至池務檢察特立新法仍奏輿爲兩池使三年課入加倍其法至今賴之檢校戶部尚書出爲徐州刺史武寧軍節度使徐泗濠觀察等使徐方自智興之後軍士驕怠有銀刀都尤勞姑息前後廉逐主帥弘正在鎮朞年皆去其首惡諭之忠義訖於受代軍旅無譁鎮徐四年遷檢校兵部尚書汴州刺史宣武軍節度宋亳潁觀察等使卒于鎮簡求字子臧長慶元年登進士第釋褐江西王仲舒從事又從元稹爲浙東江夏二府掌書記裴度鎮襄陽保釐洛都皆辟爲賓佐奏殿中侍御史入朝拜監察裴度鎮太原復奏爲記室入爲殿中賜緋牛僧孺鎮襄漢辟爲觀察判官入爲水部戶部二員外郎會昌末討劉稹詔以許帥李彥佐爲招討使朝廷以簡求累佐使府達於機畧乃以簡求爲忠武節度副使知節度事本道供軍使入爲吏部員外轉本司郎中求爲蘇州刺史時簡辭鎮漢南弘正爲侍郎領使務昆仲皆居顯列時人榮之既而宰執不協弘正出鎮罷簡求爲左庶子分司數年出爲壽州刺史九年党項叛以簡求爲四鎮北庭行軍涇州刺史涇原渭武節度押蕃落等使檢校左散騎常侍上柱國范陽縣男食邑三百戶十一年遷檢校工部尚書定州刺史御史大夫義武軍節度北平軍等使十三年檢校刑部尚書鳳翔尹鳳翔隴西節度觀察等使十四年八月代裴休爲太原尹北都留守充河東節度觀察等使簡求辭翰縱橫長於應變所歷四鎮皆控邊陲屬雜虜寇邊因之移授所至撫御邊鄙晏然太原軍素管退渾契苾沙陁三部落或撫納不至多爲邊患前政或要之詛盟質之子弟然爲盜不息簡求開懷撫待接以恩信所質子弟一切遣之故五部之人忻然聽命咸通初以疾辭表章瀝懇制以太子太師致仕還於東都都城有園林別墅歲時行樂子弟侍側公卿在席詩酒賞詠竟日忘歸如是者累年五年十月卒時年七十六贈尚書左僕射簡能子知猷知猷登進士第釋褐秘書省正字宰臣蕭鄴鎮江陵成都辟爲兩府記室入拜左拾遺改右補闕史館脩撰轉員外郎出爲饒州刺史入拜兵部郎中賜緋魚改吏部郎中太常少卿出爲商州刺史徵拜給事中轉中書舍人僖宗幸山東襄王僞署乃避地金州駕還徵拜工部侍郎轉戶部判史館遷尚書右丞兵部侍郎歷太常卿工部戶部尚書復領太常卿昭宗在華下加檢校右僕射守太子少師進位太子太師檢校司空卒於華下知猷器度長厚文辭美麗尤工書落簡措翰人爭模倣子文度位亦至丞郎簡辭無子以簡求子貽殷玄禧入繼貽殷終光祿少卿玄禧登進士第終國子博士弘正子虔灌有俊才進士登第所著文筆爲時所稱位終祕書監簡求十子而嗣業汝弼最知名嗣業進士登第累辟使府廣明初以長安尉直昭文館左拾遺右補闕王鐸徵兵收兩京辟爲都統判官檢校禮部郎中卒汝弼登進士第累遷至祠部員外郎知制誥從昭宗遷洛屬柳璨黨附賊臣誣陷士族汝弼懼移疾退居客遊上黨遇潞府爲太原所攻節度使丁會歸降從會至太原李克用奏爲節度副使累奏戶部侍郎太原使府有龍泉亭簡求節制時手書詩一章在亭之西壁汝弼復爲亞帥每亭中讌集未嘗居賓位西向俛首而已人士嘉之盧氏兩世貴盛六卿方鎮相繼而未有居輔相者至中興嗣業子文紀仕至尚書中書侍郎平章事

史臣曰孟襄陽之清節胡廣州之堅正卒以結權倖而敗積貨賄而亡人如面焉固難知也二崔以綱憲相傾元穎以獻奇取媚雖遭時多僻位至鼎司言之正人亦孔之醜而父事宦者何所逃譏以端綸之才任不踰元士而盧簡辭之昆仲雲搏水擊蔚爲鼎門非德積慶鍾安能及此辟人之後不亦休哉

贊曰君子喻義小人近利孟譴胡亡家財掃地聲勢相傾崔杜醜名端綸諸子奕葉光榮

舊唐書卷一百六十四

# 舊唐書卷一百六十四

後晉司空同中書門下平章事劉　昫撰

## 列傳卷第一百十四

王播 子式 弟炎 炎子鐸 起 起子龜 龜子蕘　李絳

楊於陵

王播字明敭曾祖璡嘉州司馬祖昇咸陽令父恕揚府叅軍播擢進士第登賢良方正制科授集賢校理再遷監察御史轉殿中歷侍御史貞元末倖臣李實爲京兆尹恃恩頗橫嘗遇播於途不避故事尹避臺官播移文詆之實怒後奏播爲三原令欲挫之播受命趨府謁謝盡府縣之儀及臨所部政理脩明恃勢豪門未嘗貸法歲終考課爲畿邑之最實以其人有政術甚禮重之頻薦之于上德宗奇之將不次拔用會毋喪順宗卽位除駕部郎中改長安令歲中遷工部郎中知臺雜刺舉綱憲爲人所稱轉考功郎中出爲虢州刺史李巽領鹽鐵奏爲副使兵部郎中元和五年代李夷簡爲御史中丞振舉朝章百職脩舉十月代許孟容爲京兆尹時禁軍諸鎮布列畿內軍人出入屬鞬佩劒往往盜發難以擒姦而播奏請畿內軍鎮將卒出入不得持戎具諸王駙馬權豪之家不得於畿內按試鷹犬畋獵之具詔從之自是姦盜弭息六年三月轉刑部侍郎充諸道鹽鐵轉運使播長於吏術雖案牘鞅掌剖析如流黠吏詆欺無不彰敗時天下多故法寺議讞科條繁雜播備舉前後格條置之座右凡有詳決疾速如神當時屬僚歎服不暇十年四月改禮部尚書領使如故先是李巽以程异爲江淮院官异又通泉貨及播領使奏之爲副當王師討吳元濟令异乘傳往江淮賦輿大集以至賊平深有力焉及皇甫鎛用事恐播大用乃請以使務命程异領之播守本官而已十三年檢校戶部尚書成都尹劍南西川節度使穆宗卽位皇甫鎛貶播累表求還京師長慶元年七月徵還拜刑部尚書復領鹽鐵轉運等使十月兼中書侍郎平章事領使如故長慶中內外權臣率多假借播因銅鹽擢居輔弼專以承迎爲事而安危啓沃不措一言時河北復叛朝廷用兵會裴度自太原入覲朝野物論言度不宜居外明年三月留度復知政事以播代度爲淮南節度使檢校右僕射領使如故仍請携鹽鐵印赴鎮上都院印請別給賜從之播至淮南屬歲旱儉人相啖食課最不充設法掊斂比屋嗟怨敬宗卽位就加銀青光祿大夫檢校司空罷鹽鐵轉運使時中尉王守澄用事播自落利權廣求珍異令腹心吏內結守澄以爲之助守澄乘間啓奏言播有才上於延英言之諫議大夫獨孤朗張仲方起居郎孔敏行柳公權宋申錫補闕韋仁實劉敦儒拾遺李景讓薛廷老等請開延英面奏播之姦邪交結寵倖復求大用天子冲幼不能用其言自是物議紛然不息明年正月播復領鹽鐵轉運使播既得舊職乃於銅鹽之內巧爲賦斂以事月進名爲羨餘其實正額務希獎擢不恤人言時揚州城內官河水淺遇旱卽滯漕船乃奏自城南閶門西七里港開河向東屈曲取禪智寺橋通舊官河開鑿稍深舟航易濟所開長一十九里其工役料度不破省錢當

使方圓自備而漕運不阻後政賴之文宗卽位就加檢校司徒太和元年五月自淮南入覲進大小銀盌三千四百枚綾絹二十萬匹六月拜尚書左僕射同平章事領使如故二年進封太原公太清宮使四年正月患喉腫暴卒時年七十二廢朝三日贈太尉播出自單門以文辭自立踐昇華顯灪有能名而隨勢沉浮不存士行姦邪進取君子恥之然天性勤於吏事使務塡委胥吏盈廷取決簿書堆案盈几他人若不堪勝而播用此爲適播子式弟炎起炎貞元十五年登進士第累官至太常博士早世子鐸鐐起字舉之貞元十四年擢進士第釋褐集賢校理登制策直言極諫科授藍田尉宰相李吉甫鎭淮南以監察充掌書記入朝爲殿中遷起居郎司勳員外郎直史館元和十四年以比部郎中知制誥穆宗卽位拜中書舍人長慶元年遷禮部侍郎其年錢徽掌貢士爲朝臣請託人以爲濫詔起與同職白居易覆試覆落者多徽貶官起遂代徽爲禮部侍郎掌貢二年得士尤精先是貢舉猥濫勢門子弟交相酬酢寒門俊造十棄六七及元稹李紳在翰林深怒其事故有覆試之科及起考貢士奏當司所選進士據所考雜文先送中書令宰臣閱視可否然後下當司放牓從之議者以爲起雖避是非失貢職也故出爲河南尹入爲吏部侍郎文宗卽位加集賢學士判院事以兄播爲僕射輔政不欲典選部改兵部侍郎太和二年出爲陝虢觀察使兼御史大夫四年入拜尚書左丞居播之喪號毀過禮友悌尤至還戶部尚書判度支以西北邊備歲有和市以給軍勞人饋輓奏於靈武邠寧起營田六年檢校吏部尚書河中尹河中晉絳節度使時屬蝗旱粟價暴踊豪門閉糴以邀善價起嚴誡儲蓄之家出粟於市隱者致之於法繇是民獲濟焉七年入爲兵部尚書八年檢校右僕射襄州刺史充山南東道節度江漢水田前政撓法塘堰缺壞起下車命從事李業行屬郡檢視而補繕特爲水法民無凶年九年就加銀青光祿大夫時李訓用事訓卽起貢舉門生也欲援起爲相八月詔拜兵部侍郎判戶部事其冬訓敗起以儒素長者人不以爲累但罷判戶部事文宗好文尤尚古學鄭覃長於經義起長於博洽俱引翰林講論經史起僻於嗜學雖官位崇重躭玩無斁夙夜孜孜殆忘寢食書無不覽經目靡遺轉兵部尚書以莊恪太子登儲欲令儒者授經乃兼太子侍讀判太常卿充禮儀詳定使創造禮神九玉奏議曰邦國之禮祀爲大事珪璧之議經有前規謹按周禮天地四方以蒼璧禮天黃琮禮地青珪禮東方赤璋禮南方白琥禮西方黑璜禮北方又云四圭有邸以祀天兩圭有邸以祀地圭璧以祀日月星辰凡此九器皆祀神之玉也又云以禋祀祀昊天上帝鄭玄云禋煙也爲玉幣祭訖燔之而升煙以報陽也今與開元禮義同此則焚玉之驗也又周禮掌國之玉鎭大寶器若大祭旣事而藏之此則收玉之證也梁代崔靈恩撰三禮義宗云凡祭天神各有二玉一以禮神一則燔之禮神者訖事却收祀神者與牲俱燎則靈恩之義合于禮經今國家郊天祀地祀神之玉常用守經據古禮神之玉則無臣等請下有司精求良玉創造蒼璧黃琮等九器祭訖則藏之其燎玉卽依常制從之爲太子廣五運圖及文場秀句等獻之三年以本官充翰林侍講學士莊恪太子薨詔起爲哀冊文辭情婉麗四年遷太子少師判兵部事侍講如故以其家貧特詔每月割仙韶院月料錢三百千添給起富於文學而理家無法俸料入門卽爲僕妾所有帝以師友之恩特加周給議者以與倫官分給可爲恥之武宗卽位八月充山陵鹵簿使樞密使劉弘逸薛季稜懼誅欲因山陵兵士謀廢立起與山陵使知其謀密奏皆伏誅尋檢校左僕射東都留守判東都尚書省事會昌元年徵拜吏部尚書判太常卿事三年權知禮部貢舉明年正拜左僕射復知貢舉起前後四典貢部所選皆當代辭藝之士有名於時人皆賞其精鑒徇公也其年秋出爲興元尹兼同平章事充山南東道節度使赴鎭日延英辭帝謂之曰卿國之耆老宰相無內外朕有闕政飛表以聞宴賜頗厚在鎭二年以老疾求代不許大中元年卒于鎭時年八十八廢朝三日贈太尉諡曰文懿文集一百二十卷五緯圖十卷寫宣十卷起侍講時或僻字疑事令中使口宣卽以牓子對故名曰寫宣子龜嗣龜字大年性簡澹蕭灑不樂仕進少以詩酒琴書自適不從科試京城光福里第起兄弟同居斯爲宏敞龜意在人外倦接朋游乃於永達里園林深僻處創書齋吟嘯其間目爲半隱亭及從父起在河中於中條山谷中起草堂與山人道士遊朔望一還府第後人目爲郎君谷及起保釐東周龜於龍門西谷構松齋棲息往來放懷事外起鎭興元又於漢陽之龍山立隱舍每浮舟而往其閑逸如此武宗知之以左拾遺徵久之方至殿廷一謝陳請曰臣才踈散無用於時加以疾病所嬰不任祿仕臣父年將九十作鎭遠藩喜懼之年闕於供侍乞罷今職以奉晨昏上優詔許之明年丁父憂服闋以右補闕徵遷侍御史尚書郎大中末出爲宣歙團練觀察副使賜緋入爲祠部郎中史館修撰前從崔璵貳宣歙及璵鎭河中又奏爲副使入爲兵部郎中賜金紫尋知制誥咸通末以弟鐸在中書不欲在禁掖改太常少卿尋檢校右散騎常侍同州刺史牙將白約者甚狡蠹前後防禦使不能制龜因事發笞死以徇人皆畏威自效十四年轉越州刺史御史大夫浙東團練觀察使先是龜兄式撫臨此郡有惠政聞龜復至舞抃迎之屬徐泗之亂江淮盜起山越亂攻郡爲賊所害贈工部尚書子蕘蕘苦學善屬文以季父作相避嫌不就科試乾符初崔瑾廉察湖南崔涓鎭江陵皆辟爲從事蕭遘作相奏授藍田尉直史館遷左拾遺右補闕中丞盧渥奏爲侍御史從僖宗幸山南拜右司員外郎卒子權中與仕至兵部尚書式以門蔭累遷監察御史轉殿中亦巧宦太和中依倚鄭注諂王守澄爲中丞歸融所劾出爲江陵少尹大中後踐更省署咸通初爲浙東觀察使草賊仇甫據明州叛來攻會稽式討平之式有威畧三年徐州銀刀軍叛以式爲徐州節度使式至鎭盡誅銀刀等七軍徐方平定天子嘉之後累歷方任卒鐸字昭範會昌初進士第兩辟使府大中初入爲監察御史咸通初由駕部郎中知制誥拜中書舍人五年轉禮部侍郎典貢士兩歲時稱得人七年以戶部侍郎判度支遷禮部尚書十二年以本官同平章事時宰相韋保衡以拔擢之恩事鐸尤謹累兼刑部吏部尚書僖宗卽位加右僕射保衡得罪以鐸檢校右僕射出爲汴州刺史宣武軍節度使鐸有經世大志以安邦爲己任士友推之乾符二年河南江左相繼寇盜結集內官田令孜素聞鐸名乃復召鐸拜右僕射門下侍郎同平章事四年賊陷江陵楊知溫失守宋威破賊失策朝議統率宰相盧攜稱高駢累立戰功宜付軍柄物議未允鐸廷奏曰臣忝宰執之長在朝不足分陛下之憂臣願自率諸軍盪滌羣盜朝議然之五年以鐸守司徒門下侍郎同平章事兼江陵尹荆南節度使充諸道行營兵馬都統鐸至鎭綏懷流散完葺軍戎朞年之間武備嚴整時兗州節度使李係者西平王晟之孫以其家世將才奏用爲都統都押衙兼湖南團練使時黃巢在嶺南鐸悉以精甲付係令分兵扼嶺路係無將畧微有口才軍政不理廣明初賊自嶺南寇湖南諸郡係守城自固不敢出戰賊編木爲栰沿湘而下急攻潭州陷之係甲兵五萬皆爲賊所殺投屍於江鐸聞係敗令部將董漢宏守江陵自率兵萬餘會襄陽之師江陵竟陷於賊天子不之責罷相守太子太師宰相盧攜用事竟以淮南高駢代鐸爲都統其年秋賊焚剽淮南高駢挫敗及賊陷兩京盧攜得罪天子用鄭畋爲兵馬都統明年畋病歸行在朝議復以鐸爲侍中滑州刺史義武軍節度使充諸道行營都統率禁軍山南東蜀之師三萬營於盩厔東進屯靈感寺明年春兗鄆徐許鄭滑邠寧鳳翔十鎭之師大集關內時賊已僭名號以前浙東觀察使崔璆尚讓爲宰相傳僞命天下藩帥多持兩端旣聞鐸傳檄四方諸侯翻然景附賊之號令東西不過岐華南北止及山河而勁卒驍將日馳突於國門羣賊由是離心其年秋賊將朱溫降收同州十一月賊華州戍卒七千來奔三年二月沙陁軍至收華州四月敗賊於良田坡遂收京城封鐸晉國公鐸加中書令以收城諸將量其功伐高下承制爵賞以聞是時國命危若綴旒天子播越蠻陬大事去矣若非鄭畋之奮發鐸之忠義則土運之隆替未可知也自巢讓之亂關東方鎭牙將皆逐主帥自號藩臣時溥據徐州朱瑄據鄆州朱瑾據兗州王敬武據青州周岌據許州王重榮據河中諸葛爽據河陽皆自擅一藩職貢不入賞罰由己旣逐賊出關尤恃功伐朝廷姑息不暇巢賊出關東與蔡帥秦宗權合縱時溥舉兵徐方請身先討賊乃授溥都統之命十軍軍容使田令孜以內官楊復光有監護用師之功尤忌儒臣立事故有時溥之授初鐸出軍兼鄭滑節度使以便供饋至是罷鐸都統之權令仗節歸藩鐸以朱全忠於己有恩倚爲藩蔽初全忠辭禮恭順旣而全忠軍旅稍集其意漸倨鐸知不可依表求還朝其年冬僖宗自蜀將還乃以鐸爲滄景節度使時楊全玫在滄州聞鐸之來訴於魏州樂彥貞鐸受命赴鎭至魏州旬日彥貞迎謁宴勞甚至鐸以上台元老功蓋羣后行則肩輿妓女夾侍賓僚服御盡美一時彥貞子從訓兇戾無行竊所慕之令甘陵州卒數百人伏於漳南之高雞泊及鐸行李至皆爲所掠鐸與賓客十餘人皆遇害時光啓四年十二月也鐸弟鐐累官至汝州刺史王仙芝陷郡城被害

李絳字深之趙郡贊皇人也曾祖貞簡祖剛官終宰邑父元善襄州錄事參軍絳舉進士登宏辭科授秘書省校書郎秩滿補渭南尉貞元末拜監察御史元和二年以本官充翰林學士未幾改尚書主客員外郎踰年轉司勳員外郎五年遷本司郎中知制誥皆不離內職孜

孜以匡諫爲已任憲宗即位叛臣李錡阻兵於浙右錡既誅朝廷將輦其所沒家財絳上言曰李錡兇狡叛戾僭侈誅求刻剝六州之人積成一道之苦聖恩本以叛亂致討蘇息一方今輦運錢帛播聞四海非所謂式遏亂略惠綏困窮伏望天慈並賜本道代貧下戶今年租稅則萬姓欣戴四海謌詠矣憲宗嘉之時中官吐突承璀自藩邸承恩寵爲神策護軍中尉乃於安國佛寺建立聖政碑大興功作仍請翰林爲其文絳上言曰陛下布惟新之政剗積習之弊四海延頸日望德音今忽立聖政碑示天下以不廣易稱大人者與天地合德與日月合明執契垂拱勵精求理豈可以文字而盡聖德碑表而贊皇猷若可敘述是有分限虧損盛德豈謂敷揚至道哉故自堯舜禹湯文武並無建碑之事至秦始皇荒逸之君煩酷之政然後有罘嶧之碑揚誅伐之功紀巡幸之跡適足爲百王所笑萬代所譏至今稱爲失道亡國之主豈可擬議於此陛下嗣高祖太宗之業舉貞觀開元之政思理不遑食從諫如順流固可與堯舜禹湯文武方駕而行又安得追秦皇暴虐不經之事而自損聖政近者閻巨源請立紀聖功碑陛下詳盡事宜皆不允許今忽令立此與前事頗乖況此碑既在安國寺不得不敘載遊觀崇飾之事述遊觀且乖理要敘崇飾又匪政經固非哲王所宜行也其碑伏乞聖恩特令寢罷憲宗深然之其碑遂止絳後因浴堂北廊奏對極論中官縱恣方鎮進獻之事憲宗怒厲聲曰卿所論奏何太過耶絳前論不已曰臣所諫論於臣無利是國家之利陛下不以臣愚使處腹心之地豈可見事虧聖德致損清時而惜身不言仰屋竊歎是臣負陛下也若不顧患禍盡誠奏論旁忤倖臣上犯聖旨以此獲罪是陛下負臣也且臣與中官素不相識又無嫌隙祇是威福太盛上損聖朝臣所以不敢不論耳使臣緘默非社稷之福也憲宗見其誠切改容慰喻之曰卿盡節於朕人所難言者卿悉言之使朕聞所不聞眞忠正誠節之臣也他日南面亦須如此絳拜恩而退遽宣宰臣令與改官乃授中書舍人依前翰林學士翌日面賜金紫帝親爲絳擇良笏賜之前後朝臣裴武柳公綽白居易等或爲姦人所排陷特加貶黜絳每以密疏申論皆獲寬宥及鎮州節度使王士眞死朝廷將用兵討除絳深陳以爲未可絳既盡心匡益帝每有詢訪多協事機六年猶以中人之故罷學士守戶部侍郎判本司事嘗因次對憲宗曰戶部比有進獻至卿獨無何也絳曰將戶部錢獻入內藏是用物以結私恩上聳然益嘉其直吐突承璀恩寵莫二是歲將用絳爲宰相前一日出承璀爲淮南監軍翌日降制以絳爲中書侍郎同中書門下平章事同列李吉甫便僻善逢迎上意絳梗直多所規諫故與吉甫不協時議者以吉甫通於承璀故絳尤惡之絳性剛訐每與吉甫爭論人多直絳憲宗察絳忠正自立故絳論奏多所允從上嘗謂絳曰卜筮之事習者罕精或中或否近日風俗尤更崇尚何也對曰臣聞古先哲王畏天命示不敢專邦有大事可疑者故先謀於卿士庶人次決於卜筮俱協則行之末俗浮僞幸以徼福正行慮危邪謀覬安遲疑昏惑謂小數能決之而愚夫愚婦假時日鬼神者欲利欺詐參之見聞用以刺射小近之事神而異之近者風俗近巫此誠弊俗聖旨所及實辨邪源但存而不論弊斯息矣他日延英上曰朕讀玄宗實錄見開元致理天寶兆亂事出一朝治亂相反何也絳對曰臣聞理生於危心亂生於肆志玄宗自天后朝出居藩邸嘗莅官守接時賢於外知人事之艱難臨御之初任姚崇宋璟二人皆忠鯁上才動以致主爲心明皇乘思理之初亦勵精聽納故當時名賢在位左右前後皆尚忠正是以君臣交泰內外寧謐開元二十年以後李林甫楊國忠相繼用事專引柔佞之人分居要劇苟媚于上不聞直言嗜慾轉熾國用不足姦臣說以興利武夫說以開邊天下騷動姦盜乘隙遂至兩都覆敗四海沸騰乘輿播遷幾至難復蓋小人啓導縱逸生驕之致也至今兵宿兩河西疆削蹙甿戶凋耗府藏空虛皆因天寶喪亂以至於此安危理亂實繫時主所行陛下思廣天聰親覽國史垂意精賾覽于化源實天下幸甚上又曰凡人行事常患不通於理已然之失追悔誠難古人處此復有道否絳對曰行事過差聖哲皆所不免故天子致諍臣以匡其失故主心理於中臣論正於外制理於未亂銷患於未萌主或過舉則諫以正之故上下同體猶手足之於心膂交相爲用以致康寧此亦常理非難遵之事但矜得護失常情所蔽古人貴改過不憚從善如流良爲此也臣等備位無所發明但陛下不廢芻言則端士賢臣必當自效帝曰朕擢用卿等所冀直言各宜盡心無隱以匡不逮無以護失爲慮也其秋魏博節度使田季安死其子懷諫幼弱軍中立其大將田興使主軍事興卒以六州之地歸命其經始營創皆絳之謀也時教坊忽稱密旨取良家士女及衣冠別第妓人京師囂然絳謂同列曰此事大虧損聖德須有論諫或曰此皆欲間事自有諫官論列絳曰相公居常病諫官論事此難事卽推與諫官可乎乃極言論奏翌日延英憲宗舉手謂絳曰昨見卿狀所論採擇事非卿盡忠於朕何以及此朕都不知向外事此是教坊罪過不論朕意以至於此朕緣丹王已下四人院中都無侍者朕令於樂工中及閭里有情願者厚其錢帛祇取四人四王各與一人伊不會朕意便如此生事朕已令科罰其所取人並已放歸若非卿言朕寧知此過八年封高邑縣男絳以足疾拜章求免九年罷知政事授禮部尚書十年檢校戶部尚書出爲華州刺史未幾入爲兵部尚書丁母憂十四年檢校吏部尚書出爲河中觀察使河中舊爲節制皇甫鎛惡絳秖以觀察命之十五年鎛得罪絳復爲兵部尚書穆宗卽位改御史大夫穆宗亟於畋遊行幸絳於延英切諫帝不能用絳以疾辭復爲兵部尚書長慶元年轉吏部尚書是歲加檢校尚書右僕射判東都尚書省事充東都留守二年正月檢校本官兗州刺史兗海節度觀察等使三年復爲東都留守四年就加檢校司空寶曆初入爲尚書左僕射二年九月昭義節度使劉悟卒遺表請以子從諫嗣襲將吏詣闕論請絳密奏請速除近澤潞四面將帥一人以充節度令倍程赴鎮使從諫未及拒命新使已到所謂疾雷不及掩耳潞州軍心自有所繫從諫無位何名主張時宰相李逢吉王守澄已受從諫賂俱請以從諫留後不能用絳言絳以直道進退聞望傾於一時然剛腸嫉惡賢不肖太分以此爲非正之徒所忌又嘗與御史中丞王播相遇於道播不爲之避絳奏論事體勑令兩省詳議咸以絳論奏是李逢吉佑播惡絳乃罷絳僕射改授太子少師分司東都文宗卽位徵爲太常卿二年檢校司空出爲興元尹山南西道節度使三年冬南蠻寇西蜀詔徵赴援絳於本道募兵千人赴蜀及中路蠻軍已退所募皆還興元兵額素定募卒悉令罷歸四年二月十日絳晨興視事召募卒以詔旨諭而遣之仍給以廩麥皆怏怏而退監軍使楊叔元貪財怙寵怨絳不奉已乃因募卒賞薄衆辭之際以言激之欲其爲亂以逞私憾募卒因監軍之言怒氣益甚乃譟聚趨府劫庫兵以入使衙絳方與賓僚會宴不及設備聞亂北走登陴衙將王景延力戰以禦之兵折矢窮景延死絳乃爲亂兵所害時年六十七絳初登陴左右請絳縋城可以避免絳不從乃并從事趙存約薛齊俱死焉文宗聞奏震悼下制曰朝有正人時稱令德入參廟算出擁師千方當寵任之臣橫罹不幸之酷殄瘁興歎搢紳所同故山南西道節度管內觀察處置等使銀青光祿大夫檢校司空兼興元尹御史大夫上柱國趙郡開國公食邑二千戶李絳神授聰明天賦清直抱仁義以希前哲立標準以程後來抑揚時情坐致台輔佐我烈祖格于皇天仗鉞宣風聯居樂土乘軒鳴玉嘗極清班先聲而物議皆歸不約而羣情自許漢中名部俾遂便安而變起不圖禍生無兆殲良之慟聞訃增傷是極哀榮用優典禮三公正秩品數甚崇式表異恩以攄沉痛可贈司徒仍令所司擇日備禮冊命賻布帛三千段米粟二百碩子璋頊璋登進士第盧鈞鎮太原辟爲從事大中末入朝爲監察轉侍御史出刺兩郡宣歙觀察使子德林

楊於陵字達夫弘農人漢太尉震之第五子奉之後曾祖珪爲辰州掾曹祖冠俗奉先尉父太清宋州單父尉於陵天寶末家寄河朔祿山亂其父歿於賊於陵始六歲及長客於江南好學有奇志弱冠舉進士釋褐爲潤州句容主簿時韓滉節制金陵滉性剛嚴少所接與及於陵以屬吏謁謝滉甚奇之謂其妻柳氏曰夫人常擇佳壻吾閱人多矣無如楊主簿者後竟以女妻之秩滿爲鄂岳江南二府從事累官至侍御史韓滉自江南入朝總將相財賦之任頗承顧遇權傾中外於陵自江西府罷以婦翁權幸方熾不欲進取乃卜築於建昌以讀書山水爲樂滉歿貞元八年始入朝爲膳部員外郎歷考功吏部三員外判南曹時宰相有密親調集文書不如式於陵駁之大協物論遷右司郎中復轉吏部郎中改京兆少尹出爲絳州刺史德宗雅聞其名將辟赴郡詔留之拜中書舍人時李實爲京兆尹恃承恩寵於陵與給事中許孟容俱不附協爲實媒孽孟容改太常少卿於陵爲秘書少監貞元末實輩敗還於陵爲華州刺史充潼關防禦鎮國軍等使未幾遷浙江東道都團練觀察等使政聲流聞入拜戶部侍郎復改京兆尹先是禁軍影占編戶無以區別自於陵請致挾名每五丁者得兩丁入軍四丁三丁者各以條限由是京師豪強復知所畏再遷戶部侍郎元和初以考策昇直言極諫牛僧孺等爲執政所怒出爲嶺南節度使會監軍使許遂振悍戾貪恣干撓軍政於陵奉公潔己遂振無能奈何乃以飛語上聞憲宗驚惑賴宰相裴垍爲於陵申理憲宗感悟五年入爲吏部侍郎遂振終自得罪於陵爲吏部凡四周歲監察姦吏調補平允當時稱之初吏部試判別差考判官三人校能否元和初罷之七年吏部尚

書鄭餘慶以疾請告乃復置考判官以兵部員外郎韋顗屯田員外張仲素太學博士陸亘等爲之於陵自東都來言曰本司考判自當公心非次置官不知曹內公事考官秖論判之能否不計闕員本司秖計員闕幾何定其留放置官不便宰執以己置顗等秖令考科目選人其餘常調委本司自考於陵又以甲曆年深朽斷吏緣爲姦奏換大曆七年至貞元二十年甲庫曆令本司郎官監換九年妖人楊叔高自廣州來干於陵請爲己輔於陵執奏殺之改兵部侍郎判度支時淮西用兵於陵用所親爲唐鄧供軍使節度使高霞寓以供軍有闕移牒度支於陵不爲之易其闕如舊霞寓軍屢有摧敗詔書督責之乃奏以度支饋運不繼憲宗怒十一年貶於陵爲桂陽郡守量移原王傅復遷戶部侍郎知吏部選事會誅李師道分其地爲三鎮朝廷思有所制置以於陵兼御史大夫充淄青十二州宣慰使還奏合旨穆宗卽位遷戶部尚書長慶初拜太常卿充東都留守年高拜章辭位寶曆二年授檢校右僕射兼太子太傅旋以左僕射致仕詔給全俸懇讓不受於陵器度弘雅進止有常居朝三十餘年踐更中外始終不失其正居官奉職亦善操守時人皆仰其風德太和四年十月卒年七十八册贈司空謚貞孝子四人景復嗣復紹復師復嗣復自有傳景復位終同州刺史紹復進士擢第宏辭登科位終中書舍人師復位終大理卿大中後楊氏諸子登進士第者十人嗣復子授技拭撝紹復子擢拯據揆師復子拙振等擢終給事中拯司封員外郎據右補闕揆左諫議大夫拙左庶子振左拾遺

史臣曰王氏二英播起位崇將相善始令終而炎薄祐短齡美鍾於鐸而能驤首矯翼凌厲亨衢仗鉞秉衡扶持衰運天胡罰善遇盜而殂悲哉李趙公頡頏禁林訏謨相府嘉言啓沃不以身爲糜軀將壇沒有餘裕楊僕射避婦翁之當軸疏驕尹之怙權守道居貞壽考終吉行己始卒人以爲難美哉

贊曰王氏儒宗一門三相趙公排擯言猶鯁亮干將雖折不改其剛楊君之德韶夏洋洋

# 舊唐書卷一百六十五

後晉司空同中書門下平章事劉　昫撰

## 列傳第一百一十五

韋夏卿　王正雅族孫凝　柳公綽子仲郢 孫璧 弟公權 伯父子華 華子公度　崔玄亮　溫造子璋　郭承嘏　殷侑孫盈孫　徐晦

韋夏卿字雲客杜陵人父迢檢校都官郎中嶺南節度行軍司馬夏卿苦學大曆中與弟正卿俱應制舉同時策入高等授高陵主簿累遷刑部員外郎時久旱蝗詔於郎官中選赤畿令改奉天縣令以課最第一轉長安令改吏部員外郎轉本司郎中拜給事中出爲常州刺史夏卿深於儒術所至招禮通經之士時處士竇羣寓於郡界夏卿以其所著史論薦之于朝遂爲門人改蘇州刺史貞元末徐州張建封卒初授夏卿徐州行軍司馬等授徐泗濠節度使夏卿未至建封子愔爲軍人立爲留後因授旄鉞徵夏卿爲吏部侍郎轉京兆尹太子賓客檢校工部尚書東都留守遷太子少保卒時年六十四贈左僕射夏卿有風韻善談讌與人同處終年而喜慍不形於色撫孤侄恩踰己子早有時稱其所與游辟之賓佐皆一時名士爲政務通適不喜改作始在東都領心辟士頗得才彥其後多至卿相世謂之知人

王正雅字光謙其先太原尹東都留守翃之子伯父翊代宗朝御史大夫以貞亮鯁直名於當代卒謚曰忠惠正雅少時以孝行修謹聞元和初舉進士登甲科禮部侍郎崔邠甚知之累從職使府元和十一年拜監察御史三遷爲萬年縣令當穆宗時京邑號爲難理正雅抑強扶弱政甚有聲會柳公綽爲京兆尹上前褒稱穆宗命以緋衣銀章就縣宣賜遷戶部郎中尋加知臺雜事再遷太常少卿出爲汝州刺史充本州防禦使有中人爲監軍怙權干政正雅不能堪乃謝病免入爲大理卿會宋申錫事起獄自內出卒無證驗是時王守澄之威權鄭注之寵勢雖宰相重臣無敢顯言其事者唯正雅與京兆尹崔綰上疏請出造事者付外考驗其事別具狀聞由是獄情稍緩申錫止於貶官中外翕然推重之大和五年十一月卒贈左散騎常侍正雅從弟重翊之子也位止河東令重子衆仲登進士第累官衡州刺史衆仲子凝凝字致平少孤宰相鄭肅之甥少依舅氏年十五兩經擢第常著京城六崗銘爲文士所稱再登進士甲科崔瑍領鹽鐵辟爲巡官歷佐梓潼宣歙使幕宰相崔龜從奏爲鄠縣尉集賢校理遷監察御史轉殿中宰相崔鉉出鎮揚州奏爲節度副使入爲起居郎歷禮部兵部考功三員外遷司封郎中長安令中丞鄭處誨奏知臺雜換考功郎中遷中書舍人時政不協出爲同州刺史賜金紫朞年移疾華州敷水別墅踰年以禮部侍郎徵凝性堅正貢闈取士拔其寒俊而權豪請託不行爲其所怒出爲商州刺史明年檢校右散騎常侍潭州刺史湖南團練觀察使入爲兵部侍郎領鹽鐵轉運使又以不奉權倖改秘書監出爲河南尹檢校禮部尚書宣州刺史宣歙觀察使凝咸通中兩佐宣城使幕備究人之利病滌除積弊民俗阜康踰歲黃巢自嶺表北歸大掠淮南攻圍和州凝令牙將樊儔率師據采石以援之儔犯令凝卽斬之以徇命別將烏顏代儔赴援竟解歷陽之圍賊怒引衆攻宣城大將王涓請出軍逆戰凝曰賊忿恚而來宜持重待之彼衆我寡萬一不捷則州城危矣涓銳意請行凝卽閱集丁壯分守要害登陴設備涓果戰死賊乘勝而來則守有備矣賊爲梯衝之具急攻數月禦備力殫吏民請曰賊之兇勢不可當願尙書歸款退之懼覆尙書家族凝曰人皆有族予豈獨全誓與此城同存亡也既而賊退去時乾符五年也其年夏疾甚有大星墜於正寢八月卒于郡時年五十八無子以弟子鐐爲嗣鐐兄鉅位終兵部侍郎

柳公綽字起之京兆華原人也祖正禮邠州士曹參軍父子溫丹州刺史公綽幼聰敏年十八應制舉登賢良方正直言極諫科授秘書省校書郎貞元元年也貞元四年復應制舉再登賢良方正科時年二十一制出授渭南尉公綽性謹重動循禮法屬歲飢其家雖給而每飯不過一器歲稔復初家甚貧有書千卷不讀非聖之書爲文不尙浮靡慈隰觀察使姚齊梧奏爲判官得殿中侍御史冬薦授開州刺史入爲侍御史再遷吏部員外郎武元衡罷相鎮西蜀與裴度俱爲元衡判官尤相善先度入爲吏部郎中度以詩餞別有兩人同日事征西今日君先捧紫泥之句元和初憲宗頗出遊畋銳意用兵公綽欲因事諷諫五年十一月獻大醫箴一篇其辭曰天布寒暑不私於人品類既一崇高以均惟謹好愛能保其身清淨無瑕輝光以新寒暑滿天地之間浹肌膚於外好愛溢耳目之前誘心知於內清潔爲隄奔射猶敗氣行無間隙不在大睿聖之姿清明絕俗心正無邪志高寡欲謂天高矣氣蒙晦之謂地厚矣橫流潰之聖德超邁萬方賴之飲食所以資身也過則生患衣服所以稱德也侈則生慢唯過與侈心必隨之氣與心流疾亦何之聖心不惑孰能移之畋遊恣樂流情蕩志馳騁勞形咤叱傷氣惟天之重從禽爲累不養其外前脩所忌聖心非之孰敢違之人乘氣生嗜欲以萌氣離有患氣凝則成巧必喪眞智必誘情去彼煩慮在此誠明醫之上者理於未然患居慮後防處事先心靜樂行體和道全然後能德施萬物以享億年聖人在上各有攸處庶政有官羣藝有署臣司太醫敢告諸御憲宗深嘉之翊日降中使獎勞之曰卿所獻之文云氣行無間隙不在大何憂朕之深也踰月拜御史中丞公綽素與裴垍厚李吉甫出鎮淮南深怨垍六年吉甫復輔政以公綽爲潭州刺史兼御史中丞充湖南觀察使湖南地氣卑濕公綽以母在京師不可迎侍致書宰相乞分司洛陽以便奉養久不許八年移爲鄂州刺史鄂岳觀察使乃迎母至江夏九年吳元濟據蔡州叛王師討伐詔公綽以鄂岳兵五千隸安州刺史李聽率赴行營公綽曰朝廷以吾儒生不知兵耶卽日上奏願自征行許之公綽自鄂濟湘江直抵安州李聽以廉使之禮事之公綽謂之曰公所以屬鞬負弩者豈非爲兵事耶若去戎容被公服兩郡守耳何所統攝乎以公名家曉兵若吾不足以指麾則當赴闕不然吾且署職名以兵法從事矣聽曰唯公所命卽署聽爲鄂岳都知兵馬使中軍先鋒行營兵馬都虞候三牒授之乃選卒六千屬聽戒其部校曰行營之事一決都將聽感恩畏威如出麾下其知權制變甚爲當時所稱鄂軍既在行營公綽時令左右省問其家如疾病養生送死必厚廩給之軍士之妻冶容不謹者沉之于江行卒相感曰中丞爲我輩知家事何以報効故鄂人戰每剋捷十一年入爲給事中李師道歸朝遣公綽往鄆州宣諭使還拜京兆尹以母憂免十四年起爲刑部侍郎領鹽鐵轉運使轉兵部侍郎兼御史大夫領使如故長慶元年罷使爲京兆尹兼御史大夫時河朔復叛朝廷用兵補授行營諸將朝令夕改驛騎相望公綽奏曰自幽鎮用兵使命繁併館遞匱乏鞍馬多闕又勅使行李人數都無限約其衣緋紫乘馬者二十三十匹衣黃綠者不下十匹五匹驛吏不得視券牒隨口卽供驛馬既盡遂奪路人鞍馬衣冠士庶驚擾怨嗟遠近喧騰行李將絕伏望聖慈聊爲定限乃下中書條疏人數自是吏不告勞以言直爲北司所惡尋轉吏部侍郎二年九月遷御史大夫韓弘病自河中入朝以弘守司徒中書令詔百寮問疾弘遣其子達情言不能接見公綽謂其子曰聖上以公官重令百司省

問異禮也如拜君賜宜力疾公見安有卧令子弟傳言耶弘懼挾扶而出入皆聳然三年改尙書左丞又拜檢校戶部尙書襄州刺史山南東道節度使行部至鄧縣縣二吏犯法一贓賄一舞文縣令以公綽守法必殺贓吏獄具判之曰贓吏犯法法在姦吏壞法法亡誅舞文者公綽馬害圉人命斬之賓客進言曰可惜良馬圉人自防不至公綽曰安有良馬害人乎亟命殺之牛僧孺罷相鎭江夏公綽具戎容於郵舍候之軍吏自以漢上地高於鄂禮太過公綽曰奇章纔離台席方鎭重宰相是尊朝廷也竟以戎容見有道士獻丹藥試之有驗問所從來曰鍊此丹於薊門時朱克融方叛公綽遽謂之曰惜哉至藥來於賊臣之境雖驗何益乃沉之于江而逐道士鄧縣人鄭懷政病狂妄稱天子公綽捕而殺之敬宗卽位加檢校左僕射寶曆元年入爲刑部尙書二年授邠州刺史邠寧慶節度使所部有神策諸鎭屯列要地承前不受節度使制置遂致北虜深入公綽上疏論之因詔諸鎭皆稟邠寧節度使制置三年入爲刑部尙書京兆人有姑鞭婦致死者府斷以償死公綽議曰尊毆卑非鬭且其子在以妻而戮其母非敎也竟減死太和四年復檢校左僕射太原尹北都留守河南節度觀察等使是歲北虜遣梅祿將軍李暢以馬萬匹來市託云入貢所經州府守帥假之禮分嚴其兵備留館則戒卒於外懼其襲奪太原故事出兵送之暢及界上公綽使牙將祖考恭單馬勞問待以修好之意暢感義出涕徐驅道中不妄馳獵及至闢牙門令譯引謁宴以常禮及市馬而還不敢侵犯陘北有沙陁部落自九姓六州皆畏避之公綽至鎭召其酋朱耶執宜直抵雲朔塞下治廢柵十一所募兵三千付之留屯塞上以禦匈奴其妻母來太原者請梁國夫人對酒食問遺之沙陁感之深得其效六年以病求代三月授兵部尙書徵還京師四月卒贈太子太保謚曰成公綽天資仁孝初丁母崔夫人之喪三年不沐浴事繼親薛氏三十年姻戚不知公綽非薛氏所生外兄薛宮早卒一女孤配張毅夫資遺甚於己子性端介寡合與錢徽蔣乂杜元穎薛存誠文雅相知交情欵密凡六開府幕得人尤盛錢徽掌貢之年鄭朗覆落公綽將赴襄陽首辟之朗竟爲名相盧簡辭崔璵夏侯孜韋長李續李拭皆至公卿爲吏部侍郎與舅左丞崔從同省人士榮之子仲郢弟公權公諒仲郢字諭蒙元和十三年進士擢第釋褐祕書省校書郎牛僧孺鎭江夏辟爲從事仲郢有父風動修禮法僧孺歎曰非積習名教安能及此入爲監察御史五年遷侍御史富平縣人李秀才籍在禁軍誣鄉人斫父墓栢射殺之法司以專殺論文宗以中官所庇決杖配流右補闕蔣係上疏論之不省仲郢執奏曰聖王作憲殺人有必死之令聖明在上當官無壞法之臣今秀才犯殺人之科愚臣備監決之任此賊不死是亂典章臣雖至微豈敢曠職其秀才未敢行決望別降勑處分乃詔御史蕭傑監之傑又執奏帝遂詔京兆府行決不用監之然朝廷嘉其守法會昌中三遷吏部郎中李德裕頗知之武宗有詔減冗官吏部條疏欲牒天下州府取額外官員仲郢曰諸州每冬申闕何煩牒耶俾門頓塞仲郢條理旬日減一千二百員時議爲愜遷諫議大夫五年淮南奏吳湘獄御史崔元藻覆按得罪仲郢上疏理之人皆危懼德裕知其無私益重之武宗築望仙臺仲郢累疏切諫帝召諭之曰聊因舊趾增葺愧卿忠言德裕奏爲京兆尹謝日言曰下官不期太尉恩奬及此仰報厚德敢不如奇章門館德裕不以爲嫌時廢浮圖法以銅像鑄錢仲郢爲京畿鑄錢使錢工欲於模加新字仲郢止之唯淮南加新字後竟爲僧人取之爲像設鐘磬紇干臮訴表甥劉詡毆母詡爲禁軍小校仲郢不俟奏下杖殺爲北司所譖改右散騎常侍權知吏部尙書銓事宣宗卽位德裕罷相出仲郢爲鄭州刺史周墀自江西移鎭滑臺過鄭觀其境內大理甚奬之俄而墀入輔政遷爲河南尹蒞事踰月召拜戶部侍郎居無何墀罷知政事同列有疑仲郢與墀善左授祕書監數月復出爲河南尹以寬惠爲政言事者以爲不類京兆之政仲郢曰輦轂之下彈壓爲先郡邑之治惠養爲本何取類耶大中年轉梓州刺史劍南東川節度使孔目吏邊章簡者以貨交近倖前後廉使無如之何仲郢因事決殺部內肅然不俟行法而自理在鎭五年美績流聞徵爲吏部侍郎入朝未謝改兵部侍郎充諸道鹽鐵轉運使大中十二年罷使守刑部尙書咸通初轉兵部加金紫光祿大夫河東男食邑三百戶俄出爲興元尹山南西道節度使鳳州刺史盧方乂以輕罪決部民數日而斃其妻列訴又旁引他吏械繫滿獄仲郢召其妻謂之曰刺史科小罪誡人但本非死刑雖未出辜其實病死罰方乂百直繫者皆釋郡人深感之因決贓吏過當以太子賓客分司東都踰年爲虢州刺史數月檢校尙書左僕射東都留守盜發先人墓棄官歸華原除華州刺史不拜數月以本官爲鄆州刺史天平軍節度觀察等使授節鉞於華原別墅卒於鎭初仲郢自拜諫議後每遷官羣烏大集於昇平里第廷樹戟架皆滿凡五日而散詔下不復集家人以爲候唯除天平烏不集仲郢嚴禮法重氣義嘗感李德裕之知大中朝李氏無祿仕者仲郢領鹽鐵時取德裕兄子從質爲推官知蘇州院事令以祿利贍南宅令狐綯爲宰相頗不悅仲郢與綯書自明其要云任安不去常自愧於昔人吳詠自裁亦何施於今日李太尉受責既久其家已空遂絕蒸嘗誠增痛惻綯深感歎尋與從質正員官仲郢以禮法自持私居未嘗不拱手內齋未嘗不束帶三爲大鎭廐無名馬衣不薰香退公布卷不捨晝夜九經三史一鈔魏晉已來南北史再鈔手鈔分門三十卷號柳氏自備又精釋典瑜伽智度大論皆再鈔自餘佛書多手記要義小楷精謹無一字肆筆撰尙書二十四司箴韓愈柳宗元深賞之有文集二十卷子珪璧玭珪字鎭方大中五年登進士第累辟使府早卒璧大中九年登進士第文格高雅嘗爲馬嵬詩詩人韓琮李商隱嘉之馬植鎭陳許辟爲掌書記又從植汴州李瓚鎭桂管奏爲觀察判官軍政不愜璧極言不納拂衣而去桂府尋亂入爲右補闕僖宗幸蜀召充翰林學士累遷諫議大夫充職玭應兩經舉釋褐祕書正字又書判拔萃高湜辟爲度支推官踰年拜右補闕湜出鎭澤潞奏爲節度副使入爲殿中侍御史李蔚鎭襄陽辟爲掌書記湜再鎭澤潞復爲副使入爲刑部員外湜爲亂將所逐貶高要尉玭三上疏申理湜見疏本歎曰我自辨析亦不及此尋出廣州節度副使明年黃巢陷廣州郡人鄧承勳以小舟載玭脫禍召爲起居郎賊陷長安爲刃所傷出奔行在歷諫議給事中位至御史大夫玭嘗著書誡其子弟曰夫門地高者可畏不可恃可畏者立身行己一事有墜先訓則罪大於他人雖生可以苟取名位死何以見祖先於地下不可恃者門高則自驕族盛則人之所嫉實藝懿行人未必信纖瑕微累十手爭指矣所以承世胄者修己不得不懇爲學不得不堅夫人生世以無能望他人用以無善望他人愛用愛無狀則曰我不遇時時不急賢亦由農夫鹵莽而種而怨天澤之不潤雖欲弗餒其可得乎予幼聞先訓講論家法立身以孝悌爲基以恭默爲本以畏怯爲務以勤儉爲法以交結爲末事以氣義爲凶人肥家以忍順保交以簡敬百行備疑身之未周三緘密慮言之或失廣記如不及求名如儻來去忝與驕庶幾減過蒞官則潔己省事而後可以言守法守法而後可以言養人直不近禍廉不沽名廪祿雖微不可易黎甿之膏血榎楚雖用不可恣褊狹之胷襟憂與福不偕潔與富不並比見門家子孫其先正直當官耿介特立不畏强禦及其衰也唯好犯上更無他能如其先遜順處己和柔保身以遠悔尤及其衰也但有暗劣莫知所宗此際幾微非賢不達夫壞名災己辱先喪家其失尤大者五宜深誌之其一自求安逸靡甘澹泊苟利於己不恤人言其二不知儒術不悅古道懵前經而不恥論當世而解頤身既寡知惡人有學其三勝己者厭之佞己者悅之唯樂戲譚莫思古道聞人之善嫉之聞人之惡揚之浸漬頗僻銷刻德義簪裾徒在廝養何殊其四崇好慢遊躭嗜麴蘖以銜杯爲高致以勤事爲俗流習之易荒覺已難悔其五急於名宦匿近權要一資半級雖或得之衆怒羣猜鮮有存者兹五不是甚於痤疽痤疽則砭石可瘳五失則巫醫莫及前賢炯誡方冊具存近代覆車聞見相接夫中人已下修辭力學者則躁進患失思展其用審命知退者則業荒文蕪一不足採唯上智則研其慮博其聞堅其習精其業用之則行捨之則藏苟異於斯豈爲君子初公綽理家甚嚴子弟克稟誡訓言家法者世稱柳氏云公權字誠懸幼嗜學十二能爲辭賦元和初進士擢第釋褐祕書省校書郎李聽鎭夏州辟爲掌書記穆宗卽位入奏事帝召見謂公權曰我於佛寺見卿筆蹟思之久矣卽日拜右拾遺充翰林侍書學士遷右補闕司封員外郎穆宗政僻嘗問公權筆何盡善對曰用筆在心心正則筆正上改容知其筆諫也歷穆敬文三朝侍書中禁公綽在太原致書于宰相李宗閔云家弟苦心辭藝先朝以侍書見用頗偕工祝心實恥之乞換一散秩乃遷右司郎中累換司封兵部二郎中弘文館學士文宗思之復召侍書遷諫議大夫俄改中書舍人充翰林書詔學士每浴堂召對繼燭見跋語猶未盡不欲取燭宮人以蠟淚揉紙繼之從幸未央宮苑中駐輦謂公權曰我有一喜事邊上衣賜久不及時今年二月給春衣訖公權前奉賀上曰單賀未了卿可賀我以詩宮人迫其口進公權應聲曰去歲雖無戰今年未得歸皇恩何以報春日得春衣上悅激賞久之便殿對六學士上語及漢文恭儉帝舉袂曰此澣濯者三矣學士皆贊詠帝之儉德唯公權無言帝留而問之對曰人主當進賢良退不肖納諫諍明賞罰服澣濯之衣乃小節耳時周墀同對爲之股慄公權辭氣不可奪帝謂之曰極知舍人不合作諫議以卿言

事有評臣風彩却授卿諫議大夫翌日降制以諫議知制誥學士如故開成三年轉工部侍郎充職嘗入對上謂曰近日外議如何公權對曰自郭旼除授邠寧物議頗有臧否帝曰旼是尚父之從子太皇太后之季父在官無過自金吾大將授邠寧小鎮何事議論耶公權曰以旼勳德除鎮攸宜人情論議者言旼進二女入宮致此除拜此信乎帝曰二女入宮參太后非獻也公權曰瓜李之嫌何以戶曉因引王珪諫太宗出廬江王妃故事帝即令南內使張日華送二女還旼公權忠言匡益皆此類也累遷學士承旨武宗即位罷內職授右散騎常侍宰相崔珙用爲集賢學士判院事李德裕素待公權厚及爲珙奏薦頗不悅左授太子詹事改賓客累遷金紫光祿大夫上柱國河東郡開國公食邑二千戶復爲左常侍國子祭酒歷工部尚書咸通初改太子少傅改少師居三品二品班三十年六年卒贈太子太師時年八十八公權初學王書遍閱近代筆法體勢勁媚自成一家當時公卿大臣家碑板不得公權手筆者人以爲不孝外夷入貢皆別署貨貝曰此購柳書上都西明寺金剛經碑備有鍾王歐虞褚陸之體尤爲得意文宗夏日與學士聯句帝曰人皆苦炎熱我愛夏日長公權續曰薰風自南來殿閣生微涼時丁袁五學士皆屬繼帝獨諷公權兩句曰辭清意足不可多得乃令公權題於殿壁字方圓五寸帝視之歎曰鍾王復生無以加焉大中初轉少師中謝宣宗召昇殿御前書三紙軍容使西門季玄捧硯樞密使崔巨源過筆一紙眞書十字曰衛夫人傳筆法於王右軍一紙行書十一字曰永禪師眞草千字文得家法一紙草書八字曰謂語助者焉哉乎也賜錦綵甁盤等銀器仍令自書謝狀勿拘眞行帝尤奇惜之公權志耽書學不能治生爲勳戚家碑板問遺歲時鉅萬多爲主藏豎海鷗龍安所竊別貯酒器杯盂一笥緘縢如故其器皆亡訊海鷗乃曰不測其亡公權哂曰銀杯羽化耳不復更言所寶唯筆硯圖畫自扃鐍之常評硯以青州石末爲第一言墨易冷絳州黑硯次之尤精左氏傳國語尚書毛詩莊子每說一義必誦數紙性曉音律不好奏樂常云聞樂令人驕怠故也公綽伯父子華永泰初爲嚴武西蜀判官奏爲成都令累遷池州刺史入爲昭應令知府東十三縣捕賊等檢校金部郎中修葺華清宮使元載欲用爲京兆尹未拜而卒自知死日預爲墓誌有知人之明公綽生三日視之謂其弟子溫曰保惜此兒福祚吾兄弟不能及與吾門者此兒也因以起之爲公綽字子華二子公器公度公度善攝生年八十餘步履輕便或祈其術曰吾初無術但未嘗以元氣佐喜怒氣海嘗溫耳位止光祿少卿公器子遵遵子璨璨仕至宰相自有傳

崔玄亮字晦叔山東磁州人也玄亮貞元十一年登進士第從事諸侯府性雅澹好道術不樂趨競久遊江湖至元和初因知己薦達入朝再遷監察御史轉侍御史出爲密湖曹三郡刺史每一遷秩謙讓輒形於色大和初入爲太常少卿四年拜諫議大夫中謝日面賜金紫朝廷推其名望遷右散騎常侍來年宰相宋申錫爲鄭注所搆獄自內起京師震懼玄亮首率諫官十四人詣延英請對與文宗往復數百言文宗初不省其諫欲寘申錫於法玄亮泣奏曰孟軻有言衆人皆曰殺之未可也卿大夫皆曰殺之未可也天下皆曰殺之然後察之方寘於法今至聖之代殺一凡庶尚須合於典法況無辜殺一宰相乎臣爲陛下惜天下法實不爲申錫也言訖俯伏嗚咽文宗爲之感悟玄亮繇此名重於朝七年以疾求爲外任宰相以弘農便其所請乃授檢校左散騎常侍虢州刺史是歲七月卒於郡所中外無不歎惜始玄亮登第純亮寅亮相次昇進士科藩府辟召而玄亮最達玄亮孫貽孫位至侍郎

溫造字簡輿河內人祖景倩南鄭令父輔國太常丞造幼嗜學不喜試吏自負節槩少所降志隱居王屋以漁釣逍遙爲事壽州刺史張建封聞風致書幣招延造欣然謂所親曰此可人也從家從之建封動靜咨詢而不敢縻以職任及建封授節彭門造歸下邳有高天下之心建封恐一旦失造乃以兄女妻之時李希烈方悖侵寇藩隣屢陷郡邑天下城鎮恃兵者從而動搖多逐主帥自立留後邀求節鉞德宗患之以范陽劉濟方輸忠款但未能盡達朝廷倚賴之意乃密詔建封選特達識略之士往喻之建封乃强署造節度參謀使于幽州造與語未訖濟俯伏流涕曰濟僻在遐裔不知天子神聖大臣忠藎願得率先諸侯效以死節造還建封以其名上聞德宗愛其才召至京師謂之曰卿誰家子年復幾何造對曰臣五代祖大雅外五代祖李勣臣犬馬之年三十有二德宗奇之欲用爲諫官以語泄事寢長慶元年授京兆府司錄參軍奉使河朔稱旨遷殿中侍御史既而幽州劉總請以所部九州聽朝旨穆宗選可使者或薦造帝召而謂之曰朕以劉總輸忠雖書詔便蕃未盡朕之深意以卿素能辦事爲朕此行造對曰臣府縣走史初受憲職望輕事重恐辱國命無能諭旨帝曰我在東宮時聞劉總請覲及我即位比年上書不絕及約以行期即猜默不報卿識機知變往喻我懷無多讓也乃拜起居舍人賜緋魚袋充太原鎮州幽州宣諭使造初至范陽劉總具櫜鞬郊迎乃宣聖言示以禍福總俯伏流汗若兵加於頸矣及造使還總遂移家入覲朝廷遂以張弘靖代之及朱克融逐弘靖鎮州殺田弘正朝廷用兵乃先令造銜命河東魏博澤潞橫海深冀易定等道喻以軍期事皆稱旨俄而坐與諫議大夫李景儉史館飲酒景儉醉謁丞相出造爲朗州刺史在任開後鄉渠九十七里溉田二千頃郡人獲利乃名爲右史渠居四年召拜侍御史請復置彈事朱衣豸冠於外廊大臣阻而不行李祐自夏州入拜金吾違制進馬一百五十匹造正衙彈奏祐股戰汗流祐私謂人曰吾夜踰蔡州城擒吳元濟未嘗心動今日膽落于溫御史吁可畏哉遷左司郎中再知雜事尋拜御史中丞太和二年十一月宮中昭德寺火寺在宣政殿東隔垣火勢將及宰臣兩省京兆尹中尉樞密皆環立於日華門外令神策兵士救之晡後稍息是日唯臺官不到造奏曰昨宮中遺火緣臺有繫囚恐緣爲姦追集人吏隄防所以至朝堂在後臣請自罰三十直其兩巡使崔蠡姚合火滅方到請別議責罰勅曰事出非常臺有囚繫官曹警備亦爲周慮即合待罪朝堂候取進止量罰自許事涉乖儀溫造姚合崔蠡各罰一月俸料造性剛褊人或激觸不顧貴勢以氣凌籍嘗遇左補闕李虞於街怒其不避捕祗承人決脊十下左拾遺舒元褒等上疏論之曰國朝故事供奉官街中除宰相外無所迴避溫造蔑朝廷典禮凌陛下侍臣恣行胷臆曾無畏忌凡事有小而關分理者不可失也分理一失亂由之生遺補官秩雖卑陛下侍臣也中丞雖高法吏也侍臣見凌是不廣敬法吏壞法何以持繩前時中書舍人李虞仲與造相逢造乃曳去引馬知制誥崔咸與造相逢造又捉其從人當時緣不上聞所以暴犯益甚臣聞元和長慶中中丞行李不過半坊今乃遠至兩坊謂之籠街喝道但以崇高自大不思僭擬之嫌若不糺繩實虧彝典勅曰憲官之職在指佞觸邪不在行李自大侍臣之職在獻可替否不在道路相高並列通班合知名分如聞喧競亦已再三既招人言甚損朝體其臺官與供奉官同道聽先後而行道途即祗揖而過其參從人則各隨本官之後少相辟避勿言衝突又聞近日已來應合導從官事力多者街衢之中行李太過自今後傳呼前後不得過三百步然造之舉奏無所吐茹朝廷有喪不以禮配不以類者悉劾之獲僞官王果等九十餘人杖殺南曹吏李賓等六人刑於都市遷尚書右丞加大中大夫封祁縣開國子賜金紫四年興元軍亂殺節度使李絳文宗以造氣豪嫉惡乃授檢校右散騎常侍興元尹山南西道節度使造辭赴鎮以興元兆亂之狀奏之文宗盡悟其根本許以便宜從事帝慮用兵勞費造奏曰臣計諸道征蠻之兵已迴俟臣行程至褒縣望賜臣密詔使受約束比臣及興元諸軍相續而至臣用此足矣乃授造手詔四通神策行營將董重質河中都將溫德彝郃陽都將劉士和等咸令稟造之命造行至褒城會興元都將衛志忠征蠻迴謁見造即留以自衛密與志忠謀又召亞將張丕李少直各諭其旨暨發褒城以八百人爲衙隊五百人爲前軍入府分守諸門造下車置宴所司供帳於廳事造曰此隘狹不足以饗士卒移之牙門坐定將卒羅拜志忠兵周環之造曰吾欲問新軍去住之意可悉前舊軍無得錯雜勞問既畢傳言令坐有未至者因令舁酒巡行及酒匝未至者皆至牙兵圍之亦合坐卒未悟席上有先覺者揮令起造傳言叱之因帖息不敢動即召坐卒詰以殺絳之狀志忠張丕夾階立拔劍呼曰殺圍兵齊奮其賊首教練使丘鑄等幷官健千人皆斬首於地血流四注監軍楊叔元在座遽起求哀擁造靴以請命遣兵衞出之以俟朝旨勅旨配流康州其親刃絳者斬一百斷號令者斬三斷餘並斬首內一百首祭李絳三十首祭王景延趙存約等並投屍於江以功就加檢校禮部尚書五年四月入爲兵部侍郎以耳疾求退七月檢校戶部尚書東都留守判東都尚書省事東畿汝防禦使造至洛中九月制改授河陽懷節度觀察等使造以河內膏腴民戶凋瘵奏開浚懷州古秦渠枋口堰役工四萬溉濟源河內溫武陟四縣田五千餘頃七年十一月入爲御史大夫造初赴鎮漢中遇大雨平地水深尺餘乃禱雞翁山祈晴俄而疾風驅雲即時開霽文宗嘗聞其事會造入對言之乃詔封雞翁山爲侯九年五月轉禮部尚書其年六月病卒時年七十贈右僕射有文集八十卷造於晚年積聚財貨一無散施時頗譏之子璋嗣璋以廕入仕累佐使府歷三郡刺史咸通末爲徐泗節度使徐州牙卒曰銀刀軍頗驕橫璋至誅其惡者五百餘人自是軍中畏法入爲京兆尹持法太深豪右一皆屏迹會同昌公主薨懿宗怒殺醫官其

家屬宗枝下獄者三百八璋上疏切諫以爲刑法太深帝怒貶璋振州司馬制出璋歎曰生不逢時死何足惜是夜自縊而卒

郭承嘏字復卿曾祖尚父汾陽王祖晞諸衛將軍父鈞承嘏生而秀異乳保之年即好筆硯比及成童能通五經元和四年禮部侍郎弘靖知其才擢升進士第累辟使幕歷渭南尉入朝爲監察御史遷起居舍人丁內艱以孝聞終喪爲侍御史職方兵部二員外兵部郎中太和六年拜諫議大夫頻上疏言時政得失文宗以鄭注爲太僕卿承嘏論諫激切注甚懼之本官知匭院事九年轉給事中開成元年出爲華州刺史兼御史中丞詔下兩省迭詣中書求承嘏出麾之由給事中盧載封還詔書奏曰承嘏自居此官繼有封駮能奉其職宜在鎖闥牧守之才易爲推擇文宗謂宰臣曰承嘏久在黃扉欲優其祿俸暫令廉問近關而諫列拜章惜其稱職甚美事也乃復爲給事中文宗以淮南諸道累歲大旱租賦不登國用多闕及是以度支戶部分命宰臣鎭之承嘏論之曰宰相者上調陰陽下安黎庶致君堯舜致時清平俾之閱簿書算緡帛非所宜也帝深嘉之遷刑部侍郎時因朔望以刑法官得對文宗從容顧問恩禮甚厚未及大用以二年二月卒承嘏身歿之後家無餘財喪祭所費皆親友共給而後具縉紳之流無不痛惜贈吏部尚書

殷侑陳郡人父懌侑爲兒童時勵志力學不問家人資產及長通經以講習自娛貞元末以五經登第精於歷代沿革禮元和中累爲太常博士時廻紇請和親朝廷計費五百萬緡朝廷方用兵伐叛費用百端欲緩其期乃命宗正少卿李孝誠奉使宣諭以侑爲副侑謹重有節槩臨事俊辯既至虜庭可汗初待漢使盛陳兵甲欲臣漢使而不答拜侑堅立不動宣諭畢可汗責其倨宜言欲留而不遣行者皆懼侑謂虜使曰可汗是漢家子壻欲坐受使臣拜是可汗失禮非使臣之倨也可汗憚其言卒不敢逼使還拜虞部員外郎王承宗拒命遣侑銜命招諭之承宗等稟朝旨獻德棣二州遣二子入朝遷侑諫議大夫凡朝廷之得失悉以陳論前後上八十四章以言激切出爲桂管觀察使寶曆元年檢校右散騎常侍洪州刺史轉江西觀察使所至以潔廉著稱入爲衛尉卿文宗初即位滄州李同捷叛而王廷湊助逆欲加兵鎭州詔五品已上都省集議時上銳於破賊宰臣莫敢異議獨侑以廷湊再亂河朔方徇招懷雖附兇徒未甚彰露宜且含容專討同捷其疏末云伏願以宗社安危爲大計以善師攻心爲神武以含垢安人爲遠圖以網漏吞舟爲至誡文宗雖不納深所嘉之滄景平以侑嘗爲滄州行軍司馬太和四年加檢校工部尚書滄齊德觀察使時大兵之後滿目荊榛遺骸蔽野寂無人煙侑不以妻子之官始至空城而已侑攻苦食淡與士卒同勞苦周歲之後流民襁負而歸侑上表請借耕牛三萬以給流民乃詔度支賜綾絹五萬匹買牛以給之數年之後戶口滋饒倉廩盈積人皆忘亡初州兵三萬悉取給於度支侑一歲而賦入自贍其半二歲而給用悉周請罷度支給賜而勸課多方民吏胥悅上表請立德政碑以功加檢校吏部尚書侑以郭下淸池縣在子城北非便奏移於南郭之內六年入爲刑部尚書尋復檢校吏部尚書鄆州刺史兼御史大夫充天平軍節度鄆曹濮觀察等使自元和末收復師道十二州爲三鎭朝廷務安反側征賦所入盡留贍軍貫緡尺帛不入王府侑以軍賦有餘賦不上供非法也乃上表起大和七年請歲供兩稅榷酒等錢十五萬貫粟五萬碩詔曰鄆曹濮等州元和已來地本殷實自分三道十五餘年雖頒詔書竟未入賦殷侑承兵戈之後當歎旱之餘勤力奉公謹身守法纔及周歲已致阜安而又體國輸忠率先入貢成三軍奉上之志陳一境樂輸之心尋有表章艮用嘉歎尋就加檢校右僕射九年御史大夫溫造劾侑不由制旨增監軍俸入賦斂於人上不問以戾承宣代還其年濮州錄事參軍崔元武於五縣人吏率歛及縣官料錢以私馬擡估納官計絹一百二十四大理寺斷三犯俱發以重者論祇以中私馬爲重止令削三任官而刑部覆奏令決杖配流獄未決侑奏曰法官不習法律三犯不同即坐其所重元武所犯皆枉法取受準律枉法十五匹已上絞律疏云即以贓致罪頻犯者並累科據元武所犯令當入處絞刑疏奏元武依刑部奏決六十流賀州乃授侑刑部尚書八月檢校右僕射復爲天平軍節度使上以溫造所奏深文故也開成元年復召爲刑部尚書時初經李訓之亂上問侑治安之術侑極言委任責成宜在朝之耆德新進小生無宜輕用帝深嘉之賜錦綵三百匹及中謝又令中使就第賜金十斤其年七月檢校左僕射出爲襄州刺史山南東道節度使二年三月以病求代以太子賓客分司東都十一月復檢校右僕射出爲忠武節度陳許蔡觀察等使三年七月卒于鎭時年七十二贈司空侑以通經入仕觀風撫俗所莅有聲而晚年急於大用稍通權倖物望減於往時子羽羽太和五年登進士第藩府辟召不至通顯子盈孫盈孫乾符末爲成都掾駕在西川用爲太常博士禮學有祖風光啓二年冬隨駕自成都還三年二月駐蹕鳳翔時宗廟爲賊所焚車駕至京告享無所四月盈孫謂宰執曰太廟十一室并祧廟八室及三太后三室因光啓元年十二月二十五日車駕出宮其緣室法物神主本司載行至鄠縣並被盜剽奪皇帝還宮合先製造宰相鄭延昌奏曰太廟大殿二十二間功績至大計料支費不少兼宗廟制度損益重難今未審依元料修奉爲復別有商量勑付禮院詳議時博士四人杜用勵在利州崔澄在河中封舜卿在巴南獨盈孫獻議曰太廟制度歷代叅詳皆符典經難議損益謹按舊制十一室二十三間十一架垣墉廣袤之度堂室淺深之規階陛等級之差棟宇崇低之則前古所謂奢不能侈儉不能踰者也今以朝廷帑藏方虛費用稍廣須資變禮將務從宜固不可易前聖之規模狹大朝之制度當憑典實別有叅詳謹按至德二年以太廟方修新作神主於長安殿安置便行饗告之禮如同宗廟之儀以俟廟成方爲遷祔當時議論無所是非竊知今者京城除大內正衙外別無殿宇伏聞先有詔旨且以少府監大廳權充太廟伏緣十一室於五間之中陳設隘狹伏請接續廳之兩頭成一十室薦饗之三太后廟即於監內西南別取屋宇三間且充廟室候太廟修奉畢日別議遷祔勑旨依奏其神主法物樂懸皆盈孫奏重修製知禮者稱爲博洽龍紀元年十一月昭宗郊祀圓丘兩中尉楊復恭及兩樞密皆請朝服盈孫上疏曰臣昨赴齋宮見中尉樞密內臣皆具朝服臣等前代及國朝典令無內官朝服製度伏以皇帝陛下承天御曆聖祚中興祇見宗祧克陳大禮皆稟高祖太宗之成制必循虞夏商周之舊經軒冕服章式遵彝憲若內官要衣朝服令依所守官本品之服事雖無據粗可行之臣忝禮司合具陳奏時中貴皆如宰相大臣朝服故盈孫論之帝雖不從嘉其所守轉祕書少監卒

徐晦進士擢第登直言極諫制科授櫟陽尉皆自楊憑所薦及憑得罪貶臨賀尉交親無敢祖送者獨晦送至藍田與憑言別時故相權德輿與憑交分最深知晦之行因謂晦曰今日送臨賀誠爲厚矣無乃爲累乎晦曰晦自布衣受楊公之眷方茲流播爭忍無言而別如他日相公爲姦邪所譖失意於外晦安得與相公輕別德輿嘉其眞懇大稱之於朝不數日御史中丞李夷簡請爲監察晦白夷簡曰生平不踐公門公何取信而見獎拔夷簡曰聞君送楊臨賀不顧犯難肯負國乎由是知名歷殿中侍御史尚書郎出爲晉州刺史入拜中書舍人寶曆元年出爲福建觀察使二年入爲工部侍郎出爲同州刺史兼御史中丞大和四年徵拜兵部侍郎五年爲太子賓客分司東都晦性強直不隨世態當官守正唯嗜酒太過晚年喪明乃至沉廢以禮部尚書致仕開成三年三月卒贈兵部尚書

史臣曰溫柳二公以文行飾躬砥礪名節當官守法侃侃有大臣之節而竟不登三事位止正卿所以知公輔之量以和爲貴漢武帝畏汲黯而相孫弘太宗重魏徵而委玄齡其旨遠也韋崔名士薦賢致主綽有古風殷司空治民斯爲循吏而忠規壯節至晚不衰徐郭讜言鬱爲佳士如數君者寔爲令人

贊曰柳氏禮法公忠節槩搏擊爲優彌綸則隘夏卿獎拔晦叔匡將徐郭之議金玉鏘鏘

舊唐書卷一百六十五考證

柳公綽傳馬害圉人命斬之○臣酉按韓愈與公綽書此事在元和用兵時今敘在長慶三年爲山南東道節度時似誤

# 舊唐書卷一百六十六

後晉司空同中書門下平章事劉　昫撰

## 列傳第一百一十六

元稹 龐嚴附　白居易 弟行簡　敏中附

元稹字微之河南人後魏昭成皇帝稹十代祖也兵部尚書昌平公巖六代祖也曾祖延景岐州參軍祖悱南頓丞父寬比部郎中舒王府長史以稹貴贈左僕射稹八歲喪父其母鄭夫人賢明婦人也家貧爲稹自授書敎之書學稹九歲能屬文十五兩經擢第二十四調判入第四等授秘書省校書郎二十八應制舉才識兼茂

明於體用科登第者十八人稹爲第一元和元年四月也制下除右拾遺稹性鋒鋭見事風生既居諫垣不欲碌碌自滯事無不言卽日上疏論諫職又以前時王叔文王伾以猥褻待詔幸太子永貞之際大撓朝政是以訓導太子宫官宜選正人乃獻教本書曰臣伏見陛下降明詔修廢學增胄子選司成大哉堯之爲君伯夷典禮夔教胄子之深旨也然而事有萬萬於此者臣敢冒昧殊死而言之臣聞諸賈生曰三代之君仁且久者教之然也誠哉是言且夫周成王人之中才也近管蔡則讒入有周召則義聞豈可謂天聰明哉然而克終于道者得不謂教之然耶俾伯禽唐叔與之游禮樂詩書爲之習目不得閲淫豔妖誘之色耳不得聞優笑凌亂之音口不得習操斷擊搏之書居不得近容順陰邪之黨游不得縱追禽逐獸之樂玩不得有遐異僻絶之珍凡此數者非謂備之於前而不爲也亦將不得見之矣及其長而爲君也血氣既定遊習既成雖有放心快己之事日陳于前固不能奪己成之習己定之心矣則彼忠直道德之言固吾之所習聞也陳之者有以諭焉彼庸佞違道之説固吾之所積懼也諂之者有以辨焉人之情莫不欲耀其所能而黨其所近苟將得志則必快其所蘊矣物之性亦然是以魚得水而游馬逸駕而走鳥得風而翔火得薪而熾此皆物之快其所蘊也今夫成王所蘊道德也所近聖賢也是以舉其近則周公左而召公右伯禽魯而太公齊快其蘊則興禮樂而朝諸侯措刑罰而美教化之至也可不謂信然哉及夫秦則不然滅先王之學曰將以愚天下黜師保之位曰將以明君臣胡亥之生也詩書不得聞聖賢不得近彼趙高者詐宦之戮人也而傳之以殘忍戕賊之術且曰恣睢天下以爲貴莫見其面以爲尊是以天下之人人未盡愚而胡亥固已不能分獸畜矣趙高之威懾天下而胡亥固已自幽於深宫矣彼李斯秦之寵丞相也因讒冤死無所自明而况于疏遠之臣庶乎若然則秦之亡有以致之也漢高承之以兵革漢文守之以廉謹卒不能蘇復大訓是以景武昭宣天資甚美才可以免禍亂哀平之間則不能虞纂殺矣然而惠帝廢易之際猶賴羽翼以勝邪心是後有國之君議教化者莫不以興廉舉孝設學崇儒爲意曾不知教化之不行自貴始略其貴者教其賤者無乃隣於倒置乎洎我太宗文皇帝之在藩邸以至於爲太子也選知道德者十八人與之遊習卽位之後雖遊宴飲食之間若十八人者實在其中上失無不言下情無不達不四三年而名高盛古豈一日二日而致是乎游習之漸也貞觀已還師傅皆宰相兼領其餘宫寮亦甚重焉馬周以位高恨不得爲司議郎此其驗也文皇之後漸疏賤之用至毋后臨朝翦棄王室當中睿二聖勤勞之際雖有骨鯁敢言之士既不得在調護保安之職終不能吐扶衛之一辭而令璺匠安金藏剖腹以明之豈不大哀也耶兵興已來茲弊尤甚師資保傅之官非疾廢眊聵不任事者爲之卽休戎罷帥不知書者處之至于友諭贊議之徒疏冗散賤之甚者縉紳恥由之夫以匹士之愛其子者猶求明哲慈惠之師以教之直諒多聞之友以成之豈天下之元良而可以疾廢眊聵不知書者爲之師乎疏冗散賤不適用者爲之友乎此何不及上古之甚也近制宫寮之外往往以沉滯僻老之儒充侍直侍讀之選而又疏棄斥逐之越月踰時不得召見彼又安能傳成道德而保養其身躬哉臣以爲積此弊者豈不以皇天眷佑祚我唐德以舜繼堯傳陛下十一聖矣莫不生而神明長而仁聖以是爲屑屑習儀者故不之省耳臣獨以爲於列聖之謀則可也計傳後嗣則不可脫或萬代之後若有周成之中才而又生於深宫優笑之間無周召保助之教則將不能知喜怒哀樂之所自矣况稼穡艱難乎今陛下以上聖之資肇臨海內是天下之人傾耳注心之日特願陛下思成王訓導之功念文皇游習之漸選重師保愼擇宫寮皆用博厚弘深之儒而又明達機務者爲之更相進見日就月將因令皇太子聚諸生定齒胄講業之儀行嚴師問道之禮至德要道以成之徹膳記過以警之血氣未定則去禽色之娛以就學聖質已備則資遊習之善以弘德此所謂一人元良萬方以貞之化也豈直修廢學選司成而足倫匹其盛哉而又俾則百王莫不幼同師長同術識君道之素定知天倫之自然然後選用賢良樹爲藩屏出則有晉鄭魯衛之成入則有東牟朱虛之强蓋所謂宗子維城犬牙盤石之勢也又豈與夫魏晉以降因賤其兄弟而自翦其本枝者同年而語哉憲宗覽之甚悅又論西北邊事皆朝政之大者憲宗召對問方略爲執政所忌出爲河南縣尉丁母憂服除拜監察御史四年奉使東蜀劾奏故劍南東川節度使嚴礪違制擅賦又籍沒塗山甫等吏民八十八戸田宅一百一十一奴婢二十七人草千五百束錢七千貫時礪已死七州刺史皆責罰稹雖舉職而執政有與礪厚者惡之使還令分務東臺浙西觀察使韓皐封杖決湖州安吉令孫澥四日內死徐州監軍使孟昇卒節度使王沼傳送昇喪柩還京給券乘驛仍於郵舍安喪柩稹並劾奏以法河南尹房式爲不法事稹欲追攝擅令停務既飛表聞奏罰式一月俸仍召稹還京宿敷水驛內官劉士元後至爭廳士元怒排其戸稹韈而走廳後士元追之後以箠擊稹傷面執政以稹少年後輩務作威福貶爲江陵府士曹參軍稹聰警絶人年少有才名與太原白居易友善工爲詩善狀詠風態物色當時言詩者稱元白焉自衣冠士子至閭閻下俚悉傳諷之號爲元和體既以俊爽不容於朝流放荆蠻者僅十年俄而白居易亦貶江州司馬稹量移通州司馬雖通江懸邈而二人來往贈答凡所爲詩自有三十五十韻乃至百韻者江南人士傳道諷誦流聞闕下里巷相傳爲之紙貴觀其流離放逐之意靡不悽惋十四年自虢州長史徵還爲膳部員外郎宰相令狐楚一代文宗雅知稹之辭學謂稹曰嘗覽足下製作所恨不多遲之久矣請出其所有以豁予懷稹因獻其文自敘曰稹初不好文徒以仕無他岐强由科試及有罪譴棄之後自以爲廢滯潦倒不復爲文字有聞於人矣曾不知好事者抉擿芻蕘塵瀆尊重竊承相公特於廊廟間道稹詩句昨又面奉教約令獻舊文戰汗悚踊慙靦無地稹自御史府謫官於今十餘年矣閑誕無事遂專力於詩章日益月滋有詩句千餘首其間感物寓意可備矇瞽之風者有之辭直氣麤罪尤是懼固不敢陳露於人唯杯酒光景間屢爲小碎篇章以自吟暢然以爲律體卑痺格力不揚苟無姿態則陷流俗常欲得思深語近韻律調新屬對無差而風情宛然而病未能也江湖間多新進小生不知天下文有宗主妄相放効而又從而失之遂至於支離褊淺之辭皆目爲元和詩體稹與同門生白居易友善居易雅能詩就中愛驅駕文字窮極聲韻或爲千言或五百言律詩以相投寄小生自審不能過之往往戲排舊韻别創新辭名爲次韻相酬蓋欲以難相排自爾江湖間爲詩者復相放效力或不足則至於顛倒語言重複首尾韻同意等不異前篇亦自爲元和詩體而司文者考變雅之由往往歸咎於稹嘗以爲雕蟲小事不足以自明始聞相公記憶累旬已來實慮糞土之牆庇之以大厦使不復破壞永爲板築者之誤輒寫古體歌詩一百首百韻至兩韻律詩一百首爲五卷奉啟跪陳或希構厦之餘一賜觀覽知小生於章句中櫟櫨欂櫨之材盡曾量度則十餘年之邅廻不爲無用矣楚深稱賞以爲今代之鮑謝也穆宗皇帝在東宫有妃嬪左右嘗誦稹歌詩以爲樂曲者知稹所爲嘗稱其善宫中呼爲元才子荆南監軍崔潭峻甚禮接稹不以掾吏遇之常徵其詩什諷誦之長慶初潭峻歸朝出稹連昌宫辭等百餘篇奏御穆宗大悅問稹安在對曰今爲南宫散郎卽日轉祠部郎中知制誥朝廷以書命不由相府甚鄙之然辭誥所出夐然與古爲侔遂盛傳於代由是極承恩顧嘗爲長慶宫辭數十百篇京師競相傳唱居無何召入翰林爲中書舍人承旨學士中人以潭峻之故爭與稹交而知樞密魏弘簡尤與稹相善穆宗愈深知重河東節度使裴度三上疏言稹與弘簡爲刎頸之交謀亂朝政言甚激訐穆宗顧中外人情乃罷稹內職授工部侍郎上恩顧未衰長慶二年拜平章事詔下之日朝野無不輕笑之時王廷湊朱克融連兵圍牛元翼於深州朝廷俱赦其罪賜節鉞令罷兵俱不奉詔稹以天子非次拔擢欲有所立以報上有和王傅于方者故司空頔之子干進於稹言有奇士王昭王友明二人嘗客於燕趙間頗與賊黨通熟可以反間而出元翼仍自以家財資其行仍賂兵吏部令史爲出告身二十通以便宜給賜稹皆然之有李賞者知于方之謀以稹與裴度有隙乃告度云于方爲稹所使欲結客王昭等刺度度隱而不發及神策軍中尉奏于方之事乃詔三司使韓皐等訊鞫而害裴事無驗而前事盡露遂俱罷稹責度太重稹太輕上心憐稹止削長春宫使稹初罷相三司獄未奏京兆尹劉遵古遣坊所由潛邏稹居第稹奏訴之上怒罰遵古遣中人撫諭稹稹至同州因表謝上自敘曰臣稹辜負聖明辱累恩獎便合自求死所豈謂尚忝官榮臣稹死罪臣八歲喪父家貧無業母兄乞丐以供資養衣不布體食不充腸幼學之年不蒙師訓因感鄰里兒稚有父兄爲開學校涕咽發憤願知詩書慈母哀臣親爲教授年十有五得明經出身由是苦心爲文夙夜强學年二十四登吏部乙科授校書郎年二十八蒙制舉首選授左拾遺始自爲學至於昇朝無朋友爲臣吹噓無親戚爲臣援庇莫非苦己實不因人獨立性成遂無交結任拾遺日屢陳時政蒙先皇帝召問於延英旋爲宰相所憎出臣河南縣尉及爲監察御史又不規避專心紏繩復爲宰相怒臣不庇親黨因以他事貶臣江陵判司廢棄十年分死溝瀆元和十四年憲宗皇帝開釋有罪始授臣膳部員外郎與臣同省署者

多是臣登朝時舉人任卿相者半是臣同諫院時拾遺補闕愚臣既不料陛下天聽過卑知臣薄藝朱書授臣制誥延英召臣賜緋宰相惡臣不出其門由是百萬侵毀陛下察臣無罪寵獎踰深召臣固授舍人遣充承旨翰林學士金章紫服光飾陋軀人生之榮臣亦至矣然臣益遭誹謗日夜憂危唯陛下聖鑒昭臨彌加保任竟排群議擢授台司臣忝有肺肝豈並尋常宰相況當行營退散之後牛元翼未出之間每聞陛下軫念之言愚臣恨不身先士卒所問于方計策遣王友明等救解深州蓋欲上副聖情豈是別懷他意不料姦人疑臣殺害裴度妄有告論塵瀆聖聽愧羞天地臣本待辨明一了便擬殺身謝責豈料聖慈尙加薄貶同州雖違咫尺之間不遠郊圻之境伏料必是宸衷獨斷乞臣此官若遣他人商量乍可與臣遠處方鎮豈肯遣臣俯近闕廷所恨今月三日尙蒙召對延英此時不解泣血仰辭天顏乃至今日竄逐臣自離京國目斷魂銷每至五更朝謁之時實制淚不已臣若餘生未死他時萬一歸還不敢更望得見天顏但得再聞京城鐘鼓之音臣雖黃土覆面無恨九泉臣無任自恨自慙攀戀聖慈之至在郡二年改授越州刺史兼御史大夫浙東觀察使會稽山水奇秀稹所辟幕職皆當時文士而鏡湖秦望之遊月三四焉而諷詠詩什動盈卷帙副使竇鞏海內詩名與稹酬唱最多至今稱蘭亭絕唱稹既放意娛遊稍不修邊幅以瀆貨聞於時凡在越八年太和初就加檢校禮部尙書三年九月入爲尙書左丞振舉紀綱出郎官頗乖公議者七人然以稹素無檢操人情不厭服會宰相王播倉卒而卒稹大爲路岐經營相位四年正月檢校戶部尙書兼鄂州刺史御史大夫武昌軍節度使五年七月二十二日暴疾一日而卒于鎮時年五十三贈尙書右僕射有子曰道護時年三歲稹仲兄司農少卿積營護喪事所著詩賦詔册銘誄論議等雜文一百卷號曰元氏長慶集又著古今刑政書三百卷號類集並行於代稹長慶末因編删其文藁自叙曰劉歆云制不可削予以爲有可得而削之者貢謀猷持嗜慾君有之則譽歸于上臣專之則譽歸於下苟而存之其攘也非道也經制度明利害區邪正辨嫌惑存之則事分著去之則是非泯苟而削之其過也非道也元和初章武皇帝新卽位臣下未有以言刮視聽者予時始以對詔在拾遺中供奉由是獻敎本書諫職論事等表十數通仍爲裴度李正辭韋熏訟所言當而宰相曲道上語上頗悟召見問狀宰相大惡之不一月出爲河南尉後累歲補御史使東川謹以元和赦書劾節度使嚴礪籍塗山甫等八十八家過賦梓遂之民數百萬朝廷異之奪七刺史料悉以所籍歸於人會潘孟陽代礪爲節度使貪過礪且有所承迎雖不敢盡廢詔因命當得所籍者皆入資資過其稱榷薪盜賦無不爲仍爲礪密狀不當得醜謚予自東川還朋礪者潛切齒矣無何分莅東都臺天子久不在都都下多不法者百司皆牢獄有裁接吏械人逾歲而臺府不得而知之者予因飛奏絕百司專禁錮河南尉判官予劾之忤宰相旨監徐使死於軍徐帥郵傳其柩柩至洛其下毆詬主郵吏予命吏徙柩於外不得復乘傳浙西觀察使封杖決安吉令至死河南尹誣奏書生尹太階請死之飛龍使誘趙寔家逃奴爲養子田季安盜娶洛陽衣冠女汴州沒入死商錢且千萬滑州賦於民以千授於人以八伯朝廷饋東師主計者悞命牛車四千三百乘飛芻越太行類是數十事或移或奏皆主之貞元已來不慣用文法內外寵臣皆喑嗚會河南尹房式詐諼事發奏攝之前所喑嗚者叫噪宰相素以劾判官事相銜乘是黜予江陵掾後十年始爲膳部員外郎穆宗初宰相更相用事丞相段公一日獨得對因請亟用兵部郎中薛存慶考功員外郎牛僧孺予亦在請中上然之不十數日次用爲給舍他忿恨者日夜構飛語予懼罪比上書自明上憐之三召與語語及兵賦洎西北邊事因命經紀之是後書奏及進見皆言天下事外間不知多臆度陛下益憐其不漏禁中語召入禁林且欲亟用爲宰相是時裴度在太原亦有宰相望巧者謀欲俱廢之乃以予所無構於裴裴奏至驗之皆失實上以裴方握兵不欲校曲直出予爲工部侍郎而相裴之期亦衰矣不累月上盡得所構者雖不能暴揚之遂果初意卒用予與裴俱爲宰相復有購狂民告予借客刺裴者鞫之復無狀而裴與予以故俱罷免始元和十五年八月得見上至是未二歲僭忝恩寵無是之速者遭羅謗咎亦無是之甚者是以心腹腎腸糜費於扶衛危亡之不暇又惡暇經紀陛下之所付哉然而造次顚沛之中前後列上兵賦邊防之狀可得而存者一百一十五苟而削之是傷先帝之器使也至于陳暢辨謗之章去之則無以自明於朋友矣其餘郡縣之奏請賀慶之禮因亦附於件目始敎本書至於爲人雜奏二十有七軸凡二百二十有七奏終殁吾世貽之子孫式所以明經制之難行而銷毁之易至也其自叙如此欲知其作者之意備於此篇稹文友與白居易最善後進之士最重龐嚴言其文體類己保薦之

龐嚴者壽春人父景昭嚴元和中登進士第長慶元年應制舉賢良方正能直言極諫科策入三等冠制科之首是月拜左拾遺聰敏絕人文章峭麗翰林學士元稹李紳頗知之明年二月召入翰林爲學士轉左補闕再遷駕部郎中知制誥嚴與右拾遺蔣防俱爲稹紳保薦至諫官內職四年昭愍卽位李紳爲宰相李逢吉所排貶端州司馬嚴坐累出爲江州刺史給事中于敖素與嚴善制既下敖封還時人稟然相顧曰于給事犯宰相怒而爲知己不亦危乎及覆制出乃知敖駮制書貶嚴太輕中外無不嗤誚以爲口實初李紳譴官朝官皆賀逢吉唯右拾遺吳思不賀逢吉怒改爲殿中侍御史充入蕃告哀使嚴復入爲庫部郎中太和二年二月上試制舉人命嚴與左散騎常侍馮宿太常少卿賈餗爲試官以裴休爲甲等制科之首有應直言極諫舉人劉蕡條對激切凡數千言不中選人咸以爲屈其所對策大行於時登科者有請以身名授蕡者嚴再遷太常少卿五年權知京兆尹以強幹不避權豪稱然無士君子之檢操貪勢嗜利因醉而卒

白居易字樂天太原人北齊五兵尙書建之仍孫建生士通皇朝利州都督士通生志善尙衣奉御志善生溫檢校都官郎中溫生鍠歷酸棗鞏二縣令鍠生季庚建中初爲彭城令時李正己據河南十餘州叛正己宗人洧爲徐州刺史季庚說洧以彭門歸國因授朝散大夫大理少卿徐州別駕賜緋魚袋兼徐泗觀察判官歷衢州襄州別駕自鍠至季庚世敦儒業皆以明經出身季庚生居易初建立功於高齊賜田於韓城子孫家焉遂移籍同州至溫徙於下邽今爲下邽人焉居易幼聰慧絕人襟懷宏放年十五六時袖文一編投著作郎吳人顧況況能文而性浮薄後進文章無可意者覽居易文不覺迎門禮遇曰吾謂斯文遂絕復得吾子矣貞元十四年始以進士就試禮部侍郎高郢擢昇甲科吏部判入等授秘書省校書郎元和元年四月憲宗策試制舉人應才識兼茂明於體用科策入第四等授盩厔縣尉集賢校理居易文辭富豔尤精於詩筆自讐校至結綬畿甸所著歌詩數十百篇皆意存諷賦箴時之病補政之缺而士君子多之而往往流聞禁中章武皇帝納諫思理渴聞讜言二年十一月召入翰林爲學士三年五月拜左拾遺居易自以逢好文之主非次拔擢欲以生平所貯仰酬恩造拜命之日獻疏言事曰蒙恩授臣左拾遺依前翰林學士已與崔羣同狀陳謝但言忝冒未吐衷誠今再瀆宸嚴伏惟重賜詳覽臣謹按六典左右拾遺掌供奉諷諫凡發令舉事有不便於時不合於道者小則上封大則廷諍其選甚重其秩甚卑所以然者抑有由也大凡人之情位高則惜其位身貴則愛其身惜位則偷合而不言愛身則苟容而不諫此必然之理也故拾遺之置所以卑其秩者使位未足惜身未足愛也所以重其選者使下不忍負心上不忍負恩也夫位不足惜恩不忍負然後能有闕必規有違必諫朝廷得失無不察天下利病無不言此國朝置拾遺之本意也由是而言豈小臣愚劣暗懦所宜居之哉況臣本鄉校豎儒府縣走吏委心泥滓絕望煙霄豈意聖慈擢居近職每宴飲無不先預每慶賜無不先霑中廐之馬代其勞內廚之膳給其食朝慙夕惕已逾半年塵曠漸深憂愧彌劇未申微効又擢清班臣所以授官已來僅經十日食不知味寢不遑安唯思粉身以荅殊寵但未獲粉身之所耳今陛下肇臨皇極初受鴻名夙夜憂勤以求致理每施一政舉一事無不合於道便於時者萬一事有不便於時者陛下豈不欲聞之乎萬一政有不合於道者陛下豈不欲知之乎儻陛下言動之際詔令之間小有闕遺稍關損益臣必密陳所見潛獻所聞但在聖心裁斷而已臣又職在禁中不同外司欲竭愚誠合先陳露伏希天鑒深察赤誠居易與河南元稹相善同年登制舉交情隆厚稹自監察御史謫爲江陵府士曹掾翰林學士李絳崔羣上前面論稹無罪居易累疏切諫曰臣昨緣元稹左降頻已奏聞臣內察事情外聽衆議元稹左降有不可者三何者元稹守官正直人所共知自受御史已來舉奏不避權勢祗如奏李佐公等事多是朝廷親情人誰無私因以挾恨或假公議將報私嫌遂使誣謗之聲上聞天聽臣恐元稹左降已後凡在位者每欲舉職必先以稹爲誡無人肯爲陛下當官守法無人肯爲陛下嫉惡繩愆內外權貴親黨縱有大過大罪者必相容隱而已陛下從此無由得知此其不可者一也昨元稹所追勘房式之事心雖徇公事稍過當既從重罰足以懲違況經謝恩旋又左降雖引前事以爲責辭然外議喧喧皆以爲稹與中使劉士元爭廳因此獲罪至於爭廳事理已具前狀奏陳況聞士元蹋破驛門奪將鞍馬仍索弓箭嚇辱朝官承前已來未有此事今中官有罪未聞處置御史無過却先貶官遠近聞知

實損聖德臣恐從今已後中官出使縱暴益甚朝官受辱必不敢言縱有被凌辱毆打者亦以元稹爲戒但吞聲而已陛下從此無由得聞此其不可一也臣又訪聞元稹自去年已來舉奏嚴礪在東川日枉法沒入平人資產八十餘家又奏王沼違法給券令監軍押柩及家口入驛又奏裴玢違勑徵百姓草又奏韓皋使軍將封杖打殺縣令如此之事前後甚多屬朝廷法行悉有懲罰計天下方鎮皆怒元稹守官今貶爲江陵判司即是送與方鎮從此方便報怨朝廷何由得知臣伏聞德宗時有崔善貞者告李錡必反德宗不信送與李錡錡掘坑熾火燒殺善貞曾未數年李錡果反至今天下爲之痛心臣恐元稹貶官方鎮有過無人敢言陛下無由得知不法之事此其不可者二也若無此三不可假如朝廷悞左降一御史蓋是小事臣安敢煩瀆聖聽至于再三誠以所損者深所關者大以此思慮敢不極言疏入不報又淄青節度使李師道進絹爲魏徵子孫贖宅居易諫曰徵是陛下先朝宰相太宗嘗賜殿材成其正室尤與諸家第宅不同子孫典貼其錢不多自可官中爲之收贖而令師道掠美事實非宜憲宗深然之上又欲加河東王鍔平章事居易諫曰宰相是陛下輔臣非賢良不可當此位鍔誅剝民財以市恩澤不可使四方之人謂陛下得王鍔進奉而與之宰相深無益於聖朝乃止王承宗拒命上令神策中尉吐突承璀爲招討使諫官上章者十七八居易面論辭情切至既而又請罷河北用兵凡數千百言皆人之難言者上多聽納唯諫承璀事切上頗不悅謂李絳曰白居易小子是朕拔擢致名位而無禮於朕朕實難奈絳對曰居易所以不避死亡之誅事無巨細必言者蓋酬陛下特力拔擢耳非輕言也陛下欲開諫諍之路不宜阻居易言上曰卿言是也緣是多見聽納五年當改官上謂崔羣曰居易官卑俸薄拘於資地不能超等其官可聽自便奏來居易奏曰臣聞姜公輔爲內職求爲京府判司爲奉親也臣有老母家貧養薄乞如公輔例於是除京兆府戶曹參軍六年四月丁母陳夫人之喪退居下邽九年冬入朝授太子左贊善大夫十年七月盜殺宰相武元衡居易首上疏論其冤急請捕賊以雪國恥宰相以宮官非諫職不當先諫官言事會有素惡居易者掎摭居易言浮華無行其母因看花墮井而死而居易作賞花及新井詩甚傷名教不宜寘彼周行執政方惡其言事奏貶爲江表刺史詔出中書舍人王涯上疏論之言居易所犯狀迹不宜治郡追詔授江州司馬居易儒學之外尤通釋典常以忘懷處順爲事都不以遷謫介意在湓城立隱舍於廬山遺愛寺嘗與人書言之曰予去年秋始遊廬山到東西二林間香鑪峯下見雲木泉石勝絕第一愛不能捨因立草堂前有喬松十數株脩竹千餘竿青羅爲牆援白石爲橋道流水周於舍下飛泉落於簷間紅榴白蓮羅生池砌居易與湊滿朗晦四禪師追永遠宗雷之迹爲人外之交每相攜遊詠躋危登險極林泉之幽邃至於翛然順適之際幾欲忘其形骸或經時不歸或踰月而返郡守以朝貴遇之不之責時元稹在通州篇詠贈答往來不以數千里爲遠嘗與稹書因論作文之大旨曰夫文尚矣三才各有文天之文三光首之地之文五材首之人之文六經首之就六經言詩又首之何者聖人感人心而天下和平感人心者莫先乎情莫始乎言莫切乎聲莫深乎義詩者根情苗言華聲實義上自賢聖下至愚騃微及豚魚幽及鬼神羣分而氣同形異而情一未有聲入而不應情交而不感者聖人知其然因其言經之以六義緣其聲緯之以五音音有韻義有類韻協則言順言順則聲易入類舉則情見情見則感易交於是乎孕大含深貫微洞密上下通而一氣泰憂樂合而百志熙二帝三王所以直道而行垂拱而理者揭此以爲大柄決此以爲大寶也故聞元首明股肱良之歌則知虞道昌矣聞五子洛汭之歌則知夏政荒矣言者無罪聞者作誡言者聞者莫不兩盡其心焉洎周衰秦興採詩官廢上不以詩補察時政下不以歌洩道人情用至於諂成之風動救失之道缺于時六義始刓矣國風變爲騷辭五言始於蘇李詩騷皆不遇者各繫其志發而爲文故河梁之句止於傷別澤畔之吟歸于怨思彷徨抑鬱不暇及他耳然去詩未遠梗槩尚存故興離別則引雙鳧一鴈爲喻諷君子小人則引香草惡鳥爲比雖義類不具猶得風人之什二三焉于時六義始缺矣晉宋已還得者蓋寡以康樂之奧博多溺於山水以淵明之高古偏放於田園江鮑之流又狹於此如梁鴻五噫之例者百無一二于時六義寖微矣陵夷至于梁陳間率不過嘲風雪弄花草而已噫風雪花草之物三百篇中豈捨之乎顧所用何如耳設如北風其涼假風以刺威虐雨雪霏霏因雪以愍征役棠棣之華感華以諷兄弟采采芣苡美草以樂有子也皆興發於此而義歸於彼反是者可乎哉然則餘霞散成綺澄江淨如練歸花先委露別葉乍辭風之什麗則麗矣吾不知其所諷焉故僕所謂嘲風雪弄花草而已于時六義盡去矣唐興二百年其間詩人不可勝數所可舉者陳子昂有感遇詩二十首鮑防感興詩十五篇又詩之豪者世稱李杜李之作才矣奇矣人不逮矣索其風雅比興十無一焉杜詩最多可傳者千餘首至於貫穿古今覼縷格律盡工盡善又過於李焉然撮其新安石壕潼關吏蘆子關花門之章朱門酒肉臭路有凍死骨之句亦不過三四十杜尚如此況不迨杜者乎僕常痛詩道崩壞忽忽憤發或廢食輟寢不量才力欲扶起之嗟乎事有大謬者又不可一二而言然亦不能不粗陳於左右僕始生六七月時乳母抱弄於書屏下有指之字無字示僕者僕口未能言心已默識後有問此二字者雖百十其試而指之不差則知僕宿習之緣已在文字中矣及五六歲便學爲詩九歲暗識聲韻十五六始知有進士苦節讀書二十已來晝課賦夜課書間又課詩不遑寢息矣以至于口舌成瘡手肘成胝既壯而膚革不豐盈未老而齒髮早衰白瞥然如飛蠅垂珠在眸子中者動以萬數蓋以苦學力文之所致又自悲家貧多故年二十七方從鄉賦既第之後雖專於科試亦不廢詩及授校書郎時已盈三四百首或出示交友如足下輩見皆謂之工其實未窺作者之域耳自登朝來年齒漸長閱事漸多每與人言多詢時務每讀書史多求理道始知文章合爲時而著歌詩合爲事而作是時皇帝初卽位宰府有正人屢降璽書訪人急病僕會此日擢在翰林身是諫官月請諫紙啟奏之間有可以救濟人病裨補時闕而難於指言者輒詠歌之欲稍稍進聞於上上以廣宸聽副憂勤次以酬恩獎塞言責下以復吾平生之志豈圖志未就而悔已生言未聞而謗已成矣又請爲左右終言之凡聞僕賀雨詩衆口籍籍以爲非宜矣聞僕哭孔戡詩衆面脈脈盡不悅矣聞秦中吟則權豪貴近者相目而變色矣聞登樂遊園寄足下詩則執政柄者扼腕矣聞宿紫閣村詩則握軍要者切齒矣大率如此不可徧舉不相與者號爲沽譽號爲詆訐號爲訕謗苟相與者則如牛僧孺之誡焉乃至骨肉妻孥皆以我爲非也其不我非者舉世不過三兩人有鄧魴者見僕詩而喜無何魴死有唐衢者見僕詩而泣未幾而衢死其餘卽足下足下又十年來困躓若此嗚呼豈六義四始之風天將破壞不可支持耶抑又不知天意不欲使下人病苦聞于上耶不然何有志於詩者不利若此之甚也然僕又自思關東一男子耳除讀書屬文外其他懵然無知乃至書畫棊博可以接羣居之歡者一無通曉卽其愚拙可知矣初應進士時中朝無緦麻之親達官無半面之舊策蹇步於利足之途張空拳於戰文之場十年之間三登科第名落衆耳迹昇清貫出交賢俊入侍冕旒始得名於文章終得罪於文章亦其宜也日者聞親友間說禮吏部舉選人多以僕私試賦判爲準的其餘詩句亦往往在人口中僕恧然自愧不之信也及再來長安又聞有軍使高霞寓者欲聘倡妓妓大誇曰我誦得白學士長恨歌豈同他哉由是增價又足下書云到通州日見江館柱間有題僕詩者何人哉又昨過漢南日適遇主人集衆娛樂他賓諸妓見僕來指而相顧曰此是秦中吟長恨歌主耳自長安抵江西三四千里凡鄉校佛寺逆旅行舟之中往往有題僕詩者士庶僧徒孀婦處女之口每有詠僕詩者此誠雕篆之戲不足爲多然今時俗所重正在此耳雖前賢如淵雲者前輩如李杜者亦未能忘情於其間古人云名者公器不可多取僕是何者竊時之名已多既竊時名又欲竊時之富貴使己爲造物者肯兼與之乎今之迍窮理固然也況詩人多蹇如陳子昂杜甫各授一拾遺而迍剝至死孟浩然輩不及一命窮悴終身近日孟郊六十終試協律張籍五十未離一太祝彼何人哉況僕之才又不迨彼今雖謫佐遠郡而官品至第五月俸四五萬寒有衣饑有食給身之外施及家人亦可謂不負白氏子矣微之微之勿念我哉僕數月來檢討囊帙中得新舊詩各以類分分爲卷目自拾遺來凡所遇所感關於美刺興比者又自武德至元和因事立題題爲新樂府者共一百五十首謂之諷諭詩又或退公或臥病閑居知足保和吟玩性情者一百首謂之閑適詩又有事物牽於外情理動於內隨感遇而形於歎詠者一百首謂之感傷詩又有五言七言長句絕句自百韻至兩韻者四百餘首謂之雜律詩凡爲十五卷約八百首異時相見當盡致於執事微之古人云窮則獨善其身達則兼濟天下僕雖不肖常師此語大丈夫所守者道所待者時時之來也爲雲龍爲風鵬勃然突然陳力以出時之不來也爲霧豹爲冥鴻寂兮寥兮奉身而退進退出處何往而不自得哉故僕志在兼濟行在獨善奉而始終之則爲道言而發明之則爲詩謂之諷諭詩兼濟之志也謂之閑適詩獨善之義也故覽僕詩者知僕之道焉其餘雜律詩或誘於一時一物發於一笑一吟率然成章非平生所尚者但以親朋合散之際取其釋恨

佐歡今銓次之間未能刪去他時有爲我編集斯文者略之可也微之夫貴耳賤目榮古陋今人之大情也僕不能遠徵古舊如近歲韋蘇州歌行才麗之外頗近興諷其五言詩又高雅閑澹自成一家之體今之秉筆者誰能及之然當蘇州在時人亦未甚愛重必待身後人始貴之今僕之詩人所愛者悉不過雜律詩與長恨歌已下耳時之所重僕之所輕至於諷諭者意激而言質閑適者思澹而辭迂以質合迂宜人之不愛也今所愛者並世而生獨足下耳然百千年後安知復無如足下者出而知愛我詩哉故自八九年來與足下小通則以詩相戒小窮則以詩相勉索居則以詩相慰同處則以詩相娛知吾罪吾率以詩也如今年春遊城南時與足下馬上相戲因各誦新豔小律不雜他篇自皇子陂歸昭國里迭吟遞唱不絕聲者二十里餘樊李在傍無所措口知我者以爲詩仙不知我者以爲詩魔何則勞心靈役聲氣連朝接夕不自知其苦非魔而何偶同人當美景或花時宴罷或月夜酒酣一詠一吟不覺老之將至雖驂鸞鶴遊蓬瀛者之適無以加於此焉又非仙而何微之微之此吾所以與足下外形骸脫蹤迹傲軒鼎輕人寰者又以此也當此之時足下興有餘力且欲與僕悉索還往中詩取其尤長者如張十八古樂府李二十新歌行盧楊二秘書律詩竇七元八絕句博搜精掇編而次之號爲元白往還集衆君子得擬議於此者莫不踴躍欣喜以爲盛事嗟乎言未終而足下左轉不數月而僕又繼行心期索然何日成就又可爲之太息矣僕常語足下凡人爲文私於自是不忍於割截或失於繁多其間妍媸益又自惑必待文友有公鑒無姑息者討論而削奪之然後繁簡當否得其中矣況僕與足下爲文尤患其多已尚病況他人乎今且各纂詩筆粗爲卷第待與足下相見日各出所有終前志焉又不知相遇是何年相見是何地溘然而至則如之何微之知我心哉潯陽臘月江風苦寒歲暮鮮歡夜長少睡引筆鋪紙悄然燈前有念則書言無銓次勿以繁雜爲倦且以代一夕之話言也居易自叙如此文士以爲信然十三年冬量移忠州刺史自潯陽浮江上峽十四年三月元稹會居易於峽口停舟夷陵三日時季弟行簡從行三人於峽州西二十里黃牛硤口石洞中置酒賦詩戀戀不能訣南賓郡當峽路之深險處也花木多奇居易在郡爲木蓮荔枝圖寄朝中親友各記其狀曰荔枝生巴峽間形圓如帷蓋葉如桂冬青華如橘春榮實如冊夏熟朶如蒲萄核如枇杷殼如紅繒膜如紫綃瓤肉瑩白如雪漿液甘酸如醴酪大畧如此其實過之若離本枝一日而色變二日而香變三日而味變四五日外色香味盡去矣木蓮大者高四五丈巴民呼爲黃心樹經冬不凋身如青楊有白文葉如桂厚大無脊花如蓮香色豔膩皆同房獨蘂有異四月初始開自開迨謝僅二十日元和十四年夏命道士毋丘元志寫之惜其遐僻因以三絕賦之有天教抛擲在深山之句咸傳於都下好事者喧然模寫其年冬召還京師拜司門員外郎明年轉主客郎中知制誥加朝散大夫始著緋時元稹亦徵還爲尚書郎知制誥同在綸閣長慶元年三月受詔與中書舍人王起覆試禮部侍郎錢徽下及第人鄭朗等一十四人十月轉中書舍人十一月穆宗親試制舉人又與賈餗陳岵爲考策官凡朝廷文字之職無不首居其選然多爲排擯不得用其才時天子荒縱不法執政非其人制御乖方河朔復亂居易累上疏論其事天子不能用乃求外任七月除杭州刺史俄而元稹罷相自馮翊轉浙東觀察使交契素深杭越鄰境篇詠往來不間旬浹嘗會于境上數日而別秩滿除太子左庶子分司東都寶曆中復出爲蘇州刺史文宗即位徵拜秘書監賜金紫九月上誕節召居易與僧惟澄道士趙常盈對御講論於麟德殿居易論難鋒起辭辨泉注上疑宿構深嗟挹之大和二年正月轉刑部侍郎封晉陽縣男食邑三伯戶三年稱病東歸求爲分司官尋除太子賓客居易初對策高第擢入翰林蒙英主特達顧遇頗欲奮厲効報苟致身於訏謨之地則兼濟生靈蓄意未果望風爲當路者所擠流徙江湖四五年間幾淪蠻瘴自是宦情衰落無意於出處唯以逍遙自得吟詠情性爲事太和已後李宗閔李德裕朋黨事起是非排陷朝昇暮黜天子亦無如之何楊穎士楊虞卿與宗閔善居易妻穎士從父妹也居易愈不自安懼以黨人見斥乃求致身散地冀於遠害凡所居官未嘗終秩率以病免固求分務識者多之五年除河南尹七年復授太子賓客分司初居易罷杭州歸洛陽於履道里得故散騎常侍楊馮宅竹木池館有林泉之致家妓樊素蠻子者能歌善舞居易既以尹正罷歸每獨酌賦詠於舟中因爲池上篇曰東都風土水木之勝在東南偏東南之勝在履道里里之勝在西北隅西閈北垣第一第卽白氏叟樂天退老之地地方十七畝屋室三之一水五之一竹九之一而島樹橋道間之初樂天既爲主喜且曰雖有池臺無粟不能守也乃作池東粟廩又曰雖有子弟無書不能訓也乃作池北書庫又曰雖有賓朋無琴酒不能娛也乃作池西琴亭加石樽焉樂天罷杭州刺史得天竺石一華亭鶴二以歸始作西平橋開環池路罷蘇州刺史時得太湖石五白蓮折腰菱青板舫以歸又作中高橋通三島逕罷刑部侍郎時有粟千斛書一車泊臧獲之習管磬絃歌者指百以歸先是穎川陳孝仙與釀酒法味甚佳博陵崔晦叔與琴韻甚清蜀客姜發授秋思聲甚澹弘農楊貞一與青石三方長平滑可以坐卧太和三年夏樂天始得請爲太子賓客分秩於洛下息躬於池上凡三任所得四人所與泊吾不才身今率爲池中物每至池風春池月秋水香蓮開之旦露清鶴唳之夕拂楊石舉陳酒援崔琴彈秋思頹然自適不知其他酒酣琴罷又命樂童登中島亭合奏霓裳散序聲隨風飄或凝或散悠揚於竹煙波月之際者久之曲未竟而樂天陶然石上矣睡起偶詠非詩非賦阿龜握筆因題石間視其粗成韻章命爲池上篇云十畝之宅五畝之園有水一池有竹千竿勿謂土狹勿謂地偏足以容膝足以息肩有堂有亭有橋有船有書有酒有歌有絃有叟在中白鬚飄然識分知足外無求焉如鳥擇木姑務巢安如蛙作坎不知海寬靈鵲怪石紫菱白蓮皆吾所好盡在我前時引一杯或吟一篇妻孥熙熙雞犬閑閑優哉游哉吾將老乎其間又効陶潛五柳先生傳作醉吟先生傳以自況文章曠達皆此類也大和末李訓構禍衣冠塗地士林傷感居易愈無宦情開成元年除同州刺史辭疾不拜尋授太子少傅進封馮翊縣開國侯四年冬得風病伏枕者累月乃放諸妓女樊蠻等仍自爲墓志病中吟詠不輟自言曰予年六十有八始患風痺之疾體癏首眩左足不支蓋老病相乘有時而至耳予栖心釋梵浪迹老莊因疾觀身果有所得何則外形骸而內忘憂患先禪觀而後順醫治旬月以還厥疾少間杜門高枕澹然安閑吟詠與來亦不能遏遂爲病中詩十五篇以自諭會昌中請罷太子少傅以刑部尚書致仕與香山僧如滿結香火社每肩輿往來白衣鳩杖自稱香山居士大中元年卒時年七十六贈尚書右僕射有文集七十五卷經史事類三十卷並行於世長慶末浙東觀察使元稹爲居易集序曰樂天始未言試指之無字能不悞始既言讀書勤敏與他兒異五六歲識聲韻十五志辭賦二十七舉進士貞元末進士尚馳競不尚文就中六籍尤擯落禮部侍郎高郢始用經藝爲進退樂天一舉擢上第明年中拔萃甲科由是性習相近遠玄珠斬白蛇劍等賦洎百節判新進士競相傳於京師會憲宗皇帝策召天下士對詔稱旨又登甲科未幾選入翰林掌制誥比比上書言得失因爲賀雨詩秦中吟等數十章指言天下事時人比之風騷焉予始與樂天同祕書前後多以詩章相贈荅予譴掾江陵樂天猶在翰林寄予百韻律體及雜體前後數十詩是後各佐江通復相酬寄巴蜀江楚間洎長安中少年遞相倣効競作新辭自謂爲元和詩而樂天秦中吟賀雨諷諭閑適等篇時人罕能知者然而二十年間禁省觀寺郵候牆壁之上無不書王公妾婦牛童馬走之口無不道其繕寫模勒衒賣於市井或因之以交酒茗者處處皆是其甚有至盜竊名姓苟求自售雜亂間廁無可柰何予常於平水市中見村校諸童競習歌詠召而問之皆對曰先生教我樂天微之詩固亦不知予爲微之也又雞林賈人求市頗切自云本國宰相每以一金換一篇甚僞者宰相輒能辨別之自篇章已來未有如是流傳之廣者長慶四年樂天自杭州刺史以右庶子召還予時刺會稽因得盡徵其文手自排纘成五十卷凡二千二百五十一首前輩多以前集中集爲名予以爲陛下明年當改元長慶訖於是矣因號白氏長慶集大凡人之文各有所長樂天長可以爲多矣夫諷諭之詩長於激閑適之詩長於遣感傷之詩長於切五字律詩百言而上長於贍五字七字百言而下長於情賦贊箴誡之類長於當碑記叙事制誥長於實啟奏表狀長於直書檄辭冊剖判長於盡總而言之不亦多乎哉人以爲稹序盡其能事居易嘗寫其文集送江州東西二林寺洛城香山聖善等寺如佛書雜傳例流行之無子以其姪孫嗣遺命不歸下邽可葬於香山如滿師塔之側家人從命而葬焉行簡字知退貞元末登進士第授秘書省校書郎元和中盧坦鎮東蜀辟爲掌書記府罷歸潯陽居易授江州司馬從兄之郡十五年居易入朝爲尚書郎行簡亦授左拾遺累遷司門員外郎主客郎中長慶末振武奏木運營田使賀拔志言營田數過實詔令行簡按覆之不實志弘自刺死行簡寶曆二年冬病卒有文集二十卷行簡文筆有兄風辭賦尤稱精密文士皆師法之居易友愛過人兄弟相待如賓客行簡子龜兒多自教習以至成名當時友悌無以比焉敏中字用晦居易從父弟也祖鏻位終揚府錄事參軍父季庚溧陽令敏中少孤爲諸兄之所訓厲長慶初登進士第佐

李聽歷河東鄭滑邠寧三府節度掌書記試大理評事大和七年丁母憂退居下邽會昌初爲殿中侍御史分司東都得除戶部員外郎還京武宗皇帝素聞居易之名及卽位欲徵用之宰相李德裕言居易衰病不任朝謁因言從弟敏中辭藝類居易卽日知制誥召入翰林充學士遷中書舍人累至兵部侍郎學士承旨會昌末同平章事兼刑部尚書集賢史館大學士宣宗卽位加右僕射金紫光祿大夫太淸宮使太原郡開國公食邑二千戶及李德裕再貶嶺南敏中居四輔之首雷同毀譽無一言伸理物論罪之五年罷相檢校司空出爲邠州刺史邠寧節度招撫党項都制置等使七年進位特進成都尹劍南西川節度副大使知節度等事十一年二月檢校司徒平章事江陵尹荆南節度使懿宗卽位徵拜司徒門下侍郎平章事復輔政尋加侍中三年罷相爲河中尹河中晉絳節度使累遷中書令太子太師致仕卒

史臣曰舉才選士之法尚矣自漢策賢良隋加詩賦罷中正之法委銓舉之司繇是爭務雕蟲罕趨函丈矯首皆希於屈宋駕肩並擬於風騷或侔箴闕之篇或敩補亡之句咸欲錙銖採葛糠粃懷沙較麗藻於碧雞鬬新奇於白鳳暨編之簡牘播在管絃未逃季緒之詆訶孰望子虛之稱賞迨今千載不乏辭人統論六義之源較其三變之體如一班者蓋寡類七子者幾何至潘陸情致之文鮑謝淸便之作迨於徐庾踵麗增華纂組成而耀以珠璣瑤臺構而間之金碧國初開文館高宗禮茂才虞許擅價於前蘇李馳聲於後或位昇台鼎學際天人潤色之文咸布編集然而向古者傷於太僻徇華者或至不經齷齪者局於宮商放縱者流於鄭衛若品調律度揚搉古今賢不肖皆賞其文未如元白之盛也昔建安才子始定霸於曹劉永明辭宗先讓功於沈謝元和主盟微之樂天而已臣觀元之制策白之奏議極文章之壺奧盡治亂之根荄非徒謠頌之片言盤盂之小說就文觀行居易爲優放心於自得之場置器於必安之地優游卒歲不亦賢乎

贊曰文章新體建安永明沈謝既往元白挺生但留金石長有莖英不習孫吳焉知用兵

舊唐書卷一百六十七

後晉司空同中書門下平章事劉　昫撰

列傳第一百一十七

趙宗儒　竇易直　李逢吉

段文昌子成式　宋申錫　李程

趙宗儒字秉文八代祖彤仕後魏爲征南將軍父驊爲祕書少監宗儒舉進士初授弘文館校書郎滿歲又以書判入高等補陸渾主簿數月徵拜右拾遺充翰林學士時父驊祕書少監與父並命出於一日當時榮之建中四年轉屯田員外郎內職如故居父憂免喪授司門司勳二員外郎貞元六年領考功事定百吏考績黜陟公當無所畏避右司郎中獨孤良器殿中侍御史杜倫各以過黜之尚書左丞裴郁御史中丞盧紹比皆考中上宗儒貶之中中又祕書少監鄭雲逵考其同官孫昌裔入上下宗儒復入中上凡考之中上者不過五十人餘多減入中中德宗聞而善之遷考功郎中丁母憂終喪授吏部郎中十一年遷給事中十二年與諫議大夫崔損同日以本官同中書門下平章事俱賜紫金魚袋十四年罷相爲右庶子宗儒端居守道勤奉朝請而已德宗聞而嘉之二十年遷吏部侍郎召見勞之曰知卿閉關六年故有此拜曩者與先臣並命尙念之耶宗儒因俯伏流涕德宗崩順宗命爲德宗哀册文辭頗悽惋元和初檢校禮部尚書判東都尚書省事兼御史大夫充東都留守畿汝都防禦使入爲禮部戶部二尚書尋檢校吏部尚書守江陵尹兼御史大夫荆南節度營田觀察等使散冗食之戍二千人六年又入爲刑部尚書八年轉檢校吏部尚書興元尹兼御史大夫充山南西道節度觀察等使九年召拜御史大夫俄遷檢校右僕射河中尹兼御史大夫晉絳慈隰節度觀察等使赴鎭後擅用供軍錢八千餘貫坐罰一月俸十一年七月入爲兵部尚書九月改太子少傅權知吏部尚書銓事十四年九月拜吏部尚書穆宗卽位以初釋服令尚書省官試先朝所徵集應制舉人宗儒奏曰準今月十五日勑比者先朝徵集應制人等已及時限恐皆來自遠方難於久住酌宜審事遂委有司定日就試聞所集之人多已分散須知審的然後裁定宜令所司商量聞奏者伏以制科所設本在親臨南省試人亦非舊典今覃恩既畢庶政惟新況山陵日近公務繁迫待問之士就試非多臣等商量恐須權罷從之復拜太子少傅判太常卿事長慶元年二月檢校右僕射守太常卿太常有師子樂備五方之色非會朝聘享不作幼君荒誕伶官縱肆中人掌教坊者移牒取之宗儒不敢違以狀白宰相宰相以爲事在有司執守不合關白以宗儒怯不任事改太子少師寶曆元年遷太子太保昭肅晏駕爲大明宮留守太和四年拜檢校司空兼太子太傅文宗召見諮以理道對曰堯舜之化慈儉而已願陛下守而勿失文宗嘉納之五年宋申錫被誣上召師保已下議其刑上以宗儒高年宜令不拜尋拜疏請老六年詔以司空致仕是歲九月卒年八十七廢朝册贈司徒宗儒以文學進前後三鎭方任八領選部畧於儀矩切於治生時論以此少之

竇易直字宗玄京兆人祖元昌彭州九隴縣令父彧盧州刺史易直舉明經爲祕書省校書郎再以判入等授藍田尉累歷右司兵部吏部三郎中元和六年遷御史中丞謝日賜緋魚袋八年改給事中九月出爲陝虢都防禦觀察使仍賜紫入爲京兆尹萬年尉韓晤姦贓事發易直令曹官韋正晤訊之得贓三十萬上意其未盡詔重鞫坐贓三百萬貶易直金州刺史正晤長流昭州十三年六月遷宣州刺史宣歙池都團練觀察等使長慶二年七月汴州將李齐逐其帥李愿易直聞之欲出官物以賞軍或謂易直曰賞給無名却恐生患乃已軍士已聞之時江淮旱水淺轉運司錢帛委積不能漕州將王國淸指以爲賞激諷兵謀亂先事有告者乃收國淸下獄其黨數千大呼入獄中篡取國淸而出之因欲大剽易直登樓謂將吏曰能誅爲亂者每獲一人賞十萬衆喜倒戈擊亂黨並擒之國淸等三百餘人皆斬之九月以李德裕代還爲吏部侍郎十一月改戶部兼御史大夫判度支四年五月以本官同平章事判使如故改門下侍郎封晉陽郡公寶曆元年七月罷判度支太和二年十月罷相檢校左僕射平章事襄州刺史山南西道節度使五年入爲左僕射判太常卿事十一月檢校司空鳳翔隴節度使六年以疾求還京師七年四月卒贈司徒謚曰恭惠易直自入仕十年餘常居散秩不應請辟及居方任亦以公廉聞在相位未嘗論用親黨凡於公舉卽無所避然元和中吏部尚書鄭餘慶議僕射上日儀制不與隔品官亢禮易直時爲御史中丞奏駮餘慶所議及易直爲右僕射却行隔品致敬之禮時論非之

李逢吉字虛舟隴西人貞觀中學士李玄道曾孫祖顏父歸期逢吉登進士第釋褐授振武節度掌書記入朝爲左拾遺左補闕改侍御史充入吐蕃册命副使工部員外郎又充入南詔副使元和四年使還拜祠部郎中轉右司六年遷給事中七年與司勳員外郎李巨並爲太子諸王侍讀九年改中書舍人十一年二月權知禮部貢舉騎都尉賜緋四月加朝議大夫門下侍郎同平章事賜金紫其貢院事仍委禮部尚書王播署牓逢吉天與姦回妬賢傷善時用兵討淮蔡憲宗以兵機委裴度逢吉慮其成功密沮之繇是相惡及度親征學士令狐楚爲度制辭言不合旨楚與逢吉相善帝皆黜之罷楚學士罷逢吉政事出爲劍南東川節度使檢校兵部尚書穆宗卽位移襄州刺史山南東道節度使逢吉於帝有侍讀之恩遣人密結倖臣求還京師長慶二年三月召爲兵部尚書時裴度亦自太原入朝以度招懷河朔功復留度與工部侍郎元稹相次拜平章事度在太原時嘗上表論稹姦邪及同居相位逢吉以爲勢必相傾乃遣人告和王傅于方結客欲爲元稹刺裴度及捕于方鞫之無狀稹度俱罷相位逢吉代度爲門下侍郎平章事自是寖以恩澤結朝臣之不逞者造作謗言百端中傷裴度賴學士李紳韋處厚等顯於上前言度爲逢吉排斥而度於國有功不宜擯棄故得以僕射在朝時已失河朔而王智興擅據徐州李齐據汴州國威不振天下延頸俟度再秉國鈞以攘暴亂及爲逢吉嫁禍奪其權四海爲之側目朝士上疏論列者十餘人屬時君荒淫政出羣小而度竟逐外藩學士李紳有寵逢吉惡之乃除爲中丞又欲出於外乃以吏部侍郎韓愈爲京兆尹兼御史大夫放臺叅以紳褊直必與愈爭及制出紳果移牒往來愈性木强遂至語辭不遜喧論於朝逢吉乃罷愈爲兵部侍郎紳爲江西觀察使紳中謝日帝留而不遣翼城人鄭注以璺藥得幸於中尉王守澄逢吉令其從子仲言賂注求結於守澄仲言辯譎多端守澄見之甚悅自是逢吉有助事無違者敬宗初卽位年方童丱守澄從容奏曰陛下得爲太子逢吉之力也是時杜元穎李紳堅請立深王爲太子乃貶紳端州司馬朝士代逢吉鳴吠者張又新李續之張權輿劉栖楚李虞程昔範姜洽李仲言時號八關十六子又新等八人居要劇而胥附者又八人有求於逢吉者必先經此八人納賂無不如意者逢吉尋封涼國公邑千戶兼右僕射昭愍卽位左右屢言裴度之賢曾立大勳帝甚嘉之因中使往興元卽令問訊寶曆初度連上章請入覲逢吉之黨坐不安席如矢攢身乃相與爲謀欲沮其來

張權輿撰非衣小兒之謠傳於閭巷言度相有天分應謠讖而韋處厚於上前解析言權輿所撰之言旣不能沮又令衞尉卿劉遵古從人安再榮告武昭謀害逢吉武昭者有才力裴度破淮蔡時奬用之累奏爲刺史及度被斥昭以門吏久不見用客于京師途窮頗有怨言逢吉黨法司鞫昭行止則顯裴度任用以沮入朝之行逢吉又與同列李程不協太學博士李涉金吾兵曹茅彙者於京師貴遊間以氣俠相許二人出入程及逢吉之門水部郎中李仍叔程之族知武昭鬱鬱恨不得官仍叔謂昭曰程欲與公官但逢吉阻之昭愈憤怒因酒與京師人劉審張少騰說刺逢吉之言審以昭言告張權輿乃聞於逢吉卽令茅彙召昭相見逢吉厚相結託自是疑怨之言稍息逢吉待茅彙尤厚嘗與彙書云足下當字僕爲自求僕當字足下爲利見文字往來其間甚密及裴度求覲無計沮之卽令訐武昭事以暴揚其迹再榮旣告李仲言誡彙曰言武昭與李程同謀則活否則爾死彙曰寃死甘心誣人以自免予不爲也及昭下獄逢吉之醜迹皆彰昭死仲言流象州茅彙流嶲州李涉流康州李虞自拾遺爲河南士曹敬宗待裴度益厚乃自漢中召還復知政事逢吉檢校司空平章事襄州刺史山南東道節度使仍請張又新李續之爲叅佐大和二年改汴州刺史宣武軍節度使五年八月入爲太子太師東都留守東畿汝防禦使加開府儀同三司八年李訓用事三月徵拜左僕射兼守司徒時逢吉已老病足不任朝謁卽以司徒致仕九年正月卒時年七十八贈太尉謚曰成

段文昌字墨卿西河人高祖志玄陪葬昭陵圖形凌煙閣祖德皎贈給事中父諤循州刺史贈左僕射文昌家于荆州倜儻有氣義節度使裴胄知之而不能用韋臯在蜀表授校書郎李吉甫刺忠州文昌嘗以文干之及吉甫居相位與裴垍同加奬擢授登封尉集賢校理俄拜監察御史遷補闕改祠部員外郎元和十一年守本官充翰林學士文昌武元衡之子壻也元衡與宰相韋貫之不協憲宗欲召文昌爲學士貫之奏曰文昌志尚不修不可擢居近密至是貫之罷相李逢吉乃用文昌爲學士轉祠部郎中賜緋依前充職十四年加知制誥十五年穆宗卽位正拜中書舍人尋拜中書侍郎平章事長慶元年拜章請退朝廷以文昌少在西蜀詔授西川節度使同中書門下平章事文昌素洽蜀人之情至是以寬政爲治嚴靜有斷蠻夷畏服二年雲南入寇黔中觀察使崔元畧上言朝廷憂之乃詔文昌禦備文昌走一介之使以喻之蠻寇卽退敬宗卽位徵拜刑部尙書轉兵部兼判左丞事文宗卽位遷御史大夫尋檢校尙書右僕射揚州大都督府長史同平章事淮南節度使太和四年移鎭荆南文昌於荆蜀皆有先祖故第至是贖爲浮圖祠又以先人墳墓在荆州別營居第以置祖禰影堂歲時伏臘良辰美景享薦之徹祭卽以音聲歌舞繼之如事生者搢紳非焉六年復爲劍南西川節度九年三月賜春衣中使至受宣畢無疾而卒年六十三贈太尉有文集三十卷文昌布素之時所向不偶及其達也揚歷顯重出入將相洎二十年其服飾玩好歌童妓女苟悅於心無所愛惜乃至奢侈過度物議貶之子成式成式字柯古以蔭入官爲祕書省校書郎研精苦學祕閣書籍披閱皆遍累遷尙書郎咸通初出爲江州刺史解印寓居襄陽以閑放自適家多書史用以自娛尤深於佛書所著酉陽雜俎傳於時

宋申錫字慶臣祖素父叔夜申錫少孤貧有文學登進士第釋褐祕書省校書郎韋貫之罷相出湖南辟爲從事其後累佐使府長慶初拜監察御史二年遷起居舍人寶曆二年轉禮部員外郎尋充翰林侍講學士申錫始自策名及在朝行淸愼介潔不趨黨與當長慶寶曆之間時風嚚薄朋比大扇及申錫被用時論以爲激勸文宗卽位拜戶部郎中知制誥太和二年正拜中書舍人復爲翰林學士初文宗常患中人權柄大盛自元和寶曆比致宮禁之禍及王守澄之領禁兵恃其宿舊跋扈尤甚有鄭注者依恃守澄爲姦利出入禁軍賣官販權中外咸扼腕視之文宗雅知之不能堪申錫時居內廷文宗察其忠厚可任以事嘗因召對與申錫從容言及守澄無可奈何令與外廷朝臣謀去之且約命爲宰相申錫頓首謝之未幾拜左丞踰月加平章事申錫素能謹直寵遇超輩時情大爲屬望及到中書割斷循常望實頗不相副太和五年忽降中人召宰相入赴延英路隨李宗閔牛僧孺等旣至中書東門中人云所召無宋申錫申錫始知被罪望延英以笏叩頭而退隨等至文宗以神策軍中尉王守澄所奏得本軍虞候豆盧著狀告宋申錫與漳王謀反隨等相顧愕然初守澄於浴堂以鄭注所構告于文宗守澄卽時於市肆追捕又將以二百騎就靖恭里屠申錫之家會內官馬存亮同入諍於文宗曰謀反者適宋申錫耳何不召南司會議今卒然如此京師企足自爲亂矣守澄不能難乃止乃召三相告之又遣右軍差人於申錫宅捕孔目官張全眞家人買子緣信等又於十六宅及市肆追捕胥吏以成其獄文宗又召師保僕射尙書丞郎常侍給事諫議舍人御史中丞京兆尹大理卿同於中書及集賢院叅驗其事翌日開延英召宰臣及議事官帝自詢問左常侍崔玄亮給事中李固言諫議大夫王質補闕盧鈞舒元褒羅泰蔣係裴休竇宗直韋溫拾遺李羣韋端符丁居晦袁都等一十四人皆伏玉階下奏以申錫獄付外請不於禁中訊鞫文宗曰吾已謀於公卿大僚卿等且出玄亮固言援引今古辭理懇切玄亮泣涕久之文宗意稍解貶申錫爲右庶子漳王爲巢縣公再貶申錫爲開州司馬初申錫旣得密旨乃除王璠爲京兆尹以密旨喻之璠不能謀而泄與守澄知之潛爲其備漳王湊文宗之愛弟也賢而有人望豆盧著者職屬禁軍與注親表文宗不省其詐乃罷中錫爲庶子時京城恂恂衆庶讙言以爲宰相眞連十宅謀反百寮震駭居一二日方審其詐諫官伏閤懇論文宗震怒叱諫官令出者數四時中外屬望大寮三數人廷辯其事僕射竇易直曰人臣無將將而必誅聞者愕然唯京兆尹崔琯大理卿王正雅連上疏請出內獄且曰王師文未獲卽獄未具請出豆盧著與申錫同付外廷勘當時人情翕然推重初議申錫抵死顧物論不可又將投於嶺表文宗終悟外廷之言乃有開州之命初申錫旣被罪怡然不以爲意自中書歸私第止於外廳素服以俟命其妻出謂之曰公爲宰相人臣位極於此何負天子反乎申錫曰吾生被厚恩擢相位不能鋤去姦亂反爲所羅織夫人察申錫豈反者乎因相與泣下申錫自居內廷及爲宰相以時風侈靡居要位者尤納賄賂遂成風俗不暇更方遠害且與貞元時甚相背矣申錫至此約身謹潔尤以公廉爲己任四方問遺悉無所受旣被罪爲有司驗劾多獲其四方受領所還問遺之狀朝野爲之歎息七年七月卒於開州詔曰申錫雖不能周愼自抵憲章聞其亡殁追荒良用悲惻宜許其歸葬鄉里以示寬恩開成元年九月詔復申錫正議大夫尙書左丞同中書門下平章事上柱國賜紫兼贈兵部尙書仍以其子愼微爲城固縣尉

李程字表臣隴西人父鷁伯程貞元十二年進士擢第又登宏辭科累辟使府二十年入朝爲監察御史其年秋召充翰林學士順宗卽位爲王叔文所排罷學士三遷爲員外郎元和中出爲劍南西川節度行軍司馬十年入爲兵部郎中尋知制誥韓弘爲淮西都統詔程銜命宣諭明年拜中書舍人權知京兆尹事十二年權知禮部貢舉十三年四月拜禮部侍郎六月出爲鄂州刺史鄂岳觀察使入爲吏部侍郎封渭源男食邑三百戶敬宗卽位之五月以本官同平章事敬宗沖幼好治宮室畋遊無度欲於宮中營新殿程諫曰自古聖帝明王以恭儉化天下陛下在諒闇之中不宜興作願以瓦木廻奉園陵上欣然從之程又奏請置侍講學士數陳經義程辯給多智算能移人主之意尋加中書侍郎進封彭原郡公寶應二年罷相檢校兵部尙書同平章事太原尹北京留守河東節度使太和四年三月檢校尙書左僕射平章事河中尹河中晉絳節度使六年就加檢校司空七月徵爲左僕射中謝日奏曰臣所忝官上禮前後儀注不同在元和長慶中僕射數人上日不受四品已下官拜近日再定儀注四品已下官悉許受拜王涯竇易直已行之於前今御史臺云已聞奏太常寺定取十五日上臣進退未知所據時中丞李漢以爲受四品已下拜太重勑曰僕射上儀近已詳定所緣拜禮皆約令文已經施行不合更改宜準太和四年十一月六日勑處分程藝學優深然性放蕩不修儀檢滑稽好戲而居師長之地物議輕之七年六月檢校司空汴州刺史宣武軍節度使九年復爲河中晉絳節度使就加檢校司徒開成元年五月復入爲右僕射兼判太常卿事十一月兼判吏部尙書銓事二年三月檢校司徒出爲襄州刺史山南東道節度使卒有司謚曰繆子廓廓進士登第以詩名聞於時大中末累官至潁州刺史再爲觀察使廓子晝亦登進士第

史臣曰宗儒易直以寬柔養望坐致公台與時沉浮壽考終吉可謂能奉身矣逢吉起徒步而至鼎司欺蔽幼君依憑內豎蛇虺其腹毒害正人而不與李訓同誅天道福淫明矣申錫小器大謀貶死爲幸程不持士範殁獲醜名君子操修豈宜容易

贊曰趙竇優柔坐享公侯蝮蛇野葛逢吉之流豈無令人主輔謨猷程錫弼諧于道難周

舊唐書卷一百六十七考證

竇易直傳遷宣州刺史宣歙池都團練觀察等使○沈炳震曰案紀元和十四年五月易直自宣歙遷浙西觀察使下皆浙西事傳訛遷浙西文

舊唐書卷一百六十八

後晉司空同中書門下平章事劉　昫撰

列傳第一百一十八

韋溫 蕭祐附　獨孤郁 弟朗

錢徽 子可復　高釴 弟鉟 鍇

馮宿 弟定 審　封敖

韋溫字弘育京兆人祖肇吏部侍郎父綬德宗朝翰林學士以散騎常侍致仕綬弟貫之憲宗朝宰相自有傳溫七歲時日念毛詩一卷年十一歲應兩經舉登第釋褐太常寺奉禮郎以書判拔萃調補祕書省校書郎時綬致仕田園聞溫登第愕然曰判入高等在羣士之上得非交結權幸而致耶令設席於廷自出判目試兩節溫命筆即成綬喜曰此無愧也調授咸陽尉入爲監察御史以父在田里憲府禮拘難於省謁不拜換著作郎一謝即還侍省父疾溫侍醫藥衣不解帶垂二十年父憂毀瘠踰制免喪久之爲右補闕忠鯁救時宋申錫被誣溫倡言曰宋公履行有素身居台輔不當有此是姦人陷害也吾輩諫官豈避一時之雷電而致聖君賢相蒙蔽惑之咎耶因率同列伏閤切爭之由是知名大和五年太廟第四第六室缺漏上怒罰宗正卿李銳將作王堪乃詔中使鳩工補葺之溫上疏曰臣聞吏舉其職國家所以治事歸於正朝廷所以尊夫設制度立官司事存典故國有經費而最重者奉宗廟也伏以太廟當修詔下踰月有司弛墮曾不加誠宜黜慢官以懲不恪之罪擇可任者責以繕完之功此則事歸于正吏舉其職也而聖恩不勞百職無曠今慢官不恪止于罰俸宗廟所切便委內臣是許百司之官公然廢職以宗廟之重爲陛下所私葺官有司便同委棄此臣竊爲聖朝惜此事也事關宗廟皆書史策苟非舊典不可率然伏乞更下詔書得委所司營繕則制度不紊官業交修上乃止內使羣臣上尊號溫上疏曰德如三皇止稱皇功如五帝止稱帝徽號之來乃聖王之末事今歲三川水災江淮旱歉恐非崇飾徽稱之時帝深嘉之乃止改侍御史李德裕作相遷禮部員外郎或以溫厚於牛僧孺言於德裕德裕曰此人堅正中立君子也鄭注鎮鳳翔自知不爲所齒求德門弟子爲叅佐請溫爲副使或以爲理不可拒拒則生患溫曰擇禍莫若輕拒之止於遠貶從之有不測之禍鄭注誅轉考功員外郎尋知制誥召入翰林爲學士以父職禁廷憂畏成病遺誡不令居禁職懇辭不拜俄兼太子侍讀每晨至少陽院午見莊恪太子溫曰殿下盛年宜早起學周文王爲太子雞鳴時問安西宮太子幼不能行其言稱疾上不悅改太常少卿未幾拜給事中王晏平爲靈武刻削軍士贓罪發帝以智興之故減死貶官溫三封詔書文帝深獎之莊恪得罪召百寮諭之溫曰太子年幼陛下訓之不早到此非獨太子之過遷尚書右丞吏部員外郎張文規父弘靖長慶初在幽州爲朱克融所囚文規不時省赴人士喧然罪之溫居綱轄首糺其事出文規爲安州刺史鹽鐵判官姚勗知河陰院嘗雪冤獄鹽鐵使崔珙奏加酬奬乃令權知職方員外郎制出令勗上省溫執奏曰國朝已來郎官最爲清選不可以賞能吏上令中使宣諭言勗能官且放入省溫堅執不奉詔乃改勗檢校禮部郎中翌日帝謂楊嗣復曰韋溫不放姚勗入省有故事否嗣復對曰韋溫志在銓擇清流然姚勗士行無玷梁公元崇之孫自殿中判鹽鐵案陛下奬之宜也若人有吏能不入清流孰爲陛下當煩劇者此衰晉之風也上素重溫亦不奪其操出爲陝虢觀察使武宗即位李德裕用事召拜吏部侍郎欲引以爲相時李漢以家行不謹貶汾州司馬溫從容白德裕曰李漢不爲相公所知昨以不孝之罪紬免乞加按問德裕曰親情耶溫曰雖非親昵久相知耳德裕不悅居無何出溫爲宣歙觀察使辟鄭處誨爲觀察判官德裕愈不悅池州人訟郡守溫按之無狀杖殺之明年瘍生於首謂愛壻張復魯曰予任校書郎時夢二黃衣人齎符來追及達將渡一人續至曰彼壙至大功須萬日遂不涉而寤計今萬日矣與公訣矣明日卒贈工部尚書謚曰孝溫在朝時與李珏楊嗣復周旋及楊李禍作歎曰楊三李七若取我語豈至是耶初溫以楊李與德裕交怨及居位溫勸楊李徵用德裕釋憾解慍二人不能用故及禍溫無子女適薛蒙善著文續曹大家女訓十二章士族傳寫行于時溫剛腸寡合人多疎簡唯與常侍蕭祐善

蕭祐者蘭陵人少孤貧耿介苦學事親以孝聞自處士徵拜左拾遺累遷至考功郎中祐博雅好古尤喜圖畫前代鍾王遺法蕭張筆勢編序眞僞爲二十卷元和末進御優詔嘉之授兵部郎中出爲虢州刺史御史入爲太常少卿轉諫議大夫踰月爲桂州刺史中丞桂管防禦觀察使太和二年八月卒于官贈右散騎常侍祐閑澹貞退善鼓琴賦詩書畫盡妙遊心林壑嘯詠終日而名人高士多與之遊給事中韋溫尤重之結爲林泉之友

獨孤郁河南人父及天寶末與李華蕭穎士等齊名善爲文所著仙掌銘大爲時流所賞位終常州刺史郁貞元十四年登進士第文學有父風尤爲舍人權德輿所稱以子妻之貞元末爲監察御史元和初應制舉才識兼茂明於體用策入第四等拜左拾遺太子司議郎杜從郁拜左補闕郁與同列論之曰從郁是宰臣佑之子父居宰執從郁不宜居諫列乃改爲左拾遺又論曰補闕之與拾遺資品雖殊同是諫官若時政或有得失不可令子論父從郁竟改他官四年轉右補闕又與同列拜章論中官吐突承璀不宜爲河北招討使乃改招撫宣慰使五年兼史館修撰尋召充翰林學士遷起居郎權德輿作相郁以婦公辭內職憲宗曰德輿乃有此佳壻因詔宰相於士族之家選尚公主者遷郁考功員外郎充史館修撰判館事預修德宗實錄七年以本官復知制誥八年轉駕部郎中其年十月復召爲翰林學士九年以疾辭內職十一月改祕書少監卒郁弟朗嘗居諫官請罷淮西用兵不協旨貶興元戶曹入爲監察御史轉殿中十五年兼充史館修撰遷都官員外郎長慶初諫議大夫李景儉於史館飲酒憑醉謁宰相語辭侵侮朗坐同飲出爲漳州刺史入爲左司員外郎遷諫議大夫揚州節度使王播罷兼鹽鐵使行賂於中人求復領銅鹽朗上章論之寶曆元年十一月拜御史中丞二年六月賜金紫之服侍御史李道樞乘醉謁朗朗劾之左授司議郎憲府故事三院御史由大夫中丞自辟請命于朝時崔晃鄭居中不由憲長而除皆丞相之僚舊也勑命雖行朗拒而不納晃竟改太常博士居中分司東臺其年十月高少逸入閤失儀朗不彈奏宰相銜阻崔晃事左授少逸贊善大夫朗亦罰俸朗稱執法不稱乞罷中丞敬宗令中使論之不允其讓文宗即位改工部侍郎大和元年八月出爲福州刺史御史中丞福建觀察使是月赴官暴卒於路贈右散騎常侍郁子庠亦登進士第大中後官達亦至侍郎

錢徽字蔚章吳郡人父起天寶十年登進士第起能五言詩初從鄉薦寄家江湖常於客舍月夜獨吟遽聞人吟於廷曰曲終人不見江上數峯青起愕然攝衣視之無所見矣以爲鬼怪而志其一十字起就試之年李暐所試湘靈鼓瑟詩題中有青字起即以鬼謠十字爲落句暐深嘉之稱爲絕唱是歲登第釋褐祕書省校書郎大曆中與韓翃李端輩十人俱以能詩出入貴遊之門時號十才子形於圖畫起位終尚書郎徽貞元進士擢第從事戎幕元和初入朝三遷祠部員外郎召充翰林學士六年轉祠部郎中知制誥八年改司封郎中賜緋魚袋職如故九年拜中書舍人十一年王師討淮西詔朝臣議兵徽上疏言用兵累歲供饋力殫宜罷淮西之征憲宗不悅罷徽學士之職守本官長慶元年爲禮部侍郎時宰相段文昌出鎮蜀川文昌好學尤喜圖書古畫故刑部侍郎楊憑兄弟以文學知名家多書畫鍾王張鄭之蹟在書斷畫品者兼而有之憑子渾之求進盡以家藏書畫獻文昌求致進士第文昌將發面託錢徽繼以私書保薦翰林學士李紳亦託舉子周漢賓於徽及牓出渾之漢賓皆不中選李宗閔與元稹素相厚善初稹以直道譴逐久之及得還朝大改前志由逕以徼進達宗閔亦急於進取二人遂有嫌隙楊汝士與徽有舊是歲宗閔子壻蘇巢及汝士季弟殷士俱及第故文昌李紳大怒文昌赴鎮辭日內殿面奏言徽所放進士鄭朗等十四人皆子弟藝薄不當在選中穆宗以其事訪於學士元稹李紳二人對與文昌同遂命中書舍人王起主客郎中知制誥白居易於子亭重試內出題目孤竹管賦鳥散餘花落詩而十人不中選詔曰國家設文學之科本求才實苟容僥倖則異至公訪聞近日浮薄之徒扇爲朋黨謂之關節干撓主司每歲策名無不先定永言敗俗深用興懷鄭朗等昨令重試意在精覈藝能不於異書之中固求深僻題目貴令所試成就以觀學藝淺深孤竹管是祭天之樂出於周禮正經閱其呈試之文都不知其本事辭律鄙淺蕪累亦多比令宜示錢徽庶其深自懷愧誠宜盡棄以警將來但以四海無虞人心方泰用弘寧撫式示殊恩特掩爾瑕庶明予志孔溫業趙存約竇洵直所試粗通與及第裴譔特賜及第鄭朗等十人並落下自今後禮部舉人宜準開元二十五年勑及第訖所試雜文并策送中書門下詳覆尋貶徽爲江州刺史中書舍人李宗閔劍州刺史右補闕楊汝士開江令初議貶徽宗閔汝士令徽以文昌李紳私書進呈上必開悟徽曰不然苟無愧心得喪一致修身慎行安可以私書相證耶令子弟焚之人士稱徽長者既而穆宗知其朋比之端乃下詔曰昔者卿大夫相與讓於朝士庶人相與讓於列周成王刑措不用漢文帝恥言人過眞理古也朕甚慕焉中代已還爭端斯起掩抑其言則專蔽誘掖其說則侵誣自非責實循名不能彰善癉惡故孝宜必有告訐及下光武不以單辭遽行語稱訕上之非律有匿名之禁皆以防三至之毀

重兩造之明是以爵人於朝則皆勸刑人於市則皆懼罪有歸而賞當事也末代偷巧內荏外剛卿大夫無進思盡忠之誠多退有後言之謗士庶人無切磋琢磨之益多銷鑠浸潤之譏進則諛言諂笑以相求退則羣居州處以相議留中不出之請蓋發其陰私公論不容之誅是生於朋黨擢一官則曰恩皆自我黜一職則曰事出他門比周之迹已彰尙矜介特由徑之蹤盡露自謂貞方居省寺者不以勤恪蒞官而曰務從簡易提紀綱者不以準繩檢下而曰密奏風聞獻章疏者更相是非備顧問者互有憎愛苟非秦鏡照膽堯羊觸邪時君聽之安可不惑叅斷一謬俗化益訛禍發齒牙言生枝葉率是道也朕甚憫焉我國家貞觀開元同符三代風俗歸厚禮讓皆行兵興已來人散久矣始欲導之以德不欲驅之以刑然而信有未孚理有未至曾無恥格益用雕刓小則綜覈之權見侵於下輩大則樞機之重旁撓於薄徒尙念因而化之亦冀去其尤者而宰臣懼其寖染未克澄淸備引祖宗之書願垂勸誡之詔遂伸告諭頗用殷勤各當自省厥躬與我同底于道元稹之辭也制出朋比之徒如撻於市咸睚眦於紳積徽明年遷華州刺史潼關防禦鎭國軍等使文宗卽位徵拜尙書左丞太和元年十二月復授華州刺史二年秋以疾辭位授吏部尙書致仕三年三月卒時年七十五子可復可及皆登進士第可復累官至禮部郎中太和九年鄭注出鎭鳳翔李訓選名家子以爲賓佐授可復檢校兵部郎中兼御史中丞充鳳翔節度副使其年十一月李訓敗鄭注誅可復爲鳳翔監軍使所害

高釴字翹之祖鄭賓宋州寧陵令父去疾攝監察御史釴元和初進士及第判入等補祕書省校書郎累遷至右補闕充史館修撰十四年上疏請不以內官爲京西北和糴使十五年轉起居郎依前充職釴孤貞無黨而能累陳時政得失長慶元年穆宗憐之面賜緋於思政殿仍命以本官充翰林學士二年遷兵部員外郎依前充職四年四月禁中有張韶之變敬宗幸左軍是夜釴從帝宿於左軍翌日賊平賞從臣賜釴錦綵七十匹轉戶部郎中知制誥十二月正拜中書舍人充職如故謝恩於思政殿因諫敬宗以求理莫若躬親用示憂勤之旨也帝深納其言又賜錦綵五十匹寶曆二年三月罷學士守本官太和三年七月授刑部侍郎四年冬遷吏部侍郎銓綜之司官業振舉七年出爲同州刺史兼御史中丞八年六月卒贈兵部尙書遺命薄葬釴少時孤貧絜己力行與弟銖鍇皆以檢靜自立致位崇顯居家友睦爲搢紳所重銖元和六年登進士第穆宗卽位入朝爲監察御史累遷員外郎吏部郎中大和五年拜給事中七年爲外官監考使八年十月文宗用國子助敎李仲言爲侍講銖率諫官伏閤論曰仲言素行纖邪若聽用必亂國經上令中使宣諭曰朕要仲言講書非有聽用也是歲先旱後水京師穀價騰踊彗星爲變舉選皆停人情雜然流議鄭注姦謀日聞于外銖等犯難論諍冀上省悟旣奉宣傳相顧失色以其危亡可翹足而待也明年訓注竊權惡銖不附己五月出爲越州刺史御史中丞浙東觀察使開成三年就加檢校左散騎常侍尋入爲刑部侍郎四年七月出爲河南尹會昌末爲吏部侍郎鍇元和九年登進士第昇宏辭科累遷吏部員外太和三年準勑試別頭進士明經鄭齊之等十八人牓出之後語辭紛競監察御史姚中立以聞詔鍇審定乃昇李景王淑等八人以爲公六年二月自司勳郎中轉諫議大夫七年遷中書舍人九年十月以本官權知禮部貢舉開成元年春試畢進呈及第人名文宗謂侍臣曰從前文格非佳昨出進士題目是朕出之所試似勝去年鄭覃曰陛下改詩賦格調以正頹俗然高鍇亦能勵精選士仰副聖旨帝又曰近日諸侯章奏語太浮華有乖典實宜罰掌書記以誡其流李石曰古人因事爲文今人以文害事懲弊抑末實在盛時乃以鍇爲禮部侍郎凡掌貢部三年每歲登第者四十人三年牓出後勑曰進士每歲四十人其數過多則乖精選宜遂塡委要窒其源宜改每年限放三十人如不登其數亦聽然鍇選擢雖多頗得實才抑豪華擢孤進至今稱之尋轉吏部侍郎其年九月出爲鄂州刺史御史大夫鄂岳觀察使卒釴子湜鍇子湘皆登進士第湜咸通十二年爲禮部侍郎湘自員外郎知制誥正拜中書舍人咸通年改諫議大夫坐宰相劉瞻親厚貶高州司馬乾符初復爲中書舍人三年遷禮部侍郎選士得人出爲潞州大都督府長史昭義節度澤潞觀察等使卒

馮宿東陽人丱歲隨父子華廬祖墓有靈芝白兎之祥宿昆弟二人皆幼有文學宿登進士第徐州節度張建封辟爲掌書記後建封卒其子愔爲軍士所立李師古欲乘喪襲取時王武俊且觀其釁愔恐懼計無所出宿乃以檄書招師古而說武俊曰張公與君爲兄弟欲同力驅兩河歸天子衆所知也今張公歿幼子爲亂兵所脅內則誠款隔絕於朝廷外則境土侵逼於強寇孤危若此公安得坐視哉誠能奏天子念先僕射之忠勳捨其子之迫脅使得束身自歸則公於朝廷有靖亂之功於張氏有繼絕之德矣武俊大悅卽以表聞由是朝廷賜愔節鉞仍贈建封司徒宿以嘗從建封不樂與其子處乃從浙東觀察使賈全府辟愔恨其去已奏貶泉州司戶徵爲太常博士王士眞死以其子承宗不順不加謚宿以爲懷柔之義不可遺其忠勞乃加之美謚轉虞部都官二員外郎元和十二年從裴度東征爲彰義軍節度判官淮西平拜比部郎中會韓愈論佛骨時宰疑宿草疏出爲歙州刺史爲刑部郎中十五年權判考功宿以宰臣及三品已下官故事內校考別封以進翰林學士職居內署事莫能知請依前書上考諫官御史亦請仍舊並書中上考長慶元年以本官知制誥二年轉兵部郎中依前充職牛元翼以深州不從王庭湊詔授襄州節度使元翼未出深州爲庭湊所圍二年以宿檢校右庶子兼御史中丞賜紫金魚袋往總留務監軍使周進榮不遵詔命宿以狀聞元翼旣至宿歸朝拜中書舍人轉太常少卿敬宗卽位宿常導引乘輿出爲華州刺史以父名拜章乞罷改左散騎常侍兼集賢殿學士充考制策官太和二年拜河南尹時洛苑使姚文壽縱部下侵欺百姓吏不敢捕一日遇大會嘗所捕者傲睨於文壽之側宿知而掩之杖死太和四年入爲工部侍郎六年遷刑部侍郎修格後勑三十卷遷兵部侍郎九年出爲劍南東川節度使檢校禮部尙書開成元年十二月卒廢朝贈吏部尙書謚曰懿有文集四十卷子圖陶韜三人皆登進士揚歷淸顯宿弟定字介夫儀貌壯偉與宿俱有文學而定過之貞元中皆舉進士時人比之漢朝二馮君于頔牧姑蘇也定寓焉頔友於布衣間後頔帥襄陽定乘驢詣軍門吏不時白定不留而去頔慙笞軍吏馳載錢五十萬及境謝之定飯逆旅復書責以貴傲而返其遺頔深以爲恨權德輿掌貢士擢居上第後於潤州佐薛苹幕得校書郎尋爲鄠縣尉充集賢校理定先時居父憂因號毀得肺病趨或不及時大學士疑其恃才簡怠乃奪其職俾爲大理評事登朝爲太常博士轉祠部員外郎寶曆二年出爲郢州刺史長壽縣尉馬洪沼告定強奪人妻及將闕官職田祿粟入己費用詔監察御史李顧行鞫之獄具上聞制曰馮定經使臣推問無入己贓私所告罰錢又皆公用然長吏之體頗涉無儀刑賞或乖宴遊不節緣經恩赦難更科書猶持郡符公議不可宜停見任尋除國子司業河南少尹太和九年八月爲太常少卿文宗每聽樂鄙鄭衞聲詔奉常習開元中霓裳羽衣舞以雲韶樂和之舞曲成定總樂工閱於庭定立於其間文宗以其端凝若植問其姓氏翰林學士李珏對曰此馮定也文宗喜問曰豈非能爲古章句者耶乃召昇階文宗自吟定送客西江詩吟罷益喜因錫禁中瑞錦仍令大錄所著古體詩以獻尋遷諫議大夫知匭事是歲李訓事敗伏誅衣冠横罹其禍中外危疑及改元御殿中尉仇士良請用神策仗衞在殿門定抗疏論罷人情危之又請許左右史隨宰臣入延英記事宰臣不樂二年改太子詹事三年宰臣鄭覃拜太子太師欲於尙書省上事定奏曰據六典太師居詹事府不合於都省禮上乃詔於本司上事人推美之四年遷衞尉卿是歲上章請老詔以左散騎常侍致仕會昌六年改工部尙書而卒先長慶中源寂使新羅國見其國人傳寫諷念定所爲黑水碑畫鶴記章休符之使西蕃也見其國人寫定商山記於屏障其文名馳於戎夷如此子衮顓軒嚴四人皆進士登第咸通中歷任臺省從弟審寬審父子郁審貞元十二年登進士第累辟使府入爲監察御史累遷至兵部郎中開成三年遷諫議大夫四年九月出爲桂州刺史桂管觀察使入爲國子祭酒國子監有孔子碑睿宗篆額加大周兩字蓋武后時篆也審請琢去僞號從大唐字從之咸通中卒於祕書監審弟寬子緘皆進士擢第知名於時

封敖字碩夫其先渤海蓨人祖希奭父諒官卑敖元和十年登進士第累辟諸侯府太和中入朝爲右拾遺會昌初以員外郎知制誥召入翰林爲學士拜中書舍人敖構思敏速語近而理勝不務奇澁武宗深重之嘗草賜陣傷邊將詔警句云傷居爾體痛在朕躬帝覽而善之賜之宮錦李德裕在相位定策破迴鶻誅劉稹議兵之際同列或有不可之言唯德裕籌計指畫竟立奇功武宗賞之封衞國公守太尉其制語有遏横議於風波定奇謀於掌握逆稹盜兵壺關畫鑠造膝嘉話開懷靜思意皆我同言不他惑制出敖往慶之德裕口誦此數句撫敖曰陸生有言所恨文不迨意如卿此語秉筆者不易措言座中解其所賜玉帶以遺敖深禮重之然敖不持士範人重其才而輕其所爲德裕不能大用之德裕罷相敖亦罷內職宣宗卽位遷禮部侍郎大中二年典貢部多擢文士轉吏部侍郎渤海男食邑七百戶四年出爲興元尹御史大夫山南西道節度使歷左散騎

常侍十一年拜太常卿出爲淄青節度使入爲戶部尙書辛子彥卿望卿從子特卿皆進士及第咸通後歷位清顯

史臣曰韋公鯁亮守官犯而得禮蕭子恬於吏隱抑亦名賢蔚章操韻非高而從容長者郁朗襟懷鬱有世風三高並秀於一時二馮爭驅於千里咸以摛英掞藻華國揚名潤色之能封無與讓壽考垂慶儒何負哉

贊曰伏蒲進諫染翰爲文獨孤韋氏志在匡君馮高諸子綺繡繽紛禁垣擅美渤海凌雲

舊唐書卷一百六十八考證

高釴子湘傳出爲潞州大都督府長史昭義節度澤潞觀察等使○臣酉按本紀高湜爲昭義節度使乾符四年軍亂被逐未見有湘拜昭義文沈炳震曰此自乾符初已下疑皆言湜因與湘連文遂似屬湘其實是湜之歷官也

# 舊唐書卷一百六十九

後晉司空同中書門下平章事劉　昫撰

## 列傳第一百一十九

李訓　鄭注　王涯
王璠　賈餗　舒元輿
郭行餘　羅立言　李孝本

李訓肅宗時宰相揆之族孫也始名仲言進士擢第形貌魁梧神情灑落辭敏智捷善揣人意寶曆中從父逢吉爲宰相以訓陰險善計事愈親厚之初與茅彙等欲中傷李程及武昭事發訓坐長流嶺表會赦得還丁母憂居洛中時逢吉爲留守思復爲宰相且深怨裴度居常憤鬱不樂訓揣知其意卽以奇計動之自言與鄭注善逢吉以爲然遺訓金帛珍寶數百萬令持入長安以賂注注得賂甚悅乘間薦于中尉王守澄乃以注之藥術訓之易道合薦于文宗守澄以訓縗粗難入禁中帝令訓戎服號王山人與注入內帝見其指趣甚奇之及訓釋服在京師大和八年自流人補四門助敎召入內殿面賜緋魚其年十月遷國子周易博士充翰林侍講學士入院日賜宴宣法曲弟子二十人就院奏法曲以寵之兩省諫官伏閤切諫言訓姦邪海內聞知不宜令侍宸扆終不聽文宗性守正嫉惡以宦者權寵太過繼爲禍胎元和末弒逆之徒尙在左右雖外示優假心不堪之思欲芟落本根以雪讎耻九重深處難與將相明言前與侍講宋申錫謀謀之不臧幾成反噬自是巷伯尤橫因鄭注得幸守澄俾之援訓冀黃門之不疑也訓既在翰林解易之際或語及巷伯事則再三憤激以動上心以其言論縱橫謂其必能成事遂以眞誠謀於訓注自是二人寵幸言無不從而深秘之謀往往流聞於外上慮中人猜慮乃疏易義六條示於百辟有能出訓之意者賞之蓋欲知上以師友寵之九年七月改兵部郞中知制誥充翰林學士九月遷禮部侍郞同平章事仍賜金紫之服詔以平章之暇三五日一入翰林訓既秉權衡卽謀誅內竪中官陳弘慶者自元和末負弒逆之名忠義之士無不扼腕時爲襄陽監軍乃召自漢南至靑泥驛遣人封杖決殺王守澄自長慶已來知樞密典禁軍作威作福訓既作相以守澄爲六軍十二衛觀軍容使罷其禁旅之權尋賜酖殺之訓愈承恩顧每別殿奏對他宰相莫不順成其言黃門禁軍迎拜戢斂訓本以纖達門庭趨附之士率皆狂怪險異之流時亦能取正人偉望以鎭人心天下之人有冀訓以致太平者不獨人主惑其言訓雖爲鄭注引用及祿位俱大勢不兩立託以中外應赴之謀出注爲鳳翔節度使俟誅內竪卽兼圖注約以其年十一月誅中官須假兵力乃以大理卿郭行餘爲邠寧節度使戶部尙書王璠爲太原節度使京兆少尹羅立言權知大尹事太府卿韓約爲金吾街使刑部郞中知雜李孝本權知中丞事皆訓之親厚者冀王璠郭行餘未赴鎭間廣令召募豪俠及金吾臺府之從者俾集其事是月二十一日帝御紫宸班定韓約不報平安奏曰金吾左仗院石榴樹夜來有甘露臣已進狀訖乃蹈舞再拜宰相百官相次稱賀李訓奏曰甘露降祥俯在宮禁陛下宜親幸左仗觀之班退上乘軟舁出紫宸門由含元殿東階昇殿宰相侍臣分立於副階文武兩班列於殿前上令宰相兩省官先往視之既還曰臣等恐非眞甘露不敢輕言言出四方必稱賀也上曰韓約妄耶乃令左右軍中尉樞密內臣往視之既去訓召王璠郭行餘曰來受勅旨璠恐悚不能前行餘獨拜殿下時兩鎭官健皆執兵在丹鳳門外訓已令召之唯璠從兵入邠寧兵竟不至中尉樞密至左仗聞幕下有兵聲驚恐走出閽者欲扃鏁之爲中人所叱執關而不能下內官迴奏韓約氣懾汗流不能舉首中官謂之曰將軍何及此耶又奏曰事急矣請陛下入內卽舉軟輿迎帝訓殿上呼曰金吾衛士上殿來護乘輿者人賞百千內官決殿後罘罳舉輿疾趨訓攀呼曰陛下不得入內金吾衛士數十人隨訓而入羅立言率府中從人自東來李孝本率臺中從人自西來共四百餘人上殿縱擊內官死傷者數十人訓時愈急邐迤入宣政門帝瞋目叱訓內官郄志榮奮拳擊其胷訓卽僵仆於地帝入東上閤門門卽闔內官呼萬歲者數四須臾內官率禁兵五百人露刃出閤門遇人卽殺宰相王涯賈餗舒元輿方中書會食聞難出走諸司從吏死者六七百人是日訓中拳而仆知事不濟乃單騎走入終南山投寺僧宗密訓與宗密素善欲剃其髮匿之從者止之乃趨鳳翔欲依鄭注出山爲盩厔鎭將宗楚所得械送京師至昆明池訓恐入軍別受搒掠乃謂兵士曰所在有兵得我者卽富貴不如持我首行免被奪取乃斬訓持首而行訓弟仲景再從弟戶部員外郞元皋皆伏法仇士良以宗密容李訓遣人縛入左軍責以不告之罪將殺之宗密怡然曰貧僧識訓年深亦知反叛然本師敎法遇苦卽救不愛身命死固甘心中尉魚弘志嘉之奏釋其罪

鄭注絳州翼城人始以藥術游長安權豪之門本姓魚冒姓鄭氏故時號魚鄭注用事時人目之爲水族元和十三年李愬爲襄陽節度使注往依之愬得其藥力因厚遇之署爲節度衙推從愬移鎭徐州又爲職事軍政可否愬與之參決注詭辯陰狡善探人意旨與愬籌謀未嘗不中其意然挾邪任數專作威福軍府患之時王守澄監徐軍深怒注一日以軍情患注白于愬愬曰彼雖如此實奇才也將軍試與之語苟不如旨去未爲晚愬卽令謁監軍守澄初有難色及延坐與語機辯縱衡盡中其意遂延于內室促膝投分恨相見之晚翌日守澄謂愬曰誠如公言實奇士也自是出入守澄之門都無限隔愬署爲巡官齒於賓席及守澄入知樞密當長慶寶曆之際國政多專於守澄注晝伏夜動交通賂遺初則讒邪姦巧之徒附之以圖進取數年之後達僚權臣爭湊其門累從山東京西諸軍歷衛佐評事御史又檢校庫部郞中爲昭義節度副使既以陰事誣陷宋申錫守道正人始側目焉太和七年罷邠寧行軍司馬入京師御史李款閤內彈之曰鄭注內通勑使外結朝官兩地往來卜射財貨晝伏夜動干竊化權人不敢言道路以目請付法司旬日內諫章十數文宗不納尋授注通王府司馬充右神策判官中外駭歎八年九月注進藥方一卷令守澄召注對浴堂門賜錦綵召對之夕彗出東方長三尺光耀甚緊其年十二月拜太僕卿兼御史大夫注起第善和里通於永巷長廊複壁日聚京師輕薄子弟方鎭將吏以招權利間日入禁軍與守澄款密語必移時或通夕不寐李訓既附注以進承間入謁而輕浮躁進者盈於注門九年八月遷工部尙書充翰林侍講學士召自九仙門帝面賜告身時李訓已在禁庭二人相洽日侍君側講貫太平之術以爲朝夕可致昇平兩姦合從天子益惑其說是時訓注之權赫於天下既得行其志生平恩讎絲毫必報因楊虞卿之獄挾忌李宗閔李德裕心所惡者目爲二人之黨朝士相繼斥逐班列爲之一空人人惴慄若崩厥角帝徵知之下詔慰喻人情稍安訓注天資狂妄偷合苟容至於經畧謀猷無可稱者初浴堂召對上訪以富人之術乃以榷茶爲對其法欲以江湖百姓茶園官自造作量給直分命使者主之帝惑其言乃命王涯兼榷茶使又言秦中有災宜興工役以禳之文宗能詩嘗吟杜甫江頭篇云江頭宮殿鏁千門細柳新蒲爲誰綠始知天寶已前環曲江四岸有樓臺行宮廨署心切慕之既得注言卽命左右神策軍差人淘曲江昆明二池仍許公卿士大夫之家於江頭立亭館以時追賞時兩軍造紫雲樓彩霞亭內出樓額以賜之注言無不從皆此類也九月檢校尙書左僕射鳳翔尹鳳翔節度使蓋與李訓謀事有期欲中外協勢十一月注聞訓事發自鳳翔率親兵五百餘人赴闕至扶風聞訓敗乃還監軍使張仲淸已得密詔迎而勞之召至軍府議事注倚兵衛卽赴之仲淸已伏兵幕下注方坐伏兵發斬注傳首京師部下潰散注家屬屠滅靡有孑遺初未獲注京師憂恐至是人人相慶注兩目不能遠視自言有金丹之術可去痿弱重膇之疾始李愬自云得効乃移之守澄亦神其事繇是中官視注皆憐之卒以是售其任謀而守澄自貽其患復致衣冠塗地豈一時之沴氣歟既籍沒其家財得絹一百萬匹他貨稱是

王涯字廣津太原人父晃涯貞元八年進士擢第登宏辭科釋褐藍田尉貞元二年十月召充翰林學士拜右拾遺左補闕起居舍人皆充內職元和三年爲宰相李吉甫所怒罷學士守都官員外郞再貶虢州司馬五年入爲吏部員外七年改兵部員外郞知制誥九年八月正拜舍人十年轉工部侍郞知制誥加通議大夫淸源

縣開國男學士如故十一年十二月加中書侍郎同平章事十三年八月罷相守兵部侍郎尋遷吏部穆宗即位以檢校禮部尚書梓州刺史劍南東川節度使其年十一月吐蕃南北掎角入寇西北邊騷動詔兩川兵拒之時蕃軍逼雅州涯上疏曰臣當道出軍徑入賊腹有兩路一路從龍州淸川鎮入蕃界徑抵故松州城是吐蕃舊置節度之所一路從綿州威蕃柵入蕃界徑抵棲雞城皆吐蕃險要之地又曰臣伏見方今天下無犬吠之警海內同覆盂之安每蕃戎一警則中外咸震致陛下有旰食軫懷之憂斯乃臣等居大官受重寄者之深責也雖承詔發卒心馳寇廷期於爲國討除使戎人芟剪晝夜思忖何補涓毫所以慺慺愚心願陳萬一臣觀自古長策昭然可徵在於實邊兵選良將明斥候廣資儲杜其姦謀險其走集此立朝士大夫皆知不獨微臣知之也祗在舉行之耳然臣愚見所及猶欲布露者誠願陛下不愛金帛之費以釣北虜之心臨遣信臣與之定約曰犬戎悖亂負恩爲邊鄙患者數矣能制而服之者唯在北蕃如能發兵深入殺若干人取若干地則受若干之賞開懷以示之厚利以啗之所以勸聳要約者異於他日則匈奴之銳可得出矣一戰之後西戎之力衰矣穆宗不能用其謀長慶元年幽鎮復亂王師征之未聞尅捷涯在鎮上書論用兵曰伏以幽鎮兩州悖亂天紀迷亭育之厚德肆豺虎之非心囚繫鼎臣戕賊戎帥毒流列郡釁及賓僚凡在有情孰不扼腕咸欲横戈荷戟問罪賊廷伏以國家文德誕敷武功繼立遠無不服邇無不安矧茲二方敢逆天理臣竊料詔書朝下諸鎮夕驅以貔貅問罪之師當猖狂失節之寇傾山壓卵決海灌熒勢之相懸不是過也但以常山燕郡虞虢相依一時興師恐費財力且夫罪有輕重事有後先攻堅宜從易者如聞范陽肇亂出自一時事非宿謀情亦可驗鎮州構禍殊匪偶然扇動屬城以兵拒境如此則幽薊之衆可示寬刑鎮冀之戎必資先討況廷湊闒茸不席父祖之恩成德分離人多迫脅之勢今以魏博思復讎之衆昭義願盡敵之師叅之晉陽輔以滄易掎角而進易若建瓴盡屠其城然後北首燕路在朝廷不爲失信於軍勢實得機宜臣之愚忠輒在於此臣又聞用兵若鬬先扼其喉今瀛莫易定兩賊之咽喉也誠宜假之威柄戍以重兵俾其死生不相知間諜無所入而以大軍先迫冀趙次下井陘此百舉百全之勢也臣受恩深至無以上酬輕冒陳聞不勝戰越洎涯疏至盧士攻已爲賊刼陷瀛莫州剋勢不可遏俄而二剋俱宥之三年，入爲御史大夫敬宗即位改戶部侍郎兼御史大夫充鹽鐵轉運使俄遷禮部尚書充職寶曆二年檢校尚書左僕射興元尹山南西道節度使就加檢校司空太和三年正月入爲太常卿文宗以樂府之音鄭衞太甚欲聞古樂命涯詢於舊工取開元時雅樂選樂童按之名曰雲韶樂樂曲成涯與太常丞李廓少府監庾承憲押樂工獻於梨園亭帝按之於會昌殿上悅賜涯等錦綵四年正月守吏部尚書檢校司空復領鹽鐵轉運使其年九月守左僕射領使奏李師道前據河南十二州其兗鄆淄青濮州界舊有銅鐵冶每年額利百餘萬自收復未定稅額請復係鹽鐵司依建中元年九月勑例制置從之七年七月以本官同平章事進封代國公食邑二千戶八年正月加檢校司空門下侍郎弘文館大學士太淸宮使九年五月正拜司空仍令所司册命加開府儀同三司仍兼領江南榷茶使十一月二十一日李訓事敗文宗入內涯與同列歸中書會食未下筯吏報有兵自閤門出逢人卽殺涯等蒼惶步出至永昌里茶肆爲禁兵所擒并其家屬奴婢皆繫於獄仇士良鞫涯反狀涯實不知其故械縛既急搒笞不勝其酷乃令手書反狀自誣與訓同謀獄具左軍兵馬三百人領涯與王璠羅立言右軍兵馬三百人領賈餗舒元輿李孝本先赴郊廟徇兩市乃腰斬於子城西南隅獨柳樹下涯以榷茶事百姓怨恨詬罵之投瓦礫以擊之中書房吏焦寓焦璹臺吏李楚等十餘人吏卒爭取殺之籍沒其家涯子工部郎中集賢殿學士孟堅太常博士仲翔其餘稚小妻女連襟係頸送入兩軍無少長盡誅之自涯已下十一家資貨悉爲軍卒所分涯積家財鉅萬計兩軍士卒及市人亂取之竟日不盡涯博學好古能爲文以辭藝登科踐揚淸峻而貪權固寵不遠邪佞之流以至赤族涯家書數萬卷侔於秘府前代法書名畫人所保惜者以厚貨致之不受貨者卽以官爵致之厚爲垣窌而藏之複壁至是人破其垣取之或剔取函奩金寶之飾與其玉軸而棄之涯之死也人以爲冤昭義節度使劉從諫三上章求示涯等三相罪名仇士良頗懷憂恐初宦官縱毒凌藉南司及從諫奏論兇熖稍息人士賴之

王璠字魯玉父礎進士文辭知名元和五年擢進士第登宏辭科風儀脩飾操履甚堅累辟諸侯府元和中入朝爲監察御史再遷起居舍人副鄭覃宣慰於鎮州長慶中累歷員外郎十四年以職方郎中知制誥寶曆元年二月轉御史中丞時李逢吉爲宰相與璠親厚故自郎官掌誥便拜中丞恃逢吉之勢稍橫嘗與左僕射李絳相遇於街交車而不避絳上疏論之曰左右僕射師長庶寮開元中名之丞相其後雖去三事機務猶總百司之權表狀之中不署其姓尚書已下每月合衙上日百寮列班宰相居上中丞御史列位於廷禮儀之崇中外特異所以自武德貞觀已來聖君賢臣布政除弊不革此禮謂爲合宜苟有不安尋亦合廢近年緣有才不當位恩加特拜者遂從權便不用舊儀酌於羣情事實未當今或有僕射初除就中丞院門相看卽與欲叅何殊或中丞新授亦無見僕射處及叅賀處或僕射先至中丞後來憲度乖宜尊卑倒置儻人才忝位自合別授賢良若朝命守官豈得有虧法制伏望下百寮詳定事體使永可遵行勑旨令兩省詳議兩省奏曰元和中伊愼忝居師長之位太常博士韋謙削去舊儀今李絳所論於禮甚當逢吉素惡絳之直天子雖許行舊儀中書竟無處分乃罷璠中丞遷工部侍郎尋罷絳僕射以太子少師分司東都其弄權怙寵如此璠二年七月出爲河南尹太和二年以本官權知東都選十月轉尚書右丞勑選畢入朝三年改吏部侍郎四年七月拜京兆尹兼御史大夫十二月遷左丞判太常卿事六年八月檢校禮部尚書潤州刺史浙西觀察使八年李訓得幸累薦于上召還復拜右丞璠以逢吉故吏自是傾心於訓權倖傾朝九年五月遷戶部尚書判度支謝日召對浴堂錫之錦綵其年十一月李訓將誅內官令璠召募豪俠乃授太原節度使託以募爪牙爲名訓敗之日璠歸長興第是夜爲禁軍所捕舉家下獄斬璠於獨柳樹家無少長皆死璠子遐休直弘文館李訓舉事之日遐休於館中禮上同職駕部郎中令狐定等五六人送之是日悉爲亂兵所執定以兄楚爲僕射軍士釋之獨執遐休誅之初璠在浙西繕城壕役人掘得方石上有十二字云山有石石有玉玉有瑕瑕卽休璠視莫知其旨京口老人講之曰此石非尚書之吉兆也尚書祖名崟崟生礎是山有石也礎生尚書是石有玉也尚書之子名遐休休絕也此非吉徵果赤族

賈餗字子美河南人祖渭父寧餗進士擢第又登制策甲科文史兼美四遷至考功員外郎長慶初策召賢良選當時名士考策餗與白居易俱爲考策官選文人以爲公等以本官知制誥遷庫部郎中充職四年爲張又新所構出爲常州刺史太和初入爲太常少卿二年以本官知制誥三年七月拜中書舍人四年九月權知禮部貢舉五年牓出後正拜禮部侍郎凡典禮闈三歲所選士七十五人得其名人多至公卿者七年五月轉兵部侍郎八年十一月遷京兆尹兼御史大夫九年四月檢校禮部尚書潤州刺史浙西觀察使制出未行拜中書侍郎同平章事進金紫階封姑臧男食邑三百戶未幾加集賢殿學士監修國史其年十一月李訓事發兵交殿廷禁軍肆掠餗易服步行出內潛身人間翌日自投神策軍與王涯等皆族誅餗雖中立自持然不能以身犯難排斥姦纖脂韋其間遂至覆族逢時多僻死非其罪世多冤之

舒元輿者江州人元和八年登進士第釋褐諸府從事大和初入朝爲監察轉侍御史初天寶中玄宗祀九宮壇次郊壇行事御署祝板元輿爲監察監祭事以爲太重奏曰臣伏見祀九宮貴神祝板九片陛下親署御名及稱臣於九宮之神臣伏以天子之尊除祭天地宗廟之外無合稱臣者王者父天母地兄日姊月而貴神以九宮爲目是宜分方而守其位臣數其名號太一天一招搖軒轅咸池青龍太陰天符攝提也此九神於天地猶子男也於日月猶侯伯也陛下爲天子豈可反臣於天之子男耶臣竊以爲過縱陰陽者流言其合祀則陛下當合稱皇帝遣某官致祭于九宮之神不宜稱臣與名臣雖愚瞀未知其可乞下禮官詳議從之尋轉刑部員外郎元輿自負奇才銳於進取乃進所業文章乞試効用宰執謂其躁競五年八月改授著作郎分司東都時李訓丁母憂在洛與元輿性俱詭激乘險路利相得甚歡及訓爲文宗寵遇復召爲尚書郎九年以右司郎中知臺雜七月權知中丞事九年拜御史中丞兼判刑部侍郎是月以本官同平章事與訓同知政事而深謀詭算熒惑主聽皆生於二兇也訓竊發之日兵自內出元輿易服單馬出安化門爲追騎所擒送左軍族誅之

郭行餘者亦登進士第太和初累官至楚州刺史五年移刺汝州兼御史中丞九月入爲大理卿李訓在東都時與行餘親善行餘數相餉遺至是用爲九列十一月訓欲竊發令其募兵乃授邠寧節度使訓敗族誅

羅立言者父名歡貞元末登進士第寶曆初檢校主客員外郎爲鹽鐵河陰院官二年坐糴米不實計贓一萬九千貫鹽鐵使惜其吏能定罪止削所兼侍御史太和中爲司農少卿主太倉出納物以貨厚賂鄭注李訓亦

重之訓將竊發須兵集事以京兆府多吏卒用立言爲京兆少尹知府事訓敗日族誅長安縣令孟琯貶硤州長史萬年縣令姚中立朗州長史以兩縣捕賊官受立言指使故也初立言集兩縣吏卒萬年捕賊官鄭洪懼禍託疾既而詐死令家人喪服聚哭姚中立陰知其故恐以詐聞不免其累乃以狀告洪之詐仇士良拘洪入軍洪銜中立之告謂士良曰追集所由皆因縣令處分子何罪也故中立坐貶洪免死

李孝本者宗室之子也累官至刑部郎中而依于訓注以求進舒元輿作相訓用孝本知臺雜權知中丞事最預訓謀竊發之日孝本從人殺內官十餘人於殿廷知事不濟單騎走投鄭注至咸陽西原爲追騎所捕族誅之坐訓注而族者凡十一家人以爲冤

史臣曰王者之政以德霸者之政以權古先后王率由茲道而遂能息人靖亂垂統作則者如梓人共柯而殊工良奕同枰而獨勝蓋在得其術則事無後艱昭獻皇帝端冕深帷憤其厮養欲鏟宮居之弊載澄刑政之源當宜禮一代正人訪先朝耆德脩文教而厚風俗設武備以服要荒俾西被東漸皆陶於景化柔祇蒼昊必降於闕祥自然懷德以寧無思不服況區區宦者獨能悖化哉故豎刁易牙不廢齊桓之霸韓嫣籍孺何妨漢帝之明蓋有管仲亞夫之賢屬之以大政故也此二君者制御閹寺得其道也而昭獻忽君人之大體惑纖狡之庸儒雖終日横經連篇屬思但得好文之譽庸非致治之先且李訓者狙詐百端陰險萬狀背守澄而勸酖出鄭注以擅權秖如晝隕四星兼權八校小人方寸即又難知但慮爲蚤蝨而採溪蓀翻獲蟦蜓之患也嗚呼明主夫何不思遠致血濺黃門兵交靑瑣苟無藩后之勢黃屋危哉涯餗綽有士風晚爲利喪致身鬼蜮之伍何逃瞰室之災非天不仁子失道也

贊曰奭旦輿周斯高亡秦禍福非天治亂由人訓注姦僞血穎象魏非時之賢君迷倒置

舊唐書卷一百七十

後晉司空同中書門下平章事劉　昫撰

列傳第一百二十

裴度

裴度字中立河東聞喜人祖有鄰濮州濮陽令父漵河南府澠池丞度貞元五年進士擢第登宏辭科應制舉賢良方正能直言極諫科對策高等授河陰縣尉遷監察御史密疏論權倖語切忤旨出爲河南府功曹遷起居舍人元和六年以司封員外郎知制誥尋轉本司郎中七年魏博節度使田季安卒其子懷諫幼年不任軍政牙軍立小將田興爲留後興布心腹於朝廷請守國法除吏輸常賦憲宗遣度使魏州宣論興承僭侈之後車服垣屋有踰制度視事齋閣尤加宏敞興惡之不於其間視事乃除舊採訪使廳居之請度爲壁記述興謙降奉法魏人深德之興又請度遍至屬郡宣述詔旨魏人郊迎感悅使還拜中書舍人九年十月改御史中丞宣徽院五坊小使每歲秋按鷹犬於幾甸所至官吏必厚邀供餉小不如意即恣其須索百姓畏之如寇盜先是貞元末此輩暴橫尤甚乃至張網羅於民家門及井不令出入汲水曰驚我供奉鳥雀又羣聚於賣酒食家肆情飲啖將去留蛇一篋誡之曰吾以此蛇致供奉鳥雀可善飼之無使飢渴主人賂而謝之方肯擕蛇篋而去至元和初雖數治其弊故態未絕小使嘗至下邽縣縣令裴寰性嚴刻嫉其兇暴公館之外一無曲奉小使怒構寰出慢言及上聞憲宗怒促令攝寰下獄欲以大不敬論宰相武元衡等以理開悟帝怒不解度入延英奏事因極言論列言寰無罪上愈怒曰如卿之言寰無罪即決五坊小使如小使無罪即決裴寰度對曰按罪誠如聖旨但以裴寰爲令長憂惜陛下百姓如此豈可加罪上怒色遽霽翌日令釋寰尋以度兼刑部侍郎奉使蔡州行營宣諭諸軍既還帝問諸將之才度曰臣觀李光顏見義能勇終有所成不數日光顏奏大破賊軍於時曲帝尤歎度之知人十年六月王承宗李師道俱遣刺客刺宰相武元衡亦令刺度是日度出通化里盜三以劍擊度初斷鞾帶次中背纔絕單衣後微傷其首度墮馬會度帶氈帽故瘡不至深賊又揮刃追度度從人王義乃持賊連呼甚急賊反刃斷義手乃得去度已墮溝中賊謂度已死乃捨去居三日詔以度爲門下侍郎同中書門下平章事度勁正而言辯尤長於政體凡所陳諭感動物情自魏博使還宣達稱旨帝深嘉屬又自蔡州勞軍還益聽其言尙以元衡秉政大用未果自盜發都邑便以大計屬之初元衡遇害獻計者或請罷度官以安二鎭之心憲宗大怒曰若罷度官是姦計得行朝綱何以振舉吾用度一人足以破此二賊矣度亦以平賊爲己任度以所傷請告二十餘日詔以衞兵宿度私第中使問訊不絕未拜前一日宣旨謂度曰不用宣政參假即延英對來及度入對撫諭周至時羣盜干紀變起都城朝野恐駭及度命相制下人情始安以爲必能殄寇自是誅賊之計日聞獻替用軍愈急十一年莊憲皇后崩度爲禮儀使上不聽政欲準故事置冢宰以總百司度獻議曰冢宰是殷周六官之首既掌邦理實統百司故王者諒闇百官有權聽之制後代設官既無此號不可虛設且國朝故事或置或否古今異制不必因循勅旨曰諸司公事宜權取中書門下處分議者是之六月蔡州行營唐鄧節度使高霞寓兵敗于鐵城中外恟駭先是詔羣臣各獻誅吳元濟可否之狀朝臣多言罷兵赦罪爲便翰林學士錢徽蕭俛語尤切唯度言賊不可赦及霞寓敗宰相以上必厭兵欲以罷兵爲對延英方奏憲宗曰夫一勝一負兵家常勢若帝王之兵不合敗則自古何難於用兵累聖不應留此兇賊今但論此兵合用與否及朝廷制置當否卿等唯須要害處置將帥有不可者去之勿疑兵力有不足者速與應接何可以一將不利便沮成計於是宰臣不得措言朝廷無敢言罷兵者故度計得行王稷家二奴告稷換父遺表隱沒進奉物留其奴於仗內遣中使往東都檢責稷之家財度奏曰王鍔身歿之後其家進奉已多今因其奴告檢責其家事臣恐天下將帥聞之必有以家爲計者憲宗即日遣中使還二奴付京兆府決殺十二年李愬李光顏屢奏破賊然國家聚兵淮右四年度支供餉不勝其弊諸將玩寇相視未有成功上亦病之宰相李逢吉王涯等三人以勞師弊賦意欲罷兵見上互陳利害度獨無言帝問之對曰臣請身自督戰明日延英重議逢吉等出獨留度謂之曰卿必能爲朕行乎度俯伏流涕曰臣誓不與此賊偕全上亦爲之改容度復奏曰臣昨見吳元濟乞降表料此逆賊勢實窘蹙但諸將不一未能迫之故未降耳若臣自赴行營則諸將各欲立功以固恩寵破賊必矣上然之翌日詔曰輔弼之臣軍國是賴興化致理秉鈞以居取威定功則分閫而出所以同君臣之體一中外之任焉屬者問罪汝南致誅淮右蓋欲刷其汙俗吊彼頑人雖挈地求生者實繁有徒而嬰城執迷者未翦其類何獸困而猶鬭豈鳥窮之無歸歟由是遲聽鼓鼙更張琴瑟煩我台席董茲戎旃朝議大夫守中書侍郎同平章事飛騎尉賜紫金魚袋裴度爲時降生協朕夢卜精辨宣力堅明納忠當軸而才謀老成運籌而智略有定司其樞務備知四方之事付以兵要必得萬人之心是用禱于上玄揀此吉日帶丞相之印綬所以尊其名賜諸侯之斧鉞所以重其命爾宜宣布清問恢壯皇猷感勵連營蕩平多壘招懷孤疾字撫夷傷況淮西一軍素効忠節過海赴難史冊書勳建中初攻破襄陽擒滅崇義比者脅於凶逆歸命無由每念前勞常思安撫所以內輟輔臣俾爲師率實欲保全慰諭各使得宜汝往欽哉無越我丕訓可門下侍郎同中書門下平章事蔡州刺史充彰義軍節度申光蔡觀察等使仍充淮西宣慰招討處置使詔出度以韓弘爲淮西行營都統不欲更爲招討請秖稱宣慰處置使又以此行既兼招撫請改翦其類爲革其志又以弘已爲都統請改更張琴瑟爲近輟樞衡請改煩我台席爲授以成算皆從之仍奏刑部侍郎馬總爲宣慰副使太子右庶子韓愈爲彰義行軍司馬司勳員外郎李正封都官員外郎馮宿禮部員外郎李宗閔等爲兩使判官書記皆從之初德宗朝政多僻朝官或相過從多令金吾伺察密奏宰相不敢於私第見賓客及度輔政以羣賊未誅宜延接奇士共爲籌畫乃請於私居接延賓客憲宗許之自是天下賢俊得以効計議於丞相接士於私第由度之請也自討淮西王師屢敗論者以殺傷滋甚轉輸不逭擬議密疏紛紜交進度以腹心之疾不時去之終爲大患不然兩河之盜亦將視此爲高下遂堅請討伐上深委信故聽之不疑度既受命召對於延英奏曰主憂臣辱義在必死賊滅則朝天有日賊在則歸闕無期上爲之惻然流涕十二年八月三日度赴淮西詔以神策軍三百騎衞從上御通化門慰勉之度樓下銜涕而辭賜之犀帶度名雖宣慰其實行元帥事仍以郾城爲治所上以李逢吉與度不協乃罷知政事出爲劍南東川節度既離京淮西行營大將李光顏烏重胤謂監軍梁守謙曰若侯度至而有功即非我利可疾戰先事立功是月六日將出兵與賊戰於賈店爲賊所敗度二十七日至郾城巡撫諸軍宣達上旨士皆賈勇時諸道兵皆有中使監陣進退不由主將戰勝則先使獻捷偶衂則凌挫百端度至行營並奏去之兵柄專制之於將衆皆喜悅軍法嚴肅號令畫一以是出戰皆捷

度遣使入蔡州元濟與度書曰比密有降款而索日進隔河大呼遂令三軍防元濟故歸首無路十月十一日唐鄧節度使李愬襲破懸瓠城擒吳元濟度先遣宣慰副使馬總入城安撫明日度建彰義軍節領洄曲降卒萬人繼進李愬具櫜鞬以軍禮迎度拜之路左度既視事蔡人大悅舊令途無偶語夜不燃燭人或以酒食相過從者以軍法論度乃約法唯盜賊鬬殺外餘盡除之其往來者不復以晝夜爲限於是蔡之遺黎始知有生人之樂初度以蔡卒爲牙兵或以爲反側之子其心未安不可自去其備度笑而荅曰吾受命爲彰義軍節度使元惡就擒蔡人卽吾人也蔡之父老無不感泣申光之民卽時平定十一月二十八日度自蔡州入朝留副使馬總爲彰義軍留後初度入蔡州或譖度沒入元濟婦女珍寶聞上頗疑之上欲盡誅元濟舊將封二劍以授梁守謙使往蔡州度廻至郾城遇之乃復與守謙入蔡州量罪加刑不盡如詔守謙固以詔止度先以疏陳乃徑赴闕下二月詔加度金紫光祿大夫弘文館大學士賜勳上柱國封晉國公食邑三千戶復知政事憲宗以淮西賊平因功臣李光顏等來朝欲開內宴詔六軍使修麟德殿之東廊軍使張奉國以公費不足出私財以助用訴於執政度從容啓曰陛下營造有將作監等司局豈可使功臣破產營繕上怒奉國泄漏乃令致仕其浚龍首渠起凝暉殿雕飾綺煥徙佛寺花木以植于庭有程异皇甫鎛者姦纖用事二人領度支鹽鐵數貢羨餘錢助帝營造帝又以异鎛平蔡時供饋不乏二人並命拜同平章事度延英面論曰程异皇甫鎛錢穀吏耳非代天理物之器也陛下徇耳目之欲拔置相位天下人騰口掉舌以爲不可於陛下無益願徐思其宜帝不省納度三上疏論之請罷己相位上都不省事見鎛傳又賈人張陟負五坊使楊朝汶息利錢潛匿朝汶於陟家得私簿記有負錢人盧載初云是故西川節度使盧坦大夫書迹朝汶卽捕坦家人拘之坦男不敢申理卽以私錢償之及徵驗書迹乃故鄭滑節度盧羣手書也坦男理其事朝汶曰錢已進過不可復得御史中丞蕭俛及諫官上疏陳其暴橫之狀度與崔羣因延英對極言之憲宗曰且欲與卿商量東軍此小事我自處置度奏曰用兵小事也五坊追捕平人大事也兵事不理秖憂山東五坊使暴橫恐亂輦轂上不悅帝久方省悟召楊朝汶數之曰向者爲爾使我羞見宰相遽命誅之初淮蔡既平鎭冀王承宗甚懼度遣辯士遊說客於趙魏間使說承宗令割地入質以效順故承宗求援於田弘正由度使客諷動之故兵不血刃而承宗鼠伏十三年李師道翻覆違命詔宣武義成武寧橫海四節度之師與田弘正會軍討之弘正奏請取黎陽渡河會李光顏等軍齊進帝召宰臣於延英議可否皆曰闕外之事大將制之既有奏陳宜遂其請度獨以爲不可奏曰魏博一軍不同諸道過河之後却退不得便須進擊方見成功若取黎陽渡河既纔離本界便至滑州徒有供餉之勞又生顧望之勢況弘正光顏並少威斷更相疑惑必恐遷延然兵事不從中制一定處分或慮不可若欲於河南持重則不如河北養威不然則且秣馬厲兵俟霜降水落於楊劉度河直抵鄆州但得至陽穀已來下營則兵勢自盛賊形自撓上曰卿言是矣乃詔弘正取楊劉渡河及弘正軍既濟河而南距鄆州四十里築壘賊勢果蹙頃之誅師道度執性不回忠於事上時政或有所闕靡不極言之故爲姦臣皇甫鎛所構憲宗不悅十四年檢校左僕射同中書門下平章事太原尹北都留守河東節度使穆宗卽位長慶元年秋張弘靖爲幽州軍所囚田弘正於鎭州遇害朱克融王廷湊復亂河朔詔度以本官充鎭州四面行營招討使時驕主荒僻輔相庸才制置非宜致其復亂雖李光顏烏重胤等稱爲名將以十數萬兵擊賊無尺寸之功蓋以勢既橫流無能復振然度受命之日蒐兵補卒不遑寢息自董西師臨於賊境屠城斬將屢以捷聞穆宗深嘉其忠款中使撫諭無虛月進位檢校司空兼充押北山諸蕃使時翰林學士元稹交結內官求爲宰相與知樞密魏弘簡爲刎頸之交稹雖與度無憾然頗忌前達加於己上度方用兵山東每處置軍事有所論奏多爲稹輩所持天下皆言稹恃寵熒惑上聽度在軍上疏論之曰臣聞主聖臣直今旣遇聖主輒爲直臣上荅殊私下塞羣謗誓除國蠹無以家爲苟獻替之可行何性命之足惜伏惟皇帝陛下恭承丕業光啓雄圖方殄頑人之風以立太平之事而逆豎構亂震驚山東姦臣作朋撓敗國政陛下欲掃蕩幽鎭宜肅清朝廷何者爲患有大小議事有先後河朔逆賊秖亂山東禁闈姦臣必亂天下是則河朔患小禁闈患大小者臣等與諸戎臣必能翦滅大者非陛下制斷非陛下覺悟無計驅除今文武百寮中外萬品有心者無不憤忿有口者無不咨嗟直以威權方重獎用方深無所畏避不敢抵觸恐事未行而禍已及不爲國計且爲身謀臣比者猶思隱忍不願發明一則以罪惡如山怨謗如雷伏料聖明必自誅殛一則以四方無事萬樞且過雖紀綱潛壞賄賂公行俟其貫盈必自顛覆今屬兇徒擾攘宸衷憂軫凡有制命計於安危痛此姦邪恣行欺罔干亂聖畧非止一途又翰苑舊臣結爲朋黨陛下聽其所說更訪於近臣私相計會更唱迭和蔽惑聰明所以臣自兵興已來所陳章疏事皆要切所奉書詔多有參差惜陛下委付之意不輕被姦臣抑損之事不少臣素知佞倖亦無讐嫌秖是昨者臣請乘傳詣闕面陳戎事姦臣之徒最所畏懼知臣若到御坐之前必能悉數其過以此百計止臣此行臣又請領兵齊進逐便攻討姦臣之黨曲加阻礙恐臣統率諸道或有成功進退皆受羈牽意見悉遭蔽塞復共一二憸狡同辭合力或兩道招撫逗留旬時或遣蔚州行營拖曳日月但欲令臣失所使臣無成則天下理亂山東勝負悉不顧矣爲臣事君一至於此且陛下左右前後忠良至多亦有熟會典章亦有飽諳師旅足得任使何獨斯人以臣愚見若朝中姦臣盡去則河朔逆賊不討而自平若朝中姦臣尚在則逆賊縱平無益臣讀國史知代宗朝蕃戎侵軼直犯都城代宗不知蓋被程元振蒙蔽幾危社稷當時柳伉乃太常一博士耳猶能抗表歸罪爲國除害今臣所處兼總將相豈肯坐觀凶邪有蠹日月不勝感憤嫉惡之至謹附中使趙奉國以聞儻陛下未信忠言猶惑姦黨伏乞出臣此表令三事大夫與百寮集議彼不受責臣合伏辜天鑒孔明照臣肝血但得天下之人知臣不負陛下則雖死之日猶生之年纔上三章辭情激切穆宗雖不悅然懼大臣正議乃以魏弘簡爲弓箭庫使罷元稹內職然寵稹之意未衰俄拜稹平章事尋罷度兵權守司徒同平章事充東都留守諫官相率伏閤詣延英門者日二三帝知其諫不卽被召皆上疏言時未偃兵度有將相全才不宜置之散地帝以章疏旁午無如之何知人情在度遂詔度自太原由京師赴洛及元稹爲相請上罷兵洗雪廷湊克融解深州之圍蓋欲罷度兵柄故也二年三月度至京師既見先敘克融廷湊暴亂河朔受命討賊無功次陳除職東都許令入覲辭和氣勁感動左右度伏奏龍墀涕泗嗚咽帝爲之動容口自論之曰所謝知朕於延英待卿初人以度無左右之助爲姦邪排擯雖度勳德恐不能感動人主及度奏河北事慷慨激切揚於殿廷在位者無不聳動雖武夫貴介亦有咨嗟出涕者翌日以度守司徒揚州大都督府長史充淮南節度使進階光祿大夫時朱克融王廷湊雖受朝廷節鉞未解深州之圍度初發太原與二鎭書諭以大義克融解圍而去廷湊亦退舍有中使自深州來言之穆宗甚喜卽日又遣中使往深州取牛元翼更命度致書與廷湊度沿路奉詔中使得度書云朝謝後卽歸留務恐廷湊知度無兵權卽背前約請度易之中使乃進度書草具奏其事及度至京師進退明辯帝方憂深州之圍遂授度淮南節度使先是監軍使劉承偕恃寵凌節度使劉悟三軍憤發大譟擒承偕欲殺之已殺其二傔悟救之獲免而囚承偕詔遣歸京悟託以軍情不時奉詔至是宰臣延英奏事度亦在列上顧謂度曰劉悟拘承偕而不遣如何處置度辭以藩臣不合議軍國事上固問之且曰劉悟負我我以僕射寵之近又賜絹五百萬疋不思報功翻縱軍衆凌辱監軍我實難奈此事度對曰承偕在昭義不法臣盡知之昨劉悟在行營與臣書數論其事是時有中使趙弘亮在臣軍仍持悟書將去欲自奏不知奏否上曰我都不知悟何不密奏其事我豈不能處置度曰劉悟武臣不知大臣體例雖然臣竊以悟縱有密奏陛下必不能處置今日事狀如此臣等面論陛下猶未能決悟單辭豈能動聖聽哉上曰前事勿論直言此時如何處置度曰陛下必欲收忠義之心使天下戎臣爲陛下死節唯有下半紙詔書言任使不明致承偕亂法如此令悟集三軍斬之如此則萬方畢命羣盜破膽天下無事矣苟不能如此雖與劉悟改官賜絹臣亦恐於事無益上俛首良久曰朕不惜承偕緣是太后養子今被囚縶太后未知如卿處置未得可更議其宜度與王播等復奏曰但配流遠惡處承偕必得出上以爲然承偕果得歸度方受册司徒徐州奏節度副使王智興自河北行營率師還逐節度使崔羣自稱留後朝廷駭懼卽日宣制以度守司徒同平章事復知政事乃以宰相王播代度鎭淮南度與李逢吉素不協度自太原入朝而惡度者以逢吉善於陰計足能構度乃自襄陽召逢吉入朝爲兵部尚書度既復知政事而魏弘簡劉承偕之黨在禁中逢吉用族子仲言之謀因醫人鄭注與中尉王守澄交結內官皆爲之助五月左神策軍奏告事人李賞稱和王府司馬于方受元稹所使結客欲刺裴度詔左僕射韓皋給事中鄭覃與李逢吉三人鞫于方之獄未竟罷元稹爲同州刺史罷度爲左僕射李逢吉代度爲宰相自是逢吉之黨李仲言張又新李續等內結中官外扇朝士立朋黨以沮度時號八關十六子皆交結

相關之人數也而度之醜譽日聞俄出度爲山南西道節度使不帶平章事長慶四年襄陽節度使牛元翼卒其家先在鎭州朝廷累遣中使取之王廷湊遷延不遣至是聞元翼卒乃盡屠其家昭愍皇帝聞之嗟惋累日因歎宰輔非才致姦臣悖逆如此翰林學士韋處厚上言曰臣聞汲黯在朝淮南不敢謀叛干木處魏諸侯不敢加兵王霸之理皆以一士而止百萬之師以一賢而制千里之難臣伏以裴度勳高中夏聲播外夷廷湊克融皆憚其用吐蕃迴鶻悉服其名今若置之巖廊委其參決西夷北虜未測中華河北山東必稟廟算況幽鎭未靜尤資重臣管仲曰人離而聽之則愚合而聽之則聖理亂之本非有他術順人則理違人則亂伏承陛下當食歎息恨無蕭曹今有一裴度尚不留驅使此馮生所以感悟漢文云雖有廉頗李牧不能用也夫御宰相當委之信之親之禮之如於事不效於國無勞則置之散寮黜之遠郡如此則在位者不敢不勵將進者不敢苟求陛下存終始之分但不永棄則君臣之厚也今進皆負四海責望退不失六部尚書不肖者無因而勸臣與李逢吉素無讎嫌臣嘗被裴度因事貶黜今之所陳上答聖明下達羣議披肝感激伏地涕流伏望鑒臣愛君矜臣體國則天下幸甚昭愍愕然省悟見度奏狀不帶平章事謂處厚曰度曾爲宰相何無平章事處厚因奏爲逢吉所擠度自僕射出鎭興元遂於舊使銜中減落帝曰何至是也翌日下制復兼同平章事然逢吉之黨巧爲毀沮恐度復用有陳留人武昭者性果敢而辯舌度之討淮西也昭求進於軍門乃令入蔡州說吳元濟元濟臨之以兵昭氣色自若善待而還度以爲可用署之軍職隨度鎭太原奏授石州刺史罷郡除袁王府長史昭旣在散位心微悒鬱而有怨逢吉之言而姦邪之黨使衞尉卿劉遵吉從人安再榮告事言武昭欲謀害李逢吉獄具而武昭死蓋欲訐度舊事以汚之也然士君子公論皆佑度而罪逢吉天子漸明其端每中使過興元必傳密旨撫諭且有徵還之約寶曆元年十一月度疏請入覲京師明年正月度至帝禮遇隆厚數日宣制復知政事而逢吉黨有左拾遺張權輿者尤出死力度自興元請入朝也權輿上疏曰度名應圖讖宅據岡原不召自來其心可見先是姦黨忌度作謠辭云非衣小兒坦其腹天上有口被驅逐天口言度嘗平吳元濟也又帝城東西橫亘六崗合易象乾卦之數度平樂里第偶當第五崗故權輿取爲語辭昭愍雖少年深明其誣謗獎度之意不衰姦邪無能措言時昭愍欲行幸洛陽宰相李逢吉及兩省諫官累疏論列帝正色曰朕去意已定其從官宮人悉令自備糗糧不勞百姓供饋逢吉頓首言曰東都千里而近宮闕具存以時巡遊固亦常典但以法駕一動事須備儀千乘萬騎不可減省縱不費用絶廣亦須豐儉得宜豈可自備糗糧頓失大體今干戈未甚戢邊鄙未甚寧恐人心動搖伏乞稍迴宸慮帝不聽令度支員外郎盧貞往東都已來檢計行宮及洛陽大內朝廷方懷憂恐會度自興元來因延英奏事帝語及巡幸度曰國家營創兩都蓋備巡幸然自艱難已來此事遂絶東都宮闕及六軍營壘百司廨署悉多荒廢陛下必欲行幸亦須稍稍修葺一年半歲後方可議行帝曰羣臣意不及此但云不合去若如卿奏不行亦得止後期旋又朱克融史憲誠各請以丁匠五千助修東都帝遂停東幸幽州朱克融執留賜春衣使楊文端奏稱衣段疎薄又奏今歲三軍春衣不足擬於度支請給一季春衣約三十萬端匹又請助丁匠五千修東都上憂其不遜問宰臣曰克融所奏如何處分我欲遣一重臣往宣慰便索春衣使可乎度對曰克融家本兇族無故又行凌悖必將滅亡陛下不足爲慮譬如一豺虎於山林間自吼自躍但不以爲事則自無能爲此賊秪敢於巢穴中無禮動卽不得今亦不須遣使宣慰亦不要索所留勑使但更緩旬日已來與一詔云聞中官到彼稍失去就待到我當有處分所賜卿春衣有司製造不謹我甚要知之已令科處所請丁匠五千人及兵馬赴東都固是虛語臣料賊中必出不得今欲直挫其姦意卽報云卿所請丁匠修宮闕可速遣來已勑魏博等道令所在排比供擬料得此詔必章惶失計若未能如此猶示含容則報云東都宮闕所要修葺事在有司不假卿遣丁匠遠來又所言三軍春衣自是本道常事比來朝廷或有事賜與皆緣徵發須是優恩若尋常則無此例我固不惜三二十萬端疋秪是事體不可獨與范陽卿宜知悉秪如此處分卽得陛下更不要介意上從之遂進詔草至皆如度所料不旬日幽州殺克融幷其二子時帝童年驕縱倦接羣臣度從容奏曰比者陛下每月約六七度坐朝天下人心無不知陛下躬親庶政乃至河北賊臣遠聞亦皆聳聽自兩月已來入閤開延英稍稀或恐大段公事須稟睿謀者有所擁滯伏冀陛下乘涼數坐以廣延問伏以頤養聖躬在於順適時候若飲食有節寢興有常四體唯和萬壽可保道書云春夏早起取雞鳴時秋冬晏起取日出時蓋在陽則欲及陰涼在陰則欲及溫煖今陛下憂勤庶政親覽萬機每御延英召臣等奏對方屬盛夏宜在清晨如至巳午之間卽當炎赫之際雖日昃忘食不憚其勞仰瞻扆旒亦似煩熱臣等已曾陳論切望聽納自後視事稍頻未幾兼領度支屬盜起禁闈宮車晏駕度與中貴人密謀誅劉克明等迎江王立爲天子以功加門下侍郎集賢殿大學士太清宮使餘如故以贊導之勳進階特進時滄景節度使李全畧死其子同捷竊弄兵柄以求繼襲度請行誅伐踰年而同捷誅因拜疏上陳調兵食非宰相事請歸諸有司詔從之賜實封三百戶度年高多病上疏懇辭機務恩禮彌厚文宗遣御醫診視日令中使撫問四年六月詔曰昔漢以孔光降置几之詔晉以鄭沖申奉册之命雖優隆耆德顯重元臣而議政不及於咨詢用禮止在於安逸朕勤求至理所寄惟賢顧諟舊勞敢不加敬繇是委宰制於大政釋叅決於繁務時因聽斷誠望遐諧秩上公式是殊寵特進守司徒兼門下侍郎同中書門下平章事充集賢殿大學士上柱國晉國公食邑三千戶食實封三百戶裴度稟河嶽之英靈受乾坤之間氣珪璋特達城府洞開外茂九功內苞一德器爲社稷之鎭才實邦國之楨故能祗事累朝宣融景化在憲宗時掃滌區宇爾則有出車殄寇之勳在穆宗時混同文軌爾則有綏戎入輔之績在敬宗時阜康兆庶爾則有活國庇人之勤迨弼朕躬總齊方夏爾則有弔伐底寧之力皆不遺廟筭布在簡編功利及人不可悉數而朝論益重我心實知方用臯陶之謨適値留侯之疾瀝懇牢讓備列奏章塞詔上言動形顏色果聞勿藥之喜更俟調鼎之功而體力未和音容尚阻不有優崇之命孰彰寵待之恩宜其協贊機衡弘敷教典論道而儀刑卿士宣德而鎭撫華夷頤養精神保綏福履爲國元老毗予一人可司徒平章軍國重事待疾損日每三日五日一度入中書散官勳封實封如故仍備禮册命度表辭曰伏以公台崇禮典册盛儀庸臣當之實謂忝越況累承寵命亦爲便蕃前後三度已行此禮令臣猶忝樞近竊懼無以弼諧重此勞煩有靦面目伏乞天恩且課臣効官責臣實事册命之儀特賜停罷則素餐高位空負恥於中心弁冕輕車免譏誚於衆口優詔從之九月加守司徒兼侍中襄州刺史充山南東道節度觀察臨漢監牧等使度素稱堅正事上不回故累爲姦邪所排幾至顚沛及晚節稍浮沉以避禍初度支鹽鐵使王播廣事進奉以希寵度亦掇拾羨餘以効播士君子少之復引韋厚叔南卓爲補闕拾遺俾彌縫結納爲自安之計而後進宰相李宗閔牛僧孺等不悅其所爲故因度謝病罷相位復出爲襄陽節度初元和十四年於襄陽置臨漢監牧廢百姓田四百頃其牧馬三千二百餘匹度以牧馬數少虛廢民田奏罷之除其使名八年三月以本官判東都尚書省事充東都留守九年十月進位中書令十一月誅李訓王涯賈餗舒元輿等四宰相其親屬門人從坐者數十百人下獄訊劾欲加流竄度上疏理之全活者數十家自是中官用事衣冠道喪度以年及懸輿王綱版蕩不復以出處爲意東都立第於集賢里築山穿池竹木叢萃有風亭水榭梯橋架閣島嶼迴環極都城之勝槩又於午橋創別墅花木萬株中起涼臺暑館名曰綠野堂引甘水貫其中釃引脉分映帶左右度視事之隙與詩人白居易劉禹錫酣宴終日高歌放言以詩酒琴書自樂當時名士皆從之遊每有人士自都還京文宗必先問之曰卿見裴度否上以其足疾不便朝謁而年未甚衰開成二年五月復以本官兼太原尹北都留守河東節度使詔出度累表固辭老疾不願更典兵權優詔不允文宗遣吏部郎中盧弘往東都宣旨曰卿雖多病年未甚老爲朕臥鎭北門可也促令上路度不獲已之任三年冬病甚乞還東都養病四年正月詔許還京拜中書令以疾未任朝謝詔曰司徒中書令度綽有大勳累居台鼎今以疾恙未任謝上其本官俸料宜自計日支給又遣國醫就第診視屬上巳曲江賜宴羣臣賦詩度以疾不能赴文宗遣中使賜度詩曰注想待元老識君恨不早我家柱石衰憂來學丘禱仍賜御札曰朕詩集中欲得見卿唱和詩故令示此卿疾恙未痊固無心力但異日進來春時俗說難於將攝勉加調護速就和平千百胷懷不具一二藥物所須無憚奏請之煩也御札及門而度已薨四年三月四日也上聞之震悼久之重令繕寫置之靈座時年七十五册贈太傅輟朝四日賵賻加等詔京兆尹鄭復監護喪事所須皆官給上恠度無遺表中使問之家人進其藁草其旨以未定儲貳爲憂言不及家事度始自書生以辭策中科選數年之間翔泳清切逢時艱否而能奮命決策橫身討賊爲中興宗臣當元和長慶間亂臣賊子蓄銳喪氣憚度之威棱度狀貌不踰中人而風彩俊爽占對雄辯觀聽者爲之聳然時有奉使絶域者四夷君長必問度之年齡幾何狀貌孰似天

子用否其威名播於憬俗為華夷畏服也如此時威望德業侔於郭子儀出入中外以身繫國之安危時之輕重者二十年凡命將相無賢不肖皆推度為首其為士君子愛重也如此雖江左王導謝安坐鎮雅俗而訏謨方略度又過之有子五人識譔讓諗議識以蔭授官累遷至通議大夫檢校右散騎常侍壽州刺史本州團練使上柱國襲晉國公食邑三千戶實封一百五十戶賜紫金魚袋大中初改潭州刺史御史中丞充河南都團練觀察使八年加檢校戶部尚書鳳翔尹鳳翔隴右節度使十一年本官移許州刺史忠武軍節度陳許觀察等使譔長慶元年登進士第讓初任京兆府參軍太和中度鎮襄陽奏乞讓從行諗大中五年自大中大夫檢校右散騎常侍御史大夫宣州刺史宣歙觀察使上柱國河東男食邑三百戶賜紫金魚袋入朝權知刑部侍郎兄弟並列方鎮時人榮之

史臣曰德宗懲建中之難姑息藩臣貞元季年威令衰削章武皇帝志攄宿憤廷訪嘉猷始得杜邠公用高崇文誅劉闢中得武丞相運籌訓戎贊成睿斷終得裴晉公耀武伸威竟殄兩河宿盜雄哉章武之果斷也晉公以書生素業致位台衡遑時遘屯扼腕兇醜誓以身徇不亦壯乎夫人臣事君唯忠與義大則以訏謨排禍難小則以讜正匡過失內不慮身計外不恤人言古之所難也晉公能之誠社稷之良臣股肱之賢相元和中興之力公胡讓焉昔仲尼歎周室陵遲齊桓霸翼而有微管之論當承宗師道之濟惡也姦人遍四海刺客滿京師乃至關吏禁兵附賊陰計議臣言未出口刃已揕胷苟非死義之臣孰肯橫身冒難以輔天子者苟裴令不用元和之世則時運未可知也臣所以明左衽之歎宣聖獎賢之深

贊曰晉公伐叛以身犯難用之則治捨之則亂公去巖廊復失冀方潁植之謀信為不臧

舊唐書卷一百七十一

後晉司空同中書門下平章事劉　昫撰

列傳第一百二十一

李渤　張仲方　裴潾 張皐附
李中敏　李甘　高元裕 兄少逸
李漢　李景儉

李渤字濬之後魏橫野將軍申國公發之後祖玄珪衞尉寺主簿父鈞殿中侍御史以母喪不時舉流于施州渤恥其家汚堅苦不仕勵志於文學不從科舉隱於嵩山以讀書業文為事元和初戶部侍郎鹽鐵轉運使李巽諫議大夫韋況更薦之以山人徵為左拾遺渤託疾不赴遂家東都朝廷政有得失附章疏陳論又撰禦戎新錄二十卷表獻之九年以著作郎徵之詔曰特降新恩用清舊議渤於是赴官歲餘遷右補闕連上章疏忤旨出丹王府諮議參軍分司東都十二年遷贊善大夫依前分司十三年遣人上疏論時政凡五事一禮樂二食貨三刑政四議都五辯讐渤以散秩在東都以上章疏為已任前後四十五封再遷為庫部員外郎時皇甫鎛作相剝下希旨會澤潞節度使郗士美卒渤充弔祭使路次陝西渤上疏曰臣出使經行歷求利病竊知渭南縣長源鄉本有四百戶今纔一百餘戶閿鄉縣本有三千戶今纔有一千戶其他州縣大約相似訪尋積弊始自均攤逃戶凡十家之內大半逃亡亦須五家攤稅似投石井中非到底不止攤逃之弊苛虐如斯此皆聚歛之臣剝下媚上唯思竭澤不慮無魚乞降詔書絕攤逃之弊其逃亡戶以其家產錢數為定徵有所欠乞降特恩免之計不數年人必歸於農矣夫農者國之本本立然後可以議太平若不由茲而云太平者謬矣又言道途不修驛馬多死憲宗覽疏驚異即以飛龍馬數百匹付畿內諸驛渤既以草疏切直大忤宰相乃謝病東歸穆宗即位召為考功員外郎十一月定京官考不避權幸皆行昇黜奏曰宰臣蕭俛段文昌崔植是陛下君臨之初用為輔弼安危理亂決在此時況陛下思天下和平敬大臣禮切固未有昵比左右侈滿自賢之心而宰相之權宰相之事陛下一以付之實君義臣行千載一遇之時也此時若失他更無時而俛等上不能推至公申炯誡陳先王道德以沃君心又不能正色匡躬振舉舊法復百司之本俾教化大立臣聞政之興廢在於賞罰俛等作相已來未聞奬一人德義舉守官奉公者使天下在官之徒有所激勸又不聞黜一人職事不理持祿養驕者使尸祿之徒有所懼如此則刑法不立矣邪正莫辯混然無章教化不行賞罰不設天下之事復何望哉一昨陛下遊幸驪山宰相翰林學士是陛下股肱心腹宜皆知之蕭俛等不能先事未形忘軀懇諫而使陛下有忽諫之名流於史冊是陷君於過也孔子曰所謂大臣者以道事君不可則止若俛等言行計從不當如是若言不行計不從須奉身速退不宜尸素於化源進退戾也何所避辭其蕭俛段文昌崔植三人并翰林學士杜元穎等並請考中下御史大夫李絳左散騎常侍張惟素右散騎常侍李益等諫幸驪山鄭覃等諫畋遊是皆恐陛下行幸不息恣情無度又恐馬有銜橛不測之變風寒生疾之憂急奏無所諳國璽委於婦人中侍之手絳等能率御史諫官論列於朝有懇激事君之體其李絳張惟素李益三人伏請賜上下考外特與遷官以彰陛下優忠賞諫之美其崔元略冠供奉之首合考上下緣與于暈上下考于暈以犯贓處死準令須降請賜考中中大理卿許季同任使于暈韋道沖韋正牧皆以犯贓或左降或處死合考中下然頃者陷劉闢之亂棄家歸朝忠節明著今宜以功補過請賜考中中少府監裴通職事修舉合考中上以其請追封所生母而捨嫡母是明罔於君幽欺其先請考中下伏以昔在宰夫入寢擅飲師曠李調今愚臣守官請書宰相學士中下考上愛聖運下振頹綱故臣懼不言之為罪不懼言之為罪也其三品官考伏緣限在今月內進輒先具如前其四品以下官續具條疏聞奏狀入留中不下議者以宰輔曠官自宜上疏論列而渤越職釣名非盡事君之道未幾渤以墜馬傷足請告會魏博節度使田弘正表渤為副使杜元穎奏曰渤賣直沽名動多狂躁聖恩矜貸且使居官而干進多端外交方鎮遠求奏請不能自安久留在朝轉恐生事乃出為虔州刺史渤至州奏還鄰境信州所移兩稅錢二百萬免稅米二萬斛減所由一千六百人觀察使以其事上聞未滿歲遷江州刺史張平叔判度支奏徵久遠逋懸渤在州上疏曰伏奉詔勅云度支使所奏令臣設計徵塡當州貞元二年逃戶所欠錢四千四百一十貫臣當州管田二千一百九十七頃今已旱死一千九百頃有餘若更勒徵度支使所為必懼史官書陛下於大旱中徵三十六年前逋懸臣任刺史罪無所逃臣既上不副聖情下不忍鞭笞黎庶不敢輕持符印特乞放臣歸田乃下詔曰江州所奏實為懇誠若不蠲容必難存濟所訴逋欠並放長慶二年入為職方郎中三年遷諫議大夫敬宗沖年即位坐朝常晚一日入閤久不坐羣臣候立紫宸門外有耆年衰病者幾將頓仆渤出次白宰相曰昨日拜疏陳論今坐益晚是諫官不能迴人主之意渤之罪也請先出閤待罪於金吾仗語次喚仗乃止渤又以左右常侍職參規諷而循默無言論之曰若設官不責其事不如罷之以省經費苟未能罷則請責職業渤充理匭使奏曰事之大者聞奏次申中書門下次移諸司諸司處理不當再來投匭即具事奏聞如妄訴無理本罪外加一等準勅告密人付金吾留身待進止今欲留身後牒臺府冀止絕兇人從之長慶寶曆中政出多門事歸邪倖渤不顧患難章疏論列曾無虛日帝雖昏縱亦為之感悟轉給事中面賜金紫寶曆元年改元大赦先是鄠縣令崔發聞門外喧鬬縣吏言五坊使下毆擊百姓發怒命吏捕之曳捽既至時已曛黑不問色目良久與語乃知是一內官天子聞之怒收發繫御史臺御樓之日放繫囚發亦在雞竿下時有品官五十餘人持仗毆發縱橫亂擊發破面折齒臺吏以席蔽之方免是日繫囚皆釋發獨不免渤疏論之曰縣令不合曳中人中人不合毆御囚其罪一也然縣令所犯在恩前中人所犯在恩後中人橫暴一至於此是朝廷馴致使然若不早正刑書臣恐四夷之人及藩鎮奏事傳道此語則慢易之心萌矣渤又宣言于朝云郊禮前一日兩神策軍於青城內奪京兆府進食牙盤不時處置致有毆擊崔發之事上聞之按問左右皆言無奪食事以渤黨發出為桂州刺史兼御史中丞充桂管都防禦觀察使渤雖被斥正論不已而諫官繼論其屈後宰相李逢吉竇易直李程因延英上語及崔發逢吉等奏曰崔發凌轢中人誠大不敬然發母是故相韋貫之姊年僅八十自發下獄積憂成疾伏以陛下孝治天下稍垂恩宥帝愍然良久曰比諫官論奏但言發屈未嘗言不敬之罪亦不言有老母如卿等言寧無憫惻即遣中使送發至其家兼撫問發母韋夫人號哭對中使杖發四十拜章謝恩帝又遣中使慰安之渤在桂管二年風恙求代罷歸洛陽太和五年以太子賓客徵至京師月餘卒時年五十九贈禮部尚書渤孤貞力行操尚不苟合而闒茸之流非其沽激至於以言擯退終不息言以救時病服名節者重之子祝會昌中登進士第辟諸侯府

張仲方韶州始興人祖九皐廣州刺史殿中監嶺南節度使父抗贈右僕射仲方伯祖始興文獻公九齡開元

朝名相仲方貞元中進士擢第宏辭登科釋褐集賢校理丁母憂免服闋補祕書省正字調授咸陽尉出爲邠州從事入朝歷侍御史倉部員外郎會呂溫羊士諤誣告宰相李吉甫陰事二人俱貶仲方坐呂溫貢舉門生出爲金州刺史吉甫卒入爲度支郎中時太常定吉甫謚爲恭懿博士尉遲汾請爲敬憲仲方駮議曰古者易名請謚禮之典也處大位者取其巨節蔑諸細行垂範當代昭示後人然後書之垂于不朽善善惡惡不可以誣故稱一字則至明矣定褒貶是非之宜泯同異紛綸之論贈司徒吉甫稟氣生材乘時佐治博涉多藝含章炳文燮贊陰陽經緯邦國惜乎通敏資性便媚取容故載踐樞衡疊致台衮大權在己沈謀罕成好惡徇情輕諾寡信語淚在臉遇便則流巧言如簧應機必發夫人臣之翼戴元后者端恪致治孜孜夙夜緝熙庶績平章百揆兵者凶器不可從我始及乎伐罪則料敵以成功至使內有害輔臣之盜外有懷毒蠆之孽師徒暴野戎馬生郊皇上旰食宵衣公卿大夫且慙且恥農人不得在畝緝婦不得在桑耗斂賦之常貲散帑廩之中積徵邊徼之備竭運輓之勞僵尸血流胔骼成岳酷毒之痛號訴無辜勦絕羣生迨今四載禍胎之兆寔始其謀遺君父之憂而豈謂之先覺者乎夫論大功者不可以妄取不可以枉致爲資畫者體理不顯不競而豈妨令美當削平西蜀乃言語侍從之臣擒翦東吳則訏謨廊廟之輔較其功則有異言其力則不倫何捨其所重而録其所輕收其所小而畧其所大且奢靡是嗜而曰愛人以儉受授無守而曰慎才以補斥諫諍之士于外豈不近之蔽聰乎舉忠烈之廟于內豈不近之暱愛也焉有蔽聰暱愛家範無制而能垂法作程憲章百度乎謹按謚法敬以直內內而不肅何以刑于外憲者法也戴記曰憲章文武又曰發慮憲義以爲敬恪終始載考歷位未嘗効一法官議一小獄及居重位以安和平易寛柔自處考其名與其行不類研其事與其道不侔一定之辭惟精惟審異日詳制貽諸史官請俟蔡寇將平天下無事然後都堂聚議謚亦未遲憲宗方用兵惡仲方深言其事怒甚貶爲遂州司馬量移復州司馬遷河東少尹未幾拜鄭州刺史滎陽大海佛寺有高祖爲隋鄭州刺史日爲太宗疾祈福於此寺造石像一軀凡刊勒十六字以誌之歲久剜缺滎陽令李光慶重加脩飾仲方再刊石記之以聞及敬宗卽位李程作相與仲方同年登進士第召仲方爲右諫議大夫敬宗童年戲慢詔淮南王播造上巳競渡船三十隻播將船材於京師造作計用半年轉運之費方得成仲方詣延英面論言甚懇激帝只令造十隻以進帝又欲幸華清宮仲方諫曰萬乘所幸出須備儀無宜輕行以失威重帝雖不從慰勞之太和初出爲福州刺史兼御史中丞福建觀察使三年入爲太子賓客五年四月轉右散騎常侍七年李德裕輔政出爲太子賓客分司八年德裕罷相李宗閔復召仲方爲常侍九年十一月李訓之亂四宰相中丞京兆尹皆死翌日兩省官入朝宣政衙門未開百官錯立於朝堂無人吏引接逡巡閤門使馬元贄斜開宣政衙門傳宣曰有勅召左散騎常侍張仲方仲方出班元贄宣曰仲方可京兆尹然後衙門大開喚仗月餘鄭覃作相用薛元賞爲京兆尹出仲方爲華州刺史開成元年五月入爲祕書監外議以鄭覃黨李德裕排擯仲方覃恐涉朋黨因紫宸奏事覃啓曰丞郎闕人臣欲用張仲方文宗曰中臺侍郎朝廷華選仲方作牧守無政安可以丞郎處之累加銀青光祿大夫上柱國曲江縣開國伯食邑七百戶二年四月卒仲方貞確自立綽有祖風自駮謚之後爲德裕之黨擯斥坎坷而歿人士悲之有文集三十卷兄仲端位終都昌令弟仲孚登進士第爲監察御史

裴潾河東人也少篤學善隸書以門蔭入仕元和初累遷右拾遺轉左補闕元和中兩河用兵初憲宗寵任內官有至專兵柄者又以內官充館驛使有曹進玉者恃恩暴戾遇四方使多倨有至捽辱者宰相李吉甫奏罷之十二年淮西用兵復以內官爲使潾上疏曰館驛之務每驛皆有專知官畿內有京兆尹外道有觀察使刺史迭相監臨臺中又有御史充館驛使專察過闕伏知近有敗事上聞聖聰但明示科條督責官吏據其所犯重加貶黜敢不惕懼日夜厲精若令宮闈之臣出參館驛之務則內臣外事職分各殊切在塞侵官之源絕出位之漸事有不便必誡以初令或有妨不必在大當揣靜妖氛之日開太平至理之風澄本正名實在今日言雖不用帝意嘉之遷起居舍人憲宗季年銳於服餌詔天下搜訪奇士宰相皇甫鎛與金吾將軍李道古挾邪固寵薦山人柳泌及僧大通鳳翔人田佐元皆待詔翰林憲宗服泌藥日增躁渴流聞于外潾上疏諫曰臣聞除天下之害者受天下之利共天下之樂者饗天下之福故上自黃帝顓頊堯舜禹湯下及周文王武王咸以功濟生靈德配天地故天皆報之以上壽垂祚於無疆伏見陛下以大孝安宗廟以至仁牧黎元自踐祚已來剗積代之妖兇開削平之洪業而禮敬宰輔待以終始內能大斷外寬小故夫此神功聖化皆自古聖主明君所不及陛下躬親行之實光映千古矣是則天地神祇必報陛下以山岳之壽宗廟聖靈必福陛下以億萬之齡四海蒼生咸祈陛下以覆載之永自然萬靈保祐聖壽無疆伏見自去年已來諸處頻薦藥術之士有韋山甫柳泌等或更相稱引迄今狂謬薦送漸多臣伏以眞仙有道之士皆匿其名姓無求於代潛遁山林滅影雲壑唯恐人見唯懼人聞豈肯干謁公卿自鬻其術今者所有誇衒藥術者必非知道之士咸爲求利而來自言飛鍊爲神以誘權貴賄賂大言怪論驚聽惑時及其假僞敗露曾不恥於逃遁如此情狀豈可保信其術親餌其藥哉禮曰夫人食味別聲被色而生者也春秋左氏傳曰味以行氣氣以實志又曰水火醯醢鹽梅以烹魚肉宰夫和之齊之以味君子食之以平其心夫三牲五穀稟自五行發爲五味蓋天地生之所以奉人也是以聖人節而食之以致康強逢吉之福若夫藥石者前聖以之療疾蓋非常食之物況金石皆含酷烈熱毒之性加以燒治動經歲月既兼烈火之氣必恐難爲防制若乃遠徵前史則秦漢之君皆信方士如盧生徐福欒大李少君其後皆姦僞事發其藥竟無所成事著史記漢書皆可驗視禮曰君之藥臣先嘗之親之藥子先嘗之臣子一也臣願所有金石鍊藥人及所薦之人皆先服一年以考其眞僞則自然明驗矣伏惟元和聖文神武法天應道皇帝陛下合日月照臨之明稟乾元利貞之德崇正若指南受諫如轉規是必發精金之刃斷可疑之網所有藥術虛誕之徒伏乞特賜罷遣禁其幻惑使浮雲盡徹朗日增輝道化侔羲農悠久配天地實在此矣伏以貞觀已來左右起居有褚遂良杜正倫呂向韋述等咸能竭其忠誠悉心規諫小臣謬參侍從職奉起居侍從之中最近左右傳曰近臣盡規則近侍之臣上達忠款實其本職也疏奏忤旨貶爲江陵令穆宗卽位柳泌等誅徵潾爲兵部員外郎遷刑部郎中有前率府倉曹曲元衡者杖殺百姓栢公成母法官以公成母死在辜外元衡父任軍使使以父廕徵銅栢公成私受元衡資貨母死不聞公府法寺以經恩免罪潾議曰典刑者公柄也在官者得施於部屬之內若非在官又非部屬雖有私罪必告於官官爲之理以明不得擅行鞭捶於齊人也且元衡身非在官公成母非部屬而擅憑威力橫此殘虐豈合拘於常典栢公成取貨於讐利母之死悖逆天性犯則必誅奏下元衡杖六十配流公成以法論至死公議稱之轉考功吏部二郎中寶曆初拜給事中大和四年出爲汝州刺史兼御史中丞賜紫坐違法杖殺人貶左庶子分司東都七年遷左散騎常侍充集賢殿學士集歷代文章續梁昭明太子文選成三十卷目曰大和通選并音義目録一卷上之當時文士非素與潾遊者其文章少在其選時論咸薄之八年轉刑部侍郎尋改華州刺史九年復拜刑部侍郎開成元年轉兵部侍郎二年加集賢院學士判院事尋出爲河南尹入爲兵部侍郎三年四月卒贈戶部尚書謚曰敬潾以道義自處事上盡心尤嫉朋黨故不爲權幸所知憲宗竟以藥悞不壽君子以潾爲知言穆宗雖誅柳泌旣而自惑左右近習稍稍復進方士時有處士張臯上疏曰神慮澹則血氣和嗜欲勝則疾疹作和則必臻於壽考作則必致於傷殘是以古之聖賢務自頤養不以外物撓耳目不徇聲色敗性情由是和平自臻福慶斯集故易曰無妄之疾勿藥有喜詩曰自天降康降福穰穰此皆理合天人著在經訓然則藥以攻疾無疾固不可餌之也高宗朝處士孫思邈者精識高道深達攝生所著千金方三十卷行之於代其序論云凡人無故不宜服藥藥氣偏有所助令人藏氣不平思邈此言可謂洞於事理也或寒暑爲寇節宣有乖事資醫方尚須重慎故禮云醫不三代不服其藥施於凡庶猶且如此況在天子豈得自輕先朝暮年頗好方士徵集非一嘗試亦多果致危疾聞於中外足爲殷鑒皆陛下素所詳知必不可更踵前車自貽後悔今朝野之人紛紜竊議直畏忤旨莫敢獻言臣蓬艾微生麋鹿同處旣非邀寵亦又何求但泛覽古今粗知忠義有聞而默於理不安願陛下無怒芻蕘庶裨萬一穆宗歎獎其言尋令訪臯不獲

李中敏隴西人父嬰中敏元和末登進士第性剛褊敢言與進士杜牧李甘相善文章趣向大率相類中敏累從府辟入爲監察歷侍御史大和中爲司門員外郎六年夏旱時王守澄方寵鄭注及誣構宋申錫後人側目畏之上以久旱詔求致雨之方中敏上言曰仍歲大旱非聖德不至直以宋申錫之寃濫鄭注之姦弊今致雨之方莫若斬鄭注而雪申錫士大夫皆危之疏留中不下明年中敏謝病歸洛陽及訓注誅竟雪申錫召中敏爲司勳員外郎尋遷刑部郎中知臺雜其年拜諫議大夫充理匭使上言曰據舊例投匭進狀人先以副本呈

匭使或詭異難行者不合進入臣檢尋文按不見本勅所由但云貞元奉宣恐是一時之事臣以爲本置匭函每日從內將出日暮進入意在使寃濫無告有司不爲申理者或論時政或陳利害宜開其必達之路所以廣聰明而慮幽枉也若令有司先見裁其可否即非重密其事俾壅塞自伸於九重之意臣伏請今後所有進狀及封事臣但爲引進取捨可否斷自中旨庶使名實在茲以明置匭之本從之尋拜給事中

李甘字和鼎長慶末進士擢第又制策登科大和中累官至侍御史鄭注入翰林侍講舒元輿既作相注亦求入中書甘唱於朝曰宰相者代天理物先德望而後文藝注乃何人敢茲叨竊白麻若出吾必壞之會李訓亦惡注之所求相注之事竟寢訓不獲已貶甘封州司馬又有李款者與中敏同時爲侍御史鄭注邠寧入朝款伏閤彈注云內通勅使外結朝官兩地往來卜射財貨文宗不之省及注用事款亦被逐開成中累官至諫議大夫出爲蘇州刺史遷洪州刺史江西觀察使杜牧自有傳

高元裕字景圭渤海人祖魋父集官卑元裕登進士第本名允中大和初爲侍御史奏改元裕累遷左司郎中李宗閔作相用爲諫議大夫尋改中書舍人九年宗閔得罪南遷元裕出城餞送爲李訓所怒出爲閬州刺史時鄭注入翰林元裕草注制辭言注以醫藥奉君親注怒會送宗閔乃貶之訓注既誅復徵爲諫議大夫開成三年充翰林侍講學士文宗寵莊恪太子欲正人爲師友乃兼太子賓客四年改御史中丞風望峻整上言曰御史府紀綱之地官屬選用宜得實才其不稱者臣請出之監察御史杜宣猷柳瓌崔郢侍御史魏中庸高弘簡並以不稱出爲府縣之職尋而藍田縣人賀蘭進與里內五十餘人相聚念佛神策鎮將皆捕之以爲謀逆當大辟元裕疑其寃上疏請出賀蘭進等付臺覆問然後行刑從之會昌中爲京兆尹大中初爲刑部尚書二年檢校吏部尚書襄州刺史加銀青光祿大夫渤海郡公山南東道節度使入爲吏部尚書卒元裕兄少逸元恭少逸長慶末爲侍御史坐弟元裕貶官左授贊善大夫累遷左司郎中元裕爲中丞少逸遷諫議大夫代元裕爲侍講學士兄弟迭處禁密時人榮之會昌中爲給事中多所封奏大中初檢校禮部尚書華州刺史潼關防禦鎮國軍使入爲左散騎常侍工部尚書卒元裕子璩登進士第大中朝由內外制歷丞郎判度支咸通中守中書侍郎平章事

李漢字南紀宗室淮陽王道明之後道明生景融景融生務該務該生思思生岌岌已上無名位至岌爲蜀州晉原尉岌生荆荆爲陝州司馬荆生漢漢元和七年登進士第累辟使府長慶末爲左拾遺敬宗好治宮室波斯賈人李蘇沙獻沈香亭子材漢上疏論之曰若以沈香爲亭子即與瑶臺瓊室事同寶曆中王政日僻漢與同列薛廷老因入閤延奏曰近日除授不由中書擬議多是宣出施行臣恐自此紀綱大壞姦邪恣行願陛下各勅有司稍存典故坐言忤旨出爲興元從事文宗即位召爲屯田員外郎史館脩撰漢韓愈子壻少師愈爲文長於古學剛訐亦類愈預修憲宗實錄尤爲李德裕所憎大和四年轉兵部員外郎李宗閔作相用爲知制誥尋遷駕部郎中八年代宇文鼎爲御史中丞時李程爲左僕射以儀注不定奏請定制先是太和三年兩省官同定左右僕射儀注御史中丞已下與僕射相遇依令致敬歛馬側立待僕射謝官日大夫中丞三院御史就幕次參見其觀象門外立班既以後至爲重大夫中丞到班後朝堂所由引僕射就位傳呼贊導如大夫就列之儀班退贊導亦如之御史大夫與僕射道途相遇則分道而行舊事左右僕射初上御史中丞吏部侍郎已下羅拜四年中書奏曰僕射受中丞侍郎拜則似太重荅郎官已下拜則太輕起今後諸司四品已下官及御史臺六品已下并郎官並望準故事餘依元和七年勅處分可之至是因李程奏漢議曰左右僕射初上受左右丞諸曹侍郎諸司四品及御史中丞已下拜謹按開元禮及六典並無此儀注不知所起之由或以爲僕射師長百寮此語亦無證據唯有曹魏時賈詡讓官表中一句語耳且尚書令是正長尚無受拜之文故事與御史中丞司隸校尉號三獨坐伏以朝廷比肩同事聖主南面受拜臣下何安縱有明文尚須釐革故禮記曰君於士不荅拜非其臣則荅之況御史中丞殿中御史是供奉官尤爲不可儀制令雖有隔品之文不知便是受拜否及御史大夫亦曾受御史已下拜今並不行蓋以禮數僭逼非人臣所安元和六年七月詔崔邠段平仲與當時禮官王涇韋公肅等同議其事理甚精詳今請舉而行之庶爲折衷時程入省竟依舊儀議者以漢奏爲是七年轉禮部侍郎八年改戶部侍郎九年四月轉吏部侍郎六月李宗閔得罪罷相漢坐其黨出爲邠州刺史宗閔再貶漢亦改汾州司馬仍三二十年不得錄用會昌中李德裕用事漢竟淪躓而卒漢弟潢洗潘皆登進士第潘大中初爲禮部侍郎漢子貺亦登進士第

李景儉字寬中漢中王瑀之孫父褚太子中舍景儉貞元十五年登進士第性俊朗博聞強記頗閱前史詳其成敗自負王霸之畧於士大夫間無所屈降貞元末韋執誼王叔文東宮用事尤重之待以管葛之才叔文竊政屬景儉居母喪故不及從坐韋夏卿留守東都辟爲從事竇羣爲御史中丞引爲監察御史羣以罪左遷景儉坐貶江陵戶曹累轉忠州刺史元和末入朝執政惡之出爲澧州刺史與元稹李紳相善時紳稹在翰林屢言於上前及延英辭日景儉自陳己屈穆宗憐之追詔拜倉部員外郎月餘驟遷諫議大夫性既矜誕寵擢之後凌蔑公卿大臣使酒尤甚中丞蕭俛學士段文昌相次輔政景儉輕之形於談謔二人俱訴之穆宗不獲已貶之制曰諫議大夫李景儉擢自宗枝嘗探儒術荐歷臺閣亦分郡符動或違仁行不由義附權幸以虧節通姦黨之陰謀衆情皆疑羣議難息據因緣之狀當寘嚴科順長養之時特從寬典勉宜省過無或徇非可建州刺史未幾元稹用事自郡召還復爲諫議大夫其年十二月景儉朝退與兵部郎中知制誥馮宿庫部郎中知制誥楊嗣復起居舍人溫造司勳員外郎李肇刑部員外郎王鎰等同謁史官獨孤朗乃於史館飲酒景儉乘醉詣中書謁宰相呼王播崔植杜元穎名面疏其失辭頗悖慢宰相遜言止之旋奏貶漳州刺史是日同飲於史館者皆貶逐景儉未至漳州而元稹作相改授楚州刺史議者以景儉使酒凌忽宰臣詔令纔行遽遷大郡稹懼其物議追還授少府少監從坐者皆召還而景儉竟以忤物不得志而卒景儉疏財尚義雖不厲名節死之日知名之士咸惜之景儉弟景儒景信景仁皆有藝學知名於時景信景仁皆登進士第

史臣曰仲尼有言不得中行而與之必也狂狷乎若渤論考第仲方駮謚誠知後悔不能息言可謂狷歟當賊注挾邪之辰羣公結舌而寢默而中敏李甘元裕或肆其言或奮其筆暴揚醜迹不憚撩鬚謂之爲狂即有遺恨比夫請劒斷佞亦可同年而語也南紀有良史才足以自立而協比權幸顛沛終身君子慎獨庸可忽諸景儉自負太過蕩而無檢良驥跅弛之患也

贊曰張李切言利刃決雲裴諫方士深誠愛君言排賊注高李不羣漢儉朋比夫何足云

# 舊唐書卷一百七十二

後晉司空同中書門下平章事劉　昫撰

## 列傳第一百二十二

令狐楚弟定 子緒 綯 綯子滈　牛僧孺子蔚 藂 蔚子徽

蕭俛弟傑 俶 從弟倣 倣子廩　李石弟福

令狐楚字殼士自言國初十八學士德棻之裔祖崇亮綿州昌明縣令父承簡太原府功曹家世儒素楚兒童時已學屬文弱冠應進士貞元七年登第桂管觀察使王拱愛其才欲以禮辟召懼楚不從乃先聞奏而後致聘楚以父掾太原有庭闈之戀又感拱厚意登第後徑往桂林謝拱不預宴遊乞歸奉養即還太原人皆義之李說嚴綬鄭儋相繼鎮太原高其行義皆辟爲從事自掌書記至節度判官歷殿中侍御史楚才思俊麗德宗好文每太原奏至能辨楚之所爲頗稱之鄭儋在鎮暴卒不及處分後事軍中喧譁將有急變中夜十數騎持刃迫楚至軍門諸將環之令草遺表楚在白刃之中搦管即成讀示三軍無不感泣軍情乃安自是聲名益重丁父憂以孝聞免喪徵拜右拾遺改太常博士禮部員外郎母憂去官服闋以刑部員外郎徵轉職方員外郎知制誥楚與皇甫鎛蕭俛同年登進士第元和九年鎛初以財賦得幸薦俛楚俱入翰林充學士遷職方郎中中書舍人皆居內職時用兵淮西言事者以師久無功宜宥賊罷兵唯裴度與憲宗志在殄寇十二年夏度自宰相兼彰義軍節度淮西招撫宣慰處置使宰相李逢吉與度不協與楚相善楚草度淮西招撫使制不合度旨度請改制內三數句語憲宗方責度用兵乃罷逢吉相任亦罷楚內職守中書舍人元和十三年四月出爲華州刺史其年十月皇甫鎛作相其月以楚爲河陽懷節度使十四年四月裴度出鎮太原七月皇甫鎛薦楚入朝自朝議郎授朝議大夫中書侍郎同平章事與鎛同處台衡深承顧待十五年正月憲宗崩詔楚爲山陵使仍撰哀册文時天下怒皇甫鎛之奸邪穆宗即位之四日羣臣素服班於月華門外宣詔貶鎛將殺之會蕭俛作相託中官救解方貶崖州物議以楚因鎛作相而逐裴度羣情共怒以蕭俛之故無敢措言其年六月山陵畢會有告楚親吏贓汙事發出爲宣歙觀察使楚充奉山陵時親吏韋正牧奉天令于翬翰林陰陽官等同隱官錢不給工徒價錢移爲羨餘十五萬貫上獻怨訴盈路正牧等下獄伏罪皆誅楚再貶衡州刺史時元稹初得幸爲學士素惡楚與鎛膠固希寵稹草楚衡州制

畧曰楚早以文藝得踐班資憲宗念才擢居禁近異端斯害獨見不明密隳討伐之謀潛附奸邪之黨因緣得地進取多門遂忝台階實妨賢路楚深恨稹長慶元年四月量移郢州刺史遷太子賓客分司東都二年十一月授陝州大都督府長史兼御史大夫陝虢觀察使制下旬日諫官論奏言楚所犯非輕未合居廉察之任上知之遽令追制時楚已至陝州視事一日矣復授賓客歸東都時李逢吉作相極力援楚以李紳在禁密沮之未能擅柄敬宗即位逢吉逐李紳尋用楚為河南尹兼御史大夫其年九月檢校禮部尚書汴州刺史宣武軍節度汴宋亳觀察等使汴軍素驕累逐主帥前後韓弘兄弟率以峻法繩之人皆偷生未能革志楚長於撫理前鎮河陽代烏重胤移鎮滄州以河陽軍三千人為牙卒卒咸不願從中路叛歸又不敢歸州聚於境上楚初赴任聞之乃疾驅赴懷州潰卒亦至楚單騎喻之咸令櫜弓解甲用為前驅卒不敢亂及莅汴州解其酷法以仁惠為治去其太甚軍民咸悅翕然從化後竟為善地汴帥前例始至率以錢二百萬實其私藏楚獨不取以其羨財治廨舍數百間太和二年九月徵為戶部尚書三年三月檢校兵部尚書東都留守東畿汝都防禦使其年十一月進位檢校右僕射鄆州刺史天平軍節度鄆曹濮觀察等使奏故東平縣為天平縣屬歲旱儉人至相食楚均富贍貧而無流亡者六年二月改太原尹北都留守河東節度等使楚久在并州練其風俗因人所利而利之雖屬歲旱人無轉徙楚始自書生隨計成名皆在太原實如故里及是秉旄作鎮邑老歡迎楚綏撫有方軍民胥悅七年六月入為吏部尚書仍檢校右僕射故事檢校高官者便從其班楚以正官三品不宜從二品之列請從本班優詔嘉之九年六月轉太常卿十月守尚書左僕射進封彭陽郡開國公十一月李訓兆亂京師大擾訓亂之夜文宗召左僕射鄭覃與楚宿于禁中商量制勑上皆欲用為宰相楚以王涯賈餗冤死敘其罪狀浮泛仇士良等不悅故輔弼之命移於李石乃以本官領鹽鐵轉運等使先是鄭注上封置榷茶使額鹽鐵使兼領之楚奏罷之曰伏以江淮數年已來水旱疾疫凋傷頗甚愁歎未平今夏及秋稍校豐稔方須惠卹各使安存昨者忽奏榷茶實為蠹政蓋是王涯破滅將至怨怒合歸豈有令百姓移茶樹於官場中栽植摘茶葉於官場中造作有同兒戲不近人情方在恩權孰敢沮議朝班相顧而失色道路以目而吞聲今宗社降靈奸兇盡戮聖明垂祐黎庶合安微臣蒙恩兼領使務官銜之內猶帶此名俯仰若驚夙宵知懼伏乞特迴聖聽下鑒愚誠速委宰臣除此使額緣軍國之用或闕山澤之利有遺許臣條疏續具聞奏採造將及妨廢為虞前月二十一日內殿奏對之次鄭覃與同陳論訖伏望聖慈早賜處分一依舊法不用新條唯納榷之時須節級加價商人轉賣必校稍貴即是錢出萬國利歸有司既不害茶商又不擾茶戶上以彰陛下愛人之德下以竭微臣憂國之心遠近傳聞必當感悅從之先是元和十年出內庫弓箭陌刀賜左右街使充宰相入朝以為翼衛及建福門而止至是因訓注之亂悉罷之楚又奏諸道新授方鎮節度使等具帑抹帶器仗就尚書省兵部參辭伏以軍國異容古今定制若不由舊斯為攺常未聞省閤之門忽內弓刀之器鄭注外蒙恩寵內蓄兇狂首創奸謀將興亂兆致王璠郭行餘之輩敢驅將吏直詣闕庭震驚乘輿騷動京國血濺朝路尸僵禁街史冊所書人神共憤既往不咎其源尚開前件事宜伏乞速令停罷如須參謝即具公服從之又奏請罷修曲江亭絹一萬三千七百匹迴修尚書省從之開成元年上巳賜百寮曲江亭宴楚以新誅大臣不宜賞宴獨稱疾不赴論者美之以權在內官累上疏乞解使務其年四月檢校左僕射興元尹充山南西道節度使二年十一月卒于鎮年七十二冊贈司空謚曰文楚風儀嚴重若不可犯然寬厚有禮門無雜賓嘗與從事晏語方酣有非類偶至立命徹席毅然色變累居重任貞操如初未終前三日猶吟詠自若疾甚諸子進藥未嘗入口曰修短之期分以定矣何須此物前一日召從事李商隱曰吾氣魄已殫情思俱盡然所懷未已強欲自寫聞天恐辭語乖舛子當助我成之即秉筆自書曰臣永惟際會受國深恩以祖以父皆蒙褒贈有弟有子並列班行全腰領以從先人委體魄而事先帝此不自達誠為甚愚但以永去泉扃長辭雲陛更陳尸諫猶進瞽言雖號叫而不能豈誠明之敢忘今陛下春秋鼎盛寰海鏡淸是修教化之初當復理平之始然自前年夏秋已來貶譴者至多誅戮者不少望普加鴻造稍霽皇威歿者昭洗以雲雷存者霑濡以雨露使五穀嘉熟兆人安康納臣將盡之苦言慰臣永蟄之幽魄書訖謂其子緒綯曰吾生無益於人勿請謚號葬日勿請鼓吹唯以布車一乘餘勿加飾銘誌但志宗門秉筆者無擇高位當歿之夕有大星霣於寢室之上其光燭廷楚端坐與家人告訣言已而終嗣子奉行遺旨詔曰生為名臣歿有理命終始之分可謂兩全鹵簿哀榮之末節難違往意誄謚國家之大典須守彝章鹵簿宜停易名須準舊例後綯貴累贈至太尉有文集一百卷行於時所撰憲宗哀冊文辭情典鬱為文士所重楚弟定字履常元和十一年進士及第累辟使府大和九年累遷至職方員外郎弘文館直學士檢校右散騎常侍桂州刺史桂管都防禦觀察等使卒贈禮部尚書緒以蔭授官歷隨壽汝三郡刺史在汝州日有能政郡人請立碑頌德緒以弟綯在輔弼上言曰臣先父元和中特承恩顧弟綯官不因人出自宸衷臣伏覩詔書以臣刺汝州日粗立政勞吏民求立碑頌尋乞追罷臣任隨州日郡人乞留得上下考及轉河南少尹加金紫此名已聞於日下不必更立碑頌乞賜寢停宣宗嘉其意從之綯字子直太和四年登進士第釋褐弘文館校書郎開成初為左拾遺二年丁父喪服闋授本官尋改左補闕史館修撰累遷庫部戶部員外郎會昌五年出為湖州刺史大中二年召拜考功郎中尋知制誥其年召入充翰林學士三年拜中書舍人襲封彭陽男食邑三百戶尋拜御史中丞四年轉戶部侍郎判本司事其年改兵部侍郎同中書門下平章事綯以舊事帶尚書省官合先省上上日同列集於少府監時白敏中崔龜從曾為大常博士至相位欲榮其舊署乃改集於太常禮院龜從手筆志其事於壁綯輔政十年累官至吏部尚書右僕射涼國公食邑二千戶三十年罷相檢校司空同中書門下平章事河中尹河中晉絳等節度使咸通二年改汴州刺史宣武軍節度使三年冬遷揚州大都督府長史淮南節度副大使知節度事累加開府儀同三司檢校司徒進食邑至三千戶九年徐州戍兵龐勛自桂州擅還七月至浙西沿江自白沙入濁河剽奪舟船而進綯聞勛至遣使慰撫供給芻米都押衙李湘白綯曰徐兵擅還必無好意雖無詔命除討權變制在藩方昨其黨來投言其數不踰二千而虛張舟航旗幟恐人見其實涉境已來心頗憂惴計其水路須出高郵縣界河岸斗峻而水深狹若出奇兵邀之俾荻船縱火於前勁兵奮擊於後敗走必矣若不於此誅鋤俟濟淮泗合徐人負怨之徒不下十萬則禍亂非細也綯性懦緩又以不奉詔命謂湘曰長淮已南他不為暴從他過去餘非吾事也其年冬龐勛殺崔彥曾據徐州聚衆六七萬徐無兵食乃分遣賊帥攻剽淮南諸郡滁和楚壽繼陷穀食既盡淮南之民多為賊所噉時兩淮郡縣多陷唯杜慆守泗州賊攻之經年不能下初詔綯為徐州南面招討使賊攻泗州急綯令李湘將兵五千人援之賊聞湘來援遣人致書于綯辭情遜順言朝廷累有詔赦宥但抗拒者三兩人耳旦夕圖去之即束身請命願相公保任之綯即奏聞請賜勛節鉞仍誡李湘但戍淮口賊已招降不得立異繇是湘軍解甲安寢去警徹備日與賊軍相對歡笑交言一日賊軍乘間步騎徑入湘壘淮卒五千人皆被生縶送徐州為賊蒸而食之湘與監軍郭厚本為龐勛斷手足以徇於康承訓軍時浙西杜審權發軍千人與李湘約會兵大將翟行約勇敢知名浙軍未至而湘軍敗賊乃分兵立淮南旗幟為交鬬之狀行約軍望見急趨之千人並為賊所縛送徐州綯既喪師朝廷以左衛大將軍徐州西南面招討使馬舉代綯為淮南節度使十二年八月授檢校司徒太子太保分司東都十三年以本官為鳳翔尹鳳翔隴節度使進封趙國公食邑三千戶卒子滈渙渢滈少舉進士以父在內職而止及綯輔政十年滈以鄭顥之親驕縱不法日事遊宴貨賄盈門中外為之側目以綯黨援方盛無敢措言及懿宗即位訟者不一故綯罷權軸既至河中上言曰臣男滈爰自孩提便從師訓至於詞藝頗及輩流會昌二年臣任戶部員外郎時已令應舉至大中二年猶未成名臣自湖州刺史蒙先帝擢授考功郎中知制誥尋充學士繼叨渥澤遂忝樞衡事體有妨因令罷舉自當廢絕一十九年每遣退藏更令勤勵臣以祿位逾分齒髮已衰男滈年過長成未霑一第犬馬私愛實切憫傷臣二三年來頻乞罷免每年取得文解意待纔離中書便令赴舉昨蒙恩制寵以近藩伏緣已逼禮部試期便令就試至於與奪出自主司臣固不敢撓其衡柄臣初離機務合具上聞昨延英奉辭本擬面奏伏以戀恩方切陳誠至難伏冀宸慈察臣丹懇詔令就試是歲中書舍人裴坦權知貢舉登第者三十人有鄭義者故戶部尚書瀚之孫裴弘餘故相休之子魏簹故相扶之子及滈皆名臣子弟言無實才諫議大夫崔瑄上疏論之曰令狐滈昨以父居相位權在一門求請者詭黨風趨妄動者羣邪雲集每歲貢闈登第在朝清列除官事望雖出於綯取捨全由於滈喧然如市旁若無人權動寰中勢傾天下及綯罷相作鎮之日便令滈納卷貢闈豈可以父在樞衡獨撓文柄請下御史臺按問文解日月者奏疏不下滈既及第釋褐長安尉集賢校理咸通二年遷右拾遺史館修

撰制出左拾遺劉蛻起居郎張雲各上疏極論滈云恃父秉權恣受貨賂取李琢錢除琢安南都護遂致蠻陷交州張雲言大中十年綯以諫議大夫豆盧籍刑部郎中李鄴爲夔王已下侍讀欲立夔王爲東宮欲亂先朝子弟之序高內倚鄭顥人誰敢言時綯在淮南累表自雪懿宗重傷大臣意貶雲爲興元少尹蛻爲華陰令改滈詹事府司直滈爲衆所非宦名不達渙渢俱登進士第渙位至中書舍人定子緘緘子澄湘澄亦以進士登第累辟使府

牛僧孺字思黯隋僕射奇章公弘之後祖紹父幼簡官卑僧孺進士擢第登賢良方正制科釋褐伊闕尉遷監察御史轉殿中歷禮部員外郎元和中改都官知臺雜尋換考功員外郎充集賢直學士穆宗即位以庫部郎中知制誥其年十一月改御史中丞以州府刑獄淹滯人多冤抑僧孺條疏奏請按劾相繼中外肅然長慶元年宿州刺史李直臣坐贓當死直臣賂中貴人爲之申理僧孺堅執不回穆宗面喻之曰直臣事雖僭失然此人有經度才可委之邊任朕欲貸其法僧孺對曰凡人不才止於持祿取容耳帝王立法束縛奸雄正爲才多者祿山朱泚以才過人濁亂天下況直臣小才又何屈法哉上嘉其守法面賜金紫二年正月拜戶部侍郎三年三月以本官同平章事初韓弘入朝以宣武舊事人多流言其子公武以家財厚賂權幸及多言者班列之中悉受其遺俄而父子俱卒孤孫幼小穆宗恐爲厮養竊盜乃命中使至其家閱其宅簿以付家老而簿上具有納賂之所唯於僧孺官側朱書曰某月日送牛侍郎物若干不受却付訖穆宗按簿甚悅居無何議命相帝首可僧孺之名敬宗即位加中書侍郎銀青光祿大夫封奇章子邑五百戶十二月加金紫階進封郡公集賢殿大學士監修國史寶曆中朝廷政事出於邪倖大臣朋比僧孺不奈羣小拜章求罷者數四帝曰俟予郊禮畢放卿及穆宗祔廟郊報後又拜章陳退乃於鄂州置武昌軍額以僧孺檢校禮部尚書同中書門下平章事鄂州刺史武昌軍節度鄂岳蘄黃觀察等使江夏城風土散惡難立垣墉每年加板築賦菁茆以覆之吏緣爲奸蠹弊綿歲僧孺至計茆苫板築之費歲十餘萬即賦之以塼以當苫築之價凡五年墉皆甃葺蠹弊永除屬郡沔州與鄂隔江相對虛張吏員乃奏廢之以其所管漢陽汶川兩縣隸鄂州文宗即位就加檢校吏部尚書凡鎮江夏五年大和三年李宗閔輔政屢薦僧孺有才不宜居外四年正月召還守兵部尚書同平章事五年正月幽州軍亂逐其帥李載義文宗以載義輸忠於國遽聞失帥駭然急召宰臣謂之曰范陽之變奈何僧孺對曰此不足煩聖慮且范陽得失不繫國家休戚自安史已來翻覆如此前時劉總以土地歸國朝廷耗費百萬終不得范陽尺帛斗粟入于天府尋復爲梗至今志誠亦由前載義也但因而撫之俾扞奚契丹不令入寇朝廷所賴也假以節旄必自陳力不足以逆順治之帝曰吾初不詳思卿言是也即日命中使宣慰尋加門下侍郎弘文館大學士六年吐蕃遣使論董勃義入朝修好俄而西川節度李德裕奏吐蕃維州守將悉怛謀以城降德裕又上利害云若以生羌三千出戎不意燒十三橋擣戎之腹心可以得志矣上惑其事下尚書省議衆狀請如德裕之策僧孺奏曰此議非也吐蕃疆土四面萬里失一維州無損其勢況論董勃義纔還劉元鼎未到比來修好約罷戍兵中國禦戎守信爲上應敵次之今一朝失信戎醜得以爲詞聞贊普牧馬茹川俯於秦隴若東襲隴坂徑走回中不三日抵咸陽橋而發兵枝梧駭動京國事或及此雖得百維州亦何補也上曰然遂詔西川不內維州降將僧孺素與德裕仇怨雖議邊公體而怙德裕者以僧孺害其功謗論沸然帝亦以爲不直其年十二月檢校左僕射兼平章事揚州大都督府長史淮南節度副大使知節度事時中尉王守澄用事多納纖人竊議時政禁中事密莫知其說一日延英對宰相文宗曰天下何由太平卿等有意於此乎僧孺奏曰臣等待罪輔弼無能康濟然臣思太平亦無象今四夷不至交侵百姓不至流散上無淫虐下無怨讟私室無強家公議無壅滯雖未及至理亦謂小康陛下若別求太平非臣等所及既退至中書謂同列曰吾輩爲宰相天子責成如是安可久處茲地耶旬日間三上章請退不許會德裕黨盛垂將入朝僧孺故得請上既受左右邪說急於太平奸人伺其銳意故訓注見用數年之間幾危宗社而僧孺進退以道議者稱之開成初搢紳道喪閹寺弄權僧孺嫌處重藩求歸散地累拜章不允凡在淮甸六年開成二年五月加檢校司空食邑二千戶判東都尚書省事東都留守東畿汝都防禦使僧孺識量弘遠心居事外不以細故介懷洛都築第於歸仁里任淮南時嘉木怪石置之階廷館宇清華木竹幽邃常與詩人白居易吟詠其間無復進取之懷三年九月徵拜左僕射仍令左軍副使王元直賚告身宣賜舊例留守入朝無中使賜詔例恐僧孺退讓促令赴闕僧孺不獲已入朝屬莊恪太子初薨延英中謝日語及太子乃懇陳父子君臣之義人倫大經不可輕移國本上爲之流涕是時宰輔皆僧孺僚舊未嘗造其門上頻宣召託以足疾久之上謂楊嗣復曰僧孺稱疾不任趨朝未可即令自便四年八月復檢校司空兼平章事襄州刺史山南東道節度使加食邑至三千戶辭日賜鳳散樽杓等金銀古器令中使諭之曰以卿正人賜此古器卿且少留僧孺奏曰漢南水旱之後流民待理不宜淹留再三請行方允武宗即位就加檢校司徒會昌二年李德裕用事罷僧孺兵權徵爲太子少保累加太子少師大中初卒贈太子太師謚曰文貞僧孺少與李宗閔同門生尤爲德裕所惡會昌中宗閔棄斥不爲生還僧孺數爲德裕掎摭欲加之罪但以僧孺貞方有素人望式瞻無以伺其隙德裕南遷所著窮愁志引里俗犢子之讖以斥僧孺又目爲太牢公其相憎恨如此僧孺二子蔚藂

蔚字大章十五應兩經舉太和九年復登進士第三府辟署爲從事入朝爲監察御史大中初爲右補闕屢陳章疏指斥時病宣宗嘉之曰牛氏子有父風差慰人意尋改司門員外郎出爲金州刺史入拜禮吏二郎中以祀事準禮天官司所掌班列有恃權越職者蔚奏正之爲時權所忌左授國子博士分司東都踰月權臣罷免復徵爲吏部郎中兼史館修撰遷左諫議大夫咸通中爲給事中延英謝日面賜金紫蔚封駮無避帝嘉之踰歲遷戶部侍郎襲封奇章侯以公事免歲中復本官歷工禮刑三尚書咸通末檢校兵部尚書興元尹山南西道節度使在鎮三年時中官用事急於賄賂屬徐方用兵兩中尉諷諸藩貢奉助軍蔚盡索軍府之有三萬端匹隨表進納中官怒即以神策將吳行魯代還及黃巢犯闕乃自京師奔遁避地山南拜章請老以尚書左僕射致仕卒累贈太尉子循徽

徽咸通八年登進士第三佐諸侯府得殿中侍御史賜緋魚入朝爲右補闕再遷吏部員外郎乾符中選曹猥濫吏爲姦弊每歲選人四千餘員徽性貞剛特爲奏請由是銓敘稍正能否旌別物議稱之巢賊犯京師父蔚方病徽與其子自扶藍輿投竄山南閣路險狹盜賊縱橫谷中輿盜擊徽破首流血被體而捉輿不輟盜苦迫之徽拜之曰父年高疾甚不欲駭動人皆有父幸相垂恤盜感之而止及前谷又逢前盜相告語曰此孝子也即同舉輿延於其家以帛封瘡餽飲奉蔚留之信宿得達梁州故吏感恩爭來奔問時僖宗已幸成都徽至行朝拜章乞歸侍疾已除諫議大夫不拜謂宰相杜讓能曰願留兒循在朝以當門戶乞侍醫藥時循爲給事中丞相許之其年鍾家艱執喪梁漢既除以中書舍人徵未赴疾作以舍人綸制之地不可曠官請授散秩改給事中從駕還京至陳倉疾甚經年方間宰相張濬爲招討使奏徽爲判官檢校左散騎常侍詔下鳳翔促令赴闕徽謂所親曰國步方艱皇居初復綮廩皆虛正賴羣臣協力同心王室而於破敗之餘圖雄霸之舉俾諸侯離心必貽後悔也以吾衰疾之年安能爲之扞難辭疾不起明年濬敗召徽爲給事中楊復恭叛歸山南李茂貞上表請自出兵糧問罪但授臣招討使奏不待報茂貞與王行瑜軍已出疆上怒其事不時可之茂貞恃強章疏不已昭宗延英召諫官宰相議可否以邠鳳皆有中人內應不敢極言相顧辭遜上情不悅徽奏曰兩朝多難茂貞實有翼衞之功惡諸楊阻兵意在嫉惡所造次者不俟命而出師也近聞兩鎮兵入界多有殺傷陛下若不處分梁漢之民盡矣須授以使名明行約束則軍中爭不畏法帝曰此言極是乃以招討之命授之及茂貞平賊自恃寢驕多撓國政命杜讓能料兵討之徽諫曰岐是國門茂貞倔強不顧禍患萬一蹉跌挫國威也不若漸以制之及師出復召徽謂之曰卿能斟酌時事岐軍烏合朕料必平卿以爲捷在何日徽對曰臣忝侍從諫諍之列所言軍國據理陳聞如破賊之期在陛下考蓍龜責將帥非臣之職也而王師果衂大臣被害徽尋改中書舍人歲中遷刑部侍郎封奇章男崔亂連結汴州惡徽言事改散騎常侍不拜換太子賓客天復初賊臣用事朝政不綱拜章請罷詔以刑部尚書致仕乃歸樊川別墅病卒贈吏部尚書

藂字表齡開成二年登進士第出佐使府歷踐臺省乾符中位至劍南西川節度使黃巢之亂從幸西川拜太常卿以病求爲巴州刺史不許駕還拜吏部尚書襄王之亂避地太原卒子嶠位至尚書郎

蕭俛字思謙曾祖太師徐國公嵩開元中宰相祖華襲徐國公肅宗朝宰相父恒贈吏部尚書皆自有傳俛貞元七年進士擢第元和初復登賢良方正制科拜右拾遺遷右補闕元和六年召充翰林學士七年轉司封員外郎九年改駕部郎中知制誥內職如故坐與張仲方善仲方駮李吉甫謚議言用兵徵發之弊由吉甫而生憲宗怒貶仲方俛亦罷學士左授太僕少卿十三年皇甫鎛用事言於憲宗拜俛御史中丞俛與鎛及令狐楚

同年登進士第明年鎛援楚作相二人雙薦俛於上自是顧眄日隆進階朝議郎飛騎尉襲徐國公賜緋魚袋穆宗即位之月議命宰相令狐楚援之拜中書侍郎平章事仍賜金紫之服八月轉門下侍郎十月吐蕃寇涇原命中使以禁軍援之穆宗謂宰臣曰用兵有必勝之法乎俛對曰兵者凶器戰者危事聖主不得已而用之以仁討不仁以義討不義先務招懷不爲掩襲古之用兵不斬祀不殺厲不擒二毛不犯田稼安人禁暴師之上也如救之甚於水火故王者之師有征無戰此必勝之道也如或縱肆小忿輕動干戈使敵人怨結師出無名非惟不勝乃自危之道也固宜深慎帝然之時令狐楚左遷西川節度使王播廣以貨幣賂中人權幸求爲宰相而宰相段文昌復左右之俛性嫉惡延英面言播之纖邪納賄喧於中外不可以汙台司事已垂成帝不之省俛三上章求罷相任長慶元年正月守左僕射進封徐國公罷知政事俛居相位孜孜正道重慎名器每除一官常慮乖當故鮮有簡拔而涉剋深然志嫉奸邪脫屣重位時論稱之穆宗乘章武恢復之餘即位之始兩河廓定四鄙無虞而俛與段文昌屢獻太平之策以爲兵以靜亂時已治矣不宜黷武勸穆宗休兵偃武又以兵不可頓去請密詔天下軍鎮有兵處每年百人之中限八人逃死謂之消兵帝既荒縱不能深料遂詔天下如其策而行之而藩籍之卒合而爲盜伏於山林明年朱克融王廷湊復亂河朔一呼而遺卒皆至朝廷方徵兵諸藩籍既不充尋行招募烏合之徒動爲賊敗由是復失河朔蓋消兵之失也俛性介獨持法守正以己輔政日淺超擢太驟三上章懇辭僕射不拜詔曰蕭俛以勤事國以疾退身本末初終不失其道既罷樞務俾居端揆朕欲加恩超等復吾前言而繼有讓章至於三四敦諭頗切陳乞彌堅成爾謙光移之選部可吏部尚書俛又以選曹簿書煩雜非攝生之道乞換散秩其年十月改兵部尚書二年以疾表求分司不許三月改太子少保尋授同州刺史寶曆三年復以少保分司東都文宗即位授檢校左僕射守太子少師俛稱疾篤不任赴闕乞罷所授官詔曰新除太子少師蕭俛代炳台耀躬茂天爵文可以經緯邦俗行可以感動神祇夷澹粹和精深敏直進退由道周旋令名近以師傅之崇疇于舊德俾從優逸冀保養頤而抗疏懇辭勇退知止嘗亦敦諭確乎難拔遂茲牢讓以厚時風可銀青光祿大夫守尚書左僕射致仕俛趣尚簡絜不以聲利自汚在相

位時穆宗詔撰故成德軍節度使王士眞神道碑對曰臣器褊狹此不能強王承宗先朝阻命事無可觀如臣秉筆不能溢美或撰進之後例行貺遺臣若公然阻絕則違陛下撫納之宜僶俛受之則非微臣平生之志臣不願爲之秉筆帝嘉而免之俛家行尤孝母韋氏賢明有禮理家甚嚴俛雖爲宰相侍母左右不異褐衣時丁母喪毀瘠踰制免喪文宗徵詔懇以疾辭既致仕于家以洛都官屬賓友避歲時請謁之煩乃歸濟源別墅逍遙山野嘯詠窮年八年以莊恪太子在東宮上欲以耆德輔導復以少師徵之俛令弟傑奉表京師復納制書堅辭痼疾詔曰不待年而求謝於理身之道則至矣其如朝廷之望何朕以肇建元良精求師傅遐想漢朝故事玄成石慶當時重德咸歷此官吾以元子幼沖切於師訓欲以賴汝發明古今冀忠孝之規日聞于耳特遣左右至於林園而卿高蹈脩然屏絕趨進復遣令弟還吾詔書天爵自優冥鴻方遠不轉之志其堅若山循省來章致煩爲愧終以呂尚之秩遂其疎曠之心勵俗激貪所補多矣有益於政寄聲以聞亦有望於舊臣矣可太子太傅致仕開成二年俛弟俶授楚州刺史辭日文宗謂俶曰蕭俛先朝名相勵力未衰可一來京國朕賜俛詔書匹帛卿便賫至濟源道吾此意詔曰卿道冠時髦業高儒行著作礪濟川之効弘致君匡國之規留芳巖廊逸老林壑累降褒詔亟加崇秩而志不可奪倩見乎辭鴻飛入冥吟想增歎今賜絹三百匹便令蕭俶宣示俛竟不起卒傑字豪士元和十二年登進士第累官侍御史遷主客員外郎太和九年十月鄭注爲鳳翔節度使愼選參佐李訓以傑檢校工部郎中充鳳翔隴觀察判官其年十一月鄭注誅傑爲鳳翔監軍使所害俶以蔭授官太和中累遷至河南少尹九年五月拜諫議大夫開成二年出爲楚州刺史四年三月遷越州刺史御史中丞浙東都團練觀察使會昌中入爲左散騎常侍遷檢校刑部尚書華州刺史潼關防禦等使大中初坐在華州時斷獄不法授太子賓客分司四年檢校戶部尚書兗州刺史兗沂海節度使復入爲太子賓客大中十三年以太子少保分司東都卒俛從父弟倣倣父悟恒之弟也悟仕至大理司直倣大和元年登進士第大中朝歷諫議大夫給事中咸通初遷左散騎常侍懿宗怠臨朝政僻於奉佛內結道場聚僧念誦又數幸諸寺施與過當倣上疏論之曰臣聞玄祖之道由慈儉爲先而素王之風以仁義爲首相沿百代作則千年至聖

至明不可易也如佛者生於天竺去彼王宮割愛中之至難取滅後之殊勝名歸象外理絕塵中非爲帝王之所能慕也昔貞觀中高宗在東宮以長孫皇后疾亟嘗上言曰欲請度僧以資福事后曰爲善有徵吾未爲惡善或無報求福非宜且佛者異方之教所可存而勿論豈以一女子而紊王道乎故謚爲文德且母后之論尚能如斯哲王之謨安可反是伏覩陛下留神天竺屬意桑門內設道場中開講會或手錄梵策或口揚佛音雖時啓於延英從容四輔慮稍稀於聽政廢失萬機居安思危不可忽也夫從容者君也必疇咨於臣盡忠匡救外逆其耳內沃其心陳皋陶之謨述仲虺之誥發揮王道恢益帝圖非賜對之閒徒侍坐而已夫廢失者上拒其諫下希其旨言則狎玩意在順從漢重神仙東方朔著十洲之記梁崇佛法劉孝儀詠七覺之詩致禍禱無休講誦不已以至大空海內中輟江東以此言之是廢失也然佛者當可以悟取不可以相求漢晉已來互興寶剎姚石之際亦有高僧或問以苦空究其不滅止聞有性多曰忘言執著貪緣非其旨也必乞陛下力求民瘼虔奉宗祧思繆賞與濫刑其殃立至俟勝殘而去殺得福甚多幸罷講筵頻親政事昔年韓愈已得罪於憲宗今日微臣固甘心於遐徼疏奏帝甚嘉之四年本官權知貢舉遷禮部侍郎轉戶部以檢校工部尚書出爲滑州刺史充義成軍節度鄭滑穎觀察處置等使在鎮四年滑臨黃河頻年水潦河流泛溢壞西北隄倣奏移河四里兩月畢功晝圖以進懿宗嘉之就加刑部尚書入爲兵部尚書判度支轉吏部尚書選序平允咸通末復爲兵部尚書判度支尋以本官同平章事累遷中書門下二侍郎兼戶部兵部尚書遷左右僕射改司空弘文館大學士蘭陵郡開國侯俄而盜起河南內官握兵王室濁亂倣氣勁論直同列忌之罷知政事出爲廣州刺史嶺南節度使倣性公廉南海雖富珍奇月俸之外不入其門家人疾病醫工治藥須烏梅左右於公厨取之倣知而命還促買於市遇亂不至京師而卒子廩咸通三年進士擢第累遷尚書郎乾符中以父出鎮南海免官侍行中和中徵爲中書舍人再遷京兆尹僖宗再幸山南廩以疾不能從襄王僭竊廩宗人遘受僞署廩懼自洛避地河朔鎮冀節度使王鎔館之於深州光化三年卒廩貞退寡合綽有家法初從父南海地多穀紙倣勑子弟繕寫缺落文史廩白曰家書缺者誠宜補葺然此去京師水陸萬里不可露賫當須篋笥人覩兼乘

謂是貨財古人薏苡之嫌得爲深誡倣曰吾不之思也故濁亂之際克保令名子頎亦登進士第後官位顯達李石字中玉隴西人祖堅父明石元和十三年進士擢第從涼國公李聽歷四鎮從事石機辯有方略尤精吏術藩府稱之自聽征伐常司留使務事無不辦太和三年爲鄭滑行軍司馬時聽握兵河北令石入朝奏事占對明辯文宗目而嘉之府罷入爲工部郎中判鹽鐵案五年改刑部郎中由兵部郎中令狐楚請爲太原節度副使七年拜給事中九年七月權知京兆尹事十月遷戶部侍郎判度支事文宗自德裕宗閔朋黨相傾大和七年已後宿素大臣疑而不用意在擢用新進孤立庶幾無黨以革前弊故賈餗舒元輿驟階大用及訓注伏誅欲用令狐楚尋而中輟石自朝議郎加朝議大夫以本官同平章事判使如故石器度豁如當官不撓自京師變亂之後宦者氣盛凌轢南司延英議事中貴語必引訓以折文臣石與鄭覃嘗謂之曰京師之亂始自訓注而訓注之起始自何人仇士良等不能對其勢稍抑搢紳賴之是時踰月人情不安帝謂侍臣曰如聞人心尚未安帖比日何如石對曰比日苦寒蓋刑殺太過致此陰沴昨聞鄭注到鳳翔招募士卒不至捕索誅夷不已臣恐邊上聞之乘此生事宜降詔安喻其心從之江西河南兩道觀察使以新經訓注之亂吏卒多死進官健衣粮一百二十分充宰相募召從人石奏曰宰相上弼聖政下理羣司若忠正無私宗社所祐縱逢盜賊兵不能傷若事涉隱欺心懷矯妄雖有防衞鬼得而誅臣等願推赤心以荅聖獎孟軻知非臧氏孔子不畏匡人其兩道所進衣粮並望停寢依從前制置秖以金吾手力引從可之帝又曰宰相之任在選賢任能石曰臣與鄭覃常以此事爲切但以人各有求苟遂所欲則美譽至稍不如意則謗議生只宜各委所司薦用臣等擇可授之則物議息矣其年十二月中使田全操劉行深巡邊迴走馬入金光門從者訛言兵至百官朝退倉惶駭散有不及束帶韈而乘者市人叫譟塵坌四起二相在中書人吏稍散鄭覃曰耳目頗異且宜出去石曰事勢不可知但宜堅坐鎮之冀將寧息若宰相亦走則中外亂矣必若繼亂走亦何逃任重官崇人心所屬不可忽也石視簿書沛然自若京城無賴之徒皆戎服兵仗北望闕門以俟變內使連催閉皇城門金吾大將軍陳君賞率其徒立望仙門下謂中使曰假如有賊閉門不晚請徐觀其變無宜自弱晡晚方定是日苟非石之鎮靜

君賞之禦侮幾將亂矣開成元年改元大赦石等商量節文放京畿一年租稅及正至端午進奉並停三年其錢代充百姓紐配錢諸道除藥物口味茶菓外不得進獻諸司宣索製造並停三年赦後紫宸宣對鄭覃曰陛下改元御殿全放京畿一年租稅又停天下節鎭進奉恩澤所該實當要切近年赦令皆不及此上曰朕務行其實不欲崇長空文石對曰赦書須內置一本陛下時省覽之十道黜陟使發日付與公事根本令與長吏詳擇施行方盡利害之要石以從前德音雖降人君不能守姦吏從而違之故有內置之奏以諷之尋加中書侍郎集賢殿大學士領鹽鐵轉運使上御紫宸論政曰爲國之道致治甚難石對曰朝廷法令行則易臣聞文王陟降在上陛下推赤誠上達于天何憂不治上又曰治亂由人邪正由時運耶鄭覃對曰由聖帝由忠臣是由人也石曰亦由時運九廟聖靈鍾德於陛下時也陛下行已之道則是由人而前代帝王甚有德者當亂離無奈何之際又安得不推運耶帝曰卿言是也石又奏咸陽令韓遼請開興成渠舊漕在咸陽縣西十八里東達永豐倉自秦漢已來疏鑿其後堙廢昨遼計度用功不多此漕若成自咸陽抵潼關三百里內無車輓之勤則轅下牛盡得歸耕永利秦中矣李固言曰王涯已前已曾陳奏實秦中之利但恐徵役今非其時上曰莫有陰陽拘忌否苟利於人朕無所慮也石辭領使務八月罷鹽鐵轉運使石用金部員外郎韓益判度支案益坐贓繫臺石奏曰臣以韓益曉錢穀錄用之不謂貪猥如此帝曰宰相但知人則用有過則懲卿所用人且不掩其惡可謂至公從前宰相用人有過曲爲蔽之不欲人彈劾此大謬也但知能則舉舉不失職則獎之自然易得其人何必容隱二年正月五日石自親仁里將曙入朝盜發於故郭尚父宅引弓追及矢纔破膚馬逸而迴盜已伏坊門揮刀斫石斷馬尾竟以馬逸得還私第上聞之駭愕遣中使撫問賜金瘡藥因差六軍兵士三十人衞從宰相是日京師大恐常參官入朝者九人而已旬日方安石拜章辭位者三乃加金紫光祿大夫中書侍郎同平章事江陵尹荊南節度使李訓之亂人情危迫天子起石於常寮之中付以衡柄石以身徇國不顧患難振舉朝綱國威再復而中官仇士良切齒惡之而伏戎加害天子深知其故畏偪而不能理乃至罷免及石赴鎭賜晏之儀並闕人士傷之恥君子之道消也石至鎭表讓中書侍郎乃加檢校兵部尚書兼平章事武宗卽位就加檢校尚書右僕射會昌三年十月加檢校司空平章事隴西郡開國伯食邑七百戶太原尹北都留守河東節度觀察等使時澤潞劉稹阻兵以石嘗爲太原副使諳練北門軍政故代劉沔鎭之初沔以兵三千人戍橫水王師之討澤潞也王逢軍於榆社訴兵少請益之詔石以太原之卒赴榆社石乃割橫水戍卒一千五百人令別將楊弁率之以赴王逢舊例發軍人給二縑石以支計不足量減一匹軍人聚怨又將及歲除促令上路衆愈不悅楊弁乘其釁謀亂出言激動軍人四年正月軍亂逐石朝廷乃以晉絳觀察使崔元式代還五年檢校司徒東都留守判東都尚書省事畿汝都防禦使以太子少保分司卒石弟福字能之太和七年登進士第累辟使府石爲宰相自薦弟於延英言福才堪理人授監察御史累遷尚書郎出爲商鄭汝潁四州刺史大中時檢校工部尚書滑州刺史兼御史大夫充義成軍節度鄭滑潁觀察使入爲刑部侍郎累遷刑部戶部尚書乾符初以檢校右僕射襄州刺史兼御史大夫充山南東道節度四年草賊王仙芝徒黨數萬寇掠山南福團練鄉兵屯集要路賊不敢犯其秋賊陷岳鄂饒信等州十二月逼江陵節度使楊知溫求援於福福卽自率州兵及沙陁五百騎赴援時賊已陷江陵之郛聞福兵至乃退去僖宗嘉之就加檢校司空同平章事歸朝終於太子太傅

史臣曰彭陽奇章起徒步而昇台鼎觀其人文彪炳潤色邦典射策命中橫絕一時誠俊賢也而喪冠曳組論道於臯夔之伍孰曰不然如能蹈道匪躬中立無黨則其善盡矣蕭太師貞獨嫉惡不爲利回不以夷惠儗之俾之經綸則其道至矣開成之始帝道方淪石於此時欲振頹緒幾嬰戕賊可爲咄嗟多僻之時止堪太息

贊曰喬松孤立蘿蔦貪緣柔附凌雲豈曰能賢嗚呼楚儒道喪曲全蕭李相才致之外篇

舊唐書卷一百七十二考證

牛僧孺傳德裕又上利見云○臣酉按德裕傳云因陳出攻之利害見字當是害字之訛今改正

牛蔚傳蔚盡索軍府之有三十萬端匹隨表進納中官怒○臣酉按新書索府帛三萬以獻中人嫌其吝若三十萬端匹不得爲吝矣十字衍文無疑今刪

# 舊唐書卷一百七十三

後晉司空同中書門下平章事劉　昫撰

## 列傳第一百二十三

鄭覃弟朗　陳夷行　李紳吳汝納
李回　李珏　李固言

鄭覃故相珣瑜之子以父廕補弘文校理歷拾遺補闕考功員外郎刑部郎中元和十四年二月遷諫議大夫憲宗用內官五人爲京西北和糴使覃上疏論罷穆宗不恤政事喜遊晏卽位之始吐蕃寇邊覃與同職崔玄亮等廷奏曰陛下卽位已來晏樂過多畋遊無度今蕃寇在境緩急奏報不知乘輿所在臣等忝備諫官不勝憂惕伏願稍減遊縱留心政道伏聞陛下晨夜昵狎倡優近習之徒賞賜太厚凡金銀貨幣皆出自生靈膏血不可使無功之人濫霑賜與縱內藏有餘亦乞用之有節如邊上警急卽支用無闕免令有司重斂百姓實天下幸甚帝初不悅其言顧宰相蕭俛曰此輩何人俛對曰諫官也帝意稍解乃曰朕之過失臣下盡規忠也乃謂覃曰閤中奏事殊不從容今後有事面陳朕與卿延英相見時久無閤中奏事覃等抗論人皆相賀鎭冀節度使王承宗死其弟承元聽朝旨移授鄭滑節度鎭之三軍留承元以難不能赴鎭承元乞重臣宣諭乃以覃爲宣諭使起居舍人王璠副之初鎭卒辭語不遜覃至宣詔諭以大義軍人釋然聽命長慶元年十一月轉給事中四年遷御史中丞十一月權知工部侍郎寶曆元年拜京兆尹文宗卽位改左散騎常侍三年以本官充翰林侍講學士四年四月拜工部侍郎覃長於經學稽古守正帝尤重之覃從容奏曰經籍訛謬博士相沿難爲改正請召宿儒奧學校定六籍準後漢故事勒石於太學永代作則以正其闕從之五年李宗閔牛僧孺輔政宗閔以覃與李德裕相善薄之時德裕自浙西入朝復爲閔孺所排出鎭蜀川宗閔惡覃禁中言事奏爲工部尚書罷侍講學士文宗好經義心頗思之六年二月復召爲侍講學士七年春德裕作相五月以覃爲御史大夫文宗嘗於延英謂宰相曰殷侑通經學爲人頗似鄭覃宗閔曰覃侑誠有經學於議論不足聽覽李德裕對曰殷鄭之言他人不欲聞唯陛下切欲聞之覃嘗嫉人朋黨爲宗閔所薄故也八年遷戶部尚書其年德裕罷相宗閔復知政與李訓鄭注同排斥李德裕李紳二人貶黜覃亦左授秘書監九年六月楊虞卿李宗閔得罪長流復以覃爲刑部尚書十月遷尚書左僕射兼判國子祭酒訓注伏誅召覃入禁中草制勑明日以本官同平章事封榮陽郡公食邑二千戶覃雖精經義不能爲文嫉進士浮華開成初奏禮部貢院宜罷進士科初紫宸對上語及選士覃曰南北朝多用文華所以不治士以才堪卽用何必文辭帝曰進士及第人已曾爲州縣官者方鎭奏署卽可之餘卽否覃曰此科率多輕薄不必盡用帝曰輕薄敦厚色色有之未必獨在進士此科置已二百年亦不可遽改覃曰亦不可過有崇樹帝嘗謂宰臣曰百司弛慢要重條舉因指前香鑪曰此鑪始亦華好用之既久乃無光彩若不加飾何由復初覃對曰丕變風俗當考實效自三十年已來多不務實取於顏情如嵇阮之流不攝職事李石云此本因治平人人無事安逸所致今之人俗亦慕王夷甫恥不能及之上曰卿等輔朕在振舉法度而已時太學勒石經覃奏起居郎周墀水部員外郎崔球監察御史張次宗禮部員外郎溫業等校定九經文字旋令上石加門下侍郎弘文館大學士監修國史上嘗於延英論古今詩句工拙覃曰孔子所刪三百篇是也降此五言七言辭非雅正不足帝王賞詠夫詩之雅頌皆下刺上所爲非上化下而作王者採詩以考風俗得失仲尼刪定以爲世規近代陳後主隋煬帝皆能章句不知王者大端終有季年之失章句小道願陛下不取也覃以宰相兼判國子祭酒奏太學置五經博士各一人緣無職田請依王府官例賜祿粟從之又進石壁九經一百六十卷其年李固言復爲宰相固言與李宗閔楊嗣復善覃憎之因起居郎闕固言奏曰周敬復崔球張次宗等三人皆堪此任覃曰崔球遊宗閔之門且赤墀下秉筆爲千古法不可朋黨如裴中孺李讓夷臣不敢有纖芥異論乃止三年楊嗣復自西川入拜平章事與覃尤相矛盾加之以固言李珏入對之際是非蜂起二月覃進位太子太師文宗以旱放繫囚出宮人劉好奴等五百餘人送兩街寺觀任歸親戚紫宸對李珏曰陛下放宮女數多德邁千古漢制八月選人晉武平吳亦多採擇仲尼所謂未見好德如好色今陛下以爲無益放之微臣敢賀覃曰晉武帝以採擇之失中原化爲左衽陛下以爲殷鑒放去攸宜其年十二月三上章求罷詔落太子太師餘如故仍三五日一入中書商量政事四年五月罷相守左僕射武宗卽位李德裕用事欲援爲宰相固以足疾不任朝謁會昌二年守司徒致仕卒子裔綽以蔭授渭南尉直弘文館覃少淸苦貞退不造次與人款狎位至相

國所居未嘗增飾纔庇風雨家無媵妾人皆仰其素風然嫉惡太過多所不容衆憚而惡之覃弟朗潛朗字有融長慶元年登進士甲科再遷右拾遺開成中爲起居郎初大和末風俗稍奢文宗恭勤節儉冀革其風宰臣等言曰陛下節儉省用風俗已移長裾大袂漸以減損若更令戚屬絶其侈靡不慮下不從教帝曰此事亦難戶曉但去其泰甚自以儉德化之朕聞前時內庫唯二錦袍飾以金鳥一袍玄宗幸温湯御之一卽與貴妃當時貴重如此如今奢靡豈復貴之料今富家往往皆有左衞副使張元昌便用金唾壺昨因李訓已誅之矣時朗執筆螭頭下宰臣退上謂朗曰適所議論卿記錄未吾試觀之朗對曰臣執筆所記便名爲史伏準故事帝王不可取觀昔太宗欲覽國史諫議大夫朱子奢云史官所述不隱善惡或主非上智飾非護失見之則致怨所以義不可觀又褚遂良曰今之起居郎古之左右史也記人君言行善惡必書庶幾不爲非法不聞帝王躬自觀史帝曰適來所記無可否臧見亦何爽乃宣謂宰臣曰鄭朗引故事不欲朕見起居注夫人君之言善惡必書朕恐平常閑話不關理體垂諸將來竊以爲恥異日臨朝庶幾稍改何妨一見以誡醜言朗遂進之朗轉考功郎中四年遷諫議大夫會昌初爲給事中出爲華州刺史入爲御史中丞戶部侍郎判本司事大中朝出爲定州刺史義武軍節度易定觀察北平軍等使尋遷檢校戶部尚書汴州刺史宣武軍節度宋亳汴潁觀察等使入爲工部尚書判度支遷御史大夫改禮部尚書以本官同平章事加中書侍郎集賢殿大學士修國史大中十年以疾辭位進加檢校右僕射守太子少師十一年十月卒詔曰故通議大夫檢校尚書右僕射兼太子少師上柱國賜紫金魚袋鄭朗植操端方稟氣莊重藹若瑞玉澹如澄川智略合乎蓍龜誠信服于僚友自膺寵寄頗負全才竭匪躬于諫垣彰盡瘁于瑣闥載踐方嶽亟登師壇觀風推惠愛之心訓士得撫循之術政溢閭聽念茲徵還位冠冬卿職重邦計經費有節財用不虧緊彼休功明我推擇爰嘉峭峻俾總紀綱公望益隆典彝具舉式諧注意且沃深衷俄忝化源以提政柄三事仰清廉之節百度見損益之能近煦和風遠浹膏雨方俟坐鎮雅俗表率庶官頤養或乖腠理生疾屢陳章疏乞遂退閑既堅乃誠式允其請每圖懿績唯冀有瘳何竟至於彌留而遽聞於捐代閱奏興悼臨軒載懷將輟視朝之儀兼列上公之秩慰茲幽壤期爾有知可贈司空潛字無悶亦登進士第

陳夷行字周道潁川人祖忠父邑夷行元和七年登進士第累辟使府寶曆末由侍御史改虞部員外郎皆分務東都大和三年入爲起居郎史館修撰預修憲宗實錄四年獻上轉司封員外郎五年遷吏部郎中四月召充翰林學士八年兼充皇太子侍讀詔五日一度入長生院侍太子講經上召對面賜緋衣牙笏遷諫議大夫知制誥餘職如故九年八月改太常少卿知制誥學士侍講如故開成二年四月以本官同平章事三年楊嗣復李珏繼入輔政夷行介特素惡其所爲每上前議政語侵嗣復遂至往復性不能堪上表稱足疾辭位不許詔中使就第宣勞七月以王彥威爲忠武節度使史孝章爲邠寧節度使皆嗣復擬議因延英對上問夷行曰昨除二鎮當否夷行對曰但出自聖心卽當楊嗣復曰若出自聖心當卽人情皆愜如事或過當臣下安得無言帝曰誠如此朕固無私也夷行曰自三數年來姦臣竊權陛下不可倒持太阿授人鐏柄嗣復曰齊桓用管仲於讐虜豈有太阿之慮乎上不悅仙部院樂官尉遲璋授王府率右拾遺竇洵直當衙論曰伶人自有本色官不合授之清秩鄭覃曰此小事何足當衙論列王府率是六品雜官謂之清秩與洵直得否此近名也嗣復曰嘗聞洵直幽今當衙論一樂官幽則有之亦不足恠夷行曰諫官當衙秪合論宰相得失不合論樂官然業已陳論須與處置今後樂人每七八年與轉一官不然則加手力課三數人帝曰別與一官乃授光州長史賜洵直絹百疋夷行尋轉門下侍郎上紫宸議政因曰天寶中政事實不甚佳當時姚宋在否李珏曰姚亡而宋罷珏因言人君明哲終始尤難玄宗嘗云自卽位已來未嘗殺一不辜而任林甫陷害破人家族不亦惑乎夷行曰陛下不可移權與人嗣復曰夷行之言容易且太宗用房玄齡十六年魏徵十五年何嘗失道臣以爲用房魏多時不爲不理用邪佞一日便足夷行之言皆指嗣復專權文宗用郭薳爲坊州刺史右拾遺宋邧論列以爲不可旣而薳坐贓帝謂宰相曰宋邧論事可嘉邧授官來幾時嗣復曰去年因日諫官論事陛下但記其姓名稍加優獎如不當亦須令知夷行曰諫官論事是其本職若論一事卽加一官則官何由得不免有情帝曰情固不免理平之時亦不可免上竟以夷行議論太過恩禮漸薄尋罷知政事守吏部尚書四年九月檢校禮部尚書出爲華州刺史五年武宗卽位李德裕秉政七月自華召入復爲中書侍郎平章事會昌三年十一月檢校司空平章事河中尹河中晉絳節度使卒贈司徒弟玄錫夷實皆進士擢第玄錫又制策登科

李紳字公垂潤州無錫人本山東著姓高祖敬玄則天朝中書令封趙國文憲公自有傳祖守一成都郫縣令父晤歷金壇烏程晉陵三縣令因家無錫紳六歲而孤母盧氏教以經義紳形狀眇小而精悍能爲歌詩鄉賦之年諷誦多在人口元和初登進士第釋褐國子助教非其好也東歸金陵觀察使李錡愛其才辟爲從事紳以錡所爲專恣不受其書幣錡怒將殺紳遁而獲免錡誅朝廷嘉之召拜右拾遺歲餘穆宗召爲翰林學士與李德裕元稹同在禁署時稱三俊情意相善尋轉右補闕長慶元年三月改司勳員外郎知制誥二年二月超拜中書舍人內職如故俄而稹作相尋爲李逢吉教人告稹陰事稹罷相出爲同州刺史時德裕與牛僧孺俱有相望德裕恩顧稍深逢吉欲用僧孺懼紳與德裕沮於禁中二年九月出德裕爲浙西觀察使乃用僧孺爲平章事以紳爲御史中丞冀離內職易掎摭而逐之乃以吏部侍郎韓愈爲京兆尹兼御史大夫放臺參知紳剛褊必與韓愈忿爭制出紳果移牒往來論臺府事體而愈復性訐言辭不遜大喧物論由是兩罷之愈改兵部侍郎紳爲江西觀察使天子待紳素厚不悟逢吉之姝禍爲其心希外任乃令中使就第宣勞賜之玉帶紳對中使泣訴其事言爲逢吉所排戀闕之情無已及中謝日面自陳訴帝方省悟乃改授戶部侍郎中尉王守澄用事逢吉令門生故吏結託守澄爲援以傾紳晝夜計畫會紳族子虞文學知名隱居華陽自言不樂仕進時來京師省紳虞與從伯耆進士程昔範皆依紳及耆拜左拾遺虞在華陽寓書與耆求薦書悞達於紳紳以其進退二三以書誚之虞大怨望及來京師盡以紳嘗所密話言逢吉姦邪附會之語告逢吉逢吉大怒問計于門人張又新李續之咸曰搢紳皆自惜毛羽孰肯爲相公搏擊須得非常奇士出死力者有前鄧州司倉劉棲楚者嘗爲吏鎮州王承宗以事繩之棲楚以首觸地固爭而承宗竟不能奪其果銳如此若相公取之爲諫官令伺紳之失一旦於上前暴揚其過恩寵必替事苟不行過在棲楚亦不足惜也逢吉乃用李虞程昔範劉棲楚皆擢爲拾遺以伺紳隙俄而穆宗晏駕敬宗初卽位逢吉快紳失勢慮嗣君復用之張又新等謀逐紳會荆州刺史蘇遇入朝遇能決陰事衆問計於遇遇曰上聽政後當開延英必有次對官欲拔本塞源先以次對爲慮餘不足恃羣黨深然之逢吉乃以遇爲左常侍王守澄每從容謂敬宗曰陛下登九五逢吉之助也先朝初定儲貳唯臣備知時翰林學士杜元穎李紳勸立深王而逢吉固請立陛下而李續之李虞繼獻章疏帝雖沖年亦疑其事會逢吉進擬言李紳在內署時嘗不利於陛下請行貶逐帝初卽位方倚大臣不能自執乃貶紳端州司馬貶制既行百寮中書賀宰相唯右拾遺吳思不賀逢吉怒改爲殿中侍御史充入吐蕃告哀使紳之貶也正人腹誹無敢有言唯翰林學士韋處厚上疏極言逢吉姦邪誣摭紳罪語在處厚傳天子亦稍開悟會禁中檢尋舊事得穆宗時封書一篋發之得裴度杜元穎與紳三人所獻疏請立敬宗爲太子帝感悟興歎悉命焚逢吉黨所上謗書由是讒言稍息紳黨得保全及寶曆改元大赦逢吉定赦書節文不欲紳量移但云左降官已經量移者與量移不言左降官與量移韋處厚復上疏論之語在處厚傳帝特追赦書添節文云左降官與量移紳方移爲江州長史再遷太子賓客分司東都大和七年李德裕作相七月檢校左常侍越州刺史浙東觀察使九年李訓用事李宗閔復相與李訓鄭注連衡排擯德裕罷相紳與德裕俱以太子賓客分司開成元年鄭覃輔政起德裕爲浙西觀察使紳爲河南尹六月檢校戶部尚書汴州刺史宣武節度宋亳汴潁觀察等使二年夏秋旱大蝗獨不入汴宋之境詔書褒美又於州置利潤樓店四年就加檢校兵部尚書武宗卽位加檢校尚書右僕射揚州大都督府長史知淮南節度大使事會昌元年入爲兵部侍郎同平章事改中書侍郎累遷守右僕射門下侍郎監修國史上柱國趙國公食邑二千戶四年暴中風恙足緩不任朝謁拜章求罷十一月守僕射平章事出爲淮南節度使六年卒紳始以文藝節操進用受顧禁中後爲朋黨所擠濵於禍患賴正人匡救得以功名始終歿後宣宗卽位李德裕失勢罷相歸洛陽而宗閔嗣復之黨崔鉉白敏中令狐綯欲實德裕深罪大中初教人發紳鎮揚州時舊事以傾德裕初會昌五年揚州江都縣尉吳湘坐贓下獄準法當死具事上聞諫官疑其寃論之遣御史崔元藻覆推與揚州所奏多同湘竟伏法及德裕罷相羣怨方搆湘兄進士汝納詣闕訴寃言紳在淮南恃德裕之勢枉殺臣弟德裕旣貶紳亦追削三任官告

吳汝納者澧州人故韶州刺史武陵兄之子武陵進士

登第有史學與劉軻並以史才直史館武陵撰十三代史駁議二十卷自尚書員外郎出爲忠州刺史改韶州坐贓貶播州司戶卒汝納亦進士擢第以季父贓罪久之不調會昌中爲河南府永寧縣尉初武陵坐贓時李德裕作相貶之故汝納以不調挾怨而附宗閔嗣復之黨同作謗言會汝納弟湘爲江都尉爲部人所訟贓罪兼娶百姓顏悅女爲妻有踰格律李紳令觀察判官魏鉶鞫之贓狀明白伏法湘妻顏顏繼母焦皆笞而釋之仍令江都令張弘思以船監送湘妻顏及兒女送澧州及揚州上具獄物議以德裕素憎吳氏疑李紳織成其罪諫官論之乃差御史崔元藻爲制使覆吳湘獄據款伏妄破程糧錢計贓準法其恃官娶百姓顏悅女爲妻則稱悅是前青州衙推悅先娶王氏是衣冠女非繼室焦所生與揚州案小有不同德裕以元藻無定奪奏貶崖州司戶及汝納進狀追元藻覆問元藻既恨德裕陰爲崔鉉白敏中令狐綯所利誘即言湘雖坐贓罪不至死又云顏悅實非百姓此獄是鄭亞首唱元壽協李恪鍛成李回便奏遂下三司詳鞫故德裕再貶李回鄭亞等皆竄逐吳汝納崔元藻爲崔白令狐所獎數年並至顯官

李回字昭度宗室郇王禕之後父如仙回本名躔以避武宗廟諱長慶初進士擢第又登賢良方正制科釋褐滑臺從事揚州掌書記得監察御史入爲京兆府戶曹轉司錄參軍登朝爲左補闕起居郎尤爲宰相李德裕所知回強幹有吏才遇事通敏官曹無不理授職方員外郎判戶部案歷吏部員外郎判南曹以刑部員外郎知臺雜賜緋開成初以庫部郎中知制誥拜中書舍人賜金紫服武宗即位拜工部侍郎轉戶部侍郎判本司事三年兼御史中丞會昌三年劉稹據潞州邀求旌鉞朝議不允加兵問罪武宗懼稹陰附河朔三鎮以沮王師乃命回奉使河朔魏博何弘敬鎮冀王元逵皆具櫜鞬郊迎回諭以朝旨言澤潞密邇王畿不同河北自艱難已來唯魏鎮兩藩列聖皆許襲而稹無功欲效河朔故事理即太悖聖上但以山東三郡境連魏鎮用軍便近王師不欲輕出山東請魏鎮兩藩秖收山東三郡弘敬元逵俯僂從命幽州張仲武與太原劉沔攻迴鶻時兩人不協朝廷方用兵不欲藩帥不和回至幽州諭以和協之旨仲武欣然釋憾乃移劉沔鎮滑臺命仲武領太原軍攻潞賊平以本官同平章事累加中書侍郎轉門下歷戶吏二尚書武宗崩回充山陵使祔廟竟出爲成都尹劍南西川節度大中元年冬坐與李德裕親善改潭州刺史湖南觀察使再貶撫州刺史白敏中令狐綯罷相入朝爲兵部尚書復出爲成都尹劍南西川節度使卒贈司徒謚曰文懿

李玨字待價趙郡人父仲朝玨進士擢第又登書判拔萃科累官至右拾遺穆宗荒於酒色纔終易月之制即與勳臣飲宴玨與同列上疏論之曰臣聞人臣之節本於忠盡苟有所見即宜上陳況爲陛下諫官食陛下厚祿豈敢腹誹巷議辜負恩榮臣等聞諸道路不知信否皆云有詔追李光顏李愬欲於重陽節日合宴羣臣儻誠有之乃陛下念羣臣敷惠澤之慈旨也然元朔未改園陵尚新雖陛下執易月之期俯從人欲而禮經著三年之制猶服心喪今遵同軌之會適去於中邦告遠夷之使未復其來命遏密弛禁蓋爲齊人合宴內廷事將未可夫明王之舉動爲天下法王言既降其出如綸苟玷皇猷徒章直諫臣等是以昧死上聞且光顏李愬久立忠勞今方盛秋務拓邊境如或召見詔以謀猷褒其宿勳付以疆事則與歌鍾合晏酒食邀歡不得同年而語也陛下自纘嗣以來發號施令無非孝理因心形于詔敕固以感動於人倫更在敬慎威儀保持聖德而已上雖不用其言慰勞遣之長慶元年鹽鐵使王播增茶稅初稅一百增之五十玨上疏論之曰榷率救弊起自干戈天下無事即宜蠲省況稅茶之事尤出近年在貞元元年中不得不爾今四海鏡清八方砥平厚斂於人殊傷國體其不可一也茶爲食物無異米鹽於人所資遠近同俗既袪竭乏難捨斯須田閭之間嗜好尤切今增稅既重時估必增流弊於民先及貧弱其不可二也且山澤之饒出無定數量斤論稅所冀售多價高則市者稀價賤則市者廣歲終上計其利幾何未見阜財徒聞斂怨其不可三也臣不敢遠徵故事直以目前所見陳之伏望暫留聰明稍垂念慮特追成命更賜商量陛下即位之初已懲聚斂外官押貫旋有詔停洋洋德音千古不朽今若榷茶加稅頗失人情臣忝諫司不敢緘默時禁中造百尺樓國計不充王播希恩增稅奉帝嗜慾疏奏不省遷吏部員外郎轉司勳員外郎知制誥大和五年李宗閔牛僧孺爲相與玨親厚改度支郎中知制誥遂入翰林充學士七年三月正拜中書舍人九年五月轉戶部侍郎充職七月宗閔得罪玨坐累出爲江州刺史開成元年四月以太子賓客分司東都遷河南尹二年五月李固言入相召玨復爲戶部侍郎判本司事三年楊嗣復輔政薦玨以本官同平章事玨與固言嗣復相善自固言得位相繼援引居大政以傾鄭覃陳夷行李德裕三人凡有奏議必以朋黨爲謀屢爲覃所廷折之玨自朝議郎進階正議大夫其年十二月上疏求罷不許四年三月文宗謂宰臣曰朕在位十四年屬天下無事雖未至理亦少有如今日之無事也玨對曰邦國安危亦如人之身當四體和平之時長宜調適以順寒暄之節如恃安自忽則疾患旋生朝廷當無事之時思省闕失而補之則禍難不作矣文宗以杜悰領度支稱職欲加戶部尚書因紫宸言之陳夷行曰一切恩權合歸君上陛下自看可否玨對曰太宗用宰臣天下事皆先平章謂之平章事代天理物上下無疑所以致太平者也若拜一官命一職事事皆決於君上即焉用彼相昔隋文帝一切自勞心力臣下發論則疑凡臣下用之則宰相不用則常寮豈可自保陛下常語臣云竇易直勸我宰相進擬但五人留三人兩人勾一人渠即合勸我擇宰相不合勸我疑宰相帝曰易直此言甚鄙又曰韋處厚作相三日薦六度師亦大可恠玨曰處厚淫於奉佛不悟其是非也其年五月上謂宰臣曰貞元政事初年至好玨曰德宗中年好貨方鎮進奉即加恩澤租賦出自百姓更令貪吏剝削聚貨以希恩理道故不可也上曰人君聚斂猶自不可但輕賦節用可也玨又曰貞觀中房杜王魏啓告文皇意秪在此請不易初心自古好事克終實難上曰朕心終不改也尋封贊皇男食邑三百戶武宗即位之年九月與楊嗣復俱罷相出爲桂州刺史桂管觀察使三年長流驩州大中二年崔鉉白敏中逐李德裕徵入朝爲戶部尚書出爲河陽節度使入爲吏部尚書累遷金紫光祿大夫檢校尚書右僕射揚州大都督府長史淮南節度使上柱國贊皇郡開國公食邑一千五百戶大中七年卒贈司空

李固言趙郡人祖并父現固言元和七年登進士甲科大和初累官至駕部郎中知臺雜四年李宗閔作相用爲給事中五年宋申錫爲王守澄誣陷固言與同列伏閤論之將作監王堪修奉太廟弛慢罰俸仍改官爲太子賓客制出固言封還曰東宮調護之地不可令弛慢被罰之人處之改爲均王傅六年遷工部侍郎七年四月轉尚書左丞奉詔定左右僕射上事儀注八年李德裕輔政出爲華州刺史其年十月宗閔復入召拜吏部侍郎九年五月遷御史大夫六月宗閔得罪固言代爲門下侍郎平章事尋加崇文館大學士時李訓鄭注用事自欲竊輔相之權宗閔既逐外示公體爰立固言其實惡與宗閔朋黨九月以兵部尚書出爲興元節度使李訓自代固言爲平章事訓注誅文宗思其讜正開成元年四月復召爲平章事判戶部事二年羣臣上徽號上紫宸言曰中外上章請加徽號朕思理道猶鬱實愧岳牧之請如聞州郡甚有無政處固言曰人言鄧州王堪衰老隋州鄭襄無政帝曰堪是貞元時御史秪有此一人鄭覃曰臣以王堪舊人舉爲刺史鄭襄比來守官亦無敗事若言外郡不理何止二人帝曰濟濟多士文王以寧德宗時班行多闕員豈時乏才耶李石對曰十室之邑必有忠信安有大國無人蓋貞元中仕進路塞所以有才之人或託迹他所此乃不敘進人才之過也固言曰求才之道有人保任便宜獎用隨其稱職與否升黜之上曰宰相薦人莫計親疏竇易直作相未嘗論用親情若已非相才自宜引退若是公舉親亦何嫌人鮮全才但用其所長爾尋進階金紫判戶部事其年十月以門下侍郎平章事出爲成都尹劍南西川節度使代楊嗣復上表讓門下侍郎乃檢校左僕射會昌初入朝歷兵戶二尚書宣宗即位累授檢校司徒東都留守東畿汝都防禦使大中末以太常卿孫簡代之拜太子太傅分司東都卒

史臣曰陳鄭諸公章疏議論綽有端士之風天子待以賢能付之以鼎職延英獻納罕聞康濟之謨文陛敷敭莫副具瞻之望加以互生傾奪競起愛憎惟回奉使命而喻藩臣救危邦而除宿憾況昭獻文章可以爲世範德行可以爲人師有啓誦之上才非栢靈之失道詎可不思己過祇務面欺輔弼之宜安可垂訓若俾韓非之言進矣子輩安可逃乎土運之衰斯爲題顀悲夫

贊曰愛而知惡憎不忘善平心救非可居鼎鉉吠聲濟惡結黨專朝謀身壞國何名燮調

舊唐書卷一百七十三考證

鄭覃傳故相珣瑜之子○新書有珣瑜傳此缺

黃石云此本因治平人人無事○臣酉按是時覃與李石並相所云者當是李石語黃字當是李字之訛今改

陳夷行傳宋邧○邧誤祈今改正

舊唐書卷一百七十四

後晉司空同中書門下平章事劉　昫撰

列傳第一百二十四

李德裕

李德裕字文饒趙郡人祖栖筠御史大夫父吉甫趙國忠公元和初宰相祖父自有傳德裕幼有壯志苦心力學尤精西漢書左氏春秋恥與諸生同鄉賦不喜科試年纔及冠志業大成貞元中以父譴逐蠻方隨侍左右不求仕進元和初以父再秉國鈞避嫌不仕臺省累辟諸府從事十一年張弘靖罷相鎮太原辟爲掌書記由大理評事得殿中侍御史十四年府罷從弘靖入朝眞拜監察御史明年正月穆宗卽位召入翰林充學士帝在東宮素聞吉甫之名旣見德裕尤重之禁中書詔大手筆多詔德裕草之是月召對思政殿賜金紫之服踰月改屯田員外郎穆宗不持政道多所恩貸戚里諸親邪謀請謁傳導中人之旨與權臣往來德裕嫉之長慶元年正月上疏論之曰伏見國朝故事駙馬緣是親密不合與朝廷要官往來玄宗開元中禁止尤切訪聞近日駙馬輒至宰相及要官私第此輩無他才伎可以延接唯是洩漏禁密交通中外羣情所知以爲甚弊其朝官素是雜流則不妨來往若職在清列豈可知聞伏乞宣示宰臣其駙馬諸親今後公事卽於中書見宰相請不令詣私第上然之尋轉考功郎中知制誥二年二月轉中書舍人學士如故初吉甫在相位時牛僧孺李宗閔應制舉直言極諫科二人對詔深詆時政之失吉甫泣訴於上前由是考策官皆貶事在李宗閔傳元和初用兵伐叛始於杜黃裳誅蜀吉甫經畫欲定兩河方欲出師而卒繼之元衡裴度而韋貫之李逢吉沮議深以用兵爲非而韋李相次罷相故逢吉常怒吉甫裴度而德裕於元和時久之不調而逢吉僧孺宗閔以私怨恒排擯之時德裕與李紳元稹俱在翰林以學識才名相類情頗款密而逢吉之黨深惡之其月罷學士出爲御史中丞時元稹自禁中出拜工部侍郎平章事三月裴度自太原復輔政是月李逢吉亦自襄陽入朝乃密賂纖人構成于方獄六月元稹裴度俱罷相稹出爲同州刺史逢吉代裴度爲門下侍郎平章事旣得權位銳意報怨時德裕與牛僧孺俱有相望逢吉欲引僧孺懼紳與德裕禁中沮之九月出德裕爲浙西觀察使尋引僧孺同平章事繇是交怨愈深潤州承王國清兵亂之後前使竇易直傾府藏賞給軍旅寖驕財用殫竭德裕儉於自奉留州所得盡以贍軍雖施與不豐將卒無怨二年之後賦輿復集德裕壯年得位銳於布政凡舊俗之害民者悉革其弊江嶺之間信巫祝惑鬼怪有父母兄弟厲疾者舉室棄之而去德裕欲變其風擇鄉人之有識者論之以言繩之以法數年之間弊風頓革屬郡祠廟按方志前代名臣賢后則祠之四郡之內除淫祠一千一十所又罷私邑山房一千四百六十以清寇盜人樂其政優詔嘉之昭愍皇帝童年纘曆頗事奢靡卽位之年七月詔浙西造銀盝子粧具二十事進內德裕奏曰臣百生多幸獲遇昌期受寄名藩常憂曠職孜孜夙夜上報國恩數年已來災旱相繼罄竭微慮粗免流亡物力之間尚未完復臣伏準今年三月三日赦文常貢之外不令進獻此則陛下至聖至明細微洞照一恐聚斂之吏緣以成奸一恐凋瘵之人不勝其弊上弘儉約之德下敷惻惻之心萬國羣甿鼓舞未息昨奉五月二十三日詔書令訪茅山眞隱將欲師處謙守約之道發務實去華之美雖無人上塞丹詔實率土已偃玄風豈止微臣獨懷抃賀況進獻之事臣子常心雖有勅文不許亦合竭力上貢唯臣當道素號富饒近年已來比舊卽異貞元中李錡任觀察使日職兼鹽鐵百姓除隨貫出榷酒錢外更置官酤兩重納榷獲利至厚又訪聞當時進奉亦兼用鹽鐵羨餘貢獻繁多自後莫及至薛苹任觀察使時又奏置榷酒上供之外頗有餘財軍用之間實爲優足自元和十四年七月三日勅却停榷酤又準元和十五年五月七日赦文諸州羨餘不令送使唯有留使錢五十萬貫每年支用猶欠十三萬貫不足常須是事節儉百計補塡經費之中未免懸欠至於綾紗等物猶是本州所出易於方圓金銀不出當州皆須外處迴市去二月中奉宣令進盝子計用銀九千四百餘兩其時貯備都無二三百兩乃諸頭收市方獲制造上供昨又奉宣旨令進粧具二十件計用銀一萬三千兩金一百三十兩尋令併合四節進奉金銀造成兩具進納訖今差人於淮南收買旋到旋造星夜不輟雖力營求深憂不逮臣若因循不奏則負陛下任使之恩若分外誅求又累陛下慈儉之德伏乞陛下覽前件榷酤及諸州羨餘之目則知臣軍用偏短本末有由伏料陛下見臣奏論必賜詳悉知臣竭愛君守事之節盡納忠罄直之心伏乞聖慈宣令宰臣商議何以遣臣上不違宣索下不闕軍儲不困疲人不歛物怨前後詔勅並可遵承輒冒宸嚴不勝戰汗之至時準赦不許進獻踰月之後徵貢之使道路相繼故德裕因訴而諷之事奏不報又詔進可幅盤條繚綾一千匹德裕又論曰臣昨緣宣索已具軍資歲計及近年物力聞奏伏料聖慈必垂省覽又奉詔旨令織定羅紗袍段及可幅盤條繚綾一千匹伏讀詔書倍增惶灼臣伏見太宗朝臺使至涼州見名鷹諷李大亮獻之大亮密表陳誠太宗賜詔云使遣獻之遂不曲順再三嘉歎載在史書又玄宗命中使於江南採鵁鶄諸鳥汴州刺史倪若水陳論玄宗亦賜詔嘉納其鳥卽時皆放又令皇甫詢於益州織半臂背子琵琶扞撥鏤牙合子等蘇頲不奉詔書輒自停織太宗玄宗皆不加罪欣納所陳臣竊以鵁鶄鏤牙至爲微細若水等尚以勞人損德瀝欵效忠當聖祖之朝有臣如此豈明王之代獨無其人蓋有位者蔽而不言必非陛下拒而不納又伏覩四月二十三日德音云方召俟伯有位之士無或棄吾謂不可教其有違道傷理徇欲懷安面刺廷攻無有隱諱則是陛下納誨從善道光祖宗不盡忠規過在臣下況玄鵝天馬掬豹盤條文彩珍奇只合聖躬自服今所織千匹費用至多在臣愚誠亦所未諭昔漢文帝衣弋綈之衣元帝罷輕纖之服仁德慈儉至今稱之伏乞陛下近覽太宗玄宗之容納遠思漢文孝元之恭己以臣前表宣示羣臣酌臣當道物力所宜更賜節減則海隅蒼生無不受賜臣不勝懇切兢惶之至優詔報之其繚綾罷進元和已來累勅天下州府不得私度僧尼徐州節度使王智興聚貨無厭以敬宗誕月請於泗州置僧壇度人資福以邀厚利江淮之民皆羣黨渡淮德裕奏論曰王智興於所屬泗州置僧尼戒壇自去冬於江淮已南所在懸牓招置江淮自元和二年後不敢私度自聞泗州有壇戶有三丁必令一丁落髮意在規避王徭影庇資產自正月已來落髮者無筭臣今於蒜山渡點其過者一日一百餘人勘問唯十四人是舊日沙彌餘是蘇常百姓亦無本州文憑尋已勒還本貫訪聞泗州置壇次第凡僧徒到者人納二緡給牒卽迴別無法事若不特行禁止比到誕節計江淮已南失却六十萬丁壯此事非細繫於朝廷法度狀奏卽日詔徐州罷之敬宗荒僻日甚遊幸無恒疏遠賢能昵比羣小坐朝月不二三度大臣罕得進言海內憂危慮移宗社德裕身居廉鎭傾心王室遣使獻丹扆箴六首曰臣聞心乎愛矣遐不謂矣此古之賢人所以篤於事君者也夫迹疎而言親者危地遠而意忠者忤然臣竊念拔自先聖偏荷寵光若不愛君以忠則是上負靈鑒臣頃事先朝屬多陰沴嘗獻大明賦以諷頗蒙先朝嘉納臣今日盡節明主亦由是心昔張敞之守遠郡梅福之在遐徼尚竭誠盡忠不避尤悔況臣嘗學舊史頗知箴諷雖在疎遠猶思獻替謹獻丹扆箴六首仰塵睿鑒伏積兢惶其宵衣箴曰先王聽政昧爽以俟鷄鳴旣盈日出而視伯禹大聖寸陰爲貴光武至仁反支不忌無俾姜后獨去簪珥彤管記言克念前志其正服箴曰聖人作服法象可觀雖在宴遊尚不懷安汲黯莊色能正不冠楊阜毅然亦譏縹紈四時所御各有其官非此勿服惟辟所難其罷獻箴曰漢文罷獻詔還騄耳鑾輅徐驅焉用千里厥後令王亦能恭己翟裘旣焚筒布則毀道德爲麗慈仁爲美不過天道斯爲至理其納誨箴曰惟后納誨以求厥中從善如流乃能成功漢驁流湎舉白浮鍾魏叡侈汰凌霄作宮忠雖不忤善亦不從以規爲瑱是謂塞聰其辨邪箴曰居上處深在察微萌雖有讒慝不能蔽明漢之有昭德過周成上書知僞照奸得情燕蓋旣折王猷洽平百代之後乃流淑聲其防微箴曰天子之孝敬遵王度安必思危乃無遺慮亂臣猖蹶非可遽數玄黃莫辨觸瑟始仆柏谷微行豺豕塞路睹貌獻飧斯可誡懼帝手詔荅曰卿文雅大臣方隅重寄表率諸部肅清全吳化洽行春風澄坐嘯眷言善政想歎在懷卿之宗門累著聲績冠內廷者兩代襲侯伯者六朝果能激愛君之誠喩詩人之旨在遠而不忘忠告諷上而常深慮微博我以端躬約予以循禮三復規諫累夕稱嗟置之座隅用比韋弦之益銘諸心腑何嘗藥石之功卿旣以投誠朕每懷開諫苟有過舉無忘密陳山川旣遐睠屬何已必當克己以副乃誠德裕意在切諫不欲斥言託箴以盡意宵衣諷坐朝稀晚也正服諷服御乖異也罷獻諷徵求玩好也納誨諷侮棄讜言也辨邪諷信任羣小也防微諷輕出遊幸也帝雖不能盡用其言命學士韋處厚殷勤荅詔頗嘉納其心焉德裕久留江介心戀闕廷因事寄情望迴聖獎而逢吉當軸枳棘其塗竟不得內徙寶曆二年亳州言出聖水飲之者愈疾德裕奏曰臣訪聞此水本因妖僧誑惑狡計丐錢數月已來江南之人奔走塞路每三二十家都顧一人取水擬取之時疾者斷食葷血旣飲之後又二七日蔬飡危疾之人俟之愈病其水斗價三貫而取者益之他水沿路轉以市人老疾飲之多至危篤昨點兩浙福建百姓渡江者日三五十人臣於蒜山渡已加捉搦若不絕其根本終無益黎甿昔吳時有聖水宋齊有聖

火事皆妖妄古人所非乞下本道觀察使令狐楚速令塡塞以絕妖源從之敬宗爲兩街道士趙歸眞說以神仙之術宜訪求異人以師其道僧惟貞齊賢正簡說以祠禱修福以致長年四人皆出入禁中日進邪說山人杜景先進狀請於江南求訪異人至浙西言有隱士周息元壽數百歲帝卽令高品薛季稜往潤州迎之仍詔德裕給公乘遣之德裕因中使還獻疏曰臣聞道之高者莫若廣成玄元人之聖者莫若軒黃孔子昔軒黃問廣成子理身之要何以長久對曰無視無聽抱神以靜形將自正神必自淸無勞子形無搖子精乃可長生愼守其一以處其和故我修身千二百歲矣吾形未嘗衰又云得吾道者上爲皇而下爲王玄元語孔子曰去子之驕氣與多欲態色與淫志是皆無益於子之身吾所告子者是已故軒黃發謂天之歎孔子興猶龍之感前聖於道不其至乎伏惟文武大聖廣孝皇帝陛下用玄祖之訓修軒黃之術凝神閑館物色異人將以覿冰雪之姿屈順風之請恭惟聖感必降眞仙若使廣成玄元混迹而至語陛下之道授陛下之言以臣度思無出於此臣所慮赴召者必迂怪之士苟合之徒使物淖冰以爲小術衒耀邪僻蔽欺聰明如文成五利一無可驗臣所以三年之內四奉詔書未敢以一人塞詔實有所懼臣又聞前代帝王雖好方士未有服其藥者故漢書稱黃金可成以爲飲食器則益壽又高宗朝劉道合玄宗朝孫甑生皆成黃金二祖竟不敢服豈不以宗廟社稷之重不可輕易此事炳然載於國史以臣微見儻陛下睿慮精求必致眞隱唯問保和之術不求餌藥之功縱使必成黃金止可充於玩好則九廟靈鑒必當慰悅寰海兆庶誰不歡心臣思竭愚衷以裨玄化無任兢憂之至息元至京帝館之於山亭問以道術自言識張果葉靜能詔寫眞待詔李士昉問其形狀圖之以進息元山野常人本無道學言事誕妄不近人情及昭愍遇盜而殂文宗放還江左德裕深識守正皆此類也文宗卽位就加檢校禮部尚書太和三年八月召爲兵部侍郎裴度薦以爲相而吏部侍郎李宗閔有中人之助是月拜平章事懼德裕大用九月檢校禮部尚書出爲鄭滑節度使德裕爲逢吉所擯在浙西八年雖遠闕庭每上章言事文宗素知忠蓋採朝論徵之到未旬時又爲宗閔所逐中懷於悒無以自申賴鄭覃侍講禁中時稱其善雖朋黨流言帝乃心未已宗閔尋引牛僧孺同知政事二憾相結凡德裕之善者皆斥之於外四年十月以德裕檢校兵部尚書成都尹劍南西川節度副大使知節度事管內觀察處置西山八國雲南招撫等使裴度於宗閔有恩度征淮西時請宗閔爲彰義觀察判官自後名位日進至是恨度援德裕罷度相位出爲興元節度使牛李權赫於天下西川承蠻寇剽虜之後郭釗撫理無術人不聊生德裕乃復葺關防繕完兵守又遣人入南詔求其所俘工匠得僧道工巧四千餘人復歸成都五年九月吐蕃維州守將悉怛謀請以城降其州南界江陽岷山連嶺而西不知其極北望隴山積雪如玉東望成都若在井底一面孤峯三面臨江是西蜀控吐蕃之要地至德後河隴陷蕃唯此州尚存吐蕃利其險要將婦人嫁於此州閽者二十年後婦人生二子成長及蕃兵攻城二子內應其州遂陷吐蕃得之號曰無憂城貞元中韋皐鎮蜀經畧西山八國萬計取之不獲至是悉怛謀遣人送款德裕疑其詐遣人送錦袍金帶與之託云候取進止悉怛謀乃盡率郡人歸成都德裕乃發兵鎮守因陳出攻之利害時牛僧孺沮議言新與吐蕃結盟不宜敗約語在僧孺傳乃詔德裕却送悉怛謀一部之人還維州贊普得之皆加虐刑德裕六年復修卭峽關移嶲州於臺登城以扞蠻德裕所歷征鎮以政績聞其在蜀也西拒吐蕃南平蠻蜑數年之內夜犬不驚瘡痏之民粗以完復會監軍王踐言入朝知樞密嘗於上前言悉怛謀縛送以快戎心絕歸降之義上頗尤僧孺其年冬召德裕爲兵部尚書僧孺罷相出爲淮南節度使七年二月德裕以本官平章事進封贊皇伯食邑七百戶六月宗閔亦罷德裕代爲中書侍郎集賢大學士其年十二月文宗暴風恙不能言者月餘八年正月十六日始力疾御紫宸見百寮宰臣退問安否上歎醫無名工者久之由是王守澄進鄭注初注構宋申錫事帝深惡之欲令京兆尹杖殺之至是以藥稍効始善遇之守澄復進李訓善易其年秋上欲授訓諫官德裕奏曰李訓小人不可在陛下左右頃年惡積天下皆知無故用之必駭視聽上曰人誰無過俟其悛改朕以逢吉所託不忍負言德裕曰聖人有改過之義訓天性姧邪無悛改之理上顧王涯曰商量別與一官遂授四門助教制出給事中鄭肅韓佽封之不下王涯召肅面喻令下俄而鄭注亦自絳州至訓注惡德裕排已九月十日復召宗閔於興元授中書侍郎平章事代德裕出德裕爲興元節度使德裕中謝日自陳戀闕不願出藩追勅守兵部尚書宗閔奏制命已行不宜自便尋改檢校尚書左僕射潤州刺史鎮海軍節度蘇常杭潤觀察等使代王璠德裕至鎮奉詔安排宮人杜仲陽於道觀與之供給仲陽者漳王養母王得罪放仲陽於潤州故也九年三月左丞王璠戶部侍郎李漢進狀論德裕在鎮厚賂仲陽結託漳王圖爲不軌四月帝於蓬萊殿召王涯李固言路隨王璠李漢鄭注等面證其事璠漢加誣構結語甚切至路隨奏曰德裕實不至此誠如璠漢之言微臣亦合得罪羣論稍息尋授德裕太子賓客分司東都其月又貶袁州長史路隨坐證德裕罷相出鎮浙西其年七月宗閔坐救楊虞卿貶處州李漢坐黨宗閔貶汾州十一月王璠與李訓造亂伏誅而文宗深悟前事知德裕爲朋黨所誣明年三月授德裕銀靑光祿大夫量移滁州刺史七月遷太子賓客十一月檢校戶部尚書復浙西觀察使德裕凡三鎮浙西前後十餘年開成二年五月授揚州大都督府長史淮南節度副大使知節度使事代牛僧孺初僧孺聞德裕代已乃以軍府事交付副使張鷺卽時入朝時揚州府藏錢帛八十萬貫匹及德裕至鎮奏領得止四十萬半爲張鷺支用訖僧孺上章訟其事詔德裕重檢括果如僧孺之數德裕稱初到鎮疾病爲吏隱欺請罰詔釋之補闕王績魏謩崔黨韋有翼拾遺令狐綯韋楚老樊宗仁等連章論德裕妄奏錢帛以傾僧孺上竟不問四年四月就加檢校尚書左僕射五年正月武宗卽位七月召德裕於淮南九月授門下侍郎同平章事初德裕父吉甫年五十一出鎮淮南五十四自淮南復相今德裕鎮淮南復入相一如父之年亦爲異事會昌元年兼左僕射開成末迴紇爲黠戛斯所攻戰敗部族離散烏介可汗奉太和公主南來會昌二年二月牙於塞上遣使求助兵糧收復本國權借天德軍以安公主時天德軍使田牟請以沙陀退渾諸部落兵擊之上意未決下百寮商議議者多云如牟之奏德裕曰頃者國家艱難之際迴紇繼立大功今國破家亡竄投無所自居塞上未至侵淫以窮來歸遽行殺伐非漢宣待呼韓邪之道也不如聊濟資糧徐觀其變宰相陳夷行曰此借寇兵而資盜糧非計也不如擊之便德裕曰田牟韋仲平言沙陀退渾並願擊賊此緩急不可恃也夫見利則進遇敵則散是雜虜之常態必不肯爲國家扞禦邊境天德一城戍兵寡弱而欲與勁虜結讎陷之必矣不如以理卹之俟其越軼用兵爲便帝以爲然許借米三萬碩俄而迴紇宰相嗢沒斯殺赤心宰相以其衆來降赤心部族又投幽州烏介勢孤而不與之米其衆饑乏漸近振武保大柵杷頭峯突入朔州州界沙陀退渾皆以其家保山險雲州張獻節嬰城自固虜大縱掠卒無拒者上憂之與宰臣計事德裕曰杷頭峯北便是沙磧彼中野戰須用騎兵若以步卒敵之理難必勝今烏介所恃者公主如令勇將出奇奪得公主虜自敗矣上然之卽令德裕草制處分代北諸軍固關防以出奇形勢授劉沔沔令大將石雄急擊可汗于殺胡山敗之迎公主還宮語在石雄傳尋進位司空三年二月趙蕃奏黠戛斯攻安西北庭都護府宜出師應援德裕奏曰據地志安西去京七千一百里北庭去京五千二百里承平時向西路自河西隴右出玉門關迤邐是國家州縣所在皆有重兵其安西北庭要兵便於側近徵發自艱難已後河隴盡陷吐蕃若通安西北庭須取迴紇路去今迴紇破滅又不知的屬黠戛斯否縱令救得便須却置都護須以漢兵鎮守每處不下萬人萬人從何徵發饋運取何道路今天德振武去京至近兵力常苦不足無事時貯糧不支得三年朝廷力猶不及況保七千里安西哉臣所以謂縱令得之實無用也昔漢宣帝時魏相請罷車師之田漢元帝時賈捐之請棄珠崖郡國朝賢相狄仁傑亦請棄四鎮立斛瑟羅爲可汗又請棄安東却立高氏蓋不欲貪外虛內耗竭生靈此二臣者當自有之時尚欲棄之以肥中國況隔越萬里安能救之哉臣恐蕃戎多計知國力不及僞且許之邀求中國金帛陛下不可中悔此則將實費以換虛事卽是滅一迴紇而又生之恐計非便乃止德裕又以太和五年吐蕃維州守將以城降爲牛僧孺所沮終失維州奏論之曰臣在先朝出鎮西蜀其時吐蕃維州首領悉怛謀雖是雜虜久樂皇風將彼堅城降臣本道臣尋差兵馬入據其城飛章以聞先帝驚歎其時與臣不足者望風嫉臣遽獻疑言上罔宸聽以爲與吐蕃盟約不可背之必恐將此爲辭侵犯郊境詔臣還却此城兼執送悉怛謀等令彼自戮復降中使迫促送還昔白起殺降終于杜郵致禍陳湯見徙是爲郅支報讎感歎前事愧心終日今者幸逢英主忝備台司輒敢追論伏希省察且維州據高山絕頂三面臨江在戎虜平川之衝是漢地入兵之路初河隴盡沒此州獨存吐蕃潛將婦人嫁與此州門子二十年後兩男長成竊開壘門引兵夜入因茲陷沒號曰無憂因併力於西邊遂無虞於南路憑凌近甸旰昃累朝貞元中韋皐欲經略河湟須以此城爲始盡銳萬旅急攻累年吐蕃愛惜旣甚

遂遣舅論莽熱來援雉堞高峻臨衝難及於層霄鳥逕屈盤猛士多糜於礧石莫展公輸之巧空擒莽熱而還及南蠻負恩掃地驅劫臣初到西蜀衆心未安外揚國威中緝邊備其維州執臣信令乃送款與臣臣告以須俟奏聞所冀探其情僞其悉怛謀尋率一城之兵衆并州印甲仗塞途相繼空壁歸臣臣大出牙兵受其降禮南蠻在列莫敢仰視況西山八國隔在此州比帶使名都成虛語諸羌久苦蕃中征役願作大國王人自維州降後皆云但得臣信牒帽子便相率內屬其蕃界合水棲鷄等城既失險阨自須抽歸可減八處鎮兵坐收千里舊地臣見莫大之利乃爲恢復之基繼具奏聞請以酬賞臣自與錦袍金帶顒俟詔書且吐蕃維州未降已前一年猶圍魯州以此言之豈守盟約況臣未嘗用兵攻取彼自感化來降又沮議之人不知事實犬戎遲鈍土曠人稀每欲乘秋犯邊皆須數歲就食臣得維州踰月未有一使入疆自此之後方應破膽豈有慮其後怨鼓此游詞臣受降之時指天爲誓寧忍將三百餘人性命棄信偷安累表上陳乞垂矜赦荅詔嚴切竟令執還加以體披桎梏舁於竹畚及將就路冤叫呼天將吏對臣無不流涕其部送者便遭蕃帥譏誚曰既已降彼何須送來乃却將此降人戮于漢界之上恣行殘害用固攜離乃至擲其嬰孩承以槍槊臣聞楚靈誘殺蠻子春秋明譏周文外送鄧叔簡冊深鄙況乎大國負此異類絕忠款之路快兇虐之情從古以來未有此事臣實痛悉怛謀舉城受酷由臣陷此無辜乞慰忠魂特加褒贈帝意傷之尋賜贈官其年德裕兼守司徒四月澤潞節度使劉從諫卒軍人以其姪稹擅總留後三軍請降旌鉞帝與宰臣議可否德裕曰澤潞國家內地不同河朔前後命帥皆用儒臣頃者李抱眞成立此軍身歿之後德宗尚不許繼襲令李緘護喪歸洛泊劉悟作鎮長慶中頗亦自專屬敬宗因循遂許從諫繼襲開成初於長子屯軍欲與晉陽之甲以除君側與鄭注李訓交結至深外託効忠實懷窺伺自疾病之初便令劉稹管兵馬若不加討伐何以號令四方若因循授之則藩鎮相効自茲威令去矣帝曰卿算用兵必剋否對曰劉稹所恃者河朔三鎮耳但得魏鎮不與稹同破之必矣請遣重臣一人傳達聖旨言澤潞命帥不同三鎮自艱難已來列聖皆許三鎮嗣襲已成故事今國家欲加兵誅稹禁軍不欲出山東其山東三州委鎮魏出兵攻取上然之乃令御史中丞李回使三鎮諭旨賜魏鎮詔書云卿勿爲子孫之謀欲存輔車之勢何弘敬王元逵承詔聳然從命初議出兵朝官上疏相繼請依從諫例許之繼襲而宰臣四人亦有以出師非便者德裕奏曰如師出無功臣請自當罪戾請不累李紳讓夷等及弘敬元逵出兵德裕又奏曰貞元太和之間朝廷伐叛詔諸道會兵纔出界便費度支供餉遲留逗撓以困國力或密與賊商量取一縣一柵以爲勝捷所以師出無功今請處分元逵弘敬只令收州勿攻縣邑帝然之及王宰石雄進討經年未拔澤潞及弘敬元逵收邢洺磁三州稹黨遂離以至平殄皆如其筭時王師方討澤潞三年十二月太原橫水戍兵因移戍榆社乃倒戈入太原城逐節度使李石推其都將楊弁爲留後武宗以賊稹未殄又起太原之亂心頗憂之遣中使馬元貫往太原宣諭覘其所爲元貫受楊弁賂欲保祐之四年正月使還奏曰楊弁兵馬極多自牙門列隊至柳子十五餘里明光甲曳地德裕奏曰李石比以城內無兵抽橫水兵一千五百人赴榆社安能朝夕間便致十五里兵甲耶元貫曰晉人驍敢盡可爲兵重賞招致耳德裕曰招召須財昨橫水兵亂止爲欠絹一匹李石無處得楊弁從何致耶又太原有一聯甲並在行營安致十五里明光耶元貫詞屈德裕奏曰楊弁微賊決不可恕如國力不及寧捨劉稹卽時請降詔令王逢起榆社軍又令王元逵兵自土門入會于太原河東監軍呂義忠聞之卽日召榆社本道兵誅楊弁以聞自開成五年冬迴紇至天德至會昌四年八月平澤潞首尾五年其籌度機宜選用將帥軍中書詔奏請雲合起草指蹤皆獨決於德裕諸相無預焉以功兼守太尉進封衛國公三千戶五年武宗上徽號後累表乞骸不許德裕病月餘堅請解機務乃以本官平章事兼江陵尹荊南節度使數月追還復知政事宣宗卽位罷相出爲東都留守東畿汝都防禦使德裕特承武宗恩顧委以樞衡決策論兵舉無遺悔以身扞難功流社稷及昭肅棄天下不逞之伍咸害其功白敏中令狐綯在會昌中德裕不以朋黨疑之置之臺閣顧待甚優及德裕失勢抵掌戟手同謀斥逐而崔鉉亦以會昌末罷相怨德裕大中初敏中復薦鉉在中書乃相與掎摭構致令其黨人李咸者訟德裕輔政時陰事乃罷德裕留守以太子少保分司東都時大中元年秋尋再貶潮州司馬敏中等又令前永寧縣尉吳汝納進狀訟李紳鎮揚州時謬斷刑獄明年冬又貶潮州司戶德裕既貶大中二年自洛陽水路經江淮赴潮州其年冬至潮陽又貶崖州司戶至三年正月方達珠崖郡十二月卒時年六十三德裕以器業自負特達不羣好著書爲文獎善嫉惡雖位極台輔而讀書不輟有劉三復者長於章奏尤奇待之自德裕始鎮浙西迄於淮甸皆參佐賓筵軍政之餘與之吟詠終日在長安私第別構起草院院有精思亭每朝廷用兵詔令制置而獨處亭中凝然握管左右侍者無能預焉東都於伊闕南置平泉別墅清流翠篠樹石幽奇初未仕時講學其中及從官藩服出將入相三十年不復重遊而題寄歌詩皆銘之於石今有花木記歌詩篇錄二石存焉有文集二十卷記述舊事則有次柳氏舊聞御臣要略伐叛志獻替錄行於世初貶潮州雖蒼黃顛沛之中猶留心著述雜序數十篇號曰窮愁志其論冥數曰仲尼罕言命不語神非謂無也欲人嚴三綱之道奉五常之教修天爵而致人爵不欲信富貴于天命委福祿於冥數昔衞卜協于沙丘爲謚已久秦塞屬於臨洮名子不悟朝歌未滅而國流丹烏白帝尚在而漢斷素蛇皆兆發於先而符應於後不可以智測也周孔與天地合德與神明合契將來之數無所遁情而狠跋於周鳳衰于楚豈親戚之義不可去也人倫之教不可廢也條侯之貴鄧通之富死於兵革可也死于女室可也唯不宜以餒終此又不可以理得也命偶時來盜有名器者謂禍福出於胷懷榮枯生於口吻沛然而安溘然而笑曾不知黃雀遊於茂樹而挾彈者在其後也乙丑歲予自荊楚保釐東周路出方城間有隱者困于泥塗不知其所如謂方城長曰此官人居守後二年南行萬里則知憾子者必因天譴譖子者乃自鬼謀雖抱至冤固不爲恨予嘗三遇異人非卜祝之流皆遁世者初掌記北門管涔隱者謂予曰君明年當在人君左右爲文翰之職須値少主予聞之愕然變色隱者亦悔失言避席求去予問曰何爲事少主對曰君與少主已有宿緣其年秋登朝至明年正月穆宗纘緒召入禁苑及爲中丞閩中隱者叩門請見予下榻與語曰時事非久公不早去冬必作相禍將至矣若亟請居外則代公者受患公後十年終當作相自西而入是秋出鎮吳門時年三十六歲經八稔尋又仗鉞南燕秋暮有邑子于生引鄴郡道士至纔升階未及命席謂予曰公當爲西南節制孟冬望舒前符節至矣三者皆與之協不差歲月自憲闈竟十年居相位由西蜀而入代予持憲者俄亦竄逐唯再謫南荒未嘗有前知之士爲予言之豈禍患不可移者神道所秘莫得預聞其自序如此斯論可以警夫躁競者故書於事末德裕三子燁檢校祠部員外郎汴宋亳觀察判官大中二年坐父貶象州立山尉二子幼從父歿於崖州燁咸通初量移郴州郴縣尉卒於桂陽子延古

史臣曰臣總角時亟聞耆德言衞公故事是時天子神武明於聽斷公亦以身犯難酬特達之遇言行計從功成事遂君臣之分千載一時觀其禁掖彌綸巖廊啓奏料敵制勝襟靈獨斷如由基命中罔有虛發實奇才也語文章則嚴馬扶輪論政事則蕭曹避席罪其竊位卽太深文所可議者不能釋憾解仇以德報怨泯是非於度外齊彼我於環中與夫市井之徒力戰錐刀之末淪身瘴海可爲傷心古所謂攫金都下忽於市人離婁不見於眉睫才則才矣語道則難

贊曰公之智決利若靑萍破虜誅叛摧枯建瓴功成北闕骨葬南溟嗚呼煙閣誰上丹靑

舊唐書卷一百七十四考證

李德裕傳忠雖不忤善亦不從以規爲瑱是謂塞聰○原本作而善亦從以規爲視今據通鑑改正

以本官平章事兼江陵尹荊南節度使○沈炳震曰按紀宣宗卽位罷相拜荊南節度武宗朝未嘗免也誤

# 舊唐書卷一百七十五

後晉司空同中書門下平章事劉　昫撰

## 列傳第一百二十五

憲宗二十子　穆宗五子　敬宗五子
文宗二子　武宗五子　宣宗十一子
懿宗八子　僖宗二子　昭宗十子　嗣襄王熅　朱玫王行瑜附

憲宗二十子穆宗皇帝宣宗皇帝惠昭太子寧澧王惲深王悰洋王忻絳王悟建王恪鄜王憬瓊王悅沔王恂婺王懌茂王愔淄王協衡王憺澶王怳棣王惴彭王惕信王憻榮王憒

惠昭太子寧，憲宗長子也。母曰紀美人。貞元二十一年四月封平原郡王，元和元年八月進封鄧王，四年閏二月立爲皇太子，改名宙，尋復今名。其年有司將行册禮，以孟夏孟秋再卜日，臨事皆以雨罷，至十月方行册禮。元和六年十二月薨，年十九，廢朝十三日。時勑國子司業裴茝攝太常博士，西內勾當。茝通習古今禮儀，嘗爲太常博士，及官至郎中，每兼其職，至改司業方罷兼領。國典無皇太子薨禮，故又命茝領之。廢朝十三日，蓋用期服以日易月之制也。謚曰惠昭。

澧王惲，憲宗第二子也。本名寬，貞元二十一年封同安郡王，元和元年進封澧王，七年改今名。時吐突承璀恩寵特異，惠昭太子薨，議立儲副，承璀獨排羣議屬澧王，欲以威權自樹，賴憲宗明斷不惑。上將册拜太子，詔翰林學士崔羣代澧王作讓表一章。羣奏曰：「凡事已合當之而不爲，則有退讓焉。」上深納之。及憲宗晏駕，承璀死，王亦薨於其夕，以元和十五年四月丁丑發喪，廢朝三日。長子漢，東陽郡王；次子源，安陸郡王；第三子演，臨安郡王。

深王悰，本名察，憲宗第四子也。貞元二十一年封彭城郡王，元和元年進封深王，改今名。長子潭，河內郡王；次子淑，吳興郡王。

洋王忻，本名寰，憲宗第五子也。貞元二十一年封爲高密郡王，元和元年進封洋王，七年改今名。大和二年薨。長子沛，大和八年封潁川郡王。

絳王悟，本名寮，憲宗第六子也。貞元二十一年封文安郡王，元和元年進封絳王，七年改今名。寶曆二年冬遇害。長子洙，太和八年封新安郡王；第二子滂，封高平郡王。

建王恪，本名審，憲宗第十子也。元和元年八月，淄青節度李師古卒，其弟師道擅領軍務，以邀符節。朝廷方興討罰之師，不欲分兵兩地，乃封審爲建王，問一日，授開府儀同三司、鄆州大都督，充平盧軍淄青等州節度營田觀察處置、陸運海運、押新羅渤海兩蕃等使，而以師道爲節度留後。不出閤。七年改今名。長慶元年薨。

鄜王憬，長慶元年封，開成四年七月薨。長子溥，平陽郡王。

瓊王悅，長慶元年封。第二子津，河間郡王。

沔王恂，長慶元年封。長子瀛，晉陵郡王。

婺王懌，長慶元年封。長子清，新平郡王。

茂王愔，長慶元年封。長子潓，武功郡王。

淄王協，憲宗第十四子也。長慶元年封，開成元年薨。長子瀚，大和八年八月封許昌郡王；第三子滇，馮翊郡王。

衡王憺，長慶元年封。長子涉，晉平郡王。

澶王恍，長慶元年封。長子濘，鴈門郡王。

棣王惴，大中六年封，咸通三年薨。

彭王惕，大中三年封。

信王憻，大中十四年封，咸通八年薨。

榮王憒，咸通三年封。廣明元年八月十九日，授開府儀同三司、守司空。其年十月九日薨。其子令平嗣王。

穆宗五子：敬宗皇帝、文宗皇帝、武宗皇帝、懷懿太子湊、安王溶。

懷懿太子湊，穆宗第六子。少寬和溫雅，齊莊有度。長慶初，封漳王。文宗以王守澄恃權，深怒閹官，欲盡誅之，密令宰相宋申錫與外臣謀畫其計。守澄門人鄭注伺知其事，欲先事誅申錫，以漳王賢而有望，乃令神策虞候豆盧著告變，言十六宅宮市典晏敬則、朱訓與申錫親吏王師文同謀不軌。朱訓與王師文言：「聖上多病，太子年小，若立兄弟，次是漳王，要先結託。」乃於師文處得銀五鋌、絹八百匹；又晏敬則於十六宅將出漳王吳綾汗衫一領、熟線綾一匹，以答申錫。其事皆鄭注憑虛結構，而擒朱訓等於黃門獄，鍛鍊僞成其款。居三四日，朝臣方悟其誣構，諫官崔玄亮等閤中極諫，叩頭出血，請出申錫獄付外勘鞫。鄭注輩恐其僞迹敗露，乃請行貶黜。制曰：「王者敦先入愛，義不遺親，豈於同氣之中，可致異詞之間。如或愼修不至，詿誤有聞，構爲厲階，犯我邦紀，未加殛竄，尚屈彝章。漳王湊，手足之親，盤石是固，居崇寵秩，列在戚藩。頃多克順之心，亦有尚賢之志，而滿盈生患，敗覆是圖，姦凶會同，謀議聯及，汚我皇化，彰于外朝。初駭予衷，再驚羣聽，尚以未具獄詞，猶資審愼，建侯之命，姑務從寬，可降封巢縣公。」制下，上令中使齎巢縣官告就十宅賜湊，言：「國法須此，爾宜寬勉。」八年薨，贈封齊王。鄭注伏誅，帝思湊被陷，而心傷之。開成三年正月，制曰：「襃善飾終，王者常典；況我友于之愛，手足之親，永言痛悼之懷，用錫元良之命。故齊王湊，孕靈天宇，擢秀本枝，孝敬知於孩提，惠和洽於親愛。將固磐石，遂分茅社，學探蟻術之精，智有象舟之妙，好書樂善，造次不失其淸規，置醴尊師，風雨不忘其至敬。方期台耉，以保怡怡，天胡不仁，殲我同氣。念周宣好愛之分，長慟莫追；覽魏文榮樂之言，軫懷無已。繇是稽諸前典，式展追榮，特峻彝章，表恩泉壤。雖禮命之儀則爾，而天倫之恨何攄。遐想幽魂，宜膺寵數，可贈懷懿太子。」有司擇日册命。

安王溶，穆宗第八子。母楊賢妃。長慶元年封。太和八年，授開府儀同三司、檢校吏部尚書。開成初，勑安王、穎王並以百官例逐月給料錢。武宗即位，李德裕秉政，或告文宗崩時，楊嗣復以與賢妃宗家，欲立安王爲嗣，故王受禍，嗣復貶官。

敬宗五子：悼懷太子普、梁王休復、襄王執中、紀王言揚、陳王成美。

悼懷太子普，敬宗長子也。母曰郭妃。寶曆元年封晉王。太和二年薨，年五歲。上撫念之甚厚，册贈悼懷太子。

梁王休復，開成二年八月詔曰：「王者胙土畫疆，封建子弟，所以承衛帝室，蕃茂本枝，祖宗成式，朕曷敢廢。況天付正性，夙奉至訓，尊賢好善，體仁由禮，是可舉建侯之命，膺分社之榮，親親賢賢，於是乎在。敬宗皇帝第二子休復、第三子執中、第四子言揚、第六子成美，皆氣蘊中和，行推敬愼，游泳墳索，佩服師言，宜開土宇之封，用申睦族之典。休復可封梁王，執中可封襄王，言揚可封紀王，成美可封陳王。宜令有司擇日備禮册命。」

襄王執中，與梁王同時受封。第三男宲，樂平郡王。

紀王與襄王同時受封。

陳王成美，與紀王言揚同時受封。開成四年十月，詔曰：「古先哲王之有天下也，何嘗不正國本而承天序，建儲貳而主重離。朕以寡昧，祇荷丕圖，虔恭寅畏，思固鴻業，愼擇全懿，曠于旬時，而卿士獻謀，龜筮告吉，以爲少陽虛位，願舉盛儀，列聖垂休，俾合予志，選賢而立，式表無私。敬宗皇帝第六男陳王成美，天假忠孝，日新道德，溫文合雅，謙敬保和，裕端明之體度，尚詩書之辭訓，言皆中禮，行不違仁，是可以訓考舊章，欽若成命，授之七鬯，以奉粢盛，宜廻朱邸之榮，俾踐青宮之重，可立爲皇太子。宜令所司擇日備禮册命。」自莊恪太子薨，將相大臣洎職言者拜章面陳，凡累月，上遂命立陳王。未行册禮，復降仍舊。其年殂於藩邸。第十九男儼，宣城郡王。

文宗二子：莊恪太子永、蔣王宗儉。

莊恪太子永，文宗長子也。母曰王德妃。太和四年正月封魯王。六年，上以王年幼，思得賢傅輔導之。時王傅和元亮因待制召問，元亮出於卒史，不知書，一不能對。後宰相延英奏事，上從容曰：「魯王稟性可教，宜擇賢士大夫爲官屬，不可復用和元亮之輩。」因以戶部侍郎庾敬休守本官兼魯王傅，太常卿鄭肅守本官兼王府長史，戶部郎中李踐方守本官兼王府司馬。其年十月，降詔册爲皇太子。上自卽位，承敬宗盤遊荒怠之後，恭儉惕愼，以安天下。以晉王謹愿，且欲建爲儲貳，未幾晉王薨，上哀悼甚，不復言東宮事，入之今有是命，中外慶悅。後以王起、陳夷行爲侍讀。開成三年，上以皇太子宴遊敗度，不可教導，將議廢黜，特開延英，召宰臣及兩省、御史臺五品已上、南班四品已上官對。宰臣及衆官以爲儲后年小，可俟改過，國本至重，願寬宥。御史中丞狄兼謩上前雪涕以諫，詞理懇切。翌日，翰林學士六人、洎神策六軍軍使十六人又進表陳論，上意稍解。其日一更，太子歸少陽院，以中人張克己、栢常心充少陽院使，如京使王少華、判官袁載和及品官白身、內園小兒官人等數十人，連坐至死及剝色流竄等。詔侍讀竇宗直、周敬愼依前隔日入少陽院。其年薨。勑兵部尚書王起撰哀册文曰：

維大唐開成三年歲次戊午十月乙酉朔十六日庚子，皇太子薨于少陽院。十七日辛丑，遷座于大吉殿。十一月乙卯朔二十四日戊寅，命册使太子太師兼右僕射、門下侍郎、國子祭酒、平章事鄭覃，副使中書侍郎、平章事楊嗣復，持節册謚曰莊恪。十二月乙酉朔十二日丙申，葬于驪山之北原莊恪陵，禮也。玉琯歲窮，金壺漏盡，祖奠告徹，哀笳將引，庭滅燎而月寒，路搖旂而風緊。皇帝念主鬯之缺位，悼佩觿之夭年，銅樓已閉，銀牓徒懸，方追思於對日，遽寘奠而賓天。典册具舉，文物咸備，爰詔侍臣，顯揚上嗣。其詞曰：皇矣帝緒，肇基綿古，種德尊道，宗文祖武。上聖開成，天下和平，儲祉發祥，是生元良。覃訏之初，岐嶷用彰，蘊才游藝，玉裕金相。旣免孩提，是加封殖，俾維城於東魯，錫介珪於上國。辭榮朱邸，正位靑宮，尊師重傅，養德含聰，畏馳道而不絕，問寢門而益恭。招賢警戒，藹肅謙沖，冀日躋於三善，奉天慈於九重。漢莊好學，旣顯於外；魏丕能文，方循於內。美不二於顏過，嘉得三於鯉退。焜燿甲觀，鏗鏘瑜珮，方積善於爲山，何反眞而游岱。嗚呼哀哉！憂兢損壽，沉痾始遘，羣望並走，百靈宜祐。吳客之問，徒爲越人之方，靡救占前星之掩曜，知東朝之降咎。天垂象而則然，人由己而何有。嗚呼哀哉！稅駕乘華兮卽宮夜臺，鳳笙長絕兮蜃輅徐來。啓靑宮而右出，歷玄灞而左迴，度凋林兮魂斷，入曠野兮心摧。水助挽而幽咽，雲帶翣而徘徊，悲佳城之已掩，見新廟之方開。嗚呼哀哉！授經兮易期，執紼兮增欷，九原作兮何嗟及，七日還兮安可希。有少海之波逝，無西園之蓋飛，商山之羽翼已散，望苑之賓客咸歸。瑟彼玉簡，閟于泉扉，用傳信於文字，願不昧於音徽。嗚呼哀哉初上以太子稍長不循法度昵近小人欲加廢黜迫於公卿之請乃止太子終不悛改至是暴薨時傳云太子德妃之出也晚年寵衰賢妃楊氏恩渥方深懼太子他日不利於己故日加誣譖太子終不能自辨明也太子既薨上意追悔四年因會寧殿宴小兒緣橦有一夫在下憂其墮地有若狂者上問之乃其父也上因感泣謂左右曰朕富有天下不能全一子遂召樂官劉楚材宮人張十十等責之曰陷吾太子皆爾曹也今已有太子更欲蹤前耶立命殺之

蔣王宗儉文宗第二子開成二年封

武宗五子杞王峻開成五年封

益王峴兗王岐德王嶧昌王嵯皆會昌二年封

宣宗十一子懿宗皇帝餘並封王

靖懷太子漢會昌六年封雍王大中六年薨冊贈靖懷太子

雅王涇宣宗第二子大中元年封

衛王灌大中十一年封十四年薨

夔王滋宣宗第三子也會昌六年封咸通四年薨

慶王沂第四子也會昌六年封大中十四年薨

濮王澤第五子也大中二年封

鄂王潤第六子也大中五年封乾符三年薨

懷王洽第七子也大中八年封

昭王汭第八子也大中八年封乾符三年薨

康王汶大中八年封

廣王澭大中十一年封

懿宗八子僖宗皇帝昭宗皇帝餘並封王

魏王佾咸通三年封

涼王健咸通三年封乾符六年薨

蜀王佶咸通三年封

威王偘咸通六年封郢王十年改封今王

吉王保咸通十三年封文德元年八月九日授開府儀同三司檢校太傅仍加食邑三百戶

睦王倚咸通十三年封

僖宗二子建王震中和元年九月十六日封

益王陞光啓三年十一月十四日封

昭宗十子哀帝餘並封王

德王裕昭宗長子也大順二年六月二十八日封乾寧四年二月十四日冊爲皇太子時駕在華州韓建畏諸王主兵誘防城卒張行思花重武相次告通王以下欲殺建建他日又造訛言云諸王欲劫遷車駕別幸藩鎮諸王懼詣建自陳建乃延入臥內密遣人奏云今日睦王濟王韶王通王彭王韓王儀王陳王等八人到臣理所不測事由臣竊量事體不合與諸王相見兼恐久在臣所於事非宜忽然及門意不可測又上疏抗請歸十六宅如是者數四帝不允建懼爲諸王所圖乃以精甲數千圍行宮請誅定州護駕軍都將李筠帝懼甚詔斬筠於大雲橋其三都軍士幷放還本道殿後都亦與三都元繞行宮扈蹕至是並急詔散之罷諸王兵柄建慮上不悅乃上表請立德王爲皇太子其年八月嗣延王戒丕自太原還詔與通王已下八王並賜死于石堤谷光化末樞密使劉季述王仲先等幽昭宗於東內冊裕爲帝及天復初誅季述仲先與寺人藏於右軍羣臣請殺之昭宗曰太子冲幼爲賊輩所立依舊令歸少陽院及朱全忠自鳳翔迎駕還京以德王眉目疏秀春秋漸盛常惡之謂崔胤曰德王曾竊居寶位天下知之大義滅親何得久留是教後代以不孝也請公密啓胤然之昭宗不納他日言於全忠全忠曰此國家大事臣安敢竊議乃崔胤賣臣也尋以哀帝爲天下兵馬元帥後昭宗至洛下一日幸福先寺謂樞密使蔣玄暉曰德王朕之愛子全忠何故須令廢之又欲殺之言訖淚下因齧其中指血流玄暉具報全忠由是轉恚昭宗遇弒之日蔣玄暉於內西置社筵酒酣德王已下六王皆爲玄暉所殺投屍九曲池

棣王祤乾寧元年十月八日封

虔王禊沂王禋遂王禕並與棣王同時封冊

景王祕乾寧四年十月二十二日封

祁王祺與景王同時封冊

雅王禛瓊王祥並光化元年十一月九日封

嗣襄王熅性柔善無他能光啓二年春駕在寶雞西軍逼請幸岐隴帝以數十騎自大散關幸興元時熅有疾不能從因爲朱玫所挾至鳳翔有臺省官從行未及者僅百人四月玫乃與宰相蕭遘裴澈率羣寮冊熅爲監國熅以鄭昌圖判度支而鹽鐵戶部各置副使三司之事一以委焉目曰廢置相公五月熅遣僞戶部侍郎柳陟等十餘人分諭關東河北諸道納僞命者甚衆十月朱玫率蕭遘等冊熅爲帝改元曰永貞遙尊僖宗爲太上元皇聖帝初河中王重榮表率東諸侯進貢唯蔡賊與太原不順秦宗權自僭號太原不協于朱玫故也及王行瑜殺朱玫熅奔至渭上王重榮使人迎之熅與僞百官泣別謂曰朕見重榮當令與卿等各備所服以接卿殺朱玫之翊日熅爲鄜州亂軍所殺行瑜遂函首送行在熅四月監國至十二月死凡在僞位九月矣

朱玫者邠州人也少從邊以功歷郡守乾符末領邠寧節制中和中收復京師與太原李克用東方達同制加使相光啓元年冬受詔招討河中軍敗以軍容使田令孜失策時諸軍皆怒乃徇人情表請誅令孜令孜與楊復恭挾帝西幸玫又失策乃虜嗣襄王熅與蕭遘等同立爲帝大行封拜以啖諸侯而天下之人歸者十五六焉與李昌符始謀冊立及後玫自稱大丞相吐握在己昌符怒之乃以表送款行在復密結樞密使楊復恭人心乃離時行在出令有能斬朱玫首者則授以邠帥賊將王行瑜以大唐峯不利退保鳳州終慮得罪與腹心密謀徑入京師時玫有第在和善里行瑜率兵仗入見玫猶責以擅還行瑜曰我要代爾領邠州節制何復多言遂斬之

王行瑜者邠州人也少隸本軍事朱玫爲偏將平巢寇有功光啓二年玫冊嗣襄王熅爲僞帝授天平軍節度使領兵守大散關攻大唐峯爲李鋋所敗乃送款行在以部下反攻朱玫于闕下斬之因授邠州節度使後平楊守亮于山南以功累加至中書令景福中逼朝廷加尚書令宰臣韋昭度密奏不可會韓建李茂貞稱兵入覲欲行廢立不果乃請殺昭度與李磎是歲又遣弟行約攻河中河中引太原軍至由是大敗行約行實劫駕不獲遂歸邠州行瑜率兵屯梨園王師圍急行實行約先敗大保龍泉行瑜又遁至邠州不能守乾化二年十一月挈族至慶州爲部下所殺

史臣曰自天寶已降內官握禁旅中闈纂繼皆出其心故手纔攬於萬機目已睨於六宅防閑禁錮不近人情文宗好古睦親至敦友悌悔前非於齊湊褒以儲闈付後事於陳王歸其冑席或降輿朱邸對食瓊筵怡怡申肺腑之情穆穆盡棣華之義近朝盛美可洽風謠昭肅或譏毒流安邸雖覽大臣之議欲使磐維竟無出閤之儀終身幽枉谷風之怨可爲傷心大中咸通已來寶圖世及犬牙麟趾雖不迨於姬周豆什布謠未甚悲於宗籍於姬不足比魏有餘

贊曰周封子弟運祚綿長管蔡勳絕曾魏克昌誅叛賞順王者大綱法不私親棣蕚其芳

舊唐書卷一百七十五考證

陳王成美傳第十九男儼宣城郡王○臣酉按新書宗室表宣城王儼爲玄宗子陳王珪子與此不合

襄王熅○臣酉按熅肅宗子襄王僙之裔孫朱玫傳乃虜嗣襄王熅王行瑜傳玫冊嗣襄王熅爲僞帝則右一行封嗣之嗣字當在襄王上今改正

# 舊唐書卷一百七十六

後晉司空同中書門下平章事劉　昫撰

## 列傳第一百二十六

李宗閔　楊嗣復子授損技拭撝　楊虞卿弟漢公從兄汝士

馬植　李讓夷　魏謩　周墀　崔龜從

鄭肅　盧商

李宗閔字損之宗室鄭王元懿之後祖自仙楚州別駕父翛宗正卿出爲華州刺史鎮國軍潼關防禦等使翛兄夷簡元和中宰相宗閔貞元二十一年進士擢第元和四年復登制舉賢良方正科初宗閔與牛僧孺同年登進士第又與僧孺同年登制科應制之歲李吉甫爲宰相當國宗閔僧孺對策指切時政之失言甚鯁直無所廻避考策官楊於陵韋貫之李益等又第其策爲中等又爲不中第者注解牛李策語同爲唱誹又言翰林學士王涯甥皇甫湜中選考覈之際不先上言裴垍時爲學士居中覆視無所異同吉甫泣訴於上前憲宗不獲已罷王涯裴垍學士垍守戶部侍郎涯守都官員外郎吏部尚書楊於陵出爲嶺南節度使吏部員外郎韋貫之出爲果州刺史王涯再貶虢州司馬貫之再貶巴州刺史僧孺宗閔亦久之不調隨牒諸侯府七年吉甫卒方入朝爲監察御史累遷禮部員外郎元和十二年宰相裴度出征吳元濟奏宗閔爲彰義軍觀察判官賊平遷駕部郎中又以本官知制誥穆宗卽位拜中書舍人時翛自宗正卿出刺華州父子同時承恩制人士榮之長慶元年子壻蘇巢於錢徽下進士及第其年巢覆落宗閔涉請託貶劍州刺史時李吉甫子德裕爲翰林學士錢徽牓出德裕與同職李紳元稹連衡言於上前云徽受請託所試不公故致重覆比相嫌惡因是列爲朋黨皆挾邪取權兩相傾軋自是紛紜排陷垂四十年復入爲中書舍人三年冬權知禮部侍郎四年貢舉事

畢權知兵部侍郎寶曆元年正拜兵部侍郎父憂免大和二年起爲吏部侍郎賜金紫之服三年八月以本官同平章事時裴度薦李德裕將大用德裕自浙西入朝爲中人助宗閔者所沮復出鎭尋引牛僧孺同知政事二人唱和凡德裕之黨皆逐之累轉中書侍郎集賢大學士七年德裕作相六月罷宗閔知政事檢校禮部尚書同平章事興元尹山南西道節度使宗閔爲吏部侍郎時因駙馬都尉沈𦤂結託女學士宋若憲及知樞密楊承和二人數稱之於上前故獲徵用及德裕秉政羣邪不悅而鄭注李訓深惡之文宗乃復召宗閔於興元爲中書侍郎平章事命德裕代宗閔爲興元尹旣再得權位輔之以訓注尤恣所欲進封襄武侯食邑千戶九年六月京兆尹楊虞卿得罪宗閔極言救解文宗怒叱之曰爾嘗謂鄭覃是妖氣今作妖覃耶爾耶翌日貶明州刺史尋再貶處州長史七月鄭注發沈𦤂宋若憲事內官楊承和韋元素沈𦤂及若憲姻黨坐貶者十餘人又貶宗閔潮州司戶時訓注竊弄威權凡不附己者目爲宗閔德裕之黨貶逐無虛日中外震駭連月陰晦人情不安九月詔曰朕承天纘曆燭理不明勞虛襟以求賢勵寬德以容衆頃者或台輔乖弼違之道而具寮扇朋附之風翕然相從實數彝憲致使薰蕕共器賢不肖並馳退迹者成後時之夫登門者有迎吠之客繆戾之氣堙鬱和平而望陰陽順時疵癘不作朝廷清肅班列和安自古及今未嘗有也今旣再申朝典一變澆風掃清朋比之徒匡飭貞廉之俗凡百卿士惟新令猷如聞周行之中尚蓄疑懼或有妄相指目令不自安今斯曠然明喻朕意應與宗閔德裕或親或故及門生舊吏等除今日已前黜遠之外一切不問各安職業勿復爲嫌文宗以二李朋黨繩之不能去嘗謂侍臣曰去河北賊非難去此朋黨實難宗閔雖驟放黜竟免李訓之禍開成元年量移衢州司馬三年楊嗣復輔政與宗閔厚善欲拔用之而畏鄭覃沮議乃託中人密諷於上上以嗣復故因紫宸對謂宰相曰宗閔在外四五年宜別授一官鄭覃曰陛下憐其地遠宜移近內地三五百里不可再用姦邪陛下若欲用宗閔臣請先退陳夷行曰比者宗閔得罪以朋黨之故恕死爲幸寶曆初李續之張又新蘇景胤等朋比姦險幾傾朝廷時號八關十六子李珏曰主此事者罪在逢吉李續之居喪服闋不可不與一官臣恐中外衣冠交興議論非爲續之輩也夷行曰昔舜逐四凶天下治朝廷求理何惜此十數纖人嗣復曰事貴得中不可但徇憎愛上曰與一郡可也鄭覃曰與郡太優止可洪州司馬耳夷行曰宗閔養成鄭注之惡幾覆邦家國之巨蠹也嗣復曰比者陛下欲加鄭注官宗閔不肯陛下亦當記憶覃曰嗣復黨庇宗閔臣觀宗閔之惡甚於李林甫嗣復曰覃語大過昔玄宗季年委用林甫妬賢害能破人家族宗閔在位固無此事況太和末宗閔德裕同時得罪二年之間德裕再領重鎭而宗閔未離貶所陛下懲惡勸善進退之理宜均非臣獨敢黨庇昨殷侑與韓益奏官及章服臣以益前年犯贓未可其奏鄭覃託臣云幸且勿論孰爲黨庇翌日以宗閔爲杭州刺史四年冬遷太子賓客分司東都時鄭覃陳夷行罷相嗣復方再拔用宗閔知政事俄而文宗崩會昌初李德裕秉政嗣復李珏皆竄嶺表三年劉稹據澤潞叛德裕以宗閔素與劉從諫厚上黨近東都宗閔分司非便出爲封州刺史又發其舊事貶郴州司馬卒於貶所子琨瓚大中朝皆進士擢第令狐綯作相特加獎拔瓚自員外郎知制誥歷中書舍人翰林學士綯罷相出爲桂管觀察使御軍無政爲卒所逐貶死自天寶艱難之後宗室子弟賢而立功者唯鄭王曹王子孫耳夷簡再從季父汧國公勉德宗朝宰相夷簡諸弟夷亮夷則夷範皆登進士第宗閔弟宗冉宗冉子深湯湯累官至給事中咸通中踐更臺閣知名於時

楊嗣復字繼之僕射於陵子也初於陵十九登進士第二十再登博學宏詞科調補潤州句容尉浙西觀察使韓滉有知人之鑒見之甚悅滉有愛女方擇佳壻謂其妻柳氏曰吾閱人多矣無如楊生貴而有壽生子必爲宰相於陵秩滿寓居揚州而生嗣復後滉見之撫其首曰名位果踰於父楊門之慶也因字曰慶門嗣復十八歲時已能秉筆爲文年二十進士擢第二十一又登博學宏詞科釋褐秘書省校書郎遷右拾遺直史館以嗣復深於禮學改太常博士元和十年累遷至刑部員外郎鄭餘慶爲詳定禮儀使奏爲判官改禮部員外郎時父於陵爲戶部侍郎嗣復上言與父同省非便請換他官詔曰應同司官有大功以下親者但非連判及勾檢之官并官長則不在迴避之限如官署同職司異雖父子兄弟無所避嫌再遷兵部郎中長慶元年十月以庫部郎中知制誥正拜中書舍人嗣復與牛僧孺李宗閔皆權德輿貢舉門生情義相得進退取捨多與之同四年僧孺作相欲薦拔大用又以於陵爲東都留守未歷相位乃令嗣復權知禮部侍郎寶曆元年二月選貢士六十八人後多至達官文宗卽位拜戶部侍郎以父於陵太子少傅致仕年高多疾懇辭侍養不之許大和四年丁父憂免七年三月起爲尚書左丞其年宗閔罷相德裕輔政七月以嗣復檢校禮部尚書梓州刺史劍南東川節度觀察等使九年宗閔復知政事三月以嗣復檢校戶部尚書成都尹劍南西川節度副大使知節度事觀察處置等使開成二年十月入爲戶部侍郎領諸道鹽鐵轉運使三年正月與同列李珏並以本官同平章事領使如故進階金紫弘農伯食邑七百戶上以幣輕錢重問鹽鐵使何以去其太甚嗣復曰此事累朝制置未得但且禁銅未可變法法變擾人終亦未能去弊李珏曰禁銅之令朝廷常典但行之不嚴不如無令今江淮已南銅器成肆市井逐利者銷錢一緡可爲數器售利三四倍遠民不知法令率以爲常縱國家加鑪鑄錢何以供銷鑄之弊所以禁銅之令不得不嚴八月紫宸奏事曰聖人在上野無遺賢陸洿上疏論兵雖不中時事意亦可獎閑居蘇州累年宜與一官李珏曰士子趨競者多若獎陸洿貪夫知勸矣昨竇洵直論事陛下賞之以幣帛況與陸洿官耶帝曰洵直獎其直心不言事之當否鄭覃曰若苞藏則不可知嗣復曰臣深知洵直無邪惡所奏陸洿官尚未奉聖旨鄭覃曰陛下須防朋黨嗣復曰鄭覃疑臣朋黨乞陛下放臣歸去因拜乞罷免李珏曰比來朋黨近亦稍弭覃曰近有小朋黨生帝曰此輩凋喪向盡覃曰楊漢公張又新李續之卽今尚在珏曰今有邊事論奏覃曰論邊事安危臣不如珏嫉惡則珏不如臣嗣復曰臣聞左右佩劒彼此相笑臣今不知鄭覃指誰爲朋黨因當香案前奏曰臣待罪宰相不能申夔龍之道唯以朋黨見譏必乞陛下罷臣鼎職上慰勉之文宗方以政事委嗣復惡覃言切帝延英謂宰臣曰人傳符讖之語自何而來嗣復對曰漢光武好以讖書決事近代隋文帝亦信此言自是此說日滋只如班彪王命論所引蓋矯意以止賊亂非所重也李珏曰喪亂之時佐命者務神符命理平之代只合推誠人事上曰卿言是也帝又曰天后用人有自布衣至宰相者當時還得力否嗣復曰天后重行刑辟輕用官爵皆自圖之計耳凡用人之道歷試方見其能否當艱難之時或須拔擢無事之日不如且循資級古人拔卒爲將非治平之時蓋不獲已而用之也上又問新修開元政要敍致何如嗣復曰臣等未見陛下若欲遺之子孫則請宣付臣等參詳可否玄宗或好遊畋或好聲色與貞觀之政不同故取捨須當方堪流傳四年五月上問延英政事逐日何人記錄監修李珏曰是臣職司陳夷行曰宰相所錄必當自伐聖德卽將掩之臣所以頻言不欲威權在下珏曰夷行此言是疑宰相中有賣威權貨刑賞者不然何自爲宰相而出此言臣累奏求退若得王傅臣之幸也鄭覃曰陛下開成元年二年政事至好三年四年漸不如前嗣復曰元年二年是鄭覃夷行用事三年四年臣與李珏同之臣蒙聖慈擢處相位不能悉心奉職鄭覃云三年之後一年不如一年臣之罪也陛下縱不誅夷臣合自求泯滅因叩頭曰臣今日便辭玉階不敢更入中書卽趨去上令中使召還勞之曰鄭覃失言卿何及此覃起謝曰臣性愚拙言無顧慮近日事亦漸好未免些些不公亦無甚處臣亦不獨斥嗣復遽何至此所爲若是乃嗣復不容臣耳嗣復曰陛下不以臣微才用爲中書侍郎時政善否其責在臣陛下月費俸錢數十萬時新珍異必先賜與蓋欲輔佐聖明臻于至理旣一年不如一年非惟臣合得罪亦上累聖德伏請別命賢能許臣休退上曰鄭覃之言偶然耳奚執咎耶嗣復數日不入上表請罷帝方委用乃罷鄭覃夷行知政事自是政歸嗣復進加門下侍郎明年正月文宗崩先是以敬宗子陳王爲皇太子中尉仇士良違遺令立武宗武宗之立旣非宰相本意甚薄執政之臣其年秋李德裕自淮南入輔政九月出嗣復爲湖南觀察使明年誅樞密薛季稜劉弘逸中人言二人頃附嗣復李珏不利於陛下武宗性急立命中使往湖南桂管殺嗣復與珏宰相崔鄲崔珙等亟請開延英因極言國朝故事大臣非惡逆顯著未有誅戮者願陛下復思其宜帝良久改容曰朕纘嗣之際宰相何嘗比數李珏季稜志在扶冊陳王嗣復弘逸志在樹立安王立陳王猶是文宗遺旨嗣復欲立安王全是希楊妃意旨嗣復嘗與妃書云姑姑何不斅則天臨朝珙等曰此事曖昧眞虛難辨帝曰楊妃曾臥疾妃弟玄思文宗令入內侍疾月餘此時通導意旨朕細問內人情狀皎然我不欲宣出於外向使安王得志我豈有今日然爲卿等恕之乃追潭桂二中使再貶嗣復潮州刺史宣宗卽位徵拜吏部尚書大中二年自潮陽還至岳州病一日而卒時年六十六贈左僕射謚曰孝穆子損授技拭撝而授最賢

授字得符大中九年進士擢第釋褐從事諸侯府入爲鄠縣尉集賢校理歷監察御史殿中分務東臺再遷司勳員外郎洛陽令兵部員外郎李福爲東都留守奏充

判官改兵部郎中由吏部拜左諫議大夫給事中出爲河南尹盧攜作相召拜工部侍郎黃巢犯京師僖宗幸蜀徵拜戶部侍郎以母病求散秩改秘書監分司車駕還拜兵部侍郎宰相有報怨者改左散騎常侍國子祭酒又轉太子賓客從昭宗在華下改刑部尚書太子少保卒贈左僕射子喫字公隱進士及第再遷左拾遺昭宗初卽位喜遊宴不恤時事喫上疏極諫帝面賜緋袍象笏崔安潛出鎭青州辟爲支使不至鎭改太常博士歷主客戶部二員外郎關中亂崔胤引朱全忠入京師乃挈家避地湖南官終諫議大夫損字子黙以蔭受官爲藍田尉三遷京兆府司錄參軍入爲殿中侍御史家在新昌里與宰相路巖地相接巖以地狹欲易損馬廐廣之遣人致意時損伯叔昆仲在朝者十餘人相與議曰家門損益恃時相何可拒之損曰非也凡尺寸地非吾等所有先人舊業安可以奉權臣窮達命也巖不悅會差制使鞫獄黙中乃遣損使焉踰年而還改戶部員外郎洛陽縣令入爲吏部員外出爲絳州刺史路巖罷相徵拜給事中遷京兆尹盧攜作相有宿憾復拜給事中出爲陝虢觀察使時軍亂逐前使崔蕘損至盡誅其亂首踰年改青州刺史御史大夫淄青節度使又檢校刑部尚書鄆州刺史天平軍節度使未赴鄆復留青州卒於鎭技進士及第位至中書舍人拭官終考功員外郎攜終兵部郎中拭攜並進士擢第

楊虞卿字師皐虢州弘農人祖燕客父寧貞元中爲長安尉少有棲遁之志以處士徵入朝有口辯優游公卿間竇參尤重之會參貶仕進不達而卒虞卿元和五年進士擢第又應博學宏辭科元和末累官至監察御史穆宗初卽位不修政道盤遊無節虞卿上疏諫曰臣聞鳶烏遺害則仁鳥逝誹謗不誅則良言進況詔旨勉諭許陳愚誠故臣不敢避誅以獻狂瞽竊聞堯舜受命以天下爲憂不聞以位爲樂況北虜猶梗西戎未賓兩河之瘡痏未平五嶺之妖氛未解生人之疾苦盡在朝廷之制度莫修邊儲屢空國用猶屈固未可以高枕無虞也陛下初臨萬寓有憂天下之志宜日延輔臣公卿百執事凝旒而問造膝以求使四方內外有所觀焉自聽政已來六十日矣八開延英獨三數大臣仰龍顏承聖問其餘侍從詔誥之臣偕入而齊出何足以聞政事哉諫臣盈廷忠言未聞於聖聽臣實羞之蓋由主恩尚疎而衆正之路未啓也夫公卿大臣宜朝夕接見論道賜與從容則君臣之情相接而理道備聞矣今自宰相已下四五人時得頃刻侍坐天威不遠鞠躬隕越隨旨上下無能往來此由君太尊臣太卑故也自公卿已下雖歷踐清地曾未祗奉天聰以承下問鬱塞正路偷安倖門況陛下神聖如五帝臣下莫能望清光所宜周徧顧問惠其氣色使支體相輔君臣喻明陛下求理於公卿公卿求理於臣輩自然上下孜孜相問使進忠若趨利論政若訴冤如此而不聞過失不致昇平者未之有也自古帝王居危思安之心不相殊而居安慮危之心不相及故不得皆爲聖帝明王小臣踈賤豈宜及此獨不忍冒榮偷祿以負聖朝惟陛下圖之帝深獎其言尋令奉使西北邊犒賞戍卒遷侍御史再轉禮部員外郎史館修撰長慶四年八月改吏部員外郎大和二年南曹令史李賨等六人僞出告身簽符賣鑿空僞官令赴任者六十五人取受錢一萬六千七百三十貫虞卿按得僞狀捕賨等移御史臺鞫劾賨稱六人共率錢二千貫與虞卿廳典溫亮求不發舉僞濫事迹乃詔給事中嚴休復中書舍人高鉞左丞韋景休充三司推案而溫亮逃竄賨等既伏誅虞卿以檢下無術停見任及李宗閔牛僧孺輔政起爲左司郎中五年六月拜諫議大夫充弘文館學士判院事六年轉給事中七年宗閔罷相李德裕知政事出爲常州刺史虞卿性柔佞能阿附權幸以爲姦利每歲銓曹貢部爲舉選人馳走取科第占員闕無不得其所欲升沉取捨出其脣吻而李宗閔待之如骨肉以能朋比唱和故時號黨魁八年宗閔復入相尋召爲工部侍郎九年四月拜京兆尹其年六月京師訛言鄭注爲上合金丹須小兒心肝密旨捕小兒無算民間相告語扃鎖小兒甚密街肆恟恟上聞之不悅鄭注頗不自安御史大夫李固言素嫉虞卿朋黨乃奏曰臣昨窮問其由此語出於京兆尹從人因此扇於都下上怒卽令收虞卿下獄虞卿弟漢公并男知進等八人自繫撾鼓訴冤詔虞卿歸私第翌日貶虔州司馬再貶虔州司戶卒於貶所子知進知退堪弟漢公皆登進士第知退歷都官戶部二郎中堪庫部吏部二員外郎漢公大和八年擢進士第又書判拔萃釋褐爲李絳興元從事絳遇害漢公遁而獲免累遷戶部郎中史館修撰大和七年遷司封郎中漢公子範籌皆登進士第累辟使府虞卿從兄汝士汝士字慕巢元和四年進士擢第又登博學宏詞科累辟使府長慶元年爲右補闕坐弟殷士貢舉覆落貶開江令入爲戶部員外再遷職方郎中大和三年七月以本官知制誥時李宗閔牛僧孺輔政待汝士厚善尋正拜中書舍人改工部侍郎八年出爲同州刺史九年九月入爲戶部侍郎開成元年七月轉兵部侍郎其年十二月檢校禮部尚書梓州刺史劍南東川節度使時宗人嗣復鎭西川兄弟對居節制時人榮之四年九月入爲吏部侍郎位至尚書卒子知溫知遠知權皆登進士第知溫累官至禮部郎中知制誥入爲翰林學士戶部侍郎轉左丞出爲河南尹陝虢觀察使遷檢校兵部尚書襄州刺史山南東道節度使知溫弟知至累官至比部郎中知制誥坐故府劉瞻罷相貶官知至亦貶瓊州司馬入爲諫議大夫累遷京兆尹工部侍郎知溫知至皆位至列曹尚書汝士弟魯士魯士字宗尹本名殷士長慶元年進士擢第其年詔翰林覆試殷士與鄭朗等覆落因改名魯士復登制科位不達而卒初汝士中第有時名遂歷清貫其後諸子皆至正卿鬱爲昌族所居靜恭里知溫兄弟並列門戟咸通中昆仲子孫在朝行方鎭者十餘人

馬植扶風人父曛植元和十四年進士擢第又登制策科釋褐壽州團練副使得秘書省校書郎三遷饒州刺史開成初遷安南都護御史中丞安南招討使植文雅之餘長於吏術三年奏當管羈縻州首領或居巢穴自固或爲南蠻所誘不可招論事有可虞臣自到鎭約之以信誠曉之以逆順今諸首領總發忠言願納賦稅其武陸縣請升爲州以首領爲刺史從之又奏陸州界廢珠池復生珠以能政就加檢校左散騎常侍加中散大夫轉黔中觀察使會昌中入爲大理卿植以文學政事爲時所知久在邊遠及還朝不獲顯官心微有望李德裕素不重之宣宗卽位宰相白敏中與德裕有隙凡德裕所薄者必不次拔擢之乃加植金紫光祿大夫行刑部侍郎充諸道鹽鐵轉運使轉戶部侍郎領使如故俄以本官同平章事遷中書侍郎兼禮部尚書敏中罷相植亦罷爲太子賓客分司東都數年出爲許州刺史檢校刑部尚書忠武軍節度觀察等使大中末遷汴州刺史宣武軍節度觀察等使卒于鎭

李讓夷字達心隴西人祖悅父應規讓夷元和十四年擢進士第釋褐諸侯府太和初入朝爲右拾遺召充翰林學士轉左補闕三年遷職方員外郎左司郎中充職九年拜諫議大夫開成元年以本官兼知起居舍人事時起居舍人李褒有痼疾請罷官宰臣李石奏闕官上曰褚遂良爲諫議大夫嘗兼此官卿可盡言今諫議大夫姓名石遂奏李讓夷馮定孫簡蕭俶帝曰讓夷可也李固言欲用崔球張次宗鄭覃曰崔球遊宗閔之門赤墀下秉筆記注爲千古法不可用朋黨如裴中孺李讓夷臣不敢有纖芥異論其爲人主大臣知重如此二年拜中書舍人以鄭覃此言深爲李珏楊嗣復所惡終文宗世官不達及德裕秉政驟加拔擢歷工戶二侍郎轉左丞累遷檢校尚書右僕射俄拜中書侍郎同平章事宣宗卽位罷相以太子賓客分司卒

魏謩字申之鉅鹿人五代祖文貞公徵貞觀朝名相曾祖殷汝陽令祖明亦爲縣令父馮獻陵臺令謩大和七年登進士第楊汝士牧同州辟爲防禦判官得秘書省校書郎汝士入朝薦爲右拾遺文宗以謩魏徵之裔頗奇待之前邕管經略使董昌齡枉殺錄事參軍衡方厚坐貶溆州司戶至是量移硤州刺史謩上疏論之曰王者施渙汗之恩以赦有罪唯故意殺人無赦昌齡比者錄以微效授之方隅不能祗慎寵光恣其狂暴無辜專殺事跡顯彰妻孥銜冤萬里披訴及按鞫伏罪貸以微生中外議論以爲屈法今若授之牧守以理疲人則殺人者拔擢而寃苦者何伸交紊憲章有乖至理疏奏乃改爲洪州別駕御史中丞李孝本皇族也坐李訓誅有女沒入掖廷謩諫曰臣聞治國家者先資於德義德義不修家邦必壞故王者以德服人以義使人服使之術要在修身修身之道在於孜孜夫一失百虧之戒存乎久要之源前志曰勿以小惡而爲之勿以小善而不爲斯則懼於漸也臣又聞君如日焉顯晦之微人皆瞻仰照臨之大何以掩藏前代設敢諫之鼓立誹謗之木昔聞其過也陛下卽位已來誕敷文德不悅聲色出後宮之怨婦配在外之鰥夫洎今十年未嘗採擇自數月已來天聽稍迴留神妓樂教坊百人二百人選試未已莊宅司收市亶壼有聞昨又宣取李孝本之女入內宗姓不異寵幸何名此事深累愼修有虧一簣陛下九重之內不得聞知凡此之流大生物議實傷理道之本未免塵穢之嫌夫欲人不知莫若勿爲諺曰止寒莫若重裘止謗莫若自修伏希陛下照鑒不惑崇千載之盛德去一旦之玩好教坊停息宗女遣還則大正人倫之風深弘王者之體疏奏帝卽日出孝本女遷謩右補闕詔曰昔乃先祖貞觀中諫書十上指事直言無所避諱每覽國史未嘗不沉吟伸卷嘉尚久之爾爲拾遺其風不墜屢獻章疏必道其所以至於備灑掃於諸王非自廣其聲妓也恤髫齓之宗女固無嫌於徵取也雖然疑似之間不可家至而戶曉爾能詞旨深切是博我之意多也

噫人能匪躬謇諤似其先祖吾豈不能虛懷延納仰希貞觀之理歟而蕃居官日淺未當敍進吾豈限以常典以待直臣可右補闕帝謂宰臣曰昔太宗皇帝得魏徵裨補闕失弼成聖政我得魏蕃於疑似之間必能極諫不敢希貞觀之政庶幾處無過之地矣教坊副使雲朝霞善吹笛新聲變律深愜上旨自左驍衛將軍宣授兼揚府司馬宰臣奏曰揚府司馬品高郎官刺史迭處不可授伶官上意欲授之因宰臣對亟稱朝霞之善蕃聞之累疏陳論乃改授潤州司馬荊南監軍使呂令琮從人擅入江陵縣毀罵縣令韓忠觀察使韋長申狀與樞密使訴之蕃上疏曰伏以州縣侵屈只合上聞中外關連須存舊制韋長任膺廉使體合精詳公事都不奏聞私情擅爲踰越況事無巨細不可將迎縣令官業有乖便宜理罪監軍職司侵越卽合聞天或以慮煩聖聽何不但申門下令則首紊常典理合糺繩伏望聖慈速加懲誡疏奏不出時論惜之三年轉起居舍人紫宸中謝帝謂之曰以卿論事忠切有文貞之風故不循月限授卿此官又謂之曰卿家有何舊書詔對曰比多失墜惟簪笏見存上令進來鄭覃曰在人不在笏上曰鄭覃不會我意此卽甘棠之義非在笏而已蕃將退又召誡之曰事有不當卽須奏論蕃曰臣頃爲諫官合伸規諷今居史職職在記言臣不敢輒踰職分帝曰凡兩省官並合論事勿拘此言蕃以本官直弘文館四年拜諫議大夫仍兼起居舍人判弘文館事紫宸入閤遣中使取蕃起居注欲視之蕃執奏曰自古置史官書事以明鑒誡陛下但爲善事勿畏臣不書如陛下所行錯忤臣縱不書天下之人書之臣以陛下爲文皇帝陛下比臣如褚遂良帝又曰我嘗取觀之蕃曰由史官不守職分臣豈敢陷陛下爲非法陛下一覽之後自此書事須有迴避如此善惡不直非史也遺後代何以取信乃止蕃初立朝爲李固言李珏楊嗣復所引數年之內至諫議大夫武宗卽位李德裕用事蕃坐楊李之黨出爲汾州刺史楊李貶官蕃亦貶信州長史宣宗卽位白敏中當國量移鄧州刺史尋換商州二年內徵爲給事中遷御史中丞謝日面賜金紫之服彈駙馬都尉杜中立贓罪貴戚憚之兼戶部侍郎判本司事蕃奏曰御史臺紀綱之地不宜與泉貨吏雜處乞罷中司專綜戶部公事從之尋以本官同平章事判使如故謝日奏曰臣無夔契之才驟叨夔契之任將何以仰報鴻私今邊戍粗安海內寧息臣愚所切者陛下未立東宮俾正人傅導以存副貳之重因泣下上感而聽之先是累朝人君不欲人言立儲貳若非人主己欲臣下不敢獻言宣宗春秋高嫡嗣未辯蕃作相之日率先啓奏人士重之尋兼集賢大學士詹眦國獻象蕃以其性不安中土請還其使從之太原節度使李業殺降虜北邊大擾業有所恃人不敢非蕃卽奏其事乃移業滑州加中書侍郎大理卿馬曙從人王慶告曙家藏兵甲曙坐貶官而慶無罪蕃引法律論之竟杖殺慶進階銀青光祿大夫兼禮部尚書監修國史修成文宗實錄四十卷上之其修史官給事中盧耽太常少卿蔣偕司勳員外郎王渢右補闕盧告膳部員外郎牛叢皆頒賜錦綵銀器序遷職秩蕃轉門下侍郎兼戶部尚書大中十年以本官平章事成都尹劍南西川節度副大使知節度事十一年以疾求代徵拜吏部尚書以疾未痊乞授散秩改檢校右僕射守太子少保十二年十二月卒時年六十六贈司徒蕃儀容魁偉言論切直與同列上前言事他宰相必委曲規諷唯蕃讜言無所畏避宣宗每曰魏蕃綽有祖風名公子孫我心重之然竟以語辭太剛爲令狐綯所忌罷之蕃嘗鈔撮子書要言以類相從二十卷號曰魏氏手畧有文集十卷子潛滂潛登進士第潛子敖韋琮甥後琮爲相潛歷顯官

周墀字德升汝南人祖頲父霈墀長慶二年擢進士第大和末累遷至起居郎墀能爲古文有史才文宗重之補集賢學士轉考功員外郎仍兼起居舍人事開成二年冬以本官知制誥尋召充翰林學士三年遷職方郎中四年十月正拜中書舍人內職如故武宗卽位出爲華州刺史鎮國軍潼關防禦等使改鄂州刺史御史中丞鄂岳觀察使會昌六年十一月遷洪州刺史江南西道觀察使大中初檢校禮部尚書滑州刺史義成軍節度鄭滑觀察等使上柱國汝南男食邑三百戶入朝爲兵部侍郎判度支尋以本官同平章事累遷銀青光祿大夫中書侍郎監修國史兼刑部尚書罷相檢校刑部尚書梓州刺史御史大夫劍南東川節度使未行追制改檢校右僕射加食邑五百戶歷方鎮卒

崔龜從字玄告清河人祖璜父誠官微龜從元和十二年擢進士第又登賢良方正制科及書判拔萃二科釋褐拜右拾遺太和二年改太常博士龜從長於禮學精歷代沿革問無不通時饗宗廟於敬宗室祝板稱皇帝孝弟龜從議曰臣審詳孝字載考禮文義本主於子孫理難施於兄弟按禮記十虞之文子孫曰哀兄弟曰某然則虞之稱哀與祭之稱孝其義一也於祖禰則理宜稱孝於伯仲則止可稱名又東晉溫嶠議宗廟祝辭於孝字非子者則不稱傍親直言敢告當時朝議咸以爲宜今臣上考禮經無兄弟稱孝之義下徵晉史有不稱傍親之文臣謂饗敬宗廟宜去孝弟兩字又以祀九宮壇舊是大祠龜從議曰九宮貴神經典不載天寶中術士奏請遂立祠壇事出一時禮同郊祀臣詳其圖法皆主星名縱司水旱兵荒品秩不過列宿今者五星悉是從祀日月猶在中祠豈容九宮獨越常禮備列王事誠誓百官尊卑乖儀莫甚於此若以嘗在祀典不可廢除臣請降爲中祠制從之龜從又以大臣薨謝不於閤哀日輟朝奏議曰伏以廢朝軫悼義重君臣所貴及哀尤宜示信自頃已來輟朝非奏報之時備禮於數日之外雖遵常制似不本情臣不敢遠徵古書請引國朝故事貞觀中任瓌卒有司對仗奏聞太宗責其乖禮岑文本旣歿其夕爲罷警嚴張公謹之亾哭之不避辰日是知閔悼之意不宜過時臣謂大臣薨禮合輟朝縱有機務急速便殿須召宰臣不臨正朝無爽事體如此則由衷之信載感於幽明稱情之文無虧於典禮又奏文武三品官薨卒輟朝有未經親重之官今任又是散列者爲之變禮誠恐非宜自今後文武三品以上官非曾任將相及曾在密近宜加恩禮者餘請不在輟朝之限從之累轉考功郎中史館修撰九年轉司勳郎中知制誥十二月正拜中書舍人開成初出爲華州刺史三年三月入爲戶部侍郎判本司事四年權判吏部尚書銓事大中四年爲中書侍郎同平章事兼吏部尚書五年七月撰成續唐曆三十卷上之六年罷相檢校吏部尚書汴州刺史宣武軍節度觀察等使累歷方鎮卒

鄭肅滎陽人祖烈父閔世儒家肅苦心力學元和三年擢進士第又以書判拔萃歷佐使府太和初入朝爲尚書郎六年轉太常少卿肅能爲古文長於經學左丘明三禮儀注疑議博士以下必就肅決之時魯王永有寵文宗擇名儒爲其府屬用戶部侍郎庾敬休兼王傅戶部郎中李踐方兼司馬以肅本官兼長史由是知名明年魯王爲太子肅加給事中九年改刑部侍郎尋改尚書右丞權判吏部西銓事開成初出爲陝虢都防禦觀察使兼御史大夫二年九月召拜吏部侍郎帝以肅嘗侍太子言論典正復令兼太子賓客爲東宮授經旣而太子失寵上不悅有廢斥意肅因名見深陳邦國大本君臣父子之義上改容嘉之而太子竟以楊妃故得罪乃以肅檢校禮部尚書兼河中尹河中節度晉絳觀察等使會昌初武宗思太子永之無罪盡誅陷永之黨朝議稱肅忠正有大臣之節召拜太常卿累遷戶部兵部尚書五年以本官同平章事加中書門下二侍郎監修國史兼尚書右僕射素與李德裕親厚宣宗卽位德裕罷知政事肅亦罷相復爲河中節度使以疾辭拜太子太保卒子泊咸通中累官尚書郎出爲刺史泊子仁規仁表俱有俊才文翰高逸仁規累遷拾遺補闕尚書郎湖州刺史尚書郎知制誥正拜中書舍人卒仁表擢第後從杜審權趙隱爲華州河中掌書記入爲起居郎仁表文章尤稱俊拔然恃才傲物人士薄之自謂門地人物文章具美嘗曰天瑞有五色雲人瑞有鄭仁表劉鄴少時投文於泊仁表兄弟嗤鄙之咸通末鄴爲宰相仁表竟貶死南荒

盧商字爲臣范陽人祖昂澧州刺史父廣河南縣尉商元和四年擢進士第又書判拔萃登科少孤貧力學釋褐秘書省校書郎范傳式廉察宣歙辟爲從事王播段文昌相繼鎮西蜀商皆佐職爲記室累改禮部員外郎入朝爲工部員外郎河南縣令歷工部度支司封三郎中大和九年改京兆少尹權大理卿事開成初出爲蘇州刺史中謝日賜金紫之服初郡人苦鹽法太煩姦吏侵漁商至籍見戶量所要自售無定額蘇人便之歲課增倍宰相領鹽鐵以其績上遷潤州刺史浙西團練觀察使入爲刑部侍郎轉京兆尹三年朝廷用兵上黨飛輓越太行者環地六七鎮以商爲戶部侍郎判度支兼供軍使軍用無闕逆稹盪平加檢校禮部尚書梓州刺史劍南東川節度使宣宗卽位入爲兵部侍郎尋以本官同平章事范陽郡開國公食邑二千戶加兼工部尚書數年檢校工部尚書出爲鄂岳觀察使就加檢校兵部尚書大中十三年以疾求代徵拜戶部尚書其年八月卒于漢陰驛時年七十一子知遠知微知宗僧朗堯

史臣曰宗閔嗣復承宗室世家之地冑有文學政事之美名徊翔清華出入隆顯苟能義以爲上羣而不黨議太平於稷契之列致人主於勛華之盛遭時得位誰曰不然而捨彼鴻猷狎茲鼠輩養虞卿而射利抗德裕以報仇矛盾相攻幾傾王室沒身釁瘴其利伊何古者廉藺解仇冀全國體而邀權釋憾實亂大倫世道銷刓一至於此崔魏二丞相嘉言啓奏無忝正人墀讓史才肅之禮學商之長者或登三事或踐六卿以道始終夫何不韙

贊曰漢誅鈎黨魏破疽囊何鄧之後二李三楊倫權報怨任國存亾書茲覆轍敢告嚴廊

舊唐書卷一百七十六考證

楊汝士子知温傳遷山南東道節度使○沈炳震曰按本紀知温乾符中爲荆南節度新書本傳終荆南節度使未嘗爲山南東道也疑誤

# 舊唐書卷一百七十七

後晉司空同中書門下平章事劉　昫撰

列傳第一百二十七

崔慎由 弟安潛 伯父能 能子彥曾 慎由子胤　崔珙 兄琯 弟瑨 璪 璵 球 璵子澹 澹子遠

盧鈞　裴休　楊收 兄發 弟嚴 子鉅 鏻 嚴子涉 注

韋保衡　路巖　夏侯孜　劉瞻　劉瑑

曹確　畢諴　杜審權 子讓能 彥林 弘徽

劉鄴　豆盧瑑

崔慎由字敬止清河武城人高祖融位終國子司業謚曰文自有傳曾祖翹位終禮部尚書東都留守祖異位終渠州刺史父從少孤貧寓居太原與仲兄能同隱山林苦心力學屬歲兵荒至於絶食弟兄採梠拾橡實飲水棲衡而講誦不輟怡然終日不出山巖如是者十年貞元初進士登第釋褐山南西道推官府公嚴震待以殊禮以父憂免弟兄廬于父墓手植松栢免喪不應辟命久之西川節度使韋臯開西南夷置兩路運糧使奏從掌西山運務後權知卬州事及臯薨副使劉闢阻命欲幷東川以謀告從從以書論闢闢怒出兵攻之從嬰城拒守卒不從之高崇文平蜀從事坐累多伏法惟從以拒闢免盧坦在宣州辟爲團練觀察副使元和初入朝累遷吏部員外郎九年裴度爲中丞奏從爲侍御史知雜守右司郎中度作相用從自代爲中丞從氣貌孤峻正色立朝彈奏不避權幸事關臺閣或付仗內者必抗章論列請歸有司選辟御史必先質重貞退者改給事中數月出爲陝州大都督府長史陝虢團練觀察使兼御史中丞賜紫金魚袋入爲尚書右丞淄青賊平鎭州王承宗懼上章請割德棣二州自贖又令二子入侍憲宗選使臣宣諭以從中選議者以承宗罪惡貫盈每多姦譎入朝二子必非血胤人頗憂之從次魏州田弘正以路由寇境欲以五百騎援之從辭之以童奴十數騎徑至鎭州於鞠場宣勅三軍大集從諭以逆順辭情慷慨軍士感動承宗泣下禮貌益恭遂按德棣戶口符印而還其年八月出爲興元尹御史大夫山南西道節度觀察等使監軍使知上意欲大用之每爲中貴傳達意旨欲其賂遺從終不答穆宗卽位召拜尚書左丞長慶二年檢校禮部尚書鄜州刺史鄜坊丹延節度等使鄜畤內接畿甸神策軍鎭相望踰禁犯法累政不能制而從撫遏舉奏軍士惕然党項羌有以羊馬來市者必先遣帥守從皆不受撫諭遣之羣羌不敢爲盜四年入爲吏部侍郎尋改太常卿寶曆二年檢校吏部尚書充東都留守大和三年入爲戶部尚書李宗閔秉政以從與裴度李德裕厚善惡之改檢校尚書右僕射太子賓客東都分司從請告百日罷官物論咎執政宗閔懼四年三月召拜檢校左僕射兼揚州大都督府長史御史大夫充淮南節度副大使知節度事揚府舊有貨麴之利資産奴婢交易者皆有貫率羊有口算每歲收利以給用從悉除之舊制官吏祿俸有布帛加估之給節度使獨不在此例從至一例估折給之六年十月卒于鎭贈司空謚曰貞從少以貞晦恭讓自處不交權利忠厚方嚴正人多所推仰階品合立門戟終不之請四爲大鎭家無妓樂士友多之慎由大和初擢進士第又登賢良方正制科聰敏強記宇量端厚有父風釋褐諸侯府大中初入朝爲右拾遺員外郎知制誥正拜舍人召充翰林學士戶部侍郎再歷方鎭入朝爲工部尚書十年以本官同平章事兼集賢殿大學士轉監修國史上柱國加太中大夫兼禮部尚書初慎由與蕭鄴同在翰林情不相洽及慎由作相罷鄴學士俄而鄴自判度支爲平章事恩顧甚隆鄴引劉瑑同知政事十二年二月詔曰太中大夫中書侍郎兼禮部尚書同中書門下平章事監修國史上柱國賜紫金魚袋崔慎由繼美德門承家貴位搢紳偉望禮樂上流挺松筠之貞姿服蘭蓀之懿行自居名器累歷清華禁林才擅於多能綸閣詞推於巨麗物情愈茂延譽甚高再列二卿之崇亟闡六條之化爰加獎任益委重難屢啓嘉謨俄忝大柄而周涉寒暑備見器能道已著於始終恩豈殊於中外可檢校禮部尚書梓州刺史兼御史大夫劒南東川節度使咸通初改爲華州刺史潼關防禦鎭國軍等使加檢校司空河中尹河中晉絳節度使入爲吏部尚書移疾請老拜太子太保分司東都卒子胤弟安潛安潛字進之大中三年登進士第咸通中累歷清顯出爲許州刺史忠武軍節度觀察等使乾符中遷成都尹劒南西川節度等使黃巢之亂從僖宗幸蜀王鐸爲諸道行營都統奏安潛爲副收復兩京以功累加至檢校侍中龍紀初青州王敬武卒以安潛代敬武子師範拒命安潛赴鎭至棣州刺史張蟾出州兵攻青州爲師範所敗朝廷竟授之節鉞安潛還京師累加太子太傅卒贈太師謚曰貞孝子柅檥柅景福中爲起居郎檥爲右拾遺柅累官至尚書從兄能少勵志苦學累辟使府元和初爲蜀州刺史六年轉黔中觀察使坐爲南蠻所攻陷郡邑貶永州刺史穆宗卽位弟從居顯列召拜將作監長慶四年九月出爲廣州刺史御史大夫嶺南節度使卒子彥曾有幹局大中末歷三郡刺史咸通初累遷太僕卿七年檢校左散騎常侍徐州刺史御史大夫充武寧軍節度使彥曾通於法律性嚴急以徐軍驕命彥曾治之長於撫養而短於軍政用親吏尹戡徐行儉當要職二人貪猥不恤軍旅士卒怨之先是六年南蠻寇五管陷交阯詔徐州節度使孟球召募二千人赴援分八百人戍桂州舊三年一代至是戍卒求代尹戡以軍帑匱乏難以發兵且留舊戍一年其戍卒家人飛書桂林戍卒怒牙官許佶趙可立王幼誠劉景傳寂張實王弘立孟敬文姚周等九人殺都頭王仲甫立糧料判官龐勛爲都將羣伍突入監軍院取兵甲乃剽湘潭衡山兩縣虜其丁壯乃擅廻戈沿江自浙西入淮南界由濁河達泗口其衆千餘人每將過郡縣先令倡卒弄傀儡以覘人情慮其邀擊既離泗口彥曾令押牙田厚簡慰諭又令都虞候元密伏兵任山館龐勛遣吏送狀啓訴以軍士思歸勢不能過願至府外解甲歸兵便還家彥曾怒誅之勛等擁衆攻宿州陷之出官帑召募翌日得兵二千人乃虜奪舟船五千餘艘步卒在船騎軍夾岸鼓譟而進元密發伏邀之爲賊所敗時亾命者歸賊如市彥曾驅城中丁男城守九年九月十四日賊逼徐州十五日後每日大霧不開十六日彥曾並誅逆卒家口十七日昏霧尤甚賊四面斬關而入龐勛先謁漢高祖廟便入牙城監軍張道謹相見不交一言乃止大彭館收尹戡徐行儉及判官焦璐李棁崔蘊溫廷皓韋廷乂並殺之翌日賊將趙可立害彥曾龐勛自稱武寧軍節度使慎由子胤胤字昌遐乾寧二年登進士第王重榮鎭河中辟爲從事入朝累遷考功吏部二員外郎轉郎中給事中中書舍人大順中歷兵部吏部二侍郎尋以本官同平章事時王室多故南北司爭權咸樹朋黨外結藩帥胤長於陰計巧於附麗外示凝重而心險躁自李茂貞王行瑜怙亂兵勢不遜杜讓能韋昭度繼遭誅戮而宰臣崔昭緯深結行瑜以自固而待胤以宗人之分屢加薦用累遷中書侍郎判戶部事昭宗出幸石門胤與同列徐彥若王摶等從車駕還宮加禮部尚書並賜號扶危匡國致理功臣三年李茂貞犯京師扈昭宗幸華州帝復雪杜讓能韋昭度李磎之枉懲昭緯之前慝罷胤政事檢校兵部尚書廣州刺史嶺南東道節度等使時朱全忠方霸於關東胤密致書全忠求援全忠上疏理胤之功不可離輔弼之地胤已至湖南復召拜平章事胤既獲汴州之援頗弄威權恨徐彥若王摶發昭緯前事深排抑之俄出彥若爲南海節度又摭王摶交結勅使同危宗社令全忠上疏論之光化中貶摶溪州司馬賜死於藍田驛誅中尉宋道弼景務修自是朝廷權政皆歸於胤兼領三司使務宦官側目不勝其忿及劉季述幽昭宗於東內以德王監國季述畏全忠之強不敢殺胤但罷知政事落使務守本官而已胤復致書於全忠請出師反正故全忠令大將張存敬急攻晉絳河中胤以天子幽囚諸侯觀釁有神策軍廵使孫德昭者頗怨季述之廢立胤伺知之令判官石戩與德昭遊伺其深意每酒酣德昭泣下戩知其誠乃與之謀曰今中外大臣自廢立已來無不含怒至於軍旅亦懷憤惋今謀反者獨季述仲先耳足下誅此二竪復帝寶位垂名萬代今正其時持疑不斷則功落他人之手也德昭謝曰予軍吏耳社稷大計不敢自專如相公委使不敢避也胤乃割衣帶手書以通其意十二月晦德昭伏兵誅季述昭宗反正胤進位司空復知政事兼領度支鹽鐵三司等使明年夏朱全忠攻陷河中晉絳進兵至同華中尉韓全誨以胤交結全忠慮汴軍逼京師請罷知政事落使務其年冬全誨挾帝幸鳳翔胤怨帝廢黜不扈從遣使告全忠請於岐陽迎駕令太子太師盧知猷率百官迎全忠入京師初全忠至華州遣掌書記裴鑄入奏鳳翔言欲以兵士迎駕及入京師又上表曰臣獨兼四鎭迨事兩朝分數千里之封疆受二十年之恩渥微同物類猶解感知忝齒人倫寧忘報効臣昨將兵士奔赴闕庭尋過京畿遠迎車駕初因幕吏面奉德音尋有宰臣頻飛密札或以京都紛擾委制置於中朝或以鑾輅播遷俾奉迎於近甸臣是以遠離藩鎭不憚疲勞昨奉詔書兼宣口勅令臣速抽兵士且歸本藩仍遣百官俾赴行在覲綸言於鳳紙若面丹墀認御札於龍衣如親翠蓋然

知從來書詔出自宰臣每降宣傳皆非聖旨致臣悞將師旅遠入關畿比令迎駕之行翻掛脅君之過臣今見與茂貞要約釋兩地猜嫌早致萬乘歸京以副八紘懇望其宰臣百官已下非臣輒有阻留伏乞詔赴行朝以備還駕昭宗得全忠表怒胤尤甚是月二十六日詔曰食君之祿合務於盡忠秉國之鈞宜思於致理其有曡膺異渥繼執重權遽萌狂悖之心忽構傾危之計人知不可天固難容扶危定亂致理功臣開府儀同三司守司空兼門下侍郎同平章事充太清宮使弘文館大學士延資庫使諸道鹽鐵轉運等使判度支上柱國魏國公食邑五千戶崔胤奕葉公台蟬聯珪組冠歲名升於甲乙壯年位列於公卿趣向有聞行藏可尚朕採於羣議詢彼輿情有冀小康遂登大用殊不知漏巵難滿小器易盈曾無報國之心但作危邦之計四居極位一無可稱豈有都城合聚兵甲暗養死士將亂國經聚貔武以保其一坊致刁斗遠連於右輔始則將京兆府官錢委元規召卒後則用度支使權利令陳班聚兵事去公朝權歸私室百辟休戚由其顧眄之間四方是非繫彼指呼之際令狐渙姦纖有素操守無堪用作腹心共張聲勢遂令濫居深密日在禁闈罔惑朕躬僞行書詔致茲播越職爾之由豈有權重位崇恩深奬厚曾無惕厲轉恣睢盱顯構外兵將圖不軌朕以庶士流散兵革繁多遂命宰臣與之商議五降內使一貢表章堅臥不來拒召如此況又拘留庶吏廢闕晨趨人既奔驚朕須巡幸果見兵纏輦轂火照宮闈烟塵漲天干戈匝野致朕奔迫及於岐陽翠輦未安鐵騎旋至圍逼行在焚燒屋廬覩此阽危咎將誰執近省全忠章表兼遣幕吏敷陳言宰臣繼飛密緘促其兵士西上靜詳構扇孰測苞藏無功及人爲國生事於戲君人之道委之宰衡庶務殷繁豈能親理盡將機事付爾主張負我何多構亂至此仍存大體不謂無恩可責授朝散大夫守工部尚書初天復反正之後宦官尤畏胤事無大小咸稟之每內殿奏對夜則繼之以燭常說昭宗請盡誅內官但以宮人掌內司事中尉韓全誨張弘彥袁易簡等伺知之於帝前求哀請命乃詔胤密事進囊封勿更口奏宦官無由知其謀乃求知書美婦人進內以偵陰事由是胤謀頗洩宦官每相聚流涕愈不自安故全誨等爲劫幸之謀由胤忌嫉之太過也及全忠攻鳳翔胤寓居華州爲全忠畫圖王之策天復二年全忠自岐下還河中胤迎謁于渭橋捧巵上壽持板爲全忠唱歌仍自撰歌辭贊其功業三年李茂貞殺韓全誨等與全忠通和昭宗急詔徵胤赴行在凡四降詔三賜朱書御札稱病不赴及帝出鳳翔胤乃迎於中路卽日降制復舊官知政事進位司徒兼判六軍諸衛事仍詔移家入左軍賜帳幄器用十車胤奏京兆尹鄭元規爲六軍副使胤與全忠奏罷左右神策內諸司等使及諸道監軍副監小使內官三百餘人同日斬之于內侍省諸道監軍隨處斬首以聞昭宗初幸鳳翔命盧光啓韋貽範蘇檢等作相及還京胤皆貶斥之又貶陸扆爲沂王傅王溥太子賓客學士薛貽矩夔州司戶韓偓濮州司戶姚洎景王府咨議應從幸羣官貶逐者三十餘人唯用裴贄爲相以其孤立易制也內官既盡屠戮諸使悉罷天子宣傳詔命惟令宮人寵顏等宣事而欺君蠹國所不忍聞胤所悅者闒茸下輩所惡者正人君子人人悚懼朝不保夕其年十月全忠子友倫宿衛京師因擊鞠墜馬而卒全忠愛之殺會鞠者十餘人而疑胤陰謀由是怒胤初天子還宮全忠東歸胤以事權在己慮全忠急於篡代乃與鄭元規謀招致兵甲以扞茂貞爲辭全忠知其意從之胤毀城外木浮圖取銅鐵爲兵仗全忠令汴州軍人入關應募者數百人及友倫死全忠怒遣其子宿衛軍使友諒誅胤而應募者突然而出四年正月初貶太子賓客尋爲汴軍所殺胤傾險樂禍外示寬弘初拜平章事其季父安潛謂所親曰吾父兄刻苦樹立門戶一旦終當爲緇郎所壞果如其言胤累加至侍中封魏國公初朱全忠雖竊有河南方鎭憚河朔河東未萌問鼎之志及得胤爲鄉導乃電擊潼關始謀移國自古與盜合從覆亡宗社無如胤之甚也子有鄰

崔珙博陵安平人祖懿父頲貞元初進士登第元和初累官至少府監四年出爲同州刺史卒頲有子八人皆至達官時人比漢之荀氏號曰八龍長曰琯貞元十八年進士擢第又制策登科釋褐諸侯府入朝爲尚書郎大和初累遷給事中宣慰幽州稱旨俄而興元兵亂殺李絳命琯平亂褒中三軍寂然從命使還改工部侍郎四年冬拜京兆尹五年四月改尚書右丞六年十二月出爲江陵尹御史大夫荊南節度使八年入爲兵部侍郎轉吏部權判左丞事開成二年眞拜左丞時弟珙爲京兆尹兄弟並居顯列以本官權判兵部西銓吏部東銓事三年檢校戶部尚書判東都尚書省事東都留守東畿汝都防禦等使會昌中遷銀青光祿大夫檢校吏部尚書興元尹充山南西道節度使以弟珙罷相貶官琯亦罷鎭歸東都五年卒詔曰孔氏以顏冉之行首於四科漢代以荀陳之門方之八凱乃聰時哲得茲令名用舉飾終之恩以抒殲良之歎故山南西道節度使崔琯誠明履正粹密鄰幾有子政之精忠得公綽之不欲禮樂二事以爲身文仁義五常自成家範徃以茂器列于大寮屬賢相受誣廟堂議法由長孺之道以佐正人微京兆之言豈聞非罪旣是魏其之直益彰王鳳之邪莊色于朝羣公聳視讜詞不撓淑問攸歸歷踐名藩皆留遺愛居常愼獨清則畏知爰自青衿迄于白首厲翼之志始終不渝未陟台階實摹公論追榮左相式示優崇可贈尚書左僕射珙琯之母弟也以書判拔萃高等累佐使府性威重尤精吏術太和初累官泗州刺史入爲太府卿七年正月拜廣州刺史嶺南節度使延英中謝帝問以撫理南海之宜珙奏對明辯帝深嘉之時高瑀鎭徐州承智興之後軍驕難制軍士數犯法上欲擇威望之帥以臨之久難其才會珙言事慷慨謂宰臣曰崔珙言事神氣精爽此可以臨徐人卽以王茂元代珙鎭廣南授珙兼檢校工部尚書徐州刺史兼御史大夫充武寧軍節度徐泗濠觀察使開成初就加檢校兵部尚書二年檢校吏部尚書右金吾大將軍充街使六月遷京兆尹是歲京畿旱珙奏灌水入內者十分量減九分賜貧民溉田從之三年正月盜發親仁里欲殺宰相李石其賊出於禁軍珙坐捕盜不獲罰俸料會昌初李德裕用事與珙親厚累遷戶部侍郎充諸道鹽鐵轉運等使尋以本官同中書門下平章事累兼刑部尚書門下侍郎進階銀青光祿大夫兼尚書左僕射素與崔鉉不叶及李讓夷引鉉輔政代珙領使務乃擿摭珙領使日妄破宋滑院鹽鐵錢九十萬貫文又言珙嘗保護劉從諫坐貶澧州刺史再貶恩州司馬宣宗卽位以赦召還爲太子賓客出爲鳳翔節度使三年崔鉉復知政事珙辭疾請罷制曰將相大臣與國同體誠欲自便豈宜不從苟非其時涉于避事前鳳翔隴州節度觀察處置等使光祿大夫檢校尚書右僕射兼鳳翔尹御史大夫上柱國安平郡開國公食邑二千戶崔珙早以器能周歷顯重行已每稱其友悌在公亦竭其精忠自負讜前朝遠移南徼及我嗣守頗聞嘉名由是剖竹近關揚於右輔爲國垣翰適賫謀猷近者犬戎輸誠歸我故地下議納款且籌開疆宜其率先啓行副此寵待忽覽退閑之請頗乖毗倚之誠陳力之方豈無其道匪躬之故或異於是以其故老特爲優容俾居青宮之輔仍從分洛之命君臣禮分予無愧焉可太子少師分司東都未幾卒子涓大中四年進士擢第珙弟瑨璪璵球珦瑨以書判拔萃開成中累遷至刑部郎中會昌中歷三郡刺史位終方鎭璪開成初爲吏部郎中轉給事中會昌初出爲陝虢觀察使遷河南尹入爲御史中丞轉吏部侍郎大中初改兵部侍郎充諸道鹽鐵轉運使崔鉉再輔政罷璪使務檢校兵部尚書兼河中尹御史大夫充河中晉絳磁隰等州節度觀察使七年入爲左丞再遷刑部尚書子滔大中初登進士第璵字朗士長慶初進士擢第又制策登科開成末累遷至禮部員外郎會昌初以考功郎中知制誥拜中書舍人大中五年遷禮部侍郎六年選士時謂得才七年權知戶部侍郎進封博陵子食邑五百戶轉兵部侍郎子澹澹大中十三年登進士第累遷禮部員外郎位終吏部侍郎澹子遠遠龍紀元年進士登第大順初以員外郎知制誥召克翰林學士正拜中書舍人乾寧三年轉戶部侍郎博陵縣男食邑三百戶轉兵部侍郎承旨尋以本官同平章事遷中書侍郎兼吏部尚書天祐初從昭宗東遷洛陽罷相守右僕射二年爲柳璨希朱全忠旨累貶白州長史行至滑州被害於白馬驛遠文才清麗風神峻整人皆慕其爲人當時目爲釘座梨言席上之珍也球字叔休寶曆二年登進士第會昌中爲鳳翔節度判官入朝爲尚書郎子瀆瀆大中末亦進士登第崔氏咸通乾符間昆仲子弟紆組拖紳歷臺閣踐藩嶽者二十餘人大中以來盛族時推甲等

盧鈞字子和本范陽人祖炅父繼鈞元和四年進士擢第又書判拔萃調補校書郎累佐諸侯府大和五年遷左補闕與同職理宋申錫之枉由是知名歷尚書郎出爲常州刺史九年拜給事中開成元年出爲華州刺史潼關防禦鎭國軍等使其年冬代李從易爲廣州刺史御史大夫嶺南節度使南海有蠻舶之利珍貨輻湊舊帥作法興利以致富凡爲南海者靡不梱載而還鈞性仁恕爲政廉潔請監軍領市舶使已一不干預自貞元已來衣冠得罪流放嶺表者因而物故子孫貧悴雖遇赦不能自還凡在封境者鈞減俸錢爲營槥櫝其家疾病死喪則爲之醫藥殯殮孤兒稚女爲之婚嫁凡數百家由是山越之俗服其德義令不嚴而人化三年將代華蠻數千人詣闕請立生祠銘功頌德先是土人與蠻獠雜居婚娶相通吏或撓之相誘爲亂鈞至立法俾華蠻異處婚娶不通蠻人不得立田宅由是徼外肅清而

不相犯會昌初遷襄州刺史山南東道節度使四年誅劉稹以鈞檢校兵部尚書兼潞州大都督府長史昭義節度澤潞邢洺磁觀察等使是冬詔鈞出潞軍五千戍代北鈞升城門餞送其家設幄觀之潞卒素驕因與家人訣別乘醉倒戈攻城門監軍以州兵拒之至曉撫勞方定詔鈞入朝拜戶部侍郎判度支遷戶部尚書大中初檢校尚書右僕射汴州刺史御史大夫宣武軍節度宋亳汴潁觀察等使就加檢校司空四年入爲太子少師進位上柱國范陽郡開國公食邑二千戶六年復檢校司空太原尹北都留守河東節度使九年詔曰河東軍節度使盧鈞長才博達敏識宏深蘊山河之靈抱瑚璉之器多能不耀用晦而彰由嶺表而至太原五換節鉞仁聲載路公論彌高藩垣之和氣不衰臺閣之清風常在宜升揆路以表羣寮可尚書左僕射鈞踐歷中外事功益茂後輩子弟多至台司至是急徵謂當輔弼雖居端揆心殊失望常移病不視事與親舊遊城南別墅或累日一歸宰臣令狐綯惡之乃罷僕射仍加檢校司空守太子太師物議以鈞長者罪綯弄權綯懼十一年九月以鈞檢校司徒同中書門下平章事興元尹充山南西道節度使入爲太子太師卒

裴休字公美河內濟源人也祖宜父肅肅貞元中自常州刺史兼御史中丞越州刺史浙東團練觀察等使時山賊栗鍠誘山越爲亂陷浙東郡縣肅召州兵討平之因紀其事號平戎記上之德宗嘉賞肅生三子儔休俅皆登進士第休志操堅正童齓時兄弟同學于濟源別墅休經年不出墅門晝講經籍夜課詩賦虞人有以鹿贄儔者儔俅烹之召休食休曰我等窮生菜食不充今日食肉翌日何繼無宜改饌獨不食長慶中從鄉賦登第又應賢良方正升甲科大和初歷諸藩辟召入爲監察御史右補闕史館修撰會昌中自尚書郎歷典數郡大中初累官戶部侍郎充諸道鹽鐵轉運使轉兵部侍郎兼御史大夫領使如故六年八月以本官同平章事判使如故自大和已來重臣領使者歲漕江淮米不過四十萬石能至渭河倉者十不三四漕吏狡蠹敗溺百端官舟沉溺者歲七十餘隻緣河姦吏大紊劉晏之法洎休領使分命僚佐深按其弊因是所過地里悉令縣令兼董漕事能者奬之自江津達渭口以四十萬之傭歲計緡錢二十八萬貫悉使歸諸漕吏巡院無得侵牟舉新法凡十條奏行之又立稅茶法二十條奏行之物議是之初休典使三歲漕米至渭河倉者一百二十萬斛更無沉舟之弊累轉中書侍郎兼禮部尚書休在相位五年十年罷相檢校戶部尚書汴州刺史御史大夫充宣武軍節度使其年冬進階金紫光祿大夫上柱國河東縣子食邑五百戶守太子少保分司東都十一年冬檢校戶部尚書潞州大都督府長史御史大夫充昭義節度潞磁邢洺觀察使十三年十月加檢校吏部尚書太原尹北都留守河東節度觀察等使十四年八月以本官兼鳳翔尹充鳳翔隴州節度使咸通初入爲戶部尚書累遷吏部尚書太子少師卒休性寬惠爲官不尚皦察而吏民畏服善爲文長於書翰自成筆法家世奉佛休尤深於釋典太原鳳翔近名山多僧寺視事之隙遊踐山林與義學僧講求佛理中年後不食葷血常齋戒屏嗜慾香爐貝典不離齋中詠歌贊唄以爲法樂與尚書紇干臮皆以法號相字時人重其高潔而鄙其太過多以詞語嘲之休不以爲忤俅字冠識亦登進士第休子弢

楊收字藏之同州馮翊人自言隋越公素之後高祖悟盧應賢良制科擢第位終朔州司馬曾祖幼烈位終寧州司馬祖藏器邠州三水丞父遺直位終濠州錄事參軍家世爲儒遺直客於蘇州講學爲事因家于吳遺直生四子發假收嚴發字至之大和四年登進士第又以書判拔萃釋褐校書郎湖南觀察推官再辟西蜀從事入朝爲監察轉侍御史累遷至禮部郎中大中三年改左司郎中宣宗追尊順宗憲宗等尊號禮院奏廟中神主已題舊號請改造及重題詔禮官議發與都官郎中盧搏獻議曰臣等伏尋舊典栗主升祔之後在禮無改造之文亦無重加尊謚改題神主之例求之曠古夐無其文周加太王王季文王之謚但以德合王周遂加王號未聞改謚易主且文物大備禮法可稱最在兩漢並無其事光武中興都洛陽遣大司馬鄧禹入關奉高祖已下十一帝后神主祔洛陽宗廟蓋神主不合新造故也自魏晉迄於周隋雖代有放恣之君亦有知禮講學之士不聞加謚追尊改主重題書之史策可以覆視今議者惟引東晉重造鄭太后神主事爲證伏以鄭太后本琅邪王妃薨後已祔琅邪邸廟其後母以子貴將升祔太廟賀循請重造新主改題皇后之號備禮告祔當時用之伏以諸侯廟主與天子廟主長短不同若以王妃八寸之主上配至極禮似不同時諂神貪君之私用此謬禮改造神主比量晉事又絕非宜且宣懿非穆宗之后實武宗之母母以子之貴已祔別廟正爲得禮饗薦無虧今若從祀至尊題主稱爲太后因臣因子正得其宜今乃別造新主題去太字即是穆宗上仙之後臣下追致作嬪之禮瀆亂正經實驚有識臣當時並列朝行實知謬戾以漢律擅論宗廟者以大不敬論又其時無詔下議遂默塞不敢出言今又欲重用東晉謬禮穢媟聖朝大典猥蒙下問敢不盡言臣謹按國朝前例甚有明文武德元年五月備法駕於長安通義里舊廟奉迎宣簡公懿王景皇帝神主升祔太廟既言於舊廟奉迎足明必奉舊主其加謚追尊之禮自古本無其事自則天太后攝政之後累有之自此之後數用其禮歷檢國史並無改造重題之文若故事有之無不書於簡冊臣等愚見宜但告新謚于廟而止其改造重題之文開元初太常卿韋縚以高宗廟題武后神主云天后聖帝武氏縚奏請削去天后聖帝之號別題云則天順聖皇后武氏詔從之即不知其時削舊題耶重造主耶亦不知用何代典禮禮之疑者決在宸衷以臣所見但以新謚寶冊告陵廟正得其宜改造重題恐乖禮意時宰相覆奏就神主改題而知禮者非之以發議爲是改授太常少卿出爲蘇州刺史蘇發之鄉里也恭長慈幼人士稱之還改福州刺史福建觀察使歐閩之人美其能政耆老以善績聞朝廷以發長於邊事移授廣州刺史嶺南節度使屬前政不率蠻夏咸怨發以嚴爲理軍亂爲軍人所囚致於郵舍坐貶婺州刺史卒于治所子乘亦登進士第有俊才尤能爲歌詩歷顯職假字仁之進士擢第故相鄭覃刺華州署爲從事從覃鎮京口得大理評事入爲監察轉侍御史由司封郎中知雜事轉太常少卿出爲常州刺史卒官初遺直娶元氏生發假繼室長孫氏生收嚴收長六尺二寸廣顙深頤疎眉秀目寡言笑方於事上博聞強記初家寄涔陽甚貧收七歲喪父居喪有如成人而長孫夫人知書親自教授十三略通諸經義善於文詠吳人呼爲神童兄發戲令詠蛙即曰兔邊分玉樹龍底耀銅儀會當同鼓吹不復問官私又令詠筆仍賦鑽字即曰雖匪囊中物何堅不可鑽一朝操政事定使冠三端每良辰美景吳人造門觀神童請爲詩什觀者壓敗其藩收嘲曰爾幸無羸角何用觸吾藩若是升堂者還應自得門收以母奉佛幼不食肉母亦勗之曰俟爾登進士第可肉食也收以仲兄假未登第久之不從鄉賦開成末假擢第是冬收之長安明年一舉登第年纔二十六時發爲潤州從事因家金陵收得第東歸路由淮右故相司徒杜悰鎮揚州延收署節度推官奏授校書郎悰領度支以收爲巡官悰罷相鎮東蜀奏授掌書記得協律郎悰移鎮西川復管記室宰相馬植奏授渭南尉充集賢校理改監察御史收辭曰僕兄弟進退以義頃仲兄假鄉賦未第收不出衡門今假從事侯府僕不忍先爲御史相公必欲振恤孤生俟僕稟兄旨命可也馬公嘉之收即寄達意於西蜀杜公願復爲參佐悰即表爲節度判官馬公乃以收弟嚴爲渭南尉集賢校理代收之任周墀罷相鎮東蜀表嚴爲掌書記墀至鎮而卒悰乃辟嚴爲觀察判官兄弟同幕爲兩使判官時人榮之俄而假自浙西觀察判官入爲監察御史收亦自西川入爲監察兄弟並居憲府特爲新例裴休作相以收深於禮學用爲太常博士時收弟嚴亦自揚州從事入爲監察等丁母喪歸蘇州既除崔珙罷相鎮淮南以收爲觀察支使入爲侍御史改職方員外郎分司東都宰相夏侯孜領度支用收爲判官罷職改司勳員外郎長安令秩滿改吏部員外郎上言先人未葬旅殯毗陵擬遷卜於河南之偃師請兄弟自往從之及葬東周會葬者千人時故府杜悰夏侯孜皆在洛二公聯薦收於執政宰相令狐綯用收爲翰林學士以庫部郎中知制誥正拜中書舍人賜金紫轉兵部侍郎學士承旨左軍中尉楊玄价以收宗姓深左右之乃加銀青光祿大夫中書侍郎同平章事累遷門下侍郎刑部尚書收以交阯未復南蠻擾亂請治軍江西以壯出嶺之師乃於洪州置鎮南軍屯兵積粟以餉南海天子嘉之進位尚書右僕射太淸太微宮使弘文館大學士晉陽縣男食邑三百戶收居位稍務華靡頗爲名輩所譏而門吏僮奴倚爲姦利時楊玄价弟兄掌機務招來方鎮之賂屢有請託收不能盡從玄价以爲背己由是傾之八年十月罷知政事檢校工部尚書出爲宣歙觀察使韋保衡作相又發收陰事言前用嚴譔爲江西節度納賂百萬明年八月貶爲端州司馬尋盡削官封長流驩州又令內養郭全穆齎詔賜死九年三月十五日全穆追及之宣詔訖收謂全穆曰收爲宰相無狀得死爲幸心所悲者弟兄淪喪將盡只有弟嚴一人以奉先人之祀予欲昧死上塵天聽可容一刻之命以俟秉筆乎全穆許之收自書曰臣昧敵下才謬當委任心乖報國罪積彌天特舉朝章賜之顯戮臣誠悲誠感頓首死罪臣出自寒門旁無勢援幸逢休運累汚淸資聖奬曲流遂叨重任上不能罄輸臣節以答寵光下不能廻避禍胎以延俊乂苟利尸素頻歷歲時果至聖朝難

寬大典誠知一死未塞深愆固不合將梟壞之詞上塵天聽伏乞陛下哀臣愚惷稍緩雷霆臣頃掌擢在台衡不敢令弟嚴守官闕下旋掌聖造令刺浙東所有罪愆是臣自負伏乞聖慈貸嚴微命臣血屬皆幼更無近親只有弟嚴才力庇悴家族所恃在嚴一人俾存歿曲全在陛下弘覆臣無任魂魄望恩之至全穆復奏懿宗愍然宥嚴判官朱侶常瀞閻均族人楊公慶嚴季實楊全益何師玄李孟勳馬全祐李羽王彥復等皆配流嶺表收子鑒鉅鏻皆登進士第鉅乾寧初以尚書郎知制誥召充翰林學士拜中書舍人戶部侍郎封晉陽男食邑三百戶從昭宗東遷爲左散騎常侍卒鏻登第後補集賢校理藍田尉乾寧中累遷尚書郎嚴字凜之會昌四年進士擢第是歲僕射王起典貢部選士三十人嚴與楊知至竇緘源重鄭朴五人試文合格物議以子弟非之起覆奏武宗勅曰楊嚴一人可及第餘四人落下嚴釋褐諸侯府咸通中累遷吏部員外轉郎中拜給事中工部侍郎尋以本官充翰林學士兒收作相封章請外職拜越州刺史御史中丞浙東團練觀察使收罷相貶官嚴坐貶邵州刺史收得雪嚴量移吉王傅乾符四年累遷兵部侍郎五年判度支其年病卒二子涉注涉乾符二年登進士第昭宗朝累遷吏部郎中禮刑二侍郎乾符四年改吏部侍郎天祐初轉左丞從昭宗遷洛陽改吏部尚書輝王即位本官平章事加中書侍郎涉性端厚秉禮乾寧之後賊臣竊發王室寖微及天祐東遷大事去矣涉爲時所嬰不能自退及命相之日與家人相向灑泣曰吾不能脫此網羅禍將至矣謂其子凝式曰今日之命吾家重不幸矣必累爾等涉謙退善處竟以令終注中和二年進士登第昭宗朝累官考功員外刑部郎中尋知制誥正拜中書舍人召充翰林學士累遷戶部侍郎輝王纘曆兄涉爲宰相注避嫌辭內職守戶部侍郎

韋保衡者字蘊用京兆人祖元貞父愨皆進士登第愨字端士太和初登第後累佐使府入朝亟歷臺閣大中四年拜禮部侍郎五年選士頗得名人載領方鎮節度卒保衡咸通五年登進士第累拜起居郎十年正月尚懿宗女同昌公主公主郭淑妃所生妃有寵出降之日傾宮中珍玩以爲贈送之資尋以保衡爲翰林學士轉郎中正拜中書舍人兵部侍郎承旨不期年以本官平章事保衡恃恩權素所不悅者必加排斥王鐸貢舉之師蕭遘同門生以素薄其爲人皆擯斥之以楊收路巖在中書不加禮接媒孽逐之自起居郎至宰相二年之間階至特進扶風縣開國侯食邑二千戶集賢殿大學士十一年八月公主薨自後恩禮漸薄咸通末淮徐盜起素所怨者發其陰事保衡竟得罪賜死弟保乂進士登第尚書郎知制誥召充翰林學士歷禮戶兵三侍郎學士承旨坐保衡免官

路巖者字魯瞻陽平冠氏人也祖季登大曆六年登進士第累辟諸侯府升朝爲尚書郎遷左諫議大夫卒生三子蕘庠單皆登進士第蕘字正夫既擢進士又書判拔萃累佐使府入朝爲監察御史穆宗初即位遣使西北邊犒宴軍士稱旨累加兵部郎中太和二年遷諫議大夫以本官充侍講學士四年罷侍講爲翰林學士五年正拜中書舍人學士如故羣精經學善屬文性仁孝志行貞潔父母歿後終身不茹葷血歷踐臺閣受時君異寵未嘗以勢位自矜與士友結交榮達如一八年正月病卒君子惜之二子嶽巖大中中相次進士登第巖幼聰敏過人父友踐方鎮書幣交辟久之方就數年之間出入禁署累遷中書舍人戶部侍郎咸通三年以本官同平章事年始三十六在相位八年累兼左僕射懿宗時王政多僻宰臣用事巖既承委遇稍務奢靡頗通路遺及韋保衡尚公主素惡巖爲人保衡作相罷巖知政事以檢校左僕射出爲成都尹劍南西川節度使未幾改荊南節度詔令六月下峽赴鎮尋復罷之歷兩郡刺史入爲給事中子德延

夏侯孜字好學本譙人父審封孜寶曆二年登進士第釋褐諸侯府累遷婺絳二郡刺史入爲諫議大夫轉給事中十年改刑部侍郎十一年兼御史中丞遷尚書右丞上柱國賜紫金魚袋十一年二月遷朝議大夫守戶部侍郎判戶部事再加兵部侍郎充諸道鹽鐵轉運等使懿宗即位以本官同平章事領使如故累加左僕射門下侍郎封譙郡侯與路巖楊收同輔政咸通八年罷相檢校司空同平章事兼成都尹充劍南西川節度使屬南蠻入寇蜀中飢饉軍儲不備蠻陷巂州蜀川大擾尋移孜爲河中尹檢校司徒河中晉絳節度使九年龐勛據徐州南蠻深入天子憊孜治蜀無政詔曰河中晉絳磁隰節度使開府儀同三司檢校司徒同中書門下平章事河中尹上柱國譙郡開國公食邑二千戶夏侯孜早以文詞遂登科第累更清貫亦有能名東陽推撫俗之能故絳著臨人之稱其後用司風憲寵領藩條皆以公才不幸時選洎掌于經費備歷重難居然要會之權頗得均平之道錄其績効擢處鈞衡造膝之時亦聞其算畫沃心之際備見其謀猷於是念彼邊隅控臨巴蜀籍其才術再靜蠻陬翻致帑廩空虛軍資罄竭寃流閭境寇逼連甍雖易帥已來頻移星琯而無備之後歲有干戈昨者徼障初安瘡痍復釁數尋事實果驗根由既乖經濟之源益昧君臣之義出於物論非獨予懷是議難處近藩爰更散秩可太子少保分司東都未幾卒子潭澤皆登進士第潭累官至禮部侍郎中和三年選士多至卿相子坦

劉瞻字幾之彭城人祖升父景瞻太和初進士擢第四年又登博學宏詞科歷佐使府咸通初升朝累遷太常博士劉瑑作相以宗人遇之薦爲翰林學士轉員外郎中正拜中書舍人戶部侍郎承旨出爲太原尹河東節度使入拜京兆尹復爲戶部侍郎翰林學士十年以本官同平章事加中書侍郎兼刑部尚書集賢殿大學士十一年八月同昌公主薨懿宗尤嗟惜之以翰林醫官韓宗召康仲殷等用藥無効收之下獄兩家宗族枝蔓盡捕三百餘人狴牢皆滿瞻召諫官令上疏無敢極言瞻自上疏曰臣聞修短之期人之定分賢愚共一今古攸同喬松蕣花稟氣各異至如籛鏗壽考不因有智而延齡顏子早亡不爲不賢而促壽此皆含靈稟氣修短自然之理也一昨同昌公主久嬰危疾深軫聖慈醫藥無徵幽明遽隔陛下過鍾宸愛痛切追思爰責醫工令從嚴憲然韓宗召等因緣藝術備荷寵榮想於診候之時無不盡其方術亦欲病如沃雪藥暫通神其奈禍福難移竟成差跌原其情狀亦可哀矜而差誤之愆死未塞責自陛下雷霆一怒朝野震驚囚九族於狴牢因兩人之藥誤老幼械繫三百餘人咸云宗召荷恩之日寸祿不霑進藥之時又不同議此乃禍從天降罪匪己爲物議沸騰道路嗟嘆陛下以寬仁厚德御宇十年四海萬邦咸歌聖政何事遽移前志頓易初心以達理知命之君涉肆暴不明之謗且殉宮女而違道囚平人而結冤此皆陛下安不思危忿不顧難者也陛下信崇釋典留意生天大要不過喜捨慈悲方便布施不生惡念所謂福田則業累盡消往生忉利比居濁惡未可同年伏望陛下盡釋繫囚易怒爲喜虔奉空王之教以資愛主之靈中外臣寮同深懇激帝覽疏大怒即日罷瞻相位檢校刑部尚書同平章事江陵尹充荊南節度等使再貶康州刺史量移虢州刺史入朝爲太子賓客分司翰林學士戶部侍郎鄭畋右諫議大夫高湘比部郎中知制誥楊知至禮部郎中魏簹兵部員外張顏刑部員外崔彥融御史中丞孫瑝等皆坐瞻親善貶逐京兆尹溫璋仰藥而卒

劉瑑者彭城人祖璠父爛瑑開成初進士擢第會昌末累遷尚書郎知制誥正拜中書舍人大中初轉刑部侍郎瑑精於法律選大中以前二百四十四年制勅可行用者二千八百六十五條分爲六百四十六門議其輕重別成一家法書號大中統類奏行用之出爲河南尹遷檢校工部尚書汴州刺史宣武軍節度使十一年五月加檢校禮部尚書太原尹北都留守河東節度觀察等使其年十二月入朝拜戶部侍郎判度支尋以本官同平章事領使如故十二年累加集賢殿大學士罷相又歷方鎮卒弟項亦登進士第

曹確字剛中河南人父景伯貞元十九年進士擢第又登制科確開成二年登進士第歷聘藩府入朝爲侍御史以工部員外郎知制誥轉郎中入內署爲學士正拜中書舍人賜金紫權知河南尹事入爲兵部侍郎咸通五年以本官同平章事加中書侍郎監修國史確精儒術器識謹重動循法度懿宗以伶官李可及爲威衛將軍確執奏曰臣覽貞觀故事太宗初定官品令文武官共六百四十三員顧謂房玄齡曰朕設此官員以待賢士工商雜色之流假令術踰儕類止可厚給財物必不可超授官秩與朝賢君子比肩而立同坐而食大和中文宗欲以樂官尉遲璋爲王府率拾遺竇洵直極諫乃改授光州長史伏乞以兩朝故事別授可及之官帝不之聽可及善音律尤能轉喉爲新聲音辭曲折聽者忘倦京師屠沽效之呼爲拍彈同昌公主除喪後帝與淑妃思念不已可及乃爲歎百年舞曲舞人珠翠盛飾者數百人畫魚龍地衣用官絁五千匹曲終樂闋珠璣覆地詞語悽惻聞者涕流帝故寵之嘗於安國寺作菩薩蠻舞如佛降生帝益憐之可及嘗爲子娶婦帝賜酒二銀樽啓之非酒乃金翠也人無敢非之者唯確與中尉西門季玄屢論之帝猶顧待不衰僖宗即位崔彥昭奏逐之死於嶺表確累加右僕射判度支事在相位六年九年罷相檢校司徒平章事潤州刺史鎮海軍節度觀察等使以出師扞龐勛功就加太子太師弟汾亦進士登第累官尚書郎知制誥正拜中書舍人出爲河南尹遷檢校工部尚書許州刺史忠武軍節度觀察等使入爲戶部侍郎判度支弟兄並列將相之任人士榮之確與畢諴俱以儒術進用及居相位廉儉貞苦君子多之

稱爲曹畢

畢諴者字存之鄆州須昌人也伯祖構高宗時吏部尚書構弟栩鄧王府司馬生凌凌爲汾州長史生匀爲協律郎匀生諴少孤貧燃薪讀書刻苦自勵既長博通經史尤能歌詩端慤好古交遊不雜大和中進士擢第又以書判拔萃尚書杜悰鎮許昌辟爲從事悰領度支諴爲巡官悰鎮揚州又從之悰入相諴爲監察轉侍御史武宗朝宰相李德裕專政出悰爲東蜀節度悰之故吏莫敢餞送問訊唯諴無所顧慮問遺不絶德裕怒出諴爲磁州刺史宣宗卽位德裕得罪凡被譴者皆徵還諴入爲戶部員外郎分司東都歷駕部員外郎倉部郎中故事勢門子弟鄙倉駕二曹居之者不悅唯諴受命恬然恭遜口無異言執政多之改職方郎中兼侍御史知雜期年召爲翰林學士中書舍人遷刑部侍郎自大中末党項羌叛屢擾河西懿宗召學士對邊事諴卽援引古今論列破羌之狀上悅曰吾方擇能帥安集河西不期頗牧在吾禁署卿爲朕行乎諴忻然從命卽用諴爲邠寧節度河西供軍安撫等使諴至軍遣使告喻叛徒諸羌率化又以邊境禦戎以兵多積穀爲上策乃召募軍士開置屯田歲收穀三十萬石省度支錢數百萬詔書嘉之就加檢校工部尚書移鎮澤潞充昭義節度使二年改太原尹北都留守河東節度使太原近胡九姓爲亂諴明賞罰謹斥候朞年諸部革心就加檢校尚書左僕射移授汴州刺史充宣武軍節度宋亳汴觀察等使其年入爲戶部尚書領度支月餘改禮部尚書同平章事累遷中書侍郎兵部尚書集賢大學士在相位三年十月以疾固辭位詔守兵部尚書以其本官同平章事出鎮河中十二月二十三日卒于鎮時年六十二諴謹重長於文學尤精吏術在相位以同官任情不法固辭而免君子美之子紹顏知顏登進士第累歷顯官

杜審權字殷衡京兆人也國初萊成公如晦六代孫祖佐位終大理正佐生二子元穎元絳元穎穆宗朝宰相絳位終太子賓客絳生二子審權蔚並登進士第審權釋褐江西觀察判官又以書判拔萃拜右拾遺轉左補闕大中初遷司勳員外郎轉郎中知雜又以本官知制誥正拜中書舍人十年權知禮部貢舉十一年選士三十人後多至達官正拜禮部侍郎其年冬出爲陝州大都督府長史陝虢都團練觀察使加檢校戶部尚書河中尹河中晉絳節度使懿宗卽位召拜吏部尚書三年以本官同平章事累加門下侍郎右僕射九年罷相檢校司空兼潤州刺史鎮海軍節度使蘇杭常等州觀察史時徐州戍將龐勛自桂州擅還據徐泗大擾淮南審權與淮南節度使令狐綯荊南節度使崔鉉奉詔出師掎角討賊而浙西饋運不絶繼破徐戎賊平召拜尚書左僕射十一年制曰開府儀同三司檢校司空守尚書左僕射上柱國襄陽郡開國公食邑二千戶杜審權韻合黃鍾行眞白璧沖粹孕靈嶽之秀精明涵列宿之光塵外孤標雲間獨步踐歷華貫餘二十年鑒裁名流凡幾百輩清切之任無不試重難之務無不經靜而立名嚴以肅物絶分毫徇己之意秉尺寸度量之懷貞方飾躬溫茂繕性儉不偪下畏以居高語默適時喜慍莫見頃罷機務鎮于金陵值淮夷猖狂干戈悖起累發猛士挫彼賊鋒廣備糗糧助茲軍食深惟將相之大體頗覩文武之全才王導以蕭灑之名不忘戎事謝安以恬澹之德亦在兵間及驅馬來朝擢居端揆嚴重自處恬曠不渝虞芮之故都前蹤尚爾郇瑕之舊地往事依然兼以股肱之良爲吾腹心之寄改佩相印更握兵符仍五敎之崇名極一時之盛禮可檢校司徒同平章事河中尹充河中晉絳節度觀察等使數年以本官兼許州刺史忠武軍節度觀察等使入爲太子太傅分司東都卒贈太師謚曰德三子讓能彥林弘徽讓能咸通十四年登進士第釋褐咸陽尉宰相王鐸鎮汴奏爲推官入爲長安尉集賢校理丁母憂以孝聞服闋淮南節度使劉鄴辟掌記室得殿中賜緋入爲監察牛蔚鎮興元爲奏節度判官入爲右補闕歷侍御史起居郎禮部兵部員外郎蕭遘領度支以本官判度支案黃巢犯京師奔赴行在拜禮部郎中史館修撰尋以本官知制誥正拜中書舍人謝日面賜金紫之服尋召充翰林學士六飛在蜀關東用兵徵發招懷書詔雲委讓能詞才敏速筆無點竄動中事機僖宗嘉之累遷戶部侍郎從駕還京加禮部尚書進階銀青光祿大夫封建平縣開國子食邑五百戶轉兵部尚書學士承旨沙陁逼京師僖宗蒼黃出幸是夜讓能宿直禁中聞難作步出從駕出城十餘里得遺馬一匹無羈勒以紳束首而乘之駕在鳳翔朱玫兵遽至僖宗急幸寶雞近臣唯讓能獨從翌日孔緯等六七人至邠師攻關帝幸梁漢棧道爲石協所毀崎嶇險阻之間不離左右帝顧謂之曰朕之失道再致播遷險難之中卿常在側古所謂忠于所事卿無負矣讓能謝曰臣家世歷重任蒙國厚恩陛下不以臣愚擢居近侍臨難苟免臣之恥也獲扞牧圉臣之幸也至褒中加金紫光祿大夫改兵部侍郎同平章事時朱玫立襄王稱制天下牧伯附之者十六七貢賦殆絶朝士纔十數人行從無寸金衛兵不宿飽帝垂泣側席無如之何讓能首陳大計請以重臣使河中諭王重榮以大義果承詔請雪以圖討逆京師平拜特進中書侍郎兼兵部尚書集賢殿大學士進封襄陽郡開國公食邑二千戶駕在鳳翔李昌符作亂倏然變起讓能單步入侍時朝臣受僞署者衆法司請行極法以戒事君讓能固爭之獲全者十七八昭宗纂嗣賜扶危啓運保乂功臣加開府儀同三司尚書左僕射封晉國公增邑千戶仍賜鐵券誅秦宗權許蔡平定加司空門下侍郎監修國史昭宗郊禋畢進位司徒太淸宮使弘文館大學士延資庫使諸道鹽鐵轉運等使加食邑一千戶明年冊拜太尉加食邑一千戶自大順已來鳳翔李茂貞大聚兵甲恃功驕恣會楊復恭走山南茂貞欲兼有梁漢之地亟請問罪詔未允而出師昭宗怒其專不得已而從之及山南平詔授以茂貞鎮興元徐彥若鎮鳳翔仍割果閬兩州隸武定軍茂貞怒上章論列語辭不遜又與讓能書曰宰相之職外撫四夷內安百姓陰陽不順猶資燮理之功宇宙將傾須假扶持之力卽萬靈舒慘四海安危盡繫朝綱咸由廟算既爲重任方屬元臣況今國步猶艱皇居未壯曩日九衢三市草擁荒墟當時萬戶千門霜凝白骨大廈傾欹而未已沉痾綿息以無餘皆云非賢后無以拯社稷之危非眞宰無以革寰區之弊今明公捨策入夢投竿爲師踐履中台制臨外閫不究興亾之理罕聞沉斷之機蓋意有所不平心有所未悟輒思上問願審臧謀竊見楊守亮擅舉干戈阻艱西道將圖割據吞併東川居巴賨爲一窟豺狼在梁漢致十年荊棘果聞敗衂尋挫凶狂既前去而不諧思却歸而無地當道與邠州見爲隔絶綱運方舉問罪兵師忽聞朝廷授武定之雙旌割果閬之兩郡未審是何名目酬何功勞紊大國之紀綱蠹天子之州縣非惟取笑於童稚抑亦包羞於馬牛自謂奇謀信爲獨見伏慮是明公賞凶黨無君之輩挫忠臣奉國之心要助姦邪須摧正直又聞公切於保位利在安家商量不自於中書制割全通於內地雖知深奧罕測津涯亦聞駭異羣情頗是喧騰梟口其悖戾如此京師百姓聞茂貞聚兵甲羣情恟恟數千百人守闕門候中尉西門重遂出擁馬論列曰乞不分割山南請姑息鳳翔與百姓爲主重遂曰此非吾事出於宰相也昭宗怒詔讓能只在中書調發畫計不歸第月餘宰相崔昭緯陰結邠岐爲城社凡讓能出一言卽日達於茂貞行瑜茂貞令健兒數百人雜市人於街崔昭緯鄭延昌歸第市人擁肩輿訴曰岐帥無罪幸相公不加討伐致都邑不寧二相輿中諭之曰大政聖上委杜太尉吾等不預市豪褰簾熟視又不之識因投瓦石擊二相之輿崔鄭下輿散走匿身獲免是日喪堂印公服天子怒捕魁首誅之由是用兵之意愈堅京師之人相與藏竄嚴刑不能已讓能奏曰陛下初臨大寶國步未安自艱難已來且行貞元故事姑息藩鎮茂貞邇在國門不宜起怨臣料此時未可行也帝曰政刑削弱詔令不出城門此賈生慟哭之際也又書不云乎藥不瞑眩厥疾弗瘳朕不能孱孱度日坐觀淩弱卿爲我主張調發用兵吾委諸王讓能對曰陛下憤藩臣之倔强必欲强幹弱枝以隆王室此則中外大臣所宜戮力以成陛下之志不宜獨任微臣帝曰卿位居元輔與朕同休共戚無宜避事讓能泣辭曰臣待罪台司未乞骸骨者思有以報國恩耳安敢愛身避事況陛下之心憲祖之志也但時有所不便勢有所必然他日臣雖受晁錯之誅但不足以殄七國之患敢不奉詔繼之以死景福二年秋上以嗣覃王爲招討使神策將李鐬副之率禁軍三萬送彥若赴鎮崔昭緯密與邠鳳結託心害讓能言討伐非上意出於太尉也九月茂貞出軍逆戰王師敗于盩厔岐兵乘勝至三橋讓能奏曰臣固預言之矣請歸罪於臣可以紓難上涕下不能已曰與卿訣矣卽日貶爲雷州司戶茂貞在臨皋驛請誅讓能尋賜死時年五十三駕自石門還京念讓能之冤追贈太師子光乂曉以父枉橫不求聞達曉入梁位亦至宰輔彥林弘徽乾符中相次登進士第彥林光化中累官至尚書郎知制誥拜中書舍人天祐初爲御史中丞弘徽累官至中書舍人遷戶部侍郎充弘文館學士判館事與兄同日被害

劉鄴字漢藩潤州句容人也父三復聰敏絶人幼善屬文少孤貧母有廢疾三復丐食供養不離左右久之不遂鄉賦長慶中李德裕拜浙西觀察使三復以德裕禁密大臣以所業文詣郡干謁德裕閱其文倒屣迎之乃辟爲從事管記室母亾哀毀殆不勝喪德裕三爲浙西凡十年三復皆從之太和中德裕輔政用爲員外郎居無何罷相復鎮浙西三復從之汝州刺史劉禹錫以宗人遇之深重其才嘗爲詩贈三復序曰從弟三復三爲浙右從事凡十餘年往年主公入相薦用登朝中復從

公之京口未幾而罷昨以尚書員外郎奉使至潞旋承新命改轅而東三從公皆在舊地徵諸故事寔無其比因賦詩餞別以志之又從德裕歷滑臺西蜀揚州累遷御史中丞會昌中德裕用事自諫議給事拜刑部侍郎弘文館學士判館事朝廷用兵誅劉稹澤潞既平朝議以劉從諫妻裴氏是裴問之妹欲原之法司定罪以劉稹之叛裴以酒食會潞州將校妻女泣告以固逆謀三復奏曰劉從諫苞藏逆謀比雖已露今推窮僕妾尤得事情據其圖謀語言制度服物人臣僭亂一至於斯雖生前幸免於顯誅而死後已從於追戮凡在朝野同深慶快且自古人臣叛逆合有三族之誅尚書曰乃有顛越不恭我則劓殄滅之無遺育無俾易種于茲新邑如此則阿裴已不得免於極法矣又況從諫死後主張狂謀罪狀非一劉稹年既幼小逆節未深裴爲母氏固宜誠誘若廣說忠孝之道深陳禍福之源必冀虺毒不施梟音全革而乃激厲凶黨膠固叛心廣招將校之妻適有酒食之宴號哭激其衆意贈遺結其羣情遂使叛黨稽不捨之誅孽童延必死之命以至周歲方就誅夷此阿裴之罪也雖以裴問之功或希減等而國家有法難議從輕伏以管叔周公之親弟也有罪而且誅之以周公之賢尚不捨兄弟之罪況裴問之功劾安能破朝廷法耶據阿裴廢臣妾之道懷逆亂之謀裴問如周公之功尚合行周公之戮況於朝典固在不疑阿裴請準法從之三復未幾病卒鄴六七歲能賦詩李德裕尤憐之與諸子同硯席師學大中初德裕貶逐鄴無所依以文章客遊江浙每有制作人皆稱誦高元裕廉察陝虢署爲團練推官得秘書省校書郎咸通初劉瞻高璩居要職以故人子薦爲左拾遺召充翰林學士轉尚書郎中知制誥正拜中書舍人戶部侍郎學士承旨鄴以李德裕貶死珠崖大中朝以令狐綯當權累有赦宥不蒙恩列懿宗即位綯在方鎮屬郊天大赦鄴奏論之曰故崖州司戶參軍李德裕其父吉甫元和中以直道明誠高居相位中外咸理訏謨有功德裕以偉望宏才繼登台衮險夷不易勁正無羣稟周勃厚重之姿慕楊秉忠貞之節頃以微累竄于遐荒既迫衰殘竟歸冥寞其子燁坐貶象州立山縣尉去年遇陛下布惟新之命覃作解之恩移授郴州郴縣尉今已殁於貶所儻德裕猶有親援可期振揚微臣固不敢上論以招浮議今骨肉將盡生涯已空皆傷縶戟之門遽作荊榛之地孤骨未歸於塋兆一男又没於湘江特乞聖明俯垂哀愍俾還遺骨兼賜贈官上弘錄舊之仁下激徇公之節詔從之鄴等以本官領諸道鹽鐵轉運使其年同平章事判度支轉中書侍郎兼吏部尚書累加太清宮使弘文館大學士僖宗即位蕭倣崔彥昭秉政素惡鄴乃罷鄴知政事檢校尚書左僕射同平章事揚州大都督府長史淮南節度使是日鄴押班宣麻竟通事引鄴內殿謝不及笏記鄴自敘十餘句語云霖雨無功深愧代天之用烟霄失路未知歸骨之期帝爲之惻然黃巢渡淮而南詔以浙西高駢代還尋除鳳翔尹鳳翔隴右節度使以疾辭拜左僕射巢賊犯長安鄴從駕不及與崔沆豆盧瑑匿於金吾將軍張直方之家旬日賊嚴切追捕三人夜竄爲賊所得迫以僞命稱病不應俱爲賊所害

豆盧瑑者河東人祖愿父籍皆以進士擢第瑑大中十三年亦登進士科咸通末累遷兵部員外郎轉戶部郎中知制誥召充翰林學士正拜中書舍人乾符中累遷戶部侍郎學士承旨六年與吏部侍郎崔沆同日拜平章事宣制日大風雷雨拔樹左丞韋蟾與瑑善往賀之瑑言及雷雨之異蟾曰此應相公爲霖作解之祥也瑑笑答曰霖何甚耶及巢賊犯京師從僖宗出關遠門爲盜所制乃匿於張直方之家遇害識者以風雷不令之兆也弟瓚璨皆進士登第累歷清要瓚子革中興位亦至宰輔

史臣曰近代衣冠人物門族昌盛從䫒之後實富名流而彥曾屬徐亂之秋膺接李凶之數計則繆矣天可逃乎楊劉曹畢諸族門非世胄位以藝升伏膺典墳俯拾青紫而收得位求侈以至敗名行己飭躬此爲深誡杜氏三世輔相太尉陀於橫流臨難忘身可爲流涕

贊曰漢代荀陳我朝崔杜有子有弟多登宰輔裴士改節楊子敗名膏粱移性信而有徵

# 舊唐書卷一百七十八

後晉司空同中書門下平章事劉　昫撰

## 列傳第一百二十八

趙隱弟騭 子光逢 光裔 光胤　張裼子文蔚 濟美 貽憲

李蔚　崔彥昭　鄭畋　盧攜

王徽

趙隱字大隱京兆奉天人也祖植建中末朱泚之亂德宗幸奉天時倉卒變起羽衛不集數日間賊來攻城植以家人奴客奮力拒守仍獻家財以助軍賞天子嘉之賊平咸寧王渾瑊辟爲推官累遷殿中侍御史貞元初遷鄭州刺史鄭滑節度使李融奏兼副使十年融病軍府之政委於植大將宋朝宴構三軍爲亂中夜火發植與監軍列卒待之遲明亂卒自潰即日誅斬皆盡帝優詔嘉之入爲衛尉少卿三遷尚書工部侍郎十七年出爲廣州刺史兼御史大夫嶺南東道節度觀察等使卒於鎮子存約滂存約大和三年爲興元從事是時軍亂存約與節度使李絳方宴語吏報新軍亂突入府廨公宜避之絳曰吾爲帥臣去之安往麾存約令遁存約曰荷公厚德獲奉賓階背恩苟免非吾志也即欲部分左右拒賊是日與絳同遇害隱以父罹非禍泣守松楸十餘年杜門讀書不應辟命會昌中父友當權要敦勉仕進方應弓招累爲從事大中三年應進士登第累遷郡守尚書郎給事中河南尹歷戶兵二侍郎領鹽鐵轉運等使咸通末以本官同平章事加中書侍郎兼禮部尚書進階特進天水伯食邑七伯戶隱性仁孝與弟騭尤稱友悌少孤貧弟兄力耕稼以奉親造次不干親戚既居宰輔不以權位自高退朝易衣弟兄侍母左右歲時伏臘公卿大臣盈門通訊而大臣及母之榮無如其比乾符中罷相檢校兵部尚書潤州刺史浙西觀察等使入爲太常卿轉吏部尚書累加尚書左僕射廣明中卒子光逢光裔光胤弟騭亦以進士登第大中末與兄隱並踐省閣咸通初以兵部員外郎知制誥轉郎中正拜中書舍人六年權知貢舉七年選士多得名流拜禮部侍郎御史中丞累遷華州刺史潼關防禦鎮國軍等使卒光逢乾符五年登進士第釋褐鳳翔推官入朝爲監察御史丁父憂免僖宗還京授太常博士歷禮部司勳吏部三員外郎集賢殿學士轉禮部郎中景福中以祠部郎中知制誥尋召充翰林學士正拜中書舍人戶部侍郎學士承旨改兵部侍郎尚書左丞學士如故乾寧三年從駕幸華州拜御史中丞改禮部侍郎劉季述廢立之後宰相崔胤與黃門爭權衣冠道喪光逢移疾退居洛陽閉關卻埽六七年昭宗遷洛起爲吏部侍郎復爲左丞歷太常卿鼎沒於梁累官至宰輔封齊國公光裔光啓三年進士擢第乾寧中累遷司勳郎中弘文館學士改膳部郎中知制誥賜金紫之服兄弟對掌內外制命時人榮之季述廢立之後光逢歸洛光裔旅遊江表以避患嶺南劉隱深禮之奏爲副使因家嶺外光胤大順二年進士登第天祐初累官至駕部郎中入梁歷顯位中興用爲宰輔

張裼字公表河間人父君卿元和中舉進士詞學知名累歷郡守裼會昌四年進士擢第釋褐壽州防禦判官于琮布衣時客遊壽春郡守待之不厚裼以琮衣冠子異禮遇之琮將別謂裼曰吾餉逆旅翁五十千郡將之惠不登其數如何裼方奉母家貧適得俸絹五十匹盡以遺琮約曰他時出處窮達交相郵也裼累辟太原掌書記大中朝琮爲翰林學士俄登宰輔判度支琮召裼爲司勳員外郎判度支等用爲翰林學士轉郎中知制誥拜中書舍人戶部侍郎學士承旨咸通末琮爲韋保衡所構譴逐裼坐貶封州司馬保衡誅琮得雪裼量移入朝爲太子賓客遷吏部侍郎京兆尹乾符三年出爲華州刺史其年冬檢校吏部尚書鄆州刺史天平軍節度觀察等使四年卒于鎮時年六十四子文蔚濟美貽憲文蔚乾符二年進士擢第累佐使府龍紀初入朝爲尚書郎乾寧中以祠部郎中知制誥正拜中書舍人賜紫崔胤擅朝政與蔚同年進士尤相善用爲翰林學士戶部侍郎轉兵部從昭宗遷洛陽輝王時拜中書侍郎平章事入梁卒濟美貽憲相繼以進士登第貽憲覆試落籍爲戶部巡官集賢校理

李蔚字茂休隴西人祖上公位司農卿元和初爲陝虢觀察使父景素太和中進士蔚開成末進士擢第釋褐襄陽從事會昌末調選又以書判拔萃拜監察御史轉殿中監大中七年以員外郎知臺雜尋知制誥轉郎中正拜中書舍人咸通五年權知禮部貢舉六年拜禮部侍郎轉尚書右丞懿宗奉佛太過常於禁中飯僧親爲贊唄以旃檀爲二高座賜安國寺僧徹逢八飯萬僧蔚上疏諫曰臣聞孔丘聖者也言則引周任之言符融賢者也諫必稱王猛之議誠以事求師古詞貴達情陛下自纘帝圖克崇佛事止當修外未甚得中臣畧採本朝名臣啓奏之言以證奉佛初終之要天后時曾營大像功費百萬狄仁傑諫曰夫實鈙殫于綴飾瓌材竭于輪奐功不使鬼必在役人物不天來皆從地出非苦百姓物何以求物生有時用之無度臣每思惟實所悲痛至如往在江表像法盛興梁武簡文施捨無限及乎三淮沸浪五嶺騰烟列刹盈衢無救危亡之禍緇衣蔽路豈益勤王之師況近年以來風塵屢擾水旱失節征役稍繁必若多費官財又苦人力一隅有難將何以救此切當之言一也中宗時公主外戚奏度僧尼姚崇諫曰佛不在外求之于心佛圖澄最賢無益於後趙羅什多藝不救於姚秦何充符融皆遭敗滅齊襄梁武未免災殃但志發慈悲心行利益若蒼生安樂即是佛身此切當

之言二也睿宗爲金仙玉眞二公主造二道宮辛替否諫曰自夏已來淫雨不解穀荒于壠麥爛于場入秋已來亢旱爲災苗而不實霜損蟲暴草萊枯黃下人咨嗟未加賑貸陛下愛兩女而造兩觀燒瓦運木載土塡沙道路流言皆云用錢百萬陛下聖人也遠無不知陛下明君也細無不見旣知且見知倉有幾年之儲庫有幾年之帛知百姓之間可存活乎三邊之士可轉輪乎今發一卒以扞邊陲追一兵以衞社稷多無衣食皆帶饑寒賞賜之間迴無所出軍旅驟敗莫不由斯而陛下破百萬貫錢造不急之觀以賈六合之怨以違萬人之心此切當之言三也替否又諫造寺曰釋教以清淨爲基慈悲爲主常體道以濟物不利己而害人每去己以全眞不營身以害教今三時之月築山穿池損命也殫府虛藏損人也廣殿長廊營身也損命則不慈悲損人則不濟物營身則不清淨豈大聖至神之心乎佛書曰一切有爲法如夢幻泡影如露亦如電臣以爲減雕琢之費以賑貧人是有如來之德息穿掘之苦以全昆蟲是有如來之仁罷營葺之直以給邊陲是有湯武之功迴不急之祿以購清廉是有唐虞之治陛下緩其所急急其所緩親未來而疎見在失眞實而冀虛無重俗人之所爲輕天子之功業臣實痛之此切當之言四也臣觀仁傑天后時上公也姚崇開元時賢相也替否睿宗之直臣也臣每覽斯言未嘗不廢卷而太息痛其言之不行也伏以陛下深重緇流妙崇佛事其爲樂善實邁前蹤但細詳時代之安危眇鑒昔賢之敷奏則思過半矣道遠乎哉臣過忝渥恩言虧匡諫但舉從繩之義少裨負扆之明營繕之間稍宜停減優詔嘉之尋拜京兆尹太常卿尋以本官同平章事加中書侍郎與盧攜鄭畋同輔政罷相出爲襄州刺史山南東道節度使入爲吏部尚書加檢校尚書右僕射汴州刺史宣武軍節度觀察等使咸通十四年轉揚州大都督府長史淮南節度副大使知節度事乾符三年受代百姓詣闕乞留一年從之四年復爲吏部尚書尋遷檢校司空東都留守東畿汝都防禦使六年河南軍亂殺崔季康詔以邠寧李侃鎮太原軍情不伏以蔚嘗爲太原從事軍民懷之八月以蔚爲太原尹北都留守河東節度觀察等使其年十月到鎮下車三日暴病卒弟絢從兄繒累官至刺史蔚三子渥洵澤渥咸通末進士及第釋褐太原從事累拜中書舍人禮部侍郎光化三年選貢士洵至福建觀察使

崔彥昭字思文清河人父豈彥昭大中三年進士擢第釋褐諸侯府咸通初累遷兵部員外郎轉郎中知制誥拜中書舍人再遷戶部侍郎判本司事彥昭長於經濟儒學優深精於吏事前治數郡所莅有聲動多遺愛十年檢校禮部尚書孟州刺史河陽懷節度使進階金紫十二年正月加檢校刑部尚書太原尹北都留守河東節度管內觀察等使時徐泗用兵之後北戎多寇邊沙陀諸部動干紀律彥昭柔以恩惠來以兵威三年之間北門大治軍民歌之考滿受代耆老數千詣闕乞留詔報曰彥昭早著令名累更劇任入司邦計開張用經緯之文出統藩維撫馭得韜鈐之術自臨并部隱若長城但先和衆安人不欲恃險與馬遂致三軍百姓瀝懇同詞備述政能唯恐罷去顧茲重鎭方委長材旣獲便安未議移替想當知悉僖宗卽位就加檢校吏部尚書時趙隱高璩知政事與彥昭同年進士薦彥昭長於治財賦十五年三月召爲吏部侍郎充諸道鹽鐵轉運使乾符初以本官同平章事判度支先是楊收路巖韋保衡皆以朋黨好賂得罪蕭倣秉政頗革前弊而彥昭輔政數月百職斯舉察而不煩士君子稱之二年因其轉官僖宗誡曰彥昭歷試有勞僉諾無媿涉於六月秉是一心修乃文可以興文教厲乃武可以成武功重整前規兩司大計清能壁立政乃風行姦欺屛絶於多岐請託銷摧於正議不煩內庫有助涓毫不假外藩有進絲髮軍食所入餘剩於明年郊廟所供克辦於今歲頗符神化眞謂廟謀不有良臣安能富國宜酬勲於黃閣俾正位於紫垣敬服誠詞永堅茂業嗚呼秉鈞之道何所難哉覆車之塗近已多矣與其樹黨不若修身與其收恩不如秉直買暫勝者貽其永敗沽小智者囊其大愚不貴及人唯爭自我初誠潤屋尋以危家金玉滿堂莫之能守縱經營而得位用枉撓而當辜唯爾選自朕心採於人望宣詔旣畢閤門未知來遂奔車退無私謝獨推元老曾請急徵以守道而自臻實榮親之最重爾其堅持正直允執規程但畏幽陰必歸公當甘言可憚敘往可嗤獎善須明懲姦須銳利於人者雖難必舉利於己者雖易勿爲頻念孤寒每思耕織常自勤於數事便有望於中興彰朕知臣在卿匡國必使恩從下布法自上行但立直標終無曲影苟致我於堯舜亦比爾於臯夔輔退朝侍膳與家人雜處承奉左右未嘗高言歲時慶賀公卿拜席時人榮之累遷門下侍郎兼刑部尚書充太清宮使弘文館大學士與鄭畋李蔚同知政事三加兼官皆領度支如故進階特進累兼尚書右僕射罷相歷方鎭以太子太保分司卒子保謙

鄭畋字台文滎陽人也曾祖鄰祖穆父亞並登進士第亞字子佐元和十五年擢進士第又應賢良方正直言極諫制科吏部調選又以書判拔萃數歲之內連中三科聰悟絶倫文章秀發李德裕在翰林亞以文干謁深知之出鎭浙西辟爲從事累屬家艱人多忌嫉久之不調會昌初始入朝爲監察御史累遷刑部郎中中丞李回奏知雜遷諫議大夫給事中五年德裕罷相鎭渚宮授亞正議大夫出爲桂州刺史御史中丞桂管都防禦經畧使大中二年吳汝納訴寃德裕再貶潮州亞亦貶循州刺史卒畋年十八登進士第釋褐汴宋節度推官得秘書省校書郎二十二吏部調選又以書判拔萃授渭南尉直史館事未行亞出桂州畋隨侍左右大中朝白敏中令狐綯相繼秉政十餘年素與德裕相惡凡德裕親舊多廢斥之畋久不偕於士伍咸通中令狐綯出鎭劉瞻鎭北門辟爲從事入朝爲虞部員外郎右丞鄭薫令狐之黨也摭畋舊事覆奏不放入省畋復出爲從事五年入爲刑部員外郎轉萬年令九年劉瞻作相薦爲翰林學士轉戶部郎中畋以久罹擯棄幸承拔擢因授官自陳曰臣十八進士及第二十二書判登科此時結綬王畿便貯青雲之望泊一沉風水久換星霜厭外府之鞾韂渴明庭之禮樂咸通五年方始登朝若匪遭逢聖君無以發揚幽迹臣任刑部員外郎日累於閤內對敭去冬蒙擢宰萬年又得延英中謝傾藿幸依於白日捨盆終覩於青天昨以京縣浩穰苦心爲政疲羸粗息強禦無蹤方專宰字之心用副憂勤之化陛下過垂採聽超授恩榮擢於百里之中致在三清之上纔超翰苑遽改郎曹尋加知制誥又自陳曰臣會昌二年進士及第大中首歲書判登科其時替故昭義節度使沈詢作渭南縣尉兩考罷免楊收以結綬替臣詢則備歷顯榮歿經數載收則寵極台輔絀已三年臣則外困賓筵內甘散秩仰窺霄漢空歎雲泥雖云賦命屯奇實以遭人排忌其因事自洗滌如此俄遷中書舍人十年王師討徐方禁庭書詔旁午畋灑翰泉涌動無滯思言皆破的同僚閣筆推之尋遷戶部侍郎龐勛平以本官充承旨畋以德望先達淪滯久之旣冠禁庭當爲宰輔因謝承旨自陳曰禁林素號清嚴承旨尤稱峻重偏膺顧問首冠英賢今之宰輔四人三以此官騰躍其爲盛美更異等常豈謂凡流繼茲芳躅臣所以憂不稱承旨之任也至若繼劉瞻之愼密守保衡之規程瀝懇事君披肝翊聖以貞方爲介胄用忠信作藩籬丹青帝文金玉王度臣亦不敢讓承旨之職況沉舟墜羽因聖主發揚有薄藝微才受鴻恩知遇再周寒暑六忝官榮由郎吏以至於貳卿自末僚而遷於上列其切於大用如此其年八月劉瞻以諫內豎工宗族罷相出爲荊南節度使畋草制過爲美詞懿宗省之甚怒責之曰畋頃以行跡玷穢爲時棄捐朝籍周行無階踐歷竟因由徑遂致叨居塵忝旣多狡蠹尤甚且居承旨合體朕懷一昨劉瞻出藩朕豈無意爾次當視草過爲美詞逞諂諛於筆端籠愛憎於形內徒知報瞻欵唾之惠誰思戔我拔擢之恩載詳言僞而堅果明同惡相濟人之多僻一至於斯宜行竄逐之科用屛回邪之黨可梧州刺史僖宗卽位召還授右散騎常侍改兵部侍郎乾符四年遷吏部侍郎尋降制曰頃者時鬱正途權歸邪幸爾畋執心無或秉節被讒徵復鴛行愈洽人望旣負彌綸之業宜居輔弼之司可本官同平章事僖宗上尊號禮畢進加中書侍郎進階特進轉門下侍郎兼禮部尚書集賢殿大學士五年黃巢起曹鄆南犯荊襄東渡江淮衆歸百萬所經屢陷郡邑六年陷安南府據之致書與浙東觀察使崔璆求鄆州節鉞璆言賊勢難圖宜因授之以絶北顧之患天子下百寮議初黃巢之起也宰相盧攜以浙西觀察使高駢素有軍功奏爲淮南節度使令扼賊衝尋以駢爲諸道行營都統及崔璆之奏朝臣議之有請假節以紓患者畋採羣議欲以南海節制糜之攜以始用高駢欲立奇功以圖勝攜曰高駢將畧無雙淮土甲兵甚銳今諸道之師方集蕞爾纖寇不足平殄何事捨之示怯而令諸軍解體耶畋曰巢賊之亂本因饑歲人以利合乃至寔繁江淮以南薦食殆半國家久不用兵士皆忘戰所在節將閉門自守尚不能枝不如釋咎包容權降恩澤彼本以饑年利合一遇豐歲孰不懷思鄉土其衆一離則巢賊几上肉耳此所謂不戰而屈人兵也若此際不以計攻全恃兵力恐天下之憂未艾也羣議然之而左僕射于琮曰南海有市舶之利歲貢珠璣如令妖賊所有國藏漸當廢竭上亦望駢成功乃依攜議及中書商量制敕畋曰妖賊百萬橫行天下高公遷延玩寇無意翦除又從而保之彼得計矣國祚安危在我輩三四人畫度公倚淮南用兵吾不知稅駕之所矣攜怒拂衣而起袂染於硯因投之僖宗聞之怒曰大臣相詬

何以表儀四海二人俱罷政事以太子賓客分司東都廣明元年賊自嶺表北渡江浙虜崔璆陷淮南郡縣高駢止令張璘控制衝要閉壁自固天子始思畋前言二人俱徵還拜畋禮部尚書尋出爲鳳翔隴右節度使是冬賊陷京師僖宗出幸畋聞難作候駕於斜谷迎謁垂泣曰將相悞陛下以至於此臣實罪人請死以懲無狀上曰非卿失也朕以狂寇凌犯且駐蹕興元卿宜堅扼賊衝勿令滋蔓畋對曰臣心報國死而後已請陛下無東顧之憂然道路艱虞奏報梗澁臨機不能遠稟聖旨願聽臣便宜從事上曰苟利宗社任卿所行畋還鎮蒐乘補卒繕修戎仗濬飾城壘盡出家財以散士卒晝夜如臨大敵中和元年二月賊將尚讓王璠率衆五萬欲攻鳳翔畋預知賊至令大將李昌言等伏於要害賊以畋儒者必不能拒步騎長驅部伍不整畋以銳卒數千陳于高岡虛立旗幟延袤數里距賊十餘里伐鼓而陣賊不之測衆寡始欲列卒而陣後軍未至而昌言等發伏擊之其衆大撓日旣晡矣岐軍四合追擊於龍尾陂賊委兵仗自潰斬馘萬計得其鎧仗岐軍大振天子聞之謂宰相曰予知畋不盡儒者之勇甚慰予懷即授畋檢校尚書左僕射同平章事充京西諸道行營都統時畿內諸鎮禁軍尚數萬賊巢汙京師後衆無所歸畋承制招諭諸鎮將校皆萃岐陽畋分財以結其心與之盟誓期匡王室又傳檄天下曰鳳翔隴右節度使檢校尚書左僕射同中書門下平章事充京西諸道行營都統上柱國滎陽郡開國公食邑二千戶鄭畋移檄告諸藩鎮郡縣侯伯牧守將吏曰夫屯亨有數否泰相沿如日月之蔽虧似陰陽之愆伏是以漢朝方盛則莽卓肆其姦凶夏道未衰而羿浞騁其殘酷不無僭越尋亦誅夷即知妖孽之生古今難免代有忠貞之士力爲匡復之謀我國家應五運以承乾躡三王之垂統綿區飲化匝宇歸仁十八帝之鴻猷銘於神鼎三百年之睿澤播在人謠加以政尚寬弘刑無枉濫翼翼勤行於王道孜孜務恤於生靈足可傳貴祚於無窮御瑶圖於不朽近歲螟蝗作害旱暵延災因令無賴之徒遽起亂常之暴雖加討逐猶肆倡狂草賊黃巢奴僕下才豺狼醜類寒耕熱耨不勵力於田疇媮食靡衣務偷生於剽奪結連凶黨驅迫平人始擾害於里閭遂侵凌於郡邑屬以藩臣不武戎士貪財徒加討逐之名竟作遷延之役致令滋蔓累有邀求聖上愛育情深含弘道廣指萬方而罪己用百姓以爲心假以旆旄委之藩鎮冀其悛革免困疲羸而殊無犬馬之誠但恣蟲蛇之毒剽掠我征鎮覆沒我京都凌辱我衣冠屠殘我士庶覩人命有同於草芥謂大寶易取如奕碁而乃竊據宮闈僞稱名號爛羊頭而拜爵績狗尾以命官鷰巢幕以誇安魚在鼎而猶戲殊不知五侯扚怒期分項羽之屍四塚旣成待葬蚩尤之骨猶復廣侵田宅濫瀆貨財比谿壑以難盈類烏鳶而縱攫茫茫赤縣僅同夷貊之鄉惴惴黔黎若在狴牢之內固已人神共怒行路傷心畋謬領藩垣榮兼將相每枕戈而待旦常泣血以忘餐誓與義士忠臣共翦狐鳴狗盜近承詔命會合諸軍皇帝親御六師即離三蜀霜戈萬隊鐵馬千羣雕虎嘯以風生應龍驤而雲起淮南高相公會關東諸道百萬雄師計以夏初會於關內畋與涇原節度使程宗楚秦州節度使仇公遇等已驅組練大集關畿爭麾隴右之師矛待掃關中之蟻聚而吐蕃党項以久被皇化深憤國讐願以沙漠之軍共獻盪平之捷此際華戎合勢藩鎮連衡旌旗煥爛於雲霞劒戟晶熒於霜雪莫不持繩待試賈勇爭先思垂竹帛之功誓雪朝廷之恥刻茲殘孽不足殄除況諸道世受國恩身縻好爵皆盱匡邦之畧咸傾致主之誠自函洛構氛鑾輿避狄莫不指銅駝而皆裂望玉壘以魂銷聞此勤王固宜投袂更希憤激速殄寇讐永固社稷之勳以報君親之德迎鑾反正豈不休哉時駕在坤維音驛阻絶以爲朝廷無能復振及畋傳檄諸藩聳動各治勤王之師巢賊聞之大懼自是賊騎不過京西當時非畋扼賊之衝褒蜀危矣尋進位檢校司空其年冬畋暴病以岐山方禦賊衝宜須驍將鎮守表薦大將李昌言詔可之詔畋赴行在二年正月至成都以王鐸代畋將兵收復畋尋以僕射平章事以疾久之不拜累表乞解機務二年冬罷相授太子少保僖宗以畋子給事中凝績爲隴州刺史詔侍畋就郡養疾薨於郡舍時年五十九光啓末李茂貞授鳳翔節度使畋會兵時茂貞爲博野軍小校在奉天畋盡召其軍至岐下以茂貞勤於軍旅甚奇之委以遊邏之任至是茂貞思畋獎待之恩上表論之曰臣伏見當道故檢校司空同平章事鄭畋瑞應星精祥開月角建洪鑪於聖代成庶績於明時鳳毛方浴於春池龍節忽移於右輔旋以羣鴟嘯聚萬蝟鋒攢蒼黃而玉輅省方次第而金門徹鑰九州相望初猶豫以從風百辟無歸半狐疑而委質而畋衝冠怒髮投袂治兵羅劒戟於罇前練貔貅於閫外坎牲誓衆釁鼓出師馳羽檄於四方暢皇威於萬里身維地軸決橫流而盡入東溟手正天關掃妖星而重尊北極及至囊沙滅竈伐鼓揚旌四凶方侈於獸心一陣盡塗於龍尾大振建瓴之捷只於反掌之間不期天柱朝摧將星夜隕竹帛徒書於茂烈松楸未煥於易名臣始仕從戎爰承指顧稟三令五申之戒預一匡九合之謀今則謬以微功獲居重鎮尋武侯之遺愛城壘宛然念叔子之高蹤涕零何極伏冀特加贈謚以慰泉扃昭宗嘉之詔贈司徒謚曰文昭畋文學優深器量弘恕美風儀神彩如玉尤能賦詩與人結交榮悴如一始爲員外郎爲鄭薰不放省上畋不以爲憾及畋作相薰子爲郎畋特獎拔爲給事中列曹侍郎其以德報怨多此類也子凝績景福中歷刑部戶部侍郎

盧攜字子升范陽人祖損父求寶曆初登進士第應諸府辟召位終郡守攜大中九年進士擢第授集賢校理出佐使府咸通中入朝爲右拾遺殿中侍御史累轉員外郎中長安縣令鄭州刺史召拜諫議大夫乾符初以本官召充翰林學士拜中書舍人乾符末加戶部侍郎學士承旨四年以本官同中書門下平章事累加門下侍郎兼兵部尚書弘文館大學士五年黃巢陷荆南江西外郛及虔吉饒信等州自浙東陷福建遂至嶺南陷廣州殺節度使李岧遂抗表求節鉞初王仙芝起河南攜舉宋威齊克讓曾衮等有將畧用爲招討使及宋威殺尚君長致賊充斥朝廷遂以宰臣王鐸爲都統攜深不悅浙帥崔璆等上表請假黃巢廣州節鉞上令宰臣議攜以王鐸爲統帥欲激怒黃巢堅言不可假賊節制止授率府率而已與同列鄭畋爭論投硯於地由是兩罷之爲太子賓客分司六年高駢大將張璘頻破賊攜素待高駢厚常舉可爲統帥天子以駢立功復召攜輔政及王鐸失守罷都統以高駢代之由是自潼關以東汝陝許鄭汴滑青兗皆易帥王鐸鄭畋所授任者皆易之攜內倚田令孜外以高駢爲援朝廷大政高下在心時攜病風精神恍惚政事可否皆決於親吏溫季修貨賄公行及賊擾淮南張璘破殺而許州逐帥溵水兵潰朝廷震懼皆歸罪於攜及賊陷潼關罷攜爲太子賓客是夜仰藥而死子晏天祐初爲河南縣尉爲柳璨所殺

王徽字昭文京兆杜陵人其先出於梁魏魏爲秦滅始皇徙關東豪族實關中魏諸公子徙於霸陵以其故王族遂爲王氏後周同州刺史熊徽之十代祖葬咸陽之鳳岐原子孫因家焉曾祖擇從兄易從天后朝登進士第從弟明從言從睿宗朝並以進士擢第昆仲四人開元中三至鳳閣舍人故時號鳳閣王家其後易從子定定子逢逢弟仲周定兄密密子行古行古子收收子超皆以進士登第王氏自易從已降至大中朝登進士科者一十八人登臺省歷牧守賓佐者三十餘人擇從大足三年登進士第先天中又應賢良方正制舉升乙第再遷京兆士曹叅軍充麗正殿學士祖察至德二年登進士第位終連州刺史父自立位終緱氏令徽大中十一年進士擢第釋褐秘書省校書郎戶部侍郎沈詢判度支辟爲廵官宰相徐商領鹽鐵又奏爲叅佐時懿宗詔宰相於進士中選子弟尚主或以徽籍上聞徽性冲澹遠勢利聞之憂形於色徽登第時年踰四十見宰相劉瑑哀祈具陳年已高矣居常多病不足以塵汚禁臠瑑於上前言之方免從令狐綯歷宣武淮南兩鎮掌書記得大理評事召拜右拾遺前後上疏論事二十三人難言者必犯顏爭之人士翕然稱重會徐商罷相鎮江陵以徽舊僚欲加奏辟而不敢言徽探知其旨即席言曰僕在進士中荷公重顧公佩印臨戎下官安得不從商喜甚奏授殿中侍御史賜緋荆南節度判官高湜時持憲綱奏爲侍御史知雜兼職方員外郎轉考功員外時考籍上中下字朱書吏緣爲姦多有揩改徽白僕射請以墨書遂絶姦吏之弊宰相蕭倣以徽明於吏術尤重之乾封初遷司封郎中長安縣令學士闕人倣用徽爲翰林學士改職方郎中知制誥正拜中書舍人延英中謝面賜金紫遷戶部侍郎學士承旨改兵部侍郎尚書左丞學士承旨如故廣明元年十二月三日改戶部侍郎同平章事是日黃巢入潼關其夜僖宗出幸徽與同列崔沆豆盧瑑僕射于琮至曙方知車駕出幸遂相奔馳赴行在徽夜落荆榛中墜於崖谷爲賊所得迫還京師將授之僞命徽示以足折口瘖雖白刃環之終無懼色賊令輿歸第命醫工視之月餘守視者稍怠徽乃雜於負販竄之河中遣人間道奉絹表入蜀天子嘉之詔授光祿大夫守兵部尚書將赴行在尋詔徽以本官充東面宣慰催陣使時王鐸都統行營兵馬在河中累年未能破賊徽與行營都監楊復光謀赦沙陀三部落令赴難其年夏代北軍至決戰累捷收復京師以功加尚書左僕射光啓中潞州軍亂殺其帥成麟以兵部侍郎鄭昌圖權知昭義軍事時孟方立割據山東三州別爲一鎮上黨支郡唯澤州耳而軍中之人多附方立昌圖不能制宰相奏請以重臣鎮之乃授徽檢校尚書左

僕射同平章事潞州大都督府長史澤潞邢洺磁觀察等使時鑾輅未還關東聚盜而河東李克用與孟方立方爭澤潞以朝廷兵力必不能加上表訴之曰臣聞量才授任本切於安人奉上推忠莫先於體國臣早逢昌運備歷華資止伎竭誠幸無躁迹六年內置雖叨侍從之榮一日台司未展匡扶之志敢忘急病用副憂勤況重鎮兵符元戎相印特膺寵寄出自宸衷豈合憚勞更陳衷欵但以鄭昌圖主留累月將結深根孟方立專據三州轉成積釁招其外則潞人胥怨撫其內則邢將益疑禍方熾於旣焚計奈何於已失須觀勝負乃決安危欲遵命而勇行則褒與百慮思奉身而先退則事體兩全伏乞聖慈博求廷議擇其可付理在從長免微臣負懷寵之議使上黨破必爭之勢觸藩知難庶無愧於前言報國圖功豈無伸於此日天子乃以昌圖鎮之以徽爲諸道租庸供軍等使餘官如故時京師收復之後宮寺焚燒園陵毀廢故車駕久而未還乃以徽爲大明宮留守京畿安撫制置修奉園陵等使徽方治財賦又兼制置王畿之人大半流喪乃招合遺散撫之如子數年之閒版戶稍葺東內齋閣繕完有序徽拜表請車駕還京曰昨者狂寇將逃延災方甚而端門鳳時鎮福地而獨存王氣龍盤鬱祥烟而不散足表宗祧降祉臨御非遙今雖初議修崇未全壯麗式示卑宮之儉更凝馭道之尊且肅宗纔見捷書便離岐下德宗雖當盛暑不駐漢中故事具存昌期難緩願迴鑾輅早復京師臣謬以散材叨膺重寄閉閤深念拜章累陳審時事之安危繫廟謀之得失臣雖隨宜制置竭力撫綏如或鑾駕未迴必恐人心復散縱成微効終負殊私勢有必然理宜過慮以茲淹駐轉失機宜實希永挂宸聰亟還清蹕帝深嘉納進位檢校司空御史大夫權知京兆尹事中外權臣遣人治第京師因其亂後多侵犯居人百姓告訴相繼徽不避權豪平之以法由是殘民安業而權幸側目惡其強乃以其黨薛杞爲少尹知府事杞方居父喪徽執奏不令入府權臣愈怒奏罷徽使務以本官徽赴行在尋授太子少師移疾退居蒲州滿十旬請罷僖宗還宮復授太子少師疾未任朝謁宰相以徽怨望奏貶集州刺史徽乃輿疾赴貶所不旬日沙陀逼京師僖宗出幸寶雞而軍容田令孜得咎天子以徽無罪召拜吏部尚書封瑯邪郡侯食邑千戶徽將赴行在而襄王僭僞邠岐兵士追逼乘輿天子幸漢中徽不能進李煴僞制至河中府召徽赴闕徽託以風疾不能步履煴將僭號逼內外臣寮署誓狀徽稱臂緩不能秉筆竟不署名朱玫旣誅天子自褒中還至鳳翔召徽拜御史大夫車駕還宮徽上章以足膝風痺不任朝拜乞除散秩復授太子少師及便殿中謝昭宗顧瞻進對曰王徽神氣尚强安可自便乃改授吏部尚書大亂之後銓選失緒吏爲姦蠹有重疊補擬者徽從初注授便置手曆一一檢覈人無擁滯內外稱之進位檢校司空守尚書左僕射大順元年十二月卒贈太尉謚曰貞子三人憺㮀松

史臣曰議兵之難古無百勝蓋以行權制變法斷在於臨機出奇無窮聲實懸於中的昔晉國之平孫皓賈公閭堅沮渡江吳人欲拒曹瞞張輔吳終慙失策彼之賢俊未免悔尤況盧子昇平代書生素迷軍志只保高駢之平昔不料高駢之苞藏以至力困黃巢毒流赤縣絕吭仰藥何所補焉台文氣激壯圖志擴宿憤慷慨誓衆叱咤臨戎竟扼賊喉以康天步謂之不武斯焉取斯崔趙以鼎職奉親天倫並達積慶垂裕播美士林徽志吐盜泉脫身虎口功名不墜君子多之

贊曰武以伸威謀以制敵何必臨戎陳師衽席高駢玩寇盧攜保姦聖斷一悞崎嶇劒山

舊唐書卷一百七十八考證

趙光裔傳季述廢立之後光胤歸洛○臣酉按光逢傳光逢移疾退居洛陽光胤傳並無歸洛之事此處胤字當是逢字之訛今改正

張裼傳其年冬檢校吏部尚書鄆州刺史天平軍節度使○沈炳震曰按本紀四年三月黃巢陷鄆州殺節度使薛崇則三年冬不應除天平也且本紀裼拜天平又在二年七月皆誤

李蔚傳拜太常卿尋以本官同平章事加中書侍郎與盧攜鄭畋同輔政○沈炳震曰此數句疑當在下文乾符四年上

乾符三年受代○沈炳震曰案蔚咸通十四年遷吏部尚書乾符三年入相此云淮南受代誤

四年復爲吏部尚書尋遷檢校司空東都留守東畿汝都防禦使○沈炳震曰四年當作五年按懿宗紀咸通九年蔚以吏部侍郎出爲宣武軍節度使十一年徙鎮淮南非十四年也僖宗紀乾符二年爲太常卿三年以本官同平章事五年罷爲東都留守蔚相僖宗非懿宗傳平章事文在宣武節度使上誤

# 舊唐書卷一百七十九

後晉司空同中書門下平章事劉　昫撰

## 列傳第一百二十九

蕭遘　孔緯　韋昭度　崔昭緯　張濬

朱朴　鄭綮　劉崇望兄崇龜弟崇魯崇謨

徐彥若　陸扆　柳璨

蕭遘蘭陵人開元朝宰相太師徐國公嵩之四代孫嵩生衡衡生復德宗朝宰相復生湛湛生寘咸通中宰相寘生遘以咸通五年登進士第釋褐祕書省校書郎太原從事入朝爲右拾遺再遷起居舍人與韋保衡同年登進士第保衡以幸進無藝同年門生皆薄之遘形神秀偉志操不羣自比李德裕同年皆戲呼太尉保衡心銜之及保衡作相掎遘之失貶爲播州司馬途經三峽維舟月夜賦詩自悼慮保衡見害遽有神人謂之曰相公勿憂予當禦侮奉衛遘心異之過峽州經白帝祠即所覩之神人也保衡誅以禮部員外郎徵還轉考功員外郎知制誥乾符初召充翰林學士正拜中書舍人累遷戶部侍郎翰林承旨黃巢犯闕僖宗出幸以供饋不給須近臣掌計改兵部侍郎判度支中和元年三月自褒中幸成都次綿州以本官同平章事加中書侍郎累兼吏部尚書監修國史遘少負大節以經濟爲己任洎處台司風望尤峻奏對朗拔天子器之光啓初王綱不振是時天下諸侯半出羣盜强弱相噬怙衆邀寵國法莫能制有李凝古者從支詳爲徐州從事詳爲衙將時溥所逐而殯佐陷於徐及溥爲節度使因食中毒而惡凝古者譖之云爲支詳報讐行酖溥收凝古殺之凝古父損時爲右常侍溥上章披訴言損與凝古同謀內官田令孜受溥厚賂曲奏請收損下獄中丞盧渥附令孜鍛鍊其獄侍御史王華嫉惡堅執奏證損無罪令孜怒奏移損付神策獄按問王華拒不奉詔奏曰李損位居近侍當死即死安可取辱於黃門之手遘非時進狀請開延英奏曰李凝古行酖之謀其事曖昧已遭屠害今不復論李損父子相別三四年音問斷絕安得誣罔同謀時溥恃勳壞法凌蔑朝廷而抗表請按侍臣悖戾何甚厚誣良善人皆痛心若李損羅織而誅行當便及臣等帝爲之改容損得免止於停任時田令孜專總禁軍公卿寮庶無不候其顏色唯遘以道自處未嘗屈降是年冬令孜奏安邑兩池鹽利請直屬禁軍王重榮上章論列乃奏移重榮別鎮重榮不受令孜請率禁軍討之重榮求援於太原李克用引軍赴之拒戰沙苑禁軍大敗逼京城僖宗蹕出幸鳳翔諸藩上章抗論令孜生事離間方面遘素惡令孜乃與裴澈致書召朱玫玫以邠州之軍五千迎駕仍與河中太原修睦請同匡王室由是諸鎮繼上章請駕還京令孜聞玫軍至迫脅天子幸陳倉時僖宗倉卒出城夜中百官不及扈從玫怒令孜弄權又以天子不諒其忠語辭怨望乃訴于遘曰主上六年奔播百端艱險中原士庶與賊血戰肝腦塗地十室九空比至收復京都十亾七八殘民遺老方喜車駕歸宮主上不念生靈轉輸之勞甲士血戰之效將勤王之功業爲勅使之寵榮而更志在亂邦與國生事召戎結怨不自他人昨奉指蹤徑來奔問不蒙見信翻類脅君古者忠而獲罪正如此也吾等報國之心極矣戰賊之力殫矣安能垂頭疊翼喘喘於閹寺之手哉春秋之義喪君有君相公徐思其宜改圖可也遘曰主上臨御十餘年未聞過行比來喪亂播越失於授任非才近年令孜掣肘動不如意上每言之流涕不已昨去陳倉上無行意令孜陳兵帳下列卒堦前造次迫行不容俟旦靜言此賊罪不容誅至尊之心孰不深鑒足下乃心王室止有歸兵還鎮拜表迎鑾德業功名益光圖史捨此已往理或未安改圖之言未敢聞命玫曰李家王子極多有天下者豈一王哉遘曰廢立危事雖有伊尹霍光之賢尚貽後悔古人云勿爲福始勿爲禍先如公矢謀未見其利玫退而宣言曰我冊箇王子爲主不從者斬及立襄王請遘爲冊文遘曰少嬰衰疾文思減落比來禁署未免倩人請命能者竟不措筆乃命鄭昌圖爲之玫敗不悅及還長安以昌圖代遘爲相署遘太子太保乃移疾滿百日退居河中之永樂縣遘在相位五年累兼尚書右僕射進封楚國公僖宗再還京宰相孔緯與遘不協以其受僞命奏貶官尋賜死於永樂咸通中王鐸掌貢籍遘與韋保衡俱以進士中選而保衡暴貴與鐸同在中書及僖宗在蜀遘又與鐸並居相位帝嘗召宰臣鐸年高昇階足跌蹈匀陳中遘旁掖起帝目之喜曰輔弼之臣和予之幸也謂遘曰適見卿扶王鐸子喜卿善事長矣遘對曰臣扶王鐸不獨司長臣應舉歲鐸爲主司以臣中選門生也上笑曰王鐸選進士朕選宰相於卿無負矣遘謝之而退遘爲大臣士行無缺逢時不幸爲僞煴所汚不以令終人士惜之弟遽時爲永樂令

孔緯字化文魯曲阜人宣尼之裔曾祖岑父位終祕書省著作佐郎諫議大夫巢父兄也祖戣位終禮部尚書

自有傳父遵孺終華陰縣丞緯少孤依諸父温裕温業皆居方鎮與名公交故緯聲藉早達大中十三年進士擢第釋褐秘書省校書郎崔慎由鎮梓州辟爲從事又從崔鉉爲揚州支使得協律郎崔慎由鎮華州河中緯皆從之歷觀察判官宰相楊收奏授長安尉直弘文館御史中丞王鐸奏爲監察御史轉禮部員外郎宰相徐商奏兼集賢直學士改考功員外郎丁內憂免服闋以右司員外郎入朝宰臣趙隱嘉其能文薦爲翰林學士轉考功郎中知制誥賜緋正拜中書舍人累遷戶部侍郎謝日面賜金紫之服乾符中罷學士出爲御史中丞緯器志方雅嫉惡如讐既總憲綱中外不繩而自肅歷戶部兵部吏部三侍郎居選曹動循格令權要有所託私書盈几不之省執政怒之改太常卿黄巢之亂從僖宗幸蜀改刑部尚書判戶部事宰臣蕭遘在翰林時與緯情旨不協至是因戶部取給不充移之散秩改太子少保光啓元年從駕還京是時田令孜軍敗沙陀逼京師帝移幸鳳翔邠帥朱玫引兵來迎駕令孜挾帝幸山南時中夜出幸百官不及扈從而隨駕者黄門衛士數百人而已帝駐寶雞候百官詔授緯御史大夫遣中使傳詔令緯率百寮赴行在時京師急變從駕官屬至盩厔並爲亂兵所剽資裝殆盡緯承命見宰相論事蕭遘裴澈以田令孜在帝左右意不欲行辭疾不見緯緯遣臺吏促百官上路皆以袍笏不具爲詞緯無如之何乃召三院御史謂之曰吾輩世荷國恩身居憲秩雖六飛奔迫而咫尺天顔累詔追徵皆無承禀非臣子之義也凡布衣交舊緩急猶相救卹况在君親策名委質安可背也言竟泣下三院曰夫豈不懷但盩厔剽剥之餘乞食不給今若首途聊營一日之費俟信宿繼行可也緯拂衣起曰吾妻危疾旦不保夕丈夫豈以妻子之故怠君父之急乎公輩善自爲謀吾行決矣即日見李昌符告曰主上再有詔命令促百寮前進覲羣公立意未有發期僕忝憲闈不宜居後道途多梗明公幸假五十騎送至陳倉昌符嘉之謂緯曰路無頓遞裹糧辦耶乃送錢五十緡令騎士援緯達散關緯知朱玫必蓄異志奏曰關城小邑不足以駐六師請速幸梁州翌日車駕離陳倉纔入關而邠岐之兵圍寶雞攻散關徼緯之言幾危矣至褒中改兵部侍郎同中書門下平章事尋改中書侍郎集賢殿大學士王行瑜斬朱玫平定京城還門下侍郎監修國史從駕還京駐蹕岐陽進階特進兼吏部尚書領諸道鹽鐵轉運使車駕還宫進位左僕射賜持危啓運保乂功臣食邑四千戶食實封二百戶賜鐵券恕十死罪賜天興縣莊善和里宅各一區兼領京畿營田使僖宗晏駕充山陵使僖宗祔廟緯準故事不入朝昭宗遣中使召赴延英令緯依舊視事進加司空以國學盗火所焚令緯完葺仍兼領國子祭酒蔡賊秦宗權伏誅進階開府儀同三司進位司徒封魯國公十一月昭宗謁郊廟兩中尉內樞密請朝服所司申前例中貴人無例朝服助祭之禮少府監亦無素製冠服中尉怒立令製造下太常禮院禮官舉故事亦稱無中尉朝服助祭之文諫官亦論之緯奏曰中貴不衣朝服助祭國典也陛下欲以權道寵內臣則請依所兼之官而爲之服天子召諫官謂之曰大禮日近無宜立異爲朕容之於是內官以朝服助祭郊禮畢進位兼太保大順元年夏幽州汴州請討太原宰臣張濬請自率禁軍爲招討上持疑未決問計於緯緯以討之爲便語在濬傳其年秋濬軍爲太原所擊大敗而還濬罷相貶官緯坐附濬以檢校太保江陵尹荆南節度觀察等使未離闕下再貶均州刺史緯濬密遣人求援於汴州朱全忠上章論救緯至商州有詔俾令就便遂寓居華州乾寧二年五月三鎮入京師殺宰相韋昭度李谿帝以大臣朋黨外交方鎮思用骨鯁正人遣中使趨華州召緯入朝以疾未任上路六月授太子賓客其日之夕改吏部尚書翌日拜司空兼門下侍郎同平章事太清宫使修奉太廟弘文館大學士延資庫使階爵功臣名食邑並如故旬日之內驛騎敦促相望于路扶疾至京師延英中謝奏曰臣前時待罪宰相智術短淺有負弼諧陛下特貸刑書曲全腰領臣期於死報泉壤不望生叩玉階復拜龍顔實臣榮幸然臣比嬰衰疾伏枕累年形骸雖存生意都盡平居勉强御事猶疎况比厎羸寧勝重委國祚方泰英彦盈庭豈以朽腐之人再塵機務臣力疾一拜殿庭乞陛下許臣自便因鳴咽流涕緯久疾拜蹈艱難上令中使止之改容軫念令閤門使送緯中書視事不旬日沙陀次河中同州王行約入京師謀亂天子出幸石門緯從駕至莎城疾漸危篤先還京城九月卒於光德里第贈太尉緯家尚節義挺然不屈雖權勢燻灼未嘗假以恩禮大順初天武都頭李順節恃恩頗横不期年領浙西節度使俄加平章事謝日臺吏申中書稱天武相公衙謝準例班見百寮緯判曰不用立班順節蠱暴小人不閑朝法盛飾趨中書既見無班心甚怏怏他日因會順節微言之緯曰必知公慊也夫百辟卿士天子庭臣也比來班見宰相以輔臣居班列之首奉長之義也公握天武健兒而於政事廳受百寮班見意自安乎必若須此儀俟去都頭二字可也順節不敢復言其秉禮不回多此類也孔氏自元和後昆仲貴盛至正卿方鎮者六七人未有爲宰輔者至緯始在鼎司子崇弼亦登進士第仕至散騎常侍

韋昭度字正紀京兆人祖縃父逢昭度咸通八年進士擢第乾符中累遷尚書郎知制誥正拜中書舍人從僖宗幸蜀拜戶部侍郎中和元年權知禮部貢舉明年以本官同平章事兼吏部尚書昭宗即位閬州刺史王建攻陳敬瑄於成都隔絶貢奉乃以昭度檢校司空同平章事成都尹劍南西川節度招撫宣慰等使昭度赴鎮敬瑄不受代詔東川顧彦朗與王建合勢討之昭度爲行營招討卒歲止拔漢州王建謂昭度曰相公勞師弊衆遠事蠻夷訪聞京洛以東羣侯相噬禍難未已朝廷不治腹心之疾也相公宜亟還京師咨謀匡合平定兩河國家之利也敬瑄小醜以日月制之擒之必矣此事責建可辦昭度然之奏請還都昭度未及京師建以重兵守劍門急攻成都下之殺敬瑄自稱留後昭度還以檢校司空充東都留守召還爲右僕射景福二年冬宰相杜讓能爲鳳翔所殺復委昭度知政事與李谿並命時宰相崔昭緯專政惡李谿之爲人降制日令知制誥劉崇魯哭麻以沮之谿上表論列天子待谿益厚明年春復命谿同平章事昭緯不勝其忿先是邠州王行瑜求爲尚書令昭度奏議云國朝已來功如郭子儀未省曾兼此官乃賜號尚父崔昭緯宗人鋋曾爲行瑜從事朝廷每降制勑不便於昭緯者即令鋋訴於行瑜俾上章論列朝旨小有依違即表章不遜至是李谿入拜昭緯謂鋋曰前時尚父之命已行而昭度沮之今又引谿同列此人姦纖惑上視聽宗社不寧恐復有杜太尉之事行瑜與李茂貞上章言命相非其人懼危宗社天子優詔曉諭言谿有才其年五月行瑜茂貞華州韓建以兵入覲面奏昭度李谿之姦邪請加譴逐制勑未行三鎮兵害昭度於都亭驛及行瑜誅降制復其官爵令其家收葬

崔昭緯清河人也祖庇滑州酸棗縣尉父璙鄂州觀察使昭緯進士及第昭宗朝歷中書舍人翰林學士戶部侍郎同平章事性姦纖忌前達內結中人外連藩閫屬朝廷微弱每託援以凌人主昭宗明察心不能堪以誘召三鎮將兵詣闕賊殺宰輔內臣帝深切齒會太原之師誅行瑜罷相授右僕射後又以託附汴州再貶梧州司馬尋降制曰崔昭緯頃居內署粗著微勞擢於侍從之司委以燮調之任不能忠貞報國端慎處身潛交結於姦臣致漏泄於機事星霜累換匡輔蔑聞爾罪一也又快其私忿輒恣陰謀託崔鋋之險巇連行瑜之計畫遂致稱兵向闕怙衆脅君故宰臣韋昭度李谿並以無辜見害幾危宗社顯辱君親爾罪二也及行瑜敗滅京國甫安而乃自懼欺誣別謀託附又於藩閫潛請薦論不唯苟免罪愆兼亦再希任用貪榮冒寵借濫無厭敗俗傷風賢愚共鄙爾罪三也又將厚賂欲結諸王輕侮我憲章玷瀆我骨肉貨財之數文字具存賴諸王作朕腹心嫉其蠹害盡將昭緯情欵兼其親吏姓名直具奏聞拒其求託昭緯曾居宰輔久歷清崇但欲逞其回邪都不顧其事體觀其識見實駭聽聞爾罪四也自姦邪既露情狀難容尚示寬刑未行嚴憲投于荒裔冀其自新而不能退省過尤恭承制命逑赴貶所用守常規而猶自務宴安尋聞所在留駐攪擾藩鎮侮慢朝章曾無稟畏之心可驗苞藏之計罔知僁咎唯謗朝廷爾罪五也朕以恩澤者帝王之雨露刑法者邦國之雷霆無雨露則庶物不榮無雷霆則萬邦不肅朕體天道以化育遵王度以澄清罪既昭彰理難含垢凡百多士宜體予懷宜所在賜自盡時昭緯行次至荆南中使至斬之兄昭符仕至禮部尚書昭愿太子少保昭矩給事中昭遠考功員外郎

張濬字禹川河間人祖仲素位至中書舍人父鐐官卑家寓州濬倜儻不羈涉獵文史好大言爲士友之所擯弃初從鄉賦隨計咸薄其爲人濬憤憤不得志乃田衣野服隱於金鳳山學鬼谷縱横之術欲以捭闔取貴仕乾符中樞密使楊復恭因使過之自處士薦爲太常博士累轉度支員外郎黄巢將逼闕輔濬託疾請告侍其母挈族避亂商州賊犯京師僖宗出幸途無供頓衛軍不得食漢陰令李康獻糗餌數百騾綱軍士始得食僖宗召康問曰卿爲縣令安操心及此康對曰臣爲塵吏敢有此進獻張濬員外教臣也帝異之急召至行在拜兵部郎中未幾拜諫議大夫其年冬宰相王鐸至滑臺兼充天下行營都統方徵兵諸侯奏用濬爲都統判官時王敬武初破弘霸郎軍威大振累詔徵平盧兵敬武獨不赴援鐸遣濬往說之敬武已受僞命復怙强不迎詔使濬至謁見責之曰公爲天子守藩王臣齎詔宣諭而侮慢詔使既未識君臣禮分復何顔以御軍民哉敬

武愕然謝咎既宣詔軍士按兵默然濬並召將佐集於鞫場而論之曰人生效忠仗義所冀粗分順逆懸知利害黃巢前日販鹽虜耳公等捨累葉天子而臣販鹽白丁何利害之可論耶令諸侯勤王天下響應公等獨據一州坐觀成敗賊平之後去就何安若能此際排難解紛陳師鞫旅共誅寇盜迎奉鑾輿則富貴功名指掌可取吾惜公輩捨安而即危也諸將改容引過謂敬武曰諫議之言是也即時出軍從濬入援京師賊平累遷戶部侍郎僖宗再幸山南拜平章事判度支濬初發迹依楊復恭及復恭失勢乃依田令孜以至重位而反薄復恭及再幸山南復恭代令孜為中尉罷濬知政事昭宗初在藩邸深嫉宦官復恭有援立大勳恃恩任事上心不平之當時趨向者多言濬有方畧能畫大計復用為宰相判度支上嘗問濬致理何事最急對曰莫若強兵兵強而天下服上繇是專務蒐補兵甲欲以武功勝天下後延英論前代為治得失濬曰不必遠徵漢晉之弊臣竊見陛下春秋鼎盛英睿如此內外偪於強臣臣每思之實痛心而泣血也會朱全忠誅秦宗權安居受殺李克恭以潞州降全忠幽州李匡威雲州赫連鐸等奏請出軍討太原詔四品以上官議皆言國祚未安不宜生事假如得太原亦非國家所有濬議曰先帝頻至播越王室不寧原其亂階由克用全忠之矛盾也請因其奏乘全忠立功可斷兩雄之勢上曰收復之功克用第一今乘其危困而加兵諸侯其謂我何濬懇論用兵之利害蓋欲示外勢而擒復恭也上旨未決宰臣孔緯曰張濬所陳萬代之利也陛下所惜即日之利也以臣所料師渡河而賊必自破昨計度軍中轉餉犒勞一二年間必無闕事陛下斷意行之既二相俱論乃以濬為河東行營兵馬都招討宣慰使以京兆尹孫揆副之仍授揆昭義節度使華州韓建為供軍使朱全忠為太原西南面招討使李匡威赫連鐸為東北面招討使全忠以汴軍三千為濬牙隊大順元年六月濬率軍五十二都兼邠寧鄜夏雜虜共五萬人騎發自京師昭宗御安喜樓臨送濬酒酣泣奏曰陛下動為賊臣掣肘臣所以誓死憤惋為陛下除其僭偪楊復恭聞之不悅中尉內使餞於長樂復恭奉卮酒屬濬濬辭曰聖人賜酒已醉矣復恭戲曰相公握禁兵擁大旆獨當一面不領復恭意作面子耶濬笑曰賊平之後方見面子復恭銜之時汴華邠岐之師渡河會濬於晉州汴將朱崇節權知潞州事太原將李存孝攻之濬慮賊平汴人據昭義乃令孫揆分兵赴鎮中使韓歸範送旌節至軍八月揆與歸範赴潞州至潞並為存孝擒送太原九月汴將葛從周弃潞州十月濬軍至陰地邠岐華三鎮之師營平陽李存孝擊之一戰而敗委兵仗潰散進攻晉州數日中夜濬斂衆遁走比曙喪師殆半存孝進收晉絳磁隰等州濬狼狽由含山踰王屋出清河折屋木縛筏濟河部下離散將盡李克用上章論訴曰晉州長寧關使張承暉於當道錄到張濬牓并詔曰張濬充招討制置使令率師討臣兼削臣屬籍官爵者臣誠冤誠憤頓首頓首伏以宰臣張濬欺天蔽日廊廟不容讒臣於君奪臣之位憑燕帥妄奏與汴賊結恩矯託皇威擅宣王命徵集師旅撓亂乾坤悞陛下中興之謀貪黔黎重傷之困臣實何罪而陛下伐之此則宰臣持權面欺陛下況臣父子三代受恩四朝破徐方救荆楚收鳳闕碎梟巢致陛下今日冠通天之冠佩白玉之璽臣之屬籍懿皇所賜臣之師律先帝所命臣無逆節濬討何名陛下若厭逐功臣欲用文吏自可遷臣封邑以侯就第奈何加諸其罪孰肎無詞若以臣雲中之伐獲罪於時則拓拔思恭取鄜延朱全忠侵徐鄆陛下何不討之假令李孝德不忠於主伐之為是則朱瑄時溥有何罪耶此乃同坐而異名賞彼而誅此使天下藩服強者扼腕弱者自動流言竊議為臣怨嗟固非中興之術也且陛下阽危之秋則獎臣為韓彭伊霍既安之後罵臣曰戎羯蕃夷海內握兵立事如臣者衆矣寧不懼陛下他時之罵哉臣昨遇燕軍以禮退舍匡威淩昧厚自矜誇乃言臣中矢石覆士卒致內外吠聲一發短謀競陳悞陛下君臣之分況命官選將自有典刑不必幸臣之弱而後取之儻臣延期挺命尚固一方彼實何顏以見陛下此則姦邪朋黨輕弄邦典陛下凝旒端扆何由知之今張濬既以出軍徵臣固難束手臣便欲叫閽輕騎面叩玉階訴邪佞於陛下之彤墀納詔命於先皇之宗廟然後束身司敗甘處憲章時克用令所擒中使奉表表至而濬敗朝廷聳震制曰漢武因恭儉富庶之後建置朔方孫弘沮之十不得一而良史以弘有宰相體者誠以愛人治國為先拓境開疆為末及孝宣值雄才削平之餘將議北征魏相爭之五將寧罷果致中興號為賢輔況朕承天厭兵戈之後人思休息之時敢望皐夔共成堯日庶幾孫魏粗及漢年苟易於斯如何倚注光祿大夫門下侍郎兼戶部尚書同中書門下平章事上柱國清河郡開國伯食邑一千二百戶充河東行營諸道兵馬招討制置等使張濬早以盛名稱為奇士繇是再加徵用委以鈞衡謂其必致小康克勝大任而乃罔思守道但欲邀功用不詭之詞謀起無名之兵革自云一舉止在旬時堅請抗論勢莫能奪輕葛亮渭濱之役小裴度淮右之行經歷寒暄耗費百萬虛誕彰于朝野詐詭布於華夷横草茂聞燎原愈急俾擁旄乘驛之使囚在虜庭勤王奉國之軍懷歸本土忘廊廟之威重結藩屏之仇讎欲使海內生靈竭其貢賦不獨河中郡邑蕩為丘墟潛生厲階欲誰歸咎於戲徵晁錯之故事思王恢之舊章國有明文爾當何逭尚以愛人以禮理體宜然廉鎮劇權武昌善地宜罷樞軸之務仍停支度之司勉自思惟以逃後命可檢校戶部尚書鄂州刺史武昌軍節度觀察等使尋貶連州刺史馳驛發遣行至藍田關不行留華州依韓建時朝廷微弱竟不能詰乾寧二年三鎮殺韋昭度帝召孔緯欲大用亦以濬為兵部尚書又領天下租庸使三年天子幸華州罷濬使務守尚書右僕射上疏乞致仕授左僕射致仕乃還洛陽居於長水縣別墅濬雖退居山墅朝廷或有得失必章疏上言德王廢立之際濬致書諸藩請匡復王師範青州起兵欲取濬為謀主事雖不果其迹頗泄朱全忠將圖纂代懼濬搆亂四方不欲顯誅密諷張全義令圖之乃令牙將楊麟率健卒五十人有如劫盜圍其墅而殺之天復三年十二月晦夜也永寧縣吏葉彥者張氏待之素厚楊麟之來彥知之告濬第二子格曰相公之禍不可免郎君宜自為謀格濬父子號咷而已濬謂格曰留則併命去或可免汝自圖之勿以吾為累冀存後祀也格拜辭而去葉彥率義士三十人送渡漢江而旋格由荆江上峽入蜀王建僭號用為宰相中興平蜀任圜擕格而還格感葉彥之惠訪之身已歿而厚報其家濬第三子寘於楊行密自乾寧之後賊臣內侮王室寖微昭宗不堪淩弱欲簡拔奇材以為相然採於羣小之論未嘗獲一名人登用之徒無不為時嗤誚

朱朴者乾寧中為國子博士腐儒木強無他才伎道士許巖士出入禁中嘗依朴為姦利從容上前薦朴有經濟才昭宗召見對以經義甚悅即日拜諫議大夫平章事在中書與名公齒筆札議論動為笑端數月巖士事敗俱為韓建所殺

鄭綮者以進士登第歷監察殿中倉戶二員外金刑右司三郎中家貧求郡出為廬州刺史黃巢自嶺表還經淮南剽掠綮移黃巢文牒請不犯郡界巢笑而從之一郡獨不被寇天子嘉之賜緋魚袋罷郡有錢千緡寄州帑後郡數陷盜不犯鄭使君寄庫錢至楊行密為刺史送所寄於京師還綮綮善為詩多侮劇刺時故落格調時號鄭五歇後體初去廬江與郡人別云唯有兩行公廨淚一時灑向渡頭風滑稽皆此類也王徽為御史大夫奏綮為兵部郎中知臺雜遷給事中賜金紫僖宗自山南還以宰相杜讓能弟弘徽為中書舍人綮以弘徽兄在中書弟不宜同居禁近封還制書天子不報綮即移病休官無幾以左散騎常侍徵還朝政有闕無不上章論列事雖不行喧傳都下執政惡之改國子祭酒物議以綮匡諫而置之散地不可執政懼復用為常侍光化初昭宗還宮庶政未愜綮每形於詩什而嘲之中人或誦其語於上前昭宗見其激訐謂有蘊蓄就常奏班簿側注云鄭綮可禮部侍郎平章事中書胥吏詣其家參謁綮笑而問之曰諸君大悞俾天下人並不識字宰相不及鄭五也胥吏曰出自聖旨特恩來日制下抗其手曰萬一如此笑殺他人明日果制下親賓來賀搔首言曰歇後鄭五作宰相時事可知矣累表遜讓不獲既入視事侃然守道無復詼諧終以物望非宜自求引退三月餘移疾乞骸以太子少保致仕光化二年卒時議以昭宗命台臣濬朴綮三人尤謬季末之妖也

劉崇望字希徒其先代郡人隨元魏孝文帝徙洛陽遂為河南人八代祖隋大理卿坦生政會輔太宗起義晉陽官至戶部尚書封渝國公圖形凌烟閣政會生玄意尚太宗女南平公主歷洪饒八州採訪使玄意生奇位至吏部侍郎奇生愼知仕至獲嘉令愼知生巽仕至東阿令巽生藻位終秘書郎藻生符進士登第咸通中位終蔡州刺史生八子崇龜崇望崇魯崇謩最知名崇龜咸通六年進士擢第累遷起居舍人禮部兵部二員外丁母憂免廣明元年春鄭從讜罷相鎮太原奏崇龜為度支判官檢校吏部郎中御史中丞賜金紫中和三年入朝為兵部郎中拜給事中大順中遷左散騎常侍集賢殿學士判院事改戶部侍郎檢校戶部尚書出為廣州刺史清海軍節度嶺南東道觀察處置等使卒崇望咸通十五年登進士科王凝廉問宣歙辟為轉運巡官戶部侍郎裴坦領鹽鐵辟為參佐崔安潛鎮許昌成都崇望昆仲四人皆在安潛幕下入為長安尉直弘文館遷監察御史右補闕起居郎弘文館學士轉司勳吏部二員外郎崔安潛為吏部尚書崇望判南曹滌除宿弊復清選部田令孜干政藩鎮怨望河中尤甚不修職貢

僖宗在山南，以蒲坂近關，欲其効用，選使諭旨，以崇望爲諫議大夫。旣至，諭以大義，重榮奉詔恭順，誓心匡復，請殺朱玫自贖。使還，上悅，召入翰林充學士，累遷戶部侍郎承旨，轉兵部。在禁署四年。昭宗卽位，拜中書侍郎、同平章事，累兼兵部吏部尚書。大順初，同列張濬畫策討太原，崇望以爲不可，濬果敗。濬黜，崇望代爲門下侍郎、監修國史、判度支。明年，玉山都頭楊守信協楊復恭稱兵闕下，陣于通化門，上陳兵於延喜門。是夜，命崇望守度支庫，明日曉入含光門，未開，門內禁軍列于左右，俟門開卽劫掠兩市。及聞傳呼宰相來，門方啓，崇望駐馬慰諭之曰：「聖上在街東親總戎事，公等禁軍，何不樓前殺賊，立取功名？切不可剽掠街市，圖小利以成惡名也。」將士唯唯，從崇望至長樂門。守信見兵來，卽遁去，軍士呼萬歲。是日庫市獲全，軍人不亂，繫崇望之方畧也。尋加左僕射。時溥與朱全忠爭衡，全忠謀兼徐泗，上表請以重臣鎭徐，乃以崇望守本官，充武寧軍節度使。溥不受代，行至華陰而還，拜太常卿。王重盈死，王珂、王珙爭河中節鉞，朝廷以宰相崔胤爲河中節度使。珂，李克用之子壻也，河東進奏官薛志勤揚言曰：「崔相雖重德，如作鎭河中，代王珂不如光德劉公。於我公事素也。」及三鎭以兵入朝，殺害大臣，以志勤之言，責授崇望昭州司馬。及王行瑜誅，太原上表言崇望無辜放逐，時已至荆南，有詔召還，拜吏部尚書。未至，王溥再知政事，兼吏部尚書，乃改崇望兵部尚書。時西川侵寇，顧彥暉欲併東川，以崇望檢校右僕射、平章事、梓州刺史、劍南東川節度使。未至鎭，召還，復爲兵部尚書。光化二年卒，時年六十二，冊贈司空。崇魯，廣明元年登進士第，鄭從讜奏充太原推官。時兄崇龜爲節度判官，昆仲同居幕府。等轉掌書記。中和二年，入朝拜右拾遺、左補闕。景福初，以水部員外郎知制誥。二年，杜讓能得罪，昭宗復命韋昭度爲相，翰林學士李谿同平章事。崇魯與崔昭緯相善，昭緯恃邠岐之援，讓能旣誅之後，權歸於己。昭宗師李谿爲文，儷居位得寵，則恩顧漸衰，乃私與崇魯謀沮之。及谿宣制之日，出班而哭，謂昭緯曰：「朝廷雖乏賢，不可用纖人爲宰輔。谿比依復恭，重遂居內職。前日杜太尉狼籍，爲朝廷深恥，今則削弱如此，安可更遵覆轍乎！」由是谿命不行。谿自十一月初至歲暮，聯上十表訴寃，其詞詆毀，所不忍聞。明年春，復命谿爲平章事。昭緯召李茂貞、王行瑜、韓建稱兵入朝，殺昭度與谿。其年太原誅王行瑜，昭緯貶官，崇魯坐貶崖州司戶。初，崇龜在外，聞崇魯哭麻，大恚，數日不食，謂所親曰：「吾家兄弟進身有素，未嘗以聲利敗名，吾門不幸生此等兒。」崇謨，中和三年進士及第，乾寧末爲太常少卿、弘文館直學士。

徐彥若，天后朝大理卿有功之裔。曾祖宰，祖陶，父商，三世繼登進士科。商字義聲，大中十三年及第，釋褐秘書省校書郎，累遷侍御史，改禮部員外郎，尋知制誥，轉郎中，召充翰林學士，拜中書舍人、戶部侍郎，判本司事，檢校戶部尚書、襄州刺史、山南東道節度等使，入爲御史大夫。咸通初，加刑部尚書，充諸道鹽鐵轉運使，遷兵部尚書、東莞子，食邑五伯戶。四年，以本官同平章事。六年，罷相，檢校右僕射、江陵尹、荆南節度觀察等使，入爲吏部尚書，累遷太子太保，卒。彥若，咸通十二年進士擢第。乾符末，以尚書郎知制誥，正拜中書舍人。昭宗卽位，遷御史中丞，轉吏部侍郎、檢校戶部尚書，代李茂貞爲鳳翔隴節度使。茂貞不受代，復拜中丞，改兵部侍郎、同平章事，進加中書侍郎，累兼左僕射、監修國史。扈昭宗石門還宮，加開府儀同三司、守司空，進封齊國公、太清宮修奉太廟等使，加弘文館大學士，賜扶危匡國致理功臣名。昭宗自華還宮，進位太保、門下侍郎。時崔胤專權，以彥若在己上，欲事權萃於其門，二年九月，以彥若檢校太尉、同平章事、廣州刺史、清海軍節度、嶺南東道節度等使，卒於鎭。弟彥樞，位至太常少卿。子綰，天祐初歷司勳、兵部二員外，戶部、兵部二郎中。

陸扆字祥文，本名允迪，吳郡人，徙家于陝，今爲陝州人。曾祖澧，位終殿中侍御史。祖師德，淮南觀察支使。父鄯，陝州法曹參軍。扆光啓二年登進士第，其年從僖宗幸興元。九月，宰相韋昭度領鹽鐵，奏爲巡官。明年，宰相孔緯奏直史館，得校書郎。尋丁母憂免。龍紀元年冬，召授藍田尉、直弘文館，遷左拾遺，兼集賢學士。中丞柳玭奏改監察御史。大順二年三月，召充翰林學士，改屯田員外郎，賜緋。景福元年，加祠部郎中、知制誥。二年元日朝賀，面賜金紫之服。五月，拜中書舍人。扆文思敏速，初無思慮，揮翰如飛，文理俱愜，同舍服其能，天子顧待特異。嘗金鑾作賦，命學士和，扆先成，帝覽而嗟挹之，曰：「朕聞貞元時有陸贄、吳通玄兄弟，能作內庭文書，後來絕不相繼，今吾得卿，斯文不墜矣。」乾寧初，轉戶部侍郎。二年，改兵部，進階銀靑光祿大夫、嘉興男，三百戶。三年正月，宣授學士承旨，尋改左丞。其年七月，改戶部侍郎、同平章事。故事，三署除拜，有光署錢以宴舊僚，內署卽無斯例。扆拜輔相之月，送學士光院錢五百貫，特舉新例，內署榮之。八月，加中書侍郎、集賢殿大學士、判戶部事。九月，車王率師送徐彥若赴鳳翔。師之起也，扆堅請曰：「播越之後，國步初集，不宜與近輔交惡，必爲他盜所窺。加以親王統兵，物議騰口，無益於事，秖貽後患。」昭宗已發兵，怒扆沮議，是月十九日，責授硤州刺史。師出果敗，車駕出幸。四年二月，復授扆工部尚書，八月，轉兵部尚書。從昭宗自華還宮，明年正月，復拜中書侍郎、同平章事。光化三年四月，兼戶部尚書，進封吳郡開國公，食邑一千戶。九月，轉門下侍郎、監修國史。天復元年五月，進階特進，兼兵部尚書，加食邑五百戶。車駕自鳳翔還京，赦後諸道告降詔書，獨鳳翔無詔。扆奏曰：「鳳翔近在國門，責其心迹，罪實難容，然比來職貢無虧，朝廷未與之絕，一朝獨無詔命，示人不廣也。」崔胤怒，奏貶扆沂王傅，分司東都，削階至正議大夫。居無何，崔胤誅，復授吏部尚書，階封如故。從昭宗遷洛。其年秋，昭宗遇弑。明年五月，責授濮州司戶，與裴樞、崔遠、獨孤損等被害於滑州白馬驛，時年五十九。子璪，後爲緱氏令。

柳璨，河東人。曾祖子華，祖公器，僕射公綽之再從弟也。父遵。璨少孤貧，好學，僻居林泉，晝則採樵，夜則燃木葉以照書。性謇直，無緣飾。宗人璧、玭貴仕於朝，鄙璨朴鈍，不以諸宗齒之。光化中，登進士第，尤精漢史。魯國顏蕘深重之，蕘爲中書舍人、判史館，引爲直學士。璨以劉子玄所撰史通譏駁經史過當，璨紀子玄之失，別爲十卷，號柳氏釋史，學者伏其優贍。遷左拾遺，公卿朝野託爲牋奏，時譽日洽，以其博奥，目爲柳篋子。昭宗好文，初寵待李谿頗厚，洎谿不得其死，心常惜之，求文士似谿者。或薦璨高才，召見，試以詩什，甚喜，無幾，召爲翰林學士。崔胤得罪前一日，召璨入內殿草制勑。胤死之日旣夕，璨自內出，前騶傳呼相公來，人未見制勑，莫測所以。翌日，對學士，上謂之曰：「朕以柳璨奇特，似可獎任，若令預政事，宜授何官？」承旨張文蔚曰：「陛下拔用賢能，固不拘資級，恩命高下，出自聖懷。若循兩省遷轉，拾遺超等入起居郎，臨大位非宜也。」帝曰：「超至諫議大夫可乎？」文蔚曰：「此命甚愜。」卽以諫議大夫平章事，改中書侍郎。任人之速，古無玆例。同列裴樞、獨孤損、崔遠皆宿素名德，遽與璨同列，意微輕之，璨深蓄怨。昭宗遷洛，諸司內使、宿衛將佐皆朱全忠腹心也，璨皆將迎接之，以恩厚相交結，故當時權任皆歸之。二年五月，西北長星竟天，掃太微、文昌、帝座諸宿。全忠方謀簒代，而妖星謫見，占者云君臣俱災，宜刑殺以應天變。蔣玄暉、張廷範謀殺衣冠宿望難制者，璨卽首疏素所不快者三十餘人，相次誅殺，班行爲之一空，寃聲載路。傷害旣甚，朱全忠心惡之。會全忠授九錫，蔣玄暉等別陳意見，王殷至大梁，誣玄暉等通導宮掖，欲與復李氏，全忠怒，捕廷範，令河南聚衆，五車分裂之，兼誅璨。臨刑呼曰：「負國賊柳璨，死其宜矣！」初，璨遷洛後，累兼戶部尚書、守司空，進階光祿大夫、鹽鐵轉運使。其弟瑀、瑊，坐璨笞死。

史臣曰：嗚呼！李氏之失馭也，孛沴之氣紛如，仁義之徒殆盡，狐鳴鴟嘯，瓦解土崩。帶河礪嶽之門，寂無琨逖；奮挺揭竿之類，唯効敎玄。手未捨於棘矜，心已萌于問鼎。加以囂浮士子，闒茸鯫儒，昧管葛濟時之才，無王謝扶顛之業，邀功射利，陷族喪邦。濬緯養虎於前，胤璨剝廬於後，逐徐薛於瘴海，置縶朴於巖廊。殿廷有哭制之夫，輔弼走破輿之黨。九疇旣紊，百怪斯呈，木將朽而蠹蝎生，厲旣篤而夔魖見。妖徒若此，亾國宜然，何必長星更臨衰運。

贊曰：蕭召朱玫，孔符張濬。身世罹殃，邦家起釁。如木斯蠹，自潰於中。抵巇侮亂，安責伏戎。

舊唐書卷一百七十九考證

張濬傳復用爲宰相○沈炳震曰按紀濬光啓元年正月入相大順元年十二月免新書則三年九月入相大順二年正月免中間無罷而復相文疑誤

# 舊唐書卷一百八十

後晉司空同中書門下平章事劉　昫撰

## 列傳第一百三十

朱克融　李載義　楊志誠

張仲武子直方　張允伸　張公素

李可舉　李全忠子匡威　匡籌

朱克融，賊泚之從孫也。祖滔，父洄。克融少爲幽州軍校，事節度使劉總。總將歸朝，慮其有變，籍軍中素有異志者薦之闕下，時克融亦在籍中。宰相崔植、杜元穎不知兵，且無遠畧，謂兩河無虞，遂奏勒歸鎭。長慶初，幽州軍亂囚其帥張弘靖時洄廢疾於家軍中素伏其謀畧至是衆欲立之洄自以老且病推克融統軍務焉朝廷尋加檢校左散騎常侍授以符節寶曆二年遣使送方鎮及三軍春服克融怒所賜疎弱執中使以聞上特優容別命中使宣諭仍改賜衣物流其使楊文端等先是克融執中使奏稱竊聞陛下欲幸東都請將兵馬并丁匠五千人修理宮闕迎候車駕又上言無衣擬於朝廷請三十萬端疋以備一歲所費不然則三軍不安天子怒其悖慢取宰臣裴度謀優容之語見別卷克融官至檢校司空吳興郡王其年五月本州軍亂殺之子延齡亦遇害次子延嗣竊位尋爲大將李載義所殺

李載義字方穀常山愍王之後代以武力稱繼爲幽州屬郡守載義少孤與鄉曲之不令者遊有勇力善挽强角觝劉濟爲幽州節度使見而偉之致於親軍從征伐以功遷衙前都知兵馬使檢校光祿大夫兼監察御史寶曆中幽師殺朱克融其子延嗣竊襲父位不遵朝旨虐用其人載義遂殺之數其罪以聞敬宗嘉之拜檢校戶部尚書兼御史大夫封武威郡王充幽州盧龍等軍節度副大使知節度事未幾李同捷據滄景以邀襲父爵載義上表請討同捷以自効上嘉其誠懇特加檢校右僕射累破賊軍以功加司空進階金紫大和二年平滄景策勳加平章事仍賜實封三百戶四年契丹寇邊以兵擊走之仍虜其名王就加太保五年春爲其部下楊志誠所逐因入覲上以載義有平滄景之功又能恭順朝旨再拜太保同平章事其年改山南西道節度觀察等使兼興元尹七年遷北都留守兼太原尹充河南節度觀察處置等使尋加開府儀同三司丁母憂起復驃騎大將軍餘如故迴鶻每遣使入朝所至彊暴邊城長吏多務苟安不敢制之以法但嚴兵防守虜益驕悍或突入市肆暴横無所憚至是有迴鶻將軍李暢者曉習中國事知不能以法制馭益驕恣鞭捶驛吏貪求無已載義因召李暢與語曰可汗使將軍朝貢以固舅甥之好不當使將軍暴踐中華今朝廷賚餼至厚所以禮蕃客也苟有不至吏當坐死若將軍之部伍不戢凌侮上國剽掠廬舍載義必殺爲盜者將軍勿以法令可輕而不戒勵之遂罷防守之兵而使兩卒司其門虜知其心爲下無敢犯令九年加侍中開成二年卒年五十贈太尉載義晚年驕恣慘暴一方以楊志誠復爲部下所逐過太原載義躬身毆擊遂欲殺之賴從事救解以免然而擅殺志誠之妻孥及將卒朝廷錄其功屈法不問

楊志誠太和五年爲幽州後院副兵馬使事李載義時朝廷賜載義德政碑文載義延中使擊鞠志誠亦與焉遂於鞠場叫呼謀亂載義奔於易州志誠乃爲本道馬步都知兵馬使文宗聞之驚急召宰臣時牛僧孺先至上謂曰幽州今日之事可奈何僧孺曰此不足煩聖慮臣被召疾趨氣促容臣稍緩息以對上良久曰卿以爲不足憂何也僧孺對曰陛下以范陽得失繫國家休戚耶且自安史之後范陽非國家所有前時劉總向化以土地歸闕朝廷約用錢八十萬貫而未嘗得范陽尺布斗粟上供天府則今日志誠之得猶前日載義之得也陛下但因而撫之亦事之宜也且范陽國家所賴者以其北捍突厥不令南寇今若假志誠節鉞惜其土地必自爲力則爪牙之用固不計於逆順臣固曰不足煩聖慮上大喜曰如卿之言吾洗然矣尋以嘉王運遙領節度以志誠爲節度觀察留後檢校左散騎常侍兼幽州左司馬尋改檢校工部尚書節度副大使知節度事七年轉檢校吏部尚書詔下進奏官徐廸詣中書白宰相曰軍中不識朝廷體位只知自尚書改僕射爲遷何知工部轉吏部爲美且軍士盛飾以待新恩一旦復爲尚書軍中必慚今中使往彼其勢恐不得出及使至其傔奔還奏曰楊志誠怒不得僕射三軍亦有怨言春衣使魏寶義兼他使焦奉鸞尹士恭並爲志誠縶留矣志誠遣將王文穎謝恩并讓官復賜官告批荅文穎不受而歸朝廷納裴度言務以含垢下詔諭之因再遣使加尚書右僕射八年爲三軍所逐而立史元忠元忠進志誠所造衮龍衣二副及被服鞍韉皆繡飾鸞鳳日月之形或爲王字因付御史臺按問流嶺南行至商州殺之初元忠既逐志誠詔以通王淳遙領節度授元忠左散騎常侍幽州大都督府左司馬知府事充節度留後明年轉檢校工部尚書節度副大使知節度事後爲偏將陳行泰所殺

張仲武范陽人也仲武少業左氏春秋擲筆爲薊北雄武軍使會昌初陳行泰殺節度使史元忠權主留後俄而行泰又爲次將張絳所殺令三軍上表請降符節時仲武遣軍吏吳仲舒表請以本軍伐叛上遣宰臣詢其事仲舒曰絳與行泰皆是游客主軍人心不附仲武是軍中舊將張光朝之子年五十餘兼曉儒書老於戎事性抱忠義願歸心闕廷李德裕因奏陳行泰張絳皆令大將上奏邀求節旄所以必不可與今仲武上表布誠先陳密款因而拔用即似有名許之乃授兵馬留後詔撫王紘遙領節度尋改仲武節度副大使知節度事檢校工部尚書幽州大都督府長史兼御史大夫蘭陵郡王俄而迴鶻擾邊時迴鶻有將勒那頡啜擁赤心宰相一族七千帳東逼漁陽仲武遣其弟仲至與裨將游奉寰王如清等率銳兵三萬人大破之前後收其侯王貴族千餘人降三萬人獲牛馬橐駞旗纛罽幕不可勝計遣從事李周瞳牙門將國從玘相次獻捷詔加檢校兵部尚書兼東面招撫迴鶻使先是奚契丹皆有迴鶻監護使督以歲貢且爲漢諜至是遣裨將石公緒等諭意兩部凡戮八百餘人又迴鶻初遣宣門將軍等四十七人詭詞結歡潛伺邊隙仲武使密賂其下盡得陰謀且欲馳入五原驅掠雜虜遂逗遛其使緩彼師期人馬病死竟不遣之迴鶻烏介可汗既敗不敢近邊乃依康居求活盡徙餘種寄託黑車子部仲武由是威加北狄表請於薊北立紀聖功銘勅李德裕爲之文其銘曰大和之初赤氣霄興開成之末彤雲暮凝畢鳥南來胡滅之徵北夷颫掃國土崩逼迫遷徙震我邊鄙長蛇去穴奔鯨失水上都薊門兵連千里曾不畏天猶爲驕子丐我邊穀邀我王師假我一城建彼幡旗歸計强漢郅支嫚辭狠顧朔野伏莽見嬴鴈門之北羌戎雜處戢戢羣羊茫茫大鹵縱其梟騎驚我牧圉暴若豺狼疾如風雨皇赫斯怒羽檄徵兵謀而泉默斷乃霆聲沉機變化動合神明沙漠之外虜無隱情漁陽突騎燕歌壯氣赳赳元戎耽耽虎視金鼓誓衆千旄蔽地爰命其弟屬之大事翩翩飛將董我三軍稟兄之制代帥之勤威略火烈嚮之野蚩尤未縛俾我元侯恢弘遠略終取單于係之胡馬星分戈迴白日劍薄浮雲天街之北旄頭已落絕巖索陰山寢鋒亭徼弢弓萬里昆夷九譯而通蠻夷既同天子之功儒臣篆美刊石垂鴻仲武歷官至司徒中書門下平章事大中年卒謚曰莊子直方以幽州節度副使襲父位動多不法慮爲將卒所圖三年冬託以遊獵奔赴闕庭尋授金吾將軍直方性率暴行豪奪之事以罪累貶柳州司馬十一年遷右驍衞將軍分司東都咸通中位至羽林統軍中和歲賊巢犯闕公卿恃其豪多隱藏於第直方納招亡命謀欲刼巢或有告者由是以兵圍而害之

張允伸字逢昌范陽人也曾祖秀檀州刺史祖巖納降軍使父朝掖贈太尉允伸世仕幽州軍門累職至押衙兼馬步都知兵馬使大中四年戎帥周綝寢疾表允伸爲留後朝廷可其奏加右散騎常侍其年冬詔賜旌節遷檢校工部尚書咸通九年累加至光祿大夫檢校司徒兼同中書門下平章事燕國公十年徐人作亂請以弟允皐領兵伐叛懿宗不允進助軍米五十萬石鹽二萬石詔嘉之賜以錦綵玉帶金銀器等冬又加特進兼侍中十二年以風恙拜章請就醫藥詔許之以子簡會檢校工部尚書充節度副大使十三年允伸再上表進納所賜旌節朝命未至其年正月二十五日卒年八十八再贈太尉謚曰忠烈允伸領鎮凡二十三年克勤克儉比歲豐登邊鄙無虞軍民用乂至今談者美之有子十四人簡員幽府左司馬先允伸卒簡壽右領軍衞大將軍餘或昇朝籍或爲刺史郡佐

張公素范陽人咸通中爲幽州軍校事張允伸累遷至平州刺史允伸卒子簡會權主留後事公素領本郡兵赴焉三軍素畏公素威望簡會知力不能制即時出奔遂立爲帥朝廷尋授旌節累加至中書門下平章事無幾李茂勳奪其位公素歸闕貶復州司戶參軍

李可舉本迴鶻阿布思之族也張仲武破迴鶻可舉父茂勳與本部侯王降焉茂勳善騎射性沉毅仲武器之常遣拓邊以功封郡王賜姓名咸通末納降軍使陳貢言者幽之宿將人所信服茂勳密謀刼而殺之聲云貢言舉兵張公素以兵逆擊不利公素走茂勳入城軍民方知其非貢言也既有其衆遂推而立之朝廷即降符節無幾以疾告老授右僕射致仕表可舉自節度副使幽州左司馬加右散騎常侍爲節度留後中和中累官至檢校太尉中和末以太原李克用兵勢方盛與定州王處存密相締結可舉慮其窺伺山東終爲已患遂遣使搆雲中赫連鐸乘其背則與鎭州合謀舉兵兼言易定是燕趙之餘云得其地則正其疆理而分之時可舉遣將李全忠攻易州有次將劉仁恭者多權數攻之彌月不下乃穴地道以入其城既下易州士卒稍驕王處存引輕軍三千以羊皮蒙之夜伏於城外仍別於間道以騎士伺之燕軍望見謂之羣羊爭趨焉處存乘其無部伍一擊大敗之尋復其城全忠遁歸懼可舉罪之收其餘衆反攻幽州可舉危急收集其族登樓自燔而死

李全忠范陽人廣明中爲棣州司馬有蘆生于室一尺三節心惡之謂別駕張建曰吾室生蘆無乃怪歟建曰蘆茅類得澤而滋公家有茅土之慶殆天意乎其生三節必傳節鉞者三人公勉樹功名無忘斯言全忠秩滿還鄉里事節度使李可舉爲牙將時可舉兵鋒方盛欲與鎭人分易定遣全忠將兵攻之爲定州軍大敗於易

水全忠懼率其餘衆掩攻幽州可舉死三軍推全忠爲留後朝廷因以節鉞授之光啓元年春也全忠卒子匡威自襲父位稱留後匡威素稱豪爽屬遇亂離繕甲燕薊有吞四海之志赫連鐸據雲中屢引匡威與河東爭雲代交兵積年景福初鎭州王鎔誘河東將李存孝克用怒加兵討之時鎔幼童求援於燕匡威親率軍應之二年春河東復出師井陘再乞師匡威來援匡威弟匡籌妻張氏有國色匡威將發家人會別匡威酒酣留張氏報之匡籌私憤忿怒匡威軍至博野匡籌乃據城自爲節度匡威部下聞之亡歸者半匡威退無歸路將入覲京師時匡威留於深州遣判官李抱貞奏章以聞屬京師大亂之後聞匡威來朝市人震恐咸曰金頭王來謀社稷士庶有亡竄山谷者匡威其實不行欲圖鎭州示無留意鎔以匡威再來援已致其失師遣使迎歸府第父事之匡威爲鎔城邪繕甲指陳方畧覦鎔如子每陰謀驟施以悅人心鎭之三軍素忠於王氏惡其所爲會鎔過匡威第慰忌辰匡威縞衣裹甲伏兵刼鎔入牙城鎔兵逆戰燔東偏門軍士呼譟登屋矢下如雨鎔僕墨君和亂中扶鎔登屋免難而斬匡威以徇是歲匡籌出師攻鎭之樂壽武彊以報恥匡威部曲劉仁恭歸於河東乾寧元年冬河東聽仁恭之謀出師進討二月敗燕軍於居庸匡籌挈其族遁去將赴京師至景城爲滄州節度使盧彥威所殺掠其輜車妓妾匡籌妻張氏產於路不能進劉仁恭獲之獻於李克用後立爲夫人嬖寵專房李氏父子三葉十年而亡

史臣曰大都偶國亂之本也故古先哲王建國公侯之封不過千乘所以彊幹弱枝防其悖慢彼幽州者列九圍之一地方千里而遙其民剛彊厥田沃壤遠則慕田光荆卿之義近則染祿山思明之風二百餘年自相崇樹雖朝廷有時命帥而土人多務逐君習苦忘非尾大不掉非一朝一夕之故也若李載義張仲武張允伸因利乘便獲領旌旗以仁守之恭順朝旨亦足多也如朱克融楊志誠史元忠張公素李可舉李全忠以不仁得之靡更曩志或纂奪或僅傳子孫咸非令終蓋其宜也

贊曰碣石之野氣勁人豪二百餘載自相尊高載義仲武亦多忠勞餘因纂得不仁何逃

# 舊唐書卷一百八十一

後晉司空同中書門下平章事劉　昫撰

## 列傳第一百三十一

史憲誠子孝章　何進滔子弘敬　韓允忠子簡
樂彥禎子從訓　羅弘信子威

史憲誠其先出於奚虜今爲靈武建康人祖道德開府儀同三司試太常卿上柱國懷澤郡王父周洛爲魏博軍校事田季安至兵馬大使銀青光祿大夫檢校太子賓客兼御史中丞柱國北海郡王憲誠始以材勇隨父歷軍中右職兼監察御史元和中田弘正討李師道令憲誠以先鋒四千人濟河累下其城柵復以大軍齊進乘勢逐北魏之全師迫于鄆之城下師道窮蹙劉悟斬首投魏軍錄功超授憲誠兼中丞鎭州王承宗死弘正自魏移領鎭州居數月爲王庭湊所殺遂以兵叛朝廷以弘正子布爲魏博節度使領兵討伐俾復父冤時幽州朱克融援助廷湊布不能制因自引決軍情囂然憲誠爲中軍都知兵馬使乘亂以河朔舊事動其人心諸軍卽擁而歸魏共立爲帥國家因而命之時克融廷湊並據兵爲亂憲誠喜得旄節雖外順朝旨而中與朱王爲輔車之勢長慶二年正月也尋遣司門郎中韋文恪宣慰時李㝊爲亂與憲誠書問交通憲誠表請與㝊節鉞仍於黎陽艤舟示欲渡河及見文恪輒止驕倨其言甚悖旋聞㝊爲帳下所殺乃從改過謂文恪曰憲誠蕃人猶狗也唯能識主雖被棒打終不忍離其狡譎如此朝廷每爲優容尋加左僕射敬宗卽位進秩司空大和二年滄景節度使李全畧卒其子同捷竊據軍城表邀符節舉兵伐之先是憲誠與全畧婚媾及同捷叛復潛以糧餉爲助上屢發使申諭尋又就加平章事憲誠嘗遣驍將至闕下恣爲張大宰相韋處厚以語折剉之憲誠不敢復與同捷爲應時憲誠亦出師共討同捷及滄景平加司徒憲誠心不自安乃遣子孝章入覲又飛章願以所管奉命上嘉之乃加侍中移鎭河中憲誠素懷向背不能以忠誠感激其衆未及出城大和三年六月二十六日夜爲軍衆所害冊贈太尉孝章幼聰悟好學元和中李愬爲魏帥取大將子弟列于軍籍孝章倡言願効文職愬奇之令攝府叅軍及憲誠領節鉞改士曹叅軍兼監察御史賜緋孝章以父在鎭多違朝旨嘗雪涕極諫備陳逆順之理朝廷聞而嘉之乃授檢校太子左諭德兼侍御史充節度副使累遷至散騎常侍兼御史大夫賜紫領本道兵同平滄景加工部尚書尋請赴闕文宗慰勞甚厚憲誠亦因懇乞朝覲上知憲誠之入覲自孝章之謀遂加禮部尚書分相衞澶三州別爲一鎭俾孝章領之孝章未到鎭憲誠遇害上以孝章有忠節起復爲右金吾衞將軍間歲授鄜坊節度使居四年遷于滑一歲入爲右領軍大將軍改右金吾大將軍俄授邠寧節度孝章歷三鎭雖無異績而謹身畏法以保初終開成三年十月卒贈右僕射

何進滔靈武人也曾祖孝物祖俊並本州軍校父黙夏州衙前兵馬使檢校太子賓客試太常卿以進滔之貴贈左散騎常侍進滔客寄於魏委質軍門事節度使田弘正弘正奉詔討鄆州破李師道時進滔爲衙內都知兵馬使以功授兼侍御史大和三年軍衆害史憲誠連聲而呼曰得衙內都知兵馬使何端公知留後卽三軍安矣推而立之朝廷因授進滔左散騎常侍魏博等州節度觀察處置等使爲魏帥十餘年大得民情累官至司徒平章事卒子弘敬襲其位朝廷時遣河中帥李執方滄州帥劉約各遣使勸令歸闕別俟朝旨弘敬不從竟就加節制及劉稹反不時起兵鎭州王元逵下邢洺二州兵次上黨弘敬方出師壓境大中後宣宗務其姑息繼加官爵亦至使相咸通初卒子全皞嗣之朝廷尋降符節累官亦至同平章事十一年爲軍人所害子孫相繼四十餘年

韓允忠魏州人也舊名君雄懿宗改賜今名父國昌歷本州右職會昌中從何弘敬破劉稹以功爲貝州刺史兼御史中丞以允忠故累贈兵部尚書允忠少仕軍門繼升裨校潞州之役亦與其行咸通十一年何全皞爲軍衆所殺推允忠爲帥時僖宗爲普王卽降詔遥領節度授允忠左散騎常侍兼御史中丞充節度觀察留後不數月轉檢校工部尚書魏州大都督府長史充魏博節度觀察等使累加至檢校司空同平章事乾符元年十一月卒年六十一累贈太尉子簡自允忠初授戎帥便爲節度副使乾符初累官至檢校工部尚書允忠卒卽起復爲節度觀察留後踰月加檢校右僕射其後累加至侍中封昌黎郡王賊巢之亂諸葛爽受僞命爲河陽節度使時僖宗在蜀寇盜蜂起簡據有六州甲兵彊盛竊懷僭亂之志且欲廓其封疆乃舉兵攻河陽爽棄城而走簡遂留兵保守因北掠邢洺而歸遂移軍攻鄆鄆帥曹全晸出戰爲簡所敗死之鄆將崔君裕收合殘衆保鄆州簡進攻其城半年不下河陽復爲諸葛爽所襲簡因欲先討君裕次及河陽乃舉兵至鄆君裕請降尋移軍復攻河陽行及新鄉爲爽軍逆擊敗之簡單騎奔迴憂憤疽發背而卒時中和元年十一月也

樂彥禎魏州人也父少寂歷澶博貝三州刺史贈工部尚書彥禎少爲本州軍校韓簡之領節旄也以彥禎爲馬步軍都虞候轉博州刺史下河陽走諸葛爽有功遷澶州刺史簡再討河陽之敗也彥禎以一軍先歸魏人遂共立之朝廷尋授檢校工部尚書知魏博留後俄加戶部尚書充節度觀察處置等使中和四年累加至尚書左僕射同平章事僖宗自蜀迴加開府儀同三司再拜司徒彥禎志滿驕大動多不法一旦徵六州之衆板築羅城約河門舊堤周八十里月餘而畢人用怨咨又其子從訓天資悖逆王鐸自滑移鎭滄州過魏郊從訓見其女妓利之先伏兵於漳南高雞泊俟鐸之至圍而害之掠其所有時朝廷微弱不能詰魏人素知鐸名望議者惜之而罪從訓從訓又召亡命之徒五百餘輩出入卧內號爲子將委以腹心軍人籍籍各有異議從訓聞而忌之易服遁出止於近縣彥禎因命爲六州都指揮使未幾又兼相州刺史到任之後般輦軍器取索錢帛使人來往交午塗路軍府疑貳彥禎危懼而卒衆推都將趙文玣知留後事從訓自相州領兵三萬餘人至城下文玣按兵不出衆懷疑懼復害文玣推羅弘信爲帥弘信以兵出戰敗之從訓招集餘衆次於洹水弘信遣將程公佐領兵討擊大敗之梟從訓首於軍門時文德元年春也

羅弘信字德孚魏州貴鄉人曾祖秀祖珍父讓皆爲本州軍校從信少從戎役歷事節度使韓簡樂彥禎光啓末彥禎子從訓忌牙軍出居於外軍衆廢彥禎推趙文玣權主軍州事衆復以爲不便因推弘信爲帥先是有鄉人密謂弘信曰某嘗夜遇一白鬚翁相告云君當爲土地主如是者再三弘信竊異之及廢文玣軍人聚呼曰孰願爲節度使者弘信卽應之曰白鬚翁早以命我衆乃環而視之曰可也由是立之僖宗聞之文德元年四月詔加工部尚書權知節度留後七月復加金紫光祿大夫檢校尚書右僕射充魏博節度觀察處置等使龍紀中加檢校司空同平章事封豫章郡公乾寧中朱全忠急攻兖鄆朱瑄求援於太原太原發軍假道於魏令大將李存信屯莘縣存信御軍無法侵魏之芻牧弘信不平之全忠復遣人謂之曰太原志吞河朔迴戈之日貴道堪憂弘信乃託好於汴出師三萬攻存信敗之太原怒舉兵攻魏營於觀音門外汴將葛從周援之屯

於洹水李克用子落落時爲鐵林軍使爲從周所擒乃退歸自是太原之師每歲侵擾相魏魏人患之朱全忠方事兗鄆羅弘信離貳每歲時賂遺必卑辭厚禮答貺全忠對魏使北面拜而受之曰六兄比予倍年已上兄弟之國安得以常鄰遇之弘信以爲厚己亦推心焉弘信累官至檢校太師守侍中臨清王光化元年九月卒年六十三贈太師追封北平王諡曰莊肅子威威字端己文德初授左散騎常侍充天雄軍節度副使自龍紀至乾寧十年之中累加官爵弘信卒襲父位爲留後朝廷從而命之天復末累加至檢校太傅兼侍中長沙王天祐初授檢校太尉守侍中進封鄴王賜號忠勤宣力致理功臣魏之牙中軍者自至德中田承嗣盜據相魏澶博衞貝等六州召募軍中子弟置之部下遂以爲號皆豐給厚賜不勝驕寵年代寖遠父子相襲親黨膠固其兒戾者彊買豪奪踰法犯令長吏不能禁變易主帥有同兒戲如史憲誠何進滔韓君雄樂彥禎皆爲其所立優獎小不如意則舉族被害威懲其往弊雖以貨賂姑息而心銜之威嗣世之明年正月幽州劉仁恭擁兵十萬謀亂河朔進陷貝州長驅攻魏威求援於汴朱全忠遣將李思安屯於洹水葛從周自邢洺引軍入魏燕將劉守文單可及攻汴軍於內黃思安逆戰大敗之乘勝追躡從周出會掩擊復敗燕軍斬首三萬三年威引汴軍攻滄州以報之自是威感全忠援助之恩合從景附天祐二年七月十三日夜牙軍裨校李公佺作亂威僅以身免公佺出奔滄州自是愈懼遣使求援於全忠密謀破之全忠遣李思安會魏博軍再攻滄州全忠女妻威子廷規先是卒全忠遣長直軍校馬嗣勳選兵千人密於輿中實兵甲入魏言助女葬事三年正月五日嗣勳至全忠親率大軍濟河言視行營於滄景威欲因而出迎至期卽假全忠帳下銳卒入而夾攻之牙軍頗疑堅請不出威恐洩其事慰納之是月十四日夜率厮養百十輩與嗣勳合攻之時宿於牙城者千人遲明殺之殆盡凡八千家皆破其族魏軍攻滄州者在歷亭聞有變其將史仁遇擁之保于高堂六州之內皆爲讐敵累月平之威仕梁數年後卒年三十四位至守太師兼中書令贈尚書令諡曰貞莊威性明敏達於吏道伏膺儒術招納文人聚書至萬卷每花朝月夕與賓佐賦咏甚有情致錢塘人羅隱者有當世詩名自號江東生威遣使賂遺叙其宗姓推爲叔父隱亦集其詩寄之威酷嗜其作目己所爲曰偷江東集凡五卷今鄴中人士諷詠之

史臣曰魏鎭燕三鎭不能制之也久矣兵彊地廣合從連衡爵命雖假於朝廷羣臣自謀於元帥如史憲誠等五家其初皆因此而得之其後亦因此而失之蓋不知取之以權守之以仁則遠矣若善繼者史氏羅氏之二子有焉其餘不足觀也

贊曰逆取順守古亦有之如其逆守滅亡必隨史何韓樂世數盛衰足以爲鑒念玆在玆

舊唐書卷一百八十一考證

韓簡傳時中和元年十一月也○沈炳震曰案本紀在中和三年二月爲部下所殺新書同當從本紀

# 舊唐書卷一百八十二

後晉司空同中書門下平章事劉　昫撰

## 列傳第一百三十二

王重榮子珂　王處存弟處直　諸葛爽

高駢畢師鐸　秦彥　時溥　朱瑄弟瑾

王重榮河中人父縱鹽州刺史咸通中有邊功重榮以父蔭補軍校與兄重盈俱號驍雄名譽軍中廣明初重榮爲河中馬步軍都虞候巢賊據長安蒲帥李都不能拒稱臣於賊賊僞授重榮節度副使河中密邇京師賊徵求無已軍府疲於供億賊使百輩塡委傳舍重榮謂都曰吾以外援未至詭謀附賊以紓難今軍府積實苦被徵求復來收兵是賊危我也儻不改圖危亡必矣請絕橋道嬰城自固都曰吾兵微力寡絕之立見其患唯公圖之願以節鉞假公翌日都歸行在重榮知留後事乃斬賊使求援鄰藩既而賊將朱溫舟師自同州至黃鄴之兵自華陰至數萬攻之重榮戒勵士衆大敗之獲其兵仗軍聲益振朝廷遂授節鉞檢校司空時中和元年夏也俄而忠武監軍楊復光率陳蔡之師萬人與重榮合賊將李祥守華州重榮合勢攻之擒祥以徇俄而朱溫以同州降賊旣失同華狂躁益熾黃巢自率精兵數萬至梁田坡時重榮軍華陰南楊復光在渭北掎角破賊出其不意大敗賊軍獲其將趙璋巢中流矢而退而重榮之師亡耗殆半懼賊復來深憂之謂復光曰軍雖小捷銳旅亡失萬一賊黨復來其將何軍以應吾之成敗未可知也復光曰鴈門李僕射與僕家世事舊其尊人與僕父兄同患難僕射奮不顧身死義知己儻得李鴈門爲援吾事濟矣因遣使傳詔徵兵明年李克用領兵至大敗巢賊收復京城其倡義啟導之功實重榮居首京師平以功檢校太尉同平章事琅邪郡王光啟元年僖宗還京喪亂之後六軍初復國藏虛竭觀軍容使田令孜奏以安邑解縣兩池榷課直屬省司以充贍給舊事河中節度兼榷使每年額輸省課重榮累表論列旣循往例兼恃大功令孜不許奏請移重榮爲定州節度制下不奉詔令孜率禁軍攻之屯于沙苑爲重榮擊敗之十二月令孜挾天子出幸寶雞太原聞之乃與重榮入援京師遣使迎駕還宮令孜尤懼劫幸山南及朱玫立襄王稱制重榮不受命會太原之師於河西以圖興復明年王行瑜殺朱玫僖宗反正重榮之忠力居多重榮用法稍嚴季年尤甚部下常行儒者嘗有所譴罰深銜之光啟三年六月行儒以兵攻府第重榮夜出於城外別墅詰旦爲行儒所害行儒乃推重盈爲帥重盈旣立誅行儒與其黨安集軍民乾寧初重盈卒軍府推行軍司馬王珂爲留後重盈子珙時爲陝帥瑤爲絳州刺史珂卽重榮兄重簡子出繼重榮繇是爭爲蒲帥珙瑤上章論列又與朱溫書云珂非吾兄弟家之蒼頭也小字蟲兒安得繼嗣珂上章云亡父有興復之功遣使求援於太原太原保薦於朝珙厚結王行瑜李茂貞韓建爲援三鎭互相表薦昭宗詔諭之曰吾以太原與重榮有再造之功已俞其奏矣故明年五月茂貞等三人率兵入覲賊害時政請以河中授珙珙瑤連兵攻河中李克用怒出師討三鎭瑤珙兵退克用拔絳州斬瑤乃師於渭北天子以珂爲河中節度授以旄鉞仍充供軍糧料使旣誅王行瑜克用以女妻之珂親至太原太原令李嗣昭將兵助珂攻珙珙每戰頻敗珙性慘刻人有踰犯必斬首置於座前言笑自若部下咸苦之因其削弱皆懷離叛光化二年六月部將李璠殺珙自稱留後光化末朱溫初伏鎭定將圖關輔屬劉季述廢立之際京師俶擾崔胤潛乞師於汴以圖反正溫謂其將張存敬侯言曰王珂恃太原之勢侮慢藩鄰骨肉相殘自大其事爾爲我持一繩以縛之存敬等率兵數萬渡河由含山出其不意天復元年正月兵攻晉絳珂將絳州刺史陶建釗晉州刺史張漢瑜旣無備卽開門降溫令別將何絪守晉州扼其援路二月存敬大軍逼河中珂遣告急於太原晉絳旣當兵衝援師不能進珂妻書告太原曰賊勢攻逼朝夕爲俘囚乞食大梁大人安忍不救克用曰賊阻前途衆寡不敵救則與爾兩亡可與王郎歸朝廷珂計無從出卽謀歸京師又使人告李茂貞曰聖上初返正詔藩鎭無相侵伐同匡王室朱公不顧國家約束卒遣賊臣急攻敝邑則朱公之心可見矣敝邑若亡則同華邠岐非諸君所能保也天子神器拱手而授人矣此自然之勢也公可與華州令公早出精銳固潼關以應敝邑僕自量不武請於公之西偏求爲鎭守此地請公有之關西安危國祚延促繫公此舉也茂貞不荅珂勢蹙將渡河歸京師人情離合時河橋毀圮凌澌鯁塞舟楫難濟珂族艤舟有日珂夜自慰諭守陴者默然無應牙將劉訓夜半至珂寢門珂叱之曰兵欲反耶訓解衣袒臂曰公苟懷疑訓請斷臂珂曰事勢如何計將安出訓曰若夜出整棹待濟人必爭舟苟一夫鳴張其禍莫測不如俟明旦以情諭三軍願從者必半然後登舟赴闕可以前濟不然則召諸將校且爲款狀以緩賊軍徐圖向背策之上也珂然之卽登城謂存敬曰吾於汴王有家世事分公宜退舍俟汴王至吾自聽命存敬卽日退舍三月朱溫自洛陽至先哭於重榮之墓悲不自勝陳辭致祭蒲人聞之感悅珂欲面縛牽羊以見溫報曰太師阿舅之恩何時可忘耶郎君若以亡國之禮相見黃泉其謂我何及珂出迎之於路握手歔欷聯轡而入居半月以存敬守河中珂舉家徙于汴後溫令珂入覲遣人殺之於華州傳舍自重榮初帥河中傳至珂二十年

王處存京兆萬年縣勝業里人世隸神策軍爲京師富族財產數百萬父宗自軍校累至檢校司空金吾大將軍左街使遙領興元節度宗善興利乘時貿易由是富擬王者仕宦因貴而貴侯服玉食僮奴萬指處存起家右軍鎭使累至驍衞將軍左軍巡使乾符六年十月檢校刑部尚書義武軍節度使明年黃巢犯闕僖宗出幸處存號哭累日不俟詔命卽率本軍入援遣二千人間道往山南衞從車駕時李都守河中降賊會王重榮斬僞使通使於處存乃同盟誓師營於渭北時巢賊僭號天下藩鎭多受其僞命唯鄭畋守鳳翔鄭從讜守太原處存王重榮首倡義舉以招太原俄而鄭畋破賊前鋒

王鐸自行在至故請鎮翻然改圖以出勤王之師中和元年四月涇原行軍唐弘夫敗賊將林言尚讓軍乘勝進逼京師處存自渭北親選驍卒五千皆以白繻爲號夜入京城賊已遁去京師故人見處存邀道慟哭歡呼塞路軍人皆釋兵爭據第宅坊市少年多帶白號雜軍翌日賊偵知自灞上復襲京師市人以爲王師歡呼迎之處存爲賊所迫收軍還營賊怒召集兩市丁壯七八萬倂殺之血流成渠處存家在京師世受國恩以賊寇未平鑾輿出狩每言及時事未嘗不喑嗚流涕諸軍義之前後遣使十輩迎李克用既弈世姻好特相款昵洎收京師王鐸第其功勤王舉義處存爲之最收城破賊克用爲之最以功檢校司空後又遣大將張公慶率勁兵三千合諸軍滅賊巢於泰山以功檢校司徒田令孜討王重榮詔處存爲河中節度處存上章申理言重榮無罪有大功於國不宜輕有除改以搖藩鎮之心初幽鎮兩藩兵甲彊盛易定於其間疲於侵寇及匡威得志驕盈恒欲兼并之賴與太原姻好每爲之援處存亦睦鄰以禮優撫軍民折節下士人多歸之以至抗衡列鎮累加侍中檢校太尉乾寧二年九月卒年六十五贈太子太師謚曰忠肅三軍以河朔舊事推其子副大使郜爲留後朝廷從而命之授以旄鉞尋加檢校司空同平章事累至太保光化三年七月汴將張存敬進寇幽州旋入祁溝郜遣馬步都將王處直將兵拒之爲存敬所敗退營沙河汴人進擊營於懷德驛處直之衆奔撓城中大恐十月郜委城攜族奔於太原太原累表授檢校太尉天復初卒於晉陽其弟鄴克用以女妻之歷嵐石洺三州刺史大同軍防禦使天祐中卒處直字允明處存母弟也初爲定州後院軍都知兵馬使汴人入寇處直拒戰不利而退三軍大譟推處直爲帥及郜出奔乃權留後事汴將張存敬攻城梯衝雲合處直登城呼曰敝邑於朝廷未嘗不忠於藩鄰未嘗失禮不虞君之涉吾地何也朱溫遣人報之曰何以附太原而弱鄰道處直報曰吾兄與太原同時立勳王室地又親鄰脩好往來常道也請從此改圖溫許之仍歸罪於孔目吏梁問出絹十萬匹牛酒以犒汴軍存敬脩盟而退溫因表授旄鉞檢校左僕射天祐元年加太保封太原王後仕僞梁授北平王檢校太尉不數歲復於莊宗後十餘年爲其子都廢歸私第尋卒年六十一

諸葛爽青州博昌人役屬縣爲伍伯爲令所笞乃棄役以里謳自給會龐勛之亂乃委身爲徐卒累軍功至小校官軍討徐龐勛勢蹙率百餘人與泗州守將陽羣歸國累授汝州防禦使李琢爲招討使討沙陁於雲州表爽爲副廣明元年賊陷京師詔爽率代北行營兵馬赴難關中爽軍屯櫟陽潼關不守車駕出幸爽乃降賊巢以爽爲河陽節度使巢賊敗復表歸國進位檢校司徒時魏博韓簡軍勢方盛中和元年四月魏人攻河陽大敗爽軍於修武爽棄城遁走簡令大將守河陽乃出師討曹全晸於鄆州十月孟州人復誘爽爽自金商率兵千人復入河陽乃犒勞魏人令趙文玠率之而去十一月爽攻新鄉簡自鄆來逆戰軍於獲嘉西北時簡將引魏人入趙關輔誅除巢孽自有圖王之志三軍屢諫不從偏將樂彥禎因衆心搖說激之牙軍奔歸魏州爽軍乘之簡衆八萬大敗奔騰亂死清水爲之不流明年正月簡爲牙軍所殺爽軍由是大振及巢賊將敗爽復歸國爽雖起羣盜既貴之後善於爲理所至法令澄清人無怨歎人士以此多之光啓二年爽卒帳中將劉經張言以爽子仲方爲孟帥俄而蔡賊孫儒率衆攻之城陷於賊仲方歸於汴儒遂據孟州

高駢字千里幽州人祖崇文元和初功臣封南平王自有傳父承明神策虞候駢家世仕禁軍幼而朗拔好爲文多與儒者遊喜言理道兩軍中貴翕然稱重乃縻之勇爵累歷神策都虞候會党項羌叛令率禁兵萬人戍長武城時諸將禦羌無功唯駢伺隙用兵出無不捷懿宗深嘉之西蕃寇邊移鎮秦州尋授秦州刺史本州經畧使先是李琢爲安南都護貪於貨賄虐賦夷獠人多怨叛遂結蠻軍合勢攻安南陷之自是累年亟命將帥未能收復五年移駢爲安南都護至則匡合五管之兵期年之內招懷溪洞誅其首惡一戰而蠻卒遁去收復交州郡邑又以廣州饋運艱澁駢視其水路自交至廣多有巨石梗途乃購募工徒作法去之由是舟楫無滯安南儲備不乏至今賴之天子嘉其才遷檢校工部尚書鄆州刺史天平軍節度觀察等使治鄆之政民吏歌之南詔蠻寇巂州渡瀘肆掠乃以駢爲成都尹劍南西川節度觀察等使蜀土散惡成都比無垣墉駢乃計每歲完葺之費甃之以塼甓雉堞由是完堅傳檄雲南以兵壓境講信修好不敢入寇進位檢校尚書右僕射江陵尹荆南節度觀察等使乾符四年進位檢校司空潤州刺史鎮海軍節度浙江西道觀察等使進封燕國公時草賊王仙芝陷荆襄宋威率諸道師討逐其衆離散過江表天子以駢前鎮鄆軍民畏服仙芝徒黨鄆人也故授駢京口節鉞以招懷之尋授諸道兵馬都統江淮鹽鐵轉運等使駢令其將張璘梁纘分兵討賊前後累捷降其首領數十人賊南趨嶺表天子嘉之六年冬進位檢校司徒揚州大都督府長史淮南節度副大使知節度事兵馬都統鹽鐵轉運使如故駢至淮南繕完城壘招募軍旅土客之軍七萬乃傳檄徵天下兵威望大振朝廷深倚賴之進位檢校太尉同平章事既而黃巢賊合仙芝殘黨復陷湖南浙西州郡衆號百萬巢據廣州求天平節鉞朝廷議欲以南海節鉞授之宰相盧攜與駢素善以駢前在浙西已立討賊之効今方集諸道之師於淮甸不宜捨賊以弱士心鄭畋議且宜假賊方鎮以紓難二人爭論於朝以言詞不遜由是兩罷之駢方持兵柄聞朝議異同心頗不平之廣明元年夏黃巢之黨自嶺表北趨江淮由採石渡江張璘勒兵天長欲擊之駢怨朝議有不附己者欲賊縱橫河洛令朝廷聳振則從而誅之大將畢師鐸曰妖賊百萬所經鎮戍若蹈無人之境今朝廷所恃者都統破賊要害之地唯江淮爲首彼衆我寡若不據津要以擊之俾北渡長淮何以扼束中原陷覆必矣駢駭然曰君言是也即令出軍有愛將呂用之者以左道媚駢駢頗用其言用之懼師鐸等立功即奪已權從容謂駢曰相公勳業高矣妖賊未殄朝廷已有間言賊若盪平則威望震主功居不賞公安稅駕耶爲公良畫莫若觀釁自求多福駢深然之乃止諸將但握兵保境而已其年冬賊陷河洛中使促駢討賊冠蓋相望駢終逗撓不行既而兩京覆没盧攜死駢大閱軍師欲兼并兩浙爲孫策三分之計天子在蜀亟命出師中和二年五月雉雊於揚州廨舍占者云野鳥入室軍府將空駢心惡之其月盡出兵於東塘結壘而處每日教閱如赴難之勢仍與浙西周寶書請同入援京師寶大喜即點閱將赴之遣人偵之知其非實駢在東塘凡百日復還廣陵蓋禳雉雊之異也僖宗知駢無赴難意乃以宰臣王鐸爲京城四面諸道行營兵馬都統崔安潛副之韋昭度領江淮鹽鐵轉運使增駢階爵使務並停駢既失兵柄又落利權攘袂大詬累上章論列語詞不遜其末章曰臣伏奉詔命令臣自省更勿依違者臣仰天訢地血淚交流如劍戟攢心若湯火在己只如黃巢大寇圖逼天長小城四旬有餘竟至敗走臣散徵諸道兵甲盡出家財賞給而諸道多不發兵財物即爲已有縱然遣使徵得勑旨不許過淮其時黃巢殘兇纔及二萬經過數千里軍鎮盡若無人只如潼關已東止有一徑其爲險固甚於井陘豈有狂寇奔衝畧無阻礙即百二之地固是虛言神策六軍此時安在陛下蒼黃西出內官奔命東來黎庶盡被殺傷衣冠悉遭屠戮今則園陵開毀宗廟荆榛遠近痛傷遐邇嗟怨雖然姦臣未悟陛下猶迷不思宗廟之焚燒不痛園陵之開毀臣之痛也實在於斯此事見之多年不獨知於今日況自萑蒲盜起朝廷徵用至多上至師臣下及裨將以臣所料悉可坐擒用此爲謀安能辦事陛下今用王鐸盡主兵權誠知狂寇必殲梟巢即覆臣讀禮至宣尼射於矍相之圃蓋觀者如堵使子路出延射曰賁軍之將亡國之大夫與爲人後者不入於射也嚴誡如斯圖功也豈宜容易陛下安忍委敗軍之將陷一儒臣崔安潛到處貪殘只如西川可爲驗矣委之副貳詎可平戎況天下兵驕在處僭越豈二儒士能戢彊兵萬一乘釁將何救助願陛下下念黎庶上爲宗祧無使百代有抱恨之臣千古留刮席之恥臣但慮寇生東土劉氏復興即軹道之災豈獨往日乞陛下稍留神慮以安宗社今賢才在野憸人滿朝致陛下爲亡國之君此等計將安出伏乞戮賣官鬻爵之輩徵鯁直公正之臣委之重難置之左右剋復宮闕莫尚於斯若此時謗誹忠臣沉埋烈士匡復宗社未見有期臣受國恩深不覺語切無任憂懼之至詔報駢曰省表具悉卿一門忠孝三代勳庸銘於景鍾煥在青史卿承祖父之訓襲弓冶之基起自禁軍從微至著始則囊錐露穎稍有知音尋則天驥呈才急於試効自秦州經畧使授交阯節旄聯翩寵榮汗漫富貴未嘗斷絕僅二十年卿報國之功亦可悉數最顯赫者安南拒蠻至今海隅尚守次則汶陽之日政聲洽平泊臨成都脅歸驃信三載之內亦無侵凌創築羅城大新錦里其爲雄壯實少比儔渚宮不暇於施爲便當移鎮建鄴纔聞於安靜旋即渡江自到廣陵併鍾多壘即亦招降草寇救援臨淮大約昭灼功勳不大於此數者朝廷累加渥澤靡惜徽章位極三公兵環大鎮銅鹽重務綰握約及七年都統雄藩幅圓幾於萬里朕聽如太華倚若長城凡有奏論無不依允其爲託賴豈愧神明自黃巢肆毒咸京卿並不離隋苑豈金陵苑水能遮羯鶡之雄風伯雨師終阻帆檣之利自聞歸止寧免鬱陶卿既安任蕪城鄭畋以春初入覲遂命上相親領師徒因落卿都統之名固亦不乖事例仍加封實貴表優恩何遽疑忿太深指陳過當移時省讀深用震嗟聊舉諸條粗申報復卿表云自是陛下不用微臣固

非徵臣有負陛下者朕拔卿汝上超領劍南判潤維揚聯居四鎭縮利則牢盆在手主兵則都統當權直至京北京南神策諸鎭悉在指揮之下可知董制之雄而乃貴作司徒榮爲太尉以爲不用何名爲用乎卿又云若欲俯念舊勳佇觀後効何不以王鐸權位與臣主持必能糾率諸侯誅鋤羣盜者朕緣久付卿兵柄不能翦滅元兇自天長漏網過淮不出一兵襲逐奄殘京國首尾三年廣陵之師未離封部忠臣積望勇士興議所以擢用元臣誅夷巨寇心期貔武便掃欃槍卿初委張璘請放卻諸道兵士辛勤召置容易放還璘果敗亡巢益顛越卿前年初夏逞發神機與京中朝貴書題云得靈仙敎導芒種之後賊必蕩平竚聞圍逼天長必謂死在卿手豈知魚跳鼎釜狐脫網羅遽過長淮竟爲大憝都統既不能禦遏諸將更何以枝梧果致連犯關河繼傾都邑從來倚仗之意一旦控告無門凝眸東南惟增悽惻及朕蒙塵入蜀宗廟汚於賊庭天下人心無不雪涕既知曆數猶在謳謠未移則懷忠抱怒之臣貯救難除姦之志便須果決安可因循況恩厚者其報深位重者其心急此際天下義舉皆望淮海率先豈知近輔儒臣先爲首唱而窮邊勇將誓志平戎關東寂寥不見干羽泊乎初秋覽表方云仲夏發兵便詔軍前并移汝上喜聞兵勢渴見旌幢等稱宣潤阻艱難從天討謝玄破符堅於淝水裴度平元濟於淮西未必儒臣不如武將卿又云若不斥逐邪佞親近忠良臣既不能保家陛下豈能安國忽當今日棄若寒灰者未委誰是忠良誰爲邪佞終日寵榮富貴何嘗不保其家無人扞禦寇戎所以不安其國豈有位兼將相使帶銅鹽自謂寒灰眞同浪語卿又云不痛園陵之開毀不念宗廟之焚燒臣實痛之實在茲也且龜玉毀於櫝中誰之過也鯨鯢漏於網外抑有其由卿手握彊兵身居大鎭不能遮圍擒戮致令脫漏猖狂雖則上繫天時抑亦旁由人事朕自到西蜀不離一室之中屏棄笙歌杜絕遊獵蔬食適口布服被身焚香以望園陵雪涕以思宗廟省躬罪己不敢遑安姦臣未悟之言誰人肯忍陛下猶迷之語朕不敢當卿又云自來所用將帥上至帥臣下及裨將以臣所料悉可坐擒用此爲謀安能集事者且十室之邑猶有忠信天下至大豈無英雄況守固城池悉嚴兵甲縱非盡美安得乎欺卿尚不能縛黃巢於天長安能坐擒諸將只如拓拔思恭諸葛爽輩安能坐擒耶勿務大言不堪垂訓卿又云王鐸是敗軍之將兼徵引夓相射義者昔曹沬三敗終復魯讐孟明再奔竟雪秦恥近代汾陽尚父咸寧太師亦嘗不利鼓鼙尋則功成鍾鼎安知王鐸不立大勳卿又云無使百代有抱恨之臣千古留刮席之恥但慮宼生東土劉氏復興卽軹道之災豈獨往日者我國家景祚方遠天命未窮海內人心尚樂唐德朕不荒酒色不虧刑名不結怨於生靈不貪財於寓縣自知運曆必保延洪況巡省已來禎祥薦降西蜀半年之內聲名又以備全塞北日南悉來朝貢黠戛善闡並至梯航但慮天寶建中未如今日淸宮復國必有近期卿云劉氏復興不知誰爲其首遽言刮席之恥比朕於劉盆子耶仍憂軹道之災方朕於秦子嬰也雖稱直行何太罔誣三復斯言尤深駭異卿又云賢才在野憸人滿朝致陛下爲亡國之君此子等計將安出伏乞戮賣官鬻爵之輩徵鯁直公正之臣者且唐虞之世未必盡是忠良今巖野之間安得不遺賢彥朕每令銓擇亦遣訪求其於選將料兵安人救物但屬收復之業講求理化之基自有長才同匡大計賣官鬻爵之士中外必不有之勿聽狂辭以資游說且朕遠違宮闕寄寓巴邛所失恩者甚多尚不興怨卿落一都統何足介懷況天步未傾皇綱尚整三靈不昧百度猶存但守君臣之軌儀正上下之名分宜遵敎約未可驟凌朕雖沖人安得輕侮但以知卿歲久許卿分深貴存終始之恩勿貯猜嫌之慮所宜深省無更過言駢始以兵權欲臨藩鎭吞併江南一朝失之威望頓減陰謀自阻故累表堅論欲其復故明年四月王鐸與諸道之師敗賊關中收復京城駢聞之悔恨萬狀而部下多叛計無所出乃託求神仙屛絕戎政軍中可否取決於呂用之光啓初僖宗再幸山南李熅僭號僞授駢中書令諸道兵馬都統江淮鹽鐵轉運等使駢方怨望而甘於僞署稱藩納賄不絕於途宴安自得日以神仙爲事呂用之又薦暨工諸葛殷張守一有長年之術駢並署爲牙將於府第別建道院院有迎仙樓延和閣高八十尺飾以珠璣金鈿侍女數百皆羽衣霓服和聲度曲擬之鈞天日與用之殷守一三人授道家法籙談論於其間賓佐罕見其面府第有隋煬帝所造門屋數間俗號中書門最爲宏壯光啓元年無故自壞明年淮南饑蝗自西來行而不飛浮水緣城而入府第道院竹木一夕如翦經像幢節皆齧去其首撲之不能止旬日之內蝗自食噉而盡其年九月雨魚是月十日夜大星隕于延和閣前其聲如雷火光爍地自二年十一月雨雪陰晦至三年二月不解比歲不稔食物踊貴道殣相望饑骸蔽地是月浙西周寶爲三軍所逐駢喜以爲妖異當之三月蔡賊過淮口駢令畢師鐸出軍禦之師鐸與高郵鎭將張神劍鄭漢璋等率行營兵反攻揚州四月城陷師鐸囚駢於道院召宣州觀察使秦彥爲廣陵帥旣而蔡賊楊行密自壽州率兵三萬乘虛攻城城中米斗五十千餓死大半駢家屬並在道院秦彥供給甚薄薪蒸亦闕奴僕徹延和閣欄檻煮革帶食之互相篡啖駢召從事盧涚謂之曰予三朝爲國粗立功名比擺脫塵埃自求淸淨非與人世爭利一旦至此神道其何望耶掩涕不能已初師鐸之入城也愛將申及謂駢曰逆黨人數不多郎日弛於防禁願奉令公潛出廣陵依投支郡以圖雪恥賊不足平也若持疑不決及旦夕不得在公左右駢怯懼不能行其謀九月師鐸出城戰敗慮駢爲賊內應又有尼奉仙自言通神謂師鐸曰揚府災當有大人死應之自此善也秦彥曰大人非高令公耶卽令師鐸以兵攻道院侍者白駢曰有賊攻門曰此秦彥來整衣候之俄而亂卒升階曳駢數之曰公上負天子恩下陷揚州民淮南塗炭公之罪也駢未暇言首已墮地矣駢旣死左右奴客踰垣而遁入行密軍行密聞之舉軍縞素繞城大哭者竟日仍焚紙奠酒信宿不已駢與兒姪死於道院都一坎瘞之裹之以氈行密入城以駢孫愈爲判官令主喪事葬送未行而愈卒後故吏鄺師虔收葬之初師鐸入城呂用之張守一出奔楊行密詐言所居有金行密入城掘其家地下得銅人長三尺餘身被桎梏釘其心刻高駢二字於胸蓋以魅道厭勝蠱惑其心以至族滅

畢師鐸者曹州冤朐人乾符初與里人王仙芝嘯聚爲盜相與陷曹鄆荆襄師鐸善騎射其徒目爲鷂子仙芝死來降高駢初敗黃巢於浙西皆師鐸梁纘之効也頗寵待之駢末年惑於呂用之舊將俞公楚姚歸禮皆爲用之讒構見殺師鐸意不自安有愛妾復爲用之所奪光啓三年三月蔡賊楊行密逼淮口駢令師鐸率三百騎戍高郵戍將張神劍亦怒用之兩人謀自安之計用之伺知亟請召還師鐸母在廣陵遣信令師鐸遁去或謂師鐸曰請殺神劍併高郵之兵趨府令公必殺用之爲解又曰不如投徐州則身存而家保師鐸曰非計也呂用之誑惑主帥塗炭生民七八年來鬼怨人怒今日之事安知天不假予誅妖亂而康淮甸耶又曰鄭漢璋是我歸順時副使常切齒於用之今率精兵在淮口聞吾此舉卽樂從也乃趨淮口與漢璋合得兵千人又相與至高郵問計於張神劍神劍曰公見事晩耶用之一妖物耳前受襄王僞命作鎭廣州遲留不行志圖淮海節鎭令公已奪其魄彼一旦成事焉能北面事妖物耶卽割臂血爲盟推師鐸爲盟主稱大丞相移檄郡縣以誅用之守一殷爲名乃署其卒長唐宏王朗駱玄眞倪詳逯本趙簡等分董其卒三千人四月趨廣陵營於大明寺揚州大駭呂用之分兵城守高駢登延和閣聞鼓譟聲怪之用之曰師鐸兵士迴戈止遏不得適已隨宜處置公幸勿憂苟不聽徒勞玄女一符耳師鐸陳兵數日用之屢出戰師鐸憂其不尅求救于宣州秦彥曰苟得廣陵則迎公爲帥彥令牙將秦稠率兵三千助之師鐸門客畢慕顏自城中出曰人心已離破之必矣秦稠軍至兵威漸振駢聞甚憂謂用之曰吾以心腹仗爾不能駕馭此輩悞我何多百姓遭罹飢饉不可虐用吾自戢送駢書師鐸怒曰梁纘韓問何在令爾來耶卽斬之杠手札喩師鐸可令大將一人自行用之卽以其黨許用之選勁兵自衞一日至道院駢叱去之乃令猶子傑握牙兵令師鐸母作書遺大將古鍔與師鐸子出城喩之師鐸令子還白曰不敢負令公恩德正爲淮南除弊但斬用之守一卽日退還高郵秦稠攻西南隅城中應之卽日城陷呂用之由參佐門遁走駢聞師鐸至改服俟之與師鐸交拜如賓主之儀卽日署爲節度副使漢璋神劍皆署職事秦稠點閱府庫監守之仍密召彥於宣州或謂師鐸曰公非舉兵誅二妖物故人情樂從今軍府已安以事理論之公宜還政高公自典兵馬戎權在手取捨自由藩鄰聞之不失大義議者皆言秦稠破城之日已召秦彥彥若爲帥兵權非足下有也公感其援但以金玉報之阻其渡江最爲上策若秦彥作帥則楊行密朝聞夕至如高令復帥外寇必自卷懷師鐸猶豫未決而秦彥軍至五月彥爲節度使署師鐸爲行軍司馬移居牙外心頗不悅是月楊行密引軍攻揚州彥兵拒戰纍敗八月師鐸與鄭漢璋出軍萬人擊行密皆大敗而還自是不復出九月師鐸殺高駢十月秦彥師鐸突圍而遁十一月秦彥師鐸引蔡賊孫儒之兵三萬圍揚州行密求救于汴朱全忠遣大將李璠率師淮口以爲聲援孫儒以廣陵未下而汴卒來又慮秦彥師鐸異志四年正月孫儒斬秦彥師鐸于高郵之南鄭漢璋亦死焉

秦彥者徐州人本名立爲卒隸徐州乾符中坐盜繫獄將死夢人謂之曰爾可隨我及寤械破乃得逸去因改

名彥乃聚徒百人殺下邳令取其資裝入黃巢軍巢兵敗於淮南乃與許勍俱降高駢累奏授和州刺史中和二年宣歙觀察使竇潏病彥以兵襲取之遂代潏爲觀察使朝廷因而命之光啓三年揚州牙將畢師鐸囚其帥高駢懼外寇來侵乃迎彥爲帥彥召池州刺史趙鍠知宣州事自率衆入揚州師鐸推彥爲帥五月壽州刺史楊行密率兵攻彥遣其將張神劍令統兵屯灣頭山光寺行密屯大雲寺北跨長崗前臨大道自揚子江北至槐家橋柵壘相聯秦彥登城望之懼形於色令秦稠師鐸率勁卒八千出關爲行密所掩盡没稠死之彥急求援於蘇州刺史張雄雄率兵赴之屯于東塘重圍半年城中芻糧並盡草根木實市肆藥物皮囊革帶食之亦盡外軍掠人而賣人五十千死者十六七縱存者鬼形鳥面氣息奄然張雄多軍糧相約交市城中以寶貝市米金一斤通犀帶一得米五升雄軍得貨不戰而去九月畢師鐸出戰又敗自是日與秦彥相對嗟惋問神尼奉仙何以獲濟尼曰走爲上計也十月彥與師鐸突圍投孫儒並爲所殺江淮之間廣陵大鎮富甲天下自師鐸秦彥之後孫儒行密繼踵相攻四五年間連兵不息廬舍焚蕩民戶喪亡廣陵之雄富掃地矣

時溥彭城人徐之牙將黃巢據長安詔徵天下兵進討中和二年武寧軍節度使支詳遣溥與副將陳璠率師五千赴難行至河陰軍亂剽河陰縣迴溥招合撫諭其衆復集懼罪屯于境上詳遣人迎犒悉恕之溥乃移軍向徐州既入軍人大呼推溥爲留後送詳於大彭館溥大出資裝遣陳璠援詳歸京詳宿七里亭其夜爲璠所殺舉家屠害溥以璠爲宿州刺史竟以違命殺詳溥誅璠又令別將師軍三千赴難京師天子還宮授之節鉞及黃巢攻陳州秦宗權據蔡州與賊連結徐蔡相近溥出師討之軍鋒益盛每戰屢捷黃巢之敗也其將尚讓以數千人降溥後林言又斬黃巢首歸徐州時溥功居第一詔授檢校太尉中書令鉅鹿郡王宗權未平仍授溥徐州行營兵馬都統蔡賊平朱全忠與之爭功遂相嫌怨淮南亂朝廷以全忠遥領淮南節度以平孫儒行密之亂汴人應援路出徐方溥阻之全忠怒出師攻徐自光啓至大順六七年間汴軍四集徐泗三郡民無耕稼頻歲水災人喪十六七溥窘蹙求和于汴全忠曰移鎮則可然之朝廷以尚書劉崇望代溥以溥爲太子太師溥懼出城見害不受代汴將龐師古陳兵于野溥求援于兗州朱瑾出兵救之值大雪糧盡而還城中守陴者飢甚加之病疫汴將王重師牛存節夜乘梯而入溥與妻子登樓自焚而卒景福二年四月也地入于汴

朱瑄宋州人父慶盜鹽抵法瑄逃於青州爲王敬武牙卒中和初黃巢據長安詔徵天下兵敬武遣牙將曹全晸率兵三千赴難關西以瑄爲軍候會青州警急敬武召全晸還路由鄆州時鄆帥薛崇爲草賊王仙芝所殺鄆將崔君裕權知州事全晸知其兵寡襲殺君裕據有鄆州自稱留後以瑄有功署爲濮州刺史留將牙軍光啓初魏博韓簡欲兼并曹鄆以兵濟河收鄆全晸出兵逆戰爲魏軍所敗全晸死之瑄收合殘卒保州城韓簡攻圍半年不能拔會魏軍亂退去朝廷嘉之授以節鉞時瑄有衆三萬其弟瑾勇冠三軍有爭天下之心秦宗權之盛也屢侵鄆汴朱全忠爲賊所攻甚窘求救於瑄瑄令朱瑾出師援之擊敗秦宗權全忠乃與瑄情極隆厚全忠狡譎翻覆虎視藩鄰會宗權誅乃急攻徐州時溥求援于瑄瑄與全忠書請釋溥脩好僞許之瑄以恩及全忠遣使讓之又令朱瑾出軍援溥及徐泗平全忠乃移兵攻鄆三四年間每春秋入其境剽掠人不得耕織民爲俘者十五六瑄禦備殫竭景福末與弟瑾合兩鎮之兵與汴人大戰于魚山下瑄瑾俱敗兵士陷没汴將朱友裕以長塹圍之乾寧四年正月城中食竭瑄與妻榮氏出奔至中都爲野人所害傳首汴州榮氏至汴州爲尼朱瑾瑄之母弟驍果善戰初乾符末朝廷以將軍齊克讓爲兗州節度瑾將襲取之乃求婚於克讓及親迎瑾選勇士衞從禮會之夜竊發逐克讓遂據城稱留後朝廷不獲已以節鉞授之及朱瑄平汴人移兵攻兗經年食盡瑾出城求食比還爲別將所拒不得入乃渡淮依楊行密行密寵待之用爲壽州刺史大敗汴軍于淸口自此全忠不敢以兵渡淮瑾楊溥時謀亂爲徐知訓所殺

史臣曰疾風知勁草世亂見忠臣誠哉是言也土運中微賊巢僭越藩伯勤王赴難者率有聲而無實唯重榮斬賊使於近關處存舉義師於安喜橫身泣赴不顧禍患遂得義徒雲合逆黨勢窮宜乎服冕乘軒傳家胙土而重榮傷於峻法嚴而少恩禍發輿臺誠悲枉橫高駢起家禁旅頗立功名玩寇祟妖致茲狼籍後來勳德可誠前車瑄溥不以善取固宜凶終瑾持此狼心安逃虎口王綱之紊羣盗及茲復何言哉

贊曰王者撫運居安慮危不以德處卽爲盗鬩乾坤盪覆生聚流離讀駢章疏可爲涕洟

# 舊唐書卷一百八十三

後晉司空同中書門下平章事劉　昫撰

## 列傳第一百三十三

### 外戚

獨孤懷恩　竇德明姪懷貞　諶子希瑊　族弟孝諶　孝諶子希球　希瓘　希瓘從父弟繼鑾　長孫敞從父弟操　趙持滿附　武承嗣子延秀　從父弟三思　三思子崇訓　從祖弟懿宗　攸暨　攸寧　妻太平公主　從父弟攸緒　薛懷義附

韋溫　王仁皎子守一　吳溆弟湊

竇覦　柳晟　王子顏

自古后族能以德禮進退全宗保名者鮮矣蓋恃宮掖之寵接宴私之歡高爵厚祿驕其內聲色服翫惑於外莫知師友之訓不達危亡之道故以中才處之罕不覆敗亦由重植之木自然顛披也明哲之君知驕侈之易滿榮寵之難保授任各當其才祿位不過其量告之以天命不易誡之以大義滅親使居無過之地永享不貲之福與國終始不失其所以親也易曰震來虩虩恐致福也又曰婦子嘻嘻失家節也與其愛而失節曷若懼而致福魏氏懲漢人之敗著矯枉之法幼主嗣位母后不得臨朝外氏無功恃主不得封爵雖曰刻薄而卞甄之族竟無大過皇唐受命長孫竇氏以勳賢任職而武氏韋氏以盈滿致覆夫廢興者豈天命哉蓋人事也竇威長孫無忌各自有傳其餘載其得失爲外戚傳以存鑒誡焉

獨孤懷恩元貞皇后弟之子也父整隋涿郡太守懷恩幼時以獻皇后之姪養於宮中後仕爲鄠縣令高祖平京城授長安令在職嚴明甚得時譽及高祖受禪擢拜工部尚書時虞州刺史韋義節擊堯君素於蒲州而義節文吏怯懦頻戰不利高祖遣懷恩代總其衆懷恩督兵城下爲賊所拒頻戰不利高祖切讓之因是怨望高祖嘗戲之曰弟姑子悉爲天子次當舅子乎懷恩遂自以爲符命每扼腕曰我家豈女獨富貴耶由是陰圖異計時虞鄉南山多羣盗劉武周將宋金剛寇陷澮州高祖悉發關中卒以隸太宗屯於柏壁懷恩遂與解縣令榮靜前五原縣主簿元君寶謀引王行本兵及武周連和與山賊劫永豐倉而斷柏壁糧道割河東地以啗武周事臨發會夏縣人呂崇茂殺縣令據縣起兵應武周高祖遣懷恩與永安王孝基陝州總管于筠內史侍郎唐儉攻崇茂宋金剛潛兵來襲諸將盡没君寶與開府劉讓亦同陷于賊中遂洩懷恩之謀既而懷恩逃歸高祖復令率師攻蒲州唐儉在賊中說賊將尉遲敬德請使讓還連和罷兵遂使發其事會堯君素爲其下所殺小帥王行本以蒲州降懷恩勒兵入據其城高祖將濟河已御舟矣會讓至迺使召懷恩懷恩不知事已洩輕舟來赴及中流而執之收其黨按驗遂誅之時年三十六籍没其家

竇德明太穆順聖皇后兄之孫也祖照尚後魏文帝女義陽公主封鉅鹿公父彥襲父封仕隋爲西平郡守德明少師事陳留王孝逸頗涉文史會漢王諒作亂遣其將綦良攻黎州德明時年十八募得五千人倍道而進號令嚴整一戰破之以功累拜齊王府屬坐事免及義師圍長安永安王孝基襄邑王神符江夏王道宗及高祖之壻竇誕趙慈景並繫獄隋將衞文昇陰世師欲殺之德明謂文昇曰罪不在此輩殺之無傷於彼適足招怨文昇乃止及謁見高祖竟不自言時人稱其長者武德初拜考功郎中從太宗擊王世充頻有戰功封顯武男貞觀初歷常愛二州刺史尋卒弟德玄高宗時爲左相德玄子懷貞少有名譽時兄弟宗族並以輿馬爲事懷貞獨折節自修衣服儉素聖曆中爲淸河令治有能名俄歷越州都督揚州大都督府長史所在皆以淸幹著稱神龍二年累遷御史大夫兼檢校雍州長史時韋庶人及安樂公主等干預朝政懷貞每諂順委曲取容改名從一以避后父之諱自是名稱日損庶人微時乳母王氏本蠻婢也特封莒國夫人嫁爲懷貞妻俗謂乳母之壻爲阿奢懷貞每因謁見之次及進表疏列在官位必曰皇后阿奢時人或以國奢呼之初無慚色宦官用權懷貞尤所畏敬每視事聽訟見無鬚者誤以接之監察御史魏傳弓嘗以內常侍輔信義尤縱暴將奏劾之懷貞曰輔常侍深爲安樂公主所信任權勢甚高言成禍福何得輒有彈糺傳弓曰今王綱漸壞君子道消正由此輩擅權耳若得今日殺之明日受誅無所恨懷貞無以荅但固止之韋庶人敗左遷濠州司馬尋擢授益州大都督府長史以附會太平公主累拜侍中兼御史大夫代韋安石爲尚書左僕射監脩國史賜爵魏國公睿宗爲金仙玉眞二公主創立兩觀料功甚多時議皆以爲不可唯懷貞贊成其事躬自監役懷貞族弟詹事司直維鎏謂懷貞曰兄位極台衮當思獻可替否以輔明主奈何校量瓦木厠跡工匠之間欲令海內何所瞻仰也懷貞不能對而監作如故時人爲之語曰竇僕射前爲韋氏國奢後作公主邑丞言懷貞伏事公主同於邑官也先天二年太平公主逆謀事洩懷貞懼

罪投水而死追戮其屍改姓毒氏德明族弟孝諶孝諶刑部尚書誕之子昭成順聖皇后父也則天時歷太常少卿潤州刺史長壽二年后母龐氏被酷吏所陷誣與后呪詛不道孝諶左遷羅州司馬而卒子希瑊希球希瓘並流嶺南神龍初隨例雪免景雲年追贈孝諶太尉邠國公希瑊襲爵玄宗即位加贈孝諶太保希瑊等以舅氏甚見優寵希瑊累遷太子少傅豳國公尋卒希球官至太子賓客封冀國公開元二十七年卒及卒謚曰靖希瓘初賜爵畢國公後改名瑰初爲左散騎常侍及希球卒因授開府儀同三司玄宗以早失太后尤重外家瑰兄弟三人皆國公食實封瑰子鍔又尚玄宗女永昌長公主恩寵賜賚實爲厚矣而兄弟皆貪鄙過自封植瑰又甚之天寶七年有竇勉潛交巫祝勉犯法瑰坐信其詭說被停官放歸田園尋以尊老又授開府儀同三司依舊朝會十三載十二月卒玄宗哭於行在贈司徒財貨鉅萬瑰從父弟維鎣好學以撰著爲業時宗族咸以外戚崇飾輿馬維鎣獨淸儉自守中書令張說黃門侍郎盧藏用給事中裴子餘皆與之親善官至水部郎中卒撰吉凶禮要二十卷行於代

長孫敞文德順聖皇后之叔父也仕隋爲左衞郎將煬帝幸江都留敞守京城禁苑及義旗入關率子弟迎謁於新豐從平京城以功除將作少監出爲杞州刺史貞觀初坐贓免太宗以后親常令內給絹以供私費尋拜宗正少卿致仕加金紫光祿大夫累封平原郡公卒贈幽州都督謚曰良陪葬昭陵敞從父弟操周大司徒薛國公覽之子也武德中爲陝東道行臺金部郎中出爲陝州刺史自州東引水入城以代井汲百姓于今利之貞觀中歷洺州刺史益揚二州都督府長史並有善政二十三年以子詮尚太宗女新城公主拜岐州刺史永徽初加金紫光祿大夫賜爵樂壽男尋卒贈吏部尚書并州都督謚曰安詮官至尚衣奉御詮即侍中韓瑗妻弟也及瑗得罪事連於詮減死配流巂州詮至流所縣令希旨杖殺之詮之甥有趙持滿者工書善射力搏猛獸捷及奔馬而親仁愛衆多所交結京師無貴賤皆愛慕之初爲京州長史嘗逐野馬自後射之無不洞于胸腋邊人深伏之許敬宗懼其作難誣與詮及無忌同反及拷訊終無異詞且曰身可殺辭不可奪吏竟代爲款以殺之

武承嗣荊州都督士彠之孫則天順聖皇后兄子也初士彠娶相里氏生元慶元爽又娶楊氏生三女長適越王府功曹賀蘭越石次則天次適郭氏士彠卒後兄子惟良懷運及元爽等遇楊氏失禮及則天立爲皇后追贈士彠爲司徒周忠孝王封楊氏代國夫人賀蘭越石早卒封其妻爲韓國夫人尋又加贈士彠爲太尉楊氏改封爲榮國夫人時元慶仕爲宗正少卿元爽爲少府少監惟良爲衞尉少卿榮國夫人恨其曩日薄己諷皇后抗疏請出元慶等爲外職佯爲退讓其實惡之也於是元慶爲龍州刺史元爽爲濠州刺史惟良爲始州刺史元慶至州病卒元爽自濠州又配流振州而死乾封年惟良與弟淄州刺史懷運以岳牧例集於泰山之下時韓國夫人女賀蘭氏在宮中頗承恩寵則天意欲除之諷高宗幸其母宅因惟良等獻食則天密令人以毒藥貯賀蘭氏食中賀蘭氏食之暴卒歸罪於惟良懷運乃誅之仍諷百寮抗表請改其姓爲蝮氏絕其屬籍元爽等緣坐配流嶺外而死乃以韓國夫人之子敏之爲士彠嗣改姓武氏累拜左侍極蘭臺太史襲爵周國公仍令鳩集學士李嗣眞吳兢之徒於蘭臺刊正經史并著撰傳記敏之既年少色美烝於榮國夫人恃寵多愆犯則天頗不悅之咸亨二年榮國夫人卒則天出內大瑞錦令敏之造佛像追福敏之自隱用之又司衞少卿楊思儉女有殊色高宗及則天自選以爲太子妃成有定日矣敏之又逼而淫焉及在榮國服內私釋衰絰著吉服奏妓樂時太平公主尚幼往來榮國之家宮人侍行又嘗爲敏之所逼俄而姦汙事發配流雷州行至韶州以馬韁自縊而死承嗣元爽子也敏之死後自嶺南召還拜尚衣奉御襲祖爵周國公俄遷秘書監則天臨朝追尊士彠爲忠孝太皇置崇先府官屬五代祖已下皆爲王嗣聖元年以承嗣爲禮部尚書尋除太常卿同中書門下三品垂拱中轉春官尚書依舊知政事載初元年代蘇良嗣爲文昌左相同鳳閣鸞臺三品兼知內史事天授元年於東都創置武氏七廟追尊周文王爲始祖文皇帝王子武爲睿祖康皇帝云武氏之先也后五代祖贈太原靖王居常爲嚴祖成皇帝高祖贈趙肅恭王克己爲肅祖章敬皇帝曾祖贈魏康王儉爲烈祖昭安皇帝祖贈周安成王華爲顯祖文穆皇帝考忠孝太皇爲太祖孝明高皇帝妣皆隨帝號曰皇后元慶爲梁憲王元爽爲魏德王又追封伯父及兄弟俱爲王諸姑姊爲長公主於是封承嗣爲魏王元慶子夏官尚書三思爲梁王后從父兄子納言攸寧爲建昌王太子通事舍人攸歸爲九江王司禮卿重規爲高平王左衞親府中郎將載德爲潁川王右衞將軍攸暨爲千乘王司農卿懿宗爲河內王左千牛中郎將嗣宗爲臨川王右衞勳二府中郎將攸宜爲建安王尚乘直長攸望爲會稽王太子通事舍人攸緒爲安平王攸止爲恒安王又封承嗣男延基爲南陽王延秀爲淮陽王三思男崇訓爲高陽王崇烈爲新安王后兄子贈陳王承業男延暉爲嗣陳王延祚爲咸安王承嗣嘗諷則天革命盡誅皇室諸王及公卿中不附己者承嗣從父弟三思又盛贊其計天下于今冤之俄又賜承嗣實封千戶仍監修國史承嗣自爲次當爲皇儲令鳳閣舍人張嘉福諷諭百姓抗表陳請則天竟不許如意元年授特進尋拜太子太保罷知政事承嗣以不得立爲皇太子怏怏而卒贈太尉并州牧謚曰宣子延基襲爵則天避其父名封爲繼魏王尋與其妻永泰郡主及懿德太子等話及張易之兄弟出入宮中恐有不利後忿爭不協洩之則天聞而大怒咸令自殺復以承嗣次子延義爲繼魏王中宗即位侍中敬暉等以唐室中興武氏諸王宜削其王爵乃率羣官上表曰臣聞神器者天下之至公必歸乎有德皇極者域中之大寶必順乎天命歷考前古詳觀帝業皆不並興莫有二主故三皇氏没而五帝氏興夏商氏衰而周漢氏作何則帝王之曆數必應乎五行水盛則火衰木衰則金盛天地之運也合乎四時春往則夏來暑退則寒集則知五行之數也帝王不可違違之則宗社不安生人不理四時之序天地不能變變之則霜露不均水旱交錯自有隋失御海內崩離天曆之重歸于唐室萬方樂業荷撥亂之功三聖重光布生成之德可謂有功於四海有德於烝人自弘道遏密生靈降禍百辟哀號如喪考妣則天皇后臨御帝圖明目達聰躬親庶績則有讒邪凶孽誣惑叡德構害宗枝誅夷殆盡英藩賢戚百不一存餘類在者投竄荒裔冤酷人神感傷天地忠臣義士實所痛心自天授之際時稱改革武家子姪咸樹封建十餘年間實亦榮極于時唐室藩屏豈得並封故知事有升降時使然也今則天皇帝厭倦萬機神器大寶重歸陛下百姓謳歌欣復唐業上至卿士下及蒼生黃髮之倫童兒之輩莫不歡欣舞抃如見父母豈不以唐家恩德感幽祇之心陛下仁明順天下之望今皇業重構聖祚中興神祇之道有助於先德矣黎人之誠無負於陛下矣臣又聞之業不兩盛事不兩大故天無二日土無二王前聖之格言先哲之明誡自皇明反正天命惟新武家諸王封建依舊生者既加茅土死者仍追賦邑萬姓失望卿士寒心何則開闢已來罕有斯理帝王之道實無此法陛下縱欲開恩以行私惠豈可違五行之曆數乖四時之寒暑乎又海內衆情朝廷竊議爲武氏諸王身計亦適將有損何則處之未得其所居之實恐不安陛下雖欲寵之翻乃陷之不遵古典故也且唐曆有歸周命已去爵重則難保祿薄則易全又則天皇帝親政之時武氏諸王亦分外職今居京輦不降舊封天下之心竊將不可陛下縱欲敦崇外戚曲流恩貸奈宗廟社稷之計何奈卿士黎庶之議何伏願陛下爲社稷之遠圖割私情之小愛內崇經邦之要外順遐邇之心豈不固宗社之基允人靈之願則陛下巍巍之業貫三光而洞九泉親親之義上有倫而下有序臣特承榮寵思竭丹赤既爲唐臣實爲唐計伏乞聖慈俯垂矜納中書舍人岑羲之詞也上荅曰朕嘗因暇景博覽前修帝籍皇圖畧稽其迹至若二靈肇判三才聿興驪連粟陸之辰尊盧大庭之日時猶朴畧未著圖書洎乎出震應期畫八卦而成象炎皇御曆播百穀以興農車服創於軒轅之朝曆象建於唐堯之代封建之事闕爾無聞自周漢已來方崇藩屏至於三微更王五運迭興以古揆今事迹有爽比者別宗撫曆異姓興邦伏以則天大聖皇帝內輔外臨將五十載在朕躬則爲慈母於士庶即是明君往者垂拱之中嗣皇臨政當此之際舊衞並存及乎全節興妖琅邪構逆災連七國釁結三監既行大義之懷遂有泣誅之事周唐革命蓋爲從權子姪封王國之常典卿等表云天授之際武家封建唐家藩屏豈得並封者至如千里一房不預逆謀還依姓李無改舊惠豈非善惡區分申明逆順矣今以聖上乖豫高枕怡神委政朕躬纂承丕緒昨者二月之首攸暨等屢請削封朕獨斷襟懷不依來請昔漢祖以布衣取天下猶封異姓爲王況朕以累聖開基豈可削封外族羣公等以天無二日土無二王抗表紫庭用申丹懇者然以賞罰之典經國大綱攸暨三思皆悉預告凶豎雖不親冒白刃而亦早獻丹誠今若却除舊封便慮有功難勸於是降封梁王三思爲德靜郡王量減實封二百戶定王駙馬都尉攸暨爲樂壽郡王河內郡王懿宗爲耿國公建昌郡王攸寧爲江國公會稽郡王攸望爲鄴國公臨川郡王嗣宗爲管國公建安郡王攸宜爲息國公高平郡王重規爲鄶國公繼魏王延義爲魏國公安平郡王攸緒爲巢國公高陽郡王駙馬都尉崇訓爲酇國公淮陽郡王延秀爲栢國公咸安郡王延

祚爲咸安郡公中宗時嗣宗至曹州刺史攸宜工部尚書重規岐州刺史相次病卒攸望至太常卿左遷春州司馬而死延秀伏誅後武氏宗屬緣坐誅死及配流殆將盡矣先天二年制削士彠帝號依舊追贈太原王妻楊氏亦削后號依舊爲太原王妃延秀承嗣第二子也則天時突厥默啜上言有女請和親制延秀與閻知微俱往突厥將親迎默啜女爲妻旣而默啜執知微入寇趙定等州故延秀久不得還神龍初默啜更請通和先令延秀還款始得歸封桓國公又授左衞中郎將時武崇訓爲安樂公主壻即延秀從父兄數引至主第延秀久在蕃中解突厥語常於主第延秀唱突厥歌作胡旋舞有姿媚主甚喜之及崇訓死延秀得幸遂尚公主主韋后所生男女中最小初中宗遷於房州欲達州境生於路次性惠敏容質秀絕中宗韋后愛寵日深恣其所欲奏請無不允許恃寵橫縱權傾天下自王侯宰相已下除拜多出其門所營第宅并造安樂佛寺擬於宮掖巧妙過之令楊務廉於城西造定昆池於其莊延袤數里出降之時以皇后仗發於宮中中宗與韋后御安福門觀之燈燭供擬徹明如晝延秀拜席日授太常卿兼右衞將軍駙馬都尉改封恒國公實封五百戶廢休祥宅於金城坊造宅窮極壯麗帑藏爲之空竭崇訓子數歲因加金紫光祿大夫太常卿同正員左衞將軍封鎬國公賜實封五百戶以嗣其父公主產男滿月中宗韋后幸其第就第放赦遣宰臣李嶠文士宋之問沈佺期張說閻朝隱等數百人賦詩美之延秀旣恃恩放縱無所忌憚又公主府倉曹符鳳知延秀有不臣之心遂說曰今天下蒼生猶以武氏爲念大周必可再興按讖書云黑衣神孫披天裳駙馬即神皇之孫也每勸令著皁襖子以應之及韋庶人敗延秀與公主在內宅格戰良久皆斬之後追貶爲悖逆庶人三思元慶子也少以后族累轉右衞將軍則天臨朝擢拜夏官尚書及革命封梁王賜實封一千戶尋拜天官尚書證聖元年轉春官尚書監修國史聖曆元年檢校內史二年進拜特進太子賓客仍並依舊監修國史三思略涉文史性傾巧便僻善事人由是特蒙信任則天數幸其第賞賜甚厚時薛懷義張易之昌宗皆承恩顧三思與承嗣每折節事之懷義欲乘馬承嗣三思必爲之執轡又贈昌宗詩盛稱昌宗才貌是王子晉後身仍令朝士遞相屬和三思又以則天厭居深宮又欲與張易之昌宗等扈從馳騁以弄其權乃請創造三陽宮于嵩高山興泰宮于萬壽

山請則天每歲臨幸前後工役甚重百姓怨之神龍初進拜司空同中書門下三品加實封五百戶固辭不受未幾隨例降封爲德靜郡王量減實封二百戶尋拜左散騎常侍則天遺制令復其所減實封初敬暉等立功後掌知國政三思慮其更爲己患而令其子崇訓因安樂公主構誣敬暉等並流于嶺表而死自是三思威權日盛軍國政事多所參綜敬暉等所斥黜者皆能引復舊職令百官復修則天之法時人皆言其陰懷篡逆以比曹孟德司馬仲達雍州人韋月將高軫等並上疏言三思父子必爲逆亂三思知而求索其罪有司希旨奏月將坐當棄市軫配流嶺外黃門侍郎宋璟執奏云月將所犯不合至死三思怒竟斥宋璟爲外職三思旣猜嫉正士嘗言不知何等名作好人唯有向我好者是好人耳又與其所親兵部尚書宗楚客將作大匠宗晉卿太府卿紀處訥鴻臚卿甘元柬遞相引致干黷時政侍御史周利用冉祖雍太僕丞李悛光祿丞宋之遜監察御史姚紹之等五人常爲其耳目時人呼爲三思五狗中宗尋又制武氏崇恩廟一依天授時舊禮享祭其昊陵順陵並置官員皆三思意也三思旣與韋庶人及上官昭容私通嘗忌節愍太子又因安樂公主密謀廢黜之三年七月太子率羽林大將軍李多祚等發左右羽林兵殺三思及其子崇訓于其第并殺其親黨十餘人俄而事變太子旣死中宗爲三思舉哀廢朝五日贈太尉追封梁王謚曰宣安樂公主又以節愍太子首致祭于三思及崇訓靈柩前睿宗踐祚以三思父子俱有逆節制令斲棺暴屍平其墳墓崇訓三思第二子也則天時封爲高陽郡王長安中尚安樂郡主時三思用事於朝欲寵其禮中宗爲太子在東宮三思宅在天津橋南自重光門內行親迎禮歸於其宅三思又令宰臣李嶠蘇味道詞人沈佺期宋之問徐彥伯張說閻朝隱崔融崔湜鄭愔等賦花燭行以美之其時張易之昌宗宗楚客兄弟貴盛時假詞於人皆有新句崇訓授左衞中郎將神龍元年拜駙馬都尉遷太常卿兼左衞將軍降封鄷國公仍賜實封五百戶尋徙封鎬國公二年兼太子賓客攝左衞將軍及爲節愍太子所殺優制贈開府儀同三司追贈魯王謚曰忠懿宗則天伯父士逸之孫也父元忠高宗時仕至倉部郎中天授年封士逸爲蜀王懿宗封爲河內郡王歷遷洛州長史左金吾衞大將軍萬歲通天年中契丹賊帥孫萬榮寇河北命懿宗爲大總管討之軍次趙州及聞賊將至冀州懿宗懼便欲棄

軍而遁人或謂曰賊衆極多然其軍無輜重以抄掠爲資若按兵以守勢必離散因而擊之可有大功也懿宗不聽遂退據相州時人嗤其怯懦由是賊衆進屠趙州而去尋又令懿宗安撫河北諸州先是百姓有脅從賊衆後得歸來者懿宗以爲同反總殺之仍生刳取其膽後行刑流血盈前言笑自若初孫萬榮別帥何阿小攻陷冀州亦多屠害士女至是時人號懿宗與阿小爲兩何爲之語曰唯此兩何殺人最多懿宗又自天授已來嘗受中旨推鞫制獄王公大臣多被陷成其罪時人以爲周興來俊臣之亞焉神龍初隨例降爵封耿國公累轉懷州刺史尋卒攸暨則天伯父士讓孫也天授中封士讓爲楚王攸暨封千乘郡王賜爵實封三百戶兄攸寧爲建昌郡王實封四百戶攸寧歷遷鳳閣侍郎納言冬官尚書病卒攸暨初爲右衞中郎將尚太平公主授駙馬都尉累遷右衞將軍進封定王又加實封三百戶俄又改安定郡王歷遷司禮卿左散騎常侍加特進神龍中拜司徒復封定王實封滿一千戶固辭不拜尋而隨例降封樂壽郡王拜右散騎常侍加開府儀同三司延秀等誅後又降封楚國公延和元年卒贈太尉并州大都督追封定王尋以公主謀逆令平毀其墓太平公主者高宗少女也以則天所生特承恩寵初永隆年降駙馬薛紹紹垂拱中被誣告與諸王連謀伏誅則天私殺攸暨之妻以配主焉公主豐碩方額廣頤多權略則天以爲類已每預謀議宮禁嚴峻事不令洩公主亦畏懼自檢但崇飾邸第二十餘年天下獨有太平一公主父爲帝母爲后夫爲親王子爲郡王貴盛無比永淳已前朝制親王食實封八百戶有至一千戶公主出降三百戶公主加五十戶太平食湯沐之邑一千二百戶聖曆初加至三千戶神龍元年預誅張易之謀有功進號鎭國太平公主相王加號安國相王並食實封通前五千戶賞賜不可勝紀公主薛氏二男二女武氏二男一女並食實封又相王衞王重俊成王千里宅遣衞士宿衞環其所居十步置一仗舍持兵巡徼同於宮禁太平長寧安樂三公主置鋪一如親王二年正月置公主府景龍二年公主男崇簡崇敏崇行同授三品與漁陽王兄弟四人同制時中宗仁善韋后上官昭容用事禁中皆以爲智謀不及公主甚憚之公主日益豪橫進達朝士多至大官詞人後進造其門者或有貧窘則遺之金帛士亦翕然稱之及唐隆元年六月韋后作逆稱制僞尊溫王玄宗居臨淄邸憤之將清內難公主又預其謀

令男崇簡從之及立溫王數日天下之心歸於相府雖爲其議公主入啟幼主以王室多故資於長君乃提下幼主因與玄宗大臣尊立睿宗公主頻著大勳益尊重乃加實封五千戶通前滿一萬戶公主子崇行崇敏崇簡三人封異姓王崇行國子祭酒四人九卿三品每入奏事坐語移時所言皆聽薦人或驟歷清職或至南北衙將相權移人主軍國大政事必參決如不朝謁則宰臣就第議其可否公主由是滋驕田園遍於近甸膏腴而市易造作器物吳蜀嶺南供送相屬於路綺疏寶帳音樂輿乘同於宮掖侍兒披羅綺常數百人蒼頭監嫗必盈千數外州供狗馬玩好滋味不可紀極有胡僧惠範家富於財寶善事權貴公主與之私奏爲聖善寺主加三品封公殖貨流於江劍公主懼玄宗英武乃連結將相專謀異計其時宰相七人五出公主門常元楷李慈掌禁兵常私謁公主先天二年七月玄宗在武德殿事漸危逼乃勒兵誅其黨竇懷貞蕭至忠岑義等公主遁入山寺數日方出賜死于家公主諸子及黨與死者數十人籍其家財貨山積珍奇寶物侔於御府馬牧羊牧田園質庫數年徵斂不盡惠範家產亦數十萬貫攸緒惟良子也少有志行天授中封安平郡王歷遷殿中監出爲揚州大都督府長史聖曆中棄官隱于嵩山以琴書藥餌爲務中宗即位以安車備禮徵之降書曰朕聞大隱忘情不去朝市至人無迹何所凝滯王高標峻尚雅操孤貞有咸一之用弘體二之德學究深遠理實精微草芥貂蟬錙銖纓紱蔭松山而辭竹苑去朱邸而卧清溪逍遙林壑傲睨箕潁有年歲矣朕虔膺聖曆重闡皇基保乂邦家寧輯區寓求賢採彥俯谷窺山王之所居接近嵩岳長望高烈思滿風烟駐驆喬巖追尊大隗鳴鑾峒岫詢訪廣成機務殷繁有懷莫遂今遣國子司業杜愼盈以禮命徵辟掃夔龍之第虛稷契之筵神化丹靑朕之志也豈以黃屋之貴傾彼白雲之心通變之宜希從降志延貯閭闔若在汾陽攸緒應召至都授太子賓客尋請歸嵩山制從之令京官五品已上餞送于定鼎門外及三思延秀等構逆諸武多坐誅戮唯攸緒以隱居不預其禍時論美之睿宗即位又降勅曰頃以賊臣結黨后族擅權扇動宮闈肆行鴆毒靈祇所感姦惡伏誅今得宗社乂安天地交泰卿久厭簪紱早慕林泉守道不回見幾而作興言高尚有足嘉稱但怒用不遷罪無相及爲善有驗卿之謂與或慮驚疑故令慰謝其見重如此尊徵爲太子賓客不就開元二年攸緒

又請就廬山居止制不許仍令州縣數加存問不令外人侵擾十一年卒年六十九

薛懷義者京兆鄠縣人本姓馮名小寶以鬻臺貨爲業偉形神有膂力爲市於洛陽得幸於千金公主侍兒公主知之入宮言曰小寶有非常材用可以近侍因得召見恩遇日深則天欲隱其迹便於出入禁中乃度爲僧又以懷義非士族乃改姓薛令與太平公主壻薛紹合族令紹以季父事之自是與洛陽大德僧法明處一惠儼稜行感德感知靜軌宣政等在內道場念誦懷義出入乘廄馬中官侍從諸武朝貴匍匐禮謁人間呼爲薛師垂拱初說則天於故洛陽城西脩故白馬寺懷義自護作寺成自爲寺主頗恃恩狂蹶其下犯法人不敢言右臺御史馮思勗屢以法劾之懷義遇勗於途令從者毆之幾死又於建春門內敬愛寺別造殿宇改名佛授記寺垂拱四年拆乾元殿於其地造明堂懷義充使督作凡役數萬人曳一大木千人置號頭頭一嚾千人齊和明堂大屋凡三層計高二百尺又於明堂北起天堂廣袤亞於明堂懷義以功拜左威衛大將軍封梁國公永昌中突厥黙啜犯邊以懷義爲清平道大總管率軍擊之至單于臺刻石紀功而還加輔國大將軍進右衛大將軍改封鄂國公柱國賜帛二千段懷義與法明等造大雲經陳符命言則天是彌勒下生作閻浮提主唐氏合微故則天革命稱周懷義與法明等九人並封縣公賜物有差皆賜紫袈裟銀龜袋其僞大雲經頒於天下寺各藏一本令昇高座講說則天將革命誅殺宗屬諸王唯千金公主以巧媚善進奉獨存抗疏請以則天爲母因得曲加恩寵改邑號爲延安大長公主加實封賜姓武氏以子克乂娶魏王武承嗣女內門參問不限早晚進則盡歡長壽二年黙啜復犯塞又以懷義爲代北道行軍大總管以李多祚蘇宏暉爲將未行改朔方道行軍大總管以內史李昭德爲行軍長史鳳閣侍郎平章事蘇味道爲行軍司馬契苾明曹仁師沙吒忠義等十八將軍以討之未行虜退乃止懷義後厭入宮中多居白馬寺刺血畫大像選有膂力白丁度爲僧數滿千人侍御史周矩疑其姦奏請劾之不許固請之則天曰卿且退朕即令去矩至臺薛師亦至乘馬蹋階而下便坦腹於牀矩召臺吏將按之遽乘馬而去矩具以聞則天曰此道人風病不可苦問所度僧任卿勘當矩按之窮其狀以聞諸僧悉配遠州遷矩天官員外郎竟爲薛師所構下獄免官後有御醫沈南璆得幸薛師恩漸衰恨怒頗甚證聖中乃焚明堂天堂並爲灰燼則天愧而隱之又令懷義充使督作乃於明堂下置九州鼎鑄銅爲十二屬形象置於本辰位皆高一丈懷義率人作號頭安置之其後益驕倨則天惡之令太平公主擇膂力婦人數十密防慮之人有發其陰謀者太平公主乳母張夫人令壯士縛而縊殺之以輦車載屍送白馬寺其侍者僧徒皆流竄遠惡處

韋溫中宗韋庶人從父兄也父玄儼高宗末官至許州刺史玄儼弟玄貞初爲普州參軍以女爲皇太子妃擢拜豫州刺史中宗嗣位妃爲后及帝降爲廬陵王玄貞配流欽州而死后母崔氏爲欽州首領寗承兄弟所殺玄貞有四子洵浩洞泚亦死於容州后二妹逃竄獲免間行歸長安及中宗復位韋氏復爲皇后其日追贈玄貞爲上洛郡王左拾遺賈虛己上疏諫曰孔子曰惟名與器不可以假人且非李氏而王自古盟書所棄今陛下創制謀始垂範將來爲皇王令圖子孫明鏡匡復未幾后族有私臣雖庸愚尚知未可史官執簡必是直書今萬姓顒然聞一善令莫不途歌里頌延頸向風欣然慕化日恐不及陛下柰何行私惠使樵夫議之即先朝贈太原王殷鑒不遠同雲生於膚寸尋木起於孽栽誡可惜也渙汗既行難改成命臣望請皇后抗表固辭使天下知弘讓之風彤管著冲謙之德是則巍巍聖鑒無得而稱疏奏不省尋又追贈玄貞爲太師雍州牧益州大都督玄儼爲特進并州大都督魯國公遣使迎玄貞及崔氏喪柩歸京師又遣廣州都督周仁軌率兵討斬寗承兄弟以其首祭于崔氏擢拜仁軌左羽林大將軍賜爵汝南郡公食實封五百戶及玄貞等柩將至上與后登長樂宮望喪而泣加贈玄貞爲酆王謚曰文獻仍號其廟曰褒德陵曰榮先各置官員并給戶一百人守衛灑掃又贈玄貞子洵爲吏部尚書汝南郡王浩太常卿武陵郡王洞衛尉卿淮南郡王泚太僕卿上蔡郡王亦遣使迎其喪柩於京師溫神龍中累遷禮部尚書封魯國公弟湑左羽林將軍封曹國公后妹夫陸頌爲國子祭酒馮太和爲太常少卿太和尋卒又適嗣虢王邕湑子捷尚成安公主溫從祖弟濯尚定安公主皆拜駙馬都尉景龍三年溫遷太子少保同中書門下三品仍遙授揚州大都督溫等既居榮要熏灼朝野時人比之武氏湑及陸頌相次病卒賻贈甚厚及中宗崩后令溫總知內外兵馬守援宮掖又引從子播族弟璿弟捷濯等分掌屯營及左右羽林軍臨淄王討韋氏溫等皆坐斬宗族無少長皆死語在韋庶人傳睿宗即位仍令削平玄貞及洵等墳墓

王仁皎玄宗王庶人父也景龍中官至長上果毅玄宗即位以后父歷將作大匠太僕卿遷開府儀同三司封祁國公仁皎不預朝政但厚自奉養積子女財貨而已開元七年卒贈太尉官供葬事柩車既發上於望春亭遙望之令張說爲其碑文玄宗親書石焉子守一守一與后雙生守一與玄宗有舊及上登極以清陽公主妻之從討蕭至忠岑羲等有功自尚乘奉御遷殿中少監特封晉國公累轉太子少保父卒襲爵祁國公十一年坐與庶人潛通左道左遷柳州司馬行至藍田驛賜死守一性貪鄙積財巨萬及籍沒其家財帛不可勝計

吳溆章敬皇后之弟也濮州濮陽人祖神泉位終縣令父令珪益州郫縣丞寶曆二年代宗始封拜外族贈神泉司徒令珪太尉令珪母弟前宣城令令瑤爲開府儀同三司太子家令封濮陽郡公中郎將令瑜爲開府儀同三司太子諭德濟陽郡公溆特爲盛王府錄事參軍拜開府儀同三司太子詹事濮陽郡公以元舅遷鴻臚少卿金吾將軍建中初遷大將軍溆雖居戚屬恭遜謙和人皆重之涇師之亂從幸奉天盧杞白志貞謂德宗曰臣細觀朱泚心迹必不至爲戎首佇當効順宜擇大臣一人入京師慰諭以觀其心上召從幸羣臣言之皆憚其行溆起奏曰不以臣才望無堪臣願此行德宗甚悅溆退而謂人曰人臣食君之祿死君之難臨危自計非忠也吾忝戚屬今日委身於賊誠知必死不欲聖情慊於無人犯難也即日齎詔見泚深陳上待屬之意時泚逆謀已定貌雖從命而心已異乃留溆於客省竟被害上聞之悲悼不已贈太子太傅賜其家實封二百戶一子五品正員官勑收城日葬事官給弟湊湊寶曆中與兄溆同日開府授太子詹事俱封濮陽郡公湊以兄弟三品固辭太過乞授卑官乃以湊檢校太子賓客兼太子家令充十宅王使累轉左金吾衛大將軍湊小心謹慎智識周敏特承顧問偏見委信大曆中滑帥令狐彰汴帥田神功相次殁於理所時藩方兵驕乘戎帥喪亡人情多梗代宗命湊銜命撫慰至必委曲說諭隨所欲爲之奏請皆得軍民和協帝深重之宰臣元載弄權招致賄賂醜迹日彰帝惡之將加之法恐左右洩漏無與言者唯與湊密計圖之及收載於內侍省同列王縉其黨楊炎王昂韓洄包佶韓會等皆當從坐籍沒湊諫救百端言法宜從寬縉等從坐理不至死若不降以等差一例極刑恐虧損聖德繇是縉等得減死流貶之大曆末丁繼母喪免建中初起爲右衛將軍兼通州刺史貞元初入爲太子賓客出爲福州刺史御史中丞福建觀察使爲政勤儉清苦美譽日聞宰相竇參以私怨惡之數加譖毀又言湊風病不任趨馳德宗召湊至京師對于別殿上令殿上行走以驗其病否由是悟參之誣因是惡參尋以湊爲陝州大都督府長史陝虢觀察使以代參之黨李翼會劉玄佐卒以湊檢校兵部尚書汴州刺史御史大夫宣武軍節度使時汴州軍亂殺牙將曹金岸縣令李邁謀立玄佐子士寧上將遣兵送湊赴鎮召宰臣議竇參深沮其行恐軍中拒命乃召湊迴授右金吾衛大將軍而以梁宋節鉞授士寧貞元十四年春夏旱穀貴人多流亡京兆尹韓皐以政事不理黜官上召湊面授京兆尹即日令視事經宿方下制湊孜孜爲理以勤儉爲務人樂其政時宮中選內官買物於市倚勢強買物不充價人畏而避之呼爲宮市掌賦者多與中貴人交結假借不言其弊湊爲京尹便殿從容論之曰物議以中人買物於市稍不便於人此事甚細慮撥流議凡宮中所須責臣可辦不必更差中使若以臣府縣外吏不合預聞宮中所須則乞選內官年高謹重者充宮市令庶息人間論議又奏掌閑廄騎飛龍內園芙蓉及禁軍諸司等使雜供手力資課太多量宜減省上多從之初府掾吏以湊起自戚藩不諳簿領凡有疑獄難決之事多候湊將出時方呈冀免指擿瑕病湊雖倉卒閱視必指其姦倖之處下筆決斷無毫釐之差掾吏非大過不行笞責而召面按問詰責而釋之吏尤惕厲庶務咸舉文敬太子義章公主相繼薨殁上深追念葬送之儀頗厚召集工役載土築墳妨民農務湊候上顧問極言之宗屬門吏以湊論諫太繁恐上猒苦每以簡約規之湊曰聖上明哲憂勞四海必不以公主太子之鍾念而忽疲民但人多順旨不言若再三啟諫必動宸情則生民受賜長吏不言是爲阿旨如窮民上訴罪在何人議者重之以能政兼兵部尚書官街樹缺所司植榆以補之湊曰榆非九衢之玩亟命易之以槐及槐陰成而湊卒人指樹而懷之湊於德宗爲老舅漢魏故事多退居散地纔免罪戾而已湊自貞元已來恃承恩顧歷中外顯貴雖聖獎隆深亦由湊小心辦事奉職有方故也湊既疾不召巫醫藥不入口家人泣而勉之對曰吾以凡才濫因外戚進用起家便授三品歷顯位四十年壽登七十爲人足矣更欲何求古之以親戚進用

者罕有善終吾得歸全以侍先人幸也德宗知之令御醫進藥不獲已服之貞元十六年四月卒時年七十一贈尚書左僕射罷朝一日

竇覦昭成皇后族姪父光華原尉覦以親蔭釋褐右衞率府兵曹參軍鄜坊節度臧希讓奏爲判官累授監察殿中侍御史檢校工部員外郎坊州刺史興元元年討李懷光於河中詔覦以坊州兵七百人屯郃陽賊平以功兼御史中丞遷同州刺史入朝爲戶部侍郎覦無他才伎爲吏有計數又以韓滉子壻故藩府辟召遂歷牧守宰相竇參覦再從姪參少依覦及參秉政力薦於朝故有二卿之拜數月爲揚州大都督府長史御史大夫充淮南節度副大使知節度事既非德舉人咸薄之赴鎮旬日暴卒詔贈禮部尚書

柳晟者肅宗皇后之甥母和政公主父潭官至太僕卿駙馬都尉晟少無檢操代宗於諸甥之中特加撫鞠俾與太子諸王同學授詩書恩寵罕比累試太常卿德宗卽位以與晟幼同硯席尤親之涇師之亂從幸奉天晟密啟曰願受詔入京城遊說羣賊冀其攜貳德宗壯而許之晟與賊帥多有舊出入其門說誘之事洩爲朱泚所擒械之於獄晟有力乃於獄中穿垣破械而遁落髮爲僧間道歸行在遷將作少監元和初檢校工部尚書興元尹山南西道節度使罷鎮入朝以違詔進奉爲御史元稹所劾詔宥之俄充入迴鶻冊立使復命遷左金吾衞大將軍元和十三年卒贈太子少保

王子顏琅邪臨沂人莊憲皇后之父也祖思敬少從軍累試太子賓客父難得有勇決善騎射天寶初爲河源軍使吐蕃贊普王子郎支都有勇乘諸眞馬寶鈿裝鞍出陣求鬬無敢與校者難得挾槍奮馬突前刺殺郎支都斬其首傳於京師軍還玄宗召見之令於殿前乘馬挾槍作刺郎支都之狀賜以錦袍金帶累拜金吾將軍同正員天寶七載從哥舒翰擊吐蕃於積石虜吐谷渾王子悉弄參及子壻悉頰藏而還累拜左武衞將軍關西遊奕使九載擊吐蕃收五橋拔樹敦城補白水軍使十三載從收九曲加特進祿山之叛從哥舒翰戰於潼關闕門不守從肅宗幸靈武時行在闕軍賞難得進絹三千疋及金銀器等至德初試衞尉卿與平軍使兼鳳翔都知兵馬使進收京城與賊軍戰其下斬元耀戰酣墮馬難得馳救之賊射之中眉皮穿披下鄣目難得自拔去箭并皮掣落馳馬復戰血流被面而抗賊不已肅宗深嘉之從郭子儀攻安慶緒於相州累封琅邪郡公英武軍使寶應二年卒贈潞州大都督子顏少從父征役累官金紫光祿大夫檢校衞尉卿生后而卒順宗內禪以后生憲宗皇帝褒贈先代思敬司徒難得太傅子顏太師顏子重榮官至福王傅用官至太子賓客金吾將軍

贊曰戚里之賢避寵畏權不郵禍患鮮能保全福盈者敗勢壓者顚武之惟良明於自然

舊唐書卷一百八十三考證

武承嗣傳高平郡王駙馬都尉崇訓爲鄅國公○臣百按前三思男崇訓爲高陽王新書亦作高陽且重規已封高平矣平字必是陽字之訛今改正

# 舊唐書卷一百八十四

後晉司空同中書門下平章事劉　昫撰

## 列傳第一百三十四

### 宦官

楊思勗　高力士　李輔國
程元振　魚朝恩劉希暹　賈明觀　竇文場
霍仙鳴　俱文珍　吐突承璀
王守澄　田令孜　楊復光
楊復恭

唐制有內侍省其官員內侍四人內常侍六人內謁者監六人內給事八人謁者十二人典引十八人寺伯二人寺人六人別有五局掖廷局掌宮人簿籍宮闈局掌宮內門禁其屬有掌扇給使等員奚官局掌宮人疾病死喪內僕局掌宮中供帳燈燭內府局主中藏給納五局有令丞皆內官爲之貞觀中太宗定制內侍省不置三品官內侍是長官階四品至永淳末向七十年權未假於內官但在閤門守禦黃衣廩食而已則天稱制二十年間差增員位中宗性慈務崇恩貸神龍中宦官三千餘人超授七品以上員外官者千餘人然衣朱紫者尚寡玄宗在位既久崇重宮禁中官稍稱旨者卽授三品左右監門將軍得門施棨戟開元天寶中長安大內大明興慶三宮皇子十宅院皇孫百孫院東都大內上陽兩宮大率宮女四萬人品官黃衣已上三千人衣朱紫者千餘人後李輔國從幸靈武程元振翼衞代宗怙寵邀君乃至守三公封王爵干預國政亦未全握兵權代宗時子儀北伐親王東討遂特立觀軍容宣慰使命魚朝恩爲之然自有統帥亦監領而已德宗避涇師之難幸山南內官竇文場霍仙鳴擁從賊平之後不欲武臣典重兵其左右神策天威等軍欲委宦者主之乃置護軍中尉兩員中護軍兩員分掌禁兵以文場仙鳴爲兩中尉自是神策親軍之權全歸於宦者矣自貞元之後威權日熾蘭錡將臣率皆子蓄藩方戎帥必以賄成萬機之與奪任情九重之廢立由己元和之季毒被乘與長慶纘隆徒鬱枕干之憤臨軒暇逸忘塗地之寃而易月未除滔天盡怒甲第名園之賜莫匪伶官朱袍紫綬之榮無非巷伯是時高品白身之數四千六百一十八人內則參秉戎權外則監臨藩嶽文宗包祖宗之恥痛肘腋之讐思翦厲階去其太甚宋申錫言未出口尋以破家李仲言謀之不臧幾乎敗國何實之徒轉喊讓珪之勢尤狂五十餘年禍胎愈煽昭宗之季所不忍聞臣遍覽前書考茲覆轍試言大較庶竭其源何者自書契已來不無閹寺況垂之天象備見職官卽如秦皇漢武宮闈之內宦官以侍宴遊但英睿之君措置斯得及荒僻之主奢蕩是求委番聚蹴鞠之徒飾姬姜狗馬之玩外言不入惟欲是從雖並列五侯猶爲賞薄遍封萬戶尚慊恩疎苟思捧日之勤遂據迴天之勢及三綱錯亂四海崩離袁本初之入北宮無鬚殆盡石冉閔之攻鄴下內豎咸誅旋至殄瘁邦家不獨感傷和氣淫刑斯逞可爲傷心向使不假威權但趨帷扆何止四星終吉抑亦萬乘延洪昔賢爲社鼠之喻不其然乎今錄楊思勗已下所行事以爲鑒誡云

楊思勗本姓蘇羅州石城人爲內官楊氏所養以閹從事內侍省預討李多祚功超拜銀青光祿大夫行內常侍思勗有膂力殘忍好殺從臨淄王誅韋氏遂從王爲爪士累遷右監門衞將軍開元初安南首領梅玄成叛自稱黑帝與林邑眞臘國通謀陷安南府詔思勗將兵討之思勗至嶺表鳩募首領子弟兵馬十餘萬取伏波故道以進出其不意玄成遽聞兵至惶惑計無所出竟爲官軍所擒臨陣斬之盡誅其黨與積屍爲京觀而還十二年五谿首領覃行璋作亂思勗復受詔率兵討之生擒行璋斬其黨三萬餘級以軍功累加輔國大將軍後從東封又加驃騎大將軍封虢國公十四年邕州賊帥梁大海擁賓橫等數州反叛思勗又統兵討之生擒梁大海等三千餘人斬餘黨二萬餘級復積屍爲京觀十六年瀧州首領陳行範何遊魯馮璘等聚徒作亂陷四十餘城行範自稱帝遊魯稱定國大將軍璘稱南越王割據嶺表詔思勗率永連道等兵及淮南弩手十萬人進討兵至瀧州臨陣擒遊魯馮璘斬之行範潛竄深州投雲際盤遼二洞思勗悉衆攻之生擒行範斬之斬其黨六萬級獲口馬金玉巨萬計思勗性剛決所得俘囚多生剝其面或剺髮際掣去頭皮將士已下望風慴憚莫敢仰視故所至立功內給事牛仙童使幽州受張守珪厚賂玄宗怒命思勗殺之思勗縛架之數日乃探取其心截去手足割肉而啖之其殘酷如此二十八年卒時年八十餘

高力士潘州人本姓馮少閹與同類金剛二人聖曆元年嶺南討擊使李千里進入宮則天嘉其黠惠總角修整令給事左右後因小過撻而逐之內官高延福收爲假子延福出自武三思家力士遂往來三思第歲餘則天復召入禁中隸司宮臺廩食之長六尺五寸性謹密能傳詔勅授宮闈丞景龍中玄宗在藩力士傾心奉之接以恩顧及唐隆平內難昇儲位奏力士屬內坊日侍左右擢授朝散大夫內給事先天中預誅蕭岑等功超拜銀青光祿大夫行內侍同正員開元初加右監門衞將軍知內侍省事玄宗尊重宮闈中官稍稱旨卽授三品將軍門施棨戟故楊思勗黎敬仁林招隱尹鳳祥等貴寵與力士等楊則持節討伐黎林則奉使宣傳尹則主書院其餘孫六韓莊楊八牛仙童劉奉廷王承恩張道斌李大宜朱文輝郭全邊令誠等殿頭供奉監軍入蕃教坊功德主當皆爲委任之務監軍則權過節度出使則列郡辟易其郡縣豐贍中官一至軍則所冀千萬計修功德市鳥獸詣一處則不啻千貫皆在力士可否之玄宗常曰力士當上我寢則穩故常止於宮中稀出外宅若附會者想望風彩以冀吹噓竭肝膽者多矣宇文融李林甫李適之蓋嘉運韋堅楊愼矜王鉷楊國忠安祿山安思順高仙芝因之而取將相高位其餘職不可勝紀肅宗在春宮呼爲二兄諸王公主皆呼阿翁駙馬輩呼爲爺力士於寢殿側簾帷中休息殿側亦有一

院中有修功德處雕甍璀璨窮極精妙力士謹愼無大過然自宇文融已下用權相噬以紊朝綱皆力士之由又與時消息觀其勢候雖至親愛臨覆敗皆不之救力士義父高延福夫妻正授供奉嶺南節度使於潘州求其本母麥氏送長安令兩嫗在堂備於甘脆金吾大將軍程伯獻與力士結爲兄弟麥氏亡伯獻於靈筵散髮具縗絰受賓弔荅十七年贈力士父廣州大都督麥氏越國夫人開元初瀛州呂玄晤作吏京師女有姿色力士娶之爲婦擢玄晤爲少卿刺史子弟皆爲王傅呂夫人卒葬城東葬禮甚盛中外爭致祭贈充溢衢路自第至墓車馬不絕天寶初加力士冠軍大將軍右監門衞大將軍進封渤海郡公七載加驃騎大將軍力士資產殷厚非王侯能擬於來庭坊造寶壽佛寺興寧坊造華封道士觀寶殿珍臺侔於國力於京城西北截澧水作碾並轉五輪日破麥三百斛初寶壽寺鍾成力士齋慶之舉朝畢至凡擊鍾者一擊百千有規其意者擊至二十杵少尚十杵其後又有華州袁思藝特承恩顧然力士巧密人悅之思藝驕倨人士疎懼之十四載置內侍省內侍監兩員秩正三品以力士思藝對任之玄宗幸蜀思藝走投祿山力士從幸成都進封齊國公從上皇還京加開府儀同三司賜實封五百戶上元元年八月上皇移居西內甘露殿力士與內官王承恩魏悅等因侍上皇登長慶樓爲李輔國所構配流黔中道力士至巫州地多薺而不食因感傷而詠之曰兩京作芹賣五谿無人採夷夏雖不同氣味終不改寶應元年三月會赦歸至朗州遇流人言京國事始知上皇厭代力士北望號慟嘔血而卒代宗以其耆宿保護先朝贈揚州大都督陪葬泰陵

李輔國本名靜忠閑廄馬家小兒少爲閹貌陋粗知書計爲僕事高力士年且四十餘令掌廄中簿籍天寶中閑廄使王鉷嘉其畜牧之能薦入東宮祿山之亂玄宗幸蜀輔國侍太子扈從至馬嵬誅楊國忠輔國獻計太子請分玄宗麾下兵北趨朔方以圖興復輔國從至靈武勸太子卽帝位以系人心肅宗卽位擢爲太子家令判元帥府行軍司馬事以心腹委之仍賜名護國四方奏事御前符印軍號一以委之輔國不茹葷血常爲僧行視事之隙手持念珠人皆信以爲善從幸鳳翔授太子詹事改名輔國肅宗還京拜殿中監閑廄五坊宮院營田栽接總監等使又兼隴右羣牧京畿鑄錢長春宮等使勾當少府殿中二監都使至德二年十二月加開府儀同三司進封郕國公食實封五百戶宰臣百司不時奏事皆因輔國上決常在銀臺門受事置察事廳子數十人官吏有小過無不伺知卽加推訊府縣按鞫三司制獄必詣輔國取決隨意區分皆稱制勑無敢異議者每出則甲士數百人衞從中貴人不敢呼其官但呼五郎宰相李揆山東甲族位居台輔見輔國執子弟之禮謂之五父肅宗又爲輔國娶故吏部侍郎元希聲姪擢女爲妻擢弟挹時並引入臺省擢爲梁州長史輔國判元帥行軍司馬專掌禁兵賜內宅居止上皇自蜀還京居興慶宮肅宗自夾城中起居上皇時召伶官奏樂持盈公主往來宮中輔國常陰候其隙而間之上元元年上皇嘗登長慶樓與公主語劍南奏事官過朝謁上皇令公主及如仙媛作主人輔國起微賤貴達日近不爲上皇左右所禮慮恩顧或衰乃潛畫奇謀以自固因持盈待客乃奏云南內有異謀矯詔移上皇居西內送持盈於玉眞觀高力士等皆坐流竄二年八月拜兵部尚書餘官如故詔羣臣於尚書省送上賜御府酒饌太常樂武士戎服夾道朝列畢會輔國驕恣日甚求爲宰臣肅宗曰以公勳力何官不可但未允朝望如何輔國諷僕射裴冕聯章薦己肅宗密謂宰臣蕭華曰輔國欲帶平章事卿等欲有章薦信乎華不對問裴冕曰初無此事吾臂可截宰臣不可得也華復入奏上喜曰冕固堪大用輔國銜之寶應元年四月肅宗寢疾宰臣等不可謁見輔國誣奏華專權請黜之上不許輔國固請不已乃罷華知政事守禮部尚書及帝崩華竟被斥逐代宗卽位輔國與程元振有定策功愈恣橫私奏曰大家但內裏坐外事聽老奴處置代宗怒其不遜以方握禁軍不欲遽責乃尊爲尚父政無巨細皆委參決五月加司空中書令食實封八百戶程元振欲奪其權請上漸加禁制乘其有間乃罷輔國判元帥行軍事其閑廄已下使名並分授諸貴仍移居外輔國始懼茫然失據詔進封博陸王罷中書令許朝朔望輔國欲入中書修謝表閽吏止之曰尚父罷相不合復入此門乃氣憤而言曰老奴死罪事郞君不了請於地下事先帝上猶優詔荅之十月十八日夜盜入輔國第殺輔國攜首臂而去詔刻木首葬之仍贈太傅

程元振以宦者直內侍省累遷至內射生使寶應末肅宗晏駕張皇后與太子有隙恐不附己引越王係入宮欲令監國元振知其謀密告李輔國乃挾太子誅越王并其黨與代宗卽位以功拜飛龍副使右監門將軍上柱國知內侍省事尋代輔國判元帥行軍司馬專制禁兵加鎭軍大將軍右監門衞大將軍封保定縣侯充寶應軍使九月加驃騎大將軍封邠國公贈其父元貞司空母鄒氏趙國夫人是時元振之權甚於輔國軍中呼爲十郎元振常請託於襄陽節度使來瑱瑱不從及元振握權徵瑱入朝瑱遷延不至廣德元年破裴茙遂入朝拜兵部尚書元振欲報私憾誣瑱之罪竟坐誅宰臣裴冕爲肅宗山陵使有事與元振相違乃發小吏贓私貶冕施州刺史來瑱名將裴冕元勳二人旣被誣陷天下方鎭皆解體元振猶以驕豪自處不顧物議九月吐蕃党項入犯京畿下詔徵兵諸道卒無至者十月蕃軍至便橋代宗蒼黃出幸陝州賊陷京師府庫蕩盡及至行在太常博士柳伉上疏切諫誅元振以謝天下代宗顧人情歸咎乃罷元振官放歸田里家在三原十二月車駕還京元振服縗麻於車中入京城以規任用與御史大夫王昇飲酒爲御史所彈詔曰族談錯立法尚不容同惡陰謀議當從重有一於此情實難原程元振性惟兇愎質本庸愚蕞爾之身合當萬死頃已寬其嚴典念其微勞屈法伸恩放歸田里仍乖克己尚未知非旣忘含煦之仁別貯覬覦之望敢爲嘯聚仍欲動搖不令之臣共爲睥睨妄談休咎仍懷怨望束兵累甲變服潛行無顧君親將圖不軌按驗皆是無所逃刑首足異門未云塞責朕猶不忘薄効再捨罪人特寬斧鉞之誅俾正投荒之典宜長流溱州百姓委京兆府差綱遞送路次州縣差人防援至彼捉搦勿許東西縱有非常之赦不在會恩之限凡百寮庶宜體朕懷

魚朝恩天寶末以宦者入內侍省初爲品官給事黃門性黠惠善宣荅通書計至德中常令監軍事九節度討安慶緒於相州不立統帥以朝恩爲觀軍容宣慰處置使觀軍容使名自朝恩始也以功累加左監門衞大將軍時郭子儀頻立大功當代無出其右朝恩妬其功高屢行間諜子儀悉心奉上殊不介意肅宗英悟特察其心故朝恩之間不行自相州之敗史思明再陷河洛朝恩常統禁軍鎭陝以殿東夏廣德元年西蕃入犯京畿代宗幸陝時禁軍不集徵召離散北至華陰朝恩大軍遽至迎奉六師方振繇是深加寵異改爲天下觀軍容宣慰處置使時四方未寧萬務事殷上方注意勳臣朝恩專典神策軍出入禁中賞賜無算朝恩性本凡劣恃勳自伐靡所忌憚時引腐儒及輕薄文士於門下講授經籍作爲文章粗能把筆釋義乃大言於朝士之中自謂有文武才幹以邀恩寵上優遇之加判國子監事光祿鴻臚禮賓內飛龍閑廄等使赴國子監視事特詔宰臣百寮六軍將軍送上京兆府造食教坊賜樂大臣羣官二百餘人皆以本官備章服充附學生列於監之廊下待詔給錢萬貫充食本以供學生廚料朝恩恣橫求取無厭凡有奏請以先允爲度宰臣未有其比大曆二年朝恩獻通化門外賜莊爲寺以資章敬太后冥福仍請以章敬爲名復加興造窮極壯麗以城中材木不足充費乃奏壞曲江亭館華淸宮觀樓及百司行廨將相沒官宅給其用土木之役僅逾萬億三年讓判國子監事加韓國公章敬太后忌日百寮於興唐寺行香朝恩置齋饌於寺外之車坊延宰臣百寮就食朝恩恣口談時政公卿惕息戶部郎中相里造殿中侍御史李衎以正言折之朝恩不悅乃罷會後嘗釋奠於國子監宰臣百寮皆會朝恩講易徵鼎卦覆餗之義以譏元載載心銜之陰圖除去之上以朝恩太橫亦惡之載欲伺其便巧中傷之乃用心腹崔昭爲京兆尹伺朝恩出處昭不悋財賂潛與朝恩黨陝州觀察使皇甫溫相結溫與昭協自是朝恩動靜載皆知之巨細悉以聞上益怒朝恩未之察日以驕橫載奏加朝恩實封又加皇甫溫權位以肆其欲五年朝恩所昵武將劉希暹微有過忤上諷之詔罷朝恩觀軍容使加實封通前一千戶朝恩始疑然每朝謁恩顧如常亦不以載爲意會寒食宴近臣朝恩入謁先是每宴罷必出還營是日有詔留之朝恩始懼言頗悖慢上亦以舊恩不之責是日朝恩還第自經而卒劉希暹亦下獄賜死

希暹出自戎伍有膂力形貌光偉以騎射聞朝恩用之爲神策都虞候封交河郡王善候朝恩意旨深被委信累遷至太僕卿與兵馬使王駕鶴同掌禁兵所爲不法諷朝恩於北軍置獄召坊市兇惡少年羅織城內富人誣以違法捕置獄中忍酷考訊錄其家產並沒於軍或有舉選之士財貨稍殷客於旅舍遇橫死者非一坊市苦之謂之入地牢捕賊吏有賈明觀者尤凶蠹以屢置大獄家產巨萬希暹黨之地在禁寄人無敢言者朝恩死上寬宥之以素志非順慮不見容常自疑懼與王駕鶴聯職希暹辭多不遜駕鶴純謹上信任之至是以希暹語上聞乃誅之

賈明觀者本萬年縣捕賊吏事希暹恣爲兇惡毒甚豺狼朝恩希暹旣死元載復受明觀姦謀潛容之特奏令江西効力明觀將出城百姓數萬人懷磚石候之載令

市吏止約明觀在洪州二年觀察使魏少遊容之及路嗣恭代少遊至郡之日召明觀笞殺之識者滅魏之名多路之正朝恩素待禮部尚書裴士淹戶部侍郎判度支第五琦二人亦坐貶官

竇文場霍仙鳴者始在東宮事德宗初魚朝恩誅後內官不復典兵德宗以親軍委白志貞志貞多納豪民賂補爲軍士取其傭直身無在軍者但以名籍請給而已涇師之亂帝召禁軍禦賊志貞召集無素是時並無至者唯文場仙鳴率諸宦者及親王左右從行志貞貶官左右禁旅悉委文場主之從幸山南兩軍漸集德宗還京頗忌宿將凡握兵多者悉罷之禁旅文場仙鳴分統焉貞元十二年六月特立護軍中尉兩員中護軍兩員以帥禁軍乃以文場爲左神策護軍中尉仙鳴爲右神策護軍中尉右神威軍使張尚進爲右神策中護軍內謁者監焦希望爲左神策中護軍自文場等始也時竇霍之權振於天下藩鎮節將多出禁軍臺省清要時出其門文場累加驃騎大將軍是歲仙鳴病帝賜馬十匹令於諸寺爲僧齋以祈福久病不愈十四年倉卒而卒上疑左右小使正將食中加毒配流者數十人仙鳴死後以開府內常侍第五守亮爲右軍中尉文場連表請致仕許之十五年已後楊志廉孫榮義爲左右軍中尉亦踵竇霍之事怙寵驕恣貪利冒寵之徒利其納賂多附麗之至於貞元末宦官復盛順宗即位王叔文用事與韋執誼謀奪神策軍權乃用宿將范希朝爲京西北禁軍都將事未行爲內官俱文珍等所排叔文貶而止

俱文珍貞元末宦官後從義父姓曰劉貞亮性忠正剛而蹈義順宗即位風疾不能視朝政而宦官李忠言與牛美人侍病美人受旨於帝復宣之於忠言忠言授之王叔文叔文與朝士柳宗元劉禹錫韓曄等圖議然後下中書俾韋執誼施行故王之權振天下叔文欲奪宦者兵權每忠言宣命內臣無敢言者唯貞亮建議與之爭知其朋徒熾慮隳朝政乃與中官劉光琦薛文珍尚衍解玉等謀奏請立廣陵王爲皇太子勾當軍國大事順宗可之貞亮遂召學士衛次公鄭絪李程王涯入金鑾殿草立儲君詔及太子受內禪盡逐叔文之黨政事悉委舊臣時議嘉貞亮之忠藎累遷至右衛大將軍知內侍省事元和八年卒憲宗思其翊戴之功贈開府儀同三司

吐突承璀幼以小黃門直東宮性慧敏有才幹憲宗即位授內常侍知內省事左監門將軍俄授左軍中尉功德使四年王承宗叛詔以承璀爲河中河南浙西宣歙等道赴鎮州行營兵馬招討等使內侍省常侍宋惟澄爲河南陝州河陽已東館驛使內官曹進玉劉國珍馬江朝等分爲河北行營糧料館驛等使諫官御史上疏相屬皆言自古無中貴人爲兵馬統帥者補闕獨孤郁段平仲尤激切憲宗不獲已改爲充鎮州已東招撫處置等使及承璀率禁軍上路帝御通化門樓慰諭遣之出師經年無功乃遣密人告王承宗令上疏待罪許以罷兵爲解仍奏昭義節度使盧從史素與賊通許爲承宗求節鉞乃誘潞州牙將烏重胤謀執從史送京師及承宗表至朝廷議罷兵承璀班師仍爲禁軍中尉段平仲抗疏極論承璀輕謀弊賦請斬之以謝天下憲宗不獲已降爲軍器使俄復爲左衛上將軍知內侍省事時弓箭庫使劉希先取羽林大將軍孫璹錢二十萬以求方鎮事發賜死辭相告訐事連承璀乃出爲淮南節度監軍使太子通事舍人李涉性狂險投匭上書論希先承璀無罪不宜貶戮諫議大夫知匭事孔戣見涉疏之副本不受其章涉持疏於光順門欲進之戣上疏論其織邪貶涉硤州司倉上待承璀之意未已而宰相李絳在翰林時數論承璀之過故出之八年欲召承璀還乃罷絳相位承璀還復爲神策中尉惠昭太子薨承璀建議請立澧王寬爲太子憲宗不納立遂王宥穆宗即位銜承璀不佑己誅之敬宗時中尉馬存亮論承璀之冤詔雪之仍令假子士曬以禮收葬

王守澄元和末宦者憲宗疾大漸內官陳弘慶等弒逆憲宗英武威德在人內官秘之不敢除討但云藥發暴崩時守澄與中尉馬進潭梁守謙劉承偕韋元素等定冊立穆宗皇帝長慶中守澄知樞密事初元和中守澄爲徐州監軍遇翼城醫人鄭注出入節度使李愬家注敏悟過人博通典藝碁弈醫卜尤臻於妙人見之者無不歡然注嘗爲李愬煮黃金服一刀圭可愈痿弱重腿之疾復能反老成童愬與守澄服之頗効守澄知樞密薦引入禁中穆宗待之亦厚注多奇詭每與守澄言必通夕文宗即位守澄爲驃騎大將軍充右軍中尉注復得幸於文宗後依倚守澄大爲姦弊文宗以元和逆黨尚在其黨大盛心常憤惋端居不怡翰林學士宋申錫嘗獨對探知上畧言其意申錫請漸除其偪帝亦以申錫沉厚有方畧爲其事可成乃用爲宰相申錫謀未果爲注所察守澄乃令軍吏豆盧著誣告申錫與漳王謀逆申錫坐貶宰相李逢吉從子訓與注交通訓亦機詭萬端二人情義相得俱爲守澄所重復引訓入禁中爲上講周易既得幸又探知帝旨復以除宦官謀中帝意帝以訓才辯縱橫以爲其事必捷待以殊寵自流人中用爲學官充侍講學士時仇士良有翌上之功爲守澄所抑位未通顯訓奏用士良分守澄之權乃以士良爲左軍中尉守澄不悅兩相矛盾訓因其惡大和元年帝令內養李好古賫酖賜守澄秘而不發守澄死仍贈揚州大都督其弟守涓爲徐州監軍召還至中牟誅之守澄豢養訓注反罹其禍人皆快其受佞而惡訓注之陰狡李訓既殺守澄復惡鄭注乃奏用注爲鳳翔節度使訓欲盡誅宦官乃與金吾將軍韓約新除太原節度使王璠新除邠寧節度使郭行餘權御史中丞李孝本權京兆尹羅立言謀其年十一月二十一日上御宣政殿百寮班定韓約不奏平安乃奏曰臣當仗廨內石榴樹夜來降甘露請陛下幸仗舍觀之帝乘輦趨金吾仗中尉仇士良與諸宦官先往石榴樹觀之伺知其詐又聞幕下兵仗聲蒼黃而還奏曰南衙有變遂扶帝輦入閤門李訓從輦大呼曰邠寧太原之兵何不赴難衛乘輿者人賞百千於是誰何之卒及御史臺從人持兵入宣政殿院宦官死者甚衆輦既入閤門內官呼萬歲俄而士良等率禁兵五百餘人露刃出東上閤門逢人即殺王涯賈餗舒元輿李訓等四人宰相及王璠郭行餘等十一人屍橫闕下自是權歸士良與魚弘志至宣宗即位復誅其太甚者而閹寺之勢仍握軍權之重焉

田令孜本姓陳咸通中從義父入內侍省爲宦者頗知書有謀畧自諸司小使監諸鎮用兵累遷神策中尉左監門衛大將軍乾符中盜起關東諸軍誅盜以令孜爲觀軍容制置左右神策護駕十軍等使京師不守從僖宗幸蜀鑾輿返正令孜頗有匡佐之功時令孜威權振天下時關中寇亂初平國用虛竭諸軍不給令孜請以安邑解縣兩池榷鹽課利全隸神策軍詔下河中王重榮抗章論列言使名久例隸當道省賦自有常規令孜怒用王處存爲河中節度使重榮不奉詔令孜率禁軍討之重榮引太原軍爲援戰於沙苑禁軍大敗京師復亂僖宗出幸寶雞又移幸山南方鎮皆憾令孜生事令孜懼引前樞密楊復恭代己從幸梁州求爲西川監軍西川節度使陳敬瑄即令孜之弟也昭宗即位三川大亂詔宰相韋昭度鎮西川陳敬瑄不受代令孜引閬州刺史王建爲援建素以父事令孜時建方亂東川閬其召也以西蜀可圖欣然赴之建以所領千餘兵至漢州陳敬瑄以建雄豪難制辭而遣之建曰十軍阿父召子及門而拒鄰藩聞之孰肯相容爲予報令公建至此無所歸也遂遣使上表請討陳敬瑄以自効朝廷嘉之即命昭度爲招討入蜀加兵經年無功昭度還京建遂絕棧道不通詔使歲中急擊成都陳敬瑄計窘遣令孜出城與建通和建竟自爲蜀帥令孜以義父之故依倚仍舊監軍事既而陳敬瑄遇酖令孜亦爲建所殺

楊復光內常侍楊玄价之養子也幼以宦者入內侍省慷慨負節義有籌畧爲小黃門監鎮兵征討乾符中賊渠黃巢之犯江西復光爲排陣使遣判官吳彥宏入城喻朝旨巢即令其將尚君長奉表歸國招討使宋威害其功併兵擊賊巢怒復作剽朝廷誅尚君長怨怒愈深宋威戰敗復光總其兵權進攻洪州擒賊將徐唐莒詔以荊南節度使王鐸爲招討代宋威復光監忠武軍屯于鄧州以遏賊衝京師陷賊節度使周岌受僞命賊使往來旁午岌嘗夜宴急召復光左右曰周公歸賊必謀害內侍不如勿往復光曰事勢如此義不圖全即赴之酒酣岌言本朝事復光因泣下良久曰丈夫所感者恩義而規利害非丈夫也公自匹夫享公侯之貴豈捨十八葉天子而北面臣賊何恩義利害之可言乎聲淚俱發岌亦爲之流涕岌曰吾不能獨力拒賊貌奉而心圖之故召公瀝酒爲盟是夜復光遣其養子守亮殺賊使於傳舍時秦宗權叛岌據蔡州復光得忠武之師三千入蔡州說宗權俾同義舉宗權遣將王淑率衆萬人從復光收荊襄次鄧州王淑逗留不進復光斬之併其軍分爲八都鹿晏弘晉暉李師泰王建韓建等皆八都之大將也進攻南陽賊將朱溫何勤來逆戰復光敗之進收鄧州獻捷行在中和元年五月也復光乘勝追賊至藍橋丁母憂還尋起復受詔充天下兵馬都監押諸軍入定關輔王重榮爲東面招討使復光以兵會之二年七月至河中賊將朱溫守同州復光遣使諭之九月溫以所部來降時賊將李翔守華州巢寇益盛王重榮憂之謂復光曰臣賊則負國拒戰則兵微今日成敗未可知也公其圖之復光曰鴈門李僕射以雄武振北陲其家尊與吾先世同患難李鴈門奮不顧身自播遷已來徵兵未至者蓋太原阻路也如以朝旨諭鄭公詔到其軍必至重榮曰善王鐸遣使奉墨詔之太原太原以兵從之及收京城三敗巢賊復光與其子守亮守宗等身先犯難功烈居多其年六月卒於河中時年四十二復光雖黃門近幸然慷慨有大志善撫士卒及死之日軍

中慟哭累日身後平賊立功者多是復光部下門人故將也諸假子守亮興元節度使守宗忠武節度使守信商州防禦使守忠洋州節度使其餘以守爲名者數十人皆爲牧守將帥

楊復恭貞元末中尉楊志廉之後志廉子欽義大中朝爲神策中尉欽義子三人玄翼玄价玄寔玄翼咸通中掌樞密玄寔乾符中爲右軍中尉玄价河陽監軍復恭即玄翼子也以父芻爲宦者入內侍省知書有學術每監諸鎮兵龐勛之亂監陣有功自河南監軍入爲宣徽使咸通十年玄翼卒起復爲樞密使時黃巢犯闕左軍中尉田令孜爲天下觀軍容制置使專制中外復恭每事力爭得失令孜怒左授復恭飛龍使乃稱疾退於藍田僖宗自蜀還京田令孜出師失律車駕再幸山南復用復恭爲樞密使尋代令孜爲右軍中尉時行在制置內外經畧皆出於復恭車駕還京授觀軍容使封魏國公僖宗晏駕迎壽王踐祚文德元年加開府金吾上將軍專典禁兵既軍權在手頗擅朝政昭宗惡之政事多訪於宰臣故韋昭度張濬杜讓能每有陳奏即舉大中故事稍抑宦者之權上性明察由是偏聽之釁生焉國舅王瓌頗居中任事復恭惡之奏授黔南節度至吉柏江覆舟而沒物議歸咎於復恭上每切齒道復恭復恭假子天威軍使守立權勇冠於六軍人皆避之上欲畀復恭懼守立爲亂乃謂復恭曰吾要卿家守立在左右可進來乃賜姓李名順節恩寵特異勢侔樞要乃與復恭爭權每中傷其陰事授順節鎮海軍節度使同平章事大順二年九月詔復恭致仕賜杖履復恭既失勢欲退止商山別居第在昭化里近玉山營假子守信爲玉山軍使守信時候復恭於其第或誣告云玉山軍使與復恭謀亂詔李順節率禁軍攻之昭宗御延喜樓守信以兵拒之順節屢敗際晚守信復恭挈其族出通化門趨興元守信令部將張綰殿其後綰戰敗被擒復恭至興元節度使楊守亮乃糾合諸守義兄弟舉兵以討順節爲名天子詔李茂貞王行瑜討之明年守亮兵敗復恭與守亮挈其族將奔太原入商山至乾元縣爲華州兵所獲執送京師皆梟首於市李茂貞收興元進復恭前後與守亮私書六十紙內訴致仕之由云承天是隋家舊業大姪但積粟訓兵不要進奉吾於荆榛中援立壽王有如此負心門生天子既得尊位乃廢定策國老其不遜如是後復恭假子彥博奔太原收復恭骸骨葬於介休縣之抱腹山復恭之後宦者西門重遂爲右軍中尉李茂貞初併山南兵衆强盛干預朝政宰相杜讓能與重遂等謀誅之師興爲茂貞所敗重遂被誅乃以內官駱全瓘劉景宣爲左右軍中尉乾寧二年春李茂貞王行瑜以兵入朝殺宰相韋昭度李谿河東節度使李克用率師渡河討邠岐二帥軍於渭北駱全瓘與茂貞宿衛將閻圭脅天子幸岐州昭宗莽黃幸莎城茂貞以太原問罪乃誅全瓘閻圭以自解昭宗幸華州宦官稍微及光化還宮內官景務修宋道弼復專國政宰相崔胤深惡之中外不睦宰相徐彥若王搏有度量見其陰險相傾懼危時事嘗奏曰人君當務大體平心御物無有偏私偏任偏聽古人所患今中官怙寵道路目之皆知此弊然未能卒改俟多難漸平以道消息之陛下勿泄聖謨啟其姦詐崔胤知搏所奏頗銜之他日見上曰王搏姦邪已爲敕使外應不可在相位二年六月貶搏官賜死於藍田道弼務修亦賜死以樞密使劉季述王奉先爲兩軍中尉出徐彥若鎮南海崔胤秉政而排擯宦官季述等外結藩侯以爲黨援十一月六日季述矯詔以皇太子監國遂廢昭宗居東內奪傳國寶授太子昭宗以何皇后宮嬪數人隨行幽于東宮季述手持銀檛於上前以檛畫地數上罪狀云某時某事你不從我言其罪一也其悖逆如此乃令李師虔以兵圍之鎔錫錮其扃鐍時方凝冽嬪御無被哭聲聞于外穴牆通食者兩月十二月晦崔胤等謀反正誅季述奉先復迎昭宗即位改元天復元年其歲十一月朱全忠寇河中華州陷之京師震恐中尉韓全誨請上且幸鳳翔全忠追逼乘輿兵圍鳳翔者累年三年正月茂貞殺兩軍中尉韓全誨張弘彥樞密使袁易簡周敬容等二十二人皆斬首以布囊貯之令學士薛貽矩送於全忠求和是月全忠迎駕還長安詔以崔胤爲宰相兼判六軍諸衞亂奏曰高祖太宗承平時無內官典軍旅自天寶已後宦官寖盛貞元元和分羽林衞爲左右神策軍使衞從令宦官主之唯以二千人爲定制自是參掌樞密由是內務百司皆歸宦者上下彌縫共爲不法大則傾覆朝政小則構扇藩方車駕頻致播遷朝廷漸加微弱原其禍作始自中人自先帝臨御已來陛下纂承之後朋儕日熾交亂朝綱此不剪其本根終爲國之蟊賊內諸司使務宦官主者望一切罷之諸道監軍使並追赴闕廷即國家萬世之便也詔曰宦官之典肇于秦漢趙高閻樂竟滅嬴宗張讓段珪遂傾劉祚肆其志則國必受禍悟其事則運可延長朕所以斷在不疑祈天永命者也先皇帝嗣位之始年在幼沖羣豎相推奄專大政於是毒流宇內兵起山東遷幸三川幾淪神器迴鑾之始率土思安而田令孜妬能忌功遷搖近鎮陳倉播越患難相仍洎朕纂承益相侮慢復恭重遂逞其禍道弼季述繼其兇幽辱朕躬夌脅孺子天復返正罪已求安兩軍內樞一切假借韓全誨等每懷憤惋嘗務報讎視將相若血仇輕君上如木偶未周星歲竟致播遷及在岐陽過於羈紲上憂宗社傾墜下痛民庶流離茫然孤居無所控告全忠位兼二柄深識朕心駐兵近及於三年獨斷方誅於元惡今謝罪郊廟即宅宮闈正刑富在於事初除惡宜絕其根本先朝及朕五致播遷王畿之甿減耗太半父不能庇子夫不能妻室言念于茲痛深骨髓其誰之罪爾輩之由帝王之爲治也內有宰輔卿士外有藩翰大臣豈可令刑餘之人參預大政況此輩皆朕之家臣也比於人臣之家則奴隸之流恣橫如此罪惡貫盈天命誅之罪豈能捨橫屍伏法固不足矜含容久之亦所多愧其第五可範已下並宜賜死其在畿甸同華河中並盡底處置訖諸道監軍使已下及管內經過并居停內使勑到並仰隨處誅夷訖聞奏已令準國朝故事量留三十人各賜黃絹衫一領以備宮內指使仍不得輒有養男其左右神策軍並令停廢是日諸司宦官百餘人及隨駕鳳翔羣小又二百餘人一時斬首於內侍省血流塗地及宮人宋柔等十一人兩街僧道與內官相善者二十餘人並笞死於京兆府內諸司一切罷之皆歸省寺自是京城並無宦官天子每宣傳詔命即令宮人出入崔胤雖復仇快志國祚旋亦覆亡悲夫

贊曰崇墉大廈壯其楹礎殿邦禦侮亦俟明德宵人意禍動不量力投鼠敗器良堪太息

舊唐書卷一百八十四考證

魚朝恩傳大臣羣官二百餘人皆以本官備章服充附學生○臣酉按新書大臣子弟二百餘人朱紫雜然爲附學生則子弟二字爲今此云羣官誤矣

賈明觀傳朝恩希暹既死元載復受希暹姦謀○臣酉按希暹已死當是明觀今改正

楊復恭傳乃糾合諸守義兄弟○臣酉按諸字無義當是諸字復光傳云諸假子以守爲名者數十人即此所謂諸守也今改正

# 舊唐書卷一百八十五上

後晉司空同中書門下平章事劉　昫撰

列傳卷第一百三十五

## 良吏上



漢宣帝曰使政平訟息民無愁歎與我共理其惟良二千石乎故漢代命官重外輕內郎官出宰百里郡守入作三公世祖中興尤深吏術慎選名儒爲輔相不以吏事責功臣政優則增秩賜金績負則論輸左校選任之道皇漢其優隋政不綱彝倫斯紊天子事巡遊而務征伐具寮逞側媚而竊恩權是時朝廷無正人方岳無廉吏跨州連郡莫非豺虎之流佩紫懷黃悉奮爪牙之毒以至土崩不救旋踵而亡武德之初餘風未殄太宗皇帝削平亂迹湔洗污風唯思稼穡之艱不以珠璣爲寶以是人知恥格俗尚貞修太平之基率由茲道洎天后玄宗之代貞元長慶之間或以卿士大夫涖方州或以御史郎官宰畿甸行古道也所病不能自武德已還歷年三百其間岳牧不乏循良今錄其政術有聞爲之立傳所冀表吏師而儆不恪也

韋仁壽雍州萬年人也大業末爲蜀郡司法書佐斷獄平恕其得罪者皆曰韋君所斷死而無恨高祖入關遣使定巴蜀使者承制拜仁壽巂州都督府長史時南寧州內附朝廷每遣使安撫類皆受賄邊人患之或有叛者高祖以仁壽素有能名令檢校南寧州都督寄聽政於越巂使每歲一至其地以慰撫之仁壽將兵五百人至西洱河承制置八州十七縣授其豪帥爲牧宰法令清肅人懷歡悅及將還酋長號泣曰天子遣公鎮撫南寧何得便去仁壽以城池未立爲辭諸酋長乃相與築城立廨舍旬日而就仁壽又曰吾奉詔但令巡撫不敢擅住及將歸蠻夷父老各揮涕相送因遣子弟隨之入朝貢方物高祖大悅仁壽復請徙居南寧以兵鎮守有詔特聽以便宜從事令益州給兵送之刺史竇軌害其功託以蜀中山獠反叛未遑遠略不時發遣經歲餘仁壽病卒

陳君賓陳鄱陽王伯山子也仕隋爲襄國太守武德初以郡歸欵封東陽公拜邢州刺史貞觀元年累轉鄧州

刺史州邑喪亂之後百姓流離君賓至纔朞月皆來復業二年天下諸州並遭霜澇君賓一境獨免當年多有儲積蒲虞等州戶口盡入其境逐食太宗下詔勞之曰朕以隋末亂離毒被海內率土百姓零落殆盡州里蕭條十不存一寤寐思之心焉若疚是以日昃忘食未明求衣曉夜孜孜唯以安養為慮每見水旱降災霜雹失所撫躬責己自慙德薄恐貧乏之黎庶不免饑餒傾竭倉廩普加賑恤其有一人絕食若朕奪之分命庶寮盡心匡救去年關內六州及蒲虞陝鼎等復遭亢旱禾稼不登糧儲既少遂令分房就食比聞刺史以下及百姓等並識朕懷逐糧戶到遞相安養迴還之日各有贏糧乃別齎布帛以申贈遺如此用意嘉歎良深一則知水旱無常彼此遞相拯贍不慮凶年二則知禮讓興行輕財重義四海士庶皆為兄弟變澆薄之風敦仁慈之俗政化如此朕復何憂其安置客口官人支配得所並令考司錄為功最養戶百姓不悋財帛已勑下者免今年調物宜知此意善相勸勉其年入為太府少卿轉少府少監九年坐事除名後起授虔州刺史卒

張允濟青州北海人也隋大業中為武陽令務以德教訓下百姓懷之元武縣與其鄰接有人以牸牛依其妻家者八九年牛孳產至十餘頭及將異居妻家不與縣司累政不能決其人詣武陽質於允濟允濟曰爾自有令何至此也其人垂泣不止具言所以允濟遂令左右縛牛主以衫蒙其頭將詣妻家村中云捕盜牛賊召村中牛悉集各問所從來處妻家不知其故恐被連及指其所訴牛曰此是女壻家牛也非我所知允濟遂發蒙謂妻家人曰此即女壻可以牛歸之妻家叩頭服罪元武縣司聞之皆大慙又嘗道逢一老母種葱者結菴守之允濟謂母曰但歸不煩守也若遇盜當來告令老母如其言居一宿而葱大失母以告允濟悉召葱地十里中男女畢集允濟呼前驗問果得盜葱者曾有行人候曉先發遺衫於道行十數里方覺或謂曰我武陽境內路不拾遺但能迴取物必當在如言果得遠近稱之政績尤異遷高陽郡丞時無郡將允濟獨統大郡吏人畏悅及賊帥王須拔攻圍時城中糧盡吏人取槐葉藁節食之竟無叛者貞觀初累遷刑部侍郎封武城縣男出為幽州刺史尋卒

李桐客冀州衡水人也仕隋為門下錄事大業末煬帝幸江都時四方兵起謀欲徙都丹陽召百寮會議公卿希旨俱言江右黔黎皆思望幸巡狩吳會勒石紀功復禹之跡今其時也桐客獨議曰江南卑濕地狹州小內奉萬乘外給三軍吳人力屈不堪命且踰越險阻非社稷之福御史奏桐客謗毀朝政僅而獲免後隋滅從宇文化及至黎陽轉沒竇建德建德平太宗召授秦府法曹參軍貞觀初累遷通巴二州所在清平流譽百姓呼為慈父後卒於家

李素立趙州高邑人北齊梁州刺史義深曾孫也祖騤散騎常侍父政藻隋水部郎中大業末充使淮南為盜所殺素立武德初為監察御史時有犯法不至死者高祖特命殺之素立諫曰三尺之法與天下共之法一動搖則人無所措手足陛下甫創鴻業遐荒尚阻奈何輦轂之下便棄刑書臣忝法司不敢奉旨高祖從之自是屢承恩顧素立尋丁憂高祖令所司奪情授以七品清要官所司擬雍州司戶參軍高祖曰此官要而不清又擬秘書郎高祖曰此官清而不要遂擢授侍御史高祖曰此官清而復要貞觀中累轉揚州大都督府司馬時突厥鐵勒部相率內附太宗於其地置瀚海都護府以統之以素立為瀚海都護又有闕泥孰別部猶為邊患素立遣使招諭降之夷人感其惠率馬牛以饋素立素立唯受其酒一盃餘悉還之為建立廨舍開置屯田久之轉綿州刺史永徽初遷蒲州刺史及將之任所餘糧儲及什物皆令州司收之唯齎己之書籍而去道病卒高宗聞而特為廢朝一日謚曰平其孫至遠有重名長壽中為天官郎中內史李昭德重其才薦於則天擢令知流內選事或勸至遠謝其私恩至遠曰李公以公見用豈得以私謁也竟不謝遂為昭德所銜因事出為壁州刺史卒至遠子畬初為汜水主簿處事敏速有聲稱雖村童廝養之輩一閱之後無不知替代姓名者累轉國子司業事母甚謹閨門邕睦累代同居每歲時拜慶長幼男女咸有禮節及妻卒時母已先病惟恐傷母意約家人不令哭聲使聞于母朝夕定省不曾見其憂念之色士友甚以此稱之及母終過毀卒于喪至遠弟從遠景雲中歷黃門侍郎太府卿素立從兄子遊道則天時官至冬官尚書同鳳閣鸞臺三品

薛大鼎蒲州汾陽人周太子少傅博平公善孫也父粹隋介州長史漢王諒謀反授絳州刺史諒敗伏誅大鼎以年幼免死配流辰州後得還鄉里義旗初建於龍門謁高祖因說請勿攻河東從龍門直渡據永豐倉傳檄遠近則足食足兵既總天府據百二之所斯亦拊背扼喉之計高祖深然之時將士咸請先攻河東遂從衆議授大將軍府察非掾貞觀中累轉鴻臚少卿滄州刺史州界有無棣河隋末塡廢大鼎奏開之引魚鹽於海百姓歌之曰新河得通舟檝利直達滄海魚鹽至昔日徒行今騁駟美哉薛公德滂被大鼎又以州界卑下遂決長蘆及漳衡等三河分洩夏潦境內無復水害時與瀛州刺史賈敦頤曹州刺史鄭德本俱有美政河北稱為鐺腳刺史永徽四年授銀青光祿大夫行荊州大都督府長史明年卒有二子克構克勤克構天授中官至麟臺監克勤歷司農少卿為來俊臣所陷伏誅克構坐配流嶺表而死

賈敦頤曹州冤句人也貞觀中歷遷滄州刺史在職清潔每入朝盡室而行唯弊車一乘羸馬數匹羈勒有闕以繩為之見者不知其刺史也二十三年轉瀛州刺史州界滹沱河及滱水每歲泛溢漂流居人敦頤奏立隄堰自是無復水患永徽五年累遷洛州刺史時豪富之室皆籍外占田敦頤都括獲三千餘頃以給貧乏又發姦擿伏有若神明弟敦實貞觀中為饒陽令政化清靜老幼懷之時敦頤復授瀛州刺史舊制大功以上不復連官朝廷以其兄弟在職俱有能名竟不遷替咸亨元年累轉洛州長史甚有惠政時洛陽令楊德幹杖殺人吏以立威名敦實曰政在養人義須存撫傷生過多雖能亦不足貴也常抑止德幹德幹亦為之稍減四年遷太子右庶子初敦頤為洛州刺史百姓共樹碑于大市通衢及敦實去職復刻石頌美立于兄之碑側時人號為棠棣碑敦實後為懷州刺史永淳初以年老致仕及病篤子孫迎醫視之敦實曰未聞良醫能治老也終不服藥垂拱四年卒時年九十餘子膺福先天中歷左散騎常侍昭文館學士坐預竇懷貞等謀逆伏誅

李君球齊州平陵人也父義滿屬隋亂糺合宗黨保固村閭外盜不敢侵逼以功累授齊郡通守武德初遣申誠款詔以其宅為譚州仍拜為總管封平陵郡公君球少任俠頗涉書籍貞觀中齊州都督齊王據州城舉兵作亂君球與兄子行均守縣城事平太宗聞而嘉之擢授游擊將軍仍改其本縣為全節縣君球累補左驍衛義全府折衝都尉龍朔三年高宗將代高麗君球上疏諫曰臣聞心之病者不能緩聲事之急者不能安言性之慈者不能隱情且食君之祿者死君之事今臣食陛下之祿矣其敢愛身乎臣聞司馬法曰國雖大好戰必亡天下雖安忘戰必危兵者凶器戰者危事故聖主明王重行之也愛人力之盡恐府庫之殫懼社稷之危生中國之患故古人云務廣德者昌務廣地者亡昔秦始皇好戰不已至于失國是不愛其內而務其外故也漢武遠討朔方追乎萬里廣拓南海分為八郡終於戶口減半國用空虛至於末年方垂哀痛之詔自悔其失彼高麗者僻側小醜潛藏山海之間得其人不足以彰聖化棄其地不足以損天威何至乎疲中國之人傾府庫之實使男子不得耕耘女子不得蠶織陛下為人父母不垂惻隱之心傾其有限之資貪於無用之地設令高麗既滅即不得不發兵鎮守少發則兵威不足多發則人心不安是乃疲於轉戍萬姓無聊生也萬姓無聊即天下敗矣天下既敗陛下何以自安故臣以為征之不如不征滅之不如不滅書奏不納尋遷蔚州刺史未行改為興州刺史累遷揚州大都督府長史政尚嚴肅人吏憚之盜賊屏跡高宗頻降書勞勉時有吐谷渾犯塞以君球素有威重轉為靈州都督尋卒官

崔知溫許州鄢陵人祖樞司農卿父義眞陝州刺史知溫初為左千牛麟德中累轉靈州都督府司馬州界有渾斛薛部落萬餘帳數侵掠居人百姓咸廢農業習騎射以備之知溫表請徙於河北斛薛不願遷移時將軍契苾何力為之言於高宗遂寢其奏知溫前後十五上詔竟從之於是百姓始就耕穫後斛薛入朝因過州謝曰前蒙奏徙河北實有怨心然牧地膏腴水草不乏部落日富始荷公恩拜伏而去知溫四遷蘭州刺史會有党項三萬餘衆來寇州城城內勝兵既少衆大懼不知所為知溫使開城門延賊賊恐有伏不敢進俄而將軍權善才率兵來救大破党項之衆善才因其降欲盡坑之以絕後患知溫曰弗逆克奔古人之善戰誅無噍類禍及後昆又谿谷崢嶸草木幽蔚萬一變生悔之何及善才然其計又欲分降口五百人以與知溫知溫曰向論安危之策乃公事也豈圖私利哉固辭不受党項餘衆由是悉來降附知溫累遷尚書左丞轉黃門侍郎同中書門下三品兼修國史永隆二年七月遷中書令永淳三年三月卒年五十七贈荊州大都督子泰之開元中官至工部尚書少子諤之諤之神龍初為將作少匠預誅張易之有功封博陵縣侯賜實封二百戶開元初累遷少府監知溫兄知悌知悌高宗時官至戶部尚書

高智周常州晉陵人少好學舉進士累補費縣令與丞尉均分俸錢政化大行人吏刊石以頌之尋授秘書郎弘文館直學士預撰瑤山玉彩文館辭林等三遷蘭臺

大夫時孝敬在東宮智周與司文郎中賀凱司經大夫王眞儒等俱以儒學詔授爲侍讀總章元年請假歸葬其父母因謂所親曰知進而不知退取患之道也廼稱疾去職俄起授壽州刺史政存寬惠百姓安之每行部必先召學官見諸生試其講誦訪以經義及時政得失然後問及墾田獄訟之事咸亨二年召拜正諫大夫兼檢校禮部侍郎尋遷黃門侍郎同中書門下三品兼修國史俄轉御史大夫累表固辭煩劇之任高宗嘉其意拜右散騎常侍又請致仕許之永淳二年十月卒於家年八十二贈越州都督府智周少與鄉人蔣子慎善同詣善相者曰明公位極人臣而胤嗣微弱蔣侯官祿至薄而子孫轉盛子慎後累年爲建安尉卒其子繪來謁智周智周已貴矣曰吾與子父有故子復有才因以女妻之永淳中爲緱氏尉鄭州司兵卒繪子捷擧進士開元中歷臺省仕至湖延二州刺史子貴贈揚州大都督捷子冽渙並進士及第冽歷禮吏戶部三侍郎尚書左丞渙天寶末給事中永泰初右散騎常侍高氏殄滅已久果符相者之言初冽兄弟在父艱廬於墓側植松栢千餘株又同時榮貴人推其友愛冽子錬渙子銖亦進士擧

田仁會雍州長安人祖軌隋幽州刺史信都郡公父弘陵州刺史襲信都郡公仁會武德初應制擧授左衞兵曹累遷左武候中郎將貞觀十八年太宗征遼發後薛延陁數萬騎抄河南太宗令仁會及執失思力率兵擊破之逐北數百里延陁脫身走免太宗嘉其功降璽書慰勞永徽二年授平州刺史勸學務農稱爲善政轉郢州刺史屬時旱仁會自曝祈禱竟獲甘澤其年大熟百姓歌曰父母育我田使君精誠爲人上天聞田中致雨山出雲倉廩既實禮義申但願常在不患貧五遷勝州都督州界有山賊阻險刼奪行李仁會發騎盡捕殺之自是外戶不閉盜賊絕跡入爲太府少卿麟德二年轉右金吾將軍所得祿俸估外有餘輒以納官時人頗譏其邀名仁會強力疾惡晝夜巡警自宮城至於衢路絲毫越法無不立發每日庭引百餘人躬自閱罰略無寬者京城貴賤咸畏憚之時有女巫蔡氏以鬼道惑衆自云能令死者復生市里以爲神明仁會驗其假妄奏請徙邊高宗曰若死者不活便是妖妄若死者得生更是罪過竟依仁會所奏仁會總章二年遷太常正卿咸亨初又轉右衞將軍以年老致仕儀鳳四年卒年七十八謚曰威神龍中以子歸道贈戶部尚書歸道弱冠明經擧長壽中累補司賓丞仍通事舍人內供奉久之轉左衞郎將聖曆初突厥默啜遣使請和制遣左豹韜衞將軍閻知微入蕃册爲立功報國可汗默啜又遣使入朝謝恩知微遇諸途便與之緋袍銀帶兼表請蕃使入都日大備陳設歸道上言曰突厥背恩積稔悔過來朝宜待聖恩寬其罪戾解辮削衽須稟天慈知微擅與袍帶國家更將何物充賜望反初服以俟朝恩且小蕃使到不勞大備之儀則天然之及默啜將至單于都護府乃令歸道攝司賓卿迎勞之默啜又奏請六胡州及單于都護府之地則天不許默啜深怨遂拘縶歸道將害之歸道辭色不撓更責以無厭求請兼諭其禍福默啜意稍解會有制賜默啜粟三萬碩雜綵五萬段農器三千事并許之結婚於是歸道得還遂面陳默啜不利之狀請加防禦則天納焉頃之默啜果叛挾閻知微入寇趙定等州擢拜歸道夏官侍郎甚見親委累遷左金吾將軍司膳卿兼押千騎未幾除尚方監加銀青光祿大夫轉殿中監仍令依舊押千騎宿衞於玄武門敬暉等討張易之昌宗也遣使就索千騎歸道既先不預謀拒而不與及事定暉等將誅之歸道執辭免令歸私第中宗嘉其忠壯召拜太僕少卿驟除殿中少監右金吾將軍歲餘病卒贈輔國大將軍追封原國公中宗親爲文以祭之子賓庭開元中爲光祿卿

韋機雍州萬年人祖元禮隋淅州刺史父恪洛州別駕機貞觀中爲左千牛胄曹充使往西突厥册立同俄設爲可汗會石國反叛路絕三年不得歸機裂裳錄所經諸國風俗物產名爲西征記及還太宗問蕃中事機因奏所撰書太宗大悅擢拜朝散大夫累遷至殿中監顯慶中爲檀州刺史邊州素無學校機敦勸生徒創立孔子廟圖七十二子及自古賢達皆爲之贊述會契苾何力東討高麗軍衆至檀州而灤河泛漲師不能進供其資糧數日不乏何力全師還以其事聞高宗以爲能超拜司農少卿兼知東都營田甚見委遇有宦者於苑中犯法機杖而後奏高宗嗟賞賜絹數十疋謂曰更有犯者卿即鞭之不煩奏也上元中遷司農卿檢校園苑造上陽宮并移中橋從立德坊曲徙於長夏門街時人稱其省功便事有道士朱欽遂爲天后所使馳傳至都所爲橫恣機囚之因密奏曰道士假稱中宮驅使依倚形勢臣恐虧損皇明爲禍患之漸高宗特發中使慰諭機而欽遂配流邊州天后由是不悅儀鳳中機坐家人犯盜爲憲司所劾免官永淳中高宗幸東都至芳桂宮驛召機令白衣檢校園苑將復本官爲天后所擠而止俄令檢校司農少卿事會卒子餘慶餘慶官至右驍衞兵曹早卒餘慶子岳岳亦以吏幹著名則天時累轉汝州司馬會則天幸長安召拜尚舍奉御從駕還京因召見則天謂曰卿是韋機之孫勤幹固有家風也卿之家事朕悉知之因問家人名賞慰良久尋拜太原尹岳素不習武固辭邊任由是忤旨左遷宋州長史歷海虢二州刺史所在皆著威名睿宗時入爲殿中少監甚承恩顧及竇懷貞李晉等伏誅以岳嘗與交往爲姜皎所陷左遷渠州別駕稍遷陝州刺史開元中卒於穎州別駕岳子景駿景駿明經擧神龍中累轉肥鄉令縣北界漳水連年泛溢舊隄迫近水漕雖修築不息而漂流相繼景駿審其地勢拓南數里因高築隄暴水至隄南以無患水去而隄北稱爲腴田漳水舊有架柱長橋每年修葺景駿又改造爲浮橋自是無復水患至今賴焉時河北飢景駿躬撫合境村閭必通贍恤貧弱獨免流離及去任人吏立碑頌德開元中爲貴鄉令縣人有母子相訟者景駿謂之曰吾少孤每見人養親自恨終天無分汝幸在溫凊之地何得如此錫類不行令之罪也因垂泣嗚咽仍取孝經付令習讀之於是母子感悟各請改悔遂稱慈孝累轉趙州長史路由肥鄉人吏驚喜競來犒餞留連經日有童稚數人年甫十餘歲亦在其中景駿謂曰計吾爲此令時汝輩未生既無舊恩何慇懃之甚也咸對曰此間長宿傳說縣中廨宇學堂館舍隄橋並是明公遺跡將謂古人不意親得瞻覩不覺欣戀倍於常也其爲人所思如此十七年遷房州刺史州帶山谷俗參蠻夷好淫祀而不修學校景駿始開貢擧悉除淫祀又通狹路并造傳館行旅甚以爲便二十年轉奉先令未行而卒

權懷恩雍州萬年人周荊州刺史千金郡公景宣玄孫也其先自天水徙家焉祖弘壽大業末爲臨汾郡司倉書佐高祖鎭晉陽引判留守事以從義師之功累轉秦王府長史太宗遇之甚厚又從平王世充拜太僕卿累封盧國公卒謚曰恭父知讓襲爵官至博州刺史懷恩初以蔭授太子洗馬咸亨初累轉尚乘奉御襲爵盧國公時有奉乘安畢羅善於調馬甚爲高宗所寵懷恩奏事遇畢羅在帝左右戲無禮懷恩退而杖之四十高宗知而嗟賞之謂侍臣曰懷恩乃能不避強禦眞良吏也即日拜萬年令爲政清肅令行禁止前後京縣令無及之者後歷慶萊衞邢四州刺史洛州長史懷恩姿狀雄毅束帶之後妻子不敢仰視所歷皆以威名御下人吏重足而立俄出爲宋州刺史時汴州刺史楊德幹亦以嚴肅與懷恩齊名至是懷恩路由汴州德幹送之出郊懷恩見新橋中途立木以禁車過者謂德幹曰一言處分豈不得何用此爲德幹大慙時議以爲不如懷恩也轉益州大都督府長史尋卒姪楚璧官至左領軍衞兵曹叅軍開元十年駕在東都楚璧乃與故兵部尚書李迥秀男齊損從祖弟金吾淑陳倉尉盧玢及京城左屯營押官長上折衝周履濟楊楚劒元令琪等擧兵反立楚璧兄子梁山年十五詐稱襄王男號爲光帝擁左屯營兵百餘人梯上景風門踰城而入踞長樂恭禮門入宮城求留守刑部尚書王志愔不獲屬天曉屯營兵自相翻覆盡殺梁山等傳首東都楚璧並坐籍沒懷恩叔祖萬紀萬紀性強正好直言貞觀中爲治書侍御史以公事奏劾魏徵溫彥博等太宗以爲不避豪貴甚禮之遷尚書左丞封冀氏男再轉齊王祐府長史祐既失德數匡正之竟爲祐所殺語在祐傳祐既死贈萬紀齊州都督武都公謚曰敬子玄福高宗時爲兵部侍郎

馮元常相州安陽人自長樂徙家焉北齊右僕射子琮曾孫也擧明經高宗時累遷監察御史爲劍南道巡察使興利除害蜀土賴焉永淳中爲尚書左丞元常清鑒有理識甚爲高宗之所賞嘗密奏中宮權重宜稍抑損高宗雖不能用深以其言爲然則天聞而甚惡之及臨朝四方承旨多獻符瑞嵩陽令樊文進瑞石則天命於朝堂示百官元常奏言狀涉諂僞不可誣罔士庶則天不悅出爲隴州刺史俄而天下岳牧集乾陵會葬則天不欲元常赴陵所中途改授眉州刺史劍南先時光火賊夜掠居人晝潛山谷元常至喻以恩信許其首露仍切加捕逐賊徒捨器杖面縛自陳者相繼又轉廣州都督便道之任不許詣都尋屬安南首領李嗣仙殺都護劉延祐剽陷州縣勑元常討之率士卒濟南海先馳檄示以威恩喻以禍福嗣仙徒黨多相率歸降因縱兵誅其魁首安慰居人而旋雖屢有政績則天竟不賞之尋爲酷吏周興所陷追赴都下獄死元常閨門雍肅雅有禮度雖小功之喪未嘗寢于私室甚爲士類所稱從父弟元淑則天時爲清漳令政有殊績百姓號爲神明又歷浚儀始平二縣令皆單騎赴職未嘗以妻子之官所乘馬午後則不與芻云令其作齋身及奴僕每日一食而已俸祿之餘皆供公用并給與貧士人或譏其邀名元淑曰此吾本性不爲苦也中宗時降璽書勞勉仍令

史官編其事跡卒於祠部郎中

蔣儼常州義興人貞觀中爲右屯衞兵曹參軍太宗將征遼東募使高麗者衆皆畏憚儼謂人曰主上雄畧華夷畏威高麗小蕃豈敢圖其使者縱其淩虐亦是吾死所也遂出請行及至高麗莫離支置於窟室中脅以兵刃終不屈撓會高麗敗得歸太宗奇之拜朝散大夫再遷幽州司馬以善政爲巡察使劉祥道所薦擢爲會州刺史再遷殿中少監數陳意見高宗每優納之再轉蒲州刺史蒲州戶口殷劇前後刺史多不稱職儼下車未幾令行禁止稱爲良牧永淳元年拜太僕卿以父名卿固辭乃除太子右衞副率時徵隱士田遊巖爲太子洗馬在宮竟無匡輔儼乃貽書以責之曰足下負巢由之峻節傲唐虞之聖主養煙霞之逸氣守林壑之遁情有年載矣故能聲出區宇名流海內主上屈萬乘之重申三顧之榮遇子以商山之客待子以不臣之禮將以輔導儲貳漸染芝蘭耳皇太子春秋鼎盛聖道未周拾遺補闕臣子恒務僕以不才猶參延謀誠以素非德望位班卒伍言以人廢不蒙採掇足下受調護之寄是可言之秋唯唯而無一談悠悠以卒年歲向使不飡周粟僕何敢言祿及親矣將何酬塞想爲不達謹書起予遊巖竟不能荅儼尋檢校太常卿文明中封義興縣子歷右衞大將軍太子詹事以年老致仕垂拱三年卒于家年七十八文集五卷

王方翼并州祁人也高宗王庶人從祖兄也祖裕武德初隋州刺史裕妻即高祖妹同安大長公主也太宗時以公主屬尊年老特加敬異數幸其第賞賜累萬方翼父仁表貞觀中爲岐州刺史仁表卒妻李氏爲主所斥居於鳳泉別業時方翼尚幼乃與傭保齊力勤作苦心計功不虛棄數年闢田數十頃修飾館宇列植竹木遂爲富室公主卒後歸長安友人趙持滿犯罪被誅暴尸於城西親戚莫敢收視方翼歎曰欒布之哭彭越大義也周文之掩朽骼至仁也絕友之義蔽主之仁何以事君乃收其屍具禮葬之高宗聞而嘉歎由是知名永徽中累授安定令誅大姓皇甫氏盜賊止息號爲善政五遷肅州刺史時州城荒毀又無壕塹數爲寇賊所乘方翼發卒濬築引多樂水環城爲壕又出私財造水碾磑稅其利以養飢餧宅側起舍十餘行以居之屬蝗儉諸州貧人死於道路而肅州全活者甚衆州人爲立碑頌美會吏部侍郎裴行儉西討遮匐奏方翼爲副兼檢校安西都護又築碎葉鎮城立四面十二門皆屈曲作隱伏出沒之狀五旬而畢西域諸胡競來觀之因獻方物永隆中車簿反叛圍弓月城方翼引軍救之至伊麗河賊前來拒因縱擊大破之斬首千餘級俄而二姓咽麪悉發衆十萬與車簿合勢以拒方翼屯兵熱海與賊連戰流矢貫臂徐以佩刀截之左右莫有覺者既而所將蕃兵懷貳謀執方翼以應賊方翼密知之悉召會議佯出軍資以賜之續續引去便令斬之會大風又振金鼓以亂其聲遂誅七千餘人因遣裨將分道討襲咽麪等賊既無備因是大潰擒首領突騎施等三百人西域遂定以功遷夏州都督屬牛疫無以營農方翼造人耕之法施關鍵使人推之百姓賴焉永淳二年詔徵方翼將議西域之事於奉天宮謁見賜食與語方翼衣有戰時血漬之處高宗問其故方翼具對熱海苦戰之狀高宗使袒視其瘡歎曰吾親也賞賜甚厚俄屬綏州白鐵余舉兵反乃詔方翼副程務挺討之賊平封太原郡公則天臨朝以方翼是庶人近屬陰欲除之及程務挺被誅以方翼與務挺連職素善追赴都下獄遂流于崖州而死子珤珣瑨並知名珤瑨開元中皆爲中書舍人珣至秘書監

薛季昶絳州龍門人也則天初上封事解褐拜監察御史頻按制獄稱旨累遷御史中丞萬歲通天元年夏官郎中侯味虛統兵討契丹不利奏言賊徒熾盛常有虵虎導其軍則天命季昶按驗其狀便爲河北道按察使季昶先馳至軍斬味虛以聞又有稾城尉吳澤者貪虐縱橫嘗射殺驛使截百姓子女髮以爲髢州將不能制甚爲人吏所患季昶又杖殺之由是威震遠近州縣望風懾懼然後布以恩信旌揚善吏有汴州孝女李氏年八歲父卒柩殯在堂十餘載每日哭臨無限及年長母欲嫁之遂截髮自誓請在家終養及喪母號毀殆至滅性家無丈夫自營棺槨州里欽其至孝送葬者千餘人葬畢廬於墓側蓬頭跣足負土成墳手植松柏數百株季昶列上其狀有制特表門閭賜以粟帛久視元年季昶自定州刺史入爲雍州長史威名甚著前後京尹無及之者俄遷文昌左丞歷魏陝二州刺史長安末爲洛州長史所在皆以嚴肅爲政神龍初以預誅張易之兄弟功加銀青光祿大夫拜戶部侍郎時季昶勸敬暉等因兵勢殺武三思暉等不從竟以此敗語在暉傳季昶亦因是累貶自桂州都督授儋州司馬初季昶與昭州首領周慶立及廣州司馬光楚客不協及將之儋州懼慶立見殺將往廣州又惡楚客乃歎曰薛季昶行事至是耶因自製棺仰藥而死睿宗即位下制曰故儋州司馬薛季昶剛幹義烈早承先顧驅策中外績譽昭宣有莊湯之推舉同汲黯之强直屬醜正操衡除其異已橫加竄責卒至殂亡言念忠冤有懷嘉悼可贈左御史大夫仍同敬暉等例與一子官

# 舊唐書卷一百八十五下

後晉司空同中書門下平章事劉　昫撰

## 列傳第一百三十五

## 良吏下

裴懷古　張知謇 兄知玄 知晦 弟知泰 知默

楊元琰　倪若水　李濬

陽嶠　宋慶禮　姜師度

强循 和逢堯　潘好禮　楊茂謙

楊瑒　崔隱甫　李尚隱

呂諲　蕭定　蔣沇

薛珏　李惠登　任迪簡

范傳正　袁滋　薛苹

閻濟美

裴懷古壽州壽春人也儀鳳中詣闕上書授下邽主簿長壽中累轉監察御史時姚巂蠻首反叛詔懷古往招輯之懷古申明賞罰賊徒歸附者日以千數乃俘其魁首處其居人而還蠻夷荷恩立碑頌德時恒州鹿泉寺僧淨滿爲弟子所謀密畫女人居高樓仍作淨滿引弓而射之藏於經笥已而詣闕上言僧呪詛大逆不道則天命懷古按問誅之懷古究其辭狀釋淨滿以聞則天大怒懷古奏曰陛下法無親疏當與天下畫一豈使臣誅無辜之人以希聖旨向使淨滿有不臣之狀臣復何顏能寬之乎臣今慎守平典雖死無恨也則天意乃解聖曆中閻知微充使往突厥懷古監其軍至虜庭默啜立知微爲南面可汗將授懷古僞職懷古不從將殺之懷古抗辭曰寧守忠以就死不毀節以求生請就斬所不避也乃禁錮隨軍因挺身奔竄以歸拜祠部員外郎時姚巂蠻首相率詣闕頌懷古綏撫之狀請爲牧守以撫之遂授姚州都督以疾不行轉司封郎中時始安賊歐陽倩擁徒數萬剽陷州縣授懷古桂州都督仍充招慰討擊使纔及嶺飛書招誘示以禍福賊徒迎降自陳爲吏人侵逼乃舉兵耳懷古知其誠懇乃輕騎以赴之左右曰夷獠難親未可信也懷古曰吾仗忠信可通於神明況於人乎因造其營以慰諭之羣賊喜悅歸其所掠財貨納於公府諸洞酋長素持兩端者盡來款附嶺外悉定復歷相州刺史并州大都督府長史所在爲人吏所慕神龍中遷左羽林大將軍行未達都復授并州長史吏人聞懷古還老幼相攜郊野歡迎時崔宣道代懷古爲并州下車而罷出郊以候懷古懷古恐傷宣道之意命官吏驅逐出迎之人而百姓奔赴愈衆其爲人所思如此俄轉幽州都督徵爲左威衞大將軍尋卒

張知謇蒲州河東人也徙家于岐少與兄知玄知晦弟知泰知默五人勵志讀書皆以明經擢第儀質瓌偉眉目疏朗曉於玄理淸介自守故當時名公爭引薦之遞歷畿赤知謇知泰知默調露後又歷臺省知謇天授後歷房和舒延德定稷晉洺宣貝十一州刺史所涖有威嚴人不敢犯通天中知泰爲洛州司馬知默爲秋官郎中知謇自德州入計則天重其才幹又目其狀貌過人命畫工寫之以賜其本曰人或有才未必有貌卿家昆弟可謂兩絕時人稱之尋以知泰爲夏官地官侍郎僉州長史中臺右丞初知謇爲房州時中宗以廬陵王安置房州制約甚急知謇與董玄質崔敬嗣相次爲刺史皆保護供擬豐贍中宗德之及神龍元年中宗踐極自貝州追知謇爲左衞將軍加雲麾將軍封范陽郡公知泰自兵部侍郎授右御史大夫加銀青光祿大夫進封漁陽郡公鬚髮華皓同貴於朝時望甚美之知泰以忤武三思出爲并州刺史天平軍使仍帶本官尋又爲魏州刺史景龍二年卒優詔褒贈謚曰定時知謇爲洛州長史東都副留守又歷左右羽林大將軍同華州刺史大理卿致仕開元中卒年八十知謇敏於從政性亮直不喜有請託求進無才而冒位者故子姪經義不精不許論舉知默嘗與來俊臣周興等同掌詔獄陷於酷吏子孫禁錮知泰開元中累贈刑部尚書特進知玄子景昇知泰子景佚開元中皆至大官門列棨戟

楊元琰虢州閿鄉人隋禮部尚書希會孫也初生時數歲不能言相者曰語遲者神定此必成大器也及長偉姿儀以器局見稱初爲平棘令號爲善政載初中累遷安南副都護又歷蘄蒲晉魏宣許六州刺史涼梁二都督荆府長史前後九度淸白昇進累降璽書褒美長安中張柬之代元琰爲荆州長史與元琰泛江中流言及

則天革命議諸武擅權之狀元琰發言慷慨有匡復之意及柬之知政事奏引元琰爲右羽林將軍至都柬之謂曰記昔江中之言乎今日之授意不細也乃結元琰與李多祚等定計誅張易之兄弟及事成加雲麾將軍封弘農郡公食實封五百戶仍賜鐵券恕十死俄而張柬之敬暉等爲武三思所搆元琰覺變奏請削髮出家仍辭官爵實封中宗不許敬暉聞而笑曰向不知奏請出家合贊成其事剃却胡頭豈不妙也元琰多鬚類胡暉以此言戲之元琰曰功成名遂不退將危此由衷之請不徒然也暉知其意瞿然不悅及暉等得罪元琰竟以先覺獲全尋加金紫光祿大夫轉衞尉卿明年李多祚等被誅元琰以嘗與多祚同立功亦被繫獄問狀賴中書侍郎蕭至忠保明之竟得免罪又轉光祿卿景龍中抗疏請削在身官爵廻贈父官中宗許之乃追贈其父越州長史睿宗即位三遷刑部尚書改封魏國公開元初拜太子賓客致仕六年卒于家年七十九子仲嗣洺州刺史仲昌吏部郎中

倪若水恒州藁城人也開元初歷遷中書舍人尚書右丞出爲汴州刺史政尚清靜人吏安之又增修孔子廟堂及州縣學舍勸勵生徒儒教甚盛河汴間稱詠不已四年玄宗令宦官往江南採鵁鶄等諸鳥路由汴州若水知之上表諫曰方今九夏時忙三農作苦田夫擁耒蠶婦持桑而以此時採捕奇禽異鳥供園池之翫遠自江嶺達於京師水備舟船陸倦擔負飯之以魚肉間之以稻粱道路觀者豈不以陛下賤人貴鳥也陛下方當以鳳皇爲凡鳥麒麟爲凡獸即鵁鶄鸂鶒曷足貴也陛下昔潛龍藩邸備歷艱虞今氛祲廓清高居九五玉帛子女充於後庭職貢珍奇盈於內府過此之外復何求哉臣承國厚恩超居重任草芥賤命常欲殺身以効忠葵藿微心常願隳肝以報主瞻望庭闕敢布腹心直言忤旨甘從鼎鑊手詔荅曰朕先使人取少雜鳥其使不識朕意採鳥稍多卿具奏其事辭誠忠懇深稱朕意卿達識周材義方敬直故輟綱轄之重委以方面之權果能閑邪存誠守節彌固骨鯁忠烈遇事無隱言念忠讜深用嘉慰使人朕已量事決罰禽鳥並令放訖今賜卿物四十段用荅至言尋入拜戶部侍郎七年復授尚書右丞卒

李濬隴西人祖世武睿宗即位加銀青光祿大夫上在東宮選爲太子中允又出爲鱗州刺史政有能名開元初置諸道按察使盛選能吏授濬潤州刺史江東按察使累封眞源縣子州人孫處玄以學行著名濬特加禮異累表薦之仍令子鱗與之結交處玄竟稱疾不起濬尋拜虢潞二州刺史又拜益州長史劍南節度使攝御史大夫所歷皆以誠信待物稱爲良吏及去職咸有遺愛八年卒官贈戶部尚書諡曰成子鱗自有傳

陽嶠河南洛陽人其先自北平徙焉北齊右僕射休之玄孫也儀鳳中應八科舉授將陵尉累遷詹事司直長安中桓彥範爲左御史中丞袁恕己爲右御史中丞爭薦嶠請引爲御史內史楊再思素與嶠善知嶠不樂搏擊之任謂彥範等曰聞其不情願如何彥範曰爲官擇人豈待情願唯不情願者尤須與之所以長難進之風抑躁求之路再思然其言擢爲右臺侍御史景龍末累轉國子司業嶠恭謹好學有儒者之風又勤於政理循循善誘及在學司時人以爲稱職奏修先聖廟及講堂因建碑前庭以紀崇儒之事睿宗即位拜尚書右丞時分建都督府以統外臺精擇良吏以嶠爲涇州都督府尋停不行又歷魏州刺史兗州都督荊州長史爲本道按察使所在以清白聞魏州人詣闕割耳請嶠重臨其郡又除魏州刺史入爲國子祭酒累封北平伯薦尹知章范行恭趙玄默等爲學官皆稱名儒時學徒漸弛嶠課率經業稍行鞭箠學生怨之頗有喧謗乃相率乘夜於街中毆之上聞而令所由杖殺無理者由是始息嶠素友悌撫孤姪如己子常謂人曰吾雖位登方伯而心不異於曩時一尉耳識者甚稱歎之尋以年老致仕卒于家諡曰敬

宋慶禮洺州永年人舉明經授衞縣尉則天時侍御史桓彥範受詔於河北斷塞居庸岳嶺五迴等路以備突厥特召慶禮以謀其事慶禮雅有方略彥範甚禮之尋遷大理評事仍充嶺南採訪使時崖振等五州首領更相侵掠荒俗不安承前使人懼其炎瘴莫有到者慶禮躬至其境詢問風俗示以禍福於是安堵遂罷鎮兵五千人開元中累遷貝州刺史仍爲河北支度營田使初營州都督府置在柳城控帶奚契丹則天時都督趙文翽政理乖方兩蕃反叛攻陷州城其後移於幽州東二百里漁陽城安置開元五年奚契丹各款塞歸附玄宗欲復營州於舊城侍中宋璟固爭以爲不可獨慶禮盛陳其利乃詔慶禮及太子詹事姜師度左驍衞將軍邵宏等充使更於柳城築營州城興役三旬而畢俄拜慶禮御史中丞兼檢校營州都督開屯田八十餘所追拔幽州及漁陽淄青等戶并招輯商胡爲立店肆數年間營州倉廩頗實居人漸殷慶禮爲政清嚴而勤於聽理所歷之處人吏不敢犯然好興功役多所改更嘗於邊險置寨立槍以邀賊路議者頗嗤其不切事也七年卒贈工部尚書太常博士張星議曰宋慶禮大剛則折至察無徒有事東北所亡萬計所謂害於而家凶於而國案諡法好巧自是曰專請諡曰專禮部員外郎張九齡駮曰慶禮在人苦節爲國勞臣一行邊陲三十年所戶庭可樂彼獨安於傳遽稼穡爲艱又能實於軍廩莫不服勞辱之事而匪懈其心守貞堅之規而自盡其力有一於此人之所難況營州者鎮彼戎夷扼喉斷臂逆則制其死命順則爲其主人是稱樂都其來尚矣往緣趙翽作牧馭之非才自經隳廢便長寇孽故二十年間有事東鄙僵屍暴骨敗將覆軍蓋不可勝紀大明臨下聖謀獨斷恢祖宗之舊復大禹之迹以數千之役徒無甲兵之強衞指期遂往稟命而行於是量畚築執鼛鼓親總其役不愆所慮俾柳城爲金湯之險林胡生腹心之疾蓋爲此也尋而罷海運收歲儲邊亭晏然河朔無擾與夫興師之費轉輸之勞較其優劣孰爲利害而云所亡萬計一何謬哉及契丹背誕之日懼我犄角之勢雖鼠穴自固而駒牧無侵蓋張星彼都繫賴之力也安有踐其迹以制其實貶其諡以徇其虛採慮始之謗聲忘經遠之權利義非得所孰謂其可請以所議更下太常庶素行之迹可尋易名之典不墜者也星復執前議慶禮兄子辭玉又詣闕稱寃乃諡曰敬

姜師度魏人也明經舉神龍初累遷易州刺史兼御史中丞爲河北道監察兼支度營田使師度勤於爲政又有巧思頗知溝洫之利始於薊門之北漲水爲溝以備奚契丹之寇又約魏武舊渠傍海穿漕號爲平虜渠以避海艱糧運者至今利焉尋加銀青光祿大夫累遷大理卿景雲二年轉司農卿開元初遷陝州刺史州西太原倉控兩京水陸二運常自倉車載米至河際然後登舟師度遂鑿地道自上注之便至水次所省萬計六年以蒲州爲河中府拜師度爲河中尹令其繕緝府寺先是安邑鹽池漸涸師度發卒開拓疏決水道置爲鹽屯公私大收其利再遷同州刺史又於朝邑河西二縣界就古通靈陂擇地引雒水及堰黃河灌之以種稻田凡二千餘頃內置屯十餘所收穫萬計特加金紫光祿大夫尋遷將作大匠明年左拾遺劉彤上言請置鹽鐵之官收利以供國用則免重賦貧人使窮困者獲濟疏奏令宰相議其可否咸以爲鹽鐵之利甚裨國用遂令師度與戶部侍郎強循並攝御史中丞與諸道按察使計會以收海內鹽鐵其後頗多沮議者事竟不行師度以十一年病卒年七十餘師度既好溝洫所在必發衆穿鑿雖時有不利而成功亦多先是太史令傅孝忠善占星緯時人爲之語曰傅孝忠兩眼看天姜師度一心穿地傳之以爲口實

強循者鳳州人亦以吏幹知名官至大理卿又有和逢堯者岐州岐山人性詭譎有辭辯睿宗時突厥默啜請尚公主許之逢堯以御史中丞攝鴻臚卿充使報命旣至虜庭默啜遣其大臣謂逢堯曰勑書送金鏤鞍檢乃銀胎金塗豈是天子意爲是使人換却如此虛假公主必應非實請還信物罷和親之事遂策馬而去逢堯大呼命左右引馬迴謂曰漢法重女壻令送鞍者秖取平安長久之義何必以金銀爲升降耶若爾乃是可汗貪金而輕銀豈是重人而貴信默啜聞之曰承前漢使不敢如此不可輕也遂設宴備禮逢堯又說默啜令裹頭著紫衫南面再拜遣子隨逢堯入朝逢堯以奉使功驟遷戶部侍郎尋以附會太平公主左遷朗州司馬開元中累轉栝州刺史卒于官

潘好禮貝州宋城人少與鄉人孟溫禮楊茂謙爲莫逆之友好禮舉明經累授上蔡令理有異績擢爲監察御史開元三年累轉邠王府長史俄而邠王出爲滑州刺史以好禮兼邠王府司馬知滑州事王欲有所遊觀好禮輒諫止之後王將鷹犬與家人出獵好禮聞而遮道請還王初不從好禮遂臥於馬前呼曰今正是農月王何得非時將此惡少狗馬踐暴禾稼縱樂以損於人請先踏殺司馬然後聽王所爲也王慙懼謝之而還好禮尋遷豫州刺史爲政孜孜而繁於細事人吏雖憚其清嚴亦厭其苛察其子請歸鄉預明經舉好禮謂曰國法須平汝若經業未精則不可妄求也乃自試其子經義未通好禮大怒集州寮笞而枷之立於州門以徇於衆俄坐事左遷溫州別駕卒好禮常自以直道不附於人又未嘗叙累階勳服用麤陋形骸土木議者亦嫌其邀名

楊茂謙者清河人竇懷貞初爲清河令甚重之起家應制舉拜左拾遺出爲臨洺令時洺州稱茂謙與清漳令馮元淑肥鄉令韋景駿皆有政理之聲茂謙以清白聞擢爲秘書郎時竇懷貞爲相數稱薦之由是歷遷大理正御史中丞開元初出爲魏州刺史河北道按察使與司馬張懷玉本同鄉曲初善而末隙遂相糾訐坐貶桂

州都督尋轉廣州都督以疾卒

楊瑒華陰人高祖縉陳中書舍人以辭學知名陳亡始自江左徙關中祖琮絳州刺史瑒初爲麟遊令時御史大夫竇懷貞檢校造金仙玉真二觀移牒近縣徵百姓所隱逆人資財以充觀用瑒拒而不受懷貞怒曰焉有縣令卑微敢拒大夫之命乎瑒曰所論爲人冤抑不知計位高卑懷貞壯其對又中宗時韋庶人上表請以年二十二爲丁限及韋氏敗省司舉徵租調瑒執曰韋庶人臨朝當國制書非一或進階卿士或赦宥罪人何獨於己役中男重徵丁課恐非保人之術省司遂依瑒所執一切免之瑒由是知名擢拜殿中侍御史開元初遷侍御史時崔日知爲京兆尹貪暴犯法瑒與御史大夫李傑將糾劾之傑反爲日知所構瑒廷奏曰糾彈之司若遭恐脅以成姦人之謀御史臺固可廢矣上以其言切直遽令傑依舊視事貶日知爲歙縣丞瑒歷遷御史中丞戶部侍郎上曾於延英殿召中書門下與諸司尚書及瑒議戶口之事瑒因奏人間損益甚見嗟賞時御史中丞宇文融奏括戶口議者或以爲不便勑百寮省中集議時融方在權要公卿已下多雷同融議瑒獨與盡理爭之尋出爲華州刺史十六年遷國子祭酒表薦滄州人王迴質瀛州人尹子路汴州人白履忠皆經學優長德行純茂堪爲後生師範請追授學官令其教授以獎儒學之路及追至迴質起家拜諫議大夫仍爲皇太子侍讀履忠以年老不任職事拜朝散大夫放歸家子路直弘文館教授瑒又奏曰竊見今之舉明經者主司不詳其述作之意曲求其文句之難每至帖試必取年頭月日孤經絕句且今之明經習左傳者十無一二若此久行臣恐左氏之學廢無日矣臣望請自今已後考試者盡帖平文以存大典又儀禮及公羊穀梁殆將廢絕若無甄異恐後代便棄望請能通周儀禮公羊穀梁者亦量加優獎於是下制明經習左氏及通周禮等四經者出身免任散官遂著於式由是生徒爲瑒立頌於學門之外再遷大理卿以老疾辭職二十三年拜左散騎常侍尋卒贈戶部尚書謚曰貞瑒常嘆禮儀廢絕雖士大夫不能行之其家子女婚冠及有吉凶之會皆按據舊文更爲儀注使長幼遵行焉

崔隱甫貝州武城人散騎侍郎儦之曾孫也祖濟太子洗馬父元彥太平令隱甫開元初再遷洛陽令理有威名九年自華州刺史轉太原尹人吏刊石頌其美政十二年入爲河南尹十四年代程行諶爲御史大夫時中書令張說當朝用事隱甫與御史中丞宇文融李林甫劾其犯狀說遂罷知政事隱甫在職強正無所迴避自貞觀年李乾祐爲御史大夫別置臺獄有所鞫訊便輒繫之由是自中丞侍御史已下各自禁人牢扉常滿隱甫引故事奏以爲不便遂掘去之又憲司故事大夫已下至監察御史競爲官政略無承稟隱甫一切督責事無大小悉令諮決稍有忤意者便列上其罪前後貶黜者殆半羣寮側目是冬勑隱甫校外官考舊例皆委細參問經春未定隱甫召天下朝集使一時集省中一日校考便畢時人伏其敏斷帝嘗謂曰卿爲御史大夫海內咸云稱職甚副朕之所委也隱甫既與張說有隙俄又遞爲朋黨帝聞而惡之特免官令歸侍母歲餘復授御史大夫遷刑部尚書毋憂去官二十一年起復太原尹仍爲河東採訪處置使復爲刑部尚書兼河南尹二十四年車駕還京以隱甫爲東都留守爲政嚴肅甚爲人吏之所嘆服尋卒

李尚隱其先趙郡人世居潞州之銅鞮近又徙家京兆之萬年弱冠明經累舉補下邽主簿時姚珽爲同州刺史甚禮之景龍中爲左臺監察御史時中書侍郎知吏部選事崔湜及吏部侍郎鄭愔同時典選傾附勢要逆用三年員闕士庶嗟怨尋而相次知政事尚隱與同列御史李懷讓於殿庭劾之湜等遂下獄推究竟貶黜之時又有睦州刺史馮昭泰誣奏桐廬令李師等二百餘家稱其妖逆詔御史按覆之諸御史憚昭泰剛愎皆稱病不敢往尚隱嘆曰豈可使良善陷枉刑而不爲申明哉遂越次請往竟推雪李師等奏免之俄而崔湜鄭愔等復用尚隱自殿中侍御史出爲伊闕令懷讓爲魏縣令湜等既死尚隱又自定州司馬擢拜吏部員外郎懷讓自河陽令擢拜兵部員外郎尚隱累遷御史中丞時御史王旭頗用威權爲士庶所患會爲讐者所訟尚隱按之無所容貸獲其姦贓鉅萬旭遂得罪尚隱尋轉兵部侍郎再遷河南尹尚隱性率剛直言無所隱處事明斷其御下豁如也又詳練故事近年制勑皆暗記之所在稱爲良吏十三年夏妖賊劉定高夜犯通洛門尚隱坐不能覺察所部左遷桂州都督臨行帝使謂之曰知卿公忠然國法須爾因賜雜綵百匹以慰之俄又遷廣州都督仍充五府經略使及去任有懷金以贈尚隱者尚隱固辭之曰吾自性分不可改易非爲慎四知也竟不受之累轉京兆尹歷蒲華二州刺史加銀青光祿大夫賜爵高邑伯入爲大理卿代王鉷爲御史大夫時司農卿陳思問多引小人爲其屬吏隱盜錢穀積至累萬尚隱又舉按之思問遂流嶺南而死尚隱三爲憲官輒去朝廷之所惡者時議甚以此稱之二十四年拜戶部尚書東都留守二十八年轉太子賓客尋卒年七十五謚曰貞

呂諲蒲州河東人志行修整勤於學業少孤貧不能自振里人程楚賓家富於財諲娶其女楚賓及子震皆重其才厚與資給遂遊京師天寶初進士及第調授寧陵尉本道採訪使韋陟嘉其才辟爲支使隴右河西節度使哥舒翰奏充度支判官累兼衛佐太子通事舍人諲性謹守勤於吏職雖同寮追賞而塊然視事不離案簿翰益親之累兼虞部員外郎侍御史祿山之亂哥舒翰敗肅宗即位于靈武諲馳赴行在內官朱光輝李遵驟薦有才帝深遇之超拜御史中丞進奏無不允從幸鳳翔遷武部侍郎賜金紫之服十月克復兩京詔諲與三司官詳定陷賊官陳希烈已下數百人罪戾輕重諲用法太深君子薄之乾元二年三月以本官同中書門下平章事知門下省事七月丁母憂免十月起復授本官兼充度支使遷黃門侍郎上元元年正月加同中書門下三品賜門戟既立於第門或謂諲曰吉慶之事不宜凶服受之諲遂權釋縗麻當中而拜人皆笑其失禮累加銀青光祿大夫東平男諲既爲相用妻父程楚賓爲衛尉少卿子震爲員外郎中官馬上言出納詔命諲昵之有納賂於上言求官者諲補之藍田尉五月上言事洩笞死以其肉令從官食之諲坐貶太子賓客七月授諲荊州大都督府長史兼御史大夫充灃朗忠硤五州節度觀察處置等使諲至治所上言請於江陵置南都九月勑改荊州爲江陵府永平軍團練三千人以遏吳蜀之衝又析江陵置長寧縣又請割潭衡連道邵柳涪等七州隸江陵府先是張惟一爲荊州長史已爲防禦使陳希昂爲司馬希昂衡州酋帥家兵千人在部下自爲藩衛有牟遂金仕至將軍爲惟一親將與希昂積嫌率兵入惟一衙索遂金之首惟一懼即令斬首與之自是軍政歸於希昂及諲至奏追希昂赴上都除侍御史出爲常州刺史本州防禦使希昂路由江陵諲伏甲擊殺之部下皆斬積屍於府門府中懾服始奏其罪又妖人申奉芝以左道事李輔國擢爲諫議大夫輔國奏於道州界置軍令奉芝爲軍校誘引蠻獠納其金帛賞以緋紫用囊中勑書賜衣以示之人用聽信軍人倒衣朱紫作剽磜洞吏不敢制已積年矣潭州刺史龐承鼎忿之因奉芝入奏至長沙繫之首贓巨萬及左道文記一時搜獲遣使奏聞輔國黨奉芝奏召奉芝赴闕既得召見具言承鼎曲加誣陷詔鞫承鼎誣罔之罪令荊南府按問諲令判官監察御史嚴郢鞫之諲上疏論其事肅宗怒流郢於建州承鼎竟得雪後奉芝竟以贓敗流死人重諲之守正其剛斷不撓皆此類也初諲作相與同列李揆不協及諲被斥二年以善政聞揆惡之因言置軍湖南不便又使人往荊湖密伺諲過諲知之乃上疏論揆揆坐貶袁州長史諲素羸疾元年建卯月卒贈吏部尚書有司謚曰肅故吏度支員外郎嚴郢請以二字曰忠肅博士獨孤及堅議以肅爲當從之諲在台司無異稱及理江陵三年號爲良守初郡人立祠諲歿後歲餘江陵將吏合錢十萬於府西爽塏地大立祠宇四時祠禱之

蕭定字梅臣江南蘭陵人左僕射宋國公瑀曾孫也父恕虢州刺史以定贈工部尚書定以蔭授陝州參軍金城丞以吏事清幹聞給事中裴遵慶奏爲選補黜陟使判官廻改萬年主簿累遷侍御史考功員外郎左右司二郎中爲元載所擠出爲秘書少監兼袁州刺史歷信湖宋睦潤五州刺史所涖有政聲大曆中有司條天下牧守課績唯定與常州刺史蕭復豪州刺史張鎰爲理行第一其勤農桑均賦稅逋亡歸復戶口增加定又冠焉尋遷戶部侍郎太常卿朱泚之逆變姓名藏匿里閭間京師平首蒙旌擢除太子少師興元元年卒年七十七加贈太子太師

蔣沇萊州膠水人吏部侍郎欽緒之子也性介獨好學早有名稱以孝廉累授洛陽尉監察御史與兄演溶弟清俱以幹局吏事擅能名於天寶中長史韓朝宗裴迥咸以推覆檢勾之任委之處事平允剖斷精當動爲羣寮楷式乾元後授陸渾盩厔咸陽高陵四縣令當軍旅之後瘡痍未平沇竭心綏撫所至安輯副元帥郭子儀每統兵由其縣必誡軍吏曰蔣沇令清而嚴幹供億故當有素士衆得蔬飯見饋則足無撓清政其爲名人所知如此稍遷長安令刑部郎中兼侍御史領渭橋河運出納使時元載秉政廉潔守道者多不更職沇以故滯於郎位久不徙官大曆十二年常袞以羣議稱沇屈擢拜御史中丞東都副留守尋遷刑部侍郎刪定副使改大理卿持法明審號爲稱職建中元年冬鑾駕幸奉天沇奔行在爲賊候騎所拘執欲以僞職誘之因絕食稱病潛竄里閭間京師平首蒙旌擢拜右散騎常侍尋以

疾終年七十四追贈工部尚書

薛珏字温如河中寶鼎人祖寶胤邠州刺史父紘蒲州刺史珏少以門蔭授懿德太子廟令累授乾陵臺令無幾拜試太子中允兼渭南尉奏課第一間歲復以清名尤異聞遷昭德令縣人請立碑紀政珏固讓不受遷楚州刺史本州營田使先是州營田宰相遙領使刺史得專達俸錢及他給百餘萬田官數百員奉厮役者三千戶歲以優授官者復十餘人珏皆條去之十留一二而租入有羸爲觀察使誣奏左授硤州刺史遷陳州刺史建中初上分命使臣黜陟官吏淮南李承以珏楚州之去煩政簡使山南趙贊以珏硤州之廉清使淮南盧翰以珏之肅物皆以陟狀聞加中散大夫賜紫宣武軍節度使劉玄佐署奏兼御史大夫汴宋都統行軍司馬無幾李希烈自汴州走除珏汴州刺史遷河南尹入統司農卿當是時詔天下舉可任刺史縣令者殆有百人有詔令與羣官詢考及延問人間疾苦及胥吏得失取其有惻隱通達事理者條舉什纔一二宰相將以辭策校之珏曰求良吏不可兼責以文學宜以聖君愛人之本爲心執政卒無難之皆叙進官頗多稱職貞元五年拜京兆尹珏剛嚴明察練達法理以勤身率下失於纖巧無文學大體八年坐賓祭改太子賓客無幾除嶺南節度觀察使以疾卒年七十四廢朝一日贈工部尚書有子存慶自有傳

李惠登平盧人也少爲平盧裨將安祿山反遂從兵馬使董秦海轉收滄棣等州輕師遠鬭賊不能支史思明反復陷于賊脫身投山南節度使來瑱奏授試金吾衛將軍李希烈反授惠登兵二千鎮隋州貞元初舉州歸順授隋州刺史兼御史中丞遭李忠臣希烈殲殘之後野曠無人惠登朴素不知學居官無拔萃率心爲政皆與理順利人者因行之病人者因去之二十年間田疇闢戶口加諸州奏吏入其境無不歌謠其能及于頔爲山南東道節度以其績上聞加御史大夫升其州爲上尋加檢校國子祭酒及卒加贈洪州都督

任廸簡京兆萬年人舉進士初爲天德軍使李景略判官性重厚嘗有軍宴行酒者誤以醯進廸簡知誤以景略性嚴慮坐主酒者乃勉飲盡之而僞容其過以酒薄白景略請換之於是軍中皆感悅及景略卒衆以廸簡長者議請爲帥監軍使聞之拘廸簡於別室軍衆連呼而至發戶扃取之表聞德宗使察焉具以軍情奏除豐州刺史天德軍使自殿中授兼御史大夫再加常侍追入拜太常少卿汝州刺史左庶子及張茂昭去易定以廸簡爲行軍司馬既至屬虞候楊伯玉以府城叛俄而衆殺之廸簡兵馬使張佐元又叛廸簡攻殺之乃得入尋加檢校工部尚書充節度使初茂昭奢蕩不節公私殫罄廸簡至欲饗士無所取給乃以糲食與士同之身居戟門下凡周月軍吏感之請歸堂寢廸簡乃安其位三年以疾代除工部侍郎至京竟不能朝謝改太子賓客卒贈刑部尚書

范傳正字西老南陽順陽人也父倫戶部員外郎與郡人李華敦交友之契傳正舉進士又以博學宏辭及書判皆登甲科授集賢殿校書郎渭南尉拜監察殿中侍御史自比部員外郎出爲歙州刺史轉湖州刺史歷三郡以政事脩理聞擢爲宣歙觀察使受代至京師憲宗聞其里第過侈薄之因拜光祿卿以風恙卒贈左散騎常侍傳正精悍有立好古自飭及爲廉察頗事奢侈厚以財貨問遺權貴視公蓄如私藏幸而不至甚敗褐衣時遊西邊著西陲要略三卷

袁滋字德深陳郡汝南人也弱歲强學以外兄道州刺史元結有重名往來依焉每讀書玄解旨奥結甚重之無何黜陟使趙贊以處士薦授試校書郎何士幹鎮武昌辟爲從事累官詹事府司直部有邑長下吏誣以盜金滋察其寃竟出之御史中丞韋縚聞之薦爲侍御史轉工部員外郎貞元十九年韋皐始通西南蠻夷酋長異牟尋貢琛請使朝廷方命撫諭選郎吏可行者皆以西南遐遠憚之滋獨不辭德宗甚嘉之以本官兼御史中丞持節充入南詔使未行遷祠部郎中使如故來年夏使還擢爲諫議大夫俄拜尚書右丞知吏部選事出爲華州刺史兼御史中丞潼關防禦使鎮國軍使以寬易清簡爲政百姓有至自他境者皆給地以居名其居曰義合里專以慈惠爲本人甚愛之然百姓有過犯者皆縱而不理擒盜輒捨或以物償之徵拜金吾衛大將軍耆耋鰥寡遮道不得進楊於陵代其任宣言謂百姓曰於陵不敢易袁公之政然後羅拜而訣上始監國與杜黃裳俱爲相拜中書侍郎平章事會韋皐殁劉闢擁兵擅命滋持節安撫行及中路拜檢校吏部尚書平章事劍南西川節度使百姓立生祠禱之徵拜戶部尚書連爲荆襄二帥改彰義軍節度隨唐鄧申光等州觀察使逆賊吳元濟與官軍對壘者數年滋竟以淹留無功貶撫州刺史未幾遷湖南觀察使卒年七十贈太子少保滋工篆籒書雅有古法因使行著雲南記五卷嘗讀劉暉悲甘陵賦歎其褒善懲惡雖失春秋之旨然其文不可廢因著甘陵賦後序子都仕至翰林學士

薛苹河東寶鼎人也少以吏事進累官至長安令拜虢州刺史朝廷以尤課擢爲湖南觀察使又遷浙江東道觀察使以理行遷浙江西道觀察使廉風俗守法度人甚安之理身儉薄嘗衣一綠袍十餘年不易因加賜朱紱然後解去苹歷三鎮凡十餘年家無聲樂俸祿悉以散諸親族故人子弟除左散騎常侍致仕時有年過懸車而不知止者唯苹年至而無疾請告角巾東洛時甚高之卒年七十四贈工部尚書

閻濟美登進士第累歷臺省有長者之譽自婺州刺史爲福建觀察使復爲潤州刺史浙西觀察使所至以簡澹爲理兩地之人常賦之外不知其他入拜右散騎常侍華州刺史潼關防禦鎮國軍使入爲秘書監以年及懸車上表乞骸骨以工部尚書致仕後以恩例累有進改及歿于家年九十餘

贊曰聖人造世才傑濟時在理致治無爲而爲坑陧非議簡易從規樂只君子邦家之基

舊唐書卷一百八十六上

後晉司空同中書門下平章事劉　昫撰

# 列傳第一百三十六

## 酷吏上

來俊臣　周興　傅遊藝

丘神勣　索元禮　侯思止

萬國俊　來子珣　王弘義

郭霸　吉頊

古今御天下者其政有四五帝尚仁體文德也三王伏義立武功也五霸崇信取威令也七雄任力重刑名也蓋仁義既廢然後齊之以威刑威刑既衰而酷吏爲用於是商鞅李斯譎詐設矣持法任術尊君卑臣奮其策而鞭撻宇宙持危救弊先王不得已而用之天下之人謂之苛法降及兩漢承其餘烈於是前有郅都張湯之徒持其刻後有董宣陽球之屬肆其猛雖然異代亦克公方天下之人謂之酷吏此又鞅斯之罪人也然而網既密而姦不勝矣夫子曰刑罰不中則人無所措手足誠哉是言也唐初革前古之敝務於勝殘垂衣而理且七十載而人不敢欺由是觀之在彼不在此逮則天以女主臨朝大臣未附委政獄吏剪除宗枝於是來俊臣索元禮萬國俊周興丘神勣侯思止郭霸王弘義之屬紛紛而出然後起告密之刑制羅織之獄生人屏息莫能自固至於懷忠蹈義連頸就戮者不可勝言武后因之坐移唐鼎天網一舉而卒籠八荒酷之爲用斯害也已遂使酷吏之黨横噬於朝制公卿之死命擅王者之威力貴從其欲毒侈其心天誅發於唇吻國柄秉於掌握内慝之士棊而慕之身赴鼎鑊死而無悔若是者何哉要時希旨見利忘義也嘗試而論之今夫國家行斧鉞之誅設狴牢之禁以防盜者雖云固矣而猶踰垣掘塚揭篋探囊死者於前盜者於後何者以其間有欲也然所徇者不過數金之資耳彼酷吏與時上下取重人主無怵惕之憂坐致尊寵杖起卒伍富擬封君豈唯數金之利耶則盜官者爲幸矣故有國者則必窒覬覦之路杜僥倖之門可不務乎況乎樂觀時變恣懷陰賊斯又郅都董宣之罪人也異哉又有效於斯者中興四十載而有吉温羅希奭之蠹政又數載而有敬羽毛若虛之危法朝經四葉獄訟再起比周惡黨勦絶善人屢撓將措之刑以傷太和之氣幸災樂禍苟售其身此又來索之罪人也嗚呼天道禍淫人道惡殺既爲禍始必以凶終故自鞅斯至于毛敬路其跡者卒以誅夷非不幸也嗚呼執愚貫害任天下之怨反道辱名歸天下之惡或肆諸原野人得而誅之或投之魑魅鬼得而誅之天人報應豈虛也哉俾千載之後聞其名者曾虵豕之不若悲夫昔春秋之義善惡不隱今爲酷吏傳亦所以示懲勸也語曰前事不忘將來之師意在斯乎意在斯乎

來俊臣雍州萬年人也父操博徒與鄉人蔡本結友遂通其妻因樗蒲贏本錢數十萬本無以酬操遂納本妻入操門時先已有娠而生俊臣凶險不事生產反覆殘害舉無與比曾於和州犯奸盜被鞫遂妄告密召見奏刺史東平王續杖之一百後續天授中被誅俊臣復告密召見奏言前所告密是豫博州事枉被續決杖遂不得申則天以爲忠累遷侍御史加朝散大夫按制獄少不會意者必引之前後坐族千餘家二年擢拜左臺御史中丞朝廷累息無交言者道路以目與侍御史侯思止王弘義郭霸李仁敬司刑評事康暐衛遂忠等同惡相濟招集無賴數百人令其告事共爲羅織千里響應欲誣陷一人卽數處別告皆是事狀不異以惑上下仍皆云請付來俊臣推勘必獲實情則天於是於麗景門別置推事院俊臣推勘必獲專令俊臣等按鞫亦號爲新開門但入新開門者百不全一弘義戲謂麗景門爲

劍竟門言入此門者劍皆竟也俊臣與其黨朱南山輩造告密羅織經一卷告有條貫支節布置事狀由緒俊臣每鞫囚無問輕重多以醋灌鼻禁地牢中或盛之瓮中以火圜遶炙之並絕其根餉至有抽衣絮以噉之者又令寢處糞穢備諸苦毒自非身死終不得出每有赦令俊臣必先遣獄卒盡殺重囚然後宣示又以索元禮等作大枷凡有十號一曰定百脉二曰喘不得三曰突地吼四曰著即承五曰失魂膽六曰實同反七曰反是實八曰死豬愁九曰求即死十曰求破家復有鐵籠頭連其枷者輪轉于地斯須悶絕矣囚人無貴賤必先布枷棒于地召囚前曰此是作具見之魂膽飛越無不自誣矣則天重其賞以酬之故吏競勸爲酷矣由是告密之徒紛然道路名流僶俛閱日而已朝士多因入朝默遭掩襲以至于族與其家無復音息故每入朝者必與其家訣曰不知重相見不如意元年地官尚書狄仁傑益州長史任令暉冬官尚書李遊道秋官尚書袁智宏司賓卿崔神基文昌左丞盧獻等六人並爲其羅告俊臣既以族人家爲功苟引之承反乃奏請降勅一問即承同首例得減死及脅仁傑等反仁傑嘆曰大周革命萬物惟新唐朝舊臣甘從誅戮反是實俊臣乃少寬之其判官王德壽謂仁傑曰尚書事已爾得減死德壽今業已受驅策欲求少階級憑尚書牽楊執柔可乎仁傑曰若之何德壽曰尚書昔在春官時執柔任某司員外引之可也仁傑曰皇天后土遣狄仁傑行此事以頭觸柱血流被面德壽懼而止焉仁傑既承反有司但待報行刑不復嚴備仁傑得憑守者求筆硯拆被頭帛書之敍冤苦置于綿衣遣謂德壽曰時方熱請付家人去其綿德壽不復疑矣家人得衣中書仁傑子光遠持之稱變得召見則天覽之愕然召問俊臣曰卿言仁傑等承反今子弟訟冤何故也俊臣曰此等何能自伏其罪臣寢處甚安亦不去其巾帶則天令通事舍人周綝視之俊臣遽令獄卒令假仁傑等巾帶行立於西命綝視之綝懼俊臣莫敢西顧但視東唯諾而已俊臣令綝少留附進狀乃令判官妄爲仁傑等作謝死表代署而進之鳳閣侍郎樂思晦男年八九歲其家已族宜隷于司農上變得召見言俊臣苛毒願陛下假條反狀以付之無大小皆如狀矣則天意少解乃召見仁傑曰卿承反何也仁傑等曰不承反臣已死於枷棒矣則天曰何謂作謝死表仁傑曰無因以表示之乃知其代署遂出此六家俊臣復按大將軍張虔勗大將軍內侍范雲仙於洛陽牧院虔勗等不堪其苦自訟於徐有功言辭頗厲俊臣命衛士以亂刀斬殺之雲仙亦言歷事先朝稱所司冤苦俊臣命截去其舌士庶破膽無敢言者俊臣累坐贓爲衛吏紀履忠所告下獄長壽二年除殿中丞又坐贓出爲同州參軍逼奪同列參軍妻仍辱其母萬歲通天元年召爲合宮尉擢拜洛陽令司農少卿則天賜其奴婢十人當受於司農時西蕃酋長阿史那斛瑟羅家有細婢善歌舞俊臣因令其黨羅告斛瑟羅反將圖其婢諸蕃長詣闕割耳剺面訟冤者數十人乃得不族時綦連耀劉思禮等有異謀明堂尉吉頊知之不自安以白俊臣發之連坐族者數十輩俊臣將擅其功復羅告頊得召見僅而免俊臣先逼妻太原王慶詵女俊臣與河東衛遂忠有舊遂忠行雖不著然好學有詞辯嘗携酒謁俊臣俊臣方與妻族宴集應門者紿云已出矣遂忠知妄入其宅慢罵毀辱之俊臣恥其妻族命毆擊反接既而免之自此構隙俊臣將羅告武氏諸王及太平公主張易之等遂相掎摭則天屢保持之而諸武及太平公主恐懼共發其罪乃棄市國人無少長皆怨之競剮其肉斯須盡矣中宗神龍元年三月八日詔曰國之大綱惟刑與政刑之不中其政乃虧劉光業王德壽王處貞屈貞筠鮑思恭劉景陽等庸流賤職姦吏險夫以饕暴爲能官以凶殘爲奉法往從按察害虐在心倏忽加刑呼吸就戮曝骨流血其數甚多冤濫之聲盈於海內朕唯布新澤恩被人祇撫事長懷尤深惻隱光業等五人積惡成釁並謝生涯雖其人已殂而其跡可貶所有官爵並宜追奪其枉被殺人各令州縣以禮埋葬還其官蔭劉景陽身今見在情不可矜特以會恩免其嚴罰宜從貶降以雪冤情可棣州樂單縣員外尉自今內外法官咸宜敬慎其文深刺骨跡徇凝脂高下任情輕重隨意如酷吏丘神勣來子珣萬國俊周興來俊臣魚承曄王景昭索元禮傅遊藝王弘義張知默裴籍焦仁亶侯思止郭霸李仁敬皇甫文備陳嘉言等其身已死自垂拱已來枉濫殺人有官者並令削奪唐奉一依前配流李秦授曹仁哲並與嶺南惡處開元十三年三月十二日御史大夫程行諶奏周朝酷吏來子珣萬國俊王弘義侯思止郭霸焦仁亶張知默李敬仁唐奉一來俊臣周興丘神勣索元禮曹仁哲王景昭裴籍李秦授劉光業王德壽屈貞筠鮑思恭劉景陽王處貞二十三人殘害宗枝毒陷良善情狀尤重子孫不許與官陳嘉言魚承曄皇甫文備傅遊藝四人情狀稍輕子孫不許近任

周興者雍州長安人也少以明習法律爲尚書省都事累遷司刑少卿秋官侍郎自垂拱已來屢受制獄被其陷害者數千人天授元年九月革命除尚書左丞上疏除李家宗正屬籍二年十一月與丘神勣同下獄當誅則天特免之徙於嶺表在道爲讐人所殺

傅遊藝衛州汲人也載初元年爲合宮主簿左肅政臺御史除左補闕上書稱武氏符瑞合革姓受命則天甚悅擢爲給事中數月加同鳳閣鸞臺平章事同月又加朝散大夫守鸞臺侍郎依舊同平章事其年九月革命改天授元年賜姓武氏二年五月加銀青光祿大夫兄神童爲冬官尚書兄弟並承榮寵逾月除司禮少卿停知政事夢登湛露殿旦而陳於所親爲其所發伏誅時人號爲四時仕宦言一年自青而綠及於朱紫也希則天旨誣族皇枝神龍初禁錮其子孫初遊藝請則天發六道使雖身死之後竟從其謀於是萬國俊輩恣斬戮矣

丘神勣左衛大將軍行恭子也永淳元年爲左金吾衛將軍弘道元年高宗崩則天使於巴州害章懷太子既而歸罪於神勣左遷疊州刺史尋復入爲左金吾衛將軍深見親委受詔與周興來俊臣鞫制獄俱號爲酷吏垂拱四年博州刺史琅邪王冲起兵以神勣爲清平道大總管尋而冲爲百姓孟青棒吳希智所殺神勣至州官吏素服來迎神勣揮刃盡殺之破千餘家因加左金吾衛大將軍天授二年十月下詔獄伏誅

索元禮胡人也光宅初徐敬業起兵揚州以匡復爲名則天震怒又恐人心動搖欲以威制天下元禮探其旨告事召見擢爲游擊將軍令於洛州牧院推案制獄元禮性殘忍推一人廣令引數千百人衣冠震懼甚於狼虎則天數召見賞賜張其權勢凡爲殺戮者數千人於是周興來俊臣之徒效之而起矣時有諸州告密人皆給公乘州縣護送至闕下於賓館以廩之稍稱旨必授以爵賞以誘之貴以威於遠近元禮尋以酷毒轉甚則天收人望而殺之天下之人謂之來索言酷毒之極又首按制獄也載初元年十月左臺御史周矩上疏諫曰頃者小人告訐習以爲常內外諸司人懷苟免姑息臺吏承接強梁非故欲規避誣構耳又推劾之吏皆以深刻爲功鑿空爭能相矜以虐泥耳籠頭枷研楔轂摺脅籤爪懸髮薰耳臥鄰穢溺曾不聊生號爲獄持或累日節食連宵緩問晝夜搖撼使不得眠號曰宿囚此等既非木石且救目前苟求賒死臣竊聽輿議皆稱天下太平何苦須反豈被告者盡是英雄以求帝王耶只是不勝楚毒自誣耳何以覈之陛下試取所告狀酌其虛實者付令推微訊動以探其情所推者必上下其手希聖旨也願陛下察之今滿朝側息不安皆以爲陛下朝與之密夕與之讐不可保也聞有追攝與妻子即爲死訣故爲國者以仁爲宗以刑爲助周用仁而昌秦用刑而亡此之謂也願陛下緩刑用仁天下幸甚則天從之由是制獄稍息

侯思止雍州醴泉人也貧窮不能理生業乃樂事渤海高元禮家性無賴詭譎時恒州刺史裴貞杖一判司則天將不利王室羅反之徒已與矣判司教思止說游擊將軍高元禮因請狀乃告舒王元名及裴貞反周興按之並族滅授思止游擊將軍元禮懼而曲媚引與同坐呼爲侯大曰國家用人以不次若言侯大不識字即奏云獬豸獸亦不識字而能觸邪則天果如其言思止以獬豸對之則天大悅天授三年乃拜朝散大夫左臺侍御史元禮復教曰在上知侯大無宅儻以諸役官宅見借可辭謝而不受在上必問所由即奏云諸反逆人臣惡其名不願坐其宅則天復大悅恩澤甚優思止既按制獄苛酷日甚嘗按中丞魏元忠曰急認白司馬不然即喫孟青白司馬者洛陽有坂號白司馬坂孟青者將軍姓孟名青棒即殺琅邪王冲者也思止閭巷庸奴常以此謂諸囚也元忠辭氣不屈思止怒而倒曳元忠元忠徐起曰我薄命如乘惡驢墜腳爲鐙所挂被拖曳思止大怒又曳之曰汝拒捍制使奏斬之元忠曰侯思止汝今爲國家御史須識禮數輕重如必須魏元忠頭何不以鋸截將無爲抑我承反奈何爾佩服朱紫親銜天命不行正直之事乃言白司馬孟青是何言也非魏元忠無人抑教思止驚起悚怍曰思止死罪幸蒙中丞教引上牀坐而問之元忠徐就坐自若思止言竟不正時人効之以爲談謔之資侍御史霍獻可笑之思止以聞則天怒謂獻可曰我已用之卿笑何也獻可具以其言奏則天亦大笑時來俊臣棄故妻逼娶太原王慶詵女思止亦奏請娶趙郡李自挹女勅政事商量鳳閣侍郎李昭德撫掌爲諸宰相曰大可笑諸宰相問故昭德曰往年來俊臣賊劫王慶詵女已大辱國今日此奴又請索李自挹女無乃復辱國乎竟爲李昭德搒殺之

萬國俊洛陽人少譎異險詐垂拱後與來俊臣同爲羅織經屠覆宗枝朝貴以作威勢自司刑評事俊臣同引

爲判官天授二年攝右臺監察御史常與俊臣同按制獄長壽二年有上封事言嶺南流人有陰謀逆者乃遣國俊就按之若得反狀便斬決國俊至廣州遍召流人置于別所矯制賜自盡並號哭稱寃不服國俊乃引出擁之水曲以次加戮三百餘人一時併命然後鍛鍊曲成反狀仍誣奏云諸流人咸有怨望若不推究爲變不遙則天深然其奏乃命右衛翊二府兵曹參軍劉光業司刑評事王德壽苑南面監丞鮑思恭尚輦直長王大貞右武衛兵曹參軍屈貞筠等並攝監察御史分往劍南黔中安南等六道鞫流人尋擢授國俊朝散大夫肅政臺侍御史光業等見國俊盛行殘殺得加榮貴乃共肆其凶忍唯恐後之光業殺九百人德壽殺七百人其餘少者咸五百人亦有遠年流人非革命時犯罪亦同殺之則天後知其寃濫下制被六道使所殺之家口未歸者並遞還本管國俊等俄亦相次而死皆見鬼物爲祟或有流竄而終

來子珣雍州長安人永昌元年四月以上書陳事除左臺監察御史時朝士有不帶靴而朝者子珣彈之曰臣聞束帶立於朝舉朝大噱則天委之按制獄多希旨賜姓姓武氏字家臣天授中丁父憂起復朝散大夫侍御史時雅州刺史劉行實及弟渠州刺史行瑜尚衣奉御行威并兄子鷹揚郎將軍虔通等爲子珣誣告謀反誅又於盱眙毀其父左監門大將軍伯英棺柩俄又轉爲游擊將軍右羽林中郎將常衣錦半臂言笑自若朝士誚之長壽元年配流愛州卒

王弘義冀州衡水人也告變授游擊將軍天授中拜右臺殿中侍御史長壽中拜左臺侍御史與來俊臣羅告衣冠延載元年俊臣貶弘義亦流放瓊州妄稱勅追時胡元禮爲侍御史使嶺南道次于襄鄧會而按之弘義詞窮乃謂曰與公氣類元禮曰足下任御史元禮任洛陽尉元禮今爲御史公乃流囚復何氣類乃搒殺之弘義每暑月繫囚必於小房中積蒿而施氈褥遭之者斯須氣絶矣苟自誣引則易於他房與俊臣常行移牒州縣慴懼自矜曰我之文牒有如狼毒野葛也弘義常於鄉里傍舍求瓜主悋之弘義乃狀言瓜園中有白兔縣官命人捕逐斯須園苗盡矣內史李昭德曰昔聞蒼鷹獄史今見白兔御史

郭霸廬江人也天授二年自宋州寧陵丞應革命舉拜左臺監察御史如意元年除左臺殿中侍御史長壽二年右臺侍御史初舉集召見於則天前自陳忠鯁云往年征徐敬業臣願抽其筋食其肉飲其血絶其髓則天悅故拜焉時人號爲四其御史時大夫魏元忠臥疾諸御史盡往省之霸獨居後比見元忠憂懼請示元忠便液以驗疾之輕重元忠驚悚霸悅曰大夫糞味甘或不瘳今味苦當卽愈矣元忠剛直殊惡之以其事露朝士嘗推芳州刺史李思徵搒捶考禁不勝而死聖曆中屢見思徵甚惡之嘗因退朝遽歸命家人曰速請僧轉經設齋須臾見思徵從數十騎上其廷曰汝枉陷我我今取汝霸周章惶怖援刀自刳其腹斯須蛆爛矣是日閭里亦見兵馬數十騎駐于門少頃不復見矣時洛陽橋壞行李弊之至是功畢則天嘗問羣臣比在外有何好事舍人張元一素滑稽對曰百姓喜洛橋成幸郭霸死此卽好事

吉頊洛州河南人也身長七尺陰毒敢言事進士舉累轉明堂尉萬歲通天二年有箕州刺史劉思禮自云學於張憬藏善相云洛州錄事參軍綦連耀應圖讖有兩角騏驎兒之符命頊告之則天付武懿宗與頊對訊懿宗與頊誘思禮令廣引朝士必全其命思禮乃引鳳閣侍郎李元素夏官侍郎孫元通天官侍郎劉奇石抱忠鳳閣舍人王處來庭主簿柳璆給事中周潘涇州刺史王勔監察御史王助司議郎路敬淳司門員外郎劉愼之右司員外郎宇文全志等三十六家微有忤意者必構之楚毒百端以成其獄皆海內賢士名家天下寃之親故連累竄逐者千餘人頊由是擢拜右肅政臺中丞日見恩遇明年突厥寇陷趙定等州則天召頊檢校相州刺史以斷賊南侵之路頊以素不習武爲辭則天曰賊勢將退藉卿威名鎮遏耳初太原有術士溫彬茂高宗時老臨死封一狀謂其妻曰吾死後年名垂拱卽詣闕獻之愼勿開也垂拱初其妻獻之狀中預陳則天革命及突厥至趙定之事故則天知賊至趙州而退頊初至州募人略無應者俄而詔以皇太子爲元帥應募者不可勝數及賊退頊入朝奏之則天甚悅聖曆二年臘月遷天官侍郎同鳳閣鸞臺平章事時易之昌宗諷則天置控鶴監官員則天以易之爲控鶴監頊素與易之兄弟親善遂引頊以殿中少監田歸道鳳閣舍人薛稷正諫大夫員半千夏官侍郎李迥秀俱爲控鶴內供奉時議甚不悅初則天以頊幹辯有口才偉儀質堪委以心腹故擢任之及與武懿宗爭趙州功於殿中懿宗短小俯僂頊聲氣凌厲下視懿宗嘗不相假則天以爲卑我諸武於我前其可倚與其年十月以弟作僞官貶琰川尉後改安固尉尋卒初中宗未立爲皇太子時易之昌宗嘗密問頊自安之策頊云公兄弟承恩既深非有大功於天下則不全矣今天下士庶咸思李家廬陵既在房州相王又在幽閉主上春秋既高須有付託武氏諸王殊非屬意明公若能從容請建立廬陵及相王以副生人之望豈止轉禍爲福必長享茅土之重矣易之然其言遂承間奏請則天知頊首謀召而問之頊曰廬陵王及相王皆陛下之子先帝顧託於陛下當有主意唯陛下裁之則天意乃定頊既得罪時無知者睿宗卽位左右發明其事乃下制曰故吏部侍郎同中書門下平章事吉頊體識宏遠風規久大嘗以經緯之才允膺匡佐之委時王命中否人謀未輯首陳返政之議克副祈天之基永懷遺烈寧忘厥効可贈左御史臺大夫

舊唐書卷一百八十六上考證

索元禮傳枷研楔總○臣酉按通鑑作枷研楔轂注枷研以枷研其頸楔轂以鐵圈轂其首而加楔也總字當是轂字之訛今改正

# 舊唐書卷一百八十六下

後晉司空同中書門下平章事劉　昫撰

## 列傳第一百三十六

### 酷吏下

姚紹之　周利貞　王旭　吉溫（王鈞　嚴安之　盧鉉附）
羅希奭　毛若虛　敬羽（裴昇　畢曜附）

姚紹之湖州武康人也解褐典儀累拜監察御史中宗朝武三思恃庶人勢駙馬都尉王同皎謀誅之事洩令紹之按問而誅同皎紹之初按問同皎張仲之祖延慶謀衣袖中發調弩射三思伺其便未果宋之遜以其外妹妻延慶曰今日將行何事而以妻爲之遜固抑而延慶且洽其心矣之遜子曇密發之乃勅右臺大夫李承嘉與紹之按於新開門內初紹之將直盡其事詔宰相李嶠等對問諸相懼三思威權但僶俛佯不問仲之延慶言曰宰相中有附會三思者嶠與承嘉耳言復說誘紹之其事乃變遂密置人力十餘命引仲之對問至卽爲紹之所擒塞口反接送獄中紹之還謂仲之曰張三事不諧矣仲之固言三思反狀紹之命棒之而臂折大呼天者六七謂紹之曰反賊臂且折矣命已輸汝當訴爾於天帝因裂衫以束之乃自誣反而遇誅紹之自此神氣自若朝廷側目累遷左臺侍御史奉使江左經汴州辱錄事參軍魏傳弓尋拜監察御史紹之後坐贓汚詔傳弓按之獲贓五千餘貫以聞當坐死韋庶人妹保持之遂黜放爲嶺南瓊山尉傳弓初按紹之紹之在揚州色動謂長吏盧萬石曰頃辱傳弓今爲所按紹之死矣逃入西京爲萬年尉擒之擊折其足因授南陵令員外置開元十三年累轉括州長史同正員不預知州事死

周利貞神龍初爲侍御史附託權要爲桓彥範敬暉等五王嫉之出爲嘉州司馬時中書舍人崔湜與桓敬善武三思用事禁中彥範憂之託心腹於湜湜反露其計於三思爲三思所中盡流嶺南湜勸盡殺之以絶其歸望三思問誰可使者利貞卽湜之表兄因舉爲此行利貞至皆鴆殺之因擢爲左臺御史中丞先天元年爲廣州都督時湜爲中書令與僕射劉幽求不叶陷幽求徙于嶺表諷利貞殺之爲桂州都督王晙護之逗遛獲免無何玄宗正位利貞與薛季昶宋之問同賜死於桂州驛

王旭太原祁人也曾祖珪貞觀初爲侍中尚永寧公主旭解褐鴻州參軍轉兗州兵曹神龍元年正月張柬之桓彥範等誅張易之昌宗兄弟尊立孝和皇帝其兄昌儀先貶乾封尉旭斬之齎其首赴于東都遷并州錄事參軍唐隆元年玄宗誅韋庶人等并州長史周仁軌韋氏之黨有詔誅之旭不覆勅又斬其首馳赴西京開元二年累遷左臺侍御史時光祿少卿盧崇道以崔湜妻父貶於嶺外逃歸匿於東都爲讐家所發詔旭究其獄旭欲擅其威權因捕崇道親黨數十人皆極其楚毒然後結成其罪崇道及三子並杖死於都亭驛門生親友皆決杖流貶時得罪多是知名之士四海寃之旭又與御史大夫李傑不叶遞相糾訐傑竟左遷衢州刺史旭既得志擅行威福由是朝廷畏而鄙之五年遷左司郎中常帶侍御史旭爲吏嚴苛左右無敢支梧每銜命推劾一見無不輸款者時宋王憲府掾紀希虬兄任劍南縣令被告有贓私旭使至蜀鞫之其妻美旭威逼之因奏決殺縣令納贓數千萬至六年希虬遣奴詐爲祗承人受顧在臺事旭累月旭賞之召入宅中委以腹心其奴密記旭受饋遺囑託事乃成數千貫歸謁希虬希虬銜泣見憲敍以家寃憲憫之執其狀以奏詔付臺司劾之贓私累巨萬貶龍平尉憤恚而死甚爲時人之所慶快

吉溫天官侍郎項弟琚之孽子也譎詭能諂事人遊於中貴門愛若親戚性禁害果於推劾天寶初爲新豐丞時太子文學薛嶷承恩倖引溫入對玄宗目之而謂嶷曰是一不良漢朕不要也時蕭炅爲河南尹河南府有事京臺差溫推詰事連炅堅執不捨賴炅與右相李林甫善抑而免之及溫選炅已爲京兆尹一唱萬年尉卽就其官人爲危之時驃騎高力士常止宿宮禁或時出外第炅必謁焉溫先馳與力士言謔甚洽握手呼行第炅覩之歎伏及他日溫謁炅於府庭遽布心腹曰他日不敢隳國家法今日已後洗心事公炅復與盡歡會林甫與左相李適之駙馬張垍不叶適之兼兵部尚書垍兄均爲兵部侍郎林甫遣人訐出兵部銓曹主簿事令史六十餘人僞濫事圖覆其官長詔出付京兆府與憲司對問數日竟不究其由炅使溫劾之溫於院中分囚於兩處溫於後廳伴取兩重囚訊之或杖或壓痛苦之聲所不忍聞卽云若存性命乞紙盡荅令史輩素諳溫各自誣伏罪及溫引問無敢違者晷刻間事輯驗囚無栲訊決罰處常云若遇知己南山白額獸不足縛也會李林甫將起刑獄除不附己者乃引之於門與羅希奭同鍛鍊詔獄五載因中官納其外甥武敬一女爲盛王琦妃擢京兆府士曹時林甫專謀不利於東儲以左驍衛兵曹柳勣杜良娣妹壻令溫推之溫追著作郎王曾前右司禦率府倉曹王修己左武衛司戈盧寧左威衛騎曹徐徵同就臺鞫數日而獄成勣等杖死積屍於大理寺六載林甫又以戶部侍郎兼御史中丞楊愼矜違忤其旨御史中丞王鉷與愼矜親而嫉之同構其事云蓄圖讖以己是隋煬帝子孫闚於興復林甫又奏付溫鞫焉愼矜下獄繫之使溫於東京收捕其兄少府少監愼餘弟洛陽令愼名於汝州捕其門客史敬忠敬忠頗有學嘗與朝貴遊蹉跎不進與溫父琚情契甚密溫孩孺時敬忠嘗抱撫之溫令河南丞姚開就擒之鎖其頸布袂蒙面以見溫溫驅之於前不交一言欲及京使典誘之云楊愼矜今款招已成須子一辨若解人意必活忤之必死敬忠迴首曰七郎乞一紙溫佯不與見詞懇乃於桑下令荅三紙辯皆符溫旨喜曰丈人莫相怪遂徐下拜及至溫湯始鞫愼矜以敬忠詞爲證及再搜其家不得圖讖林甫恐事洩危之乃使御史盧鉉入搜鉉乃袖讖書而入於隱僻中詬而出曰逆賊牢藏秘記今得之矣指於愼矜小妻韓珠團婢見舉家惶懼且行捶擊誰敢忤焉獄乃成愼矜兄弟賜死溫自是威振衣冠不敢偶言溫早以嚴毒聞頻知詔獄忍行枉濫推事未訊問已作奏狀計贓數及被引問便懼懾卽隨意而書無敢惜其生者因不加栲擊獄成矣林甫深以溫爲能擢戶部郎中常帶御史林甫雖倚以爪牙溫又見安祿山受主恩驃騎高力士居中用事皆附會其間結爲兄弟常謂祿山曰李右相雖觀察人事親於三兄必不以兄爲宰相溫雖被驅使必不超擢若三兄奏溫爲相卽奏兄堪大任擠出林甫是兩人必爲相矣祿山悅之時祿山承恩無敵驟言溫能玄宗亦忘曩歲之語十載祿山加河東節度因奏溫爲河東節度副使并知節度營田及管內採訪監察留後事其載又加兼鴈門太守仍知安邊郡鑄錢事賜紫金魚袋及丁所生憂祿山又奏起復爲本官尋復奏爲魏郡太守兼侍御史楊國忠入相素與溫交通追入爲御史中丞仍充京畿關內採訪處置使溫於范陽辭祿山令累路館驛作白紬帳以候之又令男慶緒出界送攏馬出驛數十步及至西京朝廷動靜輒報祿山信宿而達十三載正月祿山入朝拜左僕射充閑廐使因奏加溫武部侍郎兼御史中丞充閑廐苑內營田五坊等副使時楊國忠與祿山嫌隙已成溫轉厚於祿山國忠又忌之其冬河東太守韋陟入奏於華清宮陟自謂失職託於溫結歡於祿山廣載河東土物饋於溫又及權貴國忠諷評事吳豸之使鄉人告之召付中書門下對法官鞫之陟伏其狀貶桂嶺尉溫澧陽長史溫判官員錫新興尉明年溫又坐贓七千匹及奪人口馬奸穢事發貶端州高要尉溫至嶺外遷延不進依於張博濟止於始安郡八月遣大理司直蔣沇鞫之溫死於獄中博濟及始安太守羅希奭死於州門初溫之貶斥玄宗在華清宮謂朝臣曰吉溫是酷吏子姪朕被人誑惑用之至此屢勸朕起刑獄以作威福朕不受其言今去矣卿等皆可安枕也初開元九年有王鈞爲洛陽尉十八年有嚴安之爲河南丞皆性毒虐笞罰人畏其不死皆杖訖不放起須其腫憤徐乃重杖之懊血流地苦楚欲死鈞與安之始眉目喜暢故人吏懾懼溫則售身權貴噬螫衣冠來頗異耳溫九月死始興十一月祿山起兵作亂人謂與溫報讐耳祿山入洛陽城卽僞位玄宗幸蜀後祿山求得溫一子纔六七歲授河南府叅軍給與財帛初溫之按楊愼矜侍御史盧鉉同其事鉉初爲御史作韋堅判官及堅爲李林甫所嫉鉉以堅欵曲發於林甫冀售其身及按愼矜鉉先與張瑄同臺情旨素厚貴取媚於權臣誣瑄與楊愼矜共解圖讖持之爲驢駒板橛以成其獄又爲王鉷閑廐判官鉷緣邢縡事朝堂被推鉉證云大夫將白帖索廐馬五百匹以助逆我不與之鉷死在晷刻鉉忍誣之衆咸怒恨焉及被貶爲廬江長史在郡忽見瑄爲祟乃云端公何得來乞命不自由鉉須臾而卒

羅希奭本杭州人也近家洛陽鴻臚少卿張博濟堂外甥爲吏持法深刻天寶初右相李林甫引與吉溫持獄又與希奭姻婭自御史臺主簿再遷殿中侍御史自韋堅皇甫惟明李適之柳勣裴敦復李邕鄔元昌楊愼矜趙奉璋下獄事皆與溫鍛鍊故時稱羅鉗吉網惡其深刻也八載除刑部員外轉郎中十一載李林甫卒出爲中部始安二太守仍充當管經略使十四載以張博濟吉溫韋陟韋誡奢李從一員錫等流貶皆於始安希奭或令假攝右相楊國忠奏遣司直蔣沇往按之復令張光奇替爲始安太守仍降勅曰前始安郡太守充當管經略使羅希奭幸此資序叨居牧守地列要荒人多竄殛尤加委任冀絕姦訛翻乃嘯結逋逃羣聚不逞應是流貶公然安置或差攝郡縣割剝黎甿或輟借館宇侵擾人吏不唯輕侮典憲實亦隳壞紀綱擢髮數愆豈多其罪可貶海東郡海康尉員外置張博濟往託回邪跡惟憑恃嘗自抵犯又坐親姻前後貶官歲月頗久逗留不赴情狀難容及命按舉仍更潛匿亡命逭刑莫斯爲甚並當切害合峻常刑宜於所在各決重杖六十使夫爲政之士克守章程負罪之人期於悛革凡厥在位宜各悉心時員錫李從一韋誡奢吉承恩並決杖遣司直宇文審往監之

毛若虛絳州太平人也眉毛覆於眼其性殘忍初爲蜀川縣尉使司以推勾見任天寶末爲武功丞年已六十餘矣肅宗收兩京除監察御史審國用不足上策徵剝財貨有潤於公者日有進奉漸見任用稱旨每推一人未鞫卽先收其家資以定贓數不滿望卽攤徵鄉里近親峻其威權人皆懼死輸納不差晷刻乾元二年鳳翔府七坊押官先行剽劫州縣不能制因有劫殺事縣尉謝夷甫因衆怒遂搒殺之其妻訴於李輔國輔國奏請御史孫鎣鞫之鎣不能正其事又令中丞崔伯陽三司使雜訊之又不證成其罪因令若虛推之遂歸罪於夷甫伯陽與之言若虛頗不遜伯陽數讓之若虛馳謁告急肅宗曰卿且出對曰臣出卽死矣肅宗潛留若虛簾內召伯陽至伯陽頗短若虛上怒叱出之因流貶伯陽同推官十餘人皆於嶺外遠惡處宰相李峴以左右於瑩等亦被貶斥於是若虛威震朝列公卿懾懼矣尋擢爲御史中丞上元元年貶賓化尉而死

敬羽寶鼎人也父昭道開元初爲監察御史羽貌寢而性便辟善候人意旨天寶九載爲康成縣尉安思順爲朔方節度使引在幕下及肅宗於靈武卽大位羽尋擢爲監察御史以苛刻徵剝求進及收兩京後轉見委任作大枷有鼢尾榆著卽悶絕又臥囚於地以門關輾其腹號爲肉傳飥掘地爲坑實以棘刺以敗席覆上領囚臨坑訊之必墜其中萬刺攢之又捕逐錢貨不減毛若虛上元中擢爲御史中丞太子少傅宗正卿鄭國公李遵爲宗子通事舍人李若氷告其贓私詔羽按之羽延遵各危坐於小牀羽小瘦遵豐碩頃間問卽倒請垂足羽曰尚書下獄是囚羽禮延坐何得慢耶遵絕倒者數四請問羽徐應之授紙筆書贓數千貫奏之肅宗以勲舊捨之但停宗正卿及嗣薛王珍潛謀不軌詔羽鞫之羽召支黨羅於廷索鼢尾榆枷之布栲訊之具以繞之信宿成獄珍坐死右衛將軍竇如玢試都水使者崔昌等九人並斬太子洗馬趙非熊陳王府長史陳闓楚州司馬張昴左武衛兵曹叅軍焦自榮前鳳翔府郿縣主簿李昆廣文館進士張曼等六人決殺駙馬都尉薛履謙賜自盡左散騎常侍張鎬貶辰州司戶胡人康謙善賈資産億萬計楊國忠爲相授安南都護至德中爲試鴻臚卿專知山南東路驛人嫉之告其陰通史朝義謙髭鬚長三尺過帶按之兩宿鬢髮皆秃膝踝亦栲碎視之者以爲鬼物非人類也乞捨其生以後送狀奏殺之没其資産羽與毛若虛在臺五六年間臺中囚繫不絕又有裴昇畢曜同爲御史皆酷毒人之陷刑當時有毛敬裴畢之稱裴畢尋又流黔中羽寶應元年貶爲道州刺史尋有詔殺之羽聞之衣凶服南奔溪洞爲吏所擒臨刑袖中執州縣官吏犯贓私狀數紙曰有人通此狀恨不得推究其事主州政者無宜寢也

贊曰王德將衰政在姦臣鷹犬搏擊縱之者人遭其毒螫可爲悲辛作法爲害延濫不仁

舊唐書卷一百八十七上
後晉司空同中書門下平章事劉　昫撰
列傳第一百三十七
忠義上
夏侯端　劉感　常達　羅士信
呂子臧　張道源族子楚金附　李公逸
張善相　李玄通　敬君弘　馮立
謝叔方　王義方　成三郎　尹元貞
高叡子仲舒崔琳附　王同晈周憬附
蘇安恒　俞文俊　王求禮
燕欽融郎岌附　安金藏

語曰無求生以害仁有殺身以成仁孟軻曰生亦我所欲義亦我所欲捨生而取義可也古之德行君子動必出禮守之以仁造次顛沛不愆于素有若仲由之結纓鉏麑之觸樹紀信之蹈火豫讓之斬衣此所謂殺身成仁臨難不苟者也然受刑一代顧瞻七族不犯難者有終身之利隨市道者獲當世之榮苟非氣義不羣貞剛絕俗安能碎所重之支體徇他人之義哉則由麑信讓之徒君人者常宜血祀況自有其臣乎卽如安金藏剖腹以明皇嗣段秀實挺笏而擊元兇張巡姚誾之守城杲卿眞卿之罵賊又愈於金藏秀實等各見本傳今採夏侯端李憕已下附于此篇

夏侯端壽州壽春人梁尚書左僕射詳之孫也仕隋爲大理司直高祖龍潛時與其結交大業中高祖帥師於河東討捕迺請端爲副時煬帝幸江都盜賊日滋端頗知玄象善相人說高祖曰金玉牀搖動此帝座不安參墟得歲必有眞人起於實沈之次天下方亂能安之者其在明公但主上曉察情多猜忍切忌諸李强者先誅全才既死明公豈非其次若早爲計則應天福不然者則誅矣高祖深然其言及義師起端在河東爲吏所捕送于長安因之高祖入京城釋之引入卧內與語極歡授秘書監屬李密爲王世充所破以衆來降關東之地未有所屬端固請往招諭之乃加大將軍持節爲河南道招慰使至黎陽李勣發兵送之自澶水濟河傳檄郡縣東至于海南至于淮二十餘州並遣使送款行次譙州會亳州刺史丁叔則及汴州刺史王要漢並以所部降於世充路遂隔絕端素得衆心所從二千人雖糧盡不忍委去端知事必不濟乃坐澤中盡殺私馬以會軍士因歔欷曰今王師已敗諸處並沒卿等土壤悉皆從僞特以共事之情未能見委然我奉王命不可從卿有妻子無宜効我可斬吾首持歸於賊必獲富貴衆皆流涕端又曰卿不忍見殺吾當自刎衆士抱持之皆曰公於唐家非有親屬但以忠義之故不辭於死諸人與公共事經涉艱危豈有害公而取富貴復與同進潛行五日餒死者十三四又爲賊所擊奔潰相失者大半端唯與三十餘人東走採生荳豆而食之猶持節與之俱卧起謂衆人曰平生不知死地乃在此中我受國恩所以然耳今卿等何乃相伴死乎可散投賊猶全性命吾當抱此一節與之俱殞衆又不去屬李公逸爲唐守杞州聞而勒兵迎館之于時河南之地皆入世充唯公逸感端之義獨堅守不下世充遣使召端解衣遺之禮甚厚仍送除書以端爲淮南郡公吏部尚書端對其使者曰夏侯端天子大使豈受王世充之官自非斬我頭將徃見汝何容身苟活而屈於賊乎遂焚其書拔刀斬其所遺衣服因發路西歸解節旄懷之取竿加刃從間道得至宜陽初山中險峻先無蹊徑但冒履榛梗晝夜兼行從者三十二人或墜崖溺水遇猛獸而死又半其餘至者皆鬢髮禿落形貌枯瘠端馳驛奉見但謝無功殊不自言艱苦高祖憫之復以爲秘書監俄出爲梓州刺史所得料錢皆散施孤寡貞觀元年病卒

劉感岐州鳳泉人後魏司徒高昌王豐生之孫也武德初以驃騎將軍鎮涇州薛仁杲率衆圍之感嬰城拒守城中糧盡遂殺所乘馬以分將士感一無所噉唯煑馬骨取汁和木屑食之城垂陷者數矣長平王叔良援兵至仁杲解圍而去感與叔良出戰爲賊所擒仁杲復圍涇州令感語城中云援軍已敗徒守孤城何益也宜早出降以全家室感許之及至城下大呼曰逆賊飢餓亡在朝夕秦王率數十萬衆四面俱集城中勿憂各宜勉以全忠節仁杲大怒執感於城邊埋脚至膝馳騎射殺之至死聲色逾厲賊平高祖購得其屍祭以少牢贈瀛州刺史封平原郡公謚曰忠壯令其子襲官爵并賜田宅

常達陝人也初仕隋爲鷹揚郎將數從高祖征伐甚蒙親待及義兵起達在霍邑從宋老生來拒戰老生敗達懼自匿不出高祖謂達已死令人閱屍求之及達奉見高祖大悅以爲統軍武德初拜隴州刺史時薛舉屢攻之不能尅乃遣其將仵士政以數百人僞降達達不之測厚加撫接士政伺隙以其徒刼達擁城中二千人而叛牽達以見於舉達詞色抗厲不爲之屈舉指其妻謂達曰識皇后否達曰正是瘦老嫗何足可識竟釋之有賊帥張貴謂達曰汝識我否答曰汝逃死奴瞋目視之貴怒拔刀將斫達人救之獲免及仁杲平高祖見達謂曰卿之忠節便可求之古人命起居舍人令狐德棻曰劉感常達須載之史策也執仵士政撲殺之賜達布帛三百段復拜隴州刺史卒

羅士信齊州歷城人也大業中長白山賊王薄左才相孟讓來寇齊郡通守張須陁率兵討擊士信年始十四固請自効須陁謂曰汝形容未勝衣甲何可入陣士信怒重著二甲左右雙鞬而上馬須陁壯而從之擊賊濰水之上陣纔列士信馳至賊所刺倒數人斬一人首擲於空中用搶承之戴以略陣賊衆愕然無攻逼者須陁因而奮擊賊衆大潰士信逐北每殺一人輒劓其鼻而懷之及還則驗鼻以表殺賊之多少也須陁甚加歎賞以所乘馬遺之引置左右每戰須陁先登士信爲副煬帝遣使慰諭之又令畫工寫須陁士信戰陣之圖上于內史及須陁爲李密所殺士信隨裴仁基率衆歸于密署爲總管使統所部隨密擊王世充敗士信躍馬突進身中數矢乃陷於世充世充知其驍勇厚禮之與同寢食後世充破李密得密將邴元眞等盡拜爲將軍不復專重之士信恥與爲伍率所部千餘人奔于穀州高祖以爲陝州道行軍總管使圖世充及大軍至洛陽士信以兵圍世充千金堡中有大罵之者士信怒夜遣百餘人將嬰兒數十至于堡下詐言從東都來投羅總管因令嬰兒啼譟既而佯驚曰此千金堡吾輩錯矣忽然而去堡中謂是東都逃人遽出兵追之士信伏兵於路侯其開門奮擊大破之殺無遺類世充平擢授絳州總管封剡國公尋從太宗擊劉黑闥於河北有洺水人以城來降遣士信入城據守賊悉衆攻之甚急遇雨雪大軍不得救經數日城陷爲賊所擒黑闥聞其勇意欲活之士信詞色不屈遂遇害年二十太宗聞而傷惜購得其屍葬之謚曰勇士信初爲裴仁基所禮嘗感其知己之恩及東都平遂以家財收斂葬於北邙又云我死後當葬此墓側及卒果就仁基左而託葬焉

呂子臧蒲州河東人也大業末爲南陽郡丞高祖尅京師遣馬元規撫慰山南子臧堅守不下元規遣使諷諭之前後數輩皆爲子臧所殺及煬帝被殺高祖又遣其婿薛君倩賫手詔諭旨子臧乃爲煬帝發喪成禮而後歸國拜鄧州刺史封南陽郡公時朱粲新敗子臧率所部數千人與元規併力將擊之謂元規曰朱粲新破之後上下危懼一戰可擒若更遷延部衆稍集力强食盡必死戰於我爲患不細也元規不納子臧請以本兵獨戰又不許俄而粲衆大至元規懼退保南陽子臧謂元規曰言不見納以至於此老夫今坐公死矣粲果率兵圍之遇霖雨城壁皆壞所親者知城必陷固勸其降子臧曰安有天子方伯降賊者乎於是率其麾下赴敵而死俄而城陷元規亦遇害

張道源并州祁人也年十五父死居喪以孝行稱縣令郭湛改其所居爲復禮鄉至孝里道源嘗與友人客遊友人病中宵而卒道源恐驚擾主人遂共屍卧達曙方哭親步營送至其本鄉里高祖舉義召授大將軍府戶曹參軍及平京城遣道源撫慰山東燕趙之地爭來款附高祖下書褒美累封范陽郡公後拜大理卿時何稠士澄有罪家口籍沒仍以賜之道源歎曰人有否泰蓋亦是常安可因己之泰利人之否取其子女以爲僕妾豈近仁者之心乎皆捨之一無所取尋轉太僕卿後歷相州都督武德七年卒官贈工部尚書謚曰節道源雖歷職九卿身死日唯有粟兩碩高祖深異之賜其家帛三百段族子楚金楚金少有志行事親以孝聞初與兄越石同預鄉貢進士州司將罷越石而薦楚金辭曰以順則越石長以才則楚金不如固請俱退時李勣爲都督歎曰貢士本求才行相推如此何嫌雙居也乃俱薦擢第楚金高宗時累遷刑部侍郎儀鳳年有妖星見楚金上疏極言得失高宗優納賜帛二百段則天臨朝歷位吏部侍郎秋官尚書賜爵南陽侯爲酷吏周興所陷配流嶺表竟卒於徙所著翰苑三十卷紳誡三卷並傳於時

李公逸汴梁雍丘人也隋末與族弟善行以義勇爲人所附初歸王世充知其必敗遣間使請降高祖因以雍丘置杞州拜爲總管封陽夏郡公又以善行爲杞州刺史世充遣其從弟辨率衆攻之公逸遣使請援高祖以其懸隔賊境未出兵公逸乃留善行居守自入朝請援行至襄城爲世充伊州刺史張殷所獲送于洛陽世充謂曰卿越鄭臣唐其說安在公逸答曰我於天下唯聞有唐世充怒斬之善行竟沒於賊高祖聞而悼惜封其子爲襄邑縣公

張善相許州襄城人也大業末爲里長每督縣兵逐小盜爲衆所附遂據本郡歸於李密密敗以城歸國高祖授伊州總管王世充數攻之善相頻遣使請救兵既不赴城中糧盡自知必敗謂寮屬曰死當斬吾頭以歸世充衆皆泣曰寧與公同死終不獨生後城陷被擒送於

世充辭色不撓罵世充極口尋被害高祖歎曰吾負善相善相不負吾封其子爲襄城郡公

李玄通雍州藍田人仕隋鷹揚郎將義兵入關率所部歸國累除定州總管劉黑闥反叛攻之城陷被擒黑闥重其才欲以爲大將玄通歎息曰吾荷朝恩作藩東夏孤城無援遂陷虜庭當守臣節以忠報國豈能降志輒受賊官拒而不受故吏有以酒食餽之者玄通曰諸君哀吾困辱故以酒食來相寬慰吾當爲諸君一醉遂與樂飲謂守者曰吾能舞劍可借吾刀守者與之及曲終太息而言大丈夫受國厚恩鎮撫方面不能保全所守亦何面目視息世間哉因潰腹而死高祖聞而爲之流涕拜其子伏護爲大將

敬君弘絳州太平人齊右僕射顯儁曾孫也武德中爲驃騎將軍封黔昌縣侯掌屯營兵於玄武門加授雲麾將軍隱太子建成之誅也其餘黨馮立謝叔方率兵犯玄武門君弘挺身出戰其所親止之曰事未可知當且觀變待兵集成列而戰未晚也君弘不從乃與中郎將呂世衡大呼而進並遇害太宗甚嗟賞之贈君弘左屯衛大將軍世衡右驍衛將軍

馮立同州馮翊人也有武藝略涉書記隱太子建成引爲翊衛車騎將軍託以心膂建成被誅其左右多逃散立歎曰豈有生受其恩而死逃其難於是率兵犯玄武門苦戰久之殺屯營將軍敬君弘謂其徒曰微以報太子矣遂解兵遁於野俄而來請罪太宗數之曰汝在東宮潛爲閒構阻我骨肉汝罪一也昨日復出兵來戰殺傷我將士汝罪二也何以逃死對曰出身事主期之效命當職之日無所顧憚因伏地歔欷悲不自勝太宗慰勉之立歸謂所親曰逢莫大之恩幸而獲濟終當以死奉荅未幾突厥至便橋立率數百騎與虜戰於咸陽殺獲甚衆太宗聞而嘉歎拜廣州都督前後作牧者多以黷貨爲蠻夷所患由是數怨叛立到不營產業衣食取給而已嘗至貪泉歎曰此吳隱之所酌泉也飲一盃水何足道哉吾當汲而爲食豈止一盃耶安能易吾性乎遂畢飲而去在職數年甚有惠政卒於官

謝叔方雍州萬年人也初從巢剌王元吉征討數有戰功元吉奏授屈咥直府左軍騎太宗誅隱太子及元吉于玄武門叔方率府兵與馮立合軍拒戰于北闕下殺敬君弘呂世衡太宗兵不振秦府護軍尉遲敬德傳元吉首以示之叔方下馬號哭而遁明日出首太宗曰義士也命釋之歷遷西伊二州刺史善綏邊鎮胡戎愛而敬之如事嚴父貞觀末累加銀青光祿大夫歷洪廣二州都督永徽中卒

王義方泗州漣水人也少孤貧事母甚謹博通五經而謇傲獨行初舉明經因詣京師中路逢徒步者自云父爲潁上令聞病篤倍道將往焉徒步不前計無所出義方解所乘馬與之不告姓名而去俄授晉王府參軍直弘文館特進魏徵甚禮之將以姪女妻之義方竟娶徵之姪女告人曰昔不附宰相之勢今感知己之言故也轉太子校書無何坐與刑部尚書張亮交通貶爲儋州吉安丞行至海南舟人將以酒脯致祭義方曰黍稷非馨義在明德乃酌水而祭爲文曰思帝鄉而北顧望海浦而南浮必也行忿諸己義負前修長鯨擊水天吳覆舟因忠獲戾以孝見尤四維霧廓千里安流靈應如響無作神羞時當盛夏風濤蒸毒既而開霽南渡吉安蠻俗荒梗義方召諸首領集生徒親爲講經行釋奠之禮清歌吹籥登降有序蠻酋大喜貞觀二十三年改授洹水丞時張亮兄子皎配流在崖州來依義方而卒臨終託以妻子及致屍還鄉義方與皎妻自誓於海神使奴負柩令皎妻抱其赤子乘義方之馬身獨步從而還先之原武葬皎告祭張亮送皎妻子歸其家而往洹水轉雲陽丞擢爲著作佐郎顯慶元年遷侍御史時中書侍郎李義府執權用事婦人淳于氏有美色坐事繫大理義府悅之託大理丞畢正義枉法出之高宗又勑給事中劉仁軌侍御史張倫重按其事正義自縊高宗特原義府之罪義方以義府姦蠹害政將加彈奏以問其母母曰昔王陵母伏劍成子之義汝能盡忠立名吾之願也雖死不恨義方乃先奏曰臣聞春鸎鳴於獻歲蟋蟀吟於始秋物有微而應時人有賤而言忠臣去歲冬初雲陽下縣丞耳今春及夏陛下擢臣著作佐郎極文學之清選未幾又拜臣侍御史濫朝廷之雄職顧視生涯隕首非報唯欲有犯無隱以廣天聽伏以李義府枉殺寺丞陛下已赦之臣不應更有鞫問然天子置三公九卿二十七大夫八十一元士本欲水火相濟鹽梅相成然後庶績咸熙風雨交泰亦不可獨是獨非皆由聖旨昔唐堯失之於四凶漢祖失之於陳豨光武失之於逢萌魏武失之於張邈此四帝者英傑之主然失之於前得之於後今陛下繼聖撫育萬邦蠻陬夷落猶懼疏網況輦轂咫尺姦臣肆虐足使忠臣抗憤義士扼腕縱令正義自縊彌不可容便是畏義府之權勢能殺身以滅口此則生殺之威上非王出賞罰之柄下移佞寵臣恐履霜堅冰積小成大請重鞫正義死由雪冤氣於幽泉誅姦臣於白日乃廷劾義府曰臣聞附下罔上聖主之所宜誅心狠貌恭明時之所必罰是以隱賊掩義不容唐帝之朝竊幸乘權終齒漢皇之劒中書侍郎李義府因緣際會遂階通顯不能盡忠竭節對敭王休策蹇勵駑祗奉皇眷而反憑附城社蔽虧日月請託公行交遊羣小貪冶容之美原有罪之淳于恐漏洩其謀殞無辜之正義雖挾山超海之力望此猶輕廻天轉日之威方斯更劣此而可恕孰不可容金風屆節玉露啓塗霜簡與秋典共清忠臣將鷹鸇並擊請除君側少荅鴻私碎首玉階庶明臣節高宗以義方毀辱大臣言詞不遜左遷萊州司戶參軍秩滿家于昌樂聚徒教授母卒遂不復仕進總章二年卒年五十五撰筆海十卷文集十卷門人何彥光員半千爲義方制師服三年喪畢而去半千者齊州全節人也事義方經十餘年博涉經史知名河朔則天時官至天官侍郎撰三國春秋二十卷行於代自有傳

成三郎幽州漁陽人也光宅年爲左豹韜衛長上果毅李孝逸之討徐敬業以爲前鋒與賊戰於高郵官軍敗績被擒送于江都賊黨唐之奇紿其衆曰此李孝逸也將斬之三郎大呼曰我是果毅成三郎不是將軍李孝逸官軍已圍爾數重破爾在於朝夕我死妻子受榮爾死家口配沒終不及我之奇怒斬之敬業平贈左監門將軍謚曰勇時曲阿令尹元貞亦死敬業之難

尹元貞者瀛州河間人也在曲阿聞敬業攻陷潤州率兵赴援及戰敗被擒敬業臨以白刃脅令附己將加任用元貞詞色慷慨竟不之屈尋遇害敬業平贈潤州刺史謚曰壯

高叡雍州萬年人隋尚書左僕射熲孫也父表仁穀州刺史叡少以明經累除桂州都督尋加銀青光祿大夫轉趙州刺史封平昌縣子聖曆初突厥默啜來寇叡嬰城固守長史唐波若見城圍甚急遂潛謀應賊叡覺之將自殺不死俄而城陷被擒更令招諭諸縣未降者叡竟不從遂爲所殺初賊將至州境或謂叡曰突厥所向無前百姓喪膽明公力不能禦不若降之叡曰吾爲天子刺史不戰而降其罪大矣則天聞而深歎息之贈冬官尚書謚曰節及賊退唐波若伏誅家口籍沒因下制曰故趙州刺史高叡狂賊既至死節不降長史唐波若不能固城相率歸賊高叡已加襃贈波若等身死破家賞罰既行須敦懲勸宜頒示天下咸使知聞子仲舒博通經史尤明三禮及詁訓之書神龍中爲相王府文學王甚敬重之開元中累授中書舍人侍中宋璟中書侍郎蘇頲每詢訪故事焉時又有中書舍人崔琳深達政理璟等亦禮焉嘗謂人曰古事問高仲舒今事問崔琳則又何所疑矣仲舒累遷太子右庶子卒

王同皎相州安陽人陳侍中駙馬都尉寬之曾孫其先自琅邪仕江左陳亡徙家河北同皎長安中尚皇太子女定安郡主授朝散大夫行太子典膳郎敬暉等討張易之兄弟也遣同皎與右羽林將軍李多祚迎太子於東宮請太子至玄武門指麾將士太子初拒而不許同皎諷諭切至太子乃就駕以功授右千牛將軍封琅邪郡公賜實封五百戶及郡主進封爲公主拜同皎爲駙馬都尉尋加銀青光祿大夫遷光祿卿神龍二年同皎以武三思專權任勢謀爲逆亂乃招集壯士期以則天靈駕發引劫殺三思同謀人撫州司倉冉祖雍具以其計密告三思三思乃遣校書郎李悛上言同皎潛謀殺三思後將擁兵詣闕廢黜皇后帝然之遂斬同皎于都亭驛前籍沒其家臨刑神色不變天下莫不冤之睿宗即位令復其官爵執冉祖雍李悛並誅之初與同皎叶謀有武當丞周憬者壽州壽春人也事既洩遁於比干廟中自刎而死臨終謂左右曰比干古之忠臣也儻神道聰明應知周憬忠而死也韋后亂朝寵樹邪佞武三思干上犯順虐害忠良吾知其滅亡不久也可懸吾頭於國門觀其身首異門而出其後皆如其言

蘇安恒冀州武邑人也博學尤明周禮及春秋左氏傳大足元年投匭上疏曰陛下欽聖皇之顧託受嗣子之推讓應天順人二十年矣豈不思虞舜褰裳周公復辟良以大禹至聖成王既長推位讓國其道備焉故舜之於禹是其族親旦與成王不離叔父族親何如子之愛叔父何如母之恩今太子孝敬是崇春秋既壯若使統臨宸極何異陛下之身陛下年德既尊寶位將倦機務殷重浩蕩心神何不禪位東宮自怡聖體臣聞自昔明王之孝理天下者不見二姓而俱王也當今梁定河內建昌諸王等承陛下之蔭覆並得封王臣恐千秋萬歲之後於事非便臣請黜爲公侯任以閑簡臣又聞陛下有二十餘孫今無尺土之封此非長久之計也臣請四面都督府及要衝州郡分土而王之縱今年尚幼小未嫺養人之術請擇立師傅成其孝敬之道將以夾輔周室藩屏皇家使累葉重光饗祀不輟斯爲美矣豈不大哉疏奏則天召見賜食慰諭而遣之長安二年又上

疏曰忠臣不順時而取寵烈士不惜死而偷生故君道不明者忠臣之過歟臣道不軌者烈士之過歟昔者先皇晏駕留其顧託將以萬機殷廣令陛下兼知其事雖唐堯虞舜居其位而共工驩兜在其間陛下骨肉之恩阻陛下子母之愛忘臣謂聖情以運祚將喪極斯大節天下謂陛下微弱李氏貪天之功何以年在耄倦而不能復子明辟使忠言莫進姦佞成朋夷狄紛擾居害黎庶陛下雖納隍軫念亦罔能救此生靈臣聞天下者神堯文武之天下也昔有隋失馭小人道長羣雄駭鹿四海瞻烏皇唐親事戎旃鳳翔參野削平寓縣龍蹤宸極歃血爲盟指河爲誓非李氏不王非功臣不封陛下雖居正統實唐氏舊基故詩曰惟鵲有巢唯鳩居之此言雖小可以喻大陛下自坤生德乘乾作主豈不以上符天意下順人心東宮昔在諒陰相王又非長子陛下恐宗祀中絕所以應其謳謌當今太子追迴年德俱盛陛下貪其寶位而忘母子深恩臣聞京邑翼翼四方取則陛下蔽太子之元良枉太子之神器何以敎天下母慈子孝焉能使天下移風易俗焉惟陛下思之將何聖顏以見唐家宗廟將何誥命以謁大帝墳陵陛下何故日夜積憂不知鍾鳴漏盡臣愚以天意人事還歸李家陛下雖安天位殊不知物極則反器滿則傾故語曰當斷不斷反受其亂此之謂也陛下不如高揖機務自恬聖躬命史臣以書之令樂府以歌之斯亦太平之盛事也臣聞見過不諫非忠臣也畏死不言非勇士也臣何惜一朝之命而不安萬乘之國哉故曰苟利國家雖死可矣願陛下稍輟萬機詳臣愚見陛下若以臣爲忠則從諫如流擇是而用若以臣爲不忠則斬取臣頭以令天下疏奏不納明年御史大夫魏元忠爲張易之兄弟所構安恒又抗疏申理之曰臣聞明王有含天下之量有濟天下之心能進天下之善除天下之惡若爲君王而不行此四者則當神寃鬼怒陰錯陽亂欲使國家榮泰其可得乎陛下革命之初勤於庶政親總萬機博採謀猷傍求俊乂故海內以陛下爲之主矣暮年已來怠於政敎讒邪結黨水火成災百姓不親五品不遜故四海之內以陛下爲受佞之主矣邪正莫辯訴訟含寃豈陛下昔是而今非蓋居安忘危之失也臣竊見御史大夫檢校太子右庶子同鳳閣鸞臺平章事魏元忠廉直有聞位居宰輔履忠正之基者用元忠爲龜鏡踐邪佞之路者嫉元忠若仇讐麟臺監張易之兄弟在身無德於國無功不逾數年遂極隆貴自當飲冰懷懼酌水思清夙夜兢兢以荅恩造不謂谿壑其志豺狼其心欲指鹿而獻馬先害忠而損善將斯亂代之法汙我明君之朝自元忠下獄臣見長安城內街談巷議皆以陛下委任姦宄斥逐賢良以元忠必無不順之言以易之必有交亂之意相逢偶語人心不安雖有忠臣烈士空撫髀於私室而鉗口不敢言者皆懼易之等威權恐無辜而受戮亦徒虛死耳今賊虜強盛徵斂煩重以臣言之萬姓不勝其弊況又聞陛下縱逸讒慝禁錮良善賞刑失中則遐邇生變臣恐四夷因之則窺覘得失以爲邊郡之患百姓因之卽結聚義兵以除君側之惡復恐逐鹿之黨叩關而至亂階之徒從中相應爭鋒於朱雀門內問鼎於大明殿前陛下將何事以謝之復何方以禦之臣今爲陛下計安百姓之心者莫若收雷電之威解元忠之網復其爵位君臣如初則天下幸甚陛下好生惡殺縱不能斬佞臣頭以塞人望臣請奪其榮寵翦其羽翼無使權柄在手驕橫日滋專國倍於穰侯迴天過於左悺則社稷危矣惟陛下圖之臣本微賤不識元忠易之豈此可親而彼可疎但恐讒邪長而忠臣絕伏願陛下覽垂天鑒察臣此心卽徵臣朝志得行夕死無恨疏奏易之等大怒欲遣刺客殺之賴正諫大夫朱敬則鳳閣舍人桓彥範著作郎魏知古等保護以免安恒神龍初爲集藝館內敎節愍太子之殺武三思也或言安恒預其謀遂下獄死睿宗卽位知其寃下制曰故蘇安恒文學基身鯁直成操往年抗疏忠讜可嘉屬回邪搆奄從非命興言軫悼用惻于懷宜贈寵章式旌徽烈可贈諫議大夫時又有俞文俊王求禮亦以直言見稱

俞文俊者荊州江陵人則天載初年新豐因風雷山移乃改縣名爲慶山四方畢賀文俊詣闕上書曰臣聞天氣不和而寒暑併人氣不和而疣贅生地氣不和而塠阜出今陛下以女主處陽位反易剛柔故地氣隔塞而山變爲災陛下謂之慶山臣以爲非慶也臣愚以爲宜側身修德以荅天譴不然恐殃禍至矣則天大怒流於嶺外後爲六道使所殺

王求禮者許州長社人則天時爲左拾遺時武懿宗統兵討契丹畏懦不敢進及賊平懿宗奏滄瀛等數百家從賊請誅之求禮廷折之曰此等素無武備城池不完遇賊畏懼苟從之以求生豈素有背叛之心也懿宗擁強兵數十萬聞賊輒退使其滋蔓又欲移罪於草澤詿誤之人豈爲臣之道臣請先斬懿宗以謝河北懿宗不能荅則天遂寬脅從者之罪後都城三月雨雪鳳閣侍郎蘇味道以爲瑞雪率羣官表賀求禮曰公爲宰相不能燮理陰陽非時降雪又將災而爲瑞誣罔視聽若以三月雪爲瑞雪卽臘雷亦爲瑞雷耶味道不從求禮累遷左臺殿中侍御史神龍初爲衞王掾病卒

燕欽融洛州偃師人也景龍末爲許州司戶參軍時韋庶人干預國政盛封拜羣從子弟又與悖逆庶人及駙馬都尉武延秀中書令宗楚客等將圖危宗社欽融連上奏其事庶人大怒勸中宗召欽融廷見撲殺之宗楚客又私令執法者加刃欽融因而致死睿宗卽位下制曰故許州司戶參軍燕欽融先陳忠讜頗列章奏雖干非其位而進不顧身永言奄亡誠所傷悼方開諫路宜慰窀穸可贈諫議大夫仍令備禮改葬特授一子官先是定州人郞岌亦備陳韋庶人及宗楚客將爲逆亂之狀中宗不納而韋庶人勸杖殺之睿宗卽位追贈諫議大夫

安金藏京兆長安人初爲太常工人載初年則天稱制睿宗號爲皇嗣少府監裴匪躬內侍范雲仙並以私謁皇嗣腰斬自此公卿已下並不得見之唯金藏等工人得在左右或有誣告皇嗣潛有異謀者則天令來俊臣窮鞫其狀左右不勝楚毒皆欲自誣唯金藏確然無辭大呼謂俊臣曰公不信金藏之言請剖心以明皇嗣不反卽引佩刀自剖其胷五藏並出流血被地因氣絕而仆則天聞之令轝入宮中遣醫人却內五藏以桑白皮爲線縫合傅之藥經宿金藏始甦則天親臨視之歎曰吾子不能自明不如爾之忠也卽令俊臣停推睿宗由是免難金藏神龍初喪母寓葬於都南闕口之北廬於墓側躬造石墳石塔晝夜不息原上舊無水忽有湧泉自出又有李樹盛冬開花犬鹿相狎本道使盧懷慎上聞勑旌表其門景雲中累遷右武衞中郎將玄宗卽位追思金藏忠節下制褒美擢拜右驍衞將軍乃令史官編次其事開元二十年又特封代國公仍於東岳等諸碑鐫勑其名竟以壽終贈兵部尚書

# 舊唐書卷一百八十七下

後晉司空同中書門下平章事劉　昫撰

## 列傳第一百三十七

### 忠義下



李憕太原文水人父希倩中宗神龍初右臺監察御史憕早聰敏以明經舉開元初爲咸陽尉時張說自紫微令燕國公出爲相州刺史河北按察使有洺州劉行善相人說問寮寀後誰貴達行乃稱憕及臨河尉鄭巖說乃以女妻巖妹婿陰行眞女妻於憕及說爲并州長史太平軍大使引憕常在幕下九年入爲相憕又爲長安尉屬宇文融爲御史括田戶奏知名之士崔希逸咸廙業宇文順于儒卿李宙及憕爲判官攝監察御史分路檢察以課並遷監察御史憕驟歷兵吏部郎中給事中憕有吏幹明於几案甚有當官之稱二十八年爲河南少尹時蕭炅爲尹依倚權貴涖事多不法憕以公直正之人用繫賴又道士孫甑生以左道求進託以修功德往來嵩山求請無度憕必挫之炅及甑生患之而構於朝廷天寶初出爲清河太守十一載累轉河南太守本道採訪謁於行在所改尚書右丞京兆尹十四載轉光祿卿東京留守判尚書省事其載十一月安祿山反於范陽人心震懼玄宗遣安西節度封常清兼御史大夫爲將召募於東京以禦之憕與留臺御史中丞盧弈河南尹達奚珣綏輯將士完繕城郭遏其侵逼遷憕禮部尚書依前留守自逆徒發范陽至渡河令嚴覘候計絕及渡河陷陳留滎陽二郡殺張介然崔無詖數日間已至都城下祿山所統皆蕃漢精兵訓練已久常清之衆多市井之人初不知戰及兵交之後被鐵騎唐突飛矢如雨皆魂懾色沮望賊奔散憕謂弈曰吾曹荷國重寄誓無避死雖力不敵其若官守何弈亦便許願守本司於是憕居留守宅弈獨居臺中及常清西奔祿山領其衆椎鼓大呼以入都城殺掠數千人箭及宮闕然後住居於閑廐中令擒憕及弈判官蔣淸等三人害之以威於衆祿山傳憕弈淸三人之首以徇河北信宿至平原

太守顏眞卿斬其使浴其首殮以木函祭而瘞之以聞玄宗贈愷司徒仍與一子五品官弈武部尚書崔無詖工部尚書各與一子官蔣淸文部郎中愷豐於產業伊川膏腴水陸上田脩竹茂樹自城及闕口別業相望與吏部侍郎李彭年皆有地癖鄭巖天寶中仕至絳郡太守入爲少府監田產亞於愷愷有子十餘人二子爲僧與愷同遇害二子彭源存焉源時年八歲爲賊所俘轉徙流離凡七八年及史朝義走河北洛陽故吏有義源者贖之於民家代宗聞之授河南府參軍轉司農寺主簿以父死禍難無心祿仕誓不昏妻不食酒肉洛陽之北惠林寺愷之舊墅也源乃依寺僧寓居一室依僧齋戒人未嘗見其所習先穴地爲墓預爲終制時時偃仰於穴中長慶三年御史中丞李德裕表薦之曰處士李源卽故禮部尚書東都留守贈司徒忠烈公李愷之少子天與忠孝嗣玆貞烈以父死國難哀纏終身自司農寺主簿絕心祿仕垂五十年暨于衰暮多依惠林佛寺本愷之墅也寺之正殿卽愷之寢室源過殿必趨未嘗登踐隨僧一食已五十年其端心執孝無有不至抱此貞節棄於淸朝臣竊爲陛下惜之詔曰禮著死綏傳稱握節捐生守位取重人倫爲義甚明其風或替言念於此慨然興懷而朝之公卿有上言者云天寶之季盜起幽陵振蕩生靈噬吞河洛贈司徒忠烈公愷處難居首正色受屠兩河聞風再固危壁首立殊節到今稱之其子源有曾閔之行可貫于神明有巢由之風可希于太古山林以寄其迹爵祿不入于心泊然無營五十餘載夫褒忠可以勸臣節旌孝可以激人倫尚義可以警澆浮敬老可以厚風俗舉茲四者大儆于時是用擢自衡門立於文陛處以諫職冀聞讜言仍加印紱式示光寵可守左諫議大夫賜緋魚袋仍勅河南尹差官就所居敦諭遣發穆宗尋令中使齎手詔緋袍牙笏絹二百匹往洛陽惠林寺宣賜源受詔對中使苦陳疾甚年高不能趨拜附表謝恩其官告服色絹皆辭不受竟卒於寺彭以一子官累歷州縣令長子宏仕官愈卑生三子景讓景莊景溫自元和後相繼以進士登第景讓大和中爲尚書郎出爲商州刺史開元二年入朝爲中書舍人二年十月出爲華州刺史潼關防禦鎭國軍使四年入爲禮部侍郎五年選貢士李蔚後至宰相楊知退爲尚書大中朝爲襄州刺史山南道節度使入爲吏部尚書十一年轉御史大夫景讓有大志事親以孝聞正色立朝言無避忌爲大夫時宣宗舅鄭光卒詔贈司徒罷朝三日景讓曰國舅雖親朝典有素無容過越乃上言曰鄭光是陛下親舅外族之愛誠軫聖心況皇太后哀切之時理合加等而賜之粟帛隆其第宅自家刑國允謂合宜今以輟朝之數比於親王公主則前例所無縱有亦不可施用何者先王制禮所以防微大凡人情於外族則深於宗廟則薄所以先王制禮割愛厚親士庶猶然況當萬乘親王公主宗屬也舅氏外族也今朝廷公卿以至庶人據開元禮外祖父母及親舅喪服小功五月若親伯叔親兄弟卽服齊縗周年所以疎其外而密於內也有天下者尤不可使外戚强盛故西漢有呂氏之侈幾滅劉氏國朝有則天之簒殆革唐命皆非一朝一夕其所由來漸也今鄭光輟朝日數與親王公主同設使陛下速改詔命輟朝一日或兩日示其升降有差恩禮無僭使四方見陛下欽明之德靑史傳陛下制度之文垂之百王播之芳烈臣愚不肖謬竊恩私實願陛下處於堯舜之上義軒之列所以甘心鼎鑊伏進危言優詔報之乃罷兩日景讓復爲吏部尚書卒謚曰孝景溫登第後踐歷臺閣咸通中自工部侍郎出爲華州刺史潼關防禦鎭國軍使景莊亦至達官

張介然者蒲州猗氏人也本名六朗謹愼善籌算爲郡守在河隴及天寶中王忠嗣皇甫惟明哥舒翰相次爲節將並委以營田支度等使進位衞尉卿仍兼行軍司馬使如故及加銀靑光祿大夫帶上柱國因入奏稱旨特加賜賚介然乘間奏曰臣今三品合列棨戟若列於帝城鄉里不知臣貴臣河東人也請列戟於故鄉玄宗曰所給可列故鄉京城佇當別賜介然拜謝而出仍賜絹五百匹令宴集閭里以寵異之本鄉列戟自介然始也哥舒翰追在西京薦爲少府監安祿山將犯河洛以介然爲河南防禦使令守陳留陳留水陸所湊邑居萬家而素不習戰介然至任數日賊已渡河雖率兵登城兼守要害虜騎十萬所過殺戮煙塵亘天彌漫數十里介然之衆聞吹角鼓譟之聲授甲不得氣已奪矣故至覆敗初玄宗以祿山起逆於河南要路懸牓以購其首又論已殺其子慶宗等祿山入陳留北郭安慶緒見牓白於祿山祿山於輿中兩手撫胷大哭數聲曰我有何罪已殺我兒便縱凶毒前有陳留兵將降者向萬人行列於路祿山命其牙將殺戮皆盡流血如川乃斬介然於軍門祿山氣乃稍解頓軍於陳留郭下以其將李庭望爲節度鎭之十五載玄宗贈介然工部尚書與一子五品官

崔無詖者京兆長安人也本博陵舊族父從禮中宗韋庶人之舅景龍中衞尉卿時中書令酇國公蕭至忠才位素高甚承恩顧勑亡先女冥婚韋庶人亡弟無詖婚至忠女后爲女家中宗爲兒家供擬甚厚時人爲之語曰皇后嫁女天子娶婦及韋庶人敗至忠女亦死無詖坐累久貶在外開元中爲益州司馬會楊國忠爲新都尉與之歡甚國忠因事引用之累轉陝郡太守少府監滎陽郡太守安祿山率衆南向無詖召募拒之及賊陷陳留郡後凶威轉盛戈矛鼓角驚駭城邑雨宿及滎陽乘城自墜如雨故無詖及官吏盡爲賊所虜賊以其將武令珣鎭之

盧弈黃門監懷愼之少子也與其兄奐齊名大腹豐下眉目疎朗謹愿寡慾不尚輿馬克己自勵開元中任京兆司錄參軍天寶初爲鄠縣令兵部郎中所歷有聲皆如奐之所治也天寶八載轉給事中十一載爲御史中丞始懷愼及奐並爲中丞父子三繼淸節不易時人美之弈留臺東都又分知東都武部選事十四載安祿山犯東都人吏奔散弈在臺獨居爲賊所執與李愷同見害玄宗聞而愍之贈兵部尚書太常議謚博士獨孤及議曰盧弈剛毅朴忠直方而淸勵精吏事所居可紀天寶十四載洛陽陷没于時東京人士狼狽鹿駭猛虎磨牙而爭其肉居位者皆欲保命而全妻子或先策高足爭脫羿彀或不耻苟活甘飲盜泉弈獨正身守位義不去以死全節誓不辱勢窘力屈以朝服就執猶慷慨感憤數賊梟獍之罪觀者股栗弈不變其色而北面辭君然後受害雖古烈士方之者鮮矣或曰洛陽之存亡操兵者實任其咎非執法吏所能抗師敗將奔去之可也委身寇讐以死誰懟及以爲不然勇者禦而忠者守必社稷是衞則死生以之危而去之是智免也於忠何有昔荀息殺身於晉不食其言也仲由結纓於衞食焉不避其難也玄冥勤其官而水死守位而忘軀也伯姬待保姆而火死先禮而後身也彼四人者死之日皆於事無補夫豈愛死而賈禍也以爲死輕於義故蹈義而捐生古史書之使事君者勸然則祿山之亂大於里克孔悝弈廉察之任切於玄冥之官分命所繫不啻於保姆逆黨兵威甚于水火于斯時也能與執干戈者同其戮力挽之不來推之不去豈不以師可虧免不可苟身可殺節不可奪故全其特操於白刃之下孰與夫懷安偷生者同其風哉謹按謚法圖國忘身曰貞秉德遵業曰烈弈執憲戎馬之間志藩王室可謂圖國國危不能拯而繼之以死可謂忘身歷官一十任言必正事必果而淸節不撓去之若始至可謂秉德先黃門以直道佐時弈嗣之以忠純可謂遵業請謚曰貞烈從之

蔣淸者故吏部侍郎欽緒之子舉明經調補太子校書郎鞏縣丞盧弈留之憲府淸與諸兄溢演沇知名于時弈之被害淸亦死焉

顏杲卿琅邪臨沂人世仕江左五代祖之推北齊黃門侍郎修文館學士齊亡入周始家關內遂爲長安人焉曾伯祖師古貞觀中秘書監自有傳曾祖勤禮崇文館學士祖甫曹王侍讀父元孫垂拱初登進士第考功員外郎劉奇牓其詞策文瑰俊拔多士聳觀歷官長安尉太子舍人亳州刺史卒杲卿以蔭受官性剛直有吏幹開元中爲魏州錄事參軍振舉綱目政稱第一天寶十四載攝常山太守時安祿山爲河北河東採訪使常山在其部內其年十一月祿山舉范陽之兵詣闕十二月十二日陷東都杲卿忠誠感發懼賊遂寇潼關卽危宗社時從弟眞卿爲平原太守初聞祿山逆謀陰養死士招懷豪右爲拒賊之計至是遣使告杲卿相與起義兵掎角斷賊歸路以紓西寇之勢杲卿乃與長史袁履謙前眞定令賈深前內丘丞張通幽等謀開土門以背之時祿山遣蔣欽湊高邈率衆五千守土門杲卿欲誅欽湊開土門之路時欽湊軍隸常山郡屬欽湊遣高邈往幽州未還杲卿遣吏召欽湊至郡計事是月二十二日夜欽湊至舍之於傳舍會飲既醉令袁履謙與參軍馮虔縣尉李栖默手力翟萬德等殺欽湊中夜履謙與欽湊首見杲卿相與垂泣喜事交濟也是夜槀城尉崔安石報高邈還至蒲城卽令馮虔翟萬德與安石往圖之詰朝高邈之騎從數人至槀城驛安石皆殺之俄而邈至安石紿之曰太守備酒樂於傳舍邈方據廳下馬馮虔等擒而縶之是日賊將何千年自東都來趙郡馮虔萬德伏兵於醴泉驛千年至又擒之卽日縛二賊將還郡杲卿遣子安平尉泉明及賈深張通幽翟萬德函欽湊之首械二賊送於京師至太原節度使王承業留泉明賈深等寢杲卿之表承業自上表獻之以爲己功玄宗不之知擢拜承業大將軍牙官獲賞者百數玄宗尋知杲卿之功乃加衞尉卿兼御史大夫以袁履謙爲常山太守杲卿爲司馬杲卿既斬賊將收兵練卒乃檄告河北郡縣言朝廷以榮王爲河北兵馬大元帥哥舒翰爲副統衆三十萬卽出土門郡縣聞之皆殺賊守將遠近響應時十五郡皆爲國家所守時安祿山遣使傳李

僭盧弈之首徇河北至平原眞卿殺賊使收藏僭等首清池尉賈載亦斬僞署景城守劉玄道傳首於平原饒陽郡守盧全誠亦據郡舉兵曾于眞卿時常山平原二郡兵威大振祿山方自率衆而西已至陝聞河北有變而還乃命史思明蔡希德率衆渡河十五年正月思明攻常山郡城中兵少衆寡不敵禦備皆竭其月八日城陷杲卿履謙爲賊所執送於東都思明旣陷常山遂攻諸郡鄴廣平鉅鹿趙郡上谷博陵文安魏郡信都復爲賊守祿山見杲卿面責之曰汝昨自范陽戶曹我奏爲判官遂得光祿太常二丞便用汝攝常山太守負汝何事而背我耶杲卿瞋目而報曰我世爲唐臣常守忠義縱受汝奏署復合從汝反乎且汝本營州一牧羊羯奴耳叨竊恩寵致身及此天子負汝何事而汝反耶祿山怒甚令縛於中橋南頭從西第二柱節解之比至氣絕大罵不息是日杲卿幼子誕姪詡及袁履謙皆被先截手足何千年弟在傍含血噴其面因加割臠路人見之流涕其年二月李光弼郭子儀之師自土門東下復收常山郡杲卿履謙等妻女數百人繫之獄中光弼破械出之令行喪服給遺周厚至德二年冬廣平王收復兩京史思明以河朔歸國時眞卿爲蒲州刺史乃令泉明於河北求訪血屬杲卿妹先適故榆次令張景僭妹女流落賊中泉明一女亦落賊中俱索購錢三萬泉明悉索所費購姑女而還比復納購已女遂失而袁履謙已下父之將吏妻子奴隸三百餘人轉徙賊中窮窘無告泉明悉以歸蒲州眞卿贍給久之隨其所詣而資送之泉明求其父屍於東都得其行刑者言杲卿被害時先斷一足與履謙同坎瘞之及發瘞得屍果無一足卽日與履謙之屍各爲一柩扶護還長安初履謙妻疑夫柩殮衣儉薄發棺視之一與杲卿等履謙妻號踊感歎待之如父泉明之志行仁義如此乾元元年五月詔曰故衛尉卿兼御史中丞恒州刺史顏杲卿任彼專城志梟狂虜艱難之際忠義在心憤發因而慷慨臨大節而奮發遂擒元惡成此茂勳屬胡虜憑陵流毒方熾孤城力屈兒陷寇讐身歿名存實彰忠烈夫仁者有勇驗之於臨難臣之報國義存於捐軀嘉其死節之誠未備飾終之禮可贈太子太保

薛愿河東汾陰人父紹禮部郎中兄崇一尚惠宣太子女宜君縣主女弟爲廢太子瑛妃愿坐宮廢貶官祿山之亂南陽節度使魯炅奏用愿爲潁州太守本郡防禦使時賊已陷陳留滎陽汝南等郡方圍南陽潁川當其來往之路愿與防禦副使龐堅同力固守城中儲蓄無素兵卒單寡自至德元年正月至十一月賊晝夜攻之不息距城百里廬舍墳墓林樹開發斬徹殆盡而外救無至賊將阿史那承慶悉以銳卒併攻爲木驢木鵝雲梯衝棚四面雲合鼓譟如雷矢石如雨力攻十餘日城中守備皆竭賊夜半乘梯而入愿堅俱被執送於東都將支解之或說祿山曰薛愿龐堅義士也人各爲其主屠之不祥乃繫於洛水之濱屬苦寒一夕凍死堅武德功臣玉之玄孫初娶邠王守禮女建寧縣主魯炅奏爲潁州郡長史兼防禦副使

張巡蒲州河東人兄曉開元中監察御史兄弟皆以文行知名巡聰悟有才幹舉進士三以書判拔萃入等天寶中調授清河令有能名重義尚氣節人以危窘告者必傾財以恤之祿山之亂巡爲眞源令說譙郡太守令完城募市人爲拒賊之勢時吳王祇爲靈昌太守奉詔糺率河南諸郡練兵以拒逆黨濟南太守李隨副之巡與單父尉賈賁各召募豪傑同爲義舉時雍丘令令狐潮欲以其城降賊民吏百餘人不從命潮皆反接仆之于地將斬之會賊來攻城潮遽出鬭而反接者自解其縛閉城門拒潮召賁賁與巡引衆入雍丘殺潮妻子嬰城守備吳王祇承制授賁監察御史數日賊來攻城賁出鬭而死巡乃合賁之衆城守令狐潮引賊將李廷望攻圍累月賊傷夷大半祿山乃於雍丘北置杞州築城壘以絕餉路自是內外隔絕又相持累月賊鋒轉熾城中益困時許遠爲睢陽守與城父令姚誾同守睢陽城賊攻之不下初祿山陷河洛許叔冀守靈昌薛愿守潁川許遠守睢陽皆城孤無援愿守一年而城陷叔冀一年而自拔獨睢陽堅守賊將尹子奇攻圍經年巡以雍丘小邑儲備不足大寇臨之必難保守乃列卒結陣詐降至德二年正月也玄宗聞而壯之授巡主客郎中兼御史中丞尹子奇攻圍旣久城中糧盡易子而食析骸而爨人心危恐慮將有變巡乃出其妾對三軍殺之以饗軍士曰諸公爲國家戮力守城一心無二經年乏食忠義不衰巡不能自割肌膚以啖將士豈可惜此婦人坐視危迫將士皆泣下不忍食巡强令食之乃括城中婦人旣盡以男夫老小繼之所食人口二三萬人心終不離變時賀蘭進明以重兵守臨淮巡遣帳下之士南霽雲夜縋出城求援於進明進明日與諸將張樂高會無出師意霽雲泣告之曰本州强寇凌逼重圍半年食盡兵窮計無從出初圍城之日城中數萬口今婦人老幼相食殆盡張中丞殺愛妾以啖軍人今見存之數不過數千城中之人分當餌賊但睢陽旣拔卽及臨淮皮毛相依理須援助霽雲所以冒賊鋒刃匍匐乞師謂大夫深念危亡言發響應何得宴安自處殊無救恤之心夫忠臣義士之所爲豈宜如此霽雲旣不能達主將之意請嚙一指留於大夫示之以信歸報本州霽雲自臨淮還睢陽繩城而入城中將吏知救不至慟哭累日十月城陷巡與姚誾南霽雲許遠皆爲賊所執巡神氣慷慨每與賊戰大呼誓師眥裂血流齒牙皆碎城將陷西向再拜曰臣智勇俱竭不能戍邊强寇保守孤城臣雖爲鬼誓與賊爲厲以答明恩及城陷尹子奇謂巡曰聞君每戰眥裂嚼齒皆碎何至此耶巡曰吾欲氣吞逆賊但力不遂耳子奇以大刀剔巡口視其齒存者不過三數巡大罵曰我爲君父義死爾附逆賊犬彘也安能久哉子奇義其言將禮之左右曰此人守義必不爲我用素得士心不可久留是日與姚誾霽雲同被害唯許遠執送洛陽姚誾者陝州平陸人故相梁國公崇之姪孫父弇開元初歷處州刺史誾性豪蕩好飲謔善絲竹歷壽安尉城父令與張巡素相親善以守睢陽之功至德二年春加檢校尚書侍郎賈賁者故閬州刺史璿之子也

許遠者杭州鹽官人也世仕江右曾祖高陽公敬宗龍朔中宰相自有傳遠淸幹初從軍河西爲磧西支度判官章仇兼瓊鎭劍南又辟爲從事慕其門欲以子妻之遠辭兼瓊怒積他事中傷貶爲高要尉後遇赦得還祿山之亂不次拔將帥或薦遠素練戎事玄宗召見拜睢陽太守累加侍御史本州防禦使及賊將尹子奇攻圍遠與張巡姚誾嬰城拒守經年外救不至兵糧俱盡而城陷尹子奇執送洛陽與哥舒翰程千里俱囚之客省及安慶緒敗渡河北走使嚴莊皆害之初賀蘭進明與房琯素不相叶及琯爲宰相進明時爲御史大夫琯奏用進明爲彭城太守河南節度使兼御史大夫代嗣虢王巨復用靈昌太守許叔冀爲進明都知兵馬兼御史大夫重其官以挫進明虢王巨受代之時盡將部曲而行所留者揀退羸兵數千人劣馬數百匹不堪扞賊叔冀恃部下精銳又名位等於進明自謂匹敵不受進明節制故南霽雲之乞師進明不敢分兵懼叔冀見襲兩相觀望坐視危亡致河南郡邑爲墟由執政之乖經制也

程千里京兆人身長七尺骨相魁岸有勇力本磧西募人累以戎勳官至安西副都護天寶十一載授御史中丞十二載兼北庭都護充安西北庭節度使突厥首領阿布思先率衆內附隸朔方軍玄宗賜姓名曰李獻忠李林甫遙領朔方節度用獻忠爲副將後有詔移獻忠部落隸幽州獻忠素與祿山有隙懼不奉詔乃叛歸磧北數爲邊患玄宗憤之命千里將兵討之十二載十一月千里兵至磧西以書諭葛祿令其相應獻忠勢窮歸葛祿部葛祿縛獻忠幷其妻子及帳下數千人送之千里飛表獻捷天子壯之十三載三月千里獻俘於勤政樓斬之於朱雀街以功授右金吾衛大將軍同正仍留佐羽林軍祿山之亂詔千里於河東召募充河東節度副使雲中太守十五載正月遷上黨郡長史特進攝御史中丞以兵守上黨賊來攻城屢爲千里所敗以功累加開府儀同三司禮部尚書兼御史大夫至德二年九月賊將蔡希德圍城數以輕騎挑戰千里恃其驍果開懸門率百騎欲生擒希德勁騎搏之垂將擒而希德救兵至千里欽騎而退橋壞墜坑反爲希德所執仰首告諸騎曰非吾戰之過此天也爲我報諸將士乍可失帥不可失城軍人聞之泣下晝夜嚴兵城守賊竟不能拔千里至東都安慶緒捨之僞署特進囚之客省及慶緒敗走爲嚴莊所害其年十二月上御丹鳳樓大赦節文曰忠臣事君有死無貳烈士徇義雖歿如存其李憕盧奕袁履謙張巡許遠張介然蔣淸龐堅等卽與追贈訪其子孫厚其官爵家口深加優恤自是赦恩無不該於節義而程千里終以生執賊庭不沾褒贈

袁光庭者河西戍將天寶末爲伊州刺史祿山之亂西北邊戍兵入赴難河隴郡邑皆爲吐蕃所拔唯光庭守伊州累年外救不至虜百端誘說終不之屈部下如一及矢石旣盡糧儲並竭城將陷沒光庭手殺其妻子自焚而死朝廷聞之贈工部尚書

邵眞者恒州節度使李寶臣之判官也累加檢校司封郎中兼御史中丞專掌文翰寶臣深所信任寶臣死其子惟岳擅領父衆李正己田悅遣人說惟岳同叛眞泣諫曰先公位兼將相受國厚恩大夫縗絰之中遽欲違命同鄰道之惡違先公之志必不可也田悅與我密邇絕之又恐速禍正己稍遠絕之易耳但令悅使還報請徐思其宜執正己使送京師因請致討朝廷必嘉大夫之忠而旌節可得惟岳然之令眞草奏將發孔目吏胡震謂惟岳曰此事非細請與將吏會議長史畢華曰先公與二道親好二十餘年一朝背之伏恐生事今執其

來使送於京師大善脫未爲朝廷所信正己兵强忽來襲城孤軍無援何以敵之不若仍舊勿絶徐觀其變惟岳又從之眞又勸惟岳遣其弟惟簡入朝仍遣軍吏薛廣嗣詣河東節度馬燧軍求保薦田悅屯兵束鹿聞其謀遣人謂惟岳曰邵眞惑亂軍政必速殺之不然吾且討其罪矣惟岳懼遂殺眞朝廷聞而嘉之贈戶部尚書

符璘者田悅之將初馬燧李抱眞李艽等破田悅於洹水燧等進屯魏州時悅與李納會於濮陽因請助兵納分麾下數千人隨之至是納爲河南諸軍所逼自濮陽奔歸濮州徵兵於悅悅遣璘將三百騎護送之納兵既歸遂悉其衆降於燧遷璘試太子詹事兼御史中丞封義陽郡王實封一百戶璘父令奇初爲悅部將至是因璘之出遂令三子同降於燧悅怒執令奇令奇大呼慢罵之悅族其家贈令奇戶部尚書

趙曄字雲卿鄧州穰人其先自天水徙焉貞觀中主客員外郎德言曾孫也父敬先殿中侍御史曄志學善屬文開元中舉進士連擢科第補太子正字累授大理評事貶北陽尉移雷澤河東二丞河東採訪使韋陟以曄履操清直頗推敬之表爲賓僚陟罷陳留採訪使郭納復奏曄爲支使及安祿山陷陳留因没于賊時有京兆韋氏夫任畿官以不供賊軍遇害韋被逆賊没入爲婢江西觀察使韋儇族兄弟也曄哀其寃抑以錢贖之俾其妻置之別院厚供衣食而曄竟不面其人明年收復東都曄以家財賚給而訪其親屬歸之識者咸重焉乾元初三司議罪貶晉江尉數年改錄事參軍徵拜左補闕未至福建觀察使李承昭奏爲判官授試大理司直兼監察御史試司議郎兼殿中侍御史入爲膳部比部二員外膳部倉部二郎中秘書少監曄性孝悌敦重交友雖經艱危不改其操少時與殷寅顏眞卿柳芳陸據蕭穎士李華邵軫同志友善故天寶中語曰殷顏柳陸蕭李邵趙以其重行義敦交道也而曄早擅高名在官途五十年累經貶謫蹇躓備至入仕三十年方霑省官身在郎署子嘗徒步官既散曹俸祿單寡衣食不充以至亡歿服名檢者爲之歎息建中四年冬涇原兵叛曄竄于山谷尋以疾終追贈華州刺史子宗儒別有傳

石演芬本西域胡人也以武勇爲朔方邠寧節度兵馬使兼御史大夫李懷光養爲子累至右武鋒都將時懷光軍屯三橋將與朱泚通謀演芬乃使門客郜成義密疏且言懷光無狀請罷其總統成義至奉天乃反以其言告懷光子琟琟密告其父懷光乃召演芬責之曰以爾爲子柰何欲破我家今死可乎演芬對曰天子以公爲腹心公上負天子安可責演芬且演芬胡人不解異心欲守事一人幸免呼爲賊死常分也懷光使左右臠食之皆曰此忠烈士也可令速死乃以刀斷其頸德宗追思義烈贈兵部尚書仍賜錢三百千又捕得郜成義于朔方戮之先是詔賜懷光鐵券懷光奉詔倨慢左都將張名振大呼軍門曰太尉見賊不擊天使到不迎固將反耶且安史兩賊僕固懷恩今皆族滅公欲何爲是賚忠義之士立功勳耳懷光聞之召謂曰我不反爲賊强盛須蓄銳俟時耳無幾懷光引軍入咸陽名振曰公乃言不反今此來何也何不急攻朱泚收復京城以圖富貴懷光曰名振病狂使左右殺之

張伾建中初以澤潞將鎭臨洺田悅攻之伾度兵力不能出戰嚴設守備嬰城拒守賊不能拔累月攻之益急士多死傷糧儲漸乏救兵未至伾知事不濟無以激士心乃悉召將卒於軍門命其女出拜之謂曰將士辛苦守戰伾之家無尺寸物與公等獨有此女幸未嫁人願出賣之爲將士一日之費衆皆大哭曰誓爲將軍死戰幸無慮也會馬燧與太原之師至與衆合擊悅於城下大敗之伾乘勢出戰士卒無不一當百圍解以功遷泗州刺史在州十餘年拜右金吾衛大將軍詔未至病卒貞元二十一年贈尚書右僕射有子重政軍吏欲立爲郡將重政母徐氏固拒不從詔曰前昭義軍泗州行營衙前兵馬使大中大夫試太子賓客兼監察御史張重政門有勳力惟推義勇夙聞克家之美常稱撫衆之才近者其父初亡羣小扇惑誘以奇計俾執軍麾而重政與其母兄號泣固拒遂全懇願奔告元戎不爲利回成其先志於家爲孝子在國爲忠臣軍政又安行義昭著念茲名節感歎良深宜洽恩榮俾弘激勸禮無避於金革理當由於權奪戎章憲府式示兼崇可起復雲麾將軍守金吾衛大將軍員外置同正員檢校太子詹事兼御史中丞仍委淮南節度使與要職事任使又詔曰張重政母高平郡夫人徐氏族茂姻閥行表柔明懷正家之美有擇鄰之識項當變故曾不詭隨保其門宗訓成忠孝雖圖史所載何以加之念其令子已申獎用特彰母儀之德俾崇封國之榮可封魯國太夫人

甄濟字孟成中山無極人家於衛州少孤天寶中隱居衛州青岩山人伏其操行約不敢漁採訪使安祿山表薦之授試大理評事充范陽郡節度掌書記天寶末安祿山有異志謀以智免衛縣令齊玘誠信可托乃求使至衛具以誠告弟熞密求羊血以爲備至夜僞嘔血疾不能支遂舁歸及祿山反使僞節度使蔡希德領行戮者李掞等二人封刀來召察濟詐不起卽就戮之濟以左手書云去不得李掞持刀而前濟引首以待希德歔欷嗟歎之曰李掞退以實病報祿山後安慶緒亦使人至縣强舁至東都安國觀經月餘代宗收東京濟起詣軍門上謁乃送上都肅宗館之於三司使令受僞命官瞻望以媿其心授秘書郎轉太子舍人寶應初拜刑部員外郎魏少遊奏授著作郎兼侍御史終於襄州元和中襄州節度使袁滋奏其節行詔曰符風樹節謂之立名歿加襃贈所以誘善故朝散大夫秘書省著作郎兼侍御史甄濟早以文雅見稱於時嘗因辟召亦佐戎府而能保堅貞之正性不履危機覩逆亂之潛萌不從脅汙義聲可傳於竹帛顯贈未賁於松檟藩方所陳允叶彝典追加命秩以獎忠魂可贈秘書少監

劉敦儒開元朝史官左散騎常侍子玄之孫敦儒母有心疾非日鞭人不安子弟僕使不勝其苦皆逃遁他處唯敦儒侍養不息體常流血及母亡居喪毀瘠骨立洛中謂之劉孝子元和中東都留守權德輿具奏其至行詔曰孝子劉敦儒生於儒門稟此至性王祥篤行起孝敬而不移曾參養志積歲年而罔怠用弘勸獎而服官常分曹洛師俾遂私志可左龍武軍兵曹參軍分司東都

高沐渤海人父憑從事于宣武軍知曹州事李靈曜作亂憑密遣使奏賊中事狀詔除曹州刺史無何李正己盜有曹濮憑遂陷于賊數年卒沐貞元中進士及第以家族在鄆李師古置爲判官居數年師道擅襲每謀不順沐與同列郭昈李公度等必廣引古今成敗諭之前後說師道爲善者凡千言其判官李文會孔目官林英皆爲師道信用乘間相與涕泣於師道前曰文會等血誠憂尚書家事反爲高沐輩所嫉尚書柰何不惜十二州之城成高沐等百代之名乎復日夜讒構繇是漸見疑忌令沐知萊州事林英因奏事至京遍邸吏密報師道云高沐潛有誠欵至朝廷矣師道大怒李文會從而構成之沐遂遇害於遷所而囚郭昈於萊州其血屬皆徙遠地及淮西平師道漸懼李公度與其將李英曇乘其懼也說師道獻三州及入質長子初甚然之中悔將殺公度賈直言聞之謂師道用事奴曰今大禍將至豈非高沐寃氣所爲又殺公度是益其疾也乃止逐英曇於萊州未至縊殺之又有崔承寵楊偕陳佑崔淸皆以仗順爲賊所惡李文會呼爲高沐之黨沐遇害承寵等同被囚放郭昈名亞於沐雖不死備嘗困辱矣及劉悟平賊遽召李公度執手歔欷旣除滑州節度首辟昈及公度爲從事元和十四年四月詔曰圖難忘死爲臣之峻節顯忠旌善有國之令猷日者妖豎反覆侮我朝章而濮州刺史高沐刼在凶威潛輸忠欵諷其不庭之咎將冀革心數其貪海之饒聿求利國伏奏必陳於逆節漏師常破其陰謀竟以盜憎遂死王事歿而不朽風聲凜然式表漏泉之澤且彰勁草之節可贈吏部尚書仍委馬總訪其遺骸以禮收葬優恤其家若有子孫具名聞奏

賈直言者父道沖以伎術得罪貶之賜酖於路直言僞令其父拜四方辭上下神祇伺使者稍怠卽取其酖以飲遂迸仆而死明日酖洩于足而復蘇代宗聞之減父死直言亦自此病躄後從事於李師道師道不恭朝命直言冒刃說者二輿櫬說者一師道訖不從及劉悟斬師道節制鄭滑得直言於禁錮之間又嘉其所爲因奏置幕中後遷於潞亦與之俱行悟纖微乖失直言必盡理箴規以是美譽日聞於朝穆宗以諫議大夫徵之悟拜章乞留復授檢校右庶子兼御史大夫依前充昭義軍行軍司馬悟用其言終身不虧臣節後歷太子賓客元和九年三月卒廢朝一日贈工部尚書

庾敬休字順之其先南陽新野人祖光烈與仲弟光先祿山迫以僞官皆潛伏奔竄光烈爲大理少卿光先爲吏部侍郎父河當賊泚盜據宮闕與季弟倬逃竄山谷河終兵部郎中敬休舉進士以宏詞登科授秘書省校書郎從事宣州旋授渭南尉集賢校理遷右拾遺集賢學士歷右補闕稱職轉起居舍人俄遷禮部員外郎入爲翰林學士遷禮部郎中罷職歸官又遷兵部郎中知制誥丁憂服闋改工部侍郎權知吏部選事遷吏部侍郎上將立魯王爲太子愼選師傅改工部侍郎兼魯王傅奏劍南西川山南西道每年稅茶及除陌錢舊例委度支巡院勾當榷稅當司於上都召商人便換太和元年戶部侍郎崔元略與西川節度使商量取其穩便遂奏請茶稅事使司自勾當每年出錢四萬貫送省近年已來不依元奏三道諸色錢物州府逗留多不送省請取江西例於歸州置巡院一所自勾當收管諸色錢物送省所冀免有逋懸欲令巡官李濆專往與德裕遵古商量制置續具奏聞從之又奏兩川米價騰踊百姓流亡請糶兩川闕官職田祿米以救貧人從之再爲尚書

左丞大和九年三月卒于家敬休姿容溫雅襟抱夷曠不飲酒茹葷不邇聲色著諭善錄七卷贈吏部尚書

辛讜故太原尹雲京之孫壽州刺史晦之猶子也性慷慨重然諾專務賑人之急年五十不求苟進有濟時匡難之志咸通十年龐勛亂徐泗時杜慆守泗州賊以郡當江淮要害極力攻之時兩淮郡縣皆陷慆守臨淮久之援軍雖集賊未解圍時讜寓居廣陵乃仗劍挐小艇趨泗口貫城柵入城見慆慆素聞有義而不相面喜讜至握手謝曰判官李延樞方話子爲人何遽至耶吾無憂矣時賊三面攻城王師結壘于洪源驛相顧不前讜夜以小舟穿賊壘至洪源驛見監軍郭厚本論泗州危急且宜速救厚本然之淮南都將王公弁謂厚本曰賊衆我寡無宜輕舉當俟可行讜坐中拔劍瞋目謂公弁曰賊百道攻城陷在旦夕公等奉詔赴援而逗留不進更欲何爲不唯有負國恩丈夫氣義亦宜感發假如臨淮陷賊淮南卽是寇場公何獨存耶卽欲揮刃向公弁厚本持之讜望泗州大哭經日帳下爲之流涕厚本義其心選用士三百隨讜入泗州夜半斬賊柵大呼由水門而入賊軍大駭旣知援兵入賊乃退舍人心遂固浙西觀察使杜審權遣大將翟行約率軍三千赴援屯蓮塘驛慆欲遣人勞之將吏皆憚其行讜曰杜相公以大夫宗盟急難相赴安得令使者無言而還卽賫慆書幣犒其使淮南大將李湘率師五千來援賊詐降敗于淮口湘與郭厚本皆爲賊所執自是無援賊併兵急攻以鐵鏁斷淮流梯衝雲合凡周七月晝夜不息乘城之士不遑寢寐面目生瘡軍儲漸少分食稀粥賴讜犯難伏義求救於淮北諸軍旣而馬舉以大軍至賊解圍而去讜無子猶子山僧元老等寄在廣陵每出城則書二姓名謂慆曰志之得嗣爲幸慆益感之賊平授讜泗州團練判官侍御史慆遷鄭滑節度讜亦從之爲賓佐慆卒乃退歸江東以隱居爲事

贊曰獸解觸邪草能指佞烈士徇義見危致命國有忠臣亡而復存何以喪邦姦邪受恩

舊唐書卷一百八十七下考證

李憕傳二子爲僧與憕同遇害○臣酉按新書云憕十餘子江涵渢瀛等同遇害惟源彭脫舊書爲僧下當有脫文

盧奕傳與其兄奐齊名○奐誤逸今改正

# 舊唐書卷一百八十八

後晉司空同中書門下平章事劉　昫撰

## 列傳第一百三十八

### 孝友

李知本　張志寬　劉君良宋興貴張公藝附
王君操周智壽智爽許坦王少玄附　趙弘智　陳集原
元讓　裴敬彝　裴守眞子子餘　李日知
崔沔　陸南金弟趙璧　張琇兄瑝
梁文貞李處恭張義貞呂元簡附　崔衍　丁公著
羅讓

善父母爲孝善兄弟爲友夫善於父母必能隱身錫類仁惠逮于亂嗣矣善於兄弟必能因心廣濟德信被于宗族矣推而言之可以移於君施於有政承上而順下令終而善始雖蠻貊猶行焉雖窘迫猶亨焉自昔立身揚名未有不偕孝友而成者也前代史官所傳孝友傳多錄當時旌表之士人或微細非衆所聞事出閭里又難詳究今錄衣冠盛德衆所知者以爲稱首至於州縣薦飾者必覆其殊尤可以勸世者亦載之

李知本趙州元氏人後魏洛州刺史靈六世孫也父孝端隋獲嘉丞初孝端與族弟太冲俱有世閥而太冲官宦最高孝端方之爲劣鄉族爲之語曰太冲無兄孝端無弟知本頗涉經史事親至孝與弟知隱甚稱雍睦子孫百餘口財物僮僕纖毫無間隋末盜賊過其閭而不入因相讓曰無犯義門同時避難者五百餘家皆賴而獲免知本貞觀初官至夏津令知隱至伊闕丞知本孫瑱開元中爲給事中楊州刺史知隱孫顒有文詞亦歷給事中太保少卿從祖兄弟凡爲給事者四人

張志寬蒲州安邑人隋末喪父哀毀骨立爲州里所稱賊帥王君廓屢爲寇掠聞其名獨不犯其閭鄰里賴之而免者百餘家後爲里正詣縣稱母疾急求歸縣令問其狀對曰母嘗有所苦志寬亦有所苦向患心痛知母有疾令怒曰妖妄之辭也繫之於獄馳驗其母竟如所言令異之慰喻遣去及丁母憂負土成墳廬於墓側手植松柏千餘株高祖聞之遣使就弔授員外散騎常侍賜物四十段表其門閭

劉君良瀛州饒陽人也累代義居兄弟雖至四從皆如同氣尺布斗粟人無私焉大業末天下饑饉君良妻勸其分析乃竊取庭樹上鳥鶵交置諸巢中令羣鳥鬭競舉家怪之其妻曰方今天下大亂爭鬬之秋禽鳥尚不能相容況於人乎君良從之分別後月餘方知其計中夜遂攬妻髮大呼曰此卽破家賊耳召諸昆弟哭以告之是夜棄其妻更與諸兄弟同居處情契如初屬盜起閭里依之爲堡者數百家因名爲義成堡武德七年深州別駕楊弘業造其第見有六院唯一飼子弟數十人皆有禮節咨嗟而去貞觀六年詔加旌表又有宋興貴者雍州萬年人累世同居躬耕致養至興貴已四從矣高祖聞而嘉之武德二年詔曰人禀五常仁義爲重士有百行孝敬爲先自古哲王經邦致治設教垂範皆尙於斯叔世澆訛人多僞薄修身克己事資誘勸朕恭膺靈命撫臨四海愍茲弊俗方思遷導宋興貴立操雍和志情友穆同居合爨累代積年務本力農崇謙履順弘長名教敦勵風俗宜加褒顯以勸將來可表其門閭蠲免課役布告天下使明知之興貴壽卒鄆州壽張人張公藝九代同居北齊時東安王高永樂詣宅慰撫旌表焉隋開皇中大使邵陽公梁子恭亦親慰撫重表其門貞觀中特敕吏加旌表麟德中高宗有事泰山路過鄆州親幸其宅問其義由其人請紙筆但書百餘忍字高宗爲之流涕賜以縑帛

王君操萊州卽墨人也其父隋大業中與鄉人李君則鬬競因被毆殺君操時年六歲其母劉氏告縣收捕君則棄家亡命追訪數年弗獲貞觀初君則自以世代遷革不慮國刑又見君操孤微謂其無復讎之志遂詣州府自首而君操密袖白刃刺殺之刳腹取其心肝噉食立盡詣刺史具自陳告州司以其擅殺戮問曰殺人償死律有明文何方自理以求生路對曰亡父被殺二十餘載聞諸典禮父讎不可同天早願圖之久而未遂常懼亡滅不展冤情今大恥旣雪甘從刑憲州司據法處死列上其狀太宗特詔原免

周智壽者雍州同官人其父永徽初被族人安吉所害智壽及弟智爽乃候安吉於途擊殺之兄弟相率歸罪於縣爭爲謀首官司經數年不能決鄉人或證智爽先謀竟伏誅臨刑神色自若顧謂市人曰父讎已報死亦何恨智壽頓絕衢路流血徧體又收智爽屍舐取智爽血食之皆盡見者莫不傷焉豫州人許坦年十歲餘父入山採藥爲猛獸所噬卽號叫以杖擊之獸遂奔走父以得全太宗聞而謂侍臣曰坦雖幼童遂能致命救親至孝自中深可嘉尙授文林郎賜帛五十段博州聊城人王少玄者父隋末於郡西爲亂兵所害少玄遺腹生年十餘歲問父所在其母告之因哀泣便欲求屍以葬時白骨蔽野無由可辨或曰以子血霑父骨卽滲入焉少玄乃刺其體以試之凡經旬日竟獲父骸以葬盡禮病瘡歷年方愈貞觀中本州聞薦拜徐王府參軍

趙弘智洛州新安人後魏車騎大將軍肅孫父玄軌隋陝州刺史弘智早喪母事父以孝聞學通三禮史記漢書隋大業中爲司隸從事武德初太禮卿郎楚之應詔舉之授詹事府主簿又預修六代史初與秘書丞令狐德棻齊王文學袁朗等十數人同修藝文類聚轉太子舍人貞觀中累遷黃門侍郎兼弘文館學士以疾出爲萊州刺史弘智事兄弘安同於事父所得俸祿皆送于兄處及兄亡哀毀過禮事寡嫂甚謹撫孤姪以慈愛稱稍遷太子右庶子及宮廢坐除名尋起爲光州刺史永徽初累轉陳王師高宗令弘智於百福殿講孝經召中書門下三品及弘文館學士太學儒者並預講筵弘智演暢微言備陳五孝學士等難問相繼弘智酬應如響高宗怡然曰朕頗耽墳籍至於孝經偏所習覩然孝之爲德弘益實深故云德教加於百姓刑于四海是知孝道之爲大也顧謂弘智宜略陳此經切要者以輔不逮弘智對曰昔者天子有諍臣七人雖無道不失其天下微臣顓愚願以此言奏獻帝甚悅賜綵絹二百匹名馬一疋尋遷國子祭酒仍爲崇賢館學士四年卒年八十二謚曰宣有文集二十卷

陳集原瀧州開陽人也代爲嶺表酋長父龍樹欽州刺史集原幼有孝行父纔有疾卽終日不食永徽中喪父嘔血數升枕服苫廬悲感行路資財田宅及僮僕三十餘人並以讓兄弟則天時官至左豹韜衛將軍

元讓雍州武功人也弱冠明經擢第以母疾遂不求仕躬親藥膳承侍致養不出閭里者數十餘年及母終廬於墓側蓬髮不櫛沐菜食飲水而已咸亨中孝敬監國下令表其門閭永淳元年巡察使奏讓孝悌殊異擢拜太子右內率府長史後以歲滿還鄉里鄉人有所爭訟不詣州縣皆就讓決焉聖曆中中宗居春宮召拜太子司議郎及謁見則天謂曰卿既能孝於家必能忠於國今授此職須知朕意宜以孝道輔弼我兒尋卒

裴敬彝絳州聞喜人也曾祖子通隋開皇中太中大夫母終廬於墓側哭泣無節目遂喪明俄有白烏巢於墳樹子通弟兄八人復以友悌著名詔旌表其門鄉人至今稱爲義門裴氏敬彝少聰敏七歲解屬文性又端謹宗族咸重之號爲甘露頂年十四侍御史唐臨爲河北巡察使敬彝父智周時爲內黃令爲部人所訟敬彝詣臨論其冤臨大奇之因令作詞賦智周事得釋特表薦

敬彜補陳王府典籤智周在官彜卒敬彜時在長安忽泣涕不食謂所親曰大人每有痛處吾即輒然不安今日心痛手足皆廢事在不測得無戚乎遂請急還倍道言歸果聞父喪羸毀逾禮事母復以孝聞乾封初累轉監察御史時母病有醫人許仁則足疾不能乘馬敬彜每肩輿之以候母焉及母卒特詔贈以縑帛仍官造靈轝服闋拜著作郎兼修國史儀鳳中自中書舍人歷吏部侍郎左庶子則天臨朝爲酷吏所陷配流嶺南尋卒

裴守眞絳州稷山人也後魏冀州刺史叔業六世孫也父眘大業中爲淮南郡司戶屬郡人楊琳田瓚據郡作亂盡殺官吏以眘素有仁政相誡不許驚害仍令人護送眘及妻子還鄉貞觀中官至鄠令守眞早孤事母至孝及母終哀毀骨立殆不勝喪復事寡姊及兄甚謹閨門禮則士友所推初舉進士及應八科舉累轉乾封郡屬永淳初關中大饑守眞盡以祿俸供姊及諸甥身及妻子麤糲不充初無倦色尋授太常博士守眞尤善禮儀之學當時以爲稱職高宗時封嵩山詔禮官議射牲之事守眞奏曰據周禮及國語郊祀天地天子自射其牲漢武唯封太山令侍中儒者射牲行事至於餘祀亦無射牲之文但親春射牲雖是古禮久從廢省據封禪祀禮曰未明十五刻宰人以鸞刀割牲質明而行事比鸞駕至時宰牲總畢天皇唯奠玉酌獻而已今祀前一日射牲事即傷早祀日方始射牲事又傷晚若依漢武故事即非親射之儀事不可行又神功破陣樂功成慶善樂二舞每奏上皆立對守眞又議曰竊唯二舞肇興誕吟攸屬贊九功之茂烈叶萬國之歡心義均韶夏用兼賓祭皆祖宗盛德而子孫享之詳覽博記未有皇王立觀之禮況升中大事華夷畢集九服仰垂拱之安百蠻懷率舞之慶甄陶化育莫匪神功豈於樂舞別申嚴敬臣等詳議奏二舞時天皇不合起立時並從守眞議會高宗不豫事竟不行及高宗崩時無大行凶儀守眞與同時博士韋叔夏輔鮑素等討論舊事創爲之當時稱爲得禮之中守眞天授中爲司府丞則天特令推究詔獄務存平恕前後奏免數十家由是不合旨出爲汴州司錄累轉成州刺史爲政不務威刑甚爲人吏所愛俄轉寧州刺史成州人送出境者數千人長安中卒子子餘事繼母以孝聞舉明經累補鄠縣尉時同列李朝隱程行諶皆以文法著稱子餘獨以詞學知名或問雍州長史陳崇業子餘與朝隱行諶優劣崇業曰譬如春蘭秋菊俱不可廢也景龍中爲左臺監察御史時涇岐二州有隋代蕃戶子孫數千家司農卿趙履溫奏悉沒爲官戶奴婢仍充賜口以給貴幸子餘以爲官戶承恩始爲蕃戶又是子孫不可抑之爲賤奏劾其事時履溫依附宗楚客等與子餘廷對曲直子餘詞色不撓履溫等詞屈從子餘奏爲定開元初累遷冀州刺史政存寬惠人吏稱之又爲岐王府長史加銀青光祿大夫十四年卒謚曰孝子餘居官清儉友愛諸兄弟兄弟六人皆有志行大弟巨卿衛尉卿耀卿別有傳

李日知鄭州滎陽人也舉進士天授中累遷司刑丞時用法嚴急日知獨寬平無寃濫嘗免一死囚少卿胡元禮請斷殺之與日知往復至于數四元禮怒曰元禮不離刑曹此囚終無生理答曰日知不離刑曹此囚終無死法因以兩狀列上日知果直神龍初爲給事中日知事母至孝時母老嘗疾病日知取急調侍數日而鬢髮變白尋加朝散大夫其母未受命婦邑號而卒將葬發引吏人賫告身而至日知於路上即時殞絕久之乃蘇左右皆哀慟莫能仰視巡察使衛州司馬路敬潛將聞其孝悌之跡使求其狀日知辭讓不報服闋累遷黃門侍郎時安樂公主池館新成中宗親往臨幸從官皆預宴賦詩日知獨存規誡其末章曰所願暫思居者逸莫使時稱作者勞論者多之景雲九年同中書門下平章事轉御史大夫知政事如故明年進拜侍中先天元年轉刑部尚書罷知政事頻乞骸骨請致仕許之初日知將有陳請而不與妻謀歸家而使左右飾裝將出居別業妻驚曰家產屢空子弟名宦未立何爲遽辭職也日知曰書生至此已過本分人情無厭若恣其心是無止足之日及歸田園不事產業但葺構池亭多引後進與之談讌開元三年卒初日知以官在權要諸子弟年纔總角皆結婚名族時議以爲失禮之中卒後少子伊衡以妾爲妻費散田宅仍列訟諸兄家風替矣

崔沔京兆長安人周隴州刺史士約玄孫也自博陵徙關中世爲著姓父皚庫部員外郎汝州長史沔淳謹口無二言事親至孝博學有文詞初應制舉對策高第俄被落第者所援則天令所司重試沔所對策又工於前爲天下第一由是大知名再轉陸渾主簿秩滿調選吏部侍郎岑羲深賞重之謂人曰此今之郤詵也特表薦擢爲左補闕累遷祠部員外郎沔爲人舒緩訥於造次當官正色未嘗撓沮睿宗時徵拜中書舍人時沔母老疾在東都沔不忍捨之固請閑官以申侍養由是改爲虞部郎中無何檢校御史中丞時監察御史宋宣遠恃盧懷愼之親頗犯法沔舉劾之又姚崇之子光祿少卿彜留司東都頗通賓客廣納賄賂沔又將按驗其事姚盧時在政事遽薦沔有史才轉爲著作郎其實去權也開元七年爲太子左庶子母卒哀毀逾禮常於廬前受弔賓客未嘗至於靈座之室謂人曰平生非至親者未嘗升堂入謁豈可以存亡而變其禮也中書令張說數稱薦之服闋拜中書侍郎或謂沔曰今之中書皆是宰相承宣制命侍郎雖是副貳但署位而已甚無事也沔曰不然設官分職上下相維各申所見方爲濟理豈可俛默偷安而爲懷祿士也自是每有制敕及曹事沔多所異同張說頗不悅焉尋出爲魏州刺史奏課第一徵還朝廷分掌吏部十銓事以清直歷秘書監太子賓客二十四年制令禮官議加籩豆之數及服制之紀太常卿韋縚奏請加宗廟之奠每坐籩豆各十二外祖服請加至大功九月舅服加至小功五月堂姨堂舅舅母服請加至袒免時又令百官詳議可否沔建議曰竊聞識禮樂之情者能作達禮樂之文者能述述作之義聖賢所重禮樂之本古今所崇變而通之所以久也所謂變者變其文也所謂通者通其情也祭祀之興肇於太古人所飲食必先嚴獻未有火化茹毛飲血則有毛血之薦未有麴糵汙罇抔飲則有玄酒之奠施及後王禮物漸備作爲酒醴伏其犧牲以致馨香以極豐潔故有三牲八簋之盛五齊九獻之殷然以神道至玄可存而不可測也祭禮主敬可備而不敢廢也是以血腥爓熟玄罇犧象靡不畢登於明薦矣然而薦貴於新味不尚褻雖則備物猶存節制故禮云天之所生地之所長苟可薦者莫不咸在備物之情也三牲之俎八簋之實美物備矣昆蟲之異草木之實陰陽之物備矣此則節制之文也鉶俎籩豆簠簋罇罍之實皆周人之時饌也其用通於讌饗賓客而周公制禮咸與毛血玄酒同薦於先晉中郎盧諶近古之知禮著家祭禮者也觀其所薦皆晉時常食不復純用禮經舊文然則當時飲食不可闕於祭祀明矣是變禮文而通其情也我國家由禮立訓因時制範考圖史於前典稽周漢之舊儀清廟時享禮饌畢陳用周制也而古式存焉園寢上食時膳具設遵漢法也而珍味極焉職貢來祭致遠物也有新必薦順時令也苑囿之內躬稼所收蒐狩之時親發所中莫不割鮮擇美薦而後食盡誠敬也若此至矣復何加焉但當申敕有司祭如神在無或簡怠勗增虔誠其進貢珍羞或時物鮮美考諸祠典無有漏落皆詳名目編諸甲令因宜而薦以類相從則新鮮肥濃盡在是矣不必加於籩豆之數也至於祭器隨物所宜故大羹古食也盛於甑甌古器也和羹時饌也盛於鉶鉶時器也亦有古饌而盛於時器故毛血盛於盤玄酒盛於罇未有薦時饌而追用古器者由古質而今文便於事也雖加籩豆十二未足以盡天下美物而措諸清廟有兼倍之名近於侈矣魯人丹桓宮之楹又刻其桷春秋書以非禮御孫諫曰儉德之恭也侈惡之大也先君有恭德而君納諸惡無乃不可乎是不可以越禮而崇侈於宗廟也又據漢書藝文志墨家之流出於清廟是以貴儉由此觀之清廟之不尚於奢舊矣太常所請恐未可行又按太常奏狀今酌獻酒爵制度全小僅未一合執持甚難不可全依古制猶望稍須廣大竊據禮文有以小爲貴者獻以爵貴其小也小不及制敬而非禮是有司之失其傳也固可隨失釐正無待議而後革然禮失於敬猶奢而寧儉非大過也未知今制何所依準請兼詳令式據文而行又按太常奏狀外祖服請加至大功九月舅服請加至小功五月堂姨堂舅舅母請加至袒免者竊聞大道既隱天下爲家聖人因之然後制禮禮教之設本於正家家道正而天下定矣正家之道不可以貳總一之義理歸本宗所以父以尊崇母以厭降豈亡愛敬宜存倫序是以內有齊斬外服皆緦尊名所加不過一等此先王不易之道前聖所志後賢所傳其來久矣昔辛有適伊川見被髮而祭於野者曰不及百年此其戎乎其禮先亡矣往修新禮時改舊章漸廣渭陽之恩不遵洙泗之典及弘道之後唐元之間國命再移於外族矣禮亡徵兆儻或斯見天人之際可不誡哉開元初補闕盧履冰嘗進狀論喪服輕重敕令僉議于時羣議紛拏各安積習太常禮部奏依舊定陛下運稽古之明特降別敕一依古禮事符典故人知向方式固宗盟社稷之福史圖異議竊所未詳時職方郎中韋述戶部郎中楊伯成禮部員外郎楊冲昌監門兵曹劉秩等亦建議與沔相符俄又令中書門下參詳爲定於是宗廟之典籩豆每座各加至六親姨舅爲小功舅母加緦麻堂姨至袒免餘依舊定乃下制施行焉沔既善禮經朝廷每有疑議皆取決焉二十七年卒時年六十七贈禮部尚書

陸南金蘇州吳郡人也祖士季從同郡顧野王學左氏傳兼通史記漢書隋末爲越王侗記室兼侍讀侗稱制授著作郎時王世充將行篡奪侗不平之謂士季曰隋有天下三十餘載朝廷文武遂無烈者乎士季對曰見

危授命臣之宿心請因其敵事便加手刃事頗洩遂停士季侍讀貞觀初爲太學博士兼弘文館學士尋卒南金初爲奉禮郎開元初太常少卿盧崇道犯罪流嶺表逃歸東都時南金以母喪在家崇道事急假稱弔賓造南金言其情南金哀而納焉崇道俄爲讐人所發詔使侍御史王旭按其事遂捕獲崇道連引南金旭遂繩以重法南金弟趙璧詣旭自言藏崇道請代兄死南金固稱弟實自誣身請當罪兄弟讓死旭怪而問其故趙璧曰兄是長嫡又能幹家事亡母未葬小妹未嫁自惟幼劣生無所益身自請死旭遂列上狀上嘉其友義並特宥之南金由是大知名南金頗涉經史言行修謹左丞相張說及宗人太子少保象先皆欽重之累轉庫部員外郎以疾固辭不堪繁劇轉爲太子洗馬卒年五十餘

張琇者蒲州解人也父審素爲嶲州都督在邊累載俄有糾其軍中贓罪敕監察御史楊汪馳傳就軍按之汪在路爲審素黨與所劫對汪殺告事者脅汪令奏雪審素之罪俄而州人飜殺審素之黨汪始得還至益州奏稱審素謀反因深按審素構成其罪斬之籍沒其家琇與兄瑝以年幼坐徙嶺外尋各逃歸累年隱匿汪後累轉殿中侍御史改名萬頃開元二十三年瑝琇候萬頃於都城挺刃殺之瑝雖年長其發謀及手刃皆琇爲之既殺萬頃繫表於斧刃自言報讐之狀便逃奔將就江外殺與萬頃同謀構父罪者行至汜水爲捕者所獲時都城士女皆矜琇等幼稚孝烈能復父讐多言其合矜恕者中書令張九齡又欲活之裴耀卿李林甫固言國法不可縱報讐上以爲然因謂九齡等曰復讐雖禮法所許殺人亦格律具存孝子之情義不顧命國家設法焉得容此殺之成復讐之志赦之虧律格之條然道路諠議故須告示乃下敕曰張瑝等兄弟同殺推問欵承律有正條俱各至死近聞士庶頗有諠詞矜其爲父復讐或言本罪冤濫但國家設法事在經久蓋以濟人期於止殺各申爲子之志誰非徇孝之夫展轉相繼相殺何限咎繇作士法在必行曾參殺人亦不可恕不能加以刑戮肆諸市朝宜付河南府告示決殺瑝琇既死士庶咸傷愍之爲作哀誄牓於衢路市人斂錢於死所造義井幷葬瑝琇於北邙又恐萬頃家人發之幷作疑塚數所其爲時人所傷如此

梁文貞虢州閿鄉人少從征役比迴而父母皆卒文貞恨不獲終養乃穿壙爲門磴道出入晨夕灑掃其中結廬墓側未嘗暫離自是不言三十年家人有所問但畫字以對其後山水衝斷驛路吏於原上開道經文貞墓前由是行旅見之遠近莫不欽歎有甘露降塋前樹白兎馴擾鄉人以爲孝感所致開元初縣令崔季友刊石以紀之十四年刺史許景先奏文貞孝行絕倫泣血廬墓三十餘年請宣付史官是歲御史大夫崔隱甫廷奏恒州鹿泉人李處恭張義貞兩家祖父自國初已來異姓同居至今三代百有餘年又青州北海人呂元簡四代同居至所畜牛馬羊狗皆異母共乳請加旌表仍編入史館制皆許之

崔衍左丞倫之子繼母李氏不慈於衍衍時爲富平尉倫使于吐蕃久方歸李氏衣弊衣以見倫倫問其故李氏稱自倫使于蕃中衍不給衣食倫大怒召衍責詬命僕隸拉于地袒其背將鞭之衍涕泣終不自陳倫弟殷聞之趨往以身蔽衍杖不得下因大言曰衍每月俸錢皆送嫂處殷所具知何忍乃言衍不給衣食倫怒乃解由是倫遂不聽李氏之譖及倫卒衍事李氏益謹李氏所生子郃每多取子母錢使其主以契書徵負于衍衍歲爲償之故衍官至江州刺史而妻子衣食無所餘後歷蘇虢二州刺史虢居陝華二州之間而稅重數倍其青苗錢華陝之郊畝出十有八而虢之郊每徵十之七衍乃上其事時裴延齡領度支方務聚斂乃紿衍以前後刺史無言者衍又上陳人困曰臣所治多是山田且當郵傳衝要屬歲不登頗甚流離舊額賦租特望蠲減臣伏見比來諸郡論百姓間事患在長吏因循不爲申請不詣實不患朝廷不矜放有以不言受譴者未有言而獲罪者陛下拔臣牧大郡委臣撫疲民臣所以不敢顧望苟求自安敢罄狂瞽上干聖覽帝以衍詞理切直乃特敕度支令減虢州青苗錢遷宣歙池觀察使政務簡便人頗懷之其所擇從事多得名流時有位者待賓僚率輕傲衍獨加禮敬幕中之士後多顯達貞元中天下好進奉以結主恩徵求聚斂州郡耗竭韋皐劉贊裴肅爲之首贊死而衍代其位衍雖不能驟革其弊居宣州十年頗勤儉府庫盈溢及穆贊代衍宣州歲饉遂以錢四十二萬貫代百姓稅故宣州人不至流散貞元二十一年詔加工部尚書

丁公著字平子蘇州吳郡人祖柬父緒皆不仕公著生三歲喪所親七歲見鄰母抱其子哀感不食因請於父絕粒奉道冀其幽贊父憫而從之年十七父勉令就學年二十一五經及第明年又通開元禮授集賢校書郎秩未終歸侍鄉里不應請辟居父喪躬負土成墳哀毀之容人爲憂之里閭聞風皆敦孝悌觀察使薛華表其行詔賜粟帛旌其門閭淮南節度使李吉甫慕其才行薦授太子文學兼集賢殿校理吉甫自淮南入相延薦其行即日授右補闕遷集賢直學士尋授水部員外郎充皇太子及諸王侍讀著皇太子及諸王訓十卷轉駕部員外仍兼舊職穆宗即位未及聽政召居禁中詢訪朝典以宰相許之公著陳情詞意極切超授給事中賜紫金魚袋未幾遷工部侍郎仍兼集賢殿學士寵青宮之舊也知吏部選事公著知將欲大用以疾辭退因求外官遂授浙江西道都團練觀察使二年授河南尹皆以清靜爲理改尚書右丞轉兵部吏部侍郎遷禮部尚書翰林侍講學士上以浙西災寇詢求良帥命檢校戶部尚書領之詔賜米七萬碩以賑給浙民賴之改授太常卿以疾請歸鄉里未至而終年六十四贈右僕射廢朝一日著禮志十卷公著清儉守道每得一官未嘗不憂色滿容年四十四喪室以至終身無妓妾聲樂之好凶問至日中外痛惜之

羅讓字景宣祖懷操父珦官至京兆尹讓少以文學知名舉進士應詔對策高等爲咸陽尉丁父憂服除尚衣麻茹菜不從四方之辟者十餘年李獻爲淮南節度使就其所居請爲從事除監察御史轉殿中歷尚書郎給事中累遷至福建觀察使兼御史中丞甚著仁惠有以女奴遺讓者讓問其所因曰本某等家人兄姊九人皆爲官所賣其留者唯老母耳讓慘然焚其券書以女奴歸其母入爲散騎常侍未幾除江西都團練觀察使兼御史大夫年七十一卒贈禮部尚書子劭京字子峻進士擢第又登科讓再從弟詠詠子劭權字昭衡進士擢第劭京劭權知名於時並歷清貫

贊曰麒麟鳳凰飛走之類唯孝與悌亦爲人瑞表門賜爵勸乃錫類彼貪者梟傷仁害義

# 舊唐書卷一百八十九上

後晉司空同中書門下平章事劉　昫撰

## 列傳第一百三十九

### 儒學上

徐文遠　陸德明　曹憲（許淹 李善 公孫羅附）
歐陽詢（子通）　朱子奢　張士衡
賈公彥（李玄植附）　張後胤　蓋文達（宗人文懿）
谷那律　蕭德言　許叔牙（子子儒）
敬播　劉伯莊（子之宏）　秦景通
羅道琮

古稱儒學家者流本出於司徒之官可以正君臣明貴賤美教化移風俗莫若於此焉故前古哲王咸用儒術之士漢家宰相無不精通一經朝廷若有疑事皆引經決定由是人識禮教理致昇平近代重文輕儒或參以法律儒道既喪淳風大衰故近理國多劣於前古自隋氏道消海內版蕩彝倫攸斁戎馬生郊先代之舊章往聖之遺訓掃地盡矣及高祖建義太原初定京邑雖得之馬上而頗好儒臣以義寧三年五月初令國子學置生七十二員取三品已上子孫太學置生一百四十員取五品已上子孫四門學生一百三十員取七品已上子孫上郡學置生六十員中郡五十員下郡四十員上縣學並四十員中縣三十員下縣二十員武德元年詔皇族子孫及功臣子弟於秘書外省別立小學二年詔曰盛德必祀義存方策達人命世流慶後昆建國君人弘風闡教崇賢彰善莫尚於茲自八卦初陳九疇攸叙徽章互垂節文不備爰始姬旦匡翊周邦創設禮經尤明典憲啓生人之耳目窮法度之本源化起二南業隆八百豐功茂德冠于終古暨乎王道既衰頌聲不作諸侯力爭禮樂陵遲粵若宣父天資睿哲經綸齊魯之內揖讓洙泗之間綜理遺文弘宣舊制四科之教歷代不刊三千之文風流無歇惟茲二聖道著羣生守祀不修明褒尚闕朕君臨區宇興化崇儒永言先達情深紹嗣宜令有司於國子學立周公孔子廟各一所四時致祭仍博求其後具以名聞詳考所宜當加爵土是以學者慕響儒教肆興至三年太宗討平東夏海內無事乃銳意經籍於秦府開文學館廣引文學之士下詔以府屬杜如晦等十八人爲學士給五品珍膳分爲三番更直宿于閣下及即位又於正殿之左置弘文學館精選天下文儒之士虞世南褚亮姚思廉等各以本官兼署學士令更日宿直聽朝之暇引入殿內講論經義商略政事或至夜分乃罷又召勳賢三品已上子孫爲弘文館學士貞觀二年停以周公爲先聖始立孔子廟堂於國學以宣父爲先聖顏子爲先師大徵天下儒士以爲學官數幸國學令祭酒博士講論畢賜以束帛學士能通一大經已上咸得署吏又於國學增築學舍一千二百間太學四門博士亦增置生員其書算合置博士學生以備藝文凡三千二百六十員其玄武門屯營飛騎亦給博士授以經業有能通經者聽之貢舉是時四方儒士多抱負典籍雲會京師俄而高麗及百濟新羅高昌吐蕃等諸國酋長亦遣子弟請入於國學之內鼓篋而

升講筵者八千餘人濟濟洋洋焉儒學之盛古昔未之有也太宗又以經籍去聖久遠文字多訛謬詔前中書侍郎顏師古考定五經頒於天下命學者習焉又以儒學多門章句繁雜詔國子祭酒孔穎達與諸儒撰定五經義疏凡一百七十卷名曰五經正義令天下傳習十四年詔曰梁皇侃褚仲都周熊安生沈重陳沈文阿周弘正張譏隋何妥劉炫等並前代名儒經術可紀加以所在學徒多行其疏宜加優異以勸後生可訪其子孫見在者錄名奏聞當加引擢二十一年又詔曰左丘明卜子夏公羊高穀梁赤伏勝高堂生戴聖毛萇孔安國劉向鄭衆杜子春馬融盧植鄭玄服虔何休王肅王弼杜元凱范甯等二十一人並用其書垂於國冑既行其道理合褒崇自今有事太學可與顏子俱配享孔子廟堂其尊重儒道如此高宗嗣位政教漸衰薄於儒術尤重文吏於是醇醲日去華競日彰猶火銷膏而莫之覺也及則天稱制以權道臨下不恡官爵取悅當時其國子祭酒多授諸王及駙馬都尉準貞觀舊事祭酒孔穎達等赴上日皆講五經題至是諸王與駙馬赴上唯判祥瑞按三道而已至於博士助教唯有學官之名多非儒雅之實是時復將親祠明堂及南郊又拜洛封嵩嶽將取弘文國子生充齊郎行事皆令出身放選前後不可勝數因是生徒不復以經學爲意唯苟希僥倖二十年間學校頓時隳廢矣玄宗在東宮親幸太學大開講論學官生徒各賜束帛及即位數詔州縣及百官薦舉經通之士又置集賢院招集學者校選募儒士及博涉著實之流以爲儒學篇

徐文遠洛州偃師人陳司空孝嗣玄孫其先自東海徙家焉父徹梁秘書郎尚元帝女安昌公主而生文遠屬江陵陷被虜於長安家貧無以自給其兄休鬻書爲事文遠日閱書于肆博覽五經尤精春秋左氏傳時有大儒沈重講于太學聽者常千餘人文遠就質問數日便去或問曰何辭去之速答曰觀其所說悉是紙上語耳僕皆先已誦得之至於奧賾之境翻似未見有以其言告重者重呼與議論十餘反重甚歎服之文遠方正純厚有儒者風竇威楊玄感李密皆從其受學開皇中累遷太學博士詔令往并州爲漢王諒講孝經禮記及諒反除名大業初禮部侍郎許善心舉文遠與包愷褚徽陸德明魯達爲學官遂擢授文遠國子博士愷等並爲太學博士時人稱文遠之左氏褚徽之禮魯達之詩陸德明之易皆爲一時之最文遠所講釋多立新義先儒異論皆定其是非然後詰駁諸家又出己意博而且辯聽者忘倦後越王侗署爲國子祭酒時洛陽飢饉文遠出城樵採爲李密軍所執密令文遠南面坐備弟子禮北面拜之文遠曰老夫疇昔之日幸以先王之道仰授將軍時經興替倏焉已久今將軍屬風雲之際爲義衆所歸權鎮萬物威加四海猶能屈體弘尊師之義此將軍之德也老夫之幸也既荷茲厚禮安不盡言乎但未審將軍意耳欲爲伊霍繼絕扶傾雖遲暮猶願盡力若爲莽卓乘危迫險則老夫耄矣無能爲也密頓首曰昨奉朝命垂拜上公冀竭庸虛匡奉國難所以未朝見者不測城內人情且欲先征化及報復冤恥立功贖罪然後凱旋入拜天闕此密之本意惟先生教之文遠曰將軍名臣之子累顯忠節前受誤於玄感遂乃墮墜家聲行迷未遠而迴車復路終於忠孝用康家國天下之人是所望於將軍也密又頓首曰敬聞命矣請奉以周旋及征化及還而王世充已殺元文都等權兵專制密又問計於文遠答曰王世充亦門人也頗得識之是人殘忍意又褊促既乘此勢必有異圖將軍前計爲不諧矣非破王世充不可朝覲密曰嘗謂先生儒者不學軍旅之事今籌大計殊有明略及密敗復入東都王世充給其廩食而文遠盡敬見之先拜或問曰聞君踞見李密而敬王公何也答曰李密君子也能受酈生之揖王公小人也有殺故人之義相時而動豈不然歟後王世充僭號復以爲國子博士因出樵採爲羅士信獲之送於京師復授國子博士武德六年高祖幸國學觀釋奠遣文遠發春秋題諸儒設難蜂起隨方占對皆莫能屈封東莞縣男年七十四卒官撰左傳音三卷義疏六十卷孫有功自有傳

陸德明蘇州吳人也初受學於周弘正善言玄理陳大建中太子徵四方名儒講于承先殿德明年始弱冠往參爲國子祭酒徐克開講恃貴縱辯衆莫敢當德明獨與抗對合朝賞歎解褐始興王國左常侍遷國子助教陳亡歸鄉里隋煬帝嗣位以爲秘書學士大業中廣召經明之士四方至者甚衆遣德明與魯孔褒俱會門下省共相交難無出其右者授國子助教王世充僭號封其子爲漢王署德明爲師就其家將行束修之禮德明恥之因服巴豆散臥東壁下王世充子入跪牀前對之遺痢竟不與語遂移病於成皋杜絕人事王世充平太宗徵爲秦府文學館學士命中山王承乾從其受業尋補太學博士後高祖親臨釋奠時徐文遠講孝經沙門惠乘講波若經道士劉進喜講老子德明難此三人各因宗指隨端立義衆皆爲之屈高祖善之賜帛五十匹貞觀初拜國子博士封吳縣男尋卒撰經典釋文三十卷老子疏十五卷易疏二十卷並行於世太宗後嘗閱德明經典釋文甚嘉之賜其東帛二百段子敦信龍朔中官至左侍極同東西臺三品

曹憲揚州江都人也仕隋爲秘書學士每聚徒教授諸生數百人當時公卿已下亦多從之受業憲又精諸家文字之書自漢代杜林衞宏之後古文泯絕由憲此學復興大業中煬帝令與諸學者撰桂苑珠叢一百卷時人稱其該博憲又訓注張揖所撰博雅分爲十卷煬帝令藏于秘閣貞觀中揚州長史李襲譽表薦之太宗徵爲弘文館學士以年老不仕乃遣使就家拜朝散大夫學者榮之太宗又嘗讀書有難字字書所闕者錄以問憲憲皆爲之音訓及引證明白太宗甚奇之年一百五歲卒所撰文選音義甚爲當時所重初江淮間爲文選學者本之於憲又有許淹李善公孫羅復相繼以文選教授由是其學大興於代

許淹者潤州句容人也少出家爲僧後又還俗博物洽聞尤精詁訓撰文選音十卷

李善者揚州江都人方雅清勁有士君子之風明慶中累補太子內率府錄事參軍崇賢館直學士兼沛王侍讀嘗注解文選分爲六十卷表上之賜絹一百二十匹詔藏于秘閣除潞王府記室參軍轉秘書郎乾封中出爲經城令坐與賀蘭敏之周密配流姚州後遇赦得還以教授爲業諸生多自遠方而至又撰漢書辯惑三十卷載初元年卒子邕亦知名

公孫羅江都人也歷沛王府參軍無錫縣丞撰文選音義卷行於代

歐陽詢潭州臨湘人陳大司空頠之孫也父紇陳廣州刺史以謀反誅詢當從坐僅而獲免陳尚書令江總與紇有舊收養之教以書計雖貌甚寢陋而聰悟絕倫讀書即數行俱下博覽經史尤精三史仕隋爲太常博士高祖微時引爲賓客及即位累遷給事中詢初學王羲之書後更漸變其體筆力險勁爲一時之絕人得其尺牘文字咸以爲楷範焉高麗甚重其書嘗遣使求之高祖嘆曰不意詢之書名遠播夷狄彼觀其跡固謂其形魁梧耶武德七年詔與裴矩陳叔達撰藝文類聚一百卷奏之賜帛二百段貞觀初官至太子率更令弘文館學士封渤海縣男年八十餘卒子通少孤母徐氏教其父書每遺通錢給云質汝父書迹之直通慕名甚銳晝夜精力無倦遂亞於詢儀鳳中累遷中書舍人丁母憂居喪過禮起復本官每入朝必徒跣至皇城門外直宿在省則席地藉藁非公事不言亦未嘗啓齒歸家必衣縗絰號慟無恒自武德已來起復後而能哀感合禮者無與通比年凶未葬四年居廬不釋服家人冬月密以氈絮置所眠席下通覺大怒遽令徹之五遷垂拱中至殿中監賜爵渤海子天授元年封夏官尚書二年轉司禮卿判納言事爲相月餘會鳳閣舍人張嘉福等請立武承嗣爲皇太子通與岑長倩固執以爲不可遂忤諸武意爲酷吏所陷被誅神龍初追復官爵

朱子奢蘇州吳人也少從鄉人顧彪習春秋左氏傳後博觀子史善屬文隋大業中直秘書學士及天下大亂辭職歸鄉里尋附于杜伏威武德四年隨伏威入朝授國子助教貞觀初高麗百濟同伐新羅連兵數年不解新羅遣使告急乃假子奢員外散騎侍郎充使喻可以釋三國之憾雅有儀觀東夷大欽敬之三國王皆上表謝罪賜遺甚厚初子奢之出使也太宗謂曰海夷頗重學問卿爲大國使必勿藉其束修爲之講說使還稱旨當以中書舍人待卿子奢至其國欲悅夷虜之情遂爲發春秋左傳題又納其美女之贈使還太宗責其違旨猶惜其才不至深譴令散官直國子學轉諫議大夫弘文館學士遷國子司業仍爲學士子奢風流蘊籍頗滑稽又輔之以文義由是數蒙宴遇或使論難於前十五年卒

張士衡瀛州樂壽人也父之慶齊國子助教士衡九歲喪母哀慕過禮父友齊國博士劉軌思見之每爲掩泣謂其父曰昔伯饒號張曾子亦豈能遠過吾聞君子不親教當爲成就之及長軌思授以毛詩周禮又從熊安生及劉焯受禮記皆精究大義此後徧講五經尤攻三禮仕隋爲餘杭令以年老歸鄉里貞觀中幽州都督燕王靈夔備玄纁束帛之禮就家迎聘北面師之庶人承乾在東宮又加旌命及至洛陽宮謁見太宗延之升殿賜食擢授朝散大夫崇賢館學士承乾見之問以齊氏滅亡之由緒對曰齊後主悖虐無度昵近小人至如高阿那瓌駱提婆韓長鸞等皆奴僕下才凶險無賴是信是使以爲心腹誅害忠良疎忌骨肉窮極奢靡剝喪黎元所以周師臨郊人莫爲用以至覆滅實此之由承乾又問曰布施營功德有果報不對曰事佛在於清淨無欲仁恕爲心如其貪惏無厭驕虐是務雖復傾財事

佛無救目前之禍且善惡之報若影隨形此是儒書之言豈徒佛經所說是爲人君父當須仁慈爲人臣子宜盡忠孝仁慈忠孝則福祚攸永如或反此則殃禍斯及此理昭然願殿下勿爲憂慮及承乾廢黜敕給乘傳令歸本鄉十九年卒士衡旣禮學爲優當時受其業擅名於時者唯賈公彥爲最焉

賈公彥洺州永年人永徽中官至太學博士撰周禮義疏五十卷儀禮義疏四十卷子大隱官至禮部侍郎時有趙州李玄植又受三禮於公彥撰三禮音義行於代玄植兼習春秋左氏傳於王德韶受毛詩於齊威博涉漢史及老莊諸子之說貞觀中累遷太子文學弘文館直學士高宗時屢被召見與道士沙門在御前講說經義玄植辯論甚美申規諷帝深禮之後坐事左遷汜水令卒官

張後胤蘇州崑山人也父中有儒學隋漢王諒出牧并州引爲博士後胤從父在幷州以學行見稱時高祖鎭太原引居賓館太宗就授春秋左氏傳武德中累除燕王諮議參軍貞觀中後胤上言陛下昔在太原問臣隋氏運終何族當得天下臣奉對李姓必得公家德業天下繫心若於此首謀長驅關右以圖帝業孰不幸賴此實微臣早識天命太宗曰此事並記之耳因詔入賜宴言及平昔從容謂曰今弟子何如後胤對曰昔孔子領徒三千達者無子男之位臣翼贊一人爲萬乘主計臣功逾於先聖太宗甚悅賜良馬五匹拜燕王府司馬遷國子祭酒轉散騎常侍永徽初請致仕加金紫光祿大夫給賜並同職事卒贈禮部侍郎陪葬昭陵

蓋文達冀州信都人也博涉經史尤明三傳性方雅美鬚貌有士君子之風刺史竇抗嘗廣集儒生令相問難其大儒劉焯劉軌思孔穎達咸在坐文達亦參焉旣論難皆出諸儒意表抗大奇之問曰蓋生就誰受學劉焯對曰此生岐嶷出自天然以多問寡焯爲師首抗曰可謂冰生於水而寒於水也武德中累授國子助教太宗在藩召爲文學館直學士貞觀十年遷諫議大夫兼弘文館學士十三年除國子司業俄拜蜀王師以王有罪坐免十八年授崇賢館學士尋卒其宗人文懿亦以儒業知名當時稱爲二蓋焉文懿者貝州宋城人也武德初歷國子助教時高宗別於秘書省置學教授王公之子時以文懿爲博士文懿嘗開講毛詩發題公卿咸萃更相問難文懿發揚風雅甚得詩人之致貞觀中卒於國子博士

谷那律魏州昌樂人也貞觀中累補國子博士黃門侍郎褚遂良稱爲九經庫尋遷諫議大夫兼弘文館學士嘗從太宗出獵在塗遇雨因問油衣若爲得不漏那律曰能以瓦爲之必不漏矣意欲太宗不爲畋獵太宗悅賜帛二百段永徽初卒官

蕭德言雍州長安人齊尚書左僕射思話玄孫也本蘭陵人陳亡徙關中祖介梁侍中都官尚書父引陳吏部侍郎並有名於時德言博涉經史尤精春秋左氏傳好屬文貞觀中除著作郎兼弘文館學士德言晚年尤篤志於學自晝達夜略無休倦每欲開五經必束帶盥濯危坐對之妻子候間請曰終日如是無乃勞乎德言曰敬先聖之言豈憚如此時高宗爲晉王詔德言授經講業及升春宮仍兼侍讀尋以年老請致仕太宗不許又遺之書曰朕歷觀前代詳覽儒林至於顏閔之才不終其壽游夏之德不逮其學惟卿幼挺珪璋早標美譽下帷閉戶包括六經映雪聚螢牢籠百氏自隋季版蕩庠序無聞儒道墜泥塗詩書塡坑穽眷言墳典每用傷懷頃年已來天下無事方欲建禮作樂偃武修文卿年齒已衰教將何恃所冀才德猶茂臥振高風使濟南伏生重在於茲日關西孔子故顯於當今令問令望何其美也念卿疲朽何以可言尋賜爵封陽縣侯十七年拜秘書少監兩宮禮賜甚厚二十三年累表請致仕許之高宗嗣位以師傅恩加銀青光祿大夫永徽五年卒于家年九十七高宗爲之輟朝贈太常卿文集三十卷曾孫至忠自有傳

許叔牙潤州句容人少精於毛詩禮記尤善諷詠貞觀初累授晉王文學兼侍讀尋遷太常博士升春宮加朝散大夫遷太子洗馬兼崇賢館學士仍兼侍讀嘗撰毛詩纂義十卷以進皇太子太子賜帛百段兼令寫本付司經局御史大夫高智周嘗謂人曰凡欲言詩者必須先讀此書貞觀二十三年卒子子儒子儒亦以學藝稱長壽中官至天官侍郎弘文館學士子儒居選部不以藻鑑爲意委令史句直以爲腹心注官之次子儒但高枕而臥時云句直平配由是補授失序無復綱紀道路以爲口實其所註史記竟未就而終

敬播蒲州河東人也貞觀初舉進士俄有詔詣秘書內省佐顏師古孔穎達修隋史尋授太子校書史成遷著作郎兼修國史與給事中許敬宗撰高祖太宗實錄自創業至于貞觀十四年凡四十卷奏之賜物五百段太宗之破高麗名所戰六山爲駐蹕播謂人曰聖人者與天地合德山名駐蹕此蓋以鑾輿不復更東矣卒如所言時梁國公房玄齡深稱播有良史之才曰陳壽之流也玄齡以顏師古所注漢書文繁難省令播撮其機要撰成四十卷傳於代尋以撰實錄功遷太子司議郎時初置此官極爲清望中書令馬周歎曰所恨資品妄高不獲歷居此職參傳晉書播與令狐德棻陽仁卿李嚴等四人總其類會刑部奏言準律謀反大逆父子皆坐死兄弟處流此則輕而不懲望請改從重法制遣百寮詳議播議曰昆季孔懷天倫雖重比於父子性理已殊生有異室之文死有別宗之義今有高官重爵本蔭唯逮子孫祚土錫珪餘光不及昆季豈有不沾其蔭輒受其辜背禮違情殊爲太甚必期反茲春令踵彼秋荼創次骨於道德之辰建深文於措刑之日臣將以爲不可詔從之永徽初拜著作郎與許敬宗等撰西域圖後歷諫議大夫給事中並依舊兼修國史又撰太宗實錄從貞觀十五年至二十三年爲二十卷奏之賜帛三百段後坐事出爲越州都督府長史龍朔三年卒官播又著隋畧二十卷

劉伯莊徐州彭城人也貞觀中累除國子助教與其舅太學博士侯孝遵齊爲弘文館學士當代榮之尋遷國子博士其後又與許敬宗等參修文思博要及文館詞林龍朔中兼授崇賢館學士撰史記音義史記地名漢書音義各二十卷行於代子之宏亦傳父業則天時累遷著作郎兼修國史卒於相王府司馬睿宗卽位以故吏贈秘書少監

秦景通常州晉陵人也與弟暐尤精漢書當時習漢書者皆宗師之常稱景通爲大秦君暐爲小秦君若不經其兄弟指授則謂之不經師匠無足採也景通貞觀中累遷太子洗馬兼崇賢館學士爲漢書學者又有劉納言亦爲當時宗匠納言乾封中歷都水監主簿以漢書授沛王賢及賢爲皇太子累遷太子洗馬兼充侍讀常撰俳諧集十五卷以進太子及東宮廢高宗見而怒之詔曰劉納言收其餘藝參侍經史自府入宮久淹歲月朝遊夕處竟無匡贊闕忠孝之良規進詼諧之鄙說儲宮敗德抑有所由情在好生不忍加戮宜從屏棄以勵將來可除名後又坐事配流振州而死

羅道琮蒲州虞鄉人也祖順武德初爲興州刺史勤於學業而慷慨有節義貞觀末上書忤旨配流嶺表時有同被流者至荊襄間病死臨終泣謂道琮曰人生有死所恨委骨異壤道琮曰我若生還終不獨歸棄卿於此瘞之路左而去歲餘遇赦得還至殯所屬霖潦瀰漫屍柩不復可得道琮設祭慟哭告以欲與俱歸之意若有靈者幸相警示言訖路側水中忽然湧沸道琮又呪云若所沸處是願更令一沸呪訖又沸道琮便取得其屍銘誌可驗遂負之還鄉當時識者稱道琮誠感所致道琮尋以明經登第高宗末官至太學博士每與太學助教康國安道士李榮等講論爲時所稱尋卒

舊唐書卷一百八十九上考證

儒學傳下郡五十員○新書作四十員臣酉按上郡六十中郡五十以遞而降則下郡四十員當以新書爲是今改正

國學增築學舍國學四門博士亦增置生員○臣酉按新書云三學益生員謂國學太學及四門學也舊書下国字當是太字之訛蓋上句言國學增築學舍下句言太學及四門學增置生員不言國學者蒙上省文也必無獨遺太學之理今改正

# 舊唐書卷一百八十九下

後晉司空同中書門下平章事劉　昫撰

## 列傳卷第一百三十九

### 儒學下

邢文偉　高子貢　郎餘令

路敬淳　王元感　王紹宗

韋叔夏　祝欽明　郭山惲

柳冲　盧粲　尹知章附孫季良

徐岱　蘇弁兄袞見　陸質

馮伉　韋表微　許康佐

邢文偉滁州全椒人也少與和州高子貢壽州裴懷貴俱以博學知名於江淮間咸亨中累遷太子典膳丞時孝敬在東宮罕與宮臣接見文偉輒減膳上書曰臣竊見禮戴記曰太子旣冠成人免於保傅之嚴則有司過之史徹膳之宰史之義不得不司過宰之義不得不徹膳徹膳則死今皇帝式稽前典妙簡英俊自庶子已下至諸議舍人及學士侍讀等使翼佐殿下以成聖德近日已來未甚延納談議不狎謁見尙稀三朝之後但與內人獨居何由發揮聖智使睿哲文明者乎今史雖闕官宰當奉職忝備所司未敢逃死謹守禮經輒申減膳

太子答書曰：顧以庸虛早尚墳典每欲研精政術極意書林但往在幼年未閑將衛竭誠耽誦因卽損心比日以來風虛更積中奉恩旨不許重勞加以趨侍含元溫淸朝夕承親以無專之道遵禮以色養爲先所以屢闕坐朝時乖學緒公潛申勗戒聿薦忠規敬尋來請良符宿志自非情思審諭義均弼諧豈能進此藥言形於簡墨撫躬三省感愧兼深文偉自是益知名其後右史缺官高宗謂侍臣曰邪文偉事我兒能減膳切諫此正直人也遂擢拜右史則天臨朝累遷鳳閣侍郎兼弘文館學士載初元年遷內史天授初內史宗秦客以姦贓獲罪文偉坐附會秦客貶授珍州刺史後有制使至其州境文偉以爲殺己遽自縊而死

高子貢者和州歷陽人也弱冠遊太學徧涉六經尤精史記與文偉及亳州朱敬則爲莫逆之交明經舉歷秘書正字弘文館直學士鬱鬱不得志棄官而歸屬徐敬業作亂於揚州遣弟敬猷統兵五千人緣江西上將逼和州子貢率鄉曲數百人拒之自是賊不敢犯以功擢授朝散大夫拜成均助教虢王鳳之子東莞公融曾爲和州刺史從子貢受業情義特深及融爲申州陰懷異志令黃公譔結交於子貢推爲謀主潛謀密議書信往復諸王內外相應皆出自其策尋而事發被誅

郎餘令定州新樂人也祖楚之少與兄蔚之俱有重名隋大業中蔚之爲左丞楚之爲尚書民曹郎煬帝重其兄弟稱爲二郎楚之武德初爲大理卿與太子少保李綱侍中陳叔達撰定律令後受詔招諭山東爲竇建德所獲脅以兵刃又誘以厚利楚之竟不爲屈及還以年老致仕貞觀初卒時年八十餘令父知運貝州刺史兄餘慶高宗時萬年令理有威名京城路不拾遺後卒於交州都督餘令少以博學知名舉進士初授霍王元軌府參軍數上詞賦元軌深禮之先是餘令從父知年爲霍王友亦見推仰元軌謂人曰郎氏兩賢人之望也相次入府不意培塿而松柏成林轉幽州錄事參軍時有客僧聚衆欲自焚長史裴照率官屬欲往觀之餘令曰好生惡死人之性也違越教義不近人情明公佐守重藩須察其姦詐豈得輕舉觀此妖妄照從其言因收僧按問果得詐狀孝敬在東宮餘令續梁元帝孝德傳撰孝子後傳三十卷以獻甚見嗟重累轉著作佐郎撰隋書未成會病卒時人甚痛惜之

路敬淳貝州臨淸人也父文逸隋大業末閶門遇盜文逸潛匿草澤晝伏於死人中夜行避難自傷窮梗閉口不食同侶閔其謹愿勸以不當滅性裙拾以食之遁負之而行遂免於難貞觀末官至申州司馬敬淳與季弟敬潛俱早知名敬淳尤勤學不窺門庭徧覽墳籍而孝友篤敬遭喪三年不出廬寢服免方號慟入見其妻形容羸毀妻不之識也後舉進士天授中歷司禮博士太子司議郎兼修國史仍授崇賢館學士數受詔修緝吉凶雜儀則天深重之萬歲通天二年坐與綦連耀結交下獄死敬淳尤明譜學盡能究其根源枝派近代已來無及之者撰著姓畧記十卷行於時又撰衣冠本系未成而死神龍初追贈秘書少監敬潛仕至中書舍人

王元感濮州鄄城人也少舉明經累補博城縣丞兗州都督紀王愼深禮之命其子東平王續從元感受學天授中稍遷左衛率府錄事兼直弘文館是後則天親祠南郊及享明堂封嵩嶽元感皆受詔共諸儒撰定儀注凡所立議衆咸推服之轉四門博士仍直弘文館元感時雖年老猶能燭下看書通宵不寐長安三年表上其所撰尚書糾謬十卷春秋振滯二十卷禮記繩愆三十卷并所注孝經史記藁草請官給紙筆寫上秘書閣詔令弘文崇賢兩館學士及成均博士詳其可否學士祝欽明郭山惲李憲等皆專守先儒章句深譏元感掎摭舊義元感隨方應答竟不之屈鳳閣舍人魏知古司封郎中徐堅左史劉知幾右史張思敬雅好異聞每爲元感申理其義連表薦之尋下詔曰王元感質性溫敏博聞強記手不釋卷老而彌篤掎前達之失究先聖之旨是謂儒宗不可多得可太子司議郎兼崇賢館學士魏知古嘗稱其所撰書曰信可謂五經之指南也中宗卽位以春宮舊僚進加朝散大夫拜崇賢館學士尋卒

王紹宗揚州江都人也梁左民尚書銓曾孫也其先自琅邪徙焉紹宗少勤學徧覽經史尤工草隸家貧常傭力寫佛經以自給每月自支錢足卽止雖高價盈倍亦卽拒之寓居寺中以淸淨自守垂三十年文明中徐敬業於揚州作亂聞其高行遣使徵之紹宗稱疾固辭又令唐之奇親詣所居逼之竟不起敬業大怒將殺之之奇曰紹宗人望殺之恐傷士衆之心由是獲免及賊平行軍大總管李孝逸以其狀聞則天驛召赴東都引入禁中親加慰撫擢拜太子文學累轉秘書少監仍侍皇太子讀書紹宗性澹雅以儒素見稱當時朝廷之士咸敬慕之張易之兄弟亦加厚禮易之伏誅紹宗坐以交往見廢卒于鄉里

韋叔夏尚書左僕射安石兄也少而精通三禮其叔父太子詹事琨嘗謂曰汝能如是可以繼丞相業矣舉明經調露年累除太常博士後屬高宗崩山陵舊儀多廢缺叔夏與中書舍人賈太隱太常博士裴守貞等草創撰定由是授春官員外郎則天將拜洛及享明堂皆別受制共當時大儒祝欽明郭山惲撰定儀注凡所立議衆咸推服之累遷成均司業久視元年特下制曰吉凶禮儀國家所重司禮博士未甚詳明成均司業韋叔夏太子率更令祝欽明等博涉禮經多所該練委以叅掌冀弘典式自今司禮所修儀注並委叔夏等刊定訖然後進奏長安四年擢春官侍郎神龍初轉太常少卿充建立廟社使以功進銀青光祿大夫三年拜國子祭酒累封沛國郡公卒時年七十餘撰五禮要記三十卷行於代贈兗州都督修文館學士謚曰文子縚太常卿

祝欽明雍州始平人也少通五經兼涉衆史百家之說舉明經長安元年累遷太子率更令兼崇文館學士中宗在春宮欽明兼充侍讀二年遷太子少保中宗卽位以侍讀之故擢拜國子祭酒同中書門下三品加位銀青光祿大夫歷刑部禮部二尚書兼修國史仍舊知政事累封魯國公食實封三百戶尋以匿忌日爲御史中丞蕭至忠所劾貶授申州刺史久之入爲國子祭酒景龍三年中宗將親祀南郊欽明與國子司業郭山惲二人奏言皇后亦合助祭遂建議曰謹按周禮天神曰祀地祇曰祭宗廟曰享大宗伯職曰祀大神祭大祇享大鬼理其大禮若王有故不預則攝位凡大祭祀王后不預則攝而薦豆籩徹又追師職掌王后之首服以待祭祀又內司服職掌王后之六服凡祭祀供后之衣服又九嬪職大祭祀后祼獻則贊瑤爵亦如之據此諸文卽皇后合助皇帝祀天神祭地祇明矣故鄭玄注內司服云闕狄皇后助王祭羣小祀之服然則小祀尚助王祭中大推理可知闕狄之上猶有兩服第一褘衣第二揄狄第三闕狄此三狄皆助祭之服闕狄卽助祭小祀卽知揄狄助祭中祀褘衣助祭大祀鄭舉一隅故不委說唯祭宗廟周禮王有兩服先王袞冕先公鷩冕鄭玄因此以后助祭宗廟亦分兩服云褘衣助祭先王揄狄助祭先公不言助祭天地社稷自宜三隅而反且周禮正文凡祭王后不預旣不專言宗廟卽知兼祀天地故云凡也又春秋外傳云禘郊之事天子親射其牲王后親舂其粢故代婦職但云詔王后之禮事不主言宗廟也若專主宗廟者則內宗外宗職皆言掌宗廟之祭祀此皆禮文分明不合疑惑舊說以天子父天母地兄日姊月所以祀天於南郊祭地於北郊朝日於東門之外以昭事神訓人事君必躬親以禮文有故然後使攝此其義也禮記祭統曰夫祭也者必夫婦親之所以備內外之官也官備則具備又哀公問於孔子曰冕而親迎不已重乎孔子愀然作色而對曰合二姓之好以繼先聖之後以爲天地宗廟社稷之主君何謂已重焉又漢書郊祀志云天地合祭先祖配天先妣配地天地合精夫婦判合祭天南郊則以地配一體之義也據此諸文卽知皇后合助祭望請別修助祭儀注同進帝頗以爲疑召禮官親問之太常博士唐紹蔣欽緒對曰皇后南郊助祭於禮不合但欽明所執是祭宗廟禮非祭天地禮謹按魏晉宋及齊梁周隋等歷代史籍至於郊天祀地並無皇后助祭之事帝令宰相取兩家狀對定欽緒與唐紹及太常博士彭景直又奏議曰周禮凡言祭祀享三者皆祭之互名本無定義何以明之按周禮典瑞職云兩珪有邸以祀地則祭地亦稱祀也又司筵云設祀先王之胙席則祭宗廟亦稱祀也又內宗職云掌宗廟之祭祀此又非獨天稱祀地稱祭也又按禮記云惟聖爲能享帝此卽祀天帝亦言享也又按孝經云春秋祭祀以時思之此卽宗廟亦言祭祀也經典此文不可備數據此則欽明所執天曰祀地曰祭廟曰享未得爲定明矣又周禮凡言大祭祀者祭天地宗廟之總名不獨天地爲大祭也何以明之按鬱人職云大祭祀與量人授舉斝之卒爵尸與斝皆宗廟之事則宗廟亦稱大祭祀又欽明狀引九嬪職大祭祀后祼獻則贊瑤爵據祭天無祼亦無瑤爵此乃宗廟稱大祭祀之明文欽明所執大祭祀卽爲祭天地未得爲定明矣又周禮大宗伯職云凡大祭祀王后有故不預則攝而薦豆籩徹欽明唯執此文以爲王后有祭天地之禮欽緒等據此乃是王后薦宗廟之禮非祭天地之事何以明之按此文凡祀大神祭大祇享大鬼帥執事而卜日宿視滌濯涖玉鬯省牲鑊奉玉齍制大號理其大禮制相王之大禮若王不與祭祀則攝位此已上一凡直是王兼祭天地宗廟之事故通言大神大祇大鬼之祭也已下文云凡大祭祀王后不與則攝而薦豆籩徹此一凡直是王后祭廟之事故唯言大祭祀也若云王后助祭天地不應重起凡大祭祀之文也爲嫌王后有祭天地之疑故重起後凡以別之耳王后祭廟自是大祭祀何故取上凡相王之禮以混下凡王后祭宗廟之文此是本經科段明白又按周禮外宗掌宗廟之祭祀佐王后薦玉豆凡后

之獻亦如之王后有故不預則宗伯攝而薦豆籩外宗無佐祭天地之禮但天地尙質宗廟尙文玉豆宗廟之器初非祭天所設請問欽明若王后助祭天地在周禮使何人贊佐若宗伯攝后薦豆祭天又合何人贊佐並請明徵禮文即知攝薦是宗廟之禮明矣按周禮司服云王祀昊天上帝則服大裘而冕享先王則袞冕內司服掌王后祭服無王后祭天之服按三禮義宗明王后六服謂褘衣搖翟闕翟鞠衣展衣褖衣褘衣從王祭先王則服之搖翟祭先公及饗諸侯則服之鞠衣以采桑則服之展衣以禮見王及見賓客則服之褖衣燕居服之王后無助祭於天地之服但自先王已下又三禮義宗明二夫人之服云后不助祭天地五嶽故無助天地四望之服按此則王后無祭天之服明矣三禮義宗明王后五輅謂重翟厭翟安車翟車輦車也重翟者后從王祭先王先公所乘也厭翟者后從王饗諸侯所乘也安車者后宮中朝夕見於王所乘也翟車者后求桑所乘也輦車者后遊宴所乘也按此則王后無祭天之車明矣又禮記郊特牲義贊云祭天無裸鄭玄注云唯人道宗廟有裸天地大神至尊不裸圜丘之祭與宗廟不同朝踐王酌泛齊以獻是一獻后無祭天之事大宗伯次酌醴齊以獻是爲二獻按此則祭圜丘大宗伯次王爲獻非攝王后之事欽明等所執王后有故不預則宗伯攝薦豆籩更明攝王后宗廟之薦非攝天地之祀明矣欽明建議引禮記祭統曰夫祭也者必夫婦親之按此是王與后祭宗廟之禮非關祀天地之義按漢魏晉宋後魏齊梁周陳隋等歷代史籍與王令主郊天祀地代有其禮史不闕書並不見往代皇后助祭之事又高祖神堯皇帝太宗文武聖皇帝南郊祀天無皇后助祭處高宗天皇大帝永徽二年十一月辛酉親有事于南郊又總章元年十二月丁卯親拜南郊亦並無皇后助祭處又按大唐禮亦無皇后南郊助祭之禮欽緒等幸忝禮官親承聖問竭盡聞見不敢依隨伏以主上稽古志遵舊典所議助祭實無明文時尚書左僕射韋巨源又希旨協同欽明之議上納其言竟以后爲亞獻仍補大臣李嶠等女爲齋娘以執籩豆及禮畢特詔齋娘有夫壻者咸爲改官景雲初侍御史倪若水劾奏欽明及郭山惲曰欽明等本自腐儒素無操行崇班列爵實爲叨忝而涓塵莫効謟佞爲能遂使曲臺之禮圜丘之制百王故事一朝墜失所謂亂常改作希旨病君人之不才遂至於此今聖明馭曆賢良入用惟茲小人猶在朝列臣請並從黜放以肅周行於是左授欽明饒州刺史後入爲崇文館學士尋卒

郭山惲蒲州河東人少通三禮景龍中累遷國子司業時中宗數引近臣及修文學士與之宴集嘗令各効伎藝以爲笑樂工部尚書張錫爲談容娘舞將作大匠宗晉卿舞渾脫左衞將軍張洽舞黃麞左金吾衞將軍杜元琰誦婆羅門呪給事中李行言唱駕車西河中書舍人盧藏用効道士上章山惲獨奏曰臣無所解請誦古詩兩篇帝從之於是誦鹿鳴蟋蟀之詩奏未畢中書令李嶠以其詞有好樂無荒之語頗涉規諷怒爲忤旨遽止之翌日帝嘉山惲之意詔曰郭山惲業優經史識貯古今八索九丘由來徧覽前言往行實所該詳昨者因其豫遊式宴朝彥既乘驩洽咸使詠歌遂能志在匡時潛申規諷謇謇之誠彌切諤諤之操逾明宜示褒揚美茲鯁直賜時服一副尋與祝欽明同獻皇后助祭郊祀之議景雲中左授括州長史開元初復入爲國子司業卒于官

柳冲蒲州虞鄉人也隋饒州刺史莊曾孫也其先仕江左世居襄陽陳亡還鄉里父楚賢大業末爲河北縣長時堯君素固守郡城以拒義師楚賢進說曰隋之將亡天下皆知唐公名應圖籙動以信義豪傑響應天所贊也君子見機而作不俟終日轉禍爲福今其時也君素不從楚賢潛行歸國高祖甚悅拜侍御史貞觀中累轉光祿少卿使突厥存撫李思摩突厥贈馬百疋及方物悉拒而不受累轉交桂二州都督皆有能名卒於杭州刺史冲博學尤明世族名亞路敬淳天授初爲司府主簿受詔往淮南安撫使還賜爵河東縣男景龍中累遷爲左散騎常侍修國史初貞觀中太宗命學者撰氏族志百卷以甄別士庶至是向百年而諸姓至有興替冲乃上表請改修氏族中宗命冲與左僕射魏元忠及史官張錫徐堅劉憲等八人依據氏族志重加修撰元忠等施功未半相繼而卒乃遷爲外職至先天初冲始與侍中魏知古中書侍郎陸象先及徐堅劉子玄吳兢等撰成姓族系錄二百卷奏上冲後歷太子詹事太子賓客宋王傅昭文館學士以老疾致仕開元二年又敕冲及著作郎薛南金刊定系錄奏上賜絹百疋五年卒

盧粲幽州范陽人後魏侍中陽烏五代孫祖彥卿撰後魏紀二十卷行於時官至合肥令叔父行嘉亦有學涉高宗時爲雍王記室粲博覽經史弱冠舉進士景龍二年累遷給事中時節愍太子初立韋庶人以非己所生深加忌嫉勸中宗下敕令太子却取衞府封物每年以供服用粲駮奏曰皇太子處繼明之重當主鬯之尊歲時服用自可百司供擬又據周官諸應用財器歲終則會唯王及太子應用物並不會此則儲君之費咸與王同今與列國諸侯齊衡入封豈所謂憲章在昔垂法將來者也必謂靑宮初啟服用所資自當廣支庫物不可長存藩封詔從之後安樂公主壻武崇訓爲節愍太子所殺特追封爲魯王令司農少卿趙履溫監護葬事履溫諷公主奏請依永泰公主故事爲崇訓造陵詔從其請粲駮奏曰伏尋陵之稱謂本屬皇王及儲君等自皇家已來諸王及公主墓無稱陵者唯永泰公主承恩特葬事越常塗不合引以爲名春秋左氏傳云衞孫桓子與齊戰衞新築大夫仲叔于奚救孫桓子桓子以免衞人賞之以邑于奚辭請曲縣繁纓以朝許之仲尼聞之曰惜也不如多與之邑唯名與器不可以假人若以假人與之政也政亡則國從之聖人知微知章不可不愼魯王哀榮之典誠別承恩然國之名器豈可妄假又塋兆之稱不應假永泰公主爲名請比貞觀已來諸王舊例足得豐厚手敕答曰安樂公主與永泰公主無異同穴之義古今不殊魯王緣自特爲陵制不煩固執粲又奏曰臣聞陵之稱謂施於尊極不屬王公已下且魯王若欲論親等第則不親於雍王雍王之墓尙不稱陵魯王自不可因尙公主而加號且君之舉事則載於方冊或稽之往典或考自前朝臣歷檢貞觀已來駙馬墓無得稱陵者且君人之禮服絕於傍期蓋爲不獨親其親不獨子其子陛下以膝下之恩愛施及其夫贈賵之儀哀榮足備豈得使上下無辨君臣一貫者哉又安樂公主承兩儀之澤履福祿之基指南山以錫年仰北辰而永庇魯王之葬車服有章加等之儀備有常數塋兆之稱不應假永泰公主爲名非所謂垂法將來作則羣辟者也帝竟依粲所奏公主大怒粲以忤旨出爲陳州刺史累轉秘書少監開元初卒

尹知章絳州翼城人少勤學嘗夢神人以大鑿開其心以藥內之自是日益開朗盡通諸經精義未幾而諸師友北面受業焉長安中駙馬都尉武攸暨重其經學奏授其府定王文學神龍初轉太常博士中宗初即位建立宗廟議者欲以涼武昭王爲始祖以備七代之數知章以爲武昭遠世非王業所因特奏議以爲不可當時竟從知章之議俄拜陸渾令以公坫棄官時散騎常侍解琬亦罷職歸田園與知章共居汝洛間以修學爲事睿宗初即位中書令張說薦知章有古人之風足以坐鎭雅俗拜禮部員外郎俄轉國子博士後秘書監馬懷素奏引知章就秘書省與學者刊定經史知章雖居吏職歸家則講授不輟尤明易及莊老玄言之學遠近咸來受業其有貧匱者知章盡其家財以衣食之性和厚喜慍不形於色未嘗言及家人產業其子嘗請併市樵米以備歲時之費知章曰如汝所言則下人何以取資吾幸食祿不宜奪其利也竟不從開元六年卒時年五十有餘所注孝經老子莊子韓子管子鬼谷子頗行於時門人孫季良等立碑於東都國子監之門外以頌其德

孫季良者河南偃師人也一名翌開元中爲左拾遺集賢院直學士撰正聲詩集三卷行於代

徐岱字處仁蘇州嘉興人也家世以農爲業岱好學六籍諸子悉所探究問無不通難莫能詘大曆中轉運使劉晏表薦之授校書郎浙西觀察使李栖筠厚遇之敕故所居爲復禮鄉尋爲朝廷推援改河南府偃師縣尉建中年禮儀使蔣鎭特薦爲太常博士掌禮儀從幸奉天與元改膳部員外郎兼博士貞元初遷水部郎中充皇太子及舒王已下侍讀尋改司封郎中擢拜給事中加兼史館修撰並依舊侍讀承兩宮恩顧特無與比而謹愼過甚未嘗洩禁中語亦不談人之短婚嫁甥姪之孤遺者時人以此稱之然恡嗇頗甚倉庫管鑰皆自執掌獲譏於時卒時年五十上歎惜之賻以帛絹皇太子又遺絹一百疋贈禮部尚書

蘇弁字元容京兆武功人曾叔祖良嗣天后朝宰相國史有傳弁少有文學舉進士授秘書省正字轉奉天主簿朱泚之亂德宗倉卒出幸縣令杜正元上府計事聞大駕至官吏惶恐皆欲奔竄山谷弁諭之曰君上避狄臣下當伏難死節昔肅宗幸靈武至新平安定二太守皆潛遁帝命斬之以狥諸君知其事乎衆心乃安及車駕至迎扈儲備無闕德宗嘉之就加試大理司直賊平拜監察御史歷三院累轉倉部郎中仍判度支案裴延齡卒德宗聞其才特開延英面賜金紫授度支郎中副知度支事仍命立於正郎之首副知之號自弁始也承延齡之後以寬簡代煩虐人甚稱之遷戶部侍郎依前判度支改太子詹事弁初入朝班位失序殿中侍御史鄒儒立對仗彈之弁於金吾待罪數刻特釋放舊制太子詹事班次太常宗正卿已下貞元三年御史中丞竇參敍定班秩移詹事在河南太原尹之下弁乃引舊班制

立臺官詰之仍紿云自已白宰相請依舊故爲儒立彈之旋坐給長武城軍糧朽敗貶河州司戶參軍當德宗時朝臣受譴少蒙再錄至晚年尤甚唯弁與韓皐得起爲刺史授滁州轉杭州弁與兄冕袞皆以友弟儒學稱冕纘國朝政事撰會要四十卷行於時弁聚書至二萬卷皆手自刊校至今言蘇氏書次於集賢秘閣焉貞元二十一年卒于家袞自贊善大夫貶永州司戶參軍敕蘇袞貶官本緣弟連坐矜其年暮加以疾患宜令所在勒廻任歸私第袞年且七十兩目無見已逾年以弁之故竟未停官及貶上聞之哀憫故許還家尋卒初冕既坐弁貶官或有人言冕才學上悔不早知業已貶出又復還袞雖於再追冕乃止

陸質吳郡人本名淳避憲宗名改之質有經學尤深於春秋少師事趙匡匡師啖助助匡皆爲異儒頗傳其學由是知名陳少遊鎭楊州愛其才辟爲從事後薦於朝拜左拾遺轉太常博士累遷左司郎中坐細故改國子博士歷信台二州刺史順宗即位質素與韋執誼善由是徵爲給事中皇太子侍讀仍改賜名質時執誼得幸順帝寢疾與王叔文等竊弄權柄上在春宮執誼懼質已用事故令質入侍而潛伺上意因用解及質發言上果怒曰陛下令先生與寡人講義何得言他質惶懼而出未幾病卒質著集注春秋二十卷類禮二十卷君臣圖翼二十五卷並行於代貞元二十一年卒

馮伉本魏州元城人父玠後家于京兆少有經學大曆初登五經秀才科授秘書郎建中四年又登博學三史科三遷尚書膳部員外郎充睦王已下侍讀澤潞節度使李抱貞卒爲弔贈使抱貞男遺伉帛數百匹不納又專送至京伉因表奏固請不受屬醴泉闕縣令宰臣進人名帝意不可謂宰臣曰前使澤潞不受財帛者此人必有清政可以授之遂改醴泉令縣中百姓多猾爲著諭蒙十四篇大略指明忠孝仁義勸學務農每鄉給一卷俾其傳習在縣七年韋渠牟薦爲給事中充皇太子及諸王侍讀召見於別殿賜金紫著三傳異同三卷順宗即位拜尚書兵部侍郎改國子祭酒爲同州刺史入拜左散騎常侍復領太學元和四年卒年六十六贈禮部尚書子葯進士擢第又登制科仕尚書郎

韋表微始舉進士登第累佐藩府元和十五年拜監察御史逾年以本官充翰林學士遷左補闕庫部員外郎知制誥滿歲擢遷中書舍人俄拜戶部侍郎職並如故時自長慶寶曆國家比有變故凡在翰林遷擢例無滿歲由是表微自監察六七年間秩正貳卿命服金紫承遇恩渥盛於一時卒年六十表微少時尅苦自立著九經師授譜一卷春秋三傳總例二十卷子蟾進士登第咸通末爲尚書左丞

許康佐父審康佐登進士第又登宏詞科以家貧母老求爲知院官人或怪之笑而不答及母亡服除不就侯府之辟君子始知其不擇祿養親之志也故名益重遷侍御史轉職方員外郎累遷至駕部郎中充翰林侍講學士仍賜金紫歷諫議大夫中書舍人皆在內庭爲戶部侍郎以疾解職除兵部侍郎轉禮部尚書卒年七十二贈吏部尚書撰九鼎記四卷弟堯佐元佐堯佐子道敏並登進士第歷官清顯

贊曰積學成功開談辨治儒道玄機聖人雅旨出必由戶行跡其軌邈有其人光乎信史

舊唐書卷一百八十九下考證

韋叔夏傳天地合精夫婦判合○原本脫天地二字今據漢書增

后無祭天之事○臣酉按上下文不接疑有錯簡或是衍文

蘇弁傳或有人言袞才學○臣酉按上下文義袞當作冕新書亦云又有稱冕才者今改正

# 舊唐書卷一百九十上

後晉司空同中書門下平章事劉　昫撰

## 列傳第一百四十

### 文苑上



臣觀前代秉筆論文者多矣莫不憲章謨誥祖述詩騷遠宗毛鄭之訓論近鄒班楊之述作謂采采芣苢獨高比興之源湛湛江楓長擅詠歌之體殊不知世代有文質風俗有淳醨學識有淺深才性有工拙昔仲尼演三代之易刪諸國之詩非求勝於昔賢要取名於今代實以淳朴之時傷質民俗之語不經故飾以文言考之絃誦然後致遠不泥永代作程即知是古非今未爲通論夫執鑒寫形持衡品物非伯樂不能分駑驥之狀非延陵不能別雅鄭之音若空混吹竽之人即異聞韶之歎近代唯沈隱侯斟酌二南剖陳三變攄雲淵之抑鬱振潘陸之風徽俾律呂和諧宮商輯洽不獨子建總建安之霸客兒擅江左之雄爰及我朝挺生賢俊文皇帝解戎衣而開學校飾賁帛而禮儒生門羅吐鳳之才人擅握蛇之價靡不發言爲論下筆成文足以緯俗經邦豈止雕章縟句韻諧金奏詞炳丹青故貞觀之風同乎三代高宗天后尤重詳延天子賦橫汾之詩臣下繼柏梁之奏巍巍濟濟輝爍古今如燕許之潤色王言吳陸之鋪揚鴻業元稹劉蕡之對策王維杜甫之雕蟲並非肄業使然自是天機秀絕若隋珠色澤無假淬磨孔璣翠羽自成華彩置之文苑實煥緗圖其間爵位崇高別爲之傳今採孔紹安已下爲文苑三篇覬懷才憔悴之徒千古見知於作者

孔紹安越州山陰人陳吏部尚書奐之子少與兄紹新俱以文詞知名十三陳亡入隋徙居京兆鄠縣閉門讀書誦古文集數十萬言外兄虞世南歎異之紹新嘗謂世南曰本朝淪陷分從湮滅但見此弟竊謂家族不亡矣時有詞人孫萬壽與紹安篤忘年之好時人稱爲孫孔紹安大業末爲監察御史時高祖爲隋討賊於河東詔紹安監高祖之軍深見接遇及高祖受禪紹安自洛陽間行來奔高祖見之甚悅拜內史舍人賜宅一區良馬兩匹錢米絹布等時夏侯端亦嘗爲御史監高祖軍先紹安歸朝授秘書監紹安因侍宴應詔詠石榴詩曰祇爲時來晚開花不及春時人稱之詔撰梁史未成而卒有文集五卷子禎高祖時爲蘇州長史曹王明爲刺史不循法度禎每進諫明曰寡人天子之弟豈失於爲王哉禎曰恩寵不可恃大王不奉行國命恐今之榮位非大王所保獨不見淮南之事乎明不悅明左右有侵暴下人者禎捕而殺之明後果坐法遷於黔中謂人曰吾愧不用孔長史言以及於此禎累遷絳州刺史封武昌縣子卒謚曰溫子季詡早知名官至左補闕紹安孫若思若思孤母褚氏親自教訓遂以學行知名年少時有人賫褚遂良書跡數卷以遺若思唯受其一卷其人曰此書當今所重價比黃金何不總取若思曰若價比金寶此爲多矣更截去半以還之明經舉累遷庫部郎中若思常謂人曰仕至郎中足矣至是持一石止水置於座右以示有止足之意尋遷給事中中宗即位敬暉桓彥範等知國政以若思多識故事所有改革大事及疑議多訪於若思再轉禮部侍郎出衞州刺史先是諸州別駕皆以宗室爲之不爲刺史致敬由是多行不法若思至州舉奏別駕李道欽犯狀請加鞫訊乃詔別駕於刺史致禮自若思始也俄以清白稱加銀青光祿大夫賜絹百疋歷汝州刺史太子右諭德封梁郡公開元十七年卒謚曰惠

袁朗雍州長安人陳尚書左僕射樞之子其先自陳郡仕江左世爲冠族陳亡徙關中朗勤學好屬文在陳釋褐秘書郎甚爲尚書令江總所重嘗製千字詩當時以爲盛作陳後主聞而召入禁中使爲月賦朗染翰立成後主曰觀此賦謝希逸不能獨美於前矣又使爲芝草嘉蓮二頌深見優賞歷太子洗馬德教殿學士遷秘書丞陳亡仕隋爲尚書儀曹郎武德初授齊王文學祠部郎中封汝南縣男再轉給事中貞觀初卒官太宗爲之廢朝一日謂高士廉曰袁朗在任雖近然其性謹厚特使人傷惜因敕給其喪事并存問妻子有文集十四卷從父弟承序陳尚書僕射憲之子武德中齊王元吉聞其名召爲學士府廢累轉建昌令在任清靜士吏懷之高宗在藩太宗選學行之士爲其僚屬謂中書侍郎岑文本曰梁陳名臣有誰可稱復有子弟堪招引否文本因言隋師入陳百司奔散莫有留者唯袁憲獨在其主之傍王世充將受隋禪郡僚表請勸進憲子給事中承家托疾獨不署名此父子足稱忠烈承家弟承序清貞雅操實繼先風由是召守晉王友仍令侍讀加授弘文館學士未幾卒朗從祖弟利貞陳中書令敬之孫也高宗時爲太常博士周王侍讀永隆二年王立爲皇太子百官上禮高宗將會百官及命婦於宣政殿并設九部伎及散樂利貞上疏諫曰臣以前殿正寢非命婦宴會之地象闕路門非倡優進御之所望詔命婦會於別殿九部伎從東西門入散樂一色伏望停省若於三殿別所自可備極恩和微臣庸蔽不閑典則忝預禮司輕陳

狂瞽帝納其言卽令移於鱗德殿至會日酒酣帝使中書侍郎薛元超謂利貞曰卿門承忠鯁能抗疏直言不加厚賜何以獎勸賜物百段俄遷祠部員外郎卒中宗卽位以侍讀恩追贈秘書少監湖十三代祖漢司徒滂滂生魏國郎中御史大夫滇滇生晉尚書準準生東晉右將軍豫章太守冲冲生司徒從事中郎毓毓生瑯邪內史質質生丹陽尹宋公長史豹豹生宋吳郡太守洵累代有高名重位前史有傳五代叔祖宋太尉淑高祖父左僕射雍州刺史顗高祖司空察皆死國難曾祖梁中書監司空穆公昂仕齊爲吳興太守及梁高祖禪齊久辭朝命父樞叔父憲仕陳皆爲陳僕射叔祖敬中書令及陳亡憲冒難扶護後主朗自以中外人物爲海內冠族雖瑯邪王氏繼有台鼎而歷朝首爲佐命鄙之不以爲伍朗孫誼又虞世南外孫神功中爲蘇州刺史嘗因視事司馬清河張沛通謁沛卽侍中文瓘之子誼揖之曰司馬何事沛曰此州得一長史是隴西李亶天下甲門誼曰司馬何言之失門戶須歷代人賢名節風教爲衣冠顧矚始可稱舉老夫是也夫山東人尚於婚媾求於祿利作時柱石見危授命則曠代無人何可說之以爲門戶沛懷慙而退時人以爲口實

賀德仁越州山陰人也父朗陳散騎常侍德仁少與從兄德基俱事國子祭酒周弘正咸以詞學見稱時人語曰學行可師賀德基文質彬彬賀德仁德仁兄弟八人時人方之荀氏陳鄱陽王伯山爲會稽太守改其所居甘滂里爲高陽里德仁事陳至吳興王友入隋僕射楊素薦之授豫章王府記室參軍王以師資禮之恩遇甚厚及煬帝卽位豫章王改封齊王又授齊王府屬及齊王被譴府僚皆被誅責唯德仁以忠謹免罪出補河東郡司法素與隱太子善及高祖平京師隱太子封隴西公用德仁爲隴西公友尋遷太子中舍人以衰老不習吏事轉太子洗馬時蕭德言亦爲洗馬陳子良爲右衛率府長史皆爲東宮學士貞觀初德仁轉趙王友無幾卒年七十餘有文集二十卷德仁弟子紀敳亦以博學知名高宗時紀官至太子洗馬修五禮敳至率更令兼太子侍讀兄弟並爲崇賢館學士學者榮之

庾抱潤州江寧人也其先自潁川徙家焉祖梁陳御史中丞父超南平王記室抱開皇中爲延州參軍事後累歲調吏部尚書牛弘知其有學術給筆札令自序援翰便就弘甚奇之後補元德太子學士禮賜甚優會皇孫載誕太子宴賓客抱於坐中獻嫡皇孫頌深被嗟賞後爲越巂主簿稱病不行義寧中隱太子弘引爲隴西公府記室時軍國多務公府文檄皆出於抱尋轉太子舍人未幾卒有集十卷

蔡允恭荊州江陵人也祖點梁尚書儀曹郎父大業後梁左民尚書允恭有風彩善綴文仕隋歷著作佐郎起居舍人雅善吟詠煬帝屬詞賦多令諷誦之嘗遣教宮女允恭深以爲恥因稱氣疾不時應召煬帝又許授以內史舍人更令入內教宮人允恭固辭不就以是稍被疎絕江都之難允恭從宇文化及西上沒於竇建德及平東夏太宗引爲秦府參軍兼文學館學士貞觀初除太子洗馬尋致仕卒于家有集十卷又撰後梁春秋十卷

鄭世翼鄭州滎陽人也世爲著姓祖敬德周儀同大將軍父機司武中士世翼弱冠有盛名武德中歷萬年丞揚州錄事參軍數以言辭忤物稱爲輕薄時崔信明自謂文章獨步多所凌轢世翼遇諸江中謂之曰嘗聞楓落吳江冷信明欣然示百餘篇世翼覽之未終曰所見不如所聞投之於江信明不能對擁檝而去世翼貞觀中坐怨謗配流巂州卒文集多遺失撰交遊傳頗行於時

謝偃衛縣人也本姓直勒氏祖孝政北齊散騎常侍改姓謝氏偃仕隋爲散從正員郎貞觀初應詔對策及第歷高陵主簿十一年駕幸東都穀洛泛溢洛陽宮詔求直諫之士偃上封事極言得失太宗稱善引爲弘文館直學士拜魏王府功曹偃嘗爲塵影二賦甚工太宗聞而召見自制賦序言區宇乂安功德茂盛令其爲賦偃奉詔撰成名曰述聖賦賜綵數十匹偃又獻惟皇誡德賦以申諷曰臣聞理忘亂安忘危逸忘勞得忘失此四者人君莫不皆然是以夏桀以瑤臺璇室爲麗而不悟鳴條南巢之禍殷辛以象箸玉杯爲華而不知牧野白旗之敗故當其盛也謂四海爲己力及其衰焉乃匹夫之不制當其信也謂天下爲無危及其疑也則顧眄皆讎敵是知必有其德則誠結戎夷化行荒裔苟失其度則變生骨肉釁起腹心矣是以爲人主者不可忘初處殿堂則思前主之所以亡朝萬國則思今己之所以貴巡府庫則思今己之所以得視功臣則思其爲己之始見名將則思其用力之初苟弗忘舊則人無易心何患乎天下之不化故旦行之則爲堯舜暮失之則爲桀紂豈異人哉其詞曰周墳籍以遐觀總宇宙而一窺結繩往而莫紀書契崇而可知惟皇王之迭代信步驟之恒規莫不慮失者常得懷安者必危是以戰戰慄慄日愼一日守約守儉去奢去逸外無荒禽內無荒色唯賢是授唯人斯恤則三皇不足六五帝不足十若夫恃聖驕力很戾倔强忠良是棄諂佞斯奬構崇臺以造天穿深池以絕壤厚賦重斂積寶藏鏹無罪加刑有功不賞則夏桀可二殷辛易兩在危所恃居安勿忘功臣無逐故人無放放者亡逐功者喪四海岌岌九土漫漫覆之甚易存之實難是以一人有悅萬國同歡一人失所兆庶俱殘喜則隆冬可熱怒則盛夏成寒一動而八表亂一言而天下安舉君過者曰忠述主美者爲佞苟承顏以順旨必蔽視而稱聖故使曲者亂直邪者疑正改華服以就胡變雅音而入鄭雖往古之軌躅亦當今之龜鏡崔嵬龍殿赫奕鳳門苞四海以稱主冠天下而獨尊既兄日而姊月亦父乾而母坤視則金翠溢目聽則絲竹盈耳信賞罰之在躬實榮辱之由己語羲皇而易匹言堯舜之可擬驕志自此而生侈心因茲而起常懼覆而懼亡必思足而思止勿忘潛龍之初當懷布衣之始在位稱寶居器曰神鐘鼓庭設玉帛階陳得必有兆失必有因一替一立或周或秦既承前代當思後人唯德可以久天道無常親時李百藥工爲五言詩而偃善作賦時人稱爲李詩謝賦焉十七年府廢出爲湘潭令卒文集十卷

崔信明青州益都人也後魏七兵尚書光伯曾孫也祖紹北海郡守信明以五月五日日正中時生有異雀數頭身形甚小五色畢備集于庭樹鼓翼齊鳴聲清宛亮隋太史令史良使至青州遇而占之曰五月爲火火爲離離爲文彩日正中文之盛也又有雀五色奮翼而鳴此兒必文藻煥爛聲名播於天下雀形既小祿位殆不高及長博聞强記下筆成章鄉人高孝基有知人之鑒每謂人曰崔信明才學富贍雖名冠一時但恨其位不達耳大業中爲堯城令竇建德僭號欲引用之信明族弟敬素爲建德鴻臚卿說信明曰隋主無道天下鼎沸衣冠禮樂掃地無餘兄遁跡下僚不被收用豫讓所以不報范中行孫以衆人遇我者也夏王英武有併吞天下之心士女襁負而至者不可稱數此時不立功立事豈是見幾而作者乎信明曰昔申胥海畔漁者尚能固其節吾終不能屈身爲主求斗筲之職遂踰城而遁隱於太行山貞觀六年應詔舉授興世丞遷秦川令卒信明頗蹇傲自伐常賦詩吟嘯自謂過於李百藥時人多不許之又矜其門族輕侮四海士望由是爲世所譏子冬日則天時爲黃門侍郎被酷吏所殺

張蘊古相州洹水人也性聰敏博涉書傳善綴文能背碑覆局尤曉時務爲州閭所稱自幽州總管府記室直中書省太宗初卽位上大寶箴以諷其詞曰今來古往俯察仰觀惟辟作福爲君實難主普天之下處王公之上任土貢其所求具僚和其所唱是故兢懼之心日弛邪僻之情轉放豈知事起乎所忽禍生乎無妄固以聖人受命拯溺亨屯歸過於己推恩於民大明無偏照至公無私親故以一人治天下不以天下奉一人禮以禁其奢樂以防其佚左言而右事出警而入蹕四時同其慘舒三光同其得失故身爲之度而聲爲之律勿謂無知居高聽卑勿謂何害積小成大樂不可極極樂生哀欲不可縱縱欲成災壯九重於內所居不過容膝彼昏不知瑤其臺而瓊其室羅八品於前所食不過適口唯狂罔念丘其糟而池其酒勿內荒於色勿外荒於禽勿貴難得之貨勿聽亡國之音內荒伐人性外荒蕩人心難得之貨侈亡國之聲淫勿謂我尊而傲賢侮士勿謂我智而拒諫矜己聞之夏王據饋頻起亦有魏帝牽裾不止安彼反側如春陽秋露巍巍蕩蕩恢漢高大度撫茲庶事如履薄臨深戰戰慄慄用周文小心詩云不識不知書曰無偏無黨一彼此於胸臆捐好惡於心想衆棄而後加刑衆悅而後命賞弱其强而治其亂申其屈而直其枉故曰如衡如石不定物以數物之懸者輕重自具如水如鏡不示物以形物之鑒者妍媸自生勿渾渾而濁勿皎皎而清勿汶汶而闇勿察察而明雖冕旒蔽目而視於未形雖黈纊塞耳而聽於無聲縱心乎湛然之域遊神於至道之精扣之者應洪纖而効響酌之者隨深淺而皆盈故曰天之清地之寧王之貞四時不言而代序萬物無爲而受成豈知帝有其力而天下和平吾王撥亂戡以智力民懼其威未懷其德我皇撫運扇以淳風民懷其始未保其終爰述金鏡窮神盡性使人以心應言以行包括治體抑揚詞令天下爲公一人有慶開羅起祝援琴命詩一日二日念茲在茲唯人所召自天祐之爭臣司直敢告前疑太宗嘉之賜以束帛除大理丞初河內人李孝德素有風疾而語涉妄妖蘊古究其獄稱好德癲病有徵法不當坐治書侍御史權萬紀劾蘊古家住相州好德之兄厚德爲其刺史情在阿縱奏事不實太宗大怒曰小子乃敢亂吾法耶令斬於東市太宗尋悔因發制凡決死者命所司五覆奏自蘊古始也

劉胤之徐州彭城人也祖禕之後魏臨淮鎮將胤之少有學業與隋信都丞孫萬壽宗正卿李百藥爲忘年之友武德中御史大夫杜淹表薦之再遷信都令甚存惠政永徽初累轉著作郎弘文館學士與國子祭酒令狐德棻著作郎楊仁卿等撰成國史及實錄奏上之封陽城縣男尋以老不堪著述出爲楚州刺史卒弟子延祐弱冠本州舉進士累補渭南尉刀筆吏能爲畿邑當時之冠司空李勣嘗謂曰足下春秋甫爾便擅大名宜稍自貶抑無爲獨出人右也後歷右司郎中檢校司賓少卿封薛縣男徐敬業之亂楊州初平所有刑名莫能決定延祐奉使至軍所決之時議者斷受賊五品官者斬六品者流延祐以爲諸非元謀迫脅從盜則寘極刑事涉枉濫乃斷受賊五品者流六品已下但除名而已其得全濟者甚衆出爲箕州刺史轉安南都護嶺南俚戶舊輸半課及延祐到遂勒全輸由是其下皆怨謀欲將叛延祐乃誅其首惡李嗣仙垂拱三年嗣仙黨與丁建李思慎等遂率衆圍安南府時城中勝兵不過數百乃禁門堅守以候鄰境之援廣州大族馮子猷幸災樂禍欲因危立功遂按兵縱敵使其爲害滋甚延祐遂爲思愼所害其後桂州司馬曹玄靜率兵討思愼等擒之盡斬於安南城下胤之從父兄子藏器亦有詞學官至宋州司馬藏器子知柔開元初爲工部尚書知柔弟知幾避玄宗名改子玄自有傳

張昌齡冀州南宮人弱冠以文詞知名本州欲以秀才舉之昌齡以時廢此科已久固辭乃充進士貢舉及第貞觀二十一年翠微宮成詣闕獻頌太宗召見試作息兵詔草俄頃而就太宗甚悅因謂之曰昔禰衡潘岳皆恃才傲物以至非命汝才不減二賢宜追鑒前轍以副吾所取也乃敕於通事舍人裏供奉尋爲崑山道行軍記室破盧明月平龜茲軍書露布皆昌齡之文也再轉長安尉出爲襄州司戶丁憂去官後賀蘭敏之奏引於北門修撰尋又罷去乾封元年卒文集二十卷兄昌宗亦有學業官至太子舍人修文館學士撰古文紀年新傳三十卷

崔行功恒州井陘人北齊鉅鹿太守伯讓曾孫也自博陵徙家焉行功少好學中書侍郎唐儉愛其才以女妻之儉前後征討所有文表皆行功之文高宗時累轉吏部郎中以善敷奏嘗兼通事舍人內供奉坐事貶爲游安令尋徵爲司文郎中當時朝廷大手筆多是行功及蘭臺侍郎李懷儼之詞先是太宗命秘書監魏徵寫四部羣書將進內貯庫別置讎校二十人書手一百人徵改職之後令虞世南顏師古等續其事至高宗初其功未畢顯慶中罷讎校及御書手令工書人繕寫計直酬傭擇散官隨番讎校其後又詔東臺侍郎趙仁本東臺舍人張文瓘及行功懷儼等相次充使檢校又置詳正學士以校理之行功仍專知御集遷蘭臺侍郎咸亨中官名復舊改爲秘書少監上元元年卒官有集六十卷兄子玄暐別有傳行功前後預撰晉書及文思博要等同時又有孟利貞董思恭元思敬等並以文藻知名

孟利貞者華州華陰人也父神慶高宗初爲沁州刺史以清介著名利貞初爲太子司議郎中宗在東宮深懼之受詔與少師許敬宗崇賢館學士郭瑜顧胤董思恭等撰瑤山玉彩五百卷龍朔二年奏上之高宗稱善加級賜物有差利貞累轉著作郎加弘文館學士垂拱初卒又撰續文選十三卷兄允忠垂拱中爲天官侍郎

董思恭者蘇州吳人所著篇詠甚爲時人所重初爲右史知考功舉事坐預泄問目配流嶺表而死

元思敬者總章中爲協律郎預修芳林要覽又撰詩人秀句兩卷傳於世

徐齊聃湖州長城人也父孝德以女爲才人官至果州刺史齊聃少善屬文高宗時累遷蘭臺舍人時敕令有突厥酋長子弟事東宮齊聃上疏曰昔姬誦與伯禽同業晉儲以師曠爲友匪唯專賴師資固亦詳觀近習皇太子自可招集園綺寤寐應劉附闥小臣必採於端士驅馳所任並歸於正人方流好善之風永播崇賢之美今乃使氈裘之子解辮而侍春闈胥頓之苗削衽而陪望苑在於道義臣竊有疑詩云敬愼威儀以近有德書曰任官惟賢才左右惟其人蓋殷勤於此防微之至也齊聃又嘗上奏曰齊獻公卽陛下外氏雖子孫有犯不合上延于祖今周忠孝公廟甚修崇而齊獻公廟遂毀壞不審陛下將何以重示海內以彰孝理之風帝皆納其言齊聃善於文誥甚爲當時所稱高宗愛其文令侍周王等屬文以職在樞劇仍敕間日來往焉以漏泄機密左授蘇州司馬俄又坐事配流欽州咸亨中卒年四十餘睿宗卽位追錄舊恩累贈禮部尚書子堅別有傳

杜易簡襄州襄陽人周硤州刺史叔毗曾孫也九歲能屬文及長博學有高名姨兄中書令岑文本甚推重之登進士第累轉殿中侍御史咸亨中爲考功員外郎時吏部侍郎裴行儉李敬玄相與不叶易簡與吏部員外郎賈言忠希行儉之旨上封陳敬玄罪狀高宗惡其朋黨左轉易簡爲開州司馬尋卒易簡頗善著述撰御史臺雜注五卷文集二十卷行於代易簡從祖弟審言審言進士舉初爲隰城尉雅善五言詩工書翰有能名然恃才謇傲甚爲時輩所嫉乾封中蘇味道爲天官侍郎審言預選試判訖謂人曰蘇味道必死人問其故審言曰見吾判卽自當羞死矣又嘗謂人曰吾之文章合得屈宋作衙官吾之書跡合得王羲之北面其矜誕如此累轉洛陽丞坐事貶授吉州司戶參軍又與州僚不叶司馬周季重與員外司戶郭若訥共搆審言罪狀繫獄將因事殺之旣而季重等府中酣讌審言子并年十三懷刃以擊之季重中傷死而并亦爲左右所殺季重臨死曰吾不知審言有孝子郭若訥誤我至此審言因此免官還東都自爲文祭并士友咸哀并孝烈蘇頲爲墓誌劉允濟爲祭文後則天召見審言將加擢用問曰卿歡喜否審言蹈舞謝恩因令作歡喜詩甚見嘉賞拜著作佐郎俄遷膳部員外郎神龍初坐與張易之兄弟交往配流嶺外尋召授國子監主簿加修文館直學士年六十餘卒有文集十卷次子閑閑子甫別有傳

盧照鄰字昇之幽州范陽人也年十餘歲就曹憲王義方授蒼雅及經史博學善屬文初授鄧王府典籤王甚愛重之曾謂羣官曰此卽寡人相如也後拜新都尉因染風疾去官處太白山中以服餌爲事後疾轉篤徙居陽翟之具茨山著釋疾文五悲等誦頗有騷人之風甚爲文士所重照鄰旣沉痼攣廢不堪其苦嘗與親屬執別遂自投潁水而死時年四十文集二十卷兄光乘亦知名長壽中爲隴州刺史

楊炯華陰人伯祖虔威武德中官至右衛將軍炯幼聰敏博學善屬文神童舉拜校書郎爲崇文館學士儀鳳中太常博士蘇知幾上表以公卿已下冕服請別立節文敕下有司詳議炯獻議曰古者太昊庖羲氏仰以觀象俯以察法造書契而文籍生次有黃帝軒轅氏長而敦敏成而聰明垂衣裳而天下理其後數遷五德君非一姓體國經野建邦設都文質所以再而復正朔所以三而改夫改正朔者謂夏后氏之建寅殷人建丑周人建子至於以日繫月以月繫時以時繫年此三王相襲之道也夫易服色者謂夏后氏尚黑殷人尚白周人尚赤至於山龍華蟲宗彝藻火粉米黼黻此又百代可知之道謹按虞書曰予欲觀古人之象日月星辰山龍華蟲作會宗彝藻火粉米黼黻絺繡由此言之則其所從來者尚矣日月星辰者明光照下土也山者布散雲雨象聖王大澤霑下也龍者變化無方象聖王應時布教也華蟲者雉也身被五彩象聖王體兼文明也宗彝者武蜼也以剛猛制物象聖王神武定亂也藻者逐水上下象聖王隨代而應也火者陶冶烹飪象聖王至德日新也粉米者人恃以生象聖王爲物之所賴也黼能斷割象聖王臨事能決也黻者兩已相背象君臣可否相濟也迨有周氏乃以日月星辰爲旌旗之飾又登龍於山登火於宗彝於是乎制袞冕以祀先王也九章者法陽數也以龍爲首章袞者卷也龍德神異應變潛見表聖王深識遠智卷舒神化也又制鷩冕以祭先公也鷩者雉也有耿介之志表公有賢才能守耿介之節也又制毳冕以祭四望也四望者岳瀆之神也武蜼者山林所生明其象也制絺冕以祭社稷也社稷者土穀之神也粉米由之而成象其功也又制玄冕以祭羣小祀也百神異形難可遍擬但取黻之相背昭異名也夫以周公之多才也故治定制禮功成作樂夫以孔宣之將聖也故行夏之時服周之冕先王之法服乃此之自出矣天下之能事又於是乎畢矣今知幾表狀請制大明冕十三章乘輿服之者謹按日月星辰者已施於旌旗矣龍武山火者又不踰於古矣而云麟鳳有四靈之名玄龜有負圖之應雲有紀官之號水有盛德之祥此蓋別表休徵終是無踰比象然則皇王受命天地興符仰觀則璧合珠連俯察則銀黃玉紫殫南宮之粉壁不足寫其形狀罄東觀之鉛黃未可紀其名實固不可畢陳於法服也雲者龍之氣也水者藻之自生也又不假別爲章目此蓋不經之甚也又鷩冕八章三公服之者鷩者太平之瑞也非三公之德也鷹鸇者鷙鳥也適可以辨祥刑之職也熊羆者猛獸也適可以旌武臣之力也又稱藻爲水草無所法象引張衡賦蔕倒茄於藻井披紅葩之狎獵請爲蓮華取其文彩者夫茄者蓮也若以蓮代藻變古從今旣不知草木之名亦未達文章之意此又不經之甚也又毳冕六章三品服之者按此王者祀四望服之名也今三品乃得同王之毳冕而三公不得同王之袞名豈唯顚倒衣裳抑亦自相矛盾此又不經之甚也又黻冕四章五品服之者考之於古則無其名驗之於今則非章首此又不經之甚也若夫禮唯從俗則命爲制令爲詔乃秦皇之故事猶可以適於今矣若夫義取隨時則出稱警入稱蹕乃漢國之舊儀猶可以行於代矣亦何取變周公之軌物改宣尼之法度者哉由是竟寢知幾所請炯俄遷詹事司直則天初坐從祖

弟神讓犯逆左轉梓州司法參軍秩滿選授盈川令如意元年七月望日宮中出盂蘭盆分送佛寺則天御洛南門與百寮觀之炯獻盂蘭盆賦詞甚雅麗炯至官爲政殘酷人吏動不如意輒搒殺之又所居府舍多進士亭臺皆書牓額爲之美名大爲遠近所笑無何卒官中宗卽位以舊寮追贈著作郎文集三十卷炯與王勃盧照鄰駱賓王以文詞齊名海內稱爲王楊盧駱亦號爲四傑炯聞之謂人曰吾愧在盧前恥居王後當時議者亦以爲然其後崔融李嶠張說俱重四傑之文崔融曰王勃文章宏逸有絕塵之跡固非常流所及炯與照鄰可以企之盈川之言信矣說曰楊盈川文思如懸河注水酌之不竭旣優於盧亦不減王恥居王後信然愧在盧前謙也開元中說爲集賢大學士十餘年常與學士徐堅論近代文士悲其凋喪堅曰李趙公崔文公之筆術擅價一時其間孰優說曰李嶠崔融薛稷宋之問之文如良金美玉無施不可富嘉謩之文如孤峰絕岸壁立萬仞濃雲鬱興震雷俱發誠可畏也若施於廊廟則駭矣閻朝隱之文如麗服靚粧燕歌趙舞觀者忘疲若類之風雅則罪人矣問後進詞人之優劣說曰韓休之文如大羹旨酒雅有典則而薄於滋味許景先之文如豐肌膩理雖穠華可愛而微少風骨張九齡之文如輕縑素練實濟時用而微窘邊幅王翰之文如瓊杯玉斝雖爛然可珍而多有玷缺堅以爲然虔威子德幹高宗末歷澤齊汴相四州刺史治有威名郡人爲之語曰寧食三斗蒜不逢楊德幹子神讓天授初與徐敬業於揚州謀叛父子伏誅

王勃字子安絳州龍門人祖通隋蜀郡司戶書佐大業末棄官歸以著書講學爲業依春秋體例自獲麟後歷秦漢至於後魏著紀年之書謂之元經又依孔子家語揚雄法言例爲客主對荅之說號曰中說皆爲儒士所稱義寧元年卒門人薛收等相與議謚曰文中子二子福時福郊勃六歲解屬文構思無滯詞情英邁與兄勔勮才藻相類父友杜易簡常稱之曰此王氏三珠樹也勃年未及冠應幽素舉及第乾封初詣闕上宸遊東嶽頌時東都造乾元殿又上乾元殿頌沛王賢聞其名召爲沛府修撰甚愛重之諸王鬬雞互有勝負勃戲爲檄英王雞文高宗覽之怒曰據此是交搆之漸卽日斥勃不令入府久之補虢州參軍勃恃才傲物爲同僚所嫉有官奴曹達犯罪勃匿之又懼事洩乃殺達以塞口事發當誅會赦除名時勃父福時爲雍州司戶參軍坐勃左遷交趾令上元二年勃往交趾省父道出江中爲採蓮賦以見意其辭甚美渡南海墮水而卒時年二十八勮弱冠進士登第累除太子典膳丞長壽中擢爲鳳閣舍人時壽春王成器衡陽王成義等五王初出閤同日授冊有司撰儀注忘載冊文及百寮在列方知闕禮宰相相顧失色勮立召書吏五人各令執筆口占分寫一時俱畢詞理典贍人皆歎服尋加弘文館學士兼知天官侍郎勮頗任權勢交結非類萬歲通天二年綦連耀謀逆事泄勮坐與耀善幷弟勔並伏誅勔累官至涇州刺史神龍初有詔追復勮勔官位福時天后朝以子貴累轉澤州長史卒初吏部侍郎裴行儉典選有知人之鑒見勮與蘇味道謂人曰二子亦當掌銓衡之任李敬玄尤重楊炯盧照鄰駱賓王與勃等四人必當顯貴行儉曰士之致遠先器識而後文藝勃等雖有文才而浮躁淺露豈享爵祿之器耶楊子沉靜應至令長餘得令終爲幸果如其言勃文章邁捷下筆則成尤好著書撰周易發揮五卷及次論等書數部勃亡後並多遺失有文集三十卷勃聰警絕衆於推步曆算尤精嘗作大唐千歲曆言唐德靈長千年不合承周隋短祚其論大旨云以土王者五十代而一千年金王者四十九代而九百年水王者二十代而六百年木王者三十代而八百年火王者二十代而七百年此天地之常期符曆之數也自黃帝至漢並是五運眞主五行已遍土運復歸唐德承之宜矣魏晉至于周隋咸非正統五行之沴氣也故不可承之大率如此

駱賓王婺州義烏人少善屬文尤妙於五言詩常作帝京篇當時以爲絕唱然落魄無行好與博徒遊高宗末爲長安主簿坐贓左遷臨海丞怏怏失志棄官而去文明中與徐敬業於揚州作亂敬業軍中書檄皆賓王之詞也敬業敗伏誅文多散失則天素重其文遣使求之有兗州人郗雲卿集成十卷盛傳於世

鄧玄挺雍州藍田人少善屬文累遷左史坐與上官儀善出爲頓丘令有善政璽書勞問累授中書舍人性俊辨機捷過人每有嘲謔朝廷稱爲口實則天臨朝遷吏部侍郎旣不稱職甚爲時談所鄙又患消渴之疾選人目爲鄧渴爲牓於衢路自有唐已來掌選之失未有如玄挺者坐此左遷澧州刺史在州復以善政聞遷晉州刺史召拜麟臺少監重爲天官侍郎其失又甚於前玄挺女爲道王子諲妻又與蔣王子煒相善諲謀迎中宗於房陵以問玄挺煒又嘗謂玄挺曰欲作急計如何玄挺雖皆不答而不以告永昌元年得罪下獄死

舊唐書卷一百九十上考證

張蘊古傳禍生乎無妄○禍原本誤福今從文粹改正

使人以心應言以行○原本人誤文以誤與今並改正

王勃傳唐德靈長千年合承周隋短祚○臣酉按下文云魏晉至于周隋咸非正統五行之沴氣也故不可承之據此則合字上當脫一不字今增

# 舊唐書卷一百九十中

後晉司空同中書門下平章事劉昫撰

## 列傳第一百四十

## 文苑中



郭正一定州彭城人貞觀中舉進士累轉中書舍人弘文館學士永隆二年遷祕書少監檢校中書侍郎與魏玄同郭待舉並同中書門下平章事宰相以平章事爲名自正一等始也永淳二年正除中書侍郎正一在中書累年明習舊事兼有詞學制敕多出其手當時號爲稱職則天臨朝轉國子祭酒罷知政事尋出爲晉州刺史入爲麟臺監又檢校陝州刺史永昌元年爲酷吏所陷流配嶺南而死家口籍沒文集多遺失先是儀鳳中吐蕃入寇工部尚書劉審禮率兵十八萬與蕃將論欽陵戰于青海王師大敗審禮沒于陣高宗駭然乃召侍臣問以禦戎之策正一對曰吐蕃作梗年歲已深命將興師相繼不絕空勞士馬虛費糧儲近討則徒損兵威深入則未窮巢穴臣望少發兵募且遣備邊明立烽候勿令侵擾伺國用豐足人心叶同寬之數年可一舉而滅給事中劉齊賢皇甫文亮等亦以爲嚴守爲便正一才略率多此類

元萬頃洛陽人後魏景穆皇帝之胄祖白澤武德中總管萬頃善屬文起家拜通事舍人乾封中從英國公李勣征高麗爲遼東道總管記室別帥馮本以大軍援裨將郭待封船破失期待封欲作書與勣恐高麗知其救兵不至乘危迫之乃作離合詩贈勣勣不達其意大怒曰軍機急切何用詩爲必斬之萬頃爲解釋之乃止勣嘗令萬頃作文檄高麗其語有譏高麗不知守鴨綠之險莫離支報云謹聞命矣遂移兵固守鴨綠官軍不得入萬頃坐是流于嶺外後會赦得還拜著作郎時天后諷高宗廣召文詞之士入禁中修撰萬頃與左史范履冰苗神客右史周思茂胡楚賓咸預其選前後撰列女傳臣軌百寮新誡樂書等凡千餘卷朝廷疑議及百司表疏皆密令萬頃等參決以分宰相之權時人謂之北門學士萬頃屬文敏速然性疎曠不拘細節無儒者之風則天臨朝遷鳳閣舍人無幾擢拜鳳閣侍郎萬頃素與徐敬業兄弟友善永昌元年爲酷吏所陷配流嶺南而死時神客楚賓已卒履冰思茂相次爲酷吏所殺

范履冰者懷州河內人自周王府戶曹召入禁中凡二十餘年垂拱中歷鸞臺天官二侍郎尋遷春官尚書同鳳閣鸞臺平章事兼修國史載初元年坐嘗舉犯逆者被殺

苗神客者滄州東光人官至著作郎

周思茂者貝州漳南人少與弟思鈞俱早知名自右史轉太子舍人與范履冰在禁中最蒙親遇至於政事損益多參預焉累遷麟臺少監崇文館學士垂拱四年下獄死

胡楚賓者宣州秋浦人屬文敏速每飲半酣而後操筆高宗每令作文必以金銀杯盛酒令飲便以杯賜之楚賓終日酣宴家無所藏費盡復入待詔得賜又出然性愼密未嘗言禁中事醉後人或問之荅以他事而已自殷王文學拜右史崇賢直學士而卒

喬知之同州馮翊人也父師望尚高祖女廬陵公主拜駙馬都尉官至同州刺史知之與弟侃備並以文詞知名知之尤稱俊才所作篇詠時人多諷誦之則天時累除右補闕遷左司郎中知之有侍婢曰窈娘美麗善歌舞爲武承嗣所奪知之怨惜因作綠珠篇以寄情密送與婢婢感憤自殺承嗣大怒因諷酷吏羅織誅之侃開元初爲兗州都督備預修三教珠英長安中卒於襄陽令時又有汝州人劉希夷善爲從軍閨情之詩詞調哀苦爲時所重志行不修爲姦人所殺

劉允濟洛州鞏人其先自沛國徙焉南齊彭城郡丞瓛六代孫也少孤事母甚謹博學善屬文與絳州王勃早齊名特相友善弱冠本州舉進士累除著作佐郎允濟嘗採摭魯哀公後十二代至于戰國遺事撰魯後春秋二十卷表上之遷左史兼直弘文館垂拱四年明堂初成允濟奏上明堂賦以諷則天甚嘉歎之手制褒美拜著作郎天授中爲來俊臣所搆當坐死以其母老特許終其餘年仍留繫獄久之會赦免貶授大庾尉長安中累遷著作佐郎兼修國史未幾擢拜鳳閣舍人中興初坐與張易之款狎左授青州長史爲吏清白河南道巡察使路敬潛甚稱薦之尋丁母憂服闋而卒

富嘉謨雍州武功人也舉進士長安中累轉晉陽尉與新安吳少微友善同官先是文士撰碑頌皆以徐庾爲宗氣調漸劣嘉謨與少微屬詞皆以經典爲本時人欽慕之文體一變稱爲富吳體嘉謨作雙龍泉頌千蠋谷頌少微撰崇福寺鐘銘詞最高雅作者推重幷州長史張仁亶待以殊禮坐必同榻嘉謨後爲壽安尉預修三教珠英中興初爲左臺監察御史卒有文集五卷少微亦舉進士累至晉陽尉中興初調於吏部侍郎韋嗣立稱薦拜右臺監察御史臥病聞嘉謨死哭而賦詩尋亦卒有文集五卷嘉謨與少微在晉陽魏郡谷倚爲太原主簿皆以文詞著名時人謂之北京三傑倚後流寓客死文章遺失微子鞏開元中爲中書舍人

員半千本名餘慶晉州臨汾人少與齊州人何彥先同師事學士王義方義方嘉重之嘗謂之曰五百年一賢足下當之矣因改名半千及義方卒半千與彥先皆制服喪畢而去上元初應八科舉授武陟尉屬頻歲旱饑勸縣令殷子良開倉以賑貧餒子良不從會子良赴州半千便發倉粟以給饑人懷州刺史郭齊宗大驚因而按之時黃門侍郎薛元超爲河北道存撫使謂齊宗曰公百姓不能救之而使惠歸一尉豈不愧也遽令釋之尋又應嶽牧舉高宗御武成殿召諸州舉人親問曰兵書所云天陣地陣人陣各何謂也半千越次而進曰臣觀載籍此事多矣或謂天陣星宿孤虛地陣山川向背人陣偏伍彌縫以臣愚見謂不然矣夫師出以義有若時雨得天之時此天陣也兵在足食且耕且戰得地之利此地陣也善用兵者使三軍之士如父子兄弟得人之和此人陣也三者去矣其何以戰高宗甚嗟賞之及對策擢爲上第垂拱中累補左衞冑曹仍充宣慰吐蕃使及引辭則天曰久聞卿名謂是古人不意乃在朝列境外小事不足煩卿宜留待制也即日使入閣供奉嗣聖元年半千爲左衞長史與鳳閣舍人王處知天官侍郎石抱忠並爲弘文館直學士仍與著作佐郎路敬淳分日於顯福門待制半千因撰明堂新禮三卷上之則天封中嶽半千又撰封禪四壇碑十二首以進則天稱善前後賜絹千餘匹長安中五遷正諫大夫兼右控鶴內供奉半千以控鶴之職古無其事又授斯任者率多輕薄非朝廷進德之選上疏請罷之由是忤旨左遷水部郎中預修三教珠英中宗時爲濠州刺史睿宗即位徵拜太子右論德兼崇文館學士加銀青光祿大夫累封平原郡公開元二年卒文集多遺失半千同時學士丘悅

丘悅者河南陸渾人也亦有學業景龍中爲相王府掾與文學韋利器典籤裴耀卿俱爲王府直學士睿宗在藩甚重之官至岐王傅開元初卒撰三國典略三十卷行於時

劉憲宋州寧陵人也父思立高宗時爲侍御史屬河南河北旱儉遣御史中丞崔謐等分道存問賑給思立上疏諫曰今麥序方秋蠶功未畢三時之務萬姓所先敕使撫巡人皆竦抃忘其家業冀此天恩踊躍參迎必難抑止集衆既廣妨廢亦多加以途程往還兼之晨夕停滯既緣賑給須立簿書本欲安存卻成煩擾又無驛之處其馬稍難簡擇公私須預追集雨後農務特切常情暫廢須臾即虧歲計每爲一馬遂勞數家從此相乘恐更滋甚望且委州縣賑給待秋閑時出使褒貶疏奏謐等遂不行後遷考功員外郎始奏請明經加帖進士試雜文自思立始也尋卒官憲弱冠舉進士累除冬官員外郎天授中受詔推按來俊臣憲嫉其酷暴欲因事繩之反爲俊臣所搆貶潾水令再遷司僕丞及俊臣伏誅擢憲爲給事中尋轉鳳閣舍人神龍初坐嘗爲張易之所引自吏部侍郎出爲渝州刺史俄復入爲太僕少卿兼修國史加修文館學士景雲初三遷太子詹事玄宗在東宮留意經籍憲因上啟曰自古及今皆重于學至于光耀盛德發揚令問安靜身心保寧家國無以加焉殿下居副君之位有絕人之才豈假尋章摘句蓋資略知大意用功甚少爲利極多伏願克成美志無棄暇日上以慰至尊之心下以答庶寮之望侍讀褚無量經明行修耆年宿望時賜召問以察其言幸甚玄宗甚嘉納之明年憲卒贈兗州都督有集三十卷初則天時敕吏部糊名考選人判以求才彥憲與王適司馬鍠梁載言相次判入第二等

王適幽州人官至雍州司功

司馬鍠洛州溫人也神龍中卒于黃門侍郎

梁載言博州聊城人歷鳳閣舍人專知制誥撰具員故事十卷十道志十六卷並傳於時中宗時爲懷州刺史

沈佺期相州內黃人也進士舉長安中累遷通事舍人預修三教珠英佺期善屬文尤長七言之作與宋之問齊名時人稱爲沈宋再轉考功員外郎坐贓配流嶺表神龍中授起居郎加修文館直學士後歷中書舍人太子詹事開元初卒有文集十卷弟全交及子亦以文詞知名

陳子昂梓州射洪人家世富豪子昂獨苦節讀書尤善屬文初爲感遇詩三十首京兆司功王適見而驚曰此子必爲天下文宗矣由是知名舉進士會高宗崩靈駕將還長安子昂詣闕上書盛陳東都形勝可以安置山陵關中旱儉靈駕西行不便曰梓州射洪縣草莽愚臣子昂謹頓首冒死獻書闕下臣聞明王不惡切直之言以納忠烈士不憚死亡之誅以極諫故有非常之策者必待非常之時得非常之時者必待非常之主然後危言正色抗義直辭赴湯鑊而不迴至誅夷而無悔豈徒欲詭世誇俗厭生樂死者哉實以爲殺身之害小存國之利大故審計定議而甘心焉況乎得非常之時遇非常之主言必獲用死亦何驚千載之跡將不朽於今日矣伏惟大行皇帝遺天下棄羣臣萬國震驚百姓屠裂陛下以徇齊之聖承宗廟之重天下之望喁喁如也莫不冀蒙聖化以保餘年太平之主將復在於茲矣況皇太后又以文母之賢協軒宮之耀軍國大事遺詔決之唐虞之際於斯盛矣臣伏見詔書梓宮將遷西京鑾輿亦欲陪幸計非上策智者失圖廟堂未聞有骨鯁之謨朝廷多見有順從之議臣竊惑以爲過矣伏自思之生聖日沐皇風摩頂至踵莫非亭育不能歷丹鳳抵濯龍北面玉階東望金屋抗音而正諫者聖王之罪人也所以不顧萬死乞獻一言願蒙聽覽甘就鼎鑊伏惟陛下察之臣聞秦都咸陽之時漢都長安之日山河爲固天下服矣然猶北取胡宛之利南資巴蜀之饒自渭入河轉關東之粟踰沙絕漠致山西之儲然後能削平天下彈壓諸侯長轡利策橫制宇宙今則不然燕代迫匈奴之侵巴隴嬰吐蕃之患西蜀疲老千里贏糧北國丁男十五乘塞歲月奔命其弊不堪秦之首尾今爲闕矣即所餘者獨三輔之間耳頃遭荒饉人被荐飢自河已西莫非赤地循隴已北罕逢青草莫不父兄轉徙妻子流離委家喪業膏原潤莽此朝廷之所備知也賴以宗廟神靈皇天悔禍去歲薄稔前秋稍登使羸餓之餘得保性命天下幸甚可謂厚矣然而流人未返田野尚蕪白骨縱橫阡陌無主至於蓄積尤可哀傷陛下不料其難貴從先意遂欲長驅大駕按節秦京千乘萬騎何方取給況山陵初制穿復未央土木工匠必資徒役今欲率疲弊之衆興數萬之軍徵發近畿鞭撲羸老鑿山採石驅以就功春作無時秋成絕望凋瘵遺噍再罹艱苦儻不堪弊必有逋逃子來之頌將何以述之此亦宗廟之大機不可不審圖也況國無兼歲之儲家鮮匝時之蓄一旬不雨猶可深憂忽加水旱人何以濟陛下不深察始終獨違羣議臣恐三輔之弊不止如前日矣且天子以四海爲家聖人包六合爲宇歷觀邃古以至於今何嘗不以三王爲仁五帝爲聖雖周公制作夫子著明莫不祖述堯舜憲章文武爲百王之鴻烈作千載之雄圖然而舜死陟方葬蒼梧而不返禹會羣后歿稽山而永終豈其愛蠻夷之鄉而鄙中國哉實將欲示聖人無外也故能使墳籍以爲美談帝王以爲高範況我巍巍大聖轢帝登皇日月所照莫不率俾何獨秦豐之地可置山陵河洛之都不堪園寢陛下豈不察之愚臣竊爲陛下惜也且景山崇麗秀冠羣峰北對嵩邙西望汝海居祝融之故地連太昊之遺墟帝王圖跡縱橫左右園陵之美復何加焉陛下曾未察之謂其不可愚臣鄙見良足尚矣況瀍澗之中天地交會北有太行之險南有宛葉之饒東歷江淮食湖海之利西馳崤澠據關河之寶以聰明之主養純粹之人天下和平恭己正南面而已陛下不思瀍洛之壯觀關隴之荒蕪乃欲棄太山之安履焦原之險忘神器之大寶徇曾閔之小節愚臣暗昧以爲甚也陛下何不覽爭臣之策采行路之謠諮謨太后平章宰輔使蒼生之望知有所安天下豈不幸甚昔者平王遷都光武都洛山陵寢廟不在東京宗社墳塋並居西土然而春秋美爲始王漢書載爲代祖豈其不願孝哉何聖賢褒貶於斯濫矣實以時有不可事有必然蓋欲遺小存大去禍歸福聖人所以貴也夫小不忍亂大謀仲尼之至誠願陛下察之若以臣愚不用朝議遂行臣恐關隴之憂無時休也臣又聞太原蓄鉅萬之倉洛口積天下之粟國家之資斯爲大矣今欲捨而不顧背以長驅使有識驚嗟天下失望儻鼠竊狗盜萬一不圖西入郟州之郊東犯武牢之鎮盜敖倉一抔之粟

陛下何以過之此天下之至機不可不深懼也雖則盜未旋踵誅刑已及滅其九族焚其妻子泣辜雖恨將何及焉故曰先謀後事者逸先事後謀者失國之利器不可以示人斯言豈徒設也固願陛下念之則天召見奇其對拜麟臺正字則天將事雅州討生羌子昂上書曰麟臺正字臣子昂昧死上言臣聞道路云國家欲開蜀山自雅州道入討生羌因以襲擊吐蕃執事者不審圖其利害遂發梁鳳巴蜒兵以狥之臣愚以爲西蜀之禍自此結矣臣聞亂生必由於怨雅州邊羌自國初已來未嘗一日爲盜今一旦無罪受戮其怨必甚怨甚懼誅必蜂駭西山西山盜起則蜀之邊邑不得不連兵備守兵久不解則蜀之禍搆矣昔後漢末西京喪敗蓋由此諸羌此一事也且臣聞吐蕃桀黠之虜君長相信而多姦謀自敢抗天誅邇來向二十餘載大戰則大勝小戰則小勝未嘗敗一隊亡一夫國家往以薛仁貴郭待封爲虓武之將屠十一萬衆於大非之川一甲不返又以李敬玄劉審禮爲廊廟之器辱十八萬乘於靑海之澤身囚虜庭是時精甲勇士勢如雲雷然竟不能擒一戎馘一醜至今而關隴爲空今乃欲以李處一爲將驅顦顇之兵將襲吐蕃臣竊憂之而爲此虜所笑此二事也且夫事有求利而得害者則蜀昔時不通中國秦惠王欲帝天下而幷諸侯以爲不兼賨不取蜀勢未可舉乃用張儀計飾美女譎金牛因間以啖蜀侯蜀侯果貪其利使五丁力士鑿通谷棧褒斜置道於秦自是險阻不關山谷不閉張儀躡踵乘便縱兵大破之蜀侯誅賨邑滅至今蜀爲中州是貪利而亡此三事也且臣聞吐蕃羯虜愛蜀之珍富欲盜之久有日矣然其勢不能舉者徒以山川阻絕障隘不通此其所以頓餓狼之喙而不得侵食也今國家乃撤邊羌開隘道使其收奔亡之種爲鄉導以攻邊是乃借寇兵而爲賊除道舉全蜀以遺之此四事也臣竊觀蜀爲西南一都會國家之寶庫天下珍貨聚出其中又人富粟多順江而下可以兼濟中國今執事者乃圖僥倖之利悉以委事西羌地不足以富國徒殺無辜之衆以傷陛下之仁糜費隨之無益聖德又況僥倖之利未可圖哉此五事也夫蜀之所恃有險也人之所安無役也今國家乃開其險役其人險開則便寇人役則傷財臣恐未見羌戎已有姦盜在其中矣往年益州長史李崇眞圖此姦利傳檄稱吐蕃欲寇松州遂使國家盛軍師大轉餉以備之未二三年巴蜀二十餘州騷然大弊竟不見吐蕃之面而崇眞贓錢已計鉅萬矣蜀人殘破幾不堪命此之近事猶在人口陛下所親知臣愚意者不有姦臣欲圖此利復以生羌爲計者哉此六事也且蜀人尫劣不習兵戰一虜持矛百人莫敢當又山川阻曠去中夏精兵處遠今國家若擊西羌掩吐蕃遂能破滅其國奴虜其人使其君長係首北闕計亦可矣若不到如此臣方見蜀之邊陲不守而爲羌夷所橫暴昔辛有見被髮而祭伊川者以爲不出百年此其爲戎臣恐不及百年而蜀爲戎此七事也且國家近者廢安北拔單于棄龜兹放疎勒天下翕然謂之盛德所以者何蓋以陛下務在仁不在廣務在養不在殺將以此息邊鄙休甲兵行三皇五帝之事者也今又狥貪夫之議謀動兵戈將誅無罪之戎而遺全蜀之患將何以令天下乎此愚臣所以不甚悟者也況當今山東饑關隴弊歷歲枯旱人有流亡誠是聖人寧靜思和天人之時不可動甲兵興大役以自生亂臣又流聞西軍失守北軍不利邊人忙動情有不安今者復驅此兵投之不測臣聞自古亡國破家未嘗不由黷兵今小人議夷狄之利非帝王之至德也又況弊中夏哉臣聞古之善爲天下者計大而不計小務德而不務刑圖其安則思其危謀其利則慮其害然後能長享福祿伏願陛下熟計之再轉右拾遺數上疏陳事詞皆典美時有同州下邽人徐元慶父爲縣尉趙師韞所殺後師韞爲御史元慶變姓名於驛家傭力候師韞手刃殺之議者以元慶孝烈欲捨其罪子昂建議以爲國法專殺者死元慶宜正國法然後旌其閭墓以褒其孝義可也當時議者咸以子昂爲是俄授麟臺正字武攸宜統軍北討契丹以子昂爲管記軍中文翰皆委之子昂父在鄉爲縣令段簡所辱子昂聞之遽還鄉里簡乃因事收繫獄中憂憤而卒時年四十餘子昂褊躁無威儀然文詞宏麗甚爲當時所重有集十卷友人黃門侍郎盧藏用爲之序盛行於代子昂卒後益州成都人閭丘均亦以文章著稱景龍中爲安樂公主所薦起家拜太常博士而公主被誅均坐貶爲循州司倉卒有集十卷

宋之問虢州弘農人父令文有勇力而工書善屬文高宗時爲左驍衞郎將東臺詳正學士之問弱冠知名尤善五言詩當時無能出其右者初徵令與楊烱分直內教俄授洛州參軍累轉尙方監丞左奉宸內供奉易之兄弟雅愛其才之問亦傾附焉預修三教珠英常扈從遊宴則天幸洛陽龍門令從官賦詩左史東方虬詩先成則天以錦袍賜之及之問詩成則天稱其詞愈高奪虬錦袍以賞之及易之等敗左遷瀧州參軍未幾逃還匿於洛陽人張仲之家仲之與駙馬都尉王同皎等謀殺武三思之問令兄子發其事以自贖及同皎等獲罪起之問爲鴻臚主簿由是深爲義士所譏景龍中再轉考功員外郎時中宗增置修文館學士擇朝中文學之士之問與薛稷杜審言等首膺其選當時榮之及典舉引拔後進多知名者尋轉越州長史睿宗卽位以之問嘗附張易之武三思配徙欽州先天中賜死於徙所之問再被竄謫經途江嶺所有篇詠傳布遠近友人武平一爲之纂集成十卷傳於代世人以之問父爲三絕之問以文詞知名弟之悌有勇力之遜善書議者云各得父之一絕之悌開元中自右羽林將軍出爲益州長史劍南節度兼採訪使尋遷太原尹

閻朝隱趙州欒城人也少與兄鏡幾弟仙舟俱知名朝隱文章雖無風雅之體善構奇甚爲時人所賞累遷給事中預修三教珠英張易之等所作篇什多是朝隱及宋之問潛代爲之聖曆二年則天不豫令朝隱往少室山祈禱朝隱乃曲申悅媚以身爲犧牲請代上所苦及將康復賜絹綵百匹金銀器十事俄轉麟臺少監易之伏誅坐徙嶺外尋召還先天中復爲秘書少監又坐事貶爲通州別駕卒官朝隱修三教珠英時成均祭酒李嶠與張昌宗爲修書使盡收天下文詞之士爲學士預其列者有王無競李適尹元凱並知名於時自餘有事跡者各見其本傳

王無競者字仲烈其先琅邪人因官徙居東萊宋太尉弘之十一代孫父侃棣州司馬無競有文學初應下筆成章舉及第解褐授趙州欒城縣尉歷秘書省正字轉右武衞倉曹洛陽縣尉遷監察御史轉殿中舊例每日更直於殿前正班時宰相宗楚客楊再思常離班偶語無競前曰朝禮至敬公等大臣不宜輕易以慢恒典楚客等大怒轉無競爲太子舍人神龍初坐訶詆權倖出爲蘇州司馬及張易之等敗以嘗交往再貶嶺外卒於廣州年五十四

李適者雍州萬年人景龍中爲中書舍人俄轉工部侍郎睿宗時天台道士司馬承禎被徵至京師及還適贈詩序其高尙之致其詞甚美當時朝廷之士無不屬和凡三百餘人徐彥伯編而敘之謂之白雲記頗傳於代尋卒

尹元凱者瀛州樂壽人初爲磁州司倉坐事免乃棲遲山林不求仕進垂三十年與張說盧藏用特相友善徵拜右補闕卒於并州司馬

賈曾河南洛陽人也父言忠乾封中爲侍御史時朝廷有事遼東言忠奉使往支軍糧及還高宗問以軍事言忠畫其山川地勢及陳遼東可平之狀高宗大悅又問諸將優劣言忠曰李勣先朝舊臣聖鑒所悉龐同善雖非鬬將而持軍嚴整薛仁貴勇冠三軍名可振敵高偘儉素自處忠果有謀契苾何力沉毅持重有統御之才然頗有忌前之癖諸將夙夜小心忘身憂國莫過於李勣者高宗深然之累轉吏部員外郎坐事左遷邵州司馬卒曾少知名景雲中爲吏部員外郎玄宗在東宮盛擇宮寮拜曾爲太子舍人時太子頻遣使訪召女樂命宮臣就率更署閱樂多奏女妓曾啓諫曰臣聞作樂崇德以感人神韶夏有容咸英有節婦人媟黷無豫其間昔魯用孔子幾至於霸齊人懼之饋以女樂魯君旣受孔子所以行戎有由餘兵強國富秦人反間遺之女妓戎王耽悅由餘乃奔斯則大聖名賢嫉之已久良以婦人爲樂必務治容哇姣動心蠱惑喪志上行下効淫俗將成敗國亂人實由兹起伏惟殿下神武命代文思登庸宇內顒顒瞻仰德化而渴賢之美未被於民心好妓之聲或聞於人聽豈所以追啓誦之徽烈襲堯舜之英風者哉至若監撫餘閑宴私多豫後庭妓樂古或有之非以風人爲弊猶隱至於所司教習章示羣寮慢伎淫聲實虧睿化伏願下教令發德音屏倡優敦雅頌率更女樂並令禁斷諸使採召一切皆停則朝野內外皆知殿下放鄭遠佞輝光日新凡在含生孰不忻戴太子手令答曰比嘗聞公正直信亦不虛寡人近日頗尋典籍至於政化偏所留心女樂之徒亦擬禁斷公之所言雅符本意俄特授曾中書舍人曾以父名忠固辭乃拜諫議大夫知制誥明年有事於南郊有司立議唯祭昊天上帝而不設皇地祇之位曾奏議請於南郊方丘設皇地祇及從祀等坐則禮惟稽古義得緣情睿宗令宰相及禮官詳議竟依曾所奏開元初復拜中書舍人曾又固辭議者以爲中書是曹司名又與曾父音同字別於禮無嫌曾乃就職與蘇晉同掌制誥皆以詞學見知時人稱爲蘇賈曾後坐事貶洋州刺史開元六年玄宗念舊特恩甄敘繼歷慶鄭等州刺史入拜光祿少卿遷禮部侍郎十五年卒子至至天寶末爲中書舍人祿山之亂從上皇幸蜀時肅宗卽位於靈武上皇遣至爲傳位冊文上皇覽之歎曰昔先帝遜位於朕冊文則卿之先父所爲今朕以神器大寶付儲君卿又當演誥累朝盛

典出卿父子之手可謂難矣至伏於御前嗚咽感涕寶應二年爲尚書左丞時禮部侍郎楊綰上疏請依古制縣令舉孝廉於刺史試其所通之學送名於省省試每經問義十條對策三道取其通否詔令左右丞諸司侍郎大夫中丞給舍等參議議者多與綰同至議曰夏之政尚忠殷之政尚敬周之政尚文然則文與忠敬皆統人之行也是故前代以文取士本行也由詞以觀行則及詞也宣父稱顏子不遷怒不貳過謂之好學至乎修春秋則游夏不能措一辭不亦明乎間者禮部取人有乖斯義試學者以帖字爲精通而不窮旨義豈能知遷怒貳過之道乎考文者以聲病爲是非唯擇浮豔豈能知移風易俗化天下之事乎是以上失其源下襲其流乘流波蕩不知所止先王之道莫能行也夫先王之道消則小人之道長小人之道長則亂臣賊子由是出焉臣弑其君子弑其父非一朝一夕之故其所由來者漸矣漸者何儒道不舉取士之失也夫一國之事繫一人之本謂之風贊揚其風繫卿大夫也卿大夫何嘗不出於士乎今取士試之小道不以遠者大者使干祿之徒趨馳末術是誘導之差也所以祿山一呼四海震蕩思明再亂十年不復向使禮讓之道弘仁義之風著則忠臣孝子比屋可封逆節不得而萌也人心不得而搖也且夏有天下四百載禹之道喪而殷始興焉殷有天下六百祀湯之法棄而周始興焉周有天下八百年文武之政弊而秦始并焉觀三代之選士任賢皆考實行故能風俗淳一運祚長遠秦坑儒士二代而亡漢興雜用三代之政弘四科之舉終彼四百豈非學行道扇化行於鄉里哉自魏至隋僅四百載竊號僭位德義不修是以子孫速顛享國咸促國家革魏晉隋梁之弊承夏殷周漢之業四隩旣宅九州攸同覆幬生育德合天地安有捨皇王舉士之道從亂代取人之術此公卿大夫之辱也今西京有太學州縣有小學兵革一動生徒流離儒臣師氏祿廩無由貢士不稱行實胄子何嘗講習禮部每歲擢甲乙之第謂弘奬勸不其謬歟秪足以長浮薄之風啓僥倖之路矣其國子博士等望加員數厚其祿秩通儒碩生間居其職十道大郡量置太學館令博士出外兼領郡官召置生徒依乎故事保桑梓者鄉里舉焉在流寓者庠序推焉朝而行之夕見其利議者然之宰臣等奏以舉人舊業已成難於速改其今歲舉人望且依舊至所議來年允之廣德二年轉禮部侍郎是歲至以時艱歲歉舉人赴省者奏請兩都試舉人自至始也永泰元年加集賢院待制大曆初改兵部侍郎五年轉京兆尹兼御史大夫卒

許景先常州義興人後徙家洛陽少舉進士授夏陽尉神龍初東都起聖善寺報慈閣景先詣闕獻大像閣賦詞甚美麗擢拜左拾遺累遷給事中開元初每年賜射節級賜物屬年儉甚費府庫景先奏曰近臣三九之辰頻賜宴射已著格令猶降綸言但古制不存禮章多闕官員累倍帑藏未充水旱相仍繼之師旅旣不足以觀德又未足以威邊耗國損人且爲不急夫古之天子以射選諸侯以射飾禮樂以射觀容志故有騶虞貍首之奏采蘩采蘋之樂天子則以備官爲節諸侯則以時會爲節卿大夫以循法爲節士以不失職爲節皆審志固行德美事成陰陽克和暴亂不作故諸侯貢士亦試於射宮容體有虧則絀其地是諸侯君臣皆盡志於射之禮也大矣哉今則不然衆官旣多鳴鏑亂下以苟獲爲利以偶中爲能素無五善之容頗失三侯之禮冗官厚秩禁衞崇班動盈累千其算無數近河南河北水潦處多林胡小蕃見寇郊壘軍書日至河朔騷然命將除凶未圖克捷興師十萬日費千金去歲豫亳兩州微遭旱損庸賦不辦以致流亡聖人憂勤降使招恤流離歲月猶未能安人之困窮以至於此今一箭偶中是一丁庸調用之旣無惻隱獲之固無恥慚考古循今則爲未可且禁衞武官隨番許射能中的者必有賞焉此則訓武習戎時習不闕待寇寧歲稔率由舊章則愛禮養人幸甚幸甚自是乃停賜射之禮俄轉中書舍人自開元初景先與中書舍人齊澣王丘韓休張九齡掌知制誥以文翰見稱中書令張說嘗稱曰許舍人之文雖無峻峰激流嶄絕之勢然屬詞豐美得中和之氣亦一時之秀也十年夏伊汝泛溢漂損居人廬舍溺死者甚衆景先言於侍中源乾曜曰災眚所降必資修德以禳之左傳所載降服出次即其事也誠宜發德音遣大臣存問憂人罪己以荅天譴明公位存輔弼當發明大體以啟沃明主不可緘默也乾曜然其言遽以聞奏乃下詔遣戶部尚書陸象先往賑給窮乏十三年玄宗令宰臣擇刺史之任必在得人景先首中其選自吏部侍郎出爲虢州刺史後轉岐州入拜吏部侍郎卒

賀知章會稽永興人太子洗馬德仁之族孫也少以文詞知名舉進士初授國子四門博士又遷太常博士皆陸象先在中書引薦也開元十年兵部尚書張說爲麗正殿修書使奏請知章及秘書員外監徐堅監察御史趙冬曦皆入書院同撰六典及文纂等累年書竟不就後轉太常少卿十三年遷禮部侍郎加集賢院學士又充皇太子侍讀是歲玄宗封東嶽有詔應行從羣臣並留於谷口上獨與宰臣及外壇行事官登於嶽上齋宮之所初上以靈山清潔不欲喧繁召知章講定儀注因奏曰昊天上帝君位五方諸帝臣位帝號雖同而君臣異位陛下享君位於山上羣臣祀臣位於山下誠足垂範來葉爲變禮之大者也然禮成於三獻亞終合於一處上曰朕正欲如是故問卿耳於是敕三獻於山上行事五方帝及諸神座於下壇行事俄屬惠文太子薨有詔禮部選挽郎知章取捨非允爲門蔭子弟喧訴盈庭知章於是以梯登牆首出決事時人咸嗤之由是改授工部侍郎兼秘書監同正員依舊充集賢院學士俄遷太子賓客銀青光祿大夫兼正授秘書監知章性放曠善談笑當時賢達皆傾慕之工部尚書陸象先即知章之族姑子也與知章甚相親善象先常謂人曰賀兄言論倜儻眞可謂風流之士吾與子弟離闊都不思之一日不見賀兄則鄙吝生矣知章晚年尤加縱誕無復規檢自號四明狂客又稱秘書外監遨遊里巷醉後屬詞動成卷軸文不加點咸有可觀又善草隸書好事者供其牋翰每紙不過數十字共傳寶之時有吳郡張旭亦與知章相善旭善草書而好酒每醉後號呼狂走索筆揮灑變化無窮若有神助時人號爲張顚天寶三載知章因病恍惚乃上疏請度爲道士求還鄉里仍捨本鄉宅爲觀上許之仍拜其子典設郎曾爲會稽郡司馬仍令侍養御制詩以贈行皇太子已下咸就執別至鄉無幾壽終年八十六肅宗以侍讀之舊乾元元年十一月詔曰故越州千秋觀道士賀知章器識夷淡襟懷和雅神清志逸學富才雄挺會稽之美箭蘊崑岡之良玉故飛名仙省侍講龍樓常靜默以養閑因談諧而諷諫以暮齒辭祿再見款誠顧追二老之蹤克遂四明之客允叶初志脫落朝衣駕青牛而不還狎白衣而長往丹壑非昔人琴兩亡惟舊之懷有深追悼宜加縟禮式展哀榮可贈禮部尚書先是神龍中知章與越州賀朝萬齊融揚州張若虛邢巨湖州包融俱以吳越之士文詞俊秀名揚於上京朝萬止山陰尉齊融崑山令若虛兗州兵曹巨監察御史融遇張九齡引爲懷州司戶集賢直學士數子人間往往傳其文獨知章最貴神龍中有尉氏李登之善五言詩蹉跌不偶六十餘爲宋州參軍卒

席豫襄陽人湖州刺史固七世孫徙家河南豫進士及第開元中累官至考功員外郎典舉得士爲時所稱三遷中書舍人與韓休許景先徐安貞孫逖相次掌制誥皆有能名轉戶部侍郎充江南東道巡撫使兼鄭州刺史入爲吏部侍郎玄宗謂之曰卿以前爲考功職事修舉故有此授豫典選六年復有令譽天寶初改尚書左丞尋檢校禮部尚書封襄陽縣子玄宗幸溫泉宮登朝元閣賦詩羣臣屬和帝以豫詩爲工手制褒美曰覽卿所進實詩人之首出作者之冠冕也豫與弟晉俱以詞藻見稱而豫性尤謹雖與子弟書及吏曹簿領未嘗草書謂人曰不敬他人是自不敬也或曰此事甚細卿何介意豫曰細猶不謹而況巨耶七載卒于位時年六十九疾篤謂其子曰吾亡三日斂斂日即葬勿更久留貽公私之煩家無餘財可賣所居聊備葬禮人嘉其達贈江陵大都督謚曰文

徐安貞者信安龍丘人尤善五言詩嘗應制舉一歲三擢甲科人士稱之開元中爲中書舍人集賢院學士上每屬文及作手詔多命安貞視草甚承恩顧累遷中書侍郎天寶初卒

齊澣定州義豐人少以詞學稱弱冠以制科登第釋褐蒲州司法參軍景雲二年中書令姚崇用爲監察御史彈劾違犯先於風教當時以爲稱職開元中崇復用爲給事中遷中書舍人論駮書詔潤色王言皆以古義謨誥爲準的侍中宋璟中書侍郎蘇頲並重之秘書監馬懷素右常侍元行冲受詔編次四庫羣書乃奏澣爲編修使改秘書少監尋丁憂免十二年出爲汴州刺史河南汴爲雄郡自江淮達于河洛舟車輻輳人庶浩繁前後牧守多不稱職唯倪若水與澣皆以清嚴爲治民吏歌之中書令張說擇左右丞之才舉懷州刺史王丘爲左丞以澣爲右丞李元紘杜暹爲相以開府廣平公宋璟爲吏部尚書又用戶部侍郎蘇晉與澣爲吏部侍郎當時以爲高選時開府王毛仲寵幸用事與龍武將軍葛福順爲姻親故北門官見毛仲奏請無不之允皆受毛仲之惠進退隨其指使澣惡之乘間論之曰福順典兵馬與毛仲婚姻小人寵極則姦生若不預圖恐後爲患惟陛下思之況腹心之委何必毛仲而高力士小心謹愼又是閹官便於禁中驅使臣雖過言庶裨萬一臣聞君不密則失臣臣不密則失身惟聖慮密之玄宗嘉其誠諭之曰卿且出朕知卿忠義徐俟其宜會大理丞麻察坐事出爲興州別駕澣與察善出城餞之因語禁中諫語察性譎詭遽以澣語奏之玄宗怒令中書門下

鞫問又召澣於內殿謂之曰卿向朕道君不密則失臣臣不密則失身而疑朕不密而翻告麻察是何密耶麻察輕險無行常遊太平之門此日之事卿豈不知耶澣免冠頓首謝罪乃貶高州良德丞又貶察爲溱州皇化尉澣數年量移常州刺史二十五年遷潤州刺史充江南東道採訪處置使潤州北界隔吳江至瓜步沙尾紆滙六十里船繞瓜步多爲風濤之所漂損澣乃移其漕路於京口塘下直渡江二十里又開伊婁河二十五里即達楊子縣自是免漂損之災歲減腳錢數十萬又立伊婁埭官收其課迄今利濟焉數年復爲汴州刺史淮汴水運路自虹縣至臨淮一百五十里水流迅急舊用牛曳竹索上下流急難制澣乃奏自虹縣下開河三十餘里入于清河百餘里出清水又開河至淮陰縣北岸入淮免淮流湍險之害久之新河水復迅急又多僵石漕運難澁行旅弊之澣因高力士中助連爲兩道採訪使遂興開漕之利以中人主意復勾剝貨財賂遺中貴物議薄之又納劉戒之女爲妾凌其正室專制家政李林甫惡之遣人掎摭其失會澣判官犯贓澣連坐遂廢歸田里天寶初起爲員外少詹事留司東都時絳州刺史嚴挺之爲林甫所擠除員外少詹事留司東都與澣皆朝廷舊德旣廢居家巷每園林行樂則杖屨相過談讌終日林甫聞而患之欲離其勢五年用澣爲平陽太守卒於郡肅宗即位爲林甫所陷者皆得雪澣受褒贈

王澣并州晉陽人少豪蕩不羈登進士第日以蒱酒爲事并州長史張嘉貞奇其才禮接甚厚澣感之撰樂詞以敘情於席上自唱自舞神氣豪邁張說鎮并州禮澣益至會說復知政事以澣爲秘書正字擢拜通事舍人遷駕部員外櫪多名馬家有妓樂澣發言立意自比王侯頤指儕類人多嫉之說旣罷相出澣爲汝州長史改仙州別駕至郡日聚英豪從禽擊鼓恣爲歡賞文士祖詠杜華常在座於是貶道州司馬卒有文集十卷

李邕廣陵江都人父善嘗受文選於同郡人曹憲後爲左侍極賀蘭敏之所薦引爲崇賢館學士轉蘭臺郎敏之敗善坐配流嶺外會赦還因寓居汴鄭之間以講文選爲業年老疾卒所注文選六十卷大行於時邕少知名長安初內史李嶠及監察御史張廷珪並薦邕詞高行直堪爲諫諍之官由是召拜左拾遺俄而御史中丞宋璟奏侍臣張昌宗兄弟有不順之言請付法推斷則天初不應邕在階下進曰臣觀宋璟之言事關社稷望陛下可其奏則天色稍解始允宋璟所請旣出或謂邕曰吾子名位尚卑若不稱旨禍將不測何爲造次如是邕曰不願不狂其名不彰若不如此後代何以稱也及中宗即位以妖人鄭普思爲秘書監邕上書諫曰蓋人有感一餐之惠殞七尺之身況臣爲陛下官受陛下祿而目有所見口不言之是負恩矣自陛下親政日近復在九重所以未聞在外羣下竊議道路籍籍皆云普思多行詭惑妄說妖祥唯陛下不知尚見驅使此道若行必撓亂朝政臣至愚至賤不敢以胸臆對揚天威請以古事爲明證孔丘云詩三百一言以蔽之曰思無邪陛下今若以普思有奇術可致長生久視之道則爽鳩氏久應得之永有天下非陛下今日可得而求若以普思可致仙方則秦皇漢武久應得之永有天下亦非陛下今日可得而求若以普思可致佛法則漢明梁武久應得之永有天下亦非陛下今日可得而求若以普思可致鬼道則墨翟于寶各獻於至尊矣而二主得之永有天下亦非陛下今日可得而求此皆事涉虛妄歷代無效臣愚不願陛下復行之於明時唯堯舜二帝自古稱聖臣觀所得故在人事敦睦九族平章百姓不聞以鬼神之道理天下伏願陛下察之則天下幸甚疏奏不納以與張柬之善出爲南和令又貶富州司戶唐隆元年玄宗清內難召拜左臺殿中侍御史改戶部員外郎又貶崖州舍城丞開元三年擢爲戶部郎中邕素與黃門侍郎張廷珪友善時姜皎用事與廷珪謀引邕爲憲官事洩中書令姚崇嫉邕險躁因而搆成其罪左遷括州司馬後徵爲陳州刺史十三年玄宗車駕東封過邕於汴州謁見累獻詞賦甚稱上旨由是頗自矜衒自云當居相位張說爲中書令甚惡之俄而陳州贓汙事發下獄鞫訊罪當死許州人孔璋上書救邕曰臣聞明主御寓捨過舉能取材棄行烈士抗節勇不避死見危授命晉用林父豈念過乎漢用陳平豈念行乎禽息殞身北郭碎首豈愛死乎向若林父誅陳平死百里不用晏嬰見逐是晉無赤狄之土漢無皇極之尊秦不并西戎齊不霸東海矣臣伏見陳州刺史李邕學成師範文堪經國剛毅忠烈難不苟免往者張易之用權人畏其口而邕折其角韋氏恃勢言出禍應而邕挫其鋒雖身受讁屈而姦謀中損即邕有大造於我邦家也且斯人所能者拯孤恤窮救乏賑惠積而便散家無私聚今聞坐贓下吏鞫訊待報將至極刑死在朝夕臣聞生無益於國不若殺身以明賢臣朽賤庸夫輪轅無取獸息禽視雖生何爲況賢爲國寶社稷之衞是臣痛惜深矣臣願六尺之軀甘受膏斧以代邕死臣之死所謂落一毛邕之生有足照千里然臣與邕生平不款臣知有邕邕不知有臣臣不逮邕明矣夫知賢而舉仁也代人任患義也臣獲二善而死且不朽則又何求陛下若以臣之賤不足以贖邕鴈門縫掖有効矣伏惟陛下寬邕之生速臣之死令邕率德改行想林父之功使臣得瞑目黃泉附北郭之迹臣之大願畢矣陛下即以陽和之始難於用鉞俟天成命敢忘伏劍豈煩大刑然後歸死皇天后土實照臣之心昔吳楚七國叛因亞夫得劇孟則寇不足憂夫以一賢之能敵七國之衆伏惟敷含垢之道存棄瑕之義遠思劇孟近取李邕豈惟成愷悌之澤實亦歸天下之望況大禮之後天地更新赦而復論人誰無罪惟明主圖之臣聞士爲知己者死且臣不爲死者所知甘於死者豈獨爲惜邕之賢亦成陛下矜能之德惟明主圖之疏奏邕已會減死貶爲欽州遵化縣尉璋亦配流嶺南而死邕後於嶺南從中官楊思勗討賊有功又累轉括淄滑三州刺史上計京師邕素負美名頻被貶斥皆以邕能文養士賈生信陵之流執事忌勝剝落在外人間素有聲稱後進不識京洛阡陌聚觀以爲古人或將眉目有異衣冠望風尋訪門巷又中使臨問索其新文復爲人陰中竟不得進天寶初爲汲郡北海二太守邕性豪侈不拘細行所在縱求財貨馳獵自恣五載姦贓事發又嘗與左驍衞兵曹柳勣馬一匹及勣下獄吉溫令勣引邕議及休咎厚相賂遺詞狀連引敕刑部員外郎祁順之監察御史羅希奭馳往就郡決殺之時年七十餘初邕早擅才名尤長碑頌雖貶職在外中朝衣冠及天下寺觀多齎持金帛往求其文前後所製凡數百首受納饋遺亦至鉅萬時議以爲自古鬻文獲財未有如邕者有文集七十卷其韓公行狀洪州放生池碑批韋巨源諡議文士推重之後因恩例得贈秘書監

孫逖潞州涉縣人曾祖仲將壽張丞祖希莊韓王府典籤父嘉之天冊年進士擢第又以書判拔萃授蜀州新津主簿歷曲周襄邑二縣令以宋州司馬致仕卒年八十三逖幼而英俊文思敏速始年十五謁雍州長史崔日用日用小之令爲土火爐賦逖握翰即成詞理典贍日用覽之駭然遂爲忘年之交以是價譽益重開元初應哲人奇士舉授山陰尉遷秘書正字十年應制登文藻宏麗科拜左拾遺張說尤重其才逖日遊其門轉左補闕黃門侍郎李暠出鎮太原辟爲從事暠在鎮與蒲州刺史李尚隱遊于伯樂川逖爲之記文士盛稱之二十一年入爲考功員外郎集賢修撰逖選貢士二年多得俊才初年則杜鴻漸至宰輔顏眞卿爲尚書後年拔李華蕭穎士趙驊登上第逖謂人曰此三人便堪掌綸誥二十四年拜逖中書舍人逖自以通籍禁闈其父官纔邑宰乃上表陳情曰臣父嘉之雖當暮齒幸遇明時綿歷驅馳纔及令長臣夙荷嚴訓累登清秩頻遷省闥又拜掖垣地近班榮臣則過量途遙日暮父乃後時在公府有偷榮之責於私庭無報德之効反慚烏鳥徒厠鴛鴻伏望降臣一外官特乞微恩稍霑臣父玄宗優詔獎之授嘉之宋州司馬致仕尋卒丁父喪免二十九年服闋復爲中書舍人其年充河東黜陟使天寶三載權判刑部侍郎五載以風病求散秩改太子左庶子逖掌誥八年制敕所出爲時流歎服議者以爲自開元已來蘇頲齊澣蘇晉賈曾韓休許景先及逖爲王言之最逖尤善思文理精練加之謙退不伐人多稱之以疾沉廢累年轉太子詹事上元中卒廣德二年詔贈尚書右僕射諡曰文有集三十卷子宿絳成逖弟遹遘造遹終左武衞兵曹宿歷河東掌記代宗朝歷刑部郎中中書舍人出爲華州刺史卒成字思退以父蔭累授雲陽長安尉歷監察御史轉殿中隴右副元帥李抱玉奏充掌書記入爲屯田司勳二員外郎丁母喪免終制出爲洛陽令轉長安令時兄宿爲華州刺史因失火驚懼成瘖病成素孝悌蒼黃請急不俟報而趨華代宗嘉之歎曰急難之切觀過知仁歷倉部郎中京兆少尹出爲信州刺史有惠政郡人請立碑頌德優詔褒美轉蘇州刺史貞元四年改桂州刺史桂管觀察使五年卒宿子公器官至信州刺史邕管經略使公器子簡範並舉進士會昌後兄弟繼居顯秩歷諸道觀察使簡兵部尚書子紓徽並登進士第

舊唐書卷一百九十中考證

齊澣傳瓜步沙尾○原本脫沙字今從新書增

王澣傳○澣新書作翰　臣酉按此與齊澣傳連屬明是傳寫之訛當從新書

舊唐書卷一百九十下

後晉司空同中書門下平章事劉　昫撰

列傳第一百四十下

文苑下

李華　蕭穎士李翰附　陸據　崔顥
王昌齡　孟浩然　元德秀
王維　李白　杜甫
吳通玄兄通微　王仲舒　崔咸
唐次子扶持 持子彥謙　劉蕡　李商隱
溫庭筠　薛逢子廷珪　李拯
李巨川　司空圖

李華字遐叔趙郡人開元二十三年進士擢第天寶中登朝爲監察御史累轉侍御史禮部吏部二員外郎華善屬文與蘭陵蕭穎士友善華進士時著含元殿賦萬餘言穎士見而賞之曰景福之上靈光之下華文體溫麗少宏傑之氣穎士詞鋒俊發華自以所業過之疑其誣詞乃爲祭古戰場文熏汙之如故物置於佛書之閣華與穎士因閱佛書得之華謂之曰此文何如穎士曰可矣華曰當代秉筆者誰及於此穎士曰君稍精思便可及此華愕然華著論言龜卜可廢通人當其言祿山陷京師玄宗出幸華扈從不及陷賊僞署爲鳳閣舍人收城後三司類例減等從輕貶官遂廢於家卒華嘗爲魯山令元德秀墓碑顏眞卿書李陽冰篆額後人爭模寫之號爲四絕碑有文集十卷行於時

蕭穎士者字茂挺與華同年登進士第當開元中天下承平人物駢集如賈曾席豫張垍韋述輩皆有盛名而穎士皆與之遊由是縉紳多譽之李林甫採其名欲拔用之乃召見時穎士寓居廣陵母喪卽縗麻而詣京師徑謁林甫於政事省林甫素不識遽見縗麻大惡之卽令斥去穎士大忿乃爲伐櫻桃賦以刺林甫云擢無庸之瑣質因本枝而自庇洎枝幹而非據專廟廷之右地雖先寢而或薦豈和羹之正味其狂率不遜皆此類也然而聰警絕倫嘗與李華陸據同遊洛南龍門三人共讀路側古碑穎士一閱卽能誦之華再閱據三閱方能記之議者以三人才格高下亦如此是時外夷亦知穎士之名新羅使入朝言國人願得蕭夫子爲師其名動華夷若此終以誕傲褊忿困躓而卒華宗人翰亦以進士知名天寶中寓居陽翟爲文精密用思苦澀常從陽翟令皇甫曾求音樂每思涸則奏樂神逸則著文祿山之亂從友人張巡客宋州巡率州人守城賊攻圍經年食盡矢窮方陷當時薄巡者言其降賊翰乃序巡守城事迹撰張巡姚誾等傳兩卷上之肅宗方明巡之忠義士友稱之上元中爲衛縣尉入朝爲侍御史

陸據者周上庸公騰六代孫少孤文章俊逸言論縱橫年三十餘始遊京師舉進士公卿覽其文稱重之辟爲從事累官至司勳員外郎天寶十三載卒開元天寶間文士知名者汴州崔顥京兆王昌齡高適襄陽孟浩然皆名位不振唯高適官達自有傳

崔顥者登進士第有俊才無士行好蒱博飲酒及遊京師娶妻擇有貌者稍不愜意卽去之前後數四累官司勳員外郎天寶十三年卒

王昌齡者進士登第補秘書省校書郎又以博學宏詞登科再遷汜水縣尉不護細行屢見貶斥卒昌齡爲文緒微而思清有集五卷

孟浩然隱鹿門山以詩自適年四十來遊京師應進士不第還襄陽張九齡鎭荊州署爲從事與之唱和不達而卒

元德秀者河南人字紫芝開元二十一年登進士第性純朴無緣飾動師古道父爲延州刺史德秀少孤貧事母以孝聞開元中從鄉賦歲遊京師不忍離親每行則自負板輿與母詣長安登第後母亡廬於墓所食無鹽酪藉無茵席刺血畫像寫佛經久之以孤幼牽於祿仕調授邢州南和尉佐治有惠政黜陟使上聞召補龍武錄事參軍德秀早失恃怙縗麻相繼不及親在而娶旣孤之後遂不娶婚族人以絕嗣規之德秀曰吾兄有子繼先人之祀以兄子婚娶家貧無以爲禮求爲魯山令先是墮車傷足不任趨拜汝郡守以客禮待之部人爲盜吏捕之繫獄會縣界有猛獸爲暴盜自陳曰願格殺猛獸以自贖德秀許之胥吏曰盜詭計苟免擅放官囚無乃累乎德秀曰吾不欲負約累則吾坐必請不及諸君卽破械出之翌日格猛獸而還誠信化人大率此類秩滿南遊陸渾見佳山水杳然有長往之志乃結廬山阿歲屬饑歉庖廚不爨而彈琴讀書怡然自得好事者載酒餚過之不擇賢不肖與之對酌陶陶然遺身物外琴觴之餘間以文詠率情而書語無雕刻所著季子聽樂論蹇士賦爲高人所稱天寶十三年卒時年五十九門人相謚爲文行先生士大夫高其行不名謂之元魯山

王維字摩詰太原祁人父處廉終汾州司馬徙家于蒲遂爲河東人維開元九年進士擢第事母崔氏以孝聞與弟縉俱有俊才博學多藝亦齊名閨門友悌多士推之歷右拾遺監察御史左補闕庫部郎中居母喪柴毀骨立殆不勝喪服闋拜吏部郎中天寶末爲給事中祿山陷兩都玄宗出幸維扈從不及爲賊所得維服藥取痢僞稱瘖病祿山素憐之遣人迎置洛陽拘於普施寺迫以僞署祿山宴其徒於凝碧宮其工皆梨園弟子教坊工人維聞之悲惻潛爲詩曰萬戶傷心生野煙百官何日再朝天秋槐花落空宮裏凝碧池頭奏管絃賊平陷賊官三等定罪維以凝碧詩聞于行在肅宗嘉之會縉請削己刑部侍郎以贖兄罪特宥之責授太子中允乾元中遷太子中庶子中書舍人復拜給事中轉尚書右丞維以詩名盛於開元天寶間昆仲宦遊兩都凡諸王駙馬豪右貴勢之門無不拂席迎之寧王薛王待之如師友維尤長五言詩書畫特臻其妙筆蹤措思參於造化而創意經圖卽有所缺如山水平遠雲峯石色絕迹天機非繪者之所及也人有得奏樂圖不知其名維視之曰霓裳第三疊第一拍也好事者集樂工按之一無差咸服其精思維弟兄俱奉佛居常蔬食不茹葷血晚年長齋不衣文綵得宋之問藍田別墅在輞口輞水周於舍下別漲竹洲花塢與道友裴迪浮舟往來彈琴賦詩嘯詠終日嘗聚其田園所爲詩號輞川集在京師日飯十數名僧以玄談爲樂齋中無所有唯茶鐺藥臼經案繩床而已退朝之後焚香獨坐以禪誦爲事妻亡不再娶三十年孤居一室屏絕塵累乾元二年七月卒臨終之際以縉在鳳翔忽索筆作別縉書又與平生親故作別書數幅多敦厲朋友奉佛脩心之旨捨筆而絕代宗時縉爲宰相代宗好文常謂縉曰卿之伯氏天寶中詩名冠代朕嘗於諸王座聞其樂章今有多少文集卿可進來縉曰臣兄開元中詩百千餘篇天寶事後十不存一比於中外親故間相與編綴都得四百餘篇翌日上之帝優詔褒賞縉自有傳

李白字太白山東人少有逸才志氣宏放飄然有超世之心父爲任城尉因家焉少與魯中諸生孔巢父韓沔裴政張叔明陶沔等隱於徂徠山酣歌縱酒時號竹溪六逸天寶初客遊會稽與道士吳筠隱於剡中旣嗜酒日與飲徒醉於酒肆玄宗度曲欲造樂府新詞亟召白白已臥於酒肆矣召入以水灑面卽令秉筆頃之成十餘章帝頗嘉之嘗沉醉殿上引足令高力士脫靴由是斥去乃浪迹江湖終日沉飲時侍御史崔宗之謫官金陵與白詩酒唱和嘗月夜乘舟自采石達金陵白衣宮錦袍於舟中顧瞻笑傲傍若無人初賀知章見白賞之曰此天上謫仙人也祿山之亂玄宗幸蜀在途以永王璘爲江淮兵馬都督揚州節度大使白在宣州謁見遂辟從事永王謀亂兵敗白坐長流夜郎後遇赦得還竟以飲酒過度醉死於宣城有文集二十卷行於時

杜甫字子美本襄陽人後徙河南鞏縣曾祖依藝位終鞏令祖審言位終膳部員外郎自有傳父閑終奉天令甫天寶初應進士不第天寶末獻三大禮賦玄宗奇之召試文章授京兆府兵曹參軍十五載祿山陷京師肅宗徵兵靈武甫自京師宵遁赴河西謁肅宗於彭原郡拜右拾遺房琯布衣時與甫善時琯爲宰相請自帥師討賊帝許之其年十月琯兵敗於陳濤斜明年春琯罷相甫上疏言琯有才不宜罷免肅宗怒貶琯爲刺史出甫爲華州司功參軍時關畿亂離穀食踊貴甫寓居成州同谷縣自負薪採梠兒女餓殍者數人久之召補京兆府功曹上元二年冬黃門侍郎鄭國公嚴武鎭成都奏爲節度參謀檢校尚書工部員外郎賜緋魚袋武與甫世舊待遇甚隆甫性褊躁無器度恃恩放恣嘗憑醉登武之牀瞪視武曰嚴挺之乃有此兒武雖急暴不以爲忤甫於成都浣花里種竹植樹結廬枕江縱酒嘯詠與田夫野老相狎蕩無拘檢嚴武過之有時不冠其傲誕如此永泰元年夏武卒甫無所依及郭英乂代武鎭成都英乂武人粗暴無能刺謁乃遊東蜀依高適旣至而適卒是歲崔寧殺英乂楊子琳攻西川蜀中大亂甫以其家避亂荊楚扁舟下峽未維舟而江陵亂乃泝沿湘流遊衡山寓居耒陽甫嘗遊嶽廟爲暴水所阻旬日不得食耒陽聶令知之自棹舟迎甫而還永泰二年啗牛肉白酒一夕而卒於耒陽時年五十九子宗武流落湖湘而卒元和中宗武子嗣業自耒陽遷甫之柩歸葬於偃師縣西北首陽山之前天寶末詩人甫與李白齊名而白自負文格放達譏甫齷齪而有飯顆山之嘲誚元和中詞人元稹論李杜之優劣曰予讀詩至杜子美而知小大之有所總萃焉始堯舜之時君臣以賡歌相和是後詩人繼作歷夏殷周千餘年仲尼緝拾選揀取其干預教化之尤者三百餘無所闡駁騷人作而怨憤之態繁然猶去風雅日近尚相比擬秦漢已還採詩之官旣廢天下妖淫民謳歌頌諷賦曲度嬉戲之辭亦隨時間作至漢武賦柏梁而七言之體興蘇子卿李少卿之徒尤工爲五言雖句讀文律各異雅鄭之音亦雜而辭意簡遠指事言情自非有爲而爲則文不妄作建安之

後天下之士遭罹兵戰曹氏父子鞍馬間爲文往往横槊賦詩故其道壯抑揚冤哀悲離之作尤極於古晉世風槩稍存宋齊之間教失根本士以簡慢歙習舒徐相尚文章以風容色澤放曠精清爲高蓋吟寫性靈留連光景之文也意義格力無取焉陵遲至於梁陳淫艷刻飾佻巧小碎之詞劇又宋齊之所不取也唐興學官大振歷世能者之文互出而又沈宋之流研練精切穩順聲勢謂之爲律詩由是之後文體之變極焉然而莫不好古者遺近務華者去實効齊梁則不逮於魏晉工樂府則力屈於五言律切則骨格不存閑暇則纖穠莫備至於子美蓋所謂上薄風騷下該沈宋言奪蘇李氣吞曹劉掩顏謝之孤高雜徐庾之流麗盡得古今之體勢而兼人人之所獨專矣使仲尼考鍛其旨要尚不知貴其多乎哉苟以爲能所不能無可無不可則詩人已來未有如子美者是時山東人李白亦以文奇取稱時人謂之李杜予觀其壯浪縱恣擺去拘束模寫物象及樂府歌詩誠亦差肩於子美矣至若鋪陳終始排比聲韻大或千言次猶數百詞氣豪邁而風調清深屬對律切而脫棄凡近則李尚不能歷其藩翰況堂奧乎予嘗欲條析其文體別相附與來者爲之準特病懶未就爾自後屬文者以稹論爲是甫有文集六十卷

吳通玄海州人父道瓘爲道士善教誘童孺大曆中召入宮爲太子諸王授經德宗在東宮師道瓘而通玄兄弟出入宮掖恒侍太子遊故遇之厚通玄與兄通微俱博學善屬文文彩綺麗通玄幼應神童舉釋褐秘書正字左驍衛兵曹大理評事建中初策賢良方正等科通玄應文詞清麗登乙第授同州司戶京兆戶曹貞元初召充翰林學士遷起居舍人知制誥與陸贄吉中孚韋執誼等同視草陸贄富詞藻特承德宗重顧經歷艱難通玄弟兄又以東宮侍上由是爭寵頗相嫌恨贄性褊急屢於上前短通玄又言承平時工藝書畫之徒待詔翰林比無學士只自至德後天子召集賢學士于禁中草書詔因在翰林院待進止遂以爲名奔播之時道途或豫除改權令草制今四方無事百揆時序制書職分宜歸中書舍人學士之名理須停寢贄以通玄援引朋黨於禁中叶力排已故欲廢之德宗 缺文 計會贄權知兵部侍郎知貢舉乃正拜之罷內職皆通玄譖之也七年自起居郎拜諫議大夫知制誥通玄自以久次當拜中書舍人而反除諫議殊失望陸贄與宰相竇參相惡參從子給事中申參尤寵之每預中書擬議所至人呼申爲喜鵲申嗣號王則之從父甥也申與則之親善則之爲金吾將軍好學有文申與則之潛結吳通玄兄弟爲參共傾陸贄則之令人造謗書言贄考試舉人不實招納賄賂時通玄取宗室女爲外婦德宗知之既聞申則之譖陸贄綱紀伺之果與通玄結構其謀帝大怒罷竇參知政事尋貶柳州司馬竇申錦州司戶李則之昭州司馬通玄泉州司馬帝召見之親自臨問責以汙辱近屬行至華州長城驛賜死尋以陸贄爲中書侍郎平章事代竇參通微建中四年自壽安縣令入爲金部員外召充翰林學士尋改職方郎中知制誥與弟通玄同職禁署人士榮之七年改禮部郎中尋轉中書舍人通玄死素服待罪於國門帝特宥之通微竟不敢爲喪服通玄詞藻婉麗帝尤憐之貞元初昭德王皇后崩詔李紓爲謚册文宰相張延賞柳渾爲廟樂章及進皆不稱旨並召通玄重撰凡中旨撰述非通玄之筆無不慊然重之如此

王仲舒字弘中太原人少孤貧事母以孝聞嗜學工文不就鄉舉凡與結交必知名之士與楊頊梁肅裴樞爲忘形之契貞元十年策試賢良方正能直言極諫等科仲舒登乙第超拜右拾遺裴延齡領度支矯誕大言中傷良善仲舒上疏極論之累轉尚書郎元和五年自職方郎中知制誥仲舒文思溫雅制誥所出人皆傳寫京兆尹楊憑爲中丞李夷簡所劾貶臨賀尉仲舒與憑善宣言於朝言夷簡掎摭憑罪仲舒坐貶硤州刺史遷蘇州穆宗即位復召爲中書舍人其年出爲洪州刺史御史中丞江南西道觀察使江西前例榷酒私釀法深仲舒至鎮奏罷之又出官錢二萬貫代貧戶輸稅長慶三年冬卒于鎮

崔咸字重易博陵人祖安石父銳位終給事中咸元和二年進士擢第又登博學宏詞科鄭餘慶李夷簡辟爲賓佐待如師友及登朝歷踐臺閣獨行守正時望甚重敬宗欲幸東都人心不安裴度以勳舊自興元隨表入覲既至李逢吉不欲度復入中書京兆尹劉栖楚逢吉黨也栖楚等十餘人駕肩排度而朝士持兩端者日擁度門一日度留客命酒栖楚矯求度之歡曲躬附裴耳而語咸嫉其矯舉爵罰度曰丞相不當許所由官呫囁耳語度笑而飲之栖楚不自安趨出坐客皆壯之累遷陝州大都督府長史陝號觀察等使自旦至暮與賓僚痛飲恒醉不醒簿領堆積夜分省覽剖判決斷無毫釐之差胥吏以爲神人入爲右散騎常侍秘書監太和八年十月卒初銳佐李抱真爲澤潞從事有道人自稱盧老曾事隋朝雲際寺李先生預知過往未來之事屬河朔禁遊客銳館之於家一旦辭去且曰我死當與君爲子因指口下黑子願以爲志咸之生也果有黑子其形神即盧老也父即以盧老字之既冠棲心高尚志於林壑往往獨遊南山經時方還尤長於歌詩或風景晴明花朝月夕朗吟意愜必悽愴霑襟旨趣高奇名流嗟挹有文集二十卷

唐次并州晉陽人也國初功臣禮部尚書儉之後建中初進士擢第累辟使府貞元初歷侍御史竇參深重之轉禮部員外郎八年參貶官次坐出爲開州刺史在巴峽間十餘年不獲進用西川節度使韋皐抗表請爲副使德宗密諭皐令罷之次久滯蠻荒孤心抑鬱怨謗所積孰與申明乃採自古忠臣賢士遭罹讒謗放逐遂至殺身而君猶不悟其書三篇謂之辯謗略上之德宗省之猶怒謂左右曰唐次乃方吾爲古之昏主何自諭如此改夔州刺史憲宗即位與李吉甫同自峽內召還授次禮部郎中尋以本官知制誥正拜中書舍人卒章武皇帝明哲嫉惡尤惡人朋比傾陷嘗閱書禁中得次所上書三篇覽而善之謂學士沈傳師曰唐次所集辯謗之書實君人者時宜觀覽朕思古書中多有此事次編錄未盡卿家傳史學可與學士類例廣之傳師奉詔與令狐楚杜元穎等分功脩續廣爲十卷號元和辯謗略其序曰臣聞乾坤定而上下分矣至於播四時之候遂萬物之宜在驗乎妖祥之二氣祥氣降則爲豐爲茂妖氣降則爲沴爲災君臣立而卑高隔矣至於處神明之奧詢獻納之辭在審乎邪正之二說正言勝則爲忠爲讜邪言勝則爲讒爲諛故詩云萋兮斐兮成是貝錦刺其組織之甚巧也語曰邪徑敗良田讒口亂善人惡其莠言之蠹政也蓋謂似信而詐似忠而非便便可以動心捷捷可以亂德豈止鴟彫卉薏苡惑珠者哉況立國家自中徂外道偏則刑罰不中讒勝則忠孝靡彰逖覽前聞緬想近古招賢容鯁遠佞嫉邪慮之則深防之未至伏惟睿聖文武皇帝陛下垂衣御寓化洽文明謨猷博訪於縉紳旌賁屢臻於巖穴尚復廣四目周四聰制理皆在於未萌作範將垂於不朽乃詔掌文之臣令狐楚等上自周漢下洎隋朝求史籍之忠賢罹讒謗之事迹叙瑕釁之本末紀謠詠之淺深編次指明勒成十卷昔虞舜有堲讒之命我皇脩辯謗之書千古一心同垂至理將俟法宮退日昃之政別殿備乙夜之觀則聖慮先辯謗何由興上天不言而民自信矣憲宗優詔荅之次子扶持扶字雲翔元和五年進士登第累佐使府入朝爲監察御史出爲刺史大和初入朝爲屯田郎中十五年充山南道宣撫使至鄧州奏內鄉縣行市黃澗兩場倉督鄧琬等先主掌河南江西運到糙米至浙川縣於荒野中囤貯除支用外六千九百四十五碩裛爛成灰塵度支牒徵元掌所由自貞元二十年鄧琬父子兄弟至玄孫相承禁繫二十八年前後禁死九人今琬孫及玄孫見在枷禁者勅曰如聞鹽鐵度支兩使此類極多其鄧琬等四人資產全已賣納禁繫三代瘦死獄中實傷和氣鄧琬等並疏放天下州府監院如有此類不得禁經三年已上速便疏理以聞物議嘉扶有宣撫之才俄轉司勳郎中八年充弘文館學士判院事九年轉職方郎中權知中書舍人事開成初正拜舍人踰月授福州刺史御史中丞福建團練觀察使四年十一月卒于鎮扶佐幕立事登朝有名及廉問甌閩政事不治身歿之後僕妾爭財詣闕論訴法司按劾其家財十萬貫歸於二妾又嘗枉殺部人爲其家所訴行已前後不類時論非之持字德守元和十五年擢進士第累辟諸侯府入朝爲侍御史尚書郎大中末自工部郎中出爲容州刺史御史中丞容管經略招討使入爲給事中大中末檢校左散騎常侍靈州大都督府長史朔方節度靈武六城轉運等使進位檢校戶部尚書潞州大都督府長史昭義節度澤潞邢洺磁觀察處置等使卒子彥謙字茂業咸通末應進士才高負氣無所屈降十餘年不第乾符末河南盜起兩都覆沒以其家避地漢南中和中王重榮鎮河中辟爲從事累奏至河中節度副使歷晉絳二州刺史彥謙博學多藝文詞壯麗至於書畫音樂博飲之技無不出於輩流尤能七言詩少時師溫廷筠故文格類之光啓末王重榮爲部下所害朝議責參佐彥謙與書記李巨川俱貶漢中掾曹時楊守亮鎮興元素聞其名彥謙以本府參承守亮見之喜握手曰聞尚書名久矣邂逅於茲翌日署爲判官累官至副使閬壁二郡刺史卒於漢中有詩數百篇禮部侍郎薛廷珪爲之序號鹿門先生集行於時子渙位亦至郡守次弟欵欣欵貞元六年登進士第累辟使府登朝爲御史出爲郡守卒子技字已有會昌末累遷刑部員外轉郎中累歷刺史卒

劉蕡字去華昌平人父勉蕡寶曆二年進士擢第博學善屬文尤精左氏春秋與朋友交好談王霸大畧耿介

嫉惡言及世務憤然有澄淸之志自元和末閽寺權盛握兵宮闈橫制天下天子廢立由其可否干撓庶政當時目爲南北司愛惡相攻有同水火蕡草澤中居常憤惋文宗卽位恭儉求理太和二年策試賢良曰朕聞古先哲王之理也玄默無爲端拱思道陶民心以居簡凝日用而不宰厚下以立本推誠而建中繇是天人通陰陽和俗躋仁壽物無疵癘噫盛德之所臻夐乎莫可及也三代令王質文迭究百僞滋熾風流寖微自漢而降足徵蓋寡朕顧惟昧道祇荷丕構奉若謨訓不敢怠荒任賢惕厲宵衣旰食詎追三五之遐軌庶紹祖宗之鴻緒而心有所未達行有所未孚由中及外闕政斯廣是以人不率化氣或堙厄災旱竟歲播植愆時國廩罕蓄乏九年之儲吏道多端微三載之績京師諸夏之本也將以觀理而豪猾時踰檢太學明教之源也期於變風而生徒多惰業列郡在乎頒條而干禁或未絕百工在乎按度而淫巧或未衰俗墮風靡積訛成蠹其擇官濟理也聽人以言則枝葉難辨御下以法則恥格不形其阜財發號也生之寡而食之衆煩於令而鮮於理思所以究此繆盩致之治平茲心浩然若涉泉水故前詔有司博延群彥佇啓宿懵冀臻時雍子大夫識達古今明於康濟造廷待問副朕虛懷必當箴主之闕辯政之疵明綱條之致紊稽富庶之所急何施斯革於前弊何澤斯惠乎下土何脩而理古可近何道而和氣克充推之本源著於條對至於夷吾輕重之權孰輔於理嚴尤底定之策孰叶於時元凱之考課何先叔子之克平何務推此龜鏡擇乎中庸期在洽聞朕將親覽時對策者百餘人所對止循常務唯蕡切論黃門太橫將危宗社對曰臣誠不佞有匡國致君之術無位而不得行有犯顏敢諫之心無路而不得進但懷憤鬱抑思有時而一發耳常欲與庶人議於道商旅謗於市得通上聽一悟主心雖被妖言之罪無所悔焉況逢陛下以至德嗣興以大明垂照詢求過闕咨訪謨猷制詔中外舉直言極諫者臣既辱斯舉專承大問敢不悉意以言至於上之所忌時之所禁權倖之所諱惡有司之所與奪臣愚不識伏惟陛下少加優容不使聖朝有讜直而受戮者乃天下之幸也謹昧死以對伏惟聖策有思先古之理念玄默之化將欲通天人以齊俗和陰陽以照物見陛下慕道之深也臣以爲哲王之理其則不遠惟陛下致之之道何如爾伏惟聖策有祇荷丕構而不敢荒寧奉若謨訓而罔有怠忽見陛下憂勞之志也若夫任賢惕厲宵衣旰食宜黜左右之纖佞進股肱之大臣若夫追蹤三五紹復祖宗宜鑒前古之興亡明當時之成敗心有所未達以下情塞而不得上通行有所未孚以上澤壅而不得下浹欲人之化也在脩已以先之欲氣之和也在遂性以導之救災患在致乎精誠廣播植在視乎食力國廩罕蓄本乎冗食尚繁吏道多端本乎選用失當豪猾踰制由中外之法殊生徒惰業由學校之官廢列郡干禁由授任非人百工淫巧由制度不立伏以聖策有擇官濟理之心阜財發號之歎見陛下教化之本也且進人以行則枝葉安有難別乎防下以禮則恥格安有不形乎念生寡而食衆可罷斥惰游念令煩而理鮮要察其行否博延羣彥願陛下必納其言造廷待問則小臣安敢愛死伏以聖策有求賢箴闕之言審政辯疵之念見陛下咨訪之勤也遂小臣屏姦豪之志則弊革於前守陛下念康濟之心則惠敷於下邪正之道分則理古可近禮樂之方著而和氣克充至若夷吾之法非皇王之權嚴尤所陳無最上之策元凱之所先不若唐虞之考績叔子之所務不若重華之舞干且俱非大德之中庸未爲上聖之龜鑑何足以爲陛下道之哉或有以繫安危之機兆存亡之變者臣請披瀝肝膽爲陛下別白而重言之臣前所謂哲王之理其則不遠者在陛下愼思之力行之終始不懈而已臣謹按春秋元者氣之始也春者歲之始也春秋以元加於歲以春加於王明王者當奉若天道以謹其始也又舉時以終歲舉月以終時春秋雖無事必書首月以存時明王者當奉若天道以謹其終也王者動作終始必法於天者以其運行不息也陛下旣能謹其始又能謹其終懋而脩之勤而行之則可以執契而居簡無爲而不宰廣立本之大業崇建中之盛德矣又安有三代循環之弊而爲百僞滋熾之漸乎臣故曰惟陛下致之之道何如耳臣前所謂若夫任賢惕厲宵衣旰食宜黜左右之纖佞進股肱之大臣者實以陛下憂勞之至也臣聞不宜憂而憂者國必衰宜憂而不憂者國必危今陛下不以國家存亡之事社稷安危之策而降於淸問臣未知陛下以布衣之臣不足以定大計耶或萬機之勤而聖慮有所未至耶不然何宜憂而不憂者乎臣以爲陛下宜先憂者宮闈將變社稷將危天下將傾海內將亂此四者國家已然之兆故臣謂聖慮宜先及之夫帝業旣艱難而成之故不可容易而守之昔太祖肇其基高祖勤其績太宗定其業玄宗繼其明至于陛下二百有餘載矣其間明聖相因憂亂繼作未有不委用賢士親近正人而能紹興其徽烈者也或一日不念則顚覆大器宗廟之恥萬古爲恨臣謹按春秋人君之道在體元以居正昔董仲舒爲漢武帝言之畧矣其所未盡者臣得爲陛下備而論之夫繼故必書卽位所以正其始也終必書所終之地所以正其終也故爲君者所發必正言所履必正道所居必正位所近必正人臣又按春秋閽弑吳子餘祭不書其君春秋譏其疏遠賢士昵近刑人有不君之道矣伏惟陛下思祖宗開國之勤念春秋繼故之誡將明法度之端則發正言而履正道將杜篡弑之漸則居正位而近正人遠刀鋸之賤親骨鯁之直輔相得以專其任庶職得以守其官奈何以褻近五六人總天下大政外專陛下之命內竊陛下之權威攝朝廷勢傾海內羣臣莫敢指其狀天子不得制其心禍稔蕭牆姦生帷幄臣恐曹節侯覽復生於今日此宮闈之所以將變也臣謹按春秋魯定公元年春王不言正月者春秋以其先君不得正其終則後君不得正其始故曰定無正也今忠賢無腹心之寄閽寺持廢立之權陷先君不得正其終致陛下不得正其始況皇儲未建郊祀未脩將相之職不歸名分之宜不定此社稷之所以將危也臣謹按春秋王札子殺召伯毛伯春秋之義兩下相殺不書而此書者重其專王命也且天之所授者在君君之所授者在命操其命而失之者是不君也侵其命而專之者是不臣也君不君臣不臣此天下所以將傾也臣謹按春秋晉趙鞅以晉陽之兵叛入于晉書其歸者以其能逐君側惡人以安其君故春秋善之今威柄凌夷藩臣跋扈或有不達人臣之節首亂者以安君爲名不究春秋之微稱兵者以逐惡爲義則政刑不由乎天子攻伐必自於諸侯此海內之所以將亂也又樊噲排闥而雪涕爰盎當車以抗詞京房發憤以殞身竇武不顧而畢命此皆陛下明知之矣臣謹按春秋晉狐射姑殺陽處父書襄公殺之者以其上漏言也襄公不能固陰重之機處父所以及戕賊之禍故春秋非之夫上漏其情則下不敢盡意上泄其事則下不敢盡言傳有造膝詭辭之文易有殺身害成之戒今公卿大臣非不能爲陛下言之慮陛下必不能用之陛下既忽之而不用必洩其言臣下既言之而不行必嬰其禍適足以鉗直臣之口重奸臣之威是以欲盡其言則起失身之懼欲盡其意則有害成之憂故徘徊鬱塞以俟陛下感悟然後盡其啓沃耳陛下何不以聽朝之餘時御便殿召當時賢相與舊德老臣訪持變扶危之謀求定傾救亂之術塞陰邪之路屏褻狎之臣制侵凌迫脅之心復門戶埽除之役戒其所宜戒憂其所宜憂旣不能治於前當治於後旣不能正其始當正其終則可以虔奉典謨克承丕構終任賢之效無旰食之憂矣臣前所謂若夫追蹤三五紹復祖宗宜鑒前古之興亡明當時之成敗者臣聞堯舜之爲君而天下之人理者以其能任九官四嶽十二牧不失其舉不貳其業不侵其職居官惟其能左右惟其賢元凱在下雖微必舉四凶在朝雖強必誅考其安危明其取捨至秦之二代漢之元成咸欲措國如唐虞致身如堯舜而終敗亡者以其不見安危之機不知取捨之道不任大臣不辯姦人不親忠良不遠讒佞伏惟陛下察唐虞之所以興而景行於前鑒秦漢之所以亡而戒懼於後陛下無謂廟堂無賢相庶官無賢士今紀綱未絕典刑猶在人誰不欲致身爲王臣致時爲太平陛下何忽而不用之耶又有居官非其能左右非其賢其惡如四凶其詐如趙高其姦如恭顯陛下又何憚而不去之耶神器固有歸天命固有分祖廟固有靈忠臣固有心陛下其念之哉昔秦之亡也失於強暴漢之亡也失於微弱強暴則賊臣畏死而害上微弱則姦臣竊權而震主伏見敬宗皇帝不虞亡秦之禍不翦其萌伏惟陛下深軫亡漢之憂以杜其漸則祖宗之鴻業可紹三五之遐軌可追矣臣前所謂陛下心有所未達以下情塞而不能上通行有所未孚以上澤壅而不得下浹者且百姓塗炭之苦陛下無由而知則陛下有子育之心百姓無由而信臣謹按春秋書梁亡不書取者梁自亡也以其思慮昏而耳目塞上出惡政人爲寇盜皆不知其所以然以自取其滅亡也臣聞國君之所以尊者重其社稷也社稷之所以重者存其百姓也苟百姓之不存則社稷不得固其重苟社稷之不重則國君不得保其尊故治天下不可不知百姓之情夫百姓者陛下之赤子也陛下宜令仁慈者親育之如保傅焉如乳哺焉如師之教導焉故人信於上也敬之如神明愛之如父母今或不然陛下親近貴倖分曹補署建除卒吏召致賓客因其貨賄假其氣勢大者統藩方小者爲牧守居上無淸惠之致而有饕餮之害居下無忠誠之節而有姦欺之罪故人之於上也畏之如豺狼惡之如讎敵今海內困窮處處流散饑者不得食寒者不得衣鰥寡孤獨者不得存老幼疾病者不得養加以國之權柄專在左右貪臣聚斂以固寵姦吏因緣而弄法寃痛之聲

上達于九天下流於九泉鬼神怨怒陰陽爲之愆錯君門萬里而不得告訴士人無所歸化百姓無所歸命官亂人貪盜賊並起土崩之勢憂在旦夕卽不幸因之以疾厲繼之以凶荒臣恐陳勝吳廣不獨起於秦赤眉黃巾不獨起於漢故臣所以爲陛下發憤扼腕痛心泣血爾如此則百姓有塗炭之苦陛下何由而知之陛下有子育之心百姓安得而信之乎致使陛下行有所未孚心有所未達者固其然也臣聞昔漢元帝卽位之初更制七十餘事其心甚誠其稱甚美然而紀綱日紊國祚日衰姦宄日強黎元日困者以其不能擇賢明而任之失其操柄也自陛下御宇憂勤兆庶屢降德音四海之內莫不抗首而長息自喜復生於死亡之中也伏惟陛下愼終如始以塞萬方之望誠能揭國權以歸其相持兵柄以歸其將去貪臣聚斂之政除姦吏因緣之害惟忠賢是近惟正直是用內寵便僻無所聽焉選清愼之官擇仁惠之長敏之以利煦之以仁教之以孝慈導之以德義去耳目之塞通上下之情俾萬國歡康兆民蘇息則心無不達行無不孚矣臣前所謂欲兆人之化也在脩己以先之者臣聞德以脩己教以導人脩之也則人不勸而自至導之也則人敦行而率從是以君子欲政之必行也故以身先之欲人之從化也故以道御之今陛下先之以身而政未必行御之以道而人未從化豈不以立教之旨未盡其方也夫立教之方在乎君以明制之臣以忠行之君以知人爲明臣以匡時爲忠知人則任賢而去邪匡時則固本而守法賢不任則重賞不足以勸善邪不去則嚴刑不足以禁非本不固則民流法不守則政散而欲教之使必至化之使必行不可得也陛下能斥姦邪不私其左右舉賢正不遺其疎遠則化浹於朝廷矣愛人以敦本分職而奉法脩其身以及其人始於中而成於外則化行於天下矣臣前所謂欲氣之和也在於遂性以導之者當納人於仁壽也夫欲人之仁壽也在乎立制度脩教化夫制度立則財用省財用省則賦斂輕賦斂輕則人富矣教化脩則爭競息爭競息則刑罰清刑罰清則人安矣旣富矣則仁義興焉旣安矣則壽考至焉仁壽之心感於下和平之氣應於上故災害不作休祥荐臻四方底寧萬物咸遂矣臣前所謂救災旱在致乎精誠者臣謹按春秋魯僖公七月之中三書不雨者以其君有恤人之志也魯文公三年之中一書不雨者以其君無憫人之心也故僖公致精誠而旱不害物文公無卹憫而旱則成災陛下誠能有卹人之心則無成災之變矣臣前所謂廣播植在視乎食力者臣謹按春秋君人者必時視人之所勤人勤於力則功築罕人勤於財則貢賦少人勤於食則百事廢今食與財力皆勤矣願陛下廢百事之勞廣三時之務則播植不愆矣臣前所謂國廩罕蓄本乎冗食尚繁者臣謹按春秋臧孫辰告糴于齊春秋譏其國無九年之蓄一年不登而百姓饑臣願斥游惰之人以篤其耕植省不急之費以贍其黎元則廩蓄不乏矣臣前所謂吏道多端本乎選用失當者由國家取人不盡其才任人不明其要故也今陛下之用人也求其聲而不得其實故人之趨進也務其末而不務其本臣願覈考課之實定遷序之制則多端之吏息矣臣前所謂豪猾踰檢由中外之法殊者以其官禁不一也臣謹按春秋齊桓公盟諸侯不以日而葵丘之盟特以日者美其能宣明天子之禁率奉王官之法故春秋備而書之夫官者五帝三王之所建也法者高祖太宗之所制也法宜畫一官宜正名今又分外官中官之員立南司北司之局或犯禁於南則亡命于北或正刑于外則破律於中法出多門人無所措實由兵農勢異而中外法殊也臣聞古者因井田而制軍賦間農事以脩武備提封約卒乘之數命將在公卿之列故兵農一致而文武同方可以保乂邦家式遏禍亂暨太宗皇帝肇建邦典亦置府兵臺省軍衛文武參掌居閑歲則櫜弓力穡將有事則釋耒荷戈所以脩復古制不廢舊物今則不然夏官不知兵籍止於奉朝請六軍不主兵事止於養勳階軍容合中宮之政戎律附內臣之職首一戴武弁嫉文吏如仇讐足一蹈軍門視農夫如草芥謀不足以翦除凶逆而詐足以抑揚威福勇不足以鎭衛社稷而暴足以侵軼里閭羈紲藩臣干凌宰輔隳裂王度汨亂朝經張武夫之威上以制君父假天子之命下以御英豪有藏姦觀釁之心無伏節死難之義豈先王經文緯武之旨耶臣願陛下貫文武之道均兵農之功正貴賤之名一中外之法選軍衛之職脩省署之官近崇貞觀之規遠復成周之制自邦畿以刑于下國始天子以達于諸侯則可以制豪猾之強無踰檢之患矣臣前所謂生徒墮業由學校之官廢者蓋以國家貴其祿而賤其能先其事而後其行故庶官乏通經之學諸生無脩業之心矣臣前所謂列郡干禁由授任非其人者臣以爲刺史之任理亂之根本繫焉朝廷之法制在焉權可以抑豪猾恩可以惠孤寡強可以禦姦寇政可以移風俗其將校有曾經戰陣及功臣子弟各請隨宜酬賞如無治人之術者不當授任此官則絕干禁之患矣臣前所謂百工淫巧由制度不立者臣請以官位祿秩制其器用車服禁人金銀珠玉錦繡雕鏤不蓄於私室則無蕩心之巧矣臣前所謂辯枝葉者考其言以詢行也臣前所謂形恥格者道德而齊禮也臣前所謂念生寡而食衆可罷斥惰遊者已備之於前矣臣前所謂令煩而理鮮要察其行否者臣聞號令者乃理國之具也君審而出之臣奉而行之或虧上旨罪在不赦今陛下令煩而理鮮得非持之者有所蔽欺乎臣前所謂博延羣彥願陛下必納其言造廷待問則小臣不敢愛死者臣聞晁錯爲漢畫削諸侯之策非不知禍之將至也忠臣之心壯夫之節苟利社稷死無悔焉今臣非不知言發而禍應計行而身戮蓋所以痛社稷之危哀生人之困豈忍姑息時忌竊陛下一命之寵哉昔龍逢死而啓殷比干死而啓周韓非死而啓漢陳蕃死而啓魏今臣之來也有司或不敢薦臣之言陛下又無以察臣之心退必受戮於權臣之手臣幸得從四子於地下固臣之願也所不知殺臣者臣死之後將孰爲啓之哉至於人主之闕政教之疵前日之弊臣旣言之矣若乃流下土之惠脩近古之理而致其和平者在陛下行之而已然上之所陳者實以臣親奉聖問敢不條對雖臣之愚以爲未極教化之大端皇王之要道伏惟陛下事天地以教人敬奉宗廟以教人孝養高年以教人悌長宇百姓以教人慈幼調元氣以煦育扇大和於仁壽可以逍遙無爲垂拱成化至若念陶鈞之道在擇宰相而任之使權造物之柄念保定之功在擇將帥而任之使脩分閫之寄念百度之未貞在擇庶官而任之使專職業之守念百姓之愁痛在擇長吏而任之使明惠育之術自然言足以爲天下教行足以爲天下法仁足以勸善義足以禁非又何必宵衣旰食勞神惕慮然後以致其理哉是歲左散騎常侍馮宿太常少卿賈餗庫部郎中龐嚴爲考策官三人者時之文士也覩蕡條對歎服嗟悒以爲漢之晁董無以過之言論激切士林感動時登科者二十二人而中官當途考官不敢留蕡在籍中物論喧然不平之守道正人傳讀其文至有相對垂泣者諫官御史扼腕憤發而執政之臣從而弭之以避黃門之怨唯登科人李郃謂人曰劉蕡不第我輩登科實厚顏矣請以所授官讓蕡事雖不行人士多之令狐楚在興元牛僧孺鎭襄陽辟爲從事待如師友位終使府御史

李商隱字義山懷州河內人曾祖叔恒年十九登進士第位終安陽令祖俌位終邢州錄事參軍父嗣商隱幼能爲文令狐楚鎭河陽以所業文干之年纔及弱冠楚以其少俊深禮之令與諸子遊楚鎭天平汴州從爲巡官歲給資裝令隨計上都開成二年方登進士第釋褐祕書省校書郎調補弘農尉會昌二年又以書判拔萃王茂元鎭河陽辟爲掌書記得侍御史茂元愛其才以子妻之茂元雖讀書爲儒然本將家子李德裕素遇之時德裕秉政用爲河陽帥德裕與李宗閔楊嗣復令狐楚大相讎怨商隱旣爲茂元從事宗閔黨大薄之時令狐楚已卒子綯爲員外郎以商隱背恩尤惡其無行俄而茂元卒來遊京師久之不調會給事中鄭亞廉察桂州請爲觀察判官檢校水部員外郎大中初白敏中執政令狐綯在內署共排李德裕逐之亞坐德裕黨亦貶循州刺史商隱隨亞在嶺表累載三年入朝京兆尹盧弘正奏署掾曹令典牋奏明年令狐綯作相商隱屢啓陳情綯不之省弘正鎭徐州又從爲掌書記府罷入朝復以文章干綯乃補太學博士會河南尹柳仲郢鎭東蜀辟爲節度判官檢校工部郎中大中末仲郢坐專殺左遷商隱廢罷還鄭州未幾病卒商隱能爲古文不喜偶對從事令狐楚幕楚能章奏遂以其道授商隱自是始爲今體章奏博學強記下筆不能自休尤善爲誄奠之辭與太原温庭筠南郡段成式齊名時號三十六文思清麗庭筠過之而俱無持操恃才詭激爲當塗者所薄名宦不進坎壈終身弟義叟亦以進士擢第累爲賓佐商隱有表狀集四十卷

温庭筠者太原人本名岐字飛卿大中初應進士苦心硯席尤長於詩賦初至京師人士翕然推重然士行塵雜不脩邊幅能逐絃吹之音爲側豔之詞公卿家無賴子弟裴誠令狐縞之徒相與蒱飲酣醉終日由是累年不第徐商鎭襄陽往依之署爲巡官咸通中失意歸江東路由廣陵心怨令狐綯在位時不爲成名旣至與新進少年狂遊狹邪久不刺謁又乞索於揚子院醉而犯夜爲虞候所擊敗面折齒方還揚州訴之令狐綯捕虞候治之極言庭筠狹邪醜迹乃兩釋之自是汙行聞于京師庭筠自至長安致書公卿間雪冤屬徐商知政事頗爲言之無何商罷相出鎭楊收怒之貶爲方城尉再遷隋縣尉卒子憲以進士擢第弟庭皓咸通中爲徐州從事節度使崔彥曾爲龐勛所殺庭皓亦被害庭筠著述頗多而詩賦韻格清拔文士稱之

薛逢字陶臣，河東人。父倚。逢會昌初進士擢第，釋褐祕書省校書郎。崔鉉罷相鎮河中，辟爲從事。鉉復輔政，奏授萬年尉，直弘文館，累遷侍御史、尚書郎。逢文詞俊拔，論議激切，自負經畫之畧，久之不達。應進士時，與彭城劉瑑尤相善，而瑑詞藝不迨逢，逢每侮之。至大中末，瑑揚歷禁署，逢愈不得意，自是相怨。俄而瑑知政事，或薦逢知制誥，瑑奏曰：「先朝立制，兩省官給事中、舍人除拜，須先歷州縣。逢未嘗治郡，宜先試之。」乃出爲巴州刺史。旣而沈詢、楊收、王鐸由學士相繼爲將相，皆同年進士，而逢文藝最優。楊收作相，後逢有詩云：「須知金印朝天客，同是沙隄避路人。威鳳偶時皆瑞聖，潛龍無水謾通神。」收聞，大銜之，又出爲蓬州刺史。收罷相，入爲太常少卿、給事中。王鐸作相，逢又有詩云：「昨日鴻毛萬鈞重，今朝山嶽一塵輕。」鐸又怨之。以恃才褊忿，人士鄙之。遷祕書監，卒。子廷珪，中和中登進士第，大順初累遷司勳員外郎、知制誥，正拜中書舍人。乾寧三年，奉使太原，復命，昭宗幸華州，改左散騎常侍，移疾免，客遊成都。光化中，復爲中書舍人，遷刑部、吏部二侍郎，權知禮部貢舉，拜尚書左丞。入梁，至禮部尚書。

李拯字昌時，隴西人。咸通十二年登進士第，乾符中累佐府幕。黃巢之亂，避地平陽。僖宗還京，召拜尚書郎，轉考功郎中、知制誥。僖宗再幸寶鷄，拯扈從不及，在鳳翔。襄王僭號，逼爲翰林學士。拯旣汚僞署，心不自安。後朱玫秉政，百揆無敘，典章濁亂，拯嘗朝退，駐馬國門，望南山而吟曰：「紫宸朝罷綴鵷鸞，丹鳳樓前駐馬看。唯有終南山色在，晴明依舊滿長安。」吟已涕下。及王行瑜殺朱玫，襄王出奔，京城亂，拯爲亂兵所殺。妻盧氏，知書能文，有姿色。拯旣死，伏其屍慟哭，賊逼之，堅哭不動，又臨之以兵，至於斷一臂，終不顧，爲賊所害，人皆傷之。

李巨川字下己，隴右人。國初十八學士道玄之後，故相逢吉之姪曾孫。父循，大中八年登進士第。巨川乾符中應進士，屬天下大亂，流離奔播，切於祿位，乃以刀筆從諸侯府。王重榮鎮河中，辟爲掌書記。時車駕在蜀，賊據京師，重榮匡合諸藩，叶力誅寇，軍書奏請，堆案盈几，巨川文思敏速，翰動如飛，傳之藩隣，無不聳動。重榮收復功，巨川之助也。及重榮爲部下所害，朝議罪叅佐，貶爲漢中掾。時楊守亮帥興元，素知之，聞巨川至，喜謂客曰：「天以李書記遺我也。」卽命管記室，累遷幕職。景福中，守亮爲李茂貞所攻，城陷，以部下數百人欲投太原，入秦，爲華軍所擒。巨川時從守亮，亦被械繫，在途巨川題詩於樹葉以遺華帥韓建，詞情哀鳴，建欣然解縛。守亮誅，郎命爲掌書記。俄而李茂貞犯京師，天子駐蹕於華，韓建以一州之力供億萬乘，慮其不濟，遣巨川傳檄天下，請助轉餉，同匡王室，完葺京城。四方書檄酬報，輻湊巨川，灑翰陳敘，文理俱愜，昭宗深重之，卽時巨川之名聞于天下。昭宗還京，特授諫議大夫，仍留佐建。光化初，朱全忠陷河中，進兵入潼關，建懼，令巨川見全忠送款。至河中，從容言事，巨川指陳利害，全忠方圖問鼎，聞巨川所陳，心惡之。判官敬翔亦以文筆見知於全忠，慮得巨川減落名價，謂全忠曰：「李諫議文章信美，但不利主人。」是日爲全忠所害。

司空圖字表聖，本臨淄人。曾祖遂，密令。祖彖，水部郎中。父輿，精吏術。大中初，戶部侍郎盧弘正領鹽鐵，奏輿爲安邑兩池榷鹽使、檢校司封郎中。先是，鹽法條例疎闊，吏多犯禁，輿乃特定新法十條奏之，至今以爲便。入朝爲司門員外郎，遷戶部郎中，卒。圖咸通十年登進士第，主司王凝於進士中尤奇之。凝左授商州刺史，圖請從之，凝加器重。洎廉問宣歙，辟爲上客。召拜殿中侍御史，以赴闕遲留，責授光祿寺主簿，分司東都。乾符六年，宰相盧攜罷免，以賓客分司，圖與之遊，攜嘉其高節，厚禮之。嘗過圖舍，手題于壁曰：「姓氏司空貴，官班御史卑。老夫如且在，不用念屯奇。」明年，攜復入朝，路由陝虢，謂陝帥盧渥曰：「司空御史，高士也，公其厚之。」渥卽日奏爲賓佐。其年，攜復知政事，召圖爲禮部員外郎，賜緋魚袋，遷本司郎中。其年冬，巢賊犯京師，天子出幸，圖從之不及，乃退還河中。時故相王徽亦在蒲，待圖頗厚。數年，徵受詔鎮潞，乃表圖爲副使，徵不赴鎮而止。僖宗自蜀還京，鳳翔召圖知制誥，尋正拜中書舍人。其年僖宗出幸寶雞，復從之不及，退還河中。龍紀初，復召拜舍人，未幾又以疾辭。河北亂，乃寓居華陰。景福中，又以諫議大夫徵。時朝廷微弱，紀綱大壞，圖自深惟出不如處，移疾不起。乾寧中，又以戶部侍郎徵，一至闕廷致謝，數日乞還山，許之。昭宗在華，徵拜兵部侍郎，稱足疾不任趨拜，致章謝之而已。昭宗遷洛，鼎欲歸梁，柳璨希賊旨，陷害舊族，詔圖入朝。圖懼見誅，力疾至洛陽，謁見之日，墮笏失儀，旨趣極野。璨知不可屈，詔曰：「司空圖俊造登科，朱紫升籍，旣養高以傲代，類移山以釣名。心惟樂于漱流，任非專於祿食。匪夷匪惠，難居公正之朝；載省載思，當狥棲衡之志。可放還山。」圖有先人別墅在中條山之王官谷，泉石林亭，頗稱幽棲之趣。自考槃高臥，日與名僧高士遊詠其中。晚年爲文，尤事放達，嘗擬白居易醉吟傳爲休休亭記曰：「司空氏禎貽溪之休休亭，本名濯纓亭，爲陝軍所焚。天復癸亥歲，復葺於壞垣之中，乃更名曰休休。休，休也，美也，既休而具美存焉。蓋量其才一宜休，揣其分二宜休，耄且聵三宜休。又少而惰，長而率，老而迂，是三者皆非濟時之用，又宜休也。尚慮多難不能自信，旣而晝寢，遇二僧謂予曰：『吾嘗爲汝師，汝昔矯於道，銳而不固，爲利慾之所拘，幸悟而悔，將復從我於是溪耳。且汝雖退，亦嘗爲匪人之所嫉，宜耐辱自警，庶保其終始，與靖節、醉吟第其品級於千載之下，復何求哉！』」因爲耐辱居士歌，題於東北楹曰：「咄咄，休休休，莫莫莫，伎倆雖多性靈惡，賴是長教閑處着。休休休，莫莫莫，一局棊，一爐藥，天意時情可料度。白日偏催快活人，黃金難買堪騎鶴。若曰爾何能，荅云耐辱莫。」其詭激嘯傲，多此類也。圖旣脫柳璨之禍還山，乃預爲壽藏終制。故人來者，引之壙中，賦詩對酌，人或難色，圖規之曰：「達人大觀，幽顯一致，非止暫遊此中，公何不廣哉！」圖布衣鳩杖，出則以女家人鸞臺自隨。歲時村社雩祭祠禱，鼓舞會集，圖必造之，與野老同席，曾無傲色。王重榮父子兄弟尤重之，伏臘饋遺，不絕於途。唐祚亡之明年，聞輝王遇弒于濟陰，不懌而疾，數日卒，時年七十二。有文集三十卷。圖無子，以其甥荷爲嗣，荷官至永州刺史。以甥爲嗣，嘗爲御史所彈，昭宗不之責。

贊曰：國之華彩，人文化成。間代傑出，奮藻摛英。騁驥逸步，咸韶正聲。爍流緗素，下視姬嬴。

舊唐書卷一百九十下考證

李翰傳從友人張巡客宋州○原本脫從字，今增。

杜甫傳天寶末獻三大禮賦○臣宗萬按：新書本傳天寶十三載甫奏賦三篇，與此異。黃鶴曰：舊書玄宗紀十載正月乙酉朔，壬辰朝獻太清宮，癸巳朝享太廟，甲午有事于南郊。朝享太廟賦曰：壬辰旣格于道祖，乘輿卽以是日致齋乎九室。有事于南郊賦曰：二之日朝廟之禮旣畢。與舊紀甲子俱合，則爲十載獻賦明矣。錢謙益云：諸書載十三載獻賦，並承新書本傳之誤。據此，當書天寶十載爲合。此云天寶末，竟不書年，又與紀抵牾矣。

王仲舒傳字弘中○臣宗萬按：洪興祖韓子年譜云：有王仲舒碑，一本云公韓弘中，字某。司馬公云：實錄、新舊傳皆名仲舒字弘中，又宴喜亭記稱王弘中，則弘中必字也。

貞元十年策試賢良方正能直言極諫等科，仲舒登乙第，超拜右拾遺○臣宗萬按：韓愈王仲舒碑云貞元初射策拜左拾遺，此云右，不合；且曰貞元初，則登第非十年矣。又按墓誌，則云貞元十年，與傳同。

# 舊唐書卷一百九十一

後晉司空同中書門下平章事劉　昫撰

## 列傳第一百四十一

### 方伎

崔善爲　薛頤　甄權弟立言　宋俠
許胤宗　乙弗弘禮　袁天綱　孫思邈
明崇儼　張憬藏　李嗣眞　張文仲李虔縱韋慈藏附
尚獻甫裴知古附　孟詵　嚴善思
金梁鳳　張果　葉法善　僧玄奘
神秀慧能普寂義福附　一行泓師附　桑道茂

夫術數占相之法，出於陰陽家流。自劉向演鴻範之言，京房傳焦贛之法，莫不望氣視祲，縣知災異之來；運策揲蓍，預定吉凶之會。固已詳於魯史，載彼周官。其弊者肆業非精，順非行僞，而庸人不脩德義，妄冀遭逢。如魏豹之納薄姬，孫皓之邀青蓋，王莽隨式而移坐，劉歆聞讖而改名，近者綦連耀之構異端，蘇玄明之犯宮禁，皆因占候輔此姦兇。聖王禁星緯之書，良有以也。國史載袁天綱前知武后，恐匪格言；而李淳風刪方伎書，備言其要。舊本錄崔善爲已下，此深於其術者，兼桑門道士方伎等，並附此篇。

崔善爲，貝州武城人也。祖顒，後魏員外散騎侍郎。父權會，齊丞相府叅軍事。善爲好學，兼善天文筭曆，明達時務。弱冠州舉，授文林郎。屬隋文帝營仁壽宮，善爲領丁匠五百人。右僕射楊素爲總監，巡至善爲之所，索簿點人，善爲手持簿暗唱之，五百人一無差失，素大驚。自是有四方疑獄，多使善爲推按，無不妙盡其理。仁壽中，稍遷樓煩郡司戶書佐。高祖時爲太守，甚禮遇之。善爲以隋政傾頹，乃密勸進，高祖深納之。義旗建，引爲大將軍府司戶叅軍，封清河縣公。武德中，歷內史舍人、尚書左丞，甚得譽。諸曹令史惡其聰察，因其身短而傴，嘲之曰崔子曲如鉤隨例得封侯髆上全無項胸前別有頭高祖聞之勞勉之曰澆薄之人醜正惡直昔齊末姦吏歌斛律明月而高緯愚暗遂滅其家朕雖不德幸免斯事因購流言者使加其罪時傅仁均所撰戊寅元曆議者紛然多有同異李淳風又駁其短十有八條高祖令善爲考校二家得失多有駁正貞觀初拜陝州刺史時朝廷立議戶殷之處得徙寬鄉善爲上表稱畿內之地是謂戶殷丁壯之人悉入軍府若聽移轉便出關外此則虛近實遠非經通之議其事乃止後歷大理司農二卿名爲稱職坐與少卿不恊出爲秦州刺史卒贈刑部尚書

薛頤滑州人也大業中爲道士解天文律曆尤曉雜占煬帝引入內道場亟令章醮武德初追直秦府頤嘗密謂秦王曰德星守秦分王當有天下願王自愛秦王乃奏授太史丞累遷太史令貞觀中太宗將封禪泰山有彗星見頤因言考諸玄象恐未可東封會褚遂良亦言其事於是乃止頤後上表請爲道士太宗爲置紫府觀於九嵕山拜頤中大夫行紫府觀主事又勑於觀中建一清臺候玄象有災祥薄蝕謫見等事隨狀聞奏前後所奏與京臺李淳風多相符契後數歲卒

甄權許州扶溝人也嘗以母病與弟立言專醫方得其旨趣隋開皇初爲祕書省正字後稱疾免隋魯州刺史庫狄嶔苦風患手不得引弓諸醫莫能療權謂曰但將弓箭向垜一針可以射矣針其肩髃一穴應時即射權之療疾多此類也貞觀十七年權年一百三歲太宗幸其家視其飲食訪以藥性因授朝散大夫賜几杖衣服其年卒撰脈經針方明堂人形圖各一卷弟立言武德中累遷太常丞御史大夫杜淹患風毒發腫太宗令立言視之既而奏曰從今更十一日午時必死果如其言時有尼明律年六十餘患心腹鼓脹身體羸瘦已經二年立言診脈曰其腹內有蟲當是誤食髮爲之耳因令服雄黃須臾吐一蛇如人手小指唯無眼燒之猶有髮氣其疾乃愈立言尋卒撰本草音義七卷古今錄驗方五十卷

宋俠者洺州清漳人北齊東平王文學孝正之子也亦以醫術著名官至朝散大夫藥藏監撰經心錄十卷行於代

許胤宗常州義興人也初事陳爲新蔡王外兵參軍時柳太后病風不言名醫治皆不愈脈益沉而噤胤宗曰口不可下藥宜以湯氣薰之令藥入腠理周理即差乃造黃蓍防風湯數十斛置於牀下氣如烟霧其夜便得語由是超拜義興太守陳亡入隋歷尚藥奉御武德初累授散騎侍郎時關中多骨蒸病得之必死遞相連染諸醫無能療者胤宗每療無不愈或謂曰公醫術若神何不著書以貽將來胤宗曰醫者意也在人思慮又脈候幽微苦其難別意之所解口莫能宣且古之名手唯是別脈脈既精別然後識病夫病之於藥有正相當者唯須單用一味直攻彼病藥力既純病即立愈今人不能別脈莫識病源以情臆度多安藥味譬之於獵未知兎所多發人馬空地遮圍或冀一人偶然逢也如此療疾不亦疎乎假令一藥偶然當病復共他味相和君臣相制氣勢不行所以難差諒由於此脈之深趣既不可言虛設經方豈加於舊吾思之久矣故不能著述耳年九十餘卒

乙弗弘禮貝州高唐人也隋煬帝居藩召令相己弘禮跪而賀曰大王骨法非常必爲萬乘之主誠願戒之在德煬帝即位召天下道術人置坊以居之仍令弘禮統攝帝見海內漸亂玄象錯謬內懷憂恐嘗謂弘禮曰卿昔相朕其言已驗且占相道術朕頗自知卿更相朕終當何如弘禮逡巡不敢荅帝迫曰卿言與朕術不同罪當死弘禮曰臣本觀相書凡人之相有類於陛下者不得善終臣聞聖人不相故知凡聖不同耳自是帝嘗遣使監之不得與人交言初泗州刺史薛大鼎隋時嘗坐事沒爲奴貞觀初與數人詣之大鼎次至弘禮曰君奴也欲何所相咸曰何以知之弘禮曰觀其頭目直是賤人但不知餘處何如耳大鼎有慙色乃解衣視之弘禮曰看君面不異前言占君自腰已下當爲方嶽之任其占相皆此類也貞觀末卒

袁天綱益州成都人也尤工相術隋大業中爲資官令武德初蜀道使詹俊赤牒授火井令初天綱以大業元年至洛陽時杜淹王珪韋挺就之相天綱謂淹曰公蘭臺成就學堂寬博必得親糾察之官以文藻見知謂王曰公三亭成就天地相臨從今十年已外必得五品要職謂韋曰公面似大獸之面交友極誠必得士友攜接初爲武職復謂淹等二十年外終恐三賢同被責黜暫去即還淹尋遷侍御史武德中爲天策府兵曹文學館學士王珪爲太子中允韋挺隋末與隱太子友善後太子引以爲率至武德六年俱配流巂州淹等至益州見天綱曰袁公洛邑之言則信矣未知今日之後何如天綱曰公等骨法大勝往時終當俱受榮貴至九年被召入京共造天綱天綱謂杜公曰卽當得三品要職年壽非天綱所知王韋二公在後當得三品官兼有年壽然晩途皆不稱愜韋公尤甚淹至京拜御史大夫檢校吏部尚書王珪尋授侍中出爲同州刺史韋挺歷御史大夫太常卿貶象州刺史皆如天綱之言大業末竇軌客遊德陽嘗問天綱天綱謂曰君額上伏犀貫玉枕輔角又成必於梁益州大樹功業武德初軌爲益州行臺僕射引天綱深禮之天綱又謂軌曰骨法成就不異往時之言然目氣赤脈貫瞳子語則赤氣浮面如爲將軍恐多殺人願深自誡愼武德九年軌坐事被徵將赴京謂天綱曰更得何官曰面上家人坐仍未見動輔角右畔光澤更有喜色至京必承恩還來此任其年果重授益州都督則天初在襁褓天綱來至第中謂其母曰唯夫人骨法必生貴子乃召諸子令天綱相之見元慶元爽曰此二子皆保家之主官可至三品見韓國夫人曰此女亦大貴然不利其夫乳母時抱則天衣男子之服天綱曰此郎君子神色爽徹不可易知試令行看於是步於牀前仍令舉目天綱大驚曰此郎君子龍睛鳳頸貴人之極也更轉側視之又驚曰必若是女實不可窺測後當爲天下之主矣貞觀八年太宗聞其名召至九成宮時中書舍人岑文本令視之天綱曰舍人學堂成就眉覆過目文才振於海內頭又生骨猶未大成若得三品恐是損壽之徵文本官至中書令尋卒其年侍御史張行成馬周同問天綱天綱曰馬侍御伏犀貫腦兼有玉枕又背如負物當富貴不可言近古已來君臣道合罕有如公者公面色赤命門色暗耳後骨不起耳無根只恐非壽者周後位至中書令兼吏部尚書年四十八卒謂行成曰公五嶽四瀆成就下亭豐滿得官雖晩終居宰輔之地行成後至尚書右僕射天綱相人所中皆此類也申國公高士廉嘗謂曰君更作何官天綱曰自知相命今年四月盡矣果至四月而卒

孫思邈京兆華原人也七歲就學日誦千餘言弱冠善談莊老及百家之說兼好釋典洛州總管獨孤信見而歎曰此聖童也但恨其器大難爲用也周宣帝時思邈以王室多故隱居太白山隋文帝輔政乃徵爲國子博士稱疾不起嘗謂所親曰過五十年當有聖人出吾方助之以濟人及太宗卽位召詣京師嗟其容色甚少謂曰故知有道者誠可尊重羨門廣成豈虛言哉將授以爵位固辭不受顯慶四年高宗召見拜諫議大夫又固辭不受上元元年辭疾請歸特賜良馬及鄱陽公主邑司以居焉當時知名之士宋令文孟詵盧照鄰等執師資之禮以事焉思邈嘗從幸九成宮照鄰留在其宅時庭前有病梨樹照鄰爲賦其序曰癸酉之歲余臥疾長安光德坊之官舍父老云是鄱陽公主邑司昔公主未嫁而卒故其邑廢時有孫思邈處士居之邈道合古今學殫數術高談正一則古之蒙莊子深入不二則今之維摩詰其推步甲乙度量乾坤則洛下閎安期先生之儔也照鄰有惡疾醫所不能愈乃問思邈名醫愈疾其道何如思邈曰吾聞善言天者必質之於人善言人者亦本之於天天有四時五行寒暑迭代其轉運也和而爲雨怒而爲風凝而爲霜雪張而爲虹蜺此天地之常數也人有四支五藏一覺一寢呼吸吐納精氣往來流而爲榮衞彰而爲氣色發而爲音聲此人之常數也陽用其形陰用其精天人之所同也及其失也蒸則生熱否則生寒結而爲瘤贅陷而爲癰疽奔而爲喘乏竭而爲燋枯診發乎面變動乎形推此以及天地亦如之故五緯盈縮星辰錯行日月薄蝕孛彗飛流此天地之危診也寒暑不時天地之蒸否也石立土踊天地之瘤贅也山崩土陷天地之癰疽也奔風暴雨天地之喘乏也川瀆竭涸天地之燋枯也良醫導之以藥石救之以鍼劑聖人和之以至德輔之以人事故形體有可愈之疾天地有可消之災又曰膽欲大而心欲小智欲圓而行欲方詩曰如臨深淵如履薄冰謂小心也赳赳武夫公侯干城謂大膽也不爲利回不爲義疚行之方也見機而作不俟終日智之圓也思邈自云開皇辛酉歲生至今年九十三矣詢之鄉里咸云數百歲人話周齊間事歷歷如眼見以此參之不啻百歲人矣然猶視聽不衰神采甚茂可謂古之聰明博達不死者也初魏徵等受詔脩齊梁陳周隋五代史恐有遺漏屢訪之思邈口以傳授有如目覩東臺侍郎孫處約將其五子侹儆俊佑佺以謁思邈思邈曰俊當先貴佑當晩達佺最名重禍在執兵後皆如其言太子詹事盧齊卿童幼時請問人倫之事思邈曰汝後五十年位登方伯吾孫當爲屬吏可自保也後齊卿爲徐州刺史思邈孫溥果爲徐州蕭縣丞思邈初謂齊卿之時溥猶未生而預知其事凡諸異迹多此類也永淳元年卒遺令薄葬不藏冥器祭祀無牲牢經月餘顏貌不改舉屍就木猶若空衣時人異之自注老子莊子撰千金方三十卷行於代又撰福祿論三卷攝生眞錄及枕中素書會三教論各一卷子行天授中爲鳳閣侍郎

明崇儼洛州偃師人其先平原士族世仕江左父恪豫州刺史崇儼年少時隨父任安喜令父之小吏有善役召鬼神者崇儼盡能傳其術乾封初應封嶽舉授黃安丞會刺史有女病篤崇儼致他方殊物以療之其疾乃愈高宗聞其名召與語悅之擢授冀王府文學儀鳳二年累遷正諫大夫特令入閤供奉崇儼每因謁見輒假以神道頗陳時政得失帝深加允納潤州栖霞寺是其五代祖梁處士山賓故宅帝特爲製碑文親書於石論者榮之四年爲盜所殺時語以爲崇儼密與天后爲厭勝之法又私奏章懷太子不堪承繼大位太子密知之潛使人害之優制贈侍中謚曰莊仍拜其子珪爲祕書郎珪開元中仕至懷州刺史

張憬藏許州長社人少工相術與袁天綱齊名太子詹事蔣儼年少時嘗遇憬藏因問祿命憬藏曰公從今二年當得東宮掌兵之官秩未終而免職免職之後厄在三尺土下又經六年據此合是死徵然後當享富貴名位俱盛卽又不合中年至六十一爲蒲州刺史十月三十日午時祿絕儼後皆如其言嘗奉使高麗被莫離支囚於地窖中經六年然後得歸及在蒲州年六十一矣至期召人吏妻子與之告別自云當死俄而有勑許令致仕左僕射劉仁軌微時嘗與鄉人靖思賢各齎絹贈憬藏以問官祿憬藏謂仁軌曰公居五品要官雖蹔解黜終當位極人臣仁軌後自給事中坐事令白衣向海東効力固辭思賢之贈曰公當孤獨客死及仁軌爲僕射思賢尚存謂人曰張憬藏相劉僕射則妙矣吾今已有三子田宅自如豈其言亦有不中也俄而三子相繼而死盡貨田宅寄死於所親園內憬藏相之妙皆此類竟不仕以壽終

李嗣眞滑州匡城人也父彥琮趙州長史嗣眞博學曉音律兼善陰陽推筭之術弱冠明經舉補許州司功時左侍極賀蘭敏之受詔於東臺脩撰奏嗣眞弘文館參預其事嗣眞與同時學士劉獻臣徐昭俱稱少俊館中號爲三少敏之旣恃寵驕盈嗣眞知其必敗謂所親曰此非庇身之所也因咸亨年京中大饑乃求出補義烏令無何敏之敗脩撰官皆連坐流放嗣眞獨不預焉調露中爲始平令風化大行時章懷太子居春宮嗣眞嘗於太清觀奏樂謂道士劉槩輔儼曰此曲何哀思不和之甚也槩儼曰此太子所作寶慶樂也居數日太子廢爲庶人槩等以其事聞奏高宗大奇之徵拜司禮丞仍掌五禮儀注加中散大夫封常山子永昌中拜右御史中丞知大夫事時酷吏來俊臣構陷無罪嗣眞上書諫曰臣聞陳平事漢祖謀疎楚君臣乃用黃金五萬觔行反間之術項王果疑臣下陳平反間果行今告事紛紜虛多實少焉知必無陳平先謀疎陛下君臣後謀除國家良善臣恐爲社稷之禍伏乞陛下特迴天慮察臣狂瞽然後退就鼎鑊實無所恨疏奏不納尋被俊臣所陷配流嶺南萬歲通天年徵還至桂陽自筮死日預託桂陽官屬備凶器依期暴卒則天深加憫惜勅州縣遞靈轝還鄉贈濟州刺史神龍初又贈御史大夫撰明堂新禮十卷孝經指要詩品書品畫品各一卷

張文仲洛州洛陽人也少與鄉人李虔縱京兆人韋慈藏並以醫術知名文仲則天初爲侍御醫時特進蘇良嗣於殿庭因拜跪便絕倒則天令文仲慈藏隨至宅候之文仲曰此因憂憤邪氣激也若痛衝脇則劇難救自朝候之未及食時卽苦衝脇絞痛文仲曰若入心卽不可療俄頃心痛不復下藥日旰而卒文仲尤善療風疾其後則天令文仲集當時名醫共撰療風氣諸方仍令麟臺監王方慶監其脩撰文仲奏曰風有一百二十四種氣有八十種大抵醫藥雖同人性各異庸醫不達藥之性使冬夏失節因此殺人唯脚氣頭風上氣嘗須服藥不絕自餘則隨其發動臨時消息之但有風氣之人春末夏初及秋暮要得通洩卽不困劇於是撰四時常服及輕重大小諸方十八首表上之文仲久視年終於尚藥奉御撰隨身備急方三卷行於代虔縱官至侍御醫慈藏景龍中光祿卿自則天中宗已後諸醫咸推文仲等三人爲首

尚獻甫衛州汲人也尤善天文初出家爲道士則天時召見起家拜太史令固辭曰臣久從放誕不能屈事官長則天乃改太史局爲渾儀監不隸祕書省以獻甫爲渾儀監數顧問災異事皆符驗又令獻甫於上陽宮集學者撰方域圖長安二年獻甫奏曰臣本命納音在金今熒惑犯五諸侯太史之位熒火也能尅金是臣將死之徵則天曰爲卿禳之遽轉獻甫爲水衡都尉謂曰水能生金今又去太史之位卿無憂矣其秋獻甫卒則天甚嗟異惜之復以渾儀監爲太史局依舊隸祕書監時又有雍州人裴知古善於音律長安中爲太樂丞神龍元年正月春享西京太廟知古預其事謂萬年令元行沖曰金石諧和當有吉慶之事其在唐室子孫乎其月中宗卽位復改國爲唐知古又能聽婚夕環珮之聲知其夫妻終始後卒於太樂令

孟詵汝州梁人也舉進士垂拱初累遷鳳閣舍人詵少好方術嘗於鳳閣侍郎劉禕之家見其勅賜金謂禕之曰此藥金也若燒火其上當有五色氣試之果然則天聞而不悅因事出爲台州司馬後累遷春官侍郎睿宗在藩召充侍讀長安中爲同州刺史加銀青光祿大夫神龍初致仕歸伊陽之山第以藥餌爲事詵年雖晚暮志力如壯嘗謂所親曰若能保身養性者常須善言莫離口良藥莫離手睿宗卽位召赴京師將加任用固辭衰老景雲二年優詔賜物一百段又令每歲春秋二時特給羊酒糜粥開元初河南尹畢構以詵有古人之風改其所居爲子平里尋卒年九十三詵所居官好勾剝爲政雖繁而理撰家祭禮各一卷喪服要二卷補養方必効方各三卷

嚴善思同州朝邑人也少以學涉知名尤善天文曆數及卜相之術初應消聲幽藪科舉擢第則天時爲監察御史權右拾遺內供奉數上表陳時政得失多見納用稍遷太史令聖曆二年熒惑入輿鬼則天以問善思善思對曰商姓大臣當之其年文昌左相王及善卒長安中熒惑入月鎭星犯天關善思奏曰法有亂臣伏罪且有臣下謀上之象歲餘張柬之敬暉等起兵誅張易之昌宗其占驗皆此類也神龍初遷給事中則天崩將合葬乾陵善思奏議曰謹按天元房錄葬法云尊者先葬卑者不合於後開入則天太后卑於天皇大帝今欲開乾陵合葬卽是以卑動尊事旣不經恐非安穩臣又聞乾陵玄闕其門以石閉塞其石縫隙鑄鐵以固其中今若開陵必須鐫鑿然以神明之道體尚幽玄今乃動衆加功誠恐多所驚黷又若別開門道以入玄宮卽往者葬時神位先定今更改作爲害益深又以脩築乾陵之後國頻有難遂至則天太后權總萬機二十餘年其難始定今乃更加營作伏恐還有難生但合葬非古著在禮經緣情爲用無足依准況今事有不安豈可復循斯制伏見漢時諸陵皇后多不合葬魏晉已降始有合者然以兩漢積年向餘四百魏晉之後祚皆不長雖受命應期有因天假然以循機享德亦在天時但陵墓所安必資勝地後之胤嗣用託靈根或有不安後嗣亦難長享伏望依漢朝之故事改魏晉之頹綱於乾陵之傍更擇吉地取生墓之法別起一陵旣得從葬之儀又成固本之業臣伏以合葬者人緣私情不合者前脩故事若以神道有知幽途自得通會若以死者無知合之復有何益然以山川精氣上爲星象若葬得其所則神安後昌若葬失其宜則神危後損所以先哲垂範具之葬經欲使生人之道必安死者之神必泰伏望少迴天眷俯覽臣言行古昔之明規割私情之愛欲使社稷長享天下乂安凡在懷生孰不慶幸疏奏不納景龍中遷禮部侍郎出爲汝州刺史睿宗在藩善思嘗謂姚元之曰相王必登帝位及踐祚元之以事聞奏由是召拜右散騎常侍唐隆元年鄭愔謀冊譙王重福爲帝乃草僞制除善思爲禮部尚書知吏部選事及譙王下獄景雲元年大理寺奏善思與逆人重福通謀合從極法給事中韓思復奏曰議獄緩死列聖明規刑疑惟輕有國恒典嚴善思往在先朝屬韋氏擅內恃寵宮掖謀危社稷善思此時乃能先覺因詣相府有所發明進論聖躬必登宸極雖交遊重福謀陷韋氏勅追善思書至便發向懷逆節寧卽奔命一面疎網誠合順生三驅取禽來而有宥唯刑是恤理合昭詳請付刑部集群官議定奏裁以符愼獄時議者多云善思合從原宥有司仍執前議請誅之思復又刊奏懇直睿宗納其奏竟免善思死配流靜州無幾遇赦還年八十五開元十七年卒初善思爲御史時中書舍人劉允濟爲酷吏所陷當死善思愍其老密表奏請允濟乃得免誅善思後見允濟竟不自言其事韓思復奏免善思之罪亦未嘗有所言謝時人稱其長者善思子向乾元中爲鳳翔尹寶應中授太常員外卿始善思父徐州長史延及善思俱年八十五而卒廣德二年向卒又年八十五向兄前趙郡司馬宙長向十歲向卒時宙並無恙

金梁鳳不知何許人也天寶十三載客於河西善相人又言玄象時哥舒翰爲節度使詔入京師裴冕爲祠部郎中知河西留後在武威梁鳳謂冕曰玄象有變半年間有兵起郎中此時當得中丞不拜中丞卽得宰相不離天子左右大富貴冕曰公乃狂言冕何至此梁鳳曰有一日向東京一日入蜀川一日來向朔方此時公得相冕懼其言深謝絕之其後安祿山反南犯洛陽僭稱僞位哥舒翰東守潼關累月奏冕爲御史中丞追赴京冕又詰曰事驗也冕又問三日之兆梁鳳曰東京日卽自磨滅蜀川日亦不能久此間日何轉分明不可說冕志之旣潼關失守玄宗幸蜀肅宗北如靈武冕會之勸成策立改元爲至德元年冕果爲中書侍郎平章事冕奏之肅宗召拜都水使者梁鳳在河隴謂呂諲曰判官骨相合得宰相須得一大驚怖卽得諲後至驛責讓驛長撈之驛吏武將性麤猛持弓矢突入射諲矢兩發幾

中謹面謹逾牆得免以報梁鳳梁鳳曰此必入相逾年謹自黃門侍郎知政事梁鳳在鳳翔李揆盧允二人同見之俱素服自稱選人梁鳳謂之曰公等並至清望官那得云無官揆允以實對梁鳳遣二人行謂揆曰公從舍人卽入相一年內事謂允曰公好卽是吏部郎中及剋復兩京揆自中書舍人知禮部侍郎事入爲中書侍郎平章事乃以允爲吏部郎中其驗多此類爾後佯聾以自晦晃爲右僕射兼御史大夫成都尹劍南節度使有進止令將梁鳳行後乃病卒

張果者不知何許人也則天時隱於中條山往來汾晉間時人傳其有長年祕術自云年數百歲矣嘗著陰符經玄解盡其玄理則天遣使召之果佯死不赴後人復見之往來恒州山中開元二十一年恒州刺史韋濟以狀奏聞玄宗令通事舍人裴晤往迎之果對使絕氣如死良久漸蘇晤不敢逼馳還奏狀又遣中書舍人徐嶠齎璽書以邀迎之果乃隨嶠至東都肩輿入東宮中玄宗初卽位親訪理道及神仙方藥之事及聞變化不測而疑之有邢和璞者善筭人而知夭壽善惡玄宗令筭果則懵然莫知其甲子又有師夜光者善視鬼玄宗召果與之密坐令夜光視之夜光進曰果今安在夜光對面終莫能見玄宗謂力士曰吾聞飲堇汁無苦者眞奇士也會天寒使以堇汁飲果果乃引飲三巵醺然如醉所作顧曰非佳酒也乃寢頃之取鏡視齒則盡燋且黧命左右取鐵如意擊齒墮藏于帶乃懷中出神仙藥微紅傅墮齒之斷復寢良久齒皆出矣粲然潔白玄宗方信之玄宗好神仙而欲果尚公主果固未知之謂祕書少監王迥質太常少卿蕭華曰諺云娶婦得公主眞可畏也迥質與華相顧未曉其言卽有中使至宣曰玉眞公主早歲好道欲降先生果大笑竟不奉詔迥質等方悟向來之言後懇辭歸山因下制曰恒州張果先生遊外方者也跡先高尚深入窈冥是渾光塵應召城闕莫詳甲子之數且謂羲皇上人問以道樞盡會宗極今特行朝禮爰畀寵命可銀青光祿大夫號曰通玄先生其年請入恒山錫以衣服及雜綵等便放歸山乃入恒山不知所之玄宗爲造棲霞觀於所在蒲吾縣後改爲平山縣

道士葉法善括州括蒼縣人自曾祖三代爲道士皆有攝養占卜之術法善少傳符籙尤能厭劾鬼神顯慶中高宗聞其名徵詣京師將加爵位固辭不受求爲道士因留在內道場供待甚厚時高宗令廣徵諸方道術之士合鍊黃白法善上言金丹難就徒費財物有虧政理請覈其眞僞帝然其言因令法善試之由是乃出九十餘人因一切罷之法善又嘗於東都凌空觀設壇醮祭城中士女競往觀之俄頃數十人自投火中觀者大驚救之而免法善曰此皆魅病爲吾法所攝耳問之果然法善悉爲禁劾其病乃愈法善自高宗則天中宗歷五十年常往來名山數召入禁中盡禮問道然排擠佛法議者或議其向背以其術高終莫之測睿宗卽位稱法善有冥助之力先天二年拜鴻臚卿封越國公仍依舊爲道士止於京師之景龍觀又贈其父爲歙州刺史當時尊寵莫與爲比法善生於隋大業之丙子死於開元之庚子凡一百七歲八年卒詔曰故道士鴻臚卿員外置越國公葉法善天眞精密妙理玄暢包括祕要發揮靈符固以冥默難源希夷罕測而情棲蓬閬迹混朝伍保黃冠而不杖加紫綬而非榮卓爾孤秀泠然獨往勝氣絕俗貞風無塵金骨外聳珠光內應斯乃體應中仙名昇上德朕當聽政之暇屢詢至道公以理國之法數奏昌言謀猷隱諷事宜弘益歎徽音之未泯悲形解之俄留會莫慭遺藏良奄及永惟平昔感愴于懷宜申禮命式旌泉壤可贈越州都督

僧玄奘姓陳氏洛州偃師人大業末出家博涉經論嘗謂翻譯者多有訛謬故就西域廣求異本以參驗之貞觀初隨商人往遊西域玄奘既辯博出羣所在必爲講釋論難蕃人遠近咸尊伏之在西域十七年經百餘國悉解其國之語仍採其山川謠俗土地所有撰西域記十二卷貞觀十九年歸至京師太宗見之大悅與之談論於是詔將梵本六百五十七部於弘福寺翻譯仍勅右僕射房玄齡太子左庶子許敬宗廣召碩學沙門五十餘人相助整比高宗在宮爲文德太后追福造慈恩寺及翻經院內出大幡勅九部樂及京城諸寺幡蓋衆伎送玄奘及所翻經像諸高僧等入住慈恩寺顯慶元年高宗又令左僕射于志寧侍中許敬宗中書令來濟李義府杜正倫黃門侍郎薛元超等共潤色玄奘所定之經國子博士范義碩太子洗馬郭瑜弘文館學士高若思等助加翻譯凡成七十五部奏上之後以京城人衆競來禮謁玄奘乃奏請逐靜翻譯勅乃移於宜君山故玉華宮六年卒時年五十六歸葬於白鹿原士女送葬者數萬人

僧神秀姓李氏汴州尉氏人少遍覽經史隋末出家爲僧後遇蘄州雙峯山東山寺僧弘忍以坐禪爲業乃歎伏曰此眞吾師也便往事弘忍專以樵汲自役以求其道昔後魏末有僧達摩者本天竺王子以護國出家入南海得禪宗妙法云自釋迦相傳有衣鉢爲記世相付授達摩齎衣鉢航海而來至梁詣武帝帝問以有爲之事達摩不說乃之魏隱於嵩山少林寺遇毒而卒其年魏使宋雲於葱嶺回見之門徒發其墓但有衣履而已達摩傳慧可慧可嘗斷其左臂以求其法慧可傳璨璨傳道信道信傳弘忍弘忍姓周氏黃梅人初弘忍與道信並住東山寺故謂其法爲東山法門神秀既師事弘忍弘忍深器異之謂曰吾度人多矣至於懸解圓照無先汝者弘忍以咸亨五年卒神秀乃往荊州居於當陽山則天聞其名追赴都肩輿上殿親加跪禮勅當陽山置度門寺以旌其德時王公已下及京都士庶聞風爭來謁見望塵拜伏日以萬數中宗卽位尤加敬異中書舍人張說嘗問道執弟子之禮退謂人曰禪師身長八尺厖眉秀耳威德巍巍王霸之器也初神秀同學僧慧能者新州人也與神秀行業相埒弘忍卒後慧能住韶州廣果寺韶州山中舊多虎豹一朝盡去遠近驚歎咸歸伏焉神秀嘗奏則天請追慧能赴都慧能固辭神秀又自作書重邀之慧能謂使者曰吾形貌短陋北土見之恐不敬吾法又先師以吾南中有緣亦不可違也竟不度嶺而死天下乃散傳其道謂神秀爲北宗慧能爲南宗神秀以神龍二年卒士庶皆來送葬有詔賜謚曰大通禪師又於相王舊宅置報恩寺岐王範張說及徵士盧鴻一皆爲其碑文神秀卒後弟子普寂義福並爲時人所重普寂姓馮氏蒲州河東人也年少時遍尋高僧以學經律時神秀在荊州玉泉寺普寂乃往師事凡六年神秀奇之盡以其道授焉久視中則天召神秀至東都神秀因薦普寂乃度爲僧及神秀卒天下好釋氏者咸師事之中宗聞其高年特下制令普寂代神秀統其法衆開元十三年勅普寂於都城居止時王公士庶競來禮謁普寂嚴重少言來者難見其和悅之容遠近尤以此重之二十七年終于都城興唐寺年八十九時都城士庶曾謁者皆制弟子之服有制賜號爲大照禪師及葬河南尹裴寬及其妻子並衰麻列于門徒之次士庶傾城哭送閭里爲之空焉義福姓姜氏潞州銅鞮人初止藍田化感寺處方丈之室凡二十餘年未嘗出宇之外後隸京城慈恩寺開元十一年從駕往東都途經蒲虢二州刺史及官吏士女皆齎幡花迎之所在途路充塞以二十年卒有制賜號大智禪師葬於伊闕之北送葬者數萬人中書侍郎嚴挺之爲製碑文神秀禪門之傑雖有禪行得帝王重之而未嘗聚徒開堂傳法至弟子普寂始於都城傳敎二十餘年人皆仰之

僧一行姓張氏先名遂魏州昌樂人襄州都督鄭國公公謹之孫也父擅武功令一行少聰敏博覽經史尤精曆象陰陽五行之學時道士尹崇博學先達素多墳籍一行詣崇借揚雄太玄經將歸讀之數日復詣崇還其書崇曰此書意指稍深吾尋之積年尚不能曉吾子試更研求何遽見還也一行曰究其義矣因出所撰大衍玄圖及義決一卷以示崇崇大驚因與一行談其奧賾甚嗟伏之謂人曰此後生顏子也一行由是大知名武三思慕其學行就請與結交一行逃匿以避之尋出家爲僧隱於嵩山師事沙門普寂睿宗卽位勅東都留守韋安石以禮徵一行固辭以疾不應命後步往荊州當陽山依沙門悟眞以習梵律開元五年玄宗令其族叔禮部郎中洽齎勅書就荊州強起之一行至京置於光太殿數就之訪以安國撫人之道言皆切直無有所隱開元十年永穆公主出降勅有司優厚發遣依太平公主故事一行以爲高宗末年唯有一女所以特加其禮又太平驕僭竟以得罪不應引以爲例上納其言遽追勅不行但依常禮其諫諍皆此類也一行尤明著述撰大衍論三卷攝調伏藏十卷天一太一經及太一局遁甲經釋氏系錄各一卷時麟德曆經推步漸疎勅一行考前代諸家曆法改撰新曆又令率府長史梁令瓚等與工人創造黃道游儀以考七曜行度互相證明於是一行推周易大衍之數立衍以應之故撰開元大衍曆經至十五年卒年四十五賜謚曰大慧禪師初一行從祖東臺舍人太素撰後魏書一百卷其天文志未成一行續而成之上爲一行製碑文親書於石出內庫錢五十萬爲起塔於銅人之原明年幸溫湯過其塔前又駐騎徘徊令品官就塔以告其出豫之意更賜絹五十匹以蒔塔前松栢焉初一行求訪師資以窮大衍至天台山國濟寺見一院古松十數門有流水一行立於門屏間聞院僧於庭布筭聲而謂其徒曰今日當有弟子自遠求吾筭法已合到門豈無人導達也卽除一筭又謂曰門前水當却西流弟子亦至一行承其言而趨入稽首請法盡受其術焉而門前水果却西流道士邢和璞嘗謂尹愔曰一行其聖人乎漢之洛下閎造曆云後八百歲當差一日必有聖人正之今年期畢矣而一行造大衍正其差謬則洛下閎之言信矣非聖人而何時又

有黃州僧泓者善葬法每行視山原即爲之圖張說深信重之

桑道茂者大曆中遊京師善太一遁甲五行災異之說言事無不中代宗召之禁中待詔翰林建中初神策軍脩奉天城道茂請高其垣墻大爲制度德宗不之省及朱泚之亂帝蒼卒出幸至奉天方思道茂之言時道茂已卒命祭之

贊曰術數之精事必前知粲如垂象變告無疑怍誕之夫誣罔蓍龜致彼庸妄幸時艱危

# 舊唐書卷一百九十二

後晉司空同中書門下平章事劉　昫撰

## 列傳第一百四十二

### 隱逸

王績　田遊巖　史德義　王友貞
盧鴻一　王希夷　衛大經　李元愷
王守愼　徐仁紀　孫處玄　白履忠
王遠知　潘師正　劉道合　司馬承禎
吳筠　孔述睿子敏行　陽城　崔覲

前代貴丘園招隱逸所以重貞退之節息貪競之風故蒙叟矯讓王之篇玄晏立高人之傳箕潁之迹粲然可觀而漢二龔之流乃心王室不事莽朝忍渴盜泉本非絕俗甚可嘉也皇甫謐陶淵明慢世逃名放情肆志逍遥泉石無意於出處之間又其善也即有身在江湖之上心遊魏闕之下託薜蘿以射利假巖壑以釣名退無肥遁之貞進乏濟時之具山移見誚海鳥興譏無足多也阮嗣宗傲世佯狂王無功嗜酒放蕩才不足而智有餘傷其時而晦其用深識之士也高宗天后訪道山林飛書巖穴屢造幽人之宅堅迴隱士之車而遊巖德義之徒所高者獨行盧鴻一承禎之比所重者逃名至於出處語默之大方未足與議也今存其舊說以備雜篇

王績字無功絳州龍門人少與李播呂才爲莫逆之交隋大業中應孝悌廉潔舉授揚州六合縣丞非其所好棄官還鄉里績河渚中先有田數頃鄰渚有隱士仲長子先服食養性績重其貞素願與相近乃結廬河渚以琴酒自樂嘗遊北山因爲北山賦以見志詞多不載績嘗躬耕於東皋故時人號東皋子或經過酒肆動經數日往往題壁作詩多爲好事者諷詠貞觀十八年卒臨終自剋死日遺命薄葬兼預自爲墓誌有文集五卷又撰隋書未就而卒兄通字仲淹隋大業中名儒號文中子自有傳

田遊巖京兆三原人也初補太學生後罷歸遊於太白山每遇林泉會意輒留連不能去其母及妻子並有方外之志與遊巖同遊山水二十餘年後入箕山就許由廟東築室而居自稱許由東鄰調露中高宗幸嵩山遣中書侍郎薛元超就問其母遊巖山衣田冠出拜帝令左右扶止之謂曰先生養道山中比得佳否遊巖曰臣泉石膏肓烟霞痼疾既逢聖代幸得逍遥帝曰朕今得卿何異漢獲四皓乎薛元超曰漢高祖欲廢嫡立庶黃綺方來豈如陛下崇重隱淪親問巖穴帝甚歡因將遊巖就行宮并家口給傳乘赴都授崇文館學士令與太子少傅劉仁軌談論帝後將營奉天宮于嵩山遊巖舊宅先居宮側特令不毀仍親書題額懸其門曰隱士田遊巖宅文明中進授朝散大夫拜太子洗馬垂拱初坐與裴炎交結特放還山

史德義蘇州崑山人也咸亨初隱居武丘山以琴書自適或騎牛帶瓢出入郊郭廛市號爲逸人高宗聞其名徵赴洛陽尋稱疾東歸公卿已下皆賦詩餞別德義亦以詩留贈其文甚美天授初江南道宣勞使文昌左丞周興表薦之則天徵赴都詔曰蘇州隱士史德義志尚虛玄業履貞確謙冲彰於里閈孝友表於閨庭固辭徵辟長往巖陵之瀨多謝簪裾高蹈愚公之谷博聞强識說禮敦詩繕性丘園甘心畎畝朕承天革命建極開階寤寐星雲物色林壑順頑期而捐薜帶應休運而解荷裳粤自海隅來遊魏闕行藏之理斯得去就之節無違風操可嘉啓沃攸佇特宜優奬委以諫曹可朝散大夫後周興伏誅德義坐爲所薦免官以朝散大夫放歸丘壑自此聲譽稍減於隱居之前

王友貞懷州河內人也父知敬則天時麟臺少監以工書知名友貞弱冠時母病篤醫言唯啖人肉乃差友貞獨念無可求治乃割股肉以飴親母病尋差則天聞之令就其家驗問特加旌表友貞素好學讀九經皆百遍訓誨子弟如嚴君焉口不言人過尤好釋典屏絕葷味出言未嘗負諾時論以爲眞君子也長安年歷任長水令後罷歸田里中宗在春宮召爲司議郎不就神龍初又拜太子中舍仍令所司以禮徵赴及至固以疾辭詔曰敦夷齊之行可以激貪尚顏閔之道用能勸俗新除太子中舍人王友貞德義泉藪人倫茂異孝於事親信表於行已富有文史廉於財貨久歷官政累聞課績有古人之風保君子之德乃抗志塵外棲情物表深歸解脫之門誓守薰脩之誠頃加徵命作護儲闈固在辭榮累陳情懇堅持淨義不登於車服惟悅於禪綱味靡求於珍饌朕方崇奬廉退懲抑澆浮雖思廊廟之賢豈違山林之願宜加優秩仍遂雅懷可太子中舍人員外置給全祿以畢其身任其在家脩道仍令所在州縣存問四時送祿至其住所玄宗在東宮又表請禮徵之以年老竟辭疾不赴年九十餘開元四年卒時下制曰貴德尊賢飾終念遠此聖人所以治天下厚風俗也王友貞稟氣元精遊心大朴孝惟不匱獨貫於神明道則難名高謝於人代言念錫類方期鎮俗遽爾凋殂良深愍悼生無大位雖隔外臣之儀歿有餘榮宜贈上卿之服可贈銀青光祿大夫仍委本縣令長特加弔祭

盧鴻一字浩然本范陽人徙家洛陽少有學業頗善籀篆楷隸隱於嵩山開元初遣幣禮再徵不至五年下詔曰朕以寡薄忝膺大位嘗恨玄風久替淳化未昇每用翹想遺賢冀聞上皇之訓以卿黃中通理鉤深詣微窮太一之道踐中庸之德確乎高尚足侔古人故比下徵書佇諧善績而每輒託辭拒違不至使朕虛心引領于今數年雖得素履幽人之貞而失考父滋恭之命豈朝廷之故與生殊趣耶將縱欲山林不能反乎禮有大倫君臣之義不可廢也今城闕密邇不足爲難便勑齋束帛之貺重宣斯旨想有以翻然易節副朕意焉鴻一赴徵六年至東都謁見不拜宰相遣通事舍人問其故奏曰臣聞老君言禮者忠信之所薄不足可依山臣鴻一敢以忠信奉見上別召昇內殿賜之酒食詔曰盧鴻一應辟而至訪之至道有會淳風舉逸人用勸天下特宜授諫議大夫鴻一固辭又制曰昔在帝堯全許由之節緬惟大禹聽伯成之高則知天子有所不臣諸侯有所不友遯之時義大矣哉嵩山隱士盧鴻一抗迹幽遠凝情篆素隱居以求其志行義以達其道雲臥林壑多歷年載傳不云乎舉逸人天下之人歸心焉是乃飛書巖穴備禮徵聘方佇獻替式弘政理而矯然不羣確乎難拔靜已以鎮其操洗心以激其流固辭榮寵將厚風俗不降其志用保厥躬會稽嚴陵未可名屈太原王霸終以病歸宜以諫議大夫放還山歲給米百碩絹五十匹充其藥物仍令府縣送隱居之所若知朝廷得失具以狀聞將還山又賜隱居之服并其草堂一所恩禮甚厚

王希夷徐州滕縣人也孤貧好道父母終爲人牧羊收傭以供葬葬畢隱於嵩山師道士黃頤向四十年盡能傳其閉氣導養之術頤卒更居兗州徂來山中與道士劉玄博爲棲遁之友好易及老子嘗餌松栢葉及雜花散景龍中年七十餘氣力益壯刺史盧齊卿就謁致禮因訪以字人之術希夷曰孔子稱己所不欲勿施於人可以終身行之矣及玄宗東巡勅州縣以禮徵召至駕前年已九十六上令中書令張說訪以道義宦官扶入宮中與語甚悅開元十四年下制曰徐州處士王希夷絕學棄智抱一居貞久謝囂塵獨往林壑朕爲封巒展禮側席旌賢賁然來思克應嘉召雖紆綺季之跡已過伏生之年宜命秩以尊儒俾全高於尚齒可朝散大夫守國子博士聽致仕還山州縣春秋致束帛酒肉仍賜衣一副絹一百匹尋壽終自則天中宗已後有蒲州人衛大經邢州人李元愷皆潔志不仕蒲州人王守愼嘗州人徐仁紀潤州人孫處玄皆退身辭職爲時所稱

衛大經者篤學善易口無二言則天降詔徵之辭疾不赴與魏州人夏侯乾童有舊聞乾童母卒徒步往弔之鄉人止之曰當夏溽暑豈可步涉千里致書可也大經曰尺書無能盡意遂行至魏州會乾童出行大經造門設席行弔禮不訊其家人而還開元初畢構爲刺史謂解令孔愼言曰衛生德厚宜有旌異古人式干木之閭禮賢故也愼言造門就謁時大經已年老辭疾不見嘗預筮死日鑿墓自爲誌文果如筮而終

李元愷者博學善天文律曆然性恭愼口未嘗言人之過鄉人宋璟年少時師事之及璟作相使人遺元愷束帛將薦舉之皆拒而不荅景龍中元行冲爲洺州刺史邀元愷至州問以經義因遺衣服元愷辭曰微軀不宜服新麗但恐不能勝其美以速咎也行冲乃以泥塗汙而與之不獲已而受及還乃以已之所蠶素絲五兩以酬行冲曰義不受無妄之財先是定州人崔元鑒明三禮鄉人張易之寵幸用事薦之起家拜朝散大夫致仕于家在鄉請半祿元愷誚之曰無功受祿災也元愷年八十餘壽終

王守愼者有美名垂拱中爲監察御史時羅織事起守愼舅秋官侍郎張知默推詔獄奏守愼同知其事守愼以疾辭因請爲僧則天初甚怍之守愼陳情詞理甚當則天欣然從之賜號往成識鑒高雅爲時賢所重以壽終

徐仁紀者聖曆中徵拜左拾遺三上書論得失不納謂人曰三諫不聽可去矣遂移病歸鄉里神龍初宣慰使畢仁紀之行可以激俗又徵拜左補闕三上書又不省乃詣執政求出俄授靈昌令妻子不之官廨舍唯衣履

及書疏而已餘無所蓄

孫處玄長安中徵爲左拾遺頗善屬文甞恨天下無書以廣新聞神龍初功臣桓彥範等用事處玄遺彥範書論時事得失彥範竟不用其言乃去官還鄉里以病卒

白履忠陳留浚儀人也博涉文史甞隱居于古大梁城時人號爲梁丘子景雲中徵拜校書郎尋棄官而歸開元十年刑部尚書王志愔表薦履忠隱居讀書貞苦守操有古人之風堪代褚無量馬懷素入閣侍讀十七年國子祭酒楊瑒又表薦履忠堪爲學官乃徵赴京師及至履忠辭以老病不任職事詔曰處士前祕書省校書郎白履忠學優緗簡道貴丘園採賾以見其微隱居能達其志故以汲引洙泗物色夷門素風自高玄冕非貴几杖云暮章秩宜加俾承禮命之優式副寵賢之美可朝散大夫履忠尋表請還鄉手詔曰孝悌立身靜退放俗年過從耄不雜風塵盛德子聞通班是錫豈惟旌賁山藪實欲奬勸人倫且遊上京徐還故里乃停留數月而歸履忠鄉人左庶子吳兢謂履忠曰吾子家室屢空竟不霑斗米匹帛雖得五品何益於實也履忠欣然曰往歲契丹入寇家家盡著括排門夫履忠特以少讀書籍縣司放免至今惶愧今雖不得且是吾家終身高臥免徭役豈易得也尋壽終著三玄精辯論一卷註老子及黃庭內景經有文集十卷

道士王遠知琅邪人也祖景賢梁江州刺史父曇選陳揚州刺史遠知母梁駕部郎中丁超女也甞晝寢夢靈鳳集其身因而有娠又聞腹中啼聲沙門寶誌謂曇選曰生子當爲神仙之宗伯也遠知少聰敏博綜羣書初入茅山師事陶弘景傳其道法後又師事宗道先生臧兢陳主聞其名召入重陽殿令講論甚見嗟賞及隋煬帝爲晉王鎮揚州使王子相柳顧言相次召之遠知乃來謁見斯須而鬚髮變白晉王懼而遣之少頃又復其舊煬帝幸涿郡遣員外郎崔鳳舉就邀之遠知見於臨朔宮煬帝親執弟子之禮勅都城起玉清玄壇以處之及幸揚州遠知諫不宜遠去京國煬帝不從高祖之龍潛也遠知甞密傳符命武德中太宗平王世充與房玄齡微服以謁之遠知迎謂曰此中有聖人得非秦王乎太宗因以實告遠知曰方作太平天子願自惜也太宗登極將加重位固請歸山至貞觀九年勅潤州於茅山置太受觀并度道士二十七人降璽書曰先生操履夷簡德業冲粹屏棄塵雜棲志虛玄吐故納新食芝餌朮念衆妙於三清之表返華髮於百齡之外道邁前烈聲高自古非夫得祕訣於金壇受幽文於玉笈者其孰能與此乎朕昔在藩朝早獲問道眷言風範無忘寤寐近覽來奏請歸舊山已有別勅不違高志并許置觀用表宿心未知先生早晚已届江外所營棟宇何當就功佇聞委曲副茲引領近已令太史薛頤等往詣令宣朕意其年遠知謂弟子潘師正曰吾見仙格以吾小時誤損一童子吻不得白日昇天見署少室伯將行在卽翌日沐浴加冠衣焚香而寢卒年一百二十六歲調露二年追贈遠知太中大夫謚曰昇眞先生則天臨朝追贈金紫光祿大夫天授二年改謚曰昇玄先生

潘師正趙州贊皇人也少喪母廬於墓側以至孝聞大業中度爲道士師事王遠知盡以道門隱訣及符籙授之師正清淨寡欲居於嵩山之逍遙谷積二十餘年但服松葉飲水而已高宗幸東都因召見與語問師正山中有何所須師正對曰所須松樹清泉山中不乏高宗與天后甚尊敬之留連信宿而還尋勅所司於師止所居造崇唐觀嶺山別起精思觀以處之初置奉天宮帝令所司於逍遙谷口特開一門號曰仙遊門又於苑北面置尋眞門皆爲師正立名焉時太常奏所造樂曲帝又令以祈仙望仙翹仙爲名前後贈詩凡數十首師正以永淳元年卒時年九十八高宗及天后追思不已贈太中大夫賜謚曰體玄先生

道士劉道合者陳州宛丘人初與潘師正同隱於嵩山高宗聞其名令於隱所置太一觀以居之召入宮中深尊禮之及將封太山屬久雨帝令道合於儀鸞殿作止雨之術俄而霽朗帝大悅又令道合馳傳先上太山以祈福祐前後賞賜皆散施貧乏未甞有所蓄積高宗又令道合合還丹丹成而上之咸亨中卒及帝營奉天宮遷道合之殯室弟子開棺將改葬其尸惟有空皮而背上開拆有似蟬蛻盡失其齒骨衆謂尸解高宗聞之不悅曰劉師爲我合丹自服仙去其所進者亦無異焉

道士司馬承禎字子微河內溫人周晉州刺史琅邪公裔玄孫少好學薄於爲吏遂爲道士事潘師正傳其符籙及辟穀導引服餌之術師正特賞異之謂曰我自陶隱居傳正一之法至汝四葉矣承禎甞遍遊名山乃止於天台山則天聞其名召至都降手勅以讚美之及將還勅麟臺監李嶠餞之於洛橋之東景雲二年睿宗令其兄承禕就天台山追之至京引入宮中問以陰陽術數之事承禎對曰道經之旨爲道日損損之又損以至於無爲且心目所知見者每損之尚未能已豈復攻乎異端而增其智慮哉帝曰理身無爲則清高矣理國無爲如何對曰國猶身也老子曰遊心於澹合氣於漠順物自然而無私焉而天下理易曰聖人者與天地合其德是知天不言而信無爲而成無爲之旨理國之道也睿宗歎息曰廣成之言卽斯是也承禎固辭還山仍賜寶琴一張及霞紋帔而遣之朝中詞人贈詩者百餘人開元九年玄宗又遣使迎入京親受法籙前後賞賜甚厚十年駕還西都承禎又請還天台山玄宗賦詩以遣之十五年又召至都玄宗令承禎於王屋山自選形勝置壇室以居焉承禎因上言今五嶽神祠皆是山林之神非正眞之神也五嶽皆有洞府各有上清眞人降任其職山川風雨陰陽氣序是所理焉冠冕章服佐從神仙皆有名數請別立齋祠之所玄宗從其言因勅五嶽各置眞君祠一所其形象制度皆令承禎推按道經創意爲之承禎頗善篆隸書玄宗令以三體寫老子經因刊正文句定著五千三百八十言爲眞本以奏上之以承禎王屋所居爲陽臺觀上自題額遣使送之賜絹三百匹以充藥餌之用俄又令玉眞公主及光祿卿韋縚至其所居脩金籙齋復加以錫賚是歲卒於王屋山時年八十九其弟子表稱死之日有雙鶴遶壇及白雲從壇中涌出上連于天而師容色如生玄宗深歎之乃下制曰混成不測入寥自化雖獨立有象而至極則冥故王屋山道士司馬子微心依道勝理會玄遠遍遊名山密契仙洞存觀其妙逍遙得意之場亡復其根宴息無何之境固以名登眞格位在靈官林壑未改遐霄已曠言念高烈有愴于懷宜贈徽章用光丹籙可銀青光祿大夫號眞一先生仍爲親製碑文

吳筠魯中之儒士也少通經善屬文舉進士不第性高潔不奈流俗乃入嵩山依潘師正爲道士傳正一之法苦心鑽仰乃盡通其術開元中南遊金陵訪道茅山久之東遊天台筠尤善著述在剡與越中文士爲詩酒之會所著歌篇傳於京師玄宗聞其名遣使徵之既至與語甚悅令待詔翰林帝問以道法對曰道法之精無如五千言其諸枝詞蔓說徒費紙劄耳又問神仙脩鍊之事對曰此野人之事當以歲月功行求之非人主之所宜適意每與緇黃列坐朝臣啓奏筠之所陳但名教世務而已間之以諷詠以達其誠玄宗深重之天寶中李林甫楊國忠用事紀綱日紊筠知天下將亂堅求還嵩山累表不許乃詔於嶽觀別立道院祿山將亂求還茅山許之旣而中原大亂江淮多盜乃東遊會稽甞於天台剡中往來與詩人李白孔巢父詩篇酬和逍遙泉石人多從之竟終於越中文集二十卷其玄綱三篇神仙可學論等爲達識之士所稱筠在翰林時特承恩顧繇是爲羣僧之所嫉驃騎高力士素奉佛甞短筠于上前筠不悅乃求還山故所著文賦深詆釋氏亦爲通人所譏然詞理宏通文彩煥發每製一篇人皆傳寫雖李白之放蕩杜甫之壯麗能兼之者其唯筠乎

孔述睿越州人也曾祖昌寓膳部郎中祖舜監察御史父齊參寶鼎令述睿少與兄克符弟克讓皆事親以孝聞旣孤俱隱於嵩山述睿好學不倦大曆中轉運使劉晏累表薦述睿有顏閔之行遊夏之學代宗以太常寺協律郎徵之轉國子博士歷遷尚書司勳員外郎史館脩撰述睿每加恩命暫至朝廷謝恩旬日卽辭疾却歸舊隱德宗踐祚以諫議大夫銀章朱紱命河南尹趙惠伯齎詔書玄纁束帛就嵩山以禮徵聘述睿旣至召對於別殿特賜第宅給以廐馬兼爲皇太子侍讀旬日後累表固辭依前乞還舊山詔報之曰卿懷伊摯匡時之道有廣成嘉遁之風養素丘園屢辭命秩朕以嵩山問道渭水求師亦何必務執勞謙固求退讓無違朕旨且啓乃心述睿旣懇辭不獲方就職久之改祕書少監兼右庶子再加史館脩撰述睿精於地理在館乃重脩地理誌時稱詳究而又性謙和退讓與物無競每親朋集會甞恂恂然似不能言者人皆敬之時令狐峘亦充脩撰與述睿同職多以細碎之事侵述睿述睿皆讓之竟不與爭時人稱爲長者貞元四年命齋詔并御饌衣服數百襲往平凉盟會處祭陷歿將士骸骨以述睿性精慤故也九年以疾上表請罷官詔不許報之曰朕以卿德重朝端行敦風俗不言之教所賴攸深未依來請想宜悉也述睿再三上表方獲允許乃以太子賓客賜紫金魚袋致仕放還鄉里仍賜帛五十匹衣一襲故事致仕還鄉者皆不給公乘德宗優寵儒者特命給而遣之貞元十六年九月卒年七十一贈工部尚書子敏行敏行字至之舉進士元和五年禮部侍郎崔樞下擢第呂元膺廉問岳鄂辟爲賓佐丁母憂而罷後元膺爲東都留守移鎮河中敏行皆從之十四年入爲右拾遺遷左補闕長慶中爲起居郎改左司員外郎歷司勳郎中充集賢殿學士遷吏部郎中俄拜諫議大夫上疏論輿元監軍楊叔元陰激募卒爲亂殺節度使李絳人不敢發其事敏行上表極諍之故叔元得罪時論稱美敏行名臣之子少而脩潔爲人所稱及游宦與當時豪俊爲友

雖名華爲一時冠而貞規雅操與父遠矣大和九年正月卒年四十九贈尚書工部侍郎

陽城字亢宗北平人也代爲宦族家貧不能得書乃求爲集賢寫書吏竊官書讀之晝夜不出房經六年乃無所不通既而隱於中條山遠近慕其德行多從之學閭里相訟者不詣官府詣城請決陝虢觀察使李泌聞其名親詣其里訪之與語甚悅泌爲宰相薦爲著作郎德宗令長安縣尉楊寧齎束帛詣夏縣所居而召之城乃衣褐赴京上章辭讓德宗遣中官持章服衣之而後詔賜帛五十匹尋遷諫議大夫初未至京人皆想望風彩曰陽城山人能自刻苦不樂名利今爲諫官必能以死奉職人咸畏憚之及至諸諫官紛紜言事細碎無不聞達天子益厭苦之而城方與二弟及客日夜痛飲人莫能窺其際皆以虛名譏之有造城所居將問其所以者城望風知其意引之與坐輒强以酒客辭城輒引自飲客不能已乃與城酬酢客或時先醉臥席上城或時先醉臥客懷中不能聽客語約其二弟云吾所得月俸汝可度吾家有幾口月食米當幾何買薪菜鹽凡用幾錢先具之其餘悉以送酒媼無留也未嘗有所蓄積雖所服用有切急不可闕者客稱其物佳可愛城輒喜舉而授之有陳某者候其始請月俸常往稱其錢帛之美月有獲焉時德宗在位多不假宰相權而左右得以因緣用事於是裴延齡李齊運韋渠牟尋以姦佞相次進用誣譖時宰毀詆大臣陸贄等咸遭枉黜無敢救者城乃伏閤上疏與拾遺王仲舒共論延齡姦佞贄等無罪德宗大怒召宰相入議將加城罪時順宗在東宮爲城獨開解之城賴之獲免於是金吾將軍張萬福聞諫官伏閤諫趨往至延英門大言賀曰朝廷有直臣天下必太平矣乃造城及王仲舒等曰諸諫議能如此言事天下安得不太平已而連呼太平太平萬福武人年八十餘自此名重天下時朝夕欲相延齡城曰脱以延齡爲相城當取白麻壞之竟坐延齡事改國子司業城既至國學乃召諸生告之曰凡學者所以學爲忠與孝也諸生寧有久不省其親者乎明日告城歸養者二十餘人有薛約者嘗學於城性狂躁以言事得罪徙連州客寄無根蔕臺吏以蹤跡求得之於城家城坐臺吏於門與約酒訣別涕泣送之郊外德宗聞之以城黨罪人出爲道州刺史太學生王魯卿季儻等二百七十人詣闕乞留經數日吏遮止之疏不得上在道州以家人法待吏人宜罰者罰之宜賞者賞之不以簿書介意道州土地産民多矮每年常配鄉戶竟以其男號爲矮奴城下車禁以良爲賤又憫其編甿歲有離異之苦乃抗疏論而免之自是乃停其貢民皆賴之無不泣荷前刺史有贓罪觀察使方推鞫之吏有幸於前刺史者拾其不法事以告自爲功城立杖殺之賦税不登觀察使數加誚讓州上考功第城自署其第曰撫字心勞徵科政拙考下下觀察使遣判官督其賦至州怪城不出迎以問州吏吏曰刺史聞判官來以爲有罪自囚於獄不敢出判官大驚馳入謁城於獄曰使君何罪某奉命來候安否耳留一二日未去城因不復歸館門外有故門扇橫地城晝夜坐臥其上判官不自安辭去其後又遣他判官往按之他判官義不欲按乃載妻子行中道而自逸順宗即位詔徵之而城已卒士君子惜之是歲四月賜其家錢二百貫文仍令所在州縣給遞以喪歸葬焉

崔觀梁州城固人爲儒不樂仕進以耕稼爲業老而無子乃以田宅家財分給奴婢令各爲生業觀夫妻遂隱於城固南山家事不問約奴婢遞過其舍至則供給酒食而已夫婦林泉相對以嘯咏自娛山南西道節度使鄭餘慶高其行辟爲節度參謀累邀方至府第爲吏無方略苦不達人事餘慶以長者優容之大和八年左補闕王直方上疏論事得召見文宗便殿訪以時事直方亦興元人與觀城固山爲鄰是日因薦觀有高行詔以起居郎徵之觀辭疾不起卒於山

贊曰高士忘懷不隱不顯依隱釣名眞風漸鮮結廬泉石投綬市朝心無出處是曰逍遥

# 舊唐書卷一百九十三

後晉司空同中書門下平章事劉　昫撰

## 列傳第一百四十三

### 列女



女子稟陰柔之質有從人之義前代誌貞婦烈女蓋善其能以禮自防至若失身賊庭不汚非義臨白刃而慷慨誓丹衷而激發粉身不顧視死如歸雖在壯夫恐難守節窈窕之操不其賢乎其次梁鴻之妻無辭偕隱共姜之誓不踐二庭婦道母儀克彰圖史又其長也末代風靡貞行寂寥聊播椒蘭以貽閨壼彤管之職幸無忽焉

李德武妻裴氏字淑英戶部尚書安邑公矩之女也性婉順有容德事父母以孝聞適德武一年而德武坐從父金才事徙嶺表矩時爲黃門侍郎奏請德武離婚煬帝許之德武將與裴別謂曰燕婉始爾便事分離方遠投瘴癘恐無還理尊君奏留必欲改嫁耳於此卽事長訣矣裴泣而對曰婦人事夫無再醮之禮夫者天也何可背乎守之以死必無他志因操刀欲割耳自誓保者禁之乃止裴與德武別後容貌毀悴常讀佛經不御膏澤李氏之姊妹在都邑者歲時朔望必命左右致敬而省焉裴又嘗讀烈女傳見稱述不改嫁者乃謂所親曰不踐二庭婦人常理何爲以此載於記傳乎後十餘年間與德武音信斷絶矩欲奪其志時有柳直求婚許之期有定日乃以翦斷其髮悲泣絶粒矩不可奪乃止德武已於嶺表娶爾朱氏爲妻及遇赦得還至襄州聞裴守節乃出其後妻重與裴合生三男四女貞觀中德武終於鹿城令裴歲餘亦卒

楊慶妻王氏世充兄之女也慶卽隋河間王弘之子大業末封郇王爲滎陽太守後陷於世充世充以兄女妻之授管州刺史及太宗攻圍洛陽慶謀背世充欲與其妻俱來歸國妻謂慶曰鄭國以妾奉箕箒於公者所以結公心耳今既二三其行負恩背義自爲身謀妾將奈何若至長安則公家之婢耳願送至東都公之惠也慶不聽伺慶出後謂侍者曰唐兵若勝我家則滅鄭國無危吾夫又死進退維谷何以生焉乃飲藥而卒慶旣入朝官至宜州刺史時又有獨孤武都謀叛王世充歸國事覺誅死武都子師仁年始三歲世充以其年幼不殺使禁掌之乳母王氏號蘭英請髡鉗求入保養世充許之蘭英撫育提携備盡筋力時喪亂年饑人多餓死蘭英扶路乞丐捃拾遇有所得便歸與師仁蘭英唯啖土飲水而已後詐採拾乃竊師仁歸于京師高祖嘉其義下詔曰師仁乳母王氏慈惠有聞撫鞠無倦提攜遺幼背逆歸朝宜有褒隆以賜其號可封永壽郡君

楊三安妻李氏雍州涇陽人也事舅姑以孝聞及舅姑亡沒三安亦死二子孩童家至貧窶李晝則力田夜紡績數年間葬舅姑及夫之叔姪兄弟者七喪深爲遠近所嗟尚太宗聞而異之賜帛二百段遣州縣所在存恤之

魏衡妻王氏梓州郪人也武德初薛仁杲舊將房企地侵掠梁郡因獲王氏逼而妻之後企地漸强盛衡謀以城應賊企地領衆將趨梁州未至數十里飲酒醉臥王氏取其佩刀斬之攜其首入城賊衆乃散高祖大悅封爲崇義夫人捨衡同賊之罪

樊會仁母敬氏字像子蒲州河東人也年十五適樊氏生會仁而夫喪事舅姑姊姒以謹順聞及服終母兄以其盛年將奪其志微加諷諭便悲恨嗚咽如此者數四母兄乃潛許人爲婚矯稱母患以召之凡所營具皆寄之鄰里像子既至省母無疾鄰家復具餚饍像子知爲所欺佯爲不悟者其嫂復請像子沐浴像子私謂會仁曰吾不幸孀居誓與汝父同穴所以不死者徒以我母羸老汝身幼弱今汝舅欲奪吾志將加逼迫於汝何如會仁失聲啼泣像子撫之曰汝勿啼吾向僞不覺者令汝舅不我爲意聞汝啼知吾覺悟必加防備則吾難爲計矣會仁便佯睡像子於是伺隙攜之遁歸中路兄使追及之將逼與俱返像子誓以必死辭情甚切其兄感歎而止後會仁年十八病卒時像子母已終既葬像子謂其所親曰吾老母不幸又夫死子亡義無久活於是號慟不食數日而死

絳州孝女衛氏字無忌夏縣人也初其父爲鄉人衛長則所殺無忌年六歲母又改嫁無兄弟及長常思復讎無忌從伯常設宴爲樂長則時亦預坐無忌以磚擊殺之既而詣吏稱父讎既報請就刑戮巡察大使黃門侍郎褚遂良以聞太宗嘉其孝烈特令免罪給傳乘徙於雍州并給田宅仍令州縣以禮嫁之

孝女賈氏濮州鄄城人也年始十五其父爲宗人玄基所害其弟强仁年幼賈氏撫育之誓以不嫁及强仁成

童共思報復乃俟玄基殺之取其心肝以祭父墓遣强仁自列於縣司斷以極刑賈氏詣闕自陳已爲請代强仁死高宗哀之特下制賈氏及强仁免罪移其家於洛陽

鄭義宗妻盧氏幽州范陽人盧彥衡之女也畧涉書史事舅姑甚得婦道嘗夜有强盜數十人持杖鼓譟踰垣而入家人悉奔竄唯有姑獨在室盧冒白刃往至姑側爲賊捶擊之幾至於死賊去後家人問曰羣兇擾橫人盡奔逃何獨不懼荅曰人所以異於禽獸者以其仁義也昔宋伯姬守義赴火流稱至今吾雖不敏安敢忘義且鄰里有急尚相赴救況在於姑而可委棄若萬一危禍豈宜獨生其姑每嘆云古人稱歲寒然後知松栢之後凋也吾今乃知盧新婦之心矣貞觀中卒

劉寂妻夏侯氏滑州胙城人字碎金父長雲爲鹽城縣丞因疾喪明碎金乃求離其夫以終侍養經十五年兼事後母以至孝聞及父卒毀瘠殆不勝喪被髮徒跣負土成墳廬於墓側每日一食如此者積年貞觀中有制表其門閭賜以粟帛

楚王靈龜妃上官氏秦州上邽人父懷仁右金吾將軍上官年十八歸于靈龜繼楚哀王後本生具存朝夕侍奉恭謹彌甚凡有新味非舅姑嘗訖未嘗先嘗經數載靈龜薨及將葬其前妃閻氏嫁不踰年而卒又無近族衆議欲不舉之上官氏曰必神而靈寧可使孤魂無託於是備禮同葬聞者莫不嘉歎服終諸兄姊謂曰妃年尚少又無所生改醮異門禮儀常範妃可思之妃掩泣對曰丈夫以義烈標名婦人以守節爲行未能即先犬馬以殉溝壑寧可復飾粧服有他志乎遽將刀截鼻割耳以自誓諸兄姊知其志不可奪歎息而止尋卒

楊紹宗妻王氏華州華陰人也初年二歲所生母亡爲繼母鞠養至年十五父又征遼而歿繼母尋亦卒王乃收所生及繼母屍柩并立父形像招魂遷葬訖廬於墓側陪其祖父母及父母墳永徽中詔曰故楊紹宗妻王氏因心爲孝率性成道年迫桑榆筋力衰謝以往在隋朝父歿遼左招魂遷葬負土成墳又葬其祖父母等竭此老年親加板築痛結晨昏哀感行路永言志行嘉尚良深宜標其門閭用旌敏德賜物三十段粟五十石

于敏直妻張氏營州都督皖城公儉之女也數歲時父母權有疾即觀察顏色不離左右晝夜省侍宛若成人及稍成長恭順彌甚適延壽公于欽明子敏直初聞儉有疾便即號踊自傷期於必死儉卒後凶問至號哭一慟而絕高宗下詔賜物百段仍令史官錄之

冀州鹿城女子王阿足者早孤無兄弟唯姊一人阿足初適同縣李氏未有子而夫亡時年尚少人多聘之爲姊年老孤寡不能捨去乃誓不嫁以養其姊每晝營田業夜便紡績衣食所須無非阿足出者如此二十餘年及姊喪葬送以禮鄉人莫不稱其節行競令妻女求與相識後數歲竟終于家

樊彥琛妻魏氏楚州淮陰人彥琛病篤將卒魏泣而言曰幸以愚陋託身明德奉侍衣裳二十餘載豈意釁妨所招遽見此禍同入黃泉是其願也彥琛荅曰死生常道無所多恨君宜勉勵養諸孤使其成立若相從而死適足貽累非吾所取也彥琛卒後屬李敬業之亂乃爲賊所獲賊黨知其素解絲竹逼令彈箏魏氏歎曰我夫不幸亡歿不能自盡苟爾偷生今爾見逼管絃豈非禍從手發耶乃引刀斬指棄之於地賊黨又欲妻之魏以必死自固賊等忿怒以刀加頸語云若不從我即當殯命乃厲聲罵曰爾等狗盜乃欲汚辱好人今得速死會我本志賊乃斬之聞者莫不傷惜

鄒保英妻奚氏不知何許人也萬歲通天年契丹賊李盡忠來寇平州保英時任刺史領兵討擊既而城孤援寡勢將欲陷奚氏乃率家僮及城內女丁相助固守賊退所司以聞優制封爲誠節夫人時有古玄應妻高氏亦能固守飛狐縣城卒免爲突厥所陷下詔曰頃屬默啜攻城咸憂陷沒丈夫固守猶不能堅婦人懷忠不憚流矢由茲感激危城重安如不褒昇何以獎勸古玄應妻可封爲徇忠縣君

宋庭瑜妻魏氏定州鼓城人隋著作郎彥泉之後也世爲山東士族父克已有詞學則天時爲天官侍郎魏氏善屬文先天中庭瑜自司農少卿左遷涪州別駕魏氏隨夫之任中路作南征賦以叙志詞甚典美開元中庭瑜累遷慶州都督初中書令張說年少時爲克已所重魏氏恨其夫爲外職乃作書與說叙亡父疇昔之事并爲庭瑜申理乃錄南征賦寄說說歎曰曹大家東征之流也庭瑜尋轉廣州都督道病卒魏氏旬日亦殞時人莫不傷之

崔繪妻盧氏幽州范陽人也爲山東著姓祖紉孫常州刺史父獻有美名則天時歷鸞臺侍郎文昌左丞天授中爲酷吏來俊臣所陷左遷西鄉令而卒繪早終盧既年少諸兄常欲嫁之盧輒稱病固辭盧亡姊之夫李思冲神龍初爲工部侍郎又求續親時思冲當朝美職諸兄不敢拒將婚之夕方以告盧盧又固辭不可仍令人防其門盧謂左右曰吾自誓久已定矣乃夜中出自竇中奔歸崔氏髮面盡爲糞穢所汚宗族見者皆爲之垂涙因出家爲尼諸尼欽其操行皆尊事之開元中以老病而卒

奉天縣竇氏二女伯娘仲娘雖長於村野而幼有志操住與邠州接界永泰中草賊數千人持兵刃入其村落行剽刼聞二女有容色姊年十九妹年十六藏於岩窟間賊徒擬爲逼辱乃先曳伯娘出行數十步又曳仲娘出賊相顧自慰行臨深谷伯娘曰我豈受賊汚辱乃投之於谷賊方驚駭仲娘又投於谷谷深數百尺姊尋卒仲娘腳折面破血流被體氣絕良久而蘇賊義之而去京兆尹第五琦感其貞烈奏之詔旌表門閭長免丁役二女葬事官給京兆尹曹陸海著賦以美之

順武尉盧甫妻李氏隴西成紀人也父瀾永泰元年春任蘄縣令界內先有草賊二千餘人瀾挺身入賊結以誠信賊並降附百姓復業者二百餘家時曹昇任徐州刺史知賊降領兵掩襲賊得脫後入縣殺瀾瀾將被殺從父弟渤詣賊救瀾請代兄死瀾又請留弟弟兄爭死瀾女盧甫妻又泣請代父死並爲賊所害宣慰使吏部侍郎李季卿以節義聞又有尉氏尉王泛妻裴氏儀王傳巨卿之女也素有容範爲賊所俘賊逼之裴曰吾衣冠之子當死即死終不苟全一命受汚於賊賊脅之以兵逼之以罵裴堅力抗之賊怒乃支解裴氏至死不屈季卿亦以狀迹聞詔曰鄭州原武縣尉盧甫亡妻李氏汴州尉氏縣尉王泛亡妻裴氏等懿範傳家柔明植性頃因冦難克彰義烈或請代父死表因心之孝或誓遂夫亡操雖奪之節宜膺賻律俾光休美李氏可贈孝昌縣君裴氏可贈河東縣君仍編入史冊瀾渤亦贈官秩

鄒待徵妻薄氏待徵大曆中爲常州山陰縣尉其妻爲海賊所掠薄氏守節出待徵官誥於懷中託付村人使謂待徵曰義不受辱乃投江而死賊退潮落待徵於江岸得妻屍焉江左文士多著節婦文以紀之

李湍妻湍吳元濟之軍人也元和中淮南未平湍心懷向順乃急渡溵河東降烏重胤其妻遂爲賊束縛在樹臠而食之至死叫其夫曰善事烏僕射觀者義之至是重胤以其事請列史冊十三年憲宗下詔從之

董昌齡母楊氏昌齡常爲泗州長史世居于蔡少孤受訓於母累事吳少誠少陽至元濟時爲吳房令楊氏潛誡曰逆順之理成敗可知汝宜圖之昌齡志未果元濟又署爲郾城令楊氏復誡曰逆黨欺天天所不福汝當速降無以前敗爲慮無以老母爲念汝爲忠臣吾雖歿無恨矣及王師逼郾城昌齡乃以城降且說賊將鄧懷金歸欵於李光顏憲宗聞之喜急召昌齡至闕直授郾城令兼監察御史仍賜緋魚昌齡泣謝曰此皆老母之訓憲宗嗟歎良久元濟因楊氏欲殺之而止者數矣蔡平楊氏幸無恙元和十五年陳許節度使李遜疏楊氏之强明節義以聞乃封北平郡太君

韋雍妻蕭氏雍故太子賓客張弘靖鎮幽州日奏授觀察判官攝監察御史時屬朝廷制置未備幽州俗本兇悍尤不樂文儒爲主帥賓佐習於常態忿其變通議論不密卒然起亂雍時家亦從刼蕭氏聞難號呼事執夫袂左右格去以死不從及雍臨刃蕭氏涕而告曰妾不幸年少義不苟活今日之事願先就死執刀者斷其臂而殺雍蕭氏詞氣不撓雖兇悍闐視無不嗟嘆其夕蕭氏亦卒大和六年節度使楊志誠表明其事因降勅追封蘭陵縣君

衡方厚妻程氏方厚大和中任邕州都督府錄事參軍爲招討使董昌齡誣枉殺之程氏力不能免乃抑其哀如非寃者昌齡雅不疑慮聽其歸葬程氏故得以徒行詣闕截耳於右銀臺門告夫被殺之寃御史臺鞫之得實諫官亦有章疏故昌齡再受譴逐程氏開成元年降勅曰乃者吏爲不道虐殺爾夫詣闕申寃徒行萬里崎嶇偪畏濱於危亡血誠旣昭幽憤果雪雖古之烈婦何以加焉如聞孤嬬無依晝哭待盡俾榮祿養仍賜疏封可封武昌縣君仍賜一子九品正員官

女道士李玄眞越王貞之玄孫曾祖珍子越王第六男也先天中得罪配流嶺南玄眞祖父皆亡歿於嶺外雖曾經恩赦而未昭雪玄眞進狀曰去開成三年十二月內得嶺南節度使盧鈞出俸錢接措哀妾三代旅櫬暴露各在一方特與發遣歸就大塋合祔今護四喪已到長樂旅店權下未委故越王墳所在伏乞天恩允妾所奏許歸大塋妾年已六十三孤孀家貧更無依倚詔曰越王事跡國史著明枉陷非辜尋已洗雪其珍子他事配流數代漂零不還京國玄眞弱女孝節卓然啓護四喪綿歷萬里況是近族必可加恩行路猶或嗟稱朝廷固須恤助委宗正寺京兆府與訪越王墳墓報知如不是陪陵任祔塋次卜葬其葬事仍令京兆府接措必使備禮葬畢玄眞如願住京城便配咸宜觀安置

孝女王和子者徐州人其父及兄爲防秋卒戍涇州元

和中吐蕃寇邊父兄戰死無子母先亡和子時年十七聞父兄歿於邊上被髮徒跣繚裳獨往涇州行丐取父兄之喪歸徐營葬手植松栢剪髮壞形廬於墓所節度使王智興以狀聞詔旌表之又大中五年兗州瑕丘縣人鄭神佐女年二十四先許適馳雄牙官李玄慶神佐亦爲官健戍慶州時党項叛神佐戰死其母先亡無子女以父戰歿邊城無由得還乃剪髮壞形自往慶州護父喪還至瑕丘縣進賢鄉馬青村與母合葬便廬於墳所手植松檜誓不適人節度使蕭俶以狀奏之曰伏以閭里之中罕知禮教女子之性尤昧義方鄭氏女痛結窮泉哀深陟岵投身沙磧歸父遺骸遠自邊陲得還閭里感蓼莪以積恨守丘墓以誓心克彰孝理之仁足厲貞方之節詔旌表門閭

贊曰政教隆平男忠女貞禮以自防義不苟生彤管有煒蘭閨振聲關雎合雅始號文明

舊唐書卷一百九十三考證

楊紹宗妻王氏傳陪其祖母及父母墳○臣酉按語曰又葬其祖父母等則祖下當脫一父字今增

# 舊唐書卷一百九十四上

後晉司空同中書門下平章事劉　昫撰

## 列傳第一百四十四上

### 突厥上

突厥之始啓民之前隋書載之備矣祇以入國之事而述之

始畢可汗咄吉者啓民可汗子也隋大業中嗣位值天下大亂中國人奔之者衆其族强盛東自契丹室韋西盡吐谷渾高昌諸國皆臣屬焉控弦百餘萬北狄之盛未之有也高視陰山有輕中夏之志可汗者猶古之單于妻號可賀敦猶古之閼氏也其子弟謂之特勤別部領兵者皆謂之設其大官屈律啜次阿波次頡利發次吐屯次俟斤並代居其官而無員數父兄死則子弟承襲高祖起義太原遣大將軍府司馬劉文靜聘于始畢引以爲援始畢遣其特勤康稍利等獻馬千匹會于絳郡又遣二千騎助軍從平京城及高祖即位前後賞賜不可勝紀始畢自恃其功益驕踞每遣使者至長安頗多橫恣高祖以中原未定每優容之武德元年始畢使骨咄祿特勤來朝宴于太極殿奏九部樂賚錦綵布絹各有差二年二月始畢帥兵渡河至夏州賊帥梁師都出兵會之謀入抄掠授馬邑賊帥劉武周兵五百餘騎遣入句注又追兵大集欲侵太原是月始畢卒其子什鉢苾以年幼不堪嗣位立爲泥步設使居東偏直幽州之北立其弟俟利弗設是爲處羅可汗

處羅可汗嗣位又以隋義城公主爲妻遣使入朝告喪高祖爲之舉哀廢朝三日詔百官就館弔其使者又遣內史舍人鄭德挺往弔處羅賻物三萬段處羅此後頻遣使朝貢先是隋煬帝蕭后及齊王暕之子政道陷于竇建德三年二月處羅迎之至于牙所立政道爲隋王隋末中國人在虜庭者悉隸于政道行隋正朔置百官居于定襄城有徒一萬時太宗在藩受詔討劉武周師次太原處羅遣其弟步利設率二千騎與官軍會六月處羅至并州總管李仲文出迎勞之留三日城中美婦人多爲所掠仲文不能制俄而處羅卒義城公主以其子奥射設醜弱廢不立之遂立處羅之弟咄苾是爲頡利可汗

頡利可汗者啓民可汗第三子也初爲莫賀咄設牙直五原之北高祖入長安薛舉猶據隴右遣其將宗羅睺攻陷平涼郡北與頡利連結高祖患之遣光祿卿宇文歆賫金帛以賂頡利歆說之令絕交於薛舉初隋五原太守張長遜因亂以其所部五原城隸於突厥歆又說頡利遣長遜入朝以五原地歸于我頡利並從之因發突厥兵及長遜之衆並會於太宗軍所武德三年頡利又納義城公主爲妻以始畢之子什鉢苾爲突利可汗遣使入朝告處羅死高祖爲之罷朝一日詔百官就館弔其使頡利初嗣立承父兄之資兵馬强盛有憑陵中國之志高祖以中原初定不遑外略每優容之賜與不可勝計頡利言辭悖傲求請無厭四年四月頡利自率萬餘騎與馬邑賊苑君璋將兵六千人共攻鴈門定襄王李大恩擊走之先是漢陽公蘇瓌太常卿鄭元璹左驍衞大將軍長孫順德等各使于突厥頡利並拘之我亦留其使前後數輩至是爲大恩所挫於是乃懼仍放順德還更請和好獻魚膠數十觔欲令二國同於此膠高祖嘉之放其使者特勤熱寒阿史德等還蕃賜以金帛五年春李大恩奏言突厥飢荒馬邑可圖詔大恩與殿內少監獨孤晟帥師討苑君璋期以二月會于馬邑晟後期不至大恩不能獨進頓兵新城以待之頡利遣數萬騎與劉黑闥合軍進圍大恩王師敗績大恩歿于陣死者數千人六月劉黑闥又引突厥萬餘騎入抄河北頡利復自率五萬騎南侵至于汾州又遣數千騎西入靈原等州詔隱太子出豳州道太宗出蒲州道以討之時頡利攻圍并州又分兵入汾潞等州掠男女五千餘口聞太宗兵至蒲州乃引兵出塞七年八月頡利突利二可汗舉國入寇道自原州連營南上太宗受詔北討齊王元吉隸焉初關中霖雨糧運阻絕太宗頗患之諸將憂見於色頓兵於豳州頡利突利率萬餘騎奄至城西乘高而陣將士大駭太宗乃親率百騎馳詣虜陣告之曰國家與可汗誓不相負何爲背約深入吾地我秦王也故來一決可汗若自來我當與可汗兩人獨戰若欲兵馬總來我唯百騎相禦耳頡利弗之測笑而不對太宗又前令騎告突利曰爾往與我盟急難相救爾今將兵來何無香火之情也亦宜早出一決勝負突利亦不對太宗前將渡溝水頡利見太宗輕出又聞香火之言乃陰猜突利因遣使曰王不須渡我無惡意更欲共王自斷當耳於是稍引却各斂軍而退太宗因縱反間於突利突利悅而歸心焉遂不欲戰其叔姪內離頡利欲戰不可因遣突利及夾畢特勤阿史那思摩奉見請和許之突利因自託於太宗願結爲兄弟思摩初奉見高祖引昇御榻頓顙固辭高祖謂曰頡利誠心遣特勤朝拜今見特勤如見頡利固引之乃就坐尋封思摩爲和順王八年七月頡利集兵十餘萬大掠朔州又襲將軍張瑾于太原瑾全軍並沒脫身奔於李靖出師拒戰頡利不得進屯于并州太宗帥師討之次蒲州頡利引兵而去太宗旋師九年七月頡利自率十萬餘騎進寇武功京師戒嚴己卯進寇高陵行軍總管左武候大將軍尉遲敬德與之戰于涇陽大破之獲俟斤阿史德烏没啜斬首千餘級癸未頡利遣其腹心執失思力入朝爲覘因張形勢云二可汗總兵百萬今已至矣太宗謂之曰我與突厥面自和親汝則背之我實無愧又義軍入京之初爾父子並親從我賜汝玉帛前後極多何故輒將兵入我畿縣爾雖突厥亦須頗有人心何故全忘大恩自誇强盛我當先戮爾矣思力懼而請命太宗不許縶之於門下省太宗與侍中高士廉中書令房玄齡將軍周範馳六騎幸渭水之上與頡利隔津而語責以負約其酋帥大驚皆下馬羅拜俄而衆軍繼至頡利見軍容大盛又知思力就拘由是大懼太宗獨與頡利臨水交言麾諸軍却而陣焉蕭瑀以輕敵固諫于馬前上曰吾已籌之非卿所知也突厥所以空其境內直入渭濱應是聞我國家初有內難朕又新登九五將謂不敢拒之朕若閉門虜必大掠强弱之勢在今一舉朕故獨出以示輕之又耀軍容使知必戰事出不意乖其本圖虜入既深理當自懼與戰則必剋與和則必固制服匈奴自茲始矣是日頡利請和詔許焉車駕即日還宮乙酉又幸城西刑白馬與頡利同盟于便橋之上頡利引兵而退蕭瑀進曰初頡利之未和也謀臣猛將多請戰而陛下不納臣以爲疑既而虜自退其策安在上曰我觀突厥之兵雖衆而不整君臣之計唯財利是視可汗獨在水西酋帥皆來謁我我因而襲擊其衆勢同拉朽然我已令無忌李靖設伏於幽州以待之虜若奔還伏兵邀其前大軍躡其後覆之如反掌矣我所以不戰者即位日淺爲國之道安靜爲務一與虜戰必有死傷又匈奴一敗或當懼而脩德結怨於我爲患不細我今卷甲韜戈啗以玉帛頑虜驕恣必自此始破亡之漸其在茲乎將欲取之必固與之此之謂也九月頡利獻馬三千匹羊萬口上不受詔頡利所掠中國戶口者悉令歸之貞觀元年陰山已北薛延陀迴紇拔也古等部皆相率背叛擊走其欲谷設頡利遣突利討之師又敗績輕騎奔還頡利怒拘之十餘日突利由是怨望內欲背之其國大雪平地數尺羊馬皆死人大飢乃懼我師出乘其弊引兵入朔州揚言會獵實設備焉侍臣咸曰夷狄無信先自猜疑盟後將兵忽踐疆境可乘其便數以背約因而討之太宗曰匹夫一言尚須存信何況天下主乎豈有親與之和利其災禍而乘危迫險以滅之耶諸公爲可朕不爲也縱突厥部落叛盡六畜皆死朕終示以信不妄討之待其無禮方擒取耳三年突利遣使奏言與頡利有隙奏請擊之詔秦武通以并州兵馬隨便應接三年薛延陀自稱可汗于漠北遣使來貢方物頡利始稱臣尚公主請脩壻禮頡利每委任諸胡疏遠族類胡人貪冒性多翻覆以故法令滋彰兵革歲動國人患之諸部攜貳頻年大雪六畜多死國中大餒頡利用度不給復重斂諸部由是下不堪命內外多叛之上以其請和後復援梁師都詔兵部尚書李靖代州都督張公謹出定襄道并州都督李勣右武衞將軍丘行恭出通漢道左武衞大將軍柴紹出金河道衞孝節出恒安道薛萬徹出暢武道俱受靖節度以討之十二月突利可汗及郁射設蔭奈特勤等並帥所部來奔四年正月李靖進屯惡陽嶺夜襲定襄頡利驚擾因徙牙於磧口胡酋康蘇密等遂以隋蕭后及楊政道來降二月頡利計窘竄于鐵山兵尚數萬使執失思力入朝謝罪請舉國內附太宗遣鴻臚卿唐儉將軍安脩仁持節安

撫之頡利稍自安靖乘間襲擊大破之遂滅其國頡利乘千里馬獨騎奔于從姪沙鉢羅部落三月行軍副總管張寶相率衆奄至沙鉢羅營生擒頡利送于京師太宗謂曰凡有功於我者必不能忘有惡於我者終亦不紀論爾之罪狀誠爲不小但自渭水曾面爲盟從此以來未有深犯所以錄此不相責耳仍詔還其家口館於大僕廩食之頡利鬱鬱不得志與其家人或相對悲歌而泣帝見羸憊授虢州刺史以彼土多麞鹿縱其畋獵庶不失物性頡利辭不願往遂授右衛大將軍賜以田宅五年太宗謂侍臣曰天道福善禍淫事猶影嚮昔啓民亡國奔隋文帝不恡粟帛大興士衆營衛安置乃得存立既而强盛當須子子孫孫思念報德纔至始畢卽起兵圍煬帝於鴈門及隋國將亂又恃强深入遂使昔安立其家國者身及子孫並爲頡利兄弟之所屠戮今頡利破亡豈非背恩忘義所致也八年卒詔其國人葬之從其俗禮焚屍於灞水之東贈歸義王謚曰荒其舊臣胡祿達官吐谷渾邪自刎以殉渾邪者頡利之母婆施氏之媵臣也頡利初誕以付渾邪至是哀慟而死太宗聞而異之贈中郎將仍葬於頡利墓側樹碑以紀之突利可汗什鉢苾者始畢可汗之嫡子頡利之姪也隋大業中突利年數歲始畢遣領其東牙之兵號爲泥步設隋淮南公主之北也遂妻之頡利嗣位以爲突利可汗牙直幽州之北突利在東偏管奚霫等數十部徵稅無度諸部多怨之貞觀初奚霫等並來歸附頡利怒其失衆遣北征延陁又喪師遂囚而撻焉突利初自武德時深自結於太宗太宗亦以恩義撫之結爲兄弟與盟而去後頡利政亂驟徵兵於突利拒之不與由是有隙貞觀三年表請入朝上謂侍臣曰朕觀前代爲國者勞心以憂萬姓世祚乃長役人以奉其身社稷必滅今北蕃百姓喪亡誠由其君不君之故也至使突利情願入朝若非困迫何能至此夷狄弱則邊境無虞亦甚爲慰然見其顛狽又不能不懼所以然者慮己有不逮恐禍變亦爾朕今視不能遠見聽不能遠聞唯藉公等盡忠匡弼無得惰於諫諍也突利尋爲頡利所攻遣使來乞師太宗謂近臣曰朕於突利結爲兄弟不可以不救杜如晦進曰夷狄無信其來自久國家雖爲守約彼必背之不若因其亂而取之所謂取亂侮亡之道太宗然之因令將軍周範屯太原以圖進取突利乃率其衆來奔太宗禮之甚厚頻賜以御膳四年授右衛大將軍封北平郡王食邑封七百戶以其下兵衆置順祐等州帥部落還蕃太宗謂曰昔爾祖啓民亡失兵馬一身投隋隋家翌立遂至强盛荷隋之恩未嘗報德至爾父始畢乃爲隋家之患自爾已後無歲不侵擾中國天實禍淫大降災變爾衆散亂死亡略盡既事窮後乃來投我我所以不立爾爲可汗者正爲啓民前事故也改變前法欲中國久安爾宗族永固是以授爾都督當須依我國法整齊所部不得妄相侵掠如有所違當獲重罪五年徵入朝至并州道病卒年二十九太宗爲之舉哀詔中書侍郎岑文本爲其碑文子賀邏鶻嗣突利弟結社率貞觀初入朝歷位中郎將十三年從幸九成宮陰結部落得四十餘人并擁賀邏鶻相與夜犯御營踰第四重幕引弓亂發殺衛士數十人折衝孫武開率兵奮擊乃退北走渡渭水欲奔其部落尋皆捕而斬之詔原賀邏鶻流于嶺外頡利之敗也其部落或走薛延陁或走西域而來降者甚衆詔議安邊之術朝士多言突厥恃强擾亂中國爲日久矣今天實喪之窮來歸我本非慕義之心因其歸命分其種落俘之河南兗豫之地散居州縣各使耕織百萬胡虜可得化爲百姓則中國有加戶之利塞北可常空矣唯中書令溫彥博議請準漢建武時置降匈奴於五原塞下全其部落得爲捍蔽又不離其土俗因而撫之一則實空虛之地二則示無猜心若遣向河南兗豫則乖物性故非含育之道太宗將從之祕書監魏徵奏言突厥自古至今未有如斯之破敗者也此是上天勦絕宗廟神武且其世寇中國百姓冤讎陛下以其降伏不能誅滅卽宜遣還河北居其故土匈奴人面獸心非我族類强必寇盜弱則卑服不顧恩義其天性也秦漢患其若是故發猛將以擊之收取河南以爲郡縣陛下奈何以內地居之且今降者幾至十萬數年之間孳息百倍居我肘腋密邇王畿心腹之疾將爲後患尤不可河南處也溫彥博奏曰天子之於物也天覆地載有歸我者則必養之今突厥破滅之餘歸心降附陛下不加憐愍棄而不納非天地之道阻四夷之意臣愚甚謂不可遣居河南所謂死而生之亡而存之懷我德惠終無叛逆魏徵又曰晉代有魏時胡落分居近郡平吳已後郭欽江統勸武帝逐出塞外不用欽等言數年之後遂傾瀍洛前代覆車殷鑒不遠陛下必用彥博之言遣居河南所謂養獸自遺患也彥博又曰聞聖人之道無所不通古先哲王有教無類突厥餘魂以命歸我我援護之收居內地稟我指麾教以禮法數年之後盡爲農民選其酋首遣居宿衛畏威懷德何患之有光武居南單于於內郡爲漢藩翰終乎一代不有叛逆彥博既口給引類百端太宗遂用其計於朔方之地自幽州至靈州置順祐化長四州都督府又分頡利之地六州左置定襄都督府右置雲中都督府以統其部衆其酋首至者皆拜爲將軍中郎將等官布列朝廷五品以上百餘人因而入居長安者數千家自結社率之反也太宗始患之又上書者多云處突厥於中國殊謂非便乃徙於河北立右武候大將軍化州都督懷化郡王思摩爲乙彌泥孰俟利苾可汗賜姓李氏率所部建牙於河北

思摩者頡利族人也始畢處羅以其貌似胡人不類突厥疑非阿史那族類故歷處羅頡利世常爲夾畢特勒終不得典兵爲設武德初數來朝貢高祖封爲和順郡王及其國亂諸部多歸中國唯思摩隨逐頡利竟與同擒太宗嘉其忠除右武候大將軍化州都督令統頡利舊部落於河南之地尋改封懷化郡王及將徙於白道之北思摩等咸憚薛延陁不肯出塞太宗遣司農卿郭嗣本賜延陁璽書曰突厥頡利可汗未破已前自恃强盛抄掠中國百姓被其殺者不可勝紀我發兵擊破之諸部落悉歸化我畧其舊過嘉其從善並授官爵同我百寮所有部落愛之如子與我百姓不異但中國禮義不滅爾國前破突厥止爲頡利一人爲百姓之害所以廢而黜之實不貪其土地利其人馬也自黜廢頡利以後恒欲更立可汗是以所降部落等並處河南任其放牧今戶口羊馬日向滋多元許冊立不可失信卽欲遣突厥渡河復其田土我策爾延陁日月在前今突厥居後後者爲小前者爲大爾在磧北突厥居磧南各守土境鎮撫部落若其踰越故相抄掠我卽將兵各問其罪此約既定非但有便爾身貽厥子孫長守富貴也於是命禮部尚書趙郡王孝恭齎書就思摩部落築壇於河上以拜之并賜之鼓纛突厥及胡在諸州安置者並令渡河北還其舊部又以左屯衛將軍阿史那忠爲左賢王左武衛將軍阿史那泥孰爲右賢王以貳之薛延陁聞太宗遣思摩渡河北慮其部落翻附磧北預蓄輕騎伺至而擊之太宗遣勑之曰擅相侵者國有常刑延陁曰至尊遣莫相侵掠敢不奉詔然突厥翻覆難信其未破前連年殺中國人動以千萬計至尊破突厥須收爲奴婢將與百姓而反養之如子結社率竟反此輩獸心不可信也臣荷恩甚深請爲至尊誅之時思摩下部衆渡河者凡十萬勝兵四萬人思摩不能撫其衆皆不愜服至十七年相率叛之南渡河請分處於勝夏二州之間詔許之思摩遂輕騎入朝策授右武衛將軍從征遼東爲流矢所中太宗親爲吮血其見顧遇如此未幾卒于京師贈兵部尚書夏州都督陪葬昭陵立墳以象白道山詔爲立碑於化州先是貞觀中突厥別部有車鼻者亦阿史那之族也代爲小可汗牙于金山之北頡利可汗之敗北荒諸部將推爲大可汗遇薛延陁爲可汗車鼻不敢當遂率所部歸於延陁爲人勇烈有謀畧頗爲衆附延陁惡而將誅之車鼻密知其謀竄歸於舊所其地去京師萬里勝兵三萬人自稱乙注車鼻可汗西有歌羅祿北有結骨皆附隸之自延陁破後遣其子沙鉢羅特勒來朝貢方物又請身入朝太宗遣將軍郭廣敬徵之竟不至太宗大怒貞觀二十三年遣右驍衛郎將高偘潛引迴紇僕骨等兵衆襲擊之其酋長歌邏祿泥孰闕俟利發乃拔塞匐處木昆莫賀咄俟斤等率部落背車鼻相繼來降永徽元年偘軍次阿息山車鼻聞王師至召所部兵皆不赴遂携其妻子從數百騎而遁其衆盡降偘率精騎追車鼻獲之送于京師仍獻于社廟又獻于昭陵高宗數其罪而赦之拜左武衛將軍賜宅於長安處其餘衆於鬱督軍山置狼山都督以統之車鼻長子羯漫陀先統拔悉密部車鼻未敗前遣其子菴鑠入朝太宗嘉之拜左屯衛將軍更置新黎州以統其衆車鼻既破之後突厥盡爲封疆之臣於是分置單于瀚海二都護府單于都護領狼山雲中桑乾三都督蘇農等一十四州瀚海都護領金微新黎等七都督仙蕚賀蘭等八州各以其首領爲都督刺史高宗東封泰嶽下勒名於封禪之碑自永徽已後殆三十年北鄙無事調露元年單于管內突厥首領阿史德溫傅奉職二部落始相率反叛立泥孰匐爲可汗二十四州並叛應之高宗遣鴻臚卿蕭嗣業右千牛將軍李景嘉率衆討之反爲溫傅所敗兵士死者萬餘人又詔禮部尚書裴行儉爲定襄道行軍大總管率太僕少卿李思文營州都督周道務等統衆三十餘萬討擊溫傅大破之泥孰匐爲其下所殺并擒奉職而還永隆元年突厥有迎頡利兄之子阿史那伏念於夏州將渡河立爲可汗諸部落復響應從之又詔裴行儉率將軍曹繼叔程務挺李崇直李文暕等討之伏念窘急詣行儉降行儉遂虜伏念詣京師斬于東市永淳二年突厥阿史那骨咄祿復反叛

骨咄祿者頡利之疎屬亦姓阿史那氏其祖父本是單于右雲中都督舍利元英下首領也世襲吐屯啜伏念既破骨咄祿鳩集亡散入總材山聚爲羣盜有衆五千餘人又抄掠九姓得羊馬甚多漸至強盛乃自立爲可汗以其弟默啜爲設咄悉匐爲葉護時有阿史德元珍在單于檢校降戶部落嘗坐事爲單于長史王本立所拘縶會骨咄祿入寇元珍請依舊檢校部落本立許之因而便投骨咄祿骨咄祿得之甚喜立爲阿波達干令專統兵馬事永淳二年進寇蔚州豐州都督崔智辯擊之反爲賊所殺文明元年又寇朔州殺掠人吏則天詔左武威衛大將軍程務挺爲單于道安撫大使以備之垂拱二年骨咄祿又寇朔代等州左玉鈐衛中郎將淳于處平爲陽曲道總管與副將中郎將蒲英節率兵赴援行至忻州與賊戰大敗死者五千餘人三年骨咄祿及元珍又寇昌平詔左鷹揚衛大將軍黑齒常之擊卻之其年八月又寇朔州復以常之爲燕然道大總管擊賊於黃花堆大破之追奔四十餘里賊衆遂散走磧北右監門衛中郎將爨寶璧又率精兵一萬三千人出塞窮追反爲骨咄祿所敗全軍盡沒寶璧輕騎遁歸初寶璧見常之破賊遂表請窮其餘黨則天詔常之與寶璧計議遙爲聲援寶璧以爲破賊在朝夕貪功先行又令人出塞二千餘里覘候見元珍等部落皆不設備遂率衆掩襲之既至又遣人報賊令得設備出戰遂爲賊所覆寶璧坐此伏誅則天大怒因改骨咄祿爲不卒祿元珍後率兵討突騎施臨陣戰死骨咄祿天授中病卒

默啜者骨咄祿之弟也骨咄祿死時其子尚幼默啜遂篡其位自立爲可汗長壽二年率衆寇靈州殺掠人吏則天遣白馬寺僧薛懷義爲代北道行軍大總管領十大將軍以討之既不遇賊尋班師焉默啜俄遣使來朝則天大悅冊授左衛大將軍封歸國公賜物五十段明年復遣使請和又加授遷善可汗萬歲通天元年契丹首領李盡忠孫萬榮反叛攻陷營府默啜遣使上言請還河西降戶即率部落兵馬爲國家討擊契丹制許之默啜遂攻討契丹部衆大潰盡獲其家默啜自此兵衆漸盛則天尋遣使冊立默啜爲特進頡跌利施大單于立功報國可汗聖曆元年默啜表請與則天爲子并言有女請和親初咸亨中突厥諸部落來降附者多處之豐勝靈夏朔代等六州謂之降戶默啜至是又索世降戶及單于都護府之地兼請農器種子則天初不許默啜大怨怒言辭甚慢拘我使人司賓卿田歸道將害之時朝廷懼其兵勢納言姚璹鸞臺侍郎楊再思建議請許其和親遂盡驅六州降戶數千帳并種子四萬餘碩農器三千事以與之默啜浸強由此也其年則天令魏王武承嗣男淮陽王延秀就納其女爲妃遣右豹韜衛大將軍閻知微攝春官尚書右武威衛郎將楊鸞莊攝司賓卿大齎金帛送赴虜庭行至黑沙南庭默啜謂知微等曰我女擬嫁與李家天子兒你今將武家兒來此是天子兒否我突厥積代已來降附李家今聞李家天子種末總盡唯有兩兒在我今將兵助立遂收延秀等拘之別所僞號知微爲可汗與之率衆十餘萬襲我靜難及平狄清夷等軍靜難軍使左正鋒衛將軍慕容玄崱以兵五千人降之俄進寇嬀檀等州則天令司屬卿武重規爲天兵中道大總管右武威衛將軍沙吒忠義爲天兵西道前軍總管幽州都督張仁亶爲天兵東道總管率兵三十萬擊之右羽林衛大將軍閻敬容爲天兵西道後軍總管統兵十五萬以爲後援默啜又出自恒岳道寇蔚州陷飛狐縣俄進攻定州殺刺史孫彥高焚燒百姓廬舍虜掠男女無少長皆殺之則天大怒購斬默啜者封王改默啜號爲斬啜尋又圍逼趙州長史唐波若翻城應之刺史高叡抗節不從遂遇害則天乃立廬陵王爲皇太子令充河北道行軍大元帥軍未發而默啜盡抄掠趙定等州男女八九萬人從五回道而去所過殘殺不可勝紀沙吒忠義及後軍總管李多祚等皆持重兵與賊相望不敢戰河北道元帥納言狄仁傑總兵十萬追之無所及二年默啜立其弟咄悉匐爲左廂察骨咄祿子默矩爲右廂察各主兵馬二萬餘人又立其子匐俱爲小可汗位在兩察之上仍主處木昆等十姓兵馬四萬餘人又號爲拓西可汗自是連歲寇邊久視元年掠隴右諸監馬萬餘匹而去制右肅政御史大夫魏元忠爲靈武道行軍大總管以備之又命安北大都督相王旦爲天兵道元帥統諸軍討擊竟未行而賊退長安三年默啜遣使莫賀達干請以女妻皇太子之子則天令太子男平恩王重俊義興王重明廷立見之默啜遣大酋移力貪汗入朝獻馬千匹及方物以謝許親之意則天燕之於宿羽亭太子相王及朝集使三品以上並預會重賜以遣之中宗即位默啜又寇靈州鳴沙縣靈武軍大總管沙吒忠義拒戰久之官軍敗績死者六千餘人賊遂進寇原會等州掠隴右羣牧馬萬餘匹而去忠義坐免中宗下制絕其請婚仍購募能斬獲默啜者封國王授諸衛大將軍賞物二千段又命內外官各進破突厥諸策右補闕盧俌上疏曰臣聞有虞咸熙苗人逆命殷宗大化鬼方不賓則戎狄交侵其來遠矣漢高帝納婁敬之議與匈奴和親妻以宗女賂以鉅萬冒頓益驕邊寇不止則遠荒之地凶悍之俗難以德綏可以威制而降自三代無聞上策今匈奴不臣擾我亭障皇赫斯怒將整元戎臣聞方叔帥師功歌周雅去病耀武勳勒燕山則萬里折衝在於擇將春秋謀元帥取其說禮樂敦詩書晉臣杜預射不穿札而建平吳之勳是知中權制謀不在一夫之勇其蕃將沙吒忠義等身雖驍悍志無遠圖此乃騎將之材本不可當大任且師出以律將軍死綏秦尅長平趙括受戮胡去馬邑王恢坐誅則棄軍有刑古之常典近者鳴沙之役主將先逃輕挫國威須正邦憲又其中軍既敗陣亂矢窮義勇之士猶能死戰功合紀錄以勸戎行賞罰既明將士盡節此擒敵之術也臣聞以蠻夷攻蠻夷中國之長筭故陳湯統西域而郅支滅常惠用烏孫而匈奴敗請購辯勇之士班傅之儔旁結諸蕃與圖攻取此又掎角之勢也臣聞昔置新秦以實塞下宜因古法募人徙邊選其勝兵免其行役次廬伍明教令則狃習戎事究識夷情其所虜獲因而賞之近戰則守家遠戰則利貨趨赴鋒鏑不勞訓誓朝賦楊柳夕歌杕杜三年之後可以久安臣聞漢拜郅都匈奴避境趙命李牧林胡遠竄則朔方之安危邊域之勝負地方千里制在一賢其邊州刺史不可不慎擇得其人而任之蒐乘訓兵屯田積粟謹設烽燧精飾戈矛來則懲而禦之去則備而守之此又古之善經也去歲亢陽天下不稔利在保境不可窮兵使內郡黔黎各安其業擇其宰牧輕其賦徭事無過舉爵不以私愛人之財節其徭役惜人之力不廣臺榭察地利天時以趨耕穫命秋獮冬狩以教戰陣則數年之後有勇知方帑藏山積金革犀利然後整六軍絕大漠雷擊萬里風掃二庭斬蹛林之酋懸藁街之邸使百蠻震怖五兵載戢則上合天時下順人事理內以及外綏近以來遠以惠中國以靜四方臣少慕文儒不習軍旅奇正之術多媿前良獻替是司輕陳瞽議上覽而善之默啜於是殺我行人假鴻臚卿臧思言思言對賊不屈節特贈鴻臚卿仍命左屯衛大將軍張仁亶攝右御史臺大夫充朔方道大總管以禦之仁亶始於河外築三受降城絕其南寇之路睿宗踐祚默啜又遣使請和親制以宋王成器女爲金山公主許嫁之默啜乃遣其男楊我支特勒來朝授右驍衛員外大將軍俄而睿宗傳位親竟不成初默啜景雲中率兵西擊娑葛破滅之契丹及奚自神功之後常受其徵役其地東西萬餘里控弦四十萬自頡利之後最爲強盛自恃兵威虐用其衆默啜既老部落漸多逃散開元二年遣其子移涅可汗及同俄特勒妹婿火拔頡利發石阿失畢率精騎圍逼北庭右驍衛將軍郭虔瓘嬰城固守俄而出兵擒同俄特勒于城下斬之虜因退縮火拔懼不敢歸攜其妻來奔制授左衛大將軍封燕北郡王封其妻爲金山公主賜宅一區奴婢十人馬十匹物千段明年十姓部落左廂五咄六啜右廂五弩失畢五俟斤及子壻高麗莫離支高文簡𨁂跌都督𨁂跌思泰等各率其衆相繼來降前後總萬餘帳制令居河南之舊地授高文簡左衛員外大將軍封遼西郡王𨁂跌思泰爲特進右衛員外大將軍兼𨁂跌都督封樓煩郡公自餘首領封拜賜物各有差默啜女壻阿史德胡祿俄又歸朝授以特進其秋默啜與九姓首領阿布思等戰于磧北九姓大潰人畜多死阿布思率衆來降四年默啜又北討九姓拔曳固戰于獨樂河拔曳固大敗默啜負勝輕歸而不設備遇拔曳固迸卒頡質畧於柳林中突出擊默啜斬之仍與入蕃使郝靈荃傳默啜首至京師骨咄祿之子闕特勤鳩合舊部殺默啜子小可汗及諸弟并親信畧盡立其兄左賢王默棘連是爲毗伽可汗

毗伽可汗以開元四年即位本蕃號爲小殺性仁友自以得國是闕特勒之功固讓之闕特勒不受遂以爲左賢王專掌兵馬是時奚契丹相率款塞突騎施蘇祿自立爲可汗突厥部落頗多攜貳乃召默啜時衙官暾欲谷爲謀主初默啜下衙官盡爲闕特勒所殺暾欲谷以女爲小殺可敦遂免死廢歸部落及復用年已七十餘蕃人甚敬伏之俄而降戶阿悉爛𨁂跌思泰等復自河曲叛歸初降戶南至單于左衛大將軍單于副都護張知運盡收其器仗令渡河而南蕃人怨怒御史中丞姜晦爲巡邊使蕃人訴無弓矢不得射獵晦悉給還之故有抗敵之具張知運既不設備與降戶戰于青剛嶺爲降戶所敗臨陣生擒知運擬送與突厥朔方總管薛訥率兵追討之賊至大斌縣又爲將軍郭知運所擊賊衆大潰散投黑山呼延谷釋張知運而去上以張知運喪師斬之以徇小殺既得降戶謀欲南入爲寇暾欲谷曰唐王英武人和年豐未有間隙不可動也我衆新集猶尚疲羸須且息養之數年始可觀變而舉小殺又欲修築城壁造立寺觀暾欲谷曰不可突厥人戶寡少不敵

唐家百分之一所以常能抗拒者正以隨逐水草居處無常射獵爲業又皆習武强則進兵抄掠弱則竄伏山林唐兵雖多無所施用若築城而居改變舊俗一朝失利必將爲唐所併且寺觀之法教人仁弱本非用武爭强之道不可置也小殺等深然其策八年冬御史大夫王晙爲朔方大總管奏請西徵拔悉密東發奚契丹兩蕃期以明年秋初引朔方兵數道俱入掩突厥衙帳於稽落河上小殺聞之大恐暾欲谷曰拔悉密今在北庭與兩蕃東西相去極遠勢必不合王晙兵馬計亦無能至此必若能來候其臨到卽移衙帳向北三日唐兵糧盡自然去矣且拔悉密輕而好利聞命必是先來王晙與張嘉貞不協奏請有所不愜必不敢動若王晙兵馬不來拔悉密獨至卽須擊取之勢易爲也九月秋拔悉密果臨突厥衙帳而王晙兵及兩蕃不至拔悉密懼而引退突厥欲擊之暾欲谷曰此衆去家千里必將死戰未可擊也不如以兵躡之去北庭二百里暾欲谷分兵間道先掩北庭因縱卒擊拔悉密之還衆遂散走投北庭而城陷不得入盡爲突厥所擒并虜其男女而還暾欲谷迴兵因而出赤亭以掠涼州羊馬時楊敬述爲涼州都督遣副將盧公利判官元澄出兵邀擊之暾欲谷曰敬述若守城自固卽與連和若出兵相當卽須決戰我今乘勝必有功矣公利等兵至刪丹遇賊元澄令兵士揎臂持滿仍急結其袖會風雪凍裂盡墜弓矢由是官軍大敗元澄脫身而走敬述坐削除官爵白衣檢校涼州事小殺由是大振盡有默啜之衆俄又遣使請和乞與玄宗爲子上許之仍請尚公主上但厚賜而遣之十三年玄宗將東巡中書令張說謀欲加兵以備突厥兵部郎中裴光庭曰封禪者告成之事忽此徵發豈非名實相乖說曰突厥比雖請和獸心難測且小殺者仁而愛人衆爲之用闕特勒驍武善戰所向無前暾欲谷深沉有謀老而益智李靖徐勣之流也三虜協心動無遺策知我舉國東巡萬一窺邊何以禦之光庭請遣使徵其大臣扈從則突厥不敢不從又亦難爲舉動說然其言乃遣中書直省袁振攝鴻臚卿往突厥以告其意小殺與其妻及闕特勒暾欲谷等環坐帳中設宴謂振曰吐蕃狗種唐國與之爲婚奚及契丹舊是突厥之奴亦尚唐家公主突厥前後請結和親獨不蒙許何也袁振曰可汗既與皇帝爲子父子豈合爲婚姻小殺等曰兩蕃亦蒙賜姓猶得尚主但依此例有何不可且聞入蕃公主皆非天子之女今之所求豈問眞假頻請不得實亦羞見諸蕃振許爲奏請小殺乃遣其大臣阿史德頡利發入朝貢獻因扈從東巡玄宗發都至嘉會頓引頡利發及諸蕃酋長入仗仍與之弓箭時有兎起於御馬之前上引弓傍射一發獲之頡利發便下馬捧兎蹈舞曰聖人神武超絕若天上則不知人間無也上因令問飢否對曰仰觀聖武如此十日不食猶爲飽也自是常令突厥入仗馳射起居舍人呂向上疏曰臣聞鴟梟不鳴未爲瑞鳥猛虎雖伏豈齊仁獸是由醜性毒行久務常積故也今夫突厥者正與此類安忍殘賊莫顧君親陛下持武義臨之修文德來之旣慴威靈又沐聲教以力以勢不得不庭故稽顙稱臣奔命遣使陛下乃能收其傾効雜以從官赴封禪之禮忝玉帛之會此德業自盛固不可名焉因復詔許侍遊召入禁仗仰英姿之四照迭神藝之百發恩意俱極誠無得踰焉乃更賜以馳逐使操弓矢競飛鏃於前同獲獸之樂是脣畧太過未敢取也雖聖胸豁達於物無猜而愚心徘徊與時加慄儻此等各懷犬吠交肆盜憎荆卿詭動何羅竊至暫逼嚴蹕稍冒淸塵縱卽殪玄方墟幽土單于爲醢穹廬爲汙何塞過責特願陛下勿復親近使知分限行不失常歸於得所以謂迴兩曜之鑒袪九宇之憂孰不幸甚上納其言遂令諸蕃先發東封迴上爲頡利發設燕厚賜而遣之竟不許其和親十五年小殺使其大臣梅録啜來朝獻名馬三十四時吐蕃與小殺書將計議同時入寇小殺并獻其書上嘉其誠引梅録啜宴於紫宸殿厚加賞賚仍許於朔方軍西受降城爲互市之所每年齎縑帛數十萬匹就邊以遺之二十年闕特勒死詔金吾將軍張去逸都官郎中呂向齎璽書入蕃弔祭并爲立碑上自爲碑文仍立祠廟刻石爲像四壁畫其戰陣之狀二十年小殺爲其大臣梅録啜所毒藥發未死先討斬梅録啜盡滅其黨旣卒國人立其子爲伊然可汗詔宗正卿李佺往申弔祭并册立伊然爲立碑廟仍令史官起居舍人李融爲其碑文無幾伊然病卒又立其弟爲登利可汗

登利者猶華言果報也登利年幼其母卽暾欲谷之女與其小臣飫斯達干姦通干預國政不爲蕃人所伏登利從叔父二人分掌兵馬在東者號爲左殺在西者號爲右殺其精鋭皆分在兩殺之下二十八年上遣右金吾將軍李質齎璽書又册立登利爲可汗俄而登利與其母誘斬西殺盡併其衆而左殺懼禍及已勒兵攻登利殺之自立號烏蘇米施可汗左殺又不爲國人所附拔悉密部落起兵擊之左殺大敗脫身遁走國中大亂西殺妻子及默啜之孫勃德支特勒毗伽可汗女大洛公主伊然可汗小妻余塞匐登利可汗女余燭公主及阿布思頡利發等並率其部衆相次來降天寶元年八月降虜至京師上令先謁太廟仍於殿庭引見御華萼樓以宴之上賦詩以紀其事

舊唐書卷一百九十四上考證

毗伽可汗傳上引弓傍射一發獲之○原本射字下空兩格無一發二字今據新書添

# 舊唐書卷一百九十四下

後晉司空同中書門下平章事劉　昫撰

## 列傳第一百四十四下

### 突厥下

西突厥本與北突厥同祖初木杆與沙鉢略可汗有隙因分爲二其國卽烏孫之故地東至突厥國西至雷翥海南至疎勒北至瀚海在長安北七千里自焉耆國西北七日行至其南庭又正北八日行至其北庭鐵勒龜茲及西域諸胡國皆歸附之其人雜有都陸及弩失畢歌邏祿處月處密伊吾等諸種風俗大抵與突厥同唯言語微差其官有葉護有特勤常以可汗子弟及宗族爲之又有乙斤屈利啜閻洪達頡利發吐屯俟斤等官皆代襲其位

處羅可汗隋煬帝大業中與其弟闕達設及特勤大奈入朝仍從煬帝征高麗賜號爲曷薩那可汗遇江都之亂從宇文化及至河北化及敗歸長安高祖爲之降榻引與同坐封歸義郡王獻大珠於高祖高祖勞之曰珠信爲寶朕所重者赤心珠無所用竟不受之先與始畢有隙及在京師始畢遣使請殺之高祖不許羣臣諫曰今若不與則是存一人而失一國也後必爲患太宗曰人窮來歸我殺之不義驟諫於高祖由是遲廻者久之不得已乃引曷薩那於內殿與之縱酒旣而送至中書省縱北突厥使殺之太宗卽位令以禮收葬闕達設初居於會寧有部落三千餘騎至隋末自稱闕達可汗武德初遣使內屬拜吐烏過拔闕可汗厚加撫慰尋爲李軌所滅特勒大奈隋大業中與曷薩那可汗同歸中國及從煬帝討遼東以功授金紫光祿大夫後分其部落於樓煩會高祖舉兵大奈率其衆以從隋將桑顯和襲義軍於飲馬泉諸軍多已奔退大奈將數百騎出顯和後掩其不備擊大破之諸軍復振拜光祿大夫及平京城以力戰功賞物五千段賜姓史氏武德初從太宗破薛舉又從平王世充破竇建德劉黑闥並有殊功賜宮女三人雜綵萬餘段貞觀三年累遷右武衞大將軍檢校豐州都督封竇國公實封三百戶十二年卒贈輔國大將軍初曷薩那之朝隋也爲煬帝所拘其國人遂立薩那之叔父曰射匱可汗

射匱可汗者達頭可汗之孫也旣立後始開土宇東至金山西至海自玉門已西諸國皆役屬之遂與北突厥爲敵乃建庭於龜茲北三彌山尋卒弟統葉護可汗代立

統葉護可汗勇而有謀善攻戰遂北并鐵勒西拒波斯南接罽賓悉歸之控弦數十萬霸有西域據舊烏孫之地又移庭於石國北之千泉其西域諸國王悉授頡利發并遣吐屯一人監統之督其征賦西戎之盛未之有也武德三年遣使貢條支巨卵時北突厥作患高祖恩加撫結與之并力以圖北蕃統葉護許以五年冬大軍將發頡利可汗聞之大懼復與統葉護通和無相征伐統葉護尋遣使來請婚高祖謂侍臣曰西突厥去我懸遠急疾不相得力今請婚其計安在封德彝對曰當今之務莫若遠交而近攻正可權許其婚以威北狄待數年後中國盛全徐思其宜高祖遂許之婚令高平王道立至其國統葉護大悅遇頡利可汗頻歲入寇西蕃路梗由是未果爲婚貞觀元年遣眞珠統俟斤與高平王道立來獻萬釘寶鈿金帶馬五千疋時統葉護自負强盛無恩於國部衆咸怨歌邏祿種多叛之頡利可汗不悅中國與之和親數遣兵入寇又遣人謂統葉護曰汝若迎唐家公主要須經我國中而過統葉護患之未克婚爲其伯父所殺而自立是爲莫賀咄侯屈利俟毗可汗太宗聞統葉護之死甚悼之遣齎玉帛至其死所祭而焚之會其國亂不果至而止

莫賀咄侯屈利俟毗可汗先分統突厥種類爲小可汗及此自稱大可汗國人不附弩失畢部共推泥孰莫賀設爲可汗泥孰不從時統葉護之子咥力特勒避莫賀咄之難亡在康居泥孰遂迎而立之是爲乙毘鉢羅肆葉護可汗連兵不息俱遣使來朝各請婚於我太宗答之曰汝國擾亂君臣未定戰爭不息何得言婚竟不許仍諷令各保所部無相征伐其西域諸國及鐵勒先役屬於西突厥者悉叛之國內虛耗肆葉護旣是舊主之子爲衆心所歸其西面都陸可汗及莫賀咄可汗部豪帥多來附之又興兵以擊莫賀咄大敗之莫賀咄遁於

金山尋爲咄陸可汗所害國人乃奉肆葉護爲大可汗肆葉護可汗立大發兵北征鐵勒薛延陁逆擊之反爲所敗肆葉護性猜很信讒無統馭之畧有乙利可汗者於肆葉護功最多由是授小可汗以非罪族滅之羣下震駭莫能自固肆葉護素憚泥孰而陰欲圖之泥孰遂適焉耆其後沒卑達干與突厥弩失畢二部豪帥潛謀擊之肆葉護以輕騎遁於康居尋卒國人迎泥孰於焉耆而立之是爲咄陸可汗

咄陸可汗泥孰者亦稱大渡可汗父莫賀設本隸統葉護武德中嘗至京師時太宗居藩務加懷輯與之結盟爲兄弟既被推爲可汗遣使詣闕請降太宗遣使賜以名號及皷纛貞觀七年遣鴻臚少卿劉善因至其國冊授爲呑阿婁拔奚利邲咄陸可汗明年泥孰卒其弟同娥設立是爲沙鉢羅咥利失可汗

沙鉢羅咥利失可汗以貞觀九年上表請婚獻馬五百疋朝廷唯厚加撫慰未許其婚俄而其國分爲十部每部令一人統之號爲十設每設賜以一箭故稱十箭焉又分十箭爲左右廂一廂各置五箭其左廂號五咄六部落置五大啜一啜管一箭其左廂號爲五弩失畢置五大俟斤一俟斤管一箭都號爲十箭其後或稱一箭爲一部落大箭頭爲大首領五咄六部落居於碎葉已東五弩失畢部落居於碎葉已西自是都號爲十姓部落咥利失既不爲衆所歸部衆携貳爲其統吐屯所襲麾下亡散咥利失以左右百餘騎拒之戰數合統吐屯不利而去咥利失奔其弟步利設與保焉耆其阿悉吉闕俟斤與統吐屯等召國人將立欲谷設爲大可汗以咥利失爲小可汗統吐屯爲人所殺欲谷設兵又爲其俟斤所破咥利失復得舊地弩失畢處密等竝歸咥利失十二年西部竟立欲谷設爲乙毗咄陸可汗乙毗咄陸可汗既立與咥利失大戰兩軍多死各引去因與咥利失中分自伊列河已西屬咄陸已東屬咥利失咄陸可汗又建庭於鏃曷山西謂爲北庭自厥越失拔悉彌駮馬結骨火燖觸水昆諸國皆臣之十三年咥利失爲其吐屯俟利發與欲谷設通謀作難咥利失窮蹙奔拔汗那而死弩失畢部落酋帥迎咥利失弟伽那之子薄布特勤而立之是爲乙毗沙鉢羅葉護可汗

乙毗沙鉢羅葉護可汗既立建庭於睢合水北謂之南庭東以伊列河爲界自龜兹鄯善且末吐火羅焉耆石國史國何國穆國康國皆受其節度累遣使朝貢太宗降璽書慰勉貞觀十五年令左領軍將軍張大師往授焉賜以鼓纛于時咄陸可汗與葉護頻相攻擊會咄陸遣使詣闕太宗諭以敦睦之道咄陸于時兵衆漸强西域諸國復來歸附未幾咄陸遣石國吐屯攻葉護擒之送於咄陸尋爲所殺咄陸可汗既并其國弩失畢諸姓心不服咄陸皆叛之咄陸復率兵擊吐火羅破之自恃其强專擅西域遣兵寇伊州安西都護郭恪率輕騎二千自烏骨邀擊敗之咄陸又遣處月處密等圍天山縣郭恪又擊走之恪乘勝進拔處月俟斤所居之城追奔及於遏索山斬首千餘級降其處密之衆而歸咄陸初以泥孰啜自擅取所部物斬之以徇尋爲泥孰啜部將胡祿居所襲衆多亡逸其國大亂貞觀十五年部下屋利啜等謀欲廢咄陸各遣使詣闕請立可汗太宗遣使齎璽書立莫賀咄乙毗可汗之子是爲乙毗射匱可汗乙毗射匱可汗立乃發弩失畢兵就白水擊咄陸自知不爲衆所附乃西走吐火羅國中國使人先爲咄陸所拘者射匱悉以禮資送歸長安復遣使貢方物請賜婚太宗許之詔令割龜兹于闐疎勒朱俱波葱嶺等五國爲聘禮及太宗崩賀魯反叛射匱部落爲其所併

阿史那賀魯者曳步利設射匱特勒之子也初阿史那步眞既來歸國咄陸可汗乃立賀魯爲葉護以繼步眞居於多邏斯川在西州直北一千五百里統處密處月姑蘇歌邏祿弩失畢五姓之衆其後咄陸西走吐火羅國射匱可汗遣兵迫逐賀魯不常厥居貞觀二十二年乃率其部落内屬詔居延州尋授左驍衛將軍瑤池都督高宗卽位進拜左驍衛大將軍瑤池都督如故永徽二年與其子咥運率衆西遁據咄陸可汗之地總有西域諸郡建牙于雙河及千泉自號沙鉢羅可汗統攝咄陸弩失畢十姓其咄陸有五啜一曰處木昆律啜二曰胡祿居闕啜賀魯以女妻之三曰攝舍提暾啜四曰突騎施賀邏施啜五曰鼠尼施處半啜弩失畢有五俟斤一曰阿悉結闕俟斤最爲强盛二曰哥舒闕俟斤三曰拔塞幹暾沙鉢俟斤四曰阿悉結泥孰俟斤五曰哥舒處半俟斤各有所部勝兵數十萬竝羈屬賀魯西域諸國亦多附隸焉賀魯尋立咥運爲莫賀咄葉護數侵擾西蕃諸部又進寇廷州三年詔遣左武衛大將軍梁建方右驍衛大將軍契苾何力率燕然都護所部廻紇兵五萬騎討之前後斬首五千級虜渠帥六十餘人四年咄陸可汗死其子眞珠葉護與五弩失畢請擊賀魯破其牙帳斬首千餘級顯慶二年遣右屯衛將軍蘇定方燕然都護任雅相副都護蕭嗣業左驍衛大將軍瀚海都督廻紇婆閏等率師討擊仍使右武衛大將軍阿史那彌射左屯衛大將軍阿史那步眞爲安撫大使定方行至曳咥河西賀魯率胡祿居闕啜等二萬餘騎列陣而待定方率副總管任雅相等與之交戰賊衆大敗斬大首領都搭達干等二百餘人賀魯及闕啜輕騎奔竄渡伊麗河兵馬溺死者甚衆嗣業至千泉賀魯下牙之處彌射進軍至伊麗水處月處密等部各率衆來降彌射又進次雙河賀魯先使步失達干鳩集散卒據柵拒戰彌射步眞攻之大潰又與蘇定方攻賀魯於碎葉水大破之賀魯與咥運欲投鼠耨設至石國之蘇咄城傍人馬飢乏城主伊涅達干許將酒食出迎賀魯信其言入城遂被拘執蕭嗣業既至石國鼠耨設乃以賀魯屬之賀魯謂嗣業曰我破亡虜耳先帝厚我而我背之今日之敗天怒我也舊聞漢法殺人皆於都市至京殺我請向昭陵使得謝罪於先帝是本願也高宗聞而愍之及俘賀魯至京師令獻於昭陵及太廟詔特免死分其種落置崑陵濛池二都護府其所役屬諸國皆分置州府西盡于波斯竝隸安西都護府四年賀魯卒詔葬于頡利墓側刻石以紀其事

阿史那彌射者室點密可汗五代孫也初室點密從單于統領十大首領有兵十萬衆往平西域諸胡國自爲可汗號十姓部落世統其衆在本蕃爲莫賀咄葉護貞觀六年詔遣鴻臚少卿劉善因就蕃立爲奚利邲咄陸可汗賜以鼓纛綵帛萬段其族兄步眞欲自立爲可汗遂謀殺彌射弟姪二十餘人彌射既與步眞有隙以貞觀十三年率所部處月處密部落入朝授右監門大將軍其後步眞遂自立爲咄陸葉護其部落多不服委之遯去步眞復携家屬入朝授左屯衛大將軍彌射後從太宗征高麗有功封平襄縣伯顯慶二年轉右武衛大將軍及討平賀魯乃冊立彌射爲興昔亡可汗兼右衛大將軍崑陵都護分押賀魯下五咄六部落步眞授繼往絕可汗兼右衛大將軍濛池都護仍分押五弩失畢部落因下詔曰自西蕃離亂三十餘年比者賀魯倡狂百姓重被劫掠朕君臨四海情均養育不可使凶狡之虜恣行侵漁無辜之甿久遭塗炭故遣右屯衛將軍蘇定方等統率驍勇北路討逐卿等宣暢朝風南道撫育遂使凶渠畏威夷人慕德伐叛柔服西域總平賀魯父子既已擒獲諸頭部落須有統領卿早歸闕庭久參宿衛深感恩義甚知法式所以冊立卿等各爲一部可汗但諸姓從賀魯非其本情卿等纔至卽降亦是赤心向國卿宜與盧承慶等準其部落大小位望高下節級授刺史以下官龍朔中又令彌射步眞率所部從廻海道大總管蘇海政討龜兹步眞嘗欲並彌射部落遂密告海政云彌射欲謀反請以計誅之時海政兵纔數千懸師在彌射境内遂集軍吏而謀曰彌射欲反我輩卽無噍類今宜先舉事則可克捷乃僞稱有勑令大總管齎物數百萬段分賜可汗及諸首領由是彌射率其麾下隨例請物海政盡收斬之其後西蕃盛言彌射非反爲步眞所誣而海政不能審察濫行誅戮則天臨朝十姓無主數年部落多散失垂拱初遂擢授彌射子左豹韜衛翊府中郎將元慶爲左玉鈐衛將軍兼崑陵都護令襲興昔亡可汗押五咄六部落步眞子斛瑟羅爲右玉鈐衛將軍兼濛池都護押五弩失畢部落尋進授元慶左衛大將軍如意元年爲來俊臣誣謀反被害其子獻配流崖州長安三年召還累授右驍衛大將軍襲父興昔亡可汗充安撫招慰十姓大使獻本蕃漸爲默啜及烏質勒所侵遂不敢還國開元中累遷右金吾大將軍卒于長安

阿史那步眞者在本蕃授左屯衛大將軍與彌射討平賀魯加授驃騎大將軍行右衛大將軍濛池都護繼往絕可汗押五弩失畢部落尋卒其子斛瑟羅本蕃爲步利設垂拱初授右玉鈐衛將軍兼濛池都護襲繼往絕可汗押五弩失畢部落天授元年拜左衛大將軍改封竭忠事主可汗仍賜濛池都護尋卒子懷道神龍年累授右屯衛大將軍光祿卿轉太僕卿兼濛池都護十姓可汗自垂拱已後十姓部落頻被突厥默啜侵掠死散殆盡及隨斛瑟羅纔六七萬人徙居内地西突厥阿史那氏於是遂絕

突騎施烏質勒者西突厥之别種也初隸在斛瑟羅下號爲莫賀達干後以斛瑟羅用刑嚴酷衆皆畏之尤能撫恤其部落由是爲遠近諸胡所歸附其下置都督二十員各統兵七千人嘗屯聚碎葉西北界後漸攻陷碎葉徙其牙帳居之東北與突厥爲鄰西南與諸胡相接東南至西廷州斛瑟羅以部衆削弱自則天時入朝不敢還蕃其地竝爲烏質勒所併景龍二年詔封爲西河郡王令攝御史大夫解琬就加冊立未至烏質勒卒其長子娑葛代統其衆詔便立娑葛爲金河郡王仍賜以宮女四人初娑葛代父統兵烏質勒下部將闕啜忠節甚忌之以兵部尚書宗楚客當朝任勢密遣使齎金七百兩以賂楚客請停娑葛統兵楚客乃遣御史中丞馮

嘉賓充使至其境陰與忠節籌其事并自致書以申意在路爲娑葛遊兵所獲遂斬嘉賓仍進兵攻陷火燒等城遣使上表以索楚客頭景龍三年娑葛弟遮弩恨所分部落少於其兄遂叛入突厥請爲鄉導以討娑葛默啜乃留遮弩遣兵二萬人與其左右來討娑葛擒之而還默啜顧謂遮弩曰汝於兄弟尚不和協豈能盡心於我遂與娑葛俱殺之默啜兵還娑葛下部將蘇祿鳩集餘衆自立爲可汗

蘇祿者突騎施別種也頗善綏撫十姓部落漸歸附之衆二十萬遂雄西域之地尋遣使來朝開元三年制授蘇祿爲左羽林軍大將軍金方道經畧大使進爲特勤遣侍御史解忠順齎璽書冊立爲忠順可汗自是每年遣使朝獻上乃立史懷道女爲金河公主以妻之時杜暹爲安西都護公主遣牙官齎馬千疋詣安西互市使者宣公主教與暹暹怒曰阿史那氏女豈合宣教與吾節度耶杖其使者留而不遣其馬經雪寒死並盡蘇祿大怒發兵分寇四鎭會杜暹入知政事趙頤貞代爲安西都護城守久之由是四鎭貯積及人畜並爲蘇祿所掠安西僅全蘇祿旣聞杜暹入相稍引退俄又遣使入朝獻方物十八年蘇祿使至京師玄宗御丹鳳樓設宴突厥先遣使入朝是日亦來預宴與蘇祿使爭長突厥使曰突騎施國小本是突厥之臣不宜居上蘇祿使曰今日此宴乃爲我設不合居下於是中書門下及百寮議遂於東西幕下兩處分坐突厥使在東突騎使在西宴訖厚賚而遣之蘇祿性尤清儉每戰伐有所克獲盡分與將士及諸部落其下愛之甚爲其用潛又遣使南通吐蕃附突厥突厥及吐蕃亦嫁女與蘇祿旣以三國女爲可敦又分立數子爲葉護費用漸廣先旣不爲積貯晚年抄掠所得者留不分之又因風病一手攣縮其下諸部心始携貳有大首領莫賀達干都摩度兩部落最爲强盛百姓又分爲黃姓黑姓兩種互相猜阻二十六年夏莫賀達干勒兵夜攻蘇勒殺之都摩度初與莫賀達干連謀俄又相背立蘇祿之子咄火仙爲可汗以輯其餘衆與莫賀達干自相攻擊莫賀達干遣使告安西都護蓋嘉運嘉運率兵討之大敗都摩度之衆臨陣擒咄火仙并收得金河公主而還又欲立史懷道之子昕爲可汗以鎭撫之莫賀達干不肯曰討平蘇祿本是我之元謀若立史昕爲主則國家何以酬賞於我乃不立史昕便令莫賀達干統衆二十七年二月嘉運率將士詣闕獻俘玄宗御花蕚樓以宴之仍令將吐火仙獻于太廟俄又黃姓黑姓自相屠殺各遣使降附

史臣曰中原多事外國窺邊周獫狁漢匈奴之後其類實繁前史論之備矣突厥自隋文修王道藹寅容示恩威以羈縻之煬帝失政敎生戎心肇亂離以啓發之高祖借其力而入平京師羣賊附其强而迭據河朔高祖同御榻以延其使太宗幸便橋以約其和當其時焉不其盛矣竟滅其族而身死於國者何也咸謂太宗有馭夷狄之道李勣著戡定之功殊不知突厥之始也賞罰明而將士戮力遇煬帝之亂亡命蓄怒者旣附之其興也宜哉頡利之衰也兄弟搆隙而部族離心當太宗之理謀臣猛將討逐之其亡也宜哉洎武后亂朝默啜犯塞玄宗纂嗣傳首京師東封太山西戎屈蹕開元之代繼蹕來降西突厥諸族遇其理則衆心悅附而甲兵興焉遇其亂則族類怨怒而本根破矣理亂二道華夷一途或質言於盛衰倚伏未爲確論

贊曰中國失政邊夷幸災理亂之道取鑒將來

舊唐書卷一百九十四下考證

西突厥傳木杆與沙鉢畧可汗有隙○臣酉按新書木杆舍其子大邏便而立弟佗鉢可汗佗鉢死子菴羅立菴羅後讓木杆兄子攝圖是爲沙鉢畧可汗而大邏便別爲阿波可汗自臣所部沙鉢畧襲擊之殺其母阿波西走達頭則與沙鉢畧有隙者乃木杆之子大邏便也此當誤

令左領軍左右將軍○左右二字衍從新書刪

# 舊唐書卷一百九十五

後晉 司空同中書門下平章事劉 昫撰

## 列傳第一百四十五

### 迴紇

迴紇其先匈奴之裔也在後魏時號鐵勒部落其衆微小其俗驍强依託高車臣屬突厥近謂之特勤無君長居無恒所隨水草流移人性凶忍善騎射貪婪尤甚以寇抄爲生自突厥有國東西征討皆資其用以制北荒隋開皇末晉王廣北征突厥大破步迦可汗特勤於是分散大業元年突厥處羅可汗擊特勤諸部厚斂其物又猜忌薛延陁恐爲變遂集其渠帥數百人盡誅之特勒由是叛特勒始有僕骨同羅迴紇拔野古覆羅步號俟斤後稱迴紇焉在薛延陁北境居娑陵水側去長安六千九百里隨逐水草勝兵五萬人口十萬人初有特健俟斤死有子曰菩薩部落以爲賢而立之貞觀初菩薩與薛延陁侵突厥北邊突厥頡利可汗遣子欲谷設率十萬騎討之菩薩領騎五千與戰破之於馬鬣山因逐北至於天山又進擊大破之俘其部衆迴紇由是大振因率其衆附于薛延陁號菩薩爲活頡利發仍遣使朝貢菩薩勁勇有膽氣善籌策每對敵臨陣必身先士卒以少制衆常以戰陣射獵爲務其母烏羅渾主知爭訟之事平反嚴明部内齊肅迴紇之盛由菩薩之興焉貞觀中擒降突厥頡利等可汗之後北虜唯菩薩薛延陁爲盛太宗冊北突厥莫賀咄爲可汗遣統迴紇僕骨同羅思結阿跌等部迴紇酋帥吐迷度與諸部大破薛延陁多彌可汗遂併其部曲奄有其地貞觀二十年南過賀蘭山臨黃河遣使入貢以破薛延陁功賜宴内殿太宗幸靈武受其降款因請迴鶻已南置郵遞通管北方太宗爲置六府七州府置都督州置刺史府州皆置長史司馬已下官主之以迴紇部爲瀚海府拜其俟利發吐迷度爲懷化大將軍兼瀚海都督時吐迷度已自稱可汗署官號皆如突厥故事以多覽爲燕然府僕骨爲金微府拔野古爲幽陵府同羅爲龜林府思結爲盧山府渾部爲皐蘭州斛薩爲高闕州阿跌爲雞田州契苾爲榆溪州跌結爲雞鹿州阿布思爲歸林州白霫爲寘顏州又以迴紇西北結骨爲堅昆府其北骨利幹爲玄闕州東北俱羅勃爲燭龍州於故單于臺置燕然都護府統之以導賓貢貞觀二十二年吐迷度爲其姪烏紇所殺初烏紇蒸其叔母遂與俱陸莫賀達干俱羅勃潛謀殺吐迷度以歸車鼻烏紇俱羅勃並車鼻之壻也烏紇遂夜領騎十餘刼吐迷度殺之燕然副都護元禮臣遣人紿烏紇云將奏而爲都督替吐迷度也烏紇輕騎至禮臣所踠拜致謝禮臣擒而斬之以聞太宗恐迴紇部落携離十月遣兵部尚書崔敦禮往安撫之仍以敦禮爲金山道副將軍贈吐迷度左衛大將軍賻物及衣服設祭甚厚以吐迷度子前左屯衛大將軍翊左郎將婆閏爲左驍衛大將軍大俟利發使持節迴紇部落諸軍事瀚海都督後俱羅勃來朝太宗留之不遣詔西突厥可汗阿史那賀魯統五咄五俟斤二十餘部居多羅斯水南去西州馬行十五日程迴紇不肯西屬突厥永徽二年賀魯破北庭詔將軍梁建方契苾何力領兵二萬取迴紇五萬騎大破賀魯收復北庭顯慶元年賀魯又犯邊詔程知節蘇定方任雅相蕭嗣業領兵并迴紇大破賀魯於陰山再破於金牙山盡收所據之地西逐至耶羅川賀魯西奔石國婆閏隨蘇定方逐賀魯至石國西北蘇咄城城主伊涅達干執賀魯送洛陽以其地置濛池崑陵府以阿史那彌射阿史那步眞爲二府都督統十姓左廂五弩失畢右廂五咄陸以賀魯種落分置州縣西盡波斯加婆閏右衛大將軍兼瀚海都督永徽六年迴鶻遣兵隨蕭嗣業討高麗龍朔中婆閏死姪比粟毒主領迴鶻與同羅僕固犯邊高宗命鄭仁泰討平僕固等比粟毒敗走因以鐵勒本部爲天山縣永隆中獨解支嗣聖中伏帝匐開元中承宗伏帝難並繼爲酋長皆受都督號以統蕃州左殺右殺分管諸部開元中迴鶻漸盛殺涼州都督王君㚟斷安西諸國入長安路玄宗命郭知運等討逐退保烏德健山南去西城一千七百里西城卽漢之高闕塞也西城北去磧石口三百里有十一都督本九姓部落一曰藥羅葛卽可汗之姓二曰胡咄葛三曰咄羅勿四曰貊歌息訖五曰阿勿嘀六曰葛薩七曰斛嗢素八曰藥勿葛九曰奚耶勿每一部落一都督破拔悉密收一部落破葛邏祿收一部落各置都督一人統號十一部落每行止鬬戰常以二客部落爲軍鋒天寶初其酋長葉護頡利吐發遣使入朝封奉義王三載擊破拔悉密自稱骨咄祿毗伽闕可汗又遣使入朝因冊爲懷仁可汗及至德元載七月肅宗於靈武卽位遣故邠王男承寀封爲燉煌王將軍石定番使于迴紇以修好徵兵及至其牙可汗以女嫁於承寀遣首領來朝請和親封迴紇公主爲毗伽公主肅宗在彭原遇之甚厚二載二月迴紇又使首領大將軍多攬等十五人入朝九月戊寅加承寀開府儀同三司拜宗正卿納迴紇公主爲妃迴紇遣其太子葉護領其將帝德等兵馬四千餘衆助國討逆肅宗宴賜甚厚又命元帥廣平王見葉護約爲兄弟接之頗有恩義葉護大喜謂王爲兄戊子迴紇大首領達干等一十三人先至扶風與朔方將士見僕射郭子儀留之宴設三日葉護太子曰國家有難遠來相助何暇食爲子儀固留之宴畢便發其軍每日給羊二百口牛二十頭米四十碩及元帥廣平王率郭子儀等至香積寺東二十里西臨澧水賊埋精騎於大營東將襲我軍之背朔方左廂兵馬使僕固懷恩指迴紇馳救之匹馬不歸因收西

京十月廣平王副元帥郭子儀領迴紇兵馬與賊戰於陝西初次于曲沃葉護使其將軍車鼻施吐撥裴羅等旁南山而東遇賊伏兵于谷中盡殪之子儀至新店遇賊戰軍卻數里迴紇望見踰山西嶺上曳白旗而趨擊之直出其後賊衆大敗軍而北坑逐北二十餘里人馬相枕藉踩踐而死者不可勝數斬首十餘萬伏屍三十里賊黨嚴莊馳告安慶緒率其黨背東京北走渡河而葉護從廣平王僕射郭子儀入東京初收西京迴紇欲入城劫掠廣平王固止之及收東京迴紇遂入府庫收財帛於市井村坊剽掠三日而止財物不可勝計廣平王又賚之以錦罽寶貝葉護大喜及肅宗還西京十一月癸酉葉護自東京至勑百官於長樂驛迎上御宣政殿宴勞之葉護升殿其餘酋長列於階下賜錦繡繒綵金銀器皿及辭歸蕃上謂曰能爲國家就大事成義勇者卿等力也葉護奏曰迴紇戰兵留在沙苑今且須歸靈夏取馬更收范陽討除殘賊己丑詔曰功濟艱難義存邦國萬里絕域一德同心求之古今所未聞也迴紇葉護特稟英姿挺生奇略言必忠信行表溫良才爲萬人之敵位列諸蕃之長屬凶醜亂常中原未靖以可汗有兄弟之約與國家興父子之軍奮其智謀討彼兇逆一鼓作氣萬里摧鋒二旬之間兩京克定力拔山岳精貫風雲蒙犯不以辭其勞急難無以踰其分固可懸之日月傳之子孫豈惟裂土之封誓河之賞而已矣夫位之崇者司空第一名之大者封王最高可司空仍封忠義王每載送絹二萬匹至朔方軍宜差使受領乾元元年五月壬申朔迴紇使多亥阿波八十人黑衣大食酋長閤之等六人竝朝見至閤門爭長通事舍人乃分爲左右從東西門竝入六月戊戌宴迴紇使於紫宸殿前秋七月丁亥詔以幼女封爲寧國公主出降其降蕃日仍以堂弟漢中郡王瑀爲特進試太常卿攝御史大夫克冊命英武威遠毗伽可汗使以堂姪左司郎中巽爲兵部郎中攝御史中丞鴻臚卿副之兼克寧國公主禮會使特差重臣開府儀同三司行尚書右僕射冀國公裴冕送至界首癸巳以冊立迴紇英武威遠毗伽可汗上御宣政殿漢中王瑀受冊命甲午肅宗送寧國公主至咸陽磁門驛公主泣而言曰國家事重死且無恨上流涕而還及瑀至其牙帳毗伽闕可汗衣赭黃袍胡帽坐於帳中榻上儀衛甚盛引瑀立於帳外謂瑀曰王是天可汗何親瑀曰是唐天子堂弟又問於王上立者爲誰瑀曰中使雷盧俊可汗又報曰中使是奴何得向郎君上立雷盧俊竦懼跳身向下立定瑀不拜而立可汗報曰兩國主君臣有禮何得不拜瑀曰唐天子以可汗有功故將女嫁與可汗結姻好比者中國與外蕃親皆宗室子女名爲公主今寧國公主天子眞女又有才貌萬里嫁與可汗可汗是唐家天子女壻合有禮數豈得坐於榻上受詔命耶可汗乃起奉詔便受冊命翼日冊公主爲可敦蕃酋歡欣曰唐國天子貴重將眞女來瑀所送國信繒綵衣服金銀器皿可汗盡分與衙官酋長等及瑀回可汗獻馬五百匹貂裘白氎八月迴紇使王子骨啜特勒及宰相帝德等驍將三千人助國討逆肅宗嘉其遠至賜宴命隨朔方行營使僕固懷恩押之九月甲申迴紇使大首領蓋將等謝公主下降兼奏破堅昆五萬人宴於紫宸殿賜物有差十二月甲午迴紇使三婦人謝寧國公主之聘也賜宴紫宸殿乾元二年迴紇骨啜特勒等率衆從郭子儀與九節度於相州城下戰不利三月壬子迴紇王子骨啜特勒及宰相帝德等十五人自相州奔于西京肅宗宴之于紫宸殿賞物有差其月庚寅迴紇特勒辭還行營上宴之于紫宸殿賜物有差乙未以迴紇王子新除左羽林軍大將軍員外置骨啜特勒爲銀青光祿大夫鴻臚卿員外置夏四月迴紇毗伽闕可汗死長子葉護先被殺乃立其少子登里可汗其妻爲可敦六月丙午以左金吾衞將軍李通爲試鴻臚卿攝御史中丞充弔祭迴紇使毗伽闕可汗初死其牙官都督等欲以寧國公主殉葬公主曰我中國法壻死卽持喪朝夕哭臨三年行服今迴紇娶婦須慕中國禮若今依本國法何須萬里結婚然公主亦依迴紇法剺面大哭竟以無子得歸秋八月寧國公主自迴紇還詔百官於明鳳門外迎之上元元年九月己丑迴紇九姓可汗使大臣俱陸莫達干等入朝奉表起居乙卯迴紇使二十人於延英殿通謁賜物有差十一月戊辰迴紇使延支伽羅等十人於延英殿謁見賜物有差寶應元年代宗初卽位以史朝義尚在河洛遣中使劉清潭徵兵於迴紇又修舊好其秋清潭入迴紇庭迴紇已爲史朝義所誘云唐家天子頻有大喪國亂無主請發兵來收府庫可汗乃領衆而南已八月矣清潭賚勑書國信至可汗曰我聞唐家已無主何爲更有勑書中使對曰我唐家天子雖棄萬國嗣天子廣平王天生英武往年與迴紇葉護兵馬同收兩京破安慶緒與可汗有故又每年與可汗繒絹數萬匹可汗豈忘之耶然迴紇業已發至三城北見荒城無戍卒州縣盡爲空壘有輕唐色乃遣使北收單于兵馬倉糧又大辱清潭清潭發使來奏云迴紇登里可汗傾國自來有衆十萬羊馬不知其數京師大駭上使殿中監藥子昂馳勞之及於太原北忻州南子昂密數其丁壯得四千人老小婦人相兼萬餘人戰馬四萬匹牛羊不紀先是毗伽闕可汗請以子婚肅宗以僕固懷恩女嫁之及是爲可敦與可汗同來請懷恩及懷恩母相見上勑懷恩自汾州見之於太原懷恩又諫國家恩信不可違背初欲自蒲關入取沙苑路由潼關東向破賊子昂說之云國家頻遭寇逆州縣虛乏難爲供擬恐可汗失望不如取土門路入直取邢洺衞懷賊中兵馬盡在東京可汗收其財帛東裝南向最爲上策可汗不從又說取懷州太行路南據河陰之險直扼賊之喉亦上策也可汗又不從又說取陝州太陽津路食太原倉粟而東與澤潞河南懷鄭節度同入亦上策也可汗從之子昂因入奏上以雍王适爲兵馬元帥加懷恩同中書門下平章事又以子昂兼御史中丞與前潞府兼御史中丞魏琚爲左右廂兵馬使以中書舍人韋少華充元帥判官兼掌書記給事中李進兼御史中丞充元帥行軍司馬東會迴紇登里可汗營於陝州黃河北元帥雍王領子昂等從而見之可汗責雍王不於帳前舞蹈禮倨子昂辭以元帥是嫡孫兩宮在殯不合有舞蹈迴紇宰相及車鼻將軍庭詰曰唐天子與登里可汗約爲兄弟今可汗卽雍王叔叔姪有禮數何得不舞蹈子昂苦辭以身有喪禮不合又報云元帥卽唐太子也太子卽儲君也豈有中國儲君向外國可汗前舞蹈相拒久之車鼻遂引子昂李進少華魏琚各搒捶一百少華琚因搒捶一宿而死以王少年未諳事放歸本營而懷恩與迴紇右殺爲先鋒及諸節度同攻賊破之史朝義率殘寇而走元帥雍王退歸靈寶迴紇可汗繼進於河陽列營而止數月去營百餘里人被剽劫逼辱不勝其弊懷恩常爲軍殿及諸節度收河北州縣僕固瑒與迴紇之衆追躡二千餘里至平州石城縣梟朝義首而歸河北悉平懷恩自相州西出崞口路而西可汗自河陽北出澤潞與懷恩會歷太原遣使拔賀那上表賀收東京幷進逆賊史朝義旌旗等物辭還蕃代宗引見於內殿賜綵二百段初迴紇至東京以賊平恣行殘忍士女懼之皆登聖善寺及白馬寺二閣以避之迴紇縱火焚二閣傷死者萬計累旬火焰不止及是朝賀又縱橫大辱官吏以陝州節度使郭英乂權知東都留守時東郡再經賊亂朔方軍及郭英乂魚朝恩等軍不能禁暴與迴紇縱掠坊市及汝鄭等州比屋蕩盡人悉以紙爲衣或有衣經者代宗御宣政殿出冊文加冊可汗爲登里頡咄登密施含俱錄英義建功毗伽可汗可敦加冊爲娑墨光親麗華毗伽可敦頡咄華言社稷法用登密施華言封竟含俱錄華言婁羅毗伽華言足意智娑墨華言得憐以散騎常侍兼御史大夫王翊充使就可汗行營冊命爲可汗可敦及左右殺諸都督內外宰相已下共加實封二千戶令王翊就牙帳前禮冊左殺封爲雄朔王右殺封爲寧朔王胡祿都督封金河王拔覽將軍封爲靜漠王諸都督一十一人竝封國公尋而懷恩叛投靈武有朔方舊將任數張韶等收合餘燼衆至數萬廣德二年秋乃引吐蕃之衆數萬人至奉天縣朔方節度郭子儀率衆拒之而退永泰元年秋懷恩遣兵馬使范至誠任數將兵又誘迴紇吐蕃吐谷渾党項奴剌之衆二十餘萬以犯奉天醴泉鳳翔同州等處被其逆命先以郭子儀屯涇陽渾日進屯奉天數摧其鋒又聞懷恩死吐蕃將馬重英等十月初引退取邠州舊路而歸迴紇首領羅達干等率其衆二千餘騎詣涇陽請降子儀許之率衆被甲持滿數千人迴紇譯曰此來非惡心要見令公子儀曰我令公也迴紇曰請去甲子儀便脫兜鍪槍甲策馬挺身而前迴紇酋長相顧曰是也時太子太保李光進兼御史大夫路嗣恭戎裝介馬在子儀之側子儀指視迴紇曰此是渭北節度李太保又曰此是朔方軍糧使路大夫迴紇便下馬羅拜子儀亦下馬迴紇之衆爲左右翼各數百人漸進子儀麾下亦馳而至子儀麾退之子儀命酒與之飲贈之纏頭綵三千匹子儀執迴紇大將可汗弟合胡祿都督藥羅葛等手責讓之曰我國家知汝迴紇有功報汝大厚汝何背約負信犯我王畿我須與汝戰何乃降爲我一身挺入汝營任汝拘縶我麾下將士須與汝戰迴紇又譯曰懷恩負心來報可汗云唐國天子今已向江淮令公亦不主兵我是以敢來今知天可汗見在上郭令公爲將懷恩天又殺之今請追殺吐蕃收其羊馬以報國恩然懷恩子可敦兄弟請勿殺之合胡祿都督等與宰相磨咄莫賀達干宰相暾莫賀達干宰相護都毗伽將軍宰相揭拉裴羅達干宰相梅錄大將軍羅達干平章事海盈闕達干等子儀先執杯合胡祿都督請呪子儀呪曰大唐天子萬萬歲迴紇可汗亦萬歲兩國將相亦萬歲若起負心違背盟約者身死陣前家口屠戮合胡祿都督等失色及杯至卽譯曰如令公

盟約皆喜曰初發本部來日將巫師兩人來云此行大安穩然不與唐家兵馬鬭見一大人卽歸今日領兵見令公令公不爲疑脫去衣甲單騎相見誰有此心膽是不戰鬭見一大人巫師有徵矣歡躍久之子儀撫其背首領等分纏頭綵以賞巫師請諸將同擊吐蕃子儀如其約翌日使領迴紇首領開府古野那等六人入京朝見又五日朔方先鋒兵馬使開府南陽郡王白元光與迴紇兵馬合於涇州靈臺縣西五十里赤山嶺共破吐蕃等十餘萬衆斬首五萬餘級生擒一萬餘人駝馬牛羊凡百里相繼不可勝紀收得蕃落五千餘人初白元光等到靈臺縣西探知賊勢爲月明思少陰晦迴紇使巫師便致風雪及遲明戰吐蕃盡寒凍弓矢皆廢披氊徐進元光與迴紇隨而殺之蔽野僕固名臣懷恩之姪亦爲驍將亦領千餘騎來降尋而子儀又使迴紇宰相護地毘伽將軍宰相梅錄大將軍開府儀同三司試太常卿羅達干等一百九十六人來見上賜宴於延英殿錫賚甚厚閏月子儀自涇陽領僕固名臣入奏迴紇進馬及宴別前後賚繒綵十萬匹而還時帑藏空虛朝官無祿俸隨月給手力謂之資課錢稅朝官閏十月十一月十二月課以供之大曆六年正月迴紇於鴻臚寺擅出坊市掠人子女所在官奪返毆怒以三百騎犯金光門朱雀門是日皇城諸門盡閉上使中使劉淸潭宣慰乃止七年七月迴紇出鴻臚寺入坊市强暴逐長安令邵說於含光門之街奪說所乘馬將去說脫身避走有司不能禁八年十一月迴紇一百四十人還蕃以信物一千餘乘迴紇恃功自乾元之後屢遣使以馬和市繒帛仍歲來市以馬一匹易絹四十匹動至數萬馬其使候遣繼留於鴻臚寺者非一蕃得帛無厭我得馬無用朝廷甚苦之是時特詔厚賜遣之示以廣恩且俾知愧也是月迴紇使使赤心領馬一萬匹來求市代宗以馬價出於租賦不欲重困於民命有司量入計許市六千匹十年九月迴紇白晝刺人於東市市人執之拘於萬年縣其首領赤心聞之自鴻臚寺馳入縣獄劫囚而出斫傷獄吏十三年正月迴紇寇太原過榆次太谷河東節度留後太原尹兼御史大夫鮑防與迴紇戰于陽曲我師敗績死者千餘人代州都督張光晟與迴紇戰于羊武谷破之迴紇引退先是辛雲京守太原迴紇懼雲京不敢窺幷代知鮑防無武畧乃敢夌逼賴光晟邀戰勝之北人乃安德宗初卽位使中官梁文秀告哀於迴紇且修舊好可汗移地健不爲禮而九姓胡素屬於迴紇者又陳中國便利以誘其心可汗乃舉國南下將乘我喪其宰相頓莫賀達干諫曰唐大國也且無負於我前年入太原獲羊馬數萬計可謂大捷矣以道途艱阻比及國傷耗殆盡今若舉而不捷將安歸乎可汗不聽頓莫賀乘人之心因擊殺之幷殺其親信及九姓胡所誘來者凡二千人頓莫賀自立號爲合骨咄祿毘伽可汗使其酋長建達干隨文秀來朝命京兆尹源休持節冊爲武義成功可汗貞元三年八月迴紇可汗遣首領墨啜達干多覽將軍合闕達干等來貢方物且請和親四年十月迴紇公主及使至自蕃德宗御延喜門見之時迴紇可汗喜於和親其禮甚恭上言昔爲兄弟今爲子壻半子也又詈辱吐蕃使者及使大首領等妻妾凡五十六婦人來迎可敦凡遣人千餘納聘馬二千德宗令朔州太原分留七百人其宰相首領皆至分館鴻臚將作癸巳見於宣政殿乙未德宗召迴紇公主出使者對於麟德殿各有頒錫庚子詔咸安公主降迴紇可汗仍置府官屬視親王例以殿中監嗣滕王湛然爲咸安公主婚禮使關播檢校右僕射送咸安公主及冊迴紇可汗使貞元五年十二月迴紇汨咄祿長壽天親毘伽可汗薨廢朝三日文武三品已上就鴻臚寺弔其來使貞元六年六月迴紇使移職伽達干歸蕃賜馬價絹三十萬匹以鴻臚卿郭鋒兼御史大夫充冊迴紇忠貞可汗使是歲四月忠貞可汗爲其弟所殺而簒立時迴紇大將頡干伽斯西擊吐蕃未回其次相率國人殺簒者而立忠貞之子爲可汗年方十六七及六月頡干伽斯西討回將至牙帳次相等懼其後有廢立不欲漢使知之留鋒數月而回頡干伽斯之至也可汗等出迎郊野陳郭鋒所送國信器幣可汗與次將相等皆俯伏自說廢立之由且請命曰惟大相生死之悉以所陳器幣贈頡干伽斯以悅之可汗又拜泣曰兒愚幼無知今幸得立惟仰食於阿爹可汗以子事之頡干伽斯以卑遜興感乃相持號哭遂執臣子之禮焉盡以所陳器幣頒賜左右諸從行將士已無所取自是其國稍安乃遣達比特勤梅錄將軍告忠貞可汗之哀于我且請冊新君使至廢朝三日仍令三品已上官就鴻臚寺弔其使是歲吐蕃陷北庭都護府初北庭安西旣假道於迴紇以朝奏因附庸焉迴紇徵求無厭北庭差近凡生事之資必强取之又有沙陀部落六千餘帳與北庭相依亦屬於迴紇肆行抄奪尤所厭苦其先葛祿部落及白服突厥素與迴紇通和亦憾其侵掠因吐蕃厚賂見誘遂附之於是吐蕃率葛祿白服之衆去冬寇北庭迴紇大相頡干伽斯率衆援之頻敗吐蕃急攻之北庭之人旣苦迴紇乃舉城降焉沙陀部落亦降節度使檢校工部尚書楊襲古將麾下二千餘衆出奔西州頡干利亦還十年秋悉其國丁壯五萬人召襲古將復焉俄爲所敗死者大半頡干利收合餘燼晨夜奔還襲古餘衆僅百六十將復入西州頡干伽斯紿之曰第與我同至牙帳當送君歸本朝旣及牙帳留而不遣竟殺之自是安西阻絕莫知存亡唯西州之人猶固守焉頡干伽斯敗葛祿乘勝取迴紇之浮圖川迴紇震恐悉遷西北部落羊馬於牙帳之南以避之貞元七年五月庚申朔以鴻臚少卿庾鋋兼御史大夫冊迴紇可汗及弔祭使是月迴紇遣使律支達干等來朝告小寧國公主薨廢朝三日故肅宗以寧國公主降迴紇又以榮王女媵之及寧國來歸榮王女爲可敦迴紇號爲小寧國公主歷配英武英義二可汗及天親可汗立出居於外生英武二子爲天親可汗所殺無幾薨七年八月迴紇遣使獻敗吐蕃葛祿於北庭所捷及其俘畜先是吐蕃入靈州爲迴紇所敗夜以火攻駭而退十二月迴紇遣殺支將軍獻吐蕃俘大首領結心德宗御延喜門觀之八年七月以迴紇藥羅葛靈檢校右僕射靈本唐人姓呂氏因入迴紇爲可汗養子遂以可汗姓爲藥羅葛靈在國用事因來朝寵賚甚厚仍給市馬絹七萬匹九年九月遣使來朝貢貞元十一年六月庚寅冊拜迴紇騰里邏羽錄沒密施合祿胡毘懷信可汗元和四年藹德曷里祿沒弭施合密毘迦可汗遣使改爲迴鶻義取迴旋輕捷如鶻也八年四月迴鶻請和親使伊難珠還蕃宴于三殿賜以銀器繒帛是歲迴鶻數千騎至鸊鵜泉邊軍戒嚴十二月二日宴歸國迴鶻摩尼八人令至中書見宰臣先是迴鶻請和親憲宗使有司計之禮費約五百萬貫方內有誅討未任其親以摩尼爲迴鶻信奉故使宰臣言其不可乃詔宗正少卿李孝誠使于迴鶻太常博士殷侑副之諭其來請之意長慶元年毘伽保義可汗薨輟朝三日仍令諸司三品已上官就鴻臚寺弔其使者四月正衙冊迴鶻君長爲登羅羽錄沒密施句主錄毘伽可汗以少府監裴通爲檢校左散騎常侍兼御史大夫持節冊立兼弔祭使五月迴鶻宰相都督公主摩尼等五百七十三人入朝迎公主於鴻臚寺安置勑太和公主出降迴鶻爲可敦宜令中書舍人王起赴鴻臚寺宣示以左金吾衛大將軍胡証檢校戶部尚書持節充送公主入迴鶻及冊可汗使光祿卿李憲加兼御史中丞充副使太常博士殷侑改殿中侍御史充判官吐蕃犯靑塞堡以迴紇和親故也鹽州刺史李文悅發兵擊退之迴鶻奏以一萬騎出北庭一萬騎出安西拓吐蕃以迎太和公主歸國其月勑太和公主出降迴紇宜特置府其官屬宜視親王例迴鶻自咸安公主歿後屢歸款請繼前好久未之許至元和末其請彌切憲宗以北虜有勳勞於王室又西戎比歲爲邊患遂許以妻之旣許而憲宗崩穆宗卽位踰年乃封第十妹爲太和公主將出降迴紇登邏骨沒密施合毘伽可汗遣使伊難珠句錄都督思結幷外宰相駙馬梅錄司馬兼公主一人葉護公主一人及達干幷駝馬千餘來迎太和公主發赴迴紇國穆宗御通化門左个臨送使百寮章敬寺前立班儀衛甚盛士女傾城觀焉十一月振武節度張惟淸奏準詔發兵三千赴蔚州數內已發一千人訖餘二千人待太和公主出界卽發遣又奏天德轉牒云迴鶻七百六十人將駝馬及車相次至黃蘆泉迎候公主豐州刺史李祐奏迎太和公主迴鶻三千於卿泉下營拓吐蕃二年二月賜迴紇馬價絹五萬匹三月又賜馬價絹七萬匹是月裴度招討幽鎭之亂迴鶻請以兵從度討伐朝議以寶應初迴紇收復兩京恃功驕恣難制咸以爲不可遂命中使止迴紇令歸會其已上豐州北界不從上詔發繒帛七萬匹賜之方還五月命使冊立登囉骨沒密施合毘伽禮可汗遣品官田務豐領國信十二車使迴鶻賜可汗及太和公主長慶二年閏十月金吾大將軍胡証副使光祿卿李憲婚禮使衞尉卿李銳副使宗正少卿李子鴻判官虞部郎中張敏太常博士殷侑送太和公主至自迴紇皆云初公主去迴紇牙帳尚可信宿可汗遣數百騎來請與公主先從他道去胡証曰不可虜使曰前咸安公主來時去花門數百里卽先去今何獨拒我証曰我天子詔送公主以投可汗今未見可汗豈宜先往虜使乃止旣至虜庭乃擇吉日冊公主爲迴鶻可敦可汗先升樓東向坐設氈幄於樓下以居公主使羣胡主敎公主以胡法公主始解唐服而衣胡服以一嫗侍出樓前西向拜可汗坐而視公主再俯拜訖復入氈幄中解前所服而披可敦服通裾大襦皆茜色金飾冠如角前指後出樓俯拜可汗如初禮虜先設大輿曲扆前設小座相者引公主升輿迴紇九姓相分負其輿隨日右轉於庭者九公主乃降輿升樓與可汗俱東向坐自此臣下朝謁幷拜可敦可敦自有牙帳命二

相出入帳中証等將歸可敦宴之帳中留連號啼者竟日可汗因贈漢使以厚旣大和元年命中使以絹二十萬匹付鴻臚寺宣賜廻鶻充馬價三年正月中使以絹二十三萬匹賜廻紇充馬價七年三月廻紇李義節等將駝馬到且報可汗三月二十七日薨已冊親弟薩特勒廢朝三日仍令諸司文武三品尚書省四品已上官就鴻臚寺弔其使者以左驍衞將軍皇城留守唐弘實爲金吾將軍兼御史大夫持節充入廻鶻弔祭冊立使九年六月入朝廻鶻進太和公主所獻馬射女子七人沙陀小兒二人開成初其相有安允合者與特勒柴草欲篡薩特勒可汗薩特勒可汗覺殺柴草及安允合又有廻紇相掘羅勿者擁兵在外怨誅柴草安允合又殺薩特勒可汗以盍馺特勒爲可汗有將軍句錄末賀恨掘羅勿走引黠戛斯領十萬騎破廻鶻城殺盍馺斬掘羅勿燒蕩殆盡廻鶻散奔諸蕃有廻鶻相馺職者擁外甥龐特勒及男鹿并遏粉等兄弟五人一十五部西奔葛邏祿一支投吐蕃一支投安西又有近可汗牙十三部以特勒烏介爲可汗南來附漢初黠戛斯破廻鶻得太和公主黠戛斯自稱李陵之後與國同姓遂令達干十人送公主至塞上烏介途遇黠戛斯使達干等並被殺太和公主却歸烏介可汗乃質公主同行南渡大磧至天德界奏請天德城與太和公主居有廻鶻相赤心者與連位相姓僕固者與特勒那頡啜擁部衆不賓烏介赤心欲犯塞烏介遣其屬嗢没斯先布誠於天德軍使田牟然後誘赤心宰相同謁烏介可汗戮赤心於可汗帳下幷僕固二人那頡戰勝全占赤心下七千帳東瞰振武大同據室韋黑沙楡林東南入幽州雄武軍西北界幽州節度使張仲武遣弟仲至率兵大破那頡之衆全收七千帳殺戮收擒老小近九萬人那頡中箭透駞羣潛脫烏介獲而殺之烏介諸部猶稱十萬衆駐牙大同軍北閭門山時會昌二年秋頻刼東陝已北天德振武雲朔比羅俘戮詔諸道兵悉至防捍以河東節度使劉沔充南面招撫廻鶻使以幽州節度使張仲武充東面招撫廻鶻使二年冬三月春廻鶻特勒龐俱遮阿敦寧二部廻鶻公主密羯可敦一部外相諸洛固阿跌一部及牙帳大將曹磨你等七部共三萬衆相次降於幽州詔配諸道有特勒嗢没斯阿歷支習勿啜三部廻鶻相愛耶勿弘順廻鶻尚書呂衡等諸部降振武三部首領皆賜姓李氏及名思忠思貞思惠思恩充歸義使有特勒葉被沽兄李二部南奔吐蕃有特勒可質力二部東北奔大室韋有特勒荷勿啜東討契丹戰死會昌三年廻鶻尚書僕固繹到幽州約以太和公主歸幽州烏介去幽州界八十里下營其親信骨肉及摩尼志淨等四人已先入振武軍是夜河東劉沔率兵奄至烏介營烏介驚走東北約四百里外依和解室韋下營不及將太和公主同走豐州刺史石雄兵遇太和公主帳因迎歸國烏介部衆至大中元年詣幽州降留者漂流餓凍衆十萬所存止三千已下烏介嫁妹與室韋託附之爲廻鶻相美權者逸隱啜逼諸廻鶻殺烏介於金山以其弟特勒遏捻爲可汗復有衆五千已上其食用糧羊皆取給於奚王碩舍朗大中元年春張仲武大破奚衆其廻鶻無所取給日有耗散至二年春唯存名王貴臣五百人已下依室韋張仲武因賀正室韋經過幽州仲武却令還蕃遣送遏捻等來向幽州遏捻等懼是夜與妻葛祿子特勒毒斯等九騎西走餘衆奔之不及廻鶻諸相達官老幼大哭室韋分廻鶻餘衆爲七分七姓室韋各占一分經三宿黠戛斯相阿播領諸蕃兵稱七萬從西南天德北界來取遏捻及諸廻鶻大敗室韋廻鶻在室韋者阿播皆收歸磧北在外猶數帳散藏諸山深林盜刼諸蕃皆西向傾心望安西龐勒之到龐勒已自稱可汗有磧西諸城其後嗣君弱臣强居甘州無復昔時之盛到今時遣使入朝進玉馬二物及本土所産交易而返

史臣曰自三代已前兩漢之後西羌北狄互興部族其名不同爲患一也蔡邕云邊陲之患手足之疥中國之困爲胸背之疽突厥爲煬帝之患深矣隋竟滅中國之困其理昭然自太宗平突厥破延陁而廻紇興焉太宗幸靈武以降之置州府以安之以名爵玉帛以恩之其義何哉蓋以狄不可盡而以威惠覊縻之開元中三綱正百姓足四夷八蠻翕然向化要荒之外畏威懷惠不其盛矣天寶末奸臣弄權於內逆臣跋扈於外內外結釁而車駕遷還華夷生心而神器將墜肅宗誘廻紇以復京畿代宗誘廻紇以平河朔戡難中興之功大即大矣然生靈之膏血已乾不能供其求取朝廷之法令並弛無以抑其憑陵忍耻和親姑息不暇僕固懷恩爲叛尤甚阽危郭子儀之能軍終免侵軼比昔諸戎於國之功最大爲民之害亦深及勢利日隆盛衰時變氷消瓦解如存若亡竟爲手足之疥焉僖昭之世黃朱迭興竟爲胸背之疽焉手疥背疽誠爲確論

贊曰土德初隆比屋可封朝綱中否邊鄙興戎安史亂國廻紇恃功恃功伊何咸議姑息民不聊生國殫其力華夷有截盛衰如織彼旣長惡我乃修德疽疥之義百代可則

舊唐書卷一百九十五考證

廻紇傳吐蕃徵求無厭○臣酉按新書作回紇觀後云北庭之人旣苦回紇乃舉城降則吐蕃當作廻紇無疑今改正

# 舊唐書卷一百九十六上

後晉司空同中書門下平章事劉　昫撰

## 列傳第一百四十六上

### 吐蕃上

吐蕃在長安之西八千里本漢西羌之地也其種落莫知所出也或云南凉禿髮利鹿孤之後也利鹿孤有子曰樊尼及利鹿孤卒樊尼尚幼弟傉檀嗣位以樊尼爲安西將軍後魏神瑞元年傉檀爲西秦乞佛熾盤所滅樊尼招集餘衆以投沮渠蒙遜蒙遜以爲臨松太守及蒙遜滅樊尼乃率衆西奔濟黃河逾積石於羌中建國開地千里樊尼威惠夙著爲羣羌所懷皆撫以恩信歸之如市遂改姓爲窣勃野以禿髮爲國號語訛謂之吐蕃其後子孫繁昌又侵伐不息土宇漸廣歷周及隋猶隔諸羌未通於中國其國人號其王爲贊普相爲大論小論以統理國事無文字刻木結繩爲約雖有官不常厥職臨時統領徵兵用金箭寇至舉烽燧百里一亭用刑嚴峻小罪剜眼鼻或皮鞭鞭之但隨喜怒而無常科囚人於地牢深數丈二三年方出之宴異國賓客必驅犛牛令客自射牲以供饌與其臣下一年一小盟刑羊狗獼猴先折其足而殺之繼裂其腸而屠之令巫者告于天地山川日月星辰之神云若心遷變懷奸反覆神明鑒之同於羊狗三年一大盟夜於壇墠之上與衆陳設肴饌殺犬馬牛驢以爲牲咒曰爾等咸須同心戮力共保我家惟天神地祇共知爾志有負此盟使爾身體屠裂同於此牲其地氣候大寒不生秔稻有青稞麥䴹豆小麥喬麥畜多犛牛猪犬羊馬又有天鼠狀如雀鼠其大如猫皮可爲裘又多金銀銅錫其人或隨畜牧而不常厥居然頗有城郭其國都城號爲邏些城屋皆平頭高者至數十尺貴人處於大氊帳名爲拂廬寢處汙穢絶不櫛沐接手飲酒以氊爲盤捻麨爲椀實以羹酪幷而食之多事羱羝之神人信巫覡不知節候麥熟爲歲首圍棊陸博吹蠡鳴鼓爲戲弓劒不離身重壯賤老母拜於子子倨於父出入皆少者在前老者居其後軍令嚴肅每戰前隊皆死後隊方進重兵死惡病終累代戰没以爲甲門臨陣敗北者懸狐尾於其首表其似狐之怯稠人廣衆必以徇焉其俗耻之以爲次死拜必兩手據地作狗吠之聲以身再揖而止居父母喪截髮青黛塗面衣服皆黑旣葬卽吉其贊普死以人殉葬衣服珍玩及嘗所乘馬弓劒之類皆悉埋之仍於墓上起大室立土堆插雜木爲祠祭之所貞觀八年其贊普棄宗弄讚始遣使朝貢弄讚弱冠嗣位性驍武多英略其鄰國羊同及諸羌竝賓伏之太宗遣行人馮德遐往撫慰之見德遐大悅聞突厥及吐谷渾皆尚公主乃遣使隨德遐入朝多齎金寶奉表求婚太宗未之許使者旣反言於弄讚曰初至大國待我甚厚許嫁公主會吐谷渾王入朝有相離間由是禮薄遂不許嫁弄讚遂與羊同連發兵以擊吐谷渾吐谷渾不能支遁於青海之上以避其鋒其國人畜竝爲吐蕃所掠於是進兵攻破党項及白蘭諸羌率其衆二十餘萬頓於松州西境遣使貢金帛云來迎公主又謂其屬曰若大國不嫁公主與我卽當入寇遂進攻松州都督韓威輕騎覘賊反爲所敗邊人大擾太宗遣吏部尚書侯君集爲當彌道行營大總管右領軍大將軍執失思力爲白蘭道行軍總管左武衞將軍牛進達爲闊水道行軍總管右領軍將軍劉蘭爲洮河道行軍總管率步騎五萬以擊之進達先鋒自松州夜襲其營斬千餘級弄讚大懼引兵而退遣使謝罪因復請婚太宗許之弄讚乃遣其相祿東贊致禮獻金五千兩自餘寶玩數百事貞觀十五年太宗以文成公主妻之令禮部尚書江夏郡王道宗主婚持節送公主于吐蕃弄讚率其部兵次栢海親迎于河源見道宗執子壻之禮甚恭旣而歎大國服飾禮儀之美俯仰有愧沮之色及與公主歸國謂所親曰我父祖未有通婚上國者今我得尚大唐公主爲幸實多當爲公主築一城以誇示後代遂築城邑立棟宇以居處焉公主惡其人赭面弄讚令國中權且罷之自亦釋氊裘襲紈綺漸慕華風仍遣酋豪子弟請入國學以習詩書又請中國識文之人典其表疏太宗伐遼東還遣祿東贊來賀奉表曰聖天子平定四方日月所照之國竝爲臣妾而高麗恃遠闕於臣禮天子自領百萬度遼致討隳城陷陣指日凱旋夷狄纔聞陛下發駕少進之間已聞歸國

鴈飛迅越不及陛下速疾奴忝預子壻喜百常夷夫鵝猶鴈也故作金鵝奉獻其鵝黃金鑄成其高七尺中可實酒三斛二十二年右衛率府長史王玄策使往西域爲中天竺所掠吐蕃發精兵與玄策擊天竺大破之遣使來獻捷高宗嗣位授弄讚爲駙馬都尉封西海郡王賜物二千段弄讚因致書于司徒長孫無忌等云天子初卽位若臣下有不忠之心者當勒兵以赴國除討并獻金銀珠寶十五種請置太宗靈座之前高宗嘉之進封爲賓王賜雜綵三千段因請蠶種及造酒碾磑紙墨之匠並許焉乃刊石像其形列昭陵玄闕之下永徽元年弄讚卒高宗爲之舉哀遣右武候將軍鮮于臣濟持節賫璽書弔祭弄讚子早死其孫繼立復號贊普時年幼國事皆委祿東贊祿東贊姓薛氏雖不識文記而性明毅嚴重講兵訓師雅有節制吐蕃之幷諸羌雄霸本土多其謀也初太宗既許降文成公主贊普使祿東贊來迎召見顧問進對合旨太宗禮之有異諸蕃乃拜祿東贊爲右衛大將軍又以琅邪長公主外孫女段氏妻之祿東贊辭曰臣本國有婦父母所聘情不忍乖且贊普未謁公主陪臣安敢輒娶太宗嘉之欲撫以厚恩雖奇其答而不遂其請祿東贊有子五人長曰贊悉若早死次欽陵次贊婆次悉多于次勃論及東贊死欽陵兄弟復專其國後與吐谷渾不和龍朔麟德中遞相表奏各論曲直國家依違未爲與奪吐蕃怨怒遂率兵以擊吐谷渾吐谷渾大敗河源王慕容諾曷鉢及弘化公主脫身走投涼州遣使告急咸亨元年四月詔以右威衛大將軍薛仁貴爲邏娑道行軍大總管左衛員外大將軍阿史那道眞右衛將軍郭待封爲副率衆十餘萬以討之軍至大非川爲吐蕃大將論欽陵所敗仁貴等並坐除名吐谷渾全國盡沒唯慕容諾曷鉢及其親信數千帳來內屬仍徙於靈州自是吐蕃連歲寇邊當悉等州諸羌盡降之上元三年進寇鄯廓等州殺掠人吏高宗命尚書左僕射劉仁軌往洮河軍鎭守以禦之儀鳳三年又命中書令李敬玄兼鄯州都督往代仁軌於洮河鎭守仍召募關內河東及諸州驍勇以爲猛士不簡色役亦有嘗任文武官者召入殿庭賜宴遣往擊之又令益州長史李孝逸巂州都督拓王奉等發劒南山南兵募以防禦之其年秋敬玄與工部尚書劉審禮率兵與吐蕃戰于青海官軍敗績審禮沒于陣敬玄按軍不敢救俄而收軍却出頓於承風嶺阻泥溝不能動賊屯於高岡以壓之偏將左領軍員外將軍黑齒常之率敢死之士五百人夜斫賊營賊遂潰亂自相蹂踐死者三百餘人敬玄遂擁衆鄯州坐貶爲衡州刺史往劒南兵募於茂州之西南築安戎城以壓其境俄有生羌爲吐蕃鄉導攻陷其城遂引兵守之時吐蕃盡收羊同党項及諸羌之地東與涼松茂巂等州相接南至婆羅門西又攻陷龜茲疏勒等四鎭北抵突厥地方萬餘里自漢魏已來西戎之盛未之有也高宗聞審禮等敗沒召侍臣問綏禦之策中書舍人郭正一曰吐蕃作梗年歲已深命將興師相繼不絕空勞士馬虛費糧儲近討則徒損兵威深入則未窮巢穴望少發兵募且遣備邊明烽堠勿令侵抄使國用豐足人心叶同寬之數年可一舉而滅給事中劉齊賢皇甫文亮等皆言嚴守之便尋而黑齒常之破吐蕃大將贊婆及素和貴於良非川殺獲二千餘級吐蕃遂引退詔以常之爲河源軍使以鎭禦之儀鳳四年贊普卒其子器弩悉弄嗣位復號贊普時年八歲國政復委於欽陵遣其大臣論寒調傍來告喪且請和高宗遣郎將宋令文入蕃會葬永隆元年文成公主薨高宗又遣使弔祭之則天臨朝命文昌右相韋待價爲安息道大總管安西大都護閻溫古爲副永昌元年率兵往征吐蕃遲留不進待價坐流浦州溫古處斬待價素無統禦之才遂狼狽失據士卒饑饉皆轉死溝壑明年又命文昌右相岑長倩爲武威道行軍大總管以討吐蕃中路退還軍竟不行如意元年吐蕃大首領曷蘇率其所屬并貴川部落請降則天令右玉鈐衛大將軍張玄遇率精卒二萬充安撫使以納之師次大渡水曷蘇事洩爲本國所擒又有大首領昝捶率羌蠻部落八千餘人詣玄遇內附玄遇以其部落置葉川州以昝捶爲刺史仍於大度西山勒石紀功而還長壽元年武威軍總管王孝傑大破吐蕃之衆克復龜茲于闐疏勒碎葉等四鎭乃於龜茲置安西都護府發兵以鎭守之萬歲登封元年孝傑復爲肅邊道大總管率副總管婁師德與吐蕃將論欽陵贊婆戰于素羅汗山官軍敗績孝傑坐免官萬歲通天元年吐蕃四萬衆奄至涼州城下都督許欽明初不之覺輕出按部遂遇賊拒戰久之力屈爲賊所殺時吐蕃又遣使請和則天將許之論欽陵乃請去安西四鎭兵仍索分十姓之地則天竟不許之吐蕃自論欽陵兄弟專統兵馬欽陵每居中用事諸弟分據方面贊婆則專在東境與中國爲鄰三十餘年常爲邊患其兄弟皆有才略諸蕃憚之聖曆二年其贊普器弩悉弄年漸長乃與其大臣論巖等密圖之時欽陵在外贊普乃佯言將獵召兵執欽陵親黨二千餘人殺之發使召欽陵贊婆等欽陵舉兵不受召贊普自帥衆討之欽陵未戰而潰遂自殺其親信左右同日自殺者百餘人贊婆率所部千餘人及其兄子莽布支等來降則天遣羽林飛騎郊外迎之授贊婆輔國大將軍行右衛大將軍封歸德郡王優賜甚厚仍令領其部兵於洪源谷討擊尋卒贈特進安西大都護久視元年吐蕃又遣其將麴莽布支寇涼州圍逼昌松縣隴右諸軍州大使唐休璟與莽布支戰于洪源谷斬其副將二人獲首二千五百級長安二年贊普率衆萬餘人寇悉州都督陳大慈與賊凡四戰皆破之斬首千餘級於是吐蕃遣使論彌薩等入朝請求和則天宴之於麟德殿奏百戲於殿庭論彌薩曰臣生於邊荒由來不識中國音樂乞放臣親觀則天許之於是論彌薩等相視笑忭拜謝曰臣自歸投聖朝前後禮數優渥又得親觀奇樂一生所未見自顧微瑣何以仰答天恩區區褊心唯願大家萬歲明年又遣使獻馬千匹金二千兩以求婚則天許之時吐蕃南境屬國泥婆羅門等皆叛贊普自往討之卒於軍中諸子爭立久之國人立器弩悉弄之子棄隸蹜贊爲贊普時年七歲中宗神龍元年吐蕃使來告喪中宗爲之舉哀廢朝一日俄而贊普之祖母遣其大臣悉薰然來獻方物爲其孫請婚中宗以所養雍王守禮女爲金城公主許嫁之自是頻歲貢獻景龍三年十一月又遣其大臣尚贊吐等來迎女中宗宴之於苑內毬場命駙馬都尉楊愼交與吐蕃使打毬中宗率侍臣觀之四年正月制曰聖人布化用百姓爲心王者垂仁以八荒無外故能光宅遐邇裁成品物由是隆周理曆恢柔遠之圖强漢乘時建和親之議斯蓋寓長策經邦茂範朕受命上靈克纂洪業庶幾前烈永致和平睠彼吐蕃僻在西服皇運之始早申朝貢太宗文武聖皇帝德侔覆載情深億兆思偃兵甲遂通姻好數十年間一方清淨自文成公主化往其國因多變革我之邊隅亟興師旅彼之蕃落頗聞彫弊頃者贊普及祖母可敦酋長等屢披誠款積有歲時思託舊親請崇新好金城公主朕之少女豈不鍾念但爲人父母志息元黎若允乃誠祈更敦和好則邊土寧晏兵役服息遂割深慈爲國大計築茲外館聿膺嘉禮降彼吐蕃贊普卽以今月進發朕親自送于郊外中宗召侍中紀處訥謂曰昔文成公主出降則江夏王送之卿雅識蕃情有安邊之略可爲朕充吐蕃使也處訥拜謝旣而以不練邊事固辭上又令中書侍郎趙彥昭充使彥昭以旣充外使恐失其權寵殊不悅司農卿趙履溫私謂之曰公國之宰輔而爲一介之使不亦鄙乎彥昭曰然計將安出履溫因陰託安樂公主密奏留之於是以左衛大將軍楊矩使焉其月帝幸始平縣以送公主設帳殿於百頃泊側引王公宰相及吐蕃使入宴中坐酒闌命吐蕃使進前諭以公主孩幼割慈遠嫁之旨上悲泣歔欷久之因命從臣賦詩餞別曲赦始平縣大辟罪已下百姓給復一年改始平縣爲金城縣又改其地爲鳳池鄉愴別里公主旣至吐蕃別築一城以居之睿宗卽位攝監察御史李知古上言姚州諸蠻先屬吐蕃請發兵擊之遂令知古徵劒南兵募往經略之蠻酋傍名乃引吐蕃攻知古殺之仍斷其屍以祭天時張玄表爲安西都護又與吐蕃比境互相攻掠吐蕃內雖怨怒外敦和好時楊矩爲鄯州都督吐蕃遣使厚遺之因請河西九曲之地以爲金城公主湯沐之所矩遂奏與之吐蕃旣得九曲其地肥良堪頓兵畜牧又與唐境接近自是復叛始率兵入寇開元二年秋吐蕃大將坌達焉乞力徐等率衆十餘萬寇臨洮軍又進寇蘭渭等州掠監牧羊馬而去楊矩悔懼飲藥而死玄宗令攝左羽林將軍薛訥及太僕少卿王晙率兵邀擊之仍下詔將大舉親征召募將士克期進發俄而晙等與賊相遇于渭源之武階驛前軍王海賓力戰死之晙等率兵而進大破吐蕃之衆殺數萬人盡收得所掠羊馬賊餘黨奔北相枕藉而死洮水爲之不流上遂罷親征命紫微舍人倪若水往按軍實仍弔祭王海賓而還吐蕃遣其大臣宗俄因子至洮河祭其死亡之士仍款塞請和上不許之自是連年犯邊郭知運王君㚟相次爲河西節度使以捍之吐蕃旣自恃兵强每通表疏求敵國之禮言詞悖慢上甚怒之及封禪禮畢中書令張說奏言吐蕃醜逆誠負萬誅然又事征討實爲勞弊且十數年甘涼河鄯徵發不息縱令屢勝亦不能補聞其悔過請和惟陛下遣使許其稽顙內屬以息邊境則蒼生幸甚上曰待吾與王君㚟籌之說出謂源乾曜曰君㚟勇而無謀常思僥倖兩國和好何以爲功若入陳謀則吾計不遂矣尋而君㚟入朝奏事遂請率兵深入以討之十五年正月君㚟率兵破吐蕃於青海之西虜其輜重及羊馬而還先是吐蕃大將悉諾邏率衆入攻大斗谷又移攻甘州焚燒市里君㚟畏其鋒不敢出戰會大雪賊凍死者甚衆遂取積石軍西路而還君㚟先令人潛入賊境於其歸路燒草悉諾邏軍還

至大非山將士息甲牧馬而野草皆盡馬死過半君㚟與秦州都督張景順等率衆襲其後入至青海之西時海水冰合將士並乘氷而渡會悉諾邏已渡大非川輜重及疲兵尚在青海之側君㚟縱兵俘之而還其年九月吐蕃大將悉諾邏恭祿及燭龍莽布支攻陷瓜州城執刺史田元獻及王君㚟之父壽盡取城中軍資及倉糧仍毁其城而去又進攻玉門軍及常樂縣縣令賈師順嬰城固守凡八十日賊遂引退俄而王君㚟爲迴紇餘黨所殺乃命兵部尚書蕭嵩爲河西節度使以建康軍使左金吾將軍張守珪爲瓜州刺史修築州城招輯百姓令其復業時悉諾邏恭祿威名甚振蕭嵩乃縱反間於吐蕃云其與中國潛通贊普遂召而誅之明年秋吐蕃大將悉末朗復率衆攻瓜州守珪出兵擊走之隴右節度使鄯州都督張忠亮引兵至青海西南渴波谷與吐蕃接戰大破之俄而積石莫門兩軍兵馬總至與忠亮合勢追討破其大莫門城生擒千餘人獲馬一千匹犛牛五百頭器仗衣資甚衆又焚其駱駝橋而還八月蕭嵩又遣副將杜賓客率弩手四千人與吐蕃戰于祁連城下自辰至暮散而復合賊徒大潰臨陣斬其副將一人賊敗散走投山哭聲四合初上聞吐蕃重來入寇謂侍臣曰吐蕃驕暴恃力而來朕今按地圖審利害親指授將帥破之必矣數日而露布至十七年朔方大總管信安王禕又率兵赴隴右拔其石堡城斬首四百餘級生擒二百餘口遂於石堡城置振武軍仍獻其俘囚于太廟於是吐蕃頻遣使請和忠王友皇甫惟明因奏事面陳通和之便上曰吐蕃贊普往年嘗與朕書悖慢無禮朕意欲討之何得和也惟明曰開元之初贊普幼稚豈能如此必是在邊軍將務邀一時之功僞作此書激怒陛下兩國既鬬興師動衆因利乘便公行隱盜僞作功狀以希勲爵所損鉅萬何益國家今河西隴右百姓疲竭事皆由此若陛下遣使往視金城公主因與贊普面約通和令其稽顙稱臣永息邊境此永代安人之道也上然其言因令惟明及內侍張元方充使往問吐蕃惟明元方等至吐蕃既見贊普及公主具宣上意贊普等欣然請和盡出貞觀已來前後勑書以示惟明等令其重臣名悉獵隨惟明等入朝上表曰外甥是先皇帝舅宿親又蒙降金城公主遂和同爲一家天下百姓普皆安樂中間爲張玄表李知古等東西兩處先動兵馬侵抄吐蕃邊將所以互相征討迄至今日遂成釁隙外甥以先代文成公主今金城公主之故深識尊卑豈敢失禮又緣年小枉被邊將讒搆鬬亂令舅致怪伏乞垂察追留死將萬足前數度使人入朝皆被邊將不許所以不敢自奏去冬公主遣使人婁衆失若將狀專往蒙降使看公主來外甥不勝喜荷謹遣論名悉獵及副使押衙將軍浪些紇夜悉獵入朝奏取進止兩國事意悉獵所知外甥蕃中已處分邊將不許抄掠若有漢人來投便令却送伏望皇帝舅遠察赤心許依舊好長令百姓快樂如蒙聖恩千年萬歲外甥終不敢先違盟誓謹奉金胡瓶一金盤一金椀一馬腦盃一零羊衫段一謹充微國之禮金城公主又別進金鴨盤盞雜器物等十八年十月名悉獵等至京師上御宣政殿列羽林仗以見之悉獵頗曉書記先曾迎金城公主至長安當時朝廷皆稱其才辯及是上引入內宴與語甚禮之賜紫袍金帶及魚袋幷時服繒綵銀盤胡瓶仍於別館供擬甚厚悉獵受袍帶器物而却進魚袋辭曰本國無此章服不敢當殊異之賞上嘉而許之詔御史大夫崔琳充使報聘仍於赤嶺各豎分界之碑約以更不相侵時吐蕃使奏云公主請毛詩禮記左傳文選各一部制令祕書省寫與之正字于休烈上疏請曰臣聞戎狄國之寇也經籍國之典也戎之生心不可以無備典有恒制不可以假人傳曰裔不謀夏夷不亂華所以格其非心在乎有備無患昔東平王入朝求史記諸子漢帝不與蓋以史記多兵謀諸子雜詭術夫以東平漢之懿戚尚不欲示征戰之書今西戎國之寇讎豈可貽經典之事且臣聞吐蕃之性慓悍果決敏情持銳善學不迴若達於書必能知戰深於詩則知武夫有師干之試深於禮則知月令有廢興之兵深於傳則知用師多詭詐之計深於文則知往來有書檄之制何異借寇兵而資盜糧也臣聞魯秉周禮齊不加兵吳獲乘車楚疲奔命一以守典存國一以喪法危邦可取鑒也且公主下嫁從人遠適異國合慕夷禮返求良書愚臣料之恐非公主本意也慮有奔北之類勸教於中若陛下慮失蕃情以備國信必不得已請去春秋當周德既衰諸侯强盛禮樂自出戰伐交興情僞於是乎生變詐於是乎起則有以臣召君之事取威定霸之名若與此書國之患也傳曰于奚請曲縣繁纓仲尼云惜也不如多與之邑惟名與器不可假人狄固貪婪貴貨易土正可錫之錦綺厚以玉帛何必率從其求以資其智臣忝叨列位職刊祕籍實痛經典棄在戎夷昧死上聞惟陛下深察疏奏不省二十一年又制工部尚書李暠往聘吐蕃每唐使入境所在盛陳甲兵及騎馬以矜其精銳二十二年遣將軍李佺於赤嶺與吐蕃分界立碑二十四年正月吐蕃遣使貢方物金銀器玩數百事皆形制奇異上令列於提象門外以示百寮其年吐蕃西擊勃律遣使來告急上使報吐蕃令其罷兵吐蕃不受詔遂攻破勃律國上甚怒之時散騎常侍崔希逸爲河西節度使於涼州鎮守時吐蕃與漢樹柵爲界置守捉使希逸謂吐蕃將乞力徐曰兩國和好何須守捉妨人耕種請皆罷之以成一家豈不善也乞力徐報曰常侍忠厚必是誠言但恐朝廷未必皆相信任萬一有人交搆掩吾不備後悔無益也希逸固請之遂發使與乞力徐殺白狗爲盟各去守備於是吐蕃畜牧被野俄而希逸傔人孫誨入朝奏事誨欲自邀其功因奏言吐蕃無備若發兵掩之必剋捷上使內給事趙惠琮與孫誨馳往觀察事宜惠琮等至涼州遂矯詔令希逸掩襲之希逸不得已而從之大破吐蕃於青海之上殺獲甚衆乞力徐輕身遁逸惠琮孫誨皆加厚賞吐蕃自是復絕朝貢希逸以失信快快在軍不得志俄遷爲河南尹行至京師與趙惠琮俱見白狗爲祟相次而死孫誨亦以罪被戮詔以岐州刺史蕭炅爲戶部侍郎判涼州事代希逸爲河西節度使鄯州都督杜希望爲隴右節度使太僕卿王昱爲益州長史劒南節度使分道經略以討吐蕃仍令毁其分界之碑二十六年四月杜希望率衆攻吐蕃新城拔之以其城爲威武軍發兵一千以鎮之其年七月希望又從鄯州發兵奪吐蕃河橋於河左築鹽泉城吐蕃將兵三萬人以拒官軍希望引衆擊破之因於鹽泉城置鎮西軍時王昱又率劒南兵募攻其安戎城先於安戎城左右築兩城以爲攻拒之所頓兵於蓬婆嶺下運劒南道資糧以守之其年九月吐蕃悉銳以救安戎城官軍大敗兩城並爲賊所陷昱脫身走免將士已下數萬人及軍糧資仗等並沒于賊昱坐左遷括州刺史初昱之在軍謗賞其子錢帛萬計幷擅與紫袍等所費鉅萬坐是尋又重貶爲端州高要尉而死二十七年七月吐蕃又寇白草安人等軍勑臨洮朔方等軍分兵救援時吐蕃於中路屯兵斷臨洮軍之路白水軍守捉使高東于拒守連旬俄而賊退蕭炅遣偏將掩其後擊破之王昱既敗之後詔以華州刺史張宥爲益州長史劒南防禦使主客員外郎章仇兼瓊爲益州司馬防禦副使宥既文吏素無攻戰之策兼瓊遂專其戎事俄而兼瓊入奏盛陳攻取安戎之策上甚悅徙張宥爲光祿卿拔兼瓊令知益州長史事代張宥節度仍爲之親畫取城之計二十八年春兼瓊密與安戎城中吐蕃翟都局及維州別駕董承宴等通謀都局等遂翻城歸款因引官軍入城盡殺吐蕃將士使監察御史許遠率兵鎮守上聞之甚悅中書令李林甫等上表曰伏以吐蕃此城正當衝要憑險自固恃以窺邊積年已來蟻聚爲患縱有百萬之衆難以施功陛下親紆祕策不興師旅頃令中使李思敬曉喻羌族莫不懷恩翻然改圖自相謀陷神算運於不測睿略通於未然累載逋誅一朝蕩滅又臣等今日奏事陛下從容問臣等曰卿等但看四夷不久當漸摧喪德音纔降遽聞戎捷則知聖與天合應如響至前古已來所未有也請宣示百寮編諸史策手制答曰此城儀鳳年中羌引吐蕃遂被固守歲月既久攻伐亦多其地險阻非力所制朝廷羣議不合取之朕以小蕃無知事須處置授以奇計所以行之獲彼戎心歸我城守有足爲慰也其年十月吐蕃又引衆寇安戎城及維州章仇兼瓊遣裨將率衆禦之仍發關中彍騎以救援焉時屬凝寒賊久之自引退詔改安戎城爲平戎城二十九年春金城公主薨吐蕃遣使來告哀仍請和上不許之使到數月後始爲公主舉哀於光順門外輟朝三日六月吐蕃四十萬攻承風堡至河源軍西入長寧橋至安仁軍渾崖峯騎將盛希液以衆五千攻而破之十二月吐蕃又襲石堡城節度使蓋嘉運不能守玄宗憤之天寶初令皇甫惟明王忠嗣爲隴右節度皆不能克七載以哥舒翰爲隴右節度使攻而拔之改石堡城爲神武軍天寶十四載贊普乞黎蘇籠獵贊死大臣立其子婆悉籠獵贊爲主復爲贊普玄宗遣京兆少尹崔光遠兼御史中丞持節賫國信册命弔祭之及還而安祿山已竊據洛陽以河隴兵募令哥舒翰爲將屯潼關昔秦以隴山已西爲隴西郡漢懷匈奴於河右置姑臧張掖酒泉伊吾等郡又於磧外置西域都護控引胡國又分隴西爲金城西平等郡襍以氐羌居之歷代喪亂不爲賢豪所據則爲達夷侵廢迨千年矣武德初薛仁杲奄有隴上之地至於河虜李軌盡有涼州之城通於磧外貞觀中李靖破吐谷渾侯君集平高昌阿史那社爾開西域置四鎮前王之所未伏盡爲臣妾秦漢之封域得議其土境耶於是歲調山東丁男爲戍卒繒帛爲軍資有屯田以資糗糧牧使以娩羊馬大軍萬人小軍千人烽戍邏卒萬里相繼以却於强敵隴右鄯州爲節度河西涼州爲節度安西北庭亦置節度關內則於靈州置朔方節

度又有受降城單于都護庭爲之藩衞及潼關失守河洛阻兵於是盡徵河隴朔方之將鎭兵入靖國難謂之行營曩時軍營邊州無備預矣乾元之後吐蕃乘我間隙日蹙邊城或爲虜掠傷殺或轉死溝壑數年之後鳳翔之西邠州之北盡蕃戎之境堙没者數十州肅宗元年建寅月甲辰吐蕃遣使來朝請和勑宰相郭子儀蕭華張遵慶等於中書設宴將詣光宅寺爲盟誓取三牲血歃之無向佛寺之事請明日須於鴻臚寺歃血以申蕃戎之禮從之寶應元年六月吐蕃使燭番莽耳等二人貢方物入朝乃於延英殿引見勞賜各有差而劍南西山又與吐蕃氐羌隣接武德已來開置州縣立軍防卽漢之笮路乾元之後亦陷於吐蕃寶應二年三月遣左散騎常侍兼御史大夫李之芳左庶子兼御史中丞崔倫使于吐蕃至其境而留之廣德元年九月吐蕃寇陷涇州十月寇邠州又陷奉天縣遣中書令郭子儀西禦吐蕃以吐谷渾党項羌之衆二十餘萬自龍光度而東郭子儀退軍車駕幸陝州京師失守降將高暉引吐蕃入上都城與吐蕃大將馬重英等立故邠王男廣武王承宏爲帝立年號大赦署置官員尋以司封崔瓌等爲相郭子儀退軍南保商州吐蕃居城十五日退官軍收上都以郭子儀爲留守初車駕東幸衣冠戚里盡南投荆襄及隱竄山谷於是六軍將士持兵剽刼所在阻絶郭子儀領部曲數百人及其妻子僕從南入牛心谷駝馬車牛數百兩子儀遲留未知所適行軍判官中書舍人王延昌監察御史李蕚謂子儀曰令公身爲元帥主上蒙塵于外家國之事一至於此今吐蕃之勢日逼豈可懷安于谷中何不南趨商州漸赴行在子儀遽從之延昌曰吐蕃知令公南行必分兵來逼若當大路事卽危矣不如取玉山路而去出其不意子儀又從之延昌與李蕚皆從子儀子儀之隊千餘人山路狹隘連延百餘里人不得馳延昌與蕚恐狹徑被追前後不相救至倒迴口遂與子儀別行踰絶澗登七盤趨于商州先是六軍將張知節與麾下數百人自城奔于商州大掠避難朝官士庶及居人資財鞍馬已有日矣延昌與蕚旣至說知節曰將軍身掌禁兵軍敗而不赴行在又恣其下虜掠何所歸乎今郭令公元帥也已欲至洛南將軍若整頓士卒諭以禍福請令公來撫之以圖收長安此則將軍非常之功也知節大悅其時諸軍將臧希讓高昇彭體盈李惟誥等數人各有部曲率其數十騎相次而至又從其計皆相率爲軍約不侵暴延昌留于軍中主約蕚以數騎往迎子儀去洛南十餘里及之遂與子儀迴至商州諸將大喜皆遵其約束吐蕃將入京師也前光祿卿殷仲卿逃難而出鞍馬衣服盡爲土賊所掠仲卿至藍田糺合散兵及諸驍勇願從者百餘人南保藍田以拒吐蕃其衆漸振至于千人子儀旣至商州未知仲卿之舉募人往探賊勢羽林將軍長孫全緒請行以二百騎隸之又令太子賓客第五琦攝京兆尹同收長安全緒至韓公堆晝則擊鼓廣張旗幟夜則多燃火以疑吐蕃仲卿探知官軍其勢益壯遂相爲表裏以狀聞于子儀仲卿二百餘騎遊奕直渡滻水吐蕃懼問百姓百姓皆紿之曰郭令公自商州領衆却收長安大軍不知其數賊以爲然遂抽軍而還餘衆尚在城軍將王撫及御史大夫王仲昇頓兵自苑中入椎鼓大呼仲卿之師又入城吐蕃皆奔走乃收上都郭子儀乘之鼓行入長安人心乃安吐蕃退至鳳翔節度孫志直閉門拒之吐蕃圍守數日會鎭西節度兼御史中丞馬璘領精騎千餘自河西救楊志烈迴引兵入城遲明單騎持滿直衝賊衆左右願從者百餘騎璘奮擊大呼賊徒披靡無敢當者賊疲而歸賊衆恃其驍勇翌日又逼城請戰璘被甲開懸門賊乃抽退皆曰此將不惜死不可當且避之又復居原會成渭之地十二月乘輿還上都二年五月放李之芳還九月叛將僕射大寧郡王僕固懷恩自靈武遣其黨范志誠任敷等引吐蕃吐谷渾之衆來犯王畿十月懷恩之衆至邠州挑戰節度白孝德及副元帥先鋒郭鋒嬰城拒之以挫其鋒賊衆遂逼奉天縣西二十里爲營郭子儀屯於奉天又按軍不戰郭鋒於邠州西三十里令精騎二百五十人步卒五十人斫懷恩營破五千衆斬首千餘級生擒八十五人降其大將四人馬五百匹十一月僕固懷恩引吐蕃之衆退廣德二年河西節度楊志烈被圍守數年以孤城無援乃跳身西投甘州涼州又陷於寇永泰元年三月吐蕃請和遣宰相元載杜鴻漸等於興唐寺與之盟而罷秋九月僕固懷恩誘吐蕃迴紇之衆南犯王畿吐蕃大將尚結息贊磨尚息東贊尚野息及馬重英率二十萬衆至奉天界邠州節度使白孝德不能禦京城戒嚴先是朔方先鋒兵馬使渾日進孫守亮屯軍於奉天以拒之於是詔追副元帥郭子儀於河中府領衆赴援屯於涇陽諸將各屯守要害初吐蕃列營奉天渾日進單騎衝之驍騎二百人繼進衝突其營左右擊刺賊徒驚駭無不應弦而斃日進挾一蕃將躍馬而歸蕃將奮身失其撒飯一日進之衆無中鋒鏑者軍中望而益振明日吐蕃悉衆圍之日進命拋車夾石投之雜以弓弩賊死傷衆數日斂軍囘營尋又日進夜斫賊營於梁毋神下殺千餘人生擒五百人獲駞馬器械上又下詔親征括朝官馬京城置團練鎭西節度馬璘遇吐蕃遊奕四百餘人於武功東原使五十人擊而盡殺之無噍類自十七日至二十五日晚際始止議者以爲天助吐蕃移營於醴泉縣九嵕山北因攻掠醴泉京城大駭人皆空室大戶鑿竇以出逆黨任敷以兵五千餘人犯白水縣渾日進露布而至屯於奉天馬嵬店今月十九日已後至二十五日已前交戰二百餘陣破吐蕃一萬餘衆斬首五千級生擒一百六十人馬一千二百四十二匹駞一百一十五頭器械幡旗共三萬餘事朝官震懼家口廻避者十室八九禁之不止自前年吐蕃犯王畿後於中渭橋鄠豐城以營兵至是功畢吐蕃退至永壽北遇迴紇之衆雖聞懷恩死皆悖其衆相誘而奔復來寇至奉天兩蕃猜貳爭長別爲營壘吐蕃遊奕至黨底吐蕃又至馬嵬店因縱火焚居人廬舍而退迴紇三千騎詣涇陽降款請擊吐蕃爲效子儀許之於是朔方先鋒兵馬使開府南陽郡王白元光與迴紇合於涇陽靈臺縣東五十里攻破吐蕃斬首及生擒獲駞馬牛羊甚衆上停親征京師解嚴宰臣上表稱賀

舊唐書卷一百九十六上考證

吐蕃傳上遂復親征○臣酉按新書作罷親征復字當是罷字之訛今改正

失其撒飯一○疑有脫誤

# 舊唐書卷一百九十六下

後晉司空同中書門下平章事劉　昫撰

## 列傳第一百四十六下

### 吐蕃下

永泰二年二月命大理少卿兼御史中丞楊濟修好于吐蕃四月吐蕃遣首領論泣藏等百餘人隨濟來朝且謝申好大曆二年十月靈州破吐蕃二萬餘衆生擒五百人獲馬一千五百匹十一月和蕃使檢校戶部尚書兼御史大夫薛景仙自吐蕃使還首領論泣陵隨景仙來朝景仙奏云贊普請以鳳林關爲界俄又遣使路悉等十五人來朝三年八月吐蕃十萬寇靈武大將尚悉摩寇邠州邠寧節度使馬璘破二萬餘衆擒其俘以獻之九月寇靈州朔方騎將白元光破之俄又復破二萬衆於靈武獲羊馬數千計關內副元帥郭子儀於靈州破吐蕃六萬餘衆十二月以蕃寇歲犯西疆增修鎭守乃移馬璘鎭涇州仍爲涇原節度使劒南西川亦破吐蕃萬餘衆五年五月徙置安悉拓靜恭五州于山陵要害之地以備吐蕃八年秋吐蕃六萬騎寇靈武蹂踐我禾稼而去十月寇涇邠等州郭子儀遣先鋒將渾瑊與賊戰于宜祿我師不利副將史籍等三人死之村墅居人爲驅掠者凡千餘人是夜瑊收合散卒襲賊營會馬璘亦襲其輜重凡殺數千人賊遂潰子儀大破吐蕃十餘萬衆初吐蕃犯我邠郊馬璘以精卒二千餘人潛夜掩賊營射賊豹皮將中目賊衆扶之號泣遂舉營遁去璘因收獲朔方兵健二百餘人百姓七百餘人駝馬數百匹九年四月以吐蕃侵擾預爲邊備乃降勑宜令子儀以上郡北地四塞五原義渠稽胡鮮卑雜種步馬五萬衆嚴會栒邑克壯舊軍抱玉以晉之高都韓之上黨河湟義徒汧隴少年凡三萬衆橫絶高壁斜界連營馬璘以西域前庭車師後部兼廣武之戍下蔡之徭凡三萬衆屯于洄中張大軍之援忠誠以武落別校右地奇鋒凡二萬衆出岐陽而北會希讓以三輔太常之徒六郡良家之子自渭上而西合汴宋淄青河陽幽薊總四萬衆分列前後魏成德昭義永地總六萬衆大舒左右朕內整禁旅親誓諸將資以千金之費錫以六牧之馬其戎裝戰器軍用邊儲各有司存素皆精辦咨爾將相文武宣力之臣夫師克在和善戰不陣各宜保據疆界屯據要衝斥堠惟明首尾相應若旣悔過何必勞人如或不恭自當伐罪然後眷求統一以制諸軍進取之宜俟於後命十一年正月劒南節度使崔寧大破吐蕃故洪等四節度兼突厥吐渾氐蠻羌党項等二十餘萬衆斬首萬餘級生擒蝎城兵馬使一千三百五十人獻于闕下牛羊及軍資器械不可勝紀十二年九月入寇坊州掠党項羊馬而去十月崔寧破吐蕃望漢城十四年八月命太常少卿韋倫持節使吐蕃統蕃俘五百人歸之十月吐蕃率南蠻衆二十萬來寇一入茂州過汶川及灌口一入扶文過方維白壩一自黎雅過邛峽關連陷郡邑乃發禁兵四千人及幽州兵五千人同討大破之建中元年四月韋倫至自大曆中聘使前後數輩皆留之不遣俘獲其人必遣中官部統從江嶺因緣求財

及給養之費不勝其弊去年冬吐蕃大興師以三道來侵會德宗初卽位以德綏四方徵其俘四五百餘人各給衣一襲使倫統還其國與之約和勑邊將無得侵伐吐蕃始聞歸其人不之信及蕃俘入境部落皆畏威懷惠其贊普乞立贊謂倫曰不知是來也而有三恨奈何倫曰未達所謂乞立贊曰不知大國之喪而弔不及哀一也不知山陵之期而賻不成禮二也不知皇帝舅聖明繼立已發衆軍三道連衡今靈武之師聞命輟已而山南之師已入扶文蜀師已趨灌戶追且不及是三恨也乃發使奉贊不二旬而復命蜀帥上所獲戎俘有司請準舊事頒爲徒隸上曰要約著矣言庸二乎乃各給縑二匹衣一襲而歸之五月以韋倫爲太常卿復使吐蕃其冬遣宰相論欽明思等五十五人隨倫至且獻方物吐蕃見倫再至甚歡既就館聲樂以娛之留九日而還兼遣其渠帥報命二年十二月入蕃使判官常魯與吐蕃使論悉諾羅等至自蕃中初魯與其使崔漢衡至列館贊普令止之先命取國信勑既而使謂漢衡曰來勑云所貢獻物並領訖今賜外甥少信物至領取我大蕃與唐舅甥國耳何得以臣禮見處又所欲定界雲州之西請以賀蘭山爲界其盟約請依景龍二年勑書云唐使到彼外甥先與盟誓蕃使到此阿舅亦親與盟乃邀漢衡遣使奏定魯使還奏焉爲改勑書以貢獻爲進以賜爲寄以領取爲領之且謂曰前相楊炎不循故事致此誤爾其定界盟並從之三年四月放先没蕃將士僧尼等八百人歸還報歸蕃俘也九月和蕃使殿中少監兼御史中丞崔漢衡與蕃使區頰贊至時吐蕃大相尚結息忍而好殺以嘗覆敗於劒南思刷其耻不肯約和其次相尚結贊有材畧因言於贊普請定界明約以息邊人贊普然之竟以結贊代結息爲大相終約和好期以十月十五日會盟於境上以崔漢衡爲鴻臚卿以都官員外郎樊澤兼御史中丞充入蕃計會使初漢衡與吐蕃約定月日盟誓漢衡到商量未决已過其期遂命澤詣結贊復定盟會期且告隴右節度使張鎰與之同盟澤至故原州與結贊相見以來年正月十五日會盟于清水西四年正月詔張鎰與尚結贊盟於清水將盟鎰與結贊約各以二千人赴壇所執兵者半之列於壇外二百步散從者半之分立壇下鎰與賓佐齊映齊抗及會盟官崔漢衡樊澤常魯于頔等七人皆朝服結贊與其本國將相論悉頰藏論臧熱論利陁斯官者論力徐等亦七人俱升壇爲盟初約漢以牛蕃以馬鎰耻與之盟將殺其禮乃謂結贊曰漢非牛不田蕃非馬不行今請以羊豕犬三物代之結贊許諾塞外無豕結贊請出羝羊鎰出犬及羊乃於壇北刑之雜血二器而歃盟文唐有天下恢奄禹跡舟車所至莫不率俾以累聖重光歷年惟永彰王者之丕業被四海之聲教與吐蕃贊普代爲婚姻固結隣好安危同體甥舅之國將二百年其間或因小忿棄惠爲讐封疆騷然靡有寧歲皇帝踐祚愍茲黎元俾釋俘隸以歸蕃落蕃國展禮同茲叶和行人往復累布成命是必詐謀不起兵車不用矣彼猶以兩國之要求之永久古有結盟今請用之國家務息邊人外其故地棄利蹈義堅盟從約今國家所守界涇州西至彈箏峽西口隴州西至清水縣鳳州西至同谷縣暨劒南西山大渡河東爲漢界蕃國守鎭在蘭渭原會西至臨洮東至成州抵劒南西界磨些諸蠻大渡水西南爲蕃界其兵馬鎭守之處州縣見有居人彼此兩邊見屬漢諸蠻以今所分見住處依前爲定其黄河以北從故新泉軍直北至大磧直南至賀蘭山駱駝嶺爲界中間悉爲閑田盟文有所不載者蕃有兵馬處蕃守漢有兵馬處漢守並依見守不得侵越其先未有兵馬處不得新置并築城堡耕種今二國將相受辭而會齋戒將事告天地山川之神惟神照臨無得愆墜其盟文藏於宗廟副在有司二國之成其永保之結贊亦出盟文不加於坎但埋牲而已盟畢結贊請鎰就壇之西南隅佛幄中焚香爲誓誓之畢復升壇飲酒獻酬之禮各用其物以將厚意而歸二月命崔漢衡持節答蕃遣區頰贊等歸上初令宰相尚書與蕃相區頰贊盟於豐邑里壇所盟以清水之會不定遂罷因留頰贊未遣復令漢衡使於贊普六月答蕃使判官于頔與蕃使論頰沒藏等至自青海七月以禮部尚書李揆加御史大夫爲入蕃會盟使又命宰相李忠臣盧杞關播右僕射崔寧工部尚書喬琳御史大夫于頎太府卿張獻恭司農卿段秀實少府監李昌夔京兆尹王翃左金吾衛將軍渾瑊等與區頰贊等會盟於壇所初于頔至自蕃中與尚結贊約疆埸既定請歸其使從之以豐邑坊盟壇在京城之內非便請卜壇於京城之西其禮如清水之儀先盟二日命有司告太廟監官致齋三日朝服陞壇關播跪讀盟文盟畢宴賜而遣之興元元年二月以右散騎常侍兼御史大夫于頎往涇州已來宣慰吐蕃仍與州府計會頓遞時吐蕃款塞請以兵助平國難故遣使焉四月命太常少卿兼御史中丞沈房爲入蕃計會及安西北庭宣慰使是月渾瑊與吐蕃論莽羅率衆大破朱泚將韓旻張廷芝宋歸朝等於武功之武亭川斬首萬餘級貞元二年命倉部郎中兼侍御史趙聿爲入吐蕃使八月吐蕃寇涇隴邠寧數道掠人畜取禾稼西境騷然諸道節度及軍鎭咸閉壁自守而已京師戒嚴上遣左金吾將軍張獻甫與神策將李昇曇蘇清沔等統兵屯於咸陽召河中節度駱元光率衆戍咸陽以援之九月以吐蕃遊騎及於好畤上復遣張獻甫等統兵屯於咸陽又詔遣左監門將軍康成使於吐蕃初吐蕃大相尚結贊累遣使請盟會定界乃命成使之至上呰原與結贊相見令其使論乞陁與成同來是月鳳翔節度使李晟以吐蕃侵軼遣其將王佖夜襲賊營率驍勇三千人入汧陽誡之曰賊之大衆當過城下無擊其首尾首尾雖敗中軍力全若合勢攻之汝必受其弊但候其前軍已過見五方旗虎豹衣則其中軍也出其不意乃是奇功泌如其言出擊之賊衆果敗副將史廷玉力戰死之又寇鳳翔城下李晟出兵禦之一夕而退十月李晟遣兵襲吐蕃之摧沙堡大破之焚其歸積斬蕃酋扈屈律設贊等七人傳首京師十一月吐蕃陷鹽州初賊來也刺史杜彦光使以牛酒犒之吐蕃謂曰我欲州城居之聽爾率其人而去彦光乃悉衆奔鄜州十二月陷夏州刺史拓拔乾暉率衆而去復據其城又寇銀州素無城壁人皆奔散三年春命檢校左庶子兼御史中丞崔澣爲入吐蕃使相次又遣左庶子李銛使之河東保寧等道節度使馬燧來朝初尚結贊既陷鹽夏等州各留千餘人守之結贊大衆屯於鳴沙自去冬及春羊馬多死糧餉不給時詔遣華州潼關節度駱元光邠寧節度韓遊瓌統衆與鳳翔鄜邠及諸道戍卒屯於塞上又命燧率師次於石州分兵隔河與元光等犄角討之結贊聞而大懼累遣使請和仍約盟會上皆不許又遣其大將論頰熱厚禮卑詞求燧請盟燧以奏焉上又不許惟促其合勢討逐燧喜賂信詐乃與頰熱俱入朝盛言其可保信許盟約上於是從之燧旣赴朝也諸軍但閉壁而已結贊遽悉其衆棄夏州而歸馬旣多死有徒行者及是夏平涼之會竟渝盟馬燧亦由此失兵柄而奉朝請矣四月崔澣至自鳴沙初澣至鳴沙與尚結贊相見詢問其違約陷鹽夏州之故對曰本以定界碑被牽倒恐二國背盟相侵故造境上請修舊好又蕃軍頃年破朱泚之衆於武功未獲酬賞所以來耳及徙涇州其節度使閉城自守音問莫達又徙鳳翔請通使於李令公亦不見納及遣康成王眞之來皆不能達大國之命日望大臣充使兼展情禮實無至者乃引軍還及鹽夏二州之師二州懼我之衆請以城與我求全而歸非我所攻陷也今君以國親將命若結好復盟蕃之願也盟會之期及定界之所唯命是聽君歸奏決定當以鹽夏相還也又云清水之會同盟者少是以和好輕慢不成今蕃相及元帥已下凡二十一人赴靈州節度使杜希全稟性和善外境所知請令主盟會涇州節度李觀亦請同主之又同章表上聞澣誘賂蕃中給役者求其人馬眞數凡五萬九千餘人馬八萬六千餘匹可戰者僅三萬人餘悉童幼備數而已是日改崔澣爲鴻臚卿再入吐蕃令澣報尚結贊曰杜希全職在靈州不可出境李觀今已改官以侍中渾瑊充盟會使約以五月二十四日復盟於清水又令告以鹽夏二州歸于我幾就盟會上疑蕃情不實以得州爲信焉五月渾瑊以充盟會使來辭且受命以兵部尚書崔漢衡爲盟會副使司勳員外郎鄭叔矩爲判官渾瑊赴會盟所上令瑊統衆二萬餘人遣華州潼關節度駱元光赴之上令宰臣召吐蕃使論泣贊等於中書議會盟之所初崔澣與尚結贊約復會於清水且先歸我鹽夏二州結贊云清水非吉地請會於原州之土梨樹又請盟畢歸二州澣遣使與泣贊等同奏上務懷柔遠人皆從之約以五月十五日盟于土梨樹上召宰臣謀之先是左神策將馬有麟奏土梨樹地多險隘恐蕃軍隱伏不利于我平涼川四隅坦平且近涇州就之爲便由是乃定盟所於平涼川時蕃使論泣贊已復命遽追還告而遣之渾瑊與尚結贊會於平涼初瑊與結贊約以兵三千人列於壇之東西散手四百人至壇下及將盟又約各益遊軍相覘伺結贊擁精騎數萬於壇西蕃之遊軍貫穿我師瑊之將梁奉貞率六十騎爲遊軍纔至蕃中皆被執留瑊不虞也結贊又遣人請瑊曰請侍中已下服衣冠劒珮以俟命蓋誘其下馬將劫持之瑊與崔漢衡監軍特進宋鳳朝等皆入幕次坦無他慮結贊命伐鼓三聲其衆呼譟而至瑊遽出自幕後遇得他馬跨而奔歸時馬不加銜矢過而不傷焉唯瑊之裨將辛榮招合數百人拒北阜與賊接戰須臾賊衆四合榮力屈而降鳳朝及瑊判官韓弇並爲亂兵所殺漢衡及中官劉延邕俱文珍李清朝漢衡判官鄭叔矩路泌掌書記袁同直大將扶餘準馬寧及神策鳳翔河東大將孟日華李至言樂演明范

澄馬弇等六十餘人皆陷焉餘將士及夫役死者四五百人驅掠者千餘人咸被解奪其衣初漢衡爲亂兵所擊其從吏呂溫以身蔽之刃中溫而漢衡獲免漢衡乃夷言謂執者曰我漢使崔尚書也結贊與我善如若殺我結贊亦殺汝乃捨之盡驅而西既已面縛各以一木自領至趾約於身以毛繩三束之又以毛繩連其髮而約之夜皆踣於地以髮繩各繫一橛又以毛罽都覆之守衞者卧其上以防其亡逸也至故原州結贊坐於帳中召與相見數讓國家因怒渾瑊曰武功之捷皆我之力許以涇州靈州相報皆食其言負我深矣舉國所忿本刼是盟在擒瑊也吾遣以金飾桎梏待瑊將獻贊普既以失之虛致君等耳當遣君輩三人歸也呂溫帶瘡亦至結贊嘉其義厚給資之結贊率其衆於石門遣中官俱文珍渾瑊之將馬寧馬燧之將馬弇歸于我遂送漢衡叔矩等四於河州辛榮扶餘準等於故廓州鄯州分四之結贊本請杜希全李觀同盟將執二節將率其銳師來犯京師希全等既不行又欲執渾瑊長驅入寇其謀也如此上遣中官王子恒賫詔書以遺結贊蕃界不納而還初瑊與駱元光將發涇州元光謂瑊曰本奉詔令營於潘原堡以應援侍中竊以潘原去盟所六七十里蕃情多詐侍中儻有急何由知之請次侍中爲營以虞其變瑊以非詔旨固止之元光與同進瑊之營西去盟所二十餘里元光之營次之其濠柵頗深固瑊之濠柵可踰越焉及瑊單騎奔歸未及其營守將李朝彩不能整衆多已奔散瑊至空營而已器械資糧悉棄之賴元光之衆陣於營中瑊既入賊追騎方退元光乃先遣輜重次與瑊俱申其號令嚴其部伍而還瑊復鎮于奉天六月鹽夏二州吐蕃焚城門及廬舍毀城壁而歸七月詔曰乃者吐蕃犯塞毒我生靈俶擾隴東深入河曲朕以兵戈粗定傷夷未瘳務息戰伐之謀遂從通和之請亦知戎醜志在貪婪重違修睦之辭乃允尋盟之會果爲隱匿變發壝宮縱犬羊宄狡之羣乘文武信誠之衆蒼黃淪陷深用惻然此皆由朕之不明致其至此既無德於萬衆亦有愧於四方宵旰貽憂何嗟而及今兵部尚書崔漢衡等皆國之良士朝之藎臣嬰縶窮廬眇然殊域念其家室或未周於屢空錄以息男庶或資於薄俸漢衡宜與一子七品官司勳員外郎鄭叔矩檢校戶部郎中路泌殿中侍御史韓弇及大將孟日華辛榮李至言范澄王良賁樂演明陽昔權交成等各與一子八品官試左金吾兵曹叅軍袁同直榆次尉裴頲及副兵馬使已下各與一子九品官仍並與正員官餘將士各與一子官仍委本使即具名銜聞奏於是遣决勝軍使唐良臣以衆六百人戍潘原堡神策副將蘇太平率其衆五百人戍隴州八月崔漢衡至自吐蕃初漢衡與同陷者並至河州尚結贊令召漢衡與神策將孟日華中官劉延邕俱至石門而遣之結贊令五十騎送至境上且賫表請進及潘原李觀使止曰有詔不許更納蕃使受其表而返其人自是吐蕃率羌渾之衆犯塞分屯於潘口及青石嶺先是吐蕃之衆自潘口東分爲三道其一趨隴州其一趨汧陽之東其一趨釣竿原是日相次屯於所趨之地連營數十里其汧陽賊營距鳳翔四十里京師震恐士庶奔駭賊遣羌渾之衆衣漢戎服僞稱邢君牙之衆奄至吳山及寶雞北界焚燒廬舍驅掠人畜斷吳山神之首百姓丁壯者驅之以歸羸老者咸殺之或斷手鑿目棄之而去初李晟在鳳翔令伐大木塞安化峽及是賊竝焚之九月詔神策軍將石季章以衆三千戍武宮召唐良臣自潘原戍百里城是月吐蕃大掠汧陽吳山華亭等界人庶男女萬餘口悉送至安化峽西將分隸羌渾等乃曰從爾輩東向哭辭鄉國衆遂大哭其時一慟而絕者數百人投崖谷死傷者千餘人聞者爲之痛心焉渾瑊遣其將任蒙主以衆三千戍好畤是月吐蕃之衆復至分屯於豐義及華亭百寮入計以破吐蕃圍隴州刺史韓清沔與蘇太平夜出兵伏於大像龕及夜半令城中及龕各舉火相應賊大驚因襲其營賊乃退散時吐蕃攻陷華亭初賊之圍華亭也先絕其汲水道其守將王仙鶴及鎮兵百姓凡三千人皆在圍中使人間道請救於隴州刺史韓清沔令蘇太平率一千五百人赴之及中路其遊騎百餘没於賊太平素懦怯寡謀遽引衆退歸賊自是每日令遊騎十餘至隴州州兵不敢復出凡四日圍中絕水援軍不至賊又積柴城下將焚之仙鶴遂降於賊賊竝焚廬舍毀城壁虜士衆十三四收丁壯棄老而去北攻連雲堡又陷堡之三面頗峭峻唯北面連原以濠爲固賊自其北建拋樓七具擊堡中堡中唯一井投石餓而滿焉又飛梁架濠而過苦攻之堡將張明遂與其衆男女千餘口東向慟哭而降涇州之西唯有連雲堡每偵候賊之進退及是堡陷涇州不敢啓西門西門外皆爲賊境樵蘇殆絕收刈禾稼必布陣於野而收獲之穫既失時所得多空穗於是涇人有飢憂焉吐蕃驅掠連雲堡之衆及邠涇編戶逃竄山谷者并牛畜萬計悉其衆送至彈箏峽自是涇隴邠等賊之所至俘掠殆盡是秋數州人無積聚者邊將唯遣使表賀賊退而已一月吐蕃數千騎復至長武城韓全義率衆禦之韓遊瓌之將請以衆助之遊瓌不許及暮賊退全義亦引還自是賊之騎常往來涇邠之間諸城西門莫敢啓者賊又修故原州城其大衆屯焉四年五月吐蕃三萬餘騎犯塞分入涇邠寧慶麟等州焚彭原縣廨舍所至燒廬舍人畜没者約二三萬計凡二旬方退陳許行營將韓全義自長武城率衆抗之無功而還遊瓌素無軍政且疾不能輿閑城自守莫敢禦也先是吐蕃入寇恒以秋冬及春則多遇疾疫而退是來也方盛暑而無患蓋華人陷者厚其資產質其妻子爲戎虜所將而侵軼焉九月吐蕃將尚悉董星論莽羅等寇寧州節度使張獻甫率衆禦之斬首百餘級賊轉寇鄜坊等州縱掠而去五年十月劍南節度使韋皋遣將王有道等與東蠻兩林苴那時勿鄧夢衝等帥兵於故巂州臺登北谷大破吐蕃青海獵城二節度殺其大兵馬使乞臧遮遮悉多楊朱斬首二千餘級其投崖谷赴水死者不可勝數生擒籠官四十五人收獲器械一萬餘事馬牛羊一萬餘頭匹遮遮者吐蕃驍勇者也或云尚結贊之子頻爲邊患自其死也官軍所攻城柵無不降下蕃衆日却數年間盡復巂州之境六年吐蕃陷我北庭都護府初北庭安西既假道於迴紇朝奏因附庸焉蕃性貪狠徵求無度北庭近羌凡服用食物所資必强取之人不聊生矣又有沙陀部六千餘帳與北庭相依亦屬於迴紇迴紇肆其抄奪尤所厭苦其葛祿部及白服突厥素與迴紇通和亦憾其奪掠因吐蕃厚賂見誘遂附之於是吐蕃率葛祿白服之衆去歲各來寇北庭迴紇大相頡干迦斯率衆援之頻戰敗績吐蕃攻圍頗急北庭之人既苦迴紇是歲乃舉城降於吐蕃沙陀部落亦降焉北庭節度使楊襲古與麾下二千餘人出奔西州頡干迦斯不利而還七年秋又悉其丁壯五六萬人將復北庭仍召襲古偕行俄爲吐蕃葛祿等所擊大敗死者大半頡干迦斯紿之曰且與我同至牙帳當送君歸本朝也襲古從之及牙帳留而不遣竟殺之自是安西阻絕莫知存否唯西州之人猶固守焉頡干迦斯既敗蚼葛祿之衆乘勝取迴紇之浮圖川迴紇震恐悉遷西州部落羊馬於牙帳之南以避之八年四月吐蕃寇靈州掠人畜攻陷水口城進圍州城塞水口及支渠以營田詔河東振武分兵爲援又分神策六軍之卒三千餘人戍於定遠懷遠二城上御神武樓勞遣之吐蕃引去六月吐蕃數千騎由青石嶺寇涇州掠田軍千餘人還及連雲堡守捉使唐朝臣遣兵出戰大將王進用死之九月西川節度使韋皋攻吐蕃之維州獲大將論贊熱及首領獻于京師十一月山南西道節度嚴震擊破吐蕃於芳州及黑水堡焚其積聚并獻首虜九年二月詔城鹽州是州先爲吐蕃所毀自此塞外無堡障靈武勢隔西逼鄜坊甚爲邊患故命城之二旬而畢又詔兼御史大夫紇干遂統兵五千與兼御史中丞杜彥光之衆戍之是役也上念將士之勞厚令度支供給又詔涇原湖南山南諸軍深討吐蕃以分其力由是板築之際虜無犯塞者及畢中外咸稱賀焉是月西川韋皋獻獲吐蕃首虜器械旗幟牛馬於闕下初將城鹽州上命皋出師以分吐蕃之兵皋遣大將董勔張芬出西山及南道破峨和城通鶴軍吐蕃南道元帥論莽熱率衆來援又破之殺傷數千人焚定廉故城凡平柵堡五十餘所十年南詔蠻蒙異牟尋大破吐蕃於神川使來獻捷語在南詔傳十三年八月黃少卿攻陷欽橫潯貴四州吐蕃渠帥論乞髯蕩没藏悉諾律以其家屬來降明年竝以爲歸德將軍十二年九月吐蕃寇慶州及華池縣殺傷頗甚十三年正月邢君牙奏請於隴州西七十里築城以備西戎名永信城吐蕃贊普遣使農桑昔賫表請修和好邊將以聞上以其豺狼之性數負恩背約不受表狀任其使却歸五月十七日吐蕃於劍山馬嶺三處開路分軍下營僅經一月進軍逼臺登城巂州刺史曹高任率領諸軍將士并東蠻子弟合勢接戰自朝至午大破之生擒大籠官七人陣上殺獲三百人餘被刀箭者不可勝紀收獲馬畜五百餘頭匹器械二千餘事十四年十月夏州節度使韓全義破吐蕃於鹽州西北十六年六月鹽州破吐蕃於烏蘭橋下十七年七月吐蕃寇鹽州又陷麟州殺刺史郭鋒毀城隍大掠居人驅党項部落而去次鹽州西九十里橫槽烽頓軍呼延州僧延素輩七人稱徐舍人召其火隊吐蕃没勒遽引延素等疾趨至帳前皆馬革梏手毛繩縲頸見一吐蕃年少身長六尺餘赤髭大目乃徐舍人也命解縛坐帳中曰師勿懼余本漢人司空英國公五代孫也屬武后斲喪王室高祖建義中泯子孫流播絕域今三代矣雖代居職位世掌兵要思本之心無涯顧血族無由自拔耳此蕃漢交境也復九十里至安樂州師無由歸東矣延素曰僧身孤親老懇祈全活悲不自勝又曰余奉命率師備邊因求資食遂涉漢疆展轉東進

至麟州城既無備援兵又絶是以拔之知郭使君是勲臣子孫必將活之不幸爲亂兵所害適有飛烏使至飛烏猶中國驛騎也云術者上變召軍丞還遂歸之時詔韋皐分遣偏將勒步騎合二萬出成都西山南北九道並進逼棲雞老翁故維州保州松州諸城以紓北邊故也九月韋皐大破吐蕃於維州十八年正月韋皐擒吐蕃大首領論莽熱來獻賜崇仁里宅以居之莽熱吐蕃內大相也先貞元十六年韋皐累破吐蕃二萬餘衆於黎州嶲州吐蕃遂大搜閱築壘造舟潛謀寇邊皐悉挫之於是吐蕃酋師兼監統曩貢臘城等九節度嬰籠官馬定德與其大將八十七人舉部落來降定德有計畫習知兵法及山川地形吐蕃每用兵定德常乘驛計議諸將稟其成算至是自以邊功不立懼得罪而歸心焉其明年吐蕃昆明城管磨些蠻千餘戶又來降吐蕃以其衆外潰遂北寇靈朔陷麟州詔韋皐出兵成都西山以紓北邊皐遂命鎮靜軍兵馬使陳泊等統兵萬人出三奇路威戎軍使崔堯臣率兵一千出龍溪石門路南維保二州兵馬使仇晃保霸兩州刺史董振等率兵二千進逼吐蕃維州城中北路兵馬使邢玼并諸州刺史董懷愕等率兵四千進攻棲雞老翁等城都將高倜王英俊等率兵二千進逼故松州隴東路兵馬使元膺并諸將郝宗等復分兵八千出南道雅邛黎嶲等路又令邛州鎮南軍使御史大夫韋良金發鎮兵一千三百續進雅州經略使路惟明與三部落主趙日進等率兵三千進攻逋租偏松等城黎州經略使王有道率三部落郝金信等二千過大渡河深入吐蕃界嶲州經略使陳孝陽與行營兵馬使何大海韋義等及磨些蠻三部落主苴那時率兵四千進攻昆明諾濟城自八月至于十二月累破十六萬衆拔其七城五軍鎮受降二千餘戶生擒六千餘人斬首一萬餘級遂圍維州救軍再至轉戰千餘里吐蕃連敗靈朔之寇引衆南下於是贊普遣莽熱以內大相兼東境五道節度兵馬使都統羣牧大使率雜虜十萬衆來解維州之圍王師萬餘衆據險設伏以待之先以千人挑戰莽熱見我師之少也悉衆來追入于伏中諸將四面疾擊遂擒莽熱虜衆大潰十九年五月吐蕃使論頰熱至六月以右龍武大將軍薛伾兼御史大夫使于吐蕃二十年三月上旬贊普卒廢朝三日命工部侍郎張薦弔祭之贊普以貞元十三年四月卒長子立一歲卒次子嗣立命文武三品已上官弔其使四月吐蕃使臧河南觀察使論乞冉及僧南撥特計波等五十四人來朝十二月遣使論襲熱郭志崇來朝二十一年二月順宗命左金吾衛將軍兼御史中丞田景度持節告哀于吐蕃以庫部員外郎兼御史中丞熊執易爲副使七月吐蕃使論悉諾等來朝永貞元年十月贊普使論乞縷勃藏來貢助德宗山陵金銀衣服牛馬等十一月以衞尉少卿兼御史中丞侯幼平充入蕃告冊立等使元和元年正月禍建道送到吐蕃生口十七人詔給遞乘放還蕃六月遣使論勃藏來朝五年五月遣使論思耶熱來朝并歸鄭叔矩路泌之柩及叔矩男文延等一十三人叔矩泌平涼之盟陷焉凡二十餘年竟不屈節因沒於蕃中至是請和故歸之六月命宰相杜佑等與吐蕃使議事中書令廳且言歸我秦原安樂州地七月遣鴻臚少卿攝御史中丞李銘爲入蕃使丹王府長史兼侍御史吳暈副之六年至十年遣使朝貢不絶十二年四月吐蕃以贊普卒來告以右衞將軍烏重玘兼御史中丞充弔祭使殿中侍御史段鈞副之十三年十月吐蕃圍我宥州鳳翔上言遣使修好是月靈武於定遠城破吐蕃二萬人殺戮二千人生擒節度副使一人判官長行三十九人獲羊馬甚衆平涼鎮遏使郝玼破二萬餘衆收復原州城獲羊馬不知其數夏州節度田縉於靈武亦破三千餘人十一月鹽州上言吐蕃入河曲夏州破五萬餘人靈武破長樂州羅城焚其屋宇器械西川節度使王播攻拔峨和棲雞等城十四年正月勅曰朕臨御萬邦推布誠信西戎納款積有歲時中或虧違亦嘗苞貸我有殊德寧不是思重譯貢珍道途相繼申恩示禮曾無闕焉昨者蕃使奉章又至京華將君長之命陳和好之誠臨軒召見館餼加厚復以信幣諭之簡書亦既言旋纔及近甸遽聞蟻聚來犯封陲河曲之間頗爲暴擾背惠棄約斯謂無名公議物情咸請誅絶朕深惟德化之未被豈慮夷俗之不賓其國失信其使何罪釋其維縶以遂性示之弘覆以忘懷予衷苟孚庶使知感其蕃使論矩立藏等并後般來使并宜放歸本國仍委鳳翔節度使以此意曉諭八月吐蕃營於慶州方渠大軍至河州界十月吐蕃節度論三摩及宰相尚塔藏中書令尚綺心兒共領軍約十五萬衆圍我鹽州數重党項首領亦發兵驅羊馬以助鬭歷三旬賊以飛梯鵝車木驢等四面齊攻城欲陷者數四刺史李文悅率兵士乘城力戰城穿壞不可守撤屋版以禦之晝夜防拒或潛兵斫營開城出戰約殺賊萬餘衆諸道救兵無至者凡二十七日賊乃退十五年二月以秘書少監兼御史中丞田洎入吐蕃告哀并告冊立三月攻掠我青塞堡七月遣使來弔祭十月侵逼涇州命右軍中尉梁守謙充左右神策京西京北行營都監統神策兵四千人并發八鎮全軍往救援以太府少卿兼御史中丞邵同持節入吐蕃充答請和好使貶前入吐蕃使秘書少監田洎柳州司戶初洎入蕃爲弔祭使蕃請於長武城下會盟洎懦怯恐不得還唯唯而已至是西戎入寇且曰田洎許我統兵馬赴盟誓遂貶之戎人實以邊將擾之致忿徒假洎爲辭也涇州上言吐蕃大將並退於是罷神策行營兵自田縉統夏州以貪狠侵擾党項苦之屢引西戎犯塞及是大兵入寇邊將郝玼數襲擊蕃壘殺戮甚衆邠州李光顏復以全師而至戎人懼而退蓋田縉始生國患而賴光顏郝玼之驍戮也十一月夏州節度使李佑自領兵赴長澤鎮靈武節度使李聽自領兵赴長樂州並奉詔討吐蕃也十二月吐蕃千餘人圍烏白池長慶元年六月犯青塞堡以我與迴紇和親故也鹽州刺史李文悅發兵進擊之九月吐蕃遣使請盟上許之宰相欲重其事請告太廟太常禮院奏曰謹按肅宗代宗故事與吐蕃會盟並不告廟唯德宗建中末與吐蕃會盟於延平門欲重其誠信特令告廟至貞元三年會於平京亦無告廟之文伏以事出一時又非經制求之典禮亦無其文今謹參詳恐不合告從之乃命大理卿兼御史大夫劉元鼎充西蕃盟會使以兵部郎中兼御史中丞劉師老爲副尚舍奉御兼監察御史李武京兆府奉先縣丞兼監察御史李公度爲判官十月十日與吐蕃使盟宰臣及右僕射六曹尚書中執法太常司農卿京兆尹金吾大將軍皆預焉其詞曰維唐承天撫有八紘聲教所臻靡不來廷兢業齊栗懼其隕顛纘武紹文纍慶重光克彰濬哲罔忝洪緒十有二葉二百有四載則我太祖權明號而建不拔鋪鴻名而垂永久類上帝以答嘉應享皇靈以酬景福曷有息已越歲在癸丑冬十月癸酉文武孝德皇帝詔丞相臣植臣播臣元穎等與大將和蕃使禮部尚書訥羅論等會盟于京師壇于城之西郊坎于壇北凡讀誓刑牲加書復壤陟降周旋之禮動無違者蓋所以假兵息人崇姻繼好懋建遠略規恢長利故也原夫昊穹上臨黃祇下載茫茫蠢蠢之類必資官司爲厥宰臣苟無統紀則相滅絶中夏見管維唐是君西裔一方大蕃爲主自今而後屏去兵革宿忿舊惡廓焉消除追崇舅甥曩昔結援邊堠撤警戍烽韜煙患難相恤暴掠不作亭障甦脫絶其交侵襟帶要害謹守如故彼無此詐此無彼虞嗚呼愛人爲仁保境爲信畏天爲智事神爲禮有一不至搆災于躬塞山崇崇河水湯湯日吉辰良奠其兩疆西爲大蕃東實巨唐大臣執簡播告秋方大蕃贊普及宰相鉢闡布尚綺心兒等先寄盟文要節云蕃漢二邦各守見管本界彼此不得征不得討不得相爲寇讎不得侵謀境土若有所疑或要捉生問事便給衣糧放還今並依從更無添改預盟之官十七人皆列名焉其劉元鼎等與論訥羅同赴吐蕃本國就盟仍勑元鼎到彼令宰相已下各於盟文後自書名靈武節度使李進誠於太谷山下破吐蕃三千騎二年二月遣使來請定界六月復遣使來朝鹽州奏吐蕃千餘人入靈武界遣兵逐便邀截又言擒得與党項送書信吐蕃一百五十人是月劉元鼎自吐蕃使迴奏云去四月二十四日到吐蕃牙帳以五月六日會盟訖初元鼎往來蕃中並路經河州見其都元帥尚書令尚綺心兒云迴紇小國也我以丙申年踰磧討逐去其城郭二日程計到即破滅矣會我聞本國有喪而還迴紇之弱如此而唐國待之厚於我何哉元鼎云迴紇於國家有救難之勳而又不曾侵奪分寸土地豈得不厚乎是時元鼎往來渡黃河上流在洪濟橋西南二千餘里其水極爲淺狹春可揭涉秋夏則以船渡其南三百餘里有三山山形如鏊河源在其間水甚清冷流經諸水色遂赤續爲諸水所注漸既黃濁又其源西去蕃之列館約四驛每驛約二百餘里東北去莫賀延磧尾濶五十里向南漸狹小北自沙州之西乃南入吐渾國至此轉微故號磧尾計其地理當劍南之直西元鼎初見贊普於悶懼盧川蓋贊普夏衙之所其川在邏娑川南百里臧河之所流也時吐蕃遣使論悉諾息等隨元鼎來謝命太僕少卿杜載使以答之三年正月遣使論答熱來朝賀四年九月遣使求五臺山圖十月貢犛牛及銀鑄成犀牛羊鹿各一寶曆元年三月遣使尚綺立熱來朝且請和好九月遣光祿卿李銳爲使以答之太和五年至八年遣使朝貢不絶我亦時遣使報之開成元年二年皆遣使來會昌二年贊普卒十二月遣論贊等來告哀詔以將作少監李璟弔祭之大中三年春宰相尚恐熱東道節度使以秦原安樂等三州并石門木硤等七關款塞涇原節度使康季榮以聞命太僕卿陸耽往勞焉其年七月河隴耆老率長幼千餘人赴闕上御延喜樓觀之莫不歡呼抃舞更相解辮爭冠帶于康衢然後命善地以處之

觀者咸稱萬歲

史臣曰戎狄之爲患也久矣自秦漢已還載籍大備可得而詳也但世罕小康君無常聖我衰則彼盛我盛則彼衰盛則侵我郊圻衰則服我聲教懷柔之道備預之方儒臣多議於和親武將唯期於戰勝此其大較也彼吐蕃者西陲開國積有歲年蠶食隣蕃以恢土宇高宗朝地方萬里與我抗衡近代已來莫之與盛至如式遏邊境命制出師一彼一此或勝或負可謂勞矣迨至幽陵盜起乘輿播遷戍卒咸歸河湟失守此又天假之也自玆密邇京邑時縱寇掠雖每遣行人來修舊好玉帛纔至於上國烽燧已及於近郊背惠食言不顧禮義即可知也夫要以神明貴其誠信平涼之會奋其詐謀此又不可以忠信而御也孔子曰夷狄之有君不如諸夏之亡也誠哉是言

贊曰西戎之地吐蕃是强蠶食隣國鷹揚漢疆乍叛乍服或弛或張禮義雖攝其心豺狼

舊唐書卷一百九十六下考證

吐蕃傳劒南節度使崔寧大破吐蕃故洪等四節度兼突厥吐渾互變羌党項等二十餘萬衆○互變當是氐蠻之訛改正

陷水口城進圍州城塞水口及支渠以營田○臣酉按新書云陷水口塞營田渠語意較明若如此則似吐蕃自營田矣

澗五十里向南漸狹小北自沙州之西乃南入吐渾國至北轉微○臣酉按新書云磧廣五十里北自沙州西南入吐谷渾變狹故號磧尾據此是磧自北而南乃變狹小不當云至北轉微也北字當是此字之訛今改正

# 舊唐書卷一百九十七

五代司空同中書門下平章事劉　昫撰

## 列傳第一百四十七

南蠻　西南蠻

林邑　婆利　盤盤

眞臘　陁洹　訶陵

墮和羅　墮婆登　東謝蠻

西趙蠻　牂牁蠻　南平獠

東女國　南詔蠻　驃國

林邑國漢日南象林之地在交州南千餘里其國延袤數千里北與驩州接地氣冬溫不識氷雪常多霧雨其王所居城立木爲柵王著白氎古貝斜絡膊繞腰上加眞珠金鎖以爲瓔珞卷髮而戴花夫人服朝霞古貝以爲短裙首戴金花身飾以金鎖眞珠瓔珞王之侍衞有兵五千人能用弩及矟以藤爲甲以竹爲弓乘象而戰王出則列象千頭馬四百匹分爲前後其人拳髮色黑俗皆徒跣得麝香以塗身一日之中再塗再洗拜謁皆合掌頓顙嫁娶之法得取同姓俗有文字尤信佛法人多出家父母死子則剔髮而哭以棺盛屍積柴燔柩收其灰藏於金瓶送之水中俗以十二月爲歲首稻歲再熟自此以南草木冬榮四時皆食生菜以檳榔汁爲酒有結遼鳥能解人語武德六年其王范梵志遣使來朝八年又遣使獻方物高祖爲設九部樂以宴之及賜其王錦綵貞觀初遣使貢馴犀四年其王范頭黎遣使獻火珠大如鷄卵圓白皎潔光照數尺狀如水精正午向日以艾蒸之卽火燃五年又獻五色鸚鵡太宗異之詔太子右庶子李百藥爲之賦又獻白鸚鵡精識辯慧善於應答太宗憫之竝付其使令放還於林藪自此朝貢不絶頭黎死子范鎭龍代立太宗崩詔於陵所刊石圖頭黎之形列於玄闕之前十九年鎭龍爲其臣摩訶漫多伽獨所殺其宗族竝誅夷范氏遂絶國人乃立頭黎之女壻婆羅門爲王後大臣及國人感思舊主乃廢婆羅門而立頭黎之嫡女爲王自林邑已南皆卷髮黑身通號爲崑崙

婆利國在林邑東南海中洲上其地延袤數千里自交州南渡海經林邑扶南赤土丹丹數國乃至焉其人皆黑色穿耳附璫王姓刹利耶伽名護路那婆世有其位王戴花形如皮弁裝以眞珠瓔珞身坐金牀侍女有金花寶鏤之飾或持白拂孔雀扇行則駕象鳴金擊鼓吹蠡爲樂男子皆拳髮被古貝布橫幅以繞腰風氣暑熱恒如中國之盛夏穀一歲再熟有古貝草緝其花以作布麤者名古貝細者名白氎貞觀四年其王遣使隨林邑使獻方物

盤盤國在林邑西南海曲中北與林邑隔小海自交州船行四十日乃至其國與狼牙修國爲隣皆學婆羅門書甚敬佛法貞觀九年遣使來朝貢方物

眞臘國在林邑西北本扶南之屬國崑崙之類在京師南二萬七百里北至愛州六十日行其王姓刹利氏有大城三十餘所王都伊奢那城風俗被服與林邑同地饒瘴癘毒海中大魚有時半出望之如山每五六月中毒氣流行卽以牛豕祠之不者則五穀不登其俗東向開戶以東爲上有戰象五千頭尤好者飼以飯肉與隣國戰則象隊在前於背上以木作樓上有四人皆持弓箭國尚佛道及天神天神爲大佛道次之武德六年遣使貢方物貞觀二年又與林邑國俱來朝獻太宗嘉其陸海疲勞錫賚甚厚南方人謂眞臘國爲吉蔑國自神龍已後眞臘分爲二半以南近海多陂澤處謂之水眞臘半以北多山阜謂之陸眞臘亦謂之文單國高宗則天玄宗朝並遣使朝貢水眞臘國其境東西南北約員八百里東至奔陀浪州西至墮羅鉢底國南至小海北卽陸眞臘其王所居城號婆羅提拔國之東界有小城皆謂之國其國多象元和八年遣李摩那等來朝

陁洹國在林邑西南大海中東南與墮和羅接去交阯三月餘日行賓服於墮和羅其王姓察失利字婆末婆那土無蠶桑以白氎朝霞布爲衣俗皆樓居謂之干欄貞觀十八年遣使來朝二十一年又遣使獻白鸚鵡及婆律膏仍請馬及銅鍾詔並給之

訶陵國在南方海中洲上居東與婆利西與墮婆登北與眞臘接南臨大海豎木爲城作大屋重閣以㯶櫚皮覆之王坐其中悉用象牙爲牀食不用匙筯以手而撮亦有文字頗識星曆俗以椰樹花爲酒其樹生花長三尺餘大如人膊割之取汁以成酒味甘飲之亦醉貞觀十四年遣使來朝大曆三年四月皆遣使朝貢元和十年遣使獻僧祇僮五人鸚鵡頻伽鳥并異種名寶以其使李訶內爲果毅訶內請迴授其弟詔褒而從之十三年遣使進僧祇女二人鸚鵡玳瑁及生犀等

墮和羅國南與盤盤北與迦羅舍佛東與眞臘接西隣大海去廣州五月日行貞觀十二年其王遣使貢方物二十三年又遣使獻象牙火珠請賜好馬詔許之

墮婆登國在林邑南海行二月東與訶陵西與迷黎車接北界大海風俗與訶陵略同其國種稻每月一熟亦有文字書之於貝多葉其死者口實以金又以金釧貫於四支然後加以婆律膏及龍腦等香積薪以燔之貞觀二十一年其王遣使獻古貝象牙白檀太宗璽書報之并賜以雜物

東謝蠻其地在黔州之西數百里南接守宮獠西連夷子北至蠻土宜五穀不以牛耕但爲畬田每歲易俗無文字刻木爲契散在山洞間依樹爲層巢而居汲流以飲皆自營生業無賦稅之事謁見貴人皆執鞭而拜有功勞者以牛馬銅鼓賞之有犯罪者小事杖罰之大事殺之盜物倍還其贓婚姻之禮以牛酒爲聘女歸夫家皆母自送之女夫慙逃避經旬乃出讌聚則擊銅鼓吹大角歌舞以爲樂好帶刀劒未嘗捨離丈夫衣服有衫襖大口袴以綿紬及布爲之右肩上斜束皮帶裝以螺殼虎豹猿狖及犬羊之皮以爲外飾坐皆蹲踞男女椎髻以緋束之後垂向下其首領謝元深既世爲酋長其部落皆尊畏之謝氏一族法不育女自云高姓不可下嫁故也貞觀三年元深入朝冠烏熊皮冠若今之髦頭以金銀絡額身披毛帔爲皮行縢而著履中書侍郎顏師古奏言昔周武王時天下太平遠國歸款周史乃書其事爲王會篇今萬國來朝至於此輩章服實可圖寫今請撰爲王會圖從之以其地爲應州仍拜元深爲刺史領黔州都督府又有南謝首領謝彊與西謝隣共元深俱來朝見爲南壽州刺史後改爲莊州貞元十三年正月西南蕃大酋長正議大夫檢校蠻州長史繼襲蠻州刺史資陽郡開國公賜紫金魚袋宋鼎左右大首領朝散大夫前檢校邛州刺史賜紫金魚袋謝汕左右大首領繼襲攝蠻州巴江縣令賜紫金魚袋宋萬傳界首子弟大首領朝散大夫牂州錄事參軍謝文經黔中經略招討觀察使王礎奏前件刺史建中三年一度朝貢自後更不許隨例入朝今年懇訴稱州接牂牁同被聲教獨此排擯竊自慙恥謹遣隨牂牁等朝賀伏乞特賜優諭兼同牂牁刺史授官其牂牁兩州戶口殷盛人力强大隣側諸蕃悉皆敬憚請比兩州每年一度朝貢仍依牂牁輪環差定并以才幹位望爲衆推者充勅旨曰宋鼎等已改官訖餘依舊

西趙蠻在東謝之南其界東至夷子西至昆明南至西洱河山洞阻深莫知道里南北十八日行東西二十三日行其風俗物產與東謝同首領趙氏世爲酋長有戶萬餘貞觀三年遣使入朝二十一年以其地置明州以首領趙磨爲刺史

牂牁蠻首領亦姓謝氏其地北去兗州一百五十里東至辰州二千四百里南至交州一千五百里西至昆明九百里無城壁散爲部落而居土氣鬱熱多霖雨稻粟再熟無徭役唯征戰之時乃相屯聚刻木爲契其法刼盜者二倍還贓殺人者出牛馬三十頭乃得贖死以納死家風俗物產畧與東謝同其首領謝龍羽大業末據其地勝兵數萬人武德三年遣使朝貢授龍羽牂州刺史封夜郎郡公貞觀四年十二月遣使朝貢開元十年閏五月大酋長謝元齊死詔立其嫡孫嘉藝襲其官封

二十五年大酋長趙君道來朝且獻方物大曆中貞元初數遣使朝貢七年二月授其酋長趙主俗官以其歲初朝貢不絶褒之也自七年至十八年凡五遣使來元和三年五月勑自今已後委黔南觀察使差本道軍將充押領牂牁昆明等使四年正月遣使來朝是月遣中使魏德和領其使幷賫國信物降璽書賜其王焉七年九年十一年凡三遣使來其年十二月又遣使來賀正長慶中亦朝貢不絶寶曆元年十二月遣使謝艮震來朝大和五年至會昌二年凡七遣使來

南平獠者東與智州南與渝州西與涪州接部落四千餘戶土氣多瘴癘山有毒草及沙虱蝮蛇人並樓居登梯而上號爲干欄男子左衽露髮徒跣婦人横布兩幅穿中而貫其首名爲通裙其人美髮爲髻鬟垂於後以竹筒如筆長三四寸斜貫其耳貴者亦有珠璫土多女少男爲婚之法女氏必先貨求男族貧人無以嫁女多賣與婦人爲婢俗皆婦人執役其王姓朱氏號爲劒荔王遣使內附以其地隸于渝州

東女國西羌之別種以西海中復有女國故稱東女焉俗以女爲王東與茂州党項接東南與雅州接界隔羅女蠻及白狼夷其境東西九日行南北二十日行有大小八十餘城其王所居名康延川中有弱水南流用牛皮爲舩以渡戶四萬餘衆勝兵萬餘人散在山谷間女王號爲賓就有女官曰高霸平議國事在外官僚並男夫爲之其王侍女數百人五日一聽政女王若死國中多斂金錢動至數萬更於王族求令女二人而立之大者爲王其次爲小王若大王死即小王嗣立或姑死而婦繼無有篡奪其所居皆起重屋王至九層國人至六層其王服青毛綾裙下領衫上披青袍其袖委地冬則羔裘飾以紋錦爲小鬟髻飾之以金耳垂璫足履鞣䩮俗重婦人而輕丈夫文字同於天竺以十一月爲正其俗每至十月令巫者齎楮詣山中散糟麥於空大咒呼鳥俄而有鳥如鷄飛入巫者之懷因剖腹而視之每有一穀來歲必登若有霜雪必多災異其俗信之名爲鳥卜其居喪服飾不改爲父母則三年不櫛沐貴人死者或剝其皮而藏之內骨於甁中糅以金屑而埋之國王將葬其大臣親屬殉死者數十人隋大業中蜀王秀遣使招之拒而不受武德中女王湯滂氏始遣使貢方物高祖厚資而遣之還至隴右會突厥入寇被掠於虜庭及頡利平其使復來入朝太宗送令反國幷降璽書慰撫之垂拱二年其王斂臂遣大臣湯劒左來朝仍請官號則天冊拜斂臂爲左玉鈐衛員外將軍仍以瑞錦製蕃服以賜之天授三年其王俄琰兒來朝萬歲通天元年遣使來朝開元二十九年十二月其王趙曳夫遣子獻方物天寶元年命有司宴於曲江令宰臣已下同宴又封曳夫爲歸昌王授左金吾衛大將軍賜其子帛八十匹放還後復以男子爲王貞元九年七月其王湯立悉與哥鄰國王董卧庭白狗國王羅陀忽逋租國王弟鄧吉知南水國王姪薛尚悉曩弱水國王董辟和悉董國王湯息贊清遠國王蘇唐磨咄霸國王董藐蓬各率其種落詣劒南西川內附其哥鄰國等皆散居山川弱水王即國初女國之弱水部落其悉董國在弱水西故亦謂之弱水西悉董王舊皆分隸邊郡祖父例授將軍中郎果毅等官自中原多故皆爲吐蕃所役屬其部落大者不過三二千戶各置縣令十數人理之土有絲絮歲輸於吐蕃至是悉與之同盟相率獻款兼齎天寶中國家所賜官誥共三十九通以進西川節度使韋皐處其衆於維霸保等州給以種糧耕牛咸樂生業立悉等數國王自來朝召見於麟德殿授立悉銀青光祿大夫歸化州刺史鄧吉知試太府少卿兼丹州長史薛尚悉曩試少府少監兼霸州長史董卧庭行至綿州卒贈武德州刺史命其子利囉爲寶寧都督府長史襲哥鄰王立悉妹乞悉漫頗有才智從其兄來朝封和義郡夫人其大首領董卧卿等皆授以官俄又授女國王兄湯厥銀青光祿大夫試太府卿清遠王弟蘇歷顚銀青光祿大夫試衛尉卿南國王薛莫庭及湯息贊董藐蓬女國唱後湯佛庭美玉鉢南郎唐並授銀青光祿大夫試太僕卿其年西山松州生羌等二萬餘戶相繼內附其黏信部落主董夢葱龍諾部落主董辟忽皆授試衛尉卿立悉等並赴明年元會訖錫以金帛各遣還尋詔加韋皐統押近界羌蠻及西山八國使其部落代襲刺史等官然亦潛通吐蕃故謂之兩面羌

南詔蠻本烏蠻之別種也姓蒙氏蠻謂王爲詔自言哀牢之後代居蒙舍州爲渠帥在漢永昌故郡東姚州之西其先渠帥有六自號六詔兵力相埒各有君長無統帥蜀時爲諸葛亮所征皆臣服之國初有蒙舍龍生迦獨龍迦獨生細奴邏高宗時來朝細奴邏生邏盛武后時來朝其妻方娠邏盛次姚州聞妻生子曰吾且有子死於唐地足矣子名曰盛邏皮邏盛至京師賜錦袍金帶歸國開元初邏盛死子盛邏皮立盛邏皮死子皮邏閣立二十六年詔授特進封越國公賜名曰歸義其後破洱河蠻以功策授雲南王歸義漸强盛餘五詔浸弱先是劒南節度使王昱受歸義賂奏六詔合爲一詔歸義既幷五詔服羣蠻破吐蕃之衆兵日以驕大每入覲朝廷亦加禮異二十七年徙居大和城天寶四載歸義遣孫鳳迦異來朝授鴻臚卿歸國恩賜甚厚歸義意望亦高時劒南節度使章仇兼瓊遣使至雲南與歸義言語不相得歸義常啣之七年歸義卒詔立子閤羅鳳襲雲南王無何鮮于仲通爲劒南節度使張虔陀爲雲南太守仲通褊急寡謀虔陀矯詐待之不以禮舊事南詔常與其妻子謁見都督虔陀皆私之有所徵求閤羅鳳多不應虔陀遣人罵辱之仍密奏其罪惡閤羅鳳忿怨因發兵反攻圍虔陀殺之時天寶九年也明年仲通率兵出戎巂州閤羅鳳遣使謝罪仍與雲南錄事參軍姜如芝俱來請還其所虜掠且言吐蕃大兵壓境若不許當歸命吐蕃雲南之地非唐所有也仲通不許囚其使進軍逼大和城爲南詔所敗自是閤羅鳳北臣吐蕃吐蕃令閤羅鳳爲贊普鍾號曰東帝給以金印蠻謂弟爲鍾時天寶十一年也十二年劒南節度使楊國忠執國政仍奏徵天下兵俾留後侍御史李宓將十餘萬輦餉者在外涉海瘴死者相屬於路天下始騷然苦之宓復敗於大和城北死者十八九會安祿山反閤羅鳳乘釁攻陷巂州及會同軍西復降尋傳蠻大曆十四年閤羅鳳子鳳迦異先閤羅鳳死立迦異子是爲異牟尋頗知書有才智善撫其衆吐蕃役賦南蠻重數又奪諸蠻險地立城堡歲徵兵以助鎮防牟尋益厭苦之有鄭回者本相州人天寶中舉明經授巂州西瀘縣令巂州陷爲所虜閤羅鳳以回有儒學更名曰蠻利甚愛重之命教鳳迦異及異牟尋立又令教其子尋夢湊回久爲蠻師凡授學雖牟尋夢湊回得箠撻故牟尋以下皆嚴憚之蠻謂相爲清平官凡置六人牟尋以回爲清平官事皆咨之秉政用事餘清平官五人事回卑謹或有過回輒撻之回嘗言於牟尋曰自昔南詔嘗款附中國中國尚禮義以惠養爲務無所求取今棄蕃歸唐無遠戍之勞重稅之困利莫大焉牟尋善其言謀內附者十餘年矣會劒南西川節度使韋皐招撫諸蠻苴烏星虜望等歸化微聞牟尋之意因令蠻寓書於牟尋且招懷之時貞元四年也七年又遣間使持書喻之道出磨些蠻其魁主潛告吐蕃使至雲南吐蕃已知之令詰牟尋牟尋懼因紿吐蕃曰唐使本蠻也韋皐許其求歸無他謀遂執送吐蕃吐蕃益疑之多召南詔大臣之子爲質牟尋愈怨九年四月牟尋乃與酋長定計遣使趙莫羅眉由兩川楊大和堅由黔中或由安南使凡三輩致書於韋皐各賫生金丹砂爲贄三分前皐所與牟尋書各持其一爲信歲中三使皆至京師且曰牟尋請歸大國永爲藩國所獻生金以喻向北之意如金也丹砂示其赤心耳上嘉之乃賜牟尋詔書因命韋皐遣使以觀其情皐遂命巡官崔佐時至牟尋所都陽苴咩城南去太和城十餘里東北至成都二千四百里東至安南如至成都通水陸行是時也吐蕃使數百人先佐時在南詔牟尋悉召諸種落與議歸化或未畢至未敢公言密令佐時稱牂牁使衣以牂牁服而入佐時不肯曰我大唐使安得服小夷之服牟尋不得已乃夜迎佐時設位陳燈燭佐時乃大宣詔書牟尋恐吐蕃知顧左右無色而業已歸唐久矣歔欷流涕皆俯伏受命其明年正月異牟尋使其子閤勸及清平官等與佐時盟於點蒼山神祠盟書一藏於神室一沉於西洱河一置祖廟一以進天子閤勸即尋夢湊也鄭回見佐時多所指導故佐時探得其情乃請牟尋斬吐蕃使數人以示歸唐又得其吐蕃所與金印牟尋遣佐時歸仍刻金契以獻閤勸賦詩以餞之牟尋乃去吐蕃所立帝號私於佐時請復南詔舊名佐時與盟訖留二旬有六日而歸初吐蕃因爭北庭與迴鶻大戰死傷頗衆乃徵兵於牟尋須萬人牟尋既定計歸我欲因徵兵以襲之乃示寡弱謂吐蕃曰蠻軍素少僅可發三千人吐蕃少之請益至五千乃許牟尋遣兵五千人戍吐蕃乃自將數萬踵其後晝夜兼行乘其無備大破吐蕃於神川遂斷鐵橋遣使告捷且請韋皐使閱其所虜獲及城堡以取信焉時韋皐上言牟尋收鐵橋已來城壘一十六擒其王五人降其衆十餘萬以祠部郎中兼御史中丞袁滋持節冊南詔仍賜牟尋印鑄用黃金以銀爲窠文曰貞元冊南詔印先是韋皐奏南詔前遣清平官尹仇寬獻所受吐蕃印五二用黃金今賜請以黃金從蠻夷所重傳示無窮從皐之請也十年八月遣使蒙湊羅棟及尹仇寬來獻鐸槊浪人劒及吐蕃印八紐湊羅棟牟尋之弟也錫賚甚厚以尹仇寬爲檢校左散騎常侍餘各授官有差俄又封尹仇寬爲高溪郡王十一年三月遣清平官尹輔酋隨袁滋來朝又得先没蕃將衞景昇韓演等幷南詔所獲吐蕃將帥俘馘百人至京師湊羅棟歸國在道而卒贈右散騎常侍授尹輔酋檢校太子詹事兼御史中丞餘亦差次授官又降勑書賜異牟尋及子閤勸清平官鄭回尹

佹寬等各一書書左列中書三官宣奉行復舊制也九月異牟尋遣使獻馬六十匹十二年韋臯於雅州會野路招收得投降蠻首領高萬唐等六十九人戶約七千兼萬唐等先受吐蕃金字告身五十片十四年異牟尋遣酋望大將軍王丘各等賀正兼獻方物十九年正月旦上御含元殿受南詔朝賀以其使楊鎮龍武爲試太僕少卿授黎州廓清道蠻首領襲恭化郡王劉志寧試太常卿二十年南詔遣使朝貢元和二年八月遣使鄧傍傳來朝授試殿中監三年十二月以異牟尋卒廢朝三日四年正月以太常少卿武少儀充弔祭使仍册牟尋之子驃信苴蒙閣勸爲南詔仍命鑄元和册南詔印七年十月皆遣使朝貢十一年五月以龍蒙盛卒廢朝三日遣使來請册立其君長以少府少監李銑充册立弔祭使左贊善大夫許堯佐副之十二年至十五年比年遣使來朝或年內二三至者寶曆二年大和元年亦遣使來三年杜元穎鎮西川以文儒自高不練戎事南蠻乘我無備大擧諸部入寇牧守屢陳亦不之信十一月蜀川出軍與戰不利陷我卬州逼成都府入梓州西郭驅刼玉帛子女而去上聞之大怒再貶元穎爲循州司馬明年正月其王蒙嵯顚以表自陳請罪兼疏元穎過失國家方事柔遠尋釋其罪復遣使來朝五年八年亦遣使來貢方物開成四年五年會昌二年皆遣使來朝

驃國在永昌故郡南二千餘里去上都一萬四千里其國境東西三千里南北三千五百里東隣眞臘國西接東天竺國南盡溟海北通南詔些樂城界東北拒陽苴咩城六千八百里往來通聘迦羅婆提等二十國役屬者道林王等九城食境土者羅君潛等二百九十部落其王姓困没長名摩羅惹其國相名摩訶思那其王近適則舁以金繩牀遠適則乘象嬪姝甚衆常數百人其羅城構以塼甓周一百六十里壕岸亦構塼相傳本是舍利佛城城內有居人數萬家佛寺百餘區其堂宇皆錯以金銀塗以丹彩地以紫鑛覆以錦罽其俗好生惡殺其土宜菽粟稻粱無麻麥其理無刑名桎梏之具犯罪者以竹五十本束之復犯者撻其背數止五輕者止三殺人者戮之男女七歲則落髮止寺舍依桑門至二十不悟佛理乃復長髮爲居人其衣服悉以白氎爲朝霞繞腰而已不衣繒帛云出於蠶爲其傷生故也君臣父子長幼有序華言謂之驃自謂突羅成闍婆人謂之徒里掘古未嘗通中國貞元中其王聞南詔異牟尋歸附心慕之八年乃遣其弟悉利移因南詔重譯來朝又獻其國樂凡十曲與樂工三十五人俱樂曲皆演釋氏經論之詞意尋以悉利移爲試太僕卿

史臣曰禹畫九州周分六服斷長補短止方七千國賦之所均王教之所備此謂華夏者也以圓蓋方輿之廣廣谷大川之多民生其間胡可勝道此謂蕃國者也西南之蠻夷不少矣雖言語不通嗜欲不同亦能候律瞻風遠修職貢但患已之不德不患人之不來何以驗之貞觀開元之盛來朝者多也

贊曰五方異氣所稟不同維南極海曰蠻與戎惡我則叛好我則通不可不德使其嚮風

舊唐書卷一百九十七考證

林邑傳以十二月爲歲首○原本脫十字從新書添

東謝蠻傳冠烏熊皮冠○原本誤作烏熊皮履今改正

南詔蠻傳西復降尋傳蠻○原本脫降字從新書添

# 舊唐書卷一百九十八

後晉司空同中書門下平章事劉　昫撰

## 列傳第一百四十八

### 西戎

泥婆羅　党項羌　高昌　吐谷渾
焉耆　龜茲　疎勒　于闐
天竺　罽賓　康國　波斯
拂菻　大食

泥婆羅國在吐蕃西其俗翦髮與眉齊穿耳揎以竹筩牛角綴至肩者以爲姣麗食用手無匕箸其器皆銅多商賈少田作以銅爲錢面文爲人背文爲馬牛不穿孔衣服以一幅布蔽身日數盥浴以板爲屋壁皆雕畫俗重博戲好吹蠡擊鼓頗解推測盈虛兼通曆術事五天神鐫石爲像每日清水浴神烹羊而祭其王那陵提婆身著眞珠玻瓈車渠珊瑚琥珀瓔珞耳垂金鉤玉璫佩寶裝伏突坐獅子牀其堂內散花香大臣及諸左右並坐於地持兵數百列侍其側宮中有七層之樓覆以銅瓦欄檻楹桷皆飾珠寶樓之四角各懸銅槽下有金龍激水上樓注於槽中從龍口而出狀若飛泉那陵提婆之父爲其叔父所篡那陵提婆逃難於外吐蕃因而納焉克復其位遂羈屬吐蕃貞觀中衞尉丞李義表往使天竺塗經其國那陵提婆見之大喜與義表同出觀阿耆婆沵池周迴二十餘步水恒沸雖流潦暴集爍石焦金未嘗增減以物投之卽生烟焰懸釜而炊須臾而熟其後王玄策爲天竺所掠泥婆羅發騎與吐蕃共破天竺有功永徽二年其王尸利那連陀羅又遣使朝貢

党項羌在古析支之地漢西羌之別種也魏晉之後西羌微弱或臣中國或竄山野自周氏滅宕昌鄧至之後党項始强其界東至松州西接葉護南雜春桑迷桑等羌北連吐谷渾處山谷間亘三千里其種每姓別自爲部落一姓之中復分爲小部落大者萬餘騎小者數千騎不相統一有細封氏費聽氏往利氏頗超氏野辭氏房當氏米擒氏拓拔氏而拓拔最爲强族俗皆土著居有棟宇其屋織犛牛尾及羊毛覆之每年一易俗尚武無法令賦役其人多壽年一百五六十歲不事産業好爲盜竊互相凌刼尤重復讐若讐人未得必蓬頭垢面跣足蔬食要斬讐人而後復常男女並衣裘褐仍披大氈畜犛牛馬驢羊以供其食不知稼穡土無五穀氣候多風寒五月草始生八月霜雪降求大麥於他界醞以爲酒妻其庶母及伯叔母嫂子弟之婦淫穢烝褻諸夷中最爲甚然不婚同姓老死者以爲盡天年親戚不哭少死者則云夭枉乃悲哭之死則焚屍名爲火葬無文字但候草木以記歲時三年一相聚殺牛羊以祭天自周及隋或叛或朝常爲邊患貞觀三年南會州都督鄭元璹遣使招諭其酋長細封步賴擧部內附太宗降璽書慰撫之步賴因來朝宴賜甚厚列其地爲軌州拜步賴爲刺史仍請率所部討吐谷渾其後諸姓酋長相次率部落皆來內屬請同編戶太宗厚加撫慰列其地爲崌奉巖遠四州各拜其首領爲刺史有羌酋拓拔赤辭者初臣屬吐谷渾甚爲渾主伏允所暱與之結婚及貞觀初諸羌歸附而赤辭不至李靖之擊吐谷渾赤辭屯狼道坡以抗官軍廓州刺史久且洛生遣使諭以禍福赤辭曰我被渾主親戚之恩腹心相寄生死不貳焉知其他汝可速去無令汚我刀也洛生知其不悟於是率輕騎襲之擊破赤辭於肅遠山斬首數百級虜雜畜六千而還太宗又令岷州都督李道彥說諭之赤辭從子思頭密送誠款其黨拓拔細豆又以所部來降赤辭見其宗黨離始有歸化之意後岷州都督劉師立復遣人招誘於是與思頭並率衆內屬拜赤辭爲西戎州都督賜姓李氏自此職貢不絕其後吐蕃强盛拓拔氏漸爲所逼遂請內徙始移其部落於慶州置靜邊等州以處之其故地陷於吐蕃其處者爲其役屬吐蕃謂之弭藥又有黑党項在於赤水之西李靖之擊吐谷渾也渾主伏允奔黑党項居以空閑之地及吐谷渾擧國內屬黑党項酋長號敦善王因貢方物又有雪山党項姓破丑氏居於雪山之下及白狗舂桑白蘭等諸羌自龍朔已後並爲吐蕃所破而臣屬焉其在西北邊者天授三年內附凡二十萬口分其地置朝吳浮歸等十州仍散居靈夏等界內自至德已後常爲吐蕃所誘密以官告授之使爲偵道故時或侵叛尋亦底寧寶應初其首領來朝請助國供靈州軍糧優詔襃美其在涇隴州界者上元元年率其衆十餘萬詣鳳翔節度使崔光遠請降寶應元年十二月其歸順州部落乾封州部落歸義州部落順化州部落和寧州部落和義州部落保善州部落寧定州部落羅雲州部落朝鳳州部落並詣山南西道都防禦使梁州刺史臧希讓請州印希讓以聞許之貞元三年十二月初禁商賈以牛馬器械於党項部落貿易十五年二月六州党項自石州奔過河西党項有六府部落曰野利越詩野利龍兒野利厥律兒黃野海野窣等居慶州者號爲東山部落居夏州者號爲平夏部落永泰大曆已後居石州依水草至是永安城鎭將阿史那思昧擾其部落求取駝馬無厭中使又賛成其事党項不堪其弊遂率部落奔過河元和九年五月復置宥州以護党項十五年十一月命太子中允李寮爲宣撫党項使以部落繁富時遠近商賈齎繒貨入貿羊馬至大和開成之際其藩鎭統領無緒恣其貪婪不顧危亡或强市其羊馬不酧其直以是部落苦之遂相率爲盜靈鹽之路小梗會昌初上頻命使安撫之兼命憲臣爲使分三印以統之在邠寧延者以侍御史內供奉崔君會主之在鹽夏長澤者以侍御史內供奉李鄠主之在靈武麟勝者以侍御史內供奉鄭賀主之仍各賜緋魚以重其事久而無狀尋皆罷之

高昌者漢車師前王之庭後漢戊已校尉之故地在京師西四千三百里其國有二十一城王都高昌其交河城前王庭也田地城校尉城也勝兵且萬人厥土良沃穀麥歲再熟有蒲萄酒宜五果有草名白疊國人採其花織以爲布有文字知書計所置官亦採中國之號焉其王麴伯雅卽後魏時高昌王嘉之六世孫也隋煬帝時入朝拜左光祿大夫車師太守封弁國公仍以戚屬宇文氏女爲華容公主以妻之武德二年伯雅死子文

泰嗣遣使來告哀高祖遣前河州刺史朱惠表往弔之七年文泰又獻狗雄雌各一高六寸長尺餘性甚慧能曳馬銜燭云本出拂菻國中國有拂菻狗自此始也太宗嗣位復貢玄狐裘因賜其妻宇文氏花鈿一具宇文氏復貢玉盤西域諸國所有動靜輒以奏聞貞觀四年冬文泰來朝及將歸蕃賜遺甚厚其妻宇文氏請預宗親詔賜李氏封常樂公主下詔慰諭之時西戎諸國來朝貢者皆塗經高昌文泰後稍壅絕之伊吾先臣西突厥至是內屬文泰又與葉護連結將擊伊吾太宗以其反覆下書切讓徵其大臣冠軍阿史那矩入朝將與議事文泰竟不遣乃遣其長史麴雍來謝罪初大業之亂中國人多投於突厥及頡利敗或有奔高昌者文泰皆拘留不遣太宗詔令括送文泰尚隱蔽之又尋與西突厥乙毗設擊破焉耆三城虜其男女而去焉耆王上表訴之太宗遣虞部郎中李道裕往問其狀十三年太宗謂其使曰高昌數年來朝貢脫略無藩臣禮國中署置官號準我百僚稱臣於人豈得如此今茲歲首萬國來朝而文泰不至增城深塹預備討伐日者我使人至彼文泰云鷹飛于天雉竄于蒿貓遊于堂鼠安于穴各得其所豈不活耶又西域使欲來者文泰悉拘留之又遣使謂薛延陁云既自爲可汗與漢天子敵也何須拜謁其使事人闕禮離間隣好惡而不誅善者何勸明年當發兵馬以擊爾是時薛延陁可汗表請爲軍向導以擊高昌太宗許之令民部尚書唐儉至延陁與謀進取太宗冀其悔過復下璽書示以禍福徵之入朝文泰稱疾不至太宗乃命吏部尚書侯君集爲交河道大總管率左屯衛大將軍薛萬均及突厥契苾之衆步騎數萬衆以擊之時公卿近臣皆以行經沙磧萬里用兵恐難得志又界居絕域縱得之不可以守競以爲諫太宗皆不聽文泰謂所親曰吾往者朝覲見秦隴之北城邑蕭條非復有隋之比設今伐我發兵多則糧運不給若發三萬以下吾能制之加以磧路艱險自然疲頓吾以逸待勞坐收其弊何足爲憂也及聞王師臨磧口惶駭計無所出發病而死其子智盛嗣立既而君集兵奄至柳谷進趨田地城將軍契苾何力爲前軍與之接戰而退大軍繼之攻拔其城虜男女七千餘口進逼其都智盛移君集書曰有罪於天子者先王也咎深譴積身已喪亡智盛襲位無幾君其赦諸君集謂曰若能悔禍當面縛軍門也又命諸軍引衝車拋車以逼之飛石雨下城中大懼智盛窮蹙出城降君集分兵掠地下其三郡五縣二十二城戶八千口三萬七千七百馬四千三百匹其界東西八百里南北五百里先是其國童謠云高昌兵馬如霜雪漢家兵馬如日月日月照霜雪迴手自消滅文泰使人捕其初唱者不能得初文泰與西突厥欲谷設通和遺其金帛約有急相爲表裏及聞君集兵至欲谷設懼而西走不敢救君集尋遣使告捷太宗大悅宴百寮班賜各有差曲赦高昌部內從軍兵士已上父子犯死罪已下期親犯流已下大功犯徒已下小功緦麻犯杖罪悉原之時太宗欲以高昌爲州縣特進魏徵諫曰陛下初臨天下高昌夫婦先來朝謁自後數月商胡被其遏絕貢獻加之不禮大國遂使王誅載加若罪止文泰斯亦可矣未若撫其人而立其子所謂伐罪弔民威德被於遐外爲國之善者也今若利其土壤以爲州縣常須千餘人鎮守數年一易每及交番死者十有三四遣辦衣資離別親戚十年之後隴右空虛陛下終不得高昌撮穀尺布以助中國所謂散有用而事無用臣未見其可太宗不從竟以其地置西州又置安西都護府留兵以鎮之初西突厥遣其葉護屯兵於可汗浮圖城與高昌相影響至是懼而來降以其地爲庭州於是勒石紀功而旋其智盛君臣及其豪右皆徙中國麴氏有國至智盛凡九世一百三十四年而滅尋拜智盛爲左武衛將軍封金城郡公弟智湛爲右武衛中郎將太山縣公及太宗崩刊石像智盛之形列於昭陵玄闕之下智湛麟德中終於左驍衛大將軍西州刺史天授初其子崇裕授左武衛大將軍交河郡王卒封襲遂絕

吐谷渾其先居於徒河之清山屬晉亂始度隴止於甘松之南洮水之西南極白蘭地數千里有城郭而不居隨逐水草廬帳爲室肉酪爲糧其官初有長史司馬將軍近代已來有王公僕射尚書郎中其俗頗識文字男子通服長裙繒帽或戴羃䍦婦人以金花爲首飾辮髮縈後綴以珠貝其婚姻富家厚出財貧人竊女而去父卒妻其庶母兄亡妻其諸嫂喪有服制葬訖而除國無常稅用度不給輒斂富室商人以取足而止殺人及盜馬者罪死他犯則徵物以贖罪氣候多寒土宜大麥蔓菁頗有菽粟出良馬犛牛銅鐵朱砂之類有青海周迴八百里中有小山至冬放牝馬於其上言得龍種嘗得波斯馬放入海因生驄駒能日行千里故代稱青海驄焉地兼鄯善且沬西北有流沙數百里夏有熱風傷弊行旅風之將至老駝便知之則引項而鳴以口鼻埋沙中人以爲候即以氈擁蔽口鼻而避其患隋煬帝時其王伏允來犯塞煬帝親總六軍以討之伏允以數十騎潛於泥嶺而遁其仙頭王率男女十餘萬口來降煬帝立其質子順爲王送之本國令統餘衆尋復追還大業末伏允悉收故地復爲邊患高祖受禪順自江都來歸長安時李軌猶據涼州高祖遣使與伏允通和令擊軌以自效當放順返國伏允大悅興兵擊之戰于庫門交綏而退頻遣使朝貢以順爲請高祖遣之太宗即位伏允遣其洛陽公來朝使未返大掠鄯州而去太宗遣使責讓之徵伏允入朝稱疾不至仍爲其子尊王求婚於是責其親迎以羈縻之尊王又稱疾不肯入朝有詔停婚遣中郎將康處直諭以禍福伏允遣兵寇蘭廓二州時鄯州刺史李玄運上言吐谷渾良馬悉牧青海輕兵掩之可致大利於是遣左驍衛大將軍段志玄率邊兵及契苾党項之衆以擊之去青海三十里志玄與左驍衛將軍梁洛仁不欲戰頓軍遲留不進吐谷渾遂驅青海牧馬而遁亞將李君羡率精騎別路及賊於青海之南懸水鎮擊破之虜牛羊二萬餘頭而還時伏允年老昏耄其邪臣天柱王惑亂之拘我行人鴻臚丞趙德楷太宗頻遣宣諭使者十餘返竟無悛心貞觀九年詔特進李靖爲西海道行軍大總管兵部尚書侯君集爲積石道行軍總管任城王道宗爲鄯州道行軍總管仍爲靖副涼州都督李大亮爲且沬道行軍總管岷州都督李道彥爲赤水道行軍總管利州刺史高甑生爲鹽澤道行軍總管并突厥契苾之衆以擊之諸將頻與賊遇連戰破之獲其高昌王慕容孝儁孝儁有雄略伏允心膂之臣也靖等進至赤海遇其天柱三部落擊大破之遂歷于河源李大亮又俘其名王二十人雜畜數萬至且沬西境或傳伏允西走渡圖倫磧欲入于闐將軍薛萬均率輕銳追奔入磧數百里及其餘黨破之磧中之水將士皆刺馬血而飲之侯君集與江夏王道宗趣南路登漢哭山飲馬烏海獲其名王梁屈怱經塗二千餘里空虛之地盛夏降霜多積雪其地乏水草將士噉水馬皆食雪又達于柏梁北望積石山觀河源之所出焉兩軍會於大非川至破邏眞谷伏允子大寧王順窮蹙斬其國相天柱王舉國來降伏允大懼與千餘騎遁于磧中衆稍亡散能屬之者纔百餘騎乃自縊而死國人乃立順爲可汗稱臣內附順即伏允之嫡子也初爲侍子於隋拜金紫光祿大夫久不得歸伏允遂立他子爲太子及得返國意常怏怏會李靖等諸軍所向剋捷自以失位欲因此立功由是遂降乃詔曰吐谷渾擅相君長竊據荒裔志在凶德政出權門酋渠擕貳種落怨憤長惡不悛野心彌熾莫顧藩臣之禮曾無事上之節草竊疆埸虐剖兆庶積惡既稔天亡有徵朕君臨四海含育萬類一物失所責深在予所以爰命六軍申茲九伐義存活國情非黷武其子大寧王慕容順隋氏之甥志懷明悟長自中土幸慕華風爰見時機深識逆順以其愎諫違衆獨陷迷途遂誅邪臣存茲大計翻然改轍代父歸罪忠孝之美深有可嘉子能立功足以補過既往之釁特宜原免然其建國西鄙已歷年代即從廢絕情所未忍繼其宗祀允歸命亂可封順爲西平郡王仍授趉胡呂烏甘豆可汗太宗恐順不能靜其國仍遣李大亮率精兵數千爲其聲援順既久質於隋國人不附未幾爲臣下所殺其子燕王諾曷鉢嗣立諾曷鉢既幼大臣爭權國中大亂太宗遣兵援之封爲河源郡王仍授烏地也拔勒豆可汗遣淮陽王道明持節冊拜賜以鼓纛諾曷鉢因入朝請婚十四年太宗以弘化公主妻之資送甚厚十五年諾曷鉢所部丞相王專權陰謀作難將徵兵詐言祭山神因欲襲擊公主劫諾曷鉢奔于吐蕃期有日矣諾曷鉢知而大懼率輕騎走鄯善城其威信王以兵迎之鄯州刺史杜鳳舉與威信王合軍擊丞相王破之殺其兄弟三人遣使言狀太宗命民部尚書唐儉持節撫慰之太宗崩刻石圖諾曷鉢之形列於昭陵之下高宗嗣位以其尚主拜駙馬都尉賜物四十段其後與吐蕃互相攻伐各遣使請兵救援高宗皆不許之吐蕃大怒率兵以擊吐谷渾諾曷鉢既不能禦脫身及弘化公主走投涼州高宗遣右威衛大將軍薛仁貴等救吐谷渾爲吐蕃所敗於是吐谷渾遂爲吐蕃所併諾曷鉢以親信數千帳來內屬詔左武衛大將軍蘇定方爲安置大使始徙其部衆于靈州之地置安樂州以諾曷鉢爲刺史欲其安而且樂也垂拱四年諾曷鉢卒子忠嗣忠卒子宣趙嗣聖曆三年授宣趙左豹韜衛員外大將軍仍襲父烏地也拔勒豆可汗宣趙卒子曦皓嗣曦皓卒子兆嗣及吐蕃陷我安樂州其部衆又東徙散在朔方河東之境今俗多謂之退渾蓋語急而然貞元十四年十二月以朔方節度副使左金吾衛大將軍同正慕容復爲襲長樂州都督青海國王烏地也拔勒豆可汗未幾卒其封襲遂絕吐谷渾自晉永嘉之末始西渡洮水建國於羣羌之故地至龍朔三年爲吐蕃所滅凡三百五十年

焉耆國在京師西四千三百里東接高昌西鄰龜茲即

漢時故地其王姓龍氏名突騎支勝兵二千餘人常役屬於西突厥其地良沃多蒲萄頗有魚鹽之利貞觀六年突騎支遣使貢方物復請開大磧路以便行李太宗許之自隋末罹亂磧路遂閉西域朝貢者皆由高昌及是高昌大怒遂與焉耆結怨遣兵襲焉耆大掠而去西突厥莫賀設與咄陸弩失畢不協奔于焉耆咄陸復來攻之六年遣使言狀并貢名馬時西突厥國亂太宗遣中郎將桑孝彥領左右胄曹韋弘機往安撫之仍冊立咥利失可汗可汗既立素善焉耆令與焉耆爲援十二年處月處密與高昌攻陷焉耆五城掠男女一千五百人焚其廬舍而去十四年侯君集討高昌遣使與之相結焉耆王大喜請爲聲援及破高昌其王詣軍門稱謁焉耆人先爲高昌所虜者悉歸之由是遣使謝恩并貢方物其年西突厥重臣屈利啜爲其弟娶焉耆王女由是相爲脣齒朝貢遂闕安西都護郭孝恪請擊之太宗許焉會焉耆王弟頡鼻葉護兄弟三人來至西州孝恪選步騎三千出銀山道以頡鼻弟栗婆準爲鄉導焉耆所都城四面有水自恃險固不虞於我孝恪倍道兼行夜至城下潛遣將士浮水而渡至曉一時攀堞鼓角齊震城中大擾孝恪縱兵擊之虜其王突騎支首虜千餘級以栗婆準導軍有功留攝國事而還時駕幸洛陽宮孝恪鏁突騎支并其妻子送行在所詔宥之初西突厥屈利啜將兵來援焉耆孝恪還師三日屈利啜乃囚栗婆準而西突厥處般啜令其吐屯來攝焉耆遣使朝貢太宗數之曰焉耆者我兵擊得汝何人輒來統攝吐屯懼而返國焉耆又立栗婆準從父兄薛婆阿那支爲王處般啜乃執栗婆準送於龜茲爲所殺薛婆阿那支既得處般啜爲援遂有國及阿史那社爾之討龜茲阿那支大懼遂奔龜茲保其東城以禦官軍社爾擊擒之數其罪而斬焉求得阿那支從父弟先那準立爲王以修職貢及太宗葬昭陵乃刻石像龍突騎支之形列於玄闕之下自是朝貢不絕

龜茲國卽漢西域舊地也在京師西七千五百里其王姓白氏有城郭屋宇耕田畜牧爲業男女皆剪髮垂與項齊唯王不剪髮學胡書及婆羅門書算計之事尤重佛法其王以錦蒙項着錦袍金寶帶坐金獅子牀有良馬封牛饒蒲萄酒富室至數百碩高祖卽位其主蘇伐勃駃遣使來朝勃駃尋卒子蘇伐疊代立號時健莫賀俟利發貞觀四年又遣使獻馬太宗賜以璽書撫慰甚厚由此歲貢不絕然臣於西突厥安西都護郭孝恪來伐焉耆龜茲遣兵援助自是職貢頗闕伐疊死其弟訶黎布失畢代立漸失蕃臣禮二十年太宗遣左驍衞大將軍阿史那社爾爲崑山道行軍大總管與安西都護郭孝恪司農卿楊弘禮率五將軍又發鐵勒十三部兵十餘萬騎以伐龜茲社爾既破西蕃處月處密乃進師趨其北境出其不意西突厥所署焉耆王棄城而遁社爾遣輕騎追擒之龜茲大震守將多棄城而走社爾進屯積石去其都城三百里遣伊州刺史韓威率千餘騎爲前鋒右驍衞將軍曹繼叔次之西至多褐城與龜茲王相遇及其相那利將羯獵顛等有衆五萬逆拒王師威乃僞遁而引之其王侯利發見威兵少悉衆而至威退行三十里與繼叔軍會合擊大破之其王退保都城社爾進軍逼之王乃輕騎而走遂下其城令孝恪守之遣沙州刺史蘇海政尚輦奉御薛萬備以精騎追之行六百里其王窘急退保于撥換城社爾等進軍圍之擒其王及大將羯獵顛等其相那利僅以身免潛引西突厥之衆并其國兵萬餘人來襲孝恪殺之官軍大擾倉部郎中崔義起與曹繼叔韓威等擊之那利敗走尋爲龜茲人所執以詣軍前後破其大城五所虜男女數萬口社爾因立其王之弟葉護爲王勒石紀功而旋俘其王訶黎布失畢及那利羯獵顛等獻於社廟尋以訶黎布失畢爲左武翊衞中郎將那利已下授官各有差太宗之葬昭陵乃刻石像其形列於玄闕之前永徽元年又以訶黎布失畢爲右驍衞大將軍尋放還蕃撫其餘衆依舊爲龜茲王賜物一千段先是太宗既破龜茲移置安西都護府於其國城以郭孝恪爲都護兼統于闐疏勒碎葉謂之四鎮高宗嗣位不欲廣地勞人復命有司棄龜茲等四鎮移安西依舊於西州其後吐蕃大入焉耆已西四鎮城堡並爲賊所陷則天臨朝長壽元年武威軍總管王孝傑阿史那忠節大破吐蕃克復龜茲于闐等四鎮自此復於龜茲置安西都護府用漢兵三萬人以鎮之既徵發內地精兵遠逾沙磧并資遣衣糧等甚爲百姓所苦言事者多請棄之則天竟不許其安西都護則天時有田揚名中宗時有郭元振開元初則張孝嵩杜暹皆有政績爲夷人所伏

疏勒國卽漢時舊地也西帶葱嶺在京師西九千三百里其王姓裴氏貞觀中突厥以女妻王勝兵二千人俗事祆神有胡書文字貞觀九年遣使獻名馬自是朝貢不絕開元十六年玄宗遣使冊立其王裴安定爲疏勒王

于闐國西南帶葱嶺與龜茲接在京師西九千七百里勝兵四千人其國出美玉俗多機巧好事祆神崇佛教先臣于西突厥其王姓尉遲氏名屈密貞觀六年遣使獻玉帶太宗優詔答之十三年又遣子入侍及阿史那社爾伐龜茲其王伏闍信大懼使其子以駝萬三百匹饋軍及將旋師行軍長史薛萬備請社爾曰今者旣破龜茲國威已振請因此機願以輕騎羈取于闐之王社爾乃遣萬備率五十騎抵于闐之國萬備陳國威靈勸其入見天子伏闍信於是隨萬備來朝高宗嗣位拜右驍衞大將軍又授其子葉護玷爲右驍衞將軍並賜金帶錦袍布帛六十段并宅一區留數月而遣之因請留子弟以宿衞太宗葬昭陵刻石像其形列於玄闕之下垂拱三年其王伏闍雄復來入朝天授三年伏闍雄卒則天封其子璥爲于闐國王開元十六年復冊立尉遲伏師爲于闐王數遣使朝貢乾元三年以于闐王尉遲勝弟守左監門衞率葉護曜爲太僕員外卿仍同四鎮節度副使權知本國事以勝至德初領兵赴國難因堅請留宿衞故有是命事在勝傳

天竺國卽漢之身毒國或云婆羅門地也在葱嶺西北周三萬餘里其中分爲五天竺其一曰中天竺二曰東天竺三曰南天竺四曰西天竺五曰北天竺地各數千里城邑數百南天竺際大海北天竺拒雪山四周有山爲壁南面一谷通爲國門東天竺東際大海與扶南林邑鄰接西天竺與罽賓波斯相接中天竺據四天竺之會其都城周廻七十餘里北臨禪連河云昔有婆羅門領徒千人肄業於樹下樹神降之遂爲夫婦宮室自然而立童僕甚盛於是使役百神築城以統之經日而就此後有阿育王復役使鬼神累石爲宮闕皆雕文刻鏤非人力所及阿育王頗行苛政置炮烙之刑謂之地獄今城中見有其迹焉中天竺王姓乞利咥氏或云刹利氏世有其國不相篡弑厥土卑濕暑熱稻歲四熟有金剛似紫石英百鍊不銷可以切玉又有旃檀鬱金諸香通於大秦故其寶物或至扶南交阯貿易焉百姓殷樂俗無簿籍耕王地者輸地利以齒貝爲貨人皆深目長鼻致敬極者舐足摩踵家有奇樂倡伎其王與大臣多服錦罽上爲螺髻於頂餘髮剪之使拳俗皆徒跣衣重白色唯梵志種姓披白疊以爲異死者或焚屍取灰以爲浮圖或委之中野以施禽獸或流之於河以飼魚鼈無喪紀之文謀反者幽殺之小犯罰錢以贖罪不孝則斷手刖足截耳割鼻放流邊外有文字善天文算曆之術其人皆學悉曇章云是梵天法書於貝多樹葉以紀事不殺生飲酒國中往往有舊佛跡隋煬帝時遣裴矩應接西蕃諸國多有至者唯天竺不通帝以爲恨當武德中其國大亂其嗣王尸羅逸多練兵聚衆所向無敵象不解鞍人不釋甲居六載而四天竺之君皆北面以臣之威勢遠振刑政甚肅貞觀十五年尸羅逸多自稱摩伽陀王遣使朝貢太宗降璽書慰問尸羅逸多大驚問諸國人曰自古曾有摩訶震旦使人至吾國乎皆曰未之有也乃膜拜而受詔書因遣使朝貢太宗以其地遠禮之甚厚復遣衞尉丞李義表報使尸羅逸多遣大臣郊迎傾城邑以縱觀焚香夾道逸多率其臣下東面拜受勅書復遣使獻火珠及鬱金香菩提樹貞觀十年沙門玄奘至其國將梵本經論六百餘部而歸先是遣右率府長史王玄策使天竺其四天竺國王咸遣使朝貢會中天竺王尸羅逸多死國中大亂其臣那伏帝阿羅那順篡立乃盡發胡兵以拒玄策玄策從騎三十人與胡禦戰不敵矢盡悉被擒胡並掠諸國貢獻之物玄策乃挺身宵遁走至吐蕃發精銳一千二百人并泥婆羅國七千餘騎以從玄策玄策與副使蔣師仁率二國兵進至中天竺國城連戰三日大破之斬首三千餘級赴水溺死者且萬人阿羅那順棄城而遁師仁進擒獲之虜男女萬二千人牛馬三萬餘頭匹於是天竺震懼俘阿羅那順以歸二十二年至京師太宗大悅命有司告宗廟而謂羣臣曰夫人耳目玩於聲色口鼻耽於臭味此乃敗德之源若婆羅門不刼掠我使人豈爲俘虜耶昔中山以貪寶取弊蜀侯以金牛致滅莫不由之拜玄策朝散大夫是時就其國得方士那羅邇娑婆寐自言壽二百歲云有長生之術太宗深加禮敬館之於金飈門內造延年之藥令兵部尚書崔敦禮監主之發使天下採諸奇藥異石不可稱數延歷歲月藥成服竟不効後放還本國太宗之葬昭陵也刻石像阿羅那順之形列於玄闕之下五天竺所屬之國數十風俗物產畧同有伽沒路國其俗開東門以向日王玄策至其王發使貢以奇珍異物及地圖因請老子像及道德經那揭陀國有醯羅城中有重閣藏佛頂骨及錫杖貞觀二十年遣使貢方物天授二年東天竺王摩羅枝摩西天竺王尸羅逸多南天竺王遮婁其拔羅婆北天竺王婁其那那中天竺王地婆西那並來朝獻景龍四年南天竺國復遣使來朝景雲元年復遣使貢方物開元二年西天竺復遣使貢方物八年南天竺國遣使獻五色能言

鷄鵡其年南天竺國王尸利那羅僧伽請以戰象及兵馬討大食及吐蕃等仍求有及名其軍玄宗甚嘉之名軍爲懷德軍九月南天竺王尸利那羅僧伽寶多枝摩爲國造寺上表乞寺額勑以歸化爲名賜之十一月遣使冊利那羅伽寶多爲南天竺國王遣使來朝十七年六月北天竺國藏沙門僧密多獻質汗等藥十九年十月中天竺國王伊沙伏摩遣其大德僧來朝貢二十九年三月中天竺王子李承恩來朝授游擊將軍放還天寶中累遣使來

罽賓國在葱嶺南去京師萬二千二百里常役屬於大月氏其地暑濕人皆乘象土宜秔稻草木凌寒不死其俗尤信佛法隋煬帝時引致西域前後至者三十餘國唯罽賓不至貞觀十一年遣使獻名馬太宗嘉其誠欵賜以繒綵十六年又遣使獻褥特鼠喙尖而尾赤能食蛇有被蛇螫者鼠輒嗅而尿之其瘡立愈顯慶三年訪其國俗云王始祖馨孽至今曷擷支父子傳位已十二代其年改其城爲修鮮都督府龍朔初授其王修鮮等十一州諸軍事兼修鮮都督開元七年遣使來朝進天文經一夾秘要方并蕃藥等物詔遣冊其王爲葛羅達支特勒二十七年其王烏散特勤灑以年老上表請以子拂菻罽婆嗣位許之仍降使冊命天寶四年又冊其子勃匐準爲襲罽賓及烏萇國王仍授左驍衛將軍乾元元年又遣使朝貢又有勃律國在罽賓吐蕃之間開元中頻遣使朝獻八年冊立其王蘇麟陀逸之爲勃律國王朝貢不絕二十二年爲吐蕃所破

康國卽漢康居之國也其王姓溫月氏先居張掖祁連山北昭武城爲突厥所破南依葱嶺遂有其地枝庶皆以昭武爲姓氏不忘本也其人皆深目高鼻多鬚髯丈夫剪髮或辮髮其王冠氈帽飾以金寶婦人盤髻幪以皁巾飾以金花人多嗜酒好歌舞於道路生子必以石密內口中明膠置掌內欲其成長口常甘言掌持錢如膠之黏物俗習胡書善商賈爭分銖之利男子年二十卽遠之傍國來適中夏利之所在無所不到以十二月爲歲首有婆羅門爲之占星候氣以定吉凶頗有佛法至十一月鼓舞乞寒以水相潑盛爲戲樂隋煬帝時其王屈朮支娶西突厥葉護可汗女遂臣於西突厥武德十年屈朮支遣使獻名馬貞觀九年又遣使貢獅子太宗嘉其遠至命秘書監虞世南爲之賦自此朝貢歲至十一年又獻金桃銀桃詔令植之於苑囿萬歲通天年則天封其大首領篤娑鉢提爲康國王仍拜左驍衛大將軍鉢提尋卒又冊其子泥涅師師爲康國王師師以神龍中卒國人又立突昏爲王開元六年遣使貢獻鎖子甲水精杯馬腦缾駝鳥卵及越諾之類十九年其王烏勒上表請封其子咄曷爲曹國王默啜爲米國王許之二十七年烏勒卒遣使冊咄曷襲父位天寶三年又封爲欽化王其母可敦封爲郡夫人十一載十三載並遣使朝貢

波斯國在京師西一萬五千三百里東與吐火羅康國接北鄰突厥之可薩部西北拒拂菻正西及南俱臨大海戶數十萬其王居有二城復有大城十餘猶中國之離宮其王初嗣位便密選子才堪承統者書其名字封而藏之王死後大臣與王之羣子共發封而視之奉所書名者爲主焉其王冠金花冠坐獅子牀服錦袍加以瓔珞俗事天地日月水火諸神西域諸胡事火祆者皆詣波斯受法焉其事神以麝香和蘇塗鬚點額及於耳鼻用以爲敬拜必交股文字同於諸胡男女皆徒跣丈夫剪髮戴白皮帽衣不開襟并有巾帔多用蘇方青白色爲之兩邊緣以織成錦婦人亦巾帔裙衫辮髮垂後飾以金銀其國乘象而戰每一象戰士百人有敗衂者則盡殺之國人生女年十歲已上有姿貌者其王收而養之以賞有功之臣俗右尊而左卑以六月一日爲歲首斷獄不爲文書約束口決於庭其繫囚無年限唯王者代立則釋之其叛逆之罪就火祆燒鐵灼其舌瘡白者爲理直瘡黑者爲有罪其刑有斷手刖足髡鉗劓刖輕罪剪鬚或繫牌於項以志之經時月而釋焉其强盜一入獄至老更不出小盜罰以銀錢死亡則棄之於山制服一月而卽吉氣候暑熱土地寬平知耕種多畜牧有鳥形如橐駝飛不能高食草及肉亦能噉犬攫羊土人極以爲患又多白馬駿犬或赤日行七百里者駿金犬所謂波斯犬也出騾及大驢師子白象珊瑚樹高一二尺琥珀車渠瑪瑙火珠玻瓈琉璃無食子香附子訶黎勒胡椒蓽撥石蜜千年棗甘露桃隋大業末西突厥葉護可汗頻擊破其國波斯王庫薩和爲西突厥所殺其子施利立葉護因分其部帥監統其國波斯竟臣於葉護及葉護可汗死其所令監統者因自擅於波斯不復役屬於西突厥施利立一年卒乃立庫薩和之女爲王突厥又殺之施利之子單羯方奔拂菻於是國人迎而立之是爲尹恒支在位二年而卒兄子伊嗣候立二十一年伊嗣候遣使獻一獸名活褥蛇形類鼠而色青身長八九寸能入穴取鼠伊嗣候懦弱爲大首領所逐遂奔吐火羅未至亦爲大食兵所殺其子名卑路斯又投吐火羅葉護獲免卑路斯龍朔元年奏言頻被大食侵擾請兵救援詔遣隴州南由縣令王名遠充使西域分置州縣因列其地疾陵城爲波斯都督府授卑路斯爲都督是後數遣使貢獻咸亨中卑路斯自來入朝高宗甚加恩賜拜右武衛將軍儀鳳三年令吏部侍郎裴行儉將兵冊送卑路斯爲波斯王行儉以其路遠至安西碎葉而還卑路斯獨返不得入其國漸爲大食所侵客於吐火羅國二十餘年有部落數千人後漸離散至景龍二年又來入朝拜爲左威衛將軍無何病卒其國遂滅而部衆猶存自開元十年至天寶六載凡十遣使來朝并獻方物四月遣使獻瑪瑙牀九年四月獻火毛繡舞筵長毛繡舞筵無孔眞珠乾元元年波斯與大食同寇廣州刼倉庫焚廬舍浮海而去大曆六年遣使來朝獻眞珠等

拂菻國一名大秦在西海之上東南與波斯接地方萬餘里列城四百邑居連屬其宮宇柱櫳多以水精瑠璃爲之有貴臣十二人共治國政常使一人將囊隨王車百姓有事者卽以書投囊中王還宮省發理其枉直其王無常人簡賢者而立之國中災異及風雨不時輒廢而更立其王冠形如鳥舉翼冠及瓔珞皆綴以珠寶著錦繡衣前不開襟坐金花牀有一鳥似鵞其毛綠色常在王邊倚枕上坐每進食有毒其鳥輒鳴其都城疊石爲之尤絕高峻凡有十萬餘戶南臨大海城東面有大門其高二十餘丈自上及下飾以黃金光輝燦爛連曜數里自外至王室凡有大門三重列異寶雕飾第二門之樓中懸一大金秤以金丸十二枚屬於衡端以候日之十二時焉爲一金人其大如人立於側每至一時其金丸輒落鏗然發聲引唱以紀日時毫釐無失其殿以瑟瑟爲柱黃金爲地象牙爲門扇香木爲棟梁其俗無瓦擣白石爲末羅之塗屋上其堅密光潤還如玉石至於盛暑之節人厭囂熱乃引水潛流上徧於屋宇機制巧密人莫之知觀者惟聞屋上泉鳴俄見四簷飛溜懸波如瀑激氣成涼風其巧妙如此風俗男子剪髮披帔而右袒婦人不開襟錦爲頭巾家資滿億封以上位有羊羔生於土中其國人候其欲萌乃築墻以院之防外獸所食也然其臍與地連割之則死唯人著甲走馬及擊鼓以駭之其羔驚鳴而臍絕便逐水草俗皆髡而衣繡乘輜軿白蓋小車出入擊鼓建旌旗幡幟土多金銀奇寶有夜光璧明月珠駭鷄犀大貝車渠瑪瑙孔翠珊瑚琥珀凡西域諸珍異多出其國隋煬帝常將通拂菻竟不能致貞觀十七年拂菻王波多力遣使獻赤玻瓈綠金精等物太宗降璽書荅慰賜以綾綺焉自大食强盛漸陵諸國乃遣大將軍摩栧伐其都城因約爲和好請每歲輸之金帛遂臣屬大食焉乾封二年遣使獻底也伽大足元年復遣使來朝開元七年正月其主遣吐火羅大首領獻獅子羚羊各二不數月又遣大德僧來朝貢

大食國本在波斯之西大業中有波斯胡人牧駝於俱紛摩地那之山忽有獅子人語謂之曰此山西有三穴穴中大有兵器汝可取之穴中并有黑石白文讀之便作王位胡人依言果見穴中有石及矟刃甚多上有文教其反叛於是糾合亡命渡恒曷水刼奪商旅其衆漸盛遂割據波斯西境自立爲王波斯拂菻各遣兵討之皆爲所敗永徽二年始遣使朝貢其姓大食氏名噉密莫末膩自云有國已三十四年歷三主矣其國男兒色黑多鬚鼻大而長似婆羅門婦人白晳亦有文字出駝馬大於諸國兵刃勁利其俗勇於戰鬪好事天神土多沙石不堪耕種唯食駝馬等肉俱紛摩地那山在國之西南鄰於大海其王移穴中黑石寘之於國又嘗遣人乘船將衣糧入海經八年而未及西岸海中見一方石石上有樹幹赤葉青樹上總生小兒長六七寸見人皆笑動其手腳頭著樹枝其使摘取一枝小兒便死收在大食王宮又有女國在其西北相去三月行龍朔初擊破波斯又破拂菻始有米麪之屬又將兵南侵婆羅門吞併諸胡國勝兵四十餘萬長安中遣使獻良馬景雲二年又獻方物開元初遣使來朝進馬及寶鈿帶等方物其使謁見唯平立不拜憲司欲糾之中書令張說奏曰大食殊俗慕義遠來不可寘罪上特許之尋又遣使朝獻自云在本國惟拜天神雖見王亦無致拜之法所司屢詰責之其使遂請依漢法致拜其時西域康國石國之類皆臣屬之其境東西萬里東與突厥施相接焉一云隋開皇中大食族中有孤列種代爲酋長孤列種中又有兩姓一號盆泥奚深一號盆泥末換其奚深後有摩訶末者勇健多智衆立之爲主東西征伐開地三千里兼尅夏臘一名釤城釤音所鑾反摩訶末後十四代至末換末換殺其兄伊疾而自立復殘忍其下怨之有呼羅珊木鹿人並波悉林舉義兵應者悉令着黑衣旬月間衆盈數萬鼓行而西生擒末換殺之遂求得奚深種阿蒲羅拔立之末換已前謂之白衣大食自阿蒲羅拔

後改爲黑衣大食阿蒲羅拔卒立其弟阿蒲恭拂至德初遣使朝貢代宗時爲元帥亦用其國兵以收兩都寶應大曆中頻遣使來恭拂卒子迷地立迷地卒子卒栖立卒栖卒弟訶論立貞元中與吐蕃爲勍敵蕃軍太半西禦大食故鮮爲邊患其力不足也十四年詔以黑衣大食使含嵯焉雞沙北三人並爲中郎將各放還蕃

史臣曰西方之國綿亘山川自張騫奉使已來介子立功之後通於中國者多矣有唐拓境遠極安西弱者德以懷之强者力以制之開元之前貢輸不絕天寶之亂邊徼多虞邠郊之西即爲戎狄藁街之邸來朝亦稀故古先哲王務寧華夏語曰近者悅遠者來斯之謂矣

贊曰大蒙之人西方之國與時盛衰隨世通塞勿謂戎心不懷我德貞觀開元藁街充斥

舊唐書卷一百九十八考證

党項羌傳拓拔氏○此下而拓拔三字從新書添

吐谷渾傳地數千里○原本脫地字從新書添

左傳并曹○臣酉按新書本傳爲左千牛胄曹參軍并字當是胄字之訛今改正

龜兹國傳及其相那利將羯獵顛○原本脫將字今添

天竺國傳仍求有及名其軍○臣酉按新書丐名其軍有及二字疑衍

# 舊唐書卷一百九十九上

後晉司空同中書門下平章事劉　昫撰

## 列傳第一百四十九

### 東夷

高麗　百濟　新羅　倭國　日本

高麗者出自扶餘之別種也其國都於平壤城即漢樂浪郡之故地在京師東五千一百里東渡海至於新羅西北渡遼水至于營州南渡海至于百濟北至靺鞨東西三千一百里南北二千里其官大者號大對盧比一品總知國事三年一代若稱職者不拘年限交替之日或不相祗服皆勒兵相攻勝者爲之其王但閉宮自守不能制禦次曰太大兄比正二品對盧以下官總十二級外置州縣六十餘城大城置傉薩一比都督諸城置道使比刺史其下各有僚佐分掌曹事衣裳服飾唯王五綵以白羅爲冠白皮小帶其冠及帶咸以金飾官之貴者則青羅爲冠次以緋羅插二鳥羽及金銀爲飾衫筒袖袴大口白韋帶黃韋履國人衣褐戴弁婦人首加巾幗好圍棊投壺之戲人能蹴鞠食用籩豆簠簋罇俎罍洗頗有箕子之遺風其所居必依山谷皆以茅草葺舍唯佛寺神廟及王宮官府乃用瓦其俗貧窶者多冬月皆作長坑下燃熅火以取暖種田養蠶畧同中國其法有謀反叛者則集衆持火炬競燒灼之燋爛備體然後斬首家悉籍沒守城降敵臨陣敗北殺人行刧者斬盜物者十二倍酬贓殺牛馬者沒身爲奴婢大體用法嚴峻少有犯者乃至路不拾遺其俗多淫祀事靈星神日神可汗神箕子神國城東有大穴名神隧皆以十月王自祭之俗愛書籍至於衡門厮養之家各於街衢造大屋謂之扃堂子弟未婚之前晝夜於此讀書習射其書有五經及史記漢書范曄後漢書三國志孫盛晉春秋玉篇字統字林又有文選尤愛重之其王高建武即前王高元異母弟也武德二年遣使來朝四年又遣使朝貢高祖感隋末戰士多陷其地五年賜建武書曰朕恭膺寶命君臨率土祗順三靈綏柔萬國普天之下情均撫字日月所照咸使乂安王既統攝遼左世居藩服思稟正朔遠循職貢故遣使者跋涉山川申布誠懇朕甚嘉焉方今六合寧晏四海淸平玉帛既通道路無壅方申輯睦永敦聘好各保疆埸豈非盛美但隋氏季年連兵構難攻戰之所各失其民遂使骨肉乖離室家分析多歷年歲怨曠不申今二國通和義無阻異在此所有高麗人等已令追括尋即遣送彼處有此國人者王可放還務盡撫育之方共弘仁恕之道於是建武悉搜括華人以禮賓送前後至者萬數高祖大喜七年遣前刑部尚書沈叔安往冊建武爲上柱國遼東郡王高麗王仍將天尊像及道士往彼爲之講老子其王及道俗等觀聽者數千人高祖嘗謂侍臣曰名實之間理須相副高麗稱臣於隋終拒煬帝此亦何臣之有朕敬於萬物不欲驕貴但據有土宇務共安人何必令其稱臣以自尊大即爲詔述朕此懷也侍中裴矩中書侍郎溫彥博曰遼東之地周爲箕子之國漢家玄菟郡耳魏晉已前近在提封之內不可許以不臣且中國之於夷狄猶太陽之對列星理無降尊俯同藩服高祖乃止九年新羅百濟遣使訟建武云閉其道路不得入朝又相與有隙屢相侵掠詔員外散騎侍郎朱子奢往和解之建武奉表謝罪請與新羅對使會盟貞觀二年破突厥頡利可汗建武遣使奉賀并上封域圖五年詔遣廣州都督府司馬長孫師往收瘞隋時戰亡骸骨毀高麗所立京觀建武懼伐其國乃築長城東北自扶餘城西南至海千有餘里十四年遣其太子桓權來朝并貢方物太宗優勞甚至十六年西部大人蓋蘇文攝職有犯諸大臣與建武議欲誅之事洩蘇文乃悉召部兵云將校閱并盛陳酒饌於城南諸大臣皆來臨視蘇文勒兵盡殺之死者百餘人焚倉庫因馳入王宮殺建武立建武弟大陽子藏爲王自立爲莫離支猶中國兵部尚書兼中書令職也自是專國政蘇文姓錢氏鬚貌甚偉形體魁傑身佩五刀左右莫敢仰視恒令其屬官俯伏於地踐之上馬及下馬亦如之出必先布隊仗導者長呼以辟行人百姓畏避皆自投坑谷太宗聞建武死爲之舉哀使持節弔祭十七年封其嗣王藏爲遼東郡王高麗王又遣司農丞相里玄獎齎璽書往說諭高麗令勿攻新羅蓋蘇文謂玄獎曰高麗新羅怨隙已久往者隋室相侵新羅乘釁奪高麗五百里之地城邑新羅皆據有之自非反地還城此兵恐未能已玄獎曰既往之事焉可追論蘇文竟不從太宗顧謂侍臣曰莫離支賊弑其主盡殺大臣用刑有同坑穽百姓轉動輒死怨痛在心道路以目夫出師弔伐須有其名因其弑君虐下敗之甚易也十九年命刑部尚書張亮爲平壤道行軍大總管領將軍常何等率江淮嶺硤勁卒四萬戰船五百艘自萊州汎海趨平壤又以特進英國公李勣爲遼東道行軍大總管禮部尚書江夏王道宗爲副領將軍張士貴等率步騎六萬趨遼東兩軍合勢太宗親御六軍以會之夏四月李勣軍渡遼進攻蓋牟城拔之獲生口二萬以其城置蓋州五月張亮副將程名振攻沙卑城拔之虜其男女八千口是日李勣進軍於遼東城帝次遼澤詔曰頃者隋師渡遼時非天贊從軍士卒骸骨相望徧於原野良可哀歎掩骼之義誠爲先典其令並收瘞之國內及新城步騎四萬來援遼東江夏王道宗率騎四千逆擊大破之斬首千餘級帝渡遼水詔撤橋梁以堅士卒志帝至遼東城下見士卒負擔以填壍者帝分其尤重者親於馬上持之從官悚動爭齎以送城下時李勣已率兵攻遼東城高麗聞我有抛車飛三百觔石於一里之外者甚懼之乃於城上積木爲戰樓以拒飛石勣列車發石以擊其城所遇盡潰又推撞車撞其樓閣無不傾倒帝親率甲騎萬餘與李勣會圍其城俄而南風甚勁命縱火焚其西南樓延燒城中屋宇皆盡戰士登城賊乃大潰燒死者萬餘人俘其勝兵萬餘口以其城爲遼州初帝自定州命每數十里置一烽屬于遼城與太子約克遼東當舉烽是日帝命舉烽傳入塞師次白崖城命攻之右衞大將軍李思摩中弩矢帝親爲吮血將士聞之莫不感勵其城因山臨水四面險絕李勣以撞車撞之飛石流矢雨集城中六月帝臨其西北城主孫伐音潛遣使請降曰臣已願降其中有貳者詔賜以旗幟曰必降建之城上伐音舉幟於城上高麗以爲唐兵登也乃悉降初遼東之陷也伐音乞降既而中悔帝怒其反覆許以城中人物分賜戰士及是李勣言於帝曰戰士奮厲爭先不顧矢石者貪虜獲耳今城垂拔柰何更許其降無乃辜將士之心乎帝曰將軍言是也然縱兵殺戮虜其妻孥朕所不忍也將軍麾下有功者朕以庫物賞之庶因將軍贖此一城遂受降獲士女一萬勝兵二千四百以其城置巖州授孫伐音爲巖州刺史我軍之渡遼也莫離支遣加尸城七百人戍蓋牟城李勣盡虜之其人並請隨軍自効太宗謂曰誰不欲爾之力爾家悉在加尸爾爲吾戰彼將爲戮矣破一家之妻子求一人之力用吾不忍也悉令放還車駕進次安市城北列營進兵以攻之高麗北部傉薩高延壽南部耨薩高惠貞率高麗靺鞨之衆十五萬來援安市城賊中有對盧年老習事謂延壽曰吾聞中國大亂英雄並起秦王神武所向無敵遂平天下南面爲帝北夷請服西戎獻款今者傾國而至猛將銳卒悉萃於此其鋒不可當也今爲計者莫若頓兵不戰曠日持久分遣驍雄斷其饋運不過旬日軍糧必盡求戰不得欲歸無路此不戰而取勝也延壽不從引軍直進太宗夜召諸將躬自指麾遣李勣率步騎一萬五千於城西嶺爲陣長孫無忌率牛進達等精兵一萬一千以爲奇兵自山北於狹谷出以衝其後太宗自將步騎四千潛鼓角偃旗幟趨賊營北高峯之上令諸軍聞鼓角聲而齊縱因令所司張受降幕於朝堂之側曰明日午時納降虜於此矣遂率軍而進明日延壽獨見李勣兵欲與戰太宗遙望無忌軍塵起令鼓角並作旗幟齊舉賊衆大懼將分兵禦之而其陣已亂李勣以步卒長槍一萬擊之延壽衆敗無忌縱兵乘其後太宗又自山而下引軍臨之賊因大

潰斬首萬餘級延壽等率其餘寇依山自保於是命無忌勣等引兵圍之徹東川梁以斷歸路太宗按轡徐行觀賊營壘謂侍臣曰高麗傾國而來存亡所繫一麾而敗天佑我也因下馬再拜以謝天延壽等將行而前拜手請命太宗簡傉薩以下酋長三千五百人授以戎秩遷之內地收靺鞨三千三百盡坑之餘衆放還平壤獲馬三萬疋牛五萬頭明光甲五千領他器械稱是高麗國振駭后黃城及銀城並自拔數百里無復人烟因名所幸山爲駐蹕山令將作造破陣圖命中書侍郎許敬宗爲文勒石以紀其功授高延壽鴻臚卿高惠眞司農卿張亮又與高麗再戰於建安城下皆破之於是列長圍以攻焉八月移營安市城東李勣遂攻安市擁延壽等降衆營其城下以招之城中人堅守不動每見太宗旌麾必乘城鼓譟以拒焉帝甚怒李勣曰請破之日男子盡誅城中聞之人皆死戰乃令江夏王道宗築土山攻其城東南隅高麗亦埤城增雉以相抗李勣攻其西面令抛石撞車壞其樓雉城中隨其崩壞卽立木爲柵道宗以樹條苞壤爲土屯積以爲山其中間五道加木被土於其上不捨晝夜漸以逼城道宗遣果毅都尉傅伏愛領隊兵於山頂以防敵土山自高而陟排其城城崩會伏愛私離所部高麗百人自頹城而戰遂據有土山而塹斷之積火縈盾以自固太宗大怒斬伏愛以徇命諸將擊之三日不能尅太宗以遼東倉儲無幾士卒寒凍乃詔班師歷其城城中皆屛聲偃幟城主登城拜手奉辭太宗嘉其堅守賜絹百疋以勵事君之節初攻陷遼東城其中抗拒王師應沒爲奴婢者一萬四千人並遣先集幽州將分賞將士太宗愍其父母妻子一朝分散令有司準其直以布帛贖之赦爲百姓其衆歡呼之聲三日不息高延壽自降後常積歎尋以憂死惠眞竟至長安二十年高麗遣使來謝罪幷獻二美女太宗謂其使曰歸謂爾主美色者人之所重爾之所獻信爲美麗憫其離父母兄弟於本國留其身而忘其親愛其色而傷其心我不取也並還之二十二年又遣右武衞將軍薛萬徹等往靑丘道伐之萬徹渡海入鴨綠水進破其泊灼城俘獲甚衆太宗又命江南造大船遣陝州刺史孫伏伽召募勇敢之士萊州刺史李道裕運糧及器械貯於烏胡島將欲大舉以伐高麗未行而帝崩高宗嗣位又命兵部尚書任雅相左武衞大將軍蘇定方左驍衞大將軍契苾何力等前後討之皆無大功而還乾封元年高藏遣其子入朝陪位於太山之下其年蓋蘇文死其子男生代爲莫離支與其弟男建男產不睦各樹朋黨以相攻擊男生爲二弟所逐走據國內城死守其子獻誠詣闕求哀詔令左驍衞大將軍契苾何力率兵應接之男生脫身來奔詔授特進遼東大都督兼平壤道安撫大使封玄菟郡公十一月命司空英國公李勣爲遼東道行軍大總管率裨將郭待封等以征高麗二年二月勣度遼至新城謂諸將曰新城是高麗西境鎭城最爲要害若不先圖餘城未易可下遂引兵於新城西南據山築柵且攻且守城中窘迫數有降者自此所向尅捷高藏及男建遣太大兄男產將首領九十八人持帛幡出降且請入朝勣以禮延接男建猶閉門固守總章九年九月勣又移營於平壤城南男建頻遣兵出戰皆大敗男建下捉兵總管僧信誠密遣人詣軍中許開城門爲內應經五日信誠果開門勣從兵入登城鼓譟燒城門樓四面火起男建窘急自刺不死十一月拔平壤城虜高藏男建等十二月至京師獻俘於含元宮詔以高藏政不由己授司平太常伯男產先降授司宰少卿男建配流黔州男生以鄉導有功授右衞大將軍封汴國公特進如故高麗國舊分爲五部有城百七十六戶六十九萬七千乃分其地置都督府九州四十一縣一百又置安東都護府以統之擢其酋渠有功者授都督刺史及縣令與華人參理百姓乃遣左武衞將軍薛仁貴總兵鎭之其後頗有逃散儀鳳中高宗授高藏開府儀同三司遼東都督封朝鮮王居安東鎭本蕃爲主高藏至安東潛與靺鞨相通謀叛事覺召還配流邛州幷分徙其人散向河南隴右諸州其貧弱者留在安東城傍高藏以永淳初卒贈衞尉卿詔送至京師於頡利墓左賜以葬地兼爲樹碑垂拱二年又封高藏孫寶元爲朝鮮郡王聖曆元年進授左鷹揚衞大將軍封爲忠誠國王委其統攝安東舊戶事竟不行二年又授高藏男德武爲安東都督以領本蕃自是高麗舊戶在安東者漸寡少分投突厥及靺鞨等高氏君長遂絕矣男生以儀鳳初卒於長安贈幷州大都督子獻誠授右衞大將軍兼令羽林衞上下天授中則天嘗內出金銀寶物令宰相及南北衙文武官內擇善射者五人共賭之內史張光輔先讓獻誠爲第一獻誠復讓右玉鈐衞大將軍薛吐摩支摩支又讓獻誠既而獻誠奏曰陛下令簡能射者五人所得者多非漢官臣恐自此已後無漢官工射之名伏望停寢此射則天嘉而從之時酷吏來俊臣嘗求貨於獻誠獻誠拒而不荅遂爲俊臣所構誣其謀反縊殺之則天後知其寃贈右羽林衞大將軍以禮改葬

百濟國本亦扶餘之別種嘗爲馬韓故地在京師東六千二百里處大海之北小海之南東北至新羅西渡海至越州南渡海至倭國北渡海至高麗其王所居有東西兩城所置內官曰內臣佐平掌宣納事內頭佐平掌庫藏事內法佐平掌禮儀事衞士佐平掌宿衞兵事朝廷佐平掌刑獄事兵官佐平掌在外兵馬事又外置六帶方管十郡其用法叛逆者死籍沒其家殺人者以奴婢三贖罪官人受財及盜者三倍追贓仍終身禁錮凡諸賦稅及風土所產多與高麗同其王服大袖紫袍青錦袴烏羅冠金花爲飾素皮帶烏革履官人盡緋爲衣銀花飾冠庶人不得衣緋紫歲時伏臘同於中國其書籍有五經子史又表疏並依中華之法武德四年其王扶餘璋遣使來獻果下馬七年又遣大臣奉表朝貢高祖嘉其誠欵遣使就冊爲帶方郡王百濟王自是歲遣朝貢高祖撫勞甚厚因訟高麗閉其道路不許來通中國詔遣朱子奢往和之又相與新羅世爲讎敵數相侵伐貞觀元年太宗賜其王璽書曰王世爲君長撫有東蕃海隅遐曠風濤艱阻忠欵之至職貢相尋尚想徽猷甚以嘉慰朕自祗承寵命君臨區宇思弘王道愛育黎元舟車所通風雨所及期之遂性咸使乂安新羅王金眞平朕之藩臣王之鄰國每聞遣師征討不息阻兵安忍殊乖所望朕已對王姪信福及高麗新羅使人具勑通和咸許輯睦王必須忘彼前怨識朕本懷共篤鄰情卽停兵革璋因遣使奉表陳謝雖外稱順命內實相仇如故十一年遣使來朝獻鐵甲雕斧太宗優勞之賜綵帛三千段幷錦袍等十五年璋卒其子義慈遣使奉表告哀太宗素服哭之贈光祿大夫賻物二百段遣使冊命義慈爲柱國封帶方郡王百濟王十六年義慈興兵伐新羅四十餘城又發兵以守之與高麗和親通好謀欲取党項城以絕新羅入朝之路新羅遣使告急請救太宗遣司農丞相里玄獎齎書告諭兩蕃示以禍福及太宗親征高麗百濟懷二乘虛襲破新羅十城二十二年又破其十餘城數年之中朝貢遂絕高宗嗣位永徽二年始又遣使朝貢使還降璽書與義慈曰至如海東三國開基自久並列疆界地實犬牙近代已來遂構嫌隙戰爭交起畧無寧歲遂令三韓之氓命懸刀俎尋戈肆憤朝夕相仍朕代天理物載深矜愍去歲王攻高麗新羅等使並來入朝朕命釋茲讎怨更敦欵穆新羅使金法敏奏書高麗百濟脣齒相依競舉兵戈侵逼交至大城重鎭並爲百濟所併疆宇日蹙威力並謝乞詔百濟令歸所侵之城若不奉詔卽自興兵打取但得故地卽請交和朕以其言既順不可不許昔齊桓列土諸侯尚存亡國況朕萬國之主豈可不卹危藩王所兼新羅之城並宜還其本國新羅所獲百濟俘虜亦遣還王然後解患釋紛韜戈偃革百姓獲息肩之願三蕃無戰爭之勞比夫流血邊亭積屍疆場耕織並廢士女無聊豈可同年而語矣王若不從進止朕已依法敏所請任其與王決戰亦令約束高麗不許遠相救恤高麗若不承命卽令契丹諸蕃渡遼澤入抄掠王可深思朕言自求多福審圖良策無貽後悔六年新羅王金春秋又表稱百濟與高麗靺鞨侵其北界已沒三十餘城顯慶五年命左衞大將軍蘇定方統兵討之大破其國虜義慈及太子隆小王孝演僞將五十八人等送於京師上責而宥之其國舊分爲五部統郡三十七城二百戶七十六萬至是乃以其地分置熊津馬韓東明等五都督府各統州縣立其酋渠爲都督刺史及縣令命右衞郎將王文度爲熊津都督總兵以鎭之義慈事親以孝行聞友于兄弟時人號海東曾閔及至京數日而卒贈金紫光祿大夫衞尉卿特許其舊臣赴哭送就孫皓陳叔寶墓側葬之幷爲豎碑文度濟海而卒百濟僧道琛舊將福信率衆據周留城以叛遣使往倭國迎故王子扶餘豐立爲王其西部北部並翻城應之時郎將劉仁願留鎭於百濟府城道琛等引兵圍之帶方州刺史劉仁軌代文度統衆便道發新羅兵合契以救仁願轉鬬而前所向皆下道琛等於熊津江口立兩柵以拒官軍仁軌與新羅兵四面夾擊之賊衆退走入柵阻水橋狹墮水及戰死萬餘人道琛等乃釋仁願之圍退保任存城新羅兵士以糧盡引還時龍朔元年三月也於是道琛自稱領軍將軍福信自稱霜岑將軍招誘叛亡其勢益張使告仁軌曰聞大唐與新羅約誓百濟無問老少一切殺之然後以國付新羅與其受死豈若戰亡所以聚結自固守耳仁軌作書具陳禍福遣使諭之道琛等恃衆驕倨置仁軌之使於外館傳語謂曰使人官職小我是一國大將不合自參不荅書遣之尋而福信殺道琛并其兵衆扶餘豐但主祭而已二年七月仁願仁軌等率留鎭之兵大破福信餘衆於熊津之東拔其支羅城及尹城大山沙井等柵殺獲甚衆仍令分兵以鎭守之福信等以眞峴城臨江高險又當衝要加兵守之仁軌引新

羅之兵乘夜薄城四面攀堞而上比明而入據其城斬首八百級遂通新羅運糧之路仁願乃奏請益兵詔發淄青萊海之兵七千人遣左威衛將軍孫仁師統衆浮海赴熊津以益仁願之衆時福信既專其兵權與扶餘豐漸相猜貳福信稱疾臥於窟室將候扶餘豐問疾謀襲殺之扶餘豐覺而率其親信掩殺福信又遣使往高麗及倭國請兵以拒官軍孫仁師中路迎擊破之遂與仁願之衆相合兵勢大振於是仁師仁願及新羅王金法敏帥陸軍進劉仁軌及別帥杜爽扶餘隆率水軍及糧船自熊津江往白江以會陸軍同趨周留城仁軌遇扶餘豐之衆於白江之口四戰皆捷焚其舟四百艘賊衆大潰扶餘豐脫身而走僞王子扶餘忠勝忠志等率士女及倭衆並降百濟諸城皆復歸順孫仁師與劉仁願等振旅而還詔劉仁軌代仁願率兵鎮守乃授扶餘隆熊津都督遣還本國共新羅和親以招輯其餘衆麟德二年八月隆到熊津城與新羅王法敏刑白馬而盟先祀神祇及川谷之神而後歃血其盟文曰往者百濟先王迷於逆順不敦鄰好不睦親姻結託高麗交通倭國共爲殘暴侵削新羅破邑屠城略無寧歲天子憫一物之失所憐百姓之無辜頻命行人遣其和好負險恃遠侮慢天經皇赫斯怒恭行弔伐旌旗所指一戎大定固可瀦宮汚宅作誡來裔塞源拔本垂訓後昆然懷柔伐叛前王之令典興亡繼絕往哲之通規事必師古傳諸曩冊故立前百濟太子司稼正卿扶餘隆爲熊津都督守其祭祀保其桑梓依倚新羅長爲與國各除宿憾結好和親恭承詔命永爲藩服仍遣使人右威衛將軍魯城縣公劉仁願親臨勸諭具宣成旨約之以婚姻申之以盟誓刑牲歃血共敦終始分災恤患恩若弟兄祗奉綸言不敢失墜既盟之後共保歲寒若有棄信不恒二三其德興兵動衆侵犯邊陲明神鑒之百殃是降子孫不昌社稷無守禋祀磨滅罔有遺餘故作金書鐵契藏之宗廟子孫萬代無或敢犯神之聽之是饗是福劉仁軌之辭也歃訖埋幣帛於壇下之吉地藏其盟書於新羅之廟仁願仁軌等既還隆懼新羅尋歸京師儀鳳二年拜光祿大夫太常員外卿兼熊津都督帶方郡王令歸本蕃安輯餘衆時百濟本地荒毀漸爲新羅所據隆竟不敢還舊國而卒其孫敬則天朝襲封帶方郡王授衛尉卿其地自此爲新羅及渤海靺鞨所分百濟之種遂絕

新羅國本弁韓之苗裔也其國在漢時樂浪之地東及南方俱限大海西接百濟北鄰高麗東西千里南北二千里有城邑村落王之所居曰金城周七八里衛兵三千人設獅子隊文武官凡有十七等其王金眞平隋文帝時授上開府樂浪郡公新羅王武德四年遣使朝貢高祖親勞問之遣通直散騎侍郎庾文素往使焉賜以璽書及畫屏風錦綵三百段自此朝貢不絕其風俗刑法衣服與高麗百濟略同而朝服尚白好祭山神其食器用柳桮亦以銅及瓦國人多金朴兩姓異姓不爲婚重元日相慶賀燕饗每以其日拜日月神又重八月十五日設樂飲宴賚羣臣射其庭婦人髮繞頭以綵及珠爲飾髮甚長美高祖既聞海東三國舊結怨隙遞相攻伐以其俱爲藩附務在和睦乃問其使爲怨所由對曰先是百濟往伐高麗詣新羅請救新羅發兵大破百濟國因此爲怨每相攻伐新羅得百濟王殺之怨由此始七年遣使冊拜金眞平爲柱國封樂浪郡王新羅王貞觀五年遣使獻女樂二人皆鬒髮美色太宗謂侍臣曰朕聞聲色之娛不如好德且山川阻遠懷土可知近日林邑獻白鸚鵡尚解思鄉訴請還國鳥猶如此況人情乎朕愍其遠來必思親戚宜付使者聽遣還家是歲眞平卒無子立其女善德爲王宗室大臣乙祭總知國政詔贈眞平左光祿大夫賻物二百段九年遣使持節冊命善德柱國封樂浪郡王新羅王十七年遣使上言高麗百濟累相攻襲亡失數十城兩國連兵意在滅臣社稷謹遣陪臣歸命大國乞偏師救助太宗遣相里玄獎齎璽書賜高麗曰新羅委命國家不闕朝獻爾與百濟宜即戢兵若更攻之明年當出師擊爾國矣太宗將親伐高麗詔新羅纂集士馬應接大軍新羅遣大臣領兵五萬人入高麗南界攻水口城降之二十一年善德卒贈光祿大夫餘官封並如故因立其妹眞德爲王加授柱國封樂浪郡王二十二年眞德遣其弟國相伊贊子金春秋及其子文正來朝詔授春秋爲特進文正爲左武衛將軍春秋請詣國學觀釋奠及講論太宗因賜以所制溫湯及晉祠碑并新撰晉書將歸國令三品已上宴餞之優禮甚稱永徽元年眞德大破百濟之衆遣其弟法敏以聞眞德乃織錦作五言太平頌以獻之其詞曰大唐開洪業巍巍皇猷昌止戈戎衣定修文繼百王統天崇雨施理物體含章深仁偕日月撫運邁陶唐幡旗既赫赫鉦鼓何鍠鍠外夷違命者翦覆被天殃淳風凝幽顯遐邇競呈祥四時和玉燭十曜巡萬方維岳降宰輔維帝任忠良五三成一德昭我唐家光帝嘉之拜法敏爲大府卿三年眞德卒爲舉哀詔以春秋嗣立爲新羅王加授開府儀同三司封樂浪郡王六年百濟與高麗靺鞨率兵侵其北界攻陷三十餘城春秋遣使上表求救顯慶五年命左武衛大將軍蘇定方爲熊津道大總管統水陸十萬仍令春秋爲嵎夷道行軍總管與定方討平百濟俘其王扶餘義慈獻于闕下自是新羅漸有高麗百濟之地其界益大西至于海龍朔元年春秋卒詔其子太府卿法敏嗣位爲開府儀同三司上柱國樂浪郡王新羅王三年詔以其國爲鷄林州都督府授法敏爲鷄林州都督法敏以開耀元年卒其子政明嗣位垂拱二年政明遣使來朝因上表請唐禮一部并雜文章則天令所司寫吉凶要禮并於文館詞林採其詞涉規誡者勒成五十卷以賜之天授三年政明卒則天爲之舉哀遣使弔祭冊立其子理洪爲新羅王仍令襲父輔國大將軍行豹韜衛大將軍鷄林州都督理洪以長安二年卒則天爲之舉哀輟朝二日遣立其弟興光爲新羅王仍襲兄將軍都督之號興光本名與太宗同先天中則天改焉開元十六年遣使來獻方物又上表請令人就中國學問經教上許之二十一年渤海靺鞨越海入寇登州時興光族人金思蘭先因入朝留京師拜爲太僕員外卿至是遣歸國發兵以討靺鞨仍加授興光爲開府儀同三司寧海軍使二十五年興光卒詔贈太子太保仍遣左贊善大夫邢璹攝鴻臚少卿往新羅弔祭并冊立其子承慶襲父開府儀同三司新羅王璹將進發上製詩序太子以下及百寮咸賦詩以送之上謂璹曰新羅號爲君子之國頗知書記有類中華以卿學術善與講論故選使充此到彼宜闡揚經典使知大國儒教之盛又聞其人多善奕碁因令善碁人率府兵曹楊季鷹爲璹之副璹等至彼大爲蕃人所敬其國碁者皆在季鷹之下於是厚賂璹等金寶及藥物等天寶二年承慶卒詔遣贊善大夫魏曜往弔祭之冊立其弟憲英爲新羅王并襲其兄官爵大曆二年憲英卒國人立其子乾運爲王仍遣其大臣金隱居奉表入朝貢方物請加冊命三年上遣倉部郎中兼御史中丞賜紫金魚袋歸崇敬持節齎冊書往弔冊之以乾運爲開府儀同三司新羅王仍冊乾運母爲太妃七年遣使金標石來賀正授衛尉員外少卿放還八年遣使來朝并獻金銀牛黃魚牙納朝霞紬等九年至十二年比歲遣使來朝或一歲再至建中四年乾運卒無子國人立其上相金良相爲王貞元元年授良相檢校太尉都督鷄林州刺史寧海軍使新羅王仍令戶部郎中蓋塤持節冊命其年良相卒立上相敬信爲王令襲其官爵敬信即從兄弟也十四年敬信卒其子先敬信亡國人立敬信嫡孫俊邕爲王十六年授俊邕開府儀同三司檢校太尉新羅王令司封郎中兼御史中丞韋丹持節冊命丹至鄆州聞俊邕卒其子重興立詔丹還永貞元年詔遣兵部郎中元季方持節冊重興爲王元和元年十一月放宿衛王子金獻忠歸本國仍加試祕書監三年遣使金力奇來朝其年七月力奇上言貞元十六年奉詔冊臣故主金俊邕爲新羅王母申氏爲太妃妻叔氏爲王妃冊使韋丹至中路知俊邕薨其冊却迴在中書省今臣還國伏請授臣以歸勑金俊邕等冊宜令鴻臚寺於中書省受領至寺宣授與金力奇令奉歸國仍賜其叔彥昇門戟令本國準例給四年遣使金陸珍等來朝貢五年王子金憲章來朝貢七年重興卒立其相金彥昇爲王遣使金昌南等來告哀其年七月授彥昇開府儀同三司檢校太尉持節大都督鷄林州諸軍事兼持節充寧海軍使上柱國新羅國王彥昇妻貞氏冊爲妃仍賜其宰相金崇斌等三人戟亦令本國準例給兼命職方員外郎攝御史中丞崔廷持節弔祭冊立以其質子金士信副之十一年十一月其入朝王子金士信等遇惡風飄至楚州鹽城縣界淮南節度使李鄘以聞是歲新羅飢其衆一百七十人求食於浙東十五年十一月遣使朝貢長慶二年十二月遣使金柱弼朝貢寶曆元年其王子金昕來朝大和元年四月皆遣使朝貢五年金彥昇卒以嗣子金景徽爲開府儀同三司檢校太尉使持節大都督鷄林州諸軍事兼持節充寧海軍使新羅王景徽母朴氏爲太妃妻朴氏爲妃命太子左諭德兼御史中丞源寂持節弔祭冊立開成元年王子金義琮來謝恩兼宿衛二年四月放還蕃賜物遣之五年四月鴻臚寺新羅國告哀質子及年滿合歸國學生等共一百五人並放還會昌元年七月勑歸國新羅官前入新羅宣慰副使前充兗州都督府司馬賜緋魚袋金雲卿可淄州長史

倭國者古倭奴國也去京師一萬四千里在新羅東南大海中依山島而居東西五月行南北三月行世與中國通其國居無城郭以木爲柵以草爲屋四面小島五十餘國皆附屬焉其王姓阿每氏置一大率檢察諸國皆畏附之設官有十二等其訴訟者匍匐而前地多女少男頗有文字俗敬佛法並皆跣足以幅布蔽其前後

貴人戴錦帽百姓皆椎髻無冠帶婦人衣純色裙長腰襦束髮於後佩銀花長八寸左右各數枝以明貴賤等級衣服之制頗類新羅貞觀五年遣使獻方物太宗矜其道遠勅所司無令歲貢又遣新州刺史高表仁持節往撫之表仁無綏遠之才與王子爭禮不宣朝命而還至二十二年又附新羅奉表以通起居

日本國者倭國之別種也以其國在日邊故以日本爲名或曰倭國自惡其名不雅改爲日本或云日本舊小國併倭國之地其人入朝者多自矜大不以實對故中國疑焉又云其國界東西南北各數千里西界南界咸至大海東界北界有大山爲限山外卽毛人之國長安三年其大臣朝臣眞人來貢方物朝臣眞人者猶中國戶部尚書冠進德冠其頂爲花分而四散身服紫袍以帛爲腰帶眞人好讀經史解屬文容止溫雅則天宴之於麟德殿授司膳卿放還本國開元初又遣使來朝因請儒士授經詔四門助教趙玄默就鴻臚寺教之乃遺玄默闊幅布以爲束修之禮題云白龜元年調布人亦疑其僞所得錫賚盡市文籍泛海而還其偏使朝臣仲滿慕中國之風因留不去改姓名爲朝衡仕歷左補闕儀王友衡留京師五十年好書籍放歸鄉逗留不去天寶十二年又遣使貢上元中擢衡爲左散騎常侍鎭南都護貞元二十年遣使來朝留學生橘免勢學問僧空海元和元年日本國使判官高階眞人上言前件學生藝業稍成願歸本國便請與臣同歸從之開成四年又遣使朝貢

舊唐書卷一百九十九上考證

高麗傳領將軍常何〇脫軍字今增

率步騎六萬趨遼東〇脫遼字今增

百濟傳去歲王攻高麗新羅等使〇臣酉按前云與高麗和親又云太宗新征高麗百濟懷二後又云高麗百濟脣齒相依則百濟之不伐高麗明矣此攻字當是與字之譌或攻字下別有脫文

# 舊唐書卷一百九十九下

後晉司空同中書門下平章事劉　昫撰

## 列傳第一百四十九

### 北狄

鐵勒　契丹　奚　室韋

靺鞨　渤海靺鞨　霫　烏羅渾

鐵勒本匈奴別種自突厥强盛鐵勒諸郡分散衆漸寡弱至武德初有薛延陀契苾迴紇都播骨利幹多覽葛僕骨拔野古同羅渾部思結斛薛奚結阿跌白霫等散在磧北薛延陀者自云本姓薛氏其先擊滅延陀而有其衆因號爲薛延陀部其官方兵器及風俗大抵與突厥同初大業中西突厥處羅可汗始强大鐵勒諸部皆臣之而處羅徵稅無度薛延陀等諸部皆怨處羅大怒誅其酋帥百餘人鐵勒相率而叛共推契苾哥楞爲易勿眞莫賀可汗居貪汗山北又以薛延陀乙失鉢爲也咥小可汗居燕末山北西突厥射匱可汗强盛延陀契苾二部並去可汗之號以臣之迴紇等六部在鬱督軍山者東屬于始畢乙失鉢所部在金山者西臣于葉護貞觀二年葉護可汗死其國大亂乙失鉢之孫曰夷男率其部落七萬餘家附于突厥遇頡利之政衰夷男率其徒屬反攻頡利大破之於是頡利部諸姓多叛頡利歸于夷男共推爲主夷男不敢當時太宗方圖頡利遣遊擊將軍喬師望從間道齎冊書拜夷男爲眞珠毗伽可汗賜以鼓纛夷男大喜遣使貢方物復建牙於大漠之北鬱督軍山下在京師西北六千里東至靺鞨西至葉護南接沙磧北至俱倫山迴紇拔野古阿跌同羅僕骨霫諸大部落皆屬焉三年夷男遣其弟統特勒來朝太宗厚加撫接賜以寶刀及寶鞭謂曰汝所部有大罪者斬之小罪者鞭之夷男甚喜四年平突厥頡利之後朔塞空虛夷男率其部東返故國建庭於都尉揵山北獨邏河之南在京師北三千三百里東至室韋西至金山南至突厥北臨瀚海卽古匈奴之故地勝兵二十萬立其二子爲南北部太宗亦以其强盛恐爲後患十二年遣使備禮冊命拜其二子皆爲小可汗外示優崇實欲分其勢也會朝廷立李思摩爲可汗處其部衆於漠南之地夷男心惡思摩甚不悅十五年太宗幸洛陽將有事於太山夷男謀於其國曰天子封太山萬國必會士馬皆集邊境空虛我於此時取思摩如拉朽耳因命其子大度設勒兵二十萬屯白道川據善陽嶺以擊思摩之部思摩遣使請救詔英國公李勣蘭州刺史薛萬徹率步騎數萬赴之踰白道川至青山與大度設相及追之累月至諾眞水大度設知不脫乃亘十里而陳兵先是延陀擊沙鉢羅及阿史那社爾等以步戰而勝及其將來寇也先講武於國中教習步戰每五人以一人經習戰陣者使執馬而四人前戰克勝卽授馬以追奔失應接罪至於死沒其家口以賞戰人至是遂行其法突厥兵先合輒退延陀乘勝而逐之勣兵拒擊而延陀萬矢俱發傷我戰馬乃令去馬步陣率長矟數百爲隊齊奮以衝之其衆潰散副總管薛萬徹率數千騎收其執馬者其衆失馬莫知所從因大縱斬首三千餘級獲馬萬五千匹甲仗輜重不可勝計大度設跳身而遁萬徹將數百騎追之弗及其餘衆大奔走相騰踐而死者甚衆伏屍被野夷男因乞與突厥和并遣使謝罪十六年遣其叔父沙鉢羅泥孰俟斤來請婚獻馬三千匹太宗謂侍臣曰北狄世爲寇亂今延陀崛强須早爲之所朕熟思之唯有二策選徒十萬擊而虜之滅除凶醜百年無事此一策也若遂其來請結以婚姻緩轡羈縻亦足三十年安靜此亦一策也未知何者爲先司空房玄齡對曰今大亂之後瘡痍未復且兵凶戰危聖人所愼和親之策實天下幸甚太宗曰朕爲蒼生父母苟可以利之豈惜一女遂許以新興公主妻之因徵夷男備親迎之禮仍發詔將幸靈州與之會夷男大悅謂其國中曰我本鐵勒之小帥也天子立我爲可汗今復嫁我公主車駕親至靈州斯亦足矣於是稅諸部羊馬以爲聘財或說夷男曰我薛延陀可汗與大唐天子俱一國主何有自往朝謁如或拘留悔之無及夷男曰吾聞大唐天子聖德遠被日月所照皆來賓服我歸心委質冀得覩天顏死無所恨然磧北之地必當有主捨我別求固非大國之計我志決矣勿復多言於是言者遂止太宗乃發使受其羊馬然夷男先無府藏調歛其國往返且萬里旣涉沙磧無水草羊馬多死遂後期太宗於是停幸靈州旣而其聘羊馬來至所耗將半議者以爲夷狄不可禮義畜若聘財未備而與之婚或輕中國當須要其備禮於是下詔絕其婚旣而李思摩數遣兵侵掠之延陀復遣突利失擊思摩至定襄抄掠而去太宗遣英國公李勣援之見虜已出塞而還太宗以其數與思摩交兵璽書責讓之十七年謂其使人曰語爾可汗我父子並東征高麗汝若能寇邊者但當來也夷男遣使致謝復請發兵助軍太宗答以優詔而止其冬太宗拔遼東諸城破駐蹕陣而高麗莫離支潛令靺鞨誑惑夷男啗以厚利夷男氣懾不敢動俄而夷男卒太宗爲之舉哀夷男少子肆葉護拔灼襲殺其兄突利失可汗而自立是爲頡利俱利薛沙多彌可汗拔灼性褊急馭下無恩多所殺戮其下不附是時復以太宗尚在遼東遂發兵寇夏州將軍執失思力擊敗之虜其衆數萬拔灼輕騎遁去尋爲迴紇所殺宗族殆盡其餘衆尚五六萬竄於西域又諸姓俟斤遞相攻擊各遣使歸命二十年太宗遣使江夏王道宗左衞大將軍阿史那社爾爲瀚海道安撫大使右領軍大將軍執失思力領突厥兵代州都督薛萬徹營州都督張儉右驍衞大將軍契苾何力各統所部兵分道並進太宗親幸靈州爲諸軍聲援旣而道宗渡磧遇延陀餘衆數萬來拒戰道宗擊破之斬首千餘級萬徹又與迴紇相遇二將各遣使諭以綏懷之意其酋帥見使者皆頓顙歡呼請入朝太宗至靈州其鐵勒諸部相繼至數千人仍請列爲州縣北荒恐平詔曰惟天爲大合其德者弗違謂地蓋厚體其仁者光被故能彌綸八極輿蓋二儀振絕代之英聲畢天下之能事彼匈奴者與開闢而俱生奄有龍庭共上皇而並列僭稱驕子分天街於紫宸仰應旄頭抗大禮於皇極緬窺邃古能無力制自朕臨御天下二紀于茲粵以眇身一匡寰宇始勤勞於昧旦終致治於昇平曩者聊命偏師遂擒頡利今茲始弘廟略已滅延陀雖麾駕出征未踰郊甸前驅所轥纔掩塞垣長策風行已振金徽之表揚威電發遠讋沙場之外鐵勒諸姓迴紇月祿俟利發等總百餘萬戶散處北溟遠遣使人委身內屬請同編列並爲州郡收其瀚海盡入提封解其辮髮並垂冠帶上變星昴歸於東井之躔下掩蹛林祛入南山之圖混元已降殊未前聞無疆之業永貽來裔古人所不能致今旣吞之前王所不能屈今咸滅之斯實書契所未有古今之壯觀豈朕一人獨能蓋由上靈儲祉錫以太康宗廟威靈成茲克定卽宜備禮告于淸廟仍頒示普天其後延陀西遁之衆共推夷男兄子咄摩支爲伊特勿失可汗率部落七萬餘口西歸故地乃去可汗之號遣使奉表請居鬱督軍山北詔兵部尚書崔敦禮就加綏撫而諸部鐵勒素服薛延陀之衆及咄摩支至九姓渠帥莫不危懼朝議恐爲磧北之患復令英國公李勣進加討擊勣率九姓鐵勒二萬騎至于天山咄摩支見官軍奄至惶駭不知所爲且聞詔使蕭嗣業在迴紇中因而請降嗣業與之俱至京師詔授右武衞將軍賜以田宅咄摩支入國後鐵勒酋帥潛知其部落仍持兩端李勣因縱兵

追擊前後斬五千餘級虜男女三萬計二十二年契苾廻紇等十餘部落以薛延陀亡散殆盡乃相繼歸國太宗各因其地土擇其部落置爲州府以廻紇部爲瀚海都督府僕骨爲金微都督府多覽葛爲燕然都督府拔野古部爲幽陵都督府同羅部爲龜林都督府思結部爲盧山都督府渾部爲皐蘭州斛薛部爲高闕州奚結部爲鷄鹿州阿跌部爲鷄田州契苾部爲榆溪州思結別部爲蹛林州白霫部爲窴顏州凡一十三州拜其酋長爲都督刺史給玄金魚以爲符信又置燕然都護以統之是歲太宗以鐵勒諸部並皆內屬詔賜京城百姓大酺三日永徽元年延陀首領先逃逸者請歸國高宗更置溪彈州以安恤之至則天時突厥强盛鐵勒諸部在漠北者漸爲所併廻紇契苾思結渾部徙于甘凉二州之地其骨利幹北距大海去京師最遠自古未通中國貞觀中遣使來朝貢遣雲麾將軍康蘇密往慰撫之仍列其地爲玄闕州俄又遣使隨蘇密使入朝獻良馬十四太宗奇其駿異爲之制名號爲十驥一曰騰霜白二曰皎雪驄三曰凝露驄四曰懸光驄五曰決波騟六曰飛霞驃七曰發電赤八曰流金騧九曰翔麟紫十曰奔虹赤又爲文以叙其事自延陀叛後朝貢遂絕

契丹居黃水之南黃龍之北鮮卑之故地在京城東北五千三百里東與高麗鄰西與奚國接南至營州北至室韋冷陘山在其國南與奚西山相崎地方二千里逐獵往來居無常處其君長姓大賀氏勝兵四萬三千人分爲八部若有徵發諸部皆須議合不得獨舉獵則別部戰則同行本臣突厥好與奚鬬不利則遁保青山及鮮卑山其俗死者不得作冢墓以馬駕車送入大山置之樹上亦無服紀子孫死父母晨夕哭之父母死子孫不哭其餘風俗與突厥同武德初數抄邊境二年入寇平州六年其君長咄羅遣使貢名馬豐貂貞觀二年其君摩會率其部落來降突厥頡利遣使請以梁師都易契丹太宗謂曰契丹突厥本是別類今來降我何故索之師都本中國人據我州城以爲盜竊突厥無故容納之我師往討便來救援計不久自當擒滅縱其不得終不以契丹易之太宗伐高麗至營州會其君長及老人等賜物各有差授其蕃長窟哥爲左武衛將軍二十二年窟哥等部咸請內屬乃置松漠都督府以窟哥爲左領軍將軍兼松漠都督府無極縣男賜姓李氏顯慶初又拜窟哥爲左監門大將軍其曾孫祜莫離則天時歷左衛將軍兼檢校彈汗州刺史歸順郡王又契丹有別部酋帥孫敖曹初仕隋爲金紫光祿大夫武德四年與靺鞨酋長突地稽俱遣使內附詔令於營州城傍安置授雲麾將軍行遼州總管至曾孫萬榮垂拱初累授右玉鈐衛將軍歸誠州刺史封永樂縣公萬歲通天中萬榮與其妹壻松漠都督李盡忠俱爲營州都督趙翽所侵侮二人遂舉兵殺翽據營州作亂盡忠卽窟哥之胤歷位右武衛大將軍兼松漠都督則天怒其叛亂下詔改萬榮名爲萬斬盡忠爲盡滅盡忠尋自稱無上可汗以萬斬爲大將前鋒畧地所向皆下旬日兵至數萬進逼檀州詔令右金吾大將軍張玄遇左鷹揚衛將軍曹仁師司農少卿麻仁節率兵討之與萬斬戰于西硤石谷官軍敗績玄遇仁節並爲賊所虜又令夏官尚書王孝傑左羽林將軍蘇宏暉領兵七萬以繼之與萬斬戰于東硤石谷孝傑左陣陷沒宏暉棄甲而遁萬斬乘勝率其衆入幽州殺畧人吏清邊道大總管建安郡王武攸宜遣裨將討之不能尅又詔左金吾大將軍河內王武懿宗爲大總管御史大夫婁師德爲副大總管右武衛將軍沙吒忠義爲前軍總管率兵三十萬以討之俄而李盡滅死萬斬代領其衆萬斬又遣別帥駱務整何阿小爲遊軍前鋒攻陷冀州殺刺史陸寶積屠官吏子女數千人俄而奚及突厥之衆掩擊其後掠其幼弱萬斬棄其衆以輕騎數千人東走前軍副總管張九節率數百騎設伏以邀之萬斬窮蹙乃將其家奴輕騎宵遁至潞河東解鞍憩於林下其奴斬之張九節傳其首于東都自是其餘衆遂降突厥開元三年其首領李失活以默啜政衰率種落內附失活卽盡忠之從父弟也於是復置松漠都督府封失活爲松漠郡王拜左金吾衛大將軍兼松漠都督其所統八部落各因舊帥拜爲刺史又以將軍薛泰督軍以鎮撫之明年失活入朝封宗室外甥女楊氏爲永樂公主以妻之六年失活死上爲之舉哀贈特進失活從父弟娑固代統其衆遣使冊立仍令襲其兄官爵娑固大臣可突于驍勇頗得衆心娑固謀欲除之可突于反攻娑固娑固奔營州都督許欽澹令薛泰帥驍勇五百人又徵奚王李大輔者及娑固合衆以討可突于官軍不利娑固大輔臨陣皆爲可突于所殺生拘薛泰營府震恐許欽澹移軍西入渝關可突于立娑固從父弟鬱于爲主俄又遣使請罪上乃令冊立鬱于令襲娑固官爵仍赦可突于之罪十年鬱于入朝請婚上又封從妹夫率更令慕容嘉賓女爲燕郡公主以妻之仍封鬱于爲松漠郡王授左金吾衛員外大將軍兼靜析軍經畧大使賜物千段鬱于還蕃可突于來朝拜左羽林將軍從幸并州明年鬱于病死弟吐于代統其衆襲兄官爵復以燕郡公主爲妻吐于與可突于復相猜阻十三年携公主來奔便不敢還改封遼陽郡王因留宿衛可突于立李盡忠弟邵固爲主其冬車駕東巡邵固詣行在所因從至岳下拜左羽林軍員外大將軍靜析軍經畧大使改封廣化郡王又封皇從外甥女陳氏爲東華公主以妻之邵固還蕃又遣可突于入朝貢方物中書侍郎李元紘不禮焉可突于怏怏而去左丞相張說謂人曰兩蕃必叛可突于人面獸心唯利是視執其國政人心附之若不優禮縻之必不來矣十八年可突于殺邵固率部落并脅奚衆降于突厥東華公主走投平盧軍於是詔中書舍人裴寬給事中薛侃等於京城及關內河東河南河北分道募壯勇之士以忠王浚爲河北道行軍元帥以討之師竟不行二十年詔禮部尚書信安王禕爲行軍副大總管領衆與幽州長史趙含章出塞擊破之俘獲甚衆可突于率其麾下遠遁奚衆盡降禕乃班師明年可突于又來抄掠幽州長史薛楚玉遣副將郭英傑吳克勤鄔知義羅守忠率精騎萬人并領降奚之衆追擊之軍至渝關都山之下可突于領突厥兵以拒官軍奚衆遂持兩端散走保險官軍大敗知義守忠率麾下遁歸英傑克勤沒于陣其下六千餘人盡爲賊所殺詔以張守珪爲幽州長史兼御史中丞以經畧之可突于漸爲守珪所逼遣使僞降俄又廻惑不定引衆漸向西北將就突厥守珪遣管紀王悔等就部落招諭之時契丹衙官李過折與可突于分掌兵馬情不叶每潛誘之過折夜勒兵斬可突于及其支黨數十人二十三年正月傳首東都詔封過折爲北平郡王授特進檢校松漠州都督賜錦衣一副銀器十事絹綵三千疋其年過折爲可突于餘黨泥禮所殺并其諸子唯一子剌乾走投安東得免拜左驍衛將軍天寶十年安祿山誣其酋長欲叛請舉兵討之八月以幽州雲中平盧之衆數萬人就黃水南契丹衙與之戰祿山大敗而還死者數千人至十二年又降附迄于貞元常間歲來修藩禮貞元四年與奚衆同寇我振武大掠人畜而去九年十年復遣使來朝大首領悔落拽何已下各授官放還十一年大首領熱蘇等二十五人來朝自後至元和長慶寶曆大和開成時遣使來朝貢會昌二年九月制契丹新立五屈戍可雲麾將軍守右武衛將軍員外置同正員幽州節度使張仲武上言屈戍等云契丹舊用廻紇印今懇請聞奏乞國家賜印許之以奉國契丹之印爲文

奚國蓋匈奴之別種也所居亦鮮卑故地卽東胡之界也在京師東北四千餘里東接契丹西至突厥南拒白狼河北至霫國自營州西北饒樂水以至其國勝兵三萬餘人分爲五部每部置俟斤一人風俗並於突厥每隨逐水草以畜牧爲業遷徙無常居有氈帳兼用車爲營牙中常五百人持兵自衞此外部落皆散居山谷無賦稅其人善射獵好與契丹戰爭武德中遣使朝貢貞觀二十二年酋長可度者率其所部內屬乃置饒樂都督府以可度者爲右領軍兼饒樂都督封樓煩縣公賜姓李氏顯慶初又授右監門大將軍萬歲通天年契丹叛後奚衆管屬突厥兩國常遞爲表裏號曰兩蕃景雲元年其首領李大輔遣使貢方物睿宗嘉之宴賜甚厚延和元年左羽林將軍檢校幽州大都督孫儉率兵十二萬以襲其部落師次冷硎前軍左驍衛將軍李楷洛等與大輔會戰我師敗績儉懼不敢進救遣使矯報大輔云我奉勅來此招諭蕃將李楷洛等不受節度而輒用兵請斬以謝大輔曰若奉勅招諭有何國信物儉率軍中繒帛萬餘段并袍帶以與之大輔曰將軍可南還無相驚擾儉軍漸失部伍大輔乃率衆逼之由是大敗兵士死傷者數萬儉及副將周以悌爲大輔所擒送于突厥默啜並遇害開元三年大輔遣其大臣粵蘇梅落來請降詔復立其地爲饒樂州封大輔爲饒樂郡王仍拜左金吾員外大將軍饒樂州都督五年大輔與契丹首領松漠郡王李失活咸請於柳城依舊置營州都督府上從之勑太子詹事羊師度充使督工作役八千餘人其年大輔入朝詔封從外甥女辛氏爲固安公主以妻之賜物一千五百疋遣右領軍將軍李濟持節送還蕃八年大輔率兵救契丹戰死其弟魯蘇嗣立十年入朝詔令襲其兄饒樂郡王右金吾員外大將軍兼保塞軍經畧大使賜物一千段仍以固安公主爲妻而公主與嫡母未和遞相論告詔令離婚復以成安公主之女韋氏爲東光公主以妻之十四年又改封魯蘇爲奉誠王授右羽林軍員外將軍十八年奚衆爲契丹衙官可突于所脅復叛降突厥魯蘇不能制走投渝關東光公主奔歸平盧軍其秋幽州長史趙含章發清夷軍兵擊奚破之斬首二百級自是奚衆稍稍歸降二十年信安王禕奉詔討叛奚奚酋長李詩瑣高等以其部落五千帳來降詔封李詩爲歸義王兼特進左羽林軍大將軍

同正仍充歸義州都督賜物十萬段移其部落於幽州界安置天寶五載又封其王娑固爲昭信王仍授饒樂都督自大曆後朝貢時至貞元四年七月奚及室韋寇振武十一年四月幽州奏部奚六萬餘衆元和元年其王饒樂府都督襲歸誠王梅落來朝加檢校司空放還番三年以奚首領索低爲右武威衛將軍同正充檀薊兩州遊奕兵馬使仍賜姓李氏八年遣使來朝十一年遣使獻名馬爾後每歲朝貢不絕或歲中二三至故事常以范陽節度使爲押奚契丹兩蕃使自至德之後藩臣多擅封壤朝廷優容之彼務自完不生邊事故二蕃亦少爲寇其每歲朝賀常各遣數百人至幽州則選其酋渠三五十人赴闕引見於麟德殿錫以金帛遣還餘皆駐而館之率爲常也

室韋者契丹之別類也居猺越河北其國在京師東北七千里東至黑水靺鞨西至突厥南接契丹北至于海其國無君長有大首領十七人並號莫賀弗世管攝之而附于突厥兵器有角弓楛矢尤善射時聚弋獵事畢而散其人土著無賦斂或爲小室以皮覆上相聚而居至數十百家刻木爲犂不加金刃人牽以種不解用牛夏多霧雨冬多霜霰畜宜犬豕豢養而噉之其皮用以爲韋男子女人通以爲服被髮左衽其家富者項著五色雜珠婚嫁之法男先就女舍三年役力因得親迎其婦役日已滿女家分其財物夫婦同車而載鼓舞共歸武德中獻方物貞觀三年遣使貢豐貂自此朝貢不絕又云室韋我唐有九部焉所謂嶺西室韋山北室韋黃頭室韋大如者室韋小如者室韋婆萵室韋訥北室韋駱駝室韋並在柳城郡之東北近者三千五百里遠者六千二百里今室韋最西與迴紇接界者烏素固部落當俱輪泊之西南次東有移塞沒部落次東又有塞曷支部落此部落有良馬人戶亦多居啜河之南其河彼俗謂之燕支河次又有和解部落次東又有烏羅護部落又有那禮部落又東北有山北室韋又北有小如者室韋又北有婆萵室韋東又有嶺西室韋又東南至黃頭室韋此部落兵強人戶亦多東北與達姤接嶺西室韋北又有訥北支室韋此部落校小烏羅護之東北二百餘里那河之北有古烏丸之遺人今亦自稱烏丸國武德貞觀中亦遣使來朝貢其北大山之北有大室韋部落其部落傍望建河居其河源出突厥東北界俱輪泊屈曲東流經西室韋界又東經大室韋界又東經蒙兀室韋之北落俎室韋之南又東流與那河忽汗河合又東經南黑水靺鞨之北北黑水靺鞨之南東流注于海烏丸東南三百里又有東室韋部落在猺越河之北其河東南流與那河合開元天寶間比年或間歲入貢大曆中亦頻遣使來貢貞元八年閏十二月室韋都督和解熱素等一十人來朝大和五年至八年凡三遣使來九年十二月室韋大勝督阿成等三十人來朝開成會昌中亦遣使來朝貢不絕

靺鞨蓋肅愼之地後魏謂之勿吉在京師東北六千餘里東至於海西接突厥南界高麗北鄰室韋其國凡爲數十部各有酋帥或附於高麗或臣於突厥而黑水靺鞨最處北方尤稱勁健每恃其勇恒爲鄰境之患俗皆編髮性凶悍無憂戚貴壯而賤老無屋宇並依山水掘地爲穴架木於上以土覆之狀如中國之塚墓相聚而居夏則出隨水草冬則入處穴中父子相承世爲君長俗無文字兵器有角弓及楛矢其畜宜猪富人至數百口食其肉而衣其皮死者穿地埋之以身襯土無棺斂之具殺所乘馬於屍前設祭有酋帥突地稽者隋末率其部千餘家內屬處之於營州煬帝授突地稽金紫光祿大夫遼西太守武德初遣間使朝貢以其部落置燕州仍以突地稽爲總管劉黑闥之叛也突地稽率所部赴定州遣使詣太宗請受節度以戰功封耆國公又徙其部落於幽州之昌平城會高開道引突厥來攻幽州突地稽率兵邀擊大破之貞觀初拜右衛將軍賜姓李氏尋卒子謹行偉貌武力絕人麟德中歷遷營州都督其部落家僮數千人以財力雄邊爲夷人所憚累拜右領軍大將軍爲積石道經畧大使吐蕃論欽陵等率衆十萬人入寇湟中謹行兵士樵採素不設備忽聞賊至遂建旗伐鼓開門以待之吐蕃疑有伏兵竟不敢進上元三年又破吐蕃數萬衆於青海降璽書勞勉之累授鎮軍大將軍行右衛大將軍封燕國公永淳元年卒贈幽州都督陪葬乾陵自後或有酋長自來或遣使來朝貢每歲不絕其白山部素附於高麗因收平壤之後部衆多入中國汨咄安居骨室等部亦因高麗破後奔散微弱後無聞焉縱有遺人並爲渤海編戶唯黑水部全盛分爲十六部部又以南北爲稱開元十三年安東都護薛泰請於黑水靺鞨內置黑水軍續更以最大部落爲黑水府仍以其首領爲都督諸部刺史隸屬焉中國置長史就其部落監領之十六年其都督賜姓李氏名獻誠授雲麾將軍兼黑水經畧使仍以幽州都督爲其押使自此朝貢不絕

渤海靺鞨大祚榮者本高麗別種也高麗旣滅祚榮率家屬徙居營州萬歲通天年契丹李盡忠反叛祚榮與靺鞨乞四比羽各領亡命東奔保阻以自固盡忠旣死則天命右玉鈐衛大將軍李楷固率兵討其餘黨先破斬乞四比羽又度天門嶺以迫祚榮祚榮合高麗靺鞨之衆以拒楷固王師大敗楷固脫身而還屬契丹及奚盡降突厥道路阻絕則天不能討祚榮遂率其衆東保桂婁之故地據東牟山築城以居之祚榮驍勇善用兵靺鞨之衆及高麗餘燼稍稍歸之聖曆中自立爲振國王遣使通于突厥其地在營州之東二千里南與新羅相接越憙靺鞨東北至黑水靺鞨地方二千里編戶十餘萬勝兵數萬人風俗與高麗及契丹同頗有文字及書記中宗卽位遣侍御史張行岌往招慰之祚榮遣子入侍將加冊立會契丹與突厥連歲寇邊使命不達睿宗先天二年遣郎將崔訢往冊拜祚榮爲左驍衛員外大將軍渤海郡王仍以其所統爲忽汗州加授忽汗州都督自是每歲遣使朝貢開元七年祚榮死玄宗遣使弔祭乃冊立其嫡子桂婁郡王大武藝襲父爲左驍衛大將軍渤海郡王忽汗州都督十四年黑水靺鞨遣使來朝詔以其地爲黑水州仍置長史遣使鎮押武藝謂其屬曰黑水途經我境始與唐家相通舊請突厥吐屯皆先告我同去今不計會卽請漢官必是與唐家通謀腹背攻我也遣母弟大門藝及其舅任雅相發兵以擊黑水門藝曾充質子至京師開元初還國至是謂武藝曰黑水請唐家官吏卽欲擊之是背唐也唐國人衆兵強萬倍於我一朝結怨但自取滅亡昔高麗全盛之時強兵三十餘萬抗敵唐家不事賓伏唐兵一臨掃地俱盡今日渤海之衆數倍少於高麗乃欲違背唐家事必不可武藝不從門藝兵至境又上書固諫武藝怒遣從兄大壹夏代門藝統兵徵門藝欲殺之門藝遂棄其衆間道來奔詔授左驍衛將軍武藝尋遣使朝貢仍上表極言門藝罪狀請殺之上密遣門藝往安西仍報武藝云門藝遠來歸投義不可殺今流向嶺南已遣去訖乃留其使馬文軌葱勿雅別遣使報之俄有洩其事者武藝又上書云大國示人以信豈有欺誑之理今聞門藝不向嶺南伏請依前殺却由是鴻臚少卿李道邃源復以不能督察官屬致有漏洩左遷道邃爲曹州刺史復爲澤州刺史遣門藝暫向嶺南以報之二十年武藝遣其將張文休率海賊攻登州刺史韋俊詔遣門藝往幽州徵兵以討之仍令太僕員外卿金思蘭往新羅發兵以攻其南境屬山阻寒凍雪深丈餘兵士死者過半竟無功而還武藝懷怨不已密遣使至東都假刺客刺門藝於天津橋南門藝格之不死詔河南府捕獲其賊盡殺之二十五年武藝病卒其子欽茂嗣立詔遣內侍段守簡往冊欽茂爲渤海郡王仍嗣其父爲左驍衛大將軍忽汗州都督欽茂承詔赦其境內遣使隨守簡入朝貢獻大曆二年至十年或頻遣使來朝或間歲而至或歲內二三至者十二年正月遣使獻日本國舞女一十一人及方物四月十二月使復來建中三年五月貞元七年正月皆遣使來朝授其使大常靖爲衛尉卿同正令還蕃八月其王子大貞翰來朝請備宿衛十年正月以來朝王子大淸允爲右衛將軍同正其下三十餘人拜官有差十一年二月遣內常侍殷志贍冊大嵩璘爲渤海郡王十四年加銀青光祿大夫檢校司空進封渤海國王大嵩璘父欽茂開元中襲父位爲郡王左金吾大將軍天寶中累加特進太子詹事賓客寶應元年進封國王大曆中累加拜司空太尉及嵩璘襲位但授其郡王將軍而已嵩璘遣使敘理故再加冊命十一月以王姪大能信爲左驍衛中郎將虞候婁蕃長都督茹富仇爲右武衛將軍放還二十一年遣使來朝順宗加嵩璘金紫光祿大夫檢校司空元和元年十月加檢校太尉十二月遣使朝貢四年以嵩璘男元瑜爲銀青光祿大夫檢校祕書監忽汗州都督依前渤海國王五年遣使朝貢者二七年亦遣使來朝八年正月授元瑜弟權知國務言義銀青光祿大夫檢校祕書監都督渤海國王遣內侍李重旻使焉十三年遣使來朝且告哀五月以知國務大仁秀爲銀青光祿大夫檢校祕書監都督渤海國王十五年閏正月遣使來朝加大仁秀金紫光祿大夫檢校司空十二月復遣使來朝貢長慶二年正月又遣使來四年二月大叡等五人來朝請備宿衛寶曆中比歲修貢大和元年四年皆遣使來朝五年大仁秀卒以權知國務大彝震爲銀青光祿大夫檢校祕書監都督渤海國王六年遣王子大明俊等來朝七年正月遣同中書右平章事高寶英來謝冊命仍遣學生三人隨寶英請赴上都學問先遣學生三人事業稍成請歸本國許之二月王子大先晟等六人來朝開成後亦修職貢不絕

霫匈奴之別種也居于潢水北亦鮮卑之故地其國在京師東北五千里東接靺鞨西至突厥南至契丹北與烏羅渾接地周二千里四面有山環繞其境人多善射

獵好以赤皮爲衣緣婦人貴銅釧衣襟上下懸小銅鈴風俗畧與契丹同有都倫紇斤部落四萬戸勝兵萬餘人貞觀三年其君長遣使貢方物

烏羅渾國蓋後魏之烏洛侯也今亦謂之烏羅護其國在京師東北六千三百里東與靺鞨西與突厥南與契丹北與烏丸接風俗與靺鞨同貞觀六年其君長遣使獻貂皮焉

史臣曰北狄密邇中華侵邊蓋有之矣東夷隔礙瀛海作梗罕常聞之非惟勢使之然抑亦禀於天性太平之人仁空峒之人武信矣隋煬帝縱欲無厭興兵遼左急斂暴欲由是而起亂臣賊子得以爲資不戢自焚遂亡其國我太宗文皇帝親馭戎輅東征高麗雖有成功所損亦甚及凱還之日顧謂左右曰使朕有魏徵在必無此行矣則是悔於出師也可知矣何者夷狄之國猶石田也得之無益失之何傷必務求虛名以勞有用但當修文德以來之被聲教以服之擇信臣以撫之謹邊備以防之使重譯來庭航海入貢茲庶得其道也

贊曰東夷之人北狄之俗爰考周官是稱蠻服未得無傷已得何足宜務懷柔謂之羇束

舊唐書卷一百九十九下考證

渤海靺鞨傳李盡忠反叛祚榮與靺鞨乞四比羽各領亾命東奔保阻以自固○臣酉按新書李盡忠反時有乞乞仲象者與乞四比羽東走渡遼水保太白山之東北阻奧婁河自固據此則與比羽保阻者非祚榮也兩書互異

自立爲振國王○新書作震臣酉按祚榮之父仲象武后封震國公則振當作震爲合

# 舊唐書卷二百上

後晉司空同中書門下平章事劉　昫撰

## 列傳第一百五十

安祿山子慶緒　高尚　孫孝哲

史思明子朝義

安祿山營州柳城雜種胡人也本無姓氏名軋犖山母阿史德氏亦突厥巫師以卜爲業突厥呼鬭戰爲軋犖山遂以名之少孤隨母在突厥中將軍安波至兄延偃妻其母開元初與將軍安道買男俱逃出突厥中道買次男貞節爲嵐州別駕收獲之年十餘歲以與其兄及延偃相攜而出感媿之約與思順等並爲兄弟冒姓爲安及長解六蕃語爲互市牙郎二十年張守珪爲幽州節度祿山盜羊事覺守珪剝坐欲棒殺之大呼曰大夫不欲滅兩蕃耶何爲打殺祿山守珪見其肥白壯其言而釋之令與鄉人史思明同捉生行必剋獲拔爲偏將常嫌其肥以守珪威風素高畏懼不敢飽食以驍勇聞遂養爲子二十八年爲平盧兵馬使性巧黠人多譽之授營州都督平盧軍使厚賂往來者乞爲好言玄宗益信嚮之天寶元年以平盧爲節度以祿山攝中丞爲使入朝奏事玄宗益寵之三載代裴寬爲范陽節度河北採訪平盧軍等使如故採訪使張利貞常受其賂數載之後黜陟使席建侯又言其公直無私裴寬受代及李林甫順旨並言其美數公皆信臣玄宗意益堅不搖矣後請爲貴妃養兒入對皆先拜太眞玄宗怪而問之對曰臣是蕃人蕃人先母而後父玄宗大悅遂命楊銛已下並約爲兄弟姊妹六載加大夫常令劉駱谷奏事與王鉷俱爲大夫李林甫爲相朝臣莫敢抗禮祿山承恩深入謁不甚罄折林甫命王鉷鉷趨拜謹甚祿山悚息腰漸曲每與語皆揣知其情而先言之祿山以爲神明每見林甫雖盛冬亦汗洽林甫接以溫言中書廳引坐以己披袍覆之祿山欣荷無所隱呼爲十郎駱谷奏事先問十郎何言有好言則喜躍若但言大夫須好檢校則反手據牀曰阿與我死也李龜年嘗斅其說玄宗以爲笑樂晚年益肥壯腹垂過膝重三百三十斤每行以肩膊左右擡挽其身方能移步至玄宗前作胡旋舞疾如風焉爲置第宇窮極壯麗以金銀爲簝筐笊籬等上御勤政樓於御坐東爲設一大金雞障前置一榻坐之卷去其簾十載入朝又求爲河東節度因拜之男十一人長子慶宗太僕卿少子慶緒鴻臚卿慶宗又尚郡主祿山陰有逆謀於范陽北築雄武城外示禦寇內貯兵器積穀爲保守之計戰馬萬五千匹牛羊稱是兼三道節度進奏無不允引張通儒李庭堅平洌李史魚獨孤問俗在幕下高尚掌書記劉駱谷留居西京爲耳目安守忠李歸仁蔡希德牛庭玠向潤客崔乾祐尹子奇何千年武令珣能元皓田承嗣田乾眞皆拔於行間每月進奉生口駝馬鷹犬不絕人無聊矣既肥大不任戰前後十餘度欺誘契丹宴設酒中著莨菪子預掘一坑待其昏醉斬首埋之皆不覺死每度數十人十一載八月祿山并率河東等軍五六萬號十五萬以討契丹去平盧千餘里至土護眞河卽北黃河也又倍程三百里奄至契丹牙帳屬久雨弓箭皆漲濕將士困極奚又夾攻之殺傷畧盡祿山被射折其玉簪以麾下奚小兒二十餘人走上山墜坑中其男慶緒等扶持之會夜解走投平盧城楊國忠屢奏祿山必反十二載玄宗使中官輔璆琳覘之得其賄賂盛言其忠國忠又云召必不至洎召之而至十三載正月謁於華清宮因涕泣言臣蕃人不識字陛下擢臣不次被楊國忠欲得殺臣玄宗益親厚之遂以爲左僕射却廻其月又請爲閑廄隴右羣牧等都使奏吉溫爲武部侍郎兼中丞爲其副又請知總監事既爲閑廄羣牧等使上筋腳馬皆陰選擇之奪得樓煩監牧及奪張文儼馬牧三月一日歸范陽疾行出關日行三四百里至范陽人言反者玄宗必大怒縛送與之十四載玄宗又召之託疾不至賜其子婚令就觀禮又辭十一月反于范陽矯稱奉恩命以兵討逆賊楊國忠以諸蕃馬步十五萬夜半行平明食日六十里以高尚嚴莊爲謀主孫孝哲高邈何千年爲腹心天下承平日久人不知戰聞其兵起朝廷震驚禁衞皆市井商販之人乃開左藏庫出錦帛召幕因以高仙芝封常清等相次爲大將以擊之祿山令嚴肅得士死力無不一當百遇之必敗十二月度河至陳留郡河南節度張介然城陷死之傳首河北陳留郭門祿山男慶緒見誅慶宗榜泣告祿山祿山在轝中驚哭曰吾子何罪而殺之狂而怒官軍之降者夾道命交相斫焉死者六七千人遂入陳留郡太守郭納初拒戰至是出降至滎陽太守崔無詖拒戰城陷死之次于泥水罌子谷將軍荔非守瑜蹲而射之殺數百人矢及祿山輿祿山不敢過乃取谷南而過守瑜箭盡投河而死東京留守李憕中丞盧奕採訪使判官蔣清燒絕河陽橋祿山怒率軍大至封常清自苑西隤牆使伐樹塞路而奔祿山入東京殺李憕盧奕蔣清召河南尹達奚珣使之蒞事初常清欲殺珣恐應賊憕奕諫止之常清既敗唯與數騎走至陝郡高仙芝率兵守陝城皆棄甲西走潼關懼賊追躡相蹂藉而死者塞路陝郡太守竇庭芝走投河東賊使崔乾祐守陝郡臨汝太守韋斌降于賊十五年正月賊竊號燕國立年聖武達奚珣已下署爲丞相五月南陽節度魯炅率荊襄黔中嶺南子弟十萬餘與賊將武令珣戰于葉縣城北滍河王師盡沒六月李光弼郭子儀出土門路大破賊衆於常山郡東嘉山河北諸郡歸降者十餘祿山窘急圖欲却投范陽會哥舒翰自潼關領馬步八萬與賊將崔乾祐戰于靈寶西爲賊覆敗翰西奔潼關爲其帳下執送于賊關門不守玄宗幸蜀太子收兵靈武賊乃遣張通儒爲西京留守田乾眞爲京兆尹安守忠屯兵苑中十一月遣阿史那承慶攻陷潁川屠之祿山以體肥長帶瘡及造逆後而眼漸昏至是不見物又著疽疾俄及至德二年正月朔受朝瘡甚而中罷以疾加躁急動用斧鉞嚴莊亦被捶撻莊乃日夜謀之立慶緒於戶外莊持刀領監李豬兒同入祿山帳內豬兒以大刀斫其腹祿山眼無所見牀頭常有一刀及覺難作捫牀頭不得但撼幄帳大呼曰是我家賊腹腸已數斗流在牀上言訖氣絕因掘牀下深數尺爲坑以氊罽包其屍埋之又無哭泣之儀莊卽宣言於外言祿山傳位於晉王慶緒尊祿山爲太上皇慶緒縱樂飲酒無度呼莊爲兄事之大小必咨之初豬兒出契丹部落十數歲事祿山甚黠慧祿山持刃盡去其勢血流數升欲死祿山以灰火傅之盡日而蘇因爲閹人祿山頗寵之最見信用祿山壯大每著衣帶三四人助之兩人擡起肚豬兒以頭戴之始取裙褲帶及繫腰帶玄宗寵祿山賜華清宮湯浴皆許豬兒等入助解著衣服然終見剃者豬兒也慶緒祿山第二子也母康氏祿山糟糠之妻慶緒善騎射祿山偏愛之未二十拜鴻臚卿兼廣陽太守初名仁執玄宗賜名慶緒爲祿山都知兵馬使嚴莊高尚立爲僞主慶緒素懦弱言詞無序莊恐衆不伏不令見人莊爲僞御史大夫馮翊郡王以專其政厚其軍將官秩以固其心二月肅宗南幸鳳翔郡始知祿山死使僕固懷恩使于廻紇結婚請兵討逆其月郭子儀扶河東郡崔乾祐南遁八月廻紇三千騎至九月廣平王領蕃漢之衆收西京走安守忠賊之死者積如山阜十月賊將尹子奇攻陷睢陽郡殺張巡姚誾等王師乘勝至陝郡賊懼令嚴莊傾其驍勇而來拒廣平王遣副元帥郭子儀等與賊戰于陝西曲沃大破之於新店逐北二十里斬首十餘萬伏屍三十里嚴莊奔至東京告慶緒慶緒率其餘衆奔河北保鄴郡嚴莊至河內南來歸順賊將阿史那承慶等麾下三萬餘人悉奔恒趙范陽從慶緒者唯疲卒一千三百而已僞中書令張通儒秉政改相州爲成安府署置百官旬日之內賊將各以衆至者六萬餘兇威復振僞青齊節度能元皓獨率衆歸順明年改乾元元年僞德州刺史王暕貝州刺史宇文寬等皆歸順河北諸軍各以城守累月賊使蔡希德安太清急擊復陷於賊虜之以歸臠食其內其下潛謀歸順者衆矣賊皆易置之以縱屠戮人心始離又不親政事

繕治亭沼樓船爲長夜之飲高尚等各不相叶蔡希德兵最銳性剛直張通儒譖而縊殺之三軍冤痛不爲用以崔乾祐爲天下兵馬使權領中外兵乾祐性愎戾士卒不附九月肅宗遣郭子儀等九節度率步騎二十萬攻之以魚朝恩爲軍容使初子儀之列陣也使善射者三千人伏於壘垣內明日接戰子儀麾其屬僞奔慶緒逐之伏者齊發賊黨大潰使薛嵩求救於史思明言禪讓之禮思明先遣李歸仁以步卒一萬馬軍三千先往滏陽以應及至滏陽子儀之圍已固築城穿壕各三重樓櫓之盛古所未有又引水以灌城下城中水泉大上井皆滿溢以安太清代乾祐爲都知兵馬使思明南攻魏州節度使崔光遠南走思明據其城數日即乾元二年正月一日也思明僞稱燕王立年號慶緒自十月被圍至二月城中人相食米斗錢七萬餘鼠一頭直數千馬食隤牆麥䴸及馬糞濯而飼之思明引衆來救三月六日子儀等戰敗遂解圍而南斷河陽橋以守穀水思明領其衆營於鄴縣南慶緒使收子儀等營中糧尚六七萬石復與孫孝哲乾祐謀閉門自守議更拒思明諸將曰今日安可更背史王乎張通儒高尚平冽謂慶緒曰史王遠來臣等皆合迎謝對曰任公暫往見思明思明與之涕泗厚其禮復命歸城經三日慶緒不至思明密召安太清令誘之慶緒不獲已以三百騎詣思明思明引入令三軍擐甲執兵待之及諸弟領至于庭再拜稽首曰臣不克負荷棄失兩都久陷重圍不意大王以太上皇故將兵遠救思明曰棄失兩都用兵不利亦何事也爾爲人子殺汝父以求位篡非大逆乎吾爲太上皇討賊即牽出并其四弟及高尚孫孝哲崔乾祐皆縊殺之祿山父子僭逆三年而滅初王師之圍相州也意朝夕屠陷唯術士桑道茂曰三月六日西師必散此城無憂卒如其言

高尚幽州雍奴人也本名不危母老乞食於人尚周遊不歸侍養寓居河朔縣界與令狐潮鄰里通其婢生一女遂收之尚頗篤學贍文詞嘗嘆息謂汝南周銑曰高不危寧當舉事而死終不能咬草根以求活耳縣尉有姓高者以其宗盟引置門下遂以尚入籍爲兄弟李齊物爲懷州刺史舉高尚不仕送京師并助錢三萬齊物寓書於中官將軍吳懷實以託之懷實引見高力士置賓館中令與男丞相錫爲學無問家事一以委之無何令妻父呂令皓特表薦之天寶元年拜左領軍倉曹參軍同正員六載安祿山奏爲平盧掌書記出入祿山臥內祿山肥多睡尚執筆在旁或通宵焉繇是寖親厚之遂與祿山解圖讖勸其反天寶十一年祿山表爲屯田員外郎及隨祿山寇陷東京僞授中書侍郎僞赦書制敕多出其手始尚與嚴莊孫孝哲計畫白祿山以爲事必成及顏杲卿殺李欽湊於土門揚聲言榮王琬哥舒翰二十萬衆狥河北十七郡皆歸順顏眞卿破袁知泰三萬衆於堂邑賀蘭進明再拔信都李光弼郭子儀繼收常山趙郡河北路絕者再河南諸郡皆有防禦潼關有哥舒翰之師祿山大懼怒尚等曰汝元向我道萬全必無所畏今四邊若此賴鄭汴數州尚存向西至關一步不通河北並已無矣萬全何在更不須見我尚等遂數日不得見祿山憂悶不知所爲會田乾眞自潼關至曉諭祿山曰自古帝王皆有勝敗然後成大事豈有一舉而得之者乎今四邊兵馬雖多皆非精銳豈我之比縱事不成收取數萬衆橫行天下爲一盜跖亦十年五歲矣豈有人能制我耶尚莊等皆佐命元勳何得隔絕不與相見令其憂懼只此數人豈不能爲患乎外間聞之必心搖動祿山喜曰阿浩非汝誰能開豁我心裏事今無憂矣爲之柰何乾眞曰不如喚取慰勞之遂召尚等飲宴作樂祿山自唱歌以送酒待之如初阿浩乾眞小字也及慶緒至相州僞授侍中

孫孝哲契丹人也母爲祿山所通因得狎近及祿山僭逆僞授殿中監閑廄使封王孝哲尤用事亞於嚴莊裘馬華侈頗事豪貴每食皆備珍饌性殘忍果於殺戮聞者畏之祿山使孝哲與張通儒同守西京妃王宗枝皆罹其酷與嚴莊爭權不睦及祿山死奪其使以鄧季陽代之慶緒之奔莊懼爲所圖因而來奔

史思明本名窣干營州寧夷州突厥雜種胡人也姿瘦少鬚髮鳶肩傴背廞目側鼻性急躁與安祿山同鄉里先祿山一日生思明除日生祿山歲日生及長相善俱以驍勇聞初事特進烏知義每令騎覘賊必生擒以歸又解六蕃語與祿山同爲互市郎張守珪爲幽州節度奏爲折衝天寶初頻立戰功至將軍知平盧軍事嘗入奏玄宗賜坐與語甚奇之問其年曰四十矣玄宗撫其背曰卿貴在後勉之遷大將軍北平太守十一載祿山奏授平盧節度都知兵馬使十四載安祿山反命思明討饒陽等諸郡陷之十五載正月六日思明與蔡希德圍顏杲卿於常山九日拔之又圍饒陽二十九日不能拔李光弼出土門拔常山郡思明解圍而拒光弼光弼列兵於城南相持累月光弼草盡使精卒以車數乘於芻縣取草輒被擊之其後率十匹唯共得兩束草至剉蒿薦以飼之初祿山以賈循爲范陽留後謀歸順爲副留守向潤客所殺以思明代之又以征戰在外令向潤客代其任四月朔方節度郭子儀以朔方蕃漢二萬人自土門而至常山軍威遂振南拔趙郡思明退保博陵五月十日子儀光弼擊之敗思明於沙河上又攻之思明以騎卒奔嘉山光弼擊之思明大敗走入博陵郡光弼圍之城幾拔屬潼關失守肅宗理兵于朔方使中官邢廷恩追朔方河東兵馬光弼入土門思明隨後徼擊之已而迴軍併行擊劉正臣正臣易之初不設備遂棄軍保北平正臣妻子及軍資二千乘盡沒思明將卒頗精銳皆平盧戰士南拔常山趙郡又攻河間爲尹子奇所圍已四十餘日顏眞卿使和琳以一萬二千人馬百匹以救之至河間二十餘里北風勁烈鼓聲不相聞賊縱擊之擒和琳以至城下思明既至合勢賊軍益盛李奐爲賊所擒送東京又攻景城擒李暐暐投河而死遂使康沒野波攻平原眞卿覺之兵馬既盡渡河而南攻清河糧盡城陷擒太守王懷忠以獻祿山將軍莊嗣賢圍烏承恩於信都承恩母妻先爲安祿山所獲思明獲其男從則使諭承恩承恩遂降思明與之把臂飲酒饒陽陷李系投火死河北悉陷尹子奇以五萬衆渡河至青州欲便向江淮會迴紇二千騎奄至范陽范陽閉門二日然後向太原子奇行千里以救之二年正月思明以蔡希德合范陽上黨兵馬十萬圍李光弼於太原光弼使爲地道至賊陣前驍賊方戲弄城中人地道中人出擒之敵以爲神呼爲地藏菩薩思明留十月會安祿山死慶緒令歸范陽希德留百餘日皆不能拔而歸自爲王師所敗投鄴郡其下蕃漢兵三萬人初不知所從思明擊殺三千人然後降之慶緒使阿史那承慶安守忠徵兵於思明且欲圖之判官耿仁智忠謀之士謂思明曰大夫崇重人不敢言仁智請一言而死思明曰試言之對曰大夫久事祿山祿山兵權若此誰敢不服如大夫比者逼於兇威耳固亦無罪今聞孝感皇帝聰明勇智有少康周宣之略大夫發使輸誠必開懷見納此轉禍爲福之上策也思明曰善承慶等以五千騎至范陽思明悉衆介冑以逆之衆且數萬去之一里使謂之曰相公及王遠至將士等不勝喜躍此皆邊兵怯懦頗懼相公之來莫敢進也請弛弓以安之從之思明遂以承慶守忠入內廳飲樂之別令諸將於其所分收其甲仗其諸郡兵皆給糧恣歸之欲留者分隸諸營遂拘承慶斬守忠李立節之首李光弼使衙官敬俛招之遂令衙官竇子昂奉表以所管兵衆八萬人及以僞河東節度高秀巖來降肅宗大悅封歸義王范陽長史御史大夫河北節度使朝義已下并爲列卿秀巖雲中太守以其男如岳等七人爲大官使內侍李思敬將軍烏承恩宣慰使令討殘賊明年改乾元元年四月肅宗使烏承恩爲副使候伺其過而殺之初承恩父知義爲節度思明常事知義亦有開奬之恩以此李光弼冀其無疑因謀殺之承恩至范陽數漏其情夜取婦人衣詣諸將家以翻動之意諭之諸將以白思明思明甚懼無以爲驗有頃承恩與思敬從上京來宣恩命畢將歸私第思明留承恩且於館中明當有所議已令幃其所寢之牀伏二人于其下承恩有小男先留范陽思明令省其父夜後私於其子曰吾受命除此逆明便授吾節度矣牀下二人叫呼而出以告思明思明令執之搜其衣囊得朝廷所與阿史那承慶鐵券及光弼與承恩之牒云承慶事了即付鐵券不了不可付之又得簿書數百紙皆載先所從反軍將名思明語之曰我何負於汝而至是耶承恩稱死罪此太尉光弼之謀也思明集軍將官吏百姓西向大哭曰臣以十三州之地十萬衆之兵降國家赤心不負陛下何至殺臣因搒殺承恩父子因李思敬遣使表其事朝廷又令中使慰諭云國家與光弼無此事乃承恩所爲殺之善也又有使從京至執三司議罪人狀思明曰陳希烈已下皆重臣上皇棄之幸蜀既收復天下此輩當慰勞之今尚見殺況我本從祿山反乎諸將皆云烏承恩之前事情狀可知光弼尚在憂不細也大夫何不取諸將狀以誅光弼以謝河北百姓主上若不惜光弼爲大夫誅之大夫乃安不然爲患未已思明曰公等言是乃令耿仁智張不矜修表請誅光弼以謝河北若不從臣請臣則自領兵往太原誅光弼不矜初以表示思明及封入函耿仁智盡削去之寫表者密告思明思明大怒執二人於庭曰汝等何得負我命斬之仁智事思明頗久意欲活之却令召入謂之曰我任使汝向三十年今日之事我不負汝仁智大呼曰人生固有一死須存忠節今大夫納邪說爲反逆之計縱延旬月不如早死請速加斧鉞思明大怒亂捶殺之腦流于地十月郭子儀領九節度圍相州安慶緒偷道求救於思明思明懼軍威之盛不敢進十二月蕭華以魏州歸順

詔遣崔光遠替之思明擊而拔其城光遠脫身南渡思明於魏州殺三萬人平地流血數日卽乾元二年正月一日也思明於魏州北設壇僭稱爲大聖燕王以周贄爲行軍司馬三月引衆救相州官軍敗而引退思明召慶緒等殺之併有其衆四月僭稱大號以周贄爲相以范陽爲燕京九月寇汴州節度使許叔冀合於思明思明益振又陷洛陽與太尉光弼相拒思明恣行兇暴下無聊矣上元二年潛遣人反說官軍曰洛中將士皆幽朔人咸思歸魚朝恩以爲然告光弼及諸節度僕固懷恩衞伯玉等可速出兵以討殘賊光弼等然之乃出師兩道齊進次榆林賊委物僞遁將士等不復設備皆入城虜掠賊伏兵在北邙山下因大下士卒咸棄甲奔散魚朝恩衞伯玉退保陝州光弼懷恩棄河陽城退居聞喜步兵散死者數千人軍資器械盡爲賊所有河陽懷州盡陷於賊思明至陝州爲官軍所拒於姜子坂戰不利退歸永寧築三角城約一月內畢以貯軍糧朝義築城畢未泥思明至詬之對曰緣兵士疲乏暫歇耳又怒曰汝惜部下兵違我處分令隨身數十人立馬看泥斯須而畢又曰待收陝州斬却此賊朝義大懼思明居驛朝義在店中思明令腹心曹將軍總中軍兵嚴衞朝義將駱悅并許叔冀男季常等言主上欲害王悅與王死無日矣因言廢興之事古來有之欲喚取曹將軍舉大事可乎朝義迴面不應悅曰若不應悅等卽歸李家王亦不全矣朝義然之令許季常命曹將軍至悅等告之不敢拒其夜思明夢而驚悟據牀惆悵每好伶人寢食置左右以其殘忍皆恨之及此問其故曰吾向夢見水中沙上羣鹿渡水而至鹿死水乾言畢如廁伶人相謂曰鹿者祿也水者命也胡祿命俱盡矣駱悅入問思明所在未及對殺數人因指在廁思明覺變踰牆出至馬槽鞴馬騎之悅等至令傔人周子俊射中其臂落馬曰是何事悅等告以懷王思明曰我朝來語錯今有此事然汝殺我大疾何不待我收長安終事不成矣因急呼懷王者三曰莫殺我却罵曹將軍曰這胡誤我這胡誤我悅遂令心腹擒思明赴柳泉驛曰事已成矣朝義曰莫驚聖人否莫損聖人否悅曰無有時周贄許叔冀統後軍在福昌朝義令許季常往告之贄聞驚欲仰倒朝義領兵迴贄等來迎因殺贄思明至柳泉驛縊殺之朝義便僭僞位朝義思明孽子也寬厚人附之使人往范陽殺僞太子朝英等僞留守張通儒覺之戰於城中數日死者數千人始斬之時洛陽四面數百里人相食州縣爲墟諸節度使皆祿山舊將與思明等夷朝義徵召不至寶應元年十月遣元帥雍王領河東朔方諸節度迴紇兵馬赴陝僕固懷恩與迴紇左殺爲先鋒魚朝恩郭英乂爲後殿自澠池入李抱玉自河陽入副元帥李光弼自陳留入雍王留陝州二十九日與朝義戰于邙山之下逆賊敗績走渡河斬首萬六千生擒四千六百降三萬二千人器械不可勝數朝義走投汴州汴州僞將張獻誠拒之乃渡河北投幽州二年正月賊僞范陽節度李懷仙於莫州生擒之送款來降梟首至闕下又以僞官以城降者恒州刺史成德軍節度張忠志爲禮部尚書餘如故趙州刺史盧淑定州程元勝徐州劉如伶相州節度薛嵩幽州李懷仙鄭州田承嗣並加封爵領舊職思明乾元二年僭號至朝義寶應元年滅凡四年

# 舊唐書卷二百下

後晉司空同中書門下平章事劉　昫　撰

## 列傳第一百五十

朱泚　黃巢　秦宗權

### 朱泚

朱泚幽州昌平人曾祖利贊善大夫贈禮部尚書祖思明太子洗馬贈太子太師父懷珪天寶初事范陽節度使裴寬爲衙前對授折衝將軍及安祿山史思明叛累爲管兵將寶應中李懷仙歸順奏爲薊州刺史平盧軍留後柳城軍使大曆元年卒累贈左僕射祖父之贈皆以泚故也泚以父資從軍幼壯偉腰帶十圍騎射武藝亦不出人外若寬和中頗殘忍然輕財好施每征戰所得賞物輒分與麾下將士以是爲衆所推故得濟其兇謀初隸李懷仙爲部將改經畧副使朱希彩旣殺李懷仙自爲節度以泚宗姓甚委信之希彩爲政苛酷人不堪命大曆七年秋希彩爲其下所殺倉卒之際未有所從泚營在城北弟滔主衙內兵亦得衆心滔變詐多端潛使百餘人於衆中大言曰節度使非朱副使莫可衆旣無從因共推泚泚遂權知留後遣使奉表京師十月拜檢校左散騎常侍兼御史中丞幽州盧龍節度等使幽州長史兼御史大夫其年泚上表令弟滔率兵二千五百人赴京西防秋代宗嘉之手詔褒美九年就加檢校戶部尚書賜實封百戶幽州及河北諸鎭自天寶末便爲逆亂之地李懷仙朱希彩與連境三節度名雖向順未嘗朝謁至是泚率先上表請自領步騎三千人入覲詔修甲第以待之九月泚至京師代宗御內殿引見賜御馬兩匹戰馬十匹金銀錦綵甚厚又以器物十牀馬四十匹絹二萬匹衣一千七百襲賜其將士宴犒之盛近時未有泚又上表請留京師從之因授其弟滔兼御史大夫幽州節度留後仍以河陽永平軍防秋兵郭子儀統之決勝軍楊猷兵李抱玉統之淮西鳳翔兵馬璘統之汴宋淄青兵俾泚統焉十一年八月加拜同平章事尋令出鎭奉天行營復賜金銀繒綵并內庫弓箭以寵之十二月加檢校司空代李抱玉爲隴右節度使權知河西澤潞行營兵馬事德宗嗣位加太子太師鳳翔尹實封至三百戶建中元年涇州將劉文喜阻兵爲亂加泚四鎭北庭行軍涇原節度使與諸軍討之涇州平加泚中書令還鎭鳳翔而以舒王謨遙領涇原節度二年加泚太尉朱滔將反叛陰使人與泚計議以帛書內蠟丸中置髮髻間河東節度馬燧搜獲之以聞并送帛書及所遣使泚惶懼頓首乞歸罪有司上勉之曰千里不同謀非卿之過三年四月以張鎰代泚爲鳳翔隴右節度留後留泚京師加實封至一千戶與一子正員官其幽州盧龍節度太尉中書令並如故四年十月涇原兵叛鑾駕幸奉天叛卒等以泚嘗統涇州知其失權廢居怏怏思亂羣寇無帥幸泚政寬乃相與謀曰朱太尉久囚空宅若迎而爲主事必濟矣姚令言乃率百餘騎迎泚於晉昌里第泚乘馬擁從北向燭炬星羅觀者萬計入居含元殿明日移處白華殿但稱太尉朝官有謁泚者悉勸奉迎鑾駕旣不合泚意皆逡巡而退源休至遂屏人移時言動悖逆又盛陳成敗稱述符命勸其僭僞泚甚悅之又李忠臣張光晟繼至咸以官閑積憤樂於禍亂鳳翔涇原大將張廷芝段誠諫以潰卒三千餘自襄城而至賊泚自謂衆望所集僭竊之心自此而定乃以源休爲京兆尹判度支李忠臣爲皇城使段秀實久失兵柄故推心委之遂發銳師三千言奉迎乘輿實陰有逆謀秀實與劉海賓謀誅泚且虞叛卒之震驚法駕乃潛爲賊符追所發兵至六日兵及駱驛而迴因與海賓同入見泚爲陳逆順之理而海賓於靴中取匕首爲其所覺遂不得前秀實知不可以義動遽奪源休象笏挺而擊泚仍大呼曰反虜萬段泚舉臂衞首秀實格拉之恂恂然李忠臣馳助泚泚素多力纔破其面逆徒譟集秀實海賓遂併見害明日聲言以親王權主社稷士庶競往觀之八日源休姚令言李忠臣張光晟等八人導泚自白華入宣政殿僭卽僞位自稱大秦皇帝號應天元年愚哲莫不憤心侍衞皆卒伍行列不過十餘人下僞詔曰幽囚之中神器自至豈朕薄德所能經營彭偃之詞也僞署姚令言爲侍中李忠臣爲司空兼侍中源休爲中書侍郎平章事判度支蔣鎭爲吏部侍郎樊系爲禮部侍郎禮儀使許季常爲京兆尹洪經綸爲太常少卿彭偃爲中書舍人裴揆崔幼貞爲給事中崔莫爲御史中丞張光晟仇敬忠敬釭張寶何望之段誠諫張庭芝杜如江爲節度使仍以其兄子遂爲太子遙封弟滔爲冀王太尉尚書令尋又號皇太弟十日泚自領兵侵逼奉天竊威儀輦輅闐溢道途蟻聚之衆軍勢頗盛以姚令言爲元帥張光晟爲副以李忠臣爲京兆尹皇城留守居中書省尋以蔣鎭爲門下侍郎李子平爲諫議大夫兼平章事泚軍合於城下渾瑊韓遊瓌禦之泚衆大敗死者萬計泚收軍於奉天東三里下營大修攻具明日泚又分兵營於乾陵下瞰城內大震十一月三日杜希全與泚衆戰於漠谷官軍不利自是泚益驕大王師乘城而戰人百其勇賊多敗衄或出野戰官軍又獲利焉泚乃大驅百姓塡塹夜攻城城中設奇以應之賊乃退縮西明寺僧法堅有巧思爲泚造雲梯十五日辰時梯臨城東北隅城內震駭渾瑊使侯仲莊設大坑爲地道陷之又縱火焚其梯東風起吹我軍衆頗危俄而風迴吹賊軍瑊益薪潑油萬鼓齊震風吹俱熾須臾雲梯與兇黨同爲灰燼城中三門悉出兵王師又捷其夜兵復出攻泚衆敗績李懷光以五萬人來援自河北至泚衆惶駭因而大潰長圍遂解焉衆庶以懷光三日不至城則危矣二十日夜泚走至京城時姚令言於城中造戰格拋樓每坊團結人心大異泚自奉天迴乃悉令去之曰攻戰吾自有計前此每三五日卽使人僞自城外來周走號令曰奉天已破百姓聞之莫不飲泣道路聞寂時有入臺省吏人不過十數輩郎官六七人而亦令依常年舉選初有數十人陳狀旬日亦皆屏退泚自號其宅曰潛龍宮悉移內庫珍貨瓌寶以實之識者曰易稱潛龍勿用此敗徵也無幾百姓剽奪其珍寶泚不能禁止明年正月一日泚改僞國號曰漢稱天皇元年二月李懷光旣圖叛逆遣使與泚通和鑾駕幸梁洋自此衣冠之潛匿者出受僞官十七人焉懷

光初與泚往復通好甚密以錢穀金帛互相饋遺泚與書事之如兄約云俟平關中當割據山河永爲鄰國及懷光決計背叛逼乘輿遷幸泚乃下僞詔書待懷光以臣禮仍徵兵馬懷光旣爲所賣慙怒憤耻遂領衆遁歸河中三月李晟駱元光尚可孤之衆悉於城東累敗泚衆四月泚使韓旻宋歸朝張庭芝等寇武功渾瑊以衆及吐蕃論莽羅大敗歸朝殺逆黨萬餘人於武亭川五月泚又使仇敬忠寇藍田尚可孤擊之大破泚衆擒敬忠斬之李晟駱元光尚可孤遂悉師齊進晟屯光泰門逆徒拒官軍王師累捷二十八日官軍入苑收復京師逆黨大潰泚與姚令言張庭芝源休李子平朱遂以數千人西走其餘黨或奔竄或來降泚衆緣路潰散乃奔涇州纔百餘騎田希鑒閉門登埤泚令謂鑒曰我與爾節度何故背恩希鑒乃使人自城上擲泚所送旌節於外續又投火焚之泚遂過數里息於逆旅泚將梁庭芬入涇州說田希鑒曰公比日殺馮河清背叛今雖歸順國家必不能久容公他日不免受禍何如開門納朱公與共成大事希鑒以爲然庭芬乃追及泚言之泚大悅使庭芬却往涇州庭芬請授已尚書平章事泚不從梁庭芬旣求宰相不得不復往涇州從泚至寧州彭原縣西城屯復與泚心腹朱惟孝共射泚泚走墜故窖中泚左右韓旻薛綸高幽岳武震朱進卿董希芝共斬泚使宋膺傳首以獻泚死時年四十三姚令言投涇州源休李子平走鳳翔尋並斬獲宋歸朝之敗武功降於李懷光送與元斬之惟不獲朱遂傳爲野人所殺或云與泚皆僞金吾將軍馬悅潛走党項部落數月得達幽州泚之僭逆宦豎朱重曜頗親密用事泚每呼之爲兄時賊中以臘月大雨僞星官謂泚曰當以宗中年長者禳其災變泚乃毒殺重曜而以王禮葬焉及京師平亦出其屍而斬之姚令言自有傳

黃巢曹州冤句人本以販鹽爲事乾符中仍歲凶荒人饑爲盜河南尤甚初里人王仙芝尚君長聚盜起於濮陽攻剽城邑陷曹濮及鄆州先有謠言云金色蝦蟆爭努眼翻却曹州天下反及仙芝盜起時議畏之左金吾衛上將軍齊克讓爲兗州節度使以本軍討仙芝仙芝懼引衆歷陳許襄鄧無少長皆虜之衆號三十萬三年七月陷江陵十月又遣將徐君莒陷洪州時仙芝表請符節不允以神策統軍使宋威爲荊南節度招討使中使楊復光爲監軍復光遣判官吳彥宏諭以朝廷釋罪別加官爵仙芝乃令尚君長蔡溫球楚彥威相次詣闕請罪且求恩命時宋威害復光之功並擒送闕勅於狗脊嶺斬之賊怒悉精銳擊官軍威軍大敗復光收其餘衆以統之朝廷以王鐸代爲招討五年八月收復亳州斬仙芝首獻於闕下先是君長弟讓以兄奉使見誅率部衆入嵖岈山黃巢黃揆昆仲八人率盜數千依讓月餘衆至數萬陷汝州虜刺史王鐐又掠關東官軍加討屢爲所敗其衆十餘萬尚讓乃與羣盜推巢爲王號衝天大將軍仍署官屬藩鎮不能制時天下承平日久人不知兵僖宗以幼主臨朝號令出於臣下南衙北司迭相矛楯以至九流濁亂時多朋黨小人讒勝君子道消賢豪忌憤退之草澤旣一朝有變天下離心巢之起也人士從而附之或巢馳檄四方章奏論列皆指目朝政之弊蓋士不逞者之辭也巢徒黨旣盛與仙芝爲形援及仙芝敗東攻亳州不下乃襲破沂州據之仙芝餘黨悉附焉時王鐸雖銜招討之權緩于攻取時高駢鎮淮南表請招討賊許之議加都統巢乃渡淮僞降于駢駢遣將張璘率兵受降于天長鎮巢擒璘殺之因虜其衆尋南陷湖湘遂據交廣託越州觀察使崔璆奏乞天平軍節度朝議不允又乞除官時宰臣鄭畋與樞密使楊復恭奏欲請授同正員軍將盧携駁其議請授率府率如其不受請以高駢討之及巢見詔大訴執政又自表乞安南都護廣州節度亦不允然巢以士衆烏合欲據南海之地永爲窠穴坐邀朝命是歲自春及夏其衆大疫死者十三四衆勸請北歸以圖大利巢不得已廣明元年北踰五嶺犯湖湘江浙進逼廣陵高駢閉門自固所過鎮戍望風降賊九月渡淮十一月十七日陷洛陽留守劉允章率分司官迎之繼攻陝虢逼潼關陷華州留將喬鈐守之河中節度使李都詐進表于賊朝廷以田令孜率神策博野等軍十萬守潼關時禁軍皆長安富族世籍兩軍豐給厚賜高車大馬以事權豪自少迄長不知戰陣初聞科集父子聚哭憚於出征各於兩市出直萬計傭雇負販屠沽及病坊窮人以爲戰士操刀載戟不知鐵銳復任宦官爲將帥驅以守關關之左有谷可通行人平時捉稅禁人出入謂之禁谷及賊至官軍但守潼關不防禁谷以爲谷旣官禁賊無得而踰也尚讓林言率前鋒由禁谷而入夾攻潼關官軍大潰博野都徑還京師燔掠西市十二月三日僖宗夜自開遠門出趨駱谷諸王官屬相次奔命觀軍容使田令孜王若儔收合禁軍扈從四日賊至昭應金吾大將軍張直方率在京兩班迎賊灞上五日賊陷京師時巢衆累年爲盜行伍不勝其富遇窮民於路爭行施遺旣入春明門坊市聚觀尚讓慰曉市人曰黃王爲生靈不似李家不恤汝輩但各安家巢賊衆競投物遺人十三日賊巢僭位國號大齊年稱金統仍御樓宣赦且陳符命曰唐帝知朕起義改元廣明以文字言之唐已無天分矣唐去丑口而安黃天意令黃在唐下乃黃家日月也土德生金予以金王宜改年爲金統賊搜訪舊宰相不獲以前浙東觀察使崔璆楊希古尚讓趙章爲四相孟楷蓋洪爲左右軍中尉費傳古爲樞密使王璠爲京兆尹許建朱實劉塘爲軍庫使朱溫張言彭攢季逵爲諸衛大將軍四面游奕使又選驍勇形體魁梧者五百人曰功臣令其甥林言爲軍使比之控鶴中和元年二月尚讓寇鳳翔鄭畋出師禦之大敗賊於龍尾坡畋乃馳檄告喻天下藩鎮四月涇原行軍唐弘夫之師屯渭北河中王重榮之師屯沙苑易定王處存之師屯渭橋鄜延拓拔思恭之師屯武功鳳翔鄭畋之師屯盩厔六月邠寧朱玫之師屯興平忠武之師三千屯武功是歲諸侯勤王之師四面俱會十二月宰相王鐸率荊襄之師自行在至鄭畋帳下小校竇玫者驍勇無敵每夜率敢死之士百人直入京師放火燔諸門斬級而還賊人悚駭時京畿百姓皆砦於山谷累年廢耕耘賊坐空城賦輸無入穀食騰踊米斗三十千官軍皆執山砦百姓鬻於賊爲食人獲數十萬朝士皆往來同華或以賣餅爲業因奔於河中宰相崔沆豆盧瓚扈從不及匿之別墅所由搜索嚴急乃微行入永寧里張直方之家朝貴怙直方之豪多依之旣而或告賊云直方謀反納亡命賊攻其第直方族誅沆瓚數百人皆遇害自是賊始酷虐族滅居人遺使傳命召故相駙馬都尉于琮於其第琮曰吾唐室大臣不可佐黃家草昧加之老疾賊怒令誅之廣德公主幷賊號咷而謂曰予卽天子女不宜復存可與相公俱死是日幷遇害二年王處存合忠武之師敗賊將尚讓乘勝入京師賊遁去處存不爲備是夜復爲賊寇襲官軍不利賊怒坊市百姓迎王師乃下令洗城丈夫丁壯殺戮殆盡流血成渠九月賊將同州刺史朱溫降重榮十一月李克用率代北之師自夏陽渡河屯沙苑三年正月敗黃揆於沙苑進營乾坑二月賊將林言趙章尚讓率衆十萬援華州克用合河中易定忠武之師戰於梁田坡大敗賊軍俘斬數萬乘勝攻華州塹柵以環之克用騎軍在渭北令薛志勤康君立每夜突入京師燔積聚俘級而旋黃揆棄華州官軍收城四月八日克用合忠武騎將龐從遇賊於渭南決戰三捷大敗賊軍十日夜賊巢散走詰旦克用由光泰門入收京師巢賊出藍田七盤路東走關東天下兵馬都監押楊復光露布獻捷於行在陳破賊事狀曰頃者妖興霧市盜嘯叢祠而岳牧藩侯備盜不謹謂大同之運常可容姦謂無事之秋縱其長惡賊首黃巢因得充盈窟穴蔓延萑蒲驅我烝黎徇其兇逆展鉏鶴以成鋒刄殺耕牛以恣燔炮魑魅晝行虺蜴反噬自南海失守湖外喪師養虎災深馴梟逆大物無不害惡靡不爲豺狠貽朝市之憂瘡痏及腹心之痛遂至毒流萬姓盜汙兩京衣冠銜塗炭之悲郡邑起丘墟之嘆萬方共怒十道齊攻仗九廟之威靈殄積年之兇醜河中節度使王重榮神資壯烈天付機謀誓立功名志安家國至於屯田待敵率士當衝收百姓十萬餘家降賊黨三萬餘衆法當持重功遂曉成入稽原野之刑未快雷霆之怒自收同華逼近京師夕烽高照於國門遊騎俯臨於灞岸旣知四隅斷絕百計奔衝如窮鳥觸籠似飛蛾赴燭雁門節度使李克用神傳將畧天付忠貞機謀與武藝皆優臣節共本心相稱殺賊無非手刄入陣率以身先可謂雄才得名飛將自統本軍南下與臣同力前驅雖在寢餐不忘寇孽今月八日遣衙隊前鋒楊守宗河中騎將白志遷橫野軍使滿存躡雲都將丁行存朝邑鎮將康師貞忠武黃頭軍使龐從等三十都隨李克用自光泰門先入京師力摧兇寇又遣河中將劉讓王瓌冀君武孫珙忠武將喬從遇鄭滑將韓從威荊南將申屠悰滄州將賈滔易定將張仲慶壽州將張行方天德將顧彥朗左神策弩手甄君楚公孫佐橫衝軍使楊守亮躡雲都將高周彝忠順都將胡眞絳州監軍毛宣伯聶弘裕等七十都繼進賊尚爲堅陣來抗官軍鴈門李克用率厲驍雄整齊金革叫譟而聲將動旄喑嗚而氣欲吞沙寬列戈矛密張羅網於是麾軍背擊分騎橫衝日明而劒躍飛輪風急而旗開走電使賊如浪便可塞流使賊如山亦須折角蹂踐則橫尸入地騰凌則積血成塵不煩卽墨之牛若駕昆陽之象楊守宗等齊驅直入合勢夾攻從卯至申羣兇大潰自望春宮前鏖殺至昇陽殿下攻圍戈不濫揮矢無虛發其賊一時奔走南入商山徒延漏刄之生佇作飲頭之器自收平京闕二面皆立大功若破敵摧兇李克用實居其首其餘將佐同效驅馳兼臣所部領萬餘人數歲櫛風沐雨旣茲平盪並錄以聞五月巢賊先鋒將孟楷攻蔡州節度使秦宗權以兵逆戰爲

賊所敗攻城急宗權乃稱臣於賊遂攻陳許營於溵水陳州刺史趙犨迎戰敗賊前鋒生擒孟楷斬之黃巢素寵楷悲惜之乃悉衆攻陳州營於城北五里爲宮闕之制曰八仙營於是自唐鄧許汝孟洛鄭汴曹濮徐兗數十州畢罹其毒賊圍陳郡百日關東仍歲無耕稼人餓倚牆壁間賊俘人而食日殺數千賊有舂磨砦爲巨碓數百生納人於臼碎之合骨而食其流毒若是趙犨求援於太原四年二月李克用率山西諸軍由蒲陝濟河會關東諸侯赴援陳州三月諸侯之師復集四月官軍敗賊於太康俘斬萬計拔其四壁又敗賊將黃鄴於西華拔其壁巢賊大恐收軍營於故陽里官軍進攻之五月大雨震雷平地水深三尺壞賊壘賊自離散復聚於尉氏逼中牟翌日營汴水北是日復大雨震電溝塍漲流賊分寇汴州李克用自鄭州引軍襲擊大敗之獲賊將李用楊景殘衆保胙縣寃句官軍追討賊無所保其將李讜楊霍葛從周張歸厚張歸霸各率部下降于大梁尚讓率部下萬人歸時溥賊自相猜間相殺於營州所殘者千人中夜遁去克用追擊至濟陰而還賊散於兗鄆界黃巢入泰山徐帥時溥遣將張友與尚讓之衆掩捕之至狼虎谷巢將林言斬巢及二弟鄴揆等七人首幷妻子皆送徐州是月賊平

秦宗權者許州人爲郡牙將廣明元年十月巢賊渡淮而北十一月忠武軍亂逐其帥薛能是月朝廷授別校周岌爲許帥初軍城未變宗權因調發至蔡州聞府軍亂乃閱集蔡州之兵欲赴難俄聞府主殂周岌未至巢賊充斥自宛郡城宗權乃督勵士衆登城拒守洎岌至即令典郡事天子幸蜀姑務翦寇上蔡有勁兵萬人宗權即與監軍楊復光同議勤王出師破賊以蔡牧授之仍置節度之號中和三年巢賊走關東宗權逆戰不利因與合從爲盜巢賊既誅宗權復熾僭稱帝號補署官吏遣其將秦彥亂江淮秦賢亂江南秦誥陷襄陽孫儒陷孟洛陝虢至於長安張晊陷汝鄭盧瑭攻汴州賊首皆慓銳慘毒所至屠殘人物燔燒郡邑西至關內東極青齊南出江淮北至衞滑魚爛鳥散人烟斷絕荊榛蔽野賊既乏食啖人爲儲軍士四出則鹽屍而從關東郡邑多被攻陷唯趙犨兄弟守陳州朱溫保汴州城門之外爲賊疆埸汴帥與兗鄆合勢屢敗賊軍兇勢日削龍紀元年二月其愛將申叢執宗權撾折其足送於汴朱溫出師迎勞接之以禮謂之曰下官屢以天子命達於公如前年中翻然改圖與下官同力勤王則豈有今日之事乎宗權曰僕若不死公何以興天以僕霸公也略無懼色乃檻送京師昭宗御延喜樓受俘京兆尹孫揆以組練礫之徇於兩市宗權檻中引頸謂揆曰尚書明鑒宗權豈反者耶但輸忠不効耳衆大笑與妻趙氏俱斬於獨柳之下

史臣曰我唐之受命也置器於安千年惟永百蠻嚮化萬國來王但否泰之無恒故夷險之不一三百算祀二十帝王雖時有竊邑叛君之臣乘危儌倖之輩莫不才興兵革即就誅夷其間沸騰大盜三發安祿山朱泚黃巢是也夫謀危社稷將害君親輾裂豬宮未塞其罪故不俟於多談也然盜之所起必有其來且無問於天時宜決之於人事祿山母爲巫者身是牙郎偶緣微立邊功遂至大加寵用總知馬牧特委兵權愛天子之獨尊與國忠之相忌故不能以義制事以禮制心遂稱向闕之兵以期非望之福此所以爲亂也朱泚家本漁陽性惟兇狡耳習聞於篡奪心本乏於忠貞暨弟爲亂階身留京邑小不如意別懷異圖但樂荒雞之鳴唯幸和鑾之動緣幽帥之嘗因覬得謂神器之可以徼求黃巢闒茸微人萑蒲賤類因饑饉之歲躡王尚之蹤志在敓攘謀非遠大一旦長驅江表徑入關中見五輅之蒙塵謂寶命之在我必若玄宗採九齡之語行三令之威不然使祿山名位不高委任得所則羣黎未必陷於塗炭萬乘未必越於岷峨德宗能含垢匿瑕不佳兵尚勇不然則取李承之言不委希烈伐叛不然則取公輔之諫早令朱泚就行如此則未必有涇原之亂兵未必有奉天之危急僖宗能知人疾苦惠彼困窮不然則從鄭畋之謀赦羣偷之罪如此則黃巢不必能犯順鑾御未必須省方蓋差之毫釐失之千里蚍螫不能斷腕蟻穴所以壞隄後之帝王足爲殷鑒史朝義秦宗權乘彼亂離肆行暴虐虔劉我郡邑僭竊我衣裳終雖滅亡爲害斯甚兹亦沴氣之餘也

贊曰天地否閉反逆亂常祿山犯闕朱泚稱皇賊巢陵突羣竪披攘徵其所以存乎慢藏

舊唐書卷二百下考證

朱泚傳十月泚自領兵侵逼奉天○臣酉按涇原兵以十月三日叛德宗出奔泚發銳師追駕至六日兵及駱驛而回十日泚自領兵逼奉天皆十月內事也此處不應重書月數月字當是日字之訛今改正

黃巢傳鄜延拓拔思恭之師屯武功○臣酉按新書鄜延李孝昌夏州拓拔思恭鄜延下當脫李孝昌夏州五字

詹事臣德潛謹言舊唐書成于石晉時宰相劉昫因吳兢韋述柳芳令孤峘崔龜從諸人所紀載而增損之宋仁宗朝奉詔成新唐書而舊書遂廢矣後司馬光作資治通鑑轉多援據舊書以新書中所載詔令奏議之類皆宋祁刊削盡失本眞而舊書獨存原文也葢二書之成互有短長新書語多僻澁而義存筆削具有裁斷舊書辭近繁蕪而首尾該贍敘次詳明故應並行于世然舊書既不列正史中世代久遠漸就湮蔑至明世宗朝姚江聞人詮視學江南徧訪遺籍得紀志于吳中王氏得列傳于吳中張氏殘編斷簡彙而成帙其書復行于世然志多闕畧表全散軼且紀志中多前後譌舛之文不能復還其舊也臣等奉

勑校勘合之新書以核其異同徵之通鑑綱目以審其裁制博求之通典通志通考與夫英華文粹諸書以廣其參訂而歸安沈炳震唐書合鈔一書亦資采取之助參錯者更之謬誤者正之其辭義可疑而無從証據者俱仍原文凡以存闕疑闕文之意也謹成考證如干條分附每卷之後第蒐羅未備挂漏良多不勝懸悚之至謹言

詹事府詹事臣沈德潛原任詹事臣陳浩洗馬臣陸宗楷編修臣葉酉待詔臣盧明楷拔貢生臣楊茂遷等奉

勑恭校刊